Nuevo diccionario esencial

de la lengua española

Santillana

Nuevo diccionario esencial de la lengua española

Prólogo de Gregorio Salvador
de la Real Academia Española

Santillana

Dirección
Sergio Sánchez Cerezo

Edición
Mercedes Rubio Cordovés

Coordinación
Manuel Sequeiros Murciano

Redacción
M.ª del Rosario Calderón Soto
Carmen Carrasco González
Cristina V. González Sánchez
Fernando de la Orden Osuna
M.ª Luisa Rodríguez Sordo
Paula Rojo Cabrera
Reyes Sequera Hernández

Corrección
Gerardo García García
M.ª José Rodríguez Fierro

Composición y ajuste
Francisco Lozano Lozano

Realización
José García Guerrero

Dirección de realización
Víctor Benayas Manzanares

Diseño de cubierta
Pep Carrió y Sonia Sánchez

Dirección de arte
José Crespo González

Torrelaguna, 60 - 28043 Madrid.

Printed in China

ISBN: 978-84-294-5935-7
CP: 352682

NOVENA REIMPRESIÓN: MARZO 2010.

PRÓLOGO A LA PRIMERA EDICIÓN

A comienzos de este siglo, Ferdinand de Saussure estableció que la lengua es un sistema de signos mutuamente relacionados que existe "en la forma de una suma de acuñaciones depositadas en cada cerebro, más o menos como un diccionario cuyos ejemplares, idénticos, fueran repartidos entre los individuos." Como toda la lingüística contemporánea ha sido, de un modo u otro, una prolongación de su pensamiento, las imágenes usadas, en sus explicaciones, por el sabio suizo se han convertido en un lugar común y todos convenimos en que el hablante de una lengua lleva, idealmente, en su cerebro un diccionario y una gramática de esa lengua, lo que constituye su modo de posesión de ella, lo que técnicamente denominamos su idiolecto.

Bien es verdad que el propio Saussure se apresuró a matizar que la lengua no está completa en ningún individuo y que sólo existe entera y perfecta en la colectividad. Diré yo ahora que lo que resulta casi idéntico en todos los hablantes de un idioma es el sistema gramatical grabado en su mente, que los guía en la construcción adecuada de sus frases, y asimismo el sistema fonológico que les permite distinguir, sin error, las palabras que escuchan, pero no así el diccionario. La posesión del léxico, cuantitativa y cualitativamente, difiere mucho de unas personas a otras y nadie nunca, ningún hablante de ninguna lengua, ha poseído ni puede poseer en toda su extensión el vocabulario íntegro de la lengua que habla. Como no lo posee todo, lo puede seguir acrecentando durante toda su vida y la extensión de su vocabulario nos dará la exacta dimensión de su cultura.

El hablante reconoce en su lengua un producto de la tradición colectiva y se sirve de ella para comunicarse con los demás, para vivir con los otros. Suele tener conciencia de su valor instrumental y de que es un bien público, no sólo suyo ni enteramente suyo, del que puede hacer uso hasta donde sea capaz de manejarlo. Sabe que hay más palabras de las que él utiliza, que a veces oye vocablos cuyo significado se le escapa y, a poca instrucción que posea, sabe también que esas otras palabras están en el diccionario; de ahí que llegue a considerar, con acierto, ese libro como una necesaria e insustituible prolongación del idioma, Su lengua tiene la dimensión de su memoria y esa otra latitud externa que le proporciona el diccionario.

Esto explica la importancia social y educativa del diccionario, su multiplicación editorial, su presencia constante –el único libro en muchos hogares–, su necesidad didáctica y hasta el hecho de que llegue a suscitar un cierto sentimiento reverencial y respetuoso en sus usuarios, porque él resolverá sus dudas y les dirá siempre la última palabra sobre las palabras.

Pocos libros, por lo tanto, tan necesitados de rigor en su construcción, de esmero en su elaboración, de atención en sus detalles como éstos en que se ordenan alfabéticamente y se definen las palabras del idioma. Y más aún si el diccionario que se nos ofrece delimita su extensión y su intención por medio de un adjetivo que, a la par, lo califica y lo determina, como es el caso del que aquí presentamos, este DICCIONARIO ESENCIAL SANTILLANA, *en un volumen perfectamente manejable.*

La Editorial Santillana, con un prestigio bien ganado en el campo de la enseñanza, entra ahora con firmeza en el ámbito de la lexicografía orientada hacia la educación, pensada para unos destinatarios que se hallan en el momento preciso en que se hace necesaria la adquisición inteligente del vocabulario adecuado para completar su formación.

Comprometida pero consciente adjetivación ésta: esencial, según el propio diccionario, es "lo perteneciente o relativo a la esencia", y la esencia, en segunda acepción, la define como "lo fundamental o más importante de una cosa". He aquí, pues, que este diccionario se ofrece como portador de todas aquellas voces realmente importantes y vivas en nuestra lengua, como un repertorio íntegro y ajustado de su léxico fundamental. Y no es tarea fácil la de hacer este tipo de diccionarios. Los diccionarios extensos y voluminosos, acumulativos; en los que todo cabe, son más simples en su elaboración, pero un diccionario que se proclama "esencial" requiere mucho tino y no poca reflexión. No descubro nada nuevo si digo que bastantes diccionarios de los que por ahí andan son más bien producto de la tijera que del raciocinio. No es éste el caso. El DICCIONARIO ESENCIAL SANTILLANA *es una obra meditada y medida, realizada por un equipo de lexicógrafos esmerados y competentes, bien dirigidos, que han sabido en todo momento lo que tenían que hacer.*

Como supervisor de la obra puedo decir que me siento satisfecho de lo logrado y que, en su género, me parece que van a ser muy pocos los diccionarios que con ella puedan competir. Es muchísima la información que se ofrece, en tan limitado espacio, como cualquiera podrá comprobar, pues en el diccionario alfabético se integra, al hilo, otro de sinónimos y las agrupaciones de familias permiten ahorrar entradas, sin dejar por ello de incluir las voces de significado fácilmente deducible. Ni siquiera se ha prescindido de las etimologías, como es habitual en esta clase de léxicos, lo que, desde la perspectiva de las humanidades clásicas, es también muy de agradecer. La ciencia, al menos en sus voces, todavía se nutre del griego y el latín. Y románico es nuestro idioma.

"Cada palabra es una minúscula arma mental que apunta hacia una cosa y dispara sobre ésta nuestra atención. El diccionario o vocabulario se limita a sugerirnos cuál es la cosa hacia la cual un vocablo dirige su puntería." Esto lo decía Ortega y Gasset hace más de medio siglo. A mí me gusta añadir que la obligación de los lexicógrafos es actuar como unos buenos maestros armeros del idioma, que sepan colocar toda las palabras útiles en la panoplia y ajustar de tal modo su definición, hacer tan perfecta su puntería, que permitan dirigir rectamente el pensamiento hacia el blanco preciso. Creo que este DICCIONARIO ESENCIAL SANTILLANA *está tan bien calibrado, y tan certeramente tratadas las palabras que ofrece, que sus consultores podrán hallar siempre en sus columnas las armas adecuadas para cobrar con tino, en cada caso, las piezas adecuadas en la realidad a sus propias necesidades de conocimiento.*

GREGORIO SALVADOR
de la Real Academia Española

PRÓLOGO A LA SEGUNDA EDICIÓN

Todo lo escrito más arriba, como prólogo a la primera edición de este DICCIONARIO ESENCIAL SANTILLANA *tiene plena vigencia para esta segunda que ahora se publica. Varían algunos aspectos de su presentación, se ensancha en cerca de cien páginas y se acrecienta con algo más de cinco mil entradas y bastantes nuevas acepciones, pero sustancialmente es el mismo que, en tan sólo ocho años y con numerosas reimpresiones, se ha convertido en una obra apreciada, bien valorada, con indudable crédito, que no solamente ha prestado la ayuda requerida a los millares y millares de usuarios, generalmente jóvenes aunque no exclusivamente, que han acudido a ella para resolver una duda o comprobar un significado, sino también a estudiosos de la lengua, a semantistas y lexicólogos, que han podido hallar en él la palabra olvidada por otros repertorios del español actual o el fehaciente testimonio de algún uso confusamente sospechado. Es decir, el* DICCIONARIO ESENCIAL SANTILLANA *–y me complace proclamarlo– ha ido más allá de su pretendida condición instrumental y ha alcanzado, desde la garantía que le otorga su excelente hechura, reconocida solvencia documental, e incluso el marchamo de una sigla ya aceptada en muchas referencias bibliográficas: DESLE.*

La vida de un diccionario se prolonga en sus ediciones sucesivas, que lo van aumentando, enriqueciendo y corrigiendo, porque en eso consiste la tarea lexicográfica, en mejorar la calidad del diccionario concebido, que siempre se verá como inacabado e inconcluso. Cada edición necesariamente supera la anterior pero con el reconocimiento cierto de que no es definitivamente insuperable. Mientras esta nueva edición se gestaba, el indudable éxito de la primera ha actuado como acicate sobre sus autores, confirmándoles que habían elegido un buen camino por el que valía la pena continuar. Y aquí está el resultado de la nueva andadura, esta otra edición del DICCIONARIO ESENCIAL SANTILLANA, *con la comprobada utilidad de la primera y un punto más: una versión repensada y más completa, asentada en el prestigio alcanzado por la anterior y con la justificada pretensión de mantenerlo y elevarlo.*

GREGORIO SALVADOR
de la Real Academia Española

PRESENTACIÓN EDITORIAL

El *Nuevo Diccionario Esencial Santillana* responde a una profunda revisión y actualización de contenidos del anterior *Diccionario esencial*, con el fin de adaptarlo a las nuevas circunstancias escolares y sociales. En esta obra, se continúa una línea de publicaciones iniciada por la Editorial hace ya bastantes años con un diccionario de la lengua, al que posteriormente han seguido obras de carácter enciclopédico y otras puramente léxicas, tanto para escolares como para uso general.

Puede afirmarse que, aunque la presente obra se trata de una reedición, su concepción, diseño del modelo y desarrollo siguen siendo enteramente nuevos. Y es que el objetivo perseguido en todo momento ha consistido en ofrecer una amplia base de términos para cubrir con suficiencia y adecuación las necesidades lingüísticas que se derivan del uso preciso y correcto de nuestra lengua actual en las situaciones más diversas, especialmente en el aula.

Un aspecto muy importante y definitorio de esta obra lo constituye la selección de sus términos y conceptos, en función del criterio de adaptación y del sentido de utilidad, y que constituyen un corpus de más de 37.000 entradas.

Esta labor selectiva ha aconsejado desechar gran número de términos anticuados o bien excesivamente específicos, así como distinguir en muchos casos el verdadero valor de uso de las palabras y acepciones, suprimiendo las que no tienen ese valor o variando el orden de aparición de estas últimas.

El *Nuevo Diccionario Esencial Santillana* ofrece, con carácter prioritario al estudiante de nuestros días, un repertorio de términos basado en léxicos especializados, tesaurus y listados oficiales, además de los utilizados en los libros de texto, en el lenguaje corriente y en los medios de comunicación. Con respecto a la edición anterior se han incorporado más de 5.000 voces, en las que se han tenido muy en cuenta los americanismos de uso más generalizado, los neologismos, extranjerismos, coloquialismos y palabras y expresiones de argot, que dan a la obra un aire de decidida modernidad y de consonancia con el mundo actual.

El desarrollo y tratamiento de las entradas ha supuesto una nueva y trabajosa elaboración, guiada por la finalidad de dar a las definiciones la mayor claridad y precisión posibles. Así, se utilizan palabras sencillas, descripciones en vez de simples sinónimos y, lo que es muy importante, numerosos ejemplos de uso que sitúan en su contexto real las distintas acepciones. Se incluyen también etimologías, explicaciones y observaciones gramaticales, las conjugaciones de los verbos irregulares, gran abundancia de locuciones, sinónimos y antónimos y familias de palabras; estas últimas comunican a la obra un importante valor añadido al constituir, dentro de cada voz, un extenso conjunto de palabras interrelacionadas.

Figuran asimismo aquellos términos de carácter enciclopédico que, por su estrecha conexión con el acervo lingüístico, no pueden estar ausentes de un diccionario léxico, como tecnicismos, conceptos científicos, históricos, etc.

Al final de la obra se añade un apéndice que contiene un breve resumen de la gramática española, un apartado sobre normas ortográficas y otro con algunas de las dudas e incorrecciones más frecuentes de nuestra lengua.

En definitiva, puede afirmarse que esta edición revisada e incrementada, el *Nuevo Diccionario Esencial Santillana*, tanto por su número de voces, por el carácter de los elementos y recursos que integran las entradas, como por el cuidado nivel del lenguaje empleado, se distingue muy positivamente de obras similares y constituye un instrumento de trabajo de gran utilidad para los ámbitos escolar y familiar de nuestros días.

INDICACIONES DE USO

Alfabetización

La ordenación de las entradas sigue el criterio alfabético. La *ch* y la *ll* no se consideran letras independientes y quedan englobadas en la *c* y en la *l*, respectivamente.

Los lemas formados por más de una palabra, como *per se*, se alfabetizan por el primero de los dos vocablos, y así *per se* aparece antes que el prefijo *per-*. La segunda palabra sólo cuenta a efectos de alfabetización cuando dos o más lemas coinciden en la primera palabra, como es el caso de *ex aequo, ex cátedra, ex libris, ex profeso* y *ex voto*. Los lemas compuestos por dos palabras separadas por un guión, como por ejemplo *tour-operator* o *best-seller*, se alfabetizan como una sola palabra.

Estos mismos criterios de alfabetización rigen, dentro de las entradas, en los apartados de las expresiones y locuciones.

Búsqueda de términos

Las voces derivadas que se han considerado claramente deducibles no tienen entrada independiente y aparecen en el bloque de familias de palabras: por ejemplo, algunos adverbios acabados en *-mente* (como *sabiamente*, incluida en *sabio*), sustantivos en *-ción* (como *verificación*, incluida en *verificar*), adjetivos en *-dor* (como *adormecedor*, incluida en *adormecer*), adjetivos en *-ico* (como *tipográfico*, incluida en *tipografía*), etc.; estas terminaciones y otras semejantes también están recogidas como entradas en esta obra.

Cuando una palabra presenta formas distintas, éstas se incluyen en el diccionario de diversas maneras. Si las variantes de una palabra ofrecen poca diferencia y están próximas alfabéticamente, aparecen como un mismo lema y se sitúa en primer lugar la forma más usual, por ejemplo: *reúma* o *reuma*; *quiromancia* o *quiromancía*; *congoleño, ña* o *congolés, sa*. Si las formas están alejadas alfabéticamente, se remite de la menos usual a la más corriente, en la cual aparece la definición y una observación indicando la otra variante; éste es el caso de *eccema* y *eczema*.

Los prefijos y sufijos con varias formas se definen en la variante más representativa y el resto de las formas, que no aparecen como entrada, se recogen en una observación al final de la definición; por ejemplo:

lact- (...) ■ También existen las variantes *lacti-*, *lacto-*.

Si existe una notable diferencia entre las variantes o éstas se encuentran en letras distintas, se sigue el procedimiento de remisión indicado, como ocurre con *psico-* y su variante *sico-*.

Por otro lado, los sustantivos que presentan dos terminaciones, masculina y femenina, se incluyen generalmente en una misma entrada, como por ejemplo *gato, ta*.

Remisiones

Cuando una voz se define remitiendo a una palabra, ésta se marca con un asterisco para indicar que es ahí donde ha de buscarse la definición. Ejemplo:

guache[2] (del fr. gouache) *s. m.* Aguada*, técnica pictórica.

Si la remisión se dirige a una expresión o a una locución, se usa la fórmula "Véase...". Ejemplos:

gallina (...) || 3. carne (o piel) de gallina Véase **carne**.

apear (...) || LOC. (...) apearse del burro Véase **burro**.

Familias de palabras

Las familias de palabras se sitúan al final de la entrada del término del que dependen y están indicadas con la abreviatura **FAM.**; constan de una serie de voces emparentadas morfológica y etimológicamente, al final de las cuales se remite, en su caso, a la palabra de la que a su vez dicho término depende. Una familia puede remitir a una o más de estas palabras, que aparecen destacadas en versalitas. Ejemplo:

ferrocarril (...) FAM. Ferrocarrilero. FÉRREO y CARRIL.

En palabras en las que no se deduce fácilmente la familia a la que pertenecen, se remite directamente al término en que aparecen como derivados. Ejemplo:

desaguisado (...) **FAM.** Véase **guisa**.

La familia de palabras se adscribe, según los casos, al término que se considera más próximo a la raíz etimológica, o bien al más usual o a aquel cuyo significado sirve de base a los demás términos.

ELEMENTOS DE LAS ENTRADAS

Lema

balda *s. f.* Cada uno de los estantes de un armario, estantería, etc. SIN. Entrepaño, anaquel.

Etimología o procedencia

abad, desa (del lat. *abbas, -atis*, y éste del arameo *abba*, padre) *s. m.* y *f.* **1.** Superior de un monasterio. || *s. m.* **2.** Superior de algunas colegiatas. FAM. Abacial, abadengo, abadía, abate.

Categoría gramatical

abalizar *v. tr.* **1.** Señalizar con balizas: *Abalizaron el puerto a causa de la niebla.* || **abalizarse** *v. prnl.* **2.** Señalar un buque su posición. ■ Delante de *e* se escribe *c* en lugar de *z*: *abalice*. Se dice también *balizar*. FAM. Abalizamiento. BALIZA.

Definiciones

cabellera *s. f.* **1.** Conjunto de cabellos, especialmente cuando son largos y abundantes. **2.** Cola luminosa de un cometa. SIN. **1.** Pelo, melena.

Remisiones

aljaba (del ár. *al-yaba*) *s. f.* Carcaj*.

boreal (del lat. *borealis*) *adj.* **1.** Perteneciente al bóreas. **2.** Del norte. || **3. aurora boreal** Véase **aurora.** SIN. **2.** Septentrional, nórdico. ANT. **2.** Austral, meridional.

Registros idiomáticos y americanismos

nieve (del lat. *nix, nivis*) *s. f.* **1.** Agua helada que se desprende de las nubes y llega a la tierra en forma de copos blancos. **2.** Nevada. Se usa mucho en *pl.*: *época de nieves.* **3.** Interferencias en la pantalla de un televisor, monitor, etc. **4.** *argot* Cocaína. **5.** *Cuba, Méx.* y *P. Rico* Sorbete helado. FAM. Nevar, nevasca, nevazo, nevazón, nevero, nevisca, neviza, nevoso, nivación, nival, níveo, nivopluvial. / Aguanieve, quitanieves.

Ejemplos de uso

mísero, ra (del lat. *miser, -a, -um*) *adj.* **1.** Pobre o escaso: *un barrio mísero, un sueldo mísero.* **2.** Desgraciado, desdichado: *¡Mísero de mí!* SIN. **1.** y **2.** Miserable. **2.** Infeliz, desventurado. ANT. **1.** Rico; abundante.

Expresiones y locuciones

mapa (del lat. *mappa*, servilleta, por el lienzo en que se dibujaban los mapas) *s. m.* **1.** Representación gráfica, a escala y sobre un plano, de la superficie terrestre o una zona de ella. || **2. mapa celeste** El que representa alguna parte del firmamento. **3. mapa del tiempo** En meteorología, el que refleja por medio de unos signos convencionales el estado de la atmósfera en un lugar y momento determinados. || LOC. **borrar del mapa** *fam.* Matar a alguien o hacer desaparecer algo. FAM. Mapamundi.

Observaciones gramaticales

coxis *s. m.* Hueso que constituye la última sección de la columna vertebral, articulado con el sacro. ■ También se dice *cóccix.* No varía en *pl.*

Sinónimos y antónimos

actual (del lat. *actualis*) *adj.* **1.** Se dice de todo lo que ocurre o se desarrolla en el momento presente: *tecnología actual.* **2.** Que tiene actualidad o está de moda: *Es un coche de diseño muy actual.* **SIN.** **1.** Contemporáneo. **1.** y **2.** Moderno. **ANT.** **1.** y **2.** Inactual. **2.** Anticuado. **FAM.** Actualidad, actualizar, actualmente. / Inactual. ACTO.

Familias de palabras

Homónimos

acuñar[1] (de *a-*[2] y *cuña*) *v. tr.* Meter o poner cuñas. **FAM.** Véase **cuña**.

acuñar[2] *v. tr.* **1.** Imprimir y sellar una pieza de metal mediante un cuño o troquel. **2.** Fabricar moneda. **3.** Hacer que una palabra, construcción, frase, se constituya en expresión de una determinada idea: *Con el paso del tiempo se acuñan nuevos términos.* **SIN.** **1.** y **2.** Batir, troquelar. **FAM.** Acuñación. / Reacuñar. CUÑO.

prohibir (del lat. *prohibere*) *v. tr.* No permitir alguna cosa. ■ La *i* de la raíz no forma diptongo y se acentúa en algunas formas del presente y del imperativo: *prohíbo.* **SIN.** Impedir, vedar, vetar. **ANT.** Dejar. **FAM.** Prohibición, prohibitivo, prohibitorio.

Conjugación de las formas irregulares

PROHIBIR		
INDICATIVO	**SUBJUNTIVO**	**IMPERATIVO**
Presente	**Presente**	
prohíbo	*prohíba*	
prohíbes	*prohíbas*	*prohíbe*
prohíbe	*prohíba*	
prohibimos	*prohibamos*	
prohibís	*prohibáis*	*prohibid*
prohíben	*prohíban*	

ABREVIATURAS

A

a. C. antes de Cristo
acort. acortamiento
adj. adjetivo, va
adj. dem. adjetivo demostrativo
adj. distrib. adjetivo distributivo
adj. indef. adjetivo indefinido
adj. num. card. adjetivo numeral cardinal
adj. num. mult. adjetivo numeral multiplicativo
adj. num. ord. adjetivo numeral ordinal
adj. num. part. adjetivo numeral partitivo
adj. pos. adjetivo posesivo
adj. relat. adjetivo relativo
adv. adverbio; adverbial
adv. afirm. adverbio afirmativo
adv. c. adverbio de cantidad
adv. l. adverbio de lugar
adv. l. y t. adverbio de lugar y tiempo
adv. m. adverbio de modo
adv. neg. adverbio de negación
adv. ord. adverbio de orden
adv. relat. adverbio relativo
adv. relat. l. adverbio relativo de lugar
adv. relat. m. adverbio relativo de modo
adv. relat. t. adverbio relativo de tiempo
adv. t. adverbio de tiempo
advers. adversativo, va
al. alemán, na
Amér. América
Amér. C. América Central
Amér. del S. América del Sur
anat. anatomía
And. Andalucía
ant. anticuado, antiguo
Ant. Antillas
ANT. Antónimos
apóc. apócope
ár. árabe
arag. aragonés, sa
Arg. Argentina
arq. arquitectura
arqueol. arqueología
art. artículo
art. det. artículo determinado
art. indet. artículo indeterminado
astron. astronomía
aum. aumentativo

B

biol. biología
Bol. Bolivia
bot. botánica

C

C. Rica Costa Rica
Can. Canarias
cat. catalán, na
Col. Colombia
comp. comparativo
conces. concesivo, va
cond. condicional
conj. conjunción; conjuntivo, va
consec. consecutivo, va
contr. contracción
cop. copulativo, va

D

d. C. después de Cristo
dep. deportes
der. derecho
desp. despectivo, va
dial. dialecto; dialectal
dim. diminutivo
distrib. distributivo, va
disyunt. disyuntivo, va

E

E este
Ec. Ecuador
ecol. ecología
econ. economía
etc. etcétera
excl. exclamativo, va
expr. expresión; expresivo, va

F

f. femenimo
fam. familiar
FAM. familia de palabras
fil. filosofía
fís. física
fisiol. fisiología
fr. francés, sa

G

gall. gallego, ga
geog. geolografía
geol. geología
geom. geometría
ger. gerundio
germ. germánico, ca
gót. gótico
gr. griego, ga
Guat. Guatemala

H

h. hacia
hist. historia
Hond. Honduras

I

imperf. imperfecto
impers. impersonal
inf. infinitivo
inform. informática
ingl. inglés, sa
interj. interjección; interjectivo, va
interr. interrogativo, va
irreg. irregular
ital. italiano, na

K

kg kilo, kilogramo
km kilómetro

L

l litro
lat. latín, na
ling. lingüística
lit. literatura; literario, ria
loc. locución
LOC. locuciones
lóg. lógica

M

m metro
m. masculino
mat. matemáticas
med. medicina
Méx. México
min. mineralogía
mit. mitología
mozár. mozárabe
mús. música

N

n. neutro
N norte
n. p. nombre propio
neerl. neerlandés, sa
neg. negación; negativo, va
Nic. Nicaragua

O

O oeste
onomat. onomatopeya; onomatopéyico, ca
ópt. óptica
or. origen

P

p. participio
p. ej. por ejemplo
p. ext. por extensión
P. Rico Puerto Rico
Pan. Panamá
Par. Paraguay
part. priv. partícula privativa

perf.	perfecto
pers.	persona
pl.	plural
pol.	política
port.	portugués, sa
pref.	prefijo
prep.	preposición; preposicional
pron.	pronombre
pron. dem.	pronombre demostrativo
pron. indef.	pronombre indefinido
pron. num. card.	pronombre numeral cardinal
pron. num. ord.	pronombre numeral ordinal
pron. num. part.	pronombre numeral partitivo
pron. pers.	pronombre personal
pron. pos.	pronombre posesivo
pron. relat.	pronombre relativo
prov.	provenzal
psicol.	psicología

Q

quím.	química

R

recípr.	recíproco, ca
reflex.	reflexivo, ca
reg.	regular
rel.	religión
Rep. Dom.	República Dominicana

S

s.	siglo; sustantivo
S	sur
s. amb.	sustantivo ambiguo
s. f.	sustantivo femenino
s. m.	sustantivo masculino
SIN.	sinónimos
sing.	singular
soc.	sociología
suf.	sufijo
sup.	superlativo

T

tecnol.	tecnología

U

Urug.	Uruguay

V

v.	verbo
v. aux	verbo auxiliar
v. cop.	verbo copulativo
v. defect.	verbo defectivo
v. impers.	verbo impersonal
v. intr.	verbo intransitivo
v. prnl.	verbo pronominal
v. tr.	verbo transitivo
vasc.	vascuence
Ven.	Venezuela
vulg.	vulgar; vulgarismo

Z

zool.	zoología

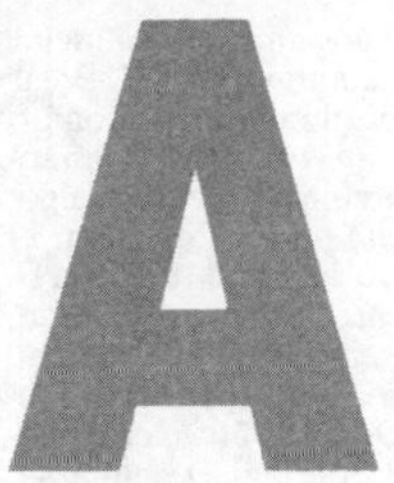

a[1] *s. f.* Primera letra del abecedario, primera también de la serie de las vocales. Su articulación es central y de abertura máxima. ■ Su pl. es *aes.*

a[2] (del lat. *ad*) *prep.* **1.** Se utiliza para formar el complemento indirecto, es decir, el grupo nominal que expresa el ser animado o inanimado en que recae indirectamente la acción del verbo: *Quité el polvo a los muebles. Di el libro a tu amigo.* **2.** También se usa delante del complemento directo, si éste es ser animado o se considera como tal: *Vi a los niños. Adoran a la Luna.* **3.** Introduce complementos circunstanciales expresando relaciones muy variadas. Dirección o término: *a Bilbao.* Lugar o tiempo de la acción: *a la entrada, a la noche.* Situación: *a la izquierda.* Distancia a que se encuentra algo o alguien: *a 50 km de aquí.* Modo de la acción: *a mano.* Intervalo: *de 1 a 2.* Precio: *a tres euros.* Distribución, proporción: *dos a dos, a cinco por ciento.* Comparación, contraposición: *de uno a otro.* **4.** Equivale a otras preposiciones: *a (hasta) la cintura; a (según) lo que parece; a (con) fuego; a (para) beneficio suyo; a (por) petición propia.* **5.** Seguida de la preposición *por*, introduce aquello que se busca, se persigue o se pretende conseguir: *Fue a por las notas.* **6.** Inicia numerosas locuciones adverbiales: *a bulto, a ojo,* etc. **7.** Delante de un infinitivo equivale a *si* con sentido condicional: *a decir verdad*; se emplea asimismo en las perífrasis con el verbo *ir*: *Voy a ir al cine*; también se utiliza para ordenar: *¡A callar!*

a capella (ital., significa 'a capilla', 'al estilo de la iglesia') *loc. adv.* En mús., modo de ejecutar una obra vocal, sin acompañamiento.

a posteriori (lat.) *loc. adv.* A partir de los datos y hechos obtenidos de la experiencia: *emitir un juicio a posteriori.* ANT. A priori.

a priori (lat.) *loc. adv.* Con anterioridad, desde antes: *conocer algo a priori.* ANT. A posteriori. FAM. Apriori, apriorismo, apriorístico.

a. m. Abreviatura de **ante merídiem**.

a-[1] (del gr. *a*) *pref.* Significa 'privación' o 'negación': *amoral.* ■ Ante vocal toma la forma *an-*: *anemia.*

a-[2] (del lat. *ad*) *pref.* **1.** Sirve para formar verbos partiendo de un sustantivo o un adjetivo: *agrupar* (de *grupo*), *atontar* (de *tonto*). **2.** Aporta también el significado de 'semejante a, parecido a': *achinado, anaranjado.*

ab- (del lat. *ab*) *pref.* Indica 'separación' u 'origen': *abjurar; aborigen.*

abacería *s. f.* Tienda de comestibles. FAM. Abacero.

ábaco (del lat. *abacus*, y éste del gr. *abax*) *s. m.* **1.** Dispositivo de cálculo aritmético que consiste esencialmente en varios alambres, cuerdas, etc., paralelos, en los que están enfiladas fichas o bolas que pueden moverse por ellos. **2.** En arq., pieza que corona el capitel de la columna.

abad, desa (del lat. *abbas, -atis*, y éste del arameo *abba*, padre) *s. m.* y *f.* **1.** Superior de un monasterio. || *s. m.* **2.** Superior de algunas colegiatas. FAM. Abacial, abadengo, abadía, abate.

abadejo *s. m.* Bacalao*.

abadengo, ga *adj.* **1.** Relativo a la dignidad o jurisdicción del abad. || *s. m.* **2.** Dignidad del abad. **3.** En la baja Edad Media y Edad Moderna, señorío, territorios o bienes de una iglesia o monasterio.

abadía (del lat. *abbatia*) *s. f.* Iglesia o monasterio gobernados por un abad o una abadesa.

abajeño, ña *adj.* **1.** *Amér.* Proveniente de tierras bajas. También *s. m.* y *f.* **2.** *Arg.* Sureño. También *s. m.* y *f.*

abajo *adv. l.* **1.** Hacia un lugar o parte inferior: *Marchó abajo, al sótano.* **2.** En un lugar o parte inferior: *La bodega está abajo.* || *interj.* **3.** Expresa rechazo o desaprobación: *¡Abajo los traidores!* SIN. **2.** Debajo. ANT. **1.** y **2.** Arriba. FAM. Abajeño. BAJO.

abalanzarse *v. prnl.* Lanzarse con rapidez o violencia en dirección a alguien o algo. ■ Se construye con las prep. *a, hacia* y *sobre*: *Me abalancé a cogerlo. Se abalanzó hacia la puerta. Se abalanzaron sobre mí.* Delante de *e* se escribe *c* en lugar de *z*: *se abalancen.* SIN. Arrojarse, echarse, tirarse. ANT. Retirarse.

abalaustrado, da *adj.* Con balaustrada.

abalear *v. tr. Amér.* Balear[1]*.

abalizar *v. tr.* **1.** Señalizar con balizas: *Abalizaron el puerto a causa de la niebla.* || **abalizarse** *v. prnl.* **2.** Señalar un buque su posición. ■ Delante de *e* se escribe *c* en lugar de *z*: *abalice.* Se dice también *balizar.* FAM. Abalizamiento. BALIZA.

abalorio (del ár. *al-balluri*, el cristalino) *s. m.* **1.** Cada una de las bolitas de vidrio agujereadas con las que se fabrican collares y otros adornos. **2.** Adorno llamativo de poco valor: *El vestido estaría mejor sin tanto abalorio.* SIN. **1.** Cuenta. **2.** Perifollo.

abancalar *v. tr.* Hacer bancales en un terreno. FAM. Abancalado. BANCAL.

abanderado, da *s. m.* y *f.* **1.** Persona que lleva la bandera en desfiles, actos públicos, etc. **2.** Representante o defensor de una causa. SIN. **1.** Portaestandarte. **2.** Adalid.

abanderar *v. tr.* Matricular un buque extranjero y proveerle de documentación para que pueda navegar con la bandera nacional. FAM. Abanderado, abanderamiento. BANDERA.

abandonar (del fr. *abandonner*, y éste del germ. *bann*, orden de castigo) *v. tr.* **1.** Dejar o desamparar: *Abandonó a su perro cuando se fue de vacaciones.* **2.** Retirarse de un lugar: *Abandonó la ciudad porque no tenía trabajo* **3.** Interrumpir aquello que se había comenzado: *Tuvo que aban-*

donar la tarea durante algunos días. **4.** Renunciar a algo: *abandonar una idea, un proyecto.* **5.** Dejar a alguien o algo el cuidado de cierta persona o cosa: *Abandono el asunto en tus manos.* || **abandonarse** *v. prnl.* **6.** Confiarse a alguien o a algo: *En este asunto me abandono a ti.* **7.** Descuidar el aspecto físico, la higiene o la salud. **8.** Dejarse dominar por un sentimiento, estado de ánimo, etc.: *abandonarse a la desesperación.* SIN. **1.** Desatender. **2.** Irse, marcharse. **3.** Suspender, detener, paralizar, cortar. **4.** Desistir. **5.** Delegar, entregar. **5.** y **6.** Encomendar(se). **7.** Desaliñarse. **8.** Caer, darse. ANT. **1.** Amparar, acoger. **2.** Quedarse, permanecer. **3.** Proseguir, continuar, reanudar. **5.** Retirar. **7.** Cuidarse, arreglarse. **8.** Contenerse, resistirse. FAM. Abandonado, abandonismo, abandonista, abandono.

abandonismo *s. m.* Tendencia de una persona, nación, etc., a renunciar a aquello que posee, defiende o le corresponde, sin ningún tipo de enfrentamiento o negociación. Se usa especialmente refiriéndose a la política exterior de los estados.

abanicar *v. tr.* **1.** Dar aire con un abanico y, p. ext., con cualquier objeto. También *v. prnl.* con valor reflexivo. **2.** En tauromaquia, citar al toro moviendo la muleta ante él de un lado a otro. ■ Delante de *e* se escribe *qu* en lugar de *c*: *abanique.*

abanico *s. m.* **1.** Utensilio utilizado para dar aire, que tiene forma de semicírculo y está constituido por varias varillas unidas todas ellas por uno de sus extremos, sobre las que se pega una tira de papel o tela, lo que permite abrirlo o plegarlo. **2.** Conjunto, serie, gama: *abanico de posibilidades.* FAM. Abanicar, abaniqueo.

abanto *s. m.* **1.** Alimoche*. || *adj.* **2.** Atolondrado, torpe. También *s. m.* y *f.* **3.** Impulsivo, ansioso. También *s. m.* y *f.* SIN. **2.** Alelado, atontado. **3.** Precipitado, arrebatado, irreflexivo. ANT. **2.** Despabilado, avispado. **3.** Paciente.

abarajar *v. tr. Arg., Par.* y *Urug.* Recibir o parar algo en el aire.

abaratar *v. tr.* Hacer barato o más barato. También *v. prnl.* SIN. Rebajar, depreciar, desvalorizar. ANT. Encarecer, subir. FAM. Abaratamiento. BARATO.

abarca (de or. prerromano) *s. f.* Calzado rústico, generalmente de esparto, cuero duro o caucho, que sólo cubre la planta de los pies con reborde alrededor que va asegurado con cuerdas o correas.

abarcar (del lat. *abbracchicare*, de *brachium*, brazo) *v. tr.* **1.** Rodear algo con los brazos o con la mano. **2.** Contener o comprender una cosa a otra u otras: *Los dominios de Roma abarcaban muchos territorios.* **3.** Alcanzar con la mirada: *Desde aquí se abarca todo el pueblo.* **4.** *Amér.* Acaparar. ■ Delante de *e* se escribe *qu* en lugar de *c*: *abarque.* SIN. **1.** Abrazar, ceñir. **2.** Incluir, englobar. **3.** Dominar. ANT. **2.** Excluir, exceptuar. FAM. Abarcable. / Inabarcable.

abarquillar *v. tr.* Curvar una superficie, como una lámina, una plancha, etc. Se usa más como *v. prnl.* SIN. Combar(se), arquear(se), alabear(se). ANT. Enderezar(se). FAM. Abarquillado, abarquillamiento. BARQUILLO.

abarrancar *v. tr.* **1.** Hacer barrancos: *Toda la llanura se ha abarrancado a causa de las lluvias.* También *v. prnl.* || *v. intr.* **2.** Embarrancar, encallar una embarcación. ■ Delante de *e* se escribe *qu* en lugar de *c*: *abarranque.* FAM. Abarrancamiento. / Desabarrancar. BARRANCO.

abarrotar *v. tr.* **1.** Llenar por completo personas o cosas un espacio: *El público abarrotó el estadio.* **2.** *Chile* y *Guat.* Monopolizar un género de comercio. SIN. **1.** Colmar, atestar, saturar. FAM. Abarrotado, abarrote. BARROTE.

abarrote *s. m.* **1.** *Amér.* Artículo comestible. Se usa sobre todo en *pl.* **2.** *Amér.* Comercio donde se venden estos artículos. FAM. Abarrotería, abarrotero. ABARROTAR.

abasí o **abasida** (del ár. *abbasi*) *adj.* De la dinastía de califas del Islam fundada en el 750 por Abul-Abbas, tras destronar a los omeyas. También *s. m.* y *f.*

abastecer *v. tr.* Suministrar, dar o vender algo que se necesita: *El mercado central abastece a la ciudad.* También *v. prnl.* ■ Se construye con las prep. *con* y *de.* Es v. irreg. Se conjuga como *agradecer.* SIN. Avituallar(se), aprovisionar(se), proveer(se), surtir(se). ANT. Desabastecer(se). FAM. Abastecedor, abastecimiento, abasto. / Desabastecer. BASTAR.

abasto *s. m.* **1.** Provisión de víveres. || *s. m. pl.* **2.** Organización del abastecimiento de víveres y artículos de primera necesidad de una población. || LOC. **dar abasto** Tener, hacer o proporcionar lo suficiente para algo: *Un kilo de azúcar da abasto para todos.* También, poder hacer algo, ser capaz de hacer alguna cosa. ■ Se usa sobre todo en frases negativas: *No doy abasto con tanto trabajo.*

abatanar *v. tr.* Trabajar los paños en el batán para desengrasarlos y dar cuerpo a su tejido.

abatatar *v. tr. Arg., Par.* y *Urug.* Confundir, acobardar. También *v. prnl.* FAM. Véase **batata**.

abate (del lat. *abbas, -atis*) *s. m.* **1.** Clérigo de órdenes menores. **2.** Clérigo extranjero, especialmente francés o italiano.

abatí *s. m.* **1.** *Par.* Maíz. **2.** *Arg.* y *Par.* Bebida alcohólica destilada del maíz.

abatir (del lat. *abbattuere*) *v. tr.* **1.** Derribar, hacer caer por tierra: *Abatieron el viejo edificio.* **2.** Inclinar, tumbar, poner echado: *abatir el respaldo.* **3.** Bajar algo que estaba izado: *Abatieron las velas del barco.* **4.** Humillar, desanimar, desalentar: *La derrota abatió su orgullo.* También *v. prnl.* || **abatirse** *v. prnl.* **5.** Lanzarse un ave, avión, etc., desde lo alto, generalmente para atacar: *El águila se abatió sobre su presa.* **6.** Recaer sobre alguien una desgracia o cualquier otro suceso negativo: *La pobreza se abatió sobre aquella familia.* SIN. **1.** Tirar, derrumbar. **3.** Arriar. **4.** Doblegar(se), apocar(se), deprimirse, desmoralizarse. ANT. **1.** Levantar, alzar. **3.** Izar. **4.** Enorgullecer(se), animarse. **6.** Cernirse. FAM. Abatible, abatidamente, abatido, abatimiento. BATIR.

abdicar (del lat. *abdicare*) *v. tr.* **1.** Ceder el rey u otra persona a sus derechos o renunciar a ellos: *El rey abdicó la corona en su hijo.* También *v. intr.* **2.** Abandonar una persona sus opiniones o ideales. También *v. intr.*: *Abdicó de las creencias que tenía.* ■ Delante de *e* se escribe *qu* en lugar de *c*: *abdique.* SIN. **1.** Dimitir. **2.** Abjurar, renegar, apostatar. ANT. **1.** Asumir. **2.** Abrazar. FAM. Abdicación.

abdomen (del lat. *abdomen*) *s. m.* **1.** Cavidad inferior y anterior del tronco de los vertebrados que contiene las vísceras; en el hombre, está situada entre el pecho y la región pelviana. **2.** Zona del cuerpo correspondiente a esta cavidad. **3.** En los artrópodos, parte posterior del cuerpo, normalmente separada del tórax por un estrechamiento o cintura y dividida en varios anillos. SIN. **2.** Barriga, panza. FAM. Abdominal.

abdominal *adj.* **1.** Del abdomen o relacionado con él: *músculos abdominales.* || *s. m.* **2.** Ejercicio físico que consiste en flexionar el tronco mediante la contracción de los músculos del abdomen. Se usa más en *pl.*: *Eliminarías la barriga si hicieras abdominales.*

abducción (del lat. *abductio, -onis,* separación) *s. f.* **1.** Movimiento por el cual un miembro se aparta de un eje central del cuerpo, p. ej. al levantar un brazo lateralmente. ■ No confundir con su opuesto *aducción.* **2.** Secuestro, sobre todo el ejecutado, según algunas teorías y testimonios, por criaturas extraterrestres con objeto de estudiar a los seres humanos. **FAM.** Abducir, abductor.

abducir *v. tr.* Llevar a cabo una abdución o secuestro. ■ No confundir con aducir, 'alegar'. Es v. irreg. Se conjuga como *conducir.*

abductor (del lat. *abductor, -oris,* que aparta) *adj.* **1.** Se aplica a los músculos que separan un miembro de un eje central del cuerpo. También *s. m.* ■ No confundir con su opuesto *aductor.*

abecé *s. m.* **1.** Abecedario*. **2.** Rudimentos o conocimientos mínimos de cualquier ciencia o actividad. **SIN. 1.** Alfabeto. **2.** Base, principios, fundamentos.

abecedario (del lat. tardío *abecedarius*) *s. m.* Serie de las letras de un idioma colocadas por orden. **SIN.** Abecé, alfabeto. **FAM.** Abecé.

abedul (De *betule* o *betulus,* variantes del lat. *betulla*) *s. m.* Planta betulácea arbórea o arbustiva, cuya especie más conocida es un árbol de 10 a 25 m de altura, de hojas pequeñas y puntiagudas, corteza lisa y clara, que se descama en láminas finas, y madera ligera, muy útil para fabricar utensilios. **FAM.** Betulácea.

abeja (del lat. *apicula,* y éste de *apis*) *s. f.* Insecto himenóptero de color pardo oscuro, provisto de alas y aguijón, en la mayor parte de las especies, que produce la miel y la cera y utiliza el néctar y el polen de las flores para alimentarse a sí mismo y a sus larvas; es un insecto social y vive en colmenas. **FAM.** Abejaruco, abejorro. / Apicultura.

abejaruco *s. m.* Ave trepadora de brillantes colores, alas puntiagudas y pico y cola largos, que se alimenta de insectos que captura al vuelo, especialmente abejas. Se llama también *azulejo.*

abejorro *s. m.* **1.** Insecto himenóptero de larga trompa, con el cuerpo cubierto de vello, que alcanza hasta 3 cm de longitud y zumba mucho al volar. **2.** Escarabajo de color rojizo muy perjudicial para la agricultura.

abencerraje (del ár. *Ibn as-barrach,* hijo del que fabrica sillas de montar) *adj.* Se dice de los miembros de una familia musulmana que protagonizó, junto con los zegríes, las luchas internas del reino de Granada en el s. XV. También *s. m.* y *f.*

aberración (del lat. *aberratio, -onis,* de *aberrare,* andar errante) *s. f.* **1.** Extravío o desviación exagerada de lo que se considera normal, natural o lógico. **2.** Desviación del tipo normal que en determinados casos experimenta un carácter morfológico o fisiológico como, p. ej., la irregularidad en la estructura, distribución o número de los cromosomas. **3.** Desvío aparente de los astros, observado desde la Tierra, debido a la combinación de la velocidad de la luz con la de los movimientos de nuestro planeta. **SIN. 1.** Desvío, descarrío; desatino, dislate, desvarío. **ANT. 1.** Normalidad.

aberrante *adj.* Que se aparta o desvía de lo considerado normal o frecuente. **SIN.** Antinatural, anormal, extraviado.

aberrar (del lat. *aberrare,* andar errante) *v. intr.* Apartarse o desviarse de lo que se considera normal, natural o lógico. **SIN.** Descarriarse. **FAM.** Aberración, aberrante. ERRAR.

abertura (del lat. *apertura*) *s. f.* **1.** Acción de abrir o abrirse. **2.** Boca, hendidura o grieta: *El agua entraba por una pequeña abertura del muro.* **3.** En ling., anchura o amplitud que dejan los órganos articulatorios para que pase el aire durante la emisión de un sonido. **4.** Apertura* de un instrumento óptico. **SIN. 2.** Agujero, boquete, brecha. **ANT. 1.** Cierre.

abertzale (vasc., significa 'patriota') *adj.* Partidario del nacionalismo radical vasco. También *s. m.* y *f.*

abeto (del lat. *abies, -etis*) *s. m.* Árbol de la clase coníferas, de hoja acicular perenne, cuyas ramas crecen horizontalmente constituyendo una copa de forma cónica. Es típico de los paisajes de alta montaña.

abey (taíno) *s. m.* Árbol de la familia leguminosas que alcanza unos 20 m de altura. Sus hojas, de forma ovalada, se aprovechan como forraje y su madera, dura y compacta, se utiliza en carpintería.

abicharse *v. prnl. Arg.* y *Urug.* Aparecer gusanos en la fruta u otras cosas.

abierto, ta (del lat. *apertus*) **1.** *p.* de **abrir**. También *adj.* || *adj.* **2.** Se aplica a las personas que se manifiestan espontáneamente, así como a su temperamento, forma de ser, etc.: *Luisa tiene un carácter muy abierto.* **3.** Se dice, en oposición a cerrado, del sonido pronunciado con una mayor abertura de los órganos de la articulación. **SIN. 2.** Comunicativo, expansivo, extravertido. **ANT. 2.** Introvertido. **FAM.** Abiertamente. ABRIR.

abigarrado, da **1.** *p.* de **abigarrar**. || *adj.* **2.** Compuesto de muchas cosas distintas, sobre todo de muchos colores mal combinados: *un estilo, un cuadro abigarrado.* **SIN. 2.** Mezclado, recargado, barroco, heterogéneo. **ANT. 2.** Sobrio, homogéneo.

abigarrar *v. tr.* **1.** Aplicar a una cosa muchos colores mal combinados. **2.** Mezclar muchas cosas distintas. **FAM.** Abigarradamente, abigarrado, abigarramiento.

abiogénesis *s. f.* Teoría que afirma que los seres vivos pueden nacer espontáneamente a partir de la materia inerte, sin intervención de otros seres vivos. ■ No varía en *pl.* **ANT.** Biogénesis. **FAM.** Abiogenético. BIOGÉNESIS.

abiótico, ca (de *a-* y el gr. *bios,* vida) *adj.* Se aplica a los lugares en que es imposible o extremadamente difícil que haya seres vivos.

abisal (del lat. *abyssus*) *adj.* **1.** Del abismo. **2.** Se aplica a las zonas oceánicas que se encuentran por debajo de los 2.000 m y a lo relacionado con ellas. || **3. fosa abisal** Depresión del fondo oceánico de más de 6.000 m. **SIN. 1.** Abismal, profundo, hondo, insondable. **ANT. 1.** Superficial.

abisinio, nia *adj.* De Abisinia o Etiopía. También *s. m.* y *f.* **SIN.** Etíope.

abismal *adj.* **1.** Del abismo o relacionado con él. **2.** Profundo y difícil de comprender. **SIN. 1.** Abisal **ANT. 1.** y **2.** Superficial.

abismar *v. tr.* **1.** Hundir en un abismo. **2.** Hacer caer a alguien en cierto estado negativo. || **abismarse** *v. prnl.* **3.** Concentrarse una persona en algo de tal manera que se olvida de todo lo demás: *Se abismó en la lectura.* **SIN. 1.** y **2.** Sumir. **3.** Sumergirse, embeberse.

abismo (del lat. vulg. *abyssimus,* de *abyssus,* y éste del gr. *abyssos,* sin fondo) *s. m.* **1.** Profundidad grande y peligrosa, como la del mar, un barranco o despeñadero. **2.** Cosa inmensa o incomprensible: *el abismo del infinito.* **3.** Estado negativo en el que cae alguien: *un abismo de maldad.* **4.** Diferencia u oposición muy grande entre cosas, personas o ideas: *Entre lo que dice y lo que hace hay un abismo.* **SIN. 1.** Sima, precipicio. **FAM.** Abismal, abismar. / Abisal.

abjurar (del lat. *abiurare*) *v. tr.* Retractarse de manera solemne o mediante juramento, de ideas o creencias, especialmente religiosas. También *v. intr.*: *abjurar de la fe.* **SIN.** Renegar, apostatar. **ANT.** Reafirmarse. **FAM.** Abjuración. JURAR.

ablación (del lat. *ablatio, -onis*, acción de quitar) *s. f.* **1.** Separación o extirpación de un órgano del cuerpo. || **2. ablación continental** Arrastre de materiales de la corteza terrestre realizado por un río, el viento, etc.

ablandar *v. tr.* **1.** Poner blanda una cosa: *El calor ablanda el asfalto.* También *v. prnl.* **2.** Suavizar el rigor y severidad de alguien: *Tus súplicas no conseguirán ablandarle.* También *v. prnl.* **3.** Convencer a alguien, hacerle ceder. También *v. prnl.*: *Por mucho que insistas, no voy a ablandarme.* **SIN. 1.** Reblandecer(se). **2.** Conmover(se), enternecer(se); calmar(se), apaciguar(se). **3.** Persuadir(se). **ANT. 1.** Endurecer(se). **2.** Enconar(se), exacerbar(se). **FAM.** Ablandador, ablandamiento, ablande. BLANDO.

ablande *s. m. Arg.* Rodaje de un automóvil.

ablativo (del lat. *ablativus*) *s. m.* En latín, griego y otras lenguas, uno de los casos de la declinación gramatical, que expresa diversas circunstancias como complemento circunstancial.

ablución (del lat. *ablutio, -onis*) *s. f.* **1.** Acción de purificar o purificarse por medio del agua, según los ritos de algunas religiones, como la cristiana, la judaica y la musulmana. **2.** Acción de lavarse. **SIN. 2.** Lavatorio, lavado.

ablusado, da 1. *p.* de **ablusar.** || *adj.* **2.** Que queda suelto y holgado como una blusa: *vestido ablusado.*

ablusar *v. tr.* Ahuecar una prenda de vestir de forma semejante a como queda una blusa. **FAM.** Ablusado. BLUSA.

abnegación (del lat. *abnegatio, -onis*) *s. f.* Renuncia a los propios intereses en beneficio de los demás. **SIN.** Sacrificio, altruismo, generosidad. **ANT.** Egoísmo. **FAM.** Abnegadamente, abnegado. NEGAR.

abnegado, da *adj.* Que muestra abnegación. **SIN.** Sacrificado, altruista. **ANT.** Egoísta.

abobar *v. tr.* **1.** Volver bobo a alguien. También *v. prnl.* **2.** Pasmar, admirar. También *v. prnl.* **SIN. 1.** Atontar, alelar. **2.** Embobar. **ANT. 1.** Avispar, despabilar. **FAM.** Abobado, abobamiento. BOBO.

abocado, da 1. *p.* de **abocar**. También *adj.* || *adj.* **2.** Que va o es conducido inevitablemente hacia algo, generalmente negativo: *Su deseo de ir a Londres está abocado al fracaso.* **3.** Aplicado al vino, embocado.

abocar *v. tr.* Verter el contenido de algún cántaro, saco, etc., en otro, uniendo las bocas de ambos. ■ Delante de *e* se escribe *qu* en lugar de *c*: *aboque.* **FAM.** Abocado, abocamiento. BOCA.

abocetar *v. tr.* Hacer un boceto, dejar un dibujo, cuadro o escultura sin terminar, señalando sólo los trazos fundamentales. **SIN.** Esbozar, bosquejar. **FAM.** Abocetado. BOCETO.

abochornar *v. tr.* **1.** Causar a alguien bochorno el excesivo calor. **2.** Avergonzar. También *v. prnl.*: *El alumno se abochornó por la reprimenda.* **SIN. 1.** Sofocar. **2.** Sonrojar(se), ruborizar(se). **ANT. 1.** Refrescar. **2.** Enorgullecer(se). **FAM.** Abochornado. BOCHORNO.

abocinado, da *adj.* **1.** En forma de bocina. **2.** En arq., se dice del arco que es mayor por un paramento que por el otro.

abofetear *v. tr.* Dar o pegar bofetadas.

abogacía *s. f.* Profesión de abogado. **SIN.** Derecho.

abogaderas *s. f. pl. Amér. del S.* Argumentos falsos o engañosos.

abogado, da (del lat. *advocatus*, llamado) *s. m. y f.* **1.** Persona que ha cursado la carrera de derecho y está autorizada para intervenir en los tribunales de justicia representando a otra. **2.** Persona que actúa en favor de otra. **3.** Santo protector. || **4. abogado de oficio** El designado por el juez para defender a las personas que carecen de recursos para costearse uno particular. **5. abogado del diablo** Promotor de la fe; el que se encarga de presentar objeciones en los procesos de canonización. P. ext., el que pone en duda o contradice un argumento o asunto para esclarecer la verdad. **6. abogado del Estado** En España, el letrado que asesora, representa y defiende al Estado en asuntos jurídicos. **SIN. 1.** Letrado, jurisconsulto, jurista. **1.** y **2.** Defensor, intercesor. **3.** Patrono, patrón. **FAM.** Abogacía, abogaderas, abogar.

abogar (del lat. *advocare*, de *ad*, a, y *vocare*, llamar a) *v. intr.* Obrar o actuar en favor de alguien o algo defendiéndolo o buscando apoyo: *Abogan por la construcción de más viviendas.* ■ Delante de *e* se escribe *gu* en lugar de *g*: *aboguen.* **SIN.** Interceder, defender. **ANT.** Acusar, atacar.

abolengo (de *abuelo*) *s. m.* Conjunto de antepasados, especialmente si son ilustres. **SIN.** Estirpe, linaje, casta, genealogía, alcurnia.

abolición *s. f.* Supresión legal de un precepto, costumbre o práctica: *la abolición de la esclavitud.*

abolicionismo *s. m.* Doctrina que defendía la abolición de la esclavitud. **FAM.** Abolicionista. ABOLIR.

abolir (del lat. *abolere*) *v. tr.* Suprimir mediante ley un precepto, costumbre o práctica: *En muchos países han abolido la pena de muerte.* ■ Es v. defect. El presente de indicativo sólo se usa en la 1.ª y 2.ª pers. del pl.: *abolimos, abolís.* Carece de presente de subjuntivo y el imperativo únicamente se emplea en la 2.ª pers. del pl.: *abolid.* **SIN.** Anular, abrogar, derogar, revocar, cancelar. **ANT.** Implantar, ratificar. **FAM.** Abolición, abolicionismo.

abolladura *s. f.* Abultamiento o hueco en un objeto o superficie por la acción de un golpe o una presión. **SIN.** Bollo, abollón.

abollar (del lat. *bulla*, burbuja) *v. tr.* Producir hundimiento en una superficie al golpearla o apretarla. También *v. prnl.* **SIN.** Aplastar(se). **ANT.** Desabollar(se), aplanar(se). **FAM.** Abollado, abolladura, abollón. / Desabollar. BOLLO².

abollón *s. m.* Abolladura*.

abolsar *v. tr.* Formar bolsas en una superficie. Se usa más como *v. prnl.* **FAM.** Abolsado. BOLSA¹.

abombado, da 1. *p.* de **abombar**. También *adj.* || *adj.* **2.** *Amér.* Atontado, aturdido.

abombar *v. tr.* **1.** Dar a una superficie forma de curva hacia afuera. También *v. prnl.* || **abombarse** *v. prnl.* **2.** *Amér.* Empezar a descomponerse algo: *abombarse la carne.* **3.** *Amér.* Achisparse, marearse. **SIN. 1.** Abultar(se), ahuecar(se), combar(se). **ANT. 1.** Alisar(se), aplanar(se). **FAM.** Abombado, abombamiento. BOMBA¹.

abominable (del lat. *abominabilis*) *adj.* **1.** Digno de ser condenado: *No respetar los derechos humanos es abominable.* **2.** Monstruoso, terrible: *el abominable hombre de las nieves.* **3.** Muy malo o muy desagradable: *Esto tiene un sabor abominable.* **SIN. 1.** Detestable, aborrecible, despreciable, execrable, deleznable. **2.** Horripilante. **2.** y **3.** Horrible, espantoso. **ANT. 1.** Admirable, estimable, adorable.

abominar (del lat. *abominare*, de *ab* y *ominari*, presagiar) *v. tr.* Aborrecer o condenar con energía a alguien o algo: *abominar el egoísmo.* También *v. intr.*, seguido de la prep. *de*: *Abomina de ese tipo de ideas.* **FAM.** Abominable, abominación.

abonado, da 1. *p.* de **abonar**[2]. También *adj.* || *s. m.* y *f.* **2.** Persona inscrita mediante pago en una institución, publicación, etc. y tiene derecho a recibir o disfrutar ciertos servicios o beneficios: *Sólo los abonados pudieron presenciar el espectáculo.*

abonar[1] (del lat. *bonus*) *v. tr.* **1.** Echar en la tierra abonos para que aumente su fertilidad. **2.** Acreditar, calificar de bueno o de válido: *Nuevos descubrimientos abonan su teoría.* **SIN. 1.** Fertilizar, enriquecer. **2.** Avalar, respaldar, garantizar, ratificar. **FAM.** Abonable, abonamiento, abono[1]. BUENO.

abonar[2] (del fr. *abonner*, del ant. fr. *bonne*, límite) *v. tr.* **1.** Pagar una factura, sueldo, etc.: *Tuvo que abonarle una buena indemnización.* **2.** Asentar una cantidad en el haber de una cuenta corriente. **3.** Inscribir a alguien, mediante pago, en una institución, publicación, etc., para que disfrute de sus servicios o prestaciones. También *v. prnl.*: *Nos hemos abonado a la temporada de ópera.* **SIN. 1.** Satisfacer. **2.** Ingresar. **3.** Apuntar(se). **ANT. 2.** Cargar. **3.** Borrar(se). **FAM.** Abonable, abonado, abonador, abonero, abono[2]. / Desabonarse.

abonero, ra *s. m.* y *f. Méx.* Comerciante callejero que vende su mercancía mediante plazos que se pagan en mensualidades.

abono[1] *s. m.* **1.** Acción de abonar[1]. **2.** Sustancia usada para suministrar o restituir a un suelo los elementos precisos para el buen desarrollo de las plantas. **SIN. 2.** Fertilizante.

abono[2] *s. m.* **1.** Acción de abonar[2] o abonarse. **2.** Lote de entradas que se compran conjuntamente y que permiten el uso periódico de algún servicio o la asistencia a algún espectáculo: *Ha sacado un abono para ir a la piscina.* **3.** *Méx.* Plazo, pago. **FAM.** Abonero. ABONAR[2].

aboquillar *v. tr.* Poner boquilla a alguna cosa.

aboral (del lat. *ab* y *oralis*, de *os, -oris*, boca) *adj.* Se dice del extremo del animal biológicamente opuesto a la boca.

abordaje *s. m.* Acción de abordar una embarcación: *Tomaron la nave al abordaje.*

abordar *v. tr.* **1.** Tocar o chocar una nave con otra de forma intencionada o fortuita. **2.** Pasar los tripulantes de una nave a otra con el fin de tomarla. **3.** Dirigirse a alguien para proponerle algo: *Le abordé en mal momento.* **4.** Tratar o emprender un asunto, negocio, etc., especialmente si es difícil: *Abordó el problema con mucha decisión.* **SIN. 1.** Topar. **3.** Acercarse. **4.** Acometer, afrontar, encarar, apechugar. **ANT. 4.** Evitar, eludir. **FAM.** Abordable, abordaje. / Inabordable. BORDE[1].

aborigen (del lat. *aborigenes*, de *ab*, desde, y *origine*, origen) *adj.* **1.** Se dice de la persona, animal o planta originarios del lugar en que viven. **2.** Se dice del primitivo poblador de un lugar. También *s. m.* y *f.* **SIN. 1.** Nativo, vernáculo, autóctono. **2.** Indígena. **ANT. 1.** y **2.** Extranjero, foráneo, forastero.

aborlonado, da *adj. Chile, Col.* y *Ec.* Se aplica a las telas que presentan irregularidades de hilado, trama o tinte.

aborrascarse *v. prnl.* Ponerse el tiempo borrascoso.

aborrecer (del lat. *abhorrescere*, de *ab*, de, y *horrescere*, tener horror) *v. tr.* **1.** Experimentar hacia alguien o algo sentimientos de desagrado, odio, etc.: *De tanto darle leche, va a acabar aborreciéndola.* **2.** Abandonar un animal a sus crías. ■ Es v. irreg. Se conjuga como *agradecer.* **SIN. 1.** Abominar, odiar, detestar, despreciar. **ANT. 1.** Amar, admirar, apreciar. **FAM.** Aborrecible, aborreciblemente, aborrecimiento.

aborregado, da 1. *p.* de **aborregarse**. También *adj.* || *adj.* **2.** Se dice de lo que presenta un aspecto que recuerda los lomos de un rebaño de borregos: *roca aborregada.*

aborregarse *v. prnl.* **1.** Cubrirse el cielo de pequeñas nubes blancas semejantes a mechones de lana. **2.** Volverse una persona gregaria, sin iniciativa. ■ Delante de *e* se escribe *gu* en lugar de *g*: *se aborreguen.* **SIN. 2.** Adocenarse. **ANT. 2.** Singularizarse, distinguirse. **FAM.** Aborregado. BORREGO.

abortar (del lat. *abortare*) *v. intr.* **1.** Interrumpir el embarazo y expulsar el feto muerto o antes de que esté en condiciones de vivir de manera independiente, ya sea por causas naturales o provocándolo artificialmente. También *v. tr.* **2.** Fracasar o interrumpirse algo antes de su realización completa: *El golpe de Estado abortó.* ■ Se usa más como *v. tr.*: *La policía abortó el atraco.* **SIN. 2.** Frustrar(se), malograr(se), estropear(se), desgraciar(se). **ANT. 2.** Lograrse, triunfar. **FAM.** Abortista, abortivo, aborto.

abortista *adj.* Partidario de la despenalización del aborto provocado. También *s. m.* y *f.*

abortivo, va (del lat. *abortivus*) *adj.* Se dice de sustancias que tienen la capacidad de hacer abortar. También *s. m.*

aborto (del lat. *abortus*, de *ab*, part. priv., y *ortus*, nacimiento) *s. m.* **1.** Acción de abortar, interrumpir el embarazo. **2.** Feto abortado. **3.** *fam.* Persona o cosa deforme y repugnante. **SIN. 3.** Engendro.

abotagarse o **abotargarse** *v. prnl.* **1.** Hincharse el cuerpo o parte de él. **2.** Entorpecerse la mente. ■ Delante de *e* se escribe *gu* en lugar de *g*: *se abotargue.* **SIN. 1.** Inflarse, inflamarse, embotijarse. **2.** Embrutecerse, ofuscarse, atontarse. **ANT. 1.** Deshincharse, desinflarse. **2.** Despabilarse. **FAM.** Abotagamiento, abotargamiento.

abotinado, da *adj.* En forma de botín; se aplica principalmente al zapato.

abotonadura *s. f.* **1.** Acción de abotonar o abotonarse. **2.** Botonadura.

abotonar *v. tr.* Cerrar una prenda de vestir pasando el botón o botones por su ojal. También *v. prnl.*: *abotonarse la chaqueta.* **SIN.** Abrochar. **ANT.** Desabotonar, desabrochar. **FAM.** Abotonadura. / Desabotonar. BOTÓN.

abovedar *v. tr.* **1.** Cubrir con bóveda una construcción. **2.** Dar forma de bóveda. **FAM.** Abovedado. BÓVEDA.

abra (del fr. *havre*, y éste del neerl. *havene*, puerto) *s. f.* **1.** Bahía no muy extensa. **2.** *Amér.* Claro del bosque. **3.** *Amér. C.* Sendero abierto entre matorrales. ■ En sing. lleva el art. *el* o *un.* **SIN. 1.** Ensenada, cala.

abracadabra *s. m.* Palabra cabalística a la que se atribuían propiedades mágicas. **FAM.** Abracadabrante.

abracadabrante *adj. fam.* Asombroso, pasmoso. **SIN.** Sorprendente, increíble, desconcertante, insólito. **ANT.** Normal, indiferente.

abrasar *v. tr.* **1.** Quemar o destruir algo con fuego o con alguna materia caliente o corrosiva: *La plancha le abrasó la mano.* También *v. prnl.* || *v. intr.* **2.** Estar muy caliente: *El café abrasa.* || **abrasarse** *v. prnl.* **3.** Consumirse por una pasión, amor, odio, etc.: *abrasarse en deseos de venganza.* **SIN. 1.** Incendiar(se), calcinar(se), carbonizar(se). **1.** a **3.** Arder. **3.** Encenderse, excitarse. **ANT. 1.** a **3.** Enfriar(se). **3.** Calmarse, sosegarse. **FAM.** Abrasador, abrasamiento, abrasante. BRASA.

abrasión (del lat. *abradere*, raer) *s. f.* **1.** Acción de raer o desgastar por fricción. **2.** Lesión superficial o irritación de la piel o mucosas, producida por el roce, por la acción de ciertas sustancias, como los purgantes, la lejía, etc. **FAM.** Abrasivo.

abrasivo, va *adj.* **1.** Que produce abrasión. || *s. m.* **2.** Producto que sirve para desgastar o pulir, friccionándolos, metales, vidrios, etc.

abrazadera *s. f.* Pieza que sirve para sujetar algo rodeándolo como un anillo.

abrazar *v. tr.* **1.** Rodear con los brazos. También *v. prnl.* con valor recíproco: *Los dos amigos se abrazaron.* **2.** Rodear, ceñir: *El Tajo abraza la ciudad de Toledo.* **3.** Incluir, comprender. **4.** Adherirse a unas ideas o a una religión: *Abrazó el catolicismo.* ■ Delante de *e* se escribe *c* en lugar de *z*: *abrace.* **SIN. 1.** y **2.** Envolver, estrechar. **4.** Acoger, adoptar, seguir, profesar. **ANT. 1.** Soltar. **4.** Abjurar, renegar. **FAM.** Abrazadera, abrazo. BRAZO.

abrazo *s. m.* **1.** Acción de abrazar o abrazarse. **2.** Se utiliza también como fórmula de despedida afectuosa y cortés en cartas, felicitaciones, etc.: *Hasta la vista, un abrazo.* **SIN. 1.** Achuchón, estrujón.

abreboca *s. m. fam.* Ración de comida y bebida que se toma para abrir el apetito antes de una comida principal. **SIN.** Aperitivo, piscolabis.

abrebotellas *s. m.* Instrumento que sirve para abrir la chapa de algunas botellas. ■ No varía en *pl.* **SIN.** Abridor.

abrecartas *s. m.* Especie de cuchillo que sirve para abrir los sobres de las cartas. ■ No varía en *pl.*

abrecoches *s. m.* y *f.* Persona que abre la puerta de los coches a sus ocupantes en la entrada de hoteles, locales públicos, etc. ■ No varía en *pl.*

ábrego (del lat. *africus*) *s. m.* Viento húmedo del SO.

abrelatas *s. m.* Instrumento que se utiliza para abrir latas de conservas. ■ No varía en *pl.* **SIN.** Abridor.

abrevadero *s. m.* Estanque, pilón o lugar apropiado para que beban los animales. **SIN.** Aguadero.

abrevar *v. tr.* **1.** Dar de beber al ganado. || *v. intr.* **2.** Beber el ganado. **FAM.** Abrevadero.

abreviar (del lat. *abbreviare*) *v. tr.* **1.** Hacer alguna cosa más corta o breve en su espacio o duración. || *v. intr.* **2.** Apresurarse, darse prisa: *Abrevia o llegaremos tarde.* **SIN. 1.** Resumir, compendiar, reducir, acortar. **2.** Acelerar, apurarse, aligerar. **ANT. 1.** Ampliar, alargar. **2.** Tardar, atrasarse. **FAM.** Abreviación, abreviadamente, abreviado, abreviatura. BREVE.

abreviatura (del lat. *abbreviatura*) *s. f.* **1.** Procedimiento para acortar las palabras en la escritura representando sólo algunas de sus letras. **2.** Palabra que resulta: *«Sr.» es la abreviatura de «señor».*

abridor, ra *adj.* **1.** Que abre. || *s. m.* **2.** Instrumento utilizado para levantar las tapas de ciertas botellas (cervezas, gaseosas) o abrir latas. **SIN. 2.** Abrebotellas, abrelatas.

abrigado, da 1. *p.* de **abrigar**. También *adj.* || *adj.* **2.** Resguardado del viento. **SIN. 2.** Cobijado, cubierto. **ANT. 1.** y **2.** Desabrigado.

abrigar (del lat. *apricare*, defender del frío) *v. tr.* **1.** Resguardar, proteger del frío. También *v. intr.* y *v. prnl.*: *Este jersey no abriga. A la salida de casa abrígate bien.* **2.** Tener determinados pensamientos, deseos, etc.: *A pesar de todo, aún abriga esperanzas.* ■ Delante de *e* se escribe *gu* en lugar de *g*: *abríguese.* **SIN. 1.** Arropar(se). **2.** Albergar. **ANT. 1.** Desabrigar(se). **FAM.** Abrigado, abrigo. / Desabrigar.

abrigo (del lat. *apricus*, defendido del frío) *s. m.* **1.** Prenda de vestir para protegerse del frío y que se coloca sobre otras ropas. **2.** Defensa o protección contra el frío. **3.** Lugar resguardado del viento. **4.** Amparo, protección. **5.** Cavidad natural de las rocas en las que se han descubierto muestras de arte prehistórico. || **LOC. de abrigo** *adj. fam.* Tremendo, impresionante. También, de cuidado, temible: *Es un tipo de abrigo.* **SIN. 1.** Gabán, pelliza, sobretodo. **3.** Refugio, cobijo, parapeto. **4.** Resguardo. **ANT. 2.** Desabrigo.

abril (del lat. *aprilis*, de *aperire*, abrir, florecer las plantas) *s. m.* **1.** Cuarto mes del año, que consta de treinta días. || *s. m. pl.* **2.** Años de la primera juventud: *Era una chica de quince abriles.* **FAM.** Abrileño.

abrileño, ña *adj.* Propio del mes de abril.

abrillantador *s. m.* Utensilio o producto con el que se da brillo a las cosas.

abrillantar *v. tr.* Dar brillo a una cosa. **SIN.** Pulir, lustrar, bruñir, pulimentar. **ANT.** Deslucir, deslustrar, empañar. **FAM.** Abrillantado, abrillantador. BRILLANTE.

abrir (del lat. *aperire*) *v. tr.* **1.** Hacer lo necesario para que pueda verse, tocarse, etc. el interior de algo o acceder a él: *abrir una caja, un regalo, un cajón, una fruta, una calle al tráfico.* También *v. prnl.* **2.** Mover, descolocar o invalidar aquello que cierra, cubre, entorpece, etc. alguna cosa: *abrir un tapón, un grifo, una frontera.* También *v. prnl.* **3.** Rajar, rasgar, dividir. También *v. prnl.*: *Esa madera se ha abierto.* **4.** Con nombres como *agujero*, *ojal*, *camino*, *canal*, etc., hacerlos. **5.** Separar partes de una cosa que están unidas por algún sitio: *abrir un libro, abrir unas tijeras, una navaja.* También *v. prnl.*: *abrirse una herida.* **6.** Desplegar, extender: *abrir un abanico, el paraguas, abrir los brazos. ¡Abran filas!* También *v. prnl.* **7.** Colocar el primero de signos ortográficos como comillas, paréntesis, etc. **8.** Comenzar ciertas cosas, especialmente una actividad o negocio: *abrir la sesión, abrir una nueva tienda.* **9.** Ir a la cabeza o delante de una formación: *abrir la marcha.* **10.** Iniciar el periodo de tiempo en que debe realizarse algo: *Esta semana abrieron el plazo de matrícula.* **11.** Referido a las ganas de comer, provocarlas: *abrir el apetito.* También *v. prnl.* **12.** Presentar, ofrecer. También *v. prnl.*: *Se nos abren buenas perspectivas.* **13.** Tratándose de cuentas corrientes, entregar a la entidad bancaria la cantidad de dinero requerida y realizar los requisitos oportunos para tenerla: *Abrió la cuenta con sesenta euros.* || *v. intr.* **14.** Separarse y extenderse los pétalos de las flores. También *v. prnl.* **15.** Despejarse el cielo. También *v. prnl.* ■ Se usa sobre todo en construcciones impersonales: *Parece que está abriendo.* **16.** En algunos juegos de naipes, hacer un jugador la primera apuesta o envite: *Abro con un euro.* || **abrirse** *v. prnl.* **17.** Sincerarse, confiarse a alguien: *Se abrió a mí al poco rato de estar hablando.* **18.** Comunicarse, ser receptivo: *Se ha abierto mucho a sus compañeros.* **19.** Tomar un vehículo una curva por el lado exterior. **20.** Estar orientado, dar a cierto lugar: *Las terrazas de la fachada se abren a un frondoso bosque.* **21.** *fam.* Irse: *Nos abrimos a las diez.* **22.** *Amér.* Apartarse de algo o huir de un sitio. **23.** *Amér.* Volverse atrás de una decisión. ■ Su p. es irreg.: *abierto.* SIN. **1.** Destapar(se), desobstruir(se). **3.** Partir(se), hender, agrietar(se). **4.** Practicar, taladrar, perforar, horadar. **8.** Empezar, inaugurar. **9.** Encabezar. **11.** Despertar(se). **12.** Brindar(se). **15.** Aclarar(se), clarear, serenarse. **17.** Desahogarse, explayarse. **20.** Mirar. **21.** Marcharse, largarse, pirarse. ANT. **1.** a **10.**, **14.**, **15.**, **18.** y **19.** Cerrar(se). **1.** y **4.** Tapar. **3.** Unir(se), juntar(se). **6.** Doblar(se), plegar(se). **8.** Terminar, clausurar. **13.** Cancelar. **15.** Nublarse, cubrirse. FAM. Abertura, abierto, abreboca, abrebotellas, abrecartas, abrecoches, abrelatas, abridor. / Apertura, entreabrir, reabrir.

abrochador *s. m. Arg.* Máquina grapadora.

abrochar *v. tr.* Cerrar o sujetar las dos partes de una prenda de vestir o de otra cosa con botones, broches, corchetes, etc. También *v. prnl.* SIN. Abotonar(se). ANT. Desabrochar(se), desabotonar(se). FAM. Abrochador. / Desabrochar. BROCHE.

abrogar (del lat. *abrogare*, de *ab*, part. priv., y *rogare*, promulgar) *v. tr.* Abolir o derogar una ley. ■ Delante de *e* se escribe *gu* en lugar de *g*: *abroguen.* SIN. Anular, revocar. ANT. Aprobar, restablecer. FAM. Abrogación. ROGAR.

abrojo (del lat. *aperi oculum*, ¡abre el ojo!) *s. m.* Planta de tallos largos y rastreros, flores amarillas y fruto espinoso, muy perjudicial para los sembrados. Se usa más en *pl.* FAM. Abrojal.

abroncar *v. tr.* **1.** Echar una bronca a alguien. **2.** Abuchear, mostrar desagrado con gritos o silbidos a alguien que habla, actúa, etc., en público: *Los espectadores abroncaron al picador.* ■ Delante de *e* se escribe *qu* en lugar de *c*: *abronque.* SIN. **1.** Reñir, reprender, regañar, amonestar. **2.** Silbar, pitar. ANT. **1.** Felicitar, aprobar. **2.** Aplaudir, ovacionar.

abrótano (del lat. *abrotonum*) *s. m.* Planta herbácea de cerca de 1 m de altura, de hojas finas y blanquecinas y flores amarillas, que se emplea para hacer crecer el pelo.

abrumador, ra *adj.* **1.** Que abruma. **2.** Total, aplastante: *Obtuvo una victoria abrumadora.* SIN. **1.** Atosigante, agobiante, angustioso. **2.** Rotundo, absoluto.

abrumar *v. tr.* **1.** Agobiar a alguien con un grave peso físico o moral: *Les abruman con tanto trabajo. Me abruman las preocupaciones.* También *v. prnl.* **2.** Causar a alguien molestia o apuro por exceso de alabanzas o amabilidad: *Me abruma usted con sus elogios.* También *v. prnl.* SIN. **1.** Oprimir, atosigar(se), hastiar(se). **2.** Azorar(se), turbar(se). ANT. **1.** Aliviar(se), aligerar. FAM. Abrumado, abrumador, abrumadoramente. BRUMA.

abrupto, ta (del lat. *abruptus*, de *abrumpere*, romper) *adj.* **1.** Se dice del terreno accidentado o montañoso. **2.** Áspero, rudo: *Tiene un carácter abrupto.* SIN. **1.** Escarpado, quebrado, agreste. **2.** Tosco, seco. ANT. **1.** Llano, liso. **2.** Afable, amable. FAM. Abruptamente.

ABS (siglas de la expr. al. *Antiblockiersystem*, sistema antibloqueo) *s. m.* Sistema que regula el frenado de las ruedas de un vehículo e impide que se bloqueen.

absceso (del lat. *abscessus*, tumor) *s. m.* Acumulación localizada de pus en los tejidos como consecuencia de una infección.

abscisa (del lat. *abscissa*, de *abscindere*, cortar) *s. f.* Coordenada horizontal en un sistema de ejes de coordenadas. Se representa con la letra *x*.

abscisión (del lat. *abscissio, -onis*) *s. f.* Corte o separación de una parte cualquiera del cuerpo, órgano, etc., con un instrumento cortante. FAM. Abscisa. ESCINDIR.

absenta (del cat. *absenta*, y éste del fr. *absinthe*) *s. f.* Ajenjo*, bebida alcohólica.

absentismo (del lat. *absens, -entis*, ausente) *s. m.* **1.** Costumbre de residir el propietario, especialmente el agrícola, fuera del lugar en que radican sus bienes. **2.** Frecuente falta de asistencia al trabajo por motivos no justificados. ■ Se dice también *absentismo laboral.* FAM. Absentista. AUSENTE.

ábside (del lat. *absis, -idis*, y éste del gr. *apsis, -idos*, nudo o clave de la bóveda) *s. m.* Parte del templo, abovedada y generalmente semicircular, donde se halla el presbiterio, que sobresale hacia afuera en la parte posterior del edificio. FAM. Absidiolo.

absidiolo o **absidiola** *s. m.* o *f.* Cada una de las capillas, generalmente semicirculares, que rodean el ábside de una iglesia.

absolución *s. f.* Acción de absolver. SIN. Perdón. ANT. Condena.

absolutismo *s. m.* Forma de gobierno en que el poder no está limitado por una ley constitucional, especialmente en las monarquías europeas de los s. XVII y XVIII.

absoluto, ta (del lat. *absolutus*, desligado, acabado) *adj.* **1.** Que excluye toda relación o comparación: *magnitud absoluta.* **2.** Que no admite excepción, restricción ni reserva: *una prohibición absoluta.* **3.** Completo, total: *Dentro de la cueva la oscuridad era absoluta.* **4.** Autoritario: *Habla siempre en un tono absoluto.* **5.** Partidario del absolutismo, que lo ejerce o lo implica. || **6. valor absoluto** En mat., referido a un número entero, es el número natural que resulta de prescindir del signo. || LOC. **en absoluto** *adv.* De manera terminante: *Se negó en absoluto.* También se utiliza para expresar lo contrario, de ninguna manera: *¿Te molesta prestarme el coche? No, en absoluto.* ■ En México se dice *en lo absoluto* SIN. **1.** Independiente. **2.** Terminante. **2.** y **4.** Categórico. **4.** Despótico, dominante. **5.** Absolutista. ANT. **1.** Dependiente, relativo. **2.** Restringido. **4.** Comprensivo. FAM. Absolutamente, absolutismo, absolutista. ABSOLVER.

absolutorio, ria (del lat. *absolutorius*) *adj.* En der., se dice del fallo o sentencia que absuelve. SIN. Eximente. ANT. Condenatorio.

absolver (del lat. *absolvere*, de *ab*, de, y *solvere*, soltar, desatar) *v. tr.* **1.** Reconocer un tribunal la inocencia de un acusado. **2.** En la religión católica, perdonar los pecados el sacerdote en el acto de la confesión. ■ Es v. irreg. Se conjuga como *volver.* SIN. **1.** Exculpar, descargar, eximir. **2.** Remitir. ANT. **1.** Condenar, inculpar. FAM. Absolución, absoluto, absolutorio. SOLUCIÓN.

absorbente *adj.* **1.** Que absorbe. También *s. m.* **2.** Dominante, que no deja intervenir a nadie en lo que hace o dice. También *s. m.* y *f.* SIN. **2.** Posesivo.

absorber (del lat. *absorbere*, de *ab*, de, y *sorbere*, sorber) *v. tr.* **1.** Atraer un cuerpo a otro, líquido o gaseoso, y conservarlo dentro de él: *La tierra absorbe el agua de la lluvia.* **2.** Referido a radiaciones, captar la materia la energía de éstas. **3.** Captar la atención o el interés de una persona: *El fútbol le absorbe completamente* **4.** Consumir, gastar, emplear: *El alquiler de la casa absorbe* *buena parte de sus ingresos.* **5.** Incorporar una sociedad, empresa, partido político, etc., a otro. ■ No confundir con *adsorber*, 'atraer un cuerpo a otro y retenerlo en su superficie'. SIN. **1.** Aspirar, chupar, empapar, embeber. **4.** Agotar. **5.** Anexar, anexionar. ANT. **1.** Expulsar, arrojar. FAM. Absorbente, absorbible, absorción, absorto. / Reabsorber. SORBER.

absorción (del lat. *absorptio, -onis*) *s. f.* **1.** Acción de absorber. || **2. absorción respiratoria** Intercambio de dióxido de carbono y oxígeno que se realiza en los alvéolos pulmonares. SIN. **1.** Empapamiento, impregnación.

absorto, ta (del lat. *absorptus*) *adj.* Se dice de la persona que está tan concentrada en lo que hace o piensa que no presta atención a nada más: *Está absorto en su trabajo.* SIN. Embebido, enfrascado, abstraído, sumido. ANT. Distraído.

abstemio, mia (del lat. *abstemius*) *adj.* Se dice de la persona que no bebe alcohol. También *s. m.* y *f.* ANT. Bebedor, borracho.

abstención (del lat. *abstentio, -onis*) *s. f.* **1.** Hecho de abstenerse, especialmente de votar. || **2. abstención técnica** La abstención electoral producida por motivos ajenos a la voluntad del votante, como p. ej. enfermedad, mal tiempo, malas comunicaciones, errores en el censo, etc. SIN. **1.** Renuncia, contención. ANT. **1.** Uso, consumo, participación.

abstencionismo *s. m.* Postura de quienes rechazan un determinado ejercicio público o cívico, como el del voto, por disconformidad con algún aspecto del mismo o por no aceptar el sistema como tal.

abstenerse (del lat. *abstinere*, de *abs*, part. priv., y *tenere*, tener) *v. prnl.* **1.** Privarse de algo: *Debe abstenerse del tabaco.* **2.** Dejar de hacer algo, particularmente votar. ■ Se construye con la prep. *de.* Es v. irreg. Se conjuga como *tener.* SIN. **1.** Prescindir, renunciar. **2.** Inhibirse, contenerse. ANT. **1.** Consumir. **2.** Participar, intervenir. FAM. Abstención, abstencionismo, abstencionista, abstinencia. TENER.

abstinencia (del lat. *abstinentia*) *s. f.* **1.** Hecho de abstenerse de algo, generalmente por razones morales o religiosas. **2.** Particularmente, privación de comer carne en ciertos días establecidos por la Iglesia católica. || **3. síndrome de abstinencia** Conjunto de síntomas (temblores, sudoración, ansiedad, etc.) que aparecen al cesar bruscamente el empleo de un determinado tóxico o fármaco al que está habituada una persona, como el alcohol, tabaco o estupefacientes.

abstracción (del lat. *abstractio, -onis*) *s. f.* **1.** Acción de abstraer o abstraerse. **2.** Cualidad de abstracto. **3.** Idea o cosa abstracta, poco definida. **4.** En arte, corriente o estilo abstracto. SIN. **1.** Conceptualización, idealización, generalización; inducción; ensimismamiento.

abstracto, ta (del lat. *abstractus*) *adj.* **1.** Se dice de las acciones o cualidades con independencia del sujeto que las realiza o posee; p. ej., los conceptos de belleza o bondad. **2.** También se dice de las ideas o conceptos que no tienen realidad material o palpable: *La humanidad es una idea abstracta.* **3.** Se aplica al sustantivo que designa estos conceptos. **4.** Impreciso, poco definido: *Me hizo una descripción demasiado abstracta.* **5.** Se aplica al arte que, en oposición al arte figurativo, no pretende reproducir las imágenes tal y como las percibe el ojo humano y, especialmente, a la corriente artística que con este carácter surgió en Europa a principios del s. XX. **6.** Relativo a este arte o que lo practica. SIN. **1.** General, genérico, universal. **2.** Ideal. **3.** Inconcreto, inexacto, indefinido, indeterminado. ANT. **1.** Individual, particular. **1.** y **2.** Concreto. **3.** Preciso, definido.

abstraer (del lat. *abstrahere*, de *abs* y *trahere*, traer hacia sí) *v. tr.* **1.** Considerar una cualidad o acción con independencia del objeto en el que existe o del sujeto que la realiza; p. ej., la idea de belleza a partir de las cosas bellas. || **abstraerse** *v. prnl.* **2.** Apartar la atención de otras cosas para concentrarse en algo: *No consigue abstraerse del ruido de la calle.* ■ Es v. irreg. Se conjuga como *traer.* SIN. **1.** Inducir, conceptualizar, generalizar. **2.** Embeberse, enfrascarse, ensimismarse. ANT. **2.** Desconcentrarse, distraerse. FAM. Abstracción, abstracto, abstraído. TRAER.

abstraído, da **1.** *p.* de **abstraer**. También *adj.* || *adj.* **2.** Con el pensamiento fijo en algo y sin percatarse de lo que le rodea: *Estaba abstraído con el trabajo y no te oí llegar.* SIN. **2.** Absorto, embebido, enfrascado, ensimismado. ANT. **2.** Distraído, disperso.

abstruso, sa (del lat. *abstrusus*, oculto) *adj.* Difícil de comprender: *un pensamiento abstruso.* SIN. Incomprensible, impenetrable, inaccesible. ANT. Comprensible.

absurdo, da (del lat. *absurdus*) *adj.* Que no tiene sentido, que es contrario a la razón. También *s. m.* SIN. Ilógico, irracional, disparatado, desatinado; incongruencia, insensatez, desatino, sinrazón. ANT. Lógico, racional, sensato.

abubilla (del lat. *upupa*) *s. f.* Pájaro insectívoro de unos 30 cm de longitud, de color pardo-rosado, con las alas y la cola a franjas blancas y negras, pico largo y curvado hacia abajo y una cresta eréctil de plumas en la cabeza.

abuchear *v. tr.* Manifestar desagrado por medio de siseos, silbidos u otros ruidos hacia quien habla o actúa en público. SIN. Abroncar, silbar, pitar. ANT. Aplaudir, ovacionar. FAM. Abucheo.

abuelastro, tra *s. m. y f.* **1.** Padre o madre del padrastro o de la madrastra de una persona. **2.** Segundo marido de la abuela o segunda mujer del abuelo de una persona.

abuelo, la (del lat. *avia*) *s. m. y f.* **1.** Padre o madre de los padres de una persona. **2.** *fam.* Persona anciana. || *s. m. pl.* **3.** Antepasados de una persona. || LOC. **no tener** uno **abuela** *fam.* Ser muy presuntuoso o creído. SIN. **3.** Ancestros, ascendientes, antecesores. ANT. **3.** Descendientes. FAM. Abuelastro. / Abolengo, bisabuelo, sujetabuelos, tatarabuelo.

abuhardillado, da *adj.* Con buhardilla o en forma de buhardilla.

abulense (del lat. *abulensis*, de *Abula*) *adj.* De Ávila, ciudad y provincia españolas. También *s. m.* y *f.* SIN. Avilés.

abulia (del gr. *abulia*, de *a*, part. priv., y *bulomai*, querer) *s. f.* Disminución o falta de voluntad, incapacidad patológica para adoptar decisiones y ejecutarlas. SIN. Apatía, desgana, abandono. ANT. Entusiasmo, dinamismo. FAM. Abúlico.

abullonado, da *adj.* Se dice de algunas prendas de vestir y de partes de ellas que están muy fruncidas por un extremo y ajustadas por otro: *un vestido de mangas abullonadas.*

abultamiento *s. m.* Bulto o parte hinchada de una cosa.

abultar *v. tr.* **1.** Hacer que algo tenga mucho volumen o forme bulto. También *v. prnl.*: *Se le ha abultado la mejilla.* **2.** Exagerar la importancia de algo: *Abultaron la gravedad del accidente.* || *v. intr.* **3.** Ocupar una cosa un cierto volumen: *El paquete abulta mucho.* **SIN. 1.** Engrosar, hinchar, inflar. **2.** Acentuar, aumentar. **ANT. 1.** y **2.** Reducir, disminuir. **2.** Atenuar, mitigar. **FAM.** Abultado, abultamiento. BULTO.

abundamiento *s. m.* Se utiliza en la locución adverbial **a mayor abundamiento**, con el significado de 'además': *A mayor abundamiento, el conferenciante citó diversos ejemplos de lo expuesto.*

abundancia (del lat. *abundantia*) *s. f.* **1.** Cualidad de abundante. **2.** Gran cantidad. **SIN. 1.** Riqueza, copiosidad. **2.** Copia, profusión, multitud. **ANT. 1.** Escasez.

abundante *adj.* Que existe o tiene algo en gran cantidad: *En el banquete se sirvieron abundantes viandas.* **SIN.** Rico, copioso. **ANT.** Escaso.

abundar (del lat. *abundare*, salirse las ondas) *v. intr.* **1.** Haber algo en abundancia: *En Valencia abundan los naranjos.* **2.** Tener en abundancia: *Abunda en sabiduría.* **3.** Hablando de una idea, propuesta, exposición, etc., insistir o continuar en ella. ■ En las dos últimas acepciones se construye con la prep. *en.* **SIN. 1.** Proliferar. **2.** Rebosar. **ANT. 1.** Escasear, faltar. **FAM.** Abundamiento, abundancia, abundante, abundantemente, abundosamente, abundoso. / Sobreabundar, superabundar.

abundoso, sa *adj. Amér.* Abundante.

¡abur! (del vasc. *agur*, y éste del lat. *augurium*) *interj.* Forma coloquial que se usa para despedirse, como *¡adiós!* **SIN.** Chao.

aburguesar *v. tr. desp.* Acostumbrar a la forma de vida que se considera propia de los burgueses. Se usa más como *v. prnl.* **FAM.** Aburguesamiento. BURGUÉS.

aburrido, da 1. *p.* de **aburrir**. || *adj.* **2.** Que aburre. También *s. m.* y *f.* **3.** Se aplica a la persona que no es capaz de divertirse. También *s. m.* y *f.* **SIN. 2.** Pesado, cargante. **ANT. 2.** Distraído, entretenido, divertido.

aburrimiento *s. m.* **1.** Cansancio o fastidio producido por algo poco interesante o demasiado repetitivo. **2.** Lo que causa ese cansancio: *Esta película es un aburrimiento.* **SIN. 1.** Tedio, hastío. **2.** Lata.

aburrir (del lat. *abhorrere*, apartarse con horror) *v. tr.* **1.** Producir cansancio una persona o cosa a alguien por no tener interés para él: *Le aburre el fútbol.* También *v. prnl.*: *Me aburro con la televisión.* **2.** Molestar una persona o cosa a alguien por su insistencia: *Me aburre tanta lluvia.* **SIN. 1.** y **2.** Hastiar(se), hartar(se), cargar(se). **ANT. 1.** Entretener(se), divertir(se). **2.** Agradar. **FAM.** Aburrido, aburrimiento.

abusar *v. intr.* **1.** Usar con exceso de una cosa: *Abusa del tabaco.* **2.** Usar de la fuerza o del poder para perjudicar o aprovecharse de otras personas: *abusar del débil.* **3.** Violar a una persona o propasarse con ella. || **abusarse** *v. prnl.* **4.** *Amér. C.* y *Méx.* Estar atento, preparado para algo. ■ Como v. intr. se construye con la prep. *de.* **SIN. 1.** Excederse, extralimitarse. **2.** Atropellar, pasarse. **3.** Forzar, violentar. **ANT. 1.** Moderarse, contenerse.

abusivo, va *adj.* Que es injusto, exagerado o se hace sin derecho: *precios abusivos.* **SIN.** Excesivo, desmedido. **ANT.** Justo, moderado.

abuso (del lat. *abusus*) *s. m.* Acción de abusar: *abuso de autoridad, abuso de confianza.* **SIN.** Extralimitación, exceso. **ANT.** Moderación, control. **FAM.** Abusar, abusivamente, abusivo, abusón. USO.

abusón, na *adj.* Se dice de la persona que abusa de su fuerza o autoridad. También *s. m.* y *f.*

abyección (del lat. *abiectio, -onis*) *s. f.* **1.** Cualidad de abyecto. **2.** Acción vil y despreciable: *Es capaz de la peor abyección para ascender.* **SIN. 1.** Degradación. **1.** y **2.** Vileza, indignidad, ignominia. **ANT. 1.** Dignidad.

abyecto, ta (del lat. *abiectus*, rebajado, envilecido) *adj.* Bajo, vil, despreciable. **SIN.** Infame, ruin, rastrero, indigno, ignominioso. **ANT.** Honroso, digno. **FAM.** Abyección.

acá (del lat. *eccum hac*, he aquí) *adv. l.* **1.** Indica el sitio en que está el que habla, pero de modo menos exacto que *aquí*, por lo que admite grados de comparación: *No lo pongas tan acá. Vente más acá.* **2.** *And.* Tiene a veces un valor pronominal y equivale a *yo, nosotros*: *Acá vimos lo que pasó.* **3.** *Amér.* Equivale en ocasiones a *éste, ésta*: *Acá le contará lo que sucede.* || *adv. t.* **4.** Después de la preposición *de* o *desde* y expresiones de tiempo, denota el presente: *de ayer acá, desde un año acá.* || **LOC. de acá para allá** *adv.* De un lugar a otro. ■ En América ha reemplazado prácticamente a *aquí.* **ANT. 1.** Allí, allá.

acabado, da 1. *p.* de **acabar**. También *adj.* || *adj.* **2.** Viejo, destruido, fracasado: *Es un hombre acabado.* || *s. m.* **3.** Perfeccionamiento de una obra o un trabajo: *Ese coche tiene muy buen acabado.* **SIN. 3.** Remate. **FAM.** Acabadamente. / Inacabado. ACABAR.

acabar (de *a-*[2] y *cabo*) *v. tr.* **1.** Llevar hasta su fin un determinado proceso, acción, etc. También *v. intr.* y *v. prnl.*: *La función acaba a las doce. Las clases se acaban hoy.* **2.** Consumir: *No has acabado la sopa.* También *v. prnl.*: *Se ha acabado el dinero.* **3.** Rematar una determinada obra: *En ese taller acaban muy bien los muebles.* **4.** Llegar a su fin algo de una determinada manera, en un determinado lugar, etc.: *La cosa acabó mal.* **5.** Tener un objeto una determinada forma en su terminación. ■ Se construye con la prep. *en*: *Los barrotes acaban en punta.* **6.** Seguido de la preposición *de* y un infinitivo, expresa que la acción de éste se ha producido inmediatamente antes: *Acabo de llegar a mi casa.* **7.** Seguido de la preposición *con,* matar, destruir, agotar: *Acabó con nuestras esperanzas.* **8.** Seguido de un gerundio o de una expresión adverbial, hacer u ocurrir finalmente lo que se expresa: *Acabó lloviendo aquella tarde.* || **LOC. ¡acabáramos!** *interj.* Indica que se ha logrado o descubierto algo, se cae en la cuenta de algo o se sale de una duda. **SIN. 1.** Ultimar, finalizar, concluir, completar(se). **1.** a **5.** y **8.** Terminar(se). **2.** Agotar(se), gastar(se). **3.** Redondear, pulir. **7.** Exterminar, liquidar. **ANT. 1.** Iniciar(se), comenzar. **1., 2.** y **4.** Empezar. **2.** Conservar(se). **3.** Esbozar. **FAM.** Acabado, acabamiento, acabose. / Inacabable, sanseacabó.

acabose *s. m.* Se emplea en la locución **ser** algo **el acabose**, con el significado de 'ser el colmo, el no va más'.

acacia (del lat. *acacia*) *s. f.* Árbol o arbusto de hoja caduca y altura de hasta 20 m según las especies, que puede ser espinoso. De algunas de ellas se obtiene madera, goma arábiga y tanino, que se extrae de la corteza. La especie más común en España es la falsa acacia, que tiene unas flores blancas llamadas «pan y quesillo».

academia (del lat. *academia*, y éste del gr. *akademeia*) *s. f.* **1.** Sociedad o institución artística, literaria o científica: *Real Academia Española.* **2.** Centro de enseñanza para ciertas carreras, profesiones o especialidades: *academia militar.* **3.** Centro de enseñanza privado sin capacidad para dar títulos oficiales. **4.** Edificio en que se instala una academia. **FAM.** Academicismo, académico.

academicismo *s. m.* Apego excesivo a las normas estéticas establecidas en arte o en literatura. **FAM.** Academicista. ACADEMIA.

académico, ca (del lat. *academicus*) *adj.* **1.** Conforme a las normas de la academia. **2.** Relativo a las academias. **3.** Relativo a la enseñanza oficial: *curso académico, título académico.* || *s. m.* y *f.* **4.** Persona que es miembro de una academia. **SIN. 1.** Clásico, culto, normativo, purista. **ANT. 1.** Incorrecto, vulgar.

acadio, dia *adj.* **1.** De Acad, región y ciudad de Mesopotamia. También *s. m.* y *f.* || *s. m.* **2.** Lengua semítica hablada en los imperios de Asiria y Babilonia.

acaecer (del lat. vulg. *accadere*, del lat. *accidere*) *v. intr.* Suceder un hecho determinado. ■ Es v. irreg. y defect. Sólo se usan las 3.as pers. del sing. y, en lenguaje corriente, las del pl. también. Se conjuga como *agradecer.* **SIN.** Acontecer, ocurrir, pasar, sobrevenir. **FAM.** Acaecimiento.

acahual (del náhuatl *acahualli*) *s. m.* **1.** *Méx.* Especie de girasol muy abundante en México. **2.** *Méx.* Denominación genérica de las hierbas que cubren las tierras en barbecho.

acallar *v. tr.* **1.** Hacer callar ruidos, voces, etc.: *Acalló el griterío con sus palabras.* También *v. prnl.* **2.** Aplacar o sosegar a alguien o sus pasiones, sentimientos, etc.: *acallar la conciencia.* También *v. prnl.* **3.** Aliviar un dolor. También *v. prnl.* **SIN. 1.** Silenciar(se), enmudecer(se). **2.** Serenar(se), calmar(se), aquietar(se), contener(se). **ANT. 2.** Exaltar(se), excitar(se). **3.** Recrudecer(se).

acalorar *v. tr.* **1.** Dar o causar calor: *El correr acalora a cualquiera.* || **acalorarse** *v. prnl.* **2.** Enrojecerse el rostro y sofocarse a causa de un trabajo o ejercicio violento. **3.** Enardecerse al hablar o discutir, o avivarse una discusión: *El diputado se acaloró en su crítica al gobierno.* **4.** Perder la calma o enfadarse por algo: *Se acalora por nada.* **SIN. 1.** Calentar, recalentar. **3.** Exaltarse, entusiasmarse, excitarse. **ANT. 1.** Enfriar, refrescar. **3.** Moderarse, calmarse. **FAM.** Acaloradamente, acaloramiento, acaloro. / Desacalorarse. CALOR.

acampada *s. f.* Acción de acampar: *Fueron de acampada al monte.* **SIN.** Camping.

acampanado, da *adj.* En forma de campana.

acampar *v. intr.* Detenerse e instalarse en el campo, en tiendas o al aire libre. **SIN.** Vivaquear. **FAM.** Acampada. CAMPO.

acanalado, da 1. *p.* de **acanalar.** || *adj.* **2.** Que pasa por un canal o lugar estrecho. **3.** En forma de canal. **4.** Con estrías. **SIN. 4.** Estriado.

acanaladura *s. f.* En arq., canal, estría.

acanalar *v. tr.* Hacer uno o varios canales o estrías sobre algún objeto. **SIN.** Estriar, rayar. **FAM.** Acanalado, acanaladura. CANAL.

acantilado *s. m.* Costa rocosa cortada casi verticalmente. **FAM.** Véase **cantil.**

acanto (del lat. *acanthus*, y éste del gr. *akantha*, espina) *s. m.* **1.** Planta herbácea perenne de hojas rizadas y espinosas, dispuestas en pares opuestos alrededor del tallo, utilizada principalmente como planta ornamental. **2.** En arq., ornamento hecho a imitación de las hojas de esta planta, característico del capitel corintio.

acantocéfalo (del gr. *akantha*, espina, y *-céfalo*) *adj.* **1.** Se dice de un tipo de gusanos parásitos de artrópodos, peces, anfibios, aves y mamíferos; tienen en la cabeza una prolongación o trompa con ganchos que les sirve para fijarse a su huésped. También *s. m.* || *s. m. pl.* **2.** Filo formado por estos animales.

acantonamiento *s. m.* **1.** Acción de acantonar o acantonarse. **2.** Lugar en que hay tropas acantonadas. **SIN. 1.** y **2.** Acuartelamiento.

acantonar *v. tr.* Distribuir y alojar las tropas. También *v. prnl.* **FAM.** Acantonamiento. CANTÓN.

acantopterigio (del gr. *akantha*, espina, y *pterygion*, aleta) *adj.* **1.** Se aplica a diversos peces teleósteos que tienen aletas espinosas, la boca móvil y la aleta pectoral relativamente alta, como el lenguado, la perca, el salmonete y el pez espada. También *s. m.* || *s. m. pl.* **2.** Grupo de estos peces, actualmente sin valor taxonómico.

acaparar (del fr. *accaparer*, y éste del ital. *accaparrare*, de *caparra*, arras) *v. tr.* **1.** Quedarse con el total o la mayor parte de una cosa: *Las atletas rusas acapararon todas las medallas.* **2.** Con sustantivos como *atención* o *interés*, centrarlo alguien sobre sí. **SIN. 1.** Acopiar, apropiarse, amontonar. **1.** y **2.** Monopolizar. **ANT. 1.** Compartir, distribuir. **FAM.** Acaparador, acaparamiento.

acápite (del lat. *a capite*, desde el principio) *s. m.* **1.** *Amér.* Párrafo*. **2.** *Arg.* Título, capítulo o epígrafe.

acaramelar *v. tr.* **1.** Cubrir de azúcar a punto de caramelo. || **acaramelarse** *v. prnl.* **2.** Mostrarse uno muy dulce y cariñoso. **SIN. 1.** Caramelizar. **FAM.** Acaramelado. CARAMELO.

acariciar *v. tr.* **1.** Hacer caricias. También *v. prnl.* **2.** Rozar o tocar suavemente algo. **3.** Complacerse en pensar una cosa con la esperanza de realizarla: *Acariciaba la idea de realizar un viaje.* **SIN. 3.** Abrigar. **FAM.** Acariciador. CARICIA.

acaricida *adj.* Se aplica al antiparasitario que elimina los ácaros. También *s. m.*

ácaro (del lat. moderno *acarus*, y éste del gr. *akari*) *adj.* **1.** Se aplica a ciertos arácnidos pequeños o microscópicos, entre los que se encuentran las garrapatas; muchos de ellos son parásitos del hombre, al que transmiten enfermedades como la sarna. También *s. m.* || *s. m. pl.* **2.** Orden constituido por éstos. **FAM.** Acaricida.

acarrear *v. tr.* **1.** Transportar o cambiar algo de sitio en carro o por cualquier otro medio: *Los labradores acarreaban la paja.* **2.** Causar u ocasionar daños, desgracias, etc.: *Su comportamiento le acarreó muchos disgustos.* **SIN. 1.** Portear, conducir, trasladar. **2.** Originar, provocar, implicar. **FAM.** Acarreo. CARRO.

acarreo *s. m.* **1.** Acción de acarrear. **2.** En geol., conjunto de los materiales térreos que se acumulan en ciertos lugares después de haber sido transportados por el agua o el viento. **SIN. 1.** Transporte, porte, conducción, traslado.

acartonarse *v. prnl.* Ponerse como el cartón. Se usa sobre todo al referirse a personas que se quedan enjutas al envejecer. **SIN.** Apergaminarse, momificarse.

acaserarse *v. prnl.* **1.** *Chile* y *Perú* Hacerse cliente habitual de una tienda. **2.** *Chile* y *Perú* Encariñarse de un lugar o hacerse muy casero.

acaso *s. m.* **1.** Especie de fuerza imaginaria que hace que los acontecimientos no se rijan por leyes fijas o predecibles: *El acaso hizo que nos encontráramos aquella tarde.* || *adv.* **2.** Indica la posibilidad de que ocurra algo: *Acaso llueva esta tarde.* **3.** Sirve para reforzar oraciones interrogativas: *¿Acaso piensas que no tengo razón?* || **LOC. por si**

acaso *adv.* Por si ocurre alguna cosa. **si acaso** *adv.* y *conj.* Con uso adverbial, significa 'en todo caso', 'como mucho': *No voy a cenar; si acaso, tomaré un vaso de leche.* Como locución conjuntiva, expresa posibilidad, eventualidad: *Si acaso telefonearan, diles que no estoy.* SIN. **1.** Casualidad, azar, suerte. **2.** Quizá. ANT. **1.** Destino, hado.

acatar (de *a-*[2] y el ant. *catar,* mirar) *v. tr.* **1.** Obedecer una orden, seguir un consejo: *Acataron el reglamento del centro.* **2.** Respetar o reconocer a una persona, institución, o lo que éstas establecen, sin que ello implique obedecerlos: *Acato la orden, pero no la cumplo.* **3.** *Amér. C., Col.* y *Ven.* Darse cuenta de algo. También *v. intr.* SIN. **1.** Cumplir, someterse. **2.** Aceptar. ANT. **1.** Desacatar, desobedecer. FAM. Acatamiento. / Desacato. CATAR.

acatarrarse *v. prnl.* Contraer un catarro. SIN. Constiparse, enfriarse, resfriarse.

acaudalado, da *adj.* Rico, adinerado.

acaudillar *v. tr.* Dirigir, ponerse al frente de un ejército, un país, una rebelión, etc. SIN. Capitanear, encabezar, liderar.

acceder (del lat. *accedere,* llegar) *v. intr.* **1.** Estar de acuerdo en hacer o que se haga algo a petición o por imposición de otro: *El amigo accedió a su ruego.* **2.** Entrar en un lugar o pasar a él. **3.** Conseguir una dignidad, una condición o grado superior: *Ha accedido a la cátedra de lengua.* SIN. **1.** Consentir, ceder, transigir. **2.** Ingresar, pasar. **3.** Obtener, lograr. ANT. **1.** Rehusar, rechazar. **2.** Salir. FAM. Accesible, accésit, acceso, accesorio.

accesible (del lat. *accesibilis*) *adj.* **1.** Se dice de algo que puede ser alcanzado o de un lugar al que se puede llegar. **2.** Que puede ser entendido: *una explicación accesible.* **3.** Amable, cordial, de fácil trato. SIN. **1.** Alcanzable. **2.** Asequible, comprensible, inteligible. **3.** Franco, abierto, tratable. ANT. **1.** Inaccesible, inalcanzable. **2.** Incomprensible, oscuro. **3.** Distante, intratable. FAM. Accesibilidad. / Inaccesible. ACCEDER.

accésit (del lat. *accesit,* de *accedere,* acercarse) *s. m.* Recompensa inferior al premio en certámenes científicos, literarios o artísticos. ■ No varía en *pl.,* aunque a veces se usa *accésits.*

acceso (del lat. *accessus*) *s. m.* **1.** Acción de acercarse o llegar: *El acceso por carretera a la ciudad es muy complicado.* **2.** Lugar o medio por donde se llega a algún sitio, entrada, paso. **3.** Posibilidad de llegar a alguien o a algo: *Tiene acceso a todos los archivos.* **4.** Exaltación, arrebato o ataque: *acceso de tos.* || **5. acceso carnal** Unión sexual. SIN. **1.** Llegada, acercamiento, aproximación. **4.** Crisis, golpe. ANT. **1.** Alejamiento, distanciamiento. **2.** Salida.

accesorio, ria *adj.* **1.** Que no es necesario o principal: *La buena presencia es algo accesorio para este trabajo.* || *s. m.* **2.** Utensilio auxiliar u objeto de adorno: *accesorios del hogar, del vestido.* **3.** Pieza de una máquina que se puede recambiar. SIN. **1.** Accidental, circunstancial, anecdótico. **2.** y **3.** Complemento, suplemento. **3.** Recambio. ANT. **1.** Fundamental, sustancial. FAM. Accesoriamente. ACCEDER.

accidentado, da 1. *p.* de **accidentar.** || *adj.* **2.** Con muchos accidentes, agitado, difícil: *Fue un viaje muy accidentado.* **3.** Que ha sufrido un accidente. También *s. m.* y *f.* **4.** Se aplica al terreno muy montañoso. SIN. **2.** Movido, dificultoso, infortunado. **3.** Damnificado, perjudicado. **4.** Abrupto, escarpado. ANT. **2.** Tranquilo, apacible. **3.** Ileso. **4.** Llano.

accidental (del lat. *accidentalis*) *adj.* **1.** Que no es principal ni sustancial. **2.** Casual o fortuito: *Fue un encuentro accidental.* **3.** Se dice de un cargo que se ocupa de modo no fijo ni estable. SIN. **1.** Accesorio, complementario, secundario, auxiliar, circunstancial. **2.** Adventicio, inopinado. **3.** Eventual, temporal. ANT. **1.** Fundamental, necesario. **2.** Premeditado, deliberado. **3.** Perpetuo.

accidentar *v. tr.* **1.** Producir accidente. || **accidentarse** *v. prnl.* **2.** Sufrir un accidente. SIN. **2.** Lesionarse.

accidente (del lat. *accidens, -entis*) *s. m.* **1.** Suceso inesperado, generalmente desagradable: *accidente de circulación.* **2.** Casualidad: *Descubrió la fórmula por accidente.* **3.** En geog., cada uno de los elementos de un lugar, que le dan su configuración, p. ej. los ríos, montañas, costas, etc. **4.** En ling., variación gramatical de las palabras, como el género, número, tiempo, persona, etc. **5.** En la filosofía aristotélico-escolástica, lo que pertenece a un ser y puede ser afirmado de él, pero que no es ni necesario ni constante. Se opone a *sustancia.* SIN. **1.** Incidente, percance, contratiempo, infortunio. **2.** Azar, suerte. FAM. Accidentadamente, accidentado, accidental, accidentalmente, accidentar.

acción (del lat. *actio, -onis*) *s. f.* **1.** Ejercicio de la facultad de actuar o hacer alguna cosa: *Es un hombre especialmente dotado para la acción.* **2.** Cada manifestación concreta de ese ejercicio: *Todas sus acciones son prudentes.* **3.** Influencia y efecto que alguien o algo produce sobre una cosa: *la acción de los jesuitas en América, la acción del ácido sobre un material.* **4.** Batalla, combate, etc. ■ En esta acepción suele añadirse un complemento: *acción de armas, acción de guerra.* **5.** Conjunto de acontecimientos que componen el argumento de una obra literaria, teatral, cinematográfica, etc.: *La acción del film transcurre en París.* **6.** Conjunto de los gestos o movimientos de una persona; especialmente los del actor u orador para lograr una mayor expresividad. **7.** En econ., cada una de las partes cotizables en bolsa en que se considera dividido el capital de una sociedad anónima; también, título que acredita la posesión y el valor de ellas. **8.** En der., facultad de solicitar alguna cosa en juicio; asimismo, procedimiento para hacer efectivo ese derecho. || **9. acción civil** Acción que persigue la satisfacción de un derecho. **10. acción penal** La que pretende el castigo de un delito. SIN. **1.** y **2.** Actividad, movimiento. **2.** Acto, hecho, actuación. **3.** Obra. **4.** Enfrentamiento, escaramuza. **6.** Gesticulación. ANT. **1.** Inacción, pasividad, inactividad. FAM. Accionar, accionariado, accionista. / Coacción, inacción, interacción, reacción, retroacción. ACTO.

accionar *v. tr.* **1.** Poner en funcionamiento o movimiento un mecanismo. || *v. intr.* **2.** Hacer movimientos o gestos para expresar algo: *Acciona mucho al hablar.* SIN. **1.** Activar, manejar, manipular. **2.** Gesticular, gestear. ANT. **1.** Parar, desactivar.

accionariado *s. m.* Conjunto de accionistas de una empresa.

accionista *s. m.* y *f.* Persona que posee en propiedad acciones o partes del capital de una empresa.

accisa *s. f.* Impuesto indirecto sobre el consumo de determinado producto.

ace (ingl.) *s. m.* En tenis, tanto que se consigue con el saque directamente.

acebo (del lat. *aquifolium*) *s. m.* Árbol o arbusto de hojas perennes, espinosas y frutos en forma de bolita de color rojo muy vivo; las ramas con sus frutos se emplean como motivo ornamental navideño.

acebuche (del ár. *az-zanbuy*) *s. m.* Olivo silvestre.

acechanza *s. f.* Acecho o persecución cautelosa. ■ No confundir con *asechanza*, 'engaño para hacer daño'. **SIN.** Vigilancia, observación.

acechar (del lat. *assectari*, seguir, perseguir) *v. tr.* **1.** Espiar, observar cautelosamente a alguien o algo: *acechar la presa en la caza.* **2.** Amenazar un peligro. **SIN. 1.** Vigilar, avizorar. **FAM.** Acechanza, acecho. / Asechanza.

acecho *s. m.* **1.** Acción de acechar. ‖ **LOC. al acecho** *adv.* A escondidas, a la espera de algo. **SIN. 1.** Espionaje, vigilancia.

acecinar *v. tr.* **1.** Salar las carnes y secarlas al humo y al aire. También *v. prnl.* ‖ **acecinarse** *v. prnl.* **2.** *fam.* Quedarse alguien muy delgado.

acedera (del lat. *acetaria*, de *acetum*, ácido) *s. f.* Planta herbácea perenne cuyas hojas se comen en ensalada y se emplean también, por su sabor ácido, para condimentar algunos alimentos. **FAM.** Véase **ácido**.

acedía *s. f.* Platija*, pez teleósteo.

acéfalo, la (del lat. *acephalus*) *adj.* **1.** Que carece de cabeza o de parte considerable de ella. **2.** Se dice de la sociedad o grupo que carece de jefe.

aceitar *v. tr.* **1.** Dar, untar, bañar con aceite: *Aceitaron los goznes de las puertas.* **2.** *Arg.* Sobornar. **SIN. 1.** Engrasar. **ANT. 1.** Desengrasar.

aceite (del ár. *az-zait*, el jugo de la oliva) *s. m.* Denominación general para sustancias generalmente orgánicas, untuosas al tacto, que pueden tener origen vegetal (aceituna, pipas de girasol, linaza), animal (ballena, foca, bacalao) y mineral. **FAM.** Aceitar, aceitero, aceitoso, aceituna. / Ajoaceite.

aceitero, ra *adj.* **1.** Relativo al aceite. ‖ *s. m.* y *f.* **2.** Persona que vende aceite. ‖ *s. f.* **3.** Frasco o recipiente que contiene una pequeña cantidad de aceite para el consumo diario. **SIN. 3.** Alcuza.

aceitoso, sa *adj.* Que tiene mucho aceite o es muy grasiento. **SIN.** Oleaginoso, untoso, graso.

aceituna (del ár. *az-zaituna*, la oliva) *s. f.* Fruto del olivo. **FAM.** Aceitunado, aceitunero. ACEITE.

aceitunado, da *adj.* Se aplica al color similar al de la aceituna verde y de las cosas que tienen dicho color: *rostro aceitunado.* **SIN.** Oliváceo.

aceitunero, ra *adj.* **1.** Relativo a la aceituna. ‖ *s. m.* y *f.* **2.** Persona que recoge, acarrea o vende aceitunas.

aceleración (del lat. *acceleratio, -onis*) *s. f.* **1.** Acción de acelerar o acelerarse. **2.** Aumento o disminución de la velocidad de un móvil por cada unidad de tiempo. **SIN. 1.** Aceleramiento, apresuramiento. **ANT. 1.** Desaceleración, deceleración.

acelerado, da 1. *p.* de **acelerar.** ‖ *adj.* **2.** Se dice del movimiento cuya velocidad va aumentando gradualmente. **3.** *fam.* Que está nervioso o hace las cosas demasiado deprisa: *Tiene tanta prisa que está acelerado.*

acelerador, ra *adj.* **1.** Que acelera. También *s. m.* ‖ *s. m.* **2.** Dispositivo que permite variar el flujo de combustible que entra en el carburador del automóvil para aumentar o disminuir la velocidad de éste. **ANT. 1.** Desacelerador, decelerador.

acelerar (del lat. *accelerare*, de *ad*, a, y *celerare*, apresurar) *v. tr.* **1.** Hacer que algo o alguien vaya más deprisa: *Acelera el paso.* También *v. intr.* y *v. prnl.*: *Acelera, que no llegamos.* Precipitar un acontecimiento: *La lluvia aceleró mi regreso.* También *v. prnl.* ‖ **acelerarse** *v. prnl.* **3.** *fam.* Ponerse muy nervioso, sobre todo por la prisa o a las presiones. **SIN. 1.** Apresurar(se), avivar, aligerar, apurar(se). **2.** Propiciar. **3.** Agobiarse, apurarse. **ANT. 1.** Desacelerar. **2.** Impedir. **3.** Serenarse. **FAM.** Aceleración, aceleradamente, acelerado, acelerador, aceleramiento, acelerón. / Desacelerar. CELERIDAD.

acelerón *s. m.* Aceleración brusca a que se somete un motor. **ANT.** Frenazo, frenada.

acelga (del ár. *as-silqa*, y éste del gr. *sikele*, siciliana) *s. f.* Planta de grandes hojas y tallo grueso y acanalado, muy utilizada como verdura. Se usa mucho en *pl.*

acémila (del ár. *az-zamila*) *s. f.* **1.** Mulo de carga. **2.** Persona torpe y ruda. **SIN. 2.** Animal, bestia, bruto. **FAM.** Acemilero.

acemilero, ra *s. m.* y *f.* Persona que cuida o conduce las acémilas.

acendrado, da 1. *p.* de **acendrar.** ‖ *adj.* **2.** Puro, sin mancha ni defecto: *una virtud acendrada.* **SIN. 2.** Intachable, acrisolado, inmaculado. **ANT. 2.** Sucio, corrompido.

acendrar (del lat. *incinerare*, incinerar) *v. tr.* Referido a cualidades humanas o sentimientos, hacerlos más puros e intensos. También *v. prnl.*: *acendrarse en la virtud.* **SIN.** Purificar, perfeccionar(se). **FAM.** Acendrado.

acento (del lat. *accentus*) *s. m.* **1.** Realce de una determinada sílaba dentro de una palabra dando mayor energía a la pronunciación y elevando su tono (acento prosódico). **2.** Representación gráfica, mediante una rayita oblicua, de dicho realce (acento gráfico o tilde). También, en otras lenguas diferentes al español, signo colocado encima de las vocales señalando determinados matices de pronunciación (p. ej., abertura) u otras indicaciones. **3.** Modo de hablar característico de una persona, región o país. **4.** Énfasis: *El gobierno debe poner el acento en la lucha contra el paro.* **5.** Estilo o carácter de un escritor o artista y de sus obras, o de un discurso, exposición, etc. **SIN. 1.** Acentuación. **2.** Tilde. **3.** Deje, dejo, tonillo. **4.** Relieve, realce. **5.** Tono. **FAM.** Acentuar.

acentuado, da 1. *p.* de **acentuar.** ‖ *adj.* **2.** Que lleva acento (prosódico u ortográfico). **3.** Muy perceptible, marcado o acusado: *Habló con acentuada ironía.* **SIN. 3.** Destacado, pronunciado, recalcado. **ANT. 3.** Imperceptible, disimulado.

acentuar (del lat. *accentuare*) *v. tr.* **1.** Poner el acento gráfico sobre una vocal o pronunciar una palabra marcando su acento. **2.** Aumentar, destacar algo: *El banco acentuó las medidas de seguridad.* También *v. prnl.* ■ En cuanto al acento, se conjuga como *actuar*: *acentúa.* **SIN. 2.** Recalcar, resaltar, realzar, enfatizar, subrayar. **ANT. 2.** Atenuar. **FAM.** Acentuación, acentuadamente, acentuado. / Inacentuado. ACENTO.

aceña (del ár. *as-saniya*, la que eleva) *s. f.* Molino de agua.

-áceo, a *suf.* **1.** Significa 'semejante a': *grisáceo.* **2.** También, 'perteneciente a una determinada familia de plantas o de animales': *rosácea.* La familia se expresa por medio de este sufijo en femenino plural: *liliáceas.*

acepción (del lat. *acceptio, -onis*) *s. f.* **1.** Cada uno de los significados de una palabra o locución. **SIN.** Significación, sentido. ‖ **2. acepción de personas** Acción de favorecer a alguien entre varios sin razones objetivas.

aceptable *adj.* Que puede ser aceptado o admitido: *Hicieron un trabajo aceptable, aunque no brillante.* SIN. Admisible, pasable. ANT. Inaceptable.

aceptación *s. f.* **1.** Acción de aceptar. **2.** Éxito: *La obra ha tenido mucha aceptación.*

aceptar (del lat. *acceptare*, de *accipere*, recibir) *v. tr.* **1.** Recibir alguien voluntariamente aquello que se le ofrece, encarga o presenta: *Acepto vuestras disculpas.* **2.** Aprobar, dar por bueno algo: *La empresa ha aceptado el cambio de horario.* **3.** Soportar: *Aceptó el despido sin rechistar.* **4.** Referido a letras de cambio, obligarse en ellas por escrito a su pago. SIN. **1.** Tomar, acoger, coger. **1.** a **3.** Admitir. **2.** Acceder, aplaudir, consentir. **3.** Tolerar, aguantar, conformarse. ANT. **1.** Rechazar, rehusar. **2.** Desaprobar. **3.** Rebelarse. FAM. Acepción, aceptabilidad, aceptable, aceptablemente, aceptación. / Inaceptable.

acequia (del ár. *as-saqiya*, la que da de beber) *s. f.* Zanja o canal pequeño por donde va el agua para regar o para otros fines.

acera *s. f.* **1.** Parte de la calle destinada al paso de peatones. || LOC. **de la acera de enfrente** o **de la otra acera** *adj. fam.* Homosexual.

acerado, da 1. *p.* de **acerar**. También *adj.* || *adj.* **2.** De acero o parecido a él. **3.** Incisivo, hiriente en sus observaciones: *una crítica acerada.* || *s. m.* **4.** Acción de acerar.

acerar *v. tr.* **1.** Dar al hierro las propiedades del acero; en particular, convertir en acero el filo y la punta de las armas. **2.** Recubrir de acero. **3.** Fortalecer, hacer fuerte como el acero: *Las dificultades le aceraron el carácter.* También *v. prnl.* SIN. **3.** Vigorizar(se), endurecer(se), robustecer(se). ANT. **3.** Debilitar(se), reblandecer(se). FAM. Aceración, acerado. ACERO.

acerbo, ba (del lat. *acerbus*) *adj.* **1.** Áspero al gusto. **2.** Cruel: *una crítica acerba.* ■ No confundir con la palabra homófona *acervo*, 'montón'. SIN. **1.** Amargo, agrio. **2.** Despiadado, duro, rudo. ANT. **1.** Suave, dulce. **2.** Benigno, indulgente. FAM. Acerbamente. / Exacerbar.

acerca de *loc. prep.* Expresa el asunto o la materia de que se trata.

acercar *v. tr.* **1.** Poner una cosa cerca o más cerca de alguien o algo: *Acércame el salero.* También *v. prnl.*: *Acércate a la pared.* **2.** *fam.* Llevar a alguien o algo a un lugar: *Os acercaré en mi coche.* **3.** Hacer que estén de acuerdo o en armonía personas, ideas, etc.: *Su colaboración les ha acercado mucho.* También *v. prnl.* || **acercarse** *v. prnl.* **4.** Abordar o dirigirse a alguien: *Se le acercaron varios periodistas.* **5.** Ir a un lugar: *Me acercaré a su casa para decírselo.* ■ Delante de *e* se escribe *qu* en lugar de *c*: *acerque.* SIN. **1.** Aproximar(se), arrimar(se), juntar(se). **3.** Unir(se). ANT. **1.** Alejar(se), separar(se). FAM. Acercamiento. CERCA[2].

acería o **acerería** *s. f.* Fábrica de acero.

acerico (del ant. *facero*, almohada, y éste del lat. *facies*, cara) *s. m.* Almohadilla en que se clavan agujas o alfileres. SIN. Alfiletero.

acero (del lat. *aciarium*, de *acies*, filo) *s. m.* **1.** Aleación de hierro con una pequeña proporción de carbono, que comunica a aquél propiedades especiales, como dureza y elasticidad. **2.** Arma blanca, en especial la espada. FAM. Acerar, acerería, acería.

acerola (del ár. *az-zarura*, el níspero) *s. f.* Fruto del acerolo.

acerolo *s. m.* Árbol de la familia rosáceas, con hojas vellosas y flores blancas, que da unos frutos semejantes a las manzanas, de color rojo o amarillo y sabor agridulce. FAM. Acerola.

acérrimo, ma (del lat. *acerrimus*, de *acer*, agrio) *adj.* **1.** *sup.* de **acre**. **2.** Muy constante y entusiasta: *Es un acérrimo defensor de sus ideas.* SIN. **2.** Tenaz, firme, enérgico. ANT. **2.** Inconstante. FAM. Acérrimamente. ACRE[1].

acertado, da 1. *p.* de **acertar**. También *adj.* || *adj.* **2.** Bien hecho, con acierto: *una decisión acertada.* SIN. **2.** Apropiado, adecuado, afortunado, oportuno. ANT. **2.** Desacertado.

acertar (del lat. *ad*, a, y *certum*, cosa cierta) *v. tr.* **1.** Adivinar, dar con la solución o el resultado de algo: *acertar la respuesta.* También *v. intr.* || *v. intr.* **2.** Dar en el lugar al que se dirige alguna cosa. ■ Se construye con las prep. *a* y *en*: *acertar al blanco, en la diana.* **3.** Encontrar, hallar: *Acertó con la calle.* **4.** Tener acierto, obrar con tino: *Has acertado al elegir esa carrera.* **5.** Seguido de la preposición *a* y un infinitivo, suceder por casualidad una cosa: *Acertó a pasar por allí* ■ Es v. irreg. Se conjuga como *pensar*. SIN. **1.** Descubrir. **2.** y **4.** Atinar. **3.** Dar. ANT. **1.**, **2.** y **4.** Errar, fallar. **1.** y **4.** Equivocarse. FAM. Acertadamente, acertado, acertante, acertijo, acierto. / Desacierto. CIERTO.

acertijo *s. m.* Enigma o problema cuyo significado hay que adivinar como entretenimiento. SIN. Adivinanza, enigma.

acervo (del lat. *acervus*) *s. m.* **1.** Montón de cosas menudas, como semillas o legumbres. **2.** Conjunto de bienes espirituales o materiales, pertenecientes a un grupo, región, país, etc.: *el acervo cultural de España.* ■ No confundir con la palabra homófona *acerbo*, 'áspero'. SIN. **2.** Patrimonio, caudal.

acetato *s. m.* Sal obtenida a partir de la combinación del ácido acético con una base. Se emplea en la industria textil y en la fabricación de plásticos o películas fotográficas.

acético, ca (del lat. *acetum*, vinagre) *adj.* **1.** Del vinagre o sus derivados. || **2. ácido acético** Ácido orgánico de dos carbonos presente en el vinagre, al que da su olor y sabor característicos. FAM. Acetato, acetileno, acetilsalicílico, acetona.

acetileno *s. m.* Hidrocarburo que se utiliza como materia prima para obtener diversos productos químicos empleados para diversos usos, como p. ej. en las soldaduras o como combustible en las lámparas de carburo.

acetilsalicílico *adj.* Se dice de cierto ácido que forma un cuerpo cristalino y de color blanco, con propiedades analgésicas, antipiréticas y antirreumáticas. Con esta sustancia se prepara la *aspirina*. También *s. m.*

acetona *s. f.* **1.** Líquido de olor penetrante, incoloro e inflamable y buen disolvente de sustancias orgánicas. **2.** Popularmente, acetonemia. FAM. Acetonemia, acetonuria. / Cetona. ACÉTICO.

acetonemia *s. f.* **1.** Exceso de acetona en la sangre. **2.** Enfermedad típica de los niños cuyos síntomas principales son los vómitos y la presencia de acetona en la orina.

acetonuria *s. f.* Exceso de acetona en la orina.

acezar (del lat. *oscitare*, bostezar) *v. intr.* **1.** Jadear*. **2.** Desear algo con mucha fuerza. ■ Delante de *e* se escribe *c* en lugar de *z*: *acece.* SIN. **2.** Anhelar.

achabacanar *v. tr.* Hacer chabacano. Se usa más como *v. prnl.* SIN. Vulgarizar(se), adocenar(se). ANT. Refinar(se), pulir(se). FAM. Achabacanamiento. CHABACANO.

achacar (del ár. *atsakka*, acusar) *v. tr.* Atribuir algo negativo a una persona o cosa, a menudo sin fundamento. ■ Delante de *e* se escribe *qu* en lugar de *c*: *achaquen*. **FAM.** Achacable, achaque.

achacoso, sa *adj.* Que sufre muchos achaques. **SIN.** Enfermizo, delicado, débil. **ANT.** Sano, saludable.

achaflanar *v. tr.* Hacer un chaflán en el ángulo o la esquina de alguna cosa. **FAM.** Achaflanado. CHAFLÁN.

achampanado o **achampañado, da** *adj.* Se aplica a las bebidas que imitan al champán: *vino achampanado*.

achamparse *v. prnl.* **1.** *Chile* Arraigar. **2.** *Chile* Seguido de la preposición *con*, apropiarse.

achantar *v. tr.* **1.** *fam.* Acobardar, acoquinar: *A ése le achanta cualquiera.* También *v. prnl.* || **achantarse** *v. prnl.* **2.** Callarse por cobardía, resignación, astucia, etc. **SIN.** **1.** Apabullar(se), achicar(se), amilanar(se), apocar(se), arredrar(se). **ANT.** **1.** Animar(se), envalentonar(se). **FAM.** Chantar.

achaparrarse *v. prnl.* **1.** Tomar un árbol la forma de chaparro. **2.** Adquirir una persona, animal o planta una forma baja y gruesa. **FAM.** Achaparrado. CHAPARRO.

achaque (del ár. *as-saka*, la queja, la enfermedad) *s. m.* **1.** Indisposición o enfermedad habitual, sobre todo en la vejez. **2.** Indisposición o enfermedad ligera. **3.** Excusa: *Eso que me cuentas es un achaque para no ir.* **SIN.** **1.** Dolencia, mal, gotera. **3.** Pretexto. **FAM.** Achacosamente, achacoso. ACHACAR.

achares (del caló *jachare*, quemazón) *s. m. pl.* Celos.

acharolar *v. tr.* Charolar*. **FAM.** Acharolado. CHAROLAR.

achatar *v. tr.* Hacer chato un objeto. También *v. prnl.* **FAM.** Achatado, achatamiento. CHATO.

achicar *v. tr.* **1.** Reducir el tamaño de una cosa: *achicar un vestido.* También *v. prnl.*: *La falda se ha achicado al lavarla.* ■ Se usa además en construcciones reflexivas: *Rosa se ha achicado los pantalones.* **2.** Sacar el agua de una embarcación o de otro lugar donde ha entrado indebidamente. **3.** Acobardar a alguien en una pelea o discusión. También *v. prnl.* ■ Delante de *e* se escribe *qu* en lugar de *c*: *achiquen.* **SIN.** **1.** Disminuir, empequeñecer(se), acortar(se). **3.** Intimidar(se), apocar(se), apabullar(se), achantar(se), acoquinar(se), amilanar(se). **ANT.** **1.** Agrandar(se), aumentar. **3.** Enardecer(se), enorgullecer(se). **FAM.** Achicamiento, achique. CHICO.

achicharradero *s. m. fam.* Lugar en que hace mucho calor. **SIN.** Tostadero, horno.

achicharrar *v. tr.* **1.** Freír, asar o tostar demasiado un alimento. También *v. prnl.* **2.** Calentar en exceso. También *v. prnl.* **3.** *fam.* Acribillar a balazos. **SIN.** **1.** Abrasar(se), quemar(se), chamuscar(se). **2.** Cocer(se), asfixiarse. **ANT.** **2.** Refrescar(se), enfriar(se), helar(se). **FAM.** Achicharradero, achicharrante. CHICHARRÓN.

achichinar *v. tr.* **1.** *fam. Méx.* Quemar, incendiar o prender fuego. **2.** *fam. Méx.* Cobrar una vieja deuda. **3.** *fam. Méx.* Matar, quitar la vida a una persona.

achichincle o **achichinque** (náhuatl, de *atl*, agua, y *chichinqui*, que chupa) *s. m. Méx.* Persona que está al servicio de alguien y le obedece ciegamente.

achicoria (de *chicoria*) *s. f.* Hierba perenne de la familia compuestas, de flores azules, que tiene de 30 a 120 cm de altura, cuyas raíces molidas y tostadas sirven como sucedáneo del café. ■ Se dice también *chicoria*.

achiguar (quechua) *v. tr.* **1.** *fam. Arg.* y *Chile* Combar algo. También *v. prnl.* || **achiguarse** *v. prnl.* **2.** *fam. Arg.* y *Chile* Echar barriga una persona o animal. ■ Se conjuga como *averiguar*. **FAM.** Véase **chigua**.

achinado, da[1] *adj.* De facciones parecidas a las de los chinos.

achinado, da[2] (de *chino*[2]) *adj. Arg., Par.* y *Urug.* Mestizo.

achiote (del náhuatl *achiotl*) *s. m. Méx.* Bija*.

achique *s. m.* Acción de achicar, sacar agua de una embarcación.

achiquitar *v. tr. Col., Guat., Méx.* y *Rep. Dom.* Achicar, empequeñecer. También *v. prnl.*

achira (quechua) *s. f. Amér.* Planta originaria de América del S., propia de terrenos húmedos, cultivada en parques y jardines por la vistosidad de sus flores coloradas.

achispar *v. tr.* Emborrachar ligeramente. Se usa más como *v. prnl.* **SIN.** Alegrar(se), entonar(se).

acholado, da **1.** *p.* de **acholar**. También *adj.* || *adj.* **2.** *Amér.* Que tiene características de cholo o mestizo. También *s. m.* y *f.*

acholar *v. tr. Amér.* Avergonzar o amilanar a alguien. **FAM.** Acholado. CHOLO.

achuchado, da **1.** *p.* de **achuchar**. También *adj.* || *adj.* **2.** *fam.* Escaso de dinero: *Siempre estoy achuchado a final de mes.* **3.** *fam.* Difícil de sobrellevar, especialmente por razones económicas: *La vida está muy achuchada.* **SIN.** **3.** Duro, peliagudo.

achuchar[1] (onomat.) *v. tr.* **1.** *fam.* Provocar o incitar a una persona o animal contra otro. **2.** *fam.* Empujar o estrujar a una persona. También *v. prnl.* **3.** *fam.* Acariciar, abrazar o estrujar a alguien cariñosamente. También *v. prnl.* con valor recíproco. **4.** Presionar, agobiar, meter prisa: *Lleva tres días achuchándome para que firme el contrato.* **5.** *fam.* Aplastar alguna cosa. **SIN.** **1.** Azuzar, excitar, instigar. **FAM.** Achuchado, achucharrar, achuchón.

achuchar[2] (de *chucho*, escalofrío) *v. intr. Arg.* y *Urug.* Tiritar o estremecerse a causa del frío o de la fiebre.

achucharrar *v. tr.* **1.** *Col.* y *Hond.* Aplastar. **2.** *Méx.* Asustar, acobardar. También *v. prnl.*

achuchón *s. m.* **1.** *fam.* Acción de achuchar o achucharse. **2.** *fam.* Indisposición repentina. **SIN.** **2.** Arrechucho, ataque.

achucutarse *v. prnl. Col.* y *Ec.* Achucuyarse.

achucuyar *v. tr.* **1.** *Amér. C.* Humillar, acobardar. También *v. prnl.* **2.** *Amér. C.* Entristecer mucho a alguien. También *v. prnl.*

achulado, da **1.** *p.* de **achularse**. || *adj.* **2.** Con aspecto o modales de chulo.

achularse *v. prnl.* Adquirir el aspecto o los modales de un chulo. **FAM.** Achulado. CHULO.

achunchar *v. tr. Bol., Chile, Ec.* y *Perú* Avergonzar. También *v. prnl.*

achuntar *v. intr. fam. Chile* y *Perú* Acertar casualmente, dar en el blanco.

achura (quechua) *s. f. Amér. del S.* Asadura de una res. ■ Se usa mucho en *pl.* **FAM.** Achurar.

achurar *v. tr.* **1.** *Amér. del S.* Extraer las achuras de una res. **2.** *Amér. del S.* Matar a cuchilladas a una persona o animal.

aciago, ga (del lat. *aegyptiacus* [*dies*], día fatal) *adj.* **1.** Triste, infeliz, desgraciado: *un día aciago.* **2.** Que presagia desgracias. **SIN.** **1.** Funesto, desdichado, desafortunado, infortunado, desventurado. **1.** y **2.** Nefasto, fatídico, infausto. **ANT. 2.** Feliz, venturoso, afortunado.

acíbar (del ár. *as-sibar*) *s. m.* **1.** Áloe, planta y jugo amargo extraído de ésta. **2.** Amargura, disgusto: *En aquella ocasión probó el acíbar de la derrota.* **SIN. 2.** Pena, pesadumbre, tristeza. **FAM.** Acibarar.

acicalar (del ár. *as-siqal*, el pulimento) *v. tr.* Adornar o arreglar mucho. También *v. prnl.* **SIN.** Aderezar(se), engalanar(se), endomingar(se), emperifollar(se), emperejilar(se). **ANT.** Desarreglar(se). **FAM.** Acicalado, acicalamiento.

acicate (del ár. *as-sikkat*, los aguijones) *s. m.* **1.** Espuela con una sola punta. **2.** Estímulo, incentivo: *Necesitaba un acicate para seguir trabajando.* **SIN. 2.** Aliciente, aguijón. **ANT. 2.** Freno, rémora.

acíclico, ca *adj.* Que no se manifiesta o desarrolla de forma cíclica.

acicular (del lat. *acicula*, aguja pequeña) *adj.* En forma de aguja.

acidez *s. f.* **1.** Cualidad de ácido. **2.** Sensación de malestar y ardor en el aparato digestivo producida por exceso de ácidos.

acidificar *v. tr.* Hacer ácida una cosa. ■ Delante de *e* se escribe *qu* en lugar de *c*. **FAM.** Desacidificar. ÁCIDO.

ácido, da (del lat. *acidus*) *adj.* **1.** Que tiene un sabor agrio, parecido al del limón o el vinagre. **2.** De ácido, sustancia química, o con sus propiedades. **3.** Áspero, desabrido: *carácter ácido.* **4.** Mordaz: *un humor ácido.* || *s. m.* **5.** Sustancia química que en disolución acuosa se disocia en iones y reacciona con las bases para formar sales y agua. **6.** LSD, ácido lisérgico*. **SIN. 3.** Acerbo. **ANT. 1.** y **3.** Dulce. **3.** Suave. **4.** Inocente. **FAM.** Acidez, acidificar, acidosis, acidulante. / Acedera, aminoácido, antiácido, hidrácido.

acidosis *s. f.* Aumento de la acidez de la sangre. ■ No varía en *pl.*

acidulante *adj.* Se aplica a la sustancia que se añade a algunos alimentos para hacerlos más ácidos. También *s. m.*

acientífico, ca *adj.* Que no sigue los planteamientos y métodos de trabajo e investigación propios de la ciencia, o es contrario a ellos. **ANT.** Científico.

acierto *s. m.* **1.** Acción de acertar. **2.** Habilidad, destreza: *Resolvió el problema con acierto.*

ácimo *adj.* Ázimo*.

acimut (del ár. *as-sumut*, de *as-samt*, la dirección) *s. m.* Ángulo diedro formado por el plano meridiano vertical y el plano vertical que contiene un punto de la esfera celeste o del globo terráqueo. ■ Se escribe también *azimut.* Su pl. es *acimutes*, aunque a veces se usa *acimuts.*

ación (del ár. *as-siyur*, pl. de *sair*, correa) *s. f.* Correa de la que cuelga el estribo de la silla de montar.

aclamación (del lat. *acclamatio, -onis*) *s. f.* **1.** Acción de aclamar. || **LOC. por aclamación** *adv.* Por unanimidad, con aprobación de todos. **SIN.** Ovación, aplauso, vítores. **ANT.** Abucheo, pita.

aclamar (del lat. *acclamare*, de *ad*, a, y *clamare*, llamar) *v. tr.* **1.** Dar voces o aplausos una multitud en honor de alguien. **2.** Otorgar por unanimidad un cargo u honor: *Le aclamaron como líder del grupo.* **SIN. 1.** Ovacionar, aplaudir, vitorear. **2.** Proclamar. **ANT. 1.** Abuchear, pitar. **FAM.** Aclamación, aclamador. CLAMAR.

aclaración *s. f.* **1.** Acción de aclarar o aclararse. **2.** Explicación o comentario que ayuda a entender algo: *La aclaración evitó un malentendido.*

aclarado, da 1. *p.* de **aclarar.** También *adj.* || *s. m.* **2.** Lavado que se realiza con agua abundante para quitar el jabón. **SIN. 2.** Enjuague.

aclarar (del lat. *acclarare*, de *ad*, a, y *clarus*, claro) *v. tr.* **1.** Hacer que algo esté menos espeso o tupido: *Aclara el puré echando un poco de caldo.* También *v. prnl.* **2.** Hacer que algo sea más claro: *Aclaraba su pelo con manzanilla.* También *v. prnl.* **3.** Hacer que alguna cosa se entienda mejor. También *v. prnl.* **4.** Referido a algo que se está lavando, quitarle el jabón echándole abundante agua. **5.** Hablando de la voz, hacerla más nítida. || *v. impers.* **6.** Desaparecer las nubes o la niebla. También *v. intr.* y *v. prnl.*: *Ya está aclarando el día.* **7.** Amanecer. También *v. intr.* y *v. prnl.* || **aclararse** *v. prnl.* **8.** Entender, comprender: *No me aclaro con este ejercicio.* **SIN. 1.** Diluir(se); espaciar(se), disgregar(se). **3.** Clarificar(se), puntualizar, precisar, esclarecer(se). **4.** Enjuagar. **6.** Abrir, despejarse. **7.** Clarear, alborear. **8.** Enterarse. **ANT. 1.** Espesar(se); tupir(se). **2.** Oscurecer(se), ennegrecer(se). **3.** Confundir(se), embrollar(se). **3.** y **8.** Liar(se). **6.** Nublarse, cubrirse, encapotarse. **7.** Anochecer. **FAM.** Aclaración, aclarado, aclaratorio. CLARO.

aclaratorio, ria *adj.* Que aclara o sirve para aclarar o explicar: *Hay una nota aclaratoria a pie de página.* **SIN.** Explicativo.

aclimatar (de *a-*[2] y *clima*) *v. tr.* Acostumbrar a una persona u otro ser vivo a un clima o a unas condiciones diferentes de las que le eran habituales. También *v. prnl.* **SIN.** Adaptar(se), habituar(se), acomodar(se). **ANT.** Deshabituar(se). **FAM.** Aclimatable, aclimatación. CLIMA.

acmé (del gr. *akme*, punta) *s. amb.* Período de mayor intensidad de una enfermedad.

acné (del gr. *akhne*, película) *s. m.* Enfermedad de la piel que tiene lugar principalmente durante la adolescencia, caracterizada por la inflamación de las glándulas sebáceas con aparición de espinillas.

-aco, ca *suf.* **1.** Aporta un matiz despectivo: *libraco, pajarraco.* **2.** También se usa para formar sustantivos y adjetivos gentilicios: *austriaco, polaco.* **3.** Forma adjetivos a los que aporta el significado de 'semejante a' o 'propio de': *demoniaco, elegiaco.*

acobardar *v. tr.* **1.** Causar temor: *Le acobarda la altura.* **2.** Quitar ánimos o energía: *Nos acobardó la caminata que quedaba hasta llegar al río.* También *v. prnl.* || **acobardarse** *v. prnl.* **3.** Tener miedo, asustarse. ■ Se construye con *ante, de, con, frente a, por*: *Se acobarda ante la enfermedad.* **SIN. 1.** y **3.** Atemorizar(se), intimidar(se), amedrentar(se), amilanar(se). **2.** Desanimar(se), desalentar(se). **ANT. 1.** Envalentonar(se). **2.** Animar(se), alentar. **3.** Crecerse. **FAM.** Acobardamiento. COBARDE.

acodar *v. tr.* **1.** Doblar en forma de codo: *acodar una tubería* **2.** Enterrar la rama de una planta sin desgajarla de ésta, para que eche raíces. || **acodarse** *v. prnl.* **3.** Apoyarse en los codos: *acodarse en la ventana.* **FAM.** Acodado, acodo. CODO.

acodo *s. m.* Acción de acodar una rama.

acogedor, ra *adj.* **1.** Hospitalario y afable. **2.** Se aplica a los lugares cómodos y agradables. **SIN. 2.** Confortable, apacible. **ANT. 1.** Antipático. **2.** Inhóspito, incómodo.

acoger (del lat. *accolligere*, de *colligere*, recoger) *v. tr.* **1.** Admitir una persona a otra en su casa o en su compañía. **2.** Recibir a alguien o algo de determinada manera: *El público acogió al equipo* *con un aplauso.* **3.** Admitir, aceptar: *Acogieron rápidamente la idea de ir a la playa.* **4.** Proteger, amparar. También *v. prnl.*: *Se acogieron a lugar sagrado; acogerse a una ley.* ■ Delante de *a* y *o* se escribe *j* en lugar de *g*: *acoja.* SIN. **1.** Albergar, cobijar, guarecer. **3.** Acceder, asentir. **4.** Socorrer, auxiliar. ANT. **1.** Rechazar, expulsar. **3.** Negar, denegar, rehusar. **4.** Desamparar; renunciar. FAM. Acogedor, acogido, acogimiento. COGER.

acogido, da **1.** *p.* de **acoger**. También *adj.* || *s. m.* y *f.* **2.** Persona recogida en un establecimiento benéfico. || *s. f.* **3.** Acción de acoger a alguien o algo de una determinada manera: *La novela tuvo una buena acogida.*

acogotado, da **1.** *p.* de **acogotar**. También *adj.* || *adj.* **2.** Intimidado, atemorizado. SIN. **2.** Acoquinado, asustado.

acogotar *v. tr.* **1.** Derribar e inmovilizar a una persona cogiéndola por el cogote. **2.** Someter por la fuerza o intimidar. SIN. **2.** Oprimir, dominar; anonadar. ANT. **2.** Liberar. FAM. Acogotado. COGOTE.

acojonante *adj.* **1.** *vulg.* Que provoca miedo o temor. **2.** *vulg.* Que causa asombro o impresión: *La vista desde lo alto de la montaña es acojonante.* SIN. **1.** Terrorífico. **2.** Alucinante.

acojonar *v. tr.* **1.** *vulg.* Asustar, atemorizar. También *v. prnl.* **2.** *vulg.* Sorprender, impresionar. También *v. prnl.* SIN. **1.** Acobardar(se), amedrentar(se). **2.** Asombrar(se), pasmar(se). ANT. **1.** Calmar(se), tranquilizar(se). FAM. Acojonante. COJÓN.

acolchado, da **1.** *p.* de **acolchar**. También *adj.* || *s. m.* **2.** Acción de acolchar. **3.** *Arg.* Edredón, cobertor de cama relleno de plumas o de lana.

acolchar *v. tr.* **1.** Poner algodón, lana u otras materias similares entre dos telas y pespuntearlas después. **2.** Revestir o reforzar con estas telas rellenas o con un material blando. SIN. **1.** y **2.** Almohadillar, guatear, enguatar. FAM. Acolchado. COLCHA.

acólito (del lat. *acolythus*, y éste del gr. *akoluthos*, el que sigue o acompaña) *s. m.* **1.** Monaguillo o persona encargada de ayudar al sacerdote durante las celebraciones litúrgicas. **2.** *desp.* Persona que depende de otra o la sigue: *el jefe y sus acólitos.* SIN. **1.** Monago. **2.** Adlátere, secuaz.

acollarar *v. tr.* **1.** *Arg.* y *Chile* Unir dos personas, animales o cosas. || **acollararse** *v. prnl.* **2.** *fam. Arg.* Convivir maritalmente. FAM. Desacollarar. CUELLO.

acomedido, da **1.** *p.* de **acomedirse**. También *adj.* || *adj.* **2.** *Amér.* Servicial, complaciente.

acomedirse *v. prnl. Amér.* Ofrecerse para hacer un servicio. FAM. Acomedido. / Desacomedido. COMEDIRSE.

acometer *v. tr.* **1.** Atacar con energía y decisión, embestir, dirigirse violentamente contra algo: *El enemigo nos acometió de madrugada.* También *v. intr.*: *El coche se salió de la carretera y acometió contra la valla.* **2.** Emprender o empezar un trabajo o acción: *Acometimos la escalada muy temprano.* **3.** Aparecer o sobrevenir de forma inesperada sensaciones, enfermedades, etc.: *Le acometió la fiebre.* SIN. **1.** Agredir, embestir, arremeter. **2.** Iniciar, abordar, intentar. **3.** Asaltar, venir, dar, entrar. ANT. **1.** Retroceder, huir. **2.** Abandonar, cesar, dejar. **3.** Desaparecer. FAM. Acometedor, acometida, acometividad. COMETER.

acometida *s. f.* **1.** Acción de acometer. **2.** Punto en el que se instala un ramal secundario en el canal, tubo o conducto principal de un fluido. SIN. **1.** Asalto, irrupción, embestida, arremetida, embate; comienzo, inicio.

acometividad *s. f.* **1.** Agresividad. **2.** Brío o decisión al hacer algo. SIN. **1.** Combatividad, belicosidad. **2.** Determinación, empuje, arranque. ANT. **1.** Pacifismo, mansedumbre. **2.** Apocamiento, encogimiento.

acomodación (del lat. *acommodatio, -onis*) *s. f.* **1.** Acción de acomodar. || **2. acomodación óptica** Variación que sufre la curvatura del cristalino del ojo, a fin de que se formen en la retina imágenes nítidas de objetos situados a diferentes distancias. SIN. **1.** Acomodo.

acomodadizo, za *adj.* Acomodaticio. También *s. m.* y *f.*

acomodado, da **1.** *p.* de **acomodar**. También *adj.* || *adj.* **2.** Que goza de buena posición económica. SIN. **2.** Rico, adinerado, acaudalado, pudiente. ANT. **2.** Pobre, necesitado.

acomodador, ra *s. m.* y *f.* Persona que en los espectáculos públicos conduce a los espectadores hasta sus asientos.

acomodar (del lat. *accommodare*, de *accomodus*, ajustado a) *v. tr.* **1.** Colocar a alguien o algo en lugar apropiado: *Acomodó a los pacientes en la sala.* También *v. prnl.* **2.** Disponer o arreglar de forma conveniente: *Hay que acomodarlo todo antes de que lleguen los invitados.* **3.** Amoldar o adaptar. También *v. prnl.*: *Los ojos se acomodan a la luz.* **4.** Proporcionar un empleo a alguien: *Le acomodaron en la empresa.* SIN. **1.** Situar(se), acoplar(se). **2.** Habilitar, aclimatar, acondicionar. ANT. **1.** Desacomodar(se), descolocar(se). FAM. Acomodable, acomodación, acomodadizo, acomodado, acomodador, acomodamiento, acomodaticiamente, acomodaticio, acomodo. / Desacomodar. CÓMODO.

acomodaticio, cia *adj.* **1.** Que se adapta a una situación o uso distintos de aquellos que le son propios: *una palabra acomodaticia.* **2.** Se dice de la persona que acepta todo sin dificultad, por falta de convicciones, por comodidad o interés, etc. También *s. m.* y *f.* SIN. **2.** Contemporizador, transigente, conformista. ANT. **2.** Intransigente, inconformista.

acomodo *s. m.* **1.** Acción de acomodar o acomodarse. **2.** Empleo, ocupación, colocación. **3.** Alojamiento. SIN. **1.** Acomodación. **2.** Puesto. **3.** Hospedaje. ANT. **1.** Desacomodo. **2.** Desempleo.

acompañamiento *s. m.* **1.** Acción de acompañar. **2.** Conjunto de personas que acompañan a alguien. **3.** Grupo de personas que en las representaciones teatrales desempeña papeles de poca importancia. **4.** En mús., conjunto de acordes instrumentales o vocales subordinados a la melodía principal en una partitura. SIN. **1.** y **2.** Compañía. **2.** Cortejo, séquito, comitiva, escolta. **3.** Figurantes, extras.

acompañante *adj.* Que acompaña. También *s. m.* y *f.*: *Los acompañantes de los congresistas podrán asistir a la cena de gala.*

acompañar (de *compaña*) *v. tr.* **1.** Estar o ir con una o varias personas. También *v. prnl.* **2.** Ocurrir algo al mismo tiempo que otra cosa o junto a ella: *Las lluvias nos acompañaron durante todas las vacaciones.* **3.** Hacer compañía a alguien. También *v. intr.*: *La radio acompaña mucho cuando se está solo.* **4.** Juntar o añadir una cosa a otra: *Acompañó el regalo con un beso.* **5.** Adjuntar: *Le acompaño el informe solicitado.* **6.** Adornar o complementar un alimento con otro: *Acompañó la carne con puré y verduras.* **7.** Participar de los sentimientos de alguien. Se usa sobre todo en la fórmula de pésame *le acompaño* *en el sentimiento.* **8.** Con palabras que expresan cualidad, habilidad, etc., tenerla: *Siempre le ha acompañado un magnífico sentido del humor.* **9.** Ejecutar el acompañamiento musical. También *v. prnl.*: *Se acompaña con la guitarra.* **SIN. 1.** Seguir, escoltar. **4.** Agregar. **5.** Incluir, anexar, juntar. **6.** Guarnecer, aderezar. **7.** Compartir. **ANT. 1.** Abandonar, dejar. **FAM.** Acompañamiento, acompañante. COMPAÑÍA.

acompasado, da 1. *p.* de **acompasar**. || *adj.* **2.** Que sigue un ritmo o compás. **SIN. 2.** Rítmico, cadencioso. **ANT. 2.** Desacompasado, arrítmico.

acompasar *v. tr.* Poner algo al mismo ritmo que otra cosa. **ANT.** Desacompasar. **FAM.** Acompasadamente, acompasado. / Desacompasado. COMPÁS.

acomplejar *v. tr.* Provocar en una persona un complejo psíquico, una inhibición o un conflicto. También *v. prnl.* **FAM.** Acomplejado, acomplejamiento. COMPLEJO.

acondicionar *v. tr.* **1.** Poner una cosa en las condiciones adecuadas. **2.** Regular la temperatura, la humedad y la composición del aire de un recinto cerrado. **SIN. 1.** Preparar, disponer, acomodar, adecuar, adaptar. **ANT. 1.** Desarreglar. **FAM.** Acondicionado, acondicionador, acondicionamiento. / Desacondicionar. CONDICIÓN.

aconfesional *adj.* Que no es confesional. Se aplica sobre todo a Estados, partidos políticos u otras organizaciones que no poseen una confesión religiosa oficial.

acongojar *v. tr.* Apenar o angustiar. También *v. prnl.* **SIN.** Afligir(se), atribular(se), apesadumbrar(se); agobiar(se), amargar(se). **ANT.** Alegrar(se); aliviar(se). **FAM.** Acongojadamente, acongojado, acongojante. CONGOJA.

acónito (del gr. *akoniton*) *s. m.* Hierba perenne venenosa de 0,5 a 2 m de altura, de hojas palmeadas de color verde oscuro y flores azules o blancas. Su veneno es muy activo y puede producir la muerte.

aconsejable *adj.* Que se puede aconsejar o recomendar. **SIN.** Conveniente, indicado. **ANT.** Desaconsejable, perjudicial.

aconsejado, da 1. *p.* de **aconsejar**. También *adj.* || *adj.* **2.** Prudente, sensato. ■ Se usa sobre todo con el adv. *mal* con el significado de 'imprudente'. **SIN. 2.** Juicioso. **ANT. 2.** Desaconsejado, insensato. **FAM.** Malaconsejado. ACONSEJAR.

aconsejar *v. tr.* **1.** Dar consejo. **2.** Sugerir una cosa algo a alguien: *El estado de la carretera aconsejaba prudencia.* || **aconsejarse** *v. prnl.* **3.** Consultar o pedir consejo a alguien. ■ Como *v. prnl.* se construye con las prep. *con* o *de*: *Fue a aconsejarse de un amigo íntimo.* **SIN. 1.** Asesorar, recomendar, avisar. **ANT. 1.** Desaconsejar, desorientar, disuadir. **FAM.** Aconsejable, aconsejado. / Desaconsejar. CONSEJO.

aconsonantar *v. tr.* Rimar en consonante. También *v. intr.*

acontecer (de *a-*[2] y el ant. *contecer*, del lat. *contingere*) *v. intr.* Suceder o producirse un hecho espontáneamente. ■ Es v. irreg. Se conjuga como *agradecer.* Además es defect., sólo se usan las 3.as pers. **SIN.** Acaecer, pasar, sobrevenir. **FAM.** Acontecimiento.

acontecimiento *s. m.* Suceso o hecho, en especial cuando es importante. **SIN.** Acaecimiento, caso, evento, sucedido.

acopiar *v. tr.* Reunir, juntar en gran cantidad cosas que son o pueden ser necesarias: *acopiar provisiones.* **SIN.** Acumular, amontonar, almacenar, aglomerar. **ANT.** Esparcir, derrochar. **FAM.** Acopio. COPIOSO.

acopio *s. m.* Acción de acopiar: *Hicieron acopio de alimentos para el camino.* **SIN.** Provisión, almacenamiento, acumulación. **ANT.** Carencia.

acoplado, da 1. *p.* de **acoplar.** También *adj.* || *s. m.* **2.** *Arg.* y *Chile* Vehículo que es remolcado por otro.

acoplamiento *s. m.* **1.** Acción de acoplar o acoplarse. **2.** Unión sexual de dos animales. **SIN. 2.** Apareamiento, cópula.

acoplar (de *a-*[2] y el lat. *copulare*, unir) *v. tr.* **1.** Unir o encajar una cosa con otra de manera que ajusten perfectamente: *acoplar la rueda a su eje.* También *v. prnl.*: *El zapato se acopla perfectamente al pie.* **2.** Adaptar una cosa a un fin distinto del que le es propio: *acoplar un motor a una bicicleta.* **3.** Colocar a una persona en un lugar o circunstancia determinados. También *v. prnl.*: *Me acoplé en la primera mesa que vi.* **4.** Encontrar trabajo o acomodo a alguien. **5.** *Arg.* y *Chile* Unir un vehículo a otro que le sirve de tractor. || **acoplarse** *v. prnl.* **6.** Llevarse bien una persona con otra o adaptarse a una situación: *Pedro se acopla muy bien a Pilar. Nos hemos acoplado rápidamente al nuevo trabajo.* **7.** *fam.* Entrar a formar parte de un grupo: *Se acopló a nosotros para ir al concierto.* **8.** Producirse interferencias en la recepción del sonido de dos aparatos electrónicos que están funcionando a la vez. ■ En las acepciones **1** y **6** se usa con frecuencia en construcciones recíprocas: *Las dos piezas se acoplan muy bien. Luisa y Antonio se acoplan perfectamente.* **SIN. 1.** Encajar(se), ensamblar(se), casar. **3.** Situar(se). **6.** Armonizar. **ANT. 1.** Desaco-plar(se), desencajar(se), desconectar(se). **6.** Discrepar, enemistarse. **FAM.** Acoplado, acoplador, acoplamiento, acople. / Desacoplar.

acoquinar (del fr. *acoquiner*) *v. tr. fam.* Causar miedo o temor a alguien, dominarle por el miedo. También *v. prnl.* **SIN.** Atemorizar(se), intimidar(se), acobardar(se). **ANT.** Envalentonar(se).

acorazado, da 1. *p.* de **acorazar**. También *adj.* || *adj.* **2.** Se aplica a la división del ejército que posee carros de combate. También *s. f.* || *s. m.* **3.** Buque de guerra de gran tamaño y con potente artillería.

acorazar *v. tr.* **1.** Revestir un buque, un carro, una fortificación, etc., con planchas de hierro o acero. || **acorazarse** *v. prnl.* **2.** Defenderse contra algo. **3.** Endurecerse en el carácter. ■ Delante de *e* se escribe *c* en lugar de *z*: *acorace.* **SIN. 1.** Blindar. **2.** Escudar(se), parapetar(se), proteger(se). **ANT. 1.** y **2.** Desproteger(se), desguarnecer(se). **FAM.** Acorazado. CORAZA.

acorazonado, da *adj.* Que tiene forma de corazón: *hoja acorazonada.*

acorchar *v. tr.* **1.** Recubrir algo con corcho. || **acorcharse** *v. prnl.* **2.** Ponerse algo como el corcho, especialmente por haber perdido jugo, sabor o consistencia. **3.** Embotarse o perderse la sensibilidad de alguna parte del cuerpo. **SIN. 3.** Insensibilizarse. **FAM.** Acorchado, acorchamiento. CORCHO.

acordar (del lat. vulg. *accordare*, del lat. *cor, cordis*, corazón) *v. tr.* **1.** Tomar una decisión dos o más personas de común acuerdo o por mayoría: *Acordaron suspender la reunión.* **2.** Decidir una persona alguna cosa después de meditar sobre ella: *Ha acordado dimitir.* || **acordarse** *v. prnl.* **3.** Recordar, tener algo en la memoria. ■ En esta acepción se construye con la prep. *de.* || LOC. **acordarse de** alguien *fam.* Insultar, normalmente al padre, a la madre o un familiar de alguien. ■ Es v. irreg. Se conjuga como *contar.* SIN. **1.** Concertar, convenir, pactar. **1.** y **2.** Determinar, resolver. **3.** Rememorar, evocar. ANT. **1.** Discordar, disentir. **3.** Olvidar(se). FAM. Acorde, acuerdo.

acorde *adj.* **1.** Conforme con alguien o algo. || *s. m.* **2.** En mús., sonoridad resultante de la emisión simultánea de sonidos diferentes. SIN. **1.** Concorde, armónico. ANT. **1.** Discorde, disconforme.

acordeón (del al. *Akkordion*) *s. m.* Instrumento musical de viento que produce los sonidos gracias a un sistema de lengüetas, que vibran al paso del aire impulsado por un fuelle accionado con las manos. FAM. Acordeonista.

acordonado, da 1. *p.* de **acordonar**. También *adj.* || *adj.* **2.** En forma de cordón. **3.** *Méx.* Delgado, flaco.

acordonar *v. tr.* **1.** Ceñir o sujetar con un cordón. **2.** Formar un cerco o rodear un lugar con tropas, fuerzas de policía, etc.: *Las fuerzas del orden acordonaron la zona* SIN. **1.** Atar. **2.** Cercar, envolver. FAM. Acordonado, acordonamiento. CORDÓN.

ácoro (del gr. *akoros*) *s. m.* Planta con hojas en forma de espada y flores amarillas, característica de lugares húmedos de Europa y Asia; de su raíz se extrae un aceite usado en perfumería.

acorralar *v. tr.* **1.** Perseguir a una persona o animal hasta un lugar del que no pueda escapar. **2.** En una discusión, dejar al oponente confuso y sin respuesta. **3.** Encerrar el ganado en el corral. SIN. **1.** Cercar, arrinconar, sitiar, rodear. **2.** Apabullar. FAM. Acorralamiento. CORRAL.

acortamiento *s. m.* **1.** Acción de acortar. **2.** En ling., procedimiento de formación de palabras a partir de otras suprimiendo sílabas al principio o al final, como en *bici* y *bus.*

acortar *v. tr.* Hacer que alguna cosa sea más corta, en su duración, longitud o cantidad. También *v. intr.* y *v. prnl.*: *En otoño (se) acortan los días.* SIN. Abreviar, reducir(se), disminuir. ANT. Aumentar. FAM. Acortamiento. CORTO.

acosar (de *a-*[2] y el ant. *cosso*, carrera, del lat. *cursus*) *v. tr.* **1.** Perseguir sin descanso a una persona o animal. **2.** Perseguir o molestar a alguien con peticiones, quejas, etc., continuas e insistentes: *Los periodistas acosaron al alcalde con sus preguntas.* SIN. **1.** y **2.** Hostigar. **2.** Asediar. FAM. Acosador, acosamiento, acoso. COSO.

acosijar *v. tr. Méx.* Agobiar, atosigar.

acoso *s. m.* **1.** Acción de acosar. **2.** En tauromaquia, acción de perseguir a caballo a una res en campo abierto. || **3. acoso sexual** Propuesta molesta e insistente de mantener algún tipo de contacto sexual que una persona, aprovechando su poder o jerarquía, hace a otra. SIN. **1.** Hostigamiento, asedio.

acostar *v. tr.* **1.** Poner a una persona en posición horizontal para que duerma o descanse: *Ha ido a acostar al niño.* También *v. prnl.* **2.** Acercar el costado de una embarcación al de otro barco o a la costa. || **acostarse** *v. prnl.* **3.** Irse a dormir. **4.** Hacer el acto sexual con una persona. ■ En esta acepción se construye con la prep. *con.* Es v. irreg. Se conjuga como *contar.* SIN. **1.** Tender(se), encamar(se). **2.** Atracar, arribar. ANT. **1.** Incorporar(se). **1.** y **3.** Levantar(se). FAM. Véase **costado**.

acostumbrado, da 1. *p.* de **acostumbrar**. También *adj.* || *adj.* **2.** Habitual, usual: *Estamos en el lugar acostumbrado.* SIN. **2.** Cotidiano, frecuente, normal. ANT. **2.** Desacostumbrado, inusual.

acostumbrar *v. tr.* **1.** Hacer que una persona o animal adquiera una costumbre o se adapte a unas determinadas circunstancias. También *v. prnl.* || *v. intr.* **2.** Seguido de la preposición *a* y un infinitivo, hacer algo habitualmente: *Acostumbro a ir todos los sábados al cine.* SIN. **1.** Habituar(se), aclimatar(se), familiarizar(se), adaptar(se). **2.** Soler. ANT. **1.** y **2.** Desacostumbrar, deshabituar(se). FAM. Acostumbrado. / Desacostumbrado, malacostumbrar. COSTUMBRE.

acotación *s. f.* **1.** Nota, apunte o advertencia que se escribe al margen de un escrito. **2.** Especialmente, indicación relativa al escenario, movimiento de los actores, etc., que aparece en los textos teatrales o guiones cinematográficos. SIN. **1.** Apostilla, observación, glosa.

acotamiento *s. m.* **1.** Acción de acotar. **2.** *Méx.* Arcén.

acotar[1] (de *coto*) *v. tr.* **1.** Reservar el uso de un terreno, informando de ello por medio de señales. **2.** Delimitar cualquier otra cosa: *Debemos acotar el problema antes de solucionarlo.* FAM. Acotado. / Desacotar. COTO[1].

acotar[2] (de *cota*) *v. tr.* **1.** Poner cotas o números en un plano o croquis. **2.** Poner notas o acotaciones a un texto. SIN. **2.** Anotar, glosar, apostillar. FAM. Acotación, acotado. COTA[1].

acotejar *v. tr.* **1.** *Can.* y *Amér.* Arreglar, colocar objetos ordenadamente. || **acotejarse** *v. prnl.* **2.** *Amér.* Ponerse de acuerdo. **3.** *Amér.* Convivir haciendo vida marital. **4.** *Amér.* Obtener un empleo. **5.** *Can.* y *Amér.* Acomodarse, ponerse cómodo.

acotiledóneo, a *adj.* Sin cotiledones.

acracia (del gr. *akrateia*) *s. f.* Doctrina política que niega el reconocimiento y sumisión a toda clase de autoridad. SIN. Anarquismo.

ácrata (de *a-*[1] y el gr. *kratos*, autoridad) *adj.* Defensor de la desaparición de todo tipo de gobierno o autoridad. También *s. m.* y *f.* SIN. Anarquista. FAM. Acracia.

acre[1] (del lat. *acer, acris*, acre) *adj.* **1.** Amargo y picante al gusto y al olfato. **2.** Se dice del carácter, lenguaje, crítica, etc., poco amables, bruscos. SIN. **1.** Agrio. **1.** y **2.** Acerbo. **2.** Desagradable, adusto, desabrido. ANT. **1.** Dulce, suave. **2.** Agradable, afable. FAM. Acremente, acrílico, acrimonia, acritud. / Acérrimo. AGRIO.

acre[2] (ingl.) *s. m.* Medida anglosajona de superficie, equivalente a 0,4047 hectáreas.

acrecentar (del lat. *accrescens, -entis*) *v. tr.* Aumentar o hacer crecer la cantidad o importancia de una cosa. También *v. prnl.* ■ Es v. irreg. Se conjuga como *pensar.* SIN. Acrecer(se), incrementar(se), engrandecer(se), agrandar(se), ampliar(se). ANT. Disminuir, mermar, menguar. FAM. Acrecentamiento. CRECER.

acrecer (del lat. *accrescere*) *v. tr.* Aumentar, acrecentar. También *v. intr.* y *v. prnl.* ■ Es v. irreg. Se conjuga como *agradecer.* SIN. Incrementar(se), engrandecer(se), ampliar(se), agrandar(se). ANT. Disminuir, mermar, menguar.

acreditación *s. f.* **1.** Acción de acreditar o acreditarse. **2.** Documento que acredita a una persona en el desempeño de una actividad o cargo. SIN. **1.** Justificación, confirmación. **2.** Documentación, credencial.

acreditado, da 1. *p.* de **acreditar**. También *adj.* || *adj.* **2.** Que goza de buena fama o crédito: *Es un acreditado científico con varios premios en su haber.* SIN. **1.** Atestiguado, garantizado, probado. **2.**

Afamado, célebre, reputado, prestigioso, renombrado. **ANT. 2.** Desacreditado, desprestigiado.

acreditar *v. tr.* **1.** Demostrar la verdad o realidad de algo: *Lo que hizo acredita su prudencia.* También *v. prnl.* **2.** Dar fama o reputación. También *v. prnl.*: *Una marca se acredita con buenos productos.* **3.** Dar seguridad de que una persona o cosa es lo que representa o parece. **4.** Proveer a quien ha de desempeñar una misión o actividad, en especial diplomática, de los documentos que le facultan para ello; p. ext., designar a un representante diplomático. **5.** Abonar, asentar o consignar una cantidad en el haber de una cuenta. **SIN. 1.** Atestiguar, garantizar, justificar, probar, confirmar. **2.** Prestigiar, afamar. **3.** Avalar. **4.** Autorizar. **ANT. 1.** y **2.** Desacreditar. **2.** Desprestigiar, deshonrar, difamar. **4.** Desautorizar. **5.** Cargar, adeudar. **FAM.** Acreditación, acreditadamente, acreditado, acreditativo. / Desacreditar. CRÉDITO.

acreditativo, va *adj.* Que acredita o sirve para acreditar: *Deberá aportar algún documento acreditativo de su condición de becario.* **SIN.** Justificativo.

acreedor, ra (del ant. *acreer*, y éste del lat. *ad*, a, y *credere*, prestar) *adj.* **1.** Que merece aquello que se expresa: *Se hizo acreedor de nuestra confianza.* **2.** Se aplica a la persona o entidad que tiene derecho a exigir el cumplimiento de una deuda. También *s. m.* y *f.* **SIN. 1.** Digno, merecedor. **ANT. 1.** Indigno, desmerecedor. **2.** Deudor. **FAM.** Véase **crédito**.

acribillar (de *a-*[2] y el lat. *cribellare*, de *cribellum*, criba) *v. tr.* **1.** Llenar de agujeros. **2.** Hacer muchas heridas o picaduras: *Le acribillaron a balazos.* **3.** Importunar o molestar a alguien, generalmente con preguntas. ■ Se construye con la prep. *a*. **SIN. 1.** Agujerear. **3.** Mortificar, brear, freír.

acrílico, ca (del lat. *acer, acris*, ácido, el gr. *yle*, materia, e *-ico*) *adj.* **1.** Se aplica a las fibras textiles sintéticas y a los plásticos obtenidos por polimerización de un ácido, denominado ácido acrílico, o de sus derivados. También *s. m.* **2.** Se dice de un tipo de pintura de secado rápido, soluble al agua y de colores muy vivos. **FAM.** Metacrílico. ACRE[1].

acrimonia (del lat. *acrimonia*) *s. f.* Acritud*.

acriollarse *v. prnl.* Adaptarse un extranjero a las costumbres de un país iberoamericano. **FAM.** Acriollado. CRIOLLO.

acrisolado, da 1. *p.* de **acrisolar**. También *adj.* || *adj.* **2.** Intachable, irreprochable: *una conducta acrisolada.* **SIN. 2.** Íntegro, limpio, honorable, acendrado. **ANT. 2.** Reprochable, reprobable.

acrisolar *v. tr.* Purificar, depurar, particularmente cualidades morales: *acrisolar la fe.* También *v. prnl.* ■ Se construye con las prep. *en* y *con*: *La paciencia se acrisola en (con) el dolor.* **FAM.** Acrisolado. CRISOL.

acristalar *v. tr.* Poner cristales o vidrios en una ventana, puerta, terraza, etc. **FAM.** Acristalado, acristalamiento. CRISTAL.

acritud (del lat. *acritudo*) *s. f.* **1.** Cualidad de las cosas acres, amargas o picantes al gusto o al olfato. **2.** Brusquedad o aspereza en el carácter, lenguaje, trato, etc. **SIN. 1.** y **2.** Acrimonia. **2.** Dureza, agresividad, mordacidad. **ANT. 1.** y **2.** Dulzura. **2.** Amabilidad.

acro- (del gr. *akros*) *pref.* Significa 'altura, cima, punta': *acrofobia.*

acrobacia *s. f.* **1.** Arte y profesión del acróbata o ejercicio y número realizado por él. **2.** Ejercicio de destreza en el manejo de los aviones realizado por uno o varios aviadores y espectáculo constituido por dichos ejercicios. **SIN. 1.** Equilibrismo.

acróbata (del gr. *akrobates*, el que anda sobre las puntas de los pies) *s. m.* y *f.* Persona que realiza ejercicios gimnásticos con gran habilidad en el trapecio, en el alambre, etc. **SIN.** Equilibrista, volatinero. **FAM.** Acrobacia, acrobático.

acrocefalia (de *acro-* y *-cefalia*) *s. f.* Malformación congénita caracterizada por la forma cónica del cráneo.

acrofobia (de *acro-* y *-fobia*) *s. f.* Temor patológico a las alturas, asociado a veces con síntomas físicos, como el vértigo.

acromático, ca (del gr. *a*, part. priv., y *khromatikos*) *adj.* **1.** Sin color. **2.** Se aplica a las lentes o sistemas ópticos en los que la luz refractada no se descompone en colores. **FAM.** Acromatismo. CROMÁTICO.

acromegalia (de *acro-* y el gr. *megas, megale*, grande) *s. f.* Enfermedad debida a una producción excesiva de hormona del crecimiento por la hipófisis y que se caracteriza por un desarrollo exagerado de las extremidades, labios, nariz, lengua y mandíbulas.

acromio o **acromion** (del gr. *akromion*, de *akros*, extremo, y *omos*, espalda) *s. m.* Parte del omóplato que se articula con el extremo externo de la clavícula.

acrónimo (de *acro-* y el gr. *onoma*, palabra) *s. m.* Voz formada por las siglas de varios términos que se pronuncia como una palabra, como p. ej. *OPEP* (Organización de Países Exportadores de Petróleo), o por elementos de dos o más voces, como *ofimática* (de *ofi*cina e infor*mática*).

acrópolis (del gr. *akropolis*, de *akros*, alto, y *polis*, ciudad) *s. f.* Lugar más alto y fortificado en las antiguas ciudades griegas. ■ No varía en *pl.*

acróstico, ca (del gr. *akrostikion*, extremo del verso) *adj.* **1.** Se dice de la composición poética en la cual las letras iniciales, y p. ext. las medias o finales, de sus versos, leídas verticalmente, forman una palabra o frase. También *s. m.* **2.** Se aplica a los versos que contienen dichas letras. También *s. m.*: *un poema en acrósticos.*

acrotera o **acrótera** (del fr. *acrotère*) *s. f.* Adorno escultórico, propio de la arquitectura griega clásica, que remataba el vértice y los extremos del frontón.

acta (del lat. *acta*) *s. f.* **1.** Escrito en que se recogen los problemas y los acuerdos tratados en una reunión oficial o privada. Se usa mucho en *pl.*: *actas de un congreso.* **2.** Certificado en que consta la elección de alguien para un cargo: *acta de diputado.* **3.** Certificación oficial de un hecho: *acta de defunción, acta notarial.* || **LOC. levantar acta** Realizarla. ■ En sing. lleva el artículo *el* o *un*. **SIN. 1.** Relación, memoria, reseña.

actinia (del gr. *aktis, -inos*, radio) *s. f.* Animal marino perteneciente al tipo celentéreos, con forma de tubo abierto por un extremo y provisto de tentáculos que recuerdan a una flor. Vive fijo y aislado y se alimenta de animales pequeños. También se llama *anémona de mar.*

actínido *adj.* **1.** Se dice de cada uno de los 14 elementos que siguen al actinio en el sistema periódico. También *s. m.* || *s. m. pl.* **2.** Serie de elementos a que dan lugar.

actinio (del gr. *aktis, -inos*, rayo luminoso) *s. m.* Elemento químico; es un metal muy escaso, de color plateado y propiedades radiactivas. Su símbolo es *Ac.* **FAM.** Actinia. / Protoactinio.

actinopterigio (del gr. *aktis, -inos*, radio, y *pterygion*, aleta) *adj.* **1.** Se dice de los peces osteictios que tienen radios en las aletas y carecen de pulmón o lo utilizan como vejiga natatoria. También *s. m.* || *s. m. pl.* **2.** Subclase constituida por estos peces.

actitud (del lat. *actitudo, -inis*) *s. f.* **1.** Modo de comportarse o actuar ante una determinada circunstancia, hecho, etc.: *No conseguirás nada con esa actitud insultante.* **2.** Postura o gesto que adopta una persona o animal y que muestra un estado de ánimo determinado: *Me lo encontré en actitud dubitativa.* ■ No confundir con *aptitud*, 'capacidad para algo'. SIN. **1.** Disposición, talante. **2.** Ademán.

activar *v. tr.* **1.** Dar mayor energía, intensidad o rapidez a algo: *activar la circulación de la sangre.* También *v. prnl.* **2.** Hacer radiactiva una sustancia. También *v. prnl.* **3.** Hacer funcionar un mecanismo, especialmente si es de efecto retardado: *Activaron la bomba diez minutos antes de la explosión.* También *v. prnl.* SIN. **1.** Estimular(se), acelerar(se), intensificar(se), impulsar(se), avivar(se). **3.** Accionar. ANT. **1.** Parar(se), impedir. **3.** Desactivar(se). FAM. Desactivar, inactivar, reactivar. ACTIVO.

actividad (del lat. *activitas, -atis*) *s. f.* **1.** Estado en que se encuentra cualquier persona, animal o cosa que se mueve, trabaja o ejecuta una acción, en el momento en que lo está haciendo: *un volcán en actividad.* **2.** Capacidad de acción, movimiento, de producir un efecto, etc.: *Ha perdido la actividad en un brazo.* **3.** Conjunto de acciones o bien cada una de las acciones en particular: *La actividad humana es muy variada.* **4.** Conjunto de las tareas propias de una persona, profesión, institución, etc.: *actividad política, docente, empresarial.* **5.** Trabajo complementario o práctica, especialmente las de una materia escolar. Se usa mucho en *pl.*: *actividades de matemáticas.* SIN. **3.** Actuación, ejercicio, obra. **4.** Función, trabajo, labor. **5.** Tarea. ANT. **1.** Inactividad, pasividad. FAM. Hiperactividad, radiactividad. ACTIVO.

activismo *s. m.* Acción directa al servicio de una doctrina, partido político, etc. FAM. Activista. ACTIVO.

activista *s. m.* y *f.* En un grupo o partido, miembro dedicado a la propaganda o a la acción directa.

activo, va (del lat. *activus*) *adj.* **1.** Que obra o tiene la posibilidad de hacerlo: *Tiene una participación activa dentro de la empresa.* **2.** Diligente, eficaz: *Es muy activa, no puede estar sin hacer nada.* **3.** Que tarda muy poco en producir efecto: *un veneno muy activo.* **4.** Se dice del funcionario o empleado mientras presta servicio. **5.** En ling., se aplica a la voz del verbo que expresa que la acción es ejecutada por el sujeto gramatical, y a las oraciones que tienen el verbo en esa voz. También *s. f.* **6.** En fís. y quím., se aplica al material con capacidad para emitir energía o inducir una acción determinada. || *s. m.* **7.** Conjunto de bienes que forman el patrimonio de una persona o entidad. SIN. **1.** Operante. **2.** Dinámico, presto, solícito. **3.** Eficaz, fulminante. ANT. **1.** Inactivo. **1.**, **2.**, **4.**, **5.** y **7.** Pasivo. **2.** Indolente, perezoso. **3.** Ineficaz. FAM. Activación, activador, activamente, activar, actividad, activismo. / Interactivo, retroactivo. ACTO.

acto (del lat. *actus*) *s. m.* **1.** Hecho o acción: *un acto generoso; un acto de violencia.* **2.** Acontecimiento público o solemne: *Hay que asistir al acto de etiqueta.* **3.** Cada una de las partes en que puede dividirse una obra teatral. **4.** En la filosofía aristotélico-escolástica, existencia real del ser, opuesta a la potencia. || LOC. **acto seguido** *adv.* A continuación. **en el acto** *adv.* En seguida; se utiliza frecuentemente referido a situaciones en que un determinado resultado se obtiene inmediatamente: *fotografía en el acto.* **hacer acto de presencia** Presentarse, estar presente; también, asistir por poco tiempo, por pura fórmula o compromiso, a una reunión, etc. SIN. **1.** Obra, actuación. **2.** Ceremonia, función. FAM. Acta, activo, actor, -ra, actor, -triz, actual, actuar. / Acción, auto[1], entreacto.

actor, ra (del lat. *actor, -oris*) *adj.* Se dice de la parte que demanda en un juicio. También *s. m.* y *f.* SIN. Demandante.

actor, triz (del lat. *actor, -oris*) *s. m.* y *f.* **1.** Persona que tiene como oficio representar personajes en el teatro, cine, radio o televisión. P. ext., persona con gran capacidad para fingir. || **2. actor de carácter** El que interpreta papeles de personas de edad. **3. actor de reparto** El que interpreta papeles secundarios. SIN. **1.** Intérprete, artista.

actuación *s. f.* **1.** Acción de actuar u obrar. **2.** Función, representación: *Los actores saludaron al final de la actuación.* **3.** En der., diligencias o partes de un procedimiento judicial. SIN. **1.** Conducta, comportamiento, proceder. **2.** Gala, concierto, recital. **3.** Autos.

actual (del lat. *actualis*) *adj.* **1.** Se dice de todo lo que ocurre o se desarrolla en el momento presente: *tecnología actual.* **2.** Que tiene actualidad o está de moda: *Es un coche de diseño muy actual.* SIN. **1.** Contemporáneo. **1.** y **2.** Moderno. ANT. **1.** y **2.** Inactual. **2.** Anticuado. FAM. Actualidad, actualizar, actualmente. / Inactual. ACTO.

actualidad *s. f.* **1.** Tiempo actual, momento presente: *En la actualidad la gente va menos al cine.* **2.** Situación de la persona o cosa que está de moda: *El ciclismo está de actualidad.* **3.** Cualidad de la persona o cosa del pasado que hace que no haya perdido interés en el presente: *la actualidad de la obra de Cervantes.* SIN. **1.** Contemporaneidad. **2.** Boga. **3.** Vigencia, permanencia, pervivencia, validez. ANT. **1.** Pasado; futuro.

actualizador, ra *adj.* En ling., se dice del elemento o procedimiento que sirve para actualizar, como p. ej. el artículo. También *s. m.*

actualizar *v. tr.* **1.** Poner al día una cosa: *actualizar unos datos.* **2.** Poner de actualidad a una persona o cosa: *actualizar a un escritor.* **3.** En ling., hacer que una palabra o expresión que designa un concepto abstracto haga referencia a una realidad concreta; p. ej., el concepto *justicia* pasa a ser algo concreto por medio del artículo y el adjetivo en la construcción *la justicia española.* ■ Delante de *e* se escribe *c* en lugar de *z*: *actualicé.* SIN. **1.** Modernizar. ANT. **1.** Envejecer. FAM. Actualización, actualizador. ACTUAL.

actuar (del lat. medieval *actuare*) *v. intr.* **1.** Obrar o comportarse una persona de una determinada manera: *Has actuado con mucha prudencia.* **2.** Realizar una función que le es propia a la persona o cosa de que se trate: *El abogado actuará de defensor.* **3.** Representar los actores una obra o función. **4.** Producir un determinado efecto sobre alguien o algo: *El oxígeno actúa sobre los metales oxidándolos.* **5.** En der., iniciar las actuaciones de un proceso judicial. ■ La *u* de la raíz no forma diptongo con la vocal de la desinencia y se acentúa en algunas formas del presente y del imperativo. SIN. **1.** Proceder, portarse, conducirse. **2.** Ejercer, desempeñar, cumplir. **3.** Interpretar. **FAM.** Actuación, actuario. / Interactuar. ACTO.

ACTUAR		
INDICATIVO	**SUBJUNTIVO**	**IMPERATIVO**
Presente	**Presente**	
actúo	*actúe*	
actúas	*actúes*	*actúa*
actúa	*actúe*	
actuamos	*actuemos*	
actuáis	*actuéis*	*actuad*
actúan	*actúen*	

actuario (del lat. *actuarius*) *s. m.* **1.** Auxiliar judicial que da fe en los autos procesales. ‖ **2. actuario de seguros** Asesor de las compañías de seguros en materia económica y jurídica.

acuaplano *s. m.* Aerodeslizador*.

acuarela (del ital. *acquarella*, de *acqua*, y éste del lat. *aqua*, agua) *s. f.* **1.** Técnica pictórica que utiliza colores preparados con goma arábiga, que han de diluirse en agua; se emplea generalmente sobre papel. **2.** Obra realizada con esta técnica. ‖ *s. f. pl.* **3.** Pinturas con las que se realiza. **FAM.** Acuarelista. AGUA.

Acuario (del lat. *Acuarius*) *n. p.* **1.** Constelación zodiacal situada al S del ecuador celeste, entre Capricornio y Piscis. **2.** Undécimo signo del Zodiaco, que el Sol recorre aparentemente entre el 20 de enero y el 18 de febrero. ‖ **acuario** *s. m.* y *f.* **3.** Persona nacida bajo este signo. ■ No varía en pl. Se usa mucho en aposición: *las mujeres acuario*.

acuario (del lat. *aquarium*) *s. m.* **1.** Recipiente especialmente acondicionado para conservar vivos peces y otros animales acuáticos. **2.** Lugar donde se exhiben animales acuáticos. **SIN. 1.** Pecera.

acuartelamiento *s. m.* **1.** Acción de acuartelar. **2.** Lugar donde se reúne la tropa, especialmente a causa de una amenaza. **SIN. 1.** y **2.** Acantonamiento. **2.** Cuartel.

acuartelar *v. tr.* Reunir la tropa en un cuartel o hacer que permanezca en él, especialmente a causa de una amenaza. También *v. prnl.* **SIN.** Acantonar(se). **FAM.** Acuartelamiento. CUARTEL.

acuático, ca (del lat. *aquaticus*) *adj.* **1.** Relativo al agua. **2.** Que vive en el agua. **FAM.** Subacuático. AGUA.

acuatizar (del lat. *aqua*, agua, e *-izar*) *v. intr.* Posarse en el agua un vehículo aéreo. ■ Delante de *e* se escribe *c* en lugar de *z*: *acuatice*.

acuchillar *v. tr.* **1.** Herir o matar con cuchillo o cualquier arma de corte. También *v. prnl.* **2.** Poner lisa cualquier superficie de madera con una máquina o herramienta adecuada. **SIN. 1.** Apuñalar. **FAM.** Acuchillado, acuchillador. CUCHILLO.

acuchucar *v. tr. Chile* Aplastar, estrujar. ■ Delante de *e* se escribe *qu* en lugar de *c*: *acuchuque*.

acuciar (del lat. *acutiare*) *v. tr.* Dar prisa, urgir, estimular: *Le acucia la necesidad de encontrar trabajo.* **SIN.** Apremiar, apurar. **ANT.** Frenar, calmar. **FAM.** Acuciado, acuciante.

acudir (del ant. *recudir*, y éste del lat. *recutere*, hacer volver) *v. intr.* **1.** Ir a alguna parte en donde uno tiene algo que hacer o donde ha sido llamado: *acudir al trabajo, acudir a una cita.* **2.** Venir, suceder o presentarse algo: *Al ver la fotografía, acudieron los recuerdos a mi mente.* **3.** Ir en ayuda de alguien: *Acudieron varias personas al caerse el anciano.* **4.** Buscar la ayuda de alguien: *Acudí a Pedro para pedirle consejo.* **5.** Valerse de algo para un fin: *acudir a las armas.* **SIN. 1.** Dirigirse, comparecer, personarse. **2.** Surgir, aparecer. **5.** Servirse, apelar. **ANT. 1.** Marcharse, irse, partir. **2.** Desaparecer. **3.** Desasistir, abandonar.

acueducto (del lat. *aquaeductus*) *s. m.* Canal o conducto artificial que lleva agua, especialmente el que tiene como fin abastecer de agua un lugar.

acuerdo *s. m.* **1.** Decisión tomada por dos o más personas sobre alguna cosa y, también, el resultado de esa decisión: *Ambas partes llegaron a un acuerdo.* **2.** Conformidad, armonía: *Hubo acuerdo entre los reunidos. Todos estuvieron de acuerdo.* **3.** Resolución tomada por una persona: *Mi acuerdo es no asistir a la reunión.* **4.** *Arg., Col.* y *Méx.* Reunión de una autoridad con sus colaboradores para decidir sobre algún asunto. **5.** *Arg.* Consejo de ministros. **6.** *Arg.* Confirmación de un nombramiento realizada por el Senado. ‖ **LOC. de acuerdo con** *prep.* Conforme a, según: *De acuerdo con lo dicho anteriormente.* **SIN. 1.** Convenio, pacto, alianza. **2.** Avenencia, asenso, unanimidad, consonancia. **3.** Determinación, decisión. **ANT. 2.** Desacuerdo, disconformidad, desavenencia. **FAM.** Desacuerdo, preacuerdo. ACORDAR.

acuícola (del lat. *aqua*, agua, y *-cola*) *adj.* Se dice del animal o vegetal que vive en el agua. También *s. m.* y *f.* **SIN.** Acuático.

acuicultura (del lat. *aqua*, agua, y *-cultura*) *s. f.* Aprovechamiento o mejora de los recursos vegetales o animales de las aguas, p. ej. la cría de peces, mejillones, cangrejos, repoblación de ríos, etc.

acuífero, ra (del lat. *aqua*, agua, y *-fero*) *adj.* **1.** Que lleva o contiene agua. ‖ *s. m.* **2.** Conjunto de terrenos que contienen agua en un nivel determinado del subsuelo. ‖ **3. manto acuífero** Capa de agua subterránea.

acullá (del lat. *eccum*, he aquí, e *illac*, por allí) *adv. l.* A la parte opuesta del que habla. ■ Sólo se usa en lenguaje literario junto a otros adverbios de lugar, colocado siempre en último término: *aquí, allá y acullá.*

acullico (del quechua *akulliku*) *s. m. Arg., Bol.* y *Perú* Bola de hojas de coca que se mastica para extraer el jugo.

aculturación *s. f.* Adopción y asimilación por parte de un pueblo de una cultura distinta de la suya.

acumulador, ra *adj.* **1.** Que acumula. ‖ *s. m.* **2.** Aparato capaz de acumular energía, especialmente eléctrica.

acumular (del lat. *accumulare*) *v. tr.* Juntar personas, animales o cosas de manera que formen un grupo, montón o cantidad considerables. También *v. prnl.* **SIN.** Amontonar(se), aglomerar(se), concentrar(se), apilar, acopiar, hacinar(se), reunir(se). **ANT.** Esparcir(se), distribuir(se). **FAM.** Acumulable, acumulación, acumulador, acumulativamente, acumulativo. CÚMULO.

acunar *v. tr.* Mecer al niño en la cuna para que se duerma.

acuñar[1] (de *a-*[2] y *cuña*) *v. tr.* Meter o poner cuñas. **FAM.** Véase **cuña**.

acuñar[2] *v. tr.* **1.** Imprimir y sellar una pieza de metal mediante un cuño o troquel. **2.** Fabricar moneda. **3.** Hacer que una palabra, construcción, frase, se constituya en expresión de una determinada idea: *Con el paso del tiempo se acuñan nuevos términos.* **SIN. 1.** y **2.** Batir, troquelar. **FAM.** Acuñación. / Reacuñar. CUÑO.

acuoso, sa (del lat. *aquosus*) *adj.* **1.** Que tiene gran cantidad de agua. **2.** De agua o referido a ella. **3.** Similar al agua. **4.** Se aplica a la disolución cuyo disolvente es el agua. SIN. 1. Aguado, fluido, acuífero. ANT. 1. Seco. FAM. Acuosidad. AGUA.

acupuntura (del lat. *acus*, aguja, y *punctura*, punzada) *s. f.* Técnica médica originaria de China, que consiste en clavar agujas metálicas en determinados puntos del cuerpo para aliviar dolores, provocar estados de anestesia y tratar ciertas enfermedades. FAM. Acupuntor.

acurrucarse *v. prnl.* Encogerse para conservar el calor del cuerpo o por otros motivos. ■ Delante de *e* se escribe *qu* en lugar de *c*: *se acurruque*. SIN. Agazaparse, ovillarse.

acusación (del lat. *accusatio, -onis*) *s. f.* **1.** Atribución a una persona de alguna falta o culpa. **2.** En der., los fiscales o abogados que acusan en un juicio o proceso: *La acusación tiene la palabra.* SIN. **1.** Inculpación, imputación, denuncia. ANT. **1.** Exculpación, descargo. **1.** y **2.** Defensa.

acusado, da 1. *p.* de **acusar**. También *adj.* y *s. m.* y *f.*: *El acusado fue interrogado nuevamente por el fiscal.* || *adj.* **2.** Destacado, fácil de percibir: *Tiene unas facciones muy acusadas.* SIN. **1.** Reo, procesado, inculpado. **2.** Marcado, pronunciado, acentuado, perceptible. ANT. **2.** Imperceptible, disimulado. FAM. Acusadamente. ACUSAR.

acusar (del lat. *accusare*, de *ad*, a, y *causa*, causa) *v. tr.* **1.** Atribuir a uno alguna falta o culpa: *Le acusaron del robo.* También *v. prnl.* con valor reflexivo. **2.** Comunicar, generalmente a una autoridad, la falta o delito de alguien: *Acusan al detenido de varios cargos.* También *v. prnl.* con valor reflexivo. **3.** Manifestar o reflejar el efecto o las consecuencias de alguna cosa: *acusar el cansancio, el frío.* || LOC. **acusar recibo** Véase **recibo**. SIN. **1.** Culpar(se), inculpar(se), recriminar, imputar(se). **2.** Denunciar, delatar(se), chivarse. **3.** Revelar, evidenciar, mostrar. ANT. **1.** Exculpar, dispensar, descargar; defender(se). **2.** Encubrir, ocultar. FAM. Acusación, acusado, acusador, acusativo, acusatorio, acuse, acusetas, acusete, acusica, acusón. / Excusar, recusar.

acusativo (del lat. *accusativus*) *s. m.* En latín, griego y otras lenguas, uno de los casos de la declinación gramatical, que indica generalmente la función de complemento directo.

acuse *s. m.* **1.** Acción y efecto de acusar, referido al recibo de una carta, documento, etc. || **2. acuse de recibo** Certificación o comunicación por la que se hace saber a quien ha escrito una carta o enviado un documento que se ha recibido.

acusetas *s. m.* y *f. Col.* y *C. Rica* En el lenguaje infantil, persona que delata a otros. ■ No varía en *pl.*

acusete, ta *adj. Amér. del S.* En el lenguaje infantil, se aplica al que delata a otros. También *s. m.* y *f.*

acusica o **acusón, na** *adj.* En el lenguaje infantil, se dice del que acusa o delata a otros. También *s. m.* y *f.*

acústico, ca (del gr. *akustikos*, de *akuo*, oír) *adj.* **1.** Relativo al sonido o al oído. || *s. f.* **2.** Conjunto de cualidades sonoras de un recinto. **3.** Ciencia que estudia las ondas y fenómenos sonoros. SIN. **1.** Auditivo, sonoro. FAM. Electroacústica.

acutángulo (del lat. *acutus*, agudo, y *angulus*, ángulo) *adj.* Se dice del triángulo que tiene los tres ángulos agudos.

ad hoc (lat.) *loc. adj.* y *adv.* Significa 'para esto' y se aplica a lo que se dice o hace sólo para un fin determinado: *Se designó una persona ad hoc para la tarea.* SIN. Ex profeso.

-ada *suf.* Añade los significados de 'acción': *payasada, españolada;* 'golpe': *patada, cornada;* 'conjunto': *vacada* y 'contenido' o 'abundancia': *cucharada, riada.*

adagio[1] (del lat. *adagium*) *s. m.* Sentencia breve, de origen popular y con un significado moralizante.

adagio[2] (ital.) *s. m.* **1.** Tiempo musical lento; p. ext., la composición o parte de ella que se ha de ejecutar de ese modo. || *adv. m.* **2.** Con ese tiempo musical.

adalid (del ár. *ad-dalil*, el guía) *s. m.* **1.** Caudillo militar. **2.** Guía o cabeza de un partido, movimiento, etc. SIN. **2.** Jefe, líder, cabecilla.

adán (de *Adán*, el primer hombre según la *Biblia*) *s. m. fam.* Persona desaseada, que no cuida su aspecto exterior: *Va hecho un adán.* SIN. Desastrado, dejado. ANT. Pincel, figurín.

adaptación *s. f.* **1.** Acción de adaptar o adaptarse: *la adaptación de los medios a los objetivos.* **2.** En literatura, música, teatro, etc., conjunto de cambios efectuados en la obra para destinarla a un medio distinto de aquel para el que fue creada: *la adaptación del Quijote al cine.* **3.** En biología, cambio de un organismo que le ayuda a enfrentarse a las condiciones del medio en que vive. SIN. **1.** Adecuación. ANT. **1.** Inadaptación.

adaptador, ra *adj.* **1.** Que adapta. || *s. m.* y *f.* **2.** Persona que realiza la adaptación de una obra literaria, musical, etc. || *s. m.* **3.** Utensilio o mecanismo que sirve para adaptar un enchufe o un aparato eléctrico a otra corriente, toma o aparato.

adaptar (del lat. *adaptare*, de *ad*, a, y *aptare*, acomodar) *v. tr.* **1.** Ajustar, hacer que una cosa forme con otra una unidad adecuada. También *v. intr.* y *v. prnl.*: *Esta clavija no se adapta bien.* **2.** Hacer que una cosa destinada a un fin determinado sirva para otro, o bien que pueda tener varias finalidades: *Adapté el motor para que funcionase con batería.* **3.** Efectuar determinados cambios en una obra literaria, teatral, musical, etc., para destinarla a un medio distinto de aquel para el que fue creada. || **adaptarse** *v. prnl.* **4.** Acomodarse alguien o algo a situaciones distintas de aquellas en las que se encontraba o que le eran propias: *adaptarse a las circunstancias.* SIN. **1.** y **2.** Acoplar(se). **2.** Habilitar, acondicionar. **4.** Amoldarse, acostumbrarse, aclimatarse, habituarse. ANT. **1.** Desajustar(se). **4.** Deshabituar(se). FAM. Adaptabilidad, adaptable, adaptación, adaptador. / Inadaptación, readaptar. APTO.

adarga (del ár. *ad-daraqa*) *s. f.* Escudo de cuero de forma ovalada.

adarme (del ár. *ad-dirham*, la dracma, moneda de plata) *s. m.* **1.** Unidad de peso antigua equivalente a 179 cg. **2.** Cantidad mínima de una cosa. SIN. **2.** Miaja, pizca, ápice, átomo.

adarve (del ár. *ad-darb*, el camino) *s. m.* Camino que se encuentra tras el parapeto en lo alto de una fortificación.

addenda (lat., significa 'lo que hay que añadir') *s. f.* Apéndice que se añade al final de un escrito. ■ Se usa también la forma *adenda.*

adecentar *v. tr.* Poner decente, aseado o limpio: *adecentar una habitación.* También *v. prnl.* con valor reflexivo. SIN. Arreglar(se), asear(se), limpiar(se), aviar(se). ANT. Desarreglar(se), ensuciar(se). FAM. Adecentamiento. DECENTE.

adecuado, da 1. *p.* de **adecuar**. || *adj.* **2.** Que se adapta a determinadas circunstancias o sirve para cierto fin: *Al practicar un deporte es imprescindible llevar el equipo adecuado.* SIN. **2.** Apropiado, idóneo, indicado, acertado, oportuno. ANT. **2.** Inadecuado, impropio.

adecuar (del lat. *adaequare*, de *ad*, a, y *aequare*, igualar) *v. tr.* Adaptar, hacer que una cosa esté proporcionada a otra o sea apropiada para cierto fin. También *v. prnl.*: *Su experiencia profesional se adecua al nuevo cargo.* ■ En cuanto al acento, se conjuga como *averiguar*: *adecua.* Sin embargo, a veces se acentúa como *actuar*: *adecúo.* SIN. Acomodar(se), ajustar(se), amoldar(se). ANT. Desajustar(se). FAM. Adecuación, adecuadamente, adecuado. / Inadecuado.

adefesio (del lat. *ad ephesios*, alusión a la epístola de San Pablo a los efesios) *s. m.* **1.** Persona de aspecto ridículo y extravagante. **2.** Cosa fea y ridícula; se aplica especialmente a las prendas de vestir. **3.** Disparate, extravagancia. SIN. **1.** y **2.** Esperpento, mamarracho, espantajo. **3.** Dislate, desatino.

adelantado, da 1. *p.* de **adelantar**. También *adj.* || *adj.* **2.** Que destaca entre otros o los aventaja en algún aspecto: *Su hijo va muy adelantado en el colegio.* || *s. m.* **3.** Cargo de origen medieval aplicado a quien estaba al mando político y militar de una región fronteriza. Más tarde, pasó a designar a la primera autoridad política, militar y judicial en América, durante el comienzo de la conquista española. || LOC. **por adelantado** *adv.* Por anticipado, antes de algo: *Pagamos el alquiler por adelantado.* SIN. **2.** Aventajado, destacado. ANT. **2.** Atrasado, retrasado.

adelantamiento *s. m.* Acción de adelantar o adelantarse: *Esperó a una recta para realizar el adelantamiento del camión.* SIN. Adelanto, anticipación, rebasamiento. ANT. Atraso, retroceso.

adelantar *v. tr.* **1.** Mover a alguien o algo hacia adelante: *El ejército adelantó sus filas.* También *v. prnl.* **2.** Hacer o dar algo antes de lo señalado o previsto: *adelantar la paga, una noticia.* **3.** Pasar delante de una persona o cosa: *adelantar a un coche.* También *v. prnl.* **4.** Poner un reloj en hora más avanzada que la que marca. **5.** Aventajar a alguien: *En lengua ha adelantado a sus compañeros de clase.* **6.** Conseguir: *¿Qué adelantas con eso?* || *v. intr.* **7.** Funcionar el reloj con más velocidad de la precisa. También *v. prnl.* **8.** Progresar: *Este país ha adelantado mucho en los últimos años.* || **adelantarse** *v. prnl.* **9.** Ocurrir o presentarse algo antes de tiempo: *Se ha adelantado el frío.* SIN. **1.** Avanzar. **2.** Anticipar. **3.** Sobrepasar, rebasar. **6.** Lograr, obtener, sacar, alcanzar. **8.** Prosperar, mejorar, medrar. ANT. **1.** Retroceder. **1.** y **2.** Retrasar(se). **1.**, **4.** y **7.** Atrasar(se). **2.** Posponer, aplazar. **8.** Atrasarse, empeorar. **8.** y **9.** Retrasarse.

adelante *adv. l.* **1.** Más allá o hacia el frente: *No podemos pasar adelante.* ■ Se suele usar acompañando a verbos de movimiento y puede ir pospuesto a sustantivos en construcciones como *carretera adelante, pasillo adelante.* A menudo va reforzado por prep. como *hacia*, *para*, etc. || *adv. t.* **2.** Expresa tiempo futuro y se construye con preposición antepuesta o siguiendo inmediatamente a un adverbio de cantidad: *En adelante iré andando al colegio. Más adelante le subirán el sueldo.* || *interj.* **3.** Sirve para animar a alguien a hacer o seguir haciendo algo o para autorizarle el paso a un lugar. ANT. **1.** y **3.** Atrás. FAM. Adelantado, adelantamiento, adelantar, adelanto. DELANTE.

adelanto *s. m.* **1.** Acción de adelantar. **2.** Progreso en cualquier aspecto: *Los adelantos técnicos mejoran la calidad de vida de las personas.* **3.** Anticipo, especialmente usado al referirse al sueldo. SIN. **1.** Adelantamiento, anticipación. **2.** Avance, mejora, perfeccionamiento. ANT. **1.** Atraso, retroceso. **2.** Retraso, empeoramiento.

adelfa (del ár. *ad-difla*, y éste del gr. *daphne*) *s. f.* Arbusto perenne de hojas opuestas lanceoladas y flores blancas, rojizas, rosáceas o amarillas del mismo nombre, que alcanza de 2 a 5 m de altura. Su savia es venenosa. Muchas de sus variedades se utilizan como planta ornamental.

adelgazar *v. tr.* Hacer que alguien o algo pierda volumen y peso. También *v. intr.* ■ Delante de *e* se escribe *c* en lugar de *z*: *adelgacé.* SIN. Rebajar, afinar; enflaquecer. ANT. Engordar. FAM. Adelgazamiento, adelgazante. DELGADO.

ademán *s. m.* **1.** Cualquier gesto o movimiento del cuerpo en que se manifiesta un estado de ánimo o intención: *El niño hizo ademán de llorar.* || *s. m. pl.* **2.** Modales: *Tiene unos ademanes muy poco refinados.* SIN. **1.** Expresión. **2.** Modos, maneras, formas.

además *adv.* Expresa que se añade algo a lo ya citado: *Llegamos tarde y, además, en malas condiciones.* ■ A menudo se construye con la prep. *de*: *Además de inteligente es muy trabajadora.* SIN. También, asimismo.

adenda *s. f.* Addenda*.

adenitis (del gr. *aden*, glándula, e *itis*) *s. f.* Inflamación de los ganglios linfáticos, acompañada de nódulos en cuello, axilas e ingles. ■ No varía en *pl.*

adenoide (del gr. *aden*, glándula, y *-oide*) *adj.* **1.** Relativo al tejido que forma los ganglios y glándulas linfaticos. || *s. f. pl.* **2.** Hipertrofia del tejido ganglionar que existe normalmente en la rinofaringe. FAM. Adenitis, adenoma, adenopatía.

adenoma (del gr. *aden*, glándula, y *-oma*) *s. m.* Tumor benigno formado en el tejido glandular.

adenopatía (del gr. *aden*, glándula, y *-patía*) *s. f.* Enfermedad de las glándulas; se aplica, especialmente, a la inflamación de los ganglios linfáticos. FAM. Adenopático. ADENOMA.

adensar (del lat. *addensare*) *v. tr.* Hacer más denso. También *v. prnl.* SIN. Condensar(se), espesar(se). ANT. Aclarar(se).

adentrarse *v. prnl.* **1.** Penetrar en el interior de un lugar: *Se adentraron en el bosque.* **2.** Profundizar en un asunto, problema, etc. SIN. **1.** Internarse, entrar, introducirse. **2.** Ahondar. ANT. **1.** Salir.

adentro *adv. l.* **1.** Hacia o en el interior de algo. ■ Suele ir acompañando a verbos de movimiento y puede ir pospuesto a sustantivos en construcciones como *tierra adentro*, *mar adentro.* A veces se refuerza con prep. como *hacia*, *para*, etc. || *s. m. pl.* **2.** Lo íntimo de una persona, sus pensamientos o sentimientos: *Acepté, aunque para mis adentros pensaba lo contrario.* || *interj.* **3.** Ordena o invita a alguien a que entre en alguna parte. ANT. **1.** Afuera. **3.** ¡Fuera! FAM. Adentrarse. DENTRO.

adepto, ta (del lat. *adeptus*) *adj.* Partidario o seguidor de alguna persona o idea. También *s. m.* y *f.* SIN. Adicto, simpatizante. ANT. Adversario, detractor.

aderezar (de *a-*[2] y el ant. *derezar*, del lat. vulg. *directiare*, dirigir) *v. tr.* **1.** Condimentar los alimentos: *aderezar una ensalada.* **2.** Arreglar, embellecer. También *v. prnl.* con valor reflexivo. **3.** Acompañar algo con rasgos o detalles que le añaden gracia o le sirven de adorno: *Aderezó la conferencia con varias anécdotas.* ■ Delante de *e* se escribe *c* en lugar de *z*: *aderecé.* SIN. **1.** Sazonar, aliñar. **2.** Acicalar(se), engalanar(se). **3.** Amenizar. FAM. Aderezo.

aderezo *s. m.* **1.** Acción de aderezar. **2.** Condimento que se añade a una comida. **3.** Objeto o conjunto de objetos con que se adorna una persona o cosa. SIN. **1.** Condimentación, acicalamiento. **1.** y **2.** Aliño, adobo. **3.** Adorno, atavío, perifollos.

adeudar *v. tr.* **1.** Deber algo a alguien, tener deudas con una persona: *Le adeuda cuatro mil pesetas.* **2.** Anotar cierta cantidad en el debe de una cuenta. **3.** Corresponder a una cosa cierto impuesto, especialmente de aduanas. ANT. **2.** Abonar, asentar, consignar. FAM. Adeudo. DEUDA.

adeudo *s. m.* **1.** Acción de adeudar en una cuenta. **2.** Cantidad que hay que pagar como impuesto de aduanas por una mercancía.

adherencia (del lat. *adhaerentia*) *s. f.* **1.** Acción de adherir o adherirse: *Es difícil lograr la adherencia entre estas dos superficies.* **2.** Cualidad o condición de adherente: *La pegatina tiene ya poca adherencia.* **3.** Cosa que se adhiere a la superficie de otra. **4.** Soldadura anormal entre dos órganos o superficies del cuerpo humano. SIN. **1.** Adhesión, unión, conexión, enlace. **3.** Añadidura, adición, complemento. ANT. **1.** Separación, desunión, desconexión.

adherente (del lat. *adherens, -entis*) *adj.* **1.** Que sirve para adherir o pegar. También *s. m.* **2.** Que sujeta o se sujeta estrechamente a una superficie: *Con lluvia el asfalto es menos adherente. Estos neumáticos son muy adherentes.* **3.** *Arg.* y *Urug.* Seguidor o partidario de una opinión o de un partido. SIN. **1.** Adhesivo. **3.** Adepto, adicto.

adherir (del lat. *adhaerere*, de *ad*, a, y *haerere*, estar unido) *v. tr.* **1.** Pegar una cosa a otra: *adherir el sello al sobre.* También *v. intr.* y *v. prnl.*: *Esta pieza no adhiere porque se ha secado el pegamento. El polvo se adhiere en seguida a la ropa.* || **adherirse** *v. prnl.* **2.** Unirse a la decisión de otro, abrazar una idea, causa o partido. ■ Es v. irreg. Se conjuga como *sentir.* SIN. **2.** Agregarse, sumarse, solidarizarse. ANT. **1.** Despegar(se). **2.** Discrepar, disentir. FAM. Adherencia, adherente, adhesión, adhesivo. / Antiadherente, autoadhesivo.

adhesión (del lat. *adhaesio, -onis*) *s. f.* **1.** Acción de adherirse a una idea, opinión, etc.: *Mostraron su adhesión al presidente con un caluroso aplauso.* **2.** Aceptación por parte de un Estado de las cláusulas de un acuerdo suscrito por otros. **3.** En fís., efecto de la atracción de las moléculas de una sustancia por las de otra cuando se ponen en contacto. SIN. **1.** Acuerdo, aprobación.

adhesivo, va (del lat. *adhaesum*, p. de *adhereo*) *adj.* **1.** Se aplica a lo que puede adherirse o pegarse. **2.** Se dice de la sustancia utilizada para adherir objetos entre sí. También *s. m.* || *s. m.* **3.** Tira o recorte de papel, plástico, tela, etc., engomado para poder pegarlo en una superficie. SIN. **1.** y **2.** Adherente. **2.** Cola, goma, pegamento. **3.** Pegatina.

adicción (del lat. *addictio, -onis*) *s. f.* **1.** Necesidad física o psíquica que crea en el organismo el consumo habitual de una droga o de otros productos como el alcohol o el tabaco. **2.** Habito o afición, a veces de carácter patológico, que llega a dominar a una persona: *adicción al juego, al trabajo.* SIN. **1.** y **2.** Dependencia.

adición (del lat. *additio, -onis*) *s. f.* **1.** Acción de añadir o agregar. **2.** Parte añadida a una obra o texto. **3.** Suma, operación aritmética. SIN. **1.** Añadidura. **2.** Apéndice, complemento. ANT. **3.** Resta, sustracción. FAM. Adicional, adicionar, aditamento, aditivo.

adicional *adj.* Que se añade a una cosa principal: *Una cláusula adicional en un contrato.*

adicionar *v. tr.* Sumar, añadir, agregar: *Hay que adicionar los gastos de transporte al precio del material.* ANT. Restar, suprimir, quitar, sustraer.

adicto, ta (del lat. *addictus*) *adj.* **1.** Partidario de alguna persona, idea o cosa. **2.** Que padece alguna adicción: *adicto a las drogas, al juego.* También *s. m.* y *f.* **3.** P. ext., muy aficionado a aquello que se expresa: *Es adicto a las series de televisión.* También *s. m.* y *f.* SIN. **1.** Adepto, seguidor, simpatizante. **3.** Forofo, fanático, entusiasta, apasionado. ANT. **1.** Enemigo, adversario, detractor. FAM. Adicción. / Teleadicto.

adiestrar (de *a-*[2] y el lat. *dexter*, derecho, diestro) *v. tr.* **1.** Hacer que alguien adquiera habilidad para una determinada cosa: *Se adiestra en el manejo de la máquina.* También *v. prnl.* **2.** Acostumbrar a un animal a que obedezca o realice ciertos actos. ■ Se construye con las prep. *en* y *para.* SIN. **1.** Entrenar(se), ejercitar(se). **2.** Amaestrar. FAM. Adiestrable, adiestrador, adiestramiento. DIESTRO.

adinerado, da *adj.* Que posee mucho dinero. También *s. m.* y *f.* SIN. Acaudalado, rico, pudiente, acomodado. ANT. Pobre, necesitado.

adintelado, da *adj.* **1.** En forma de dintel. **2.** En arq., se aplica al arco cuyo intradós forma una línea recta.

¡adiós! (de *a Dios*) *interj.* **1.** Se usa para despedirse. **2.** Expresa sorpresa o contrariedad: *¡Adiós! Se me ha olvidado la cartera.* || *s. m.* **3.** Despedida: *Aquello supuso el adiós a su infancia.* SIN. **1.** Abur, chao.

adiposidad *s. f.* Acumulación de tejido adiposo en el cuerpo. SIN. Gordura.

adiposis (del lat. *adeps, adipis,* grasa, y *-osis*) *s. f.* Enfermedad causada por la acumulación excesiva de grasa en el cuerpo. ■ No varía en *pl.* SIN. Obesidad.

adiposo, sa (del lat. *adiposus*) *adj.* **1.** Que contiene grasa. **2.** Se aplica a las personas gruesas. || **3. tejido adiposo** Tejido abundante en grasa situado debajo de la piel, que sirve para aislar térmicamente el cuerpo y como reserva de sustancias energéticas. SIN. **2.** Gordo, obeso. ANT. **2.** Delgado. FAM. Adiposidad, adiposis.

aditamento (del lat. *additamentum*) *s. m.* **1.** Añadidura, complemento. **2.** Nombre dado por algunos lingüistas al complemento circunstancial. SIN. **1.** Añadido, adición, apéndice. ANT. **1.** Supresión.

aditivo, va *adj.* **1.** Que puede o debe añadirse. || *s. m.* **2.** Sustancia que se añade a otras para mejorar sus cualidades o darles otras nuevas; p. ej. los aditivos en alimentación, como colorantes, conservantes, etc.

adivinación *s. f.* **1.** Acción de adivinar. **2.** Conjunto de prácticas con que se pretende conocer el futuro o lo oculto; p. ej. la astrología, la quiromancia, etc. SIN. **1.** Augurio, predicción, vaticinio.

adivinanza *s. f.* Pasatiempo que consiste en adivinar una palabra, personaje, etc., a partir de una frase, verso o dibujo que contiene los datos necesarios para ello. SIN. Acertijo, enigma.

adivinar (del lat. *addivinare*) *v. tr.* **1.** Acertar alguna cosa ayudándose de ciertos datos: *adivinar un acertijo. ¿No adivinas quién soy?* **2.** Descubrir el futuro o lo desconocido por medio de magia u otras prácticas consideradas sobrenaturales. **3.** Ser percibido algo de forma poco clara o a través de ligeros indicios. ■ Se usa en construcciones pasivas reflejas: *A lo lejos se adivinan las luces de la ciudad.* SIN. **1.** Atinar, resolver, descifrar. **2.** Predecir, pronosticar, presagiar, profetizar, vaticinar. **3.** Insinuarse, traslucirse. **ANT. 1.** Errar, equivocarse. **FAM.** Adivinable, adivinación, adivinador, adivinanza, adivinatorio, adivino. DIVINO.

adivino, na *s. m.* y *f.* Persona que practica la adivinación. **SIN.** Augur, vidente, arúspice.

adjetivación *s. f.* **1.** Acción de adjetivar. **2.** Conjunto de adjetivos de un texto. **3.** Cambio por el que una palabra que no es adjetivo pasa a desempeñar funciones propias de éste. **SIN. 1.** Calificación.

adjetival *adj.* Relativo al adjetivo.

adjetivar *v. tr.* **1.** Calificar, aplicar adjetivos. **2.** Dar al nombre o a otro elemento lingüístico el valor y función de adjetivo, p. ej., incorporando a un sustantivo determinados sufijos como *-ico*, *-eño* o *-al*: *vocálico, hogareño, argumental.* También *v. prnl.*

adjetivo, va (del lat. *adiectivus*, de *adiectus*, agregado) *adj.* **1.** Relativo al adjetivo o que participa de su naturaleza: *locución adjetiva, función adjetiva.* **2.** Secundario o accidental. || *s. m.* **3.** Parte de la oración que se refiere y acompaña al sustantivo, bien expresando su situación, número, posesión, etc. (adj. determinativo): *este libro, mi casa*; o añadiendo una cualidad (adj. calificativo o epíteto): *casa bonita, niño rubio.* **SIN. 1.** Adjetival. **2.** Accesorio, accidental. **ANT. 2.** Sustancial, fundamental. **FAM.** Adjetivación, adjetivado, adjetival, adjetivar.

adjudicar (del lat. *adiudicare*, de *ad*, a, y *iudicare*, juzgar) *v. tr.* **1.** Señalar que una cosa pertenece o corresponde a alguien, especialmente si ha habido algún tipo de competencia para conseguirla. || **adjudicarse** *v. prnl.* **2.** Apropiarse de algo, generalmente de forma indebida: *Pretende adjudicarse todos los méritos* **3.** En algunas competiciones, ganar, obtener, conquistar: *El equipo se adjudicó la victoria.* ■ Delante de *e* se escribe *qu* en lugar de *c*: *adjudique.* **SIN. 1.** Asignar, atribuir, entregar. **2.** Retener, apoderarse. **3.** Conseguir, alcanzar, lograr. **ANT. 1.** Denegar. **2.** Privarse, renunciar. **3.** Perder. **FAM.** Adjudicable, adjudicación, adjudicador, adjudicante, adjudicatario.

adjudicatario, ria *adj.* Se dice de la persona o entidad a quien se adjudica alguna cosa. También *s. m.* y *f.* **SIN.** Beneficiario, agraciado.

adjuntar *v. tr.* Enviar junto con una carta o cualquier otro escrito notas, facturas, etc. **SIN.** Acompañar, anexar, incluir, agregar.

adjunto, ta (del lat. *adiunctus*, de *ad*, a, y *iunctus*, junto) *adj.* **1.** Se aplica a lo que está unido a otra cosa: *Le envío carta con factura adjunta.* ■ Se emplea con frecuencia en lenguaje comercial o administrativo con valor adverbio: *Adjunto le remito la documentación requerida.* **2.** Se aplica a la persona que colabora con otra o la ayuda en algún trabajo. También *s. m.* y *f.* **3.** En algunas profesiones, se aplica a cierta categoría adscrita a determinados cargos o departamentos: *profesor adjunto.* También *s. m.* y *f.* **SIN. 1.** Junto, anexo, agregado. **2.** Auxiliar, ayudante. **ANT. 1.** Separado. **FAM.** Adjuntar. JUNTO.

adlátere (del lat. *a latere*, al lado, por confusión de las prep. lat. *a(b)* y *ad*) *s. m. desp.* Persona que acompaña o representa a otra. **SIN.** Adjunto, acólito.

adminículo (del lat. *adminiculum*, de *ad*, a, y *manicula*, manecilla) *s. m.* **1.** Objeto pequeño que sirve de ayuda o complemento para algo, como un imperdible, una chincheta, etc. **2.** Cada uno de los objetos que se tienen o llevan para utilizarlos en caso de necesidad.

administración (del lat. *administratio, -onis*) *s. f.* **1.** Acción de administrar: *administración de una empresa, administración de justicia.* **2.** Lugar donde se administra. **3.** Administración pública. **4.** Conjunto de organismos e instituciones encargados de administrar alguna cosa o del gobierno de un territorio o una comunidad. || **5. administración central** Conjunto de órganos superiores o de competencia general dentro de la administración pública del Estado. **6. administración local** Sector de la administración pública que comprende las provincias, municipios y entidades locales menores. **7. administración pública** Conjunto de órganos destinados a la realización de funciones y servicios públicos en un ámbito territorial determinado, con independencia del poder legislativo y del poder judicial. **SIN. 1.** Gobierno, tutela, dirección; intendencia, organización; suministro, distribución.

administrado, da 1. *p.* de **administrar.** También *adj.* || *adj.* **2.** Se dice de las personas sometidas a la jurisdicción de una autoridad administrativa. También *s. m.* y *f.*

administrador, ra *adj.* **1.** Que administra. || *s. m.* y *f.* **2.** Persona encargada de dirigir y organizar los bienes de una persona o grupo. **SIN. 2.** Gerente, gestor.

administrar (del lat. *administrare*, de *ad*, a, y *ministrare*, servir) *v. tr.* **1.** Dirigir y organizar la economía de una casa, empresa, persona, etc. También *v. prnl.* con valor reflexivo: *Se administra muy bien la paga.* **2.** Graduar o racionar alguna cosa para que ésta resulte suficiente: *administrar el azúcar, las fuerzas.* También *v. prnl.* con valor reflexivo. **3.** Gobernar un territorio o comunidad. **4.** Suministrar o distribuir alguna cosa: *Administren los víveres disponibles a quien los necesite.* **5.** Referido a los medicamentos, hacerlos tomar o aplicarlos. **6.** Aplicado a sacramentos, darlos el sacerdote a una persona: *administrar la extremaunción.* **7.** Antepuesto a *justicia*, hacer cumplir las leyes el poder judicial. **8.** Dar, propinar, p. ej. golpes, la estocada un torero, etc. || **administrarse** *v. prnl.* **9.** Llevar los propios asuntos de una determinada manera: *Aunque vive solo, se administra bien.* **SIN. 2.** Dosificar. **3.** Regir, conducir. **4.** Repartir, surtir, proporcionar, abastecer. **8.** Meter, atizar, arrear. **ANT. 2.** Despilfarrar, derrochar, malgastar, desperdiciar. **FAM.** Administración, administrado, administrador, administrativo. MINISTRO.

administrativo, va (del lat. *administrativus*) *adj.* **1.** Relativo a la administración: *resolución administrativa.* || *s. m.* y *f.* **2.** Persona que trabaja en una oficina y lleva a cabo tareas de contabilidad, documentación, etc. **SIN. 2.** Oficinista. **FAM.** Administrativamente. ADMINISTRAR.

admirable *adj.* Digno de admiración: *Su dedicación al trabajo es admirable.* **SIN.** Estimable, apreciable, encomiable, excelente. **ANT.** Despreciable, desdeñable.

admiración (del lat. *admiratio, -onis*) *s. f.* **1.** Acción de admirar o admirarse: *Su dedicación a sus hijos es digna de admiración.* **2.** Signo ortográfico que se coloca al principio (¡) y al final (!) de una expresión exclamativa. **SIN. 1.** Respeto, adoración, devoción, deslumbramiento, fascinación. **ANT. 1.** Desprecio, indiferencia.

admirador, ra *adj.* Que admira. También *s. m.* y *f.*: *Decenas de admiradoras del cantante le esperaban a la salida del hotel.* **SIN.** Seguidor, adepto, hincha, fan.

admirar (del lat. *admirari*) *v. tr.* **1.** Tener en gran estima a una persona o cosa por destacar en sus acciones, cualidades, etc.: *Admiro tu entusiasmo. Te admiro por tu constancia.* **2.** Causar alguien o algo sorpresa, entusiasmo o deleite inesperados. También *v. prnl.*: *Me admiro de vuestra paciencia.* **SIN. 1.** Apreciar, estimar. **2.** Sorprender(se), asombrar(se), maravillar(se). **ANT. 1.** Despreciar. **FAM.** Admirable, admirablemente, admiración, admirador, admirativamente, admirativo. MIRAR.

admisible *adj.* Que se puede admitir. **SIN.** Aceptable, válido. **ANT.** Inadmisible, inaceptable.

admisión (del lat. *admissio, -onis*) *s. f.* **1.** Acción de admitir. **2.** En los motores de combustión interna, primera fase del proceso, en que entra en el cilindro la mezcla explosiva. **SIN. 1.** Acogida, recepción; consentimiento, aprobación. **ANT. 1.** Expulsión; rechazo.

admitir (del lat. *admittere*) *v. tr.* **1.** Permitir la entrada de alguien o algo en un lugar, grupo, etc.: *Le admitieron en el club.* **2.** Aceptar como válido un argumento, una propuesta, etc.: *No puedo admitir tus excusas.* **3.** Reconocer alguna cosa: *Admito que me he equivocado.* **4.** Considerar a alguien como lo que se expresa: *Le admitieron como líder del grupo.* **5.** Dejar que algo sea posible: *Ese pago admite aplazamiento.* **6.** Tener algo una determinada capacidad: *El depósito admite 2.000 litros.* **SIN. 1.** Acoger, recibir. **2.** Consentir, aprobar, tolerar. **3.** Convenir. **ANT. 1.** Expulsar. **1.** y **2.** Rechazar. **2.** Rehusar, desaprobar. **3.** Negar. **FAM.** Admisibilidad, admisible, admisión. / Inadmisible, readmitir.

admonición (del lat. *admonitio, -onis*) *s. f.* **1.** Advertencia que se le da a alguien para que no haga cierta cosa o corrija su conducta: *Recibió varias admoniciones, pero no hizo caso de ellas.* **2.** Acción de reprender a alguien por no haber actuado correctamente. **SIN. 1.** Aviso, consejo, exhortación. **1.** y **2.** Amonestación. **2.** Recriminación, reconvención, reprimenda, regañina. **ANT. 2.** Felicitación, elogio. **FAM.** Admonitorio. AMONESTAR.

ADN *s. m.* Ácido desoxirribonucleico*.

-ado *suf.* **1.** Forma sustantivos a los que añade el significado de 'empleo' o 'dignidad': *consulado, obispado.* **2.** Forma sustantivos de acción a partir de verbos: *encalado, lavado.* **3.** Indica 'conjunto de': *profesorado, alumnado.*

-ado, da *suf.* **1.** Terminación de los participios de la primera conjugación: *andado, robado.* **2.** Forma adjetivos a los que añade el significado de 'con', 'provisto de': *barbado, sexuado.* **3.** Indica 'semejante, con aspecto de': *rosado, ovalado.*

adobado, da 1. *p.* de **adobar.** También *adj.* || *adj.* **2.** *fam. Arg.* y *Urug.* Borracho, ebrio.

adobar (del ant. fr. *adober*, armar caballero) *v. tr.* **1.** Poner en adobo la carne o el pescado para condimentarlos o conservarlos. **2.** Curtir las pieles. **3.** Amañar las cosas o presentarlas de cierta manera para obtener un beneficio o con alguna otra intención. **SIN. 1.** Escabechar. **2.** Curar. **3.** Falsear. **FAM.** Adobado, adobo.

adobe (del ár. *at-tub*, el ladrillo) *s. m.* Mezcla de paja y barro, moldeada en forma de ladrillo y secada al aire, que se usa en algunas construcciones.

adobo *s. m.* **1.** Caldo o salsa con que se sazona un plato y, en especial, el caldo compuesto de vinagre, sal, orégano, ajos y pimentón, que sirve para sazonar y conservar las carnes y los pescados. **2.** Acción de adobar. **SIN. 1.** Escabeche. **2.** Adorno, compostura, afeite, aliño, aderezo.

adocenar *v. tr.* Hacer mediocre y ordinario. Se usa más como *v. prnl.* **FAM.** Adocenado, adocenamiento. DOCENA.

adoctrinar *v. tr.* **1.** Enseñar, instruir. **2.** Decir a una persona cuáles deben ser sus ideas y conducta. **SIN. 1.** y **2.** Aleccionar. **FAM.** Adoctrinamiento. DOCTRINA.

adolecer (de *a-*[2] y el lat. *dolescere*, de *dolere*, doler) *v. intr.* Tener alguien o algo una determinada cualidad negativa que se expresa. ■ Se construye con la prep. *de*: *Su discurso adolece de confusión.* No debe emplearse con el significado de 'carecer'. Es v. irreg. Se conjuga como *agradecer.*

adolescencia (del lat. *adolescentia*) *s. f.* Periodo de la vida humana comprendido aproximadamente entre los 12 y los 20 años, desde que aparecen los primeros indicios de la pubertad hasta llegar al estado adulto. **SIN.** Juventud, mocedad. **FAM.** Adolescente.

adolescente (del lat. *adolescens, -entis*) *adj.* Que está en la adolescencia o es propio de ella. También *s. m.* y *f.* **SIN.** Joven, muchacho, púber; juvenil.

adonde *adv. relat.* **1.** A la parte que, al lugar que: *La ciudad adonde vamos.* ■ Se escribe junto si lleva antecedente y separado si no lo lleva: *el pueblo adonde vamos; se dirigen a donde sabes.* || *adv. interr.* y *excl.* **2.** A qué lugar: *¿Adónde vas? ¡A dónde se ha subido!* **3.** Se utiliza en algunas expresiones con el verbo *ir* para intensificar aquello que se dice: *¿Adónde vas con ese traje?* ■ En estas dos últimas acepciones puede escribirse junto o separado y debe llevar acento gráfico. El uso de este adv. debe reservarse a expresiones de movimiento. **FAM.** Adondequiera. DONDE.

adondequiera *adv. l.* A cualquier parte. ■ Va acompañado siempre del relativo *que*: *Adondequiera que vayas estarás bien.*

adonis (de *Adonis*, dios griego de gran hermosura) *s. m.* Hombre de gran belleza. ■ No varía en *pl.*

adopción (del lat. *adoptio, -onis*) *s. f.* **1.** Acción de adoptar. **2.** Acto jurídico que crea entre dos personas vínculos de parentesco civil análogos a los derivados de la paternidad y filiación naturales. **SIN. 1.** Acuerdo, decisión, resolución. **2.** Prohijamiento.

adopcionismo *s. m.* Herejía acerca del dogma de la Trinidad, que afirmaba que Cristo es sólo hijo adoptivo del Padre.

adoptar (del lat. *adoptare*, de *ad*, a, y *optare*, desear) *v. tr.* **1.** Hacerse cargo legalmente de una persona, generalmente un niño, como si fuera hijo propio. **2.** Tomar una actitud o resolución: *En el consejo de ministros se adoptaron numerosos acuerdos.* **3.** Hacer propio algo, especialmente opiniones, costumbres, etc.: *Han adoptado una forma de vida norteamericana.* **4.** Adquirir un carácter o forma determinados. **SIN. 1.** Prohijar. **2.** Acordar, decidir, resolver, determinar. **3.** Asimilar. **4.** Tomar. **ANT. 2.** y **3.** Rechazar, rehusar, descartar. **FAM.** Adopción, adopcionismo, adoptivo. OPTAR.

adoptivo, va (del lat. *adoptivus*) *adj.* **1.** Se dice de la persona que adopta y de la adoptada: *padre adoptivo, hijo adoptivo.* **2.** Se dice de la persona o cosa que uno considera como propias, aunque no lo sean: *patria adoptiva.*

adoquín (del ár. *ad-dukkan*, la piedra escuadrada) *s. m.* **1.** Piedra labrada en forma de prisma utilizada para pavimentar. **2.** *fam.* Persona ignorante, de poca inteligencia. **SIN. 2.** Zoquete, zopenco, tarugo. **ANT. 2.** Lumbrera. **FAM.** Adoquinado, adoquinar.

adoquinado, da 1. *p.* de **adoquinar**. También *adj.* || *s. m.* **2.** Suelo empedrado con adoquines. **3.** Operación de adoquinar.

adoquinar *v. tr.* Pavimentar con adoquines en calles o carreteras. **SIN.** Empedrar, pavimentar. **ANT.** Desempedrar.

adorable (del lat. *adorabilis*) *adj.* Que resulta muy agradable, simpático, etc.: *Tiene unos hijos adorables. Vimos una película adorable.* **SIN.** Encantador, delicioso, maravilloso. **ANT.** Repelente, repugnante.

adorar (del lat. *adorare*, de *ad*, a, y *orare*, orar) *v. tr.* **1.** Rendir culto a un dios, o a un ser, objeto, etc., al que se atribuye carácter divino: *adorar a Dios, adorar al Sol.* **2.** Sentir un gran cariño, afición, etc., por una persona o cosa: *Adora a sus hermanos. Adoro el verano.* **SIN. 1.** Venerar, reverenciar. **1.** y **2.** Idolatrar. **2.** Amar, querer. **ANT. 2.** Odiar, aborrecer. **FAM.** Adorable, adoración, adorador, adoratriz. ORAR.

adoratriz (del lat. *adoratrix, -icis*) *adj.* Se dice de la monja perteneciente a la congregación de las Esclavas del Santísimo Sacramento. También *s. f.*

adormecer (del lat. *addormiscere*, de *ad*, a, y *dormiscere*, dormirse) *v. tr.* **1.** Producir sueño. **2.** Calmar, quitar vitalidad, fuerza: *adormecer el dolor, los sentidos, la conciencia.* También *v. prnl.* || **adormecerse** *v. prnl.* **3.** Comenzar a dormirse. **4.** Entorpecerse, entumecerse: *Se me ha adormecido el brazo.* ■ Es v. irreg. Se conjuga como *agradecer.* **SIN. 2.** Aplacar(se), apaciguar(se), tranquilizar(se), sosegar(se), mitigar(se). **3.** Adormilarse, amodorrarse, transponerse. **4.** Abotagarse, dormirse. **ANT. 2.** Excitar(se), exaltar(se), avivar(se). **3.** Despabilarse, despertarse. **4.** Desentumecerse. **FAM.** Adormecedor, adormecimiento, adormidera, adormilarse. DORMIR.

adormidera *s. f.* Nombre común de varias plantas papaveráceas anuales o perennes, de hojas alternas y flores formadas por cuatro pétalos opuestos. De una de sus especies, que da unas amapolas de color blanco, se extrae el opio.

adormilarse *v. prnl.* Quedarse medio dormido. **SIN.** Adormecerse, amodorrarse, transponerse. **ANT.** Despabilarse.

adornar (del lat. *adornare*) *v. tr.* **1.** Embellecer con adornos: *Adorno la casa con flores.* También *v. prnl.* con valor reflexivo: *Se adornó el peinado con un lazo.* **2.** Servir de adorno. También *v. intr.*: *Las flores adornan mucho.* **3.** Dotar a alguien de cualidades positivas o estar presentes dichas cualidades en una persona: *La naturaleza le adornó con muchas virtudes.* **SIN. 1.** Ornar, ornamentar. **ANT. 1.** Afear. **FAM.** Adorno. ORNAR.

adorno *s. m.* Objeto, cualidad, acción, etc., que se añade para embellecer o mejorar a una persona o cosa. **SIN.** Ornamento, ornato.

adosado, da 1. *p.* de **adosar**. También *adj.* || *adj.* **2.** Se aplica a una vivienda unifamiliar que se construye pegada a otras de similares características: *un chalé adosado.*

adosar (del lat. *ad*, a, y el lat. *dorsum*, dorso) *v. tr.* Colocar una cosa unida a otra o apoyada en ella, generalmente por su parte trasera: *adosar una estantería a la pared.* **SIN.** Pegar, juntar. **ANT.** Separar. **FAM.** Adosado. DORSO.

adquirido, da 1. *p.* de **adquirir**. También *adj.* || *adj.* **2.** Que no es innato, que procede de la experiencia o de la educación.

adquirir (del lat. *adquirere*, de *ad*, a, y *quaerere*, buscar) *v. tr.* **1.** Llegar a tener o conseguir algo: *Ha adquirido madurez.* **2.** Comprar. ■ Es v. irreg. **SIN. 1.** Alcanzar, lograr, ganar. **ANT. 1.** Perder. **2.** Vender. **FAM.** Adquirido, adquiridor, adquiriente, adquisición, adquisitivo. / Readquirir.

ADQUIRIR		
INDICATIVO	**SUBJUNTIVO**	**IMPERATIVO**
Presente *adquiero* *adquieres* *adquiere* *adquirimos* *adquirís* *adquieren*	**Presente** *adquiera* *adquieras* *adquiera* *adquiramos* *adquiráis* *adquieran*	 *adquiere* *adquirid*

adquisición *s. f.* **1.** Acción de adquirir. **2.** Cosa adquirida, especialmente si es buena o ventajosa. **3.** Persona contratada recientemente y que es valorada como se expresa: *Ese cocinero es una estupenda adquisición.* **SIN. 3.** Fichaje.

adquisitivo, va (del lat. *adquisitivus*) *adj.* Que sirve para adquirir: *el poder adquisitivo de un salario.*

adrede (del cat. o arag. *adret*) *adv. m.* Intencionadamente, a propósito. **SIN.** Aposta, deliberadamente. **ANT.** Involuntariamente.

adrenalina (del ingl. *adrenaline*, y éste del lat. *ad*, junto a, y *renalis*, renal) *s. f.* Hormona responsable de las reacciones del organismo ante las situaciones de tensión, que produce aumento de la presión sanguínea y del ritmo cardiaco, aceleración del metabolismo, etc.

adriático, ca (del lat. *hadriaticus*) *adj.* Relativo al mar Adriático.

adscribir (del lat. *adscribere*, de *ad*, a, y *scribere*, escribir) *v. tr.* **1.** Atribuir, asignar algo a una persona o cosa. **2.** Considerar a una persona como perteneciente a un determinado grupo, ideología, etc. También *v. prnl.*: *Muchos se adscribieron a las filas derechistas.* **3.** Destinar a una persona a un determinado servicio, empleo, etc.: *Le han adscrito al departamento de ventas.* ■ Su p. es irreg.: *adscrito.* **SIN. 1.** Adjudicar. **2.** Encasillar(se), vincular(se). **3.** Incorporar. **ANT. 2.** Desvincular(se). **FAM.** Adscripción. ESCRIBIR.

adsorber (del lat. *ad*, a, y *sorbere*, sorber) *v. tr.* Atraer un cuerpo a otro, líquido o gaseoso, y retenerlo en su superficie. ■ No confundir con *absorber,* 'atraer un cuerpo a otro y conservarlo dentro de él'. **FAM.** Adsorbente, adsorción. SORBER.

adstrato (del lat. *adstratus*, p. de *adsternere*, extender) *s. m.* En ling., influencia entre lenguas en contacto y especialmente cuando sus territorios lingüísticos son colindantes o comunes, p. ej. la que en la actualidad se produce entre el catalán y el castellano.

aduana (del ár. *ad-diwana*, el registro) *s. f.* **1.** Oficina pública del Estado, establecida en las fronteras o puntos de contacto directo con el exterior (puertos, aeropuertos, estaciones, etc.), en la que se controla el comercio internacional y el tráfico de viajeros. **2.** Aranceles o derechos que se cobran sobre determinadas mercancías a su paso por la frontera: *Este producto no paga aduana.* **FAM.** Aduanero.

aduanero, ra *adj.* **1.** Relativo a la aduana. || *s. m.* y *f.* **2.** Empleado de aduanas.

aducción (del lat. *adductio, -onis*) *s. f.* Movimiento que acerca un órgano o miembro al plano imaginario que divide el cuerpo en dos mitades simétricas. ■ No confundir con su opuesto *abducción.* **FAM.** Aductor. ADUCIR.

aducir (del lat. *adducere*, de *ad*, a, y *ducere*, llevar) *v. tr.* Presentar pruebas, razones, etc., para demostrar o justificar algo: *Aduce en su defensa su corta edad.* ■ Es v. irreg. Se conjuga como *conducir*. **SIN.** Alegar, argüir, argumentar. **FAM.** Aducción.

aductor (del lat. *aductor, -oris*) *adj.* Se aplica al músculo que realiza la aducción. También *s. m.* ■ No confundir con su opuesto *abductor*.

adueñarse *v. prnl.* **1.** Apropiarse de una cosa: *Se adueñó de las tierras de su vecino.* **2.** Hacerse alguien o algo, generalmente un sentimiento, pasión o estado de ánimo, dominante en una persona, grupo, situación: *El pánico se adueñó de la sala.* **SIN. 1.** Posesionarse, enseñorearse. **1.** y **2.** Apoderarse. **2.** Invadir, cundir, dominar. **ANT. 1.** Desprenderse, renunciar.

adular (del lat. *adulari*) *v. tr.* Halagar con exceso a alguien, generalmente por interés. **SIN.** Lisonjear, alabar, encomiar, ensalzar, incensar. **ANT.** Insultar, ofender. **FAM.** Adulación, adulador.

adulterar (del lat. *adulterare*) *v. tr.* **1.** Alterar la pureza o las características originarias de algo, generalmente añadiendo otras sustancias: *Adulteraron los alimentos con conservantes no autorizados.* **2.** Falsear o viciar algo: *adulterar la información.* También *v. prnl.* **SIN. 2.** Falsificar. **ANT. 1.** Purificar, depurar. **FAM.** Adulteración, adulterado, adulterador, adulterante, adulterino, adulterio, adúltero.

adulterino, na (del lat. *adulterinus*) *adj.* **1.** Procedente de adulterio: *hijo adulterino.* **2.** Relativo al adulterio. **SIN. 2.** Adúltero.

adulterio (del lat. *adulterium*) *s. m.* Mantenimiento de relaciones sexuales de una persona casada con otra que no es su cónyuge. **SIN.** Infidelidad. **ANT.** Fidelidad.

adúltero, ra (del lat. *adulter, -eri*) *adj.* **1.** Que comete adulterio. También *s. m.* y *f.* **2.** Relativo al adulterio. **SIN. 1.** Infiel. **2.** Adulterino. **ANT. 1.** y **2.** Fiel.

adulto, ta (del lat. *adultus*) *adj.* **1.** Se dice del ser vivo que ha llegado a su total desarrollo y de lo relacionado con él: *Ya tiene opiniones verdaderamente adultas.* También *s. m.* y *f.* **2.** Que ha llegado a su mayor grado de perfección: *una civilización adulta.* **SIN. 1.** y **2.** Maduro. **ANT. 1.** y **2.** Inmaduro. **FAM.** Adultez.

adusto, ta (del lat. *adustus*) *adj.* **1.** Se dice de la persona seria, severa y de sus gestos, actitud, etc. **2.** Muy sobrio y austero: *estilo adusto.* **3.** Seco, yermo: *paisaje adusto.* **SIN. 1.** Áspero, hosco, rígido. **1.** y **2.** Grave. **3.** Árido, desértico. **ANT. 1.** Cordial, afable. **2.** Recargado. **3.** Exuberante. **FAM.** Adustez.

advenedizo, za *adj.* Se dice de la persona que llega a un lugar, posición, cargo, etc., donde es considerado un extraño o un intruso.

advenimiento *s. m.* **1.** Llegada, especialmente la de un acontecimiento importante, un periodo histórico, etc.: *el advenimiento de la democracia.* **2.** Elevación al trono de un rey o papa. **SIN. 1.** Venida, aparición. **2.** Entronización. **ANT. 1.** Ida, desaparición. **2.** Derrocamiento. **FAM.** Advenedizo, adventicio, adventismo, adviento. VENIR.

adventicio, cia (del lat. *adventicius*) *adj.* **1.** Que ocurre por casualidad, en ocasiones o de manera accidental. **2.** Se dice del órgano animal o vegetal que se desarrolla ocasionalmente o en sitio distinto del normal; p. ej. las raíces que les nacen a las plantas en el tallo o las ramas. **SIN. 1.** Casual, ocasional, esporádico, eventual, fortuito. **ANT. 1.** Premeditado, deliberado.

adventismo (del lat. *adventus*, llegada) *s. m.* Doctrina cristiana protestante que espera la segunda venida de Cristo y el establecimiento de su reino en la tierra. **FAM.** Adventista. ADVENIMIENTO.

adverbial (del lat. *adverbialis*) *adj.* **1.** Relativo al adverbio. **2.** Que tiene las características o función del adverbio: *locución adverbial, oración adverbial.*

adverbializar *v. tr.* Dar a una palabra o expresión el valor o función de adverbio; p. ej. añadiendo a un adjetivo el sufijo *-mente*, o haciéndole perder la variación de género y número: *cortésmente; las balas dieron alto.* ■ Delante de *e* se escribe *c* en lugar de *z*: *adverbialice.*

adverbio (del lat. *adverbium*, junto al verbo) *s. m.* Parte invariable de la oración que modifica al verbo, al adjetivo, a otro adverbio o a una oración completa. Hay adverbios de lugar: *aquí, delante, cerca*; de tiempo: *hoy, ayer, mientras, jamás*; de cantidad: *bastante, mucho, poco*; de modo: *bien, despacio*; de afirmación: *sí*; de negación: *no*; de duda: *quizá*; comparativos: *mejor, peor*; relativos: *como, donde*; interrogativos y exclamativos: *cuándo, qué.* **FAM.** Adverbial, adverbialización, adverbializar. VERBO.

adversario, ria (del lat. *adversarius*) *s. m.* y *f.* **1.** Persona que lucha o compite con otra. También *adj.* **2.** Persona opuesta o contraria a alguien. También *adj.* || *s. m.* **3.** Con sentido colectivo, conjunto de enemigos, contrarios o rivales. **SIN. 1.** Competidor, contrincante, contendiente. **2.** Antagonista. **ANT. 1.** Compañero, aliado. **2.** Partidario, simpatizante.

adversativo, va (del lat. *adversativus*) *adj.* **1.** Que implica oposición de significado: *sentido adversativo.* **2.** En ling., se aplica a las proposiciones y conjunciones que expresan idea de oposición o contrariedad, como, p. ej., la construcción encabezada por *pero* en: *Le gustaría ir al cine, pero no tiene dinero.*

adversidad *s. f.* **1.** Cualidad de adverso. **2.** Contratiempo, contrariedad, mala suerte: *La adversidad arruinó el proyecto.* **3.** Situación desgraciada: *Pasaron por muchas adversidades durante la guerra.* **SIN. 2.** Fatalidad. **2.** y **3.** Desventura, infortunio, desdicha. **ANT. 2.** Suerte, fortuna. **2.** y **3.** Felicidad, dicha, ventura.

adverso, sa (del lat. *adversus*, de *ad*, a, y *versus*, vuelto) *adj.* Contrario, desfavorable: *La suerte adversa frustró nuestros planes.* **SIN.** Hostil, opuesto, perjudicial, negativo. **ANT.** Favorable, propicio, positivo. **FAM.** Adversario, adversativo, adversidad. VERSO[2].

advertencia *s. f.* **1.** Acción de advertir. **2.** Aviso en el que se previene o llama la atención sobre alguna cosa: *Escucha las advertencias de los monitores.* **SIN. 2.** Indicación, observación.

advertido, da 1. *p.* de **advertir**. También *adj.* || *adj.* **2.** Experto, preparado, capaz: *Es un libro dirigido a los más advertidos en la materia.* **SIN. 2.** Apto, ducho. **ANT. 2.** Inexperto.

advertir (del lat. *advertere*, de *ad*, a, y *vertere*, volver) *v. tr.* **1.** Percibir algo, darse cuenta de ello: *El perro advirtió la presencia de extraños.* **2.** Llamar la atención de uno sobre alguna cosa, especialmente si es negativa o peligrosa: *Las señales de tráfico advertían de la presencia de animales sueltos.* También *v. intr.* **3.** Aconsejar o amenazar: *Le advierto que la próxima vez no lo toleraré.* ■ Es v. irreg. Se conjuga como *sentir*. **SIN. 1.** Notar, observar, apreciar, percatarse. **2.** Alertar, prevenir. **2.** y **3.** Avisar. **FAM.** Advertencia, advertido, advertimiento. / Inadvertencia.

adviento (del lat. *adventus*, llegada) *s. m.* En la liturgia cristiana, tiempo de preparación para la celebración del nacimiento de Jesucristo, que comprende las cuatro semanas que preceden a la Navidad.

advocación (del lat. *advocatio, -onis*) *s. f.* **1.** Denominación que se da a algunas imágenes religiosas, templos, capillas o santuarios, en virtud del personaje sagrado, acontecimiento, etc., al que están dedicados: *La parroquia está bajo la advocación de San Juan Bautista.* **2.** Cada uno de los nombres con que se venera a la Virgen: *la advocación de Nuestra Señora del Pilar.*

adyacente (del lat. *adiacens, -entis*, que está próximo) *adj.* **1.** Colocado o situado junto a otra cosa: *calles adyacentes.* **2.** En ling., se aplica a la palabra o sintagma que modifica a otro; p. ej. el adjetivo o el artículo respecto al sustantivo. También *s. m.* **3.** En geom., se dice de los dos ángulos que tienen un mismo vértice y un lado común, estando los lados no comunes sobre la misma recta. **SIN.** **1.** Anejo, anexo, contiguo, aledaño, limítrofe, colindante. **2.** Modificador. **ANT.** **1.** Lejano, distante. **FAM.** Adyacencia. YACER.

adyuvante (del lat. *adiuvans, -antis*) *adj.* Que ayuda.

aedo (del gr. *aoidos*, cantor) *s. m.* Poeta de la antigua Grecia que cantaba, al son de la lira, las leyendas de los dioses o de los héroes mitológicos.

aeración (del lat. *aer*, aire) *s. f.* **1.** Suministro de aire a un objeto, sustancia, local, etc. **2.** Acción del aire en el tratamiento de enfermedades. **SIN.** **1.** Oxigenación, ventilación.

aéreo, a (del lat. *aereus*) *adj.* **1.** Relativo al aire. **2.** Que se realiza o se desarrolla en el aire o desde el aire: *fotografía aérea.* **3.** Relativo a la aviación: *puente aéreo.* **4.** Se dice de los seres vivos, o de alguna de sus partes, que viven o se desarrollan en contacto con el aire atmosférico: *raíces aéreas.* **5.** Ligero, sutil, vaporoso. **SIN.** **5.** Volátil, delicado, tenue. **ANT.** **1.** a **3.** Terrestre, marítimo. **5.** Pesado, consistente. **FAM.** Aeroterrestre, antiaéreo. AIRE.

aero- (del gr. *aer, aeros*, aire) *pref.* Significa 'aire': *aerodinámico, aerotransportar.*

aerobic (ingl.) *s. m.* Técnica gimnástica que fomenta la actividad respiratoria mediante una serie de ejercicios físicos, normalmente realizados con música.

aerobio, bia (de *aero-* y *-bio*) *adj.* Se dice del organismo vivo que necesita respirar el oxígeno del aire para vivir. También *s. m.* **ANT.** Anaerobio. **FAM.** Aeróbico. / Anaerobio.

aerobús (de *aero-* y *-bus*) *s. m.* Avión de pasajeros de gran capacidad.

aeroclub *s. m.* **1.** Centro de asociación e instrucción de pilotos de aviación civil o deportiva. **2.** Aeródromo e instalaciones de dicho centro.

aerodeslizador *s. m.* Vehículo terrestre, acuático o anfibio empleado para el transporte de viajeros, que se desplaza sobre un colchón de aire creado por el propio vehículo mediante un conjunto de hélices. **SIN.** Acuaplano.

aerodinámico, ca *adj.* **1.** Relativo a la aerodinámica. **2.** Se dice de los vehículos y otras cosas que tienen una forma adecuada para reducir la resistencia del aire. || *s. f.* **3.** Parte de la física que estudia el movimiento de los gases y de los cuerpos que se hallan en su seno.

aeródromo (de *aero-* y el gr. *dromos*, pista) *s. m.* Terreno preparado para la salida y llegada de los aviones, especialmente deportivos, particulares o militares.

aeroespacial *adj.* Relativo a la aeronáutica y la astronáutica conjuntamente.

aerofagia (de *aero-* y el gr. *phagomai*, comer) *s. f.* Ingestión de aire, generalmente involuntaria, lo que produce su excesiva acumulación en el intestino y molestias, tales como sensaciones de hinchazón del vientre, dolores espasmódicos, etc. **SIN.** Flatulencia, flato.

aerofaro *s. m.* En los aeropuertos, indicador luminoso o de radio para ayudar a la navegación nocturna o en condiciones de escasa visibilidad.

aerofobia (de *aero-* y *-fobia*) *s. f.* Temor patológico al aire o al viento.

aerofotografía *s. f.* Fotografía tomada desde un avión u otro vehículo aéreo.

aerofreno *s. m.* En los aviones, cada una de las piezas del fuselaje o del interior de las alas, que se proyectan hacia afuera, a modo de pantalla, para aumentar la resistencia del aire y frenar el avance del aparato.

aerógrafo (de *aero-* y *-grafo*) *s. m.* Pulverizador de aire a presión que proyecta algún colorante. Se emplea en el retoque fotográfico, en trabajos de dibujo y arte decorativo y, sobre todo, en el diseño gráfico y publicitario.

aerolínea *s. f.* Compañía de transporte aéreo. Se usa sobre todo en *pl.*

aerolito (de *aero-* y *-lito*) *s. m.* Meteorito, masa pétrea extraterrestre que cae sobre la Tierra.

aerómetro (de *aero-* y *-metro*) *s. m.* Aparato que sirve para medir las propiedades físicas del aire y otros gases.

aeromodelismo *s. m.* Deporte y actividad recreativa que consiste en la construcción y prueba de maquetas de aviones. **FAM.** Aeromodelista, aeromodelo. MODELISMO.

aeromodelo *s. m.* **1.** Avión a escala reducida empleado especialmente para experimentaciones. **2.** Maqueta de aeromodelismo.

aeromotor *s. m.* Motor accionado por la fuerza del aire en movimiento.

aeromoza *s. f. Amér.* Azafata de líneas aéreas.

aeronauta (de *aero-* y el gr. *nautes*, navegante) *s. m.* y *f.* Piloto o tripulante de una aeronave.

aeronáutico, ca *adj.* **1.** Relativo a la navegación aérea y a la ciencia aeronáutica. || *s. f.* **2.** Ciencia que estudia el diseño, la construcción y el manejo de aeronaves.

aeronaval *adj.* Relativo a la aviación y a la marina; se dice especialmente de la operación militar en la que intervienen fuerzas aéreas y navales.

aeronave *s. f.* Vehículo que navega por el aire o el espacio, p. ej. un avión, un aeróstato, un cohete. **FAM.** Aeronauta, aeronáutico, aeronaval, aeronavegación. NAVE.

aeronavegación *s. f.* Navegación aérea.

aeroplano *s. m.* Avión.

aeropostal *adj.* Relativo al correo aéreo.

aeropuerto *s. m.* Conjunto de instalaciones destinadas al despegue y aterrizaje de aviones comerciales; comprende también una zona de servicios al pasajero.

aerosol (del fr. *aérosol*) *s. m.* **1.** Solución que, almacenada en un envase bajo presión, se administra mediante un pulverizador; también ese mismo envase. **2.** Suspensión de partículas ultramicroscópicas de sólidos o líquidos en el aire u otro gas. **SIN.** **1.** Spray.

aerostación *s. f.* Navegación aérea por medio de aeróstatos.

aerostático, ca *adj.* **1.** Relativo a la aerostática. || *s. f.* **2.** Parte de la física que estudia el equilibrio de los gases y cuerpos situados en ellos. **FAM.** Aeróstato. ESTÁTICO.

aeróstato o **aerostato** (de *aero-* y el gr. *statos*, estable) *s. m.* Aeronave llena de un gas menos pesado que el aire, lo que le permite elevarse en la atmósfera, p. ej. un globo o un dirigible. **FAM.** Aerostación. AEROSTÁTICO.

aerotaxi *s. m.* Avión pequeño que se alquila para uso privado.

aeroterrestre *adj.* Relativo a las fuerzas o a las operaciones militares de los ejércitos de tierra y aire.

aerotransportar *v. tr.* Transportar por vía aérea. **FAM.** Aerotransportado. TRANSPORTAR.

aerotrén *s. m.* Vehículo que se desplaza deslizándose sobre una vía especial por medio de un colchón de aire.

aerovía *s. f.* Ruta para el vuelo de los aviones comerciales.

afable (del lat. *affabilis*) *adj.* Se dice de la persona amable y cordial en el trato con los otros. **SIN.** Atento, cortés, afectuoso, tratable, sociable. **ANT.** Brusco, descortés. **FAM.** Afabilidad, afablemente.

afamado, da *adj.* Famoso, ilustre, renombrado: *Es un afamado pianista.* **SIN.** Conocido, célebre, popular, reputado. **ANT.** Impopular, desconocido.

afán (de *afanar*) *s. m.* **1.** Deseo intenso, anhelo: *Su afán es ser cantante.* **2.** Esfuerzo e interés con que se hace algo: *Pone mucho afán en el estudio.* **3.** Actividad excesiva o penosa. En esta acepción se usa mucho en *pl.*: *los afanes de la vida.* **SIN. 1.** Ansia, pasión; ambición. **2.** Ahínco, empeño, voluntad, vehemencia, desvelo. **3.** Penalidad, fatiga. **ANT. 2.** Apatía, desgana; negligencia. **FAM.** Afanar, afanosamente, afanoso.

afanador, ra *s. m.* y *f. Méx.* Persona encargada de la limpieza de una casa, local, etc.

afanar (del lat. *affannare*) *v. tr.* **1.** *fam.* Hurtar, robar. || **afanarse** *v. prnl.* **2.** Poner mucho esfuerzo e interés en algo: *Se afana en agradar a la gente.* **SIN. 1.** Quitar, birlar, guindar, sustraer. **2.** Esforzarse, desvivirse, desvelarse. **FAM.** Afanador. AFÁN.

afaníptero (del gr. *aphanes*, invisible, y *-ptero*) *adj.* Sifonáptero*.

afanoso, sa *adj.* **1.** Que se afana. **2.** Que cuesta mucho esfuerzo. **SIN. 1.** Esforzado, empeñado. **2.** Fatigoso, trabajoso, duro, arduo, difícil. **ANT. 1.** Desganado. **2.** Fácil, llevadero.

afarolado, da 1. *p.* de **afarolarse**. También *adj.* || *adj.* **2.** Semejante a un farol. **3.** En tauromaquia, se dice de la suerte en que el torero se pasa el capote o la muleta por encima de la cabeza. **FAM.** Afarolamiento, afarolarse. FAROL.

afarolarse *v. prnl.* **1.** *Chile* Enfadarse. **2.** *Perú* Exaltarse.

afasia (del gr. *aphasia*, de *a*, part. priv., y *phasis*, palabra) *s. f.* Trastorno originado por lesiones cerebrales, que consiste en la dificultad o imposibilidad de comprender el lenguaje o de expresarse a través de él. **FAM.** Afásico.

afear *v. tr.* **1.** Poner fea a una persona o cosa: *Ese peinado te afea.* También *v. prnl.* **2.** Reprochar: *Le afeó su conducta.* **SIN. 2.** Reprobar, vituperar, censurar, criticar. **ANT. 1.** Embellecer, favorecer. **2.** Elogiar, ensalzar. **FAM.** Afeamiento. FEO.

afección (del lat. *affectio, -onis*) *s. f.* **1.** Enfermedad, dolencia: *Tiene una afección pulmonar.* **2.** Afecto o inclinación por alguien o algo. **SIN. 1.** Trastorno, indisposición. **2.** Apego, aprecio, simpatía, atracción, propensión, afición. **ANT. 2.** Desafecto, antipatía.

afectación (del lat. *affectatio, -onis*) *s. f.* Falta de naturalidad en la manera de hablar o comportarse. **SIN.** Amaneramiento, fingimiento, artificio, rebuscamiento. **ANT.** Sencillez, llaneza.

afectado, da 1. *p.* de **afectar**. También *adj.* y *s. m.* y *f.*: *Dieron una ayuda a los afectados por la sequía.* || *adj.* **2.** Que carece de sencillez o naturalidad: *Me lo dijo en tono afectado.* **SIN. 2.** Artificioso, amanerado, rebuscado. **ANT. 2.** Sencillo, espontáneo.

afectar (del lat. *affectare*) *v. tr.* **1.** Atañer, tocar, tener algo un determinado campo de acción: *La medida afecta a los jubilados.* **2.** Producir un determinado efecto, generalmente negativo: *La riada afectó mucho a las huertas.* **3.** Causar impresión una cosa a alguien: *Le afectó mucho la noticia.* También *v. prnl.* **4.** Poner un cuidado excesivo en cómo hablar, moverse o actuar, perdiendo la naturalidad: *Afecta una elegancia que no tiene.* **5.** Fingir: *Afectó desconocimiento de la ley.* **SIN. 1.** Incumbir, corresponder. **2.** Perjudicar, dañar. **3.** Impresionar, conmover, emocionar, sobrecoger. **4.** Aparentar. **5.** Simular, disimular. **ANT. 2.** Favorecer. **FAM.** Afección, afectable, afectación, afectado. AFECTO.

afectísimo, ma *adj. sup.* de **afecto**. Se utiliza sobre todo en las cartas como fórmula de despedida. Su abreviatura es *afmo.* o *affmo.*

afectividad *s. f.* **1.** Cualidad de afectivo. **2.** Realidad psíquica del individuo que comprende los sentimientos y emociones: *Es un muchacho de afectividad muy compleja.* **3.** Inclinación a los afectos y emociones: *La película reflejaba una gran afectividad.* **SIN. 1.** a **3.** Emotividad. **3.** Sensibilidad. **ANT. 3.** Indiferencia, dureza.

afectivo, va (del lat. *affectivus*) *adj.* **1.** Relativo al afecto, a los sentimientos y emociones: *fenómenos afectivos* **2.** Sensible, que se afecta o emociona con facilidad. **3.** Amable, cariñoso. **SIN. 1.** y **2.** Emocional, emotivo. **2.** Impresionable, emocionable. **3.** Afectuoso, dulce, tierno, amoroso. **ANT. 2.** Insensible, frío, duro. **3.** Áspero.

afecto (del lat. *affectus, -us*) *s. m.* **1.** Cariño o simpatía hacia alguien. **2.** Cualquier estado de ánimo, sentimiento o emoción: *los afectos del espíritu.* **SIN. 1.** Apego, aprecio, inclinación. **ANT. 1.** Desafecto, antipatía. **FAM.** Afectar, afectísimo, afectividad, afectivo, afecto, -ta, afectuosamente, afectuosidad, afectuoso. / Desafecto.

afecto, ta (del lat. *affectus*, de *afficere*, afectar) *adj.* **1.** Inclinado a una persona, idea o cosa, partidario de ellas: *Eran afectos a la misma causa.* **2.** Se dice de la persona destinada a trabajar en alguna dependencia: *afecto a la comandancia de Marina.* **SIN. 1.** Adicto, adepto, seguidor. **2.** Adscrito, agregado. **ANT. 1.** Enemigo, contrario, opuesto.

afectuoso, sa *adj.* Que siente o muestra afecto: *una niña afectuosa, un trato afectuoso.* **SIN.** Cariñoso, amable, afable. **ANT.** Frío, seco.

afeitado, da 1. *p.* de **afeitar**. También *adj.* || *s. m.* **2.** Acción de afeitar o afeitarse. || *s. f.* **3.** *Amér.* Afeitado.

afeitadora *s. f.* Máquina de afeitar eléctrica.

afeitar (del lat. *affectare*, arreglar) *v. tr.* **1.** Cortar el pelo de alguna parte del cuerpo a ras de piel, en especial, el de la barba. También *v. prnl.* con valor reflexivo. **2.** Limar los pitones del toro para hacerlos más cortos y que resulten menos peligrosos. **SIN. 1.** Rapar(se), rasurar(se). **FAM.** Afeitado, afeitadora, afeite.

afeite *s. m.* **1.** Cosmético. **2.** Acción de acicalar o acicalarse. SIN. **2.** Acicalamiento, aderezo.

afelio (del gr. *apo*, lejos, y *elios*, sol) *s. m.* Punto más lejano del Sol en la órbita de un planeta. Se opone a *perihelio*.

afelpado, da *adj.* **1.** Forrado de felpa. **2.** Parecido a la felpa.

afeminado, da 1. *p.* de **afeminar**. || *adj.* **2.** Se dice del hombre que tiene modales o características propios de una mujer. También *s. m.* SIN. **2.** Amanerado, amariconado, mariposón.

afeminar *v. tr.* Hacer que un hombre adquiera modales propios de mujeres o pierda la energía o entereza que convencionalmente se atribuye a los varones: *Tantos mimos lo van a afeminar.* También *v. prnl.* SIN. Amariconarse. FAM. Afeminación, afeminado, afeminamiento. FEMENINO.

aferente (del lat. *afferens, -entis*, de *afferre*, llevar hacia un lugar) *adj.* Que va de la periferia al centro; se dice especialmente del vaso sanguíneo, nervio, etc., que entra en un órgano. Se opone a *eferente*. FAM. Véase **deferente**.

aféresis (del gr. *aphairesis*, sustracción) *s. f.* Pérdida de uno o más sonidos al comienzo de palabra: *norabuena* por *enhorabuena.* Puede utilizarse como recurso estilístico. ■ No varía en *pl.*

aferrar *v. tr.* **1.** Agarrar con fuerza. También *v. prnl.* || **aferrarse** *v. prnl.* **2.** Insistir con tenacidad en una opinión o postura: *Se aferra a su punto de vista.* **3.** Acogerse a algo como única salida o esperanza: *Se aferró a su familia al morir su marido.* SIN. **1.** Asir(se), coger(se), sujetar(se), amarrar(se). **1.** y **2.** Afianzar(se). **2.** Obstinarse, empeñarse, empecinarse, reafirmarse, ratificarse. **3.** Refugiarse, ampararse. ANT. **1.** Soltar(se), desasir(se). **2.** Ceder, desistir. FAM. Aferramiento. / Desaferrar.

afestonado, da *adj.* **1.** En forma de festón. **2.** Con festones.

affaire (fr.) *s. m.* **1.** Asunto, negocio, especialmente cuando es ilícito o sospechoso. **2.** Aventura amorosa. SIN. **1.** Cuestión, tema. **2.** Romance, lío.

affmo. o **afmo.** Abreviatura de **afectísimo**.

afgano, na *adj.* **1.** De Afganistán, estado de Asia. También *s. m.* y *f.* **2.** Se dice de un tipo de galgo de pelo largo originario de Afganistán. También *s. m.*

afianzar *v. tr.* **1.** Afirmar, asegurar algo: *Afianzó el tablero con cola y clavos.* También *v. prnl.* **2.** Agarrar o apoyar con fuerza: *Afianzó los pies en el suelo para no caerse.* También *v. prnl.* **3.** Consolidar, hacer más firme una opinión, postura, circunstancia, etc.: *El médico se afianzó en su diagnóstico.* También *v. prnl.* ■ Delante de *e* se escribe *c* en lugar de *z*: *afiance.* SIN. **1.** Amarrar(se), sujetar(se). **1.** a **3.** Reforzar(se), aferrar(se). **3.** Reafirmar(se), ratificar(se). ANT. **1.** Aflojar(se), soltar(se). **3.** Rectificar(se). FAM. Afianzamiento. FIANZA.

afiche (del fr. *affiche*) *s. m.* Cartel de propaganda o aviso expuesto al público.

afición (del lat. *affectio, -onis*, afección) *s. f.* **1.** Inclinación que se siente hacia alguna persona, actividad o cosa. ■ Se construye con las prep. *a, hacia, por*: *Tiene afición por las matemáticas.* **2.** Actividad o cosa hacia la que se siente esa inclinación: *Tiene una gran afición por la pintura.* **3.** Conjunto de personas que asisten frecuentemente a un espectáculo, deporte, etc., especialmente los toros y el fútbol, o muestran especial interés por ellos. **4.** Empeño, interés. **5.** Afecto, cariño. SIN. **1.** Tendencia. **1.** y **5.** Apego. **2.** Hobby. **3.** Hinchada. **4.** Ahínco, afán. **5.** Amor. ANT. **1.** y **4.** Desinterés, indiferencia. **5.** Desafecto, odio. FAM. Aficionado, aficionar. / Radioaficionado, videoaficionado.

aficionado, da 1. *p.* de **aficionar**. || *adj.* **2.** Que tiene afición por algo. También *s. m.* y *f.* **3.** Que practica un arte, un deporte, etc., no como profesión. SIN. **3.** Amateur. ANT. **3.** Profesional.

aficionar *v. tr.* **1.** Hacer que alguien tenga afición por algo. || **aficionarse** *v. prnl.* **2.** Adquirir una afición, costumbre o cariño: *aficionarse a la bebida.* SIN. **2.** Acostumbrarse; encariñarse. ANT. **2.** Aburrirse, cansarse.

afiebrarse *v. prnl. Amér.* Empezar a tener fiebre.

afijo, ja (del lat. *affixus*) *adj.* **1.** Se dice de la partícula que se utiliza para formar palabras. Si está al comienzo, se denomina prefijo: *in*-exacto; si está en medio, infijo o interfijo: pan-*ad*-ero; si está al final, sufijo: lech-*ero.* También *s. m.* **2.** Se aplica al pronombre que se añade al verbo formando una palabra con él: *Parecíale.* También *s. m.*

afilado, da 1. *p.* de **afilar**. También *adj.* || *adj.* **2.** Delgado, fino. **3.** Hiriente, mordaz: *Tiene una lengua muy afilada.* SIN. **2.** Estilizado. **3.** Cáustico, incisivo, punzante. ANT. **2.** Grueso, gordo.

afilalápices *s. m.* Sacapuntas*. ■ No varía en *pl.*

afilar[1] *v. tr.* **1.** Sacar punta o filo a un objeto o afinar la punta de los que ya la tienen. **2.** Hacer algo más agudo o penetrante: *afilar la mirada.* También *v. prnl.* || **afilarse** *v. prnl.* **3.** Adelgazar una parte del cuerpo, especialmente la cara, nariz y dedos. **4.** *Bol., Méx.* y *Urug.* Prepararse con empeño para llevar a cabo una tarea. SIN. **1.** Aguzar, amolar. **2.** Agudizar. ANT. **1.** Desafilar. **1.** y **2.** Embotar. **2.** Suavizar. **3.** Engordar. FAM. Afilado, afilador, afilalápices, afilamiento. / Desafilar. FILO[1].

afilar[2] *v. tr.* **1.** *Arg., Par.* y *Urug.* Galantear a las muchachas jóvenes. **2.** *vulg. Chile* Mantener relaciones sexuales.

afiliar (del lat. *affiliare*, de *ad*, a, y *filius*, hijo) *v. tr.* Incluir a una persona como miembro de una sociedad, movimiento, etc. Se usa más como *v. prnl.* SIN. Asociar(se), incorporar(se), inscribir(se), adscribir(se), alinear(se). FAM. Afiliación, afiliado. FILIAL.

afiligranado, da 1. *p.* de **afiligranar**. También *adj.* || *adj.* **2.** Parecido a la filigrana.

afiligranar *v. tr.* **1.** Hacer filigrana en alguna cosa. **2.** Embellecer esmeradamente algo. SIN. **2.** Perfeccionar, hermosear. ANT. **2.** Afear. FAM. Afiligranado. FILIGRANA.

afín (del lat. *affinis*, de *ad*, a, y *finis*, término) *adj.* **1.** Que tiene en común algún aspecto, cualidad o carácter con otra persona o cosa: *Pedro y Pablo poseen gustos afines.* || *s. m.* y *f.* **2.** Pariente, allegado. SIN. **1.** Análogo, parecido, similar, próximo. **2.** Familiar. ANT. **1.** Distinto. FAM. Afinidad. / Parafina. FIN.

afinador, ra *adj.* **1.** Que afina. || *s. m.* y *f.* **2.** Persona que tiene por oficio afinar pianos u otros instrumentos musicales. || *s. m.* **3.** Utensilio o aparato empleado para afinar instrumentos musicales.

afinar *v. tr.* **1.** Hacer fina, delgada o suave una cosa: *afinar un palo, un tablero.* También *v. prnl.* **2.** Hacer más educada y cortés a una persona. Se usa más como *v. prnl.* **3.** Hacer que algo sea lo más preciso, justo o ajustado posible: *afinar la puntería.* También *v. intr.*: *En este trabajo hay que* *afinar mucho.* **4.** P. ext., hablando de precios, rebajarlos dentro de lo razonable. También *v. intr.*: *¿No podría usted afinar un poco más?* **5.** Dar los últimos retoques a algo para que quede perfecto: *Todavía debemos afinar algunos detalles.* También *v. prnl.* **6.** Establecer la relación correcta entre los diferentes sonidos que emite un instrumento musical. **7.** Purificar los metales. || *v. intr.* **8.** Cantar o tocar con la entonación adecuada: *Para poder afinar hay que educar el oído.* SIN. **1.** Afilar(se), adelgazar(se). **1.** y **5.** Pulir. **2.** Pulir(se), refinar(se), desbastar(se). **3.** Precisar, ajustar. **5.** Perfeccionar(se). **6.** Templar. **7.** Acendrar, acrisolar. ANT. **1.** Engrosar, engordar. **2.** Embrutecer(se). **6.** Desafinar. FAM. Afinación, afinadamente, afinador. / Desafinar. FINO.

afincar *v. tr.* Fijar la residencia en un lugar. Se usa más como *v. prnl.* SIN. Establecer(se). ANT. Emigrar, irse. FAM. Véase **finca**.

afinidad (del lat. *affinitas, -atis*) *s. f.* **1.** Semejanza o parecido; particularmente, coincidencia de caracteres, gustos, etc., entre personas. **2.** Parentesco que se establece por el matrimonio entre cada cónyuge y los parientes del otro. **3.** En quím., tendencia a combinarse entre sí los átomos, moléculas o grupos moleculares. SIN. **1.** Analogía, similitud. ANT. **1.** Diferencia, disparidad.

afirmar (del lat. *affirmare*, de *ad*, a, y *firmare*, fortificar, asegurar) *v. tr.* **1.** Decir o asegurar que una cosa es cierta o darla como tal: *Afirma que no ha dicho nada.* **2.** Poner firme o dar firmeza o estabilidad: *Afirmaron los muros con unos contrafuertes.* También *v. prnl.* **3.** Decir que sí: *No quiso hablar pero afirmó con la cabeza.* || **afirmarse** *v. prnl.* **4.** Ratificarse en algo: *Se afirmó en lo que dijo.* SIN. **1.** Aseverar, confirmar, certificar. **2.** Consolidar(se), reforzar(se), estabilizar(se). **2.** y **3.** Afianzar(se). **3.** Asentir. **4.** Reafirmarse. ANT. **1.** y **3.** Negar. **2.** Debilitar. FAM. Afirmación, afirmadamente, afirmativamente, afirmativo. / Reafirmar. FIRME.

afirmativo, va *adj.* Que afirma: *respuesta afirmativa.* SIN. Positivo. ANT. Negativo.

aflamencado, da *adj.* Parecido al flamenco: *un ritmo aflamencado.*

aflautar *v. tr.* Hacer que un sonido sea agudo y suave, como el de la flauta. También *v. prnl.* FAM. Aflautado. FLAUTA.

aflicción (del lat. *afflictio, -onis*) *s. f.* Tristeza, pena, estado de ánimo de la persona afligida. SIN. Pesar, tribulación, congoja, abatimiento, consternación. ANT. Satisfacción, alegría.

afligir (del lat. *affligere*, de *ad*, a, y *fligere*, chocar, sacudir) *v. tr.* Causar dolor, pena, tristeza. También *v. prnl.* ■ Se construye con las prep. *con, de, por.* Delante de *a* y *o* se escribe *j* en lugar de *g*: *aflija.* SIN. Afectar, apenar(se), entristecer(se), apesadumbrar(se), angustiar(se). ANT. Alegrar(se). FAM. Aflicción, aflictivo, afligidamente, afligido.

aflojar *v. tr.* **1.** Hacer que algo esté más flojo, más suelto: *aflojar un nudo.* También *v. prnl.* **2.** *fam.* Con palabras como *dinero, pasta,* etc., dar, pagar: *Aflojó las mil pesetas que debía.* || *v. intr.* **3.** Debilitarse una cosa: *Aflojó la fiebre.* **4.** Dejar uno de esforzarse o aplicarse: *Aflojó en el estudio.* SIN. **1.** Desapretar(se), destensar(se), soltar(se). **3.** Remitir, ceder, disminuir, amainar. **4.** Cejar. ANT. **1.**, **3.** y **4.** Apretar. **3.** Fortalecer(se), arreciar(se). FAM. Aflojamiento. FLOJO.

aflorar *v. tr.* **1.** Salir a la superficie lo que estaba bajo ella: *aflorar un manantial.* || *v. intr.* **2.** Aparecer o manifestarse algo oculto o interno, especialmente un estado de ánimo, emoción, etc.: *Dejó aflorar sus sentimientos.* SIN. **1.** y **2.** Brotar, manar. **2.** Apuntar. ANT. **2.** Desaparecer, ocultarse. FAM. Afloramiento. FLOR.

afluencia (del lat. *affluentia*) *s. f.* **1.** Acción de afluir: *El buen tiempo favorece la afluencia de turistas a las playas.* **2.** Cantidad de personas o cosas que afluyen a un lugar: *El local no puede acoger tal afluencia de público.* **3.** Facilidad en el hablar. SIN. **1.** y **2.** Flujo, concurrencia. **2.** Concentración. **3.** Elocuencia, locuacidad, facundia.

afluente (del lat. *affluens, -entis*) *s. m.* Río secundario que vierte sus aguas en otro principal. FAM. Subafluente. AFLUIR.

afluir (del lat. *affluere*, de *ad*, a, y *fluere*, fluir) *v. intr.* **1.** Ir a parar a un determinado lugar una corriente de agua o cualquier otra cosa que discurre de forma semejante. **2.** Acudir en abundancia personas o cosas a un lugar: *El público afluye al estadio.* ■ Es v. irreg. Se conjuga como *huir.* SIN. **1.** Desembocar, desaguar. **2.** Concurrir. ANT. **2.** Marcharse. FAM. Afluencia, afluente, aflujo, afluyente. FLUIR.

aflujo (del lat. *affluxus*, de *affluere*) *s. m.* Afluencia excesiva de líquido, especialmente sangre, a un tejido orgánico.

afonía (del gr. *aphonia*, de *a*, part. priv., y *phone*, voz) *s. f.* Pérdida total o parcial de la voz como consecuencia de la incapacidad o dificultad en el uso de las cuerdas vocales. SIN. Ronquera. FAM. Afónico.

afónico, ca *adj.* Que padece afonía: *Tomó demasiados helados y ahora está afónico.* También *s. m.* y *f.*

aforado **1.** *p.* de **aforar.** || *adj.* **2.** Que goza de un fuero especial: *Los parlamentarios son personas aforadas.* También *s. m.* y *f.*

aforar *v. tr.* **1.** Medir la cantidad de agua de una corriente en una unidad de tiempo. **2.** Calcular la capacidad de un depósito o la cantidad de líquido, grano, etc., que contiene. **3.** Calcular la capacidad de un local. **4.** Pagar el foro de una finca. **5.** *fam.* Pagar, especialmente una deuda. ■ Este v. es irreg. en la 4.ª acepción. En este caso se conjuga como *contar.* SIN. **5.** Apoquinar, aflojar. FAM. Aforado, aforo. / Desaforar. FORO.

aforismo (del gr. *aphorismos*, máxima) *s. m.* Sentencia breve que resume un pensamiento, como, p. ej., *pienso, luego existo.* FAM. Aforístico.

aforo *s. m.* **1.** Acción de aforar: *Se efectuó el aforo de las aguas que regarán los nuevos cultivos.* **2.** Totalidad de las localidades que pueden ser ocupadas en cualquier recinto dedicado a espectáculos u otros actos públicos: *La sala tiene un aforo de 500 personas.* SIN. **2.** Capacidad, cabida.

afortunado, da *adj.* **1.** Que tiene buena suerte o la trae. También *s. m.* y *f.* **2.** Feliz, dichoso: *suceso afortunado.* También *s. m.* y *f.* **3.** Acertado, oportuno: *Terminó el discurso con una frase afortunada.* SIN. **1.** Agraciado, suertudo. **1.** y **2.** Venturoso. **3.** Conveniente, apropiado, pertinente. ANT. **1.** y **2.** Desventurado. **1.** a **3.** Desafortunado. **2.** Desgraciado, infeliz, desdichado. **3.** Inapropiado, inoportuno. FAM. Afortunadamente. / Desafortunado. FORTUNA.

afrancesado, da **1.** *p.* de **afrancesar**. También *adj.* || *adj.* **2.** Partidario del gobierno de José I Bonaparte durante la guerra de independencia española. También *s. m.* y *f.*

afrancesar *v. tr.* Dar carácter francés a alguien o algo. También *v. prnl.* FAM. Afrancesado, afrancesamiento. FRANCÉS.

afrenta *s. f.* Vergüenza o humillación que siente una persona ante algo que la ofende o pone en duda su honra o su honradez: *Pasó por la afrenta de parecer un cobarde.* SIN. Agravio, ofensa, ultraje, oprobio, ignominia, baldón. ANT. Agasajo. FAM. Afrentar, afrentosamente, afrentoso. FRENTE.

afrentar *v. tr.* **1.** Causar afrenta o deshonra. || **afrentarse** *v. prnl.* **2.** Sentirse ofendido por una afrenta. SIN. **1.** Humillar, deshonrar. **1.** y **2.** Ofender(se). ANT. **1.** Halagar, distinguir.

africado, da (del lat. *effricare*, frotar) *adj.* En ling., se dice del sonido cuya articulación consiste en un momento oclusivo seguido de otro fricativo, producidos rápida y sucesivamente entre los mismos órganos, p. ej. la *ch*. También *s. m.* y *f.*

africanismo *s. m.* **1.** Influencia ejercida por la cultura africana. **2.** Interés por la cultura o los asuntos africanos. **3.** Palabra o giro de origen africano introducido en una lengua no africana.

africano, na *adj.* De África. También *s. m.* y *f.* FAM. Africanismo, africanista, afro, afroamericano, afrocubano. / Centroafricano, negroafricano, norteafricano, panafricanismo, sudafricano.

afrikaans *s. m.* Lengua de origen neerlandés hablada en la República Sudafricana.

afrikaner *adj.* Se dice de los sudafricanos descendientes de los bóers. También *s. m.* y *f.*

afro (del lat. *afer*) *adj.* **1.** Africano. ■ Suele utilizarse en palabras compuestas, como *afroamericano, afroasiático*, etc. **2.** Se dice de un peinado con el pelo muy rizado.

afroamericano, na *adj.* **1.** Relativo a África y América. **2.** Se aplica a los americanos de origen africano y a lo relacionado con ellos. También *s. m.* y *f.*

afrocubano, na *adj.* De los cubanos de origen africano o relacionado con ellos. También *s. m.* y *f.*

afrodisiaco o **afrodisíaco, ca** (del lat. *aphrodisiacus*, y éste del gr. *aphrodisiakos*, de *Aphrodite*, diosa del amor) *adj.* Se dice de las sustancias, alimentos, etc., que excitan el deseo sexual. También *s. m.* FAM. Anafrodisiaco.

afrontar (del lat. *affrontare*, de *frons, frontis*, frente) *v. tr.* Hacer frente a un enemigo, peligro o dificultad: *Afrontó el problema con mucha decisión.* SIN. Desafiar, arrostrar, encarar(se), enfrentarse. ANT. Eludir, evitar, esquivar.

afrutado, da *adj.* Con sabor o aroma que recuerda al de la fruta: *vino afrutado.*

afta (del lat. *aphta*, y éste del gr. *aphthai*, quemaduras) *s. f.* Pequeña úlcera que se forma en las mucosas, especialmente en las de la boca.

aftershave (ingl.) *adj.* Se dice de la loción que se aplica después del afeitado. También *s. m.*

aftersun (ingl.) *adj.* Se dice de la loción o crema para hidratar y refrescar la piel después de tomar el sol. También *s. m.*

afuera (del lat. *ad foras*, a las puertas) *adv. l.* **1.** Hacia la parte exterior o en el exterior: *Vete afuera. Te espero afuera. Vengo de afuera.* || *s. f. pl.* **2.** Alrededores o inmediaciones de una ciudad o población. SIN. **1.** Fuera. **2.** Suburbios, periferia, cercanías, extrarradio. ANT. **1.** Dentro, adentro. **2.** Centro. FAM. Afuereño. FUERA.

afuereño, ña *adj. Amér.* Forastero. También *s. m.* y *f.*

afutrarse *v. prnl. Chile* Acicalarse mucho.

agá (turco) *s. m.* En el imperio turco, dignatario de la corte del sultán.

agachadiza *s. f.* Nombre común de diversas aves cuya especie más conocida mide unos 25 cm de longitud, tiene el dorso negro rojizo, el vientre blanco, la cabeza estriada y el pico largo y recto; vive en regiones pantanosas de Europa y N de Asia.

agachado, da **1.** *p.* de **agachar**. También *adj.* || *adj.* **2.** *fam. Amér. C.* Taimado, astuto. **3.** *fam. Perú* Servil. **4.** *fam. Méx.* Cornudo. **5.** *fam. Méx.* Cobarde, pusilánime.

agachar *v. tr.* **1.** Inclinar una parte del cuerpo, especialmente la cabeza. || **agacharse** *v. prnl.* **2.** Inclinarse o doblar las rodillas. SIN. **1.** Bajar, humillar. **2.** Acuclillarse. ANT. **1.** Levantar, alzar. **1.** y **2.** Incorporar(se), levantar(se). FAM. Agachadiza, agachado. / Gacho.

agalla (del lat. *galla*) *s. f.* **1.** Cada uno de los dos órganos respiratorios de los peces y otros animales acuáticos, situados a uno y otro lado de la cabeza. **2.** Cada uno de los costados de la cabeza del ave, que corresponden a las sienes. **3.** Excrecencia anormal que aparece en las plantas como consecuencia de una invasión de insectos, hongos, bacterias u otros parásitos. **4.** *Col., Ec.* y *Ven.* Codicia. Se usa más en *pl.* || *s. f. pl.* **5.** Valentía, arrojo: *tener agallas.* SIN. **1.** Branquia. **5.** Valor, coraje, audacia, osadía. ANT. **5.** Cobardía. FAM. Agalludo.

agalludo, da *adj.* **1.** *Amér.* Valiente, osado. **2.** *Amér. del S.* y *Ant.* Ambicioso, avaro.

agamí *s. m.* Ave del tamaño de una gallina, de patas largas, pico corto, alas pequeñas y plumaje negro, a la que se domestica y se le enseña a guardar a otras aves domésticas. Habita en las selvas de Amér. del S.

ágape (del lat. *agape*, y éste del gr. *agape*, afecto, amor) *s. m.* **1.** Comida o banquete que se celebra para festejar algo importante. **2.** Comida de fraternidad que celebraban los primeros cristianos en conmemoración de la Última Cena. SIN. **1.** Festín, comilona.

agar-agar o **agaragar** (malayo) *s. m.* Producto gelatinoso obtenido de ciertas algas, que se utiliza en alimentación, para el apresto de papeles y tejidos, como laxante y para preparar medios de cultivo en investigaciones bacteriológicas.

agareno, na *adj.* **1.** Descendiente de Agar, mujer de Abraham. También *s. m.* y *f.* **2.** Mahometano. También *s. m.* y *f.*

agarrada *s. f. fam.* Riña, altercado. SIN. Pelea, trifulca, contienda, disputa, alboroto.

agarradera *s. f.* **1.** Agarradero. || *s. f. pl.* **2.** Influencias, recomendaciones: *Tiene buenas agarraderas, así que conseguirá el empleo.* SIN. **1.** Asa, mango. **1.** y **2.** Asidero. **2.** Enchufe, aldabas.

agarradero *s. m.* **1.** Asa, mango o parte de un objeto por donde se le puede agarrar. **2.** *fam.* Protección, recurso o pretexto. SIN. **1.** Agarradera. **1.** y **2.** Asidero.

agarrado, da **1.** *p.* de **agarrar**. También *adj.* || *adj.* **2.** *fam.* Tacaño, mezquino. **3.** *fam.* Se dice del baile en que la pareja va estrechamente enlazada. También *s. m.* y *adv.*: *Bailaron un agarrado. A los dos les gusta bailar agarrado.* SIN. **2.** Cicatero, avaro, miserable, rácano, roñoso, rata. ANT. **2.** Generoso, desprendido, espléndido, dadivoso.

agarrador *s. m.* Utensilio que sirve para agarrar algo.

agarrar *v. tr.* **1.** Asir a alguien o algo fuertemente con las manos o por otros medios. También *v. prnl.*: *El alpinista se agarró con una cuerda.* ■ En América ha perdido el valor intensivo y significa únicamente *asir*, se evita así el uso de *coger* que tiene connotaciones sexuales. **2.** Atrapar a alguien: *Agarraron a los ladrones a la salida del banco.* **3.** Contraer una enfermedad: *Ha agarrado un buen catarro.* También *v. prnl.* con valor expresivo. **4.** Empezar a tener algunas cosas, como una borrachera, un enfado, etc. También *v. prnl.* con valor expresivo: *Vaya rabieta que se ha agarrado.* **5.** Conseguir aquello que se pretendía: *Por fin agarró un premio de lotería.* || *v. intr.* **6.** Echar raíces una planta: *Los rosales han agarrado muy bien.* **7.** Quedar una cosa sujeta o adherida a otra: *Estos neumáticos agarran perfectamente al suelo.* También *v. prnl.* **8.** *fam.* Unido a otro verbo mediante la conjunción *y,* realizar de forma repentina o chocante la acción indicada por éste: *Cuando nos disponíamos a cenar, agarró y se marchó.* || **agarrarse** *v. prnl.* **9.** *fam.* Valerse de algo tomándolo como pretexto o justificación: *Se agarra a que es el mayor para darnos órdenes.* **10.** Pegarse un guiso al recipiente en que se está haciendo, por estar quemándose. || LOC. **¡agárrate!** *interj.* Indica al interlocutor que se prepare a recibir una emoción fuerte o una noticia chocante. SIN. **1.** Aferrar(se). **1.** y **2.** Coger(se). **2.** Capturar, apresar. **2.** y **3.** Pillar(se), pescar(se). **5.** Obtener, lograr. **6.** Arraigar, enraizar, prender. **8.** Ir. **9.** Escudarse, ampararse. ANT. **1.** Desasir(se). **1.**, **2.** y **7.** Soltar(se). **2.** Liberar. **5.** Perder. **7.** Resbalar(se). FAM. Agarrada, agarradera, agarradero, agarrado, agarrador, agarre, agarrón. GARRA.

agarrón *s. m.* **1.** Acción de agarrar y tirar con fuerza. **2.** *fam. Amér.* Altercado, riña.

agarrotar *v. tr.* **1.** Entumecer. Se usa más como *v. prnl.* **2.** Dejar inmovilizado un mecanismo. Se usa más como *v. prnl.*: *Se agarrotó el tambor de la lavadora.* **3.** Paralizar, privar de capacidad de acción. Se usa más como *v. prnl.* **4.** Dar muerte a alguien por el procedimiento del garrote. SIN. **1.** Anquilosar(se). **3.** Atrofiar(se). ANT. **1.** Desentumecer(se). **3.** Liberar(se). FAM. Agarrotado, agarrotamiento. GARROTE.

agasajar (de *a-*[2] y el ant. *gasajo*, del germ. *gasali*, compañía) *v. tr.* Tratar a una persona con atención u obsequiarla con regalos o con muestras de respeto y consideración: *Agasajaron con flores a los visitantes.* SIN. Regalar, homenajear. ANT. Ofender. FAM. Agasajado, agasajador, agasajo.

agasajo *s. m.* Regalo o muestra de respeto o consideración con que se obsequia a alguien. SIN. Presente, halago, atención, festejo. ANT. Insulto, afrenta, ofensa.

ágata (del lat. *achates*, y éste del gr. *akhates*) *s. f.* Variedad de calcedonia con franjas o capas de diverso color que, pulimentada, tiene aplicación como objeto de adorno y en joyería.

agatas *adv. m. fam. Arg.* y *Urug.* Apenas.

agateador *s. m.* Pájaro insectívoro de color pardo con manchas blancas, de unos 12 cm de longitud y con pico largo y curvo, que trepa en espiral por el tronco de los árboles; vive en Europa, Asia y Amér. del N.

agauchado, da *adj. Arg., Chile, Par.* y *Urug.* Que parece gaucho o propio de los gauchos.

agavillador, ra *s. m.* y *f.* **1.** Persona que agavilla. || *s. f.* **2.** Máquina que hace gavillas.

agavillar *v. tr.* Formar gavillas o haces con la mies, hierba, ramas, etc. FAM. Agavillador. GAVILLA.

agazaparse *v. prnl.* Agacharse o situarse detrás de un objeto con intención de ocultarse: *El zorro se agazapó detrás de una roca.* SIN. Esconderse.

agencia (del lat. *agentia*, de *agens, -entis*, el que hace) *s. f.* **1.** Empresa u oficina donde se resuelven ciertos asuntos o se realizan determinadas gestiones por encargo de los clientes: *agencia de viajes, agencia de publicidad.* **2.** Despacho, delegación o sucursal de una empresa o entidad: *agencia bancaria.* **3.** Nombre de algunos organismos oficiales: *Agencia Espacial Europea.*

agenciar *v. tr.* **1.** Hacer las diligencias o trámites necesarios para lograr algo. **2.** Conseguir alguna cosa con maña y habilidad: *¿Me puedes agenciar una entrada?* También *v. prnl.*: *Me he agenciado una recomendación.* SIN. **1.** Tramitar, gestionar, diligenciar. **2.** Proporcionar, obtener.

agenciero, ra *s. m.* y *f.* **1.** *Arg.* Agente de negocios. **2.** *Arg., Par.* y *Urug.* Lotero. **3.** *Chile* Persona que tiene una agencia o casa de empeño.

agenda (del lat. *agenda*, cosas que se han de hacer) *s. f.* **1.** Librito, cuaderno o aplicación informática en que se anota algo que hay que hacer en una determinada fecha y también datos que conviene recordar, como direcciones y teléfonos. **2.** Programa de actividades o de trabajo de una persona: *El presidente tenía una agenda muy apretada.* **3.** Lista de temas que hay que tratar en una reunión. SIN. **1.** Memorándum.

agente (del lat. *agens, -entis*, de *agere*, hacer) *adj.* **1.** Que obra o produce algún efecto. También *s. m.*: *agente corrosivo.* **2.** En ling., se dice de la persona, animal o cosa que realiza la acción verbal. También *s. m.* || *s. m.* y *f.* **3.** Persona que realiza una determinada actividad o misión por cuenta de un gobierno, organización, etc.: *agente secreto, agente diplomático.* **4.** Persona que vende o gestiona algo en nombre de otra a la que representa. **5.** Persona que en una agencia presta determinados servicios: *agente inmobiliario.* **6.** Funcionario sin graduación de algunos cuerpos de seguridad: *agente de policía.* || **7. agente doble** Espía al servicio simultáneamente de dos potencias enemigas. **8. complemento agente** Véase **complemento**. SIN. **1.** Artífice, productor. **3.** Enviado, comisionado. **6.** Guardia. FAM. Agencia, agenciar, agenciero, agenda.

aggiornamento (ital.) *s. m.* Puesta al día, actualización; se utiliza especialmente para referirse a la renovación de la Iglesia católica propuesta por el Concilio Vaticano II.

agigantar *v. tr.* Dar a algo formas gigantescas. También *v. prnl.* SIN. Agrandar(se), aumentar. ANT. Empequeñecer(se). FAM. Agigantado. GIGANTE.

ágil (del lat. *agilis*, de *agere*, hacer) *adj.* **1.** Se aplica a las personas y animales que se mueven rápidamente y con facilidad, así como a sus acciones y movimientos. **2.** Se dice del que comprende fácilmente y piensa con rapidez, así como de su inteligencia, respuestas, etc. **3.** Vivo, fluido; se aplica especialmente al estilo: *El libro está escrito en lenguaje ágil y desenfadado.* ANT. farragoso, pesado. SIN. **1.** Ligero, rápido, veloz. **2.** Inteligente, listo, agudo, sagaz. **3.** Desenvuelto. ANT. **1.** y **2.** Torpe, tardo, lerdo. **3.** Farragoso, pesado. FAM. Agilidad, agilización, agilizar, ágilmente.

agilidad *s. f.* Cualidad de ágil: *agilidad de movimientos, agilidad mental.* SIN. Ligereza, rapidez, desenvoltura. ANT. Torpeza.

agilipollar *v. tr. vulg.* Dejar a alguien tonto o como tonto. También *v. prnl.*: *Se está agilipollando de tanto ver televisión basura.* SIN. Atontar, alelar, entontecer. ANT. Despabilar. FAM. Agilipollado. GILIPOLLAS.

agilizar *v. tr.* Hacer ágil, dar rapidez o viveza a algo. También *v. prnl.*: *Han agilizado los trámites.*

■ Delante de *e* se escribe *c* en lugar de *z*: *agilice*. SIN. Acelerar(se), avivar(se), aligerar(se), facilitar. ANT. Retardar(se), entorpecer.

agio (del ital. *aggio*) *s. m.* **1.** Especulación o negocio con el cambio de moneda, los valores de bolsa o los fondos públicos con el fin de obtener el mayor beneficio. **2.** Beneficio que se obtiene de dicha especulación o negocio. SIN. **1.** y **2.** Agiotaje.

agiotaje (del fr. *agiotage*) *s. m.* Agio, especialmente el abusivo o fraudulento. SIN. Especulación. FAM. Agio, agiotista.

agiotista *s. m.* y *f.* Persona que practica el agiotaje. SIN. Especulador.

agitación *s. f.* **1.** Acción de agitar o agitarse. **2.** Intranquilidad, inquietud o preocupación: *Los niños sentían gran agitación a causa del viaje*. SIN. **1.** Sacudida, convulsión. **2.** Excitación, turbación. ANT. **2.** Tranquilidad, quietud, sosiego.

agitador, ra (del lat. *agitator, -oris*) *adj.* **1.** Que agita. || *s. m.* **2.** Instrumento para remover líquidos. || *s. m.* y *f.* **3.** Persona que provoca desórdenes, generalmente políticos o sociales. SIN. **3.** Instigador, perturbador, revoltoso.

agitanado, da *adj.* Que parece gitano o propio de los gitanos.

agitar (del lat. *agitare*, de *agere*, mover) *v. tr.* **1.** Mover alguna cosa varias veces en una o varias direcciones: *El viento agita las olas*. También *v. prnl.* **2.** Intranquilizar, excitar, promover disturbios: *agitar los ánimos*. También *v. prnl.* SIN. **1.** Batir(se), remover(se), revolver(se), sacudir(se), traquetear, zarandear. **2.** Inquietar(se), alterar(se), perturbar(se). ANT. **2.** Tranquilizar(se), calmar(se). FAM. Agitable, agitación, agitador.

aglomeración *s. f.* **1.** Acción de aglomerar o aglomerarse. **2.** Gran cantidad de gente: *Había tal aglomeración que no pude pasar*. || **3. aglomeración urbana** Conjunto formado por una gran ciudad y su área suburbana. SIN. **1.** Acumulación, amontonamiento, hacinamiento, acopio. **2.** Gentío, muchedumbre, multitud, masa, turba.

aglomerado, da 1. *p.* de **aglomerar**. También *adj.* || *s. m.* **2.** Material de carpintería que consiste en planchas de fragmentos de madera mezclados con cola y prensados. **3.** Material de construcción que se obtiene presionando y endureciendo una mezcla de componentes como arena, grava, fibras vegetales, etc., con un aglutinante como el cemento, la cal o la resina.

aglomerante *adj.* **1.** Que aglomera. También *s. m.* **2.** Se dice del material capaz de dar cohesión a fragmentos de una o varias sustancias; p. ej. el cemento, las gomas, las resinas y el alquitrán. También *s. m.*

aglomerar (del lat. *agglomerare*, de *ad*, a, y *glomerare*, juntar) *v. tr.* **1.** Reunir, amontonar. También *v. prnl.* **2.** Unir fragmentos de una o varias sustancias con un aglomerante. || **aglomerarse** *v. prnl.* **3.** Reunirse desordenada o apretadamente un cierto número de personas o cosas. SIN. **1.** Agrupar(se), congregar(se). **1.** y **3.** Acumular(se), hacinar(se). **2.** Conglomerar. ANT. **1.** a **3.** Separar(se). **1.** y **3.** Dispersar(se), diseminar(se). FAM. Aglomeración, aglomerado, aglomerante. / Conglomerar.

aglutinante *adj.* **1.** Que aglutina. También *s. m.* **2.** Se dice de las lenguas que establecen sus relaciones gramaticales básicamente mediante la yuxtaposición de afijos a las raíces; p. ej. el finés, el turco o el vasco. || *s. m.* **3.** Sustancia líquida que en pinturas, barnices, etc., sirve de diluyente proporcionando una mayor consistencia. SIN. **1.** Cohesivo.

aglutinar (del lat. *agglutinare*, de *ad*, a, y *gluten, -inis*, engrudo) *v. tr.* **1.** Ligar entre sí cosas mediante una sustancia viscosa. También *v. prnl.* **2.** Aunar, reunir: *aglutinar esfuerzos*. También *v. prnl.* SIN. **1.** Conglutinar(se), aglomerar(se), conglomerar(se). **2.** Coaligar(se), agrupar(se). ANT. **1.** y **2.** Separar(se). FAM. Aglutinación, aglutinante. GLUTEN.

agnato *adj.* **1.** Se aplica a ciertos peces que carecen de escamas y mandíbula, tienen el esqueleto cartilaginoso y la boca redonda y provista de dientes, como las lampreas. También *s. m.* || *s. m. pl.* **2.** Superclase constituida por estos vertebrados, que comprende el orden único ciclóstomos.

agnosticismo *s. m.* Postura filosófica que declara inalcanzable para el entendimiento humano lo absoluto y sobrenatural, y en especial la existencia de Dios, aunque no la niega. SIN. Escepticismo. FAM. Agnóstico. GNOSIS.

agnóstico, ca *adj.* Relacionado con el agnosticismo o que lo profesa. También *s. m.* y *f.* SIN. Escéptico, descreído.

agnus o **agnusdéi** (de *Agnus Dei*, Cordero de Dios, nombre dado por San Juan Bautista a Jesús) *s. m.* **1.** Oración que se reza en la misa entre el padrenuestro y la comunión. **2.** Lámina de cera en la que aparece impresa la imagen del cordero o de algún santo.

agobiar (del lat. *ad*, a, y *gibbus*, encorvado) *v. tr.* Causar agobio: *Le agobian las preocupaciones*. También *v. prnl.*: *Me agobio con este calor*. SIN. Ahogar(se), angustiar(se), abrumar(se), atosigar, oprimir. ANT. Aliviar(se), desahogar(se), tranquilizar. FAM. Agobiado, agobiante, agobio.

agobio *s. m.* **1.** Sensación de ahogo: *Las aglomeraciones me producen agobio*. **2.** Preocupación o nerviosismo que causan las dificultades, las prisas, etc. Se usa más en *pl.*: *Lleva una vida tranquila, sin agobios*. SIN. **1.** Asfixia, sofoco, opresión. **1.** y **2.** Angustia. ANT. **2.** Descanso, tranquilidad.

agolpar *v. tr.* Juntar o reunir de golpe muchas personas, animales o cosas en un lugar. Se usa más como *v. prnl.*: *El público se agolpaba a la puerta del cine*. SIN. Amontonar(se), acumular(se), apelotonar(se). ANT. Dispersar(se). FAM. Agolpamiento. GOLPE.

agonía (del lat. *agonia*, y éste del gr. *agonia*, lucha) *s. f.* **1.** Estado en que se encuentran las personas o animales moribundos. **2.** Término o final de algo, como una sociedad, cultura, movimiento: *la agonía del imperio romano*. **3.** Sufrimiento o angustia muy intensa. || **agonías** *s. m.* y *f. pl.* **4.** *fam.* Persona pesimista, temerosa, de poco ánimo: *Eres un agonías*. También *adj.* SIN. **1.** y **2.** Fin, postrimería(s). **2.** Decadencia. **3.** Pesar, congoja, pena, abatimiento. **4.** Derrotista, pusilánime. ANT. **2.** Principio, inicio, comienzo. **3.** Alegría, gozo. **4.** Optimista. FAM. Agónico, agonista, agonizante, agonizar.

agónico, ca (del lat. *agonicus*, y éste del gr. *agonikos*) *adj.* **1.** Que se halla en la agonía. **2.** Propio de la agonía: *estado agónico*.

agonista (del lat. *agonista*, y éste del gr. *agonistes*) *s. m.* y *f.* **1.** En lenguaje culto, luchador, combatiente. **2.** Cada uno de los personajes que se enfrentan en la trama de un texto literario.

agonizar (del lat. *agonizare*, y éste del gr. *agonizomai*, combatir, luchar) *v. intr.* **1.** Estar muriéndose alguna persona o animal. **2.** Estar acabando o extinguiéndose algo: *Nuestro siglo agoniza*. ■ Delante de *e* se escribe *c* en lugar de *z*: *agonice*. SIN. **1.** Perecer, expirar. **2.** Finalizar, terminar. ANT. **1.** Nacer. **2.** Empezar, comenzar.

ágora (del gr. *agora*, de *ageiro*, juntar, reunir) *s. f.* **1.** En las antiguas ciudades griegas, plaza pública que constituía el centro de la vida religiosa, comercial y política, donde se celebraban asambleas, se administraba justicia, etc. **2.** Asamblea que se reunía en esta plaza. **FAM.** Agorafobia.

agorafobia (del gr. *agora*, plaza pública, y *-fobia*) *s. f.* Temor patológico a los grandes espacios abiertos. **ANT.** Claustrofobia.

agorar (del lat. *augurare*, hacer augurio) *v. tr.* Predecir acontecimientos futuros, especialmente si son negativos. ■ Se usa sobre todo el infinitivo. **FAM.** Agorero. AGÜERO.

agorero, ra *adj.* **1.** Que adivina por agüeros o cree en ellos. También *s. m.* y *f.* **2.** Que predice males o desgracias. También *s. m.* y *f.* **SIN. 1.** Augur, adivino, arúspice. **2.** Cenizo, agonías, pesimista. **ANT. 2.** Optimista.

agostar *v. tr.* **1.** Secar las plantas un calor excesivo. También *v. prnl.* **2.** Marchitar, acabar con algo: *agostar las ilusiones.* También *v. prnl.* **3.** Arar la tierra en agosto para limpiarla de malas hierbas. || *v. intr.* **4.** Pastar el ganado durante la sequía en rastrojeras o dehesas. **SIN. 1.** Abrasar(se). **1.** y **2.** Mustiar(se). **2.** Debilitar(se), arruinar(se). **ANT. 1.** Reverdecer. **2.** Fortalecer(se). **FAM.** Agostamiento. AGOSTO.

agostero, ra *s. m.* y *f.* Persona que se contrata temporalmente para las labores de recolección en el campo.

agostizo, za *adj.* Propio del mes de agosto.

agosto (del lat. *Augustus*, sobrenombre del emperador romano Octavio) *s. m.* **1.** Octavo mes del año, que consta de treinta y un días. || **LOC. hacer** uno **su agosto** *fam.* Realizar un buen negocio: *Los comerciantes hacen su agosto en esta época del año.* **FAM.** Agostar, agostero, agostizo.

agotar (del lat. vulg. *eguttare*, de *gutta*, gota) *v. tr.* **1.** Terminar totalmente: *agotar los alimentos, la paciencia.* También *v. prnl.*: *Se ha agotado la segunda edición.* **2.** Cansar o extenuar. También *v. prnl.* **SIN. 1.** Apurar, acabar(se), consumir(se), gastar(se). **2.** Fatigar(se), rendir(se). **ANT. 1.** Empezar, comenzar. **2.** Descansar. **FAM.** Agotable, agotado, agotador, agotamiento. / Inagotable. GOTA.

agracejo *s. m.* Arbusto caduco muy común en España, con la madera y las flores amarillas, que da un fruto en forma de baya de color rojo y sabor ácido. Se utiliza como planta ornamental.

agraciado, da 1. *p.* de **agraciar**. || *adj.* **2.** Guapo, atractivo: *un rostro agraciado.* **3.** Que ha obtenido premio: *el número agraciado en la lotería nacional.* También *s. m.* y *f.*: *los agraciados en el sorteo.* **SIN. 2.** Bello, hermoso. **3.** Premiado. **ANT. 2.** Feo.

agraciar *v. tr.* **1.** Dar gracia o belleza: *La agraciaba mucho el peinado.* **2.** Conceder algún premio, don o beneficio. **SIN. 1.** Favorecer, embellecer. **2.** Premiar, beneficiar. **ANT. 1.** Afear. **FAM.** Agraciado. GRACIA.

agradable *adj.* **1.** Que agrada. **2.** Amable, simpático: *Nos atendió un vendedor muy agradable.* **SIN. 1.** Grato, placentero, deleitable, ameno. **2.** Afable, tratable, encantador. **ANT. 1.** y **2.** Desagradable.

agradar (de *a-*[2] y *grado*, gusto, agrado) *v. intr.* Producir agrado. **SIN.** Complacer, gustar, satisfacer, deleitar, placer. **ANT.** Desagradar. **FAM.** Agradabilísimo, agradable, agradablemente, agrado. / Desagradar. GRADO[2].

agradecer (de *a-*[2] y el ant. *gradecer*) *v. tr.* **1.** Dar las gracias o mostrar un sentimiento de estima por algún favor, regalo, etc., que se ha recibido: *Agradecieron mucho vuestra invitación. Te agradezco que hayas venido.* **2.** Mostrar el efecto beneficioso de algo: *Las plantas agradecen la lluvia.* ■ Es v. irreg. **SIN. 1.** Corresponder, reconocer. **ANT. 1.** Desagradecer, ignorar. **FAM.** Agradecido, agradecimiento. / Desagradecido. GRADO[2].

AGRADECER	
INDICATIVO	**SUBJUNTIVO**
Presente	**Presente**
agradezco	*agradezca*
agradeces	*agradezcas*
agradece	*agradezca*
agradecemos	*agradezcamos*
agradecéis	*agradezcáis*
agradecen	*agradezcan*

agradecido, da 1. *p.* de **agradecer**. También *adj.* || *adj.* **2.** Se aplica a la persona que da muestras de gratitud por cuanto se ha hecho por ella. También *s. m.* y *f.* **3.** Que responde bien al esfuerzo o atención que se le dedica: *un terreno agradecido.* **ANT. 2.** Ingrato. **2.** y **3.** Desagradecido. **FAM.** Agradecidamente. / Malagradecido. AGRADECER.

agrado *s. m.* **1.** Gusto, placer o satisfacción que produce algo: *Recibió la noticia con agrado.* **2.** Amabilidad, afabilidad, simpatía: *Trata a los niños con agrado.* **SIN. 1.** Gozo, deleite, contento, júbilo. **2.** Cordialidad, gentileza. **ANT. 1.** Desagrado, molestia, congoja. **2.** Descortesía, antipatía.

agrafia o **agrafía** *s. f.* **1.** Incapacidad para expresar por escrito las ideas debido a causas orgánicas. **2.** Condición de ágrafo.

ágrafo, fa *adj.* **1.** Incapaz de escribir o que no sabe hacerlo. **2.** Que no posee escritura o no la utiliza: *una cultura ágrafa.* También *s. m.* y *f.* **FAM.** Agrafia.

agramatical *adj.* En ling., se aplica a la oración o secuencia que no se ajusta a las reglas de la gramática. **FAM.** Agramaticalidad. GRAMATICAL.

agrandar *v. tr.* Hacer más grande: *Van a agrandar el salón. Agrandaron la importancia del suceso.* También *v. prnl.* **SIN.** Engrandecer(se), aumentar, ampliar(se), acrecentar(se). **ANT.** Empequeñecer(se), disminuir. **FAM.** Agrandamiento. GRANDE.

agrario, ria (del lat. *agrarius*, de *ager, agri*, campo) *adj.* Relativo al campo o su régimen de propiedad y explotación: *reforma agraria.* **SIN.** Agreste, agrícola, rural. **ANT.** Urbano. **FAM.** Agrarismo, agrarista.

agrarismo *s. m.* Política que defiende la importancia de la agricultura y favorece los intereses ligados a ella.

agravante *adj.* **1.** Que agrava. También *s. amb.*: *Su dimisión fue un(a) agravante para la mala situación de la empresa.* **2.** En der., se dice de la circunstancia que agrava la responsabilidad penal por un delito. También *s. f.*

agravar (del lat. *aggravare*, de *gravare*, gravar) *v. tr.* Hacer más grave o peor el estado o situación de una persona o cosa. También *v. prnl.* **SIN.** Empeorar(se). **ANT.** Mejorar(se). **FAM.** Agravación, agravamiento, agravante. / Reagravar. GRAVE.

agraviar (del lat. *ad*, a, y *gravis*, pesado) *v. tr.* Hacer agravio: *Tus insultos no lograrán agraviarle.* También *v. prnl.* **SIN.** Injuriar, ultrajar, insultar, deshonrar, afrentar(se). **ANT.** Desagraviar, honrar, halagar. **FAM.** Agraviado, agraviante, agravio. / Desagraviar. GRAVE.

agravio *s. m.* **1.** Ofensa o insulto al honor o dignidad de una persona. **2.** Perjuicio que se causa a alguien en sus derechos o intereses. || **3. agravio comparativo** Perjuicio o injusticia que se comete al dar distinto trato a personas en la misma situación. SIN. **1.** Afrenta, injuria, ultraje, deshonra. ANT. **1.** y **2.** Desagravio, reparación.

agraz (del ant. *agro*, agrio, y éste del lat. *acrus*) *s. m.* **1.** Uva sin madurar. **2.** Zumo de esta uva. **3.** *fam.* Amargura, penalidad, disgusto. || LOC. **en agraz** *adj.* y *adv.* Se aplica a lo que está todavía en preparación, inmaduro: *Su obra está aún en agraz.* SIN. **3.** Sinsabor, contrariedad, contratiempo. ANT. **3.** Alegría, satisfacción. FAM. Véase **agrio**.

agredir (del lat. *aggredi*) *v. tr.* Atacar a alguna persona físicamente o con palabras, actos, etc.: *Le detuvieron por agredir a un policía.* ■ Es propiamente v. defect. y se conjuga como *abolir*, aunque su uso se ha extendido a todas la formas de la conjugación SIN. Pegar, golpear. FAM. Agresión, agresivamente, agresividad, agresivo, agresor.

agregado, da 1. *p.* de **agregar**. También *adj.* || *s. m.* y *f.* **2.** Funcionario que desempeña una tarea especial en una embajada: *agregado cultural, comercial, militar.* **3.** Persona que ayuda a otra en el desempeño de un cargo. **4.** Profesor de instituto de bachillerato adscrito a una cátedra. También *adj.* || *s. m.* **5.** Conjunto de cosas unidas unas a otras, en el que, sin embargo, se distingue cada una de ellas: *El hormigón es un agregado de piedras, cal y arena.* SIN. **3.** Auxiliar, colaborador, ayudante, adjunto. **5.** Aglomerado, conglomerado.

agregaduría *s. f.* **1.** Oficina y cargo de un agregado diplomático. **2.** Cargo del profesor agregado.

agregar (del lat. *aggregare*, de *ad*, a, y *grex*, *gregis*, rebaño) *v. tr.* **1.** Añadir, incorporar, unir personas o cosas a otras: *Agrega a la masa un poco de levadura.* También *v. prnl.* **2.** Destinar a alguien a un cuerpo u oficina sin plaza definitiva. ■ Delante de *e* se escribe *gu* en lugar de *g*: *agregue.* SIN. **1.** Sumar(se), adicionar, juntar(se). **2.** Adscribir. ANT. **1.** Quitar, restar. FAM. Agregación, agregado, agregaduría. GREY.

agremiar *v. tr.* Agrupar en gremio. También *v. prnl.*

agresión (del lat. *aggressio, -onis*) *s. f.* **1.** Acción de agredir. **2.** Acción contraria a los derechos de otro; particularmente, acción militar de un país contra otro, que viola el derecho internacional. SIN. **1.** Ataque, atentado, golpe.

agresividad *s. f.* **1.** Propensión a atacar, provocar u ofender. **2.** Capacidad de iniciativa, espíritu de empresa, audacia: *un vendedor de gran agresividad.* SIN. **1.** Violencia, belicosidad. **2.** Audacia, decisión, arrojo. ANT. **1.** Mansedumbre. **2.** Pusilanimidad.

agresivo, va (del lat. *aggressus*, de *agredi*, e *-ivo*) *adj.* **1.** Propenso a atacar, provocar u ofender. **2.** Que implica agresión: *A veces sus reacciones son agresivas.* **3.** Se dice de la sustancia o agente muy corrosivo o destructor. También *s. m.* **4.** Dotado de iniciativa y empuje: *ejecutivo agresivo.* SIN. **1.** Belicoso, combativo. **1.** y **2.** Violento. **4.** Decidido, audaz, emprendedor. ANT. **1.** Manso, dócil. **4.** Apocado, pusilánime.

agresor, ra *adj.* Que comete agresión. También *s. m.* y *f. La víctima identificó a su agresor.* SIN. Atacante, asaltante.

agreste (del lat. *agrestis*, de *ager*, *agri*, campo) *adj.* **1.** Se aplica al terreno abrupto o lleno de maleza. **2.** Sin cultivar. **3.** Relativo al campo. **4.** Se dice de la persona ruda, así como de su conducta, modales, etc. SIN. **2.** Inculto. **3.** Agrario, rural, rústico. **4.** Basto, burdo, ordinario. ANT. **2.** Cultivado. **3.** Urbano. **4.** Delicado, fino.

agriar *v. tr.* **1.** Poner agria alguna cosa. También *v. prnl.*: *agriarse la leche.* **2.** Volver áspero o malhumorado: *Tantos disgustos acabarán agriándole el carácter.* También *v. prnl.* **3.** Hacer algo más desagradable, violento, etc.: *Creo que hemos agriado la conversación.* También *v. prnl.* ■ En cuanto al acento, puede ser reg: *agria;* o conjugarse como *ansiar*: *agría.* SIN. **1.** Acidificar(se). **1.** y **2.** Avinagrar(se). **2.** Irritar(se), exasperar(se), excitar(se). **2.** y **3.** Amargar(se). ANT. **2.** y **3.** Suavizar(se), dulcificar(se).

agrícola (del lat. *agricola*, de *ager*, *agri*, campo, y *colere*, cultivar) *adj.* Relativo a la agricultura. SIN. Agrario.

agricultor, ra *s. m.* y *f.* Persona que se dedica al cultivo de la tierra. SIN. Labrador, labriego, campesino.

agricultura (del lat. *agricultura*, de *ager*, *agri*, campo, y *cultura*, cultivo) *s. f.* Cultivo de la tierra. FAM. Agrícola, agricultor.

agridulce *adj.* Que es mezcla de agrio y dulce: *La naranja tiene un sabor agridulce.*

agriera *s. f. Amér.* Acidez de estómago.

agrietar *v. tr.* Abrir grietas. También *v. prnl.*: *Las tierras se agrietan con la sequía.* FAM. Agrietamiento. GRIETA.

agrimensor, ra (del lat. *agrimensor, -oris*) *s. m.* y *f.* Persona dedicada a medir terrenos. FAM. Agrimensura.

agrimensura *s. f.* Técnica de medir terrenos.

agringarse *v. prnl. Amér.* Adoptar aspecto, maneras o costumbres de gringo.

agrio, gria *adj.* **1.** Ácido, de sabor como el del vinagre. **2.** Desabrido, malhumorado: *carácter agrio.* || *s. m.* **3.** Cítrico. Se usa mucho en *pl.*: *Se dedica a la exportación de agrios.* SIN. **2.** Agriado, avinagrado, huraño, irritable. ANT. **2.** Dulce, amable, afable. FAM. Agraz, agriado, agriamente, agriar, agridulce, agriera. / Acre[1].

agro (del lat. *ager*, *agri*) *s. m.* Campo, tierra de cultivo.

agro- (del gr. *agros*) *pref.* Significa 'campo' o 'agricultura': *agrología, agronomía, agropecuario.*

agroalimentario, ria *adj.* Del cultivo, comercio y consumo de los alimentos agrícolas: *el sector agroalimentario.*

agrología (de *agro-* y *-logía*) *s. f.* Parte de la agronomía que estudia las relaciones entre el suelo y la vegetación.

agronomía (de *agro-* y *-nomía*) *s. f.* Conjunto de conocimientos aplicables al cultivo de la tierra. FAM. Agronómico, agrónomo.

agrónomo, ma *adj.* Se aplica a la persona que se dedica a la agronomía: *ingeniero agrónomo.* También *s. m.* y *f.*

agropecuario, ria (de *agro-* y el lat. *pecus*, *-oris*, ganado) *adj.* Relativo a la agricultura y la ganadería: *Es un país con gran riqueza agropecuaria.*

agroturismo *s. m.* Turismo que se realiza en zonas rurales: *La comunidad extremeña está potenciando el agroturismo.*

agrupación *s. f.* **1.** Acción de agrupar o agruparse. **2.** Unidad militar de carácter temporal formada por fuerzas de diversas armas y destinada a cumplir una misión concreta. SIN. **1.** Agrupamiento, asociación. ANT. **1.** Disgregación, separación, dispersión.

agrupar *v. tr.* Reunir personas, animales o cosas, generalmente siguiendo un criterio y con un fin determinado: *agrupar las fichas por temas.* También *v. prnl.* **SIN.** Congregar(se), unir(se), juntar(se). **ANT.** Separar(se), dispersar(se). **FAM.** Agrupable, agrupación, agrupamiento. / Reagrupar. GRUPO.

agua (del lat. *aqua*) *s. f.* **1.** Líquido incoloro, inodoro e insípido de que están formados los mares, ríos, lagos, etc., y que ocupa las tres cuartas partes de nuestro planeta. Está formada por la combinación de dos volúmenes de hidrógeno y uno de oxígeno. **2.** Lluvia: *Esta tarde va a haber agua, mira cómo está el cielo.* **3.** Líquido con abundancia de agua, generalmente empleado como bebida, extraído o destilado de alguna cosa que se expresa: *agua de coco, de azahar.* **4.** Vertiente de un tejado. || *interj.* **5.** *argot* Voz que se emplea para avisar de un peligro. || *s. f. pl.* **6.** Efecto óptico en forma de ondulaciones de algunas piedras, plumas, telas, etc. **7.** Destellos de las piedras preciosas. || **8. agua blanda** En quím., la que contiene muy pocas sales en disolución. **9. agua corriente** La que circula por cañerías y canales, y llega hasta las casas. **10. agua de borrajas** Cosa sin importancia. **11. agua de colonia** Colonia[2]*. **12. agua de mesa** La mineral que se usa para beber. **13. agua dulce** La que tiene poco o ningún sabor, por contraposición a la del mar. **14. agua dura** En quím., la que contiene impurezas de sales cálcicas. **15. agua fuerte** En quím., ácido nítrico diluido. **16. agua gorda** La de sabor fuerte por tener sales en disolución, especialmente yeso. **17. agua mineral** La de manantial que contiene sales en disolución. **18. agua oxigenada** Disolución de peróxido de hidrógeno y agua que se utiliza como desinfectante. **19. agua regia** Mezcla de ácido nítrico y clorhídrico. **20. agua tónica** Bebida refrescante con gas, a la que se añade quinina y ácido cítrico. **21. agua viva** La que mana y fluye libremente. **22. aguas jurisdiccionales** (o **territoriales**) Las que bañan las costas de un país y están bajo su soberanía hasta el límite que fija el derecho internacional. **23. aguas mayores** Excrementos. **24. aguas menores** Orines. **25. aguas residuales** Las procedentes de desagües que arrastran residuos y detritos. || **LOC. ahogarse** uno **en un vaso de agua** *fam.* Apurarse por poca cosa. **como agua de mayo** *adv.* Bien recibido, muy deseado. **cubrir aguas** Rematar el tejado o cubierta de un edificio. **entre dos aguas** *adv.* Con duda o equívocamente. **estar con el agua al cuello** *adv.* Estar en apuros o en peligro. **hacer agua** Entrar agua en un barco; también, decaer algo, p. ej. un negocio. **hacer aguas** Orinar. **hacérsele** a uno **la boca agua** *fam.* Gozarse con la vista o recuerdo de un manjar, o pensar en conseguir algo deseado. **llevar** uno **el agua a su molino** *fam.* Disponer algo en provecho propio. **meterse en agua** Dicho del tiempo, estar muy lluvioso. **romper aguas** En las parturientas, romperse la bolsa que envuelve al feto y derramarse por la vagina el líquido amniótico. **ser** algo **agua pasada** Estar olvidado. **volver las aguas a su cauce** Normalizarse una situación. ■ En sing. lleva el art. *el* o *un.* **FAM.** Aguacero, aguachento, aguachirle, aguaderas, aguadero, aguadilla, aguado, aguador, aguaducho, aguafuerte, aguamala, aguamanil, aguamarina, aguamiel, aguanieve, aguanoso, aguar, aguardiente, aguarrás, aguatero, aguatinta, aguaviva, agüista, agüita. / Acuaplano, acuarela, acuario, acuático, acuatizar, acueducto, acuícola, acuicultura, acuífero, acuoso, desaguar, enguachinar, paraguas, vierteaguas.

aguacate (del náhuatl *ahuacatl*, testículo) *s. m.* Fruto comestible de corteza verde y carne mantecosa, dado por un árbol tropical americano del mismo nombre. **FAM.** Guacamol, guacamole.

aguacero *s. m.* Lluvia intensa y de poca duración que cae repentinamente. **SIN.** Chaparrón.

aguachar *v. tr.* **1.** *Arg.* y *Chile* Domesticar un animal. || **aguacharse** *v. prnl.* **2.** *Amér.* Amansarse. **FAM.** Véase **guacho**.

aguachento, ta *adj.* **1.** *Amér.* Diluido, que tiene poca densidad. **2.** *Can.* y *Amér.* Se dice de las frutas y comidas que, por estar aguadas, pierden sabor.

aguachirle (de *agua* y *chirle*) *s. m.* **1.** Bebida o caldo muy aguado o de poco sabor. **2.** Licor o vino de poca graduación.

aguaderas *s. f. pl.* Armazón que se pone sobre las caballerías para transportar cántaros, barriles, etc.

aguadero *s. m.* Abrevadero*. **SIN.** Pilón.

aguadilla *s. f.* Ahogadilla*.

aguado, da **1.** *p.* de **aguar**. También *adj.* || *s. f.* **2.** Lugar para proveerse de agua. **3.** Provisión de agua potable de una embarcación. **4.** Técnica pictórica en la que se utiliza una espesa disolución de colores en agua con goma, lo que proporciona una coloración opaca. **5.** Obra realizada con esta técnica. **SIN. 4.** y **5.** Gouache.

aguador, ra (del lat. *aquator, -oris*) *s. m.* y *f.* Persona que vende o transporta agua.

aguaducho (del lat. *aquaeductus*) *s. m.* Antiguo quiosco donde se vendían bebidas. **SIN.** Chiringuito, chigre.

aguafiestas *s. m.* y *f.* Persona que estropea o interrumpe una diversión. ■ No varía en *pl.*

aguafuerte *s. amb.* **1.** Técnica de grabado mediante la acción del agua fuerte (ácido nítrico) sobre planchas de metal. **2.** Estampa impresa con esta técnica.

aguaitar (del cat. *guaita*, vigía, centinela) *v. tr.* **1.** *Amér.* Mirar, acechar. **2.** *Amér.* Aguardar, esperar.

aguamala *s. f.* Medusa*.

aguamanil (del lat. *aquamanile*, de *aqua*, agua, y *manus*, manos) *s. m.* **1.** Palangana o pila para lavarse; también, jarro para llenarlas. **2.** P. ext., palanganero.

aguamarina *s. f.* Piedra preciosa transparente y de color azul, variedad del berilo, muy apreciada en joyería.

aguamiel *s. f.* **1.** Agua mezclada con miel. **2.** *Méx.* Jugo del maguey, que se hace fermentar para preparar el pulque. ■ En sing. lleva el art. *el* o *un.* **SIN. 1.** Hidromel, hidromiel.

aguanieve *s. f.* **1.** Precipitación en forma de lluvia y nieve muy finas. || **aguanieves** *s. m.* **2.** Lavandera blanca, ave paseriforme. ■ En esta acepción, no varía en *pl.*

aguanoso, sa *adj.* Con demasiada agua y, por ello, insípido. **SIN.** Aguachento, aguado. **ANT.** Seco.

aguantaderas *s. f. pl. fam.* Capacidad para aguantar, paciencia: *Hay que tener muchas aguantaderas para convivir con él.* **SIN.** Tolerancia, aguante, resistencia.

aguantar (del ital. *agguantare*, de *guanto*, guante) *v. tr.* **1.** Sostener una cosa para evitar que se caiga: *Ese clavo no aguanta el peso del cuadro.* **2.** Sufrir cosas desagradables o que requieren esfuerzo o resistencia: *Aguanta bastante bien el trabajo en la mina.* || **aguantarse** *v. prnl.* **3.** Soportar con resignación alguna cosa: *No le han subido el sueldo, pero tendrá que aguantarse.* **4.** Dominar algún impulso: *Hubiera contestado a los insultos, pero* *se aguantó y no dijo nada.* SIN. **1.** Sujetar. **2.** Resistir, tolerar, sobrellevar. **2.** y **3.** Aceptar. **3.** Resignarse. **4.** Reprimirse, dominarse, refrenarse. ANT. **1.** Soltar. **2.** Rendirse, claudicar. **3.** Rechazar, rebelarse. **4.** Explotar, estallar. FAM. Aguantaderas, aguante. / Inaguantable.

aguante *s. m.* Capacidad para aguantar, resistencia: *Andrea tiene mucho aguante.* SIN. Paciencia, tolerancia, cuajo, correa.

aguar *v. tr.* **1.** Mezclar con agua, especialmente bebidas o comidas líquidas y de modo indebido: *aguar el vino, la sopa.* **2.** Estropear, echar a perder: *aguar una fiesta.* También *v. prnl.* ■ Se conjuga como *averiguar.* SIN. **1.** Bautizar. **2.** Chafar(se), fastidiar(se), frustrar(se). ANT. **2.** Arreglar(se), mejorar. FAM. Aguafiestas. AGUA.

aguardar *v. tr.* **1.** Esperar a alguien o algo: *aguardar a un amigo. Aguardamos con impaciencia el fin del conflicto.* También *v. intr.* **2.** Estar a la espera, dejar pasar un tiempo antes de llevar a cabo alguna cosa: *Aguarda unos minutos, ahora vamos.* También *v. intr.* y *v. prnl.* **3.** Tener que ocurrirle algo a alguien: *Nos aguardan días mejores.* SIN. **3.** Acechar. FAM. Véase **guardar**.

aguardentoso, sa *adj.* **1.** Que tiene aguardiente o está mezclado con él: *bebida aguardentosa.* **2.** Que parece de aguardiente: *sabor aguardentoso.* **3.** Se aplica a la voz áspera o bronca.

aguardiente *s. m.* Bebida alcohólica muy fuerte que se obtiene por destilación del vino, frutas y otras sustancias. FAM. Aguardentoso. AGUA.

aguarrás (de *agua* y el fr. *rase*, del lat. *rasis*, pez, sustancia) *s. m.* Aceite de trementina que se emplea principalmente como disolvente de pinturas y barnices.

aguasarse *v. prnl. Arg.* y *Chile* Tomar costumbres o modales rústicos.

aguatero, ra *s. m.* y *f. Amér.* Aguador*.

aguatinta *s. f.* **1.** Tipo de grabado al aguafuerte sobre metal en que éste se recubre de una capa de polvo de resina mediante calor. **2.** Estampa impresa con esta técnica.

aguaviva *s. f. Amér.* Animal marino que produce picazón si se toca.

agudeza *s. f.* **1.** Calidad de agudo: *agudeza visual.* **2.** Inteligencia rápida, ingenio. **3.** Dicho ingenioso o agudo. SIN. **2.** Sutileza, perspicacia, intuición. **3.** Ocurrencia, salida, golpe. ANT. **2.** Simpleza, candidez. **3.** Majadería, bobada.

agudizar *v. tr.* **1.** Hacer más agudo algo. **2.** Agravar, empeorar: *La crisis económica agudizó el problema del paro.* También *v. prnl.*: *Se agudizó la enfermedad.* ■ Delante de *e* se escribe *c* en lugar de *z*: *agudice.* SIN. **1.** Aguzar, afilar. **2.** Recrudecer(se), intensificar(se), enconar(se). ANT. **1.** Embotar. **2.** Suavizar(se), mejorar(se). FAM. Reagudizar. AGUDO.

agudo, da (del lat. *acutus*) *adj.* **1.** Se dice de los objetos que tienen punta muy afilada. **2.** Aplicado a las personas y a su inteligencia, sentidos, etc., que percibe con rapidez, con detalle y penetración: *una vista muy aguda, un conferenciante agudo, una mente aguda.* **3.** Ingenioso, gracioso. **4.** Se aplica al sonido de frecuencia de vibraciones alta. También *s. m.* **5.** Se dice de la palabra que tiene su acento tónico en la última sílaba. **6.** Se dice de la sensación viva e intensa: *un dolor agudo.* **7.** Se aplica a la enfermedad breve y relativamente grave. **8.** Aplicado a ciertos hechos negativos, grave: *una aguda crisis.* **9.** Se dice del ángulo de menos de 90º. SIN. **1.** Punzante, aguzado, puntiagudo. **2.** Sagaz. **3.** Ocurrente, chistoso, salado. **5.** Oxítono. **6.** Hondo, fuerte, violento. **8.** Profundo. ANT. **1.** Romo, embotado, chato. **1.**, **2.** y **9.** Obtuso. **2.** Torpe, ingenuo. **3.** Soso. **4.** Grave, bajo. **6.** Apagado, débil. **6.** a **8.** Leve. **7.** Crónico. FAM. Agudamente, agudeza, agudización, agudizar, aguzar. / Sobreagudo.

agüería *s. f. Amér.* Agüero.

agüero (del lat. *augurium*) *s. m.* Señal que anuncia buena o mala suerte: *pájaro de mal agüero.* SIN. Presagio, augurio, premonición, vaticinio. FAM. Agüería. / Agorar. AUGURIO.

aguerrido, da *adj.* **1.** Ejercitado en la guerra. **2.** Valiente, combativo. SIN. **2.** Bravo, valeroso, intrépido, audaz. ANT. **2.** Cobarde, apocado.

aguijada (del lat. vulg. *aquileata*) *s. f.* Vara larga con punta de hierro para picar a los bueyes y otros animales. SIN. Pica.

aguijar *v. tr.* **1.** Aguijonear. **2.** Estimular a las bestias con la voz o de otro modo. SIN. **1.** Instigar, apremiar, empujar. **2.** Fustigar, espolear.

aguijón (del lat. *aculeus*, de *acus*, aguja) *s. m.* **1.** Órgano puntiagudo que tienen en el extremo del abdomen el escorpión y algunos insectos con el que pican e inyectan veneno. **2.** Punta de hierro de la aguijada. **3.** Estímulo, acicate. SIN. **2.** Puya. **3.** Aliciente, incentivo. FAM. Aguijada, aguijar, aguijonazo, aguijonear.

aguijonear *v. tr.* **1.** Picar con la aguijada a las bestias de carga. **2.** Estimular, inquietar: *Le aguijonea la ambición.* SIN. **1.** Aguijar. **2.** Apremiar, empujar, instigar.

águila (del lat. *aquila*) *s. f.* **1.** Ave rapaz diurna de gran tamaño (puede alcanzar más de 2 m de envergadura), de color amarillento o pardo, pico curvo y fuerte y garras afiladas. Todas sus especies son carnívoras o piscívoras y entre ellas son muy conocidas el águila real, que vive en Europa, África, Asia y Norteamérica, y el águila imperial de los bosques de Eurasia. **2.** Persona de gran inteligencia y capacidad: *Era un águila para los negocios.* ■ En sing. lleva el art. *el* o *un.* SIN. **2.** Lince. ANT. **2.** Pato. FAM. Aguileño, aguilucho, aquilino.

aguileño, ña *adj.* **1.** Relativo al águila. **2.** Se aplica al rostro o nariz afilados.

aguilucho *s. m.* **1.** Nombre común de diversas aves rapaces que miden entre 40 y 45 cm de altura y tienen el pico corto, grandes ojos y plumaje pardo o grisáceo. **2.** Pollo del águila.

aguinaldo *s. m.* Regalo, en dinero o especie, que se da en las fiestas de Navidad.

agüista *s. m.* y *f.* Persona que acude a un balneario para tratarse con sus aguas medicinales.

agüita *s. f. Can.* y *Amér.* Tisana.

aguja (del lat. vulg. *acucula*, de *acus*, aguja) *s. f.* **1.** Barrita delgada de acero que por un extremo termina en punta, que puede utilizarse para coser, tejer, sujetar el pelo, etc. **2.** Tubito metálico puntiagudo y muy fino que, acoplado a la jeringuilla, se clava en el cuerpo para inyectarle o extraerle una sustancia. **3.** Indicador de diversos instrumentos y aparatos, como el fiel de la balanza o las manecillas del reloj. **4.** Varilla o púa que recorre los surcos del disco fonográfico. **5.** Extremo o remate en punta de una torre, edificio, etc. **6.** Acícula. **7.** Pez aguja. **8.** Raíl móvil que sirve para que el tren cambie de vía. **9.** Pastel pequeño y alargado relleno de carne o de pescado. **10.** Agujeta*, ave. || *s. f. pl.* **11.** Costillas del cuarto delantero de una res. En singular designa la carne correspondiente a éstas: *filetes de aguja.* || **12. aguja de marear** o **de bitácora** Brújula, instrumento para indicar el rumbo de una nave. || LOC. **buscar una aguja en un pajar** *fam.* Empeñarse en encontrar o conseguir algo imposible o muy difícil. SIN. 3. Manilla. FAM. Agujero, agujetas. / Acicular, guardagujas.

agujerear *v. tr.* **1.** Hacer agujeros en algún sitio. || **agujerearse** *v. prnl.* **2.** Llenarse de agujeros alguna cosa. SIN. **1.** Perforar, taladrar, horadar.

agujero *s. m.* **1.** Abertura, por lo general redonda, en alguna cosa o en algún lugar. **2.** Pérdida de dinero o déficit que no se ha justificado: *La empresa tiene un agujero de varios millones de pesetas.* || **3. agujero negro** Cuerpo celeste no visible porque ejerce una atracción tan intensa que nada, ni siquiera la luz, puede escapar de su campo gravitatorio. SIN. **1.** Orificio, boquete. FAM. Agujerear. AGUJA.

agujeta *s. f.* Nombre de varias aves zancudas; la agujeta colinegra alcanza unos 40 cm de longitud y tiene el pico largo y recto o ligeramente curvado hacia arriba, dorso negro rojizo, cola oscura y pecho rojizo; la agujeta colipinta es algo menor, de color dorado y cola listada.

agujetas *s. f. pl.* Dolor que se siente en los músculos después de realizar un ejercicio físico intenso y prolongado.

¡agur! (vasc.) *interj.* ¡Abur!, ¡adiós!

agusanarse *v. prnl.* Criar gusanos alguna cosa.

agustino, na *adj.* **1.** Se dice de los religiosos pertenecientes a las distintas órdenes o congregaciones que se rigen por la regla elaborada a partir de los textos de San Agustín. También *s. m.* y *f.* **2.** Relativo a dicha orden.

agutí (del guaraní *acutí*) *s. m.* Mamífero roedor de la Amér. tropical, de cola corta, patas largas y orejas pequeñas, que alcanza unos 50 cm de longitud.

aguzanieves (alteración del ant. *auce de nieves*, pájaro de nieves) *s. m.* Lavandera blanca, ave paseriforme. ■ No varía en *pl.*

aguzar (del lat. vulg. *acutiare*, de *acutus*, agudo) *v. tr.* **1.** Sacar punta a una cosa o adelgazar la que tiene. **2.** Esforzar los sentidos o la inteligencia para percibir con ellos lo más posible: *aguzar el ingenio.* También *v. prnl.* ■ Delante de *e* se escribe *c* en lugar de *z*: *aguce.* SIN. **1.** Afilar. **1.** y **2.** Agudizar(se), afinar(se). **2.** Avivar(se). ANT. **1.** Achatar. **1.** y **2.** Embotar(se). **2.** Abotagarse. FAM. Aguzamiento. AGUDO.

¡ah! (del lat. *¡ah!*) *interj.* **1.** Expresa la reacción de una persona ante una impresión recibida o una emoción: *¡Ah, qué bien! El libro que yo quería.* **2.** Se emplea frecuentemente para indicar que se ha comprendido alguna cosa o se cae en la cuenta de algo: *¡Ah!, ya entiendo por qué.*

ahechar *v. tr.* Separar con un harnero el grano de la tierra o polvo.

aherrojar (de *a-*[2] y el ant. *ferrojar*) *v. tr.* **1.** Aprisionar a alguien con hierros o grilletes. **2.** Oprimir, someter a una persona, un pueblo, etc. SIN. **1.** Engrillar, encadenar, esposar. **2.** Esclavizar, subyugar, domeñar, dominar. ANT. **1.** y **2.** Soltar, liberar. FAM. Aherrojamiento.

aherrumbrarse *v. prnl.* **1.** Adquirir una cosa el color o el sabor del hierro; se utiliza especialmente para referirse al agua. **2.** Cubrirse de herrumbre u orín.

ahí (del lat. *ad hic*, a este lugar) *adv. l.* **1.** En ese lugar; a ese lugar. **2.** Precedido de la preposición *por* expresa un lugar indefinido: *He estado por ahí.* **3.** En esto, en eso: *Ahí está la dificultad.* **4.** En algunas construcciones equivale a *eso* o *ello*: *De ahí se deduce la conclusión.*

ahijado, da 1. *p.* de **ahijar**. También *adj.* || *s. m.* y *f.* **2.** Cualquier persona con respecto a su padrino o madrina.

ahijar *v. tr.* **1.** Adoptar, prohijar. **2.** Acoger un animal a una cría ajena. || *v. intr.* **3.** Echar brotes una planta. ■ En cuanto al acento se conjuga como *aislar*. SIN. **3.** Retoñar.

¡ahijuna! (de la expr. *¡ah hijo de una!*) *interj. Amér.* Expresa especialmente admiración.

ahilarse *v. prnl.* **1.** Crecer las plantas demasiado alargadas o con insuficiente desarrollo. **2.** Adelgazar las personas por una enfermedad, por haber crecido muy deprisa, etc.

ahínco *s. m.* Actitud de quien realiza una cosa poniendo en ella toda su capacidad y esfuerzo. ■ A menudo se construye con la prep. *con*: *Estudia inglés con ahínco.* SIN. Tesón, empeño, afán, tenacidad. ANT. Desgana. FAM. Véase **hincar**.

ahíto, ta *adj.* **1.** Que ha comido hasta indigestarse o hartarse. **2.** Hastiado, cansado de algo o de alguien. SIN. **1.** Saciado, lleno. **1.** y **2.** Harto. ANT. **1.** Hambriento. **2.** Deseoso. FAM. Véase **hito**.

ahogadilla *s. f.* Broma que consiste en meter la cabeza de una persona en el agua durante unos segundos: *En la piscina, los muchachos se hacían ahogadillas.* ■ Se dice también *aguadilla.*

ahogado, da 1. *p.* de **ahogar**. También *adj.* y *s. m.* y *f.* || *adj.* **2.** Se dice del sitio estrecho y mal ventilado.

ahogar (del lat. *offocare*, apretar las fauces) *v. tr.* **1.** Matar a una persona o animal impidiéndole respirar por cualquier medio. También *v. prnl.* **2.** Poner mustias las plantas el exceso de agua o el efecto nocivo de otras plantas. También *v. prnl.* **3.** Apagar el fuego poniendo algo encima. También *v. prnl.* **4.** Referido a un automóvil, inundar el carburador con un exceso de combustible, haciendo que se pare o no arranque el motor. También *v. prnl.* **5.** Oprimir, apurar: *Le ahoga la miseria.* También *v. prnl.* **6.** Dominar o impedir: *ahogar las protestas, los sentimientos.* **7.** En el ajedrez, hacer que el adversario no pueda mover piezas sin que quede su rey en jaque, con lo cual la partida queda en tablas. ■ Delante de *e* se escribe *gu* en lugar de *g*: *ahogue.* SIN. **1.** Asfixiar(se). **3.** y **6.** Sofocar. **5.** Abatir(se), ago-biar(se), dominar(se). **6.** Abortar, reprimir. ANT. **3.** y **6.** Avivar. **5.** Desahogar(se). **6.** Apoyar. FAM. Ahogadilla, ahogado, ahogamiento, ahogo. / Desahogar.

ahogo *s. m.* **1.** Dificultad para respirar, fatiga. **2.** Angustia, congoja: *Sintió ahogo al conocer la noticia.* **3.** Prisa, presión. Se usa mucho en *pl.*: *Me gusta trabajar sin ahogos.* SIN. **1.** Asfixia, disnea. **2.** Sofoco, aflicción, necesidad. **3.** Apuro, apremio, estrés. ANT. **2.** Alivio, consuelo, desahogo, holgura. **3.** Tranquilidad.

ahondar *v. tr.* **1.** Hacer más hondo o profundo algo: *ahondar una zanja.* También *v. intr.* **2.** Introducir una cosa muy dentro de otra: *Hay que ahondar bien la semilla.* También *v. intr.* y *v. prnl.*: *Las raíces ahondan enseguida en la tierra.* || *v. intr.* **3.** Estudiar o examinar algo a fondo. ■ Se construye con la prep. *en*: *Tienes que ahondar en este tema de historia.* SIN. **1.** y **3.** Profundizar. **2.** Penetrar. FAM. Ahondamiento. HONDO.

ahora (del ant. *agora*, y éste del lat. *hac hora*, en esta hora) *adv. t.* **1.** En el momento presente. **2.** Puede equivaler a 'hace poco' (pasado) o 'dentro de poco, pronto' (futuro): *He llegado ahora. Espera un momento, ahora voy.* **3.** En ciertas frases, sin perder por completo el valor temporal, indica lo inoportuno o inadecuado de algún hecho, acción, etc.: *¿Ahora vienes con ésas?* **4.** Con verbos como *acordarse, pensar, decir*, etc., sirve para introducir aquello de lo que uno repentinamente se acuerda, lo que piensa, etc., o bien las consecuencias o respuestas que suscita: *Ahora que lo pienso, no debes ir. Ahora que lo dices es verdad.* || *conj. distrib.* **5.** Bien, ya: *Ahora estudie, ahora juegue, todo lo hace intensamente.* || *conj. advers.* **6.** Pero, sin embargo: *Hazlo si quieres; ahora, no te quejes.* || LOC. **ahora bien** *conj.* Pero, sin embargo; esto supuesto: *Vete cuando quieras; ahora bien, no vuelvas.* **ahora mismo** *adv.* Acentúa la proximidad al instante en que se habla: *Ahora mismo salgo de casa.* **ahora que** *conj.* Pero: *El piso me gusta, ahora que lo encuentro caro.* **ahora sí que** *adv.* Expresa seguridad de que algo va a ocurrir: *Ahora sí que me lo vas a contar.* **de ahora en adelante** o **desde ahora** *adv.* En adelante, en lo sucesivo. **¡hasta ahora!** *interj.* Se emplea para despedirse. **por ahora** *adv.* Por el momento, por lo pronto. FAM. Ahorita, ahoritita. / Ora. HORA.

ahorcar *v. tr.* **1.** Matar a alguien colgándole de un lazo o algo similar que se ha pasado alrededor de su cuello. También *v. prnl.* **2.** En el juego del dominó, impedir la colocación de una ficha doble al jugador rival. ■ Delante de *e* se escribe *qu* en lugar de *c*: *ahorque.* FAM. Ahorcado. HORCA.

ahorita o **ahoritita** *adv. t. fam.* Ahora mismo, muy recientemente, en seguida. ■ Se usa sobre todo en Canarias y América.

ahormar *v. tr.* **1.** Ajustar una cosa a su horma. También *v. prnl.* **2.** Hacer que alguien entre en razón. SIN. **1.** Adaptar(se), amoldar(se). **2.** Convencer.

ahorquillado, da *adj.* Con dos puntas iguales, en forma de horquilla.

ahorquillar *v. tr.* **1.** Sujetar con horquillas las ramas de los árboles para evitar que se desgajen con el peso de la fruta. **2.** Dar a una cosa la figura de horquilla. Se usa más como *v. prnl.* FAM. Ahorquillado. HORQUILLA.

ahorrar (de *a-*[2] y *horro*) *v. tr.* **1.** Guardar una parte del dinero que se obtiene. **2.** Economizar: *ahorrar energía.* **3.** Evitar inconveniencias, molestias, trabajos, fatigas, etc.: *Paga la multa y ahórrate problemas.* También *v. prnl.* SIN. **1.** Atesorar. **1.** y **2.** Reservar. **2.** Dosificar. **3.** Eludir, librarse. ANT. **1.** y **2.** Gastar, derrochar. **3.** Afrontar. FAM. Ahorrador, ahorrativo, ahorrista, ahorro.

ahorrista *s. m.* y *f. Arg., Urug.* y *Ven.* Persona que tiene una cuenta de ahorros en un establecimiento bancario.

ahorro *s. m.* **1.** Acción de ahorrar. **2.** Cantidad de dinero que se economiza o reserva para futuras necesidades. SIN. **1.** Economía. **2.** Hucha, capital. ANT. **1.** Gasto, despilfarro.

ahuecar *v. tr.* **1.** Dejar hueca o vacía una cosa. **2.** Esponjar una cosa que estaba aplastada, p. ej. la almohada, la tierra al ararla. También *v. prnl.* **3.** Referido a la voz, hacerla más grave y sonora. **4.** *fam.* Marcharse. También *v. prnl.* ■ Se usa mucho en la loc. *ahuecar el ala.* || **ahuecarse** *v. prnl.* **5.** *fam.* Envanecerse, volverse una persona afectada o poco natural. ■ Delante de *e* se escribe *qu* en lugar de *c*: *ahueque.* SIN. **1.** Vaciar. **2.** Mullir. **4.** Largarse, pirarse, abrirse. **5.** Hincharse, pavonearse. ANT. **2.** Tupir, apelmazar(se). **3.** Atiplar. **4.** Llegar, venir. **5.** Achicarse. FAM. Ahuecado, ahuecamiento. HUECO.

ahuehuete o **ahuehuetle** (del náhuatl *ahuehuetl*, agua antigua) *s. m. Méx.* Árbol mexicano aprovechado por su madera y cultivado también como planta ornamental; fue árbol sagrado de los antiguos indígenas.

ahuesarse *v. prnl.* **1.** *Amér.* Perder categoría en una profesión. **2.** *Amér.* No venderse una mercancía por haberse estropeado o pasado de moda. **3.** *Amér.* Perder su utilidad o prestigio una persona o cosa.

ahuevar *v. tr.* **1.** Dar forma de huevo. También *v. prnl.*: *Se ha ahuevado el balón.* **2.** *Amér.* Atontar, asustar. FAM. Ahuevado. HUEVO.

ahumado, da 1. *p.* de **ahumar**. También *adj.* y *s. m*: *Nos pusieron un platito de ahumados en la boda.* || *adj.* **2.** De color gris humo: *cristal ahumado.*

ahumar (del lat. *affumare*, de *fumare*, echar humo) *v. tr.* **1.** Poner una cosa al humo, especialmante someter a la acción del humo alimentos como embutidos y pescados para su conservación o para darles sabor. **2.** Llenar de humo: *Se quemó el aceite y ahumó toda la cocina.* También *v. prnl.* **3.** Ennegrecer, especialmente a causa del humo. También *v. prnl.* ■ En cuanto al acento, se conjuga como *aunar*: *ahúmo.* FAM. Ahumado. HUMO.

ahuyentar (de *huir*) *v. tr.* **1.** Hacer huir a una persona o animal o impedir que se acerque: *El gato ahuyentó a los ratones.* **2.** Desechar pensamientos o sentimientos: *Ahuyentó sus malas intenciones.* SIN. **1.** Espantar, echar, asustar. **1.** y **2.** Alejar. **2.** Apartar, rechazar. ANT. **1.** Atraer.

aikido (japonés, significa 'camino de la paz') *s. m.* Arte japonés de autodefensa que se basa en la utilización de la fuerza del contrario en beneficio propio.

aimara o **aimará** *adj.* **1.** De un pueblo amerindio que habita junto al lago Titicaca entre Perú y Bolivia. También *s. m.* y *f.* || *s. m.* **2.** Lengua que habla este pueblo.

aindiado, da *adj.* Que tiene el color o las facciones propias de los indios.

airado, da 1. *p.* de **airar**. || *adj.* **2.** Que muestra ira o irritación: *un gesto airado.* SIN. **2.** Encolerizado, enfurecido, furioso. ANT. **2.** Tranquilo, calmado.

airar *v. tr.* Enfurecer, provocar ira. También *v. prnl.* ■ En cuanto al acento, se conjuga como *aislar*: *aíro.* SIN. Enfurecer(se), encolerizar(se), exasperar(se). ANT. Tranquilizar(se), calmar(se). FAM. Airado. / Desairar. IRA.

airbag (ingl.) *s. m.* **1.** En algunos vehículos, bolsa de aire que, en caso de fuerte colisión, se hincha automáticamente en ciertas partes del habitáculo para proteger del golpe a los ocupantes. **2.** Cámara de aire de que disponen algunos sobres o embalajes para proteger el contenido.

aire (del lat. *aer, aeri*, y éste del gr. *aer*) *s. m.* **1.** Mezcla gaseosa que envuelve la Tierra, constituida básicamente por nitrógeno y oxígeno. **2.** Atmósfera, capa constituida por esa mezcla. **3.** Viento o corriente de aire: *Hace mucho aire esta tarde.* **4.** Aspecto, apariencia: *Tenía un aire bravucón.* **5.** Garbo, gracia, elegancia: *Se mueve con aire.* **6.** Melodía, canción: *Entonaron un aire de la tierra.* **7.** *fam.* Aerofagia. **8.** Cada una de las formas de caminar del caballo y otros cuadrúpedos. **9.** Ejército del Aire. ■ En esta acepción se escribe con mayúscula. || *s. m. pl.* **10.** Aires de suficiencia. || *interj.* **11.** Sirve para ordenar a alguien que se marche u obligarle a darse prisa en lo que hace. || **12. aire acondicionado** Atmósfera de un lugar cerrado cuya temperatura, humedad u otras características son reguladas artificialmente; también, aparato o instalación que crea dicha atmósfera. **13. aire líquido** En fís., líquido obtenido sometiendo el aire a fuertes presiones y enfriándolo hasta muy baja temperatura. Tiene uso industrial y se emplea también como explosivo. **14. aires de suficiencia** Actitud del que pretende estar por encima de los demás. || LOC. **al aire libre** *adv.* En espacios abiertos. **cambiar de aires** Marcharse, establecerse en otro lugar. **darle** a uno **un aire** *fam.* Sufrir un ataque de parálisis. **darse aires** *fam.* Presumir. **darse un aire** *fam.* Parecerse. **en el aire** *adv.* Pendiente de solución. **estar en el aire** Estar emitiéndose algo por radio o televisión. **hacer aire** Hacer viento. **llevarle** a uno **el aire** *fam.* Seguirle la corriente. **tomar el aire** Pasear al aire libre. SIN. **3.** Brisa, céfiro. **5.** Donaire, salero, distinción, clase, estilo. **6.** Son. **7.** Meteorismo, flato. FAM. Aeración, aéreo, aireado, airear, airosamente, airoso.

airear *v. tr.* **1.** Exponer algo al aire, ventilar: *airear una habitación.* También *v. prnl.* **2.** Divulgar una noticia, hacer que la sepa la gente: *La prensa aireó el escándalo.* || **airearse** *v. prnl.* **3.** Ponerse al aire libre para refrescarse o serenarse: *Necesitas airearte un poco después de tanto trabajo.* SIN. **1.** Orear, oxigenar. **2.** Difundir, pregonar, publicar. **3.** Despejarse. ANT. **1.** Enrarecer. **2.** Ocultar, camuflar, enterrar, desfigurar. **3.** Asfixiarse.

airón (del fr. ant. *hairon*) *s. m.* **1.** Garza real. **2.** Penacho de plumas de las aves y también de ciertos gorros, cascos, etc.

airoso, sa *adj.* **1.** Que tiene garbo, elegancia, arrogancia: *un andar airoso.* **2.** Se dice de quien ha hecho algo con éxito, ha resuelto una situación, etc.: *Ha salido airoso de todas las pruebas.* SIN. **1.** Garboso, arrogante, saleroso, donairoso, apuesto. **2.** Exitoso, triunfante. ANT. **1.** Desgarbado, desmadejado. **2.** Fracasado, escaldado.

aislacionismo *s. m.* Doctrina, política, etc., que defiende o practica la no participación en los asuntos internacionales (alianzas, conflictos, etc.). FAM. Aislacionista. AISLAR.

aislado, da **1.** *p.* de **aislar**. También *adj.* || *adj.* **2.** No general: *Se han presentado algunos casos aislados de meningitis.* SIN. **2.** Accidental, ocasional. ANT. **2.** Frecuente, habitual. FAM. Aisladamente. AISLAR.

aislamiento *s. m.* **1.** Acción y resultado de aislar o aislarse. **2.** Protección contra el paso o la propagación de agentes físicos: *Entra frío por deficiencias en el aislamiento del edificio.* SIN. **1.** Incomunicación, separación, apartamiento.

aislante *adj.* Que aísla; se aplica especialmente a los materiales que impien el paso de los agentes físicos. También *s. m*: *El corcho es un buen aislante térmico.*

aislar (de *a-*[2] e *isla*) *v. tr.* **1.** Poner a alguna persona, animal o cosa en un lugar apartado, separándolo de todo lo demás: *aislar a un enfermo contagioso.* También *v. prnl.* con valor reflexivo. **2.** Retirar a alguien del trato y comunicación de la gente: *La sordera que padece le ha aislado mucho.* También *v. prnl.* con valor reflexivo. **3.** No permitir el paso o la difusión de un agente físico, como el calor o la electricidad. **4.** En quím., conseguir que un elemento se presente sin combinarse con ningún otro, normalmente para identificarlo. **5.** En med., hacer que un virus, una bacteria, etc., se presenten de manera que puedan ser analizados en laboratorio. ■ La *i* de la raíz no forma diptongo y se acentúa en algunas formas del presente y del imperativo. SIN. **1.** y **2.** Apartar(se), incomunicar(se), desconectar(se), desvincular(se). ANT. **1.** Unir(se), juntar(se). **1.** y **2.** Comunicar(se), vincular(se), incorporar(se). FAM. Aislable, aislacionismo, aislado, aislador, aislamiento, aislante. ISLA.

AISLAR		
INDICATIVO	**SUBJUNTIVO**	**IMPERATIVO**
Presente	**Presente**	
aíslo	*aísle*	
aíslas	*aísles*	*aísla*
aísla	*aísle*	
aislamos	*aislemos*	
aisláis	*aisléis*	*aislad*
aíslan	*aíslen*	

aizcolari (vasc., significa 'leñador') *s. m.* Persona que practica el deporte popular vasco de cortar troncos.

¡ajá! *interj.* Indica aprobación.

ajar[1] *v. tr.* Estropear, deslucir, hacer más vieja a una persona o cosa: *Los años le han ajado el rostro.* También *v. prnl.* SIN. Deteriorar(se), aviejar(se), marchitar(se). ANT. Mejorar(se), rejuvenecer(se).

ajar[2] *s. m.* Campo sembrado de ajos.

ajaraca (del ár. *al-saraka*) *s. f.* Lazo o adorno de líneas y flores propio de la decoración árabe y mudéjar.

ajardinar *v. tr.* Hacer jardines o crear zonas verdes en un determinado lugar: *El ayuntamiento ha ajardinado los alrededores de la urbanización.* FAM. Ajardinado. JARDÍN.

-aje *suf.* **1.** Significa 'acción': *aterrizaje, arbitraje.* **2.** También, 'conjunto': *correaje, andamiaje.*

ajedrea (del ár. *al-satriya*) *s. f.* Planta herbácea de la familia labiadas, con flores blancas y hojas lanceoladas, que crece en zonas mediterráneas. Muy aromática, se emplea como condimento y como tónico.

ajedrez (del ár. *as-satrany*) *s. m.* Juego de inteligencia entre dos personas que representa una batalla entre dos ejércitos y se desarrolla sobre un tablero cuadriculado de 64 casillas. Cada jugador dispone de 16 piezas (un rey, una reina, dos alfiles, dos caballos, dos torres y ocho peones), blancas las de uno y negras las del otro, que van moviendo alternativamente. FAM. Ajedrecista, ajedrezado.

ajedrezado, da *adj.* Parecido a la combinación de los cuadros del tablero de ajedrez.

ajenjo (del lat. *absinthium*, y éste del gr. *apsithion*) *s. m.* **1.** Planta compuesta de sabor amargo y algo aromática que se emplea en medicina. **2.** Bebida alcohólica aderezada con esencia de ajenjo. SIN. **2.** Absenta.

ajeno, na (del lat. *alienus*, de *alius*, otro) *adj.* **1.** Que pertenece a otro: *bienes ajenos.* **2.** Se dice de lo que no afecta o no interesa a alguien: *Tus problemas no me son ajenos.* **3.** Desconocedor: *Era completamente ajeno a eso que me dices.* SIN. **2.** Extraño, indiferente. **3.** Ignorante. ANT. **1.** y **2.** Propio. **2.** Cercano. **3.** Sabedor, conocedor. FAM. Alienar, enajenar.

ajete *s. m.* **1.** Ajo tierno que aún no ha desarrollado el bulbo. **2.** Puerro silvestre.

ajetrearse (del ant. *ahetrar*, enredar el cabello) *v. prnl.* Moverse mucho de un lado a otro, realizar un trabajo o actividad excesivos. FAM. Ajetreo.

ajetreo *s. m.* Trabajo o actividad excesivos y poco ordenados. SIN. Trajín, trote, tute.

ají (del taíno *así*) *s. m.* **1.** *Amér.* Pimiento. **2.** *Amér.* Pimiento picante. **FAM.** Ajiaco.

ajiaceite *s. m.* Ajoaceite*.

ajiaco (del taíno *así*) *s. m.* **1.** *Amér.* Sopa de ají. **2.** Salsa de ají utilizada como condimento.

ajilimójili *s. m.* **1.** Cierta salsa elaborada con ajos y otros ingredientes. **2.** *fam.* Revoltijo, conjunto de cosas mezcladas desordenadamente. || *s. m. pl.* **3.** *fam.* Accesorios, añadidos, acompañamiento.

ajillo, al *loc. adj.* y *adv.* Modo de guisar un alimento friéndolo con mucho ajo y otros condimentos.

ajimez (del ár. *as-sammis*, lo expuesto al sol) *s. m.* En arq., ventana dividida en el centro por una columna, de la que parten dos arcos gemelos.

ajo (del lat. *alium*) *s. m.* **1.** Bulbo de una planta perenne del mismo nombre, de sabor picante que se usa mucho para condimentar alimentos. **2.** Asunto, especialmente si es secreto o deshonroso. ■ Se usa sobre todo en la expr. *estar en el ajo.* || **3. ajo blanco** Condimento hecho con ajos crudos machacados, miga de pan, sal, agua, aceite y vinagre, al que a veces se añaden almendras molidas; también sopa fría que se elabora con este condimento. **4. ajo puerro** Puerro*. **FAM.** Ajar², ajete, ajilimójili, ajoaceite, ajoarriero. / Aliáceo, alioli.

-ajo, ja *suf.* Añade valor diminutivo o despectivo: *migaja, hierbajo.*

ajoaceite *s. m.* Alioli*.

ajoarriero *s. m.* En algunas regiones, guiso de bacalao con ajos, aceite y otros ingredientes.

ajolote (del náhuatl *axolotl*) *s. m.* Animal anfibio urodelo de entre 10 y 30 cm, muy abundante en los lagos mexicanos, que puede no llegar nunca al estado adulto, aunque es capaz de reproducirse en estado larvario.

ajonjolí (del ár. *al-yulyulan*, el sésamo) *s. m.* Planta herbácea de 1 m de altura, tallo recto, flores en forma de campanilla, blancas o rosadas, y fruto con muchas semillas amarillentas, oleaginosas y comestibles. ■ Su pl. es *ajonjolíes*, aunque también se utiliza *ajonjolís.* **SIN.** Sésamo, alegría.

ajorca *s. f.* Aro, generalmente de oro, plata u otro metal, que se lleva como adorno en las muñecas, brazos o tobillos.

ajuar (del ár. *as-suwar*, los muebles del menaje) *s. m.* **1.** Conjunto de ropas, muebles y otras cosas que lleva la mujer al matrimonio. **2.** Ropas, muebles y enseres de una casa. **SIN. 2.** Menaje.

ajumar *v. tr. fam. Ven.* Emborrachar. También *v. prnl.*

ajuntar (del lat. *adiuntus*) *v. tr.* **1.** *fam.* Juntar. También *v. prnl.* **2.** Entre niños, tener amistad. Se usa, sobre todo, en frases negativas: *Ahora no te ajunto.* || **ajuntarse** *v. prnl.* **3.** *fam.* Arrejuntarse*. **SIN. 1.** Unir(se), trabar, vincular(se). **ANT. 1.** Separar(se).

ajustado, da 1. *p.* de **ajustar**. También *adj.* || *adj.* **2.** Justo o adecuado: *un presupuesto ajustado a mis posibilidades.* **SIN. 2.** Cabal, razonable.

ajustar (de *a-*² y el lat. *iustus*, justo) *v. tr.* **1.** Poner una cosa dentro de otra, encima, alrededor, etc., de modo que no quede espacio entre ellas. También *v. intr.* y *v. prnl.*: *Este tapón no ajusta bien. El cinturón se ajusta perfectamente.* **2.** Adaptar, acomodar una cosa a otra: *ajustar los gastos a los ingresos.* También *v. prnl.* **3.** Acordar: *ajustar un matrimonio, un tratado de paz, un acuerdo comercial.* **4.** Concertar el precio de una cosa: *Ajustaron la clase en mil pesetas.* **5.** En imprenta, disponer los contenidos de una plana o página en la forma definitiva que van a llevar en la impresión. **6.** Asegurar la precisión de un instrumento o máquina: *ajustar una lente.* **7.** Saldar, pagar una cuenta. **8.** Contratar: *ajustar personal.* **9.** En quím., escribir el número de moléculas de cada sustancia que interviene en una reacción. **10.** *Méx.* Cumplir años. || **ajustarse** *v. prnl.* **11.** Ponerse de acuerdo: *ajustarse con los acreedores.* || **LOC. ajustar las cuentas** a alguien Véase **cuenta**. **SIN. 1.** Encajar(se), acoplar(se). **1.** y **2.** Amoldar(se), ceñir(se). **2.** Adecuar(se). **3.** Convenir, pactar. **7.** Liquidar. **ANT. 1.** y **6.** Desajustar(se). **2.** Desencajar(se), desacoplar(se). **FAM.** Ajustado, ajustador, ajuste. / Desajustar, reajustar. JUSTO.

ajuste *s. m.* **1.** Acción de ajustar o ajustarse. **2.** Acuerdo o concertación entre dos o más personas. **3.** En economía, proceso por el que se intentan resolver ciertos desequilibrios. || **4. ajuste de cuentas** Venganza.

ajusticiar *v. tr.* Aplicar al reo la pena de muerte por sentencia de un tribunal. **SIN.** Ejecutar. **FAM.** Ajusticiado, ajusticiamiento. JUSTICIA.

al *contr.* Contracción de la preposición *a* y del artículo *el.* ■ No se produce contr. cuando el art. *el* forma parte de un nombre propio: *Voy a El Escorial.* Delante de un inf., indica que la acción expresada por éste se produce al mismo tiempo que otra: *Al verle, le saludé*; a veces, expresa causa: *Al verle, me alegré.*

al dente (ital., significa 'al diente') *loc. adv.* Forma de preparar pastas y verduras, sin cocerlas demasiado, de modo que no queden muy blandas.

ala (del lat. *ala*) *s. f.* **1.** Parte del cuerpo de algunos animales (aves, insectos) que les sirve para volar. **2.** Pieza más o menos plana de los aviones que les proporciona estabilidad en el aire. **3.** Parte que en muchas cosas se extiende hacia los lados: *ala del sombrero, ala de un edificio.* **4.** Tropa formada en cada extremo de un orden de batalla. **5.** Unidad del Ejército del Aire equivalente al regimiento del de Tierra. **6.** En baloncesto y otros deportes, jugador que suele atacar por los laterales. **7.** Alero del tejado. **8.** Tendencia o corriente dentro de un partido, organización, etc.: *el ala moderada del Partido Radical.* || *s. f. pl.* **9.** Atrevimiento, ánimos, aspiraciones: *Es una persona con muchas alas.* || **10. ala delta** Véase **delta.** || **LOC. cortar** a uno **las alas** *fam.* Desanimar, poner dificultades. **del ala** Detrás de cantidades, pondera el valor o el gasto: *Tuve que pagar cuatrocientas del ala.* **tocado del ala** *adj. fam.* Algo loco, chiflado. ■ En sing. lleva el art. *el* o *un.* **SIN. 1.** Alón, élitro. **9.** Empuje, osadía, garra. **FAM.** Alado, alero, alerón, aleta, aletazo, aletear, aleteo, alicaído, alón.

¡ala! *interj.* ¡Hala!

alabanza *s. f.* **1.** Acción de alabar o alabarse: *Los críticos dedican a la obra grandes alabanzas. Llenar o cubrir a uno de alabanzas.* **2.** Palabras con que se alaba. **SIN. 1.** Loa, elogio, lisonja. **ANT. 1.** Censura, insulto.

alabar (del lat. tardío *alapari*, jactarse) *v. tr.* Decir o resaltar cosas buenas o cualidades de alguien o algo: *Alabo tu buena voluntad.* También *v. prnl.* con valor reflexivo y recíproco: *Se alaba ante los demás. Se pasan el día alabándose el uno al otro.* **SIN.** Elogiar(se), loar, lisonjear, encarecer, ensalzar(se). **ANT.** Criticar, desacreditar. **FAM.** Alabador, alabanza.

alabarda (del germ. *helmbart*) *s. f.* Arma antigua, parecida a una lanza, cuya extremidad puntiaguda está cruzada por una cuchilla en forma de media luna. **FAM.** Alabardero.

alabardero *s. m.* **1.** Soldado de infantería armado de alabarda. **2.** Soldado que formaba la guardia de honor de los reyes de España.

alabastrino, na *adj.* De alabastro o semejante a él.

alabastro (del lat. *alabaster, -tri*, y éste del gr. *alabastros*) *s. m.* **1.** Variedad de caliza, translúcida, de coloración clara. **2.** Variedad de yeso, translúcido, de tonos blanco a rojizo pálido. Ambas rocas son utilizadas como materiales de ornamentación. **3.** Objeto hecho de estos materiales. **FAM.** Alabastrino.

álabe *s. m.* Cada una de las paletas curvas de una turbina, que reciben el impulso que hace girar a ésta. **FAM.** Alabear.

alabear *v. tr.* Dar forma combada o curvada a alguna cosa. También *v. prnl.* **SIN.** Curvar(se), combar(se), arquear(se), abarquillar(se). **ANT.** Desalabear, desencorvar(se), enderezar(se). **FAM.** Alabeado, alabeo. ÁLABE.

alacena (del ár. *al-jazana*, el armario) *s. f.* Especie de armario, consistente en una cavidad hecha en la pared con puertas y estantes.

alacrán (del ár. *al-aqrab*) *s. m.* Escorpión*.

aladar (de or. ár.) *s. m.* Mechón de pelo que cae sobre la sien. Se usa sobre todo en *pl.*

alado, da *adj.* **1.** Con alas: *un monstruo alado.* **2.** Rápido, veloz. **SIN. 2.** Ligero, raudo. **ANT. 2.** Lento.

alagartado, da *adj.* **1.** *Amér. C.* Tacaño, usurero. También *s. m.* y *f.* **2.** *C. Rica* Acaparador. También *s. m.* y *f.*

alalia (de *a-*[1] y el gr. *lalia*, palabra) *s. f.* Incapacidad o dificultad para hablar debida a un trastorno de los órganos de la fonación o del sistema nervioso.

alamán, na *adj.* De una confederación de pueblos germanos (suevos, teutones, etc.) originarios de la cuenca media del Elba y establecidos en la región del Main. También *s. m.* y *f.*

alamar (del ár. *alam*, borde, orla) *s. m.* **1.** Presilla y botón de pasamanería que se cose a la orilla de una prenda de vestir, generalmente una capa, como adorno y cierre. **2.** Adorno de pasamanería en forma de fleco. **SIN. 2.** Cairel.

alambicar *v. tr.* **1.** Obtener por destilación ciertas sustancias en un alambique. **2.** Hablar o escribir de una forma rebuscada o demasiado sutil. ■ Delante de *e* se escribe *qu* en lugar de *c*: *alambique.* **SIN. 2.** Sutilizar. **FAM.** Alambicado, alambicamiento. ALAMBIQUE.

alambique (del ár. *al-inbiq*, y éste del gr. *ambix, -ikos*, vaso) *s. m.* Aparato que se emplea para destilar sustancias líquidas, formado por una caldera y un conducto refrigerado en forma de espiral. **SIN.** Destilador. **FAM.** Alambicar.

alambrado, da 1. *p.* de **alambrar**. También *adj.* || *s. f.* **2.** Cerca o valla hecha de alambre. || *s. m.* **3.** Acción de alambrar. **4.** Alambrera*. **SIN. 2.** Enrejado.

alambrar *v. tr.* Cercar algo con alambre o alambradas.

alambre (del ant. *arambre*, y éste del lat. *aeramen, -inis*, bronce) *s. m.* **1.** Hilo de metal. || **2. alambre de espino** El que tiene pinchos del mismo material y se utiliza para hacer cercas. **FAM.** Alambrado, alambrar, alambrera, alambrista. / Inalámbrico.

alambrera *s. f.* Red de alambre. **SIN.** Alambrado.

alambrista *s. m.* y *f.* Acróbata que realiza ejercicios sobre un alambre colocado a cierta altura.

alameda *s. f.* **1.** Lugar poblado de álamos. **2.** Paseo de una población en el que hay muchos álamos y, p. ext., cualquier otro tipo de árboles.

álamo *s. m.* Árbol propio de zonas templadas del hemisferio N, que tiene hojas alternas en forma de óvalo o de corazón y alcanza una considerable altura; su madera es blanca y se utiliza para la fabricación de papel. **FAM.** Alameda.

alancear (de *a-*[2] y el lat. *lancea*) *v. tr.* Herir con lanza, dar lanzadas: *El jinete alanceó al jabalí.*

alano, na (del lat. *alanus*) *adj.* **1.** De un pueblo bárbaro establecido en Europa oriental, que en el s. V invadió la Galia y España y posteriormente fue derrotado por los visigodos. También *s. m.* y *f.* **2.** Se dice de una raza de perros de pelo corto rojizo y tamaño medio; tienen la cabeza grande, el hocico chato y las extremidades cortas y fuertes. También *s. m.*

alarde (del ár. *al-ard*, la exhibición) *s. m.* Acción de alardear de algo: *En el discurso hizo alarde de sus muchos conocimientos.* **SIN.** Ostentación, gala. **FAM.** Alardear.

alardear *v. intr.* Presumir de algo o mostrarlo con orgullo y tratando de llamar la atención. ■ Se construye con la preposición *de*: *Alardea de saber idiomas.* **SIN.** Jactarse, vanagloriarse, ufanarse.

alargadera *s. f.* Pieza que sirve para alargar alguna cosa. **SIN.** Alargador.

alargador, ra *adj.* **1.** Que alarga. || *s. m.* **2.** Dispositivo que sirve para alargar los cables de los aparatos eléctricos que se enchufan: *Conectó el tocadiscos con un alargador.*

alargar *v. tr.* **1.** Hacer una cosa más larga en su longitud o duración: *Tienes que alargar la falda.* También *v. prnl.*: *Se ha alargado la función.* **2.** Estirar un miembro que está doblado. **3.** Coger una cosa para dársela a una persona que está algo alejada de ella: *Alárgame el pan.* **4.** Procurar que algo satisfaga más necesidades: *A finales de mes hay que alargar la paga.* || **alargarse** *v. prnl.* **5.** Extenderse en lo que se habla o escribe: *alargarse en una conferencia, en una carta.* **6.** *fam.* Acercarse a un lugar: *Alárgate a la tienda y trae leche.* ■ Delante de *e* se escribe *gu* en lugar de *g*: *alargue.* **SIN. 1.** Prolongar(se), prorrogar(se), dilatar(se). **3.** Alcanzar. **5.** Enrollarse. **6.** Llegarse. **ANT. 1.** Acortar. **2.** Encoger, doblar. **5.** Ceñirse. **FAM.** Alargadera, alargado, alargador, alargamiento. LARGO.

alarido (del ár. *al-garid*, el griterío) *s. m.* Grito muy fuerte: *Dio un alarido al pillarse el dedo.* **SIN.** Chillido, aullido.

alarife (del ár. *al-arif*, el maestro) *s. m.* **1.** *ant.* Arquitecto o maestro de obras. **2.** *ant.* Albañil.

alarma (de *¡al arma!*) *s. f.* **1.** Señal con que se avisa de la existencia de un peligro o de alguna anormalidad: *Al ver el fuego, dieron la voz de alarma.* **2.** Sobresalto, temor, inquietud: *La alarma cundió entre el público.* **3.** Dispositivo avisador: *alarma antirrobo, la alarma del despertador.* **SIN. 1.** Rebato. **2.** Intranquilidad, miedo, sorpresa. **ANT. 2.** Tranquilidad, calma. **FAM.** Alarmador, alarmante, alarmar, alarmista.

alarmante *adj.* Que produce alarma: *noticias alarmantes.* **SIN.** Inquietante, preocupante. **ANT.** Tranquilizador.

alarmar *v. tr.* Causar alarma: *Nos alarmó con sus gritos.* También *v. prnl.* **SIN.** Sobresaltar(se), asustar(se), inquietar(se), intranquilizar(se). **ANT.** Tranquilizar(se), calmar(se).

alarmista *adj.* Que propaga noticias alarmantes o tiende a creérselas. También *s. m.* y *f.* **FAM.** Alarmismo. ALARMA.

alauí o **alauita** *adj.* De la dinastía reinante en Marruecos.

alavés, sa *adj.* De Álava. También *s. m.* y *f.*
alazán, na (del ár. *azcar*, rojizo) *adj.* Se dice del caballo o de la yegua con pelo de color canela. También *s. m.* y *f.*
alba (del lat. *alba*, blanca) *s. f.* **1.** Amanecer. **2.** Primera luz del día antes de salir el sol. **3.** Túnica blanca hasta los pies que se pone el sacerdote para celebrar la misa y en otras ceremonias litúrgicas. ■ En sing. lleva el art. *el* o *un*. SIN. **1.** Alborada, aurora. **2.** Albor. FAM. Véase **albo**.
albacea (del ár. *al-wasiyya*, el testamento) *s. m.* y *f.* Persona designada por el testador o por el juez para encargarse de que se cumplan las disposiciones establecidas en el testamento y administrar los bienes pendientes de asignación.
albacetense o **albaceteño, ña** *adj.* De Albacete. También *s. m.* y *f.*
albacora (del ár. *al-bakura*) *s. f.* Pez teleósteo más pequeño que el atún, con aletas pectorales muy largas, dorso azul y vientre plateado. Habita en el Atlántico y el Mediterráneo y es comestible.
albahaca (del ár. *al-habaqa*) *s. f.* Hierba anual de la familia labiadas, con hojas en forma de lanza, flores blancas y olor aromático.
albanés, sa o **albano, na** *adj.* **1.** De Albania. También *s. m.* y *f.* || *s. m.* **2.** Lengua indoeuropea hablada en este país balcánico.
albañal o **albañar** (del ár. *al-ball'a*, la cloaca) *s. m.* **1.** Canal o conducto por el que se da salida a las aguas sucias o residuales. **2.** Lugar sucio e inmundo. SIN. **1.** Alcantarilla, desagüe. **1.** y **2.** Cloaca.
albañil (del ár. *al-banna*) *s. m.* y *f.* Persona que se dedica a la realización de obras de construcción y reparación con materiales como piedra, cemento, ladrillo, etc. FAM. Albañilería.
albañilería *s. f.* Oficio y trabajos del albañil.
albar (de *albo*) *adj.* **1.** Blanco: *tomillo albar.* || *s. m.* **2.** Terreno de secano, especialmente, tierra blanquecina situada en lomas y altos.
albarán (del ár. *al-bara*, el documento de libertad) *s. m.* Nota que acredita la entrega de un pedido comercial.
albarda (del ár. *al-barda'a*) *s. f.* **1.** Aparejo de las caballerías de carga, que consiste en una especie de almohadón relleno de paja que va sujeto sobre el lomo y cae por los lados. || LOC. **albarda sobre albarda** *fam.* Se utiliza en sentido irónico para indicar la superposición o repetición innecesaria o torpe de algo. FAM. Albardar, albardilla, albardón. / Enalbardar.
albardar *v. tr.* Enalbardar a una caballería.
albardear *v. tr. Amér. C.* Molestar a alguien.
albardilla *s. f.* **1.** Silla que se emplea para domar a los potros. **2.** Cualquier cosa que por su forma o posición sobre otra se parece a una albarda. **3.** Especie de tejadillo que se pone en los muros para protegerlos de la lluvia.
albardón *s. m. Amér.* En charcos, lagunas o zonas inundadas, elevación de terreno que no queda cubierta por el agua.
albaricoque (del ár. *al-barquq*) *s. m.* Fruto del albaricoquero, de color amarillento, carnoso, con hueso y aromático. FAM. Albaricoquero.
albaricoquero *s. m.* Árbol frutal de hojas anchas de color verde oscuro, en forma de corazón y flores blancas; su fruto es el albaricoque.
albariño *adj.* Se aplica a un tipo de vino originario de Galicia, de poca graduación, ácido y muy ligero. También *s. m.*
albarrana (del ár. *al-barrana*, la de fuera) *adj.* Véase **torre albarrana**. También *s. f.*
albatros *s. m.* Ave marina de considerable tamaño y plumaje blanco con el borde de las alas negro; sus alas, largas y estrechas, la convierten en una excelente voladora. ■ No varía en *pl.*
albayalde (del ár. *al-bayad*, el blanco) *s. m.* Carbonato básico de plomo, de color blanco, que se utiliza en pintura como colorante.
albedrío (del lat. *arbitrium*, arbitrio) *s. m.* **1.** Capacidad o posibilidad que tiene el hombre de tomar decisiones y obrar por su propia voluntad: *Pidió que respetaran su libre albedrío.* || LOC. **al albedrío** de alguien *adv.* A su gusto o voluntad. SIN. Arbitrio, libertad. ANT. Destino. FAM. Véase **arbitrio**.
alberca (del ár. *al-birka*, el estanque) *s. f.* **1.** Depósito artificial de agua destinado generalmente al riego. **2.** *Méx.* Piscina.
albérchigo (del mozár. *al berchigo*, y éste del lat. *persicum*, de Persia) *s. m.* **1.** Fruto del alberchiguero, de carne recia y jugosa y color amarillo muy intenso. **2.** En algunos lugares, albaricoque. FAM. Alberchiguero.
alberchiguero *s. m.* **1.** Variedad de melocotonero. **2.** En algunos lugares, albaricoquero.
albergar *v. tr.* **1.** Dar alojamiento o servir de hospedaje: *El hotel alberga a cien huéspedes.* También *v. prnl.* **2.** Contener en el interior. **3.** Tener una determinada idea, sentimiento, etc.: *Albergaba un profundo rencor.* ■ Delante de *e* se escribe *gu* en lugar de *g*: *albergue*. SIN. **1.** Alojar(se), hospedar(se), cobijar(se). **3.** Abrigar.
albergue (del gót. *haribairgo*, de *hariis*, ejército, y *bairgan*, alojar) *s. m.* **1.** Hecho de albergar o albergarse: *Le dieron albergue en su casa.* **2.** Lugar o pequeña construcción, situada en el campo, la montaña, etc., que sirve de refugio o para albergar temporalmente a personas o animales. **3.** Residencia económica para viajeros en la que tambien suelen practicarse diferentes actividades: *albergue juvenil.* **4.** Establecimiento benéfico donde se alberga provisionalmente a personas necesitadas. SIN. **1.** Alojamiento. **2.** Abrigo. FAM. Albergar.
albero (del lat. *albarius*, de *albus*, blanco) *s. m.* **1.** Terreno de color blanquecino o amarillento. **2.** Ruedo de la plaza de toros.
albigense (del lat. *albigensis*) *adj.* Se dice del miembro de una secta religiosa herética difundida en Francia durante los s. XII y XIII, que rechazaba los sacramentos y la jerarquía eclesiástica. También *s. m.*
albino, na (del lat. medieval *albinus*) *adj.* Que tiene una carencia total o parcial de pigmentación en la piel, el pelo y los ojos. También *s. m.* y *f.*
albo, ba (del lat. *albus*) *adj.* En lenguaje culto y literario, de color blanco. SIN. Níveo. ANT. Negro. FAM. Alba, albar, albero, albinismo, albino, albor, albugo, álbum, albumen. / Enjalbegar.
albóndiga (del ár. *al-bunduga*, la avellana) *s. f.* Pequeña bola hecha generalmente de carne picada, pan rallado y huevo que, aderezada con especias, se reboza en harina, se fríe y se guisa después con una salsa. ■ Se dice también *almóndiga*. FAM. Albondiguilla.
albondiguilla *s. f.* **1.** Albóndiga*. **2.** *fam.* Pelotilla de moco seco.
albor (del lat. *albor, -oris*) *s. m.* **1.** Luz tenue del alba. **2.** Principio o comienzo de una cosa. Se usa mucho en *pl.*: *en los albores de la vida, de la Edad Moderna.* SIN. **2.** Inicio. ANT. **2.** Final, ocaso. FAM. Alborada, alborear. ALBO.
alborada *s. f.* **1.** Tiempo del amanecer de cada día en que no se ve el sol, pero brillan sus rayos en

el horizonte. **2.** Composición poética o musical que canta al amanecer; especialmente la de origen trovadoresco cuyo tema es la separación de los amantes en ese momento del día. **3.** Toque militar que se ejecuta al amanecer. **SIN. 1.** Alba.

alborear *v. impers.* Amanecer. También *v. intr.*: *Ya alborea el día.* **SIN.** Clarear, despuntar.

albornoz (del ár. *al-burnus*, el capuchón) *s. m.* **1.** Bata de tejido de toalla que se usa después del baño o ducha. **2.** Especie de capote de lana con capucha.

alborotado, da 1. *p.* de **alborotar**. También *adj.* || *adj.* **2.** Inquieto, excitado. **3.** Que actúa con precipitación, sin pensar. **SIN. 3.** Atolondrado.

alborotador, ra *adj.* Que causa alboroto. También *s. m.* y *f.*: *Los alborotadores provocaron varios destrozos.*

alborotar *v. tr.* **1.** Causar ruido o agitación. También *v. intr.* y *v. prnl.*: *Los niños alborotan en el patio.* **2.** Inquietar, alterar: *Ha alborotado a toda la clase.* También *v. prnl.* **3.** Desordenar: *alborotar el pelo.* También *v. prnl.* **4.** Sublevar, levantar. También *v. prnl.* **SIN. 1.** Gritar, enredar. **2.** Excitar(se), trastornar(se). **2.** y **3.** Revolver(se). **2.** y **4.** Agitar(se), soliviantar(se). **ANT. 2.** y **4.** Tranquilizar(se), apaciguar(se). **3.** Ordenar(se). **FAM.** Alborotadamente, alborotadizo, alborotado, alborotador, alboroto.

alboroto *s. m.* **1.** Ruido o agitación producido por voces, risas, gritos, peleas, etc. **2.** Desorden o tumulto, generalmente provocado por protestas de la gente. || *s. m. pl.* **3.** *Amér. C.* Palomitas de maíz. **SIN. 1.** Bulla, jaleo, algarabía, bullicio, griterío. **2.** Disturbio, revuelo. **ANT. 1.** y **2.** Calma.

alborozado, da 1. *p.* de **alborozar**. || *adj.* **2.** Que muestra alegría y contento. **SIN. 2.** Alegre, contento. **ANT. 2.** Triste, apenado.

alborozar *v. tr.* Provocar alborozo. También *v. prnl.* ■ Delante de *e* se escribe con *c* en lugar de *z*: *alboroce.* **SIN.** Regocijar.

alborozo (del ár. *al-buruz*, el desfile militar) *s. m.* Alegría, placer o regocijo extraordinarios, generalmente acompañados de manifestaciones externas. **SIN.** Gozo, contento, júbilo, euforia. **ANT.** Pena, tristeza, amargura. **FAM.** Alborozadamente, alborozado, alborozar.

albricias (del ár. *al-bisara*, la buena nueva) *s. f. pl.* **1.** Alegría o felicitación ante una noticia o acontecimiento favorable. || *interj.* **2.** Se emplea para expresar júbilo y alegría.

albufera (del ár. *al-buhaira*, el mar pequeño, la laguna) *s. f.* Extensión de agua salada separada del mar por tierra arenosa.

albugo *s. m.* **1.** Mancha blanca en la superficie de las uñas. **2.** Mancha opaca y blanquecina en la córnea.

álbum (del lat. *album*, blanco) *s. m.* **1.** Especie de cuaderno o libro especialmente diseñado para colocar en él fotografías, postales, sellos, discos, etc. **2.** Disco o conjunto de discos de larga duración presentados en una misma carpeta. ■ Su pl. es *álbumes*

albumen (del lat. *albumen, -inis*, clara de huevo) *s. m.* Tejido que rodea el embrión en las semillas de algunas plantas y le proporciona alimento durante las primeras fases de la germinación. ■ Su pl. es *albúmenes*. **FAM.** Albúmina, albuminoide. ALBO.

albúmina (del lat. *albumen, -inis*) *s. f.* Proteína animal y vegetal, soluble en agua y coagulable con el calor, que aparece principalmente en la clara de huevo, los plasmas sanguíneo y linfático, la leche y las semillas de muchas plantas.

albuminoide *s. m.* Compuesto orgánico perteneciente a un grupo de proteínas que forman parte integrante de las células de los seres vivos, de los jugos nutricios vegetales y de los plasmas sanguíneo y linfático de los animales.

albur (del ár. *al-buri*, pez de río) *s. m.* Azar o riesgo incontrolable que puede afectar a una actividad, juego, etc. **SIN.** Contingencia, eventualidad, casualidad. **ANT.** Seguridad.

albura *s. f.* Blancura.

alca *s. f.* Ave marina de mediano tamaño, cuya especie común tiene dorso negro, vientre blanco y pico estriado y comprimido lateralmente. Habita en regiones cercanas al océano Glacial Ártico.

alcabala (del ár. *al-qabala*, el contrato) *s. f.* **1.** Antiguo impuesto de Castilla que gravaba las compras y ventas de determinados bienes. **2.** *Chile* y *Ven.* Control policial. **FAM.** Alcabalero.

alcachofa (del ár. *al-jarsuf*) *s. f.* **1.** Planta perenne herbácea de hojas espinosas, posee cabezuelas carnosas de flores inmaduras que se utilizan como alimento. **2.** Cabezuela de esta planta. **3.** Pieza con múltiples orificios por los que sale el agua en las duchas, regaderas, etc.

alcahuete, ta (del ár. *al-qawwad*, el intermediario) *s. m.* y *f.* **1.** Persona que hace de intermediario y encubridor en las relaciones amorosas o sexuales entre un hombre y una mujer. **2.** *fam.* Persona que lleva y trae chismes y cuentos. **SIN. 1.** Celestina. **2.** Correveidile, chismoso. **FAM.** Alcahuetear, alcahuetería.

alcahuetear *v. intr.* **1.** Hacer de intermediario y encubridor en las relaciones amorosas o sexuales entre dos personas. **2.** Traer y llevar chismes y cuentos.

alcahuetería *s. f.* **1.** Acción de alcahuetear. **2.** Oficio de alcahuete. **3.** Acción de ocultar o encubrir los actos reprobables de una persona. **4.** Engaño que se emplea para seducir o corromper.

alcaide (del ár. *al-qaid*, el general) *s. m.* **1.** Director de un establecimiento penitenciario. **2.** El que tenía a su cargo la defensa de alguna fortaleza.

alcalaíno, na *adj.* De Alcalá de Henares (Madrid), Alcalá de los Gazules (Cádiz) o Alcalá la Real (Jaén). También *s. m.* y *f.*

alcaldada *s. f.* Acto arbitrario o abusivo realizado por un alcalde o cualquier otra persona dotada de autoridad. **SIN.** Abuso, atropello.

alcalde, desa (del ár. *al-qadi*, el juez) *s. m.* y *f.* **1.** Presidente del ayuntamiento o corporación municipal. || *s. f.* **2.** Mujer del alcalde. **FAM.** Alcaldada, alcaldía.

alcaldía *s. f.* Función del alcalde, territorio de su jurisdicción y edificio en el que tiene su sede oficial.

álcali (del ár. hispánico *al-qali*, la sosa) *s. m.* Hidróxido o base que se obtiene al hacer reaccionar el agua con los óxidos o metales alcalinos o alcalinotérreos. **FAM.** Alcalimetría, alcalímetro, alcalino, alcaloide.

alcalimetría *s. f.* Procedimiento analítico para determinar el contenido de álcali.

alcalímetro *s. m.* Instrumento que sirve para medir la cantidad de álcali que contiene una sustancia.

alcalino, na *adj.* Que contiene álcali o tiene sus características. Se aplica especialmente a los metales del grupo I A del sistema periódico: litio, sodio, potasio, rubidio, cesio y francio. También *s. m.* **FAM.** Alcalinidad, alcalinotérreo. ÁLCALI.

alcalinotérreo, a *adj.* Se aplica a cada uno de los elementos del grupo II A del sistema periódico: berilio, magnesio, calcio, estroncio, bario y radio. También *s. m.*

alcaloide *s. m.* Sustancia extraída de algunas plantas, que puede tener efectos excitantes, tranquilizantes o tóxicos, como la cafeína, la cocaína, la morfina o la nicotina.

alcance *s. m.* **1.** Distancia máxima o mínima a la que llega la acción, eficacia o influencia de algo: *el alcance de un arma de fuego, de una emisora de radio.* **2.** Importancia o trascendencia de algo: *El alcance de sus palabras fue escaso.* **3.** En los periódicos, noticia recibida a última hora. **4.** Capacidad, inteligencia o talento. Se usa más en *pl.*: *Es persona de pocos alcances.* || LOC. **al alcance** *adv.* En situación o de modo que puede ser alcanzado: *El nido no estaba al alcance de la vista. Está a tu alcance aprobar el curso.* **dar alcance** a alguien Alcanzarle, ponerse a su altura. SIN. **2.** Significación, valor. **4.** Luces.

alcancía (del ár. hispánico *al-kanziyya*, lo atesorado) *s. f.* **1.** Hucha. **2.** *Amér.* Cepillo para las limosnas.

alcanfor (del ár. *al-kafur*) *s. m.* **1.** Sustancia blanca, cristalina y volátil que se obtiene de las ramas y raíces del alcanforero y de otras plantas de la familia lauráceas; tiene aplicaciones médicas e industriales. **2.** Alcanforero. FAM. Alcanforar, alcanforero.

alcanforado, da 1. *p.* de **alcanforar**. También *adj.* || *adj.* **2.** Pasado de moda, anticuado: *Sus alcanforados modales hacen sentirse incómodos a los invitados.*

alcanforar *v. tr.* Combinar o mezclar con alcanfor. FAM. Alcanforado. ALCANFOR.

alcanforero *s. m.* Árbol de hojas ovales alternas y pequeñas flores blancas, que mide de 15 a 20 m de altura y del que se obtiene el alcanfor.

alcantarilla (del ár. *al-qantara*, el puente) *s. f.* **1.** Canal normalmente subterráneo que, en las poblaciones, recoge y da salida a las aguas de lluvia o residuales. **2.** Cada uno de los huecos situados en una calle o calzada, al borde de la acera, para recoger las aguas de lluvia. SIN. **1.** Cloaca, albañal. **2.** Sumidero, desagüe. FAM. Alcantarillado, alcantarillar.

alcantarillado *s. m.* Conjunto de alcantarillas de una población.

alcantarillar *v. tr.* Construir alcantarillas en un lugar.

alcanzado, da 1. *p.* de **alcanzar**. También *adj.* || *adj.* **2.** Falto o escaso de aquello que se expresa: *Ando alcanzado de dinero.* SIN. **2.** Corto, pillado. ANT. **2.** Sobrado.

alcanzar (del ant. *alcalzar*, alteración de *acalzar*, del lat. *calx, -cis*, talón) *v. tr.* **1.** Llegar a un lugar o poder tocar o coger algo: *Alcanzó la orilla a nado.* También *v. intr.*: *No alcanza al picaporte.* **2.** Ponerse a la altura de alguien o algo que iba delante o igualarlo: *Si no andas más deprisa, no los alcanzamos. Ha alcanzado a los primeros de la clase.* **3.** Dar o acercar algo a alguien: *Alcánzame ese libro.* **4.** Seguido de la preposición *a* y un infinitivo que expresa percepción, actividad intelectual, etc., poder realizar lo que éste indica: *No alcanzó a oír lo que decían. No alcanzo a explicar lo que quiero.* **5.** Conseguir un objetivo o algo deseable: *Ha alcanzado la justa recompensa.* **6.** Llegar hasta un determinado punto, momento, distancia, etc.: *Su obra aún no ha alcanzado la madurez.* **7.** Llegar a comprender: *No alcanzo las razones que le obligaron a marcharse.* **8.** Dar en un lugar un arma arrojadiza o de fuego: *El disparo le alcanzó en el hombro.* **9.** Afectar a alguien o algo una acción, un hecho, circunstancia, etc.: *La sequía alcanzó a toda la comarca.* || *v. intr.* **10.** Bastar, ser suficiente: *El sueldo no le alcanza.* || LOC. **alcanzársele** algo a uno Entenderlo, sobre todo en frases negativas: *No se me alcanza qué puede significar.* ■ Delante de *e* se escribe *c* en lugar de *z*: *alcancen.* SIN. **2.** Pillar. **4.** y **5.** Lograr. **5.** Obtener. FAM. Alcance, alcanzable, alcanzado. / Inalcanzable.

alcaparra (del ár. hispánico *alkapparra*, emparentada con el lat. *capparis*) *s. f.* **1.** Arbusto espinoso de hojas alternas redondeadas, fruto en baya y flores blancas y grandes. **2.** Yema de la flor de este arbusto que se utiliza como condimento o, en vinagre, como aperitivo. FAM. Alcaparrón.

alcaparrón *s. m.* Fruto de la alcaparra que se consume conservado en vinagre.

alcaraván (del ár. *al-karawan*) *s. m.* Nombre común de varias aves zancudas de unos 40 cm de longitud, pico largo, fuerte y recto, patas bastante largas y grandes ojos; el alcaraván europeo tiene el plumaje amarillento rojizo con manchas pardas y vientre blanco.

alcaravea *adj.* Planta herbácea umbelífera, de hojas divididas, flores blancas y semillas pequeñas muy aromáticas, usadas como condimento.

alcarreño, ña *adj.* De la comarca de La Alcarria, provincias de Guadalajara, Cuenca y Madrid, o relacionado con ella. También *s. m.* y *f.*

alcatraz *s. m.* Ave marina de unos 90 cm de longitud y color blanco con manchas negras en el borde de las alas y en la base del pico, que es largo y fuerte.

alcaucil (del ár. hispánico *al-qabsil*, la cabecita) *s. m.* Alcachofa*, planta y cabezuela.

alcaudón *s. m.* Ave de unos 17 a 25 cm de longitud, pico fuerte y curvado, plumaje ceniciento, blanco en el vientre, y con una banda negra alrededor de los ojos. Se alimenta de insectos, pájaros, reptiles y mamíferos pequeños, a los que clava en espinos después de capturarlos.

alcayata (del mozár. *al-cayata*, y éste del lat. *caia*, cayado) *s. f.* Escarpia*.

alcayota *s. f. Amér.* Planta cucurbitácea, cuyo fruto, parecido a la sandía pero de pulpa blanca, sirve para preparar un dulce.

alcazaba (del ár. hispánico *al-qasaba*, el fortín) *s. f.* Fortaleza musulmana que solía estar construida en el interior de las poblaciones amuralladas o en sus proximidades.

alcázar (del ár. *al-qasr*, el castillo) *s. m.* **1.** Recinto fortificado construido en lugares estratégicos para residencia de las personas reales o de importancia. **2.** Palacio árabe que, a diferencia de la alcazaba, tenía carácter residencial.

alce (del lat. *alce*) *s. m.* Mamífero rumiante de considerable tamaño, cabeza ancha, hocico muy desarrollado y, en los machos, grandes cuernos en forma de paleta ramificada.

alción (del gr. *alkyon*, de *als*, mar, y *kyo*, concebir) *s. m.* Martín pescador*.

alcista *adj.* **1.** Relativo al alza o subida de los valores de la bolsa, y, p. ext., al de los precios de los productos. || *s. m.* y *f.* **2.** Persona que juega al alza en la bolsa.

alcoba (del ár. *al-qubba*, el gabinete) *s. f.* Dormitorio.

alcohol (del ár. *al-kuhl*, el colirio) *s. m.* **1.** Líquido incoloro e inflamable que se obtiene mediante la destilación del vino y otras sustancias fermentadas. **2.** Cualquier bebida que contiene ese líquido: *Le han prohibido el alcohol.* **3.** En quím., sustancia orgánica derivada de un hidrocarburo en el cual al menos un átomo de hidrógeno es reemplazado por un hidróxilo. **FAM.** Alcoholemia, alcoholero, alcohólico, alcoholímetro, alcoholismo, alcoholista, alcoholizar, alcohómetro.

alcoholemia *s. f.* Concentración de alcohol en la sangre.

alcohólico, ca *adj.* **1.** Relativo al alcohol o que lo contiene. **2.** Que padece alcoholismo. También *s. m.* y *f.*

alcoholímetro o **alcohómetro** (de *alcohol* y *-metro*) *s. m.* Aparato que sirve para medir el grado de concentración alcohólica de un líquido.

alcoholismo *s. m.* **1.** Conjunto de trastornos causados en el organismo por el abuso de bebidas alcohólicas. **2.** Dependencia física y psíquica de las bebidas alcohólicas.

alcoholista *s. m.* y *f. Arg.* y *Urug.* Persona adicta al alcohol.

alcoholizado, da 1. *p.* de **alcoholizar**. || *adj.* **2.** Que padece alcoholismo. También *s. m.* y *f.* **SIN. 2.** Alcohólico.

alcoholizar *v. tr.* Hacer alcohólico a alguien. También *v. prnl.* ■ Delante de *e* se escribe *c* en lugar de *z*: *alcoholice.* **FAM.** Alcoholización, alcoholizado. ALCOHOL.

alcor (del ár. *al-qur*, los collados) *s. m.* Colina, monte pequeño. **SIN.** Collado, cerro.

alcornoque (del art. ár. *al* y el lat. *quercus*) *s. m.* **1.** Árbol de hoja perenne aovada, copa muy ancha y de 10 a 15 m de altura; su madera es muy dura y de la corteza se obtiene el corcho. **2.** *fam.* Persona ignorante o torpe. También *adj.* **SIN. 2.** Zoquete, zote, tarugo, necio. **ANT. 2.** Listo, inteligente. **FAM.** Alcornocal.

alcorque *s. m.* Hoyo que se hace al pie de los árboles o plantas para retener el agua de lluvia o de riego.

alcotán (del ár. *al-qatam*, el gavilán) *s. m.* Ave rapaz parecida al halcón, de unos 30 cm de longitud, dorso oscuro, vientre claro cruzado por líneas negras y las plumas de las patas y la cola de color rojizo.

alcotana *s. f.* Herramienta de albañil semejante al martillo, pero cuya cabeza tiene forma de pico por un extremo y de hacha por el otro.

alcurnia (del ár. *al-kunya*, el sobrenombre) *s. f.* Ascendencia, linaje, especialmente si es noble y antiguo: *Le gusta codearse con gente de alcurnia.* **SIN.** Estirpe, abolengo.

alcuza (del ár. *al-kuza*, la vasija) *s. f.* Vasija pequeña, generalmente de forma cónica, donde se guarda el aceite de uso diario. **SIN.** Aceitera.

aldaba (del ár. *ad-dabba*, el picaporte) *s. f.* **1.** Pieza metálica que, colgada por un extremo en las puertas, sirve de llamador. **2.** Pequeño listón de madera o de hierro que asegura puertas o postigos cerrados. || *s. f. pl.* **3.** Influencias, amigos o protectores: *Conseguirá el empleo, tiene buenas aldabas* **SIN. 3.** Enchufe, padrinos. **FAM.** Aldabilla, aldabón, aldabonazo.

aldabilla *s. f.* Gancho de metal que, al entrar en una hembrilla, sirve para cerrar ventanas, puertas, cajas, etc.

aldabonazo *s. m.* **1.** Golpe dado con la aldaba. **2.** Llamada de atención: *El suspenso en el examen le supuso un aldabonazo.* **SIN. 2.** Advertencia, aviso.

aldea (del ár. *ad-daya*, el cortijo) *s. f.* Pueblo muy pequeño y sin jurisdicción municipal propia. **FAM.** Aldeanismo, aldeano.

aldeanismo *s. m.* Estrechez de miras y tendencia a valorar en exceso los usos y costumbres locales, comarcales o regionales con desprecio de los ajenos.

aldeano, na *adj.* **1.** Natural de una aldea; p. ext., se aplica a las personas del campo o que tienen los modales y costumbres propios de ellas, así como a estos mismos modales, costumbres, etc. También *s. m.* y *f.* **2.** Relativo a la aldea.

aldehído (contr. de *alcohol dehydrogenatus*) *s. m.* Compuesto químico que procede de la oxidación de un cierto tipo de alcohol.

¡ale! *interj.* ¡Hala!*.

aleación *s. f.* Mezcla homogénea de dos o más elementos, uno de los cuales debe ser un metal, que posee cualidades físicas distintas de las que tienen los componentes por separado; son aleaciones el acero y el bronce. **FAM.** Alear. / Superaleación.

alear (del lat. *alligare*, atar) *v. tr.* Hacer una aleación.

aleatorio, ria (del lat. *aleatorius*, de *alea*, dado) *adj.* Que depende de la suerte o el azar. **SIN.** Casual, fortuito, imprevisible. **ANT.** Previsible. **FAM.** Aleatoriamente, aleatoriedad.

aleccionador, ra *adj.* Que enseña, estimula o sirve de lección: *un ejemplo aleccionador.*

aleccionar *v. tr.* **1.** Instruir, enseñar, aconsejar: *Le aleccionaron sobre cómo tenía que comportarse.* **2.** Reprender a alguien o servirle de lección: *Castigó a los mayores para aleccionar a los pequeños.* **SIN. 1.** Adoctrinar, adiestrar. **2.** Escarmentar, corregir. **FAM.** Aleccionado, aleccionador, aleccionamiento. LECCIÓN.

aledaño, ña *adj.* **1.** Contiguo, lindante, limítrofe: *La inundación afectó al pueblo y a las zonas aledañas.* || *s. m. pl.* **2.** Terrenos situados alrededor de un lugar cualquiera. **SIN. 1.** Colindante, inmediato. **2.** Alrededores, inmediaciones, proximidades, cercanías. **ANT. 1.** Apartado.

alefato (de *alef*, primera letra del alfabeto hebreo) *s. m.* Alfabeto hebreo.

alegación *s. f.* **1.** Acción de alegar. **2.** Prueba o razón que se alega: *alegación falsa.* **SIN. 2.** Alegato, argumentación.

alegar (del lat. *allegare*, de *ad*, a, y *legare*, delegar) *v. tr.* **1.** Exponer argumentos, razones o méritos en apoyo de lo que se afirma, defiende o solicita: *Alega su experiencia para conseguir el puesto.* || *v. intr.* **2.** *Can.* y *Amér.* Discutir, disputar. ■ Delante de *e* se escribe *gu* en lugar de *g*: *alegue.* **SIN. 1.** Invocar, aducir, argüir. **FAM.** Alegable, alegación, alegato. LEGAR.

alegato (del lat. *allegatus*) *s. m.* **1.** Escrito en que expone el abogado los fundamentos de los derechos de su cliente e impugna los de la parte contraria. **2.** P. ext., razonamiento o exposición para fundamentar algo. **3.** *Can.* y *Amér.* Discusión, disputa. **SIN. 2.** Argumento, argumentación, prueba.

alegoría (del lat. *allegoria*, y éste del gr. *allegoria*, de *allos*, otro, y *agoreuo*, hablar) *s. f.* **1.** Imagen o figura que representa o simboliza algo, especialmente una idea abstracta, p. ej. la balanza como alegoría de la justicia. **2.** Figura retórica mediante la cual se expresa algo por medio de imágenes poéticas que guardan relación con ello. **3.** Obra artística o literaria en la que se emplea ese modo de representación o expresión, generalmente con una finalidad didáctica. **SIN. 1.** Símbolo. **FAM.** Alegóricamente, alegórico, alegorizar.

alegrar *v. tr.* Poner alegre: *Alegra esa cara. Las flores alegran la casa.* También *v. prnl.*: *Me alegro de verte. Se alegró un poco con el vino.* **SIN.** Contentar(se), regocijar(se); animar(se), avivar; congratularse; achisparse. **ANT.** Entristecer(se), apenar(se); apagar.

alegre (del lat. *alacer, -cris*) *adj.* **1.** Que siente alegría, la manifiesta o la causa: *una noticia alegre.* **2.** Propenso a la alegría y a las diversiones: *Sus padres son muy alegres.* **3.** Vivo, con mucha luz: *un color alegre, una habitación alegre.* **4.** *fam.* Animado por el alcohol. **5.** *fam.* Frívolo o poco sensato: *Es muy alegre para gastarse el dinero.* **SIN. 1.** Contento, feliz, gozoso, dichoso, jovial. **2.** Divertido, animado. **3.** Luminoso. **4.** Achispado. **5.** Ligero, superficial; insensato, irreflexivo. **ANT. 1.** Triste, apenado. **2.** Aburrido. **3.** Apagado, lúgubre. **5.** Reflexivo. **FAM.** Alegremente. ALEGRÍA.

alegreto (del ital. *allegretto*) *s. m.* **1.** En mús., tiempo algo más lento que el alegro. **2.** Composición musical o parte de ella interpretada con este tiempo. || *adv. m.* **3.** Ejecutándolo con dicho tiempo.

alegría *s. f.* **1.** Sentimiento de placer producido por algo favorable o deseado y que suele manifestarse con signos externos: *Tuvo una gran alegría cuando aprobó.* **2.** Persona o cosa que produce o manifiesta este sentimiento: *Eres la alegría de la casa.* **3.** Cualidad de lo que tiene o manifiesta ese sentimiento o predispone el ánimo hacia el mismo: *Lo que más me gusta de la casa es la alegría que tiene.* **4.** Falta de responsabilidad, ligereza: *En asunto tan grave no se puede actuar con esa alegría.* **5.** Ajonjolí*. || *s. f. pl.* **6.** Modalidad del cante flamenco, vivo y gracioso, y baile que se realiza al compás del mismo. **SIN. 1.** Contento, felicidad, gozo, dicha, regocijo. **4.** Irresponsabilidad, insensatez, frivolidad. **ANT. 1.** Tristeza, pena. **4.** Sensatez, prudencia. **FAM.** Alegrar, alegre, alegro, alegrón.

alegro (del ital. *allegro*) *s. m.* **1.** En mús., tiempo moderadamente vivo. **2.** Composición musical o parte de ella interpretada con este tiempo. || *adv. m.* **3.** Ejecutándolo con dicho tiempo. **ANT. 1.** a **3.** Adagio. **FAM.** Alegreto. ALEGRÍA.

alejandrino, na *adj.* **1.** De Alejandría, ciudad de Egipto. También *s. m.* y *f.* **2.** Relativo a Alejandro Magno. **3.** Se aplica a un verso de catorce sílabas, compuesto de dos hemistiquios. También *s. m.*

alejar *v. tr.* **1.** Poner lejos o más lejos: *No te alejes.* También *v. prnl.* **2.** Apartar, ahuyentar: *No puedo alejar de mí ese pensamiento.* **SIN. 1.** Retirar(se), separar(se), distanciar(se). **2.** Desviar, echar, expulsar. **ANT. 1.** Acercar(se), aproximar(se), arrimar(se). **FAM.** Alejamiento. LEJOS.

alelar *v. tr.* Poner lelo, tonto. También *v. prnl.* **SIN.** Abobar(se), embobar(se), atontar(se), entontecer(se). **ANT.** Espabilar(se), avispar(se). **FAM.** Alelado. LELO.

alelo *s. m. acort.* de **alelomorfo**, gen alelomorfo.

alelomorfo, fa (del gr. *allelon*, los unos, los otros, y *-morfo*) *adj.* **1.** En biol., que se presenta bajo diversas formas. **2.** En biol., se dice de cada uno de los genes de un par que ocupan el mismo lugar en dos cromosomas homólogos; ejercen una misma función sobre un carácter o rasgo de organización. **FAM.** Alelo.

aleluya (del hebreo *hallelu-yah*, alabad a Yavé) *s. amb.* **1.** Voz de júbilo que se usa en la liturgia cristiana, especialmente en el tiempo de Pascua. || *s. f.* **2.** Pareado, estrofa. || *interj.* **3.** Expresa alegría.

alemán, na *adj.* **1.** De Alemania. También *s. m.* y *f.* || *s. m.* **2.** Lengua indoeuropea del grupo germánico hablada principalmente en Alemania y Austria. **SIN. 1.** Germano, tudesco, teutón.

alentar (del lat. vulg. *alenitare*, respirar) *v. tr.* **1.** Dar ánimos a alguien, infundirle vigor: *Le alienta su ambición.* **2.** Mantener vivo un sentimiento: *A pesar de todo, aún alienta la esperanza en nuestro corazón.* También *v. intr.* || *v. intr.* **3.** Respirar; p. ext., tener vida. ■ Es v. irreg. Se conjuga como *pensar.* **SIN. 1.** Animar, estimular, confortar. **ANT. 1.** Desalentar, desanimar. **FAM.** Alentador, aliento. / Desalentar.

alerce (del ár. *al-arz*, el cedro) *s. m.* Árbol de gran altura, con hojas caducas, blandas y en forma de aguja, dispuestas en racimos, madera dura, fuerte y aromática, y fruto en forma de pequeñas piñas.

alérgeno o **alergeno, na** *adj.* Se dice de la sustancia capaz de provocar una reacción alérgica. También *s. m.*

alergia (del gr. *allos*, otro, y *ergon*, trabajo) *s. f.* **1.** Sensibilidad anormal a determinadas sustancias que puede producir erupciones en la piel, alteraciones respiratorias o nerviosas, etc. **2.** P. ext., repugnancia o rechazo que se siente hacia alguien o algo: *Su vanidad me produce alergia.* **SIN. 2.** Repulsa, oposición, aversión, animadversión, manía. **ANT. 2.** Agrado. **FAM.** Alérgeno, alérgico, alergista, alergólogo. / Hipoalergénico, hipoalérgico.

alérgico, ca *adj.* **1.** Que padece alergia o es propenso a este mal. También *s. m.* y *f.* **2.** Que siente antipatía o rechazo por algo: *Es alérgico a las fiestas multitudinarias.*

alergista o **alergólogo, ga** *s. m.* y *f.* Médico especialista en afecciones alérgicas.

alero *s. m.* **1.** Borde del tejado de un edificio que sobresale de sus muros. **2.** En baloncesto, jugador que suele atacar por los laterales de la cancha. || **LOC. estar en el alero** *fam.* Estar inseguro. **SIN. 2.** Ala.

alerón (del fr. *aileron*, ala pequeña) *s. m.* **1.** Cada una de las piezas articuladas del borde posterior de las alas de un avión que, accionadas por el piloto, giran hacia arriba o hacia abajo, facilitando la realización de maniobras. **2.** Especie de aleta que se coloca en la parte posterior de la carrocería de un coche para hacerlo más aerodinámico.

alerta (del ital. *all'erta*, en posición erguida, en pie) *adv. m.* **1.** Con atención y vigilancia: *Debemos permanecer alerta.* || *s. f.* **2.** Situación en que se necesita especial atención y vigilancia: *Se encuentran en estado de alerta.* **3.** Voz o señal con que se avisa de un peligro o anormalidad: *dar la alerta.* || *adj.* **4.** Atento, vigilante: *un soldado alerta.* || *interj.* **5.** Se emplea para incitar a permanecer vigilante o atento o para ordenarlo. **SIN. 3.** Alarma. **4.** Expectante, avizor. **FAM.** Alertar.

alertar *v. tr.* Poner en alerta a alguien: *Las autoridades alertaron a la población del peligro de contagio.* También *v. intr.* y *v. prnl.* **SIN.** Avisar.

aleta *s. f.* **1.** Órgano exterior o extremidad de los peces y los mamíferos marinos que les sirve para avanzar por el agua, mantener el equilibrio, fijar la dirección, etc. **2.** Parte lateral plana que sobresale en diferentes objetos: *las aletas de un timón.* **3.** Calzado, generalmente de goma, con una prolongación en forma de pala, que sirve para nadar más deprisa. **4.** Parte exterior de las ventanas de la nariz. **5.** Guardabarros de un automóvil.

aletargar *v. tr.* Causar letargo o adormecimiento: *Beber vino en la comida me aletarga.* Tambien *v. prnl.* ■ Delante de *e* se escribe *gu* en lugar de *g*: *aletargue.* **SIN.** Adormecer(se), amodorrar(se). **ANT.** Espabilar(se), despabilar(se). **FAM.** Aletargamiento. LETARGO.

aletear *v. intr.* **1.** Mover un ave las alas sin volar. **2.** Agitar un pez las aletas fuera del agua. **3.** *fam.* Comenzar alguien o algo a mostrar actividad, vigor, recuperación, etc.

aleutiano, na *adj.* De las islas Aleutianas, archipiélago de Estados Unidos situado en el N del océano Pacífico. También *s. m.* y *f.*

alevín (del fr. *alevin*, y éste del lat. *allevare*, criar) *s. m.* **1.** Cría de pez que se destina a repoblar estanques y ríos. **2.** Joven principiante, generalmente menor de doce años, que se inicia en algunos deportes, y categoría a la que pertenece.

alevosía *s. f.* **1.** En der., circunstancia agravante de la responsabilidad por una falta o delito, cuando el que lo comete pone los medios para asegurar su ejecución e impedir que la víctima pueda defenderse. **2.** P. ext., circunstancia que agrava la realización de otros hechos negativos con medios semejantes. **3.** Traición, deslealtad. **FAM.** Alevosamente, alevoso.

alfa (del gr. *alphfa*) *s. f.* **1.** Primera letra del alfabeto griego, que corresponde a nuestra *a.* ■ La letra mayúscula se escribe *A* y la minúscula *α.* En sing. lleva el art. *el* o *un.* || **2. alfa y omega** Principio y fin, causa y finalidad última.

alfabético, ca *adj.* Relativo al alfabeto; especialmente se dice de la ordenación realizada siguiendo el alfabeto y de lo que está ordenado según el mismo: *una lista alfabética.* **FAM.** Alfabéticamente. ALFABETO.

alfabetizar *v. tr.* **1.** Ordenar algo siguiendo el orden de las letras del alfabeto. **2.** Enseñar a leer y escribir y, p. ext., comunicar otros conocimientos básicos. ■ Delante de *e* se escribe *c* en lugar de *z*: *alfabetice.* **FAM.** Alfabetización. ALFABETO.

alfabeto (del lat. *alphabetum*, y éste de las dos primeras letras griegas, *alfa* y *beta*) *s. m.* **1.** Abecedario. **2.** Conjunto de símbolos o signos convencionales utilizados en un sistema de comunicación, como el alfabeto *Morse* en las comunicaciones telegráficas o el *Braille* para ciegos. **SIN. 1.** Abecé. **FAM.** Alfabético, alfabetizar. / Analfabeto.

alfaguara (del ár. *al-fawwara*) *s. f.* Corriente de agua abundante que brota de la tierra o la roca de forma natural. **SIN.** Manantial.

alfajor *s. m.* Dulce hecho de almendras, nueces y miel, o con otros ingredientes, que tiene diversas formas según las regiones.

alfalfa (del ár. *al-fasfasa*, el mejor forraje) *s. f.* Hierba perenne similar al trébol, de hojas alternas compuestas y flores azules arracimadas, que se cultiva para obtener forraje.

alfanje (del ár. *al-janyar*, el puñal) *s. m.* Sable corto y curvado, de doble filo en la punta, típico de pueblos orientales.

alfanumérico, ca *adj.* Formado por letras y números; se utiliza en informática aplicado a caracteres, códigos, teclados, etc.

alfaque (de or. ár.) *s. m.* Banco de arena en la desembocadura de un río.

alfaquí (del ár. *al-faqih*) *s. m.* Doctor o sabio de la ley coránica. ■ Su pl. es *alfaquíes*, aunque también se utiliza *alfaquís.*

alfar (del ár. *al-fajjar*, el alfarero) *s. m.* Taller de alfarero. **SIN.** Alfarería.

alfarería *s. f.* **1.** Arte de fabricar vasijas y utensilios de barro. **2.** Taller donde se fabrican y tienda donde se venden. **SIN. 1.** Cerámica. **2.** Alfar. **FAM.** Alfar, alfarero.

alféizar (del ár. *al-fasha*, el espacio vacío) *s. m.* Corte o entrante de la pared alrededor de una puerta o ventana, especialmente el situado en la parte inferior de esta última.

alfeñique (del ár. *al-fanid*, el azúcar) *s. m.* Persona delicada o débil. **SIN.** Enclenque, raquítico, esmirriado, escuchimizado. **ANT.** Fortacho, forzudo.

alférez (del ár. *al-faris*, el jinete) *s. m.* y *f.* **1.** Grado del Ejército español de Tierra y del Aire, inmediatamente inferior al de teniente. || **2. alférez de fragata** Grado de la Armada equivalente al de alférez en el Ejército de Tierra. **3. alférez de navío** Grado de la Armada equivalente al de teniente en el Ejército de Tierra.

alfil (del ár. *al-fil*, el elefante) *s. m.* Pieza del juego de ajedrez que se mueve diagonalmente y puede recorrer cualquier número de casillas.

alfiler (del ant. *alfilel*, y éste del ár. *al-jilal*, lo que se entremete) *s. m.* **1.** Barrita de metal pequeña y fina, que termina en punta por un extremo y, por el otro, en una especie de bolita o cabeza. **2.** Joya que se prende en la ropa como sujeción o adorno. **SIN. 2.** Broche. **FAM.** Alfiletero.

alfiletero *s. m.* Estuche para guardar alfileres y agujas o almohadilla en la que se clavan. **SIN.** Acerico.

alfiz (del ár. *al-ifriz*, el adorno) *s. m.* Ornamento arquitectónico característico del arte árabe, consistente en una moldura que enmarca un arco o el vano de una puerta o ventana.

alfombra (del ár. *al-jumra*, la esterilla) *s. f.* **1.** Pieza de tejido grueso de lana o de otros materiales, que se emplea para cubrir el suelo. **2.** P. ext., cualquier cosa o conjunto de cosas que cubren el suelo: *Una alfombra de nieve cubría el jardín.* **SIN. 1.** Estera. **FAM.** Alfombrar, alfombrilla[1].

alfombrado, da 1. *p.* de **alfombrar**. También *adj.* || *s. m.* **2.** Acción de alfombrar. **3.** Conjunto de alfombras de un lugar.

alfombrar *v. tr.* **1.** Cubrir el suelo con una alfombra. **2.** P. ext., cubrir el suelo con cualquier otra cosa: *Alfombraron las calles con flores para la celebración.* **SIN. 1.** Enmoquetar. **FAM.** Alfombrado. / Desalfombrar. ALFOMBRA.

alfombrilla[1] *s. f.* Alfombra pequeña de diversos materiales, p. ej. de esparto, cuerda, etc., que se pone delante de la puerta de una casa, o la de goma o tela que se pone al pie de la bañera.

alfombrilla[2] (del ár. *alhumra*, la rojez) *s. f.* Enfermedad eruptiva infantil, parecida al sarampión.

alfonsí o **alfonsino, na** *adj.* De alguno de los reyes españoles llamados Alfonso, o partidario suyo. También *s. m.* y *f.*

alforfón *s. m.* **1.** Planta herbácea de aproximadamente 1 m de altura, tallos nudosos, hojas en forma de corazón, flores blancas en racimo y fruto oscuro y triangular. **2.** Semilla de esta planta, con cuya harina se hace pan negro en algunos lugares de España.

alforja (del ár. *al-hurg*, la talega) *s. f.* Tira de tela fuerte con dos bolsas en los extremos que se cuelga sobre el hombro o al lomo de las caballerías y se utiliza para transportar cargas. Se usa más en *pl.*

alfoz (del ár. *al-hawz*, el distrito) *s. amb.* Término de un municipio o de un distrito.

alga (del lat. *alga*) *s. f.* **1.** Ser vivo unicelular o pluricelular perteneciente al reino protista, que es capaz de realizar la fotosíntesis y habita principalmente en el agua. || *s. f. pl.* **2.** Grupo constituido por estos seres vivos. || **3. alga azul** (o **cianofícea**) Cianobacteria*. ■ En sing. lleva el art. *el* o *un*.

algalia (del ár. *al-galiya*, el almizcle) *s. f.* Sustancia olorosa parecida al almizcle que segrega la civeta.

algarabía (del ár. *al-arabyya*, la lengua árabe) *s. f.* Vocerío confuso. SIN. Griterío, algazara, bullicio, bulla. ANT. Silencio.

algarada (del ár. *al-gara*, la incursión militar) *s. f.* **1.** Alboroto, desorden. **2.** Motín o revuelta de poca importancia. SIN. **1.** Jaleo. **2.** Disturbio, tumulto, rebelión, asonada. ANT. **2.** Orden.

algarroba (del ár. *al-jarruba*) *s. f.* Fruto del algarrobo en forma de vaina, dulce, comestible, con semillas en su interior y utilizado como forraje. FAM. Algarrobo.

algarrobo *s. m.* Árbol de la familia leguminosas, de hasta 15 m de altura, hoja perenne y flores rojas arracimadas cuyo fruto es la algarroba.

algazara (del ár. *al-gazara*, el ruido) *s. f.* Alboroto, jaleo, especialmente por las voces, risas y canciones de gente que se divierte. SIN. Algarabía, griterío, bullicio, bulla. ANT. Silencio, orden.

álgebra (del bajo lat. *algebra*, y éste del ár. *al-yabra*, la reducción) *s. f.* **1.** Parte de las matemáticas que estudia las estructuras que resultan al introducir en uno o varios conjuntos una o varias leyes de composición. **2.** Tradicionalmente, cálculo realizado mediante expresiones representadas por letras. ■ En sing. lleva el art. *el* o *un*. FAM. Algebraico.

algesia (del gr. *algos*) *s. f.* Sensibilidad al dolor. FAM. Analgésico.

-algia (del gr. *algos*) *suf.* Significa 'dolor': *cefalalgia, neuralgia*.

álgido, da (del lat. *algidus*) *adj.* **1.** Se aplica al punto culminante de un proceso: *Llegamos al punto álgido de la disputa.* **2.** Muy frío. SIN. **1.** Crítico, máximo. **2.** Gélido.

algo (del lat. *aliquod*) *pron. indef.* y *n.* **1.** Sustituye al nombre de una cosa cualquiera de forma indeterminada: *Voy a leer algo.* || *pron. indef.* **2.** Cantidad indeterminada o pequeña: *Me queda algo.* ■ No tiene pl. El adj. concuerda con él en masculino singular y el v., en 3.ª pers. del sing: *Algo bueno pasa.* || *adv. c.* **3.** Un poco: *Está algo distraído.*

algodón (del ár. *al-qutn*) *s. m.* **1.** Planta arbustiva de hojas alternas palmeadas y flores de color cremoso, que al madurar se transforman en una cápsula que contiene las semillas, envueltas en fibras blancas. **2.** Esta fibra o borra blanca utilizada para la fabricación de productos textiles o, limpia y esterilizada, para usos médicos, higiénicos, etc. **3.** Hilo o tejido hecho con esa fibra: *prendas de algodón.* || LOC. **entre algodones** *adv.* En medio de atenciones y cuidados: *Se ha criado entre algodones.* FAM. Algodonal, algodonero, algodonoso. / Cotona.

algodonero, ra *adj.* **1.** Relativo al algodón. || *s. m.* y *f.* **2.** Persona que cultiva el algodón o comercia con él. || *s. m.* **3.** Planta del algodón.

algonquino, na *adj.* **1.** De varias tribus de indios que habitaban en Canadá y Estados Unidos. También *s. m.* y *f.* || *s. m.* **2.** Cada una de las lenguas habladas por esas tribus.

algoritmo (del ár. *al-Jwarizmi*, sobrenombre del matemático Mohamed ben Musa) *s. m.* Proceso de cálculo para solucionar un determinado tipo de problemas mediante un número finito de pasos, p. ej. el que se sigue para hallar la raíz cuadrada de un número. FAM. Véase **guarismo**.

alguacil (del ár. *al-wazir*, el ministro) *s. m.* **1.** Funcionario de los tribunales de justicia que ejecuta las órdenes dadas por los jueces. **2.** Funcionario subalterno a las órdenes del alcalde de un ayuntamiento. FAM. Alguacilillo.

alguacilillo *s. m.* Cada uno de los dos jinetes, vestidos como alguaciles del s. XVII, que en las corridas de toros preceden a la cuadrilla durante el paseíllo.

alguerés, sa *adj.* **1.** De Alguer, ciudad de la isla de Cerdeña. También *s. m.* y *f.* || *s. m.* **2.** Dialecto catalán hablado principalmente en esta ciudad.

alguien *pron. indef.* **1.** Hace referencia de manera indeterminada a una o varias personas, sin indicación de género ni de número: *Alguien se lo dijo, pero no sé quién.* ■ Los adj. concuerdan con él en masculino sing. y los v., en la 3.ª pers. del sing: *Alguien más inteligente acabará viéndolo.* **2.** *fam.* Persona de importancia: *Conseguirá ser alguien en la empresa.*

algún *adj. indef. apóc.* de **alguno**. ■ Se usa antepuesto a un s. m. sing.: *algún libro.* ANT. Ningún.

alguno, na (del lat. vulg. *alicunus*, contr. de *aliquis*, alguien, y *unus*, uno) *adj. indef.* **1.** Expresa un número indeterminado de las personas, animales o cosas a que se refiere el sustantivo al que antecede, o los designa de forma imprecisa: *Traeme alguna revista.* También *pron.*: *Si les avisas, alguno vendrá.* ■ Delante de un sustantivo masculino singular se usa la forma apocopada *algún*. **2.** Detrás del sustantivo al que acompaña, y sobre todo en frases de sentido negativo, equivale a *ninguno*: *En parte alguna se ha visto cosa igual.* **3.** Bastante o moderado, mediano: *Si el problema tuviera alguna importancia, no dudes en avisarnos.* || LOC. **alguno(a) que otro(a)** Pocos: *Queda alguno que otro.* SIN. **1.** y **3.** Cierto. ANT. **1.** y **3.** Ninguno. FAM. Algo, alguien, algún.

alhaja (del ár. *al-haya*, el utensilio) *s. f.* **1.** Joya, objeto fabricado con materiales preciosos. **2.** Persona o cosa de gran valor o de muy buenas cualidades: *Su hijo es una alhaja.* FAM. Alhajar, alhajera, alhajero.

alhajar *v. tr.* **1.** Adornar con alhajas. **2.** Poner en una casa, habitación, etc., todo lo necesario.

alhajera *s. f. Arg.* y *Méx.* Alhajero*.

alhajero *s. m. Arg.*, *Chile* y *Urug.* Estuche para guardar joyas, joyero.

alharaca (del ár. *al-haraka*, el movimiento) *s. f.* Demostración exagerada de un sentimiento, impresión, etc. Se usa más en *pl.*: *No me impresionan sus alharacas.* SIN. Aspaviento.

alhelí (del ár. *al-jairi*) *s. m.* **1.** Nombre común a diversas plantas ornamentales bianuales o perennes, de flores olorosas arracimadas de distintos colores. **2.** Flor de esta planta. ■ Su pl. es *alhelíes*, aunque también se utiliza *alhelís*.

alheña (del ár. *al-hinna*) *s. f.* **1.** Aligustre. **2.** Flor de esta planta. **3.** Polvo que resulta de moler las hojas de esta planta y que se usa como tinte.

alhóndiga (del ár. *al-funduqa*, la posada, y éste del gr. *pandokos*) *s. f.* Local público destinado para la venta, compra y depósito de granos y otras mercancías.

aliáceo, a (del lat. *alium*, ajo) *adj.* Que tiene el olor o sabor del ajo.

aliado, da 1. *p.* de **aliarse**. || *adj.* **2.** Se dice de la persona o país que ha hecho una alianza con otro. También *s. m.* y *f.* SIN. **2.** Asociado, coaligado. ANT. **2.** Enemigo.

aliadófilo, la *adj.* Partidario de una alianza de países, particularmente de las naciones aliadas contra Alemania durante las guerras mundiales de 1914 y 1939. También *s. m.* y *f.*

aliaga *s. f.* Aulaga*.

alianza *s. f.* **1.** Acuerdo entre varias personas, países, etc., con un fin determinado. **2.** Anillo de boda o compromiso. **3.** Parentesco contraído por casamiento. **4.** Hecho de aliar o unir: *una alianza entre dos elementos.* **SIN. 1.** Pacto, liga, coalición, convenio. **ANT. 1.** Enfrentamiento, rivalidad.

aliar (del lat. *alligare*, atar) *v. tr.* **1.** Unir, asociar: *Alía la simpatía a la inteligencia.* También *v. prnl.* || **aliarse** *v. prnl.* **2.** Ponerse de acuerdo varias personas o países con un fin concreto: *España e Inglaterra se aliaron contra Napoleón.* ■ En cuanto al acento, se conjuga como *ansiar*: *alío.* **SIN. 1.** Pactar, vincular(se), asociar(se). **2.** Coligarse. **ANT. 1.** Desunir, enfrentar(se). **2.** Separarse. **FAM.** Aliado, aliadófilo, alianza. / Interaliado. LIAR.

alias (del lat. *alias*, de otro modo) *adv. m.* **1.** Por otro nombre, también llamado: *El bandido José María Hinojosa, alias «el Tempranillo».* || *s. m.* **2.** Apodo. ■ No varía en *pl.* **SIN. 2.** Sobrenombre.

alicaído, da *adj.* **1.** Caído de alas. **2.** Se dice de la persona triste, cabizbaja, desanimada. **SIN. 2.** Decaído, deprimido, abatido, desmoralizado. **ANT. 2.** Animado, alegre.

alicantino, na *adj.* De Alicante. También *s. m.* y *f.*

alicatado, da 1. *p.* de **alicatar**. También *adj.* || *s. m.* **2.** Acción de alicatar. **3.** Obra de azulejos o baldosines de cerámica que recubre las paredes: *El alicatado de la cocina no llega hasta el techo.*

alicatar (del ár. *al-qataa*, la pieza) *v. tr.* Revestir de azulejos una pared. **FAM.** Alicatado.

alicates (del ár. *al-liqat*, la tenaza) *s. m. pl.* Herramienta en forma de tenaza con las puntas planas o redondeadas, que se emplea para doblar alambres, sujetar objetos, apretar tuercas, etc. Se usa también en *sing.*

aliciente (del lat. *alliciens, -entis*, que atrae) *s. m.* Atractivo o encanto de algo, o estímulo que proporciona: *Las buenas notas le sirvieron de aliciente para estudiar más.* **SIN.** Incentivo, acicate. **ANT.** Inconveniente, rémora.

alicuanta (del lat. *alicuantus*) *adj.* Se dice de la parte comprendida un número inexacto de veces en un todo: *Tres es parte alicuanta de once.* **ANT.** Alícuota.

alícuota (del lat. *aliquot*) *adj.* **1.** Proporcional: *Cada uno debe pagar una parte alícuota de su sueldo.* **2.** Se dice de lo que está comprendido un número exacto de veces en un todo: *Dos es parte alícuota de ocho.* **ANT. 2.** Alicuanta.

alienación (del lat. *alienatio, -onis*) *s. f.* **1.** Acción de alienar o alienarse. **2.** Estado por el que un individuo o colectividad, por diferentes presiones, experimenta un cambio que le lleva a pensar y actuar de forma contradictoria con la imagen que poseía de sí y con los valores que sostenía. **SIN. 1.** Enajenación.

alienar (del lat. *alienare*, de *alienus*, ajeno) *v. tr.* **1.** Enajenar, volver loco. **2.** Producir alienación, transformación de la conciencia. También *v. prnl.* **FAM.** Alienación, alienado, alienígena, alienista. / Inalienable. AJENO.

alienígena (del lat. *alienigena*, de *alienus*, ajeno, y *genere*, engendrar) *adj.* **1.** Extraterrestre. También *s. m.* y *f.* **2.** Extranjero. También *s. m.* y *f.* **SIN. 1.** Marciano. **2.** Forastero, foráneo. **ANT. 1.** Terrícola. **2.** Indígena, autóctono.

alienista *s. m.* y *f.* Médico especializado en enfermedades mentales. **SIN.** Psiquiatra.

aliento (del lat. vulg. *alenitus*, y éste del lat. *anhelitus*) *s. m.* **1.** Respiración o aire que se respira: *Subiendo le faltaba el aliento.* **2.** Soplo de aire expulsado en la respiración: *Empañó el espejo con el aliento.* **3.** Ánimo para comenzar o para continuar una acción: *Le sobra aliento para tan ambicioso proyecto.* **SIN. 1.** y **2.** Hálito. **2.** Vaho. **3.** Vigor, valor, voluntad, denuedo, brío, empuje. **ANT. 3.** Desaliento, desánimo. **FAM.** Véase **alentar**.

alifato (de *alif*, primera letra del alfabeto árabe) *s. m.* Serie ordenada de las consonantes árabes.

aligátor (del ingl. *alligator*) *s. m.* Caimán*.

aligerar *v. tr.* **1.** Hacer que algo sea más ligero, quitándole peso, carga, etc.: *Aligera la maleta, que no vas a poder con ella.* También *v. prnl.*: *aligerarse de ropa.* **2.** P. ext., aliviar una carga moral, una culpa, un dolor, etc.: *aligerar la conciencia.* También *v. prnl.* **3.** Abreviar, apresurar: *Aligera el paso.* También *v. intr.*: *Aligera o llegarás tarde.* **SIN. 1.** Descargar(se). **2.** Suavizar(se), mitigar(se), atenuar(se). **3.** Acelerar, avivar, apurar. **ANT. 1.** Cargar(se). **2.** Abrumar(se), agobiar(se). **3.** Retrasar, retardar. **FAM.** Aligeramiento. LIGERO.

aligustre (del lat. *ligustrum*) *s. m.* Arbusto y árbol pequeño de hoja perenne o caduca oval, racimos de flores blancas olorosas y frutos en forma de bayas negras que contienen de una a cuatro semillas. Se llama también *alheña.*

alijar (del fr. ant. *aligier*, y éste del lat. *alleviare*) *v. tr.* **1.** Descargar total o parcialmente una embarcación. **2.** Traspasar géneros de contrabando a otra embarcación o a tierra.

alijo *s. m.* Conjunto de mercancías de contrabando: *La policía descubrió un importante alijo de tabaco.* **FAM.** Alijar.

alimaña (del lat. *animalia*, animales) *s. f.* **1.** Nombre que se da a animales como zorros, lobos, etc., que viven en estado salvaje y se alimentan del ganado y de la caza menor. **2.** *fam.* Persona mala, perversa. **SIN. 2.** Bicho, sabandija, malvado. **ANT. 2.** Santo, buenazo.

alimentación *s. f.* **1.** Acción de alimentar o alimentarse. **2.** Conjunto de alimentos: *tienda de alimentación.* **3.** Régimen o dieta alimenticia: *Debe seguir una alimentación sana.* **SIN. 1.** Nutrición, sustento. **2.** Comida, comestibles, provisiones. **FAM.** Realimentación, retroalimentación, subalimentación. ALIMENTAR.

alimentador *s. m.* Componente de una máquina que proporciona la energía necesaria para su funcionamiento.

alimentar *v. tr.* **1.** Dar alimento. También *v. prnl.* con valor reflexivo: *El oso panda se alimenta sobre todo de bambú.* **2.** P. ext., proporcionar a alguien las cosas necesarias para vivir: *Trabaja para alimentar a su familia.* **3.** Suministrar a una máquina, dispositivo, etc., lo necesario para que funcione: *alimentar de combustible una caldera.* También *v. prnl.* **4.** Fomentar, mantener: *La propaganda alimentaba la revolución.* || *v. intr.* **5.** Servir de alimento: *La leche alimenta mucho.* **SIN. 1.** y **4.** Nutrir(se). **2.** Sustentar, mantener, sostener. **FAM.** Alimentación, alimentador. / Superalimentar. ALIMENTO.

alimentario, ria (del lat. *alimentarius*) *adj.* Relativo a la alimentación o a los alimentos: *industria alimentaria.*

alimenticio, cia *adj.* Que alimenta: *La leche es un producto alimenticio.* **SIN.** Nutritivo.

alimento (del lat. *alimentum*, de *alere*, alimentar) *s. m.* **1.** Sustancia que toma un organismo o ser vivo para obtener la materia y la energía necesarias para la vida. **2.** Lo que mantiene la existencia de alguna cosa. **3.** Aquello que fomenta o estimula un sentimiento, una virtud, un vicio, etc.: *El trato continuado es alimento de la amistad.* **SIN. 1.** Comida. **2.** Sustento, sostén, sostenimiento. **3.** Fomento, estímulo. **FAM.** Alimentar, alimentario, alimenticio. / Agroalimentario, sobrealimento.

alimoche *s. m.* Ave rapaz parecida al buitre, que alcanza hasta 1,50 m de envergadura y tiene color blanco con las puntas de las alas negras. Se llama tambien *abanto*.

alimón, al *loc. adv.* **1.** En tauromaquia, expresa el modo de hacer ciertas suertes entre dos lidiadores, cogiendo cada uno un extremo del mismo capote. **2.** P. ext., conjuntamente, en colaboración entre dos personas: *Hicieron una exposición al alimón.*

alineación *s. f.* **1.** Acción y resultado de alinear o alinearse. **2.** Conjunto de jugadores de un equipo que van a disputar un partido: *El seleccionador dio a conocer la alineación.* **SIN. 1.** Alineamiento, formación; afiliación, adscripción.

alineado, da 1. *p.* de **alinear**. También *adj.* y *s. m.* y *f.* || *adj.* **2.** Partidario de una posición, idea o ideología: *Está alineado en el progresismo.* **SIN. 2.** Seguidor, simpatizante, adscrito. **ANT. 2.** Enemigo, contrario.

alineamiento *s. m.* **1.** Acción de alinear o alinearse. **2.** Conjunto de menhires colocados en hileras. **SIN. 1.** Alineación.

alinear *v. tr.* **1.** Poner algo en línea recta. También *v. prnl.* **2.** Determinar el entrenador de un equipo los jugadores que van a participar en un encuentro. || **alinearse** *v. prnl.* **3.** Entrar a formar parte de un bando, equipo, posición ideológica, etc.: *Jorge se ha alineado en tu grupo.* **SIN. 1.** Enfilar. **3.** Afiliarse, adscribirse. **ANT. 1.** Desalinear(se). **3.** Separarse. **FAM.** Alineación, alineado, alineamiento. LÍNEA.

aliñar (del lat. *ad*, a, y *lineare*, poner en línea) *v. tr.* **1.** Poner condimento en las comidas, especialmente aceite, vinagre y sal a las ensaladas. **2.** Arreglar, adornar. También *v. prnl.* **SIN. 1.** Condimentar, sazonar, aderezar. **2.** Acicalar(se). **FAM.** Aliño. / Desaliño. LÍNEA.

aliño *s. m.* **1.** Acción de aliñar. **2.** Condimento con que se aliña. **3.** Arreglo, adorno. **SIN. 2.** y **3.** Aderezo.

alioli (del cat. vulg. *alioli*, de *all*, ajo, y *oli*, aceite) *s. m.* **1.** Salsa de ajo y aceite. **2.** Salsa mayonesa condimentada con ajo.

¡alirón! *interj.* **1.** Expresa alegría por un triunfo en una competición deportiva. || **LOC. cantar** (o **entonar**) **el alirón** *fam.* Celebrar la victoria de un equipo en una competición deportiva.

alisar *v. tr.* **1.** Poner lisa, plana o igual alguna cosa. También *v. prnl.* || **alisarse** *v. prnl.* **2.** Con valor reflexivo, peinarse ligeramente. **SIN. 1.** Allanar(se), aplanar(se). **2.** Atusarse. **ANT. 1.** Arrugar(se). **FAM.** Alisado, alisador, alisamiento. LISO.

alisio *adj.* Se dice del viento constante que sopla desde las zonas de altas presiones tropicales a las zonas de bajas presiones ecuatoriales. También *s. m.*, sobre todo en *pl.* **FAM.** Contraalisio.

aliso *s. m.* Nombre de diversos arbustos y árboles ornamentales de hoja alterna caduca de forma redondeada, que se reconocen por su corteza grisácea y escamosa y por los frutos semejantes a una pequeña piña, su madera es de color amarillo rojizo.

alistar *v. tr.* Inscribir a alguien en el ejército, generalmente para el servicio militar. También *v. prnl.*: *Se alistó en la marina.* **SIN.** Reclutar, enrolar(se), engancharse. **FAM.** Alistamiento. LISTA.

aliteración (del lat. *ad*, a, y *littera*, letra) *s. f.* Figura retórica que consiste en la repetición de uno o varios sonidos semejantes en una palabra o grupo de palabras; p. ej., en el verso de Rubén Darío: *«con el ala aleve del leve abanico.»*

aliviadero *s. m.* Vertedero o desagüe de aguas sobrantes de un depósito, embalse o canal.

aliviar (del lat. tardío *alleviare*, aligerar) *v. tr.* **1.** Disminuir una carga o peso. **2.** Hacer menos intenso un dolor, enfermedad, etc.: *El calmante me alivió la jaqueca.* También *v. prnl.* **3.** *fam.* Robar, hurtar: *Le aliviaron la cartera.* || **aliviarse** *v. prnl.* **4.** En lenguaje rústico, hacer de vientre. **SIN. 1.** Aligerar, descargar. **2.** Suavizar(se), calmar(se), mitigar(se), aplacar(se). **3.** Afanar, birlar, sustraer. **4.** Obrar, defecar, cagar. **ANT. 1.** Cargar, recargar. **2.** Agravar(se), recrudecer(se). **FAM.** Aliviadero, alivio. LEVE.

alivio *s. m.* **1.** Acción y resultado de aliviar o aliviarse: *Sentí un gran alivio cuando me lo dijeron.* **2.** Uso de ropa menos severa después del luto. ■ Se usa mucho en la expresión *alivio de luto.* || **LOC. de alivio** *adj. fam.* Tremendo, de cuidado, de consideración: *Se ha dado un golpe de alivio.* **SIN. 1.** Desahogo, descanso, respiro, sosiego. **ANT. 1.** Agobio, ahogo, angustia, intranquilidad.

aljaba (del ár. *al-yaba*) *s. f.* Carcaj*.

aljama (del ár. *al-yamaa*, la congregación) *s. f.* **1.** Reunión de moros o judíos. **2.** Sinagoga o mezquita. **3.** Barrio de moros o judíos.

aljamía (del ár. *al-ayamiyya*, la lengua extranjera) *s. f.* **1.** Nombre árabe que daban los moros a la lengua castellana. **2.** Texto castellano escrito con caracteres arábigos. **FAM.** Aljamiado.

aljamiado, da *adj.* **1.** Se dice del texto castellano escrito en aljamía. **2.** Relativo a la aljamía.

aljibe (del ár. *al-yubb*, el pozo) *s. m.* **1.** Depósito, generalmente subterráneo, que recoge el agua de lluvia o de algún río. **2.** Tanque o barco que transporta agua dulce. **SIN. 1.** Cisterna.

aljófar (del ár. *al-yawhar*) *s. m.* Perla pequeña de forma irregular y conjunto de estas perlas.

allá (del lat. *illac*, por allí) *adv. l.* **1.** Expresa un lugar impreciso, tanto para el que habla como para el que escucha. ■ Admite grados de comparación: *más allá*, *no tan allá*, etc. Con verbos de movimiento equivale a 'a aquel lugar'. Con verbos de estado o reposo significa 'en aquel lugar'. || *adv. t.* **2.** Denota tiempo remoto: *allá por los años mozos.* **3.** Con *arreglársela*, *componérsela*, *habérsela*, significa que el que habla se desentiende de lo que pueda hacer otro, de su problema o asunto: *Allá te las compongas.* || **4. el más allá** Lo que sigue a la muerte. || **LOC. ¡allá cuidados!** *excl.* Indica que alguien se desentiende de algún asunto. **allá tú (él, vosotros, ellos)** *fam.* Indica que al que habla no le importa lo que haga o deje de hacer aquel de quien se trata. **muy allá** *adv. fam.* Con verbos como *andar*, *estar* o *ser*, y en frases negativas, no muy bien o no muy bueno, etc.: *No ando muy allá. Este melón no está muy allá.* **SIN. 1.** Allí. **2.** Entonces. **ANT. 1.** Acá, aquí.

allanamiento *s. m.* **1.** Acción de allanar o allanarse. || **2. allanamiento de morada** Acción de entrar en el domicilio privado de alguien sin su consentimiento y por la fuerza; constituye delito.

allanar (del lat. *applanare*, de *ad*, a, y *planus*, llano) *v. tr.* **1.** Poner lisa una superficie. **2.** Quitar o vencer obstáculos y dificultades materiales o inmateriales. **3.** Realizar un allanamiento de morada. || **allanarse** *v. prnl.* **4.** Conformarse con algo o avenirse a ello: *Tuve que allanarme a sus exigencias.* **SIN. 1.** Aplanar, alisar, igualar, nivelar. **2.** Resolver. **4.** Resignarse, ceder. **ANT. 1.** Desnivelar, arrugar. **2.** Obstaculizar. **4.** Rebelarse. **FAM.** Allanamiento. LLANO.

allegado, da 1. *p.* de **allegar**. También *adj.* || *adj.* **2.** Pariente o amigo. También *s. m.* y *f.*: *Sólo invitó a los allegados.*

allegar (del lat. *applicare*, arrimar) *v. tr.* **1.** Recoger, juntar: *allegar fondos.* **2.** Acercar una cosa a otra. || **allegarse** *v. prnl.* **3.** Mostrarse de acuerdo con una idea, juicio u opinión. ■ Delante de *e* se escribe *gu* en lugar de *g*: *alleguen.* **SIN. 3.** Adherirse. **FAM.** Allegado. LLEGAR.

allende (del lat. *illinc*, de allí) *prep.* Más allá, al otro lado de lo que se expresa: *allende los mares, las montañas.*

allí (del lat. *illic*) *adv. l.* **1.** Indica un lugar lejano para el que habla y para el que escucha. ■ Con verbos de movimiento significa 'a aquel lugar': *Voy allí.* Con verbos de reposo equivale a 'en aquel lugar': *Estaré allí.* En correlación con *aquí*, tiene sentido distributivo y, generalmente, designa un lugar indeterminado: *Todo era destrucción: aquí edificios en ruinas, allí campos arrasados.* || *adv. t.* **2.** Entonces, en aquella ocasión: *Hasta allí todo iba bien.* || **LOC. allí donde** *conj.* En cualquier sitio que, en todos los sitios en que: *Allí donde aparece, alborota.* **SIN. 1.** Allá. **ANT. 1.** Aquí. **FAM.** Allá, allende. / Acullá.

alma (del lat. *anima*, soplo, aliento) *s. f.* **1.** Según diversas doctrinas y creencias, principio espiritual que juntamente con el cuerpo constituye la esencia del hombre. **2.** P. ext., principio vital de los animales y las plantas. **3.** En ciertas expresiones, dimensión moral y de los sentimientos del hombre, por oposición a la intelectiva: *Tiene un alma noble.* **4.** Persona o cosa que constituye el eje o tiene una importancia destacada en una actividad, circunstancia, etc.: *Es el alma del equipo. El ritmo es el alma de la poesía.* **5.** Individuo, persona: *No se ve un alma.* **6.** Ímpetu, energía: *Pone toda el alma en lo que dice.* **7.** Hueco de algunas cosas, especialmente el del cañón de las armas de fuego. **8.** Pieza u objeto que se pone en el interior de algunas cosas para darles sostén o solidez. **9.** Palito colocado entre las dos tapas del violín, violonchelo e instrumentos similares. || **10. alma de cántaro** Persona ingenua, distraída o insensible. **11. alma de Dios** Persona simple, ingenua. **12. alma en pena** La que aún está en el purgatorio; también, persona solitaria, de carácter triste y melancólico. || **LOC. caérsele** a uno **el alma a los pies** *fam.* Sufrir una decepción. **como alma que lleva el diablo** *adv. fam.* Con gran velocidad, precipitadamente. ■ Se usa con v. como *ir* o *salir.* **con toda el alma** *adv. fam.* Con mucho gusto. **en el alma** *adv.* Profunda e intensamente: *Lo sintió en el alma. Te lo agradezco en el alma.* **entregar el alma** (**a Dios**) Morir. **estar con** (o **tener**) **el alma en un hilo** (o **en vilo**) *fam.* Estar intranquilo por temor a algo. **llegarle** a uno **al alma** alguna cosa Sentirla intensamente. **no poder** alguien **con su alma** *fam.* Estar muy cansado. ■ En sing. lleva el art. *el* o *un.* **SIN. 1.** Espíritu, ánima. **3.** Ánimo, corazón. **5.** Habitante. **FAM.** Desalmado.

almacén (del ár. *al-majzan*, el depósito) *s. m.* **1.** Lugar donde se guardan las mercancías. **2.** Tienda donde se venden, generalmente al por mayor. **3.** *Amér.* Tienda de comestibles. || **4. grandes almacenes** Establecimiento comercial de grandes dimensiones, dividido en secciones, en que se venden artículos muy variados. **SIN. 1.** Depósito. **FAM.** Almacenaje, almacenamiento, almacenar, almacenista.

almacenaje *s. m.* **1.** Acción de almacenar. **2.** Derecho que se paga por guardar cosas en un almacén o depósito. **SIN. 1.** Almacenamiento.

almacenar *v. tr.* **1.** Guardar mercancías en un almacén. **2.** Reunir o acumular cosas. **3.** En inform., introducir y conservar un dato en la memoria del ordenador. **SIN. 2.** Acopiar, amontonar. **ANT. 2.** Disipar, desperdigar.

almacenista *s. m.* y *f.* Propietario, encargado o empleado de un almacén.

almáciga[1] (del ár. *almastaka*) *s. f.* Resina aromática procedente de cierta variedad de lentisco.

almáciga[2] (de or. ár.) *s. f.* Lugar donde se siembran semillas de plantas para trasplantarlas después a otro sitio. **SIN.** Semillero, almácigo. **FAM.** Almácigo.

almácigo *s. m.* Almáciga[2]*.

almádena (del ár. *al-mi'dan*) *s. f.* Mazo de hierro con mango largo que se utiliza para romper piedras.

almadía (del ar. *al-ma'diya*, la barca de paso) *s. f.* **1.** Balsa construida con maderos unidos entre sí, usada en el transporte fluvial. **2.** Conjunto de maderos unidos para ser transportados por un río.

almadraba (del ár. *al-madraba*, el golpeadero) *s. f.* **1.** Pesca de atunes. **2.** Lugar donde se lleva a cabo. **3.** Red especial utilizada para esa pesca.

almadreña *s. f.* Calzado de madera, zueco.

almagre o **almagra** (del ár. *al-magra*, la tierra roja) *s. m.* o *f.* Óxido de hierro, de color rojo y más o menos arcilloso, que se utiliza en pintura como colorante.

almanaque (del ár. *al-manaj*) *s. m.* Calendario en que se recogen todos los días del año, semanas, meses, datos astronómicos, santoral, etc.

almazara (del ár. *al-masara*, el lugar de exprimir) *s. f.* Molino de aceite.

almeja *s. f.* Molusco marino bivalvo, que vive enterrado en el lecho de aguas poco profundas y es muy apreciado en alimentación.

almena (del art. ár. *al* y el lat. *minae*) *s. f.* Bloque de piedra, generalmente de forma prismática, situado en la parte superior de la muralla o los muros de una fortaleza.

almendra (del lat. vulg. *amyndala*, por *amygdala*) *s. f.* **1.** Fruto y semilla comestible del almendro. **2.** Semilla de cualquier fruto en drupa. **FAM.** Almendrado, almendro, almendruco.

almendrado, da *adj.* **1.** De forma de almendra: *ojos almendrados.* **2.** Se aplica a diversos platos o dulces preparados con almendra. También *s. m.*

almendro *s. m.* Árbol de la familia rosáceas, de hojas aserradas y flores blancas o rosadas, cuyo fruto es la almendra.

almendruco *s. m.* **1.** Almendra tierna, con la cubierta exterior todavía verde y el grano aún tierno. **2.** Semilla del almendro con la cáscara leñosa.

almeriense *adj.* De Almería. También *s. m.* y *f.*

almete *s. m.* Pieza de las armaduras que cubría la cabeza.

almez (del ár. *al-mais*) *s. m.* Árbol de copa ancha, hojas en forma de lanza, flores verdosas, fruto comestible y madera muy dura utilizada en ebanistería. **FAM.** Almeza.

almeza *s. f.* Fruto del almez.

almiar (del art. ár. *al* y el lat. *metalis*, de *meta*, montón) *s. m.* Pajar descubierto, con un palo largo alrededor del que se va apretando la mies, la paja o el heno.

almíbar (del ár. *al-maiba*, el jarabe de membrillo con vino y azúcar) *s. m.* **1.** Azúcar disuelto en agua que se cuece hasta que adquiere consistencia de jarabe. **2.** Dulzura o amabilidad excesiva. **FAM.** Almibarado, almibarar.

almibarado, da 1. *p.* de **almibarar**. También *adj.* || *adj.* **2.** Excesivamente meloso y dulzón: *Mucha gente habla a los niños de forma almibarada.* **SIN. 2.** Dulzón, empalagoso, melifluo. **ANT. 2.** Seco, áspero.

almibarar *v. tr.* **1.** Cubrir con almíbar. **2.** Suavizar excesivamente las palabras o el trato, para conseguir algo de otro. **SIN. 2.** Camelar.

almidón (del lat. *amylum*, y éste del gr. *amylon*) *s. m.* Hidrato de carbono que constituye la principal reserva energética de la mayoría de los vegetales; se usa en la industria alimentaria y papelera y para elaborar un producto con el que se da apresto a los tejidos. **SIN.** Fécula. **FAM.** Almidonado, almidonar.

almidonado, da 1. *p.* de **almidonar**. También *adj.* || *adj.* **2.** *fam.* Se dice de la persona vestida con excesiva pulcritud o de modales demasiado rígidos. || *s. m.* **3.** Acción de almidonar. **SIN. 2.** Acicalado, estirado. **ANT. 2.** Descuidado.

almidonar *v. tr.* Mojar la ropa en almidón para que quede tiesa.

alminar (del ár. *al-manar*, el faro) *s. m.* Torre de las mezquitas desde la que el almuecín convoca a los fieles a la oración. **SIN.** Minarete.

almirantazgo *s. m.* **1.** Empleo y jurisdicción de almirante. **2.** Antiguo alto tribunal de la Armada.

almirante (del ant. *almiral*, y éste del ár. *amir*, jefe) *s. m.* y *f.* Grado militar en la Armada equivalente al de teniente general en el Ejército de Tierra. **FAM.** Almirantazgo. / Contralmirante, vicealmirante.

almirez (del ár. *al-mihras*) *s. m.* Mortero de metal o de otro material duro, pequeño y portátil.

almizcle (del ár. *al-misk*, y éste del gr. *moskhos*) *s. m.* Sustancia grasa de olor muy fuerte, que se obtiene de las glándulas abdominales del almizclero macho y se emplea en la fabricación de perfumes. **FAM.** Almizclado, almizcleño, almizclero.

almizclero, ra *adj.* **1.** Relativo al almizcle o de olor semejante al de esta sustancia. || *s. m.* **2.** Mamífero rumiante sin cuernos, con extremidades largas y finas y glándulas abdominales donde segrega el almizcle; vive en zonas montañosas de Asia central y oriental.

almocárabe o **almocarbe** (del ár. *al-muqarbas*) *s. m.* Mocárabe*.

almogávar (del ár. *al-mugawir*, el que hace incursiones militares) *s. m.* En la baja Edad Media, soldado mercenario de infantería al servicio de la corona catalano-aragonesa.

almohada (del ár. *al-mujadda*, el lugar donde se apoya la mejilla) *s. f.* **1.** Especie de cojín, generalmente alargado, que sirve para apoyar la cabeza y se coloca sobre todo en la cama. || **LOC. consultar** algo **con la almohada** *fam.* Reflexionar sobre un asunto antes de tomar una decisión. **SIN. 1.** Cabezal. **FAM.** Almohadilla, almohadillado, almohadillar, almohadón.

almohade (del ár. *al-muwahhid*, el monoteísta, el unificador) *adj.* De la dinastía musulmana que destronó a los almorávides y dominó la España árabe durante los s. XII y XIII. También *s. m.* y *f.*

almohadilla *s. f.* **1.** Pequeño cojín empleado para coser o planchar sobre él. **2.** Objeto similar en que se clavan agujas o alfileres. **3.** Cojincillo que utiliza el público para sentarse en ciertos locales o espectáculos. **4.** En arq., parte del sillar que sobresale, con las aristas en chaflán o redondeadas.

almohadillado, da 1. *p.* de **almohadillar**. También *adj.* || *adj.* **2.** En forma de almohadilla o con almohadillas. También *s. m.*: *el almohadillado de un muro.*

almohadillar *v. tr.* **1.** Acolchar, rellenar algo con lana, algodón, gomaespuma, etc. **2.** En arq., tallar los sillares para que tengan almohadilla.

almohadón *s. m.* **1.** Cojín grande, utilizado para apoyar la espalda, sentarse sobre él, etc. **2.** Funda donde se introduce la almohada.

almóndiga *s. f.* Variante vulgar de albóndiga.

almoneda (del ár. *al-munada*, el pregón) *s. f.* **1.** Venta pública de mercancías u objetos que se realiza en una subasta. **2.** P. ext., venta de géneros, normalmente antiguos o usados, a bajo precio. **3.** Establecimiento donde se realiza esa venta.

almorávide (del ár. *al-murabit*, el profeso en una rábida) *adj.* De la dinastía musulmana que dominó la España islámica del s. XI al XII. También *s. m.* y *f.*

almorrana (del bajo lat. *haemorrheuma*, y éste del gr. *aima*, sangre, y *rheyma*, flujo) *s. f.* Hemorroide*. Se usa más en *pl.*

almorta *s. f.* Hierba anual de hojas en forma de lanza con zarcillo, flores blancas o moradas y semillas en forma de muela.

almorzar *v. tr.* Comer algo como almuerzo: *Almorzó un bocadillo.* También *v. intr.*: *Hemos almorzado bien.* ■ Es v. irreg. Se conjuga como *forzar.*

almuecín o **almuédano** (del ár. *almu'addin*) *s. m.* Persona que desde el alminar llama a los fieles musulmanes a la oración. **SIN.** Muecín. **FAM.** Muecín.

almuerzo (del lat. vulg. *admordium*, de *admordere*, morder ligeramente) *s. m.* **1.** Comida que se toma a media mañana: *Interrumpen el trabajo para tomar un almuerzo.* **2.** Comida del mediodía. **3.** Acción de almorzar. **SIN. 1.** Tentempié. **FAM.** Almorzar.

¡aló! *interj. Amér.* Se usa para contestar al teléfono.

alocado, da *adj.* Precipitado, irreflexivo, que muestra poco juicio: *Se comporta de forma alocada.* También *s. m.* y *f.* **SIN.** Insensato, imprudente, atolondrado. **ANT.** Sensato, reflexivo, juicioso. **FAM.** Alocadamente. LOCO.

alocución (del lat. *allocutio, -onis*, de *alloqui*, hablar en público) *s. f.* Discurso breve que un superior o autoridad pronuncia con ocasión de algún acontecimiento especial.

áloe o **aloe** (del lat. *aloe*, y éste del gr. *aloe*) *s. m.* Planta perenne arbustiva de hojas gruesas y agrupadas en roseta en la parte baja del tallo, el cual es alto y desnudo y termina en un racimo de flores rojas o amarillas.

alófono (del gr. *allos*, otro, y *phone*, voz) *s. m.* En ling., cada una de las variantes en la pronunciación de los fonemas, por la influencia de los sonidos que los rodean.

alógeno, na *adj.* De origen o raza distinta al de los individuos naturales de un país. También *s. m.* y *f.* ■ No confundir con la palabra homófona *halógeno.* **SIN.** Extranjero. **ANT.** Autóctono.

aloja (del lat. *aloxinum*, hidromiel con ajenjo) *s. f. Amér.* Nombre que reciben diversas bebidas, particularmente una, alcohólica, elaborada con algarroba fermentada.

alojamiento *s. m.* **1.** Acción de alojar o alojarse: *La Universidad se ocupa del alojamiento de los alumnos extranjeros.* **2.** Lugar donde algo o alguien está alojado: *Ha encontrado un buen alojamiento.* SIN. **1.** Aposentamiento. **2.** Aposento, hospedaje.

alojar (del lat. *alloggiare*) *v. tr.* **1.** Proporcionar a alguien habitación o un lugar en que instalarse: *Me alojé en el hotel.* También *v. prnl.* **2.** Colocar una cosa dentro de otra. También *v. prnl.*: *La bala se le ha alojado en el pulmón.* SIN. **1.** Albergar(se), aposentar(se), hospedar(se). **2.** Introducir(se), meter(se), encajar(se). ANT. **1.** Desalojar. **2.** Desencajar(se). FAM. Alojamiento. / Desalojar, realojar.

alomorfo (del gr. *allos*, otro, y *morphe*, forma) *s. m.* Cada una de las variantes de un morfema para una misma función: p. ej., los morfemas *s* y *es* para expresar el plural de sustantivos y adjetivos: *libro, libros; árbol, árboles.*

alón *s. m.* Ala de ave a la que se han quitado las plumas.

alondra (del lat. *alaudula*, de *alauda*) *s. f.* Pájaro de 15 a 20 cm de longitud, dorso pardo y listado y vientre blanco, que tiene pico cónico y el dedo posterior provisto de una uña muy larga.

alopatía (del gr. *allopatheia*, de *allos*, otro, y *pathos*, sufrimiento) *s. f.* Terapéutica en la que se utilizan medicamentos que producen los efectos contrarios a los síntomas que se desea eliminar. FAM. Alópata.

alopecia (del lat. *alopecia*, y éste del gr. *alopex*, zorra, animal que suele pelarse) *s. f.* Pérdida patológica del pelo, total o parcial, que puede ser transitoria o permanente. SIN. Calvicie.

alotropía (del gr. *allos*, otro, y *tropos*, cambio) *s. f.* Característica de algunos elementos de aparecer en más de una estructura, con distintas propiedades, especialmente físicas, aunque en el mismo estado, p. ej. el carbono, que se presenta como grafito y como diamante. FAM. Alotrópico.

alpaca[1] (del quechua *paco*, rojizo) *s. f.* **1.** Mamífero rumiante sudamericano parecido a la llama, pero más pequeño, cuyo pelo, largo, suave y brillante, se emplea en la industria textil. **2.** Paño fabricado con el pelo de este animal. **3.** Tejido de algodón brillante.

alpaca[2] (del nombre de su inventor, *Aladar Pacz*) *s. f.* Aleación de níquel, cinc y cobre, de color plateado, muy usada en orfebrería y cubertería.

alpargata (del ár. *al-pargat*) *s. f.* **1.** Calzado de cáñamo o esparto en forma de sandalia. **2.** Calzado ligero, de lona u otros materiales, con o sin cintas, con la suela de cáñamo, esparto o goma. SIN. **1.** Abarca, esparteña. **2.** Zapatilla. FAM. Alpargatería, alpargatero.

alpinismo *s. m.* Deporte que consiste en la ascensión a las cumbres de altas montañas. SIN. Montañismo.

alpinista *adj.* Se dice de la persona que practica el alpinismo. También *s. m.* y *f.* SIN. Escalador, montañero.

alpino, na (del lat. *alpinus*) *adj.* Relativo a los Alpes, sistema montañoso europeo, o a las regiones de alta montaña de características semejantes. FAM. Alpinismo, alpinista. / Cisalpino, subalpino, transalpino.

alpiste (del mozár. *al pist*, y éste del lat. *pistum*) *s. m.* **1.** Hierba anual de unos 50 cm de altura, terminada en una espiga que contiene pequeñas semillas; se utiliza como forraje y sus semillas como alimento para pájaros. **2.** Semilla de esta planta. **3.** *fam.* Bebidas alcohólicas, especialmente vino.

alpujarreño, ña *adj.* De la comarca de Las Alpujarras, en las provincias de Granada y Almería. También *s. m.* y *f.*

alquería (del ár. *al-qarya*, el poblado pequeño) *s. f.* **1.** Casa de labranza o granja, alejada de un poblado. **2.** Conjunto de casas de campo.

alquilar *v. tr.* **1.** Dar o tomar una cosa para usarla por un tiempo determinado a cambio de cierta cantidad de dinero: *He alquilado a Antonio el apartamento que tengo en la playa. Alquilé un coche en vacaciones.* || **alquilarse** *v. prnl.* **2.** Con valor reflexivo, vender alguien sus servicios. SIN. **1.** Arrendar. ANT. **1.** Desalquilar, desarrendar. FAM. Alquiler. / Desalquilar, realquilar.

alquiler (del ár. *al-kira*, el arriendo) *s. m.* **1.** Acción de alquilar. **2.** Precio en que se alquila una cosa. SIN. **1.** Arrendamiento, arriendo. **2.** Renta.

alquimia (del ár. *al-kimiya*, la química, y éste del gr. *khymeia*) *s. f.* Conjunto de antiguas doctrinas y experimentos sobre las propiedades de la materia, con que se pretendía especialmente encontrar la piedra filosofal, capaz de convertir todos los metales en oro. FAM. Alquimista.

alquitrán (del ár. *al-quitran*, la brea) *s. m.* **1.** Residuo negro de consistencia viscosa que se obtiene en la destilación de la hulla, madera y aceites pesados. Tiene usos industriales. **2.** Sustancia derivada de la combustión del papel de los cigarrillos. SIN. **1.** Brea. FAM. Alquitranar.

alquitranar *v. tr.* Echar alquitrán en un lugar: *alquitranar una carretera.* SIN. Embrear. FAM. Alquitranado. ALQUITRÁN.

alrededor *adv. l.* **1.** Rodeando o en torno a una persona o cosa: *La fuente tiene alrededor muchos árboles.* ■ Se usa frecuentemente con la prep. *de*: *Se sentaron alrededor de la hoguera.* || *adv. m.* **2.** Seguido de la preposición *de*, aproximadamente, más o menos: *Tiene alrededor de cuarenta años.* || *s. m. pl.* **3.** Barrios alejados del centro de una población o lugares cercanos a uno determinado: *La autopista pasa por los alrededores del pueblo.* SIN. **3.** Afueras, cercanías, periferia, inmediaciones. FAM. Derredor.

alsaciano, na *adj.* **1.** De Alsacia, región del noreste de Francia. También *s. m.* y *f.* || *s. m.* **2.** Dialecto alemán hablado en esta región.

alta *s. f.* **1.** Ingreso en un cuerpo, profesión, asociación, etc.: *Se han producido varias altas en la Academia.* **2.** Comunicación que recibe el enfermo de poder abandonar un centro hospitalario o incorporarse a su actividad laboral, y documento en que aquella comunicación se realiza: *Le dieron el alta el jueves pasado. Fue ayer a que le sellaran el alta.* ■ En sing. lleva el art. *el* o *un.* || LOC. **causar alta** Ingresar en alguna organización o cuerpo, especialmente en el ejército. **dar de alta** Dar la comunicación de alta a un enfermo. **dar(se) de alta** Hacer lo necesario para pasar a formar parte de los que ejercen una profesión u oficio reglamentados: *Se dio de alta como industrial.* **ser alta** Causar alta. ANT. **1.** y **2.** Baja. FAM. Véase **alto, -ta**.

altaico, ca *adj.* **1.** Se dice de un grupo étnico de la cordillera de Altai en Asia central, y de los individuos de ese grupo. También *s. m.* y *f.* **2.** Se aplica a un grupo de lenguas habladas en dicha región. También *s. m.* FAM. Uralaltaico.

altamente *adv. m.* En alto grado, en extremo: *sustancias altamente radiactivas.*

altanería *s. f.* Altivez, soberbia. **SIN.** Arrogancia, orgullo, envanecimiento, engreimiento. **ANT.** Humildad, modestia. **FAM.** Altanero. ALTO, -TA.

altanero, ra *adj.* **1.** Altivo, soberbio: *mirada altanera.* **2.** Se dice de las aves de rapiña de alto vuelo. **SIN. 1.** Arrogante, desdeñoso, engreído, orgulloso, petulante. **ANT. 1.** Humilde, modesto.

altar (del lat. *altar*) *s. m.* **1.** Monumento religioso donde se ofrecen sacrificios a la divinidad. **2.** Mesa sobre la que el sacerdote celebra el sacrificio de la misa. **SIN. 1.** y **2.** Ara. **FAM.** Trasaltar. ALTO, -TA.

altavoz *s. m.* Aparato que transforma las oscilaciones eléctricas en ondas sonoras y eleva la intensidad del sonido. **SIN.** Amplificador, bafle.

alteración *s. f.* **1.** Acción de alterar o alterarse: *alteración del pulso.* **2.** Sobresalto, inquietud, ira: *Lo hizo llevado de una gran alteración.* **3.** Alboroto, altercado: *La campaña electoral ocasionó alteraciones en la ciudad.* **SIN. 1.** Cambio, modificación, mudanza. **2.** Acaloramiento, nerviosismo. **3.** Tumulto, conmoción, desorden, perturbación, revuelta. **ANT. 1.** Permanencia. **2.** Quietud. **3.** Orden.

alterar (del lat. *alterare,* de *alter,* otro) *v. tr.* **1.** Cambiar la forma, el contenido, la disposición, etc., de algo: *Su visita alteró mis planes.* También *v. prnl.* **2.** Trastornar, inquietar. También *v. prnl.*: *Llamó a sus padres para que no se alteraran por la tardanza.* **3.** Irritar, enfurecer. También *v. prnl.*: *Aunque te grite, no te alteres.* **4.** Estropear, dañar, descomponer: *El calor altera muchos alimentos.* También *v. prnl.* **SIN. 1.** Modificar(se), transformar(se), mudar(se), variar. **2.** Perturbar(se), alarmar(se), turbar(se). **3.** Enfadar(se), encolerizar(se), exasperar(se). **4.** Adulterar(se), pudrir(se), pasarse. **ANT. 1.** Mantener(se). **2.** y **3.** Tranquilizar(se), sosegar(se). **4.** Conservar(se). **FAM.** Alterabilidad, alterable, alteración, alterado, alterador. / Inalterable.

altercado (de *altercar,* y éste del lat. *altercare,* de *alter,* otro) *s. m.* Disputa acalorada y violenta. **SIN.** Discusión, riña, bronca, pelotera, agarrada, gresca. **FAM.** Altercar.

alternador *s. m.* Generador eléctrico que produce corriente alterna a partir de corriente continua. **FAM.** Turboalternador. ALTERNAR.

alternadora *s. f. Arg.* y *Urug.* Camarera que trata con los clientes para estimularles a hacer gasto.

alternancia *s. f.* Hecho de alternar o alternarse: *la alternancia de las estaciones.* **SIN.** Turno, periodicidad, rotación, sucesión. **ANT.** Continuidad.

alternar (del lat. *alternare,* de *alternus,* alterno) *v. tr.* **1.** Repetir cosas diferentes sucesivamente, cada cierto tiempo o cada cierto espacio: *alternar el estudio con la diversión.* También *v. intr.* y *v. prnl.* || *v. intr.* **2.** Sucederse por turno. También *v. prnl.*: *Los dos partidos se alternan en el poder.* **3.** Tener trato con la gente: *Miguel alterna con sus amigos.* **4.** En ciertos bares o locales públicos, tratar con los clientes mujeres contratadas para estimularles a hacer gasto. **SIN. 2.** Turnar(se), rotar, relevarse. **3.** Tratar(se), relacionarse, codearse. **ANT. 1.** Simultanear. **3.** Aislarse. **FAM.** Alternación, alternador, alternadora, alternancia, alternante, alternativo, alterne. ALTERNO.

alternativo, va (del lat. *alternatus*) *adj.* **1.** Que se hace, dice o sucede alternándose. **2.** Que se presenta o se ofrece como otra posibilidad o en oposición a lo ya establecido o tradicional: *sistemas de gobierno alternativos, fuentes de energía alternativa.* || *s. f.* **3.** Posibilidad o necesidad de elegir una, entre dos o más cosas o acciones: *Tengo ante mí la alternativa de tomarlo o dejarlo.* **4.** Cada una de las cosas o acciones entre las que se elige: *Se decidió por la primera alternativa.* **5.** Acción de sucederse unas cosas a otras repetidamente. Se usa sobre todo en *pl.*: *alternativas de claros y nubes.* **6.** Opción de cambio o sustitución: *alternativa de poder.* **7.** Ceremonia en la que un torero autoriza a un novillero para ser matador de toros. **SIN. 1.** Alterno, rotatorio. **2.** Opcional. **3.** Disyuntiva, dilema. **4.** Elección. **5.** Alternancia, rotación, turno. **ANT. 1.** Simultáneo, continuo. **FAM.** Alternativamente. ALTERNAR.

alterne *s. m.* Acción de alternar o relacionarse con gente, especialmente hacerlo los empleados de bares o locales públicos con los clientes para incitarles a consumir.

alterno, na (del lat. *alternus,* de *alter,* otro) *adj.* **1.** Que alterna con otro: *movimientos alternos de arriba a abajo.* **2.** Referido a horas, días u otro espacio de tiempo, uno sí y otro no sucesivamente. **3.** Se dice de la corriente eléctrica con constantes cambios de valor y sentido, debidos a la variación periódica de diferencia de potencial entre los dos puntos del hilo conductor. **4.** En bot., se dice de las hojas u otros órganos situados a ambos lados del tallo, de forma que no coinciden uno enfrente de otro. **SIN. 1.** Alternativo, periódico, cíclico. **ANT. 1.** Simultáneo, continuo. **FAM.** Alternar. / Subalterno.

alteza *s. f.* **1.** Tratamiento que se da a los hijos de reyes o a las personas que tienen el título de príncipe. **2.** Elevación, grandeza o excelencia en sentido moral: *alteza de miras.* **SIN. 2.** Nobleza, sublimidad. **ANT. 2.** Bajeza, vileza.

alti- *pref.* Significa 'altura, alto': *altímetro, altiplanicie.*

altibajo *s. m.* **1.** Desigualdad de un terreno. **2.** Cambio brusco: *altibajos de carácter, de rendimiento en el trabajo.* **3.** Sucesión de acontecimientos buenos y malos, prósperos o desventurados: *Experimenta muchos altibajos en su vida.* ■ En todas las acepciones, se usa más en *pl.* **SIN. 1.** Desnivel, irregularidad. **3.** Alteración, avatar. **ANT. 1.** a **3.** Uniformidad, regularidad.

altillo *s. m.* **1.** En las viviendas, maletero sobre un armario o hueco de un falso techo destinado para guardar cosas. **2.** Habitación, generalmente aislada, en la parte superior de una casa. **3.** Construcción en alto sobre vigas o pilares, que se utiliza para oficina o depósito del local, taller o almacén en que aquélla se encuentra. **SIN. 2.** Desván, trastero.

altimetría *s. f.* Parte de la topografía que se ocupa de la medición de alturas.

altímetro *s. m.* **1.** Instrumento utilizado para medir la altura de vuelo de un vehículo aéreo sobre el nivel del mar. **2.** Aparato para medir alturas utilizado en topografía. **FAM.** Altimetría. ALTO, -TA.

altipampa *s. f. Arg., Bol., Chile* y *Perú* Altiplanicie*.

altiplanicie *s. f.* Meseta de gran altura y extensión.

altiplano *s. m.* Altiplanicie*.

altiro *adv. m. fam. Chile* Inmediatamente.

altísimo, ma *adj.* **1.** *sup.* de **alto.** || *s. m.* **2.** Dios. ■ En esta acepción se escribe con mayúscula y se emplea precedido del art. *el.* **SIN. 2.** Creador, padre.

altisonante *adj.* **1.** Se dice del lenguaje que emplea palabras muy sonoras o solemnes y de estas mismas palabras. **2.** P. ext., se aplica a cualquier estilo artístico exagerado o afectado. **SIN. 1.** y **2.** Grandilocuente, pomposo, rimbombante. **ANT. 1.** y **2.** Sencillo, llano.

altitud (del lat. *altitudo*) *s. f.* Altura de un punto con relación al nivel del mar.

altivo, va (de *alto*) *adj.* Orgulloso, soberbio: *Es altivo con sus subordinados.* **SIN.** Altanero, soberbio, arrogante, engreído. **ANT.** Humilde, modesto. **FAM.** Altivamente, altivez. ALTO, -TA.

alto (del al. *Halt*, parada) *s. m.* **1.** Detención, parada o suspensión de una actividad: *Hicieron un alto en el camino.* **2.** Voz con que se ordena a alguien que se detenga o deje de hacer o decir algo. A veces se utiliza como *interj.* || **3. alto el fuego** Suspensión momentánea o definitiva de las hostilidades en una guerra o contienda. También se utiliza como interjección para ordenar el cese de un tiroteo. || **LOC. dar el alto** Dar la orden de detención en la marcha, especialmente un centinela, guardia, etc. **SIN. 1.** y **2.** Stop.

alto, ta (del lat. *altus*) *adj.* **1.** De altura o estatura considerable: *Vive en un edificio muy alto.* **2.** Situado a mucha distancia del suelo u otra superficie: *Prefiero los pisos altos.* **3.** Erguido, levantado: *Lleva más alta la cabeza.* **4.** Se dice de la parte superior de una cosa. **5.** Situado en zona montañosa o de mayor altitud: *alto Aragón.* **6.** Se aplica a lo que está más cercano a su nacimiento o principio: *curso alto de un río, alto alemán, la alta Edad Media.* **7.** Aplicado a sumas, magnitudes y cantidades en general, de valor superior al considerado normal o ajustado: *un precio alto, altas temperaturas.* **8.** Aplicado a sonidos o ruidos, fuerte, intenso: *No pongas la tele tan alta.* **9.** Se dice del sonido agudo, de elevada altura musical: *Esa melodía tiene notas demasiado altas para ti.* **10.** Superior en importancia, calidad, categoría, gravedad, etc.: *alto cargo, clase alta, altos ideales, alta traición.* || *s. m.* **11.** Altura: *veinticinco metros de alto.* **12.** Sitio elevado, colina: *Nos subimos a un alto para ver el paisaje.* || *adv. l.* **13.** En lugar o parte elevada: *Ponlo alto para que no lo cojan los niños.* || *adv. m.* **14.** Con voz o sonido potente: *hablar alto, tocar alto.* || **LOC. pasar por alto** Omitir, callar; también no tener algo en consideración: *Le pasa por alto todos sus errores.* **por todo lo alto** *adv. fam.* Muy bien, a lo grande, con esplendidez. **SIN. 1.** Grande; crecido. **3.** Alzado. **7.** Caro, costoso, cuantioso; elevado. **10.** Eminente, encumbrado, notorio, sobresaliente; excelso. **ANT. 1.** a **10.** Bajo. **3.** Agachado. **4.** Inferior. **7.** Barato. **10.** Insignificante, mezquino. **FAM.** Alta, altanería, altar, alteza, altibajo, altillo, altímetro, altísimo, altitud, altivo, altura. / Contralto, enaltecer, exaltar, peralto.

altoparlante *s. m. Amér.* Altavoz*. **SIN.** Amplificador, bafle.

altorrelieve *s. m.* Escultura en relieve en la que las figuras y la ornamentación sobresalen del plano del fondo más de la mitad de su bulto. ■ Se escribe también *alto relieve*.

altozano *s. m.* Cerro o monte de escasa altura situado en una zona llana. **SIN.** Colina, otero.

altramuz (del ár. *al-turmus*) *s. m.* **1.** Planta leguminosa herbácea o leñosa con racimos o espigas de flores de diversos colores y semillas comestibles. **2.** Semilla de esta planta.

altruismo (del lat. *alter*, el otro) *s. m.* Actitud de la persona que procura el bien de los demás, aun a costa del propio, por razones humanitarias. **SIN.** Filantropía, generosidad. **ANT.** Egoísmo. **FAM.** Altruista.

altura *s. f.* **1.** Medida de una persona o de un objeto desde el suelo hasta su parte más elevada. **2.** Altitud. **3.** Capacidad intelectual, mérito o valor de una persona, obra, etc.: *La película no tenía altura.* **4.** Región del espacio considerablemente elevada con relación a la tierra. **5.** Cumbre de los montes, collados o parajes altos de los campos. **6.** Punto, nivel o grado en que está o al que llega alguien o algo: *¿A qué altura de Alcalá vives? Estamos a la altura de nuestros competidores.* **7.** En fís., tono, elevación mayor o menor del sonido dependiendo de la frecuencia de la vibración del cuerpo sonoro. **8.** Distancia que existe desde un punto determinado de una figura geométrica a la base de la misma. || *s. f. pl.* **9.** El cielo, el paraíso. **10.** *fam.* Jefatura, dirección: *Esperamos una orden de las alturas.* || **LOC. a estas alturas** *adv.* En este momento, en esta ocasión, especialmente si es demasiado tarde. **quedar** uno **a la altura del betún** *fam.* Quedar muy mal. **SIN. 1.** Alto, estatura. **3.** Categoría. **5.** Cima. **9.** Gloria.

alubia (del ár. *al-lubiya*) *s. f.* **1.** Planta cultivada de la familia leguminosas, de hojas alternas trifoliadas con zarcillos, flores blancas, amarillas o purpúreas y semilla dura en vaina utilizada en alimentación. **2.** Semilla de esta planta. **SIN. 1.** y **2.** Judía, habichuela, fréjol.

alucinación (del lat. *allucinatio, -onis*) *s. f.* Percepción ilusoria en la que el sujeto cree ver, oír o sentir cosas que en realidad no existen. **SIN.** Ilusión, visión.

alucinado, da 1. *p.* de **alucinar**. También *adj.* || *s. m.* y *f.* **2.** Persona que tiene perturbada la mente o ve cosas que no hay en la realidad. **SIN. 1.** Asombrado, deslumbrado, pasmado, impresionado. **2.** Trastornado.

alucinante *adj.* Que alucina; que asombra o maravilla: *Tiene un descapotable alucinante. Es una película alucinante.* **SIN.** Deslumbrante, pasmoso, fantástico. **ANT.** Vulgar.

alucinar (del lat. *allucinari*) *v. intr.* **1.** Sufrir alucinaciones: *Alucinaba por efecto de la droga.* **2.** Producir alucinaciones una enfermedad, sustancia, etc. Tambien *v. tr.* **3.** *fam.* Engañarse, confundirse: *Tú alucinas si crees que me vas a ganar.* || *v. tr.* **4.** *fam.* Sorprender, admirar, encantar: *Me alucinan los coches deportivos.* También *v.intr.* y *v. prnl.*: *Alucino con sus trucos de magia.* **SIN. 1.** y **3.** Delirar, desvariar. **4.** Fascinar, embelesar, maravillar. **ANT. 4.** Desencantar, desilusionar. **FAM.** Alucinación, alucinado, alucinante, alucine, alucinógeno.

alucine *s. m.* **1.** *fam.* Asombro, pasmo. || **LOC. de alucine** *adj.* y *adv. fam.* Asombroso, impresionante.

alucinógeno, na *adj.* Se dice de la sustancia natural o artificial que produce alucinaciones. También *s. m.*

alud (del vasc. *elurte*) *s. m.* **1.** Gran masa de nieve que resbala de los montes y acaba por caer con violencia. **2.** Conjunto de personas o cosas que se acumulan, llegan a un lugar, etc., con ímpetu o en gran cantidad: *un alud de noticias.* **SIN. 1.** y **2.** Avalancha.

aludir (del lat. *alludere*, de *ad*, a, y *ludere*, jugar) *v. intr.* **1.** Referirse a personas o cosas sin nombrarlas expresamente: *No sé si ese comentario alude a mí.* **2.** Mencionar a alguien o algo de pasada, sin detenerse o profundizar: *Al tratar de la novela, aludió a muchos autores.* **SIN. 2.** Citar, mentar. **ANT. 2.** Omitir. **FAM.** Alusión, alusivo.

alumbrado, da 1. *p.* de **alumbrar**. También *adj.* || *s. m.* **2.** Conjunto de luces que alumbran un lugar. || *s. m.* y *f.* **3.** Miembro de ciertos grupos espirituales españoles de los s. XVI y XVII, caracterizados por su extremado misticismo, que fueron condenados por herejes. **SIN. 2.** Iluminación. **3.** Iluminado.

alumbramiento *s. m.* **1.** Acción de alumbrar. **2.** Parto.

alumbrar (del lat. *illuminare*) *v. tr.* **1.** Dar luz, iluminar: *La farola alumbra la calle.* También *v. intr.*: *Esa bombilla alumbra poco.* **2.** Poner luz o luces en un lugar. **3.** Dar a luz, parir: *Alumbró un hermoso bebé.* También *v. intr.* **4.** Descubrir, sacar a luz: *alumbrar un proyecto.* **5.** Enseñar, aclarar o sacar de la ignorancia o la duda. || **alumbrarse** *v. prnl.* **6.** *fam.* Emborracharse ligeramente. SIN. **1.** Relumbrar; lucir; enfocar. ANT. **1.** Apagar. FAM. Alumbrado, alumbramiento. LUMBRE.

alumbre (del lat. *alumen, -inis*) *s. m.* Agregación de sulfatos en los cuales los hidrógenos se reemplazan por metales distintos y entre cuyas moléculas aparece un número diverso de otras de agua.

alúmina (del lat. *alumen, -inis,* alumbre) *s. f.* Óxido de aluminio que, coloreado por ciertos óxidos, forma el rubí, la esmeralda y el zafiro.

aluminio *s. m.* Elemento químico; metal ligero, maleable y dúctil, resistente a la corrosión y buen conductor de la electricidad, muy usado en la industria. Su símbolo es *Al.* FAM. Alúmina, aluminosis. / Alumbre, duraluminio.

aluminosis *s. f.* Pérdida de resistencia de un elemento estructural que contiene cemento con óxido de aluminio, denominado también aluminoso. ■ No varía en *pl.*

alumnado *s. m.* Conjunto de alumnos de un centro docente, de un nivel de enseñanza, etc.: *el alumnado de bachillerato, de la facultad de Medicina.*

alumno, na (del lat. *alumnus,* de *alere,* alimentar) *s. m.* y *f.* Persona que recibe enseñanza respecto a su maestro, al centro al que acude para ello, a la materia que aprende, etc. SIN. Discípulo, estudiante, educando; escolar, colegial. FAM. Alumnado.

alunado, da *adj. Amér.* Disgustado, de mal humor.

alunarse (de *a-*[2] y *luna*) *v. prnl. Amér.* Ponerse de mal humor, estar disgustado. FAM. Alunado. LUNA.

alunizar *v. intr.* Posarse en la superficie de la luna una astronave. ■ Delante de *e* se escribe *c* en lugar de *z*: *alunice.* FAM. Alunizaje. LUNA.

alusión (del lat. *allusio, -onis,* juguete) *s. f.* Acción de aludir: *No hizo una sola alusión al asunto.* SIN. Mención, cita, referencia. ANT. Omisión.

alusivo, va *adj.* Que alude: *Hizo comentarios alusivos a su situación.* SIN. Referente, concerniente, relativo.

aluvial (del lat. *alluvies,* inundación) *adj.* Se dice del terreno compuesto por aluviones.

aluvión (del lat. *alluvio, -onis*) *s. m.* **1.** Crecida fuerte y repentina de agua. **2.** Gran cantidad o afluencia de personas o cosas: *Recibimos un aluvión de llamadas.* **3.** Depósito de materiales sueltos, gravas, arenas, etc., dejados por un curso de agua. SIN. **1.** Tromba, desbordamiento, avenida. **2.** Alud, avalancha. FAM. Aluvial.

aluzar (de *a-*[2] y *luz*) *v. tr. Amér. C.* y *Méx.* Iluminar, llenar de claridad. ■ Delante de *e* se escribe *c* en lugar de *z*: *aluce.*

álveo (del lat. *alveus*) *s. m.* Cauce de un río o arroyo.

alveolar *adj.* **1.** Relativo a los alveolos. **2.** Se dice del sonido que se pronuncia con la lengua en los alveolos de los incisivos superiores.

alveolo o **alvéolo** (del lat. *alveolus,* de *alveus,* cavidad) *s. m.* **1.** Hueco donde están engastados los dientes. **2.** Cada una de las cavidades en que terminan las últimas ramificaciones de los bronquiolos. **3.** Celdilla del panal. FAM. Álveo, alveolar. / Ápico-alveolar, subálveo.

alza *s. f.* **1.** Aumento en el precio, valor, intensidad, etc., de algo: *No se esperaba un alza tan brusca de la temperatura.* **2.** Pedazo de cuero u otro material que se pone sobre la horma para hacer el zapato más alto o más ancho. **3.** P. ext., pieza que se coloca dentro del zapato para elevar el talón o aplicado al tacón para realzarlo. **4.** Dispositivo, en forma de regla graduada, fijo a la parte superior del cañón de las armas de fuego, para precisar la puntería. ■ En sing. lleva el art. *el* o *un.* || LOC. **en alza** *adv.* Subiendo de precio, intensidad, estimación, etc.: *La moda de España está en alza.* **jugar al alza** Especular en la bolsa con los valores, previendo la subida de su cotización. SIN. **1.** Subida, acrecentamiento; encarecimiento. ANT. **1.** Baja, bajada, descenso.

alzacuello *s. m.* Prenda propia de los eclesiásticos consistente en una tirilla blanca y rígida, que sobresale del cuello de la sotana, de la pechera o de la camisa.

alzado, da 1. *p.* de **alzar**. También *adj.* || *adj.* **2.** Se dice del precio o remuneración que se ajusta a una cantidad fijada previamente: *Trabajo por un tanto alzado.* **3.** Se aplica a la persona que realiza un alzamiento de bienes. **4.** *Amér.* Se dice del animal que se vuelve montaraz o está en celo. **5.** *Amér.* Engreído, orgulloso, insolente. || *s. m.* **6.** Plano de un edificio, de una máquina, etc., en su proyección vertical sin tener en cuenta la perspectiva. || *s. f.* **7.** Altura de las caballerías, medida desde el talón de la mano hasta la parte superior de la cruz. **8.** Tipo de recurso administrativo que se interpone contra una resolución ante el superior del que la dictó, siempre que aquélla no ponga fin a la vía administrativa.

alzamiento *s. m.* **1.** Acción de alzar o alzarse: *alzamiento militar.* || **2. alzamiento de bienes** Ocultación de bienes realizada por el deudor para no pagar a sus acreedores. SIN. **1.** Levantamiento; rebelión, revuelta, motín.

alzapaño *s. m.* Cinta o cordón para recoger las cortinas hacia un lado y pieza colocada en la pared en la que se sujetan.

alzar (del lat. vulg. *altiare,* de *altus,* alto) *v. tr.* **1.** Subir, levantar: *alzar la cabeza, una bandera.* También *v. prnl.* **2.** Colocar en sentido vertical algo que estaba tumbado: *alzar un poste.* **3.** Construir o edificar. **4.** Aumentar el precio, valor, intensidad, etc., de algo. También *v. prnl.* **5.** En la misa, elevar el sacerdote la hostia y el cáliz en la consagración. **6.** Sublevar, hacer que alguien se rebele: *Se alzó contra su padre.* También *v. prnl.* **7.** Quitar o llevarse una cosa: *alzar el campamento.* **8.** Reunir ordenadamente los pliegos impresos que forman cada ejemplar de una obra. **9.** Poner en determinado sitio una cosa elevada. También *v. prnl.*: *En la plaza se alza el monumento a Cervantes.* **10.** En los juegos de naipes, cortar la baraja. || **alzarse** *v. prnl.* **11.** Levantarse, ponerse en pie: *Se alzó del suelo.* **12.** Llevarse alguien una cosa que no le pertenece: *alzarse con el dinero.* **13.** Conseguir. ■ Se usa con la prep. *con*: *alzarse con la victoria.* **14.** Resaltar, sobresalir por encima de lo que tiene alrededor: *La torre de la iglesia se alza sobre el pueblo.* **15.** Realizar un alzamiento de bienes. **16.** Apelar, recurrir ante un tribunal superior. **17.** *Amér.* Asilvestrarse un animal doméstico. ■ Delante de *e* se escribe *c* en lugar de *z*: *alce.*

|| LOC. **alzarse de hombros** Encogerlos o levantarlos en señal de ignorancia o indiferencia. SIN. **1.** Empinar(se), aupar(se). **2.** Enderezar, erguir. **4.** Encarecer(se). **6.** Amotinar(se), rebelar(se). **7.** Desmontar. **9.** Erigir. **12.** Robar. **14.** Destacar. ANT. **1.** Bajar. **2.** y **3.** Derribar. **4.** Rebajar, descender. **6.** Apaciguar. **11.** Sentarse, agacharse. FAM. Alcista, alza, alzacuello, alzada, alzado, alzamiento, alzapaño. / Capialzado, realzar.

alzheimer (de *Alois Alzheimer*, neurólogo alemán) *s. m.* Atrofia cerebral que suele presentarse en la edad presenil y se caracteriza por un deterioro paulatino de las facultades psíquicas.

ama (del vasc. *ama*, madre) *s. f.* **1.** Dueña o señora de una casa, hacienda, establecimiento, etc. **2.** Criada principal. **3.** Ama de cría. || **4. ama de casa** Mujer que se ocupa de su casa. **5. ama de cría** Mujer que da de mamar a una criatura ajena. **6. ama de llaves** Criada encargada de las llaves y economía de una casa. ■ En sing. lleva el art. *el* o *un*. SIN. **5.** Nodriza. **6.** Gobernanta. FAM. Amo.

amable (del lat. *amabilis*) *adj.* Agradable, atento, complaciente: *Me pareció una invitación muy amable por su parte.* SIN. Afable, afectuoso, cortés. ANT. Desagradable, descortés. FAM. Amabilidad, amablemente. AMAR.

amado, da 1. *p.* de **amar**. También *adj*: *amado padre.* || *s. m.* y *f.* **2.** Persona a la que se ama: *Se citó con su amada.* SIN. **1.** Querido, adorado. ANT. **1.** Odiado.

amadrinar *v. tr.* Actuar como madrina de alguien o algo.

amaestrar *v. tr.* **1.** Adiestrar animales para que ejecuten habilidades. **2.** Educar o dominar a alguien: *Ha amaestrado muy bien a su hijo.* SIN. **1.** Domesticar, amansar, domar. **1.** y **2.** Enseñar. **2.** Disciplinar. FAM. Amaestrado, amaestramiento. MAESTRO.

amagar *v. tr.* **1.** Mostrar intención de hacer algo sin llegar a hacerlo: *amagar un saludo, un golpe.* || *v. intr.* **2.** Estar a punto de suceder algo, especialmente negativo: *Amaga tormenta.* ■ Delante de *e* se escribe *gu* en lugar de *g*: *amague.* SIN. **2.** Amenazar. FAM. Amago.

amago *s. m.* **1.** Acción de amagar: *Hizo amago de marcharse, pero se quedó.* **2.** Señal, indicio o síntoma de algo que finalmente no llega a ocurrir: *Tuvo un amago de gripe.* SIN. **2.** Asomo, conato.

amainar *v. intr.* **1.** Perder fuerza o intensidad el viento, la lluvia y cosas semejantes: *Ha amainado la tempestad.* **2.** Ceder en un deseo, afán, sentimiento, etc.: *Amainó en sus pretensiones.* || *v. tr.* **3.** Recoger las velas de una embarcación. SIN. **1.** Calmar. **2.** Cejar, desistir, aflojar. **3.** Arriar. ANT. **1.** y **2.** Arreciar.

amalgama *s. f.* **1.** Aleación en que uno de los componentes es el mercurio, especialmente la que se realiza con plata, utilizada en odontología para realizar empastes. **2.** Mezcla de cosas dispares: *El país es una amalgama de razas y culturas.* SIN. **2.** Mezcolanza. FAM. Amalgamar.

amalgamar *v. tr.* Realizar una amalgama. FAM. Amalgamación, amalgamamiento. AMALGAMA.

amamantar *v. tr.* Dar de mamar. SIN. Criar.

amancay (quechua) *s. m.* **1.** *Amér.* Planta de flores de bellos colores parecida al narciso amarillo, que crece sobre todo en la zona andina. **2.** Flor de esta planta.

amancebamiento *s. m.* Vida matrimonial de un hombre y una mujer sin estar casados. SIN. Concubinato. FAM. Amancebarse. MANCEBO.

amancebarse *v. prnl.* Unirse dos personas para hacer vida matrimonial sin estar casados. SIN. Ajuntarse, arrejuntarse.

amanecer[1] (del lat. *ad*, a, y *mane*, por la mañana) *v. impers.* **1.** Empezar a aparecer la luz del día. || *v. intr.* **2.** Hallarse en un lugar o en ciertas condiciones al comenzar el día: *Amanecimos en Londres. Amanecí con fiebre.* **3.** Empezar a manifestarse una nueva época, situación, etc. ■ Es v. irreg. Se conjuga como *agradecer.* SIN. **1.** Alborear, clarear, despuntar. **2.** Despertarse. **3.** Iniciarse, nacer. ANT. **1.** Anochecer; atardecer. **3.** Acabar, extinguirse. FAM. Amanecer[2], amanecida.

amanecer[2] *s. m.* **1.** Tiempo en que amanece, principio del día. **2.** P. ext., comienzo de una época, situación, etc.: *el amanecer de la civilización occidental.* SIN. **1.** Amanecida, madrugada, alba. **1.** y **2.** Aurora. **2.** Albor. ANT. **1.** y **2.** Ocaso.

amanecida *s. f.* Amanecer[2]*.

amanerado, da (de *a-*[2] y *manera*) *adj.* **1.** Rebuscado, artificioso, no natural. **2.** Se dice del artista, la obra, el lenguaje, etc., poco original, demasiado académico o sujeto a un estilo. **3.** Afeminado: *Tiene posturas muy amaneradas.* SIN. **1.** Afectado, estudiado. **2.** Academicista. ANT. **1.** Espontáneo. **1.** y **2.** Fresco. **3.** Viril, hombruno. FAM. Amaneramiento, amanerar. MANERA.

amanita *s. f.* Hongo en forma de seta, de diversos colores y comestible o venenoso según la especie, caracterizado por la presencia de un anillo en el pie debajo del sombrero y por sus esporas blancas.

amansar *v. tr.* Domesticar a un animal, hacerlo manso; p. ext., sosegar, apaciguar a alguien. También *v. prnl.* SIN. Amaestrar, domar(se), desbravar(se); tranquilizar(se), calmar(se). ANT. Excitar(se).

amante (del lat. *amans, -antis*) *adj.* **1.** Que ama: *su amante esposo.* También *s. m.* y *f.*: *un amante de la música.* || *s. m.* y *f.* **2.** Persona que mantiene habitualmente con otra relaciones sexuales de manera ilícita. SIN. **1.** Enamorado; entusiasta, apasionado, adorador. **2.** Querido.

amanuense (del lat. *amanuensis*) *s. m.* y *f.* **1.** Persona que escribe lo que otra le dicta. **2.** Antes de la invención de la imprenta, persona que copiaba una o varias veces el original de un libro. SIN. **1.** Escribiente, escribano. **2.** Copista.

amañar *v. tr.* **1.** Disponer con maña algo, generalmente para falsearlo: *amañar un examen.* || **amañarse** *v. prnl.* **2.** Darse maña para hacer algo: *Se (las) amaña bien para cocinar.* SIN. **1.** Componer, trucar. **1.** y **2.** Apañar(se). **2.** Arreglarse. FAM. Amaño. MAÑA.

amaño *s. m.* **1.** Treta, triquiñuela para conseguir algo, generalmente injusto. Se usa mucho en *pl.* **2.** Habilidad o maña para hacer algo. SIN. **1.** Ardid, argucia, apaño, engaño, estratagema, martingala.

amapola (del mozár. *hababaura*) *s. f.* **1.** Planta anual de savia lechosa, semillas pequeñas en cápsula y grandes flores rojas, amarillas o blancas, con cuatro pétalos y numerosos estambres. **2.** Flor de esta planta.

amar (del lat. *amare*) *v. tr.* **1.** Sentir amor por la persona, animal o cosa que se expresa: *Siempre ha amado la naturaleza.* También *v. prnl.* con valor recíproco. **2.** Sentir una gran afición por algo: *Ama su trabajo.* **3.** Hacer el amor con alguien. También *v. prnl.* con valor recíproco. SIN. **1.** Querer(se). **1.** y **2.** Adorar(se). ANT. **1.** y **2.** Odiar(se), aborrecer(se). FAM. Amable, amado, amante, amatorio, amigo, amor.

amaranto (del lat. *amarantus*, y éste del gr. *amarantos*, que no se marchita) *s. m.* Planta anual de origen tropical, de flores pequeñas de diversos colores, agrupadas en espigas o racimos.

amarar *v. intr.* Amerizar*. FAM. Amaraje. MAR.

amargar (del lat. *amaricare*) *v. intr.* **1.** Tener sabor amargo: *El café amarga.* || *v. tr.* **2.** Dar ese sabor a algo. **3.** Poner a alguien triste, disgustado, resentido, etc.: *La enfermedad de su marido acabó amargándola.* También *v. prnl.*: *No te amargues por el suspenso.* **4.** Estropear, aguar: *Nos amargó la cena con sus muchas quejas.* ■ Delante de *e* se escribe *gu* en lugar de *g*: *amargue.* SIN. **2.** Acibarar. **3.** Disgustar(se), desilusionar(se), entristecer(se), apenar(se), apesadumbrar(se). ANT. **2.** Endulzar, almibarar. **3.** Consolar(se), reconfortar(se).

amargo, ga *adj.* **1.** De sabor desagradable, parecido al de la hiel o el acíbar. **2.** Que causa o denota pesar o aflicción: *Permanecieron juntos en los momentos más amargos.* SIN. **1.** Acre, acerbo. **2.** Penoso, doloroso, triste. ANT. **1.** Dulce. **2.** Alegre, placentero. FAM. Amargado, amargamente, amargar, amargor, amargura.

amargor *s. m.* **1.** Sabor amargo. **2.** Amargura. ANT. **1.** Dulzor.

amargura *s. f.* **1.** Aflicción, disgusto: *El fracaso le produjo una gran amargura.* **2.** Aquello que lo causa: *Esta enfermedad es una amargura.* SIN. **1.** Dolor, tristeza, desconsuelo. **1.** y **2.** Sinsabor, pena. ANT. **1.** y **2.** Alegría, placer, consuelo.

amariconarse *v. prnl. fam.* Afeminarse.

amarilis *s. f.* Hierba perenne que tiene bulbos o tallos subterráneos, pequeños grupos de flores y fruto en cápsula. ■ No varía en *pl.*

amarillear *v. intr.* **1.** Ponerse de color amarillo o tender a él. **2.** Mostrar el color amarillo: *En el campo amarillean ya las hojas de los árboles.*

amarillento, ta *adj.* Que tiende a amarillo.

amarillo, lla (del lat. *amarellus*, de *amarus*, amargo) *adj.* **1.** Se dice del tercer color del arco iris, parecido al oro, al limón, etc., y de las cosas que lo tienen. También *s. m.* **2.** Pálido, demacrado: *Se quedó amarillo del susto.* **3.** Se dice de la raza mongoloide y de los individuos que pertenecen a ella. También *s. m.* y *f.* **4.** Se aplica a las organizaciones obreras, medios de comunicación, etc., que apoyan a la patronal. **5.** Se aplica a la prensa sensacionalista. FAM. Amarillear, amarillento.

amariposado, da *adj.* **1.** De figura semejante a la de la mariposa. **2.** Afeminado. También *s. m.*

amarra *s. f.* **1.** Cuerda o cable con el que se asegura un barco fondeado en un muelle. || *s. f. pl.* **2.** *fam.* Apoyo, influencia, protección. SIN. **1.** Soga, cabo, maroma. **2.** Agarraderas.

amarraco *s. m.* En el juego del mus, tanteo de cinco puntos y objeto que lo representa.

amarradero *s. m.* Poste o argolla donde se amarra una embarcación, un animal, etc. SIN. Amarre.

amarraje *s. m.* Impuesto que se paga por amarrar un barco en un puerto.

amarrar (del fr. *amarrer*) *v. tr.* **1.** Atar por medio de cuerdas, cables, cadenas o cualquier otro medio, especialmente una embarcación al muelle. **2.** Asegurar: *amarrar un negocio.* SIN. **1.** Sujetar, ligar, encadenar. **2.** Afianzar. ANT. **1.** Desamarrar, desatar. FAM. Amarra, amarradero, amarraje, amarre, amarrete. / Desamarrar.

amarre *s. m.* **1.** Acción de amarrar. **2.** Amarradero de una embarcación.

amarrete, ta *adj. Amér.* Avaro. También *s. m.* y *f.*

amartelamiento *s. m.* **1.** Enamoramiento. **2.** Actitud muy cariñosa de los enamorados.

amartelarse *v. prnl.* Mostrarse muy cariñosos los enamorados. SIN. Acaramelarse. FAM. Amartelamiento.

amartillar *v. tr.* **1.** Montar un arma de fuego para disparar. **2.** Martillear.

amasandería *s. f. Chile* Panadería o tahona en la que se hace el pan de manera casera.

amasar *v. tr.* **1.** Hacer una masa con materias como harina o con cemento, yeso, etc., y algún líquido. **2.** Acumular bienes: *Amasó una fortuna.* SIN. **2.** Atesorar. FAM. Amasandería, amasijo. MASA.

amasijar *v. tr.* **1.** *fam. Arg.* y *Urug.* Golpear a una persona hasta dejarla malherida. **2.** *fam. Arg.* Matar violentamente.

amasijo *s. m.* **1.** Porción de una materia amasada. **2.** *fam.* Mezcla de cosas diferentes, que provocan confusión: *Su escrito era un amasijo ininteligible.* SIN. **2.** Mezcolanza. FAM. Amasijar. AMASAR.

amate *s. m.* **1.** *Amér. C.* y *Méx.* Árbol de la familia de las moráceas, empleado por los aztecas para hacer láminas, a modo de papel, con su corteza. **2.** *Méx.* Pintura artesana realizada sobre estas láminas.

amateur (fr.) *adj.* Se dice de la persona que se dedica a alguna actividad, especialmente un deporte, por mera afición. También *s. m.* y *f.* ■ Su pl. es *amateurs.* Se escribe también españolizado: *amater.* SIN. Aficionado. ANT. Profesional. FAM. Amateurismo.

amatista (del lat. *amethystus*, y éste del gr. *amethystos*, de *a*, part. priv., y *methyo*, embriagarse) *s. f.* Cuarzo transparente de color violeta, presente en los espacios huecos de rocas volcánicas, muy apreciado en joyería.

amatorio, ria *adj.* Relacionado con el sentimiento amoroso o las prácticas sexuales: *poesía amatoria, práctica amatoria.*

amazacotado, da **1.** *p.* de **amazacotar**. || *adj.* **2.** Apretado y duro, a modo de mazacote: *un pastel amazacotado.* **3.** Aplicado a obras literarias o artísticas, confuso, falto de orden, proporción y gracia. SIN. **2.** Apelmazado. FAM. Amazacotar. MAZACOTE.

amazona (del lat. *amazon, -onis*) *s. f.* **1.** Mujer guerrera de la mitología griega. **2.** Mujer que monta a caballo.

amazónico, ca *adj.* Relativo al río Amazonas o a la Amazonia, región natural de Amér. del S.

ambages (del lat. *ambages*, de *amb*, alrededor, y *agere*, llevar) *s. m. pl.* Rodeos de palabras para no decir claramente algo. ■ Se usa sobre todo en la loc. adv. **sin ambages**, 'abiertamente, sin rodeos'. SIN. Circunloquios.

ámbar (del ár. *ambar*) *s. m.* **1.** Resina fósil de color amarillo translúcido y de poco peso, que se electriza por frotamiento y se utiliza para construir adornos, boquillas y barnices. **2.** Color similar al de esa resina: *No pasar con el semáforo en ámbar.* FAM. Ambarino.

ambarino, na *adj.* **1.** Relacionado con el ámbar. **2.** De color parecido al del ámbar, amarillento.

ambición (del lat. *ambitio, -onis*) *s. f.* **1.** Deseo grande de conseguir algo, sobre todo riquezas, poder, honores, fama. || *s. f. pl.* **2.** Deseos de mejorar la propia situación: *Se requiere profesional dinámico y con ambiciones.* SIN. **1.** Ansia, codicia, afán, anhelo. **2.** Aspiraciones. ANT. **1.** Mesura, comedimiento. FAM. Ambicionar, ambiciosamente, ambicioso.

ambicionar *v. tr.* Desear mucho, tener una ambición: *Sólo ambiciona acabar la carrera y colocarse.* SIN. Anhelar, ansiar.

ambicioso, sa (del lat. *ambitiosus*) *adj.* **1.** Que tiene o manifiesta ambición. También *s. m.* y *f.* **2.** De gran envergadura: *un proyecto ambicioso.* **SIN. 1.** Ansioso, codicioso. **ANT. 1.** Comedido, modesto.

ambidiestro o **ambidextro, tra** (del lat. *ambidexter*, de *ambo*, ambos, y *dexter*, diestro) *adj.* Que utiliza con igual destreza ambas manos. También *s. m.* y *f.*

ambientación *s. f.* **1.** Acción de ambientar o ambientarse. **2.** Evocación de la época, lugar o medio social de los personajes y situaciones en las obras artísticas: *La película logra una excelente ambientación de los años veinte.*

ambientador, ra *adj.* **1.** Que ambienta. || *s. m.* **2.** Producto con el que se perfuma un local.

ambiental *adj.* **1.** Del ambiente físico o las circunstancias que rodean a personas, animales o cosas: *contaminación ambiental, agresividad ambiental.* || **2. música ambiental** Véase **música**.

ambientar *v. tr.* **1.** Crear un ambiente o proporcionarlo: *La novela está ambientada en la Edad Media.* **2.** Introducir a alguien en un ambiente, situación, lugar, etc., adaptarle o acostumbrarle a él. También *v. prnl.*: *Le costó un poco ambientarse en su nuevo colegio.* **SIN. 1.** Enmarcar, encuadrar. **2.** Aclimatar(se), acomodar(se). **FAM.** Desambientar. AMBIENTE.

ambiente (del lat. *ambiens*, *-entis*, que rodea) *s. m.* **1.** Fluido, especialmente el aire, que rodea un cuerpo o se encuentra en un determinado lugar: *Había humedad en el ambiente.* **2.** En aposición, relativo a ese fluido: *temperatura ambiente.* **3.** Conjunto de circunstancias o factores físicos, humanos, sociales, culturales, etc., que rodean a una persona o cosa: *Los animales se desarrollan mejor en su propio ambiente. En la reunión el ambiente era tenso.* ■ En esta última acepción se denomina también *medio ambiente,* especialmente en ecología, psicología, sociología y pedagogía. **4.** Concurrencia de público y entorno agradable en un acto, lugar, etc.: *En la fiesta había mucho ambiente* **5.** *Amér. del S.* Habitación, pieza. **SIN. 3.** Medio, atmósfera; clima. **4.** Animación. **FAM.** Ambientación, ambientador, ambiental, ambientar. / Medioambiente, monoambiente.

ambigú (del fr. *ambigu*, y éste del lat. *ambiguus*, de ambos) *s. m.* **1.** Bufé, comida, especialmente cena, en la que se sirven todos los platos a la vez. **2.** Bar en los locales de espectáculos públicos o reuniones. ■ El pl. *ambigús* es más frecuente que *ambigúes*

ambiguo, gua (del lat. *ambiguus*) *adj.* **1.** Que puede admitir distintas interpretaciones o entenderse de diferentes modos. **2.** Dudoso, confuso, que no se muestra con claridad. **3.** En ling., se dice de los nombres usados tanto en masculino como en femenino sin que exista distinción de sexo, p. ej. *el mar, la mar.* **SIN. 1.** Equívoco. **2.** Oscuro, impreciso, vago. **ANT. 1.** Inequívoco. **2.** Claro, preciso. **FAM.** Ambigüedad.

ámbito (del lat. *ambitus*, de *ambire*, rodear) *s. m.* **1.** Espacio comprendido dentro de ciertos límites: *el ámbito del país.* **2.** Aquello sobre lo que alguien o algo puede actuar, ejercer su influencia, etc.: *el ámbito de la física.* **SIN. 1.** Extensión. **2.** Campo.

ambivalencia *s. f.* Condición de lo que tiene dos aspectos, valores o sentidos diferentes. **FAM.** Ambivalente. VALOR.

ambón (del gr. *ambon*) *s. m.* Cada uno de los púlpitos que hay en algunas iglesias a ambos lados del altar mayor, desde donde se hace la lectura o se pronuncia la homilía.

ambos, bas (del lat. *ambo*) *adj. pl.* Los dos, uno y otro: *García Lorca y Alberti son poetas andaluces, ambos de la generación del 27.* También *pron.* **SIN.** Entrambos. **FAM.** Entrambos.

ambrosía (del gr. *ambrosia*, de *ambrotos*, inmortal) *s. f.* **1.** En la mitología griega, manjar de los dioses que proporcionaba la inmortalidad. **2.** Alimento o bebida de gusto suave y exquisito; p. ext., cosa deleitosa para el espíritu.

ambulacral *adj.* **1.** Relacionado con los ambulacros. || **2. pie ambulacral** En los equinodermos, proyección en forma de tubo que sobresale de la pared del cuerpo y colabora en la locomoción, captura del alimento, excreción y respiración.

ambulacro (del lat. *ambulacrum*, paseo) *s. m.* Cada uno de los surcos radiales o áreas de los equinodermos donde están situados los pies ambulacrales. **FAM.** Ambulacral.

ambulancia *s. f.* **1.** Vehículo rápido con instrumental adecuado, que se usa para transportar enfermos o heridos. **2.** Hospital de campaña que sigue los movimientos de las tropas para prestar los primeros auxilios a los heridos.

ambulante (del lat. *ambulans*, *-antis*, de *ambulare*, andar) *adj.* Que va de un lugar a otro sin tener sitio fijo o realiza una función yendo de un sitio a otro: *vendedor ambulante.* **SIN.** Nómada, vagabundo, errante. **ANT.** Fijo, estable. **FAM.** Ambulancia, ambulatorio. / Deambular, funámbulo, noctámbulo, preámbulo, sonambulismo.

ambulatorio, ria *adj.* **1.** Se dice del tratamiento médico en que no es necesaria la hospitalización, pero sí que el enfermo acuda periódicamente a un centro. || *s. m.* **2.** Consultorio, clínica, dispensario. **ANT. 1.** Hospitalario.

ameba (del gr. *amoibe*, cambio) *s. f.* Protozoo microscópico formado por una sola célula de forma variable, que se desplaza mediante seudópodos o prolongaciones del cuerpo que avanzan y se retraen. **FAM.** Amebiasis.

amebiasis *s. f.* Enfermedad parasitaria tropical producida por amebas, que afecta al intestino grueso. ■ No varía en *pl.*

amedrentar (del lat. *metorentus*, de *metus*, miedo) *v. tr.* Atemorizar, infundir miedo, asustar: *Unos navajeros amedrentaban a todo el barrio.* También *v. prnl.* **SIN.** Intimidar, arredrar, acobardar, acoquinar. **FAM.** Amedrentado, amedrentamiento. MEDROSO.

amelcochar *v. tr.* **1.** *Amér.* Dar un punto espeso de cocción a una confitura. || **amelcocharse** *v. prnl.* **2.** *Méx.* Acaramelarse, reblandecerse.

amelga *s. f.* Cada una de las fajas en que se divide un terreno para sembrar uniformemente.

amén[1] (del hebreo *amen*, así sea) *s. m.* **1.** Voz hebrea que se dice al final de las oraciones litúrgicas y que significa 'así sea'. **2.** Conformidad, acuerdo con lo que se dice o pide: *Dijo a todo amén.* || **LOC. en un decir amén** *adv. fam.* En poquísimo tiempo.

amén[2] (de la loc. *a menos*) *adv. c.* Además, a más. ■ Se construye con la prep. *de*: *Amén de lo que me pediste he traído más cosas.*

-amen *suf.* Indica conjunto de: *velamen, muslamen.*

amenaza (del lat. *minacia*) *s. f.* **1.** Acción de amenazar. **2.** Dicho o hecho con que se amenaza. **3.** Anuncio de un peligro o un mal: *Abandonaron sus casas ante la amenaza de la guerra.* **SIN. 1.** y **2.** Advertencia, intimidación. **3.** Presagio.

amenazar *v. tr.* **1.** Dar a entender con actos o palabras que se quiere hacer un mal a otro. ■ Se construye con las prep. *con* y *de*: *Le amenazó* *con echarle de clase. Le amenazó de muerte.* **2.** Dar señales de que va a ocurrir algo malo o desagradable: *La casa amenaza ruina.* También *v. intr.*: *Amenaza una gran catástrofe.* ■ Delante de *e* se escribe *c* en lugar de *z*: *amenace.* SIN. **1.** Advertir, intimidar. **2.** Presagiar. FAM. Amenaza, amenazador, amenazadoramente, amenazante.

amenizar *v. tr.* Hacer ameno: *Amenizó la reunión con sus chistes. Las flores amenizan la pradera.* ■ Delante de *e* se escribe *c* en lugar de *z*: *amenice.* SIN. Alegrar, divertir, animar. ANT. Aburrir.

ameno, na (del lat. *amoenus*) *adj.* **1.** Grato, agradable, placentero: *El paisaje era tan ameno que invitaba a pasear.* **2.** Entretenido, divertido. SIN. **1.** Deleitable, delicioso, encantador, apacible. ANT. **1.** Desapacible, desagradable. **2.** Aburrido. FAM. Amenamente, amenidad, amenizar.

amenorrea (del gr. *a*, part. priv., *men*, mes, y *rheo*, fluir) *s. f.* Ausencia del flujo menstrual.

americanada *s. f. desp.* Aquello que explota o exagera los tópicos sobre los Estados Unidos y lo estadounidense.

americanismo *s. m.* **1.** Cualidad o condición de americano. **2.** Vocablo, acepción o giro propio de los hispanoamericanos, del español hablado por ellos o procedente de alguna lengua indígena de América. **3.** Inclinación a lo americano. FAM. Panamericanismo. AMERICANO.

americanista *s. m.* y *f.* Estudioso de las culturas, lenguas, etc., de América.

americanizar *v. tr.* **1.** Dar carácter americano. || **americanizarse** *v. prnl.* **2.** Adquirir ese carácter. ■ Delante de *e* se escribe *c* en lugar de *z*: *americanice.*

americano, na *adj.* **1.** De América. También *s. m.* y *f.* **2.** Restrictivamente, de los Estados Unidos. También *s. m.* y *f.* || *s. f.* **3.** Chaqueta de tela con solapas y botones, que llega por debajo de la cadera. SIN. **2.** Estadounidense, norteamericano, yanqui. FAM. Americanada, americanismo, americanista, americanizar, americio. / Afroamericano, centroamericano, hispanoamericano, iberoamericano, latinoamericano, mesoamericano, negroamericano, norteamericano, sudamericano.

americio *s. m.* Elemento químico radiactivo que se obtiene artificialmente bombardeando núcleos de uranio 238 con partículas. Su símbolo es *Am.*

amerindio, dia *adj.* Se dice de los indios aborígenes americanos y de lo relativo a ellos.

ameritar *v. tr. Méx.*, *Perú* y *Ven.* Merecer.

amerizar *v. intr.* Posarse en el agua una aeronave o una cápsula espacial. ■ Delante de *e* se escribe *c* en lugar de *z*: *americe.* SIN. Amarar. FAM. Amerizaje. MAR.

amestizado, da *adj.* Que tira a mestizo en color y facciones. También *s. m.* y *f.*

ametrallador, ra *adj.* **1.** Que ametralla: *fusil ametrallador.* || *s. f.* **2.** Arma de fuego automática montada sobre ajuste fijo o móvil, que dispara con mucha rapidez.

ametrallar (del fr. *mitrailler*) *v. tr.* Disparar ráfagas de balas. FAM. Ametrallador, ametrallamiento. METRALLA.

ametropía (del gr. *a*, part. priv., *metrion*, regular, y *ops*, ojo) *s. f.* Defecto de la refracción ocular que impide que se formen correctamente las imágenes en la retina, al ser defectuosa la capacidad de acomodación del cristalino.

amianto (del lat. *amiantus*, y éste del gr. *amiantos*, sin mancha) *s. m.* Mineral fibroso compuesto por silicatos, de carácter incombustible, que se emplea en la fabricación de revestimientos y tejidos resistentes al fuego y al calor.

amida *s. f.* Compuesto orgánico en el que uno, dos o los tres hidrógenos del amoniaco son reemplazados por radicales ácidos. FAM. Poliamida. AMONIACO.

amigable (del lat. *amicabilis*) *adj.* Amistoso, afable o que invita a la amistad: *amigable charla.* SIN. Amable, cordial, afectuoso. ANT. Hostil. FAM. Amigablemente. AMIGO.

amígdala (del lat. *amygdala*, y éste del gr. *amygdale*, almendra) *s. f.* Cada uno de los órganos en forma de almendra que se originan en la faringe por acumulación de tejido linfático y constituyen un sistema de defensa contra la infección por vía bucal o nasal. SIN. Angina. FAM. Amigdalitis.

amigdalitis *s. f.* Inflamación de las amígdalas. ■ No varía en *pl.* SIN. Anginas.

amigo, ga (del lat. *amicus*) *adj.* **1.** Se dice de la persona que tiene amistad con otra. También *s. m.* y *f.* **2.** Aficionado a alguna cosa: *amigo de pasear.* **3.** Grato, agradable, amistoso: *Necesitaba oír una voz amiga.* || *s. m.* y *f.* **4.** Amante, persona que mantiene relaciones sexuales con otra sin estar casadas. || **5. falso amigo** Palabra o expresión de una lengua muy parecida formalmente a la de otra, pero de significado muy diferente. SIN. **2.** Partidario, inclinado, proclive, devoto. **4.** Querido. ANT. **1.** a **3.** Enemigo, adversario, rival. FAM. Amigable, amigote, amiguete, amiguismo. / Amistad, enemigo. AMAR.

amigote (aum. de *amigo*) *s. m. desp.* Compañero de juergas y diversiones. SIN. Compadre, colega, compinche.

amiguete *s. m. fam.* Amigo, conocido.

amiguismo *s. m.* Tendencia a proporcionar cargos, puestos o premios a los amigos y conocidos, sin tener en cuenta merecimientos, capacidad, etc. SIN. Enchufismo, nepotismo.

amilanar (de *a-*[2] y *milano*) *v. tr.* **1.** Producir tal miedo a uno que le deje aturdido y sin reacción. **2.** Desanimar, desalentar: *No me amilanan las dificultades.* También *v. prnl.* SIN. **1.** Amedrentar, atemorizar. **2.** Acoquinar(se), arredrar(se). ANT. **1.** Envalentonar. **2.** Animar(se). FAM. Amilanamiento. MILANO.

amina *s. f.* Sustancia orgánica obtenida mediante reacción de derivados de hidrocarburos con amoniaco, que se caracteriza por su basicidad y por ser soluble en agua. FAM. Amino, aminoácido. / Transaminasa, vitamina.

amino *s. m.* En quím., radical monovalente formado por un átomo de nitrógeno y dos de hidrógeno que caracteriza a las aminas y otros compuestos.

aminoácido *s. m.* Nombre dado a ciertos ácidos orgánicos, algunos de los cuales son los componentes básicos de las proteínas que forman parte del organismo humano.

aminorar (del lat. *minorare*, de *minor*, menor) *v. tr.* Disminuir el tamaño, la intensidad, el valor, etc. de algo: *El conductor aminoró la velocidad.* También *v. prnl.* SIN. Reducir(se), acortar(se), empequeñecer(se), atenuar(se), paliar, mermar. ANT. Aumentar. FAM. Aminoración. MENOR.

amish (del al. *amisch*, derivado del apellido de Jakob Amman, obispo mennonita suizo del siglo XVII) *adj.* De una secta protestante mennonita, de origen alemán, concentrada en el estado de Pennsylvania, en EE UU. La forma de vida de sus seguidores, opuestos a cualquier innovación, se caracteriza por el tradicionalismo y el puritanismo. También *s. m.* y *f.* ■ No varía en *pl.*

amistad (del lat. *amicitia*) *s. f.* **1.** Relación afectiva y desinteresada entre personas. **2.** Persona con la que se tiene amistad. Se usa más en *pl.*: *Invitó a todas sus amistades.* || *s. f. pl.* **3.** Conocidos influyentes: *Tiene amistades en el gobierno.* **SIN. 1.** Aprecio, afecto, cariño. **2.** Amigo, conocido. **ANT. 1.** Enemistad. **2.** Enemigo. **FAM.** Amistosamente, amistoso. AMIGO.

amistoso, sa *adj.* **1.** Relativo a la amistad, que indica amistad. **2.** Dicho de un juego, partido, etc., fuera de competición. **SIN. 1.** Amigable, afectuoso, cordial. **ANT. 1.** Hostil.

amitosis (de *a-* y *mitosis*) *s. f.* En biol., forma más simple de reproducción celular por división directa, sin que se produzcan previamente transformaciones nu-cleares importantes.

ammonites (de *Ammón*, nombre egipcio de Júpiter, representado por un carnero) *s. m.* Género de moluscos cefalópodos fósiles, con concha arrollada en espiral, muy abundantes durante la mayor parte del paleozoico y el mesozoico. ■ No varía en *pl.*

amnesia (del gr. *amnesia*, de *a*, part. priv., y *mnesis*, memoria) *s. f.* Pérdida parcial o total de la memoria. **FAM.** Amnésico. / Paramnesia.

amnésico, ca *adj.* **1.** Relacionado con la amnesia. **2.** Que padece amnesia. También *s. m.* y *f.*

amniocentesis *s. f.* Extracción a través del abdomen de líquido amniótico para su análisis y la detección de posibles anomalías en el feto.

amnios (del gr. *amnion*, vasija) *s. m.* Membrana interna que rodea el embrión de mamíferos, reptiles y aves. ■ No varía en *pl.* **FAM.** Amniocentesis, amnioscopia, amniótico.

amnioscopia *s. f.* Prueba médica consistente en la exploración de la bolsa amniótica.

amniótico, ca *adj.* Relativo al amnios: *líquido amniótico.*

amnistía (del lat. *amnestia*, y éste del gr. *amnestia*, olvido) *s. f.* Perdón general concedido por una ley, que anula la relevancia penal de ciertos hechos concretos y extingue las penas que se hubiesen derivado de ellos. **FAM.** Amnistiar.

amnistiar *v. tr.* Conceder amnistía. ■ En cuanto al acento, se conjuga como *ansiar*: *amnistío.* **SIN.** Perdonar, indultar.

amo *s. m.* **1.** Dueño, propietario: *el amo de la finca.* **2.** Persona que tiene criados, respecto de ellos. **3.** Persona que tiene mucha autoridad o influencia en un lugar, ámbito, etc.: *Es el amo de la ciudad.* **SIN. 1.** Señor. **3.** Jefe, líder. **FAM.** Véase **ama**.

amodorrar (del port. *modorra*) *v. tr.* Adormilar, adormecer. También *v. prnl.* **SIN.** Aletargar(se). **ANT.** Despabilar(se), espabilar(se). **FAM.** Amodorramiento. MODORRA.

amohinar *v. tr.* Poner mohíno a alguien. También *v. prnl.* **SIN.** Enfadar(se), enojar(se). **ANT.** Contentar(se), alegrar(se).

amojamar *v. tr.* **1.** Hacer mojama o cecina. || **amojamarse** *v. prnl.* **2.** Adelgazar y arrugarse uno, debido sobre todo a la vejez. **SIN. 2.** Acartonarse. **ANT. 2.** Engordar.

amojonar *v. tr.* Señalar con mojones los linderos de un terreno, propiedad, término jurisdiccional, etc. **SIN.** Acotar, jalonar, deslindar, demarcar. **FAM.** Amojonamiento. MOJÓN.

amojosarse *v. prnl. Amér.* Cubrirse de moho.

amolar (de *a-*[2] y *muela*) *v. tr.* **1.** Afilar armas o instrumentos cortantes. **2.** *fam.* Molestar, fastidiar. También *v. prnl.*: *Si no le gusta, se amuela.* ■ Es v. irreg. Se conjuga como *contar.* **SIN. 2.** Incomodar(se), aguantar(se). **FAM.** Amolador. MUELA.

amoldar *v. tr.* **1.** Dar a algo la forma conveniente o ajustarlo a un molde o a otra cosa. También *v. prnl.*: *El sombrero se amolda bien a la cabeza.* **2.** Adaptar a un fin, circunstancia, norma, etc. También *v. prnl.*: *Se amoldó pronto a la vida de casado.* **SIN. 1.** Ahormar(se). **2.** Adecuar(se), acomodar(se); someter(se), plegar(se). **ANT. 1.** Desajustar(se). **2.** Rebelar(se), resistir(se). **FAM.** Amoldable, amoldamiento. MOLDE.

amonal *s. m.* Explosivo de gran potencia formado por polvo de aluminio y ciertos compuestos químicos.

amonarse *v. prnl. fam.* Emborracharse, coger una mona. **SIN.** Embriagarse, achisparse, alegrarse. **ANT.** Despejarse, serenarse.

amonedar *v. tr.* Hacer moneda con algún metal. **SIN.** Acuñar, batir.

amonestación *s. f.* **1.** Acción de amonestar. || *s. f. pl.* **2.** Entre los católicos, publicación en una iglesia de los nombres de los que se van a casar, para que quien conozca un impedimento lo haga saber. **SIN. 1.** Advertencia, aviso, reprensión.

amonestar (del lat. *admonere*) *v. tr.* **1.** Reñir a alguien: *Le han amonestado por llegar tarde.* **2.** Avisar a alguien antes de tomar una decisión negativa contra él, p. ej. a un trabajador antes de despedirle, a un deportista antes de imponerle una sanción, etc. **3.** Publicar en una iglesia las amonestaciones. **SIN. 1.** Reprender, regañar, reconvenir. **2.** Advertir, prevenir. **FAM.** Amonestación. / Admonición.

amoniaco o **amoníaco** (del lat. *ammoniacus*, y éste del gr. *ammoniakos*, de *Ammón*, dios de los egipcios) *s. m.* Compuesto químico gaseoso formado por 1 volumen de nitrógeno y 3 de hidrógeno que se usa disuelto en agua para abonos, artículos de limpieza, en la refrigeración, etc. **FAM.** Amoniacal, amonio. / Amida.

amonio *s. m.* En quím., ion presente en pequeña cantidad en el hidróxido de amonio y en mayor proporción en la disolución de las sales de amonio de ácidos fuertes, que hace funciones de metal alcalino en las sales amónicas. **FAM.** Amonita. AMONIACO.

amonita *s. f.* Mezcla explosiva compuesta principalmente de nitrato de amonio.

amontillado *adj.* Se dice de un jerez parecido al vino de Montilla, algo más oscuro que los finos corrientes. También *s. m.*

amontonar *v. tr.* **1.** Poner unas cosas encima de otras sin ordenarlas: *Amontonó los libros en un rincón.* También *v. prnl.* **2.** Juntar, congregar o unir en abundancia personas, animales o cosas: *amontonar riquezas.* También *v. prnl.*: *La gente se amontona en las rebajas.* || **amontonarse** *v. prnl.* **3.** Producirse muchos sucesos, noticias, ideas, etc., en poco tiempo: *Se le amontonaron las desgracias.* **SIN. 1.** Apilar(se). **2.** Acopiar, acumular(se), aglomerar(se), agolpar(se), arremolinar(se), apiñar(se). **ANT. 1.** Esparcir(se), desperdigar(se). **1.** y **2.** Dispersar(se), disgregar(se). **FAM.** Amontonamiento. MONTÓN.

amor (del lat. *amor, -oris*) *s. m.* **1.** Conjunto de fenómenos afectivos, emocionales y de conocimiento que ligan una persona a otra, o bien a una obra, objeto o idea: *amor de hermano, amor a la pintura.* **2.** Suavidad, ternura: *Reprende a sus hijos con amor.* **3.** Acto sexual y acciones que lo acompañan: *hacer el amor.* **4.** Persona amada; p. ext., aquello que es especialmente querido por alguien: *Ella fue el gran amor de su vida. Su único amor es la música.* **5.** Esmero, cuidado: *Prepara con amor su nuevo libro.* || *s. m. pl.* **6.** Relaciones amorosas. || **7. amor libre** El que persigue la relación sexual sin buscar otros objetivos, como la creación de lazos afectivos o de parejas estables. **8. amor platónico** El que idealiza a la persona amada sin establecer con ella ningún tipo de relación real. **9. amor propio** Consideración o estima de sí mismo; también, deseo de quedar bien ante uno mismo y ante los demás: *Esos insultos le han herido en su amor propio. El amor propio le impedía abandonar.* || LOC. **al amor de** *adv.* Cerca de, especialmente de una fuente de calor: *Se sentaron al amor de la lumbre.* **de** (o **con**) **mil amores** *adv. fam.* Con mucho gusto. **por amor al arte** *adv. fam.* Gratuitamente. **por** (**el**) **amor de Dios** Se utiliza para pedir algo encarecidamente o como exclamación de protesta o disgusto. SIN. **1.** Afecto, cariño. **2.** Delicadeza. **5.** Mimo. ANT. **1.** Desamor, odio, aversión. **2.** Aspereza, acritud. **5.** Descuido, desinterés. FAM. Amorcillo, amorío, amorosamente, amoroso. / Desamor, enamorar, mor. AMAR.

amoral *adj.* Que no se ajusta a unas categorías morales. También *s. m.* y *f.* ANT. Moral. FAM. Amoralidad. MORAL[1].

amoratarse (del cat. *morat*, morado, y éste del lat. *morum*, mora) *v. prnl.* Ponerse morado, en especial una parte del cuerpo.

amorcillo (dim. de *amor*) *s. m.* **1.** Niño alado y desnudo que suele llevar un arco, flechas y venda en los ojos y representa, en pintura y escultura, al dios del amor. **2.** En iconografía cristiana, angelote.

amordazar *v. tr.* **1.** Poner una mordaza a alguien. **2.** Hacer callar, no permitir expresarse con libertad: *La censura amordazó a los periódicos.* ■ Delante de *e* se escribe *c* en lugar de *z*: *amordace.* FAM. Amordazamiento. MORDAZA.

amorfo, fa (del gr. *amorphos*, de *a*, part. priv., y *morphe*, forma) *adj.* Se aplica a todo lo que no tiene forma regular o bien determinada. SIN. Deforme, irregular. ANT. Proporcionado, armonioso.

amorío *s. m.* Relación amorosa pasajera y superficial. Suele usarse en *pl.* SIN. Aventura, romance, affaire.

amoroso, sa *adj.* **1.** Relativo al amor: *relaciones amorosas, literatura amorosa.* **2.** Que siente amor. ■ Se construye con las prep. *con, para, para con.* **3.** Que manifiesta amor: *un trato amoroso.* **4.** Blando, suave: *Esta tela tiene un tacto amoroso.* SIN. **2.** y **3.** Amante, afectuoso, cariñoso. **4.** Dulce; esponjoso. ANT. **2.** y **3.** Odioso, agresivo. **4.** Áspero, duro.

amortajar *v. tr.* Poner la mortaja a un difunto. FAM. Amortajamiento. MORTAJA[1].

amortiguación *s. f.* **1.** Acción de amortiguar o amortiguarse. **2.** Mecanismo de suspensión de un vehículo. SIN. **1.** Amortiguamiento, atenuación, moderación. ANT. **1.** Agudización, aumento.

amortiguador, ra *adj.* **1.** Que amortigua. || *s. m.* **2.** Dispositivo que se utiliza para evitar o disminuir los efectos de choques, oscilaciones violentas, etc., especialmente el destinado a absorber los movimientos verticales de las ruedas de un vehículo.

amortiguar (de *a-*[2] y el ant. *mortiguar*, del lat. *mortificare*, mortificar) *v. tr.* Hacer menos violenta, intensa o perjudicial una cosa: *amortiguar el golpe, la luz, el ruido, los colores.* También *v. prnl.* ■ Se conjuga como *averiguar*: *amortigua.* SIN. Atenuar(se), mitigar(se), moderar(se), paliar(se). ANT. Agudizar(se), intensificar(se), amplificar(se). FAM. Amortiguación, amortiguador, amortiguamiento.

amortización *s. f.* **1.** Acción de amortizar. **2.** Supresión de plazas o puestos de trabajo por el sistema de no cubrir las bajas producidas. SIN. **1.** Liquidación, pago. ANT. **1.** Desamortización.

amortizar (de *a-*[2] y el lat. *mors, mortis*, muerte) *v. tr.* **1.** Pagar total o parcialmente el capital de un préstamo u otra deuda: *Es conveniente que amortices pronto la hipoteca.* **2.** Recuperar o compensar los fondos destinados a alguna inversión. **3.** Sacar provecho o rendimiento de algo: *Con tanta familia amortizas el lavavajillas.* **4.** Suprimir empleos o plazas en un cuerpo, oficina, etc., no cubriendo las vacantes que se produzcan: *Han amortizado cien puestos en el servicio de correos.* **5.** Pasar bienes a manos muertas, es decir, a poseedores que no pueden enajenarlos. ■ Delante de *e* se escribe *c* en lugar de *z*: *amortice.* SIN. **1.** Liquidar, satisfacer. **3.** Aprovechar. ANT. **1.** Desamortizar. **3.** Desaprovechar. **4.** Crear. FAM. Amortizable, amortización. / Desamortizar.

amoscarse (de *a-*[2] y *mosca*) *v. prnl. fam.* Enfadarse. ■ Delante de *e* se escribe *qu* en lugar de *c*: *se amosque.* SIN. Mosquearse, enojarse. ANT. Desenfadarse.

amotinar (de *a-*[2] y el fr. *mutiner*) *v. tr.* Levantar en motín a una multitud. Se usa más como *v. prnl.*: *Se amotinó la tripulación del barco.* SIN. Sublevar(se), alzar(se), insubordinar(se). FAM. Amotinador, amotinamiento. MOTÍN.

amovible *adj.* Que puede ser quitado del lugar, puesto o cargo que ocupa; se dice también del mismo puesto o cargo. ANT. Inamovible, fijo.

amoxicilina *s. f.* Penicilina semisintética con propiedades bactericidas.

amparar (del lat. *anteparare*, prevenir) *v. tr.* **1.** Favorecer, proteger: *La ley le ampara.* || **ampararse** *v. prnl.* **2.** Valerse de alguien o algo para protegerse, defenderse, etc.: *Se amparó del frío bajo un puente. Te amparas en tu buena conducta.* SIN. **1.** Auxiliar, ayudar, salvaguardar. **2.** Escudarse, apoyarse; resguardarse. ANT. **1.** Desamparar, abandonar, desasistir. FAM. Amparo. / Desamparar. PARAR.

amparo *s. m.* **1.** Acción de amparar o ampararse: *servir de amparo.* **2.** Persona o cosa que ampara: *La pensión de jubilado es su único amparo.* SIN. **1.** y **2.** Auxilio, refugio, defensa. ANT. **1.** Desamparo, abandono.

amperaje *s. m.* Cantidad de amperios que actúan en un aparato o sistema eléctrico.

amperímetro *s. m.* Aparato que, intercalado en un hilo conductor, mide la intensidad de la corriente eléctrica que circula por él.

amperio (del físico francés *Ampère*) *s. m.* Unidad de intensidad de corriente eléctrica en el Sistema Internacional. FAM. Amperaje, amperímetro. / Microamperio, miliamperio, voltamperio.

ampicilina *s. f.* Primer antibiótico semisintético derivado de la penicilina.

ampliación *s. f.* **1.** Acción de ampliar: *la ampliación de la Unión Europea.* **2.** Operación de obtener una copia fotográfica ampliada a partir de un negativo; también, esa misma fotografia. SIN. **1.** Aumento, incremento. ANT. **1.** Reducción, disminución.

ampliador, ra *adj.* **1.** Que amplía o sirve para ampliar. || *s. f.* **2.** Aparato para obtener ampliaciones fotográficas.

ampliar (del lat. *ampliare*, de *amplus*, extenso) *v. tr.* **1.** Extender, hacer más grande: *ampliar un local, un negocio, el número de alumnos.* También *v. prnl.* **2.** Reproducir una fotografía o, en general, una imagen en tamaño mayor del original o habitual. ■ En cuanto al acento, se conjuga como *ansiar*: *amplío.* **SIN.** **1.** Ensanchar(se), aumentar, agrandar(se), amplificar(se), incrementar(se). **ANT.** **1.** Empequeñecer(se). **1.** y **2.** Reducir(se). **FAM.** Ampliable, ampliación, ampliador. AMPLIO.

amplificador, ra (del lat. *amplificator, -oris*) *adj.* **1.** Que amplifica. ‖ *s. m.* **2.** Cualquier dispositivo o aparato mediante el cual puede conseguirse un aumento de la amplitud o intensidad de un fenómeno físico, dibujo, sonido, fotografía, etc.

amplificar (del lat. *amplificare*, de *amplus*, amplio, y *facere*, hacer) *v. tr.* Aumentar, especialmente la intensidad de un fenómeno físico o algo inmaterial: *amplificar un sonido, un problema.* ■ Delante de *e* se escribe *qu* en lugar de *c*: *amplifique.* **SIN.** Ampliar. **ANT.** Reducir. **FAM.** Amplificación, amplificador. AMPLIO.

amplio, plia (del lat. *amplus*) *adj.* **1.** Grande, holgado, espacioso: *ropa amplia, habitación amplia.* **2.** Extenso, que abarca mucho: *El partido tiene una amplia representación social.* **3.** Que excede o aventaja con creces: *una amplia victoria.* **4.** Abierto, comprensivo: *amplio de miras, una mente amplia.* **SIN.** **1.** y **2.** Vasto, despejado, sobrado, desahogado. **ANT.** **1.** y **2.** Reducido, angosto. **1.**, **2.** y **4.** Estrecho. **2.** y **3.** Mezquino. **2.** a **4.** Corto. **FAM.** Ampliamente, ampliar, amplificar, amplitud.

amplitud *s. f.* **1.** Extensión, espacio abarcado por algo: *la amplitud del jardín.* **2.** Capacidad de comprensión intelectual o moral: *amplitud de miras, de criterio.* **3.** En fís., espacio que recorre un cuerpo o un sistema oscilante entre dos posiciones extremas: *amplitud onda de un sonido.*

ampolla (del lat. *ampulla*, botellita) *s. f.* **1.** Especie de pequeña bolsa con suero o sangre, que se forma en la piel como consecuencia de quemaduras, fricciones, contacto con sustancias químicas o enfermedades. **2.** Vasija de cuello largo y estrecho y cuerpo ancho y redondeado; p. ext., cualquier objeto de forma similar, como la parte de vidrio de una bombilla. **3.** Pequeño recipiente de cristal cerrado herméticamente y de forma afilada por uno o los dos extremos. ‖ **LOC.** **levantar ampollas** *fam.* Causar gran malestar o irritación. **SIN.** **1.** Vejiga. **FAM.** Ampolleta.

ampolleta *s. f. Chile* Bombilla.

ampuloso, sa (del bajo lat. *ampullosus*, del lat. *ampulla*) *adj.* Pomposo y afectado; se aplica principalmente al estilo o al lenguaje. **SIN.** Altisonante, grandilocuente, hinchado. **ANT.** Natural, sencillo. **FAM.** Ampulosamente, ampulosidad.

ampurdanés, sa *adj.* Del Ampurdán, comarca catalana. También *s. m.* y *f.*

amputar (del lat. *amputare*, de *am*, alrededor, y *putare*, cortar) *v. tr.* Cortar o separar algo de un todo, especialmente algún miembro del cuerpo o parte de él. **SIN.** Cercenar, mutilar, desgajar. **FAM.** Amputación.

amuchamiento *s. m. fam. Arg.* y *Urug.* Aglomeración de personas.

amueblar *v. tr.* Equipar con muebles una habitación, una casa, etc. **ANT.** Desamueblar, desamoblar. **FAM.** Desamueblar. MUEBLE.

amuermar *v. tr.* **1.** *fam.* Aburrir mucho, deprimir: *Me amuerman las clases.* También *v. prnl.* **2.** *fam.* Producir la marihuana, el hachís y otras drogas un estado de sopor. También *v. prnl.* **3.** *fam.* Producir algo malestar, decaimiento o sueño: *El calor le amuerma.* También *v. prnl.* **SIN.** **1.** Fastidiar, hastiar(se). **3.** Dormir(se), adormecer(se), adormilar(se), aplatanar(se), aplanar(se). **ANT.** **1.** Animar(se). **3.** Espabilar(se), despertar(se).

amulatado, da *adj.* Que parece mulato.

amuleto (del lat. *amuletum*) *s. m.* Objeto que alguien lleva consigo y al que supersticiosamente se atribuye poder sobrenatural. **SIN.** Talismán, fetiche.

amura *s. f.* Parte de los costados de una embarcación donde ésta comienza a estrecharse para formar la proa.

amurallar *v. tr.* Cercar o rodear con murallas. **SIN.** Fortificar, encerrar.

an- *pref.* Véase **a-**[1].

ana- *pref.* **1.** Significa 'contra': *anacrónico.* **2.** Significa también 'de nuevo': *anabaptista.*

anabaptismo (de *ana-* y el gr. *baptismos*, bautismo) *s. m.* Movimiento religioso del s. XVI que defendía el bautismo en edad adulta, la libre interpretación de la Biblia y el rechazo a la jerarquía y las instituciones. **FAM.** Anabaptista. BAUTISMO.

anabolismo (del gr. *anabole*, lanzamiento) *s. m.* Fase del metabolismo en que las sustancias inmediatas se combinan entre sí para sintetizar otras más complejas necesarias para los seres vivos. Se opone a *catabolismo.* **FAM.** Anabolizante.

anabolizante *adj.* Se dice de la sustancia que estimula el anabolismo. También *s. m.*, sobre todo *pl.*

anacarado, da *adj.* Del color y aspecto del nácar. **SIN.** Nacarado.

anacardo (del gr. *anakardos*, de *ana*, contra, y *kardia*, corazón) *s. m.* **1.** Árbol de hojas ovales perennes y fruto pulposo y comestible, originario de América, del que se extrae un aceite empleado para hacer barnices. **2.** Fruto de este árbol.

anacoluto (del gr. *anacoluthos*, inconsecuente) *s. m.* En ling., construcción defectuosa por falta de congruencia sintáctica entre los elementos iniciales de una frase o expresión y los que les siguen; p. ej., dejándola sin terminar o cambiando el sujeto después de un inciso: *Tú, aunque te hagas el sordo, a ti te lo digo.*

anaconda *s. f.* Serpiente que puede alcanzar hasta 9 m de longitud y tiene color verde oscuro con manchas negras ovales alternantes. Vive en ríos de América tropical y se alimenta de animales que bajan a beber a ellos.

anacoreta (del lat. *anachoreta*, y éste del gr. *anakhoretes*, retirado) *s. m.* y *f.* Persona que vive en un lugar solitario, dedicada a la penitencia y a la oración. **SIN.** Ermitaño, eremita.

anacreóntico, ca (de *Anacreonte*, poeta griego) *adj.* Se aplica especialmente a un tipo de composición poética en que se cantan los placeres del amor, del vino y otros similares.

anacrónico, ca *adj.* Que constituye un anacronismo. **SIN.** Anticuado.

anacronismo (del gr. *anakhronismos*, de *ana*, contra, y *khronos*, tiempo) *s. m.* **1.** Falta de adecuación que resulta de presentar algo como propio de una época a la que no corresponde. **2.** Aquello que es impropio del periodo en que se da, especialmente por estar anticuado: *Tratar a alguien de usía es ya un anacronismo.* **FAM.** Anacrónicamente, anacrónico.

ánade (del lat. *anas, -atis*) *s. m.* Nombre común de diversas especies de aves palmípedas, buenas nadadoras y voladoras, que habitan cerca de zonas acuáticas.

anadiplosis (de *ana* -, de nuevo, y el gr. *diplo*, doblar) *s. f.* Figura retórica que consiste en la repetición de la última parte de una frase o verso al comienzo del siguiente: *«triste hoguera hay en medio del mar, /del mar, del mar ardiendo»* (Alberti). ▪ No varía en *pl.* FAM. Epanadiplosis.

anaerobio, bia (de *an-*, *aero-* y *-bio*) *adj.* Se dice del organismo que no necesita el oxígeno del aire para vivir. ANT. Aerobio. FAM. Anaeróbico. AEROBIO.

anafase *s. f.* Tercera fase de la mitosis en la que los cromosomas, ya duplicados, se orientan hacia los dos polos de la célula.

anafilaxia o **anafilaxis** (de *ana-*, y el gr. *phylaxis*, protección) *s. f.* **1.** Fuerte reacción alérgica como resultado de inyectar en el cuerpo materia extraña al mismo. **2.** Sensibilidad excesiva de algunas personas a la acción de ciertos alimentos o medicamentos. ▪ La segunda forma no varía en *pl.* FAM. Anafiláctico.

anáfora (del lat. *anaphora*, y éste del gr. *anaphora*) *s. f.* **1.** Figura retórica que consiste en la repetición de una o varias palabras al comienzo de cada verso, frase, etc.: *«¡Qué gran torero en la plaza! /¡Qué buen serrano en la sierra! /¡Qué blando con las espigas!»* (Lorca) **2.** Aparición en el discurso de elementos (pronombres, adverbios, etc.) que se refieren a una palabra o expresión anteriormente mencionadas. FAM. Anafórico.

anafre *s. m.* Hornillo, generalmente portátil.

anafrodisiaco o **anafrodisíaco, ca** (de *an-* y *afrodisiaco*) *adj.* Se dice de la sustancia que reduce el deseo sexual. También *s. m.* ANT. Afrodisiaco.

anaglifo o **anáglifo** (del gr. *anaglyphos*) *s. m.* Vaso u obra tallada con figuras en relieve.

anagrama (del lat. *anagramma*, y éste del gr. *anagramma*) *s. m.* **1.** Símbolo o emblema, generalmente constituido por letras. **2.** Palabra o palabras resultantes de la transposición o reordenación de las letras de otra u otras; p. ej., *amor* con respecto a *Roma*.

anal *adj.* Relativo al ano.

anales (del lat. *annalis*, de *annus*, año) *s. m. pl.* **1.** Relaciones o relatos escritos de sucesos ordenados por años. **2.** En la actualidad se denominan así las publicaciones de periodicidad anual, normalmente de carácter científico o técnico. SIN. **1.** Crónica, fastos. **2.** Anuario. FAM. Analista[1]. AÑO.

analfabetismo *s. m.* Situación de quien no sabe leer ni escribir.

analfabeto, ta (del lat. *analphabetus*, y éste del gr. *analphabetos*, de *an*, part. priv., y *alphabetos*, alfabeto) *adj.* **1.** Que no sabe leer ni escribir. También *s. m.* y *f.* **2.** *desp.* P. ext., ignorante, inculto. Tambien *s. m.* y *f.* ANT. **1.** Culto. FAM. Analfabetismo. ALFABETO.

analgésico, ca (del gr. *an-*, part. priv., y *algos*, dolor) *adj.* Que disminuye o suprime el dolor; especialmente se dice de algunos medicamentos. También *s. m.* SIN. Calmante.

análisis (del gr. *analysis*, de *analyo*, desatar) *s. m.* **1.** Distinción y separación de las partes de un todo hasta llegar a conocer e identificar elementos, principios, etc. **2.** Examen de alguna cuestión, problema, obra, escrito, etc. **3.** Método para determinar los componentes de una sustancia y la cantidad, cualidades, etc., de cada uno de ellos; también, resultado de dicho proceso: *análisis de sangre.* **4.** En inform., fase de un proceso, previa al trabajo de la máquina, en la que se establece la solución automatizada más adecuada y su forma de realización. **5.** Parte de las matemáticas que comprende cualquier problema que no sea geométrico. ▪ No varía en *pl.* SIN. **1.** Disección, descomposición. **2.** Estudio, investigación. **3.** Analítica. ANT. **1.** Síntesis. FAM. Analista[2], analítico, analizador, analizar. / Narcoanálisis, psicoanálisis.

analista[1] *s. m.* y *f.* Persona que escribe anales.

analista[2] *s. m.* y *f.* Especialista en análisis médicos, económicos, informáticos, etc.

analítico, ca (del gr. *analytikos*) *adj.* **1.** Relativo al análisis. **2.** Que procede o se desarrolla por vía de análisis. **3.** Se aplica a las lenguas que utilizan elementos morfológicos libres, como las preposiciones, conjunciones y artículos, para expresar las relaciones entre las palabras; p. ej., el inglés o el español. || *s. f.* **4.** Popularmente, análisis medico. ANT. **1.** y **3.** Sintético.

analizar *v. tr.* Realizar el análisis de algo. ▪ Delante de *e* se escribe *c* en lugar de *z*: *analicen.* SIN. Examinar, estudiar.

analogía (del lat. *analogia*, y éste del gr. *analogia*, semejanza, proporción) *s. f.* Relación de semejanza entre cosas distintas. SIN. Similitud, parecido, afinidad. ANT. Diferencia, desemejanza.

analógico, ca (del gr. *analogikos*) *adj.* **1.** Análogo. **2.** Propio de un método de cálculo que utiliza la analogía con las medidas de magnitudes físicas para la resolución de un problema. **3.** Se aplica al aparato o instrumento de medición que emplea un sistema de rayas, agujas, etc. para expresar, por analogía, determinadas magnitudes. SIN. **1.** Parecido, equivalente, similar. ANT. **1.** Diferente.

análogo, ga *adj.* Semejante, similar. FAM. Análogamente, analogía, analógicamente, analógico.

ananá o **ananás** (guaraní) *s. m.* **1.** Planta herbácea perenne que produce la piña tropical. **2.** El fruto de esta planta. ▪ La segunda de las formas no varía en *pl.*

anapesto (del lat. *anapaestus*, y éste del gr. *anapaistos*) *s. m.* Pie de las métricas griega y latina compuesto de tres sílabas: las dos primeras, breves, y la otra, larga. FAM. Anapéstico.

anaquel (del ár. *an-naqqal*, el que lleva) *s. m.* Estante de un armario, librería, etc. SIN. Entrepaño, estante, repisa.

anaranjado, da *adj.* Se aplica al color parecido al de la naranja y a las cosas que lo tienen.

anarco, ca *adj.* Anarquista. También *s. m.* y *f.*

anarcosindicalismo *s. m.* Corriente del anarquismo que atribuye a los sindicatos un papel decisivo en la emancipación de los trabajadores.

anarquía (del gr. *anarkhia*, de *an*, part. priv., y *arkhe*, autoridad) *s. f.* **1.** Ausencia de gobierno en un Estado. **2.** Confusión, desorden, por falta de autoridad o debilidad de la autoridad pública. **3.** P. ext., desconcierto o incoherencia en cosas que requieren ordenación. SIN. **1.** Desgobierno. **2.** y **3.** Caos, desorganización. **3.** Desarreglo, desbarajuste. ANT. **1.** Gobierno. **2.** y **3.** Orden, disciplina. FAM. Anarco, anarcosindicalismo, anárquicamente, anárquico, anarquismo, anarquista, anarquizante, anarquizar.

anárquico, ca *adj.* **1.** Propio de la anarquía. **2.** Desorganizado, desordenado. También *s. m.* y *f.* SIN. **1.** Ácrata. **2.** Caótico, confuso, indisciplinado. ANT. **2.** Ordenado, organizado.

anarquismo *s. m.* Doctrina política y movimiento social que defiende la completa libertad del individuo y la supresión del Estado y de la propiedad privada.

anarquizar *v. intr.* Promover o propagar el anarquismo o el desorden. ■ Delante de *e* se escribe *c* en lugar de *z*: *anarquice.*

anástrofe (del gr. *anastrophe*) *s. f.* Inversión violenta en el orden de las palabras de una oración.

anatema (del lat. *anathema*, y éste del gr. *anathema*, maldición) *s. amb.* **1.** Condena eclesiástica que excluye a los fieles del seno de la Iglesia. **2.** Reprobación rigurosa que se hace de una persona, actitud, ideología, etc. **3.** Maldición. **SIN. 1.** Excomunión. **2.** Censura, execración. **3.** Imprecación. **FAM.** Anatematizar.

anatematizar (del lat. *anathematizare*, y éste del gr. *anathematizo*) *v. tr.* Pronunciar un anatema contra alguien o imponérselo. ■ Delante de *e* se escribe *c* en lugar de *z*: *anatematice.* **SIN.** Excomulgar; execrar condenar, censurar; imprecar. **ANT.** Bendecir; elogiar, aprobar.

anatomía (del lat. *anatomia*, y éste del gr. *anatome*, corte) *s. f.* **1.** Rama de la biología y de la medicina que estudia la estructura, forma y relaciones entre las distintas partes del cuerpo de los seres vivos. **2.** Disposición, tamaño, forma y colocación de las partes exteriores del cuerpo del hombre o de los animales. **FAM.** Anatómico.

anatómico, ca (del lat. *anatomicus*, y éste del gr. *anatomikos*) *adj.* **1.** Relativo a la anatomía. **2.** Que se ajusta a la forma del cuerpo: *asiento anatómico.*

anca (del ant. al. *ancha*, pierna) *s. f.* **1.** Cada una de las dos mitades en que se divide la parte posterior de algunos animales: *ancas de rana.* **2.** Parte posterior del lomo de las caballerías. **3.** *fam.* Parte equivalente en el cuerpo humano. ■ En sing. lleva el art. *el* o *un.* **SIN. 2.** Grupa. **3.** Nalga, cadera. **FAM.** Enancarse.

ancestral (del fr. *ancestre*) *adj.* **1.** Relativo a los ancestros o antepasados, especialmente los remotos. **2.** De origen muy antiguo: *la ancestral lucha del hombre con la naturaleza.* **FAM.** Ancestro.

ancestro (del fr. *ancestre*, y éste del lat. *antecessor*) *s. m.* Antepasado.

ancho, cha (del lat. *amplus*) *adj.* **1.** De anchura considerable o excesiva: *una calle ancha. Esta mesa es ancha para el despacho.* **2.** Muy holgado o amplio: *El abrigo le viene ancho.* **3.** *fam.* A gusto, desagobiado: *Le digo todo y me quedo tan ancho.* **4.** *fam.* Orgulloso, satisfecho: *Se puso tan ancho con sus notas.* || *s. m.* **5.** Anchura; p. ext., distancia que corresponde a esta dimensión: *El tablero tiene 50 cm de ancho. Nadó varios anchos en la piscina.* || **LOC. a lo ancho** *adv.* En la dirección de la anchura: *Mídelo a lo ancho.* **a mis** (**tus**, **sus**) **anchas** *adv. fam.* Cómodamente, con entera libertad. **venir ancha** una cosa a alguien *fam.* Ser excesiva para sus posibilidades o capacidades: *Le viene ancho el cargo.* **SIN. 2.** Grande. **3.** Despreocupado. **4.** Orondo, ufano. **ANT. 1.** y **2.** Estrecho, angosto. **3.** Preocupado, tenso. **4.** Insatisfecho. **FAM.** Anchura, anchuroso. / Ensanchar.

anchoa (del genovés *anciöa*, y éste del lat. vulg. *apiua*, del gr. *aphye*) *s. f.* Boquerón curado en salmuera.

anchura (de *ancho*) *s. f.* **1.** La menor de las dos dimensiones de un objeto o lugar considerando un determinado plano. **2.** Dimensión horizontal frontal, aunque sea mayor que la lateral. **3.** Medida de un contorno o del diámetro de un orificio: *anchura de pecho, de caderas, de un tubo.* **SIN. 1.** a **3.** Ancho.

anchuroso, sa *adj.* De mucha anchura.

anciano, na (del lat. *antianus*, de *ante*, antes) *adj.* Se dice de la persona que tiene muchos años. También *s. m.* y *f.* **SIN.** Viejo, provecto, longevo. **ANT.** Joven, adolescente. **FAM.** Ancianidad.

ancla (del lat. *ancora*) *s. f.* Objeto pesado en forma de arpón o anzuelo con dos o más ganchos que, sujeto al extremo de un cable o cadena, se arroja al mar para inmovilizar las embarcaciones. ■ En sing. lleva el art. *el* o *un* **SIN.** Áncora. **FAM.** Anclaje, anclar. / Áncora.

anclaje *s. m.* **1.** Acción de anclar. **2.** Conjunto de elementos o dispositivo para fijar algo: *anclaje de una puerta.* **3.** Lugar donde los barcos pueden fondear. **4.** Impuesto que se paga por fondear en un puerto. **SIN. 1.** Fondeo; fijación. **2.** Sostén, sustento, apoyo. **3.** Fondeadero.

anclar *v. tr.* **1.** Fondear una embarcación por medio del ancla: *anclar el barco.* También *v. intr.* **2.** Sujetar algo firmemente. || **anclarse** *v. prnl.* **3.** Aferrarse a una posición, idea, situación, etc.: *anclarse en el pasado.* **SIN. 2.** Fijar, asegurar. **2.** y **3.** Asir(se), agarrar(se), afirmar(se). **ANT. 1.** Levar. **2.** Soltar, desprender.

ancón (del gr. *ankon*) *s. m.* **1.** Ensenada pequeña en la que se puede fondear. **2.** En arq., cada una de las dos ménsulas situadas a ambos lados de un vano, que sirven de apoyo a la cornisa.

áncora (del lat. *ancora*) *s. f.* **1.** Ancla. **2.** Lo que puede servir de amparo o refugio en un peligro o durante una desgracia: *áncora de salvación.* ■ En sing. lleva el art. *el* o *un.*

andadas, volver a las *loc. fam.* Reincidir, volver a caer en una mala costumbre que ya se había abandonado.

andaderas *s. f. pl.* **1.** Cualquier aparato para enseñar a los niños a andar sin peligro de caerse. **2.** Apoyos, precauciones: *Siempre hay que estar poniéndole andaderas para que haga las cosas.* **SIN. 1.** Andador, tacatá, tacataca.

andador, ra *adj.* **1.** Que anda mucho o deprisa. También *s. m.* y *f.* || *s. m.* **2.** Artefacto para que los niños aprendan a andar; también, los tirantes que se les ponen con el mismo fin para sujetarles y que no se caigan. **SIN. 1.** Andariego, andarín. **2.** Andaderas, tacatá, tacataca.

andadura *s. f.* **1.** Acción de andar. **2.** Camino recorrido.

andalucismo *s. m.* **1.** Rasgo lingüístico, vocablo o giro propio de los andaluces. **2.** Nacionalismo andaluz o defensa de lo que se considera característico de Andalucía.

andalusí *adj.* Relativo a la España musulmana, llamada al-Ándalus. ■ Su pl. es *andalusíes,* aunque también se usa *andalusís.* **SIN.** Hispanoárabe, hispanomusulmán.

andaluz, za *adj.* **1.** De Andalucía. También *s. m.* y *f.* || *s. m.* **2.** Dialecto del castellano hablado en esta región. **FAM.** Andalucismo, andalucista, andalusí.

andamiaje *s. m.* Conjunto de andamios.

andamio (de *andar*[1]) *s. m.* Armazón de tablones o tubos que se coloca para trabajar sobre él en las partes altas de los edificios. **FAM.** Andamiaje.

andana[1] (del ital. *andana*) *s. f.* Orden de algunas cosas puestas en línea: *una andana de ladrillos.* **SIN.** Hilera.

andana[2] (de *altana*, templo) *s. f.* Voz empleada en la locución **llamarse** uno (**a**) **andana**, desentenderse de algo o no atenerse a lo dicho o prometido cuando llega el momento de cumplirlo.

andanada (de *andana*[1]) *s. f.* **1.** Andana: *andanada de balcones.* **2.** Localidad cubierta y con gradas en la parte más alta de las plazas de toros. **3.** Descarga simultánea de toda una línea de batería, especialmente la de un buque. **4.** *fam.* Reprensión severa. **SIN. 4.** Reprimenda, regañina.

andante[1] *adj.* **1.** Que anda. || **2. caballería andante** Véase **caballería. 3. caballero andante** Véase **caballero.**

andante[2] (ital.) *s. m.* **1.** Movimiento musical moderadamente lento. **2.** Parte de una pieza musical interpretada con ese movimiento. || *adv. m.* **3.** Con ese movimiento.

andanza (de *andar*[1]) *s. f.* Aventura, peripecia, especialmente la ocurrida durante un viaje. Se usa sobre todo en *pl.*: *Nos habló de sus andanzas por Suramérica.* **SIN.** Correría, episodio. **FAM.** Bienandanza, malandanza. ANDAR[1].

andar[1] (del lat. *ambulare*) *v. intr.* **1.** Ir de un lugar a otro dando pasos. **2.** Trasladarse de un lugar a otro un ser inanimado: *El coche anda deprisa.* **3.** Funcionar una máquina o un mecanismo: *Este reloj no anda.* **4.** Pasar el tiempo: *andando los años.* **5.** Estar en una determinada circunstancia, situación, etc.: *Ando pachucho. Andaba tras el empleo.* **6.** Encontrarse, hallarse: *¿Qué tal andas?* También *v. prnl.*: *No sabe por dónde se anda.* **7.** Obrar, mostrar un determinado comportamiento. También *v. prnl.*: *andarse con miramientos, con rodeos.* **8.** Tocar, hurgar o curiosear en algo: *Andaba en tu estuche.* También *v. prnl.* con valor reflexivo: *andarse en la herida.* **9.** Aproximarse a una cantidad: *Debe de andar por los dos millones.* **10.** Seguido de la preposición *a* y sustantivos que indiquen golpes o acciones violentas, efectuarlos contra alguien: *Los dos hermanos andaban a tortas.* || *v. tr.* **11.** Recorrer: *andar el camino.* || *v. aux.* **12.** Seguido de un gerundio, indica que se está realizando la acción expresada por éste: *Anda charlando por ahí.* || **LOC. ¡anda!** *interj. fam.* Expresa asombro, alegría, etc. Se usa a veces para animar a alguien a hacer algo, para rogar o insistir: *¡Anda, ven!* **andar derecho** *fam.* Conducirse alguien como debe. **andarse por las ramas** No ir directamente a lo esencial. **todo se andará** *fam.* Indica que ya llegará el momento de que algo se haga, se resuelva o suceda. ■ Es v. irreg. **SIN. 1.** Caminar. **2.** y **3.** Marchar. **4.** Transcurrir, correr. **7.** Comportarse. **8.** Toquetear(se); cotillear; enredar, revolver. **9.** Rondar, rozar. **ANT. 1.** a **3.** Parar(se), detenerse. **FAM.** Andaderas, andador, andadura, andante, andanza, andar[2], andariego, andarín, andarríos, andurrial. / Desandar.

ANDAR	
INDICATIVO	
Pretérito perfecto simple	
anduve	*anduvimos*
anduviste	*anduvisteis*
anduvo	*anduvieron*
SUBJUNTIVO	
Pretérito imperfecto	**Futuro**
anduviera, -ese	*anduviere*
anduvieras, -eses	*anduvieres*
anduviera, -ese	*anduviere*
anduviéramos, -ésemos	*anduviéremos*
anduvierais, -eseis	*anduviereis*
anduvieran, -esen	*anduvieren*

andar[2] *s. m.* Modo de andar. Se usa mucho en *pl.*: *Tiene andares garbosos.*

andariego, ga o **andarín, na** *adj.* Que tiene afición o costumbre de andar. También *s. m.* y *f.*

andarivel (del cat. *andarivell*, y éste del ital. *andarivello*) *s. m.* **1.** En un barco, cuerda que se coloca como pasamanos. **2.** Cuerda gruesa tendida entre las orillas de un río, canal, etc., que sirve para trasladar una embarcación avanzando a lo largo de esa cuerda con las manos. **3.** Mecanismo parecido por el que se hace correr, entre dos puntos, una cesta, cajón, etc.

andarríos *s. m.* Nombre común de diversas aves de mediano tamaño, dorso oscuro y vientre blanco que anidan cerca de corrientes fluviales de Eurasia. ■ No varía en *pl.*

andas (del lat. *ames, -itis*) *s. f. pl.* Tablero sostenido por dos barras horizontales y paralelas utilizado para transportar personas u objetos. **SIN.** Angarillas.

andén (del lat. *indago, -inis*, cerco) *s. m.* **1.** Especie de acera junto a las vías donde se coloca el público en las estaciones de ferrocarril o del metro. **2.** Muelle de un puerto. || *s. f.* **3.** *Amér. C.* y *Col.* Acera de una calle. **FAM.** Andana[1], andanada.

andinismo *s. m. Amér.* Montañismo, alpinismo. **FAM.** Andinista. ANDINO.

andino, na *adj.* De la cordillera de los Andes. **FAM.** Andinismo. / Transandino.

andoba o **andóbal** (caló) *s. m.* y *f. desp.* Cualquier persona, individuo. **SIN.** Fulano, tipo, tío, menda.

andorga (del ár. *unduqa*, bajo vientre) *s. f. fam.* Vientre, barriga, panza: *llenar la andorga.*

andorrano, na *adj.* De Andorra. También *s. m.* y *f.*

andrajo *s. m.* Jirón o pedazo de ropa muy vieja y usada. **SIN.** Harapo, pingajo, pingo, guiñapo, piltrafa. **FAM.** Andrajoso.

andrajoso, sa *adj.* Cubierto o vestido de andrajos. **SIN.** Harapiento, desarrapado, astroso. **ANT.** Elegante.

andro- (del gr. *aner, andros*) *pref.* Significa 'hombre' o 'masculino': *andrógeno.*

androceo (de *andro-* y la terminación de *gineceo*) *s. m.* Aparato sexual masculino de las flores, formado por el conjunto de los estambres.

androcracia (de *andro-* y *-cracia*) *s. f.* Forma de organización social basada en el predominio y la autoridad del hombre sobre la mujer.

andrógeno (de *andro-* y *-geno*) *s. m.* Sustancia hormonal responsable de la aparición de los caracteres sexuales secundarios masculinos, como la barba, el tono de voz, etc. El más importante es la testosterona.

andrógino, na (del lat. *androgynus*, y éste del gr. *androgynos*, de *aner, andros*, varón, y *gyne*, mujer) *adj.* **1.** Se aplica al organismo animal o vegetal que reúne en un mismo individuo caracteres de los dos sexos. **2.** En sentido restringido, se aplica al hombre con algunos caracteres sexuales femeninos. También *s. m.* **SIN. 1.** Hermafrodita. **2.** Afeminado.

androide (de *andro-* y *-oide*) *s. m.* Autómata con figura de hombre. **SIN.** Robot.

andropausia (de *andro* y el gr. *pausis*, pausa) *s. f.* Proceso y periodo de la vida del varón que aparece entre los 50 y 70 años de edad y está caracterizado por la disminución progresiva de la actividad de las glándulas sexuales. **FAM.** Andropáusico.

andurrial (de *andar*[1]) *s. m.* Paraje o lugar extraviado, poco transitado o fuera del camino. Se usa más en *pl.*: *No se veía un alma por aquellos andurriales.*

anea (del ár. *an-naya*, la flauta) *s. f.* Enea*. **FAM.** Enea.

anécdota (del gr. *anekdota*, de *anekdotos*, inédito) *s. f.* **1.** Breve narración de un suceso interesante, curioso o divertido: *Nos contó muchas anécdotas de su viaje.* **2.** Detalle o aspecto accidental, secundario: *Eso no es más que la anécdota de la novela.* **SIN. 1.** Curiosidad, historieta. **ANT. 2.** Esencia. **FAM.** Anecdotario, anecdótico.

anecdotario *s. m.* Colección de anécdotas.

anecdótico, ca *adj.* **1.** Propio de la anécdota: *un escrito anecdótico.* **2.** Marginal, poco importante: *Su intervención fue meramente anecdótica.* **SIN. 2.** Secundario, accesorio.

anegadizo, za *adj.* Se dice del terreno que se encharca con facilidad.

anegar (del lat. *enecare*, matar) *v. tr.* Inundar de agua y, p. ext., de otros líquidos, generalmente en sentido hiperbólico: *anegar en sangre una rebelión.* También *v. prnl.*: *anegarse los campos, anegarse en lágrimas.* ■ Delante de *e* se escribe *gu* en lugar de *g*: *anegue.* **SIN.** Encharcar(se). **FAM.** Anegación, anegadizo, anegamiento.

anejo, ja (del lat. *annexus*) *adj.* Unido a otra cosa, derivado o dependiente de ella. También *s. m.* **SIN.** Agregado, vinculado, dependiente. **ANT.** Independiente.

anélido (del lat. *anellus*, anillo, e *-ido*) *adj.* **1.** Se aplica a ciertos gusanos de cuerpo más o menos cilíndrico y dividido en anillos o segmentos, como la lombriz de tierra y la sanguijuela. También *s. m.* || *s. m. pl.* **2.** Filo constituido por estos invertebrados.

anemia (del gr. *anaimia*, de *an*, part. priv., y *aima*, sangre) *s. f.* Disminución de la cantidad de sangre o de algunos de sus componentes, sobre todo glóbulos rojos o hemoglobina. **FAM.** Anémico.

anémico, ca *adj.* **1.** Propio de la anemia. **2.** Que padece anemia. También *s. m.* y *f.*

anemófilo, la (del gr. *anemos*, viento, y *-filo*) *adj.* Se dice de las plantas cuya polinización se realiza por medio del viento.

anemometría (del gr. *anemos*, viento, y *-metría*) *s. f.* Parte de la meteorología que trata de la medida de la velocidad o la fuerza del viento.

anemómetro (del gr. *anemos*, viento, y *-metro*) *s. m.* Aparato para medir la velocidad del viento o la fuerza de éste. **FAM.** Anemometría.

anémona (del lat. *anemone*, y éste del gr. *anemone*, de *anemos*, viento) *s. f.* **1.** Hierba perenne con un bulbo en la raíz, pocas hojas en los tallos y flores de vivos colores. **2.** Flor de esta planta. || **3. anémona de mar** Actinia*.

anemoscopio (del gr. *anemos*, viento, y *skopeo*, observo) *s. m.* Instrumento que sirve para determinar la dirección del viento.

anestesia (del gr. *anaisthesia*, de *an*, part. priv., y *aisthesis*, sentido) *s. f.* **1.** Estado caracterizado por la ausencia de sensaciones. **2.** Sustancia que produce ese estado y que se emplea normalmente en operaciones quirúrgicas. **SIN. 2.** Anestésico. **FAM.** Anestesiar, anestésico, anestesista.

anestesiar *v. tr.* Aplicar anestesia en una intervención quirúrgica: *Para quitarle la muela le han tenido que anestesiar.*

anestésico, ca *adj.* **1.** Relativo a la anestesia. **2.** Que causa anestesia. También *s. m.*

anestesista *s. m.* y *f.* Especialista encargado de aplicar la anestesia.

aneurisma (del gr. *aneurysma*, de *aneuryno*, dilatar) *s. amb.* **1.** Ensanchamiento patológico de un vaso sanguíneo, especialmente una arteria. **2.** Aumento anormal del volumen del corazón.

anexar *v. tr.* Anexionar*.

anexión *s. f.* Acción de anexar o anexionar. **SIN.** Unión, incorporación. **ANT.** Segregación, secesión, separación.

anexionar *v. tr.* Unir una cosa a otra con dependencia de ella, especialmente estados y territorios. También *v. prnl.* ■ Se dice también *anexar.* **SIN.** Agregar, incorporar(se). **ANT.** Separar(se), independizar(se). **FAM.** Anexión, anexionismo, anexionista. ANEXO.

anexionismo *s. m.* Doctrina y actuación política que defiende y persigue la anexión de territorios.

anexo, xa (del lat. *annexus*, de *annectere*, enlazar) *adj.* **1.** Unido a otra cosa con dependencia de ella. || *s. m.* **2.** Aquello que se une: *Este libro tiene dos anexos.* **SIN. 1.** Anejo. **FAM.** Anexar, anexionar. / Anejo. NEXO.

anfeta *s. f. argot* Anfetamina*.

anfetamina (del ingl. *amphetamine*) *s. f.* Droga estimulante que afecta al sistema nervioso central. **FAM.** Anfeta.

anfibio, bia (del lat. *amphibius*, y éste del gr. *amphibios*, de *amphi*, ambos, y *bios*, vida) *adj.* **1.** Que puede vivir dentro y fuera del agua; se aplica en particular a los animales vertebrados que, como la rana, el sapo o la salamandra, pasan parte de su vida en el agua, como larvas provistas de branquias, aunque en estado adulto desarrollan pulmones, lo que les permite respirar en tierra. También *s. m.* **2.** P. ext., se dice de los vehículos que pueden desplazarse por dos medios, especialmente por tierra y agua. **3.** Se aplica a la operación militar ejecutada por fuerzas de tierra y mar. || *s. m. pl.* **4.** Clase constituida por los animales antes mencionados, que abarca los órdenes anuros, urodelos y ápodos.

anfibología (del bajo lat. *amphibologia*) *s. f.* Doble sentido de una palabra, frase, etc. **SIN.** Ambigüedad, equívoco.

anfíbraco (del lat. *amphibrachus*, y éste del gr. *amphibrakhys*) *s. m.* Pie de la métrica clásica compuesto de una sílaba breve, una larga y otra breve.

anfioxo *s. m.* Nombre común de diversos animales marinos, únicos representantes del subfilo cefalocordados. Miden entre 2 y 7 cm de longitud, tienen forma de pez, están cubiertos de una cutícula transparente y se alimentan filtrando el agua. Habitan en las aguas costeras y se entierran en la arena.

anfiteatro (del lat. *amphitheatrum*, y éste del gr. *amphitheatron*, de *amphi*, alrededor, y *theatron*, teatro) *s. m.* **1.** Construcción romana consistente en una serie de asientos colocados en gradas circulares alrededor de un espacio llano, donde se celebraban los espectáculos de gladiadores. **2.** Conjunto de asientos, generalmente colocados sobre gradas, en aulas, teatros, cines, etc. **SIN. 2.** Gradería, graderío.

anfitrión, na (de *Anfitrión*, rey de Tebas, famoso por sus espléndidos banquetes) *s. m.* y *f.* Persona que tiene invitados, respecto a éstos.

ánfora (del lat. *amphora*, y éste del gr. *amphoreus*, vaso grande de dos asas) *s. f.* Vasija alta y estrecha, de cuello largo, normalmente con dos asas, que utilizaron sobre todo griegos y romanos. ■ En sing. lleva el art. *el* o *un.*

anfractuoso, sa (del lat. *anfractuosus*, lleno de vueltas o rodeos) *adj.* Sinuoso, desigual: *un terre-*

no anfractuoso. **SIN.** Abrupto, tortuoso, irregular, áspero. **ANT.** Uniforme, regular.

angarillas (del lat. *angaria*, acarreo) *s. f. pl.* **1.** Andas para transportar carga. **2.** Aguaderas. **SIN. 1.** Parihuelas.

ángel (del lat. *angelus*, y éste del gr. *angelos*, mensajero) *s. m.* **1.** Ser sobrenatural, espíritu puro, servidor y mensajero de Dios. **2.** Gracia, simpatía: *una persona con ángel.* **3.** Persona muy bondadosa: *Ha sido un ángel conmigo.* || **4. ángel custodio** (o **de la guarda**) El que Dios asigna a la custodia de cada persona. **FAM.** Angelical, angelicalmente, angélico, angelito, angelote, ángelus. / Arcángel, desangelado.

angelical o **angélico, ca** *adj.* **1.** Propio de los ángeles: *coros angelicales.* **2.** Que es candoroso, inocente o hermoso como un ángel.

angelito *s. m.* **1.** *dim.* de **ángel**. **2.** Niño de muy poca edad.

angelote *s. m.* **1.** *aum.* de **ángel**. **2.** *fam.* Figura grande de ángel que aparece en retablos, pinturas, etc. **3.** *fam.* Niño robusto y tranquilo. **4.** *fam.* Persona muy sencilla y apacible.

ángelus *s. m.* Oración cristiana en honor del misterio de la encarnación, que comienza con las palabras latinas *angelus Domini,* 'el ángel del Señor'. ■ No varía en *pl.*

angina (del lat. *angina*, de *angere*, sofocar) *s. f.* **1.** Inflamación de las amígdalas. **2.** En lenguaje corriente, amígdala. ■ En estas dos acepciones se usa más en *pl.* || **3. angina de pecho** Enfermedad muy grave caracterizada por un dolor agudísimo del pecho, que se extiende ordinariamente por el hombro y brazo izquierdos y se debe a obstrucción de las arterias coronarias.

angioma (del gr. *angeion*, vaso, y *-oma*) *s. m.* Tumor de carácter benigno formado por acumulación de vasos sanguíneos, que aparece generalmente en la piel. **SIN.** Antojo.

angiosperma (del gr. *angeion*, vaso, y *sperma*, semilla) *adj.* **1.** Se dice de las plantas que producen verdaderas flores, las cuales dan lugar a semillas que se desarrollan protegidas en el interior del fruto. || *s. f. pl.* **2.** Subtipo constituido por estas plantas, que junto con las gimnospermas, forma el tipo espermafitas o fanerógamas.

anglicanismo *s. m.* Conjunto de principios, doctrinas e instituciones de la Iglesia anglicana, Iglesia oficial de Inglaterra. **FAM.** Anglicano. ANGLO.

anglicismo *s. m.* Giro o vocablo de procedencia inglesa que se usa en castellano o en cualquier otra lengua, p. ej. *fútbol, yate.*

anglo, gla (del lat. *anglus*) *adj.* **1.** De cierto pueblo germánico establecido en Inglaterra en el s. V. También *s. m.* y *f.* **2.** Inglés. También *s. m.* y *f.* || *s. m.* **3.** Dialecto anglosajón que se habló antiguamente en el N de Inglaterra. **FAM.** Anglicanismo, anglicismo, anglófono, anglonormando, anglosajón.

anglo- (del lat. *anglus*) *pref.* Significa 'inglés': *anglófilo, anglófono.*

anglófono, na (de *anglo-* y *-fono*) *adj.* De habla inglesa. También *s. m.* y *f.*

anglonormando, da *adj.* **1.** De los normandos que se establecieron en Inglaterra después de la batalla de Hastings (1066). También *s. m.* y *f.* || *s. m.* **2.** Dialecto francés de Normandía, hablado antiguamente en Inglaterra.

anglosajón, na *adj.* **1.** De los pueblos germánicos que en el s. V se establecieron en Inglaterra. También *s. m.* y *f.* **2.** P. ext., de habla y civilización inglesa. También *s. m.* y *f.* || *s. m.* **3.** Lengua germánica de la que derivó el inglés.

angoleño, ña o **angolano, na** *adj.* De Angola. También *s. m.* y *f.*

angora (de *Angora*, ant. nombre de *Ankara*, ciudad de Turquía) *s. f.* Lana de pelo abundante y sedoso, con la que se confeccionan géneros de punto. **FAM.** Angorina.

angorina *s. f.* Lana de pelo menos abundante que la de angora.

angosto, ta (del lat. *angustus*) *adj.* Estrecho, reducido: *Cruzamos un angosto desfiladero.* **SIN.** Constreñido. **ANT.** Ancho, espacioso. **FAM.** Angostura1.

angostura[1] *s. f.* **1.** Cualidad de angosto. **2.** Paso estrecho. **SIN. 1.** Estrechez, estrechura. **2.** Desfiladero, cañón. **ANT. 1.** Anchura.

angostura[2] *s. f.* **1.** Corteza de ciertos árboles de la que se extrae una sustancia amarga con propiedades tónicas y estimulantes. **2.** Esta misma sustancia.

ángstrom (de *Anders Jonas Angstrom,* físico sueco) *s. m.* En fís., unidad de longitud que equivale a una diezmillonésima de milímetro; se emplea normalmente para medir longitudes de onda y para expresar las dimensiones atómicas. Su símbolo es *Å*.

anguila (del lat. *anguilla*) *s. f.* Pez delgado y cilíndrico de piel viscosa y cubierta de pequeñas escamas; su carne es muy apreciada. **FAM.** Angula.

angula (vasc., del lat. *anguilla*) *s. f.* Cría de la anguila, muy apreciada en gastronomía.

angular *adj.* **1.** Del ángulo. **2.** Que tiene figura de ángulo. **3.** Situado en el vértice o arista: *piedra angular.* || **4. gran angular** Ángulo de visión de hasta 180° en el objetivo de la cámara fotográfica.

ángulo (del lat. *angulus*, y éste del gr. *ankylos*, encorvado) *s. m.* **1.** En geom., porción de plano o de espacio limitada respectivamente por dos rectas o dos superficies que se cortan. **2.** Esquina, arista. **3.** Rincón. **4.** Punto de vista, opinión: *Lo consideraron desde ángulos distintos.* || **5. ángulo muerto** Zona que queda fuera del campo visual; particularmente, zona lateral de un vehículo que no se puede ver por los espejos retrovisores. **SIN. 4.** Perspectiva, óptica. **FAM.** Angular, angulosidad, anguloso. / Acutángulo, equiángulo, oblicuángulo, obtusángulo, rectángulo, triángulo.

anguloso, sa (del lat. *angulosus*) *adj.* Que tiene ángulos, aristas o esquinas: *fachada angulosa.* **SIN.** Recortado, saliente. **ANT.** Llano, chato.

angurria *s. f.* **1.** *fam. Amér. del S.* Ansia extremada, deseo intenso. **2.** *fam. Amér. del S.* Hambre, ganas de comer. **3.** *fam. Chile* Sentimiento de angustia.

angustia (del lat. *angustia*, angostura, dificultad) *s. f.* **1.** Sentimiento intenso y opresivo de ansiedad, temor, inquietud o incertidumbre. **2.** Aflicción, congoja. **3.** *fam.* Necesidad de vomitar. **SIN. 2.** Amargura, desánimo, pesar. **3.** Basca, náusea, arcada. **ANT. 1.** Placidez. **2.** Alegría. **FAM.** Angustiadamente, angustiado, angustiar, angustiosamente, angustioso.

angustiar *v. tr.* Causar angustia, inquietud, ansiedad. También *v. prnl.*: *No te angusties por el examen.* **SIN.** Inquietar, agobiar. **ANT.** Tranquilizar, desahogar.

anhelar (del lat. *anhelare*) *v. tr.* Desear intensamente conseguir algo: *anhelar honores, riquezas.* **SIN.** Ansiar, ambicionar, aspirar. **ANT.** Renunciar; odiar. **FAM.** Anhelante, anhelo, anhelosamente, anheloso.

anhelo *s. m.* Deseo intenso: *Ganar las elecciones es su mayor anhelo.* **SIN.** Afán, ansia, aspiración.

anhídrido *s. m.* Antigua denominación de los óxidos no metálicos.

anhidro, dra (del gr. *anydros*, de *an*, part. priv., e *hydor*, agua) *adj.* En quím., se aplica a los cuerpos en cuya formación no entra el agua y a aquellos que la han perdido.

anidar *v. intr.* **1.** Hacer nido las aves o vivir en él. **2.** P. ext., morar, habitar. **3.** Hallarse en alguien cierta cualidad o sentimiento: *En ella anidan la simpatía y la belleza.* **SIN.** **2.** Alojarse. **ANT.** **1.** Desanidar. **FAM.** Anidación. / Desanidar. NIDO.

anilina (del fr. *aniline*) *s. f.* Líquido oleoso y tóxico, obtenido del nitrobenceno, que se usa en la industria, especialmente para ciertos colorantes.

anilla *s. f.* **1.** Pieza en forma de circunferencia para diversos usos, como p. ej. las de metal, madera u otro material que sirven para colocar colgaduras o cortinas. || *s. f. pl.* **2.** Par de aros pendientes de cuerdas o cadenas para efectuar ejercicios gimnásticos. **SIN.** **1.** Argolla, arandela.

anillar *v. tr.* **1.** Sujetar con anillas o anillos. **2.** Dar forma de anillo. **3.** Marcar a las aves colocándoles anillos en las patas para estudiar su población, migraciones, etc. **FAM.** Anillado. ANILLO.

anillo (del lat. *anellus*) *s. m.* **1.** Aro pequeño, particularmente el que se lleva como adorno o símbolo en los dedos de la mano. **2.** Elemento circular que rodea un cuerpo: *el anillo de Saturno, del fuste de una columna.* **3.** Cornisa circular que sirve de base a una cúpula. **4.** Cada una de las capas cilíndricas de tejido leñoso que forman el tronco de los árboles y que indican su crecimiento en espesor. **5.** Cada uno de los segmentos en que se divide el esqueleto de algunos animales, como la lombriz o el ciempiés. **6.** Ruedo de una plaza de toros. || **LOC.** **caérsele** a uno **los anillos** *fam.* Considerar humillante o degradante hacer algo. ■ Se usa más en frases negativas. **venir** algo **como anillo al dedo** *fam.* Ser muy oportuno, conveniente o acertado. **SIN.** **1.** Anilla, arete; sortija, alianza. **6.** Redondel, arena, coso. **FAM.** Anilla, anillar. / Anélido, anular[2].

ánima (del lat. *anima*, soplo, aliento vital) *s. f.* **1.** Alma del hombre, especialmente la que pena en el purgatorio. **2.** Hueco de un objeto, en particular del cañón de un arma de fuego. || *s. f. pl.* **3.** Toque de campanas para rogar por las ánimas del purgatorio y hora en que se hace este toque. ■ En sing. lleva el art. *el* o *un*

animación (del lat. *animatio, -onis*) *s. f.* **1.** Acción de animar o animarse. **2.** Viveza y agilidad en las acciones, movimientos o palabras. **3.** Concurrencia de público y entorno agradable en un acto, lugar, etc.: *En las carreras hubo mucha animación.* **4.** Técnica cinematográfica para dotar de movimiento a dibujos. **5.** Conjunto de técnicas y procedimientos para impulsar la participación de una persona en las actividades o proyectos de un grupo: *animación cultural.* **SIN.** **2.** Vivacidad, exaltación. **3.** Ambiente, bullicio. **ANT.** **1.** y **2.** Decaimiento. **3.** Aburrimiento.

animado, da **1.** *p.* de **animar**. También *adj.* || *adj.* **2.** Que tiene vida: *seres animados.* || **3. dibujos animados** Véase **dibujo**. **FAM.** Animadamente. / Inanimado. ANIMAR.

animador, ra (del lat. *animator, -oris*) *adj.* **1.** Que anima. También *s. m.* y *f.*: *las animadoras de un equipo.* || *s. m.* y *f.* **2.** Persona que presenta algunos espectáculos, en los que a veces interviene. **3.** Organizador de actividades, especialmente de ocio y tiempo libre. **SIN.** **2.** Showman, showoman.

animadversión (del lat. *animadversio, -onis*) *s. f.* **1.** Enemistad, odio. **2.** Oposición muy crítica a alguien o algo: *En su carta manifiesta su animadversión al proyecto.* **SIN.** **1.** Animosidad, antipatía, fila, ojeriza. **2.** Hostilidad, prevención. **ANT.** **1.** Amistad, simpatía. **2.** Apoyo.

animal (del lat. *animal, -alis*) *s. m.* **1.** Ser vivo, generalmente con capacidad de movimiento propio y dotado de sensibilidad, que se alimenta de plantas y otros animales. **2.** Ser animado carente de razón, por contraposición a hombre. || *adj.* **3.** Relativo a los seres vivos antes mencionados: *reino animal.* **4.** Propio de la parte sensitiva del ser humano, a diferencia de la racional o intelectual: *instinto animal.* **5.** Se dice de la persona ruda, ignorante o que utiliza en exceso la fuerza física. También *s. m.* y *f.* **SIN.** **1.** Metazoo. **2.** y **5.** Bestia. **5.** Bruto, tarugo. **FAM.** Animalada, animalizar. ÁNIMO.

animalada *s. f.* **1.** Dicho o hecho contrario a la razón: *Sería una animalada abandonar los estudios ahora.* **2.** Acción brutal o cruel: *Abandonar a un perro es una animalada.* **SIN.** **1.** Estupidez, tontería. **2.** Salvajada, barbaridad.

animar (del lat. *animare*, de *anima*, alma, espíritu) *v. tr.* **1.** Dar a una persona ánimo o confianza en ella misma. También *v. prnl.*: *Venga, anímate.* **2.** Estimular a alguien para que haga cierta cosa: *Me animaron para que estudiara alemán.* También *v. prnl.* **3.** Comunicar alegría, actividad, animación: *animar una reunión.* También *v. prnl.* **SIN.** **1.** Alentar, conformar, confortar. **2.** Incitar, empujar, motivar. **3.** Avivar(se), alegrar(se). **ANT.** **1.** y **2.** Desanimar(se), desalentar(se). **FAM.** Animación, animado, animador. / Reanimar. ÁNIMO.

anímico, ca (de *ánima*) *adj.* Relacionado con el ánimo y sus estados. **SIN.** Espiritual, psíquico.

animismo (de *ánima*) *s. m.* **1.** Creencia que considera que todos los cuerpos están dotados de vida. **2.** Creencia en grandes espíritus adorados como divinidades benéficas o maléficas. **FAM.** Animista. ÁNIMO.

ánimo (del lat. *animus*) *s. m.* **1.** Situación afectiva o emocional de una persona: *Su estado de ánimo era optimista.* **2.** Valor, empuje, energía: *Nuestro ánimo no desfallece.* ■ Se utiliza también como *interj.* para animar a alguien. **3.** Intención, voluntad: *sin ánimo de ofender.* **4.** Alma, espíritu. **SIN.** **1.** Humor, talante. **2.** Brío, entusiasmo, animosidad. **3.** Deseo. **4.** Ánima. **FAM.** Ánima, animal, animar, anímico, animismo, animosamente, animosidad, animoso. / Desanimar, exánime, magnánimo, pusilánime, unánime.

animosidad (del lat. *animositas, -atis*) *s. f.* **1.** Antipatía u oposición hacia alguien o algo. **2.** Ánimo, valor. **SIN.** **1.** Animadversión, aversión, ojeriza, fila. **2.** Empuje, entusiasmo. **ANT.** **1.** Simpatía. **2.** Desaliento.

animoso, sa (del lat. *animosus*) *adj.* Valeroso, decidido. **SIN.** Valiente, resuelto. **ANT.** Cobarde.

aniñado, da *adj.* Semejante a los niños en su aspecto o actitud. **SIN.** Infantil, pueril. **ANT.** Avejentado. **FAM.** Aniñarse. NIÑO.

anión (de *an-* y el gr. *ion*, que va) *s. m.* Ion negativo resultado de poseer un átomo o agrupación de átomos un exceso de electrones.

aniquilar (del lat. *annihilare*, de *ad*, a, y *nihil*, nada) *v. tr.* **1.** Destruir, matar, hacer desaparecer: *aniquilar una población.* También *v. prnl.* con valor recíproco. **2.** Deteriorar o consumir algo no material, como la salud, el ánimo, etc. También *v. prnl.* **3.** Derrotar por completo al adversario.

SIN. **1.** Exterminar, devastar, arrasar, asolar. **1.** y **3.** Pulverizar. **3.** Abatir. ANT. **1.** Construir. **2.** Animar. FAM. Aniquilación, aniquilador, aniquilamiento.

anís (del lat. *anisum*, y éste del gr. *anisos*) *s. m.* **1.** Planta anual de flores blanquecinas y semillas de olor y sabor aromáticos utilizadas en la elaboración de dulces y licores. **2.** Semilla de esta planta. **3.** Aguardiente aromatizado con esta semilla. **4.** Pequeño dulce, en forma de bolita, aromatizado con esta semilla. SIN. **1.** y **2.** Matalahúva, matalahúga. **3.** Anisado. FAM. Anisado, anisete.

anisado, da *adj.* **1.** Con anís o que tiene su sabor. || *s. m.* **2.** Aguardiente de anís.

anisete (del fr. *anisette*) *s. m.* Licor fabricado con aguardiente, azúcar y esencia de anís.

aniversario (del lat. *anniversarius*, de *annus*, año, y *vertere*, volver) *s. m.* **1.** Día en que se cumplen años de algún acontecimiento: *aniversario de bodas.* **2.** Celebración en que se conmemora.

ano (del lat. *anus*) *s. m.* Orificio en que termina el tubo digestivo, por donde se expulsan los excrementos. SIN. Culo. FAM. Anal. / Perianal.

-ano, na *suf.* **1.** Forma gentilicios: *toledano, riojano.* **2.** Significa 'originario' o 'relativo a': *ciudadano, aldeano, copernicano.* **3.** Indica 'oficio': *escribano.* **4.** Añade el significado de 'creyente' o 'partidario': *mahometano, republicano.* ■ Presenta con frecuencia la variante *-iano*: *caucasiano, calderoniano.*

anoche (del lat. *ad noctem*) *adv. t.* En la noche de ayer. FAM. Anteanoche. NOCHE.

anochecer[1] (del lat. *ad*, a, y *noctescere*, de *nox, noctis*, noche) *v. impers.* **1.** Empezar a faltar la luz del día, venir la noche. || *v. intr.* **2.** Encontrarse en cierto lugar o situación al comenzar la noche: *Anochecí en Tordesillas.* ■ Es v. irreg. Se conjuga como *agradecer.* SIN. **1.** Oscurecer. ANT. **1.** Amanecer. FAM. Anochecer[2], anochecido. NOCHE.

anochecer[2] *s. m.* Tiempo durante el cual anochece. SIN. Ocaso, crepúsculo. ANT. Amanecer, aurora, alba.

anochecido, da **1.** *p.* de **anochecer**[1]. También *adj.* || *adv. t.* **2.** Al empezar la noche: *Era anochecido cuando volvimos.*

anodino, na (del lat. *anodynus*, y éste del gr. *anodynos*, de *an*, part. priv., y *odyne*, dolor) *adj.* Insustancial, carente de importancia, gracia o interés: *un espectáculo anodino.* SIN. Insulso, insípido, soso, vulgar, insignificante. ANT. Interesante, sugestivo.

ánodo (del gr. *anodos*, de *ana*, sobre, y *odos*, camino) *s. m.* Electrodo positivo. ANT. Cátodo.

anofeles (del gr. *anopheles*, perjudicial) *adj.* Se dice de un género de mosquitos dípteros, con largos palpos y probóscide, que transmiten el paludismo. También *s. m.* ■ No varía en *pl.*

anomalía (del lat. *anomalia*, y éste del gr. *anomalia*) *s. f.* Anormalidad, irregularidad o defecto: *No encontraron ninguna anomalía en los análisis.* SIN. Rareza, deformidad. ANT. Normalidad. FAM. Anómalo. / Isanómalo.

anómalo, la *adj.* Que es irregular o se sale de la norma. SIN. Raro, insólito, extraño.

anonadar (de *a-*[2] y *nonada*) *v. tr.* **1.** Desconcertar o aturdir totalmente a alguien: *Nos anonadó con sus argumentos.* También *v. prnl.* **2.** Impresionar, asombrar: *El malabarista anonadó al público.* SIN. **1.** Apabullar(se), abrumar(se). **1.** y **2.** Pasmar(se), sorprender(se), maravillar(se). FAM. Anonadamiento. NONADA.

anonimato *s. m.* Estado o condición de anónimo: *vivir en el anonimato.*

anonimia *s. f.* Cualidad de anónimo.

anónimo, ma (del gr. *anonymos*, de *an*, part. priv., y *onoma*, nombre) *adj.* **1.** Se aplica a las obras o escritos de los que no se conoce el nombre de su autor. También *s. m.* **2.** Desconocido, ignorado: *autor anónimo, admirador anónimo.* También *s. m.* y *f.* || *s. m.* **3.** Carta o escrito no firmado en que, por lo común, se dice algo ofensivo, desagradable o amenazador para el que lo recibe. **4.** Anonimato, circunstancia del que oculta su nombre: *guardar el anónimo.* SIN. **2.** Remoto, recóndito. **4.** Incógnito. ANT. **2.** Famoso. FAM. Anónimamente, anonimato, anonimia.

anopluro (del gr. *anoplos*, sin armas, y *ura*, cola) *adj.* **1.** Se dice de los insectos sin alas y de pequeño tamaño, que poseen un aparato bucal capaz de perforar la piel y chupar la sangre de mamíferos, como p. ej. el piojo. También *s. m.* || *s. m. pl.* **2.** Orden de estos insectos.

anorak (voz esquimal) *s. m.* Especie de chaquetón impermeable, generalmente con capucha.

anorexia (del gr. *anorexia*, de *an*, part. priv., y *orexis*, deseo) *s. f.* Pérdida del apetito, debida generalmente a causas psíquicas, que produce en el individuo una negativa a comer.

anormal *adj.* **1.** Que no es normal: *Su desinterés me pareció anormal.* **2.** En el lenguaje corriente y utilizado indebidamente, deficiente mental. Suele emplearse como insulto. También *s. m.* y *f.* SIN. **1.** Anómalo, raro, extraño. **2.** Subnormal, retrasado. ANT. **1.** Corriente, regular. FAM. Anormalidad, anormalmente. NORMAL.

anotar (del lat. *annotare*) *v. tr.* **1.** Escribir notas, hacer constar, apuntar: *anotar un teléfono, una cantidad en el haber de una cuenta.* **2.** Lograr un tanto en ciertos deportes: *anotar una canasta.* || **anotarse** *v. prnl.* **3.** Obtener un triunfo o un fracaso: *Nuestro equipo se anotó la victoria.* SIN. **1.** Inscribir, registrar, asentar. **2.** Marcar. ANT. **1.** Borrar. FAM. Anotación, anotador. NOTA.

anovulación *s. f.* Falta o suspensión de la ovulación. FAM. Anovulatorio. OVULAR[1].

anovulatorio, ria *adj.* Se dice del medicamento que impide la ovulación. También *s. m.*

anoxia (lat. científico) *s. f.* Disminución o ausencia de oxígeno en la sangre o en los tejidos corporales.

anquilosar *v. tr.* **1.** Producir disminución o privación de los movimientos de una articulación. También *v. prnl.*. **2.** Detener o parar algo en su natural progreso. También *v. prnl.*: *Muchos se anquilosan en su profesión.* SIN. **1.** Paralizar. **2.** Estancar(se), atrofiar(se). ANT. **2.** Renovar(se). FAM. Anquilosado, anquilosamiento.

ánsar (del lat. vulg. *ansar, -aris*, del lat. *anser, anseris*) *s. m.* **1.** Nombre común de diversas especies de aves palmípedas de gran tamaño, de una de las cuales, el *ánsar común*, procede el ganso doméstico. Habita en el N de Europa y Asia. **2.** Ganso*. FAM. Anseriforme.

anseriforme *adj.* **1.** Se dice de las aves palmípedas nadadoras y voladoras que tienen el cuerpo robusto, cuello largo y una glándula en la base de la cola de la que extraen grasa para lubricar sus plumas, como patos, cisnes, gansos, etc. También *s. f.* || *s. f. pl.* **2.** Orden constituido por estas aves.

ansia (del lat. *anxia*, de *anxius*, angustiado) *s. f.* **1.** Deseo intenso: *ansia de riquezas.* **2.** Angustia, inquietud. || *s. f. pl.* **3.** Náuseas. ■ En sing. lleva el art. *el* o *un.* **SIN.** **1.** Afán, anhelo. **2.** Ansiedad, desazón, desasosiego. **3.** Arcadas. **ANT.** **1.** Indiferencia. **2.** Placidez. **FAM.** Ansiar, ansiedad, ansiolítico, ansiosamente, ansioso.

ansiar (del lat. *anxiare*) *v. tr.* Desear con ansia: *Ansía volver a su país.* ■ La *i* de la raíz no forma diptongo con la vocal de la desinencia y se acentúa en algunas formas del presente y del imperativo. **SIN.** Anhelar, ambicionar, codiciar.

ANSIAR		
INDICATIVO	SUBJUNTIVO	IMPERATIVO
Presente	**Presente**	
ansío	*ansíe*	
ansías	*ansíes*	*ansía*
ansía	*ansíe*	
ansiamos	*ansiemos*	
ansiáis	*ansiéis*	*ansiad*
ansían	*ansíen*	

ansiedad (del lat. *anxietas, -atis*) *s. f.* Estado de agitación o desasosiego que padece una persona. **SIN.** Ansia, desazón, zozobra, inquietud.

ansiolítico, ca *adj.* Se dice del fármaco que disminuye el estado de ansiedad. También *s. m.*

ansioso, sa *adj.* Que tiene ansia o ansiedad: *Estaba ansioso por irse.* **SIN.** Impaciente; inquieto, desasosegado. **ANT.** Tranquilo, sereno.

antagónico, ca *adj.* Opuesto, contrario: *Nuestras opiniones son antagónicas.* **SIN.** Antagonista, incompatible. **ANT.** Similar, semejante. **FAM.** Antagonismo, antagonista.

antagonista (del lat. *antagonista*, y éste del gr. *antagonistes*, de *anti*, contra, y *agonistes*, combatiente) *adj.* **1.** Aplicado a personas, antagónico, contrario. **2.** Que obra en sentido contrario, p. ej. los músculos flexores y los extensores. || *s. m.* y *f.* **3.** En una obra literaria, cinematográfica, etc., personaje que se opone al protagonista.

antaño (del lat. *ante annum*) *adv. t.* En tiempos antiguos. **SIN.** Antiguamente. **ANT.** Actualmente.

antártico, ca (del lat. *antarcticus*, y éste del gr. *antarktikos*, de *anti*, en contra, y *arktikos*, septentrional) *adj.* Relativo al polo sur y a las regiones que lo rodean.

ante[1] (del ár. *lamt*) *s. m.* **1.** Mamífero rumiante semejante al ciervo. **2.** Piel curtida de algunos animales, de tacto aterciopelado. **FAM.** Antelina.

ante[2] (del lat. *ante*) *prep.* **1.** En presencia de, delante de: *actuar ante el público.* **2.** Frente a, respecto de: *Nada pude hacer ante su insistencia.* **ANT.** **1.** Tras. **FAM.** Anterior, antes.

ante meridiem (lat.) *loc. adv.* Antes del mediodía. ■ Se abrevia como *a. m.* **ANT.** Post meridiem.

ante- (del lat. *ante*) *pref.* Expresa anterioridad en el tiempo y en la posición en el espacio: *anteayer, antediluviano; antebrazo, anteponer.*

anteanoche *adv. t.* En la noche de anteayer.

anteayer *adv. t.* En el día inmediatamente anterior al de ayer.

antebrazo *s. m.* Parte del brazo que comprende desde el codo hasta la muñeca.

antecámara *s. f.* Habitación que precede a la sala principal de un palacio o mansión. **SIN.** Antesala.

antecedente (del lat. *antecedens, -entis*) *adj.* **1.** Que antecede. || *s. m.* **2.** Hecho, dicho o circunstancia anterior que explica o determina otros posteriores: *los antecedentes de la guerra, de un caso judicial.* **3.** Nombre, pronombre u oración a que hace referencia un pronombre o un adverbio relativo. **4.** Primer término de una razón matemática, lógica, etc. || *s. m. pl.* **5.** En der., información que queda en el registro correspondiente sobre la persona condenada por un delito. || **LOC.** **en antecedentes** *adv.* Con información sobre algún asunto: *poner a alguien en antecedentes.* **SIN.** **1.** y **2.** Precedente. **ANT.** **1.** Siguiente. **2.** Consecuencia.

anteceder (del lat. *antecedere*, de *ante*, delante, y *cedere*, moverse) *v. tr.* Estar, ir o suceder antes que alguien o algo. **SIN.** Preceder. **ANT.** Suceder. **FAM.** Antecedente, antecesor. CEDER.

antecesor, ra (del lat. *antecessor, -oris*) *adj.* **1.** Anterior en el tiempo. || *s. m.* y *f.* **2.** Persona que precedió a otra en algún cargo, trabajo, etc. || *s. m.* **3.** Antepasado, ascendiente. Se usa mucho en *pl.*: *Sus antecesores eran italianos.* **SIN.** **1.** Precedente. **2.** Predecesor. **3.** Ancestro. **ANT.** **1.** Posterior. **2.** Sucesor. **3.** Descendiente.

antedicho, cha *adj.* Dicho o escrito antes o más arriba: *el ejemplo antedicho.*

antediluviano, na *adj.* **1.** Anterior al diluvio universal. **2.** Muy viejo, antiguo o anticuado. **SIN.** **2.** Trasnochado, desfasado. **ANT.** **2.** Moderno.

antefirma *s. f.* **1.** Fórmula de tratamiento que se pone antes de la firma, como p. ej. *suyo afectísimo.* **2.** Denominación del cargo o dignidad del firmante que se pone antes de la firma.

antelación (del bajo lat. *antelatio, -onis*, del lat. *anteferre*, anteponer) *s. f.* Anticipación en el tiempo con que sucede o se hace una cosa respecto a otra: *Nos avisaron con antelación.* **SIN.** Adelanto. **ANT.** Demora, retraso.

antelina *s. f.* Tejido que imita la piel de ante.

antemano, de *loc. adv.* Anticipadamente.

antena (del lat. *antenna*) *s. f.* **1.** Elemento de un dispositivo electrónico a través del cual se emiten o reciben ondas de radio, televisión o radar. **2.** Cada uno de los apéndices articulados que los artrópodos poseen en la cabeza. **3.** *fam.* Oreja, oído: *Pon la antena, a ver si te enteras de algo.* || **LOC.** **estar en antena** Estar emitiendo en radio o televisión. **FAM.** Antenista.

antenista *s. m.* y *f.* Persona que instala y arregla antenas receptoras.

anteojera *s. f.* Cada una de las piezas que se colocan junto a los ojos de los animales para que no vean por los lados.

anteojo *s. m.* **1.** Instrumento óptico, compuesto por dos lentes situadas en los extremos de un tubo, que permite ver ampliados los objetos lejanos. || *s. m. pl.* **2.** Gafas, lentes. **3.** Quevedos, antiguas gafas sin patillas. **FAM.** Anteojera. OJO.

antepasado, da *s. m.* y *f.* Persona de la que desciende o procede alguien. Se usa mucho en *pl.* **SIN.** Ascendiente, antecesor, abuelo, ancestro; mayores. **ANT.** Descendiente.

antepecho *s. m.* **1.** Pretil o barandilla colocada en lugares altos para poder asomarse sin peligro. **2.** Balcón o ventana con barandilla que no sobresale del muro exterior del edificio. **3.** Protector que se pone a los animales de tiro delante del pecho.

antepenúltimo, ma *adj.* Inmediatamente anterior al penúltimo. También *s. m.* y *f.*

anteponer (del lat. *anteponere*, de *ante*, delante, y *ponere*, poner) *v. tr.* **1.** Poner delante o inmediatamente antes. También *v. prnl.* **2.** Preferir, dar más importancia a una cosa que a otra: *Antepone sus intereses a los de los demás.* ■ Es v. irreg. Se conjuga como *poner.* **ANT.** **1.** y **2.** Posponer. **FAM.** Anteposición. PONER.

anteportada *s. f.* Hoja que precede a la portada de un libro y en la que se pone el título.

anteproyecto *s. m.* **1.** Estudio previo de un asunto determinado. **2.** Conjunto de trabajos preliminares al proyecto de una obra de arquitectura o ingeniería. **3.** En der., texto legal aprobado por el gobierno para su remisión a las cortes generales como proyecto de ley.

antera (del gr. *anthera*, de *anthos*, flor) *s. f.* Parte del estambre de las flores que contiene el polen. **FAM.** Anteridio, anterozoide.

anteridio (del gr. *anthera*, florida, y el dim. *-idion*) *s. m.* Órgano sexual masculino de las plantas criptógamas.

anterior (del lat. *anterior, -oris*) *adj.* **1.** Que existe o sucede antes: *el año anterior.* **2.** Situado delante de otra persona o cosa: *la línea anterior.* **3.** Se aplica a las vocales palatales: *e, i.* **SIN. 1.** Previo. **1.** y **2.** Precedente. **ANT. 1.** Futuro. **1.** y **2.** Siguiente. **1.** a **3.** Posterior. **3.** Velar. **FAM.** Anterioridad, anteriormente. ANTE[2].

anterozoide (del gr. *anthera*, florida, y *zoon*, animal) *s. m.* Gameto masculino de las plantas criptógamas.

antes (de *ante*[2] con la *s* de *tras*) *adv. t.* **1.** Expresa un tiempo pasado, anterior a otro: *Salió antes del amanecer.* || *adv. l.* **2.** Delante de alguien o algo: *Ponte antes que Luis.* || *adv. m.* **3.** Denota prioridad o preferencia y equivale a mejor, más bien: *preferir una cosa antes que otra.* || *adj.* **4.** Anterior: *el día antes.* || *conj. advers.* **5.** Por el contrario: *No le apoyaron, antes le pusieron pegas.* || **LOC. antes bien** *conj.* Indica oposición a lo expresado en la oración anterior: *No apruebo su conducta; antes bien, la juzgo poco digna.* **ANT. 1., 2.** y **4.** Después. **FAM.** Antaño. / Endenantes. ANTE[1].

antesala *s. f.* **1.** Habitación que precede a la sala principal, donde se espera para ser recibido. || **LOC. hacer antesala** Aguardar a ser recibido por alguien. **SIN. 1.** Antecámara, recibidor.

antevíspera *s. f.* Día inmediatamente anterior al de la víspera.

anti- (del gr. *anti*) *pref.* Significa 'opuesto', 'contrario': *antigripal, antinatural.*

antiácido, da *adj.* Se dice de la sustancia que neutraliza el exceso de acidez en alguna parte del organismo, especialmente en el aparato digestivo. También *s. m*: *El bicarbonato es un antiácido muy utilizado.*

antiadherente *adj.* Se dice de las sustancias o materias que evitan la adherencia: *sartén antiadherente.* También *s. m.*

antiaéreo, a *adj.* Destinado a la defensa contra ataques aéreos; particularmente, se aplica a un tipo de cañón. También *s. m.*

antibalas *adj.* Que sirve para protegerse de las balas: *chaleco antibalas.* ■ No varía en *pl.*

antibiograma (de *anti-*, *-bio* y *-grama*) *s. m.* Método que determina qué antibiótico puede frenar el crecimiento o destruir determinada bacteria.

antibiótico, ca (de *anti-* y *-bio*) *adj.* Se aplica a la sustancia producida por un microorganismo o por procedimientos químicos, capaz de destruir a otros microorganismos o impedir su crecimiento. También *s. m.*

anticarro *adj.* Antitanque*. ■ No varía en *pl.*

anticiclón *s. m.* Región atmosférica de altas presiones que superan los 1.013 milibares; suele originar tiempo despejado. **FAM.** Anticiclónico. CICLÓN.

anticipación (del lat. *anticipatio, -onis*) *s. f.* **1.** Acción de anticipar o anticiparse: *Has llegado con anticipación.* **2.** Figura retórica que consiste en refutar de antemano una objeción: *«No digáis que agotado su tesoro, / de asuntos falta, enmudeció la lira: / podrá no haber poetas; pero siempre / habrá poesía»* (Gustavo Adolfo Bécquer) || **3. literatura de anticipación** Literatura de ciencia ficción. **SIN. 1.** Adelanto, antelación. **ANT. 1.** Retraso, demora.

anticipado, da 1. *p.* de **anticipar**. Tambien *adj.* || **LOC. por anticipado** *adv.* Con antelación, de antemano, antes de que ocurra o se haga algo. **SIN.** Adelantado. **ANT.** Retrasado.

anticipar (del lat. *anticipare*, de *ante*, antes, y *capere*, tomar) *v. tr.* **1.** Hacer o decir una cosa antes del tiempo señalado: *anticipar las elecciones.* **2.** Adelantar dinero a alguien: *Me han anticipado la paga de este mes.* || **anticiparse** *v. prnl.* **3.** Adelantarse en hacer algo antes de que lo haga otro o antes de que suceda cierta cosa: *Me anticipé a invitarle antes del final de las vacaciones.* **4.** Ocurrir una cosa antes de tiempo: *Se ha anticipado el invierno.* **SIN. 1.** Avanzar. **ANT. 1.** Retrasar, demorar. **FAM.** Anticipación, anticipadamente, anticipado, anticipo.

anticipo *s. m.* **1.** Anticipación, adelanto: *El artista ofreció un anticipo de su actuación. Las agencias dieron un anticipo de la noticia.* **2.** Parte de un sueldo o salario que recibe una persona antes de cumplirse el plazo en que debía cobrarlo.

anticlerical *adj.* Contrario al clero, especialmente, a su intervención en asuntos de carácter no eclesiástico. También *s. m.* y *f.*

anticlímax (de *anti-* y el gr. *klimax*, gradación) *s. m.* **1.** Gradación retórica de intensidad descendente, en la que se suceden diversas palabras o frases de manera que cada una de ellas expresa o significa algo menos que la anterior: *«Miro hacia atrás. / ¿Qué queda / de esos días? / Restos, / vida quemada, / nada.»* (Ángel González) **2.** Término más bajo de esa gradación. **3.** En una novela, obra de teatro o cine, momento de la acción en que disminuye la tensión, por contraposición al momento culminante o clímax. ■ No varía en *pl.*

anticlinal (del gr. *antiklinein*, inclinar en sentido contrario) *adj.* Se aplica al pliegue en que los estratos tienen una curvatura en forma de bóveda. También *s. m.*

anticoagulante *adj.* Se dice de la sustancia que impide o retrasa la coagulación de la sangre. También *s. m.* **ANT.** Coagulante.

anticonceptivo, va *adj.* Se dice del medio o práctica que impide que la mujer quede embarazada. También *s. m.* **FAM.** Anticoncepción. CONCEBIR.

anticongelante *adj.* Se dice de la sustancia que se añade al agua que refrigera los motores para que no se congele. También *s. m.*

anticristo (del lat. *Antichristus*, y éste del gr. *Antikhristos*, contrario a Cristo) *s. m.* Nombre que en el *Apocalipsis* de San Juan se da a un misterioso adversario, individual o colectivo, que antes de la segunda venida de Cristo tratará de apartar a los cristianos de su fe.

anticuado, da *adj.* **1.** Que no se usa o estila por estar pasado de moda: *Esa camisa está anticuada.* **2.** Se dice de la persona de mentalidad y gustos propios de otra época. También *s. m.* y *f.* **SIN. 1.** Obsoleto. **1.** y **2.** Desfasado, trasnochado. **ANT. 1.** y **2.** Moderno, actual. **FAM.** Anticuario, anticuarse. ANTIGUO.

anticuario, ria (del lat. *antiquarius*) *s. m.* y *f.* **1.** Persona que estudia, colecciona o vende cosas antiguas. || *s. m.* **2.** Tienda en que se venden estos objetos.

anticuarse *v. prnl.* Quedarse antiguo. ■ En cuanto al acento, se conjuga como *actuar*: *anticúo*.

anticucho *s. m. Arg., Bol., Chile* y *Perú* Trozo pequeño de carne asada, que se ensarta en una caña o palillo.

anticuerpo *s. m.* Sustancia que existe en el organismo animal o es producida en él por la introducción de un antígeno y que reacciona específicamente contra dicho antígeno, defendiendo al organismo de la acción de cuerpos perjudiciales.

antidemocrático, ca *adj.* Opuesto a la democracia: *medidas antidemocráticas.*

antidepresivo, va *adj.* Se aplica al medicamento que actúa contra los estados de depresión. También *s. m*: *El médico le recetó un antidepresivo.*

antidisturbios *adj.* Se dice de los medios humanos y materiales empleados para reprimir disturbios, disolver manifestaciones, etc., y, en especial, de la unidad o sección de la policía encargada de esta tarea, así como de sus miembros. También *s. m.* y *f.* ■ No varía en *pl.*

antidopaje o **antidoping** *adj.* Se aplica al control que tiene como objeto detectar el uso de drogas estimulantes o anabolizantes no permitidas por parte de los deportistas. También *s. m.*

antídoto (del lat. *antidotus*, y éste del gr. *antidotos*, de *anti*, contra, y *dotos*, dado) *s. m.* **1.** Sustancia o medicamento que impide los efectos venenosos de los tóxicos. **2.** Cosa capaz de evitar o prevenir un mal: *El deporte es un buen antídoto contra las enfermedades circulatorias* **SIN.** **1.** Contraveneno.

antidroga *adj.* Que actúa contra el tráfico y consumo de drogas: *brigada antidroga.*

antiemético, ca *adj.* Se dice del fármaco indicado contra las náuseas y los vómitos. También *s. m.* **ANT.** Emético, vomitivo.

antiespasmódico, ca *adj.* Que sirve para calmar los espasmos. También *s. m.*

antiestético, ca *adj.* Contrario a la estética, a la belleza: *Tiene una antiestética verruga en la nariz.* **SIN.** Feo, desagradable. **ANT.** Estético, bello.

antifaz (de *ante-* y *faz*) *s. m.* **1.** Máscara, velo o cualquier otra cosa con que una persona se cubre la cara. **2.** Pieza de tela negra con que se cubren los ojos o las facciones que los rodean. **SIN.** **1.** Careta.

antífona (del lat. *antiphona*, y éste del gr. *antiphonos*, el que responde) *s. f.* Breve pasaje que se canta o reza antes y después de los salmos y de los cánticos en las horas canónicas.

antífrasis (del gr. *antiphrasis*) *s. f.* Figura retórica similar a la ironía, que consiste en utilizar expresiones que significan lo contrario de lo que se debería decir, p. ej: *Al Capone era una hermanita de la caridad.* ■ No varía en *pl.*

antigás *adj.* Se dice de las cosas que sirven para protegerse de los gases tóxicos: *careta antigás.*

antígeno (de *anti-* y *-geno*) *s. m.* Sustancia que, introducida en un organismo animal, provoca la formación de anticuerpos.

antigualla (del ital. *anticaglia*, con adaptación a *antiguo*) *s. f. desp.* Obra, objeto, uso, etc. muy antiguo. **ANT.** Novedad.

antiguamente *adv. t.* En tiempos pasados, en la antigüedad.

antigüedad (del lat. *antiquitas, -atis*) *s. f.* **1.** Cualidad de antiguo: *la antigüedad de una casa.* **2.** Tiempo muy lejano al presente y, por antonomasia, Edad Antigua de la historia. **3.** Tiempo que una persona lleva en un empleo, actividad o lugar: *doce años de antigüedad.* **4.** Obra de arte u objeto de tiempos antiguos. Se usa más en *pl.* ‖ **5. Antigüedad clásica** Periodo histórico que corresponde a la Edad Antigua de los pueblos ribereños del Mediterráneo, en especial los griegos y latinos. **SIN.** **1.** Vejez, vetustez. **ANT.** **1.** Modernidad, novedad. **1.** y **2.** Actualidad.

antiguo, gua (del lat. *antiquus*) *adj.* **1.** Que existe desde hace mucho tiempo: *una antigua costumbre.* **2.** Que existió o sucedió en tiempos remotos: *la antigua Mesopotamia.* **3.** Ya pasado o desaparecido; que ha dejado de ser lo que expresa el sustantivo al que acompaña este adjetivo: *el antiguo código civil.* **4.** Anticuado, pasado de moda: *¡Qué corbata tan antigua llevas!* **5.** Se dice de la persona que lleva mucho tiempo en un empleo, actividad o sitio: *Ramón es muy antiguo en la empresa.* También *s. m.* y *f.* **6.** Que es desde hace mucho tiempo lo que indica el sustantivo: *un antiguo amigo de la familia.* ■ El sup. es *antiquísimo.* ‖ *s. m. pl.* **7.** Los que vivieron hace mucho tiempo y, por antonomasia, los de la Edad Antigua: *Los antiguos vestían de modo diferente que nosotros* ‖ **LOC. a la antigua** *adv.* Según usos o costumbres antiguas. **de antiguo** *adv.* Desde tiempo remoto o desde mucho tiempo antes. **SIN.** **1.** Arcaico, secular. **1.**, **3.** y **6.** Viejo. **2.** Inmemorial, lejano. **3.** Anterior. **4.** Desfasado, obsoleto. **5.** Veterano. **6.** Arraigado, asiduo. **ANT.** **1.** a **4.** Moderno, actual. **1.** a **6.** Nuevo, reciente. **5.** Novato. **FAM.** Antigualla, antiguamente, antigüedad. / Anticuado.

antihéroe *s. m.* Protagonista de una obra literaria o cinematográfica con cualidades opuestas a las que tradicionalmente adornan al héroe.

antihigiénico, ca *adj.* Contrario a las reglas de la higiene: *Comer con las manos sucias es antihigiénico.* **ANT.** Higiénico.

antihistamínico, ca *adj.* Se dice de la sustancia que anula los efectos de la histamina, y que se usa en medicina para combatir las afecciones alérgicas. También *s. m.*

antiinflamatorio, ria *adj.* Se dice del medicamento indicado para combatir la inflamación. También *s. m.*

antillano, na *adj.* De las Antillas. También *s. m.* y *f.*

antilogaritmo *s. m.* Número al que corresponde un logaritmo dado.

antílope (del fr. *antilope*, del ingl. *antelope*) *s. m.* Mamífero rumiante que tiene la cabeza provista de astas permanentes, sin ramificaciones, y revestidas de una capa córnea.

antimateria *s. f.* Materia compuesta por antipartículas.

antimonio (del bajo lat. *antimonium*) *s. m.* Elemento químico que suele aparecer en forma sólida, es de color blanco plateado y de fácil pulverización. Presenta acusadas propiedades metálicas a pesar de no ser un metal y se emplea en aleaciones con el plomo y en la industria de explosivos, textil y farmacéutica. Su símbolo es *Sb.*

antinatural *adj.* Contrario a lo considerado natural. **SIN.** Aberrante.

antiniebla *adj.* Se aplica a los dispositivos luminosos que ayudan a ver y ser visto en la niebla: *faros antiniebla*

antinomia (del lat. *antinomia*, y éste del gr. *antinomia*, de *anti*, contra, y *nomos*, ley) *s. f.* Contradicción, particularmente entre dos preceptos legales o dos principios racionales. **SIN.** Oposición, antítesis. **ANT.** Concordancia, coincidencia.

antinuclear *adj.* **1.** Opuesto al uso de la energía nuclear, tanto en usos militares como civiles. **2.** Se aplica a instalaciones, p. ej. un refugio, especialmente preparadas para protegerse de los efectos de una explosión nuclear.

antioxidante *adj.* Que evita la oxidación. También *s. m.* **ANT.** Oxidante.

antipapa *s. m.* Denominación del que, sin estar elegido canónicamente papa, pretende ser reconocido como tal.

antiparasitario, ria *adj.* **1.** Se dice de la sustancia, loción, etc., que combate los parásitos en hombres y animales. También *s. m.* **2.** En radiocomunicación, antiparásito. También *s. m.*

antiparásito, ta *adj.* Se dice del dispositivo o circuito electrónico que permite eliminar ruidos de los sistemas de transmisión o recepción de ondas de radio. También *s. m.* **FAM.** Antiparasitario. PARÁSITO.

antiparras (de *antipara*) *s. f. pl. fam.* Anteojos, gafas.

antipartícula *s. f.* Componente atómico de la antimateria. Las antipartículas son de la misma naturaleza y características que las partículas materiales salvo en el signo de su carga eléctrica y en el sentido de su momento magnético. La colisión de pares partícula-antipartícula provoca su mutuo aniquilamiento.

antipasto (ital.) *s. m. Arg.* y *Urug.* Plato frío de entremeses formado por fiambres, aceitunas y verduras en vinagre.

antipatía (del lat. *antipathia*, y éste del gr. *antipatheia*) *s. f.* Sentimiento de repugnancia o rechazo hacia alguien o algo. **SIN.** Aversión, animosidad, manía, ojeriza, inquina, tirria. **ANT.** Simpatía. **FAM.** Antipático.

antipático, ca *adj.* Que causa antipatía, que no resulta agradable: *Es tan antipático que no saluda a nadie.* También *s. m.* y *f.* **SIN.** Desagradable, seco, huraño, odioso. **ANT.** Simpático, afable.

antipirético, ca (de *anti-* y el gr. *pyretos*, fiebre) *adj.* Se dice del medicamento que hace bajar la fiebre. También *s. m.* **SIN.** Febrífugo, antifebril.

antípoda (del lat. *antipodes*, y éste del gr. *antipodes*, de *anti*, contra, y *pus*, *podos*, pie) *adj.* **1.** Se dice de cualquier habitante del globo terrestre con respecto a otro que resida en un punto o lugar diametralmente opuesto. También *s. m.* y *f.* **2.** Se dice del lugar o punto geográfico que, con respecto a otro, es diametralmente opuesto. También *s. amb.*, sobre todo *pl.*: *Ahora es de noche en los* (o *las*) *antípodas.* **3.** *fam.* Totalmente opuesto a otra persona o cosa. También *s. m.* y *f.*, sobre todo *pl.*: *Sus ideas son los* (o *las*) *antípodas de las mías.* || **LOC. en los** (o **las**) **antípodas** *adv.* En el lado o posición diametralmente opuesta: *Mis gustos están en las ántípodas de los suyos.* **SIN. 3.** Antitético, enfrentado. **ANT. 3.** Similar, semejante, acorde.

antirreglamentario, ria *adj.* Contrario a lo establecido en el reglamento: *El árbitro anuló el gol por la posición antirreglamentaria del delantero.* **ANT.** Reglamentario.

antirrobo *adj.* Se aplica al dispositivo o sistema de seguridad cuya función es impedir el robo. También *s. m.*

antisepsia (del fr. *antisepsie*) *s. f.* Método destinado a combatir o prevenir las infecciones, sobre todo mediante el uso de sustancias que destruyen los microbios causantes de la enfermedad. **FAM.** Antiséptico. SEPSIS.

antiséptico, ca *adj.* Se dice de las sustancias que matan o impiden el crecimiento de los microorganismos. Los antisépticos se emplean como desinfectantes de lugares, objetos, instrumentos quirúrgicos, heridas, etc. También *s. m.*

antisubmarino, na *adj.* Se dice de las armas y dispositivos empleados en la lucha contra submarinos militares.

antitanque *adj.* Se aplica a las armas y medios empleados para destruir carros de combate y otros vehículos blindados. ■ No varía en *pl.*: *granadas antitanque.* **SIN.** Anticarro.

antitérmico, ca *adj.* **1.** Que aísla del calor. **2.** Antipirético*. También *s. m.*

antítesis (del lat. *antithesis*, y éste del gr. *antithesis*, de *anti*, contra, y *thesis*, posición) *s. f.* **1.** Oposición entre dos juicios, personas o cosas. **2.** Persona o cosa opuesta a otra: *Ese chico es la antítesis de su padre.* **3.** En lit., figura retórica que consiste en contraponer frases o palabras de significación contraria, como p. ej. en la oración: *La grandeza se demuestra a veces en cosas pequeñas.* ■ No varía en *pl.* **SIN. 1.** Antagonismo, contraste, contraposición, contrario. **ANT. 1.** Semejanza. **2.** Imagen. **FAM.** Antitético. TESIS.

antitetánico, ca *adj.* Se dice de los medicamentos que previenen o curan la enfermedad del tétanos: *vacuna antitetánica.* También *s. m.* y *f.*

antitético, ca (del lat. *antitheticus*, y éste del gr. *antithetikos*) *adj.* Que implica antítesis entre dos conceptos, personas, etc. **SIN.** Opuesto, contrario, contrapuesto. **ANT.** Coincidente, semejante.

antitusígeno, na (de *anti-* y *tusígeno*) *adj.* Que calma o combate la tos. También *s. m.* **ANT.** Tusígeno.

antivariólico, ca (de *anti-* y el lat. vulg. *variola*, del lat. *varius*, de colores variados) *adj.* Que combate la viruela.

antivirus *adj.* Que detecta la presencia de virus informáticos y los elimina: *programa antivirus.* También *s. m.*

antofagasta (de *Antofagasta*, región del N de Chile) *s. m.* y *f.* Persona cuya presencia en una tertulia o café desentona o fastidia.

antojadizo, za *adj.* Que tiene antojos o caprichos con frecuencia. También *s. m.* y *f.* **SIN.** Caprichoso.

antojarse *v. prnl.* **1.** Desear con vehemencia alguna cosa, especialmente cuando lo que apetece es puro capricho: *Se le antojó un viaje al Caribe.* **2.** Considerar como probable alguna cosa: *Se me antoja que va a empeorar el tiempo.* ■ Es v. defect: sólo se usa en 3.ª pers. con algunos pron. pers.: *me*, *te*, *le*, *nos*, etc. **SIN. 1.** Encapricharse, anhelar. **2.** Imaginarse, temerse, figurarse.

antojitos *s. m. pl. fam. Méx.* Aperitivos, tapas.

antojo (del lat. *ante oculum*, delante del ojo) *s. m.* **1.** Deseo caprichoso, vivo y pasajero: *Tuvo un antojo y se compró unos pendientes* **2.** Lunar, mancha en la piel. **SIN. 1.** Capricho. **FAM.** Antojadizo, antojarse, antojitos.

antología (del gr. *anthologia*, de *anthos*, flor, y *lego*, escoger) *s. f.* **1.** Colección de fragmentos de obras literarias o artísticas. || **LOC. ser** algo **de antología** Ser excelente. **SIN. 1.** Florilegio. **FAM.** Antológico, antólogo.

antológico, ca *adj.* **1.** De la antología o que constituye una antologia: *exposición antológica de pintores realistas.* **2.** Excelente, memorable, de gran calidad: *El actor realizó una interpretación antológica.* **SIN. 2.** Espléndido, inolvidable. **ANT. 2.** Mediocre.

antónimo, ma (de *anti-* y el gr. *onoma*, nombre) *adj.* Se dice de las palabras que tienen un significado opuesto: *«Bueno» y «malo» son antónimos.* También *s. m.* **ANT.** Sinónimo. **FAM.** Antonimia.

antonomasia (del lat. *antonomasia*, y éste del gr. *antonomasia*) *s. f.* **1.** Sinécdoque que consiste en poner el nombre común por el propio o el propio por el común; p. ej., *un Nerón*, por un hombre cruel. || **LOC. por antonomasia** *adv.* Por excelencia: *El tango es el baile argentino por antonomasia.*

antorcha (del prov. *antorcha*, del lat. *intorquia*, de *intorquere*, retorcer) *s. f.* **1.** Trozo de madera u otro material inflamable, de forma y tamaño adecuados para llevarlo con la mano, al que se prende fuego por la parte superior para alumbrar. **2.** Lo que sirve de guía al entendimiento. **SIN. 1.** Hacha, tea. **2.** Luz.

antozoo *adj.* **1.** Se dice de una clase de cnidarios que sólo tienen la forma de pólipo y no pasan por la fase de medusa. Viven aislados o en colonias y algunos, como el coral, producen un esqueleto calcáreo externo cuya acumulación en el mar forma arrecifes. *s. m. pl.* || *s. m. pl.* **2.** Clase de estos animales.

antracita (del lat. *anthracites*, y éste del gr. *anthrakites*, de *anthrax*, carbón) *s. f.* Carbón fósil de color negro, que arde con dificultad.

ántrax (del lat. *anthrax*, y éste del gr. *anthrax*, carbón) *s. m.* **1.** Inflamación dura y dolorosa del tejido subcutáneo, producida por la acumulación de forúnculos, con abundante formación de pus. || **2. ántrax maligno** Carbunco*. ■ No varía en *pl.*

antro (del lat. *antrum*, y éste del gr. *antron*) *s. m.* **1.** Caverna, cueva, gruta. **2.** Vivienda de aspecto sórdido o local de mala reputación por su clientela o ambiente: *Aquel bar era un antro.* **SIN. 2.** Tugurio, garito.

antropo- (del gr. *anthropos*) *pref.* Significa 'hombre', 'persona': *antropomorfo, antropólogo.*

antropocéntrico, ca *adj.* **1.** Propio del antropocentrismo. **2.** Que sitúa al hombre como centro: *una teoría antropocéntrica.*

antropocentrismo (de *antropo-* y *centro*) *s. m.* Concepto filosófico que considera al hombre como el centro de todas las cosas y fin absoluto de la naturaleza. **FAM.** Antropocéntrico. CENTRO.

antropofagia (del gr. *anthropophagia*) *s. f.* Costumbre de comer carne humana. **SIN.** Canibalismo.

antropófago, ga (del lat. *anthropophagus*, y éste del gr. *anthropophagos*, de *anthropos*, hombre, y *phagomai*, comer) *adj.* Se dice de la persona que come carne humana. También *s. m.* y *f.* **SIN.** Caníbal. **FAM.** Antropofagia.

antropoide (del gr. *anthropoeides*, con forma humana) *adj.* **1.** Se dice de los mamíferos primates que tienen la cabeza redondeada, cuello móvil, músculos faciales complejos que les dotan de gran expresividad gestual, cerebro desarrollado, ojos de visión binocular y el pulgar oponible en sus cuatro patas, como p. ej. el chimpancé, el orangután, el macaco, etc. También *s. m.* || *s. m. pl.* **2.** Suborden de estos animales, denominados también *simios.*

antropología (de *antropo-* y *-logía*) *s. f.* Ciencia que estudia la especie humana relacionando su base biológica con la evolución o adaptación histórica y cultural. **FAM.** Antropológico, antropólogo. / Paleoantropología.

antropólogo, ga *s. m.* y *f.* Persona que se dedica a la antropología.

antropomorfismo *s. m.* Tendencia a atribuir a la divinidad, a los animales y a las cosas rasgos o figuras humanos.

antropomorfo, fa (del lat. *anthropomorphos*, y éste del gr. *anthropomorphos*, de *anthropos*, hombre, y *morphe*, forma) *adj.* **1.** Que tiene forma humana. **2.** Se dice de ciertos monos sin cola: el chimpancé, el gorila, etc. También *s. m.* **FAM.** Antropomórfico, antropomorfismo.

antroponimia (de *antropo-* y el gr. *onoma*, nombre) *s. f.* **1.** Estudio del origen y significado de los antropónimos. **2.** Conjunto de antropónimos.

antropónimo (de *anthropo-* y el griego *onoma*, nombre) *s. m.* Nombre propio de una persona. **FAM.** Antroponimia, antroponímico.

antropopiteco (de *antropo-* y el griego *pithekos*, mono) *s. m.* Antigua denominación de los mamíferos primates fósiles que actualmente están comprendidos en los géneros *Australophitecus*, *Rumapithecus* y *Homo.*

anual (del lat. *annualis*) *adj.* **1.** Que sucede o se repite cada año: *La cooperativa celebra un banquete anual* **2.** Que dura un año: *Su contrato es anual.* **FAM.** Anualidad, anualmente. / Bianual. AÑO.

anualidad *s. f.* **1.** Cualidad de anual. **2.** Importe anual de una renta o carga periódica.

anuario (del lat. *annuus*, anual) *s. m.* **1.** Obra que se publica cada año para que sirva de guía a personas de determinadas profesiones. **2.** Revista que se publica una vez al año.

anudar *v. tr.* **1.** Hacer nudos, juntar o unir mediante un nudo hilos, cuerdas, etc. También *v. prnl.* con valor reflexivo: *Se anudó los cordones de los zapatos.* **2.** Estrechar, reforzar algo, como un vínculo, relación, etc.: *El trato contribuye a anudar la amistad.* También *v. prnl.* **SIN. 1.** y **2.** Atar, ligar, enlazar. **2.** Afianzar(se), fortalecer(se). **ANT. 1.** y **2.** Desatar(se), deshacer(se). **FAM.** Desanudar, reanudar. NUDO.

anuencia (del lat. *annuens*, *-entis*, de *annuere*, aprobar) *s. f.* Consentimiento: *Actuó con la anuencia de sus jefes.* **SIN.** Permiso, licencia, venia. **ANT.** Desaprobación, prohibición. **FAM.** Renuencia.

anulación *s. f.* **1.** Acción de anular o anularse. **2.** En der., acción de dejar sin efecto ni valor un acto o contrato: *anulación matrimonial.* **SIN. 1.** Supresión, abolición, revocación, cancelación. **ANT. 1.** Confirmación, convalidación, autorización.

anular[1] (de *a-*[2] y *nulo*) *v. tr.* **1.** Dar por nulo o dejar sin efecto un acto jurídico, una orden, una disposición, etc.: *anular un contrato, un pedido.* **2.** Postergar a alguien, desautorizarle, no dejarle actuar libremente. También *v. prnl.* **SIN. 1.** Abolir, invalidar, revocar, cancelar. **2.** Descalificar, relegar. **ANT. 1.** Confirmar, convalidar. **1.** y **2.** Autorizar. **2.** Aceptar. **FAM.** Anulación. NULO.

anular[2] (del lat. *anularis*) *adj.* **1.** Relativo al anillo: *la estructura anular de un conjunto* **2.** Con figura de anillo: *eclipse anular.* **3.** Se aplica al cuarto dedo de la mano, inmediato al meñique. También *s. m.*

anunciación (del lat. *annuntiatio*, *-onis*) *s. f.* **1.** Acción de anunciar. **2.** Por antonomasia, anuncio del misterio de la encarnación hecho por el arcángel Gabriel a la Virgen María y fiesta con que se celebra dicho anuncio. ■ En esta acepción suele escribirse con mayúscula.

anunciante *adj.* **1.** Que anuncia. || *s. m.* y *f.* **2.** Persona que anuncia alguna cosa con intención de venderla.

anunciar (del lat. *annuntiare*, de *ad*, a, y *nuntius*, mensajero) *v. tr.* **1.** Dar noticia o aviso de algo: *En la fiesta anunciaron su próxima boda.* **2.** Poner un anuncio comercial, hacer propaganda, dar a conocer: *anunciar una bebida.* También *v. prnl.* con valor reflexivo. **3.** Pronosticar: *La llegada de las cigüeñas anuncia buen tiempo.* **4.** Comunicar el nombre de un visitante a la persona por quien desea ser recibido. SIN. **1.** Notificar, publicar. **2.** Promocionar. **3.** Predecir, presagiar, augurar. ANT. **1.** Silenciar, ocultar. FAM. Anunciación, anunciante, anuncio.

anuncio (del lat. *annuntius*) *s. m.* **1.** Acción de anunciar o comunicar algo: *El anuncio de la derrota le entristeció* **2.** Conjunto de palabras, signos e imágenes con que se da a conocer un producto comercial, un espectáculo, un servicio, etc., y se intenta convencer al público para que lo compre, lo use o actúe de una forma determinada: *la sección de anuncios de un periódico* **3.** Pronóstico, presagio: *La inquietud del caballo era el anuncio de un peligro.* SIN. **1.** Noticia, comunicación. **2.** Publicidad, propaganda, reclamo. **3.** Predicción, augurio.

anuro (de *an-* y el gr. *ura*, cola) *adj.* **1.** Se dice de los vertebrados anfibios que carecen de cola y tienen las extremidades posteriores muy desarrolladas para el salto. Habitan en zonas acuáticas. Son anuros los sapos y las ranas. También *s. m.* || *s. m. pl.* **2.** Orden de estos animales.

anverso (del lat. *anteversus*, de *ante*, delante, y *versus*, vuelto) *s. m.* **1.** En las monedas y medallas, parte que se considera la principal por llevar el busto de una persona o por otro motivo. **2.** Cara en que va impresa la primera página de un pliego. ANT. **1.** Cruz. **1.** y **2.** Reverso.

anzuelo (del lat. *hamiceolus*, de *hamus*) *s. m.* **1.** Garfio de metal en que se pone algún cebo para pescar. **2.** Atractivo, aliciente, trampa: *Aumentaron las ventas con el anzuelo de los premios.* || LOC. **caer** (o **picar**) **en el anzuelo**, **tragar el anzuelo** *fam.* Ser engañado con una trampa o argucia. **echar el anzuelo** *fam.* Emplear artificios para atraer, por lo general con engaño. SIN. **2.** Señuelo, reclamo.

añada *s. f.* **1.** Tiempo atmosférico que hace a lo largo de un año. **2.** Cosecha de un año, especialmente de vino.

añadido, da 1. *p.* de **añadir**. || *adj.* **2.** Que se une a otra cosa: *El dinero añadido no fue suficiente.* || *s. m.* **3.** Cosa que se agrega a otra, añadidura: *Aquel retablo es un añadido posterior.* SIN. **1.** y **2.** Sumado, agregado. **2.** Extra. **3.** Incremento, aditamento, plus.

añadidura *s. f.* **1.** Parte que se añade a algo. || LOC. **por añadidura** *adv.* Además, encima: *Era inteligente y por añadidura sabía varios idiomas.* SIN. Aditamento, incremento, complemento. ANT. Mengua, resta.

añadir (del lat. vulg. hispánico *inaddere*, de *addere*) *v. tr.* **1.** Juntar, incorporar una cosa a otra: *añadir líneas a un texto.* **2.** Decir algo más, contestar. SIN. **1.** Sumar, incluir, incrementar. **1.** y **2.** Agregar. **2.** Replicar, responder. ANT. **1.** Quitar, restar. FAM. Añadido, añadidura. / Sobreañadir.

añagaza *s. f.* **1.** Señuelo para cazar aves. **2.** Artificio para atraer con engaño: *Emplearon una añagaza para detenerle.* SIN. **2.** Treta, trampa, artimaña.

añejo, ja (del lat. *anniculus*, de un año) *adj.* **1.** Que tiene uno o más años. **2.** Que es muy viejo: *vino añejo.* SIN. **2.** Rancio. ANT. **2.** Nuevo, joven.

añicos *s. m. pl.* **1.** Pedazos pequeños en que se divide alguna cosa al romperse. || LOC. **estar** uno **hecho añicos** *fam.* Estar uno agotado por un esfuerzo, abatido por una preocupación, etc. SIN. **1.** Migas, trizas, cachos.

añil (del ár. *an-nil*) *s. m.* **1.** Arbusto de tallo derecho, hojas compuestas y flores rojizas. **2.** Pasta azul oscura que se extrae de sus tallos y hojas por maceración en agua. **3.** Color de esta pasta. FAM. Anilina.

año (del lat. *annus*) *s. m.* **1.** Tiempo de una revolución completa de la Tierra alrededor del Sol. **2.** Periodo de doce meses, entre el 1 de enero y el 31 de diciembre, ambos inclusive, o a partir de una fecha cualquiera: *año económico, año escolar.* || **3. año bisiesto** El que excede al año común en un día, que se añade al mes de febrero. Se repite cada 4 años, salvo el último de cada siglo cuyo número de centenas no sea múltiplo de cuatro. **4. año civil** El que consta de un número exacto de 365 días si es común o 366 si es bisiesto. **5. año eclesiástico** o **litúrgico** El que rige las fiestas de la Iglesia; comienza en el primer domingo de adviento. **6. año nuevo** El que está a punto de empezar o acaba de comenzar, y fiesta con que se celebra el primer día del año; en este último caso se escribe con mayúscula. **7. año sabático** Entre los judíos, el que tenía lugar cada siete años y durante el cual se dejaba descansar la tierra. En la actualidad, año de interrupción del trabajo ordinario que se concede a ciertos profesionales, especialmente a los profesores de universidad, en algunos países. **8. año santo** Año en que se inicia en Roma un jubileo. || LOC. **el año de la nana** (**de la pera**, **de maricastaña**) *fam.* Hace mucho tiempo. **de buen año** *adj.* Gordo, saludable. **entrado en años** *adj.* Se aplica a la persona de bastante edad, pero sin llegar a vieja. **perder año** *fam.* Repetir curso un estudiante. **quitarse años** *fam.* Declarar menos edad de la que se tiene. FAM. Anales, aniversario, anual, anuario, añada, añejo, añojo, añoso. / Antaño, bienio, cuatrienio, hogaño, quinceañero, quinquenio, treintanero, trienio, veinteañero.

añojo, ja (del lat. vulg. *annuculus*, de un año) *s. m.* y *f.* Becerro o cordero de un año cumplido.

añoranza (del cat. *enyorança*) *s. f.* Pesar producido por la ausencia de alguna persona o cosa: *Sentía añoranza de su país.* SIN. Nostalgia, morriña.

añorar (del cat. *enyorar*, y éste del lat. *ignorare*, ignorar) *v. tr.* Recordar con pena la ausencia o pérdida de alguien o algo. SIN. Extrañar. FAM. Añorante, añoranza.

añoso, sa (del lat. *annosus*) *adj.* De muchos años: *un árbol añoso.* SIN. Viejo, anciano, longevo. ANT. Joven.

aoristo (del gr. *aoristos*, ilimitado, indefinido) *s. m.* Tiempo verbal de la conjugación griega, cuya acción no está localizada en el tiempo.

aorta (del gr. *aorte*, de *aeiro*, elevar) *s. f.* Arteria principal del organismo de los vertebrados por donde sale la sangre del corazón para distribuirse por todo el cuerpo, excepto los pulmones.

aovado, da 1. *p.* de **aovar**. || *adj.* **2.** Que tiene forma de huevo. SIN. **2.** Ahuevado.

aovar (de *a-*[2] y el latín *ovum*, huevo) *v. intr.* Poner huevos las aves y otros animales. FAM. Aovado. HUEVO.

apabullar (cruce de *apalear* y *magullar*) *v. tr. fam.* Dejar a uno confuso, sin saber qué responder o cómo reaccionar: *Le apabulló con sus conocimientos.* SIN. Desconcertar(se), arrollar, anonadar(se), aturdir(se). **FAM.** Apabullamiento, apabullante.

apacentar (del lat. *adpascere*) *v. tr.* **1.** Cuidar el ganado mientras pace: *El pastor apacentaba un rebaño de ovejas.* **2.** Dar pasto a los ganados. || **apacentarse** *v. prnl.* **3.** Pacer el ganado. ■ Es v. irreg. Se conjuga como *pensar.*

apache *adj.* **1.** De un pueblo amerindio que se extendía por la zona de Nuevo México, Arizona y el N de México y que actualmente habita en reservas. También *s. m.* y *f.* **2.** Se dice de ciertos individuos del hampa y los bajos fondos parisinos y de lo relativo a ellos. También *s. m.* y *f.*

apacheta *s. f. Arg.* y *Perú* Montículo de piedras erigido al lado de un camino para invocar la protección de la divinidad.

apacible (del ant. *aplacible*) *adj.* **1.** Dulce, de trato agradable y poco irritable: *Es una persona apacible.* **2.** Tranquilo, calmado, templado: *un tiempo apacible.* **SIN.** **1.** Pacífico, sosegado, manso, afable. **1.** y **2.** Sereno. **2.** Suave, plácido. **ANT.** **1.** Exaltado. **2.** Desapacible, destemplado. **FAM.** Apacibilidad, apaciblemente. / Desapacible. PLACER[1].

apaciguar (del lat. *ad*, a, y *pacificare*, pacificar) *v. tr.* Aquietar, sosegar, poner en paz: *apaciguar los ánimos.* También *v. prnl.* ■ Se conjuga como *averiguar.* **SIN.** Tranquilizar(se), amansar(se), aplacar(se), calmar(se), pacificar(se). **ANT.** Inflamar(se), incitar, excitar(se), azuzar, avivar(se). **FAM.** Apaciguamiento. PAZ.

apadrinar *v. tr.* **1.** Asistir como padrino a una persona. **2.** Proteger, patrocinar, ayudar a triunfar: *apadrinar a un artista novel, apadrinar un proyecto.* **SIN.** **2.** Apoyar, amparar. **FAM.** Apadrinamiento. PADRINO.

apagado, da **1.** *p.* de **apagar**. También *adj.* || *adj.* **2.** Sin animación ni entusiasmo: *Encontré a Vicente muy apagado* **3.** Dicho del color, del brillo, etc., poco vivo, amortiguado. **SIN.** **2.** Decaído, triste. **3.** Pálido, desvaído, mate. **ANT.** **2.** Animado, alegre, extrovertido. **3.** Brillante, intenso, fuerte.

apagar (del lat. *ad*, a, y *pacare*, calmar) *v. tr.* **1.** Quitar la luz o extinguir el fuego: *Entre todos los vecinos apagaron el incendio del bosque.* También *v. prnl.*: *Se apagó el último resplandor del sol.* **2.** Hacer desaparecer o disminuir algo, como el rencor, el amor, la sed, etc. También *v. prnl.*: *Mi afecto hacia él se fue apagando poco a poco.* **3.** Desconectar un circuito eléctrico o un aparato: *Apaga el televisor y vete a la cama.* || **LOC.** **apaga y vámonos** *fam.* Se usa para dar a entender que cierta cosa llega a su fin, especialmente en una conversación cuando resulta absurdo o imposible insistir en una cuestión: *Apaga y vámonos porque aquí sobramos.* ■ Delante de *e* se escribe *gu* en lugar de *g*. **SIN.** **1.** Cortar(se). **1.** y **2.** Sofocar(se). **2.** Calmar(se), enfriar(se), aplacar(se), desvanecer(se), disipar(se). **ANT.** **1.** Incendiar(se), prender(se). **1.** a **3.** Encender(se). **2.** Excitar(se), inflamar(se), avivar(se). **FAM.** Apagado, apagavelas, apagón. / Inapagable.

apagavelas *s. m.* Cucurucho normalmente metálico que, fijo en el extremo de una caña, sirve para apagar las velas colocadas en alto. ■ No varía en *pl.* **SIN.** Matacandelas.

apagón *s. m.* Corte accidental de la luz más o menos prolongado.

apaisado, da (de *país*) *adj.* Más ancho que alto, como lo son frecuentemente los cuadros de paisajes.

apalabrar *v. tr.* Convenir de palabra dos o más personas en alguna cosa: *apalabrar un alquiler, un trabajo.* **SIN.** Ajustar, concertar, comprometer.

apalancar *v. tr.* **1.** Levantar o mover algo con palanca: *Los ladrones apalancaron la puerta* || **apalancarse** *v. prnl.* **2.** *fam.* Instalarse uno en un sitio sin intención de moverse de él. ■ Delante de *e* se escribe *qu* en lugar de *c*. **SIN.** **2.** Apoltronarse. **FAM.** Apalancamiento. PALANCA.

apalear[1] *v. tr.* Dar golpes con un palo, vara o algo semejante: *Unos gamberros apalearon al pobre animal.* **SIN.** Aporrear, zurrar, varear, vapulear. **FAM.** Apaleado, apaleamiento. PALO.

apalear[2] *v. tr.* **1.** Aventar el grano con la pala. **2.** Con el complemento directo *dinero*, *oro*, *plata*, etc., tenerlos en abundancia. **FAM.** Apaleo. PALA.

apaleo *s. m.* Acción de apalear[2].

apañado, da **1.** *p.* de **apañar**. También *adj.* || *adj.* **2.** Hábil, mañoso: *Para hacer pequeños arreglos Esteban es muy apañado.* **3.** *fam.* Adecuado, a propósito para el uso que se pretende: *una mesa muy apañada.* **4.** *fam.* En situación difícil, equivocado, expuesto a una decepción o fracaso: *Estás apañado si crees que van a ayudarte.* ■ Se suele usar con los v. *estar* e *ir*: *¡Está apañado si piensa que lo va a conseguir!* **SIN.** **2.** Diestro. **3.** Apropiado. **4.** Aviado, listo. **ANT.** **2.** Torpe, inhábil. **3.** Inadecuado, inapropiado.

apañar (de *a-*[2] y *paño*) *v. tr.* **1.** Remendar o componer lo que está roto: *Apañó el vestido como pudo.* **2.** Tomar alguna cosa o apoderarse de ella ilícitamente: *Apañó todo lo que encontró de valor.* **3.** Asear, ataviar. También *v. prnl.* **4.** Amañar algo: *Han apañado su despido para que parezca que se jubila.* **5.** *Amér. del S.* Encubrir. || **apañarse** *v. prnl.* **6.** *fam.* Darse maña para algo: *Se las apaña para ganar en el ajedrez.* **7.** Tener suficiente con algo: *Me apaño con un poquito de aceite.* **SIN.** **1.** Reparar. **2.** Arramblar, afanar, birlar. **3.** Acicalar(se). **4.** Arreglar, preparar. **6.** Ingeniarse. **7.** Bastar. **FAM.** Apañado, apaño.

apaño *s. m.* **1.** Acción de apañar y aquello que se apaña. **2.** *fam.* Relación amorosa irregular. **SIN.** **2.** Lío, aventura, amorío.

aparador (del lat. *apparator, -oris*) *s. m.* Mueble donde se guardan los utensilios necesarios para el servicio de la mesa.

aparato (del lat. *apparatus*) *s. m.* **1.** Máquina o mecanismo para una función determinada; particularmente, una radio, un teléfono, un avión, etc. **2.** Cada una de las cosas o instrumentos para un fin u objetivo, p. ej. los aparatos de laboratorio o los de gimnasia (anillas, potro, barra fija, etc.). **3.** En biol., conjunto de órganos que realizan combinadamente una misma función: *aparato digestivo, aparato locomotor.* **4.** Pompa, ostentación: *El gobernador se rodeaba de gran aparato.* **5.** Circunstancia o fenómeno que precede o acompaña a alguna cosa, como los rayos a la tormenta. **6.** En pol., conjunto de instituciones, normas, funciones, cargos, etc., que dirigen y regulan una organización: *el aparato del Estado.* || **7. aparato crítico** Conjunto de notas, citas, acotaciones, etc., que complementan la información que se da en un libro o documento o que indican las posibles variantes de un texto. **SIN.** **1.** Artefacto. **2.** Utensilio. **4.** Suntuosidad, lujo, exageración. **ANT.** **4.** Sencillez. **FAM.** Aparatosamente, aparatoso.

aparatoso, sa *adj.* Que resulta exagerado o espectacular. **SIN.** Complicado, ostentoso, sensacional. **ANT.** Sencillo.

aparcacoches *s. m.* y *f.* Persona que en restaurantes, hoteles y otros establecimientos públicos se encarga de aparcar los vehículos de los clientes y de entregárselos a la salida. ■ No varía en *pl.*

aparcamiento *s. m.* **1.** Acción de aparcar. **2.** Lugar destinado a que aparquen los coches en él durante un cierto tiempo. **SIN. 1.** y **2.** Estacionamiento. **2.** Parking.

aparcar (de *a-*[2] y *parque*) *v. tr.* **1.** Dejar un vehículo parado en un lugar, apartándolo de la vía. **2.** Posponer: *aparcar una cuestión.* ■ Delante de *e* se escribe *qu* en lugar de *c.* **SIN. 1.** Estacionar. **2.** Retrasar, diferir, arrinconar, apartar. **FAM.** Aparcacoches, aparcamiento. / Desaparcar. PARQUE.

aparcería *s. f.* Contrato por el que el propietario de una finca rústica, una ganadería, fábrica o negocio cede su explotación a otra persona y recibe a cambio una parte proporcional de los frutos o beneficios. **FAM.** Aparcero.

aparcero, ra (del lat. tardío *partiarius,* del lat. *pars, partis,* parte) *s. m.* y *f.* Persona que explota una propiedad o negocio bajo contrato de aparcería.

apareamiento *s. m.* Acción de aparear o aparearse. **SIN.** Cópula, acoplamiento.

aparear (de *a-*[2] y *parear,* y éste de *par*) *v. tr.* **1.** Juntar dos animales, macho y hembra, para que se reproduzcan. También *v. prnl.* **2.** Unir o juntar una cosa con otra, formando par. También *v. prnl.* **FAM.** Apareamiento. PAREAR.

aparecer (del lat. *apparescere,* de *ad,* a, y *parere,* parecer) *v. intr.* **1.** Manifestarse, dejarse ver, comenzar a existir: *Apareció con sus amigos en la fiesta. Ha aparecido un nuevo movimiento literario.* También *v. prnl.*: *aparecerse un espíritu.* **2.** Encontrarse, hallarse, particularmente lo que estaba perdido: *Ha aparecido el pendiente.* **3.** Mostrarse o encontrarse de cierta manera o en un determinado estado: *Apareció muerto.* **4.** Salir al mercado o ser publicado: *Ha aparecido una nueva edición del diccionario de la Academia.* ■ Es v. irreg. Se conjuga como *agradecer.* **SIN. 1.** Surgir, asomar(se), presentarse. **ANT. 1.** y **2.** Desaparecer, ocultarse. **2.** Extraviar, perder. **FAM.** Aparecido, aparición, apariencia. / Desaparecer, reaparecer. PARECER[1].

aparecido, da 1. *p.* de **aparecer.** También *adj.* || *s. m.* **2.** Espectro de un difunto, que se deja ver por los vivos. **SIN. 2.** Fantasma, aparición.

aparejado, da 1. *p.* de **aparejar.** También *adj.* || *adj.* **2.** Con *traer* y *llevar,* inherente, unido o vinculado a algo: *El cargo lleva aparejadas ciertas obligaciones.* **3.** Adecuado, apto. **SIN. 2.** Emparejado. **3.** Idóneo.

aparejador, ra *s. m.* y *f.* Técnico de la construcción especializado en el trazado de planos parciales, estudio de los materiales, dirección de obras, etc.

aparejar (de *a-*[2] y *parejo*) *v. tr.* **1.** Preparar las cosas necesarias para un fin determinado: *Conviene haber aparejado todo antes de su llegada.* **2.** Poner el aparejo a caballerías o buques. **SIN. 1.** Disponer, prevenir. **ANT. 2.** Desaparejar.

aparejo *s. m.* **1.** Acción de aparejar. **2.** Conjunto de utensilios necesarios para hacer ciertas cosas, como pescar, pintar, etc. Se usa mucho en *pl.* **3.** Arreo necesario para montar o cargar las caballerías. **4.** Conjunto de palos, vergas, jarcias y velas de un buque. **5.** Sistema de poleas con el cual se multiplica la fuerza ejercida sobre una cuerda. Está compuesto de dos grupos, uno fijo y otro móvil. **6.** Disposición de los materiales en una construcción. **SIN. 1.** Preparación, disposición. **2.** Trastos, enseres, instrumentos. **FAM.** Aparejado, aparejador, aparejar. / Desaparejar. PAREJO.

aparentar *v. tr.* **1.** Manifestar o fingir lo que no es o no hay: *Aparentó no conocerle.* También *v. intr.*: *Le gusta aparentar, pero en realidad no tiene un céntimo.* **2.** Tener el aspecto correspondiente a una edad: *Aparenta los años que tiene.* **SIN. 1.** Simular, disimular. **2.** Representar. **FAM.** Aparente, aparentemente. PARECER[1].

aparente (del lat. *apparens, -entis,* de *apparere,* aparecer) *adj.* **1.** Que parece y no es: *una aparente contradicción.* **2.** Que se muestra a la vista: *los síntomas más aparentes de una enfermedad.* **3.** De buen aspecto: *Tiene una casa muy aparente.* **SIN. 1.** Supuesto, simulado, engañoso, falso. **2.** Manifiesto. **3.** Vistoso, resultón. **ANT. 1.** Auténtico, real, verdadero. **2.** Oculto, escondido.

aparición (del lat. *apparitio, -onis*) *s. f.* **1.** Acción de aparecer o aparecerse. **2.** Visión de un ser sobrenatural o fantástico. **3.** Fantasma, ser no real. **SIN. 1.** Manifestación, surgimiento. **3.** Espectro, espejismo. **ANT. 1.** Desaparición.

apariencia (del lat. *apparentia*) *s. f.* **1.** Aspecto externo de una persona o una cosa: *Esa tarta tiene buena apariencia* **2.** Cosa que parece y no es: *Su riqueza no era más que apariencia* **3.** Circunstancia o situación de ser probable o verosímil determinada cosa. Se usa mucho en *pl.*: *Según todas las apariencias, ganará nuestro equipo.* || **4. guardar** o **salvar las apariencias** Disimular la realidad para evitar murmuraciones o críticas: *Se casaron para guardar las apariencias.* **SIN. 1.** Presencia, fachada. **1.** y **3.** Pinta, traza. **2.** Fingimiento. **3.** Conjetura, indicio.

apartado, da 1. *p.* de **apartar.** También *adj.* || *s. m.* **2.** Lugar o sección que la oficina de correos tiene para que los interesados acudan a recoger sus cartas, periódicos, etc. **3.** Aquello en que se ha distribuido o dividido algo, como los distintos párrafos o secciones de un texto que tratan de un determinado asunto o aspecto. **SIN. 1.** Retirado, distante, lejano, separado, remoto, marginado. **3.** Grupo, distribución, división. **ANT. 1.** Unido, integrado, junto, cercano.

apartamento *s. m.* Vivienda, generalmente de pequeñas dimensiones, en un edificio donde existen otras. **SIN.** Piso. **FAM.** Aparthotel, apartotel.

apartamiento *s. m.* **1.** Acción de apartar o apartarse. **2.** Lugar retirado. **3.** *Amér.* Apartamento. **SIN. 1.** Separación, alejamiento, aislamiento. **ANT. 1.** Unión, acercamiento.

apartar *v. tr.* **1.** Separar, dividir, aislar: *Apartó a unos chicos que estaban pegándose. Aparta las botellas vacías de las llenas.* También *v. prnl.* **2.** Desviar o alejar; quitar a alguien o algo del lugar o circunstancia en que se encontraba: *Aparté las piedras del camino.* También *v. prnl.* **3.** Hacer que alguien abandone algo o renuncie a ello: *Le apartaron de su cargo.* También *v. prnl.*: *Se apartó de la bebida.* **4.** Reservar: *Se apartan juguetes.* **SIN. 1.** Desunir. **ANT. 1.** Unir, integrar. **2.** Acercar, aproximar.

aparte (de *a-*[2] y *parte*) *adv. l.* **1.** En otro lugar: *Pon este libro aparte.* **2.** A distancia, desde lejos: *mantenerse aparte.* || *adv. m.* **3.** Separadamente, por separado: *Envuélvamelo aparte.* **4.** Dejando a un lado: *Bromas aparte, el caso es bastante serio.* || *s. m.* **5.** Lo que en la escena dice un personaje como hablando para sí o con otro u otros y suponiendo que no lo oyen los demás: *Lo más divertido de la comedia eran los apartes.* **6.** Trozo de escrito que empieza en mayúscula y acaba en punto y aparte. || *adj.* **7.** Diferente, separado: *Come en mesa aparte.* **8.** Insólito, singular: *Tu ma-*

dre es un caso aparte. ■ Empleado como adjetivo también es invariable. ‖ LOC. **aparte de** *prep.* Además de: *Aparte de guapa, es lista. Aparte de lo dicho, no encontré nada interesante.* A excepción de, salvo: *No tiene más bienes, aparte de la casa.* SIN. **6.** Párrafo. **7.** Distinto. **8.** Excepcional. ANT. **2.** Cerca. **3.** Junto. **8.** Convencional, vulgar. FAM. Apartado, apartamento, apartamiento, apartar. PARTE.

apartheid (voz afrikaans que significa 'segregación, apartamiento') *s. m.* Política racista establecida por la minoría dirigente blanca de la República Sudafricana; especialmente a partir de 1949, tras la llegada al poder del Partido Nacional.

aparthotel o **apartotel** *s. m.* Conjunto de apartamentos que cuentan con servicios propios de un hotel; también, cada uno de estos apartamentos.

apasionado, da **1.** *p.* de **apasionar**. ‖ *adj.* **2.** Dotado o poseído de alguna pasión o afecto: *un amor apasionado.* **3.** Partidario de alguien o aficionado a algo en grado sumo. También *s. m.* y *f.*: *Es un apasionado de la música.* **4.** Que no tiene imparcialidad u objetividad: *Es muy apasionado en sus juicios.* SIN. **1.** y **2.** Exaltado. **2.** Impulsivo, impetuoso, ardiente. **3.** Entusiasta, fanático, fan. **4.** Arbitrario, parcial, subjetivo. ANT. **2.** Moderado, frío. **3.** Enemigo, contrario. **4.** Objetivo, imparcial, desapasionado.

apasionante *adj.* **1.** Que apasiona, que produce mucho interés: *El argumento de la película es apasionante.* **2.** Que despierta la pasión: *una apasionante historia de amor.* SIN. **1.** Emocionante. **2.** Apasionado. ANT. **1.** Decepcionante, aburrido.

apasionar *v. tr.* **1.** Causar pasión, entusiamo o interés: *El poder le apasiona. Me apasiona viajar.* ‖ **apasionarse** *v. prnl.* **2.** Aficionarse excesivamente a alguna persona o cosa, entusiasmarse con ella. ■ Se construye con las prep. *con* y *por*: *apasionarse con la lectura.* **3.** Acalorarse, excitarse, obcecarse: *Hablando de política, se apasiona fácilmente.* SIN. **1.** Encantar, fascinar, enloquecer. **1.** y **3.** Exaltar(se), enardecer(se), inflamar(se). **2.** Interesarse. **3.** Alterarse, irritarse. ANT. **1.** Decepcionar. **1.** y **2.** Aburrir. **3.** Tranquilizarse, sosegarse. FAM. Apasionadamente, apasionado, apasionamiento, apasionante. / Desapasionado. PASIÓN.

apatía (del lat. *apathia*, y éste del gr. *apatheia*) *s. f.* **1.** Falta de interés o entusiasmo: *Es imposible que disfrute con esa apatía que muestra ante todo.* **2.** Falta de vigor, energía, actividad. SIN. **1.** Indiferencia, desinterés, abulia. **1.** y **2.** Abandono, indolencia. **2.** Inercia. ANT. **1.** Pasión, arrebato. **2.** Empuje, brío.

apátrida (del gr. *apatris, -idos*, de *a*, part. priv., y *patris, -idos*, patria) *adj.* Que carece de nacionalidad. También *s. m.* y *f.*

apeadero *s. m.* **1.** Sitio del camino donde los viajeros podían apearse de los carros o diligencias. **2.** En los ferrocarriles, lugar junto a la vía dispuesto para el servicio del público, pero sin las instalaciones de una estación. **3.** Poyo en la puerta de las casas para ayudar a montar en las caballerías.

apear (de *a-*[2] y *pie*) *v. tr.* **1.** Bajar a alguien de una caballería, carruaje o vehículo. Se usa más como *v. prnl.*: *Es peligroso apearse de un tren en marcha.* **2.** *fam.* Disuadir a alguien de algo: *No conseguimos apearle de sus propósitos.* También *v. prnl.* ‖ LOC. **apear el tratamiento** No dar el que corresponde a una persona. **apearse del burro** *fam.* Véase **burro**. SIN. **1.** Desmontar, descabalgar. **2.** Apartar, alejar. ANT. **1.** Subir, cabalgar, montar. **2.** Inducir, empujar. FAM. Apeadero. / Inapeable. PIE.

apechar o **apechugar** *v. intr. fam.* Hacer o aceptar alguna cosa, a pesar de lo desagradable o molesto que resulte: *Ellos se llevan las felicitaciones y nosotros apechugamos con todo el trabajo.* ■ Se construye con la prep. *con*: *Apecha con cualquier dificultad.* En la conjugación del verbo *apechugar* delante de *e* se escribe *gu* en lugar de *g*: *apechugue.* SIN. Apencar, tragar, soportar, cargar.

apedrear *v. tr.* **1.** Arrojar piedras a alguien o algo: *Los manifestantes apedrearon los escaparates* **2.** Lapidar, matar a pedradas: *San Esteban murió apedreado* ‖ *v. impers.* **3.** Caer pedrisco. ‖ **apedrearse** *v. prnl.* **4.** Estropearse las viñas, árboles, sembrados, etc., por el pedrisco. FAM. Apedreamiento. PIEDRA.

apegarse (del lat. *ad*, a, y *picare*, de *pix*, pez) *v. prnl.* Tomar apego a alguna persona o cosa. ■ Delante de *e* se escribe *gu* en lugar de *g*. SIN. Encariñarse. ANT. Desapegarse, distanciarse. FAM. Apegado, apego. / Desapegarse. PEGAR.

apego *s. m.* Estima, afición o inclinación hacia una persona o cosa: *Les tiene mucho apego a sus compañeros.* SIN. Aprecio, cariño. ANT. Manía, odio.

apelación (del lat. *appellatio, -onis*) *s. f.* Acción de apelar: *recurso de apelación.*

apelar (del lat. *appellare*, llamar) *v. intr.* **1.** Recurrir al juez o tribunal superior para que enmiende o anule la sentencia dada por el inferior. **2.** Recurrir a una persona o cosa para obtener o solucionar algo: *Apelo a su bondad.* SIN. **1.** Alzarse. **2.** Acudir, llamar. FAM. Apelable, apelación, apelativo. / Inapelable, interpelar.

apelativo (del lat. *appellativus*) *adj.* **1.** Se dice del sobrenombre o denominación que recibe alguien. También *s. m.*: *Le pusieron un apelativo cariñoso.* **2.** Se aplica al nombre común. También *s. m.* ‖ *s. m.* **3.** Apellido, nombre de familia. SIN. **1.** Apodo, mote.

apellidar (del lat. *appellitare*, de *appellare*, llamar) *v. tr.* **1.** Nombrar o llamar a alguien por su apellido, nombre o sobrenombre. ‖ **apellidarse** *v. prnl.* **2.** Tener cierto apellido o apellidos: *Se apellida Pérez Romo.* FAM. Apellido.

apellido *s. m.* **1.** Nombre de familia con que se distinguen las personas. **2.** Sobrenombre o mote. SIN. **1.** Patronímico. **2.** Apodo, apelativo.

apelmazado, da **1.** *p.* de **apelmazar**. También *adj.* ‖ *adj.* **2.** Referido a una obra literaria, pesada, falta de amenidad, farragosa. SIN. **1.** Comprimido, apretujado. ANT. **1.** Esponjoso, suelto.

apelmazar (de *a-*[2] y *pelmazo*, cosa apretada) *v. tr.* Hacer una cosa menos esponjosa y hueca de lo que sería conveniente. También *v. prnl.*: *La lana se apelmazó al lavarla.* ■ Delante de *e* se escribe *c* en lugar de *z*. SIN. Comprimir, apretujar. ANT. Esponjar, ahuecar. FAM. Apelmazado, apelmazamiento. PELMAZO.

apelotonar *v. tr.* **1.** Juntar muchas personas o cosas en un mismo sitio. También *v. prnl.*: *Los chicos se apelotonaron delante del quiosco.* **2.** Formar grumos. También *v. prnl.*: *apelotonarse una masa.* SIN. **1.** Amontonar(se), apretujar(se), apiñar(se). **2.** Apelmazar(se). ANT. **1.** Disgregar(se), separar(se). FAM. Apelotonamiento. PELOTÓN.

apenar *v. tr.* **1.** Causar pena, entristecer: *Le ha apenado mucho la marcha de su amigo.* También *v. prnl.* ‖ **apenarse** *v. prnl.* **2.** *Amér.* Sentir vergüenza. SIN. **1.** Afligir(se), abrumar(se), apesadumbrar(se), atribular(se). ANT. **1.** Alegrar(se), consolar(se).

apenas (de *a penas*) *adv. m.* **1.** Casi no, escasamente: *Apenas se ve con la niebla. La sesión ha comenzado hace apenas unos minutos.* || *conj.* **2.** Al punto que, luego que, tan pronto como: *Se fue apenas te vio.*

apencar (de *a-*[2] y *penca*) *v. intr. fam.* Apechar, apechugar. ■ Delante de *e* se escribe *qu* en lugar de *c*: *apenque*.

apendejar *v. tr.* **1.** *fam. Amér. C.* y *Col.* Volver tonto a alguien. También *v. prnl.* **2.** *Cuba, Nic., Pan.* y *Rep. Dom.* Acobardar. También *v. prnl.*

apéndice (del lat. *appendix, -icis*, de *appendere*, pender de) *s. m.* **1.** Cosa añadida a otra como parte accesoria o dependiente: *el apéndice de un libro.* **2.** Parte del cuerpo de un animal unida o inserta en otra principal: *el apéndice nasal.* **3.** Prolongación delgada y hueca del intestino ciego. **SIN.** **1.** Complemento, suplemento, anexo. **FAM.** Apendicitis. PENDER.

apendicitis *s. f.* Inflamación del apéndice del intestino ciego. ■ No varía en *pl.*

apercibimiento *s. m.* Acción de apercibir o apercibirse: *Recibió un apercibimiento de sus superiores instándole a cambiar de actitud.* **SIN.** Aviso, amonestación.

apercibir *v. tr.* **1.** Amonestar, advertir: *El profesor apercibió al alumno para que no volviera a copiar.* **2.** Avisar, prevenir de algo: *Nos apercibieron del mal estado de la carretera.* || **apercibirse** *v. prnl.* **3.** Darse cuenta, percatarse de una cosa: *No se ha apercibido de que lleva una mancha.* **4.** Prepararse, disponer lo necesario para un fin determinado: *Se apercibieron para un largo asedio.* **SIN.** **1.** Reprender, amenazar, conminar. **4.** Aprestarse. **FAM.** Apercibimiento. / Desapercibido. PERCIBIR.

apergaminado, da **1.** *p.* de **apergaminarse**. || *adj.* **2.** Semejante al pergamino. **FAM.** Apergaminarse. PERGAMINO.

apergaminarse *v. prnl. fam.* Acartonarse una persona.

aperitivo (del lat. *aperitivus*) *adj.* **1.** Que sirve para abrir el apetito. También *s. m.* || *s. m.* **2.** Bebida y alimentos que se toman antes de una comida principal. **SIN.** **2.** Tapa, piscolabis.

aperos (del lat. *apparium*, útil, aparejo) *s. m. pl.* **1.** Conjunto de herramientas empleadas por los agricultores. También *sing.* **2.** P. ext., conjunto de instrumentos que se usan en cualquier oficio. También *sing.* **SIN.** **2.** Utensilios, enseres, aparejo.

aperreado, da **1.** *p. fam.* de **aperrear**. || *adj.* **2.** *fam.* Trabajoso, molesto: *una vida aperreada.* **SIN.** **2.** Achuchado, fastidiado, ajetreado. **FAM.** Aperrear. PERRO.

aperrear *v. tr. fam.* Agobiar, molestar: *Llevan todo el día aperreándome con las dichosas prisas.* **SIN.** Fastidiar, brear.

apertura (del lat. *apertura*) *s. f.* **1.** Acción de abrir. **2.** Inauguración de un local, asamblea, curso, etc. **3.** Actitud de comprensión hacia las ideas o posturas distintas de las que uno sostiene. **4.** Actitud favorable al progreso y a la innovación. **5.** En ajedrez, conjunto de movimientos con que se inicia una partida. **6.** Diámetro de la lente de un instrumento óptico que limita la cantidad de luz que penetra en él. **SIN.** **1.** Abertura. **2.** Comienzo, inicio. **3.** Tolerancia. **4.** Progresismo. **ANT.** **1.** y **2.** Cierre. **2.** Clausura. **3.** Intransigencia, cerrazón. **4.** Conservadurismo. **FAM.** Aperitivo, aperturismo / Reapertura. ABRIR.

aperturismo *s. m.* Postura de quienes defienden una evolución de las ideas y favorecen comportamientos progresistas en lo relativo a las costumbres, la política o la religión. **FAM.** Aperturista. APERTURA.

apesadumbrado, da **1.** *p.* de **apesadumbrar**. || *adj.* **2.** Triste, afligido, disgustado. **ANT.** **1.** y **2.** Animado. **2.** Alegre, contento.

apesadumbrar *v. tr.* Producir o causar pesadumbre. También *v. prnl.* **SIN.** Abatir(se), apenar(se), entristecer(se), afligir(se), disgustar(se). **ANT.** Animar(se). **FAM.** Apesadumbrado. PESADUMBRE.

apestado, da **1.** *p.* de **apestar**. También *adj.* || *adj.* **2.** Que tiene la peste. También *s. m.* y *f.*

apestar *v. tr.* **1.** Causar o transmitir la peste. También *v. prnl.* || *v. intr.* **2.** Despedir mal olor. También *v. tr.* **3.** *fam.* Dar muy mala espina, suscitar sospechas un asunto. **SIN.** **2.** y **3.** Atufar, heder. **FAM.** Apestado, apestoso. PESTE.

apestoso, sa *adj.* **1.** Que apesta o huele muy mal. **2.** Enojoso, molesto. **SIN.** **1.** Hediondo. **ANT.** **1.** Fragante.

apétalo, la *adj.* Se dice de la flor sin pétalos.

apetecer (del lat. *appetere*, de *ad*, a, y *petere*, desear) *v. intr.* Tener ganas o deseos de algo: *¿Le apetecen unas pastas?* También *v. tr.*: *No apetecía riquezas.* ■ Es v. irreg. Se conjuga como *agradecer.* **SIN.** Desear, querer, anhelar. **ANT.** Aborrecer. **FAM.** Apetecible, apetencia, apetito. / Inapetencia.

apetito (del lat. *appetitus*) *s. m.* **1.** Ganas de comer. **2.** Impulso o tendencia a satisfacer deseos o necesidades. Se usa más en *pl.*: *Debe aprender a dominar sus apetitos.* **SIN.** **1.** Apetencia, hambre. **2.** Deseo, anhelo, ansia. **ANT.** **1.** Inapetencia. **FAM.** Apetitoso. APETECER.

apetitoso, sa *adj.* **1.** Que despierta las ganas de comer: *Ese pastel tiene una pinta muy apetitosa.* **2.** Gustoso, sabroso: *La carne así preparada queda más apetitosa.* **3.** Que excita el apetito o el deseo: *una oportunidad apetitosa.* **SIN.** **2.** Rico. **3.** Apetecible, deseable. **ANT.** **1.** y **2.** Repugnante. **1.** a **3.** Aborrecible.

ápex (lat., significa 'cúspide') *s. m.* Punto del espacio situado en la constelación de Hércules, hacia el que aparentemente se mueve el Sistema Solar a una velocidad de 20 km/s.

apiadar *v. tr.* Tener piedad de alguien o algo: *Nada apiada su duro corazón.* Se usa sobre todo como *v. prnl.*: *Se apiadó de su desdicha.* **SIN.** Compadecerse. **ANT.** Ensañarse.

apical *adj.* **1.** Del ápice. **2.** Se aplica a la consonante en cuya articulación interviene especialmente el ápice de la lengua, p. ej., la *t.* También *s. f.*

ápice (del lat. *apex, apicis*) *s. m.* **1.** Extremo superior o punta de algo: *el ápice de la torre, de la lengua.* **2.** Parte muy pequeña o insignificante de algo. En frases negativas equivale a *nada*: *No se movió un ápice.* **SIN.** **1.** Cima, vértice, cúspide. **FAM.** Apical.

ápico-alveolar *adj.* En fonética, se dice de la consonante que se articula aplicando el ápice de la lengua a la cara posterior interna de los alveolos, p. ej., la *s* española. También *s. f.*

apícola *adj.* Relativo a la apicultura: *granja apícola.*

apicultura (del lat. *apis*, abeja, y *-cultura*) *s. f.* Arte de criar abejas con el fin de obtener miel, cera, enjambres y reinas. **FAM.** Apícola, apicultor. ABEJA.

apilar *v. tr.* Amontonar, colocar una cosa encima de otra: *Apilaron los libros en el almacén.* **SIN.** Acumular, hacinar. **FAM.** Apilamiento. PILA[1].

apilonar *v. tr.* **1.** *Col.* y *Ven.* Apilar. || **apilonarse** *v. prnl.* **2.** *Ven.* Juntarse mucha gente en un lugar.

apimplarse *v. prnl. fam.* Emborracharse ligeramente. SIN. Achisparse.

apiñar *v. tr.* Agrupar apretadamente personas o cosas. También *v. prnl.*: *Se apiñaron para ver el desfile.* SIN. Aglomerar(se), acumular(se), apelotonar(se), hacinar(se). ANT. Separar(se), disgregar(se). FAM. Apiñado. PIÑA.

apio (del lat. *apium*) *s. m.* Planta de huerta de tallos largos y carnosos que se utiliza como condimento, verdura o ensalada.

apiolar *v. tr. argot* Matar a alguien. SIN. Cargarse, eliminar.

apiparse *v. prnl. fam.* Hartarse de comida o bebida. SIN. Atracarse, atiborrarse, inflarse.

apisonadora *s. f.* **1.** Máquina montada sobre rodillos grandes y pesados que se utiliza para allanar superficies. **2.** *fam.* Persona que trata de conseguir algo aunque tenga que vencer muchas oposiciones: *Se ha propuesto llegar a la dirección y lo conseguirá, es una apisonadara.*

apisonar *v. tr.* Apretar y allanar el suelo con una apisonadora. SIN. Aplanar, aplastar. FAM. Apisonadora. PISAR.

aplacar (del lat. *ad*, a, y *placare*) *v. tr.* Calmar, moderar: *aplacar el hambre.* También *v. prnl.*: *aplacarse los nervios.* ■ Delante de *e* se escribe *qu* en lugar de *c*: *aplaque.* SIN. Mitigar, apaciguar, suavizar. ANT. Excitar.

aplanadora *s. f. Amér.* Apisonadora.

aplanar *v. tr.* **1.** Igualar, poner llano: *aplanar un terreno.* **2.** *fam.* Abatir, deprimir, quitar energía: *Este calor me aplana.* También *v. prnl.* SIN. **1.** Allanar. **2.** Desanimar(se), desalentar(se); aplatanar(se). ANT. **2.** Animar(se). FAM. Aplanadora, aplanamiento. PLANO.

aplastante *adj.* Que tiene capacidad de aplastar, especialmente en sentido figurado: *una victoria aplastante, una lógica aplastante.* SIN. Apabullante, arrollador, demoledor.

aplastar *v. tr.* **1.** Deformar una cosa al presionarla o echar peso sobre ella. También *v. prnl.* **2.** *fam.* Derrotar por completo a alguien; dejarle sin saber qué hacer o qué decir: *Le aplastó con sus argumentos.* SIN. **1.** Prensar, estrujar, chafar. **2.** Arrollar, machacar, destrozar. FAM. Aplastado, aplastante.

aplatanar *v. tr. fam.* Volver indolente a alguien, quitarle actividad: *El calor me aplatana.* También *v. prnl.* SIN. Enervar(se), amodorrar(se). ANT. Estimular.

aplaudir (del lat. *applaudere*) *v. tr.* **1.** Dar palmadas en señal de aprobación o entusiasmo. **2.** Aprobar, celebrar algo o a alguien: *aplaudir una decisión.* SIN. **1.** Ovacionar, vitorear. **2.** Alabar, elogiar. ANT. **1.** Abuchear. **2.** Censurar, desaprobar. FAM. Aplauso. / Plausible.

aplauso *s. m.* **1.** Acción de aplaudir, especialmente en señal de agrado o aprobación. **2.** P. ext., elogio, reconocimiento o aprobación: *Su actuación merece nuestro aplauso.* || LOC. **digno de aplauso** *adj.* Que merece alabanza, plausible. SIN. **1.** Ovación, palmadas, palmas. ANT. **1.** Abucheo, protesta, pateo. **2.** Censura, reprobación.

aplazado, da **1.** *p.* de **aplazar**. También *adj.* || *adj.* **2.** *Amér.* Suspendido en un examen. También *s. m.*

aplazar *v. tr.* **1.** Dejar alguna cosa para después, retrasarla: *Conviene aplazar la fiesta.* **2.** *Amér.* Suspender, no aprobar un examen. ■ Delante de *e* se escribe *c* en lugar de *z*. SIN. **1.** Diferir, posponer. ANT. **1.** Adelantar, anticipar. FAM. Aplazado, aplazamiento. / Inaplazable. PLAZO.

aplazo *s. m. Amér.* Suspenso en un examen.

aplicación (del lat. *applicatio, -onis*) *s. f.* **1.** Acción de aplicar o aplicarse. **2.** Dedicación e interés que se pone en una actividad: *Gracias a su aplicación sacó buenas notas.* **3.** Servicio o uso al que puede destinarse algo: *La madera tiene muchas aplicaciones.* **4.** Adorno de materia distinta a otra a la que se sobrepone: *una caja con aplicaciones de nácar.* **5.** En mat., operación por la que a todo elemento de un conjunto le corresponde un solo elemento de otro conjunto. **6.** En inform., programa concebido para una utilidad específica: *Diseñaron una aplicación para la gestión de las nóminas.* SIN. **2.** Entrega, constancia, perseverancia. **3.** Utilidad. ANT. **2.** Desinterés.

aplicado, da **1.** *p.* de **aplicar**. También *adj.* || *adj.* **2.** Que muestra aplicación o dedicación, especialmente en los estudios. **3.** Se dice de una ciencia o disciplina considerada en sus aspectos más prácticos: *física aplicada.* SIN. **2.** Esforzado, estudioso. ANT. **2.** Desaplicado.

aplicar (del lat. *applicare*, de *ad*, a, y *plicare*, plegar) *v. tr.* **1.** Poner una cosa sobre otra o en contacto con ella: *aplicar una capa de pintura a una superficie.* **2.** Emplear algo para conseguir un fin determinado, ponerlo en práctica: *aplicar un remedio, una ley.* **3.** Asignar un nombre, calificativo, cualidad, etc., o hacer referencia a algo: *Por su color verde oscuro se le aplica el nombre de olivino.* || **aplicarse** *v. prnl.* **4.** Dedicarse intensamente a algo, en especial al estudio. ■ Delante de *e* se escribe *qu* en lugar de *c*. SIN. **1.** Superponer; adherir, pegar. **2.** Utilizar, servirse. **3.** Atribuir; referir. **4.** Esforzarse, entregarse. ANT. **4.** Desinteresarse, despreocuparse. FAM. Aplicable, aplicación, aplicado, aplique. / Desaplicado, inaplicable.

aplique (del fr. *applique*) *s. m.* **1.** Lámpara que se fija a la pared. **2.** Parte o material que se añade a algo: *una cazadora con apliques de cuero.*

aplomar *v. tr.* **1.** Aumentar el peso o la consistencia de una cosa. También *v. prnl.* **2.** En albañilería, comprobar con la plomada la verticalidad de una pared. También *v. intr.* **3.** Poner vertical. || **aplomarse** *v. prnl.* **4.** Adquirir aplomo. FAM. Aplomo. PLOMO.

aplomo *s. m.* Tranquilidad, seguridad, sensatez: *Actuó con mucho aplomo.* SIN. Serenidad, gravedad, entereza. ANT. Nerviosismo.

apocado, da **1.** *p.* de **apocar**. || *adj.* **2.** Que tiene poco carácter o fuerza moral. También *s. m.* y *f.* SIN. **2.** Tímido, pusilánime, cohibido. ANT. **2.** Resuelto, desenvuelto.

Apocalipsis (del lat. *apocalypsis*, y éste del gr. *apokalypsis*, revelación) *n. p.* **1.** Libro del Antiguo Testamento que contiene las revelaciones sobre el fin del mundo. || **apocalipsis** *s. m.* **2.** Fin del mundo y, p. ext., catástrofe de grandes proporciones. ■ No varía en *pl.* SIN. **2.** Hecatombe, desastre. FAM. Apocalíptico.

apocalíptico, ca *adj.* **1.** Relativo al apocalipsis. **2.** Espantoso, terrorífico, catastrófico: *En sueños tuvo una visión apocalíptica.* SIN. **2.** Dantesco.

apocar *v. tr.* Cohibir o intimidar a alguien: *Le apocó con la mirada.* También *v. prnl.* ■ Delante de *e* se escribe *qu* en lugar de *c*: *apoque.* SIN. Humillar(se), acobardar(se). ANT. Envalentonar(se). FAM. Apocado, apocamiento. POCO.

apocopar *v. tr.* Acortar una palabra suprimiendo letras o fonemas al final de ésta.

apócope (del lat. *apocope*, y éste del gr. *apokope*, de *apokopto*, cortar) *s. f.* Supresión de alguna sílaba, letra o sonido al final de un vocablo, p. ej. *gran* por *grande*. FAM. Apocopar.

apócrifo, fa (del lat. *apocryphus*, y éste del gr. *apocryphos*, secreto) *adj.* **1.** Falso, supuesto, no auténtico. **2.** Se dice del libro que se atribuye a un autor sagrado pero que la Iglesia no reconoce como inspirado por Dios: *Evangelios apócrifos.* También *s. m.* **3.** Se dice del escrito que no es de la época o del autor a que se atribuye: *testamento apócrifo.* También *s. m.* **SIN. 1.** y **3.** Falsificado. **ANT. 1.** Verdadero, genuino.

apodar (del lat. tardío *apputare*, del lat. *putare*, juzgar) *v. tr.* Poner o aplicar un apodo: *Le apodan «el Pecas».* También *v. prnl.* **SIN.** Llamar(se).

apoderado, da 1. *p.* de **apoderar**. También *adj.* || *s. m.* y *f.* **2.** Persona que tiene poderes para representar a otra persona o entidad y actuar en su nombre: *el apoderado de un cantante, el apoderado de una empresa.* **SIN. 2.** Representante, agente.

apoderar *v. tr.* **1.** Dar una persona o entidad poder a otra para que la represente. || **apoderarse** *v. prnl.* **2.** Hacerse dueño de alguna cosa: *Se apoderó de toda la herencia* **3.** *fam.* Dominar: *El miedo se ha apoderado de él.* **SIN. 1.** Delegar, autorizar. **2.** Apropiarse. **2.** y **3.** Adueñarse. **3.** Invadir. **FAM.** Apoderado. PODER².

apodíctico, ca (del lat. *apodicticus*, y éste del gr. *apodeiktikos*, demostrativo) *adj.* Que no admite contradicción ni discusión. **SIN.** Irrefutable, indiscutible, incuestionable.

apodiforme (del gr. *apus, apodos*, sin pies, y *-forme*) *adj.* **1.** Se dice de ciertas aves de vuelo muy rápido y alas largas y estrechas, como los vencejos y los colibríes. También *s. f.* || *s. f. pl.* **2.** Orden de estas aves.

apodo *s. m.* Sobrenombre o mote, frecuentemente peyorativo, que suele darse a una persona. **SIN.** Alias. **FAM.** Apodar.

ápodo, da (del gr. *apus, apodos*, de *a*, part. priv., y *pus, podos*, pie) *adj.* **1.** Que carece de patas. **2.** Se dice de ciertos vertebrados anfibios caracterizados por carecer de patas y que recuerdan por su aspecto y forma de vida a las lombrices de tierra. También *s. m.* || *s. m. pl.* **3.** Orden de estos animales. **FAM.** Apodiforme.

apódosis (del lat. *apodosis*, y éste del gr. *apodosis*, explicación) *s. f.* Parte de la oración que completa el sentido dejado pendiente por la prótasis: *Si no vienes* (prótasis), *me marcharé* (apódosis). ■ No varía en *pl.*

apófisis (del gr. *apophysis*, excrecencia) *s. f.* Parte saliente de un hueso que se articula con otro, o donde se insertan músculos o ligamentos. ■ No varía en *pl.*

apogeo (del lat. *apogeus*, y éste del gr. *apogeios*, lejos de la tierra) *s. m.* **1.** Momento o circunstancia de mayor intensidad o esplendor de algo. **2.** Distancia máxima entre la Tierra y cualquier astro. **SIN. 1.** Auge, culmen, plenitud, cúspide.

apolillado, da 1. *p.* de **apolillar**. También *adj.* || *adj.* **2.** Viejo, caduco y que carece de actualidad: *Es una persona de ideas apolilladas.* **SIN. 1.** Carcomido. **2.** Anticuado, obsoleto. **ANT. 2.** Nuevo, novedoso, actual.

apolillar *v. tr.* **1.** Comer y estropear la polilla la ropa u otros materiales. Se usa sobre todo como *v. prnl.* || **apolillarse** *v. prnl.* **2.** *fam.* Quedarse anticuado, no evolucionar. **SIN. 1.** Carcomer. **FAM.** Apolillado. / Desapolillar. POLILLA.

apolíneo, a (del lat. *apollineus*) *adj.* **1.** Relacionado con el dios griego Apolo. **2.** Aplicado al hombre y a su aspecto, figura, etc., hermoso, bello.

apolítico, ca *adj.* Ajeno a la política, sin ideas políticas. También *s. m.* y *f.*

apologética (del gr. *apologetike*, defensiva) *s. f.* Parte de la teología que expone las pruebas y fundamentos de la verdad de la religión católica. **FAM.** Apologética. APOLOGÍA.

apología (del lat. *apologia*, y éste del gr. *apologia*) *s. f.* Defensa o elogio de personas, ideas o cosas: *Hizo una apología de los derechos de la mujer.* **SIN.** Panegírico, encomio. **ANT.** Crítica, diatriba. **FAM.** Apologética, apologista, apólogo.

apólogo (del lat. *apologus*, y éste del gr. *apologos*, fábula) *s. m.* Narración de la que se deduce siempre alguna enseñanza práctica o un consejo moral. **SIN.** Parábola, fábula.

apoltronarse *v. prnl.* **1.** Ponerse cómodo en un asiento. **2.** *fam.* Hacerse perezoso, llevar una vida fácil y sedentaria. **3.** Mantenerse a toda costa en un puesto o cargo. **SIN. 1.** Repantigarse. **1.** y **2.** Acomodarse. **1.** y **3.** Apalancarse. **ANT. 2.** Ajetrearse. **FAM.** Apoltronamiento. POLTRÓN.

apoplejía (del lat. *apoplexia*, y éste del gr. *apoplexia*, de *apoplesso*, estar estupefacto) *s. f.* Pérdida de una parte de la función cerebral como consecuencia de una hemorragia, embolia o trombosis. **FAM.** Apopléjico, apoplético.

apopléjico, ca o **apoplético, ca** *adj.* **1.** Relacionado con la apoplejía. **2.** Que padece apoplejía o tiene predisposición a ella. Tambien *s. m.* y *f.*

apoquinar *v. tr. fam.* Pagar uno lo que le corresponde: *Apoquinó las tres mil pesetas.*

aporía (del gr. *aporia*, dificultad de pasar) *s. f.* **1.** Dificultad lógica insuperable de un problema o cuestión. **2.** Proposición sin salida lógica posible, a causa de la igualdad de los razonamientos contrarios. **3.** Razonamiento en el que, a partir de algo evidente, se deduce una conclusión manifiestamente falsa.

aporrear *v. tr.* Golpear, con o sin porra, violenta e insistentemente: *Aporreó la puerta para que le oyeran.* **SIN.** Zurrar, apalear. **FAM.** Aporreamiento, aporreo. PORRA.

aportación *s. f.* **1.** Acción de aportar. **2.** Aquello que se aporta: *Su generosa aportación económica ayudó a salvar el albergue.* **SIN. 1.** y **2.** Contribución, participación, aporte.

aportar (del lat. *apportare*, de *ad*, a, y *portare*, llevar) *v. tr.* **1.** Dar, proporcionar algo, sobre todo dinero o bienes: *aportar su fortuna a la empresa.* **2.** Presentar o aducir pruebas, razones, etc.: *Su declaración aportó datos de interés.* **SIN. 1.** Contribuir. **2.** Alegar. **ANT. 1.** Recibir. **FAM.** Aportación, aporte. PORTAR.

aporte *s. m.* **1.** Aportación: *El aporte de Roma a la cultura occidental es incalculable.* **2.** Materias que necesita el cuerpo humano: *El aporte de calcio es muy importante en los niños.* **3.** Conjunto de materiales depositados por la acción del viento o del agua en un lugar: *El aporte del río Ebro a su delta es menos abundante que hace unos años.*

aposentar (del lat. *ad*, a, y *pausare*, posar) *v. tr.* **1.** Dar habitación y hospedaje. || **aposentarse** *v. prnl.* **2.** Establecerse, fijar la residencia en un lugar: *Se aposentó en París.* **SIN. 1.** Alojar, albergar, hospedar. **2.** Asentarse. **FAM.** Aposentador, aposentamiento, aposento. POSAR¹.

aposento *s. m.* **1.** Cuarto o habitación de una casa: *retirarse a su aposento.* **2.** Alojamiento, hospedaje. ■ Se usa generalmente con el verbo *dar*: *Dieron aposento a todos los invitados.* **SIN. 1.** Estancia.

aposición (del lat. *appositio, -onis*) *s. f.* Yuxtaposición de dos sustantivos o de un sustantivo y un sintagma nominal, en la que el segundo miembro desempeña una función explicativa del primero: *Juan Carlos I, rey de España.*

apósito (del lat. *appositum*) *s. m.* Material que se aplica sobre una herida o lesión, generalmente impregnado con sustancias curativas. **SIN.** Compresa, gasa.

aposta (del lat. *apposita ratione*) *adv. m.* Adrede, intencionadamente: *Ha tirado un vaso aposta.* **SIN.** Deliberadamente, a própósito. **ANT.** Involuntariamente.

apostar (del lat. *appositum*, de *apponere,* colocar) *v. tr.* **1.** Acordar varias personas de distinta opinión que se adjudicará una cantidad de dinero o cualquier otra cosa, convenida previamente, al que lleve la razón: *Apostó una cena a que llegaba el primero.* También *v. prnl.* **2.** Arriesgar dinero u otros bienes en un juego, competición, etc., con la creencia de que el resultado será uno determinado: *apostar por un caballo.* **3.** Manifestar la seguridad o sospecha de que algo será de una determinada manera: *Apuesto a que nos ha engañado.* ■ En estas tres acepciones es v. irreg. Se conjuga como *contar.* **4.** Colocar a alguien o algo en un lugar para cierto fin, p. ej. para vigilar o atacar: *El enemigo se apostó tras las rocas.* También *v. prnl.* **SIN. 2.** Jugar. **4.** Emplazar. **FAM.** Aposta, apostante, apuesta, apuesto. PONER.

apostasía *s. f.* Hecho de renegar de creencias o ideas, especialmente de la fe cristiana.

apóstata (del lat. *apostata*) *s. m.* y *f.* Persona que reniega de sus creencias religiosas. **SIN.** Renegado. **ANT.** Fiel.

apostatar (del lat. *apostatare*) *v. intr.* **1.** Abandonar ciertas creencias, en particular las religiosas: *apostatar de la fe.* **2.** P. ext., abandonar un partido, cambiar de opinión o doctrina. **SIN. 1.** Abjurar, retractarse, renegar. **ANT. 1.** Abrazar, convertirse. **FAM.** Apostasía, apóstata.

apostema (del lat. *apostema*, y éste del gr. *apostema*, alejamiento) *s. f.* Herida o absceso con pus. ■ Se dice también *postema.*

apostilla (del lat. *a post illa*, a continuación de aquellas cosas) *s. f.* Nota que comenta, aclara o completa un texto. **SIN.** Acotación. **FAM.** Apostillar.

apostillar *v. tr.* Poner apostillas en un texto. **SIN.** Acotar, anotar, glosar.

apóstol (del lat. *apostolus*, y éste del gr. *apostolos*, enviado) *s. m.* **1.** Cada uno de los doce discípulos escogidos por Cristo para predicar el Evangelio. **2.** Propagador de cualquier doctrina: *un apóstol de la paz.* **SIN. 2.** Proselitista, defensor. **FAM.** Apostolado, apostólico.

apostolado (del lat. *apostolatus*) *s. m.* **1.** Misión de un apóstol y tiempo que dura. **2.** Propaganda y defensa de una causa o doctrina, sobre todo religiosa: *hacer apostolado.* **3.** Conjunto de los doce apóstoles.

apostólico, ca (del lat. *apostolicus*) *adj.* **1.** De los apóstoles. **2.** Del papa o de la Iglesia católica romana: *nunciatura apostólica.* **3.** Se aplica a la Iglesia católica para expresar que en su origen y doctrina procede de los apóstoles.

apostrofar *v. tr.* Dirigir apóstrofes. **SIN.** Increpar.

apóstrofe (del lat. *apostrophe*, y éste del gr. *apostrophe*, acción de apartarse) *s. m.* **1.** Insulto o recriminación dura y brusca. **2.** Figura retórica que consiste en dirigirse con apasionamiento a un ser real o imaginario, o a uno mismo. **SIN. 2.** Improperio, imprecación, dicterio. **FAM.** Apostrofar, apóstrofo.

apóstrofo (del gr. *apostrophos*, de *apostropheo*, volver, huir) *s. m.* Signo ortográfico (') que indica la elisión o supresión de una vocal: *d'Alembert.*

apostura *s. f.* Cualidad de apuesto. **SIN.** Gallardía, galanura, elegancia. **ANT.** Fealdad.

apotegma (del lat. *apophthegma*, y éste del gr. *apophthegma*, enunciado) *s. m.* Dicho breve y sentencioso, sobre todo si se debe a algún personaje famoso. **SIN.** Adagio, máxima, aforismo.

apotema (del gr. *apotithemi*, colocar) *s. f.* **1.** Segmento trazado perpendicularmente desde el centro de un polígono regular a cada uno de sus lados. **2.** Altura de las caras triangulares de una pirámide regular.

apoteósico, ca *adj.* **1.** Que alcanza un grado de perfección insuperable o tiene mucho éxito: *Ayer estuvieste apoteósica.* **2.** Impresionante, grandioso: *La obra tiene un final apoteósico.* **SIN. 1.** Brillante.

apoteosis (del lat. *apotheosis*, y éste del gr. *apotheosis*, deificación) *s. f.* **1.** Alabanza o ensalzamiento de una persona, colectividad, etc.: *la apoteosis del vencedor.* **2.** Final brillante de algo, especialmente de un espectáculo. ■ No varía en *pl.* **SIN. 1.** Glorificación, exaltación. **ANT. 2.** Degradación. **FAM.** Apoteósico.

apoyar (del lat. *appodiare*, de *podium*, poyo) *v. tr.* **1.** Hacer que una persona o cosa descanse sobre otra: *Apoyó la bicicleta en la pared. Apóyate en mí.* También *v. prnl.* **2.** Basar, fundar: *¿En qué apoyas tu conclusión?* También *v. prnl.* **3.** Ayudar, favorecer: *Si te presentas como delegado, te apoyaremos.* **4.** Sostener o confirmar una opinión: *apoyar una teoría.* **SIN. 1.** Arrimar(se), recostar(se). **2.** Fundamentar(se), asentar(se). **3.** Patrocinar. **4.** Ratificar, corroborar, defender. **ANT. 3.** y **4.** Atacar. **4.** Contradecir. **FAM.** Apoyatura, apoyo. POYO.

apoyatura *s. f.* **1.** Nota musical de adorno, cuyo valor se toma de una nota principal, a la que precede. **2.** Apoyo, base o auxilio para realizar algo: *Defendió su teoría con gran apoyatura de datos.* **SIN. 2.** Ayuda, refuerzo.

apoyo *s. m.* **1.** Lo que sirve para sostener o apoyar: *Camina con el apoyo de unas muletas.* **2.** Protección, ayuda: *Tiene el apoyo de su familia.* **3.** Fundamento, prueba de una opinión o teoría: *Los resultados de los experimentos sirvieron de apoyo a su hipótesis.* **SIN. 1.** a **3.** Sostén, soporte. **2.** Auxilio, aliento.

apreciable *adj.* **1.** Que es bastante grande, intenso o importante para ser apreciado u observado: *Existe una apreciable diferencia entre los dos.* **2.** Que merece aprecio o estima: *Ha demostrado un apreciable interés en el caso.*

apreciación *s. f.* **1.** Acción de apreciar. **2.** Juicio o valoración: *Eso son apreciaciones tuyas.* **SIN. 1.** Percepción. **2.** Opinión, consideración.

apreciar (del lat. *appretiare*, de *ad*, a, y *pretium*, precio) *v. tr.* **1.** Reconocer el mérito de una persona o una cosa: *Todos apreciamos su labor.* **2.** Sentir afecto por alguien: *Ya sabes que te aprecio mucho.* **3.** Percibir, captar los rasgos de algo: *Desde lejos no se aprecian los detalles.* || **apreciarse** *v. prnl.* **4.** Revaluarse una moneda: *El euro se ha apreciado frente al dólar.* **SIN. 1.** Valorar, considerar. **1.** y **2.** Estimar. **2.** Querer. **3.** Ver, distinguir. **4.** Revalorizarse. **ANT. 1.** Menospreciar. **2.** Odiar. **4.** Devaluarse, depreciarse. **FAM.**

Apreciable, apreciación, apreciativo, aprecio. / Inapreciable. PRECIO.

apreciativo, va *adj.* Que expresa aprecio o valoración.

aprecio *s. m.* **1.** Acción de apreciar. **2.** Cariño o afecto hacia alguna persona o cosa: *Siente gran aprecio por su abuelo.* || **LOC. no hacer aprecio** No reconocer el valor o la importancia de alguien o algo: *Le hicieron un buen regalo, pero no le hizo ningún aprecio.* **SIN. 1.** Consideración, estimación. **1.** y **2.** Estima. **ANT. 1.** Menosprecio, desprecio. **2.** Odio, aborrecimiento.

aprehender (del lat. *apprehendere*, de *ad*, a, y *prehendere*, agarrar) *v. tr.* **1.** Coger, especialmente capturar a una persona o cosa: *La policía aprehendió un alijo de droga.* **2.** Entender, asimilar. **SIN. 2.** Comprender. **ANT. 1.** Soltar. **FAM.** Aprehensible, aprehensión. PRENDER.

apremiante *adj.* Que urge o corre prisa: *Eso necesita una solución apremiante.* **SIN.** Urgente.

apremiar (del lat. *praemium*, botín, presa) *v. tr.* **1.** Incitar a alguien a que haga algo con rapidez: *Los acreedores le apremian para que pague.* También *v. intr.*: *El tiempo apremia.* **2.** Imponer apremio o recargo. **SIN. 1.** Acuciar. **FAM.** Apremiante, apremio. PREMURA.

apremio *s. m.* **1.** Acción de apremiar. **2.** Procedimiento judicial o administrativo para conseguir el cumplimiento de una obligación, especialmente de pago. **SIN. 1.** Prisa, apresuramiento, urgencia.

aprender (del lat. *apprehendere*, de *ad*, a, y *prehendere*, percibir) *v. tr.* **1.** Llegar a conocer algo por medio del estudio, el ejercicio o la experiencia: *aprender a leer, aprender a nadar.* **2.** Fijar algo en la memoria: *aprenderse un teléfono.* También *v. prnl.*, con valor expr. **SIN. 1.** Instruirse, ilustrarse, asimilar. **2.** Memorizar. **ANT. 1.** Ignorar. **1.** y **2.** Olvidar. **FAM.** Aprendiz, aprendizaje, aprensión. / Desaprender. PRENDER.

aprendiz, za *s. m.* y *f.* **1.** Persona que aprende algún arte u oficio. **2.** En algunas profesiones, persona que está en el primer grado del escalafón laboral, antes de pasar a oficial. **SIN. 1.** Principiante.

aprendizaje *s. m.* Acción de aprender. **SIN.** Estudio, instrucción, asimilación, formación.

aprensión (del ant. sentido de *aprender*, coger miedo) *s. f.* **1.** Miedo o recelo excesivos hacia algo, especialmente hacia las enfermedades o lo que pueda producirlas. **2.** Figuración, idea infundada. Se usa mucho en *pl.*: *Eso son aprensiones tuyas.* **SIN. 1.** Reparo, prevención, escrúpulo. **2.** Imaginación. **FAM.** Aprensivo. / Desaprensivo, inaprensivo. APRENDER.

aprensivo, va *adj.* Que ve en todas las cosas un peligro para su salud: *Es tan aprensivo que no prueba comida fuera de casa.* También *s. m.* y *f.* **SIN.** Escrupuloso.

apresar (del lat. *apprensare*) *v. tr.* **1.** Coger un animal a su presa fuertemente con las garras o colmillos. **2.** Capturar, detener a alguien: *Apresaron al ladrón.* **SIN. 1.** Cazar. **1.** y **2.** Atrapar, prender. **2.** Arrestar, detener. **ANT. 1.** y **2.** Soltar, liberar. **FAM.** Apresamiento. PRESO.

aprestar *v. tr.* **1.** Preparar lo necesario para realizar alguna cosa: *Aprestar las armas para el combate.* También *v. prnl.*: *Se aprestaba a salir cuando sonó el teléfono.* **2.** Dar consistencia a los tejidos con goma y otros materiales. **SIN. 1.** Disponer(se), aparejar. **FAM.** Apresto. PRESTAR.

apresto *s. m.* **1.** Sustancia, generalmente de goma, para dar consistencia a las telas. **2.** Acción de aprestar.

apresurar *v. tr.* Meter prisa, acelerar. También *v. prnl.*: *Apresúrate a entrar.* **SIN.** Aligerar, apremiar, apurar. **ANT.** Entretener, retardar. **FAM.** Apresuradamente, apresurado, apresuramiento. PRESURA.

apretado, da 1. *p.* de **apretar**. También *adj.* || *adj.* **2.** Intenso, lleno de actividades: *un día muy apretado de trabajo.* **3.** Arduo, peligroso: *Pasaron por situaciones apretadas.* **4.** Con un margen o diferencia muy escaso: *El resultado de las elecciones ha sido muy apretado. El equipo obtuvo una apretada victoria.* **SIN. 2.** Atareado. **3.** Apurado, difícil. **ANT. 2.** Desocupado. **3.** Fácil.

apretapapeles *s. m. Arg.* y *Urug.* Pisapapeles. ■ Se dice también *aprietapapeles*. No varía en *pl.*

apretar (del lat. *appectorare*, de *ad*, a, y *pectus*, *-oris*, pecho) *v. tr.* **1.** Hacer fuerza o presión sobre alguien o algo: *Apretó al niño contra su pecho. No aprietes el tubo.* **2.** Aumentar la tirantez o presión de algo: *apretar un nudo, apretar un tornillo.* **3.** Reducir a menor volumen. También *v. prnl.*: *Si nos apretamos, cabemos todos.* **4.** *fam.* Tratar con rigor: *Ese profesor aprieta mucho a sus alumnos.* **5.** Activar, acelerar: *apretar el paso.* || *v. intr.* **6.** *fam.* Tener mayor intensidad que de ordinario: *El calor aprieta.* **7.** *fam.* Presionar, oprimir, agobiar: *La necesidad aprieta.* || **LOC. apretar las clavijas** Presionar a alguien para que haga algo. **apretarse el cinturón** *fam.* Economizar. ■ Es v. irreg. Se conjuga como *pensar.* **SIN. 1.** Estrujar. **3.** Apretujar(se), comprimir(se), constreñir(se). **4.** Exigir. **ANT. 1.** y **2.** Soltar. **2.** Aflojar. **3.** Desparramar(se). **6.** Aminorar; ceder. **FAM.** Apretado, apretapapeles, apretón, apretujar, apretujón, apretura, aprieto. / Desapretar. PRIETO.

apretón *s. m.* **1.** Acción de apretar con fuerza o rapidez. **2.** Esfuerzo superior al ordinario: *Dio un apretón para los exámenes.* **3.** Apretura de gente. Se usa mucho en *pl.*: *No me gustan los apretones.* **4.** Movimiento repentino de vientre que obliga a evacuar. **SIN. 3.** Apretujón, estrujón.

apretujar *v. tr.* **1.** *fam.* Comprimir, apretar mucho: *Apretujó la ropa en la maleta.* || **apretujarse** *v. prnl.* **2.** Oprimirse varias personas en un recinto reducido: *El público se apretujaba en la entrada.* **SIN. 1.** Oprimir, estrujar. **2.** Apiñarse.

apretura *s. f.* **1.** Opresión causada por la aglomeración de gente. **2.** Escasez o falta de algo. ■ En las dos anteriores acepciones, se usa mucho en *pl.*: *No me gustan las apreturas. Hemos pasado un año de apreturas.* **3.** Aprieto. **SIN. 1.** Apretón. **2.** Estrechez, privación. **2.** y **3.** Apuro. **3.** Dificultad. **ANT. 1.** y **2.** Holgura. **2.** Desahogo, bienestar.

aprietapapeles *s. m. Arg.* y *Urug.* Apretapapeles*.

aprieto *s. m.* Situación difícil o comprometida: *estar en un aprieto, poner a alguien en un aprieto.* **SIN.** Apuro, conflicto, brete, trance.

apriori *s. m.* Idea o hipótesis establecida previamente: *Su filosofía está llena de aprioris.*

apriorismo *s. m.* Método en que se emplea sistemáticamente el razonamiento a priori.

aprisa *adv. m.* Con rapidez. **SIN.** Deprisa, rápidamente. **ANT.** Despacio, lentamente.

aprisco (del lat. *appressicare*, apretar) *s. m.* Lugar cercado donde los pastores guardan el ganado. **SIN.** Redil.

aprisionar (de *a-*[2] y *prisión*) *v. tr.* Sujetar con fuerza, impidiendo que una persona o cosa pueda salir de un lugar o soltarse: *Al cerrarse de repente, la puerta le aprisionó una mano.* **SIN.** Inmovilizar. **ANT.** Soltar. **FAM.** Aprisionamiento. PRISIÓN.

aproar *v. intr.* Dirigir la proa del barco hacia una determinada dirección.

aprobación *s. f.* **1.** Aceptación de una cosa que se considera buena o adecuada: *la aprobación de los presupuestos.* **2.** Conformidad o acuerdo con algo: *Busca la aprobación de sus amigos.*

aprobado, da 1. *p.* de **aprobar**. También *adj.* || *s. m.* **2.** Calificación mínima de aptitud en un examen. SIN. **2.** Suficiente. ANT. **2.** Suspenso.

aprobar (del lat. *approbare*) *v. tr.* **1.** Dar por bueno, expresar conformidad: *Apruebo tus métodos.* **2.** Sacar la calificación suficiente en un examen. ■ Es v. irreg. Se conjuga como *contar.* SIN. **1.** Admitir, aceptar, consentir. **2.** Pasar. ANT. **1.** Desaprobar. **2.** Suspender. FAM. Aprobación, aprobado, aprobatorio. / Desaprobar. PROBAR.

apropiado, da 1. *p.* de **apropiarse**. También *adj.* || *adj.* **2.** Adaptado o ajustado al fin a que se destina: *No llevaban calzado apropiado para la montaña.* SIN. **2.** Conveniente, adecuado, idóneo, oportuno, correcto. ANT. **2.** Inapropiado. FAM. Apropiadamente. / Inapropiado. APROPIARSE.

apropiarse (del lat. *appropriare*) *v. prnl.* Hacerse dueño de algo: *apropiarse de un terreno, apropiarse de una idea.* SIN. Adueñarse, apoderarse. FAM. Apropiación, apropiado. PROPIO.

aprovechado, da 1. *p.* de **aprovechar**. También *adj.* || *adj.* **2.** *desp.* Que trata de sacar provecho de todo. También *s. m.* y *f.* **3.** Aplicado, diligente: *un estudiante aprovechado.* SIN. **2.** Interesado, oportunista. **3.** Trabajador. ANT. **2.** Desinteresado. **3.** Perezoso. FAM. Aprovechadamente. / Inaprovechado. APROVECHAR.

aprovechar *v. intr.* **1.** Servir de provecho alguna cosa: *Poco le aprovechó su simpatía.* **2.** Adelantar en una actividad, estudio, etc. || *v. tr.* **3.** Emplear útilmente alguna cosa: *aprovechar el día.* || **aprovecharse** *v. prnl.* **4.** Sacar utilidad de alguien o algo: *Se aprovechó de un descuido para robar.* ■ Suele usarse en sentido desp. **5.** *fam.* Tener relaciones sexuales con alguien valiéndose de engaños. || LOC. **¡que aproveche!** Expresión con que se desea buen provecho a alguien que está comiendo. SIN. **1.** Beneficiar, ayudar. **2.** Progresar. **4.** Servirse, utilizar. ANT. **1.** Perjudicar. **3.** Desaprovechar. FAM. Aprovechable, aprovechado, aprovechamiento. / Desaprovechar. PROVECHO.

aprovisionamiento *s. m.* **1.** Acción de tomar las cosas necesarias, abastecimiento: *Se aseguró el aprovisionamiento de agua a la ciudad.* **2.** Aquello que se suministra: *Aunque tarde, enviaron el aprovisionamiento.* SIN. **1.** Avituallamiento. **1.** y **2.** Suministro. **2.** Provisión, pertrecho.

aprovisionar *v. tr.* Abastecer, proveer de cosas necesarias: *Un helicóptero aprovisionó de víveres a la tropa.* También *v. prnl.* SIN. Suministrar(se), pertrechar(se), avituallar(se), surtir(se). ANT. Desabastecer(se). FAM. Aprovisionamiento. PROVISIÓN.

aproximación *s. f.* **1.** Acción de aproximar o aproximarse. **2.** Cualidad de aproximado: *Nos contó lo sucedido con cierta aproximación.* **3.** Premio que se concede en la lotería a los números anterior y posterior al que obtiene el primer premio, y a los demás de la centena de los primeros premios de un sorteo. SIN. **1.** Acercamiento. ANT. **1.** Alejamiento.

aproximado, da 1. *p.* de **aproximar**. || *adj.* **2.** Que se acerca más o menos a lo exacto: *un cálculo aproximado.*

aproximar *v. tr.* **1.** Situar cerca o más cerca: *Aproximó la silla a la mesa.* También *v. prnl.*: *Se aproximaron al fuego. Se aproxima el otoño.* || **aproximarse** *v. prnl.* **2.** Parecerse, asemejarse: *Algunos gestos de los monos se aproximan a los humanos.* SIN. **1.** Acercar(se), arrimar(se). ANT. **1.** y **2.** Apartar(se). FAM. Aproximación, aproximadamente, aproximado, aproximativo. PRÓXIMO.

ápside (del gr. *apsis, -idos*, nudo, bóveda, y éste de *apto*, yo enlazo, sujeto) *s. m.* Cada uno de los dos extremos del eje mayor de la órbita de un astro. ■ No confundir con *ábside*, 'parte del templo'.

apterigiforme (del gr. *a*, part. priv., y *pteryx, -rygos*, ala, y *-forme*) *adj.* **1.** Se dice de ciertas aves de Nueva Zelanda, de tamaño mediano, alas atrofiadas, plumaje con aspecto de pelo y pico largo y curvado. Apterigiforme es el kiwi. También *s. f.* || *s. f. pl.* **2.** Orden de estas aves.

apterigógeno (del gr. *a*, part. priv., y *pteryx, -rygos*, ala, y *-geno*) *adj.* **1.** Se dice de los insectos sin alas. También *s. m.* || *s. m. pl.* **2.** Subclase formada por estos insectos.

áptero, ra (del gr. *apteros*, de *a*, part. priv., y *pteron*, ala) *adj.* **1.** Que carece de alas. También *s. m.* **2.** Se dice de los templos griegos que no tienen columnas en las fachadas laterales. FAM. Apterigiforme, apterigógeno.

aptitud (del lat. *aptitudo*) *s. f.* **1.** Cualidad de apto. **2.** Capacidad o habilidad para ciertos trabajos, tareas, etc. Se usa mucho en *pl.*: *Tiene aptitudes para la música.* ■ No confundir con *actitud*, 'modo de comportarse'. SIN. **1.** Adecuación, adaptación. **2.** Talento, don, habilidad, destreza. ANT. **1.** Inadaptación. **2.** Ineptitud, incapacidad, incompetencia.

apto, ta (del lat. *aptus*) *adj.* **1.** Que tiene capacidad para llevar a cabo ciertas tareas: *apto para el servicio militar.* **2.** Adecuado, apropiado: *La película no es apta para menores.* || *s. m.* **3.** Calificación de aprobado. SIN. **1.** Capacitado. **2.** Conveniente, idóneo. ANT. **1.** Inepto. **2.** Inadecuado. FAM. Aptitud. / Adaptar, inepto.

apud (lat.) *prep.* Se utiliza en citas bibliográficas con el significado de 'en la obra', o 'en el libro de'. ■ Suele abreviarse *Ap.*

apuesta *s. f.* **1.** Acción de apostar. **2.** Lo que se apuesta. SIN. **1.** y **2.** Envite, puesta, postura.

apuesto, ta (del lat. *appositus*) *adj.* De buena presencia. SIN. Atractivo, gallardo. ANT. Feo. FAM. Apostura. APOSTAR.

apunarse *v. prnl. Amér.* Padecer puna o soroche, mal de las alturas.

apuntado, da 1. *p.* de **apuntar**. También *adj.* || *adj.* **2.** Terminado en punta: *arco apuntado.* SIN. **2.** Puntiagudo, aguzado. ANT. **2.** Chato.

apuntador, ra *adj.* **1.** Que apunta. También *s. m.* y *f.* || *s. m.* y *f.* **2.** Persona que en las representaciones teatrales se sitúa cerca de los actores para apuntarles si olvidan el texto. || LOC. **no quedar ni el apuntador** o **morir hasta el apuntador** *fam.* Morir todos los personajes en una película o en una obra de teatro.

apuntalar *v. tr.* **1.** Poner puntales para sostener las paredes de un edificio. **2.** Afirmar, asegurar, apoyar: *apuntalar una demostración.* SIN. **1.** Entibar. **2.** Consolidar. ANT. **1.** Desapuntalar. FAM. Apuntalamiento. PUNTAL.

apuntar *v. tr.* **1.** Dirigir un arma hacia algo o alguien: *Le apuntó con un revólver.* **2.** Señalar un sitio, objeto o persona determinada: *apuntar con el dedo.* **3.** Tomar nota por escrito: *apuntar una dirección.* **4.** Hacer un dibujo sencillo o que sirva de base a otro. **5.** Inscribir en una lista, registro, etc.: *Me he apuntado a las clases de inglés.* También *v. prnl.* **6.** *fam.* Incorporar a alguien a algún plan, actividad, etc.: *Yo me apun-*

to a la excursión. Se usa más como *v. prnl.* **7.** Sugerir a alguien con disimulo lo que debe decir, p. ej. en el teatro o en un examen. **8.** Indicar, señalar, referir: *El fiscal apuntó nuevas acusaciones.* || *v. intr.* **9.** Empezar a manifestarse algo: *apuntar el día, apuntar una planta.* || **apuntarse** *v. prnl.* **10.** Atribuirse un éxito, tanto, etc. SIN. **1.** Encañonar. **2.** Indicar. **3.** Anotar. **4.** Esbozar. **5.** Registrar(se). **7.** Soplar. **9.** Nacer, brotar. ANT. **5.** Borrar(se). **9.** Concluir. FAM. Apuntado, apuntador, apuntamiento, apunte. / Desapuntar. PUNTA.

apunte *s. m.* **1.** Nota por escrito, resumen o extracto que se hace de algo. Se usa mucho en *pl.*: *tomar apuntes.* **2.** Dibujo esbozado. **3.** Apuntador en el teatro, y texto del que se sirve. SIN. **2.** Esbozo, croquis. **3.** Traspunte.

apuntillar *v. tr.* **1.** Clavar la puntilla al toro. **2.** Dar a alguien un golpe definitivo, físico o moral: *Las últimas noticias le apuntillaron.*

apuñalar *v. tr.* Dar puñaladas. FAM. Apuñalamiento. PUÑAL.

apurado, da **1.** *p.* de **apurar**. || *adj.* **2.** Agobiado, en apuros: *apurado de dinero, apurado de trabajo.* **3.** Peligroso, arriesgado: *una situación apurada.* SIN. **2.** Abrumado. **3.** Peliagudo, difícil. ANT. **2.** Desahogado; relajado.

apurar *v. tr.* **1.** Acabar, agotar, llevar hasta el fin: *apurar el vaso, la paciencia.* **2.** Dar prisa, apremiar. También *v. prnl.*: *Apúrate o llegamos tarde.* **3.** Inquietar, preocupar, angustiar: *Le apuran tantas responsabilidades.* También *v. prnl.* **4.** Dar vergüenza: *Me apura decírselo.* También *v. prnl.* SIN. **1.** Terminar, consumir. **2.** Apresurar(se). **3.** Atosigar(se), abrumar(se). ANT. **1.** Comenzar. **2.** Retardar(se). **2.** y **3.** Relajar(se). FAM. Apuradamente, apurado, apuro. PURO.

apuro *s. m.* **1.** Situación difícil: *poner a alguien en un apuro.* **2.** Vergüenza: *Me da apuro saludarle.* || *s. m. pl.* **3.** Carencia o necesidad de algo, especialmente de dinero: *pasar apuros.* **4.** Trabajos, esfuerzos, dificultades. SIN. **1.** Aprieto, brete. **2.** Corte. **3.** Estrecheces.

aquaplaning (ingl.) *s. m.* Efecto que se produce cuando se forma una película de agua entre la rueda de un vehículo y el suelo que impide la adherencia entre las dos superficies.

aquejar *v. tr.* Afectar a alguien o algo una enfermedad, vicio o defecto. ■ Sólo se usa en 3.ª pers.: *Le aqueja una extraña dolencia.* FAM. Aquejado. QUEJARSE.

aquel, lla, llo (del lat. *eccum*, he aquí, e *ille, illa, illud*) *pron. dem. m., f.* y *n.* **1.** Señala a una persona o cosa que está lejos del que habla y del que escucha. En masculino y femenino, también *adj.* ■ Las formas plurales de los demostrativos son *aquellos, aquellas* para masculino y femenino respectivamente. Las formas de masculino y femenino suelen escribirse con acento cuando son pronombres. || *s. m.* **2.** *fam.* Atractivo, encanto: *Tiene mucho aquel.* **3.** *fam.* Cualidad que no se concreta: *El asunto tiene su aquel.*

aquelarre (del vasc. *akelarre*, prado del macho cabrío) *s. m.* Reunión de brujas y brujos, en la que se supone que interviene el demonio, generalmente en forma de macho cabrío.

aquenio (del gr. *a*, part. priv., y *khainein*, abrirse) *s. m.* Fruto seco que no se abre de forma espontánea y contiene en su interior una semilla, como el del girasol, la bellota o la castaña.

aqueo, a (del lat. *achaeus*) *adj.* De un pueblo de la antigua Grecia. También *s. m.* y *f.*

aquí (del lat. *eccum*, he aquí, e *hic*, aquí) *adv. l.* **1.** Indica el lugar en que se encuentra el hablante o un lugar cercano a éste. ■ Con v. de movimiento significa 'a este lugar'; con v. de reposo equivale a 'en este lugar': *Venid aquí. Estamos aquí.* **2.** En esto, en eso: *Aquí está el problema.* ■ Precedido de las prep. *de* y *por*, tiene una función pronominal y equivale a *esto, eso*: *De aquí se deduce la siguiente conclusión.* || *adv. t.* **3.** Ahora, en el tiempo presente: *hasta aquí, de aquí en adelante.* **4.** Entonces, en este momento, en esa ocasión: *Aquí todos se quedaron en completo silencio.* SIN. **1.** Acá.

aquiescencia (del lat. *acquiescentia*) *s. f.* Consentimiento, conformidad, autorización: *Cuento con su aquiescencia.* SIN. Beneplácito, permiso. ANT. Negativa, prohibición. FAM. Aquiescente.

aquiescente *adj.* Que consiente, autoriza o está conforme: *Las autoridades se mostraron aquiescentes con la solicitud.*

aquietar *v. tr.* Sosegar, tranquilizar. También *v. prnl.* SIN. Apaciguar(se), calmar(se). ANT. Alterar(se).

aquilatar *v. tr.* **1.** Precisar debidamente el mérito, valor o verdad de algo: *Conviene aquilatar los resultados.* **2.** Medir los quilates de un objeto precioso. SIN. **1.** Comprobar, contrastar. FAM. Aquilatamiento. QUILATE.

aquilino, na (del lat. *aquilinus*) *adj.* En lenguaje literario, se aplica al rostro o nariz afilados.

aquilón (del lat. *aquilo, -onis*) *s. m.* Polo norte y viento que sopla de esta parte.

ar *interj.* En lenguaje militar, se usa a veces al terminar una orden para indicar que se debe ejecutar en ese momento: *¡Firmes, ar!*

ara (del lat. *ara*) *s. f.* **1.** Altar donde se ofrecen sacrificios a los dioses. **2.** En el culto católico, piedra consagrada existente en el centro del altar donde el sacerdote dice la misa y sobre la cual descansan el cáliz y la sagrada hostia. || LOC. **en aras de** *adv.* En obsequio, en honor de. ■ En sing. lleva el art. *el* o *un.*

árabe (del ár. *arab*, árabes) *adj.* **1.** De Arabia. También *s. m.* y *f.* **2.** P. ext., de una serie de pueblos islámicos. También *s. m.* y *f.* || *s. m.* **3.** Lengua semítica hablada en esos lugares. FAM. Arabesco, arábigo, arabismo, arabista. / Hispanoárabe, mozárabe.

arabesco (del ital. *arabesco*, de *arabo*, árabe) *s. m.* Decoración de dibujos geométricos entrelazados, usada en frisos, zócalos y cenefas, característica de la arquitectura árabe.

arábigo, ga (del lat. *arabicus*) *adj.* Árabe, se dice especialmente de los números.

arabismo *s. m.* Palabra o giro de origen árabe que se ha incorporado al vocabulario de otra lengua. FAM. Panarabismo. ÁRABE.

arabista *s. m.* y *f.* Persona que estudia la lengua, la literatura y la cultura árabes.

arácnido (del gr. *arakhne*, araña) *adj.* **1.** Se dice de los artrópodos terrestres que respiran mediante tráqueas y tienen el cuerpo dividido en cefalotórax -provisto de cuatro pares de patas, un par de quelíceros y un par de pedipalpos- y abdomen sin apéndices. Son arácnidos la araña, el escorpión, etc. También *s. m.* || *s. m. pl.* **2.** Clase de estos animales.

aracnoides (del gr. *arakne*, araña, y *eidos*, forma) *adj.* Se dice de una de las tres membranas que rodean el sistema nervioso central, situada entre la duramadre y la piamadre. Su tejido es seroso, parecido a la tela de las arañas. También *s. f.* ■ No varía en *pl.*

arada *s. f.* **1.** Acción de arar. **2.** Tierra labrada con el arado. **3.** Cultivo y labor del campo.

arado (del ant. *aradro*, y éste del lat. *aratrum*) *s. m.* Instrumento de agricultura que sirve para labrar la tierra haciendo surcos.

arador, ra *adj.* **1.** Que ara. También *s. m.* y *f.* || **2. arador de la sarna** Ácaro parásito del hombre, de tamaño muy pequeño, que produce la enfermedad de la sarna.

aragonés, sa *adj.* **1.** De Aragón. También *s. m.* y *f.* || *s. m.* **2.** Dialecto romance navarro aragonés. **3.** Variedad del castellano que se habla en Aragón. FAM. Aragonesismo. / Navarroaragonés.

aragonesismo *s. m.* Palabra o giro propio de los aragoneses.

araguato, ta *adj.* **1.** *Ven.* De color leonado oscuro. || *s. m.* **2.** Mono americano, de 70 a 80 cm de alto y pelaje de color leonado oscuro.

arahuaco, ca *adj.* Arawak*.

arameo, a (del lat. *aramaei, -eorum*) *adj.* **1.** Descendiente de Aram, personaje bíblico hijo de Sem. También *s. m.* y *f.* **2.** De un antiguo pueblo nómada semita que extendió su lengua por toda el área de Oriente Medio. También *s. m.* y *f.* || *s. m.* **3.** Lengua semítica de dicho pueblo.

arancel (del ant. *alanzel*) *s. m.* Tarifa oficial que fija los derechos que se cobran en costas judiciales, aduanas, ferrocarriles, etc. FAM. Arancelario.

arándano *s. m.* **1.** Planta que presenta hojas ovales, flores pequeñas, verdosas o rojizas y fruto en bayas dulces. **2.** Fruto de esta planta.

arandela (del fr. *rondelle*) *s. f.* **1.** Anillo, metálico o de otros materiales, que se utiliza con diversos fines, p. ej. entre dos piezas o debajo de la cabeza de los pernos o tornillos para evitar el roce o asegurar la fijación. **2.** Especie de disco con un agujero en el centro, en el que se mete la vela o el cirio para recoger la cera.

araneido (del lat. *aranea*, araña, y el gr. *eidos*, forma) *adj.* **1.** Se dice de los arácnidos que tienen quelíceros con ganchos venenosos y glándulas abdominales productoras de seda. Son carnívoros y habitan en todo el mundo. Araneidos son las arañas. También *s. m.* || *s. m. pl.* **2.** Orden de estos animales.

araña (del lat. *aranea*) *s. f.* **1.** Arácnido que presenta ocho patas, en la boca un par de uñas venenosas y otro de palpos y en el extremo del abdomen órganos productores de seda con la que elabora una especie de red para atrapar a sus víctimas. **2.** Lámpara de techo de varios brazos, generalmente con cuentas de cristal. FAM. Arácnido, aracnoides, araneidos. / Musaraña, telaraña.

arañar *v. tr.* **1.** Hacer heridas superficiales en la piel con las uñas u otras cosas puntiagudas. También *v. prnl.*: *Se arañó las piernas con los matorrales.* **2.** Hacer rayas o surcos en cualquier superficie. **3.** *fam.* Recoger de varias partes y en pequeñas porciones lo necesario para un fin: *Arañó el dinero que pudo. Arañó un punto en uno de los ejercicios y aprobó.* SIN. **1.** y **2.** Rasgar, raspar, rascar(se). **2.** Rozar. FAM. Arañazo.

arañazo *s. m.* **1.** Herida o señal que se produce al arañar. **2.** En general, cualquier raya o raspadura hecha en una superficie. SIN. **1.** y **2.** Rasguño. **2.** Rasgadura, roce.

arapahoe *adj.* De un pueblo amerindio que habitaba en las praderas del centro de EE UU, dedicado a la caza del bisonte. También *s. m.* y *f.*

arar (del lat. *arare*) *v. tr.* Hacer surcos en la tierra con el arado, removiéndola para plantar o sembrar en ella. SIN. Roturar, labrar. FAM. Arada, arado, arador.

araucano, na *adj.* **1.** De la antigua región de Arauco. También *s. m.* y *f.* **2.** De un pueblo amerindio que habita principalmente en la región de La Araucanía, en Chile. También *s. m.* y *f.* || *s. m.* **3.** Importante familia lingüística de Chile y Argentina, que comprende dialectos poco diferenciados de una misma lengua, el mapuche. FAM. Araucaria.

araucaria (de *Arauco*, región de Chile) *s. f.* Nombre común de diversos árboles coníferos que alcanzan hasta 50 m de altura. Tienen hoja perenne, pequeña y dura, ramas horizontales, copa cónica y piñas grandes con piñones comestibles.

arawak *adj.* **1.** De un grupo de tribus amerindias de origen incierto que se extienden por áreas ecuatoriales y tropicales de América del Sur. También *s. m.* y *f.* || *s. m.* **2.** Familia lingüística del N de América del Sur y el Caribe.

arbitraje *s. m.* **1.** Acción o facultad de arbitrar: *El mal arbitraje provocó las protestas del público.* **2.** Juicio en el que las dos partes en litigio dejan en manos de un tercero la decisión sobre el pleito, comprometiéndose a aceptarla. **3.** Procedimiento para resolver pacíficamente conflictos internacionales, por el que los países litigantes aceptan remitir el problema a una tercera potencia, a una institución o a un tribunal y se comprometen a aceptar su fallo. SIN. **2.** y **3.** Mediación.

arbitral (del lat. *arbitralis*) *adj.* Del árbitro o del arbitrio: *sentencia arbitral.*

arbitrar (del lat. *arbitrare*) *v. tr.* **1.** Dirigir una competición deportiva como juez de la misma, haciendo que se observen las reglas del juego. También *v. intr.* **2.** Actuar de árbitro en un litigio, debate, etc. También *v. intr.* **3.** Facilitar o conseguir medios para resolver un problema o lograr un fin: *arbitrar fondos para la construcción de carreteras.* SIN. **2.** Mediar, juzgar. **3.** Proporcionar.

arbitrario, ria (del lat. *arbitrarius*) *adj.* **1.** Que actúa de modo caprichoso o injusto, o es el resultado de ese modo de actuar: *Su despido fue una decisión completamente arbitraria.* **2.** Convencional, que resulta de un acuerdo: *El signo lingüístico es arbitrario.* SIN. **1.** Injustificado, infundado. **2.** Convenido. ANT. **1.** Justo, razonable. FAM. Arbitrariamente, arbitrariedad. ARBITRIO.

arbitrio (del lat. *arbitrium*) *s. m.* **1.** Facultad humana de decidir libremente. **2.** Autoridad, jurisdicción. **3.** Voluntad no regida por la razón, sino por el capricho. **4.** Medio extraordinario para lograr un fin. **5.** Sentencia o decisión de un juez árbitro. || *s. m. pl.* **6.** Impuestos, generalmente municipales, que pagan los ciudadanos para hacer frente a los gastos públicos. SIN. **1.** Albedrío, libertad. **4.** Recursos, expediente. **5.** Dictamen. **6.** Tasas. FAM. Arbitrario, arbitrista, árbitro. / Albedrío.

arbitrista *s. m.* y *f.* Persona que idea proyectos disparatados o simplistas para remediar las dificultades de la hacienda pública y otros problemas políticos y económicos.

árbitro, tra (del lat. *arbiter, -itri*) *s. m.* y *f.* **1.** Persona encargada de dirigir una competición deportiva y cuidar de la aplicación del reglamento. **2.** Persona nombrada por las partes para solucionar un conflicto o litigio y que decide cuál de ellas tiene razón. **3.** Persona que influye o tiene influencia: *árbitro de la moda.* || *s. m.* **4.** Que decide por sí mismo cómo actuar: *Es árbitro de su propio destino.* SIN. **1.** Colegiado, trencilla, referí. **2.** Mediador, juez, conciliador. **4.** Dueño. FAM. Arbitraje, arbitral, arbitrar. ARBITRIO.

árbol (del lat. *arbor, -oris*) *s. m.* **1.** Planta perenne leñosa, compuesta por un tronco o tallo principal que se bifurca o del que nacen ramas con hojas. **2.** Eje que en las máquinas sirve para transmitir, recibir o transformar un movimiento: *árbol de levas.* **3.** Cierto tipo de esquema explicativo, consistente en sucesivas ramificaciones, usado en matemáticas, lingüística, etc. || **4. árbol genealógico** Cuadro o esquema, generalmente en forma de árbol, en el que figuran los miembros de una familia ordenados según su grado de parentesco. FAM. Arbolado, arboladura, arboleda, arbóreo, arborescente, arboricida, arborícola, arboricultura, arboriforme, arbusto. / Enarbolar.

arbolado, da 1. *p.* de **arbolar**. También *adj.* || *adj.* **2.** Se dice del lugar en que hay árboles: *un paseo arbolado.* || *s. m.* **3.** Conjunto de árboles. SIN. **3.** Arboleda, bosque.

arboladura *s. f.* Conjunto de mástiles y vergas de un barco. FAM. Arbolar. ÁRBOL.

arbolar *v. tr.* Poner los palos a una embarcación. ANT. Desarbolar. FAM. Desarbolar. ARBOLADURA.

arboleda (del lat. vulg. *arboreta*) *s. f.* Lugar con árboles. SIN. Bosque, arbolado.

arbóreo, a (del lat. *arboreus*) *adj.* **1.** Del árbol o relacionado con él. **2.** Parecido o semejante al árbol.

arborescencia *s. f.* **1.** Característica o forma de crecimiento de las plantas arborescentes. **2.** Semejanza de ciertos minerales o cristalizaciones con la forma de un árbol.

arborescente (del lat. *arborescens, -entis*) *adj.* Que se asemeja a un árbol. FAM. Arborescencia. ÁRBOL.

arboricida (del lat. *arbor, -oris,* árbol, y *-cida*) *adj.* Que mata a los árboles: *una sustancia arboricida.* También *s. m.*

arborícola (del lat. *arbor, -oris,* árbol, y *-cola*) *adj.* Que vive en los árboles.

arboricultura (del lat. *arbor, -oris,* árbol, y *-cultura*) *s. f.* **1.** Cultivo de árboles y arbustos. **2.** Enseñanza que trata sobre ese cultivo. FAM. Arboricultor. ÁRBOL.

arboriforme (del lat. *arbor, -oris,* árbol, y *-forme*) *adj.* De forma de árbol.

arbotante (del fr. *arc-boutant,* de *arc,* arco, y *bouter,* apoyar) *s. m.* En arq., contrafuerte exterior, en forma de arco, que conduce y descarga la presión de las bóvedas sobre pilares adicionales (estribos) aplicados al muro exterior.

arbustivo, va *adj.* De la naturaleza o características del arbusto.

arbusto (del lat. *arbustum*) *s. m.* Planta perenne, de tallos leñosos y cortos, cuyas ramas comienzan cerca del suelo. FAM. Arbustivo. ÁRBOL.

arca (del lat. *arca*) *s. f.* **1.** Caja grande, comúnmente de madera y tapa llana, con cerradura o candado, que sirve para guardar ropas y otros objetos. **2.** Caja para guardar dinero. || *s. f. pl.* **3.** Conjunto de dinero perteneciente a una entidad o colectivo: *las arcas de la asociación.* || **4. arca de agua** Depósito para recibir el agua y distribuirla. ■ En sing. lleva el art. *el* o *un.* SIN. **1.** Baúl, arcón. FAM. Arcón, arquear[2], arqueta.

arcabucero *s. m.* Antiguo soldado armado con arcabuz.

arcabuz (del fr. *arquebuse*) *s. m.* Arma de fuego antigua, parecida al fusil, que se disparaba prendiendo pólvora mediante una mecha móvil. FAM. Arcabucero.

arcada *s. f.* **1.** Serie de arcos en una construcción. **2.** Ojo de un puente. **3.** Movimiento repentino y violento del estómago, al que suelen seguir vómitos. SIN. **3.** Angustia, náusea.

arcaduz (del ár. *al-qadus,* y éste del gr. *kados,* vaso) *s. m.* **1.** Caño por el que cae el agua. **2.** Cada uno de los tubos que forman una cañería. **3.** Cangilón de noria.

arcaico, ca (del lat. *archaicus,* y éste del gr. *arkhaikos,* de *arkhaios,* antiguo) *adj.* **1.** Muy antiguo. **2.** Se dice de los primeros tiempos de una civilización, cultura o estilo artístico, así como de lo relativo a los mismos. **3.** Se aplica a la segunda de las dos eras geológicas del eón criptozoico, así como a lo relativo a la misma. En ella se originó una atmósfera rica en oxígeno, fundamental para el desarrollo de la vida. Se extiende desde los 2.700 a los 1.900 millones de años. También *s. m.* SIN. **1.** Primitivo, viejo, anticuado, rancio, vetusto. ANT. **1.** Actual, nuevo, moderno, reciente. FAM. Arcaísmo, arcaizante, arcaizar.

arcaísmo (del lat. *archaismus,* y éste del gr. *arkhaismos*) *s. m.* **1.** Cualidad de arcaico. **2.** Imitación de las cosas de la antigüedad. **3.** Palabra, frase, manera de decir o construcción anticuadas. **4.** Empleo de las mismas. SIN. **1.** Antigüedad. **1.** y **2.** Primitivismo. **3.** Antigualla. ANT. **1.** y **2.** Modernidad, actualidad. **3.** Neologismo.

arcaizante *adj.* **1.** Anticuado o propio de una época arcaica. **2.** Que arcaíza.

arcaizar (del gr. *arkhaizo*) *v. intr.* **1.** Usar arcaísmos. || *v. tr.* **2.** Dar carácter de antigua a una lengua, empleando arcaísmos. ■ Delante de *e* se escribe *c* en lugar de *z*. En cuanto al acento, se conjuga como *aislar.*

arcángel (del lat. *archangelus,* y éste del gr. *arkhaggelos,* de *arkhos,* jefe, y *aggelos,* ángel) *s. m.* Ser celestial de categoría entre los ángeles y los principados.

arcano, na (del lat. *arcanus*) *adj.* **1.** Secreto, reservado. || *s. m.* **2.** Cosa que no debe o puede decirse, por ser secreta o difícil de explicar: *los arcanos de una secta religiosa.* **3.** Misterio, cosa difícil de conocer.

arce (del lat. *acer, -eris*) *s. m.* Árbol de altura variable según la especie (hasta de 30 m), hojas palmeadas y frutos en ángulo, lo que hace que caigan girando; su madera es dura y se utiliza para hacer muebles y utensilios; también se emplea este árbol como ornamento.

arcén (del ant. *arce,* y éste del lat. *arger, -eris,* cerco) *s. m.* Margen u orilla de algunas carreteras.

archaeopteyx *s. m.* Género de vertebrados que vivieron en el periodo jurásico; tenían el tamaño de una paloma y presentaban a la vez características de ave y reptil.

archi- (del gr. *arkho,* ser el primero) *pref.* Con s. significa 'superioridad': *archiduque*; con adj., y especialmente en el lenguaje popular, significa 'muy': *archiconocido.* ■ Puede aparecer bajo otras formas como *arci-, arz-, arce-*: *arcipreste, arzobispo, arcediano.*

archidiácono (del lat. *archidiaconus,* y éste del gr. *arkhidiákonos*) *s. m.* Dignidad eclesiástica de las catedrales.

archidiócesis *s. f.* Diócesis arzobispal. ■ No varía en *pl.*

archiduque, quesa *s. m.* y *f.* **1.** Título de los príncipes o princesas de la casa de Austria. || *s. m.* **2.** Duque con autoridad mayor que la de otros duques. || *s. f.* **3.** Mujer del archiduque.

archipiélago (del bajo gr. *arkhipelagos,* de *arkho,* ser superior, y *pelagos,* mar) *s. m.* Conjunto de islas agrupadas en una extensión mayor o menor del mar.

archivador, ra *adj.* **1.** Que archiva. También *s. m.* y *f.* || *s. m.* **2.** Mueble de oficina para archivar documentos y, p. ext., cualquier cosa que sirve para eso.

archivar *v. tr.* **1.** Guardar documentos en un archivo. **2.** Considerar concluido cierto asunto, cuestión, etc.: *archivar un expediente.* **SIN. 1.** Clasificar, fichar.

archivero, ra *s. m.* y *f.* Persona que tiene a su cargo un archivo o actúa como técnico en él.

archivística *s. f.* Disciplina y técnica que se ocupa del mantenimiento y organización de los archivos.

archivo (del lat. *archivum*, y éste del gr. *arkheion*, de *arkhe*, origen) *s. m.* **1.** Lugar en que se guardan documentos. **2.** Conjunto de tales documentos. **3.** En inform., conjunto de registros almacenados como una sola unidad. **SIN. 1.** Fichero, registro. **FAM.** Archivador, archivar, archivero, archivístico, -ca, archivología.

archivología *s. f.* Disciplina que estudia los archivos en todos sus aspectos.

archivolta (ital.) *s. f.* Arquivolta*.

arcilla (del lat. *argilla*) *s. f.* Sustancia mineral que empapada en agua es moldeable. **FAM.** Arcilloso.

arcilloso, sa *adj.* **1.** Que tiene arcilla: *un terreno arcilloso.* **2.** Que se parece a la arcilla o tiene su color.

arcipreste (del lat. *archipresbyter*, y éste del gr. *arkhos*, jefe, y *presbyteros*, presbítero) *s. m.* **1.** Cánonigo principal de una catedral. **2.** Sacerdote con cierta autoridad sobre otros y sobre las iglesias de un territorio determinado.

arco (del lat. *arcus*) *s. m.* **1.** Porción de una curva geométrica cualquiera. **2.** Arma para arrojar flechas, que consiste en una varilla muy flexible a cuyos extremos va atada una cuerda. **3.** Vara de madera en cuyos extremos se sujetan algunas cerdas y con la que se tocan ciertos instrumentos de música, como el violín y el violonchelo. **4.** En arq., elemento curvo de construcción que sirve para cubrir un hueco entre dos pilares o puntos fijos. **5.** *Amér.* Portería o meta en el fútbol y otros deportes. || **6. arco superciliar** Saliente óseo encima de los ojos en la parte inferior del hueso frontal. **7. arco iris** Fenómeno luminoso en el que aparecen todos los colores del espectro y que es causado por la refracción y reflexión de los rayos de luz en las gotas de agua que hay en la atmósfera. **8. arco triunfal** o **de triunfo** Monumento formado por uno o varios arcos y decorado con esculturas y relieves que conmemora una victoria u otro hecho notable. **FAM.** Arcada, arquear[1], arquería, arquero. / Enarcar.

arcón *s. m.* Arca, caja de gran tamaño: *Guarda los libros en un arcón.*

arconte (del lat. *archon, -ontis*, y éste del gr. *arkhon*, de *arkho*, gobernar) *s. m.* Magistrado que gobernaba en las antiguas ciudades griegas, especialmente en Atenas después de la muerte del último rey.

arder (del lat. *ardere*) *v. intr.* **1.** Estar quemándose alguna cosa. **2.** Experimentar ardor en alguna parte del cuerpo: *Me arde la garganta.* **3.** Con las prep. *de* o *en,* sentir vivamente, estar agitado por un sentimiento o pasión. **4.** Con la prep. *en,* sufrir guerras o conflictos violentos y frecuentes. || **LOC. estar que arde** *fam.* Estar a punto de estallar una persona o determinada circunstancia, normalmente debido a algún enojo: *Está que arde porque le han robado* **SIN. 1.** Llamear, abrasarse, incendiarse, consumirse. **3.** Enardecerse, excitarse, acalorarse, apasionarse. **ANT. 1.** Apagarse, extinguirse, enfriarse. **2.** Aplacarse, sosegarse. **FAM.** Ardido, ardiente, ardientemente, ardor. / Enardecer.

ardid (del cat. *ardit*) *s. m.* Artificio o medio empleado hábilmente y con astucia o sagacidad para conseguir algún fin. **SIN.** Maña, treta, estratagema.

ardido, da *adj. Amér.* Irritado o enojado.

ardiente (del lat. *ardens, -entis*) *adj.* **1.** Que arde. **2.** Que produce ardor o parece que abrasa. **3.** Fogoso, apasionado: *un temperamento ardiente.* **SIN. 2.** Abrasador, ardoroso. **ANT. 2.** y **3.** Frío. **3.** Desapasionado. **FAM.** Aguardiente. ARDER.

ardilla (del ant. *harda*) *s. f.* Mamífero roedor, de cuerpo esbelto y cola larga y muy poblada; vive en los bosques y se alimenta principalmente de los frutos de los árboles.

ardite (del gascón *ardit*) *s. m.* **1.** Antigua moneda de poco valor que estuvo en uso en Castilla. **2.** *fam.* Cosa insignificante, de poco valor. ■ Se usa en loc. como **importar un ardite**. **SIN. 2.** Ochavo, bledo, pimiento.

ardor (del lat. *ardor, -oris*) *s. m.* **1.** Calor grande: *el ardor del trópico.* **2.** Sensación de calor en alguna parte del cuerpo. **3.** Enardecimiento, apasionamiento, vehemencia: *En el ardor de la disputa, le asestó un golpe mortal.* **4.** Esfuerzo, ansia e ímpetu para determinada cosa: *Te apoyo con ardor.* **SIN. 3.** Pasión, fogosidad, exaltación, excitación. **4.** Aliento, anhelo, entusiasmo, brío. **ANT. 1.** Frío. **3.** Desapasionamiento. **4.** Desánimo, desaliento. **FAM.** Ardorosamente, ardoroso. ARDER.

ardoroso, sa *adj.* **1.** Entusiasta, impetuoso. **2.** Que está muy caliente: *frente ardorosa.* **SIN. 1.** Abrasador, fogoso, apasionado, vehemente. **1.** y **2.** Ardiente. **ANT. 1.** Apagado, desapasionado. **1.** y **2.** Frío. **2.** Fresco.

arduo, dua (del lat. *arduus*) *adj.* Que resulta muy difícil o trabajoso. **SIN.** Dificultoso, complicado, espinoso. **ANT.** Fácil, sencillo. **FAM.** Arduamente.

área (del lat. *area*) *s. f.* **1.** Espacio comprendido entre ciertos límites: *el área de un campo.* **2.** Unidad de medida de superficie, igual a la superficie de un cuadrado de 10 m de lado. **3.** Espacio en que se producen determinados fenómenos o se dan ciertas características geográficas, botánicas, zoológicas, económicas, etc.: *el área mediterránea, área de bajas presiones, el área de la libra esterlina.* **4.** Número que expresa la medida de una superficie. **5.** En fútbol y en otros deportes, zona del terreno de juego más próxima a la portería. **6.** Ámbito, conjunto, orden de ideas o materias que guardan relación entre sí: *área lingüística, área de ciencias sociales.* **7.** Campo de acción o de influencia: *Su área de actuación son los negocios.* || **8. área metropolitana** Espacio urbano constituido por una gran ciudad (metrópoli) y un conjunto de municipios satélites a su alrededor, que se denomina área suburbana. ■ En sing. lleva el art. *el* o *un.* **SIN. 1.** Extensión. **3.** Zona. **FAM.** Areola. / Centiárea, decárea, hectárea.

arena (del lat. *arena*) *s. f.* **1.** Conjunto de partículas separadas de las rocas y acumuladas en las orillas de los mares o ríos o en capas de terrenos de acarreo. **2.** Metal o mineral reducido natural o artificialmente a partes muy pequeñas. **3.** Lugar o sitio para algunos tipos de lucha. **4.** Redondel de la plaza de toros. || *s. f. pl.* **5.** Cálculos, piedrecitas o concreciones que se forman en la vejiga urinaria, en la vesícula biliar o en los riñones. || **6. arenas movedizas** Las que se desplazan por acción del viento; también las húmedas y poco consistentes en que pueden hundirse personas, animales o cosas. **SIN. 3.** Palestra, campo, circo. **4.** Ruedo. **FAM.** Arenal, arenilla, arenisca, arenisco, arenoso. / Enarenar.

arenal *s. m.* **1.** Extensión grande de terreno arenoso. **2.** Suelo de arena movediza.

arenga (del gót. *hrings*, círculo) *s. f.* **1.** Discurso solemne, pronunciado con el fin de enardecer los ánimos. **2.** Discurso excesivamente largo o molesto. **FAM.** Arengar.

arengar *v. tr.* Dirigir a alguien una arenga: *El general arengó a la tropa.* También *v. intr.* ▪ Delante de *e* se escribe *gu* en lugar de *g*: *arengue.*

arenilla (dim. de *arena*) *s. f.* **1.** Arena menuda y muy fina; p. ext., cosa que se le parece. **2.** Arena menuda que se echaba en los escritos para secarlos. || *s. f. pl.* **3.** Salitre reducido a granos para la fabricación de pólvora. **4.** Pequeños cálculos que se forman en la vejiga de la orina, en la vesícula biliar y en los riñones.

arenisca *s. f.* Roca sedimentaria procedente de la compactación de la arena.

arenisco, ca *adj.* Que tiene mezcla de arena.

arenoso, sa *adj.* **1.** Que tiene arena o abunda en ella: *terreno arenoso.* **2.** Que tiene características de la arena.

arenque (del germ. *haring*) *s. m.* Pez marino teleósteo de unos 25 cm de longitud, cuerpo comprimido y boca pequeña. Vive en aguas frías del Atlántico N. Su aspecto es parecido al de la sardina y se consume fresco o en salazón.

areola o **aréola** (del lat. *areola*) *s. f.* **1.** Enrojecimiento de los bordes de una herida o pústula. **2.** Círculo más oscuro de la piel que rodea el pezón.

areópago (del lat. *areopagus*, colina de Marte) *s. m.* Tribunal superior de la antigua Atenas.

arepa *s. f.* **1.** *Amér.* Torta de maíz hecha sobre una plancha. **2.** *Ven.* Alimento, sustento.

arete *s. m.* **1.** *dim.* de **aro**. **2.** Pendiente con esta forma; en Amér. designa cualquier tipo de pendiente. **SIN. 2.** Zarcillo.

argamasa *s. f.* Mezcla de cal, arena y agua que se emplea en las obras de albañilería. **SIN.** Mortero.

argelino, na *adj.* De Argel o de Argelia. También *s. m.* y *f.*

argénteo, a (del lat. *argenteus*) *adj.* **1.** De plata o semejante a ella: *brillo argénteo.* **2.** Bañado de plata. **SIN. 1.** Argentino. **1.** y **2.** Plateado. **FAM.** Argentífero, argentino[2].

argentífero, ra (del lat. *argentifer*, de *argentum*, plata, y *ferre*, llevar) *adj.* Que contiene plata: *arenas argentíferas.*

argentinismo *s. m.* Vocablo o giro propios del habla de Argentina.

argentino, na[1] *adj.* De Argentina. También *s. m.* y *f.* **FAM.** Argentinismo.

argentino, na[2] (del lat. *argentinus*, de *argentum*, plata) *adj.* **1.** De plata o parecido a ella. **2.** Que suena como la plata, armonioso, dulce: *una voz argentina.* **SIN. 1.** Argénteo.

argolla (del ár. *al-gulla*, el collar) *s. f.* Aro grueso, por lo general de hierro, que sirve para amarrar algo a él. **SIN.** Anilla.

argón (del gr. *argon*, inactivo) *s. m.* Gas noble que se encuentra en el aire en pequeña proporción y se emplea en tubos de iluminación, para crear atmósfera inerte en ciertas reacciones químicas y para soldaduras. Su símbolo es *Ar.*

argonauta (del lat. *argonauta*, y éste del gr. *argonautes*, de *Argo*, nombre de un barco, y *nautes*, marinero) *s. m.* **1.** Cada uno de los compañeros de Jasón que, según la leyenda griega, fueron en busca del vellocino de oro en la prodigiosa nave Argos. **2.** Nombre común de diversos moluscos cefalópodos marinos, provistos de ocho tentáculos; poseen una concha externa que las hembras, mucho mayores que los machos, utilizan como incubadora.

argot (fr.) *s. m.* Lenguaje especial y característico de un grupo social o profesional, p. ej. el de los delincuentes, el futbolístico, el teatral, etc. **SIN.** Jerga.

argucia (del lat. *argutia*) *s. f.* **1.** Argumento falso presentado hábilmente como si fuera verdadero: *Les convenció con argucias.* **2.** Truco o acción astuta para lograr algo. **SIN. 1.** Sofisma. **2.** Jugada, treta, artimaña.

argüir (del lat. *arguere*) *v. tr.* **1.** Exponer argumentos o razones a favor o en contra de algo. También *v. intr.*: *La oposición arguye en contra del proyecto de ley.* **2.** Deducir: *De sus palabras podemos argüir su culpabilidad.* ▪ Es v. irreg. Se conjuga como *huir.* **SIN. 1.** Alegar, argumentar. **2.** Colegir, concluir, inferir. **FAM.** Argucia, argumento. / Reargüir, redargüir.

argumentación *s. f.* **1.** Acción de argumentar. **2.** Argumento o conjunto de argumentos que emplea una persona.

argumentar (del lat. *argumentare*) *v. tr.* Dar razones para sostener o contradecir una opinión, idea, etc. También *v. intr.* **SIN.** Argüir.

argumentario *s. m.* Conjunto de argumentos para demostrar algo o convencer a alguien: *El vendedor tenía bien preparado su argumentario.*

argumentativo, va *adj.* Que contiene argumentos o se sirve de ellos: *texto argumentativo.* **SIN.** Argumental.

argumento (del lat. *argumentum*) *s. m.* **1.** Razonamiento usado para demostrar algo o para convencer a alguien. **2.** Asunto de una obra literaria, cinematográfica, teatral, etc. **SIN. 1.** Razón. **2.** Trama. **FAM.** Argumentación, argumental, argumentar, argumentario, argumentativo. ARGÜIR.

aria (del ital. *aria*) *s. f.* Pieza musical con entidad propia, carácter esencialmente melódico y acompañamiento instrumental, que es parte constitutiva de la ópera y el oratorio. ▪ En sing. lleva el art. *el* o *un.*

árido, da (del lat. *aridus*) *adj.* **1.** Seco, que carece de humedad: *un clima árido.* **2.** Dicho de un texto, explicación, estudio, lectura, etc., que no tiene amenidad o claridad: *una asignatura árida.* || *s. m. pl.* **3.** Granos, legumbres y frutos secos a los que se aplican medidas de capacidad. **SIN. 1.** Yermo, estéril. **2.** Aburrido, cansado. **ANT. 1.** Fértil, fecundo. **2.** Entretenido. **FAM.** Aridez.

Aries (del lat. *aries, -etis*, carnero) *n. p.* **1.** Constelación del Zodiaco situada entre los signos Tauro y Piscis. **2.** Primer signo del Zodiaco, que el Sol recorre aparentemente entre el 20 de marzo y el 20 de abril. || **aries** *s. m.* y *f.* **3.** Persona nacida bajo este signo. ▪ No varía en *pl.*

ariete (del lat. *aries, -etis*, carnero) *s. m.* **1.** Máquina militar formada por un tronco de madera y un remate en uno de sus extremos que se utilizaba antiguamente para derribar murallas. **2.** Delantero centro de un equipo de fútbol.

ario, ria (del sánscrito *arya*, noble) *adj.* **1.** De un pueblo primitivo de Asia central, antepasado común de los pueblos indoeuropeos de la India e

Irán. También *s. m.* y *f.* **2.** Calificativo aplicado por la ideología nazi a una supuesta raza superior destinada a regir a las demás. También *s. m.* y *f.* **FAM.** Indoario.

-ario, ria *suf.* **1.** Significa 'perteneciente' o 'relativo': *bancario, fragmentario.* **2.** También, 'que recibe algo o el beneficio de algo': *becario, arrendatario.* **3.** Forma nombres de oficio: *boticario, bibliotecario.* **4.** 'Conjunto': *poemario, recetario.* **5.** 'Lugar': *campanario.*

arisco, ca *adj.* Huraño, intratable: *Ese gato tiene un carácter muy arisco.* **SIN.** Adusto, hosco, rudo. **ANT.** Dócil.

arista (del lat. *arista*) *s. f.* **1.** Línea formada en la unión de dos planos o superficies. **2.** Filamento que sale de la cáscara de los granos del trigo y otras gramíneas. **3.** Línea que separa dos vertientes de una montaña. **4.** Dificultad de un asunto. Se usa sobre todo en *pl.*: *El problema tenía muchas aristas.* **5.** Aspecto antipático del carácter de una persona. Se usa sobre todo en *pl.* || **6. bóveda de arista** En arq., bóveda formada al cruzarse perpendicularmente dos bóvedas de cañón idénticas. **SIN. 1.** Ángulo, esquina, filo. **3.** Cuerda. **4.** Inconveniente. **5.** Aspereza, hosquedad.

aristocracia (del lat. *aristocratia*, y éste del gr. *aristokratia*, de *aristos*, el mejor, y *kratos*, fuerza) *s. f.* **1.** Clase noble de un país, nación, provincia, etc. **2.** P. ext., clase que sobresale por alguna circunstancia: *la aristocracia de los negocios.* **3.** Forma de gobierno en que sólo ejercen el poder las personas más notables o una clase privilegiada. **SIN. 1.** Nobleza. **ANT. 1.** Plebe. **3.** Democracia. **FAM.** Aristócrata, aristocrático.

aristócrata *s. m.* y *f.* Persona perteneciente a la aristocracia. **SIN.** Noble, hidalgo, patricio. **ANT.** Plebeyo.

aristocrático, ca *adj.* **1.** De la aristocracia o relacionado con ella: *ambientes aristocráticos.* **2.** Distinguido, refinado: *modales aristocráticos.* **SIN. 1.** y **2.** Noble. **2.** Elegante. **ANT. 1.** y **2.** Plebeyo. **2.** Rudo, zafio, vulgar.

aristotélico, ca *adj.* De Aristóteles, filósofo griego, o partidario de su doctrina. También *s. m.* y *f.*

aritmética (del lat. *arithmetica*, y éste del gr. *arithmetike*) *s. f.* Parte de las matemáticas que estudia las propiedades de los números y de las operaciones definidas entre ellos, como suma, resta, multiplicación y división. **FAM.** Aritmético.

arizónica *s. f.* Nombre común del ciprés de Arizona, muy empleado como seto.

arlequín (del ital. *arlecchino*) *s. m.* Personaje de la antigua comedia del arte italiana, que era objeto de burla y que llevaba máscara negra y traje de rombos de distintos colores.

arma (del lat. *arma*) *s. f.* **1.** Cualquier objeto que sirve para atacar a personas y animales y defenderse de ellos. **2.** Cualquiera de los medios naturales que utiliza un animal para atacar o defenderse, como los cuernos. **3.** Cada una de las secciones del ejército que combaten: *arma de infantería, de caballería, de artillería.* **4.** Medio que sirve para conseguir algo y en especial para atacar o defenderse: *Mi arma es la verdad.* || *s. f. pl.* **5.** Ejército de una nación. **6.** Blasones del escudo. **7.** Profesión militar: *la carrera de las armas.* || **8. arma blanca** La que hiere con el filo o la punta. **9. arma de doble filo** La que tiene filo en ambos largos; también, lo que puede producir, además del efecto deseado, el contrario al que se persigue. **10. arma de fuego** La que se dispara mediante una materia explosiva. ■ En sing. lleva el art. *el* o *un.* || **LOC. alzarse en armas** Sublevarse. **de armas tomar** *adj.* Enérgico, decidido, peligroso: *Esa chica es de armas tomar.* **hacer uno sus primeras armas** Iniciarse en una actividad. **medir las armas** Rivalizar. **pasar por las armas** Fusilar. **presentar armas** Sostener los soldados en formación el fusil delante del pecho en señal de respeto a un personaje, a la bandera, etc. **tomar las armas** Armarse para ir a la guerra. **velar las armas** Hacer guardia vigilándolas el que iba a ser armado caballero. **FAM.** Armada, armadillo, armado, armador, armadura, armamento, armar, armario, armatoste, armazón, armería, armero, armisticio. / Inerme.

armada (del lat. *armata*, de *armatus*, armado) *s. f.* **1.** Conjunto de las fuerzas navales de una nación. **2.** Conjunto de barcos de guerra: *La armada británica ha sido muy poderosa.* **SIN. 1.** Marina. **2.** Escuadra, flota.

armadía *s. f.* Almadía*.

armadillo (de *armado*) *s. m.* Mamífero desdentado de América del Sur de 15 a 100 cm de longitud, uñas fuertes y cuerpo acorazado; se alimenta de vegetales, insectos y animales pequeños.

armador, ra *s. m.* **1.** Persona que arma y equipa una embarcación a su costa, con fines pesqueros, comerciales, etc. || *s. m.* y *f.* **2.** Persona que arma o monta algo, p. ej. un mueble.

armadura (del lat. *armatura*) *s. f.* **1.** Traje compuesto por distintas piezas de metal articuladas, que servía de protección a los guerreros en el combate. **2.** Pieza o conjunto de piezas que sostienen o dan forma a una cosa: *la armadura de un sofá.* **SIN. 2.** Armazón, estructura.

armamentismo *s. m.* Actitud partidaria del incremento progresivo del número y la calidad de las armas que posee un país. **ANT.** Pacifismo.

armamentista *adj.* **1.** Del armamento o relacionado con él: *industria armamentista.* **2.** Partidario del armamentismo. También *s. m.* y *f.*

armamento (del lat. *armamentum*) *s. m.* **1.** Conjunto de armas de un soldado, un ejército, un país, etc.: *El armamento de la tropa era escaso y viejo.* **2.** Acción de armar o armarse para la guerra. **FAM.** Armamentismo, armamentista, armamentístico. ARMA.

armañac (de *Armagnac*, comarca de Francia) *s. m.* Aguardiente de vino fabricado en la antigua región francesa de Armagnac.

armar (del lat. *armare*) *v. tr.* **1.** Proporcionar armas. También *v. prnl.*: *Los países continúan armándose.* **2.** Preparar para la guerra: *armar un ejército.* También *v. prnl.* **3.** Disponer un arma para disparar: *armar un fusil.* **4.** Poner el armazón u otra cosa a algo para que se sostenga y adquiera forma. **5.** Montar y ajustar las distintas piezas de que se compone un objeto: *armar una tienda de campaña.* **6.** *fam.* Promover, causar, producir: *armar bronca.* También *v. prnl.* **7.** Proveer a una embarcación de todo lo necesario. || **armarse** *v. prnl.* **8.** Tomar una persona una actitud que le permita conseguir o soportar algo: *armarse de paciencia, de valor.* || **LOC. armar caballero** Véase **caballero**. **SIN. 3.** Cargar, amartillar. **5.** Ensamblar. **ANT. 1., 2.** y **5.** Desarmar(se). **5.** Desmontar. **FAM.** Desarmar, rearmar. ARMA.

armario (del lat. *armarium*) *s. m.* Mueble que sirve para guardar ropa y otros objetos. **SIN.** Ropero, alacena.

armatoste *s. m. fam.* Máquina, mueble u otra cosa grande que estorba más que ayuda. **SIN.** Trasto.

armazón (del lat. *armatio, -onis*) *s. amb.* Estructura formada por barras, listones o algo similar, que puede utilizarse para colocar algo encima o sostener alguna cosa. SIN. Armadura.

armella (del lat. *armilla*, aro) *s. f.* Anilla con clavo o tornillo para fijarla. SIN. Hembrilla, cáncamo.

armenio, nia *adj.* **1.** De Armenia, región de Asia occidental. También *s. m.* y *f.* || *s. m.* **2.** Grupo de lenguas indoeuropeas que se hablan en el Cáucaso, región del mar Negro y Mesopotamia.

armería *s. f.* **1.** Lugar donde se guardan armas: *la armería del cuartel.* **2.** Museo de armas. **3.** Tienda en que se venden armas. **4.** Arte de fabricarlas. **5.** Heráldica.

armero (del lat. *armarius*) *s. m.* **1.** Fabricante o vendedor de armas o experto en el arreglo de las mismas. **2.** El que en el ejército se encarga de custodiar y tener a punto las armas. **3.** Dispositivo especial para colocar las armas.

armiño (del lat. *Armenius*, de Armenia) *s. m.* Mamífero carnívoro de 15 a 30 cm de longitud, piel castaña en el dorso y más clara en el vientre, aunque en climas fríos cambia en invierno el pelaje a blanco, excepto la punta de la cola, que es siempre negra. Es muy apreciado en peletería.

armisticio (del lat. *arma*, armas, y *statio*, detención) *s. m.* Suspensión de hostilidades acordada entre estados o ejércitos. SIN. Tregua, paz.

armonía (del lat. *harmonia*, y éste del gr. *armonia*, de *armos*) *s. f.* **1.** Circunstancia de ser agradable la unión o combinación de varias cosas: *armonía de colores, la armonía de un poema.* **2.** Amistad, paz, equilibrio o consonancia: *vivir en armonía.* **3.** En mús., arte de formar y enlazar los acordes. ■ Se escribe también *harmonía.* SIN. **1.** Equilibrio, consonancia. ANT. **1.** Discordancia, desequilibrio, desproporción. **2.** Tensión, enemistad. FAM. Armónica, armónicamente, armónico, armonio, armoniosamente, armonioso, armónium, armonización, armonizar. / Filarmonía.

armónica *s. f.* Instrumento musical provisto de una serie de orificios con lengüetas, que se toca soplando o aspirando por ellos. ■ Se escribe también *harmónica.*

armónico, ca (del lat. *harmonicus*) *adj.* **1.** Con armonía o relacionado con ella. || *s. m.* **2.** En fís., onda o vibración sonora cuya frecuencia es múltiplo entero de otra, llamada armónico fundamental. **3.** En mús., sonido agudo producido naturalmente por la resonancia de otro fundamental. **4.** En mús., sonido muy agudo y dulce que se produce al presionar con el dedo los nodos de la cuerda de un instrumento. ■ Se escribe también *harmónico* y *harmónica.* ANT. **1.** Inarmónico, disonante. FAM. Inarmónico. ARMONÍA.

armonio o **armónium** *s. m.* Órgano de reducidas dimensiones parecido a un piano. ■ Se escribe también *harmonio.*

armonioso, sa *adj.* **1.** Sonoro y agradable al oído: *una combinación de sonidos armoniosa.* **2.** Que tiene armonía o correspondencia proporcionada entre sus partes: *Tiene una figura armoniosa.* ■ Se escribe también *harmonioso.* SIN. **1.** Musical, melodioso. ANT. **1.** Discordante, disonante.

armonizar *v. tr.* **1.** Poner en armonía: *Intentó armonizar las diversas opiniones.* También *v. intr.*: *Estos colores armonizan muy bien.* **2.** Escribir los acordes de una melodía. ■ Delante de *e* se escribe *c* en lugar de *z*: *armonice.* Se escribe también *harmonizar.* SIN. **1.** Coordinar, combinar; pegar. ANT. **1.** Enfrentar, enemistar, discordar. FAM. Armonizador. ARMONÍA.

ARN *s. m.* Ácido ribonucleico*.

arnés (del fr. *harnais*) *s. m.* **1.** Armadura, traje de metal. **2.** Conjunto de correajes con los que se ata o sujeta a una persona, p. ej. el que que usan los escaladores o los pilotos de carreras. || *s. m. pl.* **3.** Conjunto de guarniciones que se ponen a las caballerías. SIN. **3.** Arreos, jaeces.

árnica (del lat. *ptarmica*, y éste del gr. *ptarmike*, que hace estornudar) *s. f.* **1.** Planta herbácea perenne de una de cuyas especies se obtenía antiguamente un aceite que se utilizaba para tratar golpes y torceduras. **2.** Este aceite. || LOC. **pedir árnica** Pedir ayuda o compasión manifestando que se está en situación apurada. ■ En sing. lleva el art. *el* o *un.*

aro *s. m.* **1.** Pieza de hierro, o de otra materia, en forma de circunferencia. **2.** Juguete en forma de anillo grande que los niños hacen rodar con un palo. **3.** *Amér.* Pendiente. || LOC. **entrar (o pasar) por el aro** Ceder ante algo, aunque no se quiera. SIN. **1.** Argolla, arete. FAM. Arete.

aroma (del lat. *aroma*, y éste del gr. *aroma*) *s. m.* Olor muy agradable. SIN. Perfume, fragancia. ANT. Fetidez, hedor. FAM. Aromático, aromatizar, aromatoterapia.

aromático, ca (del lat. *aromaticus*) *adj.* **1.** Que tiene un olor agradable. **2.** En quím., se aplica a los derivados del benceno. SIN. **1.** Perfumado, fragante. ANT. **1.** Fétido, hediondo.

aromatizar (del lat. *aromatizare*, y éste del gr. *aromatizo*) *v. tr.* Dar aroma a alguna cosa. ■ Delante de *e* se escribe *c* en lugar de *z.* SIN. Perfumar. FAM. Aromatización, aromatizante. AROMA.

aromatoterapia (del gr. *aroma, -atos*, aroma y *-terapia*) *s. f.* Utilización médica de sustancias aromáticas.

arpa (del germ. *harpa*, rastrillo) *s. f.* Instrumento de música, de forma triangular, provisto de cuerdas de distinta longitud, fijas por uno de sus extremos en una caja de resonancia, que se pulsan con los dedos de ambas manos. ■ En sing. lleva el art. *el* o *un.* Se escribe también *harpa.* FAM. Arpegio, arpista, arpón.

arpegiar *v. intr.* Hacer arpegios.

arpegio (del ital. *arpeggio*, de *arpeggiare*, tocar el arpa) *s. m.* Conjunto de los sonidos de un acorde considerados o ejecutados sucesivamente. FAM. Arpegiar. ARPA.

arpía (del lat. *harpyia*, y éste del gr. *arpyia*) *s. f.* **1.** Ser maligno de la mitología griega, con rostro de mujer y cuerpo y extremidades de ave de rapiña, que raptaba a los hombres y los llevaba a los infiernos. **2.** *fam.* Mujer de muy mala condición. ■ Se escribe también *harpía.* SIN. **2.** Víbora, bruja.

arpillera (del fr. *serpillière*) *s. f.* Tejido muy basto, por lo común de estopa, que se usa sobre todo en la fabricación de sacos. ■ Se escribe también *harpillera.*

arpón (del gr. *arpe*, instrumento en forma de anzuelo) *s. m.* Instrumento formado por un mango largo de madera con punta de hierro para herir o penetrar y gancho o ganchos para hacer presa. FAM. Arponear, arponero. ARPA.

arponear *v. tr.* Lanzar o clavar el arpón a un animal.

arponero, ra *s. m.* y *f.* Persona que lanza el arpón.

arquear[1] *v. tr.* Dar forma de arco, curvar. También *v. prnl.* SIN. Combar(se), encorvar(se), alabear(se). ANT. Enderezar(se). FAM. Arqueado, arqueo[1]. ARCO.

arquear[2] *v. tr.* **1.** Medir la capacidad de una embarcación. **2.** Hacer recuento de dinero en la caja o en los libros de contabilidad. FAM. Arqueo[2]. ARCA.

arqueo¹ *s. m.* Acción de arquear[1].

arqueo² *s. m.* **1.** Acción y efecto de arquear[2]. **2.** Capacidad de una embarcación. SIN. **2.** Tonelaje.

arqueolítico, ca (del gr. *arkhaios*, antiguo, y *lithos*, piedra) *adj.* Relativo a la edad de piedra.

arqueología (del gr. *arkhaiologia*, de *arkhaios*, antiguo, y *logos*, discurso) *s. f.* Ciencia que estudia los restos que nos han legado las civilizaciones antiguas. FAM. Arqueológico, arqueólogo.

arquería *s. f.* Serie de arcos. SIN. Arcada.

arquero, ra *s. m.* y *f.* **1.** Persona que practica el tiro con arco. **2.** Persona que fabrica arcos. || *s. m.* **3.** Soldado que peleaba con arco y flechas. **4.** *Amér.* Portero de fútbol u otros deportes similares. SIN. **3.** Saetero.

arqueta *s. f.* **1.** Arca de pequeño tamaño. **2.** Recipiente para el agua en un sifón de desagüe. SIN. **1.** Cofre.

arquetipo (del lat. *archetypusd*, y éste del gr. *arkhetypos*) *s. m.* Modelo, tipo perfecto y ejemplar en un arte o en cualquier otro ámbito o materia: *un arquetipo de bondad, de belleza.* SIN. Prototipo, ejemplo, canon. FAM. Arquetípico. TIPO.

arquitecto, ta (del lat. *architectus*, y éste del gr. *arkhitekton*, de *arkho*, mandar, y *tekton*, obrero) *s. m.* **1.** Persona cuya profesión es la arquitectura. || *s. m.* y *f.* **2.** Artífice, responsable, hacedor: *El secretario de la ONU fue el arquitecto de los acuerdos de paz.*

arquitectura (del lat. *architectura*) *s. f.* **1.** Arte y ciencia de proyectar y construir edificios. **2.** Conjunto de edificios y monumentos de una misma época, estilo, etc. **3.** En inform., estructura lógica y física de los componentes de un ordenador. FAM. Arquitecto, arquitectónico.

arquitrabe (del ital. *architrave*, trabe maestra) *s. m.* Parte inferior del entablamento, que descansa sobre el capitel de la columna. FAM. Véase **trabe**.

arquivolta (del ital. *archivolta*) *s. f.* Conjunto de molduras que decoran el paramento exterior de un arco a lo largo de toda su curva.

arrabal (del ár. *ar-rabad*, el barrio de las afueras) *s. m.* Barrio o lugar periférico de una población. SIN. Suburbio, extrarradio, afueras. ANT. Centro, casco. FAM. Arrabalero.

arrabalero, ra *adj.* **1.** Habitante del arrabal. También *s. m.* y *f.* **2.** *fam.* Barriobajero, vulgar, maleducado. También *s. m.* y *f.* SIN. **2.** Ordinario, soez.

arracada (del ár. *al-qarrat*) *s. f.* Pendiente con adorno colgante. Se usa mucho en *pl.*

arracimarse *v. prnl.* **1.** Formar racimo. **2.** Juntarse, aglomerarse: *La gente se arracimaba en los balcones para ver el desfile.* ■ Se dice también *enracimarse.* SIN. **2.** Apiñarse, acumularse, apelotonarse. ANT. **2.** Dispersarse, desperdigarse. FAM. Arracimado. RACIMO.

arraclán *s. m.* Arbusto europeo de hojas alternas y fruto de color rojo, cuya madera se emplea en la fabricación de carbón y pólvora.

arraigado, da **1.** *p.* de **arraigar**. || *adj.* **2.** Que es muy antiguo o existe desde hace mucho tiempo: *una costumbre arraigada.* **3.** Que tiene solera y prestigio: *un personaje arraigado en la ciudad.* SIN. **2.** Enraizado, afincado, añejo. **3.** Prestigioso, acreditado.

arraigar (de *a-*[2] y el lat. *radicare*) *v. intr.* **1.** Echar raíces en la tierra. También *v. prnl.* **2.** Hacerse firme un sentimiento, costumbre, virtud, vicio, etc.: *Aún no han arraigado en él los hábitos de estudio.* También *v. prnl.* || **arraigarse** *v. prnl.* **3.** Asentarse en un lugar de forma estable. ■ Delante de *e* se escribe *gu* en lugar de *g.* SIN. **1.** Enraizar(se), agarrar. **1.** y **2.** Prender. **2.** Cuajar, consolidar. **3.** Afincarse, establecerse. ANT. **2.** Desarraigar. **3.** Emigrar. FAM. Arraigado, arraigo. / Desarraigar. RAÍZ.

arramblar (de *a-*[2] y *rambla*) *v. tr.* **1.** Dejar los ríos, arroyos o torrentes cubierto de arena el suelo por donde pasan en tiempo de crecida. También *v. prnl.* **2.** Arrastrarlo todo con violencia. **3.** Llevarse codiciosamente todo lo que hay en un lugar. También *v. intr.*: *Arrambló con el dinero.* ■ En esta acepción se usa también *arramplar.* SIN. **3.** Saquear, rapiñar, arrear.

arramplar *v. tr. fam.* Arramblar, llevarse codiciosamente todo lo que hay en un lugar. También *v. intr.*: *Cuando llegó al cumpleaños, arrampló con todos los caramelos.*

arrancada *s. f.* **1.** Partida o salida violenta de una persona o animal. **2.** Comienzo del movimiento de una máquina o vehículo al ponerse en marcha. SIN. **1.** y **2.** Arranque.

arrancamoños *s. m.* Fruto de ciertas plantas, de forma ovalada, de aproximadamente 1 cm de longitud, con la cáscara erizada de una especie de púas ganchudas, lo que hace que se adhiera con facilidad al pelo o a la ropa. ■ No varía en *pl.*

arrancar (del lat. *eruncare*) *v. tr.* **1.** Separar con violencia una cosa del lugar al que está sujeta. **2.** Quitar con violencia: *El ladrón le arrancó el bolso.* **3.** Conseguir con esfuerzo algo de una persona: *Le he arrancado la promesa de asistir a tu fiesta.* **4.** Separar con violencia o astucia a una persona de alguna parte, o de costumbres, vicios, etc.: *No conseguí arrancarle del tabaco.* || *v. intr.* **5.** Iniciarse el movimiento de un vehículo o el funcionamiento de una máquina y, p. ext., de una obra, labor, etc. También *v. tr.* **6.** *fam.* Empezar a hacer algo de forma inesperada. También *v. prnl.*: *Se arrancó por peteneras.* **7.** Provenir, tener su origen o punto de partida: *El problema arranca de hace años. El arco arranca de esta fachada.* ■ Delante de *e* se escribe *qu* en lugar de *c*: *arranque.* SIN. **1.** Extraer, sacar. **2.** Arrebatar. **3.** Obtener. **4.** Apartar, alejar. **7.** Proceder, partir, venir. ANT. **1.** Insertar, clavar. **4.** Acercar. **7.** Terminar, llegar. FAM. Arrancada, arrancador, arrancamoños, arranchar, arranque.

arranchada *s. f. Amér.* Acción de arrebatar las aguas cosas durante una inundación.

arranchar (deformación de *arrancar*) *v. tr. Amér.* Arrebatar algo. FAM. Arranchada. ARRANCAR.

arranque *s. m.* **1.** Acción de arrancar, iniciarse un movimiento, provenir o empezar a hacer algo inesperadamente. **2.** Fuerza, energía o decisión para hacer algo: *Carece de arranque para los negocios.* **3.** Impulso de amor, cólera o cualquier otro sentimiento o actitud: *Lo hizo en un arranque de generosidad.* **4.** En arq., comienzo de un arco o de una bóveda. SIN. **1.** Inicio, empiece, raíz, origen, germen. **2.** Empuje, decisión, coraje, ímpetu, garra. **3.** Arrebato, acometida.

arrapiezo *s. m.* Despectiva o cariñosamente, niño, chico. SIN. Mocoso, rapaz. FAM. Véase **harapo**.

arras (del lat. *arrha*, y éste del gr. *arrabon*) *s. f. pl.* **1.** Lo que se da como prenda o señal en algún contrato o acuerdo. **2.** Las trece monedas que tradicionalmente entrega el hombre a la mujer durante la celebración del matrimonio católico, como símbolo de los bienes que se van a compartir.

arrasar *v. tr.* **1.** Destruir completamente, asolar. **2.** Llenar o cubrir los ojos de lágrimas. También *v. prnl.* ■ Se construye con la prep. *en.* **3.** Allanar la superficie de alguna cosa. || *v. intr.* **4.** *fam.* Triunfar de forma aplastante en una competición deportiva o en un espectáculo: *Los etíopes arrasaron en el Cross de las Naciones.* **SIN. 1.** Devastar, asolar. **2.** Anegar(se).

arrascar *v. tr.* Rascar*.

arrastrado, da 1. *p.* de **arrastrar**. || *adj.* **2.** Pobre, lleno de privaciones y dificultades: *Lleva una vida arrastrada.* **SIN. 2.** Rastrero, ruin, miserable. **ANT. 2.** Acomodado, fácil.

arrastrar (de *a-*[2] y *rastro*) *v. tr.* **1.** Llevar a una persona, animal o cosa por el suelo, tirando de ellos. **2.** Llevar o mover rozando el suelo: *arrastrar los pies.* **3.** Atraer con una fuerza irresistible: *Ese político arrastra a las masas.* **4.** Tener como consecuencia inevitable algo: *Su dimisión arrastró la mía.* **5.** Soportar algo penosamente: *arrastrar una vida miserable.* || *v. intr.* **6.** Colgar hasta tocar el suelo: *La cortina arrastra.* **7.** En algunos juegos de naipes, salir con una carta del palo que pinta. || **arrastrarse** *v. prnl.* **8.** Ir de un sitio a otro tocando el suelo con el cuerpo: *Siempre está arrastrándose por los suelos.* **9.** Humillarse, perder la dignidad: *Se arrastra ante los poderosos.* **SIN. 1.** Remolcar. **3.** Arrebatar, entusiasmar, atraer, cautivar. **4.** Producir, acarrear, provocar, suponer, implicar. **5.** Sufrir, padecer. **8.** Reptar. **9.** Rebajarse. **ANT. 3.** Repeler. **9.** Crecerse. **FAM.** Arrastrado, arrastre. RASTRO.

arrastre *s. m.* **1.** Acción de arrastrar. **2.** Acción de retirar el toro muerto en la plaza. || **LOC. para el arrastre** *adv. fam.* En muy mal estado, totalmente agotado o estropeado. ■ Se usa con verbos como *estar, quedar* o *dejar*: *La operación me dejó para el arrastre.* **SIN. 1.** Remolque.

arrayán (del ár. *ar-raihan,* el aromático) *s. m.* Mirto*.

¡arre! *interj.* Se emplea para estimular a las bestias y hacer que anden o trabajen más deprisa. **FAM.** Arrear[1], arriero.

arreador *s. m. Amér. del S.* Látigo de mango corto destinado a estimular a las bestias.

arrear[1] (de *arre*) *v. tr.* **1.** Estimular a las bestias por medio de la voz, con la espuela, a golpes, etc. **2.** Dar prisa, apresurar. También *v. intr.*: *Como no arrees, no llegamos.* **3.** *fam.* Dar, pegar: *Le arreó un golpe.* || *v. intr.* **4.** Llevarse algo de manera violenta: *Arreó con el dinero.* **5.** *Arg., Chile* y *Urug.* Robar ganado. || **LOC. ¡arrea!** *interj.* Expresa asombro. **SIN. 1.** Espolear, aguijonear. **2.** Apremiar, apurar. **3.** Atizar, propinar, meter. **4.** Arramblar, arramplar. **FAM.** Arreador, arreo. ¡ARRE!

arrear[2] (de *a-*[2] y el gót. *redan,* adornar) *v. tr.* Poner arreos a las caballerías.

arrebañar *v. tr.* Rebañar*.

arrebatado, da 1. *p.* de **arrebatar**. También *adj.* || *adj.* **2.** Precipitado, impetuoso. **3.** Se dice del color muy vivo, especialmente del rojo. **SIN. 2.** Atolondrado, abanto. **3.** Intenso, fuerte. **ANT. 2.** Reposado, reflexivo. **3.** Apagado.

arrebatador, ra *adj.* Que arrebata o resulta muy atractivo: *una belleza arrebatadora.*

arrebatar (de *a-*[2] y el ant. *rebatar,* del ár. *ribat,* ataque repentino) *v. tr.* **1.** Quitar una cosa con violencia: *Su amigo, enfadado, le arrebató el balón.* **2.** Llevar tras sí, atraer irresistiblemente: *Es un líder que arrebata a las masas.* **3.** Causar ira, excitación u otra pasión o sentimiento: *Su entusiasmo arrebata los corazones.* También *v. prnl.* || **arrebatarse** *v. prnl.* **4.** Asarse, cocerse o freírse algo antes de tiempo por exceso de fuego. **SIN. 1.** Arrancar, desposeer, despojar. **2.** Arrastrar. **3.** Enfurecer(se); entusiasmar(se), apasionar(se). **ANT. 1.** Dar; devolver. **2.** Repeler, desagradar. **3.** Tranquilizar(se), sosegar(se). **FAM.** Arrebatado, arrebatador, arrebatamiento, arrebatiña, arrebato. REBATO.

arrebatiña *s. f.* Acción de recoger una cosa en disputa con otros, p. ej. monedas o caramelos arrojados entre mucha gente. ■ Se usa especialmente en la loc. adv. **a la arrebatiña**. Se dice también *rebatiña.*

arrebato *s. m.* **1.** Manifestación violenta de un sentimiento o una pasión: *La insultó en un arrebato de furia.* **2.** Éxtasis: *un arrebato místico.* **SIN. 1.** Arrebatamiento, arranque, pronto. **2.** Rapto, arrobamiento. **ANT. 1.** Sosiego, calma.

arrebol *s. m.* **1.** Color rojo que se ve a veces en las nubes atravesadas por los rayos del sol. **2.** P. ext., color similar en otras cosas, como el del rostro. **FAM.** Arrebolar.

arrebolar (del lat. *irruborare,* de *rubor,* rojez) *v. tr.* Poner de color rojo arrebol, especialmente el rostro de una persona a causa de la vergüenza. También *v. prnl.* **SIN.** Ruborizar(se), sonrojar(se).

arrebujar (de *a-*[2] y el lat. *repudium,* desecho) *v. tr.* **1.** Coger sin cuidado y arrugándola alguna cosa flexible, como la tela. **2.** Cubrir bien y envolver con la ropa de la cama o con cualquier otra prenda. Se usa más como *v. prnl.* **SIN. 1.** Estrujar. **2.** Arropar(se), tapar(se). **ANT. 1.** Estirar, alisar. **2.** Desarropar(se).

arrecharse *v. prnl.* **1.** *vulg. Col.* y *Ven.* Excitarse sexualmente. **2.** Enfurecerse, indignarse. **FAM.** Arrechera, arrecho.

arrechera *s. f.* **1.** *vulg. Méx.* y *Ven.* Excitación sexual, celo. **2.** *vulg. Col.* y *Ven.* Cólera, agresividad.

arrecho, cha *adj. vulg. Amér.* Que está excitado sexualmente.

arrechucho (onomat.) *s. m.* **1.** *fam.* Indisposición repentina, pasajera y leve. **2.** *fam.* Arranque, ataque súbito de mal humor u otro sentimiento. **SIN. 1.** Achaque. **2.** Arrebato, pronto.

arreciar *v. intr.* Hacerse alguna cosa cada vez más fuerte o intensa: *La tempestad arreciaba.* **SIN.** Aumentar, crecer, intensificarse. **ANT.** Amainar, debilitar.

arrecife (del ár. *ar-rasif,* la calzada) *s. m.* Banco formado en el mar por rocas, corales, etc., casi a flor de agua. **SIN.** Escollo.

arredrar (del ant. *arredro,* del lat. *ad retro,* hacia atrás) *v. tr.* **1.** Retraer, hacer volver atrás, por un peligro o por temor. También *v. prnl.*: *No se arredra ante nada.* **2.** Asustar, atemorizar. También *v. prnl.* **SIN. 1.** Retroceder, recular. **2.** Intimidar, acobardar, amedrentar, amilanar. **ANT. 1.** Avanzar, arremeter. **2.** Envalentonarse. **FAM.** Arredramiento.

arreglar *v. tr.* **1.** Poner en regla o como debe ser: *arreglar los papeles para la boda.* También *v. prnl.* **2.** Lavar, peinar, vestir de una determinada manera a una persona, etc., para embellecerla. También *v. prnl.* con valor reflex. **3.** Hacer que una cosa rota o estropeada funcione o quede como antes. **4.** Solucionar, enmendar. **5.** *fam.* Con sentido de amenaza, corregir o castigar a uno: *Ya te arreglaré yo.* || **arreglarse** *v. prnl.* **6.** Apañarse, tener lo suficiente: *Creo que nos arreglaremos con dos litros de leche.* **7.** Llevarse bien, llegar a un acuerdo: *Aunque discutieron, estoy seguro de* *que ya se han arreglado.* || LOC. **arreglárselas** *fam.* Componérselas, apañarse. SIN. **1.** Ordenar, disponer, acondicionar. **2.** Acicalar(se), engalanar(se). **3.** Componer, remendar. **3.** y **4.** Reparar. ANT. **1.** y **3.** Desarreglar, desajustar. **3.** y **4.** Fastidiar. FAM. Arreglo. / Desarreglar. REGLA.

arreglista *s. m.* y *f.* Persona que se dedica a realizar los efectos y acompañamientos de una composición musical.

arreglo *s. m.* **1.** Acción de arreglar o arreglarse. **2.** Trato, acuerdo. || *s. m. pl.* **3.** Efectos y acompañamientos de una composición musical. || **4. arreglo de cuentas** Acción violenta que se realiza por venganza. || LOC. **con arreglo a** *prep.* Según, de acuerdo con algo. SIN. **1.** Ajuste, ordenación, reparación; acuerdo. **2.** Armonización. FAM. Arreglista. ARREGLAR.

arrejuntarse *v. prnl. fam.* Unirse dos personas para vivir como marido y mujer sin estar casadas. SIN. Ajuntarse, amancebarse.

arrellanar *v. tr.* **1.** Allanar o nivelar un terreno. || **arrellanarse** *v. prnl.* **2.** Colocarse en un asiento con comodidad: *Se arrellanó en la butaca para echar un sueñecillo.* SIN. **2.** Apoltronarse, repantigarse, arrepanchigarse.

arremangar *v. tr.* Remangar*.

arremeter *v. intr.* **1.** Acometer con ímpetu y violencia: *arremeter contra el enemigo, arremeter contra el orden establecido.* **2.** Emprender con decisión. SIN. **1.** Atacar, embestir, abalanzarse. **2.** Abordar, afrontar, encarar. ANT. **1.** y **2.** Huir, evitar, eludir. FAM. Arremetida. METER.

arremolinarse *v. prnl.* **1.** Apiñarse o amontonarse con desorden: *La gente se arremolinó en torno al vendedor.* **2.** Formarse remolinos: *arremolinarse las aguas.* SIN. **1.** Aglomerarse, apiñarse. ANT. **1.** Dispersarse, disgregarse.

arrempujar *v. tr. fam.* Empujar*.

arrendador, ra *adj.* Que cede en arriendo alguna cosa. También *s. m.* y *f.* SIN. Casero.

arrendajo (de *arrendar,* antiguamente imitar) *s. m.* Pájaro de unos 30 cm de longitud, de plumaje pardo rosado y alas con rayas azules y negras, que se alimenta sobre todo de semillas y de huevos de otras aves, cuya voz imita. Se llama también *rendajo.*

arrendamiento *s. m.* **1.** Acción de arrendar: *el arrendamiento de un local de negocio.* **2.** Contrato por el que se arrienda. **3.** Cantidad que se paga en arriendo. SIN. **1.** y **3.** Alquiler.

arrendar (de *a-*[2] y el lat. *reddita,* de *reddere,* devolver) *v. tr.* Alquilar. ■ Es v. irreg. Se conjuga como *pensar.* FAM. Arrendador, arrendamiento, arrendatario, arriendo. / Desarrendar, subarrendar.

arrendatario, ria *adj.* Que toma algo en arrendamiento. También *s. m.* y *f.* SIN. Inquilino. ANT. Arrendador, casero.

arreo *s. m. Arg., Chile* y *Urug.* Robo de ganado.

arreos *s. m. pl.* **1.** Guarniciones de las caballerías. **2.** Cosas pequeñas que pertenecen a una principal o se usan con ella: *arreos de caza.* SIN. **1.** Jaeces, aparejo. **2.** Complementos. FAM. Arrear[2].

arrepanchigarse *v. prnl. fam.* Sentarse cómodamente, de manera informal, casi tumbándose. ■ Delante de *e* se escribe *gu* en lugar de *g.* SIN. Repantigarse, arrellanarse.

arrepentido, da 1. *p.* de **arrepentirse**. También *adj.* || *s. m.* y *f.* **2.** Persona que se arrepiente de sus delitos y se entrega a la justicia: *Las declaraciones de los arrepentidos de la mafia contribuyeron al desmantelamiento de la red de narcotráfico.*

arrepentirse (de *a-*[2] y el ant. *repentirse,* del lat. *re,* partícula intensiva, y *poenitere*) *v. prnl.* **1.** Sentir pesar por haber hecho una cosa o por no haberla hecho: *arrepentirse de sus culpas.* **2.** Volverse atrás de algún propósito o promesa: *Se arrepintió y no me cedió el apartamento.* ■ Es v. irreg. Se conjuga como *sentir.* SIN. **1.** Dolerse, apesadumbrarse, lamentarse, deplorar. **2.** Retractarse, desdecirse. ANT. **2.** Obstinarse, decidirse. FAM. Arrepentido, arrepentimiento.

arrestar (de *a-*[2] y el lat. *restare,* quedar) *v. tr.* Detener o poner preso a alguien una autoridad. SIN. Apresar, capturar. ANT. Liberar, soltar. FAM. Arresto. RESTAR.

arresto *s. m.* **1.** Acción de arrestar. **2.** Pena de privación de libertad por un tiempo breve. || *s. m. pl.* **3.** Energía, decisión para hacer algo: *tener arrestos.* SIN. **1.** Apresamiento, captura. **3.** Brío, ímpetu, valor. ANT. **1.** Liberación. **3.** Indecisión, debilidad.

arrianismo *s. m.* Doctrina religiosa profesada por los visigodos que afirmaba que el Hijo, segunda persona de la Santísima Trinidad, no es igual o consustancial al Padre ni eterno como Él, sino engendrado por Él. FAM. Arriano.

arriar *v. tr.* Bajar las velas o las banderas. ANT. Izar. ■ En cuanto al acento, se conjuga como *ansiar: arrío.*

arriate (del ár. *ar-riyad,* los jardines) *s. m.* Cuadro o rectángulo estrecho dispuesto para tener plantas de adorno en jardines y patios.

arriba (del lat. *ad ripam,* a la orilla) *adv. l.* **1.** En lo alto: *Te espero arriba.* **2.** A lo alto, hacia lo alto: *Vete arriba.* ■ Se usa sin la prep. *a.* **3.** En situación de superioridad: *Los que están arriba se olvidan fácilmente de los que están abajo.* **4.** Detrás de palabras como *escaleras, cuesta,* etc., hacia la parte alta de éstas. **5.** En un libro o escrito, antes o anteriormente: *Como se ha dicho más arriba.* **6.** Referido a cantidades o medidas, expresa un incremento aproximado: *millón arriba.* || *interj.* **7.** Se emplea para dar ánimos o para que alguien se levante. || LOC. **de arriba abajo** *adv.* De la parte alta a la parte baja. También, completamente, por todas partes: *Limpió de arriba abajo la habitación.* FAM. Arribar, arribeño, arribista.

arribada *s. f.* Llegada de una embarcación a puerto o a su destino.

arribar (del lat. *arripare,* de *ripa,* orilla) *v. intr.* Llegar a un lugar, especialmente la nave a puerto. SIN. Atracar. ANT. Zarpar. FAM. Arribada, arribo. ARRIBA.

arribeño, ña *adj. Amér.* Se aplica por los habitantes de las costas, al que procede de las tierras altas. También *s. m.* y *f.*

arribista (del fr. *arriviste*) *adj.* Se dice de la persona que trata de escalar a cargos y posiciones sociales relevantes o llegar al poder pronto y por cualquier medio; también de su comportamiento, actitud, etc. También *s. m.* y *f.* SIN. Trepa. FAM. Arribismo. ARRIBA.

arribo *s. m.* Llegada.

arriendo *s. m.* Alquiler.

arriero *s. m.* Persona que conduce bestias de carga de un lugar a otro. SIN. Mulero. FAM. Véase **¡arre!**

arriesgado, da 1. *p.* de **arriesgar**. || *adj.* **2.** Que entraña peligro o aventura: *El descenso de cañones es un deporte arriesgado.* **3.** Osado, imprudente: *un hombre arriesgado.* SIN. **2.** Peligroso, aventurado, expuesto. **3.** Atrevido, audaz, temerario. ANT. **2.** Seguro. **3.** Cauteloso.

arriesgar *v. tr.* Poner en riesgo, en peligro. También *v. prnl.* ■ Delante de *e* se escribe *gu* en lugar de *g*: *arriesgue.* SIN. Exponer(se), aventurar(se). FAM. Arriesgado. RIESGO.

arrijasotzalle (vasc.) *s. m.* Persona que practica el deporte tradicional vasco de levantamiento de pesos.

arrimadero *s. m.* Persona o cosa en la que se encuentra ayuda o protección. SIN. Agarradero, amparo.

arrimado, da 1. *p.* de **arrimar**. También *adj.* ‖ *adj.* **2.** Se dice de la persona que vive en casa o a costa de otra.

arrimar *v. tr.* **1.** Acercar o poner una cosa cerca de otra. También *v. prnl.* ‖ **arrimarse** *v. prnl.* **2.** Apoyarse sobre una cosa para descansar o sostenerse: *arrimarse al muro.* **3.** Agregarse a un grupo. **4.** Acogerse a la protección de alguien o algo: *Ha procurado arrimarse a su tío, que tiene un buen negocio.* SIN. **1.** Aproximar(se). **2.** Recostarse. **3.** Integrarse, incorporarse. **4.** Protegerse, ampararse. ANT. **1.** Alejar(se). **3.** Separarse. FAM. Arrimadero, arrimado, arrimo. / Desarrimar.

arrimo *s. m.* **1.** Arrimadero. ‖ LOC. **al arrimo de** alguien o algo *adv.* Con el apoyo o la ayuda de alguien o algo. SIN. **1.** Auxilio, sostén, amparo.

arrinconar *v. tr.* **1.** Poner en un rincón o lugar retirado. **2.** Perseguir a una persona hasta que no puede retroceder; también, dejar sin respuesta o argumentos al interlocutor en una discusión. **3.** Marginar, dejar de lado a alguien o algo: *El vapor arrinconó la navegación a vela.* También *v. prnl.* SIN. **1.** Apartar, arrumbar. **2.** Acorralar. **3.** Desterrar. FAM. Arrinconado, arrinconamiento. RINCÓN.

arriscado, da *adj.* **1.** Se dice del terreno escabroso, lleno de riscos. **2.** Arriesgado. SIN. **1.** Abrupto, rocoso, accidentado. **2.** Peligroso. ANT. **1.** Uniforme, llano, regular.

arriscar *v. tr. Amér.* Levantar, arremangar. ■ Delante de *e* se escribe *qu* en lugar de *c*: *arrisque.*

arritmia (de *a-*[1] y el gr. *rhythmos*, ritmo) *s. f.* Falta de ritmo regular, especialmente en los latidos del corazón.

arroba (del ár. *ar-rub*, la cuarta parte del quintal) *s. f.* **1.** Unidad de peso que equivale a 11 kg y 502 g. **2.** Medida de capacidad que varía según las regiones y los productos o materiales a los que se aplica. **3.** Símbolo de esas unidades (@) que se usa también en informática con un valor convencional. ‖ LOC. **por arrobas** *adv.* En gran cantidad: *Tenía dinero por arrobas.*

arrobar *v. tr.* Producir algo tal placer y admiración que enajena. También *v. prnl.* SIN. Embelesar(se), extasiar(se), encantar, hechizar, cautivar. FAM. Arrobador, arrobamiento. ROBAR.

arrocero, ra *adj.* **1.** Relacionado con el arroz. ‖ *s. m.* y *f.* **2.** Persona que cultiva arroz.

arrodillarse *v. prnl.* Ponerse de rodillas.

arrogancia *s. f.* **1.** Cualidad y actitud del que trata a otros con desprecio por considerarse superior. **2.** Cualidad del que hace frente con dignidad y orgullo al poderoso. **3.** Buena presencia, gallardía: *Las damas le admiraban por su arrogancia y buen porte.* SIN. **1.** Altanería, soberbia, altivez. **2.** Arrojo, valentía, valor, audacia. **3.** Apostura.

arrogante (del lat. *arrogans, -antis*) *adj.* **1.** Orgulloso, altivo, soberbio. **2.** Apuesto, de muy buena presencia. SIN. **1.** Altanero, presuntuoso. **2.** Gallardo. ANT. **1.** Humilde, apocado.

arrogarse (del lat. *arrogare*, de *ad*, a, y *rogare*, rogar) *v. prnl.* Atribuirse, apropiarse de cosas como autoridad, poder, etc., generalmente sin razón: *arrogarse un derecho.* ■ Delante de *e* se escribe *gu* en lugar de *g*. SIN. Usurpar, detentar. FAM. Arrogación, arrogancia, arrogante, arrogantemente. ROGAR.

arrojadizo, za *adj.* **1.** Que se puede arrojar fácilmente. ‖ **2. arma arrojadiza** Objeto que puede ser lanzado con intención de hacer daño; también, asunto que se emplea en contra de alguien.

arrojado, da 1. *p.* de **arrojar**. También *adj.* ‖ *adj.* **2.** Valiente, intrépido, osado. SIN. **2.** Audaz, atrevido, arriesgado. ANT. **2.** Cobarde, miedoso.

arrojar (del lat. *rotulare*, de *rotulus*, rodillo) *v. tr.* **1.** Lanzar, tirar, echar: *arrojar piedras, arrojar los papeles en la papelera.* También *v. prnl.*: *El paracaidista se arroja desde el avión.* **2.** Expulsar o echar a alguien de un lugar, cargo, etc.: *Los Reyes Católicos arrojaron de España a los judíos.* **3.** Dar o tener como resultado: *El negocio arroja un saldo positivo.* **4.** *fam.* Vomitar. SIN. **1.** Abalanzarse. **2.** Deponer. **3.** Ofrecer. **4.** Devolver. FAM. Arrojadizo, arrojado, arrojo.

arrojo *s. m.* Valor, osadía, intrepidez. SIN. Audacia, valentía. ANT. Cobardía.

arrollado, da 1. *p.* de **arrollar**. También *adj.* ‖ *s. m.* **2.** *Amér. del S.* Matambre adobado que se enrolla y ata para cocinarlo.

arrollador, ra *adj.* **1.** Que arrolla. **2.** Apabullante, aplastante: *éxito arrollador.* SIN. **2.** Abrumador.

arrollar (del lat. *rotulare*, de *rotulus*, rodillo) *v. tr.* **1.** Formar un rollo con alguna cosa adecuada para ello: *arrollar una manga de riego, un pliego de papel.* **2.** Pasar una cosa violentamente por encima de alguien o algo causando daño o destrucción: *El vendaval arrolló árboles y postes. El tren arrolló al ciclista.* **3.** Vencer rotundamente en un enfrentamiento militar, en una competición deportiva, en una discusión, etc. **4.** No respetar leyes, normas, costumbres, etc. ■ No confundir con *arroyar.* SIN. **1.** Enrollar, liar. **2.** y **3.** Arrasar. **2.** y **4.** Atropellar. **3.** Dominar, triunfar, aplastar. **4.** Infringir, violar. ANT. **1.** Desenrollar. **3.** Perder. **4.** Acatar. FAM. Arrollado, arrollador. / Desarrollar. ROLLO.

arropar *v. tr.* **1.** Abrigar con ropa a alguien: *arropar a un niño en su cuna.* También *v. prnl.* **2.** Proteger. SIN. **1.** Tapar(se). **2.** Amparar. ANT. **1.** Desarropar(se). FAM. Desarropar. ROPA.

arrope (del ár. *ar-rubb*, el jugo de frutas cocido) *s. m.* Mosto cocido hasta que toma consistencia de jarabe y al que se añaden trozos de calabaza, higos, etc.

arrostrar *v. tr.* **1.** Hacer frente a peligros, calamidades, molestias: *Si te equivocas, tendrás que arrostrar las consecuencias.* **2.** Sufrir o tolerar a una persona o cosa desagradable: *En la vida hay que arrostrar muchos desaires.* SIN. **1.** Afrontar, desafiar. **2.** Aguantar, soportar. ANT. **1.** Rehuir, esquivar.

arroyada *s. f.* **1.** Valle por donde discurre un arroyo. **2.** Crecida de un arroyo e inundación que ésta produce: *La arroyada cortó la carretera.* **3.** Erosión superficial del suelo producida por las aguas corrientes, que pueden originar en él cortes, surcos o hendiduras. SIN. **2.** Riada.

arroyar *v. tr.* Formar la lluvia arroyos o arroyadas. También *v. prnl.* ■ No confundir con *arrollar.*

arroyo (de una voz prerromana que significaba 'canal de una mina') *s. m.* **1.** Curso de agua de escaso caudal y lecho o cauce por donde discurre: *Ese arroyo se seca en verano.* **2.** Parte de la calle por donde suelen correr las aguas. **3.** P. ext., calle, en sentido despectivo: *nacer en el arroyo.* SIN. **1.** Riachuelo, regato. FAM. Arroyada, arroyar.

arroz (del ár. *ar-ruz*) *s. m.* **1.** Planta herbácea anual de la familia gramíneas de hojas largas y flores blanquecinas en espiga, cuyos granos, de color blanco y forma ovalada, constituyen un importante alimento. Se cultiva por lo general en terrenos muy húmedos. **2.** Granos de esta planta, tomados en su conjunto. || LOC. **que si quieres arroz, Catalina** *fam.* Expresa contrariedad ante la imposibilidad de conseguir algo: *Le llamé tres veces para pedírselo y que si quieres arroz, Catalina.* FAM. Arrocero, arrozal.

arruga *s. f.* Pliegue o doblez irregular que se hace en la piel, en telas, en papeles, etc. SIN. Bolsa, rugosidad, dobladura. FAM. Arrugable, arrugado, arrugar. / Rugoso.

arrugar (del lat. *irrugare*) *v. tr.* **1.** Hacer arrugas: *arrugar un traje, arrugar la frente.* También *v. prnl.* || **arrugarse** *v. prnl.* **2.** Acobardarse, apocarse. ■ Delante de *e* se escribe *gu* en lugar de *g*: *arrugue.* SIN. **1.** Doblar(se), estrujar(se). **2.** Achicarse, empequeñecerse. ANT. **1.** Desarrugar(se), estirar(se). **2.** Crecerse, envalentonarse. FAM. Desarrugar, inarrugable. ARRUGA.

arruinar *v. tr.* **1.** Causar ruina o grave pérdida de dinero u otros bienes: *La caída de la bolsa arruinó a mucha gente.* También *v. prnl.* **2.** Destruir, estropear o malograr: *La bebida está arruinando su salud. Arruinaron la fiesta.* También *v. prnl.* SIN. **1.** Empobrecer(se), esquilmar(se). **1.** y **2.** Perjudicar(se). **2.** Devastar, arrasar, acabar. ANT. **1.** Enriquecer(se). **1.** y **2.** Beneficiar(se). **2.** Mejorar, arreglar.

arrullar (onomat.) *v. tr.* **1.** Atraer con arrullos el palomo a la hembra, o al revés. **2.** Adormecer a los niños con suaves cantos. **3.** *fam.* Embelesar o enamorar una persona a otra con palabras dulces y cariñosas. **4.** Adormecer o complacer a alguien un sonido agradable. SIN. **1.** Zurear. **3.** Cortejar. FAM. Arrullador, arrullo.

arrullo *s. m.* **1.** Acción de arrullar. **2.** Canto monótono con el cual se atraen las palomas y tórtolas. **3.** Canto, sonidos o palabras que arrullan. **4.** Pieza de tela suave con que se envuelve a los niños recién nacidos para sostenerlos en brazos. SIN. **3.** Susurro.

arrumaco *s. m.* Demostración de cariño hecha con gestos o ademanes. Se usa mucho en *pl.*: *hacer arrumacos.* SIN. Caricia, mimo, zalamería, carantoña.

arrumar (del neerl. *ruim*, espacio, lugar) *v. tr.* *Amér.* Amontonar, apilar.

arrumbar *v. tr.* **1.** Poner una cosa considerada inútil en un rincón o lugar retirado: *Hemos arrumbado los muebles viejos.* **2.** Desechar, dejar fuera de uso: *Arrumbaron el proyecto.* SIN. **1.** y **2.** Arrinconar, apartar, retirar. **2.** Abandonar, rechazar, repudiar. ANT. **2.** Acoger, adoptar. FAM. Arrumbamiento.

¡arsa! *interj. fam.* Se usa para dar ánimo.

arsenal (del ár. *dar as-sinaa*, taller) *s. m.* **1.** Lugar y establecimiento en que se construyen, reparan y conservan las embarcaciones. **2.** Almacén de armas y otros materiales de guerra; p. ext., armamento de un país, ejército, etc. **3.** Lugar en el que abundan noticias, datos, etc., y conjunto de éstos: *Ese libro es un arsenal de ideas.* **4.** *fam.* Conjunto de muchas cosas del mismo tipo: *En casa tenemos un arseñal de libros de viajes.* SIN. **1.** Astillero, atarazana. **2.** Polvorín. **3.** Cúmulo.

arsénico (del lat. *arsenicum*, y éste del gr. *arsenikon*, de *arsen*, varonil) *s. m.* Elemento químico sólido, de color grisáceo, que se halla en casi todos los sulfuros metálicos naturales, de los que se obtiene por tostación. Se emplea en diversas aleaciones y en la fabricación de herbicidas, y sus compuestos son altamente tóxicos. Su símbolo es *As.*

art déco (abreviatura de la expr. fr. *art décoratif*, arte decorativo) *expr.* Movimiento artístico muy influido por el modernismo que surgió en Europa en torno a 1920. ■ Se usa como *s. m.*

art nouveau (fr.) *expr.* Término con que se denominó en Francia al modernismo, estilo artístico. ■ Se usa como *s. m.*

arte (del lat. *ars, artis*) *s. amb.* **1.** Actividad del hombre que, valiéndose de la materia, la imagen, el sonido, el gesto o el lenguaje, imita, expresa o crea cosas materiales o inmateriales con una finalidad estética. **2.** Conjunto de obras, estilos o movimientos artísticos de un país, una época, etc.: *el arte egipcio, el arte abstracto.* **3.** Disposición y habilidad para hacer alguna cosa: *Tiene arte para arreglarse.* **4.** Conjunto de técnicas, normas, conocimientos o habilidades propias de una profesión, de una disciplina, etc.: *el arte militar, las artes gráficas.* **5.** Maña, astucia. Se usa mucho en *pl.*: *Se valió de todas sus malas artes para conseguirlo.* **6.** Utensilio o aparato que sirve para pescar. || **7. arte mayor** Véase **verso**[1]. **8. arte menor** Véase **verso**[1]. **9. artes gráficas** Conjunto de técnicas relacionadas con la impresión de libros y otros documentos; también, actividad en la que se emplean esas técnicas. **10. artes plásticas** La pintura, la escultura y la arquitectura. **11. bellas artes** Las que tienen como objeto fundamental expresar o crear cualquier clase de belleza. Se denominan así comúnmente la pintura, la escultura, la arquitectura y la música. **12. séptimo arte** Cinematografía. || LOC. **no tener arte ni parte** No intervenir para nada en algo. **por arte de birlibirloque** (o **de magia**) *adv. fam.* De forma inexplicable, sin que se sepa o se pueda comprender cómo ha ocurrido: *Consiguió escapar por arte de magia.* ■ En sing. lleva el art. *el* o *un.* Se usa normalmente como s. m. en sing. y en pl. es frecuente su uso como *s. f.* SIN. **1.** Creación. **3.** Práctica, destreza. **4.** Ciencia, técnica. **5.** Treta, argucia. **6.** Aparejo. ANT. **3.** Torpeza, inexperiencia. FAM. Artero, artesanía, artificio, artilugio, artimaña, artista. / Videoarte.

artefacto (del lat. *arte factus*, hecho con arte) *s. m.* **1.** Máquina, aparato, dispositivo: *artefacto explosivo.* **2.** Armatoste. SIN. **1.** Artilugio, ingenio, mecanismo.

artejo (del lat. *articulus*, de *artus*, nudo) *s. m.* **1.** Nudillo de los dedos. **2.** Cada una de las piezas articuladas que forman los apéndices de los artrópodos. FAM. Véase **articular**.

artemisa o **artemisia** (del lat. *artemisia*, y éste del gr. *artemisia*, de *Artemis*, diosa de la naturaleza y la caza) *s. f.* Planta aromática de la familia compuestas, mide hasta 1,50 m de altura, tiene hojas blancuzcas por el envés y flor blanca y amarilla; posee propiedades medicinales.

arteria (del lat. *arteria*, y éste del gr. *arteria*) *s. f.* **1.** Vaso sanguíneo que lleva la sangre desde el corazón hasta las demás partes del cuerpo. **2.** Calle o carretera principal de una población, país, etc. SIN. **2.** Avenida. FAM. Arterial, arteriola, arteriosclerosis, arteritis.

arteriola *s. f.* Arteria pequeña.

arteriosclerosis (del gr. *arteria* y *sklerosis*, endurecimiento) *s. f.* Enfermedad que consiste en que las paredes de las arterias engruesan y pierden su elasticidad, lo que impide el paso normal de la sangre. ▪ No varía en *pl.* Se dice también *arterioesclerosis.* **FAM.** Arteriosclerótico. ARTERIA y ESCLEROSIS.

artero, ra *adj. desp.* Taimado, astuto. **SIN.** Tramposo, ladino, falso. **ANT.** Sincero, ingenuo. **FAM.** Arteramente, artería. ARTE.

artesa (del gr. *artos*, pan) *s. f.* Recipiente, generalmente de forma rectangular y de madera, utilizado para amasar el pan, mezclar agua y cemento, etc. **SIN.** Artesón. **FAM.** Artesón, artesonado.

artesanado *s. m.* **1.** Conjunto de los artesanos de un lugar. **2.** Actividad del artesano. **SIN. 2.** Artesanía.

artesanal *adj.* **1.** Propio de la artesanía: *La alfarería es una actividad artesanal.* **2.** Que no utiliza métodos industriales o informáticos: *Aquella oficina funcionaba de forma artesanal.* **SIN. 1.** Artesano.

artesanía *s. f.* **1.** Tipo de trabajo que se realiza de modo predominantemente manual; especialmente, el que se dedica a las llamadas artes menores, como la cerámica, la orfebrería, etc. **2.** Conjunto de las obras producidas en este trabajo: *la artesanía andaluza.* **3.** Conjunto de las personas que lo realizan. **SIN. 1.** y **3.** Artesanado. **FAM.** Artesanado, artesanal, artesano. ARTE.

artesano, na (del ital. *artigiano*) *adj.* **1.** Propio de la artesanía. || *s. m.* y *f.* **2.** Persona que realiza un trabajo de forma predominantemente manual: *Todos los baúles que hace ese artesano son diferentes.* **SIN. 1.** Artesanal. **2.** Menestral, artífice.

artesiano, na (del bajo lat. *Artesianus*, de *Artesia*, Artois, antigua región del N de Francia) *adj.* Se dice del pozo en que el agua sube naturalmente a la superficie.

artesón *s. m.* **1.** Artesa*. **2.** Cada uno de los compartimientos en que está dividido un artesonado.

artesonado, da *adj.* Se dice del techo dividido en compartimientos cuadrados, poligonales o redondeados, normalmente de madera. También *s. m.*

ártico, ca (del lat. *articus*, y éste del gr. *arktikos*, septentrional) *adj.* Relativo al polo norte y a las regiones que lo rodean: *tierras árticas, fauna ártica.* **FAM.** Antártico.

articulación (del lat. *articulatio, -onis*) *s. f.* **1.** Acción de articular o articularse. **2.** Punto o zona de unión entre elementos articulados; especialmente, unión de dos o más huesos entre sí. **3.** En ling., conjunto de movimientos que realizan los órganos correspondientes (labios, lengua, velo del paladar, etc.) para la pronunciación de sonidos y posición especial que adoptan en el momento de hacerlo. || **4. modo de articulación** En ling., forma de producirse la salida del aire, que da lugar a la división de sonidos en oclusivos */p/*, fricativos */f/*, africados */ch/*, laterales */l/*, etc. **5. punto de articulación** Zona de la boca en que un órgano se aproxima a otro en el momento de la articulación. Es el origen de la división de los sonidos en bilabiales */b/*, */p/*, labiodentales */f/*, dentales */d/*, */t/*, etc. **SIN. 2.** Coyuntura, juntura, junta. **4.** Dicción. **ANT. 1.** Desarticulación.

articulado, da 1. *p.* de **articular**[1]. || *adj.* **2.** Que tiene unidas sus partes o piezas de manera que existe posibilidad de movimiento entre ellas: *un brazo de lámpara articulado.* **3.** Se dice del lenguaje oral del hombre frente al gráfico o al de los animales. || *s. m.* **4.** Conjunto de artículos de una ley o reglamento. **FAM.** Inarticulado. ARTICULAR[1].

articular[1] (del lat. *articulare*, de *articulus*, juntura) *v. tr.* **1.** Juntar o trabar dos o más piezas de forma que haya posibilidad de movimiento entre ellas. También *v. prnl.* **2.** Unir, enlazar las partes o elementos de un todo de modo organizado, generalmente para la realización de un fin: *articular un plan.* **3.** Colocar los órganos de la voz en la forma que requiera la pronunciación de cada sonido y emitir ese sonido. **4.** Pronunciar las palabras con claridad. También *v. intr.* **5.** Disponer una ley, reglamento o documentos en artículos: *Hay que articular el contrato de compra del piso.* **SIN. 2.** Relacionar, vincular. **ANT. 1.**, **2.** y **5.** Desarticular. **FAM.** Articulación, articuladamente, articulado, articular[2], articulatorio, artículo. / Artejo, desarticular, interarticular.

articular[2] *adj.* De las articulaciones de los huesos o relacionado con ellas.

articulatorio, ria *adj.* De la articulación de los sonidos del lenguaje: *Tiene dificultades articulatorias.*

articulista *s. m.* y *f.* Persona que escribe artículos en periódicos o revistas: *Encuentro interesantes las opiniones de este articulista.*

artículo (del lat. *articulus*, juntura, nudo) *s. m.* **1.** Elemento gramatical que acompaña al sustantivo o adjetivo sustantivado para actualizarlo, concordando con él en género y número. **2.** Escrito expositivo sobre un tema concreto, incluido en una publicación más general junto con otros: *un artículo de una revista.* **3.** Cualquier cosa objeto de comercio: *artículo de lujo, artículos rebajados.* **4.** Cada una de las divisiones de un diccionario encabezada con distinta palabra. **5.** Cada una de las disposiciones numeradas de un tratado, ley, reglamento, etc. || **6. artículo de fe** Verdad que se debe creer como revelada por Dios. **7. artículo de fondo** Editorial, artículo que en los periódicos se inserta en lugar preferente, no suele llevar firma y refleja la opinión de la dirección sobre temas de actualidad. P. ext., artículo de pensamiento con o sin firma. || **LOC. hacer el artículo** *fam.* Alabar algo para obtener un beneficio. **SIN. 3.** Género, producto. **4.** Entrada. **5.** Cláusula. **FAM.** Articulista. ARTICULAR[1].

artífice (del lat. *artifex, -icis*, de *ars*, arte, y *facere*, hacer) *s. m.* y *f.* **1.** Persona que ha realizado una obra o ha conseguido algo: *Pablo ha sido el verdadero artífice del acuerdo.* **2.** Artesano, persona dedicada a alguna de las llamadas artes menores, como el orífice, que trabaja el oro, el platero, que trabaja la plata, etc.

artificial (del lat. *artificialis*) *adj.* **1.** Frente a natural, se dice de lo que está hecho por el hombre: *flores artificiales, lluvia artificial, seda artificial.* **2.** Falso, fingido: *Es una persona con una sonrisa muy artificial.* **SIN. 1.** Sintético. **2.** Artificioso, afectado, ficticio, postizo. **ANT. 2.** Auténtico, sincero. **FAM.** Artificialmente. ARTIFICIO.

artificiero, ra *s. m.* y *f.* Soldado u otro profesional especialista en proyectiles, explosivos, etc.

artificio (del lat. *artificium*, de *ars*, arte, y *facere*, hacer) *s. m.* **1.** Aparato, dispositivo, mecanismo. **2.** Procedimiento ingenioso y algo engañoso para algún fin. **3.** Falta de naturalidad y sencillez: *A esa obra de teatro se le nota demasiado artificio.* **SIN. 1.** Artefacto, ingenio, artilugio. **2.** Artimaña, truco. **3.** Afectación, artificiosidad. **ANT. 2.** Torpeza, inexperiencia, chapucería. **3.** Espontaneidad, frescura. **FAM.** Artífice, artificial, artificiero, artificioso. / Artefacto. ARTE.

artificioso, sa (del lat. *artificiosus*) *adj.* Falto de naturalidad o espontaneidad: *Me dio una expli-*

cación muy artificiosa. SIN. Afectado, rebuscado, estudiado, simulado. ANT. Espontáneo, natural, sencillo, fresco. FAM. Artificiosamente, artificiosidad. ARTIFICIO.

artillar (del fr. ant. *artiller*, y éste del lat. *apticulare*, de *aptare*, adaptar) *v. tr.* Armar de artillería una fortaleza, nave, posición, etc. FAM. Desartillar. ARTILLERÍA.

artillería (del fr. ant. *artillerie*) *s. f.* **1.** Disciplina relacionada con las máquinas de guerra pesadas, como los cañones, morteros, etc. **2.** Conjunto de este tipo de armas que tiene un ejército, una plaza militar, un buque, etc. **3.** Cuerpo militar armado con ese tipo de maquinas de guerra. **4.** *fam.* Conjunto de medios que se emplean para conseguir algo: *Empleó toda su artillería para tratar de convencer al auditorio.* **5.** En algunos dep., jugadores de ataque de un equipo. FAM. Artillado, artillar, artillero.

artillero, ra *adj.* **1.** De la artillería. || *s. m.* y *f.* **2.** Persona que sirve en la artillería del ejército. **3.** Técnico en artillería. **4.** Jugador de fútbol que marca muchos goles.

artilugio (del lat. *ars*, arte, y *lugere*, llorar fingidamente) *s. m.* Aparato o mecanismo, en especial de cierta complicación, poco perfeccionado o de uso provisional. SIN. Artefacto, cacharro, ingenio.

artimaña (de *arte* y *maña*) *s. f.* **1.** *fam.* Astucia o ardid que se utiliza para engañar a alguien y conseguir algo: *Conmigo no emplees artimañas.* **2.** Trampa para cazar. SIN. **1.** Treta, artificio, argucia, truco.

artiodáctilo (del gr. *artios*, par, y *daktylos*, dedo) *adj.* **1.** Se dice del mamífero cuyas patas acaban en un número par de dedos, como el cerdo, el camello o el toro. También *s. m.* || *s. m. pl.* **2.** Orden constituido por estos animales.

artista *s. m.* y *f.* **1.** Persona que cultiva alguna de las bellas artes. **2.** Persona dotada de aptitudes para realizar obras de valor en alguna de las bellas artes. **3.** Persona que actúa profesionalmente en el teatro, en el cine, en el circo, etc. **4.** Persona que realiza su labor con especial cuidado, finura y habilidad: *El cocinero es un artista.* SIN. **1.** Creador. **3.** Actor, intérprete, astro, estrella. **4.** Maestro, figura. FAM. Artísticamente, artístico. ARTE.

artístico, ca *adj.* **1.** De las bellas artes o relacionado con ellas. **2.** Bello, estético: *El mueble tiene un acabado muy artístico.*

artritis (del lat. *arthritis*, y éste del gr. *arritis*, de *arthron*, articulación) *s. f.* Inflamación dolorosa de las articulaciones que limita sus movimientos. ■ No varía en *pl.* FAM. Artrítico, artrosis.

artrópodo (del gr. *arthron*, articulación, y *-podo*) *adj.* **1.** Se dice del animal invertebrado de cuerpo segmentado, esqueleto externo y apéndices articulados, como el cangrejo, la araña, el ciempiés, etc. También *s. m.* || *s. m. pl.* **2.** Filo constituido por estos animales.

artrosis *s. f.* Enfermedad de carácter no inflamatorio que deforma y degenera las articulaciones. ■ No varía en *pl.*

artúrico, ca *adj.* Del rey legendario Artús o Arturo, o relacionado con él.

arúspice (del lat. *haruspex, -icis*) *s. m.* Adivino, augur. SIN. Vidente, clarividente, brujo.

arveja (del lat. *ervilia*) *s. f.* **1.** *Can., Amér. C.* y *Amér. del S.* Guisante. **2.** Algarroba.

arzobispado *s. m.* **1.** Dignidad de arzobispo. **2.** Territorio en que ejerce jurisdicción el arzobispo. **3.** Edificio donde realiza sus funciones la curia arzobispal.

arzobispo (del lat. *archiepiscopus*, y éste del gr. *arkhepiskopos*) *s. m.* Obispo de una iglesia metropolitana. SIN. Metropolitano, prelado, mitrado. FAM. Arzobispado, arzobispal. OBISPO.

arzón (del lat. *arcio, -onis*, de *arcus*) *s. m.* Pieza de madera en forma de arco que lleva la silla de montar en la parte anterior y posterior. SIN. Fuste.

as (del lat. *as*) *s. m.* **1.** Antigua moneda romana. **2.** Carta de la baraja o cara del dado que representa el número uno. **3.** Persona que sobresale mucho en un ejercicio o profesión: *un as de la aviación.* SIN. **3.** Campeón, figura.

asa (del lat. *ansa*) *s. f.* Parte o pieza que sobresale de una vasija, cesta, maleta, etc., generalmente de forma curva, que sirve para cogerla. ■ En sing. lleva el art. *el* o *un.* FAM. Asir.

asadero *s. m.* Lugar donde hace mucho calor: *A mediodía la plaza es un auténtico asadero.* SIN. Horno, sauna. ANT. Nevera.

asado, da **1.** *p.* de **asar**. También *adj.* || *s. m.* **2.** Carne que se esta asando: *Da una vuelta al asado.* SIN. **2.** Churrasco.

asador, ra *s. m.* y *f.* **1.** Persona que se dedica a asar. || *s. m.* **2.** Establecimiento especializado en asados. **3.** Varilla puntiaguda o pincho en que se clava y se pone al fuego lo que se quiere asar. **4.** Cualquier aparato que sirva para asar. SIN. **3.** Espetón.

asadura *s. f.* Conjunto de las vísceras de un animal, consideradas como alimento; p. ej. el hígado, el bofe o el corazón. Se usa mucho en *pl.*

asaetear *v. tr.* **1.** Lanzar saetas o dardos. **2.** Herir o matar a alguien con saetas. **3.** Molestar a alguien repitiento ciertas palabras o acciones.

asalariado, da *p.* de **asalariar**. También *adj.* y *s. m.* y *f.*

asalariar *v. tr.* Fijar o pagar salario a una persona. FAM. Asalariado. SALARIO.

asalmonado, da *adj.* Semejante al salmón, especialmente en el color y sabor de su carne: *trucha asalmonada.*

asaltar *v. tr.* **1.** Atacar una posición enemiga para entrar en ella y tomarla. **2.** Abordar a alguien, entrar en un lugar, detener algún medio de transporte, etc., generalmente por sorpresa o de modo violento y con ánimo de robar. **3.** Importunar brusca y repetidamente a alguien con preguntas, peticiones, etc.: *Los periodistas asaltaron a la ministra.* **4.** Sobrevenir de pronto alguna cosa, como una enfermedad, un pensamiento, etc.: *Le asaltó una duda.* SIN. **2.** Atracar, saltear. **3.** Acosar, abrumar. **4.** Acudir, irrumpir, ocurrir. FAM. Asaltante, asalto. SALTAR.

asalto (del ital. *assalto*) *s. m.* **1.** Acción de asaltar: *lanzarse al asalto.* **2.** En boxeo, cada una de las partes en que se divide el combate. **3.** En esgrima, ataque que se realiza metiendo el pie derecho y la espada. SIN. **1.** Atraco, toma, ocupación.

asamblea (del fr. *assemblée*) *s. f.* **1.** Reunión de numerosas personas para algún fin: *asamblea de socios del club, asamblea de padres de familia.* **2.** Reunión de políticos especialmente para elaborar leyes. SIN. **1.** Junta, convención. FAM. Asambleario, asambleísta.

asambleísta *s. m.* y *f.* Persona que forma parte de una asamblea.

asar (del lat. *assare*) *v. tr.* **1.** Cocinar un alimento por la acción directa del fuego, el calor de un horno, etc., sin sumergirlo en agua o aceite. También *v. prnl.* **2.** Molestar, importunar, acosar: *En esa clase les asan a deberes.* || **asarse** *v. prnl.* **3.** Sentir mucho calor. **SIN. 2.** Freír, acribillar, abrumar. **3.** Cocerse, asfixiarse. **ANT. 3.** Helarse. **FAM.** Asadero, asado, asador, asadura. / Soasar, sobreasar.

asaz (del lat. *ad*, a, y *saties*, saciedad) *adv. c.* En lenguaje literario, bastante, harto, muy: *asaz diferente.*

ascendencia *s. f.* Serie de ascendientes o antepasados de una persona: *Entre su ascendencia había varios artistas.* **SIN.** Estirpe, linaje. **ANT.** Descendencia. **FAM.** Ascendiente. ASCENDER.

ascendente (del lat. *ascendens, -entis*) *adj.* **1.** Que asciende. || *s. m.* **2.** Astro que se halla en el horizonte durante el nacimiento de una persona y que se utiliza para realizar predicciones sobre su vida. **ANT. 1.** Descendente.

ascender (del lat. *ascendere*) *v. intr.* **1.** Subir, aumentar: *ascender a un monte, ascender la temperatura.* **2.** Pasar a ocupar un puesto de trabajo o a una categoría social superior: *Le han ascendido a capitán.* También *v. tr.* **3.** Importar una cuenta una cantidad: *La factura asciende a cinco mil pesetas.* ■ Es v. irreg. Se conjuga como *tender.* **SIN. 1.** y **3.** Elevarse. **2.** Medrar. **3.** Alcanzar, sumar. **ANT. 1.** Descender, bajar. **2.** Degradar, relegar. **FAM.** Ascendencia, ascendente, ascensión, ascensional, ascenso, ascensor. / Descender, trascender.

ascendiente *s. m.* y *f.* **1.** Padre, madre, abuelos, etc., de quien desciende una persona. || *s. m.* **2.** Influencia, autoridad moral: *Blas tiene mucho ascendiente sobre mí.* **SIN. 1.** Antepasado, antecesor, mayores. **2.** Peso, influjo, poder. **ANT. 1.** Descendiente.

ascensión (del lat. *ascensio, -onis*) *s. f.* Acción de ascender; especialmente la de Cristo a los cielos; también, fiesta con que la Iglesia celebra este hecho. ■ Con este último significado se escribe con mayúscula. **SIN.** Ascenso, subida, elevación. **ANT.** Descenso, bajada.

ascensional *adj.* Se dice del movimiento de un cuerpo que sube y también de la fuerza que lo impulsa.

ascenso *s. m.* **1.** Promoción de una persona a un puesto de trabajo o categoría superior: *Le concedieron un importante ascenso.* **2.** Movimiento de una persona o cosa hacia arriba. **3.** Aumento de una cosa: *Está previsto un ascenso de las temperaturas.*

ascensor (del lat. *ascensor, -oris*) *s. m.* Aparato que sirve para subir y bajar, generalmente de un piso a otro en un edificio. **SIN.** Montacargas, elevador. **FAM.** Ascensorista. ASCENDER.

ascensorista *s. m* y *f.* **1.** Persona que se encarga del manejo de un ascensor. **2.** Persona especializada en la reparación e instalación de ascensores.

ascesis (del gr. *askesis*, ejercicio) *s. f.* Conjunto de reglas y prácticas propias del asceta. ■ No varía en *pl.* **SIN.** Ascetismo, ascética.

asceta (del lat. *asceta*, y éste del gr. *asketes*, de *askeo*, ejercitar) *s. m.* y *f.* Persona que lleva una vida de renuncia a las cosas materiales, dominio de las pasiones y mortificación, con el fin de llegar a la perfección moral. **SIN.** Anacoreta, ermitaño.

ascética *s. f.* Conjunto de actitudes, convicciones y prácticas del asceta. **SIN.** Ascetismo, ascesis. **FAM.** Ascesis, asceta, ascético, ascetismo.

ascético, ca *adj.* **1.** Que lleva una vida propia de un asceta. También *s. m.* y *f.* **2.** De los ascetas, de la ascética o relacionado con ellos: *un escritor ascético.* **SIN. 1.** Mortificado, sacrificado, penitente.

ascidia (del gr. *askidia*, de *asko*, odre) *s. f.* **1.** Nombre común de varias especies de animales marinos tunicados que tienen forma de saco, con dos orificios, para la entrada y salida del agua; viven fijos a rocas, conchas o cascos de buques y algunos forman colonias. || *s. f. pl.* **2.** Clase de estos animales.

asco *s. m.* **1.** Malestar de estómago producido por algo que resulta desagradable. **2.** Impresión causada por algo que resulta desagradable: *Da asco ver tanta basura por la calles.* **3.** *fam.* Cosa o persona que resulta despreciable: *Es un asco de hombre, jamás te ayuda.* || **LOC. estar hecho un asco** *fam.* Estar muy sucio o en muy mal estado. **hacer ascos** Despreciar con afectación una cosa. **no hacer ascos** No tener inconveniente en aceptar algo: *No voy a hacer ascos a ningún trabajo.* **SIN. 1.** Náusea. **2.** Repulsión, aversión, aborrecimiento. **3.** Asquerosidad. **ANT. 2.** Agrado, satisfacción. **3.** Delicia, encanto. **FAM.** Asquear, asqueroso.

ascórbico *adj.* Se dice del ácido que constituye la vitamina C.

ascua *s. f.* **1.** Trozo de cualquier materia sólida incandescente sin llama. ■ En sing. lleva el art. *el* o *un.* || **LOC. arrimar** uno **el ascua a su sardina** *fam.* Aprovechar en favor de uno mismo las ocasiones que se presentan. **estar en** (o **sobre**) **ascuas** Estar inquieto, sobresaltado. **SIN. 1.** Brasa.

asear (del lat. *assediare*) *v. tr.* Limpiar, arreglar, lavar: *Aseó a los niños para la fiesta. Hay que asear un poco la casa antes de irnos.* También *v. prnl.* con valor reflex.: *Se aseó antes de salir.* **SIN.** Aviar(se), acicalar(se). **ANT.** Desasear, ensuciar(se). **FAM.** Aseado, aseo. / Desasear.

asechanza (de *asechar*, del lat. *assectari*, ir al alcance de uno) *s. f.* Engaño para causar mal a otro. Se usa mucho en *pl.*: *Fue víctima de las asechanzas de sus propios compañeros.* ■ No confundir con *acechanza*, 'acecho'. **SIN.** Traición, insidia, trampa, estratagema, celada. **FAM.** Asechar. ACECHAR.

asechar *v. tr.* Preparar engaños o poner trampas. ■ No confundir con *acechar*, 'espiar, amenazar'. **SIN.** Insidiar.

asediar (del lat. *obsidiari*) *v. tr.* **1.** Rodear con tropas un lugar enemigo para impedir que los que están en él salgan o reciban ayuda. **2.** P. ext., rodear un lugar, a una persona, etc.: *Los admiradores asediaban la casa de su ídolo.* **3.** Importunar a alguien constantemente con ruegos, preguntas, molestias, etc.: *Los periodistas asediaban a la estrella.* **SIN. 1.** Sitiar, bloquear, cercar, acorralar. **3.** Acosar, molestar, asaltar. **FAM.** Asedio.

asegurado, da 1. *p.* de **asegurar**. || *adj.* **2.** Que tiene un seguro o es el beneficiario de un contrato de seguro: *Su casa está asegurada contra incendios.* También *s. m.* y *f.* *El asegurado está al corriente del pago de sus pólizas.*

asegurador, ra *adj.* Se dice de la persona o empresa que asegura riesgos ajenos: *La compañía aseguradora del coche que provocó el accidente debe hacerse cargo de los daños ocasionados.* También *s. m.* y *f.*

asegurar *v. tr.* **1.** Dejar firme, fijar sólidamente algo: *asegurar un edificio, asegurar un tornillo.* **2.** Decir algo afirmando con seguridad que es verdad: *Te aseguro que eso es así.* **3.** Preservar de daño a personas y cosas: *El gobierno se esfuerza* *por asegurar la democracia.* También *v. prnl.* **4.** Hacer un contrato con una compañía de seguros, por el cual ésta se compromete a pagar los daños que pueda sufrir una persona, animal o cosa. También *v. prnl.*: *Se aseguraron en una compañía de asistencia sanitaria.* || **asegurarse** *v. prnl.* **5.** Adquirir la seguridad de algo: *asegurarse de cerrar la puerta.* **SIN. 1.** Afianzar, afirmar, consolidar. **2.** Certificar, ratificar, garantizar. **3.** Proteger, amparar, salvaguardar, preservar, mantener. **5.** Cerciorarse. **ANT. 1.** Aflojar. **2.** Dudar, negar. **3.** Atacar. **FAM.** Asegurado, asegurador, aseguramiento. SEGURO.

asemejar *v. tr.* **1.** Hacer semejante o presentar una cosa como semejante a otra. || **asemejarse** *v. prnl.* **2.** Parecerse: *En su andar se asemeja a ti.* **SIN. 1.** Comparar, equiparar. **1.** y **2.** Asimilar(se), identificar(se). **2.** Semejar, recordar. **ANT. 1.** y **2.** Diferenciar(se).

asenso (del lat. *assensus*) *s. m.* Acción de asentir: *Hubo asenso entre la mayoría.* **SIN.** Asentimiento, aprobación, conformidad, acuerdo. **ANT.** Desaprobación, disconformidad.

asentaderas *s. f. pl. fam.* Nalgas, posaderas. **SIN.** Culo, trasero.

asentado, da 1. *p.* de **asentar**. También *adj.* || *adj.* **2.** Juicioso. **3.** Estable, tranquilo. **SIN. 2.** Reflexivo, serio, formal, prudente, sensato. **3.** Permanente; sosegado, relajado. **ANT. 2.** Irreflexivo, insensato. **3.** Inestable, nervioso.

asentador, ra *s. m.* y *f.* El que compra productos al por mayor y los vende a los comerciantes minoristas.

asentamiento *s. m.* **1.** Acción de asentar o asentarse. **2.** Lugar donde la gente se establece: *un asentamiento prehistórico, un asentamiento chabolista.* **3.** Lugar que ocupa cada pieza o cada batería en una posición artillera. **SIN. 1.** Establecimiento. **2.** Colonia. **3.** Emplazamiento.

asentar *v. tr.* **1.** Colocar una cosa de manera que permanezca firme; p. ext., consolidar, afianzar. También *v. intr.* y *v. prnl.*: *Los cimientos han asentado muy bien. Los conocimientos se van asentando con los años.* **2.** Establecer un campamento, pueblo, etc., en un lugar: *Asentaron sus tiendas junto a la muralla.* También *v. prnl.*: *Los suevos se asentaron en Galicia.* **3.** Colocar a alguien en un determinado lugar, cargo, dignidad, etc. **4.** Calmar, tranquilizar, dar a algo estabilidad: *La manzanilla asienta muy bien el estómago; asentar los ánimos.* También *v. prnl.* **5.** Convenir, acordar: *Dejó asentado que trabajaría sólo media jornada.* **6.** Anotar algo, especialmente en un libro de cuentas: *asentar una cantidad en el haber de una cuenta.* || **asentarse** *v. prnl.* **7.** Estar situado: *La ciudad se asentaba al pie del monte.* **8.** Posarse las partículas que hay en un líquido o depositarse un sólido en un lugar: *Al cerrar las ventanas se asentó el polvo.* ■ Es v. irreg. Se conjuga como *pensar.* **SIN. 1.** Asegurar(se). **2.** Instalar(se), aposentarse. **4.** Sosegar. **7.** Situarse, alzarse. **ANT. 1.** Debilitar(se). **2.** Alzar(se), levantar(se); irse, marcharse. **4.** Revolver, alarmar. **FAM.** Asentaderas, asentado, asentador, asentamiento, asentista, asiento. SENTAR.

asentir (del lat. *assentire*) *v. intr.* **1.** Manifestar acuerdo con lo que otro ha propuesto o afirmado: *Todos asintieron a mi propuesta.* **2.** Decir que sí moviendo la cabeza. ■ Es v. irreg. Se conjuga como *sentir.* **SIN. 1.** Aprobar, consentir. **2.** Afirmar. **ANT. 1.** Disentir. **2.** Negar. **FAM.** Asenso, asentimiento. SENTIR[1].

aseo *s. m.* **1.** Acción de asear o asearse. **2.** Cuarto o habitación donde uno se asea. **3.** Cuarto de baño pequeño, generalmente sin bañera y sin bidé. **SIN. 1.** Aliño, arreglo, higiene. **2.** Baño, servicio.

asépalo, la *adj.* Se dice de la flor que no tiene sépalos, que carece de cáliz.

asepsia (del fr. *asepsie*) *s. f.* **1.** Situación o estado en el que no existe infección. **2.** Conjunto de procedimientos utilizados para evitar que el organismo sea invadido por gérmenes infecciosos. **SIN. 1.** y **2.** Desinfección. **ANT. 1.** Infección. **FAM.** Aséptico. SEPSIS.

aséptico, ca *adj.* **1.** De la asepsia o relacionado con ella: *una cura aséptica.* **2.** Frío, desapasionado, neutral: *Pronunció un discurso aséptico.* **SIN. 2.** Distante, despegado. **ANT. 1.** Séptico, infeccioso.

asequible (del lat. *assequi*, conseguir) *adj.* **1.** Que se puede alcanzar o conseguir sin mucha dificultad: *Esa tienda tiene precios muy asequibles. Los objetivos de la empresa son asequibles.* **2.** Sencillo, fácil de entender: *un libro asequible.* **3.** De fácil trato o acceso: *un hombre asequible.* **SIN. 1.** Realizable. **1.** a **3.** Accesible. **2.** Comprensible. **3.** Amable, cordial, afable. **ANT. 1.** Inasequible. **1.** a **3.** Inaccesible. **2.** Arduo, difícil. **3.** Cerrado, hosco. **FAM.** Inasequible.

aserción (del lat. *assertio, -onis*) *s. f.* **1.** Acción de dar por cierto o afirmar algo. **2.** Frase con que se afirma o se da por cierta una cosa. **SIN. 1.** Afirmación, aseveración, aserto. **ANT. 1.** Negación. **FAM.** Asertivo, aserto.

aserradero *s. m.* Lugar donde se sierra la madera. **SIN.** Serrería.

aserrar *v. tr.* Serrar*. ■ Es v. irreg. Se conjuga como *pensar.* **FAM.** Aserradero, aserrín. SERRAR.

aserrín *s. m.* Serrín*.

asertivo, va *adj.* Se dice de la frase o expresión con que se afirma algo. También *s. f.* **SIN.** Aseverativo, afirmativo.

aserto (del lat. *assertus*) *s. m.* Aserción*.

asesinar *v. tr.* **1.** Dar muerte a una persona de modo intencionado. **2.** En der., matar a alguien concurriendo alguna de las circunstancias señaladas por la ley, como alevosía, ensañamiento, etc. **3.** *fam.* Interpretar o representar muy mal algo: *El actor asesinó el monólogo de Segismundo.*

asesinato *s. m.* **1.** Muerte que se da a una persona voluntariamente. **2.** En der., aquella en la que concurre alguna de las circunstancias señaladas por la ley, como la alevosía, el ensañamiento, etc. **SIN. 1.** Crimen. **FAM.** Asesinar, asesino.

asesino, na (del ár. *hassasin*, los bebedores de hachís) *adj.* **1.** Que ha cometido un asesinato. También *s. m.* y *f.* **2.** Muy perjudicial o muy molesto: *un frío asesino.* **3.** Hostil, reprobatorio: *Le dirigió una mirada asesina.* **SIN. 1.** Homicida, criminal. **2.** Desfavorable, dañino, adverso, desventajoso. **3.** Enemigo, censurador. **ANT. 2.** Beneficioso, favorable, ventajoso. **3.** Amigo, alentador.

asesor, ra *adj.* Que asesora o aconseja: *un equipo asesor.* También *s. m.* y *f.*

asesorar (de *asesor*, del lat. *assessor*, de *assidere*, ayudar) *v. tr.* Aconsejar o informar a alguien sobre algo: *El abogado me asesoró sobre la compra del piso.* También *v. prnl.* ■ Se construye con las prep. *con, de, en*: *Se asesoró con su padre en esta materia.* **SIN.** Orientar(se). **ANT.** Desaconsejar, desinformar. **FAM.** Asesor, asesoramiento, asesoría.

asesoría *s. f.* **1.** Oficina donde se da información o asesoramiento sobre un determinado asunto: *asesoría jurídica, asesoría comercial.* **2.** Profesión del que asesora.

asestar (del ant. *sestar*, del lat. *sessitare*) *v. tr.* Con palabras como *golpe, puñalada, tiro*, etc., dar, propinar, descargar: *Le asestó una pedrada.* **SIN.** Atizar, propinar, arrear, sacudir.

aseverar (del lat. *asseverare*) *v. tr.* Afirmar, decir algo con total certeza: *Su enfermedad no es grave, aseveró el médico.* **SIN.** Confirmar. **ANT.** Negar. **FAM.** Aseveración, aseverativo. SEVERO.

aseverativo, va *adj.* **1.** Que asevera. **2.** En ling., enunciativo. También *s. f.* **SIN. 1.** Afirmativo. **2.** Declarativo.

asexuado, da *adj.* Que no tiene sexo o caracteres sexuales externos bien definidos. También *s. m.* y *f.* **ANT.** Sexuado. **FAM.** Asexual. SEXO.

asexual *adj.* Sin participación del sexo; se aplica especialmente a la reproducción en que no intervienen gametos. **ANT.** Sexual.

asfaltado, da 1. *p.* de **asfaltar**. || *s. m.* **2.** Acción de asfaltar.

asfaltadora *s. f.* Máquina para asfaltar.

asfaltar *v. tr.* Cubrir o revestir de asfalto: *Ya han enterrado los conductos del gas y ahora están asfaltando la carretera.*

asfáltico, ca *adj.* De asfalto: *tela asfáltica, recubrimiento asfáltico.*

asfalto (del lat. *asphaltus*, y éste del gr. *asphaltos*) *s. m.* **1.** Mezcla de hidrocarburos y minerales de color negro brillante, muy impermeable, que, generalmente con cal y arena, se emplea para pavimentar carreteras. **2.** Carretera, calle: *la cultura del asfalto. Se dejó la piel en el asfalto.* **FAM.** Asfaltado, asfaltadora, asfaltar, asfáltico.

asfixia (del gr. *asphyxia*, de *a*, part. priv., y *sphyzo*, palpitar) *s. f.* **1.** Interrupción de la respiración que provoca falta de oxígeno en la sangre. **2.** Sensación de agobio producida por el calor, la falta de aire, etc. **3.** Obstáculo fuerte para el desarrollo de algo: *Las grandes superficies causan la asfixia de los pequeños comerciantes.* **SIN. 2.** Ahogo, sofocación, angustia. **ANT. 2.** Respiro. **FAM.** Asfixiante, asfixiar.

asfixiado, da 1. *p.* de **asfixiar**. También *adj.* || *adj.* **2.** *fam.* Que tiene problemas económicos: *La hipoteca y los gastos de la casa nos tienen asfixiados.*

asfixiar *v. tr.* **1.** Producir asfixia: *Le asfixian las deudas.* || **asfixiarse** *v. prnl.* **2.** Sufrir o sentir asfixia. **SIN. 1.** y **2.** Ahogar(se), agobiar(se). **ANT. 1.** y **2.** Aliviar(se). **FAM.** Asfixiado. ASFIXIA.

así (del lat. *ad sic*) *adv. m.* **1.** De la manera que se indica: *Mira, tienes que hacerlo así.* **2.** Detrás de un sustantivo, del tipo, del modo, etc. que se indica: *Un coche así no sirve para nada.* **3.** Con la preposición *de* y un adjetivo acompañado de un gesto apropiado, pondera el significado de dicho adjetivo: *así de grande.* **4.** Acompañando a un verbo en subjuntivo expresa deseo: *Así le parta un rayo.* **5.** En lenguaje culto, en correlación con *como*, equivale a *tanto, de igual manera*, etc.: *así en la tierra como en el cielo.* **6.** Añade valor consecutivo a la secuencia a la que precede: *No se preocupa por nada; así le pasa lo que le pasa.* || *conj. conces.* **7.** Aunque: *No lo haré, así me maten.* || **LOC. así así** *adv.* Regular, medianamente: *¿Cómo estás? Así así.* **así como** *adv.* y *conj.* De igual manera. **así como así** *adv.* Como si tal cosa, de cualquier manera, a la ligera: *No lo decidas así como así.* **así pues** (o **así que**) *conj.* Por lo cual, en consecuencia: *No tengo entradas, así que no podré ir.* **o así** *adv.* Más o menos: *Mide un metro o así.* **FAM.** Asimismo.

asiático, ca (del gr. *asiatikos*) *adj.* **1.** De Asia. También *s. m.* y *f.* **2.** Restrictivamente, de raza mongoloide. También *s. m.* y *f.* **FAM.** Eurasiático, euroasiático.

asidero *s. m.* **1.** Parte de una cosa que sirve para agarrarla. **2.** Apoyo con que se cuenta para conseguir algo: *Obtuvo el premio gracias a sus asideros.* **3.** Pretexto, justificación. **SIN. 1.** Asa. **1.** y **2.** Agarradero, agarradera. **3.** Excusa.

asiduo, dua (del lat. *assiduus*) *adj.* Frecuente, continuo, constante: *Es asiduo a las reuniones del grupo.* También *s. m.* y *f.* **SIN.** Perseverante. **ANT.** Inconstante. **FAM.** Asiduamente, asiduidad.

asiento (de *asentar*) *s. m.* **1.** Acción de asentar o asentarse. **2.** Cualquier objeto o lugar destinado a sentarse en él, como una silla, un banco, un taburete, etc. **3.** Lugar en el que está o estuvo situado un pueblo, un edificio, etc. **4.** Base o apoyo de alguna cosa: *Los cimientos son el asiento de la casa.* **5.** Anotación en una cuenta, libro de contabilidad, etc. **6.** Contrato para proveer de dinero, alimentos, etc., a un ejército o a cualquier otra institución. || **LOC. tomar asiento** Sentarse. **SIN. 1.** Asentamiento. **3.** Emplazamiento. **4.** Soporte, fundamento. **5.** Partida.

asignación *s. f.* **1.** Acción de asignar. **2.** Cantidad de dinero señalada como sueldo o por cualquier otro concepto: *Los domingos, el padre paga a los chicos su asignación semanal.* **SIN. 1.** Adjudicación, atribución. **2.** Paga, salario, honorarios, remuneración.

asignar (del lat. *assignare*) *v. tr.* **1.** Fijar o señalar lo que corresponde a alguien o a algo: *asignar una pensión.* También *v. prnl.* con valor reflexivo. **2.** Destinar a una persona para que ocupe un cargo o desempeñe una función: *Han asignado a Claudio a la sucursal de Torrelavega.* **SIN. 1.** Adjudicar, atribuir. **2.** Adscribir. **FAM.** Asignable, asignación, asignatura. SIGNAR.

asignatura (del lat. *assignatus*, signado) *s. f.* **1.** Cada una de las materias de que consta la enseñanza en escuelas, colegios, universidades, etc. || **2. asignatura pendiente** Asignatura que todavía no se ha aprobado; también, asunto o problema aún no resuelto: *La reforma de esa ley es la asignatura pendiente del Gobierno.* **SIN. 1.** Disciplina.

asilado, da 1. *p.* de **asilar**. También *adj.* || *s. m.* y *f.* **2.** Persona que hace uso del derecho de asilo.

asilar *v. tr.* **1.** Dar asilo. **2.** Albergar en un asilo. También *v. prnl.* || **asilarse** *v. prnl.* **3.** Tomar asilo en algún lugar. **SIN. 1.** Amparar, proteger, acoger. **3.** Refugiarse. **ANT. 1.** Abandonar, repudiar.

asilo (del lat. *asylum*, y éste del gr. *asylon*, sitio inviolable, de *a*, part. priv., y *sylao*, despojar) *s. m.* **1.** Lugar de refugio para los perseguidos. **2.** Establecimiento benéfico para necesitados: *asilo de ancianos.* **3.** Acogida, hospedaje: *Aquella noche le dimos asilo a un viajero.* **4.** Protección, amparo: *asilo político.* || **5. derecho de asilo** Protección que recibe una persona que en un Estado o un país es perseguida por motivos políticos, al refugiarse en otro país. **SIN. 2.** Hospicio. **3.** Alojamiento. **3.** y **4.** Cobijo. **ANT. 4.** Abandono, desamparo. **FAM.** Asilado, asilar.

asilvestrado, da *adj.* **1.** Se dice de la planta silvestre que procede de la semilla de una cultivada. **2.** Se dice del animal que pasa a estado salvaje. **3.** *fam.* Que se comporta como un salvaje.

asimetría *s. f.* Falta de simetría. **SIN.** Desigualdad. **ANT.** Igualdad. **FAM.** Asimétrico. SIMETRÍA.

asimilación (del lat. *assimilatio, -onis*) *s. f.* **1.** Acción de asimilar o asimilarse. **2.** En biol., anabolismo. **SIN.** **1.** Comparación, equiparación; aprovechamiento. **ANT.** **1.** Distinción; rechazo; disimilación. **2.** Desasimilación, catabolismo.

asimilar (del lat. *assimilare*, de *ad*, a, y *similis*, semejante) *v. tr.* **1.** Asemejar, comparar. También *v. prnl.* **2.** Equiparar, conceder a individuos de una carrera, grado o profesión derechos o funciones iguales a los de otros. También *v. prnl.* **3.** Comprender lo que se aprende. **4.** Incorporar un grupo social a otro: *Los hispanorromanos asimilaron a los godos.* También *v. prnl.* **5.** Aceptar algo: *asimilar una noticia.* **6.** Incorporar un organismo a su propia sustancia otras extrañas. **7.** En ling., alterar la articulación o pronunciación de un sonido asemejándolo a otro cercano. Se usa más como *v. prnl.* **SIN.** **1.** Cotejar, confrontar, parangonar. **3.** Entender, aprehender. **ANT.** **1.** y **2.** Distinguir(se), diferenciar(se). **4.** Rechazar. **7.** Disimilar. **FAM.** Asimilable, asimilación. / Desasimilar. SÍMIL.

asimismo *adv. m.* De la misma manera, también. ■ Se usa también *así mismo.* **SIN.** Igualmente. **ANT.** Tampoco.

asíndeton (del lat. *asyndeton*, y éste del gr. *asyndeton*, de *a*, part. priv., y *syndeo*, unir) *s. m.* Figura retórica que consiste en la ausencia de enlace, p. ej. conjunción, entre dos o más términos, oraciones, etc., que están relacionados, para dar viveza o fuerza a la expresión. **ANT.** Polisíndeton.

asintomático, ca *adj.* En med., que no presenta síntomas de enfermedad.

asíntota (del gr. *asymptotos*, que no coincide) *s. f.* Recta que se acerca indefinidamente a una curva dada sin cortarla.

asir (de *asa*) *v. tr.* **1.** Tomar algo con la mano: *Le asió de la ropa.* || **asirse** *v. prnl.* **2.** Agarrarse de algo o a algo; se usa también, en sentido figurado: *asirse de una cuerda; asirse a un argumento.* ■ Es v. irreg. **SIN.** **1.** Coger, sostener, sujetar. **ANT.** **1.** Desasir, soltar. **FAM.** Asidero. / Desasir, inasible. ASA.

ASIR	
INDICATIVO	**SUBJUNTIVO**
Presente	**Presente**
asgo	*asga*
ases	*asgas*
ase	*asga*
asimos	*asgamos*
asís	*asgáis*
asen	*asgan*

asirio, ria (del lat. *assyrius*) *adj.* **1.** De Asiria. También *s. m.* y *f.* || *s. m.* **2.** Lengua que se hablaba en Asiria.

asistemático, ca *adj.* Que no se ajusta a un sistema, orden o método. **SIN.** Desorganizado. **ANT.** Sistemático, ordenado.

asistencia *s. f.* **1.** Acción de prestar socorro o ayuda: *asistencia en carretera.* **2.** Acción de asistir o estar presente: *La asistencia a las clases es obligatoria.* **3.** Conjunto de personas que están presentes en un acto: *El pleno se celebró con nutrida asistencia.* **SIN.** **1.** Amparo, auxilio. **2.** Presencia. **3.** Afluencia. **ANT.** **1.** Desasistencia, abandono. **2.** Ausencia. **FAM.** Asistencial. / Inasistencia. ASISTIR.

asistencial *adj.* Relacionado con la asistencia a personas: *centro asistencial.*

asistenta *s. f.* **1.** Mujer que trabaja en las faenas domésticas de una casa, pero que no reside en ella y, generalmente, cobra por horas. || **2. asistenta social** Véase **asistente**. **SIN.** **1.** Sirvienta.

asistente (del lat. *assistens, -entis*) *adj.* **1.** Que asiste. También *s. m.* y *f.* || *s. m.* **2.** Soldado que estaba destinado al servicio personal de un jefe u oficial. || **3. asistente** o **asistenta social** Profesional que presta ayuda a individuos o grupos, en asuntos relacionados con el bienestar social (problemas sanitarios, familiares, educativos, etc.), por medio de consejo, información, gestiones, etc.

asistido, da **1.** *p.* de **asistir**. || *adj.* **2.** Que se hace con ayuda de medios mecánicos: *fecundación asistida, respiración asistida.* **3.** Que cuenta con algún tipo de ayuda o asistencia: *una residencia asistida para personas mayores.*

asistir (del lat. *assistere*, de *ad*, a, y *sistere*, detenerse) *v. tr.* **1.** Prestar ayuda o servicio: *Su trabajo consiste en asistir al director. Dedicó su vida a asistir a los pobres.* **2.** Servir en una casa. También *v. intr.* **3.** Tratándose de la razón, el derecho, etc., estar de parte de una persona: *Al procesado le asiste el derecho de no hablar si no es en presencia de su abogado.* || *v. intr.* **4.** Acudir con frecuencia a algún lugar: *Suele asistir a clase.* **5.** Acudir a un acto y estar presente en él: *El gobernador asistió a la inauguración.* **6.** En ciertos juegos de naipes echar cartas del mismo palo que la que se echó primero. **SIN.** **1.** Atender, auxiliar. **3.** Apoyar. **4.** Venir. **ANT.** **1.** Desasistir. **4.** y **5.** Faltar, ausentarse. **FAM.** Asistencia, asistenta, asistente, asistido. / Desasistir, servoasistido.

asma (del lat. *asthma*, y éste del gr. *asthma*, de *ao*, respirar) *s. f.* Enfermedad respiratoria crónica, debida a una sensibilidad excesiva de los bronquios a determinadas sustancias, que provoca accesos de ahogo, tos, estertores, etc. ■ En sing. lleva el art. *el* o *un.* **FAM.** Asmático.

asno, na (del lat. *asinus*) *s. m.* y *f.* **1.** Mamífero herbívoro de aproximadamente 1,50 m de altura y orejas largas. Se usa como caballería, bestia de carga y de tiro. **2.** *fam.* Persona ruda y poco inteligente. También *adj.* **SIN.** **1.** Pollino. **1.** y **2.** Burro, borrico. **2.** Zoquete, tonto. **ANT.** **2.** Listo. **FAM.** Asnal. / Desasnar.

asociación *s. f.* **1.** Acción de asociar o asociarse. **2.** Conjunto de asociados o la entidad o empresa por ellos formada: *Asociación de Tenistas Profesionales.* **SIN.** **2.** Sociedad, compañía, institución, agrupación.

asociado, da **1.** *p.* de **asociar**. También *adj.* || *adj.* **2.** Se dice de la persona que comparte con otra alguna empresa o encargo. También *s. m.* y *f.* || *s. m.* y *f.* **3.** Cada uno de los miembros de una asociación. **SIN.** **2.** y **3.** Socio.

asocial *adj.* Que ignora o no acepta las reglas que rigen en la sociedad: *conducta asocial.*

asociar (del lat. *associare*, de *ad*, a, y *socius*, compañero) *v. tr.* **1.** Unir a personas o cosas para un determinado fin. También *v. prnl.* **2.** Poner en relación cosas o ideas: *Asocio esa playa con unas vacaciones inolvidables.* También *v. prnl.* **SIN.** **1.** Agrupar(se), coaligarse. **2.** Relacionar(se), enlazar(se). **ANT.** **1.** Excluir, separar(se). **FAM.** Asociación, asociado, asociativo, asocio. SOCIO.

asociativo, va *adj.* **1.** Que asocia. **2.** Que tiende a asociarse o forma parte de una sociedad: *práctica asociativa.* **3.** Se aplica a la propiedad de la suma y el producto que afirma que la agrupación parcial de operaciones no altera el resultado.

asocio *s. m. Amér. C., Arg., Col.* y *Ec.* Asociación. Se usa en la loc. **en asocio**.

asolar[1] (del lat. *assolare*, de *ad*, a, y *solum*, suelo) *v. tr.* Destruir, arruinar, arrasar: *El huracán asoló las ciudades de la costa.* ■ Es v. irreg. Se conjuga como *contar.* Sin embargo, existe la tendencia a conjugarlo como regular. **SIN.** Devastar, aniquilar. **FAM.** Asolamiento. SUELO.

asolar[2] (de *a-* y *sol*) *v. tr.* Secar o malograr los campos el sol, la sequía, etc. ■ Es v. reg. No confundir con asolar[1].

asomar (de *a-*[2] y el ant. *somo,* cima) *v. intr.* **1.** Empezar a mostrarse: *El sol asoma por el horizonte.* || *v. tr.* **2.** Sacar o mostrar algo por una abertura, por detrás de alguna cosa, etc. También *v. prnl.*: *No te asomes a (por) la ventana.* **SIN. 1.** Aparecer, surgir, apuntar, despuntar. **ANT. 1.** y **2.** Ocultar(se), esconder(se). **FAM.** Asomo. SOMERO.

asombrar (de *a-*[2] y *sombra*) *v. tr.* Causar asombro. También *v. prnl.* **SIN.** Admirar(se), sorprender(se), pasmar(se), maravillar(se), extrañar(se). **FAM.** Asombro, asombrosamente, asombroso. SOMBRA.

asombro *s. m.* Gran admiración, sorpresa o extrañeza. **SIN.** Maravilla, pasmo.

asombroso, sa *adj.* Que causa asombro.

asomo (de *asomar*) *s. m.* **1.** Indicio, señal, leve manifestación de algo: *Se percibe un cierto asomo de picardía en sus gestos.* || **LOC. ni por asomo** *adv.* De ningún modo. **SIN. 1.** Síntoma, muestra, signo.

asonada (del ant. *asonar,* reunir) *s. f.* Levantamiento, sublevación. **SIN.** Motín, rebelión, alzamiento.

asonancia *s. f.* Igualdad de los sonidos vocálicos de dos o más palabras a partir de la última vocal acentuada.

asonante *adj.* Se dice de la rima en que sólo son iguales las vocales. **FAM.** Asonancia. SONAR.

asorocharse *v. prnl.* **1.** *Amér. del S.* Padecer soroche o mal de montaña. **2.** *Amér. del S.* Ruborizarse. **SIN. 1.** Apunarse.

aspa (del germ. *haspa*) *s. f.* **1.** Cualquier objeto o signo en forma de X. **2.** Dispositivo exterior con esta forma que tiene el molino de viento; también, cada uno de los cuatro brazos de este dispositivo. ■ En sing. lleva el art. *el* o *un.* **FAM.** Aspar.

aspado, da 1. *p.* de **aspar**. || *adj.* **2.** Que tiene forma de aspa: *cruz aspada.*

aspar *v. tr.* **1.** Aplicar a alguien el suplicio consistente en clavarle en un aspa. || **LOC. ¡que me aspen si..!** *excl.* Frase con que se refuerza lo dicho a continuación: *¡Que me aspen si lo entiendo!* **¡que te (le, os,** etc.**) aspen!** *excl.* Se usa para indicar desprecio. **FAM.** Aspado. ASPA.

aspaviento (del ant. *espaviento,* del ital. *spavento,* espanto) *s. m.* Gesto exagerado con que se muestra terror, asombro, maravilla o admiración. Se usa más en *pl.*: *hacer aspavientos.* **SIN.** Alharaca. **FAM.** Aspaventero.

aspecto (del lat. *aspectus*) *s. m.* **1.** Conjunto de rasgos externos de una persona o cosa: *Tu amigo tiene un aspecto agradable.* **2.** Matiz, faceta: *Olvidas un aspecto del problema.* **3.** Categoría gramatical que en ciertas lenguas distingue en el verbo diferentes clases de acción: durativa, p. ej., en español el pretérito imperfecto (*cantaba*); terminada, p. ej., en español el pretérito perfecto compuesto (*he cantado*); reiterativa, o que se repite, etc. **SIN. 1.** Apariencia, semblante, pinta, facha. **2.** Dimensión, vertiente. **FAM.** Aspectual.

aspectual *adj.* Relacionado con el aspecto gramatical.

asperjar o **asperger** (del lat. *aspergere,* rociar) *v. tr.* **1.** Rociar o echar agua bendita con el hisopo. **2.** Esparcir un líquido en gotas pequeñas.

áspero, ra (del lat. *asper*) *adj.* **1.** Que no es suave al tacto, por tener la superficie desigual: *La madera estaba áspera antes de lijarla.* **2.** Se dice del terreno escabroso, con irregularidades. **3.** Desagradable al gusto o al oído: *fruto áspero, voz áspera.* **4.** Referido al clima, la temperatura, etc., desapacible. **5.** Falto de afabilidad, rudo, antipático: *un carácter áspero.* **6.** Referido a combates, duro, violento: *una áspera batalla.* ■ El superlativo es *aspérrimo.* **SIN. 1.** Rasposo. **2.** Abrupto. **3.** Acre; ronco. **5.** Desabrido, hosco, adusto, arisco. **ANT. 1.** Liso. **2.** Llano, uniforme. **5.** Cordial, afable. **FAM.** Ásperamente, aspereza, asperón, aspérrimo. / Exasperar.

asperón (aum. de *áspero*) *s. m.* Arenisca silícea o arcillosa que se emplea en construcción, en piedras de amolar y para fregar cacharros.

aspérrimo, ma *adj. sup.* irreg. de **áspero**.

aspersión (del lat. *aspersio, -onis*) *s. f.* Acción de esparcir un líquido en gotas pequeñas, generalmente a presión: *riego por aspersión.* **FAM.** Aspersor. / Asperger, asperjar.

aspersor (del lat. *aspersus*) *s. m.* Mecanismo que esparce líquido a presión.

aspic (fr.) *s. m.* Gelatina con que se cubren algunas carnes y pescados.

áspid o **áspide** (del lat. *aspis, idis,* y éste del gr. *aspis*) *s. m.* **1.** Víbora europea muy venenosa semejante a la culebra común. **2.** Nombre que reciben otras serpientes venenosas de Egipto y la India.

aspillera (del lat. *specularia,* lugar desde el cual se vigila) *s. f.* Abertura larga y estrecha en las fortificaciones a través de la cual se disparaba. **SIN.** Saetera.

aspiración (del lat. *aspiratio, -onis*) *s. f.* Acción de aspirar. **SIN.** Anhelo, ambición, finalidad, pretensión, objetivo.

aspirado, da 1. *p.* de **aspirar**. || *adj.* **2.** Que se aspira. **3.** En ling., se dice del sonido que se produce por el roce del aire espirado en la laringe o en la faringe.

aspirador, ra *adj.* **1.** Que aspira. || *s. m.* o *f.* **2.** Aparato eléctrico empleado para recoger el polvo.

aspirante *adj.* **1.** Que aspira. || *s. m.* y *f.* **2.** Persona que intenta obtener un determinado empleo, cargo, título. **SIN. 2.** Pretendiente, candidato.

aspirar (del lat. *aspirare,* de *ad,* a, y *spirare,* respirar) *v. tr.* **1.** Tomar aire u otra mezcla gaseosa con los pulmones: *Aspira este aire tan puro.* **2.** Absorber gases, líquidos u otras sustancias una máquina: *aspirar el polvo.* **3.** Pronunciar aspirado un sonido: *aspirar la hache.* || *v. intr.* **4.** Tener deseos de algo. ■ Se construye con la prep. *a*: *Aspira a ser arquitecto.* **SIN. 1.** Respirar, inspirar. **4.** Pretender, desear, anhelar. **ANT. 1.** Espirar. **4.** Renunciar. **FAM.** Aspiración, aspirado, aspirador, aspirante. ESPIRAR.

aspirina (nombre comercial registrado) *s. f.* Medicamento para combatir la fiebre y el dolor, elaborado con ácido acetilsalicílico.

asquear *v. tr.* Sentir o causar asco, repugnancia o fastidio: *Me asquean las calles llenas de basura. Le asquea la vida que lleva.* También *v. intr.* **SIN.** Repugnar, fastidiar, hastiar, hartar. **FAM.** Asqueado. ASCO.

asquenazí (del hebreo *ashkenazi*) *adj.* Se dice del judío oriundo de Europa central y oriental. También *s. m.* y *f.*

asquerosidad *s. f.* Cosa que produce asco: *Es una asquerosidad la suciedad que queda en el cuarto de basura.*

asqueroso, sa (del lat. *eschara*, y éste del gr. *eskhara*, costra, postilla) *adj.* **1.** Repugnante, que causa asco: *Dejaron el lugar en un estado asqueroso.* **2.** Escrupuloso, que siente asco. **3.** Se dice, con ánimo de insulto, de personas que molestan con sus palabras o su comportamiento. También *s. m.* y *f. Eres un asqueroso.* **SIN. 1.** Sucio, nauseabundo, repulsivo. **ANT. 1.** Limpio, aseado. **FAM.** Asquerosidad. ASCO.

asta (del lat. *hasta*) *s. f.* **1.** Palo al que se sujeta una bandera. **2.** Cuerno de un animal. **3.** Palo de la lanza. **4.** Lanza o pica. || **LOC. a media asta** *adv.* Posición de la bandera a medio izar en señal de luto. ■ En sing. lleva el art. *el* o *un*. No confundir con *hasta*, prep. **FAM.** Astado, astifino, astil. / Enastar.

astado, da *adj.* **1.** Provisto de astas. || *s. m.* **2.** Toro.

ástato o **astato** (del gr. *astatos*, inestable) *s. m.* Elemento químico obtenido artificialmente como producto de la desintegración radiactiva del uranio. Sus isótopos son inestables y es soluble en medio orgánico. Su símbolo es *At.*

astenia (del gr. *astheneia*, debilidad) *s. f.* Falta o decaimiento considerable de las fuerzas: *El médico le dijo que sólo tenía astenia primaveral.* **SIN.** Debilidad, cansancio, flojedad, flojera. **ANT.** Vigor. **FAM.** Asténico. / Neurastenia, psicastenia.

asténico, ca *adj.* **1.** De astenia o relacionado con ella. **2.** Que padece astenia. También *s. m.* y *f.*

astenosfera *s. f.* Capa del manto terrestre superior, entre la litosfera y la mesosfera.

asterisco (del lat. *asteriscus*, y éste del gr. *asteriskos*, de *aster*, estrella) *s. m.* Signo ortográfico (*) que se emplea para indicar al lector que hay una nota que debe consultar, o para otros usos convencionales; p. ej., en los diccionarios remite al lector a la palabra que lo lleva.

asteroide (del gr. *asteroeides*, de *aster*, astro, y *eidos*, forma) *s. m.* Cada uno de los pequeños y numerosos cuerpos celestes que giran principalmente entre las órbitas de Marte y Júpiter. **FAM.** Asterisco, asteroideo.

asteroideo (del gr. *aster*, estrella, y *eidos*, forma) *adj.* **1.** Se dice del animal equinodermo de simetría radial, generalmente con cinco o más brazos que se regeneran fácilmente y un disco central cubierto por placas calcáreas. Son asteroideos las estrellas de mar. También *s. m.* || *s. m. pl.* **2.** Clase de estos invertebrados marinos.

astifino *adj.* Se dice del toro que tiene los cuernos delgados y afilados. También *s. m.*

astigmatismo (del gr. *a*, part. priv., y *stigma*, punto) *s. m.* **1.** Defecto de la visión por el cual los rayos refractados no se juntan en un mismo punto. **2.** Defecto de un sistema óptico por el que se obtiene una imagen poco nítida. **FAM.** Astigmático.

astil (del lat. *hastile*) *s. m.* **1.** Mango, generalmente de madera, que tienen algunas herramientas. **2.** Eje córneo de las plumas de las aves. **3.** Barra horizontal de algunas balanzas. **FAM.** Véase **asta**.

astilla (del lat. *astella*) *s. f.* **1.** Trozo de forma irregular que salta al partirse la madera o que se corta para hacer leña. **2.** Fragmento que salta al quebrarse un mineral. **SIN. 2.** Esquirla. **FAM.** Astillar, astillero. / Inastillable.

astillar *v. tr.* Hacer astillas, resquebrajar. También *v. prnl.*: *La silla se astilló al caerse.*

astillero *s. m.* Lugar donde se construyen y reparan barcos. **SIN.** Atarazana, arsenal.

astracán (de *Astrakan*, ciudad rusa) *s. m.* **1.** Piel de cordero no nacido o recién nacido, de aspecto fino y rizado, muy apreciada en peletería. **2.** Tejido rizado de lana o pelo de cabra. **FAM.** Astracanada.

astracanada *s. f. desp.* Comedia teatral, disparatada y generalmente de poca calidad, que se basa en el malentendido, el chiste fácil y los juegos de palabras.

astrágalo (del lat. *astragalus*) *s. m.* **1.** Hueso del tarso, articulado con la tibia. **2.** En arq., anillo que rodea el fuste de la columna. **SIN. 1.** Taba.

astral *adj.* De los astros o relacionado con ellos. **SIN.** Estelar.

astringente (del lat. *adstringens, -entis*) *adj.* Que produce estreñimiento. También *s. m.* y *f.*: *Las manzanas son astringentes.* **ANT.** Laxante.

astringir (del lat. *adstringere*) *v. tr.* **1.** Contraer y secar alguna sustancia los tejidos orgánicos. **2.** Producir estreñimiento. ■ Delante de *a* y *o* se escribe con *j* en lugar de *g*: *astrinja.* **SIN. 2.** Estreñir. **FAM.** Astringencia, astringente.

astro (del lat. *astrum*, y éste del gr. *astron*) *s. m.* **1.** Cualquiera de los cuerpos que forman el Universo, como estrellas, planetas, satélites, etc. **2.** Persona que sobresale en su profesión o actividad, sobre todo en el cine: *un astro de la pantalla.* **SIN. 2.** Estrella, divo. **FAM.** Astral, astrofísica, astrolabio, astrología, astronave, astronomía, astroso.

-astro, tra *suf.* Aporta valor despectivo: *camastro, politicastro.*

astrofísica *s. f.* Rama de la astronomía que se ocupa de las propiedades físicas de los cuerpos celestes y especialmente de las radiaciones que éstos emiten. **FAM.** Astrofísico. ASTRO y FÍSICA.

astrolabio (del gr. *astrolabion*, de *astron*, astro, y *lambano*, coger) *s. m.* Instrumento que se utilizaba para observar la posición de los astros y determinar su altura y movimientos.

astrología (del lat. *astrologia*, y éste del gr. *astrologia*, conocimiento de los astros) *s. f.* Estudio de la influencia de los astros en la vida de las personas. **FAM.** Astrológico, astrólogo. ASTRO.

astronauta *s. m.* y *f.* Tripulante de una nave espacial. **SIN.** Cosmonauta.

astronáutica *s. f.* Técnica de navegar por el espacio exterior en astronaves. **FAM.** Astronáutico. ASTRONAVE.

astronave *s. f.* Vehículo diseñado para viajar por el espacio. **SIN.** Cosmonave. **FAM.** Astronauta, astronáutica. ASTRO y NAVE.

astronomía (del lat. *astronomia*) *s. f.* Ciencia que estudia la localización, composición, movimiento y leyes que gobiernan a los astros y en general a toda materia del Universo. **FAM.** Astronómico, astrónomo. / Radioastronomía. ASTRO.

astronómico, ca *adj.* **1.** De la astronomía o relacionado con ella. **2.** *fam.* Se dice de las cantidades muy grandes y exageradas: *Pedían un precio astronómico por el piso.*

astroso, sa (del lat. *astrosus*) *adj.* Desaseado, harapiento. **SIN.** Desastrado, andrajoso, desarrapado. **ANT.** Limpio, aseado.

astucia (del lat. *astutia*) *s. f.* **1.** Cualidad de astuto. **2.** Maña, argucia: *Utilizó sus astucias para convencerle.* Se usa mucho en *pl.* **SIN. 1.** Sagacidad, perspicacia, picardía. **2.** Ardid, artimaña, estratagema. **ANT. 1.** Candidez, ingenuidad.

astur *adj.* **1.** De un pueblo celta asentado en una antigua región de España cuya capital era Astúrica. También *s. m.* y *f.* **2.** De Asturias. También *s. m.* y *f.*

asturcón, na (del lat. *asturco*, caballo de Asturias) *adj.* Se dice de un caballo fuerte y de pequeño tamaño originario de la sierra del Sueve en Asturias. También *s. m.* y *f.*

asturianismo *s. m.* **1.** Cualidad de asturiano. **2.** Doctrina o movimiento que defiende lo propio de Asturias. **3.** Término o expresión propios del asturiano.

asturiano, na *adj.* De Asturias. También *s. m.* y *f.* **FAM.** Astur, asturcón, asturianismo, asturleonés.

asturleonés, sa *adj.* **1.** De Asturias y León **2.** Leonés*, dialecto romance.

astuto, ta (del lat. *astutus*) *adj.* Que es hábil para engañar a otros, evitar un engaño o lograr cualquier fin, o que implica dicha habilidad: *una respuesta astuta.* **SIN.** Sagaz, ladino, sutil, taimado. **ANT.** Ingenuo, cándido. **FAM.** Astucia, astutamente.

asueto (del lat. *assuetus*) *s. m.* Descanso o vacaciones breves: *Me tomé un día de asueto.*

asumir (del lat. *assumere*, de *ad*, a, y *sumere*, tomar) *v. tr.* **1.** Tomar para sí, hacerse cargo: *Asumió la dirección de la empresa.* **2.** Aceptar: *asumir las propias limitaciones.* **SIN. 1.** Encargarse, responsabilizarse. **2.** Admitir. **ANT. 1.** Rechazar, rehusar. **FAM.** Asunción, asunto. / Reasumir. SUMIR.

asunceno, na *adj.* De Asunción, capital de Paraguay. También *s. m.* y *f.*

asunción (del lat. *assumptio, -onis*) *s. f.* **1.** Acción de asumir. || **Asunción** *n. p.* **2.** En la religión católica, elevación al cielo de la Virgen María y fiesta en que se conmemora. **SIN. 1.** Admisión, aceptación. **ANT. 1.** Rechazo.

asunto (del lat. *assumptus*, tomado, p. de *assumere*) *s. m.* **1.** Materia o cuestión de la que se trata: *hablar de un asunto.* **2.** Tema de una película, novela, etc. **3.** Negocio u ocupación: *tener un asunto entre manos.* **4.** Aventura amorosa. **SIN. 1.** Propósito. **2.** Trama, contenido, argumento.

asustadizo, za *adj.* Que se asusta con facilidad: *No te acerques al gato porque es muy asustadizo y saldrá huyendo.* **SIN.** Espantadizo, huidizo, miedoso. **ANT.** Valiente.

asustar (del lat. *suscitare*, levantar) *v. tr.* **1.** Dar un susto: *Le asustó el trueno.* También *v. prnl.*: *asustarse de, con o por algo.* **2.** Producir miedo: *Le asusta la enfermedad.* También *v. prnl.* **SIN. 1.** Alarmar(se), sobresaltar(se). **2.** Atemorizar(se), amedrentar(se). **ANT. 1.** y **2.** Tranquilizar(se). **FAM.** Asustadizo. SUSTO.

atabal (del ár. *at-tabal*, el tímpano) *s. m.* Tambor de forma semiesférica con un solo parche. **FAM.** Tabal.

atacador *s. m.* Instrumento que se utiliza para apretar la pólvora de un cañón, el tabaco de una pipa, etc.

atacar (del ital. *attaccare battaglia,* comenzar la batalla) *v. tr.* **1.** Lanzarse contra alguien o algo para causarle daño, destruirlo, etc.: *atacar una posición, atacar al enemigo.* **2.** Oponerse a personas o ideas, combatirlas: *Los críticos atacaron la obra.* **3.** Referido al sueño, las enfermedades, etc., venir repentinamente: *Le atacó un fuerte resfriado.* **4.** Referido a los nervios, irritar, alterar. **5.** Perjudicar, dañar: *El tabaco ataca a los pulmones.* **6.** Meter y apretar la pólvora en un arma de fuego, el tabaco en una pipa, etc. ■ Delante de *e* se escribe *qu* en lugar de *c*: *ataquen.* **SIN. 1.** Acometer, arremeter, agredir. **2.** Impugnar, rebatir. **3.** Sobrevenir. **5.** Afectar. **ANT. 1.** y **2.** Defender. **FAM.** Atacador, atacante, ataque. / Inatacable.

atadijo *s. m. fam.* Paquete o envoltorio hecho con poco cuidado.

atado, da 1. *p.* de **atar**. También *adj.* || *s. m.* **2.** Conjunto de cosas atadas. **SIN. 2.** Haz, fajo.

atadura *s. f.* **1.** Acción de atar. **2.** Cuerda o material con que se ata. **3.** Unión, vínculo. **SIN. 1.** y **2.** Amarre. **3.** Lazo, ligadura.

atajada *s. f. Amér.* Acción de atajar la pelota antes de que entre en la portería.

atajar *v. intr.* **1.** Tomar un atajo, ir por él: *Atajaron por el sendero.* **2.** Adelantar, ganar tiempo. || *v. tr.* **3.** Impedir el paso a personas o animales, saliéndoles al encuentro por un atajo: *La policía atajó a los ladrones en la esquina.* **4.** Cortar o interrumpir una acción, proceso, etc.: *atajar una hemorragia.* **SIN. 1.** y **2.** Acortar. **4.** Detener, parar, contener. **ANT. 1.** y **2.** Atrasar. **4.** Activar. **FAM.** Atajada. ATAJO.

atajo *s. m.* **1.** Camino más corto para ir a un lugar: *tomar un atajo.* **2.** Procedimiento o medio rápido. **3.** Grupo pequeño de cabezas de ganado. **4.** *desp.* Conjunto de personas o cosas: *atajo de bribones, atajo de disparates.* ■ En las dos últimas acepciones se escribe también con *h.* **SIN. 1.** Trocha. **FAM.** Atajar. / Hatajo. TAJO.

atalaje *s. m.* **1.** Atelaje*. **2.** Ajuar o equipo.

atalaya (del ár. *at-tula'i*, los centinelas) *s. f.* **1.** Torre construida generalmente en un lugar alto desde la que se puede vigilar una gran extensión de tierra o mar. **2.** Lugar elevado desde el que se divisa mucho espacio. **3.** Posición o estado desde el que se puede apreciar o juzgar adecuadamente un asunto. || *s. m.* **4.** Persona que vigila desde una atalaya. **SIN. 1.** y **4.** Vigía. **FAM.** Talayot.

atañer (del lat. *attangere*) *v. intr.* Corresponder, concernir o pertenecer: *Eso a ti no te atañe.* ■ Es v. irreg., se conjuga como *tañer*, y v. defect., sólo se conjuga en 3.ª pers. **SIN.** Tocar, importar, incumbir.

ataque *s. m.* **1.** Acción de atacar o acometer. **2.** Acceso repentino de una enfermedad, sentimiento, etc.: *un ataque cardiaco, un ataque de tos, un ataque de risa.* **SIN. 1.** Acometida, agresión, embestida. **2.** Crisis, golpe. **ANT. 1.** Defensa. **FAM.** Contraataque. ATACAR.

atar (del lat. *aptare*, ajustar) *v. tr.* **1.** Sujetar algo o unirlo a otra cosa con cuerda, cinta, etc.: *atar un paquete, atar una bicicleta a un árbol.* También *v. prnl.*: *atarse los zapatos.* **2.** Quitar o limitar el movimiento, la libertad de acción, etc.: *Los hijos pequeños te atan mucho.* También *v. intr.* y *v. prnl.* || **atarse** *v. prnl.* **3.** Ceñirse a una cosa o materia determinada: *atarse a las normas.* || **LOC. atar corto** *fam.* Reprimir, sujetar a uno. **SIN. 1.** Amarrar(se), anudar(se), liar(se), ligar(se). **2.** Frenar(se), cohibir(se), limitar(se). **3.** Ajustarse. **ANT. 1.** Desatar(se), soltar(se), aflojar(se). **FAM.** Atadijo, atado, atadura. / Desatar, rabiatar.

atarazana (del ár. *ad-dar as-sina'a*, el taller) *s. f.* Astillero, arsenal.

atardecer[1] *v. impers.* Acabar la tarde. ■ Es v. irreg. Se conjuga como *agradecer.* **SIN.** Oscurecer. **ANT.** Amanecer.

atardecer[2] *s. m.* Momento de la tarde en que el sol se está poniendo. **SIN.** Ocaso, crepúsculo. **ANT.** Amanecer, alba.

atareado, da *adj.* Que tiene mucho trabajo que hacer.

atarear *v. tr.* **1.** Hacer trabajar mucho a alguien: *Tiene a sus alumnos muy atareados.* || **atarearse** *v. prnl.* **2.** Afanarse, entregarse al trabajo. **SIN. 1.** y

2. Ajetrear(se), agobiar(se). ANT. 1. Aliviar. 2. Holgazanear. FAM. Atareado. TAREA.

atascar *v. tr.* 1. Tapar u obstruir un conducto. También *v. prnl.*: *Se ha atascado la cañería.* || **atascarse** *v. prnl.* 2. Quedarse detenido, sin posibilidad de movimiento, acción, etc.: *atascarse una rueda, una llave.* 3. *fam.* Interrumpirse al hablar, razonar, etc. ■ Delante de *e* se escribe *qu* en lugar de *c*: *atasque.* SIN. 1. Obturar(se), atrancar(se). 2. Empantanarse; encajarse. 3. Atorarse, encasquillarse. ANT. 1. Desatascar. FAM. Atasco. / Desatascar.

atasco *s. m.* 1. Obstrucción de un conducto. 2. Congestión de vehículos. 3. Dificultad, obstáculo. SIN. 1. Obturación. 2. Embotellamiento, tapón. 3. Freno, entorpecimiento.

ataúd (del ár. *at-tabut*, la caja) *s. m.* Caja donde se pone el cadáver de una persona para enterrarlo. SIN. Féretro.

ataujía (del ár. *al-tawsiya*, pintura) *s. f.* Obra de taracea, propia del arte hispanoárabe, hecha con hilos de oro y plata en esmaltes y metales.

ataurique (del ár. *at-tawriq*) *s. m.* Ornamentación vegetal característica del arte islámico.

ataviar *v. tr.* Componer, adornar, vestir a alguien. También *v. prnl.*: *Se atavió para la boda* ■ En cuanto al acento, se conjuga como *ansiar*: *atavío.* SIN. Arreglar, acicalar, aviar. FAM. Atavío.

atávico, ca *adj.* 1. Del atavismo. 2. Que tiene o imita costumbres anticuadas.

atavío (del ár. *attabi*, tela de seda y algodón) *s. m.* 1. Adorno, compostura. 2. Vestido, atuendo. SIN. 1. Aderezo, arreo, ornamento. 2. Indumentaria, traje, ropaje.

atavismo (del lat. *atavus*, cuarto abuelo) *s. m.* 1. Reaparición en un descendiente de uno o varios caracteres que se habían manifestado en algún ascendiente más o menos lejano y habían desaparecido en posteriores generaciones. 2. Tendencia a imitar o mantener costumbres anticuadas, largo tiempo en desuso. FAM. Atávico.

ateísmo (del gr. *atheos*, de *a*, part. priv., y *theos*, Dios) *s. m.* Doctrina, opinión o actitud que niega la existencia de Dios. FAM. Ateo. TEÍSMO.

atelaje (del fr. *attelage*) *s. m.* 1. Tiro, conjunto de caballerías que tiran de un carruaje. 2. Conjunto de guarniciones de las bestias de tiro. SIN. 1. y 2. Atalaje.

atemorizar *v. tr.* Asustar, dar miedo. También *v. prnl.*: *Se atemoriza de (por) todo.* ■ Delante de *e* se escribe *c* en lugar de *z*: *atemorice.* SIN. Intimidar, amedrentar, acobardar. ANT. Envalentonar.

atemperar (del lat. *attemperare*) *v. tr.* 1. Moderar, calmar, especialmente sentimientos, impulsos, etc.: *atemperar la agresividad.* También *v. prnl.* 2. Acomodar o ajustar una cosa a otra: *atemperar opiniones.* También *v. prnl.* SIN. 1. Atenuar(se), mitigar(se), aplacar(se), suavizar(se). 2. Adecuar(se); armonizar. ANT. 1. Excitar(se), avivar(se).

atemporal *adj.* Que no está vinculado a un periodo concreto de la historia: *Su poesía es atemporal.*

atenazar *v. tr.* 1. Sujetar fuertemente con tenazas o de forma similar: *El portero atenazó con sus manos el balón.* 2. Paralizar, inmovilizar: *Quedó atenazado por el miedo.* 3. Atormentar a una persona un pensamiento, sentimiento, etc.: *Le atenazan los recuerdos.* ■ Delante de *e* se escribe *c* en lugar de *z*: *atenace.* SIN. 1. Aferrar, agarrar. 2. Detener, agarrotar. 3. Acongojar, torturar. ANT. 1. Soltar.

atención (del lat. *attentio, -onis*) *s. f.* 1. Acción de atender: *prestar atención.* 2. Demostración de respeto, cortesía, etc.: *Colmaron de atenciones a los invitados.* || *interj.* 3. Voz con que se le ordena a alguien que atienda o se le advierte para que tenga cuidado. || 4. **atención primaria** Asistencia médica inicial que recibe un enfermo, accidentado, etc. || LOC. **a la atención de** *adv.* En cartas o envíos, para entregar a. **en atención a** *adv.* Teniendo en cuenta aquello que se expresa. **llamar la atención** Provocar o despertar interés, causar sorpresa; también, amonestar, reconvenir. SIN. 1. Interés, cuidado, aplicación. 2. Consideración, cumplido. ANT. 1. Distracción. 2. Desconsideración. FAM. Atentamente, atento. / Inatención. ATENDER.

atender (del lat. *attendere*) *v. tr.* 1. Acoger favorablemente un deseo o ruego: *Atendieron mi petición.* También *v. intr.* 2. Ocuparse de una persona o cosa o cuidar de ella: *atender a un enfermo, a un cliente, a sus obligaciones.* || *v. intr.* 3. Aplicar el entendimiento a algo: *No atiende en clase.* 4. Considerar una cosa, tenerla en cuenta: *Le concedieron el puesto atendiendo a su preparación.* ■ Es v. irreg. Se conjuga como *tender.* SIN. 1. Admitir, aceptar. 2. Asistir; preocuparse. 3. Fijarse, interesarse, enterarse. ANT. 1. y 2. Desatender. 2. Descuidar. 3. Distraerse. FAM. Atención, atendible. / Desatender. TENDER.

ateneísta *s. m.* y *f.* Persona que es socio de un ateneo: *Los ateneístas eligieron al nuevo presidente.*

ateneo (del lat. *athenaeum*, y éste del gr. *athenaion*, templo de Minerva en Atenas) *s. m.* 1. Asociación científica o literaria. 2. Local en el que tiene su sede dicha asociación. FAM. Ateneísta.

atenerse (del lat. *attinere*, de *ad*, a, y *tenere*, tener) *v. prnl.* Ajustarse o someterse alguien a aquello que se expresa: *atenerse a una orden, a lo dicho, a las consecuencias.* ■ Es v. irreg. Se conjuga como *tener.* SIN. Ceñirse, amoldarse. ANT. Rebelarse.

ateniense *adj.* De Atenas. También *s. m.* y *f.*

atentado, da 1. *p.* de **atentar**. || *s. m.* 2. Agresión contra alguien o algo, especialmente si es muy violenta: *un atentado terrorista.* 3. Acción contraria a lo que se considera recto, justo, etc. SIN. 3. Atropello, ataque.

atentamente *adv. m.* 1. Con atención o interés: *Examinó atentamente los documentos.* 2. Con respeto y cortesía. ■ Se usa mucho como fórmula de despedida en las cartas: *Le saluda atentamente.*

atentar (del lat. *attentare*) *v. intr.* Cometer un atentado: *atentar contra el orden, la salud, la naturaleza.* SIN. Atacar, agredir. FAM. Atentado, atentatorio. TENTAR.

atentatorio, ria *adj.* Que puede producir un atentado contra algo: *El proyecto era atentatorio contra el medio ambiente.*

atento, ta (del lat. *attentus*, p. de *attendere*, atender) *adj.* 1. Que tiene fija la atención en algo: *Estaban atentos a tus palabras.* 2. Amable, bien educado: *Estuvieron muy atentos con nosotros.* SIN. 1. Interesado, concentrado. 2. Cortés, considerado, fino. ANT. 1. Distraído. 2. Descortés.

atenuante *adj.* 1. Que atenúa. También *s. amb.* 2. En der., se dice de la circunstancia que disminuye la responsabilidad penal por un delito. También *s. f.* ANT. 1. y 2. Agravante.

atenuar (del lat. *attenuare*, de *ad*, a, y *tenuis*, tenue, sutil) *v. tr.* Disminuir la fuerza, intensidad, etc., de alguna cosa: *atenuar la sed.* También *v. prnl.* ■ En cuanto al acento, se conjuga como *actuar*: *atenúo.*

SIN. Mitigar(se), moderar(se), suavizar(se), apaciguar(se). ANT. Acentuar(se), agravar(se). FAM. Atenuación, atenuante. TENUE.

ateo, a (del lat. *atheus*, y éste del gr. *atheos*, de *a*, part. priv., y *theos*, dios) *adj.* Que niega la existencia de Dios. También *s. m.* y *f.* SIN. Impío. ANT. Creyente.

aterciopelado, da *adj.* Parecido al terciopelo.

aterir *v. tr.* Entumecer el frío excesivo. También *v. prnl.* ■ Es v. defect. Se usa sólo el infinitivo y el participio. SIN. Pasmar(se), helar(se).

aterrador, ra *adj.* Que causa terror. SIN. Espantoso, horrible, espeluznante.

aterrar *v. tr.* Aterrorizar, espantar. FAM. Aterrador. TERROR.

aterrizar *v. intr.* **1.** Tomar contacto con el suelo una aeronave. **2.** *fam.* Caer al suelo. **3.** *fam.* Tomar alguien los primeros contactos con algo que le es desconocido: *Los nuevos empleados están aún aterrizando.* ■ Delante de *e* se escribe *c* en lugar de *z*: *aterrice.* SIN. **1.** Posarse. ANT. **1.** Despegar. FAM. Aterrizaje. TIERRA.

aterrorizar *v. tr.* **1.** Causar terror. || **aterrorizarse** *v. prnl.* **2.** Sentir terror. ■ Delante de *e* se escribe *c* en lugar de *z*: *aterrorice.* SIN. **1.** y **2.** Aterrar(se), espantar(se), horrorizar(se).

atesorar *v. tr.* **1.** Reunir o guardar dinero o cosas de valor: *atesorar bienes.* **2.** Tener una persona muchas y buenas cualidades.

atestado, da 1. *p.* de **atestar** 2. También *adj.* || *s. m.* **2.** Documento oficial en el que constan ciertos hechos, p. ej. cómo ocurrió un accidente. SIN. **2.** Testimonio, acta.

atestar[1] (del ant. *tiesto*, tieso, duro) *v. tr.* **1.** Llenar algo al máximo. **2.** Ocupar la gente por completo un lugar: *atestar un local.* SIN. **1.** Atiborrar, colmar. **2.** Abarrotar. ANT. **1.** y **2.** Vaciar.

atestar[2] (del lat. *attestari*, de *ad*, a, y *testis*, testigo) *v. tr.* Testificar, atestiguar. FAM. Atestado. TESTAR[1].

atestiguar (del lat. *ad*, a, y *testificare*) *v. tr.* **1.** Declarar como testigo: *atestiguar en un juicio.* **2.** Ofrecer indicios ciertos de algo: *Las ruinas atestiguan la presencia romana.* ■ Se conjuga como *averiguar*: *atestiguo.* SIN. **1.** Testificar, atestar. **2.** Probar, demostrar.

atezar *v. tr.* Oscurecer o tostar la piel el sol. También *v. prnl.* ■ Delante de *e* se escribe *c* en lugar de *z*. SIN. Broncear(se), curtir(se), quemar(se). FAM. Atezado. TEZ.

atiborrar *v. tr.* **1.** Llenar un recipiente forzando su capacidad. **2.** *fam.* Hartar de comida. Se usa más como *v. prnl.*: *Se atiborró de dulces.* SIN. **1.** Atestar, henchir. **2.** Atracar(se), inflar(se). ANT. **1.** Vaciar.

ático, ca (del lat. *Atticus*, y éste del gr. *attikos*) *adj.* **1.** De Ática o de Atenas. También *s. m.* y *f.* || *s. m.* **2.** Uno de los dialectos griegos clásicos. **3.** Último piso de un edificio, generalmente de techo más bajo que los inferiores.

atigrado, da *adj.* Manchado como la piel del tigre.

atildado, da 1. *p.* de **atildar**. || *adj.* **2.** Que cuida mucho su aspecto, generalmente en exceso o con afectación: *Un joven atildado se pavonea por los salones.* SIN. **2.** Compuesto, peripuesto, acicalado. ANT. **2.** Desaliñado, astroso.

atildar *v. tr.* Arreglar o acicalar, por lo general con exceso o afectación. También *v. prnl.* FAM. Atildado, atildamiento. TILDAR.

atinar *v. intr.* Acertar, dar con lo que se pretende o se busca, obrar correctamente, etc.: *Atinó en el blanco. No atinaba a enhebrar la aguja. Atinaron con la calle.* ANT. Errar. FAM. Atinadamente. / Desatinar. TINO.

atingencia *s. f. Perú* Razón o argumento en contra de otro, objeción.

atípico, ca (del gr. *a*, part. priv., y *typos*, modelo) *adj.* Que se sale de lo normal, regular o corriente: *Ese comportamiento es atípico en él.* SIN. Anormal, anómalo. ANT. Típico.

atiplar *v. tr.* **1.** Elevar la voz o el sonido hasta el tono de tiple. || **atiplarse** *v. prnl.* **2.** Pasar la voz o el sonido del tono grave al agudo. FAM. Atiplado. TIPLE.

atirantar *v. tr.* Poner algo tirante. SIN. Tensar. ANT. Aflojar.

atisbar *v. tr.* **1.** Mirar, observar con cuidado y disimulo: *atisbar por el ojo de la cerradura.* **2.** Ver sin detalle, confusamente: *Atisbaron una figura a lo lejos.* También *v. prnl.* **3.** Descubrir o notar un débil indicio, señal, etc. También *v. prnl.*: *No se atisba ninguna esperanza.* SIN. **1.** Acechar, espiar. **2.** Divisar. **2.** y **3.** Vislumbrar. FAM. Atisbo.

atisbo *s. m.* **1.** Acción de atisbar. **2.** Indicio, primera señal de algo. Se usa mucho en *pl.*: *Hay atisbos de mejoría en su enfermedad.* SIN. **1.** Vislumbre, barrunto. **2.** Signo, muestra.

atizador, ra *adj.* **1.** Que atiza. || *s. m.* **2.** Instrumento para atizar el fuego.

atizar (del lat. *attitiare*, de *titio*, tizón) *v. tr.* **1.** Mover el fuego o añadirle combustible para que arda más. **2.** Avivar sentimientos, pasiones, discordias: *Con sus palabras atizó la discusión.* **3.** *fam.* Golpear a alguien: *Le atizaron de lo lindo.* || LOC. **¡atiza!** *interj. fam.* Expresa sorpresa, asombro. ■ Delante de *e* se escribe *c* en lugar de *z*: *atice.* SIN. **2.** Enconar, excitar, enardecer. **3.** Pegar, arrear. ANT. **1.** Apagar. **2.** Aplacar. FAM. Atizador. TIZÓN.

atlante (del lat. *atlantes*) *s. m.* Estatua con figura de hombre utilizada como columna para sustentar un arquitrabe.

atlántico, ca (del lat. *atlanticus*) *adj.* Del océano Atlántico y los territorios bañados por él: *pesca atlántica, costa atlántica.* FAM. Transatlántico. ATLAS.

atlas (del lat. *Atlas*, y éste del gr. *Atlas*) *s. m.* **1.** Obra que contiene un conjunto de mapas geográficos. **2.** Obra que contiene un conjunto de láminas o ilustraciones sobre un tema: *atlas del cuerpo humano, atlas de la fauna ibérica.* ■ No varía en *pl.* FAM. Atlante, atlántico.

atleta (del lat. *athleta*, y éste del gr. *athletes*) *s. m.* **1.** Persona que practica el atletismo y, p. ext., otros ejercicios y deportes. **2.** Persona musculosa. SIN. **1.** Deportista, gimnasta. **2.** Cachas. FAM. Atlético, atletismo. / Decatlón, pentatlón.

atlético, ca *adj.* **1.** Propio del atleta y de sus competiciones o ejercicios. **2.** Que es fuerte y ágil: *Es una persona de constitución atlética.* **3.** Se aplica a equipos que practican deportes como el fútbol, balonmano, etc.: *Atlético de Madrid.* También *s. m.* y *f.* SIN. **1.** Gimnástico. **2.** Musculoso. ANT. **2.** Enclenque.

atletismo *s. m.* Conjunto de prácticas deportivas basadas en la carrera, los saltos y los lanzamientos de pesos.

atmósfera (del gr. *atmos*, aire, y *sphaira*, esfera) *s. f.* **1.** Capa gaseosa que rodea la Tierra o a otro cuerpo celeste. **2.** Ambiente que rodea a personas y cosas: *En clase se respira una atmósfera de compañerismo.* **3.** Unidad de presión. SIN. **2.** Ámbito, entorno. FAM. Atmosférico. ESFERA.

-ato *suf.* **1.** Forma nombres de dignidad, título, oficio y jurisdicción, a partir del nombre de la persona que los desempeña u ostenta: *bachillerato, decanato, priorato.* **2.** A partir del nombre de algunos animales, forma sustantivos que designan a la cría: *ballenato, jabato.*

atocinarse *v. prnl.* Aturdirse, ofuscarse. **FAM.** Atocinado. TOCINO.

atol o **atole** *s. m. Amér.* Bebida caliente de harina de maíz disuelta en agua o leche, a la que se pueden agregar diversos ingredientes.

atolladero *s. m.* **1.** Lugar donde quedan atascados personas y vehículos. **2.** Situación difícil o comprometida. **SIN. 2.** Aprieto, embrollo. **FAM.** Atollarse. TOLLA.

atollarse *v. prnl.* Quedarse atascado: *Las ruedas del coche se atollaron en el barro.*

atolón (de *atoluen*, voz maldiva) *s. m.* Isla o arrecife de coral en forma de anillo, que suele presentar un lago interior.

atolondrado, da 1. *p.* de **atolondrar.** || *adj.* **2.** Alocado, irreflexivo. **SIN. 2.** Imprudente, precipitado. **ANT. 2.** Prudente, juicioso.

atolondrar *v. tr.* Aturdir, confundir o atontar. Se usa más como *v. prnl.* **SIN.** Aturullar(se). **FAM.** Atolondradamente, atolondrado, atolondramiento.

atómico, ca *adj.* **1.** Del átomo. **2.** De los usos de la energía atómica o sus efectos: *explosión atómica, era atómica.*

atomismo *s. m.* Doctrina de algunos filósofos griegos que explica la formación del mundo por las distintas asociaciones de los átomos. **FAM.** Atomista. ÁTOMO.

atomizador *s. m.* Aparato utilizado para pulverizar líquidos, soluciones o suspensiones. **SIN.** Pulverizador, aerosol, spray.

atomizar *v. tr.* Dividir en partes muy pequeñas: *atomizar un líquido, un problema.* ■ Delante de *e* se escribe *c* en lugar de *z*: *atomice.* **SIN.** Desmenuzar. **ANT.** Aglutinar. **FAM.** Atomización, atomizador. ÁTOMO.

átomo (del lat. *atomus*, y éste del gr. *atomos*, de *a*, part. priv., y *temno*, cortar) *s. m.* **1.** Parte más pequeña de un elemento químico que sigue conservando las propiedades de dicho elemento. Está constituido por protones, neutrones y electrones. **2.** P. ext., parte muy pequeña de una cosa. **SIN. 2.** Partícula, ápice, miaja. **FAM.** Atómico, atomismo, atomizar. / Monoatómico, subatómico.

atonal *adj.* En mús., no sujeto a las normas de la tonalidad. **FAM.** Atonalidad. TONO.

atonía (del lat. *atonia*, y éste del gr. *atonia*) *s. f.* **1.** Apatía, falta de ánimo o de voluntad. **2.** Falta de tono o vigor corporal, debilidad de los tejidos orgánicos y, en especial, de los músculos. **SIN. 1.** Desánimo, abulia, desgana.

atónito, ta (del lat. *attonitus*) *adj.* Asombrado, pasmado: *estar, quedarse, dejar atónito.* **SIN.** Estupefacto, patidifuso.

átono, na (del gr. *atonos*, de *a*, part. priv., y *tonos*, tono) *adj.* Se aplica a la vocal, sílaba o palabra que se pronuncia sin acento de intensidad o prosódico. **ANT.** Tónico.

atontar *v. tr.* Aturdir, dejar a alguien tonto o como tonto. También *v. prnl.* **SIN.** Alelar(se), embobar(se), entontecer(se). **ANT.** Despabilar(se). **FAM.** Atontado, atontamiento, atontolinar. TONTO.

atontolinar *v. tr. fam.* Atontar. También *v. prnl.*

atorar (del lat. *obturare*, cerrar) *v. tr.* **1.** Atascar, obstruir: *atorar una cañería, un desagüe.* También *v. intr.* y *v. prnl.* || **atorarse** *v. prnl.* **2.** Trabarse al hablar. **SIN. 1.** Obturar(se), cegar(se). **2.** Encasquillarse. **ANT. 1.** Desatascar. **FAM.** Atorón. / Desatorar.

atormentar *v. tr.* **1.** Causar dolor o molestia física: *Le atormentaban los mosquitos.* También *v. prnl.* **2.** Producir angustia, pena o disgusto: *Le atormentaban las dudas.* También *v. prnl.* **3.** Dar tormento a una persona. **SIN. 1.** y **2.** Martirizar(se), mortificar(se). **2.** Angustiar(se), afligir(se), atribular(se). **3.** Torturar. **ANT. 1.** y **2.** Aliviar(se), reconfortar(se).

atornillar *v. tr.* **1.** Introducir un tornillo dándole vueltas en torno a su eje. **2.** Sujetar con tornillos. **3.** Presionar, obligar a algo: *Le atornillaron tanto que acabó aceptando.* **ANT. 1.** Desatornillar. **FAM.** Desatornillar. TORNILLO.

atorón *s. m. Méx.* Atasco, embotellamiento.

atorranta *s. f. desp. Arg.* Prostituta.

atorrante *s. m. Amér.* Vagabundo, holgazán. **FAM.** Atorranta.

atosigar (del lat. *tussicare*, toser, fatigarse) *v. tr.* Agobiar a alguien con prisas, exigencias, preocupaciones, etc.: *Si le atosigas, se confundirá.* También *v. prnl.*: *Se atosiga por cualquier motivo.* ■ Delante de *e* se escribe *gu* en lugar de *g.* **SIN.** Acuciar, apremiar, abrumar. **FAM.** Atosigamiento.

atrabiliario, ria (del lat. *atra*, negra, y *bilis*, cólera) *adj.* Irritable, de carácter desagradable y malhumorado. **SIN.** Colérico, irascible. **ANT.** Afable, dulce.

atracadero *s. m.* Lugar donde pueden atracar embarcaciones pequeñas.

atracador, ra *s. m.* y *f.* Persona que atraca o asalta para robar. **SIN.** Bandido, salteador, asaltante.

atracar[1] *v. tr.* **1.** Arrimar unas embarcaciones a otras, o a tierra: *La nave atracó en el puerto.* También *v. intr.* **2.** Asaltar para robar: *atracar un banco.* ■ Delante de *e* se escribe *qu* en lugar de *c*: *atraque.* **SIN. 1.** Abordar. **2.** Saltear. **FAM.** Atracadero, atracador, atraco, atraque. / Desatracar.

atracar[2] *v. tr. fam.* Hacer que alguien coma y beba con exceso. Se usa más como *v. prnl.*: *Se atracó de pasteles.* **SIN.** Inflar(se), hartar(se), atiborrar(se). **FAM.** Atracón.

atracción (del lat. *attractio, -onis*) *s. f.* **1.** Acción de atraer: *Sentía por ella una verdadera atracción.* **2.** Espectáculo, diversión. Se usa mucho en *pl.*: *atracciones de circo.* **3.** Instalación recreativa de una feria o recinto similar. Se usa mucho en *pl.*: *Nos montamos en todas las atracciones de la verbena.* **4.** *fam.* Persona o hecho más llamativo en un grupo, acontecimiento, etc.: *Fue la atracción de la fiesta.* **SIN. 2.** Distracción, entretenimiento.

atraco *s. m.* Acción de atracar, asaltar. **SIN.** Asalto, robo.

atracón *s. m.* **1.** *fam.* Acción de atracarse de comida: *Se ha dado un atracón de paella.* **2.** Hartazgo de trabajar, estudiar, llorar, etc.: *Se dio un atracón de leer.* **SIN. 1.** Comilona. **1.** y **2.** Panzada.

atractivo, va (del lat. *attractivus*) *adj.* **1.** Que atrae o puede atraer: *una joven atractiva, un plan atractivo.* || *s. m.* **2.** Cualidad o conjunto de cualidades que atraen de una persona o cosa: *Tiene muchos atractivos.* **SIN. 1.** Atrayente, seductor, interesante. **2.** Gracia, encanto. **ANT. 1.** Repelente.

atraer (del lat. *attrahere*, de *ad*, a, y *trahere*, traer) *v. tr.* **1.** Traer hacia sí alguna cosa: *El imán atrae el hierro. El clima cálido atrae a los veraneantes.* También *v. intr.* y *v. prnl.* **2.** Despertar el interés, afecto, atención, etc., de alguien: *Ella le atrajo con su belleza.* También *v. prnl.* **3.** Ocasionar, dar lugar a algo, frecuentemente negativo: *Su egoísmo le atrajo la antipatía de todos.* También *v. prnl.* ■ Es v. irreg. Se conjuga como *traer.* **SIN. 2.** Cautivar, seducir, embelesar(se), hechizar. **3.** Acarrear, provocar, conllevar. **ANT. 1.** Repeler(se). **FAM.** Atracción, atractivo, atrayente. TRAER.

atragantarse *v. prnl.* **1.** Sentir ahogo por haberse quedado algo atravesado o detenido en la garganta al tragar: *Se atragantó con un hueso de aceituna.* **2.** Resultar algo antipático, desagradable o difícil: *Se le han atragantado las matemáticas.* **3.** *fam.* Cortarse en una conversación, discurso, etc. **SIN. 2.** Atravesarse, cargar, fastidiar. **3.** Atascarse, atorarse.

atrancar *v. tr.* **1.** Cerrar la puerta por dentro con una tranca, con un cerrojo, etc. **2.** *fam.* Atascar, obstruir. También *v. prnl.*: *Se ha atrancado el desagüe.* ■ Delante de *e* se escribe *qu* en lugar de *c*: *atranque.* **SIN. 2.** Atorar(se), cegar(se), taponar(se). **ANT. 2.** Desatrancar(se). **FAM.** Desatrancar. TRANCA.

atrapar *v. tr.* **1.** Coger a una persona o animal, especialmente si trata de huir: *Los galgos atraparon la liebre.* **2.** Conseguir alguna cosa, en especial si implica esfuerzo o dificultad: *atrapar un premio.* **3.** Engañar, atraer con astucia: *Los atraparon con sus promesas.* **SIN. 1.** Apresar. **1.** y **2.** Pillar, pescar. **3.** Engatusar. **ANT. 1.** Soltar, liberar.

atraque *s. m.* **1.** Acción de atracar una embarcación. **2.** Muelle o lugar donde se atraca.

atrás (del lat. *ad*, a, y *trans*, al otro lado) *adv. l.* **1.** Indica la parte o el lugar que está a espaldas de la persona que habla o del que escucha. ■ Con verbos de movimiento equivale a 'hacia atrás': *Se fueron atrás.* Con verbos de reposo significa 'en la parte trasera' o 'en un lugar posterior': *Están atrás.* **2.** En clasificaciones, listas, etc., en los últimos lugares. **3.** Referido a discursos o escritos, anteriormente: *Como se ha dicho más atrás.* || *adv. t.* **4.** En tiempo pasado: *años atrás, días atrás.* || *interj.* **5.** Se usa para ordenar a alguien que se detenga o retroceda. **SIN. 3.** y **4.** Antes. **ANT. 1.** a **3.** Delante. **5.** Adelante. **FAM.** Atrasar. TRAS.

atrasar *v. tr.* **1.** Hacer que algo suceda, se desarrolle, etc., más tarde: *No atraséis vuestra venida.* También *v. prnl.*: *Este año se ha atrasado la cosecha.* **2.** Poner un reloj en una hora anterior a la que marca. || *v. intr.* **3.** Marchar un reloj a menos velocidad de la debida: *El despertador atrasa.* También *v. prnl.* || **atrasarse** *v. prnl.* **4.** Llegar tarde: *Se atrasó diez minutos.* **5.** Quedarse atrás. **SIN. 1.** Aplazar(se), posponer(se). **1.** a **4.** Retrasar(se). **1.** y **4.** Demorar(se). **5.** Rezagarse. **ANT. 1.** a **5.** Adelantar(se). **5.** Evolucionar. **FAM.** Atrasado, atraso. ATRÁS.

atraso *s. m.* **1.** Resultado de atrasar o atrasarse: *El atraso del tren era grande.* **ANT.** adelanto, anticipo. || *s. m. pl.* **2.** Cantidad de dinero que se debe: *Pagaron a los empleados los atrasos.* **SIN. 1.** Retraso, aplazamiento, demora, dilación. **2.** Deuda. **ANT. 1.** y **2.** Adelanto, anticipo.

atravesado, da 1. *p.* de **atravesar**. También *adj.* || *adj.* **2.** Algo bizco. **3.** Se dice de la persona de mala o dudosa intención. También *s. m.* y *f.* **SIN. 2.** Estrábico. **3.** Retorcido.

atravesar *v. tr.* **1.** Pasar por un cuerpo, penetrándolo de parte a parte: *Atravesó la tela con un alfiler.* **2.** Cruzar o recorrer algo de un lado a otro: *atravesar la región, un río.* También *v. prnl.*: *atravesarse una espina.* **3.** Poner una persona o cosa delante de modo que impida el paso. También *v. prnl.*: *Un coche se nos atravesó en la calzada.* **4.** Pasar por una determinada circunstancia, etapa, etc.: *atravesar un buen momento.* || **atravesarse** *v. prnl.* **5.** Ponerse alguna cosa entremedias de otras o en el curso de algo. **6.** Resultar alguien o algo muy antipático, odioso: *Ese chico se me ha atravesado. Se le ha atravesado el latín.* ■ Es v. irreg. Se conjuga como *pensar.* **SIN. 1.** Taladrar, horadar, perforar, agujerear. **1.** y **2.** Traspasar. **3.** Obstruir, bloquear. **5.** Interponerse, entremeterse. **6.** Atragantarse. **FAM.** Atravesado. TRAVÉS.

atrayente *adj.* Que atrae: *una persona atrayente, un tema atrayente.* **SIN.** Atractivo.

atreverse (del lat. *attribuere*) *v. prnl.* Tener el valor suficiente para hacer o decir algo aunque exista cierto riesgo o sea irrespetuoso: *No se atreve a saltar. Se atrevió a insultarme.* **SIN.** Aventurarse, arriesgarse, osar. **FAM.** Atrevidamente, atrevido, atrevimiento.

atrevido, da 1. *p.* de **atreverse**. También *adj.* || *adj.* **2.** Audaz, arriesgado. **3.** Insolente, desvergonzado. También *s. m.* y *f.* **4.** Provocativo: *un escote atrevido.* **SIN. 3.** Fresco. **ANT. 3.** y **4.** Comedido, respetuoso.

atrezo (del ital. *attrezzo*) *s. m.* Conjunto de objetos necesarios para una representación en teatro o cine. **SIN.** Utilería.

atribución (del lat. *attributio, -onis*) *s. f.* **1.** Acción de atribuir. **2.** Facultad o poder que tiene una persona en razón de su cargo o cada parte de una organización, según hayan sido delimitadas sus funciones. Se usa mucho en *pl.*: *Actuó en virtud de sus atribuciones.*

atribuir (del lat. *attribuere*, de *ad*, a, y *tribuere*, dar) *v. tr.* **1.** Asignar hechos, cualidades, etc., a una persona o cosa: *La invención del dinero se atribuye a los fenicios.* También *v. prnl.* con valor reflexivo: *atribuirse un triunfo.* **2.** Responsabilizar a alguien o algo de un error, falta, etc.: *Atribuyó el accidente a un fallo de los frenos.* ■ Es v. irreg. Se conjuga como *huir.* **SIN. 1.** Adjudicar(se), adscribir. **2.** Achacar, acusar, inculpar. **FAM.** Atribución, atribuible, atributivo, atributo. TRIBUTO.

atribular *v. tr.* Causar tribulación, entristecer. También *v. prnl.* **SIN.** Atormentar(se), apenar(se), consternar(se). **ANT.** Consolar(se). **FAM.** Atribulación. TRIBULACIÓN.

atributivo, va *adj.* **1.** Que sirve para atribuir. **2.** En ling., que indica o enuncia un atributo o cualidad: *adjetivo atributivo, oración atributiva.*

atributo (del lat. *attributum*) *s. m.* **1.** Cualidad o propiedad de un ser: *La prudencia y la experiencia son sus mejores atributos.* **2.** Símbolo característico de un personaje, figura, etc.: *El tridente es atributo de Neptuno.* **3.** En ling., palabra o sintagma que califica al sujeto de una oración y va introducido por los verbos *ser*, *estar* o *parecer.* **SIN. 2.** Signo, emblema, distintivo.

atrición (del lat. *attritio, -onis*) *s. f.* Dolor de haber ofendido a Dios, motivado por temor al castigo y con propósito de la enmienda.

atril (del lat. *lectorile*, de *lector*) *s. m.* Mueble en forma de plano o tablero inclinado, sobre el que se colocan libros, partituras musicales u otros papeles, para leerlos con más comodidad.

atrincherar *v. tr.* **1.** Fortificar una posición militar con trincheras. || **atrincherarse** *v. prnl.* **2.** Ponerse en trincheras a salvo del enemigo. **3.** Refugiarse en un lugar o en una actitud: *Se atrincheró en su silencio.* **SIN. 3.** Parapetarse. **FAM.** Atrincheramiento. TRINCHERA.

atrio (del lat. *atrium*) *s. m.* **1.** Lugar descubierto y rodeado de pórticos que hay en el interior de algunos edificios. **2.** Espacio cubierto, limitado por columnas en la parte anterior, que sirve de entrada a algunos templos y palacios. SIN. **1.** Claustro.

atrocidad (del lat. *atrocitas, -atis*) *s. f.* **1.** Cualidad de atroz. **2.** Acto atroz: *cometer atrocidades.* **3.** Dicho o hecho disparatado, temerario o insultante. SIN. **2.** y **3.** Barbaridad, bestialidad.

atrofia (del lat. *atrophia*, y éste del gr. *atrophia*, falta de nutrición) *s. f.* **1.** Disminución en el desarrollo o volumen de una parte del cuerpo por falta de nutrición, actividad, etc.: *atrofia muscular.* **2.** P. ext., disminución o pérdida de una cualidad, actividad, etc. SIN. **1.** y **2.** Anquilosamiento. FAM. Atrofiar.

atrofiar *v. tr.* **1.** Producir atrofia: *La falta de ejercicio atrofia las articulaciones.* || *v. prnl.* **2.** Padecer atrofia: *Con la escayola se le han atrofiado los músculos del brazo.* SIN. **1.** y **2.** Anquilosar(se).

atronado, da **1.** *p.* de **atronar**. También *adj.* || *adj.* **2.** Alocado, irreflexivo. SIN. **2.** Atolondrado, precipitado. ANT. **2.** Prudente, juicioso.

atronador, ra *adj.* Se aplica a los ruidos que atruenan: *Un estruendo atronador siguió a la explosión.* SIN. Ensordecedor.

atronar (del lat. *attonare*) *v. intr.* **1.** Producir un ruido ensordecedor: *Los cascos de los caballos atronaban sobre el puente.* || *v. tr.* **2.** Aturdir con un gran ruido. ■ Es v. irreg. Se conjuga como *contar.* SIN. **1.** Retumbar, resonar. **2.** Ensordecer. FAM. Atronado, atronador. TRONAR.

atropellado, da **1.** *p.* de **atropellar**. También *adj.* y *s. m.* y *f.* || *adj.* **2.** Que habla o actúa con precipitación. SIN. **2.** Atolondrado, precipitado, irreflexivo. ANT. **2.** Pausado, reflexivo.

atropellar *v. tr.* **1.** Embestir un vehículo a alguien o algo o pasar por encima de él causándole daños. **2.** Derribar o empujar a alguien o algo para abrirse paso: *¡Oiga, sin atropellar!* **3.** No respetar las leyes, las normas o a las personas. || **atropellarse** *v. prnl.* **4.** Hablar o actuar de forma precipitada o confusa. SIN. **1.** Arrollar, pillar. **3.** Pisotear. FAM. Atropelladamente, atropellado, atropello. TROPEL.

atropello *s. m.* **1.** Acción de atropellar o atropellarse. **2.** Acción injusta o que perjudica a alguien. SIN. **2.** Abuso, agravio, ofensa, injusticia.

atropina (del lat. *atropa*, belladona, y éste del gr. *Atropos*, nombre de la Parca que cortaba el hilo de la vida) *s. f.* Alcaloide que se obtiene de las raíces de la belladona y se utiliza en medicina, especialmente para dilatar las pupilas.

atroz (del lat. *atrox, -ocis*) *adj.* **1.** Cruel, perverso, inhumano: *un crimen atroz.* **2.** Muy grande, desmesurado: *un dolor atroz, un éxito atroz.* **3.** Muy malo o feo: *una novela atroz.* SIN. **1.** Feroz, salvaje, brutal. **1.** y **3.** Horrible, horroroso, espantoso. **2.** Enorme, tremendo. FAM. Atrocidad, atrozmente.

attaché (fr.) *s. m.* Portafolios rígido.

atuendo (del lat. *attonitus*, asombrado) *s. m.* Vestido, indumentaria de una persona. SIN. Atavío, vestimenta.

atufar *v. tr.* **1.** Trastornar o aturdir con vapores, humos o malos olores. También *v. prnl.* **2.** Enfadar, enojar. También *v. prnl.*: *atufarse por una broma.* || *v. intr.* **3.** Despedir mal olor. **4.** *desp.* Poner de manifiesto exageradamente: *Ese libro atufaba a propaganda.* SIN. **1.** y **3.** Apestar. **2.** Incomodar(se), irritar(se), disgustar(se). **3.** Heder.

atún (del ár. *at-tun*, y éste del lat. *thunnus*) *s. m.* Pez teleósteo marino de gran tamaño, de color negro azulado por el lomo y gris plateado por el vientre, cuya carne es muy apreciada. FAM. Atunero.

atunero, ra *adj.* **1.** Relativo al atún. **2.** Dedicado a la pesca de atún: *barco atunero.* También *s. m.* y *f.*

aturdimiento *s. m.* **1.** Alteración en los sentidos causada por un golpe, un ruido, una fuerte impresión, etc.: *La noticia le causó un profundo aturdimiento.* **2.** Falta de serenidad o coordinación en la ejecución de algo: *Ante ese problema ha actuado con aturdimiento.* SIN. **1.** Confusión, desconcierto, turbación. **2.** Precipitación, aturullamiento.

aturdir *v. tr.* **1.** Causar aturdimiento: *Me aturdís con vuestros gritos.* || **aturdirse** *v. prnl.* **2.** Sentir aturdimiento: *Se aturdió al verla.* SIN. **1.** y **2.** Abrumar(se), turbar(se), marear(se). FAM. Aturdido, aturdimiento.

aturullar o **aturrullar** *v. tr. fam.* Poner nerviosa a una persona de modo que no sepa qué decir o cómo actuar. También *v. prnl.*: *Se aturulla cuando habla en público.* SIN. Aturdir(se), embarullar(se). FAM. Aturullamiento.

atusar (del lat. *attonsus*, de *attondere*, pelar) *v. tr.* **1.** Arreglar o alisar el pelo, pasando ligeramente la mano o el peine por él. También *v. prnl.* || **atusarse** *v. prnl.* **2.** Acicalarse excesivamente o con afectación.

au pair (fr.) *s. m.* y *f.* Extranjero que trabaja en una casa cuidando niños o realizando otras tareas domésticas a cambio de alojamiento, comida y un pequeño sueldo.

audacia *s. f.* **1.** Atrevimiento, valentía. **2.** Insolencia, descaro: *Resultó molesta la audacia de sus respuestas.* SIN. **1.** Arrojo, osadía, intrepidez. **2.** Desvergüenza. ANT. **1.** Cobardía. **2.** Comedimiento.

audaz (del lat. *audax, -acis*, de *audere*, atreverse) *adj.* **1.** Atrevido, valiente. **2.** Insolente, descarado. SIN. **1.** Arrojado, osado, arriesgado. ANT. **1.** Cobarde. **2.** Comedido. FAM. Audacia, audazmente.

audi- *pref.* Audio-*.

audible *adj.* Que se puede oír: *Percibimos una música apenas audible.*

audición (del lat. *auditio, -onis*) *s. f.* **1.** Acción y facultad de oír. **2.** Concierto, recital o lectura en público: *una audición musical.* FAM. Audible, audiencia, audio, audífono, audímetro, audiograma, audiología, audiometría, auditivo, auditor, auditorio, auditorium. / Inaudible.

audiencia (del lat. *audientia*) *s. f.* **1.** Acto de recibir y escuchar una autoridad a quienes acuden a ella: *dar o conceder audiencia.* **2.** Conjunto de personas que atienden a un programa de radio, de televisión o a un acto público. **3.** Acto judicial en el que los litigantes tienen ocasión de exponer sus argumentos ante el tribunal. **4.** Tribunal que decide en un determinado territorio sobre ciertos asuntos. **5.** Edificio donde se celebran estos juicios. SIN. **1.** Recepción. **2.** Auditorio, público.

audífono (de *audi-* y *-fono*) *s. m.* Aparato para sordos que amplifica los sonidos. SIN. Sonotone.

audímetro *s. m.* Audiómetro*.

audio (del lat. *audire*, oir) *s. m.* Técnica o dispositivo relacionado con la grabación, transmisión y reproducción del sonido. FAM. Audiolibro, audiovisual. AUDICIÓN.

audio- (del lat. *audire*, oír) *pref.* Significa 'sonido' o 'audición': *audiovisual.* ■ Se usa también la forma *audi-*: *audífono, audímetro.*

audiograma (de *audio-* y *-grama*) *s. m.* Curva que representa el grado de agudeza con que un individuo percibe los sonidos.

audiolibro *s. m.* Sistema de audio donde se ha grabado la lectura de una obra literaria: *Los ciegos utilizan mucho el audiolibro.*

audiología (de *audio-* y *-logía*) *s. f.* Ciencia que estudia los problemas acústico-físicos relacionados con la audición.

audiometría (de *audio-* y *-metría*) *s. f.* Rama de la audiología que se ocupa de la medición de la agudeza auditiva. FAM. Audiómetro. AUDICIÓN.

audiómetro (de *audio-* y *-metro*) *s. m.* Aparato que mide la agudeza auditiva. ■ Se dice también *audímetro.*

audiovisual *adj.* Que se refiere conjuntamente al oído y a la vista; se dice en especial de los medios o métodos que combinan sonido e imagen.

auditar (del ingl. *to audit*) *v. tr.* Realizar una auditoría.

auditivo, va *adj.* Del órgano del oído: *conducto auditivo externo, agudeza auditiva.*

auditor, ra (del lat. *auditor, -oris*) *s. m.* **1.** Persona que realiza auditorías. **2.** Funcionario miembro de un tribunal militar o eclesiástico. FAM. Auditoría. AUDICIÓN.

auditoría *s. f.* **1.** Revisión de la situación financiera y administrativa de una institución o empresa, realizada por especialistas ajenos a la misma. **2.** Profesión de auditor. **3.** Despacho o tribunal del auditor. FAM. Auditar. AUDITOR.

auditorio (del lat. *auditorium*) *s. m.* **1.** Conjunto de oyentes. **2.** Local especialmente acondicionado para escuchar conciertos, conferencias, etc. SIN. **1.** Audiencia, público. **2.** Auditorium.

auditórium (lat.) *s. m.* Sala o lugar público destinado a conciertos u otras actuaciones.

auge (del ár. *awy*, el punto más elevado del cielo) *s. m.* **1.** Punto o momento de mayor intensidad, esplendor, etc.: *Está en el auge de sus fuerzas.* **2.** Importancia, incremento: *cobrar auge.* SIN. **1.** Apogeo, plenitud, cúspide, cima. **2.** Relevancia, realce, relieve. ANT. **1.** Ocaso.

augur (del lat. *augur, -uris*, agorero) *s. m.* Sacerdote que en la antigua Roma practicaba oficialmente la adivinación a través de la observación de las aves y por otros signos.

augurar (del lat. *augurare*) *v. tr.* Predecir, presagiar: *Le auguró un feliz matrimonio.* SIN. Pronosticar, vaticinar. FAM. Inaugurar. AUGURIO.

augurio (del lat. *augurium*) *s. m.* Presagio, indicio de algo futuro: *buen, mal augurio.* FAM. Augur, augurar. / Agüero.

augusto, ta (del lat. *augustus*) *adj.* **1.** Que merece un gran respeto y consideración. || *s. m.* **2.** Payaso de circo que actúa formando pareja con el clown. SIN. **1.** Honorable, venerable, egregio.

aula (del lat. *aula*) *s. f.* En escuelas, institutos, universidades, etc., sala donde se imparten las clases. ■ En sing. lleva el art. *el* o *un.* FAM. Áulico.

aulaga (del ár. *yawlaq*) *s. f.* Arbusto leñoso de tallo espinoso, hojas simples y flores amarillas en racimo.

áulico, ca (del lat. *aulicus*, de *aula*, corte) *adj.* Relativo a la corte o al palacio. SIN. Cortesano, palaciego.

aullador, ra *adj.* **1.** Que aúlla. || *s. m.* **2.** Nombre de ciertas especies de simios de gran tamaño y larga cola, que emiten un bramido muy sonoro.

aullar (del lat. *ululare*) *v. intr.* Dar aullidos. ■ En cuanto al acento, se conjuga como *aunar: aúllo.* FAM. Ulular. AULLIDO.

aullido *s. m.* **1.** Grito agudo y prolongado que emiten algunos animales, especialmente el lobo y el perro. **2.** P. ext., sonido semejante proferido por otros seres o cosas. FAM. Aullador, aullar.

aumentar (del lat. *augmentare*) *v. tr.* Dar mayor extensión, intensidad, cantidad o materia a una cosa: *La escuela no puede aumentar su alumnado.* También *v. intr.*: *Los precios aumentan.* SIN. Crecer, agrandar, ampliar, incrementar, acrecentar. ANT. Disminuir. FAM. Aumentativo, aumento.

aumentativo, va *adj.* **1.** Que aumenta. **2.** Se dice de los sufijos derivativos que expresan mayor tamaño o intensidad de lo significado por la raíz, a la que añaden a veces ciertos valores afectivos o expresivos, como *-on* (*cobardón*), *-azo* (*cochazo*), *-ote* (*grandote*), etc. También *s. m.* || *s. m.* **3.** Palabra formada con dicho sufijo. ANT. **1.** a **3.** Diminutivo.

aumento (del lat. *augmentum*) *s. m.* **1.** Acción de aumentar: *el aumento de los precios.* **2.** Lo que se aumenta: *Incluyen el aumento de sueldo en la siguiente paga.* **3.** Potencia amplificadora de una lente, anteojo, etc. SIN. **1.** Agrandamiento, incremento, ampliación, crecimiento, acrecentamiento, adición. ANT. **1.** Disminución, reducción.

aun (del lat. *adhuc*) *adv. m.* Incluso, hasta: *Aun los más preparados suspendieron.* ■ Seguido de un gerundio añade valor concesivo y funciona como una conjunción: *Aun levantándote tarde, te dará tiempo.* FAM. Aunque.

aún (del lat. *adhuc*) *adv. t.* **1.** Todavía, en el momento presente o en que se habla: *Aún no lo sabe.* || *adv. m.* **2.** Expresa ponderación: *Enrique es aún más estudioso.*

aunar (del lat. *adunare*, juntar) *v. tr.* Unir o armonizar personas o cosas distintas para lograr un fin: *aunar esfuerzos, aunar ideas.* También *v. prnl.* ■ La *u* de la raíz no forma diptongo y se acentúa en algunas formas del presente y del imperativo. SIN. Unificar, asociar, aliar. ANT. Separar.

AUNAR		
INDICATIVO	**SUBJUNTIVO**	**IMPERATIVO**
Presente *aúno* *aúnas* *aúna* *aunamos* *aunáis* *aúnan*	**Presente** *aúne* *aúnes* *aúne* *aunemos* *aunéis* *aúnen*	 *aúna* *aunad*

aunque *conj. conces.* **1.** Introduce proposiciones subordinadas que expresan un hecho que no impide que se realice lo enunciado en la principal, y equivale a *por más que, a pesar de que*: *Aunque esté enfermo, iré.* || *conj. advers.* **2.** Pero, sin embargo: *No está, aunque vendrá.*

¡aúpa! *interj.* **1.** Se usa para ayudar o animar a alguien a levantarse o levantar algo. || LOC. **de aúpa** *adj. fam.* Enorme, extraordinario: *un resfriado de aúpa.* **ser de aúpa** *fam.* Ser peligroso, temible o de trato difícil: *Cualquiera se fía de ellos; son de aúpa.* FAM. Aupar. ¡UPA!

aupar *v. tr.* **1.** Levantar a una persona o ayudarle a que lo haga. También *v. prnl.* **2.** Ensalzar, enaltecer: *Los premios obtenidos le auparon en su profesión.* También *v. prnl.* ■ En cuanto al acento, se conjuga como *aunar: aúpo.* SIN. **1.** Encaramar(se), alzar(se). **2.** Promocionar(se).

aura[1] (del lat. *aura*, y éste del gr. *aura*, de *ao*, soplar) *s. f.* **1.** Viento suave y apacible. **2.** Irradiación luminosa que algunas personas perciben alrededor de los cuerpos. ■ En sing. lleva el art. *el* o *un*.

aura[2] *s. f. Amér.* Gallinazo*, ave. ■ En sing. lleva el art. *el* o *un*.

áureo, a (del lat. *aureus*) *adj.* De oro o semejante a él: *un resplandor áureo.* **SIN.** Dorado; brillante, resplandeciente. **FAM.** Aureola, áurico, aurífero. ORO.

aureola (del lat. *aureola*, dorada) *s. f.* **1.** Corona circular que rodea algunas cosas, especialmente círculo luminoso que figura sobre la cabeza de las imágenes de los santos. **2.** Reputación, fama: *Una aureola de sabio le acompañaba.* **3.** Ambiente, halo: *Rodeaba a su familia una aureola de misterio.* **SIN. 1.** Nimbo. **2.** Renombre, imagen. **3.** Atmósfera. **FAM.** Aureolar. ÁUREO.

aureolar *v. tr.* **1.** Poner aureola, adornar con aureola. **2.** Dar a alguien fama o celebridad: *Sus colegas le aureolan con todas las virtudes posibles.*

áurico, ca *adj.* Áureo*.

aurícula (del lat. *auricula cordis*) *s. f.* Cavidad situada en la parte superior del corazón por donde entra la sangre de las venas; su número varía en los distintos grupos de animales. **FAM.** Auricular. OREJA.

auricular (del lat. *auricularis*) *adj.* **1.** Relativo al oído o a las aurículas. || *s. m.* **2.** Parte del receptor del teléfono y otros aparatos usados en radiofonía y medicina, a través del cual se oye al aplicarlo al oído.

aurífero, ra (del lat. *aurifer, -eri*, de *aurum*, oro, y *fero*, llevar) *adj.* Que lleva o contiene oro: *filón aurífero.*

auriga (del lat. *auriga*) *s. m.* En las antiguas Grecia y Roma, conductor de los carruajes que participaban en las carreras del circo.

auriñaciense (de *Aurignac*, yacimiento prehistórico de Alto Garona, Francia) *adj.* Se aplica a la cultura e industria prehistórica de comienzos del paleolítico superior y a lo relacionado con ella. También *s. m.*

aurora (del lat. *aurora*) *s. f.* **1.** Luz difusa que precede a la salida del sol. **2.** Principio de alguna cosa: *la aurora de la humanidad.* || **3. aurora polar** Fenómeno luminoso atribuido a descargas eléctricas del Sol, cuya claridad es parecida a la de la aurora y que se produce en las regiones polares; se denomina **boreal** en el hemisferio N y **austral** en el hemisferio S. **SIN. 1.** Alba, amanecer. **2.** Albor, inicio, comienzo.

aurúspice *s. m.* Arúspice*.

auscultar (del lat. *auscultare*) *v. tr.* Explorar por medio del oído e instrumentos adecuados los sonidos producidos en las cavidades del pecho o del abdomen. **FAM.** Auscultación.

ausencia (del lat. *absentia*) *s. f.* **1.** Hecho de ausentarse. **2.** Tiempo en que alguien está ausente: *Durante tu ausencia ocurrieron muchas cosas.* **3.** Condición o situación legal de la persona de cuyo paradero y existencia no se tienen noticias. **4.** Falta o privación de algo: *El análisis ha dado ausencia de glucosa en la orina.* **5.** Pérdida de la memoria o interrupción momentánea del pensamiento. || **LOC. brillar** alguien o algo **por su ausencia** *fam.* No estar presente en el lugar en que era de esperar. **SIN. 1.** Partida; desaparición. **4.** Carencia. **ANT. 1.** Presencia. **4.** Existencia.

ausentarse (del lat. *absentare*) *v. prnl.* Alejarse o separarse alguien de una persona, lugar, ambiente, etc.: *ausentarse de la ciudad.* **SIN.** Irse, marcharse, desaparecer. **ANT.** Quedarse.

ausente (del lat. *absens, -entis*, de *abesse*, estar ausente) *adj.* **1.** Alejado de alguna persona o lugar, especialmente de su residencia. **2.** Distraído: *Está ausente en clase.* **SIN. 2.** Abstraído. **ANT. 1.** Presente. **2.** Atento. **FAM.** Ausencia, ausentarse. / Absentismo.

auspiciar *v. tr.* Favorecer, proteger. **SIN.** Apoyar, patrocinar, tutelar.

auspicio (del lat. *auspicium*) *s. m.* **1.** Agüero, predicción. **2.** Protección, favor. Se usa mucho en *pl.*: *Prosperó bajos los auspicios del rey.* || *s. m. pl.* **3.** Señales buenas o malas que presagian un determinado resultado o desenlace. **SIN. 1.** Augurio, pronóstico. **2.** Tutela, amparo, apoyo. **3.** Presagios. **FAM.** Auspiciar.

austero, ra (del lat. *austerus*, y éste del gr. *austeros*, de *auo*, desecar) *adj.* **1.** Que se reduce a lo necesario o práctico y prescinde de lo puramente superfluo, decorativo o placentero: *un edificio austero, austero en el vestir.* **2.** Que se ajusta con rigor a las normas de la moral. **SIN. 1.** Sobrio, moderado, frugal, parco. **2.** Rígido, severo. **ANT. 1.** Aparatoso. **2.** Frívolo. **FAM.** Austeramente, austeridad.

austral (del lat. *australis*) *adj.* **1.** Relativo al polo sur o al hemisferio sur. || *s. m.* **2.** Unidad monetaria argentina que sustituyó al peso entre 1985 y 1992. **SIN. 1.** Meridional, antártico. **ANT. 1.** Boreal. **FAM.** Australiano, austro.

australiano, na *adj.* De Australia. También *s. m.* y *f.*

australopiteco (del lat. *australopithecus*) *s. m.* Homínido fósil de África del Sur y África oriental; conserva caracteres de tipo simio y constituye la primera etapa de la vía evolutiva que condujo al hombre.

austriaco o **austríaco, ca** *adj.* De Austria. También *s. m.* y *f.*

austro (del lat. *auster, -tri*) *s. m.* **1.** Sur, punto cardinal. **2.** Viento que sopla del sur. ■ Esta palabra tiene uso literario.

autarquía (del gr. *autarkhia*, poder absoluto) *s. f.* Capacidad para bastarse a sí mismo, se utiliza sobre todo referido a la autosuficiencia económica de un estado. **FAM.** Autárquico.

auténtico, ca (del lat. *authenticus*, y éste del gr. *authentikos*) *adj.* **1.** Que es lo que parece ser o lo que indica su nombre: *un Goya auténtico, un auténtico genio.* **2.** *fam.* Honrado, fiel a sus convicciones: *Es un hombre muy auténtico.* **SIN. 1.** Verdadero, legítimo, genuino. **ANT.** Falso, falsificado. **FAM.** Auténticamente, autenticidad, autentificar. / Inauténtico.

autentificar *v. tr.* **1.** Autorizar o legalizar alguna cosa: *autentificar una firma, un documento.* **2.** Asegurar que algo es auténtico: *autentificar la autoría de un cuadro.* ■ Delante de *e* se escribe *qu* en lugar de *c*: *autentifique.* **SIN. 2.** Acreditar, probar.

autillo (del lat. *otus*, oreja) *s. m.* Ave rapaz nocturna de unos 20 cm de longitud, color pardo con finas manchas negras, y dos cuernecillos parecidos a orejas a ambos lados de la cabeza.

autismo (del gr. *autos*, uno mismo) *s. m.* Trastorno mental caracterizado por el aislamiento del individuo ante cualquier acontecimiento del entorno. **FAM.** Autista.

auto[1] (de *acto*) *s. m.* **1.** Resolución judicial, fundada, que decide sobre cuestiones parciales o secundarias, para las que no se requiere sentencia: *auto de prisión, auto de procesamiento.* **2.** Antigua composición dramática breve, de carácter religioso, en la que generalmente intervienen personajes bíblicos o alegóricos: *auto sacramental.* || *s. m. pl.* **3.** Conjunto de las partes que comprende una causa criminal o un pleito civil. || **4. auto de fe** Proclamación solemne y ejecución en público de las sentencias dictadas por el tribunal de la Inquisición. || LOC. **de autos** *adj.* En der., se aplica al momento en que sucedieron unos hechos: *el día de autos.* **en autos** *adv.* Enterado, al corriente: *estar, poner en autos.*

auto² *s. m. acort.* de **automóvil.** ■ A veces se usa como prefijo: *autoescuela, autódromo.* FAM. Autocar, autocine, autódromo, autoescuela, autoestop, autopista, autorradio, autovía. AUTOMÓVIL.

auto- (del gr. *autos*, uno mismo, propio) *pref.* Significa 'por sí mismo', 'de uno mismo': *autoservicio, autobiografía.*

autoabastecerse *v. prnl.* Proveerse uno mismo de lo necesario. ■ Es v. irreg. Se conjuga como *agradecer.*

autoadhesivo, va *adj.* Que tiene una sustancia que le permite adherirse con facilidad: *sobre autoadhesivo.* También *s. m.*

autobiografía *s. f.* Biografía en la que el autor cuenta su propia vida. SIN. Memorias, confesiones. FAM. Autobiográfico. BIOGRAFÍA.

autobombo *s. m. fam.* Alabanza exagerada y pública que hace uno de sí mismo.

autobús (del fr. *autobus*) *s. m.* Vehículo automóvil de transporte público, generalmente urbano, con trayecto fijo y plaza para muchos pasajeros. SIN. Bus, autocar, ómnibus, guagua. FAM. Bus.

autocar (de *auto²* y el ingl. *car*, coche) *s. m.* Automóvil de turismo con asientos para muchas personas. SIN. Autobús, pullman, bus.

autocine *s. m.* Cine al aire libre en el que se asiste a la proyección sin salir del propio automóvil.

autoclave *s. amb.* Aparato hermético que se utiliza para acelerar procesos químicos por medio del vapor a alta presión y temperatura o calentando líquidos por encima de su punto de ebullición. Se emplea para esterilizar.

autocontrol *s. m.* **1.** Capacidad para regular o controlar la propia conducta. **2.** Autoevaluación*. SIN. **1.** Autodominio.

autocracia (del gr. *autokrateia*) *s. f.* Sistema político en el que un solo gobernante ejerce el poder sin limitación de su autoridad. SIN. Absolutismo, dictadura, totalitarismo. FAM. Autócrata, autocrático.

autocrítica *s. f.* **1.** Juicio crítico sobre obras o conductas propias. **2.** Crítica de una obra efectuada por su propio autor.

autóctono, na (del lat. *autochthones*, y éste del gr. *autokhthon*, de *autos*, mismo, y *khthon*, tierra) *adj.* Se aplica a las personas o cosas originarias del mismo lugar o país en que viven o se dan. SIN. Aborigen, indígena. ANT. Extranjero.

autodefinido *s. m.* Crucigrama en el que algunas casillas llevan escritas las definiciones o equivalencias de las palabras con las que se deben llenar las casillas en blanco.

autodeterminación *s. f.* Decisión por la que los habitantes de un territorio eligen su futuro estatuto o régimen político.

autodidacto, ta (del gr. *autodidaktos*) *adj.* Se dice de la persona que se instruye por sí misma, sin ayuda de maestro. También *s. m.* y *f.* ■ Es más frecuente el uso de la forma *autodidacta* para ambos géneros.

autodominio *s. m.* Dominio de uno mismo: *Su autodominio le permitió mantener la calma.* SIN. Autocontrol.

autódromo (de *auto²* y el gr. *dromos*, pista) *s. m.* Circuito diseñado para carreras de automóviles o motos.

autoedición *s. f.* Sistema informático que permite editar originales.

autoescuela *s. f.* Escuela en la que se enseña la conducción de vehículos automóviles.

autoestima *s. f.* Consideración u opinión favorable que se tiene de uno mismo: *Debes mejorar tu autoestima.*

autoestop *s. m.* Modo de viajar que consiste en pedir transporte gratuito a los automovilistas mediante una señal internacional. ■ Se dice también *autostop.* FAM. Autoestopista, autostop. AUTO² y STOP.

autoestopista *adj.* Autostopista*.

autoevaluación *s. f.* Capacidad para valorar el trabajo, actividades, etc., de uno mismo y métodos empleados. SIN. Autocontrol.

autofecundación *s. f.* Fecundación de la parte femenina de un individuo hermafrodita por la parte masculina del mismo individuo.

autofoco o **autofocus** *s. m.* Mecanismo de una cámara de fotografía o vídeo que permite el enfoque automático.

autógeno, na (de *auto-* y *-geno*) *adj.* **1.** Que se genera a sí mismo. **2.** Se aplica a la soldadura metálica que se realiza por fusión de dos piezas del mismo metal con ayuda de un soplete.

autogestión *s. f.* **1.** Gestión de una empresa por sus trabajadores. **2.** Autogobierno político y económico de una sociedad o comunidad a través de un conjunto de órganos elegidos directamente por sus miembros.

autogiro *s. m.* Aeronave provista de dos hélices: una delantera, de eje horizontal, que hace despegar y avanzar el aparato, y otra en la parte superior, formada por grandes palas, que gira alrededor de un eje vertical, sirve al aparato de sustentación y le permite aterrizar casi verticalmente.

autogobierno *s. m.* **1.** Hecho de gobernarse o dirigirse a sí mismo. **2.** Gobierno autónomo de un pueblo, país o territorio. SIN. **1.** Autogestión. **2.** Autonomía.

autogol *s. m.* En fútbol, gol marcado por un jugador en su propia meta.

autógrafo, fa (del lat. *autographus*, y éste del gr. *autographos*, de *autos*, uno mismo, y *grapho*, escribir) *adj.* **1.** Se dice del texto escrito de mano de su propio autor: *carta autógrafa.* También *s. m.* || *s. m.* **2.** Firma de una persona, en especial si es famosa. SIN. **1.** Ológrafo.

automación *s. f.* Conjunto de técnicas de sustitución de la mano de obra por máquinas, especialmente ordenadores, en los procesos industriales, contables, estadísticos, etc. SIN. Automatización, mecanización.

autómata (del lat. *automata*, y éste del gr. *automatos*, que se mueve por sí mismo) *s. m.* **1.** Máquina que imita la figura y los movimientos humanos; p. ext., aparato provisto de un mecanismo que le permite ciertos movimientos. **2.** En inform., dispositivo que procesa una información de entrada para producir otra de salida. **3.** Persona que actúa maquinalmente o dirigida por otra. SIN. **1.** Robot. FAM. Automación, automático.

automático, ca *adj.* **1.** Propio de un autómata. **2.** Se dice del mecanismo que funciona sin intervención humana y de los procesos que así se desarrollan: *piloto automático, lavado automático.*

3. Se dice de las armas que pueden disparar a ráfagas: *fusil automático.* **4.** Que se realiza, ocurre, etc., de manera involuntaria o necesariamente cuando se dan determinadas circunstancias: *un gesto automático. Firmada la paz, se produjo el cese automático de las hostilidades.* || *s. m.* **5.** Interruptor de un circuito eléctrico que en determinadas ocasiones corta la corriente como medida de seguridad. **6.** Cierre, especialmente para ropa, formado por dos piezas circulares, una de ellas con un saliente que encaja a presión en el entrante de la otra. || *s. f.* **7.** Rama de la ingeniería que se ocupa de la construcción de autómatas, los procesos automáticos y sus aplicaciones. **SIN. 4.** Mecánico, maquinal, inconsciente, instintivo; forzoso, obligatorio, inevitable. **6.** Corchete. **7.** Cibernética. **ANT. 4.** Consciente, premeditado. **FAM.** Automáticamente, automatismo, automatizar. AUTÓMATA.

automatismo (del gr. *automatismos*, de *automatizo*, obrar espontáneamente) *s. m.* **1.** Cualidad de automático. **2.** Mecanismo que realiza funciones de mando, regulación, control, etc., sin necesidad de que intervengan agentes exteriores: *No conoce todos los automatismos de su coche.* **3.** Ejecución de movimientos o actos sin intervención de la voluntad.

automatizar *v. tr.* **1.** Hacer que algo sea automático. **2.** Aplicar máquinas o procedimientos automáticos en una empresa o industria. ■ Delante de *e* se escribe *c* en lugar de *z*: *automaticen.* **SIN. 1.** Mecanizar. **FAM.** Automatización. AUTOMÁTICO.

automedicarse *v. prnl.* Tomar medicamentos por propia iniciativa, sin recomendación del médico.

automercado *s. m. Ven.* Supermercado.

automoción *s. f.* **1.** Sector de la industria relativo al automóvil. **2.** Estudio o conocimiento acerca de las máquinas que se desplazan por la acción de un motor y, especialmente, de los automóviles.

automotor, ra *adj.* **1.** Se dice del aparato, especialmente del vehículo de tracción mecánica, que se mueve sin intervención externa. **2.** Se dice del vehículo de transporte ferroviario para pasajeros accionado por motores eléctricos o térmicos. También *s. m.* **FAM.** Automotriz. MOTOR.

automotriz *adj.* Automotora*.

automóvil *adj.* **1.** Que se mueve por sí mismo. || *s. m.* **2.** Vehículo sobre ruedas impulsado por su propio motor y diseñado para circular por tierra sin necesidad de vías o carriles; especialmente, el de pequeño tamaño para el transporte de seis personas o menos. **SIN. 2.** Coche, auto, turismo, carro. **FAM.** Auto², automovilismo, automovilista, automovilístico. / Automoción. MÓVIL.

automovilismo *s. m.* **1.** Conjunto de conocimientos teóricos y prácticos relativos a la construcción, funcionamiento y conducción de automóviles. **2.** Deporte que consiste en practicar carreras con automóviles.

automovilista *s. m.* y *f.* Persona que conduce un automóvil.

automovilístico, ca *adj.* Relativo a los automóviles o al automovilismo: *industria automovilística, carrera automovilística.*

autonomía (del lat. *autonomia*) *s. f.* **1.** Estado y condición de una persona, pueblo, territorio, etc., que goza de independencia en todos o en algunos aspectos: *La empresa tiene autonomía económica.* **2.** En España, comunidad autónoma. **3.** Capacidad máxima de un vehículo para efectuar un recorrido ininterrumpido sin repostar combustible: *autonomía de vuelo de un avión.* **SIN. 1.** Libertad, emancipación, autogobierno. **ANT. 1.** Dependencia. **FAM.** Autonómico, autonomista, autonomizar, autónomo.

autonómico, ca *adj.* Relativo a la autonomía o a una comunidad autónoma: *elecciones autonómicas.*

autonomista *adj.* Partidario de la autonomía política. También *s. m.* y *f.*

autonomizar *v. tr.* Hacer autónomo o independiente. También *v. prnl.* ■ Delante de *e* se escribe *c* en lugar de *z*: *autonomice.* **SIN.** Independizar, desvincular, separar. **ANT.** Someter, vincular.

autónomo, ma (del gr. *autonomos*, de *autos*, propio, y *nomos*, ley) *adj.* **1.** Que tiene autonomía. **2.** Se dice del trabajador no asalariado y que trabaja por cuenta propia. También *s. m.* y *f.* **SIN. 1.** Independiente, emancipado.

autopase *s. m.* En algunos deportes, pase que se da a sí mismo un jugador, adelantando la pelota para regatear a otro.

autopista *s. f.* Vía para la circulación de automóviles que tiene calzadas con varios carriles, separadas para ambos sentidos y sin cruces.

autoplastia (del gr. *autos*, uno mismo, y *plastos*, formado) *s. f.* Restauración de partes dañadas de un organismo mediante injertos procedentes del mismo individuo.

autopropulsarse *v. prnl.* Trasladarse una máquina por su propia fuerza motriz. **FAM.** Autopropulsado, autopropulsión, autopropulsor. PROPULSAR.

autopropulsor, ra *adj.* Se dice del dispositivo de propulsión que funciona automáticamente en un vehículo o ingenio, sobre todo en proyectiles o cohetes. También *s. m.*

autopsia (del gr. *autopsia*, visión con los propios ojos) *s. f.* Disección de un cadáver y examen anatómico del mismo, generalmente con la finalidad de determinar la causa de la muerte.

autopullman (ingl.) *s. m.* Autocar con equipamiento de lujo para hacer largos recorridos.

autor, ra (del lat. *auctor, -oris*) *s. m.* y *f.* **1.** El que es causa de alguna cosa o ha ejecutado alguna acción: *el autor de la broma.* **2.** El que ha hecho alguna obra científica, literaria, artística, etc.: *Cervantes es autor de «El Quijote».* **3.** El inventor de algo. **4.** En der., sujeto activo de un delito, que comprende al que lo comete, induce a ejecutarlo o coopera en él con actos sin los que no se hubiera llevado a cabo. || **5. derechos de autor** Los que la ley reconoce al que realiza una obra literaria, científica o artística para participar en los beneficios que produzca su publicación, reproducción o representación. También la cantidad que un autor cobra por este motivo. **SIN. 1.** Agente, ejecutor. **2.** Artista, compositor, creador. **FAM.** Autoría, autoridad, autorizar. / Cantautor, coautor.

autoría *s. f.* Cualidad o condición de autor: *Reconoció su autoría en los hechos.*

autoridad (del lat. *auctoritas, -atis*) *s. f.* **1.** Potestad o facultad por la que una persona puede gobernar o mandar sobre otras que le están subordinadas. **2.** Capacidad de hacerse obedecer o respetar: *No tiene ninguna autoridad sobre sus alumnos.* **3.** Persona que tiene poder o mando debido al cargo público que ocupa: *Al acto asistieron las autoridades.* **4.** Crédito, influencia o prestigio de que goza alguien por su superioridad moral o intelectual o por su saber en una materia; también, persona objeto de esa consideración: *¿Con qué autoridad nos recrimina? Es una autoridad en criminología.* **5.** Autor, texto o expresión que se cita en apoyo de lo que se dice: *diccionario de autoridades*. SIN. **1.** Poderío, dominio. **2.** Ascendiente. **3.** Jefe, gobernante, dirigente. **4.** Competencia. FAM. Autoritario. AUTOR.

autoritario, ria *adj.* **1.** Que se funda o apoya de modo exclusivo o exagerado en la autoridad de una persona o grupo: *un gobierno autoritario*. **2.** Que tiende a imponer su voluntad y criterio: *un padre autoritario*. También *s. m.* y *f.* SIN. **1.** Imperioso, imperativo; totalitario, absolutista. **2.** Mandón, arbitrario; déspota. ANT. **1.** Democrático. **2.** Sumiso, dócil, manejable; demócrata. FAM. Autoritariamente, autoritarismo. AUTORIDAD.

autoritarismo *s. m.* Actitud, sistema de relaciones, régimen político, etc., autoritarios. SIN. Totalitarismo, absolutismo. ANT. Tolerancia, democracia.

autorizadamente *adv. m.* **1.** Con autoridad moral, científica o intelectual: *Como tan autorizadamente ha señalado el profesor*. **2.** Con autorización: *Actuó autorizadamente al cumplir las órdenes*.

autorizado, da 1. *p.* de **autorizar**. También *adj.* || *adj.* **2.** Digno de respeto o crédito: *una noticia de fuente autorizada*. SIN. **1.** Legal. **2.** Acreditado. ANT. **1.** y **2.** Desautorizado.

autorizar *v. tr.* **1.** Dar autoridad, facultad o derecho para hacer algo: *Su puesto no le autoriza para tomar esa decisión*. **2.** Permitir: *autorizar una manifestación*. **3.** Dar fe el notario en un documento poniendo en él su firma. ■ Delante de *e* se escribe *c* en lugar de *z*. SIN. **1.** Facultar, capacitar. **2.** Consentir, aprobar, dejar. ANT. **1.** y **2.** Desautorizar, prohibir. **2.** Desaprobar. FAM. Autorización, autorizadamente, autorizado. / Desautorizar. AUTOR.

autorradio *s. amb.* Receptor de radio diseñado para ser instalado en un automóvil.

autorregulación *s. f.* **1.** Regulación automática de un mecanismo. **2.** Capacidad de ciertos sistemas (cibernéticos, biológicos, etc.) para conservar su equilibrio y estabilidad ante las variaciones del medio y continuar funcionando adecuadamente. FAM. Autorregulable. REGULACIÓN.

autorretrato *s. m.* Retrato de una persona hecho por ella misma.

autorreverse (ingl.) *s. m.* Dispositivo de un casete que hace que, cuando ha terminado una cara de la cinta, comience a leer automáticamente la opuesta. También *adj.*: *casete autorreverse*.

autoservicio *s. m.* Establecimiento (restaurante, tienda, etc.) donde el cliente se sirve a sí mismo.

autostop (de *auto*[2] y el ingl. *stop*, parar) *s. m.* Autoestop*. FAM. Autostopista. AUTOESTOP.

autostopista *adj.* Que practica el autostop. También *s. m.* y *f.* ■ Se dice también *autoestopista*.

autosuficiencia *s. f.* **1.** Estado o condición del que se basta a sí mismo. **2.** Suficiencia, presunción, orgullo. SIN. **1.** Autonomía. **2.** Engreimiento, petulancia. FAM. Autosuficiente. SUFICIENTE.

autosugestión *s. f.* Influencia y convicción que una persona ejerce sobre sí misma, de manera consciente o inconsciente, y que puede modificar sus actitudes y comportamiento. FAM. Autosugestionarse. SUGESTIÓN.

autosugestionarse *v. prnl.* Sugestionarse a sí mismo, convencerse de algo.

autotransfusión *s. f.* Transfusión de la sangre o plasma sanguíneo del propio paciente, extraída previamente y conservada en condiciones adecuadas.

autotrasplante *s. m.* Trasplante que consiste en obtener un órgano o tejido del propio paciente y volverlo a implantar en él.

autótrofo, fa (del gr. *autos*, mismo, y *trophos*, alimentador) *adj.* Se dice del organismo capaz de alimentarse directamente de sustancias inorgánicas como calcio, dióxido de carbono, oxígeno, nitrógeno, etc.

autovacuna *s. f.* Vacuna preparada con cultivos microbianos procedentes del mismo individuo al que será administrada.

autovía *s. f.* **1.** Carretera con calzadas separadas para ambos sentidos, semejante a la autopista, pero sin algunas de sus características. || *s. m.* **2.** Tren automotor.

auxiliar[1] (del lat. *auxiliare*) *v. tr.* Dar o prestar auxilio, socorrer en un peligro, necesidad, etc. SIN. Ayudar, amparar, asistir. ANT. Desamparar, abandonar. FAM. Auxiliar[2]. AUXILIO.

auxiliar[2] (del lat. *auxiliaris*) *adj.* **1.** Que auxilia: *medios auxiliares*. **2.** Se dice de la persona que ayuda o colabora en las funciones de otra como subordinado suyo: *profesor auxiliar*. También *s. m.* y *f.* **3.** En ling., se aplica a los verbos que sirven para formar los tiempos compuestos o la voz pasiva de otros o para expresar distintos matices del pensamiento. También *s. m.* SIN. **1.** Accesorio, complementario. **2.** Ayudante, asistente.

auxilio (del lat. *auxilium*) *s. m.* **1.** Ayuda, asistencia, amparo: *Salió adelante con el auxilio de sus amigos*. **2.** Aquello con que se presta ayuda: *Los auxilios llegaron a la zona siniestrada*. SIN. **1.** Socorro, atención. ANT. **1.** Desamparo, abandono. FAM. Auxiliador, auxiliar[1].

auyama *s. f.* **1.** *Amér. C.* Hierba rastrera cucurbitácea de flores amarillas y frutos grandes. **2.** Calabaza amarilla y grande que es fruto de esta planta.

aval (del fr. *aval*) *s. m.* **1.** Hecho de responder por una persona en distintos aspectos, especialmente en materia económica. **2.** Documento o escrito en que se hace constar ese hecho y firma con la que alguien se obliga a realizarla. SIN. **1.** Garantía, respaldo. FAM. Avalar, avalista.

avalancha (del fr. *avalanche*) *s. f.* Alud*.

avalar *v. tr.* **1.** Garantizar por medio de aval: *Tu firma avala mi petición de un crédito bancario*. **2.** Responder de alguien, respaldarlo o darle prestigio en distintos aspectos: *Le avalaban varios premios*. SIN. **2.** Acreditar. ANT. **2.** Desacreditar, desprestigiar.

avalista *s. m.* y *f.* Persona que avala: *Para que me dieran el crédito tuve que presentar dos avalistas*.

avance *s. m.* **1.** Acción de avanzar: *el avance de un ejército, de la ciencia*. **2.** Noticia, imagen, muestra, etc., que se presenta como adelanto de algo: *un avance informativo, un avance de la moda de verano*. SIN. **1.** Progreso, desarrollo, anticipación. **2.** Flash; tráiler. ANT. **1.** Retroceso, atraso.

avante (del lat. *ab* y *ante*) *adv. l.* Adelante. ■ Es término marinero.

avanzadilla *s. f.* Pequeño grupo de los miembros de una tropa o ejército que se adelanta a la avanzada, generalmente para observar al enemigo.

avanzado, da 1. *p.* de **avanzar**. || *adj.* **2.** Se dice de lo que está lejos de su comienzo: *edad avanzada. Las obras están muy avanzadas*. **3.** Progresista, innovador: *un hombre de ideas avanzadas*. || *s. f.* **4.** Partida militar destacada con fines de exploración, observación, etc. SIN. **2.** Adelantado. **3.**

Renovador, reformista. **4.** Avanzadilla. **ANT. 2.** Atrasado, retrasado. **3.** Conservador.

avanzar (del lat. *abantiare*, de *ab* y *ante*) *v. tr.* **1.** Adelantar, mover o prolongar algo hacia adelante: *Avanza el pie izquierdo.* || *v. intr.* **2.** Ir hacia adelante: *El coche avanza por la carretera.* **3.** Tratándose de tiempo, transcurrir: *Avanza el otoño.* **4.** Progresar, mejorar: *Ana avanza en sus estudios.* ■ Delante de *e* se escribe *c* en lugar de *z*: *avancen.* **SIN. 3.** Pasar. **4.** Prosperar. **ANT. 1.** Atrasar, retirar. **2.** Retroceder, recular. **4.** Empeorar. **FAM.** Avance, avanzadilla, avanzado. / Avante.

avaricia (del lat. *avaritia*) *s. f.* **1.** Afán excesivo de poseer y guardar riquezas. || **LOC. con avaricia** *adv.* Mucho: *Es feo con avaricia.* **SIN.** Avidez, codicia. **ANT.** Generosidad, esplendidez.

avaricioso, sa o **avariento, ta** *adj.* Que tiene avaricia. También *s. m.* y *f.* **SIN.** Avaro, codicioso. **ANT.** Generoso.

avaro, ra (del lat. *avarus*, de *avere*, desear con ansia) *adj.* **1.** Ansioso de poseer riquezas por el solo placer de tenerlas. También *s. m.* y *f.* **2.** Que no le gusta dar o gastar algo o lo escatima. También *s. m.* y *f.* **SIN. 1.** Avaricioso, avariento, codicioso, acaparador. **2.** Tacaño, miserable, mezquino, ruin, agarrado. **ANT. 1.** y **2.** Generoso. **2.** Rumboso. **FAM.** Avaricia, avariciosamente, avaricioso, avariento.

avasallador, ra *adj.* **1.** Que avasalla. **2.** Se dice de lo que arrastra o mueve la voluntad o admiración de alguien: *Tiene un poder de convicción avasallador.* **SIN. 1.** Aplastante. **2.** Arrollador, subyugador.

avasallar *v. tr.* **1.** Obligar a alguien a someterse u obedecer por la fuerza y sin razón. **2.** Comportarse sin tener en cuenta los derechos de los demás: *Nos avasallaron al entrar en el estadio.* **3.** Imponerse alguien con mucha diferencia sobre otro u otros: *El equipo local avasalló a su rival.* **SIN. 1.** Dominar, oprimir, sojuzgar, tiranizar. **2.** Atropellar. **2.** y **3.** Arrollar, aplastar. **3.** Machacar. **ANT. 1.** Liberar. **FAM.** Avasallador, avasallamiento. VASALLO.

avatar (del sánscrito *avatara*, descenso, aplicado a la encarnación terrestre de alguna deidad) *s. m.* Cambio, transformación, vicisitud. Se usa sobre todo en *pl.*: *los avatares de la vida.*

ave (del lat. *avis*) *s. f.* **1.** Animal vertebrado ponedor de huevos que tiene pico, sangre caliente, cuatro cámaras en el corazón, cuerpo cubierto de plumas, extremidades anteriores transformadas en alas y huesos ligeros y semihuecos, adaptados al vuelo. || *s. f. pl.* **2.** Clase formada por estos animales. || **3. ave de paso** Ave migratoria; también, persona que se detiene poco en un lugar. **4. ave del paraíso** Ave exótica de Nueva Guinea, Australia y otras islas del océano Pacífico. Los machos tienen un plumaje de colores brillantes, con extrañas formas y prolongaciones. **5. ave fría** Avefría*. ■ En sing. lleva el art. *el* o *un.* **FAM.** Aviar[2], avicultura, avifauna, avión[1].

¡ave María! *loc. excl.* Exclamación de asombro o extrañeza.

avecinar *v. tr.* Acercar, aproximar: *Parece que se avecinan tormentas.* Se usa más como *v. prnl.* **ANT.** Alejar(se).

avecindamiento *s. m.* **1.** Acción de avecindar o avecindarse. **2.** Lugar donde uno está avecindado. **SIN. 1.** Establecimiento, asentamiento.

avecindar *v. tr.* **1.** Inscribir a alguien como vecino de una población. También *prnl.* || **avecindarse** *v. prnl.* **2.** Establecerse en una población como vecino. **SIN. 1.** Empadronar. **2.** Asentarse, domiciliarse, instalarse. **ANT. 2.** Ausentarse. **FAM.** Avecinar, avecindamiento. VECINO.

avefría *s. f.* Ave que presenta un penacho largo y negro en la parte posterior de la cabeza y cuya especie común mide unos 30 cm de longitud y tiene el dorso verde, el pecho y la cabeza negros y el vientre blanco; habita en Europa y N de Asia. ■ En sing. lleva el art. *el* o *un.* Se escribe también *ave fría.*

avejentar *v. tr.* Hacer que alguien o algo parezca más viejo de lo que es realmente: *El pelo blanco le avejentaba mucho.* También *v. prnl.* **SIN.** Aviejar(se), envejecer. **ANT.** Rejuvenecer. **FAM.** Avejentamiento. VIEJO.

avellana (del lat. *abellana nux*, nuez de Abella, ciudad de Campania) *s. f.* Fruto del avellano, rico en aceite, con una envoltura leñosa y consumible seco. **FAM.** Avellano.

avellano *s. m.* Árbol o arbusto cuyo fruto es la avellana, que tiene hojas alternas serradas, con forma de corazón y caducas, y flores, unas amarillas y otras con centro rojo.

avemaría (del lat. *ave*, voz empleada como saludo, y *María*) *s. f.* Oración a la Virgen compuesta de las palabras con que el arcángel San Gabriel saludó a María, las que le dijo Santa Isabel cuando aquélla fue a visitarla y otras que añadió la Iglesia católica. ■ En sing. lleva el art. *el* o *un.*

avena (del lat. *avena*) *s. f.* **1.** Planta herbácea anual de cañas delgadas con algunas hojas estrechas; tiene inflorescencias compuestas por ramas que terminan en flores. Es comestible y se cultiva en las regiones templadas de todo el mundo. **2.** Semilla de esta planta que se utiliza principalmente en la alimentación.

avenar *v. tr.* Dar salida al agua de un terreno por medio de zanjas de desagüe, cañerías, etc., o a través del sistema fluvial. **SIN.** Desecar, desaguar, drenar. **ANT.** Anegar, inundar. **FAM.** Avenamiento. VENA.

avenencia *s. f.* Acuerdo entre dos o más personas, grupos, etc. **SIN.** Unión, convenio, conformidad, concierto, arreglo. **ANT.** Desavenencia, desacuerdo, disconformidad.

avenida *s. f.* **1.** Crecida súbita y violenta, con desbordamiento del caudal de un río o corriente de agua. **2.** Afluencia de muchas personas o cosas. **3.** Calle ancha y generalmente con árboles a ambos lados. **SIN. 1.** Inundación. **2.** Avalancha. **3.** Alameda, bulevar, paseo.

avenido, da 1. *p.* de **avenir**. || *adj.* **2.** Con los adv. *bien* o *mal* significa conforme, en armonía, o disconforme, enfrentado: *familia bien avenida, compañeros mal avenidos.*

avenir (del lat. *advenire*, llegar) *v. tr.* **1.** Reconciliar, poner de acuerdo a varias personas, partes enemistadas, etc.: *El juez de paz avino a los contendientes.* También *v. prnl.* || **avenirse** *v. prnl.* **2.** Entenderse bien: *Los dos primos se avienen.* **3.** Conformarse, acomodarse: *Se aviene a negociar.* ■ Es v. irreg. Se conjuga como *venir.* **SIN. 1.** Armonizar, conciliar. **2.** Compenetrarse, congeniar. **3.** Adaptarse, allanarse. **ANT. 1.** Enemistar(se), enfrentar. **FAM.** Avenencia, avenido. / Desavenir, malavenido. VENIR.

aventador, ra *adj.* **1.** Que avienta o echa al viento los granos: *máquina aventadora.* También *s. m.* y *f.* || *s. m.* **2.** Bieldo*.

aventajado, da 1. *p.* de **aventajar**. || *adj.* **2.** Se dice del que sobresale o es notable en algo: *un alumno aventajado.* **SIN. 2.** Adelantado, sobresaliente. **ANT. 2.** Atrasado, mediocre.

aventajar (del fr. *avantage*) *v. tr.* Sacar ventaja en algo a otros. SIN. Sobrepasar, superar; exceder. FAM. Aventajado. / Desaventajado. VENTAJA.

aventar *v. tr.* **1.** Echar algo al viento, en especial el grano para limpiarlo. **2.** Dispersar o empujar el viento alguna cosa: *El vendaval aventó las hojas de los árboles.* ■ Es v. irreg. Se conjuga como *pensar.* FAM. Aventador. VIENTO.

aventura (del lat. *adventura*, de *advenire*, suceder, llegar) *s. f.* **1.** Suceso extraordinario: *En el viaje nos ocurrieron muchas aventuras.* **2.** Peligro, empresa o acción arriesgada: *Está metido en una aventura.* **3.** Relación amorosa pasajera: *Aquel verano tuvo una aventura con una extranjera.* SIN. **1.** Andanza, peripecia. **2.** Riesgo, correría. **3.** Amorío, romance, flirt. FAM. Aventurado, aventurar, aventurero. VENTURA.

aventurar *v. tr.* **1.** Arriesgar, poner en peligro, comprometer. También *v. prnl.*: *A pesar de la fuerte corriente nos aventuramos a cruzar el río.* **2.** Expresar algo atrevido o de lo que se tiene duda: *aventurar una opinión.* SIN. **1.** Exponer(se), osar, atreverse.

aventurero, ra *adj.* **1.** Que busca aventuras y las vive; p. ext., temerario. También *s. m.* y *f.* **2.** Se dice de la persona que se gana la vida o trata de triunfar por medios no correctos o ilícitos. SIN. **1.** Trotamundos; osado, arriesgado, atrevido. **2.** Intrigante.

average (ingl.) *s. m.* Promedio, término medio. Se usa mucho en terminología deportiva: *gol average.*

avergonzar *v. tr.* Producir en alguien un sentimiento de vergüenza: *Le avergüenza lo que ha hecho.* También *v. prnl.*: *Se avergüenza de su aspecto.* ■ Delante de *e* se escribe *c* en lugar de *z.* La *u* lleva diéresis delante de *e*: *avergüence.* Es v. irreg. Se conjuga como *contar.* SIN. Azarar(se), abochornar(se), confundir(se), turbar(se).

avería (del ár. *al-awariyya*, las mercancías estropeadas) *s. f.* Daño, rotura o fallo sufrido en un mecanismo, mercancía, etc.: *La avería del coche nos retrasó.* SIN. Desperfecto. FAM. Averiar.

averiar *v. tr.* **1.** Producir avería en un mecanismo: *La cal del agua averió la lavadora.* También *v. prnl.* **2.** Echar a perder algo. También *v. prnl.* ■ En cuanto al acento, se conjuga como *ansiar*: *averío.* SIN. **1.** Estropear, romper. **2.** Deteriorar, menoscabar.

averiguar (del lat. *ad*, a, y *verificare*, comprobar) *v. tr.* Investigar hasta enterarse de algo o conocerlo, o para encontrar la solución de un problema: *¿Has averiguado dónde arreglan esto? En esta ecuación hay que averiguar el valor de x.* ■ La *u* lleva diéresis delante de *e*: *averigüé, averigüe;* y a diferencia de otros verbos acabados en *uar,* no se acentúa la *u* en los tiempos de presente ni en el imperativo: *averiguo, actúo; averigua, actúa.* SIN. Indagar, descubrir. FAM. Averiguación. VERIFICAR.

averno (del lat. *avernus*) *s. m.* En lenguaje culto y literario, infierno, lugar donde van a parar las almas de los muertos y sufren castigo eterno los condenados. SIN. Orco.

averroísmo *s. m.* Sistema o doctrina filosófica de Averroes, filósofo y médico hispanomulsulmán.

aversión (del lat. *aversio, -onis*) *s. f.* Oposición, repugnancia hacia personas o cosas. ■ Se usa con las preposiciones *a, hacia, por.* SIN. Antipatía, repulsión, ojeriza, manía. ANT. Simpatía, apego, afición. FAM. Animadversión.

avestruz (del lat. *avis* y *struthio*) *s. m.* **1.** Ave africana, la más grande de las actuales, que alcanza hasta 2 m de altura y 150 kg de peso. Tiene alas, aunque no puede volar, un cuello muy largo y patas largas y fuertes, que le permiten correr a velocidades de hasta 70 km· || **2. política** (o **táctica**) **del avestruz** La que ignora un problema o peligro en lugar de afrontarlo. FAM. Estruciforme, estrucioniforme.

avetoro *s. m.* Ave de considerable tamaño, plumaje pardo amarillento, parte superior de la cabeza negra y pico largo y recto, que vive en pantanos y marismas, y cuyo canto recuerda el mugido de un toro.

avezado, da 1. *p.* de **avezar**. || *adj.* **2.** Se dice de la persona experimentada, acostumbrada al esfuerzo, a las dificultades, al peligro, etc.: *Era un conductor muy avezado.* SIN. **2.** Ducho, curtido. ANT. **2.** Inexperto, tierno, verde. FAM. Avezar.

avezar *v. tr.* Acostumbrar a alguien a cosas duras o difíciles. También *v. prnl.*: *avezarse al esfuerzo.* ■ Delante de *e* se escribe *c* en lugar de *z*: *avece.* SIN. Curtir(se), endurecer(se).

aviación *s. f.* **1.** Sistema de navegación aérea y transporte por medio de aviones. **2.** Conjunto de medios utilizados para ese sistema y transporte, especialmente los de carácter militar: *La aviación atacó.* || **3. aviación comercial** La que se dedica al transporte de pasajeros y mercancías.

aviado, da 1. *p.* de **aviar**. También *adj.* || LOC. **estar** uno **aviado** *fam.* Estar en una situación difícil o creer equivocadamente que puede hacer o conseguir algo: *Estás aviado si piensas que vas a salirte con la tuya.*

aviador, ra *s. m.* y *f.* Persona que dirige o tripula un avión. SIN. Piloto, tripulante.

aviar[1] (de *a-*[2] y *vía*) *v. tr.* **1.** *fam.* Arreglar, preparar, componer: *aviar una habitación.* También *v. prnl.*: *Saldré en cuanto me avíe un poco.* **2.** *fam.* Proporcionar a alguien lo que necesita para algún fin: *Ha aviado de ropa a los niños.* || **aviarse** *v. prnl.* **3.** Manejarse, arreglarse: *Ya me las aviaré.* ■ En cuanto al acento, se conjuga como *ansiar*: *avío.* SIN. **1.** Atusar(se). **2.** Surtir. **3.** Apañarse. FAM. Aviado, avío. VÍA.

aviar[2] *adj.* Relativo a las aves, y en especial a sus enfermedades: *peste aviar.*

avicultura (del lat. *avis*, ave, y *-cultura*, cultivo) *s. f.* Actividad que consiste en criar aves domésticas y aprovechar sus productos: carne, huevos, plumas. FAM. Avícola, avicultor. AVE.

ávido, da (del lat. *avidus*) *adj.* Que desea algo intensamente, ansioso, codicioso: *ávido de riqueza.* SIN. Ambicioso, avaricioso, hambriento, sediento. ANT. Saciado, harto. FAM. Ávidamente, avidez.

aviejar *v. tr.* Hacer viejo a alguien o darle aspecto de viejo: *Los problemas le han aviejado.* También *v. prnl.* SIN. Envejecer, avejentar(se). ANT. Rejuvenecer(se).

avieso, sa (del lat. *aversus*, desviado) *adj.* Perverso, maligno, inclinado a hacer daño: *mirada aviesa, aviesas intenciones.* SIN. Atravesado, malo, siniestro, retorcido, malvado, pérfido. ANT. Bondadoso, sincero. FAM. Aviesamente.

avifauna *s. f.* Conjunto de las aves de un país o región.

avilés, sa *adj.* Abulense*.

avinagrar *v. tr.* **1.** Poner agria una cosa, especialmente el vino. También *v. prnl.* **2.** Volver malhumorada, áspera, etc., a una persona o a su carácter. También *v. prnl.*

avío *s. m.* **1.** Acción de aviar o aviarse. **2.** Servicio, utilidad, provecho: *Ese paraguas me hace buen avío.* **3.** Comida o víveres para el camino. || *s. m. pl.* **4.** *fam.* Utensilios necesarios para hacer algo: *los avíos de coser.* **SIN. 2.** Uso, conveniencia, interés. **3.** Vitualla, provisión. **4.** Instrumentos, enseres. **FAM.** Desavío. AVIAR[1].

avión[1] (del fr. *avion*) *s. m.* **1.** Vehículo volador, más pesado que el aire, provisto de alas y generalmente propulsado por motores. || **2. avión comercial** El destinado al transporte de pasajeros y mercancías. **SIN. 1.** Aeroplano, aeronave. **FAM.** Aviación, aviador, avioneta, aviónica. / Hidroavión, portaaviones. AVE.

avión[2] (del lat. *gavia*) *s. m.* Pájaro insectívoro semejante al vencejo y la golondrina, cuya especie común mide unos 12 cm de longitud y tiene el dorso negro y el vientre y las patas blancas; anida en pendientes rocosas abruptas y en paredes.

avioneta *s. f.* Avión pequeño y con motor de escasa potencia.

aviónica (del ingl. *avionics*) *s. f.* Electrónica aplicada a la aviación.

avisado, da 1. *p.* de **avisar**. También *adj.* || *adj.* **2.** Prudente, astuto, experimentado. También *s. m.* y *f.*: *No es fácil engañar a los avisados.* **SIN. 2.** Despierto, listo, enterado.

avisar (del fr. *aviser*) *v. tr.* **1.** Dar noticia, comunicar: *El portero avisó que iban a cortar el agua.* **2.** Advertir, llamar la atención, prevenir: *Te aviso que, si sigues así, vas a suspender.* **3.** Llamar a alguien para que preste un servicio: *avisar al médico.* **SIN. 1.** Informar, anunciar. **2.** Amonestar, apercibir. **FAM.** Avisado, aviso.

aviso *s. m.* **1.** Acción de avisar: *Su aviso llegó tarde.* **2.** Escrito, comunicado, etc., con que se avisa: *Han puesto el aviso en el tablón de anuncios.* **3.** En las corridas de toros, advertencia de la presidencia al torero cuando éste prolonga la faena más de lo debido: *El matador escuchó dos avisos.* || **LOC. sobre aviso** *adv.* Con cuidado, prevenido o preparado para algo. **SIN. 1.** Comunicación, noticia, anuncio, advertencia; amonestación, apercibimiento. **FAM.** Contraaviso, preaviso. AVISAR.

avispa (del lat. *vespa*) *s. f.* Insecto, generalmente de cuerpo amarillo con bandas negras, provisto de un aguijón con el que produce dolorosas picaduras, que vive solitario o en nidos donde hace vida en común. **FAM.** Avispero, avispón. / Véspido.

avispado, da *adj.* Listo, despierto, despabilado. También *s. m.* y *f.* **SIN.** Espabilado, astuto, sagaz, perspicaz. **ANT.** Torpe, obtuso, simple, atontado. **FAM.** Avispar.

avispero *s. m.* **1.** Nido de avispas o lugar donde se encuentra. **2.** Conjunto de avispas. **3.** *fam.* Asunto complicado que puede ofrecer peligro o causar disgusto: *Te has metido en un buen avispero.* **4.** *fam.* Reunión o aglomeración de personas o cosas que producen alboroto. **SIN. 3.** Lío, embrollo. **4.** Hervidero, hormiguero.

avispón *s. m.* **1.** *aum.* de **avispa**. **2.** Insecto himenóptero mayor que la avispa común, de color rojo y amarillento. Vive en Europa y el N de África, y se alimenta, fundamentalmente, de abejas.

avistar *v. tr.* Conseguir ver algo que está lejos: *Avistaron las costas americanas.* **SIN.** Divisar, descubrir, distinguir, otear.

avitaminosis *s. f.* Carencia de vitaminas en el organismo. ■ No varía en *pl.*

avituallar *v. tr.* Proveer a alguien de víveres o alimentos. **SIN.** Abastecer, aprovisionar. **FAM.** Avituallamiento. VITUALLA.

avivar *v. tr.* Dar viveza a algo, hacerlo o ponerlo más vivo, animado, rápido, intenso, etc.: *avivar la inteligencia, el paso, el fuego, los colores.* También *v. prnl.* **SIN.** Estimular, activar(se), agudizar(se); apresurar(se), acelerar(se); enardecer(se), exacerbar(se); encender(se). **ANT.** Paralizar(se); retardar(se); apagar(se). **FAM.** Reavivar. VIVO.

avizor (del fr. *aviseur*) *adj.* Atento, sobre aviso. ■ Se usa sólo en la expresión (**estar**) **ojo avizor**. **FAM.** Avizorar.

avizorar *v. tr.* Mirar con mucha atención para descubrir algo.

-avo, va *suf.* Se añade a los números cardinales para formar los partitivos: *un onceavo* (una parte de las once en que se ha dividido algo). ■ Es incorrecto su uso para formar cardinales ordinales.

avoceta (del ital. *avocetta*) *s. f.* Ave zancuda cuya especie común tiene unos 40 cm de longitud, plumaje blanco con franjas negras y pico largo y curvado hacia arriba.

avutarda (del lat. *avis tarda*, ave torpe) *s. f.* Ave zancuda de carrera rápida, dorso rojizo con líneas negras, pecho castaño y vientre y cabeza blancos.

axial o **axil** *adj.* Relativo al eje o que forma un eje. **FAM.** Axis, axón. / Coaxial, paraxial.

axila (del lat. *axilla*) *s. f.* **1.** En anat., cavidad que forma el arranque del brazo con el tronco. **2.** En bot., ángulo formado por la articulación de cualquiera de las partes de la planta con el tronco o rama. **SIN. 1.** Sobaco.

axiología (del gr. *axios*, justo, y *-logía*, tratado) *s. f.* En fil., teoría de los valores (éticos, religiosos, estéticos, etc.).

axioma (del lat. *axioma*, y éste del gr. *axioma*, lo que parece justo) *s. m.* Enunciado básico que se establece y se admite como verdadero sin necesidad de demostración y a partir del cual se pueden deducir otros. **SIN.** Postulado, teorema, principio, proposición. **FAM.** Axiología, axiomático, axiomatizar.

axiomático, ca *adj.* **1.** Evidente, incuestionable. || *s. f.* **2.** Conjunto de axiomas de una ciencia, teoría, etc. **SIN. 1.** Irrebatible, indiscutible.

axiomatizar *v. tr.* Elaborar el sistema de axiomas que sirva de base a una ciencia deductiva o a una teoría científica: *Los especialistas axiomatizan sus lenguajes.* ■ Delante de *e* se escribe *c* en lugar de *z*: *axiomatice.*

axis (del lat. *axis*, eje) *s. m.* Segunda vértebra cervical, sobre la que se realiza el movimiento de rotación de la cabeza. ■ No varía en *pl.*

axón (del lat. *axis*, eje) *s. m.* Neurita*.

¡ay! *interj.* **1.** Expresa dolor o sobresalto. || *s. m.* **2.** Suspiro, quejido. ■ Su pl. es *ayes.*

ayatolá o **ayatola** (ár.) *s. m.* Autoridad religiosa chiita con magisterio público.

ayer (del lat. *heri*) *adv. t.* **1.** En el día que precedió inmediatamente al de hoy. **2.** En tiempo pasado. || *s. m.* **3.** Tiempo pasado: *el ayer.* **FAM.** Anteayer.

ayo, ya (del gót. *hagja*, guarda) *s. m.* y *f.* Persona encargada del cuidado y educación de un niño. ■ En f. sing. lleva el art. *el* o *un.* **SIN.** Preceptor, mentor; institutriz.

ayuda *s. f.* **1.** Acción de ayudar: *prestar, servir de ayuda.* **2.** Aquello con que se ayuda: *Las ayudas llegaron al lugar de la catástrofe.* **3.** Remuneración suplementaria. **4.** Lavativa*. || **5. ayuda de**

cámara Criado encargado del servicio personal de un señor, especialmente del cuidado de su vestido. SIN. **1.** y **2.** Auxilio, apoyo, socorro. **3.** Extra. ANT. **1.** Estorbo.

ayudante *adj.* **1.** Que ayuda. También *s. m.* y *f.* || *s. m.* y *f.* **2.** Persona que ayuda a otra o a un superior en su trabajo: *ayudante de campo, ayudante técnico sanitario.* SIN. **2.** Auxiliar.

ayudar (del lat. *adiutare*) *v. tr.* **1.** Prestar cooperación a alguien o algo, favorecerlo o socorrerlo: *Ayúdame a mover el armario. Ayuda con dinero a sus hermanos.* || **ayudarse** *v. prnl.* **2.** Valerse o servirse de algo: *Se ayudaba con los pies para trepar.* SIN. **1.** Colaborar, cooperar; amparar, asistir. ANT. **1.** Estorbar; perjudicar. FAM. Ayuda, ayudante, ayudantía. / Adyuvante, coadyuvar.

ayunar (del lat. *ieiunare*) *v. intr.* Abstenerse total o parcialmente de comer o beber, durante un tiempo variable y por diversos motivos: religiosos, de salud, etc.

ayuno, na *adj.* **1.** Que no ha comido. **2.** Carente de algo: *Estaba ayuno de ideas.* **3.** Que desconoce o no entiende algo: *Salió ayuno de la conferencia.* || *s. m.* **4.** Acción de ayunar. || LOC. **estar en ayunas** No haber desayunado; también, no estar enterado de algo o no entenderlo. SIN. **2.** Falto. **3.** Ignorante. **4.** Abstinencia. FAM. Ayunar. / Desayuno.

ayuntamiento *s. m.* **1.** Corporación compuesta de un alcalde y cierto número de concejales encargada de administrar y dirigir un municipio. **2.** P. ext., edificio donde tiene su sede, casa consistorial. **3.** Acto sexual. SIN. **1.** Cabildo, concejo, consistorio.

azabache (del ár. *as-sabay*) *s. m.* Variedad negra, compacta y brillante del lignito, que se talla como las piedras preciosas.

azada (del lat. vulg. *asciata*, de *ascia*, hacha) *s. f.* Instrumento consistente en una pala de extremo cortante encajada en un mango perpendicular a ella, que se utiliza sobre todo para cavar y remover la tierra. FAM. Azadilla, azadón, azadonada, azadonar.

azadón *s. m.* Azada de pala algo curva y más larga que ancha.

azafata (de *azafate*, canastillo, y éste del ár. *as-safat*, la cesta) *s. f.* **1.** Empleada que en las líneas aéreas está encargada de prestar diversos servicios para la comodidad y seguridad de los viajeros. **2.** Empleada que atiende al público en congresos, exposiciones, etc. **3.** Antiguamente, dama que servía a la reina. FAM. Azafate.

azafate *s. m. Col., Ec.* y *Perú* Bandeja para servir.

azafrán (del ár. *az-zafaran*) *s. m.* **1.** Planta perenne con rizoma en forma de tubérculo y flores color púrpura, cuyos estigmas, una vez secos, se utilizan para dar color amarillo y sabor a los guisos. **2.** Estigmas secos de esta planta. FAM. Azafranado.

azahar (del ár. *al-zahar*, flor blanca) *s. m.* Flor blanca del naranjo y otros cítricos, muy fragante, que se utiliza en medicina y perfumería.

azalea (del lat. científico *azalea*) *s. f.* Arbusto de hoja caduca y flores de color blanco, rojo o rosa, que se cultiva como planta ornamental.

azar (del ár. *az-zahr*, dado para jugar) *s. m.* **1.** Suerte, casualidad: *Quiso el azar que nos encontráramos.* **2.** Suceso producto de la suerte o la casualidad: *Ese premio fue un azar.* **3.** Desgracia o percance imprevisto: *Discúlpame si no voy por cualquier azar.* || LOC. **al azar** *adv.* Sin intención o propósito determinado: *Eligió uno cualquiera al azar.* SIN. **1.** Destino, hado, albur. **1.** y **2.** Eventualidad, acaso, coincidencia. **3.** Accidente, incidente, circunstancia. FAM. Azarosamente, azaroso.

azarar *v. tr.* Azorar*. FAM. Azaramiento. AZORAR.

azarearse *v. prnl. Amér. C., Urug.* y *Chile* Avergonzarse, irritarse.

azaroso, sa *adj.* **1.** Que abunda en peligros o percances: *una vida azarosa.* **2.** Inseguro, incierto: *un futuro azaroso.* SIN. **1.** Peligroso, agitado. **2.** Imprevisible, aleatorio. ANT. **1.** Tranquilo. **2.** Seguro.

azerbaiyano, na *adj.* **1.** De Azerbaiyán, república asiática. También *s. m.* y *f.* || *s. m.* **2.** Lengua de este país. ■ Se dice también *azerí.*

azerí *adj.* Azerbaiyano*; se aplica principalmente a la lengua de Azerbaiyán. También *s. m.* y *f.* ■ Su *pl.* es *azeríes* o *azerís.*

ázimo (del lat. *azymus*, y éste del gr. *azymos*, de *a*, part. priv., y *zyme*, levadura) *adj.* Se dice del pan que no tiene levadura, como el que utiliza la Iglesia católica en la eucaristía. ■ Se escribe también *ácimo.*

azimut *s. m.* Acimut*.

azogado, da **1.** *p.* de **azogar**. También *adj.* || *adj.* **2.** Se dice de la persona muy movida e inquieta. || *s. m.* **3.** Operación de azogar. SIN. **2.** Nervioso, intranquilo, vivaracho, activo. ANT. **2.** Reposado, tranquilo, sosegado.

azogar *v. tr.* **1.** Cubrir con azogue, p. ej. el vidrio para fabricar espejos. || **azogarse** *v. prnl.* **2.** Contraer la enfermedad producida por emanación de vapores de mercurio. **3.** Agitarse, inquietarse. ■ Delante de *e* se escribe *gu* en lugar de *g*: *azoguen.*

azogue (del ár. *az-zauq*, el mercurio) *s. m.* **1.** Mercurio*. || LOC. **ser** uno **un azogue** *fam.* Ser muy inquieto. FAM. Azogado, azogar.

azor (del lat. *acceptor, -oris*) *s. m.* Ave rapaz diurna, de dorso oscuro, vientre claro cruzado por líneas pardas y una línea blanca por encima de los ojos. FAM. Azorar.

azoramiento *s. m.* Vergüenza, turbación. SIN. Azoro, inquietud. ANT. Calma, seguridad.

azorar *v. tr.* Avergonzar, confundir: *Siempre se azora en tu presencia.* También *v. prnl.* SIN. Azarar(se), turbar(se). FAM. Azoramiento, azoro. / Azarar, azarearse. AZOR.

azoro *s. m.* **1.** *Amér.* Azoramiento. **2.** *Amér.* Duende, aparición, fantasma.

azotaina *s. f. fam.* Serie de azotes, paliza. SIN. Zurra, tunda, somanta.

azotar *v. tr.* **1.** Dar azotes. También *v. prnl.* con valor reflexivo. **2.** Golpear repetida y violentamente el viento, las olas, etc. **3.** Causar grandes daños o destrozos: *El terremoto azotó la región.* SIN. **1.** Flagelar, fustigar. **3.** Asolar, arrasar, esquilmar.

azote (del ár. *as-sut*, el látigo) *s. m.* **1.** Golpe dado en las nalgas con la mano abierta. **2.** Instrumento formado por cuerdas anudadas con que se castigaba a los delincuentes y, p. ext., cualquier otro instrumento, como una vara, un látigo, utilizado para golpear. **3.** Golpe dado con este instrumento. **4.** Acción de azotar: *El azote del viento en los árboles. La sequía fue un azote para el campo.* SIN. **2.** Vergajo. **2.** y **4.** Flagelo. **4.** Castigo. FAM. Azotaina, azotar, azotina.

azotea (del ár. *as-sutaiha*, el terradillo) *s. f.* **1.** Cubierta más o menos llana de un edificio, sobre la que se puede andar, tender la ropa, etc. **2.** *fam.* Cabeza. ■ Se usa sobre todo en la frase **estar mal de la azotea**, 'estar loco'. SIN. **1.** Terraza, solana, terrado.

azotina *s. f.* Azotaina*.

azteca (náhuatl) *adj.* **1.** De un pueblo amerindio que dominó México durante el s. XV y el primer cuarto del XVI. También *s. m.* y *f.* **2.** Mexicano*. || *s. m.* **3.** Idioma hablado por el pueblo anteriormente mencionado.

azúcar (del ár. *as-sukkar*) *s. amb.* **1.** Sustancia blanca, sólida, cristalizada y muy dulce, que se extrae principalmente de la remolacha y la caña de azúcar y se utiliza en alimentación. **2.** Nombre de diversos hidratos de carbono, dulces y solubles en agua, como la glucosa y la lactosa. ■ En ambas acepciones, se usa más como *s. m.* FAM. Azucarado, azucarar, azucarero, azucarillo.

azucarar *v. tr.* **1.** Endulzar con azúcar. **2.** Bañar con azúcar. **3.** Hacer que algo resulte excesivamente dulce, tierno o sentimental. SIN. **3.** Edulcorar.

azucarero, ra *adj.* **1.** Relativo al azúcar. || *s. m.* y *f.* **2.** Recipiente para guardar y servir el azúcar. Se usa más como *s. m.* || *s. f.* **3.** Fábrica de azúcar. SIN. **3.** Refinería, trapiche.

azucarillo *s. m.* **1.** Pasta esponjosa y dura que se hace con almíbar, clara de huevo batida y limón. **2.** Terrón de azúcar.

azucena (del ár. *as-susana*, el lirio) *s. f.* Planta herbácea de hojas largas, tallo alto y grandes flores, muy olorosas, de color blanco, anaranjado o rojo.

azuela (del lat. *asciola*, hacha pequeña) *s. f.* Especie de hacha pequeña de hoja curva y perpendicular al mango, que utilizan los carpinteros para labrar y desbastar la madera.

azufrar *v. tr.* Echar azufre, especialmente a las plantas para preservarlas de parásitos y gérmenes nocivos.

azufre (del lat. *sulphur, -uris*) *s. m.* Elemento químico de carácter no metálico que a temperatura ambiente es un sólido amarillo. Se utiliza en la industria para fabricar ácido sulfúrico, como insecticida, etc. Su símbolo es *S.* FAM. Azufrar.

azul (del ár. persa *lazurd*, variante de *lazaward*, lapislázuli) *adj.* **1.** Se dice del quinto color del arco iris, entre el verde y el añil, semejante al del cielo sin nubes, y de las cosas que lo tienen. También *s. m.* || **2. azul celeste** El más claro. **3. azul cobalto** Materia colorante hecha con óxido o sales de cobalto. **4. azul marino** El de tono más oscuro. **5. azul turquesa** El claro y ligeramente verdoso. SIN. **1.** Azur, opalino, garzo, cerúleo, zarco. FAM. Azulado, azular, azulear, azulejo[1], azulete, azulgrana, azulón. / Azur.

azular *v. tr.* Dar o teñir de azul: *azular la colada.*

azulear *v. intr.* Tirar a azul, tener algo de azul: *A lo lejos azulean las montañas de la sierra.*

azulejo[1] (del ár. *az-zulaiy*, el pequeño ladrillo) *s. m.* Ladrillo vidriado pequeño y plano que se utiliza para revestir superficies, especialmente paredes. SIN. Baldosín.

azulejo[2] (dim. de *azul*) *s. m.* **1.** Abejaruco*. **2.** Nombre común de diversas especies de pájaros americanos de dorso azul.

azulete *s. m.* Polvo de añil usado para dar color azulado a la ropa blanca.

azulgrana *adj.* **1.** Del club de fútbol Barcelona. **2.** Seguidor de este club. También *s. m.* y *f.*

azulón, na *adj.* De color azul intenso. También *s. m.*

azumbre (del ár. *at-tumn*, octava parte) *s. amb.* Medida de capacidad para líquidos, equivalente a 2,016 l. Se usa más como *s. f.*

azur (fr.) *adj.* En heráldica, azul oscuro. También *s. m.*

azuzar *v. tr.* **1.** Incitar a los perros para que ataquen. **2.** Instigar a animales o personas para que se ataquen o enemisten. ■ Delante de *e* se escribe *c* en lugar de *z*: *azuce.* SIN. **1.** Achuchar. **2.** Encizañar, indisponer, pinchar. ANT. **2.** Reconciliar; apaciguar.

b *s. f.* Segunda letra del abecedario español y primera consonante. Su articulación es bilabial oclusiva sonora y su nombre es *be*.

baba (del lat. *baba*) *s. f.* **1.** Saliva que fluye de la boca. **2.** P. ext., cualquier secreción viscosa de animales o plantas: *la baba del caracol.* || **3. mala baba** *fam.* Mal carácter; también, mala intención. || **LOC. caérsele** a uno **la baba** *fam.* Experimentar gran agrado por algo; sentir mucha admiración y cariño por alguien: *Al abuelo se le cae la baba con su nieta.* **FAM.** Babear, babeo, babero, babilla, babosa, babosear, baboso. / Rebaba.

babear *v. intr.* **1.** Segregar o echar baba. **2.** *fam.* Mostrar excesiva admiración, cariño o afición por alguien o algo: *En cuanto habla de sus hijos, empieza a babear.* **SIN. 2.** Chochear.

babel (de *Babel*, nombre hebreo de Babilonia donde, según la *Biblia*, se produjo la confusión de las lenguas) *s. amb.* Gran confusión y desorden; tambien lugar donde se produce. **SIN.** Desconcierto, desbarajuste, caos. **ANT.** Orden, armonía. **FAM.** Babélico.

babero *s. m.* **1.** Prenda que se pone a los niños por delante, sujeta al cuello, normalmente para evitar que se manchen mientras comen. **2.** Mancha de color que tienen algunas aves en la garganta y el pecho.

babi (del ingl. *baby*, niño) *s. m.* Guardapolvos o bata que usan los niños.

Babia, estar en *loc. fam.* Estar distraído o desorientado.

babieca (de *baba*) *s. m.* y *f. fam.* Persona boba. También *adj.* **SIN.** Memo, lelo, pasmarote, gaznápiro. **ANT.** Listo, lince.

babilla *s. f.* **1.** Región de las extremidades posteriores de los cuadrúpedos, formada por los músculos y tendones que articulan el fémur, la tibia y la rótula. **2.** En las reses destinadas al consumo, parte correspondiente al muslo.

babilonio, nia (del lat. *Babylonius*) *adj.* De Babilonia, antigua ciudad, región e imperio de Asia. También *s. m.* y *f.* **FAM.** Babilónico.

bable (onomat.) *s. m.* Dialecto del antiguo leonés hablado en Asturias.

babor (del neerl. *bakboord*) *s. m.* Lado izquierdo de una embarcación, mirando desde la popa hacia la proa. **ANT.** Estribor.

babosa *s. f.* Molusco terrestre de cuerpo alargado y viscoso que carece de concha; vive en lugares húmedos.

babosada *s. f.* **1.** Simpleza, tontería, acción propia de un tonto. **2.** *Amér. C.* y *Méx.* Persona o cosa despreciable. **SIN. 1.** Sandez, estupidez, simpleza, tontuna. **ANT. 1.** Listeza, agudeza.

babosear *v. tr.* **1.** Llenar o manchar de babas. **2.** *Amér.* Mofarse, burlarse de una persona. **3.** *Méx.* Insistir demasiado sobre un asunto. **FAM.** Baboseo. BABA.

baboso, sa *adj.* **1.** Que echa muchas babas. También *s. m.* y *f.* **2.** *fam.* y *desp.* Excesivamente atento con las mujeres, reflejando un claro interés sexual. También *s. m.* **3.** *fam.* Se dice del que no tiene edad ni condiciones para lo que hace, dice o intenta. También *s. m.* y *f.* **4.** *Amér.* Bobo, tonto, simple. También *s. m.* y *f.* **SIN. 3.** Mocoso. **ANT. 4.** Listo, avispado. **FAM.** Babosada. BABA.

babucha (del ár. *babuy* o *babus*, y éste del persa *papus*, lo que cubre el pie) *s. f.* Zapatilla sin talón, usada principalmente por algunos pueblos musulmanes. || **LOC. a babucha** *adv. Arg.* y *Urug.* A cuestas. **SIN.** Chancleta.

babuino (del ant. fr. *babuin*) *s. m.* Papión*.

baby-sitter (*ingl.*) *s. m.* y *f.* Canguro, persona que cuida niños.

baca (onomat.) *s. f.* Armazón que se coloca en la parte superior de los vehículos para transportar bultos. ■ No confundir con la palabra homófona *vaca*, 'animal'.

bacalada *s. f.* Bacalao entero curado.

bacaladero, ra *adj.* **1.** Relativo al bacalao, a su pesca, comercio, etc. || *s. m.* **2.** Barco para la pesca del bacalao. || *s. f.* **3.** Maquina parecida a una guillotina, para cortar el bacalao en salazón. **4.** *fam.* Máquina que registra, mediante presión, los datos de una tarjeta sobre un documento.

bacaladilla o **bacaladito** *s. f.* o *m.* Pez teleósteo de hasta 50 cm de longitud, color gris azulado y aleta caudal en forma de horquilla. Habita en el Atlántico y en el Mediterráneo y es muy utilizado en alimentación.

bacalao (del neerl. *kabeljau*) *s. m.* **1.** Pez teleósteo de cuerpo alargado y blando, que llega a medir más de 1,50 m de largo y tiene un peso medio de 12 kg. Su carne es muy apreciada en todo el mundo, tanto fresca como en salazón, y de su hígado se obtiene un aceite usado como reconstituyente. **2.** *fam.* Bakalao*. || **LOC. cortar el bacalao** *fam.* Dirigir o decidir alguien en un asunto. **te conozco, bacalao** *fam.* Indica que se conocen las intenciones de la persona con la que se habla. **FAM.** Bacalada, bacaladero, bacaladilla, bacaladito.

bacán, na (del genovés *baccan*, patrón) *adj. Arg.* y *Urug.* Adinerado, de vida acomodada, de categoría. También *s. m.* y *f.*

bacanal (del lat. *bacchanalis*) *adj.* **1.** Relativo al dios romano Baco. || *s. f.* **2.** Fiesta que se celebraba en la antigua Roma en honor de este dios. ■ Se usa más en *pl.* **3.** Orgía, fiesta desenfrenada. **FAM.** Bacante, báquico.

bacante (del lat. *bacchans, -antis*) *s. f.* Mujer que participaba en las fiestas bacanales. ■ No confundir con la palabra homófona *vacante*, 'plaza o empleo disponible'.

bacará o **bacarrá** (del fr. *baccara*) *s. m.* Cierto juego de cartas, en que se emplean dos barajas de 52 naipes.

bache *s. m.* **1.** Hoyo o desigualdad del firme en una carretera o camino: *El coche daba tumbos con tanto bache.* **2.** Desigualdad de densidad en la atmósfera, que provoca un momentáneo descenso del avión. **3.** Interrupción pasajera de una actividad: *el bache de las vacaciones.* **4.** Dificultad o trastorno transitorios en la salud, en el estado de ánimo, en el curso de un negocio, etc.: *Su matrimonio funciona, aunque pasaron un pequeño bache.* SIN. **1.** Socavón, agujero. **3.** Lapso, corte. **4.** Postración. FAM. Bachear.

bachear *v. tr.* Rellenar los baches de carreteras o caminos.

bachicha (del dial. ligur *Baciccia*, Bautista, nombre corriente entre los genoveses) *s. m.* y *f.* **1.** *Arg., Chile, Par.* y *Urug.* Inmigrante italiano. || *s. f. pl.* **2.** *Méx.* Poso que queda en los vasos.

bachiller, ra (del fr. *bachelier*, joven aspirante a caballero) *s. m.* y *f.* **1.** Persona que ha obtenido el grado de segunda enseñanza. **2.** Antiguamente, persona que obtenía el primer grado académico que se otorgaba en las facultades. || *s. m.* **3.** *fam.* Estudios de bachillerato. FAM. Bachillerato.

bachillerato *s. m.* **1.** Grado de bachiller. **2.** Conjunto de estudios correspondientes al nivel intermedio entre las enseñanzas básicas y las superiores.

bacía (del lat. *bacchia*, taza) *s. f.* Utensilio en forma de vasija baja, con un entrante semicircular en el borde, que los barberos colocaban bajo la barbilla para remojar la barba durante el afeitado. ■ No confundir con la palabra homófona *vacía*, adj.

bacilo (del lat. *bacillum*, bastoncillo) *s. m.* Bacteria alargada en forma de bastoncillo, p. ej. el bacilo de Koch, que produce la tuberculosis. FAM. Bacilar. / Colibacilo.

bacín (del ant. cat. *bacín*, y éste del lat. *baccinum*, taza) *s. m.* Orinal alto y de forma cilíndrica utilizado antiguamente. FAM. Bacía, bacinilla.

bacinilla *s. f.* Recipiente bajo y de forma cilíndrica que servía para recoger los excrementos. SIN. Orinal.

bacon o **bacón** (del ingl. *bacon*) *s. m.* Tocino con vetas ahumado. SIN. Panceta.

bacteria (del gr. *bakteria*, bastón) *s. f.* Microorganismo formado por una sola célula procariota, que puede causar enfermedades como el cólera, el tifus o las enfermedades venéreas e interviene en importantes procesos químicos como la fermentación. FAM. Bacteriano, bactericida, bacteriología, bacteriológico, bacteriólogo. / Cianobacteria, micobacteria.

bactericida *adj.* Que destruye las bacterias. También *s. m.*

bacteriología *s. f.* Ciencia que estudia las bacterias.

báculo (del lat. *baculum*, bastón) *s. m.* **1.** Bastón para apoyarse; especialmente, el de forma arqueada en su parte superior, que llevan los obispos, arzobispos y otras autoridades eclesiásticas como símbolo de su dignidad. **2.** Apoyo, consuelo: *Tú serás el báculo de mi vejez.* SIN. **1.** Cayado. **2.** Arrimo, sustento.

badajo (del lat. vulg. *batuaculum*, y éste del lat. *battuere*, batir) *s. m.* Pieza que cuelga en el interior de las campanas, cencerros y esquilas y las hace sonar cuando golpea contra sus paredes.

badajocense o **badajoceño, ña** *adj.* De Badajoz. También *s. m.* y *f.* SIN. Pacense.

badana (del ár. *bitana*, forro) *s. f.* **1.** Piel curtida y fina de carnero u oveja. || *s. m.* **2.** *fam.* Persona floja y perezosa. Se usa sobre todo en forma plural: *Tu vecino es un badanas.* || LOC. **zurrar** a alguien **la badana** *fam.* Darle una paliza; también, regañar o maltratar de palabra. SIN. **2.** Vago, gandul. ANT. **2.** Trabajador.

badén (del ár. *batn*, depresión en el suelo) *s. m.* **1.** Zanja o hundimiento formado en el terreno por las aguas de lluvia. **2.** Cauce cubierto en una carretera para dar paso a un corto caudal de agua. **3.** P. ext., trozo hundido o depresión de una carretera, bache. **4.** Rebajamiento en la acera para que puedan pasar los coches. **5.** Obstáculo abombado que sobresale transversalmente de la calzada para obligar a los vehículos a reducir la velocidad. SIN. **4.** Vado.

badil (del lat. vulg. *batile*, y éste del lat. *batillum*) *s. m.* Badila*.

badila *s. f.* Paleta metálica que sirve para remover y avivar el fuego y recoger las cenizas. ■ También se dice *badil.* FAM. Badil.

bádminton (del ingl. *badminton*) *s. m.* Deporte semejante al tenis, que se practica con raquetas pequeñas y una pelota semiesférica, provista de plumas en su parte plana.

badulaque *s. m. fam.* Persona de poco fundamento, necio, majadero. También *adj.* SIN. Pánfilo, mentecato.

bafle (del ingl. *baffle*, pantalla) *s. m.* **1.** Plancha de un material insonoro sobre la que se montan los altavoces y sirve para suprimir las interferencias entre las ondas sonoras sucesivas. **2.** P. ext., altavoz de un equipo de sonido de alta fidelidad.

baga (del lat. *baca, bacca*, baya) *s. f.* Cápsula que contiene las semillas del lino. FAM. Bagazo.

bagaje (del fr. *bagage*) *s. m.* **1.** Conjunto de cosas que se poseen o que alguien lleva consigo en un traslado, particularmente la impedimenta militar de un ejército o tropa en marcha. **2.** Conjunto de conocimientos con que cuenta una persona: *Tiene un gran bagaje cultural.* SIN. **1.** Equipaje, equipo. **2.** Acervo, patrimonio.

bagatela (del ital. *bagattella*) *s. f.* Cosa de poco valor o importancia: *Gasta el dinero en bagatelas.* SIN. Chuchería, fruslería, menudencia, nadería.

bagazo (de *baga*) *s. m.* **1.** Cáscara que queda después de deshecha la baga. **2.** Residuos de las naranjas, uvas, aceitunas, caña de azúcar y otros vegetales después de ser exprimidos.

bagre (cat.) *s. m.* **1.** Pez teleósteo de 15 a 20 cm de longitud, con el cuerpo alargado y una aleta dorsal estrecha. Habita en ríos de la península Ibérica y es empleado en alimentación. Recibe también el nombre de *cacho.* **2.** Nombre vulgar de diversos peces teleósteos de cabeza grande y hocico alargado con barbillas; carecen de escamas y tienen color pardo en los laterales y blanco en el vientre. Viven en ríos de América del S. y Asia y se emplean en alimentación.

¡bah! *interj.* Denota incredulidad, desprecio o resta importancia a algo: *¡Bah! No existen pájaros tan grandes.*

bahía *s. f.* Entrada del mar en la costa, ancha y de extensión considerable, menor que el golfo. SIN. Ensenada, rada.

baída (del ár. *baida*, casco, capacete) *adj.* Vaída*.

bailaor, ra *s. m.* y *f.* Profesional del baile flamenco.

bailar (del lat. *baiulare*, mecer) *v. intr.* **1.** Mover el cuerpo con ritmo, al compás de una música. También *v. tr.*: *bailar un vals.* **2.** Moverse una cosa sin salirse del sitio donde está: *La pieza quedó bailando. Al pequeño le baila un diente.* **3.** Girar la peonza o algo similar. También *v. tr.* **4.** Cambiarse por error un número, una letra, etc., por otros o alterar su orden en una cuenta, un escrito o algo similar. También *v. tr.* y *v. prnl.* || LOC. **bailar** uno **al son que le tocan** *fam.* Acomodarse a las circunstancias, dejarse llevar por la corriente. **bailar con la más fea** *fam.* Tocarle a uno la parte más difícil o menos agradable de un asunto. **bailar en la cuerda floja** *fam.* Hacer algo dificultoso o arriesgado. **bailarle** a alguien **el agua** Someterse a sus deseos, darle la razón, etc., generalmente para halagarle. **otro que tal baila** *fam.* Da a entender que alguien se parece a otro en lo malo. **que me (te, nos...) quiten lo bailado** *fam.* Expresa alegría por lo ya disfrutado, sin importar lo que suceda después. SIN. **1.** Danzar. **2.** Oscilar. FAM. Bailable, bailador, bailaor, bailarín, baile, bailón, bailongo, bailotear, bailoteo.

bailarín, na *adj.* **1.** Que baila o le gusta bailar. También *s. m.* y *f.* || *s. m.* y *f.* **2.** Profesional en el arte del baile. SIN. **1.** Danzante.

baile *s. m.* **1.** Acción o arte de bailar. **2.** Cada una de las formas o estilos de bailar: *El chotis es un baile de Madrid.* **3.** Fiesta o reunión en que se baila: *Se está arreglando para ir al baile.* **4.** Espectáculo teatral con mímica y danza. || **5. baile de salón** Véase **salón**. **6. baile de San Vito** Enfermedad nerviosa que provoca en quien la padece convulsiones y alteración en los movimientos. Se usa en sentido coloquial para indicar que alguien no deja de moverse. SIN. **1.** y **2.** Danza.

bailón, na *adj.* Que baila mucho, le gusta mucho bailar o lo hace bien. También *s. m.* y *f.* SIN. Bailarín.

bailongo *s. m. fam.* Baile de poca categoría.

bailotear *v. intr.* Bailar mucho, en especial si no se pone demasiada atención en lo que se hace.

baja *s. f.* **1.** Descenso o disminución de algo, como la presión, la temperatura o el valor de una cosa, etc.: *la baja en el precio del aceite.* **2.** Hecho de dejar una persona o entidad un cuerpo, actividad, trabajo, etc.: *Ha causado baja por jubilación. Le dieron la baja al director.* **3.** Documento que lo acredita: *El médico le selló la baja.* **4.** En un enfrentamiento bélico, soldado muerto, desaparecido o herido; también, pérdida de un avión, carro de combate, etc.: *La batalla terminó con numerosas bajas en ambos bandos.* || LOC. **estar en baja** Estar uno decaído de ánimo o por debajo de su actividad y rendimiento normales. **jugar a la baja** Vender valores de la bolsa, previendo el descenso de su cotización, para comprarlos después a menor precio. SIN. **1.** Bajada, caída, rebaja. **2.** Cese. **4.** Muerte. ANT. **1.** Subida, aumento. **2.** Alta. FAM. Bajista, bajón[1], bajonazo. BAJAR.

bajá (del ár. *basa*) *s. m.* Antiguamente, funcionario turco dotado de algún mando superior o con un cargo equivalente al de virrey o gobernador.

bajada *s. f.* **1.** Acción de bajar. **2.** Calle, carretera o camino por donde se baja. **3.** Cañería o sistema de cañerías por donde baja el agua en un edificio o construcción, p. ej. la de la lluvia. ■ Se dice también *bajada de aguas.* SIN. **1.** Descenso, caída. **3.** Canalón, bajante. ANT. **1.** Subida, ascenso.

bajamar *s. f.* Circunstancia de estar bajas las aguas del mar a causa de la marea; también, momento en que esto ocurre. ANT. Pleamar.

bajante *s. f.* **1.** Cañería que conduce a las alcantarillas las aguas que provienen de los sanitarios, lavabos, pilas, etc., de las viviendas. **2.** *Amér.* Descenso del nivel de un curso de agua.

bajar *v. intr.* **1.** Ir desde un lugar a otro que está más bajo. También *v. tr.* y *v. prnl.*: *bajar las escaleras; bajarse a la calle.* **2.** Apearse de un vehículo. También *v. prnl.*: *No te bajes del tren en marcha.* **3.** Disminuir la intensidad, precio, estimación, etc., de alguna cosa: *Parece que está bajando la temperatura.* También *v. prnl.* **4.** *fam.* Viajar hacia el sur: *Este verano bajaré a Cádiz.* También *v. prnl.* || *v. tr.* **5.** Poner alguna cosa en lugar más bajo de aquel en que estaba: *Bajé las maletas del armario.* **6.** Inclinar hacia abajo: *Bajó la cabeza.* || LOC. **bajarse** alguien **los pantalones** Véase **pantalón**. SIN. **1.** a **3.** Descender. **3.** Decrecer, aflojar. **6.** Agachar. ANT. **1.** a **6.** Subir(se). **1.** y **3.** Ascender. **3.** Aumentar. **5.** y **6.** Levantar. FAM. Baja, bajada, bajante. / Rebajar. BAJO.

bajel (del cat. *vaixell*, y éste del lat. *vascellum*, vasito) *s. m. lit.* En lenguaje literario, barco. SIN. Navío, buque, embarcación.

bajero, ra *adj.* **1.** Que se usa o se pone debajo de otra cosa: *sábana bajera.* || *s. f.* **2.** *Amér.* Persona o cosa de poco valor. ANT. **1.** Encimera.

bajeza *s. f.* **1.** Cualidad de bajo, ruin, despreciable. **2.** Acción o dicho ruin y despreciable. SIN. **1.** y **2.** Ruindad, mezquindad. ANT. **1.** Nobleza.

bajinis o **bajini** Se usa en la locución familiar **por lo bajinis** o **bajini**, en voz baja; también, de modo solapado, disimuladamente.

bajío *s. m.* **1.** En los mares, ríos y lagos navegables, elevación del fondo que dificulta o impide la navegación. **2.** *Amér.* Tierras bajas y anegadizas. SIN. **1.** Bajo, banco, escollo.

bajista *adj.* **1.** Relativo a la baja de valores de la bolsa. || *s. m.* y *f.* **2.** Persona que juega a la baja en la bolsa. **3.** Persona que toca el bajo en un conjunto musical. ANT. **1.** y **2.** Alcista.

bajo, ja (del lat. *bassus*) *adj.* **1.** De poca altura: *La escalera es demasiado baja para llegar al techo.* **2.** A poca altura: *Hay nubes bajas sobre el valle.* También *adv.*: *Las balas dieron bajo.* **3.** Se dice del piso situado al nivel de la calle. Se usa mucho como *s. m.*: *Alquilaron un bajo.* **4.** Que se inclina o se dirige hacia abajo: *ojos bajos, cabeza baja.* **5.** Se aplica al curso del río próximo a la desembocadura: *el bajo Ebro.* **6.** Se dice del color poco intenso: *un azul bajo.* **7.** Se dice del oro y de la plata de poca pureza. **8.** Con poca cantidad o intensidad, o inferior en una determinada escala: *bajo en calorías. Está bajo de moral. Sus notas son muy bajas.* **9.** Aplicado a precio, reducido. **10.** Se dice de la temporada turística en que hay menos actividad y durante la cual, generalmente, el hospedaje y otros servicios son más baratos. **11.** Se dice de la parte final de un periodo histórico: *la baja Edad Media.* **12.** Humilde, modesto: *las clases bajas.* **13.** Vulgar, ordinario. **14.** Vil y despreciable: *bajas pasiones* **15.** Tratándose de sonidos, grave. **16.** Referido asimismo a sonidos, de poca intensidad. También *adv.*: *No hables tan bajo que no te oigo.* || *s. m.* **17.** Parte inferior de algunas cosas. Se usa mucho en *pl.*: *los bajos de un coche. Los bajos de un edificio.* **18.** Elevación del fondo de un mar, río o lago que dificulta o impide la navegación. **19.** Doblez inferior de una prenda de vestir: *Llevas descosido el bajo del vestido.* **20.** Construido en aposición, se aplica a la voz o instrumento musical que, entre los de su clase, produce los sonidos más graves:

barítono bajo, saxofón bajo, flauta bajo. **21.** Cada uno de los sonidos más graves que puede emitir una voz, un instrumento musical, etc., dentro de su registro: *Aquel cantante tenía unos bajos bellísimos.* **22.** Cantante cuya voz es la más grave dentro del registro humano: *El protagonista de esta ópera es un bajo.* **23.** Contrabajo, especialmente el eléctrico. **24.** Bajista, persona que toca ese instrumento. **25.** Nota más grave de un acorde. **26.** Melodía más grave dentro de una composición a varias voces: *El bajo tiene un gran protagonismo en este pasaje de la sinfonía.* || *prep.* **27.** Debajo de: *Nos refugiamos bajo el puente.* **28.** Durante el gobierno de alguien: *España bajo los Austrias.* || **29. bajos fondos** Ambientes propios de delincuentes o gentes de mal vivir. || LOC. **bajo cuerda** o **bajo mano** *adv.* En secreto, de manera encubierta: *aceptar dinero bajo cuerda.* **por lo bajo** *adv.* De forma disimulada; también, referido a una cantidad, indica que ésta es la mínima que se calcula aproximadamente. SIN. **1.** Pequeño, corto, achaparrado. **4.** Inclinado, agachado. **6.** Apagado, descolorido. **9.** Módico, asequible. **12.** Pobre, proletario. **13.** Burdo, grosero. **14.** Ruin, rastrero, mezquino. **18.** Bajío, banco, escollo. **19.** Dobladillo. ANT. **1.**, **2.**, **4.**, **5.**, **8.** a **12.** y **14.** a **16.** Alto. **1.**, **13.** y **14.** Elevado. **6.** Brillante, vivo. **9.** Caro. **13.** Refinado. **14.** Noble, digno. **15.** y **21.** Agudo. FAM. Bajamente, bajar, bajero, bajeza, bajío, bajón[2]. / Abajo, altibajo, contrabajo, debajo.

bajón[1] (aum. de *baja*) *s. m.* Disminución brusca y notable en la cantidad o intensidad de algo, en las condiciones de salud o facultades intelectuales, etc.: *Se ha experimentado un bajón en las temperaturas. Su abuela ha dado un bajón.* ■ Se usa frecuentemente con verbos como *dar*, *pegar*, *sufrir* y *tener.* SIN. Caída, descenso, decaimiento.

bajón[2] *s. m.* Antiguo instrumento musical de viento parecido al fagot. FAM. Bajonista. BAJO.

bajonazo *s. m.* **1.** *aum.* de **bajón**. **2.** En tauromaquia, estocada muy baja.

bajorrelieve *s. m.* Composición esculpida en relieve que sobresale poco del fondo. ■ También se escribe *bajo relieve*.

bakalao *s. m. fam.* Tipo de música creada por ordenador, caracterizada por tener un ritmo mecánico y monótono y por su ausencia de melodía. ■ Se escribe también *bacalao*.

bala (del fr. *balle*, y éste del germ. *balla*, bola, fardo) *s. f.* **1.** Proyectil que lanzan las armas de fuego. **2.** Paquete comprimido y atado de alguna cosa: *una bala de paja.* || *s. m.* **3.** *fam.* Persona alocada, que no repara en las consecuencias de lo que hace. ■ Se dice también *bala perdida.* || LOC. **como una bala** *adv. fam.* A gran velocidad. **ni a bala** *adv. Amér.* De ningún modo. **tirar con bala** *fam.* Tener muy mala intención al hablar. FAM. Balarrasa, balazo, balear[1], balín, balística, balón. / Antibalas, embalar[1].

balacear *v. tr. Amér.* Balear[1]*. FAM. Balacera. BALEAR[1].

balacera *s. f. Amér.* Tiroteo.

balada (del prov. *balada*, y éste del lat. *ballare*, bailar) *s. f.* **1.** Composición poética de variadas formas, tema lírico y carácter melancólico, en que por lo común se narran sucesos legendarios, tradicionales o románticos. **2.** Composición musical o canción de ritmo suave y carácter romántico.

baladí (del ár. *baladi*, del propio país) *adj.* De poco valor, interés o importancia: *un asunto baladí.* ■ Su pl. es *baladíes*, aunque también se utiliza *baladís.* SIN. Fútil, insignificante, trivial, inane. ANT. Importante, fundamental.

baladrón, na (del lat. *balatro, -onis*) *adj.* Fanfarrón, bravucón. También *s. m.* y *f.* SIN. Fantasma, perdonavidas. ANT. Humilde; apocado. FAM. Baladronada, baladronear.

bálago (del lat. *palea*, paja) *s. m.* **1.** Paja larga de los cereales después de quitarle el grano. Se usa para hacer tejados o cubiertas de chozas y casas. **2.** Paja trillada.

balalaica (del ruso *balalayka*) *s. f.* Instrumento popular ruso de la familia de la guitarra con caja triangular y mástil largo; tiene tres cuerdas que se tocan con púa.

balance (de *balanzar*, y éste de *balanza*) *s. m.* **1.** Acción de comparar el activo y el pasivo de una sociedad para determinar así su situación económica: *El balance de este año resulta positivo.* **2.** Determinación de las relaciones entre lo ganado, perdido, utilizado, etc., en ciertos procesos, p. ej. el balance térmico en el rendimiento de una caldera. **3.** Síntesis, valoración: *Hay que hacer un balance de los hechos.* SIN. **1.** Arqueo.

balancear *v. tr.* **1.** Mover a alguien o algo de un lado a otro: *balancear la cuna de un niño.* También *v. intr.* y *v. prnl.*: *La barca (se) balanceaba.* **2.** Poner en equilibrio, compensar. SIN. **1.** Bambolear(se), mecer(se), oscilar. **2.** Equilibrar, igualar, contrapesar. ANT. **2.** Desequilibrar. FAM. Balanceo, balancín. / Contrabalancear. BALANZA.

balanceo *s. m.* Acción de balancear.

balancín *s. m.* **1.** Columpio que consiste en una barra apoyada en su punto medio, en cuyos extremos hay unos asientos que suben y bajan alternativamente con el movimiento de la barra. **2.** Asiento colgante, cubierto de toldo, que se emplea en playas, terrazas, jardines, etc. **3.** Palo largo que usan los acróbatas para mantener mejor el equilibrio sobre la cuerda. **4.** Mecedora. **5.** Barra que puede moverse alrededor de un eje y que en las máquinas de vapor y otras máquinas sirve para transformar un movimiento alternativo rectilíneo en otro circular continuo.

balandra (del fr. *balandre*) *s. f.* Barco pequeño con cubierta y un solo palo. FAM. Balandro.

balandrán (del prov. *balandrán*, de *balandrá*, balancear) *s. m.* Vestidura talar ancha, con esclavina, que usaban los eclesiásticos.

balandro *s. m.* Balandra pequeña.

bálano o **balano** (del lat. *balanus*, bellota, y éste del gr. *balanos*) *s. m.* Extremo o cabeza del pene. SIN. Glande.

balanza (del lat. *bilanx, -ancis*, de *bis*, dos, y *lanx*, plato) *s. f.* **1.** Instrumento utilizado para pesar o, más exactamente, para medir masas por comparación con piezas cuyo peso conocemos (pesas). En su forma más elemental consta de una barra colgada de un punto fijo de manera que pueda oscilar y equilibrarse en el momento en que las pesas y el objeto tengan el mismo peso. || **2. balanza comercial** Parte principal de la balanza de pagos de un país que refleja el estado comparativo entre las importaciones y las exportaciones. **3. balanza de pagos** Registro de todas las operaciones económicas internacionales realizadas por un país durante un periodo dado, generalmente un año. || LOC. **inclinar** (o **inclinarse**) **la balanza** Inclinar o inclinarse un asunto en favor de alguien. SIN. **1.** Báscula, romana. FAM. Balance, balancear. / Abalanzarse.

balar (del lat. *balare*) *v. intr.* Dar balidos animales como la oveja, la cabra o el ciervo. FAM. Balido.

balarrasa *s. m.* **1.** *fam.* Persona alocada, de poco juicio. **2.** *fam.* Aguardiente fuerte. SIN. **1.** Tarambana, calavera, bala.

balasto o **balastro** (del ingl. *ballast*, lastre) *s. m.* **1.** Firme de piedra machacada sobre el que se asientan las traviesas de las vías del tren. **2.** Capa de grava que se aplica sobre una carretera como base del pavimento.

balaustrada *s. f.* Barandilla formada por una serie de balaustres o pequeñas columnas. SIN. Baranda, barandal. FAM. Abalaustrado. BALAUSTRE.

balaustre o **balaústre** (del lat. *balaustium*, flor del granado) *s. m.* Cada una de las pequeñas columnas que forman las barandillas de balcones, azoteas, corredores, escaleras, etc. FAM. Balaustrada.

balazo *s. m.* **1.** Impacto de bala disparada por un arma de fuego. **2.** Herida de bala: *El balazo se le ha infectado.* || LOC. **ser** alguien **un balazo** *Arg.* y *Chile* Ser muy rápido, diestro y eficaz.

balboa (del nombre del descubridor español Vasco Núñez de *Balboa*) *s. m.* Unidad monetaria de Panamá.

balbucear *v. intr.* Balbucir*.

balbucir (del lat. *balbutire*) *v. intr.* Hablar o leer con pronunciación dificultosa, vacilante o entrecortada. También *v. tr.*: *Balbució una respuesta.* ■ Es v. defect. No se conjuga en la 1.ª pers. de sing. del presente de indicativo ni en todo el presente de subjuntivo. Esas formas se suplen con las correspondientes del verbo *balbucear.* SIN. Titubear, farfullar, chapurrear. ANT. Articular, vocalizar. FAM. Balbucear, balbuceo, balbuciente.

balcánico, ca *adj.* De los Balcanes, sistema montañoso y región del E de Europa. También *s. m.* y *f.*

balcón (del ital. *balcone*, y éste del germ. *balko*, palo) *s. m.* **1.** Abertura en el muro de un edificio desde el suelo de los pisos, generalmente con un saliente, sobre el que se puede estar, protegido por una barandilla: *La niña se asomó al balcón.* **2.** Lugar alto desde el que se puede contemplar un paisaje, divisar una ciudad, etc. || **3. balcón corrido** Balconada con barandilla común. SIN. **2.** Mirador. FAM. Balconada, balconaje, balconcillo. / Palco.

balconada *s. f.* Serie de balcones con o sin barandilla común. En el primer caso, se llama también *balcón corrido.*

balconcillo *s. m.* **1.** *dim.* de **balcón**. **2.** En las plazas de toros, localidad con barandilla situada sobre las puertas o el toril.

balda *s. f.* Cada uno de los estantes de un armario, estantería, etc. SIN. Entrepaño, anaquel.

baldado, da 1. *p.* de **baldar**. || *adj.* **2.** Dolorido o sin poder moverse a causa de algún golpe, pelea, enfermedad, etc.: *La gripe le tiene baldado en la cama.* **3.** Muy cansado, agotado. SIN. **2.** Maltrecho. **2.** y **3.** Molido, destrozado, derrengado. **3.** Rendido. ANT. **2.** Indemne. **3.** Descansado, fresco.

baldaquín o **baldaquino** (de *Baldac*, nombre dado en la Edad Media a *Bagdad*, de donde venía la tela llamada *baldaquín*) *s. m.* Especie de techo de adorno, adosado a la pared o sostenido por columnas u otros apoyos que se coloca sobre un trono, un altar, etc., a veces está recubierto de telas valiosas y provisto de colgaduras.

baldar (del ár. *bátal*, hacer inútil) *v. tr.* **1.** Dejar maltrecho, dolorido o agotado: *Lo baldaron de una paliza.* **2.** *fam.* Causar un perjuicio: *Le pusieron una multa que lo baldaron* SIN. **1.** Moler, destrozar, derrengar. **2.** Jorobar, fastidiar. FAM. Baldado.

balde[1] *s. m.* Barreño o cubo. SIN. Cubeta. FAM. Baldear, baldeo.

balde[2] (del ár. *batil*, sin valor, inútil) Palabra usada en las locuciones adverbiales **de balde**, gratis, y **en balde**, en vano, inútilmente. FAM. Baldíamente, baldío.

baldear *v. tr.* Echar agua con baldes o cubos en la cubierta de los barcos para limpiarla, mojarla para algún fin, etc.

baldío, a (del ant. *balda*, y éste del ár. *batila*, cosa inútil) *adj.* **1.** Se dice del terreno abandonado, sin cultivar. También *s. m.* **2.** Inútil: *El trabajo resultó baldío.* || *s. m.* **3.** *Arg.*, *Par.* y *Urug.* Parcela sin edificación. SIN. **1.** Yermo, estéril, árido. **1.** y **2.** Infructuoso. **2.** Vano, ocioso, ineficaz. ANT. **1.** y **2.** Fértil, fructífero. **2.** Útil, eficaz.

baldón (del ant. fr. *bandon*) *s. m.* Deshonra, vergüenza: *La detención de su hijo fue un baldón para la familia.* SIN. Ultraje, ignominia. ANT. Honra. FAM. Baldonar, baldonear.

baldosa (del ár. *balat*, losa cuadrada) *s. f.* Ladrillo, generalmente de poco grosor, que sirve para recubrir suelos. SIN. Losa. FAM. Baldosín. / Embaldosar.

baldosín *s. m.* Baldosa pequeña y, especialmente, azulejo, la esmaltada que se emplea para recubrir paredes.

baldragas *s. m. fam.* Hombre flojo, débil de carácter, sin energías. ■ No varía en *pl.* SIN. Calzonazos, bragazas.

balear[1] *v. tr. Amér.* Disparar balas sobre alguien o algo. SIN. Tirotear. FAM. Balacear, baleo. / Abalear. BALA.

balear[2] (del lat. *balearis*) *adj.* **1.** De las islas Baleares. También *s. m.* y *f.* || *s. m.* **2.** Variedad del catalán que se habla en las islas Baleares. Se denomina también *mallorquín*, *menorquín* o *ibicenco*, según la isla donde se habla.

balido *s. m.* Voz de algunos animales, como la oveja, la cabra o el ciervo. ■ No confundir con la palabra homófona *valido*, 'persona que gozaba de la confianza del rey'.

balín (dim. de *bala*) *s. m.* **1.** Bala de menor calibre que la ordinaria de fusil. **2.** Munición o proyectil que se utiliza en las armas de aire comprimido.

balística (de *balista*, cierta máquina que antiguamente servía para arrojar piedras y flechas) *s. f.* Parte de la física que estudia las trayectorias de los proyectiles. FAM. Balístico. BALA.

baliza (del prov. *palissa*, y éste del lat. *palus*, palo) *s. f.* **1.** Señal flotante o fija que sirve de indicación a los navegantes, ya sea de peligro, de la dirección que hay que seguir en una competición náutica, etc. **2.** Señal con que se marcan las pistas de despegue y aterrizaje en los aeropuertos u otras pistas terrestres. SIN. **1.** Boya. FAM. Balizar. / Abalizar, radiobaliza.

balizar *v. tr.* Abalizar*.

ballena (del lat. *ballaena*) *s. f.* **1.** Mamífero cetáceo, el mayor de los animales conocidos; tiene unas láminas córneas y elásticas en lugar de dientes y unos orificios respiratorios por los que expulsa un chorro de aire caliente cuando sale a la superficie; es objeto de una caza intensa especialmente para obtener su aceite, por lo que está en peligro de extinción. **2.** Lámina córnea elástica que tiene la ballena en la mandíbula superior, con la que retiene el plancton y los pequeños animales de los que se alimenta. **3.** Tira de esa lámina o de plástico o metal que se usa para armar los corsés, los cuellos de las camisas, etc. FAM. Ballenato, ballenero.

ballenato *s. m.* Cría de ballena.
ballenero, ra *adj.* **1.** Relativo a la caza de la ballena. || *s. m.* **2.** Barco con que se realiza esa caza. **3.** Persona dedicada a la caza de ballenas.
ballesta (del lat. *ballista*) *s. f.* **1.** Arma portátil para arrojar flechas. **2.** Máquina antigua de guerra con que se lanzaban piedras o flechas grandes. **3.** Pieza de la suspensión de vehículos o carruajes sobre la que descansa la caja de éstos, compuesta de láminas elásticas de acero superpuestas. **FAM.** Ballestero.
ballestero (del lat. *ballistarius*) *s. m.* **1.** El que hacía o usaba ballestas. **2.** El que cuidaba de las armas de las personas reales y las acompañaba en las cacerías.
ballet (fr.) *s. m.* **1.** Representación teatral que combina la danza, la mímica y la música orquestal. **2.** Agrupación o compañía de bailarines que la ejecutan. ■ Su pl. es *ballets*.
balneario, ria (del lat. *balnearius*, de *balneum*, baño) *adj.* **1.** Relativo a los baños públicos, en especial a los medicinales. || *s. m.* **2.** Establecimiento público de baños, por lo común medicinales, en el que también pueden hospedarse los clientes.
balompié *s. m.* Fútbol*.
balón (aum. de *bala*) *s. m.* **1.** Pelota grande, hinchada de aire y resistente, que se usa en varios juegos. **2.** Recipiente flexible que sirve para contener cuerpos gaseosos: *balón de oxígeno.* || **3. un balón de oxígeno** Ayuda en un momento difícil: *recibir un balón de oxígeno.* || **LOC. echar balones fuera** *fam.* Responder con evasivas. **SIN. 1.** Esférico, bola, cuero. **FAM.** Balompié, balonazo, baloncesto, balonmano, balonvolea. BALA.
baloncesto *s. m.* Juego en el que participan dos equipos compuestos de cinco jugadores, los cuales con ayuda de las manos han de introducir el balón en una red colgada de un aro. **FAM.** Baloncestista.
balonmano *s. m.* Juego de pelota que se practica con las manos, entre dos equipos de siete jugadores cada uno, que tratan de introducir el balón en la portería contraria en una cancha rectangular.
balonvolea *s. m.* Voleibol*.
balsa[1] *s. f.* **1.** Hoyo o depresión del terreno donde se acumula agua. || **2. balsa de aceite** *fam.* Masa de agua muy tranquila; también, lugar o reunión de personas muy tranquilo, sin contratiempos. **SIN. 1.** Estanque, charca. **FAM.** Embalsar, rebalsar.
balsa[2] (voz prerromana) *s. f.* Embarcación construida con maderos unidos fuertemente y que forman una superficie plana. Suele emplearse para navegar por ríos y lagunas. **FAM.** Balsear.
balsámico, ca (del lat. *balsamicus*) *adj.* **1.** Que tiene bálsamo o alguna de sus propiedades: *caramelo balsámico.* También *s. m.* **2.** Que produce el efecto del bálsamo: *palabras balsámicas.* **SIN. 1.** y **2.** Sedante, relajante, tranquilizante.
balsamina (del gr. *balsamine*, de *balsamon*, bálsamo) *s. f.* Planta trepadora de hasta 1 m de altura, tallo sarmentoso con zarcillos, flores rojas, amarillas o blancas y fruto en cápsula de color amarillento. Es originaria de América y crece en la península Ibérica.
bálsamo (del lat. *balsamum*, y éste del gr. *balsamon*) *s. m.* **1.** Sustancia aromática resinosa u oleosa que segregan ciertas plantas y que se emplea como medicamento y para la elaboración de perfumes, pegamentos, barnices, etc. **2.** Medicamento compuesto de sustancias, comúnmente aromáticas, que se aplica como remedio para heridas, llagas, etc. **3.** Aquello que proporciona sosiego, tranquilidad o consuelo: *Tus palabras fueron para mí como un bálsamo.* **SIN. 3.** Aliento, alivio, desahogo. **FAM.** Balsámico, balsamina. / Embalsamar.
balsear *v. tr.* Pasar un río en balsa.
báltico, ca (del lat. *Balticus*, de *Baltia*, Escandinavia) *adj.* Del mar Báltico o de los países que lo bordean. También *s. m.* y *f.*
baluarte (del ant. fr. *boloart*, y éste del neerl. *bolwerc*, construcción con vigas) *s. m.* **1.** Saliente pentagonal en los ángulos de las fortificaciones. **2.** Obra de fortificación o lugar fortificado. **3.** Lugar, cosa o persona que destaca en la defensa de algo: *Aquel profesor era un baluarte de la moral.* **SIN. 1.** a **3.** Bastión. **2.** Fortín, ciudadela, fortaleza.
balumba (del lat. *volumina*, volúmenes) *s. f.* **1.** Conjunto desordenado de muchas cosas juntas: *El cuarto de jugar era una balumba.* **2.** *Amér.* Alboroto. **SIN. 1.** Batiburrillo, montón.
bamba *s. f.* **1.** *fam.* Acierto casual. **2.** Bollo redondo muy esponjoso, abierto por la mitad y relleno de crema, nata o trufa. **3.** Música y baile latinoamericano. **SIN. 1.** Chiripa, casualidad, carambola, chamba.
bambalina *s. f.* Cada una de las tiras pintadas que atraviesan de un lado a otro el escenario de un teatro y en las que se representa la parte superior de la decoración. || **LOC. entre bambalinas** *adv.* En el mundo del teatro.
bambas (nombre comercial registrado) *s. f. pl.* Nombre dado a cierto calzado deportivo, de lona.
bambolearse *v. prnl.* Moverse una persona o cosa a un lado y a otro sin cambiar de sitio. **SIN.** Balancearse, oscilar, mecerse. **FAM.** Bambalina, bamboleo.
bambolla *s. f.* **1.** *fam.* Ostentación excesiva que no se corresponde con la realidad. **2.** *Amér.* Charlatanería. **3.** *Amér.* Fanfarronería. **SIN. 1.** Pompa, apariencia, boato.
bambú (del ár. vulg. *bambuh*, y éste del malayo) *s. m.* Planta gramínea perenne con hojas en forma de lanza y tallo alto constituido por una caña articulada, ligera y muy flexible; ésta se utiliza para la fabricación de muebles, papel, etc., y los brotes tiernos y bayas de algunas especies, en alimentación. ■ Su pl. es *bambúes*, aunque también se utiliza *bambús*.
banal (del fr. *banal*) *adj.* Que no tiene valor, interés, importancia u originalidad: *un comentario banal.* **SIN.** Trivial, vano, fútil, insustancial. **ANT.** Interesante, valioso, importante. **FAM.** Banalidad, banalmente.
banana *s. f.* Plátano, planta y fruto. **SIN.** Banano. **FAM.** Bananal, bananar, bananero, banano.
bananero, ra *adj.* **1.** Relativo a la banana o al banano. || *s. m.* **2.** Planta cuyo fruto es la banana o el banano. **3.** Terreno poblado de esas plantas. **SIN. 2.** Platanero. **2.** y **3.** Platanera.
banano *s. m.* Banana*.
banasta (del celta *benna*, cesta, cruzado con *canasta*) *s. f.* Cesto grande de mimbre o listas de madera delgadas y entretejidas. **SIN.** Canasta, cesta. **FAM.** Banasto. / Embanastar.
banasto *s. m.* Banasta profunda y de base circular. **SIN.** Cesto, canasta.
banca *s. f.* **1.** Conjunto formado por los bancos y otras entidades financieras. Se usa también como equivalente a *banco*: *la banca March.* **2.** Con-

junto de los banqueros. **3.** Conjunto de operaciones realizadas por las entidades mencionadas antes. **4.** En ciertos juegos de azar, conjunto de fichas o dinero que pone cada jugador y de donde se paga a los que ganan. **5.** Asiento de madera, sin respaldo. **6.** *Arg.* y *Urug.* Puesto parlamentario. || LOC. **saltar la banca** En juegos de azar, ganar en una apuesta todo el dinero o las fichas acumuladas en la banca. **tener banca** *Arg.* y *Urug.* Tener influencia, poder o dinero.

bancada *s. f.* **1.** Asiento de los remeros en las embarcaciones. **2.** Plataforma firme sobre la que se fija una máquina o conjunto de ellas para evitar deformaciones o vibraciones. **3.** *Amér. del S.* Grupo parlamentario.

bancal *s. m.* **1.** Terraza cultivable en una pendiente. **2.** Terreno rectangular destinado al cultivo. **3.** Arena amontonada a la orilla del mar. FAM. Abancalar. BANCO.

bancario, ria *adj.* **1.** Relativo a la banca mercantil: *crédito bancario.* **2.** Se dice de la persona que trabaja en alguna entidad de la banca. También *s. m.* y *f.*

bancarrota (del ital. *bancarotta*) *s. f.* **1.** Quiebra de una empresa o negocio: *hacer bancarrota, estar en la bancarrota.* **2.** Desastre, crisis, fracaso. SIN. **2.** Ruina.

bancarse *v. prnl. Arg.* Sobrellevar una situación. ■ Delante de *e* se escribe *qu* en lugar de *c.*

banco (del germ. *bank*) *s. m.* **1.** Asiento, con respaldo o sin él, donde pueden sentarse varias personas. **2.** Asiento de los remeros en las embarcaciones y, antiguamente, de los galeotes en las galeras. **3.** Tablero estrecho que se coloca horizontalmente y sirve de mesa de trabajo para carpinteros, ebanistas y otros artesanos. **4.** Entidad financiera que recibe depósitos de dinero, se encarga de su custodia, realiza préstamos y actúa como intermediaria en el mercado de capitales. **5.** Concentración grande de peces que se desplazan juntos, como las sardinas y los atunes. **6.** Institución encargada del almacenamiento y conservación de sangre, órganos humanos, etc., para su posterior empleo en investigaciones o tratamientos médicos. **7.** Disminución de la profundidad de un río o mar por acumulación de arena o grava. **8.** Estrato rocoso de gran espesor. || **9. banco de datos** Conjunto de datos almacenados en fichas, cintas, discos magnéticos o cualquier otro tipo de soporte, del que se extrae información en el momento en que se precisa. **10. banco de hielo** Iceberg*. **11. banco de niebla** Concentración de niebla. **12. banco de pruebas** Instalación en que se experimentan y comprueban máquinas, motores, vehículos, etc. SIN. **7.** Bajío, escollo. FAM. Banca, bancada, bancal, bancario, bancarrota, banquero, banqueta, banquillo, banquisa. / Desbancar, embancarse, interbancario, sotabanco, telebanco.

banda[1] (del germ. *band*, faja, cinta) *s. f.* **1.** Cinta ancha de uno o varios colores, que se lleva desde el hombro al costado opuesto como signo de algún cargo u honor. **2.** Faja, lista: *La camiseta del equipo lleva una banda roja.* **3.** En fís., cualquier intervalo finito de variaciones de una magnitud. || **4. banda de frecuencia** En radiodifusión y televisión, conjunto de frecuencias comprendidas entre dos puntos que delimitan el margen necesario para transmitir una señal por medio de ondas electromagnéticas. La diferencia entre la frecuencia superior y la inferior de una banda se denomina *ancho de banda.* **5. banda sonora** Franja longitudinal de una película donde está registrado el sonido de la misma y, p. ext., partitura musical del filme. También, en algunas carreteras, franja con relieve que produce un sonido al circular por encima y sirve para avisar al conductor de los límites de la calzada o que debe reducir la velocidad. SIN. **1.** Bandolera. **2.** Franja, cenefa.

banda[2] (del gót. *bandwo*, signo, bandera) *s. f.* **1.** Grupo de gente unida con fines ilícitos o criminales: *banda de ladrones.* **2.** Conjunto musical formado por instrumentos de percusión y de viento. P. ext., cualquier conjunto musical. **3.** Bandada, manada. **4.** Lado o zona lateral de una cosa o lugar, especialmente por la parte más larga: *la banda de un río, de un campo de fútbol.* **5.** Costado de una nave. || LOC. **cerrarse en** (o **a la**) **banda** Mantenerse firme en un propósito, opinión, etc., sin atender a otras razones. **coger** a alguien **por banda** Abordarle para hablar con él, explicarle algo, reprenderle, etc. SIN. **1.** Cuadrilla, partida. **2.** Charanga. FAM. Bandada, bandazo, bandear, bandera, bando[2]. / Desbandarse.

bandada *s. f.* **1.** Grupo grande de aves que vuelan juntas. **2.** P. ext., conjunto de peces. **3.** Grupo bullicioso de personas: *Los chicos salen al recreo en bandadas.* SIN. **1.** Banda. **2.** Banco. **3.** Tropel.

bandazo *s. m.* **1.** Inclinación repentina y pronunciada de un barco hacia cualquiera de los costados. P. ext., movimiento semejante de una persona o cosa: *Iba borracho dando bandazos.* **2.** Cambio brusco e inesperado que se da en la orientación de algo, en la tendencia de una persona o grupo, etc.: *Dio un bandazo en sus ideas políticas.* SIN. **1.** Vaivén, bamboleo.

bandear *v. tr.* **1.** *Amér.* Atravesar un curso de agua de una a otra orilla. || **bandearse** *v. prnl.* **2.** Manejarse con habilidad en la vida o en un asunto. **3.** *Amér.* Cambiar de parecer o de partido. SIN. **1.** Vadear. **2.** Apañarse, desenvolverse, arreglarse.

bandeau (fr.) *s. m.* Banda horizontal que se coloca sobre la parte superior de un cortinaje para tapar la barra de la que cuelga y producir un efecto más estético. ■ Se usa también la forma castellanizada *bandó.*

bandeja (del port. *bandeja*) *s. f.* **1.** Pieza plana y a veces algo cóncava con bordes, que se emplea para servir, llevar, presentar o depositar cosas. **2.** Pieza movible, en forma de caja sin tapa y de poca altura, que divide horizontalmente el interior de un baúl o maleta. **3.** Cajón de mueble que tiene la pared delantera rebajada o que carece de ella. || LOC. **pasar la bandeja** Recoger donativos o limosnas. **servir** (o **poner**) algo **en bandeja** *fam.* Dar grandes facilidades a uno para conseguir algo.

bandera *s. f.* **1.** Trozo de tela de forma generalmente rectangular que, sujeta a un palo o asta, se emplea como insignia de una nación, cuerpo militar, partido político, agrupación deportiva, etc. P. ext., trozo de tela u otros materiales que se usa como adorno, para señalizar algo o para hacer indicaciones en aeropuertos, autódromos, etc. **2.** Nacionalidad de un buque mercante. **3.** Conjunto de hombres que militan bajo una misma bandera. **4.** Cada una de las compañías de los antiguos tercios españoles y actualmente ciertas unidades tácticas: *una bandera de la Legión.* || **5. bandera blanca** La que se enarbola como señal de paz o rendición. **6. bandera negra** La que usaban los piratas o la que se enarbolaba en los barcos en los que se había declarado una epidemia. || LOC. **a banderas desplegadas** *adv.* Sin detenerse o sin encontrar impedimentos. También, abiertamente o con ostentación. **bajar** (o **levantar**) **la bandera** Realizar esa acción un juez deportivo en ciertas carreras para señalar el principio o el fin de las mismas. También, accionar o parar el contador en los taxis. **de bandera** *adj.* Excelente, de gran calidad: *un espectáculo de bandera.* Aplicado a una mujer, de gran atractivo físico. **hasta la bandera** *adv.* Referido a un recinto de espectáculos públicos, lleno, repleto. **jurar (la) bandera** Jurar o prometer fidelidad a la bandera del país los soldados y oficiales del ejército. SIN. **1.** Enseña, estandarte, pendón, gallardete, grímpola. **1.** y **2.** Pabellón. FAM. Banderilla, banderín, banderola. / Abanderar, embanderarse. BANDA[2].

bandería *s. f.* Bando, facción.

banderilla *s. f.* **1.** Palo delgado de 70 a 80 cm de longitud, recubierto de papel de colores y con un arponcillo de hierro en la punta, que el torero clava por pares en la cerviz del toro. **2.** *fam.* Burla o comentario irónico. ■ En estas dos acepciones se usa generalmente con los verbos *clavar, poner* o *plantar.* **3.** Tapa o aperitivo pinchado en un palillo. SIN. **1.** Rehilete. **2.** Pulla, broma. FAM. Banderillazo, banderillear, banderillero. BANDERA.

banderillazo *s. m. Méx.* Sablazo, petición de dinero.

banderillear *v. tr.* Poner un torero banderillas al toro. También *v. intr.*

banderillero, ra *s. m.* y *f.* Subalterno de la cuadrilla de un torero, que suele encargarse de poner las banderillas.

banderín *s. m.* **1.** Bandera triangular pequeña, que sirve de emblema a instituciones, equipos deportivos, ciudades, etc., y que tiene su origen en la que se coloca en las bayonetas de los soldados. **2.** Soldado que sirve de guía a otros y lleva para esto un banderín en la bayoneta. || **3. banderín de enganche** Oficina donde se alistan los reclutas; p. ext., idea o consigna que sirve para atraer simpatizantes a una causa o empresa. También primer asunto o proyecto de una serie o que da lugar a otros.

banderola (del cat. *banderola*) *s. f.* **1.** Bandera pequeña que se usa en trabajos de topografía, en el ejército y en la marina. **2.** Cinta o trozo de tela que llevaban en la lanza los soldados de caballería. **3.** *Amér. del S.* Elemento móvil de una ventana o puerta situado en su parte superior.

bandidaje *s. m.* Existencia y actividad de bandidos en una zona. SIN. Bandolerismo.

bandido, da *s. m.* y *f.* **1.** Antiguamente, fugitivo de la justicia al que se reclamaba mediante bandos. **2.** Bandolero. **3.** Persona perversa, que engaña o tiene mala intención. También *adj.* **4.** En tono cariñoso, pillo, pícaro. También *adj.* SIN. **1.** Delincuente. **3.** Canalla, malvado, rufián. **3.** y **4.** Granuja, bribón. FAM. Bandidaje. BANDO[1].

bando[1] (de or. fr.) *s. m.* Mandato o aviso de la autoridad comunicado por un pregonero o con anuncios fijados en lugares establecidos. SIN. Edicto, proclama. FAM. Bandido. / Contrabando.

bando[2] (del gót. *bandwo*, signo, bandera) *s. m.* **1.** Conjunto de personas que se opone a otro por sus ideas o por otras causas: *No se hablan porque son de bandos distintos.* **2.** Grupo de gente que, al mando de un jefe, hacía la guerra contra otro o contra el rey o señor. SIN. **1.** Partido. **2.** Bandería, facción. FAM. Bandería, bandolera, bandolerismo, bandolero. BANDA[2].

bandó (del fr. *bandeau*) *s. m.* Bandeau*.

bandolera *s. f.* **1.** Correa propia de los uniformes de algunos cuerpos, que cruza por el pecho y la espalda, desde el hombro al lado opuesto de la cadera, con un gancho, del que se cuelga un arma. **2.** Bolso con un asa larga que puede colgarse del hombro. || LOC. **de bandolera** *adj.* Que puede llevarse cruzado desde un hombro al lado opuesto de la cadera. **en bandolera** *adv.* Cruzando desde un hombro a la cadera del lado opuesto.

bandolerismo *s. m.* Existencia y actividad de bandoleros en una zona: *el bandolerismo de Sierra Morena.*

bandolero, ra *s. m.* y *f.* Ladrón que solía atracar a sus víctimas en campo abierto y que generalmente formaba parte de una banda. SIN. Salteador, forajido, bandido.

bandoneón *s. m.* Instrumento musical parecido al acordeón pero más pequeño y con teclado a ambos lados, muy popular en Argentina.

bandurria (del lat. *pandura*, y éste del gr. *pandura*) *s. f.* Instrumento musical de doce cuerdas, similar a la guitarra aunque de menor tamaño, que se toca con púa.

bangaña *s. f.* **1.** *Amér. C.* Cáscara de algunas cucurbitáceas, como la calabaza que se usa para transportar líquidos o áridos. **2.** *Col.* Vasija tosca.

bangladeshí *adj.* De Bangladesh, república del S de Asia. También *s. m.* y *f.*

banjo *s. m.* Instrumento de cuerda parecido a la guitarra, con el mástil largo y la caja de resonancia circular, cubierta por una piel tensada sobre un aro. Muy popular entre la primitiva población afroamericana, fue luego empleado en el jazz.

banquero, ra *s. m.* y *f.* **1.** Propietario o directivo importante de un banco comercial. **2.** En ciertos juegos de azar, el que tiene en su poder la banca.

banqueta *s. f.* **1.** Asiento bajo y sin respaldo que tiene tres o cuatro patas. **2.** Banco pequeño y muy bajo que sirve para poner los pies. **3.** *Amér.* Acera de la calle. SIN. **1.** y **2.** Taburete, escabel. FAM. Embanquetar. BANCO.

banquete *s. m.* **1.** Comida a la que asiste un gran número de personas que celebran algún acontecimiento: *banquete de boda, de aniversario.* **2.** Comida extraordinaria, abundante y apetitosa: *Nos dimos un banquete.* SIN. **1.** Convite, ágape. **2.** Comilona, festín.

banquillo *s. m.* **1.** *dim.* de **banco**. **2.** Asiento donde se coloca el acusado ante el tribunal durante la celebración del juicio. **3.** En dep., asiento situado fuera del terreno de juego, que ocupan los jugadores suplentes y los entrenadores. || LOC. **chupar banquillo** *fam.* Permanecer un jugador en el banquillo durante todo el encuentro o gran parte de él.

banquisa *s. f.* Bancos de hielo originados por la congelación directa del mar, que en las zonas polares ocupan grandes extensiones a lo largo de las costas.

bantú *adj.* **1.** Se aplica a un conjunto de pueblos que constituyen la mayoría de la población de raza negra de África central y del sur. También *s. m.* y *f.* **2.** Se aplica al grupo de lenguas habladas por estos pueblos, entre las que se hallan el cafre o el zulú. También *s. m.* ■ Su pl. es *bantúes*, aunque también se utiliza *bantús.*

bañadera *s. f. Amér.* Bañera, baño.

bañado, da 1. *p.* de **bañar**. También *adj.* || *adj.* **2.** Mojado, humedecido, empapado: *bañado en sudor; con los ojos bañados en lágrimas.* **3.** Recubierto con una capa de alguna cosa: *un pastel bañado en chocolate; un anillo bañado en oro.*

bañador (del lat. *balneator, -oris*) *s. m.* **1.** Prenda que se usa para bañarse en playas, piscinas, etc. **2.** Particularmente, traje de baño femenino de una sola pieza.

bañar (del lat. *balneare*) *v. tr.* **1.** Meter en el agua o en otro líquido a una persona o cosa. Se usa mucho como *v. prnl.*: *Nos bañamos en la piscina.* **2.** Mojar por completo una cosa con un líquido. ■ Se usa seguido de las prep. *con, de* o *en*: *bañar unos bizcochos en leche.* **3.** Cubrir una cosa con una capa de otra sustancia: *bañar una bandeja en plata.* **4.** Tocar o pasar por un lugar el agua del mar, de algún río, etc.: *El mar Cantábrico baña las costas de Vizcaya.* **5.** Referido al sol o a la luz, dar de lleno sobre algo: *El sol bañaba la sala.* **SIN.** **2.** Remojar. **4.** Regar. **5.** Inundar. **FAM.** Bañadera, bañado, bañador, bañera, bañista, baño. / Balneario.

bañera *s. f.* Baño, pila para bañarse. **FAM.** Cubrebañera.

bañista *s. m.* y *f.* **1.** Persona que se baña en el mar, en una piscina, en un balneario, etc. **2.** Persona que cuida de los que se bañan o les socorre. **SIN.** **2.** Socorrista.

baño (del lat. *balneum*) *s. m.* **1.** Acción de bañar o bañarse: *tomar, darse un baño.* **2.** Bañera. **3.** Cuarto de aseo en una casa. **4.** Acción de someter un cuerpo al influjo de un agente físico, como el calor, el vapor, el sol, etc. **5.** Capa fina y superficial con que queda cubierta una cosa: *un baño de oro.* **6.** Cualidad o conocimiento que una persona posee muy superficialmente: *Sólo tiene un baño de cultura.* **7.** *fam.* Derrota rotunda a un adversario: *El equipo rival nos dio un buen baño.* || *s. m. pl.* **8.** Balneario, lugar con aguas medicinales. || **9. baño de sangre** Matanza de muchas personas. || **LOC. al baño (de) María** *adv.* Forma de calentar el contenido de un recipiente, colocándolo dentro de otro recipiente con agua, en lugar de ponerlo directamente al fuego. **SIN.** **1.** Inmersión, ablución; remojón. **2.** Tina, pila. **3.** Servicio. **6.** Barniz. **7.** Revolcón.

baobab *s. m.* Árbol de gran tamaño, hasta 18 m de altura, cuyo tronco puede alcanzar los 10 m de diámetro, con grandes ramas, flores blancas y fruto comestible. Es una especie protegida, originaria del África tropical.

baptisterio (del lat. *baptisterium*, y éste del gr. *baptisterion*) *s. m.* **1.** Pila bautismal y lugar de la iglesia donde se encuentra. **2.** Pequeño edificio o capilla construido cerca de una iglesia en el que se practicaba el bautismo.

baqueano, na *adj.* Baquiano*.

baquelita (de L. H. *Baekeland*, químico belga) *s. f.* Resina sintética de gran dureza que se emplea en la fabricación de aparatos eléctricos y aislantes.

baqueta (del ital. *bacchetta*, bastoncillo) *s. f.* **1.** Varilla delgada que se utiliza para apretar el taco en un arma de fuego o limpiar el interior del cañón. **2.** Varilla de madera que emplean los picadores para manejar los caballos. || *s. f. pl.* **3.** Palillos con que se toca el tambor. **FAM.** Baquetazo, baquetear.

baquetazo *s. m.* **1.** Golpe dado con la baqueta. **2.** *fam.* Golpe violento producido por una caída. || **LOC. tratar a baquetazos** *fam.* Tratar a alguien de forma severa y sin consideraciones. **SIN.** **2.** Batacazo, porrazo.

baquetear *v. tr.* **1.** Curtir, acostumbrar a contratiempos, trabajos, dificultades, etc. **2.** Molestar o incomodar a alguien, p. ej. obligándole a hacer muchas gestiones. **SIN.** **1.** Avezar, encallecer, endurecer. **2.** Brear. **FAM.** Baqueteado, baqueteo. BAQUETA.

baquiano, na *adj.* **1.** *Amér.* Conocedor de un terreno, de sus caminos y atajos. También *s. m.* y *f.* **2.** *Arg.* y *Col.* Hábil en cualquier cosa. ■ Se dice también *baqueano.* **FAM.** Baqueano.

báquico, ca (del lat. *bacchicus*, y éste del gr. *bakkhikos*) *adj.* Relativo al dios Baco, al vino o a sus efectos.

bar (del ingl. *bar*, barra) *s. m.* Lugar donde se toman bebidas y alimentos, habitualmente ante el mostrador. **FAM.** Bareto, barman. / Discobar, minibar, piano-bar.

barahúnda *s. f.* Gran ruido, confusión y desorden. ■ Se escribe también *baraúnda.* **SIN.** Alboroto, algarabía, bulla, jaleo.

baraja *s. f.* **1.** Conjunto de cartas o naipes que sirven para distintos juegos de azar o habilidad. **2.** Variedad de elementos entre los que se puede elegir: *una baraja de posibilidades* || **LOC. jugar con dos barajas** Actuar con hipocresía y falsedad. **SIN.** **2.** Abanico, gama. **FAM.** Barajar.

barajar *v. tr.* **1.** Mezclar las cartas de una baraja antes de repartirlas entre los jugadores. **2.** Tener en cuenta las posibles soluciones de un asunto, las personas para un cargo, etc.: *Barajaron varios nombres para la presidencia. Barajé las distintas posibilidades y decidí irme.* **3.** Utilizar o manejar muchos datos en una exposición o conferencia. **4.** *Arg.*, *Chile* y *Urug.* Detener un objeto arrojado al aire o parar los golpes de un contrario. **SIN.** **2.** Considerar. **FAM.** Abarajar. BARAJA.

baranda (del lat. *vara*) *s. f.* **1.** Barandilla protectora o de apoyo. **2.** Borde de la mesa de billar. || *s. m.* y *f.* **3.** *fam.* Jefe o directivo. **FAM.** Barandal, barandilla.

barandal *s. m.* **1.** Cada uno de los dos listones que sostienen por arriba y por abajo los balaustres de una escalera o balcón. **2.** Barandilla, valla protectora o de apoyo.

barandilla *s. f.* **1.** Especie de valla de madera u otro material que sirve de protección y apoyo en balcones, terrazas, escaleras, etc. **2.** Barandal superior. **SIN.** **1.** Baranda, pretil. **2.** Pasamanos.

baratija (de *barato*) *s. f.* Cosa de poco valor. Suele usarse en *pl.*: *un puesto de baratijas.* **SIN.** Chuchería, fruslería, bagatela.

baratillo *s. m.* **1.** Conjunto de cosas que se venden a bajo precio en un lugar público. **2.** Puesto o tienda en que se venden estas cosas. **3.** Lugar fijo donde se colocan estos puestos. **SIN.** **3.** Mercadillo.

barato, ta *adj.* **1.** Se dice de una cosa de poco precio en sí misma o en comparación con otra que se toma como referencia: *Las naranjas están baratas. La vida en Marruecos está barata.* || *adv.* **2.** Por poco precio: *La tienda vendía barato.* || *s. m.* **3.** Venta de cosas a bajo precio. **SIN.** **1.** Económico, módico, asequible. **3.** Baratillo. **ANT.** **1.** y **2.** Caro. **FAM.** Baratija, baratillo, baratura. / Abaratar, desbaratar, malbaratar.

baraúnda *s. f.* Barahúnda*.

barba (del lat. *barba*) *s. f.* **1.** Barbilla. **2.** Pelo que crece en el mentón y en las mejillas, que puede estar peinado y cortado de diversas formas: *Todavía no le ha salido barba. Miguel se ha dejado barba.* **3.** P. ext., cualquier tipo de pelo que recuerde la barba. Se usa más en *pl.*: *las barbas de un perro; las barbas del mejillón.* **4.** Parte roja y carnosa que cuelga de la mandíbula inferior de algunas aves, p. ej. de los gallos. || *s. f. pl.* **5.** Conjunto de filamentos que se asemejan a las barbas, como los de las plumas de un ave o los de algunas raíces. **6.** Bordes desiguales de algunas cosas, p. ej. del papel cortado. || **LOC. en las barbas** de alguien *adv. fam.* En presencia de alguien y con descaro. **por barba** *adv. fam.* En un reparto, a cada persona: *Tocamos a mil pesetas por barba.* **subirse** uno **a las barbas** de otro *fam.* Faltarle al respeto. **SIN. 1.** Perilla, mentón. **FAM.** Barbado, barbear, barbería, barbero, barbilampiño, barbilindo, barbilla, barbo, barboquejo, barbudo, bárbulas. / Desbarbar, imberbe, sotabarba.

barbacana (del ár. *bab al-baqara*, puerta de las vacas) *s. f.* **1.** Boquete abierto en un muro por donde se disparaba. **2.** Muro bajo que rodea el atrio de algunas iglesias. **3.** Fortificación que se construía delante de algunas plazas o cabezas de puente. **SIN. 1.** Aspillera, tronera, saetera.

barbacoa (voz antillana) *s. f.* **1.** Parrilla que sirve para asar alimentos al aire libre. **2.** Alimentos así cocinados: *Nos invitaron a una barbacoa.*

barbadiano, na o **barbadense** *adj.* De Barbados, país de América Central. También *s. m.* y *f.*

barbado, da *adj.* **1.** Que tiene barba. También *s. m.* y *f.* || *s. m.* **2.** Árbol o sarmiento que se planta con raíces. **SIN. 1.** Barbudo. **ANT. 1.** Barbilampiño.

barbaridad *s. f.* **1.** Cualidad de bárbaro. **2.** Dicho o hecho equivocado: *Su examen estaba lleno de barbaridades.* **3.** Imprudencia grande: *Es una barbaridad saltarse los semáforos.* **4.** Cantidad excesiva: *Trajo una barbaridad de comida.* **SIN. 2.** a **4.** Disparate, desatino, burrada.

barbarie (del lat. *barbaries*) *s. f.* **1.** Estado de incultura y atraso de un pueblo. **2.** Vandalismo, crueldad, violencia: *Los hinchas dejaron pruebas de su barbarie en el estadio.* **SIN. 2.** Salvajismo, brutalidad, fiereza.

barbarismo (del lat. *barbarismus*) *s. m.* **1.** Extranjerismo no incorporado totalmente al idioma, como p. ej., *leasing* o *lunch.* **2.** Palabra o expresión que se escribe, se pronuncia o se emplea de forma incorrecta o impropia. **SIN. 2.** Solecismo.

bárbaro, ra (del lat. *barbarus*, y éste del gr. *barbaros*, extranjero) *adj.* **1.** De los pueblos germánicos que invadieron el imperio romano en el s. V. También *s. m.* y *f.* **2.** Cruel, salvaje, violento: *Sufrieron bárbaros suplicios.* También *s. m.* y *f.*: *Unos bárbaros destrozaron la fuente.* **3.** Grosero, ordinario: *Se porta como un bárbaro en la mesa.* También *s. m.* y *f.* **4.** Se usa como intensificador, aplicado a personas o cosas que se salen de lo normal: *¡Qué bárbaro, cómo corre!* **5.** *fam.* Estupendo, fenomenal: *una película bárbara.* También *adv.*: *Lo pasamos bárbaro.* **SIN. 2.** Brutal, atroz, inhumano. **3.** Soez. **FAM.** Bárbaramente, barbaridad, barbarie, barbarismo, barbarizar.

barbechar *v. tr.* **1.** Arar la tierra después de recoger la cosecha. **2.** Dejar la tierra arada durante un periodo de tiempo para que descanse y se airee.

barbecho (del lat. *vervactum*, de *vervagere*, arar la tierra en primavera) *s. m.* **1.** Campo que se deja sin cultivar durante un año o más para que se recupere y produzca después mejores cosechas. **2.** Estado de ese campo: *estar, dejar, quedar en barbecho.* **FAM.** Barbechar.

barbería *s. f.* Establecimiento donde se arregla la barba y el pelo de los hombres. **SIN.** Peluquería.

barbero, ra *adj.* **1.** Se dice de los objetos necesarios en una barbería y en especial de la navaja de afeitar. || *s. m.* **2.** Hombre cuya profesión es afeitar, cortar y arreglar la barba y el pelo. **SIN. 2.** Fígaro.

barbián, na (del caló *barbán*, aire) *adj.* Desenvuelto, simpático. También *s. m.* y *f.* **SIN.** Jovial, atrevido, pillo.

barbilampiño *adj.* Se dice del hombre con poca barba o sin ella. **SIN.** Lampiño. **ANT.** Barbado, barbudo.

barbilindo (de *barba* y *lindo*) *adj.* Se dice del joven que se cree guapo y se arregla mucho. También *s. m.*

barbilla (de *barba*) *s. f.* **1.** Extremo saliente de la cara, situado debajo de la boca. **2.** Prolongación carnosa que tienen algunos peces en la parte inferior de la cabeza. **3.** Aleta con forma de fleco que rodea el cuerpo de algunos peces, como el lenguado. **SIN. 1.** Barba, mentón.

barbitúrico (del al. *Barbitursäure*, ácido barbitúrico, e *-ico*) *adj.* Se dice de un ácido orgánico formado por urea y ácido malónico, y de sus derivados, que poseen efectos sedantes y anestésicos sobre el sistema nervioso central. También *s. m.*

barbo (del lat. *barbus*, barbudo) *s. m.* Pez teleósteo de río, de color oscuro por el lomo y blanquecino por el vientre, puede alcanzar hasta 1 m de longitud y tiene cuatro barbillas en la mandíbula superior. Es comestible.

barboquejo (del lat. *barba*, barba, y *capsus*, quijada) *s. m.* Cinta o correa con que se sujeta el sombrero, la gorra, etc., por debajo de la barbilla. ■ Se dice también *barbuquejo.*

barbotar o **barbotear** (onomat.) *v. tr.* Hablar entre dientes o de forma entrecortada y confusa. También *v. intr.* **SIN.** Mascullar, farfullar. **FAM.** Barboteo.

barbudo, da *adj.* Que tiene mucha barba. También *s. m.* y *f.* **SIN.** Barbado. **ANT.** Barbilampiño.

bárbulas *s. f. pl.* Filamentos que forman las barbas de las plumas de las aves.

barbuquejo *s. m.* Barboquejo*.

barca (del lat. *barca*) *s. f.* Embarcación de pequeño tamaño utilizada para diversos usos, para pescar o navegar cerca de la costa, como recreo, etc. **SIN.** Bote, chalupa, canoa. **FAM.** Barcarola, barcaza, barco, barquero, barquichuela, barquilla. / Embarcación.

barcarola (del ital. *barcarola*) *s. f.* **1.** Canción popular italiana, especialmente la de los gondoleros venecianos. **2.** Composición musical, de ritmo ternario, que imita el balanceo de la barca en el mar.

barcaza *s. f.* Barca grande para transportar mercancías o pasajeros desde tierra hasta los barcos, o viceversa.

barcelonés, sa *adj.* De Barcelona. También *s. m.* y *f.*

barcino, na *adj.* Se aplica a los animales de pelo blanco y pardo, o a veces rojizo.

barco *s. m.* Construcción flotante que, movida por cualquier procedimiento, sirve para transportar por el agua personas o mercancías. **SIN.** Buque, embarcación, navío, bajel. **FAM.** Barquichuelo, barquillo. BARCA.

barda *s. f.* Cubierta de paja, ramas, espinos, etc., que se coloca sobre las tapias de corrales o huertas para protegerlos de la lluvia.

bardo (del lat. *bardus*) *s. m.* **1.** Poeta de los antiguos celtas, que cantaba las hazañas de su pueblo. **2.** P. ext., y en lenguaje literario, poeta. **SIN. 2.** Vate, trovador.

baremo (del fr. *barème*, y éste del nombre de su inventor, B. F. *Barrême*) *s. m.* **1.** Libro de cuentas ya realizadas. **2.** Lista de tarifas. **3.** Escala de valores, establecidos de forma convencional, que sirve de base para evaluar o valorar la importancia de unos datos determinados: *El baremo del examen era muy alto.*

bareto *s. m. fam.* y *desp.* Bar.

bargueño (de *Bargas*, Toledo) *s. m.* Mueble de madera tallada con múltiples cajones y compartimentos realizado al estilo de los que se construían originariamente en Bargas (Toledo).

baricentro (del gr. *barys*, pesado, y *centro*) *s. m.* Centro de gravedad de un cuerpo.

bario *s. m.* Elemento químico de carácter metálico y color blanco amarillento; reacciona con el agua y se oxida en contacto con el aire; en forma de sulfato se utiliza en pinturas, en la fabricación de conglomerados para el linóleo y tintas para litografía. Su símbolo es *Ba*.

barisfera (del gr. *barys*, pesado, y *sphaira*, esfera) *s. f.* Núcleo de la Tierra formado por hierro y níquel, caracterizado por su elevada temperatura y densidad. SIN. Nife.

barítono (del lat. *barytonus*, y éste del gr. *barytonos*, de voz grave) *s. m.* **1.** Voz masculina que se encuentra entre la de tenor y la de bajo. **2.** Persona que tiene ese registro de voz.

barlovento *s. m.* En lenguaje marinero, lado o parte de donde viene el viento, con respecto a un punto concreto. ANT. Sotavento.

barman (ingl.) *s. m.* y *f.* Camarero de un bar que trabaja detrás de la barra, sirviendo y preparando bebidas generalmente alcohólicas. ■ Su pl. es *bármanes*.

barniz (del bajo lat. *veronix, -icis*) *s. m.* **1.** Disolución de una o más resinas en un líquido volátil que se extiende sobre pinturas, maderas y otras superficies para protegerlas y darles un aspecto brillante. **2.** Sustancia que se extiende sobre objetos de cerámica y que, con la cocción, adquiere dureza y brillantez de vidrio. **3.** Cualidad o conocimiento que alguien tiene de manera muy superficial: *No sabe tanto, sólo tiene un barniz de cultura.* SIN. **1.** Laca. **1.** y **2.** Esmalte. **3.** Tinte, capa, baño. FAM. Barnizador, barnizar.

barnizar *v. tr.* Recubrir algo con barniz para darle brillo y protección. ■ Delante de *e* se escribe *c* en lugar de *z*: *barnicé*. SIN. Esmaltar, lacar.

barómetro (del gr. *barys*, pesado, y *-metro*) *s. m.* Instrumento que sirve para medir la presión atmosférica. FAM. Barometría, barométrico.

barón, nesa (del germ. *baro*, hombre libre) *s. m.* y *f.* **1.** Título de nobleza de importancia variable según los países; en España es el inmediatamente inferior al de vizconde. || *s. f.* **2.** Mujer del barón. || *s. m.* **3.** Personaje importante y con poder dentro de un partido político. ■ No confundir con su homófono *varón*, 'hombre'.

barquero, ra *s. m.* y *f.* Persona que guía o gobierna una barca. SIN. Batelero.

barquilla *s. f.* **1.** *dim.* de **barca**. **2.** Parte de un globo en forma de cesto grande, destinada a los tripulantes. **3.** Molde para hacer pasteles, canapés, etc., de forma semejante a la de una barca.

barquillero, ra *s. m.* y *f.* **1.** Persona que hace o vende barquillos. || *s. m.* **2.** Molde de hierro empleado en la elaboración de barquillos. || *s. f.* **3.** Recipiente metálico donde se guardan los barquillos, en cuya tapa suele haber una ruleta con la que se decide al azar el número de barquillos correspondiente a cada tirada.

barquillo *s. m.* **1.** *dim.* de **barco**. **2.** Dulce de forma triangular o de tubo, elaborado con harina sin levadura, azúcar o miel y frecuentemente canela. FAM. Barquillero. / Abarquillar. BARCO.

barra (de or. prerromano) *s. f.* **1.** Pieza de cualquier material rígido, larga y delgada, de sección uniforme, generalmente prismática o circular. **2.** Palanca de hierro. **3.** Pieza de pan de forma alargada. **4.** Bloque de algunos materiales, con forma de prisma rectangular: *una barra de plata, una barra de turrón.* **5.** La que suelen tener los bares, cafeterías, etc., a lo largo del mostrador y, p. ext., el mismo mostrador. **6.** Nombre que se aplica a algunos aparatos de gimnasia, formados por una o varias piezas como las mencionadas en la primera acepción, sostenidas en posición horizontal. **7.** Pieza diagonal del escudo. P. ext., lista o franja en escudos y banderas. **8.** Signo gráfico (| /) que se utiliza para separar. **9.** Fondo de arena peligroso para la navegación, que se forma a la entrada de algunas rías, en la desembocadura de algunos ríos y en la estrechura de ciertos mares o lagos. **10.** *Amér.* Conjunto de personas que presencia una sesión pública de algún cuerpo colegiado. **11.** *Chile* y *Perú* Público en un espectáculo al aire libre. **12.** *Arg.*, *Par.* y *Urug.* Grupo de amigos. || **13. barra americana** Local en que sirven bebidas mujeres provocativamente vestidas que dan conversación a los clientes y les incitan a que consuman más o a mantener relaciones sexuales. **14. barra de herramientas** En un programa informático, espacio de la pantalla destinado a los botones que activan las distintas aplicaciones o funcionalidades. **15. barra fija** Aparato gimnástico, de categoría masculina, compuesto por dos barras verticales que sujetan una horizontal. **16. barras asimétricas** Aparato gimnástico, de categoría femenina, formado por dos barras horizontales colocadas, respectivamente, a 1,5 m y 2,3 m de altura. **17. barras paralelas** Aparato gimnástico, de categoría masculina, compuesto por dos barras horizontales y paralelas, sostenidas cada una por dos pies fijos. || LOC. **sin reparar** (o **pararse**) **en barras** *fam.* Sin tener en cuenta los inconvenientes a la hora de hacer algo. SIN. **1.** Barrote, varilla. **3.** Pistola. **4.** Pastilla, tableta; lingote. **9.** Bajo, bajío, banco. FAM. Barrera, barrote.

barrabás (por alusión a *Barrabás*, criminal judío indultado con preferencia a Jesús) *s. m.* **1.** Persona mala, perversa. **2.** *fam.* Persona inquieta, traviesa. FAM. Barrabasada.

barrabasada *s. f.* **1.** Acción injusta realizada contra alguien: *Lo que le han hecho es una barrabasada.* **2.** *fam.* Travesura grave. SIN. **1.** Jugada, faena. **2.** Trastada, disparate, barbaridad.

barraca *s. f.* **1.** Vivienda rústica, hecha generalmente con materiales ligeros. **2.** Construcción popular en las huertas de Valencia y Murcia, generalmente de adobes y con cubierta de cañas a dos aguas, con mucha pendiente. **3.** Construcción de carácter provisional y desmontable, hecha con materiales ligeros, para las ferias, para albergar tropas o trabajadores circunstancialmente, etc. **4.** *Amér.* Almacén. SIN. **1.** Chabola, cabaña, choza. **3.** Caseta, barracón. FAM. Barracón.

barracón (aum. de *barraca*) *s. m.* Edificación rectangular, generalmente sin tabiques, usada para alojar soldados, personas que carecen de vivienda, obreros, etc.

barracuda *s. f.* Pez teleósteo de hasta 2 m de longitud, con el cuerpo muy alargado y la mandíbula prominente, provista de fuertes dientes. Son feroces depredadores que se agrupan para cazar.

barragana *s. f.* Concubina, particularmente la de un clérigo.

barranca *s. f.* Barranco*.

barranco *s. m.* **1.** Corte profundo del terreno. **2.** Cauce hondo que hacen en la tierra las corrientes de agua. **SIN. 1.** Precipicio, despeñadero. **1.** y **2.** Barranca. **FAM.** Barranca, barrancal, barranquera. / Abarrancar, desbarrancar, embarrancar.

barredera *s. f.* Máquina usada en las grandes poblaciones para barrer las calles.

barrena (del lat. *veruina*, jabalina, a través del hispanoárabe) *s. f.* **1.** Herramienta de acero de distintos gruesos y tamaños, con una espiral tallada en su punta y un mango en el extremo opuesto, que sirve para taladrar materiales duros, como madera, metal o piedra. **2.** Barra de hierro que sirve para agujerear peñascos, sondar terrenos, etc. || **LOC. entrar en barrena** Empezar a caer un avión, describiendo una espiral. **FAM.** Barrenar, barrenillo, barreno.

barrenar *v. tr.* **1.** Abrir agujeros con barrena o barreno. **2.** Impedir maliciosamente que alguien consiga alguna cosa. **SIN. 1.** Taladrar, agujerear, perforar, horadar; volar. **2.** Frustrar, abortar.

barrendero, ra *s. m.* y *f.* Persona cuyo oficio es barrer las calles.

barrenillo (dim. de *barreno*) *s. m.* **1.** Insecto coleóptero de unos 5 mm de longitud y cuerpo redondo que se caracteriza por hacer galerías debajo de la corteza de los árboles, a los que produce daños considerables. **2.** Enfermedad que produce este insecto en los árboles.

barreno *s. m.* **1.** Barrena grande. **2.** Agujero que se hace con la barrena. **3.** Agujero relleno de materia explosiva en una roca u obra de fábrica que se quiere volar. **4.** P. ext., cartucho explosivo para volar rocas.

barreño (de *barro*[1]) *s. m.* Recipiente de barro, metal o plástico, redondo y grande, generalmente más ancho por el borde que por el fondo, que se emplea para fregar y en otras tareas domésticas. **SIN.** Balde.

barrer (del lat. *verrere*) *v. tr.* **1.** Limpiar el polvo y la basura del suelo, arrastrándolos con una escoba. **2.** P. ext., arrastrar algo por algún sitio: *Llevaba un vestido tan largo que barría el suelo.* **3.** Recorrer o cubrir un espacio o superficie, generalmente buscando a alguien o algo: *La policía barrió la zona en busca del asaltante.* **4.** Llevarse todo lo que hay en alguna parte. También *v. intr.*: *El público barrió con las conservas del supermercado.* **5.** Acabar con algo: *Aquel desenlace barrió todas nuestras ilusiones.* **6.** *fam.* Derrotar de forma aplastante: *Su partido barrió en las elecciones.* || **LOC. barrer hacia dentro** (**para dentro** o **para casa**) *fam.* Actuar en beneficio propio, interesadamente. **SIN. 1.** Cepillar. **3.** Rastrear, peinar. **4.** Arramblar, acaparar. **5.** Deshacer, destruir. **6.** Aplastar, arrollar, machacar, batir. **FAM.** Barredera, barrendero, barrido.

barrera (de *barra*) *s. f.* **1.** Obstáculo que sirve para cerrar el paso o cercar algún lugar, p. ej. en forma de valla o compuerta: *la barrera de un paso a nivel.* **2.** En las plazas de toros, valla que separa el ruedo del tendido. **3.** En las plazas de toros, las localidades situadas inmediatamente detrás de esa valla y también el callejón que hay entre una y otras. **4.** En algunos deportes, grupo de jugadores que se colocan en fila uno al lado de otro, delante de su portería, para defenderla del contrario en los saques de falta. **5.** Dificultad, inconveniente, impedimento. || **6. barrera del sonido** Conjunto de fenómenos aerodinámicos que se presentan a un vehículo cuando su velocidad se acerca a la del sonido (unos 340 m/s): *Algunos aviones traspasan la barrera del sonido.* || **LOC. ver los toros desde la barrera** *fam.* Observar los acontecimientos sin intervenir en ellos; no comprometerse. **SIN. 1.** Vallado, barricada, parapeto, antepecho. **5.** Traba, estorbo, obstáculo. **FAM.** Contrabarrera, entrebarrera, guardabarrera. BARRA.

barretina (del ant. *barreta*, y éste del lat. *birrus*, manto corto con capucha) *s. f.* Gorro de lana propio del traje regional catalán. **FAM.** Véase **birrete**.

barriada *s. f.* Barrio o parte de un barrio. A veces, se le da el sentido de barrio pobre o marginal.

barrica (del gascón *barrique*) *s. f.* Tonel mediano que sirve para diversos usos, en especial para contener vino y otros licores. **SIN.** Barril. **FAM.** Barricada.

barricada (del fr. *barricade*) *s. f.* Parapeto construido con los objetos más diversos (muebles, adoquines, cajas, etc.) y que se usa como defensa, sobre todo en los enfrentamientos callejeros. **SIN.** Barrera.

barrido, da 1. *p.* de **barrer**. También *adj.* || *s. m.* **2.** Acción de barrer. **3.** *fam.* Repaso, revisión: *Dio un barrido a sus apuntes.* **4.** En fís., exploración de un área o espacio recorriéndolos punto por punto.

barriga *s. f.* **1.** Cavidad abdominal de los vertebrados en cuyo interior se alojan el estómago, el intestino y otros órganos. **2.** Conjunto de estos órganos. **3.** *fam.* Zona exterior del cuerpo humano correspondiente al abdomen, especialmente si es abultado. **4.** *fam.* Abultamiento del cuerpo de la mujer debido al embarazo. **5.** En algunas vasijas, columnas, etc., parte media que sobresale a modo de abultamiento. || **LOC. rascarse** (o **tocarse**) **la barriga** *fam.* Holgazanear, estar sin hacer nada. **SIN. 1.** Vientre. **1.** a **5.** Tripa. **2.**, **3.** y **5.** Panza. **4.** Bombo. **FAM.** Barrigón, barrigudo.

barrigón, na *adj.* **1.** *fam.* Barrigudo. || *s. m.* **2.** *aum.* de **barriga**. **SIN. 1.** Tripudo, panzudo. **2.** Panza.

barrigudo, da *adj.* Que tiene mucha barriga. También *s. m.* y *f.* **SIN.** Barrigón, tripudo, panzudo.

barril (de or. prerromano) *s. m.* **1.** Recipiente abombado, hecho con listones de madera, que sirve para conservar y transportar líquidos, géneros, munición, etc. **2.** Recipiente cilíndrico, generalmente metálico, utilizado para transportar petróleo, cerveza, etc. **3.** Medida para el petróleo. **SIN. 1.** Tonel, barrica. **FAM.** Barrila, barrilete.

barrila *s. f. fam.* Bronca, escándalo: *organizar una barrila.* || **LOC. dar la barrila** *fam.* Molestar, incordiar, dar la lata.

barrilete *s. m.* **1.** Barril de pequeño tamaño. **2.** En un revólver, pieza cilíndrica y móvil en donde se ponen los cartuchos.

barrillo *s. m.* Grano de color rojizo que aparece en la cara, especialmente cuando empieza a salir la barba. Se usa más en *pl.* **SIN.** Barro.

barrio (del ár. *barri*, exterior, de las afueras) *s. m.* **1.** Cada una de las partes en que se dividen las poblaciones o sus distritos. **2.** Alrededores de una población. || **3. barrio bajo** Zona urbana donde viven las capas más humildes de la población. **4. barrio chino** Zona de ciertas ciudades, generalmente portuarias, donde se agrupa la población inmigrada de origen oriental. **5. barrio chino** P. ext., aquel en que se encuentran los locales dedicados a la prostitución, los garitos, etc. || LOC. **el otro barrio** *fam.* El otro mundo, la muerte. SIN. **1.** y **2.** Barriada. **2.** Arrabal, extrarradio, periferia. FAM. Barriada, barriobajero.

barriobajero, ra *adj.* **1.** De los barrios bajos. También *s. m.* y *f.* **2.** *fam.* Basto, ordinario, vulgar. También *s. m.* y *f.* SIN. **1.** y **2.** Arrabalero.

barritar *v. intr.* Emitir su voz el elefante o el rinoceronte. FAM. Barrito.

barrito (del lat. *barritus*) *s. m.* Sonido que emiten el elefante o el rinoceronte.

barrizal *s. m.* Lugar encharcado y lleno de barro. SIN. Lodazal, tremedal, fangal, cenagal.

barro[1] (de or. prerromano) *s. m.* **1.** Tierra mezclada con agua, como la que se forma cuando llueve, en calles y caminos. **2.** Material moldeable compuesto de tierra arcillosa y agua que se utiliza en alfarería y cerámica: *un cántaro de barro.* **3.** Vasija hecha de arcilla y posteriormente cocida: *Vendía barros en la feria de artesanía.* **4.** *fam.* Jarra de cerveza. SIN. **1.** Fango, limo, légamo, cieno. FAM. Barreño, barrizal. / Embarrar, guardabarros, limpiabarros, salvabarros, tapabarro.

barro[2] (del lat. *varus*) *s. m.* Barrillo*. SIN. Barrillo. FAM. Barrillo.

barroco, ca (del fr. *baroque*) *adj.* **1.** Se dice de la cultura y del estilo artístico desarrollados en Europa y América desde finales del s. XVI hasta la primera mitad del s. XVIII, caracterizados por el recargamiento de la ornamentación, la complejidad de formas y el énfasis en los contrastes. También *s. m.* ■ Como *s. m.* se escribe frecuentemente con mayúscula. **2.** Excesivamente adornado o recargado: *Tenía una forma de expresarse muy barroca.* SIN. **2.** Ampuloso, pomposo, artificioso. ANT. **2.** Sencillo, natural. FAM. Barroquismo.

barroquismo *s. m.* **1.** Empleo de este estilo. **2.** Tendencia a lo recargado: *Se caracteriza por su barroquismo en el hablar* SIN. **2.** Ampulosidad, pompa, artificio.

barrote *s. m.* **1.** Barra gruesa. **2.** Barra de hierro con que se afianza o asegura algo, p. ej. puertas o ventanas. **3.** Palo o listón que, atravesado sobre otros palos o tablas, sirve para sostenerlos o reforzarlos. || LOC. **entre barrotes** *adv. fam.* En la cárcel. SIN. **1.** Larguero, reja, travesaño. FAM. Abarrotar. BARRA.

barruntar *v. tr.* Presentir o sospechar una cosa por alguna señal o indicio: *Los caballos barruntaban el peligro.* SIN. Presagiar, intuir, olerse. FAM. Barrunto.

bartola, a la (de *Bartolo*, forma abreviada de *Bartolomé*, nombre dado a muchos personajes perezosos en el s. XVIII) *loc. adv. fam.* Sin ningún cuidado, preocupación u obligación. ■ Suele usarse con verbos como *tumbarse*, *tirarse* o *echarse*.

bartolillo *s. m.* Pastel de masa frita relleno de crema.

bártulos (de *Bártolo*, jurisconsulto italiano del s. XIV cuyos libros utilizaban los estudiantes) *s. m. pl.* Objetos o utensilios de uso cotidiano o propios de alguna actividad: *bártulos de pesca, recoger los bártulos.* || LOC. **liar los bártulos** *fam.* Organizar las cosas para una mudanza o un viaje. SIN. Útiles, trastos, enseres, avíos.

barullo (del port. *barulho*, y éste del lat. *involucrum*, envoltorio) *s. m.* Confusión, desorden, enredo: *armarse un barullo.* SIN. Lío, jaleo, embrollo, desbarajuste, tumulto. FAM. Barullero. / Embarullar.

basa *s. f.* Parte inferior de la columna, sobre la que se asienta el fuste o cuerpo de ésta.

basal *adj.* Se aplica al nivel de actividad de una función orgánica durante el reposo o el ayuno, es decir durante su grado mínimo: *temperatura basal.*

basalto (del lat. *basaltes*) *s. m.* Roca volcánica de color gris oscuro o negro que se encuentra en todo el mundo en forma de grandes masas de lava que se rompen al enfriarse. FAM. Basáltico.

basamento *s. m.* Parte inferior de un elemento arquitectónico, construcción, etc., que se apoya directamente en el suelo y, particularmente, cuerpo de una columna formado por el pedestal y la basa. SIN. Base, peana.

basar *v. tr.* **1.** Apoyar con argumentos o motivos una opinión, una teoría, etc. También *v. prnl.*: *¿En qué te basas para negarlo?* **2.** Situar sobre una base o pedestal. ■ No confundir con la palabra homófona *vasar*, 'estante'. SIN. **1.** Fundar, fundamentar. **1.** y **2.** Asentar, cimentar. FAM. Basa, basal, basamento. BASE.

basca *s. f.* **1.** Náusea, sensación desagradable que se experimenta antes de vomitar. Se usa más en *pl.* **2.** *fam.* Arranque de ira o mal humor repentino y pasajero. **3.** *fam.* Grupo de gente, pandilla de amigos: *Toda la basca se fue al concierto.* ■ No confundir con la palabra homófona *vasca*, 'del País Vasco'. SIN. **2.** Arrebato, ataque, rabieta.

báscula (del fr. *bascule*) *s. f.* Aparato para medir pesos, provisto normalmente de una plataforma sobre la que se apoya lo que se quiere pesar. SIN. Peso, romana. FAM. Bascular.

bascular *v. intr.* **1.** Moverse un cuerpo de un lado a otro respecto a un eje vertical. **2.** Inclinarse la caja de algunos vehículos de transporte, de forma que la carga resbale hacia afuera por su propio peso. **3.** Tender o inclinarse por algo distinto a lo elegido anteriormente. ■ No confundir con la palabra homófona *vascular*, 'relativo al aparato circulatorio'. SIN. **1.** Oscilar, pivotar, balancearse.

base (del lat. *basis*) *s. f.* **1.** Aquello sobre lo que se apoya o fundamenta alguna cosa, ya sea material o inmaterial: *la base de una columna, de una discusión.* **2.** Conjunto de personas afiliadas a un partido, asociación, etc., que no ocupan cargos directivos. Se usa más en *pl.*: *Las bases eligieron al delegado por aclamación.* **3.** Instalación militar, científica, deportiva, etc. **4.** Línea o cara de las figuras geométricas sobre la que se supone que se apoyan. **5.** En una potencia, número a que se eleva el exponente. **6.** Número siguiente al último de aquellos con que opera un determinado sistema de numeración, p. ej. el sistema binario o de base 2. **7.** En quím., sustancia caracterizada por su capacidad para neutralizar a los ácidos, y dar lugar a una sal con desprendimiento de agua y calor. **8.** En béisbol, puntos del campo que los jugadores deben ocupar para conseguir una carrera. || *s. m.* y *f.* **9.** En baloncesto, jugador encargado de dirigir el juego del equipo. || **10. base de datos** Conjunto de datos relacionados que se mantienen organizados para el acceso a la información por el usuario. También, programa informático que contiene estos datos estructurados, permite hacer búsquedas y facilita enormemente su gestión. || LOC. **a base de** *prep.* Mediante, con o por medio de: *Lo consiguieron a base de pedirlo.* **a base de bien** *adv. fam.* Mucho, en abundancia: *Disfrutamos a base de bien.* **partir de la base** Dar por supuesto lo que se expresa, apoyarse en ello. SIN. **1.** Fundamento, asiento, soporte, sostén; cimiento, basamento, podio, pedestal. FAM. Basar, basicidad, básico. / Diabasa.

basicidad *s. f.* En quím., cualidad de las sustancias y disoluciones básicas.

básico, ca *adj.* **1.** Que constituye la base o fundamento de algo: *alimentos básicos, conocimientos básicos.* **2.** En quím., se dice del cuerpo, medio o solución que tiene carácter de base. **3.** Se aplica al ciclo escolar que comprende los primeros años de la enseñanza. También *s. f.* **SIN. 1.** Fundamental, esencial, elemental, primordial. **ANT. 1.** Secundario. **3.** Superior. **FAM.** Monobásico, ultrabásico. BASE.

basílica (del lat. *basilica*, y éste del gr. *basilike*, regia) *s. f.* **1.** En la antigua Roma, edificio de planta rectangular, destinado a la administración de justicia o al comercio. **2.** Título que se da a ciertas iglesias por su importancia, historia, capacidad, etc. **FAM.** Basilical.

basilisco (del lat. *basiliscus*, y éste del gr. *basiliskos*, reyezuelo) *s. m.* **1.** Animal fabuloso al que se atribuía el poder de matar con la mirada. **2.** Persona furiosa o de muy mal carácter: *ponerse como un basilisco, estar hecho un basilisco.* **3.** Reptil escamoso de la misma familia que la iguana, de color verde con bandas negras; posee una cresta dorsal y, en el caso de los machos, otra eréctil en la cabeza. Habita la zona comprendida entre México y Ecuador. **SIN. 2.** Fiera, ogro, energúmeno.

basset (ingl.) *adj.* Se dice de una raza de perros de pequeña estatura y patas cortas, como p. ej., el *basset hound*, de largas orejas caídas. También *s. m.*

basta (de or. germ.) *s. f.* **1.** Puntada larga que se da al hilvanar. **2.** Cada una de las puntadas o sujeciones que tiene un colchón para mantener la lana o el relleno repartido y que no se aglomere. **FAM.** Embastar.

bastante *adj. indef.* **1.** Que basta, que resulta suficiente: *Tenemos bastante comida para mañana.* También *pron.* y *adv.*: *Tenemos bastante. No corre bastante.* **2.** No poco, algo menos que mucho: *Gana bastante dinero.* También *pron.* y *adv.*: *Gana bastante. Tardará bastante en volver.*

bastar (del lat. vulg. *bastare*) *v. intr.* Ser una persona o cosa lo necesario, justo o suficiente para algo: *Ese poco dinero nos bastará.* También *v. prnl.*: *Se basta sola para hacerlo.* ■ A veces funciona como impers. y rige la prep. *con*: *Basta con un cuarto de hora. Basta con que se lo digas.* || **LOC. ¡basta!** *interj.* Se utiliza para interrumpir o dar término a algo enérgicamente: *¡Basta de quejas!* **SIN.** Alcanzar, llegar. **ANT.** Faltar. **FAM.** Bastante, bastimento. / Abastecer.

bastardilla *adj.* Se dice de la letra cursiva. También *s. f.* **SIN.** Itálica.

bastardo, da (del ant. fr. *bastard*) *adj.* **1.** Se dice del hijo nacido fuera del matrimonio. También *s. m.* y *f.* **2.** Innoble, miserable: *Sus intenciones eran malignas, bastardas.* También *s. m.* y *f.* **SIN. 1.** Ilegítimo, espurio. **2.** Vil, infame. **ANT. 1.** Legítimo. **2.** Noble. **FAM.** Bastardía, bastardilla.

bastedad o **basteza** *s. f.* Cualidad de basto.

bastidor (del ant. *bastir*, construir, abastecer) *s. m.* **1.** Utensilio rectangular o en forma de aro en el que se extienden y sujetan lienzos o telas, para diversos usos, p. ej. pintar o bordar. **2.** Estructura o armazón de madera, cubierta de telas o papeles pintados, que decoran en un teatro la parte lateral del escenario. **3.** Armazón metálico sobre el que se apoya una máquina o vehículo: *el bastidor de un coche.* || **LOC. entre bastidores** *adv.* Lo que se prepara de forma reservada, en privado: *La decisión se tomó finalmente entre bastidores.*

bastimento (del ant. *bastir*, construir, abastecer) *s. m.* **1.** Embarcación, nave. **2.** Provisiones para sustento de una ciudad, ejército, etc. **SIN. 2.** Vituallas, abastecimiento.

bastión (del ital. *bastione*) *s. m.* Baluarte*.

basto *s. m.* **1.** Carta de la baraja que pertenece al palo llamado bastos. || *s. m. pl.* **2.** Uno de los cuatro palos de la baraja española, caracterizado por aparecer en él uno o varios garrotes de madera. || **LOC. pintar bastos** *fam.* Ponerse muy tensa una situación.

basto, ta (de *bastar*) *adj.* **1.** Grosero, ordinario: *Tiene un lenguaje muy basto.* **2.** Se dice de las cosas mal acabadas o de baja calidad: *un tejido basto.* **3.** Aplicado a superficies, áspero, sin pulimentar. ■ No confundir con la palabra homófona *vasto*, 'grande'. **SIN. 1.** Zafio, soez. **1.** y **2.** Burdo. **2.** Tosco. **3.** Rugoso, rasposo. **ANT. 1.** Fino, delicado. **3.** Liso, pulido. **FAM.** Bastamente, bastedad, basteza. / Desbastar, embastecer.

bastón (del lat. tardío *bastum*) *s. m.* **1.** Palo de madera o metal, con empuñadura, que se utiliza para apoyarse al andar: *Le han recomendado usar bastón.* **2.** Vara usada como insignia de mando: *el bastón de alcalde.* **3.** Cada uno de los dos palos que usan los esquiadores para apoyarse y darse impulso. **4.** Bastoncillo*. **5.** En heráldica, franja vertical de un escudo. || **LOC. empuñar uno el bastón** Tomar el mando. **SIN. 1.** Báculo, cachava, cayado, muleta. **FAM.** Bastonazo, bastoncillo.

bastoncillo (dim. de *bastón*) *s. m.* Nombre dado a una serie de células nerviosas, pequeñas y alargadas; la más importante se halla en la retina de los vertebrados.

basura (del lat. *versura*, de *verrere*, barrer) *s. f.* **1.** Conjunto de desperdicios, desechos y suciedad en general. **2.** Cubo o lugar donde se arrojan: *Tira las cáscaras a la basura.* **3.** Lo que no vale nada y es despreciable: *La película era una basura.* **4.** Estiércol de las caballerías. **SIN. 1.** y **3.** Porquería. **3.** Bazofia. **FAM.** Basural, basurero. / Telebasura.

basural *s. m. Amér.* Basurero, sitio donde se echa la basura.

basurero, ra *s. m.* y *f.* **1.** Persona que se encarga de recoger la basura. || *s. m.* **2.** Lugar donde se tira la basura. **SIN. 2.** Basural, vertedero, muladar.

bata *s. f.* **1.** Prenda de vestir holgada que se usa para estar cómodo en casa. **2.** Prenda ligera que llevan los que trabajan en hospitales, peluquerías, laboratorios, etc. || **3. bata de cola** Vestido de volantes, largo y con cola, típico de las bailaoras de flamenco. **FAM.** Batín.

batacazo *s. m.* **1.** Golpe fuerte y generalmente ruidoso que se da alguien al caer. **2.** Fracaso, decepción en un asunto. ■ Suele ir acompañado de los verbos *darse* o *pegarse.*: *No controló el negocio y acabó dándose un batacazo.* **3.** *Amér. del S.* Triunfo inesperado. **SIN. 1.** Porrazo, tortazo, trastazo, leñazo.

batahola (del ital. *battagliola*, dim. de *battaglia*, batalla) *s. f. fam.* Bulla, ruido grande: *La batahola de la verbena no le dejaba dormir.* ■ Se escribe también *bataola.* **SIN.** Jaleo, jarana, guirigay, barahúnda.

batalla (del fr. *bataille*, y éste del lat. *battualia*, de *battuere*, batir) *s. f.* **1.** Combate entre ejércitos enemigos. **2.** Cualquier conflicto o lucha entre dos partes: *Sostienen una dura batalla por conseguir el primer puesto.* **3.** Lucha o conflicto de ideas que experimenta una persona: *Libró una* *gran batalla consigo mismo antes de decidirse.* **4.** Anécdota o suceso pasado en los cuales aparece como protagonista la persona que los cuenta. ■ Se usa sobre todo en *dim.*: *Ya estoy harto de oír sus batallitas.* || **5. batalla campal** Véase **campal**. || LOC. **dar la batalla** Enfrentarse a las dificultades de un asunto, no rendirse fácilmente ante ellas. **de batalla** *adj. fam.* Resistente al uso, que no hace falta tratar con cuidado, se aplica sobre todo a prendas de vestir: *traje de batalla.* SIN. **1.** Contienda, lid, refriega. **1.** y **2.** Enfrentamiento, pugna. FAM. Batallador, batallar, batallón.

batallar *v. intr.* **1.** Luchar en una batalla: *Batallaron con el ejército enemigo.* **2.** Discutir o disputar con palabras. **3.** Trabajar o esforzarse por conseguir un propósito: *Si quieres ese puesto, tendrás que batallar.* ■ Suele construirse con la prep. *por*: *Batalla por conseguir el empleo.* SIN. **1.** Combatir, pelear, guerrear. **2.** Reñir. **3.** Pugnar, afanarse.

batallón (del ital. *battaglione*) *s. m.* **1.** Unidad militar compuesta de varias compañías, dirigida por un teniente coronel o un comandante. **2.** *fam.* Grupo numeroso de personas: *Nos fuimos al cine todo el batallón.*

batallón, na *adj.* **1.** Se aplica a la cuestión o asunto sobre el que se discute mucho. **2.** Se dice de la persona muy dada a discutir. SIN. **1.** Crucial, peliagudo. **2.** Peleón.

batán *s. m.* Máquina compuesta de gruesos mazos de madera que se utiliza para golpear los paños y así desengrasarlos y dar cuerpo a su tejido. FAM. Batanar, batanear, batanero. / Abatanar.

batanar *v. tr.* Abatanar*.

batanear *v. tr.* Sacudir o dar golpes a alguien. SIN. Golpear, pegar, zurrar.

bataola *s. f.* Batahola*.

batata (voz haitiana) *s. f.* **1.** Planta herbácea de tallo rastrero de hasta 1 m de longitud, hojas acorazonadas, flores acampanadas blancas y rojas y tubérculos comestibles, de sabor dulce. **2.** Tubérculo de esta planta. **3.** *Arg.* y *Urug. fam.* Desconcierto, incapacidad para hablar. FAM. Abatatar.

bate (del ingl. *bat*) *s. m.* Palo usado en el béisbol para golpear la pelota. FAM. Bateador, batear. ■ No confundir con su homófono *vate*, 'poeta, adivino'.

batea *s. f.* **1.** Bandeja, sobre todo la de madera pintada o adornada con paja. **2.** Bandeja que sirve de cajón en los muebles. **3.** Barco pequeño en forma de cajón y fondo plano que opera en puertos y arsenales. **4.** Vagón descubierto de bordes muy bajos. **5.** *Amér.* Recipiente para lavar.

batear *v. tr.* Golpear la pelota con el bate de béisbol.

batel (del ant. fr. *batel*, moderno *bateau*, barco) *s. m.* Barco pequeño. SIN. Bote, barca, lancha. FAM. Batelero.

batería (del fr. *batterie*, de *battre*, batir) *s. f.* **1.** Conjunto de piezas de artillería dispuestas en un sitio y unidad de artilleros que las manejan. **2.** Conjunto de dos o más pilas, generadores, etc., conectados en serie. **3.** Aparato que almacena energía eléctrica: *la batería del coche.* **4.** Conjunto de instrumentos de percusión en una banda u orquesta. **5.** Instrumento de percusión muy usado por los músicos de jazz y de rock, formado por bombo, tambores, platillos, etc. **6.** Conjunto homogéneo de cosas: *Tiene toda una batería de libros apilados sobre la mesa.* **7.** Fila de luces en el proscenio de los teatros, que sustituye a las antiguas candilejas. || *s. m.* y *f.* **8.** Músico que toca la batería. || **9. batería de cocina** Conjunto de ollas, cazos, cacerolas y otros instrumentos semejantes, utilizados en la cocina. || LOC. **en batería** *adv.* Modo de aparcar los coches colocándolos unos paralelos a otros.

batial (del gr. *bathys*, profundo) *adj.* Se aplica a la zona marina que se encuentra entre los 200 y los 2.000 m de profundidad.

batiborrillo o **batiburrillo** *s. m.* Mezcla de cosas revueltas, sin relación entre ellas. SIN. Revoltijo, lío, popurrí.

batida *s. f.* **1.** En la caza, acción de batir o rastrear un terreno para hacer salir a los animales de sus escondites. **2.** Acción de registrar un lugar en busca de alguien o algo: *La guardia civil dio una batida en busca del avión perdido.* **3.** Acción de acuñar moneda. SIN. **1.** Ojeo. **2.** Barrido, reconocimiento, peinado.

batido, da 1. *p.* de **batir**. También *adj.* || *adj.* **2.** Se aplica a un tipo de tierra muy fina que se usa en las pistas de tenis. **3.** Se dice del camino muy andado. || *s. m.* **4.** Bebida que se obtiene al batir helado, leche, huevos, frutas, etc.: *un batido de chocolate.* **5.** Acción de golpear el oro hasta convertirlo en láminas muy finas, llamadas *pan de oro.* SIN. **3.** Hollado, pisado, frecuentado, trillado.

batidor, ra *adj.* **1.** Que bate: *accesorio batidor.* También *s. m.*: *Montó la nata con un batidor de alambre.* || *s. m.* **2.** Explorador que precede a la tropa o a otro grupo para reconocer el terreno. **3.** Soldado que precede a la tropa en los desfiles. **4.** Peine largo y de pocas púas para desenredar el pelo, la lana, etc. **5.** Persona que lleva a cabo las batidas en una cacería. || *s. m.* y *f.* **6.** *Arg.* y *Urug.* Delator, soplón. || *s. f.* **7.** Electrodoméstico para batir o triturar los alimentos. || **8. batidor de oro** Artesano que hace pan de oro.

batiente *adj.* **1.** Que bate. || *s. m.* **2.** Parte del marco donde golpea una puerta o ventana al cerrarse. Se usa mucho en *pl.* **3.** Hoja de una puerta o ventana. **4.** Lugar de una costa o dique donde baten con fuerza las olas. || LOC. **reír a mandíbula batiente** Véase **reír**.

batín *s. m.* Bata corta, especialmente la que usan los hombres para estar en casa.

batintín *s. m.* Gong*.

batir (del lat. *battuere*, golpear) *v. tr.* **1.** Golpear el viento, las olas, etc., contra algo: *El mar batía los acantilados.* También *v. intr.* **2.** Remover alguna cosa para mezclarla, condensarla o convertirla en líquido. **3.** Mover con fuerza y rapidez algo, generalmente produciendo ruido: *batir las alas.* **4.** Golpear un trozo de metal con un martillo hasta convertirlo en chapa. **5.** Vencer, derrotar: *El equipo visitante batió al de casa.* **6.** Acuñar moneda. **7.** Registrar, recorrer un terreno en busca de personas escondidas o de caza. **8.** *Arg.* y *Urug.* Delatar, denunciar. || **batirse** *v. prnl.* **9.** Combatir dos ejércitos, dos grupos o dos personas: *batirse en duelo.* || LOC. **batirse el cobre** Emplearse a fondo, poner gran empeño en algo. SIN. **1.** Sacudir. **2.** Revolver, agitar. **5.** Derribar, arrollar, machacar, aplastar. **7.** Reconocer, explorar, inspeccionar; ojear. **9.** Luchar, batallar. FAM. Batida, batido, batidor, batiente. / Abatir, combatir, debatir, embate, imbatible, imbatido, rebatir.

batiscafo (del gr. *bathys*, profundo, y *skaphe*, nave) *s. m.* Embarcación sumergible que se utiliza para explorar el fondo de los mares.

batista (de *Baptiste*, nombre del primer fabricante de esta tela) *s. f.* Tela muy fina de hilo o de algodón con la que se hacen blusas, pañuelos, etc.

batracio, cia (del lat. *batrachium*, y éste del gr. *batrakheios*, propio de la rana) *adj.* **1.** Se aplica a los animales anfibios, sobre todo al sapo y la rana. También *s. m.* ‖ *s. m. pl.* **2.** En zool., antigua denominación de los anfibios.

Batuecas, estar en las *loc. fam.* Estar distraído, estar en Babia.

baturro, rra *adj.* Relativo a los campesinos aragoneses, a los que tradicionalmente se atribuyen cualidades como la tozudez o la franqueza. También *s. m.* y *f.*

batuta (del ital. *battuta*) *s. f.* Palo corto con que marca el compás el director de una orquesta, banda, coro, etc. ‖ LOC. **llevar** uno **la batuta** *fam.* Mandar, dirigir un asunto, diciendo lo que hay que hacer.

baudio (del apellido del ingeniero fr. Émile *Baudot*) *s. m.* En inform., unidad de velocidad de transmisión de señales, que equivale a un bit por segundo.

baúl *s. m.* **1.** Especie de caja grande, frecuentemente recubierta de piel, tela u otro material y reforzada con aros y chapas metálicas, que sirve para guardar cosas diversas. **2.** *Amér. del S.* Maletero de un automóvil. SIN. Arca, arcón. FAM. Embaular.

bauprés (del fr. *beaupré*, y éste del ingl. *bowsprit*, de *bow*, proa, y *sprit*, palo) *s. m.* Palo grueso más o menos horizontal que, en la proa de los barcos, sirve principalmente para asegurar los cabos que sujetan el trinquete.

bautismal *adj.* Relacionado con el bautismo: *pila bautismal.*

bautismo (del lat. *baptismus*, y éste del gr. *baptismos*, de *baptizo*, sumergir) *s. m.* **1.** Rito de purificación que se realiza en diferentes religiones, sumergiendo en agua al que se bautiza, derramándola sobre su cabeza, o mediante otras prácticas. En la religión cristiana, es el primer sacramento, que limpia del pecado original e incorpora a quien lo recibe a la Iglesia. ‖ **2. bautismo de fuego** Primera vez que un soldado entra en combate. P. ext., primera vez que hace alguien algo: *Aquella representación fue su bautismo de fuego como actor.* FAM. Bautismal, bautizar, bautizo. / Anabaptismo, baptisterio.

bautizar (del lat. *baptizare*, y éste del gr. *baptizo*, bautizar) *v. tr.* **1.** Administrar a una persona el sacramento del bautismo. También *v. prnl.* **2.** Poner nombre a algo o alguien: *Bautizamos al coche con un nombre muy simpático.* **3.** *fam.* Adulterar el vino o la leche añadiendo agua. **4.** *fam.* Arrojar un líquido sobre alguien o algo, de manera casual o intencionada. ■ Delante de *e* se escribe *c* en lugar de *z*: *bautice.* SIN. **1.** Cristianar. **2.** Denominar, nombrar, nominar. **4.** Bañar, mojar.

bautizo *s. m.* Ceremonia del bautismo y fiesta con que se celebra.

bauxita (de *Baux*, pueblo de Provenza) *s. f.* Roca compuesta por varios minerales de hidróxido de aluminio, del que se obtiene este metal.

bávaro, ra (del lat. *bavarus*) *adj.* De Baviera, región de Alemania. También *s. m.* y *f.*

baya (del fr. *baie*, y éste del lat. *baca*) *s. f.* Nombre que se da a los frutos carnosos, sin hueso, con pequeñas semillas rodeadas por la pulpa, como el tomate o la uva.

bayadera (del fr. *bayadère*, y éste del port. *bailadeira*, bailarina) *s. f.* Bailarina y cantante de la India. SIN. Danzarina.

bayeta (del ital. *baietta*, y éste del lat. *badius*, blanco amarillento) *s. f.* Paño de tejido absorbente, fabricado a veces con materiales plásticos, que se utiliza en las labores de limpieza.

bayo, ya (del lat. *badius*) *adj.* Aplicado a los caballos o a su pelo, de color blanco amarillento. También *s. m.* y *f.*

bayoneta (del fr. *baïonnette*, de *Bayonne*, Bayona, ciudad de Francia) *s. f.* Hoja de acero semejante a la de la espada, que usan los soldados de infantería adaptándola a la boca del cañón del fusil. ‖ LOC. **a la bayoneta** *adv.* En lenguaje militar, modo de usar el fusil con la bayoneta, sin disparar. ■ Se emplea con los verbos *atacar*, *cargar* o similares. FAM. Bayonetazo.

bayunco, ca *adj. Amér. C.* Burdo, rústico.

baza (del ár. *bazza*, ganancia conseguida en una disputa) *s. f.* **1.** En los juegos de cartas, las que se lleva el jugador que gana la mano. **2.** Beneficio, provecho. Se usa sobre todo en la locución **sacar baza**: *Nosotros también sacamos baza en ese negocio.* ‖ LOC. **jugar** alguien **sus bazas** *fam.* Aprovechar uno sus posibilidades: *Napoleón supo jugar bien sus bazas en Austerlitz.* **meter baza** *fam.* Intervenir en una conversación o debate, sobre todo sin ser llamado a ello.

bazar (del persa *bazar*, mercado cubierto con puertas) *s. m.* **1.** Comercio grande donde se venden cosas muy diversas, como regalos, juguetes, aparatos electrónicos, complementos para la casa, etc. **2.** En Oriente, mercado público. SIN. **2.** Zoco.

bazo (del lat. *badius*, rojizo) *s. m.* Órgano de los vertebrados, situado en el lado izquierdo del abdomen, encargado de la producción de linfocitos, destrucción de los glóbulos rojos viejos, almacenamiento de hierro para la formación de hemoglobina y depósito de glóbulos rojos y plasma sanguíneo.

bazoca o **bazuca** (del ingl. *bazooka*) *s. f.* Arma portátil que consiste básicamente en un tubo largo que sirve para lanzar proyectiles, especialmente contra los tanques.

bazofia (del ital. *bazzoffia*) *s. f.* **1.** Comida muy mala. **2.** Cosa despreciable o repugnante. SIN. **1.** Comistrajo. **2.** Porquería, basura, asquerosidad. ANT. **1.** Festín, delicia. **2.** Gloria, maravilla.

be *s. f.* Nombre de la letra *b*.

beatería *s. f.* **1.** Devoción exagerada y falsa. **2.** Conjunto de personas beatas.

beatificar (del lat. *beatificare*, de *beatus*, feliz, y *facere*, hacer) *v. tr.* Declarar el papa a un difunto objeto de culto, en un estadio anterior a la santidad. ■ Delante de *e* se escribe *qu* en lugar de *c*: *beatifique.*

beatífico, ca (del lat. *beatificus*) *adj.* Se aplica a personas, a su gesto, etc., en estado de completa tranquilidad: *El niño dormía con rostro beatífico.* SIN. Plácido. ANT. Crispado.

beatitud (del lat. *beatitudo, -inis*) *s. f.* **1.** En la religión cristiana, disfrute eterno del cielo y de la visión de Dios. **2.** Tratamiento que se le daba al papa, precedido de *Vuestra* o *Su*. **3.** Estado de calma y bienestar. SIN. **1.** Bienaventuranza. **3.** Placidez, tranquilidad, sosiego. ANT. **1.** Condenación. **3.** Intranquilidad, desasosiego.

beato, ta (del lat. *beatus*) *adj.* **1.** Se dice de la persona de religiosidad exagerada o fingida. También *s. m.* y *f.* **2.** En lenguaje literario, feliz. ‖ *s. m.* y *f.* **3.** Difunto a quien el papa ha beatificado. ‖ *s. m.* **4.** Copia manuscrita bellamente decorada de los *Comentarios al Apocalipsis* del Beato de Liébana, realizada durante la Edad Media. SIN. **1.** Mojigato, santurrón. ANT. **1.** Descreído, ateo.

FAM. Beatería, beatificación, beatíficamente, beatificar, beatífico, beatitud.

bebe, ba *s. m.* y *f.* **1.** *Arg.*, *Perú* y *Urug.* Bebé, niño pequeñito. **2.** Persona joven.

bebé (del fr. *bébé*) *s. m.* Niño muy pequeño, que aún no sabe andar o que empieza a hacerlo. **SIN.** Rorro. **FAM.** Bebe. / Portabebés.

bebedero *s. m.* **1.** Recipiente que se usa para dar de beber a los animales, y especialmente el que se coloca en las jaulas de los pájaros domésticos. **2.** Lugar en el campo donde van a beber las aves. **3.** Lugar, ya sea natural o fabricado, donde bebe el ganado. **SIN. 3.** Abrevadero.

bebedizo *s. m.* **1.** Bebida a la que se atribuyen propiedades mágicas, sobre todo la de enamorar a quien la toma. **2.** Bebida medicinal. **3.** Bebida venenosa. **SIN. 1.** Filtro. **2.** Pócima.

bebedor, ra (del lat. *bibitor, -oris*) *adj.* Que bebe; se aplica particularmente al que abusa de las bebidas alcohólicas. También *s. m.* y *f.* **SIN.** Borrachín. **ANT.** Abstemio.

beber (del lat. *bibere*) *v. tr.* **1.** Tragar cualquier tipo de líquido. También *v. intr.* y *v. prnl.* con valor expresivo: *Se bebió un vaso de agua.* **2.** Recibir ideas, información, etc., especialmente cuando se hace con gran interés o atención: *beber las palabras de alguien.* También *v. intr.* y *v. prnl.*: *beber en los clásicos, beberse una novela.* || *v. intr.* **3.** Tomar bebidas alcohólicas: *Le han prohibido beber.* **4.** Brindar por alguien o por algo: *Bebimos a su salud.* || **LOC. beber los vientos por** alguien *fam.* Estar muy enamorado o atraído por alguien. **SIN. 3.** Pimplar, soplar, trasegar. **FAM.** Bebedero, bebedizo, bebedor, bebestible, bebible, bebido, bebistrajo, biberón. / Beodo, desbeber, embeber, imbebible.

bebestible *adj.* Que se puede beber; suele tener un matiz humorístico. También *s. m.* **SIN.** Potable.

bebido, da 1. *p.* de **beber**. || *adj.* **2.** Borracho o casi borracho. || *s. f.* **3.** Cualquier tipo de líquido para beber: *bebidas refrescantes.* **4.** Consumo de bebidas con alcohol, especialmente cuando es habitual y excesivo: *dejar la bebida.* **SIN. 2.** Beodo, achispado, embriagado. **ANT. 2.** Sobrio, sereno.

bebistrajo *s. m. fam.* Bebida de mala calidad o de sabor desagradable. **SIN.** Brebaje.

beca *s. f.* **1.** Ayuda económica que recibe un estudiante, investigador, artista, etc., para realizar su actividad. **2.** Banda de paño que llevan algunos estudiantes como distintivo en ciertos actos. **SIN. 1.** Subvención. **FAM.** Becado, becar, becario.

becada (del lat. *beccus*, pico) *s. f.* Ave algo menor que la perdiz, de pico largo y delgado, cuello y patas cortas y plumaje pardo dorado con franjas oscuras; su carne es muy apreciada. Es llamada también *chocha* y *chochaperdiz*.

becado, da 1. *p.* de **becar**. También *adj.* || *s. m.* y *f.* **2.** Becario*.

becar *v. tr.* Conceder a alguien una beca: *Le han becado con cien mil pesetas.* ■ Delante de *e* se escribe *qu* en lugar de *c*: *beque.* **SIN.** Subvencionar.

becario, ria *s. m.* y *f.* Persona que disfruta de una beca. **SIN.** Becado.

becerrada *s. f.* Corrida de becerros. **SIN.** Novillada.

becerro, rra *s. m.* y *f.* **1.** Cría de la vaca cuando es menor de dos años. || *s. m.* **2.** Piel de ternero curtida y empleada para distintos usos, como encuadernación de libros o fabricación de calzado. **FAM.** Becerrada.

bechamel *s. f.* Besamel*.

bedel, la (del ant. fr. *bedel*) *s. m.* y *f.* En centros oficiales de enseñanza, empleado que se encarga de cuidar el orden fuera de las aulas, anunciar la hora de entrada y salida, etc. **SIN.** Ordenanza, ujier.

beduino, na (del ár. *badawi*, que vive en el desierto) *adj.* De los pueblos nómadas de las estepas y desiertos de la península Arábiga, Siria y N de África. También *s. m.* y *f.*

befa *s. f.* Burla insultante o grosera: *Hacía befa de la forma de andar de aquel pobre hombre.* **SIN.** Mofa, escarnio, irrisión.

begonia (de *Bégon*, botánico francés) *s. f.* Planta perenne de tallos carnosos, hojas grandes acorazonadas, asimétricas, y flores de vistosos colores, por lo que es muy apreciada en floricultura.

behetría (del bajo lat. *benefactoria*, de *benefactor*, bienhechor) *s. f.* Privilegio de ciertos grupos campesinos castellano-leoneses que les permitía elegir libremente señor a quien encomendarse.

beicon *s. m.* Bacon*.

beige (fr.) *adj.* Se dice del color marrón claro o muy claro y de las cosas que tienen dicho color. También *s. m.* ■ Se escribe también *beis*, tal como se pronuncia.

béisbol (del ingl. *baseball*, pelota base) *s. m.* Juego entre dos equipos que se practica con una pelota y un bate, y en el que los jugadores intentan anotarse el mayor número de carreras (vuelta completa alrededor del campo) en las nueve entradas de que consta un partido.

bejuco (voz caribe) *s. m.* Nombre común de diversas plantas tropicales de tallos largos y sarmentosos, que se extienden por el suelo o trepan por los troncos de los árboles. Se llaman también *lianas*. **FAM.** Embejucar.

bel canto (ital.) *expr.* Estilo que caracterizaba a los cantantes italianos de ópera entre los s. XVII y XVIII; también, canto operístico en general. ■ Se usa como *s. m.*

beldad (del lat. *bellitas*) *s. f.* **1.** Belleza, particularmente la femenina. **2.** Mujer de gran belleza. **SIN. 1.** Hermosura. **FAM.** Véase **bello**.

belén (de la ciudad de Palestina donde nació Jesucristo) *s. m.* **1.** Representación que se realiza en las fiestas navideñas del nacimiento de Jesucristo en el portal y del entorno que acompañó a ese acontecimiento, generalmente por medio de figuras, casas, elementos del paisaje, etc., a escala reducida. **2.** *fam.* Asunto complicado y que puede traer disgustos. Se usa más en *pl.*: *Siempre se está metiendo en belenes.* **3.** *fam.* Lugar o cosa en que hay mucha confusión. **SIN. 1.** Nacimiento. **2.** y **3.** Barullo, lío, jaleo, embrollo.

beleño (de or. prerromano) *s. m.* Planta de hojas anchas, largas y vellosas, de olor fuerte y desagradable, flores amarillas y fruto capsular, que puede alcanzar hasta 1 m de altura. De ella, especialmente de sus raíces, se obtiene una sustancia de propiedades narcóticas y analgésicas.

belfo, fa (del lat. *bifidus*, aplicado a partes del cuerpo, dividido en dos) *adj.* **1.** Se dice de la persona que tiene abultado y caído el labio inferior. También *s. m.* y *f.* || *s. m.* **2.** Labio del caballo y otros animales. **3.** Labio abultado de una persona.

belga (del lat. *belga*) *adj.* De Bélgica. También *s. m.* y *f.*

belicismo *s. m.* Ideología y comportamiento partidarios del uso de las armas como forma de resolver un conflicto.

bélico, ca (del lat. *bellicus*, de *bellum*, guerra) *adj.* Relativo a la guerra. SIN. Guerrero. FAM. Belicismo, belicista, belicosidad, belicoso, beligerancia, beligerante. / Posbélico, rebelarse.

belicoso, sa (del lat. *bellicosus*) *adj.* **1.** Inclinado a la lucha armada. **2.** Agresivo, que tiende a entablar fuertes discusiones o peleas. SIN. **1.** Guerrero, batallador. **1.** y **2.** Combativo, pendenciero. ANT. **1.** y **2.** Pacífico.

beligerancia *s. f.* Cualidad de beligerante. || LOC. **conceder** (o **dar**) **beligerancia** Considerar a otra persona digna de discutir con ella y, p. ext., darle importancia o dejarle intervenir en algo. Se usa más en frases negativas.

beligerante (del lat. *belligerans, -antis*) *adj.* **1.** Se dice del que está en guerra con otro: *Los países beligerantes no llegaron a un acuerdo.* También *s. m.* y *f.* **2.** Belicoso, combativo u hostil: *Varias personas mantuvieron una actitud beligerante contra el alcalde.* SIN. **1.** Contendiente. **2.** Belicista, militarista, agresivo; contrario. ANT. **1.** Neutral. **2.** Pacífico, pacifista; favorable.

bellaco, ca *adj.* Canalla, malvado. También *s. m.* y *f.* SIN. Ruin, perverso, vil. ANT. Bueno, honesto. FAM. Bellaquería.

belladona (del ital. *belladonna*, bella mujer) *s. f.* Planta herbácea con flores acampanadas, violáceas en el exterior y amarillentas en el interior. Sus bayas, de color negro, son venenosas y de sus hojas y raíces se extrae un alcaloide, la atropina, utilizado en medicina.

belleza *s. f.* **1.** Cualidad de bello. **2.** Mujer de gran hermosura: *Es toda una belleza.* SIN. **1.** Lindeza, lindura, guapura. **1.** y **2.** Beldad. ANT. **1.** Fealdad. FAM. Embellecer. BELLO.

bello, lla (del lat. *bellus*) *adj.* **1.** Se dice de los seres o cosas que agradan a los sentidos: *un animal bello, una bella sonrisa.* **2.** Se aplica a seres o cosas que por su perfección o cualidades causan satisfacción moral o intelectual: *Su ayuda fue un bello gesto. Es una bella persona. Nos contó una bella historia.* ■ No confundir con la palabra homófona *vello*, 'pelo'. SIN. **1.** Lindo, guapo. **1.** y **2.** Hermoso, bonito. **2.** Bueno, noble. ANT. **1.** y **2.** Feo. **2.** Mezquino, innoble. FAM. Bellamente, belleza. / Beldad.

bellota (del ár. *balluta*, encina) *s. f.* Fruto de la encina, del roble y otros árboles del mismo género, de forma ovalada y puntiaguda, de unos 2 cm de largo, con una envoltura escamosa hasta casi la mitad del fruto.

bemba *s. f. Amér.* Boca de labios gruesos y abultados. FAM. Bembo.

bembo *s. m. Amér.* Belfo, en especial el de los negros.

bemol (de *b*, que antiguamente representaba a la nota *si*, y el ant. *mol*, del lat. *mollis*, blando, suave) *adj.* **1.** Se dice de la nota cuya entonación es un semitono más bajo que su sonido natural: *un sol bemol.* || *s. m.* **2.** Signo (♭) que representa esta disminución. || LOC. **tener** algo **bemoles** *fam.* Ser difícil, peliagudo: *Esta tarea tiene bemoles.* También expresa indignación o enfado: *Tiene bemoles que él se quede con la mejor parte.*

benceno (del bajo lat. *benzoe*, y éste del ár. *laban yawi*, incienso de Java) *s. m.* Hidrocarburo aromático líquido a temperatura ordinaria, tóxico e inflamable y buen disolvente de sustancias orgánicas, que se utiliza para la fabricación de plásticos, explosivos, colorantes, medicamentos, etc. FAM. Benzol. / Nitrobenceno. BENJUÍ.

bencina (del bajo lat. *benzoe*, y éste del ár. *laban yawi*, incienso de Java) *s. f.* **1.** Mezcla de hidrocarburos empleada como disolvente de sustancias orgánicas y como combustible. **2.** *Chile* Gasolina. FAM. Véase **benjuí**.

bendecir (del lat. *benedicere*, de *bene*, bien, y *dicere*, decir) *v. tr.* **1.** Alabar, desear bien a alguien, o mostrar agradecimiento o satisfacción por algo: *Bendice a sus bienhechores. Bendigo el día en que te conocí.* **2.** Conceder Dios, la divinidad o la providencia prosperidad y bienes a alguien. ■ Puede llevar complemento circunstancial precedido de la preposición *con*: *Tras meses de sequía, Dios les bendijo con la lluvia.* **3.** Invocar la protección divina sobre alguien o algo, generalmente haciendo la señal de la cruz o recitando alguna oración: *Al final de la misa, el sacerdote bendice a los fieles.* **4.** Consagrar al culto, dar carácter sagrado con determinada ceremonia: *bendecir una iglesia.* ■ Es v. irreg. Se conjuga como *decir*, salvo en el futuro de indicativo, condicional, imperativo y participio, que son regulares. SIN. **1.** Ensalzar, celebrar, glorificar, loar. **2.** Beneficiar. ANT. **1.** Maldecir, imprecar. FAM. Bendición, bendito. DECIR[1].

BENDECIR		
INDICATIVO		
Futuro		**Condicional**
bendeciré		*bendeciría*
bendecirás		*bendecirías*
bendecirá		*bendeciría*
bendeciremos		*bendeciríamos*
bendeciréis		*bendeciríais*
bendecirán		*bendecirían*
IMPERATIVO		**PARTICIPIO**
bendice	*bendecid*	*bendecido*

bendición (del lat. *benedictio, -onis*) *s. f.* **1.** Acción de bendecir. || *s. f. pl.* **2.** Ceremonias del sacramento del matrimonio. || LOC. **ser una bendición (de Dios)** Ser muy bueno, agradable o conveniente: *Estas lluvias han sido una bendición.* SIN. **1.** Alabanza, ensalzamiento, glorificación. ANT. **1.** Maldición, imprecación.

bendito, ta (del lat. *benedictus*) *adj.* **1.** Que ha sido bendecido: *agua bendita, pan bendito.* **2.** Se usa en frases exclamativas para alabar, agradecer o expresar satisfacción: *¡Bendito seas!* **3.** Referido a los santos o a la Virgen, bienaventurado: *San Antonio bendito.* También *s. m.* y *f.* **4.** Feliz, dichoso: *Bendito tú que vives en el campo.* || *s. m.* y *f.* **5.** Persona bondadosa, incapaz de hacer daño o falta de malicia. También *s. m.* y *f.*: *Abusan de él porque es un bendito.* SIN. **2.** Alabado, loado. **4.** Afortunado. **5.** Infeliz, bonachón. ANT. **2.** Maldito, condenado.

benedictino, na (del lat. *Benedictus*, Benito) *adj.* **1.** De la regla u orden de San Benito de Nursia. También *s. m.* y *f.* **2.** Se dice del licor fabricado originariamente por miembros de esta orden. También *s. m.*

benefactor, ra (del lat. *benefactor, -oris*, de *bene*, bien, y *facere*, hacer) *adj.* Que protege o ayuda a otra persona o institución. También *s. m.* y *f.* SIN. Bienhechor, protector, favorecedor, auxiliador, mecenas. ANT. Enemigo.

beneficencia (del lat. *beneficentia*) *s. f.* **1.** Organización o conjunto de organizaciones destinadas a prestar ayuda a los desvalidos, enfermos, ancianos, etc., y que cuentan para ello con residencias, centros de asistencia médica u otras instituciones semejantes. **2.** Acción de ayudar y hacer el bien: *una obra de beneficencia.* **3.** Cualidad del que realiza esas acciones. SIN. **2.** y **3.** Caridad, filantropía. **3.** Humanidad.

beneficiado, da 1. *p.* de **beneficiar**. También *adj.* y *s. m.* y *f.* || *s. m.* **2.** El que goza de un beneficio eclesiástico. SIN. **1.** Favorecido, beneficiario. ANT. **1.** Perjudicado.

beneficiar *v. tr.* **1.** Ser bueno para alguien o algo, proporcionarle un beneficio: *Esa actitud negativa no beneficia a nadie.* También *v. prnl.*: *Nos hemos beneficiado con la subida de los precios.* **2.** Extraer de un yacimiento, a cielo abierto o subterráneo, metales o minerales útiles. **3.** Refinar y tratar esos minerales. **4.** *Amér.* Descuartizar una res. || **beneficiarse** *v. prnl.* **5.** *fam.* Tener relaciones sexuales con una persona. SIN. **1.** Favorecer(se), ayudar, auxiliar, servir(se). FAM. Beneficencia, beneficiado, beneficiario, beneficio, beneficioso, benéfico. / Benefactor.

beneficiario, ria (del lat. *beneficiarius*) *adj.* Se dice del que recibe un beneficio o se beneficia de algo. También *s. m.* y *f.*: *el beneficiario de una herencia.* SIN. Beneficiado. ANT. Perjudicado.

beneficio (del lat. *beneficium*) *s. m.* **1.** Bien que se hace o se recibe. **2.** Utilidad, provecho o mejora que una persona o cosa recibe por algo que se le hace o da: *El profesor prepara a fondo las clases en beneficio de sus alumnos.* **3.** Dinero u otra cosa que se gana con algo: *En un año el negocio dará beneficios.* **4.** Extracción de los minerales o materiales útiles de una mina. **5.** Cargo eclesiástico al que van unidos una renta y determinados derechos. || LOC. **a beneficio de inventario** *adv.* Modo de aceptar una herencia con la condición de no obligarse a pagar más deudas del difunto, que las que pueda con la propia herencia; también, en sentido figurado, con cautela, o bien, sin preocuparse por algo, sin darle importancia: *Se tomó el empleo a beneficio de inventario.* SIN. **1.** Servicio. **1.** y **2.** Favor. **3.** Ganancia, rendimiento, producto, fruto. ANT. **1.** y **2.** Perjuicio. **3.** Pérdida, quebranto, detrimento.

benéfico, ca (del lat. *beneficus*) *adj.* **1.** Se dice de lo que se realiza gratuitamente en ayuda de los necesitados y de las entidades que actúan de ese modo: *una función benéfica, una institución benéfica.* **2.** Que hace bien, que es provechoso: *Tuvo una influencia benéfica sobre sus hijos.* SIN. **2.** Beneficioso, favorable. ANT. **2.** Maléfico, nocivo, pernicioso.

benemérito, ta (del lat. *benemeritus*) *adj.* **1.** Digno de estimación y recompensa. || **2. la Benemérita** En España, la Guardia Civil. SIN. **1.** Insigne, honorable, meritorio. ANT. **1.** Indigno, despreciable.

beneplácito (del lat. *bene*, bien, y *placitus*, querido) *s. m.* Aprobación, permiso para hacer algo: *Organizó la excursión con el beneplácito del director.* SIN. Conformidad, asentimiento, consentimiento, autorización. ANT. Desaprobación, prohibición, negativa.

benevolencia (del lat. *benevolentia*) *s. f.* Cualidad de benévolo, actitud o actuación benévola. SIN. Bondad, comprensión; tolerancia, indulgencia. ANT. Malevolencia; severidad, rigor.

benevolente *adj.* Benévolo*.

benévolo, la (del lat. *benevolus*, de *bene*, bien, y *volo*, quiero) *adj.* **1.** Que tiene buena voluntad o afecto hacia alguien o algo: *Se mostró benévolo conmigo.* **2.** Se dice del que juzga a otro con comprensión, sin severidad: *un juez benévolo, el benévolo lector.* SIN. **1.** Bondadoso, afable, afectuoso, favorable, complaciente. **1.** y **2.** Benevolente. **2.** Indulgente, benigno, tolerante, comprensivo, liberal. ANT. **1.** Malévolo, malo, maligno. **2.** Severo, intransigente, riguroso. FAM. Benévolamente, benevolencia, benevolente.

bengala (de *Bengala*, región del S del Asia) *s. f.* **1.** Fuego artificial que despide gran claridad y chispas de uno o varios colores, p. ej., los empleados en navegación marítima o aérea como señal luminosa, también llamados, *luces de Bengala.* **2.** Pequeño objeto de pirotecnia consistente en una varilla con pólvora en uno de sus extremos que, al arder, produce chispas de colores y una luz muy viva.

bengalí *adj.* **1.** De Bengala, región de la India y Bangladesh. También *s. m.* y *f.* || *s. m.* **2.** Lengua hablada en Bengala. ■ Su pl. es *bengalíes*, aunque también se utiliza *bengalís.* FAM. Bengala.

benigno, na (del lat. *benignus*) *adj.* **1.** Bondadoso, benévolo, comprensivo: *A pesar de ser desobediente, sus padres fueron benignos con él.* **2.** Aplicado al clima, la temperatura, etc., templado, moderado, suave: *un otoño benigno.* **3.** Se dice de las enfermedades no muy graves: *un tumor benigno.* SIN. **1.** Clemente, indulgente, propicio. **2.** Apacible. **3.** Leve. ANT. **1.** Severo, malévolo. **2.** Riguroso, destemplado. **3.** Maligno. FAM. Benignidad.

benimerín (de *Bani Marin*, los descendientes de *Marin*) *adj.* De una dinastía beréber de Marruecos que entre los s. XIII y XV creó un poderoso imperio en el N de África y penetró en la península Ibérica. También *s. m.* Se usa más en *pl.*

beninés, sa *adj.* De Benin, estado de África occidental. También *s. m.* y *f.*

benjamín, na (de *Benjamín*, nombre del hijo menor de Jacob) *s. m.* y *f.* **1.** Hijo menor. **2.** P. ext., miembro más joven de un grupo. || *s. m.* **3.** Botellín de cava o de champán. SIN. **1.** Pequeño. ANT. **1.** Primogénito.

benjuí (del ár. *laban yawi*, incienso de Java) *s. m.* Resina aromática, extraída de la corteza de ciertos árboles, también llamados *benjuí*, que se emplea en medicina, como expectorante y desinfectante, y en cosmética. ■ Su pl. es *benjuís.* FAM. Benceno, bencina.

bentónico, ca o **béntico, ca** *adj.* Que vive en contacto con el fondo del mar: *El lenguado, la raya y el rape son animales bentónicos.*

bentos (del gr. *benthos*, fondo del mar) *s. m.* Conjunto de plantas y animales que viven fijos sobre fondos marinos o de aguas continentales. ■ No varía en *pl.* FAM. Béntico, bentónico.

benzoico, ca *adj.* **1.** Relativo al benjuí. **2.** Se aplica a un ácido orgánico derivado del benceno, empleado como antiséptico y conservante alimenticio.

benzol *s. m.* Nombre comercial del benceno.

beodo, da (del lat. *bibitus*, bebido) *adj.* Borracho, embriagado. También *s. m.* y *f.* SIN. Ebrio, bebido. ANT. Sobrio. FAM. Véase **beber**.

berberecho (del gr. *berberi*, ostra de perlas) *s. m.* Molusco con dos valvas casi circulares, estriadas y gruesas, que vive en los fondos arenosos de las costas del S de Europa y se emplea en alimentación.

berberisco, ca *adj.* De la antigua región norteafricana de Berbería, que comprende actualmente Marruecos, Argelia y Tunicia. También *s. m.* y *f.*

berbiquí (del fr. *vilebrequin*) *s. m.* Instrumento empleado para perforar madera, metales, etc., que consiste en un pequeño taladro provisto de un mango horizontal a él con el que se le hace girar. ■ Su pl. es *berbiquíes,* aunque también se utiliza *berbiquís.*

bereber o **beréber** (del ár. *barbar,* bárbaro, natural de Berbería) *adj.* **1.** De un pueblo autóctono del N de África cuyos miembros viven agrupados en tribus independientes. También *s. m.* y *f.* || *s. m.* **2.** Idioma hablado por este pueblo. **FAM.** Berberisco.

berenjena (del ár. *badinyana*) *s. f.* **1.** Planta anual de la familia solanáceas, de hojas grandes, flores moradas y fruto ovalado, de color morado en el exterior y pulpa blanca, muy empleado en alimentación. **2.** Fruto de esta planta. **FAM.** Berenjenal.

berenjenal *s. m.* **1.** Campo donde se cultivan berenjenas. **2.** Apuro, lío, enredo: *meterse en un berenjenal.* **SIN. 2.** Embrollo, jaleo.

bergamota (del ital. *bergamotta,* de *Bérgamo*) *s. f.* **1.** Variedad de pera muy jugosa y aromática. **2.** Variedad de lima muy aromática, de la que se extrae una esencia usada en perfumería.

bergante (del gót. *briskan,* romper, luchar) *s. m.* Granuja, pícaro. **SIN.** Bribón. **FAM.** Bergantín.

bergantín (del fr. *brigantin*) *s. m.* Embarcación ligera de dos palos y vela generalmente cuadrangular.

beriberi (del cingalés *beri,* debilidad) *s. m.* Enfermedad producida por carencia de vitamina B_1 (tiamina), cuyos síntomas son parálisis, edema, hidropesía e insuficiencia cardiaca.

berilio (del lat. *beryllus,* y éste del gr. *beryllos*) *s. m.* Elemento químico de carácter metálico, que aparece principalmente en el berilo. Su símbolo es *Be.*

berilo (del lat. *beryllus*) *s. m.* Mineral formado por silicato de aluminio y berilio, de aspecto transparente, brillo vítreo y color verde, amarillo, azul o rosa. **FAM.** Berilio.

berkelio (de *Berkeley,* universidad californiana donde se obtuvo) *s. m.* Elemento químico radiactivo del grupo de los actínidos que fue obtenido artificialmente y cuya vida media es de aproximadamente 4 horas. Su símbolo es *Bk.*

berlina (de *Berlín,* primera ciudad donde se fabricaron) *s. f.* **1.** Coche de caballos con capota y generalmente dos asientos. **2.** Automóvil de cuatro puertas.

berlinés, sa *adj.* De Berlín, ciudad alemana. También *s. m.* y *f.* **FAM.** Berlina.

bermejo, ja (del lat. *vermiculus,* gusanillo) *adj.* Rubio o rojizo; se aplica especialmente al color del pelo o de la piel y a las personas que así lo tienen. También *s. m.* y *f.* **SIN.** Encarnado, azafranado. **FAM.** Bermellón.

bermellón (del fr. *vermillon,* de *vermeil,* y éste del lat. *vermiculus,* gusanillo) *s. m.* **1.** Polvo fino de cinabrio, que se emplea en pintura para obtener un rojo muy vivo. **2.** Ese mismo color. ■ Se usa mucho en aposición.

bermudas *s. amb. pl.* Pantalones cortos que llegan más o menos a la altura de la rodilla.

berrea *s. f.* **1.** Acción de berrear. **2.** Berrido del ciervo y otros animales salvajes, que emiten especialmente durante la época de celo; p. ext., esa misma época.

berrear (del lat. *verres,* verraco) *v. intr.* **1.** Emitir su voz los becerros y otros animales. **2.** Dar gritos estridentes o voces desentonadas, p. ej. un niño cuando llora. **SIN. 2.** Chillar, bramar. **FAM.** Berrea, berrido, berrinche.

berrendo *adj.* **1.** Con manchas de otro color; se dice especialmente del toro que tiene la piel de ese modo. || *s. m.* **2.** Mamífero artiodáctilo parecido al antílope; tiene cuernos que muda anualmente, el pelaje del lomo de color castaño y el del vientre y la cola blanco. Habita en las llanuras norteamericanas y es una especie protegida.

berrido *s. m.* **1.** Voz del animal que berrea, como la del becerro. **2.** Grito, voz desagradable o desentonada: *En vez de cantar, daba berridos.* **SIN. 2.** Chillido, bramido.

berrinche (del lat. *verres,* verraco) *s. m.* **1.** *fam.* Llanto fuerte y persistente, especialmente el de los niños. **2.** Disgusto o enfado grande: *Si se entera, se va a llevar un berrinche.* ■ Se suele usar con los verbos *coger, llevarse, tener, tomarse* o *dar.* **SIN. 1.** Llantina, llorera, perra, pataleta, rabieta. **2.** Sofoco, sofocón. **FAM.** Emberrenchinarse, emberrincharse. BERREAR.

berro (del celta *beruron*) *s. m.* Planta herbácea de tallos gruesos y carnosos y flores pequeñas y blancas; sus hojas, redondeadas, se consumen en ensalada. Crece en aguas de corrientes y estanques en las regiones templadas de Europa.

berrocal *s. m.* Lugar o terreno con berruecos.

berroqueño, ña *adj.* **1.** Se dice de la piedra granítica o de granito. También *s. f.* **2.** Fuerte, resistente: *un carácter berroqueño.*

berrueco *s. m.* Roca o peñasco granítico. **FAM.** Berrocal, berroqueño.

bertsolari (vasc.) *s. m.* Versolari*.

berza (del lat. vulg. *virdia,* verdura) *s. f.* **1.** Col o variedad basta de col. || **berzas** *s. m.* y *f.* **2.** *fam.* Berzotas*. ■ En esta acepción no varía en *pl.* || **LOC. estar** alguien **con la berza** *fam.* Estar muy distraído o atontado. **ser la berza** *fam.* Ser el colmo, producir indignación o enfado una persona o cosa. **FAM.** Berzotas.

berzotas *s. m.* y *f.* Persona ignorante o necia: *Es un berzotas.* ■ No varía en *pl.* **SIN.** Berzas.

besalamano *s. m.* Carta o tarjeta redactada en tercera persona con la que una persona se dirige a otra, utilizando la abreviatura BLM (*besa la mano*), para comunicarle algo, hacerle una invitación, etc. **SIN.** Saluda, nota.

besamanos *s. m.* **1.** Recepción oficial o acto público de saludo y adhesión a los reyes, autoridades, etc. **2.** Forma de saludar a algunas personas, besando su mano derecha o acercándola a los labios. **3.** Acto en que se besa la palma de las manos a un sacerdote tras su primera misa. ■ No varía en *pl.*

besamel o **besamela** (del fr. *Béchamel,* apellido del inventor de esta salsa) *s. f.* Salsa blanca y cremosa, de sabor suave, hecha con harina, leche y mantequilla. ■ Se dice también *bechamel.*

besana (del lat. *versare,* volver) *s. f.* **1.** Labor de la tierra hecha con el arado en surcos paralelos. **2.** Primer surco hecho en la tierra al empezar a arar.

besar (del lat. *basiare*) *v. tr.* **1.** Tocar o apretar a alguien o algo con los labios, generalmente contrayéndolos y separándolos, como caricia o saludo: *Le besó la mano. Besé al niño en la frente.* También *v. prnl.*: *Se besaron cariñosamente.* **2.** *fam.* Tocar una cosa a otra: *El Mediterráneo besa nuestras costas.* También *v. prnl.* || **besarse** *v. prnl.* **3.** *fam.* Chocar: *Los parachoques de los dos coches no llegaron a besarse.* || **LOC. besar el suelo** *fam.* Caer de bruces, con la boca sobre el suelo. **FAM.** Besalamano, besamanos, beso, besucón, besuquear, besuqueo.

beso (del lat. *basium*) *s. m.* **1.** Acción de besar o besarse. **2.** Expresión simbólica de lo que esa acción representa: *Le envió un beso.* || **LOC. comer (se) a besos** *fam.* Darle a alguien muchos besos, con ímpetu o apasionamiento. **SIN. 1.** Ósculo.

best-seller (ingl.) *s. m.* Libro o disco que obtiene un gran éxito de ventas. ■ Su pl. es *best-sellers.*

bestia (del lat. *bestia*) *s. f.* **1.** Animal cuadrúpedo, especialmente el de carga, como la mula. || *s. m.* y *f.* **2.** *fam.* Persona de gran fuerza. También *adj.*: *¡Qué bestia! Ha levantado el tronco, el solo.* **3.** *fam.* Persona ignorante, poco inteligente. También *adj.* **4.** *fam.* Individuo basto, ordinario, poco delicado. También *adj.* **5.** *fam.* Persona muy buena en alguna actividad: *Es un bestia en ajedrez.* || **6. bestia de carga** La que se utiliza para llevar carga. **7. bestia negra** *fam.* Principal enemigo o dificultad. || **LOC. a lo bestia** *adv. fam.* Se emplea como intensificador: *Comimos a lo bestia. adv. fam.* Con mucha fuerza, sin ciudado o delicadeza: *Rompió el picarporte porque cerró a lo bestia.* **SIN. 1.** Caballería. **2.** Mulo. **2.** a **4.** Bruto. **3.** Zopenco. **3.** y **4.** Burro. **5.** As, figura. **FAM.** Bestial, bestialidad, bestialismo, bestialmente, bestiario.

bestial (del lat. *bestialis*) *adj.* **1.** Brutal, irracional. **2.** *fam.* Enorme, excesivo, extraordinario: *una pereza bestial, un atasco bestial.* **SIN. 1.** Animal. **2.** Tremendo.

bestialismo *s. m.* Zoofilia*.

bestiario (del lat. *bestiarius*) *s. m.* **1.** Luchador que se enfrentaba a las fieras en los circos romanos. **2.** En la literatura medieval, libro que trataba de animales reales o fantásticos.

besucón, na *adj. fam.* Que besuquea. También *s. m.* y *f.*

besugo *s. m.* **1.** Pez teleósteo marino, que tiene unos ojos de gran tamaño y una mancha oscura junto las agallas. Su carne es blanca y muy apreciada en alimentación. **2.** *fam.* Persona de escasa inteligencia. También *adj.* || **3. diálogo de besugos** Véase **diálogo**. **SIN. 2.** Animal, bestia, merluzo, burro, zopenco, torpe. **ANT. 2.** Espabilado.

besuquear *v. tr. fam.* Besar repetida e insistentemente. También *v. prnl.*

beta (del gr. *beta*) *s. f.* Nombre de la segunda letra del alfabeto griego, que corresponde a nuestra *b*. ■ La letra mayúscula se escribe *B* y la minúscula β.

bético, ca (del lat. *baeticus*) *adj.* De la antigua Bética, actualmente, Andalucía. También *s. m.* y *f.* **FAM.** Penibético.

betulácea (del lat. *betula*, abedul) *adj.* **1.** Se dice de las plantas leñosas que producen frutos secos e indehiscentes, como el avellano o el abedul. También *s. f.* || *s. f. pl.* **2.** Familia formada por estas plantas. **FAM.** Véase **abedul**.

betún (del lat. *bitumen*) *s. m.* **1.** Nombre genérico de varias sustancias que se encuentran en la naturaleza y arden con llama, humo espeso y olor peculiar. **2.** Sustancia para limpiar y abrillantar el calzado. **FAM.** Betunero, bituminoso. / Embetunar.

bezo *s. m.* Labio grueso. **FAM.** Bezudo.

bezudo, da *adj. fam.* Que tiene los labios gruesos.

bi- (del lat. *bis*, dos veces) *pref.* Significa 'dos' o 'dos veces': *bilabial, bilingüe, bianual.* ■ A veces adopta las formas *bis-* o *biz*: *bisabuelo, bizcocho.*

bianual *adj.* Que ocurre dos veces al año.

bibelot (fr.) *s. m.* Pequeño objeto decorativo, generalmente de poco valor. **SIN.** Figurilla.

biberón (del fr. *biberon*, y éste del lat. *bibere*, beber) *s. m.* Pequeña botella a la que se ajusta una tetina, utilizada para la lactancia artificial o para administrar líquidos a los bebés.

Biblia (del gr. *biblia*, los libros) *n. p.* **1.** Libro que contiene el conjunto de textos sagrados que constituyen el fundamento de la fe cristiana y judía. || **biblia** *s. f.* **2.** Ejemplar de este libro. || **LOC. ser** algo **la biblia (en pasta** o **en verso)** *fam.* Ser el colmo, el no va más. **FAM.** Bíblico.

biblio- *pref.* Significa 'libro' o 'biblioteca': *bibliomanía, bibliobús.*

bibliobús *s. m.* Autobús utilizado como pequeña biblioteca ambulante.

bibliofilia *s. f.* Gran afición a los libros, especialmente a los raros, antiguos o curiosos. **FAM.** Bibliófilo.

bibliografía (del gr. *bibliographia*, copia de libros) *s. f.* **1.** Lista o catálogo de libros o escritos sobre cierta materia o autor. **2.** Parte de la bibliología que se ocupa de la descripción de los libros en su aspecto material, en especial de sus ediciones. **FAM.** Bibliográfico, bibliógrafo.

bibliología (de *biblio-* y *-logía*) *s. f.* Estudio de los libros en su aspecto técnico e histórico.

bibliomanía (de *biblio-* y *-manía*) *s. f.* Pasión exagerada de coleccionar o acumular libros. **FAM.** Bibliómano.

biblioteca (del lat. *bibliotheca*, y éste del gr. *bibliotheke*, de *biblion*, libro, y *theke*, caja, armario) *s. f.* **1.** Local o sala donde se encuentra ordenado un conjunto de libros para su lectura o consulta: *Biblioteca Nacional.* **2.** Mueble o dispositivo similar donde se colocan los libros. **3.** Conjunto de estos libros: *Ha reunido una estupenda biblioteca.* **4.** Colección de libros con algún rasgo que le da unidad, como el autor, el tema, etc.: *Biblioteca de Clásicos Españoles.* **SIN. 2.** Librería, estantería. **FAM.** Bibliotecario.

bibliotecario, ria *s. m.* y *f.* Persona que tiene a su cargo la ordenación, funcionamiento y servicio de una biblioteca.

biblioteconomía *s. f.* Disciplina encargada de la organización de las bibliotecas y, en especial, de la catalogación de sus libros.

bicameral (de *bi-* y el lat. *camera*, cámara) *adj.* Se aplica al sistema parlamentario con dos cámaras legislativas. **FAM.** Bicameralismo. CÁMARA.

bicarbonato *s. m.* **1.** Nombre común de un conjunto de sales provenientes del ácido carbónico. **2.** Especialmente, bicarbonato de sodio, empleado para neutralizar la acidez de estómago.

bicéfalo, la (de *bi-* y *-céfalo*) *adj.* **1.** Que tiene dos cabezas: *un monstruo bicéfalo.* **2.** Se dice de la organización, grupo, empresa, etc., que tiene dos dirigentes. **FAM.** Véase **cefálico**.

bíceps (del lat. *biceps*, de *bis*, dos, y *caput*, cabeza) *s. m.* Músculo doble situado en cada uno de los brazos y muslos, responsable de la flexión de las extremidades; especialmente, bíceps del brazo. ■ No varía en *pl.* **FAM.** Cuádriceps, tríceps.

bicha (del lat. *bestia*, animal) *s. f.* **1.** *fam.* Culebra o serpiente. **2.** Figura ornamental característica del arte ibérico, en forma de animal o mixta, con una parte humana y otra animal. || **LOC. mentar** (o **nombrar**) **la bicha** *fam.* Mencionar ante alguien algo que le causa disgusto o malestar.

bicharraco, ca *s. m.* **1.** *desp.* Bicho. || *s. m.* y *f.* **2.** Persona de malas intenciones. **3.** Persona fea, rara o extravagante. SIN. **2.** Víbora. **3.** Adefesio, mamarracho.

bichero (del port. *bicheiro*) *s. m.* Palo largo que en un extremo tiene un hierro con punta y uno o dos ganchos, utilizado por marineros, generalmente para mover embarcaciones pequeñas.

bicho (del lat. vulg. *bestius*, animal) *s. m.* **1.** Animal pequeño, especialmente insecto o similar. **2.** Cualquier animal, y en particular los domésticos: *Le encantan los bichos, sobre todo los gatos.* **3.** Persona de mala intención: *Aléjate de ella, es un mal bicho.* **4.** Persona fea o ridícula. **5.** *fam.* Recluta. || **6. bicho viviente** *fam.* Cualquier ser vivo, toda la gente. ■ Suele usarse en frases negativas: *Con el chaparrón, no quedó en la calle bicho viviente.* SIN. **1.** Animalejo. **1.** y **3.** Bicharraco, sabandija. **3.** Víbora, pécora. **4.** Mamarracho, adefesio. FAM. Bicha, bicharraco, bichero, bichoco. / Abicharse, embicharse.

bichoco, ca *adj. Amér. C., Arg., Chile* y *Urug.* Viejo, inútil; se dice de los animales y, p. ext., de las personas.

bici *s. f. acort.* de **bicicleta**.

bicicleta *s. f.* Vehículo de dos ruedas, generalmente de igual tamaño, en que el movimiento de los pies se transmite a la rueda trasera mediante dos pedales, un plato, un piñón y una cadena. FAM. Bici, biciclo.

biciclo (de *bi-* y el lat. *cyclus*, rueda) *s. m.* Bicicleta con tracción en la rueda delantera que era mucho mayor que la trasera. SIN. Velocípedo.

bicoca (del ital. *Bicocca*, nombre de una pequeña aldea) *s. f. fam.* Ganga, chollo. SIN. Momio.

bicolor (del lat. *bicolor, -oris*, de *bis*, dos, y *color*, color) *adj.* De dos colores.

bicóncavo, va *adj.* Se dice del cuerpo, y especialmente de la lente, que tiene dos superficies opuestas cóncavas.

biconvexo, xa *adj.* Se dice del cuerpo, y especialmente de la lente, que tiene dos superficies opuestas convexas.

bidé (del fr. *bidet*, caballito) *s. m.* Especie de lavabo, de forma ovalada, sobre el que una persona se puede sentar para su higiene íntima.

bidón (del fr. *bidon*) *s. m.* Recipiente de forma generalmente cilíndrica, con cierre hermético, que se emplea para guardar o transportar líquidos.

biela (del fr. *bielle*) *s. f.* Pieza de una máquina que une otras dos y sirve para transformar el movimiento de vaivén en otro de rotación, o viceversa.

bieldo *s. m.* Utensilio agrícola compuesto por un palo largo y un travesaño con púas en su extremo, que se utiliza para aventar las mieses y separar el grano, levantar y cargar los haces, etc.

bielorruso, sa *adj.* **1.** De Bielorrusia, país del E de Europa. También *s. m.* y *f.* || *s. m.* **2.** Lengua eslava hablada en este país.

bien (del lat. *bene*) *s. m.* **1.** Aquello que constituye lo bueno o correcto según la ética: *hacer el bien, distinguir entre el bien y el mal.* **2.** Utilidad, beneficio o bienestar: *Lo digo por tu propio bien.* **3.** Cosa buena, favorable o conveniente: *Marchándose nos hizo un bien a todos.* **4.** Todo aquello que pertenece o puede pertenecer a alguien. Se usa sobre todo en *pl.*: *Un abogado administra sus bienes.* || *adv. m.* **5.** De manera adecuada, correcta o conveniente: *portarse bien, vestir bien.* ■ A veces se utiliza como forma prefija con algunos participios y adjetivos: *bienhablado, bienintencionado.* **6.** Con gusto; sin inconveniente; con razón: *Yo bien querría ir, pero no puedo. Bien puedes apreciarlo, siempre te ayudó.* **7.** Mucho, en abundancia: *Corrimos bien para llegar a tiempo.* ■ En ocasiones, se utiliza seguido de la prep. *de*: *El guiso tenía bien de sal.* Delante de un adjetivo o un adverbio, equivale a *muy*: *una cerveza bien fría.* **8.** Con cantidades, ciertamente, seguramente: *Eso bien vale sus sesenta euros.* **9.** A veces se utiliza para expresar asentimiento o conformidad: *¿Vienes con nosotros? Bien.* || *conj. distrib.* **10.** Relaciona dos posibilidades distintas o que se realizan alternativa o sucesivamente: *Iré de todos modos, bien sea hoy, bien sea mañana.* || *adj.* **11.** De buena posición social; también, propio de las personas de esa clase: *gente bien, una casa bien.* || **12. bienes de producción** (o **de equipo**) Los que sirven para la producción de otros, como las máquinas, herramientas, instalaciones, etc. **13. bienes inmuebles** Véase **inmueble**. **14. bienes muebles** Véase **mueble**. **15. bienes raíces** Bienes inmuebles*. || LOC. **de bien** *adj.* Honrado: *hombre de bien.* **estar a bien** Estar en buena armonía o amistad. **más bien** *conj.* Tiene valor adversativo, y equivale a *sino*: *No es torpe, más bien distraído.* **no bien** *conj.* Apenas, tan pronto como: *Partieron, no bien hubo amanecido.* **si bien** *conj.* Aunque. **tener a bien** Considerar algo digno, justo o conveniente. SIN. **1.** Virtud, bondad. **2.** Provecho, prosperidad, felicidad. **3.** Favor. **4.** Patrimonio, hacienda, caudal, riqueza, fortuna. **5.** Correctamente, satisfactoriamente. **6.** Gustosamente. **10.** Ora. **11.** Acomodado, pudiente. ANT. **1.** Maldad. **1.**, **2.** y **5.** Mal. **2.** Perjuicio, detrimento. **3.** Desgracia. **11.** Modesto, pobre. FAM. Bienaventuranza, bienhablado, bienintencionado, bienmandado, bienmesabe, bienvenido. / Requetebién, también.

bienal (del lat. *biennalis*, de *bis*, dos, y *annalis*, anual) *adj.* **1.** Que sucede cada dos años. **2.** Que dura dos años: *La remolacha es una planta bienal.* || *s. f.* **3.** Manifestación artística, exposición, etc., que se celebra cada dos años. FAM. Bienalmente. BIENIO.

bienaventurado, da *adj.* **1.** Afortunado, feliz. **2.** Según la religión catolica, que goza de la presencia de Dios en el cielo. También *s. m.* y *f.* SIN. **2.** Santo, justo. ANT. **1.** Desventurado. **2.** Condenado.

bienaventuranza *s. f.* **1.** Para los cristianos, vida eterna y disfrute que proporciona la presencia de Dios en el cielo. **2.** Felicidad, dicha. || *s. f. pl.* **3.** Nombre dado a las ocho bendiciones con las que Jesucristo comenzó el sermón de la montaña y que empiezan con la palabra *bienaventurado.* SIN. **2.** Fortuna, ventura. ANT. **2.** Desventura. FAM. Bienaventurado. BIEN y VENTURA.

bienestar *s. m.* **1.** Estado o situación de satisfacción y felicidad: *Sólo busca su bienestar.* **2.** Buena posición económica, adecuada calidad de vida: *Su familia goza de bienestar.* SIN. **1.** Dicha, placidez. **1.** y **2.** Comodidad. **2.** Desahogo, holgura, confort. ANT. **1.** Malestar. **2.** Estrechez.

bienhablado, da *adj.* Que habla con corrección y cortesía. ANT. Malhablado.

bienhechor, ra (del lat. *benefactor, -oris*) *adj.* Se dice de la persona que protege o ayuda a otra. También *s. m.* y *f.* SIN. Benefactor, protector.

bienintencionado, da *adj.* Que desea hacer las cosas bien. ANT. Malintencionado.

bienio (del lat. *biennium*, de *bis*, dos, y *annum*, año) *s. m.* **1.** Periodo de dos años. **2.** Incremento económico en un sueldo que se produce cada dos años de trabajo activo en una empresa, organismo, etc. FAM. Bienal. AÑO.

bienmesabe *s. m.* Pescado frito en adobo.

bienvenido, da *adj.* **1.** Se dice de la persona o cosa cuya llegada se recibe con alegría: *Bienvenido a nuestra casa.* || *s. f.* **2.** Saludo con que se expresa a alguien alegría por su llegada y se le desea feliz estancia: *dar la bienvenida.* SIN. **2.** Parabién, recibimiento, recepción, acogida.

bies (del fr. *biais*) *s. m.* Trozo de tela cortado oblicuamente que se coloca en los bordes de prendas de vestir. || LOC. **al bies** *adv.* Forma de estar cortada o colocada una tela, en diagonal a la dirección de los hilos.

bifásico, ca *adj.* Se dice del sistema eléctrico en que se suceden dos corrientes alternas e iguales.

bife (del ingl. *beef*, buey) *s. m.* **1.** *Arg.*, *Chile* y *Urug.* Trozo de carne que se cocina a la brasa o a la plancha. **2.** *Arg.*, *Chile* y *Urug. fam.* Bofetón.

bífido, da (del lat. *bifidus*, de *bis*, dos, y *findere*, hendir) *adj.* Que está dividido en dos: *lengua bífida.* SIN. Hendido, partido, rasgado.

bifocal *adj.* **1.** Que tiene doble foco o doble distancia focal. **2.** Se aplica, particularmente, a las lentes graduadas para corta y larga distancia.

bifronte (del lat. *bifrons*, *-ontis*, de *bis*, dos, y *frons*, *-ontis*, frente) *adj.* Que tiene dos caras o frentes: *un busto bifronte.*

bifurcación *s. f.* **1.** Acción de bifurcarse. **2.** Lugar donde se divide en dos ramales un camino, río o carretera. SIN. **1.** Ramificación. **2.** Cruce, desvío. ANT. **2.** Confluencia.

bifurcarse (del lat. *bifurcus*, de *bis*, dos, y *furca*, horca) *v. prnl.* Dividirse en dos ramales o brazos un camino, río, etc. ■ Delante de *e* se escribe *qu* en lugar de *c*: *se bifurque.* SIN. Separarse, ramificarse. FAM. Bifurcación.

big bang (ingl.) *expr.* Explosión inicial que, según ciertas teorías científicas, dio origen al universo hace aproximadamente 15.000 millones de años. ■ Se usa como *s. m.*

bigamia (de *bi-* y *-gamia*) *s. f.* **1.** Estado del que ha contraído matrimonio con dos personas a la vez. **2.** En der. penal, delito que comete una persona cuando contrae nuevo matrimonio sin haber sido disuelto el anterior. FAM. Bígamo. POLIGAMIA.

bigardo, da (del ant. *begardo*, y éste del fr. *begard*) *adj.* **1.** Antiguamente, se aplicaba al religioso de vida licenciosa. También *s. m.* y *f.* **2.** *fam.* Se aplica a la persona muy alta. También *s. m.* y *f.*

bígaro *s. m.* Pequeño molusco marino de concha oscura y puntiaguda; vive fijado a las rocas en las aguas litorales y es apreciado en alimentación.

bigornia (del lat. *bicornius*, de dos cuernos) *s. f.* Yunque con dos puntas.

bigote *s. m.* Pelo que nace sobre el labio superior. Se usa mucho en *pl.* || LOC. **de bigote(s)** *adj. fam.* Excepcional, de consideración: *Hace un frío de bigotes.* **menear el bigote** *fam.* Comer. SIN. Mostacho. FAM. Bigotera, bigotudo.

bigotera *s. f.* Compás pequeño que se gradúa con un tornillo.

bigotudo, da *adj.* Que tiene mucho bigote.

bigudí (del fr. *bigoudi*) *s. m.* Pequeño cilindro macizo, largo y estrecho, sobre el que se enrolla un mechón de pelo para rizarlo. ■ Su pl. es *bigudíes*, aunque también se utiliza *bigudís*.

bija *s. f.* **1.** Árbol de pequeño tamaño, cultivado en las regiones cálidas de América, de cuya semilla se obtiene una sustancia empleada para preparar tintes y pinturas. **2.** Colorante obtenido de este árbol. SIN. **1.** y **2.** Achiote.

bikini (de *Bikini*, atolón de las islas Marshall) *s. m.* Biquini*.

bilabial *adj.* Se dice del sonido en cuya pronunciación intervienen los dos labios, como los representados por las letras *b*, *m* y *p*. También *s. f.*

bilateral *adj.* Se dice del acuerdo, negociación, etc., que atañe recíprocamente a dos partes o aspectos: *un contrato bilateral.* SIN. Doble. ANT. Unilateral.

bilbaíno, na *adj.* De Bilbao. También *s. m.* y *f.*

bilbilitano, na (del lat. *Bilbilitanus*) *adj.* **1.** De Bílbilis, antigua ciudad romana situada cerca de la actual Calatayud. También *s. m.* y *f.* **2.** De Calatayud. También *s. m.* y *f.*

biliar *adj.* De la bilis: *vesícula biliar.*

bilingüe (del lat. *bilinguis*, de *bis*, dos, y *lingua*, lengua) *adj.* **1.** Que habla con igual facilidad dos lenguas. **2.** Escrito en dos idiomas: *diccionario bilingüe.* FAM. Bilingüismo. LENGUA.

bilingüismo *s. m.* **1.** Cualidad de bilingüe. **2.** Empleo habitual de dos lenguas en una misma región o país.

bilioso, sa (del lat. *biliosus*) *adj.* **1.** Que tiene gran cantidad de bilis. **2.** De mal genio. SIN. **2.** Malhumorado, irritable, amargado.

bilirrubina *s. f.* Pigmento biliar de color amarillento que se forma en el organismo por la degradación de la hemoglobina y se elimina a través de la bilis.

bilis (del lat. *bilis*) *s. f.* **1.** Líquido amargo de color amarillo verdoso que segrega el hígado y colabora en la digestión. Se acumula en la vesícula biliar. **2.** Mal humor, tendencia que tiene una persona a irritarse con facilidad: *Desahoga su bilis en los amigos.* ■ No varía en *pl.* || LOC. **tragar bilis** *fam.* Aguantar el enfado u otra reacción violenta. SIN. **1.** Hiel. **2.** Cólera, ira, furia. FAM. Biliar, bilioso, bilirrubina. / Atrabiliario.

billar (del fr. *billard*) *s. m.* **1.** Juego de destreza que consiste en impulsar bolas macizas con la punta de un palo o taco sobre una mesa rectangular forrada de paño y rodeada de bandas elásticas en las cuales puede haber agujeros o troneras. **2.** Local con instalaciones para practicar este juego. Se usa más en *pl.*

billetaje *s. m.* Conjunto de billetes de un espectáculo, de un transporte público, etc.

billete (del fr. *billet*, del ant. fr. *bullete*, documento, y éste del lat. *bulla*) *s. m.* **1.** Tarjeta o papel impreso que, previo pago, autoriza a presenciar un espectáculo o a viajar en un medio de transporte: *Saca los billetes de tren. No hay billetes para la sesión de tarde.* **2.** Dinero en forma de papel: *un billete de mil pesetas.* **3.** Número completo de un sorteo de lotería que puede dividirse en décimos u otras participaciones. **4.** Cada una de las participaciones en una rifa o lotería. **5.** Carta breve enviada con un mensajero. SIN. **1.** Entrada, localidad, tique, pasaje. **4.** Boleto, número, cupón. **5.** Nota, misiva, mensaje. FAM. Billetaje, billetero.

billetero, ra *s. m.* o *f.* Cartera de bolsillo para llevar billetes de banco.

billón (del fr. *billion*) *s. m.* Un millón de millones. Por influencia anglosajona, a veces se emplea esta voz con el significado de 'mil millones'; pero en este caso debe emplearse el término *millardo.* FAM. Billonésimo. MILLÓN.

billonésimo, ma (de *billón*) *adj. num. part.* **1.** Se aplica a cada una de las partes iguales que resulta de dividir un todo por un billón. También *s. m.*

y *f.* || *adj. num. ord.* **2.** Que ocupa el último lugar de una serie formada por un billón de unidades. También *s. m.* y *f.*

bimembre (del lat. *bimembris*, de *bis*, dos, y *membrum*, miembro) *adj.* Se dice de lo que tiene dos miembros o dos partes: *una clasificación bimembre.*

bimensual (de *bi-* y el lat. *mensis*, mes) *adj.* Que se hace o ejecuta dos veces cada mes. ■ No confundir con *bimestral.* **SIN.** Quincenal.

bimestral *adj.* **1.** Que se hace o ejecuta cada dos meses. ■ No confundir con *bimensual.* **2.** Que dura dos meses: *una representación bimestral.*

bimestre (del lat. *bimestris*, de *bis*, dos, y *mensis*, mes) *adj.* **1.** Bimestral. || *s. m.* **2.** Periodo de dos meses. **FAM.** Bimestral. MES.

bimetalismo (de *bi-* y *metal*) *s. m.* Sistema monetario que admite la existencia de dos patrones, el oro y la plata, conforme a la relación que la ley establece entre ellos.

bimotor *s. m.* Avión provisto de dos motores. También *adj.*

binadera *s. f.* Azada que se usa para quitar la hierba o broza.

binar (del lat. *binus*, de dos en dos) *v. tr.* **1.** Arar por segunda vez las tierras de labor. **2.** Cavar por segunda vez las viñas. || *v. intr.* **3.** Celebrar un sacerdote dos misas en un mismo día. **FAM.** Bina, binadera. BINARIO.

binario, ria (del lat. *binarius*, de *binus*, doble) *adj.* Se dice de los números o cosas que están formados por dos cifras o elementos. **FAM.** Binar.

bingo (del ingl. *bingo*) *s. m.* **1.** Juego de azar en el que cada jugador tacha en su cartón los números que van saliendo en el sorteo. **2.** En dicho juego, premio que consigue el jugador que completa antes los números de su cartón: *Le han faltado dos números para conseguir bingo.* **3.** Local donde se practica este juego: *Esta tarde vamos al bingo.* || *interj.* **4.** Sirve para indicar que se ha completado un cartón en este juego. **5.** *fam.* También, expresa que se ha acertado o solucionado algo: *¡Bingo! Ya di con el fallo.* **SIN. 5.** ¡Eureka!

binocular (del lat. *binus*, doble, y *ocularis*, ocular) *adj.* **1.** Que ve o hace posible la visión con los dos ojos. || *s. m. pl.* **2.** Binóculo*. **FAM.** Binóculo. OCULAR.

binóculo (del lat. *binus*, doble, y *oculus*, ojo) *s. m.* Anteojo con una lente para cada ojo.

binomio (del lat. *binomium*) *s. m.* Suma o resta de monomios, como p. ej., la expresión $x + 4$.

binza *s. f.* Piel muy fina y flexible que envuelve algo, p. ej. la que recubre interiormente el huevo o la cebolla. **SIN.** Telilla, fárfara.

bio-, -bio (del gr. *bios*, vida) *pref.* y *suf.* Significa 'vida': *bioelemento, bioquímica, anfibio.*

biocenosis (de *bio-* y el gr. *koinos*, común) *s. f.* Conjunto de seres vivos que habitan en un lugar con determinadas condiciones, como temperatura, humedad, relieve, etc. ■ No varía en *pl.*

biodegradable *adj.* Se dice de la sustancia que se descompone por un proceso natural biológico y no contamina.

biodiversidad (de *bio-* y *diversidad*) *s. f.* **1.** Diversidad de fauna y flora.

bioelemento (de *bio-* y *elemento*) *s. m.* Elemento químico que forma parte de las sustancias orgánicas naturales; los fundamentales son: carbono, hidrógeno, oxígeno y nitrógeno.

bioética *s. f.* Disciplina que estudia los aspectos éticos que se plantean en los avances, métodos, etc., de la medicina y la biología.

biofísica (de *bio-* y *física*) *s. f.* Ciencia que aplica los métodos y principios de la física al estudio de los seres vivos.

biogénesis (de *bio-* y *-génesis*) *s. f.* Teoría según la cual todos los seres vivos nacen de otros seres vivos y no por generación espontánea. ■ No varía en *pl.* **FAM.** Biogenético. / Abiogénesis.

biografía (de *bio-* y *-grafía*) *s. f.* **1.** Relato escrito de la vida de una persona. **2.** Género literario al que pertenecen ese tipo de obras. **3.** Historia de la vida de una persona. **FAM.** Biografiado, biografiar, biográfico, biógrafo. / Autobiografía.

biógrafo, fa *s. m.* y *f.* **1.** Autor de la biografía de una persona. || *s. m.* **2.** *Amér. del S.* Cine, local donde se exhiben películas.

biología (de *bio-* y *-logía*) **FAM.** Biológico, biólogo. / Cronobiología, exobiología, geobiología, microbiología, radiobiología, sociobiología.

biológico, ca *adj.* **1.** De la biología **2.** Que emplea o implica medios naturales: *agricultura biológica, padres biológicos.*

bioluminiscencia (de *bio-* y *luminiscencia*) *s. f.* Capacidad que tienen algunos seres vivos de producir luz, como p. ej. las luciérnagas, por medios químicos.

biomasa (de *bio-* y *masa*) *s. f.* Masa total de los organismos que viven en un ecosistema.

biombo (del japonés *byo*, protección, y *bu*, viento) *s. m.* Mampara plegable compuesta de varios bastidores que permite establecer una separación dentro de un cuarto, protegerlo de corrientes de aire, etc. **SIN.** Cancel.

biónica *s. f.* Disciplina médico-tecnológica que estudia la interacción de elementos electromecánicos en el cuerpo humano y tiene como objetivo básico la reposición de miembros y apéndices ausentes o defectuosos. **FAM.** Biónico.

bioprótesis *s. f.* Pieza de tejido animal utilizada para reparar o sustituir una parte del cuerpo humano.

biopsia (de *bio-* y el gr. *opsis*, vista) *s. f.* En med., extracción y examen microscópico de un trozo de tejido de un ser vivo con el fin de completar un diagnóstico.

bioquímica (de *bio-* y *química*) *s. f.* Parte de la química orgánica que estudia las sustancias que componen los seres vivos y las reacciones que tienen en el interior de los mismos. **FAM.** Bioquímico. QUÍMICA.

biorritmo *s. m.* Ciclo de duración variable al que se encuentra sometida la actividad de los seres vivos, p. ej. la reproducción celular, las migraciones de los animales, etc.

biosfera (de *bio-* y el gr. *sphaira*, esfera) *s. f.* Envoltura terrestre que comprende la parte inferior de la atmósfera (troposfera), la hidrosfera y la parte superior de la litosfera con todas las formas de vida existentes en ellas.

biotipo (de *bio-* y el gr. *typos*, tipo) *s. m.* **1.** Forma característica o prototípica de cada especie de planta o animal. **2.** Conjunto de individuos que presentan las mismas características constitucionales de carácter hereditario.

biotopo o **biótopo** (de *bio-* y el gr. *topos*, lugar) *s. m.* Zona donde los factores ambientales se presentan en cierta combinación, lo que da lugar a la aparición de una flora y fauna características, p.ej. el mar o los desiertos.

bipartición (del lat. *bipartitio, -onis*) *s. f.* **1.** División de algo en dos partes. **2.** División celular asexual por la que se originan dos células hijas iguales a partir de una célula madre. FAM. Bipartito. PARTE.

bipartidismo *s. m.* Sistema basado en la existencia de dos grandes partidos políticos con posibilidades reales de ocupar el poder.

bipartito, ta *adj.* Que tiene dos partes o miembros: *comisión bipartita.*

bípedo, da (del lat. *bipedus, -edis*, de *bis*, dos, y *pes, pedis*, pie) *adj.* De dos pies o dos patas. También *s. m.* y *f.*

biplano *s. m.* Avión con dos pares de alas paralelas y superpuestas.

bípode (forma analógica de *trípode*, con el pref. *bi-*) *s. m.* Armazón con dos patas o pies para apoyar algunas cosas.

bipolar *adj.* Que tiene dos polos.

biquini (de *Bikini*, atolón de las islas Marshal) *s. m.* **1.** Prenda de baño femenina de dos piezas, sujetador y braga. **2.** Pequeña braga femenina. **3.** Sandwich de jamón y queso. ■ Se escribe también *bikini.* FAM. Monobiquini.

birdie (ingl.) *s. m.* En golf, jugada que consiste en realizar el recorrido de un hoyo en un golpe menos de los fijados en el par.

birlar (del ant. *birlo*, bolo) *v. tr.* Robar, hurtar.

birlibirloque, por arte de *loc. adv.* Sin que se sepa cómo ha ocurrido, por arte de magia, de manera inesperada.

birmano, na *adj.* **1.** De Birmania, actual Myanmar. También *s. m.* y *f.* || *s. m.* **2.** Lengua hablada en este país asiático.

birra (ital.) *s. f. fam.* Cerveza.

birreme (del lat. *biremis*, de *bis*, dos, y *remus*, remo) *adj.* Se dice de los barcos antiguos con dos filas superpuestas de remos.

birreta (del occitano ant. *birret*, del lat. tardío *birrus*, capa con capucha) *s. f.* Gorro o bonete cuadrangular utilizado por algunos clérigos, con una bola en su parte superior. SIN. Birrete.

birrete *s. m.* **1.** Gorro de forma prismática con una borla en la parte superior, distintivo de profesores de universidad, jueces y magistrados. **2.** Prenda redondeada que cubre la cabeza. **3.** Birreta*. FAM. Birreta. / Barretina.

birria *s. f.* **1.** Persona de mal aspecto o vestida ridículamente: *Tu prima va hecha una birria.* **2.** Persona o cosa de poco valor o importancia, mal hecha, fea: *La película era una birria.* SIN. **1.** Facha, mamarracho, adefesio, espantajo. **2.** Porquería, chapuza, bodrio, desastre. FAM. Birrioso.

biruji *s. m. fam.* Frío, fresco. SIN. Rasca.

bis (del lat. *bis*, dos veces) *adj.* **1.** Indica que algo debe repetirse o está repetido, p. ej. un número. || *s. m.* **2.** Repetición de una obra musical o recitada, o de parte de ella, como respuesta a los aplausos del público. || *pref.* **3.** Véase **bi-**. FAM. Bisar.

bisabuelo, la *s. m.* y *f.* En relación con una persona, el padre o la madre de su abuelo o abuela.

bisagra *s. f.* Conjunto de dos láminas metálicas articuladas gracias a un eje común, que sirve para sujetar dos piezas, permitiendo el giro de una de ellas o de las dos, p. ej. una puerta y su marco. P. ext., el eje que, con la misma función, se coloca directamente en dos piezas. SIN. Gozne, charnela; pernio.

bisar *v. tr.* Repetir fuera del programa una parte de un concierto o de cualquier otro espectáculo, en respuesta a los aplausos del público. ■ No confundir con la palabra homófona *visar.*

bisbisear o **bisbisar** *v. tr.* Hablar muy bajo de forma que lo que se oye es principalmente el sonido de las eses. SIN. Musitar, susurrar, cuchichear, murmurar FAM. Bisbiseo.

biscuit (fr.) *s. m.* **1.** Bizcocho o galleta. **2.** Porcelana: *una figura de biscuit.*

bisector, triz *adj.* En geom., se aplica a la recta o plano que divide un ángulo en dos partes iguales. También *s. f.*

bisel (del ant. fr. *bisel*) *s. m.* Corte oblicuo en el borde de un cuerpo, una lámina, etc., p. ej. en un cristal. FAM. Biselado, biselar.

biselado, da *adj.* Que tiene bisel: *un cristal biselado.*

bisemanal *adj.* **1.** Que sucede dos veces por semana. **2.** Que sucede cada dos semanas. SIN. **2.** Quincenal.

bisexual (del lat. *bis*, dos, y *sexus*, sexo) *adj.* **1.** Se aplica al organismo que tiene caracteres sexuales de los dos sexos. **2.** Se dice de la persona que experimenta atracción por los dos sexos y tiene relaciones sexuales con ambos. También *s. m.* y *f.* SIN. **1.** Hermafrodita, andrógino. FAM. Bisexualidad. SEXUAL.

bisiesto (del lat. *bisextus*, de *bis*, dos veces, y *sextus*, sexto) *adj.* Se dice del año con 29 días en el mes de febrero, en lugar de los 28 habituales. También *s. m.*

bisílabo, ba (del lat. *bisyllabus*) *adj.* De dos sílabas. También *s. m.* y *f.*

bismuto (del al. *Wismut*) *s. m.* Elemento químico metálico, de color blanco grisáceo, que funde a 271 °C y se utiliza en aleaciones de bajo punto de fusión, empleadas en la fabricación de tapones y cierres de seguridad, en calderas y en la industria farmacéutica. Su símbolo es *Bi.*

bisnieto, ta *s. m.* y *f.* Respecto de una persona, hijo o hija de su nieto o nieta.

bisojo, ja (del lat. *versare*, volver, y *oculus*, ojo) *adj.* Se dice de la persona que padece estrabismo. También *s. m.* y *f.* SIN. Bizco, estrábico.

bisonte (del lat. *bison, -ontis*, y éste del gr. *bison*) *s. m.* Mamífero rumiante de la familia bóvidos, de gran tamaño; semejante al toro, se caracteriza por la presencia de una gibosidad en la parte anterior del lomo. Existen dos especies, el bisonte europeo y el americano.

bisoñé *s. m.* Peluca que cubre la parte delantera de la cabeza. SIN. Peluquín.

bisoño, ña (del ital. *bisogno*, necesidad) *adj.* **1.** Se dice del soldado recién ingresado en el ejército o de la tropa compuesta por tales soldados. También *s. m.* y *f.* **2.** *fam.* Nuevo o inexperto en cualquier actividad u oficio. También *s. m.* y *f.* SIN. **2.** Novato, novel, aprendiz, principiante. ANT. **1.** y **2.** Veterano. **2.** Experto, avezado.

bisté o **bistec** (del ingl. *beef-steak* de *beef*, buey, y *steak*, tajada) *s. m.* Filete de carne de vaca, frito o hecho a la parrilla. ■ Su pl. es *bistés* o *bistecs.*

bisturí (del fr. *bistouri*) *s. m.* Instrumento cortante, de hoja fina y mango metálico, que se emplea en cirugía para hacer incisiones en tejidos blandos. ■ Su pl. es *bisturíes*, aunque también se utiliza *bisturís.*

bisutería (del fr. *bijouterie*, de *bijou*, joya) *s. f.* **1.** Industria de objetos que imitan a las joyas, pero que están hechos de materiales no preciosos. **2.** Local donde se venden estos objetos. **3.** Esos mismos objetos.

bit (acrónimo del ingl. *binary digit*, dígito binario) *s. m.* En inform., unidad mínima de información que sólo puede contener dos valores (uno-cero, encendido-apagado, sí-no, verdadero-falso, etc.).

Se emplea para medir la capacidad de memoria de un ordenador o dispositivo electrónico.

bitácora (del fr. *bitacle*, por *habitacle*, y éste del lat. *habitaculum*, habitación) *s. f.* Especie de armario fijo en la cubierta de un barco junto al timón, donde se pone la brújula.

bíter (del ingl. *bitter*, amargo) *s. m.* Bebida de sabor amargo que se suele tomar como aperitivo.

bituminoso, sa (del lat. *bituminosus*) *adj.* Que tiene betún o semejanza con él.

biunívoco, ca *adj.* En mat., se dice de la correspondencia entre dos conjuntos en la que a cada elemento del primer conjunto corresponde, a lo sumo, uno del segundo, y a cada elemento del segundo conjunto corresponde, a lo sumo, uno del primero.

bivalente *adj.* Se dice del elemento químico que puede actuar con doble valencia.

bivalvo, va *adj.* **1.** Que tiene dos valvas. **2.** Lamelibranquio*.

biz- *pref.* Véase **bi-**.

bizantino, na (del lat. *byzantinus*) *adj.* **1.** De la antigua ciudad de Bizancio o del imperio romano de Oriente. También *s. m.* y *f.* **2.** Se dice de las discusiones inútiles, demasiado sutiles o que se pierden en detalles. **FAM.** Bizantinismo.

bizarro, rra (del vasc. *bizarr*, barba) *adj.* **1.** Valiente, intrépido. **2.** Arrogante, apuesto. **SIN. 1.** Esforzado, animoso, audaz. **2.** Gallardo, gentil, garboso. **ANT. 1.** Cobarde, miedoso, pusilánime. **2.** Adefesio. **FAM.** Bizarramente, bizarría.

bizco, ca *adj.* **1.** Se dice del que padece estrabismo y tuerce los ojos al mirar. También *s. m.* y *f.* **2.** Se aplica a la mirada torcida o al ojo que tiene esta mirada. **3.** Se dice del toro que tiene un cuerno más bajo que el otro. ‖ **LOC. dejar** a uno **bizco** *fam.* Dejarle asombrado. **quedarse** uno **bizco** con algo *fam.* Quedarse pasmado, asombrado. **SIN. 1.** Bisojo. **1.** y **2.** Estrábico. **FAM.** Bizquear, bizquera.

bizcochada *s. f.* **1.** Sopa de bizcochos y leche. **2.** Dulce hecho con bizcochos.

bizcocho (de *bi-* y el lat. *coctus*, cocido) *s. m.* **1.** Dulce de pasta esponjosa hecho, fundamentalmente, con harina, huevos y azúcar y cocido al horno. **2.** Pan sin levadura que se cuece dos veces para que se conserve mucho tiempo. **FAM.** Bizcochada.

biznieto, ta *s. m.* y *f.* Bisnieto*.

bizquear *v. intr.* **1.** Ponerse bizco. **2.** Padecer estrabismo.

bizquera *s. f. fam.* Estrabismo*.

blackjack (ingl.) *s. m.* Juego de cartas también llamado *veintiuna*.

blanca (de *blanco*) *s. f.* **1.** Moneda antigua española que tuvo diferentes valores. **2.** Nota musical cuyo valor es la mitad de una redonda y su signo es un círculo no relleno con palo a un lado. ‖ **LOC. estar** uno **sin** (o **no tener**) **blanca** *fam.* Estar sin dinero, no tener un duro.

blanco, ca (del germ. *blank*) *adj.* **1.** Se dice del color de la nieve o de la leche y de las cosas que tienen dicho color. Es el color de la luz solar, no descompuesta en los distintos colores del espectro. También *s. m.* **2.** Se aplica a las cosas que son más claras que otras de su especie: *vino blanco, pan blanco.* **3.** Se dice de la raza humana caracterizada principalmente por el color claro de la piel de sus individuos, y de las personas pertenecientes a ella. También *s. m.* y *f.* ■ Se llama también *europea* o *caucásica*. **4.** *fam.* Se dice de la persona que por alguna circunstancia palidece y queda asustada o aturdida. ■ Se usa con los verbos *quedarse, ponerse*: *Cuando vi que me preguntaban, me puse blanca.* ‖ *s. m.* **5.** Objeto o punto situado a cierta distancia hacia donde se dirige un tiro, una flecha u otra cosa que se lanza: *Los niños jugaban a arrojar dardos al blanco.* **6.** Objetivo, finalidad: *Su blanco es llegar el primero.* **7.** Espacio vacío entre dos cosas, particularmente en un escrito. ‖ **8. blanco del ojo** Parte visible de la córnea. ‖ **LOC. dar en el blanco** *fam.* Acertar plenamente. **en blanco** *adj.* y *adv.* Que no está escrito; también, familiarmente, indica que alguien no recuerda algo: *Se quedó en blanco durante el examen.* **no distinguir** uno **lo blanco de lo negro** *fam.* Ser muy ignorante. **ser el blanco de todas las miradas** *fam.* Estar todos atentos a una persona. **SIN. 1.** Níveo, cándido. **4.** Pálido, atónito. **6.** Meta, fin. **ANT. 1.** Negro, oscuro. **FAM.** Blanca, blancura, blancuzco, blanquear, blanquecino, blanquete. / Emblanquecer, rojiblanco, verdiblanco.

blandengue *adj.* **1.** *desp.* Excesivamente blando. **2.** Muy poco resistente o sin autoridad: *Deja de quejarte, no seas blandengue.* También *s. m.* y *f.*: *No le respetan porque es un blandengue.* **SIN. 1.** Blanducho. **2.** Debilucho, flojucho, enclenque.

blandir (del fr. *brandir*, y éste del germ. *brand*, espada) *v. tr.* Sostener con la mano un palo, arma o cosa semejante, haciéndola vibrar o agitándola de forma amenazadora: *El atracador blandía una navaja.* ■ Es v. defect. Se conjuga como *abolir*.

blando, da (del lat. *blandus*) *adj.* **1.** Que fácilmente se deforma o cede al tacto o a la presión: *una almohada blanda; un lápiz de mina blanda.* **2.** Suave, templado. **3.** Débil, de poca fuerza: *Enrique es blando de carácter.* **4.** Excesivamente benévolo: *un profesor blando con sus alumnos.* **5.** Perezoso. **SIN. 2.** Tranquilo. **2.** y **3.** Apacible. **3.** Dócil, afable, enclenque. **3.** y **5.** Flojo. **4.** Transigente, indulgente, condescendiente, tolerante. **5.** Holgazán, vago. **ANT. 1.** Tieso. **1.** y **4.** Duro, rígido. **2.** Desapacible. **3.** Arisco, huraño. **4.** Exigente, riguroso, severo. **5.** Aplicado, trabajador. **FAM.** Blandamente, blandengue, blandenguería, blanducho, blandura. / Ablandar, emblandecer, reblandecer.

blanquear *v. tr.* **1.** Poner blanca una cosa: *blanquear la ropa con lejía.* **2.** Dar cal o yeso blanco, diluido en agua, a las paredes, techos o fachadas de los edificios. **3.** Referido al dinero obtenido por medios ilegales, invertirlo en negocios o valores legales. ‖ *v. intr.* **4.** Mostrar algo su blancura: *Blanquea la nieve en las cumbres.* **5.** Tirar a blanco o ir tomando color blanco: *Le blanquean las sienes con los años.* **SIN. 1.** Emblanquecer. **2.** Encalar, enjalbegar. **ANT. 1.** Ennegrecer, oscurecer. **4.** y **5.** Negrear. **FAM.** Blanqueador, blanqueamiento, blanqueo. BLANCO.

blanquecino, na *adj.* Que tira a blanco.

blanquete *s. m.* Sustancia que se emplea para blanquear.

blasfemar (del lat. *blasphemare*, y éste del gr. *blasphemeo*, difamar) *v. intr.* **1.** Decir blasfemias. **2.** Hablar mal de algo que merece respeto: *blasfemar de la familia.* **SIN. 2.** Renegar.

blasfemia (del lat. *blasphemia*, y éste del gr. *blasphemia*) *s. f.* **1.** Expresión injuriosa contra Dios, la Virgen, los santos o las cosas sagradas. **2.** Expresión en contra de algo que merece respeto o se considera muy bueno. **FAM.** Blasfemador, blasfemar, blasfematorio, blasfemo.

blasfemo, ma (del lat. *blasphemus*, y éste del gr. *blasphemos*) *adj.* Que blasfema o contiene blasfemia. También *s. m.* y *f.*

blasón (del fr. *blason*) *s. m.* **1.** Tratado en que se estudian los escudos de armas. **2.** Cada una de las figuras o símbolos de un escudo de armas. **3.** Escudo de armas. **4.** Gloria, honor: *Participar en las cruzadas era un blasón para los nobles medievales.* **SIN. 1.** Heráldica. **4.** Fama, orgullo. **ANT. 4.** Deshonra, baldón. **FAM.** Blasonar.

blasonar *v. intr.* Jactarse, hacer ostentación, presumir de algo. Se construye con la prep. *de*: *Blasonaba de la nobleza de su familia.* **SIN.** Ostentar, vanagloriarse, baladronar, pavonearse.

blastodermo (del gr. *blastos*, gérmen, y *-dermo*) *s. m.* Conjunto de células procedentes de la segmentación del cigoto de los animales.

blástula (del gr. *blastos*, germen) *s. f.* Fase del desarrollo embrionario en la que, por segmentación del cigoto, se forma una estructura a manera de esfera hueca, constituida por una sola capa de células.

blazer (ingl.) *s. amb.* Chaqueta, particularmente, la deportiva con un escudo en el bolsillo.

bledo (del lat. *blitum*, y éste del gr. *bliton*, cierta planta comestible poco apreciada) *s. m.* Cosa de poco o ningún valor. ■ Se emplea en la loc. **importar** (o **no importar**) a alguien **un bledo**: *Me importa un bledo si vienen o no.* **SIN.** Comino, ardite, pito, pizca, rábano.

blenda (del al. *Blende*, de *blenden*, cegar, engañar) *s. f.* Mineral del que se extrae el cinc.

blenorragia (del gr. *blennos*, mucosidad, y *rhegnymi*, romper, brotar) *s. f.* Enfermedad infecciosa del aparato urogenital causada por gonococos. **SIN.** Uretritis, gonorrea. **FAM.** Blenorrea.

blenorrea (del gr. *blennos*, mucosidad y *rheo*, fluir) *s. f.* Blenorragia crónica.

blindado, da 1. *p.* de **blindar**. También *adj.* ‖ *adj.* **2.** Se dice de la unidad militar que se compone fundamentalmente de carros de combate o fuerzas transportadas en vehículos acorazados. ‖ **3. contrato blindado** Véase **contrato**.

blindaje *s. m.* **1.** Acción de blindar. **2.** Conjunto de los elementos que se utilizan para blindar, generalmente planchas de acero o hierro.

blindar (del fr. *blinder*, y éste del germ. *blende*, pantalla) *v. tr.* Proteger alguna cosa, como una puerta o un vehículo, revistiéndola con diversos materiales, generalmente con planchas metálicas. **SIN.** Acorazar, chapar. **FAM.** Blindado, blindaje.

blíster (del ingl. *blister pack*) *s. m.* Conjunto de artículos, generalmente de pequeño tamaño, empaquetados en un mismo envase transparente.

bloc (fr.) *s. m.* Conjunto de hojas de papel unidas por uno de sus cantos de forma que se puedan pasar o arrancar fácilmente. ■ Su pl. es *blocs*. **SIN.** Cuaderno, libreta.

blocao (del germ. *block*, pieza de madera, y *haus*, casa) *s. m.* **1.** Fortificación de madera fácilmente desmontable y transportable. **2.** P. ext., cualquier fortificación pequeña. **SIN. 2.** Fortín.

blocar (del fr. *bloquer*) *v. tr.* **1.** En fútbol y balonmano, detener el portero el balón y protegerlo con el cuerpo. **2.** En boxeo, parar con los brazos o los codos un golpe del contrario. ■ Delante de *e* se escribe *qu* en lugar de *c*: *bloquen.* **SIN. 1.** y **2.** Bloquear.

blonda (del fr. *blonde*) *s. f.* Encaje de seda.

blondo, da (del fr. ant. *blond*) *adj.* En lenguaje literario, rubio.

bloque (del fr. *bloc*, y éste del germ. *block*) *s. m.* **1.** Trozo grande de forma prismática de un material duro y compacto. **2.** Conjunto de cosas que forman una unidad compacta: *un bloque de folios, un bloque de noticias, un bloque militar o político.* **3.** Conjunto de edificios que ocupan una manzana completa. **4.** Edificio de gran tamaño que generalmente está formado por distintas casas, cada una con su propia entrada. **5.** Grupo de partidos políticos unidos para una acción determinada, p. ej. presentarse a unas elecciones. **6.** Pieza de fundición que contiene los cilindros de un motor de combustión. ‖ **LOC. en bloque** *adv.* En conjunto, sin hacer distinciones o partes o sin entrar en detalles. **SIN. 2.** Taco. **FAM.** Bloc, bloquear. / Monobloc.

bloquear *v. tr.* **1.** Cerrar el paso o cortar las comunicaciones de un territorio, un puerto, un ejército, etc.: *La intensa nieve bloqueó las carreteras. El enemigo ha bloqueado los accesos a la ciudad.* **2.** Impedir o dificultar el movimiento o desarrollo de algo: *El portero bloqueó el balón.* También *v. prnl.*: *Las negociaciones se han bloqueado.* **3.** Paralizar el funcionamiento de un sistema o servicio por sobrecarga: *El aluvión de llamadas acabó por bloquear las líneas telefónicas.* También *v. prnl.* **4.** Entorpecer las facultades mentales de alguien o impedir que reaccione. Se usa mucho como *v. prnl.*: *Se bloqueó y no supo qué contestar.* **5.** Inmovilizar una autoridad los activos de una persona o sociedad: *bloquear una cuenta bancaria.* **SIN. 1.** Incomunicar, asediar, sitiar, cercar. **2.** Interceptar, detener(se), interrumpir(se), obstruir(se). **4.** Ofuscar(se). **5.** Congelar. **ANT. 1.** Liberar. **1.** a **3.** Desbloquear(se). **FAM.** Blocar, bloqueo. / Desbloquear. BLOQUE.

bloqueo *s. m.* **1.** Acción de bloquear o bloquearse. ‖ **2. bloqueo económico** Aislamiento económico y comercial al que un país es sometido por otro u otros como medida de presión política. **SIN. 1.** Incomunicación; sitio, cerco; obstrucción, paralización; atasco.

blue jeans (ingl.) *expr.* Pantalones vaqueros. ■ Se usa como *s. m pl.* **SIN.** Tejanos.

blues (ingl.) *s. m.* Canción o tema instrumental de ritmo lento y tono melancólico, que tiene su origen en la canción popular de los negros de Estados Unidos en el s. XIX. ■ No varía en *pl.*

blúmer (del ingl. *bloomers*) *s. m. Amér.* Braga, prenda interior femenina. ■ Su plural es *blumers*, *blumes* o *blúmeres*.

blusa (del fr. *blouse*) *s. f.* **1.** Prenda femenina semejante a una camisa, con o sin mangas. **2.** Camisa holgada y con mangas, como la de algunos trajes regionales masculinos: *una blusa de cosaco.* **FAM.** Blusón. / Ablusar.

blusón *s. m.* Blusa larga y suelta.

boa (del lat. *boa*) *s. f.* **1.** Nombre común de diversas serpientes de gran tamaño, con la cabeza alargada y prominente y coloración diversa. Son vivíparas, no venenosas y matan a sus presas por estrangulación. **2.** Especie de bufanda larga de uso femenino, normalmente confeccionada con pieles o plumas.

boardilla *s. f.* Buhardilla*.

boato (del lat. *boatus*, grito, alboroto) *s. m.* Todo aquello con lo que se muestra o se hace ostentación de riqueza, poder, etc.: *La corte del rey Luis XV se distinguió por su boato.* **SIN.** Pompa, lujo, fastuosidad. **ANT.** Sobriedad, austeridad, sencillez.

bobada *s. f.* **1.** Dicho o hecho bobo, tonto. **2.** Cosa sin importancia: *Se preocupa por cualquier bobada.* **SIN. 1.** Tontería, necedad, bobería. **2.** Insignificancia, nadería, minucia.

bobalicón, na *adj. fam.* Un poco bobo o demasiado crédulo. También *s. m.* y *f.* **SIN.** Tontorrón. **ANT.** Listillo, lince.

bobear *v. intr.* Hacer o decir bobadas. **SIN.** Tontear.

bobería *s. f.* Dicho o hecho que muestra simpleza, falta de inteligencia o de lógica. **SIN.** Bobada, memez, sandez, tontuna.

bóbilis bóbilis, de *loc. adv. fam.* Sin precio, trabajo o esfuerzo: *Un sobresaliente no se consigue de bóbilis bóbilis.* **SIN.** Gratuitamente.

bobina (del fr. *bobine*) *s. f.* **1.** Hilo enrollado en un canuto o carrete. **2.** Carrete en que se enrolla hilo, alambre, película cinematográfica, etc. **3.** Arrollamiento de espiras de hilo conductor, generalmente de cobre, que se emplea, entre otros usos, para crear campos magnéticos. || **4. bobina de encendido** Pieza del motor del automóvil que transforma la corriente de baja tensión generada por la batería, en corriente de alta tensión para hacer saltar la chispa en la bujía. **FAM.** Bobinado, bobinadora, bobinar. / Rebobinar.

bobinadora *s. f.* Máquina que sirve para bobinar.

bobinar *v. tr.* **1.** Devanar o enrollar hilos, alambres, etc., en una bobina. **2.** Instalar las bobinas y otros conductores de un circuito eléctrico.

bobo, ba (del lat. *balbus*, tartamudo) *adj.* **1.** Se dice de la persona de poca inteligencia y capacidad. También *s. m.* y *f.* **2.** Extremadamente ingenuo y cándido. También *s. m.* y *f.* **3.** De poca importancia, sencillo: *Lo aprenderás pronto, es una cosa muy boba.* || *s. m.* **4.** Personaje de las antiguas comedias españolas que con su simpleza producía gracia. **SIN. 1.** Necio, memo, estúpido. **1.** a **3.** Tonto. **2.** Inocente. **2.** y **3.** Simple. **4.** Gracioso, bufón. **ANT. 1.** Listo, inteligente, agudo. **FAM.** Bobada, bobalicón, bobamente, bobear, bobería. / Abobar, calabobos, embobar, engañabobos.

bobsleigh (ingl.) *s. m.* **1.** Deporte de invierno que consiste en deslizarse en trineo, a gran velocidad, sobre una pista trazada entre paredes de hielo. **2.** Trineo empleado en este deporte.

boca (del lat. *bucca*) *s. f.* **1.** Orificio y cavidad superior del aparato digestivo del hombre y los animales, por donde se introducen los alimentos y donde, en algunos casos, se realizan las primeras fases de la digestión gracias a la saliva. **2.** Entrada o salida de algún lugar, abertura que pone en comunicación el interior con el exterior de algo: *boca de puerto, de calle, de cañón, de metro, de horno, de escenario.* P. ext., orificio, agujero. **3.** Parte cortante de algunas herramientas como las tenazas. **4.** Cada persona o animal al que se mantiene y da de comer: *De su trabajo dependen cuatro bocas.* **5.** Órgano de la palabra: *En toda la reunión no abrió la boca.* **6.** Referido al vino, gusto o sabor: *Ese vino tiene buena boca.* **7.** Pinza en que acaba cada una de las patas delanteras de los crustáceos; p. ext., carne que hay en su interior. || **8. boca a boca** Forma de respiración artificial en la que una persona aplica su boca a la de otra para insuflarle aire con un ritmo determinado y le ayuda a expulsarlo oprimiéndole el pecho. **9. boca de incendios** Dispositivo semejante al de la boca de riego para ser usado en caso de incendio. **10. boca de riego** Dispositivo colocado en una cañería de agua al que se acopla una manga para regar calles, jardines, etc. **11. boca del estómago** Zona central del epigastrio. || **LOC. a boca de jarro** *adv.* A bocajarro*. **a pedir de boca** *adv.* De la manera deseada, muy bien: *Nos trataron a pedir de boca.* **abrir boca** Tomar algo para despertar el apetito. **andar** (o **ir**) algo o alguien **de boca en boca** (o **estar en boca de todos**) *fam.* Ser público u objeto de murmuraciones. **boca abajo** *adv.* En posición invertida o tendido con la cara hacia el suelo: *Se salió el líquido porque la botella estaba boca abajo. Se puso boca abajo para tomar el sol.* ■ Se escribe también *bocabajo.* **boca arriba** *adv.* En posición normal o tendido de espaldas. **con la boca chica** o **pequeña** *adv. fam.* Tímidamente, con dudas o de manera poco sincera: *Eso de que nos ayudaría lo dijo con la boca chica.* **estar** algo (oscuro) **como boca de lobo** Ser muy oscuro un lugar. **haberle hecho** a uno **la boca un fraile** *fam.* Ser muy pedigüeño. **hablar** uno **por boca de otro** (o **de ganso**) *fam.* Decir cosas que piensa otra persona o manifestarse de acuerdo con su opinión. **hacer boca** *fam.* Tomar algo que prepare el estómago para la comida. También, preparse para algo, generalmente bueno. **hacérsele** a uno **la boca agua** *fam.* Pensar con placer en una cosa, especialmente comida. **meterse** uno **en la boca del lobo** *fam.* Arriesgarse y exponerse a un peligro conscientemente. **no decir esta boca es mía** *fam.* No abrir la boca, no decir palabra. **partir la boca** *fam.* Dar una paliza; generalmente se emplea como amenaza. **quitar** algo a alguien **de la boca** *fam.* Adelantarse a decir lo que iba a decir otro. **tapar** a alguien **la boca** *fam.* Evitar con amenazas, dinero y otros medios que alguien diga algo, especialmente si es comprometedor; también, decir algo que deja a otro sin saber qué responder. **SIN. 1.** Fauces, hocico, morro, pico, labios. **FAM.** Bocabajo, bocacaz, bocado, bocamina, bocana, bocanada, bocaza, bocera, boquear, boquera, boquerón, boquete, boquiabierto, boquilla, bucal. / Abocar, desbocar, embocar, pasabocas, tapaboca.

bocabajo *adv. m.* Boca* abajo.

bocacalle *s. f.* **1.** Calle que va a salir a otra principal. **2.** Entrada a una calle.

bocadillo *s. m.* **1.** Panecillo o trozo de pan cortado por la mitad y relleno con algún alimento. **2.** En viñetas de tebeos, cómics, chistes, etc., palabras de un personaje rodeadas de un óvalo que le sale de la boca. **3.** *fam.* Pinzamiento muscular. **4.** *Amér.* Dulce de leche con azúcar y, a veces, frutas, como guayaba, coco, etc. **SIN. 1.** Bocata. **2.** Globo. **FAM.** Bocadillería, bocata. BOCADO.

bocado *s. m.* **1.** Porción de comida que se toma de una vez. **2.** Un poco de comida: *tomar un bocado.* **3.** Mordedura hecha con los dientes: *El perro le dio un bocado.* **4.** Trozo que le falta a algo, arrancado o sacado con la boca u otro medio: *La alfombra tenía algunos bocados en el borde.* **5.** Parte del freno que entra en la boca de la caballería. || **6. bocado de Adán** Nuez* de los hombres. || **LOC. buen bocado** *fam.* Algo muy bueno, excelente, referido a cosas que no son de comer: *Sacó un buen bocado de aquel negocio.* **con el bocado en la boca** *adv.* Inmediatamente después de comer. **no probar bocado** No comer nada. **SIN. 2.** Piscolabis, refrigerio, tentempié. **3.** Mordisco, dentellada, muerdo. **5.** Embocadura. **FAM.** Bocadillo. / Sacabocados. BOCA.

bocajarro, a *loc. adv.* **1.** Referido a un disparo, desde muy cerca. **2.** De improviso, bruscamente, sin preparación: *Le dieron la noticia a bocajarro.* ■ También se dice *a boca de jarro.*

bocamanga *s. f.* Parte de la manga más próxima a la muñeca y, sobre todo, por el interior o el forro. SIN. Puño.

bocamina *s. f.* Entrada de una mina.

bocana *s. f.* **1.** Estrechamiento que da paso a una bahía o fondeadero: *la bocana de un puerto.* **2.** *Amér.* Desembocadura de un río.

bocanada *s. f.* **1.** Cantidad de aire, de humo o de líquido que se toma o se expulsa de una vez por la boca: *Aspiró una bocanada de aire fresco.* **2.** P. ext., cantidad de aire, humo, etc., que entra de una vez en algún sitio o sale de él del mismo modo: *La chimenea despedía bocanadas de vapor.* Se usa también referido a personas o cosas: *Del cine salían bocanadas de gente.* SIN. **1.** Buche, boqueada, calada. **2.** Ráfaga, racha.

bocarte *s. m.* Boquerón*.

bocata (nombre comercial registrado) *s. m. fam.* Bocadillo de pan.

bocaza *s. f.* **1.** *aum.* de **boca.** || **bocazas** *s. m.* y *f.* **2.** *fam.* Persona que acostumbra a decir indiscreciones. También *adj.* ■ En esta acepción no varía en *pl.* SIN. **2.** Boceras.

bocel (del ant. fr. *bossel*) *s. m.* **1.** Moldura de sección circular o semicircular. **2.** En aposición, se aplica al cepillo de carpintero con el que se realizan esas molduras.

bocera (del lat. *buccea*, bocado) *s. f.* **1.** Resto de comida o bebida que queda en la parte exterior de los labios o por fuera de ellos. **2.** Calentura en las comisuras de los labios. || **boceras** *s. m.* y *f.* **3.** Bocazas, hablador o persona que presume de lo que no hace ni puede. ■ En esta acepción no varía en *pl.* SIN. **1.** Bigote. **2.** Boquera, pupa. **3.** Jactancioso.

boceto (del ital. *bozzetto*, de *bozza*, piedra sin pulir) *s. m.* **1.** Esquema de una obra artística, sobre todo en pintura o escultura, hecho en rasgos generales: *El pintor hizo un boceto del retrato.* **2.** P. ext., proyecto de cualquier cosa en el que sólo se exponen los elementos, aspectos o datos principales: *Les presenté a los clientes un boceto de la campaña.* SIN. **1.** Bosquejo, esbozo, croquis, apunte, borrador. FAM. Abocetar, esbozo.

bocha (del ital. *boccia*) *s. f.* **1.** Bola de madera, de mayor tamaño que la usada en el juego de la petanca y utilizada en el juego de las bochas. **2.** *Arg.* Calvicie. || *s. f. pl.* **3.** Juego muy parecido al de la petanca, que consiste en tirar a cierta distancia las bolas y arrimarlas a otra más pequeña.

bochar *v. tr.* **1.** *Ven.* Dar boche, hacer un desaire a alguien. **2.** *Arg.* Lanzar una bocha con la que se golpea otra, para alejarla del lugar en que se encuentra. || *v. intr.* **3.** *Arg. fam.* Suspender un profesor o un tribunal a un estudiante en un examen: *Me bocharon en matemáticas.*

boche *s. m.* **1.** *Amér.* Desplante, desaire. **2.** *Amér.* Pelea, follón. FAM. Bochar. BOCHINCHE.

bochinche *s. m.* Jaleo, particularmente de gente que grita, riñe, se pelea, etc. SIN. Barullo, alboroto. FAM. Boche. / Embochinchar.

bochorno (del lat. *vulturnus*) *s. m.* **1.** Viento muy caliente y molesto que se levanta en verano: *El bochorno presagiaba tormenta.* **2.** Calor sofocante y sensación de agobio producida por el mismo. **3.** Sentimiento de vergüenza y sonrojo o rubor del rostro que suele acompañar a ese sentimiento: *Su grosería nos hizo pasar un buen bochorno.* SIN. **1.** Calina, calima. **2.** Sofocación, sofoco. **3.** Apuro, embarazo. FAM. Bochornoso. / Abochornar.

bocina (del lat. *bucina*, trompeta) *s. f.* **1.** En los vehículos, instrumento de distintos tipos que, accionado mecánicamente, produce un sonido con el que un conductor avisa a otros, a los peatones, etc. **2.** Instrumento de metal y forma cónica, que sirve para amplificar la voz humana u otros sonidos. **3.** Instrumento musical en forma de cuerno, que suena como la trompa. SIN. **1.** Claxon. **2.** Megáfono. FAM. Bocinazo. / Abocinado.

bocinazo *s. m.* **1.** Toque fuerte de bocina. **2.** *fam.* Grito fuerte con que se riñe o amonesta a alguien. ■ Se usa especialmente con los verbos *dar* y *pegar*: *Dio un bocinazo a los niños que alborotaban.*

bocio *s. m.* Agrandamiento de la glándula tiroides, situada debajo de la laringe, que produce un abultamiento en el cuello.

bocoy (del fr. *boucaut*) *s. m.* Tonel grande. ■ Su pl. es *bocoyes.*

boda (del lat. *vota*, de *votum*, voto, promesa) *s. f.* **1.** Acto de casarse; ceremonia y fiesta en que se celebra: *los preparativos de la boda, ir de boda.* Se usa también en *pl.*: *noche de bodas.* || **2. bodas de diamante** Sexagésimo aniversario de la boda y, p. ext., de otros acontecimientos. **3. bodas de oro** Aniversario quincuagésimo de los mismos hechos. **4. bodas de plata** Vigésimo quinto aniversario. SIN. **1.** Matrimonio, casamiento, enlace, desposorio, esponsales, nupcias. FAM. Bodorrio. / Tornaboda.

bodega (del lat. *apotheca*, y éste del gr. *apotheke*, depósito) *s. f.* **1.** Lugar donde se guarda y cría el vino, generalmente un sótano. **2.** Establecimiento donde se venden vinos y licores y, en el que a veces se consumen. **3.** Cosecha o producción de vino en algún lugar: *la bodega de La Rioja.* **4.** Sótano que sirve de almacén, sobre todo en los puertos de mar. **5.** En los barcos, compartimento que va desde la cubierta inferior a la quilla. **6.** *Amér.* Tienda o almacén, en especial de comestibles. SIN. **1.** Cueva, cava. **2.** Vinatería, taberna. FAM. Bodegón, bodeguero.

bodegón *s. m.* **1.** Mesón, taberna. **2.** Composición pictórica en que se representan objetos, fruta, flores, caza, etc. SIN. **1.** Figón, taberna, tasca, cantina.

bodeguero, ra *s. m.* y *f.* **1.** Propietario o encargado de una bodega de producción de vinos. **2.** Persona que está al cargo de una bodega destinada a la venta de vinos. SIN. **1.** Enólogo, vinatero. **2.** Cantinero, tasquero, tabernero.

bodoque (del ár. *bunduq*, avellana, bolita) *s. m.* **1.** Relieve de forma redonda que se hace como adorno en un bordado. **2.** *fam.* Persona torpe, de cortos alcances. SIN. **2.** Tonto, zoquete, besugo, tarugo.

bodorrio *s. m.* **1.** *desp.* Boda en la que existe gran diferencia social entre los novios. **2.** *desp.* Boda en la que se aparenta un lujo excesivo y de mal gusto.

bodrio (del germ. *brod*, caldo) *s. m.* **1.** Comida de mala calidad o mal guisada. **2.** Cosa mal hecha: *Esa comedia es un bodrio.* SIN. **1.** Bazofia, comistrajo. **2.** Chapuza.

body (ingl.) *s. m.* **1.** Maillot de gimnasia. **2.** Prenda femenina o infantil, de una sola pieza, que cubre todo el cuerpo excepto las piernas.

bodyboard (ingl., significa 'tabla de cuerpo') *s. m.* Variedad de surf que se practica tumbado sobre una tabla más pequeña.

bodybuilding (ingl., significa 'construcción corporal') *s. m.* Técnica de desarrollo muscular mediante ejercicios y aparatos.

bóer (neerl., significa 'campesino', 'granjero') *adj.* Se dice de los colonos holandeses que se establecieron en África del S. a mediados del s. XVII. También *s. m.* y *f.* ■ Su pl. es *bóers*.

bofe (onomat.) *s. m.* Pulmón, particularmente el de reses muertas, empleado para el consumo. || LOC. **echar** uno **el bofe** (o **los bofes**) *fam.* Trabajar excesivamente o hacer un esfuerzo físico importante. SIN. Asadura.

bofetada (del dial. *bofet,* voz onomat.) *s. f.* **1.** Golpe que se da en la cara con la mano abierta. **2.** P. ext., cualquier golpe: *Se dieron una bofetada con el coche.* **3.** Desaire, ofensa: *El no invitarle fue para él una bofetada.* || LOC. **darse de bofetadas** una cosa con otra *fam.* No casar bien, desentonar. SIN. **1.** Sopapo, cachete. **1.** y **2.** Bofetón, guantazo, torta, tortazo. **2.** Afrenta, desprecio. FAM. Bofetón. / Abofetear.

bofetón *s. m.* Bofetada*.

bofia *s. f. argot* Cuerpo de policía.

boga[1] (del lat. *boca*) *s. f.* **1.** Pez marino teleósteo, de tonos claros, con tres o cuatro bandas características a los lados. Es comestible. **2.** Pez de río pequeño, con hocico apuntado y color pardo.

boga[2] *s. f.* **1.** Acción de bogar o remar. **2.** Buena aceptación. || LOC. **estar en boga** Estar de moda.

bogada *s. f.* Espacio que avanza una embarcación con cada impulso que recibe de los remos.

bogar (del germ. *wogen*) *v. intr.* **1.** Remar. **2.** P. ext., navegar: *El velero bogaba veloz.* ■ Delante de *e* se escribe *gu* en lugar de *g*: *bogue.* FAM. Boga[2], bogada, bogavante.

bogavante *s. m.* Crustáceo marino de color azul violáceo, con manchas amarillentas en la parte inferior y un primer par de patas convertidas en grandes pinzas; su carne es muy apreciada.

bogey (ingl.) *s. m.* Jugada de golf en la que se mete la pelota en el hoyo con un golpe más sobre el par correspondiente.

bohardilla *s. f.* Buhardilla*.

bohemio, mia (del lat. *bohemius*) *adj.* **1.** De Bohemia. También *s. m.* y *f.* **2.** Se dice de la persona inconformista que lleva una vida libre, poco convencional, particularmente artistas y literatos. También *s. m.* y *f.* **3.** Se aplica a este tipo de vida. También *s. f.* **4.** Gitano. También *s. m.* y *f.*

bohío (voz antillana) *s. m.* Cabaña de ramas, cañas, etc., sin más abertura que la puerta.

bohrio (del físico danés Niels *Bohr*) *s. m.* Metal de transición radiactivo obtenido al bombardear bismuto 204 con cromo 54. Su símbolo es *Bh.*

boicot (de *Boycott*, propietario irlandés de fines del s. XIX, al que por primera vez se le aplicaron estas medidas) *s. m.* Conjunto de medidas de presión que se toman contra una persona, nación, entidad, etc., con el fin de perjudicarla y obligarla a ceder en lo que de ella se pretende. ■ Su pl. es *boicots.* SIN. Boicoteo, obstrucción. ANT. Apoyo. FAM. Boicoteador, boicotear, boicoteo.

boicotear *v. tr.* **1.** Obstaculizar el normal funcionamiento de un proceso, como medida de presión: *boicotear una votación* **2.** Privar a una persona, sociedad, país, etc. de relaciones comerciales y sociales para obligarla a que ceda en lo que se le exige. SIN. **2.** Aislar, bloquear.

boina *s. f.* Gorra de una sola pieza y tejido blando, que tiene forma redonda y carece de visera.

boiserie (fr.) *s. f.* Mueble de madera que reviste una pared.

boîte (fr.) *s. f.* Sala de fiestas.

boj (del lat. *buxum*) *s. m.* Arbusto de tallos derechos y ramosos, cuya madera, amarillenta, densa y sumamente dura, es muy apreciada en tornería y xilografía.

bojar o **bojear** (del cat. *vogir*, dar vueltas) *v. tr.* **1.** Medir el perímetro de una isla, cabo, etc. || *v. intr.* **2.** Tener una isla, cabo, etc., un determinado perímetro. **3.** Rodear navegando esos lugares.

boje (del ingl. *bogie*) *s. m.* Bastidor o plataforma con ruedas, montada sobre ejes paralelos, que permite a los vehículos que van sobre raíles tomar las curvas suavemente.

bojete o **bojote** *s. m. Amér.* Paquete, bulto. FAM. Embojotar.

bol (del ingl. *bowl*, taza) *s. m.* Tazón sin asas. SIN. Cuenco, escudilla.

bola (del prov. *bola*) *s. f.* **1.** Cuerpo esférico de cualquier materia: *bola de cristal, bola de acero.* **2.** *fam.* Embuste, mentira: *meter, contar bolas.* **3.** Betún: *dar bola al calzado.* || *s. f. pl.* **4.** *vulg.* Testículos. || LOC. **correr la bola** *fam.* Difundir un rumor. **dejar que ruede la bola** *fam.* Dejar que las cosas sigan su curso sin intervenir en ellas. **en bolas** *adv. vulg.* Desnudo. **pasar la bola** *fam.* No responsabilizarse de algo, endosándoselo a otro. SIN. **1.** Esfera, pelota, balón, canica. **2.** Engaño, trola, bulo. FAM. Bolada, bolado, bolazo, boleadora, bolero, bolilla, bolo. / Bula, bulo, embolar[1], pasabola, tragabolas.

bolada *s. f.* **1.** *Amér.* Ocasión favorable, ganga, chollo. **2.** *Amér.* Mentira, trola, rumor.

bolado *s. m. Amér.* Negocio, asunto.

bolardo (del ingl. *bollard*) *s. m.* **1.** Poste de hierro con la parte superior curva al que se amarran las embarcaciones en los puertos. **2.** Poste metálico plantado en el suelo para impedir que aparquen los automóviles. SIN. **1.** Noray.

bolchevique (del ruso *bolshevik*, mayoritario) *adj.* **1.** Relativo a una corriente política, *bolchevismo*, dirigida por Lenin a principios de siglo para preparar la insurrección armada e imponer la dictadura del proletariado. **2.** Partidario de esta corriente política. También *s. m.* y *f.* **3.** P. ext., comunista. También *s. m.* y *f.* FAM. Bolchevismo.

boleadora *s. f. Amér.* Arma arrojadiza formada por dos o tres bolas unidas por una cuerda trenzada, que se usa en Hispanoamérica para cazar animales corredores. Se usa sobre todo en *pl.* FAM. Bolear. BOLA.

bolear *v. tr. Amér.* Cazar animales con boleadoras. ■ No confundir con la palabra homófona *volear*, 'golpear algo en el aire'.

bolera *s. f.* Lugar o establecimiento donde se juega a los bolos.

bolero *s. m.* **1.** Música, canción y danza española de origen andaluz con acompañamiento de castañuelas y guitarras. **2.** Canción lenta y melódica originaria de las Antillas. **3.** Chaquetilla de mujer que sólo llega hasta la cintura. SIN. **3.** Torera.

bolero, ra *adj.* **1.** *fam.* Mentiroso. También *s. m.* y *f.* || *s. m.* **2.** *Méx.* Limpiabotas. SIN. **1.** Embustero, trolero.

boleta, dar la (del ital. *bolletta*, billete, y éste del lat. *bulla*, bola) *loc. fam.* Despedir a alguien o romper con él.

boletería *s. f. Amér.* Taquilla o despacho de billetes.

boletero, ra *s. m.* y *f. Amér.* Persona que despacha boletos en una taquilla, un autobús, etc.

boletín (del ital. *bollettino*, de *bolletta*) *s. m.* **1.** Publicación periódica de información de una determinada entidad o materia: *boletín meteorológico.* **2.** Periódico que contiene disposiciones oficiales. **3.** Papeleta que se rellena para suscribirse a algo. SIN. **1.** Revista, gaceta, circular, folleto.

boleto *s. m.* **1.** Papeleta con que se participa en una rifa o sorteo: *El boleto premiado terminaba en 23.* **2.** *Amér.* Billete, entrada. FAM. Boletería, boletero, boletín.

boli *s. m. fam. acort.* de **bolígrafo**.

boliche *s. m.* **1.** Bola pequeña para jugar. **2.** Remate torneado o redondeado de algunos muebles. **3.** *Arg., Par.* y *Urug.* Negocio de poca importancia, sobre todo bares o restaurantes. SIN. **1.** Canica. **2.** Bolo, bolillo, chirimbolo.

bólido (del lat. *bolis, -idis*, y éste del gr. *bolis*, arma arrojadiza) *s. m.* **1.** Vehículo que alcanza gran velocidad, en especial el automóvil de competición. **2.** Meteorito.

bolígrafo (de *bola* y *-grafo*) *s. m.* Instrumento para escribir que tiene en su interior una barra de tinta especial y en la punta una bolita metálica que gira libremente. FAM. Boli.

bolilla *s. f.* **1.** *Arg.* y *Urug.* Bola que se usa en los sorteos. **2.** Tema incluido en el programa de una asignatura escolar.

bolillo *s. m.* Cada uno de los palitos cilíndricos donde se van enrollando los hilos para hacer encajes y trabajos de pasamanería.

bolinga *adj. fam.* Borracho. También *s. m.* y *f.*

bolívar (de Simón *Bolívar*, político y militar venezolano) *s. m.* Unidad monetaria de Venezuela.

bolivianismo *s. m.* Vocablo o giro propios del habla de Bolivia.

boliviano, na *adj.* De Bolivia. También *s. m.* y *f.* FAM. Bolivianismo.

bollera *s. f. vulg.* Lesbiana.

bollería *s. f.* **1.** Establecimiento donde se hacen o venden bollos o cosas similares. **2.** Conjunto de este tipo de alimentos: *Tenían bollería muy variada.* SIN. **1.** Horno, tahona, pastelería.

bollo[1] (del lat. *bulla*, bola) *s. m.* **1.** Masa de harina cocida al horno muy esponjosa y, generalmente, dulce. **2.** Jaleo, embrollo: *Se armó un buen bollo con tu llegada.* || LOC. **no estar el horno para bollos** *fam.* No estar alguien o una situación en buena disposición para algo. **perdonar el bollo por el coscorrón** *fam.* Renunciar a algo útil o agradable por la molestia o esfuerzo que costaría lograrlo. SIN. **2.** Lío, follón, alboroto, movida. FAM. Bollería, bollero. / Zampabollos.

bollo[2] *s. m.* Abultamiento o hueco en una superficie por acción de un golpe o presión: *Le hizo un bollo en el coche.* SIN. Abolladura, abollón. FAM. Abollar.

bolo (de *bola*) *s. m.* **1.** Palo torneado con base plana para que se tenga en pie, que se usa en distintos juegos. **2.** Bola que se pone como adorno o remate. || *s. m. pl.* **3.** Juego que consiste en lanzar una bola hacia un grupo de bolos y derribarlos. || **4. bolo alimenticio** Masa de alimento masticado e insalivado que se traga de una vez. SIN. **2.** Boliche, chirimbolo. FAM. Bolera, bolillo. BOLA.

bolo, la *adj. Amér. C.* y *Méx. fam.* Ebrio, borracho. También *s. m.* y *f.*

boloñés, sa *adj.* De Bolonia. También *s. m.* y *f.*

bolsa[1] (del lat. *bursa*, y éste del gr. *byrsa*, cuero, odre) *s. f.* **1.** Trozo de tela, plástico, papel u otro material similar dispuesto de tal manera que queda cerrado sobre sí mismo, salvo por una parte, que se utiliza para guardar o transportar cosas; también puede estar hecha con varios trozos unidos. **2.** Especie de maleta de material flexible: *bolsa de deportes.* **3.** Arruga o pliegue que se forma en las ropas mal ajustadas, o en la piel, p. ej. debajo de los ojos, en el papel de las paredes, etc. **4.** Cavidad del cuerpo que contiene algún líquido, como p. ej. la bolsa mucosa o sinovial de la rodilla, o en la que se acumula pus, linfa, etc. **5.** Cantidad de dinero o, en ciertas expresiones, lugar imaginario donde se guarda el dinero: *Se ha llevado una bolsa de doce mil euros por ganar el partido. Con el último negocio se está llenando bien la bolsa.* **6.** Concentración de alguna cosa o de un determinado fenómeno: *bolsa de petróleo, bolsa de pobreza.* || **7. bolsa de aseo** Bolsa pequeña para guardar los objetos de aseo personal. **8. bolsa de estudios** Beca*. **9. bolsa de la compra** Conjunto de artículos de primera necesidad. **10. bolsa de trabajo** Registro de ofertas y peticiones de empleo para comunicarlas a los interesados. SIN. **1.** Talego, saco. **4.** Cápsula, vejiga. **5.** Bolsillo. FAM. Bolsear, bolsillo, bolso. / Abolsar, embolsar.

bolsa[2] (del ital. *borsa*, de Van de *Bursen*, antigua familia de banqueros de Brujas) *s. f.* Actividad de vender y comprar valores mobiliarios o títulos, como acciones, obligaciones y rentas, y edificio donde se realiza. FAM. Bolsín, bolsista. / Bursátil.

bolsear *v. tr. Amér. C.* y *Méx.* Robar del bolsillo.

bolsillo *s. m.* **1.** Bolsa hecha en la ropa para llevar alguna cosa. **2.** Bolsita o estuche para llevar monedas u otros objetos pequeños. **3.** Dinero de una persona o lugar imaginario donde se guarda: *He pagado el libro de mi bolsillo. Se está llenando bien los bolsillos.* || LOC. **de bolsillo** *adj.* Se dice de aquello que por su tamaño se puede llevar en un bolsillo. También se aplica a otras cosas pequeñas, aunque no quepan en un bolsillo: *un libro de bolsillo.* **meterse** (o **tener**) a alguien **en el bolsillo** *fam.* Ganárselo, contar con él de forma incondicional, conseguir que haga lo que uno quiere. **rascarse el bolsillo** *fam.* Soltar dinero, gastar, comúnmente de mala gana. SIN. **2.** Monedero, portamonedas.

bolsín *s. m.* Bolsa de comercio de menor entidad que el resto.

bolsista *s. m.* y *f.* Persona que se dedica a la compa y venta de valores de bolsa. SIN. Corredor, cambista.

bolso *s. m.* **1.** Bolsa de piel u otros materiales, con cierre y generalmente con asa, que usan las mujeres para llevar el monedero y otros objetos de uso personal. **2.** Bolsillo de la ropa.

boludo, da *adj. Arg.* y *Urug. vulg.* Tonto o vago. También *s. m.* y *f.*

bomba[1] (onomat., paralela al lat. *bombus*, ruido) *s. f.* **1.** Dispositivo que se emplea para elevar, transportar o comprimir fluidos, como p. ej. la utilizada para llevar el agua a los pisos de un edificio. **2.** *Amér.* Surtidor de gasolina; p. ext., gasolinera. || **3. bomba de cobalto** Instalación radiactiva con una fuente de un isótopo de cobalto, empleada para tratar enfermedades tumorales por medio de radiaciones. FAM. Bombacha, bombacho, bombear, bombeo, bombero, bombilla[1], bombillo, bombín, bombo. / Abombar.

bomba[2] (de *bombarda*) *s. f.* **1.** Artefacto explosivo diseñado para detonar en ciertas condiciones: por impacto, por un mecanismo de relojería o un simple interruptor que pone en marcha un detonador adecuado. **2.** Noticia inesperada que causa gran sensación: *La dimisión del primer ministro fue una bomba.* Se utiliza también como término de comparación para calificar ese tipo de noticias: *El divorcio de Luis y Sara ha caído como una bomba entre sus amigos.* || **3. bomba volcánica** En geol., fragmento arrojado por un volcán, que suele presentar forma redondeada o fusiforme a causa de la rotación a la que es sometido. || LOC. **pasarlo bomba** *fam.* Divertirse mucho. SIN. **2.** Bombazo. FAM. Bombarda, bombardear, bombardeo, bombardero, bombardino, bombazo, bombona.

bombacha *s. f.* **1.** *Amér.* Pantalón amplio que usa la gente de campo. || *s. f. pl.* **2.** *Amér.* Bragas, prenda interior femenina.

bombacho (de *bomba*[2]) *adj.* Se dice del pantalón ancho que lleva los bordes inferiores recogidos y ajustados a las piernas. También *s. m.* Se usa frecuentemente como *s. m. pl.* con el significado de sing.: *Ana llevaba unos bombachos ayer por la tarde.*

bombarda (de *lombarda*, por haberse inventado en Italia) *s. f.* **1.** Máquina antigua de guerra con cañón de gran calibre. **2.** Nombre genérico de las antiguas piezas de artillería.

bombardear *v. tr.* **1.** Atacar un objetivo lanzando bombas o proyectiles con la aviación, la artillería o cualquier otra arma que pueda hacerlo de modo similar. **2.** En fís., proyectar contra el átomo o el núcleo atómico ciertas partículas para modificar la estructura atómica o nuclear de un elemento. **3.** Acosar a alguien con preguntas o peticiones insistentes.

bombardeo *s. m.* Acción de bombardear: *El bombardeo causó grandes destrozos.* || LOC. **apuntarse a un bombardeo** *fam.* Intervenir o participar alguien en cualquier asunto, proyecto, empresa, etc., por difícil, arriesgado, extraño o insignificante que sea.

bombardero, ra *adj.* **1.** Diseñado y equipado especialmente para bombardear. || *s. m.* **2.** Avión con estas características. **3.** Tripulante de un avión encargado de lanzar las bombas. FAM. Cazabombardero. BOMBA[2].

bombardino (de *bombarda*) *s. m.* Instrumento musical de viento, de metal, utilizado en las bandas, de sección cónica, embocadura en cubeta y tubo provisto de pistones replegado sobre sí mismo.

bombazo *s. m.* **1.** Explosión o impacto de una bomba al caer. **2.** Noticia espectacular.

bombear *v. tr.* **1.** Impulsar un fluido con una bomba o algo similar: *El corazón bombea la sangre hacia las distintas partes del cuerpo.* **2.** Lanzar hacia arriba una pelota o balón de forma que siga una trayectoria parabólica: *El defensa bombeó el balón sobre el delantero.*

bombero, ra *s. m.* **1.** Persona cuyo oficio es apagar incendios y prestar auxilio en otros siniestros, como inundaciones, hundimientos, etc. **2.** Persona que maneja bombas hidráulicas.

bombilla[1] (de *bomba*[2]) *s. f.* Lámpara de incandescencia que se utiliza para iluminar y, a veces, también para calentar.

bombilla[2] (de *bomba*[1]) *s. f. Arg., Par.* y *Urug.* Tubo de metal, que se usa para tomar mate, de unos 20 cm de largo, terminado en una semiesfera agujereada, la cual permite sorber el líquido sin que pase la hierba.

bombillo *s. m. Amér.* Bombilla eléctrica.

bombín *s. m.* **1.** Sombrero hongo. **2.** Bomba pequeña, como p. ej. la que se usa para hinchar los neumáticos de las bicicletas.

bombo (del lat. *bombus*, ruido) *s. m.* **1.** Tambor muy grande que se toca con una maza. Forma parte de orquestas y bandas militares. **2.** Músico que toca este instrumento. **3.** Dispositivo, generalmente como una especie de jaula esférica, en cuyo interior se introducen y hacen girar bolas numeradas, papeletas u otros objetos que han de sacarse al azar en un sorteo, concurso, etc. **4.** Elogio o aparato exagerado con que se alaba a alguien o se anuncia algo. ■ Se usa generalmente con el verbo *dar*: *Se da mucho bombo.* **5.** *fam.* Vientre de las embarazadas cuando es voluminoso. || LOC. **a bombo y platillo** *adv.* Con mucha publicidad, aparatosamente: *Se anunció el estreno a bombo y platillo.* **hacer un bombo** *vulg.* Dejar embarazada a una mujer. SIN. **4.** Lisonja, adulación; publicidad. FAM. Autobombo, rimbombante. BOMBA[1].

bombón (del fr. *bon-bon*, repetición de *bon*, bueno) *s. m.* **1.** Pequeña pieza moldeada de chocolate selecto, con frecuencia rellena de licor, crema, etc. **2.** *fam.* Persona muy guapa y atractiva. FAM. Bombonera, bombonería.

bombona (del cat. *bombona*) *s. f.* **1.** Recipiente cilíndrico de boca estrecha para guardar fluidos, particularmente el metálico que contiene gases a presión o líquidos muy volátiles: *una bombona de oxígeno, de butano.* **2.** Recipiente cilíndrico de metal y poca altura en que se guardan algodones o gasas, generalmente esterilizados.

bombonera *s. f.* Caja u otro recipiente donde se guardan bombones.

bombonería *s. f.* Confitería.

bon vivant (fr.) *expr.* Persona que sabe disfrutar de los placeres de la vida. ■ Se usa como *s. m.* y *f.* SIN. Vividor.

bonachón, na *adj. fam.* De carácter dócil, amable y bondadoso. También *s. m.* y *f.* SIN. Buenazo.

bonaerense *adj.* De la provincia de Buenos Aires. También *s. m.* y *f.*

bonancible *adj.* Aplicado al mar, al viento, al tiempo, a personas, etc., suave, tranquilo, sereno: *La tarde bonancible invitaba a pasear. Tiene un carácter bonancible.* SIN. Apacible, benigno. ANT. Desapacible, desabrido.

bonanza (del lat. vulg. *bonacia*, alteración por influjo de *bonus* del lat. *malacia*, calma del mar) *s. f.* **1.** Tiempo tranquilo en el mar: *La bonanza hizo muy agradable la travesía.* **2.** Bienestar, progreso, prosperidad: *Fueron años de bonanza para los labradores de la región.* SIN. **1.** Calma, tranquilidad, serenidad. **2.** Fortuna, florecimiento, auge. ANT. **1.** Tempestad. **2.** Decadencia. FAM. Bonancible.

bondad (del lat. *bonitas, -atis*) *s. f.* **1.** Cualidad de bueno: *Ayuda a sus compañeros llevado de su bondad. Baleares se distingue por la bondad de su clima.* **2.** Amabilidad, atención: *Tenga la bondad de decírselo.* SIN. **1.** Virtud, honradez; benignidad. **2.** Cortesía. ANT. **1.** Maldad, perversidad. FAM. Bondadosamente, bondadoso. BUENO.

bondadoso, sa *adj.* Que tiene bondad. SIN. Bueno, amable. ANT. Malvado.

bonete (del fr. *bonnet*) *s. m.* **1.** Gorro generalmente de cuatro picos, usado por eclesiásticos y seminaristas. **2.** Gorro de contorno redondo y poca altura, como el que usaban antiguamente los hombres para estar en casa. SIN. **1.** Birrete, birreta.

bongo *s. m. Amér.* Especie de canoa usada por los indios de América Central. SIN. Esquife.

bongó (voz africana) *s. m.* Instrumento musical de percusión formado por un cilindro hueco o algo similar, cuyo extremo superior está cubierto por una piel muy tensa.

boniato (voz caribe) *s. m.* Variedad de batata, de tubérculo más grande y de menor calidad.

bonificación *s. f.* Acción y efecto de bonificar. **SIN.** Gratificación, incentivo, primas, plus, sobresueldo; rebaja, descuento. **ANT.** Recargo.

bonificar (del lat. *bonus*, bueno, y *facere*, hacer) *v. tr.* **1.** Conceder un aumento a alguien en lo que tiene que cobrar o una rebaja en lo que tiene que pagar. **2.** Descontar tiempo o aumentar puntos en ciertas pruebas deportivas. ■ Delante de *e* se escribe *qu* en lugar de *c*: *bonifique.* **SIN. 1.** Gratificar, descontar, deducir. **FAM.** Bonificación. BUENO.

bonísimo, ma *adj. sup.* de **bueno**. Muy bueno. ■ Se dice también *buenísimo.*

bonitamente *adv. m.* Con facilidad, tiento o maña: *Consiguió bonitamente un millón de pesetas.*

bonitero, ra *adj.* **1.** Del bonito. **2.** Se dice del barco que se dedica a la pesca del bonito. También *s. f.*

bonito (del bajo lat. *boniton*) *s. m.* Pez teleósteo semejante al atún, pero más pequeño, que vive en el océano Atlántico y en el mar Mediterráneo y cuya carne es muy apreciada. **FAM.** Bonitero.

bonito, ta *adj.* **1.** Lindo, agraciado, de cierta belleza: *una cara bonita, un vestido bonito.* **2.** Bueno: *Tiene un bonito sueldo.* **SIN. 1.** Mono, gracioso, vistoso. **ANT. 1.** Feo, horrible, horroroso. **FAM.** Bonitamente.

bono (del fr. *bon*, bueno) *s. m.* **1.** Vale o tarjeta que se puede canjear por algún artículo o por dinero. **2.** Tarjeta de abono que da derecho a utilizar un servicio durante un tiempo o un número de veces determinado: *bono de transporte.* **3.** Documento o título de deuda emitido por el Estado o por una empresa: *He invertido el dinero en bonos del Tesoro.* **FAM.** Bonobús.

bonobús (de *bono* y *bus*) *s. m.* Billete que da derecho a un número de viajes en autobús.

bonsai (japonés) *s. m.* **1.** Técnica japonesa de cultivo que consiste en detener el crecimiento natural de un árbol con el fin de obtener miniaturas que conserven las características del mismo árbol desarrollado. **2.** Este mismo árbol.

bonzo, za (del japonés *bonsa*) *s. m.* y *f.* Sacerdote budista, en Asia oriental.

boñiga *s. f.* Excremento de ganado vacuno y el semejante de otros animales. ■ Se dice también *moñiga.* **SIN.** Estiércol. **FAM.** Boñigo.

boñigo *s. m.* Cada una de las porciones de excremento del ganado vacuno. ■ Se dice también *moñigo.* **SIN.** Cagajón, boñiga.

boom (ingl.) *s. m.* Prosperidad, auge, éxito repentino y transitorio: *el boom de la música pop.*

boomerang (ingl.) *s. m.* Bumerán*.

boqueada *s. f.* Acción de abrir la boca los moribundos. ■ Se usa más en *pl.* || **LOC. dar** (o **estar dando**) **las últimas boqueadas** *fam.* Estar muriéndose una persona o a punto de acabarse una cosa: *El verano está dando las últimas boqueadas.*

boquear (de *boca*) *v. intr.* **1.** Abrir la boca repetidamente: *El pez boqueaba en el acuario.* **2.** Estar agonizando: *El enfermo boqueaba.* **3.** Concluir, terminarse una cosa. **FAM.** Boqueada. BOCA.

boquera (de *boca*) *s. f.* **1.** Pequeña herida que se forma en las comisuras de los labios. **2.** Boca que se abre en una acequia o cauce de agua para regar las tierras. **SIN. 1.** Bocera.

boquerel *s. m.* Boquilla metálica de las mangueras de los surtidores de gasolina que tiene un dispositivo en forma de gatillo para permitir la salida del combustible.

boquerón *s. m.* Pez teleósteo, parecido a la sardina, pero más pequeño, de cuerpo alargado y color verde azulado en el dorso y plateado en el vientre. Es muy apreciado como alimento.

boquete (de *boca*) *s. m.* **1.** Entrada estrecha de un lugar: *Pasamos por el boquete que había entre dos rocas.* **2.** Abertura o rotura de forma irregular que se hace en una pared, en un muro, etc.: *El torpedo abrió un boquete en el casco del barco.* **SIN. 2.** Brecha, agujero. **FAM.** Véase **boca**.

boquiabierto, ta *adj.* **1.** Que tiene la boca abierta. **2.** Asombrado, sorprendido, admirado. ■ Se usa generalmente con los verbos *quedar* o *dejar*: *Se quedó boquiabierto al ver el mar por primera vez.* **SIN. 2.** Deslumbrado, atónito, embobado, pasmado.

boquilla (dim. de *boca*) *s. f.* **1.** Pieza pequeña y hueca de los instrumentos musicales de viento por donde se sopla. **2.** Tubito en el que se introduce parte del cigarro para fumarlo. **3.** Parte de la pipa que se introduce en la boca. **4.** Filtro cilíndrico que tienen algunos cigarrillos, por donde se aspira el humo. **5.** Cualquier pieza que se coloca en la boca o abertura de ciertos objetos: *boquilla de un bolso, de un grifo.* **6.** Abertura que se hace en las acequias a fin de extraer agua para el riego. || **LOC. de boquilla** *adv.* Sin intención de hacer lo que se dice o promete. **SIN. 1.** Embocadura. **FAM.** Aboquillar, emboquillar. BOCA.

bórax (del ár. *bawraq*) *s. m.* Sal blanca compuesta de ácido bórico, sosa y agua, que se emplea en medicina y en la industria. ■ No varía en *pl.* **FAM.** Boro.

borbolla *s. f.* **1.** Burbuja*. **2.** Borbollón*.

borbollar *v. intr.* Borbotar*. **FAM.** Borbolla, borbollón.

borbollón *s. m.* Borbotón*. || **LOC. a borbollones** *adv.* A borbotones.

borbónico, ca *adj.* De los Borbones: *la dinastía borbónica.*

borborigmo (del gr. *borborygmos*, de *borboryzo*, hacer ruido las tripas) *s. m.* Ruido producido por el movimiento de los gases en el intestino.

borbotar o **borbotear** *v. intr.* Hervir o salir el agua a borbotones. **FAM.** Borboteo, borbotón.

borbotón *s. m.* **1.** Erupción o agitación del agua de abajo arriba, p. ej. al hervir o al salir por un orificio. **2.** Brote violento de sangre por una herida. || **LOC. a borbotones** *adv.* Con discontinuidad y violencia: *El agua salía a borbotones al romperse la cañería.* También, atropelladamente: *La emoción le hacía hablar a borbotones.* **SIN. 1.** Burbuja, borbollón.

borceguí *s. m.* Botín que llega por encima del tobillo y se ajusta con cordones. ■ Su pl. es *borceguíes*, aunque también se utiliza *borceguís.*

borda *s. f.* **1.** Borde superior del costado de un buque. **2.** Vela mayor de las galeras. || **LOC. echar** (o **tirar**) **por la borda** Arrojar algo al mar desde una embarcación. También, echar a perder algo: *En el último curso tiró la carrera por la borda.* **FAM.** Bordada, bordo. / Fueraborda. BORDE[1].

bordada *s. f.* Distancia que un velero recorre sin variar la orientación de las velas.

bordado, da 1. *p.* de **bordar**. También *adj.* || *adj.* **2.** Perfecto, sin ningún fallo. ■ Se construye con los verbos *quedar* o *salir*: *El ejercicio le salió bordado.* || *s. m.* **3.** Acción de bordar. **4.** Labor de adorno en relieve, hecha con aguja e hilo, sobre tela u otros materiales. SIN. 4. Bordadura.

bordar (del germ. *bruzdan*) *v. tr.* **1.** Hacer bordados. También *v. intr.* **2.** Hacer algo con arte y perfección: *Carlos borda su papel en la representación.* FAM. Bordado, bordador, bordadura.

borde[1] (del germ. *bord*, lado de la nave) *s. m.* **1.** Extremo u orilla de una superficie o de una cosa: *al borde del mar; al borde de un asiento.* **2.** En un recipiente, contorno o línea que forma la abertura: *No llenes la taza hasta el borde.* || LOC. **al borde de** *adv.* Muy cerca de lo que se expresa: *al borde de la muerte.* SIN. **1.** Límite, margen, filo, linde. FAM. Borda, bordear, bordillo. / Abordar, desbordar, reborde, transbordo, zabordar.

borde[2] (del cat. *bord*, y éste de lat. *burdus*, mulo) *adj.* **1.** Se dice de la persona de trato difícil y mala idea. También *s. m.* y *f.* **2.** Se aplica a las plantas no injertadas ni cultivadas. SIN. **1.** Esquinado.

bordear *v. tr.* **1.** Ir por el borde o cerca del borde de algo: *Bordeamos el lago.* **2.** Estar una serie o fila de cosas en el borde u orilla de otra: *Los árboles bordean la carretera.* **3.** Estar próximo a la edad que se expresa: *Mi padre bordea los ochenta años.* **4.** Aproximarse mucho a algo: *Su extravagancia bordea la locura.* SIN. **1.** Rodear, circunvalar. **3.** Frisar, rondar.

bordelés, sa *adj.* De Burdeos. También *s. m.* y *f.*

bordillo *s. m.* Franja de piedras alargadas y estrechas que forma el borde de una acera, de un andén, etc. SIN. Encintado.

bordo *s. m.* **1.** Lado o costado exterior de un barco. **2.** En náutica, bordada. || LOC. **a bordo** *adv.* En la nave o, p. ext., en otros vehículos: *a bordo de un buque, a bordo de un avión.* **de alto bordo** *adj.* Se dice de los buques mayores. También, que tiene gran importancia.

bordón *s. m.* **1.** Bastón más alto que la estatura normal de un hombre, como p. ej. el que solían usar los peregrinos. **2.** Cuerda más gruesa de un instrumento musical que emite los sonidos más graves. **3.** Verso quebrado que se repite al final de cada copla. **4.** Conjunto de tres versos que se añade a una seguidilla. **5.** Palabra o frase que alguien repite con frecuencia, inadvertidamente y sin necesidad. SIN. **5.** Muletilla, estribillo. FAM. Bordonear, bordoneo.

bordonear *v. intr.* **1.** Producir un sonido semejante al del bordón, p. ej. los moscardones. **2.** Pulsar el bordón de los instrumentos de cuerda. **3.** Ir tocando el suelo con el bordón o bastón. **4.** Dar golpes con el bordón. **5.** Mendigar, como antiguamente hacían los peregrinos. SIN. **1.** Zumbar.

boreal (del lat. *borealis*) *adj.* **1.** Perteneciente al bóreas. **2.** Del norte. || **3. aurora boreal** Véase **aurora**. SIN. **2.** Septentrional, nórdico. ANT. **2.** Austral, meridional.

bóreas (del lat. *boreas*, y éste del gr. *boreas*) *s. m.* Viento que sopla del Norte. ■ No varía en *pl.* FAM. Boreal. / Hiperbóreo.

borgiano, na *adj.* Relativo al escritor argentino Jorge Luis Borges o a su obra.

borgoña *s. m.* Vino de Borgoña.

borgoñés, sa o **borgoñón, na** *adj.* De Borgoña. También *s. m.* y *f.* FAM. Borgoña.

bórico, ca *adj.* Se dice de los compuestos del boro y en especial del ácido del boro, muy usado como antiséptico y como conservante.

borla *s. f.* **1.** Adorno que consiste en un conjunto de hilos o cordoncillos sujetos por uno de sus extremos. **2.** Utensilio con esa forma con el que las mujeres se dan polvos u otros cosméticos. **3.** Insignia que llevan en el birrete algunos doctores y licenciados universitarios. FAM. Borlón. / Aborlonado.

borne (del fr. *borne*, extremo, límite) *s. m.* Pieza metálica, en forma de botón o varilla, que sirve para conectar una máquina o aparato eléctrico al hilo conductor de la corriente.

boro *s. m.* Elemento químico no metálico de color oscuro y muy duro en forma cristalina, que en ocasiones se emplea como sustituto del diamante y del que se forman compuestos como el bórax o el ácido bórico. Su símbolo es *B.* FAM. Bórico. BÓRAX.

borona *s. f.* **1.** Mijo o maíz. **2.** Pan de maíz. **3.** *Amér.* Migaja de pan.

borra (del lat. *burra*) *s. f.* **1.** Parte más basta o corta de la lana. **2.** Desperdicio de las manufacturas de la lana y del algodón que se usa para rellenar almohadas, colchones, etc. **3.** Pelusa con polvo que se forma en los bolsillos, debajo de los muebles, en las alfombras, etc. FAM. Borrar.

borrachera *s. f.* **1.** Estado en que se encuentra la persona que se ha emborrachado. **2.** *fam.* Exaltación o entusiasmo muy grandes: *Los jugadores se encontraban bajo los efectos de la borrachera del triunfo.* SIN. **1.** Embriaguez, curda, cogorza.

borracho, cha *adj.* **1.** Se dice del que pierde el control por haber bebido alcohol en exceso. También *s. m.* y *f.* **2.** Que consume habitualmente bebidas alcohólicas. También *s. m.* y *f.* **3.** Se dice del bizcocho, pastel, etc., empapado en vino o licor. También *s. m.* **4.** Se dice de la persona trastornada o excitada momentáneamente por una pasión muy intensa: *borracho de ira, borracho de poder.* SIN. **1.** Ebrio, beodo, bebido, embriagado, achispado. **2.** Alcohólico, alcoholizado, dipsómano. ANT. **1.** Sobrio. **2.** Abstemio. FAM. Borrachera, borrachín. / Emborrachar.

borrador (de *borrar*) *s. m.* **1.** Escrito provisional que se tiene que revisar y corregir hasta darle la forma definitiva. **2.** Boceto de un dibujo. **3.** Libro provisional donde los comerciantes llevan sus apuntes y cuentas. **4.** Paño o utensilio que sirve para borrar en una pizarra. **5.** Goma de borrar. SIN. **1.** Bosquejo, esbozo.

borraja (del cat. *borratja*, y éste del lat. *borrago, -inis*) *s. f.* **1.** Planta de huerta, cubierta de pelos ásperos y punzantes, de hojas grandes y flores azules que se emplea para hacer ensaladas y, en infusión, como sudorífica y diurética. || **2. agua de borrajas** Véase **agua**.

borrajear *v. tr.* **1.** Trazar rasgos o hacer dibujos por simple diversión o para probar la pluma o el bolígrafo. **2.** Escribir algo sin asunto ni propósito definido. SIN. **1.** Garrabatear, emborronar.

borrar (de *borra*, lana) *v. tr.* **1.** Hacer desaparecer algo por cualquier medio, particularmente lo escrito, dibujado o pintado, frotándolo con una goma o raspándolo: *Borra la fecha de la carta y pon otra.* También *v. prnl.*: *Hay sucesos que no se borran de la memoria.* **2.** Hacer rayas sobre lo escrito para que no pueda leerse o para dar a entender que no sirve. **3.** Dar de baja: *Me han borrado del equipo.* También *v. prnl.* SIN. **1.** Eliminar(se), suprimir(se). **2.** Tachar, rayar. **3.** Quitar(se). FAM. Borrador, borradura, borrajear, borrón, borrosidad, borroso. / Imborrable. BORRA.

borrasca (del lat. *borras*, por *boreas*, viento del N) *s. f.* **1.** Región atmosférica de bajas presiones, también conocida como depresión o centro ciclónico. **2.** Tempestad, tormenta, temporal en el mar: *Los nubarrones anunciaban la borrasca.* **3.** Discusión acalorada, enfado, excitación de los ánimos: *Anoche hubo borrasca en casa.* **SIN. 3.** Gresca, follón. **ANT. 1.** Anticiclón. **FAM.** Borrascoso. / Aborrascarse, emborrascarse.

borrego, ga (de *borra*, lana) *s. m.* y *f.* **1.** Cordero de uno o dos años. **2.** *fam.* Persona excesivamente simple o que no tiene criterios propios y se deja llevar y dominar por otros. También *adj.* || *s. m. pl.* **3.** Nubes pequeñas, blancas y de forma redondeada. **4.** Olas pequeñas y espumosas que aparecen en el mar cuando está algo rizado. **SIN. 2.** Infeliz, apocado. **FAM.** Borreguil. / Aborregarse, emborregado.

borrico, ca (del lat. *burricus*, caballejo) *s. m.* y *f.* **1.** Asno*. **2.** *fam.* Persona de poca inteligencia. También *adj.* **3.** *fam.* Persona terca, obstinada. También *adj.*: *Se puso muy borrico.* **4.** *fam.* Persona que aguanta mucho en el trabajo. También *adj.* || *s. m.* **5.** Borriqueta*. **SIN. 1.** Burro, jumento, rucio, pollino. **2.** Torpe, necio. **3.** Cabezota, melón. **4.** Mulo. **FAM.** Borricada, borriqueño, borriquero, borriqueta, borriquete. / Burro.

borriquero, ra *adj.* **1.** Propio del borrico. || **2. cardo borriquero** Véase **cardo**. **SIN. 1.** Borriqueño.

borriqueta o **borriquete** *s. f.* o *m.* Armazón compuesto de varios maderos unidos o cruzados en un punto, que se usa como soporte por los carpinteros. **SIN.** Borrico.

borrón *s. m.* **1.** Mancha de tinta que cae en el papel o tachadura que se hace en el mismo. **2.** Imperfección que desluce o afea: *Ese suspenso es un borrón en tus notas.* **3.** Acción deshonrosa. **4.** Esbozo de un cuadro para ver el efecto de los claroscuros. || **LOC. borrón y cuenta nueva** *fam.* Expresa la decisión de olvidar errores o deudas pasadas para empezar como si no hubieran existido. ■ Se suele construir con el verbo *hacer.* **SIN. 1.** Tachón. **2.** Tacha, mácula. **3.** Baldón. **FAM.** Emborronar. BORRAR.

borroso, sa *adj.* Que no se distingue con claridad, particularmente aplicado a un escrito, dibujo, etc.: *La carta estaba borrosa y no se podía leer. Lo veo todo borroso.* **SIN.** Desdibujado, ilegible; impreciso, vago. **ANT.** Nítido, diáfano.

borujo *s. m.* Burujo*.

boscaje *s. m.* Conjunto de árboles, arbustos y matas espesas. **SIN.** Espesura.

bosnio, nia *adj.* De Bosnia-Herzegovina. También *s. m.* y *f.* **FAM.** Serbobosnio.

bosque (del cat. *bosc*) *s. m.* Conjunto numeroso de árboles o arbustos bastante juntos en una zona. **SIN.** Espesura, boscaje, selva. **FAM.** Boscaje. / Emboscada, guardabosque, sotobosque.

bosquejar *v. tr.* **1.** Hacer el bosquejo de algo. **2.** Elaborar o exponer algo en líneas generales. **SIN. 1.** Esbozar, abocetar. **2.** Proyectar, pergeñar.

bosquejo *s. m.* **1.** Diseño provisional de una pintura u otra obra de creación en que se trazan o apuntan sin precisión los principales rasgos o elementos. **2.** Idea o plan no elaborado aún del todo o que se expone sin detalle. **SIN. 1.** Boceto, esbozo. **2.** Esquema, proyecto, borrador. **FAM.** Bosquejar.

bosquimano, na o **bosquimán, na** (del neerl. *boschjesman*, hombre del bosque) *adj.* De un pueblo negroide distribuido por el SE de África, que se caracteriza por la pequeña estatura de sus individuos. También *s. m.* y *f.*

bossa nova (port.) *expr.* Designa una variedad de samba brasileña con influencias del jazz. ■ Se usa como *s. m.*

bostezar (del lat. *oscitare*, de *os*, boca, y *citare*, mover) *v. intr.* Abrir la boca involuntariamente, por lo general como consecuencia de sueño, aburrimiento o debilidad, haciendo una aspiración lenta y profunda seguida de espiración. ■ Se suele usar con la prep. *de*: *bostezar de hambre.* Delante de *e* se escribe *c* en lugar de *z*: *bostecé.* **FAM.** Bostezo.

bostezo *s. m.* Acción de bostezar.

bostoniano, na *adj.* De Boston, ciudad estadounidense. También *s. m.* y *f.*

bota[1] (del lat. tardío *buttis*, odre) *s. f.* **1.** Recipiente de cuero, para contener vino, con forma de pera y una abertura por la parte más estrecha, donde se acopla un tapón con un agujerito por el que se hace salir el líquido para beber. **2.** Cuba de vino. **SIN. 1.** Odre, pellejo. **FAM.** Botella, botijo.

bota[2] (del fr. *botte*) *s. f.* **1.** Calzado que cubre el pie y parte de la pierna. Por tradición también se llama bota al calzado que se utiliza para jugar al fútbol, aunque no cubra el tobillo. || **2. bota campera** La de media caña o caña alta y piel de becerro, utilizada para labores de campo. **3. bota de caña alta** La que cubre la pierna hasta la rodilla. **4. bota de media caña** La que cubre la pierna hasta poco más arriba del tobillo. || **LOC. colgar las botas** *fam.* Abandonar la práctica del fútbol; p. ext., retirarse de cualquier actividad. **morir con las botas puestas** Perecer con honor en el campo de batalla; p. ext., terminar derrotado o sin provecho en una actividad, después de haber puesto todos los medios para evitarlo. **ponerse** uno **las botas** *fam.* Obtener gran provecho o beneficio; particularmente, comer mucho. **SIN. 1.** Boto. **FAM.** Botín[1], boto. / Limpiabotas, lustrabotas, tuercebotas.

botador *s. m.* Instrumento, semejante a un cincel, para ayudar a sacar clavos u otros objetos incrustados en algún lugar, o para incrustarlos más.

botadura *s. f.* Acción de botar un barco.

botafumeiro (por alusión al *Botafumeiro*, gran incensario de la catedral de Santiago de Compostela) *s. m.* **1.** Incensario que se usa en determinadas ceremonias religiosas. **2.** *fam.* Lisonja, adulación.

botalón (de *botar*) *s. m.* **1.** Palo largo que se puede sacar hacia fuera en una embarcación para varios usos. **2.** Palo horizontal apoyado en el mástil. **3.** Mastelero*. **SIN. 1.** Botavara.

botánica (del lat. *botanica*, y éste del gr. *botanike*) *s. f.* Ciencia que estudia los vegetales. **FAM.** Botánico. / Geobotánica.

botánico, ca *adj.* **1.** Relacionado con la botánica: *el estudio botánico de una zona.* || *s. m.* y *f.* **2.** Especialista en botánica. || *s. m.* **3.** Jardín* botánico.

botar (del germ. *botan*, golpear) *v. intr.* **1.** Saltar o salir despedido un objeto elástico, p. ej. una pelota, al chocar contra el suelo u otra superficie dura. P. ext., se usa también referido a otros objetos: *El carro botaba por aquel camino de piedras.* También *v. tr.*: *El portero botó el balón antes de sacar.* **2.** Dar saltos una persona o animal. || *v. tr.* **3.** Echar, arrojar: *Le han botado del equipo.* **4.** Echar un barco al agua después de construirlo o repararlo. ■ No confundir con la palabra homófona *votar*, 'emitir un voto'. **SIN. 2.** Brincar. **3.** Expulsar, despedir. **FAM.** Botador, botadura, botafumeiro, botalón, botavara, bote[1], botepronto. / Rebotar.

botarate *s. m.* y *f.* *fam.* Persona alborotada, poco juiciosa y sin formalidad. **SIN.** Alocado, atolondrado, informal, irreflexivo. **ANT.** Responsable.

botavara *s. f.* Palo horizontal que, apoyado en un mástil, sujeta la vela cuadrilátera de popa llamada cangreja. SIN. Botalón, verga.

bote[1] *s. m.* Salto que se da al botar. || LOC. **dar el bote** *s. m. fam.* Despedir, expulsar a alguien. **darse** uno **el bote** *fam.* Marcharse o escapar. SIN. Brinco.

bote[2] (de *pote*) *s. m.* **1.** Vasija o recipiente pequeño, generalmente cilíndrico, con tapa o cerrado de algún modo, que sirve para guardar o envasar cosas: *el bote del café, un bote de aceitunas.* **2.** Recipiente donde se echan las propinas en los bares u otros establecimientos; p. ext., las mismas propinas. **3.** Cantidad de dinero resultante de premios no acertados en algunos juegos de azar que se suma a los premios de un sorteo posterior. || **4. bote sifónico** Parte de una tubería de desagüe en forma de U que queda siempre llena de agua para impedir el paso de olores desagradables. || LOC. **chupar del bote** *fam.* Beneficiarse, con pocos escrúpulos, de una situación. **meter** (o **tener**) a alguien **en el bote** *fam.* Ganarse o tener ganada la voluntad de alguien. SIN. **1.** Tarro. FAM. Pote.

bote[3] (del ant. ingl. *bot*) *s. m.* **1.** Barco pequeño sin cubierta, movido con remos y atravesado por tablones que sirven de asiento a los que reman. || **2. bote salvavidas** Embarcación como la anterior o lancha que llevan los barcos para utilizarla en caso de naufragio u otra emergencia. SIN. **1.** Barca.

bote, de bote en (del fr. *de bout en bout*, de extremo a extremo) *loc. adj. fam.* Se dice del lugar completamente lleno de gente. SIN. Atestado, abarrotado.

botella (del fr. *bouteille*, y éste del lat. *butticula*) *s. f.* **1.** Vasija generalmente cilíndrica, de cuello estrecho, que sirve para contener líquidos y suele ser de cristal, vidrio o plástico. **2.** Cantidad de líquido que cabe en ella: *Se bebió una botella de vino.* **3.** Recipiente metálico cilíndrico para contener gases a presión: *botella de oxígeno.* || **4. cuello de botella** Zona más estrecha de un lugar por la que se pasa con dificultad: *Con las obras se ha formado un cuello de botella que dificulta el tráfico.* FAM. Botellazo, botellero, botellín, botillería. / Abrebotellas, embotellar. BOTA[1].

botellero, ra *s. m.* y *f.* **1.** El que fabrica o vende botellas. || *s. m.* **2.** Mueble o estructura donde se colocan las botellas.

botellín *s. m.* Botella pequeña, especialmente de cerveza.

botepronto *s. m.* En algunos deportes, acción de dejar caer la pelota y darla al primer bote. || LOC. **a botepronto** *adv.* Dándole a la pelota al primer bote: *Disparó a botepronto.* También, sin pensar, de improviso, inesperadamente: *Le contestó a botepronto.*

botica (del gr. *apotheke*, depósito, almacén) *s. f.* Establecimiento donde se preparan y venden medicinas y otros remedios contra enfermedades. || LOC. **haber** (o **tener**) **de todo como en botica** *fam.* Existir muchas y variadas cosas, como en las antiguas boticas. SIN. Farmacia. FAM. Boticario, botiquín. / Rebotica.

boticario, ria *s. m.* y *f.* Farmacéutico*.

botija (del lat. *butticula*) *s. f.* Vasija de barro redondeada, no muy grande y de cuello corto y estrecho. FAM. Embotijarse. BOTIJO.

botijo *s. m.* Vasija de barro poroso, en la que se mantiene el agua fresca; tiene la panza abultada y un asa en la parte superior, con una boca a un lado para rellenarla y un pitorro al otro, por el que se hace salir el agua. FAM. Botija, botijero. BOTA[1].

botillería *s. f. Chile* y *Ven.* Tienda de bebidas.

botín[1] (de *bota*[2]) *s. m.* **1.** Bota que llega a la altura del tobillo. **2.** Prenda antigua, de cuero, paño o lienzo, que se llevaba sobre los zapatos y cubría el empeine, los tobillos y parte de la pierna. SIN. **1.** Borceguí. **2.** Polaina. FAM. Abotinado. BOTA[2].

botín[2] (del fr. *butin*) *s. m.* **1.** Conjunto de armas y demás pertenencias del enemigo de los que se apodera el ejército vencedor. **2.** P. ext., producto o beneficio de un robo, estafa, atraco, etc.: *Los ladrones se llevaron un buen botín.* SIN. **1.** Trofeo, despojos.

botiquín *s. m.* Habitación, armario, maleta o estuche donde se guardan medicinas y otros útiles para hacer una cura o prestar una asistencia de urgencia.

boto *s. m.* Bota alta para montar a caballo. ■ No confundir con su homófono *voto*, 'decisión, promesa'.

botón *s. m.* **1.** Pieza pequeña, generalmente circular, que se cose a la ropa para abrocharla, sujetar algo o como adorno. **2.** Brote de una planta, antes de que se distingan las hojas, cuando sólo es un pequeño abultamiento: *En primavera, los árboles se llenan de botones.* **3.** Capullo de flor completamente cerrado y protegido por las hojas. **4.** Pieza saliente, cilíndrica o esférica que, sujeta o atornillada a un objeto, sirve de tirador, de tope, etc. **5.** Pieza generalmente circular, que se pulsa en ciertos instrumentos o aparatos para hacerlos funcionar. **6.** Pieza circular y metálica que se oprime con el dedo en los instrumentos musicales de pistones. || **botones** *s. m. sing.* **7.** Empleado, generalmente un muchacho, encargado de hacer recados y servicios pequeños en los hoteles y otros establecimientos; solía llevar uniforme con dos filas de botones en la parte delantera. ■ En esta acepción no varía en *pl.* || **8. botón de muestra** Elemento o parte de un conjunto que se toma como ejemplo para ilustrar las características comunes al resto. || LOC. **al botón** *adv. Amér.* En vano. SIN. **2.** Yema, renuevo. FAM. Botonadura. / Abotonar, cubrebotón.

botonadura *s. f.* Conjunto o juego de botones de una prenda de vestir.

botswanés, sa *adj.* De Botswana, estado del S de África. También *s. m.* y *f.*

botulismo (del lat. *botulus*, embutido) *s. m.* Envenenamiento alimenticio causado por la toxina que producen ciertas bacterias y que se contrae especialmente al ingerir alimentos mal conservados; puede ocasionar trastornos neurológicos, colapsos e incluso la muerte.

bouquet (fr.) *s. m.* Buqué*.

bourbon (ingl.) *s. m.* Whisky americano de maíz o de maíz y centeno.

boutade (fr.) *s. f.* Salida de tono que pretende ser ingeniosa, aunque no lo consiga.

boutique (fr.) *s. f.* Tienda pequeña especializada en ropa y complementos de moda. Por ext., nombre que se da a ciertos establecimientos especializados en la venta de cualquier tipo de productos escogidos.

bóveda (del lat. *volvita*, de *volvere*, dar vuelta) *s. f.* **1.** En arq., construcción de sección en forma de arco, que sirve para cubrir el espacio comprendido entre dos muros o entre varios pilares, desviando hacia los lados la carga vertical. || **2. bóveda celeste** Cielo, firmamento. **3. bóveda craneal** o **craneana** Cráneo. **4. bóveda palatina** Paladar. SIN. **1.** Embovedado. FAM. Bovedilla. / Abovedar.

bovedilla *s. f.* Espacio abovedado entre viga y viga del techo de una habitación.

bóvido (del lat. *bos, bovis*, buey, y del gr. *eidos*, forma) *adj.* **1.** Se dice de los mamíferos rumiantes caracterizados por tener cuernos óseos permanentes cubiertos de una estructura córnea, que pueden no aparecer en las hembras; son bóvidos los toros, antílopes, cabras, etc. También *s. m.* || *s. m. pl.* **2.** Familia de estos animales.

bovino, na (del lat. *bovinus*) *adj.* **1.** Relacionado con el toro, la vaca o el buey: *ganadería bovina.* **2.** Se dice de los animales pertenecientes a una subfamilia de bóvidos, cuyas especies son por lo general de gran tamaño, como el toro doméstico, el búfalo y los bisontes; tienen cuernos lisos o poco rugosos, dirigidos hacia afuera y curvados hacia arriba, el hocico ancho y desnudo y la cola larga. También *s. m.* || *s. m. pl.* **3.** Subfamilia de estos animales. **FAM.** Bóvido. BUEY.

box (ingl.) *s. m.* **1.** En las cuadras, compartimiento dotado de los servicios necesarios para cada caballo. **2.** En las carreras de automóviles o motos, recinto o zona del circuito donde se instalan los servicios mecánicos de mantenimiento y reparación de las máquinas. Se usa más en *pl.* ■ Su pl. es *boxes.*

boxcalf (ingl.) *s. m.* Piel de becerro curtida con un tratamiento especial que la hace bastante resistente; se utiliza para fabricar calzado y otros objetos.

boxear (del ingl. *box*, golpear) *v. intr.* Practicar el boxeo.

boxeo *s. m.* Deporte de combate entre dos contendientes que luchan con las manos provistas de guantes y sólo pueden golpear al contrario en la parte anterior del cuerpo, por encima de la cintura. Se desarrolla sobre un cuadrilátero. **SIN.** Pugilismo. **FAM.** Boxeador, boxear.

bóxer *adj.* Se dice de los perros de una raza originaria de Alemania, de rasgos parecidos a los del dogo, tamaño mediano, pelo corto y fuerte complexión. También *s. m.* y *f.*

boy scout (ingl., significa 'muchacho explorador') *expr.* **1.** Miembro de una organización fundada en Inglaterra y extendida a otros países, cuya actividad fundamental es practicar en común ejercicios al aire libre, siguiendo reglas que fomentan el compañerismo y la disciplina. **2.** En pl., designa también a la propia organización. ■ Se usa como *s. m.* Su pl. es *boy scouts.*

boya (del neerl. *boei*, y éste del germ. *bank*, señal) *s. f.* **1.** Cuerpo flotante sujeto al fondo del mar, de un río, de un lago, etc., que se coloca como señal, generalmente de algún peligro. **2.** Corcho que se pone en la red o en el hilo de la caña de pescar para que floten. **SIN. 1.** Baliza. **2.** Veleta, flotador. **FAM.** Boyante.

boyada *s. f.* Manada de ganado vacuno.

boyante *adj.* Aplicado a personas, situaciones, cosas, etc., favorable, próspero, que marcha bien: *Su posición es boyante.* **SIN.** Feliz, afortunado. **ANT.** Desafortunado, pobre. **FAM.** Véase **boya**.

boyeriza *s. f.* Corral en el que se recogen los bueyes. **SIN.** Boyera.

boyero, ra *s. m.* y *f.* **1.** Persona que atiende o guía a los bueyes. || *s. f.* **2.** Boyeriza*. || *s. m.* **3.** *Arg., Par.* y *Urug.* Pájaro de unos 20 cm de longitud, negro, de pico anaranjado, que suele posarse sobre los lomos del ganado, donde come parásitos.

bozal (de *bozo*) *s. m.* Objeto, frecuentemente hecho con correas, que se les pone en el hocico a algunos animales para evitar que muerdan, coman, etc.

bozo (del lat. *bucca*, boca) *s. m.* Vello que nace sobre el labio superior antes de salir el bigote. **SIN.** Pelusa. **FAM.** Bozal. / Embozo, rebozo.

braceaje *s. m.* Profundidad del mar en un sitio determinado. ■ Se dice también *brazaje.*

bracear *v. intr.* **1.** Mover repetidamente los brazos. **2.** Forcejear para soltarse de alguien o algo. **3.** Mover los brazos para tratar de avanzar en el agua. **4.** Doblar el caballo los brazos airosamente al andar, levantándolos a bastante altura. **FAM.** Braceador, braceo. BRAZO.

bracero *s. m.* Obrero no especializado que trabaja en el campo y cobra un dinero fijado por cada día de trabajo. **SIN.** Jornalero, peón.

bráctea (del lat. *bractea*, hoja delgada de metal) *s. f.* Tipo de hoja que nace del pedúnculo de las flores de ciertas plantas y que suele presentar algunas diferencias con las hojas normales.

braga (del lat. *braca*, calzón, y éste del celta) *s. f.* **1.** Prenda interior femenina o infantil que cubre la parte inferior del tronco y tiene dos aberturas para las piernas; p. ext., se da este nombre a otras prendas similares, como p. ej. la del traje de baño. ■ Se usa mucho la forma pl. con significado de sing. **2.** Banda ancha y elástica empleada para abrigar el cuello y parte de la cara. || **LOC. en bragas** *adv. fam.* Sin dinero, conocimientos, etc.; también, desprevenido: *pillar a alguien en bragas.* **hecho una braga** *adj. fam.* Muy cansado; también, roto o estropeado. **SIN. 1.** Slip, biquini. **FAM.** Bragado, bragadura, bragazas, braguero, bragueta. / Embragar.

bragado, da (del lat. *bracatus*) *adj.* **1.** Se aplica a las reses y caballerías que tienen la bragadura de diferente color que el resto del cuerpo. **2.** Decidido, valiente y enérgico. **SIN. 2.** Atrevido, agresivo, arrojado. **ANT. 2.** Cobarde, pusilánime.

bragadura *s. f.* **1.** Entrepierna del hombre y de los animales. **2.** Parte de una prenda correspondiente a la entrepierna.

bragazas *s. m. fam.* Hombre que se deja dominar con facilidad, particularmente por su mujer. También *adj.* ■ No varía en *pl.* **SIN.** Calzonazos.

braguero *s. m.* Vendaje o aparato que se usa para contener las hernias.

bragueta *s. f.* Abertura delantera de los pantalones. **FAM.** Braguetazo. BRAGA.

braguetazo *s. m.* Sólo se emplea en la locución familiar **dar (el** o **un) braguetazo**, casarse un hombre pobre con una mujer rica o de clase social alta.

brahmán (sánscrito) *s. m.* En la India, miembro de la casta sacerdotal, primera de las cuatro castas hindúes, abolidas a mediados de siglo. **FAM.** Brahmánico, brahmanismo.

brahmanismo *s. m.* Sistema religioso y social propio de la India, que admite la existencia de numerosos dioses y tiene como dios supremo a Brahma, considerado el dios creador.

braille (de Louis *Braille*, pedagogo francés) *s. m.* Método de lectura para ciegos mediante la escritura en relieve, en la que cada letra está representada por una combinación de puntos.

brainstorming (ingl.) *s. m.* Reunión en la que se pretende que se susciten ideas originales en poco tiempo.

brama *s. f.* Celo del ciervo y otros animales y época en que ocurre.

bramante *s. m.* Cuerda delgada de cáñamo que se emplea generalmente para atar paquetes. **SIN.** Guita.

bramar (del germ. *brammon*) *v. intr.* Dar bramidos. SIN. Mugir, berrear; bufar; ulular. FAM. Brama, bramido.

bramido *s. m.* **1.** Voz del toro, la vaca y otros animales semejantes. **2.** Grito o sonido fuerte emitido por una persona y que expresa ira, dolor, etc. **3.** Ruido producido por el viento, el mar, etc., cuando están muy agitados. SIN. **1.** Mugido. **2.** Aullido, alarido, bufido.

brandy (ingl.) *s. m.* Aguardiente o licor similar al coñac.

branquia (del lat. *branchia*, y éste del gr. *brankhia*) *s. f.* Órgano respiratorio de muchos animales acuáticos que contiene numerosos vasos sanguíneos, muy ramificados, para aumentar el intercambio de gases entre la sangre y el medio que los rodea. Se usa mucho en *pl.* SIN. Agalla. FAM. Branquial, branquiosaurio. / Elasmobranquio, lamelibranquio, subranquial.

branquiosaurio (del gr. *brankhia*, branquia, y *sauros*, lagarto) *s. m.* Reptil anfibio fósil, característico del carbonífero y del pérmico en Europa y América del Norte.

braña (del lat. *vorago*, *-inis*, abismo) *s. f.* Pasto de verano o prado húmedo.

braquial (del lat. *brachialis*) *adj.* Del brazo o relacionado con él.

braquicefalia (del gr. *brakhys*, breve, y *-cefalia*) *s. f.* Característica de la persona cuyo cráneo es casi redondo, ya que su diámetro mayor excede en muy poco al menor. ANT. Dolicocefalia. FAM. Braquicéfalo. CEFÁLICO.

brasa *s. f.* Trozo incandescente de madera, carbón u otro combustible sólido. || LOC. **a la brasa** *adj.* y *adv.* Modo de asar los alimentos directamente sobre las brasas y, con más frecuencia, sobre una parrilla: *carne a la brasa, pescado a la brasa.* SIN. Ascua, rescoldo. FAM. Brasear, brasero. / Abrasar.

brasear *v. tr.* Asar un alimento a la brasa.

brasero *s. m.* **1.** Recipiente de metal, generalmente redondo, donde se hace lumbre con carbón, leña, etc., para calentarse. **2.** Aparato eléctrico semejante al anterior.

brasileño, ña *adj.* De Brasil. También *s. m.* y *f.*

bravata (del ital. *bravata*) *s. f.* **1.** Amenaza exagerada y arrogante con que se pretende asustar a alguien: *Sus bravatas no inquietan a nadie.* **2.** Dicho o acción con que alguien presume de valiente: *Me tienes harto con tus bravatas.* SIN. **1.** Bravuconada, provocación, chulería. **2.** Baladronada, fanfarronada.

bravío, a *adj.* **1.** Aplicado a animales, feroz, salvaje, indómito. **2.** Aplicado a plantas o árboles, silvestre, sin cultivar. **3.** Aplicado a personas, de carácter rebelde, que no se deja someter. **4.** Aplicado al mar, alborotado. SIN. **1.** Fiero, cerril. **1.**, **3.** y **4.** Bravo. **3.** Indócil, enérgico. **4.** Embravecido, encrespado. ANT. **1.** Doméstico, domado. **1.**, **3.** y **4.** Manso. **3.** Dócil, apacible, pacífico. **4.** Calmado.

bravo, va *adj.* **1.** Valiente, audaz. **2.** Referido a animales, fiero, feroz. **3.** Referido al mar, alborotado y embravecido. **4.** *fam.* Que tiene mucho temperamento o genio. || *interj.* **5.** Se usa para expresar aprobación, satisfacción o entusiasmo, sobre todo en ciertos espectáculos. También *s. m.*: *Al final del concierto se oyeron muchos bravos.* || LOC. **a las bravas** o **por las bravas** *adv.* De manera violenta, sin miramiento ni consideración, por la tremenda. SIN. **1.** Intrépido, osado, valeroso, decidido, atrevido. **2.** Salvaje, cerril. **2.** a **4.** Bravío. **2.** y **4.** Indómito. **3.** Encrespado. **4.** Enérgico, dominante. ANT. **1.** Cobarde. **2.** Doméstico. **3.** Calmado. **4.** Dócil, apacible. FAM. Bravamente, bravata, bravío, bravucón, bravura. / Desbravar, embravecer.

bravucón, na *adj. fam.* Valiente y esforzado sólo de palabra o en apariencia. También *s. m.* y *f.* SIN. Valentón, fanfarrón, baladrón. FAM. Bravuconada, bravuconería. BRAVO.

bravura *s. f.* **1.** Fiereza propia de ciertos animales; se aplica sobre todo a los toros de lidia. **2.** Referido a personas, audacia, valentía, coraje. SIN. **2.** Valor, arrojo, arrestos, osadía. ANT. **2.** Cobardía.

braza (del lat. *brachia*, de *brachium*, brazo) *s. f.* **1.** Unidad de longitud usada generalmente en la marina, que equivale a 1,6718 m. **2.** Forma de natación en que los hombros se mantienen a nivel del agua y los brazos y las piernas se estiran y encogen simultáneamente. FAM. Braceaje, brazaje. BRAZO.

brazada *s. f.* **1.** Movimiento enérgico que se hace con los brazos, encogiéndolos y estirándolos, p. ej. al nadar o al remar: *De dos brazadas llegó a la orilla.* **2.** Cantidad de algunas cosas que se puede abarcar y llevar de una vez con los brazos: *una brazada de leña.*

brazaje *s. m.* Braceaje*.

brazal (del lat. *brachialis*) *s. m.* **1.** Tira de tela que se lleva alrededor del brazo izquierdo por encima del codo como distintivo. **2.** Canalillo que se saca de un río o de una acequia grande para regar. **3.** Pieza de la armadura antigua que cubría el brazo. **4.** Asa por la que se coge el escudo. SIN. **1.** y **3.** Brazalete. **4.** Embrazadura.

brazalete *s. m.* **1.** Aro de adorno, de metal u otro material, que rodea el brazo más arriba de la muñeca. **2.** Brazal usado como distintivo. **3.** Brazal de la armadura antigua. SIN. **1.** Pulsera, ajorca.

brazo (del lat. *brachium*) *s. m.* **1.** Miembro del cuerpo que comprende desde el hombro a la extremidad de la mano. **2.** Parte de este miembro que incluye desde el hombro hasta el codo. **3.** P. ext., tentáculo de los cefalópodos, radio de las estrellas de mar, etc. **4.** Pata delantera de los animales cuadrúpedos. **5.** Cada una de las piezas laterales de un sillón en las que puede apoyar los brazos el que se sienta. **6.** Candelero que sale del cuerpo central de un candelabro o lámpara. **7.** Cada una de las dos mitades de la barra horizontal de la balanza, de cuyos extremos cuelgan los platillos. **8.** Pértiga articulada de una grúa u otras máquinas. **9.** Cada una de las partes en que se ramifica algo: *los brazos de un río, de un delta.* **10.** Fuerza, valor, poder: *Nada resiste a su brazo.* **11.** Parte de una colectividad, grupo, etc., encargada de una función determinada: *brazo ejecutor, brazo armado.* || *s. m. pl.* **12.** Jornaleros, trabajadores. || **13. brazo de cruz** Mitad del más corto de los dos palos que la forman. **14. brazo de gitano** Dulce hecho de una capa delgada de bizcocho sobre la que se unta chocolate, crema o mermelada y que luego se enrolla en forma de cilindro. **15. brazo de mar** Canal ancho y largo del mar, que entra tierra adentro. También, familiarmente, persona muy guapa o muy bien vestida: *El niño llegó a la fiesta hecho un brazo de mar.* **16. brazo derecho** Persona de gran confianza de otra. || LOC. **a brazo partido** *adv.* Con mucho tesón, con ahínco. **con los brazos abiertos** *adv.* Afectuosamente, con agrado. ■ Se usa con los verbos *recibir, esperar*, etc. **con los brazos cruzados** *adv.* Con los verbos *estar, quedarse*, etc., sin hacer nada, sin intervenir. Con los verbos *irse*, *volverse*, etc., sin haber conseguido nada de aquello que se había procurado. **cruzarse de brazos** o **estar de brazos cruzados** Estar o quedarse sin hacer nada, no intervenir. **dar** uno **su brazo a torcer** Ceder. ■ Se usa mucho en forma negativa. **echarse en brazos de** alguien Mostrarse muy confiado en una persona. **FAM.** Bracear, bracero, braza, brazada, brazal, brazalete, brazuelo. / Abrazar, antebrazo, braquial, embrazar, reposabrazos.

brazuelo *s. m.* Parte de las patas delanteras de los cuadrúpedos comprendida entre el codillo y la rodilla.

brea *s. f.* **1.** Sustancia viscosa que se obtiene de la destilación de la madera de ciertos árboles, del carbón mineral, etc. **2.** Mezcla de brea y otras sustancias, que se usa para tapar las junturas de la madera de los barcos a fin de que no entre el agua. **FAM.** Breado, brear. / Embrear.

break (ingl.) *s. m.* **1.** En tenis, punto que se gana en una jugada en la que había sacado el contrario. **2.** En jazz, parte improvisada por un músico con la que se interrumpe lo que se estaba tocando. **3.** Breakdance*. **4.** Carrocería de los automóviles de tipo familiar. **5.** En boxeo, acción de separar el árbitro a los dos púgiles.

breakdance (ingl.) *s. m.* Baile que imita los movimientos de un autómata.

brear (del lat. *verberare*, azotar) *v. tr.* Maltratar, molestar, fastidiar: *Te van a brear a preguntas.* **SIN.** Moler, zumbar, baquetear.

brebaje (del ant. fr. *bevrage*) *s. m.* Bebida desagradable al paladar o de mal aspecto: *Se resistía a tomar aquel brebaje.*

breca *s. f.* Pez teleósteo marino, de color rosa bastante vivo con pequeños puntos azules, cuya carne es apreciada en alimentación. Habita en las costas atlánticas y mediterráneas. También es llamado *pagel.*

brecha (del fr. *brèche*) *s. f.* **1.** Herida de corte profundo a consecuencia de un golpe: *una brecha en la frente.* **2.** Abertura o rotura que se hace en un muro o pared. **3.** Rotura de un frente de combate. || **LOC. abrir brecha** *fam.* Emprender el comienzo de una actividad o crear las circunstancias adecuadas para conseguir alguna cosa. **estar** uno **(siempre) en la brecha** *fam.* Estar siempre preparado y dispuesto para defender algo. **SIN. 2.** Boquete, fisura.

brécol (del ital. *broccoli*, de *brocco*, retoño) *s. m.* Variedad de col, de color verde oscuro. Se llama también *broccoli*. **FAM.** Brecolera.

brecolera *s. f.* Variedad de brécol, que produce pellas como la coliflor.

brega *s. f.* Acción y efecto de bregar. || **LOC. andar a la brega** Trabajar afanosamente. **SIN.** Afán, trajín, faena; riña, pelea, pugna, lucha, contienda.

bregar (del gót. *brikan*, romper) *v. intr.* **1.** Trabajar con gran esfuerzo y ajetreo: *Se pasa la vida bregando para sacar adelante a su familia.* **2.** Luchar contra las dificultades: *Tendrás que bregar con muchos problemas en ese empleo* **3.** Reñir con alguien. ■ Delante de *e* se escribe *gu* en lugar de *g*: *bregue.* **SIN. 1.** Afanarse, esforzarse. **2.** Afrontar. **2.** y **3.** Lidiar, batallar, pelear. **ANT. 1.** Vaguear. **FAM.** Brega.

breña *s. f.* Terreno escabroso y lleno de maleza situado entre peñas. Suele usarse en *pl.* **SIN.** Fragosidad. **FAM.** Breñal.

breñal *s. m.* Terreno o lugar de breñas.

bresca (del celta *brisca*, panal) *s. f.* Panal de miel. **FAM.** Brescar.

brescar *v. tr.* Quitar los panales con miel de las colmenas dejando los suficientes para que las abejas puedan mantenerse y fabricar nueva miel. ■ Delante de *e* se escribe *qu* en lugar de *c*. **SIN.** Castrar.

brete (del occ. *bret*, trampa de coger pájaros, y éste del gót. *brid*, tabla) *s. m.* **1.** Aprieto, situación apurada. ■ Se suele usar en frases como *estar* o *poner en un brete*: *Su indiscreción nos puso en un brete.* **2.** Cepo formado por dos trozos de hierro con que se sujetaba los pies a los reos. **SIN. 1.** Apuro, compromiso, trance. **FAM.** Embretarse.

bretón, na (del lat. *britto, -onis*) *adj.* **1.** De Bretaña. También *s. m.* y *f.* || *s. m.* **2.** Lengua céltica que hablan los habitantes de Bretaña.

breva (del ant. *bevra*, y éste del lat. *bifera*, higuera breval) *s. f.* **1.** Primer fruto de la higuera, árbol que en algunas variedades puede dar dos cosechas, de mayor tamaño que el higo. **2.** Ganga, provecho conseguido sin esfuerzo. **3.** Cigarro puro ligeramente aplastado y poco apretado. **4.** *Amér.* Tabaco de mascar. || **LOC. más blando que una breva** *fam.* Que se ha vuelto sumiso, p. ej. después de una reprimenda o castigo. **no caerá esa breva** *fam.* No habrá esa suerte.

breve (del lat. *brevis*) *adj.* **1.** De poca duración o extensión. ■ Puede ir seguido de las prep. *de* o *en*: *breve de contar; breve en su intervención.* || *s. f.* **2.** Antigua figura musical. || **3. breve pontificio** Documento papal menos solemne que la bula. || **LOC. en breve** *adv.* Dentro de poco tiempo. **SIN. 1.** Corto, conciso, escueto, sucinto, efímero. **ANT. 1.** Largo, extenso, duradero. **FAM.** Brevedad, brevemente, breviario. / Abreviar.

breviario (del lat. *breviarium*, resumen, inventario) *s. m.* **1.** Libro que contiene los rezos del oficio divino de todo el año. **2.** Tratado breve y resumido de alguna materia. **SIN. 2.** Compendio, epítome.

brezal *s. m.* Lugar poblado de brezos.

brezo (del lat. hispánico *broccius*, y éste del celta *vroicos*) *s. m.* Arbusto muy ramoso, de madera dura y raíces gruesas que sirven para hacer carbón de fragua, carboncillo para el dibujo, etc. **FAM.** Brezal.

bribón, na *adj.* Se dice de la persona que engaña o estafa. Suele emplearse en tono de broma, sobre todo para dirigirse afectuosamente a los niños. También *s. m.* y *f.*: *No te puedes fiar de ese bribón.* **SIN.** Granuja, pícaro, pillo, tunante, tuno. **FAM.** Bribonada, bribonería, bribonzuelo.

bricolaje (del fr. *bricolage*) *s. m.* Conjunto de trabajos manuales realizados por una persona que no es un profesional, para arreglar o decorar su propia casa.

brida (del fr. *bride*) *s. f.* **1.** Conjunto formado por el freno del caballo, el correaje que lo sujeta a la cabeza y las riendas. **2.** Filamentos membranosos que se forman alrededor de las heridas o en los abscesos y tumores. **3.** Borde en el extremo de los tubos metálicos que sirve para que se acoplen unos a otros. || **LOC. a la brida** *adv.* A caballo con los estribos largos. **a toda brida** *adv.* A todo correr. **SIN. 1.** Ronzal. **FAM.** Embridar.

bridge (ingl.) *s. m.* Juego de cartas, con la baraja francesa, que se juega entre cuatro personas, por parejas.

brie (de *Brie*, comarca de Francia) *s. m.* Tipo de queso francés, cremoso y fermentado, elaborado con leche de vaca.

briefing (ingl.) *s. m.* **1.** Reunión para informar brevemente de algo o para dar breves instrucciones. **2.** Informe con breves instrucciones para realizar algo.

brigada (del fr. *brigade*) *s. f.* **1.** Unidad militar integrada por dos o más regimientos de una misma arma: *brigada aérea.* **2.** Grupo de personas reunidas para hacer el mismo trabajo: *una brigada de salvamento, una brigada de obreros.* || *s. m.* **3.** Grado militar intermedio entre sargento primero y subteniente. **SIN. 2.** Equipo, cuadrilla. **FAM.** Brigadier.

brigadier (del fr. *brigadier*) *s. m.* Antiguo grado militar que hoy se corresponde con el de general de brigada en el ejército y el de contraalmirante en la marina.

brik (sueco) *s. m.* Envase de cartón tratado para contener líquidos.

brillante *adj.* **1.** Que brilla. **2.** Sobresaliente, que destaca en una cualidad, valor, actividad, etc.: *Teresa estuvo brillante en el examen. El abogado defensor tuvo una actuación brillante.* || *s. m.* **3.** Diamante tallado por sus dos caras. **SIN. 1.** Reluciente, luminoso, refulgente, resplandeciente, fulgurante. **2.** Espléndido, magnífico, excelente, destacado. **ANT. 1.** Mate, apagado. **2.** Gris, anodino. **FAM.** Brillantemente, brillantez. / Abrillantar. BRILLAR.

brillantina (de *brillar*) *s. f.* Producto cosmético para dar brillo al cabello.

brillar (del ital. *brillare*) *v. intr.* **1.** Despedir luz, ya sea propia o reflejada: *Las estrellas brillaban en la oscuridad.* **2.** Sobresalir por alguna cualidad: *Es un chico que brilla por su agudeza.* **SIN. 1.** Resplandecer, relucir, relumbrar, refulgir. **2.** Destacar, descollar. **ANT. 1.** Apagarse. **FAM.** Brillante, brillantina, brillo.

brillo *s. m.* **1.** Resplandor, lustre: *el brillo de una estrella; dar* (o *sacar*) *brillo a los zapatos.* **2.** Cualidad de brillante: *el brillo de su mirada; el brillo de su inteligencia.* **SIN. 1.** Fulgor, refulgencia, centelleo.

brincar *v. intr.* Dar brincos o saltos: *Las cabras brincaban de roca en roca.* ■ Delante de *e* se escribe *qu* en lugar de *c*: *brinque.* **SIN.** Saltar, botar. **FAM.** Rebrincar. BRINCO.

brinco (del lat. *vinculum*, atadura) *s. m.* Salto muy ligero. || **LOC. dar** (o **pegar**) **brincos de alegría** (o **de contento**) *fam.* Mostrarse muy contento. **dar** (o **pegar**) **un brinco** *fam.* Indica el estremecimiento de una persona por un susto, sobresalto, etc. **SIN.** Bote, cabriola. **FAM.** Brincar.

brindar *v. intr.* **1.** Expresar un deseo al mismo tiempo que se va a beber, por lo general levantando y entrechocando las copas. ■ Se suele usar con las prep. *a.* y *por*: *Brindamos a la salud de un buen amigo. Brindo por tu futuro.* || *v. tr.* **2.** Proporcionar, ofrecer algo a alguien: *Me brindan la oportunidad de hacer un viaje a Londres.* **3.** Dedicar el torero a alguien que está en la plaza la faena que va a realizar: *Brindó su segundo toro al rey.* || **brindarse** *v. prnl.* **4.** Ofrecerse para algún trabajo, servicio o favor: *Se brindó a ser nuestro guía en la ciudad.* **SIN. 4.** Prestarse, aprestarse, disponerse. **FAM.** Brindis.

brindis (del al. *bring dir's*, yo te lo ofrezco) *s. m.* **1.** Acción de brindar al beber. **2.** Lo que se dice al brindar. ■ No varía en *pl.*

brío (del celta *brigos*, fuerza) *s. m.* Energía y decisión con que se hace algo. **SIN.** Fuerza, ánimo, resolución, empuje, denuedo. **ANT.** Desánimo, desgana, dejadez. **FAM.** Briosamente, brioso.

brioche (fr.) *s. m.* Bollo esponjoso de forma redondeada y relleno de frutas pasas escarchadas.

briofito, ta (del gr. *bryon*, musgo, y *phyton*, planta) *adj.* **1.** Se dice de las plantas que tienen tallos y hojas, pero no vasos y raíces, haciendo la función de estas últimas unos filamentos que las fijan al suelo, llamados rizoides, como p. ej. los musgos. || *s. f. pl.* **2.** Familia de estas plantas.

brioso, sa *adj.* **1.** Que tiene brío. **2.** Aplicado a personas o a caballos, que anda o se mueve con gracia y elegancia. **SIN. 1.** Enérgico, impetuoso, animoso. **2.** Airoso, garboso, gallardo, apuesto.

briozoo *adj.* **1.** Se dice de un grupo de animales invertebrados acuáticos, que presentan una corona de tentáculos que les rodea la boca y viven formando colonias en todo tipo de superficies: conchas, algas pardas, cascos de barcos, etc. También *s. m.* || *s. m. pl.* **2.** Grupo constituido por estos animales, también llamados *ectoproctos.*

briqueta (del fr. *briquette*) *s. f.* Masa o conglomerado de carbón u otra materia en forma de ladrillo.

brisa *s. f.* **1.** Viento suave y agradable: *La brisa refrescó el ambiente.* **2.** Viento que sopla en las costas por el día desde el mar y por la noche desde tierra. **3.** Viento del NE. **SIN. 1.** Airecillo, aura, céfiro. **FAM.** Limpiabrisas, parabrisas.

brisca (del fr. *brisque*) *s. f.* Cierto juego de cartas, muy conocido en España.

británico, ca (del lat. *britannicus*) *adj.* Del Reino Unido de la Gran Bretaña, antigua Britania. También *s. m.* y *f.* **SIN.** Inglés.

brizna *s. f.* **1.** Filamento o parte muy fina de alguna cosa, especialmente de plantas. **2.** Porción o cantidad muy pequeña de algo. ■ Se usa sobre todo en construcciones negativas: *No nos queda ni brizna de pan.* **SIN. 1.** Hebra, hilacha. **2.** Pizca, miaja, nimiedad. **FAM.** Desbriznar.

broca *s. f.* Barrena cónica que se monta en las máquinas de taladrar. **FAM.** Brocheta, broqueta.

brocado (del ital. *broccato*) *s. m.* **1.** Tela de seda entretejida con hilos de oro o plata que forman dibujos a manera de bordados. **2.** Tejido con dibujos en relieve, a veces de distinto color que el del fondo.

brocal (del lat. *bucculare*, taza) *s. m.* Antepecho que se pone alrededor de la boca de un pozo para evitar que alguien caiga en él. **SIN.** Pretil.

broccoli (ital.) *s. m.* Brécol*.

brocha (del ant. alto al. *brusta*) *s. f.* Pincel grueso o aplanado destinado a muy diversos usos. || **LOC. de brocha gorda** *adj.* Se dice del pintor o de la pintura no artísticos. **FAM.** Brochazo.

brochado, da (del fr. *brocher*, bordar) *adj.* Se aplica a los tejidos de seda con alguna labor de oro, plata, etc., en relieve.

brochazo *s. m.* Cada pasada de la brocha sobre la superficie que se pinta. || **LOC. a brochazos** *adv. fam.* Con poco esmero. **SIN.** Pincelada.

broche (del fr. *broche*) *s. m.* **1.** Conjunto de dos piezas, generalmente metálicas, que encajan una en otra y se utilizan para cerrar algo: *el broche del collar.* **2.** Joya, adorno, etc., que se lleva prendido en la ropa. **3.** Final de una reunión, actuación, etc.; se utiliza especialmente en la frase **broche de oro** para designar al brillante o excepcional. **SIN. 1.** Enganche. **2.** Prendedor, fíbula, pasador. **FAM.** Abrochar.

brocheta *s. f.* **1.** Varilla o aguja donde se atraviesan trozos de alimentos para asarlos o hacerlos a la parrilla. **2.** Plato elaborado y servido de esta manera. **SIN. 1.** y **2.** Broqueta. **FAM.** Véase **broca**.

broker (ingl.) *s. m.* y *f.* Agente financiero que actúa de intermediario en operaciones de compra y venta.

broma (del gr. *broma*, caries, de *bibrosko*, devorar) *s. f.* **1.** Dicho o hecho para burlarse de alguien o engañarle sin intención de ofenderle o perjudicarle: *gastar, hacer una broma.* **2.** Actitud o comportamiento poco serio, para divertirse o hacer gracia: *estar de broma, hablar en broma, tomar a broma.* **3.** Cosa sin importancia; se usa sobre todo en sentido irónico, para referirse a algo caro o molesto: *La broma del viaje nos salió por un dineral.* **4.** Molusco de concha muy pequeña, compuesta de dos valvas, que se introduce en los maderos sumergidos en el mar y los destruye. || **5. broma pesada** La que causa perjuicio o molestia, bromazo. SIN. **1.** Burla, chanza, chacota, novatada, inocentada. **2.** Guasa, chunga, chirigota. FAM. Bromazo, bromear, bromista. / Embromar.

bromatología (del gr. *broma, -atos*, alimento, y *-logía*) *s. f.* Ciencia que trata de los alimentos, sus características, valor nutritivo, conservación y adulteraciones. FAM. Bromatológico, bromatólogo.

bromazo *s. m.* Broma pesada.

bromear *v. intr.* Estar de broma, decir o gastar bromas: *Eso lo dirás bromeando.* SIN. Chancear, burlar, embromar.

bromista *adj.* Aficionado a hacer bromas. También *s. m.* y *f.*

bromo (del gr. *bromos*, mal olor) *s. m.* Elemento químico de carácter no metálico; es un líquido volátil de color rojo, tóxico y corrosivo, que produce graves quemaduras en la piel. No se encuentra libre en la naturaleza. Su símbolo es *Br.* FAM. Brómico, bromuro.

bromuro *s. m.* Combinación del bromo con un radical simple o compuesto; algunos se utilizan como sedantes.

bronca *s. f.* **1.** Riña, disputa: *buscar bronca, estar de bronca.* **2.** Reprensión áspera y dura: *El profesor le echó una bronca.* **3.** Ruido, jaleo. **4.** Manifestación ruidosa de protesta colectiva en algún espectáculo, particularmente en los toros. **5.** *Arg., Par.* y *Urug.* Enfado. SIN. **1.** Altercado, gresca, trifulca, reyerta. **2.** Regañina, reprimenda, rapapolvos. **3.** Bulla, barullo. **3.** y **4.** Escándalo. **4.** Abucheo, pita. FAM. Abroncar, embroncarse. BRONCO.

bronce (del ital. *bronzo*) *s. m.* **1.** Aleación de cobre y estaño, a veces con otros elementos. **2.** Estatua u objeto artístico hecho con esta aleación: *los bronces de la civilización egipcia.* **3.** Trofeo de categoría inferior al oro y la plata en ciertas competiciones deportivas: *medalla de bronce.* || **4. edad del bronce** Época de la prehistoria caracterizada por el uso de armas y utensilios de bronce y que se extiende, aproximadamente, desde el 4500 al 800 a. C. || LOC. **ligar bronce** *fam.* Broncearse, ponerse moreno. FAM. Bronceado, broncear, broncíneo, broncista.

bronceado, da 1. *p.* de **broncear**. || *adj.* **2.** De color de bronce; se dice sobre todo de la piel oscurecida por la acción del sol. || *s. m.* **3.** Acción y resultado de broncear o broncearse: *Ha conseguido un buen bronceado en la playa.* SIN. **2.** y **3.** Moreno.

bronceador, ra *adj.* **1.** Que broncea: *crema bronceadora* || *s. m.* **2.** Cosmético que favorece el bronceado de la piel.

broncear *v. tr.* **1.** Dar color de bronce. También *v. prnl.* **2.** Poner la piel morena el sol. También *v. prnl.*: *Se dio crema para broncearse.* SIN. **2.** Tostar(se), atezar(se), curtir(se). FAM. Bronceador. BRONCE.

broncíneo, a *adj.* **1.** De bronce. **2.** Parecido al bronce.

bronco, ca (del lat. vulg. *brunccus*) *adj.* **1.** Se dice del sonido, voz, etc., grave, desagradable y áspero. **2.** Aplicado a materiales, tosco, basto. **3.** Referido a personas o a su carácter, brusco, malhumorado: *bronco de genio.* SIN. **1.** Ronco, destemplado. **3.** Rudo, desapacible, intemperante. ANT. **1.** Suave, armonioso. **2.** Delicado. **3.** Amable, afable. FAM. Bronca, broncamente.

bronconeumonía *s. f.* Proceso inflamatorio que afecta simultáneamente a bronquios y pulmones.

bronquio (del lat. *bronchium*, y éste del gr. *bronkhion*, arteria traqueal) *s. m.* Cada uno de los conductos que conectan la tráquea con los pulmones, donde se dividen a su vez en ramas cada vez más estrechas (bronquiolos), que terminan en los alvéolos pulmonares. FAM. Bronquial, bronquiolo, bronquítico, bronquitis.

bronquiolo o **bronquíolo** *s. m.* Cada una de las ramificaciones en que se dividen y subdividen los bronquios dentro de los pulmones.

bronquítico, ca *adj.* Relativo a la bronquitis o que la padece. También *s. m.* y *f.*

bronquitis *s. f.* Inflamación de los bronquios. ■ No varía en *pl.*

brontosaurio (del gr. *bronte*, trueno, y *sauros*, lagarto) *s. m.* Uno de los grandes reptiles que vivieron en la era secundaria; tenía la cabeza pequeña y el cuello muy largo y flexible, su cuerpo reposaba sobre cuatro miembros macizos y acababa en una cola larga y pesada.

broquel (del ant. fr. *bocler*, y éste del lat. *buccula*, de *bucca*, mejilla) *s. m.* **1.** Escudo, particularmente el pequeño y redondo. **2.** Defensa, protección. SIN. **2.** Amparo, salvaguarda, abrigo. ANT. **2.** Desamparo.

broqueta *s. f.* Brocheta*. FAM. Véase **broca**.

brotar (de *brote*) *v. intr.* **1.** Nacer o salir la planta de la tierra: *brotar el trigo.* **2.** Salir en la planta nuevas hojas, flores, etc. **3.** Salir agua u otros líquidos de un manantial o de otro sitio. **4.** Salir algo a la superficie, empezar a manifestarse alguna cosa: *brotar un sarpullido, un sentimiento.* SIN. **1.** Germinar, apuntar. **2.** Retoñar, rebrotar. **3.** Manar, fluir. **4.** Aparecer, emerger, surgir, asomar. ANT. **4.** Esconderse, enquistarse. FAM. Rebrotar. BROTE.

brote (de or. germ.) *s. m.* **1.** Acción de brotar, comenzar algo a manifestarse: *un brote de gripe.* **2.** Bulto que en una planta producen los tallos, las hojas, las flores, etc., cuando van a salir. **3.** Tallo pequeño y nuevo de una planta. SIN. **1.** Comienzo, manifestación, arranque, eclosión, aparición. **2.** Yema, botón. **3.** Renuevo, pimpollo, retoño. ANT. **1.** Final, desaparición. FAM. Brotar.

broza (del bajo lat. *brustia*, y éste del germ. *brusta*) *s. f.* **1.** Conjunto de hojas, ramas, cortezas, etc., que se desechan de las plantas. **2.** Desperdicio de cualquier cosa, suciedad, basura. **3.** Espesura de arbustos y plantas en terreno no cultivado. **4.** Relleno, cosas carentes de interés que se dicen o escriben: *un discurso lleno de broza.* SIN. **2.** Porquería, residuos, restos, despojos. **3.** Maleza, maraña, zarzal. **4.** Hojarasca, paja. FAM. Desbrozar.

brucelosis *s. f.* Fiebre* de Malta. ■ No varía en *pl.*

bruces, de *loc. adv.* **1.** Boca abajo: *caerse de bruces.* **2.** De frente: *darse de bruces con alguien o algo.* SIN. **1.** Prono. ANT. **1.** Supino.

brujería *s. f.* Forma de hechicería, practicada por personas que se supone han hecho pacto con espíritus malignos o con el demonio.

brujo, ja *s. m.* y *f.* **1.** Persona que practica la brujería. || *adj.* **2.** Cautivador, muy atractivo: *ojos brujos, amor brujo.* || *s. f.* **3.** *fam.* Mujer fea, vieja o de aspecto desagradable. **4.** *fam.* Mujer de malas intenciones o de mal carácter. || **5. caza de brujas** Persecución emprendida hacia un grupo por sus ideas políticas, religiosas o culturales. **SIN. 1.** Mago. **1.** y **2.** Hechicero, encantador. **2.** Seductor. **4.** Arpía. **ANT. 2.** Repulsivo, repugnante. **FAM.** Brujería. / Embrujar.

brújula (del ital. *bussola*, y éste del lat. vulg. *buxida*, cajita) *s. f.* Instrumento utilizado para orientarse, formado por una aguja imantada y suspendida por un eje, la cual gira debido al campo magnético terrestre y siempre señala, de una manera aproximada, la dirección norte-sur. || **LOC. perder la brújula** Perder una persona el control de algo, obrar desatinadamente y con desorientación. **FAM.** Brujulear, brujuleo.

brujulear *v. intr.* Ir de un sitio a otro buscando alguna cosa o con el fin de conseguir algo. **SIN.** Zascandilear.

brulote (del fr. *brûlot*, de *brûler*, quemar) *s. m. Amér.* Palabrota ofensiva.

bruma (del lat. *bruma*, solsticio de invierno) *s. f.* **1.** Niebla de poca densidad que se forma sobre el mar o la tierra, en las capas bajas de la atmósfera: *La visibilidad era escasa debido a la bruma.* **2.** Oscuridad o confusión en la mente de alguien. Se usa más en *pl.* **SIN. 1.** Neblina. **2.** Ofuscamiento, aturdimiento, desorden. **ANT. 2.** Claridad, orden. **FAM.** Brumoso. / Abrumar.

bruno, na (del germ. *brun*, moreno) *adj.* De color negro u oscuro.

bruñir (del germ. *brunjan*, de *brun*, moreno) *v. tr.* Sacar brillo a algo, particularmente al metal. ■ Es v. irreg. Se conjuga como *mullir.* **SIN.** Pulir, pulimentar, abrillantar. **FAM.** Bruñido.

brusco, ca (del lat. *ruscus*) *adj.* **1.** Aplicado a cosas, cambios, hechos, etc., repentino, rápido: *un descenso brusco de la temperatura.* **2.** Aplicado a personas, a su trato, acciones, dichos, etc., violento, poco amable o delicado: *Su sinceridad le hacía parecer brusco.* **SIN. 1.** Súbito, imprevisto, repentino. **2.** Rudo, tosco, grosero, descortés. **ANT. 1.** Previsto. **2.** Suave, cortés. **FAM.** Bruscamente, brusquedad.

bruselense *adj.* De Bruselas. También *s. m.* y *f.*

brut (fr.) *adj.* Se aplica al cava o al vino espumoso muy seco. También *s. m.*

brutal (del lat. *brutalis*) *adj.* **1.** Propio del bruto, violento, cruel. **2.** Muy grande o muy intenso: *un dolor de muelas brutal, una diferencia brutal.* **SIN. 1.** Salvaje, despiadado, inhumano, bárbaro. **1.** y **2.** Bestial. **2.** Enorme, tremendo. **ANT. 1.** Delicado, educado. **2.** Ligero, suave.

brutalidad *s. f.* **1.** Cualidad de brutal o cruel. **2.** Acción brutal. **SIN. 1.** y **2.** Bestialidad, crueldad. **ANT. 1.** y **2.** Ternura.

bruto, ta (del lat. *brutus*) *adj.* **1.** Se dice de la persona de poca inteligencia, necia e incapaz de hacer o entender algo: *Es muy bruto, no aprende nada.* También *s. m.* y *f.* **2.** Se dice de la persona que utiliza con exceso la fuerza física. También *s. m.* y *f.* **3.** Se aplica a la persona grosera, sin educación ni amabilidad. También *s. m.* y *f.* **4.** En su estado natural, sin pulir o refinar: *mineral bruto.* **5.** Referido al peso, total, sin descontar la tara. **6.** Referido a un sueldo, ganancia y otras cantidades de dinero, sin habérsele aplicado retenciones ni descuentos: *Gana al año tres millones brutos.* || *s. m.* **7.** Animal irracional y, más corrientemente, el caballo. || **LOC. a lo bruto** *adv.* A lo bestia. **en bruto** *adj.* y *adv.* Sin pulir; sin hacer descuento por la tara, el desperdicio, etc. **SIN. 1.** Torpe, estúpido, ignorante, inculto, mostrenco, estólido. **2.** Bestia, violento, cafre. **3.** Rudo, ordinario, patán, zafio. **4.** Basto, tosco. **ANT. 1.** Inteligente. **2.** Pacífico, apacible. **3.** Educado, comedido, amable, refinado. **4.** Refinado; fino, pulido. **5.** y **6.** Neto. **6.** Líquido. **FAM.** Brutal, brutalidad, brutalmente. / Embrutecer.

bruza (del ant. alto al. *brusta*) *s. f.* Cepillo de cerdas muy fuertes, generalmente con una correa para agarrarlo, como el que se usa para limpiar a las caballerías o los moldes de imprenta. **SIN.** Raspador.

buba (de *bubón*) *s. f.* Tumor blando con pus, sobre todo el causado por enfermedades venéreas, que sale en las ingles y a veces en las axilas y cuello. Se usa más en *pl.*

bubón (del gr. *bubon*, tumor) *s. m.* Inflamación de un ganglio linfático, en especial de la ingle. Suele ser consecuencia de enfermedades venéreas o de una enfermedad muy infecciosa, la peste bubónica. **FAM.** Buba, bubónico.

bucal (del lat. *bucca*, boca) *adj.* Relativo a la boca: *la cavidad bucal.* **FAM.** Bucofaríngeo. BOCA.

bucanero (del fr. *boucanier*) *s. m.* Pirata que en los s. XVII y XVIII saqueaba las posesiones españolas en América. **SIN.** Corsario, filibustero.

búcaro (del lat. *poculum*, vaso, taza) *s. m.* **1.** Botijo. **2.** Vasija de cerámica que se usa especialmente para poner flores. **SIN. 2.** Florero, jarrón.

buceador, ra *adj.* Que bucea. También *s. m.* y *f.* **SIN.** Buzo, submarinista.

bucear *v. intr.* **1.** Mantenerse y avanzar por debajo del agua moviendo brazos y piernas. **2.** Explorar a fondo un asunto. **SIN. 1.** Sumergirse. **2.** Profundizar. **ANT. 1.** Emerger. **FAM.** Buceador, buceo. BUZO.

buchada *s. f.* Cantidad de líquido que se toma de una vez en la boca o se expulsa de ella. **SIN.** Buche, trago, bocanada.

buche *s. m.* **1.** Cavidad del aparato digestivo de las aves en que se acumulan los alimentos de digestión lenta. **2.** Porción de líquido que cabe en la boca. **3.** *fam.* Estómago. || **LOC. hacerse buches** *Arg.* y *Urug.* Enjuagarse la boca con algún líquido sin tragarlo. **tener** (o **guardar**) algo **en el buche** *fam.* Callarlo, no decirlo. **SIN. 2.** Buchada, trago. **FAM.** Buchada. / Embuchar.

bucle (del fr. *boucle*, y éste del lat. *buccula*, boquita) *s. m.* **1.** Tirabuzón. **2.** Cualquier cosa con esta forma. **3.** En inform., serie de instrucciones de un programa cuya ejecución se repite hasta verse cumplido un resultado (condición de salida).

bucofaríngeo, a *adj.* Relativo a la boca y a la faringe.

bucólico, ca (del lat. *bucolicus*, y éste del gr. *bukolikos*, de *bukolos*, boyero) *adj.* **1.** En lenguaje culto, se aplica a la vida en el campo, en especial la de los pastores, a su ambiente, paisaje, etc. **2.** Se dice de la poesía u otro género literario de asunto pastoril o campestre y del poeta que la cultiva. También *s. f.* **3.** Relativo a este tipo de poesía. **FAM.** Bucolismo.

budín (del ingl. *pudding*) *s. m.* Pudín*.

budismo *s. m.* Religión fundada por Buda hacia la segunda mitad del s. VI a. C. extendida por numerosos países de Asia. **FAM.** Budista.

buen *adj. apóc.* de **bueno**. Se usa delante de sustantivos: *buen trabajo, un buen libro.*

buenamente *adv. m.* **1.** En ciertas expr., por lo general con el verbo *poder*, fácilmente, dentro de las posibilidades de alguien: *Lo haré como buenamente pueda.* **2.** Voluntariamente, sin forzar: *Pregúntaselo por si buenamente te lo quiere decir.*

buenaventura *s. f.* **1.** Buena suerte. **2.** Adivinación del futuro de alguien que pretenden hacer las gitanas a cambio de dinero, generalmente mirando las rayas de la mano. ■ Suele usarse con los verbos *echar* o *decir*.

buenazo, za *adj.* Se dice de la persona bondadosa, pacífica, dócil y algo ingenua o débil de carácter. También *s. m.* y *f.* SIN. Bonachón, bendito. ANT. Malo.

buenecito, ta *adj.* Se aplica a una persona sumisa y dócil o a la que finge serlo. ■ Suele ir precedido de *tan* y *muy*: *¡Tan buenecito que parecía!*

bueno, na (del lat. *bonus*) *adj.* **1.** Se aplica a lo que es como debe ser de acuerdo con su naturaleza o función: *un buen cuchillo, unas buenas gafas.* **2.** Se dice de la persona que piensa y obra bien según la moral, y de todo aquello que, conforme a ésta, es como debe ser: *un niño bueno, los buenos sentimientos.* También *s. m.* y *f.*: *En las películas los buenos siempre ganan.* ■ Si precede al nombre de persona, indica que ésta es inofensiva, que no hace mal: *una buena persona.* Si va detrás del nombre, expresa bondad superior a la corriente: *una mujer buena.* En el primer caso también puede usarse como sustantivo, con el sentido de 'simple, sencillote': *el bueno de Ángel.* **3.** Bien hecho, valioso, de calidad: *una buena película.* **4.** Oportuno, útil, conveniente: *Es un buen momento para darle la noticia.* **5.** Agradable, gustoso, gracioso, divertido: *una comida muy buena, un chiste muy bueno.* **6.** Sano: *No salgas hasta que te pongas bueno.* **7.** Referido al tiempo atmosférico, apacible, templado. También *adv.*: *hacer bueno.* **8.** De tamaño, duración, intensidad o importancia considerables: *Ha caído una buena nevada.* **9.** *fam.* Se dice de la persona muy atractiva físicamente: *La protagonista de la película está muy buena.* **10.** No estropeado ni roto, que puede servir: *Ese traje todavía está bueno.* ‖ *s. f.* **11.** Equivale a *peligro, reprimenda, lío*, etc., o, en general, a algo negativo y de considerable importancia: *Te has metido en una buena.* ‖ *adv.* **12.** Equivale a *bien* y se emplea para expresar conformidad, asentimiento o resignación, paciencia: *–¿Vienes con nosotros? –Bueno. Bueno, ya te cansarás.* ‖ *interj.* **13.** Denota sorpresa desagradable: *¡Bueno! ¡Hasta ahí podíamos llegar!* **14.** También se usa como equivalente de *¡basta!*: *¡Bueno! (¡Bueno está!) No me eches más café.* ‖ LOC. **a la buena de Dios** *adv.* Sin preparación o sin cuidado. **¡buenas!** *excl.* Forma de saludo. **de buenas** *adv.* Con *estar* y otros verbos, de buen humor, bien dispuesto. **de buenas a primeras** *adv.* De improviso, de pronto, a primera vista, en el primer encuentro. **estaría bueno que...** (o **¡estaría bueno!**) Indica sorpresa o temor de que pueda ocurrir cierta cosa o, también, que se considera una cosa fuera de lugar, injusta: *Estaría bueno que, con lo que estudias, hubieses suspendido. No creo que encima le premien, ¡estaría bueno!* **por las buenas** *adv.* Voluntariamente, sin tener que usar la fuerza o la violencia. **¡qué bueno!** *excl.* ¡Qué bien! ■ Cuando funciona como adj. o adv., se utilizan como comparativo, indistintamente, *mejor* o *más bueno.* SIN. **1.** y **3.** Correcto. **2.** Honrado, virtuoso, bondadoso; recto, justo. **4.** Adecuado; provechoso, beneficioso. **5.** Grato, apetecible; rico. **6.** Curado, restablecido. **8.** Grande, intenso. **9.** Macizo. **10.** Servible, utilizable. ANT. **1.** a **7.** Malo. **1.** y **3.** Incorrecto, defectuoso. **2.** Malvado, maligno, torcido, injusto. **4.** Inadecuado. **5.** Desagradable. **6.** Enfermo, achacoso. **7.** Desapacible. **8.** Ligero, escaso. **10.** Inútil, inservible. FAM. Bonachón, bondad, bonificar, bonísimo, buen, buenamente, buenazo, buenecito, buenísimo. / Abonar[1].

buey (del lat. *bos, bovis*) *s. m.* **1.** Toro castrado, especialmente el de 18 a 24 meses, caracterizado por su gran fortaleza, que lo hizo idóneo para las tareas agrícolas más duras; actualmente su cría se dedica exclusivamente a la obtención de carne. ‖ **2. buey de mar** Crustáceo semejante al cangrejo, con cinco pares de patas, de las cuales las dos primeras terminan en unas robustas pinzas con las puntas negras. ‖ LOC. **arar con los bueyes que se tiene** *fam.* Aprovechar los medios de que se dispone o sacar partido de ellos. **¡habló el buey y dijo mu!** *fam.* Expresión con que se ridiculiza a la persona callada que de pronto dice una tontería. FAM. Bovino, boyada, boyeriza, boyero.

búfalo (del lat. *bufalus*) *s. m.* **1.** Mamífero rumiante, de la familia bóvidos, similar al toro, con cuernos largos, curvados hacia atrás y anchos por la base. **2.** Bisonte americano.

bufanda (del ant. fr. *bouffante*) *s. f.* **1.** Prenda larga de punto o tejido, generalmente de lana, que se pone alrededor del cuello como abrigo o adorno. **2.** *fam.* Paga extra, gratificación.

bufar *v. intr.* **1.** Resoplar con ira el toro, el caballo y otros animales. **2.** *fam.* Manifestar alguien enfado resoplando como lo hacen los animales o de otro modo. SIN. **2.** Bramar, gruñir, refunfuñar. FAM. Bufido. / Rebufe, rebufo.

bufé (del fr. *buffet*) *s. m.* **1.** Mesa, mostrador o lugar semejante, donde se colocan en las fiestas o restaurantes una serie de platos fríos y calientes, bebidas, etc., para que los asistentes se sirvan. **2.** Este tipo de comida. ■ A veces se usan también las formas *bufet* o *buffet*, pero *bufé* es la admitida por la Real Academia.

bufete (del fr. *buffet*, aparador) *s. m.* **1.** Despacho y clientela de un abogado. **2.** Mesa de escribir con una parte de cajones y divisiones encima del tablero. SIN. **2.** Escritorio, bargueño, buró. FAM. Bufé.

buffer (ingl.) *s. m.* En inform., memoria intermedia que almacena la información enviada de un dispositivo a otro y permite seguir trabajando en el sistema mientras se transmiten los datos según se procesan.

bufido *s. m.* **1.** Sonido emitido por el animal que bufa. **2.** *fam.* Respuesta brusca o expresión de enfado. SIN. **1.** y **2.** Resoplido, gruñido, rebufe. **2.** Exabrupto.

bufo, fa (del ital. *buffo*) *adj.* **1.** Cómico, que provoca risa o burla: *Hizo un comentario bufo.* **2.** Se aplica a un género de ópera surgido en Italia en el s. XVIII que resaltaba los aspectos más humorísticos. ‖ *s. m.* y *f.* **3.** En la ópera italiana, personaje que hace el papel de gracioso. SIN. **1.** Grotesco, burlesco, chusco, chocarrero. ANT. **1.** Serio, grave.

bufón (del ital. *buffone*) *s. m.* **1.** Persona que vivía en palacio y cuyo trabajo consistía en divertir a reyes y cortesanos con sus gracias grotescas y sus agudezas. **2.** Persona que hace reír a otras, especialmente si es patosa o pesada. SIN. **1.** Histrión, payaso. FAM. Bufo, bufonada, bufonesco.

bufonada *s. f.* Dicho o hecho propio de un bufón. SIN. Payasada, chocarrería, bobada.

buga *s. m. fam.* Coche, automóvil.

buganvilla (del nombre del navegante francés Louis-Antoine de *Bougainville*) *s. f.* Planta arbustiva o trepadora originaria de Sudamérica, de flores pequeñas, rodeadas de brácteas de brillantes colores que parecen de papel.

buggy (ingl.) *s. m.* Automóvil todoterreno con carrocería baja y neumáticos muy anchos, generalmente descubierto.

bugle (del fr. *bugle*, y éste del lat. *buculus*, buey pequeño) *s. m.* Instrumento musical de viento, con un largo tubo cónico y enroscado de metal y pistones.

bugui-bugui (del ingl. *boogie-woogie*) *s. m.* Música y baile popular de ritmo muy rápido, de moda en Estados Unidos en los años cuarenta.

buhardilla *s. f.* **1.** Piso de una casa inmediatamente debajo del tejado, por lo general con el techo inclinado, que se utiliza normalmente para guardar trastos, aunque puede acondicionarse como vivienda. **2.** Ventana en una construcción con forma de casilla, que sobresale por encima del tejado y sirve para dar luz a los desvanes. ■ Se dice también *guardilla*. SIN. **1.** Desván, mansarda. FAM. Abuhardillado.

búho (del lat. *bufo*) *s. m.* **1.** Ave rapaz de costumbres nocturnas, con plumaje suave y esponjoso, dos mechones de plumas que parecen orejas y grandes ojos con los que sólo puede mirar de frente; caza pequeños mamíferos, aves e insectos. **2.** *fam.* Persona a la que le gusta trasnochar o que vive principalmente de noche. SIN. **2.** Noctámbulo, trasnochador.

buhonería *s. f.* Mercancías de buhonero, generalmente de poco valor, como botones, cintas, peines, etc. Se usa mucho en *pl.* SIN. Baratijas, fruslerías.

buhonero, ra *s. m.* y *f.* Vendedor ambulante, que lleva sus mercancías por la calle o de pueblo en pueblo en una cesta o recipiente similar, en un carrito u otro vehículo. SIN. Mercachifle, quincallero. FAM. Buhonería.

buido, da (del lat. *vocitus*, hueco) *adj.* **1.** Afilado, aguzado. **2.** Acanalado, con estrías. SIN. **2.** Estriado. ANT. **1.** Romo, achatado.

buitre (del lat. *vultur, -uris*) *s. m.* **1.** Ave rapaz diurna, que suele tener la cabeza y el cuello desprovistos de plumas y se alimenta de animales muertos; sus grandes alas le permiten volar durante horas a gran altura, aprovechando las corrientes de aire caliente y detectar así el alimento. **2.** *fam.* Persona egoísta o que se aprovecha de lo ajeno con maña. FAM. Buitrear.

buitrear *v. tr. fam.* Aprovecharse de una persona, quitándole algo o disfrutando de lo que pertenece a ésta: *Le buitrea el tabaco a su padre.* También *v. intr.* SIN. Gorronear, mangar.

bujarrón (del bajo lat. *bulgarus*, búlgaro, usado a modo de insulto como 'hereje', por ser ortodoxos) *s. m. desp.* Hombre homosexual.

buje *s. m.* Pieza cilíndrica que reviste interiormente el cubo de una rueda u otra pieza que gira en torno a un eje. SIN. Manguito.

bujía (de *Bujía*, ciudad de Argelia) *s. f.* **1.** Vela de cera blanca, parafina u otra sustancia. **2.** Candelero en que se pone. **3.** Pieza de los motores de explosión, que sirve para producir la chispa que inflama la mezcla explosiva comprimida en el cilindro. SIN. **1.** Candela, cirio. **2.** Palmatoria.

bula (del lat. *bulla*, bola) *s. f.* Documento pontificio que trata especialmente sobre la concesión de privilegios y suele llevar un sello de plomo con forma de bola. || LOC. **tener bula para** algo *fam.* Obtener un permiso para hacer algo que otros no pueden o gozar de facilidades con que los demás no cuentan. SIN. Beneficio, exención.

bulbar *adj.* Del bulbo raquídeo.

bulbo (del lat. *bulbus*) *s. m.* **1.** Tallo subterráneo de algunos vegetales como la cebolla o el tulipán, de forma globular y cubierto por hojas membranosas o carnosas. **2.** Parte abultada y blanda de algunos órganos. || **3. bulbo raquídeo** Ensanchamiento de la médula espinal situado en la base del cráneo; es un órgano conductor de las corrientes nerviosas sensitivas y motoras. FAM. Bulbar, bulboso.

bulboso, sa *adj.* **1.** En forma de bulbo. **2.** Se aplica a las plantas que tienen bulbos.

buldog (del ingl. *bulldog*, de *bull*, toro, y *dog*, perro) *s. m.* Perro de presa, originario de Inglaterra, que se distingue por su cara achatada y su gran robustez.

buldoser o **buldozer** (del ingl. *bulldozer*) *s. m.* Máquina excavadora provista de una cuchilla de acero curvada que se acciona mediante brazos móviles.

bulerías *s. f. pl.* Cante y baile popular andaluz de ritmo vivo, que se acompaña con palmas.

bulevar (del fr. *boulevard*) *s. m.* Calle ancha con árboles y un paseo central.

búlgaro, ra *adj.* **1.** De Bulgaria. También *s. m.* y *f.* || *s. m.* **2.** Lengua hablada en este país europeo.

bulimia (del gr. *bulimia*, de *bulimos*, de *bus*, buey, y *limos*, hambre) *s. f.* Enfermedad que se manifiesta con un deseo de comer exagerado o insaciable. SIN. Voracidad. ANT. Anorexia, inapetencia.

bulla *s. f.* **1.** Ruido y confusión de voces, gritos y risas. ■ Se usa especialmente con verbos como *meter* o *armar*. **2.** Reunión de mucha gente. SIN. **1.** Algazara, jaleo, bullicio, alboroto. **2.** Aglomeración. ANT. **1.** Calma, silencio. FAM. Bullanga, bullanguero. BULLIR.

bullabesa (del fr. *bouillabaisse*) *s. f.* Sopa de pescado y marisco a la que se añade especias, aceite y vino y que suele servirse con rebanadas de pan.

bullanga *s. f.* Bulla, bullicio. SIN. Jaleo, jarana, follón. ANT. Calma, silencio.

bullanguero, ra *adj.* Alborotador, aficionado a armar bulla. También *s. m.* y *f.* SIN. Juerguista, revoltoso, jaranero. ANT. Tranquilo, sosegado, apacible.

bulldog *s. m.* Buldog*.

bulldozer *s. m.* Buldoser*.

bullicio *s. m.* **1.** Ruido producido por las voces y risas de mucha gente. **2.** Gran movimiento y actividad de personas: *A mi hermano le gusta el bullicio de la ciudad.* SIN. **1.** Bulla, bullanga, alboroto, jaleo. **2.** Animación, ajetreo. ANT. **1.** Silencio. **1.** y **2.** Calma, tranquilidad. FAM. Bulliciosamente, bullicioso. BULLIR.

bullir (del lat. *bullire*) *v. intr.* **1.** Hervir el agua u otro líquido cualquiera. P. ext., agitarse una cosa con movimiento similar al del agua hirviendo. **2.** Moverse de un lugar a otro o tener mucha actividad una persona, animal o cosa, o un gran número de ellas: *Bullía en el sillón mientras esperaba. La multitud bullía en la plaza.* **3.** Entrar en gran actividad cosas inmateriales: *En cuanto se pone a escribir, le bullen las ideas.* **4.** Rebullir, empezar a moverse alguien o algo que estaba quieto. ■ Es v. irreg. Se conjuga como *mullir.* SIN. **1.** Burbujear, cocer. **2.** Hormiguear, pulular. **4.** Excitarse, removerse, activarse. FAM. Bulla, bullicio. / Ebullición, rebullir.

bullón (del lat. *bulla,* bola) *s. m.* **1.** Pliege de forma redondeada que se hace como adorno en las telas. **2.** Adorno metalico en forma de cabeza de clavo que tienen las cubiertas de algunos libros grandes, sobre todo los de coro. FAM. Abullonado.

bulo *s. m.* Noticia falsa que se difunde con algún fin: *Corren muchos bulos sobre su vida pasada.* SIN. Bola, embuste, mentira, trola. ANT. Verdad.

bulto (del lat. *vultus,* rostro) *s. m.* **1.** Abultamiento que sobresale en una superficie o parte endurecida relativamente pequeña en una masa, en especial los que se encuentran en alguna parte del cuerpo. **2.** Cada uno de los fardos, paquetes, maletas, etc., que forman parte de un equipaje o carga. Se usa mucho en *pl.*: *No sé cómo os las arregláis para viajar con tantos bultos.* **3.** Objeto cuya forma no se distingue bien por estar lejos o cubierto, por falta de luz, etc.: *Vi un bulto en la oscuridad.* **4.** Volumen, cualidad de lo que ocupa espacio: *Ese mueble tiene poco bulto.* || **5. bulto redondo** Escultura que se ve por todo su contorno por estar aislada. || LOC. **a bulto** *adv.* A ojo, aproximadamente, sin contar ni medir las cosas. **de bulto** *adj.* Referido a error o cosa similar, grave, de importancia, muy manifiesto. **escurrir** uno **el bulto** *fam.* Esquivar un problema, trabajo o compromiso. **estar** (o **ir**) **de bulto** o **hacer bulto** *fam.* Asistir a algo sin participar en ello, sólo por estar. **ir al bulto** En tauromaquia, embestir el toro al cuerpo del torero; en fútbol, ir por el jugador y no por el balón; p. ext., atacar o ir contra una persona abiertamente y con dureza, para hacerle daño o perjudicarla. SIN. **1.** Chichón, bollo, protuberancia. **3.** Masa. **4.** Tamaño. FAM. Abultar.

bumerán (del ingl. australiano *boomerang,* y éste de la voz aborigen *wo-mur-rang*) *s. m.* **1.** Arma arrojadiza, característica de los indígenas australianos, que consiste en una lámina de madera en forma de V algo más abierta y que, una vez lanzada, puede volver al punto de partida. **2.** Aquello que puede volverse contra uno, p. ej. un éxito que acaba por resultar perjudicial. ■ Se escribe también *boomerang.*

bungaló o **bungalow** (del ingl. *bungalow*) *s. m.* **1.** Originariamente, tipo de vivienda inglesa en la India. **2.** Casa de campo de un solo piso y reducidas dimensiones, generalmente construida con materiales ligeros. ■ Su pl. es *bungalós* y *bungalows,* respectivamente.

búnker (del al. *Bunker*) *s. m.* **1.** En lenguaje militar, pequeña construcción de cemento, de gruesos muros, ocupada normalmente por una dotación de hombres con algún armamento de alto calibre. **2.** Refugio subterráneo contra bombardeos. **3.** Grupo político o económico, de ideas muy conservadoras, que se opone a toda evolución o cambio. ■ Su pl. es *búnkers.*

buñuelo (del ant. alto al. *bungo,* gleba, bulbo) *s. m.* **1.** Masa frita de harina y agua que queda esponjosa y en forma de bola hueca. **2.** Cualquier cosa hecha sin cuidado, mal o chapuceramente: *Ese traje es un buñuelo.* || **3. buñuelo de viento** El relleno de nata, cabello de ángel y otras cremas, típico en España del día de Todos los Santos. SIN. **2.** Churro, chapuza, birria.

buque (del fr. *buc,* casco) *s. m.* **1.** Barco de envergadura para grandes navegaciones. || **2. buque escuela** Barco de la marina de guerra en que completan su instrucción los cadetes de la escuela naval. **3. buque insignia** Aquel en que va el jefe de una escuadra o división naval. **4. cabeza buque** *fam.* Persona que tiene la cabeza muy grande.

buqué (del fr. *bouquet*) *s. m.* Aroma y sabor de los vinos de buena calidad.

burbuja *s. f.* **1.** Bolsa de aire u otro gas que se forma en un líquido y que sale a la superficie del mismo. **2.** Flotador que se ata a la espalda. SIN. **1.** Pompa. FAM. Burbujeante, burbujear, burbujeo.

burbujear *v. intr.* Formar un líquido burbujas que estallan en la superficie. SIN. Borbotar, hervir, bullir, gorgotear.

burdel (del ant. fr. *bordel,* choza) *s. m.* Prostíbulo. SIN. Lupanar, mancebía.

burdeos *s. m.* **1.** Vino de Burdeos. **2.** Color rojo violáceo, semejante al de este vino. ■ Se usa mucho en aposición: *una camisa burdeos.* No varía en *pl.*

burdo, da (del lat. *brutus*) *adj.* Tosco, basto, que no tiene calidad o delicadeza: *un paño burdo, una persona burda.* SIN. Ordinario, zafio, grosero, rudo. ANT. Fino, refinado. FAM. Burdamente.

bureo (del fr. *bureau,* oficina) *s. m.* **1.** Juerga, entretenimiento, diversión: *irse de bureo.* **2.** *fam.* Paseo, vuelta: *darse un bureo.* SIN. **1.** Jarana, jolgorio, farra, parranda, francachela. **2.** Garbeo.

bureta (del fr. *burette*) *s. f.* Tubo de vidrio, largo y graduado, uno de cuyos extremos está abierto y el otro puede abrirse o cerrarse mediante una llave. Se usa en laboratorios químicos para determinar volúmenes.

burga *s. f.* Manantial de agua caliente.

burgalés, sa *adj.* De Burgos. También *s. m.* y *f.*

burger (ingl.) *s. m.* Hamburguesería*.

burgo (del germ. *burg,* ciudad, villa) *s. m.* **1.** Antigua fortaleza construida por los nobles feudales en toda Europa desde el s. X para vigilar la comarca y proteger el territorio donde ejercían su jurisdicción. **2.** En la Edad Media, núcleo de población formado fundamentalmente por artesanos y comerciantes. **3.** Aldea, pueblo, villorrio. FAM. Burgomaestre, burgués.

burgomaestre (del al. *Burgmeister,* de *Burg,* ciudad, villa, y *Meister,* magistrado) *s. m.* Alcalde o primer mandatario municipal en algunas ciudades de Alemania, Suiza, Países Bajos, etc.

burgués, sa *adj.* **1.** Antiguamente, natural o habitante de un burgo. También *s. m.* y *f.* **2.** Relativo a los burgos medievales. **3.** Se aplica a la persona perteneciente a la clase alta o media alta. También *s. m.* y *f.* **4.** En sentido desp. o irónico, se aplica a la persona a la que le gusta vivir cómodamente, sin problemas, y disfrutar de un alto nivel de vida. También *s. m.* y *f.* **5.** Relativo a los burgueses o al grupo social que constituyen. SIN. **3.** Capitalista, pudiente, adinerado. FAM. Burguesía. / Aburguesar, pequeñoburgués. BURGO.

burguesía *s. f.* Clase social constituida por los burgueses, personas de clase alta o media alta.

buril (del fr. *burin*) *s. m.* Punzón de acero usado principalmente por los grabadores para trabajar el metal.

burla (del lat. *burrula,* de *burrae,* necedades) *s. f.* **1.** Palabras, gestos o acciones jocosos con que se pretende poner en ridículo o menospreciar a una persona o cosa: *Algunos chicos hacían burla al profesor en cuanto se daba la vuelta.* **2.** Desconsideración que puede llegar a ser un desprecio: *Su forma de ignorarnos fue una burla.* **3.** Broma, chanza. **4.** Engaño. || LOC. **burla burlando** *adv. fam.* Sin darse cuenta, sin advertirlo; también, con disimulo, como quien no quiere la cosa. SIN. **1.** Mofa, befa, sátira. **2.** Desaire, grosería. **3.** Pitorreo, chunga, chacota. **4.** Estratagema, manejo. FAM. Burladero, burlador, burlar, burlesco, burlón, burlonamente.

burladero *s. m.* Trozo de valla puesto delante de la barrera en las plazas de toros y tentaderos para refugiarse detrás de él.

burlador *s. m.* Hombre que acostumbra a seducir a las mujeres y abandonarlas después. SIN. Seductor, donjuán.

burlar *v. tr.* **1.** Eludir, librarse, esquivar: *Burlar a un perseguidor, a la justicia, la embestida del toro un torero.* **2.** Engañar. || **burlarse** *v. prnl.* **3.** Reírse, hacer burla de alguien o algo. ■ Se usa seguido de la prep. *de*: *Se burla de todo.* SIN. **1.** Evitar, zafarse, escapar. **2.** Embaucar. **3.** Mofarse, chotearse, pitorrearse, cachondearse.

burlesco, ca *adj.* Que implica burla: *Lo dijo en tono burlesco. Esa obra pertenece al género burlesco.* SIN. Burlón, sarcástico, irónico. ANT. Serio, grave.

burlete (del fr. *bourrelet*, de *bourre*, borra) *s. m.* Tira de tela con algún relleno o fabricada en material plástico esponjoso, que se coloca en las rendijas de puertas y ventanas para impedir el paso del aire.

burlón, na *adj.* **1.** Se dice de la persona inclinada a burlarse. También *s. m.* y *f.* **2.** Que implica o denota burla: *una risa burlona.* SIN. **1.** Bromista, guasón. **2.** Burlesco, sarcástico. ANT. **1.** y **2.** Serio, grave.

buró (del fr. *bureau*, oficina, escritorio) *s. m.* **1.** Escritorio, particularmente el que tiene cajones y departamentos encima del tablero con una especie de persiana de madera que deja cerrado todo el mueble. **2.** Órgano dirigente de algunas asociaciones, en especial partidos políticos: *el buró político del partido comunista.* SIN. **1.** Bufete. FAM. Burocracia.

burocracia (del fr. *bureaucratie*, y éste de *bureau*, oficina, y del gr. *kratos*, poder) *s. f.* **1.** Conjunto de normas, órganos y personal especializado que hacen posible el funcionamiento de una organización compleja, particularmente de la administración de un Estado. **2.** *desp.* Tendencia a seguir este sistema con excesivo rigor, lo cual produce una especial lentitud en las gestiones y decisiones, acumulación de papeleo, etc. SIN. **2.** Burocratismo. FAM. Burócrata, burocrático, burocratismo, burocratizar. BURÓ.

burócrata *s. m.* y *f.* **1.** Empleado de la administración pública. **2.** P. ext., persona que trabaja en la dirección de algunas organizaciones: *los burócratas de los partidos políticos.* **3.** *desp.* Persona que da excesiva importancia a los trámites y al papeleo. SIN. **1.** Funcionario.

burocrático, ca *adj.* **1.** Propio de la burocracia. **2.** Que requiere muchos trámites.

burrada *s. f.* **1.** *fam.* Acto violento con el que se causa daño a personas o cosas: *Fue una burrada que rompierais la luna del escaparate.* **2.** Acción imprudente o perjudicial para quien la realiza: *Es una burrada conducir a esa velocidad. Es una burrada que trabajes tantas horas seguidas.* **3.** *fam.* Error grave: *He puesto una burrada en el examen.* **4.** Gran cantidad: *una burrada de dinero.* SIN. **1.** Gamberrada. **1.** a **4.** Barbaridad, salvajada, animalada. **2.** Inconsciencia, insensatez, locura. **3.** Disparate, necedad, estupidez.

burro, rra *s. m.* y *f.* **1.** Asno*. **2.** Persona que actúa sin delicadeza o abusando de su fuerza. También *adj.* **3.** Persona que trabaja muy duro. || *s. m.* **4.** Borriqueta*. **5.** Nombre de varios juegos de cartas y el que pierde en ellos. **6.** Juego de pídola y aquel al que le toca quedar. || **7. burro de carga** Burro que se dedica a transportar cargas. También, persona que trabaja en exceso o tiene mucho aguante. || LOC. **apearse** (**bajarse** o **caer**) alguien **del burro** *fam.* Acabar por convencerse de algo, reconocer un error, ceder. **no ver tres en un burro** *fam.* Ver muy poco o muy mal. SIN. **1.** Jumento, rucio, pollino, animal, zopenco, zote, necio. **1.** a **4.** Borrico. **2.** Bestia, bruto, cabestro. ANT. **1.** Lince, águila. **2.** Fino, delicado. **3.** Vago. FAM. Burrada. BORRICO.

bursátil *adj.* De la bolsa² o relacionado con ella: *actividad bursátil.*

burujo (del lat. vulg. *voluculum*, por *volucra*, envoltura) *s. m.* Pequeño bulto o grumo que se forma en la lana, en las masas, en el engrudo, etc. ■ Se dice también *borujo*. SIN. Gurullo. FAM. Borujo, emburujar. ORUJO.

burundiano, na o **burundés, sa** *adj.* De Burundi, país de África. También *s. m.* y *f.*

bus *s. m.* **1.** *acort.* de **autobús.** ■ Se utiliza también como sufijo: *microbús, ferrobús.* **2.** En inform., vía de comunicación en la estructura de un microordenador entre la unidad central y los diferentes órganos que se le conecten. FAM. Aerobús, bibliobús, bonobús, ferrobús, metrobús, microbús, ómnibus, trolebús. AUTOBÚS.

busca *s. f.* **1.** Acción de buscar: *La niebla dificultó la busca del montañero.* **2.** Recogida de objetos y materiales útiles en la basura, los desperdicios, etc. || *s. m.* **3.** *fam.* Dispositivo que le permite a quien lo lleva ser localizado en casos de emergencia en un determinado radio de acción. SIN. **1.** Búsqueda, indagación. **3.** Buscapersonas.

buscador, ra *adj.* **1.** Que busca. || *s. m.* **2.** En inform., base de datos de Internet a la que uno puede conectarse mediante una página web.

buscapersonas *s. m.* Busca*, dispositivo para localizar a alguien. ■ No varía en *pl.*

buscapiés *s. m.* Cohete sin varilla que, al encenderlo, corre por el suelo entre los pies de la gente. ■ No varía en *pl.*

buscapleitos *s. m.* y *f.* Persona amiga de riñas y problemas. ■ No varía en *pl.*

buscar *v. tr.* **1.** Poner los medios necesarios para encontrar a alguien o algo: *buscar casa, buscar novio, buscar una solución.* **2.** Recoger a una persona: *Vendrán a buscarme.* **3.** Seguido de infinitivo, intentar, procurar: *Siempre busca agradar a los demás.* **4.** Provocar algo o a alguien: *Tú sigue buscándole que le vas a encontrar.* También *v. prnl.* con valor expresivo: *buscarse una regañina.* || LOC. **buscarse la vida** o **buscárselas** *fam.* Ingeniárselas. ■ Delante de *e* se escribe *qu* en lugar de *c*: *busque.* SIN. **1.** Indagar, escudriñar, explorar, investigar. ANT. **1.** Encontrar. FAM. Busca, buscador, buscapiés, buscapleitos, buscavidas, buscón, búsqueda. / Rebuscar.

buscavidas *s. m.* y *f.* Persona que sabe ingeniárselas. ■ No varía en *pl.*

buscón, na *adj.* **1.** Que busca. También *s. m.* y *f.* **2.** Ratero, estafador. También *s. m.* y *f.* || *s. f.* **3.** Prostituta. SIN. **2.** Timador. **3.** Ramera, meretriz.

busilis (del lat. *in diebus illis*) *s. m. fam.* Intríngulis, punto en que radica la dificultad o el interés de un asunto. ■ No varía en *pl.*

búsqueda *s. f.* Acción de buscar, especialmente en trabajos policiacos o investigaciones, como p. ej. las realizadas en archivos. **SIN.** Indagación, exploración.

bustier (fr.) *s. m.* Prenda femenina, ajustada, sin tirantes, que cubre desde el pecho hasta la cintura.

busto (del lat. *bustum*, lugar donde se queman los cadáveres, monumento funerario) *s. m.* **1.** Parte superior del tórax de una persona, y especialmente la parte delantera. **2.** Pechos de la mujer. **3.** Escultura o pintura que representa la cabeza y la parte superior del tórax de una persona. **SIN. 1.** Torso, tronco. **2.** Senos, tetas, delantera, pechuga.

butaca (del cumanagoto, dial. caribe de Venezuela, *putaca*, asiento) *s. f.* **1.** Silla blanda con brazos y el respaldo generalmente inclinado hacia atrás: *Le gusta leer sentado en su butaca.* **2.** Asiento de un teatro o cine, especialmente en la planta baja. **3.** Billete para el teatro o cine, particularmente para el patio de butacas.: *Saca tres butacas para la primera sesión.* **SIN. 1.** Sillón. **3.** Localidad, entrada. **FAM.** Butaque.

butanero, ra *s. m.* y *f.* **1.** Persona que trabaja en una empresa de distribución de bombonas de butano. || *s. m.* **2.** Barco que transporta gas butano.

butanés, sa *adj.* De Bután, estado del S de Asia. También *s. m.* y *f.*

butano *s. m.* **1.** Hidrocarburo saturado de cuatro carbonos que se encuentra en el petróleo y en el gas natural; está en estado gaseoso a temperatura ordinaria y se emplea fundamentalmente como combustible, envasado en bombonas de acero a alta presión. **2.** Color anaranjado, como el que suelen tener las bombonas en que se envasa este gas. ■ Se usa mucho en aposición. **FAM.** Butanero, butírico.

butaque *s. m. Amér.* Butaca, asiento.

buten, de *loc. fam.* Buenísimo, lo mejor en su clase: *una comida de buten.* **SIN.** Excelente, fenomenal, estupendo.

butifarra (del cat. *botifarra*) *s. f.* Embutido de cerdo que contiene gran proporción de tocino; se elabora principalmente en Cataluña, Valencia y Baleares.

butírico, ca *adj.* **1.** Se dice de un ácido derivado del butano, líquido e incoloro, que se encuentra en la grasa de la leche y desprende un olor desagradable; se emplea en perfumes sintéticos y aditivos alimenticios. **2.** De ese ácido o relacionado con él.

butrón *s. m.* Boquete abierto por los ladrones en paredes y techos, generalmente de estancias contiguas a aquellas en que quieren robar.

buzo (del port. *buzio*, caracol que vive debajo del agua) *s. m.* **1.** Persona que trabaja debajo del agua para tareas de salvamento, investigación, etc. **2.** Nombre que se da a algunas prendas de vestir de una sola pieza que cubren todo el cuerpo. **3.** *Amér.* Chándal, sudadera. **FAM.** Bucear.

buzón (del ant. *bozón*, ariete, y éste del franco *bultjo*) *s. m.* **1.** Receptáculo o caja en donde se echan las cartas y papeles para el correo u otro destino: *buzón de correos, buzón de sugerencias.* **2.** *fam.* Boca muy grande. **3.** Sistema informático para dejar mensajes destinados a otras personas. || **4. buzón de voz** Servicio telefónico que permite dejar grabados mensajes que el usuario puede escuchar desde su propio teléfono. **FAM.** Buzoneo.

buzoneo *s. m.* Actividad que consiste en repartir propaganda por los buzones de las casas.

bwana (suahili) *s. m.* y *f. fam.* Amo: *Sí bwana, lo que tú digas.*

bypass (ingl.) *s. m.* Prótesis artificial o biológica que comunica dos puntos de una arteria dañada.

byte (ingl.) *s. m.* Conjunto de 8 bits, también llamado octeto, característico del tamaño de celda en la memoria de un microordenador. **FAM.** Gigabyte.

c *s. f.* Tercera letra del abecedario español y segunda consonante. Seguida de *e* o *i* tiene una articulación interdental, fricativa y sorda, como la *z*; en los demás casos su articulación es velar, oclusiva y sorda, como la *k*. Su nombre es *ce*. ■ Junto con la *h*, forma el dígrafo *ch* de articulación palatal, africada, sorda: *choto*.

¡ca! *interj.* Expresión poco usada que indica incredulidad o negación: *¿Que has sacado un sobresaliente? ¡Ca! No me lo creo.* ■ La forma familiar es *¡quia!* **FAM.** ¡Quia!

cabal (de *cabo*) *adj.* **1.** Se aplica a la persona recta y justa: *Tu padre es un hombre cabal.* **2.** Exacto en su peso o medida: *las cuentas cabales.* **3.** Entero, completo: *Realizó el trabajo en nueve meses cabales.* || **LOC. no estar** una persona **en sus cabales** Estar loco. **SIN. 1.** Intachable. **1.** y **3.** Íntegro. **2.** Ajustado, preciso. **ANT. 1.** Despreciable. **2.** Inexacto. **3.** Incompleto. **FAM.** Cabalmente. / Descabalar. CABO.

cábala (del hebreo *qabbalah*, tradición) *s. f.* **1.** Conjunto de doctrinas filosóficas y religiosas que surgieron hacia el s. IV en el judaísmo para explicar e interpretar los textos del Antiguo Testamento y que, con el tiempo, dieron lugar a prácticas mágicas y supersticiosas. **2.** Cualquier práctica supersticiosa para adivinar algo. **3.** Pensamiento o conjetura poco consistente y complicado. **4.** Intriga, maquinación. **SIN. 2.** Sortilegio. **3.** Cálculo, suposición. **4.** Manejo, tejemaneje, trapicheo, cabildeo. **FAM.** Cabalístico, cábula.

cabalgada *s. f.* **1.** Acción de cabalgar: *Antonio se dio una larga cabalgada.* **2.** En hist., tropa de gente a caballo que salía a recorrer el campo enemigo y expedición realizada por esa tropa. **SIN. 1.** Galopada. **2.** Correría, incursión, razia.

cabalgadura *s. f.* Caballo, mulo, etc., sobre el que se monta. **SIN.** Caballería, montura.

cabalgamiento *s. m.* En geol., superposición de una masa rocosa sobre otra debido a las presiones tangenciales.

cabalgar (del lat. vulg. *caballicare*) *v. intr.* **1.** Ir montado en una caballería. ■ Se construye con la prep. *en*. También *v. tr.*: *Cabalgaba un soberbio alazán.* **2.** Ir o estar una cosa sobre otra: *El arco cabalgaba sobre los pilares.* ■ Delante de *e* se escribe *gu* en lugar de *g*: *cabalgué.* **SIN. 1.** Montar. **FAM.** Cabalgada, cabalgadura, cabalgamiento, cabalgata. / Descabalgar, encabalgar. CABALLO.

cabalgata (del ital. *cavalcata*) *s. f.* Desfile vistoso de jinetes, carrozas, danzantes, etc., en alguna celebración o fiesta: *la cabalgata de los Reyes Magos.*

caballa (del lat. *caballa*, yegua) *s. f.* Pez teleósteo de hasta 50 cm de longitud, dorso azulado con bandas transversales oscuras y vientre blanco plateado. Habita en el Mediterráneo y el Atlántico y su carne es apreciada.

caballar *adj.* Del caballo: *ganado caballar.*

caballeresco, ca *adj.* **1.** Propio del caballero, elegante, cortés, etc.: *actitud caballeresca.* **2.** De la caballería medieval: *héroe caballeresco.* **SIN. 1.** Noble, galante. **ANT. 1.** Innoble, vil.

caballerete *s. m. desp.* Muchacho, joven, especialmente si es presumido. **SIN.** Jovenzuelo, lechuguino, petimetre.

caballería *s. f.* **1.** Cualquier animal que sirve para montar en él, como el caballo, el burro, etc. **2.** Cuerpo del ejército compuesto antiguamente por soldados montados a caballo y, actualmente, en vehículos motorizados. **3.** Institución y grupo social de los caballeros armados medievales y condición y actividades propias de ellos. || **4. caballería andante** Institución, condición o actividad de los caballeros andantes. **SIN. 1.** Montura.

caballeriza *s. f.* Cuadra para las caballerías. Se usa más en *pl.*: *las caballerizas del palacio.*

caballerizo *s. m.* El que cuida de una caballeriza.

caballero, ra (del lat. vulg. *caballarius*) *adj.* **1.** Se aplica al hombre que se comporta con elegancia, cortesía y nobleza: *Es todo un caballero.* También *s. m.* **2.** En lenguaje literario, montado a caballo: *Caballero en un corcel atravesaba la llanura.* || *s. m.* **3.** Hombre, sobre todo en contraposición a mujer: *peluquería de caballeros, zapatos de caballero.* **4.** Forma de tratamiento de cortesía equivalente a *señor*: *¿Qué desea, caballero?* **5.** En la antigüedad y en la Edad Media, miembro del grupo social formado por los que combatían en la caballería. **6.** Miembro de alguna de las antiguas órdenes de caballería: *los caballeros de Santiago.* || **7. caballero andante** Personaje heroico creado por la literatura medieval, que iba montado en su caballo en busca de aventuras. || **LOC. armar caballero** Declarar a alguien caballero mediante ciertas ceremonias en las que el rey u otro caballero le entregaba las armas y le ceñía la espada. **SIN. 1.** Señor. **2.** Jinete. **ANT. 1.** Innoble; grosero. **FAM.** Caballeresco, caballerete, caballeroso. CABALLO.

caballeroso, sa *adj.* Se dice de quien obra como un caballero, con nobleza, generosidad y cortesía; y de sus acciones, palabras, actitud, etc.: *comportamiento caballeroso.* **SIN.** Noble, digno, cortés. **ANT.** Despreciable, grosero. **FAM.** Caballerosamente, caballerosidad. CABALLERO.

caballete *s. m.* **1.** Armazón de madera con tres pies utilizado por los pintores para colocar el lienzo. **2.** Soporte en forma de V invertida: *La mesa está formada por dos caballetes con un tablero encima.* **3.** Línea horizontal en que confluyen las dos vertientes de un tejado. **4.** Curvatura pronunciada del cartílago de la nariz. **SIN. 2.** Borriqueta.

caballista *s. m.* y *f.* Jinete hábil o persona entendida en caballos.

caballito *s. m.* **1.** *dim.* de **caballo.** || *s. m. pl.* **2.** Tiovivo: *los caballitos de la feria.* || **3. caballito de mar** Pez teleósteo de entre 4 y 30 cm cuya cabeza recuerda a la de un caballo por tener el hocico muy alargado. Su cola es prensil, el cuerpo está cubierto de escamas dispuestas en anillos y suele mantenerse y nadar en posición vertical. **4. caballito del diablo** Nombre común de diversos insectos de abdomen largo y fino, cuatro alas iguales, que repliegan hacia atrás al posarse, lo que los diferencia de las libélulas, y colores vivos. Son excelentes voladores y habitan en lugares húmedos. **SIN. 2.** Carrusel.

caballo (del lat. *caballus*) *s. m.* **1.** Mamífero herbívoro perisodáctilo de 1,50 m de alzada media. Tiene la cabeza alargada, las orejas pequeñas, cerdas fuertes en el cuello (crines) y en la cola y patas terminadas en un casco. **2.** Naipe de la baraja que representa a un caballo con su jinete: *caballo de copas.* **3.** Pieza en forma de caballo del juego de ajedrez. **4.** Aparato gimnástico utilizado generalmente para saltar, de forma alargada, con uno de los extremos en pendiente y cuatro patas. **5.** En argot, heroína, droga derivada del opio. || **6. caballo blanco** Persona que invierte en un negocio dudoso legalmente. **7. caballo de batalla** Punto especialmente conflictivo de un asunto o discusión, dificultad con que alguien se enfrenta frecuentemente y que no consigue superar: *Las armas espaciales son el caballo de batalla de las negociaciones de desarme. Las matemáticas son el caballo de batalla de ese alumno.* **8. caballo de vapor** En fís., unidad de potencia, igual a la que se necesita para elevar una masa de 75 kg hasta una altura de un metro en un segundo. Equivale a 735 vatios. || **LOC. a caballo** *adv.* Montado a caballo; también, participando de dos cosas o dos situaciones: *El estilo de este escritor está a caballo entre el romanticismo y el realismo.* **a mata caballo** *adv. fam.* Muy deprisa, atropelladamente. **de caballo** *adv. fam.* Muy grande o muy intenso: *Tiene una gripe de caballo.* **SIN. 1.** Corcel, rocín. **FAM.** Cabalgar, caballa, caballar, caballería, caballeriza, caballerizo, caballero, caballete, caballista, caballito, caballón, caballuno. / Encaballar.

caballón *s. m.* Montículo que se forma en terrenos cultivados, p. ej. entre surco y surco en un campo arado.

caballuno, na *adj.* Se dice de la persona y especialmente de la mujer, grande y desgarbada, así como de sus rasgos, andares, etc.

cabaña (del lat. *capanna*, choza) *s. f.* **1.** Casa pequeña y tosca hecha en el campo, generalmente con palos, cañas o ramas: *cabaña de pastores.* **2.** Conjunto de cabezas de ganado de cierta clase o de un determinado espacio geográfico: *cabaña porcina.* **3.** *Arg.* Finca para la cría de ganado de raza. **SIN. 1.** Chamizo, choza.

cabaré o **cabaret** (del fr. *cabaret*) *s. m.* Local de diversión, especialmente nocturno, al que la gente acude para beber, bailar y presenciar espectáculos de variedades. **FAM.** Cabaretero.

cabaretero, ra *adj.* **1.** Del cabaret: *espectáculo cabaretero.* || *s. f.* **2.** Mujer que actúa en el espectáculo de un cabaret.

cabás (del fr. *cabas*) *s. m.* Especie de cartera, en forma de caja o baúl pequeño, que usan los niños para llevar los libros y demás utensilios al colegio.

cabe (de la ant. loc. *a cabo de*) *prep.* Cerca de, junto a. ■ Actualmente se emplea sobre todo en lenguaje literario. **FAM.** Véase **cabo.**

cabecear *v. intr.* **1.** Mover la cabeza a un lado y a otro o de delante atrás. **2.** Dar cabezadas hacia el pecho el que se está durmiendo. **3.** En fútbol, dar al balón con la cabeza. **4.** Moverse una embarcación, levantando alternativamente la proa y la popa. **5.** Moverse un vehículo de manera semejante. **6.** Inclinarse lo que debería permanecer inmóvil o en equilibrio: *El poste cabecea a causa del viento.* **SIN. 4.** y **5.** Balancearse, oscilar. **6.** Tambalearse. **FAM.** Cabeceo. CABEZA.

cabecera *s. f.* **1.** Parte de la cama donde se coloca la almohada. **2.** Tabla o remate que se suele poner en el lado correspondiente a esa parte: *Puso una cabecera de roble a la cama.* **3.** Parte superior de la portada de un periódico que indica su nombre, la fecha y determinadas referencias técnicas; también, margen superior de un impreso, un escrito, etc., en que puede aparecer el título y otros datos. **4.** Principio o punto de donde parte algo: *cabecera de un río, de una línea de autobuses, de una manifestación.* **5.** Parte principal o lugar preferente: *cabecera de una mesa.* **6.** Población principal de un territorio, distrito o comarca: *cabecera de partido judicial.* **SIN. 2.** Cabecero. **3.** Encabezamiento. **4.** Comienzo, inicio, nacimiento. **5.** Presidencia. **ANT. 1.** Pies. **4.** Final, término.

cabecero *s. m.* Cabecera, tabla o remate.

cabecilla *s. m.* El que dirige o está al frente de un grupo, banda, sublevación, etc. **SIN.** Líder, caudillo, adalid, capitán.

cabellera *s. f.* **1.** Conjunto de cabellos, especialmente cuando son largos y abundantes. **2.** Cola luminosa de un cometa. **SIN. 1.** Pelo, melena.

cabello (del lat. *capillus*) *s. m.* **1.** Cada uno de los pelos de la cabeza de una persona. **2.** Conjunto de todos ellos. ■ En el habla común, para las dos acepciones, es más usual la palabra *pelo* que *cabello.* || **3. cabello de ángel** Dulce de calabaza y almíbar, en forma de hebras. **SIN. 2.** Cabellera, pelambrera. **FAM.** Cabellera. / Capilar, descabellar.

caber (del lat. *capere*, coger) *v. intr.* **1.** Poder contenerse una cosa dentro de otra, haber en un lugar o recipiente espacio para algo o para determinada medida o cantidad. ■ Se construye con la prep. *en*: *Los libros caben en la estantería.* **2.** Poder entrar alguien o algo por una abertura, paso, etc. ■ Se construye con la prep. *por*: *El armario no cabe por esa puerta.* **3.** Ser una cosa lo bastante grande para poder ponerla alrededor de algo o ajustarla debidamente a ello: *El anillo no cabe en el dedo. No me caben los pantalones.* **4.** Tocarle a uno o corresponderle algo como el honor, la felicidad, etc.: *Me cupo la suerte de entregar el premio.* **5.** Ser posible: *No ha llegado, pero aún cabe que venga. Esto es más bonito que aquello, si cabe.* || **LOC. no caber** alguien **en sí de gozo** (o de otro sentimiento) Estar lleno del mismo. **no caber en la cabeza** No resultar comprensible una cosa para una persona: *No me cabe en la cabeza que hagas algo tan ridículo.* ■ Es v. irreg. **SIN. 1.** Coger, encajar. **FAM.** Cabida, cupo. (Véase cuadro en página 174.)

cabero, ra (de *cabo*) *adj. Méx.* Último. **FAM.** Véase **cabo.**

cabestrante *s. m.* Cabrestante*.

cabestrillo *s. m.* Tira de tela o aparato que se coloca colgando del cuello para sostener la mano o el brazo lesionados. ■ Se usa sobre todo en la loc. *en cabestrillo*: *Tuve un brazo en cabestrillo.*

cabestro (del lat. *capistrum*) *s. m.* **1.** Buey que sirve de guía a las reses bravas: *Los cabestros sacaron al toro de la plaza.* **2.** *fam.* Hombre al que su

CABER	
INDICATIVO	
Presente	**Pretérito perfecto simple**
quepo	*cupe*
cabes	*cupiste*
cabe	*cupo*
cabemos	*cupimos*
cabéis	*cupisteis*
caben	*cupieron*
Futuro	**Condicional**
cabré	*cabría*
cabrás	*cabrías*
cabrá	*cabría*
cabremos	*cabríamos*
cabréis	*cabríais*
cabrán	*cabrían*
SUBJUNTIVO	
Presente	**Pretérito imperfecto**
quepa	*cupiera, -ese*
quepas	*cupieras, -eses*
quepa	*cupiera, -ese*
quepamos	*cupiéramos, -ésemos*
quepáis	*cupierais, -eseis*
quepan	*cupieran, -esen*
Futuro	
cupiere	*cupiéremos*
cupieres	*cupiereis*
cupiere	*cupieren*

mujer le es infiel. **3.** *fam.* Persona torpe, algo bruta o con malas intenciones. **4.** Cuerda o correa que se ata a la cabeza de una caballería para sujetarla o llevarla. **SIN. 2.** Cornudo. **4.** Brida, ronzal. **FAM.** Cabestrillo. / Encabestrar.

cabeza (del lat. vulg. *capitia*) *s. f.* **1.** Parte superior del cuerpo humano, y superior o anterior del de muchos animales, en donde se encuentran el cerebro y algunos órganos de los sentidos. **2.** Esa misma parte sin la cara. **3.** Principio, extremo o parte delantera de algo: *en cabeza de la manifestación.* **4.** Extremo abultado de algunas cosas, opuesto a la punta, si la tienen: *la cabeza de un alfiler, la cabeza de un tornillo.* **5.** En magnetófonos y otros aparatos similares, pieza que sirve para grabar, reproducir o borrar lo grabado en la cinta. **6.** Res: *un rebaño de mil cabezas.* **7.** Talento, inteligencia, juicio: *Procura actuar con cabeza.* **8.** Mente, pensamiento, imaginación: *No me cabe en la cabeza.* **9.** Persona más importante, que gobierna o dirige una comunidad, corporación, muchedumbre o movimiento: *El papa es la cabeza de la Iglesia católica.* También *s. m.*: *el cabeza de serie.* **10.** Situación o puesto desde el que se lleva el mando o la dirección de algo: *Está a la cabeza del negocio.* || **11. cabeza cuadrada** *fam.* Persona terca; también, de poca imaginación. Despectivamente, alemán. **12. cabeza de ajo** (o **de ajos**) Bulbo del ajo en el que los dientes aparecen unidos. **13. cabeza de chorlito** *fam.* Persona poco juiciosa, olvidadiza, despistada. **14. cabeza de partido** Capital de un partido judicial. **15. cabeza de serie** Equipo o participante mejor clasificado de su grupo en las fases eliminatorias de una competición deportiva. **16. cabeza de turco** Persona a la que se echa la culpa de algo sin razón. **17. cabeza rapada** Miembro de una tribu urbana caracterizado por llevar el pelo rapado o muy corto y por su comportamiento agresivo y violento. ■ También recibe el nombre de *skinhead.* || **LOC. bajar** (o **doblar**) uno **la cabeza** Obedecer sin rechistar; tener paciencia cuando no queda otro remedio. **cabeza abajo** *adv.* Al revés, vuelto hacia abajo; en sentido figurado, en total desorden. **calentar** a alguien **la cabeza** *fam.* Darle motivo de preocupación o de vana esperanza. **de cabeza** *adv.* Con verbos como *andar, estar, ir*, etc., tener muchas ocupaciones urgentes, estar agobiado; con *llevar, traer*, etc., darle mucho trabajo a alguien; con *meterse, adentrarse*, etc., entrar de lleno en un problema, asunto, etc. **levantar cabeza** Salir de una mala situación, de una enfermedad, etc. **levantar la cabeza** *fam.* En frases condicionales, se usa para expresar el asombro que le produciría a una persona fallecida las cosas del presente. **mal de la cabeza** *adj.* Loco o trastornado. **perder la cabeza** Perder la serenidad o el juicio, ofuscarse por alguien o algo. **por cabeza** *adv.* Por cada individuo, en un reparto o distribución: *Tocan a cien pesetas por cabeza.* **romperse** (o **quebrarse**) uno **la cabeza** Dar muchas vueltas a un asunto, preocuparse mucho por algo. **tener** uno **mala cabeza** Actuar sin juicio ni consideración; también, tener mala memoria. **subírsele** a uno algo **a la cabeza** Marearle una bebida alcohólica; envanecerle o alterarle un triunfo, un cargo, etc. **sentar la cabeza** Hacerse formal o sensato. **SIN. 1.** Testa, testuz. **2.** Cráneo. **3.** Frente, origen, comienzo; cabecera. **9.** Jefe, director, caudillo, líder, superior. **10.** Jefatura. **ANT. 3.** Cola. **FAM.** Cabecear, cabecera, cabecero, cabecilla, cabezada, cabezal, cabezazo, cabezo, cabezón, cabezonada, cabezonería, cabezota, cabezudo, cabezuela, cabizbajo. / Descabezar, encabezar, reposacabezas, rompecabezas.

cabezada *s. f.* **1.** Golpe dado con la cabeza o que se recibe en ella: *Mi perro me empujaba con suaves cabezadas.* **2.** Movimiento brusco hacia abajo que hace con la cabeza el que, sin estar acostado, se va durmiendo. **3.** Inclinación de la cabeza como saludo de cortesía. **4.** Correaje que ciñe y sujeta la cabeza de una caballería. || **LOC. echar una cabezada** Dormir un poco sin acostarse. **SIN. 1.** Cabezazo. **3.** Reverencia.

cabezal *s. m.* **1.** Cabecero de la cama. **2.** Reposacabezas*. **3.** Pieza, generalmente móvil, de algunos aparatos colocada en uno de sus extremos: *el cabezal de una maquinilla.* **4.** En magnetófonos y aparatos similares, cabeza. **5.** *Amér.* Travesaño sobre el que descansa un madero, p. ej. en una mina. **SIN. 2.** Almohadilla.

cabezazo *s. m.* Golpe que se da con la cabeza o que se recibe en ella.

cabezo *s. m.* Montecillo aislado. **SIN.** Cerro, colina, collado.

cabezón, na *adj.* **1.** Que tiene grande la cabeza. También *s. m.* y *f.* **2.** *fam.* Cabezota, terco. También *s. m.* y *f.* **3.** Se aplica a la bebida alcohólica que produce dolor de cabeza. || *s. m.* **4.** *aum.* de **cabeza. SIN. 1.** y **2.** Cabezudo.

cabezonada o **cabezonería** *s. f. fam.* Acción o conducta propia de una persona cabezona, terca: *Insistir en este caso es una cabezonada.* **SIN.** Terquedad, testarudez, obstinación.

cabezota *s. f.* **1.** *aum.* de **cabeza.** || *adj.* **2.** *fam.* Que sostiene las propias ideas o actitudes a pesar de que haya razones o hechos en contra de ellas. También *s. m.* y *f.* **SIN. 1.** y **2.** Cabezón. **2.** Terco, obstinado, testarudo, tozudo. **ANT. 2.** Flexible.

cabezudo, da *adj.* **1.** Que tiene la cabeza muy grande. También *s. m.* y *f.* **2.** *fam.* Cabezota, de ideas fijas, difícil de convencer. También *s. m.* y *f.* || *s. m.* **3.** Persona disfrazada con una enorme cabeza de cartón: *un desfile de gigantes y cabezudos.* **SIN. 1.** y **2.** Cabezón. **2.** Terco, obstinado, testarudo, tozudo.

cabezuela *s. f.* **1.** Harina más gruesa que se obtiene del trigo después de sacada la flor. **2.** Conjunto de flores juntas en un engrosamiento de la rama llamado receptáculo. **3.** Planta compuesta, de hojas aserradas y flores blancas o purpúreas con los cálices cubiertos de espinas.

cabida *s. f.* **1.** Espacio que tiene una cosa para contener a otra: *Este teatro tiene poca cabida.* **2.** Extensión superficial de un terreno: *No conoce la cabida de su finca.* || **LOC. dar cabida** Acoger, poder contener lo que se expresa: *El colegio daba cabida a dos mil alumnos.* **SIN. 1.** Aforo, capacidad. **2.** Área.

cabila (del ár. *qabila*, tribu) *s. f.* Tribu de beduinos o de beréberes.

cabildada *s. f.* Acción o decisión abusiva de una corporación o cabildo.

cabildante *s. m. Amér. del S.* Concejal, regidor.

cabildear *v. intr.* Procurar con intrigas o gestiones hábiles conseguir algo en una corporación, organismo público, etc. **SIN.** Maquinar. **FAM.** Cabildeo. CABILDO.

cabildo (del lat. *capitulum*) *s. m.* **1.** Comunidad de eclesiásticos que tienen algún cargo en una catedral. **2.** Corporación formada por el alcalde y los concejales de un municipio. **3.** Junta celebrada por esta corporación y lugar en que se reúne. **4.** Capítulo de algunas órdenes religiosas. || **5. cabildo insular** En Canarias, corporación que gobierna y administra los intereses comunes a los municipios de la isla. **SIN. 2.** Ayuntamiento, concejo. **FAM.** Cabildada, cabildante, cabildear.

cabina (del fr. *cabine*) *s. f.* **1.** Pequeño departamento, generalmente aislado, con fines muy diversos, p. ej. para uso individual del teléfono, para cambiarse de ropa en playas e instalaciones deportivas, para albergar determinados aparatos o maquinarias, etc. **2.** En camiones, aviones y otros vehículos, espacio reservado para el conductor o piloto. **3.** Receptáculo donde viajan personas en ascensores, teleféricos, etc. **SIN. 1.** Cámara; locutorio. **2.** Carlinga. **FAM.** Telecabina.

cabio *s. m.* **1.** Madero delgado que se atraviesa a las vigas para formar suelos y techos. **2.** Travesaño horizontal de la parte superior e inferior del marco de puertas y ventanas. **3.** Cabrio de la armadura del tejado. **FAM.** Véase **cabrio**.

cabizbajo, ja *adj.* Que tiene la cabeza inclinada hacia abajo por desánimo, preocupación, vergüenza, tristeza, etc. **SIN.** Abatido, apesadumbrado, cariacontecido.

cable (del lat. *capulum*, amarra) *s. m.* **1.** Trenzado de cuerdas, maromas o alambres destinado a soportar grandes tensiones, p. ej. el cable del ancla, del ascensor, de un teleférico, etc. **2.** Hilo metálico para la conducción eléctrica, generalmente protegido por una cubierta de plástico. **3.** *fam.* Ayuda que se presta a alguien que la necesita. ■ Se suele usar con verbos como *echar*, *lanzar* o *tender*: *El profesor echó un cable al alumno.* **4.** Cablegrama*. || **LOC. cruzársele** a alguien **los cables** Tener una persona una alteración que le hace actuar de manera anormal. **SIN. 3.** Capote, mano. **FAM.** Cablear, cabledifusión, cablegrafiar, cablegrama, cableoperador.

cableado, da 1. *p.* de **cablear**. Tambien *adj.* || *s. m.* **2.** Acción de cablear. **3.** Conjunto de cables de una instalación eléctrica.

cablear *v. tr.* Colocar cables en una instalación eléctrica. **FAM.** Cableado. CABLE.

cabledifusión *s. f.* Sistema de televisión que distribuye las señales por cable en vez de a través de ondas.

cablegrafiar (de *cable*, y el gr. *grapho*, escribir) *v. tr.* Transmitir un cablegrama. ■ En cuanto al acento, se conjuga como *ansiar*: *cablegrafío.*

cablegrama *s. m.* Mensaje transmitido por cable submarino. ■ Se suele decir *cable.*

cableoperador, ra *s. m.* y *f.* Técnico o empresa de comunicaciones por cable.

cabo (del lat. *caput*, cabeza) *s. m.* **1.** Extremo o punta de alguna cosa: *el cabo de una cuerda.* **2.** Parte pequeña que queda de una cosa: *Sólo les quedaba un cabo de vela para alumbrarse.* **3.** Porción de terreno que penetra en el mar: *cabo de Hornos.* **4.** Hilo, hebra: *lana de cuatro cabos.* **5.** Cuerda, especialmente la que se usa en los barcos. || *s. m.* y *f.* **6.** Individuo de la clase de tropa con graduación militar superior a la de soldado. || **7. cabo primero** Graduación militar entre las de cabo y sargento. **8. cabo suelto** Aquello que resulta imprevisto o queda sin resolver en algún asunto o circunstancia: *En la investigación quedan muchos cabos sueltos.* || **LOC. al cabo de** *prep.* Después de: *Volvemos a vernos al cabo de tanto tiempo.* **al fin y al cabo** *adv.* Después de todo. **atar cabos** *fam.* Asociar datos o informaciones para averiguar o aclarar algo. **de cabo a rabo** *adv.* Del todo, del principio al fin: *Me he leído el libro de cabo a rabo.* **echar un cabo** *fam.* Ayudar a alguien. **estar al cabo de la calle** *fam.* Estar perfectamente enterado. **llevar a cabo** Realizar, concluir. **SIN. 1.** Extremidad. **2.** Resto, residuo. **3.** Saliente, espolón. **5.** Maroma, soga. **FAM.** Cabal, cabe, cabero, cabotaje. / Recabar.

cabotaje *s. m.* Navegación o tráfico marítimo que se realiza entre los puertos de una misma nación, sin perder de vista la costa.

caboverdiano, na *adj.* De Cabo Verde, estado de África occidental. También *s. m.* y *f.*

cabra (del lat. *capra*) *s. f.* Mamífero rumiante de cuerpo ágil, cuernos curvados hacia atrás, pelo fuerte, cola corta y, a veces, en los machos, una mata de pelo debajo de la mandíbula. || **LOC. estar como una cabra** *fam.* Estar chiflado. **FAM.** Cabrada, cabrear, cabrerizo, cabrero, cabria, cabrilla, cabrio, cabrío, cabriola, cabritilla, cabrito, cabro, cabrón, cabruno. / Capricornio, caprino, encabritarse.

cabracho *s. m.* Escorpena*.

cabrada *s. f.* Rebaño de cabras.

cabrales (de *Cabrales*, pueblo asturiano) *s. m.* Queso de sabor muy fuerte que se elabora con leche de vaca, oveja y cabra y se cura en lugares oscuros a baja temperatura.

cabrear *v. tr. fam.* Enfadar, poner a alguien de mal humor. También *v. prnl.* **FAM.** Cabreado, cabreante, cabreo. CABRA.

cabrerizo, za *adj.* **1.** De las cabras o relacionado con ellas. || *s. m.* y *f.* **2.** Cabrero*.

cabrero, ra (del lat. *caprarius*) *s. m.* y *f.* Pastor de cabras. **SIN.** Cabrerizo.

cabrestante *s. m.* Torno de eje vertical que se utiliza para mover grandes pesos, p. ej. en el mar o en las minas. ■ Se dice también *cabestrante.*

cabria (del lat. *caprea*, cabra) *s. f.* Máquina para levantar grandes pesos provista de una polea que puede estar suspendida de un trípode o del extremo de un brazo giratorio.

cabrilla *s. f.* **1.** Pez marino teleósteo, de unos veinte centímetros, de color marrón claro y cuatro bandas transversales oscuras, que salta mucho en el agua. || *s. f. pl.* **2.** Pequeñas olas espumosas que se levantan cuando el mar comienza a agitarse. **3.** Manchas que aparecen en las piernas por estar mucho tiempo cerca del fuego. **SIN. 2.** Borregos. **FAM.** Cabrillear. CABRA.

cabrillear *v. intr.* **1.** Formarse cabrillas en el mar. **2.** Rielar la luz.

cabrio (del lat. *capreus*) *s. m.* Cada uno de los maderos que se colocan en la armadura de un tejado y sostienen las tablas sobre las que luego se ponen las tejas. **FAM.** Cabio. CABRA.

cabrío, a *adj.* De las cabras o relacionado con ellas: *macho cabrío.* **SIN.** Caprino, cabruno.

cabriola (del ital. *capriola*, de *capriolo*, venado, y éste del lat. *capreolus*) *s. f.* **1.** Brinco o salto que dan los que danzan, cruzando varias veces los pies en el aire. **2.** Voltereta en el aire. **3.** Salto que da el caballo, soltando un par de coces mientras se mantiene en el aire. **SIN. 1.** y **2.** Pirueta. **2.** Volatín.

cabriolé (del fr. *cabriolet*) *s. m.* **1.** Coche de caballos y cuatro ruedas, ligero y descubierto. **2.** Automóvil descapotable.

cabritilla *s. f.* Piel curtida de cualquier animal pequeño, como cabrito, cordero, etc.: *guantes de cabritilla.*

cabrito, ta *s. m.* **1.** Cría de la cabra hasta que deja de mamar. || *adj.* **2.** *vulg.* Cabrón. También *s. m.* y *f.* **SIN. 1.** Choto.

cabro, bra *s. m.* y *f. Bol.*, *Chile* y *Ec. fam.* Persona joven.

cabrón, na *adj.* **1.** *vulg.* Persona que hace malas pasadas o faenas a otra. También *s. m.* y *f.* || *s. m.* **2.** Macho de la cabra. **3.** *vulg.* Hombre al que engaña su mujer, generalmente con su consentimiento. También *adj.* **SIN. 3.** Cornudo. **FAM.** Cabronada. / Encabronar. CABRA.

cabronada *s. f. vulg.* Acción malintencionada, mala pasada.

cábula *s. m.* y *f. Méx. fam.* Persona pícara, burlona o con malicia. **FAM.** Cabulear. CÁBALA.

cabulear *v. tr. Méx. fam.* Tomar el pelo, ofender.

caca *s. f.* **1.** *fam.* Excremento, especialmente en lenguaje infantil. **2.** *fam.* En lenguaje infantil, cualquier cosa sucia. **3.** *fam.* Cosa mal hecha o de mala calidad. **SIN. 1.** y **3.** Mierda. **3.** Birria, chapuza, porquería.

cacahual *s. m.* Terreno poblado de cacaos.

cacahuete (del náhuatl *cacahuatl*) *s. m.* **1.** Planta leguminosa, originaria de América, con tallos rastreros y flores amarillas, que se alargan y se introducen en el suelo para que madure el fruto. **2.** Fruto de esta planta, que tiene una cáscara poco dura y varias semillas comestibles en su interior, de las que se extrae un tipo de aceite. ■ Se dice también *cacahué*, *cacahués* o *cacahuate*. **SIN. 1.** y **2.** Maní.

cacalote *s. m.* **1.** *Méx.* Cuervo. **2.** *Amér. C.* y *Méx.* Granos de maíz tostados.

cacao[1] (del náhuatl *cacahuatl*) *s. m.* **1.** Árbol tropical originario de América, cuyo fruto, de forma ovoide, contiene muchas semillas que se emplean como principal ingrediente del chocolate. **2.** Semilla de esta planta. **3.** Polvo que se obtiene triturando las semillas de cacao y se toma disuelto en agua o en leche. **4.** Barra hidratante para los labios, hecha con manteca de cacao. **FAM.** Cacahual, cacaotal.

cacao[2] *s. m. fam.* Follón, escándalo, confusión: *Se armó un buen cacao.* **SIN.** Lío, jaleo, embrollo.

cacaotal *s. m.* Cacahual*.

cacarear (onomat.) *v. intr.* **1.** Emitir su voz el gallo o la gallina. || *v. tr.* **2.** *fam.* Contar una cosa a demasiada gente: *No puede tener un secreto, porque en seguida lo cacarea.* **3.** *fam.* Alabar excesivamente las cosas propias. **SIN. 1.** Cloquear. **2.** Pregonar, publicar. **3.** Vanagloriarse, ponderar. **FAM.** Cacareo.

cacatúa (del malayo *kakatwa*) *s. f.* **1.** Ave prensora, de pico robusto y muy encorvado, con el plumaje de colores diversos según las especies y un penacho a modo de cresta en la cabeza, que puede aprender a emitir palabras. **2.** *fam.* Mujer vieja, fea y de aspecto estrafalario.

cacaxtle (del azteca *cacaxtli*) *s. m.* **1.** *Amér. C.* y *Méx.* Armazón de madera que se utiliza para transportar cargas, sobre todo frutas y verduras. **2.** *Méx.* Esqueleto de los vertebrados, en especial, del hombre.

cacera (de *caz*) *s. f.* Zanja o canal por donde se lleva el agua para regar. **SIN.** Reguera, acequia. **FAM.** Véase **cauce**.

cacereño, ña *adj.* De Cáceres. También *s. m.* y *f.*

cacería *s. f.* **1.** Expedición o excursión de personas que salen a cazar. **2.** Conjunto de piezas cazadas.

cacerola (de *cazo*) *s. f.* Recipiente de metal, más ancho que alto, con dos asas, que se emplea para guisar. **FAM.** Cacerolada. CAZO.

cacerolada *s. f.* Protesta que se lleva a cabo golpeando cacerolas.

cacha[1] (del lat. vulg. *cappula*, puños) *s. f.* **1.** Cada una de las dos piezas que cubren el mango de una navaja, de un cuchillo o de algunas armas de fuego. ■ Se usa sobre todo en *pl.* **2.** Nalga. ■ Se usa sobre todo en *pl.* || **cachas** *s. m.* y *f.* **3.** *fam.* Persona fuerte, musculosa. También *adj.*: *estar cachas.* **FAM.** Cachaza, cachete.

cacha[2] (de *cacho*, cuerno) *s. f. Amér.* Asta, cuerno.

cachaco, ca *adj.* **1.** *Col.*, *Ec.* y *Ven.* Presumido. También *s. m.* y *f.* || *s. m.* **2.** *Perú* Policía. **SIN. 1.** Lechuguino, petimetre, pisaverde.

cachada[1] (de *cacho*, cuerno) *s. f. Amér.* Cornada.

cachada[2] *s. f. Arg.*, *Par.* y *Urug.* Broma.

cachafaz, za *adj. Amér.* Pícaro, desvergonzado. También *s. m.* y *f.*

cachalote (del port. *cacholote*, de *cachola*, cabezota) *s. m.* Mamífero cetáceo de gran cabeza, que vive en los mares templados y tropicales y del que se obtiene una enorme cantidad de grasa.

cachapa *s. f. Ven.* Especie de panecillo elaborado con masa de maíz tierno, leche, azúcar y sal.

cachar[1] (de *cacho*, trozo) *v. tr.* **1.** Hacer cachos o pedazos una cosa. **2.** *Amér.* Hacer una broma, tomar el pelo a alguien. **FAM.** Cachada[2]. / Escachar. CACHO[1].

cachar[2] (del ingl. *to catch*, coger) *v. tr. Amér.* Agarrar algo.

cacharpari *s. f.* Cacharpaya*.

cacharpas (quechua) *s. f. pl. Amér.* Trastos, cosas de poco valor.

cacharpaya (del quechua *cacharpayani*, proporcionar provisiones a un viajero) *s. f. Arg.*, *Bol.* y *Perú* Fiesta con que se despide a quienes van a emprender un viaje. **FAM.** Cacharpari, cacharpas.

cacharrazo *s. m. fam.* Golpe fuerte y ruidoso. **SIN.** Trastazo, golpazo, golpetazo, testarazo.

cacharrería *s. f.* Tienda en la que se venden cacharros y loza ordinaria.

cacharro (de *cacho*[1]) *s. m.* **1.** Recipiente, en especial para uso en la cocina. **2.** *fam.* Aparato o máquina viejos, en mal estado o que funcionan mal: *Mi coche está hecho un cacharro.* **3.** *fam.* Objeto inútil, sin valor: *Tenemos la casa llena de cacharros.* **SIN. 3.** Trasto, cachivache, chisme. **FAM.** Cacharrazo, cacharrería, cacharrero. / Descacharrar, escacharrar. CACHO[1].

cachava *s. f.* Bastón curvado en la parte superior. **SIN.** Cayado.

cachaza *s. f.* **1.** *fam.* Actitud o manera de ser propia del que no se apresura ni se intranquiliza por nada: *Tu hermano tiene demasiada cachaza.* **2.** Aguardiente de melaza de caña. **SIN. 1.** Parsimonia, pachorra, flema. **ANT. 1.** Ímpetu, vehemencia. **FAM.** Cachazudo. CACHA[1].

caché (del fr. *cachet*) *s. m.* **1.** Carácter distintivo de refinamiento: *Tiene un caché inconfundible.* **2.** Cotización de un artista en el mercado: *Con el éxito aumentó su caché.* ■ Se escribe también *cachet.* **SIN. 1.** Clase, distinción, elegancia. **ANT. 1.** Ordinariez, zafiedad.

cachear *v. tr.* Registrar a una persona sospechosa para ver si lleva armas u otras cosas ocultas. **FAM.** Cacheo.

cachelos (de *cacho*, trozo) *s. m. pl.* En Galicia, trozos de patata cocida que sirven de acompañamiento a la carne o el pescado.

cachemir o **cachemira** *s. m.* o *f.* **1.** Tejido muy fino que se fabrica con el pelo de cierta cabra de Cachemira, o con lana de ovejas merinas. **2.** Tejido estampado con dibujos de forma más o menos ovalada de diferentes colores. También, este tipo de dibujo: *una corbata con motivos cachemir.*

cachería *s. f. Amér.* Comercio o tienda pequeña.

cachet (fr.) *s. m.* Caché*.

cachete *s. m.* **1.** Golpe dado con la mano abierta en la cabeza o en la cara. **2.** Mejilla, especialmente si es abultada. **SIN. 1.** Sopapo, tortazo, bofetada, guantazo. **2.** Moflete, carrillo. **FAM.** Cachetear, cachetero, cachetón, cachetudo. CACHA[1].

cachetero *s. m.* **1.** Puñal corto que se utiliza para apuntillar a las reses. **2.** Torero que apuntilla a las reses con este instrumento.

cachetón, na *adj.* **1.** *Amér.* Cachetudo*. **2.** *Méx.* Desvergonzado. **3.** *Chile* Vanidoso.

cachetudo, da *adj.* Que tiene los carrillos abultados. **SIN.** Carrilludo, mofletudo.

cachicán *s. m.* Encargado de una finca o explotación agrícola. **SIN.** Capataz, mayoral.

cachifo *s. m. Amér. C., Col.* y *Ven.* Niño, muchacho.

cachimba *s. f.* Pipa para fumar tabaco picado. **FAM.** Cachimbo.

cachimbo *s. m. Amér.* Cachimba*.

cachiporra *s. f.* **1.** Palo que termina en una bola o cabeza abultada. || *adj.* **2.** *Chile* Farsante, vanidoso. **SIN. 1.** Garrote, porra. **FAM.** Cachiporrazo, cachiporrearse. PORRA.

cachiporrearse (de *cachiporra*, vanidoso) *v. prnl. Chile* Vanagloriarse, jactarse de algo.

cachirulo, la (del lat. *capsula*) *adj.* **1.** *Arg. fam.* Tonto, majadero. También *s. m.* y *f.* || *s. m.* **2.** Pañuelo del traje regional aragonés que llevan los hombres atado a la cabeza.

cachivache *s. m.* **1.** *desp.* Cualquier cosa o utensilio inútil. **2.** *desp.* Cualquier objeto, en especial si se desconoce el nombre: *¿Qué son todos estos cachivaches?* ■ En las dos acepciones, se usa más en *pl.* **SIN. 1.** Cacharro, trasto, armatoste. **1.** y **2.** Chisme.

cacho[1] *s. m.* **1.** Pedazo pequeño de alguna cosa: *un cacho de pan.* ■ A veces se utiliza para reforzar un calificativo: *¡Vaya cacho de inútil!* **2.** *Arg., Par.* y *Urug.* Racimo de plátanos o bananas. **SIN. 1.** Fragmento, porción, trozo. **FAM.** Cachar[1], cacharro, cachelos, cachifo, cachivache.

cacho[2] *s. m.* **1.** *Amér.* Cuerno. **2.** *Amér. del S.* Cubilete del juego de dados. **FAM.** Cacha[2], cachada[1], cachería, cachudo. / Descachar.

cacho[3] (del lat. *catulus*, animal pequeño) *s. m.* Bagre*, pez teleósteo de la península Ibérica.

cachondearse *v. prnl. fam.* Burlarse. **SIN.** Pitorrearse, chotearse, guasearse.

cachondeo *s. m.* **1.** *fam.* Acción de cachondearse. **2.** *fam.* Juerga, jolgorio. **SIN. 1.** Pitorreo, choteo, guasa. **2.** Jarana, animación, marcha.

cachondo, da *adj.* **1.** *fam.* Que siente deseo sexual. **2.** *fam.* Burlón, divertido. También *s. m.* y *f.* **SIN. 2.** Juerguista, animado, marchoso, gracioso. **FAM.** Cachodearse, cachondeo, cachondez.

cachorro, rra *s. m.* y *f.* **1.** Perro de poco tiempo. **2.** Cría de otros mamíferos: *cachorro de león.*

cachudo, da (de *cacho*[2]) *adj. Amér.* Se dice del animal que tiene los cuernos grandes.

cachuelo *s. m. Perú fam.* Trabajo extra.

cachumbo *s. m. Col.* Rizo, tirabuzón del cabello.

cachupín, na *s. m.* y *f.* Gachupín*.

cacicada *s. f.* Acción arbitraria propia de un cacique o de una persona con poder.

cacillo *s. m.* Cazo pequeño.

cacique (voz caribe) *s. m.* **1.** Jefe de algunas tribus indias de América Central y del Sur. **2.** Persona que valiéndose de su influencia o dinero interviene de forma abusiva en la política o administración de un pueblo o comarca. **3.** Persona autoritaria, déspota. **FAM.** Cacicada, caciquear, caciquil, caciquismo.

caciquismo *s. m.* Fenómeno social y político que se caracteriza por la influencia excesiva de los caciques en la vida pública de una localidad.

caco (del lat. *Cacus*, Caco, ladrón mitológico) *s. m.* Ladrón que roba con habilidad. **SIN.** Chorizo, ratero.

cacofonía (del gr. *kakophonia*, de *kakos*, malo, y *phone*, voz, sonido) *s. f.* Repetición o encuentro de sonidos del lenguaje que resulta desagradable al oído. **SIN.** Disonancia, discordancia, malsonancia. **ANT.** Eufonía. **FAM.** Cacofónico.

cacografía (del gr. *kakos*, malo, y *graphe*, escritura) *s. f.* Escritura defectuosa o de ortografía incorrecta.

cacorro *s. m. Col. fam.* Hombre afeminado. **SIN.** Marica.

cactus o **cacto** (del lat. *cactos*, y éste del gr. *kaktos*, hoja espinosa) *s. m.* Nombre común de varias plantas con el tallo carnoso, a menudo cubierto de espinas, que pueden almacenar agua y vivir en regiones muy secas. ■ La forma *cactus* no varía en *pl.*

cacumen (del lat. *cacumen*, cumbre) *s. m. fam.* Inteligencia, agudeza. **SIN.** Magín, caletre, mollera.

cada (del lat. vulg. *cata*, del gr. *kata*, según) *adj. distrib.* **1.** Designa uno por uno los elementos o las divisiones de una serie: *Viene cada lunes. Pasan el recibo de la luz cada dos meses.* **2.** Establece una relación entre dos series: *A cada alumno le dieron tres libros.* **3.** Se utiliza a veces para ponderar: *Se pone cada sombrero...* || **4. cada cual** o **cada uno** Cada persona, todas las personas. **5. cada quisque** *fam.* Cada cual. || **LOC. (a) cada dos por tres** *adv. fam.* Con frecuencia. **cada vez que** *conj.* Siempre que.

cadalso (del ant. *cadahalso*) *s. m.* **1.** Tablado para la ejecución de la pena de muerte: *El reo fue conducido al cadalso.* **2.** Tablado que se levanta para la celebración de un acto solemne. **SIN. 1.** Patíbulo. **FAM.** Catafalco.

cadáver (del lat. *cadaver*) *s. m.* Cuerpo sin vida. **SIN.** Difunto, muerto. **ANT.** Vivo. **FAM.** Cadavérico.

cadavérico, ca *adj.* **1.** Del cadáver: *rigidez cadavérica.* **2.** Parecido a un cadáver en la palidez o en el mal aspecto: *rostro cadavérico.*

cadena (del lat. *catena*) *s. f.* **1.** Conjunto de piezas generalmente metálicas y en forma de anillo, enlazadas entre sí: *Lleva al cuello una cadena y una medalla de oro.* **2.** Conjunto de piezas articuladas, generalmente metálicas, que forma una banda sin fin y tiene diversos usos: *la cadena de la bicicleta, las cadenas de un tanque.* **3.** Conjunto de personas que se unen, cogiéndose de las manos: *Los encargados del orden de la manifestación formaron una cadena.* **4.** Cuerda o fila de presidiarios atados. **5.** Sucesión o serie de cosas o de acontecimientos. **6.** Conjunto de instalaciones por las que pasa sucesivamente un producto industrial en su proceso de fabricación o montaje. **7.** Conjunto de establecimientos, instalaciones o construcciones de la misma clase o función, que pertenecen a una sola empresa o grupo de empresas y se organizan de acuerdo con unas directrices o intereses comunes. **8.** Red de emisoras de radio, de televisión o de periódicos que trabajan en cooperación, conectando unas con otras, produciendo programas conjuntos, publicando los mismos artículos o reportajes, etc. **9.** Canal de televisión. **10.** Cualquier clase de atadura no material que de alguna manera condiciona. **11.** En quím., conjunto de átomos unidos linealmente unos con otros. || **12. cadena de montañas** Cordillera. **13. cadena de música** (o **de sonido**) Conjunto de aparatos para la reproducción de sonido, de alta fidelidad e independientes uno de otro, formado básicamente por un reproductor de discos, amplificador, radio, pletina y altavoces. **14. cadena perpetua** En algunas épocas y países, pena de prisión que duraba toda la vida del condenado. || **LOC. en cadena** *adj.* y *adv.* Se aplica a acciones o acontecimientos que se producen por transmisión o sucesión continuada. **FAM.** Cadeneta. / Concatenar, cubrecadena, encadenar, minicadena.

cadencia (del lat. *cadens, -entis*) *s. f.* **1.** Repetición regular de sonidos o movimientos: *cadencia en el andar.* **2.** Distribución agradable de acentos y pausas tanto en la prosa como en el verso: *la cadencia del verso endecasílabo.* **3.** Ritmo o medida que caracteriza una pieza musical. **4.** Adaptación a este ritmo de los movimientos del que danza. **5.** Manera de terminar una frase musical, con alargamiento de los sonidos. **FAM.** Cadenciosamente, cadencioso. / Similicadencia. CAER.

cadeneta *s. f.* **1.** Labor de ganchillo o de costura hecha con hilo en forma de cadena. **2.** Adorno realizado con tiras de papel de varios colores, formando cadena.

cadera (del lat. *cathedra*, asiento, silla) *s. f.* **1.** Cada una de las dos partes laterales de la pelvis por debajo de la cintura. **2.** En las caballerías y otros cuadrúpedos, parte lateral del anca.

cadete (del fr. *cadet*) *s. m.* y *f.* **1.** En algunos deportes, categoría inmediatamente anterior a la juvenil, que suele corresponder a la edad de catorce a quince años. **2.** Alumno de una academia militar. **3.** *Arg., Par.* y *Urug.* Recadero o aprendiz de comercio.

cadi (del ingl. *caddie*, y éste del fr. *cadet*, segundón) *s. m.* y *f.* Persona que lleva los palos de los jugadores de golf.

cadí (del ár. *qadi*, juez) *s. m.* En los países de civilización islámica, juez. ■ Su pl. es *cadíes*, aunque también se utiliza *cadís.*

cadmio *s. m.* Elemento químico, metal de color blanco algo azulado, brillante y muy parecido al estaño, dúctil y maleable. Se emplea como recubrimiento antioxidante, en algunas aleaciones, en la fabricación de conductores eléctricos, en soldadura y en bisutería. Su símbolo es *Cd.*

caducar *v. intr.* **1.** Perder su validez o efectividad una ley, costumbre, documento, etc. **2.** Dejar de ser apto para el consumo un producto alimenticio envasado, un medicamento, etc. **3.** Arruinarse o acabarse alguna cosa por antigua y gastada. ■ Delante de *e* se escribe *qu* en lugar de *c*: *caduque.* **SIN. 1.** Vencer, prescribir.

caducidad *s. f.* **1.** Acción de caducar. **2.** Circunstancia de haber caducado algo: *fecha de caducidad.* **3.** Cualidad de caduco: *la caducidad de la belleza humana.*

caducifolio, lia (del lat. *caducus*, que se cae, perecedero, y *folium*, hoja) *adj.* Se dice de los arboles y plantas a los que se les caen las hojas cuando llega la estación fría o seca.

caduco, ca (del lat. *caducus*) *adj.* **1.** Muy viejo, anticuado, decadente: *una persona de ideas caducas.* **2.** Se dice de los órganos de las plantas que se caen periódicamente: *hoja caduca.* **3.** Que está perdiendo capacidad física o intelectual por la edad. **4.** Perecedero, poco durable. **SIN. 1.** Pasado, desfasado, trasnochado. **3.** Envejecido, carroza. **4.** Pasajero, transitorio, efímero. **ANT. 2.** Perenne. **4.** Duradero, permanente. **FAM.** Caducar, caducidad, caducifolio.

caer (del lat. *cadere*) *v. intr.* **1.** Moverse un cuerpo hacia abajo por su propio peso. También *v. prnl.* **2.** Perder el equilibrio hasta ir a parar al suelo o a cualquier otro lugar. También *v. prnl.* ■ Seguido de la prep. *de* y del nombre de alguna parte del cuerpo, indica cómo se cae: *caer de cabeza, de espaldas.* **3.** Desprenderse o soltarse una cosa del lugar u objeto al que estaba unida: *Ya se le están cayendo los dientes de leche.* También *v. prnl.*: *Se me ha caído un botón.* **4.** Colgar, pender, inclinarse: *El velo le cae sobre la cara. El sombrero le caía sobre los ojos.* También *v. prnl.* **5.** Arrojarse: *Cayó en sus brazos.* **6.** Llegar inesperadamente, atacar por sorpresa: *Los guerrilleros cayeron sobre el poblado.* **7.** Venir a dar un animal o una persona en un engaño, trampa o alguna cosa preparada con fin semejante. **8.** Con la prep. *en*, incurrir en una falta, error o algo similar: *Cayó en la bebida.* **9.** Con la prep. *en*, venir a la memoria algo o llegar a entender o comprender determinada cosa: *Ahora caigo en el significado de sus palabras.* ■ Se usa mucho en la loc. *caer en la cuenta.* **10.** Morir, sucumbir. **11.** Dejar de ser o existir, desaparecer: *caer un imperio.* **12.** Perder una persona su posición, cargo, poder, etc.: *Fue un alto directivo pero ha caído mucho en la empresa.* **13.** Descender, bajar, disminuir: *Han caído los precios.* **14.** Llegar o venir a encontrarse en determinada situación o estado: *caer enfermo, caer rendido.* **15.** Estar situado en alguna parte: *El museo cae junto al instituto.* **16.** Corresponder un acontecimiento, fiesta, etc., a determinada fecha o época del año: *Tu cumpleaños cae en jueves.* **17.** Tocar la lotería o el premio en un sorteo. **18.** Tocarle a uno una tarea o

CAER	
GERUNDIO	
cayendo	
INDICATIVO	
Presente	**Pretérito perfecto simple**
caigo	*caí*
caes	*caíste*
cae	*cayó*
caemos	*caímos*
caéis	*caísteis*
caen	*cayeron*
SUBJUNTIVO	
Presente	**Pretérito imperfecto**
caiga	*cayera, -ese*
caigas	*cayeras, -eses*
caiga	*cayera, -ese*
caigamos	*cayéramos, -ésemos*
caigáis	*cayerais, -eseis*
caigan	*cayeran, -esen*
Futuro	
cayere	*cayéremos*
cayeres	*cayereis*
cayere	*cayeren*

cualquier otra cosa: *Le cae cada engorro. Me cayó en el examen el tema que había estudiado.* **19.** Ocurrir cierta cosa, suceder o sobrevenir: *Si me cae de nuevo la oportunidad, me apuntaré a esas clases.* **20.** Sentar de determinada manera: *El café por la noche no me cae bien.* ■ En este mismo sentido, se usa también con respecto a la ropa. **21.** Acercarse a su ocaso o fin el sol, el día, la tarde, etc. **22.** *fam.* Resultar una persona o cosa lo que se expresa a continuación: *Me cae fenomenal. La noticia le cayó fatal.* || **caerse** *v. prnl.* **23.** Interrumpirse las tareas o la comunicación de un sistema informático. || LOC. **caer (muy) bajo** Hacer algo indigno o vergonzoso. **dejar caer** *fam.* En una conversación, saber decir con astucia o como sin querer alguna cosa. **dejarse caer** *fam.* Acudir a un lugar, pasarse por él: *A eso de las siete me dejaré caer por tu casa.* **estar al caer** *fam.* Faltar muy poco para que tenga lugar determinada cosa; también, referido a personas, se usa a veces para indicar que alguien va a llegar de un momento a otro. **no tener donde caerse muerto** *fam.* Ser muy pobre. ■ Es v. irreg. SIN. **2.** Desplomarse. **5.** y **6.** Lanzarse, abalanzarse. **7.** Picar. **9.** Acordarse, recordar; percatarse. **10.** Fallecer, fenecer. **13.** Aminorarse, debilitarse, decaer. **21.** Declinar. ANT. **2.** Levantarse, sostenerse, enderezarse, erguirse. **9.** Olvidar. **13.** Subir, ascender. FAM. Cadencia, caída, caído. / Alicaído, decaer, recaer.

café *s. m.* **1.** Semilla del cafeto, que se obtiene de la baya madura mediante diversos procesos y luego se seca y descascarilla. **2.** Cafeto*: *una plantación de café.* **3.** Bebida que se hace por infusión con dichas semillas tostadas y molidas. **4.** Establecimiento público en que se sirve esta bebida y otras muchas. || **5. café cantante** Establecimiento de esta clase en que se ofrecen también actuaciones musicales. **6. café irlandés** El que se prepara con nata y whisky. **7. café vienés** El que se prepara con nata. **8. café-teatro** Local donde se representa una obra teatral corta y donde se pueden hacer consumiciones. || LOC. **de mal** (o **buen**) **café** *fam.* De mal (o buen) humor. FAM. Cafeína, cafelito, cafetal, cafetera, cafetería, cafetero, cafetín, cafeto. / Nescafé.

cafeína *s. f.* Sustancia contenida en bebidas como el té, el café, el cacao, la cola, etc., estimulante del sistema nervioso central y del corazón. FAM. Descafeinado. CAFÉ.

cafelito (dim. de *café*) *s. m. fam.* Café, bebida.

cafetal *s. m.* Plantación de café.

cafetera *s. f.* **1.** Máquina o recipiente para hacer café y vasija en que se sirve. **2.** *fam.* Vehículo, aparato, etc., viejo y en mal estado.

cafetería *s. f.* Establecimiento público en que se sirven café, bebidas y ciertos alimentos como bollos, bocadillos, platos combinados, etc.

cafetero, ra *adj.* **1.** Del café. **2.** *fam.* Muy aficionado a tomar café. También *s. m.* y *f.* || *s. m.* y *f.* **3.** Persona que trabaja en una plantación de café o negocia con él.

cafetín (dim. de *café*) *s. m.* Café, establecimiento, de poca importancia.

cafeto *s. m.* Arbusto perenne de hasta 10 m de altura, de flores blancas con olor parecido al del jazmín; su fruto, pequeño y carnoso, contiene dos semillas que se tuestan y muelen para obtener la infusión llamada café.

cafiche *s. m. Amér. del S. fam. desp.* Chulo*, proxeneta.

cafiolo *s. m. Arg.* y *Urug. fam. desp.* Chulo*, proxeneta.

cafre (del ár. *kafir*, infiel) *adj.* **1.** Habitante de la parte oriental de África del Sur. También *s. m.* y *f.* **2.** Bruto, maleducado o cruel. También *s. m.* y *f.* SIN. **2.** Animal, bárbaro, bestia, brusco, rudo, grosero. ANT. **2.** Suave, educado.

caftán (del ár. *qaftan*) *s. m.* Especie de túnica que cubre hasta la mitad de la pierna, sin cuello y con mangas cortas, usada por turcos y moros.

cagada *s. f.* **1.** *fam.* Excremento expulsado cada vez que se vacía el vientre. **2.** *fam.* Acción estúpida o desacertada. **3.** *fam.* Cosa mal hecha o de mala calidad. SIN. **1.** Caca. **2.** Disparate, desacierto. **3.** Mierda. ANT. **2.** Acierto. **3.** Maravilla.

cagado, da 1. *p.* de **cagar**. También *adj.* || *adj.* **2.** *fam.* Cobarde, apocado. También *s. m.* y *f.* SIN. **2.** Cobardica, miedica, cagueta. ANT. **2.** Valiente, intrépido.

cagajón *s. m.* Porción de excremento, de forma más o menos esférica, de las caballerías. SIN. Boñiga.

cagalera *s. f.* **1.** *fam.* Diarrea. **2.** *fam.* Miedo. SIN. **2.** Espanto, pánico, pavor, susto.

cagaprisas *s. m.* y *f. fam.* Persona que siempre tiene mucha prisa o apresura a los demás. También *adj.* ■ No varía en *pl.*

cagar (del lat. *cacare*) *v. intr.* **1.** Evacuar el vientre, expulsar los excrementos a través del recto. También *v. tr.* y *v. prnl.* **2.** *fam.* Estropear o arruinar algo. ■ Se emplea frecuentemente en la expr. *cagarla.* || **cagarse** *v. prnl.* **3.** *fam.* Tener un miedo enorme. **4.** *vulg.* Maldecir. ■ Delante de *e* se escribe *gu* en lugar de *g*: *cague.* SIN. **1.** Defecar, deponer, obrar. **2.** Fastidiar, jorobar. ANT. **2.** Arreglar. FAM. Cagada, cagado, cagajón, cagalera, cagarruta, cagón, cagueta. / Escagarruzarse.

cagarruta *s. f.* **1.** Cada porción, generalmente esférica, del excremento del ganado menor y de ciervos, gamos, conejos, etc. **2.** *fam.* Cosa mal hecha o de mala calidad.

cagón, na *adj.* **1.** Que caga muchas veces. También *s. m.* y *f.* **2.** *fam.* Miedoso, cobarde. También *s. m.* y *f.* SIN. **2.** Cagado, cagueta, gallina. ANT. **2.** Valiente, atrevido.

cagueta *adj. fam.* Cobardica y miedoso. También *s. m.* y *f.* SIN. Cagón. ANT. Decidido, lanzado.

caíd (del ár. *qaid*, jefe) *s. m.* En algunos países musulmanes, especie de juez o gobernador.

caída *s. f.* **1.** Acción de caer o caerse: *sufrir una mala caída, la caída del imperio romano, la caída de la tarde.* **2.** Pendiente o declive de alguna cosa: *La montaña presenta una acusada caída.* **3.** Salto de agua. **4.** Manera de plegarse los paños o ropajes. **5.** Ocurrencia, dicho oportuno. Se usa mucho en *pl.* || **6. caída de ojos** Manera habitual de bajarlos una persona, y expresión que le da a la mirada. **7. caída libre** Descenso vertical uniformemente acelerado que realiza un cuerpo, considerando únicamente la fuerza de la atracción de la Tierra. SIN. **1.** Desprendimiento, desplome; ruina, decadencia, descenso. **2.** Cuesta, inclinación. **5.** Golpe. ANT. **1.** Subida, ascensión; apogeo. **2.** Elevación, ascenso. FAM. Paracaídas. CAER.

caído, da **1.** *p.* de **caer**. También *adj.* || *adj.* **2.** Desfallecido, abatido, flojo, lacio: *Estoy muy caído. Esa planta está caída.* **3.** Seguido de la prep. *de* y el nombre de una parte del cuerpo, se dice de la persona o animal que tiene muy inclinada esa parte: *caído de hombros.* **4.** Muerto en la guerra, en defensa de una causa. También *s. m.*, sobre todo *pl.* SIN. **2.** Decaído, postrado, débil, amilanado. **4.** Víctima, baja. ANT. **2.** Animoso, lozano.

caimán (taíno) *s. m.* Tipo de cocodrilo que se caracteriza porque el cuarto diente inferior encaja en la mandíbula superior cuando el animal tiene la boca cerrada y no es visible en el exterior; las especies más importantes habitan en los ríos y lagos de América.

Caín, pasar las de *loc. fam.* Sufrir grandes calamidades o apuros.

cairel (del cat. *cairell*) *s. m.* **1.** Adorno en forma de fleco de algunos vestidos. Se usa sobre todo en *pl.* **2.** Trozo de cristal, de distintas formas y tamaños, que adorna lámparas, candelabros, etc.

cairota *adj.* De El Cairo, capital de Egipto. También *s. m.* y *f.*

caja (del lat. *capsa*) *s. f.* **1.** Pieza hueca de distintas formas y materiales, generalmente provista de tapa, que sirve para guardar cosas: *caja de zapatos, de bombones.* **2.** Dependencia o ventanilla de un banco, comercio, etc., donde se realizan los cobros y los pagos: *horario de caja. Pague en caja.* **3.** Ataúd. **4.** Tambor, instrumento músico. **5.** Parte exterior de madera que cubre y protege algunos instrumentos músicos o forma parte principal de los mismos, en la que se produce la resonancia: *caja del piano, de la guitarra.* **6.** Cubierta que resguarda algunos mecanismos o encierra una serie de órganos: *la caja del reloj, la caja torácica.* **7.** Hueco o espacio en que se introduce o acopla alguna cosa, p. ej. en una ensambladura. **8.** En imprenta, cajón con departamentos o cajetines para colocar las letras y los signos tipográficos. **9.** En imprenta, espacio de una página ya compuesta y ajustada. || **10. caja alta** Letra mayúscula. **11. caja baja** Letra minúscula. **12. caja de ahorros** Entidad privada de crédito, cuyo objetivo es administrar los capitales depositados en ella, procedentes del ahorro; no tiene finalidad lucrativa y sus beneficios se destinan a obras sociales. **13. caja de cambios** Mecanismo de engranajes u otros dispositivos que permite cambiar de velocidad en un coche, mediante una palanca o automáticamente. **14. caja de caudales** o **caja fuerte** Caja o mueble de acero, blindado, etc., para guardar dinero y objetos de valor. **15. caja de música** La que tiene un mecanismo que toca una melodía. **16. caja de reclutamiento** (o **de recluta**) Organismo militar encargado de inscribir, clasificar y dar destino a quienes se incorporan al ejército o servicio militar. **17. caja negra** Aparato que registra o graba las incidencias del vuelo de un avión o de la navegación de un barco y que, en caso de accidente, sirve para determinar sus causas. **18. caja registradora** La que se utiliza en el comercio para depositar, sumar y apuntar el importe de las ventas. **19. caja tonta** *fam.* Aparato de televisión. || LOC. **despedir** (o **echar**) a uno **con cajas destempladas** *fam.* Hacerlo de muy malos modos. **entrar en caja** Ser inscrito en la caja de recluta. **hacer caja** En el comercio, contabilizar el importe de las ventas de un determinado periodo de tiempo; p. ext., recaudar: *Hoy hemos hecho buena caja.* SIN. **1.** Arca, arcón, urna, estuche, cofre. **3.** Féretro. **9.** Mancha. FAM. Cajero, cajetilla, cajetín, cajista, cajo, cajón, cajuela. / Cápsula, encajar.

cajero, ra *s. m.* y *f.* **1.** Persona encargada del control de la caja en un comercio, establecimiento bancario, etc. || **2. cajero automático** Dispositivo automático que permite realizar ciertas operaciones como sacar dinero de un banco, ingresarlo, o pagar en un aparcamiento.

cajete (del náhuatl *caxitl*, escudilla) *s. m.* **1.** *Amér. C.* y *Méx.* Cazuela de barro honda y gruesa. **2.** *Amér. C.* y *Méx.* Hoyo poco profundo para plantar matas que se reproducen por hijos, como el plátano. **3.** *Méx.* Cráter de ciertos volcanes extinguidos.

cajetilla *s. f.* **1.** Paquete de cigarrillos o de tabaco picado. || *s. m.* y *f.* **2.** *Amér. desp.* Presumido, pisaverde.

cajetín *s. m.* **1.** Caja pequeña con diversos usos: *cajetín de correo.* **2.** Caja metálica que llevan los cobradores de vehículos públicos para guardar los tacos de billetes. **3.** En imprenta, cada uno de los departamentos de la caja. **4.** Caja de distribución de una instalación eléctrica. **5.** Receptáculo en que se echan las monedas en teléfonos públicos y otras máquinas. **6.** Sello para estampar a mano, en ciertos documentos, un escrito con espacios en blanco para incluir en ellos distintos datos: *Al presentar la instancia pusieron un cajetín de entrada.* **7.** Este escrito.

cajista *s. m.* y *f.* Operario de imprenta que compone y ajusta un texto para poder imprimirlo. SIN. Tipógrafo.

cajo (del lat. *capsus*, caja) *s. m.* Reborde hecho en el lomo de un libro para encajar las tapas.

cajón *s. m.* **1.** *aum.* de **caja**. **2.** Compartimiento independiente de un mueble, que se puede meter y sacar del hueco en que va encajado. **3.** Garita que se usa como tienda, quiosco, etc. **4.** Espacio entre dos estantes. **5.** Compartimiento de forma prismática, con dos puertas levadizas, que se emplea para el traslado de los toros o desde el que toman la salida los caballos de carreras. **6.** *Amér.* Cañada larga por donde corre un río o un arroyo. **7.** *Arg.* y *Chile* Ataúd, féretro. || **8. cajón de sastre** Conjunto de cosas diversas y desordenadas. || LOC. **de cajón** *adj.* Evidente, indiscutible. FAM. Cajonera. / Encajonar. CAJA.

cajonera *s. f.* **1.** Compartimiento situado debajo de las mesas escolares para guardar los libros y otros materiales. **2.** Mueble formado únicamente por cajones o conjunto de cajones de un mueble.

cajuela *s. f. Amér.* Portaequipajes de un automóvil.

cal (del lat. *calx*) *s. f.* **1.** Nombre vulgar del óxido de calcio. Es una sustancia blanca, ligera y cáustica que se emplea principalmente para la fabricación de abonos, cementos, materiales refractarios y, en suspensión, para recubrir superficies. || **2. cal apagada** La que está mezclada con agua. **3. cal viva** La que no está mezclada con agua. || LOC. **a cal y canto** *adv.* Referido a la forma de cerrar algo, totalmente. **de cal y canto** *adj. fam.* Macizo, fuerte, durable. **una de cal y otra de arena** *fam.* Alternancia de cosas buenas y malas. FAM. Calar[1], calcáreo, calcificar, calcinar, calcio, calcita, calera, calero, calicanto, caliche, calizo. / Encalar.

cala[1] *s. f.* **1.** Acción de calar una fruta para probarla: *melón a cala.* **2.** Pedazo de una fruta cortado con este fin. **3.** Agujero hecho en algún sitio para explorar su interior. **4.** Examen de una parte pequeña de algo, generalmente un escrito, para comprobar su calidad. **5.** Parte más baja en el interior de un buque. SIN. **1.** Cata.

cala[2] (del ár. *kalla*, fondeadero abrigado) *s. f.* Bahía pequeña. SIN. Ensenada, caleta. FAM. Caleta.

cala[3] (del lat. *calla*) *s. f.* Planta herbácea acuática de grandes flores blancas en forma de cucurucho con un vástago amarillo en su interior. Se cultiva con fines ornamentales.

cala[4] *s. f. fam.* Peseta.

calabacera *s. f.* Planta herbácea rastrera de la familia cucurbitáceas, una de cuyas variedades da la calabaza y otra el calabacín. También se llama *calabaza* a la planta.

calabacín *s. m.* **1.** Fruto comestible de una de las especies de calabacera. Está emparentado con la calabaza, pero es alargado, de carne blanca rodeada por una corteza verde. **2.** *fam.* Persona torpe, poco inteligente. SIN. **2.** Tarugo, zopenco.

calabaza (de or. prerromano) *s. f.* **1.** Fruto de una de las especies de calabacera. Llega a alcanzar los 30 kg de peso y puede presentar diversos colores y formas, aunque la más característica es redondeada y de color amarillo o anaranjado. Contiene numerosas semillas y se emplea como alimento de personas y animales, y alguna de sus variedades, en repostería. **2.** Calabacera*. **3.** *fam.* Cabeza. **4.** *fam.* Suspenso en una asignatura. Se usa más en *pl.*: *¿Cuántas calabazas has tenido este año?* || LOC. **dar calabazas** *fam.* Suspender a alguien; también, rechazar a un pretendiente: *Me han dado calabazas en latín. Rosa ha dado calabazas a tu hermano.* FAM. Calabacera, calabacín, calabazada. / Descalabazarse.

calabazada *s. f.* Golpe dado con la cabeza o recibido en ella. SIN. Cabezazo.

calabobos *s. m. fam.* Lluvia fina y continua que acaba calando. ■ No varía en *pl.* SIN. Llovizna, sirimiri, orvallo.

calabozo (del lat. vulg. *calafodium*, de *fodere*, cavar) *s. m.* **1.** Prisión subterránea. **2.** Celda incomunicada en una cárcel. **3.** Celda de ciertas cárceles: *El sheriff encerró a los cuatreros en el calabozo.* **4.** Lugar en un cuartel, comisaría, juzgado, etc. donde se tiene a los arrestados o detenidos. SIN. **1.** Mazmorra.

calabrés, sa *adj.* De Calabria, región de Italia en el sur del país. También *s. m.* y *f.*

calaca *s. f. Méx. fam.* Esqueleto; se utiliza para referirse a la muerte.

calada *s. f.* **1.** Chupada dada a un cigarro. **2.** Acción de calar o calarse. SIN. **2.** Cala.

caladero *s. m.* **1.** Lugar apropiado para calar o echar las redes de pesca. **2.** Lugar abundante en pesca.

calado, da **1.** *p.* de **calar**. También *adj.* || *adj.* **2.** Que tiene agujeros o aberturas: *un jersey calado.* || *s. m.* **3.** Labor que se hace con la aguja, sacando y atando hilos en una tela. **4.** Labor que consiste en taladrar papel, tela, madera, metal, etc., según un patrón dibujado. **5.** Profundidad que alcanza la parte sumergida de un buque. **6.** Profundidad de las aguas: *un puerto de poco calado.* **7.** Acción de calarse un motor. SIN. **2.** Perforado.

calador *s. m. Amér.* Especie de barrena acanalada o punzón para sacar muestras de los bultos de mercancías sin abrirlos, en especial de envases de áridos.

caladura *s. f.* **1.** Acción de calar un líquido. **2.** Acción de calar una fruta. SIN. **2.** Cala.

calafate (del ár. *qalfat*) *s. m.* El que calafatea embarcaciones. SIN. Calafateador.

calafatear *v. tr.* Tapar con estopa y brea las junturas de las maderas de los barcos. SIN. Embrear. FAM. Calafate, calafateado, calafateador, calafateo.

calagurritano, na (del lat. *Calagurritanus*) *adj.* De Calahorra, ciudad de La Rioja. También *s. m.* y *f.*

calamaco *s. m. Méx.* Bebida de mezcal y aguardiente.

calamar (del ital. *calamaro*, tintero, y éste del lat. *calamarius*, de *calamus*, caña o pluma de escribir) *s. m.* Molusco cefalópodo marino que carece de concha externa y posee una bolsa donde se acumula una sustancia negra, la tinta, que le sirve para enturbiar el agua cuando se siente perseguido. Tiene una concha interna, llamada pluma, y ocho tentáculos cortos y dos largos. El calamar común, que abunda en el Mediterráneo, es objeto de intensa captura, pues se utiliza como alimento.

calambre (del al. *Krampf*) *s. m.* **1.** Contracción involuntaria y dolorosa de un músculo. **2.** Paso de corriente eléctrica a través del cuerpo humano: *Me dio un calambre al tocar el enchufe.* SIN. **1.** Espasmo. **2.** Descarga, sacudida. FAM. Encalambrarse.

calambur (del fr. *calembour*) *s. m.* Juego de palabras que consiste en agrupar de distinto modo las sílabas de una palabra para formar otra de significado distinto: *Oro parece, plata no es (plátano es).*

calamidad (del lat. *calamitas, -atis*) *s. f.* **1.** Desgracia, infortunio, adversidad: *pasar calamidades.* **2.** *fam.* Persona torpe, inútil o con mala suerte: *Este chico es una calamidad, ha perdido las mil pesetas.* **3.** *fam.* Cosa mal hecha. SIN. **1.** Catástrofe, desdicha, sufrimiento, azote, tragedia. **1.** a **3.** Desastre. **2.** Inepto. ANT. **1.** Dicha, fortuna. FAM. Calamitoso.

calamina (del bajo lat. *calamina*) *s. f.* **1.** Mineral silicato de cinc; se emplea como mena para la obtención de este metal. **2.** Cinc fundido.

calamita (del ár. *qaramit*, aguja imantada) *s. f.* Piedra imán, imán natural.

calamitoso, sa *adj.* **1.** Que causa desgracias o va acompañado de ellas: *Ha sido un calamitoso otoño de lluvias.* **2.** Que le persigue la desgracia: *La pobre Julia siempre fue muy calamitosa.* SIN. **1.** Aciago, funesto. **2.** Desafortunado, desdichado.

cálamo (del lat. *calamus*) *s. m.* **1.** Caña cortada al bies con la que se escribía antiguamente. **2.** En lenguaje poético, pluma de escribir. **3.** Cañón, parte inferior hueca de las plumas de la aves.

calandra (del fr. *calandre*) *s. f.* En algunos vehículos, rejilla por donde entra el aire al ventilador.

calandraco, ca *adj. Amér.* Atolondrado, tarambana. También *s. m.* y *f.*

calandria[1] (del lat. vulg. *calandria*) *s. f.* Pájaro de canto fuerte y melodioso, parecido al de la alondra, cuya especie común tiene el dorso pardo y el vientre blanquecino. Anida en el suelo de pedregales y estepas.

calandria[2] (del fr. *calandre*) *s. f.* **1.** Máquina compuesta de varios cilindros giratorios que se utiliza para prensar y satinar tela o papel. **2.** Torno para levantar pesos. **3.** Recipiente cerrado que tiene en su interior una serie de tubos que forman canales y permiten la separación entre dos líquidos.

calaña (del lat. *qualis*, cual) *s. f.* Manera de ser de una persona o cosa, especialmente si es negativa: *Ese tipo es de mala calaña.* **SIN.** Condición, índole, ralea.

cálao (voz filipina) *s. m.* Ave trepadora con un gran pico curvo de vivos colores, provisto a veces de una excrecencia ósea en la parte superior, y plumaje oscuro y poco vistoso. Vive en las regiones tropicales de África y Asia.

calar[1] *adj.* **1.** Calizo. || *s. m.* **2.** Sitio donde abunda la piedra caliza.

calar[2] (del lat. *chalare*, bajar) *v. tr.* **1.** Penetrar un líquido en un cuerpo permeable: *El agua de la lluvia le caló la ropa. El agua ha calado por las esquinas del techo.* También *v. intr.* y *v. prnl.* **2.** Atravesar con un instrumento un cuerpo de parte a parte: *calar una tabla con el taladro.* **3.** Cortar un trozo de fruta para probarla: *calar un melón.* **4.** Tratándose del sombrero, la gorra, etc., ponérselos haciendo que entren mucho en la cabeza: *Se caló la boina hasta las cejas.* También *v. prnl.* con valor reflexivo. **5.** Encajar la bayoneta en el fusil. **6.** Hacer que se pare bruscamente un motor. Se usa mucho como *v. prnl.* **7.** *fam.* Conocer el verdadero carácter e intenciones de una persona: *Yo la he calado desde el primer día.* **8.** Sumergir las redes u otro instrumento de pesca. **9.** Hacer labor de calado en una prenda. **10.** *Amér.* Sacar con un calador una muestra de un fardo, p. ej. en una aduana. **11.** *Col.* Confundir a alguien, apabullar. || *v. intr.* **12.** Permitir un objeto o material que un líquido penetre en él: *Aunque me han dicho que es impermeable, yo creo que esta tela cala.* **13.** Penetrar ideas, sentimientos o palabras en una persona o grupo de personas: *Los versos de su último libro calaron en todo el auditorio.* **14.** Profundizar en el conocimiento de la naturaleza o el significado de algo: *Es una investigación que cala hondo en la situación laboral de los emigrantes.* **15.** Alcanzar un buque determinada profundidad en el agua por la parte más baja de su casco. || **calarse** *v. prnl.* **16.** Empaparse, mojarse una persona hasta que el agua penetra en la ropa y llega al cuerpo: *Se ha calado hasta los huesos.* **SIN. 1.** Infiltrar(se). **1.** y **2.** Traspasar. **1.** y **12.** Filtrar(se). **13.** Introducirse. **14.** Ahondar. **FAM.** Cala[1], calabobos, calada, caladero, calado, calador, caladura, calicata. / Recalar.

calasancio, cia (de San José de *Calasanz*) *adj.* Escolapio*. También *s. m.* y *f.*

calato, ta *adj. Chile* y *Perú* Desnudo.

calavera (del lat. *calvaria*, cráneo) *s. f.* **1.** Esqueleto de la cabeza sin la carne ni la piel. **2.** Insecto lepidóptero, mariposa de cuerpo grueso y alas estrechas que en el dorso tiene unas manchas grises que forman un dibujo parecido a una calavera. || *s. m.* **3.** Hombre alocado, algo sinvergüenza y amigo de juergas. **SIN. 1.** Cráneo. **3.** Tarambana, parrandero, libertino. **ANT. 3.** Santurrón. **FAM.** Calaverada. / Descalabrar.

calaverada *s. f. fam.* Acción propia de un calavera.

calcado, da 1. *p.* de **calcar**. También *adj.* || *adj.* **2.** *fam.* Idéntico o muy parecido: *Eres calcado a mi hermano.* || *s. m.* **3.** Acción de calcar. **SIN. 2.** Igual, clavado.

calcamonía *s. f.* Calcomanía*.

calcáneo *s. m.* Hueso del tarso que en el hombre forma el talón. **FAM.** Calcañar.

calcañar (del lat. *calcaneum*) *s. m.* Parte posterior de la planta del pie.

calcar (del lat. *calcare*, pisar) *v. tr.* **1.** Sacar copia de un original colocando un papel transparente encima o un papel carbón debajo o por algún otro procedimiento mecánico: *Calcó el dibujo con papel cebolla.* **2.** Imitar, reproducir algo con la máxima fidelidad: *El autor calcó esta escena de otra película.* ■ Delante de *e* se escribe *qu* en lugar de *c*: *calquen.* **SIN. 2.** Copiar, fusilar. **FAM.** Calcado, calcador, calco, calcomanía. / Recalcar.

calcáreo, a (del lat. *calcarius*) *adj.* Que contiene cal: *aguas calcáreas.*

calce *s. m.* **1.** Material u objeto con que se calza alguna cosa: *Coloca un calce a la rueda del coche para que no se mueva.* **2.** Cuña para ensanchar o rellenar un hueco. **3.** *Amér. C.* y *Méx.* Pie de un documento: *firmar el calce.* **SIN. 1.** Calza, calzo. **FAM.** Véase **calzar**.

calcedonia (de *Calcedonia*, región de Asia Menor donde abundaba este mineral) *s. f.* Variedad traslúcida de cuarzo, como el ónice y el ágata.

calceta *s. f.* Labor que se realiza tejiendo la lana con dos agujas: *hacer calceta.* **SIN.** Punto.

calcetín *s. m.* Media corta que llega hasta la mitad de la pantorrilla o hasta debajo de la rodilla. **FAM.** Calceta. CALZA.

cálcico, ca *adj.* Se dice del compuesto que contiene calcio: *carbonato cálcico.*

calcificar (del lat. *calx*, *calcis*, cal, y *facere*, hacer) *v. tr.* **1.** Elaborar por medios artificiales carbonato de cal. **2.** Dar a un tejido orgánico propiedades calcáreas. || **calcificarse** *v. prnl.* **3.** Transformarse o degenerar los tejidos al depositarse en ellos sales calcáreas. ■ Delante de *e* se escribe *qu* en lugar de *c*: *calcifiquen.* **FAM.** Calcificación. / Decalcificar, descalcificar, recalcificar. CAL.

calcinar (de *cal*) *v. tr.* **1.** Abrasar, quemar: *El incendio calcinó la casa.* También *v. prnl.* **2.** Reducir a cal viva los minerales calcáreos, quitándoles el ácido carbónico por medio del fuego. También *v. prnl.* **3.** Eliminar por el fuego las sustancias volátiles (gaseosas o líquidas) de cualquier mineral. También *v. prnl.* **SIN. 1.** Asar(se), carbonizar(se), torrar(se). **FAM.** Calcinación, calcinado. CAL.

calcio (del lat. *calx*, *calcis*, cal) *s. m.* Elemento químico metálico, blanco y blando, muy abundante en la naturaleza. Forma parte de huesos, espinas y conchas, aparece en la leche y en las verduras y es de gran importancia para el cuerpo humano. Su símbolo es *Ca.* **FAM.** Cálcico. CAL.

calcita *s. f.* Mineral constituido por carbonato cálcico muy abundante en la naturaleza, materia prima de la cal y el cemento y usado también en metalurgia y como fertilizante.

calcitonina *s. f.* Hormona segregada por la glándula tiroides, cuya función es disminuir el nivel de calcio en la sangre.

calco *s. m.* **1.** Acción de calcar. **2.** Cosa calcada de otra. **3.** Adaptación a una lengua de una palabra o expresión extranjera, traduciendo su significado completo o el de cada uno de los elementos que lo constituyen; p. ej., *base de datos* es un calco del inglés *database*. **4.** Papel que sirve para calcar. || *s. m. pl.* **5.** *fam.* Zapatos. **SIN. 1.** y **2.** Copia.

calcografía (del gr. *khalkos*, bronce, cobre, y *-grafía*) *s. f.* Arte de estampar mediante planchas metálicas, generalmente de cobre, grabadas al buril o bien por corrosión con ácido. **FAM.** Calcografiar.

calcografiar *v. tr.* Estampar por el procedimiento de calcografía. ■ En cuanto al acento, se conjuga como *ansiar*: *calcografío*.

calcomanía (del fr. *décalquer*, calcar, y *manie*, manía) *s. f.* **1.** Papel con una imagen engomada que puede estamparse en cualquier lugar pegándolo por el lado de la imagen y retirando el papel. **2.** Técnica de estampación con ese tipo de papel. **3.** La estampa una vez traspasada al objeto. ■ Se dice también *calcamonía*.

calcopirita (del gr. *khalkos*, cobre, y de *pirita*) *s. f.* Mineral constituido por sulfuro de cobre y hierro, de color amarillo, duro y frágil. Es la principal mena del cobre.

calculador, ra (del lat. *calculator, -oris*) *adj.* **1.** Que calcula. **2.** Que actúa pensando en las ventajas materiales. También *s. m.* y *f.* **SIN. 2.** Interesado, egoísta.

calculadora *s. f.* Máquina que realiza rápida y electrónicamente operaciones matemáticas.

calcular (del lat. *calculare*) *v. tr.* **1.** Hacer cuentas, resolver operaciones matemáticas: *calcular una raíz cuadrada.* **2.** Realizar las operaciones matemáticas necesarias para obtener una determinada cantidad, magnitud o dato, o para la realización de una obra de ingeniería o arquitectura: *calcular la capacidad de un estanque, calcular un puente.* **3.** Suponer: *Calculo que tendrá treinta años.* **SIN. 2.** Evaluar. **3.** Imaginarse, conjeturar. **FAM.** Calculable, calculador, calculadora, cálculo. / Incalculable.

cálculo (del lat. *calculus*) *s. m.* **1.** Acción de calcular. **2.** Nombre de distintas ramas de la ciencia matemática: *cálculo integral, infinitesimal.* **3.** Acumulación anormal de una sustancia sólida que se forma espontáneamente en órganos como los riñones, las vías urinarias, la vesícula biliar, etc. || *s. m. pl.* **4.** Mal de piedra. **SIN. 1.** Cómputo; conjetura, deducción, suposición, estimación.

caldas *s. f. pl.* Baños de aguas minerales calientes. **SIN.** Termas.

caldear (del lat. *caldus*, caliente) *v. tr.* **1.** Calentar, especialmente un sitio cerrado: *El brasero caldea en seguida la habitación.* También *v. prnl.* **2.** Provocar un estado de ánimo propicio para la discusión: *caldear los ánimos.* También *v. prnl.* **3.** Animar una reunión o auditorio: *Caldeó el ambiente en cuanto salió al escenario.* **SIN. 2.** Acalorar(se), exaltar(se), encender(se), calentar(se). **ANT. 1.** Enfriar(se), helar(se). **2.** Aplacar(se), serenar(se), calmar(se). **FAM.** Caldas, caldeamiento, caldeo, caldera, caldo.

caldeo, a (del lat. *Chaldaeus*, y éste del gr. *Khaldaios*) *adj.* **1.** De Caldea, antigua región de Asia. También *s. m.* y *f.* || *s. m.* **2.** Lengua de los caldeos.

caldera (del lat. *caldaria*) *s. f.* **1.** Recipiente metálico cerrado donde se calienta agua para algún servicio: *la caldera de la calefacción, de un barco.* **2.** Recipiente de metal, grande y semiesférico, que sirve para cocer algo o ponerlo a calentar. || **3. las calderas de Pero** (o **Pedro**) **Botero** *fam.* El infierno. **FAM.** Calderada, calderería, calderero, caldereta, calderilla, caldero, calderón. CALDEAR.

calderada *s. f.* **1.** Lo que cabe en una caldera, recipiente de cocina. **2.** *fam.* Cantidad exagerada de algo, particularmente de comida.

calderería *s. f.* **1.** Taller en el que se hacen o arreglan calderas y calderos. **2.** Sección de los talleres de metalurgia donde se cortan, forjan y unen las barras y planchas de metal. **3.** Arte u oficio del que se dedica a una de estas actividades.

caldereta *s. f.* **1.** Guiso que hacen los pastores con carne de cordero o de cabrito. **2.** P. ext., otros platos de carne, pescado o marisco.

calderilla (dim. de *caldera*) *s. f.* Conjunto de monedas de escaso valor. **SIN.** Suelto.

caldero (del lat. *caldarium*) *s. m.* **1.** Caldera, recipiente de cocina, pequeña, de fondo redondeado y de una sola asa móvil. **2.** Lo que cabe dentro de este recipiente.

calderón (aum. de *caldera*) *s. m.* **1.** En mús., signo (𝄐) que indica la suspensión del compás. **2.** Esta misma suspensión. **3.** Delfín de gran tamaño, con la cabeza muy grande, que se alimenta principalmente de calamares.

calderoniano, na *adj.* Propio de Calderón de la Barca y de su obra, o que tiene alguna de las cualidades de su producción literaria.

caldillo *s. m.* **1.** Salsa de algunos guisos. **2.** *Méx.* Picadillo de carne con caldo, sazonado con orégano y otras especias.

caldo (del lat. *calidus*, caliente) *s. m.* **1.** Líquido que resulta de cocer en agua carne, pescado, verduras, etc. **2.** Parte líquida de algunos guisos: *el caldo de las lentejas.* **3.** Vino. Se usa más en *pl.*: *La Rioja es famosa por sus caldos.* || **4. caldo de cultivo** Líquido preparado para favorecer la reproducción de determinadas bacterias. P. ext., ambiente propicio para el desarrollo de algo que se considera perjudicial. || **LOC. hacer a alguien el caldo gordo** *fam.* Actuar de forma que se favorezca a otra persona involuntariamente. **poner** a uno **a caldo** *fam.* Insultarle, reñirle. **SIN. 1.** Consomé. **2.** Salsa, moje. **FAM.** Caldillo, caldoso. / Escaldar, sopicaldo. CALDEAR.

caldoso, sa *adj.* Que tiene mucho caldo: *arroz caldoso, lentejas caldosas.*

calé *adj.* Gitano. También *s. m.* y *f.*

caledonio, nia *adj.* De Caledonia, antigua región de Gran Bretaña situada en el norte de Escocia. También *s. m.* y *f.*

calefacción (del lat. *calefactio, -onis*) *s. f.* **1.** Sistema y conjunto de aparatos destinados a calentar un espacio. || **2. calefacción central** La que calienta todo un edificio y procede de un solo centro calorífico. **FAM.** Calefactor, calefón. CALIENTE.

calefactor, ra *s. m.* y *f.* **1.** Persona que instala o repara aparatos de calefacción. || *s. m.* **2.** Aparato eléctrico de calefacción.

calefón *s. m. Arg.* Calentador de agua.

caleidoscopio *s. m.* Calidoscopio*.

calendario (del lat. *calendarium*) *s. m.* **1.** Catálogo en que se registran todos los días del año, distribuidos por semanas y meses, y que a veces incluye otras informaciones, como p. ej. festividades religiosas y otras celebraciones. **2.** Sistema de división del tiempo: *calendario solar, lunar.* **3.** Plan por el que se distribuyen en un periodo de tiempo más o menos prolongado las sucesivas tareas que se han de realizar: *calendario de trabajo.* **4.** Forma de dividir el año solar teniendo en cuenta los días festivos y el periodo de vacaciones en una determinada actividad: *calendario escolar, calendario laboral.* || **5. calendario eclesiástico** Distribución del año para el ritual de la Iglesia católica. SIN. **1.** Almanaque. **3.** Agenda.

calendas (del lat. *calendae*, primer día de mes) *s. f. pl.* **1.** En la antigua Roma, primer día de cada mes. **2.** *fam.* Época del pasado, tiempo que ya no volverá. FAM. Calendario.

caléndula *s. f.* Planta de jardín compuesta, de flores amarillas o anaranjadas, cuya especie más conocida es la *maravilla.*

calentador, ra *adj.* **1.** Que calienta. || *s. m.* **2.** Aparato que sirve para calentar el agua, comúnmente sirviéndose de la electricidad o de algún gas (butano, propano, etc.). **3.** Recipiente con agua o una resistencia eléctrica que sirve para calentar la cama. **4.** Media de lana, sin pie, usada para que no se enfríe la pierna. SIN. **1.** Calorífero.

calentamiento *s. m.* **1.** Acción de calentar o calentarse. **2.** Conjunto de ejercicios que se realizan antes de empezar a hacer deporte, para preparar los músculos y evitar lesiones.

calentar (del lat. *calentare*) *v. tr.* **1.** Dar calor a un cuerpo para elevar su temperatura. Con el significado de despedir calor, también *v. intr.*: *Ya empieza a calentar más el sol.* También *v. prnl.*: *Nos calentamos a la lumbre.* **2.** Excitar, exaltar: *El vino calienta los ánimos.* También *v. prnl.* **3.** Avivar el apetito sexual. También *v. prnl.* **4.** *fam.* Pegar a alguien: *Le calentó de lo lindo.* También *v. prnl.* **5.** En dep., realizar ejercicios para desentumecer los músculos: *calentar los músculos.* Se suele usar como *v. intr.* y *v. prnl.*: *El jugador calentó en la banda.* || **calentarse** *v. prnl.* **6.** Apasionarse en una discusión. **7.** *Amér.* Enfadar. ■ Es v. irreg. Se conjuga como *pensar.* SIN. **1.** y **2.** Caldear(se). **2.** Enardecer(se), acalorar(se). **4.** Pegar(se), sacudir(se), atizar(se), zurrar(se). **6.** Acalorarse. **7.** Irritarse. ANT. **1.** Enfriar(se), refrescar(se). **2.** y **6.** Calmar(se). FAM. Calentador, calentamiento, calentón, calentura, calenturiento, calientacamas, calientapiés, calientaplatos, calientapollas. / Precalentamiento, recalentar. CALIENTE.

calentón, na (aum. de *caliente*) *adj.* **1.** *vulg.* Calentorro, lujurioso. Se usa más como *s. m.* y *f.* || *s. m.* **2.** *fam.* Calentamiento rápido y breve: *Pon un rato la calefacción y le das un calentón a la casa.* **3.** *fam.* Calentamiento excesivo de una máquina: *Con otro calentón como ése te cargas el motor.* SIN. **1.** Cachondo. ANT. **1.** Frío.

calentorro, rra *adj.* **1.** *desp.* Caliente: *El refresco está calentorro.* **2.** *vulg.* Libidinoso, lujurioso. También *s. m.* y *f.* SIN. **2.** Cachondo.

calentura *s. f.* **1.** Fiebre. **2.** Pústula, vejiga con pus que se forma en los labios por haber tenido fiebre. **3.** *vulg.* Excitación sexual. **4.** *Col.* Rabieta. **5.** *Cuba* y *P. Rico* Descomposición del tabaco por fermentación. ANT. **1.** Hipotermia.

calenturiento, ta *adj.* **1.** Que tiene indicios de calentura, fiebre. También *s. m.* y *f.* **2.** Exaltado, algo disparatado: *Tiene una mente calenturienta.* **3.** *Chile* Tísico. SIN. **1.** Febril, destemplado.

calera *s. f.* **1.** Cantera de piedra caliza. **2.** Horno para calcinar la cal.

calero, ra *adj.* **1.** De cal o relacionado con la cal. || *s. m.* y *f.* **2.** Persona que hace o vende cal.

calesa (del fr. *calèche*) *s. f.* Carruaje de dos o cuatro ruedas, con la caja abierta por delante y con capota. FAM. Calesero, calesita.

calesero, ra *s. m.* y *f.* **1.** Persona que conduce una calesa. || *s. f.* **2.** Chaqueta con adornos que usa el calesero. **3.** Cante andaluz, especie de seguidilla.

calesita *s. f. Amér.* Tiovivo.

caleta (de *cala*[2]) *s. f.* **1.** *dim.* de **cala**. Ensenada pequeña. **2.** *Amér.* Barco que hace su trabajo en calas o puertos pequeños. **3.** *Ven.* Gremio de porteadores de mercancías, especialmente en los puertos de mar.

caletre (del lat. *character*) *s. m. fam.* Talento, inteligencia: *Es un hombre de gran caletre.* SIN. Seso, cacumen, ingenio, mollera. ANT. Torpeza, necedad, simpleza.

calibrar *v. tr.* **1.** Medir el calibre de una cosa. **2.** Dar a una cosa el calibre conveniente. **3.** Estudiar con detalle algo o calcular su importancia: *calibrar las ventajas de un asunto.* SIN. **3.** Valorar, ponderar. FAM. Calibración, calibrado, calibrador. CALIBRE.

calibre (del fr. *calibre*) *s. m.* **1.** Diámetro interior del cañón de las armas de fuego. P. ext., diámetro interior de muchos objetos cilíndricos huecos, como tubos, cañerías, etc. **2.** Diámetro de un proyectil o de un alambre. **3.** Tamaño, importancia, categoría o clase. ■ Se emplea con *gran, poco, mucho*: *Es un pelmazo de mucho calibre.* **4.** Nombre de diversos instrumentos que sirven para medir diámetros. SIN. **1.** Anchura. **3.** Trascendencia, volumen. FAM. Calibrar.

calicanto *s. m.* Obra de mampostería: *muro de calicanto.*

calicata (de *cala* y *cata*) *s. f.* **1.** Exploración que se hace en un terreno para buscar minerales. **2.** Exploración de una construcción para determinar los materiales o su estado. SIN. **1.** Sondeo, perforación.

caliche *s. m.* **1.** Costra de cal que se desprende de las paredes encaladas. **2.** *Amér. del S.* Mineral de nitrato de sodio.

caliciforme *adj.* Que tiene forma de cáliz; se aplica especialmente a órganos vegetales.

calidad (del lat. *qualitas, -atis*) *s. f.* **1.** Cualidad o conjunto de cualidades de una persona o cosa que permiten compararla con otras de su especie: *Admiraba la calidad de su amigo como profesional. El escultor sabe aprovechar las calidades de la madera.* **2.** Bondad, superioridad, excelencia o importancia de algo: *un abrigo de calidad. No podía enfrentarse con un problema de esa calidad.* **3.** Condición o función de alguien: *Asistió a la recepción en su calidad de cónsul.* SIN. **1.** Clase, categoría; índole. **3.** Papel, significación. FAM. Véase **cualidad**.

cálido, da (del lat. *calidus*) *adj.* **1.** Caliente o que da calor: *viento calido, ropa cálida.* **2.** Que tiene un clima templado: *países cálidos.* **3.** Afectuoso, acogedor: *un cálido recibimiento, cálidos aplausos.* **4.** En pintura, se dice de los colores en que predominan las tonalidades doradas o rojizas. SIN. **1.** Ardiente. **1.** y **3.** Caluroso. **3.** Cariñoso, entusiasta. ANT. **1.** a **4.** Frío. **1.** y **3.** Helado, gélido.

calidoscopio (del gr. *kalos*, bello, *eidos*, imagen, y *skopeo*, mirar) *s. m.* Instrumento óptico en forma de tubo, dentro del cual hay varios espejos inclinados; al mirar por uno de sus extremos se ven las imágenes de unos objetos que tiene en su interior en infinitas combinaciones simétricas. ■ Se dice también *caleidoscopio.*

calientacamas *s. m.* Utensilio para calentar la cama. ■ No varía en *pl.*

calientapiés *s. m.* Especie de bota grande de tejido cálido en la que se pueden meter los dos pies para que se calienten. ■ No varía en *pl.*

calientaplatos *s. m.* Aparato para mantener calientes los platos cocinados. ■ No varía en *pl.*

calientapollas *adj. vulg.* Se aplica a la mujer que provoca deseo sexual en un hombre sin tener intención de satisfacerlo. También *s. f.*

caliente (del lat. *calens, -entis*, de *calere*, tener calor) *adj.* **1.** Que tiene una temperatura superior a la normal en cada caso: *La sopa está muy caliente.* **2.** Refiriéndose a habitaciones, vestidos, etc., que tienen o proporcionan calor. **3.** Se dice de los colores rojizos o dorados. **4.** Excitado sexualmente; también, propenso a la excitación sexual. **5.** Apasionado, vivo, tenso: *Fue una reunión caliente.* **6.** Problemático, conflictivo: *Se espera un otoño caliente en materia laboral.* **7.** Que esta recién hecho o acaba de suceder y constituye una novedad. Se usa mucho en diminutivo: *pan calentito, noticia calentita.* || LOC. **¡caliente!** *interj.* Se usa para indicar a una persona que está cerca de encontrar un objeto escondido o de acertar algo. **en caliente** *adv.* Inmediatamente, al momento, sin dejar que desaparezca la situación o estado que mueve a decir o hacer algo: *Llámale en caliente, antes de que se te pase el enfado.* SIN. **1.** Caldeado, caluroso. **1.** y **4.** Ardiente. **2.** Abrigado. **2.** y **3.** Cálido. **4.** Cachondo. **5.** Acalorado, exaltado. **6.** Difícil, delicado. ANT. **1.** Helado, gélido. **1.** a **3.** Frío. **5.** y **6.** Tranquilo. FAM. Calefacción, calentar, calentorro, cálido. CALOR.

califa (del ár. *jalifa*, sucesor, lugarteniente) *s. m.* Título de algunos príncipes musulmanes, sucesores de Mahoma en la dirección y el gobierno de los asuntos políticos y religiosos del Islam. FAM. Califal, califato. / Jalifa.

califato *s. m.* **1.** Dignidad de los califas. **2.** Tiempo que duraba el gobierno de un califa o dinastía de califas y territorio de su jurisdicción. **3.** Periodo histórico en que hubo califas.

calificación *s. f.* **1.** Acción de calificar. **2.** Nota, palabra, puntuación, etc., con la que se califica: *En el examen obtuvo la calificación de apto. No merece de mi otra calificación.* SIN. **1.** Juicio, evaluación, valoración.

calificado, da 1. *p.* de **calificar**. También *adj.* || *adj.* **2.** Que tiene autoridad, mérito y prestigio: *un profesor calificado.* **3.** Que tiene todas las cualidades y requisitos necesarios para algo: *Es persona calificada para ese trabajo.* SIN. **2.** Acreditado, capacitado, competente. **2.** y **3.** Cualificado. **3.** Apto, idóneo. ANT. **2.** Descalificado, desacreditado, desprestigiado. **3.** Incompetente.

calificar (del bajo lat. *qualificare*) *v. tr.* **1.** Juzgar las cualidades, aptitudes o circunstancias de una persona o cosa: *calificar a un alumno.* También *v. intr.* con la prep. *de*: *Calificaron de excelente su actuación.* **2.** Mostrar la actuación de una persona su manera de ser, sus cualidades, etc.: *Ese gesto le califica de honrado.* También *v. prnl.* **3.** Afectar o referirse un adj. a cierto sustantivo. ■ Delante de *e* se escribe *qu* en lugar de *c*: *califique.* SIN. **1.** Evaluar, valorar, enjuiciar. **2.** Acreditar(se), demostrar. ANT. **2.** Desacreditar(se). FAM. Calificable, calificación, calificado, calificativo. / Descalificar, incalificable, recalificar. CUALIFICADO.

calificativo, va *adj.* **1.** Que califica; particularmente se dice de las palabras, expresiones, etc., que califican o con las que se califica a alguien o algo: *Le aplicó un calificativo bastante duro.* También *s. m.* **2.** Se dice del adj. que expresa una cualidad del sustantivo. También *s. m.* SIN. **2.** Epíteto.

californiano, na *adj.* De California, estado de Estados Unidos. También *s. m.* y *f.* FAM. Californio.

californio (de *California*, en cuya universidad fue descubierto) *s. m.* Elemento químico radiactivo usado como fuente de neutrones en las reacciones nucleares. Su símbolo es *Cf.*

cáliga (del lat. *caliga*) *s. f.* Sandalia que usaban los soldados romanos.

calígine (del lat. *caligo, -iginis*, oscuridad) *s. f.* **1.** En lenguaje literario, niebla, bruma, oscuridad. **2.** *fam.* Bochorno. SIN. **1.** Calina. ANT. **1.** Claridad, luminosidad. FAM. Caliginoso. CALIMA.

caliginoso, sa *adj.* En lenguaje literario, oscuro y con niebla.

caligrafía (del gr. *kalligraphia*, de *kallos*, bello, y *graphe*, escritura) *s. f.* **1.** Conjunto de rasgos que distinguen la escritura de una persona, un documento, etc. **2.** Habilidad o arte de escribir a mano con una letra clara y bien formada: *La profesora les puso un ejercicio de caligrafía.* FAM. Caligráfico.

calígrafo, fa *s. m.* y *f.* **1.** Persona que escribe a mano con letra clara y bien hecha. **2.** Especialista en caligrafía. SIN. **1.** Escribiente.

caligrama *s. m.* Composición poética en que se representa una idea por medio de recursos tipográficos, realizando dibujos con las palabras.

calima o **calina** (del lat. *caligo, iginis*, oscuridad) *s. f.* Neblina, fenómeno atmosférico que enturbia el aire con vapor de agua o polvo en suspensión. SIN. Bruma, neblina, calígine. FAM. Calígine.

calimocho *s. m.* Bebida alcohólica que se elabora mezclando vino y un refresco de cola.

calipso (del ingl. *calypso*) *s. m.* Canción y baile popular de la isla de Trinidad, en el Caribe.

cáliz (del lat. *calix, -icis*) *s. m.* **1.** Recipiente sagrado, generalmente en forma de copa, de oro, plata o bañado de estos metales, que se utiliza para consagrar el vino en la misa. P. ext., vaso de forma semejante para otros usos. **2.** En bot., cubierta exterior de las flores formada por varias hojas, generalmente verdes, llamadas **sépalos**. FAM. Caliciforme.

calizo, za *adj.* **1.** Que tiene cal. || *s. f.* **2.** Roca sedimentaria formada básicamente por calcita, de textura compacta y colores variados, que abunda en la naturaleza y se usa en la construcción. SIN. **1.** Calcáreo.

callado, da 1. *p.* de **callar**. También *adj.* || *adj.* **2.** Poco hablador o silencioso: *un chico muy callado, la callada noche.* || LOC. **dar la callada por respuesta** *fam.* No responder intencionadamente. ■ No confundir con la palabra homófona *cayado*, 'bastón'. SIN. **2.** Reservado, taciturno; sigiloso. ANT. **2.** Locuaz; sonoro, ruidoso.

callampa (quechua) *s. f.* **1.** *Amér.* Seta. **2.** *Chile* Sombrero.

callar (del lat. vulg. *callare*, y éste del gr. *khalao*, bajar la voz) *v. intr.* **1.** Guardar silencio, dejar de hablar: *Si no calláis, no hay manera de oír la radio.* También *v. prnl.* **2.** Cesar cualquier ruido o sonido: *Callaron los gritos.* También *v. prnl.* **3.** No decir aquello que se siente o se sabe: *Es preferible callar.* También *v. tr.* y *v. prnl.*: *Han callado muchas cosas.* SIN. **1.** Enmudecer. **2.** Apagarse, extinguirse. **3.** Silenciar. ANT. **2.** Sonar. **3.** Declarar, manifestar(se). FAM. Callado. / Acallar.

calle (del lat. *callis*, senda, camino) *s. f.* **1.** Vía pública de una población, generalmente limitada por dos filas de casas o edificios. **2.** Conjunto de vías públicas, plazas, etc., de una población: *Hoy no salí a la calle.* **3.** Conjunto de personas que las pueblan. Frecuentemente, se utiliza como sinónimo de público o gente en general: *el lenguaje de la calle. Toda la calle le vio entrar.* **4.** Camino o espacio limitado por dos hileras de objetos, árboles, columnas, etc.: *El atleta se salió de su calle.* **5.** Serie de casillas en línea por donde se mueven las fichas en el tablero de las damas, o las piezas en el del ajedrez. || LOC. **abrir calle** Apartar a la gente para pasar entre ella. **echar** a uno **a la calle** Despedirle del trabajo. **echar** (o **tirar**) **por la calle de en medio** Actuar sin consideraciones en un asunto. **echarse a la calle** Sublevarse, amotinarse. **en la calle** *adv.* En una situación totalmente precaria, sin empleo, casa, dinero, etc.: *dejar en la calle, quedarse en la calle.* **hacer la calle** Dedicarse a la prostitución. **llevarse de calle** a alguien Despertar en una persona cariño, admiración, simpatía. **traer** (o **llevar**) a alguien **por la calle de la amargura** Darle disgustos, tratarle mal. SIN. **1.** Avenida, paseo, travesía, alameda, bulevar, arteria. FAM. Calleja, callejear, callejeo, callejero, callejón, callejuela. / Bocacalle, entrecalle, pasacalle, trotacalles.

calleja *s. f. dim.* de *calle.* Calle estrecha, corta y de poca importancia.

callejear *v. intr.* Andar paseando por las calles: *Para conocer una ciudad, no hay como callejear por ella.* SIN. Vagar, corretear, deambular, errar.

callejero, ra *adj.* **1.** Que es muy dado a callejear. **2.** De la calle: *perro callejero.* || *s. m.* **3.** Lista o guía que contiene el nombre de las calles de una ciudad y, frecuentemente, un plano con su localización.

callejón (aum. de *calle*) *s. m.* **1.** Calle o paso largo y estrecho entre paredes. **2.** Calle corta. **3.** En una plaza de toros, espacio entre la barrera que bordea el ruedo y el muro en que comienza el tendido. || **4. callejón sin salida** Asunto de difícil o imposible solución, situación desesperada. SIN. **1.** Calleja, callejuela, pasaje. **3.** Entrebarrera. FAM. Encallejonar. CALLE.

callicida (de *callo* y *-cida*) *s. m.* Sustancia para quitar los callos.

callista *s. m.* y *f.* Persona que se dedica al cuidado de los pies, tratando y quitando callos, uñeros, etc. SIN. Pedicuro.

callo (del lat. *callum*) *s. m.* **1.** Dureza que por roce, presión y a veces lesión se forma en pies, manos, etc., generalmente muy localizada. **2.** Cicatriz que se forma al soldarse los fragmentos de un hueso fracturado. **3.** *fam.* Persona fea. || *s. m. pl.* **4.** Pedazos del estómago de la vaca, ternera o carnero que se comen guisados: *callos a la madrileña.* || LOC. **dar el callo** *fam.* Trabajar duramente, con intensidad. ■ No confundir con la palabra homófona *cayo*, 'isla rasa y arenosa'. SIN. **1.** Callosidad, dureza. FAM. Callicida, callista, callosidad, calloso. / Encallecer.

callosidad (del lat. *callositas, -atis*) *s. f.* Engrosamiento y endurecimiento de la epidermis, que se forma en las manos, pies, etc., como consecuencia de la aplicación constante de una presión o por el roce.

calma (del lat. *cauma*, y éste del gr. *kauma*, bochorno) *s. f.* **1.** Estado de la atmósfera o del mar cuando no hay viento ni oleaje: *A la tormenta sigue la calma.* **2.** Tranquilidad, paciencia: *Tómatelo con calma. Cuando se marcharon todos llegó la calma a la casa.* **3.** *fam.* Lentitud excesiva en el modo de hablar o actuar. ■ Se usa mucho en la expr. *calma chicha.* || **4. calma chicha** Inmovilidad completa del aire, sobre todo en la mar. SIN. **1.** Bonanza, quietud. **2.** Paz, reposo, sosiego. **3.** Cachaza, flema. ANT. **1.** Marejada. **2.** Alteración, inquietud, intranquilidad. **3.** Diligencia, rapidez. FAM. Calmado, calmante, calmar, calmo, calmoso. / Encalmar, recalmón.

calmante *adj.* Que calma; particularmente se aplica a los medicamentos que sirven para calmar el dolor o producir un estado de tranquilidad. También *s. m.* SIN. Tranquilizante, sedante, analgésico. ANT. Excitante, estimulante.

calmar *v. tr.* **1.** Disminuir la fuerza, la intensidad o el ímpetu de algo: *El jarabe le calmó la tos.* También *v. prnl.*: *Se ha calmado el viento.* **2.** Aliviar el dolor o un estado de excitación, ansiedad, etc. También *v. prnl.* SIN. **1.** Moderar(se), apaciguar(se), aplacar(se), templar(se). **1.** y **2.** Serenar(se), sosegar(se). **2.** Tranquilizar(se), relajar(se). ANT. **1.** Agravar(se), agudizar(se). **2.** Excitar(se), inquietar(se).

calmo, ma *adj.* Que está calmado, en reposo. ■ Es de uso culto. SIN. Apacible, tranquilo; sosegado. ANT. Desapacible; intranquilo, inquieto.

calmoso, sa *adj.* **1.** *fam.* Que muestra pereza o lentitud exagerada al hacer algo. También *s. m.* y *f.* **2.** Que está en calma. SIN. **1.** Cachazudo, flemático, indolente. ANT. **1.** Activo, rápido, nervioso.

caló (voz gitana) *s. m.* Lenguaje de los gitanos, que a veces se usa en el habla popular y coloquial.

calor (del lat. *calor, -oris*) *s. m.* **1.** Energía que pasa de un cuerpo con mayor temperatura a otro cuya temperatura es más baja cuando ambos se ponen en contacto, hasta que se equilibran dichas temperaturas. **2.** Temperatura elevada: *Hace mucho calor.* **3.** Sensación que se experimenta al recibir los rayos del sol, al aproximarse a un cuerpo de temperatura más alta o entrar en contacto con él. P. ext., sensación semejante producida por otras causas, normales o patológicas: *En el mar se aguanta mejor el calor. La chaqueta me da calor.* **4.** Entusiasmo, interés o afecto con que se recibe a alguien o algo o se trata a una persona: *Fue extraordinario el calor con que nos acogieron.* **5.** Apasionamiento, exaltación del ánimo, ímpetu: *Discutían con gran calor los detalles del proyecto.* || **6. calor específico** Cantidad de calor que hay que suministrar a un gramo de una sustancia para que aumente en un grado Celsius su temperatura. **7. calor negro** El que producen aparatos o radiadores eléctricos. || LOC. **al calor de** *adv. fam.* Al abrigo o amparo de alguien o algo, con su ayuda y protección. **entrar en calor** Empezar a sentirlo el que tenía frío. SIN. **2.** Bochorno. **3.** Ardor, sofoco. **5.** Viveza, pasión, fervor. ANT. **3.** Frío, frialdad. **4.** y **5.** Desinterés, apatía. FAM. Caliente, caloría, calorífero, calorífico, calorífugo, calorimetría, calorina, calurosamente, caluroso. / Acalorar, escalofrío.

caloría *s. f.* Cantidad de calor que hay que suministrar a un gramo de agua para que aumente su temperatura un grado centígrado. Es una medida de calor y la unidad del contenido energético de los alimentos. FAM. Hipocalórico, kilocaloría. CALOR.

calorífero, ra (del lat. *calor*, calor, y *ferre*, llevar) *adj.* **1.** Que produce calor. || *s. m.* **2.** Aparato o sistema para calentar un determinado espacio.

calorífico, ca (del lat. *calorificus*, de *calor*, calor, y *facere*, hacer) *adj.* **1.** Que produce calor. **2.** Del calor o relacionado con el calor.

calorífugo, ga (del lat. *calor*, calor, y *fugere*, huir) *adj.* **1.** Que no difunde o no transmite el calor. **2.** Incombustible, que no se puede quemar: *material calorífugo.* **SIN. 2.** Ignífugo.

calorimetría (de *calor* y *-metría*) *s. f.* Parte de la física que estudia la cantidad de calor que se absorbe o cede en los procesos físicos y químicos, y método empleado para determinar el calor específico de los cuerpos. **FAM.** Calorimétrico, calorímetro. CALOR.

calorímetro (de *calor* y *metro*) *s. m.* Aparato usado para calcular la cantidad de calor liberada o absorbida por un cuerpo bajo determinados procesos físicos o químicos.

calorina *s. f. fam.* Bochorno, calor sofocante.

calostro (del lat. *colostrum*) *s. m.* Primera leche que da la hembra después de parir.

calote *s. m. Arg.* y *Urug.* Estafa, engaño. **FAM.** Calotear.

calotear *v. tr. Arg.* y *Urug.* Estafar, hurtar.

caluga *adj.* **1.** *Chile fam.* Se dice de la persona pesada, excesivamente pegajosa o aduladora. También *s. m.* y *f.* || *s. f.* **2.** *Chile fam.* Caramelo de forma cuadrada, elaborado con leche, azúcar y mantequilla.

calumnia (del lat. *calumnia*) *s. f.* Acusación falsa contra una persona con la intención de causarle daño: *levantar calumnias.* **SIN.** Difamación, impostura, falacia. **ANT.** Alabanza; verdad. **FAM.** Calumniador, calumniar, calumnioso.

calumniar *v. tr.* Decir una cosa grave y falsa sobre una persona.

caluroso, sa *adj.* **1.** Que siente calor o lo produce: *un niño caluroso, una tarde calurosa, un jersey caluroso.* Aplicado a personas, también *s. m.* y *f.* **2.** Afectuoso, entusiasta: *Le dieron una calurosa acogida.* **SIN. 1.** Cálido, caliente, sofocante. **2.** Ardiente, vehemente, efusivo. **ANT. 1.** y **2.** Frío, gélido. **2.** Indiferente.

calva *s. f.* **1.** Parte de la cabeza en la que se ha caído el pelo. **2.** Parte pelada en la piel, en un tejido, etc., y, p. ext., en un bosque o sembrado. **SIN. 2.** Claro, calvero.

calvados *s. m.* Aguardiente de sidra originario de la región de Calvados, en Francia. ▪ No varía en *pl.*

calvario (del lat. *calvarium*) *s. m.* **1.** Sufrimientos y desgracias continuadas que padece una persona: *pasar un calvario.* **2.** Representación de las escenas de la pasión de Jesucristo en un camino o en las paredes de una iglesia. **SIN. 1.** Suplicio, martirio, amargura. **1.** y **2.** Vía crucis.

calvero *s. m.* **1.** Parte en el interior del bosque que no tiene árboles. **2.** Terreno arcilloso, gredoso, normalmente encharcado, de color blanquecino o azulado. **SIN. 1.** Claro. **FAM.** Véase **calvo**.

calvicie (del lat. *calvities*) *s. f.* Falta o pérdida de pelo en el cuero cabelludo. **SIN.** Alopecia.

calvinismo *s. m.* Doctrina protestante basada en las enseñanzas de Juan Calvino, caracterizada básicamente por creer en la predestinación, negando el libre albedrío, y reducir los sacramentos al bautismo y la eucaristía. **FAM.** Calvinista.

calvo, va (del lat. *calvus*) *adj.* **1.** Que tiene calvicie. También *s. m.* y *f.* **2.** Se aplica al terreno que no tiene vegetación. || **LOC. ni tanto ni tan calvo** Véase **tanto**. **SIN. 1.** Pelón. **ANT. 1.** Peludo, melenudo. **FAM.** Calva, calvero, calvicie.

calza (del lat. *calceus*, calzado) *s. f.* **1.** Cuña que se emplea para calzar. **2.** Media o leotardo. || *s. f. pl.* **3.** Antiguamente, especie de calzones que cubrían todo el muslo o parte de él. **SIN. 1.** Calce, calzo, alza. **FAM.** Calcetín, calzón. CALZAR.

calzada (del lat. *calciata*, vía) *s. f.* **1.** Camino ancho allanado y empedrado; y especialmente, las grandes vías construidas por los antiguos romanos. **2.** Parte de una calle por donde circula el tráfico rodado. **SIN. 1.** Carretera, pista.

calzado, da 1. *p.* de **calzar**. También *adj.* || *adj.* **2.** Se dice de las órdenes religiosas cuyos miembros llevaban calzado, por oposición a los descalzos; se aplica también a las comunidades religiosas no reformadas frente a las reformadas: *carmelitas calzados.* **3.** Se aplica al animal que tiene las extremidades o una parte de ellas de color distinto al resto del cuerpo. || *s. m.* **4.** Cualquier prenda que sirve para cubrir, proteger o vestir los pies, como los zapatos, las botas, etc.: *fabricante de calzado.*

calzador *s. m.* Utensilio acanalado que se utiliza para ayudar a que entre el pie en el zapato. || **LOC. con calzador** *fam.* Con dificultad, de manera forzada. ▪ Se usa con verbos como *entrar*, *meter*, etc.: *Ahí entra la nevera, pero con calzador.*

calzar (del lat. *calceare*) *v. tr.* **1.** Poner los zapatos o cualquier otro calzado en los pies. También *v. prnl.*, con valor reflexivo: *Cálzate, no cojas frío.* ▪ El complemento directo pueden ser los pies, la persona o el calzado: *Calza sus pies con zapato blando. Cálzate deprisa. Se calzó unas sandalias.* **2.** Proporcionar calzado. También *v. prnl.*: *En esta zapatería nos calzamos toda la familia.* **3.** Usar una determinada talla de calzado: *Calzo un treinta y siete.* **4.** Poner una cuña o calzo entre el suelo y la rueda de un vehículo para impedir que éste se mueva, o bajo un mueble para que no cojee. **5.** Colocar un objeto, material, etc., en una cosa para que ajuste con otra: *Mete un palillo en el agujero para calzar el clavo.* **6.** Con expr. como *muchos* o *pocos alcances* y equivalentes, tener mucho o poco talento: *Calza muchos puntos de inteligencia.* || **calzarse** *v. prnl.* **7.** *fam.* Con valor reflexivo, conseguir una cosa, apropiársela: *Se ha calzado el argumento de otra novela.* ▪ Delante de *e* se escribe *c* en lugar de *z*: *calce.* **SIN. 4.** Trabar, asegurar. **7.** Hacerse, atribuirse, apoderarse. **ANT. 1.** Descalzar(se). **FAM.** Calce, calza, calzado, calzador, calzo. / Descalzar, recalzo.

calzo *s. m.* **1.** Cuña que se introduce para calzar un cuerpo. || *s. m. pl.* **2.** Extremidades de una caballería, especialmente si su color es distinto del resto del cuerpo: *caballo negro con calzos blancos.* **SIN. 1.** Calce, calza, alza.

calzón *s. m.* **1.** Tipo de pantalón ajustado que llega hasta la rodilla: *calzón de torero.* Se usa más en *pl.* **2.** Especie de pantalón corto: *calzón de boxeador.* ▪ En las dos acepciones, se usa también la forma pl. con el significado de sing. || **LOC. a calzón quitado** *adv. fam.* Descaradamente, sin miramientos. **FAM.** Calzona, calzonazos, calzoncillo, calzonudo. CALZA.

calzona *s. f.* En algunas zonas, calzón. ▪ Se usa más la forma pl. con el significado de sing.

calzonazos (aum. de *calzones*) *s. m. fam.* Hombre de carácter débil, que se deja dominar, en especial por su mujer. ▪ No varía en *pl.* **SIN.** Baldragas, bragazas.

calzoncillo *s. m.* Prenda interior masculina que cubre la parte inferior del tronco y tiene dos aberturas para introducir las piernas. ▪ Se usa más en pl. con el significado de sing.

calzonudo, da *adj.* **1.** *Perú fam.* Se dice de la persona tonta o torpe. **2.** *Arg. fam. desp.* Que se somete fácilmente a la voluntad de las mujeres. **SIN. 2.** Baldragas, bragazas, calzonazos.

cama[1] (del lat. hispánico *cama*) *s. f.* **1.** Mueble en que se acuestan las personas para descansar y dormir, y conjunto que forma junto con el colchón, ropas que lo cubren, etc.: *tumbarse en la cama, meterse en la cama, hacer la cama.* **2.** En hospitales, sanatorios, etc., plaza para un enfermo: *En la clínica no encontró cama.* **3.** Lugar donde se echan los animales para descansar: *cama de liebres.* **4.** Cada una de las capas en que se dispone algo. || **5. cama nido** Cama que se guarda debajo de otra y se saca cuando se va a utilizar, empleándose generalmente la de arriba también como sofá. **6. cama turca** La que no tiene cabecera ni pies. || LOC. **caer en cama** Ponerse enfermo. **estar en** (o **guardar**) **cama** Estar acostado por enfermedad. **hacerle** a uno **la cama** Actuar en secreto para perjudicarle. **levantar la cama** Quitar las ropas de la cama, después de haber dormido, para que se ventilen. SIN. **1.** Catre, lecho, litera, camastro. FAM. Camada, camastro, camastrón, camero, camilla. / Calientacamas, cubrecama, encamar.

cama[2] (del celta *cambos*, curvo) *s. f.* **1.** Cada una de las palancas del freno de un carruaje a cuyos extremos van sujetas las riendas. **2.** Pieza curva del arado en la que se encaja la reja.

camada (de *cama*[1]) *s. f.* **1.** Todas las crías que paren los animales de una sola vez: *camada de conejos.* **2.** Capa, conjunto horizontal de cosas que sirven de soporte a otras. **3.** *fam.* Cuadrilla de ladrones, pícaros o personas a los que se alude despectivamente. SIN. **1.** Lechigada. **2.** Piso, hilera. **3.** Banda, caterva, pandilla.

camafeo (del ant. fr. *camaheu*) *s. m.* **1.** Figura tallada en relieve en ónice u otra piedra preciosa. **2.** Dicha piedra labrada.

camaleón (del lat. *chamaeleon*, y éste del gr. *khamaileon*, león que va por el suelo) *s. m.* **1.** Reptil saurio de cola prensil, lengua adecuada para atrapar insectos y piel que puede cambiar de color. **2.** *fam.* Persona que cambia de opinión o de actitud según lo que le convenga. SIN. **2.** Veleta. FAM. Camaleónico.

camaleónico, ca *adj.* Propio del camaleón o de la persona que cambia de opinión o de actitud.

camándula *s. f.* Hipocresía, astucia.

camandulero, ra *adj. fam.* Amigo de enredos, embaucador, hipócrita. También *s. m.* y *f.*

cámara (del lat. *camara*, y éste del gr. *kamara*, bóveda, cámara) *s. f.* **1.** Aparato que sirve para hacer fotografías. ■ Se llama también *cámara fotográfica.* **2.** Aparato que registra imágenes animadas para el cine, la televisión o el vídeo. **3.** Recinto, a muy baja temperatura, para la conservación de alimentos; se usa en comercios, almacenes, etc. ■ Se llama también *cámara frigorífica.* **4.** Habitación o pieza que puede tener diversos usos, especialmente las privadas de los reyes: *cámara real, cámara nupcial.* **5.** Pieza hueca que tienen algunos aparatos o construcciones, como p. ej. la cámara de combustión de un motor. **6.** En los neumáticos, anillo de goma en forma de tubo que posee una válvula para introducir aire a presión; en algunos balones deportivos, especie de globo de goma con una boquilla. **7.** En las armas de fuego, lugar donde está la carga: *cámara del fusil.* **8.** En anat., ciertas cavidades: *cámara posterior del ojo.* **9.** Asamblea legislativa de una nación. **10.** Corporación, organismo, junta: *cámara de comercio.* || *s. m.* y *f.* **11.** Persona que maneja la cámara de cine o televisión. || **12. cámara alta** Senado. **13. cámara baja** Congreso. **14. cámara de aire** Espacio hueco que se deja en el interior de muros y paredes para que sirva de aislante. **15. cámara de gas** Recinto destinado a producir, por gases tóxicos, la muerte a los condenados a esta pena o para dar muerte colectiva a prisioneros en los campos de concentración. **16. cámara lenta** En cine, toma o rodaje acelerado de una película, para producir un efecto de lentitud al proyectarla a velocidad normal. **17. cámara mortuoria** Lugar en que se vela un cadáver. SIN. **1.** Máquina. **3.** Frigorífico. **4.** Sala, salón, aposento, estancia. **9.** Parlamento. **11.** Operador, camarógrafo. FAM. Camarada, camaranchón, camarero, camarilla, camarín, camarlengo, camarógrafo, camarote, camerino. / Antecámara, bicameral, monocameralismo, recámara, unicameral, videocámara.

camarada (de *cámara*) *s. m.* y *f.* **1.** Persona que anda en compañía de otras, especialmente en el trabajo o en el colegio, a las que trata con amistad y confianza. **2.** En algunos partidos políticos y sindicatos, compañero. SIN. **1.** Colega, condiscípulo. **2.** Correligionario. FAM. Camaradería. CÁMARA.

camaradería *s. f.* Relación cordial entre compañeros de clase, de oficina, etc. SIN. Compañerismo, solidaridad. ANT. Enemistad, hostilidad, insolidaridad.

camaranchón (de *cámara*) *s. m. desp.* Desván, parte alta de una casa, donde se suelen guardar trastos viejos. SIN. Guardilla, buhardilla, sobrado, trastero.

camarero, ra (de *cámara*) *s. m.* y *f.* **1.** Persona empleada que atiende a los clientes sirviendo consumiciones o cuidando de los aposentos en hoteles, bares, cafeterías, restaurantes, etc. || *s. f.* **2.** Dama al servicio de una reina. SIN. **1.** Mozo.

camarilla (dim. de *cámara*) *s. f.* **1.** *desp.* Conjunto de personas que influyen en un personaje importante e incluso en los asuntos de Estado sin que sea esa su función. **2.** Grupo de personas que se apropia la dirección de un asunto y deja fuera a los demás interesados.

camarín (dim. de *cámara*) *s. m.* **1.** Capilla o nicho en que se venera una imagen y que está situado detrás del altar. **2.** Habitación en que se guardan las ropas y joyas de una imagen: *el camarín de la Virgen.*

camarlengo (del germ. *kamerlinc*, camarero) *s. m.* Dignidad del cardenal que gobierna temporalmente la Iglesia romana desde la muerte de un papa hasta la elección de otro.

camarógrafo, fa *s. m.* y *f.* Persona que maneja la cámara en cine y televisión. SIN. Cámara, operador.

camarón (del lat. *cammarus*, y éste del gr. *kammaros*) *s. m.* Crustáceo marino, decápodo, de cuerpo estrecho y algo encorvado, que tiene unas antenas muy largas. Es comestible. SIN. Quisquilla.

camarote (de *cámara*) *s. m.* Pequeño aposento con cama dentro de los barcos.

camastro *s. m.* Cama de mal aspecto y muy incómoda.

camastrón, na *s. m.* y *f. fam.* Persona falsa y doble, que actúa en su propio beneficio.

cambalache *s. m.* Cambio, a veces malicioso o con ánimo de estafar, de objetos de poco valor. SIN. Trapicheo, chanchullo. FAM. Cambalachear, cambalachero.

cambiador *s. m.* **1.** Pieza de tela o gomaespuma, generalmente impermeabilizada, sobre la que se coloca a un bebé para cambiarle de ropa o de pañales. **2.** Mueble provisto de esta pieza.

cambiante *adj.* **1.** Que cambia: *El tiempo está muy cambiante estos días.* || *s. m. pl.* **2.** Variedad de colores o visos que, según la luz, toma el nácar, una tela, etc. **SIN. 2.** Aguas, tornasol, reflejos.

cambiar (del lat. tardío *cambiare*) *v. tr.* **1.** Dar o tomar una cosa por otra: *cambiar el bolígrafo por la pluma.* También *v. prnl.* y, con la prep. *de*, *v. intr.*: *Cambió de parecer.* **2.** Reemplazar, sustituir: *cambiar la bombilla.* **3.** Trasladar: *Hemos cambiado al niño de cuarto.* También *v. prnl.* **4.** Modificar: *cambiar el reglamento.* **5.** Convertir. También *v. prnl.*: *Su tranquilidad se cambió en inquietud.* **6.** Dar o tomar monedas o billetes por sus equivalentes más pequeños o de otro país: *cambiar una moneda de cien por cuatro de veinticinco; cambiar pesetas por liras.* **7.** Intercambiar ideas, palabras, risas, etc.: *cambiar miradas.* || *v. intr.* **8.** Volverse distinta, alterarse una persona o cosa: *cambiar el tiempo.* **9.** En los vehículos de motor, pasar de una marcha o velocidad a otra. **10.** Virar un barco, mudar la dirección del viento. || **cambiarse** *v. prnl.* **11.** Mudarse: *cambiarse de ropa, de casa.* **SIN. 1.** Permutar, trocar. **1.** y **6.** Canjear. **3.** Desplazar(se), mover(se). **4.** Reformar. **4.** y **5.** Transformar(se). **5.** Tornar(se). **8.** Variar. **ANT. 1.** Conservar, retener. **1.**, **4.** y **8.** Mantener. **8.** Permanecer. **FAM.** Cambiable, cambiador, cambiante, cambiazo, cambio, cambista. / Descambiar, intercambiar, recambiar.

cambiazo *s. m.* **1.** *aum.* de **cambio**. **2.** Cambio fraudulento o engañoso. ■ Se usa sobre todo en la loc. fam. *dar el cambiazo.*

cambio *s. m.* **1.** Acción de cambiar o cambiarse. **2.** Cotización de los valores mercantiles. **3.** Dinero en billetes o monedas pequeños: *tener cambio.* **4.** Vuelta*, dinero que sobra al pagar. **5.** Valor relativo de las monedas de países diferentes o de las de distinta especie de un mismo país: *El cambio del dólar es de 96 pesetas.* **6.** Mecanismo para cambiar de vía un tren, un tranvía, etc. **7.** En un vehículo de motor, engranaje para pasar de una velocidad a otra: *cambio de marchas.* || **LOC. a cambio (de)** *adv.* y *prep.* En su lugar, en vez de. **a la primera** (o **a las primeras**) **de cambio** *adv.* Véase **primero**. **en cambio** *adv.* En lugar de, en vez de. También, indica contraste o diferencia: *Os gusta viajar; a nosotros, en cambio, quedarnos en casa.* **SIN. 1.** Permuta, trueque; sustitución; traslado, desplazamiento, mudanza; modificación; alteración, variación; intercambio; canje. **3.** Suelto. **ANT. 1.** Conservación, mantenimiento, permanencia; invariabilidad. **FAM.** Librecambio. CAMBIAR.

cambista *s. m.* y *f.* Persona que se dedica a cambiar moneda.

camboyano, na *adj.* De Camboya. También *s. m.* y *f.*

cámbrico, ca o **cambriano, na** (de *Cambria*, nombre antiguo del País de Gales) *adj.* **1.** Se aplica al primer periodo de la era paleozoica, en el que aparecieron las primeras plantas terrestres. Se le calcula una antigüedad de 570 millones de años y una duración de 70 millones de años. También *s. m.* **2.** De este periodo geológico. **FAM.** Precámbrico.

cambucho *s. m.* **1.** *Chile* Cucurucho. **2.** *Chile* Cesto para papeles y ropa sucia. **3.** *Chile* Tugurio. **4.** *Chile* y *Perú* Envoltura de paja que se pone a las botellas.

cambullón (del port. *cambulhão*) *s. m.* **1.** *Chile* y *Perú* Enredo, trampa. **2.** *Col.* y *Méx.* Cambalache.

cambur *s. m. Ven.* Plátano, banana.

camelar *v. tr.* **1.** *fam.* Conquistar o convencer a alguien adulándole o engañándole para conseguir su favor, simpatía, etc.: *Alicia intenta camelarse a la profesora.* **2.** *fam.* Enamorar, galantear. **SIN. 1.** Embaucar, enredar. **1.** y **2.** Engatusar, embelesar, encandilar. **2.** Fascinar, atraer, requebrar. **FAM.** Camelador, camelista, camelo.

camelia (de *Kamel*, botánico jesuita austriaco) *s. f.* **1.** Arbusto de hojas perennes y flores muy bellas, blancas, rojas o rosadas, que carecen de olor. Es originario de China y Japón. **2.** Flor de este arbusto.

camélido (del lat. *camelus*, camello, y el gr. *eidos*, forma) *adj.* **1.** Se dice de ciertos rumiantes artiodáctilos adaptados a terrenos áridos, como el camello, el dromedario y la llama, que poseen sólo dos dedos en las patas, protegidos en su cara inferior por una almohadilla callosa. También *s. m.* || *s. m. pl.* **2.** Familia de estos animales.

camellero *s. m.* Persona que conduce o cuida camellos.

camello, lla (del lat. *camelus*, y éste del gr. *kamelos*) *s. m.* y *f.* **1.** Mamífero rumiante, corpulento y de gran altura, que tiene el cuello largo y dos gibas en el dorso; es un animal muy adecuado para andar sobre terrenos arenosos. || *s. m.* **2.** En argot, persona que vende droga en pequeñas cantidades. **FAM.** Camélido, camellero.

camellón *s. m. fam.* Avenida, calle ancha y con árboles.

camelo *s. m.* **1.** *fam.* Apariencia engañosa, cosa que se hace pasar por algo bueno sin serlo, simulación: *No me vengas con camelos.* **2.** Noticia falsa. **3.** Dicho o escrito intencionadamente desprovisto de sentido. **4.** *fam.* Burla, broma: *No le hagas caso, está hablando en camelo.* **5.** *fam.* Galanteo. **SIN. 1.** Engañifa, fingimiento, embrollo, artimaña, embeleco. **1.** y **5.** Encandilamiento. **2.** Bulo. **4.** Chasco, chunga. **5.** Requiebro.

camembert (de *Camembert*, pueblo francés) *s. m.* Tipo de queso francés de leche de vaca, cremoso y fermentado. ■ No varía en *pl.*

cameralismo *s. m.* Sistema político en el que el poder ejecutivo está sometido al poder legislativo.

camerino (del ital. *camerino*) *s. m.* En los teatros, cuarto que sirve para que los actores y las actrices se cambien de ropa, se maquillen, etc.

camero, ra *adj.* **1.** Se dice de la cama mayor que la normal y menor que la de matrimonio. También *s. f.* **2.** Relativo a ella: *colchón camero.*

camerunés, sa *adj.* De Camerún, estado de África central. También *s. m.* y *f.*

camicace *s. m.* y *f.* Kamikaze*.

camilla (dim. de *cama*) *s. f.* **1.** Cama portátil y estrecha, que se utiliza para trasladar a enfermos y heridos. **2.** Mesa redonda, con faldas, generalmente con una tarima para colocar el brasero. ■ Se usa mucho en aposición: *mesa camilla.* **SIN. 1.** Angarillas, parihuelas, andas. **FAM.** Camillero. CAMA[1].

camillero, ra *s. m.* y *f.* Persona encargada de transportar a los enfermos, heridos o difuntos en camilla.

camilucho, cha *adj. Amér.* Se dice del jornalero indio. También *s. m.* y *f.*

caminar (de *camino*) *v. intr.* **1.** Ir andando de un lugar a otro las personas o los animales: *Nos fuimos caminando.* **2.** Seguir las cosas su curso, como los astros, los ríos, etc. **3.** Marchar, funcionar: *El negocio camina mal.* || *v. tr.* **4.** Recorrer a pie una distancia: *Caminamos varios kilómetros.* SIN. **1.** Transitar, pasear. ANT. **1.** y **2.** Detenerse. FAM. Caminante, caminata. / Descaminar. CAMINO.

caminata *s. f.* Recorrido o paseo a pie, largo o fatigoso: *darse una caminata.*

caminero *adj.* Se aplica al peón encargado de la reparación de caminos y carreteras.

camino (del lat. vulg. *camminus*) *s. m.* **1.** Cualquier vía de comunicación y, particularmente, franja de tierra apisonada y preparada para el paso de personas, animales o vehículos: *La mayoría de los caminos se han convertido en carreteras.* **2.** Viaje: *ponerse en camino, prepararse para el camino.* **3.** Trayecto, itinerario: *No conozco el camino.* **4.** Dirección que sigue una persona o cosa, ya sea física o moral: *llevar buen o mal camino, cruzarse en el camino de alguien, ir cada uno por su camino.* **5.** Medio para hacer o conseguir algo: *el camino para triunfar.* || **6. camino de cabras** El estrecho y empinado. **7. camino de hierro** El ferrocarril. || LOC. **abrir camino** Facilitar el paso y, p. ext., ayudar a alguien a vencer dificultades o a ganarse la vida. ■ Con este significado, se usa sobre todo con el verbo en forma pronominal: *abrirse camino en la vida.* **de camino** *adv.* De paso: *Su casa nos pilla de camino.* **llevar camino de** Proceder una persona o desarrollarse una cosa de modo que se puede predecir lo que va a pasar. SIN. **1.** Senda, vereda, sendero, cañada. **3.** Ruta, recorrido. **4.** Marcha. **5.** Método, manera, modo, procedimiento. FAM. Caminar, caminero. / Encaminar.

camión (del fr. *camion*) *s. m.* **1.** Vehículo automóvil grande y potente que sirve para el transporte de cargas pesadas, mercancías, etc. **2.** *Méx.* Autobús. || LOC. **estar como un camión** *fam.* Ser muy atractivo físicamente. FAM. Camionero, camioneta.

camionero, ra *s. m.* y *f.* Persona que tiene por profesión conducir camiones.

camioneta *s. f.* **1.** Vehículo automóvil más pequeño que el camión y utilizado para transportar todo tipo de mercancías. **2.** *fam.* Autobús, especialmente el interurbano.

camisa (del lat. *camisia*) *s. f.* **1.** Prenda que cubre desde el cuello hasta la cintura, generalmente con cuello, botones y puños. **2.** Prenda interior que cubre la parte superior del tronco; referida a la de los niños, suele usarse en dim. ■ Se emplea en loc. como *dejar sin camisa, quedarse en camisa, perder hasta la camisa*, etc., para indicar un estado de absoluta pobreza. **3.** Revestimiento interior o exterior de algo, p. ej. de una pieza mecánica, la sobrecubierta de un libro, etc. **4.** Epidermis de los ofidios que se desprende periódicamente. || **5. camisa de fuerza** La cerrada por detrás, que se pone a los locos para inmovilizarles. || LOC. **cambiar de camisa** *fam.* Pasarse de un partido político a otro, cambiar de ideas. **meterse en camisa de once varas** *fam.* Meterse alguien en asuntos que no le corresponden. **no llegarle** a alguien **la camisa al cuerpo** *fam.* Estar atemorizado por algo que puede ocurrir. SIN. **1.** Blusa, camisola. **3.** Funda. FAM. Camisería, camisero, camiseta, camisola, camisón. / Descamisado.

camisaco *s. m. Arg.* y *Urug.* Guayabera*.

camisería *s. f.* **1.** Tienda donde se venden camisas y p. ext., otras prendas, generalmente de caballero. **2.** Taller donde se confeccionan camisas.

camisero, ra *adj.* **1.** De la camisa o propio de ella. **2.** Se dice de la blusa o traje de mujer con cuello y puños semejantes a los de una camisa de caballero; se aplica también a dicho cuello. || *s. m.* y *f.* **3.** Persona que hace o vende camisas.

camiseta *s. f.* Prenda de vestir o interior, sin cuello y con o sin mangas, que queda en contacto directo con el cuerpo. SIN. Elástica; camisola.

camisola (del ital. *camisola*) *s. f.* **1.** Camisa fina y holgada. **2.** Camiseta del deportista. **3.** Camisón más corto y amplio que lo normal, generalmente con cuello camisero y escote abierto.

camisón (aum. de *camisa*) *s. m.* Prenda femenina utilizada para dormir, que cubre el cuerpo y las piernas total o parcialmente.

camita *adj.* Se aplica a los descendientes de Cam, personaje bíblico hijo de Noé. También *s. m.* y *f.* FAM. Camítico.

camomila (del lat. *chamaemelon*, y éste del gr. *khamaimelon*, de *khamai*, en tierra, y *melon*, manzana) *s. f.* Manzanilla*, planta.

camorra *s. f.* **1.** *fam.* Riña ruidosa entre dos o más personas: *armar camorra.* **2.** Organización criminal parecida a la mafia, que opera en el S de Italia, especialmente en Nápoles. SIN. **1.** Bronca, pelea, pelotera, trifulca, pendencia. FAM. Camorrear, camorrista.

camorrear *v. intr. Arg.* y *Urug.* Armar camorra.

camote (del náhuatl *kamotli*) *s. m.* **1.** *Amér.* Batata. **2.** *Amér.* Enamoramiento. **3.** *Amér.* Amante, querido. **4.** *Amér.* Mentira, embuste. FAM. Encamotarse.

camp (ingl.) *adj.* Que valora y hace resurgir lo que ya está pasado de moda; se aplica en especial a formas artísticas y literarias: *música camp.*

campa *adj.* Se dice de la tierra que carece de arbolado.

campal *adj.* Se aplica a la batalla desarrollada en un espacio abierto y que supone un combate decisivo entre dos ejércitos enemigos; p. ext., se dice de una pelea generalizada.

campamento *s. m.* **1.** Lugar e instalaciones en que se establecen temporalmente tropas militares. **2.** Tropa acampada. **3.** Conjunto de instalaciones donde acampan excursionistas, cazadores, etc. **4.** Lugar acondicionado para albergar provisionalmente a personas que carecen de hogar, trabajadores eventuales, etc.: *campamento de refugiados.* SIN. **1.** Acuartelamiento, acantonamiento. **3.** Acampada, camping.

campana (del lat. *campana*, y éste de *Campania*, región de Italia donde se usó por primera vez) *s. f.* **1.** Instrumento de metal en forma de copa invertida, que suena al golpearlo con el badajo o martillo. **2.** Cualquier cosa de forma parecida: *campana de la chimenea, pantalones de campana.* || **3. campana de buzo** Aparato dentro del cual descienden los buzos para trabajar debajo del agua. **4. campana extractora** Aparato aspirador que sirve para extraer el humo en cocinas y otros lugares. || LOC. **doblar las campanas** Tocar a muerto. **echar las campanas al vuelo** *fam.* Dar mucha publicidad a una noticia; también, alegrarse mucho por algo. **oír campanas y no saber dónde** *fam.* Entender mal algo; también, tener una información parcial sobre un asunto. FAM. Campanada, campanario, campanazo, campanear, campaneo, campanero, campaniforme, campanil, campanilla, campanudo, campánula. / Acampanado, encampanar.

campanada *s. f.* **1.** Sonido que produce la campana: *El reloj de la torre dio doce campanadas.* **2.** Novedad que provoca sorpresa, comentarios, escándalo: *La noticia fue una campanada.* **SIN. 1.** Toque, repique. **1.** y **2.** Campanazo. **2.** Bomba, bombazo.

campanario *s. m.* Lugar, generalmente una torre o espadaña, donde se colocan las campanas en las iglesias; puede tratarse también de un edificio independiente. **SIN.** Campanil.

campanear *v. intr.* **1.** Tocar insistentemente las campanas. **2.** Balancear, oscilar. También *v. prnl.*: *campanearse al andar.* **SIN. 1.** Repicar, repiquetear. **2.** Contonear(se).

campaniforme *adj.* Que tiene forma de campana.

campanil *s. m.* Campanario*.

campanilla *s. f.* **1.** *dim.* de **campana**. **2.** Pequeña masa de tejido muscular, conjuntivo y mucosa que cuelga en la parte posterior del velo del paladar a la entrada de la garganta. **3.** Nombre dado a varias plantas herbáceas cuyas flores, de colores diversos, tienen la corola de una pieza y en forma de campana. || **LOC. de** (o **de muchas**) **campanillas** *adj. fam.* De mucha importancia o fama. **SIN. 1.** Esquila. **2.** Úvula. **FAM.** Campanillazo, campanillear, campanilleo, campanillero. CAMPANA.

campanillazo *s. m.* Toque enérgico de campanilla.

campanillear *v. intr.* **1.** Sonar campanillas. **2.** Tocar reiteradamente una campanilla. **SIN. 1.** Tintinear, repiquetear, repicar, cascabelear.

campante *adj.* **1.** Se dice de la persona que se muestra totalmente tranquila, despreocupada o sin daño alguno en un suceso desfavorable, accidente, etc.: *A las pocas horas de la operación estaba tan campante.* **2.** *fam.* Contento, satisfecho: *Iba tan campante con su nuevo sombrero.* **SIN. 2.** Ufano, alegre. **ANT. 1.** Intranquilo, preocupado. **2.** Insatisfecho, afligido.

campanudo, da *adj.* Se dice de la persona o del lenguaje, excesiva o afectadamente solemne. **SIN.** Altisonante, rimbombante. **ANT.** Sencillo, llano.

campánula (del lat. *Campanula*, género de plantas) *s. f.* Campanilla*, planta.

campaña (del lat. vulg. *campanea*) *s. f.* **1.** Conjunto de actividades que, en un determinado periodo de tiempo y con una planificación y organización, están encaminadas a cierto fin o centradas en una misma tarea: *campaña electoral, campaña contra el cáncer, campaña publicitaria, campaña remolachera.* **2.** Expedición, maniobra o intervención militar y periodo que comprenden: *la campaña de las Galias, la campaña de Rusia.* **3.** Campo llano, sin montes. || **4. tienda de campaña** Véase **tienda**. **SIN. 1.** Empresa, empeño. **FAM.** Precampaña. CAMPO.

campar (de *campo*) *v. intr.* **1.** Acampar, instalarse al aire libre en tiendas de campaña. **2.** Sobresalir, destacar. || **LOC. campar** alguien **por sus respetos** Actuar con independencia, sin someterse a las normas. **FAM.** Campante. CAMPO.

campeador (de *campear*) *adj.* Se decía del que sobresalía por sus hazañas en el campo de batalla; se aplica, especialmente, al Cid Ruy Díaz de Vivar. También *s. m.*

campear *v. intr.* Sobresalir o destacar una cosa por encima de las demás: *En el mástil campea la bandera.* **SIN.** Alzarse, descollar. **FAM.** Campeador. CAMPO.

campechano, na *adj.* Se dice de la persona que trata a las demás sin ceremonia, con llaneza, buen humor y cordialidad. También *s. m.* y *f.* **SIN.** Llano, sencillo, franco, simpático. **ANT.** Estirado, seco. **FAM.** Campechanía.

campeón, na (del ital. *campione*, y éste del germ. *kamphio*) *s. m.* y *f.* **1.** Persona que obtiene la victoria en un campeonato y, p. ext., en cualquier competición deportiva: *campeona de salto de altura.* **2.** Persona que defiende con entusiasmo una causa o una doctrina: *campeón del catolicismo.* **3.** Persona que sobresale por una determinada virtud o defecto. **SIN. 1.** Vencedor, ganador, triunfador. **2.** Defensor, paladín, valedor. **3.** As. **ANT. 1.** Perdedor. **2.** Detractor. **FAM.** Campeonato. / Subcampeón.

campeonato *s. m.* **1.** Competición en que se disputa un premio en ciertos juegos o deportes: *campeonato de mus, de tenis.* **2.** Triunfo obtenido en dicha competición. || **LOC. de campeonato** *adj. fam.* Muy bueno o grande, extraordinario. **SIN. 1.** Torneo, certamen, concurso.

campero, ra (del lat. *camparius*, del campo) *adj.* **1.** Propio del campo: *traje campero.* **2.** Que se hace en el campo: *fiesta campera.* || *s. f.* **3.** *Arg.*, *Chile* y *Urug.* Cazadora, prenda de vestir. || *s. f. pl.* **4.** Cierto tipo de botas de media caña. **SIN. 1.** Campestre.

campesinado *s. m.* Conjunto o clase social de los campesinos.

campesino, na *adj.* **1.** Del campo, ámbito rural. **2.** Que vive y trabaja en el campo. También *s. m.* y *f.* **SIN. 1.** Campestre, rural. **2.** Agricultor, labrador, labriego. **ANT. 1.** Urbano. **FAM.** Campesinado. CAMPO.

campestre (del lat. *campestris*) *adj.* **1.** Del campo: *flores campestres.* **2.** Que se produce o se hace en el campo: *una gira campestre.* **SIN. 1.** Campesino, campero, rural. **ANT. 1.** Urbano.

camping (ingl.) *s. m.* **1.** Lugar preparado para hacer la vida al aire libre en tienda de campaña o caravana. **2.** Este tipo de actividad: *Nos vamos de camping.* **SIN. 1.** Campamento. **2.** Acampada.

campiña (del lat. *campania*) *s. f.* Espacio grande de tierra llana dedicada al cultivo. **SIN.** Campo, labrantío.

campista *s. m.* y *f.* Persona que practica el camping.

campo (del lat. *campus*) *s. m.* **1.** Terreno sin edificar, que se encuentra fuera de las poblaciones y está constituido básicamente por elementos naturales. **2.** Tierra de labor: *un campo de patatas.* **3.** Por contraposición a ciudad, conjunto de tierras, poblaciones y formas de vida agrarias. **4.** Terreno reservado y preparado para ciertos usos: *campo de tiro, campo de fútbol.* **5.** Espacio real o imaginario que abarca una cosa o en el que se desarrolla: *campo de una cámara de cine; campo magnético.* **6.** Cada una de las parcelas en que puede dividirse el conocimiento humano o una actividad: *Siempre ha trabajado en el campo de la industria química.* **7.** Partido o ideología política: *Milita en el campo conservador.* **8.** Terreno ocupado por un ejército: *el campo enemigo.* **9.** En inform., espacio dentro de un registro empleado para una categoría especial de datos. || **10. campo de concentración** Terreno cercado en que se recluye a los prisioneros de guerra o a otras personas por motivos políticos. || **LOC. a campo traviesa** (o **través**) *adv.* Cruzando el campo. **abandonar el campo** Retirarse un ejército del campo de batalla; también, desistir o ceder en una lucha, en una discusión. **de campo** *adj.* Se aplica a los trabajos o investigaciones que se realizan en el mismo lugar en que se halla el objeto de estudio, frente a aquéllos realizados en bibliotecas, laboratorios, etc. **dejar el campo libre** Retirarse de un asunto, empresa, etc. **levantar el campo** Abandonar un ejército el campamento; p. ext., retirarse de una empresa, de un asunto, etc. **SIN.** **1.** Naturaleza. **2.** Campiña, labrantío, agro. **3.** Pueblo. **4.** y **5.** Zona. **5.** y **6.** Ámbito. **7.** y **8.** Sector. **FAM.** Campa, campal, campamento, campaña, campar, campear, campero, campesino, campestre, campiña, campista, camposanto. / Acampar, centrocampista, descampado, descampar, escampar, mediocampista.

camposanto *s. m.* Cementerio católico. ▪ También se escribe *campo santo.* **SIN.** Necrópolis.

campus (lat.) *s. m.* Conjunto de espacios verdes y despejados que rodean a los distintos edificios universitarios. ▪ No varía en *pl.*

camuesa *s. f.* Variedad de manzana fragante y sabrosa, fruto del camueso. **FAM.** Camueso.

camueso *s. m.* Árbol frutal, variedad del manzano.

camuflaje *s. m.* Acción de camuflar o camuflarse. **SIN.** Enmascaramiento, disfraz. **ANT.** Desenmascaramiento.

camuflar (del fr. *camoufler*) *v. tr.* **1.** Hacer pasar inadvertidos armamento, tropas y demás material de guerra, cubriéndolos con ramas, hojas o mediante otro procedimiento similar. **2.** P. ext., ocultar, esconder. También *v. prnl.*: *Se camufló entre las ramas.* **SIN.** **1.** Disimular. **2.** Enmascarar, encubrir. **ANT.** **1.** Mostrar. **2.** Descubrir, desenmascarar. **FAM.** Camuflaje.

Camuñas *n. p. fam.* Fantasma con que se asusta a los niños. ▪ Se suele decir *el tío Camuñas.* **SIN.** Coco.

can (del lat. *canis*) *s. m.* **1.** Perro. **2.** Cabeza de una viga, que sobresale al exterior y sostiene la cornisa. **3.** Modillón, adorno saliente bajo la cornisa. **FAM.** Cancerbero, cánido, canino, canódromo.

cana[1] (del lat. *cana*) *s. f.* Cabello blanco. Se usa sobre todo en *pl.* || **LOC.** **echar una cana al aire** *fam.* Divertirse, irse de juerga. **peinar** uno **canas** *fam.* Ser viejo. **FAM.** Canear[1], canicie, cano, canoso. / Encanecer.

cana[2] *s. f. Amér.* Cárcel, prisión.

canaco *s. m.* y *f.* Nombre de los nativos de diversas islas polinesias.

canadiense *adj.* De Canadá. También *s. m.* y *f.* **FAM.** Francocanadiense.

canal (del lat. *canalis*) *s. m.* **1.** Paso natural o artificial entre dos mares: *el canal de Panamá.* **2.** Cada una de las bandas de frecuencia por las que emite una estación de televisión: *Dan una película en el primer canal.* || *s. amb.* **3.** Conducto o cauce artificial de agua, p. ej. los que se construyen para regar tierras de cultivo o los que se colocan en los tejados. **4.** Nombre aplicado a ciertos conductos de los organismos animales o vegetales: *canal torácico.* **5.** Estría de algunos cuerpos, como p. ej. el de las columnas de un edificio. **6.** Res muerta, abierta, a la que se han quitado los despojos. **7.** Parte más profunda en la entrada de un puerto. **8.** En un libro, corte acanalado opuesto al lomo. ▪ Normalmente se usa en masculino en todas las acepciones. || **LOC.** **abrir en canal** Abrir de arriba abajo. **en canal** *adv.* Modo de estar los animales destinados al consumo humano, en especial las reses, abiertos y sin las tripas. **SIN.** **1.** Estrecho. **3.** Acequia, reguera, cacera, zanja. **5.** Canaladura, ranura, surco. **FAM.** Canaladura, canalizar, canalón. / Acanalar, encanalar.

canaladura *s. f.* Moldura hueca y vertical en algún elemento arquitectónico. **SIN.** Acanaladura, ranura, estría.

canalé (fr.) *s. m.* Tejido de punto que forma estrías.

canalete *s. m.* Remo de pala muy ancha, ovalada, y mango corto.

canalizar *v. tr.* **1.** Reforzar artificialmente, y a veces cambiar de dirección, el cauce de un río o corriente de agua. **2.** Abrir o hacer canales. **3.** Encauzar u orientar hacia un fin determinado: *canalizar opiniones.* ▪ Delante de *e* se escribe *c* en lugar de *z*: *canalice.* **SIN.** **3.** Dirigir, encarrilar, encaminar. **ANT.** **3.** Desviar, apartar. **FAM.** Canalizable, canalización. CANAL.

canalla (del ital. *canaglia*, del lat. *canis*, perro) *s. m.* y *f.* **1.** Persona despreciable y malvada. || *s. f.* **2.** Gente baja y de condición ruin. **SIN.** **1.** Sinvergüenza, miserable, indeseable. **2.** Gentuza, chusma, populacho, vulgo. **ANT.** **1.** Caballero. **2.** Élite. **FAM.** Canallada, canallesco. / Encanallar.

canalón (aum. de *canal*) *s. m.* **1.** Conducto que recibe y vierte en el suelo el agua de lluvia de los tejados. **2.** Canelón[2]*.

canana (del ár. *kinana*) *s. f.* Especie de cinto que sirve para llevar los cartuchos. **SIN.** Cartuchera.

cananeo, a (del lat. *Cananeus*) *adj.* De Canaán, antigua región de Oriente Próximo. También *s. m.* y *f.*

canapé (fr.) *s. m.* **1.** Especie de diván o sofá. **2.** Rebanadita de pan, bollito de hojaldre, etc., en que se colocan ciertas viandas y que se sirve como aperitivo.

canaricultura *s. f.* Arte de criar canarios.

canario, ria *adj.* **1.** De las islas Canarias. También *s. m.* y *f.* **2.** Para los canarios, de la isla de Gran Canaria. También *s. m.* y *f.* || *s. m.* y *f.* **3.** Pájaro de unos 12 cm de longitud originario de las islas Canarias y de Madeira, extendido por todo el mundo como ave doméstica, pues se reproduce fácilmente en cautividad. Su plumaje varía entre blanco, amarillo y verdoso y su canto es especialmente armonioso. **FAM.** Canaricultura.

canasta *s. f.* **1.** Cesto de mimbre con asas. **2.** Juego de naipes con dos o más barajas francesas. **3.** Aro con una red sin fondo, fijo en un tablero, por donde los jugadores de baloncesto deben meter el balón. **4.** Tanto conseguido en el baloncesto: *El pivot anotó diez canastas.* **SIN.** **1.** Banasta, canasto, cesta.

canastilla *s. f.* **1.** Cestillo de mimbres finos. **2.** Ropa que se prepara para el recién nacido.

canastillo (del lat. *canistellum*) *s. m.* Cesto pequeño.

canasto (del lat. *canistrum*) *s. m.* **1.** Canasta alta y con dos asas. || **canastos** *interj.* **2.** Indica sorpresa o disgusto. **FAM.** Canasta, canastero, canastilla, canastillo.

cáncamo (del lat. *cancamum*, y éste del gr. *kanjamon*, anillo) *s. m.* Tornillo que tiene una anilla en vez de cabeza.

cancán (del fr. *cancan*) *s. m.* **1.** Baile de origen francés, frívolo y movido, en el que se levantan mucho las piernas; suele ser ejecutado sólo por mujeres como parte de un espectáculo. **2.** Enagua o combinación con muchos volantes, normalmente almidonados, que sirve para mantener holgada la falda.

cancanear (de la onomat. *cancan*) *v. intr. Amér. C., Col.* y *Méx.* Tartamudear.

cancel (del ant. fr. *cancel*, y éste del lat. *cancelli*, celosía) *s. m.* **1.** Contrapuerta formada por un techo y tres paredes, con puertas en las dos laterales, que sirve para evitar las corrientes de aire y los ruidos, p. ej. en la entrada de las iglesias. **2.** Armazón vertical de distintos materiales que divide una habitación. **SIN. 2.** Mampara, biombo. **FAM.** Cancela, cancelar.

cancela (de *cancel*) *s. f.* Verja existente en el umbral de algunas casas: *las cancelas de los patios andaluces.*

cancelar (del lat. *cancellare*) *v. tr.* **1.** Anular, dejar sin validez una obligación y el documento en que consta: *cancelar un contrato, una hipoteca.* **2.** Suspender algo que se tenía previsto: *cancelar un vuelo.* **3.** Saldar, pagar del todo una deuda. **SIN. 1.** Extinguir, rescindir. **3.** Liquidar. **ANT. 1.** y **2.** Confirmar, ratificar, validar. **FAM.** Cancelación. CANCEL.

cáncer (del lat. *cancer*, cangrejo) *s. m.* **1.** Enfermedad que se caracteriza por la aparición de ciertas células que se reproducen sin control alguno e invaden los tejidos vecinos. **2.** Mal social muy extendido y difícil de remediar: *el cáncer del subdesarrollo.* || *s. m.* y *f.* **3.** Persona nacida bajo el signo zodiacal de Cáncer. ■ No varía en *pl.* Se usa mucho en aposición: *los hombres cáncer.* || **Cáncer** *n. p.* **4.** Constelación zodiacal situada hacia la parte más septentrional de la eclíptica. **5.** Cuarto signo del Zodiaco, que el Sol recorre aparentemente entre el 21 de junio y el 22 de julio. **SIN. 1.** Carcinoma. **FAM.** Cancerar, cancerígeno, canceroso. / Carcinoma.

Cancerbero (del lat. *canis*, perro, y *Cerberus*) *n. p.* **1.** Perro mitológico de tres cabezas que guardaba la puerta de los infiernos. || **cancerbero** *s. m.* **2.** Portero o guarda severo e incorruptible, o de modales bruscos. **3.** Portero de un equipo en algunos deportes, como el fútbol. **SIN. 3.** Guardameta.

cancerígeno, na *adj.* Que produce o puede producir cáncer. **SIN.** Carcinógeno.

canceroso, sa *adj.* Que participa de la naturaleza del cáncer: *células cancerosas.*

cancha (del quechua *cancha*, recinto, cercado) *s. f.* **1.** Espacio destinado a diversos deportes, como el fútbol, el tenis, etc. **2.** *Amér.* Terreno, espacio, local, etc., llano y despejado. **3.** *Amér.* Cercado amplio que se usa como depósito. **4.** *Arg., Chile, Par.* y *Urug.* Habilidad que se adquiere con la experiencia. || *interj.* **5.** *Amér.* Se utiliza para pedir paso libre. || **LOC. abrir cancha** *Amer.* Dejar campo libre. **abrir** (o **dar**) **cancha** a uno *Arg., Chile* y *Par.* Darle ventaja. **SIN. 1.** Campo, pista, polideportivo, frontón. **FAM.** Canchero.

canchal *s. m.* Lugar donde se acumulan grandes peñascos.

canchar *v. tr. Arg.* y *Par.* Tostar.

canchero, ra *adj.* **1.** *Amér.* Se dice del que tiene o cuida una cancha de juego. También *s. m.* y *f.* **2.** *Arg., Chile* y *Urug.* Ducho y experto en determinada actividad. **3.** *Chile* Se aplica al muchacho maletero.

cancilla (del lat. *cancelli*, celosía) *s. f.* Puerta a modo de verja que sirve para cerrar huertas y jardines.

canciller (del lat. *cancellarius*, escriba) *s. m.* **1.** Jefe o presidente del gobierno de algunos Estados modernos europeos: *el canciller alemán.* **2.** En muchos países, ministro de Asuntos Exteriores. **3.** Empleado auxiliar en embajadas y consulados. **4.** Alto funcionario encargado del sello real, con el que se autorizaban los privilegios y las cartas reales. **FAM.** Cancillería. / Chancillería.

cancillería *s. f.* **1.** Oficio del canciller. **2.** Oficina especial de las embajadas o de los consulados de algunos países. **3.** Centro diplomático desde el que se dirige la política exterior de un país.

canción (del lat. *cantio, -onis*, canto) *s. f.* **1.** Composición, generalmente en verso, que se canta y a la que se puede poner música. **2.** Música de esta composición. **3.** Composición poética de origen italiano, de tema amoroso y tono melancólico, que se cultivó sobre todo en el s. XVI. **4.** En la Edad Media, nombre dado a distintas composiciones poéticas de diversos géneros, tonos y formas. **5.** Pretexto, excusa, etc., sin fundamento. Se usa sobre todo en *pl.*: *No me vengas con canciones.* **6.** Cosa que se repite con insistencia y pesadez: *Ya estamos con la misma canción.* || **7. canción de cuna** La que se canta para dormir a los niños. || **LOC. esa es otra canción** *fam.* Ese es un asunto distinto. **SIN. 1.** y **4.** Cantar, copla, letrilla, balada. **1.** y **6.** Cantinela. **FAM.** Cancioneril, cancionero. CANTAR[1].

cancionero *s. m.* Libro en que se recogen canciones y poesías, generalmente de diversos autores, como los que reúnen composiciones de la lírica culta española del s. XV.

candado (del lat. *catenatus*, de *catena*, cadena) *s. m.* Cerradura suelta metida en una caja de metal, de la que sale un gancho o armella que sirve para asegurar puertas, maletas, etc.

candeal (del lat. *candidus*, blanco) *adj.* Se dice del trigo que es muy blanco y, especialmente, del pan que con él se hace. **FAM.** Véase **cándido**.

candela (del lat. *candela*, vela) *s. f.* **1.** Cilindro de cera u otra materia que puede encenderse y dar luz. **2.** Lumbre, fuego: *¿Me da candela para el cigarro?* **3.** En fís., unidad de intensidad luminosa en el Sistema Internacional. **4.** *fam.* Con *dar, arrear, atizar*, golpear, pegar: *Si te metes con él, te atiza candela.* **SIN. 1.** Cirio, vela. **4.** Paliza, leña. **FAM.** Candelabro, candelero, candelilla. / Encandilar, matacandelas.

candelabro (del lat. *candelabrum*) *s. m.* Soporte con dos o más brazos para colocar velas, que se sostiene sobre su pie o sujeto a una pared. **SIN.** Candelero.

candelero (de *candela*) *s. m.* Utensilio para sostener una candela o vela. || **LOC. en (el) candelero** En posición destacada, de actualidad. ■ Se usa con los verbos *estar, poner*, etc.: *Después de tantos años ese cantante sigue estando en candelero.* **SIN.** Candelabro, velón, candil.

candente (del lat. *candens, -entis*, brillante, ardiente) *adj.* **1.** Se dice del cuerpo, generalmente metálico, cuando se enrojece o pone blanco por la acción del calor. **2.** De máxima actualidad e interés. **SIN. 1.** Encendido, incandescente, ardiente. **2.** Palpitante, apasionante, actualísimo. **ANT. 1.** Frío. **FAM.** Incandescente.

candidato, ta (del lat. *candidatus*) *s. m.* y *f.* **1.** Persona que aspira a un puesto, cargo, premio, etc. **2.** Persona propuesta para un cargo, distinción, etc., aunque no sea a petición suya: *Hay cinco candidatos al Nobel.* **SIN. 1.** Aspirante, pretendiente, solicitante. **FAM.** Candidatura.

candidatura *s. f.* **1.** Conjunto de candidatos a un cargo o empleo: *Ocupa el número tres en la candidatura.* **2.** Aspiración a un puesto o cargo. **3.** Papeleta en la que va impreso el nombre de uno o varios aspirantes: *candidatura de un partido político.* **4.** Propuesta o presentación de una persona para alguna dignidad o cargo.

cándido, da (del lat. *candidus*, blanco) *adj.* Ingenuo, sin malicia y sin experiencia. También *s. m.*

y *f.* SIN. Candoroso, inocente, crédulo. ANT. Malicioso, avispado. FAM. Candeal, cándidamente, candidez, candor.

candil (del ár. *qandil*, lámpara) *s. m.* **1.** Utensilio para alumbrar formado por un recipiente, lleno de aceite, que tiene un gancho para colgarlo y un pico en el borde por donde sale la mecha. **2.** Cada una de las puntas de la cornamenta de los ciervos. **3.** *Méx.* Araña, lámpara de techo. FAM. Candileja.

candileja (de *candil*) *s. f.* **1.** Vaso interior de un candil o cualquier vaso pequeño en que se pone aceite para que ardan una o más mechas. || *s. f. pl.* **2.** Fila de luces situada en el proscenio de un teatro. SIN. **2.** Batería.

candinga *s. f.* **1.** *Chile* Majadería. **2.** *Hond.* Enredo, lío. **3.** *Méx.* Diablo.

candombe *s. m.* **1.** *Amér.* Danza de origen africano de los negros de Amér. del S., lugar donde se baila y tambor con que se acompaña. **2.** *Amér.* Desorden, confusión.

candongo, ga *adj.* **1.** *fam.* Astuto y zalamero. También *s. m.* y *f.* **2.** *fam.* Hábil para huir del trabajo. También *s. m.* y *f.* SIN. **1.** Taimado, adulador. **2.** Haragán, holgazán, perezoso. ANT. **2.** Trabajador.

candor (del lat. *candor, -oris*) *s. m.* Pureza, ingenuidad, inocencia: *el candor de los niños.* SIN. Candidez. ANT. Malicia, picardía. FAM. Candoroso. CÁNDIDO.

canear[1] *v. intr.* Empezar a tener canas. SIN. Encanecer.

canear[2] *v. tr. fam.* Pegar a alguien. También *v. prnl.* SIN. Zumbar, atizar, cascar.

caneco, ca (del port. *caneco*, y éste del lat. *canna*, caña) *adj.* **1.** *Bol.* y *Ven.* Borracho. || *s. m.* y *f.* **2.** Vasija de barro vidriado para guardar licores.

canéfora (del gr. *kanephoros*, portadora de canastilla) *s. f.* En la antigüedad pagana, doncella que en algunos sacrificios llevaba en la cabeza una canastilla con flores y ofrendas destinadas a los dioses.

canela (del ital. *cannella*, y éste del lat. *canna*, caña) *s. f.* **1.** Segunda corteza de las ramas del canelo, de color rojo amarillento y muy aromática, que se emplea como condimento. **2.** *fam.* Persona o cosa muy buena y exquisita ■ A veces se refuerza con el adj. *fina*: *Esta cantante es canela fina.* || *s. m.* **3.** Color semejante al de la canela. FAM. Canelo, canelón.

canelo, la *adj.* **1.** Que tiene el color de la canela: *perro canelo.* **2.** *fam.* Tonto, primo. También *s. m.* ■ Se usa sobre todo en la loc. *hacer el canelo.* || *s. m.* **3.** Árbol originario de Ceilán, con hojas persistentes parecidas a las del laurel, que da la canela.

canelón[1] (aum. de *canal*) *s. m.* **1.** Trozo largo de hielo, p. ej. los que cuelgan de los tejados. **2.** Cañería que vierte el agua de los tejados. SIN. **1.** Carámbano. **2.** Canalón.

canelón[2] (del ital. *cannellone*) *s. m.* Pieza rectangular de pasta de harina con relleno comestible. Se usa mucho en *pl.* SIN. Canalón.

canesú (del fr. *canezou*) *s. m.* **1.** Cuerpo de vestido de mujer, corto y sin mangas. **2.** Pieza superior de la camisa o blusa de la mujer, a la que se unen el cuello, las mangas y el resto de la prenda. ■ Su pl. es *canesúes*, aunque también se utiliza *canesús*.

cangilón (del lat. *congius*) *s. m.* Cada uno de los recipientes que sacan el agua en una noria o el fango en una draga. SIN. Arcaduz.

cangreja *s. f.* Vela de una embarcación en forma de trapecio que va a popa.

cangrejo (dim. del ant. *cangro*, y éste del lat. *cancer, cancri*) *s. m.* Tipo de crustáceo marino y fluvial; el de mar tiene el cuerpo redondeado y parecido a una araña; el de río posee un caparazón verdoso y patas delanteras muy desarrolladas, provistas de pinzas. Algunas especies son comestibles. FAM. Cangreja.

canguelo *s. m. fam.* Miedo, temor: *sentir canguelo.* ■ También se dice *canguis.* ANT. Valentía.

canguis *s. m. fam.* Canguelo*.

canguro *s. m.* **1.** Mamífero marsupial herbívoro que vive en Australia y Nueva Guinea, capaz de dar grandes saltos, con las patas delanteras mucho más cortas que las traseras y una cola muy robusta; las hembras tienen una bolsa en el vientre, donde llevan a sus crías. || *s. m.* y *f.* **2.** *fam.* Persona que se encarga de cuidar niños a domicilio y cobra por ello.

caníbal (voz caribe) *adj.* **1.** Se dice de cierto salvaje de las Antillas, del que se suponía que comía carne humana. También *s. m.* y *f.* **2.** Que come carne humana. También *s. m.* y *f.* **3.** *fam.* Se dice de la persona bruta y feroz. También *s. m.* y *f.* SIN. **2.** Antropófago. **3.** Cruel, inhumano. FAM. Canibalismo.

canibalismo *s. m.* **1.** Costumbre de comer carne de individuos de la propia especie. **2.** Ferocidad propia de los caníbales. SIN. **1.** Antropofagia. **2.** Crueldad, brutalidad.

canica (del germ. *knicker*) *s. f.* **1.** Bolita de barro, vidrio, etc., que usan los niños para jugar. || *s. f. pl.* **2.** Juego en que se usan estas bolitas, que consiste en hacerlas rodar por el suelo, chocar unas con otras e introducirlas en un pequeño hoyo, según ciertas reglas. SIN. **2.** Gua.

caniche (fr.) *s. m.* y *f.* Raza de perro de pequeño tamaño, con el pelo rizado o ensortijado y de color uniforme, generalmente blanco o negro.

canicie (del lat. *canities*) *s. f.* Color blanco del pelo en una persona.

canícula (del lat. *canicula*) *s. f.* Periodo del año en que hace más calor. FAM. Canicular.

cánido (del lat. *canis*, perro) *adj.* **1.** Se dice de los mamíferos carnívoros de tamaño medio, con dedos provistos de garras no retráctiles, cinco dedos en las patas anteriores y cuatro en las posteriores, p. ej. el perro, el lobo o el zorro. También *s. m.* || *s. m. pl.* **2.** Familia de estos mamíferos.

canijo, ja *adj.* Poco desarrollado, bajo, o débil y enfermizo: *hombre canijo, perro canijo.* También *s. m.* y *f.* SIN. Enclenque, raquítico, escuchimizado. ANT. Fuerte, robusto. FAM. Encanijar.

canilla (del lat. *cannella*, de *canna*, caña) *s. f.* **1.** Hueso largo y delgado de la pierna o del brazo, especialmente la tibia. **2.** Parte más delgada de una pierna: *Tiene las canillas como palillos.* **3.** Carrete en que se devana el hilo en las máquinas de coser y de tejer. **4.** Caño pequeño de madera, por donde se vacía una cuba, tinaja o barril. **5.** *Amér.* Pierna, pantorrilla. **6.** *Amér. del S.* Grifo. SIN. **1.** Espinilla. **3.** Bobina. **4.** Espita, llave, válvula. FAM. Canillita. CAÑA.

canillita *s. m. Amér. del S.* Muchacho vendedor de periódicos.

canino, na (del lat. *caninus*, de *canis*, perro) *adj.* **1.** Del perro. **2.** Se dice del diente de ciertos mamíferos situado entre los incisivos y los premolares. Es cónico y puntiagudo y tiene una sola raíz. Está muy desarrollado en los carnívoros, mientras que roedores y rumiantes carecen de él. También *s. m.* || **3. hambre canina** Apetito grande o exagerado. SIN. **2.** Colmillo.

canjear (del ital. *cangiare*, cambiar) *v. tr.* Intercambiar, entregarse recíprocamente personas o cosas: *canjear prisioneros de guerra.* SIN. Permutar, cambiar. FAM. Canje, canjeable.

cannabáceo, a *adj.* **1.** Se dice de unas plantas herbáceas de intenso aroma, hojas opuestas y flores unisexuales dispuestas en cima. También *s. f.* || *s. f. pl.* **2.** Familia de estas plantas, a la que pertenecen el cáñamo y el lúpulo.

cannabis *s. m.* Género de plantas cannabáceas, de hojas compuestas y flores verdes, entre las que destaca el cáñamo. De otra de sus especies se extrae la marihuana y el hachís. ■ No varía en *pl.* FAM. Cannabáceo. CÁÑAMO.

cano, na (del lat. *canus*, blanco) *adj.* Se dice del pelo, la barba o el bigote blancos o cubiertos de canas y de la persona que los tiene así. SIN. Canoso. FAM. Entrecano. CANA[1].

canoa (del caribe *canaua*) *s. f.* Embarcación estrecha y sin quilla a remo o con motor. SIN. Piragua.

canódromo (del lat. *canis*, perro, y el gr. *dromos*, pista) *s. m.* Recinto destinado a las carreras de galgos.

canon (del lat. *canon*, regla) *s. m.* **1.** Regla o precepto para hacer algo: *cánones del teatro clásico.* **2.** Modelo de características perfectas, especialmente el de la figura humana que reúne las proporciones ideales, como el canon griego de Policleto. **3.** Regla o decisión de la Iglesia católica establecida en un concilio. **4.** Parte de la misa entre el prefacio y el padrenuestro. **5.** Impuesto, cantidad que se paga por el disfrute o uso de alguna cosa, particularmente al Estado. **6.** Composición musical en que van entrando las voces sucesivamente, repitiendo cada una la melodía de la anterior. || *s. m. pl.* **7.** Derecho canónico. También, popularmente, conjunto de normas que deben seguirse si se quiere hacer bien las cosas: *como mandan los cánones.* SIN. **1.** Norma. **2.** Arquetipo, prototipo. **5.** Cuota, tarifa, tasa. FAM. Canónico, canonista, canonizar.

canónico, ca (del lat. *canonicus*) *adj.* **1.** Que se ajusta a los cánones, especialmente los de la Iglesia. **2.** Se dice de los libros de la tradición judeocristiana que la Iglesia católica considera inspirados por Dios. SIN. **1.** Preceptivo. FAM. Canónigo. CANON.

canónigo (del lat. *canonicus*) *s. m.* Sacerdote miembro del cabildo de una catedral. FAM. Canonjía. CANÓNICO.

canonista *s. m.* y *f.* Persona especializada en derecho canónico.

canonizar (del bajo lat. *canonizare*) *v. tr.* Declarar el papa santa a una persona que ya ha sido beatificada, autorizando su culto en toda la Iglesia católica. ■ Delante de *e* se escribe *c* en lugar de *z*: *canonice.* SIN. Santificar. FAM. Canonizable, canonización. CANON.

canonjía (del occitano ant. *canonge*) *s. f.* **1.** Dignidad de canónigo. **2.** Prebenda o beneficio del canónigo. **3.** Empleo fácil, de poco trabajo y bien remunerado. SIN. **3.** Momio, chollo, bicoca.

canoro, ra (del lat. *canorus*) *adj.* Se dice del ave de canto agradable y melodioso; también se aplica al propio canto, a la voz humana, a los sonidos de los instrumentos musicales, etc., cuando tienen esas características. SIN. Armonioso, grato. ANT. Chirriante, destemplado.

canoso, sa (del lat. *canosus*) *adj.* Que tiene muchas canas. También *s. m.* y *f.* SIN. Cano.

canotier (fr.) *s. m.* Sombrero de paja, de copa plana y corta y ala recta.

cansado, da **1.** *p.* de **cansar**. También *adj.* || *adj.* **2.** Que produce cansancio: *un viaje cansado; una entrevista cansada.* SIN. **1.** Cansino, fatigado, agotado, molido, desfallecido, rendido. **2.** Pesado, cargante. ANT. **1.** Fresco. **1.** y **2.** Descansado. **2.** Entretenido.

cansancio *s. m.* **1.** Falta de fuerzas y malestar como resultado de haberse fatigado uno en el trabajo, haciendo ejercicio, etc.: *Estoy muerto de cansancio.* **2.** Fastidio, aburrimiento: *El no hacer nada produce cansancio.* SIN. **1.** Fatiga, agotamiento, debilitamiento. **2.** Tedio. ANT. **1.** Dinamismo, vigor. **2.** Entretenimiento, diversión.

cansar (del lat. *campsare*, doblar, volver) *v. tr.* **1.** Producir cansancio: *Me cansa subir la cuesta.* **2.** Quitar fertilidad a la tierra. También *v. prnl.* || **cansarse** *v. prnl.* **3.** Experimentar cansancio. ■ Se construye con las prep. *con* y *de.* || LOC. **no cansarse de** Hacer una cosa insistentemente para conseguir algo: *No se cansa de pedirme el coche.* También, disfrutar haciendo mucho una cosa: *No me canso de ver esta película.* SIN. **1.** Moler, rendir. **1.** y **3.** Agotar(se), extenuar(se), aburrir(se), hartar(se). ANT. **1.** y **3.** Descansar, divertir(se), distraer(se). FAM. Cansado, cansancio, cansino. / Descansar, incansable.

cansino, na *adj.* Que muestra cansancio, lento: *andar cansino.* SIN. Perezoso, tardo. ANT. Vivo, dinámico.

cantábile (del ital. *cantabile*) *s. m.* En mús., indicación en un pasaje de que debe interpretarse con expresión y de manera que destaque la melodía principal.

cantable (del lat. *cantabilis*) *adj.* **1.** Que se puede cantar. || *s. m.* **2.** Parte del libreto de una zarzuela escrita en verso para ponerle música. **3.** Escena de zarzuela en que se canta.

cantábrico, ca (del lat. *cantabricus*) *adj.* De la cordillera Cantábrica o del mar Cantábrico y las tierras que éste baña. FAM. Cántabro.

cántabro, bra (del lat. *cantaber, -bri*) *adj.* **1.** De Cantabria. También *s. m.* y *f.* **2.** De un pueblo celta de la España prerromana que habitaba el N de la Península. También *s. m.* y *f.*

cantada *s. f. fam.* Error, fallo: *El gol fue resultado de una cantada del portero.*

cantado, da **1.** *p.* de **cantar**. También *adj.* || *adj.* **2.** Que se daba por supuesto, que se sabía anticipadamente: *La caída del gobierno estaba cantada.* SIN. **2.** Previsible.

cantaleta *s. f. Amér. fam.* Cantinela, repetición insistente de algo, generalmente de una advertencia. SIN. Cantilena.

cantamañanas *s. m.* y *f.* Persona informal, irresponsable o fantasiosa. ■ No varía en *pl.*

cantante *s. m.* y *f.* Persona que tiene por profesión cantar.

cantaor, ra *s. m.* y *f.* Persona que canta flamenco.

cantar[1] (del lat. *cantare*) *v. intr.* **1.** Formar con la voz sonidos melodiosos: *cantar una canción.* También *v. tr.* **2.** Emitir su voz las aves, especialmente los pájaros y el gallo; p. ext., hacer ciertos ruidos algunos insectos: *cantar la chicharra.* También *v. tr.* **3.** *fam.* Confesar o descubrir lo secreto: *El preso cantó de plano.* También *v. tr.* **4.** *fam.* Tener algo cierto sonido: *Canta bien ese motor.* **5.** *fam.* Despedir un olor desagradable o muy fuerte: *Le cantan los pies.* **6.** *fam.* Ser algo muy evidente o llamar excesivamente la atención. **7.** Dedicar alabanzas, poemas, etc., a alguien o algo: *cantar a la amada.* También *v. tr.*: *Cantó las bellezas del lugar.* || *v. tr.* **8.** *fam.* Decir algo de forma entonada y seguida: *cantar los números de la lotería.* **9.** *fam.* En algunos juegos de naipes, manifestar una combinación especial de cartas: *cantar las cuarenta.* **10.** En el bingo, decir alguien en voz alta que ha obtenido premio: *cantar línea.* || **LOC. cantar las cuarenta** Véase **cuarenta. SIN. 1.** Canturrear, tararear, entonar. **3.** Revelar, declarar, soplar. **5.** Heder, atufar, apestar. **7.** Elogiar, alabar, ensalzar. **FAM.** Cantable, cantada, cantado, cantaleta, cantante, cantaor, cantar[2], cantarín, cantata, cantautor, cante, cántico, cantiga, cantilena, canto[1], cantor, cantoral, canturrear. / Canción, encantar.

cantar[2] *s. m.* **1.** Composición poética destinada a ser cantada. || **2. cantar de gesta** Poema narrativo que relata hechos históricos o legendarios; eran transmitidos oralmente por los juglares. || **LOC. ser** algo **otro cantar** *fam.* Ser otra cosa, ser distinto. **SIN. 1.** Canción, canto, copla.

cántara *s. f.* Cántaro*.

cantárida (del lat. *cantharis, -idis*, y éste del gr. *kantharos*, escarabajo) *s. f.* Insecto coleóptero, de color verde oscuro, que vive en las ramas de tilos y fresnos y de cuyos élitros se obtiene una sustancia medicinal utilizada como emplasto y para tratar las ampollas.

cantarín, na *adj.* Que canta en forma melodiosa y alegre. ■ Se aplica especialmente a fuentes, ríos, arroyos, pájaros, etc.

cántaro (del lat. *cantharus*, y éste del gr. *kantharos*) *s. m.* **1.** Vasija grande de barro o de metal, de boca estrecha y ancha de barriga. **2.** Líquido que contiene. || **LOC. a cántaros** *adv.* Abundantemente, con mucha fuerza; se usa sobre todo referido a la forma de llover.

cantata (ital.) *s. f.* Composición musical para coro y orquesta, destinada a música de cámara, concierto o música religiosa.

cantautor, ra *s. m.* y *f.* Cantante que interpreta las canciones que él mismo compone.

cante *s. m.* **1.** Acción de cantar. **2.** Cualquier género de canto popular, particularmente el andaluz: *cante por soleares.* **3.** *fam.* Algo que desentona por ser muy llamativo o desproporcionado; se utiliza mucho en la loc. **dar el cante.** || **4. cante hondo** (o **jondo**) Cante flamenco. **FAM.** Discante. CANTAR[1].

cantear *v. tr.* **1.** Labrar los cantos o bordes de una piedra, tabla, etc. **2.** Colocar de canto los ladrillos. **3.** Pegar una chapa de madera, plástico, etc., a los bordes de una tabla de conglomerado.

cantera (de *canto*[3]) *s. f.* **1.** Sitio de donde se saca piedra, grava, etc., para la construcción. **2.** Lugar, institución, etc., donde se forman o de donde se obtienen personas bien preparadas para una determinada actividad: *El equipo de fútbol se nutre de la cantera local.* **SIN. 1.** Pedrera, gravera.

cantería *s. f.* **1.** Técnica de labrar las piedras que se utilizan en las construcciones. **2.** Obra de piedra labrada.

cantero[1] (de *canto*[2]) *s. m.* **1.** Punta o extremo de algunas cosas duras que se puede partir con facilidad: *cantero de pan.* **2.** *Amér.* Cuadro de tierra en el que se cultivan flores o verduras.

cantero[2] (de *canto*[3]) *s. m.* **1.** Persona que labra las piedras. **2.** Persona que extrae piedra de una cantera. **SIN. 1.** Picapedrero.

cántico (del lat. *canticum*) *s. m.* **1.** Composición poética de carácter religioso en acción de gracias o alabanza a Dios: *el cántico de Moisés.* **2.** Nombre que reciben ciertas poesías profanas: *cántico nupcial.* **SIN. 1.** Himno, salmo. **2.** Canto.

cantidad (del lat. *quantitas, -atis*) *s. f.* **1.** Propiedad de lo que puede ser contado o medido. **2.** Porción o número indeterminado de algo: *Nos dieron poca cantidad de comida.* **3.** Gran número de personas o cosas: *¡Qué cantidad de gente!* ■ En el lenguaje familiar tiene a veces un uso adv. **4.** Suma de dinero: *Hay que pagar una cantidad a cuenta.* **5.** Cifra: *Anotó varias cantidades.* **6.** Tiempo que se emplea en la pronunciación de una sílaba. || *adv.* **7.** *fam.* Mucho, en abundancia: *Nos reímos cantidad. Pinta cantidad de bien.* ■ Con este significado, se utiliza también en la loc. *en cantidad.* **SIN. 2.** Cuantía, medida, dosis. **3.** Abundancia, multitud, profusión. **ANT. 3.** Escasez, falta, carencia. **FAM.** Véase **cuanto.**

cantiga o **cántiga** *s. f.* Composición poética medieval destinada al canto.

cantil *s. m.* **1.** Sitio que forma escalón en la costa o en el fondo del mar: *el cantil del muelle.* **2.** Borde de un precipicio. **FAM.** Acantilado.

cantilena (del lat. *cantilena*) *s. f.* Cantinela*.

cantimplora (del cat. *cantimplora*, de *canta i plora*, canta y llora) *s. f.* Recipiente de metal o plástico, de forma alargada y más o menos aplastada, que se utiliza para llevar líquido para beber.

cantina (del ital. *cantina*) *s. f.* Establecimiento público en que se venden y sirven bebidas y alimentos. **SIN.** Bar, tasca, taberna, mesón. **FAM.** Cantinero.

cantinela (de *cantilena*) *s. f.* **1.** Copla, composición poética breve, hecha generalmente para ser cantada. **2.** *fam.* Repetición molesta e inoportuna de una cosa: *Tú siempre con la misma cantinela.* ■ Se dice también *cantilena.* **SIN. 2.** Tabarra.

canto[1] (del lat. *cantus*) *s. m.* **1.** Acción de cantar: *el canto de un pájaro.* **2.** Arte de cantar: *Da clase de canto.* **3.** Cada una de las divisiones de un poema épico. **4.** Composición lírica o de otro género: *canto fúnebre, nupcial.* **5.** Exaltación, alabanza: *Su obra es un canto a la vida.* || **6. canto de cisne** Última obra o actuación de una persona. **SIN. 5.** Celebración.

canto[2] (del lat. *cantus*) *s. m.* **1.** Extremidad o borde: *el canto de una moneda.* **2.** Grueso de alguna cosa; en los libros corresponde a la parte opuesta al lomo. **3.** Parte opuesta al filo del cuchillo o sable. || **LOC. al canto** *adv.* Inmediata y efectivamente: *pruebas al canto.* También, inevitablemente: *Tendremos discusión al canto.* **de canto** *adv.* De lado, sobre el canto: *Las carpetas estaban de canto.* **el canto de un duro** *fam.* Muy poco: *Perdí el tren por el canto de un duro.* **SIN. 1.** Orilla, lado, esquina, reborde. **FAM.** Cantear, cantero[1], cantil, cantón, cantonera. / Decantar, descantillar.

canto[3] *s. m.* **1.** Trozo de piedra. || **2. canto rodado** Piedra alisada y redondeada por el arrastre del agua. || **LOC. darse con un canto en los dientes** *fam.* Darse por contento con algo no muy favorable, porque pudo resultar peor. **SIN. 1.** Chinarro, guijarro. **FAM.** Cantazo, cantera, cantería, cantero[2].

cantón *s. m.* **1.** División administrativa de ciertos territorios: *los cantones suizos.* **2.** Esquina de un edificio. **3.** Lugar en el que hay tropas acantonadas. **4.** En heráldica, cada uno de los cuatro ángulos que pueden considerarse en un escudo.

SIN. **3.** Acantonamiento, campamento, emplazamiento. FAM. Cantonal, cantonalismo, cantonalista. / Acantonar, guardacantón. CANTO[2].

cantonalismo *s. m.* Movimiento político partidario de sustituir el poder del Estado central por una confederación de cantones independientes.

cantonera *s. f.* Pieza que protege la esquina de una cosa: *libro con cantoneras.*

cantor, ra (del lat. *cantor, -oris*) *adj.* **1.** Que canta: *los niños cantores.* También *s. m.* y *f.* **2.** Se aplica a las aves de canto armonioso. También *s. m.* y *f.* || *s. m.* y *f.* **3.** El que canta en poesía cierta cosa: *un cantor de la naturaleza.* SIN. **1.** Cantante. **2.** Canoro. **3.** Rapsoda.

cantoral *s. m.* Libro con la letra y la música de los cantos religiosos que se cantan en las iglesias.

cantueso *s. m.* Planta perenne de la familia labiadas, que tiene hojas estrechas, alargadas y flores moradas y olorosas en espiga.

canturrear *v. intr.* Cantar a media voz y con monotonía. También *v. tr.* SIN. Tararear. FAM. Canturreo. CANTAR[1].

cánula (del lat. *cannula,* cañita) *s. f.* **1.** Tubo de tamaño, forma y materiales diversos, que se emplea en medicina para introducirlo en una abertura del cuerpo: *la cánula de la lavativa.* **2.** Pequeño tubo que tiene en su extremo la jeringa, donde se coloca la aguja.

canutas Se emplea en la loc. fam. **pasarlas canutas**, estar en una situación difícil y comprometida, pasarlo muy mal.

canutillo *s. m.* **1.** Moldura, resalte, etc., convexo y estrecho, como p. ej. los que presenta la pana. **2.** Tubito de vidrio que se usa en trabajos de bordado y pasamanería.

canuto (del lat. vulg. *cannutus,* de *canna,* caña) *s. m.* **1.** Tubo no muy grueso, abierto por sus extremos o cerrado por uno de ellos, que se emplea para diferentes usos. **2.** En argot, porro, cigarro de marihuana o hachís. FAM. Canutillo. CAÑA.

caña (del lat. *canna*) *s. f.* **1.** Tallo de algunas gramíneas, generalmente hueco y nudoso, con hojas en vaina. **2.** Hueso largo de brazos y piernas. **3.** Parte de la bota, media o calcetín que cubre la pierna. **4.** Vaso alto y cilíndrico. **5.** Medida de cerveza equivalente a un vaso pequeño. **6.** Fuste de una columna. **7.** Nombre común de varias especies de plantas gramíneas, como la *caña común,* de tallo leñoso, flexible y propia de parajes húmedos, que se utiliza para hacer cestas y otros objetos; o la *caña de azúcar,* de tallo leñoso, lleno de un tejido esponjoso del que se extrae el azúcar. || **8. caña de pescar** Vara de bambú, fibra de vidrio, etc., a la que se añaden una serie de aparejos para pescar. || LOC. **dar** (o **meter**) **caña** *fam.* Golpear, pegar; también, aumentar mucho la velocidad o intensidad de algo, o meter prisa a alguien. SIN. **1.** Junco, bambú. **2.** Canilla. FAM. Cañada, cañadilla, cañal, cañaveral, cañería, cañinque, cañizo, caño, cañón. / Canilla, cánula, canuto, encañar[1], mediacaña.

cañada (del lat. *canna,* caña) *s. f.* **1.** Camino para el ganado trashumante. **2.** Paso estrecho entre dos montañas. SIN. **1.** Senda, vereda. **2.** Quebrada, vaguada.

cañadilla *s. f.* Molusco gasterópodo marino, de color claro, que habita en aguas templadas; es comestible y antiguamente se extraía de él un colorante para fabricar la púrpura.

cañal *s. m.* Cañaveral*.

cañamazo *s. m.* **1.** Tejido de hilos muy separados que se usa para bordar sobre él. **2.** Tela tosca de cáñamo. **3.** Apunte o bosquejo de algo. SIN. **2.** Arpillera. **3.** Boceto.

cáñamo (del lat. vulg. *cannabum,* de *cannabis*) *s. m.* **1.** Planta anual de la familia cannabáceas, de unos 2 a 3 m de altura, tallo erguido, hueco y velloso y hojas compuestas, con varias hojuelas lanceoladas; sus fibras se utilizan para la fabricación de tejidos, cuerdas, etc. De la variedad llamada *cáñamo índico* se obtiene la marihuana. **2.** Fibra textil o tejido obtenidos de estas plantas. FAM. Cañamazo, cañamón. / Cánnabis.

cañamón *s. m.* Semilla del cáñamo, que se emplea para obtener aceite y sobre todo como alimento para pájaros.

cañaveral (del lat. *canna vera,* caña verdadera) *s. m.* **1.** Lugar poblado de cañas. **2.** Plantación de cañas. SIN. **1.** Carrizal, cañal.

cañería *s. f.* Tubo o serie de tubos para la conducción de agua, otro líquido o un gas. SIN. Tubería.

cañí (caló) *adj.* De raza gitana. También *s. m.* y *f.* ■ Su pl. es *cañís.*

cañinque *adj. Amér.* Enclenque, enfermizo. También *s. m.* y *f.* FAM. Véase **caña.**

cañizo (del lat. *cannicius*) *s. m.* Tejido hecho con cañas, que se usa para techos, cielos rasos, cubiertas, etc.: *En el aparcamiento han puesto un cañizo.* FAM. Encañizar. CAÑA.

caño *s. m.* **1.** Tubo, generalmente de metal, por donde cae el agua: *fuente de cinco caños.* **2.** Tubo corto. **3.** Chorro de agua que cae por una parte estrecha. **4.** Canal estrecho, navegable, de un puerto o bahía. SIN. **1.** Tubería, cañería. **2.** Canuto. FAM. Encañar[2]. CAÑA.

cañón *s. m.* **1.** Pieza en forma de tubo de diversos objetos e instrumentos: *cañón de anteojo; cañón de fusil; cañón de chimenea.* **2.** Arma de artillería que dispara proyectiles desde un vehículo o una base fija. Está compuesto fundamentalmente por un tubo, un soporte y diversos elementos de puntería. **3.** Parte inferior, córnea y hueca, de la pluma del ave. **4.** Pluma del ave cuando empieza a nacer. **5.** Parte del pelo de la barba inmediata a la raíz. **6.** En geog., garganta o cauce fluvial excavado en el terreno, con paredes abruptas. **7.** En aposición, bueno, estupendo; aplicado a personas, muy atractiva, de muy buen tipo: *Era una chavala cañón.* También *adv.*: *Lo pasamos cañón en la fiesta.* || **8. bóveda de cañón** En arq., bóveda utilizada en el románico, que se origina por el desarrollo continuo de una sección semicircular o apuntada. **9. cañón de nieve** Aparato que produce y dispersa nieve artificial en las pistas de esquí. SIN. **1.** Canuto. **3.** Cálamo. **7.** Fenomenal; bien. FAM. Cañonazo, cañonear, cañoneo, cañonero. / Encañonar. CAÑA.

cañonazo *s. m.* **1.** Tiro del cañón de artillería: *Dispararon varios cañonazos.* **2.** *fam.* Noticia inesperada y sorprendente. **3.** *fam.* En algunos deportes, lanzamiento muy fuerte: *Marcó de un cañonazo.* SIN. **1.** Descarga, disparo. **2.** Bombazo, campanazo. **3.** Trallazo.

cañonear *v. tr.* Disparar cañonazos contra un objetivo estratégico. SIN. Bombardear.

cañonero, ra *adj.* Se dice de la embarcación armada con uno o varios cañones: *lancha cañonera.* También *s. m.* y *f.*

caoba (voz caribe) *s. f.* **1.** Árbol americano de hasta 30 m de altura, tronco recto y grueso, hojas compuestas y flores pequeñas y blancas. Su madera rojiza es muy apreciada en ebanistería por su belleza, fácil pulimento y resistencia a la carcoma. **2.** Color semejante al de esta madera. Se usa mucho en aposición: *pelo caoba.*

caolín (de *Kao Ling*, ciudad de China) *s. m.* Mineral de arcilla muy pura y blanca, que se utiliza principalmente para la fabricación de porcelanas.

caos (del lat. *chaos*, y éste del gr. *khaos*, abertura) *s. m.* **1.** Situación de desorden en que, según ciertas creencias o teorías, se encontraba el universo antes de adquirir su ordenación actual. **2.** Estado de confusión o gran desorden de las cosas: *Su mesa de trabajo era un caos.* ■ No varía en *pl.* **SIN.** **2.** Desorganización, desconcierto, desastre. **ANT.** **2.** Orden. **FAM.** Caótico.

caótico, ca *adj.* Relacionado con el caos; muy desordenado o confuso. **SIN.** Desorganizado. **ANT.** Ordenado, organizado.

capa (del lat. *cappa*, especie de tocado de cabeza) *s. f.* **1.** Prenda de abrigo larga y suelta, sin mangas y abierta por delante. **2.** Sustancia que recubre o baña a otra: *capa de hielo, capa de azúcar.* **3.** Cada uno de los estratos o planos superpuestos de algunas cosas: *capas de bombones, capas de la Tierra.* **4.** Hoja de tabaco que envuelve el cigarro puro. **5.** Capote, tela con vuelo para torear. **6.** Color de las caballerías, reses y otros animales. **7.** Grupo o estrato social. **8.** Pretexto, apariencia o cualidad que alguien tiene sólo superficialmente: *una capa de humildad.* || **LOC.** **de capa caída** *adv. fam.* Con los verbos *andar, estar, ir*, expresa que alguien o un asunto está decayendo, perdiendo fuerza. **defender a capa y espada** a alguien o algo Defenderlo con calor, sin detenerse en nada. **hacer** uno **de su capa un sayo** *fam.* Hacer uno lo que quiere con sus cosas o en sus asuntos, aunque esté mal hecho. **SIN.** **1.** Manto, manteo. **2.** Baño, revestimiento. **3.** Franja, faja, veta. **8.** Máscara, velo, barniz. **FAM.** Capea, capelina, capellina, caperuza, capisayo, capota, capote. / Decapar, encapotar, socapar.

capacete (del cat. *cabasset*) *s. m.* **1.** En la armadura, especie de casco sin cresta ni visera. **2.** Cualquier otra cosa de figura similar: *capacete de un proyectil.* **FAM.** Véase **capacho**.

capacha *s. f. Arg., Bol.* y *Chile* Prisión, cárcel.

capacho (del lat. vulg. *capaceum*) *s. m.* **1.** Bolsa de material fuerte, como la que se lleva a la compra. **2.** Espuerta grande. **SIN.** **2.** Capazo. **FAM.** Capacete, capacha, capazo.

capacidad (del lat. *capacitas, -atis*) *s. f.* **1.** Propiedad de una cosa de poder contener otra u otras: *Es un estadio con mucha capacidad.* **2.** Aptitud, conjunto de condiciones que hacen que alguien sirva para algo: *capacidad para los negocios.* **3.** Inteligencia. **SIN.** **1.** Cabida, volumen. **2.** Facultad, disposición, competencia. **3.** Talento. **ANT.** **2.** Incapacidad, ineptitud. **FAM.** Capacitación, capacitar. / Discapacidad. CAPAZ.

capacitar *v. tr.* Hacer a alguien apto o darle derecho para una cosa: *Este título le capacita para enseñar.* También *v. prnl.* **SIN.** Habilitar, facultar. **ANT.** Incapacitar. **FAM.** Capacitado. / Recapacitar. CAPACIDAD.

capadocio, cia *adj.* De Capadocia, región de Asia Menor. También *s. m.* y *f.*

capar *v. tr.* Extirpar o inutilizar los órganos genitales. **SIN.** Castrar. **FAM.** Capador, capadura, capón.

caparazón *s. m.* **1.** Cubierta coriácea, silícea, ósea o caliza que protege las partes blandas del cuerpo de los insectos, arácnidos, crustáceos, tortugas y otros seres vivos. **2.** Cubierta que se pone encima de algo para protegerlo: *el caparazón de un motor.* **SIN.** **1.** Concha, coraza. **2.** Tapa, cobertura.

capataz (del lat. *caput, -itis*, cabeza) *s. m.* **1.** Persona que manda y vigila a un grupo de trabajadores. **2.** El que está a cargo de una explotación agrícola o ganadera. **SIN.** **1.** Encargado. **2.** Mayoral, caporal.

capaz (del lat. *capax, -acis*) *adj.* **1.** Se dice de la persona que está dispuesta o se atreve a algo: *Es capaz de todo.* **2.** Con aptitud o capacidad para hacer alguna cosa: *un funcionario muy capaz.* **3.** Aplicado a cosas, que puede producir un determinado efecto: *un libro capaz de aburrir al más pintado.* **4.** Con capacidad para contener alguna cosa. **SIN.** **1.** Decidido. **2.** Apto, capacitado, preparado, competente, cualificado. **ANT.** **1.** y **2.** Incapaz. **2.** Inepto, incompetente, incapacitado. **FAM.** Capacidad. / Incapaz.

capazo (del lat. vulg. *capaceum*) *s. m.* Capacho, espuerta grande.

capcioso, sa (del lat. *captiosus*) *adj.* Que engaña o da ocasión para engañar; se aplica en especial a preguntas o argumentos hechos con habilidad para confundir o poner en un aprieto a alguien, o forzarle a decir algo contra su voluntad o interés. **SIN.** Engañoso, artero, malintencionado, insidioso. **ANT.** Verdadero, bienintencionado. **FAM.** Capciosamente, capciosidad.

capea *s. f.* **1.** Festejo taurino en que se lidian becerros o novillos por aficionados. **2.** Acción de capear. **SIN.** **2.** Capeo. **FAM.** Capear, capeo. CAPA.

capear *v. tr.* **1.** Torear con la capa. **2.** Evitar con maña algún compromiso, trabajo, dificultad, etc. **3.** *fam.* Entretener a una persona con engaños. **4.** Hacer frente una embarcación al mal tiempo con maniobras adecuadas. || **LOC.** **capear el temporal** Véase **temporal**[1]. **SIN.** **1.** Capotear. **2.** Eludir, soslayar, sortear.

capelina o **capellina** *s. f.* Nombre de distintas prendas para cubrir los hombros o la cabeza, usadas sobre todo por las mujeres.

capellán (del lat. *capellanus*) *s. m.* **1.** Sacerdote que cumple sus funciones en una determinada institución religiosa, militar, particular, etc.: *el capellán del hospital, capellán castrense.* **2.** Clérigo que disfruta de una capellanía. **FAM.** Capellanía. CAPILLA.

capellanía *s. f.* Beneficio eclesiástico que consiste en el derecho a recibir el fruto de unos bienes con la obligación de celebrar misas u otros actos religiosos.

capelo (del ital. *cappello*, sombrero) *s. m.* **1.** Sombrero rojo de los cardenales. **2.** Dignidad de cardenal.

caperuza *s. f.* **1.** Especie de gorro terminado en punta. **2.** Cualquier pieza para proteger la punta o el extremo de una cosa: *la caperuza del bolígrafo.* **SIN.** **1.** y **2.** Capucha, capuchón. **FAM.** Véase **capa**.

capi (quechua) *s. m. Amér. del S.* Maíz. **FAM.** Capia.

capia (quechua) *s. f. Amér. del S.* Clase de maíz, blanco y muy dulce.

capialzado (del lat. *capit*, cabeza, y *alzar*) *adj.* En arq., se dice del arco o dintel que presenta mayor elevación por uno de sus frentes. También *s. m.*

capibara *s. f.* Mamífero roedor de extremidades cortas, adaptado a la vida acuática, que tiene cuatro dedos en las patas anteriores y tres algo palmeados en las posteriores. Es el mayor roedor que se conoce y habita en América del Sur. Se llama también *carpincho*.

capicúa (del cat. *cap*, cabeza, y *cúa*, cola) *adj.* **1.** Se dice del número que es igual leído de izquierda a derecha que de derecha a izquierda, p. ej. 909. También *s. m.* y *f.* **2.** P. ext., se dice de la palabra o frase que no varía al leerla al revés, como *ama*. **SIN. 2.** Palíndromo.

capilar (del lat. *capillaris*, de *capillus*, cabello) *adj.* **1.** Del cabello o relacionado con él: *loción capilar.* **2.** Se dice de los tubos muy finos. **3.** Se aplica a las últimas ramificaciones de los vasos sanguíneos, de sección muy pequeña. También *s. m.* **FAM.** Capilaridad. CABELLO.

capilaridad *s. f.* **1.** Cualidad de capilar. **2.** Conjunto de fenómenos causados en la superficie de contacto entre un líquido y un sólido por las fuerzas de atracción entre las moléculas de distintas sustancias (adhesión) y la tensión superficial. Estos fenómenos explican el ascenso o descenso de líquidos en los vasos capilares (muy finos), la aparición de películas y burbujas, etc.

capilla (del lat. *cappella*) *s. f.* **1.** Pequeña iglesia con un solo altar. **2.** Parte de una iglesia que tiene altar o en la que se venera una imagen. **3.** Lugar destinado al culto en determinados lugares, como una casa privada, un centro de enseñanza, etc. **4.** Cuerpo de músicos de una iglesia. **5.** Pequeño grupo de partidarios de una persona o idea. **6.** Ejemplar, o pliego sin encuadernar, que se aparta después de imprimir una obra. || **7. capilla ardiente** Lugar en que se vela a un difunto o se le dan las primeras honras fúnebres. || **LOC. en capilla** *adv. fam.* Situación de un condenado a muerte desde que la sentencia se hace firme hasta su ejecución. También, p. ext., a la espera de conocer el resultado de algo o de pasar una prueba. **SIN. 1.** Ermita. **FAM.** Capellán.

capirotada *s. f.* **1.** *Amér.* Plato hecho a base de carne, maíz tostado y queso. **2.** *Méx.* Fosa común en un cementerio.

capirotazo *s. m.* Golpe ligero que se da, generalmente en la cabeza, presionando la yema del pulgar con la uña de un dedo y soltándolo con rapidez. **SIN.** Papirotazo, toba.

capirote *s. m.* **1.** Cucurucho de cartón, cubierto de tela, que forma parte del hábito que llevan ciertos cofrades en las procesiones de Semana Santa. **2.** Caperuza de cuero u otro material que se pone a las aves de cetrería para que se estén quietas. **3.** Muceta con capucha que usan los doctores universitarios. **FAM.** Capirotada, capirotazo.

capisayo *s. m.* **1.** Vestidura corta y abierta, que servía de capa y sayo. **2.** *fam.* Vestido de poca calidad, que se usa para todo trote.

capital (del lat. *capitalis*, de *caput*, *-itis*, cabeza) *adj.* **1.** Muy grave o importante: *pecado capital, error capital.* **2.** Se aplica a la pena de muerte. **3.** Se dice de la letra mayúscula y, a veces, decorada con que empieza un capítulo. También *s. f.* || *s. m.* **4.** Conjunto de bienes que posee una persona o sociedad, especialmente en dinero o valores. También, humorísticamente, dinero que tiene una persona en un momento determinado, en especial si es poco: *Mi capital ascendía ayer a 300 pesetas.* **5.** Conjunto de los bienes (dinero, maquinaria, etc.) que se emplean en la producción. **6.** Conjunto de valores manejados en el mundo de las finanzas y personas, instituciones, etc., relacionados con este mundo: *El capital decidió invertir en las nuevas tecnologías.* **7.** Cualidad personal: *La inteligencia era su único capital.* || *s. f.* **8.** Población principal y cabeza de un Estado, comunidad autónoma, provincia, etc.: *la capital de la nación.* **9.** Población que tiene una posición importante o destacada en algún aspecto, sobre todo económico: *la capital del vino.* **SIN. 1.** Fundamental, principal, esencial. **2.** Máxima. **3.** Capitular. **4.** Riqueza, patrimonio, hacienda, haber. **ANT. 1.** Secundario, insignificante. **FAM.** Capitalidad, capitalino, capitalismo, capitalista, capitalizar.

capitalidad (de *capital*) *s. f.* Circunstancia de ser una población capital o cabeza de partido, de provincia, etc.

capitalino, na *adj.* De la capital. También *s. m.* y *f.*

capitalismo (de *capital*) *s. m.* Sistema socioeconómico que se basa en la importancia del capital como elemento generador de riqueza y en la escasa o nula intervención del Estado para regular las relaciones económicas. **FAM.** Neocapitalismo. CAPITAL.

capitalista (de *capital*) *adj.* **1.** Propio del capital o del capitalismo. **2.** Que ha invertido su capital en un negocio: *socio capitalista.* También *s. m.* y *f.* || *s. m.* y *f.* **3.** Persona que posee mucho dinero. || *s. m.* **4.** En taurom., muchacho que toma parte en una novillada inesperadamente; también, espontáneo. **5.** En taurom., aficionado que se echa al ruedo para sacar a hombros a un torero, tras su triunfo. **SIN. 2.** Socio. **3.** Adinerado, millonario, rico, acaudalado. **FAM.** Precapitalista. CAPITAL.

capitalizar (de *capital*) *v. tr.* **1.** Fijar el capital que corresponde a un determinado rendimiento o interés. **2.** Agregar al capital los intereses que éste ha producido. **3.** Aprovechar cualquier acción en beneficio propio: *El equipo supo capitalizar los errores del contrario y ganar.* ■ Delante de *e* se escribe *c* en lugar de *z*: *capitalice.* **FAM.** Capitalización. / Descapitalizar. CAPITAL.

capitán, na (del bajo lat. *capitanus*, jefe) *adj.* **1.** Se dice de la nave en que va embarcado el jefe de una escuadra. También *s. f.*: *La Santa María era la capitana de la expedición de Colón.* || *s. m.* y *f.* **2.** Jefe de un grupo, banda, equipo deportivo, etc. || *s. m.* **3.** Oficial del ejército que manda una compañía, escuadrón, batería o unidad similar. **4.** Hombre que está al mando de un barco mercante. **5.** Oficial de la marina de diferente graduación: *capitán de corbeta, de fragata.* **6.** Genéricamente, caudillo militar: *Juan de Austria fue un buen capitán.* || **7. capitán general** Grado supremo del ejército español; también, jefe superior de una región militar. **FAM.** Capitanear, capitanía.

capitanear *v. tr.* **1.** Mandar una tropa como capitán. **2.** Dirigir un grupo o una acción, aunque no sea militar: *capitanear la rebelión.* **SIN. 2.** Acaudillar, guiar, encabezar, conducir.

capitanía (de *capitán*) *s. f.* **1.** Empleo de capitán. || **2. capitanía general** Cargo de capitán general; p. ext., territorio sobre el que manda y edificio donde reside y tiene sus oficinas.

capitel (del lat. *capitellum*, cabecita) *s. m.* **1.** Parte superior de una columna o pilastra sobre la que descansa el arquitrabe y que está decorada de muy diversas formas según el estilo artístico al que pertenezca. **2.** Remate piramidal de las torres. **SIN. 2.** Chapitel. **FAM.** Chapitel.

capitolio (del lat. *capitolium*) *s. m.* **1.** Edificio majestuoso y elevado. **2.** En arqueol., acrópolis.

capitoné (del fr. *capitonné*, acolchado, guateado) *s. m.* Vehículo preparado que se utiliza para transportar muebles.

capitoste (del cat. *capitost*) *s. m. fam. desp.* Persona que tiene mucha influencia y mando. **SIN.** Cabecilla, mandamás, cacique. **ANT.** Infeliz, pelanas.

capitulación (de *capítulo*) *s. f.* **1.** Acción de capitular. **2.** Tratado en que se establecen las condiciones de una rendición. || *s. f. pl.* **3.** Acuerdos entre los futuros esposos para determinar el régimen económico de su matrimonio, que se firman ante notario. **SIN.** **1.** Pacto, concierto; claudicación.

capitular[1] (de *capítulo*) *v. intr.* **1.** Entregarse o rendirse un ejército, una nación, una ciudad, etc., bajo ciertas condiciones. **2.** Abandonar una opinión o postura, ceder: *Después de oírle, capitulé.* **3.** Hacer algún pacto o convenio. **SIN.** **1.** Doblegarse. **2.** Claudicar, transigir. **3.** Concertar, convenir, pactar. **ANT.** **1.** Resistir.

capitular[2] *adj.* **1.** Del capítulo o cabildo de una orden religiosa. **2.** Se aplica a la letra mayúscula o a la que encabeza un capítulo. También *s. f.* **SIN.** **2.** Capital.

capítulo (del lat. *capitulum*) *s. m.* **1.** Cada una de las divisiones principales de un libro, un tratado, una ley, etc. **2.** P. ext., apartado, tema: *Vamos a hablar del capítulo de gastos.* **3.** Reunión de canónigos o religiosos de una orden: *capítulo de los carmelitas.* || **LOC.** **llamar a capítulo** Pedir cuentas a alguien sobre su conducta. **ser capítulo aparte** Ser una persona o cosa merecedora de un tratamiento diferente respecto a lo que se está hablando. **SIN.** **1.** Título; sección. **3.** Cabildo. **FAM.** Capitulación, capitular[1], capitular[2]. / Recapitular.

capo (ital.) *s. m.* **1.** Jefe mafioso. **2.** P. ext., jefe, patrón. **FAM.** Caporal.

capó (del fr. *capot*) *s. m.* Cubierta del motor de un automóvil.

capón (del lat. vulg. *cappo, -onis*) *adj.* **1.** Se dice de cualquier animal castrado. También *s. m.* || *s. m.* **2.** Pollo castrado y cebado para comerlo. **3.** Golpe que se da en la cabeza con los nudillos de los dedos o sólo con el del dedo medio. **FAM.** Véase **capar**.

caporal (del ital. *caporale*) *s. m.* **1.** Persona que manda un grupo de gente: *el caporal de la cuadrilla.* **2.** El que tiene a su cargo el ganado que se emplea en la labranza: *el caporal de la finca.* **SIN.** **1.** Capataz, encargado. **2.** Mayoral. **FAM.** Véase **capo**.

capota (de *capa*) *s. f.* **1.** Cubierta plegable de algunos vehículos. **2.** Especie de sombrero femenino, con cintas que se atan por debajo de la barbilla. **FAM.** Descapotable. CAPA.

capotar (del fr. *capoter*) *v. intr.* **1.** Volcar un vehículo automóvil y quedar en posición invertida. **2.** Dar con la proa en tierra un avión.

capotazo *s. m.* Pase que realiza el torero con el capote.

capote (del fr. *capot*, y éste del lat. *cappa*, capa) *s. m.* **1.** Prenda de abrigo parecida a la capa pero con mangas y menos vuelo. **2.** Especie de gabán largo que usan los militares. || **3. capote de brega** Capa usada por los toreros para lidiar. **4. capote de paseo** Capa corta de seda, bordada, que los toreros lucen en el paseíllo de las cuadrillas. || **LOC.** **echar un capote** *fam.* Acudir en ayuda de alguien, interviniendo oportunamente en un asunto, conversación, disputa, etc. **FAM.** Capotazo, capotear, capotera. CAPA.

capotear *v. tr.* **1.** Torear al toro con el capote. **2.** *fam.* Evitar con maña dificultades y compromisos. **SIN.** **1.** Lancear. **2.** Capear, sortear, soslayar, eludir.

capotera *s. f. Amér.* Percha para la ropa.

capricho (del ital. *capriccio*) *s. m.* **1.** Deseo vivo y pasajero: *Le conceden todos los caprichos.* **2.** Persona, animal o cosa que es objeto de ese deseo: *Esta pluma fue un capricho.* **3.** Propósito o modo de proceder sin causa razonable: *No me hacía falta este vestido, lo compré por capricho.* **4.** Variación injustificada en la actitud o conducta de una persona, o en las cosas: *los caprichos de la moda.* **5.** Detalle o adorno de una cosa que no obedece a una necesidad. **6.** Obra de arte fantástica e ingeniosa: *los caprichos de Goya.* **7.** Composición o fragmento musical de forma libre: *los caprichos de Tchaikovski.* **SIN.** **1.** Antojo. **4.** Veleidad, inconstancia. **FAM.** Caprichosamente, caprichoso. / Encapricharse.

caprichoso, sa *adj.* **1.** Que tiene muchos caprichos. También *s. m.* y *f.*: *Es un caprichoso, todo se le antoja.* **2.** Que se hace por capricho: *un acto, un adorno caprichoso.* **3.** Inconstante en sus gustos o deseos. También *s. m.* y *f.* **SIN.** **1.** Antojadizo. **2.** Arbitrario, infundado. **3.** Veleidoso, voluble. **ANT.** **2.** Fundado, razonable. **3.** Constante.

Capricornio (del lat. *capricornus*, de *capra*, cabra, y *cornu*, cuerno) *n. p.* **1.** Constelación zodiacal. || *s. m.* **2.** Décimo signo del Zodiaco, que el Sol recorre aparentemente entre el 21 de diciembre y el 20 de enero. || **capricornio** *s. m.* y *f.* **3.** Persona nacida bajo este signo. ■ No varía en pl. Se usa mucho en aposición: *los jóvenes capricornio.*

caprimulgiforme *adj.* **1.** Se dice de ciertas aves insectívoras nocturnas o crepusculares, de cabeza ancha, órbitas oculares amplias, boca muy grande con el pico corto y plumaje sobrio, como el chotacabras. También *s. f.* || *s. f. pl.* **2.** Orden de estas aves.

caprino, na (del lat. *caprinis*) *adj.* De la cabra o de las cabras: *ganado caprino.* **SIN.** Cabrío, cabruno.

cápsula (del lat. *capsula*, de *capsa*, caja) *s. f.* **1.** Cabina con mandos para los tripulantes, que forma parte de una nave o satélite espacial. **2.** Envoltura soluble de algunos medicamentos para que al tragarlos no resulten desagradables al paladar y, p. ext., estos medicamentos. **3.** Casquete de metal u otro material con que se cierran herméticamente las botellas. **4.** Cilindro pequeño y hueco en la base de los cartuchos, en cuyo fondo va el fulminante. **5.** Vasija de bordes bajos que se utiliza en los laboratorios químicos. **6.** En bot., fruto seco y dehiscente que contiene en su interior las semillas. **7.** En anat., envoltura membranosa o fibrosa que rodea ciertos órganos: *cápsula suprarrenal.* **FAM.** Capsular. / Encapsular. CAJA.

captar (del lat. *captare*, de *capere*, coger) *v. tr.* **1.** Percibir con los sentidos o por medio de aparatos adecuados ondas, imágenes, etc.: *captar un sonido, una emisión radiofónica.* **2.** Darse cuenta, percatarse de algo, entenderlo: *captar una situación, un mensaje.* **3.** Atraer, ganar, conseguir: *La profesora sabe captar la atención de los niños.* También *v. prnl.* **4.** Tratándose de aguas, recoger las de uno o más manantiales: *captar aguas subterráneas.* **SIN.** **1.** Sintonizar. **2.** Comprender, advertir. **3.** Granjearse, conquistar. **ANT.** **3.** Rechazar, repeler. **FAM.** Captación, captor, capturar.

captor, ra *adj.* **1.** Que capta. También *s. m.* y *f.* **2.** Que captura. También *s. m.* y *f.*

captura (del lat. *captura*, de *capere*, coger) *s. f.* Acción de capturar. **SIN.** Apresamiento.

capturar *v. tr.* **1.** Detener y apresar a alguien al que se persigue: *Capturaron al fugitivo.* **2.** Apresar al enemigo o apoderarse de sus materiales. **3.** Cazar fieras. **4.** Tomar o recoger ciertas informaciones como datos o imágenes. SIN. **1.** Prender, aprehender. ANT. **1.** a **3.** Soltar, liberar. FAM. Captura. CAPTAR.

capucha (del ital. *cappuccio*, del lat. *cappa*, capa) *s. f.* **1.** Especie de gorro puntiagudo para cubrir la cabeza, que está unido a un abrigo, gabardina, hábito, etc. **2.** Capuchón, objeto que protege el extremo de algo: *la capucha de la pluma.* SIN. **1.** y **2.** Caperuza. FAM. Capuchón. / Encapuchar.

capuchino, na (del ital. *cappuccino*) *adj.* **1.** Se dice del religioso descalzo que pertenece a una de las ramas de la orden franciscana. También *s. m.* y *f.* || *s. m. pl.* **2.** Nombre con que se conoce esta orden. || *s. m.* **3.** Café con leche que se distingue por la espuma con que se sirve.

capuchón *s. m.* **1.** *aum.* de **capucha**. **2.** Cubierta que protege el extremo de algunas cosas: *el capuchón del bolígrafo.* SIN. **2.** Capucha, caperuza.

capulí *s. m.* **1.** Árbol rosáceo originario de América con hojas lanceoladas, pequeñas flores blancas y fruto en drupa, negro rojizo. **2.** Fruto de este árbol. ■ Su pl. es *capulíes*, aunque también se utiliza *capulís*.

capullo *s. m.* **1.** Envoltura que fabrican algunos insectos y dentro de la cual se transforman en adultos: *el capullo del gusano de seda.* **2.** Flor que está a punto de abrirse. **3.** *vulg.* Torpe, inocentón, estúpido. También *adj.* **4.** *vulg.* Se aplica como insulto a una persona que hace malas pasadas. **5.** *vulg.* Glande. SIN. **2.** Brote, pimpollo, botón. **4.** Cabrito.

caquexia (del gr. *kakhexia*, mala constitución) *s. f.* **1.** Estado de desnutrición y debilitamiento extremo producido por algunas enfermedades en su fase terminal, como p. ej. el cáncer. **2.** En las plantas, destrucción de los cloroplastos que produce la decoloración de sus partes verdes.

caqui[1] (del ingl. *khaki*, de color de polvo) *s. m.* **1.** Color entre el amarillo ocre y el verde gris. ■ Se usa mucho en aposición: *unos pantalones caqui.* **2.** Tela de ese color, especialmente la usada en los uniformes militares.

caqui[2] *s. m.* Palosanto*.

cara (del lat. *cara*, y éste del gr. *kara*, cabeza) *s. f.* **1.** Parte delantera de la cabeza del hombre y de algunos animales, desde la frente hasta la barbilla. **2.** Expresión del rostro: *Tiene cara simpática. Nos recibió con mala cara.* **3.** Aspecto de alguna cosa o asunto: *Este asado tiene buena cara.* **4.** En geom., cada una de las superficies que forman o limitan un poliedro. **5.** Fachada o frente de alguna cosa. **6.** En algunos objetos planos, cada una de sus superficies: *las caras de una hoja de papel.* **7.** Anverso de una moneda: *Tiró una moneda al aire y salió cara.* **8.** *fam.* Descaro, desvergüenza, cinismo: *Hace falta mucha cara para hacer eso.* || *s. m.* y *f.* **9.** *fam.* Caradura, descarado: *ser un cara.* || **10. cara de (perro, de pocos amigos, de vinagre,** etc.) Expresión o semblante que refleja enfado, disgusto, hostilidad. ■ Se usa con los verbos *poner* o *tener.* **11. cara de póquer** *fam.* Rostro inexpresivo que se pone debido al desconcierto o para disimular los verdaderos sentimientos. **12. cara dura** Descaro, desvergüenza; también, caradura, desvergonzado. || LOC. **a cara descubierta** *adv.* Abiertamente, sin vergüenza. **a cara o cruz** *adv.* Con los verbos *echar* o *jugar*, decidir alguna cosa tirando una moneda al aire. También, dejarse llevar por el azar en el momento de decidir entre dos posibilidades. **caérsele** a uno **la cara de vergüenza** *fam.* Sentirse muy avergonzado. **cara a** *adv.* En dirección a, mirando hacia: *cara al sur.* **cara a cara** *adv.* En presencia de otro, a las claras: *hablar cara a cara.* **cruzar la cara** a alguien Abofetearle. **dar la cara** Responder uno de sus actos y cargar con las consecuencias. **de cara a** Con vistas a: *de cara a las elecciones.* **echar en cara** Reprochar, recordar a alguien inoportunamente un favor o un beneficio prestado. **echarle cara** Ser descarado, fresco. **en la cara** de alguien *adv.* Cara a cara, abiertamente. **hacer cara a** alguien o algo Afrontar, oponerse, resistirse a alguien o algo. **lavar la cara** a una cosa *fam.* Arreglarla o limpiarla superficialmente para presentarla con buen aspecto. **no mirar** a alguien **a la cara** *fam.* Estar enfadado con él, negarle el saludo. **plantar cara** a alguien *fam.* Desafiar a alguien, discutir lo que dice o resistirse a su autoridad. **por la cara** o **por su linda cara** o **por su cara bonita** *adv. fam.* Indica que se considera injustificada cierta pretensión. También, gratis: *Quería el premio por su cara bonita.* **romper** (o **partir**) **la cara** a alguien *fam.* Golpearle, agredirle. **sacar la cara por** alguien o algo *fam.* Salir en su defensa. **salvar la cara** Lograr una salida digna en medio de una situación comprometida. **verse las caras** *fam.* Citarse una persona con otra para responder a alguna ofensa. ■ Se usa generalmente en futuro: *Nos veremos las caras.* SIN. **1.** Rostro, faz. **1.**, **8.** y **9.** Jeta. **2.** Facciones, rasgos, semblante. **3.** Pinta, cariz. **4.** Plano. **8.** Frescura. **9.** Sinvergüenza, fresco. FAM. Caradura, carear, careta, careto, cariacontecido, carilla, carota. / Descaro, encarar, malcarado.

caraba, ser la *loc. fam.* Resultar alguien o algo sorprendente, extraordinario o intolerable.

carabao *s. m.* Rumiante asiático parecido al búfalo.

carabela (del port. *caravela*, y éste del lat. *carabus*) *s. f.* Antigua embarcación a vela, de tres palos, larga y estrecha, con una sola cubierta y elevado castillo de popa.

carabina (del fr. *carabine*) *s. f.* **1.** Arma de fuego parecida a un fusil, pero más corta. **2.** *fam.* Mujer de edad que acompañaba a las parejas para impedir que estuvieran a solas; p. ext., persona que acompaña a una pareja habitualmente. || LOC. **ser la carabina de Ambrosio** *fam.* No servir para nada, ser inútil. FAM. Carabinero.

carabinero *s. m.* **1.** Soldado armado con carabina. **2.** Miembro de un cuerpo encargado de perseguir el contrabando. **3.** Crustáceo parecido al langostino y a la gamba, pero más grande y de color rojizo más oscuro. Es comestible.

cárabo (del ár. *qarab*, ave nocturna) *s. m.* Ave rapaz nocturna parecida al búho, pero sin penachos, de unos 40 cm de longitud, con alas anchas y redondeadas y plumaje gris o pardo rojizo.

carachoso, sa *adj. Perú fam.* Sarnoso.

caracol *s. m.* **1.** Nombre común de numerosas especies de moluscos gasterópodos provistos de una concha enrollada en forma de espiral; existen especies terrestres, marinas y de agua dulce, algunas de ellas comestibles. **2.** Concha en forma de espiral. P. ext., esa misma forma. **3.** Cavidad del oído interno de los vertebrados, que en los mamíferos tiene forma de conducto enrollado en espiral. **4.** Rizo de pelo que cae sobre la frente. **5.** Cada vuelta que da el caballo cuando está inquieto o se lo ordena el jinete. || **¡caracoles!** *interj.* **6.** Expresa asombro, sorpresa, disgusto, etc. FAM. Caracola, caracolada, caracolear, caracoleo, caracolillo.

caracola *s. f.* **1.** Caracol marino grande que tiene la concha de forma cónica. **2.** Esta concha. **3.** Bollo con forma espiral.

caracolada *s. f.* Guiso de caracoles.

caracolear *v. intr.* Hacer caracoles el caballo. SIN. Escarcear.

caracolillo *s. m.* **1.** Planta leguminosa, de flores aromáticas blancas y azules enroscadas en forma de caracol, que se usa para adornar. **2.** Clase de café muy estimado, de grano pequeño. **3.** Variedad de caoba que tiene muchas vetas.

carácter (del lat. *character*, y éste del gr. *kharakter*, de *kharasso*, grabar) *s. m.* **1.** Modo de ser y de comportarse de cada persona, que la hace distinta de las demás; en ocasiones puede referirse a un grupo: *tener mal carácter, el carácter latino.* **2.** Condición o naturaleza de una persona o cosa: *una reunión con carácter oficial.* **3.** Energía, fuerza, temperamento: *una mujer de carácter.* **4.** Rasgo distintivo, característica. Se usa mucho en *pl.*: *caracteres biológicos.* **5.** Signo de escritura y su forma. Se usa sobre todo en *pl.*: *caracteres árabes.* **6.** P. ext., cada una de las letras y signos de imprenta; o de las letras, dígitos o símbolos especiales que admite un ordenador. || LOC. **de carácter** *adj.* Se aplica al actor o a la actriz especializados en interpretar papeles de personas de edad. ■ En esta acepción se denomina también *característico.* ■ En pl. el acento recae sobre la primera *e*: *caracteres.* SIN. **1.** Personalidad, idiosincrasia, natural. **1.** y **2.** Índole. **3.** Decisión, fibra, garra. **4.** Particularidad, peculiaridad. FAM. Caracterial, caracteriología, característico, caracterizado, caracterizar, caracterología, caracterológico.

característico, ca *adj.* **1.** Se dice de la cualidad, rasgo, etc., que es propio de una persona o cosa y la distingue del resto: *Tiene un modo de hablar característico.* También *s. f.*: *Preguntó por las características del apartamento.* || *s. m.* y *f.* **2.** Actor o actriz de carácter*. SIN. **1.** Peculiar, singular, particular, distintivo, típico; peculiaridad, singularidad, particularidad. ANT. **1.** Común, general.

caracterizado, da 1. *p.* de **caracterizar.** También *adj.* || *adj.* **2.** Muy distinguido, notable o prestigioso: *un caracterizado miembro del gobierno.* SIN. **2.** Sobresaliente, ilustre, eminente. ANT. **2.** Mediocre, secundario.

caracterizar *v. tr.* **1.** Distinguir a una persona o cosa sus cualidades o rasgos propios: *El buen humor caracterizó su discurso.* También *v. prnl.* **2.** Representar un actor su papel con fidelidad al personaje que interpreta. || **caracterizarse** *v. prnl.* **3.** Vestirse y maquillarse un actor conforme al personaje que va a representar: *Se caracterizó de Otelo.* ■ Delante de *e* se escribe *c* en lugar de *z*: *caracterice.* SIN. **1.** Definir(se), identificar(se). **2.** Personificar, encarnar.

caracterología o **caracteriología** (de *carácter* y *-logía*) *s. f.* **1.** Parte de la psicología que estudia el carácter y personalidad del hombre. **2.** Conjunto de peculiaridades o cualidades que constituyen el carácter de una persona.

caracú (guaraní) *s. m. Amér.* Tuétano de los huesos de algunos animales, especialmente de la vaca, que se utiliza para cocinar.

caracul (del ruso *Karakul*, topónimo de Asia central) *adj.* **1.** Se dice de un tipo de ganado ovino, procedente del centro de Asia, que tiene el pelo rizado y la cola ancha. || *s. m.* **2.** Piel del cordero de esta raza, muy apreciada en peletería.

caradriforme (del gr. *kharadrios*, chorlito, y *-forme*) *adj.* **1.** Se aplica a aves limícolas, ribereñas o marinas, de mediano tamaño, alas largas y puntiagudas y patas generalmente largas, como chorlitos, avocetas, alcaravanes, gaviotas y alcas. También *s. f.* || *s. f. pl.* **2.** Orden de estas aves.

caradura *s. m.* y *f.* Persona desvergonzada, fresca o insolente. También *adj.*: *El tío caradura quería engañarme.* SIN. Descarado, sinvergüenza, jeta. ANT. Vergonzoso, recatado.

carajillo *s. m. fam.* Bebida compuesta de café y coñac u otro licor, como anís o ron.

carajo *s. m.* **1.** *vulg.* Miembro viril. **2.** *vulg.* Con los verbos *importar, ir, mandar* y otros, forma frases despectivas o de rechazo. || *interj.* **3.** *vulg.* Indica enfado o asombro. FAM. Carajillo.

¡caramba! *interj.* Denota extrañeza, enfado o disgusto. ■ A veces se utiliza precedida de *qué* como intensificador: *¡Qué caramba, nos hemos ganado un descanso!* SIN. ¡Atiza!, ¡caray!

carámbano (del lat. vulg. *calamulus*, de *calamus*, caña) *s. m.* Pedazo de hielo largo y puntiagudo que se forma al helarse el agua que cae o gotea. SIN. Canelón.

carambola (del fr. *carambole*) *s. f.* **1.** Jugada de billar en que la bola impulsada toca a las otras dos. **2.** *fam.* Resultado que se alcanza más por suerte que por habilidad: *Por carambola me dieron el premio.* **3.** *fam.* Casualidad: *Encontrarte fue pura carambola.* SIN. **2.** y **3.** Chiripa, chamba.

caramelizar *v. tr.* Cubrir de azúcar a punto de caramelo líquido. También *v. prnl.* ■ Delante de *e* se escribe *c* en lugar de *z*: *caramelice.* SIN. Acaramelar.

caramelo (del lat. *canna mellis*, caña de miel) *s. m.* **1.** Pasta de azúcar, hecho almíbar y después endurecido, a la que se añade alguna esencia y que se presenta en pequeñas porciones. **2.** Azúcar derretido: *Bañó el helado con caramelo.* || **3. punto de caramelo** Grado de concentración que se da al almíbar cociéndolo para que, al enfriarse, se endurezca y convierta en caramelo; se utiliza sobre todo en la expresión **a punto de caramelo**, que referida a otras cosas significa que están perfectamente dispuestas y preparadas para un fin. FAM. Caramelizar. / Acaramelar.

caramillo (del lat. *calamellus*, cañita) *s. m.* Flautilla de caña, madera o hueso que produce un sonido muy agudo.

carantoña *s. f. fam.* Caricia u otra demostración de cariño que se hace a alguien para conseguir algo de él. Se usa más en *pl.*: *Le sacó el dinero con cuatro carantoñas.* SIN. Zalamería, zalema, cucamonas.

carao *s. m.* **1.** *Amér. C.* Árbol de la familia leguminosas, con flores en racimo y fruto alargado con propiedades curativas. **2.** *Arg.* y *Urug.* Ave zancuda que vive en zonas húmedas.

carapacho *s. m.* Caparazón de las tortugas, moluscos, crustáceos, etc. ■ Se dice también *garapacho.*

¡carape! *interj.* ¡Caramba!*.

caraqueño, ña *adj.* De Caracas, capital de Venezuela. También *s. m.* y *f.*

carátula *s. f.* **1.** Máscara o maquillaje espeso para ocultar el rostro: *la carátula del payaso.* **2.** Profesión teatral: *mundo de la carátula.* **3.** Etiqueta que se pone sobre una carpeta o conjunto de papeles, indicando su contenido. **4.** Portada de un libro, disco, casete, etc. SIN. **1.** Careta. **2.** Farsa, farándula.

carau (guaraní) *s. m.* Ave zancuda de plumaje oscuro y pico largo y encorvado que vive en zonas húmedas de Argentina, Paraguay y Uruguay.

caravana (del persa *karawan*, recua de caballerías) *s. f.* **1.** Grupo de personas que viajan juntas con sus medios de transporte, particularmente para atravesar el desierto. **2.** P. ext., grupo numeroso de personas o coches que van juntos, generalmente con un fin determinado. **3.** Fila de vehículos que circulan por una carretera en una misma dirección y a una velocidad más lenta de lo normal: *A la vuelta de las vacaciones se formaron caravanas.* **4.** Remolque habitable. **SIN. 1.** Partida, expedición. **4.** Roulotte.

¡caray! *interj.* ¡Caramba!*.

carbohidrato *s. m.* Hidrato de carbono.

carbolíneo (de *carbón* y el lat. *oleum*, aceite) *s. m.* Sustancia líquida y grasa de color verdoso que se obtiene del alquitrán de hulla y se emplea para impermeabilizar la madera.

carbón (del lat. *carbo, -onis*) *s. m.* **1.** Mineral de color negro formado básicamente por carbono y empleado como fuente calorífica. **2.** Carboncillo: *un dibujo al carbón.* || **3. carbón animal** El que se obtiene mediante calcinación de huesos. **4. carbón mineral** El que proviene de la mineralización de masas vegetales. ■ Se llama también *carbón de piedra.* **5. carbón vegetal** (o **de leña**) El obtenido de la combustión incompleta de la madera. **FAM.** Carbolíneo, carbonada, carbonario, carboncillo, carbonear, carboneo, carbonería, carbonero, carbonífero, carbonilla, carbonizar, carbono.

carbonada *s. f.* **1.** Cantidad grande de carbón que se echa de una vez en un horno, caldera, etc. **2.** *Arg.* y *Urug.* Cierto guiso de carne.

carbonario, ria (del ital. *carbonaro*) *adj.* **1.** Relacionado con cierta sociedad secreta similar a la masonería surgida en Italia en el s. XIX. || *s. m.* y *f.* **2.** Seguidor de esta sociedad secreta.

carbonatar *v. tr.* Transformar en carbonato. También *v. prnl.*

carbonato *s. m.* Sal derivada del ácido carbónico. **FAM.** Carbonatado, carbonatar. / Bicarbonato. CARBONO.

carboncillo *s. m.* Barrita de madera carbonizada que sirve para dibujar y dibujo hecho con ella.

carbonear *v. tr.* **1.** Hacer carbón de leña. **2.** Cargar carbón un buque para su transporte o consumo.

carbonero, ra (del lat. *carbonarius*) *adj.* **1.** Del carbón o relacionado con el carbón. || *s. m.* y *f.* **2.** Persona que hace o vende carbón. || *s. m.* **3.** Pájaro de pequeño tamaño, cabeza negra y pico corto, afilado y casi cónico. || *s. f.* **4.** Pila de leña dispuesta para convertirla en carbón. **5.** Lugar donde se guarda el carbón.

carbónico, ca *adj.* Se dice de las combinaciones o mezclas en las que entra el carbono: *agua carbónica, gas carbónico*; y particularmente, del ácido derivado del dióxido de carbono.

carbonífero, ra (del lat. *carbo, -onis*, carbón, y *-fero*) *adj.* **1.** Que contiene carbón mineral: *terreno carbonífero.* **2.** Se dice del quinto periodo de la era paleozoica, en el que aparecieron los primeros reptiles y los grandes bosques que darían origen a los actuales depósitos de carbón. Comenzó hace unos 345 millones de años y terminó hace unos 280 millones. También *s. m.* **3.** De este periodo.

carbonilla *s. f.* Resto menudo de carbón.

carbonizar *v. tr.* **1.** Transformar en carbón un cuerpo. También *v. prnl.* **2.** Quemar, abrasar: *El fuego carbonizó los cuerpos.* También *v. prnl.* ■ Delante de *e* se escribe *c* en lugar de *z*: *carbonice.* **SIN. 1.** Carbonear. **2.** Calcinar(se). **FAM.** Carbonización. CARBÓN.

carbono (del lat. *carbo, -onis*, carbón) *s. m.* **1.** Elemento químico que en la naturaleza se presenta en dos formas: el diamante y el grafito. Es, además, el componente básico de los carbones naturales y elemento constitutivo de numerosos compuestos, llamados orgánicos, que desempeñan un papel fundamental en la química de los seres vivos. Su símbolo es *C.* || **2. carbono 14** Isótopo activo del carbono, utilizado en arqueología para datar yacimientos, fósiles, etc., de hasta 50.000 años de antigüedad. **3. dióxido de carbono** Gas incoloro e inodoro presente en el aire, compuesto de un átomo de carbono y dos de oxígeno. Tiene una influencia decisiva en el fenómeno de la fotosíntesis y en la alteración química de las rocas. Se utiliza en bebidas efervescentes. **4. monóxido de carbono** Gas incoloro e inodoro de carácter muy tóxico, compuesto de un átomo de carbono y otro de oxígeno. **FAM.** Carbohidrato, carbonato, carbónico, carburo. CARBÓN.

carborundo *s. m.* Nombre comercial del carburo de silicio, de gran dureza y poder abrasivo.

carbunco (del lat. *carbunculus*) *s. m.* Enfermedad infecciosa que padecen ciertos animales (caballos, cabras, etc.) y que pueden transmitir al hombre. También se denomina *ántrax maligno.*

carburación *s. f.* **1.** Acción de carburar. **2.** Operación de someter ciertos cuerpos a la acción del carbono, especialmente al hierro para convertirlo en acero.

carburador *s. m.* Dispositivo donde se prepara para la combustión o explosión el carburante líquido empleado en los motores de automóviles, aviones, etc.

carburante *adj.* Se aplica a la mezcla de hidrocarburos que se emplea en los motores de explosión y de combustión interna, como la gasolina y el gasoil. También *s. m.* **FAM.** Carburación, carburador, carburar. / Supercarburante. CARBURO.

carburar *v. tr.* **1.** Mezclar los gases o el aire atmosférico con carburantes gaseosos o con vapores de carburantes líquidos para hacerlos combustibles o detonantes. También *v. intr.* || *v. intr.* **2.** *fam.* Andar, funcionar: *Este negocio carbura.* **3.** *fam.* Pensar, razonar. **SIN. 2.** Marchar, caminar.

carburo *s. m.* Combinación del carbono con otros elementos, preferentemente metálicos; particularmente carburo de calcio, que se emplea para obtener el acetileno. **FAM.** Carborundo, carburante. / Hidrocarburo. CARBONO.

carca[1] *adj. fam.* Se dice de la persona anticuada, extremadamente conservadora, llena de prejuicios. También *s. m.* y *f.* **SIN.** Retrógrado, reaccionario. **ANT.** Progresista, moderno. **FAM.** Carcunda.

carca[2] (quechua) *s. f.* **1.** *Amér.* Olla para cocer la chicha, tipo de bebida. **2.** *Amér.* Mugre, suciedad.

carcaj (del fr. *carcas*) *s. m.* Especie de caja en que se llevan las flechas, generalmente colgada del hombro. **SIN.** Aljaba.

carcajada (onomat.) *s. f.* Risa impetuosa y ruidosa. **SIN.** Risotada. **FAM.** Carcajear.

carcajear *v. intr.* **1.** Reír a carcajadas. Se usa más como *v. prnl.* || **carcajearse** *v. prnl.* **2.** Burlarse, despreciar. ■ Se construye con la prep. *de.* **SIN. 1.** y **2.** Risotear(se).

carcamal (del ant. *cárcamo*, cavidad del vientre de un animal, del lat. *caccabus*, olla, y éste del gr. *kakkabos*) *s. m.* Persona vieja y achacosa. También *adj.* SIN. Vejestorio. FAM. Carcamán.

carcamán, na *s. m.* y *f.* **1.** *Arg.* y *Cuba* Inmigrante. **2.** *Arg.* y *Perú* Persona tonta y presuntuosa.

carcasa (del fr. *carcasse*) *s. f.* **1.** Armazón o estructura sobre la que se montan otras piezas: *carcasa de un automóvil.* **2.** Especie de bomba incendiaria.

cárcava (del ant. *cárcavo*, del lat. *caccabus*, olla, y éste del gr. *kakkabos*) *s. f.* **1.** Hoyo grande que hacen en el suelo las crecidas de agua. **2.** Zanja o foso. SIN. **1.** Barranco, torrentera. **2.** Fosa.

cárcel (del lat. *carcer, -eris*) *s. f.* **1.** Edificio donde se encierra a los presos. **2.** Dispositivo con que se sujeta o aprisiona algo, p. ej. el usado en carpintería para sujetar piezas encoladas. SIN. **1.** Penal, penitenciaría, prisión, presidio. FAM. Carcelario, carcelero. / Encarcelar, excarcelar.

carcelario, ria (del lat. *carcerarius*) *adj.* De la cárcel: *recinto carcelario.* SIN. Penitenciario, carcelero.

carcelero, ra (del lat. *carcerarius*) *adj.* **1.** Carcelario. || *s. m.* y *f.* **2.** Persona que cuida de los presos en una cárcel. SIN. **2.** Celador, guardián.

carcinógeno, na *adj.* Que puede producir cáncer. SIN. Cancerígeno.

carcinoma (del lat. *carcinoma*, y éste del gr. *karkinoma*) *s. m.* Cáncer del tejido epitelial. FAM. Carcinógeno. CÁNCER.

carcoma *s. f.* **1.** Nombre común de diversos insectos coleópteros, algunas de cuyas especies atacan la madera; otras viven en alimentos y en sustancias vegetales. **2.** Polvo que deja este insecto al roer la madera. **3.** Cosa o acción que destruye algo lentamente. FAM. Carcomer.

carcomer (de *carcoma*) *v. tr.* **1.** Destruir la carcoma la madera. **2.** Consumir poco a poco ciertas cosas, como la salud, la paciencia. También *v. prnl.* **3.** Corroer a alguien un sentimiento: *Le carcome la envidia.* SIN. **2.** y **3.** Consumir(se). **3.** Reconcomer, repudrir.

carcunda *adj.* **1.** Se aplicaba despectivamente a los partidarios del carlismo. También *s. m.* y *f.* **2.** P. ext., se llama así al partidario de lo tradicional y opuesto a lo nuevo. También *s. m.* y *f.* SIN. **1.** Carca, tradicionalista. **2.** Conservador, reaccionario, ultra. ANT. **2.** Progresista, innovador.

carda *s. f.* **1.** Acción de cardar. **2.** Cepillo de ganchos de alambre para cardar. **3.** Máquina para limpiar fibras textiles.

cardador, ra *s. m.* y *f.* **1.** Persona que tiene por oficio cardar lana. || *s. m.* **2.** Nombre dado a diversos miriápodos del género *Julus*, de cuerpo cilíndrico que arrollan en espiral para protegerse; desprenden un olor fétido y se alimentan de sustancias en descomposición.

cardamomo (del lat. *cardamomum*) *s. m.* **1.** Arbusto originario de la India cuyas semillas, aromáticas y de sabor algo picante, tienen aplicación como carminativo. **2.** Fruto de este arbusto.

cardán (del fr. *cardan*) *s. m.* Articulación mecánica para transmitir el movimiento entre dos ejes no alineados.

cardar (de *cardo*) *v. tr.* **1.** Preparar para el hilado las materias textiles. **2.** Sacar con la carda el pelo a los paños. **3.** Ahuecar el pelo de la cabeza con un cepillo, peine, etc. También *v. prnl.* FAM. Carda, cardado, cardador. CARDO.

cardenal[1] (del lat. *cardinalis*, fundamental) *s. m.* **1.** Cada uno de los prelados del sacro colegio cardenalicio; son consejeros del papa, al que eligen reunidos en cónclave. **2.** Nombre vulgar de diversas especies de pájaros, entre los que destaca el cardenal rojo, ave de alrededor de 20 cm, de armonioso canto, cola negra, moño en punta y pico y plumaje de color rojo brillante en el macho. Vive en América del Norte. SIN. **1.** Purpurado. FAM. Cardenalato, cardenalicio.

cardenal[2] (de *cárdeno*) *s. m.* Mancha amoratada o amarillenta producida en la piel por un golpe. SIN. Moretón, moradura, equimosis. FAM. Véase **cárdeno.**

cardenalato *s. m.* Dignidad de cardenal.

cardenalicio, cia *adj.* Del cardenal o propio de él: *curia cardenalicia.*

cardenillo *s. m.* **1.** Sustancia venenosa, verdosa o azulada, que se forma en los objetos o aleaciones de cobre. **2.** Acetato de cobre empleado en pinturas. **3.** En aposición, se aplica al color verde claro. SIN. **1.** Verdín.

cárdeno, na (del lat. *cardinus*, azulado) *adj.* **1.** De color morado. **2.** Se dice del toro cuyo pelo es de color grisáceo, por tener mezcla de negro y blanco. También *s. m.* y *f.* SIN. **1.** Amoratado, violáceo. FAM. Cardenal[2], cardenillo.

cardiaco o **cardíaco, ca** (del lat. *cardiacus*, y éste del gr. *kardiakos*, de *kardia*, corazón) *adj.* **1.** Del corazón. **2.** Enfermo del corazón. También *s. m.* y *f.* **3.** Se aplica al medicamento que restaura las fuerzas o el rendimiento del corazón. También *s. m.* **4.** *fam.* Muy alterado o nervioso: *Con los exámenes se pone cardiaco.* SIN. **2.** Cardiópata. **4.** Histérico. FAM. Cardias, cardiocirugía, cardiografía, cardiograma, cardiología, cardiopatía, cardiovascular, carditis. / Endocardio, epicardio, estenocardia, miocardio, pericardio, taquicardia.

cardias (del gr. *kardia*, estómago) *s. m.* Orificio de comunicación entre el estómago y el esófago de los vertebrados. ■ No varía en *pl.*

cárdigan (del ingl. *cardigan*) *s. m. Amér.* Chaqueta de punto, sin solapas ni cuello y con escote en pico. ■ No varía en *pl.*

cardillo *s. m.* Planta herbácea de la familia compuestas, de flores amarillentas y hojas rizadas y espinosas. Es comestible cuando está tierna.

cardinal (del lat. *cardinalis*) *adj.* **1.** Se dice de cada uno de los cuatro puntos (norte, sur, este, oeste) que dividen el horizonte en otras tantas partes iguales y sirven para orientarse en cualquier lugar o sobre un mapa. **2.** Fundamental, principal. **3.** Se aplica al numeral que indica cantidad. **4.** En la religión católica, se dice de ciertas virtudes, por considerarse las fundamentales. Son prudencia, justicia, fortaleza y templanza. SIN. **2.** Capital, esencial, básico. ANT. **2.** Accidental, secundario.

cardio- o **-cardio** (del gr. *kardia*) *pref.* o *suf.* Significa 'corazón': *cardiopatía, miocardio.*

cardiocirugía *s. f.* Parte de la cirugía especializada en operaciones del corazón. FAM. Cardiocirujano. CARDIACO y CIRUGÍA.

cardiografía (de *cardio-* y *-grafía*) *s. f.* **1.** Estudio y descripción del corazón. **2.** Cardiograma*. FAM. Cardiógrafo. / Ecocardiografía, electrocardiografía. CARDIACO.

cardiograma (de *cardio-* y *-grama*) *s. m.* Gráfico de los movimientos del corazón. FAM. Ecocardiograma, electrocardiograma. CARDIACO.

cardiología (de *cardio-* y *-logía*) *s. f.* Rama de la medicina que estudia el corazón, sus funciones y enfermedades. FAM. Cardiólogo. CARDIACO.

cardiopatía (de *cardio-* y *-patía*) *s. f.* Cualquiera de las enfermedades del corazón. **FAM.** Cardiópata. CARDIACO.

cardiovascular *adj.* Del corazón y el aparato circulatorio o relacionado con ellos: *cirugía cardiovascular.*

carditis (del gr. *kardia*, corazón, e *-itis*) *s. f.* Inflamación del tejido muscular del corazón. ■ No varía en *pl.*

cardo (del lat. *cardus*) *s. m.* **1.** Nombre común de varias plantas espinosas pertenecientes a diversas familias, como las compuestas, solanáceas, papaveráceas y umbelíferas, entre otras. Algunas presentan flores olorosas de bellos colores. Entre las especies más conocidas destacan el cardo estrellado, el cardo borriquero y el cardo comestible. **2.** *fam.* Persona arisca e intratable; se utiliza también la forma *cardo borriquero.* **FAM.** Cardar, cardillo. / Escardar.

cardume o **cardumen** (del port. y gall. *cardume*) *s. m.* Banco de peces.

carear *v. tr.* Poner frente a frente a varias personas e interrogarlas juntas para averiguar la verdad, comparando sus versiones y observando sus reacciones: *El juez decidió carear a los acusados.* **FAM.** Careo. CARA.

carecer (del lat. *carescere*) *v. intr.* No tener alguna cosa. ■ Se construye con la prep. *de*: *carecer de maldad.* Es v. irreg. Se conjuga como *agradecer.* **ANT.** Poseer, abundar. **FAM.** Carencia, carente.

carenado, da 1. *p.* de **carenar**. También *adj.* || *s. m.* **2.** Acción de carenar o reparar el casco de la nave. **3.** Recubrimiento de la estructura de un vehículo, especialmente para darle perfil aerodinámico.

carenar (del lat. *carinare*) *v. tr.* Reparar el casco de una nave. **FAM.** Carenado.

carencia (del lat. *carentia*) *s. f.* Falta o privación de una cosa necesaria: *carencia de materias primas.* **SIN.** Escasez, insuficiencia, penuria. **ANT.** Abundancia.

carente *adj.* Que carece de algo. **SIN.** Falto, necesitado, desprovisto. **ANT.** Sobrado, provisto.

careo *s. m.* Acto de carear a dos o más personas. **SIN.** Confrontación, enfrentamiento.

carero, ra *adj. fam.* Que vende caro. También *s. m.* y *f.*

carestía (del bajo lat. *caristia*) *s. f.* **1.** Circunstancia de estar cara una cosa: *la carestía de la vida.* **2.** Escasez. **SIN. 2.** Carencia, penuria, insuficiencia. **ANT. 2.** Abundancia.

careta (de *cara*) *s. f.* **1.** Máscara o mascarilla de cartón u otro material para cubrir la cara. **2.** Mascarilla de alambre que usan los colmeneros, los que practican la esgrima, etc., para protegerse la cara. **3.** Disimulo, falsa apariencia. || **LOC. quitarle** a uno **la careta** *fam.* Desenmascarar a alguien, poner al descubierto sus sentimientos e intenciones. **quitarse la careta** *fam.* Desenmascararse, actuar abiertamente. **SIN. 1.** Antifaz, carátula. **3.** Engaño, simulación, fingimiento. **ANT. 3.** Sinceridad, verdad.

careto, ta (de *careta*) *adj.* **1.** Se dice del animal de raza caballar o vacuna que tiene la cara blanca, y la frente y el resto de la cabeza de color oscuro. || *s. m.* **2.** *fam.* Cara, jeta, rostro: *¡Menudo careto! Sólo te habla para pedirte los apuntes.* **SIN. 2.** Morro.

carey (taíno) *s. m.* **1.** Tortuga que vive en mares tropicales y mide aproximadamente 1 m de longitud; las placas córneas de su caparazón se emplean para hacer peines, cajas y objetos decorativos. **2.** Materia córnea que se obtiene del caparazón de esta tortuga.

carga *s. f.* **1.** Acción de cargar: *La carga se hizo con las grúas.* **2.** Cosa transportada, p. ej. géneros o mercancías. **3.** Peso sostenido por una viga, una columna, una estructura, etc. **4.** Cantidad de pólvora, con proyectiles o sin ellos, que se echa en el cañón de un arma de fuego. **5.** Cantidad de sustancia explosiva para conseguir volar algo, como una mina o un barreno. **6.** Impuesto, tributo. **7.** Gravamen, obligación o deuda que pesa sobre una propiedad, generalmente un inmueble. **8.** Obligación propia de un estado, empleo, oficio u ocupación. **9.** Sufrimiento, situación penosa, esfuerzo, etc., que recae sobre alguien. **10.** En la milicia, ataque resuelto contra el enemigo: *carga a la bayoneta.* **11.** P. ext., acometida de las fuerzas de seguridad para dispersar o ahuyentar a grupos que alteran el orden público. **12.** Acción de cargar en algunos deportes y choque producido. **13.** Repuesto o recambio de una materia que se gasta con el uso: *carga de bolígrafo.* **14.** Resistencia que, en un momento dado, debe vencer una máquina o motor. **15.** Cantidad de energía eléctrica acumulada en un cuerpo. || **16. carga eléctrica** En fís., cantidad de electricidad que posee un cuerpo o una partícula cargada, como el electrón o los iones. || **LOC. llevar una carga** *fam.* Asumir la responsabilidad de algo. **ser** (o **constituir**) **una carga** *fam.* Ser para otro una complicación, una molestia, un inconveniente, etc. **volver a la carga** *fam.* Insistir en un tema o pretensión. **SIN. 2.** Bulto, fardo, cargamento. **6.** Tasa, contribución. **7.** Hipoteca. **8.** Atadura, deber, exigencia. **9.** Cruz, suplicio. **ANT. 1.** y **2.** Descarga. **9.** Desahogo. **FAM.** Lanzacargas, montacargas, sobrecarga. CARGAR.

cargadero *s. m.* Lugar dispuesto para la carga y descarga de mercancías. **SIN.** Muelle.

cargado, da 1. *p.* de **cargar**. También *adj.* || *adj.* **2.** Completamente lleno: *coche cargado.* **3.** Se dice del tiempo cuando amenaza lluvia o tormenta: *La tarde está cargada.* **4.** Pesado: *Tengo la cabeza cargada.* **5.** Borracho. **6.** Se dice de un ambiente impuro: *habitación cargada.* **7.** Que tiene un alto grado de concentración; se dice del café, té, etc. || **8. cargado de espaldas** (o **de hombros**) De espaldas salientes, algo jorobado. **SIN. 2.** Abarrotado, colmado. **3.** Bochornoso. **4.** Embotado. **5.** Ebrio, bebido. **7.** Concentrado, fuerte. **ANT. 2.** Descargado, vacío. **3.** y **4.** Despejado. **5.** Sobrio.

cargador, ra *adj.* **1.** Se dice del instrumento, máquina, etc., que carga o sirve para cargar. También *s. m.* y *f.* || *s. m.* y *f.* **2.** Persona que carga o embarca las mercancías. || *s. m.* **3.** Pieza de las armas de fuego que contiene las municiones: *cargador de una pistola.* **SIN. 2.** Estibador. **3.** Peine.

cargamento *s. m.* Conjunto de mercancías que carga o lleva una embarcación, camión, tren, etc.: *un cargamento de naranjas.*

cargante *adj.* **1.** Que carga. **2.** *fam.* Que importuna o molesta: *persona cargante.* También *s. m.* y *f.* **SIN. 2.** Enojoso, fastidioso, irritante, pesado, pelma.

cargar (del lat. vulg. *carricare*, y éste del lat. *carrus*, carro) *v. tr.* **1.** Poner o echar peso sobre una persona o animal: *A mí me cargaron los paquetes.* También *v. intr.* **2.** Colocar en un vehículo mercancías para transportarlas. ■ El complemento directo puede ser la mercancía o el vehículo: *Cargaron el té en el barco. Cargaron el barco de* *(con el) té.* **3.** Introducir la carga en un arma de fuego: *cargar un fusil.* **4.** Proveer a un utensilio o aparato de lo que necesita para funcionar: *cargar la máquina, la pluma.* **5.** Tener la cabida o capacidad que se expresa: *Ese camión probablemente puede cargar unas veinte toneladas.* **6.** Acumular electricidad: *cargar la batería del coche.* **7.** En fútbol y otros deportes, desplazar un jugador a un contrario mediante un choque: *El delantero cargó al portero.* También *v. intr.* **8.** Guardar en abundancia, poner demasiado de algo: *Hemos cargado la despensa. Has cargado la sopa de sal.* **9.** Aumentar, agravar el peso de alguna cosa. **10.** Imponer a las personas o cosas un gravamen, carga u obligación. **11.** Anotar en las cuentas las cantidades que corresponden al debe. **12.** Sumar un costo al precio de algo: *Le hemos cargado un porcentaje por gastos de envío.* **13.** En inform., almacenar datos o programas en la memoria de un ordenador. **14.** Achacar o atribuir a uno alguna cosa negativa: *Le cargaron a mi amigo los errores.* **15.** Recaer sobre una persona una tarea o actividad, normalmente poco grata. También *v. intr.* con la prep. *con*: *cargar con la tarea.* **16.** *fam.* Molestar, enfadar, hartar: *Me carga su pesadez.* También *v. prnl.* **17.** *fam.* Llenar los pulmones o un conducto respiratorio de algo que dificulte la respiración normal. También *v. prnl.* **18.** *fam.* Hacer que el ambiente se ponga irrespirable. Se usa más como *v. prnl.*: *Se carga la clase.* || *v. intr.* **19.** En la milicia, acometer con fuerza al enemigo: *cargar contra la caballería.* **20.** Arremeter las fuerzas de seguridad contra grupos que alteran el orden público para dispersarlos. **21.** Descansar una cosa sobre otra, que es firme y sólida. **22.** Echar sobre sí un peso, un cuidado, una obligación, un esfuerzo, etc.: *cargar con una maleta, con los gastos.* **23.** Recaer el acento sobre determinada letra o sílaba. || **cargarse** *v. prnl.* **24.** Con la prep. *de*, llenarse, tener en abundancia: *cargarse de hijos, cargarse de razón.* **25.** Nublarse el cielo, cubrirse de nubes. **26.** *fam.* Experimentar una sensación de cargazón en alguna parte del cuerpo. **27.** *fam.* Con valor expresivo, romper, estropear: *Te has cargado la silla.* || LOC. **cargarse** a uno *fam.* Matarle; también, suspender a alguien. **cargársela** *fam.* Recibir un castigo, con culpa o sin ella o temérselo: *Te la has cargado por llegar tarde.* ■ Delante de *e* se escribe *gu* en lugar de *g*: *cargue.* SIN. **2.** Estibar. **3.** y **4.** Alimentar, cebar. **5.** Llenar. **8.** Abarrotar, atiborrar. **10.** Gravar. **11.** Adeudar. **14.** Imputar. **15.** Endosar. **15.** y **22.** Apechar, apechugar, apencar. **16.** Cansar, abrumar, enojar, aburrir. **16.** y **27.** Fastidiar. **19.** Embestir. **21.** Estribar. **25.** Encapotarse. **27.** Destrozar, cascar. ANT. **1.** y **2.** Descargar. **1.**, **2.** y **8.** Aligerar. **2.** y **8.** Vaciar. **16.** Agradar, entretener(se). **25.** Despejarse. **27.** Arreglar. FAM. Carga, cargadero, cargado, cargador, cargamento, cargante, cargazón, cargo, cargosear, carguero. / Descargar, encargar, recargar.

cargazón *s. f.* Pesadez que se siente en alguna parte del cuerpo: *cargazón de ojos, de estómago.*

cargo (de *cargar*) *s. m.* **1.** Empleo en el que alguien trabaja, puesto o dignidad que uno ocupa: *Tiene cargo de redactor jefe.* **2.** Cuidado, custodia o dirección de alguien o de algo: *Tiene a su cargo diez empleados.* **3.** Acción de cargar. **4.** Carga o peso. **5.** Falta de que se acusa a alguien. Se usa sobre todo en *pl.*: *los cargos contra el acusado.* **6.** En una cuenta, cantidad de dinero que se debe. || **7. alto cargo** Puesto muy importante y persona que lo ocupa: *alto cargo de la administración.* **8. cargo de conciencia** Motivo para sentirse culpable una persona. || LOC. **a cargo de** *adv.* Al cuidado de; a expensas, a costa, a cuenta de: *Comió a cargo de la empresa.* **al cargo de** *adv.* Con verbos como *poner, estar,* etc., encargarse, ocuparse, estar al frente de la cosa que se indica: *estar al cargo de un negocio.* **hacer cargos** a alguien Imputarle algo, acusarle de alguna cosa. **hacerse** uno **cargo** Cuidar de algo: *hacerse cargo de un trabajo.* También, enterarse, comprender algo: *Hazte cargo de la situación.* SIN. **1.** Oficio, colocación, ocupación, categoría, grado. **2.** Cautela, responsabilidad, incumbencia, competencia. **5.** Acusación, imputación, inculpación. **6.** Deuda. ANT. **5.** Descargo, exculpación.

cargosear *v. tr. Arg., Chile, Perú* y *Urug.* Molestar, importunar.

carguero, ra *adj.* **1.** Que lleva carga. También *s. m.* y *f.* || *s. m.* **2.** Buque, tren, etc., de carga.

cari (voz mapuche que significa 'verde') *adj. Arg.* y *Chile* De color pardo o plomizo.

cariacontecido, da (de *cara* y el ant. *acontecido*, voz que se aplicaba al rostro afligido) *adj.* Que muestra en el rostro pena o preocupación. SIN. Apenado, triste, apesadumbrado. ANT. Alegre, despreocupado.

cariar *v. tr.* Producir caries. También *v. prnl.*

cariátide (del lat. *caryatis, -idis*, y éste del gr. *karuatis*) *s. f.* Columna con figura de mujer.

caribe *adj.* **1.** De un antiguo pueblo que dominó una parte de las Antillas y se extendió por el N de América del Sur. También *s. m.* y *f.* || *s. m.* **2.** Lengua que hablaba dicho pueblo. FAM. Caribeño.

caribeño, ña *adj.* Del Caribe. También *s. m.* y *f.*

caribú *s. m.* Mamífero rumiante americano, muy parecido al reno europeo, aunque de mayor tamaño, ya que puede alcanzar una talla de hasta 1,40 m. Vive en las regiones frías de América del Norte. ■ Su pl. es *caribúes*, aunque también se utiliza *caribús*.

caricato (del ital. *caricato*, de *caricare*, cargar) *s. m.* **1.** Cantante que en la ópera hace el papel de bufo. **2.** P. ext., artista que dice cosas graciosas o imita a personajes para hacer reír. SIN. **2.** Cómico, histrión, bufón.

caricatura (del ital. *caricatura*, de *caricare*) *s. f.* **1.** Representación gráfica en que se ridiculizan o exageran los rasgos de una persona, cosa o idea, con intención satírica o humorística. **2.** Obra de arte o escrito en que se ridiculiza a una persona o cosa. **3.** Cosa que se pretende que sea reproducción de otra, pero se queda en una imitación ridícula de ella: *una caricatura de concierto.* SIN. **2.** Parodia. FAM. Caricato, caricaturesco, caricaturista, caricaturización, caricaturizar.

caricaturista *s. m.* y *f.* Dibujante que hace caricaturas.

caricaturizar *v. tr.* Representar o imitar a una persona o una cosa con exageración, ridiculizando y desfigurando. ■ Delante de *e* se escribe *c* en lugar de *z*: *caricaturice.*

caricia *s. f.* **1.** Demostración de cariño que consiste en pasar suavemente la mano sobre una persona, un animal, etc. **2.** Sensación suave y grata causada por el roce de algo, como la brisa. **3.** Gesto que se emplea como demostración amorosa. SIN. **3.** Mimo, zalamería, carantoña, arrumaco. FAM. Acariciar.

caridad (del lat. *caritas, -atis*) *s. f.* **1.** Virtud teologal que consiste en amar a Dios y al prójimo. **2.** Sentimiento y actitud que impulsa a interesarse por los demás, a quererlos y ayudarlos. **3.** Limosna, auxilio o consuelo que se concede a quien lo necesita. **SIN. 2.** Altruismo, solidaridad, filantropía, generosidad. **3.** Socorro, amparo, ayuda, dádiva. **ANT. 2.** Egoísmo. **FAM.** Caritativo.

caries (del lat. *caries*) *s. f.* Infección bacteriana del diente que ocasiona la destrucción de todos los elementos que lo componen. ■ No varía en *pl.* **FAM.** Cariado, cariar.

carilla (dim. de *cara*) *s. f.* Página o cara de una hoja. **SIN.** Plana.

carillón (del fr. *carillon*, y éste del ant. *careignon*) *s. m.* **1.** Conjunto de campanas que producen un sonido armónico. **2.** Reloj con esas campanas. **3.** Juego de tubos, campanillas o planchas de acero que producen un sonido musical; es un instrumento de percusión.

cariñena *s. m.* Vino tinto que se elabora en Cariñena, villa de Zaragoza.

cariño *s. m.* **1.** Inclinación de afecto y amor que se tiene hacia una persona, animal o cosa. **2.** Expresión y señal de esta inclinación. **3.** Esmero con que se hace una labor o se trata una cosa. **SIN. 1.** Aprecio, apego, afición, estima. **2.** Caricia, carantoña. **2.** y **3.** Mimo. **3.** Cuidado, entrega, solicitud. **ANT. 1.** Desamor, odio. **2.** Desaire. **3.** Descuido, negligencia. **FAM.** Carinosamente, cariñoso. / Encariñar.

cariñoso, sa *adj.* Que demuestra cariño. **SIN.** Afectuoso, amable, tierno. **ANT.** Arisco, seco.

carioca *adj.* De Río de Janeiro. También *s. m.* y *f.*

cariópside (del gr. *karuon*, nuez, y *opsis*, vista, aspecto) *s. f.* Fruto seco e indehiscente, con el pericarpio pegado a la semilla, como p. ej. el grano de trigo.

cariotipo *s. m.* Conjunto de cromosomas presentes en cada individuo de una especie.

carisma (del lat. *charisma*, y éste del gr. *kharisma*, de *kharidsomai*, agradar, hacer favores) *s. m.* **1.** En la religión cristiana, don especial concedido por Dios a algunos hombres para realizar ciertas funciones, como el apostolado, el servicio a la comunidad, etc. **2.** Cualidad que tienen algunas personas para atraer vivamente a las demás. **SIN. 2.** Atractivo, fascinación, magnetismo. **FAM.** Carismático.

cariz (de *cara*) *s. m.* **1.** Aspecto de la atmósfera. **2.** *fam.* Aspecto que va tomando una cosa o asunto. **SIN. 2.** Pinta, aire, cara, traza.

carlanca (del lat. tardío *carcannum*, collar) *s. f.* **1.** Collar con púas que se pone al perro para defenderlo del ataque de otros perros o de los lobos. **2.** *Amér.* Grillete. **3.** *Chile* y *Hond.* Fastidio, molestia.

carlinga (del fr. *carlingue*) *s. f.* Espacio interior que ocupan en el avión el piloto y la tripulación. **SIN.** Cabina.

carlismo *s. m.* Movimiento político de carácter conservador, que toma su nombre de Carlos María Isidro, hermano del rey de España Fernando VII, y que surgió en 1833 para apoyar sus pretensiones al trono. **FAM.** Carlista.

carmela *s. f.* Tipo de sartén con el fondo ondulado.

carmelita (de *carmelo*) *adj.* De la orden religiosa del Carmelo. También *s. m.* y *f.* **SIN.** Carmelitano. **FAM.** Carmelitano, carmelo.

carmelo (del monte *Carmelo*, en Palestina, origen de la orden) *s. m.* **1.** Orden religiosa mendicante de los carmelitas. ■ Suele escribirse con mayúscula. Se llama también *Carmen.* **2.** Convento de esta orden.

carmen (del ár. *karm*, viña) *s. m.* En Granada, quinta con huerto o jardín.

carmenar (del lat. *carminare*) *v. tr.* Desenredar y limpiar el pelo, la lana o una fibra textil. Tambien *v. prnl.* **SIN.** Cardar. **FAM.** Carmenador.

carmesí (del ár. *qirmizi*, rojo) *adj.* Se dice del color granate muy vivo y de las cosas que lo tienen. También *s. m.* ■ Su pl. es *carmesíes*, aunque también se utiliza *carmesís.* **SIN.** Carmín, escarlata, púrpura, grana.

carmín (del fr. *carmin*) *s. m.* **1.** Materia de color rojo encendido, que se obtiene principalmente del insecto llamado cochinilla. **2.** Este color. ■ Se utiliza mucho en aposición. **3.** Rosal de flor encarnada. **4.** Barrita de color con la que las mujeres se pintan los labios. **SIN. 2.** Carmesí.

carminativo, va (del lat. *carminare*, cardar) *adj.* Se aplica al medicamento que ayuda a expulsar los gases intestinales. También *s. m.*

carnada *s. f.* **1.** Cebo de carne para cazar o pescar. **2.** Engaño para atraer o convencer a alguien: *Utilizó un regalo como carnada.* **SIN. 1.** y **2.** Carnaza. **2.** Señuelo.

carnal (del lat. *carnalis*) *adj.* **1.** Relacionado con la carne, el cuerpo o el instinto sexual. **2.** Sensual, lujurioso. **3.** Se aplica a los parientes de primer grado: *primo carnal.* **4.** Terrenal, entregado a las cosas de este mundo. || **5. acto carnal** Cópula, coito. **SIN. 2.** Libidinoso, lascivo, voluptuoso. **4.** Mundano. **ANT. 2.** Casto. **4.** Espiritual. **FAM.** Carnalidad, carnalmente. CARNE.

carnaval (del ital. *carnevale*, del lat. *carnem levare*, quitar la carne) *s. m.* Periodo de tres días que precede al miércoles de ceniza y fiestas que se celebran durante el mismo. **SIN.** Carnestolendas. **FAM.** Carnavalada, carnavalesco.

carnavalada *s. f.* **1.** Actuación festiva propia del carnaval. **2.** *fam.* Acto en el que hay ficción o en el que ocurren cosas grotescas, inadecuadas a la seriedad que el acto comporta: *La junta fue una carnavalada.* **SIN. 1.** y **2.** Mascarada, mojiganga. **2.** Farsa.

carnaza *s. f.* **1.** Carnada. **2.** Carne de animales muertos. **3.** Carne abundante y mala. **SIN. 1.** Cebo. **2.** Carroña.

carne (del lat. *caro, carnis*) *s. f.* **1.** Parte blanda del cuerpo del hombre o de los animales, formada por los músculos. **2.** En especial, la comestible de vaca, ternera, cerdo, etc., en contraposición a la de pescado. **3.** Parte blanda de la fruta, debajo de la cáscara o del pellejo. **4.** El cuerpo y sus instintos, especialmente el sexual, en oposición al espíritu: *los placeres de la carne.* || **5. carne de cañón** En la guerra, tropa expuesta a los mayores riesgos; también, gente tratada sin consideración. **6. carne de gallina** Aspecto de la piel de una persona, semejante a la de las gallinas desplumadas, por efecto del frío o del miedo. || **LOC. abrírsele** a uno **las carnes** *fam.* Horrorizarse. **echar** (o **poner) toda la carne en el asador** *fam.* Utilizar todos los recursos disponibles para conseguir un propósito. **en carne viva** *adv.* Referido a una parte del cuerpo, sin piel, generalmente debido a una lesión; expresa también que una ofensa o cualquier otra cosa dolorosa está aún muy viva y presente: *tener en carne viva un recuerdo.* **entrado** (o **metido) en carnes** *adj. fam.* Algo grueso, sin llegar a ser obeso. **no ser ni carne ni pescado** *fam.* Ser indefinido, ni una cosa ni otra. **ser** uno **de carne y hueso** Sentir como los demás las penas e incomodidades. SIN. **1.** Molla, chicha. **3.** Pulpa. **4.** Sensualidad. FAM. Carnada, carnal, carnaza, carnear, carnero, carnicería, carnicero, cárnico, carnívoro, carnosidad, carnoso. / Carúncula, descarnar, encarnar, encarnecer, encarnizar.

carné (del fr. *carnet*) *s. m.* Documento que acredita la identidad de una persona o su pertenencia a un partido, agrupación, sociedad, etc. ■ Se utiliza también la forma francesa *carnet.*

carnear *v. tr. Amér.* Matar y descuartizar las reses.

carnero (del lat. [*agnus*] *carnarius*, cordero de carne) *s. m.* Macho de la oveja, mamífero rumiante de 70 a 80 cm de altura, cuernos huecos y estriados arrollados en espiral, que se cría para aprovechar su carne y su lana.

carnestolendas (de *carne* y el lat. *tolendus*, de *tollere*, quitar) *s. f. pl.* Carnaval*.

carnet (fr.) *s. m.* Carné*.

carnicería *s. f.* **1.** Tienda en que se vende carne. **2.** *fam.* Gran mortandad de gente, matanza: *La batalla fue una carnicería.* **3.** Destrozo efectuado en la carne: *Se hizo una carnicería al sacarse la espina.* SIN. **2.** Masacre, degollina, escabechina, hecatombe.

carnicero, ra *adj.* **1.** Se dice del animal que mata a otros para comérselos. También *s. m.* y *f.* **2.** Cruel, sanguinario. También *s. m.* y *f.* || *s. m.* y *f.* **3.** Persona que vende carne. SIN. **1.** Carnívoro. **2.** Inhumano, feroz, bestial.

cárnico, ca *adj.* De las carnes dedicadas al consumo: *industrias cárnicas.*

carnívoro, ra (del lat. *carnivorus*, de *caro, carnis*, carne, y *-voro*) *adj.* **1.** Se dice de los animales, especialmente los mamíferos, que se alimentan básicamente de carne; poseen mandíbulas poderosas, molares muy cortantes y grandes caninos. También *s. m.* **2.** Se aplica a ciertas plantas que se nutren de insectos. || *s. m. pl.* **3.** Orden de los mamíferos arriba mencionados.

carnosidad (del lat. *carnositas, -atis*) *s. f.* **1.** Carne que se forma irregularmente en alguna parte del cuerpo. **2.** Abundancia de carne. SIN. **1.** Excrecencia, tumor. **2.** Gordura, obesidad, michelín.

carnoso, sa (del lat. *carnosus*) *adj.* **1.** De carne: *apéndice carnoso.* **2.** Que tiene muchas carnes. **3.** Se dice de los vegetales y frutas tiernos y con mucha carne. SIN. **2.** Rollizo, gordo. ANT. **2.** Descarnado, flaco.

caro, ra (del lat. *carus*) *adj.* **1.** De precio elevado o superior al normal. También *adv.*: *vender caro.* **2.** Se dice de la persona o cosa por la que se siente mucho afecto o cariño: *caro amigo, cara ilusión.* SIN. **1.** Costoso, oneroso, exorbitante. **2.** Amado, apreciado, estimado, querido. ANT. **1.** Barato, tirado. **2.** Odiado. FAM. Carero. / Encarecer.

carolingio, gia *adj.* Relativo a Carlomagno, a sus descendientes, a su imperio y a su época. También *s. m.* y *f.*

carota *adj. fam.* Caradura*.

caroteno *s. m.* Carotina*.

carótida (del gr. *karotides*, de *karoo*, adormecer) *s. f.* Cada una de las dos arterias principales del cuello, que llevan la sangre a la cabeza.

carotina (del lat. *carota*, zanahoria) *s. f.* Pigmento rojo o anaranjado que se encuentra en algunos vegetales, como la zanahoria y el tomate, que se descompone en el hígado de los animales para formar la vitamina A. Se denomina también *caroteno.*

carozo (del lat. *carydium*, y éste del gr. *karydion*, avellana) *s. m.* **1.** Corazón o raspa de la mazorca de maíz después de desgranada. **2.** *Amér.* Hueso de frutos como la aceituna, el melocotón o la ciruela. FAM. Corozo. / Descarozar.

carpa[1] (del lat. *carpa*) *s. f.* Pez teleósteo de agua dulce, que tiene una aleta dorsal larga, aleta anal corta y cuatro barbillas bajo la boca; su especie común es de color pardo oliváceo. Vive en regiones no muy frías.

carpa[2] *s. f.* **1.** Toldo que cubre un amplio recinto, p. ej. un circo. **2.** *Amér.* Tienda de campaña.

carpaccio (ital.) *s. m.* Plato de carne o pescado crudos que se sirven cortados en láminas muy finas y aliñados con diversos condimentos.

carpanel *adj.* En arq., se dice del arco formado por varias porciones de circunferencia tangentes entre sí y trazadas desde distintos centros.

carpanta *s. f. fam.* Hambre atroz.

carpe diem (lat., significa 'aprovecha el momento') *expr.* Tópico literario que invita a disfrutar del presente. ■ Se usa como *s. m.*

carpelo (del gr. *karpos*, fruto) *s. m.* Órgano reproductor femenino de las plantas fanerógamas.

carpeta (del fr. *carpette*, y éste del ingl. *carpet*, tapete) *s. f.* **1.** Especie de cartera que consiste en dos cubiertas unidas por uno de sus lados, entre las que se guardan papeles. **2.** Cubierta que se pone en una mesa de despacho o escritorio para escribir sobre ella y meter papeles. SIN. **1.** Cartapacio, portapapeles, portafolios. FAM. Encarpetar.

carpetano, na *adj.* De un antiguo pueblo prerromano que se extendía por la actual provincia de Madrid y parte de las de Toledo, Guadalajara y Ciudad Real. También *s. m.* y *f.*

carpetazo, dar *loc. fam.* Interrumpir la tramitación de un expediente, solicitud, etc., dar por terminado un asunto: *dar carpetazo a un proyecto, dar carpetazo a una investigación.*

carpetovetónico, ca (de la cordillera *Carpetovetónica*) *adj.* Marcadamente español, con rechazo de todo lo extranjero. También *s. m.* y *f.*

carpincho *s. m.* Capibara*.

carpintería (de *carpintero*, del lat. *carpentarius*) *s. f.* **1.** Oficio y actividad de construir objetos de madera, especialmente puertas, ventanas, muebles, etc. **2.** Taller donde se trabajan estas obras. **3.** Conjunto de las obras de madera de un edificio. SIN. **1.** y **2.** Ebanistería. FAM. Carpintear, carpintero.

carpintero, ra *s. m.* y *f.* Persona que se dedica por oficio a hacer obras de carpintería. SIN. Ebanista.

carpo (del lat. *carpus*, y éste del gr. *karpos*) *s. m.* Conjunto de los huesos de la muñeca. FAM. Metacarpo.

carpófago, ga (del gr. *karpos*, fruto, semilla, y *-fago*) *adj.* Se aplica al animal que se alimenta fundamentalmente de frutos.

carra *s. f.* Plataforma que soporta el decorado de los teatros y se desplaza por el escenario.

carraca[1] (del ár. *harraqa*, nave grande) *s. f.* **1.** Antigua nave de transporte. **2.** Máquina vieja o que funciona mal: *Tu coche es una carraca.* SIN. **2.** Armatoste, cacharro, trasto.

carraca[2] (onomat.) *s. f.* **1.** Instrumento de madera que produce un ruido seco y desagradable. **2.** Ave trepadora que mide entre 25 y 30 cm, tiene el pico robusto y curvado en el extremo y el plumaje de colores muy vivos.

carrasca (de or. prerromano) *s. f.* Encina, especialmente la pequeña o mata de ésta. SIN. Carrasco. FAM. Carrascal, carrasco.

carrasco *s. m.* **1.** Carrasca*. || **2. pino carrasco** Véase **pino**.

carraspear *v. intr.* **1.** Tener carraspera. **2.** Hacer con la garganta una especie de tosecilla para dejarla limpia antes de hablar, o por nerviosismo, burla, etc. FAM. Carraspeo. CARRASPERA.

carraspera (onomat.) *s. f.* Aspereza en la garganta que vuelve ronca la voz. SIN. Ronquera. FAM. Carraspear, carrasposo.

carrera (del lat. vulg. *carraria*, de *carrus*, carro) *s. f.* **1.** Acción de ir corriendo de un sitio a otro. **2.** Competición de velocidad entre personas, animales o vehículos: *carrera de medio fondo, de galgos, de coches.* **3.** Recorrido, trayecto: *la carrera de una procesión, de un taxi.* **4.** Curso de los astros: *la carrera del Sol.* **5.** Conjunto de cursos que constituyen un determinado estudio, especialmente si es universitario, o que capacitan a alguien para cierta profesión: *Terminó la carrera de derecho.* **6.** Actividad profesional: *Dejó su brillante carrera de actriz.* **7.** Puntos que se sueltan en una media o prenda de punto. **8.** Calle que antes fue camino: *la carrera de San Jerónimo.* || LOC. **a la carrera** *adv.* De prisa. **hacer carrera** Conseguir un buen puesto o una posición acomodada. Seguido de la prep. *con* y referido a una persona, conseguir algo provechoso de ella. ■ Se usa en construcciones negativas: *No hace carrera con sus hijos.* **hacer la carrera** Recorrer la calle una prostituta en busca de cliente; p. ext., dedicarse a la prostitución. SIN. **3.** Trayectoria, itinerario, circuito. FAM. Carrerilla. CARRO.

carrerilla *s. f.* Carrera breve para tomar impulso y saltar: *tomar carrerilla.* || LOC. **de carrerilla** *adv. fam.* De memoria, sin enterarse bien de lo que se dice: *Soltó la lección de carrerilla.*

carreta *s. f.* Carro de dos o más ruedas con un madero largo que sirve de lanza, donde se sujeta el yugo, al que van uncidos los animales de tiro. FAM. Carretada, carretera, carretero, carretilla. CARRO.

carretada *s. f.* **1.** Carga de una carreta o de un carro. **2.** *fam.* Gran cantidad de algo; se utiliza sobre todo en la loc. adv. **a carretadas**.

carrete (de *carro*) *s. m.* **1.** Cilindro taladrado por el eje y con discos en los extremos, en que se enrolla hilo, alambre, películas, etc. **2.** Ruedecilla unida a la caña de pescar, que sirve para acortar y alargar el sedal o hilo. || LOC. **dar carrete** a alguien Entretenerle dándole largas; también, darle conversación. SIN. **1.** Bobina, canilla.

carretera (de *carrete*) *s. f.* **1.** Vía pública destinada a la circulación de vehículos. || **2. carretera de cuota** *Amér.* Autopista de peaje. SIN. **1.** Calzada, pista.

carretero *s. m.* Persona que hace carros y carretas o los conduce. || LOC. **fumar como un carretero** Fumar mucho. **hablar como un carretero** Hacerlo diciendo muchas palabrotas o de forma grosera. A veces se utiliza con verbos como *jurar, maldecir, blasfemar.*

carretilla *s. f.* **1.** Carro pequeño de mano, generalmente con una rueda delantera y dos varas detrás para conducirlo, que se utiliza para transportar materiales a distancias cortas. **2.** Pequeño vehículo, de motor o remolcado, que se usa para transportar cargas en el interior de almacenes, en muelles, etc.

carricoche *s. m.* **1.** Carro cubierto a modo de coche. **2.** Coche viejo, malo o feo.

carriel (del prov. *carnier*, morral de caza) *s. m. Amér.* Maletín o bolsa de viaje hechos de cuero.

carril *s. m.* **1.** Cada una de las dos barras de hierro paralelas por donde circulan las locomotoras y los vagones en las líneas férreas. **2.** Pieza o estructura a la que se acopla o sobre la que se desliza otra. **3.** En una vía pública, parte destinada a una sola fila de vehículos, o reservada para los autobuses, taxis, etc.: *carril bus.* SIN. **1.** Vía. **1.** y **2.** Raíl, riel. FAM. Descarrilar, encarrilar, ferrocarril, monocarril. CARRO.

carrillo *s. m.* Parte carnosa de la cara, que va desde los pómulos hasta la mandíbula. SIN. Mejilla, moflete.

carrizo (del lat. vulg. *cariceus*, de *carex, -icis*) *s. m.* Planta gramínea de raíz larga y rastrera y tallo alto que crece cerca de arroyos y charcas. FAM. Carrizal.

carro (del lat. *carrus*) *s. m.* **1.** Carruaje de diversas formas y usos, comúnmente con dos ruedas y lanza o varas para enganchar el tiro. **2.** Carga transportada por este carruaje: *un carro de hierba.* **3.** Parte móvil de algunos aparatos: *carro de la máquina de escribir.* **4.** *Amér.* Automóvil. || **5. carro de asalto** (o **de combate**) Tanque de guerra. || LOC. **aguantar carros y carretas** *fam.* Soportar muchas contrariedades. **parar el carro** *fam.* Contenerse, moderarse el que está enfadado o dejar de comportarse o hablar de forma inconveniente; se usa más en imperativo. FAM. Carrera, carreta, carrete, carricoche, carril, carromato, carroza, carruaje. / Acarrear, anticarro, motocarro.

carrocería (de *carroza*) *s. f.* Parte de los vehículos que reviste el motor y otros elementos, dentro de la cual viajan personas y mercancías. FAM. Carrocero. CARROZA.

carrocero, ra *adj.* **1.** De la carrocería. || *s. m.* y *f.* **2.** Persona que fabrica, monta o repara carrocerías. **3.** Diseñador de automóviles.

carromato (del ital. *carro matto*, falso carro) *s. m.* **1.** Carro grande con toldo, tirado generalmente por más de una caballería. **2.** Carruaje grande o incómodo.

carroña (del lat. vulg. *caronea*, carne podrida) *s. f.* Carne corrompida. FAM. Carroñero. / Encarroñar.

carroñero, ra *adj.* Se dice del animal que se alimenta de carroña. También *s. m.* y *f.*

carroza (del ital. *carrozza*) *s. f.* **1.** Coche tirado por caballos, grande y lujoso, ricamente engalanado, que aún se usa para ciertos actos oficiales. **2.** P. ext., carruaje que se decora para funciones y fiestas públicas. || *s. m.* y *f.* **3.** *fam.* Persona anticuada o de cierta edad. También *adj.* **4.** *Arg.* y *Perú* Coche fúnebre. FAM. Carrocería. CARRO.

carruaje (del cat. *carruatge*, y éste del lat. *carrus*, carro) *s. m.* Cualquier tipo de vehículo montado sobre ruedas, especialmente el destinado al transporte de personas.

carrusel (del fr. *carrousel*) *s. m.* **1.** Espectáculo en que varios jinetes ejecutan evoluciones. **2.** Caballitos, tiovivo de feria.

carst *s. m.* Karst*.

carta (del lat. *charta*, y éste del gr. *khartes*) *s. f.* **1.** Escrito, generalmente cerrado, que envía una persona a otra. **2.** Naipe, cada una de las cartulinas que forman la baraja. **3.** Lista de platos, postres y bebidas que se pueden pedir en un restaurante, cafetería, etc. **4.** Mapa, representación geográfica: *carta de navegación.* **5.** Constitución escrita de un país: *carta magna*. **6.** Nombre que reciben algunos documentos: *carta de pago, carta de residencia*. || **7. carta abierta** La que se dirige a una persona o entidad, pero con el fin de que se publique en un periódico o se difunda por cualquier otro medio de comunicación social. **8. carta de ajuste** Figura que aparece en la pantalla del televisor para ajustar la imagen. **9. carta de naturaleza** Concesión a un extranjero de la nacionalidad de un país. **10. cartas credenciales** Las que se dan a un embajador o ministro para que se le reconozca como tal. || LOC. **a carta cabal** *adj.* Intachable, completo: *honrado a carta cabal*. **dar carta blanca** a alguien Autorizarle para que obre según su criterio. **echar las cartas** *fam.* Adivinar el porvenir por medio de los naipes. **jugar** alguien **bien sus cartas** Utilizar con habilidad los medios de que se dispone en una situación o asunto. **tomar cartas en el asunto** Intervenir, tomar parte. SIN. **1.** Epístola, misiva, circular. FAM. Cartapacio, cartearse, cartel, cartela, carteo, cartera, cartería, cartero, cartilla, cartografía, cartomancia, cartón, cartulina. / Abrecartas, descartar, encartar, pancarta, pesacartas.

cartabón (del ital. *quarto buono*) *s. m.* Utensilio de dibujo lineal en forma de triángulo rectángulo no isósceles, que generalmente tiene graduado el cateto mayor.

cartagenero, ra *adj.* De Cartagena, ciudad española, o de Cartagena de Indias, ciudad colombiana. También *s. m.* y *f.*

cartaginense o **cartaginés, sa** (del lat. *Carthaginiensis*) *adj.* De Cartago, antigua ciudad del N de África, fundada por los fenicios. También *s. m.* y *f.*

cartapacio (del bajo lat. *chartapacia*, y éste del lat. *charta*, carta, y *pax, pacis*, paz) *s. m.* **1.** Cartera o carpeta para guardar papeles, documentos, libros, etc., especialmente si es grande. **2.** Cuaderno utilizado para tomar apuntes. SIN. **1.** Portafolios.

cartearse *v. prnl.* Enviarse cartas recíprocamente dos personas: *Se cartea con un amigo*. SIN. Corresponderse, escribirse.

cartel (del cat. *cartell*) *s. m.* **1.** Lámina, generalmente de papel, con inscripciones o figuras, que se pone en un lugar para comunicar avisos, noticias, anuncios, etc.: *cartel de toros*. **2.** Reputación, fama: *tener buen o mal cartel, un torero de cartel*. || LOC. **en cartel** *adj.* y *adv.* Se dice del espectáculo que se está representando: *comedia en cartel. La obra lleva en cartel un mes*. SIN. **1.** Bando, pasquín. **2.** Prestigio, popularidad, renombre. ANT. **2.** Desprestigio. FAM. Cartelera, cartelón. CARTA.

cártel o **cartel** (del ingl. *cartel*, y éste del al. *Kartell*) *s. m.* **1.** Acuerdo entre dos o más empresas con el objeto de limitar los riesgos de la competencia y controlar la producción y los precios de un producto. **2.** Organización delictiva vinculada al tráfico de drogas o de armas.

cartela (del ital. *cartella*) *s. f.* **1.** Trozo de cartón, madera u otra materia, a modo de tarjeta, en que se escribe algo: *la cartela de un cuadro*. **2.** Pieza de hierro u otro material que sostiene un balcón, repisa, alero, etc. SIN. **1.** Etiqueta.

cartelera *s. f.* **1.** Superficie adecuada para fijar carteles o anuncios públicos. **2.** Sección de un periódico, revista o publicación independiente en que aparecen anuncios o información de los espectáculos.

cárter (del nombre de su inventor, J. H. *Carter*) *s. m.* **1.** Cubierta rígida que protege ciertos engranajes y otras piezas del automóvil y de diversas máquinas. **2.** Depósito de lubricante del motor de un automóvil.

cartera (de *carta*) *s. f.* **1.** Utensilio plegable de bolsillo para meter dinero, papeles y documentos. **2.** Utensilio de forma cuadrangular, generalmente de materia flexible y con asa, para llevar libros o documentos: *la cartera del colegio*. **3.** Conjunto de clientes de una compañía, vendedor, etc.: *tener una buena cartera*. **4.** Valores comerciales que forman el activo de un banco, sociedad o comerciante: *cartera de valores*. **5.** Ministerio: *cartera de Hacienda*. **6.** *Amér.* Bolso de mujer. || **7. ministro sin cartera** El que no está adscrito a un departamento concreto. || LOC. **tener** algo **en cartera** Tener una cosa en proyecto o preparada para su próxima realización: *El director tenía en cartera una nueva película*. SIN. **1.** Billetero, monedero, portamonedas. FAM. Carterista. CARTA.

cartería *s. f.* Oficina de correos en la que se reciben y reparten las cartas.

carterista *s. m.* y *f.* Ladrón de carteras de bolsillo. SIN. Caco, ratero, descuidero.

cartero, ra *s. m.* y *f.* Persona que se encarga del reparto de las cartas y paquetes de correos.

cartesiano, na (de *Cartesius*, nombre latino de Descartes) *adj.* **1.** Del sistema filosófico de Descartes y de sus discípulos. **2.** Partidario de ese sistema. También *s. m.* y *f.* **3.** Excesivamente metódico, lógico o racional. También *s. m.* y *f.* SIN. **3.** Cuadriculado. FAM. Cartesianismo.

cartílago (del lat. *cartilago*) *s. m.* Tejido de sostén del organismo, de resistencia inferior a la del hueso, pero con mayor elasticidad. SIN. Ternilla. FAM. Cartilaginoso.

cartilla *s. f.* **1.** Cuaderno o libro pequeño para aprender a leer. **2.** Libreta en que se anotan determinados datos: *cartilla de ahorros, cartilla militar*. || LOC. **leerle** a uno **la cartilla** *fam.* Reprender a uno severamente; también, aleccionar a una persona. **no saber la cartilla** *fam.* Ignorar lo fundamental de un determinado asunto. SIN. **1.** Abecedario, abecé, silabario.

cartografía (del lat. *charta*, carta, y *-grafía*) *s. f.* Arte y técnica de hacer cartas o mapas geográficos. FAM. Cartógrafo. CARTA.

cartomancia o **cartomancía** (del lat. *charta*, carta, y el gr. *manteia*, adivinación) *s. f.* Adivinación del futuro por medio de las cartas o naipes. FAM. Cartomántico. CARTA.

cartón (del ital. *cartone*) *s. m.* **1.** Lámina gruesa hecha de pasta de trapos, papel viejo y otras materias, endurecida por compresión, o de varias hojas de papel superpuestas. **2.** Recipiente o envase de cartón: *un cartón de huevos*. **3.** Dibujo hecho normalmente sobre un cartón, que sirve de modelo para un tapiz, un fresco, etc.: *los cartones de Goya*. **4.** En el bingo y en algunas loterías, cartulina con los números con que se juega. || **5. cartón de tabaco** Envase que contiene generalmente diez paquetes de cigarrillos. **6. cartón piedra** Pasta de papel, yeso y aceite secante, que se endurece mucho al secar y se emplea para hacer figuras y objetos: *un decorado de cartón piedra*. FAM. Cartoné, cartonero, cartonista. / Acartonarse, encartonar. CARTA.

cartoné (del fr. *cartonée*) *s. m.* Encuadernación hecha con tapas de cartón, forradas de papel: *libro en cartoné*.

cartonista *s. m.* y *f.* Persona que se dedica a diseñar alfombras y tapices mediante dibujos.

cartuchera *s. f.* **1.** Caja para guardar y llevar los cartuchos. **2.** Cinto para llevar cartuchos: *cartuchera de cazador.* **SIN. 2.** Canana.

cartucho (del fr. *cartouche*, y éste del ital. *cartoccio*) *s. m.* **1.** Cilindro metálico, de cartón o plástico, que contiene la pólvora para disparar un arma de fuego. **2.** Envoltorio cilíndrico de monedas del mismo valor. **3.** Envoltura de papel o cartón, generalmente cilíndrica: *cartucho de caramelos.* **4.** Carrete cerrado de película fotográfica. **5.** Repuesto de material, forma y tamaño variables, que contiene lo necesario para que puedan funcionar determinados aparatos o instrumentos: *cartucho de una pluma, de una impresora láser.* || **LOC. quemar el último cartucho** Utilizar el último recurso en una situación difícil. **SIN. 1.** Cápsula, casquillo. **3.** Cucurucho. **FAM.** Cartuchera. / Encartuchar.

cartuja (de la *Grande-Chartreuse*, primera fundación de San Bruno) *s. f.* **1.** Orden monástica fundada por San Bruno en 1084 en Chartreuse, cerca de Grenoble. Sus miembros llevan una vida contemplativa y de gran austeridad y permanecen habitualmente en silencio. ▪ En esta acepción suele escribirse con mayúscula. **2.** Monasterio de esta orden. **FAM.** Cartujano, cartujo.

cartujano, na *adj.* **1.** De la Cartuja. **2.** Cartujo. También *s. m.* y *f.* **3.** Se dice del caballo o yegua con las características típicas de la raza andaluza.

cartujo *adj.* **1.** Se aplica al religioso de la Cartuja. También *s. m.* **2.** Que lleva una vida apartada del trato con la gente. También *s. m.*: *Vive como un cartujo.* **SIN. 2.** Retraído, taciturno.

cartulina (del ital. *cartolina*, tarjeta postal) *s. f.* Especie de cartón delgado, fino y liso.

carúncula (del lat. *caruncula*, de *caro*, carne) *s. f.* **1.** Excrecencia carnosa o córnea del pico, cuello o frente de algunas aves, como el gallo y el pavo. || **2. carúncula lagrimal** Pequeño abultamiento rosado en el ángulo interno del ojo. **FAM.** Véase **carne**.

carvallo *s. m.* Roble, árbol.

casa (del lat. *casa*, cabaña) *s. f.* **1.** Edificio o parte de él en que vive un individuo o una familia: *Ven a vernos a casa.* **2.** Familia, personas que viven juntas: *En casa preferimos el pescado a la carne.* **3.** Descendencia que tiene un mismo apellido y un mismo origen: *la casa de Alba.* **4.** Establecimiento industrial o mercantil: *Esta casa no hace descuentos.* **5.** Edificio destinado a reuniones o entretenimientos de personas unidas por vínculos geográficos, políticos o de otra clase: *Casa de Galicia, casa del pueblo.* **6.** Delegación o sucursal de una empresa comercial: *nuestra casa en Barcelona.* **7.** Conjunto de personas civiles o militares que tienen un cargo en el palacio real o, p. ext., que están al servicio de un jefe de Estado: *casa civil, casa militar.* **8.** Nombre de ciertas casillas del tablero de algunos juegos, como el ajedrez o el parchís. **9.** *fam.* En deporte, campo de juego propio: *Su equipo tiene más posibilidades porque juega en casa.* || **10. casa consistorial** Ayuntamiento. **11. casa cuna** Hospicio, asilo de niños. **12. casa de citas** Lugar donde se alquila habitación para tener relaciones sexuales, por lo general con prostitutas. **13. casa de empeño** Establecimiento que presta dinero recibiendo un objeto como prenda. **14. casa de la moneda** La que fabrica moneda o billetes de banco. **15. casa de la villa** Ayuntamiento. **16. casa de socorro** Establecimiento donde se prestan servicios médicos de urgencia. **17. casa real** Familia real. || **LOC. caérsele** a uno **la casa encima** *fam.* Encontrarse a disgusto en casa y desear salir de ella; también, sucederle a alguien un gran contratiempo o contrariedad. **como Pedro por su casa** *adv. fam.* Con naturalidad y confianza, sin cumplidos. **echar** (o **tirar**) **la casa por la ventana** *fam.* Derrochar, hacer un gasto grande por un motivo determinado. **muy de su casa** *adj.* Muy casero, pendiente de los asuntos de su casa. **para andar por casa** *adj. fam.* Se aplica a las cosas hechas sin mucho cuidado, de cualquier manera. **quedar todo en casa** *fam.* Actuar sin dejar participar a extraños. **SIN. 1.** Domicilio, hogar, morada, piso, residencia. **3.** Casta, estirpe, linaje. **4.** Empresa, firma. **6.** Filial, agencia. **FAM.** Casal, casamata, casar[3], caserío, casero, caserón, caseta, casetón, casilla, casino, casón, casucha. / Acaserarse.

casaca *s. f.* Prenda de vestir, especie de chaqueta ceñida a la cintura y con faldones hasta la parte posterior de las rodillas. **SIN.** Levita.

casación *s. f.* En lenguaje jurídico, anulación de una sentencia. **ANT.** Confirmación, ratificación.

casadero, ra *adj.* Que está en edad de casarse: *chica casadera.* **SIN.** Núbil.

casado, da 1. *p.* de **casar**. También *adj.* || *adj.* **2.** Que ha contraído matrimonio. También *s. m.* y *f.* **SIN. 2.** Desposado. **ANT. 2.** Soltero, célibe.

casal (del lat. *casale*) *s. m.* **1.** Casa de campo. **2.** Solar noble, casa más antigua de una familia. **3.** *Can.*, *Arg.* y *Urug.* Pareja de macho y hembra. **SIN. 1.** Caserío, granja.

casamata (del ital. *casamatta*, de *casa* y *matta*, falsa) *s. f.* Bóveda muy resistente en que se instalan piezas de artillería.

casamentero, ra *adj.* Que es muy aficionado a buscar pareja a los demás para que se casen. También *s. m.* y *f.*

casamiento *s. m.* Ceremonia o acto en el que contraen matrimonio dos personas. **SIN.** Boda, enlace. **ANT.** Divorcio, separación.

casanova (de *Casanova*, aventurero italiano) *s. m.* Hombre seductor, conocido por sus aventuras amorosas.

casar[1] *v. intr.* **1.** Contraer matrimonio. Se usa más como *v. prnl.*: *¿Cuándo te casas?* ▪ Rige la prep. *con*: *Se ha casado con una colombiana.* || *v. tr.* **2.** Autorizar, quien tiene autoridad para ello, el matrimonio de dos personas y realizar o presidir la ceremonia correspondiente: *El juez casó a los novios.* **3.** Disponer un padre o superior el casamiento de un hijo o de alguien que depende de él. **4.** Ajustar, unir una cosa con otra: *casar las cuentas.* También *v. intr.* **5.** Disponer y ordenar dos o más cosas de modo que hagan juego o armonicen entre sí. También *v. intr.*: *La camisa no casa con el pantalón.* || **LOC. no casarse con nadie** *fam.* Conservar la independencia al pensar y obrar, no dejarse influir por nadie ni por nada. **SIN. 1.** Desposarse. **2.** Enlazar. **4.** Concordar, acordar. **5.** Encajar. **FAM.** Casadero, casado, casamentero, casamiento, casorio. / Descasar, incasable, malcasar.

casar[2] (del lat. *cassare*, de *cassus*, vano, nulo) *v. tr.* Anular una sentencia. **SIN.** Abrogar. **ANT.** Confirmar, ratificar. **FAM.** Casación.

casar[3] *s. m.* Caserío, conjunto de casas. **SIN.** Aldea, villorrio.

casca (de *cascar*) *s. f.* **1.** Cáscara. **2.** Hollejo de uva pisada y exprimida. **3.** Corteza de ciertos árboles que se usa para curtir pieles.

cascabel (del prov. *cascabel*) *s. m.* **1.** Bola hueca de metal, con asa y una ranura u orificio; dentro lleva una piedrecita o un pedacito de metal para que suene al moverla. **2.** Persona alegre. || LOC. **poner el cascabel al gato** Ser el primero en hacer o decir cierta cosa difícil o desagradable: *¿Quién le pone el cascabel al gato?* FAM. Cascabelear, cascabeleo, cascabelero.

cascabeleo *s. m.* Sonido de cascabeles o semejante a él: *el cascabeleo de las mulillas en la plaza.* SIN. Campanilleo, tintineo.

cascabelero, ra *adj.* Se dice de la persona alegre, desenfadada, de poco juicio. También *s. m.* y *f.* SIN. Dicharachero, vivalavirgen.

cascada (del ital. *cascata*, caída) *s. f.* **1.** Caída del agua de un río o arroyo desde cierta altura, por desnivel brusco del terreno. **2.** Cosa que por su forma o aspecto recuerda una cascada: *una cascada de luces.* SIN. **1.** Catarata, salto.

cascado, da 1. *p.* de **cascar**. También *adj.* || *adj.* **2.** Se dice de la persona o cosa muy trabajada o estropeada: *máquina cascada. El abuelo está ya muy cascado.* **3.** Se dice de la voz que carece de entonación y sonoridad. SIN. **2.** Acabado, achacoso, caduco. **3.** Ronca, quebrada. ANT. **2.** Nuevo, flamante.

cascajo (de *cascar*) *s. m.* **1.** Trozos de piedras y otros materiales parecidos. **2.** Conjunto de frutos de cáscara seca, como avellanas, almendras, nueces, etc. **3.** Persona o cosa vieja, estropeada. SIN. **1.** Guijo. **3.** Cacharro, carraca, trasto.

cascanueces *s. m.* Utensilio parecido a unas tenazas, que se utiliza para partir las nueces. ■ No varía en *pl.*

cascar (del lat. vulg. *quassicare*, de *quassare*, golpear) *v. tr.* **1.** Romper una cosa quebradiza: *cascar nueces.* También *v. prnl.* **2.** *fam.* P. ext., dañar o estropear una cosa. También *v. intr.* y *v. prnl.*: *Forzó tanto el motor que (se) cascó.* **3.** *fam.* Golpear, pegar: *Unos gamberros le cascaron.* || *v. intr.* **4.** *fam.* Hablar mucho y fuera de tiempo y de lugar: *No paró de cascar.* También *v. tr.* **5.** *fam.* Morir: *Si no se cuida, va a cascar.* ■ Delante de *e* se escribe *qu* en lugar de *c*: *casque.* SIN. **1.** Partir(se), quebrar(se). **1.** y **4.** Rajar. **2.** Cargarse, fastidiar. **3.** Zurrar, sacudir. **4.** Parlotear. **5.** Palmar, espichar, diñar. FAM. Cascado, cascajo, cascanueces, cáscara, cascarrabias, casco, casquijo.

cáscara (de *cascar*) *s. f.* **1.** Cubierta exterior de huevos, frutos, etc. || **¡cáscaras!** *interj.* **2.** Denota sorpresa o admiración. || LOC. **no haber más cáscaras** *fam.* No haber más remedio. SIN. **1.** Corteza, piel, monda. FAM. Casca, cascarilla, cascarón. CASCAR.

cascarilla (dim. de *cáscara*) *s. f.* **1.** Cubierta o envoltura más fina y quebradiza que la cáscara, como la del grano de los cereales, cacahuetes, etc. **2.** Laminilla, de metal u otro material, que recubre ciertos objetos, o trozo que se desprende de ella: *cascarillas de una pared.* FAM. Descascarillar. CÁSCARA.

cascarón (aum. de *cáscara*) *s. m.* **1.** Cáscara de huevo, en especial cuando está vacía: *salir el pollo del cascarón.* || **2. cascarón de nuez** *fam.* Embarcación pequeña y frágil. || LOC. **recién salido del cascarón** *adj.* Se aplica a la persona joven y con poca experiencia.

cascarrabias *s. m.* y *f.* Persona que se enfada con mucha facilidad. ■ No varía en *pl.* SIN. Irritable, quisquilloso. ANT. Apacible.

cascarria *s. f.* Salpicadura de barro en la parte de la ropa que va cerca del suelo. Se usa mucho en *pl.* ■ Se dice también *cazcarria.*

casco (de *cascar*) *s. m.* **1.** Pieza, generalmente de metal o plástico, que cubre y protege la cabeza: *casco militar, casco de bombero.* **2.** Recipiente que sirve para contener líquidos: *casco de cerveza.* **3.** Cuerpo de un barco o avión, independientemente del aparejo o las máquinas. **4.** Gajo de algunas frutas. **5.** Cada una de las capas carnosas de la cebolla. **6.** Uña de las caballerías. **7.** Núcleo de una ciudad, espacio edificado con continuidad: *casco urbano.* **8.** Cada uno de los pedazos de un vaso o vasija que se rompe. Se usa más en *pl.*: *los cascos de una taza.* || *s. m. pl.* **9.** Cabeza: *ligero de cascos.* || **10. cascos azules** Nombre que reciben los soldados de la ONU y que deriva del color del casco que utilizan. || LOC. **calentarse** (o **romperse**) **los cascos** *fam.* Pensar, cavilar mucho; también, estudiar fuerte. SIN. **2.** Envase, frasco, botella. **6.** Pezuña. **8.** Fragmento, añico, cacho. FAM. Cascote, casquería, casquete, casquillo, casquivano. / Monocasco. CASCAR.

cascote *s. m.* **1.** Fragmento de una construcción derribada. **2.** Conjunto de escombros: *Rellenaron el hoyo con cascote.* **3.** Fragmento de metralla. SIN. **1.** Cascajo.

caseína (del lat. *caseus*, queso) *s. f.* Proteína de la leche, que coagulada forma parte importante del queso.

casera (de *La Casera*, marca registrada) *s. f.* Gaseosa*.

caserío *s. m.* **1.** Casa de campo aislada. **2.** Conjunto de casas que no llega a formar un pueblo. SIN. **1.** Alquería, granja, casal. **2.** Casar.

casero, ra *adj.* **1.** Que se hace o se cría en casa o pertenece a ella: *mermelada casera.* **2.** Hecho con medios muy sencillos: *Hicieron estallar una bomba de fabricación casera.* **3.** Como de casa, de confianza, sin formalidades: *comida casera.* **4.** Se aplica a la persona a la que le gusta estar mucho en casa: *No quiso quedar con nosotros el fin de semana, es muy casero.* **5.** Se dice del árbitro que favorece al equipo que juega en casa. || *s. m.* y *f.* **6.** Dueño de una casa que alquila a otro. **7.** Administrador de una casa. **8.** Persona que cuida de una casa cuando está ausente el dueño. SIN. **1.** Doméstico, familiar. **2.** Artesanal, rudimentario. **4.** Hogareño. **5.** Comprado, parcial. **6.** Arrendador, propietario. ANT. **2.** Sofisticado.

caserón *s. m.* Casa grande y destartalada.

caseta *s. f.* **1.** En los balnearios, playas, piscinas e instalaciones deportivas, cuarto pequeño para cambiarse de ropa: *caseta de baño.* **2.** En las ferias, barraca desmontable: *caseta de tiro al blanco.* **3.** Perrera donde se cobija el perro guardián. || LOC. **enviar** (o **mandar**) **a la caseta** Expulsar, echar fuera del terreno de juego un árbitro a un jugador. SIN. **1.** Garita, casilla, cabina. **2.** Puesto, tenderete, barracón.

casete (del fr. *cassette*) *s. amb.* **1.** Cajita de plástico que guarda una cinta magnética para grabar y reproducir el sonido. **2.** La cinta misma: *Pon la otra cara de la casete.* **3.** Aparato grabador o reproductor de sonidos. SIN. **3.** Grabadora, magnetófono. FAM. Radiocasete, videocasete.

casetón *s. m.* Cada uno de los espacios en que se divide un techo artesonado. SIN. Artesón.

cash (ingl.) *s. m.* Dinero en efectivo.

cash-flow (ingl.) *s. m.* Flujo* de caja.

casi (del lat. *quasi*) *adv. c.* **1.** Denota que falta poco para que se cumpla o complete lo significado por la palabra a la que acompaña: *Hace casi un año que nos vimos. Costó casi seis euros. Casi me* *año que nos vimos. Costó casi seis euros. Casi me caigo.* || *adv. m.* **2.** Indica indecisión o duda: *Casi prefiero comer antes.*

casida *s. f.* Qasida*.

casilla (dim. de *casa*) *s. f.* **1.** Casa pequeña y aislada, donde de manera provisional se refugia el guarda de un campo, de un paso a nivel, etc. **2.** Cada una de las divisiones del papel rayado verticalmente o en cuadrículas: *Escribe tu nombre en esa casilla.* **3.** Cada uno de los cajetines de un casillero: *casilla de correspondencia.* **4.** Cada uno de los compartimientos en que se dividen los tableros de ciertos juegos: *casillas del ajedrez.* || LOC. **sacar** a uno **de sus casillas** *fam.* Enfadarle o alterar su modo de vida. **salir** (o **salirse**) uno **de sus casillas** *fam.* Enfadarse mucho, enfurecerse. SIN. **1.** Caseta, garita. **2.** Encasillado. **4.** Cuadro. FAM. Casillero. / Encasillar. CASA.

casillero (de *casilla*) *s. m.* **1.** Estante dividido en varios compartimientos, que sirve para guardar papeles, llaves de un hotel, etc. **2.** Cada una de las divisiones de este mueble o de un tablero cuadriculado. **3.** Marcador deportivo. SIN. **1.** Taquilla. **2.** Casilla.

casino (del ital. *casino*, casa de campo) *s. m.* **1.** Casa de juego. **2.** Asociación de carácter recreativo o cultural, en la que se paga una cuota por pertenecer a la misma y disfrutar de sus instalaciones. **3.** Edificio de esta asociación. SIN. **2.** Ateneo, círculo, club, sociedad.

casiterita (del lat. *cassiterum*, y éste del gr. *kassiteros*, estaño) *s. f.* Mineral muy brillante, de color pardo, que constituye la principal mena del estaño.

caso (del lat. *casus*) *s. m.* **1.** Cosa que sucede: *He leído un caso muy curioso.* **2.** Circunstancia o combinación de circunstancias posibles: *En ese caso, llámame. Cuando llegue el caso estudiaremos el asunto.* **3.** Situación en que se encuentra uno: *En tu caso, yo me callaría.* **4.** Cada manifestación personal de una enfermedad o de un determinado hecho: *un caso de gripe; un caso de despido.* **5.** Asunto en cuya resolución se ocupa la policía o los tribunales de justicia. **6.** Asunto de que se trata o que se propone para consultar o explicar algo. **7.** En ling., posibilidad de variación de la forma del s., el adj., el pron., etc., según la función sintáctica que desempeñen en la oración. || **8. caso clínico** Cada manifestación de una enfermedad en un sujeto, sobre todo si no es habitual; también, persona cuyo comportamiento se sale de lo normal. **9. caso perdido** Persona de mala conducta, de la que no se puede esperar enmienda. || LOC. **en caso de que** *adv.* Si sucede tal o tal cosa. **en todo caso** *adv.* De todas maneras, sea lo que fuere. **en último caso** *adv.* Si no queda otro remedio. **hacer al caso** una cosa *fam.* Venir a propósito de lo que se trata; ser conveniente para algún fin. **hacer caso** Prestar atención, tomar en cuenta. **hacer caso omiso** Prescindir, no hacer caso de algo o de alguien. **ni caso** No prestar atención ni tomar en cuenta. **ser un caso** *fam.* Ser alguien extraordinario, para bien o para mal. **venir al caso** *fam.* Hacer al caso. SIN. **1.** Acontecimiento, incidente, suceso. **2.** Ocasión. **2.** y **3.** Coyuntura. **6.** Cuestión, materia, tema. FAM. Casual, casuística. / Acaso.

casorio *s. m.* Casamiento, generalmente con sentido despectivo. SIN. Bodorrio.

caspa *s. f.* **1.** Especie de escamas que se forman en el cuero cabelludo. **2.** P. ext., la que se forma en afecciones de la piel: *caspa de un herpes.* FAM. Caspiroleta.

caspiroleta *s. f. Amér.* Bebida hecha con leche caliente, huevos, canela, azúcar y aguardiente.

¡cáspita! (del ital. *càspita* o *càppita*) *interj.* Expresa extrañeza, enfado o admiración.

casquería (de *casco*) *s. f.* Tienda donde se venden tripas, callos y demás vísceras de las reses. FAM. Casquero. CASCO.

casquete (de *casco*) *s. m.* **1.** Cubierta de tela o cuero que se ajusta a la cabeza. **2.** *vulg.* Coito. || **3. casquete esférico** En geom., cada una de las dos partes que resultan al cortar una superficie esférica con un plano. **4. casquete glaciar** Conjunto de territorios cubiertos de hielo de las regiones polares. También, masa de nieve que cubre las cumbres redondeadas de algunas montañas. SIN. **1.** Bonete, solideo. FAM. Encasquetar. CASCO.

casquijo (de *casco*) *s. m.* Piedra menuda que sirve como grava o para hacer hormigón. FAM. Véase **cascar**.

casquillo (de *casco*) *s. m.* **1.** Cartucho metálico vacío: *casquillo de bala.* **2.** Parte metálica del cartucho de cartón. **3.** Soporte metálico de la bombilla, que enroscándolo permite la conexión con el circuito eléctrico. **4.** Tapón de metal que refuerza o protege la extremidad de una pieza de madera: *casquillo del bastón.* SIN. **1.** Cápsula. **4.** Contera, regatón, abrazadera. FAM. Encasquillarse. CASCO.

casquivano, na *adj.* **1.** *fam.* Se dice de la persona que carece de sensatez o de formalidad. También *s. m.* y *f.* || *s. f.* **2.** Mujer frívola en su trato con los hombres. SIN. **1.** Informal, irreflexivo, alocado. **2.** Ligera, coqueta. ANT. **1.** Formal, reflexivo.

casta *s. f.* **1.** Variedad en una especie animal formada por la transmisión de algunos caracteres hereditarios. **2.** Ascendencia y descendencia de una persona. **3.** Grupo social muy cerrado que, por nacimiento, religión, posición económica, etc., forma una clase especial: *las castas de la India.* **4.** Clase, condición: *un toro de casta. No soporto a las personas de tu casta.* SIN. **1.** Raza. **2.** Generación, linaje, estirpe, abolengo. **4.** Ralea, calaña. FAM. Castizo. / Descastado, encastar.

castálidas (de la fuente *Castálida*, consagrada a las musas) *s. f. pl.* En la mitología griega, nombre dado a las musas.

castaña (del lat. *castanea*, y éste del gr. *kastanon*) *s. f.* **1.** Fruto del castaño, que está metido en una cápsula espinosa y aparece cubierto por una cáscara dura de color pardo oscuro. **2.** Moño que se hacen las mujeres en forma de castaña. **3.** *fam.* Bofetada, puñetazo. **4.** *fam.* Golpe, choque violento. **5.** *fam.* Borrachera: *Llevaba una buena castaña.* **6.** *fam.* Persona o cosa aburrida, pesada: *La película fue una castaña.* **7.** Cosa que funciona mal: *Su coche es una castaña.* || *s. f. pl.* **8.** *fam.* Años de edad, especialmente cuando se consideran muchos: *Tengo cuarenta castañas.* || **9. castaña pilonga** La que se seca al humo y se conserva todo el año. || LOC. **sacar** a uno **las castañas del fuego** *fam.* Resolverle un problema, sacarle de un apuro. **¡toma castaña!** *excl. fam.* Expresa satisfacción o complacencia en el mal ajeno o ante una respuesta ingeniosa dada a alguien. SIN. **3.** y **4.** Porrazo, tortazo. **5.** Trompa, curda, mona, tablón. **6.** Tostón, pestiño, rollo, petardo. **7.** Cacharro. **8.** Tacos. FAM. Castañar, castañazo, castañero, castañeta, castañetazo, castañetear, castaño, castañuela.

castañazo *s. m. fam.* Golpe, choque violento: *Se metió un castañazo contra la pared.* SIN. Castañetazo, porrazo, tortazo.

castañeta (de *castaña*) *s. f.* **1.** Chasquido que resulta de juntar la yema del dedo medio con la del pulgar y hacerla resbalar bruscamente para que choque con el pulpejo de la mano. **2.** Castañuela.

castañetazo *s. m.* **1.** Estallido de la castaña al reventar si se pone sin cortar al fuego. **2.** P. ext., cualquier estallido semejante. **3.** *fam.* Golpe seco dado con las castañuelas o con los dedos juntos sobre alguien. **4.** Golpe, puñetazo. **SIN. 3.** Sardineta. **4.** Castañazo.

castañetear *v. tr.* **1.** Tocar las castañuelas. || *v. intr.* **2.** Sonarle a uno los dientes dando los de una mandíbula contra los de la otra: *castañetear de frío.* **3.** Sonarle a uno las rótulas de las rodillas al moverlas o doblarlas. **SIN. 2.** Tiritar. **FAM.** Castañeteo. CASTAÑA.

castaño, ña *adj.* **1.** Que es del color de la cáscara de la castaña: *pelo castaño, yegua castaña.* También *s. m.* y *f.* || *s. m.* **2.** Árbol fagáceo, de tronco grueso, copa ancha y redonda, hojas grandes lanceoladas y aserradas y flores dispuestas en largas espigas, cuyo fruto es la castaña. || **3. castaño de Indias** Árbol no emparentado con el castaño común, de hojas palmeadas, flores blancas o rojizas y fruto parecido a la castaña, pero que no es comestible. || **LOC. pasar de castaño oscuro** *fam.* Ser algo intolerable, haber ido demasiado lejos: *Su desvergüenza ya pasa de castaño oscuro.* **FAM.** Acastañado. CASTAÑA.

castañuela (de *castaña*) *s. f.* Instrumento de percusión compuesto por dos piezas cóncavas de madera que se sujetan a un dedo y se hacen sonar chocando una contra otra. || **LOC. estar** alguien **como unas castañuelas** *fam.* Estar muy alegre: *Estaba como unas castañuelas con su nueva casa.* **SIN.** Castañeta, crótalo, palillos.

castellanismo *s. m.* **1.** Ideología y comportamiento de los partidarios de mantener viva la personalidad distintiva de Castilla. **2.** Palabra o expresión de Castilla que se emplea en otras lenguas.

castellanizar *v. tr.* **1.** Dar forma castellana a una palabra proveniente de otra lengua. **2.** Asumir la manera de vivir castellana una persona proveniente de otra cultura. También *v. prnl.*: *Carlos V nunca llegó a castellanizarse del todo.* ■ Delante de *e* se escribe con *c* en lugar de *z*: *castellanice.*

castellano, na *adj.* **1.** De Castilla. También *s. m.* y *f.* || *s. m.* **2.** La lengua española, especialmente cuando se considera en relación a las otras lenguas habladas en España. **3.** Dialecto romance del que tuvo su origen la lengua española. **4.** Antiguamente, gobernador o señor de un castillo. **FAM.** Castellanismo, castellanizar, castellano-leonés, castellano-manchego. CASTILLO.

castellano-leonés, sa *adj.* De la Comunidad Autónoma de Castilla y León. También *s. m.* y *f.*

castellano-manchego, ga *adj.* De la Comunidad Autónoma de Castilla-La Mancha. También *s. m.* y *f.*

castellers (cat.) *s. m. pl.* Nombre dado a los componentes de las torres humanas típicas del folclore catalán.

castellonense *adj.* De Castellón de la Plana o de su provincia. También *s. m.* y *f.*

casticismo *s. m.* Amor a lo puro y castizo en las costumbres, usos y modales y, sobre todo, en la forma de hablar y escribir. **SIN.** Tipismo, purismo. **ANT.** Extranjerismo, barbarismo.

castidad (del lat. *castitas, -atis*) *s. f.* Virtud del que renuncia a todo placer sexual o, en lo relativo a la sexualidad, se comporta de acuerdo con unos principios morales o religiosos. **SIN.** Pureza, continencia, decencia. **ANT.** Lujuria.

castigador, ra (del lat. *castigator, -oris*) *adj.* **1.** Que castiga. **2.** *fam.* Que enamora, proponiéndoselo o no, con su actitud galante y su coquetería. También *s. m.* y *f.* **SIN. 2.** Seductor, conquistador.

castigar (del lat. *castigare*) *v. tr.* **1.** Imponer un castigo por un delito o una falta: *castigar al culpable; castigar al niño sin recreo.* **2.** Hacer padecer a alguien, aunque no tenga culpa. **3.** Estimular con el látigo o las espuelas a una caballería para que vaya más deprisa. **4.** Enamorar a alguien con coquetería, por pasatiempo. **5.** Estropear, dañar algo un fenómeno natural: *El granizo castigó los sembrados.* ■ Delante de *e* se escribe *gu* en lugar de *g*: *castigue.* **SIN. 1.** Condenar, escarmentar, sancionar. **2.** Afligir, mortificar. **3.** Fustigar. **5.** Perjudicar. **ANT. 1.** Perdonar, absolver, premiar. **FAM.** Castigador, castigo.

castigo *s. m.* **1.** Pena o daño que se impone al que ha cometido una falta o delito: *El castigo fue leve.* **2.** Persona o cosa que causa muchas molestias, trastornos y sufrimientos: *ser alguien un castigo.* || **3. castigo ejemplar** El duro y severo que se aplica para que sirva de lección. **SIN. 1.** Condena, escarmiento, sanción, correctivo. **2.** Tormento, cruz. **ANT. 1.** Absolución, perdón; premio.

castillete *s. m.* Armazón de distintas formas y materiales que sirve para sostener algo.

castillo (del lat. *castellum*) *s. m.* **1.** Edificio o conjunto de edificios fortificados cercados con murallas y fosos para fines militares. **2.** Parte de la cubierta principal de un barco, entre el palo trinquete y la proa. **3.** Cubierta parcial que en esa parte tienen algunos barcos, a la altura de la borda. Si está a popa, se llama *castillo de popa.* || **4. castillo de fuegos artificiales** Conjunto aparatoso de fuegos artificiales y cohetes. **5. castillos de naipes** *fam.* Con los verbos *hacer* o *levantar*, proyectar o intentar algo sin base sólida o suficiente. || **LOC. castillos en el aire** Ilusiones con poco o ningún fundamento. **SIN. 1.** Alcázar, fortaleza. **FAM.** Castellano, castillete. / Encastillarse.

casting (ingl.) *s. m.* Proceso de selección de actores que intervienen en una película, un programa o un anuncio de televisión.

castizo, za *adj.* **1.** Que representan las características típicas de un país, de una raza, de una profesión, etc.: *un andaluz castizo.* **2.** Se dice del lenguaje puro, sin mezcla de voces ni giros extraños. **3.** De buena casta. **4.** Simpático, gracioso y ocurrente. También *s. m.* y *f.* **SIN. 1.** Típico, auténtico, genuino. **2.** Purista. **3.** Linajudo. **ANT. 1.** Falso. **2.** Adulterado. **FAM.** Castizamente. CASTA.

casto, ta (del lat. *castus*) *adj.* **1.** Que practica la castidad. También *s. m.* y *f.* **2.** Se aplica a acciones, dichos o cosas que implican esta virtud. **3.** Sin picardía o provocación erótica: *una casta mirada.* **SIN. 1.** y **2.** Puro. **2.** Recatado, honesto. **ANT. 1.** y **2.** Libidinoso, lujurioso. **FAM.** Castamente, castidad.

castor (del lat. *castor, -oris*) *s. m.* **1.** Mamífero roedor de unos 80 cm de longitud; su cuerpo grueso, cubierto de pelo castaño, de patas cortas y cola aplanada y escamosa, está preparado para la vida acuática. Realiza construcciones y diques en los ríos y se alimenta de hojas y corteza de árboles. **2.** Tela de lana de pelo suave. **FAM.** Castoreño.

castoreño *s. m.* Sombrero que llevan los picadores de toros.

castrar (del lat. *castrare*) *v. tr.* **1.** Extirpar o inutilizar los órganos genitales. **2.** Debilitar o anular: *El rígido reglamento castraba cualquier iniciativa.* **3.** Quitar a las colmenas parte de los panales con miel. **SIN. 1.** Capar, emascular. **2.** Reprimir, destruir. **3.** Catar. **FAM.** Castración, castrado.

castrato (ital.) *s. m.* Cantante al que se castraba durante la adolescencia para que conservara su voz de soprano. ■ Su pl. es *castrati*.

castrense (del lat. *castrensis*) *adj.* Relacionado con el ejército y la vida y profesión militar: *Dijo la misa el capellán castrense.* **FAM.** Véase **castro**.

castrismo (de Fidel *Castro*, político cubano) *s. m.* Sistema político de ideología comunista implantado en Cuba tras el triunfo de la revolución de 1959.

castro (del lat. *castrum*, campamento fortificado) *s. m.* Antigua fortificación celtíbera. **FAM.** Castrense.

casual (del lat. *casualis*) *adj.* **1.** Que sucede o se da por casualidad: *un encuentro casual.* **2.** En ling., perteneciente o relativo al caso. ‖ **LOC. por un casual** *fam.* Por casualidad: *¿Has visto mis gafas, por un casual?* **SIN. 1.** Accidental, inopinado, imprevisto. **ANT. 1.** Previsto. **FAM.** Casualidad, casualmente. CASO.

casualidad *s. f.* **1.** Combinación de circunstancias que caracteriza a los acontecimientos imprevistos: *Nos encontramos por casualidad.* **2.** Suceso imprevisto, fortuito, impensado: *Ganar fue una casualidad.* **SIN. 1.** Azar, suerte, acaso. **2.** Coincidencia. **ANT. 1.** Necesidad, seguridad.

casualmente *adv. m.* **1.** Por casualidad, impensadamente. **2.** *fam.* Precisamente; se usa para reafirmar o contradecir lo dicho por otro.

casuariforme *adj.* **1.** Se aplica a ciertas aves corredoras de gran tamaño, con fuertes patas y alas atrofiadas, como el casuario y el emú. Viven en Australia y Nueva Guinea. También *s. m.* ‖ *s. f. pl.* **2.** Orden de estas aves.

casuario (del malayo *casuguaris*) *s. m.* Ave corredora de Australia y Nueva Guinea, de gran tamaño, plumas sedosas, patas fuertes terminadas en tres dedos y una protuberancia ósea en la cabeza. Es incapaz de volar.

casuística *s. f.* Conjunto de casos particulares en que se puede desarrollar o explicar una determinada materia, doctrina, regla, etc.: *Esa norma tiene una amplia casuística.* **SIN.** Pormenores.

casulla (del lat. *casubla*, capa con capucha) *s. f.* Vestidura sagrada que se pone el sacerdote encima del resto de la ropa para celebrar la misa.

casus belli (lat.) *expr.* Motivo de guerra. ■ Se usa como *s. m.*

cata *s. f.* **1.** Acción de catar o de probar una cosa: *la cata del vino.* **2.** Porción de una cosa que se prueba: *Tomé una cata de mosto.*

catabolismo (del gr. *kata*, abajo, y *ballo*, echar) *s. m.* Fase destructiva del metabolismo celular, en la que las grandes moléculas orgánicas se transforman en moléculas pequeñas, con liberación de energía. Se opone a *anabolismo*.

cataclismo (del lat. *cataclysmus*, y éste del gr. *kataklysmus*, inundación) *s. m.* **1.** Desastre de grandes proporciones, especialmente el producido por el agua o por otra fuerza de la naturaleza, como un terremoto, maremoto, etc. **2.** Gran trastorno político, económico, social, etc.: *La caída del gobierno fue un cataclismo.* **SIN. 1.** y **2.** Catástrofe, hecatombe.

catacumbas (del lat. *catacumba*, y éste del gr. *kata*, debajo, y *kumbe*, hueco) *s. f. pl.* Galerías subterráneas excavadas en el suelo en las que los primitivos cristianos enterraban a sus muertos y se reunían para practicar sus cultos. **SIN.** Cripta.

catadióptrico, ca (del gr. *kata*, hacia, *dia-*, y *ops*, vista) *adj.* En ópt., se aplica al sistema o dispositivo compuesto por un espejo que refleja la luz y una o varias lentes que la refractan, como el utilizado en los faros traseros de los vehículos. También *s. m.*

catador, ra *s. m.* y *f.* Persona que cata como oficio, generalmente vinos. **SIN.** Catavinos.

catadura *s. f.* Aspecto, pinta: *hombre de mala catadura.* **SIN.** Facha, traza.

catafalco (del lat. *catafalicum*) *s. m.* Armazón revestido de negro que imita un sepulcro o ataúd y que se levanta en las iglesias para celebrar los funerales por un difunto. **SIN.** Túmulo. **FAM.** Véase **cadalso**.

catáfora (del gr. *kataphora*, que lleva hacia abajo) *s. f.* En ling., tipo de deixis que consiste en anticipar una parte del discurso aún no anunciada, como p. ej., *lo siguiente* en la frase *Me dijo lo siguiente: que renunciaba.* **FAM.** Catafórico.

catalán, na *adj.* **1.** De Cataluña. También *s. m.* y *f.* ‖ *s. m.* **2.** Idioma de Cataluña y de otros territorios de la antigua corona de Aragón. **FAM.** Catalanidad, catalanismo, catalanista.

catalanismo *s. m.* **1.** Cualidad o carácter propio de lo catalán. **2.** Doctrina o movimiento que defiende lo propio de Cataluña, en especial su autonomía política. **3.** Término o expresión propios del idioma catalán. **SIN. 1.** Catalanidad.

catalejo *s. m.* Anteojo para ver a larga distancia.

catalepsia (del lat. *catalepsis*, y éste del gr. *katalepsis*, sorpresa) *s. f.* Alteración psicomotriz que se caracteriza por la inmovilidad y rigidez del cuerpo y la pérdida de la sensibilidad y de la capacidad de contraer los músculos voluntariamente. **FAM.** Cataléptico.

catalina *s. f. fam.* Excremento. **SIN.** Caca.

catálisis (del gr. *katalysis*, disolución, acabamiento) *s. f.* Variación de la velocidad de una reacción química debida a la presencia de un catalizador. ■ No varía en *pl.* **FAM.** Catalizador.

catalizador *s. m.* **1.** Sustancia que acelera o retarda la velocidad de una reacción química sin participar directamente en ella. **2.** Persona o cosa que aviva, acelera algo, o que atrae y agrupa fuerzas, sentimientos, ideas: *Fue el catalizador del equipo.* **SIN. 2.** Impulsor, motor. **FAM.** Catalizar. CATÁLISIS.

catalizar *v. tr.* **1.** Acelerar o retardar una reacción química mediante el uso de un catalizador. **2.** Estimular, hacer reaccionar: *Su ejemplo catalizó al resto del grupo.* ■ Delante de *e* se escribe *c* en lugar de *z*: *catalice.* **SIN. 2.** Impulsar, galvanizar, reactivar. **ANT. 2.** Paralizar, atenazar.

catalogar *v. tr.* **1.** Registrar por orden libros, manuscritos u otras cosas: *Catalogó en fichas sus discos.* **2.** Incluir en un catálogo, clase, grupo, etc. **3.** Suponer que alguien posee determinadas cualidades o que forma parte de un partido, grupo, etc.: *Le catalogan como prudente.* ■ Delante de *e* se escribe *gu* en lugar de *g*: *catalogue.* **SIN. 1.** Inventariar. **2.** Clasificar. **3.** Encasillar, etiquetar, calificar.

catálogo (del lat. *catalogus*, y éste del gr. *katalogos*, registro) *s. m.* Lista de personas, cosas o sucesos, puestos en orden o por clases: *catálogo* *de libros.* **SIN.** Inventario, registro, clasificación, índice, nomenclátor. **FAM.** Catalogable, catalogación, catalogar. / Descatalogar.

catalpa *s. f.* Árbol ornamental de hojas grandes en forma de corazón, flores blancas con puntos purpúreos y frutos en vainas alargadas casi cilíndricas.

catamarán *s. m.* Embarcación deportiva que consta de una plataforma y dos cascos alargados en forma de patines; es impulsada por vela o motor.

cataplasma (del lat. *cataplasma*, y éste del gr. *kataplasma*, aplicación) *s. f.* **1.** Medicamento externo en forma de emplasto que se utiliza como calmante local. **2.** *fam.* Persona pesada y molesta. **SIN. 1.** Apósito, fomento. **2.** Paliza, plasta, pelmazo, pelma.

cataplines *s. m. pl. fam.* Testículos.

catapulta (del lat. *catapulta*) *s. f.* **1.** Máquina militar que lanzaba piedras o saetas. **2.** Mecanismo que proporciona impulso a los aviones para despegar desde un barco. **FAM.** Catapultar.

catapultar *v. tr.* **1.** Lanzar con catapulta. **2.** Promocionar mucho y rápidamente a alguien: *Una sola película catapultó a esa actriz a la fama.* **SIN. 2.** Promover, elevar. **ANT. 2.** Hundir, arruinar.

catapum o **catapún** *onomat.* **1.** *fam.* Voz que imita el sonido que produce un ruido o un golpe muy fuertes. **2.** Voz que acompaña a determinados nombres para expresar un tiempo muy lejano que no se concreta: *el año catapún.*

catar (del lat. *captare*, coger) *v. tr.* **1.** Probar una cosa para juzgar su sabor: *catar un melón, un vino.* **2.** Experimentar la sensación que causa algo: *Cató el sabor del triunfo.* **3.** Castrar las colmenas. **SIN. 1.** Gustar, calar. **1.** y **2.** Paladear, saborear. **FAM.** Cata, catador, catadura, catalejo, catavino, catear[2]. / Acatar, calicata, percatarse, recatar, rescatar.

catarata (del lat. *cataracta*, y éste del gr. *kataraktes*) *s. f.* **1.** Salto grande de agua que cae por un descenso brusco del terreno. **2.** Opacidad del cristalino del ojo, producida por la aparición de depósitos de albúmina entre sus fibras. || *s. f. pl.* **3.** Lluvia torrencial.

catarcaico, ca *adj.* **1.** Se aplica a la primera de las dos eras en que se divide el eón criptozoico, durante la cual se originó la vida en la Tierra. Comenzó hace unos 4.700 millones de años y acabó hace unos 2.700 millones. También *s. m.* **2.** Relativo a esta era.

cátaro, ra (del lat. medieval *cathari*, y éste del gr. *katharos*, puro) *adj.* **1.** Se aplica a diversas sectas heréticas de los s. XII y XIII que sostenían la existencia de dos principios, un principio del bien y otro del mal, y condenaban la materia como creación de este último. **2.** Relativo a estas sectas o miembro de alguna de ellas. También *s. m.* y *f.*

catarrino (del gr. *kata*, hacia abajo, y *rhis*, *rhinos*, nariz) *adj.* **1.** Se aplica a los primates antropoides caracterizados por tener los orificios nasales próximos entre sí y dirigidos hacia abajo, como el gorila, el chimpancé o el hombre. También *s. m.* || *s. m. pl.* **2.** Infraorden formado por estos primates.

catarro (del lat. *catarrhus*, y éste del gr. *katarrheo*, afluir) *s. m.* **1.** Inflamación de las membranas mucosas, especialmente del aparato respiratorio, con aumento de secreción. **2.** Secreción de dichas membranas. **SIN. 1.** Constipado, resfriado. **2.** Flujo. **FAM.** Catarral, catarroso. / Acatarrar.

catarsis (del gr. *katharsis*, purificación) *s. f.* **1.** Sentimiento de serenidad o liberación de las pasiones, de tensiones emocionales, de conflictos, etc. **2.** Depuración, purga; se usa especialmente en ámbitos políticos: *Sometieron al partido a un proceso de catarsis.* ■ No varía en *pl.* **FAM.** Catártico.

catastro (del ital. *catastro*, y éste del lat. *capitastrum*, de *caput*, *-itis*, cabeza) *s. m.* **1.** Censo estadístico de la propiedad territorial urbana y rústica. **2.** Impuesto que se paga por la posesión de una finca. **SIN. 2.** Contribución. **FAM.** Catastral.

catástrofe (del lat. *catastrophe*, y éste del gr. *katastrophe*, ruina) *s. f.* **1.** Acontecimiento desastroso: *catástrofe aérea.* **2.** *fam.* Se aplica a una desgracia, a una cosa mal hecha, de mala calidad o que causa mala impresión, etc. **SIN. 1.** Cataclismo, hecatombe. **1.** y **2.** Desastre, calamidad. **ANT. 2.** Maravilla, éxito. **FAM.** Catastrófico, catastrofismo, catastrofista.

catastrofismo *s. m.* Actitud u opinión de quien pronostica grandes males: *El catastrofismo es típico en los cambios de milenio.*

catastrofista *adj.* Exageradamente pesimista, que tiende a pronosticar catástrofes. También *s. m.* y *f.* **SIN.** Alarmista, agorero. **ANT.** Optimista.

catatonía (del al. *Katatonie*, y éste del gr. *katatonos*) *s. f.* Síndrome propio de algunas enfermedades psiquiátricas caracterizado por perturbaciones de la movilidad y de la voluntad, que pueden conducir a la inmovilidad plena. **FAM.** Catatónico.

catatónico, ca *adj.* **1.** Relativo a la catatonía o que padece catatonía. También *s. m.* y *f.* **2.** *fam.* Muy impresionado o sorprendido: *Al enterarme de la noticia me quedé catatónica.*

catavino *s. m.* **1.** Copa u otro recipiente para probar el vino. **2.** Tubo o pipeta para extraer vino de los toneles. || **catavinos** *s. m.* y *f.* **3.** Catador de vinos. En esta acepción no varía en *pl.*

catchup (del ingl. *catsup*) *s. m.* Salsa de tomate muy espesa, preparada con vinagre, azúcar y especias. ■ Se escribe también *ketchup* y *kechup.*

cate *s. m.* **1.** Bofetada o golpe. **2.** Suspenso en un examen. **SIN. 1.** Bofetón, tortazo, sopapo. **2.** Calabaza. **ANT. 2.** Aprobado. **FAM.** Catear[1].

catear[1] (de *cate*) *v. tr. fam.* Suspender en un examen o asignatura: *Le han cateado el inglés.* **SIN.** Cargar, tirar. **FAM.** Cateador. CATE.

catear[2] (de *catar*) *v. tr.* **1.** *Amér.* Explorar terrenos en busca de filones de mineral, agua, etc. **2.** *Amér.* Allanar o registrar un domicilio. **FAM.** Cateador, cateo. CATAR.

catecismo (del lat. *catechismus*, y éste del gr. *katekhismos*, instrucción) *s. m.* **1.** Libro en que se contiene y explica la doctrina de la religión cristiana, redactado generalmente en forma de diálogo. **2.** P. ext., cualquier otra obra que resume alguna doctrina o ciencia. **FAM.** Catecúmeno, catequesis.

catecumenado *s. m.* **1.** Conjunto de catecúmenos de una comunidad. **2.** Instrucción de un catecúmeno. **3.** Tiempo que dura esta instrucción.

catecúmeno, na (del lat. *catechumenus*, y éste del gr. *katekhumenos*, el que se instruye) *s. m.* y *f.* Persona que se instruye en la doctrina cristiana para recibir el bautismo. **FAM.** Catecumenado. CATECISMO.

cátedra (del lat. *cathedra*, y éste del gr. *kathedra*, asiento) *s. f.* **1.** Asiento elevado desde el que el profesor explica la lección a sus alumnos. **2.** Empleo y plaza de catedrático; también, asignatura que éste imparte y departamento que depende de él. **3.** Aula. || **4. cátedra de San Pedro** Dignidad del papa. || LOC. **poner** (o **sentar**) **cátedra** Actuar o hablar con autoridad y afectación, dándoselas de entendido. **FAM.** Catedral, catedrático.

catedral *s. f.* Iglesia de gran tamaño, sede de una diócesis. También *adj.* || LOC. **como una catedral** *fam.* Pondera la magnitud, grandiosidad, importancia, etc., de alguien o algo. **FAM.** Catedralicio. CÁTEDRA.

catedrático, ca *s. m.* y *f.* Profesor de categoría docente superior en un centro oficial de enseñanza secundaria o en una facultad universitaria.

categoría (del lat. *categoria*, y éste del gr. *kategoria*, cualidad de un objeto) *s. f.* **1.** Cada apartado o grupo en una clasificación: *establecimiento de primera categoría, categoría social.* **2.** Cada uno de los grados o jerarquías de una profesión, carrera o actividad: *categoría de oficial, campeón de la categoría senior.* **3.** Importancia, valor, prestigio: *un puesto de categoría.* || **4. categoría lingüística** Clase, grupo o paradigma en que se distinguen los elementos o unidades que componen el lenguaje. **SIN. 1.** Especie, género, clase, estrato. **2.** Cargo, escala, nivel, rango. **3.** Consideración, renombre, valía. **ANT. 3.** Mediocridad. **FAM.** Categórico, categorizar.

categórico, ca *adj.* Que afirma o niega de forma absoluta, sin dudas ni vacilaciones: *respuesta categórica.* **SIN.** Rotundo, terminante, contundente, tajante. **ANT.** Ambiguo, indeciso. **FAM.** Categóricamente. CATEGORÍA.

categorizar *v. tr.* Organizar o clasificar en categorías. También *v. prnl.* ■ Delante de *e* se escribe con *c* en lugar de *z*: *categorice.* **FAM.** Categorización. CATEGORÍA.

catequesis (del lat. *catechesis*, y éste del gr. *katekhesis*, instrucción) *s. f.* Enseñanza de la doctrina cristiana, especialmente para preparar a recibir el bautismo o la primera comunión. ■ No varía en *pl.* **FAM.** Catequético, catequista, catequístico, catequizar. CATECISMO.

catequista *s. m.* y *f.* Persona que enseña la doctrina cristiana.

catequizar (del lat. *catechizare*, y éste del gr. *katekhizo*, instruir) *v. tr.* Instruir en una doctrina, particularmente en la fe cristiana. ■ Delante de *e* se escribe *c* en lugar de *z*: *catequice.* **SIN.** Adoctrinar, evangelizar, predicar.

catering (ingl.) *s. m.* Servicio de comidas preparadas, como p. ej., las que sirven las líneas aéreas a los pasajeros durante los vuelos.

caterva (del lat. *caterva*) *s. f.* Multitud de personas o cosas desordenadas, despreciables o de poca importancia: *una caterva de desharrapados.* **SIN.** Montón, muchedumbre, tropel.

catéter (del gr. *katheter*, de *kathienai*, dejar caer) *s. m.* Sonda para desobstruir, dilatar o explorar conductos o cavidades del organismo. **FAM.** Cateterismo.

cateterismo *s. m.* Operación quirúrgica o exploratoria que consiste en introducir un catéter en un conducto o cavidad.

cateto (del lat. *cathetus*, y éste del gr. *kathetos*, perpendicular) *s. m.* Cada uno de los dos lados que forman el ángulo recto de un triángulo rectángulo.

cateto, ta *s. m.* y *f.* Persona ignorante y tosca, sin formación ni cultura. También *adj.* **SIN.** Patán, palurdo, paleto. **ANT.** Instruido, refinado.

catilinaria (de las *Catilinarias*, célebres discursos de Cicerón) *s. f.* Escrito o discurso muy duro contra alguien. **SIN.** Filípica, invectiva, diatriba.

catión (de *cátodo* e *ion*) *s. m.* Ion con carga eléctrica positiva, generado por pérdida de electrones.

catire, ra *adj. Amér.* Se aplica a la persona de cabello rubio o pelirrojo.

catirrino *adj.* Catarrino*.

cátodo (del gr. *kathodos*, camino descendente) *s. m.* Electrodo negativo de una pila o generador eléctrico, desde donde los electrones inician su transición hacia el ánodo o al que se dirigen los cationes en una cuba electrolítica. **FAM.** Catódico.

catolicismo *s. m.* **1.** Forma de cristianismo profesada por la Iglesia católica romana, cuya cabeza visible es el papa. **2.** Condición de católico. **FAM.** Nacionalcatolicismo. CATÓLICO.

católico, ca (del lat. *catholicus*, y éste del gr. *katholikos*, universal) *adj.* **1.** Del catolicismo. **2.** Que profesa esta religión. También *s. m.* y *f.* **3.** Antiguo título de los reyes de España: *su majestad católica.* || LOC. **no estar** alguien **muy católico** *fam.* No encontrarse bien de salud. **FAM.** Catolicidad, catolicismo.

catorce (del lat. *quattuordecim*) *adj. num. card.* **1.** Diez más cuatro. También *pron.* y *s. m.*: *Faltaron catorce a la reunión. Diez y cuatro suman catorce.* || *adj. num. ord.* **2.** Decimocuarto: *el puesto catorce.* También *pron.*: *la guerra del catorce.* || *s. m.* **3.** Conjunto de signos que representan este número. **FAM.** Catorceavo, catorzavo. CUATRO.

catre (del port. *catre*) *s. m.* Cama ligera individual, generalmente plegable.

catsup (ingl.) *s. m.* Catchup*.

caucasiano, na *adj.* Del Cáucaso. También *s. m.* y *f.* **FAM.** Caucásico.

caucásico, ca *adj.* Se dice de la raza blanca, también llamada *europea*, por suponerla originaria del Cáucaso. También *s. m.* y *f.*

cauce (del lat. *calix, -icis*, conducto) *s. m.* **1.** Concavidad por donde corren las aguas de los ríos y arroyos o las de riego u otros usos: *el cauce de una acequia.* **2.** Modo, norma, procedimiento: *los cauces de una reclamación.* **SIN. 1.** Lecho, madre, zanja, reguera, cacera. **2.** Trámite. **FAM.** Caz. / Cacera, encauzar.

caucho (de la voz indígena americana *cauchuc*, impermeable) *s. m.* Sustancia impermeable y resistente a la abrasión y a las corrientes eléctricas, que se obtiene del látex de numerosas plantas tropicales y se utiliza para construir neumáticos, tuberías, aislantes, etc. **FAM.** Cauchero. / Recauchutar.

caución (del lat. *cautio, -onis*) *s. f.* Garantía, fianza u otra medida que asegura el cumplimiento de una obligación, pacto, contrato, etc.

caudal[1] (del lat. *capitalis*, principal) *s. m.* **1.** Cantidad de agua que lleva un curso fluvial. **2.** Conjunto de bienes o dinero que se posee: *Un buen negocio multiplicó su caudal.* **3.** Abundancia de cosas: *caudal de datos.* **SIN. 2.** Capital, hacienda, fortuna, riqueza. **3.** Acumulación, profusión. **ANT. 2.** Penuria, pobreza. **3.** Carencia, escasez, falta. **FAM.** Caudaloso. / Acaudalado.

caudal[2] (del lat. *cauda*, cola) *adj.* De la cola: *aleta caudal.*

caudaloso, sa *adj.* **1.** Que lleva mucha agua: *río caudaloso.* **2.** Que tiene mucho dinero o bienes: *herencia caudalosa, patrimonio caudaloso.* **SIN. 1.** Abundante, copioso.

caudillaje *s. m.* **1.** Gobierno de un caudillo: *el caudillaje del jefe guerrillero.* **2.** Sistema político que propugna la dirección del Estado por un caudillo carismático: *El caudillaje es característico de los regímenes fascistas.* **3.** *Amér.* Caciquismo.

caudillismo *s. m.* Caudillaje*.

caudillo (del lat. vulg. *capitellum*, de *capitulum*, cabeza) *s. m.* Persona que manda o dirige gente, especialmente en tiempos de guerra. **SIN.** Adalid, cabecilla, jefe, capitán. **FAM.** Caudillaje, caudillismo. / Acaudillar.

causa[1] (del lat. *causa*) *s. f.* **1.** Aquello que es origen de algo o lo produce: *La causa de la enfermedad fue un virus.* **2.** Motivo o razón para hacer alguna cosa: *Tengo una buena causa para hablar.* **3.** Empresa o ideal que se toma con interés o por cuya realización alguien se esfuerza: *Abrazó la causa democrática.* **4.** Proceso judicial: *La causa quedó vista para sentencia.* || **LOC. hacer causa común** Unirse a otro u otros para conseguir un mismo fin. **SIN. 1.** Base, fundamento, germen. **2.** Móvil, incentivo, justificación. **3.** Empeño, proyecto. **4.** Pleito, litigio, caso. **FAM.** Causal, causalidad, causante, causar, causativo. / Encausar.

causa[2] (del quechua *causay*, sustento) *s. f. Chile* Merienda o comida ligera hecha a deshora.

causal (del lat. *causalis*) *adj.* **1.** Que se refiere a la causa, es propio de ella o la expresa. **2.** Se aplica especialmente a las oraciones subordinadas que indican la causa de lo que expresa la principal y a las conj. con que se unen a ésta, como *porque*, *pues*, *puesto que*, *ya que*, etc.

causalidad *s. f.* **1.** Relación o vinculación entre una causa y su efecto o resultado de una cosa. **2.** Causa o conjunto de causas de algo: *la causalidad de una epidemia.* **SIN. 2.** Principio, origen, explicación.

causante *adj.* **1.** Que causa: *No se sabe bien cuál es el virus causante de la enfermedad.* También *s. m.* y *f.* || *s. m.* y *f.* **2.** Persona de quien procede el derecho que alguien tiene. Especialmente, aquella persona cuya muerte origina la sucesión.

causar (del lat. *causare*) *v. tr.* Producir algo o ser motivo u origen de ello: *El calor causa la dilatación de los cuerpos. La lluvia causó el retraso del tren.* **SIN.** Ocasionar, originar, motivar, provocar. **ANT.** Evitar.

causativo, va (del lat. *causativus*) *adj.* Factitivo*.

cáustico, ca (del lat. *causticus*, y éste del gr. *kaustikos*, de *kaio*, quemar) *adj.* **1.** Se dice de las sustancias que queman o destruyen los tejidos orgánicos: *sosa cáustica.* **2.** Se aplica también a los medicamentos que cauterizan con fines curativos. También *s. m.* **3.** Se aplica a la persona, dicho, etc., irónico o agresivo: *Ese escritor utiliza un lenguaje cáustico.* También *s. m.* y *f.* **SIN. 1.** Corrosivo, mordiente. **2.** Cauterizante. **3.** Mordaz, incisivo, sarcástico, punzante. **FAM.** Cáusticamente, causticidad. / Encáustico.

cautela (del lat. *cautela*, de *cautus*, cauto) *s. f.* Precaución, cuidado o reserva con que se actúa para evitar un peligro, no ser notado, etc.: *Abrió la puerta con cautela.* **SIN.** Prudencia, prevención, tiento. **ANT.** Imprudencia, descuido. **FAM.** Cautelar, cautelosamente, cauteloso. CAUTO.

cautelar *adj.* En der., se dice de las resoluciones adoptadas para asegurar la consecución de un determinado fin o impedir lo que pueda dificultarlo: *medida cautelar.* **SIN.** Preventivo.

cauteloso, sa *adj.* Que muestra cautela, actúa o se realiza con ella: *una persona cautelosa en sus comentarios, una forma de andar cautelosa.* **SIN.** Prudente, cauto, prevenido. **ANT.** Imprudente, incauto.

cauterio (del lat. *cauterium*, y éste del gr. *kauterion*) *s. m.* **1.** Medio utilizado en cirugía para quemar o destruir tejidos orgánicos con fines curativos. **2.** Acción de cauterizar. **3.** Remedio eficaz de algún mal. **SIN. 2.** Cauterización.

cauterizar (del lat. *cauterizare*) *v. tr.* **1.** Curar las heridas y otras dolencias aplicando un cauterio. **2.** Corregir con rigor y severidad cualquier defecto, vicio, trastorno social, etc. ■ Delante de *e* se escribe *c* en lugar de *z*: *cauterice.* **SIN. 1.** Quemar. **2.** Reprimir. **FAM.** Cauterio, cauterización.

cautivar (del lat. *captivare*) *v. tr.* **1.** Aprisionar, privar de libertad, especialmente al enemigo en la guerra. **2.** Atraer de manera irresistible a alguien por el encanto, la gracia, la belleza, etc.: *El espectáculo cautivó al público.* **SIN. 1.** Apresar, capturar, prender. **2.** Conquistar, encantar, fascinar, seducir. **ANT. 1.** Liberar, libertar. **2.** Aburrir, desilusionar.

cautiverio *s. m.* **1.** Estado del que se encuentra privado de libertad: *Los prisioneros vivieron varios meses de cautiverio.* **2.** Tiempo que dura ese estado: *Durante el cautiverio pasó momentos de miedo.* **SIN. 1.** Cautividad, prisión, aprisionamiento. **ANT. 1.** Liberación.

cautividad (del lat. *captivitas, -atis*) *s. f.* Cautiverio o estado del cautivo: *En el zoo los animales viven en cautividad.*

cautivo, va (del lat. *captivus*) *adj.* **1.** Que está privado de libertad y retenido en algún lugar por la fuerza. También *s. m.* y *f.* **2.** Se dice de la persona dominada por el atractivo de alguien o algo: *cautivo de la belleza de su tierra natal.* También *s. m.* y *f.* **3.** Que vive entregado a un vicio o pasión: *El juego le ha hecho cautivo.* También *s. m.* y *f.* **SIN. 1.** Aprisionado, prisionero, preso. **2.** Seducido, prendido. **3.** Esclavizado. **ANT. 1.** Liberado, libre, libertado. **FAM.** Cautivador, cautivar, cautiverio, cautividad. / Excautivo.

cauto, ta (del lat. *cautus*, de *cavere*, precaver) *adj.* Cauteloso*. **FAM.** Caución, cautamente, cautela. / Incautarse, incauto, precaución.

cava (del lat. *cavus*, hueco) *s. f.* **1.** Acción de cavar: *la cava de las viñas.* **2.** Bodega subterránea en la que se guardan vinos para que envejezcan: *cava de espumosos.* **3.** Cada una de las dos grandes venas que reúnen la sangre venosa procedente de todo el cuerpo y la conducen a la aurícula derecha del corazón. ■ Se usa mucho en aposición: *vena cava.* || *s. m.* **4.** Vino blanco espumoso cuyo proceso de elaboración y crianza se hace en la misma botella.

cavar (del lat. *cavare*) *v. tr.* **1.** Levantar, mover o ahondar la tierra con la azada o con cualquier otro instrumento, especialmente para cultivarla. También *v. intr.*: *Estuvo todo el día cavando en la finca.* **2.** Hacer un hoyo o zanja: *cavar una fosa.* **SIN. 1.** Remover. **2.** Excavar. **FAM.** Cava, cavador, caverna, cavidad. / Entrecavar, excavar.

caverna (del lat. *caverna*) *s. f.* **1.** Cavidad profunda subterránea o entre rocas. **2.** Cavidad que se forma en un órgano a causa de determinadas enfermedades, p. ej. en los pulmones debida a la destrucción producida por la tuberculosis. **SIN. 1.** Antro, cueva, gruta. **FAM.** Cavernario, cavernícola, cavernoso. CAVAR.

cavernícola *adj.* **1.** Que habita en cavernas. También *s. m.* y *f.* **2.** *fam.* Que tiene o manifiesta ideas o costumbres anticuadas. También *s. m.* y *f.* **SIN.** **1.** Troglodita, cavernario. **2.** Retrógrado, carca. **ANT.** **2.** Progresista, moderno.

cavernoso, sa (del lat. *cavernosus*) *adj.* **1.** Que tiene cavernas: *terreno cavernoso.* **2.** Semejante a la caverna en alguna de sus cualidades; especialmente se dice de la voz, la tos o cualquier sonido sordo y bronco.

caviar (del turco *jawiyar*) *s. m.* Alimento muy apreciado que se prepara con huevas de distintos peces, especialmente del esturión.

cavidad (del lat. *cavitas, -atis*) *s. f.* Espacio hueco dentro de un cuerpo o que se abre en su superficie. **SIN.** Concavidad, hoyo, agujero. **FAM.** Cóncavo. CAVAR.

cavilar (del lat. *cavillare*) *v. intr.* Reflexionar o pensar en una cosa con insistencia o preocupación, dándole mucha importancia. **SIN.** Discurrir, meditar, rumiar. **FAM.** Cavilación, cavilosidad, caviloso.

caviloso, sa (del lat. *cavillosus*) *adj.* Que tiene tendencia a cavilar y desconfiar, y se preocupa excesivamente. **SIN.** Desconfiado, aprensivo, preocupado. **ANT.** Confiado, despreocupado.

cayado, da (del lat. *caia*, garrote) *s. amb.* **1.** Bastón arqueado por la parte superior, que usan sobre todo los pastores. || *s. m.* **2.** Báculo que llevan los obispos. **SIN.** **1.** Cachava, garrota.

cayena (del tupí-guaraní *quiynha*, con influencia de *Cayena*, capital de la Guayana francesa) *s. f.* Especia muy fuerte que se extrae del guindillo de Indias.

cayo (voz antillana) *s. m.* Isla rasa y arenosa, abundante en el mar de las Antillas y en el golfo de México: *los cayos de Florida.*

cayuco *s. m. Amér.* Embarcación de fondo plano y sin quilla usada por los aborígenes del Caribe y del N de América del Sur.

caz (de *cauce*) *s. m.* Canal para conducir el agua. **SIN.** Cacera, acequia. **FAM.** Bocacaz. CAUCE.

caza *s. f.* **1.** Acción de cazar: *Mañana salimos de caza.* **2.** Animales que se cazan: *un coto con mucha caza.* **3.** Carne de estos animales: *un buen plato de caza.* || *s. m.* **4.** Avión de combate de tamaño reducido y gran velocidad. || **5. caza mayor** La de animales grandes, como ciervos, lobos, jabalíes, etc. **6. caza menor** La de animales pequeños, como conejos, palomas, perdices, etc. || **LOC. a la caza** de algo *fam.* Empeñándose, haciendo esfuerzos para conseguirlo. **dar caza** Perseguir a alguien o algo hasta alcanzarlo: *dar caza a un escapado.* **espantar la caza** *fam.* Malograr, perder algo por precipitarse. **levantar la caza** Espantar a los animales para que salgan al descubierto y puedan ser cazados. También, llamar la atención sobre un asunto dando lugar a que otro lo descubra o se entremeta en él. **SIN.** **1.** Cacería, batida.

cazabe (taíno) *s. m. Amér.* Torta elaborada con harina de mandioca.

cazabombardero *adj.* Se dice de cierto avión de combate capaz de realizar distintas misiones. También *s. m.*

cazador, ra *adj.* **1.** Que caza. También *s. m.* y *f.* **2.** Se dice de los animales que por instinto cazan y persiguen a otros animales: *perro cazador.* También *s. m.* y *f.* || *s. m.* **3.** Nombre de ciertos soldados de tropas de infantería ligera: *batallón de cazadores.* || *s. f.* **4.** Especie de chaqueta de corte deportivo, ablusada y que se ajusta a la cintura o a la cadera. **SIN.** **1.** Montero, batidor.

cazadotes *s. m.* Hombre que intenta casarse con una mujer rica. ▪ No varía en *pl.*

cazafortunas *s. m.* y *f.* Persona que trata de casarse con otra por su dinero. ▪ No varía en *pl.*

cazalla *s. f.* Aguardiente seco, particularmente el elaborado en Cazalla de la Sierra, localidad de Sevilla.

cazar (del lat. *captiare*, de *capere*, coger) *v. tr.* **1.** Buscar animales para matarlos o apresarlos. **2.** Conseguir algo, especialmente si es bueno y difícil y se realiza con maña o habilidad. **3.** Atraer a alguien, ganarse su voluntad: *cazar marido.* **4.** Sorprender a alguien en un error, descuido o acción que desearía ocultar: *Cazaron al ladrón con las manos en la masa.* **5.** Captar, comprender con rapidez: *Los espectadores cazaron enseguida la intención del humorista.* **6.** Alcanzar o atrapar a alguien en una carrera o persecución: *El pelotón cazó al ciclista escapado.* ▪ Delante de *e* se escribe *c* en lugar de *z*: *cacen.* **SIN.** **2.** Coger, atrapar. **4.** y **5.** Pescar, pillar. **FAM.** Cacería, caza, cazabombardero, cazadero, cazador, cazadotes, cazafortunas, cazasubmarino, cazatalentos, cazatorpedero, cazavirus.

cazasubmarino *s. m.* Buque de guerra preparado para la lucha contra submarinos mediante cargas de profundidad.

cazatalentos *s. m.* y *f.* Agente especializado en descubrir personas bien preparadas profesionalmente, nuevos valores del mundo del espectáculo, etc. ▪ No varía en *pl.*

cazatorpedero *s. m.* Buque de guerra, pequeño y bien armado, destinado a la lucha contra torpederos.

cazavirus *adj.* En inform., se aplica al programa que sirve para localizar y anular virus. También *s. m.* ▪ No varía en *pl.*

cazcarria *s. f.* Cascarria*.

cazo *s. m.* **1.** Vasija metálica cilíndrica o semiesférica, con fondo plano y un mango largo, que se emplea sobre todo para cocer ciertos alimentos. **2.** Utensilio de cocina formado por un pequeño recipiente semiesférico con mango largo, que sirve para pasar líquidos de un recipiente a otro. **3.** Cantidad de líquido que puede contener ese utensilio: *Tomaré dos cazos de sopa.* **4.** *fam.* Bruto, torpe. **5.** *fam.* Aplicado a personas, feo. **SIN.** **1.** Cacerola. **2.** Cacillo, cucharón. **4.** Zopenco, zote. **5.** Adefesio, callo. **FAM.** Cacerola, cacillo, cazoleta, cazuela.

cazoleta *s. f.* **1.** Recipiente parecido al cazo o a la cazuela, pero de menor tamaño. **2.** Pieza de forma más o menos semiesférica, especialmente la que debajo del puño de la espada o del sable protege la mano. **3.** Receptáculo pequeño de algunos objetos, p. ej. la cazoleta de la pipa de fumar.

cazón *s. m.* Pez seláceo del suborden de los escualos, de piel áspera y dientes cortantes, que mide unos dos metros de largo.

cazuela *s. f.* **1.** Recipiente de cocina de base circular, que sirve para guisar. **2.** Guiso, por lo general de carne, hecho en este recipiente y a veces también servido en él. || **LOC. a la cazuela** *adj.* Se dice de algunos alimentos guisados en ese recipiente. **SIN.** **1.** Cacerola, olla.

cazurro, rra *adj.* **1.** *fam.* Que habla poco y parece ignorante y simple, pero actúa con desconfianza y astucia para su conveniencia. También *s. m.* y *f.* **2.** *fam.* Torpe, de pocos alcances o entendederas. También *s. m.* y *f.* **SIN.** **1.** Taimado, ladino, reservón, malicioso. **2.** Tonto, necio, corto. **ANT.** **1.** Confiado, sencillo. **2.** Listo, inteligente. **FAM.** Cazurrería.

CD-ROM (siglas del ingl. *Compact Disc Read Only Memory*) *s. m.* En inform., disco compacto de lectura óptica para almacenar información. ■ Se abrevia frecuentemente como *CD* y también se escribe *cederrón*.

ce *s. f.* Nombre de la letra *c*. || LOC. **ce por be** (o **ce por ce**) *adv. fam.* Con todo detalle, punto por punto. **por ce o por be** *adv. fam.* Por una causa o por otra; se utiliza acompañando a una queja: *Por ce o por be no consigo verle.* FAM. Ceceo. / Sesear.

ceba *s. f.* Alimentación abundante y esmerada que se da al ganado para que engorde.

cebada (del lat. *cibata*, de *cibare*, cebar) *s. f.* Planta herbácea anual de la familia gramíneas; es un cereal parecido al trigo y al centeno, aunque no es tan alto y tiene las hojas más anchas. Se utiliza en la alimentación humana y del ganado y en la fabricación de cerveza y otras bebidas.

cebado, da 1. *p.* de **cebar**. También *adj.* || *adj.* 2. *Amér.* Se dice del animal peligroso porque ha probado la carne humana. 3. *Urug.* Que está acostumbrado a dejar que otros le resuelvan sus asuntos.

cebador *s. m.* Dispositivo que se utiliza para encender lámparas de neón y otras similares.

cebadura *s. f. Arg., Par.* y *Urug.* Cantidad de yerba que se pone en el mate para tomar la infusión.

cebar (del lat. *cibare*) *v. tr.* 1. Dar comida a los animales para que aumenten de peso. P. ext., y en sentido hiperbólico, se aplica a personas: *cebar cerdos. Te están cebando.* También *v. prnl.* 2. Poner en un anzuelo, en una trampa, etc., comida para atraer a los animales: *cebar una trampa para ratones.* 3. Referido a máquinas, calderas, dispositivos, etc., echarles el combustible necesario o prepararlos convenientemente para que puedan desempeñar su función: *cebar un motor, un horno.* 4. Fomentar o avivar un sentimiento, pasión, etc.: *cebar el odio.* 5. *Arg., Par.* y *Urug.* Preparar la infusión de mate. || **cebarse** *v. prnl.* 6. Exagerar la crueldad o dureza con una víctima o enemigo o en un castigo. ■ Se construye con las prep. *en* y *con*: *El toro se cebó en el caballo. Se cebó con los que faltaron a clase.* SIN. 1. Engordar, hinchar(se). 3. y 4. Alimentar. 4. Excitar, enconar. 6. Encarnizarse, ensañarse. ANT. 4. Suavizar, debilitar. 6. Apiadarse. FAM. Ceba, cebada, cebado, cebador, cebadura, cebón. CEBO.

cebiche *s. m. Amér. del S.* Plato de pescado o marisco crudo, macerado con limón, ají y otros ingredientes. ■ Se escribe también *ceviche*.

cebo (del lat. *cibus*) *s. m.* 1. Comida con que se atrae a los animales para capturarlos y, p. ext., cualquier artificio que simule estos alimentos: *el cebo del anzuelo.* 2. Persona o cosa que sirve para atraer, persuadir o inducir a alguien a hacer algo: *Esa mercancía la pusieron en el escaparate como cebo.* 3. Comida que se da a los animales para que engorden. 4. Fulminante de las armas de fuego. SIN. 1. Carnada, carnaza. 1. y 2. Señuelo. 2. Reclamo, lazo, engaño. FAM. Cebar, cebiche. / Recebo.

cebolla (del lat. *cepulla*, cebolleta, de *cepa*) *s. f.* 1. Planta bianual de la familia liliáceas de tallo hueco, hojas largas, flores blancas y bulbo comestible, caracterizado por un olor y sabor fuerte y picante. 2. Bulbo de esta planta, utilizado en alimentación. 3. P. ext., bulbo de otras plantas. FAM. Cebollar, cebolleta, cebollino, cebollón. / Encebollar.

cebolleta *s. f.* 1. Especie de cebolla con bulbo más pequeño y parte de las hojas comestible. 2. Cebolla replantada que se come tierna antes de florecer.

cebollino *s. m.* 1. Planta liliácea parecida a la cebolla, con hojas cilíndricas largas y estrechas y flores rosadas. 2. *fam.* Persona torpe o ignorante. || LOC. **mandar** a uno **a escardar cebollinos** *fam.* Despedir a alguien bruscamente.

cebollón *s. m. fam.* Borrachera.

cebón, na *adj.* 1. Se dice del animal que está cebado: *pavo cebón.* También *s. m.* y *f.* || *s. m.* 2. Cerdo.

cebra (del ant. *ezebro* o *ezebra*, y éste del lat. vulg. *equiferus*, de *equus ferus*, caballo salvaje) *s. f.* 1. Mamífero perisodáctilo africano, de pelaje listado por numerosas franjas blancas y negras en cabeza y cuerpo, orejas grandes y cuello corto y robusto. || 2. **paso de cebra** Paso de peatones marcado en la calzada con rayas paralelas blancas o amarillas.

cebú (tibetano) *s. m.* Mamífero rumiante estrechamente emparentado con el toro, del que se diferencia por tener, la variedad de la India, una giba donde almacena grasa, y la variedad africana, dos. ■ Su pl. es *cebúes*, aunque también se utiliza *cebús*.

ceca (del ár. *sikka*, cuño o troquel de moneda) *s. f.* Antigua casa de moneda.

Ceca *n. p.* Nombre dado por los cristianos mozárabes a la mezquita de Córdoba; se utiliza en la locución familiar **de la Ceca a la Meca**, de aquí para allá, de un sitio a otro.

cecear *v. intr.* Pronunciar la *s* como *c* interdental, como rasgo de carácter regional o por defecto de pronunciación.

ceceo *s. m.* Pronunciación de *s* como *z*. FAM. Ceceante, cecear. CE.

cecina (del lat. vulg. *siccina*, carne seca, de *siccus*, seco) *s. f.* Carne salada y seca. SIN. Tasajo. FAM. Acecinar, chacina.

ceda *s. f.* Zeta*. FAM. Cedilla.

cedazo (del lat. *saetaceum*, criba de seda) *s. m.* 1. Utensilio compuesto por un aro y una tela metálica o de tejido muy poco tupido, utilizado para separar en una sustancia las partes gruesas de las finas, como la harina de la cascarilla. 2. Cierta red grande de pesca. SIN. 1. Criba, cernedor, tamiz.

ceder (del lat. *cedere*) *v. tr.* 1. Dar, pasar o dejar voluntariamente a otro una cosa, disfrute, derecho, etc.: *ceder el asiento.* 2. Perder espacio, tiempo, posición, etc. en favor de un rival: *El jinete en cabeza cede terreno respecto de sus perseguidores.* || *v. intr.* 3. Cesar la resistencia u oposición de una persona: *Cedió a mis súplicas.* 4. Disminuir la fuerza o intensidad de ciertas cosas, como el viento, el dolor, etc.: *ceder la fiebre, la tormenta.* 5. Aflojarse algo que estaba tenso: *Cedieron los muelles del sofá.* 6. Romperse una cosa sometida a una fuerza o presión grande: *ceder una viga.* SIN. 1. Conceder, transferir, transmitir, traspasar. 3. Acceder, condescender, cejar, consentir, transigir. 4. Amainar, remitir, mitigarse. 5. Destensarse. 6. Fallar. ANT. 1. Retener. 3. Resistirse, empecinarse. 4. Arreciar, intensificarse. FAM. Cesión. / Anteceder, conceder, deceso, exceder, interceder, preceder, predecesor, proceder[1], retroceder, suceder.

cederrón *s. m.* CD-ROM*.

cedilla (dim. de *ceda*) *s. f.* 1. Letra de la antigua escritura española y de idiomas como el francés, que representa una *c* con una virgulilla (*ç*). 2. Esta virgulilla. ■ Se escribe también *zedilla*.

cedro (del lat. *cedrus*, y éste del gr. *kedros*) *s. m.* Árbol de la clase coníferas, de gran altura, forma piramidal y hojas perennes, cortas, aciculares, insertas en ramitas que nacen de las ramas normales; su madera es blanda y duradera.

cédula (del lat. *schedula*, de *scheda*, hoja de papel) *s. f.* **1.** Pedazo de papel escrito o para escribir en él alguna cosa. **2.** Documento en que se hace constar algo, p. ej. el reconocimiento de una deuda u obligación, o los datos de una persona. **SIN.** **1.** Papeleta, ficha.

cefal- *pref.* Cefalo-*.

cefalalgia (de *cefalo-*, y *-algia*) *s. f.* Cefalea*.

cefalea (del lat. *cephalaea*, y éste del gr. *kephalaia*, de *kephale*, cabeza) *s. f.* Dolor de cabeza. **SIN.** Cefalalgia, jaqueca.

-cefalia (del gr. *kephale*) *suf.* Significa 'cabeza': *hidrocefalia.*

cefálico, ca (del lat. *cephalicus*, y éste del gr. *kephalikos*) *adj.* De la cabeza. **FAM.** Cefalocordado, cefalalgia, cefalea, cefalópodo, cefalorraquídeo, cefalotórax. / Acantocéfalo, acéfalo, acrocefalia, bicéfalo, braquicefalia, dolicocéfalo, encéfalo, hidrocefalia, holocéfalo, macrocéfalo, mesocefalia, microcéfalo, tricéfalo.

cefalo- o **-céfalo, la** (del gr. *kephale*) *pref.* o *suf.* Significa 'cabeza': *cefalorraquídeo, dolicocéfalo.* ■ A veces, el pref. adopta la forma *cefal-*: *cefalalgia, cefalitis.*

cefalocordado (de *cefalo-* y el lat. *chorda*, cuerda) *adj.* **1.** Se dice de los animales marinos del grupo procordados que tienen forma de pez y se alimentan filtrando el agua que les penetra por la boca y les sale por las branquias. Son cefalocordados los anfioxos. También *s. m.* ‖ *s. m. pl.* **2.** Subfilo constituido por estos animales.

cefalópodo (del *cefalo-* y *-podo*) *adj.* **1.** Se dice del molusco marino de cuerpo simétrico, cabeza grande y dos ojos bien desarrollados, cuya boca está rodeada de cierto número de tentáculos provistos de ventosas, como los pulpos, calamares y sepias. ‖ *s. m. pl.* **2.** Clase formada por estos moluscos. **FAM.** Véase **cefálico**.

cefalorraquídeo (del *cefalo-* y el gr. *rhakhis*, columna vertebral) *adj.* **1.** Se aplica a la parte del sistema nervioso relacionada con la cabeza y la columna vertebral, es decir: el encéfalo y la médula espinal. ‖ **2. líquido cefalorraquídeo** El que protege dichos centros nerviosos y llena los huecos de los mismos.

cefalosporina *s. f.* Antibiótico de amplio espectro.

cefalotórax (del *cefalo-* y *tórax*) *s. m.* Parte del cuerpo de los arácnidos y de algunos crustáceos formada por la unión en un solo conjunto de la cabeza y el tórax.

céfiro (del lat. *zephyrus*, y éste del gr. *zephiros*) *s. m.* **1.** Viento cálido de poniente. **2.** P. ext., cualquier viento suave y apacible. **SIN.** **2.** Airecillo, aura, brisa.

cegar (del lat. *caecare*) *v. intr.* **1.** Perder totalmente la vista. ‖ *v. tr.* **2.** Privar de la vista a alguien, temporal o permanentemente: *Le cegó el resplandor.* También *v. prnl.* **3.** Impedir a alguien razonar debidamente o darse cuenta con claridad de las cosas: *Le cegó la ambición.* También *v. intr.* y *v. prnl.* **4.** Tapar u obstruir alguna cosa: *cegar una tubería.* También *v. prnl.* ■ Delante de *e* se escribe *gu* en lugar de *g*. Es v. irreg. Se conjuga como *pensar.* **SIN.** **2.** Deslumbrar(se). **3.** Ofuscar(se), obcecar(se). **4.** Taponar(se), obturar(se). **FAM.** Cegador, cegato, cegatón, ceguedad, ceguera. / Enceguecer, obcecar. CIEGO.

cegato, ta (del lat. *caecatus*) *adj. fam.* Se dice de la persona que ve poco, especialmente por ser miope. También *s. m.* y *f.*

cegesimal (de *c. g. s.*, iniciales de centímetro, gramo, segundo) *adj.* Se dice del sistema de unidades físicas en el que se toman como magnitudes fundamentales el centímetro, el gramo y el segundo.

ceguera *s. f.* **1.** Pérdida total o parcial de la visión. **2.** Cualquier cosa que impide razonar con claridad. **SIN.** **2.** Obcecación, ofuscación, obnubilación. **ANT.** **2.** Lucidez, clarividencia.

ceiba *s. f.* Árbol de la familia bombáceas, de unos 30 m de altura, tronco grueso, amplia copa casi horizontal, hojas palmeadas, flores rojas y frutos cónicos con semillas envueltas en una especie de algodón. Es propio de las regiones tropicales.

ceilandés, sa *adj.* De Ceilán, isla del océano Índico, actual república de Sri Lanka. También *s. m.* y *f.*

ceja (del lat. *cilia*, de *cilium*) *s. f.* **1.** Reborde situado encima del ojo y cubierto de pelo; p. ext., dicho pelo. **2.** Parte que sobresale de algo: *ceja de una moldura.* **3.** Cejilla*. **4.** Pieza de los instrumentos de cuerda, entre el clavijero y el mástil, para apoyo y separación de las cuerdas. ‖ **LOC.** **entre ceja y ceja** *fam.* Con los verbos *llevar, tener, metérsele* a uno, empeñarse en algo, obsesionarse con ello. **fruncir las cejas** Arrugarlas en gesto de enfado o preocupación. **hasta las cejas** *adv. fam.* Harto de alguien o algo. También, en gran manera, intensamente: *Está metido hasta las cejas en un feo asunto.* **tener** a alguien **entre ceja y ceja** *fam.* Tenerle antipatía. **FAM.** Cejijunto, cejilla, cejudo. / Entrecejo.

cejar (del lat. *cessare*, retirarse) *v. intr.* Ceder en un negocio, empeño o discusión, perder ímpetu o ánimo. ■ Se usa generalmente en frases negativas: *no cejar en una idea.* **SIN.** Desistir, aflojar, flaquear. **ANT.** Insistir, persistir.

cejijunto, ta *adj.* **1.** Que tiene las cejas muy pobladas y juntas. **2.** Que arruga mucho el ceño por enfado u otra causa. **SIN.** **1.** Cejudo. **1.** y **2.** Ceñudo.

cejilla *s. f.* **1.** Abrazadera que se fija al mástil de la guitarra para acortar la longitud vibrante de las cuerdas y elevar el tono de su sonido. **2.** Posición del dedo índice de la mano izquierda sobre varias cuerdas del mismo traste de la guitarra, ejerciendo presión sobre ellas.

celacanto (del gr. *koilos*, hueco, y *akantha*, espina) *s. m.* Pez que puede alcanzar hasta 150 cm de longitud, tiene poderosas aletas pectorales, las aletas dorsales y anal unidas en la cola y gruesas escamas azules. Es el único representante actual de los crosopterigios, que se creían extinguidos. Habita en aguas de más de 300 m de profundidad.

celada (de *celar*[2]) *s. f.* **1.** Emboscada de gente armada en un lugar oculto: *caer en la celada.* **2.** Engaño con que se obliga a alguien a aceptar o decir lo que no quería: *tender una celada.* **3.** Pieza de la armadura antigua que cubría la cabeza. **SIN.** **1.** Asechanza, trampa, encerrona. **2.** Artimaña, argucia. **3.** Yelmo, casco.

celador, ra (del lat. *celator, -oris*) *adj.* **1.** Se dice de la persona que cela o vigila. ‖ *s. m.* y *f.* **2.** Persona destinada por la autoridad o alguna institución para vigilar a otras y mantener el orden: *celador de prisiones.* **SIN.** **1.** y **2.** Vigilante, cuidador.

celaje *s. m.* **1.** Cielo con nubes poco densas y de distintos matices. **2.** Conjunto de nubes. **FAM.** Véase **cielo**.

celar[1] (del lat. *zelare*, emular) *v. tr.* Cuidar, vigilar, en especial a alguien de quien se desconfía. **FAM.** Celador. CELO[1].

celar[2] (del lat. *celare*, ocultar) *v. tr.* Poner o mantener oculto algo para que no sea visto o conocido: *Celó cuidadosamente todas sus ilusiones.* También *v. prnl.* **SIN.** Ocultar(se), esconder(se), disimular, encubrir. **ANT.** Descubrir, revelar. **FAM.** Celada.

celda (del lat. *cella*) *s. f.* **1.** Cuarto o aposento pequeño en una cárcel, un convento, un colegio, etc. **2.** Celdilla de un panal de abejas. **3.** Recinto cerrado o compartimiento, p. ej. donde están las semillas de algunos frutos. **SIN. 1.** Cubículo, calabozo. **2.** Alvéolo. **FAM.** Celdilla. / Enceldar.

celdilla *s. f.* **1.** *dim.* de **celda**. **2.** Cada una de las casillas de un panal de abejas. **3.** Nicho en un muro. **SIN. 2.** Celda.

celebérrimo, ma (del lat. *celeberrimus*) *adj. sup.* de **célebre**.

celebrado, da 1. *p.* de **celebrar**. || *adj.* **2.** Célebre, famoso: *un celebrado escritor.* **SIN. 2.** Afamado, renombrado, ilustre.

celebrante *s. m.* Sacerdote que dice la misa. También *adj.* **SIN.** Oficiante.

celebrar (del lat. *celebrare*) *v. tr.* **1.** Dar importancia o solemnidad a una fecha, a un acontecimiento, p. ej. con una fiesta: *Celebró con una cena el premio.* **2.** Llevar a cabo actos como reuniones, juntas, entrevistas, ceremonias, etc.: *Los académicos celebran hoy su sesión semanal.* **3.** Decir misa. También *v. intr.*: *El párroco celebra por la tarde.* **4.** Alegrarse de una cosa buena para alguien: *Celebro tu éxito.* **5.** Reír a alguien o algo: *celebrar las gracias de un niño.* **6.** Alabar a una persona o cosa: *Todos celebraron su elegancia.* ■ En las acepciones **1** y **2** se usa con frecuencia en construcciones pasivas reflejas: *Se celebró el centenario de la ciudad. Esta mañana se ha celebrado la reunión.* **SIN. 1.** Festejar, solemnizar. **2.** Realizar, efectuar. **3.** Oficiar. **4.** Congratularse. **6.** Aplaudir, elogiar. **ANT. 2.** Suspender, cancelar. **4.** Lamentar. **6.** Criticar. **FAM.** Celebración, celebrado, celebrante. / Concelebrar. CÉLEBRE.

célebre (del lat. *celeber, -bris*) *adj.* Famoso, que tiene fama. **SIN.** Afamado, renombrado. **ANT.** Desconocido. **FAM.** Celebérrimo, celebrar, celebridad.

celebridad (del lat. *celebritas, -atis*) *s. f.* **1.** Fama, renombre: *tener celebridad.* **2.** Persona famosa: *ser una celebridad.* **SIN. 1.** Popularidad, nombradía, notoriedad. **ANT. 1.** Anonimato.

celemín (de or. ár.) *s. m.* **1.** Medida de capacidad para áridos equivalente a 4,625 litros. **2.** Medida de superficie equivalente a 537 m^2 en Castilla.

celentéreo (del gr. *koilos*, hueco, y *enteron*, intestino) *adj.* Cnidario*.

celeridad (del lat. *celeritas, -atis*) *s. f.* Rapidez en el movimiento o en la ejecución de algo: *andar con celeridad.* **SIN.** Velocidad, diligencia, presteza, prontitud. **ANT.** Lentitud. **FAM.** Acelerar, deceleración.

celesta *s. f.* Instrumento musical de teclado en que los macillos producen el sonido golpeando unas láminas de acero.

celeste (del lat. *caelestis*) *adj.* **1.** Del cielo o relacionado con él: *bóveda celeste.* **2.** Se dice del color azul claro, parecido al del cielo. || **3. celeste imperio** Nombre dado antiguamente a China. **SIN. 1.** Celestial. **FAM.** Celestial. CIELO.

celestial *adj.* **1.** Relacionado con el cielo del que gozan los bienaventurados. **2.** Estupendo, delicioso. **SIN. 1.** Celeste. **2.** Encantador, arrebatador. **ANT. 1.** Terrenal.

celestina (de *Celestina*, personaje de la *Tragicomedia de Calisto y Melibea*) *s. f.* **1.** Mujer que hace de intermediaria en los asuntos amorosos de alguien. || **2. polvos de la madre Celestina** Polvos mágicos. **SIN. 1.** Alcahueta, trotaconventos. **FAM.** Celestinesco.

celiaco o **celíaco, ca** (del lat. *coeliacus*, y éste del gr. *koiliakos*, de *koilia*, vientre) *adj.* De los intestinos o el vientre; p. ej. la arteria celiaca se llama así porque lleva sangre al vientre.

celibato (del lat. *caelibatus*) *s. m.* Estado del que no se ha casado, especialmente por motivos religiosos. **SIN.** Soltería. **ANT.** Matrimonio.

célibe (del lat. *caelebs, ibis*) *adj.* Se dice del que no se ha casado. También *s. m.* y *f.* **SIN.** Soltero. **FAM.** Celibato.

celidonia (del lat. *chelidonia*, y éste del gr. *khelidonion*) *s. f.* Planta herbácea de la familia papaveráceas, de tallo ramoso, flores en umbela amarillas y fruto en forma de vaina muy delgada.

celinda o **celindo** *s. f.* o *m.* Arbusto de flores blancas y fragantes de cuatro pétalos, utilizado como planta ornamental. Se llama también *jeringuilla.*

cellisca *s. f.* Temporal de agua y nieve muy menudas y acompañadas de fuerte viento. **SIN.** Nevisca.

celo[1] (del lat. *zelus*, y éste del gr. *zelos*) *s. m.* **1.** Impulso que mueve a alguien a hacer bien las cosas: *trabajar con celo.* **2.** En lenguaje religioso, actitud del que busca con empeño cumplir la voluntad de Dios. **3.** Periodo durante el cual las hembras de muchos animales están preparadas para la reproducción y admiten la unión con los machos. **4.** Conjunto de fenómenos que aparecen en muchos animales durante este periodo. **5.** Apetito sexual en los animales. || *s. m. pl.* **6.** Sospecha o temor de que la persona a la que uno ama quiera o prefiera a otro: *Tiene celos de su mujer.* **7.** Envidia de alguien, en especial de un niño, hacia otro mejor atendido: *Tiene celos de su hermano menor.* **SIN. 1.** Esmero, diligencia, interés. **2.** Fervor. **6.** Achares. **7.** Pelusa. **ANT. 1.** Descuido, indiferencia. **FAM.** Celar[1], celosamente, celosía, celoso. / Encelar, recelar.

celo[2] (de *Cello*, marca registrada) *s. m.* Cinta adhesiva transparente.

celofán (del fr. *Cellophane*, marca registrada) *s. m.* Especie de papel fino y transparente que se utiliza principalmente para envolver. ■ Se usa mucho en aposición: *papel celofán.*

celoma (del gr. *koiloma*, cavidad) *s. m.* Cavidad interior del cuerpo de la mayor parte de los animales que contiene los órganos más importantes del cuerpo. **FAM.** Celomado.

celomado, da *adj.* Se dice del animal que tiene celoma. También *s. m.*

celosía (de *celoso*) *s. f.* **1.** Enrejado tupido de madera o hierro que se pone en las ventanas u otro sitio. **2.** Cualquier estructura de barras o listones cruzados en diagonal. **SIN. 1.** Reja.

celoso, sa (del lat. *zelosus*) *adj.* **1.** Que hace alguna cosa con celo: *Es muy celoso en el cumplimiento de lo que se le encarga.* **2.** Que siente celos o envidia: *un marido celoso.* También *s. m.* y *f.* **3.** *Arg.* y *Chile* Se dice del arma que se dispara con facilidad. **SIN. 1.** Cuidadoso, diligente, cumplidor. **2.** Receloso, envidioso. **ANT. 1.** Descuidado, negligente. **2.** Confiado.

celta (del lat. *celta*) *adj.* **1.** De ciertos pueblos indoeuropeos que invadieron el O de Europa en el s. VI a. C. También *s. m.* y *f.* || *s. m.* **2.** Idioma hablado por dichos pueblos. **SIN. 1.** Céltico. **FAM.** Celtíbero, céltico.

celtibérico, ca (del lat. *celtibericus*) *adj.* Relacionado con lo celtíbero. También *s. m.* y *f.*

celtíbero o **celtibero, ra** (del lat. *celtiber, -eri*) *adj.* **1.** De un antiguo pueblo hispánico que vivió en la península Ibérica en época prerromana. También *s. m.* y *f.* **2.** Se aplica a personas, cosas, acciones, etc., típicamente españolas, a veces con un sentido despectivo. También *s. m.* y *f.* || *s. m.* **3.** Lengua hablada por los antiguos celtíberos. **FAM.** Celtibérico. CELTA e ÍBERO.

céltico, ca (del lat. *celticus*) *adj.* Propio de los celtas: *las lenguas célticas.*

célula (del lat. *cellula*, celdilla) *s. f.* **1.** Unidad fundamental de los seres vivos. **2.** Cada unidad o grupo que funciona por separado dentro de una organización. || **3. célula fotoeléctrica** Nombre de ciertos dispositivos eléctricos que reaccionan frente a la luz, como los que se utilizan para que una puerta se abra sola al paso de una persona. **4. célula huevo** Cigoto*. **FAM.** Celular, celulitis, celuloide, celulosa. / Fotocélula, ovocélula.

celular (del lat. *cellular*) *adj.* **1.** De las células o relacionado con ellas: *núcleo celular.* **2.** Se dice del establecimiento penitenciario donde los reclusos están incomunicados: *prisión celular.* || **3. coche celular** El que traslada a personas arrestadas o a presos. También se llama simplemente *celular.* **FAM.** Pluricelular, subcelular, unicelular. CÉLULA.

celulitis (del lat. *cellula* e *-itis*) *s. f.* Cualquier inflamación de un tejido celular, en especial del tejido adiposo subcutáneo de los muslos y parte interna de las rodillas. ■ No varía en *pl.*

celuloide (del lat. *cellula*, hueco, y *-oide*) *s. m.* **1.** Material plástico empleado en la industria fotográfica y cinematográfica. **2.** Cine, arte cinematográfico: *Es una estrella del celuloide.*

celulosa (del lat. *cellula*, celdilla) *s. f.* Hidrato de carbono que constituye el componente fundamental de la pared celular que rodea a la membrana de las células de muchos hongos y vegetales. Se utiliza en la industria del papel, para la fabricación de fibras textiles, plásticos, explosivos, etc.

cementar (de *cemento*) *v. tr.* Calentar un metal en contacto con otra materia en polvo o pasta, denominada cemento, para modificar su composición; así, p. ej., el acero con el carbono para endurecer su superficie.

cementerio (del lat. *coemeterium*, y éste del gr. *koimeterion*) *s. m.* **1.** Terreno destinado a enterrar a los muertos. También, p. ext., lugar donde se entierran animales: *cementerio de perros.* **2.** Lugar donde se depositan algunos residuos industriales o maquinaria que ya no se usa: *cementerio nuclear, cementerio de coches.* **SIN. 1.** Camposanto, necrópolis.

cemento (del lat. *cementum*) *s. m.* **1.** Material en forma de polvo que, mezclado con agua, se utiliza para adherir entre sí dos superficies o para llenar espacios huecos formando un todo compacto con las paredes de dichos espacios. **2.** Material de construcción, formado por una mezcla de óxidos de calcio, aluminio y silicio, que una vez hidratado se endurece al contacto con el aire (fraguado) y adquiere una gran resistencia. **3.** Materia con que se cementa un metal. **4.** Masa mineral que une los fragmentos o arenas de algunas rocas, como conglomerados, brechas y pudingas. **5.** Tejido conjuntivo mineralizado que cubre la dentina en la raíz de los dientes. || **6. cemento armado** Material de construcción que consiste en piezas hechas de cemento u hormigón con una armadura de hierro. **FAM.** Cementación, cementar. CIMIENTO.

cena (del lat. *cena*) *s. f.* **1.** Última comida del día, que se hace al atardecer o por la noche. **2.** Por antonomasia, última cena de Jesucristo con sus apóstoles antes de ser crucificado; también se dice *santa* o *sagrada cena.* **FAM.** Cenáculo, cenador, cenar. / Meriendacena.

cenáculo (del lat. *cenaculum*, cenador) *s. m.* **1.** Sala en la que Jesucristo celebró la última cena. **2.** Grupo de personas unidas por intereses o gustos, que se mantiene aparte: *un cenáculo de escritores.* **SIN. 2.** Círculo, club, tertulia.

cenador *s. m.* Espacio generalmente redondo que suele haber en los jardines, cercado y revestido de plantas trepadoras.

cenagal *s. m.* **1.** Lugar lleno de cieno. **2.** *fam.* Asunto de difícil salida, situación apurada. **SIN. 1.** Ciénaga, lodazal, barrizal. **2.** Apuro, embrollo, lío. **FAM.** Cenagoso. CIENO.

cenagoso, sa (del lat. *caenicosus*, de *coenum*, cieno) *adj.* Que está lleno o cubierto de cieno.

cenar (del lat. *cenare*) *v. intr.* **1.** Tomar la cena. || *v. tr.* **2.** Tomar una cosa determinada como cena: *Cené sólo jamón de York.*

cenceño, ña *adj.* Se aplica a la persona o animal delgados. **SIN.** Enjuto, enteco, magro. **ANT.** Gordo; obeso.

cencerrada *s. f.* Ruido hecho con cencerros, cuernos y otros utensilios; p. ej. la broma que se gasta a los viudos en la primera noche de su nueva boda.

cencerrear *v. intr.* **1.** Sonar o tocar cencerros insistentemente. **2.** *fam.* Tocar mal un instrumento o tocar un instrumento desafinado, especialmente la guitarra. **3.** *fam.* Hacer ruido los hierros de puertas, ventanas, máquinas, coches, etc., por no estar bien ajustados. **SIN. 3.** Traquetear, golpetear.

cencerro *s. m.* Especie de campana tosca que se ata al cuello de las reses para localizarlas mejor. || **LOC. estar como un cencerro** *fam.* Estar loco, chiflado. **SIN.** Esquila, esquilón. **FAM.** Cencerrada, cencerrear.

cendal (del prov. *sendal*) *s. m.* **1.** Tela de seda o lino muy fina y transparente. **2.** P. ext., cualquier velo fino o cosa que se le asemeja: *un cendal de nubes.*

cenefa (del ár. *sanifa*, borde del vestido) *s. f.* Banda o lista con dibujos de adorno, superpuesta o tejida en los bordes de una tela, cortina, etc., o colocada a lo largo de paredes, techos y pavimentos. **SIN.** Ribete, franja, festón.

cenestesia (del gr. *koinos*, común, y *aisthesis*, sensación) *s. f.* Conjunto de sensaciones internas del organismo que proporcionan un conocimiento difuso, más o menos consciente, del estado general y funcionamiento del propio cuerpo.

cenicero *s. m.* **1.** Recipiente o platillo donde se echa la ceniza y las colillas de los cigarros. **2.** Lugar donde se recogen o se echan cenizas.

cenicienta *s. f.* Por alusión al cuento de este nombre, persona o cosa injustamente olvidada, despreciada o marginada: *Es la cenicienta de su casa.*

ceniciento, ta *adj.* Que es del color de la ceniza: *rostro ceniciento.*

cenit (del ár. *semt ar-ra's*, paraje de la cabeza) *s. m.* **1.** Punto del cielo que corresponde verticalmente a un observador. **2.** Punto culminante, momento de apogeo de una persona o cosa: *Ese artista está en el cenit de su éxito.* ■ Se escribe también *zenit.* **SIN. 2.** Culmen, cima, cúspide. **FAM.** Cenital.

ceniza (del lat. *cinisia*) *s. f.* **1.** Polvo de color gris claro que queda como resto de algo que se quema por completo. || *s. f. pl.* **2.** Restos o residuos de un cadáver. || **LOC. reducir a cenizas** Devastar, destruir enteramente. **SIN. 1.** Pavesa. **FAM.** Cenicero, cenicienta, ceniciento, cenizo. / Cinerario.

cenizo, za *adj.* **1.** Que tiene el color de la ceniza. **2.** *fam.* Se dice de la persona que trae o que tiene mala suerte. También *s. m.* y *f.* || *s. m.* **3.** *fam.* Mala suerte: *Tengo el cenizo; todo me sale mal.* **4.** Planta herbácea silvestre con hojas dentadas y flores verdosas en panoja. **SIN. 1.** Ceniciento, grisáceo, plomizo. **2.** Gafe.

cenobio (del lat. *coenobium*, y éste del gr. *koinobion*, de *koinos*, común, y *bios*, vida) *s. m.* Monasterio*. **SIN.** Convento. **FAM.** Cenobita.

cenobita (del lat. *coenobita*) *s. m.* y *f.* **1.** Persona que profesa la vida monástica. **2.** P. ext., persona que lleva voluntariamente una vida retirada.

cenotafio (del lat. *cenotaphium*, y éste del gr. *kenotaphion*, de *kenos*, vacío, y *taphos*, sepulcro) *s. m.* Monumento funerario en que no está el cadáver, pero que recuerda la memoria de un personaje fallecido.

cenote (del maya *zanot*) *s. m. Amér. C.* y *Méx. fam.* Depósito de agua de manantial, situado generalmente a gran profundidad.

cenozoico, ca (del gr. *kainos*, nuevo, y *zoon*, animal) *adj.* **1.** Se dice de la tercera y última era geológica del eón fanerozoico, dividida en los periodos terciario y cuaternario; se le calcula una antigüedad de 65 millones de años. Se denomina también *era terciaria.* También *s. m.* **2.** De esta era.

censar *v. tr.* **1.** Incluir o registrar en el censo: *Hemos censado a la niña en el pueblo de los abuelos. El ayuntamiento ha censado a toda la población.* También *v. prnl.*: *Mañana, tengo que ir a censarme.* || *v. intr.* **2.** Hacer el censo de una población: *El ayuntamiento censó el año pasado.*

censo (del lat. *census*) *s. m.* **1.** Lista de los habitantes o de la riqueza de un país, provincia o localidad. **2.** Lista de los ciudadanos con derecho a voto en las elecciones. **3.** Obligación o carga que pesa sobre una propiedad inmueble y que debe pagar el que disfruta de ella. || **LOC. ser** uno o una cosa **un censo** *fam.* Ser alguien o algo motivo de gastos continuos: *Son un censo los zapatos del pequeño.* **SIN. 1.** y **2.** Padrón, registro. **3.** Tributo, impuesto. **FAM.** Censal, censar, censual, censura.

censor, ra (del lat. *censor, -oris*) *s. m.* **1.** Persona encargada por la autoridad de censurar libros, periódicos, obras artísticas, etc.: *censor de prensa.* **2.** Persona que critica severamente la conducta y las costumbres ajenas. **3.** En algunas corporaciones, el encargado de velar por el cumplimiento de reglamentos y acuerdos. || **4. censor jurado de cuentas** Persona especializada en examinar las cuentas de las empresas, por encargo de éstas. **SIN. 2.** Criticón, catón.

censura (del lat. *censura*) *s. f.* **1.** Acción de censurar. **2.** Organismo oficial encargado de censurar obras, escritos, etc., destinados a la difusión: *La censura prohibió la película.* **3.** Cargo y funciones del censor. **SIN. 1.** Crítica, reproche, reprobación. **ANT. 1.** Alabanza, aprobación, elogio. **FAM.** Censor, censorio, censurable, censurar. / Incensurable. CENSO.

censurar *v. tr.* **1.** Formar un juicio sobre una cosa después de haberla examinado, en especial sobre una obra destinada al público para ver si, en el aspecto político, moral o religioso, puede publicarse o exhibirse, entera o parcialmente: *censurar una película.* **2.** Suprimir algo en una obra destinada al público: *Censuró varios pasajes en la novela.* **3.** Manifestar que alguien ha obrado mal o que algo está mal hecho: *Censuró su falta de responsabilidad.* **SIN. 1.** Juzgar. **2.** Tachar, eliminar, omitir. **3.** Criticar, reprobar. **ANT. 3.** Alabar, aprobar, elogiar.

centauro (del lat. *centaurus*, y éste del gr. *kentauros*) *s. m.* Ser mitológico, mitad hombre y mitad caballo.

centavo, va *adj. num. part.* **1.** Se dice de cada una de las cien partes de un todo. || *s. m.* **2.** Moneda americana, centésima parte de la unidad monetaria de numerosos países.

centella (del lat. *scintilla*) *s. f.* **1.** Rayo, chispa eléctrica en las nubes. **2.** Partícula de fuego que salta, p. ej. del pedernal. **3.** Punto de luz muy viva e intermitente: *El faro del automóvil despedía centellas.* **4.** Persona o cosa muy rápida: *Ese hombre es una centella.* **SIN. 1.** Exhalación. **2.** Chiribita, pavesa. **3.** Destello. **4.** Bala. **FAM.** Centellar, centelleante, centellear, centelleo.

centellear o **centellar** (del lat. *scintillare*) *v. intr.* Despedir destellos con intensidad cambiante: *Las estrellas centellean.* **SIN.** Brillar, titilar, chispear, parpadear.

centena (del lat. *centena*) *s. f.* Conjunto de cien unidades. **SIN.** Centenar. **FAM.** Centenar, centenario. CIEN.

centenar *s. m.* **1.** Centena*. **2.** Muchas personas o cosas de las que se expresan. Se usa mucho en *pl.*: *Acudieron centenares de personas.* || **LOC. a centenares** *adv.* En gran cantidad, en abundancia.

centenario, ria (del lat. *centenarius*) *adj.* **1.** Que ha cumplido o está cerca de cumplir los cien años: *anciano centenario.* También *s. m.* y *f.* **2.** P. ext., muy viejo y digno de estima: *árbol centenario, edificio centenario.* || *s. m.* **3.** Fecha en que se cumplen cien años, o varios centenares de años, de un suceso y fiestas con que se celebra: *En 1992 se conmemora el quinto centenario del descubrimiento de América.*

centeno (del lat. *centenum*) *s. m.* Planta gramínea de espigas vellosas y hojas estrechas y ásperas; se utiliza en la alimentación del hombre y del ganado y en la elaboración de papel y bebidas alcohólicas.

centesimal *adj.* De cada una de las divisiones existentes entre el número uno y el noventa y nueve: *grados centesimales.*

centésimo, ma (del lat. *centesimus*) *adj. num. ord.* **1.** Que ocupa por orden el número cien. También *pron.*: *Quedó el centésimo en la clasificación general.* || *adj. num. part.* **2.** Se dice de cada una de las cien partes iguales en que se divide un todo. También *s. m.* y *f.*: *una centésima de segundo.* **FAM.** Centesimal. CIEN.

centi- (del lat. *centum*, ciento) *pref.* Significa 'cien' o 'centésima parte': *centímetro, centígrado, céntimo.*

centiárea (de *centi-* y *área*) *s. f.* Medida de superficie que corresponde a la centésima parte del área; equivale a un metro cuadrado.

centígrado, da (de *centi-* y *grado*) *adj.* **1.** Se dice de la escala termométrica en que el valor cero corresponde al punto de fusión del hielo y el valor 100 al punto de ebullición del agua. También se la conoce como escala Celsius. || *s. m.* **2.** Cada una de las divisiones en una escala Celsius.

centigramo (de *centi-* y *gramo*) *s. m.* Medida de masa que corresponde a la centésima parte de un gramo.

centil *s. m.* En estadística, cada uno de los noventa y nueve valores resultantes de dividir una distribución en cien partes iguales de frecuencia: *Mi hijo tiene un centil 30 en peso y un 50 en altura.* SIN. Percentil. FAM. Percentil.

centilitro (de *centi-* y *litro*) *s. m.* Medida de capacidad que es la centésima parte del litro.

centímetro (de *centi-* y *metro*) *s. m.* Medida de longitud que es la centésima parte del metro.

céntimo, ma (del fr. *centime*) *adj. num. part.* **1.** Se dice de cada una de las cien partes de un todo. || *s. m.* **2.** Moneda que equivale a la centésima parte de la unidad monetaria.

centinela (del ital. *sentinella*) *s. m.* y *f.* **1.** Soldado que está de vigilancia. **2.** Persona que vigila, defiende o protege alguna cosa. SIN. **1.** Guardia. **2.** Protector, vigía, defensor.

centollo o **centolla** (del lat. *centoculus*, de cien ojos) *s. m.* o *f.* Crustáceo decápodo marino que tiene el caparazón redondeado, peludo y provisto de espinas, y cinco pares de largas patas vellosas. Vive en las costas atlánticas y es muy apreciado en alimentación.

centón (del lat. *cento, -onis*, paño remendado) *s. m.* **1.** Manta hecha de muchas piezas de diversos colores. **2.** Obra literaria compuesta, enteramente o en su mayor parte, de fragmentos y sentencias ajenos.

centrado, da 1. *p.* de **centrar**. También *adj.* || *adj.* **2.** Se dice de la persona equilibrada, que se ha adaptado bien a una situación, que se encuentra a gusto en un sitio. SIN. **2.** Entonado, integrado. ANT. **1.** y **2.** Descentrado. **2.** Inadaptado.

central (del lat. *centralis*) *adj.* **1.** Del centro. **2.** Que está en el centro o entre dos extremos: *puerta central.* **3.** Que ejerce su acción sobre un conjunto, un territorio, un sistema, etc.: *gobierno central, calefacción central.* **4.** Esencial, fundamental: *el tema central de una novela.* || *s. f.* **5.** Instalación para producir energía eléctrica a partir de otras formas de energía: *central térmica, central nuclear.* **6.** Oficina o establecimiento principal, del cual dependen otros: *la central del banco.* || *s. m.* **7.** En fútbol y otros deportes de equipo, jugador que actúa en el centro de la defensa. SIN. **1.** Céntrico. **4.** Principal. ANT. **1.** Periférico.

centralismo *s. m.* **1.** Doctrina y sistema de gobierno que concentra la acción política y administrativa en manos de un poder central, que asume las funciones propias de los organismos regionales y locales. **2.** En cualquier organización, tendencia a centralizar decisiones y actuaciones. ANT. **1.** Federalismo.

centralita *s. f.* Aparato que se utiliza para conectar una o varias líneas telefónicas con otros teléfonos interiores y lugar donde está instalado.

centralizar *v. tr.* **1.** Reunir varias cosas en un centro común o bajo una dirección central: *Centralizaron los pagos.* También *v. prnl.* **2.** Hacer que la administración y atribuciones locales dependan de un gobierno central. También *v. prnl.* ■ Delante de *e* se escribe *c* en lugar de *z*: *centralice.* SIN. **1.** Agrupar(se), centrar(se), concentrar(se). ANT. **1.** Disgregar(se), separar(se). FAM. Centralización, centralizador. / Descentralizar. CENTRO.

centrar *v. tr.* **1.** Colocar una cosa en el centro de otra o de modo que su centro esté en el sitio adecuado: *Centró la foto.* **2.** Dirigir la atención, el interes, la actividad, etc. hacia algo concreto: *Centró sus esfuerzos en ganar.* También *v. prnl.*: *Su estudio se centra en la época actual.* **3.** En el fútbol, pasar el balón un jugador a otro. También *v. intr.* **4.** Atraer hacia sí la atención, el interés, las miradas, etc., de los demás: *Centraba la atención del auditorio.* **5.** Hacer que una persona encuentre el equilibrio o una orientación en su forma de vivir: *Este cambio de vida la ha centrado.* También *v. prnl.* **6.** Hacer coincidir en el lugar conveniente los proyectiles de las armas de fuego, un foco de luz, etc.: *Centraron sobre el objetivo los disparos.* || **centrarse** *v. prnl.* **7.** Acostumbrarse a una nueva situación, lugar, etc.: *Se ha centrado en su nuevo puesto.* SIN. **1.** Ajustar, encuadrar. **2.** Conducir. **2.** y **5.** Encaminar, encauzar, orientar(se), encarrilar(se). **4.** Concentrar, captar, absorber, acaparar, polarizar. **7.** Integrarse, habituarse. ANT. **1.** y **5.** Descentrar(se). **4.** Apartar. FAM. Concentrar, descentrar. CENTRO.

céntrico, ca *adj.* Situado en el centro, sobre todo de una población: *un barrio céntrico.* SIN. Central. ANT. Periférico, marginal.

centrifugador, ra *adj.* Se dice de la máquina en que se aprovecha la fuerza centrífuga para secar ciertas sustancias o para separar los componentes de una masa o mezcla según sus distintas densidades. También *s. m.* y *f.*

centrifugar *v. tr.* Someter algo a la acción de la fuerza centrífuga. ■ Delante de *e* se escribe *gu* en lugar de *g*: *centrifugue.* FAM. Centrifugado, centrifugador. / Ultracentrifugación. CENTRÍFUGO.

centrífugo, ga (del lat. *centrum*, centro, y *-fugo*) *adj.* Que se aleja del centro; se aplica especialmente a la fuerza ejercida en este sentido. ANT. Centrípeto. FAM. Centrifugar. CENTRO.

centriolo *s. m.* En biol., cada uno de los dos corpúsculos del centrosoma de las células eucariotas.

centrípeto, ta (del lat. *centrum*, centro, y *petere*, ir, dirigir) *adj.* Que atrae, dirige o impulsa hacia el centro; se aplica especialmente a la fuerza que se ejerce en este sentido. ANT. Centrífugo.

centrista *adj.* Propio de la política de centro. También *s. m.* y *f.*

centro (del lat. *centrum*, y éste del gr. *kentron*, aguijón, punta del compás) *s. m.* **1.** Punto medio o lugar que está a la misma distancia de los que hay a su alrededor en cualquier dirección: *el centro de una habitación, de una plaza, de un mueble, de un grupo.* **2.** Lugar, cosa, asunto o ser vivo que ocupa una posición central o de mayor importancia: *Era el centro de la familia.* **3.** Punto de donde parten o en donde se reúnen ciertas cosas o actividades: *centro de datos.* **4.** Lugar en que se concentra una actividad: *centro industrial.* **5.** Zona central de una población, donde suele haber más tiendas, oficinas, tráfico, etc. **6.** Persona, acción u objeto en que se concentra la atención, el interés. **7.** Institución, círculo o establecimiento benéfico, educativo, cultural, deportivo, etc. **8.** Tendencia o agrupación política que se considera intermedia entre la derecha y la izquierda. **9.** En el fútbol, acción de centrar. || **10. centro de flores** Adorno de flores montado sobre un soporte. **11. centro de gravedad** Punto de un cuerpo donde puede considerarse que la fuerza de gravedad ejerce atracción sobre dicho cuerpo. **12. centro de mesa** Objeto de adorno, generalmente un jarrón con flores, que se coloca en medio de la mesa. SIN. **1.** Mitad. **2.** Núcleo, eje, base, médula. **6.** Foco, objeto, motivo. **7.** Asociación, club. **9.** Pase. ANT. **1.** Extremo, exterior. **5.** Periferia, barrio. FAM. Centrado, central, centralismo, centralista, centralita, centralizar, centrar, céntrico, centrífugo, centriolo, centrípeto, centrista. / Antropocentrismo, baricentro, circuncentro, concéntrico, egocentrismo, endocéntrico, epicentro, etnocentrismo, eurocentrismo, excéntrico, exocéntrico, geocéntrico, heliocentrismo, hipocentro, metacentro, microcentro, multicentro, ortocentro, teocentrismo.

centroafricano, na *adj.* De África central y especialmente de la República Centroafricana. También *s. m.* y *f.*

centroamericano, na *adj.* De Centroamérica. También *s. m.* y *f.*

centrocampista *s. m.* y *f.* En el fútbol y otros dep., jugador que se sitúa en el centro del campo y sirve de enlace entre la defensa y la delantera.

centroeuropeo, a *adj.* De Europa central. También *s. m.* y *f.*

centrosoma *s. m.* Región diferenciada del citoplasma de la célula, próxima al núcleo, que desempeña un importante papel en la mitosis, proceso de división celular.

centuplicar (del lat. *centuplicare*, de *centum*, ciento, y *plicare*, doblar) *v. tr.* Multiplicar por ciento, hacer cien veces mayor una cosa o, simplemente, hacerla mucho mayor: *Ha centuplicado su capital.* También *v. prnl.* ■ Delante de *e* se escribe *qu* en lugar de *c*: *centuplique.*

céntuplo, pla (del lat. *centuplus*) *adj. num. mult.* Se dice del producto de multiplicar por cien una cantidad. También *s. m.* FAM. Centuplicar. CIEN.

centuria (del lat. *centuria*) *s. f.* **1.** Siglo, cien años. **2.** En la milicia romana, compañía de cien hombres. FAM. Centurión. CIEN.

centurión (del lat. *centurio, -onis*) *s. m.* Jefe de una centuria en la milicia romana. FAM. Centurionazgo. CENTURIA.

cenutrio, tria *adj. fam.* Torpe, tonto. También *s. m.* y *f.* SIN. Zote, zopenco, tarugo, zoquete, ceporro, estúpido.

ceñidor *s. m.* Faja, cinta o cinturón con que se rodea la cintura.

ceñir (del lat. *cingere*) *v. tr.* **1.** Rodear apretadamente la cintura o cualquier parte del cuerpo un vestido u otra cosa: *Esa chaqueta te ciñe la cintura.* **2.** Rodear una cosa a otra: *Los suburbios ciñen la ciudad.* || **ceñirse** *v. prnl.* **3.** Moderarse en los gastos, amoldarse a lo que se tiene: *Me he ceñido al presupuesto.* **4.** Limitarse y concretarse a una ocupación, materia o a cierta cosa que se expone, se trata, etc.: *ceñirse a un asunto, a una propuesta.* ■ Es v. irreg. SIN. **1.** Comprimir, estrechar. **1., 3.** y **4.** Ajustar(se). **2.** Cercar, bordear, envolver, abrazar. **3.** Sujetarse, someterse, acoplarse, acomodarse. **3.** y **4.** Atenerse. ANT. **3.** Excederse. **4.** Salirse. FAM. Ceñidor. / Desceñir.

ceño (del lat. tardío *cinnus*, guiño) *s. m.* Gesto que consiste en arrugar la frente o el entrecejo en señal de enfado: *fruncir el ceño.* FAM. Ceñudo.

ceñudo, da *adj.* Que parece enfadado. SIN. Cejijunto, hosco, huraño, arisco. ANT. Risueño.

cepa (de *cepo*) *s. f.* **1.** Parte del tronco de un árbol o planta, que está dentro de la tierra y unida a las raíces. **2.** Tronco de la vid y, p. ext., toda la planta. **3.** Tronco, raíz de una familia: *Tiene un apellido de cepa castellana.* **4.** Conjunto de microorganismos, presentes en un cultivo o en una colonia, que proceden de un único individuo incial. || LOC. **de pura cepa** *adj.* Se aplica a las personas que poseen los rasgos propios e identificativos de la tierra, provincia, región, etc., a la que pertenecen. SIN. **3.** Casta, linaje, raza, sangre. FAM. Descepar. CEPO.

cepellón (de *cepa*) *s. m.* Tierra que se deja adherida a las raíces de una planta para trasplantarla.

cepillar *v. tr.* **1.** Utilizar el cepillo para quitar el polvo, las pelusas o la suciedad: *cepillar la ropa.* También *v. prnl.* **2.** Pasar el cepillo por el pelo para desenredarlo. También *v. prnl.* **3.** Alisar la madera con un cepillo: *cepillar un tablero.* **4.** Pulir otras superficies. || **cepillarse** *v. prnl.* **5.** *fam.* Matar. **6.** *fam.* Suspender a alguien en un examen: *Se le cepillaron en matemáticas.* **7.** *fam.* Terminar rápidamente alguna cosa: *Se cepilló el trabajo en un día.* **8.** *vulg.* Poseer sexualmente a alguien. SIN. **1.** Limpiar(se), desempolvar(se), barrer. **5.** y **6.** Cargarse. **5., 6.** y **8.** Ventilarse. **5.** y **7.** Liquidar. **6.** Catear.

cepillo (dim. de *cepo*) *s. m.* **1.** Instrumento que consta de una plancha de madera u otro material a la que van sujetas cerdas o púas y que se utiliza para quitar el polvo de la ropa, de los zapatos, para limpiarse los dientes, para barrer, etc. **2.** Instrumento de carpintería formado por un bloque de madera en el que va sujeta una cuchilla y que sirve para rebajar, alisar o pulir las maderas. **3.** Caja con una ranura que hay en las iglesias para que los fieles depositen las limosnas. FAM. Cepillar. CEPO.

cepo (del lat. *cippus*) *s. m.* **1.** Trampa para cazar animales. **2.** Instrumento compuesto de dos maderos que, al unirse, dejan uno o varios agujeros en los que se aprisionaba la garganta o un miembro del reo. **3.** Utensilio destinado a sujetar o aprisionar algo: *un cepo de automóvil.* **4.** Engaño habilidoso en que se hace caer a alguien: *Cayó*

CEÑIR		
GERUNDIO		
ciñendo		
INDICATIVO		
Presente		**Pretérito perfecto simple**
ciño		*ceñí*
ciñes		*ceñiste*
ciñe		*ciñó*
ceñimos		*ceñimos*
ceñís		*ceñisteis*
ciñen		*ciñeron*
SUBJUNTIVO		
Presente		**Pretérito imperfecto**
ciña		*ciñera, -ese*
ciñas		*ciñeras, -eses*
ciña		*ciñera, -ese*
ciñamos		*ciñéramos, -ésemos*
ciñáis		*ciñerais, -eseis*
ciñan		*ciñeran, -esen*
	Futuro	
	ciñere	*ciñéremos*
	ciñeres	*ciñereis*
	ciñere	*ciñeren*
IMPERATIVO		
ciñe		*ceñid*

en el cepo que le habían puesto sus rivales. **SIN. 4.** Ardid, artimaña, treta, enredo. **FAM.** Cepa, cepellón, cepillo, ceporro.

ceporro, rra *adj.* **1.** *fam.* Se aplica a la persona necia o torpe. También *s. m.* y *f.* || *s. m.* **2.** Cepa vieja que se arranca para hacer leña. || **LOC. dormir como un ceporro** *fam.* Dormir profundamente, como un tronco. **SIN. 1.** Berzas, berzotas, tarugo, cenutrio, zoquete.

cequí (del ár. *sikki*) *s. m.* Antigua moneda de oro que estuvo en curso en varios Estados de Europa, sobre todo, en Venecia. ■ Su pl. es *cequíes* o *cequís.*

cera (del lat. *cera*) *s. f.* **1.** Sustancia sólida que segregan las abejas para formar las celdillas de los panales, cuyo color es amarillo y blanquea por la acción del sol, y que se usa sobre todo para hacer velas, cirios, etc. Otros insectos también la fabrican. **2.** Conjunto de velas, cirios o hachas de cera. **3.** Sustancia que producen algunas plantas. **4.** Sustancia segregada por ciertas glándulas de los oídos. || **5. cera virgen** La pura, tal como sale del panal. || **LOC. dar cera** *fam.* Golpear, dar leña: *La defensa contraria dio mucha cera.* **no hay más cera que la que arde** *fam.* Indica que de cierta cosa no queda más que lo que está a la vista, lo que conocemos. **SIN. 4.** Cerumen, cerilla. **FAM.** Céreo, cerería, cerilla, cerote, cerumen, cerusita. / Cirio, encerar.

cerámica (del gr. *keramike*, femenino de *keramikos*, hecho de arcillla, de *keramos*, arcilla) *s. f.* **1.** Arte de fabricar vasijas y otros objetos de barro, loza o porcelana. **2.** Objeto o conjunto de objetos de esta clase. **SIN. 1.** Alfarería. **FAM.** Cerámico, ceramista. / Vitrocerámico.

cerbatana (del ár. *zarbatana*, canuto para tirar a los pájaros) *s. f.* **1.** Tubo, caña estrecha o canuto que se usa para arrojar dardos, etc., soplando por uno de sus extremos; constituye un arma de caza. **2.** Culebrina de muy poco calibre usada antiguamente.

cerca[1] (de *cerco*) *s. f.* Valla o muro que se pone alrededor de una casa o de una finca para su resguardo o división. **SIN.** Cercado, tapia, vallado, verja, seto. **FAM.** Véase **cerco**.

cerca[2] (del lat. *circa*) *adv. l* y *t.* Indica proximidad en el espacio o en el tiempo: *Viven muy cerca. Las vacaciones están cerca.* ■ Cuando precede a un sustantivo o un pron. va seguido de la prep. *de*: *Estamos cerca del pueblo.* || **LOC. cerca de** *adv.* A punto de suceder: *Estuvimos cerca de conseguir el premio.* También, referido a cantidades, casi, aproximadamente: *Pagó cerca de dos millones.* **ANT.** Lejos. **FAM.** Cercanía, cercano. / Acercar.

cercado, da 1. *p.* de **cercar**. También *adj.* || *s. m.* **2.** Huerto, prado u otro lugar rodeado de una valla o una tapia: *un cercado para el ganado.* **3.** Cerca: *Un cercado rodeaba la casa.* **SIN. 2.** Coto, vedado. **3.** Vallado.

cercanía *s. f.* **1.** Cualidad o condición de cercano. || *s. f. pl.* **2.** Contornos, alrededores de un lugar o de una población: *las cercanías del río; tren de cercanías.* **SIN. 1.** Proximidad, vecindad, contigüidad. **2.** Inmediaciones, aledaños, extrarradio. **ANT. 1.** Distanciamiento, lejanía.

cercano, na *adj.* **1.** Próximo en el espacio o en el tiempo. **2.** Se dice de la persona o cosa ligada a otra por un fuerte vínculo y, también, de esta misma relación: *una persona cercana al presidente; un parentesco cercano.* **3.** Semejante, parecido: *Por sus ideas, es cercano a mí.* **SIN. 1.** Contiguo, inmediato, vecino. **3.** Afín. **ANT. 1.** Distante, separado. **1.** y **2.** Lejano, remoto.

cercar (del lat. *circare*, rodear) *v. tr.* **1.** Rodear un lugar con una cerca o valla: *cercar un campo.* **2.** Sitiar, poner cerco: *cercar un ejército, cercar una fortaleza.* **3.** Rodear mucha gente a una persona o cosa: *La cercaron los fotógrafos.* ■ Delante de *e* se escribe *qu* en lugar de *c*: *cerque.* **SIN. 1.** Cerrar, tapiar, vallar, amurallar. **2.** Asediar, acorralar. **ANT. 1.** Abrir. **FAM.** Descercar. CERCO.

cercenar (del lat. *circinare*) *v. tr.* **1.** Cortar las extremidades de un ser vivo o los extremos de alguna cosa: *cercenar un brazo.* **2.** Disminuir o acortar atribuciones, derechos, gastos, etc.: *Protestó porque la orden cercenaba sus derechos.* **SIN. 1.** Amputar, mutilar, desmochar. **1.** y **2.** Recortar. **2.** Reducir, restringir. **ANT. 2.** Aumentar, ampliar, incrementar. **FAM.** Cercen, cercenadura, cercenamiento.

cerceta (del lat. vulg. *cercedula*, del lat. clásico *querquedula*) *s. f.* Ave palmípeda de pequeño tamaño, cuya especie común tiene el plumaje pardo o ceniciento, con el pecho salpicado de lunares más oscuros y la cabeza pardo rojiza con una franja verde metálica; es migratoria y vive en zonas acuáticas. Se llama también *zarceta.* **FAM.** Zarceta.

cercha (del ant. fr. *cerche*, del lat. vulg. *circa*) *s. f.* Estructura o armazón que sostiene un arco o bóveda mientras se construye. **SIN.** Cimbra.

cerciorar (del lat. *certiorare*, de *certior*, sabedor) *v. tr.* Asegurar a alguien la verdad o certeza de algo. Se usa más como *v. prnl.*: *Me cercioré de que no estaba en casa.* **SIN.** Confirmar, convencer(se), persuadir(se).

cerco (del lat. *circus*, círculo) *s. m.* **1.** Aquello que ciñe o rodea alguna cosa: *un cerco de luz, un cerco de chocolate en la boca.* **2.** Acción de rodear una ciudad o posición enemiga para aislarla y tomarla: *El ejército puso cerco a la fortaleza.* **3.** Marco de una puerta o ventana: *el cerco de la ventana.* **4.** Círculo luminoso alrededor de un astro: *el cerco de la Luna.* **5.** Cerca, valla alrededor de un terreno. **SIN. 1.** Círculo, ribete, corona, orla, reborde. **2.** Asedio, sitio, bloqueo. **4.** Halo, aureola. **5.** Vallado, tapia, muro. **FAM.** Cerca[1], cercado, cercar.

cerda (del lat. vulg. *cirra*, vellón, mechón de pelos, de *cirrus*, rizo) *s. f.* **1.** Pelo duro, grueso y largo que tienen las caballerías en la cola y en la crin y otros animales en el cuerpo, como el jabalí o el cerdo. **2.** P. ext., pelo de cepillo, de cualquier clase que sea. || **3. ganado de cerda** Ganado porcino. **FAM.** Cerdo.

cerdada *s. f.* **1.** Acción sucia. **2.** Mala jugada que se hace a alguien: *Fue una cerdada no invitarte.* **SIN. 1.** Porquería. **1.** y **2.** Cochinada, guarrada, marranada. **2.** Faena, pasada. **ANT. 2.** Delicadeza.

cerdo, da (de *cerda*) *s. m.* **1.** Mamífero artiodáctilo doméstico, de cuerpo grueso, patas cortas, cabeza grande, orejas caídas y hocico chato y redondeado; de él se obtiene sobre todo carne y grasas y es aprovechado prácticamente en su totalidad. || *s. m.* y *f.* **2.** *fam.* Persona sucia o grosera. También *adj.* **3.** *fam.* Persona que hace a otra malas pasadas. También *adj.* **4.** *fam.* Deshonesto u obsceno. También *adj.* **SIN. 1.** a **4.** Gorrino, cochino, guarro, marrano, puerco. **2.** Desaseado, patán, palurdo, zafio. **3.** Canalla, miserable, malqueda. **ANT. 2.** Limpio, pulcro, educado. **3.** Honrado, noble. **FAM.** Cerdada, cerdear, cerduno. CERDA.

cereal (del lat. *cerealis*, relativo a Ceres, diosa de la agricultura) *adj.* **1.** Se dice de una serie de plantas que se cultivan para alimento de las personas o para piensos, cuyas semillas producen harina, p. ej. el trigo, el centeno, la cebada, el maíz, etc. También *s. m.* || *s. m.* **2.** Conjunto de semillas de estas plantas. || *s. m. pl.* **3.** Alimento preparado con estas semillas, generalmente en polvo, tiras o copos, que suele tomarse mezclado con leche u otro líquido. **FAM.** Cerealista.

cerealista *adj.* De la producción y comercio de cereales: *política cerealista.*

cerebelo (del lat. *cerebellum*) *s. m.* Parte del encéfalo situada en la región occipital del cráneo que se encarga de la coordinación de los movimientos y de la marcha.

cerebral *adj.* **1.** Del cerebro o relacionado con él. **2.** Intelectual, en oposición a apasionado o afectivo: *Es de una frialdad cerebral.* También *s. m.* y *f.* **SIN. 2.** Racional, lógico. **ANT. 2.** Emocional, sentimental, visceral. **FAM.** Intracerebral. CEREBRO.

cerebro (del lat. *cerebrum*) *s. m.* **1.** Órgano del sistema nervioso central, una de las tres partes principales del encéfalo, situada sobre el cerebelo y el bulbo raquídeo, en el interior del cráneo. **2.** Capacidad de pensar y razonar, talento: *Ese chico tiene cerebro.* **3.** Persona que proyecta o dirige un plan, un grupo, etc.: *el cerebro del equipo, de un robo.* **4.** Persona que sobresale en el campo cultural o científico: *Einstein fue un cerebro en física.* || **5. cerebro electrónico** Ordenador. **6. cerebro gris** Persona que dirige un grupo o una actividad, manteniéndose en la sombra. **SIN. 2.** Inteligencia, juicio, cabeza. **3.** Autor, creador, jefe, cabecilla. **4.** Eminencia, sabio. **FAM.** Cerebelo, cerebral. / Descerebración, descerebrar.

ceremonia (del lat. *caeremonia*) *s. f.* **1.** Acto solemne que se celebra con ciertas normas o ritos: *la ceremonia de la coronación, del casamiento.* **2.** Conjunto de cosas lujosas, adornos, acciones vistosas y elegantes con que se da solemnidad a algo: *La cena estuvo rodeada de gran ceremonia.* **3.** Manera de tratar a alguien con cortesía y consideración, en especial si es exagerada o responde a ciertas convenciones: *Le habló con gran ceremonia.* || **4. maestro de ceremonias** Véase **maestro**. **SIN. 1.** Función, celebración. **1.** y **2.** Ceremonial. **2.** Aparato, pompa, boato, fausto. **3.** Cumplido, formalidad, protocolo. **ANT. 2.** y **3.** Sencillez. **FAM.** Ceremonial, ceremoniosamente, ceremoniosidad, ceremonioso.

ceremonial (del lat. *caeremonialis*) *adj.* **1.** Relacionado con el uso de las ceremonias: *traje ceremonial.* || *s. m.* **2.** Conjunto de reglas o formalidades para la celebración de algunos actos públicos También, libro en que están escritas estas reglas: *el ceremonial de la coronación del rey.* **SIN. 2.** Protocolo, ritual.

ceremonioso, sa *adj.* Que guarda excesiva ceremonia o solemnidad. **SIN.** Protocolario, solemne, formal. **ANT.** Llano, espontáneo.

céreo, a (del lat. *cereus*) *adj.* De cera o parecido a ella: *La manzana tiene un brillo céreo.*

cerería *s. f.* Casa o tienda en la que se trabaja o vende la cera u objetos de cera.

cereza (del lat. vulg. *ceresia*) *s. f.* **1.** Fruto del cerezo, que es casi redondo, de piel encarnada y rabillo largo; su carne es dulce y jugosa. || *s. m.* **2.** En aposición, se aplica al color parecido al de esta fruta y a las cosas que lo poseen: *labios color cereza.* **FAM.** Cerezal, cerezo.

cerezo (del lat. *cerasius*) *s. m.* Árbol de la familia rosáceas de unos 5 m de altura, tronco liso, hojas lanceoladas, flores blancas y fruto en drupa, llamado cereza. Se cultiva por su fruto comestible y su madera, que se utiliza en ebanistería.

cerilla *s. f.* **1.** Especie de palillo, trozo de papel enrollado u otro material combustible, con fósforo en uno de los extremos, que se inflama por fricción. **2.** Cerumen. **SIN. 1.** Fósforo, mixto. **FAM.** Cerillero. CERA.

cerillero, ra *s. m.* y *f.* **1.** Persona que se dedica a la venta de tabaco y cerillas. **2.** Caja en que se guardan las cerillas. **SIN. 2.** Fosforera.

cerio (del lat. *Ceres*, nombre de un asteroide) *s. m.* Elemento químico maleable de color grisáceo y que en forma de óxido se usa para el pulimento y purificación de componentes ópticos y, mezclado con otros elementos, para aumentar la resistencia de aleaciones de aluminio y níquel. También se emplea en electrónica, en reactores nucleares y, en medicina, para el tratamiento del cáncer. Su símbolo es *Ce*.

cernedor *s. m.* Utensilio para cerner harina. ■ Se dice también *cernidor*. **SIN.** Cernidor.

cerner (del lat. *cernere*, separar) *v. tr.* **1.** Separar lo grueso de lo fino en cualquier materia reducida a polvo, especialmente la harina del salvado, haciéndola pasar a través de un cedazo o criba. || **cernerse** *v. prnl.* **2.** Amenazar de cerca algún mal: *Se cierne sobre el país una plaga de langosta.* **3.** Aletear las aves manteniéndose en el mismo lugar: *cernerse la gaviota.* **4.** Contonearse, caminar moviendo el cuerpo a uno y otro lado. ■ También se dice *cernir*. Es v. irreg. Se conjuga como *tender*. **SIN. 1.** Cribar, tamizar, colar. **3.** Planear. **FAM.** Cernedor, cernido.

cernícalo (del lat. *cerniculum*, criba) *s. m.* **1.** Nombre común de diversas aves rapaces; el cernícalo vulgar mide unos 35 cm y es de color rojizo manchado, con una banda negra en la cola. Se alimenta de animales pequeños, como roedores e insectos. **2.** *fam.* Hombre torpe, ignorante o rudo. **SIN. 2.** Mastuerzo, mostrenco, ceporro.

cernidor *s. m. Amér.* Cernedor*.

cernir *v. tr.* Cerner*. ■ Es v. irreg. Se conjuga como *discernir*.

cero (del ár. *sifr*, vacío de número) *s. m.* **1.** Número de valor nulo cuando va solo o a la izquierda de otro y que, a la derecha de cualquier cifra, la multiplica por diez. Se usa a veces como *adj.* y *pron. num.*: *En el ejercicio ha tenido cero faltas.* **2.** Símbolo que lo expresa (*0*). || **LOC. a cero** *adv.* En ciertos dep., con empate, sin goles. **al cero** *adv.* Referido al pelo, al rape. **de** (o **desde**) **cero** *adv.* De nuevo, desde el principio o con muy pocos recursos. **estar a cero** *fam.* Encontrarse sin dinero o no tener nada de alguna otra cosa: *El depósito está a cero.* **ser un cero a la izquierda** *fam.* No ser tenido en cuenta para nada.

cerote *s. m.* **1.** Mezcla de pez y cera con que se enceran los hilos para coser zapatos. **2.** *fam.* Miedo.

cerrado, da 1. *p.* de **cerrar**. También *adj.* || *adj.* **2.** Se dice del lugar desde el que se divisa poco espacio, porque está rodeado de casas, árboles, maleza, etc.: *bosque cerrado.* **3.** Torpe, tonto: *Es un poco cerrado, no hay manera de que entienda las ecuaciones.* **4.** Referido a cosas como una descarga de disparos o un aplauso, muy abundante y compacto. **5.** Que habla con un acento local muy marcado; también se aplica a este acento o habla: *un andaluz cerrado.* **6.** Se aplica, en oposición a abierta, a la articulación en que se estrecha más el paso del aire; también se aplica a las propias vocales, que son *i* y *u*. || *s. m.* **7.** Cercado: *Los toros estaban en un cerrado.* **SIN. 3.** Corto. **ANT. 2.** Abierto. **3.** Despierto, inteligente.

cerradura *s. f.* Mecanismo metálico que se fija en las puertas, tapas, etc., y sirve para cerrarlas, especialmente con llave. **SIN.** Cerrojo.

cerraja (del lat. vulg. *serralia*) *s. f.* Planta herbácea de la familia compuestas, de 60 a 80 cm de altura, hojas dentadas, inflorescencias generalmente amarillas y tallo hueco, que al romperse desprende un látex blanco. Constituye un buen pasto para el ganado y la hoja de una de sus especies se come en ensalada. **FAM.** Cerrajería, cerrajero. CERRAR.

cerrajería *s. f.* **1.** Oficio de cerrajero. **2.** Taller o tienda del cerrajero.

cerrajero, ra *s. m.* y *f.* Persona que trabaja con cerraduras, llaves y otros objetos de metal.

cerramiento *s. m.* **1.** Acción de cerrar: *El cerramiento de la finca se hizo hace diez años.* **2.** Objeto que sirve para cerrar algo: *El cerramiento de la terraza está en mal estado.* **SIN. 1.** y **2.** Cierre. **2.** Cercado, cubierta. **ANT. 1.** Apertura.

cerrar (del lat. *serare*) *v. tr.* **1.** Hacer que no pueda verse, tocarse, etc., el interior de una cosa o impedir que alguien o algo puedan entrar en un lugar, pasar por él o salir de él: *cerrar un cajón, una puerta, un jardín, un camino, un grifo.* También *v. intr.* y *v. prnl.*: *Esta ventana no (se) cierra bien.* **2.** Juntar dos o más cosas que estaban separadas: *cerrar las piernas.* También *v. prnl.* **3.** Plegar, doblar: *cerrar un abanico.* También *v. prnl.* **4.** Impedir una acción o la realización de algo: *Esa nota tan baja me cierra el acceso a la carrera de medicina.* También *v. prnl.* **5.** Hacer coincidir el principio y el final de algunas cosas: *cerrar una circunferencia.* También *v. intr.* y *v. prnl.* **6.** Apiñar, unir estrechamente. También *v. prnl.*: *El público se cerró en torno al ganador.* **7.** Dar por terminado: *Cerró el acto el alcalde.* También *v. prnl.*: *Se ha cerrado el plazo de admisión.* **8.** Terminar los trabajos en un diario, revista, libro, etc., antes de mandarlos a la imprenta: *cerrar edición.* **9.** Concertar un trato: *cerrar un contrato.* **10.** Ir el último en una sucesión, en una hilera: *Una banda cerraba el desfile.* **11.** Referido a paréntesis, comillas, admiraciones o interrogaciones, etc., escribir su signo al final de palabra o frase. || *v. intr.* **12.** Cicatrizar una herida. También *v. prnl.* **13.** En el juego del dominó, colocar una ficha que impide seguir colocando otras que aún tengan los jugadores. **14.** Igualarse todos los dientes de una caballería, lo que indica la plena madurez del animal. **15.** Seguido de *con* o *contra*, entablar combate, luchar: *cerrar contra el enemigo.* **16.** Hacerse completamente de noche. También *v. prnl.* || **cerrarse** *v. prnl.* **17.** Juntarse unos con otros los pétalos de las flores. **18.** Cubrirse de nubes el cielo. **19.** Ceñirse mucho en una curva un corredor, un conductor o un vehículo. **20.** Negarse a algo: *Se cierra a cualquier tipo de negociación.* || **LOC. cerrar filas** Véase **fila**. **cerrarse en** (o **a la**) **banda** Véase **banda**[2]. ■ Es v. irreg. Se conjuga como *pensar.* **SIN. 1.** Taponar(se), tapar(se), incomunicar(se). **2.** Unir(se). **4.** Entorpecer, obstaculizar. **6.** Aglomerar(se), amontonar(se), acumular(se). **7.** Acabar(se), clausurar, ultimar, concluir. **9.** Pactar. **12.** Curarse. **15.** Atacar, cargar. **18.** Nublarse, encapotarse. **20.** Rechazar, rehusar. **ANT. 1.** Destapar(se), comunicar(se). **1.** a **4.**, **7.**, **10.** a **12.** y **16.** a **20.** Abrir(se). **2.** Separar(se). **4.** Facilitar(se). **6.** Dispersar(se). **7.** Empezar. **7.**, **8.**, **10.** y **13.** Abrir. **9.** Rescindir. **18.** Despejarse. **20.** Ceder. **FAM.** Cerrado, cerradura, cerraja, cerramiento, cerrazón, cierre, cierro. / Descerrajar, encerrar, entrecerrar.

cerrazón *s. f.* **1.** Actitud cerrada, obstinación: *Su cerrazón no admite razonamientos.* **2.** Torpeza, falta de inteligencia. **3.** Oscuridad grande que precede a una fuerte lluvia, al cubrirse el cielo de nubes. **SIN. 1.** Obcecación, empecinamiento, terquedad. **ANT. 1.** Apertura, transigencia. **2.** Inteligencia. **3.** Claridad.

cerril (de *cerro*) *adj.* **1.** Terco, obstinado. **2.** Tosco, grosero. **3.** Se dice del ganado salvaje: *caballos cerriles.* **SIN. 1.** Obcecado, cabezota, tozudo, testarudo. **2.** Basto, ordinario, bruto. **ANT. 1.** Flexible, abierto. **2.** Fino, educado. **3.** Manso, domesticado. **FAM.** Cerrilidad, cerrilismo. CERRO.

cerro (del lat. *cirrus*, copo, rizo, crin) *s. m.* **1.** Elevación del terreno menor que una montaña. **2.** Montón, acumulación de cosas: *cerro de papeles.* **3.** Espinazo de los animales. || **4. cerro testigo** Cerro aislado. || **LOC. irse por los cerros de Úbeda** *fam.* Divagar, separarse mucho del asunto de que se trata. **SIN. 1.** Altozano, colina, loma, montículo. **2.** Pila, montaña. **FAM.** Cerril.

cerrojazo *s. m.* Acción de cerrar o acabar algo con brusquedad: *Dio el cerrojazo a la reunión.*

cerrojo (del lat. *veruculum*, barra de hierro) *s. m.* **1.** Barra generalmente de hierro que se mueve entre unas anillas y sirve para cerrar puertas y ventanas. **2.** En algunas armas de fuego, pieza que contiene el percutor y cierra la recámara: *el cerrojo del fusil.* **3.** En el fútbol y otros dep., repliegue de los jugadores en la defensa. **SIN. 1.** Pestillo. **FAM.** Cerrojazo.

certamen (del lat. *certamen*) *s. m.* **1.** Concurso con premios para estimular determinadas actividades artísticas, científicas, deportivas, etc.: *un certamen de dibujo.* **2.** Disputa literaria sobre algún tema en la que al final se declara vencedor al que haya tenido mayor ingenio. **SIN. 1.** Competición, torneo. **2.** Justa.

certero, ra *adj.* **1.** Se dice de la persona con buena puntería y del tiro que da en el blanco. **2.** Acertado, ajustado a la verdad o a lo razonable: *Emitió juicios certeros.* **SIN. 1.** y **2.** Atinado. **2.** Cierto. **ANT. 1.** Fallido. **2.** Desacertado, desafortunado. **FAM.** Certeramente. CIERTO.

certeza *s. f.* **1.** Seguridad que alguien tiene de que algo es cierto: *Tengo completa certeza de lo que digo.* **2.** Cualidad de cierto: *Demostró la certeza de sus afirmaciones.* **SIN. 1.** Certidumbre, convencimiento, evidencia. **2.** Verdad, autenticidad. **ANT. 1.** Incertidumbre. **2.** Falsedad.

certidumbre (del lat. *certitudo, -inis*) *s. f.* Certeza*, seguridad. **FAM.** Incertidumbre. CIERTO.

certificado, da 1. *p.* de **certificar**. También *adj.* || *adj.* **2.** Se dice de la carta o del paquete que se certifica. || *s. m.* **3.** Documento en que se certifica algo: *un certificado de estudios.*

certificar (del lat. *certificare*, de *certus*, cierto, y *facere*, hacer) *v. tr.* **1.** Dar por cierta alguna cosa, particularmente un funcionario autorizado con un documento oficial: *El contrato lo certificó un notario.* **2.** Asegurar el envío de una carta o de un paquete mediante un resguardo: *certificar una carta.* ■ Delante de *e* se escribe *qu* en lugar de *c*: *certifique.* **SIN. 1.** Atestiguar, refrendar, autentificar, validar. **ANT. 1.** Invalidar. **FAM.** Certificación, certificado. CIERTO.

cerúleo, a (del lat. *caeruleus*) *adj.* Se dice del color azul celeste.

cerumen *s. m.* Cera que segregan los oídos. **SIN.** Cerilla.

cerusita *s. f.* Carbonato de plomo, mineral pesado y frágil que cristaliza en el sistema rómbico. Sus principales yacimientos se encuentran en Namibia, Estados Unidos, Siberia, Italia y España. Es mena del plomo.

cerval *adj.* **1.** Del ciervo o parecido a él. **2.** Se dice del miedo grande o excesivo. **SIN. 1.** Cervuno. **2.** Atroz.

cervantino, na *adj.* De Miguel de Cervantes y de su obra, o que tiene alguna de las cualidades de su producción literaria.

cervato (del lat. *cervus*, ciervo) *s. m.* Ciervo menor de seis meses.

cervecería *s. f.* Establecimiento en que se vende cerveza y otras bebidas.

cerveza (del lat. *cervesia*) *s. f.* Bebida alcohólica espumosa obtenida por fermentación de la cebada y aromatizada con lúpulo. **FAM.** Cervecería, cervecero.

cervical (del lat. *cervicalis*, del cuello) *adj.* Del cuello; en especial, se dice de las vértebras que forman la parte de la columna vertebral correspondiente al cuello. También *s. f.*, sobre todo *pl.*

cérvido (del lat. *cervus*, ciervo, e *-ido*[1]) *adj.* **1.** Se dice de ciertos mamíferos rumiantes del orden artiodáctilos, como el ciervo, el gamo, el alce, el reno, etc.; los machos tienen los cuernos ramificados y caducos, renovándolos anualmente, mientras que las hembras, exceptuando la del reno, carecen de ellos. También *s. m.* || *s. m. pl.* **2.** Familia constituida por estos animales.

cerviz (del lat. *cervix, -icis*) *s. f.* Nuca, parte posterior del cuello. || **LOC. bajar** (o **doblar**) **la cerviz** Someterse, humillarse. **SIN.** Cogote, occipucio. **FAM.** Cervical.

cervuno, na (del lat. *cervus*, ciervo) *adj.* Relativo al ciervo o parecido a él. **SIN.** Cerval.

cesante *adj.* Se dice del empleado, especialmente del funcionario público, a quien se priva del empleo. También *s. m.* y *f.*

cesantía *s. f.* Situación del empleado cesante: *La cesantía era la mayor preocupación de los funcionarios de la época de Cánovas.*

cesar (del lat. *cessare*) *v. intr.* **1.** Acabar, interumpirse una acción, dejar alguien de hacer lo que estaba haciendo: *Ha cesado de llover. Cesó de dar golpes.* **2.** Dejar de desempeñar algún cargo o empleo: *Cesó como director de la compañía.* ■ Se construye con las prep. *de* y *en*: *cesar de un cargo; cesar en las funciones.* **SIN. 1.** Concluir, detenerse, finalizar, terminar, pararse. **2.** Salir, dimitir. **ANT. 1.** Continuar, seguir, proseguir; comenzar, empezar. **FAM.** Cesación, cesante, cesantía, cesáreo, cese. / Incesable, incesablemente, incesante, recesar.

césar (del lat. *Caesar*) *s. m.* Título de los emperadores romanos y, p. ext., de otros emperadores. **FAM.** Cesáreo.

cesáreo, a (del lat. *caesareus*) *adj.* Del emperador o relacionado con él. **SIN.** Imperial. **FAM.** Cesárea.

cesárea *s. f.* Operación quirúrgica para extraer el hijo del vientre de la madre mediante incisión en la pared abdominal y del útero.

cese *s. m.* **1.** Acción de cesar: *el cese de las hostilidades, el cese en un cargo.* **2.** Documento que acredita que alguien cesa en un empleo o función. **SIN. 1.** Cesación, interrupción, término; dimisión. **ANT. 1.** Permanencia, continuación.

cesio (del lat. *caesius*, azul) *s. m.* Metal alcalino, blando y de color blanco plata, que es buen conductor de la electricidad, funde a baja temperatura y se oxida en contacto con el aire. Se emplea, p. ej., en las células fotoeléctricas. Su símbolo es *Cs.*

cesión (del lat. *cessio, -onis*) *s. f.* **1.** Acción de ceder o renunciar a alguna cosa: *cesión de derechos.* **2.** En fútbol, pase del balón a poca distancia. **SIN. 1.** Concesión, donación, entrega, renuncia, traspaso. **ANT. 1.** Conservación, retención. **FAM.** Cesionario, cesionista. / Recesión, secesión. CEDER.

cesionario, ria *s. m.* y *f.* Persona que recibe una cosa cedida por otra.

cesionista *s. m.* y *f.* Persona que cede algo a otra.

césped (del lat. *caespes, -itis*) *s. m.* **1.** Hierba menuda y fina que cubre el suelo y terreno cubierto por ella. **2.** En dep., terreno de juego con hierba: *Los jugadores saltaron al césped.* **SIN. 1.** Verde; pradera, prado. **2.** Campo. **FAM.** Cortacésped.

cesta (del lat. *cista*) *s. f.* **1.** Recipiente hecho de mimbre, caña, varas u otro material entretejido, que sirve para contener y llevar objetos. **2.** Especie de pala cóncava que se usa en una variedad del juego de pelota. **3.** En baloncesto, canasta, red que pende del aro. || **4. cesta de la compra** Conjunto de alimentos y productos de uso cotidiano en la casa, así como su precio medio: *Ha subido la cesta de la compra.* **SIN. 1.** Canasto, banasta, banasto, cesto, capazo. **FAM.** Cestería, cestero, cesto. / Encestar.

cestería *s. f.* **1.** Arte de hacer cestas. **2.** Taller en que se hacen o lugar donde se venden.

cesto *s. m.* Cesta grande y más alta que ancha. **FAM.** Baloncesto. CESTA.

cestodo (del gr. *kestos*, cinturón bordado) *adj.* **1.** Se dice de un tipo de gusano platelminto parásito del hombre y los animales vertebrados, en cuyo aparato digestivo se desarrolla en estado adulto adhiriéndose mediante garfios o ventosas situados en su extremo anterior. El más conocido es la tenia o solitaria. También *s. m.* || *s. m. pl.* **2.** Clase constituida por estos gusanos.

cesura (del lat. *caesura*, de *caedere*, cortar) *s. f.* En la poesía moderna, pausa que se hace en el interior de un verso. En la poesía clásica griega y latina, sílaba con que termina la palabra final de un pie y empieza otro.

cetáceo (del lat. *cetus*, ballena) *adj.* **1.** Se dice de los mamíferos marinos que tienen el cuerpo en forma de pez, con las extremidades anteriores transformadas en aletas, las posteriores englobadas en la piel y una aleta caudal horizontal y aplanada; carecen de pelo y poseen una gruesa capa de grasa subcutánea para defenderse del frío, como p. ej. la ballena, el cachalote, el delfín, la orca, etc. También *s. m.* || *s. m. pl.* **2.** Orden constituido por dichos animales.

cetme (acrónimo de *Centro de Estudios Técnicos de Materiales Especiales*, donde se desarrolló esta arma) *s. m.* Fusil automático ligero de fabricación española.

cetona *s. f.* Cualquier compuesto orgánico en cuya molécula aparezca una o más veces el grupo funcional carbonilo –CO–. Los que no superan los 10 átomos de carbono son líquidos, incoloros y de olor agradable. A partir de ese número son sólidos y tienen a veces un olor desagradable. Se emplean como disolventes. La más simple es la propanona o acetona.

cetrería (del ant. *acetrería*, de *acetor*, azor, y éste del lat. *acceptor*) *s. f.* Arte de criar y adiestrar halcones y otras aves para la caza; también, práctica de dicha caza.

cetrino, na (del lat. *citrinus*, de *citrus*, cidra) *adj.* **1.** Amarillento verdoso: *rostro cetrino.* **2.** Serio, melancólico, huraño. **SIN. 1.** Aceitunado, oliváceo. **2.** Adusto, hosco, agrio, triste. **ANT. 2.** Alegre, risueño. **FAM.** Véase **cítrico**.

cetro (del lat. *sceptrum*) *s. m.* **1.** Bastón, generalmente de metal precioso, que simboliza mando o dignidad, como los usados por los soberanos; p. ext., este mismo mando o dignidad: *bajo el cetro del inca.* **2.** Supremacía o superioridad en alguna cosa: *el cetro de la elegancia.* **SIN. 1.** Báculo; autoridad, gobierno, reinado.

ceutí (del ár. *sabtí*) *adj.* De Ceuta. También *s. m.* y *f.* ■ Su pl. es *ceutíes*, aunque también se utiliza *ceutís*.

ceviche *s. m.* Cebiche*.

ch *s. f.* Dígrafo considerado tradicionalmente como la cuarta letra del alfabeto español y la tercera de sus consonantes y que por lo general se considera englobada en la *c*, siguiendo las normas de alfabetización universal. Su articulación es palatal africada sorda y su nombre es *che*.

chabacano, na *adj.* Grosero, basto y de mal gusto. **SIN.** Vulgar, ordinario, ramplón. **ANT.** Refinado, elegante, delicado, correcto. **FAM.** Chabacanada, chabacanamente, chabacanería. / Achabacanar.

chabola (del vasc. *txabola*) *s. f.* **1.** Casucha de materiales miserables que suele estar situada en suburbios sin urbanizar. **2.** Choza o casa muy pequeña, generalmente construida en el campo. **SIN. 2.** Caseta, chamizo. **ANT. 1.** Palacio, mansión. **FAM.** Chabolismo, chabolista.

chabolismo *s. m.* **1.** Existencia de concentraciones de chabolas en las zonas marginales de las ciudades. **2.** Forma y condiciones de vida propias de las chabolas.

chabolo *s. m. argot* Cárcel.

chacal (del fr. *chacal*, y éste del ár. *yaqal*) *s. m.* Mamífero carnívoro de la familia cánidos; alcanza una longitud de unos 90 cm y un peso de unos 20 kg. Viven solos, en parejas o manadas y se alimentan de animales pequeños o de carroña.

chacanear (del quechua *chaca*, pierna) *v. tr.* **1.** *Chile* Espolear al caballo o aguijar al buey. **2.** *Arg.* y *Bol.* Hacer mal uso de una cosa, estropearla.

chácara[1] *s. f. Amér. del S. fam.* Chacra, granja. **FAM.** Chacarero. CHACRA.

chácara[2] (quechua) *s. f. Col.* Bolsa, billetero.

chacarera *s. f.* Danza tradicional argentina de parejas sueltas.

chacarero, ra *adj.* **1.** *Amér.* De la chácara[1]. || *s. m.* y *f.* **2.** *Amér.* Granjero. **3.** *Col.* Curandero.

chacha (afér. de *muchacha*) *s. f.* **1.** *fam.* Empleada del hogar, sirvienta. **2.** *fam.* Persona empleada en una casa para encargarse de los niños. **SIN. 1.** Criada, chica. **2.** Tata.

chachachá *s. m.* Baile y música de origen cubano, derivado de la rumba y el mambo. ■ Se escribe también *cha-cha-chá*.

cháchara (del ital. *chiacchiera*) *s. f.* **1.** Conversación sobre temas sin importancia. **2.** *fam.* Abundancia de palabras inútiles. || *s. f. pl.* **3.** Baratijas, cachivaches. **SIN. 1.** Charla, palique, parla. **2.** Charlatanería, palabrería. **3.** Chucherías, fruslerías.

chache *s. m.* **1.** *fam.* Precedido del artículo *el*, equivale a *yo*. ■ Se construye con el verbo en tercera persona: *El chache tiene hambre.* **2.** *fam.* En lenguaje infantil, hermano: *Mamá, ¿dónde está mi chache?*

chachi *adj.* **1.** *fam.* Estupendo: *una película chachi.* || *adv. m.* **2.** *fam.* Estupendamente: *Me lo pasé chachi.* **SIN. 1.** y **2.** Chanchi, guay, fenomenal. **ANT. 1.** y **2.** Pésimo, fatal.

chacho, cha (afér. de *muchacho*) *s. m.* y *f. fam.* Muchacho, en tratamiento cariñoso.

chacina (del lat. *siccina*, carne seca) *s. f.* **1.** Carne de cerdo desecada o preparada para hacer embutidos. **2.** Conjunto de embutidos hechos con carne de cerdo. **SIN. 1.** Cecina. **FAM.** Chacinería, chacinero. CECINA.

chaco *s. m. Amér.* Terreno bajo y llano con pequeños ríos, lagunas o pantanos.

chacolí (del vasc. *txacolín*) *s. m.* Vino ácido y algo ligero que se hace en el País Vasco, Cantabria y Chile. ■ Su pl. es *chacolíes*, aunque también se utiliza *chacolís*.

chacona *s. f.* Baile español de los s. XVI y XVII, y música y letra con que se acompañaba.

chacota *s. f. fam.* Risa, broma o burla: *tomarse algo a chacota, hacer chacota de alguien.* **SIN.** Cuchufleta, chufla, chunga, guasa. **FAM.** Chacotear.

chacra (del quechua *chajra*, sembradío) *s. f. Amér. del S.* Granja, casa de campo. **SIN.** Chácara. **FAM.** Chácara[1].

chadiano, na *adj.* De Chad, república de África central. También *s. m.* y *f.*

chafar *v. tr.* **1.** Aplastar, arrugar, estropear o deshacer una cosa apretándola, pisándola, etc. P. ext., echar a perder cualquier cosa: *No te sientes ahí que vas a chafar el cojín. Le chafaste sus planes.* También *v. prnl.* **2.** *fam.* Apabullar, confundir a alguien, p. ej. en una conversación con palabras que le dejan sin saber qué responder: *Le has chafado con tus argumentos.* **3.** *fam.* Desengañar, desilusionar, deprimir a alguien: *Ese fracaso le ha chafado por completo.* También *v. prnl.* **SIN. 1.** Estrujar, deslucir(se), deteriorar(se), ajar(se); aguar(se), fastidiar(se). **2.** Dominar, abochornar, avergonzar. **ANT. 1.** Estirar, planchar. **2.** y **3.** Animar(se). **FAM.** Chafado, chafarrinón.

chafarrinada *s. f.* Chafarrinón*.

chafarrinón *s. m.* Borrón o mancha irregular que desluce algo. **SIN.** Churrete, manchurrón. **FAM.** Chafarrinada, chafarrinar. CHAFAR.

chaflán (del fr. *chanfrein*, y éste del lat. *canthus*, esquina, y *frangere*, romper) *s. m.* **1.** Pared, generalmente estrecha, que sustituye a la esquina de un edificio: *La casa tiene un balcón en el chaflán.* **2.** Cara que resulta en un sólido al cortar una de sus esquinas o aristas. || **LOC. hacer chaflán** Estar situado en la esquina de un edificio: *La pastelería hace chaflán.* **FAM.** Achaflanar.

chagual (del quechua *cháhuar*, estopa) *s. m. Arg.*, *Chile* y *Perú* Planta de flores verdosas y tallo áspero, comestible cuando está tierna; las fibras tienen aplicaciones textiles y con su madera seca se suaviza el filo de instrumentos cortantes.

chaira (gall.) *s. f.* **1.** Cuchilla que usan los zapateros. **2.** Cilindro de acero en el que carniceros y carpinteros afilan sus cuchillos. **3.** *argot* Navaja. **SIN. 3.** Sirla.

chaise-longue (fr.) *s. f.* Especie de sofá alargado sin brazos.

chajá (onomat.) *s. m. Arg.*, *Bol.*, *Par.* y *Urug.* Ave zancuda de unos 50 cm de altura; tiene el dorso gris oscuro y la zona ventral clara, pico corto y fuerte, un penacho de plumas negras en la cabeza y dos púas recias en la parte anterior de las alas. Se suele domesticar, a modo de guardián, ya que advierte con sus gritos de la presencia de extraños.

chajuán *s. m.* **1.** *Col.* Calor sofocante. **2.** *Col.* Fatiga.

chal (del fr. *châle*, y éste del persa *sal*, velo) *s. m.* **1.** Prenda más larga que ancha que llevan sobre los hombros las mujeres como abrigo o adorno. **2.** Prenda, generalmente de lana, que se utiliza para envolver a los bebés. **SIN. 1.** Echarpe, pañoleta, mantón. **2.** Toquilla. **FAM.** Chalina.

chala (quechua) *s. f. Amér. del S.* Hoja que rodea la mazorca del maíz y se usa, una vez seca, para liar cigarros.

chalado, da (caló) **1.** *p.* de **chalar.** || *adj.* **2.** *fam.* Que no tiene juicio. También *s. m.* y *f.* **3.** *fam.* Que está muy enamorado: *Está chalado por esa chica.* También *s. m.* y *f.* **SIN. 2.** Loco, chiflado, guillado, sonado, pirado. **3.** Colado. **ANT. 2.** Cuerdo, sensato. **FAM.** Chaladura, chalar.

chaladura *s. f.* **1.** *fam.* Extravagancia o manía. **2.** *fam.* Enamoramiento. **SIN. 1.** Locura, chifladura. **ANT. 1.** Cordura, sensatez.

chalán, na (del fr. *chaland*, cliente de un mercader) *adj.* **1.** Que trata en compras y ventas, especialmente de caballos y otras bestias. También *s. m.* y *f.* **2.** Se aplica a la persona que emplea maña, astucia o engaños en los tratos. También *s. m.* y *f.* || *s. m.* **3.** *Amér.* Domador de caballos. **SIN. 1.** Traficante, tratante, negociante. **2.** Fullero, tramposo, estafador. **FAM.** Chalanear, chalaneo, chalanería.

chalana (del fr. *chaland*, y éste del gr. *khelandion*, barco para transportar mercancías) *s. f.* Pequeña embarcación de fondo plano, empleada para transportes en sitios de poco calado.

chalanear *v. tr.* **1.** Tratar toda clase de negocios con mucha maña y astucia. **2.** *Amér.* Domar y adiestrar caballos. **SIN. 1.** Traficar, cambalachear, negociar.

chalanería *s. f.* Astucia, maña o engaño en los tratos. **SIN.** Fullería, regateo.

chalchal *s. m. Amér.* Árbol de la familia del abeto, cuyo fruto es una baya roja comestible.

chalé (del fr. *chalet*) *s. m.* Vivienda unifamiliar, de una o pocas plantas, con jardín. ■ Se dice también *chalet.* **SIN.** Villa, hotel.

chaleco (del ár. *yalika*, nombre de un vestido) *s. m.* Prenda de vestir sin mangas, que cubre el pecho y la espalda hasta la cintura y se suele colocar encima de la camisa. **FAM.** Enchalecar.

chalet *s. m.* Chalé*. ■ Su pl. es *chalets.*

chalina *s. f.* Especie de corbata ancha que se anuda con lazada y es usada tanto por hombres como por mujeres. **SIN.** Lazo.

chalota (del fr. *échalotte*) *s. f.* Bulbo parecido a la cebolla, de menor tamaño y color rojizo, que se usa como condimento. **SIN.** Escalonia.

chalupa[1] (del fr. *chaloupe*, y éste del neerl. *sloep*, barquichuela) *s. f.* **1.** Pequeña embarcación mayor que el bote y menor que la lancha. **2.** *Méx.* Pequeña torta de maíz.

chalupa[2] *adj.* Chalado*.

chamaco, ca *s. m.* y *f. Amér. C., Ec.* y *Méx.* Niño, muchacho.

chamagoso, sa (del azteca *chamahuac*, cosa ordinaria) *adj. Méx.* Sucio, de aspecto lamentable.

chamán *s. m.* Sacerdote o hechicero del que se supone que entra en relación con los espíritus, puede influir sobre ellos y desempeñar ciertas funciones de adivinación o curación. **FAM.** Chamanismo.

chamanismo *s. m.* Religión dominante en la antigüedad entre los pueblos uraloaltaicos del Asia septentrional. En la antropología cultural actual, designa cualquier culto animista.

chamarilero, ra (del ant. *chambariles*, instrumentos de zapatero, de *chambaril*, pierna de animal) *s. m.* y *f.* Persona que se dedica a comprar y vender trastos viejos y usados. **SIN.** Prendero, trapero, ropavejero. **FAM.** Chamarilear, chamarileo, chamarilería.

chamarra *s. f.* **1.** Especie de zamarra. **2.** *Méx.* Cazadora, prenda de vestir. **3.** *Amér. C.* y *Ven.* Prenda de lana que sirve de poncho o capa durante el día y de manta durante la noche. **4.** *Amér. C.* Engaño, mentira, timo.

chamba[1] *s. f.* Casualidad, suerte. **SIN.** Carambola, chiripa. **FAM.** Chambón, chambonada, chambonear.

chamba[2] (quechua) *s. f.* **1.** *Col.* y *Ven.* Cerca que limita los predios o haciendas. **2.** *Méx.* Trabajo, ocupación, generalmente eventual y mal pagado.

chambelán (del fr. *chambellan*, y éste del germ. *kamerlinc*, camarero) *s. m.* Gentilhombre de cámara, noble que acompañaba al rey.

chambergo (de *Schomberg*, mariscal francés, que introdujo un cierto tipo de uniforme) *s. m.* **1.** Sombrero de ala ancha levantada por un lado y, p. ext., cualquier sombrero. **2.** Chaquetón tres cuartos. **SIN. 2.** Pelliza, zamarra.

chambón, na (de *chamba*[1]) *adj.* **1.** *fam.* Se aplica al jugador poco hábil, pero que consigue buenas jugadas por casualidad. También *s. m.* y *f.* **2.** Se aplica al que consigue algo por casualidad. También *s. m.* y *f.* **SIN. 1.** y **2.** Suertudo, afortunado. **ANT. 1.** y **2.** Desafortunado.

chamelo (del cat. *xamelo*) *s. m.* Variedad del juego de dominó.

chamiza (del port. *chamiça*, de *chama*, llama) *s. f.* Hierba gramínea que crece en sitios húmedos y se emplea para techumbre de chozas. **FAM.** Chamizo.

chamizo *s. m.* **1.** Choza cubierta de chamiza. **2.** *fam.* P. ext., habitación sórdida, vivienda pobre, sucia y desordenada. **SIN. 1.** Chabola, chozo. **2.** Antro, cuchitril.

champán[1] (de *Champagne*, comarca francesa) *s. m.* **1.** Vino blanco espumoso elaborado en la región francesa de Champagne. **2.** Por ext., ciertos vinos espumosos. ■ Se dice también *champaña.* **SIN. 2.** Cava. **FAM.** Champaña. / Achampanado, achampañado.

champán[2] (del malayo *campán*, y éste del chino *san pan*, tres tablas) *s. m.* Sampán*.

champaña *s. m.* Champán[1]*.

champiñón (del fr. *champignon*, y éste del lat. *campania*, de *campus*) *s. m.* Hongo comestible caracterizado por su seta en forma de paraguas; se cultiva artificialmente.

champú (del ingl. *shampoo*) *s. m.* Cualquier jabón o detergente especial para lavarse el pelo. ■ Su pl. es *champúes*, aunque también se utiliza *champús.*

chamullar (caló) *v. intr.* Hablar, en especial de manera incomprensible. También *v. tr.* **SIN.** Charlar, farfullar.

chamuscar (del port. *chamuscar*, y éste de *chama*, llama) *v. tr.* Quemar una cosa superficialmente. También *v. prnl.*: *Se chamuscó en la chimenea.* ■ Delante de *e* se escribe *qu* en lugar de *c*: *chamusquen.* **SIN.** Socarrar, tostar. **FAM.** Chamusquina.

chamusquina *s. f.* **1.** Acción o efecto de chamuscar o chamuscarse. **2.** *fam.* Riña. || **LOC. oler a chamusquina** *fam.* Recelar o temer alguna cosa: *Esa llamada me huele a chamusquina.* **SIN. 1.** Quemadura. **2.** Gresca, pelotera.

chancaca *s. f.* **1.** *Amér.* Masa elaborada con azúcar o miel. **2.** Pasta de maíz o trigo tostado y molido con miel.

chancar (del quechua *chankkay*, moler) *v. tr.* **1.** *Amér. del S.* Moler o desmenuzar. **2.** *Chile* y *Perú* Maltratar a alguien o algo. ■ Delante de *e* se escribe *qu* en lugar de *c*: *chanque.*

chance (ingl.) *s. m. Amér.* Oportunidad, alternativa u ocasión: *No me dio chance para replicar.*

chancear *v. intr.* Bromear, usar burlas y chanzas. También *v. prnl.* **SIN.** Burlarse, mofarse, chunguear.

chanchi *adj.* Chachi*.

chancho, cha *adj.* **1.** *Amér.* Sucio, cochino, guarro. || *s. m.* y *f.* **2.** *Amér.* Cerdo, animal. **FAM.** Chanchero.

chanchullo (del ital. *cianciullare*, hacer naderías, de *ciancia*, burla, broma) *s. m. fam.* Negocio turbio o arreglo ilícito para obtener provecho: *Hicieron un chanchullo para que cobrara sin trabajar.* **SIN.** Apaño, componenda, amaño, enjuague. **FAM.** Chanchullero.

chancillería *s. f.* En España, antiguo tribunal superior de justicia.

chancleta o **chancla** *s. f.* **1.** Zapatilla o sandalia sin talón o con el talón caído, que se usa para andar por casa. **2.** *Arg.*, *Chile* y *Urug.* Mujer o niña; suele tener sentido afectivo, ya sea bueno o malo. || *s. m.* y *f.* **3.** Persona inútil. || **LOC. en chancletas** *adv.* Sin llevar metido el talón del zapato, pisándolo. **SIN. 1.** Babucha. **3.** Torpe, inepto. **ANT. 3.** Eficiente, listo. **FAM.** Chancletear, chancleteo. CHANCLO.

chancletear *v. intr.* **1.** Andar en chancletas. **2.** *Arg.*, *Chile* y *Méx.* Caminar arrastrando los talones.

chancleteo *s. m.* Ruido producido al andar en chancletas.

chanclo *s. m.* **1.** Zapato de madera o suela gruesa para preservarse de la humedad o el barro. **2.** Zapato de caucho, goma u otra sustancia elástica, que se pone sobre el calzado ordinario para preservarlo del barro o la lluvia. **SIN. 1.** Zueco. **FAM.** Chancla, chancleta.

chancro (del fr. *chancre*, y éste del lat. *cancer*, *-cri*, cangrejo, carcinoma) *s. m.* Pequeña úlcera contagiosa de origen sifilítico.

chándal (del fr. *chandail*) *s. m.* Prenda deportiva compuesta por un pantalón largo y un jersey o chaqueta amplios.

changa (de *changador*) *s. f.* **1.** *Amér. del S.* Trabajo de changador. **2.** *Amér. del S. fam.* Chapuza, trabajo eventual. **3.** *And.* y *Amér. fam.* Broma, burla. **FAM.** Changador, changar.

changador (de *changada*, del port. *jangada*, balsa) *s. m. Amér. del S.* Mozo de cuerda, porteador.

changar *v. tr. fam.* Romper, destrozar. También *v. prnl.*: *Se changó la mesa.* ■ Delante de *e* se escribe *gu* en lugar de *g*: *changue.* **SIN.** Chingar(se), desgraciar(se), estropear(se), descomponer(se). **ANT.** Arreglar(se), componer(se).

changuí *s. m.* **1.** *Amér.* Engaño, timo. **2.** *Cuba* Baile popular.

changurro *s. m.* Plato vasco hecho con centollo cocido, desmenuzado y condimentado, que se sirve en el propio caparazón.

chanquete *s. m.* Pez teleósteo comestible muy pequeño, parecido a la cría del boquerón, que vive en los litorales. Es apreciado como alimento.

chantaje (del fr. *chantage*, y éste del lat. *cantare*, cantar) *s. m.* Amenaza de escándalo o de otro perjuicio que se hace a alguien para obtener de él dinero o cualquier otra ventaja. **SIN.** Coacción, presión, extorsión. **FAM.** Chantajear, chantajista.

chantar *v. tr.* **1.** *Arg.* Golpear con una bocha a otra en el juego de las bochas. **2.** *Arg. fam.* Poner a alguien o algo en un sitio violentamente: *Lo chantaron en la cárcel.* **3.** *Arg.* Decir la verdad a la cara: *Le chanté cuatro verdades en plena jeta.* **SIN. 1.** Bochar.

chantillí o **chantilly** (de *Chantilly*, ciudad de Francia) *s. m.* **1.** Crema de pastelería hecha de nata o claras de huevo batidas con azúcar. **2.** Tejido de encaje de bolillos, en colores negro y blanco, y con figuras de pájaros, mariposas, flores, etc.

chantre (del fr. *chantre*, y éste del lat. *cantor*, *-oris*) *s. m.* Canónigo a cuyo cargo estaba la dirección del canto en el coro de las catedrales. **SIN.** Sochantre. **FAM.** Sochantre.

chanza (del ital. *ciancia*) *s. f.* Dicho ocurrente y gracioso, burla ingeniosa. **SIN.** Guasa, broma, chirigota, cuchufleta. **FAM.** Chancear.

chañar (quechua) *s. m.* **1.** Árbol de tamaño mediano, hojas compuestas, flores amarillas y fruto redondo que se utiliza para fabricar aloja y dulces. Crece en Amér. del S. **2.** Fruto de este árbol.

¡chao! (del ital. *ciao*) *interj.* Se emplea para despedirse. Equivale a *¡adiós!* **SIN.** Abur.

chapa *s. f.* **1.** Hoja o lámina de material duro, especialmente de metal o madera: *la chapa de la carrocería, una mesa revestida con chapa de nogal.* **2.** Tapón metálico de algunas botellas. **3.** Pequeño trozo de hojalata, metal u otra materia que se emplea como distintivo, contraseña, etc.: *la chapa del policía, la chapa del guardarropa.* **4.** Rubor que aparece en las mejillas, p. ej. con el frío. Se usa más en *pl.* || *s. f. pl.* **5.** Juego infantil que consiste en hacer carreras con chapas de botella por un circuito. || **LOC. no pegar ni chapa** *fam.* No trabajar, estar ocioso. **SIN. 1.** Plancha. **1.** y **3.** Placa. **4.** Chapeta. **FAM.** Chapado, chapar, chapear, chapeta, chapista.

chapado, da *p.* de **chapar**. También *adj.*: *una medalla chapada en oro.* || **LOC. chapado a la antigua** *adj.* De ideas o costumbres anticuadas. **SIN.** Laminado, chapeado.

chapalear (onomat.) *v. intr.* Chapotear*. **FAM.** Chapaleo. CHAPOTEAR.

chapaleo *s. m.* **1.** Acción de golpear el agua de manera que salpique. **2.** *Ven.* Tipo de baile. **SIN. 1.** Chapoteo.

chapar *v. tr.* **1.** Recubrir con chapas o con capas de metal precioso. || *v. intr.* **2.** *fam.* Trabajar o estudiar con empeño: *Hoy tengo que chapar fuerte.* || *v. tr.* **3.** *fam.* Cerrar: *Estuvimos en el bar hasta que chaparon.* **4.** *Arg. fam.* Agarrar, coger: *Chapé el ómnibus por los pelos.* **SIN. 1.** Laminar. **2.** Currar, empollar. **FAM.** Contrachapar, contrachapear. CHAPA.

chaparro, rra *adj.* **1.** Se dice de la persona de constitución bajita y rechoncha. También *s. m.* y *f.* || *s. m.* **2.** Mata de encina o roble de muchas ramas y poca altura. **SIN. 1.** Retaco, achaparrado. **2.** Coscoja, carrasca. **ANT. 1.** Alto, esbelto, estilizado. **FAM.** Chaparral, chaparrudo. / Achaparrarse.

chaparrón (onomat.) *s. m.* **1.** Lluvia breve e intensa. **2.** *fam.* Afluencia o abundancia grande: *un chaparrón de regalos.* **3.** *fam.* Bronca, fuerte reprimenda: *Recibió el chaparrón sin rechistar.* **SIN. 1.** Aguacero, chubasco. **2.** Aluvión, montón. **3.** Rapapolvo. **FAM.** Chaparrear.

chapata (del ital. *ciabatta*) *s. f.* Tipo de pan crujiente, de forma alargada y aplastada.

chapear *v. tr.* Chapar, cubrir o adornar con chapas.

chapela *s. f.* Boina vasca.

chapero *s. m. argot* Hombre que ejerce la prostitución con otros hombres.

chapeta (dim. de *chapa*) *s. f.* Chapa, rubor de las mejillas.

chapín *s. m.* Antiguo calzado femenino con suela de corcho y forrado de cordobán.

chapista *s. m.* y *f.* Persona que trabaja en chapa de metal, especialmente la que repara carrocerías. **FAM.** Chapistería. CHAPA.

chapitel (del ant. fr. *chapitel*, y éste del lat. *capitellum*) *s. m.* **1.** Remate en forma de pirámide de una torre. **2.** Capitel.

¡chapó! (del fr. *chapeau*, sombrero) *interj.* Se utiliza para expresar admiración por alguien o por algo: *¡Chapó!, lo has hecho de maravilla.*

chapotear (onomat.) *v. intr.* **1.** Hacer ruido agitando o batiendo el agua, el barro, etc. También *v. tr.* **2.** Sonar el agua al ser agitada o batida. **SIN. 1.** y **2.** Chapalear. **FAM.** Chapalear, chapoteo.

chapucear *v. tr.* Hacer un trabajo con prisas, en forma descuidada y mal. **ANT.** Esmerarse.

chapucero, ra *adj.* **1.** Que trabaja con poco cuidado y limpieza: *Ese pintor es muy chapucero.* También *s. m.* y *f.* **2.** Que está hecho con poco cuidado: *El trabajo está muy chapucero.* **SIN. 1.** y **2.** Desmañado, descuidado. **ANT. 1.** y **2.** Cuidadoso, curioso, primoroso, meticuloso.

chapulín *s. m.* **1.** *Amér.* Langosta, saltamontes. **2.** *Amér. C.* Niño.

chapurrear o **chapurrar** (onomat.) *v. tr.* Hablar mal y con dificultad un idioma. También *v. intr.* **FAM.** Chapurreo.

chapuza (de *chapucero*, y éste del ant. fr. *chapuisier*, desbastar madera) *s. f.* **1.** Trabajo de poca importancia o que se realiza ocasionalmente: *Está en paro y se dedica a hacer chapuzas.* **2.** Cosa o trabajo mal hecho o descuidado. **SIN. 2.** Chapucería. **FAM.** Chapucear, chapuceramente, chapucería, chapucero.

chapuzar (del lat. vulg. *subputeare*, sumergir, de *sub*, debajo, y *puteus*, pozo) *v. tr.* Meter bruscamente en el agua. También *v. intr.* y *v. prnl.*: *Los niños se chapuzan en la piscina.* ■ Delante de *e* se escribe *c* en lugar de *z*: *chapuce.* **SIN.** Zambullir(se), sumergir(se). **FAM.** Chapuzón.

chapuzón *s. m.* Acción de entrar rápidamente en el agua de la piscina, de la playa, etc.: *Se dio un chapuzón en la piscina.* **SIN.** Zambullida.

chaqué (del fr. *jaquette*) *s. m.* Prenda masculina de etiqueta, parecida a la chaqueta, que a partir de la cintura se abre hacia atrás formando dos faldones.

chaqueta (del fr. *jaquette*) *s. f.* Prenda exterior de vestir, con mangas y abierta por delante, que cubre el tronco hasta más abajo de la cintura. || **LOC. cambiar la** (o **de**) **chaqueta** *fam.* Variar de opinión o de partido político. **SIN.** Americana, saco. **FAM.** Chaqué, chaquetero, chaquetilla, chaquetón.

chaquetear *v. intr. fam.* Cambiar de chaqueta, apartarse del bando o partido en que se militaba para acercarse al contrario por conveniencia personal: *Ese político siempre anda chaqueteando.*

chaquetero, ra (de *chaqueta*) *adj. fam.* Que cambia de ideas u opiniones, principalmente políticas, para lograr beneficios. También *s. m.* y *f.* **SIN.** Tránsfuga. **FAM.** Chaquetear, chaqueteo. CHAQUETA.

chaquetilla *s. f.* Chaqueta corta que llega hasta la cintura, como p. ej. la del traje de luces. **SIN.** Bolero, torera.

chaquetón (aum. de *chaqueta*) *s. m.* Abrigo un poco más largo que la chaqueta. **SIN.** Pelliza, zamarra.

charada (del fr. *charade*) *s. f.* Pasatiempo que consiste en adivinar una palabra a partir de algunas pistas sobre su significado y de las palabras que se pueden formar con sus sílabas. **SIN.** Acertijo, adivinanza.

charanga (onomat.) *s. f.* **1.** Banda de música poco importante formada por instrumentos de viento, especialmente de metal. **2.** Grupo musical de carácter jocoso. **FAM.** Charango.

charango (onomat.) *s. m.* Especie de bandurria de cinco cuerdas, de sonido muy agudo, que usan los indios de la zona andina central.

charape *s. m. Méx.* Bebida fermentada que se prepara con pulque, panoja, miel y canela.

charca *s. f.* Charco grande, depósito de agua de cierta consideración. **SIN.** Poza, balsa.

charco *s. m.* Agua u otro líquido detenido en los hoyos del terreno o suelo. || **LOC. pasar** (o **cruzar**) uno **el charco** *fam.* Cruzar el mar, especialmente el océano Atlántico para ir de un continente a otro. **FAM.** Charca, charcal. / Encharcar.

charcutería (del fr. *charcuterie*) *s. f.* Establecimiento donde se venden fiambres, embutidos, etc. **SIN.** Salchichería. **FAM.** Charcutero.

charla *s. f.* **1.** *fam.* Acción de charlar: *Tuvo una charla conmigo.* **2.** Disertación oral sobre algún tema, menos solemne que la conferencia. **SIN. 1.** Conversación, plática. **FAM.** Charleta, charlista. CHARLAR.

charlar (del ital. *ciarlare*) *v. intr.* **1.** *fam.* Conversar: *Estuvimos charlando en el bar.* **2.** Hablar demasiado y sin interés, o fuera de lugar: *No para de charlar y me cansa.* **SIN. 1.** Dialogar, platicar. **2.** Rajar, cascar, parlotear, parlar. **ANT. 1.** y **2.** Callar. **FAM.** Charla, charlador, charlatán, charlotear, charloteo.

charlatán, na (del ital. *ciarlatano*) *adj.* **1.** Que habla mucho y sin sentido ni provecho. También *s. m.* y *f.* **2.** Indiscreto, que cuenta cosas que debería callar. También *s. m.* y *f.* **3.** Embaucador; se aplica generalmente a los curanderos. También *s. m.* y *f.* **SIN. 1.** Hablador, parlanchín. **2.** Bocazas. **3.** Engañador, farsante, timador. **ANT. 1.** Callado. **2.** Discreto. **FAM.** Charlatanear, charlatanería. CHARLAR.

charlatanería *s. f.* **1.** Característica de la persona que habla mucho: *Ana me hizo el viaje muy ameno con su charlatanería.* **2.** Serie de argumentos vacíos y sin sentido con los que se pretende pasar el tiempo o embaucar a alguien: *Los libros de las sectas están llenos de charlatanerías.* **SIN. 1.** Locuacidad, verborrea. **2.** Palabrería; embuste, engaño. **ANT. 1.** Mutismo.

charlestón (de *Charleston*, ciudad de Estados Unidos) *s. m.* Baile de los negros estadounidenses, que tuvo una gran difusión en Europa en los años veinte.

charleta *s. f.* Charla entre amigos.

charlotada (de *Charlot*) *s. f.* **1.** Espectáculo taurino de carácter cómico. **2.** Actuación ridícula o grotesca. **SIN. 2.** Payasada, bufonada, mamarrachada.

charlotear *v. intr. desp.* Charlar de cosas sin importancia por pasar el rato. **SIN.** Parlotear.

charme (fr.) *s. m.* Encanto.

charnego, ga (del cat. *xarnego*, buhonero) *s. m.* y *f. desp.* En Cataluña, inmigrante de otra región española que no habla catalán.

charnela (del fr. *charnière*, y éste del lat. vulg. *cardinaria*, de *cardo, -inis*, el quicio) *s. f.* **1.** Bisagra de puertas, ventanas, tapaderas, etc. **2.** Articulación que une las dos piezas de la concha de un molusco. **SIN. 1.** Gozne.

charol (del port. *charão*, laca, y éste del chino *chat liao*) *s. m.* **1.** Barniz muy brillante que queda perfectamente adherido al cuerpo al que se aplica. **2.** Cuero preparado con este barniz: *unos zapatos de charol.* **3.** *Amér.* Bandeja. **FAM.** Charolado, charolar. / Acharolar.

charola *s. f. Amér.* Charol.

charolar *v. tr.* Recubrir con charol o con cualquier otro líquido que lo imite. ■ Se dice también *acharolar*. **FAM.** CHAROL.

charqui (quechua) *s. m. Amér. del S.* Carne salada. **FAM.** Charquicán.

charquicán *s. m. Amér. del S.* Guiso que se prepara con distintas hortalizas y charqui molido.

charrán, na (del ár. *sarrani*, malvado) *adj.* **1.** *fam.* Pillo, tunante. También *s. m.* y *f.* || *s. m.* **2.** Ave marina de plumaje gris y blanco con la parte superior de la cabeza negra, pico fino y puntiagudo, alas estrechas y cola larga en forma de horquilla. Es una de las aves conocidas como *golondrinas de mar.* **SIN. 1.** Pícaro, bribón, bellaco. **FAM.** Charranada.

charranada *s. f. fam.* Acción injusta con que una persona perjudica a otra, para su beneficio o el de otro: *Subirle de ese modo el alquiler ha sido una charranada.* **SIN.** Jugada, granujada, guarrada, trastada.

charretera (del fr. *jarretière*, liga) *s. f.* Insignia militar de oro, plata o seda en forma de pala, que se sujeta al hombro por una presilla y de la cual cuelga un fleco.

charro, rra *adj.* **1.** De Salamanca, especialmente aplicado a los campesinos: *el folclore charro.* También *s. m.* y *f.* **2.** Muy recargado de adornos, de muchos colores o de mal gusto: *un vestido muy charro.* **3.** *Méx.* Se dice del jinete que viste un traje tradicional de chaqueta corta con bordados, pantalón ajustado, camisa blanca y sombrero de ala muy ancha y copa cónica. También *s. m.* **SIN. 1.** Salmantino. **2.** Chabacano, chillón, estrambótico, hortera. **ANT. 2.** Sobrio, discreto, elegante.

charrúa *adj.* **1.** *Arg.* y *Urug.* De las tribus amerindias que vivían entre los ríos Uruguay y Paraná y el estuario del Río de la Plata, o relacionado con ellas. También *s. m.* y *f.* **2.** De Uruguay: *el equipo charrúa.* También *s. m.* y *f.* **SIN. 2.** Uruguayo.

chárter (del ingl. *charter*) *adj.* Se dice del avión o vuelo especial, contratado por una organización turística, de precio más reducido que un vuelo regular. También *s. m.* ■ No varía en *pl.*

chartreuse (fr.) *s. m.* Licor que fabrican los cartujos con plantas aromáticas.

chasca[1] *s. f.* Leña menuda que procede de la poda de árboles o arbustos.

chasca[2] (del quechua *chashca*, pelo desgreñado) *s. f. Arg., Bol., Chile, Perú* y *Urug.* Pelo sin peinar, greña.

chascar *v. intr.* Dar chasquidos. También *v. tr.*: *chascar la lengua.* ■ Delante de *e* se escribe *qu* en lugar de *c*: *chasque.* **SIN.** Chasquear, restallar, crujir.

chascarrillo *s. m. fam.* Anécdota o cuento breve de carácter gracioso.

chasco *s. m.* **1.** Burla o engaño que se hace a alguien. **2.** Desengaño o sorpresa que produce un suceso adverso o contrario a lo que se esperaba: *Inés se llevó un chasco al no aprobar.* **SIN. 2.** Decepción, desencanto, desilusión. **ANT. 2.** Alegría. **FAM.** Chasca[1], chascar, chascarrillo, chasquear, chasquido.

chasis (del fr. *chassis*, y éste del lat. *capsa*, caja) *s. m.* **1.** Bastidor o armazón que sostiene la carrocería de un automóvil, un vagón, etc. **2.** Marco o bastidor donde se colocan las placas en una máquina fotográfica. ■ No varía en *pl.* || **LOC. estar** (o **quedarse**) alguien **en el chasis** *fam.* Quedarse en los huesos, estar muy flaco.

chasquear *v. tr.* **1.** Dar un chasco a alguien o burlarse de él. **2.** Producir un chasquido con el látigo o con la lengua. || *v. intr.* **3.** Dar chasquidos la madera u otra materia por la sequedad. **SIN. 1.** Decepcionar, embromar, chancear, guasearse. **2.** Restallar. **2.** y **3.** Chascar, crujir.

chasqui (quechua) *s. m. Amér.* Mensajero. **SIN.** Emisario.

chasquido *s. m.* **1.** Ruido seco y repentino que se produce al resquebrajarse o romperse una cosa, como p. ej. la rama de un árbol. **2.** Sonido que se hace con un látigo al sacudirlo en el aire. **3.** Ruido que se hace con la lengua al separarla rápidamente del paladar. **SIN. 1.** Crujido. **2.** Restallido.

chasquilla *s. f. Amér.* Flequillo.

chatarra (del vasc. *txatarra*, lo viejo) *s. f.* **1.** Escoria del mineral de hierro: *chatarra de fundición.* **2.** Trozos de hierro o de cualquier otro metal de desecho que proceden de utensilios viejos: *Vendió el coche como chatarra.* **3.** *fam.* Máquina o aparato viejo casi inservible: *Esta moto es una chatarra.* **4.** Conjunto de monedas de poco valor, calderilla. **5.** *fam.* Cosa de poco valor: *Este collar no es de oro, es de chatarra.* **6.** *fam.* Conjunto de condecoraciones o medallas que lleva una persona. **SIN. 3.** Cacharro, cafetera. **FAM.** Chatarrería, chatarrero.

chatear *v. intr. fam.* Beber chatos de vino con los amigos por las tabernas.

chateaubriand (de François-René *Chateaubriand*) *s. m.* Solomillo grueso hecho a la parrilla.

chat (ingl., significa 'charla') *s. m.* En Internet, sistema informático en línea que permite, en tiempo real, conversar con otros usuarios de la red.

chato, ta (del lat. vulg. *plattus*, plano, aplastado, y éste del gr. *platys*) *adj.* **1.** Se dice de la nariz pequeña y aplastada. **2.** Que tiene esa nariz. También *s. m.* y *f.* **3.** Más plano o de menos altura de lo normal: *una torre chata.* **4.** Mediocre, de escasa calidad: *una película chata.* || *s. m.* y *f.* **5.** Apelativo cariñoso: *¡Adiós, chata!* || *s. m.* **6.** Vaso bajo y ancho empleado en bares y tabernas, y cantidad de vino que se sirve en él: *Nos tomamos unos chatos.* **SIN. 1.** Romo. **3.** Chaparro, mocho. **ANT. 1.** Prominente. **2.** Narigudo, narizotas. **3.** Alto. **FAM.** Chatear, chateo. / Achatar, extrachato, ñato.

chaucha (quechua) *s. f.* **1.** *Amér. del S.* Judía verde. **2.** *Arg., Chile, Ec.* y *Perú* Papa temprana y menuda. **3.** *Arg., Chile* y *Perú* Monedas u objetos de poco valor.

chauvinismo *s. m.* Chovinismo*. **FAM.** Chauvinista.

chaval, la (del caló *chavale*, de *chavó*, muchacho) *s. m.* y *f. fam.* Niño, chico, muchacho. También *adj.* **SIN.** Chavea, chiquillo, rapaz. **ANT.** Adulto. **FAM.** Chavea.

chavea (del caló *chavaia*, de *chavó*, muchacho) *s. m. fam.* Chaval*.

chaveta (del ital. dial. *ciavetta*, del ital. *chiave*, y éste del lat. *clavis*, llave) *s. f.* **1.** Clavo hendido en casi toda su longitud que, introducido por el agujero de un hierro o madero, se remacha separando las dos mitades de su punta. **2.** Clavija o pasador que puede introducirse en el orificio de una barra, de manera que impide la salida de las cosas que ésta sujeta o que ella misma se salga de donde está metida. **3.** *Chile* y *Perú* Navaja. || LOC. **estar chaveta** o **estar mal de la chaveta** *fam.* Estar mal de la cabeza. **perder** uno **la chaveta** *fam.* Perder la razón, volverse loco: *Con los disgustos ha perdido la chaveta.*

chavo *s. m.* **1.** Moneda de poco valor. **2.** *Méx.* Medida de superficie equivalente a 350 m^2. || LOC. **estar sin** (o **no tener** o **quedarse sin**) **un chavo** *fam.* Estar sin dinero o arruinado.

chayote (del náhuatl *chayutli*) *s. m.* **1.** Fruto de la chayotera, de forma de pera, de corteza rugosa o con surcos, carne parecida a la del pepino y con una sola pepita muy grande por semilla. **2.** Chayotera*. FAM. Chayotera.

chayotera *s. f.* Planta trepadora de la familia cucurbitáceas, que tiene por fruto el chayote. Es una planta americana, que está aclimatada en algunos lugares cálidos.

che *s. f.* Nombre del dígrafo *ch.*

¡che! *interj.* En Valencia y algunos países de Amér. del S., forma de llamar la atención de una persona durante una conversación o en un encuentro, etc. También se emplea como simple muletilla.

checa (de *che* y *ka*, nombre de las letras iniciales de la denominación rusa) *s. f.* **1.** Antiguo comité de policía política en la Unión Soviética. **2.** Organismo semejante que ha funcionado en otros países y que sometía a tortura a los detenidos. **3.** Local en que actuaban estos organismos.

checheno, na *adj.* De Chechenia, república autónoma rusa. También *s. m.* y *f.*

chécheres *s. m. pl. Amér. C., Col.* y *Pan.* Trastos.

checo, ca *adj.* **1.** Bohemio de raza eslava. También *s. m.* y *f.* **2.** De la República Checa. También *s. m.* y *f.* **3.** De la antigua Checoslovaquia. También *s. m.* y *f.* || *s. m.* **4.** Lengua de la República Checa. SIN. **3.** Checoslovaco. FAM. Checoeslovaco, checoslovaco.

checoslovaco o **checoeslovaco, ca** *adj.* De Checoslovaquia, antiguo país europeo. También *s. m.* y *f.*

chef (fr.) *s. m.* Jefe de cocina de un restaurante, hotel, etc.

chele (del náhuatl *celic*, cosa verde o tierna) *adj.* **1.** *Amér. C.* Se aplica a la persona muy rubia y blanca; extranjero. También *s. m.* y *f.* || *s. m.* **2.** *Amér. C.* Legaña.

cheli *s. m.* Jerga madrileña compuesta por palabras y expresiones castizas y de argot.

chelín[1] (del ingl. *shilling*) *s. m.* Moneda inglesa que valía la vigésima parte de la libra esterlina.

chelín[2] (del al. *Schilling*) *s. m.* Unidad monetaria austriaca hasta el año 2002, en que fue sustituida por el euro.

chelo (afér. de *violonchelo*) *s. m.* Violonchelo*.

chepa (del arag. *chep*, y éste del lat. *gibbus*, jorobado) *s. f.* **1.** *fam.* Joroba. || *s. m.* y *f.* **2.** *fam.* Jorobado. También *adj.* || LOC. **subírsele** a alguien **a la chepa** *fam.* Tomarse excesivas confianzas con alguien, perderle el respeto. SIN. **1.** Giba, corcova. **2.** Giboso, corcovado, cheposo, chepudo. FAM. Cheposo, chepudo.

cheque (del ingl. *check*, cheque, de *to check*, comprobar) *s. m.* Documento por medio del cual una persona puede retirar de un banco cierta cantidad de dinero de los fondos o cuenta del librador, que es la persona que firma el cheque. || LOC. **dar** a alguien **un cheque en blanco** *fam.* Darle poder o permiso ilimitado: *Le dieron un cheque en blanco para reorganizar el equipo.* SIN. Talón. FAM. Chequeo, chequera.

chequear *v. tr.* Hacer un chequeo. También *v. prnl.* SIN. Revisar, examinar, explorar.

chequeo (del ingl. *checkup*, reconocimiento médico) *s. m.* **1.** Reconocimiento médico completo, realizado por un grupo de especialistas. **2.** Revisión, comprobación o cotejo de algo: *chequeo de las facturas.* SIN. **1.** y **2.** Examen. **2.** Exploración. FAM. Chequear. CHEQUE.

chequera *s. f. Amér.* Talonario de cheques; también, cartera para guardarlo.

cheroque o **cheroqui** *adj.* De una tribu amerindia que habitaba en las tierras del actual estado de Tennessee, Estados Unidos, y que a mediados del s. XIX fue trasladada al estado de Oklahoma. También *s. m.* y *f.*

chéster (de *Chester*, condado de Inglaterra) *s. m.* Queso inglés de leche de vaca parecido al manchego. ■ Su pl. es *chéster* o *chésteres.*

chévere *adj. Amér. C., Col.* y *Ven.* Excelente.

cheviot o **chevió** (del ingl. *cheviot*, de *Cheviot*, ciudad de Inglaterra) *s. m.* **1.** Lana del cordero de Escocia. **2.** Paño que se hace con esta lana. ■ Su pl. es *cheviots* o *cheviós.*

cheyene *adj.* De la tribu amerindia establecida al S del lago Superior, Estados Unidos; a mediados del s. XIX, parte se trasladó al estado de Montana y parte al de Oklahoma. También *s. m.* y *f.*

chianti (ital.) *s. m.* Vino tinto de sabor picante producido en la comarca italiana de Chianti.

chibcha *adj.* **1.** De un pueblo amerindio de cultura muy desarrollada que habitaba en los altiplanos colombiano y ecuatoriano. También *s. m.* y *f.* || *s. m.* **2.** Lengua de los indígenas de ese pueblo.

chic (fr.) *adj.* **1.** Elegante, distinguido: *un toque chic.* || *s. m.* **2.** Elegancia, buen gusto: *Tiene mucho chic vistiendo.* SIN. **2.** Estilo, distinción. ANT. **1.** Vulgar, chabacano. **2.** Vulgaridad.

chicane (fr.) *s. f.* Zona de un circuito de automovilismo o motociclismo con trazado en zigzag, lo que obliga a los corredores a disminuir la velocidad.

chicano, na (afér. de *mexicano*) *adj.* De la minoría de origen mexicano asentada en Estados Unidos. También *s. m.* y *f.*

chicarrón, na *s. m.* y *f.* Joven muy desarrollado y fuerte. También *adj.* SIN. Mocetón, chicote.

chicha[1] *s. f.* **1.** *fam.* Carne. **2.** *fam.* Interés, sustancia: *un libro con poca chicha.* || LOC. **de chicha y nabo** *adj. fam.* De poca importancia, despreciable. SIN. **2.** Enjundia.

chicha[2] (de la lengua aborigen panameña *chichab*, maíz) *s. f.* **1.** *Amér. del S.* Bebida alcohólica que se obtiene por fermentación del maíz. **2.** *Chile* Bebida que se obtiene del zumo de la uva o de la manzana. || LOC. **no ser ni chicha ni limonada** *fam.* No ser ni bueno ni malo, ni una cosa ni la contraria. FAM. Chichería. / Enchicharse.

chicha[3] (del fr. *chiche*, escaso) *adj.* Véase **calma* chicha.**

chícharo (del lat. *cicer, -eris*, garbanzo) *s. m.* Guisante, judía o garbanzo, según distintas regiones.

chicharra *s. f.* **1.** Cigarra*. **2.** Timbre eléctrico de sonido sordo. **3.** *fam.* Persona habladora. SIN. **3.** Charlatán, cotorra.

chicharrero, ra *adj.* **1.** *fam.* De Santa Cruz de Tenerife, Canarias. También *s. m.* y *f.* || *s. m.* **2.** *fam.*

Lugar muy caluroso. SIN. **2.** Asadero, tostadero. ANT. **2.** Nevera.

chicharro *s. m.* Jurel*.

chicharrón (onomat.) *s. m.* **1.** Residuo muy frito de las pellas del cerdo, después de derretida la manteca. **2.** Alimento requemado. **3.** *fam.* Persona muy tostada: *El sol le puso hecho un chicharrón.* || *s. m. pl.* **4.** Fiambre que consiste en un conglomerado de trozos de carne de distintas partes del cerdo. FAM. Achicharrar.

chiche[1] (del náhuatl *chichi*) *s. f.* **1.** *Amér.* Pecho de la mujer, teta. **2.** *Méx.* Ama de cría, nodriza.

chiche[2] (del náhuatl *celic*, cosa blanca) *adj.* **1.** *Arg.* y *Chile* Bonito, elegante. || *s. m.* **2.** *Arg.* y *Chile* Juguete, chuchería.

chichería *s. f. Amér.* Establecimiento donde se vende chicha.

chichimeca (del náhuatl *chichimecatl*) *adj.* De un grupo de pueblos indígenas que llegaron a la meseta central de México, procedentes del N, a fines del s. XII y principios del XIII. También *s. m.* y *f.*

chichinabo, de *loc. adj. fam.* De chicha* y nabo.

chicho *s. m.* Rulo para rizar o moldear el cabello. SIN. Bigudí, chufo.

chichón *s. m.* Bulto que se forma en la cabeza como consecuencia de un golpe. SIN. Tolondrón, bollo, huevo. FAM. Chichonera.

chichonera *s. f.* **1.** Gorro duro que se utilizaba para proteger la cabeza de los niños. **2.** Gorro o casco con que se protege la cabeza en ciertos deportes.

chicle (del náhuatl *tzictli*) *s. m.* Goma de mascar aromatizada.

chiclé *s. m.* Orificio que sirve para regular el paso de un fluido: *Tengo el coche en el taller porque se me ha roto el chiclé del carburador.*

chico, ca (del lat. *ciccum*, cosa de escaso valor) *adj.* **1.** Pequeño, de poco tamaño: *Ese piso resulta chico.* **2.** Niño, muchacho. También *s. m.* y *f.*: *Los chicos jugaban al fútbol.* ■ Se emplea en la conversación para dirigirse a una persona de cualquier edad, con la que se tiene confianza: *Bueno, chica, no te enfades.* || *s. m.* **3.** Muchacho que hace recados y ayuda en un comercio, negocio, etc.: *Le enviaré su compra con el chico.* || *s. f.* **4.** Criada, asistenta. || LOC. **como chico con zapatos nuevos** *fam.* Muy contento y alegre. **dejar chico** *fam.* Superar ampliamente: *Éste deja chico al más pintado.* SIN. **1.** Menudo, reducido, corto. **2.** Chaval, crío, joven, mozo, mozalbete, rapaz; hijo. **3.** Aprendiz, botones, recadero. **4.** Sirvienta. ANT. **1.** Grande. FAM. Chicarrón, chicote, chicuelo, chiquero -ra, chiquilicuatre, chiquilicuatro, chiquillo, chiquito. / Achicar.

chicoleo *s. m.* Piropo*. FAM. Chicolear.

chicoria (del lat. *cichorium*, y éste del gr. *kikhoreia*) *s. f.* Achicoria*.

chicote, ta *s. m.* y *f.* **1.** *fam.* Chicarrón. || *s. m.* **2.** *Amér.* Látigo. SIN. **1.** Mocetón.

chicuelina (del diestro *Chicuelo*, que la inventó) *s. f.* En el toreo, lance de capa en que el torero gira en sentido contrario al viaje del toro.

chifa *s. m. Amér. fam.* Restaurante de comida china.

chifla[1] *s. f.* **1.** Acción de chiflar. **2.** Especie de silbato. SIN. **1.** Silbido, pitada. **2.** Pito.

chifla[2] (del ár. *sifra*, cuchilla) *s. f.* Cuchilla ancha para raspar y adelgazar pieles.

chiflado, da **1.** *p.* de **chiflar**. También *adj.*: *Está chiflado con el cine. Félix está chiflado por Ana.* || *adj.* **2.** Loco, maniático. También *s. m.* y *f.* SIN. **2.** Sonado, tocado, ido. ANT. **2.** Cuerdo.

chiflar (del lat. *sifilare*, variante popular de *sibilare*, silbar) *v. intr.* **1.** Silbar con un silbato o con la boca. **2.** *fam.* Gustarle mucho a alguien una persona o cosa: *Me chifla viajar.* También *v. prnl.*: *chiflarse por una chica.* || **chiflarse** *v. prnl.* **3.** *fam.* Volverse loco. **4.** *fam.* Burlarse. SIN. **1.** Pitar. **2.** Pirrarse, prendarse, colarse. **3.** Enloquecer, guillarse, chalarse. **4.** Mofarse. FAM. Chifla[1], chiflado, chifladura, chiflido, chiflo. / Rechiflar. SILBAR.

chiflido *s. m.* Silbido.

chiflo (del lat. *sifilum*, silbo) *s. m.* Silbato.

chifonier (del fr. *chiffonnier*) *s. m.* Cómoda más alta que ancha con cajones superpuestos.

chigre *s. m.* **1.** En Asturias, tienda donde se vende sidra y otras bebidas al por menor. **2.** P. ext., chiringuito. SIN. **1.** Sidrería.

chigua *s. f. Arg.*, *Bol.* y *Chile* Cesto de soga de forma oval y con la boca enmarcada en madera, utilizado para transportar objetos y también como cuna. FAM. Achiguar.

chigüín *s. m. Amér. fam.* Niño, chiquillo.

chihuahua (de *Chihuahua*, estado mexicano) *adj.* Se dice de una raza de perros muy pequeños, de cabeza redonda y orejas grandes, originarios de México. También *s. m.*

chií o **chiita** (del ár. *chía*) *adj.* Se aplica a una de las dos grandes divisiones religiosas del mundo islámico, así como a sus miembros. También *s. m.* y *f.* FAM. Chiismo.

chilaba (del ár. *yallaba*, esclavina) *s. f.* Túnica con capucha que usan los árabes.

chile (del náhuatl *chilli*) *s. m.* Ají o pimiento pequeño muy picante. FAM. Enchilar, tornachile.

chilenismo *s. m.* **1.** Palabra o expresión característica de la lengua de Chile. **2.** Ideología y comportamiento de los partidarios de mantener viva la personalidad distintiva de Chile.

chileno, na *adj.* De Chile. También *s. m.* y *f.* FAM. Chilenismo.

chilindrón *s. m.* Condimento elaborado a base de pimiento y tomate, al que a veces se le añaden otros ingredientes: *pollo al chilindrón.*

chillar (del lat. *fistulare*, tocar la flauta) *v. intr.* **1.** Producir sonidos estridentes con la garganta personas y animales. **2.** Levantar mucho la voz al hablar o hacerlo con enfado al dirigirse a alguien: *Chilla cuando habla por teléfono. ¡A mí no me chilles!* SIN. **1.** Berrear, vociferar, vocear. **1.** y **2.** Gritar. **2.** Chorrear. ANT. **1.** Susurrar, bisbisear. FAM. Chillería, chillido, chillón.

chillido *s. m.* Grito agudo y desagradable. SIN. Aullido, alarido.

chillón, na *adj.* **1.** *fam.* Que chilla mucho. También *s. m.* y *f.* **2.** Se aplica a cualquier sonido agudo, desagradable: *una voz chillona, una música chillona.* **3.** Se dice de los colores excesivamente vivos o mal combinados y de las cosas que los tienen: *Usa corbatas chillonas.* SIN. **1.** Gritón, vocinglero. **2.** Estridente, estentóreo. **3.** Charro, llamativo. ANT. **2.** y **3.** Suave, armonioso.

chilpayate, ta (náhuatl) *s. m.* y *f. Méx. fam.* Niño pequeño.

chimango *s. m. Amér.* Ave rapaz de plumaje oscuro que habita en la zona del Río de la Plata.

chimenea (del fr. *cheminée*, y éste del bajo lat. *caminata*) *s. f.* **1.** Conducto que da salida al humo resultante de la combustión en una caldera, cocina u horno. **2.** Espacio en una habitación acondicionado para encender fuego y provisto de una salida de humo: *Encendieron la chimenea del salón.* **3.** Conducto de un volcán por donde se expulsan lava y otros materiales. **4.** En alpinismo, grieta vertical en un muro o glaciar. **5.** Orificio en el centro de un paracaídas para dar salida al aire y asegurar su estabilidad. || **6. chimenea de ventilación** En un edificio, patinillo angosto utilizado solamente para ventilación. **SIN. 1.** Tiro, campana.

chimpancé (del fr. *chimpanzé*) *s. m.* Mono antropoide africano de pelo negro, cara lampiña, boca y orejas grandes, que posee notable inteligencia y es fácilmente domesticable.

china[1] (voz de creación infantil) *s. f.* **1.** Piedra pequeña y redondeada. **2.** Pequeña cantidad de hachís, aproximadamente para un cigarro. || **LOC. tocarle a uno la china** *fam.* Corresponderle, entre varios, la peor parte o el trabajo más difícil o comprometido. **FAM.** Chinarro, chinazo, chino. / Tirachinas.

china[2] *s. f.* **1.** *Amér.* Mujer india. **2.** *Amér.* Sirvienta, criada.

chinaco *s. m.* **1.** *Méx.* Gallo o pollo sin plumas. **2.** Soldado de la guerra civil de mediados del siglo XIX. **3.** P. ext., gente pobre. **SIN. 3.** Mísero, pelado.

chinama (del náhuatl *chinamitl*, seto de cañas) *s. f.* **1.** *Amér. C.* Cobertizo. **2.** *Amér. C.* y *Amér. del S.* Chiringuito.

chinancal (de *chinama*) *s. m. Méx.* Choza.

chinarro *s. m.* Piedra algo mayor que una china.

chinchar (de *chinche*) *v. tr. fam.* Fastidiar, molestar: *Deja de chinchar a tu hermano.* También *v. prnl.*: *Si no te gusta, te chinchas.* **SIN.** Importunar, incomodar, jorobar, jeringar. **ANT.** Agradar, complacer.

chinche (del lat. *cimex, -icis*) *s. f.* **1.** Insecto hemíptero de cuerpo aplastado y oval y color rojo oscuro en su especie común, que segrega un líquido maloliente; algunas de sus especies son parásitas del hombre, al que producen picaduras irritantes. ■ Se usa también como s. m. en regiones de España y América. **2.** Chincheta*. || *adj.* **3.** Se dice de la persona demasiado exigente en cosas de poca importancia. También *s. m.* y *f.* **4.** Se aplica a la persona molesta. También *s. m.* y *f.* || **LOC. caer** (o **morir**) **como chinches** *fam.* Haber gran mortandad. **SIN. 3.** Chinchorrero. **4.** Cargante, pesado, enfadoso. **FAM.** Chinchar, chincheta, chinchorrería, chinchorro, chinchoso.

chincheta *s. f.* Clavito metálico de cabeza circular y chata y punta acerada. **SIN.** Chinche.

chinchilla (voz aimará) *s. f.* Mamífero roedor sudamericano de pequeño tamaño, con cabeza corta y cola grande; vive en pequeñas comunidades subterráneas y actualmente es objeto de una cría intensa para obtener su piel, de color gris pálido, muy apreciada en peletería.

chinchín (onomat.) *s. m.* **1.** Música de una banda o charanga. **2.** Brindis: *¡Por nosotros, chinchín!*

chinchón[1] *s. m.* Aguardiente anisado que recibe su nombre de la villa de Chinchón (España), donde se elabora.

chinchón[2] *s. m.* Juego de naipes en que se reparten siete cartas y gana el jugador que las haya ligado antes en tríos y escaleras.

chinchorrear (de *chinche*) *v. intr.* **1.** *fam.* Traer y llevar chismes y cuentos. || *v. tr.* **2.** *fam.* Fastidiar, chinchar. **SIN. 1.** Chismorrear, cotillear. **2.** Importunar, jeringar. **ANT. 2.** Agradar, complacer.

chinchorrería *s. f.* **1.** *fam.* Minuciosidad o pesadez que muestra una persona al repetir machaconamente una cosa. **2.** *fam.* Chisme, habladuría: *Le gusta traer y llevar chinchorrerías.* **SIN. 1.** Impertinencia. **2.** Cuento, bulo, cotilleo. **FAM.** Chinchorrear, chinchorrero. CHINCHE.

chinchorro *s. m.* **1.** Bote pequeño de remos. **2.** Hamaca de cuerda, que se usa para dormir. **3.** Red barredera, especie de jábega. **SIN. 1.** Barquilla.

chinchoso, sa *adj. fam.* Se aplica a la persona molesta y pesada. También *s. m.* y *f.* **SIN.** Chinchorrero.

chinchulín (del quechua *chunchulli*, tripas) *s. m. Arg., Ec., Par.* y *Urug.* Intestino delgado de bovino u ovino que se prepara asado a la brasa. En Ven. se denomina *chinchurria.*

chiné (del fr. *chiné*, de *chiner*, y éste de *China*) *adj.* Se dice de la tela rameada y de muchos colores y del vestido hecho con esta tela. También *s. m.* y *f.*

chinela (del ital. *cianella*) *s. f.* Zapatilla sin talón que se usa dentro de casa. **SIN.** Pantufla, chancleta.

chinerío (del quechua *china*, mujer) *s. m. Arg., Chile* y *Urug.* Grupo de mujeres.

chinero (de *chino, na*[1]) *s. m.* Armario para la vajilla, la cristalería, etc.

chinesco, ca *adj.* **1.** De China. **2.** Similar o parecido a las cosas de China: *pintura chinesca.* || *s. m.* **3.** Instrumento musical de percusión compuesto de una armadura de la que cuelgan campanillas y cascabeles.

chingada (de *chingar*) *s. f.* **1.** *Méx.* Nombre que se da a la muerte. || **2. hijo de la chingada** Hijo de puta. || **LOC. ¡vete a la chingada!** ¡Vete al diablo, al cuerno!

chingana *s. f. Amér.* Tienda, por lo general pequeña y pobre, en que se venden bebidas y otros artículos.

chingar *v. tr.* **1.** *fam.* Fastidiar o molestar. También *v. prnl.* **2.** *fam.* Beber con frecuencia vino o licores. **3.** *fam.* Estropear. También *v. prnl.*: *Se levantó viento y se chingó la tarde.* **4.** *vulg.* Copular, realizar el acto sexual. ■ En Méx. es el término más usado y obsceno. || *v. intr.* **5.** *Arg., Chile, Col.* y *Perú* Errar, fallar, fracasar. **6.** *Arg.* y *Urug.* Colgar más de un lado que de otro el dobladillo de un vestido o una falda. || **chingarse** *v. prnl.* **7.** *fam.* Emborracharse. ■ Delante de *e* se escribe *gu* en lugar de *g.* **SIN. 1.** Importunar. **2.** Pimplar. **3.** Malograr(se), frustrar(se). **7.** Embriagarse, amonarse. **FAM.** Chingada, chingado.

chingolo *s. m. Amér.* Pájaro parecido al gorrión.

chinita *s. m. Amér.* Mariquita*, insecto.

chino *s. m.* **1.** China, piedra pequeña. || *s. m. pl.* **2.** Juego que consiste en adivinar la cantidad de piedras o monedas que guardan en la mano los que están jugando.

chino, na[1] *adj.* **1.** De China. También *s. m.* y *f.* || *s. m.* **2.** Lengua del grupo chino-tibetano hablada en China. || *s. f.* **3.** Porcelana traslúcida de la que se hacen tazas, platos y otros objetos. || **LOC. engañar** a alguien **como a un chino** *fam.* Engañarle por completo. **ser trabajo de chinos** *fam.* Ser un trabajo complicado y minucioso. **FAM.** Chiné, chinero, chinesco. / Achinado[1].

chino, na[2] (del quechua *china*, mujer) *adj.* **1.** *Amér.* Se aplica a la persona de rasgos parecidos a los de los indios. También *s. m.* y *f.* || *s. m.* y *f.* **2.** *Amér.* Se usa como término afectivo, con sentido cariñoso o despectivo. **FAM.** Chinaco, chinerío. / Achinado[2].

chintz (ingl., del hindi *chhint*, algodón estampado) *s. m.* Tejido de algodón brillante y estampado que se emplea como tapicería.

chip (ingl.) *s. m.* En electrónica, circuito integrado, incorporado en una cápsula plana y provista de numerosas patillas, donde se efectúan las conexiones. **FAM.** Microchip.

chipén o **chipé** (del caló *chipén*, vida) *adj.* **1.** *fam.* Estupendo, excelente: *Tomamos un vino chipén.* También *adv. m.*: *El fin de semana lo pasamos chipén.* ‖ **2. la chipén** *fam.* La verdad, lo auténtico.

chipirón (del lat. *sepia*, jibia) *s. m.* Calamar pequeño.

chippendale *adj.* Se dice del estilo de muebles creado en el siglo XVIII por el ebanista británico Thomas Chippendale; se inspiró principalmente en el estilo francés Luis XV, al que incorporó elementos góticos, neerlandeses y chinos. También *s. m.*

chipriota *adj.* De Chipre. También *s. m.* y *f.*

chiquero (del lat. *circarium*) *s. m.* **1.** Pocilga, choza donde se recogen de noche los puercos. **2.** Toril*. **SIN. 1.** Zahúrda, cochitril, cochiquera. **FAM.** Enchiquerar.

chiquero, ra *adj.* **1.** Muy aficionado a los niños: *un padre muy chiquero.* **2.** *fam.* Se dice del chico muy aficionado a las chicas o viceversa.

chiquilicuatro o **chiquilicuatre** *s. m. fam.* Mequetrefe*. **SIN.** Chisgarabís.

chiquillada *s. f.* Acción propia de chiquillos, poco sensata e inmadura. **SIN.** Niñada, niñería, travesura.

chiquillo, lla *adj.* Niño, muchacho, chaval. También *s. m.* y *f.* **FAM.** Chiquillada, chiquillería. CHICO.

chiquito, ta *adj.* **1.** *dim.* de **chico**: *una caja chiquita.* Aplicado a personas, también *s. m.* y *f.* ‖ *s. m.* **2.** Vaso pequeño de vino, especialmente en el País Vasco: *Salieron a tomarse unos chiquitos.* ‖ **LOC. andarse con** (o **en**) **chiquitas** *fam.* Emplear rodeos, tener contemplaciones para esquivar o no hacer frente a algo. ■ Se usa más en frases negativas: *El fiscal no se anduvo con chiquitas.*

chiribita *s. f.* **1.** Chispa. ‖ *s. f. pl.* **2.** Lucecillas que durante un tiempo muy corto dificultan la visión: *Los ojos me hacían chiribitas.* ‖ **LOC. echar** uno **chiribitas** *fam.* Estar muy enfadado, colérico, lanzando amenazas.

chiribitil *s. m.* **1.** Desván, escondrijo bajo y estrecho. **2.** *fam.* Cuarto muy pequeño. **SIN. 1.** Guardilla, camaranchón. **2.** Cuchitril, zahúrda, tugurio.

chirigota *s. f.* **1.** Burla o broma sin mala intención. **2.** Conjunto que en carnaval canta coplas festivas. **SIN. 1.** Cuchufleta, chanza, guasa. **FAM.** Chirigotero.

chirimbolo *s. m.* **1.** *fam.* Objeto, por lo general de forma complicada, que no se sabe cómo nombrar: *Y este chirimbolo, ¿para qué sirve?* **2.** Remate torneado de algo: *La silla está adornada con dos chirimbolos.* **SIN. 1.** Chisme, cachivache, trasto.

chirimía (del ant. fr. *chalemie*, y éste del lat. *calamellus*, caramillo) *s. f.* Instrumento musical de viento, parecido al clarinete, con diez agujeros y lengüeta de caña.

chirimiri *s. m.* Llovizna persistente. **SIN.** Calabobos, orvallo.

chirimoya *s. f.* Fruto del chirimoyo.

chirimoyo *s. m.* Árbol oriundo de Amér. tropical, de tronco ramoso, hojas largas, elípticas y aterciopeladas y flores solitarias, olorosas, con pétalos verdes; se cultiva por su fruto, grande y pulposo, que contiene semillas negras. **FAM.** Chirimoya.

chiringuito *s. m.* **1.** Quiosco o bar pequeño, generalmente al aire libre, en el que se sirven bebidas y comidas sencillas. **2.** Negocio de poca importancia. **SIN. 1.** Chigre.

chiripa *s. f.* Suerte, acierto, casualidad favorable, especialmente en el juego. **SIN.** Carambola, chamba, potra.

chiripá (del quechua *chiripac*, para el frío) *s. m. Arg.*, *Par.* y *Urug.* Prenda de vestir usada por los gauchos.

chirivía *s. f.* Planta herbácea de la familia umbelíferas con tallo estriado, inflorescencias de color amarillo y raíz comestible blanca o rojiza.

chirla *s. f.* Molusco bivalvo más pequeño que la almeja.

chirle (onomat.) *adj.* **1.** *fam.* Se aplica a lo que es insípido, de sabor indefinido, insustancial: *Nos dieron una sopa chirle.* **2.** *Arg.*, *Par.* y *Urug.* Poco denso, claro. **SIN. 1.** Soso, insulso. **ANT. 1.** Sabroso, sustancioso. **FAM.** Aguachirle.

chirlero, ra *s. m.* y *f. argot* Navajero*, delincuente. **FAM.** Véase **sirla**.

chirlo *s. m.* **1.** Herida alargada en el rostro. **2.** Cicatriz de esta herida. **3.** *Arg.* y *Chile* Azote que se da a un niño. **SIN. 1.** Cuchillada, corte, tajo.

chirola *s. f. Amér.* Moneda de escaso valor.

chirona *s. f. fam.* Cárcel: *Estuvo mucho tiempo en chirona.* **SIN.** Prisión, trena, presidio. **FAM.** Enchironar.

chirriante *adj.* Que chirría: *una puerta chirriante.*

chirriar (onomat.) *v. intr.* **1.** Producir un sonido estridente y molesto algunas cosas, por sí solas o por el roce con otras: *Las bisagras de la puerta chirriaban.* **2.** Chillar los pájaros que cantan sin armonía. **3.** *fam.* Desafinar al cantar. ■ En cuanto al acento, se conjuga como *ansiar*: *chirría.* **SIN. 1.** Rechinar, crujir. **2.** Graznar. **FAM.** Chirriante, chirrido.

chirrido *s. m.* **1.** Sonido agudo y desagradable: *Me gustaría que arreglases el chirrido de esa puerta.* **2.** Sonido desagradable que hacen algunos animales: *el chirrido de las chicharras.*

chirucas (marca registrada) *s. f. pl.* Botas de lona, con suela de goma, ligeras y resistentes.

chirusa *s. f. Amér. del S.* Mujer de origen humilde.

¡chis! o **¡chist!** *interj.* **1.** Se usa para hacer callar a alguien. **2.** Voz para llamar a alguien. **SIN. 1.** ¡Chitón! **FAM.** Chistar, ¡chitón!

chiscar (onomat.) *v. tr.* Sacar chispas del eslabón chocándolo con el pedernal. ■ Delante de *e* se escribe *qu* en lugar de *c*: *chisque.*

chiscón *s. m. fam. desp.* Habitación muy pequeña: *un chiscón para los trastos, para el carbón.* **SIN.** Garita, cuchitril, cuartucho, tabuco.

chisgarabís *s. m. fam.* Hombre insignificante y embarullador. **SIN.** Chiquilicuatro, mequetrefe, botarate, zascandil.

chisguete *s. m. fam.* Trago corto de vino.

chisme *s. m.* **1.** Noticia, verdadera o falsa, con que se pretende desacreditar a alguien, enemistar a unas personas con otras o simplemente murmurar. **2.** *fam.* Objeto inútil o que estorba. Se usa mucho en *pl.*: *Tiene la casa llena de chismes.* **3.** *fam.* Cualquier objeto, sobre todo si no se conoce el nombre: *¿Cómo funciona este chisme?* **SIN. 1.** Murmuración, habladuría, hablilla, cuento. **2.** Trasto, cacharro, cachivache, adminículo. **FAM.** Chismografía, chismorrear, chismorrería, chismoso.

chismografía *s. f.* **1.** *fam.* Ocupación de chismorrear. **2.** *fam.* Conjunto de chismes sobre alguien o algo: *Te pongo al día de la chismografía del pueblo.* **SIN. 1.** Cotilleo, chismorreo.

chismorrear *v. intr. fam.* Difundir, traer y llevar chismes. SIN. Cotillear, murmurar, comadrear. FAM. Chismorreo. CHISME.

chispa (onomat.) *s. f.* **1.** Partícula encendida que salta de una materia ardiendo o del roce de dos objetos duros: *Salían chispas de la chimenea.* **2.** Descarga luminosa entre dos cuerpos cargados eléctricamente con potenciales diferentes: *Saltó una chispa del transformador.* **3.** Brillo, destello: *De los diamantes brotaban chispas de luz.* **4.** Gota pequeña de lluvia: *Caían unas chispas.* **5.** Porción muy pequeña de algo: *Echa una chispa de sal.* **6.** Gracia, ingeniosidad: *Ese actor tiene chispa.* **7.** *fam.* Borrachera: *agarrar una chispa.* || *adj.* **8.** *fam.* Borracho: *estar chispa.* || LOC. **echar** uno **chispas** *fam.* Estar muy enfadado: *Se fue echando chispas.* **ser** alguien **una chispa** *fam.* Ser muy vivo, muy despabilado. SIN. **1.** Centella, chiribita. **3.** Fulgor. **5.** Pizca, miaja, átomo, ápice. **6.** Sutileza, agudeza, duende, ángel. **7.** Melopea, curda, mona. **8.** Embriagado, beodo. ANT. **6.** Sosería. **8.** Ebrio, sobrio. FAM. Chispazo, chispeante, chispear, chispero, chisporrotear. / Achispar, enchispar.

chispazo *s. m.* **1.** Salto repentino de una chispa entre dos conductores eléctricos. **2.** Suceso aislado que precede o sigue al conjunto de otros de mayor importancia. Se usa más en *pl.*: *los primeros chispazos de la revolución.* **3.** *fam.* Ocurrencia brillante: *un chispazo de ingenio.* **4.** *fam.* Pequeña cantidad de bebida alcohólica: *un chispazo de whisky.* SIN. **2.** Brote.

chispeante *adj.* **1.** Que chispea. **2.** Agudo, ingenioso. SIN. **1.** Centelleante. **2.** Sutil, ocurrente. ANT. **2.** Soso, simple.

chispear (de *chispa*) *v. intr.* **1.** Echar chispas: *El fuego de la chimenea chispeaba.* **2.** Relucir, despedir destellos: *Sus ojos chispeaban.* || *v. impers.* **3.** Caer poca lluvia en forma de pequeñas gotas: *Empezó a chispear.* SIN. **1.** Chisporrotear, crepitar. **2.** Destellar, brillar, refulgir. **3.** Lloviznar, gotear. ANT. **3.** Diluviar, chaparrear.

chispero (de *chispa*) *s. m. fam.* Antiguamente, vecino de ciertos barrios de Madrid.

chisporrotear *v. intr. fam.* Despedir chispas una materia al arder: *Los leños chisporroteaban.* SIN. Chispear, crepitar. FAM. Chisporroteo. CHISPA.

chisquero (de *yesquero*) *s. m.* Encendedor antiguo de bolsillo, compuesto de yesca y pedernal, y, p. ext., cualquier encendedor. SIN. Mechero.

chistar (onomat.) *v. intr.* **1.** Hacer ademán de hablar, decir algo. Se usa sólo en frases negativas: *No chistó en toda la tarde.* **2.** Llamar la atención de una persona con la onomatopeya *chis*: *Chistó para que viniera el camarero.* SIN. **1.** Rechistar. ANT. **1.** Callar. FAM. Chistido. / Rechistar. ¡CHIS!

chiste *s. m.* **1.** Cuento breve, dicho gracioso o dibujo que provoca la risa. **2.** Chispa, gracia: *Tu hijo tiene chiste.* || LOC. **tener chiste** una cosa *fam.* Parecerle a uno injusta o desconsiderada; se usa en tono de queja: *¡Tiene chiste que ahora me eches a mí la culpa!* SIN. **1.** Chascarrillo, anécdota, broma, chirigota. **2.** Ingenio, agudeza. FAM. Chistosamente, chistoso.

chistera (del vasc. *txistera*, y éste del lat. *cistella*, cestilla) *s. f. fam.* Sombrero de copa alta que se emplea en ceremonias y solemnidades.

chistido *s. m. Arg.*, *Bol.*, *Chile* y *Perú* Acción de chistar.

chistorra (del vasc. *txistor*) *s. f.* Embutido semejante al chorizo, fino y largo, característico de algunas zonas del norte de España, como el País Vasco o Navarra.

chistoso, sa *adj.* **1.** Que cuenta con gracia chistes y bromas. **2.** Que tiene gracia: *Tu caída fue muy chistosa.* **3.** *fam.* Que no tiene ninguna gracia: *Resulta chistoso tener que pedir permiso para entrar en mi propia casa.* SIN. **1.** Chascarrillero, bromista. **1.** y **2.** Gracioso, cómico. ANT. **1.** y **2.** Soso.

chistu (del vasc. *txistu*) *s. m.* Flauta de pico con tres orificios típica del País Vasco. FAM. Chistulari.

chistulari *s. m.* Individuo que toca el chistu.

chita *s. f.* **1.** Astrágalo, hueso. **2.** Juego del chito. || LOC. **a la chita callando** *adv. fam.* Silenciosamente, sin llamar la atención; también, con mucho disimulo. FAM. Chito.

chito *s. m.* **1.** Juego entre varios participantes que consiste en derribar con tejos un cilindro de madera, o de otro material, que está puesto vertical en el suelo. **2.** Este cilindro. SIN. **1.** Chita, tanga.

¡chitón! *interj. fam.* Indica a alguien que guarde silencio.

chiva *s. f.* **1.** *Amér.* Barba, perilla. **2.** *Amér.* Manta, colcha.

chivarse *v. prnl.* Denunciar a alguien con perjuicio para esa persona, irse de la lengua: *chivarse de un compañero al profesor.* SIN. Delatar, acusar. ANT. Callarse, encubrir. FAM. Chivatazo, chivatear, chivateo, chivato. CHIVO.

chivatazo *s. m.* Denuncia, acción propia del chivato. SIN. Soplo, delación, confidencia.

chivatear *v. tr. fam.* Acusar, chivarse. También *v. prnl.* SIN. Denunciar, delatar.

chivato, ta *adj.* **1.** Soplón, delator. También *s. m.* y *f.* || *s. m.* y *f.* **2.** Chivo o chiva entre seis meses y un año. || *s. m.* **3.** Dispositivo, sonoro o visual, que llama la atención sobre algo: *Se encendió el chivato de la máquina.* SIN. **1.** Acusador, confidente, denunciante, acusica. **3.** Alarma, avisador. ANT. **1.** Encubridor.

chivo, va *s. m.* y *f.* **1.** Cría de la cabra, desde que deja de mamar hasta que llega a la edad de procrear. || **2. chivo expiatorio** El elegido por los judíos en la fiesta de las expiaciones para descargar sobre él las culpas de todo el pueblo, en un acto de reparación a la divinidad. P. ext., individuo al que en una situación o asunto conflictivo se le echa la culpa de que las cosas vayan mal. || LOC. **estar como una chiva** *fam.* Estar chiflado, actuar de forma extravagante. SIN. **1.** Cabrito. FAM. Chiva, chivarse. / Enchivarse.

chocante *adj.* **1.** Que causa extrañeza o sorpresa: *Su forma de vestir resulta muy chocante.* **2.** *Amér.* Que produce fastidio. SIN. **1.** Sorprendente, extraño.

chocar (onomat.) *v. intr.* **1.** Encontrarse dos cuerpos de manera brusca y violenta, dándose un golpe; pueden estar los dos en movimiento o sólo uno de ellos: *El autobús chocó contra un árbol.* **2.** Pelear, combatir: *chocar los ejércitos enemigos.* **3.** Discutir o reñir una persona con otra: *Chocó con sus vecinos.* **4.** Ser contrarias dos o más personas o cosas, estar en desacuerdo: *Chocaron sus puntos de vista.* **5.** Causar extrañeza algo: *Me choca que no haya llegado, porque es muy puntual.* || *v. tr.* **6.** Darse las manos en señal de saludo, felicitación, conformidad, etc.: *choca esos cinco; chócala.* También *v. intr.* **7.** Juntar los vasos o copas al brindar. ■ Delante de *e* se escribe *qu* en lugar de *c*: *choques.* SIN. **1.** Colisionar, estrellarse. **2.** Batallar, enfrentarse. **3.** Regañar, tarifar. **4.** Disentir, discrepar. **5.** Sorprender, asombrar, extrañar. ANT. **1.** Esquivar, eludir, evitar. **3.** Conciliar, entenderse. **4.** Concordar, armonizar. FAM. Chocante, choque. / Entrechocar.

chocarrería *s. f.* **1.** Cualidad de chocarrero. **2.** Gracia, broma o chiste groseros y de mal gusto. SIN. **1.** Grosería, vulgaridad. **1.** y **2.** Chabacanería. **2.** Chuscada, bufonada. FAM. Chocarrero. SOCARRÓN.

chocarrero, ra *adj.* Grosero, de mal gusto: *un chiste chocarrero.* También *s. m.* y *f.* SIN. Vulgar, chabacano.

chocha (de la onomat. *choch*) *s. f.* Becada*. FAM. Chochaperdiz.

chochaperdiz *s. f.* Becada*.

chochear *v. intr.* **1.** Tener las facultades físicas y mentales disminuidas por la edad. **2.** *fam.* Tener excesivo afecto y afición a personas o cosas: *Chochea por las antigüedades.* SIN. **2.** Chiflarse, babear. FAM. Chochera, chochez, chocho.

chochera o **chochez** *s. f.* **1.** Cualidad de chocho. **2.** Dicho o hecho de alguien que chochea.

chocho, cha *adj.* **1.** Que chochea: *Es muy mayor y está un poco chocho.* **2.** Que siente mucho cariño o simpatía por alguien o una afición fuera de lo normal por alguna cosa. || *s. m.* **3.** Altramuz. **4.** *vulg.* Órgano genital femenino. SIN. **1.** Senil, achacoso.

choclo (del quechua *chocllo*) *s. m. Amér.* Mazorca de maíz tierno.

choclón *s. m. Amér.* Lugar donde celebran sus reuniones políticas los partidarios de un candidato electoral.

choco *s. m.* Jibia pequeña.

choco, ca *adj.* **1.** *Amér.* Se dice de la persona o animal al que le falta un miembro. **2.** *Chile* y *Ec.* De pelo rizado. || *s. m.* **3.** *Amér.* Perro de aguas o común.

chocolatada *s. f.* Reunión de amigos para tomar chocolate a la taza.

chocolate (de or. azteca) *s. m.* **1.** Sustancia alimenticia preparada con cacao, azúcar y, a veces, canela o vainilla. **2.** Bebida que se prepara con esta sustancia disuelta en agua o leche. **3.** En argot, hachís. || LOC. **el chocolate del loro** *fam.* Ahorro sin importancia en un gasto o en cualquier otra cosa. FAM. Chocolatada, chocolatería, chocolatero, chocolatín, chocolatina.

chocolatería *s. f.* **1.** Establecimiento en el que se sirve a los clientes chocolate líquido caliente. **2.** Fábrica de chocolate.

chocolatero, ra *adj.* **1.** Muy aficionado a tomar chocolate. También *s. m.* y *f.* || *s. m.* y *f.* **2.** Persona que fabrica o vende chocolate. || *s. f.* **3.** Recipiente en que se hace a la lumbre el chocolate y vasija en que se sirve.

chocolatín o **chocolatina** *s. m.* o *f.* Tableta pequeña y delgada de chocolate.

chófer (del fr. *chauffeur*, de *chauffer*, calentar) *s. m.* Persona cuya profesión consiste en conducir vehículos, como coches, camiones, furgonetas, etc. ■ En Amér. se dice *chofer*, con acentuación aguda. SIN. Conductor.

chola *s. f. fam.* Cabeza. SIN. Mollera, tarro, coco, azotea.

chollo *s. m.* Cosa provechosa que se consigue con un gasto o esfuerzo mínimos: *Por ese precio el coche es un chollo.* SIN. Momio, ganga, breva.

cholo, la *adj.* **1.** *Amér.* Mestizo de sangre indígena y europea. También *s. m.* y *f.* || *s. m.* y *f.* **2.** *Ec.*, *Perú* y *Ven.* Tratamiento cariñoso, especialmente en su forma diminutiva. FAM. Acholar.

chomba o **chompa** (del ingl. *jumper*) *s. f. Amér.* Jersey.

chongo (de *choco*, de pelo rizado) *s. m.* **1.** *Méx.* Moño de pelo; también, rizo. **2.** *Méx.* Broma.

chonta (del quechua *chunta*) *s. f. Amér. C.* y *Perú* Variedad de palma espinosa de madera muy dura y color oscuro, empleada para hacer bastones y objetos de adorno.

chontal (del náhuatl *chontalli*) *adj.* **1.** De un grupo de tribus maya-quiché de Oaxaca y Tabasco (México). También *s. m.* y *f.* **2.** *Amér. del S.* Se dice de la persona basta. También *s. m.* y *f.*

chop (del al. *Schoppen*) *s. m. Amér.* Jarra para tomar cerveza de algo menos de medio litro. FAM. Chopería.

chop suey (del chino) *s. m.* Comida china elaborada con verduras salteadas y mariscos o carne troceada de ternera, cerdo o pollo.

chóped (del ingl. *chopped*) *s. m.* Embutido grueso semejante a la mortadela.

chopería *s. f. Arg.* y *Chile* Bar.

chopito *s. m.* Molusco parecido a la jibia, aunque más pequeño. Es comestible.

chopo (del lat. *populus*, álamo) *s. m.* Álamo y, particularmente, álamo negro, la más común de las variedades cultivadas, de corteza grisácea y hojas triangulares o en forma de rombo. FAM. Chopera.

choque *s. m.* **1.** Acción de chocar. **2.** Shock*. **3.** Impresión o emoción fuerte: *Fue un choque emocional recibir la noticia.* SIN. **1.** Encontronazo, colisión, golpe, impacto; refriega, escaramuza; disputa, riña, discordancia. FAM. Parachoques. CHOCAR.

choquezuela *s. f.* Rótula*, hueso pequeño de la rodilla.

chorar (del caló *chori*) *v. tr. fam.* Robar. SIN. Birlar, guindar, choricear, chorizar.

chorbo, ba *s. m.* y *f.* **1.** *fam.* Individuo cuyo nombre se ignora o no se indica. **2.** Novio, compañero. SIN. **1.** Fulano, tipo.

choricear o **chorizar** *v. tr. fam.* Robar. SIN. Chorar, guindar, birlar. ■ En *chorizar*, delante de *e* se escribe *c* en lugar de *z*.

chorizo (del lat. *salsicium*) *s. m.* **1.** Embutido hecho con carne de cerdo picada y adobada con pimentón. **2.** *Amér.* Cilindro de una mezcla de barro y paja que se usa en la construcción de una casa. FAM. Choricero.

chorizo, za (del caló *chori*) *s. m.* y *f.* **1.** *fam.* Ladrón de poca monta. **2.** *fam.* P. ext., cualquier persona que se apropia de lo que no le pertenece. También *adj.* SIN. **1.** Ratero, caco, carterista. FAM. Choricear, chorizar.

chorlito (onomat.) *s. m.* Nombre común de diversas especies de aves de patas y alas largas y pico recto y corto, que alcanzan unos 30 cm de longitud. Su plumaje es castaño, gris o amarillo en el dorso y blanco en el vientre. Algunas especies se alimentan de pequeños animales acuáticos y otras son insectívoras.

choro *s. m. Chile* y *Perú* Mejillón.

chorote *s. m. Méx.* Bebida hecha con pinole, cacao molido, azúcar y especias.

chorra *adj.* **1.** *fam.* Que hace o dice muchas tonterías. También *s. m.* || *s. f.* **2.** *fam.* Suerte: *¡Qué chorra tienes!* **3.** *vulg.* Pene. SIN. **1.** Idiota, tonto. **2.** Chiripa, chamba.

chorrada *s. f.* **1.** *fam.* Necedad, tontería, dicho fuera de lugar: *¡No digas chorradas!* **2.** *fam.* Cosa inútil o de poco valor: *Gasta mucho en chorradas.* SIN. **1.** Estupidez. **1.** y **2.** Bobada, pijada.

chorreado, da **1.** *p.* de **chorrear**. También *adj.* || *s. f.* **2.** Pequeña cantidad de líquido que se echa a chorro: *una chorreada de aceite.*

chorreadura *s. f.* **1.** Chorreo, acción de chorrear. **2.** Mancha que deja un líquido al chorrear sobre algo.

chorrear *v. intr.* **1.** Caer o salir un líquido a chorros de algún sitio: *El agua chorreaba de los tejados.* También *v. tr.*: *La herida chorreaba sangre.* **2.** Salir el líquido lentamente, goteando: *chorrear el aceite de una botella.* También *v. tr.* **3.** *fam.* Estar una persona o cosa empapada, muy mojada. ■ Se usa generalmente el gerundio: *Llovía tanto que llegaron chorreando a casa.* **4.** Llegar o producirse una cosa sin interrupción: *Los pedidos chorrearon durante un mes.* || *v. tr.* **5.** *fam.* Reprender o reñir a alguien violentamente. **SIN. 2.** Rezumar. **FAM.** Chorreado, chorreadura, chorreo. CHORRO.

chorreo *s. m.* **1.** Acción de chorrear: *el chorreo del grifo.* **2.** Gasto continuo y abundante de algo, en especial dinero. **3.** *fam.* Bronca, regañina. **SIN. 3.** Reprimenda, rapapolvos.

chorrera *s. f.* **1.** Lugar por donde corre una pequeña porción de líquido. **2.** Marca que deja el agua por donde ha corrido. **3.** Adorno de encaje, generalmente en la pechera de la camisa. **4.** Tramo del río en que, por el declive, el agua corre con gran velocidad. **5.** Cascada de agua. **SIN. 4.** Rápido. **5.** Salto.

chorro (onomat.) *s. m.* **1.** Líquido o gas que sale por un orificio con más o menos fuerza. **2.** Pequeño caudal de agua que fluye por un cauce: *Aquellos chorros se incorporan al río unos metros más abajo.* **3.** P. ext., caída continuada de cosas iguales y menudas: *un chorro de trigo, de monedas.* **4.** Salida abundante e impetuosa de cualquier cosa: *un chorro de voz.* **5.** *Arg.* y *Urug.* Ladrón, estafador. || **LOC. a chorros** *adv.* Con gran abundancia, de manera incontenible: *Esa señora habla a chorros.* **como los chorros del oro** *adv. fam.* Limpísimo: *Tenía la casa como los chorros del oro.* **SIN. 2.** Reguero, regato. **3.** Chorreo. **ANT. 4.** Hilo. **FAM.** Chorra, chorrada, chorrear, chorrera.

chotacabras *s. amb.* Nombre común de diversas especies de pájaros nocturnos o crepusculares insectívoros, de unos 30 cm de longitud, plumaje gris, castaño o rojizo, pico pequeño y alas y cola largas. ■ No varía en *pl.*

chotearse *v. prnl.* Burlarse de alguien o algo. **SIN.** Pitorrearse, cachondearse, mofarse. **FAM.** Choteo. CHOTO.

chotis o **chotís** (del al. *schottisch*, escocés) *s. m.* **1.** Baile de parejas muy generalizado en España, y especialmente en Madrid, desde finales del s. XIX. Es de movimiento lento y compás de cuatro tiempos. **2.** Música o canción con que se acompaña este baile. ■ No varía en *pl.*

choto, ta (onomat.) *s. m.* y *f.* **1.** Cría de la vaca mientras mama. **2.** Cabrito. **3.** *fam.* Toro pequeño. || *adj.* **4.** *Col. fam.* Manso, mimado. **5.** *Arg. fam.* Feo, estropeado. || **LOC. estar como una chota** *fam.* Ser una persona alocada, de poco juicio. **SIN. 1.** Ternero. **FAM.** Chotearse, chotuno.

chotuno, na *adj.* Se aplica al ganado cabrío mientras mama.

chova (del ant. fr. *choue*, y éste del galo *cawa*) *s. f.* **1.** Pájaro de la familia del cuervo, el grajo y la urraca, de plumaje negroazulado y patas rojas. Mide cerca de 40 cm y vive en zonas montañosas. **2.** Corneja*.

chovinismo (de Nicolas *Chauvin*, soldado francés) *s. m.* Amor exagerado a todo lo de la propia patria y desprecio por lo extranjero. ■ Se escribe también *chauvinismo.* **SIN.** Patriotería, patrioterismo. **FAM.** Chovinista.

chow-chow *s. m.* Perro de origen chino, fuerte, de pelo largo, cabeza grande, parecida a la de un león, y lengua azulada. ■ No varía en *pl.*

choza *s. f.* **1.** Cabaña construida generalmente con madera y cubierta de ramas o paja. **2.** Casa mísera construida con cualquier material. **SIN. 1.** y **2.** Chozo, chamizo. **2.** Chabola. **FAM.** Chozo.

chozo (del lat. *pluteus*, cierta armazón que usaban los soldados como protección) *s. m.* Choza pequeña.

christmas (del ingl. *Christmas card*) *s. m.* Crisma *.

chubasco (del port. *chuva*, lluvia) *s. m.* **1.** Lluvia momentánea, más o menos fuerte, y en algunas ocasiones acompañada de viento. **2.** Mala racha o contratiempo pasajeros. **SIN. 1.** Chaparrón, aguacero. **FAM.** Chubasquero.

chubasquero *s. m.* Impermeable ligero para protegerse de la lluvia.

chúcaro, ra (del quechua *chucru*, duro) *adj. Amér. del S.* Bravío, sin domar, arisco.

chuchería *s. f.* **1.** Objeto de poco valor, pero que puede ser estimado: *Me regaló una chuchería.* **2.** Alimento ligero y apetitoso, generalmente dulce. Se usa mucho en *pl.*: *Te inflas de chucherías y luego no tienes hambre.* **SIN. 1.** Bagatela, baratija, capricho, fruslería. **2.** Golosina.

chucho (del quechua *chujchu*, fiebre) *s. m.* **1.** *Amér. del S.* Escalofrío. **2.** *Amér. del S.* Fiebre palúdica. **3.** *Arg.* y *Urug.* Miedo. **FAM.** Achuchar².

chucho, cha *s. m.* y *f.* **1.** *fam.* Perro, que no es de raza. También, en sentido desp., todo tipo de perros. || *s. f.* **2.** *fam.* Pereza, galbana: *No logro sacudirme la chucha.* **3.** *fam.* Borrachera. **4.** *fam.* Peseta. **SIN. 1.** Can. **2.** Gandulería. **3.** Mona, cogorza, curda. **4.** Pela.

chuchurrido, da *adj.* **1.** *fam.* Marchito, lacio: *una flor chuchurrida.* **2.** *fam.* Decaído, apagado: *Estuvo toda la mañana chuchurrido.* ■ Suele decirse también *chuchurrío.* **SIN. 1.** y **2.** Mustio. **2.** Aplanado, desanimado, apático. **ANT. 1.** Fresco, lozano. **2.** Animado, divertido.

chucrut (del fr. *choucruote*, y éste del al. *Sauerkraut*, col agria) *s. m.* Plato típico alsaciano a base de col fermentada y aderezada con sal, pimienta, bayas de enebro y, en algunos casos, laurel.

chueco, ca *adj.* **1.** *Amér. del S.* Que tiene las piernas torcidas en arco. **2.** *Amér. C.*, *Méx.* y *Ven.* Torcido, desviado: *tacón chueco.* **SIN. 1.** Estevado, patizambo, patituerto. **FAM.** Enchuecar.

chufa (del lat. *cyphi*, perfume de juncia) *s. f.* **1.** Planta de cañas triangulares, hojas en forma de quilla, espiguillas de color amarillo y raíces rastreras con pequeños tubérculos de sabor dulce, que se comen remojados en agua o bien se emplean para preparar la horchata. **2.** Cada uno de estos tubérculos. **3.** *fam.* Golpe, bofetada: *dar una chufa.* **SIN. 2.** Cotufa. **3.** Torta, galleta, chuleta.

chufla *s. f.* Broma, tomadura de pelo: *estar de chufla.* **SIN.** Cuchufleta, burla, chunga, chanza, guasa. **FAM.** Cuchufleta.

chufo *s. m.* **1.** Pequeña porción de cabello que se arrolla en un bigudí u otro utensilio para rizarlo. **2.** Rulo o bigudí en que se arrolla.

chuico (del mapuche *chuyco*, tinaja) *s. m. Chile* Damajuana, garrafa.

chulada *s. f.* **1.** *fam.* Objeto vistoso, que llama poderosamente la atención: *Ese encendedor es una chulada.* **2.** Chulería, insolencia: *Me contestó con una chulada.* **SIN. 1.** Monería, monada.

chulapo, pa *s. m.* y *f.* Chulo, madrileño castizo. SIN. Chulapón, manolo.

chulapón, na *s. m.* y *f.* Chulapo*.

chulear *v. tr.* **1.** Hacer burla de alguien con gracia. Se usa más como *v. prnl.*: *chulearse de los amigos.* **2.** Vivir a costa de una mujer. || **chulearse** *v. prnl.* **3.** Presumir, especialmente de ser valiente. SIN. **1.** Burlarse, cachondearse. **3.** Jactarse, vanagloriarse, pavonearse.

chulería *s. f.* Actitud, hecho o dicho propios del chulo. SIN. Chulada, bravuconada, descaro, fanfarronería, jactancia.

chuleta (del valenciano *chulleta*, de *chulla*, costilla) *s. f.* **1.** Costilla de ternera, buey, cerdo o cordero, con carne pegada a ella: *Pidió una chuleta a la parrilla.* **2.** *fam.* Entre estudiantes, papelito que se lleva oculto para consultarlo disimuladamente en los exámenes. **3.** *fam.* Bofetada. || *s. m.* **4.** *fam.* Persona que habla o actúa como un chulo. También *adj.* SIN. **3.** Chufa, torta, galleta. **4.** Fanfarrón., presumido. FAM. Chuletada. CHULO.

chuletada *s. f.* Comida a base de chuletas.

chulla *adj. Bol.*, *Col.*, *Ec.* y *Perú* Se dice de la cosa que ha perdido su pareja: *un guante chulla.*

chullo *s. m. Arg.*, *Bol.* y *Perú* Gorro de lana de colores vivos y dibujos geométricos.

chulo, la (del ital. *ciullo*, muchacho) *adj.* **1.** Que tiene o adopta una actitud insolente o de desafío: *Si se pone chulo, le denuncio.* También *s. m.* y *f.* **2.** Orgulloso o presumido: *Se paseaba muy chulo con su traje nuevo.* **3.** *fam.* Bonito, vistoso: *Tiene una pluma muy chula.* || *s. m.* y *f.* **4.** Individuo castizo de ciertos barrios de Madrid. || *s. m.* **5.** Hombre que explota a prostitutas y vive a costa de ellas. SIN. **1.** Chuleta, jactancioso, bravucón. **4.** Chulapo, chulapón, chispero, manolo. **5.** Proxeneta. FAM. Chulada, chulapo, chulapón, chulear, chulería, chulesco, chuleta. / Achularse, enchularse.

chumacera (del port. *chumaceira*, de *chumazo*, y éste del lat. *plumaceum*, de *pluma*) *s. f.* **1.** Pieza de una maquinaria sobre la cual gira un eje u otra pieza. **2.** Tablita que se pone en el borde de una embarcación, en cuya mitad está el tolete, para evitar el desgaste por el roce del remo.

chumbar *v. tr.* **1.** *Arg.* y *Bol.* Disparar con balas. || *v. intr.* **2.** *Arg.* y *Urug.* Ladrar. **3.** *Arg.* y *Urug.* Azuzar al perro para que ladre.

chumbera *s. f.* Planta propia de zonas cálidas, con el tallo en forma de pala con espinas, que produce los higos chumbos.

chumbo *s. m. Arg.*, *Par.* y *Urug.* Bala, proyectil. FAM. Chumbar.

chumbo, ba *adj.* Se dice del higo procedente de la chumbera o nopal. También *s. m.* FAM. Chumbera.

chuminada *s. f. fam.* Tontería, insignificancia, cosa sin valor o de poca importancia.

chumino *s. m. vulg.* Vulva*. FAM. Chuminada.

chunchoso, sa *adj. Col.* Barrigudo*. También *s. m.* y *f.*

chundarata *s. f. fam.* Música ruidosa o fuerte barullo.

chungo, ga (del caló *chungo*, feo) *adj.* **1.** *fam.* Malo, estropeado: *Estoy un poco chungo, no me encuentro bien. Esta cerradura está chunga.* **2.** *fam.* Difícil, enrevesado: *un examen chungo.* **3.** *fam.* Persona que no es de fiar. || *s. f.* **4.** *fam.* Broma, burla graciosa: *Siempre habla en chunga.* || LOC. **tomar a chunga** *fam.* Tomar en broma, no dar importancia. SIN. **4.** Choteo, guasa, pitorreo, chacota. FAM. Chungón, chunguearse, chungueo.

chungón, na *adj. fam.* Se aplica a la persona aficionada a la chunga o broma. SIN. Bromista, guasón, burlón. ANT. Serio, formal.

chunguearse *v. prnl. fam.* Burlarse con picardía, tomar el pelo. SIN. Guasearse, pitorrearse.

chuño (del quechua *ch'uñu*, patata helada y secada al sol) *s. m.* **1.** *Amér. del S.* Fécula de patata. **2.** *Amér. del S.* Crema preparada con fécula de patata, leche y azúcar.

chupa (del fr. *jupe*) *s. f. fam.* Chaqueta o cazadora. || LOC. **poner** a alguien **como chupa de dómine** *fam.* Insultarle o reñirle duramente.

chupa chups (nombre comercial registrado) *s. m.* Caramelo, generalmente redondo, con un palito que le sirve de mango. ■ No varía en *pl.* SIN. Pirulí, piruleta, chupetín.

chupacirios *s. m.* y *f. fam.* Beato, persona de religiosidad exagerada o fingida. SIN. Meapilas, santurrón.

chupado, da **1.** *p.* de **chupar**. || *adj.* **2.** *fam.* Muy flaco, débil y agotado. **3.** *fam.* Fácil: *Ese problema está chupado.* **4.** *Amér. del S.* Bebido, borracho. SIN. **2.** Enjuto, consumido, delgado, extenuado. **3.** Tirado.

chupar (onomat.) *v. tr.* **1.** Sacar o extraer con los labios o con el órgano adecuado el jugo o líquido de una cosa: *chupar el biberón, chupar un caramelo. La abeja chupa el néctar de las flores.* También *v. intr.* **2.** Meter en la boca alguna cosa humedeciéndola con saliva: *Chupa el bolígrafo.* **3.** Absorber, embeber un líquido: *Esa planta chupa mucha agua.* **4.** *fam.* Sacar provecho o ganancia de algo o de alguien sin esfuerzo: *Tiene un cargo en el que chupa cuanto quiere.* También *v. intr.* || *v. intr.* **5.** *fam.* En ciertos deportes, abusar del juego individual, sin tener en cuenta al resto del equipo. || **chuparse** *v. prnl.* **6.** *fam.* Verse obligado a soportar algo desagradable: *chuparse años de cárcel.* **7.** *fam.* Adelgazar una persona. **8.** *fam.* Saltarse una norma o una obligación: *Se chupó una clase.* || LOC. **chupar banquillo** *fam.* En ciertos deportes, estar de suplente. **chupar del bote** *fam.* Aprovecharse de algo. **chupar rueda** En ciclismo, seguir un corredor inmediatamente pegado a la rueda de otro. P. ext., se dice de una persona que se aprovecha del esfuerzo de otra. **chuparse el dedo** Véase **dedo**. **chuparse los dedos** Véase **dedo**. **¡chúpate esa!** *excl. fam.* Expresa satisfacción por una cosa ingeniosa u oportuna que uno acaba de decir o por algo malo que le sucede a otro. SIN. **1.** Succionar, sorber, libar, mamar. **6.** Aguantar, tragar. **7.** Enflaquecer, consumirse, apergaminarse. ANT. **3.** Escupir, expulsar. FAM. Chupada, chupado, chupador, chupatintas, chupete, chupetear, chupeteo, chupetín, chupetón, chupón, chupóptero.

chupatintas *s. m. fam. desp.* Empleado de oficina. ■ No varía en *pl.*

chupe (quechua) *s. m. Amér. del S.* Guiso preparado con papas, queso, ají, carne, pescado, etc.

chupeta *s. f.* Chupete*.

chupete *s. m.* **1.** Pieza de goma en forma de pezón que se da a los niños pequeños para que la chupen. **2.** Tetina del biberón. SIN. **1.** Chupeta. FAM. Chupeta. CHUPAR.

chupetear *v. tr.* Chupar repetidamente. También *v. intr.* SIN. Rechupetear.

chupetín *s. m. Amér. del S.* Piruleta.

chupetón *s. m.* Acción de chupar con fuerza. SIN. Mamada, chupada.

chupi *adj. fam.* Estupendo. También *adv.*

chupinazo *s. m.* **1.** Disparo de un cohete de fuegos artificiales: *Las fiestas comenzaron con un chupinazo.* **2.** *fam.* En fútbol, fuerte disparo: *Marcó el gol de un chupinazo.* SIN. **2.** Trallazo, chut.

chupito *s. m.* Sorbo, trago de vino o licor. SIN. Chisguete.

chupón, na *adj.* **1.** Que chupa. **2.** Se aplica al que consigue dinero u otra cosa en su provecho con astucia y engaño. También *s. m.* y *f.* **3.** En ciertos deportes de equipo, se dice del jugador muy individualista. También *s. m.* y *f.* || *s. m.* **4.** Brote de una planta que se desarrolla demasiado e impide el crecimiento del fruto. SIN. **1.** Mamón, succionador. **2.** Parásito, aprovechado, chupóptero.

chupóptero, ra *s. m.* y *f. fam.* Persona que vive sin trabajar o que, sin merecerlo, disfruta de uno o más sueldos. SIN. Aprovechado, parásito, chupón.

churo, ra *adj.* **1.** *Arg., Bol., Chile* y *Perú* Bonito, agraciado. También *s. m.* y *f.* || *s. m.* **2.** *Col.* y *Ec.* Rizo.

churrasco *s. m.* Carne asada a la brasa.

churre *s. m. fam.* Grasa sucia que escurre de algo. SIN. Pringue, mugre. FAM. Churrete, churro, churro, -rra.

churrero, ra *s. m.* y *f.* **1.** Persona que hace y vende churros. || *s. f.* **2.** Utensilio para hacer churros.

churrete *s. m.* **1.** Mancha, especialmente en la cara, las manos o cualquier otra parte visible del cuerpo: *El niño tomó chocolate y se llenó de churretes.* **2.** *Arg.* y *Urug.* Burla, broma pesada. || LOC. **tomar** a alguien **para el churrete** *Arg.* y *Urug. fam.* Burlarse de una persona. FAM. Churretada, churretón, churretoso. CHURRE.

churretoso, sa *adj.* Se aplica a la persona que suele estar llena de churretes. SIN. Sucio, mugriento.

churrigueresco, ca *adj.* **1.** Se dice del estilo barroco español desarrollado por el arquitecto Churriguera y sus imitadores. **2.** Muy recargado de adornos. SIN. **2.** Pomposo, barroco.

churro *s. m.* **1.** Masa de harina y agua, a la que se da forma de cordón grueso estriado con un aparato especial y se fríe en aceite. **2.** *fam.* Chapuza, cosa mal hecha: *Esa traducción es un churro.* **3.** Buena suerte, acierto casual: *Lo encontré por puro churro.* SIN. **2.** Chapucería, birria, pegote. **3.** Chamba, casualidad, chiripa. FAM. Churrería, churrero. CHURRE.

churro, rra *adj.* **1.** Se dice del ganado ovino cuya lana es más basta y larga que la merina. También *s. m.* y *f.* **2.** Se dice de esta lana. || LOC. **no mezclar (las) churras con (las) merinas** *fam.* Se emplea para resaltar que no deben confundirse personas o cosas muy distintas. FAM. Véase **churre**.

churruscar *v. tr.* Asar o tostar demasiado un alimento. Se usa más como *v. prnl.*: *churruscarse el pan.* ■ Delante de *e* se escribe *qu* en lugar de *c*: *churrusque.* SIN. Socarrar, quemar, chamuscar. FAM. Churrusco.

churrusco *s. m.* Trozo de pan muy tostado o que se empieza a quemar.

churumbel (caló) *s. m. fam.* Niño o muchacho. SIN. Chavea, chaval.

chusco, ca *adj.* **1.** Que tiene gracia y picardía; se aplica a personas, cosas y acciones: *Me pasó algo chusco: buscaba mis gafas y las tenía puestas.* También *s. m.* y *f.* || *s. m.* **2.** Pedazo de pan. **3.** Pieza de pan, más pequeña que la barra, que se repartía en el ejército. SIN. **1.** Chistoso, gracioso, ocurrente, burlón, bromista. **2.** Mendrugo, cuscurro, tarugo. ANT. **1.** Serio, soso. FAM. Chuscada.

chusma (del ital. *ciusma*, canalla) *s. f.* Conjunto de gente basta y grosera. SIN. Gentuza, morralla, patulea, plebe, populacho. ANT. Élite, aristocracia. FAM. Chusmear.

chusmear (de *chusma*) *v. tr. Amér. del S.* Chismear, cotillear. También *v. intr.*

chuspa (del quechua *chchuspa*) *s. f. Amér. del S.* Alforja, bolsa.

chusquero *adj.* Se aplica al jefe u oficial del ejército que no ha pasado por la academia militar. También *s. m.*

chut (ingl.) *s. m.* En fútbol, acción de chutar. ■ Se dice también *chutazo.* SIN. Chupinazo, tiro, punterazo.

chuta *s. f.* En argot, jeringuilla para inyectarse droga.

chutar (del ingl. *to shoot*, disparar) *v. intr.* **1.** En fútbol, lanzar fuertemente el balón con el pie. También *v. tr.* || **chutarse** *v. prnl.* **2.** En argot, inyectarse droga. SIN. **1.** Disparar. **2.** Pincharse, picarse. FAM. Chuta, chutazo, chute.

chutazo *s. m.* Chut*.

chute *s. m.* En argot, inyección de droga. SIN. Picotazo.

chuyaco *s. m. Col.* Dulce que se prepara con el fruto del guanabano, azúcar, vino y canela.

chuzo *s. m.* **1.** Palo con un pincho de hierro, que usaban especialmente los serenos. **2.** *Chile* Barra de metal puntiaguda con la que se horada la tierra. || LOC. **caer chuzos de punta** *fam.* Llover fuerte y mucho.

ciaboga (de *ciar* y *bogar*) *s. f.* Maniobra de hacer girar una embarcación moviendo los remos de cada banda en sentido contrario.

cianobacteria *s. f.* **1.** Organismo unicelular perteneciente al reino móneras, que carece de membrana nuclear, realiza la fotosíntesis y tiene clorofila y otros pigmentos que le dan un color verdeazulado. Vive en ambientes acuáticos, aislada o agrupada con otras en colonias o filamentos. Recibe también el nombre de *alga cianofícea* o *alga azul.* || *s. f. pl.* **2.** Clase constituida por estos organismos.

cianofícea *adj.* Se aplica a las llamadas algas azules o cianobacterias*. También *s. f.*

cianosis (del gr. *kyanosis*, de *kyanos*, azul) *s. f.* Coloración azul o negruzca de la piel producida por una alteración circulatoria, especialmente por oxigenación insuficiente de la sangre. ■ No varía en *pl.* FAM. Cianótico.

cianuro (del gr. *kyanos*, azul) *s. m.* Sal del ácido cianhídrico (compuesto químico de nitrógeno, carbono e hidrógeno), muy tóxica y de acción rápida, usada en herbicidas, obtención de metales, etc.

ciar (del ant. *cia*, cadera, y éste del lat. *ischias*, del gr. *iskhias*) *v. intr.* Remar hacia atrás. FAM. Ciaboga. ■ En cuanto al acento, se conjuga como *ansiar.*

ciático, ca (del lat. *sciaticus*, de *ischia*, cadera) *adj.* **1.** De la cadera; en especial, se dice de cada uno de los dos nervios que se originan en la región sacra y recorren las piernas. También *s. m.* || *s. f.* **2.** Neuralgia del nervio ciático causada por compresión o irritación de éste.

ciber- *pref.* Significa 'cibernético': *ciberespacio, cibernauta.*

ciberespacio (de *ciber-* y *espacio*) *s. m.* Entorno virtual formado por una red informática.

cibernauta (de *ciber-* y *nauta*) *s. m.* y *f.* Persona que utiliza el ciberespacio.

cibernética (del gr. *kybernetike*, arte de gobernar una nave, de *kybernetes*, piloto) *s. f.* Ciencia que estudia comparativamente los sistemas de comunicación y de control en los seres vivos y en las máquinas, principalmente en su aplicación a la informática. FAM. Cibernético.

ciberpunk (de *ciber-* y *punk*) *s. m.* y *f.* Individuo inmerso en el ciberespacio como medio vital de comunicación.

ciberusuario, ria (de *ciber-* y *usuario*) *s. m.* y *f.* Usuario de las redes informáticas de comunicación.

cicatear (del ár. *saqat*, quitar, restar) *v. intr.* Dar o gastar lo menos posible. SIN. Escatimar, regatear, racanear. ANT. Derrochar, dilapidar.

cicatero, ra (del ár. *saqqat*, ropavejero) *adj.* Avaro, tacaño, ruin. También *s. m.* y *f.* SIN. Mezquino, miserable, roñoso, rácano. ANT. Generoso, desprendido. FAM. Cicatear, cicatería.

cicatriz (del lat. *cicatrix, -icis*) *s. f.* **1.** Señal que queda en la piel o en los tejidos después de la curación de una herida, pústula, etc. **2.** Impresión que deja en alguien una pena, un sufrimiento, un desengaño, etc.: *Las cicatrices del amor.* SIN. **1.** Costurón. **2.** Huella. FAM. Cicatrizar.

cicatrizar *v. tr.* **1.** Cerrar una llaga o herida. También *v. intr.* y *v. prnl.*: *Cicatrizó rápidamente la cortadura.* **2.** Hacer olvidar o superar una mala experiencia: *El tiempo cicatrizó su pena.* También *v. intr.* y *v. prnl.* ■ Delante de *e* se escribe *c* en lugar de *z*: *cicatrice.* SIN. **1.** Sanar. **2.** Aliviar, calmar. FAM. Cicatricación, cicatrizante. CICATRIZ.

cícero (del lat. *Cicero*, Cicerón) *s. m.* En imprenta, unidad de medida que tiene doce puntos tipográficos y equivale a algo más de cuatro milímetros y medio.

cicerone (del ital. *Cicerone*) *s. m.* y *f.* Persona que enseña y explica a otras las cosas interesantes de una ciudad, un monumento, un museo, etc. SIN. Guía.

ciclamen (del lat. *cyclaminum*) *s. m.* Planta herbácea de hojas acorazonadas y flores elegantes, blancas y rosadas, que se cultiva como planta ornamental.

ciclamor (del lat. *sycomorus*, y éste del gr. *sykomoron*) *s. m.* Árbol papilionáceo ornamental con el tronco y las ramas retorcidas, hojas acorazonadas y flores de color rojizo en racimos.

cíclico, ca (del lat. *cyclicus*, y éste del gr. *kyklikos*) *adj.* **1.** Que se repite cada cierto tiempo: *un fenómeno cíclico.* **2.** Se dice de la enseñanza o instrucción gradual de una o varias materias. SIN. **1.** Periódico, repetitivo, sucesivo. **2.** Progresivo. FAM. Cíclicamente. / Acíclico. CICLO.

ciclismo *s. m.* Deporte que se practica en bicicleta y comprende especialmente dos tipos de carrera: en carretera y en pista. FAM. Ciclista.

ciclo (del lat. *cyclus*, y éste del gr. *kyklos*, rueda) *s. m.* **1.** Conjunto de periodos, fases de un fenómeno, operaciones, etc., que se suceden unas a otras hasta volver a repetirse en el mismo orden: *Las cuatro estaciones forman el ciclo anual.* **2.** Serie de actos de carácter cultural, relacionados entre sí: *un ciclo de cine de terror, un ciclo de conferencias.* **3.** Conjunto de poemas, en especial épicos, u otras obras literarias o artísticas, sobre un mismo tema, un mismo personaje, etc.: *el ciclo de caballería.* **4.** Cada una de las divisiones de un plan de estudios. SIN. **1.** Sucesión. **1.** a **3.** Serie. FAM. Cíclico, cicloide, ciclón, ciclostil, ciclotimia. / Megaciclo, monociclo, motociclo, reciclar.

ciclocross (ingl.) *s. m.* Modalidad de ciclismo a campo traviesa o por circuitos accidentados.

cicloide (del gr. *kykloeides*, de *kyklos*, círculo, y *eidos*, forma) *s. f.* Curva engendrada por un punto de una circunferencia al girar o rodar ésta sobre una recta.

ciclomotor *s. m.* Motocicleta de pequeña cilindrada, de forma semejante a la de una bicicleta. SIN. Velomotor.

ciclón (del gr. *kyklon*, remolino) *s. m.* **1.** Viento muy fuerte producido por una depresión atmosférica. **2.** Masa atmosférica en que el aire gira alrededor de un centro de bajas presiones. SIN. **1.** Huracán, tempestad. **2.** Borrasca. ANT. **1.** Calma, bonanza. **2.** Anticiclón. FAM. Ciclónico. / Anticiclón. CICLO.

cíclope (del lat. *cyclops, -opis*, y éste del gr. *kyklops*, de *kyklos*, círculo, y *ops*, ojo) *s. m.* Gigante mitológico que tenía un solo ojo en medio de la frente. FAM. Ciclópeo.

ciclópeo, a (del lat. *cyclopeus*) *adj.* **1.** De los cíclopes. **2.** Gigantesco, excesivo. **3.** Se dice de ciertas construcciones antiguas, hechas con piedras enormes sin tallar, superpuestas generalmente sin argamasa: *muralla ciclópea.* SIN. **2.** Colosal, titánico.

ciclostil o **ciclostilo** (del gr. *kyklos*, círculo, y *stylos*, columna) *s. m.* **1.** Técnica para reproducir muchas veces un escrito o un dibujo mediante clichés perforados por los que pasa la tinta. **2.** Aparato que se utiliza para estas reproducciones.

ciclóstomo (del gr. *kyklos*, círculo, y *stoma*, boca) *adj.* **1.** Se dice de un tipo de pez marino o de agua dulce, muy primitivo, con el cuerpo largo y cilíndrico, sin escamas ni mandíbulas, que se alimenta de restos orgánicos o es parásito de otros peces, sujetándose a ellos con una boca redonda que actúa como una ventosa. Son ciclóstomos las lampreas. También *s. m.* ‖ *s. m. pl.* **2.** Grupo constituido por estos peces.

ciclotimia (del gr. *kyklos*, círculo, y *thymos*, ánimo) *s. f.* Estado mental que se caracteriza por fuertes oscilaciones de ánimo, que pasan de periodos de exaltación a otros de depresión. FAM. Ciclotímico. CICLO.

ciclotrón (del gr. *kyklos*, círculo, y la terminación *-tron* de *electrón*) *s. m.* Aparato que somete las partículas desprendidas de un átomo a la acción de un campo magnético, imprimiendo en ellas un movimiento que las hace actuar como proyectiles sobre el núcleo del átomo que se pretende bombardear.

cicloturismo *s. m.* Tipo de turismo que emplea la bicicleta como medio de transporte. FAM. Cicloturista.

ciconiforme (del lat. *ciconia*, cigüeña, y *-forme*) *adj.* **1.** Se dice de ciertas aves que presentan generalmente las patas y cuello largos, alas amplias, pies con cuatro dedos y pico recto y puntiagudo, como las garzas, cigüeñas, ibis, flamencos, etc. También *s. f.* ‖ *s. f. pl.* **2.** Orden de estas aves.

cicuta (del lat. *cicuta*) *s. f.* **1.** Planta bianual umbelífera, de tallo hueco, flores blancas y hojas compuestas, que crece en lugares húmedos y cuyas hojas y frutos contienen un alcaloide tóxico llamado cicutina. **2.** Veneno que se extrae de las hojas y frutos de esta planta.

-cida (del lat. *-cida*, de *caedere*, matar) *suf.* Significa 'que mata o extermina': *fratricida, raticida.*

cidra (del lat. *citra*) *s. f.* **1.** Fruto del cidro, semejante al limón, pero de mayor tamaño; su zumo, semilla y corteza se usan en medicina. **2.** Variedad de calabaza con que se elabora el cabello de ángel.

cidro (del lat. *citrus*) *s. m.* Árbol de tronco liso, hojas perennes y flores encarnadas y olorosas, cuyo fruto es la cidra. **FAM.** Cidra. / Cítrico.

ciego, ga (del lat. *caecus*) *adj.* **1.** Privado del sentido de la vista. También *s. m.* y *f.* **2.** Cegado, deslumbrado. **3.** Poseído violentamente por un sentimiento o pasión; p. ext., dominado por una afición: *ciego de ira. Está ciego por el fútbol.* **4.** Que no quiere o no puede darse cuenta con claridad de algo: *Está ciega para los defectos de sus hijos.* **5.** Se aplica a los sentimientos, pasiones, etc., que se manifiestan de manera total, sin reservas o dudas: *una confianza ciega.* **6.** Se dice de cualquier conducto u orificio obstruido de manera que no se puede usar. **7.** Se dice de un ensanchamiento situado en el punto de encuentro del intestino delgado y el intestino grueso, en cuyas paredes se produce la absorción de sales y fluidos. También *s. m.* **8.** *fam.* Harto de comida, bebida u otras cosas agradables. ■ Se usa sobre todo en la expresión **ponerse ciego**. || *s. m.* **9.** *argot* Borrachera o estado semejante producido por alguna droga. || **LOC. a ciegas** *adv.* Sin ver. También, sin reflexión, sin conocer bien el asunto. **SIN. 1.** Invidente. **3.** Alucinado, obsesionado, obcecado. **ANT. 1.** Vidente. **FAM.** Cegar.

cielito (dim. de *cielo*) *s. m.* **1.** Se usa como apelativo cariñoso. **2.** *Arg.*, *Chile* y *Urug.* Cierta danza popular.

cielo (del lat. *caelum*) *s. m.* **1.** Espacio que rodea a la Tierra. **2.** Lugar o estado en que, según ciertas religiones, los que llegan a él gozan de la presencia de Dios. **3.** Parte superior que cubre alguna cosa: *cielo del paladar.* **4.** Dios o su providencia: *Quiera el cielo que te cures.* **5.** Apelativo cariñoso que se aplica a una persona: *Tu hermana es un cielo.* || **¡cielos!** *interj.* **6.** Expresa admiración o extrañeza. || **7. cielo raso** Techo interior plano y liso, que oculta las vigas. || **LOC. a cielo abierto** *adv.* Al aire libre, a la intemperie. **bajado (llovido** o **venido) del cielo** *adj. fam.* Que aparece en el momento oportuno; también, prodigioso, excelente, o conseguido sin esfuerzo. **clamar** una cosa **al cielo** Ser manifiestamente injusta, cruel o disparatada. **escupir** uno **al cielo** *fam.* Decir o hacer cosas que luego se vuelven contra uno. **estar en el (séptimo) cielo** *fam.* Encontrarse muy a gusto. **remover cielo y tierra** *fam.* Hacer todo tipo de gestiones o esfuerzos para conseguir una cosa. **ver** uno **el cielo abierto** (o **los cielos abiertos**) *fam.* Presentársele ocasión o solución favorable para salir de un apuro: *Vio el cielo abierto con su nuevo empleo.* **SIN. 1.** Atmósfera, firmamento. **2.** Edén, paraíso, gloria. **3.** Cubierta. **5.** Encanto, delicia. **ANT. 2.** Infierno. **FAM.** Celaje, celeste, cielito. / Rascacielos.

ciempiés *s. m.* Artrópodo terrestre con el cuerpo dividido en numerosos segmentos provistos de patas, de las cuales las primeras están modificadas en forma de pinzas o tenazas, con las que puede inyectar veneno. ■ No varía en *pl.*

cien (apóc. de *ciento*) *adj. num. card.* **1.** Diez veces diez: *cien pesetas.* También *pron.* y *s. m.* || *adj. num. ord.* **2.** Centésimo: *la página cien.* También *pron.* || *s. m.* **3.** Signos que representan este número. ■ Delante de otros numerales, los multiplica por ciento: *cien mil.* || **LOC. cien por cien** Totalmente, absolutamente: *Es cien por cien japonés.* **poner** a uno **a cien** *fam.* Enfadarle, irritarle, excitarle. **FAM.** Centavo, centena, centésimo, centila, céntimo, céntuplo, centuria, cienmilésimo, cienmillonésimo, ciento.

ciénaga *s. f.* Lugar pantanoso o lleno de barro y cieno. **SIN.** Cenagal, pantano, barrizal, tremedal.

ciencia (del lat. *scientia*) *s. f.* **1.** Conocimiento cierto de las cosas obtenido mediante el estudio, la experimentación, la observación, etc. **2.** Conjunto sistematizado de conocimientos en las distintas materias: *las ciencias físicas.* **3.** Habilidad o maestría en cualquier cosa: *Se necesita ciencia para hacer ese nudo.* || *s. f. pl.* **4.** Por oposición a letras, estudios que comprenden las matemáticas, la física, la química y las ciencias naturales. || **5. ciencia ficción** Género narrativo literario o cinematográfico que presenta posibles formas de vida en el futuro como consecuencia del desarrollo de la ciencia y las innovaciones tecnológicas. **6. ciencia infusa** La que, según algunas religiones, viene directamente de Dios por inspiración; también indica, en son de burla, lo que alguien pretende saber sin haberlo aprendido. **7. ciencias de la información** Las que se ocupan del estudio y tratamiento de la información, como p. ej. periodismo, técnicas de la imagen y medios audiovisuales, publicidad, etc. **8. ciencias exactas** La matemática y la lógica. **9. ciencias ocultas** Conocimientos y prácticas misteriosos que pretenden dominar los secretos de la naturaleza, como la alquimia, la magia, la astrología, etc. **10. ciencias puras** Las que tienen por objeto el conocimiento de la realidad prescindiendo de su utilidad o aplicación práctica. || **LOC. a ciencia cierta** *adv.* Con toda seguridad, sin duda alguna. **no tener ciencia** (o **tener poca ciencia**) una cosa No encerrar ningún secreto, ser fácil de hacer. **SIN. 1.** Saber, sabiduría, cultura. **2.** Disciplina, asignatura. **3.** Destreza, aptitud. **ANT. 1.** Desconocimiento, ignorancia, incultura. **3.** Ineptitud. **FAM.** Científicamente, cientificismo, cientificista, científico, cientifismo, cientismo. / Acientífico.

cienmilésimo, ma *adj. num. part.* Se dice de cada una de las cien mil partes iguales en que se divide un todo.

cienmillonésimo, ma *adj. num. part.* Se dice de cada una de los cien millones de partes iguales en que se divide un todo.

cieno (del lat. *caenum*) *s. m.* Barro blando y sucio que se deposita en aguas estancadas, en el cauce y desembocadura de un río, etc. **SIN.** Fango, lodo, limo, légamo. **FAM.** Ciénaga. / Cenagal.

cientificismo *s. m.* Tendencia a dar un valor excesivo al conocimiento científico, en particular al de las ciencias basadas en los datos de la experiencia, al que considera el único conocimiento válido y cierto. **SIN.** Cientifismo.

científico, ca *adj.* **1.** De la ciencia o relacionado con ella. **2.** Que se dedica a alguna ciencia, que posee especiales conocimientos de una o varias ciencias. También *s. m.* y *f.*

cientifismo *s. m.* Cientificismo*.

ciento (del lat. *centum*) *adj. num. card.* **1.** Diez veces diez: *ciento cincuenta pesetas.* || *adj. num. ord.* **2.** Centésimo. || *s. m.* **3.** Centenar: *Vimos cientos de pájaros.* ■ Delante de otros numerales se suma a ellos: *ciento cuarenta y cinco.* || **LOC. a cientos** *adv.* En gran cantidad. **ciento por ciento** *adv.* Completamente, del todo. **ciento y la madre** *fam.* Muchísima o demasiada gente. **por ciento** De cada ciento. ■ Se construye precedido de un número, que indica la cantidad que se toma de cada ciento: *el tres por ciento*, y se representa con el signo %. **FAM.** Cuatrocientos, doscientos, novecientos, ochocientos, porcentaje, seiscientos, setecientos, trescientos, tropecientos. **CIEN.**

ciernes, en *loc. adv.* En los comienzos; también, en potencia: *El chico es un genio en ciernes.*

cierre *s. m.* **1.** Acción de cerrar en cualquiera de sus acepciones: *el cierre de una carretera.* **2.** Lo que sirve para cerrar algo o mantenerlo cerrado: *el cierre de un bolso.* **3.** Cerca, pared, etc., que rodea un lugar: *el cierre del parque.* **4.** Acción de dar por terminada la edición de un diario, revista o libro. **5.** En imprenta, orla o recuadro para destacar algún texto. || **6. cierre metálico** Persiana o reja metálica para defensa de puertas, escaparates, etc. **7. cierre relámpago** Cremallera de una prenda, objeto, etc. || **LOC. echar el cierre** Cerrar un establecimiento al terminar la jornada laboral; también, callarse, cerrar la boca uno. **SIN. 1.** Cerramiento, clausura, obstrucción. **2.** Cerradura. **ANT. 1.** Abertura, apertura.

cierto, ta (del lat. *certus*) *adj.* **1.** Seguro, exacto: *La noticia resultó cierta.* || *adj. indef.* **2.** Se dice de alguien o algo que no se puede precisar: *tener ciertos temores.* **3.** A veces sustituye al art. *un* delante de un nombre, sobre todo en algunas definiciones, cuando la cosa definida es una determinada, pero desconocida del que escucha: *cierta tela parecida a la lana.* **4.** Un poco de algo: *Aquello producía cierto asombro.* || *adv. afirm.* **5.** Sí, con certeza. || **LOC. por cierto** *adv.* Con certeza; también se emplea para iniciar una frase con algo recordado o su-gerido en una conversación: *Por cierto, ahora me acuerdo de más cosas.* **SIN. 1.** Real, auténtico, evidente, palpable. **2.** Alguno. **ANT. 1.** Falso, incierto, dudoso. **FAM.** Cerciorar, certero, certeza, certidumbre, certificar, ciertamente. / Acertar, incierto.

ciervo, va (del lat. *cervus*) *s. m.* y *f.* **1.** Mamífero artiodáctilo rumiante, de patas largas y delgadas; el macho presenta una cornamenta ramificada que se renueva cada año. Vive en Eurasia y Amér. del N. || **2. ciervo volante** Insecto coleóptero de gran tamaño, parecido al escarabajo; el macho tiene mandíbulas que semejan cuernos. **FAM.** Cerval, cervatillo, cervato, cérvido, cervuno.

cierzo (del lat. *cercius*) *s. m.* Viento frío que sopla del norte. **SIN.** Bóreas.

cifosis (del gr. *kyfos*, convexo) *s. f.* Convexidad o curvatura anormal de la columna vertebral. ■ No varía en *pl.*

cifra (del ár. *sifr*, nombre del cero) *s. f.* **1.** Cada uno de los signos con que se representa un número. **2.** Número, cantidad: *una cifra elevada de pájaros.* **3.** Escritura secreta: *una carta en cifra.* **4.** Algo que reúne o resume lo que se expresa. **SIN. 1.** Guarismo, dígito. **2.** Porción, cuantía. **3.** Clave. **4.** Compendio, suma. **FAM.** Cifrar.

cifrar *v. tr.* **1.** Escribir en cifra o en clave: *cifrar un mensaje.* **2.** Reducir muchas cosas a una sola por creer que es más ventajosa: *Cifra sus ilusiones en la riqueza.* También *v. prnl.* **3.** Basar una cosa en otra: *Cifra la dicha en la fama.* **SIN. 2.** Compendiar(se), resumir(se). **ANT. 1.** Descifrar. **FAM.** Descifrar. CIFRA.

cigala (del lat. *cicala* por *cicada*) *s. f.* Crustáceo decápodo marino, que tiene el caparazón duro, dos fuertes pinzas de gran tamaño y el abdomen alargado; es de color pardo rojizo claro y mide entre 10 y 20 cm. Vive en el Atlántico y el Mediterráneo. Es muy apreciado como alimento.

cigarra (del lat. *cicala* por *cicada*) *s. f.* Insecto hemíptero de color verdoso amarillento y de unos 5 cm de longitud; tiene ancha cabeza, ojos salientes, cuatro alas membranosas y abdomen cónico, en cuya base poseen los machos un aparato con el que producen un canto monótono y estridente. **FAM.** Cigarral, cigarrón. / Chicharra.

cigarral (de *cigarra*) *s. m.* En Toledo, finca de recreo fuera de la ciudad, con árboles frutales y casa.

cigarrería *s. f. Amér.* Tienda donde se vende tabaco.

cigarrero, ra *s. m.* y *f.* **1.** Persona que hace o vende cigarros. || *s. f.* **2.** Caja o estuche en el que se guardan los cigarros o cigarrillos. **3.** Petaca, pitillera.

cigarrillo (dim. de *cigarro*) *s. m.* Cilindro de tabaco picado y envuelto en papel para fumarlo. **SIN.** Pitillo, cigarro.

cigarro *s. m.* **1.** Rollo de hojas de tabaco que se fuma. ■ También se dice *cigarro puro* o *puro.* **2.** Cigarrillo. **SIN. 1.** Habano. **2.** Pitillo. **FAM.** Cigarrería, cigarrero, cigarrillo. / Cortacigarros.

cigarrón *s. m.* **1.** *aum.* de **cigarra**. **2.** Saltamontes*.

cigomático, ca (del gr. *zygoma, -atos*, pómulo) *adj.* De la mejilla o el pómulo: *arco cigomático.*

cigoñino (del lat. *ciconinus*) *s. m.* Pollo de la cigüeña. **SIN.** Cigüeñato.

cigoto *s. m.* Célula, denominada también *célula huevo*, que resulta de la fecundación o unión de las células reproductoras o gametos. ■ También se escribe *zigoto.*

cigüeña (del lat. *ciconia*) *s. f.* Ave de gran tamaño, cuello largo, patas altas de color rojo y pico largo y recto, también rojo, que suele anidar en torres, tejados y árboles. La cigüeña común es blanca con las alas blancas y negras. || **LOC. esperar la cigüeña** *fam.* Esperar un hijo. **venir la cigüeña** *fam.* Tener un hijo. **FAM.** Cigoñino, cigüeñal, cigüeñato, cigüeñuela. / Ciconiforme.

cigüeñal (de *cigüeña*) *s. m.* Eje de transmisión de ciertas máquinas que transforma en rotatorio el movimiento alternativo rectilíneo o a la inversa. Suele tener varios codos, en los que lleva articulada una biela.

cigüeñato *s. m.* Cigoñino*.

cigüeñuela *s. f.* Ave más pequeña que la cigüeña, con plumaje negro y blanco y patas largas y rojas, que vive en lagunas y marismas.

cilantro (del lat. *coriandrum*) *s. m.* Hierba aromática de la familia umbelíferas parecida al perejil, de hojas filiformes y flores rojizas; se emplea como condimento.

ciliado, da *adj.* **1.** Se dice del protozoo que posee numerosas prolongaciones, los cilios, que utiliza para moverse. También *s. m.* || *s. m. pl.* **2.** Clase formada por dichos protozoos, también llamados infusorios, porque aparecen espontáneamente en las infusiones de hojas.

ciliar (del lat. *cilium*, ceja) *adj.* Relacionado con las cejas o con los cilios: *arco ciliar.*

cilicio (del lat. *cilicium*) *s. m.* Vestidura áspera o especie de faja con pinchos empleada para mortificar el cuerpo.

cilindrada *s. f.* Capacidad del cilindro o cilindros de un motor de explosión, expresada en centímetros cúbicos: *automóvil de gran cilindrada.*

cilíndrico, ca *adj.* Que tiene forma de cilindro.

cilindro (del lat. *cylindrus*, y éste del gr. *kylindros*, de *kylindo*, arrollar) *s. m.* **1.** Cuerpo geométrico limitado por una superficie curva cerrada y dos planos que la cortan y que constituyen sus bases. **2.** Cualquier objeto de esta forma. **3.** Tubo en que se mueve el émbolo de una máquina, p. ej. el cilindro del motor de explosión. **4.** Cualquier pieza de una máquina que tenga forma cilíndrica: *cilindro compresor de una apisonadora.* **5.** Bombona metálica para contener gases y líquidos. **SIN. 2.** Rodillo, rollo, carrete, tambor. **FAM.** Cilindrada, cilíndrico. / Semicilindro.

cilindroeje *s. m.* Neurita*, axón.

cilio (del lat. *cilium*, ceja) *s. m.* Filamento vibrátil consistente en una prolongación corta y delgada, parecida a un pelo, que surge del protoplasma de ciertos protozoos, como los ciliados, y de células de ciertos animales y vegetales. **FAM.** Ciliado, ciliar. / Superciliar.

cima (del lat. *cyma*, y éste del gr. *kyma*, ola, onda) *s. f.* **1.** Parte más alta de una montaña, un árbol o, p. ext., de otras cosas: *la cima de una ola.* **2.** Situación o momento de máximo esplendor o perfección: *Está en la cima de su arte.* **3.** Inflorescencia en la que tanto el eje principal como los secundarios terminan en una flor, como la del castaño de Indias. || **LOC. dar cima a** una cosa Concluirla con éxito. **SIN. 1.** Cresta, pico, punta. **1.** y **2.** Cumbre, vértice, cúspide. **2.** Culminación, apogeo. **ANT. 2.** Declive. **FAM.** Cimacio, cimarrón, cimero. / Encima.

cimacio (del lat. *cymatium*, y éste del gr. *kymation*, de *kyma*, onda) *s. m.* **1.** Moldura en forma de S. **2.** Elemento que remata el capitel de la columna.

cimarrón, na *adj.* **1.** Se aplica al animal doméstico que huye al campo y se hace salvaje y, también, a la variedad silvestre de una planta. También *s. m.* y *f.* **2.** *Amér.* Se dice del esclavo que huía al monte. También *s. m.* y *f.*

címbalo (del lat. *cymbalum*) *s. m.* **1.** Campana pequeña. **2.** Instrumento musical similar a los platillos que usaban los griegos y los romanos. **3.** Instrumento de percusión formado por una caja de resonancia con cuerdas metálicas, que se golpean con palos de madera en forma de cuchara.

cimbel (del cat. *cimbell*) *s. m.* **1.** En caza, cordel atado a una vara donde se pone el ave que sirve de señuelo. **2.** Ave o figura con su forma empleada como señuelo.

cimborrio o **cimborio** (del lat. *ciborium*, y éste del gr. *kiborion*, fruto del nenúfar) *s. m.* **1.** Cuerpo cilíndrico o poligonal que sirve de base a la cúpula. **2.** Cúpula.

cimbra (del ant. fr. y dial. *cindre*) *s. f.* **1.** Curvatura interior de un arco o bóveda. **2.** Cercha*.

cimbrear o **cimbrar** *v. tr.* **1.** Hacer vibrar un objeto largo, delgado y flexible. También *v. prnl.*: *cimbrearse un junco.* **2.** Mover el cuerpo o parte de él con gracia y soltura. También *v. prnl.*: *Se cimbrea al andar.* **SIN. 1.** Flexionar, bambolear(se), balancear(se), oscilar. **2.** Contonear(se). **FAM.** Cimbreante, cimbreo.

cimentar *v. tr.* **1.** Poner los cimientos de un edificio. **2.** Edificar, fundar: *Cimentó la ciudad sobre una colina.* **3.** Establecer las bases de algo; afianzar: *cimentar una amistad.* **SIN. 2.** Construir, levantar. **3.** Basar, fundamentar; consolidar. **ANT. 3.** Socavar, minar. **FAM.** Cimentación. CIMIENTO.

cimera (del lat. *chimaera*, quimera, monstruo fabuloso, del gr. *khimaira*) *s. f.* Parte superior de la celada, que se solía adornar con plumas y otras cosas.

cimero, ra (de *cima*) *adj.* Que está en la cima, en lo más alto: *una de las obras cimeras de la literatura universal, las ramas cimeras del árbol.* **SIN.** Superior, eximio, sobresaliente. **ANT.** Bajo, inferior, ínfimo.

cimiento (del lat. *caementum*, piedra de construcción) *s. m.* **1.** Parte del edificio que está debajo de tierra y sostiene la construcción. **2.** Origen o fundamento de alguna cosa: *los cimientos de una amistad, de la sociedad.* ■ En ambas acepciones se usa más en *pl.* **SIN. 2.** Causa, raíz, principio, base. **FAM.** Cimentar. / Cemento.

cimitarra (del ár. *šimsara*, espada) *s. f.* Especie de sable muy curvo usado por turcos, persas y otros pueblos orientales.

cinabrio (del lat. *cinnabaris*, y éste del gr. *kinnabari*) *s. m.* Sulfuro de mercurio; mineral pesado y de color rojo oscuro, del que se extrae el mercurio.

cinamomo (del lat. *cinnamomum*, y éste del gr. *kinnamomon*) *s. m.* Árbol ornamental de tronco recto y ramas irregulares, madera dura y aromática y flores en racimo de color violeta; de su fruto, parecido a una cereza pequeña, se extrae un aceite utilizado en medicina y en la industria.

cinc (del al. *Zink*) *s. m.* Metal sólido, de color blanco azulado y brillo intenso, quebradizo a temperatura ordinaria, que se usa en el galvanizado del hierro y en aleaciones. Su símbolo es *Zn.* ■ También se escribe *zinc.* Su pl. es *cines* o *zines.*

cincel (del lat. *scisellum*, de *scindere*, hender) *s. m.* Herramienta de punta acerada y recta de doble bisel, utilizada para trabajar la piedra y el metal. **SIN.** Cortafrío, escoplo. **FAM.** Cincelador, cincelar.

cincelar *v. tr.* Labrar con cincel piedras o metales. **SIN.** Grabar, tallar, esculpir.

cincha (del lat. *cingula*, de *cingulum*, ceñidor) *s. f.* Faja o correa para sujetar la silla o albarda sobre el lomo de la caballería.

cinchar *v. tr.* **1.** Poner y apretar la cincha a una caballería. **2.** Asegurar algo con cinchos o aros de hierro. **FAM.** Descinchar. CINCHO.

cincho (del lat. *cingulum*, ceñidor) *s. m.* **1.** Faja ancha que usan los campesinos. **2.** Aro de hierro que rodea y refuerza algunas cosas, como las ruedas del carro o las tablas de los toneles. **FAM.** Cincha, cinchar. / Cíngulo.

cinco (del lat. *quinque*) *adj. num. card.* **1.** Cuatro y uno. También *pron.* y *s. m.*: *Nos invitan a los cinco. El cinco es número impar.* || *adj. num. ord.* **2.** Quinto. También *pron.*: *el cinco de la lista.* || *s. m.* **3.** Signo que representa este número. || **4. esos cinco** *fam.* Con verbos como *chocar, dar, venir,* etc., la mano: *Choca esos cinco. Vengan esos cinco.* || **LOC. estar sin** (o **no tener ni**) **cinco** *fam.* No tener nada de dinero. **FAM.** Cincuenta, cinquillo. / Quina², quinario, quince, quinientos, quinquenio, quinteto, quintilla, quintillizo, quinto, quíntuplo, veinticinco.

cincuenta (del lat. *quinquaginta*) *adj. num. card.* **1.** Cinco veces diez. También *pron.* y *s. m.* || *adj. num. ord.* **2.** Quincuagésimo. También *pron.*: *Este aniversario hace el cincuenta.* || *s. m.* **3.** Signos que representan este número. **FAM.** Cincuentavo, cincuentena, cincuentenario, cincuentón. / Quincuagena, quincuagésimo. CINCO.

cincuentena *s. f.* Conjunto de cincuenta unidades: *Hace ya tiempo que esa actriz pasó la cincuentena.*

cincuentenario *s. m.* Conmemoración del día en que se cumplen cincuenta años de algún suceso.

cincuentón, na *adj.* Se dice de la persona que tiene entre cincuenta y sesenta años. También *s. m.* y *f.*

cine (apóc. de *cinematógrafo*) *s. m.* **1.** Técnica, arte e industria de la cinematografía. **2.** Local público en el que se exhiben películas cinematográficas. || **3. cine club** Asociación para la divulgación de la cultura cinematográfica. **4. cine forum** Acto en el que se proyecta una película, que se analiza y discute por los asistentes. || LOC. **de cine** *adv. fam.* Muy bueno o muy lujoso: *una casa de cine.* FAM. Cineasta, cineclub, cinéfilo, cineforum, cinema, cinemascope, cinematógrafo, cinerama. / Autocine, minicine, multicine. CINEMÁTICA.

cineasta (del fr. *cinéaste*) *s. m.* y *f.* Persona que se dedica al cine, especialmente dirigiendo películas.

cineclub *s. m.* **1.** Asociación que se dedica a difundir el cine y la cultura cinematográfica. **2.** Lugar donde se reúnen los miembros de esta asociación, en el que se proyectan y comentan películas. ■ Su pl. es *cineclubes.*

cinéfilo, la *adj.* Muy aficionado al cine. También *s. m.* y *f.*

cineforum *s. m.* . Cine* forum.

cinegético, ca (del lat. *cynegeticus*, y éste del gr. *kynegetikos*, de *kynegetes*, cazador) *adj.* **1.** De la caza o relacionado con ella. || *s. f.* **2.** Arte de la caza. SIN. **1.** Venatorio.

cinema *s. m.* Cine, local de exhibición de películas.

cinemascope (ingl.) *s. m.* Procedimiento cinematográfico que consiste en tomar las imágenes con una cierta compresión, lo que permite proyectarlas sobre pantallas curvas y dar sensación de perspectiva.

cinemática (del gr. *kinema*, *-atos*, movimiento) *s. f.* Parte de la física que estudia el movimiento de los cuerpos sin relacionarlo con las causas que lo producen o modifican. FAM. Cine, cinemático. CINÉTICO.

cinematografía *s. f.* Técnica de representar imágenes en movimiento por medio del cinematógrafo, basada en la descomposición fotográfica del movimiento en una serie de imágenes fijas de sus fases sucesivas que, proyectadas en rápida sucesión sobre una pantalla, crean la ilusión del movimiento. ■ Se usa más el apóc. *cine.*

cinematografiar *v. tr.* Filmar*. ■ En cuanto al acento, se conjuga como *ansiar*: *cinematografío.*

cinematógrafo (del gr. *kinema*, *-atos*, movimiento, y *-grafo*) *s. m.* **1.** Aparato que reproduce en proyección imágenes animadas. **2.** Cine, local de proyecciones. SIN. **2.** Cinema. FAM. Cinematografía, cinematografiar, cinematográfico. CINE.

cinemómetro (del gr. *kinema -atos*, movimiento, y *-metro*) *s. m.* Aparato que mide la velocidad a la que circulan los vehículos.

cinerama *s. m.* Procedimiento cinematográfico que consiste en proyectar simultáneamente tres imágenes superpuestas para lograr un efecto de mayor realismo y relieve.

cinerario, ria (del lat. *cinerarius*, de *cinis*, ceniza) *adj.* Relativo a la ceniza o destinado a contener cenizas de cadáveres: *urna cineraria.* FAM. Incinerar. CENIZA.

cinésica *s. f.* En la teoría de la comunicación, rama que se encarga de estudiar los movimientos y gestos del cuerpo como medios de expresión.

cinético, ca (del gr. *kinetikos*, que mueve, de *kineo*, mover) *adj.* **1.** Del movimiento o relacionado con él: *energía cinética.* || *s. f.* **2.** Parte de la mecánica que estudia el movimiento. **3.** Parte de la química que estudia la velocidad de las reacciones. FAM. Cinemática.

cingalés, sa *adj.* **1.** Ceilandés. También *s. m.* y *f.* || *s. m.* **2.** Idioma hablado en Ceilán, actual Sri Lanka.

cíngaro, ra (del ital. *zingaro*) *adj.* Gitano, especialmente de Europa central. También *s. m.* y *f.*

cinglar[1] (del escandinavo *sigla*) *v. tr.* Mover una embarcación con un solo remo situado a popa.

cinglar[2] (del lat. *cingulare*, ceñir) *v. tr.* Forjar el hierro para limpiarlo de escorias.

cíngulo (del lat. *cingulum*, ceñidor) *s. m.* Cordón con que el sacerdote se ciñe el alba. FAM. Véase **cincho**.

cínico, ca (del lat. *cynicus*, y éste del gr. *kynikos*, de *kyon*, *kynos*, perro) *adj.* **1.** Se aplica a la persona que finge descaradamente y a su actitud, conducta, etc. También *s. m.* y *f.* **2.** Que alardea de escepticismo o de falta de moral. También *s. m.* y *f.* **3.** Se dice de una escuela filosófica griega y de sus miembros, que rechazaba las convenciones sociales y defendía la virtud como único bien. También *s. m.* y *f.* SIN. **1.** Falso, mentiroso. **2.** Sarcástico, irreverente, irónico. ANT. **1.** Sincero. FAM. Cínicamente, cinismo.

cínife (del lat. *cinyphes*, y éste del gr. *knips*, *knipos*) *s. m.* Mosquito*.

cinismo *s. m.* **1.** Actitud del cínico. **2.** Doctrina de los filósofos cínicos, que mantenían que la ciencia es tan inútil como imposible y que la salud, las riquezas y los honores no son verdaderos bienes y deben ser despreciados; su único bien era la virtud. SIN. **1.** Falsedad; irreverencia, ironía. ANT. **1.** Sinceridad; ingenuidad.

cinquecento (ital., significa 'quinientos') *s. m.* Término con que se denomina al s. XVI en la historia del arte y de la cultura.

cinquillo *s. m.* Juego de cartas que consiste en formar los cuatro palos a partir del cinco de cada uno de ellos.

cinta (del lat. *cincta*) *s. f.* **1.** Tira larga y estrecha de material flexible y usos diversos. **2.** Adorno o relieve arquitectónico a manera de banda. **3.** Filme, película. **4.** Cinta magnética. **5.** Pieza de carne larga y ovalada que se obtiene del lomo del cerdo. || **6. cinta aislante** o **aisladora** La impregnada de una sustancia adhesiva que se emplea para recubrir y aislar los empalmes de los cables eléctricos. **7. cinta magnética** Tira de materia plástica que sirve para registrar, en forma de señales magnéticas, sonido e imagen. **8. cinta métrica** La que tiene marcada la longitud del metro y sus divisiones y se utiliza para medir. **9. cinta perforada** La de papel con orificios que sirve para registrar, almacenar y reproducir información. Actualmente sólo se utiliza en teletipos. **10. cinta transportadora** La que está en continuo movimiento y sirve para transportar diversas mercancías u objetos, como los equipajes en los aeropuertos. SIN. **1.** Banda, orla, galón, faja. FAM. Cintajo, cintarazo, cinto, cintura. / Encintar, precinta, videocinta.

cinto (del lat. *cinctus*, de *cingere*, ceñir) *s. m.* Cinturón o ceñidor. FAM. Recinto, sucinto. CINTA.

cintra (del lat. *cinctura*) *s. f.* Curvatura de un arco o bóveda. SIN. Cimbra.

cintura (del lat. *cinctura*) *s. f.* **1.** Estrechamiento del cuerpo entre las caderas y el tronco. **2.** Parte de una prenda de vestir que corresponde a esa parte del cuerpo. || LOC. **meter en cintura** a uno *fam.* Someterle a disciplina. SIN. **1.** y **2.** Talle. FAM. Cinturilla, cinturón. CINTA.

cinturilla *s. f.* Tira de tela fuerte que se pone en la cintura de pantalones, faldas, etc., para ajustar la prenda.

cinturón *s. m.* **1.** Ceñidor o correa para ajustar una prenda a la cintura o del que pende alguna cosa, p. ej. un arma. **2.** Cinta que ciñe el traje en las artes marciales e indica con su color la categoría de los deportistas. **3.** Conjunto de personas o cosas que rodean a otras: *un cinturón de fortificaciones.* || **4. cinturón de castidad** El de hierro o cuero con cerradura que en la Edad Media se colocaba a las mujeres para impedirles realizar el acto sexual. **5. cinturón de seguridad** El que sujeta al conductor y ocupantes de ciertos vehículos a sus asientos. **6. cinturón industrial** Zona industrial que bordea los núcleos de población. || LOC. **apretarse el cinturón** *fam.* Economizar. **SIN. 1.** Cinto. **3.** Cordón.

-ción *suf.* Forma sustantivos a partir de un verbo, a los que añade el significado de 'acción y efecto' de lo que expresa éste último.

cipayo (del persa *sipahi*, soldado de caballería) *s. m.* Soldado indio que en los s. XVIII y XIX servía en los ejércitos de Francia, Portugal y Reino Unido.

cipote (de *cipo*) *s. m.* **1.** Mojón de piedra. **2.** Bobo, tonto. **3.** *vulg.* Pene. **4.** *Amér. C.* Chico, golfillo.

ciprés (del lat. tardío *cypressus*, del lat. *cypressus*, con influjo del gr. *kyparissos*) *s. m.* Árbol de la familia cupresáceas, de 15 a 25 m de altura, tronco alto y recto, hojas perennes, pequeñas y escamosas de color verde oscuro, flores amarillentas y piñas esféricas, que se emplea como planta ornamental en parques y cementerios. También se utiliza su madera. **FAM.** Cipresal. / Cupresáceo.

circa (lat.) *prep.* Significa literalmente 'alrededor de' y se utiliza antepuesta a una fecha que no se conoce con exactitud.

circadiano, na *adj.* Se dice del ritmo interno que poseen los seres vivos cuyo ciclo es aproximadamente de un día, y que regula fenómenos como la alternancia de vigilia y sueño, los movimientos de las hojas o la temperatura del cuerpo.

circense (del lat. *circensis*) *adj.* **1.** Relacionado con los juegos y espectáculos que hacían los romanos en el circo. **2.** Del espectáculo del circo: *número circense.*

circo (del lat. *circus*) *s. m.* **1.** Lugar destinado por los antiguos romanos a algunos espectáculos como las carreras de carros, los espectáculos de fieras y gladiadores, etc. **2.** Recinto circular con gradas para el público, generalmente cubierto con una carpa, donde actúan malabaristas, trapecistas, payasos, animales amaestrados, etc. **3.** El propio espectáculo: *una función de circo.* **4.** Conjunto de artistas, animales, elementos, etc., que integran este espectáculo: *El circo viaja en camiones.* **5.** Espacio semicircular rodeado de montañas. || **6. circo glaciar** Cavidad semicircular de paredes escarpadas, formada por la erosión de los glaciares. **SIN. 1.** Anfiteatro, estadio. **FAM.** Circense.

circón (del ár. *zarqun*, minio) *s. m.* Mineral silicato de circonio, más o menos transparente, de color variable, del que se extrae el circonio. ■ También se escribe *zircón.* **FAM.** Circonio, circonita.

circonio *s. m.* Elemento químico metálico, de elevado punto de fusión, resistente a la acción de los ácidos y muy radiactivo. Su símbolo es *Zr.* ■ También se escribe *zirconio.*

circonita *s. f.* Nombre de ciertas variedades de circón, de color gris o pardo, utilizadas en joyería.

circuir (del lat. *circuire*) *v. tr.* Rodear, cercar. ■ Es v. irreg. Se conjuga como *huir.* **SIN.** Circundar. **FAM.** Circuito.

circuito (del lat. *circuitus*) *s. m.* **1.** Camino o recorrido que vuelve al punto de partida: *un circuito de carreras.* **2.** Conjunto de conductores conectados por donde pasa la corriente eléctrica. **3.** Contorno, perímetro que se establece alrededor de algo: *el circuito de la ciudad.* || **4. circuito cerrado** Circuito por el que está pasando la corriente eléctrica; también, instalación de una cámara de televisión para transmitir imágenes de un sitio cerrado. **5. circuito impreso** Circuito eléctrico montado sobre una base de material aislante. **6. circuito integrado** Circuito eléctrico en el que sus diversos componentes se encuentran formados por medios químicos sobre una única pieza o bloque de material superconductor. **7. corto circuito** Cortocircuito*. **SIN. 3.** Límite, circunferencia. **FAM.** Cortacircuitos, cortocircuito. CIRCUIR.

circulación (del lat. *circulatio, -onis*) *s. f.* **1.** Acción de circular. **2.** Movimiento de personas y vehículos por las vías públicas: *La circulación era fluida.* **3.** Recorrido que hace la sangre por el cuerpo. **4.** Movimiento de monedas, valores bancarios y, en general, de la riqueza. || LOC. **poner en circulación** Hacer que empiecen a correr o circular: *poner en circulación un billete de banco, una publicación, un rumor.* **retirar de la circulación** Hacer que algo deje de ser usado, vendido, etc. **SIN. 2.** Tránsito, tráfico.

circular[1] (del lat. *circulare*) *v. intr.* **1.** Moverse o dar vueltas algo dentro de un circuito: *El agua circulaba por las tuberías.* **2.** P. ext., ir y venir algo por un conducto o camino: *El tren circula por la vía.* **3.** No quedarse parado: *¡Circulen, por favor!* **4.** Propagarse alguna cosa de unas personas a otras: *La noticia circuló con rapidez.* **5.** Pasar repetidamente los valores, monedas, etc., de una persona a otra: *Los billetes circulan por el país.* **6.** Partir de un centro órdenes, instrucciones, normas, etc., dirigidos en los mismos términos a varias personas. También *v. tr.* **SIN. 1.** Correr, recorrer. **2.** y **3.** Transitar, andar. **3.** Caminar, pasear, deambular. **4.** Difundirse, propalarse, divulgarse. **6.** Emitir, transmitir. **ANT. 1.** a **3.** Pararse, detenerse. **FAM.** Circulación, circulante, circulatorio.

circular[2] (del lat. *circularis*) *adj.* **1.** Del círculo o que tiene forma de círculo: *edificio circular, corona circular.* || *s. f.* **2.** Escrito que se dirige a varias personas con el fin de ordenar o comunicar algo. **SIN. 1.** Redondo, orbicular. **2.** Comunicación, disposición, notificación.

circulatorio, ria (del lat. *circulatorius*) *adj.* De la circulación, en especial la de la sangre.

círculo (del lat. *circulus*, de *circus*, cerco) *s. m.* **1.** Superficie plana contenida dentro de una circunferencia. **2.** Circunferencia. **3.** Corro, cerco: *Las sillas formaban un círculo.* **4.** Grupo de personas que se reúnen para jugar, conversar o desarrollar alguna actividad: *círculo mercantil.* **5.** Edificio o lugar donde se reúnen: *El círculo está en la calle Mayor.* **6.** Amigos y relaciones de una persona: *el círculo de amistades.* **7.** Sector o ambiente social: *círculos financieros, artísticos.* || **8. círculo polar** En la esfera terrestre, cada uno de los círculos menores, paralelos al ecuador, que pasan por los polos: *círculo polar ártico y antártico.* **9. círculo vicioso** Defecto que se comete cuando dos cosas se explican una por otra y ambas quedan sin explicación; también, situación o problema sin salida ni solución por existir dos circunstancias en que cada una es causa y efecto de la otra. SIN. **1.** y **2.** Redondel. **4.** y **5.** Casino, club, peña, agrupación, asociación. **7.** Medio, clase, entorno. FAM. Circular[1], círcular[2], circularmente. / Semicírculo.

circun- (del lat. *circum*) *pref.* Significa 'alrededor': *circuncentro.* ■ Existe también la variante ortográfica *circum-*: *circumpolar.*

circuncidar (del lat. *circumcidere*, de *circum*, alrededor, y *caedere*, cortar) *v. tr.* Cortar circularmente una porción del prepucio o piel móvil del pene. ■ Tiene dos p.: uno reg., *circuncidado*, que se utiliza para la formación de los tiempos compuestos, y otro irreg., *circunciso*, utilizado sobre todo como adj. FAM. Circuncisión, circunciso.

circuncisión (del lat. *circumcisio, -onis*) *s. f.* **1.** Acción de circuncidar, especialmente como práctica ritual en algunos pueblos y religiones. **2.** Intervención quirúrgica que consiste en cortar o extirpar total o parcialmente el prepucio para corregir la fimosis.

circunciso, sa 1. *p.* irreg. de **circuncidar.** || *adj.* **2.** Se dice del hombre que ha sido sometido a una circuncisión. También *s. m.*

circundar (del lat. *circumdare*) *v. tr.* Cercar, rodear: *El vallado que circunda la casa.* SIN. Circuir, envolver. FAM. Circundante.

circunferencia (del lat. *circumferentia*, de *circumferens, -entis*, que va alrededor) *s. f.* **1.** Línea curva cerrada en la que todos sus puntos equidistan de uno interior llamado centro. **2.** Contorno de cualquier superficie: *No había árboles en una gran circunferencia.* FAM. Semicircunferencia.

circunflejo (del lat. *circumflexus*) *adj.* Se dice de un tipo de acento usado en algunas lenguas como el francés, que se representa como un ángulo con el vértice hacia arriba (^).

circunlocución (del lat. *circumlocutio, -onis*, de *circum*, alrededor, y *locutio*, locución) *s. f.* Figura retórica que consiste en expresar por medio de un rodeo de palabras algo que se hubiera podido decir de forma más concisa, para conseguir una mayor belleza o fuerza en la expresión. SIN. Perífrasis. FAM. Circunloquio. LOCUCIÓN.

circunloquio (del lat. *circumloquium*, de *circum*, alrededor, y *loqui*, hablar) *s. m.* Rodeo de palabras o abundancia de explicaciones para expresar algo: *andarse con circunloquios.* SIN. Ambages, digresión.

circunnavegar (del lat. *circumnavigare*, de *circum*, alrededor, y *navigare*, navegar) *v. tr.* Navegar alrededor de algo: *El velero circunnavegó la isla.* ■ Delante de *e* se escribe *gu* en lugar de *g*: *circunnavegue.* FAM. Circunnavegación. NAVEGAR.

circunscribir (del lat. *circumscribere*, de *circum*, alrededor, y *scribere*, escribir) *v. tr.* **1.** Reducir a ciertos términos o límites una cosa: *Circunscribió sus respuestas a sólo dos preguntas.* **2.** Trazar una figura geométrica alrededor de otra, de forma que ambas se toquen en el mayor número posible de puntos: *circunscribir una circunferencia a un pentágono.* || **circunscribirse** *v. prnl.* **3.** Ceñirse a una ocupación o tema. ■ Se conjuga como *escribir.* SIN. **1.** Restringir, ceñir. **1.** y **3.** Limitar(se). ANT. **1.** Ampliar, extender. FAM. Circunscripción, circunscrito. ESCRIBIR.

circunscripción (del lat. *circumscriptio, -onis*) *s. f.* **1.** Acción de circunscribir. **2.** División administrativa, eclesiástica, electoral o militar de un territorio. SIN. **2.** Distrito, demarcación, zona.

circunspección (del lat. *circumspectio, -onis*) *s. f.* Cualidad de circunspecto. FAM. Circunspecto.

circunspecto, ta (del lat. *circumspectus*) *adj.* Se dice de la persona reservada y digna que no deja exteriorizar sus sentimientos ni se permite familiaridades con los demás.

circunstancia (del lat. *circumstantia*) *s. f.* **1.** Cada una de las condiciones, situaciones o accidentes que rodean a una persona o cosa y pueden influir sobre ella. Se usa mucho en *pl.*: *unas circunstancias favorables para viajar.* **2.** Motivo legal que modifica la responsabilidad de la persona que ha cometido un delito: *circunstancia agravante, atenuante, eximente.* || LOC. **de circunstancias** *adj.* Influido o determinado por una situación ocasional: *Dio el pésame con cara de circunstancias.* SIN. **1.** Estado, coyuntura. FAM. Circunstancial, circunstante.

circunstancial *adj.* Que ocurre por casualidad o depende de alguna circunstancia: *un encuentro circunstancial.* SIN. Accidental, coyuntural. ANT. Premeditado, previsto.

circunstante (del lat. *circumstans, -antis*, de *circumstare*, estar alrededor) *adj.* **1.** Que está alrededor. **2.** Que está presente cuando ocurre cierta cosa. También *s. m.* y *f.*. Se usa mucho en *pl.*: *Los circunstantes aplaudieron.* SIN. **2.** Asistentes, concurrentes, espectadores.

circunvalación *s. f.* **1.** Acción de circunvalar. || **2. carretera de circunvalación** La que rodea una ciudad.

circunvalar (del lat. *circumvallare*) *v. tr.* Rodear, cercar un lugar: *Una carretera circunvala el valle.* SIN. Circundar, bordear. FAM. Circunvalación.

circunvolución (del lat. *circum*, en derredor, y *volutio, -onis*, vuelta) *s. f.* Vuelta que se forma en una cosa y especialmente las que se observan en la superficie del cerebro.

cirial *s. m.* Cada uno de los candeleros altos con cirios que llevan los monaguillos en algunas celebraciones de iglesia.

ciriar *v. tr. Amér. fam.* Enamorar. También *v. prnl.*

cirílico, ca *adj.* Del alfabeto atribuido a San Cirilo, usado en ruso y otras lenguas eslavas.

cirio (del lat. *cereus*, de cera) *s. m.* **1.** Vela de cera, larga y gruesa. **2.** *fam.* Jaleo, pelea: *organizar un cirio.* || **3. cirio pascual** El que se bendice el Sábado Santo y se enciende en misas y otras solemnidades hasta el día de la Ascensión. SIN. **1.** Velón. **2.** Follón, alboroto, lío. FAM. Cirial. CERA.

cirrípedo (del lat. *cirrus*, rizo, y *pes, pedis*, pie) *adj.* Cirrópodo*.

cirro[1] (del lat. *cirrus*, rizo) *s. m.* **1.** Nube de color blanco en forma de filamentos, que se presenta en las capas altas de la atmósfera. **2.** Zarcillo de las plantas. FAM. Cirrocúmulo, cirrostrato.

cirro[2] (del lat. *scirrhos*, y éste del gr. *skirrhos*, duro) *s. m.* Tumor duro que se forma en diferentes partes del cuerpo y que no suele producir dolor. FAM. Cirrosis.

cirrocúmulo *s. m.* Nube que tiene aspecto algodonoso y los bordes desgarrados.

cirrópodo (del lat. *cirrus*, rizo, y *-podo*) *adj.* **1.** Se dice de una clase de crustáceos marinos que viven adheridos a las rocas y objetos sumergidos, como el percebe. También *s. m.* || *s. m. pl.* **2.** Subclase formada por estos animales.

cirrosis (de *cirro*[2]) *s. f.* Enfermedad incurable del hígado, cuya causa más frecuente es el abuso de alcohol, que se caracteriza por la destrucción o necrosis de las células hepáticas. ■ No varía en *pl.* FAM. Cirrótico. CIRRO[2].

cirrostrato *s. m.* Cirro[1]*, nube que se forma en las capas altas de la atmósfera.

ciruela (del lat. *cereola*, que tiene color de cera) *s. f.* Fruto del ciruelo, de forma redondeada, carne muy jugosa y con un hueso en el centro, muy variable en tamaño, color y consistencia según el tipo de árbol que la produzca. **FAM.** Ciruelo.

ciruelo *s. m.* Árbol frutal de la familia rosáceas, con las hojas lanceoladas y dentadas y flores blancas, que produce las ciruelas.

cirugía (del lat. *chirurgia*, y éste del gr. *kheirurgia*, de *kheir*, mano, y *ergon*, obra) *s. f.* **1.** Especialidad y técnica médica cuyo fin es curar las enfermedades o lesiones mediante operaciones. || **2. cirugía estética** Rama de la cirugía plástica que se ocupa principalmente del embellecimiento de una parte del cuerpo. **3. cirugía plástica** La que se ocupa de la restauración de la forma de una parte del cuerpo. **FAM.** Cirujano. / Cardiocirugía, microcirugía, neurocirugía, quirúrgico.

cirujano, na *s. m.* y *f.* Médico que se dedica a la cirugía. **SIN.** Operador.

cisalpino, na (del lat. *cisalpinus*, de *cis*, del lado de acá, y *Alpinus*, de los Alpes) *adj.* En lenguaje histórico, se dice de la región situada en la parte de acá de los Alpes, con relación a Roma.

ciscar *v. tr.* **1.** Ensuciar alguna cosa. También *v. prnl.* **2.** *fam.* Fastidiar, incordiar, revolver. || **ciscarse** *v. prnl.* **3.** *fam.* Cagarse. ■ Se suele usar en sentido despectivo: *Me cisco en lo que digas.* Delante de *e* se escribe *qu* en lugar de *c*: *cisque.*

cisco *s. m.* **1.** Carbón vegetal menudo. **2.** *fam.* Alboroto, jaleo, discusión: *Se armó un cisco tremendo.* || **LOC. hacer cisco** a alguien o algo *fam.* Causar daño físico o moral a una persona o romper o estropear alguna cosa. Se usa también con *v. prnl.* **SIN. 1.** Picón, carbonilla. **2.** Follón, barullo, pelotera, bronca. **FAM.** Ciscar.

cisma (del lat. *schisma*, y éste del gr. *skhisma*, escisión) *s. m.* **1.** Separación de un grupo de personas con relación a la doctrina de una iglesia o religión a la que pertenecían. **2.** Doctrina defendida por los que se separan: *el cisma arriano.* **3.** División entre los individuos de un cuerpo o comunidad: *un cisma en el partido.* **SIN. 1.** y **2.** Herejía, apostasía. **3.** Deserción, disidencia, escisión. **ANT. 1.** y **3.** Unidad, unión. **FAM.** Cismático.

cisne (del ant. fr. *cisne*) *s. m.* **1.** Ave palmípeda de cuello muy largo, andar torpe y vuelo elegante, plumaje de igual color en ambos sexos, generalmente blanco, y pico anaranjado; vive en el agua y en la tierra y tiene tendencias gregarias. || **2. canto de cisne** Véase **canto**.

cisoria (del lat. *cisorium*, de *caesus*, p. p. de *caedere*) *adj.* Se dice del arte de trinchar o cortar los alimentos.

cisterciense (del lat. *cisterciensis*) *adj.* De la orden monástica del Císter o relacionado con ella: *abadía cisterciense.* También *s. m.*

cisterna (del lat. *cisterna*) *s. f.* **1.** Depósito, generalmente subterráneo, en donde se recoge el agua de lluvia o de un río o manantial. **2.** Depósito de agua de un retrete o urinario. **3.** En aposición se aplica a los vehículos o barcos acondicionados para transportar líquidos: *buque cisterna, camión cisterna.* **SIN. 1.** Aljibe, tanque.

cistitis (del gr. *kystis*, vejiga, e *-itis*) *s. f.* Inflamación de la vejiga urinaria; produce escozor y aumento en la frecuencia de la necesidad de orinar. ■ No varía en *pl.* **FAM.** Cistoscopia, cistoscopio.

cistoscopia *s. f.* Examen del interior de la vejiga urinaria por medio del cistoscopio.

cistoscopio *s. m.* Tubo óptico con una lamparita en el extremo con el que se explora el interior de la vejiga urinaria.

cisura (del lat. *scissura*) *s. f.* Abertura, hendidura o grieta muy fina. **SIN.** Corte, incisión, raja, surco.

cita *s. f.* **1.** Acuerdo entre dos o más personas o llamamiento de una a otra u otras para encontrarse o reunirse en el día, hora y lugar señalados: *concertar una cita.* **2.** El mismo encuentro o reunión: *acudir a una cita.* **3.** Mención de un texto, dato o autor, que se hace como prueba o en apoyo de lo que se dice o por alguna relación que guarda con ello: *El libro está plagado de citas.* **SIN. 1.** Citación, convocatoria, emplazamiento. **2.** Entrevista. **3.** Alusión, referencia, nota.

citar (del lat. *citare*) *v. tr.* **1.** Indicar a una persona la hora, el día y lugar para encontrarse o reunirse con ella: *Le citó para hoy.* También *v. prnl.*, con valor recíproco. **2.** Mencionar a alguien o algo, especialmente autores y textos, como prueba o apoyo de lo que se dice o por alguna relación que guardan con ello: *Cita con frecuencia a los clásicos.* **3.** Provocar al toro para que embista. **4.** Llamar el juez a una persona ante su presencia. **SIN. 1.** Convocar, emplazar. **2.** Aludir, referirse, nombrar. **ANT. 1.** Desconvocar. **2.** Silenciar, callar, omitir. **FAM.** Cita, citación. / Concitar, excitar, incitar, precitado, recitar, solicitar, suscitar.

cítara (del lat. *cithara*, y éste del gr. *kithara*) *s. f.* **1.** Instrumento músico de la antigua Grecia, derivado de la lira, que consta de una caja de resonancia plana y de 5 a 11 cuerdas que se tocan con púa. **2.** Instrumento músico de cuerda con una caja de resonancia de forma trapezoidal, característico del folclore centroeuropeo. **FAM.** Citarista.

citerior (del lat. *citerior*) *adj.* Que está en la parte de acá. **ANT.** Ulterior.

cito- o **-cito** (del gr. *kytos*) *pref.* o *suf.* Significa 'célula': *citología, leucocito.*

citología (de *cito-* y *-logía*) *s. f.* **1.** Examen o análisis de las células de la sangre, secreciones, etc., realizado con fines de diagnóstico. **2.** Rama de la biología que estudia la anatomía, fisiología y bioquímica de las células. **FAM.** Citológico.

citoplasma (de *cito-* y *plasma*) *s. m.* Parte de la célula que rodea el núcleo.

cítrico, ca (del lat. *citrus*, limón) *adj.* **1.** Del limón o propio de él. || *s. m.* **2.** Fruta de sabor ácido o agridulce, como el limón, naranja, pomelo, mandarina, etc. **3.** Planta que produce esas frutas, como el limonero o el naranjo; tienen flores fragantes, con frutos en baya que se utilizan como alimento. ■ En las dos últimas acepciones se usa sobre todo en *pl.* **FAM.** Citrícola, citricultura. / Cetrino.

citricultura (del lat. *citrus*, limón, y *-cultura*) *s. f.* Cultivo de cítricos.

ciudad (del lat. *civitas, -atis*) *s. f.* **1.** Población, particularmente la de considerable tamaño e importancia, constituida por un conjunto de calles, edificios, etc., y las personas que viven en ellos, dedicadas sobre todo a actividades no agrícolas. **2.** Población no rural en general, por oposición a campo. **3.** Conjunto de instalaciones destinadas a una determinada actividad: *ciudad deportiva, ciudad universitaria.* || **4. ciudad abierta** La que no es objetivo militar en una guerra o de antemano se manifiesta que no será defendida. **5. ciudad dormitorio** La habitada fundamentalmente por población que trabaja en una urbe cercana de mayor tamaño e importancia. **6. ciudad jardín** Núcleo residencial de viviendas unifamiliares en un entorno ajardinado. **SIN. 1.** Capital, localidad, villa, metrópoli. **FAM.** Ciudadano, ciudadela. / Cívico, civil, civismo.

ciudadanía *s. f.* **1.** Condición de ciudadano de algún lugar y conjunto de derechos y deberes aparejados a ella: *Actuó en ejercicio de su ciudadanía.* **2.** Comportamiento de un buen ciudadano: *Votar es una muestra de ciudadanía.* **3.** Conjunto de ciudadanos de un país: *La ciudadanía acudió a las urnas.* **SIN. 1.** Nacionalidad, naturaleza. **2.** Civismo.

ciudadano, na *adj.* **1.** De la ciudad o relacionado con ella: *tráfico ciudadano.* **2.** Se dice del habitante y vecino de una ciudad. También *s. m.* y *f.*: *un ciudadano de Lisboa.* **3.** Que posee los derechos civiles y políticos en una nación determinada. También *s. m.* y *f.* **SIN. 1.** Urbano, civil, metropolitano. **2.** Domiciliado, residente. **3.** Súbdito. **ANT. 1.** Campesino, rústico. **2.** y **3.** Forastero, extranjero, apátrida. **FAM.** Ciudadanía. / Conciudadano. CIUDAD.

ciudadela (del ital. *cittadella*) *s. f.* Recinto fortificado o refugio en el interior de una ciudad. **SIN.** Fortaleza, alcázar, fortificación, baluarte.

ciudadrealeño, ña *adj.* De Ciudad Real, provincia y ciudad españolas. También *s. m.* y *f.*

civeta (del fr. *civette*, y éste del ár. *zabada*) *s. f.* Mamífero carnívoro propio de Asia y África, de tamaño medio, cola larga, patas cortas y pelo con manchas o rayas; segrega una sustancia, llamada algalia, que se utiliza en perfumería. Se denomina también *gato de algalia.*

cívico, ca (del lat. *civicus*) *adj.* **1.** De la ciudad o los ciudadanos. **2.** Que muestra civismo o un comportamiento propio de buen ciudadano: *conducta cívica.* **SIN. 1.** Civil, urbano. **2.** Civilizado. **ANT. 1.** Rural. **2.** Incívico, incivil, incivilizado.

civil (del lat. *civilis*) *adj.* **1.** De la ciudad o los ciudadanos: *obligaciones civiles.* **2.** Se dice de la persona o cosa que no es militar ni eclesiástica: *matrimonio civil; aviación civil.* También *s. m.* y *f.* **3.** Cívico, educado. || *s. m.* **4.** *fam.* Guardia civil: *Los civiles patrullaban la zona.* **SIN. 1.** Ciudadano. **2.** Paisano; laico. **3.** Cortés. **ANT. 3.** Incívico. **FAM.** Civilidad, civilista, civilizar, civilmente. / Incivil. CIUDAD.

civilista *adj.* Se dice del abogado especialista en derecho civil o que preferentemente defiende asuntos civiles. También *s. m.* y *f.*

civilización *s. f.* **1.** Conjunto de conocimientos, cultura, artes y modos de vida de un pueblo: *la civilización griega.* **2.** Acción de civilizar o civilizarse. **SIN. 2.** Aculturación. **ANT. 2.** Embrutecimiento.

civilizado, da 1. *p.* de **civilizar**. || *adj.* **2.** Se aplica a la persona o pueblo que posee los conocimientos, cultura y formas de vida propias de los países más desarrollados. **3.** Cívico, educado. **SIN. 2.** Culto. **3.** Civil, cortés. **ANT. 2.** y **3.** Incivilizado. **3.** Incivil, incívico.

civilizar *v. tr.* **1.** Sacar a una persona o pueblo del estado primitivo o salvaje y llevarle los conocimientos y formas de vida de otros más desarrollados: *Roma civilizó la Galia.* También *v. prnl.* **2.** Convertir a una persona tosca, ignorante e insociable en educada y sociable. También *v. prnl.* ■ Delante de *e* se escribe *c* en lugar de *z*: *civilice.* **SIN. 2.** Educar, instruir, ilustrar, desasnar, desbastar. **ANT. 2.** Embrutecer. **FAM.** Civilización, civilizado. CIVIL.

civismo (del lat. *civis*, ciudadano) *s. m.* **1.** Cualidad o comportamiento del ciudadano que cumple con sus obligaciones hacia la comunidad y tiene una actitud generosa hacia ella. **2.** Cualidad de cortés o educado. **SIN. 2.** Urbanidad, cortesía, educación. **ANT. 2.** Incivilidad, descortesía.

cizalla (del fr. *cisailles*) *s. f.* **1.** Herramienta semejante a unas tijeras grandes que se emplea para cortar metal y otros materiales duros. P. ext., nombre de algunos aparatos eléctricos de similar función. **2.** Especie de guillotina para cortar metal, papel, cartón, etc.

cizaña (del lat. *zizania*) *s. f.* **1.** Planta gramínea perjudicial para los sembrados, muy difícil de eliminar. **2.** Motivo de enemistad que alguien introduce en las relaciones entre personas: *meter, sembrar cizaña.* **SIN. 2.** Discordia, desavenencia. **ANT. 2.** Concordia. **FAM.** Cizañar, cizañero. / Encizañar.

cizañar *v. tr.* Encizañar*.

cizañero, ra *adj.* Que tiene la costumbre de meter cizaña. También *s. m.* y *f.* **SIN.** Encizañador, malquistador. **ANT.** Conciliador, reconciliador.

clac *s. f.* Claque*.

clamar (del lat. *clamare*) *v. intr.* **1.** Dar voces quejándose, protestando, pidiendo algo, etc.: *La multitud clamaba.* También *v. tr.*: *clamar venganza.* ■ Se construye con las prep. *a, por*: *clamar a Dios, clamar por justicia.* **2.** Tratándose de cosas inanimadas, exigir, pedir, manifestar la necesidad de algo: *La tierra clama por agua.* || **LOC. clamar al cielo** Véase **cielo**. **SIN. 1.** Implorar, suplicar. **2.** Reclamar. **ANT. 1.** Callar. **FAM.** Clamor, clamorear, clamoreo, clamoroso. / Aclamar, declamar, exclamar, proclamar, reclamar. LLAMAR.

clámide (del lat. *chlamys, -ydis*, y éste del gr. *khlamys, -ydos*) *s. f.* Capa corta y ligera que usaban los antiguos griegos y romanos.

clamor (del lat. *clamor, -oris*) *s. m.* **1.** Griterío o conjunto de ruidos simultáneos fuertes y confusos: *El clamor de la multitud llenó el estadio.* **2.** Grito de dolor, queja, protesta, etc. **3.** Toque de campanas por los difuntos. **SIN. 1.** Vocerío, estruendo. **2.** Lamento, quejido.

clamoroso, sa *adj.* Que va acompañado del clamor de la gente, en especial del entusiasta: *un recibimiento clamoroso.* **SIN.** Estruendoso, caluroso.

clan (del celta *clann*, hijo) *s. m.* **1.** Grupo formado por personas pertenecientes a un mismo tronco familiar en que se concede gran importancia a los lazos de parentesco y a la autoridad del jefe. **2.** Grupo organizado de personas unidas por una actividad o interés común: *un clan de mafiosos.* **SIN. 1.** Tribu. **2.** Banda, secta.

clandestinidad *s. f.* Cualidad o situación de clandestino: *actuar en la clandestinidad.* **SIN.** Ilegalidad, ocultamiento. **ANT.** Legalidad.

clandestino, na (del lat. *clandestinus*, de *clam*, en secreto) *adj.* Se aplica a lo que se dice o se hace secretamente, de manera oculta, en especial por temor a la ley o para eludirla: *una publicación clandestina.* **SIN.** Encubierto, camuflado. **ANT.** Público. **FAM.** Clandestinamente, clandestinidad.

claque (del fr. *claquer*, golpear con las manos) *s. f.* **1.** Conjunto de personas que aplauden en un espectáculo a cambio de asistir gratis al mismo o de recibir de los empresarios o artistas dinero u otra recompensa. **2.** P. ext., conjunto de personas que siempre aplauden o alaban las acciones de otra. ■ También se dice *clac.*

claqué (onomat.) *s. m.* Tipo de baile en que los movimientos se acompañan de un repiqueteo rítmico hecho con la punta y el tacón de los zapatos.

claqueta *s. f.* Pizarra que se utiliza en el rodaje de una película en la que figuran datos técnicos de ésta; lleva una pieza móvil que, al cerrarse rápidamente y golpear la pizarra, hace un ruido que sirve como señal para que comience el rodaje.

clara *s. f.* **1.** Materia transparente y blanquecina que rodea la yema del huevo. **2.** Parte de la cabeza con escaso pelo. **3.** Interrupción breve de la lluvia. **4.** Cerveza con gaseosa. **SIN. 2.** Calva.

claraboya (del fr. *claire-voie*) *s. f.* Ventana en el techo o en la parte alta de una pared. **SIN.** Tragaluz.

clarear *v. impers.* **1.** Empezar a amanecer: *Ya clarea la mañana.* También *v. intr.* **2.** Irse disipando las nubes del cielo. También *v. intr.* || **clarearse** *v. prnl.* **3.** Gastarse o perder consistencia algo que cubría una cosa de modo que deja entreverla: *Se clareaban los codos del jersey.* También *v. intr.*: *Le clarea el pelo.* **4.** Mostrarse las intenciones, el carácter, etc., de alguien de manera involuntaria: *Se clareaba su maldad.* **SIN. 1.** Alborear. **2.** Aclarar, abrir, despejarse. **4.** Traslucirse. **ANT. 1.** Anochecer. **2.** Nublarse, encapotarse.

clarete (del fr. *claret*) *adj.* Se dice del vino tinto de color claro, rosáceo. También *s. m.* **SIN.** Rosado.

claretiano, na *adj.* De la congregación de los Hijos del Corazón de María, fundada por San Antonio María Claret, de su fundador o de su doctrina. También *s. m.*

claridad (del lat. *claritas, -atis*) *s. f.* **1.** Cualidad de claro: *Escribe con claridad.* **2.** Efecto que se produce cuando la luz ilumina algo y permite distinguirlo: *La casa se llenó de claridad al abrir los balcones.* **SIN. 1.** Nitidez, franqueza, transparencia, fluidez, honestidad. **1.** y **2.** Luminosidad. **ANT. 1.** Imprecisión, doblez, turbidez. **1.** y **2.** Oscuridad.

clarificar (del lat. *clarificare*, de *clarus*, claro, y *facere*, hacer) *v. tr.* **1.** Poner en claro: *clarificar un asunto.* También *v. prnl.* **2.** Aclarar alguna cosa, particularmente un líquido, que estaba demasiado turbio o espeso: *clarificar el almíbar.* ■ Delante de *e* se escribe *qu* en lugar de *c*: *clarifique.* **SIN. 1.** Explicar(se), precisar. **2.** Rebajar. **ANT. 1.** Confundir(se), embrollar(se). **2.** Espesar, enturbiar. **FAM.** Clarificación. CLARO.

clarín (de *claro*) *s. m.* **1.** Instrumento musical de viento, de metal, parecido a la trompeta, pero más pequeño, de sonido más agudo y sin llaves ni pistones. **2.** Persona que toca este instrumento. **FAM.** Clarinete. CLARO.

clarinete *s. m.* **1.** Instrumento musical de viento, que se compone de una boquilla con lengüeta simple y un tubo con agujeros, que se tapan algunos con los dedos y otros por medio de llaves. **2.** Persona que toca este instrumento. **FAM.** Clarinetista. CLARÍN.

clarisa *adj.* Se aplica a la religiosa de la segunda orden de San Francisco, fundada por Santa Clara. También *s. f.*

clarividencia *s. f.* **1.** Capacidad de comprender claramente las cosas: *Admiro la clarividencia con que trata el tema en su libro.* **2.** Don de prever y percibir cosas que a otros pasan inadvertidas. **SIN. 1.** Lucidez, perspicacia, discernimiento, penetración. **ANT. 1.** Torpeza. **FAM.** Clarividente. CLARO y VIDENTE.

claro, ra (del lat. *clarus*) *adj.* **1.** Que tiene luz o mucha luz: *Es un piso muy claro.* **2.** Se dice del tono de un color cuando tiene mucho blanco en su mezcla: *azul claro.* **3.** Evidente, que se percibe o se comprende perfectamente: *una clara mejoría del tiempo; una clara victoria; voz clara; razonamiento claro.* **4.** Que se explica de manera que puede ser entendido: *Es un profesor realmente claro.* **5.** Directo, sin rodeos, o que tiene ese modo de expresarse o de actuar. También *adv.*: *hablar claro.* **6.** Transparente, no enturbiado: *agua clara.* **7.** Poco espeso o consistente: *Me gusta el chocolate más claro.* **8.** Aplicado al tiempo y al cielo, despejado: *una tarde clara.* **9.** Poco tupido, ralo: *bosque claro.* **10.** Se dice de los sonidos de timbre dulce y agudo: *un tenor de voz muy clara.* **11.** Limpio, puro, sin trampa: *unas votaciones claras.* **12.** Se dice del toro que acomete con nobleza. || *s. m.* **13.** Espacio existente entre dos palabras. **14.** Espacio vacío en un conjunto de cosas: *un claro del bosque.* **15.** Porción del cielo despejado entre nubes: *Hay bastantes claros, no creo que llueva esta tarde.* **16.** Tiempo durante el cual se interrumpe una actividad o fenómeno. || *adv. afirm.* **17.** Se usa para afirmar o reforzar una afirmación: *-¿Me deja telefonear? -Claro, cómo no.* || *interj.* **18.** También se emplea para indicar que una persona se ha dado cuenta de cierta cosa: *¡Claro! Por eso no me saludó.* || **LOC. a las claras** *adv.* Abiertamente. **llevarlo** o **tenerlo claro** *fam.* Resultar algo confuso; también, tener pocas posibilidades de algo: *Anda que lo llevas claro como pienses que va a echarte una mano.* **pasar la noche en claro** (o **de claro en claro**) Pasarla sin dormir. **SIN. 1.** Luminoso, iluminado. **3.** Nítido, patente, definido, indudable. **5.** Franco. **6.** Cristalino, límpido. **7.** Fluido, diluido. **11.** Honesto, honrado. **13.** Blanco. **ANT. 1.** a **3.**, **8.** y **10.** Oscuro. **3.** Dudoso, impreciso. **6.** Turbio. **7.** Denso. **8.** Nublado. **11.** Deshonesto. **FAM.** Clara, claraboya, claramente, clarear, clarete, claridad, clarificar, clarín, clarividencia, claroscuro, clarucho. / Aclarar, declarar, esclarecer, preclaro.

claroscuro *s. m.* Contraste de luces y sombras en un cuadro, dibujo, fotografía, etc., para destacar o dar mayor expresividad a las imágenes representadas.

clase (del lat. *classis*) *s. f.* **1.** Cada una de la divisiones de personas, animales o cosas que resulta al agruparlas según unas mismas características: *clases de rocas.* **2.** Categoría: *Viaja en primera clase.* **3.** Grupo taxonómico en que se clasifican los seres vivos que comprende varios órdenes; p. ej., son clases las plantas monocotiledóneas, los mamíferos o las aves. **4.** Manera de ser de personas o cosas: *No me trato con gente de esa clase.* **5.** Conjunto de estudiantes que reciben el mismo tipo de enseñanza: *La clase es numerosa.* **6.** Aula: *La clase es amplia.* **7.** Enseñanza de una materia: *Estoy dando clase de solfeo.* **8.** Distinción, personalidad: *una persona con clase.* **9.** Grupo social caracterizado fundamentalmente por tener unos medios económicos y unos modos de vida similares. ■ También se le llama *clase social.* || **10. clases pasivas** Conjunto de personas que, sin realizar un trabajo, disfrutan de una pensión del Estado. **SIN. 1.** Especie, tipo, género. **4.** Condición. **8.** Estilo. **FAM.** Clásico, clasificar, clasismo, clasista. / Desclasar, subclase.

clasicismo *s. m.* **1.** Tendencia estética que valora especialmente la armonía en las proporciones, y en particular la de los modelos griegos y latinos. **2.** Periodo de la historia de la música comprendido entre el barroco y el prerromanticismo, del que Mozart constituye su máximo representante. **FAM.** Neoclasicismo. CLÁSICO.

clásico, ca (del lat. *classicus*) *adj.* **1.** De las antiguas Grecia y Roma. **2.** Que pertenece a un periodo de esplendor en literatura o arte, p. ej. en España al Siglo de Oro: *Lope de Vega es uno de nuestros más importantes autores clásicos.* También *s. m.* **3.** Por oposición a ligera, pop, etc., se aplica a la música que se ajusta a determinados cánones de estilo, instrumentación, etc., y que por manifestar una gran riqueza de recursos es considerada un producto cultural muy elevado. **4.** Se dice del estilo musical de la segunda mitad del s. XVIII, sobre todo del de Mozart y Haydn. **5.** Que ha entrado a formar parte de la tradición y es tomado como modelo. También *s. m.*: *Ese film es un clásico del cine negro.* **6.** Que se ajusta a las normas estéticas tradicionales: *Es muy clásico en su forma de vestir.* También *s. m.* y *f.* **7.** Propio o típico de alguien o algo: *Esa broma es clásica de tu amigo.* **SIN. 1.** Grecorromano. **3.** Sinfónico. **7.** Peculiar, característico. **ANT. 6.** Vanguardista. **FAM.** Clásicamente, clasicismo, clasicista. / Preclásico. CLASE.

clasificación *s. f.* **1.** Acción de clasificar o clasificarse. **2.** Conjunto o lista ordenada de personas o cosas: *El piloto español va segundo en la clasificación.*

clasificado, da 1. *p.* de **clasificar**. También *adj.* || *adj.* **2.** Que ha logrado el resultado necesario para entrar o mantenerse en una competición. También *s. m.* y *f.* **3.** Secreto, reservado: *información clasificada, documento clasificado.*

clasificador, ra *adj.* **1.** Que clasifica. También *s. m.* y *f.* || *s. m.* **2.** Mueble de un despacho u oficina para guardar y clasificar los papeles y documentos. **SIN. 2.** Archivador.

clasificar (del lat. *classificare*) *v. tr.* **1.** Ordenar un conjunto por clases: *clasificar los animales.* También *v. prnl.* **2.** Asignar una persona, animal o cosa a un determinado grupo. También *v. prnl.* || **clasificarse** *v. prnl.* **3.** Lograr un determinado puesto en una competición o en un torneo deportivo: *Se clasificó cuarto.* **4.** Obtener un puesto que permite la permanencia en una competición: *El equipo se clasificó para el ascenso.* ■ Delante de *e* se escribe *qu* en lugar de *c*: *clasifique.* **SIN. 1.** y **2.** Catalogar. **2.** Encuadrar, encasillar. **FAM.** Clasificable, clasificación, clasificado, clasificador, clasificatorio. / Desclasificar, inclasificable. CLASE.

clasificatorio, ria *adj.* Que sirve para clasificar o para clasificarse: *un estudio clasificatorio; un partido clasificatorio.*

clasismo *s. m.* Forma de pensar o actitud de la persona que valora o discrimina a otras según la clase social a la que pertenecen.

clasista *adj.* Que valora a las personas según la clase social a la que pertenecen, y particularmente que desprecia o discrimina a los individuos de las clases sociales más desfavorecidas. También *s. m.* y *f.*

claudia (de la reina *Claudia*, mujer de Francisco I de Francia) *adj.* Se dice de cierta ciruela de color verde claro, muy sabrosa y dulce. También *s. f.*

claudicar (del lat. *claudicare*, de *claudus*, cojo) *v. intr.* **1.** Dejar de cumplir un deber, abandonar un principio o convicción: *Claudicó de su honradez.* **2.** Ceder, rendirse: *Claudicó en su empeño.* ■ Delante de *e* se escribe *qu* en lugar de *c*: *claudique.* **SIN. 1.** Renunciar, desistir. **2.** Capitular, flaquear. **ANT. 1.** Perseverar, resistir. **2.** Insistir. **FAM.** Claudicación.

claustro (del lat. *claustrum*, de *claudere*, cerrar) *s. m.* **1.** Galería que rodea el patio interior de un convento, iglesia, etc. **2.** Convento, estado monástico: *retirarse al claustro.* **3.** Junta formada por el rector y los profesores de la universidad o por los profesores de un centro docente: *claustro universitario.* || **4. claustro materno** Matriz en que se desarrolla el feto. **SIN. 1.** Atrio, corredor. **2.** Monasterio. **3.** Asamblea. **FAM.** Claustral, claustrofobia. / Enclaustrar, exclaustrar, inclaustrar.

claustrofobia (del lat. *claustrum*, encierro, y *-fobia*) *s. f.* Temor angustioso y anormal a los espacios cerrados. **ANT.** Agorafobia.

cláusula (del lat. *clausula*, de *clausus*, cerrado) *s. f.* **1.** Cada una de las disposiciones de un contrato u otro documento: *las cláusulas de un testamento.* **2.** Conjunto de palabras que expresan un pensamiento completo: *Acabó la charla con una brillante cláusula.* **SIN. 1.** Apartado, artículo, condición. **2.** Periodo, frase.

clausura (del lat. *clausura*) *s. f.* **1.** Acción de clausurar: *clausura de un local.* **2.** Acto solemne con el que finaliza una determinada actividad: *la clausura de la Olimpiada.* **3.** Parte de un convento en la que viven los religiosos y donde no pueden entrar otras personas. **4.** Vida religiosa en el interior de un convento, sin salir de él. **SIN. 1.** Terminación, conclusión, final. **ANT. 1.** Inauguración, apertura. **FAM.** Clausurar.

clausurar *v. tr.* **1.** Poner fin solemnemente a la actividad de organismos públicos, instituciones docentes o científicas, etc.: *Clausuraron el curso.* **2.** Cerrar algún edificio o negocio por mandato de la autoridad competente: *clausurar un garito.* **3.** Cerrar materialmente algo: *Clausuró una ventana.* **SIN. 1.** Concluir, terminar. **ANT. 1.** Inaugurar. **2.** y **3.** Abrir.

clavado, da 1. *p.* de **clavar**. También *adj.* || *adj.* **2.** *fam.* Muy parecido a alguien o algo: *un gesto clavado a su madre.* **3.** *fam.* Fijo, sin moverse: *Permanecí dos horas clavado en la puerta.* **4.** *fam.* Acertado, muy adecuado. || *s. f.* **5.** *fam.* Precio abusivo que se paga por una cosa: *¡Menuda clavada nos pegaron en ese restaurante!* || **LOC. dejar clavado** a uno *fam.* Dejarle confuso, sin saber reaccionar. **SIN. 2.** Exacto, igual, pintiparado. **3.** Inmóvil.

clavar (del lat. *clavare*, de *clavus*) *v. tr.* **1.** Introducir una cosa puntiaguda en un cuerpo, mediante golpes, presión, etc.: *clavar una estaca.* También *v. prnl.*: *Se clavó una espina.* **2.** Asegurar algo con clavos: *Clavó la suela del zapato.* **3.** Fijar, parar, poner: *Clavó la mirada en la niña.* También *v. prnl.*: *clavarse en el sofá.* **4.** Cobrar a uno más de lo normal: *Me han clavado en la tienda.* **SIN. 1.** Hincar. **4.** Estafar. **ANT. 1.** y **2.** Desclavar. **FAM.** Clavado. / Desclavar, enclavar. CLAVO.

clave (del lat. *clavis*, llave) *s. f.* **1.** Conjunto de signos utilizados para escribir un mensaje secreto: *Recibió una carta en clave.* **2.** Explicación de esos signos. **3.** Noticia, dato o aclaración necesarios para entender bien una cosa: *la clave del asunto.* **4.** Piedra central que cierra un arco o una bóveda. **5.** En mús., signo de notación que, colocado al comienzo del pentagrama, indica el nombre y la entonación de las notas situadas en los distintos espacios y líneas del mismo. || *s. m.* **6.** Antiguo nombre del clavicémbalo. || *adj.* **7.** Fundamental, decisivo: *El estímulo es un factor clave en el aprendizaje.* **SIN. 1.** Cifra, código. **6.** Clavecín. **7.** Básico, esencial. **FAM.** Clavecín, clavicémbalo, clavicordio, clavícula, clavija. / Autoclave, cónclave. LLAVE.

clavecín *s. m.* Clavicémbalo*. **FAM.** Clavecinista, clavicémbalo. CLAVE.

clavel (del cat. *clavell*, y éste del lat. *clavellus*, clavillo) *s. m.* **1.** Planta herbácea perenne, que tiene tallos nudosos, hojas verdosas, largas y estrechas y flores olorosas de diversos colores, cuyos pétalos presentan el borde superior dentado. **2.** Flor de esta planta. || **3. clavel reventón** El de color rojo oscuro y muchos pétalos. **FAM.** Clavellina.

clavellina (del cat. *clavellina*, y éste del lat. *clavellus*, clavillo) *s. f.* **1.** Variedad de clavel, de tallos, hojas y flores más pequeños. **2.** Flor de esta planta.

clavero *s. m.* Árbol perenne tropical, originario de las Molucas, de copa piramidal, con hojas oblongas y flores púrpuras; de los capullos secos de las flores se obtiene la especia llamada clavo.

clavetear *v. tr.* **1.** Adornar con clavos: *Claveteó la silla de montar.* **2.** Poner clavos en alguna cosa con poca habilidad: *Claveteó la tapa como pudo.* **FAM.** Claveteo. CLAVO.

clavicémbalo (del ital. *clavicembalo*) *s. m.* Instrumento músico de cuerdas, que se ponen en vibración al ser pulsadas por cañones de pluma de cuervo, accionados por un teclado. **FAM.** Clavicembalista. CLAVECÍN.

clavicordio (del lat. *clavis*, llave, y *chorda*, cuerda) *s. m.* Instrumento musical de cuerdas, que se golpean o percuten dentro de una caja rectangular mediante un mecanismo accionado por un teclado. Se le considera el precedente del piano.

clavícula (del lat. *clavicula*, llave pequeña) *s. f.* Cada uno de los dos huesos que forman parte de la cintura escapular, unidos por un lado con la escápula (el omóplato, en el hombre) y por el otro con el esternón. **FAM.** Clavicular. / Subclavio, supraclavicular. CLAVE.

clavija (del lat. *clavicula*, llave pequeña) *s. f.* **1.** Pieza que se encaja en un agujero y que sirve para sujetar, ensamblar o conectar: *las clavijas del enchufe.* **2.** Pieza con una varilla metálica, que sirve para conectar un teléfono a la red: *la clavija de la centralita.* **3.** Cada una de las llaves de madera que tienen los instrumentos musicales para sujetar y tensar las cuerdas. || **LOC. apretar** a uno **las clavijas** *fam.* Presionarle para que haga algo o controlarle severamente. **SIN. 1.** Espiga, borne. **FAM.** Clavijero. / Enclavijar. CLAVE.

clavijero *s. m.* Pieza donde están situadas las clavijas de cualquier instrumento: *clavijero de la guitarra.*

clavillo (dim. de *clavo*) *s. m.* Pasador que sujeta las varillas de un abanico, las dos hojas de una tijera o cosa semejante.

clavo (del lat. *clavus*) *s. m.* **1.** Barrita de metal, con punta en un extremo y cabeza en el otro. **2.** Pieza metálica para fijar fragmentos de huesos. **3.** Condimento aromático de sabor picante que se obtiene de la flor del clavero. **4.** Tejido muerto o pus de un absceso. **5.** Relleno de gasa introducido en una herida para que ésta pueda supurar. **6.** Dolor o pena continuados. || **LOC. agarrarse a un clavo ardiendo** *fam.* Valerse de cualquier medio para salir de un apuro. **como un clavo** *adj.* Puntual. **dar en el clavo** *fam.* Acertar plenamente en lo que se hace o se dice, en especial cuando no está clara la resolución. **remachar** uno **el clavo** *fam.* Acumular errores, queriendo enmendar un desacierto; también, añadir argumentos a una verdad ya probada. **un clavo saca otro clavo** Indica que una pena o preocupación hace olvidar otra anterior. **SIN. 1.** Punta. **6.** Espina. **FAM.** Clavado, clavar, clavero, clavetear, clavillo.

claxon (del ingl. *klaxon*) *s. m.* Bocina eléctrica de los automóviles.

clembuterol *s. m.* Sustancia química que se utiliza para aumentar el peso de un ser vivo.

clemencia (del lat. *clementia*) *s. f.* Virtud que modera el rigor de la justicia: *El juez actuó con clemencia.* **SIN.** Compasión, indulgencia. **ANT.** Inclemencia, rigurosidad. **FAM.** Clemente, clementemente. / Inclemencia.

clementina *s. f.* Variedad de mandarina de piel más roja y carne muy dulce.

clepsidra (del lat. *clepsydra*, y éste del gr. *klepsydra*, de *klepto*, despojar, e *hydor*, agua) *s. f.* Reloj de agua.

cleptomanía (del gr. *klepto*, quitar, y *mania*, manía) *s. f.* Tendencia patológica y obsesiva al hurto de objetos, sin que influya el valor de los mismos. **FAM.** Cleptómano.

clerecía *s. f.* **1.** Conjunto de personas eclesiásticas que componen el clero. **2.** Oficio u ocupación de clérigo.

clergyman (ingl.) *s. m.* Indumentaria de los sacerdotes, formada por pantalón y chaqueta oscuros y alzacuello blanco, que sustituyó a la sotana.

clericalismo *s. m.* **1.** Influencia excesiva de la Iglesia, y sobre todo de los clérigos, en los asuntos políticos. **2.** Actitud de los que apoyan al clero y su influencia. **ANT. 2.** Anticlericalismo.

clérigo (del lat. *clericus*, y éste del gr. *klerikos*) *s. m.* **1.** Hombre que ha recibido las órdenes sagradas. **2.** En la Edad Media, hombre docto y letrado. **SIN. 1.** Eclesiástico, sacerdote, cura, padre. **ANT. 1.** Laico, seglar.

clero (del lat. *clerus*, y éste del gr. *kleros*) *s. m.* **1.** Conjunto de los clérigos. **2.** Clase sacerdotal de la Iglesia católica. || **3. clero regular** Conjunto de sacerdotes que pertenecen a una regla u orden religiosa y han hecho los votos de pobreza, castidad y obediencia. **4. clero secular** Sacerdotes que no pertenecen a una orden religiosa. **SIN. 1.** Clerecía. **ANT. 1.** Laicado. **FAM.** Clerecía, clerical, clericalismo, clérigo. / Anticlerical

clic (onomat.) *s. m.* Pequeña presión, especialmente la que se ejerce con el ratón de un ordenador.

cliché (del fr. *cliché*) *s. m.* **1.** Plancha o grabado para la impresión: *cliché de fotograbado.* ■ En esta acepción, se dice también *clisé.* **2.** Imagen fotográfica negativa: *Sacó copias en papel de los clichés.* **3.** Lugar común, idea o expresión demasiado repetida. **SIN. 2.** Placa, película. **3.** Tópico, estereotipo. **FAM.** Clisar.

cliente, ta (del lat. *cliens, -entis*) *s. m.* y *f.* **1.** Persona que utiliza los servicios de un profesional o de una empresa. **2.** Persona que compra o consume en un establecimiento, sobre todo si lo hace habitualmente. ■ La forma *cliente* puede emplearse para ambos géneros. **SIN. 2.** Comprador, parroquiano. **FAM.** Clientela.

clientela *s. f.* **1.** Conjunto de clientes habituales de un profesional, un comercio, etc. **2.** Conjunto de personas que están bajo la protección o amparo de otra con poder: *la clientela de un político.* **SIN. 1.** Parroquia.

clima (del lat. *clima*, y éste del gr. *klima*) *s. m.* **1.** Conjunto de condiciones atmosféricas que caracterizan a una región o lugar. **2.** Ambiente, condiciones que caracterizan una situación o rodean a una persona: *El clima de la reunión era jovial.* **FAM.** Climático, climatizar, climatología. / Aclimatar, microclima.

climalit (nombre comercial registrado) *adj.* Con doble acristalamiento: *ventana climalit.*

climaterio (del gr. *klimakter*, escalón) *s. m.* Periodo de la vida caracterizado por una disminución de la actividad de las glándulas sexuales y que en la mujer coincide con la menopausia. FAM. Climatérico. CLÍMAX.

climatizar (de *clima*) *v. tr.* Crear o mantener en un recinto determinadas condiciones de temperatura, humedad, aire, etc., necesarias para la vida o la comodidad de los seres vivos que lo ocupan. ■ Delante de *e* se escribe *c* en lugar de *z*: *climatice*. FAM. Climatización, climatizado, climatizador. CLIMA.

climatología (del gr. *klima, -atos*, clima, y *-logía*) *s. f.* Estudio o ciencia que trata del clima. FAM. Climatológico. CLIMA.

clímax (del lat. *climax*, y éste del gr. *klimax*, escala) *s. m.* **1.** En retórica, gradación ascendente. **2.** Punto más alto de esta gradación. **3.** P. ext., punto más alto de un proceso: *La vista del juicio alcanzó su clímax.* **4.** Momento culminante de un poema o de una acción dramática: *La tragedia llega a su clímax en el tercer acto.* ■ No varía en *pl.* SIN. **2.** a **4.** Culmen, culminación, apogeo, cima, cumbre. ANT. **1.**, **2.** y **4.** Anticlímax. FAM. Climaterio. / Anticlímax.

clínex *s. m.* Kleenex*.

clínico, ca (del lat. *clinicus*, y éste del gr. *klinikos*, de *kline*, lecho) *adj.* **1.** Relacionado con la clínica o enseñanza práctica de la medicina. || *s. m.* y *f.* **2.** Persona dedicada al ejercicio práctico de la medicina. || *s. f.* **3.** Establecimiento hospitalario o de atención a los enfermos, generalmente privado. **4.** Parte práctica de la enseñanza de la medicina. **5.** Departamento de los hospitales dedicado a esta enseñanza. SIN. **3.** Sanatorio, policlínica, consultorio. FAM. Policlínica.

clip (ingl.) *s. m.* **1.** Utensilio hecho con alambre de acero o con plástico, que sirve para sujetar papeles por presión. **2.** Mecanismo de cierre a presión de algunos pendientes, broches, etc. **3.** Fragmento de película o vídeo breve, generalmente musical. SIN. **1.** Sujetapapeles.

clíper (del ingl. *clipper*) *s. m.* **1.** Buque de vela fino y ligero, pero de mucha resistencia. **2.** Avión grande de pasajeros, que se utiliza en vuelos de largo recorrido.

clisar (de *clisé*) *v. tr.* Reproducir en planchas metálicas la composición de imprenta o los grabados.

clisé (del fr. *cliché*) *s. m.* Cliché para la impresión.

clistro *s. m.* Tubo electrónico empleado para generar o amplificar microondas.

clítoris (del gr. *kleitoris*, de *kleio*, cerrar) *s. m.* Órgano eréctil, pequeño y carnoso, que se encuentra situado en la vulva. ■ No varía en *pl.*

cloaca (del lat. *cloaca*) *s. f.* **1.** Porción final del intestino de aves, reptiles y otros animales, donde confluyen los conductos intestinal y urogenital. **2.** Conducto por donde van las aguas sucias y otros residuos. **3.** Lugar de aspecto sucio y repugnante: *Los sótanos de la casa eran una cloaca.* SIN. **2.** Alcantarilla, albañal. **3.** Pocilga.

clocar (de la onomat. *cloc*) *v. intr.* Cloquear la gallina. ■ Delante de *e* se escribe *qu* en lugar de *c*.

clon (del gr. *klon*, rama, retoño) *s. m.* Grupo de células o individuos procedentes, por división vegetativa o asexual, de una sola célula madre o un solo individuo y, por tanto, genéticamente iguales. ■ Su pl. es *clones.* FAM. Clonación, clonar, clónico. / Monoclonal.

clonar *v. tr.* Producir clones.

clónico, ca *adj.* **1.** Del clon o relacionado con él. **2.** Producido mediante clones: *oveja clónica.* También *s. m.* y *f.* **3.** Exacto, idéntico. **4.** En inform., se dice del ordenador compuesto por piezas de marcas diferentes. También *s. m.*

cloquear *v. intr.* Emitir su voz la gallina clueca. SIN. Clocar. FAM. Clocar, cloqueo. CLUECA.

clorar *v. tr.* **1.** Echar cloro al agua para hacerla potable o mejorar sus condiciones. **2.** Introducir cloro en un compuesto químico. FAM. Cloración. CLORO.

clorhídrico, ca (de *cloro* y el gr. *hydor*, agua) *adj.* Se dice de un ácido compuesto de cloro e hidrógeno y usado en la industria. FAM. Hiperclorhidria. CLORO.

cloro (del gr. *khloros*, de color verde amarillento) *s. m.* Elemento químico. Es un gas de color amarillo verdoso, de olor fuerte y sofocante, irritante, muy reactivo, muy oxidante y tóxico. Su símbolo es *Cl.* FAM. Clorar, clorhídrico, cloroformo, cloruro. / Perclorato.

clorofila (del gr. *khloros*, verde, y *phyllon*, hoja) *s. f.* Pigmento de color verde presente en las plantas; es responsable de la fotosíntesis y se aprovecha en farmacia, cosmética, etc., por sus propiedades desodorantes y aromáticas. FAM. Clorofílico, cloroplasto.

cloroformizar *v. tr.* Aplicar cloroformo como anestesia. ■ Delante de *e* se escribe con *c* en lugar de *z*. SIN. Anestesiar.

cloroformo *s. m.* Líquido volátil e incoloro de olor a éter que, por sus propiedades anestésicas, se emplea para insensibilizar a los enfermos en las operaciones quirúrgicas. FAM. Cloroformizar. CLORO.

cloroplasto *s. m.* Orgánulo ovoide de color verde que poseen las células de las plantas y que contiene la clorofila. Su función es realizar la fotosíntesis.

clorosis (del gr. *khloros*, verde pálido, y *-osis*) *s. f.* **1.** Anemia por deficiencia de hierro caracterizada por una palidez verdosa y otros síntomas. **2.** En bot., color amarillento de las hojas de las plantas por destrucción de la clorofila. ■ No varía en *pl.*

cloruro *s. m.* Sal procedente del ácido clorhídrico. Es una combinación del cloro con un metal; el más conocido es el cloruro de sodio o sal común.

clóset o **closet** (ingl.) *s. m. Arg. fam.* Armario, especialmente el empotrado. ■ No varía en *pl.*

clown (ingl.) *s. m.* Payaso, especialmente el que forman pareja con otro llamado *augusto*.

club (del ingl. *club*) *s. m.* **1.** Asociación de personas con fines recreativos, sociales, deportivos, etc., y local donde tiene su sede. **2.** Local de diversión, con o sin atracciones, donde se bebe y baila: *club nocturno.* **3.** En teatros y cines, filas delanteras del primer piso. ■ Su pl. es *clubs* o *clubes.* SIN. **1.** Círculo, sociedad. FAM. Aeroclub, cineclub, puticlub, videoclub.

clueca (del romance hispánico *clocca*, de or. onomat.) *adj.* Se dice de las gallinas y otras aves cuando se echan sobre los huevos para empollarlos. También *s. f.* FAM. Clocar, cloquear. / Encluecarse, llueca.

cluniacense (del lat. *cluniacensis*, de *Cluniacum*, Cluny) *adj.* De la abadía y congregación benedictinas de Cluny, en Borgoña (Francia). También *s. m.*

cnidario (del gr. *knidon*, ortiga) *adj.* **1.** Se dice del animal invertebrado acuático que tiene el cuerpo en forma de saco, con una cavidad central que comunica con el exterior por una sola abertura, rodeada de tentáculos. Su ciclo vital suele constar de dos fases: pólipo y medusa. También *s. m.* || *s. m. pl.* **2.** Filo formado por estos animales, denominados también *celentéreos*.

co- *pref.* Significa 'unión', 'compañía', 'participación', etc.: *cooperación, coautor.*

coacción (del lat. *coactio, -onis*) *s. f.* **1.** Violencia física, psicológica o moral que se hace sobre alguien para obligarle a decir o hacer lo que no quiere. **2.** En der., empleo de fuerza legítima para hacer cumplir sus obligaciones y preceptos: *la coacción de una ley.* **SIN. 1.** Amenaza, imposición, intimidación, presión, coerción. **FAM.** Coaccionar, coactivo. ACCIÓN.

coaccionar *v. tr.* Ejercer coacción sobre una persona: *Lo coaccionaron para que no dijera la verdad.* **SIN.** Presionar, forzar.

coadjutor, ra (del lat. *coadiutor, -oris*) *adj.* **1.** Se dice de la persona que acompaña y ayuda a otra en determinados trabajos o cargos: *obispo coadjutor.* También *s. m.* y *f.* || *s. m.* **2.** Eclesiástico que ayuda al párroco. **FAM.** Véase **coadyuvar**.

coadyuvar (del lat. *cum*, con, y *adiuvare*, ayudar) *v. intr.* Contribuir a que se realice o consiga algo: *La suerte coadyuvó al triunfo del equipo.* **SIN.** Colaborar, cooperar, ayudar. **ANT.** Impedir, estorbar. **FAM.** Coadjutor, coadyuvante. AYUDAR.

coagular (del lat. *coagulare*) *v. tr.* Hacer que se vuelva sólido algún líquido, como la leche, la sangre, etc., formándose cuajo. También *v. prnl.* **SIN.** Solidificar, cuajar, espesar. **ANT.** Licuar, licuefacer. **FAM.** Coagulación, coagulante, coágulo, cuajar². / Anticoagulante, descoagular.

coágulo (del lat. *coagulum*) *s. m.* Masa de sustancia coagulada, especialmente de sangre. **SIN.** Cuajo, cuajarón, grumo, trombo.

coalescencia (del lat. *coalescens, -entis*) *s. f.* Propiedad de las cosas de unirse o fundirse. **FAM.** Coalescente. COALIGAR.

coalición (del fr. *coalition*) *s. f.* Asociación de países, partidos o personas para conseguir un fin: *coalición electoral.* **SIN.** Alianza, liga; federación, confederación. **ANT.** Dispersión, desintegración, disgregación.

coaligar (del lat. *colligare*) *v. tr.* Unir personas o cosas con un fin. También *v. prnl.*: *Los griegos se coaligaron para derrotar a los persas.* ■ Delante de *e* se escribe *gu* en lugar de *g*: *coaligue.* **SIN.** Asociar, aliar, coligar. **ANT.** Dividir, desunir. **FAM.** Coalescencia, coalición. LIGAR.

coartada (de *coartar*) *s. f.* **1.** Prueba con que un acusado demuestra que no ha estado presente en el lugar del delito. **2.** Disculpa, excusa: *Se inventó una coartada para no acompañarnos.* **SIN. 2.** Pretexto, evasiva.

coartar (del lat. *coarctare*, de *cum*, con, y *arctare*, estrechar) *v. tr.* Limitar o impedir la libertad de alguien: *La presencia de gente mayor le coartaba.* **SIN.** Coaccionar, cohibir, presionar, coercer. **ANT.** Incitar, conminar, permitir. **FAM.** Coartación, coartada.

coatí *s. m.* Mamífero americano carnívoro y arborícola, de cabeza alargada terminada en un hocico estrecho, cola larga y gruesa en su base y pelaje espeso. ■ Su pl. es *coatíes* o *coatís*.

coautor, ra *s. m.* y *f.* Autor o autora en colaboración con otro o con otros: *Los hermanos Machado fueron coautores de varias obras teatrales.* **SIN.** Colaborador, cómplice.

coaxial (de *co-* y el lat. *axis*, eje) *adj.* Que tiene el mismo eje que otra cosa.

coba *s. f.* Halago desmesurado o insincero que se hace a alguien con el fin de obtener alguna cosa. ■ Se suele usar con el verbo *dar.* **SIN.** Adulación, lisonja. **FAM.** Cobista.

cobalto (del al. *Kobalt*) *s. m.* Metal de color blanco rojizo, duro y tan difícil de fundir como el hierro, que se emplea en la fabricación de pinturas y esmaltes. Forma importantes aleaciones. Su símbolo es *Co.* **FAM.** Cobáltico, cobaltoterapia.

cobaltoterapia (de *cobalto* y *-terapia*) *s. f.* Terapia de algunas enfermedades, generalmente cancerosas, mediante la bomba de cobalto.

cobarde (del ant. fr. *couart*, de *coe*, cola) *adj.* **1.** Que carece de valor o de ánimo para enfrentarse a un peligro, a una dificultad o a un esfuerzo, o muestra esa carencia: *Tuvo un comportamiento cobarde.* También *s. m.* y *f.* **2.** Que ataca sin dar la cara o hace daño a otro más débil. También *s. m.* y *f.* **SIN. 1.** Amilanado, miedica, pusilánime, gallina. **2.** Traidor, alevoso. **ANT. 1.** Atrevido, valiente, animoso. **FAM.** Cobardemente, cobardía. / Acobardar.

cobardía *s. f.* **1.** Cualidad de cobarde. **2.** Conducta o acción cobarde: *Atacar por la espalda es una cobardía.* **SIN. 2.** Traición, alevosía. **ANT. 1.** Valor, valentía.

cobaya *s. m.* y *f.* **1.** Mamífero roedor, parecido al conejo, pero más pequeño y con orejas cortas, que se utiliza en experimentos de medicina y bacteriología. **2.** Persona o cosa con la que se experimenta algo: *servir de cobaya.* ■ Se dice también *cobayo* y *conejillo de Indias.*

cobertera (del lat. *coopertorium*, de *coopertus*, cubierto) *s. f.* **1.** Tapadera, generalmente circular, de los cacharros de cocina. **2.** Cada una de las plumas de la aves que cubren la base de remeras y timoneras.

cobertizo *s. m.* Lugar techado o tejadillo que sobresale de una pared que sirve para resguardarse de la intemperie: *Nos protegimos de la lluvia en un cobertizo.* **SIN.** Cabaña, choza, sotechado, porche.

cobertor (del lat. *coopertorium*, cubierta) *s. m.* Colcha o manta de la cama.

cobertura (del lat. *coopertura*) *s. f.* **1.** Cualquier cosa que se coloca sobre otra o la recubre. **2.** Garantía para efectuar operaciones financieras o mercantiles: *cobertura para un crédito.* **3.** Protección, apoyo, especialmente en una operación militar: *un ataque con cobertura aérea.* **4.** Aquello que sirve para ponerse a cubierto o resguardarse de una responsabilidad. **SIN. 1.** Cubierta, revestimiento, capa. **2.** Aval. **4.** Tapadera. **FAM.** Cobertera, cobertizo, cobertor. CUBRIR.

cobija (del lat. *cubilia*, de *cubile*, aposento) *s. f.* **1.** Teja que se coloca con la parte cóncava hacia abajo. **2.** En las aves, cada una de las plumas pequeñas que cubren el arranque de las plumas grandes. **3.** Cubierta, tapa. **4.** *Amér.* Manta y ropa de la cama.

cobijar *v. tr.* **1.** Dar albergue o refugio. También *v. prnl.*: *Nos cobijamos en una cabaña.* **2.** Poner a cubierto, resguardar. También *v. prnl.*: *El cobertizo nos cobijaba de la lluvia.* **3.** Amparar, proteger. También *v. prnl.* **SIN. 1.** Albergar(se), hospedar(se). **1.** y **2.** Guarecer(se). **3.** Auxiliar, defender(se). **ANT. 1.** Abandonar. **3.** Desamparar. **FAM.** Cobija, cobijo.

cobijo (del lat. *cubiculum*, dormitorio) *s. m.* **1.** Acción de cobijar o cobijarse. **2.** Lugar para cobijarse: *Buscó un cobijo en la ciudad.* **3.** Persona que consuela o protege a otra. **SIN. 1.** Amparo, protección. **1.** y **2.** Albergue, refugio, resguardo.

cobista *s. m.* y *f.* Persona que da coba. **SIN.** Adulador, pelota.

cobol (siglas de la expr. ingl. *Common Business Oriented Language*, lenguaje orientado a negocios comunes) *s. m.* Lenguaje de alto nivel de programación de ordenadores, dedicado especialmente a aplicaciones comerciales.

cobra[1] (del port. *cobra*, culebra) *s. f.* Serpiente venenosa de las zonas cálidas de África, Asia y Oceanía, que a veces supera los dos metros de largo y puede dilatar los costados de su región cervical, ensanchando su rostro.

cobra[2] *s. f.* Acción de buscar el perro la pieza muerta o herida y traerla al cazador.

cobrador, ra *s. m.* y *f.* Persona encargada de realizar los cobros de recibos o cuotas. **SIN.** Recaudador. **ANT.** Pagador.

cobrar (del lat. *recuperare*) *v. tr.* **1.** Recibir una cantidad como pago de algo: *Cobré el sueldo del mes.* **2.** Adquirir, empezar a tener ciertos sentimientos: *cobrar fama, cobrar afecto a alguien.* **3.** Apoderarse, capturar: *cobrar una plaza al enemigo.* **4.** En caza, recoger el animal que se ha abatido: *Enseñó a su perro a cobrar las piezas.* **5.** Tirar de una cuerda, soga, etc., recogiéndola: *cobrar un cabo.* || *v. intr.* **6.** *fam.* Recibir una paliza. || **cobrarse** *v. prnl.* **7.** Quedarse con algo como compensación: *cobrarse una comisión.* **8.** Causar muertos: *El terremoto se cobró cientos de víctimas.* **SIN. 1.** Percibir, recaudar. **2.** Abrigar, tomar. **3.** Aprehender. **ANT. 1.** Pagar, abonar, desembolsar. **FAM.** Cobra[2], cobrable, cobrador, cobranza, cobro. / Incobrable.

cobre (del lat. *cuprum*) *s. m.* Metal rojizo, maleable y dúctil, muy buen conductor del calor y la electricidad, que combinado con otros metales forma aleaciones como el bronce y el latón, y es de amplio uso industrial. **FAM.** Cobrizo. / Cúprico.

cobrizo, za (de *cobre*) *adj.* **1.** De un color parecido al del cobre. **2.** Se dice del mineral que tiene cobre.

cobro *s. m.* Acción de cobrar: *facturas al cobro.* **SIN.** Recaudación. **ANT.** Pago.

coca[1] *s. f.* **1.** Arbusto originario del Perú del que se extrae la cocaína. **2.** Hoja de este arbusto. **3.** Cocaína. **FAM.** Coca-cola, cocaína, cocal, coquero.

coca[2] (de *coco*[1]) *s. f.* **1.** Cada una de las dos porciones en que se recogen el pelo las mujeres a ambos lados de la cabeza, en forma de rulo o castaña. **2.** *fam.* Cabeza del hombre o del animal. **3.** *fam.* Golpe que se da con los nudillos en la cabeza. **SIN. 2.** Coco, azotea, chaveta, tarro. **3.** Capón, coscorrón. **FAM.** Cocacho, cocada, cocazo. COCO[1].

coca-cola (nombre comercial registrado) *s. f.* Refresco gaseoso elaborado con cola.

cocacho *s. m. Amér. del S.* Golpe, coscorrón.

cocada *s. f.* **1.** Dulce hecho principalmente de coco rallado. **2.** *Bol.* y *Col.* Especie de turrón. **3.** *Bol.*, *Col.* y *Perú* Provisión de hojas de coca.

cocaína (de *coca*[1]) *s. f.* Alcaloide extraído de las hojas de la coca que se utiliza como droga. **SIN.** Coca. **FAM.** Cocainomanía, cocainómano. / Novocaína, procaína. COCA[1].

cocainómano, na *adj.* Que es adicto a la cocaína. También *s. m.* y *f.*

cocal *s. m.* **1.** Cocotal*. **2.** Lugar donde se cultiva coca.

cocazo *s. m. Arg.*, *Par.* y *Urug.* Cabezazo.

cocción (del lat. *coctio, -onis*) *s. f.* Acción de cocer: *cocción del agua, de la carne, del pan.*

cóccix (del lat. *coccyx*, y éste del gr. *kokkyx, -ygos*, cuclillo) *s. m.* Última sección de la columna vertebral, que se articula con el sacro. ■ Se dice también *coxis.* No varía en *pl.*

cocear (de *coz*) *v. intr.* Dar o tirar coces los animales cuadrúpedos.

cocedero *adj.* **1.** Fácil de cocer. || *s. m.* **2.** Establecimiento que vende cosas cocidas: *cocedero de mariscos.* **3.** Lugar donde se cuece algo, particularmente el mosto.

cocer (del lat. *coquere*) *v. tr.* **1.** Someter un alimento crudo, introducido en un líquido, a la acción del fuego para que pueda comerse. **2.** Hacer hervir un líquido con alguna finalidad: *Coció agua para el té.* **3.** Tratándose de pan, cerámica, etc., someterlos a la acción del calor del horno. || *v. intr.* **4.** Hervir un líquido: *El café está cociendo.* || **cocerse** *v. prnl.* **5.** Tramarse, prepararse algo en secreto: *Se cuece algo malo.* **6.** Pasar mucho calor: *En esta casa se cuece uno.* ■ Delante de *a* y *o* se escribe *z* en lugar de *c*. Es v. irreg. Se conjuga como *mover.* **FAM.** Cocción, cocedero, cocido, cocimiento, cocinar. / Cochifrito, cochura, escocer, recocer, sancocho.

cochambre *s. amb.* **1.** Suciedad, porquería. **2.** Conjunto de cosas sucias, viejas, rotas, etc.: *un sótano lleno de cochambre.* **SIN. 1.** Cerdada, cochinada, pocilga. **2.** Basura, desperdicios, desechos. **FAM.** Cochambroso. COCHINO.

cochayuyo (del quechua *cocha*, laguna, y *yuyo*, hierba) *s. m. Chile fam.* Alga marina comestible.

coche (del magiar *kocsi*, carruaje) *s. m.* **1.** Automóvil. **2.** Vagón de ferrocarril que transporta viajeros. **3.** Carruaje para viajeros tirado por caballerías: *un coche de caballos.* || **4. coche cama** Vagón de ferrocarril con compartimientos provistos de camas. **5. coche de línea** Autobús que hace el servicio regular de viajeros entre poblaciones. **6. coche escoba** El que en una carrera ciclista recoge a los corredores que abandonan. **7. coche fúnebre** El habilitado para llevar cadáveres al cementerio. **SIN. 1.** Auto, turismo, carro. **3.** Carroza, landó, berlina. **FAM.** Cochera, cochero. / Abrecoches, aparcacoches, carricoche, guardacoches, lavacoches.

cochera *s. f.* Lugar donde se guardan coches u otros vehículos. **SIN.** Garaje.

cochero *s. m.* **1.** Persona que guía un carruaje tirado por caballos. **2.** *desp.* Persona que se comporta sin educación: *Has quedado como un cochero.* **SIN. 1.** Conductor.

cochifrito (del ant. *cocho*, cocido, y *frito*) *s. m.* Guisado de cabrito y cordero que, una vez cocido, se fríe y adereza.

cochinada *s. f.* **1.** *fam.* Cosa o acción sucia y desagradable. **2.** *fam.* Acción grosera, indecorosa o injusta: *Dejarle plantado ha sido una cochinada.* **SIN. 1.** Porquería. **1.** y **2.** Marranada, cerdada, guarrería, guarrada. **2.** Jugada, faena.

cochinería *s. f. fam.* Cochinada*.

cochinilla *s. f.* **1.** Crustáceo de 7 a 20 mm de longitud, de forma aovada y patas muy cortas, que al tocarlo, se enrolla en forma de bola; vive en ambientes húmedos, bajo piedras u hojarasca. **2.** Nombre común de varios insectos hemípteros, del tamaño de una chinche, con el cuerpo arrugado, cabeza cónica, antenas cortas y una trompa que les permite vivir adheridas a las plantas; segregan sustancias como cera, laca, etc., y algunas de sus especies son responsables de importantes plagas en la agricultura.

cochinillo *s. m.* Lechón, cerdo de leche.

cochino, na *s. m.* y *f.* Cerdo*. **FAM.** Cochinada, cochinamente, cochinería, cochinillo, cochiquera. / Cochambre.

cochiquera (de *cochino*) *s. f.* Pocilga*.

cochura (del lat. *coctura*) *s. f.* **1.** Cocción en horno: *Este pan está falto de cochura.* **2.** Cantidad o conjunto de panes, cacharros, ladrillos, etc., que se cuecen de una vez: *La panadería hace tres cochuras diarias.* **SIN. 1.** Cocimiento. **2.** Hornada.

cocido, da 1. *p.* de **cocer**. También *adj.* || *s. m.* **2.** Guiso preparado con garbanzos, carne, tocino, etc., muy popular en España.

cociente (del lat. *quotiens*, cuántas veces) *s. m.* **1.** Resultado que se obtiene al dividir una cantidad por otra. || **2. cociente intelectual** Índice cuantitativo que mide el desarrollo mental alcanzado por un individuo. Expresa la relación entre la edad mental y la cronológica.

cocimiento *s. m.* **1.** Acción de cocer o cocerse. **2.** Líquido que se obtiene cociendo hierbas u otras sustancias medicinales. **3.** Baño al que se somete la lana para que absorba mejor el tinte. **SIN. 1.** Cocción, cochura.

cocina (del lat. *coquina*, de *coquere*, cocer) *s. f.* **1.** Habitación de la casa donde se prepara la comida. **2.** Aparato con hornillos o fuegos para cocer los alimentos: *cocina de gas, cocina eléctrica.* **3.** Arte de cocer y preparar los distintos platos: *Ese restaurante tiene excelente cocina.* **4.** Conjunto de guisos o platos típicos de cada región o país: *cocina castellana.*

cocinar (del lat. *coquinare*) *v. tr.* **1.** Preparar los alimentos para que se puedan comer. También *v. intr.* **2.** *fam.* Planear algo en secreto. **SIN. 1.** Guisar. **2.** Tramar, urdir, maquinar. **FAM.** Cocina, cocinero, cocinilla. / Precocinado. COCER.

cocinero, ra (del lat. *coquinarius*) *s. m.* y *f.* Persona que guisa o tiene por oficio guisar las comidas. || **LOC. haber sido** uno **cocinero antes que fraile** *fam.* Ser experto en algo por haberlo practicado con anterioridad. **SIN.** Restaurador.

cocinilla *s. f.* **1.** Hornillo portátil: *una cocinilla de alcohol.* || *s. m.* **2.** *fam.* Hombre muy aficionado a las tareas del hogar, especialmente a la cocina. **SIN. 1.** Infiernillo.

cocker (ingl.) *adj.* Se dice de una raza de perros de mediano tamaño, abundante pelo y orejas grandes y caídas. También *s. m.* y *f.*

coco[1] *s. m.* **1.** Fruto del cocotero en forma de drupa formada por una cáscara con varias capas fibrosas o leñosas en cuyo interior se encuentra una pulpa comestible blanca y carnosa, bañada en un líquido de sabor dulce llamado leche o agua de coco. **2.** *fam.* Cabeza humana, mente. **3.** Fantasma con el que se mete miedo a los niños pequeños. **4.** *fam.* Persona muy fea. || **LOC. comer** a alguien **el coco** *fam.* Embaucarle, engañarle, meterle algo en la cabeza. **comerse** uno **el coco** *fam.* Darle vueltas a un problema, pensar algo excesivamente. **estar hasta el coco** *fam.* Estar harto. **SIN. 2.** Chola, melón, cocorota, chaveta. **FAM.** Coca[2], cocal, cocorota, cocotal, cocotero, coquina. / Comecocos, descocado.

coco[2] (del lat. *coccum*) *s. m.* **1.** Bacteria esférica o elíptica, que puede presentarse aislada o formando grupos característicos de cada especie: *estreptococos, estafilococos, diplococos*, etc. **2.** Gorgojo*. **FAM.** Estafilococo, estreptococo, gonococo, meningococo, micrococo, neumococo.

cococha (del vasc. *kokotxa*, barbadilla de la merluza) *s. f.* Abultamiento carnoso en la parte inferior de la cabeza de la merluza y del bacalao, que constituye un manjar muy apreciado.

cocodrilo (del lat. *crocodilus*, y éste del gr. *krokodeilos*) *s. m.* Reptil anfibio de 4 a 5 m de longitud, piel escamosa y muy dura y color verdoso con manchas amarillas o rojizas; tiene los dedos de las patas posteriores palmeados, la cola robusta y la boca grande con numerosos dientes fuertes y afilados. **FAM.** Crocodiliano.

cocoliche *s. m.* **1.** *Arg.* Castellano defectuoso o macarrónico que hablan los italianos. || *s. m.* y *f.* **2.** *Arg.* Persona que utiliza este lenguaje.

cocorota *s. f.* **1.** *fam.* Cabeza humana. **2.** Coronilla, parte superior del cráneo. **3.** Parte más alta de algo. **SIN. 1.** Coco, chaveta, tarro.

cocotal *s. m.* Lugar poblado de cocoteros. **SIN.** Cocal.

cocotero *s. m.* Árbol de tronco esbelto, con un penacho de hojas grandes, que puede llegar a alcanzar una altura de hasta 25 m; su fruto es el coco, que se presenta en grandes racimos.

cóctel o **coctel** (del ingl. *cock-tail*) *s. m.* **1.** Bebida preparada con diversos licores y otros ingredientes no alcohólicos mezclados. **2.** Reunión o fiesta en la que se sirven sobre todo bebidas y aperitivos: *un cóctel de bienvenida.* || **3. cóctel de mariscos** Plato frío, preparado con gambas y otros mariscos, lechuga y salsa rosa. **4. cóctel Molotov** Bomba incendiaria hecha con una botella llena de líquido inflamable, generalmente gasolina, y provista de una mecha. **SIN. 1.** Combinado. **2.** Copa. **FAM.** Coctelera.

coctelera *s. f.* Recipiente donde se mezclan los ingredientes de un cóctel.

cocuyo (voz caribe) *s. m.* *Amér.* Luciérnaga, coleóptero. ■ Se dice también *cucuyo* y *cocuy.*

coda[1] (del ital. *coda*, cola) *s. f.* **1.** Parte final de una composición musical, que generalmente repite los motivos principales. **2.** Conjunto de versos que se añaden como remate a ciertos poemas.

coda[2] (de *codo*) *s. f.* Pieza triangular que refuerza la unión de dos tablas en ángulo.

codaste (del lat. *catasta*, andamio) *s. m.* Prolongación hacia arriba de la quilla de una embarcación por la parte de popa, que sirve de soporte al armazón de la nave y al timón.

codear *v. intr.* **1.** Mover los codos o golpear con ellos: *Se abrió paso a fuerza de codear.* || **codearse** *v. prnl.* **2.** Tratarse de igual a igual con otra persona: *Se codea con los famosos.* **SIN. 1.** Empujar. **2.** Alternar, relacionarse, frecuentar.

codeína (del gr. *kodeia*, cabeza de adormidera) *s. f.* Derivado del opio que se utiliza como narcótico y analgésico, para detener la tos y la diarrea y no produce hábito.

codera *s. f.* **1.** Desgaste o deformación producidos por el uso en las mangas de una prenda de vestir. **2.** Remiendo, refuerzo o adorno que se pone en la manga por la parte del codo.

codex (lat.) *s. m.* Códice*.

códice (del lat. *codex, -icis*) *s. m.* Libro manuscrito antiguo de importancia histórica o literaria.

codicia (del lat. *cupiditia*) *s. f.* Deseo intenso de riqueza u otras cosas: *codicia de poder.* **SIN.** Ambición, ansia, avaricia, avidez. **ANT.** Desprendimiento, desinterés. **FAM.** Codiciable, codiciado, codiciar, codiciosamente, codicioso.

codiciar *v. tr.* Desear con ansia riquezas u otras cosas; suele tener sentido peyorativo: *codiciar* *los bienes ajenos.* SIN. Ansiar, ambicionar, anhelar. ANT. Renunciar, desprenderse, despreciar.

codicilo (del lat. *codicillus*, de *codex*, *-icis*, código) *s. m.* Escrito de última voluntad que sirve de testamento o complementa o modifica un testamento anterior.

codificar (del lat. *codex*, *-icis*, código, y *facere*, hacer) *v. tr.* **1.** Organizar en forma de código un conjunto de leyes. **2.** Formular un mensaje de acuerdo con las reglas de un código. **3.** En inform., expresar la información en el lenguaje simbólico del ordenador. ■ Delante de *e* se escribe *qu* en lugar de *c*: *codifique.* SIN. **2.** Cifrar. ANT. **2.** Descodificar, descifrar. FAM. Codificación, codificador. / Decodificar, descodificar. CÓDIGO.

código (del lat. *codex*, *-icis*) *s. m.* **1.** Recopilación sistemática de leyes: *código civil.* **2.** Conjunto de reglas de una determinada materia: *código de la circulación.* **3.** Sistema de señales o signos que permite formular y comprender un mensaje; también, signo o signos que expresan una información dentro de un sistema: *código de señales luminosas, de claves secretas, código postal.* || **4. código de barras** Sistema internacional de identificación de productos comerciales que consiste en una combinación de barras verticales y números situados bajo éstas. **5. código genético** Clave para la traducción de la información genética contenida en los genes y que se ha de traspasar a las proteínas, de las cuales depende la totalidad de los caracteres de un ser vivo. **6. código postal** Números que identifican zonas, poblaciones y distritos para la clasificación y distribución del correo. FAM. Códice, codicilo, codificar.

codillo *s. m.* **1.** En los cuadrúpedos, articulación del brazo próxima al pecho y parte comprendida entre esta unión y la rodilla, particularmente, la del cerdo. **2.** Codo, tubo doblado en ángulo. **3.** Hueso de jamón. **4.** Parte de la rama que queda unida al tronco al ser cortada.

codirigir *v. tr.* Dirigir algo en colaboración con otro u otros. ■ Delante de *a* y *o* se escribe con *j* en lugar de *g*: *codirija.*

codo (del lat. *cubitus*) *s. m.* **1.** Parte posterior y saliente de la articulación del brazo con el antebrazo. **2.** Codillo de los cuadrúpedos. **3.** Trozo de un tubo doblado en ángulo. **4.** Medida de longitud, de unos 42 cm, aproximadamente la distancia desde el codo hasta el extremo de los dedos. || LOC. **codo con codo** *adv.* Uno junto a otro; también, en colaboración, en compañía: *Encabezábamos la marcha, codo con codo. Mi hermano y yo trabajamos codo con codo.* **hincar** uno **el codo** (o **los codos**) *fam.* Estudiar con afán. SIN. **3.** Recodo. FAM. Coda[2], codazo, codear, codera, codillo. / Acodar, recodar, recodo.

codorniz (del lat. *coturnix*, *-icis*) *s. f.* Ave galliforme de unos 15 a 18 cm, dorso pardusco recorrido por listas blancas y pecho rojizo, que vive en las praderas y sembrados y se alimenta sobre todo de semillas. Su carne es muy apreciada.

coeficiente *s. m.* **1.** Factor que en un monomio, binomio o polinomio multiplica a las indeterminadas. **2.** Factor que mide el grado o intensidad de cierta propiedad o de un fenómeno bajo determinadas condiciones: *coeficiente de dilatación de una materia, coeficiente intelectual.*

coercer (del lat. *coercere*) *v. tr.* Reprimir, coartar: *coercer la libertad de expresión.* ■ Delante de *a* y *o* se escribe *z* en lugar de *c*: *coerza.* SIN. Cohibir, constreñir, refrenar, restringir. ANT. Permitir, incitar. FAM. Coercible, coerción, coercitivo. / Incoercible.

coercitivo, va (del lat. *coercitum*) *adj.* Que coerce o reprime: *educación coercitiva.* SIN. Represivo, represor, restrictivo. ANT. Permisivo.

coetáneo, a (del lat. *coetaneus*, de *cum*, con, y *aetas*, edad) *adj.* De la misma edad o de la misma época que otro: *Góngora y Quevedo fueron coetáneos.* También *s. m.* y *f.* SIN. Contemporáneo.

coexistir *v. tr.* **1.** Existir al mismo tiempo: *Coexisten dos opiniones sobre este asunto en el partido.* || *v. intr.* **2.** Convivir, cohabitar, coincidir. ■ Se construye con la prep. *con*: *coexistir con otros.* FAM. Coexistencia. EXISTIR.

cofa (del ár. *quffa*, canasto) *s. f.* Plataforma colocada en el palo de un barco y que sirve como atalaya, para maniobrar las velas altas y otros usos.

cofia (del lat. tardío *cofia*) *s. f.* **1.** Tocado femenino que recoge el pelo: *cofia de enfermera.* **2.** Extremo duro o casquete que protege la punta de la raíz. **3.** Cubierta membranosa de algunas semillas.

cofrade (del lat. *cum*, con, y *frater*, hermano) *s. m.* y *f.* Persona que pertenece a una cofradía. SIN. Hermano.

cofradía (de *cofrade*, y éste del lat. *cum*, con, y *frater*, hermano) *s. f.* Asociación de personas, especialmente con carácter piadoso o profesional: *cofradía del Santísimo, cofradía de pescadores.* SIN. Hermandad, congregación, gremio. FAM. Cofrade.

cofre (del fr. *coffre*) *s. m.* Arca o caja para guardar cosas. SIN. Baúl, arcón. FAM. Encofrar.

cogedor *s. m.* Utensilio en forma de pala o de cajón, provisto de un mango, para recoger basura, carbón, ceniza, etc. SIN. Recogedor.

coger (del lat. *colligere*) *v. tr.* **1.** Asir, agarrar, sujetar, tomar: *coger un niño en brazos, coger un desvío.* También *v. prnl.*: *cogerse los rulos, cogerse de la mano.* **2.** Recoger, juntar cosas: *coger la aceituna.* **3.** Atraer, retener: *coger polvo.* **4.** Apoderarse de alguien o algo: *Cogieron a los culpables. Siempre me coge el tabaco.* **5.** Adquirir, contraer o padecer lo que indica el complemento: *coger fuerzas, coger un catarro.* También *v. prnl.*: *Se cogió una borrachera.* **6.** Alcanzar: *Le cogí ya cerca de su casa.* **7.** Atropellar a alguien un vehículo: *Le cogió una moto.* **8.** Herir o enganchar el toro con los cuernos: *El toro cogió al caballo.* **9.** Percibir, captar, recibir: *No cojo el sentido de tus palabras. Este televisor coge muchos canales. No sé cómo cogerá la noticia.* **10.** Descubrir, sorprender: *Le cogí en una mentira.* **11.** Montarse en un vehículo: *coger el autobús.* **12.** Suceder algo a alguien en determinadas circunstancias: *Me cogió la lluvia en la calle.* **13.** Encontrar de cierta forma, abordar: *Le has cogido en mal momento.* **14.** Aceptar: *Decidí coger el empleo.* **15.** Contratar, alquilar: *coger servicio, coger un apartamento.* **16.** Conseguir: *coger hora para el médico.* **17.** Incorporarse a algo en un momento determinado: *Cogí la película ya empezada.* **18.** Emprender o retomar: *He cogido el curso con más ganas.* **19.** Abarcar, ocupar: *El mantel coge toda la mesa.* **20.** Seguido de la conjunción *y* y de un verbo pronominal, realizar resueltamente lo que éste indica: *Si no me gusta, cojo y me voy.* **21.** *Amér. vulg.* Poseer sexualmente. || *v. intr.* **22.** Caber, tener capacidad: *El armario no coge en tan poco espacio. En el coche cogemos todos.* **23.** Hallarse, estar situado: *Eso coge al otro extremo de la ciudad.* **24.** Prender, arraigar: *La planta ha cogido bien.* || LOC. **co-**

ger a uno **de nuevas** una cosa Extrañarle por no tener noticia alguna de ella. **cogerla** *fam.* Emborracharse. **cogerla con** uno *fam.* Tomarle manía u ojeriza. ■ Delante de *a* y *o* se escribe *j* en lugar de *g*: *cojan.* SIN. **1.** Empuñar, abrazar(se), abarcar, estrechar(se), aferrar(se), sujetar(se). **2.** Recolectar, cosechar. **2.** a **10.** Pescar. **4.** a **13.** Pillar. **7.** Arrollar. **8.** Empitonar. **9.** Comprender, cazar. **22.** Entrar. ANT. **1.** Soltar(se), dejar(se), desasir(se). **3.** Repeler. **4.** Liberar. **11.** Apearse. **14.** Reusar, rechazar. **15.** Despedir. **18.** Abandonar. FAM. Cogedor, cogido. / Acoger, encoger, escoger, recoger, sobrecoger.

cogestión *s. f.* Participación conjunta de todas las personas implicadas en la organización y dirección de algo, p. ej. de los directivos y trabajadores en la administración de una empresa.

cogido, da 1. *p.* de **coger**. También *adj.* || *adj.* **2.** Obligado a hacer determinada cosa: *Hará lo que le digamos porque le tenemos bien cogido.* || *s. m.* **3.** Sujeción o pliegue en la tela de un vestido, en una cortina, etc. || *s. f.* **4.** Acción de coger, en especial el toro. SIN. **2.** Atrapado, amarrado.

cognación (del lat. *cognatio, -onis*) *s. f.* Parentesco por línea femenina y, p. ext., cualquier otro parentesco.

cognición (del lat. *cognitio, -onis*) *s. f.* Conocimiento, acción de conocer. ■ Es palabra de uso culto. FAM. Cognitivo, cognoscible, cognoscitivo. / Precognición. CONOCER.

cognoscible (del lat. *cognoscibilis*, de *cognoscere*, conocer) *adj.* Que se puede conocer. SIN. Conocible. ANT. Incognoscible. FAM. Incógnito, incognoscible. COGNICIÓN.

cognoscitivo, va (del lat. *cognoscere*, conocer) *adj.* Relacionado con la capacidad de conocer.

cogollo (del lat. *cucullus*, capullo) *s. m.* **1.** Parte interior de las hortalizas, como el repollo o la lechuga. **2.** Brote de un vegetal. **3.** Lo mejor, lo más selecto: *A la fiesta invitó al cogollo de sus amigos.* **4.** Parte central, núcleo: *el cogollo de un asunto.* SIN. **2.** Yema. **3.** Crema, élite. **4.** Meollo, fondo.

cogorza *s. f. fam.* Borrachera*.

cogotazo *s. m.* Golpe dado con la mano en el cogote: *Aquel maestro daba buenos cogotazos cuando te equivocabas.* SIN. Pescozón.

cogote *s. m.* Parte posterior y superior del cuello. SIN. Occipucio, nuca, cerviz. FAM. Cogotazo, cogotera, cogotudo. / Acogotar.

cogotera *s. f.* Prenda que protege del sol el cogote.

cogotudo, da *adj.* **1.** Que tiene el cogote muy grueso. || *s. m.* y *f.* **2.** *Amér. del S.* Nuevo rico.

cogulla (del lat. *cuculla*) *s. f.* Hábito de ciertos monjes, generalmente con capucha.

cohabitar (del lat. *cohabitare*) *v. intr.* **1.** Convivir: *En el edificio cohabitaban varias familias.* **2.** Hacer vida marital el hombre y la mujer. SIN. **1.** Coexistir. **2.** Amancebarse. FAM. Cohabitación. HABITAR.

cohecho (de *cohechar*, del lat. vulg. *confectare*, arreglar, del lat. *conficere*) *s. m.* Soborno a un juez o funcionario público. SIN. Corrupción. FAM. Cohechar.

coherencia (del lat. *cohaerentia*) *s. f.* **1.** Armonía o relación lógica de una cosa con otra, de forma que no haya entre ellas contradicciones: *coherencia entre las palabras y los actos.* **2.** Cohesión, atracción de las moléculas de un cuerpo. SIN. **1.** Congruencia, consecuencia, adecuación, conformidad, consonancia. ANT. **1.** Incoherencia, incongruencia. FAM. Coherente, cohesión. / Incoherencia.

cohesión (del lat. *cohaesum*, de *cohaerere*, estar unido) *s. f.* **1.** Unión de personas o cosas entre sí: *En esa familia reina una gran cohesión.* **2.** Atracción recíproca de las moléculas de una misma sustancia, especialmente referida a los fluidos. SIN. **1.** Coherencia, consistencia. **2.** Adherencia. ANT. **1.** y **2.** Disgregación, desunión. FAM. Cohesionar, cohesivo. COHERENCIA.

cohesionar *v. tr.* Unir, proporcionar cohesión: *La coincidencia de objetivos contribuyó a cohesionar a los miembros del grupo.* También *v. prnl.*

cohete (del cat. *coet*) *s. m.* **1.** Fuego de artificio consistente en un cartucho cargado de pólvora, que sube impulsado por la combustión de ésta y estalla en el aire. **2.** Artificio volador que se mueve por propulsión a chorro, como los misiles o los usados en lanzamientos espaciales. FAM. Cohetería, cohetero. / Lanzacohetes.

cohibir (del lat. *cohibere*) *v. tr.* Reprimir la voluntad, acciones, impulsos, etc., de una persona: *Le cohibe hablar en público.* También *v. prnl.* ■ En cuanto al acento, se conjuga como *prohibir.* SIN. Coartar, restringir, refrenar. ANT. Desahogar, permitir, estimular. FAM. Cohibición, cohibido.

cohombro (del ant. *cogombro* y éste del lat. *cucumis, -eris*) *s. m.* **1.** Variedad del pepino de fruto largo y torcido; este mismo fruto. || **2. cohombro de mar** Equinodermo de cuerpo alargado, piel coriácea y tentáculos alrededor de la boca.

cohonestar (del lat. *cohonestare*) *v. tr.* Dar apariencia de bueno o justo a lo que no lo es: *Cohonestaba sus negocios ilegales con una imagen de honradez.* SIN. Simular, disfrazar, encubrir.

cohorte (del lat. *cohors, -ortis*) *s. f.* **1.** División de la legión romana, formada por varias centurias. **2.** Grupo, conjunto, serie, especialmente de personas: *una cohorte de seguidores.* SIN. **2.** Tropa, multitud, número.

coima[1] (del ár. *quwaima*, muchacha) *s. f.* Concubina*.

coima[2] (del port. *coima*, multa) *s. f.* **1.** Comisión que recibe el encargado de una timba o garito. **2.** *Amér. del S.* Dinero con que se soborna a un funcionario público.

coincidir (del lat. *cum*, con, e *incidere*, caer en, acaecer) *v. intr.* **1.** Estar de acuerdo o ser iguales dos o más personas o cosas: *Coincidimos en gustos. Ambas fotografías coinciden.* **2.** Ajustar una cosa con otra: *Las piezas coinciden.* **3.** Tener lugar varias cosas a un mismo tiempo o en un mismo sitio: *Tu viaje coincidió con el mío.* **4.** Encontrarse dos o más personas en un mismo lugar: *Coincidieron en el teatro.* SIN. **1.** Concordar, convenir. **2.** Casar, encajar. **4.** Concurrir. ANT. **1.** Diverger; discrepar. FAM. Coincidencia, coincidente. INCIDIR[1].

coiné *s. f.* Koiné*.

coipo *s. m. Arg., Chile* y *Urug.* Mamífero roedor parecido al castor que habita en ríos y lagunas de Amér. del S.; su piel es muy apreciada en peletería.

coito (del lat. *coitus*) *s. m.* Unión sexual de los animales superiores y particularmente del hombre y la mujer. SIN. Cópula; apareamiento.

coitus interruptus (lat.) *expr.* Método anticonceptivo que consiste en interrumpir el coito antes de que se produzca la eyaculación. ■ Se usa como *s. m.*

cojear *v. intr.* **1.** Andar defectuosamente o con dificultad a causa de alguna lesión, deformidad, enfermedad, etc.: *El caballo cojea de una pata.* **2.** Moverse un mueble por no asentar bien en el suelo: *La mesa cojea.* **3.** Tener algún defecto o vicio: *cojear en ciencias.* || LOC. **cojear del mismo pie** dos o más personas *fam.* Tener los mismos defectos. **saber de qué pie cojea** alguien *fam.* Conocer sus defectos. **SIN. 1.** Renquear.

cojera *s. f.* Forma defectuosa de andar debida a una lesión o dolencia.

cojín (del lat. vulg. *coxinum*, de *coxa*, cadera) *s. m.* Especie de bolsa rellena de material esponjoso que sirve para sentarse o apoyarse sobre ella. **SIN.** Almohadón. **FAM.** Cojinete.

cojinete *s. m.* **1.** Almohadilla. **2.** Pieza de hierro que sujeta los carriles a las traviesas en el ferrocarril. **3.** Pieza que sirve de apoyo al eje giratorio de una rueda o máquina.

cojitranco, ca *adj. fam. desp.* Cojo. También *s. m.* y *f.*

cojo, ja (del lat. *coxus*) *adj.* **1.** Que cojea: *Está cojo por una caída. Esta mesa está coja.* También *s. m.* y *f.* **2.** Que le falta una pierna o pata. **3.** Se dice del razonamiento, frase, verso, que resulta incompleto, imperfecto. || LOC. **a la pata coja** *adv.* Dando saltos sobre una pierna y llevando la otra encogida. **SIN. 1.** Cojitranco, renco. **FAM.** Cojear, cojera, cojitranco. / Paticojo.

cojón (del lat. *coleo*) *s. m. vulg.* Testículo*. ■ Se usa también en pl. como interj. malsonante. **FAM.** Cojonudo, cojudo. / Acojonar, descojonarse.

cojonudo, da *adj.* **1.** *vulg.* Estupendo, excelente. **2.** *vulg.* Decidido, valiente.

cojudo, da (del lat. *coleus*, testículo) *adj. Amér. del S. vulg.* Imbécil, tonto. **FAM.** Cojudez.

col (del lat. *caulis*, tallo) *s. f.* Planta hortícola de la familia de las crucíferas, de tallo grueso, hojas anchas y radiales, flores blancas o amarillas y semillas muy pequeñas y lisas, de la que existen muchas variedades, todas ellas comestibles, como el repollo, la lombarda o las coles de Bruselas, de pequeño tamaño y cogollo muy apretado. **FAM.** Coliflor.

cola[1] (del lat. *cauda*) *s. f.* **1.** Extremidad posterior de muchos animales, que prolonga a veces la columna vertebral. **2.** Extremo o parte posterior de alguna cosa: *la cola de un avión, de la manifestación.* **3.** Prolongación de alguna cosa: *la cola de un vestido, de un cometa.* **4.** Hilera de personas o vehículos que esperan turno para algo: *Había mucha cola para comprar las entradas.* **5.** Conjunto de huellas, consecuencias, etc., que deja un suceso: *traer, tener cola.* **6.** Coleta en la parte posterior de la cabeza. **7.** *fam.* Pene. || **8. cola de caballo** Planta propia de los lugares húmedos, cuyos tallos acaban en un penacho de hojas finas y largas; también, coleta en la parte posterior de la cabeza. **SIN. 1.** Rabo. **2.** Final, fin. **4.** Fila. **ANT. 2.** Cabeza, principio. **FAM.** Colear, coleta, colilla, colín, colista. / Caudal[2], coda[1].

cola[2] (del lat. *colla*, y éste del gr. *kolla*) *s. f.* **1.** Pasta adhesiva. || **2. cola de pescado** Gelatina fabricada con pieles y despojos de pescados y, especialmente, con la vejiga natatoria del esturión, a la que se le dan numerosos usos. **SIN. 1.** Goma, pegamento. **FAM.** Colágeno, coloide. / Encolar.

cola[3] (voz africana) *s. f.* **1.** Árbol del África ecuatorial, de cuyas semillas se extraen sustancias medicinales con propiedades excitantes. **2.** Fruto de estos árboles, llamado también *nuez de cola.* **3.** Refresco elaborado con esas semillas. **FAM.** Coca-cola.

-cola *suf.* **1.** Forma adjetivos. y sustantivos con el significado de 'habitante': *arborícola, cavernícola.* **2.** Forma adjetivos. que expresan relación a algún cultivo o cría: *agrícola, piscícola.*

colaboracionismo *s. m.* Actitud y conducta de apoyo activo a un régimen político que la mayoría de los ciudadanos rechaza, especialmente si se trata de un régimen de ocupación.

colaborar (del lat. *collaborare*, de *cum*, con y *laborare*, trabajar) *v. intr.* **1.** Trabajar con otras personas en una tarea común: *Colaboró conmigo en la encuesta.* **2.** Escribir habitualmente en un periódico o en una revista, sin estar fijo en plantilla: *Colabora en un diario de la capital.* **3.** Contribuir con un donativo a una obra: *Colaboró con generosidad al nuevo asilo de ancianos.* **4.** Ayudar una cosa al logro de otra. **SIN. 1.** Cooperar. **3.** Auxiliar. **4.** Coadyuvar, participar. **FAM.** Colaboración, colaboracionismo, colaboracionista, colaborador. LABORAR.

colacao (nombre comercial registrado) *s. m.* **1.** Preparado de cacao en polvo, soluble. **2.** Leche mezclada con este preparado.

colación (del lat. *collatio, -onis*, de *conferre*, comparar, conferir) *s. f.* **1.** Comida ligera. **2.** Acto de otorgar un beneficio eclesiástico, un título universitario, etc. **3.** Comparación o confrontación de una cosa con otra. || LOC. **sacar** (o **traer**) **a colación** Mencionar a alguien o algo. **SIN. 1.** Refrigerio, tentempié, piscolabis. **3.** Cotejo.

colada *s. f.* **1.** Acción de colar. **2.** Lavado periódico de la ropa de casa: *hacer la colada.* **3.** Conjunto de esa ropa lavada: *tender la colada.* **4.** Operación de sacar el hierro fundido en un alto horno. **5.** Lugar o camino por donde puede pasar el ganado. **6.** Paso estrecho y difícil entre montañas. **7.** Manto de lava que fluye siguiendo la inclinación de la pendiente. **SIN. 5.** Cañada. **6.** Desfiladero.

coladero *s. m.* **1.** Colador*. **2.** Paso estrecho. **3.** Lugar donde es muy fácil colarse. **4.** Entre estudiantes, centro de enseñanza, examen o profesor, con el que se aprueba fácilmente: *Ese instituto es un coladero.*

colado, da 1. *p.* de **colar**. También *adj.* || *adj.* **2.** Se dice del hierro fundido que no ha sido refinado. **3.** *fam.* Muy enamorado: *Está colado por Lola.*

colador *s. m.* Utensilio, especialmente de cocina, que se utiliza para colar los líquidos y que está formado por una tela o por una lámina agujereada. **SIN.** Coladero, filtro, tamiz, cedazo.

coladura *s. f.* **1.** Acción de colar líquidos. **2.** *fam.* Equivocación, desacierto: *una coladura en el control de ciencias.* **SIN. 2.** Error, indiscreción, fallo.

colage *s. m.* Collage*.

colágeno (del gr. *kolla*, cola y *-geno*) *s. m.* Grupo de sustancias proteínicas de ciertos tejidos orgánicos, huesos, cartílagos y tejido conjuntivo, de las que, por cocción, se obtiene la gelatina.

colapsar *v. tr.* Producir un bloqueo que impide la circulación o el buen funcionamiento de algo: *El trombo colapsó la arteria. El accidente colapsó la autopista. La bajada de los tipos de interés puede colapsar la Bolsa.* También *v. prnl.*: *La autopista se colapsa todas las mañanas.* **SIN.** Bloquear; detener, paralizar.

colapso (del lat. *collapsus*, de *collabi*, caer, arruinarse) *s. m.* **1.** Postración o debilitamiento brusco y extremo de una persona con fallo de las funciones del corazón. **2.** Paralización o disminución importante de cualquier actividad: *Se ha* *producido un colapso en las ventas.* **3.** Alteración, destrucción o ruina de una institución, empresa, sistema, etc. **SIN. 1.** Síncope. **FAM.** Colapsar. LAPSO.

colar (del lat. *colare*) *v. tr.* **1.** Hacer pasar un líquido por una tela, filtro o utensilio apropiado para separar las partículas sólidas o las impurezas. **2.** *fam.* Dar o pasar mediante engaño una cosa falsa, ilegal o sin validez: *Coló una entrada del día anterior. Colaron el vídeo por la aduana.* **3.** *fam.* Hacer creer a alguien una cosa falsa: *Le han colado una historia increíble.* **4.** *fam.* Introducir una cosa en el interior de otra o hacer que pase a través de ella: *Ha colado el balón en la portería.* También *v. prnl.*: *La luz se colaba por las rendijas.* || *v. intr.* **5.** *fam.* Ser creída una mentira o aceptado un engaño: *La noticia coló.* || **colarse** *v. prnl.* **6.** *fam.* Introducirse alguien o algo ocultamente en algún sitio: *colarse en el cine.* **7.** *fam.* Saltarse uno o más turnos en una cola. **8.** *fam.* Equivocarse, meter la pata: *Se coló en el examen.* **9.** *fam.* Estar muy enamorado: *colarse por una mujer.* ■ Es v. irreg. Se conjuga como *contar.* **SIN. 1.** Filtrar, tamizar. **8.** Confundirse, marrar, desbarrar. **9.** Prendarse, chiflarse. **FAM.** Colada, coladero, colado, colador, coladura. / Recolar, recuelo.

colateral (del lat. *collateralis*) *adj.* **1.** Se dice de las cosas que están a uno y otro lado de otra principal: *una calle colateral.* **2.** Se aplica al pariente que no lo es por línea directa. También *s. m.* y *f.* **SIN. 1.** Lateral, adyacente.

colcha (del lat. *culcita*, colchón) *s. f.* Cobertura sobre la cama que sirve de adorno y también de abrigo. **SIN.** Cobertor, cubrecama. **FAM.** Colchón. / Acolchar.

colchón (de *colcha*) *s. m.* **1.** Especie de saco plano, cerrado por todos sus lados y relleno de gomaespuma, lana, etc., que generalmente está provisto de muelles, y se pone en la cama o en cualquier otro sitio para acostarse sobre él. **2.** Capa hueca y esponjosa de alguna sustancia que cubre una superficie: *Cayó sobre un colchón de hojas.* || **3. colchón de aire** Capa de aire sobre la que se apoyan en su desplazamiento ciertos vehículos, como el aerodeslizador y el aerotrén. **SIN. 1.** Colchoneta, jergón. **FAM.** Colchonería, colchonero, colchoneta. COLCHA.

colchonero, ra *s. m.* y *f.* **1.** Persona que se dedica por oficio a hacer o vender colchones. **2.** Hincha del Atlético de Madrid. También *adj.*

colchoneta *s. f.* **1.** Colchón delgado. || **2. colchoneta neumática** La que se llena de aire y tiene una cubierta de tela recauchutada o de material plástico.

cole *s. m. acort.* de **colegio.**

colear *v. intr.* **1.** Mover con frecuencia la cola. **2.** Durar todavía las consecuencias de algo: *colear un asunto.* || *v. tr.* **3.** En las corridas de toros, agarrar al toro por el rabo, tirando con fuerza. **4.** *Amér.* Derribar el jinete una res tirándola de la cola.

colección (del lat. *collectio, -onis*) *s. f.* **1.** Conjunto de cosas pertenecientes a una misma clase reunidas, generalmente, siguiendo algún tipo de orden o criterio: *colección de sellos.* **2.** Serie de obras que se editan bajo un mismo epígrafe y comparten una serie de características comunes: *La editorial ha publicado una colección de cuentos.* **3.** Conjunto de creaciones de un diseñador o de una firma, especialmente las que se presentan para una temporada: *colección primavera-verano.* **4.** Gran cantidad o número: *una colección de errores.* **SIN. 1.** Recopilación, repertorio, selección, antología. **4.** Montón, multitud, cúmulo. **FAM.** Coleccionable, coleccionar, coleccionismo, coleccionista, colecta, colectivo. / Recolectar.

coleccionable *s. m.* Conjunto de fascículos de aparición periódica: *Parece bastante bueno el último coleccionable de arte de ese periódico.* También *adj.*

coleccionar *v. tr.* Formar una colección de algo. **SIN.** Recopilar, reunir.

coleccionista *s. m.* y *f.* Persona que por gusto o lucro colecciona cosas.

colecta (del lat. *collecta*, de *colligere*, recoger) *s. f.* Recaudación de dinero u otros donativos, generalmente para fines benéficos: *una colecta para la Cruz Roja.* **SIN.** Cuestación, postulación. **FAM.** Colectar, colector. COLECCIÓN.

colectivero *s. m. Amér.* Conductor de colectivo o autobús pequeño.

colectividad *s. f.* **1.** Grupo social al que alguien pertenece, conjunto de personas que tienen un fin común: *Lo hizo en interés de la colectividad.* **2.** Totalidad de los seres humanos: *la colectividad humana.* **SIN. 1.** Comunidad, corporación, sociedad. **2.** Humanidad. **ANT. 1.** y **2.** Individualidad.

colectivismo *s. m.* Doctrina y sistema político-económico en el cual la actividad productiva debe estar controlada por la gestión colectiva y no por la iniciativa privada de los individuos.

colectivizar *v. tr.* Transformar lo individual en colectivo: *colectivizar una industria.* ■ Delante de *e* se escribe *c* en lugar de *z*: *colectivice.* **FAM.** Colectivización. COLECTIVO.

colectivo, va (del lat. *collectivus*) *adj.* **1.** De una colectividad o grupo: *intereses colectivos, transportes colectivos.* **2.** Hecho por varios: *un trabajo colectivo.* **3.** Se dice del sustantivo que en sing. significa pluralidad, conjunto de personas, animales o cosas, como *ejército, rebaño, bosque, maquinaria.* || *s. m.* **4.** Grupo de personas con fines o intereses comunes: *el colectivo de médicos.* **5.** *Amér.* Microbús. || **6. billete colectivo** En medios de transporte, el que se da a precio reducido para un grupo de personas que viajan conjuntamente. **SIN. 1.** Común, comunitario, social, corporativo. **2.** Conjunto. **ANT. 1.** Individual, singular. **FAM.** Colectivamente, colectivero, colectividad, colectivismo, colectivista, colectivizar. COLECCIÓN.

colector, ra (del lat. *collector, -oris*) *adj.* **1.** Que colecta o recoge. || *s. m.* **2.** Canal o conducto que recoge las aguas, materiales, etc., que transportan otros.

colédoco (del gr. *kholedokhos*, que contiene bilis) *adj.* Se dice del conducto biliar formado por la unión de los conductos cístico y hepático y que desemboca en el duodeno. También *s. m.*

colega (del lat. *collega*) *s. m.* y *f.* **1.** Persona que tiene la misma profesión u ocupación que otra. **2.** *fam.* Compañero, amigo. **SIN. 2.** Camarada.

colegiado, da 1. *p.* de **colegiarse.** || *adj.* **2.** Que pertenece a un colegio profesional: *médico colegiado.* También *s. m.* y *f.* **3.** Se aplica al órgano constituido por varias personas: *tribunal colegiado.* || *s. m.* **4.** En dep. como el fútbol, el baloncesto, etc., árbitro: *El colegiado fue imparcial.*

colegial, la (del lat. *collegialis*) *adj.* **1.** Del colegio de enseñanza o del colegio profesional: *uniforme* *colegial, escudo colegial.* || *s. m.* y *f.* **2.** Estudiante de un colegio. **3.** *fam.* Persona inexperta, tímida. SIN. **2.** Alumno, escolar, discípulo.

colegiarse *v. prnl.* **1.** Formar colegio las personas de una misma profesión o clase. **2.** Inscribirse en un colegio profesional.

colegiata (del lat. *collegiata*) *s. f.* Iglesia colegial, que posee un cabildo.

colegio (del lat. *collegium*) *s. m.* **1.** Establecimiento dedicado a la enseñanza. **2.** P. ext., clase: *Mañana no hay colegio.* ■ Entre colegiales es frecuente la apóc. *cole.* **3.** Agrupación de personas que pertenecen a una misma profesión: *el colegio de arquitectos.* || **4. colegio electoral** Conjunto de electores de un distrito; también, lugar donde se reúnen. **5. colegio mayor** Residencia de estudiantes universitarios. SIN. **1.** Escuela, liceo, instituto, academia. **3.** Corporación. FAM. Cole, colega, colegiado, colegial, colegiarse, colegiata.

colegir (del lat. *colligere*, de *cum*, con, y *legere*, coger) *v. tr.* Deducir una cosa de otra: *Por su aspecto colegí que no tenía nada grave.* ■ Es v. irreg. Se conjuga como *regir.* SIN. Inferir, inducir, conjeturar.

colémbolo *adj.* **1.** Se dice de unos insectos de pequeño tamaño, que carecen de alas y tienen el cuerpo generalmente cubierto de escamas y pelos y el abdomen dividido en seis segmentos. Viven sobre las plantas y en el suelo. También *s. m.* || *s. m. pl.* **2.** Orden de estos insectos.

cóleo *s. m.* Planta herbácea ornamental, de hojas dentadas y flores pequeñas que forman racimos. Crece en las regiones cálidas de Eurasia, África y Australia.

coleóptero (del gr. *koleopteros*, de *koleos*, vaina, y *pteron*, ala) *adj.* **1.** Se dice del insecto provisto de un primer par de alas duras, élitros, que envuelven al segundo par, membranoso y plegado en forma de abanico, utilizado para el vuelo; está dotado de boca masticadora, antenas en la cabeza y dos ojos compuestos, como p. ej. el escarabajo y la mariquita. También *s. m.* || *s. m. pl.* **2.** Orden constituido por estos insectos.

cólera (del lat. *cholera*, y éste del gr. *kholera*, de *khole*, bilis) *s. f.* **1.** Enfado muy violento: *La cólera le puso fuera de sí.* || *s. m.* **2.** Enfermedad epidémica e infecciosa que se transmite a través de las aguas contaminadas y produce dolores abdominales, vómitos y diarrea, que pueden causar la muerte por deshidratación. || LOC. **montar en cólera** Encolerizarse, enfadarse mucho. SIN. **1.** Enojo, furor, ira, furia, rabia. ANT. **1.** Paciencia, tranquilidad. FAM. Colérico. / Encolerizar.

colesterol (del gr. *khole*, bilis, y *stereos*, sólido) *s. m.* Sustancia de origen graso que se sintetiza en el hígado y los intestinos y se ingiere con los alimentos; puede producir arteriosclerosis al depositarse en las paredes de los vasos sanguíneos.

coleta *s. f.* Peinado que recoge el pelo con una cinta, pasador, etc., dejándolo caer suelto. || LOC. **cortarse la coleta** Retirarse el torero de su profesión; p. ext., abandonar cualquier otra profesión. FAM. Coletazo, coletilla. COLA[1].

coletazo *s. m.* **1.** Golpe dado con la cola: *los coletazos de los peces.* **2.** Última manifestación de algo próximo a terminarse. Se usa sobre todo en *pl.*: *los coletazos de una moda.*

coletilla *s. f.* **1.** *dim.* de **coleta**. **2.** Breve añadido al final de un escrito o discurso: *una coletilla explicativa.* **3.** Expresión, palabra, etc., que, como apoyo o por costumbre, se repite insistentemente durante la conversación. SIN. **2.** Apostilla, apéndice. **3.** Muletilla.

coleto (del ital. *colletto*, y éste del lat. *collum*, cuello) *s. m.* **1.** *fam.* Cuerpo humano. **2.** *fam.* Interior de la persona: *decir alguien una cosa para su coleto.* || LOC. **echarse** algo **al coleto** *fam.* Comerlo o beberlo; también, acabar algo rápidamente: *Se echó la copa al coleto. Se echó al coleto el novelón en dos días.*

colgado, da **1.** *p.* de **colgar**. También *adj.* || *adj.* **2.** *fam.* Se dice de la persona burlada o frustrada en sus esperanzas y deseos: *Sin los apuntes está colgado.* **3.** Que depende o está totalmente pendiente de algo: *colgado de su belleza, colgado con el tabaco.* **4.** *fam.* Que se encuentra sin dinero, sin amigos, etc.: *Como soy nuevo en la ciudad, estoy un poco colgado.* **5.** *argot* Que está bajo los efectos de una droga. También *s. m.* y *f.*

colgador *s. m.* Utensilio que sirve para colgar ropa u otros objetos. SIN. Percha.

colgadura *s. f.* Conjunto de telas que cubren y adornan las paredes o balcones de un edificio. Se usa sobre todo en *pl.*

colgajo *s. m.* **1.** Cualquier cosa que cuelga, en especial un trapo o andrajo: *El pañuelo era un colgajo.* **2.** Racimo de frutas que se cuelga para que se sequen. SIN. **1.** Pingo, pingajo.

colgante *adj.* **1.** Que cuelga: *puente colgante.* || *s. m.* **2.** Joya de adorno que pende o cuelga.

colgar (del lat. *collocare*, colocar) *v. tr.* **1.** Sujetar una cosa a otra de forma que la mayor parte de ella quede libre o suelta, sin que toque el suelo: *colgar un cuadro en la pared.* También *v. intr.*: *La bandera colgaba del asta.* **2.** *fam.* Ahorcar. También *v. prnl.* **3.** Atribuir algo a una persona: *Le colgaron el robo.* **4.** Abandonar una profesión o actividad: *colgar los estudios.* **5.** Interrumpir una comunicación telefónica: *Colgó el auricular.* También *v. intr.* || *v. intr.* **6.** Depender de la voluntad o decisión de alguien. **7.** *fam.* No superar un examen o prueba: *Le colgaron en matemáticas.* **8.** Ser desiguales los bordes de una prenda: *La falda le colgaba por delante.* || **colgarse** *v. prnl.* **9.** *fam.* Interrumpirse las tareas o la comunicación de un sistema informático. **10.** *fam.* Depender de la droga y, p. ext., de otras cosas. ■ Delante de *e* se escribe *gu* en lugar de *g.* Es v. irreg. Se conjuga como *contar.* SIN. **1.** Pender. **1.** y **7.** Suspender. **3.** Imputar, achacar, cargar. **4.** Dejar. **5.** Cortar. **7.** Catear. ANT. **1.** Descolgar. **7.** Aprobar. FAM. Colgado, colgador, colgadura, colgajo, colgante, cuelgue. / Descolgar.

colibacilo (del gr. *kolon*, colon, y *bacilo*) *s. m.* Bacteria de forma de bastón que vive como comensal en el intestino del hombre y muchos animales.

colibrí (voz caribe) *s. m.* Ave tropical americana muy pequeña (5 cm en ocasiones), que tiene el pico largo y estrecho, plumaje vistoso y lengua tubular extensible. Al volar agita las alas velozmente y es capaz de detenerse en vuelo. Se alimenta del néctar de las flores y se le conoce también con el nombre de *pájaro mosca.* ■ Su pl. es *colibríes*, aunque también se utiliza *colibrís.*

cólico (del lat. *colicus*) *s. m.* Trastorno acompañado de un dolor agudo producido por contracciones espasmódicas del colon (cólico intestinal), de los uréteres o la vejiga de la orina (cólico nefrítico) o de la vesícula biliar (cólico hepático).

coliflor *s. f.* Variedad de col que durante el primer año de su ciclo biológico acumula sustancias de reserva en la yema, la cual se transforma en una masa blanca llamada pella y constituye la parte comestible de la planta.

coligarse (del lat. *colligare*, de *cum*, con, y *ligare*, atar) *v. prnl.* Unirse o asociarse para un fin común: *Los partidos de centro se coligaron.* ■ Se construye con la prep. *con*. Delante de *e* se escribe *gu* en lugar de *g*: *se coaligue*. Se dice también *coaligar*. **SIN.** Aliarse, vincularse. **FAM.** Coligación, coligado. LIGAR.

coligüe (del araucano *culiu*) *s. m. Arg.* y *Chile* Planta gramínea trepadora, de madera dura, cuyo fruto es comestible para personas y ganado.

colilla *s. f.* Extremo o punta del cigarro que ya no se fuma.

colimbo (del lat. *colymbus*) *s. m.* Ave palmípeda de pico comprimido lateralmente, alas cortas y cuerpo voluminoso y de color oscuro con pintas blancas. Vive en las costas de regiones frías y se alimenta de peces.

colín, na *adj.* **1.** Se dice de los animales, especialmente de los caballos, que tienen la cola cortada. || *s. m.* **2.** Barrita de pan del grosor de un dedo.

colina (del lat. *collina*) *s. f.* Elevación del terreno, menor que la de un monte, de forma suave y ondulada. **SIN.** Altozano, cerro.

colindar *v. intr.* Tener un país, pueblo, casa, campo, terreno, etc., un límite común con otro: *Su finca colinda con la mía.* **SIN.** Lindar, limitar, rayar. **ANT.** Distar. **FAM.** Colindante. LINDAR.

colirio (del lat. *collyrium*, y éste del gr. *kollyrion*) *s. m.* Medicamento de acción local, que se emplea en ciertas enfermedades de los ojos.

coliseo (del ital. *colosseo*) *s. m.* Cine o teatro de alguna importancia.

colisión (del lat. *collisio, -onis*, de *collidere*, chocar) *s. f.* **1.** Choque de dos cuerpos: *una colisión de vehículos.* **2.** Encuentro violento entre dos grupos de personas: *una colisión entre bandas rivales.* **3.** Contraposición de ideas, actitudes o personas, etc. **SIN. 1.** Encontronazo, golpe, topetazo. **2.** Enfrentamiento, agarrada. **3.** Conflicto. **ANT. 3.** Acuerdo, concordia. **FAM.** Colisionar.

colisionar *v. intr.* **1.** Chocar violentamente un cuerpo con otro: *El turismo colisionó contra un árbol.* **2.** Encontrarse bruscamente dos ideologías contrarias: *Los intereses de ambas compañías colisionaron entre sí.* **SIN. 1.** Estrellarse. **2.** Confrontar, enfrentarse.

colista *adj.* Que va en el último lugar de una clasificación: *El equipo colista de la liga.* También *s. m.* y *f.*

colitis *s. f.* Inflamación del colon producida por infección o por enfermedad crónica. ■ No varía en *pl.* **FAM.** Enterocolitis. COLON.

collado (del lat. *collis*, colina) *s. m.* **1.** Pequeña elevación de terreno. **2.** Depresión suave por donde se atraviesa fácilmente una sierra. **SIN. 1.** Cerro, colina, montículo, otero. **2.** Paso, puerto.

collage (fr.) *s. m.* **1.** Composición pictórica realizada por el procedimiento de pegar sobre el lienzo o tabla diversos materiales, especialmente papeles. **2.** Técnica con que se realizan estas composiciones.

collar (del lat. *collare*, de *collum*, cuello) *s. m.* **1.** Adorno que rodea el cuello sin ceñirlo: *un collar de esmeraldas.* **2.** Objeto que se pone alrededor del cuello de animales como el perro. **3.** Insignia de algunas magistraturas, dignidades u órdenes: *el collar de la orden de Isabel la Católica.* **4.** Banda de plumas de distinto color que tienen algunas aves alrededor del cuello. **5.** Cualquier pieza alrededor de un objeto, en especial si éste es circular. **SIN. 2.** Collera. **5.** Abrazadera, anilla. **FAM.** Collarín, collarino, collera, collerón. CUELLO.

collarín *s. m.* **1.** *dim.* de **collar**. **2.** Aparato ortopédico, en forma de collar ancho y ajustado al cuello, para mantenerlo en su posición normal. **3.** Etiqueta en el cuello de algunas botellas.

collarino (del ital. *collarino*) *s. m.* Pequeña moldura generalmente curvilínea, que rodea la parte superior del fuste de una columna, pilastra, pedestal, etc.

colleja (del lat. *cauliculus*, de *caulis*, tallo) *s. f. fam.* Palmada que se da en la parte de atrás del cuello.

collera *s. f.* **1.** Collar de cuero o lona, relleno de paja, borra, etc., que se pone a las caballerías y bueyes, para sujetar a él los arreos. **2.** *Amér.* Pareja. **3.** *Arg.* Gemelos para los puños de las camisas, o cualquier otro par de objetos iguales.

collerón *s. m.* Collera adornada que se usa para los caballos que tiran de los coches y carrozas.

collie (ingl.) *adj.* Se dice de una raza de perro pastor escocés que se caracteriza por tener el hocico alargado.

colmado, da 1. *p.* de **colmar**. || *adj.* **2.** Que está lleno de algo: *un vaso colmado de vino.* || *s. m.* **3.** Establecimiento o tienda de comestibles. **4.** Figón, taberna. **SIN. 2.** Repleto, completo, abarrotado, henchido. **ANT. 2.** Vacío.

colmar (del lat. *cumulare*, amontonar) *v. tr.* **1.** Llenar algo hasta los bordes: *colmar un depósito, una copa.* **2.** Dar con abundancia: *colmar de atenciones.* **3.** Satisfacer plenamente. **SIN. 1.** Abarrotar, saturar, atestar. **ANT. 1.** Vaciar. **FAM.** Colmadamente, colmado. COLMO.

colmena *s. f.* **1.** Lugar o recipiente en el que viven las abejas y donde fabrican los panales de miel. **2.** Conjunto de abejas que habitan en él. **3.** Aglomeración de personas: *El barrio era una colmena.* **FAM.** Colmenar, colmenero.

colmillo *s. m.* **1.** Cada uno de los cuatro dientes puntiagudos que poseen los mamíferos y que están situados entre el último incisivo y el primer molar. Se denominan también *caninos*. **2.** Cada uno de los incisivos prolongados en forma de cuerno que tienen los elefantes en la mandíbula superior. || **LOC. enseñar** a uno **los colmillos** *fam.* Hacerse temer o respetar. **escupir por el colmillo** *fam.* Decir fanfarronadas; también, sentirse superior a los demás. **tener el colmillo retorcido** (o **colmillos retorcidos**) *fam.* Ser uno muy astuto o difícil de engañar. **FAM.** Colmillada, colmillar.

colmo (del lat. *cumulus*, montón) *s. m.* **1.** Porción de alguna cosa que desborda el recipiente: *una copa de helado con colmo.* **2.** Grado más alto a que se puede llegar en una cosa: *el colmo del mal gusto.* **3.** Complemento, añadido: *Para colmo, le tocó la lotería.* || **LOC. ser el colmo** *fam.* Ser una cosa intolerable o sorprendente; aplicado a persona, ser extraordinaria, para bien o para mal. **SIN. 1.** Copete, rebosamiento. **2.** Máximo, súmmum, culminación. **3.** Remate. **FAM.** Colmar.

colocación (del lat. *collocatio, -onis*) *s. f.* **1.** Acción de colocar o colocarse: *la colocación de la primera piedra.* **2.** Situación de personas o cosas: *Me gusta la colocación de esa fuente.* **3.** Empleo, destino: *Tiene una colocación fija.* **SIN. 2.** Emplazamiento, posición. **3.** Cargo, ocupación, puesto.

colocado, da 1. *p.* de **colocar**. También *adj.* || *adj.* **2.** Que tiene empleo. **3.** *argot* Bajo los efectos del alcohol o de la droga. **4.** En hípica, se dice del caballo que queda en segundo lugar. También *s. m.* y *f.*

colocar (del lat. *collocare*) *v. tr.* **1.** Poner a una persona o cosa en su debido lugar, posición u orden: *Colocó los libros en la biblioteca.* También *v. prnl.* **2.** Tratándose de dinero, invertir, emplearlo en algo, especialmente para que produzca beneficio: *Coloca su dinero en acciones.* **3.** Proporcionar a alguien estado o empleo. También *v. prnl.*: *Se colocó en una fábrica.* **4.** Lograr que alguien acepte, compre, escuche, etc., algo que no desea: *colocar un rollo a alguien.* || **colocarse** *v. prnl.* **5.** *argot* Ponerse a tono o eufórico con la bebida o la droga. ■ Delante de *e* se escribe *qu* en lugar de *c*: *coloque.* SIN. **1.** Acomodar, situar, instalar. **3.** Emplear, ocupar. ANT. **1.** Descolocar, desordenar. **3.** Echar, despedir. FAM. Colocación, colocado, colocón. / Descolocar.

colocón *s. m.* **1.** *fam.* Borrachera. **2.** Estado producido por la droga.

colodra *s. f.* **1.** Recipiente de madera que usan los pastores para ordeñar. **2.** Cuerna, vaso hecho con cuerno. FAM. Colodrillo.

colodrillo (de *colodra*) *s. m.* Parte posterior e inferior de la cabeza. SIN. Occipucio, nuca.

colofón (del lat. *colophon, -onis*, y éste del gr. *kolophon*, fin, término) *s. m.* **1.** Anotación que traen algunos libros en la última página, donde se expresan la fecha y otros datos de la impresión. **2.** Complemento final de algo, remate: *Como colofón actuó un conjunto musical.* SIN. **2.** Terminación, culminación, coronación. ANT. **2.** Inicio, introducción. FAM. Colofonia.

colofonia o **colofonía** (del lat. *colophonia*) *s. f.* Resina sólida y translúcida obtenida en la destilación de la trementina del pino y utilizada en cosmética, farmacia, fabricación de aguarrás, etc.

coloide (del gr. *kolla*, cola, y *-oide*) *s. m.* Conjunto de partículas muy pequeñas, sólo visibles al microscopio, que se encuentran en suspensión en un líquido, sin precipitar, gracias a su viscosidad y carga eléctrica. FAM. Coloidal. COLA[2].

colombianismo *s. m.* Vocablo o giro propios del habla de Colombia.

colombiano, na *adj.* De Colombia. También *s. m.* y *f.* FAM. Colombianismo.

colombicultura (del lat. *columba*, paloma, y *-cultura*) *s. f.* Técnica de criar palomas y fomentar su reproducción.

colombino, na *adj.* De Cristóbal Colón o relacionado con él: *los viajes colombinos.* FAM. Precolombino.

colombofilia (del lat. *columba*, paloma, y *-filia*) *s. f.* Afición a criar palomas, especialmente las mensajeras. FAM. Colombófilo. COLUMBINO.

colon (del lat. *colon*, y éste del gr. *kolon*, miembro) *s. m.* Parte del intestino grueso de los mamíferos, situada entre el ciego y el recto. FAM. Cólico, colitis.

colón *s. m.* Unidad monetaria de Costa Rica y El Salvador.

colonato *s. m.* Sistema de explotación o cultivo de tierras por medio de colonos.

colonia[1] (del lat. *colonia*, de *colonus*, labrador) *s. f.* **1.** Territorio ocupado y administrado por un país, situado fuera de sus fronteras. **2.** Grupo de personas que se establecen en un país, territorio, etc., distinto del de procedencia o que no es el suyo: *la colonia italiana en Argentina.* **3.** Lugar donde se establecen: *las colonias fenicias del sur de España.* **4.** Grupo de viviendas: *Vive en una colonia de chalés.* **5.** Grupo de individuos que se establecen en un lugar, por una temporada: *colonia escolar.* **6.** Residencia o campamento veraniego adonde se envía de vacaciones a los niños. **7.** Agrupación de animales que viven juntos, a veces unidos entre sí: *una colonia de corales.* **8.** Agrupación de células animales y vegetales. **9.** *Méx.* Barrio. SIN. **1.** Posesión, dominio. **3.** Asentamiento. FAM. Colonato, coloniaje, colonial, colonialismo, colonizar, colono.

colonia[2] (de la ciudad al. *Colonia*) *s. f.* Agua perfumada por la solución de alcohol y esencias aromáticas que contiene.

coloniaje *s. m. Amér.* Nombre dado al periodo colonial español en algunos países de América.

colonial *adj.* **1.** De una colonia o territorio sometido a otro país. || *s. m. pl.* **2.** Artículos alimenticios procedentes de las colonias y, p. ext., cualesquiera comestibles. SIN. **2.** Ultramarinos. FAM. Hispanocolonial. COLONIA[1].

colonialismo *s. m.* **1.** Conjunto de acciones por las que una nación o metrópoli ocupa y mantiene sometido a su poder político a un país extranjero o territorio fuera de sus fronteras. **2.** Teoría que defiende esta actuación. SIN. **1.** y **2.** Imperialismo, expansionismo. FAM. Colonialista. / Neocolonialismo. COLONIA[1].

colonizar *v. tr.* **1.** Convertir un territorio en colonia de otro: *Los ingleses colonizaron Australia.* **2.** Establecer colonias: *Los griegos colonizaron el mar Egeo.* **3.** Transmitir una metrópoli su civilización y cultura a la colonia. **4.** Establecerse colonos en algún lugar: *Los rusos colonizaron Siberia.* ■ Delante de *e* se escribe *c* en lugar de *z*: *colonicen.* SIN. **1.** Conquistar. **2.** y **4.** Asentarse, establecerse. ANT. **1.** Descolonizar. FAM. Colonización, colonizador. / Descolonización. COLONIA[1].

colono (del lat. *colonus*, de *colere*, cultivar) *s. m.* **1.** Persona que se instala en un lugar para habitarlo y, particularmente, agricultor que se establece en un territorio virgen para vivir y trabajar en él. **2.** Habitante de una colonia: *los colonos americanos.* **3.** Labrador que cultiva mediante un contrato, generalmente de arrendamiento, las tierras de otro. SIN. **3.** Aparcero, arrendatario.

coloquial *adj.* Se dice del lenguaje empleado normalmente en la conversación. SIN. Conversacional, dialogal.

coloquio (del lat. *colloquium*, de *colloqui*, conversar) *s. m.* Conversación entre dos o más personas y, especialmente, debate preparado sobre algún tema, moderado por alguna de la personas que intervienen en él. SIN. Charla, diálogo, plática, discusión; mesa redonda. ANT. Monólogo, soliloquio. FAM. Coloquial.

color (del lat. *color, -oris*) *s. m.* **1.** Impresión o sensación que producen en la retina del ojo las radiaciones cuya frecuencia pertenece al espectro visible. **2.** Sustancia preparada para pintar, teñir, etc. **3.** Coloración, colorido: *Lo mejor de estos cuadros es el color.* **4.** Ideología o partido: *Participaron en el acto diversos políticos, sin distinción de color.* **5.** Carácter peculiar, cualidad o aspecto de alguna cosa: *Cuenta lo sucedido con sombríos colores.* **6.** Viveza, animación, interés: *La fiesta tuvo mucho color. Este partido de tenis no tiene color.* || **7. color local** Rasgos peculiares de un lugar de carácter popular y pintoresco. || LOC. **dar color** Aplicar una pintura; también, animar una cosa, darle interés. **de color** *adj.* Que no es ni blanco ni negro; también se aplica a las personas negras y mulatas: *un* *vestido de color, gente de color.* **de color de rosa** *adj.* De manera optimista: *Lo ve todo de color de rosa.* **mudar** (o **cambiar**) **de color** *fam.* Alterarse fuertemente: *Cuando se enteró de la noticia cambió de color.* **no haber color** Ser una persona o cosa tan diferente de otra que no es posible compararlas: *Entre tu coche y el mío no hay color; el tuyo es mucho mejor.* **ponerse de mil colores** *fam.* Ruborizarse, subirle a uno el color al rostro por vergüenza o enfado. **sacarle** (o **salirle**) a alguien **los colores** (**a la cara**) *fam.* Avergonzar a alguien o avergonzarse; también, ponerse colorado, p. ej. por haber comido o bebido mucho. **so color de** *prep.* Bajo el pretexto de. **SIN. 2.** Pintura, pigmento, tinte. **4.** Tendencia, ideario, convicción. **5.** Tono, aire, rasgo. **6.** Gracia, vivacidad, alegría. **FAM.** Coloración, colorado, colorante, colorar, colorear, colorete, colorido, colorín, colorinche, colorismo, colorista. / Bicolor, descolorido, incoloro, monocolor, multicolor, sietecolores, tecnicolor, tricolor, unicolor.

coloración *s. f.* **1.** Color o combinación de colores: *la coloración de un cuadro.* **2.** Tonalidad de color de una cosa: *La coloración del jardín cambia con la luz.* **3.** Acción de colorar o colorear. **4.** Aspecto o carácter de algo: *Sus palabras tenían una coloración alegre.* **SIN. 1.** Colorido. **2.** y **4.** Tono. **4.** Cariz, aire. **ANT. 1.** Decoloración.

colorado, da (del lat. *coloratus*) **1.** *p.* de **colorar**. También *adj.* || *adj.* **2.** De color rojo. || **LOC. poner** (o **ponerse**) **colorado** Enrojecer o enrojecérsele a alguien el rostro. También, avergonzar. **SIN. 2.** Encarnado, carmín, carmesí, bermellón.

colorante *adj.* Que sirve para dar un nuevo color a tejidos, alimentos, etc. También *s. m.*

colorar o **colorear** (del lat. *colorare*) *v. tr.* **1.** Dar color o colores a una cosa: *colorear un dibujo.* || *v. intr.* **2.** Mostrar o tomar una cosa su color característico. || **colorarse** o **colorearse** *v. prnl.* **3.** Tomar algo color: *El agua se coloreó de rojo.* **SIN. 1.** Pintar, tintar, pigmentar. **1.** y **3.** Teñir(se). **ANT. 1.** y **3.** Decolorar(se). **FAM.** Decolorar. COLOR.

colorete *s. m.* Polvos de color encarnado que se aplican sobre las mejillas como maquillaje.

colorido *s. m.* **1.** Conjunto y disposición de los colores de una cosa: *El cuadro tiene un colorido brillante.* **2.** Animación, vistosidad: *El desfile tuvo colorido.* **SIN. 1.** Coloración. **2.** Viveza, interés, brillantez.

colorín *s. m.* **1.** Color vivo y chillón. Se usa sobre todo en *pl.* **2.** Jilguero. **3.** *Can.* Tebeo.

colorinche *s. m. Arg.* y *Urug.* Combinación de colores fuertes o chillones que no armonizan.

colorismo *s. m.* **1.** En pintura, tendencia a dar preferencia al color sobre el dibujo. **2.** En lit., tendencia a adornar el estilo con adjetivos sonoros, a veces excesivamente. **SIN. 1.** y **2.** Abigarramiento.

colorista *adj.* **1.** Que tiene mucho colorido. **2.** Se dice del pintor que usa con abundancia y acierto el color, y de su estilo, obra, etc. También *s. m.* y *f.* **3.** Se dice de la persona, y en especial del autor literario, que gusta de emplear modos de expresión llamativos; se aplica asimismo a sus palabras, estilo, obra, etc. También *s. m.* y *f.* **SIN. 1.** y **2.** Policromo.

colosal *adj.* **1.** De la estatura propia de un coloso: *una estatua colosal.* **2.** Magnífico, extraordinario: *El jugador estuvo colosal.* **SIN. 2.** Estupendo, excelente, fenomenal, maravilloso. **ANT. 2.** Pésimo, desastroso.

coloso (del lat. *colossus*) *s. m.* **1.** Estatua de tamaño mucho mayor que el natural: *el coloso de Rodas.* **2.** Persona o cosa muy destacada: *Miguel Ángel es un coloso del Renacimiento.* **SIN. 1.** y **2.** Titán, gigante. **2.** Genio, as, figura. **FAM.** Coliseo, colosal.

colposcopia (del gr. *kolpos*, vagina, y *-scopia*) *s. f.* En med., exploración del cuello del útero con la ayuda de un instrumento especial, el colposcopio, que incorpora un sistema óptico de aumento.

colt *s. m.* Revólver provisto de un cilindro giratorio perforado donde se colocan las balas.

columbario (del lat. *columbarium*) *s. m.* Conjunto de nichos en que se introducían las urnas cinerarias en los cementerios romanos.

colúmbido, da *adj.* **1.** Se dice de las aves del orden columbiformes, que tienen el cuello corto, cabeza pequeña y pico grácil, como las palomas y las tórtolas. Habitan en todo el mundo y algunas especies están adaptadas a la vida urbana. También *s. m.* || *s. m. pl.* **2.** Familia constituida por estas aves.

columbiforme (del lat. *columba*, paloma, y *-forme*) *adj.* **1.** Se dice de ciertas aves de tamaño mediano y cuerpo robusto, como la paloma y la tórtola, que alimentan a sus crías con una secreción nutritiva formada en su buche. También *s. f.* || *s. f. pl.* **2.** Orden de estas aves.

columbino, na (del lat. *columbinus*) *adj.* De la paloma o semejante a ella. **FAM.** Colombicultura, colombofilia, columbario, colúmbido, columbiforme.

columbrar *v. tr.* **1.** Empezar a ver, o ver desde lejos, una cosa sin poder todavía precisarla: *En el horizonte se columbraba un barco.* **2.** Percibir por indicios una cosa: *columbrar una solución.* **SIN. 1.** y **2.** Atisbar, vislumbrar, entrever. **FAM.** Columbrete.

columbrete *s. m.* Montículo poco elevado en medio del mar.

columna (del lat. *columna*) *s. f.* **1.** Elemento arquitectónico generalmente cilíndrico que sirve como pieza de apoyo y como elemento decorativo. **2.** En impresos o escritos, cualquiera de las partes en que se divide verticalmente una página: *la columna de un periódico, una columna de cifras.* **3.** Forma más o menos cilíndrica que toman algunos fluidos en su subida: *columna de humo.* **4.** Porción de fluido contenido en un cilindro vertical; p. ej., la columna de mercurio de un termómetro. **5.** Serie de cosas colocadas unas sobre otras: *una columna de altavoces.* **6.** Conjunto de soldados dispuestos en formación de poco frente y mucho fondo: *Desfilaron en columna de a cuatro.* **7.** Formación de soldados o de barcos dispuestos para operar. **8.** Persona o cosa que sirve de protección o apoyo: *la más firme columna del equipo.* || **9. columna vertebral** Conjunto de huesos pequeños, o vértebras, que se extiende a lo largo del cuerpo de los vertebrados sirviéndoles de sostén, albergando la médula espinal y cumpliendo importantes funciones en el aparato locomotor. También, eje, base, conjunto de elementos fundamentales de algo: *Son la columna vertebral de la empresa.* **10. quinta columna** En la guerra, conjunto de personas que combate al enemigo dentro del territorio o las propias filas de éste. P. ext., cualquier grupo de personas que defiende o apoya una causa dentro del campo contrario. **SIN. 1.** Pilar, pilastra. **3.** Chorro. **5.** Pila, montón. **7.** Destacamento.

8. y **9.** Puntal, soporte, bastión, baluarte. **FAM.** Columnata, columnista. / Quintacolumnista.

columnata (del lat. *columnata*) *s. f.* Serie de columnas regularmente alineadas en una o varias hileras, delante o alrededor de un edificio. Es un motivo frecuente en la arquitectura clásica y barroca. **SIN.** Pórtico.

columnista *s. m.* y *f.* Colaborador de un periódico que tiene a su cargo la redacción de una sección habitual.

columpiar *v. tr.* **1.** Empujar al que está sentado en un columpio o dar a cualquier cosa un movimiento semejante. También *v. prnl.*: *columpiarse en una silla.* || **columpiarse** *v. prnl.* **2.** *fam.* Equivocarse, meter la pata: *Me columpié al comprar la radio.* **SIN. 1.** Balancear(se), mecer(se). **2.** Colarse.

columpio *s. m.* **1.** Asiento colgado con dos cuerdas, cadenas o barras metálicas de la rama de un árbol, de una barra fija, etc., que sirve para balancearse. || *s. m. pl.* **2.** Aparatos como balancines, toboganes, etc., que existen en los parques para diversión de los niños. **FAM.** Columpiar.

colutorio (del lat. *collutum*, de *colluere*, lavar) *s. m.* Enjuague medicinal para la boca.

colza (del fr. *colza*, y éste del neerl. *koolzaad*) *s. f.* Planta, variedad del nabo delgado, con las hojas inferiores ásperas, dentadas y rizadas y las superiores acorazonadas; de sus semillas se obtiene un aceite usado como lubricante y como condimento alimenticio.

coma[1] (del lat. *comma*, y éste del gr. *komma*, trozo, parte de un periodo) *s. f.* **1.** Signo ortográfico de puntuación (,) que indica una separación o breve pausa entre dos periodos u oraciones. **2.** En mat., signo utilizado en los números no enteros para separar la parte entera de la parte decimal o fraccionaria; p. ej. 2,123. **FAM.** Comilla.

coma[2] (del gr. *koma*, sopor) *s. m.* Estado de inconsciencia, reversible o no, en que el enfermo pierde la sensibilidad y la capacidad de movimiento, pero mantiene la función respiratoria y la circulatoria; generalmente se produce por traumatismo craneal, envenenamiento, diabetes, hemorragia cerebral y otras enfermedades. **FAM.** Comatoso.

comadre (del lat. *commater, -tris*, de *cum*, juntamente, y *mater*, madre) *s. f.* **1.** Comadrona*. **2.** La madrina de un niño respecto de la madre, el padre o el padrino del mismo. **3.** Vecina con la que se tiene más trato y con la que se chismorrea. **4.** *fam.* Mujer chismosa, murmuradora. **FAM.** Comadrear, comadreja, comadreo, comadrona. MADRE.

comadrear *v. intr. fam.* Hablar mucho y contar chismes, especialmente las mujeres. **SIN.** Cotillear, chismorrear, murmurar.

comadreja *s. f.* Mamífero carnívoro de unos 30 cm de longitud, cuerpo muy delgado y flexible, orejas redondas, ojos pequeños y brillantes, patas cortas y delgadas y pelaje rojizo, salvo en el vientre y parte inferior del cuello, donde es blanco; tiene costumbres nocturnas y se alimenta fundamentalmente de ratones, ardillas, insectos y crías de aves.

comadrona *s. f.* Mujer que ayuda a dar a luz a la parturienta. **SIN.** Matrona, partera, comadre.

comanche *adj.* **1.** Se aplica a un pueblo amerindio que vivía al E de las Montañas Rocosas, actualmente recluido en reservas en el estado de Wyoming. **2.** De este pueblo. También *s. m.* y *f.*

comanda *s. f. Amér.* Nota, cuenta.

comandancia *s. f.* **1.** Grado o empleo de comandante. **2.** División territorial que está mandada por el mismo: *comandancia de marina.* **3.** Edificio o cuartel donde está su oficina.

comandante *s. m.* **1.** Militar de categoría entre capitán y teniente coronel. **2.** Jefe de un puesto militar o buque de guerra independientemente de su graduación. **3.** Piloto que tiene el mando del avión. || **4. comandante en jefe** Oficial al mando de todas las fuerzas armadas de un país, de un ejército o de una operación. **FAM.** Comandancia. COMANDAR.

comandar (del ital. *comandare*, y éste del lat. *commendare*) *v. tr.* Mandar un ejército, una flota, un destacamento, etc. **FAM.** Comandante, comandita, comando. MANDAR.

comandita (del fr. *commandite*, del ital. *accomandita*, y éste del lat. *commendare*, encomendar) Término que se emplea en la expr. **sociedad en comandita**, sociedad mercantil en la que existen dos tipos de socios: unos, los colectivos, que ejercen la gestión social y tienen una responsabilidad personal, ilimitada y solidaria sobre los resultados de dicha gestión; y otros, los comanditarios, que tienen limitados sus derechos y obligaciones, y sólo responden con lo aportado a la sociedad. || **LOC. en comandita** *adv.* En grupo. **FAM.** Comanditario. COMANDAR.

comanditario, ria *adj.* De la sociedad en comandita y de los socios con responsabilidad y derechos limitados. También *s. m.* y *f.*

comando *s. m.* **1.** Pequeño y escogido grupo de una fuerza armada al que se encargan misiones especiales y arriesgadas. **2.** Cada uno de los hombres que lo forman. **3.** Grupo reducido que efectúa acciones terroristas. **4.** Cierta prenda de abrigo. **5.** En inform., cualquier tipo de instrucción para que el ordenador realice una operación.

comarca (de *co-* y *marca*, provincia) *s. f.* División territorial de dimensiones variables, generalmente más pequeña que la región, que obedece a criterios como la unidad física, agrícola o económica. **FAM.** Comarcal, comarcano. MARCA.

comarcano, na *adj.* Se dice de poblaciones, campos, etc., cercanos. **SIN.** Próximo, vecino. **ANT.** Alejado, distante.

comatoso, sa *adj.* **1.** Del estado de coma. **2.** Se dice del enfermo en ese estado.

comba *s. f.* **1.** Curvatura que toman algunos cuerpos sólidos, como la madera. **2.** Juego que consiste en saltar repetidamente sobre una cuerda que uno mismo u otros sostienen y mueven, generalmente haciéndola pasar por debajo de los pies y sobre la cabeza. **3.** Cuerda que se emplea en este juego. || **LOC. dar a la comba** Moverla para saltar uno mismo o para que salten otros. **no perder comba** *fam.* Aprovechar todas las ocasiones favorables. **SIN. 1.** Alabeo, abarquillamiento. **FAM.** Combado, combadura, combar.

combar *v. tr.* Curvar, torcer una cosa. También *v. prnl.*: *Con el peso de los libros se combó la estantería.* **SIN.** Alabear, abarquillar, arquear, encorvar. **ANT.** Enderezar. **FAM.** Combo. COMBA.

combate *s. m.* **1.** Pelea entre personas o animales: *un combate de boxeo.* **2.** Acción de guerra en que se enfrentan fuerzas de alguna importancia. **3.** Conflicto, lucha o contradicción, entre ideas, sentimientos, etc.: *combate de pasiones.* || **LOC. fuera de combate** *adj.* y *adv.* Se aplica al que ha sido vencido de tal manera que no puede continuar la lucha. SIN. **1.** Refriega. **2.** Batalla. **3.** Choque. ANT. **2.** Rendición. **3.** Armonía, acuerdo, calma.

combatir (del lat. *combattuere*) *v. intr.* **1.** Luchar, pelear utilizando la fuerza, las armas, etc.: *Los dos ejércitos combatieron durante horas.* También *v. prnl.* || *v. tr.* **2.** Tratar de destruir aquello que se considera dañino o perjudicial: *combatir una epidemia, combatir la calvicie.* **3.** Contradecir, oponerse a alguien o algo: *La Iglesia combatió las teorías de Galileo.* SIN. **1.** Contender, batallar, guerrear, disputar, enfrentarse. **2.** Atacar, acometer, refrenar, debilitar. **3.** Impugnar, refutar, rechazar. ANT. **1.** Rendirse, claudicar. **2.** Reforzar, fortalecer. **3.** Admitir, aceptar. FAM. Combate, combatible, combatiente, combatividad, combativo. / Excombatiente. BATIR.

combativo, va *adj.* **1.** Dispuesto o inclinado a la lucha: *una persona combativa, un espíritu combativo.* **2.** Trabajador, emprendedor, resistente. SIN. **1.** Belicoso, guerrero, batallador, agresivo. **2.** Tenaz, decidido. ANT. **1.** Pacífico, manso. **2.** Indolente.

combi *s. m.* **1.** Frigorífico dotado de dos motores, uno para el congelador y otro para el refrigerador. **2.** *Arg.* y *Urug.* Furgoneta.

combinación (del lat. *combinatio, -onis*) *s. f.* **1.** Acción de combinar: *una combinación de colores.* **2.** Plan o arreglo para conseguir o solucionar algo: *Ideó una combinación para organizar el trabajo.* **3.** Clave que permite abrir una caja fuerte u otro mecanismo de seguridad y disposición de la cerradura que permite realizar esa operación. **4.** Enlace entre dos o más medios de transporte: *Desde casa al trabajo tengo muy buena combinación.* **5.** Prenda de vestir femenina que se lleva debajo del vestido y por encima de la ropa interior. **6.** En fútbol, pase del balón entre dos o más jugadores de un mismo equipo. SIN. **1.** Unión, acoplamiento, conexión, composición. **2.** Proyecto, maniobra, programa. **3.** Código. **5.** Enagua. ANT. **1.** Desunión, desintegración. FAM. Recombinación. COMBINAR.

combinado, da 1. *p.* de **combinar**. También *adj.* || *s. m.* **2.** Conjunto, mezcla o cuerpo que resulta de una combinación. **3.** Mezcla de bebidas, generalmente una de ellas alcohólica. || *s. f.* **4.** Competición deportiva con pruebas de distinta naturaleza: *la combinada alpina.*

combinar (del lat. *combinare*, de *cum*, con, y *bini*, de dos en dos) *v. tr.* **1.** Unir diversas cosas, sustancias, etc., para que formen un conjunto o un compuesto: *combinar bebidas.* **2.** Armonizar o poner de acuerdo dos o más personas, aspectos, etc., para obtener un resultado satisfactorio o realizar una acción conjunta: *combinar el estudio con el trabajo, combinar los esfuerzos.* También *v. prnl.* y *v intr.*: *Se combinan para no hacerse la competencia. Esa corbata y esa camisa no combinan.* **3.** Pasarse el balón dos o más jugadores de un mismo equipo de fútbol. SIN. **1.** Juntar, acoplar, componer, conectar. **2.** Coordinar, conjugar, disponer, concertar, arreglar. ANT. **1.** Desunir, separar. FAM. Combi, combinable, combinación, combinado, combinatoria. / Incombinable.

combinatorio, ria *adj.* **1.** Relacionado con la combinación o la combinatoria. || *s. f.* **2.** Parte de las matemáticas que trata de la formación de agrupaciones de elementos de un conjunto, y del número que hay de las mismas, atendiendo a diferentes reglas de formación.

combo, ba *adj.* Combado, arqueado.

comburente (del lat. *comburens, -entis*, de *comburere*, quemar) *adj.* Se aplica a la sustancia que causa o favorece la combustión de otras. También *s. m.*

combustibilidad *s. f.* Capacidad de arder: *La combustibilidad de los bosques es alta en verano.* ANT. Incombustibilidad.

combustible *adj.* **1.** Que puede arder o que arde con facilidad: *un gas combustible.* || *s. m.* **2.** Sustancia o producto que se quema para producir calor o energía. SIN. **1.** Inflamable. **2.** Carburante. ANT. **1.** Incombustible, refractario, ignífugo. FAM. Incombustible. COMBUSTIÓN.

combustión (del lat. *combustio, -onis*) *s. f.* **1.** Acción de quemarse o de arder un cuerpo. **2.** En quím., reacción del oxígeno con una sustancia combustible, con desprendimiento de calor, dióxido de carbono y agua en forma de vapor. SIN. **1.** Quema, ignición, incineración. ANT. **2.** Extinción. FAM. Combustibilidad, combustible. / Comburente.

comecocos *s. m.* **1.** *fam.* Persona, cosa, doctrina, etc., que enajena a alguien, haciéndole perder sus propias ideas, identidad o forma de ser y comportarse. **2.** Cualquier cosa que absorbe o distrae en exceso a alguien. ■ No varía en *pl.*

comecome *s. m.* **1.** Sensación de picor. **2.** P. ext., inquietud, disgusto. SIN. **1.** Picazón, comezón. **2.** Desazón, preocupación.

comedero *s. m.* **1.** Lugar o recipiente en el que se echa la comida a los animales: *el comedero de los conejos.* **2.** Sitio adonde acuden los animales a comer.

comedia (del lat. *comoedia*, y éste del gr. *komodia*, de *komodos*, comediante) *s. f.* **1.** Cualquier obra concebida para representarse en un teatro; especialmente la de asunto ligero, divertido o de enredo y desenlace feliz. **2.** P. ext., película con dichas características. **3.** Género cómico; también, aquel que recoge las obras teatrales o cinematográficas que poseen las características arriba mencionadas. **4.** Situación cómica o ridícula. **5.** Fingimiento, engaño: *Su enfermedad fue una comedia.* || **6. comedia de capa y espada** La de costumbres caballerescas propias del teatro español del s. XVII. SIN. **1.** Drama, farsa. **5.** Simulación. FAM. Comediante, comediógrafo, cómico. / Telecomedia, tragicomedia.

comediante, ta *s. m.* y *f.* **1.** Actor, actriz. **2.** Persona que aparenta o finge.

comedido, da *p.* de **comedirse**. También *adj.* SIN. Prudente, moderado, mesurado. ANT. Imprudente, insolente, descarado.

comediógrafo, fa *s. m.* y *f.* Autor de comedias. SIN. Dramaturgo.

comedirse (del lat. *commetiri*, de *cum*, con, y *metiri*, medir) *v. prnl.* Moderarse, contenerse: *Se comidió en sus palabras.* ■ Es v. irreg. Se conjuga como *pedir.* SIN. Reportarse, comportarse. ANT. Descomedirse. FAM. Comedidamente, comedido, comedimiento. / Acomedirse, descomedido. MEDIR.

comedor, ra *adj.* **1.** Que come mucho o disfruta haciéndolo. También *s. m.* y *f.*: *Es un gran comedor.* || *s. m.* **2.** Habitación destinada para comer. **3.** Conjunto de los muebles de esta habitación: *un comedor de nogal.* **4.** Establecimiento donde se sirven comidas: *un comedor económico.* SIN. **1.** Tragón, comilón, voraz. ANT. **1.** Desganado, inapetente.

comedura *s. f.* Se usa en la expr. **comedura de coco**, acción de comer o comerse el coco*.

comején *s. m.* Termes*.

comendador, ra (del lat. *commendator, -oris*) *s. m.* y *f.* Superior de algunas órdenes religiosas: *comendadora del convento de la Merced.*

comensal (del lat. *cum*, con, y *mensa*, mesa) *s. m.* y *f.* **1.** Cada una de las personas que están comiendo en cierto sitio. **2.** Ser que vive a expensas de otro. También *adj.* **SIN. 1.** Convidado, invitado. **FAM.** Comensalismo. MESA.

comensalismo *s. m.* Forma de asociación biológica en que una de las partes recibe todos los beneficios mientras que la otra parte ni gana ni pierde con la asociación, p. ej. algunas bacterias intestinales de los animales.

comentar (del lat. *commentare*) *v. tr.* Hacer o escribir comentarios sobre alguna cosa. **FAM.** Comentador, comentario, comentarista.

comentario (del lat. *commentarium*) *s. m.* **1.** Opinión, impresión o juicio que se dice o escribe sobre alguien o algo: *Hubo comentarios para todos los gustos.* **2.** Escrito que contiene explicaciones u observaciones sobre ciertas cosas, en especial textos u obras, para analizarlos o hacerlos más comprensibles: *comentario de textos.* **SIN. 1.** Parecer, consideración. **2.** Crítica, glosa, interpretación, apostilla.

comentarista *s. m.* y *f.* Persona que realiza por profesión comentarios dirigidos al público: *comentarista deportivo.*

comenzar (del lat. *cum*, con, e *initiare*, empezar) *v. tr.* Empezar*. ■ Delante de *e* se escribe *c* en lugar de *z*. Es v. irreg. Se conjuga como *pensar.* **FAM.** Recomenzar. COMIENZO.

comer (del lat. *comedere*) *v. tr.* **1.** Tomar alimentos: *comer verdura.* También *v. intr.*: *No se puede vivir sin comer.* **2.** Masticar los alimentos y pasarlos al estómago. También *v. intr.*: *Come despacio.* **3.** Gastar, destruir o debilitar algo un agente físico o químico: *El agua come la piedra.* **4.** Producir algo picor, desazón o inquietud: *Le comen los celos.* **5.** Hacer que algo parezca más reducido de lo que es: *La barba te come la cara.* **6.** En ciertos juegos como el ajedrez, las damas, el parchís, etc., inutilizar una pieza al contrario. ■ En las acepciones **1** y **3** a **6**, se usa frecuentemente reforzado con el pron. pers. con valor expresivo: *Me comí un pollo. El sol se come los colores. Se comió la herencia.* || *v. intr.* **7.** Tomar la comida principal del día, por lo cual en unos lugares se refiere al almuerzo de mediodía y en otros a la cena. || **comerse** *v. prnl.* **8.** Con sustantivos que indiquen dinero, caudal, etc., consumirlo por completo: *Se comió el sueldo en dos días.* **9.** Omitir, suprimir una cosa al hablar o escribir: *Se come algunas sílabas.* **10.** Anular una cosa a otra, desmerecer: *Su última obra se come a las anteriores.* ■ En estas tres últimas acepciones, el pronombre personal con que se construye el verbo tiene un valor expresivo. || **LOC. comerse (vivo)** a alguien *fam.* Manifestar un gran enojo contra alguien o mostrarle una actitud muy violenta; también, llenar de picaduras algunos insectos: *Se lo han comido (vivo) los mosquitos.* **comer** o **comerse el coco** Véase **coco**[1]. **echar** a alguien **de comer aparte** *fam.* Considerar y tratar de forma distinta a una persona, tanto por sus virtudes como por sus defectos. **sin comerlo ni beberlo** *fam.* Sin haber intervenido, sin haber hecho nada para que algo, bueno o malo, ocurra. **SIN. 1.** Alimentarse, nutrirse, devorar, manducar. **2.** Engullir, ingerir, mascar. **3.** Corroer, roer, desgastar, erosionar. **4.** Desazonar, inquietar, mortificar. **7.** Almorzar. **8.** Dilapidar, despilfarrar. **ANT. 1.** Ayunar. **4.** Edificar, tranquilizar. **5.** Aumentar. **FAM.** Comecome, comedero, comedor, comedura, comestible, comezón, comible, comida, comidilla, comido, comilón, comilona, comiscar, comisquear, comistrajo. / Concomerse, incomible, malcomer, recomerse.

comercial *adj.* **1.** Relacionado con el comercio y los comerciantes. **2.** Que resulta fácil de vender o tiene buena aceptación en el mercado: *una película comercial.* **3.** Encargado del lanzamiento en el mercado y venta de un determinado producto. También *s. m.* y *f.* **SIN. 1.** Mercantil.

comercializar *v. tr.* Dar a un producto las condiciones y organización necesarias para su venta. ■ Delante de *e* se escribe *c* en lugar de *z*: *comercialice.* **FAM.** Comercialización. COMERCIO.

comerciante *adj.* **1.** Que comercia. También *s. m.* y *f.* **2.** Que se preocupa sobre todo de ganar dinero. También *s. m.* y *f.* || *s. m.* y *f.* **3.** Propietario de un comercio. **SIN. 2.** Interesado, aprovechado, pesetero. **3.** Mercader, negociante, tendero. **ANT. 2.** Desinteresado.

comerciar *v. intr.* **1.** Comprar, vender o cambiar productos para obtener ganancia o provecho. ■ Se construye con las prep. *con*, *en* y *por*: *comerciar con otros países, comerciar en muebles, comerciar por mayores ganancias.* **2.** Tratar unas personas con otras. **3.** Negociar para sacar provecho ilícito de algo. **SIN. 1.** Mercadear, traficar. **3.** Especular, chalanear.

comercio (del lat. *commercium*, de *cum*, con, y *merx, mercis*, mercancía) *s. m.* **1.** Actividad en la que se compran, venden o cambian productos con el fin de obtener ganancia o provecho: *el comercio del petróleo.* **2.** Tienda: *una calle llena de comercios.* **3.** Conjunto de establecimientos comerciales: *Cerró el comercio de la ciudad.* **4.** Conjunto de personas dedicadas al comercio. **5.** Relación sexual. **SIN. 1.** Negocio, compraventa, transacción. **FAM.** Comerciable, comercial, comercializar, comerciante, comerciar.

comestible (del lat. *comestibilis*) *adj.* **1.** Que se puede comer: *una seta comestible.* || *s. m.* **2.** Alimento, cosas de comer. Se usa sobre todo en *pl.*: *una tienda de comestibles.* **SIN. 1.** Digerible, comible. **2.** Comida, víveres, provisiones, vituallas. **ANT. 1.** Incomestible, incomible. **FAM.** Incomestible. COMER.

cometa (del lat. *cometa*, y éste del gr. *kometes*, de *kome*, cabellera) *s. m.* **1.** Astro formado por un núcleo poco denso, rodeado de una esfera gaseosa o cabellera, y por una larga prolongación brillante llamada cola. Describe alrededor del Sol una órbita elíptica muy excéntrica. || *s. f.* **2.** Juguete formado por un armazón ligero, generalmente de cañas, que mantiene tenso un papel, un plástico o una tela, y por una cola de trozos de papel o de tela; se sujeta con un cordel y se eleva en el aire aprovechando la fuerza y dirección del viento. **SIN. 2.** Barrilete, volantín.

cometer (del lat. *committere*, de *cum*, con, y *mittere*, enviar) *v. tr.* Hacer alguna falta, error o delito: *Comete faltas de ortografía. Cometió una estafa.* **SIN.** Caer, incurrir, ejecutar. **ANT.** Omitir. **FAM.** Cometido, comisión. / Acometer. METER.

cometido *s. m.* **1.** Encargo, acción que una persona pide a otra que haga: *Le han dado un difícil cometido.* **2.** Trabajo u obligación que corresponde a alguien: *Esto forma parte de mi cometido.* **SIN. 1.** Misión, comisión. **2.** Tarea, incumbencia, quehacer, atribuciones.

comezón (del lat. *comestio, -onis*, de *comestus*, comido) *s. f.* **1.** Picazón muy molesta que produce desasosiego. **2.** Inquietud o intranquilidad producida por el deseo de algo, una preocupación, la impaciencia, etc. **SIN. 1.** Picor, prurito, comecome. **2.** Desazón, desasosiego, agitación.

cómic (del ingl. *comic*) *s. m.* Relato ilustrado cuya acción se desarrolla en varias escenas o viñetas y en el que las palabras de los personajes están encerradas en un globo o bocadillo. ■ Su pl. es *cómics*. **SIN.** Tebeo, historieta.

comicastro *s. m.* Cómico malo.

comicidad *s. f.* Carácter cómico. **ANT.** Dramatismo, seriedad.

comicios (del lat. *comitium*) *s. m. pl.* Elecciones, votación.

cómico, ca (del lat. *comicus*, y éste del gr. *komikos*) *adj.* **1.** De la comedia o relacionado con ella: *teatro cómico.* **2.** Que puede divertir o producir risa: *una situación cómica, una caída cómica.* **3.** Se dice del actor o actriz de cualquier género, y especialmente del que representa comedias. También *s. m.* y *f.* || **4. cómico de la legua** El que va representando obras de pueblo en pueblo. **SIN. 2.** Gracioso, ridículo. **3.** Comediante, artista, intérprete. **ANT. 1.** a **3.** Dramático. **2.** Serio, triste, trágico. **FAM.** Cómicamente, comicastro, comicidad. COMEDIA.

comida *s. f.* **1.** Alimento, conjunto de cosas que se comen: *Está preparando la comida.* **2.** Acción de tomar habitualmente alimentos a una hora determinada: *Mucha gente hace tres comidas diarias.* **3.** Alimento principal del día, que se toma a mediodía o a primeras horas de la tarde. **4.** En bastantes lugares, cena. **SIN. 1.** Sustento, manutención, vianda. **2.** Refrigerio, colación, tentempié. **3.** Almuerzo. **ANT. 2.** Ayuno.

comidilla (dim. de *comida*) *s. f.* Tema o motivo de murmuración de la gente: *Eres la comidilla del barrio.* **SIN.** Cotilleo, chismorreo, habladuría.

comido, da *p.* de **comer**. También *adj.*: *He encontrado el queso comido por los ratones.* || **LOC. estar comido** *fam.* Estar chupado, ser muy fácil. **estar, ir, venir,** etc. **comido** *fam.* Que ya ha comido: *Tomaré el café en vuestra casa, pero ya iré comido.* **lo comido por lo servido** Indica la situación del trabajador que a cambio de su trabajo recibe sólo la manutención; p. ext. expresa la falta de beneficio o ganancia de un empleo o negocio.

comienzo *s. m.* Principio, origen y raíz de una cosa: *el comienzo del curso, el comienzo de la vida.* **SIN.** Apertura, inicio. **ANT.** Clausura, conclusión, final. **FAM.** Comenzar.

comilla *s. f.* Signo ortográfico que puede ser simple (' ') o doble (" ", « ») y que se pone al principio y al final de una cita o de ciertas palabras o expresiones poco usuales o que se quieren destacar. Se usa más en *pl.* **FAM.** Entrecomillar. COMA[1].

comilón, na *adj.* **1.** *fam.* Persona que come mucho o de manera desordenada. También *s. m.* y *f.* **2.** *Arg.* y *Urug.* Persona que colabora poco con los otros compañeros en un juego de equipo, sobre todo en el fútbol. También *s. m.* y *f.* **SIN. 1.** Tragón, glotón. **2.** Chupón. **ANT. 1.** Frugal.

comilona *s. f. fam.* Comida muy abundante o con diversidad de manjares. **SIN.** Banquete, festín.

cominería (de *comino*) *s. f.* Cosa sin importancia que es motivo de murmuración o queja: *No me vengas con cominerías.* **SIN.** Chinchorrería. **FAM.** Cominear, cominero. COMINO.

cominero, ra *adj.* Que se preocupa por cominerías. También *s. m.* y *f.* **SIN.** Chinchorrero, quisquilloso.

comino (del lat. *cuminum*, y éste del gr. *kyminon*) *s. m.* **1.** Planta herbácea umbelífera, de tallo ramoso y flores pequeñas, blancas o rojizas. Llega a alcanzar una altura de 30 a 40 cm. **2.** Semilla de esta planta, que se utiliza en medicina y como condimento. **3.** Cosa pequeña y de poca importancia: *Me importa un comino.* **4.** Persona de poco tamaño; se aplica cariñosamente a los niños. **SIN. 3.** Menudencia, insignificancia, ardite, pepino, bledo, pito. **4.** Enano. **FAM.** Cominería.

comisaría *s. f.* **1.** Empleo y cargo del comisario. **2.** Oficina de éste. **3.** Oficina de la policía, de carácter público y permanente para dar mayor eficacia a los servicios.

comisariado *s. m.* Organismo dependiente de alguna institución nacional o internacional, que se ocupa de un problema o aspecto concreto que concierne a dicha institución.

comisario, ria (del lat. *commissarius*, y éste de *committere*, cometer) *s. m.* y *f.* **1.** Persona que ha recibido poder para llevar a cabo una tarea o gestión determinada: *el comisario de una exposición.* **2.** Máxima autoridad policial de un distrito. || **3. comisario político** En algunos países, delegado del poder civil o de un partido político, adjunto a los jefes militares, especialmente en tiempos de guerra, para la educación político-social del ejército. **FAM.** Comisaría, comisariado. COMISIÓN.

comiscar *v. tr.* Comer a menudo de varias cosas y en pequeñas cantidades. ■ Delante de *e* se escribe *qu* en lugar de *c*: *comisque.* **SIN.** Picar, lechucear.

comisión (del lat. *commissio, -onis*) *s. f.* **1.** Acción de cometer: *la comisión de un delito.* **2.** Porcentaje que percibe un vendedor o agente sobre el producto de una venta o negocio realizado por él: *trabajar a comisión.* **3.** Conjunto de personas encargadas de algo: *la comisión de festejos.* **4.** Encargo que una persona hace a otra para que realice algo: *Le han confiado una difícil comisión.* **SIN. 1.** Ejecución, realización. **2.** Corretaje, prima. **3.** Delegación, comité, junta. **4.** Cometido, misión. **ANT. 1.** Omisión. **FAM.** Comisario, comisionado, comisionar, comisionista, comiso. / Comité, subcomisión. COMETER.

comisionado, da 1. *p.* de **comisionar**: *Han sido comisionadas cuatro personas para representar al Ayuntamiento.* También *adj.* || *s. m.* y *f.* **2.** Persona elegida junto a otras para actuar en un asunto en nombre de un grupo: *Los comisionados están reunidos con el director.* **3.** *Arg.* Persona delegada para asumir de manera interina el cargo de intendente municipal o consejero escolar. **SIN. 1.** y **2.** Delegado. **2.** Representante.

comisionar *v. tr.* Encargar a alguien una tarea o gestión: *Le comisionaron para organizar las fiestas.* **SIN.** Delegar, confiar, autorizar.

comisionista *s. m.* y *f.* Persona que se dedica a vender por cuenta de otro y cobra una comisión. **SIN.** Intermediario.

comiso (del lat. *commissum*, confiscación) *s. m.* Decomiso*. **FAM.** Decomisar. COMISIÓN.

comisquear *v. tr.* Comiscar*. **FAM.** Comisquero. COMER.

comistrajo *s. m.* **1.** Comida mala, mal hecha o mal presentada. **2.** Mezcla rara de alimentos: *Nos hizo un comistrajo de su invención.* **SIN. 1.** Bazofia, bodrio.

comisura (del lat. *commisura*, de *committere*, juntar, unir) *s. f.* Punto de unión de ciertas partes similares del cuerpo, como la de los labios a ambos lados de la boca, o la de los párpados a uno y otro lado de cada ojo. SIN. Juntura.

comité (del fr. *comité*, éste del ingl. *committee*, y éste del lat. *committere*, delegar) *s. m.* **1.** Comisión, junta: *El comité de disciplina decidió no castigar al jugador.* **2.** Órgano dirigente de una formación política o de alguna de sus secciones. || **3. comité de empresa** Órgano representativo de los trabajadores de una empresa, que se ocupa de la defensa de sus derechos. SIN. **1.** Delegación. FAM. Comitente. COMISIÓN.

comité, en petit (fr.) *loc. adv.* Con la participación de muy pocas personas, sin tener en cuenta al resto.

comitente (del lat. *committens, -entis*) *adj.* Se dice de la persona que da su representación a otra.

comitiva (del lat. *comitiva*, de *comes, -itis*, el que acompaña) *s. f.* Acompañamiento, cortejo: *La comitiva real llegó al palacio.* SIN. Compañía, séquito.

cómitre (del lat. *comes, -itis*, compañero, porque era segundo del almirante) *s. m.* **1.** Hombre que en las galeras dirigía y castigaba a los remeros. **2.** Persona que manda o hace trabajar a otros con excesivo rigor y dureza. SIN. **2.** Negrero, explotador.

como (del lat. *quomodo*) *adv. m.* **1.** Del modo o la manera que: *Hazlo como quieras.* **2.** En sentido comparativo indica equivalencia, semejanza o igualdad: *Es claro como el agua.* ■ En este sentido suele llevar como antecedentes los adv. *así, tal, tan* y *tanto*: *Me lo dijo así como te lo cuento. Ha sucedido tal como me dijiste. Es tan estudioso como listo. Baila aquí tanto como allí.* **3.** Se utiliza para introducir ejemplos: *Algunos animales, como el perro y el gato, son domésticos.* **4.** Según, conforme: *No pasó nada, como puede comprobarse.* **5.** En calidad de, desempeñando tal papel o función, o por tener determinada condición, cargo, etc.: *Asistió a la recepción como alcalde.* **6.** Aproximadamente, más o menos: *Me presentaré como en diez minutos. Lo he dibujado como unas tres veces.* || *adv. m. interr.* y *excl.* **7.** De qué modo o manera: *¿Cómo lo coses? ¡Cómo baila!* ■ En estructuras excl. aporta un valor enfático. En ambos casos, como interrogativo y exclamativo, lleva acento. || *adv. m. interr.* **8.** Por qué motivo, causa o razón: *¿Cómo no lo compras? No sé cómo me aguanto.* ■ Como adverbio interrogativo lleva acento. || *conj.* **9.** Hace el oficio de conjunción condicional y equivale a *si*: *Como no me lo digas (si no me lo dices), me voy.* **10.** Tienen la función de conjunción causal y equivale a *porque*: *Como no recibí la invitación, no fui.* ■ En esta acepción puede preceder a la conjunción *que*: *Claro que lo vi, como que ocurrió muy cerca.* **11.** Hace el oficio de conjunción completiva, equivale a *que* e introduce una oración subordinada sustantiva: *Veréis como vais a ganar en el ajedrez.* || *s. m.* **12.** A veces se usa con carácter de sustantivo, precedido del artículo *el*: *Sé que llegó pero desconozco el cómo.* || *interj.* **13.** Demuestra asombro, enfado, disgusto. ■ En estas dos últimas acepciones lleva acento. || LOC. **¿a cómo?** Se utiliza para preguntar el precio de algo. **¡cómo no!** Equivale a *¿cómo podría ser de otro modo?* o *con mucho gusto* : *¿Me dice la hora? ¡Cómo no!* FAM. Comoquiera.

cómoda (del fr. *commode*, y éste del lat. *commodus*, cómodo) *s. f.* Mueble con un tablero horizontal en la parte superior y cajones que ocupan todo el frente y sirven normalmente para guardar la ropa.

comodidad (del lat. *commoditas, -atis*) *s. f.* **1.** Cualidad de las cosas que hacen sentirse a gusto por facilitar el descanso o la vida cotidiana: *la comodidad de los electrodomésticos, de vivir cerca del trabajo, de pagar el coche a plazos.* **2.** Estado de quien está a gusto: *Vivo con toda comodidad.* **3.** Estado de quien se encuentra bien y no quiere cambiar de situación: *No va al teatro por comodidad.* **4.** Interés propio: *Sólo debes pensar en tu comodidad.* || *s. m. pl.* **5.** Conjunto de elementos que facilitan el movimiento de una persona en un determinado entorno: *Este hotel tiene muchas comodidades.* SIN. **1.** Confort, funcionalidad, holgura, desahogo, conveniencia. **2.** Bienestar, agrado. **3.** Pereza, indolencia. ANT. **1.** y **2.** Incomodidad.

comodín (de *cómodo*) *s. m.* **1.** Carta que en ciertos juegos de naipes tiene el valor que le da el jugador que la posee y, también, cara de los dados a la que se le da un valor similar: *El comodín le sirvió para completar una escalera.* **2.** Por ext., persona o cosa que sirve para distintos fines, en función de las circunstancias: *Ese jugador era el comodín del equipo.* **3.** Pretexto habitual: *El tráfico es su comodín para llegar tarde.* SIN. **3.** Excusa, disculpa, recurso.

cómodo, da (del lat. *commodus*, de *cum*, con, y *modus*, medida) *adj.* **1.** Se dice de lo que contribuye a que uno se sienta o se encuentre bien o a gusto, experimentando una sensación física agradable: *un peinado cómodo, una bicicleta cómoda.* **2.** De fácil realización: *Es más cómodo para mí ir a buscarte a casa.* **3.** Se dice de la persona que está, se encuentra o actúa a gusto, en un lugar o en un ambiente grato: *En el salón estarás cómodo.* **4.** *fam.* Perezoso y comodón. También *s. m.* y *f.*: *Es un cómodo, no hay quien le mueva.* SIN. **1.** Confortable, agradable. **2.** Sencillo, provechoso, ventajoso. **3.** Descansado, tranquilo. **4.** Vago, poltrón, remolón. ANT. **1.** a **3.** Incómodo, molesto. **2.** Fastidioso. **4.** Diligente, trabajador. FAM. Cómoda, cómodamente, comodidad, comodín, comodón. / Acomodar, incómodo -da.

comodón, na *adj. fam.* Que evita cualquier esfuerzo o molestia. También *s. m.* y *f.* SIN. Perezoso, vago, remolón, poltrón. ANT. Diligente, esforzado, trabajador.

comodoro (del ingl. *commodore*, y éste del fr. *commandeur*) *s. m.* **1.** Título que se da, en la marina de algunos países, al capitán de navío que manda una división naval. **2.** P. ext., cualquier oficial al mando de un grupo de barcos. **3.** *Arg.* Oficial de la fuerza aérea cuyo grado equivale al de coronel.

comoquiera *adv. m.* **1.** De cualquier manera: *Sea comoquiera, no faltes.* ■ Se usa más junto a *que* formando una loc. conj.: *Comoquiera que se arregle, estará guapa.* **2.** Seguido de *que* forma una locución conjuntiva con el significado de 'dado que', 'puesto que', 'ya que': *Comoquiera que tengo algo de dinero, puedo comprar el ordenador.* ■ En las dos acepciones, puede escribirse separado: *como quiera.*

compact disc (ingl.) *s. m.* Disco pequeño pero de gran capacidad que utiliza la técnica de grabación digital del sonido; está grabado por una sola cara y su lectura se realiza a través de láser.

compactar *v. tr.* Hacer compacto algo.

compacto, ta (del lat. *compactus*, de *compingere*, unir) *adj.* **1.** Se aplica a las cosas o materias de estructura apretada, con pocos huecos o poros: *una madera compacta.* **2.** Se dice del grupo de personas, animales o cosas muy juntos y apiñados: *una muchedumbre compacta.* **3.** Se dice de la impresión tipográfica en que hay mucho texto en poco espacio: *una página compacta.* **4.** Se dice del aparato que en un solo conjunto tiene amplificador, receptor de radio, tocadiscos y reproductor de casetes. También *s. m.* **5.** Se dice del disco digital que se reproduce por rayo láser. También *s. m.* || *s. m.* **6.** Reproductor de estos discos. SIN. **1.** Macizo, denso, consistente, espeso. **2.** Aglomerado, apelotonado. ANT. **1.** Esponjoso, poroso. **2.** Suelto, separado. FAM. Compacidad, compactación, compactar, compactibilidad.

compadecer (del lat. *compati*) *v. tr.* Compartir la desgracia ajena y sentir lástima por ella. También *v. prnl.* ■ Es v. irreg. Se conjuga como *agradecer.* SIN. Apiadarse, condolerse, conmoverse, compungirse. FAM. Compasión, compatible. PADECER.

compadraje *s. m.* Unión o acuerdo de dos o más personas para ayudarse, por lo general en algo malo o ilícito. SIN. Compadreo, compadrazgo, conchabamiento.

compadrazgo *s. m.* **1.** Parentesco que contraen los padres de una criatura con el padrino de ésta. **2.** Compadraje*.

compadre (del lat. *compater, -tris,* de *cum,* con, y *pater,* padre) *s. m.* **1.** Padrino de un niño, respecto de la madre, el padre o la madrina de éste. **2.** Padre de ese niño con respecto al padrino o a la madrina. **3.** En algunos lugares, tratamiento entre hombres, especialmente amigos o compañeros. || *adj.* **4.** *Arg.* y *Urug.* Que compadrea. FAM. Compadraje, compadrazgo, compadrear, compadreo, compadrito. PADRE.

compadrear *v. intr. Arg., Par.* y *Urug.* Envanecerse, comportarse con arrogancia.

compadreo *s. m.* Compadraje*.

compadrito *s. m. Arg.* y *Urug. fam.* Persona que frecuenta los bajos fondos y, p. ext., fanfarrón y matón. También *adj.* SIN. Chulapo.

compaginar (del lat. *compaginare,* de *compages,* unión, trabazón) *v. tr.* **1.** Poner en buen orden cosas, ideas, posturas, etc., que tienen alguna relación entre ellas: *compaginar colores en un dibujo.* También *v. prnl.* **2.** Hacer compatibles dos o más cosas entre sí, de manera que no se estorben o impidan unas a otras: *compaginar el trabajo con la diversión.* También *v. prnl.* **3.** Ajustar las galeradas para formar páginas. || **compaginarse** *v. prnl.* **4.** Corresponderse bien una cosa con otra: *La amistad se compagina con la sinceridad.* SIN. **1.** Armonizar, concertar, acoplar(se). **2.** Compatibilizar. **2.** y **4.** Conciliar(se). FAM. Compaginación. / Descompaginar. PÁGINA.

compaña (del lat. *compania,* de *cum,* con, y *panis,* pan) *s. f. fam.* Compañía.

compañerismo *s. m.* Armonía que existe en el trato de unos compañeros con otros. SIN. Camaradería.

compañero, ra (de *compaña*) *s. m.* y *f.* **1.** Persona con la que se comparten algunas experiencias, tareas, actividades, etc., especialmente con la que se mantiene una relación profesional, de estudios, etc.: *compañeros de trabajo, compañeros de mus.* **2.** Cosa que hace juego con otra u otras: *Tengo un pendiente: necesito su compañero.* SIN. **1.** Camarada, colega, socio. FAM. Ñero. COMPAÑÍA.

compañía (de *compaña*) *s. f.* **1.** Acción de acompañar: *La radio me hace compañía.* **2.** Persona, animal o cosa que acompaña a otra u otras: *Tienes compañía: luego te veo.* **3.** Sociedad, grupo de personas que se asocian con un fin. **4.** Conjunto de actores, director, etc., formado para representar obras teatrales. **5.** Pequeña unidad militar, de infantería, ingenieros, sanidad, etc., bajo el mando de un capitán. || **6. Compañía de Jesús** Orden de los jesuitas. || LOC. **en compañía de** *prep.* Acompañado de, junto con. SIN. **2.** Acompañamiento, acompañante. ANT. **1.** Soledad. FAM. Compaña, compañerismo, compañero. / Acompañar.

comparable (del lat. *comparabilis*) *adj.* Que puede compararse con otra persona o cosa. ■ Se construye con las prep. *a* y *con*: *Tu caso no es comparable al (con el) mío.* SIN. Equiparable, asimilable, semejante. ANT. Incomparable. FAM. Incomparable. COMPARAR.

comparación (del lat. *comparatio, -onis*) *s. f.* **1.** Acción de comparar. **2.** Relación que se establece entre términos que se comparan; puede ser de superioridad, de inferioridad o de igualdad. **3.** Símil, figura retórica. SIN. **1.** Cotejo, confrontación, contraposición, paralelo, similitud, contraste, parangón.

comparado, da 1. *p.* de **comparar**. También *adj.* || *adj.* **2.** Que procede por comparación: *derecho comparado.* **3.** En comparación: *Tu profesor es blando comparado con el mío.*

comparar (del lat. *comparare*) *v. tr.* Considerar dos o más personas o cosas para descubrir la relación que existe entre ellas y ver las semejanzas y diferencias: *Comparó los precios.* SIN. Confrontar, equiparar, cotejar, contraponer, contrastar, parangonar. FAM. Comparable, comparación, comparado, comparativo. PARAR.

comparativo, va (del lat. *comparativus*) *adj.* **1.** Que contiene o indica comparación: *un juicio comparativo.* **2.** Referido a adjetivos y a algunos adverbios, se aplica al grado que denota una relación de comparación: *menos bajo (o cerca), tan bajo (o cerca), más bajo (o cerca) que.* También *s. m.* **3.** Se aplica a las oraciones que denotan comparación. También *s. f.* FAM. Comparativamente. COMPARAR.

comparecer (del lat. *comparescere,* de *comparere*) *v. intr.* **1.** Presentarse uno cuando ha sido llamado y, especialmente, para realizar un acto legal: *comparecer ante el juez.* **2.** Aparecer alguien de forma inoportuna o de manera inesperada: *Compareció al final de la fiesta.* ■ Es v. irreg. Se conjuga como *agradecer.* SIN. **1.** Acudir, personarse. ANT. **1.** Faltar, ausentarse. FAM. Comparecencia, compareciente, comparsa. / Incomparecencia. PARECER[1].

comparsa (del ital. *comparsa,* de *comparire,* y éste del lat. *comparere,* comparecer) *s. m.* y *f.* **1.** Persona que desempeña papeles poco importantes en el teatro. **2.** Persona o entidad subordinada a otra y que carece de protagonismo: *A pesar de su cargo, es un mero comparsa en esa empresa.* || *s. f.* **3.** En el teatro, conjunto de personas que desempeñan papeles de poca relevancia. **4.** En algunas fiestas, grupo de personas que divierten a la gente o que van disfrazadas de igual modo: *una comparsa de carnaval.* SIN. **1.** Figurante. **3.** Acompañamiento.

compartimentar *v. tr.* Dividir en compartimientos.

compartimiento o **compartimento** *s. m.* **1.** Cada una de las partes en que se divide un espacio, p. ej. con paredes, tablas, etc. **2.** Departamento de un vagón de viajeros. **3.** Acción de compartir. SIN. **1.** Casilla, sección, división. FAM. Compartimentación, compartimentar. COMPARTIR.

compartir (del lat. *compartiri*) *v. tr.* **1.** Distribuir algo para que alguien pueda recibir o beneficiarse de ello: *compartir una tarta.* **2.** Tener conjuntamente algo para disponer o poder hacer uso de ello: *compartir una misma habitación, compartir el ordenador.* **3.** Participar de algo no material con otro u otros, particularmente de experiencias, formas de pensar, gustos, etc.: *compartir planes, desdichas.* **SIN. 1.** Repartir. **FAM.** Compartible, compartidor, compartimento, compartimiento. / Incompartible. PARTIR.

compás (del ant. *compasar*, y éste del lat. *cum*, con, y *passus*, paso) *s. m.* **1.** Instrumento formado por dos varillas articuladas entre sí por uno de sus extremos; sirve para trazar curvas y para medir distancias. **2.** Resortes de metal que abriéndose o plegándose sirven para levantar o bajar la capota de los coches. **3.** Cada uno de los periodos o intervalos de tiempo regulares en que se marca el ritmo de una frase musical. **4.** Movimiento de la mano o batuta, golpe u otra manera con que se señalan esos intervalos. **5.** Espacio o división del pentagrama en que se escriben las notas correspondientes a cada uno de dichos intervalos. **6.** Ritmo o cadencia de una pieza musical. **7.** P. ext., ritmo seguido en un asunto o actividad: *Su hermano lleva muy bien el compás en su trabajo.* **8.** Instrumento usado en la navegación. **FAM.** Compasillo. / Acompasar, descompasado. PASO.

compasillo *s. m.* En mús., compás de cuatro tiempos.

compasión (del lat. *compassio, -onis*) *s. f.* Sentimiento de pena que una persona tiene por los sufrimientos y desgracias de otra. **SIN.** Conmiseración, condolencia, lástima, piedad. **ANT.** Insensibilidad. **FAM.** Compasivamente, compasivo. / Incompasivo. COMPADECER.

compatible (del bajo lat. *compatibilis*, y éste del lat. *compati*, compadecerse) *adj.* **1.** Se dice de lo que puede ocurrir o hacerse con otra cosa: *Sus clases son compatibles con el trabajo.* **2.** Se aplica al ordenador que puede trabajar con dispositivos, aparatos o programas de otro diferente. También *s. m.* **SIN. 1.** Compaginable, armonizable. **ANT. 1.** Incompatible, excluyente. **FAM.** Compatibilidad, compatibilizar. / Incompatible. COMPADECER.

compatriota (del lat. *compatriota*, de *cum*, con, y *patria*, patria) *s. m.* y *f.* Persona de la misma patria que otra. **SIN.** Conciudadano, coterráneo.

compeler (del lat. *compellere*, de *cum*, con, y *pellere*, arrojar) *v. tr.* Obligar a una persona, por la fuerza o la autoridad, a que haga algo: *La policía les compelió al desalojo.* **SIN.** Forzar, conminar. **FAM.** Compulsión.

compendiar (del lat. *compendiare*) *v. tr.* **1.** Reducir un libro, un discurso, etc., a lo más esencial de él: *compendiar un tratado.* **2.** Expresar brevemente algo: *Esa frase compendia su pensamiento.* **SIN. 1.** Abreviar, extractar. **1.** y **2.** Condensar, resumir. **ANT. 1.** Ampliar, extender.

compendio (del lat. *compendium*) *s. m.* **1.** Tratado breve sobre alguna materia; exposición de lo más importante de ella: *un compendio de historia.* **2.** Alguien o algo que reúne todas las cosas que se expresan: *La iglesia era un compendio de estilos artísticos.* **SIN. 1.** Extracto, resumen, epítome. **2.** Síntesis. **ANT. 1.** Ampliación. **FAM.** Compendiar, compendiosamente, compendioso.

compenetrarse (de *penetrar*) *v. prnl.* **1.** Entenderse o comprenderse bien varias personas, coincidir en ideas, opiniones, sentimientos, gustos, etc. **2.** Penetrar las partículas de una sustancia entre las de otra. ■ Este verbo tiene valor recíproco. **SIN. 1.** Identificarse, congeniar. **ANT. 1.** Discrepar, diferir. **FAM.** Compenetración. PENETRAR.

compensación (del lat. *compensatio, -onis*) *s. f.* **1.** Acción de compensar. **2.** Cosa que se da o hace a alguien para recompensarle por algo o reparar algún mal, o que alguien hace o toma con ese fin: *No aceptó ninguna compensación.* **3.** En der., entre dos personas que tienen deudas recíprocas, acción por la que cada una se considera pagada por el equivalente de lo que debe a la otra. **4.** Entre bancos u otras entidades financieras, intercambio de cheques, letras de cambio u otros instrumentos de crédito y liquidación de los saldos de esos efectos. **SIN. 1.** Equilibrio, contrapeso, igualación. **2.** Recompensa, indemnización, resarcimiento, desquite, reparación. **ANT. 1.** Descompensación, desequilibrio.

compensar (del lat. *compensare*, de *cum*, con, y *pensare*, pesar) *v. tr.* **1.** Igualar el fallo o el efecto, generalmente negativo, de una cosa con el mayor desarrollo o efecto positivo de otra: *La feliz estancia compensó un viaje tan largo.* También *v. intr.* y *v. prnl.*: *La pérdida se compensa con la ganancia.* **2.** Dar alguna cosa o hacer algún bien por un daño o perjuicio: *El seguro compensó a los dañados por el incendio.* También *v. prnl.* **3.** Merecer a alguien la pena hacer algo: *Le compensa madrugar.* **SIN. 1.** Equilibrar(se), nivelar(se), neutralizar(se), contrarrestar(se), contrapesar(se). **2.** Indemnizar, reparar, resarcir(se). **ANT. 1.** Desequilibrar(se), desigualar(se). **FAM.** Compensable, compensación, compensador, compensatorio. / Descompensar, recompensar.

competencia (del lat. *competentia*) *s. f.* **1.** Oposición o rivalidad entre personas, animales u organizaciones que aspiran a lograr una misma cosa: *Hay una gran competencia entre empresas.* **2.** En singular y precedido del artículo *la*, empresa u organización rival: *Se ha pasado a la competencia.* **3.** Circunstancia de corresponderle a alguien hacer algo o actuar en algún asunto: *La limpieza de las calles es competencia del ayuntamiento.* **4.** Capacidad de alguien o algo para llevar a cabo una tarea con eficacia: *El mecánico era de una gran competencia.* **5.** *Amér.* Competición deportiva. **SIN. 1.** Concurrencia, pugna. **3.** Incumbencia, facultad, atribución, jurisdicción. **4.** Aptitud, idoneidad. **ANT. 4.** Incompetencia, ineptitud. **FAM.** Competencial. / Incompetencia. COMPETER.

competencial *adj.* De las competencias o atribuciones propias de una persona u organización: *Los alcaldes proponen elevar el techo competencial de los ayuntamientos.*

competente (del lat. *competens, -entis*) *adj.* **1.** Se dice de la persona u organismo a quien compete algo: *El tribunal se declaró competente en el asunto.* **2.** Experto en alguna cosa o capaz de realizar algo con eficacia: *Es muy competente en arte.* **SIN. 1.** Autorizado, legítimo. **2.** Calificado, cualificado, apto, idóneo, entendido, especialista, eficaz. **ANT. 1.** y **2.** Incompetente. **2.** Inexperto, ineficaz.

competer (del lat. *competere*, concordar, corresponder) *v. intr.* Corresponder una cosa, acción, obligación, etc., a una persona u organismo: *Compete al juez emitir sentencia.* **SIN.** Incumbir, atañer, tocar, pertenecer. **FAM.** Competencia, competente, competentemente.

competición *s. f.* **1.** Enfrentamiento entre dos o más personas que persiguen el mismo objetivo: *La competición entre los aspirantes al puesto es muy fuerte.* **2.** Prueba en la que dos o más personas o equipos se enfrentan entre sí para conseguir un premio: *competición deportiva.* SIN. **1.** Contienda, pugna, rivalidad. **1.** y **2.** Concurso. **2.** Certamen, encuentro, torneo.

competir (del lat. *competere*, de *cum*, con, y *petere*, demandar) *v. intr.* **1.** Aspirar dos o más personas, animales, organizaciones, etc., a una misma cosa y luchar o esforzarse por conseguirla: *Los novelistas competían por el primer premio.* **2.** Presentarse una cosa en igualdad de condiciones que otra u otras: *Este vino puede competir con cualquier otro.* ■ Es v. irreg. Se conjuga como *pedir.* SIN. **1.** Contender, pugnar, rivalizar. **2.** Emular, medirse, equipararse. FAM. Competición, competidor, competitividad, competitivo.

competitividad *s. f.* **1.** Capacidad de competir con otros en condiciones de igualdad, especialmente en deportes y en economía: *la competitividad de una empresa.* **2.** Competencia, rivalidad: *En el mercado automovilístico hay una fuerte competitividad.*

competitivo, va *adj.* **1.** Relativo a la competición. **2.** Capaz de competir con otros: *un producto competitivo, una empresa competitiva.*

compilación (del lat. *compilatio, -onis*) *s. f.* **1.** Acción de compilar. **2.** Obra formada por partes o textos de otros libros o documentos: *una compilación de leyes.* SIN. **2.** Recopilación, colección.

compilador, ra *adj.* **1.** Que compila. También *s. m.* y *f.* || *s. m.* **2.** En inform., programa cuya función es traducir el texto de un programa fuente escrito en un lenguaje de alto nivel, de modo que se obtenga una versión de éste que sea ejecutable por el ordenador. SIN. **1.** Recopilador, antólogo.

compilar (del lat. *compilare*) *v. tr.* **1.** Reunir en una sola obra partes o textos de otros libros o documentos. **2.** En inform., traducir un programa fuente, en lenguaje de alto nivel, a código máquina o binario. SIN. **1.** Recopilar. FAM. Compilación, compilador. RECOPILAR.

compincharse *v. prnl. fam.* Ponerse de acuerdo varias personas, especialmente para hacer algo con mala intención. SIN. Confabularse, conchabarse, conspirar.

compinche *s. m.* y *f. fam.* Compañero, en especial de diversiones o fechorías. SIN. Camarada, colega, amigote. FAM. Compincharse. PINCHE.

complacencia (del lat. *complacentia*) *s. f.* **1.** Placer y contento que resulta de alguna cosa: *Hablaba con complacencia de sus éxitos.* **2.** Actitud de dejar que alguien haga lo que quiere, aunque no sea correcto: *Le trata con demasiada complacencia.* SIN. **1.** Agrado, gusto, satisfacción. **2.** Tolerancia, condescendencia, benevolencia. ANT. **1.** Desagrado, disgusto, descontento. **2.** Intolerancia.

complacer (del lat. *complacere*, de *cum*, con, y *placere*, agradar) *v. tr.* **1.** Satisfacer, dar gusto a una persona o acceder a sus deseos: *Le complace oír música. Sólo pretendo complacerte en lo que quieres.* || **complacerse** *v. prnl.* **2.** Encontrar satisfacción en algo: *Se complacía en escuchar a sus hijos.* ■ Es v. irreg. Se conjuga como *agradecer.* SIN. **1.** Agradar, contentar. **2.** Deleitarse, gustar. ANT. **1.** Desagradar, disgustar, molestar. FAM. Complacencia, complaciente. PLACER[1].

complejo, ja (del lat. *complexus*, de *complecti*, abrazar, abarcar) *adj.* **1.** Que se compone de elementos diversos o resulta complicado: *un asunto complejo.* || *s. m.* **2.** Conjunto o unión de dos o más cosas: *un complejo vitamínico.* **3.** Conjunto de establecimientos industriales, comerciales, turísticos, etc., situados en el mismo sitio: *un complejo hotelero.* **4.** En psicol., conjunto de vivencias, ideas y sentimientos, conscientes e inconscientes, que influyen en la personalidad del individuo y en sus acciones y emociones: *complejo de superioridad.* || **5. complejo de Edipo** Conjunto de sentimientos conflictivos derivados del apego erótico de los niños al padre del sexo opuesto, y en sentido estricto, de los varones hacia la madre. SIN. **1.** Múltiple, variado, confuso. ANT. **1.** Sencillo, simple. FAM. Complejidad, complexión. / Acomplejar.

complementar *v. tr.* **1.** Añadir algo como complemento: *Complementa sus viajes a Inglaterra con unas clases de inglés.* También *v. prnl.* **2.** Añadir palabras como complementos de otras. || **complementarse** *v. prnl.* **3.** Formar un conjunto agradable, armonioso o satisfactorio: *Los dos jugadores se complementan perfectamente. La falda no se complementa con los zapatos. Juan y María se complementan muy bien.*

complementario, ria *adj.* **1.** Que sirve de complemento a alguna cosa. **2.** Se dice de los colores que superpuestos producen el efecto del blanco. **3.** Aplicado a ángulos, que suman entre ellos 90°.

complemento (del lat. *complementum*) *s. m.* **1.** Aquello que se añade a una persona o cosa para completarla o para darle otras propiedades, más calidad, etc.: *La sal es un complemento esencial en la comida.* **2.** Cada una de las cosas que se completan entre sí. **3.** En ling., palabra, sintagma o proposición que completa el significado de uno o varios componentes de la oración, o de la oración entera. || **4. complemento agente** En ling., elemento modificador del verbo en las oraciones pasivas, que indica la persona, animal o cosa que ejecuta la acción. ■ Se construye con las preposiciones *por* y *de*: *Los enfermos fueron atendidos por el médico. Iba seguido de sus ayudantes.* **5. complemento circunstancial** En ling., el que indica diversas circunstancias como lugar, modo, causa, etc., y puede llevar distintas prep: *Estudia en casa. Fue ayer. Canta bien. Juega con un balón.* **6. complemento directo** El que indica qué o quién recibe directamente la acción del verbo Puede llevar la prep. *a*: *Come pan. Saludó a sus amigos.* ■ Se denomina también *objeto directo.* **7. complemento indirecto** El que indica qué o quién recibe daño o provecho de la acción del verbo; lleva la prep. *a*: *Escribe una carta a sus padres.* ■ Se denomina también *objeto indirecto.* SIN. **1.** Añadido, suplemento, aditamento. FAM. Complementar, complementariedad, complementario.

completamente *adv. m.* De manera completa, sin que falte nada: *El tren iba completamente lleno.*

completar *v. tr.* Hacer que algo esté perfecto, lleno, terminado o entero: *Sólo le queda un curso para completar sus estudios.* SIN. Acabar, llenar, terminar, perfeccionar.

completivo, va (del lat. *completivus*) *adj.* Se aplica a la proposición subordinada que desempeña la función de complemento directo en una oración compuesta, y a las conjunciones como *que*, *como* y *si*, que la unen a la principal. También *s. f.*

completo, ta (del lat. *completus*, de *complere*, terminar) *adj.* **1.** Con todas sus partes, sin que falte nada o nadie: *Jugó el equipo completo.* **2.** Perfecto, que tiene todas las cualidades que le son propias: *Es un completo caballero.* **3.** Total, en todos sus aspectos: *El concierto ha sido un completo éxito.* **4.** Lleno: *El coche está completo.* || *s. m.* **5.** La totalidad de los miembros de un grupo: *Asis-*

tió el completo de la comunidad de vecinos. **6.** *Col.* y *P. Rico* Resto de una deuda. || *s. f. pl.* **7.** Última oración del oficio divino. || LOC. **al completo** *adj.* y *adv.* Todo; también, lleno: *Jugó el equipo al completo. El hotel está al completo.* SIN. **1.** Íntegro, entero. **2.** Pleno, acabado. **3.** Absoluto, rotundo. **4.** Ocupado, repleto. ANT. **1.** Incompleto. **2.** Imperfecto. **3.** Parcial. **4.** Vacío. FAM. Completamente, completar, completivo. / Incompleto. CUMPLIR.

complexión (del lat. *complexio, -onis*) *s. f.* Constitución física de una persona o animal: *Es de complexión robusta.* SIN. Naturaleza. FAM. Véase **complejo.**

complicación (del lat. *complicatio, -onis*, plegadura) *s. f.* **1.** Acción de complicar. **2.** Cualidad de lo que es difícil de comprender o resolver, generalmente por tener elementos o aspectos diversos: *las complicaciones de un tratado de paz, la complicación de un ordenador.* **3.** Aquello que hace más difícil o estorba en una cosa, en la realización de algo, etc.: *Surgieron complicaciones de última hora.* **4.** Fenómeno que ocurre inesperadamente en el curso de una enfermedad sin ser propio de ella y que generalmente la agrava o alarga. SIN. **2.** Complejidad, dificultad, enredo, embrollo, intrincamiento. **3.** Contratiempo, estorbo, tropiezo. ANT. **1.** Simplificación. **2.** Sencillez, simplicidad. **3.** Facilidad.

complicar (del lat. *complicare*, de *cum*, con, y *plicare*, plegar, doblar) *v. tr.* **1.** Hacer una cosa difícil o más difícil de lo que era, recargarla o mezclar cosas diversas entre sí. También *v. prnl.*: *Se complica demasiado la vida. Al final del gótico la decoración se fue complicando.* **2.** Comprometer a alguien en un asunto: *El ladrón complicó a otros en el robo.* También *v. prnl.* ■ Delante de *e* se escribe *qu* en lugar de *c*: *complique.* SIN. **1.** Dificultar, entorpecer, enredar(se), liar(se), enmarañar(se). **2.** Implicar(se), envolver. ANT. **1.** Simplificar, facilitar. FAM. Complicación, complicado, cómplice.

cómplice (del lat. *complex, -icis*) *s. m.* y *f.* Persona que contribuye a un delito o falta, sin participar en su ejecución material; p. ext., la que comete con otras un delito o falta. SIN. Partícipe; coautor. FAM. Complicidad. COMPLICAR.

complicidad *s. f.* Colaboración en un delito cometido por otros. SIN. Connivencia, coautoría, cooperación.

complot o **compló** (del fr. *complot*, y éste del lat. *complicitus*, plegado, envuelto) *s. m.* Acuerdo secreto entre dos o más personas para actuar contra algo o alguien o para conseguir algún fin: *Traman un complot contra el presidente.* ■ Su pl. es *complots* o *complós.* SIN. Conspiración, confabulación, conjura, maquinación, trama.

complutense (del lat. *complutensis*, de *Complutum*, Alcalá de Henares) *adj.* **1.** De Alcalá de Henares. También *s. m.* y *f.* **2.** Se aplica a una de las universidades madrileñas, procedente de la antigua universidad central, que había tenido su origen en la de Alcalá. También *s. f.*

componenda (del lat. *componenda*, de *componere*, arreglar) *s. f.* Solución o arreglo incompleto o provisional de un asunto, particularmente el censurable acordado entre varias personas: *Taparon la falta con alguna componenda.* SIN. Chapuza, apaño, chanchullo, amaño, enjuague.

componente *adj.* Que forma parte de un todo. También *s. m.* y *f.*: *componente químico, componente de un equipo o de una orquesta.* SIN. Elemento, integrante.

componer (del lat. *componere*, de *cum*, con, y *ponere*, poner) *v. tr.* **1.** Formar algo juntando varias cosas: *componer una frase, un ramo de flores.* **2.** Constituir varias personas o cosas lo que se expresa: *El bufete lo componían tres abogados.* **3.** Producir obras literarias, científicas o musicales. También *v. intr.* **4.** Condimentar, añadir a las comidas o bebidas ciertas sustancias que les dan mejor sabor; especialmente, aderezar las ensaladas. **5.** Reparar lo desordenado, roto o averiado: *Mandó componer el sillón.* **6.** *fam.* Restaurar, mejorar, restablecer: *Una manzanilla te compondrá el estómago.* **7.** Adornar una cosa o arreglar a una persona: *Han compuesto la sala para la fiesta.* También *v. prnl.*: *Se compuso para ir al baile.* **8.** Preparar o reproducir un texto para que pueda imprimirse. || **componerse** *v. prnl.* **9.** Estar formado de los elementos o partes que se expresan. || LOC. **componérselas** *fam.* Actuar con habilidad para salir de un apuro o conseguir algo. ■ Es v. irreg. Se conjuga como *poner.* SIN. **1.** Confeccionar. **2.** Integrar. **3.** Crear, concebir, escribir. **4.** Aliñar, sazonar. **5.** Apañar, remendar, restaurar, rectificar. **7.** Embellecer(se), acicalar(se), ataviar(se), emperifollar(se), aviar(se). ANT. **1.** Desintegrar. **1.** y **5.** a **7.** Descomponer. **5.** Estropear, desordenar, romper. **7.** Afear(se), desarreglar(se). FAM. Componedor, componenda, componente, composición, compositivo, compositor, compostura, compuesto. / Descomponer, recomponer. PONER.

comportamiento *s. m.* **1.** Manera de actuar o portarse una persona o un animal. **2.** Manera de actuar o funcionar ciertas cosas: *el comportamiento del mercado, el comportamiento de un vehículo.* SIN. **1.** Conducta, actuación, proceder.

comportar (del lat. *comportare*, de *cum*, con, y *portare*, llevar) *v. tr.* **1.** Implicar, llevar consigo algo: *El cargo comporta obligaciones.* || **comportarse** *v. prnl.* **2.** Actuar del modo que se expresa: *Se comporta como debe.* **3.** Portarse bien, con educación: *Luis se sabe comportar.* SIN. **1.** Suponer, entrañar, encerrar, conllevar. **2.** Obrar, proceder, conducirse. ANT. **1.** Excluir. FAM. Comportamiento. PORTAR.

composición (del lat. *compositio, -onis*) *s. f.* **1.** Acción de componer. **2.** Obra literaria, científica o musical: *una composición para piano.* **3.** Redacción en la que el alumno desarrolla un determinado tema: *una composición sobre la naturaleza.* **4.** Técnica y arte de la creación de obras musicales. **5.** En pintura, fotografía, escultura, etc., arte de disponer los elementos de una obra. **6.** En ling., procedimiento de formación de nuevas palabras mediante la unión de dos o más vocablos, p. ej. *bocamanga, sacacorchos.* **7.** Manera de estar compuesta una sustancia o proporción de los elementos que la forman: *la composición de la materia.* **8.** Texto dispuesto para su impresión. || LOC. **composición de lugar** *fam.* Estudio detenido de todas las circunstancias de un asunto para formarse una idea del mismo o hacer un proyecto sobre él. SIN. **1.** Constitución, combinación, compostura. **5.** Disposición. **7.** Mezcla, fórmula, estructura. ANT. **1.** Descomposición, desintegración. FAM. Fotocomposición, telecomposición. COMPONER.

compositivo, va *adj.* Se dice de los vocablos o elementos que forman palabras compuestas.

compositor, ra (del lat. *compositor, -oris*) *adj.* Que compone obras musicales. También *s. m.* y *f.* SIN. Músico.

compost (ingl.) *s. m.* Abono compuesto por una mezcla de residuos orgánicos e inorgánicos.

compostelano, na *adj.* De la antigua Compostela o de la actual Santiago de Compostela. También *s. m.* y *f.*

compostura (del lat. *compositura*) *s. f.* **1.** Acción de componer, reparar, ordenar o adornar: *la compostura de una falda descosida.* **2.** Arreglo del aspecto de una persona o cosa. **3.** Comedimiento, buenos modales en la manera de comportarse: *guardar la compostura.* **SIN. 1.** Composición. **2.** Adorno, avío, aliño, aseo. **3.** Moderación, circunspección, prudencia. **ANT. 1.** Descomposición; desarreglo. **3.** Descomedimiento, descompostura.

compota (del fr. *compote*, y éste del lat. *composita*, compuesta) *s. f.* Dulce de frutas cocidas con azúcar; suele llevar vino, licor, canela o vainilla. **FAM.** Compotera.

compotera *s. f.* Recipiente donde se guarda y sirve la compota o mermelada.

compra *s. f.* **1.** Acción de comprar: *salir de compras.* **2.** Cualquier objeto comprado: *Ese chaleco es una buena compra.* ■ En sing., sin especificar y precedido del art. *la*, designa la acción de comprar alimentos y demás cosas necesarias para el consumo diario en una casa, y esos mismos alimentos y objetos: *Fue a la compra con su madre. Llevaba la compra en un carrito.* **SIN. 1.** y **2.** Adquisición. **ANT. 1.** Venta, enajenación. **FAM.** Compraventa. / Recompra. COMPRAR.

comprar (del lat. *comparare*, adquirir) *v. tr.* **1.** Adquirir mediante dinero alguna cosa. **2.** Sobornar. **SIN. 1.** Mercar, mercarse. **2.** Untar. **ANT. 1.** Vender. **FAM.** Compra, comprable, comprador.

compraventa *s. f.* **1.** Acción de comprar y vender: *un contrato de compraventa.* **2.** Comercio donde se compra y se vende, en especial antigüedades o cosas usadas.

comprender (del lat. *comprehendere*, de *cum*, con, y *prehendere*, coger) *v. tr.* **1.** Abarcar, incluir dentro de sí: *La región comprende cien pueblos.* **2.** Llegar al conocimiento de una cosa, percibir su significado y alcance: *Comprendo lo que quiere decirme.* **3.** Encontrar razonables, justificados, los actos y sentimientos de otro: *Comprendo tu desilusión.* || **comprenderse** *v. prnl.* **4.** Con valor recíproco., llevarse bien dos o más personas. **SIN. 1.** Contener, encerrar, englobar. **2.** Aprehender, captar, enterarse. **2.** y **4.** Entender(se). **3.** Justificar. **4.** Avenirse, compenetrarse. **ANT. 2.** Ignorar. **FAM.** Comprensibilidad, comprensible, comprensión, comprensivo. PRENDER.

comprensión *s. f.* **1.** Acción de comprender o comprenderse. **2.** En lóg., conjunto de notas que constituyen un concepto. Así, el concepto hombre queda comprendido por las notas «animal» y «racional». ■ No confundir con *compresión*, 'acción de comprimir'. **SIN. 1.** Entendimiento, intelección, aprehensión; justificación. **ANT. 1.** Incomprensión. **FAM.** Incomprensión. COMPRENDER.

comprensivo, va *adj.* **1.** Se dice de la persona, actitud, conducta, etc., tolerante con los demás: *Es comprensivo con los problemas ajenos.* **2.** Que comprende, contiene o abarca algo. **SIN. 1.** Condescendiente, benévolo, complaciente. **ANT. 1.** Incomprensivo, intolerante.

compresa (del lat. *compressa*, comprimida) *s. f.* Gasa o tela con varios dobleces que tiene diversos usos, como cubrir heridas, contener hemorragias, etc. **SIN.** Apósito.

compresible *adj.* Que se puede comprimir o reducir a menor volumen. ■ No confundir con *comprensible*, 'que se puede comprender'. **SIN.** Comprimible. **ANT.** Incompresible. **FAM.** Incompresibilidad, incompresible. COMPRIMIR.

compresión (del lat. *compressio, -onis*) *s. f.* Acción de comprimir. ■ No confundir con *comprensión*, 'acción de comprender'. **SIN.** Presión, opresión. **FAM.** Descompresión. COMPRIMIR.

compresor, ra (del lat. *compressor, -oris*) *adj.* **1.** Que comprime o que sirve para comprimir. También *s. m.* || *s. m.* **2.** Aparato o máquina que sirve para comprimir un fluido: *un compresor de aire.* **FAM.** Termocompresor, turbocompresor. COMPRIMIR.

comprimido, da **1.** *p.* de **comprimir**. También *adj.* || *s. m.* **2.** Medicamento en forma de pastilla o píldora. **SIN. 2.** Gragea.

comprimir (del lat. *comprimere*, de *cum*, con, y *premere*, apretar) *v. tr.* **1.** Reducir a menor volumen una cosa, particularmente un fluido, aplicando una fuerza. También *v. prnl.* || **comprimirse** *v. prnl.* **2.** Pasar una o varias personas a ocupar un espacio más reducido del que tenían: *Al aumentar la familia tuvieron que comprimirse.* **SIN. 1.** Oprimir, prensar. **1.** y **2.** Apretar(se). **ANT. 1.** Dilatar(se), descomprimir. **2.** Ensancharse. **FAM.** Compresa, compresibilidad, compresible, compresión, compresor, comprimido. PRESIÓN.

comprobante *adj.* **1.** Que prueba o demuestra algo. También *s. m.*: *Presentó un comprobante al juez.* || *s. m.* **2.** Recibo de haber efectuado un pago, cobro, entrega, compra, etc. **SIN. 1.** y **2.** Justificante. **2.** Albarán, factura, resguardo.

comprobar (del lat. *comprobare*, de *cum*, con, y *probare*, aprobar) *v. tr.* **1.** Examinar algo para ver si es verdadero, exacto, si está en buenas condiciones, etc.: *comprobar una operación aritmética. Comprobó los frenos antes de salir de viaje.* **2.** Confirmar alguien o algo que una cosa es verdadera, exacta, etc. ■ Es v. irreg. Se conjuga como *contar.* **SIN. 1.** Revisar, contrastar. **1.** y **2.** Probar. **2.** Ratificar, corroborar. **ANT. 2.** Invalidar, negar. **FAM.** Comprobable, comprobación, comprobante, comprobatorio, comprueba. PROBAR.

comprobatorio, ria *adj.* Se aplica a lo que comprueba o sirve para comprobar: *documento comprobatorio.* **SIN.** Probatorio, demostrativo.

comprometer (del lat. *compromittere*, de *cum*, con, y *promittere*, prometer) *v. tr.* **1.** Implicar a alguien en un asunto perjudicial: *La declaración del acusado comprometió a otras personas.* También *v. prnl.* **2.** Exponer a alguien o algo a un riesgo, un apuro, perjuicio, etc.: *Su inexperiencia comprometió el éxito de la operación.* También *v. prnl.* **3.** Obligar a alguien a hacer algo o a responsabilizarse de ello. Se usa mucho como *v. prnl.*, con las prep. *a*, *con* y *en*: *Se comprometió con Luis a acabar la obra esta semana.* **4.** Llegar a un acuerdo de carácter económico: *comprometer la compra de un local.* También *v. prnl.* || **comprometerse** *v. prnl.* **5.** Darse promesa de matrimonio. **6.** Tomar partido, pronunciarse y actuar claramente en una situación política, ideológica, social, etc.: *Se ha comprometido en la defensa de los emigrantes.* **SIN. 1.** Complicar(se), involucrar(se). **2.** Arriesgar(se), perjudicar(se). **4.** Apalabrar(se). **ANT. 1.** Exculpar(se). **2.** Proteger(se). **3.** Dispensar, desentenderse. **FAM.** Comprometedor, comprometido, compromisario, compromiso. PROMETER.

comprometido, da 1. *p.* de **comprometer**. También *adj.* || *adj.* **2.** Peligroso, delicado: *un asunto comprometido.* SIN. **2.** Arduo, difícil, espinoso, arriesgado. ANT. **2.** Fácil.

compromisario, ria (del lat. *compromissarius*) *adj.* **1.** Se dice de la persona en quien delegan otras para que realice o resuelva algo. También *s. m.* y *f.* || *s. m.* **2.** Representante de los electores primarios para votar en elecciones de segundo grado. **3.** Persona imparcial que media en un conflicto. SIN. **1.** Delegado.

compromiso (del lat. *compromissum*) *s. m.* **1.** Acuerdo, promesa, etc., de alguien por la que se obliga a realizar algo: *Tengo el compromiso de terminar un trabajo.* **2.** Dificultad, apuro: *Me vi en un compromiso para explicar el problema. Me pones en un compromiso.* **3.** Acto por el que los novios se prometen en matrimonio. **4.** Decisión por la que alguien toma partido en una situación política, ideológica, social, etc. SIN. **1.** Pacto, trato. **2.** Aprieto, atolladero, lío.

comprueba *s. f.* Prueba de imprenta ya corregida que sirve para ver si en las nuevas pruebas se han hecho las correcciones marcadas.

compuerta *s. f.* **1.** Obstáculo móvil que se coloca en los canales o presas para cortar o graduar el paso del agua. **2.** Media puerta que cierra sólo la parte inferior de la entrada.

compuesto, ta (del lat. *compositus*) **1.** *p.* irreg. de **componer**. También *adj.* || *adj.* **2.** Que está constituido por varias partes: *palabra compuesta, oración compuesta.* **3.** Se dice de los tiempos del verbo que se conjugan con el participio pasado precedido de un verbo auxiliar. **4.** Aplicado a personas, arreglado, listo: *Ya estoy compuesto, podemos irnos.* **5.** Se aplica a la planta fanerógama dicotiledónea con inflorescencias de tipo cabezuela, con todas las flores componentes reunidas sobre un recinto común que tiene el aspecto de una flor más grande. || *s. f. pl.* **6.** Familia constituida por estas plantas. || *s. m.* **7.** Mezcla de varias cosas que componen un todo. **8.** En quím., sustancia formada por la combinación de dos o más elementos. || LOC. **quedarse** una mujer **compuesta y sin novio** *fam.* Perder al novio una mujer cuando ya estaba todo listo para el matrimonio. También, no lograr algo después de haber hecho los preparativos para ello. SIN. **2.** Combinado, complejo, mixto. **4.** Acicalado, aseado. **7.** Composición. ANT. **2.** Simple, sencillo. **4.** Desarreglado, desaseado.

compulsa *s. f.* Acción de compulsar: *Exigen la compulsa del documento.* SIN. Compulsación.

compulsar (del lat. *compulsare*, de *cum*, con, y *pulsare*, tocar, pulsar) *v. tr.* Comparar una copia con el documento original para comprobar y certificar que coinciden. FAM. Compulsa, compulsación, compulsado. PULSAR.

compulsión (del lat. *compulsio, -onis*) *s. f.* **1.** Acción de compeler. **2.** Tendencia obsesiva a la repetición de determinadas acciones. FAM. Compulsivo. COMPELER.

compulsivo, va *adj.* Que tiene poder o fuerza para obligar.

compunción (del lat. *compunctio, -onis*) *s. f.* **1.** Dolor por haber obrado mal. **2.** Sentimiento que causa la aflicción ajena. SIN. **1.** Pesar, arrepentimiento. **2.** Compasión, lástima.

compungido, da 1. *p.* de **compungir**. || *adj.* **2.** Apenado, dolorido, especialmente por haber obrado mal o por la aflicción de otro. SIN. **2.** Dolido, afligido, atribulado, pesaroso. ANT. **2.** Impenitente. FAM. Compunción, compungir.

compungir (del lat. *compungere*, de *cum*, con, y *pungere*, punzar) *v. tr.* Hacer que alguien sienta compunción: *El llanto del niño compungió mucho a la madre.* También *v. prnl.*: *Se compungió al ver las condiciones de vida en los suburbios.* ■ Delante de *a* y *o* se escribe *j* en lugar de *g*: *compunja.* SIN. Atribular, consternar, afligir, acongojar, afectar. ANT. Consolar, alegrar.

computacional *adj.* De la informática o relacionado con ella: *gramática computacional.*

computador, ra *adj.* **1.** Que computa o calcula. También *s. m.* y *f.* || *s. m.* y *f.* **2.** Ordenador, máquina. FAM. Computadorizar, computerizar. / Supercomputador. COMPUTAR.

computadorizar *v. tr.* Computerizar*. FAM. Computadorización. COMPUTADOR.

computar (del lat. *computare*, de *cum*, con, y *putare*, pensar) *v. tr.* **1.** Contar o medir una magnitud según ciertas unidades: *El tiempo se computa en años, meses, días, horas...* **2.** Tomar algo como equivalente a determinado valor: *En caso de empate los goles en campo contrario se computan por dos.* SIN. **1.** Calcular. **2.** Valer, equivaler, contar. FAM. Computable, computación, computacional, computador, cómputo. CONTAR.

computerizar (del ingl. *computer*, computadora) *v. tr.* Tratar una determinada información mediante una computadora. ■ Delante de *e* se escribe *c* en lugar de *z*. SIN. Informatizar. FAM. Computerización. COMPUTADOR.

cómputo (del lat. *computus*) *s. m.* **1.** Acción de computar. || **2. cómputo eclesiástico** Cálculo para determinar la fecha de las fiestas movibles, como la de Pascua de Resurrección.

comulgar (del lat. *communicare*, comunicar) *v. intr.* **1.** Tomar la comunión. **2.** Compartir las mismas ideas y sentimientos que otras personas: *Comulgan en los mismos ideales.* || LOC. **comulgar con ruedas de molino** *fam.* Creerse algo increíble o inverosímil: *No me obligues a comulgar con ruedas de molino.* ■ Delante de *e* se escribe *gu* en lugar de *g*: *comulgue.* SIN. **2.** Coincidir, concordar. ANT. **2.** Discrepar. FAM. Comulgante, comulgatorio. / Descomulgar, excomulgar. COMUNIÓN.

comulgatorio *s. m.* Barandilla situada delante del altar en las iglesias donde los fieles se colocan para recibir la comunión.

común (del lat. *communis*) *adj.* **1.** Que pertenece a varias personas, grupos, etc., o se da en todos ellos: *dormitorio común, pastos comunes.* **2.** Frecuente, corriente: *Es común tener un frigorífico.* **3.** Vulgar, que no es selecto: *un vino común.* **4.** En ling., se aplica al sustantivo que designa un elemento representante de una clase, como *niño, mesa, lapiz*, etc. Los nombres comunes son genéricos y pueden aplicarse a toda una clase o categoría: *El hombre ha dominado la naturaleza.* **5.** Se dice del género gramatical que referido a personas se indica sólo a través del artículo masculino o femenino: *el cantante / la cantante, el artista / la artista.* || *s. m.* **6.** Población de una provincia, ciudad y, particularmente, de un municipio: *bienes del común.* **7.** Generalidad de las personas. || LOC. **el común de las gentes** La mayor parte de las gentes. **en común** *adv.* Juntamente con otro u otros, entre varios, para todos: *Tienen una piscina en común.* También, indica que dos o más personas o cosas poseen una misma cualidad o característica: *Tienen en co-*

mún su afición a la música. **por lo común** Comúnmente, corrientemente. SIN. **1.** Colectivo, general. **2.** Usual, habitual. **3.** Ordinario. ANT. **1.** Particular, específico. **2.** Raro, extraño. **3.** Extraordinario. FAM. Comuna, comunal, comunicar, comunidad, comunión, comunismo, comunitario, comúnmente. / Mancomunar, procomún.

comuna *s. f.* **1.** Unidad de organización económica y administrativa basada en la propiedad colectiva. **2.** Unidad de organización social en la que sus miembros habitan en una misma casa, en contacto con la naturaleza y llevan una vida en común en todos sus aspectos. **3.** *Amér.* Municipio, ayuntamiento.

comunal (del lat. *communalis*) *adj.* Del común, comunidad municipal: *prados comunales, bienes comunales.* FAM. Descomunal. COMÚN.

comunero, ra *adj.* **1.** Relacionado con las Comunidades de Castilla, movimiento de protesta de las ciudades y municipios castellanos contra Carlos V. || *s. m.* y *f.* **2.** Persona que luchó en ellas.

comunicación (del lat. *communicatio, -onis*) *s. f.* **1.** Acción de comunicar o comunicarse. **2.** Aviso o escrito en que se comunica alguna cosa: *Recibió una comunicación del ayuntamiento.* **3.** Escrito sobre un tema concreto que el autor presenta a un congreso o reunión de especialistas para su conocimiento y discusión. **4.** Cada uno de los medios de unión entre ciertas cosas, como mares, territorios, habitaciones, etc.: *Hay una comunicación entre ambos lagos.* || *s. f. pl.* **5.** Correos, telégrafo, carreteras, medios de transporte, etc.: *La nieve cortó las comunicaciones.* || **6. comunicación de masas** La que se realiza por los medios que transmiten información a grupos sociales muy numerosos y diversos. **7. medios de comunicación** Conjunto formado por la prensa, radio, televisión, etc. SIN. **1.** Difusión, enlace, conexión. **1.** y **2.** Notificación. ANT. **1.** Incomunicación, aislamiento. FAM. Intercomunicación, radiocomunicación, telecomunicación. COMUNICAR.

comunicado, da 1. *p.* de **comunicar**. También *adj.* || *s. m.* **2.** Escrito enviado a la prensa para su publicación: *un comunicado de una agencia de noticias.* **3.** Nota que se comunica para conocimiento público. SIN. **2.** y **3.** Comunicación, despacho, aviso.

comunicar (del lat. *communicare*) *v. tr.* **1.** Hacer saber a otro u otros alguna cosa: *Le comunicó gratas noticias; comunicar ideas.* **2.** Transmitir sentimientos, costumbres, enfermedades, etc.: *Nos ha comunicado su entusiasmo.* También *v. intr.*: *Es un cantante que ha logrado comunicar con la gente.* **3.** Trasladar a un mecanismo una fuerza o movimiento. **4.** Establecer paso de un lugar a otro: *Comunicó la sala con el dormitorio.* También *v. intr.* y *v. prnl.*: *Este lago comunica con el mar a través de la montaña.* || *v. intr.* **5.** Tomar contacto unas personas con otras: *He logrado comunicar con mi familia.* También *v. prnl.* **6.** Dar un teléfono, al marcar un número, la señal que indica que esa línea está ocupada. || **comunicarse** *v. prnl.* **7.** Extenderse, propagarse algo: *El incendio del almacén se comunicó a la casa de al lado.* ■ Delante de *e* se escribe *qu* en lugar de *c*: *comunique.* SIN. **1.** Informar, decir, notificar. **1.** y **7.** Difundir(se). **2.** Infundir, contagiar. **3.** Llevar. **4.** Unir(se), enlazar(se), conectar(se). ANT. **1.** Callar, ocultar. **5.** Incomunicarse, aislarse. FAM. Comunicabilidad, comunicable, comunicación, comunicado, comunicante, comunicativo, comunicología, comunicólogo. / Incomunicar. COMÚN.

comunicativo, va (del lat. *communicativus*) *adj.* **1.** Relacionado con la comunicación. **2.** Que suele comunicar a los demas sus propias ideas, estados de ánimo, etc. SIN. **2.** Abierto, extrovertido, extravertido. ANT. **2.** Reservado.

comunicología *s. f.* Ciencia que estudia el conjunto de técnicas relacionadas con la transmisión de información y la comunicación entre personas y grupos humanos.

comunicólogo, ga *s. m.* y *f.* Persona que estudia los medios de comunicación y su influencia en la sociedad.

comunidad (del lat. *communitas, -atis*) *s. f.* **1.** Grupo social o agrupación de personas con intereses o fines comunes: *comunidades humanas; comunidad escolar, de propietarios, de franciscanos.* **2.** División administrativa o territorial con instituciones comunes: *comunidad autónoma.* **3.** Nombre de diversas asociaciones u organismos internacionales: *Comunidad Económica Europea.* **4.** Cualidad de común o compartido por varios: *Hay una comunidad de intereses en los países de la zona.* || **5. comunidad autónoma** División administrativa del Estado español que abarca un determinado territorio y posee un gobierno y estatuto propios. **6. comunidad de base** Grupos de católicos que tratan de llevar una vida más de acuerdo con el modelo de los primeros cristianos y que a veces mantienen una cierta independencia de la jerarquía eclesiástica oficial. Se usa más en *pl.* **7. comunidad de bienes** Régimen económico de ciertas instituciones en el que cada miembro aporta a la misma lo que posee y obtiene de su trabajo. || LOC. **en comunidad** *adv.* Juntos, formando una comunidad: *Hay que aprender a vivir en comunidad.* También, sin pertenecer a nadie en particular: *Tenemos en comunidad algunos terrenos cerca de aquí.* SIN. **1.** Colectividad, colectivo, congregación; población. ANT. **4.** Individualidad, singularidad. FAM. Comunero. COMÚN.

comunión (del lat. *communio, -onis*, comunidad) *s. f.* **1.** Unión, contacto: *Buscaba la comunión con la naturaleza.* **2.** Circunstancia de tener algo en común: *comunión de ideales, de bienes económicos.* **3.** Grupo de personas que comparten ideas políticas, religiosas, etc. **4.** Sacramento de la eucaristía y acto en que se da o recibe este sacramento. SIN. **1.** Conexión, vinculación. **2.** Participación. **3.** Comunidad, congregación. ANT. **1.** Desunión. FAM. Comulgar. COMÚN.

comunismo *s. m.* **1.** Doctrina política y económica partidaria de la desaparición de la propiedad privada y de la posesión colectiva de los bienes sociales. **2.** Sistema político basado en esta doctrina. FAM. Comunista. COMÚN.

comunitario, ria *adj.* **1.** Propio de la comunidad: *trabajo comunitario.* **2.** De la Unión Europea, organización de países europeos.

con (del lat. *cum*) *prep.* **1.** Indica el medio o instrumento empleado para algo: *Vino con el coche. Escribe con pluma.* **2.** Expresa compañía o relación: *Iba de paseo con su mujer. Hablaron con un amigo. Se firmó un tratado con Hispanoamérica.* **3.** Modo o manera de realizar una acción: *Come con apetito. Hazlo con cuidado.* **4.** Indica el contenido de algo o la posesión de una característica: *una cartera con dinero, un hombre con atractivo.* **5.** Delante de un infinitivo, funciona como una construcción de gerundio y suele indicar medio o condición para que se realice algo: *Con callar te evitas discusiones. Con tenerlo a tiempo, me conformo.* ■ A veces, forma parte de modismos o frases a las que añade este significado: *Con que, con tal que, con sólo que.* Puede tener un tono exclamativo y generalmente introduce una queja: *¡Con lo que yo he hecho por ellos!* **6.** A pesar de: *Con lo bien que conduce, ha tenido un accidente tonto.* **FAM.** Conque.

con- (del lat. *cum*) *pref.* Significa 'unión, cooperación': *confluir, concéntrico, conciudadano.*

conato (del lat. *conatus*) *s. m.* Acción o suceso que no llega a realizarse por completo: *un conato de homicidio, un conato de huelga.* **SIN.** Tentativa, intentona, amago. **ANT.** Consumación.

concatenar (del lat. *concatenare*) *v. tr.* Encadenar, unir, enlazar: *concatenar una frase con otra.* También *v. prnl.* **FAM.** Concatenación. CADENA.

concavidad (del lat. *concavitas, -atis*) *s. f.* **1.** Cualidad de lo que es cóncavo. **2.** Lugar o parte cóncava. **SIN.** **2.** Depresión, cavidad, hoyo, hueco. **ANT.** **1.** Convexidad.

cóncavo, va (del lat. *concavus*, de *cum*, con, y *cavus*, hueco) *adj.* Se dice de la línea o superficie curva que tiene su parte hundida en el lado por el que se la mira o considera: *lente cóncava.* **SIN.** Combado, combo. **ANT.** Convexo, abombado. **FAM.** Concavidad. / Bicóncavo. CAVIDAD.

concebir (del lat. *concipere*) *v. tr.* **1.** Formar en la mente una idea, proyecto, etc.: *concebir un plan.* **2.** Creer posible algo, comprender. Se usa sobre todo en frases negativas: *No concibo que no te guste viajar.* **3.** Con palabras que indiquen sentimientos, afectos, etc., comenzar a tenerlos: *concebir esperanzas.* || *v. intr.* **4.** Quedar fecundada la hembra: *Concibió a una edad avanzada.* También *v. tr.*: *concebir un hijo.* ■ Es v. irreg. Se conjuga como *pedir.* **SIN.** **1.** Pensar, idear, proyectar, forjar, crear. **2.** Imaginar, entender. **3.** Albergar, abrigar. **4.** Engendrar, procrear. **FAM.** Concebible, concepción, concepto. / Anticonceptivo, contraceptivo, inconcebible, preconcebir.

conceder (del lat. *concedere*) *v. tr.* **1.** Dar algo, en especial porque se tiene autoridad o poder para hacerlo: *El director concedió el permiso.* **2.** Estar de acuerdo con lo que uno dice o afirma: *Concedo que tienes razón.* **3.** Atribuir a una persona o cosa la cualidad o condición que se expresa: *No le concedió ninguna importancia.* **SIN.** **1.** Adjudicar, otorgar, conferir, asignar. **2.** Admitir, convenir, reconocer. **ANT.** **1.** Denegar, negar. **2.** Rechazar. **FAM.** Concesión. CEDER.

concejal, la *s. m.* y *f.* Persona que forma parte de un concejo o ayuntamiento.

concejalía *s. f.* Cargo de concejal que cubre una de las competencias del Ayuntamiento: *concejalía de la juventud.*

concejo (del lat. *concilium*) *s. m.* **1.** Corporación municipal, ayuntamiento. **2.** Sesión del ayuntamiento: *El concejo se celebró a las seis de la tarde.* **3.** Municipio. **SIN.** **1.** Cabildo, consistorio. **FAM.** Concejal, concejalía, concejil.

concelebrar *v. tr.* Celebrar la misa varios sacerdotes conjuntamente.

concentración *s. f.* **1.** Acción de concentrar o concentrarse. **2.** Relación que existe, en una disolución, entre la cantidad de sustancia disuelta y la de disolvente. **SIN.** **1.** Acumulación, aglomeración, aglutinación, centralización. **ANT.** **1.** Dispersión, descentralización.

concentrado, da **1.** *p.* de **concentrar**. También *adj.* || *adj.* **2.** Se aplica a las mezclas que contienen menos líquido de lo habitual: *café concentrado.* También *s. m.*: *un concentrado de carne.*

concentrar *v. tr.* **1.** Reunir en el centro, o en un punto determinado, personas o cosas que estaban separadas: *concentrar los rayos del sol con una lente, concentrar una multitud.* También *v. prnl.* **2.** Reunir y aislar en un lugar a los miembros de un equipo deportivo antes de una competición. También *v. prnl.*: *Los jugadores se concentraron en un hotel antes del encuentro.* **3.** Atraer la atención, las miradas, etc.: *Supo concentrar el interés del público.* También *v. prnl.* **4.** Aumentar la proporción de la materia disuelta en una solución, disminuyendo el líquido: *concentrar la sal en una salina.* También *v. prnl.*: *El caldo se ha concentrado demasiado.* || **concentrarse** *v. prnl.* **5.** Reflexionar profundamente, fijar la atención en algo: *Se concentró en el estudio.* **SIN.** **1.** Agrupar(se), aglutinar(se), aglomerar(se), juntar(se), centralizar. **3.** Centrar, polarizar, acaparar, captar. **4.** Condensar, espesar. **5.** Abstraerse, ensimismarse, embeberse. **ANT.** **1.** Separar(se), descentralizar. **3.** Dispersar. **4.** Diluir, aclarar. **5.** Desconcentrarse, distraerse. **FAM.** Concentrable, concentración, concentrado. / Reconcentrar. CENTRAR.

concéntrico, ca *adj.* Se dice de las figuras geométricas que tienen un mismo centro: *esferas concéntricas.*

concepción (del lat. *conceptio, -onis*) *s. f.* Acción de concebir: *la concepción de la Virgen María, una concepción muy personal de la historia, la concepción de una nueva obra por parte del artista.* **SIN.** Fecundación, preñez, embarazo; visión.

conceptismo (de *concepto*) *s. m.* Estilo literario típico del barroco español que está caracterizado por el uso de conceptos agudos y rebuscados y la asociación ingeniosa de ideas y palabras, todo ello unido a una gran brevedad en la frase. **ANT.** Culteranismo. **FAM.** Conceptista. CONCEPTO.

concepto (del lat. *conceptus*) *s. m.* **1.** Representación mental o abstracta de un objeto, realidad, etc.: *El concepto de justicia varía de unas culturas a otras.* **2.** Conocimiento de una cosa: *Tiene un concepto claro de sus derechos.* **3.** Opinión acerca de alguien o de algo: *Tengo en gran concepto a esa persona.* **4.** Calidad, título: *Toma este libro en concepto de premio.* **SIN.** **1.** Idea, pensamiento. **2.** Noción. **3.** Juicio, parecer, valoración, impresión. **4.** Valor, condición. **FAM.** Conceptismo, conceptista, conceptual, conceptualismo, conceptualización, conceptualizar, conceptuar, conceptuosamente, conceptuosidad, conceptuoso. CONCEBIR.

conceptualismo *s. m.* Sistema filosófico, situado entre el nominalismo y el realismo, que afirma la realidad de las nociones abstractas y universales en tanto son conceptos de la mente, aunque no les otorga existencia separada o más allá de ella.

conceptualizar *v. tr.* **1.** Elaborar conceptos sobre algo. **2.** Organizar en conceptos. ■ Delante de *e* se escribe *c* en lugar de *z*: *conceptualice.*

conceptuar *v. tr.* Formar concepto, opinión o juicio sobre una persona o cosa: *conceptuar a alguien de listo. Le conceptúan como un magnífico profesional.* ■ En cuanto al acento, se conjuga como *actuar*: *conceptúo.* **SIN.** Juzgar, considerar, reputar, calificar. **FAM.** Desconceptuar. CONCEPTO.

conceptuoso, sa (del lat. *conceptus*) *adj.* Se aplica al lenguaje y estilo lleno de conceptos, excesivamente ingenioso, y al escritor que los usa: *una conversación conceptuosa.* **SIN.** Alambicado, artificioso, rebuscado. **ANT.** Natural, pedestre.

concernir (del bajo lat. *concernere*, de *cum*, con, y *cernere*, mirar, distinguir) *v. intr.* **1.** Corresponder a alguien una función o responsabilidad: *A ti no te concierne decidir.* **2.** Tener una cosa interés o consecuencias para alguien: *Ese problema nos concierne a todos.* ■ Sólo se emplea en el inf., ger. y en las 3.as pers. del presente y pretérito imperfecto de indicativo y de subjuntivo. Es v. irreg. Se conjuga como *discernir.* **SIN. 1.** Atañer, tocar, incumbir. **2.** Afectar, interesar, repercutir. **FAM.** Concerniente.

concertar (del lat. *concertare*, de *cum*, con, y *certare*, luchar) *v. tr.* **1.** Decidir varias personas una cosa de común acuerdo: *concertar un viaje, el precio de algo, una cita.* También *v. prnl.*: *Se concertaron para iniciar el negocio.* **2.** Poner acordes voces o instrumentos musicales: *concertar los violines.* **3.** Armonizar personas o cosas para conseguir un mismo fin: *Concertaremos medios y esfuerzos para lograr los objetivos.* || *v. intr.* **4.** Estar de acuerdo una cosa con otra: *Tus noticias no conciertan con las que yo tengo.* **5.** Tener dos o más palabras variables morfemas gramaticales del mismo significado: *El nombre y el adjetivo conciertan en género y número.* También *v. tr.* ■ Es v. irreg. Se conjuga como *pensar.* **SIN. 1.** Acordar, pactar, convenir, estipular, ajustar. **3.** Acoplar, aunar, coordinar, combinar. **4.** y **5.** Concordar. **FAM.** Concertación, concertadamente, concierto. / Desconcertar.

concertina *s. f.* Acordeón de forma hexagonal u octogonal, de fuelle largo y teclado en ambas caras.

concertino (del ital. *concertino*, de *concerto*, concierto) *s. m.* Primer violinista de una orquesta que ejecuta los solos de violín.

concertista *s. m.* y *f.* Músico que actúa en un concierto como solista.

concesión (del lat. *concessio, -onis*) *s. f.* **1.** Acción de conceder. **2.** Contrato que realiza la administración con un particular o una empresa, para construir o explotar algo que le pertenece: *concesión de las obras de un canal; concesión de una línea de autobuses.* **3.** La explotación o el servicio concedido. **4.** Derecho que una empresa concede a otra, o a un particular, para vender o administrar sus productos en una zona determinada. **5.** Hecho de ceder en una opinión, creencia, actitud, etc.: *Prefiere perder el cargo a hacer concesiones.* **SIN. 2.** y **3.** Adjudicación, licencia, contrata, monopolio, cesión. **ANT. 1.** Denegación. **FAM.** Concesionario, concesivo. CONCEDER.

concesionario, ria *adj.* Que recibe la concesión de un servicio, de una obra pública o de la distribución de un producto. También *s. m.* y *f.*: *concesionario de una autopista, de una marca de automóviles.*

concesivo, va *adj.* **1.** Que se concede o que puede concederse. **2.** Se dice de la oración subordinada que indica la razón que se opone a la principal, pero que no impide su cumplimiento: *Aunque llovía mucho, se celebró la carrera.* También *s. f.* **3.** Se aplica a la conjunción o locución que une estas oraciones subordinadas con la oración principal, como: *aunque, aun cuando, así, así bien, ya que, siquiera, por más que.* También *s. f.*

concha (del lat. *conchula*) *s. f.* **1.** Caparazón o cubierta exterior que protege las partes blandas de algunos animales, como los moluscos o las tortugas. **2.** Cualquier cosa de forma semejante a este caparazón. **3.** Carey, material sacado del caparazón de esta clase de tortuga: *un peine de concha.* **4.** Pieza en forma de cuarto de esfera que se coloca en la parte delantera del escenario de un teatro, para ocultar al apuntador. **5.** Ensenada o golfo muy cerrado y poco profundo. **6.** *Arg., Chile, Méx., Perú* y *Urug. vulg.* Órgano sexual femenino. || **LOC. meterse** uno **en su concha** *fam.* Retraerse, apartarse del trato con la gente. **tener muchas conchas** (o **más conchas que un galápago**) *fam.* Ser muy reservado o astuto. **FAM.** Conchudo. / Concoide, concoideo, desconchar.

conchabar (del lat. *conclavare*) *v. tr.* **1.** *fam.* Poner de acuerdo a varias personas para ir contra otra o para algún fin, generalmente no lícito. Se usa sobre todo como *v. prnl.*: *Se conchabaron para evitar que ganara.* **2.** *Amér.* Contratar a alguien como criado o para un trabajo subalterno. **SIN. 1.** Confabularse, conspirar. **FAM.** Conchabamiento. / Desconchabar.

conchabo *s. m. Amér.* Contrato de trabajo mal pagado, generalmente por tareas domésticas o rurales.

¡concho! *interj.* Expresa enfado o sorpresa.

conchudo, da *adj.* **1.** *Arg. vulg.* Que tiene mucha suerte. **2.** *Ec., Méx.* y *Perú* Desvergonzado.

conciencia (del lat. *conscientia*) *s. f.* **1.** Conocimiento que el ser humano tiene de sí mismo, de su existencia y del mundo que le rodea. **2.** Capacidad de las personas para distinguir el bien y el mal y juzgar sus acciones desde un punto de vista moral. || **3. cargo de conciencia** Motivo para sentirse culpable. **4. el gusanillo de la conciencia** Los remordimientos. || **LOC. a conciencia** *adv.* Con mucho cuidado, solidez y profundidad: *trabajar a conciencia.* **acusarle** (o **remorderle**) a uno **la conciencia** Sufrir por alguna mala acción cometida. **en conciencia** *adv.* Con honradez, sinceramente. **tomar** (o **tener**) **conciencia** de algo Considerar, darse cuenta de ello. **SIN. 1.** Consciencia, entendimiento, percepción, discernimiento. **2.** Ética, moralidad. **ANT. 1.** Inconsciencia. **FAM.** Concienciar, concienzudamente, concienzudo. / Consciencia.

concienciar *v. tr.* Hacer que alguien sea consciente de algo, especialmente de un problema o situación de carácter social. También *v. prnl.*: *Es necesario se conciencien de la dificultad del trabajo.*

concienzudo, da *adj.* **1.** Que hace las cosas con mucha atención, cuidado y detenimiento: *un trabajador concienzudo.* **2.** Hecho a conciencia: *un examen concienzudo.* **SIN. 1.** y **2.** Esmerado, cuidadoso, meticuloso, escrupuloso. **ANT. 1.** Descuidado, chapucero, negligente.

concierto *s. m.* **1.** Trato o acuerdo entre dos o más personas o entidades: *Los dos países llegaron a un concierto.* **2.** Función en la que se ejecutan en público obras musicales. **3.** Composición para uno o varios instrumentos solistas con acompañamiento de orquesta: *un concierto para piano.* **4.** Buen orden y disposición de las cosas. || **LOC. sin orden ni concierto** *adv.* De cualquier modo, sin regla ni medida. **SIN. 1.** Pacto, convenio, arreglo. **2.** Audición, recital, gala. **4.** Armonía, concordia. **ANT. 1.** Disputa, discrepancia. **4.** Desconcierto, desorden. **FAM.** Concertina, concertino, concertista. CONCERTAR.

conciliábulo (del lat. *conciliabulum*) *s. m.* **1.** Concilio no convocado por una autoridad competente o legítima. **2.** Reunión de personas para tratar un asunto, generalmente ilícito o en perjuicio de alguien: *Los conspiradores tuvieron un conciliábulo por la noche.* **SIN. 2.** Confabulación, conjuración.

conciliación (del lat. *conciliatio, -onis*) *s. f.* **1.** Acción de conciliar: *conciliación de opiniones contrarias.* || **2. acto de conciliación** Acto en el que el juez intenta poner de acuerdo a las partes para evitar el litigio o procedimiento contencioso. SIN. **1.** Armonización, concertación. ANT. **1.** Oposición, disensión, divergencia.

conciliar[1] (del lat. *conciliare*) *v. tr.* **1.** Poner de acuerdo a dos o más personas o entidades que estaban en desacuerdo: *Lograron conciliar a los rivales.* También *v. prnl.* **2.** Armonizar dos o más doctrinas que pueden parecer contrarias: *Santo Tomás concilió la filosofía de Aristóteles con el cristianismo.* También *v. prnl.* || LOC. **conciliar el sueño** Lograr dormirse. SIN. **1.** Concordar, avenir(se). **2.** Concertar, compaginar(se). ANT. **1.** Enemistar(se), enfrentar(se), malquistar. **2.** Oponer(se), contraponer(se). FAM. Conciliable, conciliación, conciliador, conciliatorio. / Inconciliable, reconciliar. CONCILIO.

conciliar[2] *adj.* **1.** Relativo a los concilios: *doctrina conciliar.* || *s. m.* **2.** Persona que asiste a un concilio.

concilio (del lat. *concilium*) *s. m.* **1.** Junta o reunión, especialmente la que llevan a cabo los obispos y otros eclesiásticos para tratar de cuestiones importantes del dogma, la liturgia, etc. || **2. concilio universal** (o **ecuménico**) El que congrega a los obispos de toda la cristiandad bajo la presidencia del papa o sus legados. SIN. **1.** Sínodo, cónclave, consistorio, congreso. FAM. Conciliábulo, conciliar[1], conciliar[2].

concisión *s. f.* Cualidad de conciso: *Nos lo explicó con total concisión.* SIN. Brevedad, precisión, parquedad, laconismo. ANT. Locuacidad, palabrería.

conciso, sa (del lat. *concisus*) *adj.* Breve y preciso en la forma de expresar los conceptos: *un escrito, un discurso conciso.* SIN. Lacónico, sucinto, parco. ANT. Prolijo, extenso. FAM. Concisamente, concisión.

concitar (del lat. *concitare*, de *conciere*, mover, excitar) *v. tr.* Atraer una persona o cosa contra sí misma o contra otra, un sentimiento o actitud desfavorables: *Concitó al pueblo contra el tirano. El orador concitó contra sí el malhumor del público.* También *v. prnl.* SIN. Instigar, enemistar(se), azuzar, indisponer(se). ANT. Conciliar(se), pacificar(se).

conciudadano, na (de *con-* y *ciudadano*) *s. m.* y *f.* **1.** Cada uno de los habitantes de una misma ciudad respecto de los demás. **2.** Cada uno de los naturales de una misma nación respecto de los demás. SIN. **1.** Convecino, paisano. **2.** Compatriota.

cónclave (del lat. *conclave*, lo que se cierra con llave) *s. m.* **1.** Asamblea o reunión de los cardenales para elegir un nuevo papa. **2.** *fam.* Reunión de personas para tratar algo.

concluir (del lat. *concludere*, de *cum*, con, y *claudere*, cerrar) *v. tr.* **1.** Acabar alguna cosa: *concluir un trabajo.* También *v. intr.* y *v. prnl.*: *El curso concluye en el mes de junio.* **2.** Deducir, llegar a una consecuencia o resolución después de examinar o discutir un asunto: *El juez concluyó que el acusado era inocente.* ■ Este v. tiene dos p.: uno reg., *concluido*, que se utiliza para la formación de los tiempos compuestos, y otro irreg., *concluso*, utilizado exclusivamente como adj. Es v. irreg. Se conjuga como *huir.* SIN. **1.** Finali-zar(se), completar(se), terminar(se). **2.** Decidir, determinar, resolver, inferir, colegir. ANT. **1.** Iniciar(se), empezar(se), comenzar(se). FAM. Conclusión, concluso, concluyente. / Inconcluso.

conclusión (del lat. *conclusio, -onis*) *s. f.* **1.** Acción de concluir o concluirse: *La conclusión de las obras fue acogida con alegría.* **2.** Resolución o consecuencia a la que se llega después de tratar una cosa o pensar sobre ella: *Se llegó a la conclusión de solicitar un nuevo examen.* **3.** En lóg., proposición que se deduce de las premisas. || LOC. **en conclusión** *adv.* Finalmente, en suma. **sacar en conclusión** Deducir, sacar consecuencias. SIN. **1.** Final, término. **2.** Determinación, deducción. ANT. **1.** Inicio, comienzo, principio.

concluso, sa (del lat. *conclusus*) **1.** *p.* irreg. de **concluir**. También *adj.* || *adj.* **2.** En lenguaje jurídico, se aplica al juicio que ya ha sido visto para sentencia. SIN. **1.** Terminado, concluido. ANT. **1.** Inconcluso.

concluyente (del lat. *concludens, -entis*) *adj.* Que no admite discusión o réplica: *Fue concluyente en sus juicios.* SIN. Categórico, tajante, terminante, rotundo. ANT. Discutible. FAM. Concluyentemente. CONCLUIR.

concoide o **concoideo** (del gr. *konkhoeides*, de *konkhe*, concha, y *eidos*, forma) *adj.* Que tiene forma de concha; se emplea sobre todo en geol., aplicado a ciertas fracturas.

concomerse *v. prnl.* Consumirse por algo, en especial por sentimientos de envidia o rabia: *Se concome por no ser el primero.* SIN. Reconcomerse, corroer(se). FAM. Reconcomerse. COMER.

concomitancia *s. f.* Hecho de ir juntas dos cosas o acciones o cooperar al mismo efecto. SIN. Simultaneidad, coexistencia. ANT. Incompatibilidad. FAM. Concomitante.

concomitante (del lat. *concomitans, -antis*) *adj.* Que acompaña a otra cosa o actúa juntamente con ella: *La fiebre era un síntoma concomitante de su enfermedad.* SIN. Simultáneo, coexistente. ANT. Incompatible, antagónico.

concordancia (del bajo lat. *concordantia*, de *concordans, -antis*) *s. f.* **1.** Correspondencia o conformidad de una cosa con otra: *concordancia de pareceres.* **2.** Correspondencia entre los morfemas gramaticales de dos o más palabras variables. SIN. **1.** Coincidencia, armonía, afinidad. ANT. **1.** Discordancia, discrepancia.

concordar (del lat. *concordare*) *v. intr.* **1.** Coincidir, estar de acuerdo una cosa con otra: *Tus noticias concuerdan con las mías.* **2.** Guardar concordancia gramatical dos o más palabras variables: *El verbo y el sujeto concuerdan en número y persona.* || *v. tr.* **3.** Poner de acuerdo lo que no lo está: *concordar opiniones.* ■ Es v. irreg. Se conjuga como *contar.* SIN. **2.** Concertar. **3.** Armonizar, conciliar. ANT. **1.** Discordar, discrepar. FAM. Concordancia, concordante, concordato, concorde, concordia.

concordato (del lat. *concordatum*, de *concordare*, convenirse) *s. m.* Tratado sobre asuntos eclesiásticos entre la Santa Sede y un Estado.

concorde (del lat. *concors, -ordis*) *adj.* De acuerdo, conforme. SIN. Acorde, afín. ANT. Discorde, disconforme.

concordia (del lat. *concordia*) *s. f.* **1.** Acuerdo, armonía entre personas: *En esa familia reina la concordia.* **2.** Avenencia o convenio entre las partes de un litigio y documento en que consta. SIN. **1.** Paz, unión. ANT. **1.** Discordia, desacuerdo.

concreción (del lat. *concretio, -onis*) *s. f.* **1.** Acción de concretar. **2.** Masa, especialmente de un mineral, formada por depósito o desecación y hecha compacta por cualquier causa. SIN. **1.** Precisión, puntualización. ANT. **1.** Divagación.

concretar *v. tr.* **1.** Hacer concreta, exacta y precisa una cosa: *Concretamos la fecha de la reunión.* **2.** Reducir algo a lo esencial: *En unas pocas palabras concretó sus pensamiento.* || **concretarse** *v. prnl.* **3.** Limitarse a una sola cosa, excluyendo las demás: *El profesor se concretó al tema que iba a explicar.* SIN. **1.** Precisar, puntualizar, aclarar. **2.** Resumir, extractar, condensar. **3.** Ceñirse, circunscribirse. ANT. **1.** Divagar, generalizar.

concreto, ta (del lat. *concretus*) *adj.* **1.** Se dice, por oposición a abstracto o general, de las cosas individuales o particulares, consideradas en sí mismas, sin relación a otras. **2.** En ling., se aplica al nombre que designa estas cosas. **3.** Se aplica a una persona o cosa determinada: *Busco un disco concreto.* **4.** Preciso, no vago o general: *Déme datos más concretos.* **5.** Se aplica a un tipo de música que, a partir de un sonido cualquiera, obtiene otro diferente con la ayuda de aparatos electrónicos. || *s. m.* **6.** *Amér.* Hormigón. || LOC. **en concreto** *adv.* En resumen, en conclusión. SIN. **1.** Singular. **3.** Definido. **4.** Exacto. ANT. **1.** Inconcreto. **3.** Indeterminado, indefinido. **4.** Impreciso. FAM. Concreción, concretamente, concretar. / Inconcreto.

concubina (del lat. *concubina*) *s. f.* Mujer que vive con un hombre como si fuera su esposa, o mantiene con él relaciones sexuales, pero sin estar casados. SIN. Amante, amiga, querida. FAM. Concubinato.

concubinato (del lat. *concubinatus*) *s. m.* Relación entre un hombre y una mujer que viven juntos sin estar casados. SIN. Amancebamiento.

conculcar (del lat. *conculcare*) *v. tr.* **1.** Obrar en contra de una ley, una obligación, etc.: *conculcar los derechos humanos.* **2.** Pisotear. ■ Delante de *e* se escribe *qu* en lugar de *c*: *conculque.* SIN. **1.** Infringir, quebrantar, vulnerar, violar, transgredir. **2.** Hollar. ANT. **1.** Cumplir, observar. FAM. Conculcación.

concuñado, da *s. m.* y *f.* **1.** Cada hermano de un cónyuge con relación a los hermanos del otro. **2.** Cónyuge de una persona respecto del cónyuge de otra persona hermana de la primera.

concupiscencia (del lat. *concupiscentia*) *s. f.* **1.** Afán desordenado de placeres sexuales. **2.** Deseo excesivo de bienes materiales. SIN. **1.** Lujuria, lascivia. **2.** Avidez, codicia, rapacidad. ANT. **1.** Continencia, honestidad. **2.** Sobriedad. FAM. Concupiscente.

concurrencia *s. f.* **1.** Reunión de personas en un lugar, espectáculo, etc.: *La concurrencia aplaudió a los artistas.* **2.** Acción de darse al mismo tiempo varios sucesos, circunstancias, etc.: *la concurrencia de dos clases a la misma hora.* **3.** En econ., competencia. SIN. **1.** Asistencia, público, audiencia. **2.** Coincidencia, conjunción, simultaneidad.

concurrir (del lat. *concurrere*, de *cum*, con, y *currere*, correr) *v. intr.* **1.** Juntarse en un mismo lugar varias personas o cosas. **2.** Ir a algún sitio varias personas: *concurrir a una fiesta.* **3.** Darse a la vez ciertas condiciones en algo o alguien: *En él concurren todas las cualidades necesarias para el cargo.* **4.** Influir ciertas circunstancias en algo o alguien: *Al éxito de la fiesta concurrieron varios factores.* **5.** Concursar: *Al premio concurrieron cien trabajos.* **6.** En geom., pasar varias líneas por un mismo punto. SIN. **1.** Reunirse, concentrarse, confluir, converger. **2.** Asistir, acudir. **3.** Coincidir. **4.** Contribuir, ayudar. ANT. **1.** Divergir, separarse. **2.** Ausentarse. FAM. Concurrencia, concurrente, concurrido, concurso.

concursante *adj.* Persona que toma parte en un concurso o prueba. También *s. m.* y *f.* SIN. Participante.

concursar (del lat. *concursare*) *v. intr.* Tomar parte en un concurso o prueba. SIN. Concurrir, competir, participar.

concurso (del lat. *concursus*) *s. m.* **1.** Competición en la que se disputa un premio: *un concurso hípico.* **2.** Procedimiento para cubrir un puesto de trabajo o un cargo en el que los aspirantes tienen que realizar ciertos ejercicios o alegar sus méritos: *un concurso para una plaza de médico.* **3.** Competencia entre las personas o empresas que aspiran a encargarse de ejecutar una obra, prestar un servicio, etc., a fin de elegir la propuesta más ventajosa: *un concurso de obras de regadío.* **4.** Cantidad grande de personas que se junta en un mismo lugar. **5.** Reunión de circunstancias, sucesos, etc., que contribuyen a la realización de algo: *Acerté por un concurso de casualidades.* **6.** Ayuda que se presta para cierto fin: *Con el concurso de los amigos salió del apuro.* SIN. **1.** Certamen, torneo. **2.** Oposición, examen, prueba. **4.** Concurrencia, multitud. **5.** Coincidencia, conjunción. **6.** Asistencia, apoyo, contribución, cooperación. FAM. Concursante, concursar. CONCURRIR.

concusión (del lat. *concussio, -onis*) *s. f.* **1.** Golpe violento, sacudida. **2.** Cobro injusto realizado por un funcionario público en provecho propio. SIN. **1.** Conmoción, sacudimiento. **2.** Exacción.

condado (del lat. *comitatus*, cortejo, acompañamiento) *s. m.* **1.** Dignidad o título de conde: *Heredó el condado de su padre.* **2.** Territorio o lugar a que se refiere este título y al que se extendía su jurisdicción. **3.** Demarcación territorial administrativa de algunos países, como el Reino Unido, Estados Unidos, Canadá, etc.

conde, desa (del lat. *comes, -itis*, acompañante) *s. m.* y *f.* **1.** Título nobiliario inferior a marqués y superior a vizconde. **2.** En la Edad Media, gobernador de una comarca o territorio. || *s. f.* **3.** Mujer del conde. FAM. Condado, condal, condestable. / Vizconde.

condecoración (del lat. *condecoratio, -onis*) *s. f.* **1.** Acción de condecorar: *El momento de la condecoración fue muy emocionante.* **2.** Insignia honorífica: *El general lucía varias condecoraciones en su uniforme.* SIN. **2.** Cruz, distintivo, emblema, medalla.

condecorar (del lat. *condecorare*, de *cum*, con, y *decorare*, adornar, realzar) *v. tr.* **1.** Conceder a alguien un honor o distinción cuya señal externa suele ser una insignia: *Le condecoraron con dos cruces.* **2.** Colocar a alguien solemnemente esta insignia o señal. SIN. **1.** Honrar, enaltecer, distinguir. **2.** Imponer. FAM. Condecoración, condecorado. DECORAR.

condena *s. f.* **1.** Castigo que se da a quien comete una falta. **2.** Sentencia de un juez. SIN. **1.** Pena, sanción. **2.** Veredicto. ANT. **1.** Absolución, perdón.

condenado, da **1.** *p.* de **condenar**. || *adj.* **2.** Que sufre condena: *un preso condenado por robo.* También *s. m.* y *f.*: *un condenado a muerte.* **3.** Según algunas religiones, que padece las penas eternas. También *s. m.* y *f.* **4.** *fam.* Que molesta o causa enfado: *Este condenado zapato me aprieta.* También *s. m.* y *f.* SIN. **2.** Castigado, culpado, penado, reo. **3.** Réprobo. **4.** Maldito, endiablado, endemoniado. ANT. **2.** Perdonado, absuelto, liberado. **3.** Bienaventurado.

condenar (del lat. *condemnare*, de *cum*, con, y *damnare*, dañar) *v. tr.* **1.** Pronunciar el juez una sentencia imponiendo una pena o castigo: *Le condenaron a seis años de prisión.* ■ Se construye con las prep. *a*, *con* y *en*: *condenar a alguien; condenar con la cárcel; condenar en las costas.* **2.** Reprobar, desaprobar: *condenar un atentado.* **3.** Cerrar o tapiar puertas, ventanas, etc., de modo que no se puedan usar: *Condenaron una puerta.* **4.** Obligar, forzar. También *v. prnl.* || **condenarse** *v. prnl.* **5.** Según algunas religiones, ser castigado con la pena eterna, ir al infierno. SIN. **1.** Castigar, culpar, penar, sancionar. **2.** Censurar. **3.** Clausurar, incomunicar, cegar. ANT. **1.** Absolver, exculpar. **2.** Aprobar. FAM. Condena, condenable, condenación, condenado, condenatorio.

condensador, ra *adj.* **1.** Que condensa. || *s. m.* **2.** Dispositivo eléctrico formado por dos conductores, separados por un aislante, y destinado a almacenar electricidad. **3.** Dispositivo empleado para condensar gases por medio de agua o aire fríos. Se usa en laboratorios y en máquinas como los frigoríficos. **4.** Sistema óptico que concentra sobre un objeto los rayos luminosos procedentes de una fuente de luz.

condensar (del lat. *condensare*, de *cum*, con, y *densus*, denso) *v. tr.* **1.** Convertir un vapor en líquido o en sólido. También *v. prnl.*: *El vapor de agua se condensa en gotitas.* **2.** Reducir algo a menor volumen, hacerlo más denso: *condensar la leche.* También *v. prnl.* **3.** Resumir una exposición o texto: *condensar un discurso.* SIN. **1.** Licuar(se), solidificar(se). **2.** Comprimir(se), espesar(se). **3.** Compendiar, sintetizar, extractar. ANT. **1.** Evaporar(se), sublimar(se). **2.** Dilatar(se), extender(se). **3.** Ampliar. FAM. Condensable, condensación, condensado, condensador. / Incondensable. DENSO.

condescendencia *s. f.* Acción de condescender. SIN. Indulgencia, benevolencia, transigencia, tolerancia. ANT. Intransigencia, intolerancia.

condescender (del lat. *condescendere*) *v. intr.* Acomodarse o adaptarse por bondad, amabilidad u otras causas al gusto y deseos de otra persona. ■ Se construye con las prep. *a*, *con* y *en*: *condescender a un ruego; condescender con los amigos; condescender en marcharse.* Es v. irreg. Se conjuga como *tender.* SIN. Acceder, avenirse, transigir. ANT. Negarse, resistirse. FAM. Condescendencia, condescendiente. DESCENDER.

condescendiente *adj.* Que se acomoda o adapta a los deseos de los demás. SIN. Benévolo, complaciente, tolerante, transigente. ANT. Intolerante, intransigente.

condestable (del lat. *comes stabuli*, conde de caballeriza) *s. m.* En la Edad Media, persona que ejercía en nombre del rey la primera autoridad en la milicia.

condición (del lat. *conditio, -onis*) *s. f.* **1.** Naturaleza, modo de ser, propiedad de las cosas o de los animales: *La fidelidad es una característica de la condición del perro.* **2.** Manera de ser de las personas, especialmente desde el punto de vista moral: *Es un hombre de buena condición.* **3.** Situación especial en que se halla una persona: *condición de soltero.* **4.** Clase o posición social: *una familia de condición humilde.* **5.** Si no se especifica más, clase noble: *Es un hombre de condición.* **6.** Cosa necesaria para que otra sea u ocurra: *Para salir, puso como condición que fuéramos al cine.* **7.** Cada una de las disposiciones o cosas que se establecen en un contrato. **8.** Circunstancia o elemento que determina, limita o modifica a una persona o cosa: *las condiciones del trabajo.* || *s. f. pl.* **9.** Aptitud, cualidades: *Tiene condiciones para el dibujo.* **10.** Modo de estar algo: *La carne servida estaba en malas condiciones.* || LOC. **en condiciones** *adv.* En buen estado, apto para lo que se desea. SIN. **1.** Calidad, cualidad. **2.** Carácter, natural, temperamento, idiosincrasia. **3.** Estado. **4.** Categoría, rango. **6.** Requisito. **7.** Cláusula, término. **9.** Capacidad, destreza. FAM. Condicionado, condicional, condicionamiento, condicionante, condicionar. / Acondicionar.

condicional (del lat. *condicionalis*) *adj.* **1.** Se dice de aquello que, para cumplirse o tener completa validez, necesita que se dé una condición: *Su aprobado era condicional.* **2.** Se dice de la oración subordinada que establece una condición para que se cumpla la acción expresada en la oración principal: *Si vienes a casa, te invito a merendar.* **3.** Se aplica a cada una de las conjunciones que unen una oración subordinada condicional con su principal: *si, como, cuando, con tal que*, etc. || *s. m.* **4.** Denominación de dos tiempos verbales (simple y compuesto) del modo indicativo, que indican una acción futura respecto de otra acción pasada. SIN. **1.** Condicionado, provisional, supeditado. **4.** Potencial. ANT. **1.** Incondicional, firme, definitivo. FAM. Condicionalmente. / Incondicional. CONDICIÓN.

condicionamiento *s. m.* **1.** Acción de condicionar. **2.** Circunstancia que influye en una persona o limitación con que se encuentra. SIN. **2.** Influencia, influjo, restricción, presión.

condicionar *v. tr.* **1.** Hacer depender una cosa de una condición: *Condiciona su regalo a cómo sea tu conducta.* **2.** Influir en personas o grupos, determinar sus actitudes, conductas, etc.: *El clima condiciona las formas de vida.* SIN. **1.** Supeditar, subordinar.

condigno, na (del lat. *condignus*) *adj.* Que corresponde a una cosa o se deriva naturalmente de ella: *el premio condigno.* SIN. Merecido, justo, consiguiente.

cóndilo (del lat. *condylus*, y éste del gr. *kondylos*, juntura) *s. m.* Extremidad de un hueso, en forma de cabeza redondeada, que se articula encajando en el hueco de otro; p. ej. el fémur.

condimentar *v. tr.* Añadir a los alimentos ciertas sustancias para hacerlos más sabrosos. SIN. Aliñar, aderezar, sazonar, adobar.

condimento (del lat. *condimentum*) *s. m.* Sustancia que se añade a las comidas para hacerlas más sabrosas, como la sal, el aceite, el vinagre, las especias, etc. SIN. Aderezo, adobo, aliño. FAM. Condimentación, condimentar.

condiscípulo, la (del lat. *condiscipulus*) *s. m.* y *f.* Compañero de estudios.

condolencia *s. f.* **1.** Expresión que manifiesta la participación en el dolor de alguien: *Quiero expresarle mi condolencia por la muerte de su hermano.* **2.** Participación en el dolor ajeno. SIN. **1.** Pésame. **1.** y **2.** Pesar. **2.** Pesadumbre.

condolerse (del lat. *condolere*) *v. prnl.* Sentir la desgracia de los demás. ■ Se construye con la prep. *de*: *condolerse del dolor ajeno.* Es v. irreg. Se conjuga como *mover.* SIN. Compadecer, dolerse, apiadarse, lamentar, deplorar. ANT. Alegrarse, congratularse. FAM. Condolencia. DOLER.

condominio (de *con-* y *dominio*) *s. m.* **1.** Posesión de una cosa por dos o más personas en común o de un territorio por varios países. **2.** La cosa o el territorio así poseídos.

condón (de *Condom*, higienista británico del s. XVIII) *s. m. fam.* Preservativo*.

condonar (del lat. *condonare*) *v. tr.* Perdonar una pena o una deuda: *Le fue condonada la pena de muerte.* **SIN.** Indultar, amnistiar. **FAM.** Condonación. DONAR.

cóndor (del quechua *cúntur*) *s. m.* Ave rapaz americana, la mayor de todas las aves voladoras, que puede superar los 3 m de envergadura; su plumaje es de color negro, excepto en las alas y un collar que son blancos, y el cuello y la cabeza están desnudos y tienen color oscuro.

condotiero (del ital. *condottiere*, de *condotta*, compromiso) *s. m.* Jefe de una tropa de soldados mercenarios en los s. XIII al XV, principalmente en Italia.

condrictio o **condroíctio** (del gr. *khondros*, cartílago, e *ikhthys*, pez) *adj.* **1.** Se aplica a los peces que tienen esqueleto cartilaginoso, mandíbulas con numerosos dientes, escamas óseas y una línea lateral sensible a las variaciones de presión del agua, como los tiburones y las rayas. También *s. m.* || *s. m. pl.* **2.** Clase constituida por estos peces.

condrósteo (del gr. *khondros*, cartílago, y *-osteo*) *adj.* **1.** Se aplica a ciertos peces osteictios que presentan escamas esmaltadas y la boca muy larga, con la mandíbula inferior atrasada, como los esturiones. Comprende también numerosos representantes fósiles. También *s. m.* || *s. m. pl.* **2.** Superorden constituido por estos peces.

conducción (del lat. *conductio, -onis*) *s. f.* **1.** Acción de conducir. **2.** Conjunto de conductos, tuberías o cables para dar paso a un fluido: *conducción de agua, conducción eléctrica.* **SIN. 1.** Transporte, traslado, dirección. **2.** Canalización.

conducir (del lat. *conducere*, de *cum*, con, y *ducere*, guiar) *v. tr.* **1.** Llevar de una parte a otra; guiar: *Un autobús conduce a los pasajeros hasta el avión. Un gasoducto conduce el gas. El botones nos condujo a la habitación.* **2.** Manejar un vehículo para que vaya por donde se quiere: *conducir un coche.* También *v. intr.*: *permiso de conducir.* **3.** Dirigir, mandar: *conducir bien una empresa. Atila conducía a los hunos.* **4.** Llevar a cierto resultado: *El esfuerzo le condujo al éxito.* También *v. intr.*: *Lamentarse no conduce a nada.* || **conducirse** *v. prnl.* **5.** Comportarse de cierta manera: *Se condujo con educación.* ■ Es v. irreg. **SIN. 1.** Trasladar, transportar, canalizar, encauzar; orientar, encaminar, acompañar. **2.** Pilotar. **3.** Gobernar, regir. **5.** Proceder, actuar, portarse. **FAM.** Conducción, conducente, conducta, conductancia, conductibilidad, conductismo, conductividad, conducto, conductor. / Reconducir.

CONDUCIR

INDICATIVO

Presente	Pretérito perfecto simple
conduzco	*conduje*
conduces	*condujiste*
conduce	*condujo*
conducimos	*condujimos*
conducís	*condujisteis*
conducen	*condujeron*

SUBJUNTIVO

Presente	Pretérito imperfecto
conduzca	*condujera, -ese*
conduzcas	*condujeras, -eses*
conduzca	*condujera, -ese*
conduzcamos	*condujéramos, -ésemos*
conduzcáis	*condujerais, -eseis*
conduzcan	*condujeran, -esen*

Futuro	
condujere	*condujéremos*
condujeres	*condujereis*
condujere	*condujeren*

conducta (del lat. *conducta*, conducida, guiada) *s. f.* Forma de comportarse una persona o, en general, de reaccionar un ser vivo ante el medio que lo rodea. **SIN.** Comportamiento, proceder, actuación. **FAM.** Conductual. CONDUCIR.

conductancia *s. f.* En fís., propiedad contraria a la resistencia, que hace que algunos cuerpos dejen pasar a través de ellos fluidos energéticos, como la electricidad.

conductismo *s. m.* Corriente psicológica que sostiene que la conducta debe ser considerada como una respuesta o reacción a los estímulos del ambiente.

conductividad o **conductibilidad** *s. f.* Cualidad de ser conductor del calor o la electricidad. **FAM.** Superconductividad. CONDUCIR.

conducto (del lat. *conductus*, conducido) *s. m.* **1.** Canal o tubo por el que circula un fluido: *el conducto del agua.* **2.** Medio, procedimiento: *Obtuvo la cita por conducto de su primo. Presentó la solicitud por conducto oficial.* **SIN. 1.** Cañería, cauce, tubería. **2.** Mediación, vía, trámite. **FAM.** Salvoconducto. CONDUCIR.

conductor, ra (del lat. *conductor, -oris*) *adj.* **1.** Que conduce. También *s. m..* y *f.*: *conductor de las masas.* **2.** Que transmite el calor o la electricidad: *Los metales son buenos conductores.* También *s. m.* || *s. m.* y *f.* **3.** Persona que conduce un vehículo. **SIN. 1.** Guía, director, caudillo. **3.** Chófer. **FAM.** Semiconductor, termoconductor. CONDUCIR.

condumio *s. m. fam.* Comida, alimento. **SIN.** Sustento.

conectar (del ingl. *connect*, y éste del lat. *connectere*) *v. tr.* **1.** Unir o poner en contacto una parte de un mecanismo, sistema, etc., a otra: *conectar la manguera al grifo, conectar la televisión a la red.* También *v. intr.* y *v. prnl.* **2.** Relacionar, enlazar, establecer comunicación: *Este cruce conecta dos importantes vías férreas.* También *v. intr.*: *Conectamos vía satélite con nuestro enviado.* **SIN. 1.** Acoplar, ensamblar, empalmar, engranar, enchufar. **2.** Vincular, ligar, contactar. **ANT. 1.** Desconectar, desenchufar. **FAM.** Conectador, conectivo, conector, conexión. / Desconectar. CONEXO.

conectivo, va *adj.* **1.** Que une partes de un mismo aparato o sistema. || *s. f.* **2.** En lógica, partícula utilizada para crear, a partir de una o más proposiciones, una nueva proposición. **SIN. 1.** Conjuntivo.

conector *adj.* Que sirve para conectar algo. Se usa mucho como *s. m.*: *Para enchufar la radio a la red se necesita un conector especial.*

conejero, ra (del lat. *cunicularius*, de *cuniculus*, conejo) *adj.* **1.** Que caza conejos: *un perro conejero.* || *s. m.* y *f.* **2.** Persona que cría o vende conejos. || *s. f.* **3.** Madriguera de los conejos. **4.** Cueva estrecha y profunda semejante a las que hacen los conejos. **5.** *fam.* Lugar estrecho y en malas condiciones donde viven muchas personas juntas: *Aquella chabola era una conejera.*

conejillo *s. m.* **1.** Diminutivo de conejo. || **2. conejillo de Indias** Cobaya*.

conejo, ja (del lat. *cuniculus*) *s. m.* y *f.* **1.** Mamífero lagomorfo de orejas largas, cola corta, patas posteriores muy desarrolladas y pelo espeso, generalmente de color gris, que vive en estado salvaje o como animal doméstico para aprovechar su carne y su piel. || *s. f.* **2.** *fam.* Mujer que pare con frecuencia y tiene muchos hijos. **FAM.** Conejero, conejillo. / Cunicultura, trasconejarse.

conexión (del lat. *connexio, -onis*) *s. f.* Acción de conectar cosas, ideas, personas, etc. **SIN.** Enlace, relación, unión, trabazón, engarce. **ANT.** Desconexión. **FAM.** Interconexión. CONECTAR.

conexo, xa (del lat. *connexus*, de *connectere*, unir) *adj.* Se dice de la cosa que está en conexión o relación con otra: *problemas conexos.* **SIN.** Relacionado, afín. **ANT.** Inconexo. **FAM.** Conectar. / Inconexo. NEXO.

confabularse (del lat. *confabulari*, de *cum*, con, y *fabulari*, hablar) *v. prnl.* Ponerse de acuerdo dos o más personas, en secreto, generalmente con el fin de perjudicar a alguien: *Se confabularon para arruinarle.* ■ Se construye con la prep. *con*: *confabularse con el enemigo.* **SIN.** Conspirar, intrigar, maquinar, conchabarse. **FAM.** Confabulación. FÁBULA.

confección (del lat. *confectio, -onis*) *s. f.* **1.** Acción de confeccionar: *la confección del presupuesto.* **2.** Actividad que consiste en hacer prendas de vestir para las personas. **3.** Fabricación de ropa en serie, a diferencia de la que se hace a medida. **SIN. 1.** Elaboración, fabricación, preparación.

confeccionar *v. tr.* Hacer determinadas cosas, especialmente compuestas, como prendas de vestir, listas, presupuestos, etc. **SIN.** Fabricar, elaborar. **FAM.** Confección, confeccionador.

confederación (del lat. *confoederatio, -onis*) *s. f.* Unión o asociación entre personas, grupos, empresas o naciones para un fin común, y cada uno de los organismos resultantes: *Confederación de Cajas de Ahorro.* **SIN.** Federación, agrupación, liga, alianza, coalición. **FAM.** Confederado, confederal, confederarse, confederativo. FEDERACIÓN.

confederado, da **1.** *p.* de **confederarse**. También *adj.* || *adj.* **2.** Que entra o está en una confederación. También *s. m.* y *f.* **SIN. 1.** Coligado, federado.

confederarse (del lat. *confoederare*) *v. prnl.* **1.** Asociarse personas, grupos o empresas para determinados fines. **2.** Unirse varios Estados adoptando organismos políticos comunes sin renunciar a su soberanía ni a su gobierno. **SIN. 1.** Agruparse. **2.** Aliarse, coaligarse. **ANT. 1.** Separarse, escindirse, dividirse.

conferencia (del lat. *conferentia*, de *conferre*, comunicar) *s. f.* **1.** Exposición en público de algún tema o materia: *una conferencia sobre la lírica actual.* **2.** Comunicación telefónica entre dos ciudades, particularmente si están alejadas: *poner una conferencia.* **3.** Reunión entre los representantes de entidades, gobiernos, etc., para tratar algún asunto: *una conferencia sobre desarme.* || **4. conferencia de prensa** Reunión convocada por una o varias personalidades para informar a los periodistas y someterse a sus preguntas. **SIN. 1.** Comunicación, lección, charla. **FAM.** Conferenciante, conferenciar. / Videoconferencia. CONFERIR.

conferenciante *s. m.* y *f.* Persona que da una conferencia. **SIN.** Orador, ponente.

conferir (del lat. *conferre*, de *cum*, con, y *ferre*, llevar) *v. tr.* **1.** Conceder a alguien una dignidad, empleo, facultad, derecho, etc.: *Le han conferido amplios poderes.* **2.** Comunicar a una persona o cosa cierta cualidad o valor: *La asistencia del rey confirió importancia al acto.* ■ Es v. irreg. Se conjuga como *sentir.* **SIN. 1.** Adjudicar, otorgar, asignar, dotar, atribuir. **ANT. 1.** Desposeer, privar. **FAM.** Conferencia.

confesar (del bajo lat. *confessare*, de *confiteri*) *v. tr.* **1.** Decir alguien una cosa que antes ha ocultado: *Confesó que la quería.* **2.** Reconocer alguien el delito del que se le acusa: *Confesó su participación en el crimen.* También *v. prnl.* **3.** Manifestar uno sus ideas, sentimientos, etc.: *Confieso que estoy contento.* También *v. prnl.* **4.** Decir el penitente los pecados al confesor y recibir éste la confesión del penitente. También *v. prnl.*: *Se confesó con un sacerdote amigo.* ■ Es v. irreg. Se conjuga como *pensar.* || **LOC. confesar de plano** (o **de pleno**) Declarar abiertamente todo lo que uno sabe, sin tratar de ocultar nada. **SIN. 1.** Expresar, revelar, declarar. **2.** Acusarse, admitir, cantar. **3.** Reconocer. **ANT. 1.** y **2.** Ocultar, callar, negar, silenciar. **FAM.** Confesión, confesional, confesionario, confeso, confesor. / Inconfesable.

confesión (del lat. *confessio, -onis*) *s. f.* **1.** Acción de confesar o confesarse: *la confesión del acusado, la confesión del penitente.* **2.** Creencia religiosa y conjunto de personas que la profesan: *la confesión católica.* || **LOC. oír en confesión** Confesar, recibir la confesión del penitente. **SIN. 1.** Declaración, manifestación, revelación, confidencia. **2.** Religión, fe. **ANT. 1.** Ocultación, encubrimiento.

confesional *adj.* **1.** De una confesión religiosa. **2.** Se aplica a la institución, en especial al Estado, que se declara oficialmente adscrito a una religión. **ANT. 2.** Aconfesional, laico. **FAM.** Confesionalidad. / Aconfesional. CONFESAR.

confesionario *s. m.* Especie de cabina de madera en la que se instala el sacerdote para escuchar a los penitentes en confesión. ■ Se dice también *confesonario.*

confeso, sa (del lat. *confessus*) *adj.* **1.** Que ha confesado su delito o falta: *un reo convicto y confeso.* También *s. m.* y *f.* **2.** Se aplicaba al judío convertido. También *s. m.* y *f.* **ANT. 1.** Inconfeso.

confesonario *s. m.* Confesionario*.

confesor (del lat. *confessor, -oris*) *s. m.* **1.** Sacerdote que confiesa a los penitentes y perdona sus pecados. **2.** Cristiano que, en tiempos de persecución, declaraba públicamente su fe.

confeti (del ital. *confetti*) *s. m.* Papelitos de colores recortados en diversas formas, que se arrojan unas personas a otras en algunas fiestas, especialmente en el carnaval. ■ Su pl. es *confetis.*

confiado, da **1.** *p.* de **confiar**. También *adj.* || *adj.* **2.** Que tiene o muestra confianza o esperanza en alguien o algo. **3.** Inclinado a confiar en cualquiera. **4.** Que tiene mucha seguridad en sí mismo: *Actuaba muy confiado.* **SIN. 2.** Esperanzado. **3.** Crédulo, sencillo. **4.** Seguro, presumido, creído. **ANT. 2.** Desesperanzado. **3.** Desconfiado. **4.** Inseguro.

confianza *s. f.* **1.** Actitud de tranquilidad ante alguien o algo de lo que se espera que se porte o funcione bien, o que ocurra tal como se pensaba: *Puso su confianza en mí.* **2.** Seguridad que uno tiene en sí mismo o en sus cualidades: *Resolvió las pruebas con gran confianza.* **3.** Ánimo o decisión para obrar: *Inició la escalada con confianza.* **4.** Modo natural, familiar o sincero de tratarse las personas: *Entre amigos hay confianza.* **5.** P. ext., y sobre todo en plural, familiaridad o libertad excesiva y molesta de una persona con otra u otras: *Se toma demasiadas confianzas con la gente.* || **LOC. de (toda) confianza** *adj.* Se dice de la persona o cosa en la cual se puede confiar.

También se dice de la persona con quien se tiene trato familiar: *un administrador de confianza.* **en confianza** *adv.* En secreto, reservadamente; también, sin ceremonias. SIN. **1.** Fe, esperanza, credulidad. **2.** Suficiencia, aplomo. **3.** Empuje, aliento, vigor, acometividad. **4.** Amistad, llaneza. **5.** Franqueza. ANT. **1.** Desconfianza. **2.** Inseguridad, indecisión. **3.** Desánimo, desaliento. **4.** Afectación. **5.** Hipocresía.

confiar (del bajo lat. *confidare*) *v. intr.* **1.** Tener confianza en una persona o cosa: *Confiaba en la suerte. Confío en que vengas.* También *v. prnl.* || *v. tr.* **2.** Encargar a alguien de algo: *Le confió los niños.* **3.** Depositar en alguien o algo los propios bienes, un secreto o cualquier otra cosa: *Confió su capital al banco.* También *v. prnl.*: *Se ha confiado en manos de su médico.* **4.** Decir algo en confianza a alguien: *Le confió sus preocupaciones.* || **confiarse** *v. prnl.* **5.** Descuidarse por haber confiado en algo excesivamente y sin motivo. ■ En cuanto al acento, se conjuga como *ansiar.* SIN. **1.** Fiarse, creer. **2.** y **3.** Encomendar(se), entregar(se), dar. **5.** Dejarse, desentenderse. ANT. **1.** Desconfiar. **5.** Desesperarse. FAM. Confiadamente, confiado, confianza, confidencia. / Desconfiar. FIAR.

confidencia (del lat. *confidentia*) *s. f.* Acción de comunicar algo en secreto o de manera reservada a alguien, y lo que así se comunica. SIN. Secreto, revelación. FAM. Confidencial, confidencialmente, confidente. CONFIAR.

confidencial *adj.* Que se comunica para que no sea posteriormente revelado: *documento confidencial.* SIN. Secreto, reservado.

confidente (del lat. *confidens, -entis,* de *confidere,* confiar) *s. m.* y *f.* **1.** Persona a quien otra confía sus secretos. **2.** Persona que obtiene y proporciona información secreta de otras por dinero u otro beneficio: *Un confidente le dio la pista a la policía.* || *s. m.* **3.** Cierto tipo de sofá de dos asientos. SIN. **2.** Soplón, chivato, espía.

configuración (del lat. *configuratio, -onis*) *s. f.* **1.** Acción de configurar. **2.** Aspecto exterior de una cosa: *la configuración del terreno.* **3.** Disposición de las partes o elementos que componen algo: *la configuración de un pensamiento, de un escrito, de una obra.* SIN. **2.** Forma. **3.** Estructura, conformación, ordenación, distribución, composición.

configurar (del lat. *configurare*) *v. tr.* **1.** Dar una determinada forma o figura a una cosa: *La erosión configura las rocas.* **2.** Disponer de una manera determinada los elementos o partes de algo: *Ha configurado su novela en varios capítulos.* También *v. prnl.*: *El carácter se configura con el paso del tiempo.* || **configurarse** *v. prnl.* **3.** Presentarse una persona o cosa con unos rasgos o características determinadas: *Se configura como vencedor en las elecciones.* SIN. **1.** Conformar. **2.** Ordenar, organizar. ANT. **1.** Deformar. FAM. Configuración. FIGURA.

confín (del lat. *confinis*) *s. m.* **1.** Punto más lejano que se alcanza con la vista: *Se veía una figura en los confines de la llanura.* P. ext., lo más alejado del centro de un lugar, territorio, país, etc., que se toma como referencia: *«en todo mar conocido, / del uno al otro confín...» (Espronceda)* **2.** Límite que separa dos territorios. Se usa sobre todo en *pl.*: *los Pirineos, en los confines de España y Francia.* SIN. **1.** Horizonte, término, extremo. **2.** Frontera, linde, lindero. FAM. Confinamiento, confinar. FIN.

confinamiento *s. m.* **1.** Acción de confinar. **2.** En der., pena que obliga al condenado a vivir forzosamente en un determinado lugar, en libertad pero bajo la vigilancia de las autoridades.

confinar *v. tr.* **1.** Conducir a alguien a un lugar determinado con la prohibición de abandonarlo: *Le confinaron en una isla.* **2.** Encerrar o recluir a alguien en un sitio sin dejarle salir de él: *Le han confinado en una celda de castigo.* También *v. prnl.*: *Se confinó en casa para acabar el libro.* **3.** Tener un grupo de personas apartado de su trato a alguien que pertenece a dicho grupo: *El equipo le tiene confinado por sus declaraciones a la prensa.* || *v. intr.* **4.** Estar un territorio al lado de otro, del mar, de un río, etc.: *México confina con Estados Unidos.* **5.** Hallarse muy próximo a cierta cosa: *Su extraña conducta confina con la locura.* SIN. **1.** Desterrar, deportar. **2.** Enclaustrar(se), aislar(se). **3.** Separar, marginar. **4.** Lindar, limitar, colindar. **5.** Tocar, rozar, rayar. ANT. **2.** Liberar. **4.** Distar. **5.** Apartarse, desviarse, alejarse. FAM. Confinación. CONFÍN.

confirmación (del lat. *confirmatio, -onis*) *s. f.* **1.** Acción de confirmar. **2.** Aquello que confirma la verdad y certeza de algo: *Tuvo una confirmación de sus sospechas.* **3.** Sacramento de varias Iglesias cristianas que confirma la gracia del bautismo. SIN. **1.** Ratificación, corroboración, verificación. ANT. **1.** Rectificación, negación.

confirmando, da (del lat. *confirmandus*) *s. m.* y *f.* Persona que va a recibir el sacramento de la confirmación.

confirmar (del lat. *confirmare*) *v. tr.* **1.** Volver a afirmar algo cierto o asegurar algo que era dudoso: *La prensa confirmó la noticia.* **2.** Mantener la validez de algo o dar validez definitiva a lo que sólo la tenía provisional: *El juez confirmó la sentencia. Le confirmaron en su cargo.* **3.** Dar a una persona o cosa mayor firmeza o seguridad. También *v. prnl.*: *Cada vez se confirma más en sus ideas.* **4.** Administrar el sacramento de la confirmación. || **confirmarse** *v. prnl.* **5.** Recibir este sacramento. SIN. **1.** Corroborar. **2.** Ratificar, convalidar, revalidar. **3.** Reafirmar, afianzar. ANT. **1.** Desmentir, rectificar, negar, contradecir. **2.** Invalidar, anular, revocar. FAM. Confirmación, confirmando, confirmante, confirmatorio. FIRME.

confiscar (del lat. *confiscare,* de *cum,* con, y *fiscus,* el fisco, la hacienda) *v. tr.* **1.** Privar el Estado a alguien de sus bienes y entregarlos al Tesoro o Hacienda pública: *Le han confiscado un piso.* **2.** Apoderarse las autoridades o agentes del gobierno de ciertas cosas implicadas en un delito: *confiscar un camión con tabaco de contrabando.* ■ Delante de *e* se escribe *qu* en lugar de *c*: *confisque.* SIN. **1.** Embargar, expropiar, incautar. **2.** Aprehender, requisar, decomisar. FAM. Confiscable, confiscación. FISCO.

confit (fr.) *s. m.* Carne cocinada que se conserva en su propia grasa.

confitar *v. tr.* **1.** Cubrir las frutas secas, almendras, piñones, etc., de un baño de azúcar. **2.** Cocer las frutas con almíbar para conservarlas así hasta su consumición. SIN. **1.** Azucarar, escarchar. **2.** Almibarar.

confite (del cat. *confit,* y éste del lat. *confectus,* elaborado) *s. m.* Golosina, generalmente en forma de bolita, hecha de pasta de azúcar y algún otro ingrediente en su interior, p. ej. un piñón o un grano de anís. Se usa sobre todo en *pl.* FAM. Confitar, confitería, confitero, confitura. / Confeti.

confitería *s. f.* **1.** Establecimiento en el que se hacen o venden dulces. **2.** *Arg.* y *Urug.* Café o cafetería. SIN. **1.** Pastelería, bombonería.

confitura (del fr. *confiture*, y éste del lat. *confectura*, preparación) *s. f.* Fruta escarchada, en compota o en mermelada, cocida con azúcar.

conflagración (del lat. *conflagratio, -onis*) *s. f.* Conflicto violento, especialmente la guerra, entre dos o más naciones. SIN. Contienda, hostilidad, choque. ANT. Paz, concordia.

conflictivo, va *adj.* **1.** Que origina conflicto. **2.** Se dice del tiempo, situación y circunstancias en los que hay conflictos. **3.** Del conflicto o relacionado con él. SIN. **1.** a **3.** Comprometido, problemático. ANT. **1.** a **3.** Pacífico, tranquilo.

conflicto (del lat. *conflictus*) *s. m.* **1.** Situación de lucha o desacuerdo entre personas o cosas: *un conflicto de intereses, un conflicto entre países.* **2.** Situación de difícil salida. SIN. **1.** Combate, disputa, pugna, enfrentamiento, colisión, choque. **2.** Apuro, aprieto, dificultad, brete. ANT. **1.** Concordia, paz, acuerdo. FAM. Conflictivo.

confluir (del lat. *confluere*) *v. intr.* **1.** Juntarse en un determinado punto varios caminos, corrientes de agua, una multitud de personas, etc.: *En la plaza confluyen varias calles.* **2.** Coincidir ideas, opiniones, actitudes, etc.: *Las críticas confluyeron en alabar la película.* ■ Es v. irreg. Se conjuga como *huir.* SIN. **1.** Afluir, desembocar, concurrir, converger, concentrarse. ANT. **1.** Bifurcarse, dispersarse. **2.** Divergir. FAM. Confluencia, confluente. FLUIR.

conformación (del lat. *conformatio, -onis*) *s. f.* Distribución o disposición de las partes que forman un todo. SIN. Configuración, estructura.

conformar (del lat. *conformare*) *v. tr.* **1.** Dar forma a algo: *conformar un proyecto, una idea.* **2.** Poner de acuerdo o hacer coincidir una cosa con otra: *conformar pareceres, conformar la oferta y la demanda.* También *v. prnl.* **3.** Poner el conforme en un escrito o documento: *conformar un cheque.* || **conformarse** *v. prnl.* **4.** Aceptar sin protesta algo que puede ser insuficiente, molesto o contrario a los propios deseos: *Se conforma con su sueldo.* SIN. **1.** Formar, configurar. **2.** Concordar, acomodar(se), adaptar(se), ajustar(se), armonizar. **4.** Resignarse, aguantarse. ANT. **1.** Deformar. **2.** Desajustar(se), dislocar(se). **4.** Rebelarse. FAM. Conformación, conforme, conformidad, conformismo, conformista. FORMAR.

conforme (del lat. *conformis*) *adj.* **1.** Que se adapta a aquello que se expresa o está de acuerdo con ello: *Obtuvo una calificación conforme a su trabajo. Estamos conformes contigo en la fecha del viaje.* **2.** Contento o satisfecho con alguna cosa: *Tus disculpas no le dejaron muy conforme.* || *s. m.* **3.** Asentimiento o aprobación que se pone al pie de un escrito: *Puso el conforme a la factura de gastos.* || *adv. m.* **4.** Según, con arreglo a, de acuerdo con: *Hicimos el trabajo conforme nos lo mandaron.* ■ A veces, indica el desarrollo simultáneo de dos acciones: *Entraban en clase conforme iban llegando.* SIN. **1.** Acorde, proporcionado, adaptado, ajustado, acomodado, correspondiente. **2.** Complacido. ANT. **1.** Disconforme. **2.** Descontento, insatisfecho. FAM. Disconforme, inconformismo. CONFORMAR.

conformidad (del lat. *conformitas, -atis*) *s. f.* **1.** Unión, acuerdo o correspondencia entre personas o cosas: *En la asamblea hubo conformidad.* **2.** Consentimiento, aprobación: *Dio su conformidad al plan.* **3.** Tolerancia, resignación: *Lleva con conformidad sus penas.* || LOC. **en conformidad** o **de conformidad** *adv.* Según, de acuerdo con. SIN. **1.** Armonía, concordancia, consenso, avenencia; coherencia. **2.** Aquiescencia. **3.** Paciencia. ANT. **1.** Disconformidad, discordancia. **2.** Desaprobación. **3.** Rebeldía, protesta.

conformismo *s. m.* Actitud o comportamiento de la persona que se adapta fácilmente a lo establecido o predominante, incluso a circunstancias negativas, insatisfactorias o contrarias a sus convicciones. ANT. Inconformismo.

confort (del ingl. *comfort*, y éste del ant. fr. *confort*) *s. m.* Bienestar, comodidad. SIN. Regalo, desahogo, holgura. ANT. Incomodidad, malestar. FAM. Confortable. CONFORTAR.

confortable *adj.* **1.** Cómodo, agradable: *una habitación confortable.* **2.** Que conforta, alienta o consuela. SIN. **1.** Acogedor. **2.** Confortante, alentador, estimulante. ANT. **1.** Incómodo, desagradable. **2.** Desalentador. FAM. Confortablemente. CONFORT.

confortar (del lat. *confortare*, de *cum*, con, y *fortis*, fuerte) *v. tr.* **1.** Dar fuerza y vigor: *Un caldo te confortará.* También *v. prnl.* **2.** Animar o consolar a alguien: *confortar a un amigo.* También *v. prnl.* SIN. **1.** Fortalecer, tonificar, estimular, reanimar. **2.** Alentar. ANT. **1.** Debilitar. **2.** Desalentar. FAM. Confort, confortador, confortante. / Reconfortar. FUERTE.

confraternidad *s. f.* Relación de amistad fraternal entre personas, grupos, países. SIN. Fraternidad, hermandad.

confraternizar *v. intr.* Tratarse con amistad y compañerismo: *En el campamento confraternizaron muchachos de muy distintos países.* ■ Delante de *e* se escribe *c* en lugar de *z*: *confraternice.* SIN. Intimar, simpatizar, congeniar. ANT. Distanciarse, odiarse. FAM. Confraternidad. FRATERNO.

confrontar (del lat. *cum*, con, y *frons, frontis*, frente) *v. tr.* **1.** Comparar dos o más cosas: *confrontar una lista.* **2.** Poner frente a frente a dos o más personas para que declaren sobre un mismo asunto, especialmente en un juicio. **3.** Estar o ponerse una persona o cosa frente a otra en una competición, lucha, etc.: *Confrontaron sus fuerzas.* También *v. prnl.* **4.** Hacer frente a dificultades o peligros: *Confrontaron sin miedo los problemas planteados.* SIN. **1.** Cotejar. **2.** Carear. **3.** Enfrentarse. **4.** Afrontar, arrostrar. ANT. **4.** Eludir, esquivar. FAM. Confrontación. FRENTE.

confucianismo o **confucionismo** *s. m.* Conjunto de creencias y prácticas religiosas, éticas, sociales, políticas y económicas basadas en las enseñanzas de Confucio. FAM. Confuciano, confucionista.

confundir (del lat. *confundere*) *v. tr.* **1.** Tomar o entender una cosa por otra: *Confundí la sombra con una persona.* También *v. prnl.*: *Me confundí de puerta.* **2.** Mezclar personas o cosas de forma que no puedan distinguirse unas de otras. También *v. prnl.*: *Se confundió entre la gente.* **3.** Desordenar o trastocar las cosas: *Me confundieron los papeles de la mesa.* También *v. prnl.* **4.** Producir en alguien una impresión de desconcierto, inseguridad, vergüenza o duda: *Su teoría confundió al auditorio. Confundió a su adversario. Me confunde con tantos elogios.* También *v. prnl.* SIN. **1.** Equivocar(se), errar. **3.** Revolver(se), embarullar(se), desbaratar(se), enredar(se), trabucar(se). **4.** Turbar(se), desconcertar(se); abochornar(se), avergonzar(se), azarar(se). ANT. **1.** Acertar, atinar. **3.** Ordenar(se). FAM. Confusamente, confusión, confusionismo, confuso. / Inconfundible. FUNDIR.

confusión (del lat. *confusio, -onis*) *s. f.* **1.** Ausencia de claridad: *confusión de ideas.* **2.** Error: *confusión en una factura.* **3.** Falta de orden: *Se oía en* *la calle una gran confusión de voces.* **4.** Situación de desconcierto, inseguridad o duda: *Al sentir que le tiraban del bolso sintió una gran confusión.* **5.** En der., manera en que se extingue una obligación por ser una misma persona acreedor y deudor. **SIN. 1.** Imprecisión. **2.** Equivocación. **3.** Desorden, barullo, enredo, caos. **4.** Turbación, bochorno, vergüenza. **ANT. 1.** Nitidez. **2.** Acierto, tino. **4.** Serenidad, equilibrio.

confusionismo *s. m.* Confusión y oscuridad en las ideas o en el lenguaje.

confuso, sa (del lat. *confusus*) *adj.* **1.** Difícil de entender, percibir o distinguir: *Nos dio una explicación confusa. Con la niebla todo se veía confuso.* **2.** Desconcertado, turbado. **SIN. 1.** Complicado, oscuro; borroso, vago, difuso. **2.** Perplejo, anonadado; avergonzado, abochornado. **ANT. 1.** Claro; nítido. **2.** Indiferente.

conga *s. f.* **1.** Baile popular cubano, de origen africano, en el que los participantes van agarrados por la cintura, unos detrás de otros. **2.** Música que acompaña a este baile.

congelado, da 1. *p.* de **congelar**. También *adj.* y *s. m. pl.*: *pescado congelado. Compra muchos congelados.* || *s. m. pl.* **2.** Establecimiento o área de los supermercados donde se venden los alimentos congelados.

congelador, ra *adj.* **1.** Que congela. || *s. m.* **2.** Compartimiento del frigorífico o mueble independiente que sirve para congelar los alimentos. **SIN. 1.** Helador.

congelante *adj.* Que congela. **ANT.** Anticongelante. **FAM.** Anticongelante. CONGELAR.

congelar (del lat. *congelare*) *v. tr.* **1.** Convertir un líquido en sólido por efecto del frío. También *v. prnl.*: *El agua del pilón se congeló.* **2.** Enfriar un sólido hasta que quede helada su parte líquida, como se hace, p. ej., con los alimentos para su conservación. También *v. prnl.* **3.** Producir lesiones en los tejidos orgánicos a temperaturas inferiores a 0 °C. También *v. prnl.*: *Al alpinista se le congeló un pie.* **4.** *fam.* Tener mucho frío. Se usa sobre todo como *v. prnl.*: *Cierra el balcón, que me congelo.* **5.** Inmovilizar una autoridad los fondos de alguien o impedir que sufran modificaciones ciertos factores económicos: *congelar una cuenta bancaria, congelar los salarios.* También *v. prnl.* **6.** Detener o bloquear un proceso, una actividad o una relación: *Se congelaron las negociaciones entre los dos países.* También *v. prnl.* **SIN. 1.** y **4.** Helar(se). **6.** Enfriar. **ANT. 1.** Fundir(se). **1.** y **2.** Descongelar(se). **FAM.** Congelable, congelación, congelado, congelador, congelamiento, congelante. / Descongelar. GÉLIDO.

congénere (del lat. *congener, -eris*) *adj.* Del mismo género, clase u origen. También *s. m.* y *f.* ■ Suele usarse en sentido despectivo: *Apareció en el bar con sus congéneres.* **SIN.** Semejante, afín, igual. **ANT.** Ajeno, distinto.

congeniar *v. intr.* Entenderse bien dos o más personas por tener caracteres y gustos parecidos: *Los niños congeniaron al poco de conocerse.* **SIN.** Simpatizar, coincidir, comprenderse. **ANT.** Chocar, enfrentarse.

congénito, ta (del lat. *congenitus*, de *cum*, con, y *genitus*, engendrado) *adj.* **1.** Se dice del rasgo, carácter, etc., que nace con el individuo y que no depende de factores hereditarios, sino que es adquirido durante los periodos embrionario y fetal. **2.** En sentido amplio, se aplica tanto a los caracteres hereditarios como a los adquiridos antes del nacimiento.

congestión (del lat. *congestio, -onis*) *s. f.* **1.** Acumulación excesiva o anormal de sangre en alguna parte del cuerpo. **2.** Aglomeración de gente, de vehículos, etc., que entorpece la normal circulación: *congestión del tráfico.* **SIN. 2.** Apiñamiento, agolpamiento, apelotonamiento, atasco, embotellamiento. **ANT. 1.** y **2.** Descongestión. **2.** Fluidez. **FAM.** Congestionar, congestivo. / Descongestionar.

congestionar *v. tr.* **1.** Acumular de forma excesiva o anormal sangre u otro líquido en alguna parte del cuerpo: *El exceso de grasa le congestionó las arterias.* También *v. prnl.*: *Use este medicamento cuando se le congestione la nariz.* **2.** Producir una aglomeración excesiva de vehículos o personas: *La salida de los colegios congestiona siempre esa calle.* También *v. prnl.*: *Con la llegada de los hinchas se congestionó toda la zona.* || **congestionarse** *v. prnl.* **3.** Afluir la sangre a la cabeza produciendo enrojecimiento de la cara: *Se congestionó subiendo la montaña.* **SIN. 1.** y **2.** Colapsar, atascar, saturar. **ANT. 1.** a **3.** Descongestionar.

conglomerado, da (del lat. *conglomeratus*) **1.** *p.* de **conglomerar**. También *adj.* || *s. m.* **2.** Roca sedimentaria formada por fragmentos de diversas rocas o minerales unidos por un cemento. **3.** Masa compacta de materiales unidos artificialmente: *un conglomerado asfáltico.* **4.** Acumulación de cosas inmateriales: *resolver un conglomerado de asuntos.* **SIN. 4.** Cúmulo, amalgama.

conglomerar (del lat. *conglomerare*) *v. tr.* Unir fuertemente partículas de una o varias sustancias, de modo que resulte una masa compacta. También *v. prnl.* **SIN.** Aglomerar(se), aglutinar(se). **ANT.** Desunir(se), disgregar(se). **FAM.** Conglomeración, conglomerado. AGLOMERAR.

congoja (del cat. *congoixa*, y éste del lat. vulg. *congustia*, angostura) *s. f.* Pena o angustia muy intensa. **SIN.** Aflicción, tormento, pesar; inquietud, zozobra. **ANT.** Contento, satisfacción. **FAM.** Acongojar.

congoleño, ña o **congolés, sa** *adj.* Del Congo. También *s. m.* y *f.*

congraciar *v. tr.* Ganar la simpatía, el afecto, apoyo, etc., de otra persona. Se usa más como *v. prnl.*: *Se ha congraciado con sus compañeros.* **SIN.** Avenirse; ganarse. **ANT.** Indisponer(se), enemistar(se).

congratular (del lat. *congratulari*) *v. tr.* Manifestar alegría y satisfacción a una persona a la que le ha sucedido algo bueno: *Nos congratula saber que te concedieron el premio.* También *v. prnl.* **SIN.** Felicitar, celebrar, aplaudir. **ANT.** Compadecer, condolerse. **FAM.** Congratulación, congratulatorio. GRADO².

congregación (del lat. *congregatio, -onis*) *s. f.* **1.** Hecho de congregar o congregarse. **2.** Reunión de religiosos o seglares que siguen una misma regla o persiguen los mismos objetivos: *congregación mariana.* **3.** En el Vaticano, cada una de las distintas secciones compuestas de cardenales, prelados y otras personas, que se encargan de varios asuntos: *la congregación para la doctrina de la fe.* **SIN. 1.** Agrupación, asociación, reunión.

congregante, ta (del lat. *congregans, -antis*) *s. m.* y *f.* Miembro o socio de una congregación. **SIN.** Hermano, cofrade.

congregar (del lat. *congregare*) *v. tr.* Reunir o atraer gente: *La noticia congregó a muchos curiosos.* También *v. prnl.* ■ Delante de *e* se escribe *gu* en lugar de *g*: *congregue.* **SIN.** Convocar, agrupar(se), juntar(se), asociar(se). **ANT.** Dispersar(se), disgregar(se). **FAM.** Congregación, congregante. GREY.

congresista *s. m.* y *f.* Persona que asiste a un congreso.

congreso (del lat. *congressus*, de *congredi*, reunirse) *s. m.* **1.** Conjunto de personas que se reúnen para tratar cuestiones o temas de carácter científico, social, profesional, etc., previamente fijados: *un congreso de medicina.* **2.** Reunión de gobernantes o políticos para deliberar y negociar sobre asuntos internacionales. **3.** En algunos países, asamblea legislativa nacional: *congreso de los diputados.* **4.** Edificio donde se reúne esta asamblea. **SIN. 1.** Convención, simposio. **2.** Conferencia, tratado. **FAM.** Congresista.

congrio (del lat. *conger, -gri*) *s. m.* Pez marino osteíctio que mide de 1 a 2 m de longitud, es de color gris pardusco, no tiene escamas, sus aberturas branquiales son grandes y posee una larga aleta dorsal. Su carne es muy apreciada.

congruencia (del lat. *congruentia*) *s. f.* Relación de armonía, lógica o conformidad: *Desconcierta la falta de congruencia entre tus palabras y tus actos.* **SIN.** Coherencia, acuerdo. **ANT.** Incongruencia, incoherencia. **FAM.** Congruente. / Incongruencia.

congruente (del lat. *congruens, -entis*, conforme, concordante) *adj.* **1.** Que es oportuno, coherente o lógico: *respuesta congruente.* **2.** En un juicio, que hay conformidad entre el fallo y las partes litigantes. **3.** Que hay relación entre dos números enteros cuando, al ser divididos por otro número entero, dan el mismo resto. **ANT. 1.** Incongruente, incoherente.

cónico, ca (del gr. *konikos*) *adj.* **1.** Relativo al cono o que tiene su forma. || *s. f.* **2.** En geom., cada una de las diferentes curvas planas (circunferencia, elipse, hipérbola y parábola) que se obtiene de la intersección de un plano con un cono de revolución. **SIN. 1.** Coniforme.

conífero, ra (del lat. *conifer, -eri*, de *conus*, piña del pino, y *ferre*, llevar) *adj.* **1.** Se dice de ciertas plantas arbóreas y leñosas, de hoja perenne, generalmente en forma de escama o de aguja, y fruto cónico o esférico, como el pino, el abeto o el ciprés. También *s. f.* || *s. f. pl.* **2.** Clase de las gimnospermas constituido por estas plantas.

coniforme (del lat. *conus*, cono y *-forme*) *adj.* En forma de cono. **SIN.** Cónico.

conjetura (del lat. *coniectura*) *s. f.* Opinión formada a partir de indicios: *No se sabe qué pasará con el trabajo, todo son conjeturas.* **SIN.** Hipótesis, suposición, deducción, presunción.

conjeturar (del lat. *coniecturare*) *v. tr.* Formar o expresar juicio u opinión de una cosa por indicios o señales: *conjeturar el futuro.* **SIN.** Presumir, imaginar, vislumbrar, deducir, sospechar, prever. **FAM.** Conjetura, conjeturable.

conjugación (del lat. *coniugatio, -onis*) *s. f.* **1.** Acción de conjugar: *la conjugación de los elementos de una obra de arte.* **2.** Conjunto ordenado de las formas de un verbo, en todos sus tiempos, modos y personas del singular y del plural; también, cada uno de los tres grupos en que se dividen los verbos según la terminación del infinitivo: en *-ar* (primera), en *-er* (segunda) y en *-ir* (tercera). **SIN. 1.** Combinación, armonización. **2.** Flexión. (Véanse los modelos de conjugación en la página 292 y siguientes.)

conjugar (del lat. *coniugare*) *v. tr.* **1.** Formar o enumerar la conjugación de un verbo. **2.** Poner de acuerdo, combinar o coordinar: *En el libro trata de conjugar diferentes teorías.* ■ Delante de *e* se escribe *gu* en lugar de *g*: *conjugue.* **SIN. 2.** Armonizar, articular, unir, conjuntar. **ANT. 2.** Diversificar, distinguir. **FAM.** Conjugable, conjugación.

conjunción (del lat. *coniunctio, -onis*) *s. f.* **1.** Parte invariable de la oración que enlaza dos oraciones o dos elementos de una misma oración. **2.** Unión, coincidencia: *una conjunción de circunstancias.* **3.** En astron., posición de dos astros cuando están alineados con la Tierra. **SIN. 2.** Concurso, combinación, asociación. **ANT. 2.** Disyunción.

conjuntar (del lat. *coniunctare*) *v. tr.* Reunir o combinar adecuadamente los distintos elementos de un conjunto: *conjuntar pareceres, colores.* También *v. prnl.* **SIN.** Coordinar, armonizar, concertar. **ANT.** Disociar(se). **FAM.** Conjunción, conjuntivo, conjunto. JUNTAR.

conjuntivitis *s. f.* Inflamación de la conjuntiva del ojo. ■ No varía en *pl.*

conjuntivo, va (del lat. *coniunctivus*, de *coniungere*, juntar) *adj.* **1.** Que junta y une; particularmente, se aplica al tejido orgánico que sirve para unir otros tejidos y órganos del cuerpo. **2.** En ling., relativo a la conjunción: *locución conjuntiva.* || *s. f.* **3.** Mucosa que recubre la parte interior del párpado y la porción anterior del globo ocular, protegiéndolos y lubricándolos. **FAM.** Conjuntivitis. CONJUNTAR.

CONJUNCIONES COORDINANTES	
Unen palabras o proposiciones con la misma función sintáctica.	
CLASES	CONJUNCIONES
COPULATIVAS	**y, e, ni**
DISYUNTIVAS	**o, u**
ADVERSATIVAS	**mas, pero, sino, sino que, sin embargo, no obstante**

CONJUNCIONES SUBORDINANTES	
Subordinan una proposición a otra.	
CLASES	CONJUNCIONES
COMPLETIVAS	**que, si**
COMPARATIVAS	tanto... **como**, más... **que**, menos... **que**, igual... **que**, mejor... **que**,
CONSECUTIVAS	tanto... **que, luego, conque, así que**
FINALES	**que, para que, a que, a fin de que, con objeto de que**
CAUSALES	**que, porque, pues, puesto que, como, ya que, en vista de que**
CONCESIVAS	**aunque, aun cuando, si bien, a pesar de que, por más que, por mucho que**
CONDICIONALES	**si, siempre que, como, con tal de que, a condición de que**
DE TIEMPO	**cuando, mientras, apenas, tan pronto como, antes de que, después de que, siempre que, a medida que, conforme**
DE LUGAR	**donde**
DE MODO	**(tal) como, según, como si**

CONJUGACIÓN DE LOS VERBOS REGULARES

PRIMERA CONJUGACIÓN: *CANTAR*

MODO INDICATIVO		MODO SUBJUNTIVO	
TIEMPOS SIMPLES	TIEMPOS COMPUESTOS	TIEMPOS SIMPLES	TIEMPOS COMPUESTOS
Presente	**Pretérito perfecto compuesto**	**Presente**	**Pretérito perfecto**
canto *cantas* *canta* *cantamos* *cantáis* *cantan*	*he cantado* *has cantado* *ha cantado* *hemos cantado* *habéis cantado* *han cantado*	*cante* *cantes* *cante* *cantemos* *cantéis* *canten*	*haya cantado* *hayas cantado* *haya cantado* *hayamos cantado* *hayáis cantado* *hayan cantado*
Pretérito imperfecto	**Pretérito pluscuamperfecto**	**Pretérito imperfecto**	**Pretérito pluscuamperfecto**
cantaba *cantabas* *cantaba* *cantábamos* *cantabais* *cantaban*	*había cantado* *habías cantado* *había cantado* *habíamos cantado* *habíais cantado* *habían cantado*	*cantara, -ase* *cantaras, -ases* *cantara, -ase* *cantáramos, -ásemos* *cantarais, -aseis* *cantaran, -asen*	*hubiera, -ese cantado* *hubieras, -eses cantado* *hubiera, -ese cantado* *hubiéramos, -ésemos cantado* *hubierais, -eseis cantado* *hubieran, -esen cantado*
Pretérito perfecto simple	**Pretérito anterior**	**Futuro**	**Futuro perfecto**
canté *cantaste* *cantó* *cantamos* *cantasteis* *cantaron*	*hube cantado* *hubiste cantado* *hubo cantado* *hubimos cantado* *hubisteis cantado* *hubieron cantado*	*cantare* *cantares* *cantare* *cantáremos* *cantareis* *cantaren*	*hubiere cantado* *hubieres cantado* *hubiere cantado* *hubiéremos cantado* *hubiereis cantado* *hubieren cantado*
Futuro	**Futuro perfecto**	MODO IMPERATIVO	
cantaré *cantarás* *cantará* *cantaremos* *cantaréis* *cantarán*	*habré cantado* *habrás cantado* *habrá cantado* *habremos cantado* *habréis cantado* *habrán cantado*	*canta, cantad* FORMAS NO PERSONALES **Infinitivo**	
Condicional	**Condicional perfecto**	*cantar*	*haber cantado*
cantaría *cantarías* *cantaría* *cantaríamos* *cantaríais* *cantarían*	*habría cantado* *habrías cantado* *habría cantado* *habríamos cantado* *habríais cantado* *habrían cantado*	**Gerundio** *cantando* **Participio** *cantado*	 *habiendo cantado*

CONJUGACIÓN DE LOS VERBOS REGULARES

SEGUNDA CONJUGACIÓN: *TEMER*

MODO INDICATIVO		MODO SUBJUNTIVO	
TIEMPOS SIMPLES	TIEMPOS COMPUESTOS	TIEMPOS SIMPLES	TIEMPOS COMPUESTOS
Presente	**Pretérito perfecto compuesto**	**Presente**	**Pretérito perfecto**
temo	*he temido*	*tema*	*haya temido*
temes	*has temido*	*temas*	*hayas temido*
teme	*ha temido*	*tema*	*haya temido*
tememos	*hemos temido*	*temamos*	*hayamos temido*
teméis	*habéis temido*	*temáis*	*hayáis temido*
temen	*han temido*	*teman*	*hayan temido*
Pretérito imperfecto	**Pretérito pluscuamperfecto**	**Pretérito imperfecto**	**Pretérito pluscuamperfecto**
temía	*había temido*	*temiera, -ese*	*hubiera, -ese temido*
temías	*habías temido*	*temieras, -eses*	*hubieras, -eses temido*
temía	*había temido*	*temiera, -ese*	*hubiera, -ese temido*
temíamos	*habíamos temido*	*temiéramos, -ésemos*	*hubiéramos, -ésemos temido*
temíais	*habíais temido*	*temierais, -eseis*	*hubierais, -eseis temido*
temían	*habían temido*	*temieran, -esen*	*hubieran, -esen temido*
Pretérito perfecto simple	**Pretérito anterior**	**Futuro**	**Futuro perfecto**
temí	*hube temido*	*temiere*	*hubiere temido*
temiste	*hubiste temido*	*temieres*	*hubieres temido*
temió	*hubo temido*	*temiere*	*hubiere temido*
temimos	*hubimos temido*	*temiéremos*	*hubiéremos temido*
temisteis	*hubisteis temido*	*temiereis*	*hubiereis temido*
temieron	*hubieron temido*	*temieren*	*hubieren temido*
Futuro	**Futuro perfecto**	**MODO IMPERATIVO**	
temeré	*habré temido*	*teme, temed*	
temerás	*habrás temido*	**FORMAS NO PERSONALES**	
temerá	*habrá temido*	**Infinitivo**	
temeremos	*habremos temido*	*temer*	*haber temido*
temeréis	*habréis temido*	**Gerundio**	
temerán	*habrán temido*	*temiendo*	*habiendo temido*
Condicional	**Condicional perfecto**	**Participio**	
temería	*habría temido*	*temido*	
temerías	*habrías temido*		
temería	*habría temido*		
temeríamos	*habríamos temido*		
temeríais	*habríais temido*		
temerían	*habrían temido*		

CONJUGACIÓN DE LOS VERBOS REGULARES

TERCERA CONJUGACIÓN: *PARTIR*

MODO INDICATIVO		MODO SUBJUNTIVO	
TIEMPOS SIMPLES	TIEMPOS COMPUESTOS	TIEMPOS SIMPLES	TIEMPOS COMPUESTOS
Presente	**Pretérito perfecto compuesto**	**Presente**	**Pretérito perfecto**
parto *partes* *parte* *partimos* *partís* *parten*	*he partido* *has partido* *ha partido* *hemos partido* *habéis partido* *han partido*	*parta* *partas* *parta* *partamos* *partáis* *partan*	*haya partido* *hayas partido* *haya partido* *hayamos partido* *hayáis partido* *hayan partido*
Pretérito imperfecto	**Pretérito pluscuamperfecto**	**Pretérito imperfecto**	**Pretérito pluscuamperfecto**
partía *partías* *partía* *partíamos* *partíais* *partían*	*había partido* *habías partido* *había partido* *habíamos partido* *habíais partido* *habían partido*	*partiera, -ese* *partieras, -eses* *partiera, -ese* *partiéramos, -ésemos* *partierais, -eseis* *partieran, -esen*	*hubiera, -ese partido* *hubieras, -eses partido* *hubiera, -ese partido* *hubiéramos, -ésemos partido* *hubierais, -eseis partido* *hubieran, -esen partido*
Pretérito perfecto simple	**Pretérito anterior**	**Futuro**	**Futuro perfecto**
partí *partiste* *partió* *partimos* *partisteis* *partieron*	*hube partido* *hubiste partido* *hubo partido* *hubimos partido* *hubisteis partido* *hubieron partido*	*partiere* *partieres* *partiere* *partiéremos* *partiereis* *partieren*	*hubiere partido* *hubieres partido* *hubiere partido* *hubiéremos partido* *hubiereis partido* *hubieren partido*
Futuro	**Futuro perfecto**	**MODO IMPERATIVO**	
partiré *partirás* *partirá* *partiremos* *partiréis* *partirán*	*habré partido* *habrás partido* *habrá partido* *habremos partido* *habréis partido* *habrán partido*	*parte, partid*	
		FORMAS NO PERSONALES	
		Infinitivo	
Condicional	**Condicional perfecto**	*partir*	*haber partido*
partiría *partirías* *partiría* *partiríamos* *partiríais* *partirían*	*habría partido* *habrías partido* *habría partido* *habríamos partido* *habríais partido* *habrían partido*	**Gerundio**	
		partiendo	*habiendo partido*
		Participio	
		partido	

conjunto, ta (del lat. *coniunctus*) *adj.* **1.** Se aplica a las cosas que se dan al mismo tiempo, están unidas o tienden al mismo fin: *esfuerzos conjuntos.* || *s. m.* **2.** Reunión de personas, animales o cosas; particularmente, en mat., grupo de elementos que cumplen una determinada condición: *el conjunto de los números naturales.* **3.** Juego de vestir compuesto de dos o más prendas combinadas: *conjunto de blusa y falda.* **4.** Grupo reducido de músicos o cantantes, o de ambas cosas: *un conjunto de rock.* **5.** Equipo deportivo: *El conjunto visitante se adelantó en el marcador.* || LOC. **en conjunto** *adv.* En su totalidad, sin entrar en detalles: *La película, en conjunto, me gustó.* SIN. **1.** Común, coordinado, combinado, simultáneo. **2.** Suma, agrupación, todo, total, totalidad. ANT. **1.** Individual, separado, divergente. FAM. Conjuntamente. / Subconjunto. CONJUNTAR.

conjura o **conjuración** *s. f.* Acuerdo entre varias personas para actuar contra alguien, particularmente contra quien gobierna o manda. SIN. Conspiración, confabulación, maquinación, complot, intriga.

conjurar (del lat. *coniurare*) *v. intr.* **1.** Unirse con otros, mediante compromiso, para algún fin, especialmente para actuar contra una persona, la autoridad, etc. Se usa sobre todo como *v. prnl.*: *Se conjuraron para derrocar al rey.* || *v. tr.* **2.** Exorcizar a los demonios. **3.** Alejar daños, peligros, temores, etc.: *conjurar la desgracia.* SIN. **1.** Conspirar, maquinar, tramar; juramentarse. **3.** Eludir, evitar, sortear, rechazar. ANT. **3.** Atraer, provocar. FAM. Conjura, conjuración, conjuro. JURAR.

conjuro *s. m.* **1.** Palabra o fórmula de hechicería o de exorcismo. **2.** Acción o dicho de gran poder: *Al conjuro de su nombre todos callaron.* SIN. **1.** Sortilegio, hechizo.

conllevar *v. tr.* **1.** Implicar, suponer: *El triunfo conlleva esfuerzos.* **2.** Soportar con paciencia: *conllevar una enfermedad.* SIN. **1.** Comportar, significar. **2.** Sobrellevar, sufrir, aguantar. ANT. **1.** Excluir. **2.** Rebelarse.

conmemoración (del lat. *commemoratio, -onis*, de *commemorare*, conmemorar) *s. f.* Recuerdo de una persona o acontecimiento y ceremonia o celebración con que se recuerda: *la conmemoración del descubrimiento de América.* SIN. Rememoración, aniversario. FAM. Conmemorar, conmemorativo. MEMORAR.

conmemorar (del lat. *commemorare*) *v. tr.* **1.** Servir para recordar un acontecimiento: *La placa conmemora el 2 de mayo de 1808 en Madrid.* **2.** Organizar un acto para festejar un hecho ocurrido en la misma fecha: *En 1998 conmemoramos el centenario del nacimiento de Lorca.* SIN. **1.** Recordar, rememorar. **2.** Celebrar.

conmensurable (del lat. *commensurabilis*) *adj.* **1.** Que se puede medir. **2.** En mat., se aplica a la magnitud cuyo valor puede expresarse mediante un número racional. SIN. **1.** Medible, mesurable. ANT. **1.** y **2.** Inconmensurable.

conmensurar (del lat. *commensurare*) *v. tr.* Medir proporcionalmente. FAM. Conmensurable. / Inconmensurable. MENSURAR.

conmigo (del lat. *cum*, con, y *mecum*, conmigo) *pron. pers. m.* y *f.* Forma de primera persona singular que expresa compañía con la persona representada por *yo*: *Si quieres, ven conmigo.*

conminación (del lat. *comminatio, -onis*) *s. f.* **1.** Acción de conminar. **2.** Figura retórica que consiste en amenazar con grandes males. SIN. **1.** Intimidación, requerimiento, apremio.

conminar (del lat. *comminari*, de *cum*, con, y *minari*, amenazar) *v. tr.* **1.** Requerir bajo amenaza: *La policía conminó al atracador a entregarse.* **2.** Amenazar a alguien con un castigo, especialmente quien tiene autoridad para ello: *Conminaron con una multa a los que no se presentasen.* SIN. **1.** Intimar, compeler. **2.** Apercibir. FAM. Conminación, conminatorio.

conmiseración (del lat. *commiseratio, -onis*) *s. f.* Compasión por la desgracia o mal de otra persona. SIN. Condolencia, lástima, piedad. ANT. Indiferencia.

conmoción (del lat. *commotio, -onis*) *s. f.* **1.** Perturbación o agitación violentas: *La noticia causó una gran conmoción.* || **2. conmoción cerebral** Aturdimiento o pérdida del conocimiento producidos por un fuerte golpe en la cabeza. SIN. **1.** Emoción, turbación, trastorno, alteración, sacudida. ANT. **1.** Serenidad, tranquilidad. FAM. Conmocionar. CONMOVER.

conmocionar *v. tr.* **1.** Producir algo inesperado una profunda impresión: *El triste suceso conmocionó a toda la población.* También *v. prnl.* **2.** Perder el conocimiento por un golpe en la cabeza. También *v. prnl.*: *Se conmocionó al caerse del árbol.* SIN. **1.** Impresionar, perturbar, alterar.

conmover (del lat. *commovere*) *v. tr.* **1.** Causar emoción o compasión, enternecer: *Le conmueve el llanto de un niño.* También *v. prnl.*: *Se conmueve ante la miseria.* **2.** Estremecer, sacudir, perturbar: *El terremoto conmovió los cimientos.* También *v. prnl.* ■ Es v. irreg. Se conjuga como *mover.* SIN. **1.** Emocionar(se), impresionar(se), apenar(se), entristecer(se). **2.** Trastornar(se), alterar(se), inquietar(se). ANT. **2.** Serenar(se), apaciguar(se). FAM. Conmoción, conmovedor. / Inconmovible. MOVER.

conmutador, ra *adj.* **1.** Que conmuta. || *s. m.* **2.** Aparato que sirve para cambiar la dirección de una corriente eléctrica o para interrumpirla: *el conmutador de la luz.*

conmutar (del lat. *commutare*) *v. tr.* Cambiar una cosa por otra: *Le conmutaron la pena por otra más leve.* SIN. Permutar, sustituir, trocar. FAM. Conmutable, conmutación, conmutador, conmutativo. / Inconmutabilidad, inconmutable. MUTAR.

conmutativo, va *adj.* **1.** Que conmuta o que tiene la virtud de conmutar. **2.** En mat., se dice de la propiedad de las operaciones en las que el orden de sus elementos no altera el resultado, como la suma y la multiplicación.

connatural (del lat. *connaturalis*) *adj.* Propio de la naturaleza de cada ser: *La razón es connatural al hombre.* SIN. Innato, congénito, natural. ANT. Adquirido.

connivencia (del lat. *conniventia*) *s. f.* **1.** Acuerdo entre dos o más personas para llevar a cabo un engaño o un delito: *El ladrón actuó en connivencia con alguien de la casa.* **2.** Tolerancia de un superior con las faltas de sus subordinados. SIN. **1.** Confabulación. **1.** y **2.** Complicidad. **2.** Indulgencia, condescendencia. FAM. Connivente.

connivente (del lat. *connivens, -entis*, que cierra los ojos) *adj.* **1.** Que tolera una acción condenable. **2.** Que tienden a aproximarse las hojas u otras partes de la planta. SIN. **1.** Cómplice; condescendiente, indulgente.

connotación (de *con-* y *notar*) *s. f.* Sentido que una palabra, frase, idea, etc. sugiere además de su significado estricto: *Su advertencia tenía una connotación de amenaza.* SIN. Implicación, matiz. FAM. Connotar, connotativo. NOTAR.

connotar (de *con-* y *notar*) *v. tr.* **1.** Hacer relación, implicar, comportar: *Su aprobado connota un gran esfuerzo.* **2.** Conllevar la palabra, además de su significado propio o específico, otro por asociación: *La palabra «fiesta» connota alegría.*

connubio (del lat. *connubium*) *s. m.* Matrimonio, boda. ■ Es de uso culto o poético.

cono (del lat. *conus*, y éste del gr. *konos*, piña) *s. m.* Cuerpo geométrico limitado por una base circular y la superficie generada por rectas que parten de esa circunferencia y convergen en un mismo punto o vértice; p. ext., cualquier cosa con esta forma: *cono volcánico.* **FAM.** Cónico, conífero, coniforme, conoide. / Troncocónico.

conocedor, ra *adj.* Que conoce o está enterado de algo. También *s. m.* y *f.*: *un conocedor de piedras preciosas.* **SIN.** Entendido, especialista; sabedor, informado. **ANT.** Desconocedor; desinformado.

conocer (del lat. *cognoscere*) *v. tr.* **1.** Tener idea o noción de una persona o cosa, saber qué es o cómo es alguien o algo por haberlo visto, haber oído hablar de ello, haberlo estudiado, etc.: *Ayer conocimos al nuevo profesor. Conoce las técnicas más modernas.* **2.** Juzgar justamente a una persona, tener idea de su modo de ser. También *v. prnl.* con valor reflexivo y recíproco: *Él se conoce mejor que nadie.* **3.** Tener trato y comunicación con una persona. También *v. prnl.* con valor recíproco: *Se conocen desde hace mucho.* **4.** Estar enterado de cierta noticia o suceso: *Conozco lo que te ha ocurrido.* **5.** Distinguir unas cosas de otras, reconocerlas: *Conoce las plantas medicinales. Conoció en seguida su vieja casa.* **6.** Estar advertido o preparado para algo: *Conoce lo que le espera.* **7.** En construcción impersonal y seguido de *que*, parecer o suponer lo que se expresa: *Tenía mala cara, se conoce que estaba enfermo.* **8.** Notar, percibir, darse cuenta: *Conoció el peligro en la mirada asustada de los niños.* **9.** Entender en un asunto con facultad legítima para ello: *El juez que conoce (en) la causa.* **10.** Tener relaciones sexuales. También *v. prnl.* ■ Es v. irreg. Se conjuga como *agradecer.* **SIN.** **1.** Comprender, dominar. **1.**, **4.** y **6.** Saber. **2.** Entender(se). **3.** Tratar, frecuentar. **4.** Enterarse, informarse. **5.** Identificar. **8.** Percatarse. **ANT.** **1.** Desconocer, ignorar. **FAM.** Cognición, conocedor, conocido, conocimiento. / Desconocer, reconocer.

conocido, da **1.** *p.* de **conocer**. También *adj.* || *adj.* **2.** Que lo conocen muchos: *un remedio conocido.* **3.** Se dice de quien es ilustre y famoso: *un conocido abogado.* || *s. m.* y *f.* **4.** Persona a la que se conoce o con la que se tiene algún trato, pero no amistad: *Invitó a sus conocidos.* **SIN.** **2.** Difundido, extendido. **3.** Distinguido, acreditado, popular, afamado. **ANT.** **2.** y **3.** Desconocido, ignorado.

conocimiento *s. m.* **1.** Acción de conocer. **2.** Entendimiento, capacidad de conocer, entender, juzgar las cosas. **3.** Conciencia o percepción del mundo exterior: *El golpe le hizo perder el conocimiento.* || *s. m. pl.* **4.** Conjunto de nociones e ideas de una ciencia, materia, etc.: *Tiene conocimientos de inglés.* **5.** Personas con las que se tiene trato: *Vendió papeletas entre sus conocimientos.* || **LOC.** **con conocimiento de causa** *adv.* Conociendo a fondo los motivos o antecedentes que justifican una acción. **venir en conocimiento de** Llegar a enterarse de algo. **SIN.** **1.** Cognición, concepto. **2.** Inteligencia, razón, juicio. **3.** Sentido. **4.** Cultura. **5.** Relaciones, conocidos. **ANT.** **1.** Desconocimiento, ignorancia. **3.** Inconsciencia.

conoide (del gr. *konoeides*, de *konos*, cono, y *eidos*, forma) *s. m.* Figura semejante a un cono.

conopial (del lat. *conopeum*, y éste del gr. *konopeion*, mosquitero, colgadura de cama) *adj.* Se dice del arco apuntado y muy rebajado en el que la punta está formada por dos curvas inversas a las que forman el resto.

conque *conj. consec.* **1.** Expresa una consecuencia de lo que acaba de decirse y equivale a *así que, de modo que, en consecuencia, por consiguiente, por tanto*: *No quiero ver a nadie, conque vete.* **2.** *fam.* Se utiliza para referirse a algo sabido, para confirmar algo o para apoyar una frase: *¡Conque tienes coche nuevo! Conque ¿vienes o te quedas?*

conquense *adj.* De Cuenca. También *s. m.* y *f.*

conquista *s. f.* **1.** Acción de conquistar. **2.** Cosa o persona conquistada: *María presume de sus conquistas.* **SIN.** **1.** Toma, ocupación. **2.** Presa, botín.

conquistador, ra *adj.* **1.** Que conquista. También *s. m.* y *f.* **2.** Que enamora. También *s. m.* y *f.* **SIN.** **1.** Invasor. **2.** Tenorio, donjuán, seductor.

conquistar (del lat. *conquirere*) *v. tr.* **1.** Tomar por las armas algún territorio. **2.** Conseguir algo con esfuerzo o habilidad: *Conquistó una buena posición social.* **3.** Enamorar a alguien. **4.** Atraer, ganar la simpatía, el afecto, la voluntad, etc., de alguien: *La actriz conquistó al público.* **SIN.** **1.** Apoderarse, adueñarse, dominar, ocupar, someter, invadir. **2.** Lograr, alcanzar, obtener. **3.** Engatusar, seducir. **4.** Captar, camelar. **ANT.** **1.** y **2.** Perder. **FAM.** Conquista, conquistable, conquistador. / Inconquistable, reconquistar.

consabido, da *adj.* **1.** Que es sabido por cuantos están presentes o se comunican. **2.** Conocido o habitual a fuerza de ser repetido: *Se celebró el consabido cóctel.* **3.** Mencionado o nombrado con anterioridad. **SIN.** **1.** Conocido. **2.** Acostumbrado. **3.** Citado, aludido, susodicho. **ANT.** **1.** Desconocido, ignorado.

consagración *s. f.* **1.** Acción de consagrar o consagrarse: *una ceremonia de consagración de obispos; su consagración a la causa de los pobres.* **2.** Momento de la misa en que el sacerdote consagra el pan y el vino. **SIN.** **1.** Dedicación, ofrecimiento, entrega, bendición.

consagrar (del lat. *consecrare*, de *cum*, con, y *sacrare*, hacer sagrado) *v. tr.* **1.** Hacer o declarar sagrada a una persona o cosa: *El obispo consagró la nueva iglesia.* **2.** En la misa, pronunciar el sacerdote las palabras rituales para que el pan y el vino se transformen en el cuerpo y sangre de Cristo. **3.** Ofrecer a Dios un sacrificio, una persona, etc. También *v. prnl.* **4.** Dedicar a alguien o algo a un tema, actividad o fin determinado: *Consagró su vida al estudio. Consagra un capítulo del libro a la novela moderna.* También *v. prnl.* **5.** Levantar o destinar un monumento, un edificio, una estatua, etc., para perpetuar la memoria de una persona o suceso. **6.** Dar fama y prestigio: *Su última novela le consagró como escritor.* También *v. prnl.* **SIN.** **1.** Bendecir, santificar. **3.** Sacrificar(se), ofrendar(se). **4.** Entregar(se). **6.** Acreditar(se), confirmar(se). **FAM.** Consagración, consagrante. SAGRADO.

consanguíneo, a (del lat. *consanguineus*) *adj.* **1.** Que tiene relación de consanguinidad con otra persona. También *s. m.* y *f.* **2.** Se aplica a hermanos que lo son sólo por parte del padre. También *s. m.* y *f.* **SIN.** **1.** Pariente, familiar.

consanguinidad (del lat. *consanguinitas, -atis*) *s. f.* Unión por parentesco natural de varias personas que descienden de unos mismos antepasados. **FAM.** Consanguíneo. SANGRE.

consciencia (del lat. *conscientia*) *s. f.* Conciencia*. FAM. Consciente, conscientemente. / Subconsciencia. CONCIENCIA.

consciente (del lat. *consciens, -entis*, de *conscire*, saber perfectamente) *adj.* **1.** Que tiene conocimiento de sus actos y de las consecuencias de los mismos: *Era consciente de lo que hacía.* **2.** Que no ha perdido el conocimiento y está en pleno uso de sus facultades y sentidos: *El enfermo estaba consciente.* **3.** Sensato, responsable: *Es un niño muy consciente para su edad.* SIN. **1.** Conocedor, sabedor. **2.** Lúcido, despierto. **3.** Cuidadoso, serio. ANT. **1.** a **3.** Inconsciente. **3.** Descuidado, irresponsable. FAM. Inconsciente. CONSCIENCIA.

conscripción *s. f. Amér.* Servicio militar obligatorio, reclutamiento. FAM. Conscripto. ESCRIBIR.

conscripto (del lat. *conscriptus*) *s. m. Amér.* Recluta.

consecución (del lat. *consecutio, -onis*) *s. f.* Acción de conseguir o lograr algo. SIN. Obtención, logro, adquisición. ANT. Pérdida.

consecuencia (del lat. *consequentia*) *s. f.* **1.** Hecho que resulta o se sigue de otro. **2.** Idea o proposición que se deriva o se deduce de otra. **3.** Cualidad de lo que es coherente, está de acuerdo o se sigue de algo. || LOC. **a consecuencia de, en consecuencia** o **por consecuencia** *conj.* Como resultado de algo. SIN. **1.** Efecto, resultado, secuela, derivación, fruto. **2.** Conclusión, deducción. **3.** Correspondencia, coherencia, conexión, congruencia. ANT. **1.** Causa. **2.** Antecedente. **3.** Inconsecuencia, incoherencia, incongruencia, desconexión. FAM. Consecuente, consecuentemente, consecutivo. CONSEGUIR.

consecuente (del lat. *consequens, -entis*, de *consequi*, seguir) *adj.* **1.** Que guarda acuerdo con algo o se sigue de ello: *una persona consecuente con su manera de pensar.* **2.** Que sigue en orden a una cosa, que está a continuación de ella. || *s. m.* **3.** En ling., segundo de los términos de una relación gramatical. SIN. **1.** Coherente, congruente, fiel. **2.** Siguiente, subsiguiente, subsecuente. ANT. **1.** Incoherente, incongruente, inconsecuente. **2.** Anterior. FAM. Inconsecuente. CONSECUENCIA.

consecutivamente *adv. m.* **1.** Inmediatamente después, luego. **2.** Uno después de otro: *Pasaron consecutivamente delante de la bandera.*

consecutivo, va (del lat. *consecutus*, de *consequi*, ir detrás de uno) *adj.* **1.** Que sigue inmediatamente o sin interrupción a otra cosa: *Ha ganado tres partidos consecutivos.* **2.** Se dice de la oración o proposición gramatical que expresa consecuencia de lo indicado en otra o en otras; p. ej. en *Hace tanto calor que no se puede dormir bien*, la proposición consecutiva es *que no se puede dormir bien*. También *s. f.* **3.** Se dice de la conjunción que sirve para unir la proposición consecutiva con la principal, como *conque, luego, pues, por tanto, de modo que*, etc. SIN. **1.** Seguido, sucesivo. **2.** Ilativa. FAM. Consecutivamente. CONSECUENCIA.

conseguido, da 1. *p.* de **conseguir**. También *adj.* || *adj.* **2.** Bien hecho, que hace buen efecto: *El retrato está muy conseguido.* SIN. **1.** y **2.** Logrado. **2.** Acabado. ANT. **2.** Descuidado.

conseguir (del lat. *consequi*) *v. tr.* Llegar a tener o lograr lo que se pretende: *He conseguido aprender inglés.* ■ Delante de *a* y *o* se escribe *g* en vez de *gu*. Es v. irreg. Se conjuga como *pedir.* SIN. Alcanzar, obtener, adquirir. ANT. Fracasar, perder. FAM. Conseguido. / Consecución, consecuencia. SEGUIR.

conseja (del lat. *consilia*, consejos) *s. f.* Narración de carácter fantástico y antiguo. SIN. Cuento, fábula, leyenda.

consejería *s. f.* **1.** Organismo de consulta, administrativo o de gobierno. **2.** Lugar u oficina donde funciona este organismo: *La Consejería de Turismo está en la Plaza Mayor.* **3.** Cargo de consejero: *Ocupa ahora la Consejería de Urbanismo.*

consejero, ra (del lat. *consiliarius*) *s. m.* y *f.* **1.** Persona que aconseja o que sirve para aconsejar. **2.** Persona que es miembro de un consejo. **3.** Miembro de algunos organismos consultivos, administrativos o de gobierno: *consejero de cultura de una comunidad autónoma.* SIN. **1.** Asesor, guía, monitor. **2.** Consiliario.

consejo (del lat. *consilium*) *s. m.* **1.** Opinión o juicio que se da sobre lo que se debe hacer o no hacer. **2.** Organismo de consulta, administración o gobierno, formado por varias personas que actúan y toman decisiones juntas: *El consejo del banco se reúne esta tarde.* **3.** Cada reunión de este organismo: *celebrar un consejo.* **4.** Sitio en que se reúne o tiene su sede ese organismo. || **5. consejo de guerra** Tribunal formado por jefes u oficiales del ejército que, con asistencia de un asesor jurídico, entiende en las causas de la jurisdicción militar. También, causa que se le sigue a una persona ante ese tribunal: *Le formaron consejo de guerra.* **6. consejo de ministros** Reunión de los ministros, presidida por el presidente del Gobierno o por el jefe del Estado, para tratar asuntos de Estado. SIN. **1.** Recomendación, asesoramiento, sugerencia, advertencia, aviso. **2.** Asamblea, junta. **3.** Sesión. FAM. Conseja, consejería, consejero. / Aconsejar, consiliario.

conselleiro (gall.) *s. m.* Miembro del gobierno autónomo de Galicia.

conseller (cat.) *s. m.* Miembro del gobierno autónomo catalán, valenciano o balear.

consenso (del lat. *consensus*) *s. m.* **1.** Consentimiento. **2.** Conformidad, acuerdo de todas las personas que componen un grupo social, una corporación, o de varios partidos políticos, etc.: *El gobierno busca el consenso para su política exterior.* SIN. **1.** Asentimiento, beneplácito, autorización. **2.** Unanimidad. ANT. **1.** Prohibición, negativa. **2.** Disconformidad, discrepancia. FAM. Consensual, consensuar. CONSENTIR.

consensual (del lat. *consensus*) *adj.* Se dice del contrato que se ha realizado con el consentimiento de las partes interesadas.

consensuar *v. tr.* Adoptar una decisión de común acuerdo entre dos o más grupos o partes: *Los miembros de la cámara han consensudo el nuevo reglamento.* ■ En cuanto al acento, se conjuga como *actuar.*

consentido, da 1. *p.* de **consentir**. También *adj.* || *adj.* **2.** Se dice de la persona mimada con exceso: *Tienes a tu hijo muy consentido.* También *s. m.* y *f.* **3.** Se aplica al marido que consiente la infidelidad de su mujer. También *s. m.* SIN. **2.** Caprichoso, malcriado. **3.** Cornudo, cabrón.

consentir (del lat. *consentire*, de *cum*, con, y *sentire*, sentir) *v. tr.* **1.** Permitir una cosa, dejar que se haga: *Mis padres consienten que vaya de excursión.* También *v. intr.* **2.** Ser excesivamente tolerante con alguien: *En su casa le consienten todo.* **3.** Resistir, aguantar una cosa cierto trabajo o servicio. ■ Es v. irreg. Se conjuga como *sentir.* SIN. **1.** Autorizar, acceder. **2.** Tolerar, malcriar. **3.** Soportar. ANT. **1.** Impedir, prohibir, oponerse. FAM. Consenso, consentido, consentidor, consentimiento. SENTIR[1].

conserje (del fr. *concierge*) *s. m.* Persona que tiene a su cargo la vigilancia y cuidado de un edificio o establecimiento público. SIN. Portero, ordenanza, ujier, bedel. FAM. Conserjería.

conserjería *s. f.* **1.** Espacio de un edificio destinado al conserje. **2.** Oficio de conserje. SIN. **1.** y **2.** Portería.

conserva *s. f.* **1.** Acción de conservar. **2.** Cualquier alimento preparado y envasado convenientemente para que dure mucho tiempo: *conserva de atún.* SIN. **1.** Conservación. FAM. Semiconserva. CONSERVAR.

conservación *s. f.* Acción de conservar o de conservarse: *la conservación de los alimentos, la conservación del medio ambiente. Están haciendo una campaña para la conservación de ese edificio.* SIN. Protección, mantenimiento; conserva.

conservacionista *adj.* Que tiende a la conservación de una cosa o situación y muy especialmente, a la conservación del medio ambiente. También *s. m.* y *f.*

conservador, ra (del lat. *conservator, -oris*) *adj.* **1.** Que conserva, guarda o hace durar lo que tiene. También *s. m.* y *f.* **2.** Se dice de la persona, partido político, idea u opinión que, aceptando un cierto grado en la evolución de las sociedades, defiende moderación en las reformas que se deben llevar a cabo, procurando evitar las rupturas con la situación anterior y los valores de tradición. También *s. m.* y *f.* || *s. m.* y *f.* **3.** Persona encargada de conservar un museo o cosa semejante. SIN. **1.** Cuidadoso. **2.** Moderado, tradicionalista, carca. ANT. **1.** Descuidado. **2.** Renovador, liberal, reformista, progresista.

conservadurismo *s. m.* Ideología y comportamiento de las personas y los partidos conservadores. SIN. Tradicionalismo, derechismo. ANT. Reformismo, progresismo.

conservante *adj.* **1.** Que conserva. || *s. m.* **2.** Sustancia química que se añade a un alimento para evitar su alteración y alargar así su duración. SIN. **2.** Aditivo.

conservar (del lat. *conservare*, de *cum*, con, y *servare*, guardar) *v. tr.* **1.** Mantener una persona o cosa sus características a lo largo del tiempo: *El frío conserva los alimentos.* También *v. prnl.*: *Se conserva bien para su edad.* **2.** Guardar, contener: *El museo conserva obras maestras.* **3.** Retener, seguir teniendo: *Conservo tus cartas.* **4.** Continuar practicando una costumbre, una virtud, etc.: *Conserva el hábito de hacer ejercicio.* **5.** Hacer conservas. SIN. **1.** Preservar(se), proteger(se), asegurar(se). **2.** Custodiar, encerrar, incluir, atesorar. ANT. **1.** Deteriorar(se), estropear(se). **2.** Perder. FAM. Conserva, conservación, conservacionismo, conservacionista, conservado, conservador, conservadurismo, conservante, conservatorio, conservería, conservero.

conservatorio, ria (del lat. *conservatorius*) *adj.* **1.** Que contiene y conserva alguna o algunas cosas. || *s. m.* **2.** Establecimiento público que tiene como misión la enseñanza de los distintos estudios musicales.

considerable *adj.* **1.** Que es digno de consideración: *una oferta considerable.* **2.** Que es grande o cuantioso: *un premio considerable.* SIN. **1.** Importante, notable. **2.** Enorme, abundante. ANT. **1.** y **2.** Insignificante, desdeñable. FAM. Considerablemente. CONSIDERAR.

consideración (del lat. *consideratio, -onis*) *s. f.* **1.** Acción de considerar: *Hizo una consideración muy oportuna.* **2.** Respeto hacia los demás: *Tiene consideración con todos.* **3.** Cuidado con las cosas: *Trata los libros con consideración.* **4.** Estimación por una persona: *Le tengo en gran consideración.* **5.** Trato de excepción. Se usa mucho en plural y en frases negativas: *Le hacían trabajar sin consideraciones.* || LOC. **de consideración** *adj.* Importante. **en consideración a** *adv.* En atención a. **tener** (o **tomar**) **en consideración** Considerar digno de atención; también, declarar una asamblea que una sugerencia, proposición, etc. merece ser discutida. SIN. **1.** Reflexión, observación. **2.** Atención, cortesía, deferencia. **3.** Esmero, miramiento. **4.** Aprecio. **5.** Contemplaciones. ANT. **2.** Desconsideración. **3.** Descuido. **4.** Desprecio. FAM. Desconsideración, inconsideración. CONSIDERAR.

considerado, da **1.** *p.* de **considerar**. || *adj.* **2.** Relacionado con el tema que se ha tratado: *los capítulos considerados.* **3.** Que respeta los derechos o los deseos de los demás: *Es muy considerado con sus compañeros.* **4.** Que es respetado y estimado por los demás: *Está muy bien considerado entre sus colegas.* || LOC. **bien considerado** *adv.* Introduce una idea que contradice otra anterior: *Bien considerado, no le falta razón.* SIN. **2.** Examinado, expuesto, visto. **3.** Atento, respetuoso. **4.** Respetado, estimado, valorado, apreciado. ANT. **3.** Desconsiderado, irrespetuoso. **4.** Despreciado, menospreciado.

considerando (de *considerar*) *s. m.* Motivo que precede o sirve de fundamento a una resolución, al fallo de un certamen, al texto de una ley, etc.

considerar (del lat. *considerare*) *v. tr.* **1.** Pensar una cosa con atención: *Consideró las ventajas y los inconvenientes de su decisión.* **2.** Tener en cuenta: *Considera que te examinas mañana.* **3.** Hacer o tener un juicio sobre alguien o algo: *Considero fiable la noticia.* También *v. prnl.* **4.** Tener aprecio o estima a alguien: *Se le considera bien en el colegio.* **5.** Tratar con educación y respeto. SIN. **1.** Examinar, meditar, reflexionar. **2.** Reparar, atender. **3.** Juzgar(se), estimar(se). **4.** Valorar. **5.** Respetar. ANT. **1.** Desatender. **2.** Ignorar, prescindir. **4.** Despreciar. FAM. Considerable, consideración, consideradamente, considerado, considerando. / Reconsiderar.

consigna (de *consignar*) *s. f.* **1.** En la milicia, orden que se da al jefe de un puesto o a un centinela: *Tenía la consigna de dar el alto.* **2.** P. ext., instrucción que un dirigente u organismo da a sus subordinados o afiliados, o que se transmiten unas personas a otras en determinadas situaciones: *Se dio la consigna de ir a la huelga.* **3.** En las estaciones de ferrocarriles, de autobuses, etc., lugar en el que se pueden dejar depositados los equipajes: *Dejamos las maletas en consigna.*

consignador, ra *adj.* Se aplica a la persona que consigna o envía mercancías o naves a un corresponsal suyo. También *s. m.* y *f.*

consignar (del lat. *consignare*) *v. tr.* **1.** Señalar en un presupuesto una cantidad para un fin determinado. **2.** Hacer constar por escrito una opinión, un dato, un voto, etc. **3.** Entregar, poner una cosa en depósito: *consignar el equipaje.* **4.** Indicar el lugar donde se ha de enviar una cosa. **5.** Enviar una mercancía a cierto destinatario: *El vagón está consignado a mi nombre.* SIN. **1.** Establecer. **2.** Anotar. **3.** Depositar. **4.** Designar. **5.** Expedir, remitir. FAM. Consigna, consignación, consignador, consignatario. SIGNAR.

consignatario, ria *s. m.* y *f.* **1.** Empresa o persona a quien va destinada una mercancía o recibe algo en depósito. **2.** Persona que en los puertos de mar representa al armador de un buque para lo relacionado con la carga y pasaje. **SIN. 1.** Destinatario, depositario.

consigo (del lat. *cum*, con, y *secum*, consigo) *pron. pers., m.* y *f.* Forma de tercera persona singular que equivale a *con él mismo*: *Trajo consigo los papeles.*

consiguiente (del lat. *consequens, -entis*, de *consequi*, seguir) *adj.* Que depende o se deduce de otra cosa: *Recibí la noticia con la consiguiente alegría.* || LOC. **por consiguiente** *conj.* Por o como consecuencia: *Han trabajado duro, por consiguiente tendrán un premio.* **SIN.** Correspondiente, consecuente. **ANT.** Antecedente. **FAM.** Consiguientemente. SEGUIR.

consiliario, ria (del lat. *consiliarius*) *s. m.* y *f.* Consejero*.

consistencia *s. f.* **1.** Propiedad que tienen algunas cosas de no ceder ni romperse: *la consistencia del acero.* **2.** Fundamento, estabilidad, solidez: *un plan de estudios con consistencia.* **3.** Adhesión de las partículas de un cuerpo. **SIN. 1.** Resistencia, dureza. **2.** Firmeza, duración. **ANT. 1.** a **3.** Inconsistencia. **2.** Inestabilidad, inseguridad.

consistente *adj.* **1.** Que consiste en lo que se indica: *un adorno consistente en un jarrón.* **2.** Que tiene consistencia: *un pegamento consistente.* **SIN. 2.** Compacto, duro, firme, sólido. **ANT. 2.** Inconsistente, inseguro. **FAM.** Inconsistente. CONSISTIR.

consistir (del lat. *consistere*, de *cum*, con, y *sistere*, detenerse) *v. intr.* **1.** Ser, equivaler, estar formado por lo que se expresa. Se emplea generalmente para definir algo: *Una mesa consiste en una tabla con uno o más pies.* **2.** Basarse, estar fundada una cosa en otra: *Su éxito consiste en la constancia.* **SIN. 1.** Constar. **2.** Estribar, radicar. **FAM.** Consistencia, consistente, consistorio.

consistorio (del lat. *consistorium*) *s. m.* **1.** Ayuntamiento o cabildo. **2.** Asamblea de cardenales de la Iglesia romana presidida por el papa. **FAM.** Consistorial. CONSISTIR.

consocio, cia (del lat. *consocius*) *s. m.* y *f.* Persona que forma sociedad con otra o que pertenece a la misma asociación que otra.

consola (del fr. *console*, de *consoler*, consolar) *s. f.* **1.** Mesa decorativa hecha para estar adosada a la pared. **2.** Panel de mandos e indicadores, p. ej. de un avión, de un sistema informático. También se llama consola al conjunto de teclado y pantalla de un ordenador. **3.** Parte del órgano en que se encuentran los teclados, los registros, los pedales, etc. **FAM.** Videoconsola.

consolador, ra (del lat. *consolator, -oris*) *adj.* **1.** Que da consuelo: *palabras consoladoras.* || *s. m.* **2.** Aparato en forma de pene usado para recibir autosatisfacción. **SIN. 1.** Confortador, reconfortante, alentador. **ANT. 1.** Desconsolador, desalentador, desolador.

consolar (del lat. *consolare*) *v. tr.* Ayudar a alguien a soportar una pena, disgusto, etc. También *v. prnl.*: *Se consuela viajando.* ■ Se construye con las prep. *con, de* y *en*: *consolarse con alguien; consolar a uno de sus penas; consolar en la desgracia.* Es v. irreg. Se conjuga como *contar.* **SIN.** Aliviar(se), confortar(se), alentar(se). **ANT.** Apenar(se), entristecer(se). **FAM.** Consolación, consolador, consuelo. / Desconsolar, inconsolable.

consolidar (del lat. *consolidare*) *v. tr.* **1.** Dar firmeza y solidez a cosas materiales o inmateriales: *consolidar los cimientos del edificio.* También *v. prnl.*: *consolidarse la paz.* **2.** Convertir una deuda a corto plazo en una deuda a medio o largo plazo, para lograr una mayor estabilidad financiera. **3.** En econ., realizar operaciones de contabilidad para conocer la situación de un grupo, eliminando las transacciones entre las empresas que lo forman. **SIN. 1.** Afianzar(se), fortalecer(se), robustecer(se). **ANT. 1.** Debilitar(se). **FAM.** Consolidación. SÓLIDO.

consomé (del fr. *consommé*) *s. m.* Caldo de carne.

consonancia (del lat. *consonantia*) *s. f.* **1.** Relación de igualdad o conformidad que tienen algunas cosas entre sí: *consonancia entre la manera de pensar y de actuar.* **2.** Identidad de todos los sonidos finales a partir de la última vocal acentuada en dos o más versos. **FAM.** Consonante. SONAR.

consonante (del lat. *consonans, -antis*) *adj.* **1.** Se dice del sonido de una lengua originado por el cierre total o parcial de los órganos de articulación seguido de una apertura que permite el paso del aire y la producción de dicho sonido. También *s. f.* **2.** Letra que lo representa. Tam-

CLASIFICACIÓN DE LAS CONSONANTES

PUNTO DE ARTICULACIÓN	Bilabiales		Labiodentales		Interdentales		Dentales		Alveolares		Palatales		Velares		
INTERVENCIÓN DE LAS CUERDAS VOCALES / **MODO DE ARTICULACIÓN**	Sordos	Sonoros	Sordos	Sonoros	Sordos	Sonoros	Sordos	Sonoros	Sordos	Sonoros	Sordos	Sonoros	Sordos	Sonoros	**ACCIÓN DEL VELO DEL PALADAR**
Oclusivos	p	b					t	d					k	g	Orales
Africados											ch				Orales
Fricativos			f		z				s			y	j		Orales
Laterales										l		ll			Orales
Vibrantes										r rr					Orales
		m								n		ñ			Nasales

bién *s. f.* **3.** Se dice de la rima de los versos cuyos sonidos son iguales a partir de la última vocal acentuada. **4.** Que tiene relación de igualdad o conformidad con otra cosa: *El precio es consonante con la calidad.* **SIN. 4.** Adecuado, coherente, conforme. **ANT. 4.** Inadecuado, disconforme, desproporcionado. **FAM.** Consonántico. / Aconsonantar, semiconsonante. CONSONANCIA.

consorcio (del lat. *consortium*) *s. m.* **1.** Unión de personas que tienen intereses comunes. **2.** Gran empresa formada por otras entidades de menor tamaño: *consorcio de transportes.* **SIN. 1.** Sociedad, compañía, asociación.

consorte (del lat. *consors, -ortis*, de *cum*, con, y *sors*, suerte) *s. m.* y *f.* **1.** El marido con respecto a la esposa, y viceversa. **2.** Persona que comparte con otro, o con otros, una misma suerte: *Son consortes en el negocio.* || *s. m. pl.* **3.** En der., los que pleitean unidos formando una sola parte. **SIN. 1.** Cónyuge. **2.** Copartícipe, consocio. **FAM.** Consorcio. SUERTE.

conspicuo, cua (del lat. *conspicuus*) *adj.* Ilustre, sobresaliente, notable: *un conspicuo abogado.* **SIN.** Insigne, distinguido. **ANT.** Vulgar, corriente, insignificante.

conspirar (del lat. *conspirare*) *v. intr.* **1.** Planear una acción contra algo o alguien, especialmente contra una autoridad o contra el orden establecido. **2.** Contribuir varias cosas a un mismo fin, generalmente malo: *Los elementos conspiraron al fracaso de la Armada Invencible.* **SIN. 1.** Confabularse, conjurarse, intrigar, maquinar, conchabarse. **2.** Concurrir. **FAM.** Conspiración, conspirador. ESPIRAR.

constancia *s. f.* **1.** Firmeza de ánimo y perseverancia en continuar lo comenzado: *La constancia le llevó al triunfo.* **2.** Certeza o prueba de la exactitud de un dicho o de un hecho: *Tengo constancia de que es cierto lo que dice.* **SIN. 1.** Empeño, tesón, tenacidad. **2.** Seguridad, certidumbre. **ANT. 1.** Inconstancia.

constante (del lat. *constans, -antis*) *adj.* **1.** Que no varía o no se interrumpe: *una lluvia constante.* **2.** Se dice de la persona que tiene constancia: *un estudiante constante.* **3.** Muy frecuente, continuo: *Eran constantes las llamadas telefónicas.* || *s. f.* **4.** En mat. y otras ciencias, valor que se mantiene fijo, independiente de las variables. **SIN. 1.** Inmutable, invariable. **2.** Firme, perseverante, tenaz. **3.** Persistente, incesante. **ANT. 1.** Variable, cambiante. **1.** y **2.** Inconstante, inestable. **3.** Esporádico. **FAM.** Constantemente. / Inconstante. CONSTAR.

constar (del lat. *constare*, de *cum*, y *stare*, estar en pie) *v. intr.* **1.** Ser cierta o sabida una cosa: *Me consta que tiene dinero.* **2.** Quedar algo o alguien registrado en algún sitio: *En la ficha constan sus datos.* **3.** Estar formado algo por determinadas partes: *El curso consta de tres trimestres.* ■ Se construye con la prep. *de.* || **LOC. hacer constar** Manifestar, consignar. **SIN. 2.** Figurar. **3.** Consistir, componerse, constituirse. **FAM.** Constancia, constante.

constatar (del fr. *constater*) *v. tr.* Comprobar un hecho o dar constancia de él: *Constató los datos de la instancia.* **SIN.** Confirmar, verificar. **FAM.** Constatación.

constelación (del lat. *constellatio, -onis*, posición de los astros) *s. f.* **1.** Conjunto de estrellas que representa una figura determinada, al que se aplica un nombre propio: *las constelaciones del zodiaco.* **2.** P. ext., conjunto de otras cosas o personas: *una constelación de luces, de artistas.* **SIN. 1.** Galaxia.

consternación (del lat. *consternatio, -onis*) *s. f.* Acción de consternar o de consternarse. **SIN.** Aflicción, pesadumbre, abatimiento, tribulación. **ANT.** Alegría, ánimo.

consternar (del lat. *consternare*, de *sternere*, tender por el suelo) *v. tr.* Causar a alguien pena, dolor, abatimiento. También *v. prnl.* **SIN.** Abatir(se), afligir(se), apenar(se), acongojar(se), apesadumbrar(se). **ANT.** Alegrar(se), animar(se). **FAM.** Consternación.

constipado, da 1. *p.* de **constiparse**. También *adj.* || *s. m.* **2.** Infección de las vías respiratorias superiores que produce tos, estornudos y, a veces, fiebre. **SIN. 2.** Catarro, resfriado.

constiparse (del lat. *constipare*) *v. prnl.* Resfriarse, acatarrarse. ■ Se dice también *costiparse.* **FAM.** Constipado, costiparse.

constitución (del lat. *constitutio, -onis*) *s. f.* **1.** Acción de constituir: *la constitución de un tribunal.* **2.** Manera de estar constituida una persona, que determina su grado de fuerza y vitalidad: *un hombre de constitución robusta.* **3.** Manera de estar constituido un organismo o entidad. **4.** Ley fundamental de la organización de un Estado, que define la ordenación de los poderes superiores del mismo y los derechos básicos de los ciudadanos. ■ En esta acepción suele escribirse con mayúscula. **SIN. 1.** Composición. **2.** Naturaleza, complexión. **FAM.** Constitucional, constitucionalista. CONSTITUIR.

constitucional *adj.* **1.** Relacionado con la Constitución de un Estado: *los derechos constitucionales.* **2.** Que se refiere o pertenece a la constitución física de un individuo: *una lesión constitucional.* **ANT. 1.** Anticonstitucional, inconstitucional. **FAM.** Constitucionalidad. / Inconstitucional. CONSTITUCIÓN.

constitucionalista *adj.* Se aplica al jurista especializado en derecho constitucional. También *s. m.* y *f.*

constituir (del lat. *constituere*, de *cum*, con, y *statuere*, establecer) *v. tr.* **1.** Formar, componer: *Quince bloques de viviendas constituyen la urbanización.* **2.** Ser una cosa lo que se expresa a continuación: *Este dinero constituye todo su capital.* **3.** Establecer, fundar. También *v. prnl.* **4.** Hacer de alguien o algo lo que se indica: *Le constituyó en su heredero.* || **constituirse** *v. prnl.* **5.** Asumir una obligación, cargo o cuidado: *Se constituyó en defensor de la familia.* **6.** Personarse, acudir al lugar donde se debe realizar cierto trabajo: *El juez se constituyó en el lugar del incendio.* ■ Es v. irreg. Se conjuga como *huir.* **SIN. 1.** Integrar. **3.** Crear(se), organizar(se). **4.** Erigir, convertir, nombrar. **6.** Presentarse. **ANT. 1.** Disolver, descomponer. **FAM.** Constitución, constitutivo, constituyente. / Reconstituir.

constitutivo, va (del lat. *constitutivus*) *adj.* **1.** Que forma parte de una cosa o es elemento de ella: *las capítulos constitutivos del libro.* **2.** Que implica o lleva dentro de sí: *El juez consideró que los actos imputados no eran constitutivos de delito.* ■ Se usa con la preposición *de.* **SIN. 1.** Integrante, componente. **2.** Causa.

constituyente *adj.* **1.** Que constituye una parte o elemento de algo. También *s. m.* **2.** Se dice de las cortes, asambleas, congresos, etc., convocados para elaborar o reformar la Constitución de un Estado. También *s. f.* **SIN. 1.** Componente, integrante, constitutivo.

constreñir (del lat. *constringere*) *v. tr.* **1.** Obligar a una persona a que haga una cosa: *constreñir a al-*

guien a pagar una deuda. **2.** Limitar, restringir: *La carencia de capital constriñe sus proyectos.* También *v. prnl.* ■ Es v. irreg. Se conjuga como *ceñir.* SIN. **1.** Forzar, compeler, exigir, apremiar. **2.** Coartar(se), reducir(se), ceñir(se). ANT. **1.** Descargar, librar, exonerar. FAM. Constreñimiento, constricción, constrictivo. / Vasoconstricción. ESTREÑIR.

construcción (del lat. *constructio, -onis*) *s. f.* **1.** Acción de construir. **2.** Técnica y arte de construir: *una empresa de construcción.* **3.** Obra construida: *Su chalet es una sólida construcción.* **4.** Ordenamiento y disposición de las palabras de una frase para expresar un concepto correctamente. || *s. f. pl.* **5.** Conjunto de piezas para jugar a construir. SIN. **1.** Edificación. **3.** Casa, edificio, fábrica. ANT. **1.** Destrucción, derribo.

constructivismo *s. m.* Movimiento artístico ruso, influido por el cubismo y el futurismo, que admiraba la tecnología y la estética funcional y empleaba en la elaboración de sus obras materiales industriales de la época, como cristal, metal o plástico. FAM. Constructivista.

constructivo, va *adj.* Se dice de lo que construye o resulta positivo para algo: *una enseñanza constructiva.* SIN. Edificante, creador, provechoso. ANT. Destructivo, demoledor.

constructor, ra *adj.* **1.** Que construye. || *s. m.* y *f.* **2.** Persona que construye grandes obras, especialmente de arquitectura o ingeniería: *los constructores de las catedrales góticas.* || *s. f.* **3.** Empresa dedicada a la construcción, particularmente arquitectónica: *Varias constructoras compiten por la adjudicación de las obras del nuevo Ayuntamiento.* SIN. **2.** Arquitecto, ingeniero. ANT. **1.** Destructor.

construir (del lat. *construere*, de *cum*, con, y *struere*, amontonar) *v. tr.* **1.** Hacer una cosa juntando los elementos necesarios: *construir un barco en el astillero.* **2.** Especialmente, realizar una obra de albañilería: *construir un edificio.* **3.** Idear cosas inmateriales: *construir una teoría explicativa.* **4.** Ordenar o unir las palabras o frases con arreglo a las normas gramaticales. ■ Es v. irreg. Se conjuga como *huir.* SIN. **1.** Fabricar, armar, montar. **2.** Edificar, levantar, erigir. ANT. **1.** Destruir, deshacer. **2.** Derribar, derruir, tirar, derrumbar. FAM. Construcción, constructivismo, constructivo, constructor. / Reconstruir.

consubstancial (del lat. *consubstantialis*) *adj.* Consustancial*.

consuegro, gra (del lat. *consocer, -eri*) *s. m.* y *f.* Padre o madre de uno de los cónyuges respecto del padre o la madre del otro.

consuelo *s. m.* Alivio en una pena, dolor, disgusto, etc.: *dar consuelo a un amigo.* SIN. Aliento, remedio. ANT. Desconsuelo, dolor.

consuetudinario, ria (del lat. *consuetudinarius*) *adj.* Se dice de lo que es por costumbre, y particularmente se aplica al derecho que se basa en los usos y costumbres jurídicos de una comunidad y no en las leyes escritas.

cónsul (del lat. *consul, -ulis*) *s. m.* y *f.* **1.** Agente diplomático de un país que en una población extranjera se encarga de proteger a las personas y los intereses de sus compatriotas residentes en ella. || *s. m.* **2.** Máxima autoridad de ciertos sistemas políticos correspondientes a diferentes países y épocas; particularmente, las que ejercieron el mando supremo durante el periodo republicano de la antigua Roma y en una de las etapas de la Revolución Francesa. FAM. Consulado, consular. / Procónsul, vicecónsul.

consulado *s. m.* **1.** Cargo, oficina y territorio de la jurisdicción de un cónsul, agente diplomático. **2.** Cargo que ostenta el cónsul, máxima autoridad de ciertos sistemas políticos. También, tiempo que dura en este cargo. **3.** Sistema político en que la máxima autoridad es ejercida por un cónsul.

consular (del lat. *consularis*) *adj.* Del cónsul o el consulado: *la delegación consular.*

consulta *s. f.* **1.** Acción de consultar: *El alumno hizo una consulta a su profesor.* **2.** Examen de un médico a sus enfermos: *El doctor pasa consulta diaria.* **3.** Clínica u otro lugar adecuado donde lo realiza. **4.** Reunión de profesionales para resolver alguna cosa; en especial, la de médicos para discutir el diagnóstico y tratamiento de una enfermedad grave. SIN. **1.** Pregunta; búsqueda. **4.** Junta.

consultar (del lat. *consultare*, de *consulere*, considerar, deliberar) *v. tr.* **1.** Pedir parecer, dictamen o consejo: *Consultaré con el abogado.* **2.** Buscar datos, aclarar dudas en libros, periódicos, ficheros, etc.: *Tengo que consultar varias palabras en el diccionario.* SIN. **1.** Asesorarse, informarse. FAM. Consulta, consultante, consultivo, consultor, consultoría, consultorio.

consulting (ingl.) *s. m.* Consultoría*.

consultivo, va *adj.* Se dice de los organismos establecidos para ser consultados: *comisión consultiva.*

consultor, ra (del lat. *consultor, -oris*) *adj.* **1.** Consultivo: *órgano consultor.* **2.** Que consulta. También *s. m.* y *f.* || *s. m.* **3.** Libro que sirve para consultar: *el consultor médico.* || *s. m.* y *f.* **4.** Persona dedicada a la consultoría. SIN. **1.** Consejero, asesor. **2.** Consultante. **3.** Enciclopedia.

consultoría *s. f.* **1.** Entidad dedicada a asesorar a empresas en asuntos como el marketing, la organización, la fiscalidad, etc. **2.** Actividad que realiza. SIN. **1.** y **2.** Consulting.

consultorio (del lat. *consultorius*) *s. m.* **1.** Establecimiento sanitario en el que hay varios médicos de distintas especialidades para examinar a los enfermos: *un consultorio de urgencia.* **2.** Consulta en la que el médico examina a los enfermos. **3.** Lugar en el que se pasan consultas sobre distintas materias: *un consultorio comercial.* **4.** Sección de periódicos, revistas, radio, etc., destinada a contestar las consultas del público.

consumado, da (del lat. *consummatus*) **1.** *p.* de **consumar**. También *adj.* || *adj.* **2.** Que llega a un alto grado de perfección: *una obra de arte consumada. Es un consumado acuarelista.* SIN. **2.** Magistral, maestro, soberbio. ANT. **2.** Defectuoso, mediocre.

consumar (del lat. *consummare*, de *cum*, con, y *summa*, suma, total) *v. tr.* **1.** Llevar a cabo alguna cosa hasta su terminación. Se dice mucho refiriéndose a acciones delictivas: *consumar un crimen.* **2.** Dar cumplimiento a un contrato o a otro acto jurídico: *consumar el acuerdo.* También *v. prnl.* || LOC. **consumar el matrimonio** Unirse carnalmente los que se han casado. SIN. **1.** Realizar, terminar, completar. **2.** Cumplir. ANT. **1.** Iniciar. **2.** Incumplir. FAM. Consumación, consumadamente, consumado. SUMAR.

consumición *s. f.* **1.** Acción de consumir o consumirse. **2.** Lo que se consume en un café, bar, cervecería, discoteca, etc. SIN. **1.** Agotamiento, consunción.

consumido, da **1.** *p.* de **consumir**. También *adj.* || *adj.* **2.** Envejecido o muy cansado y demacrado: *Está consumida por los celos.* SIN. **1.** Gastado, acabado, agotado. **2.** Extenuado; abatido. ANT. **2.** Fortalecido, rejuvenecido.

consumidor, ra *adj.* **1.** Que consume. || *s. m.* y *f.* **2.** Persona que adquiere y consume bienes o productos elaborados: *El alza de los precios afecta directamente a los consumidores.*

consumir (del lat. *consumere*) *v. tr.* **1.** Tomar una persona alimentos o bebidas. Se dice mucho cuando se toman en bares, cafeterías, etc. También *v. intr.* **2.** Comprar y utilizar las cosas que ofrece el mercado, y particularmente las que sirven para cubrir las necesidades primarias. **3.** Gastar una máquina, un aparato, etc., algo para su funcionamiento o mantenimiento: *Esta moto consume demasiada gasolina.* También *v. intr.* **4.** Hacer que se reduzca el volumen o cantidad de una sustancia, extinguir. También *v. prnl.*: *consumirse la leche.* **5.** Debilitar, poner flaco a alguien. También *v. prnl.*: *Se está consumiendo con la enfermedad.* **6.** Desazonar, causar ansiedad: *Me consume la falta de decisión de tu hermano para resolver sus problemas.* También *v. prnl.*: *Antonio se consume de celos por Luisa.* ■ Se construye con las prep. *con*, *de* y *en*: *consumir(se) con los disgustos; consumirse de dolor; consumirse en llanto.* SIN. **1.** Comer; beber. **6.** Devorar, concomer. ANT. **4.** Engrosar, dilatar. **5.** Fortalecer; engordar. **6.** Satisfacer. FAM. Consumible, consumición, consumido, consumidor, consumismo, consumo, consunción, consuntivo. SUMIR.

consumismo *s. m.* Tendencia a adquirir y desechar productos en plazos muy breves, más por razones de moda, prestigio, imitación, etc., que por necesidad real. FAM. Consumista. CONSUMIR.

consumo *s. m.* Acción de consumir algo, especialmente para el sustento o para cubrir necesidades primarias: *bienes de consumo; consumo de energía.* FAM. Subconsumo. CONSUMIR.

consunción (del lat. *consumptio, -onis*) *s. f.* Acción de consumir o consumirse, agotarse o enflaquecer. SIN. Agotamiento; adelgazamiento, demacración.

consuno, de (de la ant. loc. *de so uno*, juntamente, y *con*) *loc. adv.* Juntamente, en unión, de común acuerdo.

consuntivo, va *adj.* Que consume o puede consumir, enflaquecer; se dice especialmente de las enfermedades.

consustancial (del lat. *consubstantialis*) *adj.* Que pertenece o corresponde a algo o a alguien por su naturaleza o necesariamente. ■ Se escribe también *consubstancial.* SIN. Inherente, propio, intrínseco, connatural. ANT. Accidental.

contabilidad *s. f.* **1.** Disciplina y actividad encargada de llevar las cuentas de un negocio, sociedad, empresa. **2.** Conjunto de esas cuentas.

contabilizar *v. tr.* **1.** Contar, computar, llevar la cuenta: *contabilizar los votos.* **2.** Considerar algo de determinada manera: *Contabiliza los aciertos ajenos como méritos propios.* **3.** Anotar las cantidades en los libros de contabilidad. ■ Delante de *e* se escribe *c* en lugar de *z*: *contabilice.* SIN. **3.** Registrar.

contable (del lat. *computabilis*) *adj.* **1.** Que puede ser contado. **2.** Se aplica a los nombres que designan conceptos que pueden ser contados, como p. ej. *persona*, *manzana*, *libro*, por oposición a los no contables, como *amor*, *encanto*, *paciencia.* || *s. m.* y *f.* **3.** Persona que lleva la contabilidad de un negocio, empresa, etc. SIN. **1.** Numerable, calculable, computable. ANT. **1.** Incontable. FAM. Incontable. CONTAR.

contactar *v. intr.* Establecer contacto o comunicación con alguien. SIN. Comunicarse, encontrarse. ANT. Eludir.

contacto (del lat. *contactus*) *s. m.* **1.** Acción de tocar o tocarse dos o más personas o cosas: *El hierro se enfrió al contacto con el agua.* **2.** Relación entre personas, organismos, instituciones, etc.: *un contacto telefónico.* **3.** Persona que sirve de enlace o relación entre personas, grupos o instituciones: *Tiene algunos contactos en el ministerio que le pueden ayudar.* **4.** Conexión entre dos partes de un circuito eléctrico. **5.** Copia al mismo tamaño que se saca de un cliché fotográfico obtenida al colocar éste encima del papel. SIN. **1.** Toque, tocamiento. **2.** Comunicación, trato. ANT. **1.** Distanciamiento. **2.** y **4.** Desconexión. FAM. Contactar. TACTO.

contado, da 1. *p.* de **contar**. También *adj.* || *adj.* **2.** Poco, raro, no frecuente. Se usa sobre todo en *pl.*: *Tiene los días contados. Eso sucede en contadas ocasiones.* || LOC. **al contado** *adv.* Que se paga todo de una vez, no a plazos. **por de contado** *adv.* Por descontado. SIN. **2.** Escaso. ANT. **2.** Mucho, abundante, numeroso.

contador, ra (del lat. *computator, -oris*) *adj.* **1.** Que cuenta o que sirve para contar. También *s. m.* y *f.* || *s. m.* **2.** Aparato que sirve para medir o contar algo, p. ej. el gasto del agua, del gas, de la luz, etc. **3.** Instrumento que sirve para detectar las radiaciones y contabilizar partículas radiactivas. Uno de los más conocidos es el contador Geiger. **4.** Contable, persona que lleva las cuentas de una empresa, comercio, oficina, etc.

contaduría *s. f.* **1.** Contabilidad, oficio del contable. **2.** Establecimiento que se dedica a llevar contabilidades. **3.** En cines, teatros, etc., despacho donde se adquieren entradas con anticipación y, a veces, a mayor precio. SIN. **1.** y **2.** Teneduría.

contagiar *v. tr.* **1.** Transmitir una enfermedad por contacto directo o indirecto: *Andrés nos contagió la gripe.* También *v. prnl.* **2.** Comunicar a otro costumbres, gustos, vicios, etc.: *La orquesta contagió el ritmo a los presentes.* También *v. prnl.* SIN. **1.** Contaminar, infectar. **1.** y **2.** Pegar(se). **2.** Influir. ANT. **1.** Inmunizar. FAM. Contagio, contagiosidad, contagioso. / Infectocontagioso.

contagio *s. m.* Acción de contagiar o contagiarse. SIN. Contaminación; influjo, imitación.

container (ingl.) *s. m.* Recipiente metálico para transportar en camiones, donde se echan los escombros de las obras.

contaminar (del lat. *contaminare*) *v. tr.* **1.** Alterar las condiciones y características de los distintos medios naturales con sustancias o formas de energía perjudiciales. También *v. prnl.* **2.** Alterar la pureza de algunas cosas, como los alimentos. También *v. prnl.* **3.** Transmitir a algo o alguien una mala cualidad o un mal estado: *Contaminó con su pesimismo a la reunión.* También *v. prnl.* **4.** Convertir algo en impuro o despreciable: *Contamina lo que toca.* También *v. prnl.* **5.** Alterar la forma o significado de una palabra, expresión, texto, etc., por la influencia de otros. SIN. **1.** Infeccionar, infectar. **1.** y **4.** Corromper. **3.** Contagiar. **4.** Pervertir, mancillar. ANT. **1.** Conservar(se). **1.** y **2.** Purificar(se). FAM. Contaminación, contaminador, contaminante. / Descontaminar, incontaminado.

contante (del fr. *comptant*) *adj.* Se usa casi exclusivamente en la expresión **contante y sonante**, que se aplica al dinero que se paga de una vez, no a plazos, y en metálico.

contar (del lat. *computare*) *v. tr.* **1.** Calcular el número de unidades que hay de cierta cosa asignando a la primera el uno, el dos a la segunda y así sucesivamente: *Cuenta sus discos.* **2.** Añadir algo en una cuenta: *Cuenta los gastos del coche.* **3.** Relatar un suceso, real o imaginario: *Contó el accidente.* **4.** A veces se utiliza en fórmulas coloquiales de saludo: *¿Qué cuentan ustedes?* También *v. prnl.* con valor expresivo: *¿Qué te cuentas?* **5.** Tener en cuenta, considerar: *Cuenta que hoy es fiesta.* **6.** Poner a alguien o algo en el número, clase u opinión que le corresponde: *Le cuento entre los listos.* También *v. prnl.* **7.** Tomar en cuenta una cosa como equivalente de otra o de un número que se indica: *Cuento la cocina y el office como una sola habitación.* **8.** Refiriéndose a cosas que se pueden numerar, tener, haber: *Contaba treinta años cuando la conocí.* || *v. intr.* **9.** Enunciar los números ordenadamente: *Luisito ya sabe contar hasta 100.* **10.** Hacer cuentas según las reglas de la aritmética. **11.** Tener importancia: *Lo que cuenta es el saber.* **12.** Equivaler, valer por: *Come tanto que cuenta por dos.* **13.** Hacer al caso, entrar en cuenta, valer: *Las tachaduras no cuentan.* || LOC. **contar con** Tener, poseer, disponer: *Contamos con cinco mil pesetas para comprar el regalo.* Tener presente: *Cuenta con que vamos todos.* **contar con** una persona o cosa **para** algo Confiar en que se puede disponer de ella: *Cuento con tu ayuda para el examen.* ■ Es v. irreg. SIN. **1.** Enumerar. **2.** Computar. **3.** Narrar, referir. **5.** Reparar, pensar. **6.** Reputar, juzgar. **6.** y **7.** Considerar. **11.** Importar, interesar. ANT. **2.** Descontar, excluir. **3.** Callar, omitir. **5.** Ignorar, olvidar, prescindir. FAM. Contabilidad, contabilizar, contable, contado, contador, contaduría, contante, conteo, cuenta, cuentagotas, cuentahílos, cuentakilómetros, cuentarrevoluciones, cuento. / Computar, descontar, malcontado, recontar.

CONTAR		
INDICATIVO	**SUBJUNTIVO**	**IMPERATIVO**
Presente	**Presente**	
cuento	*cuente*	
cuentas	*cuentes*	*cuenta*
cuenta	*cuente*	
contamos	*contemos*	
contáis	*contéis*	*contad*
cuentan	*cuenten*	

contemplación (del lat. *contemplatio, -onis*) *s. f.* **1.** Acción de contemplar. **2.** Visión o meditación profunda de naturaleza religiosa: *la contemplación del místico.* || *s. f. pl.* **3.** Miramientos, cuidados especiales que se tienen con una persona: *Le tratáis con demasiadas contemplaciones.* SIN. **2.** Arrobamiento. **3.** Escrúpulos, remilgos.

contemplar (del lat. *contemplare*) *v. tr.* **1.** Mirar una cosa con tranquilidad recreándose en la visión: *contemplar un monumento.* **2.** Considerar, tener en cuenta: *Contemplo la posibilidad de un viaje. El reglamento no contempla la posibilidad de tomarse unas vacaciones anticipadas.* **3.** Complacer a una persona, ser demasiado condescendiente con ella: *No contemples tanto a tu hijo.* **4.** Practicar la contemplación religiosa. SIN. **1.** Admirar. **3.** Consentir, mimar. **4.** Meditar. ANT. **3.** Maltratar. FAM. Contemplación, contemplativo.

contemplativo, va *adj.* **1.** Relacionado con la contemplación: *actitud contemplativa.* **2.** Que contempla. **3.** Que acostumbra a meditar intensamente: *Tiene una mente contemplativa.* **4.** Que practica o experimenta la contemplación religiosa. También *s. m.* y *f.*: *San Juan de la Cruz fue un contemplativo.* SIN. **2.** Observador; admirador. **4.** Místico.

contemporáneo, a (del lat. *contemporaneus*) *adj.* **1.** Que existe al mismo tiempo que otra persona o cosa. También *s. m.* y *f.* **2.** De la época actual: *historia contemporánea.* También *s. m.* y *f.* SIN. **1.** Coetáneo, coexistente. FAM. Contemporaneidad. TIEMPO.

contemporizar *v. intr.* **1.** Acomodarse a los gustos, ideas, manera de ser ajenos, para evitar enfrentamientos, conflictos, etc.: *Contemporiza con sus compañeros.* **2.** Ceder ante las ideas, aspiraciones o pretensiones de otro por conveniencia, indiferencia o falta de escrúpulos, etc.: *Contemporiza con todas las opiniones.* ■ Delante de *e* se escribe *c* en lugar de *z*: *contemporice.* SIN. **1.** Consentir, avenirse, amoldarse, transigir. **2.** Pastelear. ANT. **1.** y **2.** Obstinarse, empeñarse. FAM. Contemporización, contemporizador. TIEMPO.

contención (del lat. *contentio, -onis*, de *contendere*, disputar) *s. f.* Acción de contener, sujetar o frenar un movimiento, un impulso. SIN. Retención, sujeción, freno, moderación. ANT. Suelta, desenfreno.

contencioso, sa (del lat. *contentiosus*) *adj.* **1.** Se dice de las materias sobre las que se disputa en pleito. **2.** Se aplica a los asuntos sometidos al fallo o sentencia de los tribunales, en contraposición a los actos que dependen de una autoridad.

contender (del lat. *contendere*) *v. intr.* **1.** Luchar con las armas: *En la batalla contendieron galos y romanos.* **2.** Discutir. **3.** Competir: *contender por el título de campeón.* Se usa con las preposiciones *con, por* y *sobre*: *contender con alguien, contender por una propiedad, contender sobre un asunto.* ■ Es v. irreg. Se conjuga como *tender.* SIN. **1.** Batallar, combatir, guerrear, pelear. **2.** Debatir, disputar. **3.** Rivalizar. FAM. Contencioso, contendiente, contienda. TENDER.

contenedor, ra *adj.* **1.** Que contiene. || *s. m.* **2.** Embalaje, generalmente metálico, grande y recuperable, de tipos y dimensiones normalizados internacionalmente, para transportar mercancías a grandes distancias. **3.** Recipiente metálico, de fácil transporte en camiones especiales, en el que se echan los escombros de las obras. **4.** Recipiente grande para depositar la basura u otro tipo de residuos. SIN. **3.** Container.

contener (del lat. *continere*) *v. tr.* **1.** Llevar o tener dentro de sí una cosa a otra: *Esta caja contiene medicamentos. El primer tomo contiene la obra poética.* **2.** Sujetar o impedir el movimiento de un cuerpo: *Contuvo al perro con la correa.* También *v. prnl.* **3.** Reprimir un impulso, sentimiento, deseo, etc. Se usa mucho como *v. prnl.*: *Se contuvo para no llorar.* ■ Es v. irreg. Se conjuga como *tener.* SIN. **1.** Comprender, abarcar, incluir, encerrar, englobar. **2.** Aguantar, retener, detener. **3.** Dominar, refrenar, cohibir, comedirse, reportarse. ANT. **2.** Soltar, liberar. **3.** Desatar, desenfrenarse. FAM. Contención, contenedor, contenido, continencia, continente. / Incontenible. TENER.

contenido, da **1.** *p.* de **contener**. También *adj.* || *s. m.* **2.** Lo que se contiene dentro de una cosa: *el contenido de una botella, de un libro.* **3.** Significado de un signo lingüístico o de un enunciado: *No supo interpretar el contenido de sus palabras.*

contentadizo, za *adj.* Que admite con facilidad lo que se le propone. SIN. Conformista, resignado. ANT. Inconformista.

contentar (del lat. *contentare*, de *contentus*, satisfecho) *v. tr.* **1.** Satisfacer los deseos de alguien: *Contenta a sus abuelos quedándose a hablar con* *ellos.* || **contentarse** *v. prnl.* **2.** Darse por contento. ■ Se construye con la prep. *con*: *Me contento con un simple aprobado.* **3.** Reconciliarse los que estaban enfadados entre sí. || LOC. **ser uno de buen** (o **de mal**) **contentar** Ser fácil (o difícil) de complacer. SIN. **1.** Complacer, agradar; halagar. **2.** Conformarse. **3.** Avenirse, desenfadarse. ANT. **1.** Disgustar, enfadar. **3.** Enemistarse, enfrentarse.

contento, ta (del lat. *contentus*) *adj.* **1.** Alegre, feliz: *Siempre está contenta.* **2.** Satisfecho, conforme: *No está demasiado contento con su nuevo trabajo.* || *s. m.* **3.** Alegría, satisfacción: *No podía disimular su contento.* || LOC. **darse** (o **tenerse**) **por contento** *fam.* Aceptar de buen grado cierta cosa, aunque no sea tal como se desea o espera. SIN. **1.** Alborozado, risueño, radiante, jubiloso. **2.** Ufano, complacido. **3.** Alborozo, júbilo, dicha, gozo. ANT. **1.** Triste, afligido. **2.** Descontento, insatisfecho. **3.** Tristeza, aflicción. FAM. Contentadizo, contentamiento, contentar. / Descontento.

conteo *s. m.* Cálculo, recuento: *conteo de votos, de puntos.*

contera *s. f.* Pieza de metal u otro material resistente que se pone como remate en el extremo opuesto al puño de un bastón, paraguas, para proteger la punta de un lápiz, etc. SIN. Regatón.

contertulio, lia *s. m.* y *f.* Persona que asiste a una misma tertulia que otra.

contesta *s. f.* **1.** *Amér.* Contestación, respuesta. **2.** *Méx.* y *Perú* Charla, conversación.

contestación (del lat. *contestatio, -onis*) *s. f.* **1.** Acción de contestar: *Espero contestación a mi carta.* **2.** Oposición o protesta, a veces violenta, contra lo establecido: *contestación estudiantil.* **3.** En der., escrito en que el demandado se defiende de las acusaciones del demandante. SIN. **1.** Respuesta, réplica. **2.** Protesta.

contestador, ra *adj.* **1.** Que contesta. También *s. m.* y *f.* || **2. contestador automático** Aparato conectado a un teléfono que emite automáticamente un mensaje grabado y registra a su vez las llamadas que se reciben.

contestar (del lat. *contestari*) *v. tr.* **1.** Responder a lo que se pregunta, se habla o se escribe y p. ext., hacerlo con respecto a una llamada, acción, conducta, etc.: *Espero que contesten a mi carta. Contestaron a nuestra ayuda con un regalo.* También *v. intr.*: *Le he telefoneado dos veces, pero no contesta.* || *v. intr.* **2.** Poner alguien inconvenientes a lo que otra persona le indica u ordena o responderla de malos modos: *Le castigaron por contestar a su madre.* **3.** Adoptar actitud de oposición o protesta, a veces violenta, contra lo establecido. SIN. **1.** Reponer, corresponder. **1.** y **2.** Replicar. **2.** Contradecir, impugnar, objetar. ANT. **1.** Callar. **2.** Obedecer. FAM. Contesta, contestable, contestación, contestador, contestatario, contestón. / Incontestable. TESTAR[1].

contestatario, ria *adj.* Que se opone o protesta, a veces violentamente, contra lo establecido: *un escritor contestatario.* También *s. m.* y *f.* SIN. Impugnador, rebelde, crítico, inconformista. ANT. Sumiso, conformista.

contestón, na *adj. fam.* Que suele replicar de manera irrespetuosa, sobre todo a sus superiores o a personas mayores. SIN. Respondón.

contexto (del lat. *contextus*) *s. m.* **1.** Lo que precede o sigue a un texto; hilo o curso de un escrito, relato, historia, etc. **2.** Conjunto de hechos, circunstancias, etc., que rodean a alguien o algo: *No puedes analizar las cosas sacándolas de contexto.* SIN. **1.** Trama. **2.** Entorno, ambiente. FAM. Contextualizar, contextuar. / Descontextualizar. TEXTO.

contextualizar *v. tr.* Situar una palabra, frase, hecho, etc. en su contexto para comprenderla mejor: *Para entender la piratería, hay que contextualizarla en las circunstancias que la hicieron posible.* ■ Delante de *e* se escribe *c* en lugar de *z*: *contextualice.* ANT. Descontextualizar.

contextuar *v. tr.* Corroborar o acreditar mediante textos. ■ En cuanto al acento, se conjuga como *actuar.*

contextura *s. f.* **1.** Manera de estar dispuestos los elementos de un todo, especialmente de un tejido o tela: *la contextura de un paño.* **2.** Configuración corporal de una persona: *Era de fuerte contextura.* SIN. **1.** Disposición, trama, entramado. **2.** Constitución, complexión, naturaleza.

contienda *s. f.* **1.** Guerra, lucha armada: *una contienda internacional.* **2.** Disputa, enfrentamiento. SIN. **1.** Batalla, combate. **2.** Debate, riña, lid, liza. ANT. **1.** y **2.** Paz, concordia, acuerdo.

contigo (del lat. *cum*, con, y *tecum*, contigo) *pron. pers., m.* y *f.* Forma de segunda persona singular que expresa compañía con la persona representada por *tú*: *Iré contigo a ver la exposición.*

contigüidad *s. f.* Circunstancia de estar una cosa o una persona muy próxima o cercana a otra: *la contigüidad de las ideas.* SIN. Proximidad, inmediatez, cercanía. ANT. Distanciamiento, separación, lejanía.

contiguo, gua (del lat. *contiguus*) *adj.* **1.** Se dice de la persona o cosa que está junto a otra: *habitaciones contiguas, la casa contigua a la tuya.* **2.** En geom., se aplica a los ángulos que tienen el vértice y un lado común. SIN. **1.** Adyacente, inmediato, vecino, próximo, cercano. ANT. **1.** Separado, lejano. FAM. Contigüidad.

continencia (del lat. *continentia*) *s. f.* **1.** Cualidad que consiste en moderar y refrenar las pasiones, impulsos, afectos, etc.: *continencia en el comer.* **2.** Acción de privarse de toda actividad sexual. SIN. **1.** Templanza, comedimiento, frugalidad. **2.** Castidad, abstinencia. ANT. **1.** Incontinencia, destemplanza. **2.** Lujuria. FAM. Incontinencia. CONTENER.

continental *adj.* **1.** De un continente y los países que lo forman. **2.** Se dice de un tipo de clima caracterizado por la fuerte amplitud anual de las temperaturas, con un invierno frío y un verano cálido, y la escasez de lluvias, más frecuentes en verano. FAM. Epicontinental, intercontinental, transcontinental. CONTINENTE.

continentalidad *s. f.* Factor geográfico caracterizado por la ausencia de influencia marina. Se aprecia en el interior de los continentes o en regiones aisladas del mar por las montañas.

continente (del lat. *continens, -entis*) *adj.* **1.** Que contiene en sí a otra cosa. También *s. m.* **2.** Que practica la continencia. || *s. m.* **3.** Cada una de las seis grandes unidades en que se divide la superficie terrestre: Europa, Asia, África, América, Oceanía y Antártida. **4.** Aspecto de una persona: *Tenía un agradable continente.* SIN. **2.** Moderado, sobrio, comedido; casto. **4.** Apariencia. ANT. **1.** Contenido. **2.** Incontinente, inmoderado. FAM. Continental, continentalidad. CONTENER.

contingencia (del lat. *contingentia*) *s. f.* **1.** Posibilidad, generalmente lejana, de que una cosa suceda o no: *Renunció al viaje ante la contingencia de una nevada.* **2.** Este suceso: *Esa contingencia retrasará el final de las obras.* SIN. **1.** Probabilidad. **1.** y **2.** Eventualidad, evento. ANT. **1.** Seguridad.

contingente (del lat. *contingens, -entis*, de *contingere*, tocar, suceder) *adj.* **1.** Que puede suceder o no. || *s. m.* **2.** Contingencia, cosa que puede suceder. **3.** Parte que le corresponde aportar a cada miembro de un grupo para una causa o fin común. **4.** Cantidad señalada a un país, industria, etc., para la importación, exportación o producción de ciertas mercancías. **5.** Fuerzas militares: *El país posee un gran contingente de tropas.* **6.** Grupo, conjunto. **SIN. 1.** Incierto, aleatorio, posible. **2.** Eventualidad, probabilidad. **3.** Cuota. **ANT. 1.** Cierto, seguro. **FAM.** Contingencia.

continuador, ra *adj.* Que continúa una obra empezada por otra persona. También *s. m.* y *f.*: *los continuadores de la obra de Gaudí.*

continuar (del lat. *continuare*) *v. tr.* **1.** Proseguir una tarea, acción, etc., que se había comenzado: *He continuado el trabajo durante toda la semana.* || *v. intr.* **2.** Durar, permanecer: *Ramón continúa en aquel colegio.* **3.** Estar realizándose o existir todavía una acción o estado: *Continúa nevando. Continúa tan simpático como antes.* **4.** Seguir, extenderse: *La finca continúa hasta el río.* También *v. prnl.* ■ En cuanto al acento, se conjuga como *actuar*: *continúo.* **SIN. 1.** Prolongar, prorrogar; reanudar. **2.** Subsistir, persistir. **ANT. 1.** Interrumpir; cesar. **FAM.** Continuación, continuador, continuidad, continuismo, continuo.

continuidad (del lat. *continuitas, -atis*) *s. f.* **1.** Unión que tienen entre sí las partes de un todo continuo: *la continuidad de un relato.* **2.** Circunstancia de ocurrir o hacerse algo sin interrupción: *la continuidad en el trabajo.* **3.** Continuación o prolongación de algo: *Esta calle es la continuidad de aquella otra.* || **LOC. solución de continuidad** Interrupción, falta de continuidad. **SIN. 1.** Encadenamiento. **2.** Persistencia, constancia. **ANT. 1.** Interrupción. **2.** Intermitencia.

continuismo *s. m.* Situación en que se prolonga un estado de cosas, sin que existan síntomas de renovación: *La política del nuevo gobierno se caracterizó por el continuismo.*

continuo, nua (del lat. *continuus*) *adj.* **1.** Que no tiene ninguna interrupción en el espacio o en el tiempo, que no cesa ni se corta o detiene: *zumbido continuo.* **2.** Que ocurre frecuente y repetidamente: *No aguanto los continuos atascos de tráfico.* || *s. m.* **3.** Todo compuesto de partes unidas entre sí. || **LOC. de continuo** *adv.* De manera continua: *Se lamenta de continuo.* **SIN. 1.** Seguido. **1.** y **2.** Constante, incesante, continuado, durable, ininterrumpido. **ANT. 1.** y **2.** Discontinuo, intermitente. **FAM.** Continuamente. / Discontinuo, incontinuo. CONTINUAR.

contonearse (del ant. *cantonearse*, andar de esquina en esquina, de *canto*[2]) *v. prnl.* Mover exagerada o afectadamente los hombros y las caderas al andar. **SIN.** Balancearse, bambolearse, pavonearse. **FAM.** Contoneo.

contornear *v. tr.* Seguir o dibujar el contorno de alguna cosa o figura. **SIN.** Perfilar.

contorno *s. m.* **1.** Línea formada por el borde de una superficie o un dibujo: *perfilar los contornos.* **2.** Conjunto de tierras situadas en los alrededores de una ciudad, comarca, etc. Se usa más en *pl.*: *Llegó gente de los contornos.* **SIN. 1.** Perfil, silueta, perímetro. **2.** Proximidades, cercanías, aledaños, afueras, inmediaciones. **FAM.** Contornear. TORNO.

contorsión (del lat. *contorsio, -onis*) *s. f.* **1.** Movimiento o torsión bruscos o forzados del cuerpo o de alguna de sus partes. **2.** Gesto cómico o ridículo. **SIN. 1.** Contracción, convulsión. **2.** Mueca, gesticulación. **FAM.** Contorsionarse, contorsionista. TORSIÓN.

contorsionarse *v. prnl.* Hacer contorsiones. **SIN.** Doblarse, retorcerse.

contorsionista *s. m.* y *f.* Artista que ejecuta contorsiones difíciles en los circos u otros espectáculos.

contra[1] (del lat. *contra*) *prep.* **1.** Denota oposición, lucha o enfrentamiento: *una campaña contra el cáncer.* ■ Se utiliza frecuentemente precedida de la prep. *en*: *Tuvo varios votos en contra.* **2.** A cambio de: *Recibió un regalo contra entrega del bono.* **3.** Indica la posición de una cosa apoyada en otra vertical: *Dejó la escalera contra la pared.* || *s. m.* **4.** Dificultad, inconveniente: *los pros y los contras de un asunto.* **5.** Persona que hace la contrarrevolución: *Los contras atacaron un poblado.* || *s. f.* **6.** Contrarrevolución, oposición a algo establecido: *un jefe de la contra.* **7.** Contraataque: *El boxeador peleaba a la contra.* || *interj.* **8.** Expresa enfado, disgusto o sorpresa: *Que no me gusta ¡contra!* || **LOC. hacer** (o **llevar**) a uno **la contra** *fam.* Oponerse a lo que dice, quiere o intenta. **FAM.** Contrario. / Encontrar.

contra[2] *s. f.* **1.** *acort.* de **contraventana**: *Cierra las contras.* **2.** *acort.* de **contratapa**, carne de vaca.

contra natura (lat.) *loc. adj.* y *loc. adv.* **1.** Contra la naturaleza, antinatural. **2.** P. ext., muy extraño, ilógico, inesperado: *una alianza contra natura.*

contra- *pref.* Aparece en voces compuestas, indicando 'oposición', 'refuerzo', 'duplicación', 'categoría inferior', etc.: *contraataque, contrafuerte, contrachapado, contralmirante.*

contraalisio *adj.* Se dice de la corriente de aire que se forma en el ecuador y circula por las capas altas de la atmósfera, opuesta a los vientos alisios. También *s. m.*, sobre todo *pl.*

contraatacar *v. tr.* Responder con una ofensiva el avance o ataque del enemigo, del rival o del equipo contrario. ■ Delante de *e* se escribe con *qu* en lugar de *c*: *contraataquen.*

contraataque *s. m.* Ataque u ofensiva en respuesta a otro del contrario o rival: *El contraataque no se hizo esperar.* **SIN.** Contraofensiva, contragolpe, contra. **FAM.** Contraatacar. ATAQUE.

contraaviso *s. m.* Aviso que contradice otro anterior: *Si no hay contraaviso, iremos mañana de excursión.* **SIN.** Contraorden, revocación, retractación, cancelación.

contrabajo (del ital. *contrabasso*) *s. m.* **1.** Instrumento musical de cuerda y arco; es el más grave y el de mayor tamaño de la familia de los violines y se toca de pie, apoyándolo en el suelo. **2.** Persona que toca este instrumento. **3.** Voz más grave que la del bajo y persona que tiene esta voz.

contrabalancear *v. tr.* **1.** Equilibrar la balanza. **2.** Compensar una cosa o acción con otra contraria. **SIN. 1.** Nivelar, contrapesar. **2.** Contrarrestar. **ANT. 1.** Desnivelar.

contrabandista *adj.* **1.** Dedicado al contrabando: *mercado contrabandista.* || *s. m.* y *f.* **2.** Persona que se dedica al contrabando: *contrabandista de tabaco.*

contrabando (de *contra-* y *bando*, ley) *s. m.* **1.** Hecho de introducir en un país, o sacar de él, mercancías prohibidas o sin pagar los derechos de aduana: *contrabando de drogas.* **2.** Estas mercancías u otros géneros prohibidos: *Tiene la casa llena de contrabando.* **3.** Lo que es o parece ilícito y se tiene o se hace a escondidas: *Entró en el cine de contrabando.* **SIN. 1.** Fraude. **2.** Alijo. **FAM.** Contrabandear, contrabandista. BANDO[1].

contrabarrera *s. f.* Segunda fila de asientos en los tendidos de las plazas de toros.

contracción (del lat. *contractio, -onis*) *s. f.* **1.** Acción de contraer o de contraerse: *una contracción muscular.* **2.** Unión en una sola de dos palabras, una de las cuales termina y la otra comienza por vocal, suprimiendo una de estas vocales. P. ej., *al*, contracción de *a* y *el*. **3.** Reducción a una sola sílaba, dentro de una misma palabra, de vocales que normalmente se pronuncian en sílabas distintas, como *aho-ra*, por *a-ho-ra*. **SIN. 1.** Disminución, encogimiento. **3.** Sinéresis. **ANT. 1.** Expansión, distensión.

contracepción *s. f.* Medio utilizado para impedir que la mujer quede embarazada. **SIN.** Anticoncepción.

contraceptivo, va *adj.* Anticonceptivo*. **FAM.** Contracepción. CONCEBIR.

contrachapado o **contrachapeado, da 1.** *p.* de **contrachapar** o **contrachapear**. || *adj.* **2.** Se dice del tablero formado por varias capas de madera, encoladas entre sí de forma que las fibras alternen en direcciones perpendiculares. También *s. m.* || *s. m.* **3.** Operación de encolar láminas de madera para obtener dichos tableros.

contrachapar o **contrachapear** *v. tr.* Encolar láminas de madera muy delgadas para que formen un contrachapado. **FAM.** Contrachapado, contrachapeado. CHAPAR.

contracorriente *s. f.* Corriente de aire, agua, etc., de sentido contrario a la principal de la que procede. || **LOC. a contracorriente** *adv.* En contra de la opinión o tendencia general.

contráctil *adj.* Capaz de contraerse con facilidad. **FAM.** Contractilidad. CONTRAER.

contractual (del lat. *contractus*, contrato) *adj.* Procedente del contrato o derivado de él: *cláusula contractual.*

contractura *s. f.* **1.** Contracción involuntaria de uno o más grupos musculares. **2.** Disminución del diámetro del fuste de una columna en su parte superior.

contracubierta *s. f.* **1.** Parte interior de la cubierta de un libro. **2.** P. ext., parte posterior de la cubierta de un libro o revista.

contracultura *s. f.* Conjunto de fenómenos y movimientos surgidos a partir de 1960 en Estados Unidos y Europa occidental como alternativa a la cultura y formas de vida convencionales; decayó hasta casi desaparecer en la década de los setenta. **FAM.** Contracultural. CULTURA.

contradanza *s. f.* Baile que ejecutan varias parejas a la vez combinando figuras.

contradecir (del lat. *contradicere*) *v. tr.* **1.** Decir lo contrario de lo que otro afirma o negar lo que otro da por cierto: *Contradije su opinión.* **2.** Oponerse alguien o algo a determinada cosa. También *v. prnl.*: *Sus hechos se contradicen con sus palabras.* || **contradecirse** *v. prnl.* **3.** Decir o hacer algo opuesto a lo que se ha dicho o hecho antes: *Se contradice a cada paso.* ■ Es v. irreg. Se conjuga como *decir*, salvo la 2ª pers. del sing. del presente de imperativo: *contradice.* **SIN. 1.** Rebatir, objetar. **2.** Contraponerse, chocar. **ANT. 1.** Confirmar, ratificar. **2.** Concordar. **FAM.** Contradicción, contradictor, contradictoriamente, contradictorio. DECIR[1].

contradicción (del lat. *contradictio, -onis*, contra el discurso) *s. f.* Hecho de contradecirse u oponerse dos cosas: *Sus declaraciones a la prensa estan llenas de contradicciones.* **SIN.** Incoherencia, incongruencia. **ANT.** Coherencia, congruencia.

contradictorio, ria (del lat. *contradictorius*) *adj.* Que está en contradicción con otra cosa o consigo mismo: *comportamiento contradictorio.*

contraejemplo *s. m.* Ejemplo que contradice una afirmación o regla.

contraer (del lat. *contrahere*, de *cum*, con, y *trahere*, traer) *v. tr.* **1.** Reducir una cosa a menor tamaño, bien en longitud, bien en volumen. También *v. prnl.*: *La madera se contrajo.* **2.** Adquirir ciertas cosas, como costumbres, obligaciones, enfermedades, vicios, vínculos de parentesco, etc.: *Contrajo la gripe.* **3.** Reducir un discurso, relato, etc., a una idea, a un solo punto o caso. || **contraerse** *v. prnl.* **4.** Encogerse un músculo, nervio, etc. **5.** *Amér.* Concentrarse, dedicarse exclusivamente a algo. ■ Tiene dos p.: uno reg., *contraído*, y otro irreg., *contracto*. Es v. irreg. Se conjuga como *traer*. **SIN. 1.** Disminuir, encoger, constreñir. **2.** Asumir. **3.** Concretar, ceñir. **ANT. 1.** Agrandar, estirar, dilatar. **3.** Ampliar. **FAM.** Contracción, contráctil, contractura, contrayente. TRAER.

contraespionaje *s. m.* Servicio de seguridad de un país contra el espionaje extranjero.

contrafagot *s. m.* **1.** Instrumento musical semejante al fagot, cuya altura es una octava más grave que la de éste. **2.** Persona que toca este instrumento. ■ Su pl. es *contrafagotes.* **SIN. 2.** Contrafagotista.

contrafilo *s. m.* Filo que se saca a veces a las armas blancas por el lado contrario al corte y cercano a la punta.

contrafuero *s. m.* Acción con que se hace algo contra un fuero o no se cumple lo que éste dispone.

contrafuerte *s. m.* **1.** Pilar o arco adosado a un muro, al que sirve de refuerzo: *los contrafuertes de una catedral.* **2.** Cadena secundaria de montañas que arranca de la principal. **3.** Pieza de cuero u otro material con que se refuerza el calzado por la parte del talón. **4.** Correa de la silla donde se afianza la cincha. **SIN. 1.** Arbotante. **2.** Estribación.

contragolpe *s. m.* **1.** Golpe que se da o ataque que se realiza en respuesta a otro, en sentido material o figurado.: *El contragolpe sorprendió a la defensa contraria y se resolvió en gol.* **2.** Efecto producido por un golpe en sitio distinto de aquel en que se recibe. **SIN. 1.** Réplica, contraataque.

contrahecho, cha *adj.* Que tiene alguna deformidad en el cuerpo. También *s. m.* y *f.* **SIN.** Deforme. **FAM.** Contrahacer. HACER.

contrahuella (de *contra-* y *huella*) *s. f.* Parte vertical de un peldaño o escalón.

contraindicación *s. f.* Circunstancia que se opone al empleo de un medicamento, remedio, tratamiento, etc. **SIN.** Prohibición, restricción. **ANT.** Indicación. **FAM.** Contraindicado, contraindicar. INDICAR.

contraindicar *v. tr.* Señalar que un medicamento o ciertos actos o remedios son perjudiciales para la salud. ■ Delante de *e* se escribe con *qu* en lugar de *c*: *contraindique.* **SIN.** Desaconsejar, prohibir. **ANT.** Recetar, prescribir, recomendar, aconsejar.

contralmirante *s. m.* Grado militar en la Armada, superior al de capitán de navío e inferior al de vicealmirante. ■ Se dice también *contraalmirante.*

contralor (del fr. *contrôleur*) *s. m. Amér.* Inspector encargado de controlar los gastos públicos. **FAM.** Contraloría.

contraloría *s. f. Amér.* Oficina de la inspección de gastos públicos.

contralto (del ital. *contralto*) *s. m.* **1.** En mús., voz media entre la de tiple y la de tenor. || *s. m.* y *f.* **2.** Persona que tiene esta voz.

contraluz *s. amb.* **1.** Vista o aspecto de las cosas por el lado contrario a aquel por el que les da la luz: *una montaña a contraluz.* **2.** Fotografía o pintura hecha en estas condiciones. ■ En las dos acepciones se usa más como *s. m.*

contramaestre *s. m.* **1.** Suboficial de marina que se encarga de la marinería y tiene diversos cometidos a bordo. **2.** En algunas fábricas y talleres, encargado de los obreros. SIN. **2.** Capataz.

contramano, a *loc. adv.* En dirección contraria a la corriente o a la establecida: *El coche subió a contramano.*

contramarcha *s. f.* Vuelta atrás o retroceso en una marcha, especialmente militar. FAM. Contramarchar. MARCHA.

contraofensiva *s. f.* Maniobra militar que consiste en atacar cuando el enemigo ya lo ha hecho antes, obligando a éste a pasar a la defensiva. SIN. Contraataque.

contraoferta *s. f.* Oferta que se da como respuesta a otra anterior, generalmente para mejorarla.

contraorden *s. f.* Orden que anula otra dada con anterioridad. SIN. Contraaviso.

contrapartida *s. f.* **1.** Cosa que produce efectos contrarios a otra o que se da o hace para compensar otra: *Como contrapartida de los exámenes, tuvimos más recreo.* **2.** En un tratado comercial, ventaja que la parte más interesada, el vendedor o la que tiene saldo positivo, concede a la otra. **3.** En la contabilidad por partida doble, anotación que se hace para corregir algún error. SIN. **1.** Recompensa. **2.** Contraprestación.

contrapear *v. tr.* **1.** Aplicar unas piezas de madera contra otras, de manera que sus fibras estén cruzadas. **2.** Revestir con chapas de madera noble objetos construidos con maderas corrientes. **3.** Colocar cosas en posición alternada: *contrapear libros en una pila, alternando los lomos y los cortes.* SIN. **1.** Contrachapar. **2.** Recubrir.

contrapelo, a *loc. adv.* **1.** Contra la dirección del pelo: *Cepilló el abrigo a contrapelo.* **2.** A la fuerza, a disgusto, contra el sentir general: *Estudia a contrapelo.*

contrapesar *v. tr.* **1.** Equilibrar el peso de una cosa mediante una carga similar en el lado opuesto: *Hay que contrapesar la carga del coche.* **2.** Destruir un efecto con otro de sentido contrario: *Las pérdidas contrapesan las ganancias.* SIN. **1.** Nivelar, igualar. **1.** y **2.** Compensar. **2.** Contrarrestar, neutralizar. ANT. **1.** Desequilibrar, desnivelar. **1.** y **2.** Descompensar.

contrapeso *s. m.* **1.** Peso que sirve para equilibrar a otro: *el contrapeso de un ascensor.* **2.** Aquello que compensa o equilibra una cosa: *La prudencia de su amigo le sirve de contrapeso.* **3.** Balancín de los equilibristas. SIN. **2.** Compensación. FAM. Contrapesar. PESO.

contrapié, a *loc. adv.* Indica que se tiene el pie en mala postura para lo que se quiere hacer. También, inoportunamente, en mal momento: *La visita nos pilló a contrapié.*

contraponer (del lat. *contraponere*) *v. tr.* **1.** Oponer una persona, idea o cosa a otra para impedir su acción: *contraponer al ejército invasor las tropas nacionales.* También *v. prnl.* **2.** Comparar una cosa con otra: *contraponer dos estilos.* ■ Se construye con las prep. *a* y *con*: *contraponer a alguien; contraponer una cosa con otra.* Es v. irreg. Se conjuga como *poner.* SIN. **1.** Enfrentar(se). **2.** Confrontar. ANT. **1.** Armonizar(se). FAM. Contraposición, contrapuesto. PONER.

contraportada *s. f.* **1.** Página anterior a la portada o, lo que es lo mismo, posterior a la portadilla o anteportada de un libro, donde figuran diversos detalles de éste. **2.** P. ext., parte posterior de la cubierta de un libro o revista. SIN. **2.** Contracubierta.

contraprestación *s. f.* Prestación (cosa o servicio) que debe una parte contratante por razón de la que ha recibido o ha de recibir: *Exigió una contraprestación por pagar al contado.* SIN. Contrapartida, compensación.

contraproducente (del lat. *contra*, al contrario, y *producens, -entis*, producente) *adj.* Que produce efectos contrarios a lo que se pretende o se espera: *una medida contraproducente.* SIN. Perjudicial, nocivo. ANT. Beneficioso, conveniente.

contraprogramación *s. f.* En televisión, técnica que consiste en planificar los programas teniendo en cuenta los de otras cadenas.

contraproposición *s. f.* Contrapropuesta*. FAM. Contrapropuesta. PROPOSICIÓN.

contrapropuesta *s. f.* Proposición con que se responde o ataca a otra anterior. SIN. Contraproposición.

contraproyecto *s. m.* Proyecto que se hace o presenta frente a otro anterior.

contraprueba *s. f.* Segunda prueba de imprenta.

contrapuerta *s. f.* **1.** Puerta situada inmediatamente detrás de otra. **2.** Puerta que separa el portal o zaguán del resto de la casa. SIN. **2.** Portón.

contrapuntear *v. tr.* **1.** Cantar o tocar de contrapunto. **2.** *Amér.* En la canción popular, competir entre sí dos o más guitarristas y copleros improvisando versos.

contrapuntista *s. m.* Compositor que practica el contrapunto con preferencia o con habilidad.

contrapunto (del bajo lat. *cantus contrapunctus*) *s. m.* **1.** Técnica de composición musical que ordena el desarrollo simultáneo de varias voces o melodías en un conjunto, en que cada una conserva su independencia y está, a la vez, sujeta al todo. **2.** Contraste entre dos o más cosas: *Un chiste puso el contrapunto a su seria conferencia.* **3.** *Amér.* Desafío o competición entre dos o más guitarristas y copleros. SIN. **2.** Contrapeso. FAM. Contrapuntear, contrapunteo, contrapuntista. PUNTO.

contrariar (de *contrario*) *v. tr.* **1.** Contradecir a alguien o evitar que sus intenciones, pretensiones o propósitos se realicen: *Quería hacer un viaje y hemos contrariado sus planes.* También *v. prnl.* **2.** Disgustar, molestar a alguien, particularmente por no cumplirse lo que esta persona preveía o esperaba. También *v. prnl.* ■ En cuanto al acento, se conjuga como *ansiar.* SIN. **1.** Oponerse, entorpecer(se), estorbar(se), dificultar(se). **2.** Enfadar(se), incomodar(se), enojar(se). ANT. **1.** Favorecer(se), facilitar(se), ayudar(se). **2.** Contentar(se), agradar(se), satisfacer(se).

contrariedad (del lat. *contrarietas, -atis*) *s. f.* **1.** Oposición que tiene una cosa con otra. **2.** Contratiempo imprevisto que retrasa la ejecución o el logro de algo: *La avería del coche fue una contrariedad.* **3.** Aquello que es motivo de disgusto o de descontento para alguien: *No pude disimular mi contrariedad al ver que había suspendido.* SIN. **2.** Percance, trastorno, dificultad, tropiezo. **3.** Chasco.

contrario, ria (del lat. *contrarius*) *adj.* **1.** Que es opuesto o se opone a algo: *Te has puesto el zapato en el pie contrario. Regañamos a veces porque nuestras posturas son contrarias. Es contrario a las apuestas.* También *s. m.* **2.** Que perjudica o causa daño: *La nueva decisión que has tomado puede ser contraria a tus aspiraciones.* ‖ *s. m.* y *f.* **3.** Enemigo, rival: *El boxeador dejó al contrario fuera de combate.* **4.** Persona que sigue pleito contra otra. ‖ **LOC. al** (o **por el**) **contrario** *adv.* Al revés, de un modo opuesto. **de lo contrario** *adv.* En caso contrario. **llevar la contraria** a alguien Oponerse por sistema a lo que dice o hace. **SIN. 1.** Antagónico; hostil, reacio. **2.** Dañino, perjudicial. **3.** Adversario, competidor, contendiente. **ANT. 1.** Igual. **2.** Beneficioso. **3.** Amigo, partidario. **FAM.** Contrariar, contrariedad. CONTRA[1].

contrarreforma *s. f.* Movimiento de reforma religiosa que tuvo lugar en la Iglesia católica como respuesta al protestantismo y al deseo de numerosos sectores dentro de la propia Iglesia de llevar a cabo una auténtica renovación de la fe y la vida cristianas. ■ Suele escribirse con mayúscula.

contrarreloj *adj.* Se aplica a la carrera ciclista en la que los corredores toman la salida de uno en uno, dejando un tiempo determinado entre ellos, y cuya clasificación se establece en función del tiempo empleado por cada uno para llegar a la meta. También *s. f.*

contrarréplica *s. f.* **1.** Contestación dada a una réplica: *Se inició el turno de contrarréplica.* **2.** En der., escrito en que el demandado contesta a la réplica del demandante. **SIN. 2.** Dúplica.

contrarrestar (del lat. *contra*, contra, y *restare*, resistir) *v. tr.* **1.** Hacer frente u oposición a algo: *contrarrestar al enemigo.* **2.** Paliar, neutralizar, debilitar o tratar de impedir una cosa la influencia o efecto producido por otra: *Quieren contrarrestar las consecuencias que tuvo aquel escándalo.* **SIN. 1.** Resistir, oponerse. **2.** Compensar, contrapesar.

contrarrevolución *s. f.* Movimiento dirigido contra una revolución. **FAM.** Contrarrevolucionario. REVOLUCIÓN.

contrasentido *s. m.* Acción, actitud, pensamiento, etc., que carece de sentido o lógica, que incluye una contradicción. **SIN.** Despropósito, incongruencia, paradoja.

contraseña *s. f.* Señal que se dan unas personas a otras para poder reconocerse, ser identificadas, entenderse entre sí, etc.

contrastar (del lat. *contrastare*, de *contra*, enfrente, y *stare*, mantenerse) *v. tr.* **1.** Poner a prueba la autenticidad, pureza, validez de una cosa: *El profesor quiso contrastar los conocimientos de los alumnos.* **2.** Comprobar oficialmente las pesas o medidas. **3.** Comprobar y fijar la ley, peso y valor de los objetos de oro o plata para ponerles después la marca de garantía. ‖ *v. intr.* **4.** Mostrar gran diferencia una cosa entre otras por ser opuesta o muy distinta de ellas: *Su altura contrastaba con la de los invitados.* **SIN. 1.** Comparar, constatar, verificar. **4.** Chocar, resaltar, distinguirse. **FAM.** Contrastable, contraste. / Incontrastable.

contraste *s. m.* **1.** Acción de contrastar. **2.** Oposición entre personas y cosas: *El contraste de opiniones siempre resulta muy enriquecedor.* **3.** Marca que se graba en objetos de metal noble como garantía. **4.** Sustancia que se introduce en el organismo para poder explorar clínicamente órganos que no serían observables sin ella. **SIN. 1.** Comparación. **2.** Choque.

contrata *s. f.* **1.** Contrato que se hace con el gobierno, con un organismo público o con un particular para ejecutar una obra o prestar un servicio por un precio. **2.** Entre artistas, toreros, etc., contrato de actuación: *Le ha salido una contrata para América.*

contratar (del lat. *contractare*) *v. tr.* **1.** Llegar a un acuerdo una persona, empresa, institución, etc., con otra por el que una se obliga a dar o hacer algo a la otra a cambio de dinero u otra compensación: *Contrató el alquiler del local.* **2.** Tomar a una persona para algún servicio, determinando precio y condiciones: *contratar a un cocinero.* **SIN. 1.** Convenir. **FAM.** Contrata, contratación, contratante, contratista, contrato. / Subcontratar. TRATAR.

contratiempo (de *contra*[1] y *tiempo*) *s. m.* Imprevisto que origina un trastorno a una persona: *Me surgió un contratiempo y no pude llamarte.* ‖ **LOC. a contratiempo** *adj.* y *adv.* Se aplica a la música, melodía, nota, etc., que modifica el orden normal de tiempos débiles y fuertes. **SIN.** Complicación, percance, contrariedad.

contratista *s. m.* y *f.* Persona o entidad que hace una obra o servicio por contrata.

contrato (del lat. *contractus*) *s. m.* **1.** Convenio o acuerdo entre dos o más personas, empresas, instituciones, etc., por el que se obligan a cumplir determinadas cosas: *un contrato de trabajo.* **2.** Documento que lo acredita. ‖ **3. contrato basura** Contrato laboral de condiciones muy desfavorables para el trabajador. **4. contrato blindado** Contrato laboral que, en caso de rescisión, fija una elevada indemnización para el empleado, generalmente un alto cargo. **FAM.** Contractual. / Precontrato. CONTRATAR.

contratuerca *s. f.* Tuerca que se superpone a otra para evitar que ésta se afloje.

contraveneno *s. m.* **1.** Medicamento o medio para combatir los efectos de un veneno. **2.** Precaución que se toma para evitar algo perjudicial. **SIN. 1.** Antídoto.

contravenir (del lat. *contravenire*) *v. tr.* Obrar en contra de lo mandado o establecido: *contravenir órdenes.* También *v. intr.* con la prep. *a*: *Contravino a la ley.* ■ Es v. irreg. Se conjuga como *venir.* **SIN.** Desobedecer, infringir, transgredir, quebrantar, violar. **ANT.** Cumplir, obedecer. **FAM.** Contravención, contraventor. VENIR.

contraventana *s. f.* **1.** Especie de puerta que interiormente cierra sobre los cristales de ventanas y balcones para que no entre la luz. **2.** En los climas fríos, puerta que se coloca en la parte de afuera de ventanas y vidrieras para mayor protección y resguardo. **SIN. 1.** Postigo.

contrayente *adj.* Que contrae, principalmente referido a la persona que contrae matrimonio. También *s. m.* y *f.*

contribución (del lat. *contributio, -onis*) *s. f.* **1.** Acción de contribuir. **2.** Pago que tienen que hacer los ciudadanos de un Estado para ayudar a sostener los gastos de éste o los de la comunidad o municipio: *la contribución urbana.* **3.** Dinero o cualquier cosa que se da para contribuir a algo: *contribución contra el cáncer.* **SIN. 3.** Aportación, ayuda.

contribuidor, ra *adj.* Que contribuye. También *s. m.* y *f.*

contribuir (del lat. *contribuere*, de *cum*, con, y *tribuere*, dar) *v. intr.* **1.** Pagar cada uno la cuota que le corresponde de un impuesto. También *v. tr.* **2.** Dar voluntariamente una cantidad de dinero u otra cosa para un determinado fin: *Contribuyó a* *la campaña de Navidad.* **3.** Ayudar junto con otras personas o cosas a que pueda realizarse algo: *El clima contribuyó a su curación. Los niños contribuyeron al éxito de la fiesta.* ■ Se construye con las prep. *a, con* y *para*: *contribuir a un fin; contribuir con una aportación económica; contribuir para algo.* Es v. irreg. Se conjuga como *huir.* SIN. **1.** Cotizar, tributar. **2.** Aportar. **2.** y **3.** Colaborar, cooperar. **3.** Auxiliar, coadyuvar. FAM. Contribución, contribuidor, contribuyente. TRIBUTO.

contribuyente *adj.* Que contribuye, especialmente que paga contribución al Estado. También *s. m.* y *f.*

contrición (del lat. *contritio, -onis*) *s. f.* Dolor o pesar causado por haber ofendido a Dios. SIN. Arrepentimiento. FAM. Contrito.

contrincante (de *con* y *trinca*) *s. m.* y *f.* Persona que pretende algo en competencia con otras, especialmente el que se enfrenta a otra u otras en una competición deportiva. SIN. Competidor, rival, adversario, contendiente, contrario.

contristar (del lat. *contristare*) *v. tr.* Causar tristeza: *Le contristó tu marcha.* También *v. prnl.* SIN. Apenar(se), entristecer(se), doler(se), afligir(se). ANT. Alegrar(se), contentar(se).

contrito, ta (del lat. *contritus*) *adj.* Abatido por haber cometido una falta o un pecado. SIN. Arrepentido. ANT. Impenitente.

control (del fr. *contrôle*) *s. m.* **1.** Examen o comprobación de personas o cosas cuyo conocimiento interesa: *Realizó un control de matemáticas. Lleva el control de los alumnos que faltan a clase.* **2.** Vigilancia: *un preso sometido a fuerte control.* **3.** Limitación: *control de velocidad.* **4.** Dominio, dirección, predominio: *José tiene un gran control sobre sí mismo. Ese delegado sabe llevar el control sobre la clase. Su empresa tiene el control de la importación de gas.* **5.** Regulación: *el control del tráfico.* **6.** Lugar donde se controla: *El control está a la entrada de la fábrica.* **7.** Dispositivo para regular o manejar algo: *Con estos controles se pilota el avión.* || **8. control remoto** Utilización de dispositivos de mando a distancia para accionar o modificar el funcionamiento de motores y otros aparatos. SIN. **1.** Inspección, observación. **2.** Atención, cuidado. **3.** Contención. **4.** Preponderancia. **4.** y **7.** Mando. ANT. **2.** Descuido, abandono. **3.** Aumento, incremento. **4.** Descontrol. FAM. Controlable, controlador, controlar. / Autocontrol, descontrol, incontrolable, telecontrol, videocontrol.

controlador, ra *s. m.* y *f.* **1.** Persona que controla. || **2. controlador aéreo** Técnico encargado de orientar, regular, vigilar, etc., el despegue, ruta de vuelo y aterrizaje de aviones.

controlar (del fr. *contrôler*) *v. tr.* **1.** Ejercer control sobre alguien o algo: *controlar la evolución de un enfermo, controlar la situación, controlar los gastos.* || **controlarse** *v. prnl.* **2.** Dominarse, no dejarse llevar por los impulsos: *Tuve que controlarme para no hacer un disparate.* SIN. **1.** Examinar, comprobar, vigilar, medir, limitar, dirigir. **2.** Refrenarse, comedirse. ANT. **1.** Descontrolar, descuidar, abandonar. **2.** Desmadrarse.

controller (ingl.) *s. m.* y *f.* Director financiero de una empresa.

controversia (del lat. *controversia*) *s. f.* Discusión larga y continuada entre personas que defienden opiniones contrarias. SIN. Debate, disputa, polémica.

controvertir (del lat. *controvertere*, de *contra*, contra, y *vertere*, volver) *v. intr.* Discutir extensa y detenidamente. También *v. tr.* ■ Es v. irreg. Se conjuga como *sentir.* SIN. Debatir, disputar, polemizar. FAM. Controversia, controvertible. / Incontrovertible.

contubernio (del lat. *contubernium*) *s. m.* **1.** Confabulación de personas o grupos con intereses, proyectos, etc., de carácter ilícito, secreto o vituperable. **2.** Convivencia de un hombre y una mujer como esposos sin estar casados. SIN. **2.** Amancebamiento.

contumacia (del lat. *contumacia*) *s. f.* **1.** Actitud de mantenerse firmemente en un error. **2.** Falta de comparecencia en un juicio. SIN. **1.** Terquedad, obstinación. **2.** Rebeldía.

contumaz (del lat. *contumax, -acis*) *adj.* **1.** Que se mantiene firmemente en un error: *Era contumaz en sus equivocaciones.* **2.** En der., rebelde*. También *s. m.* y *f.* SIN. **1.** Obstinado, terco, porfiado, tenaz. FAM. Contumacia.

contundente (del lat. *contundens, -entis*, de *contundere*, contundir) *adj.* **1.** Se dice de lo que puede producir contusión: *un objeto contundente.* **2.** Evidente, claro, decidido: *un triunfo contundente, una acción contundente.* **3.** Que convence de una manera indudable o decisiva: *Aportó pruebas contundentes de su inocencia.* SIN. **2.** Aplastante, tajante. **3.** Convincente, terminante, concluyente, categórico. ANT. **3.** Discutible. FAM. Contundencia, contundentemente, contundir, contusión. TUNDIR[2].

contundir (del lat. *contundere*) *v. tr.* Magullar, golpear. También *v. prnl.*

conturbar (del lat. *conturbare*) *v. tr.* **1.** Alterar, inquietar a una persona o a una población un suceso o un acontecimiento desgraciado: *El terremoto conturbó a los habitantes.* También *v. prnl.* **2.** Producir un desasosiego o una turbación en el ánimo de alguien: *Estabas muy decaída porque aquella reprimenda te conturbó.* También *v. prnl.*: *Al recibir aquella carta, me conturbé.* SIN. **1.** Conmover(se), conmocionar(se). **1.** y **2.** Perturbar(se). **2.** Turbar(se), desasosegar(se). ANT. **1.** y **2.** Calmar(se). FAM. Conturbación, conturbado. TURBAR.

contusión (del lat. *contusio, -onis*) *s. f.* Lesión producida por un golpe que no causa herida exterior. FAM. Contusionar, contuso. CONTUNDENTE.

contusionar *v. tr.* Contundir*.

contuso, sa (del lat. *contusus*) *adj.* Que ha recibido una contusión. SIN. Magullado.

conurbación (del ingl. *conurbation*) *s. f.* Área o región formada por el crecimiento de dos o más núcleos urbanos que se han unido y forman un continuo en el espacio.

convalecencia (del lat. *convalescentia*) *s. f.* **1.** Estado en que se encuentra una persona después de pasar una enfermedad y mientras se está recuperando de ella. **2.** Tiempo que dura este estado. SIN. **1.** y **2.** Recuperación.

convalecer (del lat. *convalescere*) *v. intr.* **1.** Recobrar las fuerzas perdidas en una enfermedad, después de curada ésta: *Convaleció de su enfermedad quedándose en cama.* **2.** Reponerse una persona o una comunidad de un mal sufrido: *convalecer de una catástrofe.* ■ Es v. irreg. Se conjuga como *agradecer.* SIN. **1.** y **2.** Recuperarse, sobreponerse. FAM. Convalecencia, convaleciente. VALER[1].

convalidar (del lat. *convalidare*) *v. tr.* **1.** Dar validez académica en un país, institución, facultad, etc., a estudios aprobados en otro país, institución, etc. **2.** Confirmar, dar como válida una cosa: *La decisión del director fue convalidada por el consejo escolar.* **SIN. 2.** Corroborar, ratificar. **FAM.** Convalidación. VALIDAR.

convección (del lat. *convectio, -onis*) *s. f.* **1.** Transmisión del calor en líquidos y gases por movimiento de sus partículas debido a los cambios de densidad que provoca el aumento de temperatura. **2.** Movimiento de ascenso vertical de una masa gaseosa o fluida. **FAM.** Convector.

convecino, na *adj.* Con respecto a una persona, aquella otra que es vecina suya. También *s. m.* y *f.* **SIN.** Conciudadano.

convector *s. m.* Aparato de calefacción por convección.

convencer (del lat. *convincere*) *v. tr.* **1.** Conseguir que una persona se decida a hacer cierta cosa: *Le convencí para que estudiara.* También *v. prnl.* **2.** Lograr que alguien crea o acepte cierta cosa: *Me convenció de sus buenas intenciones.* También *v. prnl.* **3.** Gustar, satisfacer: *El equipo convenció a la afición. No me convence este cuadro.* || **convencerse** *v. prnl.* **4.** Asegurarse de alguna cosa: *Quiero convencerme de que no olvido nada.* ■ Delante de *a* y *o* se escribe *z* en lugar de *c*: *convénzase.* **SIN. 1.** Inclinar(se), inducir(se). **1.** y **2.** Persuadir(se). **2.** Probar(se), demostrar(se). **3.** Agradar, contentar, complacer. **4.** Cerciorarse, afianzarse. **ANT. 1.** Disuadir. **3.** Disgustar, defraudar. **FAM.** Convencimiento, convicción, convicto, convincente, convincentemente. / Inconvencible. VENCER.

convención (del lat. *conventio, -onis*) *s. f.* **1.** Acuerdo, convenio entre personas, instituciones, Estados, etc.: *En Ginebra se han firmado diversas convenciones internacionales.* **2.** Asamblea, reunión, especialmente de representantes de una misma profesión, un mismo partido, etc.: *una convención de editores.* **3.** Norma o práctica admitida por acuerdo, por asentimiento general, por responder a la costumbre, etc.: *Las señales de tráfico son una convención.* **SIN. 1.** Pacto, concierto, tratado. **2.** Congreso, conferencia, simposio, junta. **FAM.** Convencional, convencionalismo. CONVENIR.

convencional (del lat. *conventionalis*) *adj.* **1.** Relacionado con el convenio o acuerdo. **2.** Establecido por costumbre, convenio o asentimiento general: *En este juego, cada carta tiene un valor convencional.* **3.** Tradicional: *arma convencional, procedimiento convencional.* **SIN. 2.** Arbitrario. **ANT. 3.** Nuevo. **FAM.** Convencionalmente. CONVENCIÓN.

convencionalismo *s. m.* **1.** Idea, procedimiento, comportamiento, etc., que se acepta y se pone en práctica por tradición, costumbre, uso generalizado o conveniencia, pero que no expresa sentimientos particulares: *los convencionalismos sociales.* **2.** Doctrina que considera que los principios de las ciencias son meras convenciones y acuerdos y no verdades absolutas. **SIN. 1.** Formulismo, protocolo.

conveniencia (del lat. *convenientia*) *s. f.* **1.** Cualidad de conveniente. **2.** Beneficio, provecho, utilidad: *Lo hizo por su propia conveniencia.* **SIN. 2.** Ventaja, interés. **ANT. 1.** Inconveniencia. **2.** Perjuicio, daño.

conveniente (del lat. *conveniens, -entis*) *adj.* **1.** Se aplica a aquellas cosas que son útiles o provechosas: *Es conveniente comer fruta.* **2.** Adecuado, apropiado: *un actor conveniente para la película.* **SIN. 1.** Oportuno, beneficioso, ventajoso. **2.** Conforme, concorde, acomodado. **ANT. 1.** Inconveniente, perjudicial, inútil, dañino. **2.** Inadecuado, inapropiado. **FAM.** Convenientemente. / Inconveniente. CONVENIR.

convenio *s. m.* **1.** Acuerdo o pacto hecho entre personas, instituciones, Estados, etc. || **2. convenio colectivo** Acuerdo sobre salarios y condiciones laborales establecido entre los representantes de los empresarios y los de los trabajadores. **SIN. 1.** Alianza, trato, ajuste, convención. **ANT. 1.** Desacuerdo, disensión.

convenir (del lat. *convenire*) *v. intr.* **1.** Ser de una misma opinión o ponerse de acuerdo sobre algo: *Convinieron en todos los temas. Convinimos en cenar juntos.* También *v. tr.* y *v. prnl.*: *convenir un aumento salarial, convenirse en un precio.* **2.** Ser oportuno, adecuado, útil, beneficioso: *Sabe hablar como conviene a cada situación. Conviene hacer ejercicio.* ■ Es v. irreg. Se conjuga como *venir.* **SIN. 1.** Coincidir, acordar(se), ajustar(se), concertar(se), pactar(se). **2.** Corresponder; beneficiar, aprovechar. **ANT. 1.** Disentir, diverger, discrepar, discordar. **2.** Perjudicar, dañar. **FAM.** Convención, convenido, conveniencia, conveniente, convenio. / Reconvenir. VENIR.

conventillero, ra *adj. Amér.* Persona aficionada a los chismes y murmuraciones. También *s. m.* y *f.*

conventillo *s. m. Amér.* Casa grande de vecindad.

convento (del lat. *conventus*) *s. m.* **1.** Casa en la que viven, generalmente en clausura, religiosos o religiosas de una misma orden. **2.** Comunidad que habita en el convento. **SIN. 1.** Monasterio, abadía, cenobio. **FAM.** Conventillero, conventillo, conventual. / Trotaconventos.

convergencia *s. f.* **1.** Acción de converger. **2.** Unión de dos cosas en un punto o aspecto: *la convergencia de dos carreteras, la convergencia de opiniones.* **SIN. 1.** Coincidencia, concurrencia. **2.** Confluencia. **ANT. 1.** Divergencia. **1.** y **2.** Separación.

converger o **convergir** (del lat. *convergere*) *v. intr.* **1.** Dirigirse dos o más líneas, caminos, etc., a un mismo punto, unirse en él: *En la plaza convergen cinco calles.* **2.** Tener un mismo fin, en especial hablando de ideas, acciones, opiniones, propósitos, etc.: *Es necesario hacer converger los esfuerzos de todos.* ■ Delante de *a* y *o* se escribe *j* en lugar de *g*: *converja.* **SIN. 1.** Confluir, juntarse. **2.** Coincidir. **ANT. 1.** y **2.** Divergir, separarse. **FAM.** Convergencia, convergente.

conversación (del lat. *conversatio, -onis*) *s. f.* **1.** Acción de conversar o hablar una o más personas con otra u otras, en especial familiarmente: *mantener una conversación.* **2.** Manera o forma de conversar: *Es un hombre de conversación divertida.* || **LOC. dar conversación** Entretener una persona a otra hablando con ella. **SIN. 1.** Charla, diálogo, palique, cháchara, parloteo.

conversacional *adj.* Coloquial*.

conversada *s. f. Arg., Chile, Par.* y *Urug.* Conversación o charla extensa.

conversador, ra *adj.* Que conversa, particularmente en forma grata o interesante. También *s. m.* y *f.*

conversar (del lat. *conversare*, de *cum*, con, y *versare*, dar vueltas) *v. intr.* Hablar, en especial familiarmente, unas personas con otras. **SIN.** Charlar, platicar, dialogar, departir. **ANT.** Callar. **FAM.** Conversación, conversacional, conversada, conversador. VERSAR.

converso, sa (del lat. *conversus*) *adj.* Convertido al cristianismo, especialmente si era antes musulmán o judío. También *s. m.* y *f.* **SIN.** Confeso, neófito, prosélito.

convertible (del lat. *convertibilis*) *adj.* **1.** Que puede ser convertido o transformado en otra cosa: *un sofá convertible en cama.* **2.** Se dice del automóvil descapotable. También *s. m.*: *Pienso comprarme un convertible.* **SIN. 1.** Transformable, mudable. **FAM.** Convertibilidad. CONVERTIR.

convertidor *s. m.* **1.** Aparato que se utiliza para convertir el tipo de corriente eléctrica o alguna de sus características, como la tensión. **2.** Caldera ideada por Bessemer para convetir la fundición de hierro en acero. **3.** Nombre que se da a otros aparatos o dispositivos que se emplean para realizar conversiones, como el convertidor de par de algunos motores, etc.

convertir (del lat. *convertere*) *v. tr.* **1.** Cambiar una cosa, cualidad, acción, situación, etc., en otra: *convertir el trigo en harina, convertir dólares en pesetas.* También *v. prnl.* **2.** Hacer que una persona o una cosa llegue a ser algo que se indica: *La lotería le convirtió en millonario.* También *v. prnl.* **3.** Hacer que alguien adquiera una ideología o creencia, en especial religiosa, o cambie de parecer: *convertir al cristianismo.* También *v. prnl.* ■ Es v. irreg. Se conjuga como *sentir.* **SIN. 1.** Transformar(se), mudar(se), trocar(se). **FAM.** Conversión, converso, convertible, convertidor. / Reconvertir.

convexo, xa (del lat. *convexus*) *adj.* Se dice de la línea o superficie curva que tiene su parte abombada hacia el lado por el que se la mira: *un espejo convexo, una lente convexa.* **ANT.** Cóncavo. **FAM.** Convexidad. / Biconvexo.

convicción (del lat. *convictio, -onis*, de *convincere*, convencer) *s. f.* **1.** Acción de convencer o convencerse. **2.** Seguridad que se tiene de una cosa: *Tengo la convicción de que va a llover.* || *s. f. pl.* **3.** Ideas religiosas, éticas o políticas en las que se cree firmemente. **SIN. 1.** Convencimiento, persuasión. **2.** Certeza. **3.** Creencias, principios. **ANT. 2.** Duda, incertidumbre, inseguridad.

convicto, ta (del lat. *convictus*) *adj.* Se aplica al acusado de un delito cuando ha sido probada su culpabilidad, aun en el caso de que no haya confesado ser el autor del mismo: *un reo convicto de asesinato.*

convidado, da 1. *p.* de **convidar**. También *adj.* || *s. m.* y *f.* **2.** Persona que ha recibido una invitación o convite: *Los convidados tenían buen apetito.* || *s. f.* **3.** Invitación, especialmente a beber: *Ahora, una convidada por mi cuenta.* || **4. convidado de piedra** Persona que no está en una reunión, aunque había preparado un sitio para ella. También, persona que en una reunión está callada y quieta. **SIN. 2.** Invitado. **3.** Ronda.

convidar (del lat. *convitare*, de *invitare*, influido por *convivium*, convite) *v. tr.* **1.** Ofrecer y proporcionar a una persona una cosa agradable, como una comida, un espectáculo, etc.: *Nos convidaron a comer.* **2.** Mover, animar una persona o cosa a hacer algo: *El buen tiempo convida a pasear.* || **convidarse** *v. prnl.* **3.** Presentarse espontáneamente en cualquier acto sin ser invitado: *Se convidó a desayunar en casa de su tía.* **SIN. 1.** Obsequiar, agasajar. **1.** a **3.** Invitar(se). **2.** Incitar, inducir, llamar, estimular. **ANT. 2.** Disuadir, desanimar, frenar. **FAM.** Convidado, convite.

convincente (del lat. *convincens, -entis*) *adj.* Que convence o tiene capacidad para convencer: *Las razones fueron convincentes.* **SIN.** Concluyente, persuasivo. **ANT.** Discutible, dudoso.

convite (del cat. *convit*, y éste del lat. *convictus*) *s. m.* **1.** Acción de convidar o de invitar. **2.** Comida, banquete, merienda, etc., a que uno es invitado. **3.** *Amér. C.* y *Méx.* Danzantes que recorren las calles anunciando fiesta. **4.** *Col.* y *Ven.* Reunión de trabajadores que prestan sus servicios a cambio sólo de la comida. **SIN. 1.** Invitación, ofrecimiento, agasajo. **2.** Convidada.

convivir (del lat. *convivere*) *v. tr.* **1.** Vivir en compañía de otros en la misma casa, la misma ciudad, la misma época, etc.: *Convive con su madre.* **2.** Vivir en concordia o buena armonía: *En el campamento aprenden a convivir.* **SIN. 1.** Coexistir, cohabitar. **2.** Entenderse, relacionarse. **FAM.** Convivencia. VIVIR.

convocar (del lat. *convocare*) *v. tr.* **1.** Llamar a una o varias personas para que acudan a un lugar o a un acto determinado: *Convocó a los alumnos en el patio.* **2.** Anunciar un examen, concurso, reunión, elecciones, etc.: *convocar oposiciones a registros.* ■ Delante de *e* se escribe *qu* en lugar de *c*: *convoque.* **SIN. 1.** Citar, reunir, congregar, emplazar. **ANT. 1.** Desconvocar. **FAM.** Convocatoria. / Desconvocar.

convocatoria *s. f.* **1.** Acción de convocar. **2.** Escrito o anuncio con que se convoca: *La convocatoria para el concurso de novela.* **SIN. 1.** Cita, citación, llamamiento. **2.** Aviso.

convoy (del fr. *convoi*, de *convoyer*, escoltar, acompañar, y éste del lat. vulg. *conviare*) *s. m.* **1.** Escolta que acompaña a una expedición de barcos o vehículos para mayor seguridad de que lleguen a su destino. **2.** Conjunto de barcos o vehículos escoltados. **3.** Tren, serie de vagones enlazados y arrastrados por una máquina. **4.** Vinagreras para el servicio de la mesa. ■ Su pl. es *convoyes.* **FAM.** Convoyar.

convoyar *v. tr.* **1.** Escoltar un convoy. **2.** *Chile* Ayudar a alguien en un negocio. **3.** *P. Rico* Intentar conseguir algo de una persona con falsos halagos. || **convoyarse** *v. prnl.* **4.** *P. Rico* y *Ven.* Confabularse, conchabarse.

convulsión (del lat. *convulsio, -onis*) *s. f.* **1.** Movimiento brusco e involuntario de contracción y estiramiento del cuerpo y de los músculos por causas patológicas: *convulsión epiléptica.* **2.** Agitación violenta en la vida colectiva: *La noticia provocó una convulsión en la ciudad.* **3.** Sacudida de la tierra o del mar por efecto de los terremotos. **SIN. 1.** Espasmo. **2.** Conmoción, revolución. **3.** Temblor, estremecimiento. **ANT. 1.** Relajamiento, distensión. **FAM.** Convulsionar, convulsivo, convulso.

convulsionar *v. tr.* **1.** Producir una enfermedad convulsiones a una persona: *La fiebre le hizo convulsionar violentamente.* **2.** Sacudir un movimiento sísmico el mar o la tierra: *El terremoto convulsionó la región.* **3.** Agitar una persona o una cosa el ritmo normal de una colectividad: *El atentado convulsionó los sentimientos de todo el país.*

convulso, sa *adj.* **1.** Que sufre convulsiones. **2.** Que está muy excitado.

cónyuge (del lat. *coniux, -ugis*) *s. m.* y *f.* Marido respecto de la mujer o mujer respecto del marido. Se usa sobre todo en *pl.* para referirse a ambos: *Los cónyuges comenzaron el baile.* **SIN.** Consorte, casado, desposado. **ANT.** Soltero, célibe. **FAM.** Conyugal. YUGO.

coña *s. f.* **1.** *fam.* Guasa, burla disimulada: *Se pasó toda la fiesta haciendo coñas.* **2.** *fam.* Cosa molesta, pesada: *Ese disco es una coña.* || **LOC. ni de coña** *fam.* De ninguna manera. **SIN. 1.** Chunga. **2.** Fastidio, lata, latazo, coñazo.

coñac (del fr. *cognac*, de *Cognac*, ciudad francesa) *s. m.* Bebida alcohólica de fuerte graduación que se obtiene destilando diversas clases de vino y que se conserva durante algún tiempo en toneles de roble para darle sabor. ■ Su pl. es *coñacs*. **SIN.** Brandy.

coñazo *s. m. vulg.* Persona o cosa molesta, pesada, aburrida. También *adj.* **SIN.** Rollo, tabarra, lata, latazo, plasta.

coño (del lat. *cunnus*) *s. m.* **1.** *vulg.* Parte externa del aparato genital femenino. || *interj.* **2.** Indica enfado o asombro.

cooperante *adj.* Que coopera, especialmente en trabajos realizados sin ánimo de lucro. También *s. m.* y *f.*: *Miembros de la guerrilla asesinaron a dos cooperantes.* **SIN.** Colaborador, ayudante.

cooperar (del lat. *cooperari*, de *cum*, con, y *operari*, trabajar) *v. intr.* Colaborar con otro u otros para conseguir un mismo fin. ■ Se construye con las prep. *a*, *en* y *con*. **SIN.** Coadyuvar, contribuir, participar. **FAM.** Cooperación, cooperador, cooperante, cooperativo. OPERAR.

cooperativismo *s. m.* Sistema económico y social basado en la asociación de productores y consumidores en cooperativas.

cooperativista *adj.* **1.** De la cooperativa o propio de ella: *espíritu cooperativista.* **2.** Que forma parte de una cooperativa. También *s. m.* y *f.* **3.** Del cooperativismo. **4.** Partidario del cooperativismo. También *s. m.* y *f.*

cooperativo, va (del lat. *cooperativus*) *adj.* **1.** Se dice de lo que coopera o puede cooperar en alguna cosa: *trabajo cooperativo.* || *s. f.* **2.** Sociedad que forman personas con intereses comunes, para conseguir ciertos fines que benefician a todos: *cooperativa agropecuaria.* **3.** Establecimiento donde se venden los artículos de una cooperativa. **FAM.** Cooperativismo, cooperativista. COOPERAR.

coordenado, da (de *co-* y *ordenado*) *adj.* Se aplica a las líneas, ejes, etc., que sirven de referencia para determinar la posición de un punto: *las coordenadas cartesianas.* También *s. f.*

coordinación (del lat. *coordinatio, -onis*) *s. f.* **1.** Acción de coordinar. **2.** En ling., relación entre dos o más sintagmas u oraciones de la misma categoría y función sintáctica: *Esta tarde pasearé o iré al cine, ni bebo ni fumo, verde y azul*, son ejemplos de coordinación. **SIN. 1.** Organización, combinación, armonización, acoplamiento. **ANT. 1.** Desorden, desorganización.

coordinado, da 1. *p.* de **coordinar**. También *adj.* || *adj.* **2.** Se dice de las oraciones, frases o términos entre los cuales hay coordinación. También *s. f.* **FAM.** Coordinadamente. COORDINAR.

coordinar (del lat. *coordinare*, de *cum*, con, y *ordinare*, ordenar) *v. tr.* Ordenar u organizar varias cosas o acciones para que colaboren a un fin general: *coordinar turnos de trabajo; coordinar los distintos departamentos de la empresa.* **SIN.** Combinar, armonizar, acoplar, concertar, compaginar. **ANT.** Desorganizar, desordenar. **FAM.** Coordinación, coordinado, coordinador, coordinante. / Descoordinación. ORDENAR.

copa (del lat. vulg. *cuppa*) *s. f.* **1.** Vaso, generalmente acampanado, sostenido sobre un pie, que se usa para beber. **2.** El líquido que contiene: *Tomamos una copa de vino.* **3.** Premio o trofeo que se concede al ganador de una competición deportiva. **4.** P. ext., la propia competición: *El equipo ganó la copa.* **5.** Parte superior de un árbol, formada por las ramas y las hojas. **6.** Parte hueca del sombrero: *un sombrero bajo de copa.* **7.** Cada uno de los naipes del palo de copas. || *s. f. pl.* **8.** Uno de los cuatro palos de la baraja española: *pintar copas.* **FAM.** Copazo, copear, copeo, copero, copete, copetín, copo[1], copón, copudo.

copar (del fr. *couper*, de *coup*, galope) *v. tr.* **1.** Acorralar a alguien, impedir su huida: *Coparon a las fuerzas enemigas.* **2.** En ciertos juegos de azar, hacer una apuesta equivalente a todo el dinero con que responde la banca. **3.** Conseguir todos los puestos en unas elecciones. **4.** P. ext., ocupar por completo un lugar, ganar todos los premios, etc.: *El equipo copó las tres medallas.* **SIN. 1.** Cercar, envolver, rodear. **FAM.** Copo[2].

copartícipe (de *co-* y *partícipe*) *s. m.* y *f.* Persona que tiene participación con otra en alguna cosa: *Soy copartícipe en el negocio.* **SIN.** Socio. **FAM.** Coparticipación. PARTÍCIPE.

copazo *s. m.* **1.** *aum.* de **copa**. Copa grande. **2.** *fam.* Un buen trago de una bebida alcohólica. **SIN. 1.** Copón. **2.** Lingotazo, tanganazo.

copear *v. intr.* Tomar copas de vino o licor.

cópec *s. m.* Moneda rusa, centésima parte de un rublo. ■ También se escribe *kopek*. Su pl. es *cópecs* o *kopeks*.

copépodo (del gr. *kope*, remo, y *-podo*) *adj.* **1.** Se dice de ciertos crustáceos, por lo común microscópicos, que abundan en aguas dulces y en el mar. Forman la mayor parte del zooplancton, alimento habitual de muchos vertebrados marinos. También *s. m.* || *s. m. pl.* **2.** Subclase constituida por esto animales.

copero, ra *adj.* **1.** Relacionado con una copa deportiva, con la competición por conseguirla y con los equipos con tradición victoriosa en ese torneo. || *s. m.* **2.** Servidor que tenía por oficio ofrecer las copas con bebida a su señor: *el copero de los dioses, el copero del rey.* **SIN. 2.** Escanciador.

copete (de *copa*) *s. m.* **1.** Mechón de pelo levantado sobre la frente. **2.** Penacho de algunas aves. || **LOC. de alto copete** *adj.* Noble, de alta categoría, de importancia: *una dama de alto copete.* **SIN. 1.** y **2.** Tupé. **2.** Moño. **FAM.** Encopetado. COPA.

copetín *s. m.* **1.** *Amér.* Copa de licor. **2.** *Amér.* Cóctel, aperitivo.

copia (del lat. *copia*, abundancia) *s. f.* **1.** Reproducción exacta de alguna cosa y ejemplar que resulta: *la copia de una obra de arte, de una fotografía.* **2.** Imitación: *Su arte es una copia de la realidad.* **3.** Gran cantidad. ■ Esta acepción es de uso culto y literario. **SIN. 1.** Duplicado. **2.** Retrato, reflejo, remedo. **3.** Abundancia, profusión, multitud. **ANT. 3.** Escasez. **FAM.** Copioso. / Fotocopia, microcopia, xerocopia. COPIAR.

copiar (de *copia*) *v. tr.* **1.** Escribir lo que ya está en otra parte o lo que otro dicta: *copiar una carta a máquina.* **2.** Realizar un examen o trabajo reproduciendo indebidamente el de un compañero, unos apuntes, etc., en lugar de hacerlo por uno mismo. También *v. intr.* **3.** Reproducir algo exactamente, tomar una cosa como modelo: *copiar un patrón.* **4.** Reflejar, imitar: *Su novela copia la realidad. Copia el estilo de su maestro.* **5.** Entre radioaficionados, recibir la comunicación: *¿Me copias?* **SIN. 1.** Transcribir, trasladar. **3.** Calcar, duplicar. **4.** Plagiar, remedar. **FAM.** Copia, copiador, copión, copista. / Multicopiar.

copiloto *s. m.* Piloto auxiliar: *copiloto de vuelo.*

copión, na *adj.* **1.** *fam.* Que copia un examen o un trabajo de un compañero. **2.** Que imita a otro: *Eres una copiona, te has comprado un jersey co-*

mo el mío. || *s. m.* **3.** En cine, película positiva formada por los planos rodados, con la que hacen el montaje el director y el montador. **SIN. 1.** y **2.** Copiota.

copioso, sa (del lat. *copiosus*, de *copia*, abundancia) *adj.* Abundante, numeroso: *una comida copiosa, una nevada copiosa.* **SIN.** Cuantioso, nutrido, rico, generoso, abundoso. **ANT.** Escaso, pobre. **FAM.** Copiosamente. / Acopiar. COPIA.

copista *s. m.* y *f.* Persona que hace copias, particularmente de obras de arte o de manuscritos. **SIN.** Copiador; amanuense. **FAM.** Multicopista. COPIAR.

copla (del lat. *copula*, unión, enlace) *s. f.* **1.** Composición poética, generalmente de cuatro versos, que suele ser letra de canciones populares: *«La pena y la que no es pena, / todo es pena para mí / ayer penaba por verte, / hoy peno porque te vi.» (Popular)* **2.** *fam.* Cosa que se repite con insistencia y pesadez: *Siempre viene con la misma copla.* || *s. f. pl.* **3.** Versos. **4.** *fam.* Habladurías, rumores: *andar en coplas.* || **5. copla de arte mayor** La de ocho versos de doce sílabas cada uno, de los que riman entre sí el primero, cuarto, quinto y octavo, y el segundo, tercero, sexto y séptimo. **6. copla de arte menor** Copla de dos redondillas de ocho sílabas, con tres rimas en forma cruzada. **7. copla de pie quebrado** Composición en que alterna el verso corto de este nombre con otros más largos. **SIN. 2.** Canción, cantinela, historia. **3.** Poema. **4.** Chismes, murmuraciones. **FAM.** Coplero, cuplé.

coplero, ra *s. m.* y *f.* **1.** Persona que escribe o vende coplas, romances, etc. **2.** *fam.* Poeta malo. **SIN. 2.** Poetastro.

copo[1] (de *copa*) *s. m.* **1.** Cada una de las porciones en que cae la nieve y, p. ext., otras cosas parecidas: *copos de maíz.* **2.** Porción de algodón, cáñamo, lana, etc., dispuesto para ser hilado.

copo[2] *s. m.* **1.** Acción de copar. **2.** Bolsa de red en que terminan algunas artes de pesca y pesca realizada con las mismas.

copón (aum. de *copa.*) *s. m.* Copa grande en la que el sacerdote guarda en el sagrario las hostias consagradas.

copra *s. f.* Médula de coco desecada, de la que se extrae aceite.

coproducción *s. f.* Producción en común, especialmente película cinematográfica en la que toman parte productoras de varios países.

coprofagia (del gr. *kopros*, estiércol, y *phagomai*, comer) *s. f.* Acción de comer excrementos.

coprófago, ga (del gr. *kopros*, excremento, y *-fago*) *adj.* Se dice del animal que se alimenta de excrementos o estiércol, como p. ej. el escarabajo. **FAM.** Coprofagia.

coprolalia (del gr. *kopros*, estiércol, y *lalia*, palabra) *s. f.* Tendencia a emitir palabras obscenas o relacionadas con los excrementos.

coprolito (del gr. *kopros*, excremento, y *-lito*) *s. m.* Excremento fósil.

copropiedad *s. f.* Propiedad en común. **SIN.** Condominio, coparticipación.

copropietario, ria *adj.* Que tiene propiedad juntamente con otro o con otros. También *s. m.* y *f.* **FAM.** Copropiedad. PROPIETARIO.

copto, ta (del gr. *Aigyptos*, Egipto) *adj.* **1.** Se dice de los cristianos de Egipto y Etiopía y de lo relativo a los mismos. También *s. m.* y *f.* || *s. m.* **2.** Idioma evolucionado del egipcio antiguo, hoy sólo utilizado en la liturgia copta.

copudo, da *adj.* Que tiene mucha copa: *un árbol copudo.* **SIN.** Frondoso.

cópula (del lat. *copula*) *s. f.* **1.** Unión de una cosa con otra. **2.** Unión sexual del macho y la hembra para la fecundación. **3.** Palabra que sirve de unión entre dos oraciones o sintagmas, como las conjunciones y los verbos copulativos. **SIN. 1.** Ligadura, trabazón. **2.** Apareamiento, coito. **FAM.** Copulación, copular, copulativo. / Acoplar.

copular (del lat. *copulare*) *v. intr.* Realizar la cópula sexual. **SIN.** Aparearse.

copulativo, va (del lat. *copulativus*) *adj.* **1.** Se aplica a los verbos que, como *ser* o *estar*, unen el sujeto con su atributo, y a las oraciones formadas de ese modo. **2.** Se dice de las conjunciones coordinantes que unen oraciones o partes de la oración añadiendo simplemente una a otra, como *y*, *e*, *ni* y, también, de las oraciones unidas por estas conjunciones: *Fue a casa y se cambió de ropa. Ni come ni deja comer.*

copyright (ingl.) *s. m.* Propiedad intelectual y literaria de una obra; derechos de autor.

coque (del ingl. *coke*) *s. m.* Combustible sólido de alto poder calorífico, producto del carbón mineral sometido a elevadas temperaturas.

coquero, ra *adj.* **1.** *Arg.*, *Col.*, *Perú* y *Urug.* Adicto a la cocaína. **2.** *Col.* Que cultiva plantas de coca. **SIN. 1.** Cocainómano.

coquetear *v. intr.* **1.** Tratar de agradar o atraer a alguien con actitudes estudiadas. **2.** Tener contacto superficial con algo: *coquetear con la poesía.* **SIN. 1.** Galantear. **1.** y **2.** Flirtear.

coqueto, ta (del fr. *coquette*, coqueta, de *coq*, gallo) *adj.* **1.** Que le gusta coquetear. También *s. m.* y *f.* **2.** Se aplica a la persona que cuida excesivamente su aspecto. También *s. m.* y *f.* **3.** Agradable, gracioso: *La habitación quedó muy coqueta.* || *s. f.* **4.** Mueble parecido a una mesa, con espejo y cajones, que se usa como tocador. **SIN. 1.** Frívolo, casquivano. **1.** y **3.** Coquetón. **2.** Presumido. **ANT. 2.** Desaseado, astroso. **FAM.** Coquetear, coqueteo, coquetería, coquetón.

coquetón, na *adj.* **1.** Agradable, gracioso: *un adorno coquetón.* **2.** Que le gusta coquetear. También *s. m.* y *f.* **SIN. 1.** y **2.** Coqueto. **2.** Frívolo, casquivano, galante.

coquilla *s. f.* En algunos dep., aparato que se colocan los hombres para proteger los genitales.

coquina *s. f.* Molusco comestible de valvas ovales y muy aplastadas, que vive enterrado en la arena de los litorales.

coracero *s. m.* Soldado de caballería armado de coraza.

coraciforme *adj.* **1.** Se dice de diversas aves arborícolas que presentan plumajes de vistosos colores, como el abejaruco, la abubilla y el martín pescador. También *s. f.* || *s. f. pl.* **2.** Orden de estas aves.

coracoides (del gr. *korax*, cuervo, y *-oide*) *s. m.* Apófisis del omóplato. ■ No varía en *pl.*

coraje (del fr. *courage*) *s. m.* **1.** Ánimo, valor, ímpetu: *Tiene coraje para cambiar de trabajo.* **2.** Rabia, enfado: *Le dio coraje llegar tarde.* **SIN. 1.** Valentía, decisión, arrojo. **2.** Furia, cólera, irritación. **ANT. 1.** Desánimo, cobardía. **2.** Gusto, satisfacción. **FAM.** Corajina, corajudo. / Encorajinar.

corajina (de *coraje*) *s. f. fam.* Ataque de ira. **SIN.** Rabieta, pataleta.

corajudo, da *adj.* **1.** Que hace las cosas con coraje: *Conseguirá lo que se proponga porque es muy corajudo.* **2.** Que se deja dominar por la cólera: *Se encerró en su habitación muy corajudo.* **3.** *Arg.* Valiente. **SIN. 1.** Valeroso, impetuoso. **2.** Enrabietado, irritado.

coral[1] (del lat. *corallium*, y éste del gr. *korallion*) *s. m.* **1.** Nombre común de diversos animales celentéreos que viven en colonias y se encuentran casi exclusivamente en los mares tropicales; segregan una sustancia dura con la que forman ramificaciones calcáreas que dan lugar a arrecifes. **2.** Secreción producida por estos animales que, después de pulimentada, se emplea en joyería: *una pulsera de coral.* **3.** Color rojo como el de esta materia. || **4. serpiente de coral** Serpiente muy venenosa que habita en las regiones templadas y tropicales de América y se distingue por sus bandas alternas negras, rojas y amarillas. FAM. Coralífero, coralino.

coral[2] *adj.* **1.** Del coro. || *s. f.* **2.** Coro, agrupación de cantantes. || *s. m.* **3.** Composición musical vocal armonizada a cuatro voces, ajustada a un texto y de carácter religioso. || *s. f.* **4.** Composición instrumental análoga a ese canto. SIN. **2.** Orfeón, escolanía.

coralífero, ra *adj.* Que tiene corales: *rocas coralíferas.*

Corán (del ár. *al-qur'an*, la lectura) *n. p.* **1.** Principal texto sagrado del Islam, que contiene la palabra de Dios revelada a su profeta Mahoma. || **corán** *s. m.* **2.** Libro que lo contiene.

coraza (del lat. *coriacea*, hecha de cuero, de *corium*, cuero) *s. f.* **1.** Armadura de hierro y acero que se utilizaba para protegerse el pecho y la espalda. **2.** Revestimiento de protección de una embarcación de guerra, de los carros de combate, etc. **3.** Caparazón de algunos animales como las tortugas y los galápagos. **4.** Cualquier cosa inmaterial que aísla o protege. FAM. Coracero. / Acorazar. CUERO.

corazón (del lat. *cor, cordis*) *s. m.* **1.** Órgano muscular que constituye el centro del aparato circulatorio y está encargado de recoger la sangre e impulsarla hacia todas las redes capilares del organismo; en el hombre está situado en el centro de la cavidad torácica, desviado hacia la parte izquierda. **2.** Lugar donde, según la creencia popular, residen sentimientos, deseos y pasiones; si no se especifica, se entiende que dichos sentimientos son positivos: *Es una persona de buen corazón. No tiene corazón. Es todo corazón.* **3.** Persona, lugar, etc., central o más importante de algo: *Ramón es el corazón de esta empresa. Vive en pleno corazón de la ciudad.* **4.** Apelativo cariñoso: *Ven a mis brazos, corazón.* **5.** El tercero y más largo de los cinco dedos de la mano. **6.** Figura con que se representa convencionalmente el órgano antes mencionado y objeto que tiene esta forma: *un corazón de caramelo.* **7.** Naipe del palo de corazones. || *s. m. pl.* **8.** Uno de los cuatro palos de la baraja francesa. || LOC. **a corazón abierto** *adj.* y *adv.* Se aplica a la operación quirúrgica en la que se desvía la circulación por medio de un corazón artificial, antes de abrir las cavidades cardiacas. **anunciarle** (**darle** o **decirle**) a uno una cosa **el corazón** Hacérsela presentir. **con el corazón en la mano** o **de todo corazón** *adv.* Con toda franqueza y sinceridad; también, afectuosamente. **el corazón en un puño** Se utiliza en numerosas expresiones para indicar un gran temor, preocupación o angustia: *tener o poner el corazón en un puño, estar con el corazón en un puño.* **encogérsele** a uno **el corazón** Sentirse asustado, acobardado, angustiado. **no caberle** a uno **el corazón en el pecho** Estar muy inquieto por algún motivo; también, tener muy buen corazón. **partir** (o **romper**) **el corazón** a alguien una cosa Sentir mucha pena o lástima; se usa también con el verbo en forma pronominal. **romper** (o **partir**) **corazones** Enamorar, seducir. SIN. **2.** Entrañas, entretelas. FAM. Corazonada. / Acorazonado, cordial, descorazonar, rompecorazones.

corazonada *s. f.* **1.** Presentimiento, presagio: *Tuve la corazonada de que vendrías.* **2.** Impulso espontáneo que mueve a hacer algo. SIN. **1.** Pálpito, sospecha, barrunto. **2.** Arranque.

corbata (del ital. *corvatta*) *s. f.* **1.** Tira de tela que se anuda al cuello de la camisa dejando caer las puntas sobre el pecho o haciendo con ellas lazos de varias formas. **2.** Banda que se pone en las astas de las banderas o estandartes. SIN. **1.** Chalina, pajarita. **1.** y **2.** Corbatín. FAM. Corbatín. / Encorbatarse.

corbatín *s. m.* **1.** Corbata de lazo sin caídas, particularmente la que se abrocha por detrás. **2.** Condecoración que se pone como un lazo en las astas de las banderas o estandartes.

corbeta (del fr. *corvette*) *s. f.* Barco ligero de guerra, más pequeño que la fragata. ■ No confundir con su homófono *corveta*, 'movimiento del caballo'.

corcel (del ant. fr. *corsier*, de *cors*, carrera) *s. m.* Caballo, especialmente el ligero, de gran alzada y bella estampa: *un brioso corcel.* ■ Se usa sobre todo en lenguaje culto o literario.

corchea (del fr. *crochée*, torcido, como el rabillo de la nota) *s. f.* Figura musical cuya duración equivale a la mitad de una negra. FAM. Semicorchea. CORCHETE.

corchero, ra *adj.* **1.** Del corcho o relacionado con él: *industria corchera.* || *s. f.* **2.** Cuerda o cable que delimita las calles en las piscinas de competición.

corcheta *s. f.* Pieza del corchete donde se engancha la otra pieza.

corchete (del fr. *crochet*) *s. m.* **1.** Broche de dos piezas, una con un asa y otra con un gancho que se introduce en aquélla. **2.** De esas dos piezas, la provista de gancho. **3.** Signo ortográfico, [], equivalente al paréntesis, al que se le da además otros usos, como el de unir la parte final de un escrito que no cabe en la misma línea y se coloca encima o debajo de ésta, el de suprimir un texto [...], etc. **4.** *Amér.* Grapa. FAM. Corchea, corcheta, corchetera. / Encorchetar.

corchetera *s. f. Amér.* Grapadora.

corcho (del mozár. *corch*, y éste del lat. *cortex, -icis*, corteza) *s. m.* **1.** Conjunto de capas que se depositan en la corteza de ciertos árboles y arbustos, especialmente en el alcornoque, donde alcanza considerable espesor. **2.** Tapón elaborado con un trozo de esta corteza. **3.** Lámina de este material, utilizada para muy distintos usos: protección, revestimiento, aislamiento, etc. FAM. Corchero. / Acorchar, descorchar, encorchar, sacacorchos.

¡córcholis! *interj.* Indica extrañeza o enfado. FAM. ¡Recórcholis!

corcova (del bajo lat. *cucurvus*) *s. f.* Corvadura en la espalda, en el pecho o en ambas partes a la vez, a consecuencia de una desviación de la columna vertebral. SIN. Chepa, joroba, giba. FAM. Corcovado, corcovar, corcovear, corcovo.

corcovar *v. tr.* Hacer que una cosa tenga corcova. SIN. Encorvar.

corcovear *v. intr.* Hacer corcovos o saltos, especialmente las caballerías. SIN. Brincar, saltar.

corcovo *s. m.* Salto que dan algunos animales encorvando el lomo.

cordado, da (del lat. *chordatus*, de *chorda*, cuerda) *adj.* **1.** Se aplica a los animales que presentan un cordón esquelético dorsal, llamado notocordio, que forma el eje del cuerpo. También *s. m.* || *s. f.* **2.** Grupo de alpinistas sujetos por una misma cuerda. || *s. m. pl.* **3.** Filo constituido por dichos animales, dividido en tres subfilos: urocordados o tunicados, cefalocordados y vertebrados. FAM. Cefalocordado, hemicordado, urocordado.

cordaje *s. m.* Conjunto de cuerdas, especialmente de una embarcación o de un instrumento musical: *el cordaje de una guitarra.* SIN. Jarcia, cordelería.

cordal[1] (del lat. *chorda*, cuerda) *s. m.* En un instrumento musical de cuerda, pieza de madera donde se sujetan éstas y que está situado al otro extremo del clavijero.

cordal[2] (del lat. *cor, cordis*, corazón, juicio) *adj.* Se dice de cada una de las muelas que en la edad adulta nacen en los extremos de las mandíbulas, llamadas corrientemente *muelas del juicio*. También *s. m.*

cordel (del cat. *cordell*) *s. m.* Cuerda delgada. || LOC. **a cordel** *adv.* Referido a edificios, árboles, caminos, etc., en línea recta: *El barrio estaba trazado a cordel.* SIN. Guita, bramante, cinta. FAM. Cordelería, cordelero. CUERDA.

cordero, ra (del bajo lat. *agnus cordarius*, [cordero] tardío) *s. m.* y *f.* **1.** Cría de la oveja que todavía no ha cumplido un año; su piel es muy utilizada y su carne se aprecia mucho en gastronomía. || *s. m.* **2.** Persona dócil y apocada. SIN. **1.** Borrego, recental.

corderoy (del ingl. *corduroy*) *s. m. Arg., Perú* y *Urug.* Pana.

cordial (del lat. *cor, cordis*, corazón) *adj.* **1.** Afectuoso, amable: *Fue muy cordial con nosotros.* || *s. m.* **2.** Bebida que se da a los enfermos para reconfortarlos. SIN. **1.** Cariñoso, afable, acogedor, caluroso. ANT. **1.** Huraño, antipático. FAM. Cordialidad, cordialmente. / Precordial. CORAZÓN.

cordillera (de *cordel*) *s. f.* Conjunto de montañas enlazadas entre sí. SIN. Cadena, sierra, serranía. FAM. Precordillera. CUERDA.

córdoba *s. m.* Unidad monetaria de Nicaragua.

cordobán (de *Córdoba*, ciudad española famosa por la preparación de estas pieles) *s. m.* Piel curtida de macho cabrío o de cabra.

cordobés, sa *adj.* De Córdoba, ciudad y provincia españolas, ciudad y provincia argentinas, y departamento de Colombia. También *s. m.* y f. FAM. Cordobán.

cordón (del lat. *chorda*, cuerda) *s. m.* **1.** Cuerda generalmente cilíndrica y de material más fino que el esparto: *los cordones de los zapatos.* **2.** Cable conductor de algunos aparatos: *el cordón del teléfono.* **3.** Conjunto de personas colocadas de distancia en distancia para impedir el paso: *Los guardaespaldas formaron un cordón alrededor del coche presidencial.* **4.** Conjunto de medidas con que se intenta contener o detener algo en un determinado espacio: *cordón sanitario, cordón policial.* **5.** Moldura en forma de cuerda. **6.** *Arg., Chile* y *Urug.* Bordillo de la acera. || **7. cordón litoral** Barrera que se forma en las playas por la acumulación de materiales detríticos arrastrados por las mareas. **8. cordón umbilical** Conjunto de vasos que unen el feto con la placenta de la madre durante el embarazo. FAM. Cordoncillo. / Acordonar. CUERDA.

cordon bleu (fr.) *s. m.* **1.** Distinción en forma de cordón azul que se concede a los grandes cocineros. **2.** Cocinero al que se le ha concedido esa distinción.

cordoncillo *s. m.* **1.** Lista en relieve que forma el tejido de algunas telas. **2.** Adorno del borde de monedas y medallas. **3.** Línea de bordado. **4.** P. ext., reborde o resalte pequeño y alargado, p. ej. en la juntura de algunos frutos como la nuez.

cordura *s. f.* Cualidad de cuerdo.

coreano, na *adj.* **1.** De Corea, península asiática y cada uno de los dos Estados establecidos en ella. También *s. m.* y *f.* || *s. m.* **2.** Lengua hablada en estos países. FAM. Norcoreano, surcoreano.

corear *v. tr.* **1.** Repetir un grupo de personas al mismo tiempo las palabras de alguien, una canción, etc.: *El público coreó varias canciones del grupo.* **2.** Mostrar completa aprobación un grupo de personas, países, etc., especialmente por adulación. SIN. **2.** Asentir.

coreografía (del gr. *khoreia*, baile, y *-grafía*) *s. f.* **1.** Conjunto de movimientos y pasos que ejecuta un grupo de baile. **2.** Arte de componer y dirigir estos movimientos y del baile en general. FAM. Coreográfico, coreógrafo. CORO.

coriáceo, a (del lat. *coriaceus*) *adj.* Parecido al cuero: *hojas coriáceas.*

coriambo (del lat. *choriambus*, y éste del gr. *khoriambos*) *s. m.* Pie de la poesía griega y latina, formado por dos sílabas breves entre dos largas.

corifeo (del lat. *coryphaeus*, y éste del gr. *koryphaios*) *s. m.* **1.** Director del coro en las tragedias griegas. **2.** P. ext., persona a la que siguen otras o habla en nombre de ellas: *el corifeo de los huelguistas.* ■ A veces se usa impropiamente con el significado de adulador, cobista de alguien importante. SIN. **2.** Portavoz, adalid.

corimbo (del lat. *corymbus*, y éste del gr. *korymbos*, cima, extremidad) *s. m.* Inflorescencia en que las flores están al mismo nivel, pero los pedúnculos arrancan de distintas alturas.

corindón (del fr. *corindon*) *s. m.* Óxido de aluminio cristalizado, de color variable y extraordinaria dureza. Entre sus variedades destacan el zafiro, el rubí y el esmeril.

corintio, tia (del lat. *corinthius*) *adj.* **1.** De Corinto, ciudad de la antigua y actual Grecia. También *s. m.* y *f.* **2.** Se dice de uno de los órdenes de la arquitectura clásica griega y de sus elementos; se caracteriza por el capitel adornado con hojas de acanto. También *s. m.* FAM. Corinto.

corinto *s. m.* En aposición, se aplica al color marrón rojizo tirando a violáceo, similar al de las pasas de Corinto, y a las cosas que tienen dicho color: *una tapicería corinto.*

corion (del gr. *khorion*, piel) *s. m.* La más exterior de las dos membranas que rodean el feto.

corista *s. f.* En las revistas y otros espectáculos teatrales, mujer que pertenece al coro.

coriza (del gr. *koryza*) *s. f.* Catarro, inflamación de la mucosa nasal. SIN. Rinitis, constipado.

cormo *s. m.* Conjunto de raíz, tallo y hojas de un vegetal, recorridos interiormente por un sistema de tejidos conductores.

cormofito, ta *adj.* Se dice de los vegetales que tienen cormo. También *s. f.*

cormorán (del ant. fr. *corpmarenc*, cuervo marino) *s. m.* Ave palmípeda de plumaje oscuro y tamaño que varía entre los 48 y los 95 cm, pico largo y ganchudo y patas cortas y fuertes. Es una gran nadadora y vive en costas, ríos y lagos de todo el mundo. En China y Japón es utilizado para la pesca.

cornada *s. f.* Embestida de un animal con los cuernos y herida que produce.

cornalina *s. f.* Variedad de ágata de color sangre o rojiza.
cornamenta *s. f.* Conjunto de los cuernos de animales como el toro, el ciervo, etc. **SIN.** Cuerna.
cornamusa (del fr. *cornemuse*) *s. f.* **1.** Trompeta larga con una vuelta en el centro del tubo y un pabellón muy ancho. **2.** Gaita*.
córnea (del lat. *cornea*, dura como el cuerno) *s. f.* Capa membranosa transparente que forma la parte anterior del globo ocular.
cornear *v. tr.* Dar cornadas. **SIN.** Embestir, empitonar, topetar.
corneja (del lat. *cornicula*, de *cornix, -icis*) *s. f.* Pájaro similar al cuervo pero de menor tamaño, de plumaje negro brillante.
córneo, a (del lat. *corneus*) *adj.* De cuerno o de consistencia parecida a él.
córner (del ingl. *corner*, esquina) *s. m.* En el fútbol y en otros dep., saque desde la esquina del rectángulo de juego por parte del contrario, al enviar un jugador el balón fuera de la línea de fondo de su propio campo. ■ Su pl. es *córneres* o *córners.*
corneta *s. f.* **1.** Instrumento musical de viento formado por un tubo de metal de sección cónica enrollado, que termina en un pabellón en forma de campana. Se utiliza para dar los toques reglamentarios en el ejército y forma parte de sus bandas. || *s. m.* **2.** El que toca la corneta: *el corneta del regimiento.* **FAM.** Cornetín. CUERNO.
cornete *s. m.* Cada una de las dos láminas óseas de forma arqueada situadas en el interior de las fosas nasales.
cornetín *s. m.* **1.** Instrumento musical de viento con tres pistones, de la familia de la trompeta pero más pequeño que ésta. **2.** Especie de corneta de pequeño tamaño utilizado en el ejército para dar órdenes a las tropas. Se llama también *cornetín de órdenes.* **3.** Persona que toca el cornetín.
cornezuelo *s. m.* Hongo parásito del centeno que destruye los ovarios de las flores de este cereal. Se emplea en medicina y en él está presente la droga denominada LSD.
cornisa (del gr. *koronis*, remate) *s. f.* **1.** Conjunto de molduras o salientes que rematan la parte superior de un edificio o algún elemento de éste. **2.** Remate similar en habitaciones, muebles, etc. **3.** Saliente rocoso y estrecho de una meseta, montaña, acantilado, etc. **FAM.** Cornisamento.
cornisamento *s. m.* Entablamento*.
corno (del ital. *corno*, cuerno) *s. m.* Nombre de algunos instrumentos de viento entre los que destaca el *corno inglés*, similar al oboe pero más grande y de sonido grave.
cornucopia (del lat. *cornucopia*, de *cornu*, cuerno, y *copia*, abundancia) *s. f.* **1.** Vaso en forma de cuerno del que rebosan frutas y flores y que entre griegos y romanos era símbolo de abundancia. **2.** Espejo con marco ancho tallado y dorado y, a veces, con soportes para velas.
cornudo, da (del lat. *cornutus*) *adj.* **1.** Que tiene cuernos. **2.** *fam.* Se aplica al marido cuya mujer le es infiel. También *s. m.* **SIN. 1.** y **2.** Cornúpeta.
cornúpeta (del lat. *cornupeta*) *s. m.* y *f.* **1.** Animal con cuernos, en especial el toro de lidia. ■ Se dice también *cornúpeto.* **2.** *fam.* Marido cornudo.
coro (del lat. *chorus*) *s. m.* **1.** Agrupación de personas que cantan; en particular, si lo hacen de manera habitual o profesionalmente. **2.** Pieza musical que cantan: *el coro de los esclavos de «Nabuco».* **3.** Composición poética que sirve para ser cantada por un conjunto de personas. **4.** En las tragedias griegas y romanas, conjunto de actores o actrices que durante la representacion permanecían en silencio, pero en los intervalos tenían una participación colectiva. **5.** Conjunto de eclesiásticos, monjes o monjas, que cantan o rezan los divinos oficios. **6.** Rezo y canto religiosos. **7.** Lugar de las iglesias donde está el órgano y una serie de asientos para los cantores. Suele estar ricamente decorado y constituye un objeto artístico. **8.** En los conventos de monjas, sitio en que éstas se reúnen para los rezos en común. **9.** Cada uno de los nueve grupos de ángeles o espíritus celestiales. || **LOC. a coro** *adv.* Al mismo tiempo, unánimemente. **hacer coro** *fam.* Corear, unirse a otro en sus opiniones, particularmente para adularle. **SIN. 1.** Coral, orfeón. **FAM.** Coral², corear, coreografía, corista. / Trascoro.
coroides (del gr. *khorioeides*, de *khorion*, cuero, y *eidos*, forma) *s. f.* Membrana del ojo situada entre la esclerótica y la retina, cuya función es nutrir a ésta y al cristalino. ■ No varía en *pl.*
corola (del lat. *corolla*, coronilla) *s. f.* Conjunto que forman los pétalos de las flores, que normalmente presenta una textura fina y colores brillantes y sirve a la planta como reclamo de los insectos, para favorecer así la polinización. **FAM.** Corolario. CORONA.
corolario (del lat. *corollarium*, de *corolla*, coronilla) *s. m.* **1.** Afirmación que se deduce fácilmente de lo demostrado o afirmado antes. **2.** Consecuencia, resultado: *La guerra tuvo como corolario la ruina económica de muchos países.*
corona (del lat. *corona*) *s. f.* **1.** Aro de ramas, flores, metal, etc., con que se ciñe la cabeza, como premio o símbolo de dignidad. También, la propia dignidad o soberanía, en particular la monárquica: *Tuvo que ceñir la corona a los veinte años.* **2.** Reino o monarquía. ■ En esta acepción suele escribirse con mayúscula: *la Corona española.* **3.** Aquello que rodea la parte más alta de algo, normalmente como adorno. **4.** Conjunto de flores y hojas formando un anillo: *una corona funeraria.* **5.** Aureola de las imágenes de los santos. **6.** Aureola de un astro. **7.** Ruedecilla dentada que en algunos tipos de relojes sirve para darles cuerda o ponerlos en hora. **8.** Parte descubierta y esmaltada de los dientes: *Tiene una caries en la corona de una muela.* **9.** Pieza o elemento artificial con que se protege o sustituye ésta. **10.** Moneda de diversos países. **11.** Coronilla, punto más alto de la cabeza. **12.** Coronamiento, culminación de una obra: *Esa novela fue la corona de su labor.* **13.** Acción, virtud, cualidad, etc., que ennoblece a la persona: *la corona del heroísmo.* **SIN. 5.** Nimbo, halo. **12.** Cima, cumbre, cúspide. **FAM.** Corola, coronación, coronamiento, coronar, coronario, coronilla.
coronamiento *s. m.* **1.** Acción de coronar una obra. **2.** Adorno que remata la parte superior de un edificio, un mueble, etc. **3.** Parte de la borda que corresponde a la popa de un barco. **SIN. 1.** Coronación, corona, culminación. **ANT. 1.** Inicio.
coronar (del lat. *coronare*) *v. tr.* **1.** Colocar una corona a alguien, como honor o distinción, especialmente a un rey: *coronar al emperador, coronar a la reina de la belleza.* También *v. prnl.* **2.** Hacer lo que constituye el final de una cosa, completar algo: *Hillary coronó el Everest.* **3.** Ser una cosa el final justo o el premio merecido: *La victoria coronó su esfuerzo.* **4.** Colocar o colocarse personas o cosas en la parte superior de algo: *Una escultura coronaba la fachada.* **5.** En ajedrez,

alcanzar con un peón la octava fila del tablero, para poder así cambiarlo por cualquier otra ficha del mismo color. **6.** En el juego de damas, colocar un peón sobre otro cuando éste es dama, por haber conseguido llegar a la línea de fondo del bando contrario. || **coronarse** *v. prnl.* **7.** Asomar la cabeza el feto por el canal del parto. || LOC. **coronar una posición** Tomarla con tropas, después de expulsar a los defensores. ■ Este verbo se usa generalmente con las prep. *con, de* y *por*: *coronar con laurel; coronar de flores; coronar por emperador.* SIN. **1.** Ceñir(se). **3.** y **4.** Rematar. ANT. **2.** Iniciar.

coronario, ria (del lat. *coronarius*, en forma de corona) *adj.* **1.** Se aplica a diversas arterias distribuidas por el corazón, el estómago, el esófago y los labios. También *s. f.* **2.** Relacionado con la corona, en forma de corona. También *s. f.* || **3. unidad coronaria** Zona de un hospital reservada a los enfermos afectados por una enfermedad coronaria, donde reciben vigilancia permanente y cuidados intensivos.

corondel (del cat. *corondell*) *s. m.* **1.** En artes gráficas, regleta que se utiliza en el molde para dividir la plana en columnas o blanco. **2.** P. ext., raya o blanco que separa columnas.

coronel (del ital. *colonnello*, de *colonna*, columna) *s. m.* Jefe militar de los ejércitos de tierra y aire; su graduación se encuentra entre la de teniente coronel y la de general.

coronilla (dim. de *corona*) *s. f.* **1.** Parte superior y posterior de la cabeza. **2.** Corte de pelo en forma de pequeño redondel que en esa parte de la cabeza se hacía a los clérigos. || LOC. **andar (bailar** o **ir) de coronilla** *fam.* Hacer una cosa con suma diligencia, con rapidez, para complacer a alguien. **estar hasta la coronilla** *adv. fam.* Estar harto de alguien o de algo: *Estoy hasta la coronilla de tus travesuras.* SIN. **2.** Tonsura.

corotos *s. m. pl. Amér.* Trastos, bártulos.

corozo *s. m. Amér. C., Col.* y *Ven.* Palmera pequeña, de fruto parecido al coco, cuyo hueso se emplea para fabricar jabón.

corpachón *s. m. fam.* Cuerpo ancho y fuerte de una persona: *Con ese corpachón, bien podría dedicarse al rugby.*

corpiño *s. m.* Prenda de vestir femenina, muy ajustada y sin mangas, que cubre el pecho y la espalda hasta la cintura. FAM. Véase **cuerpo**.

corporación (del lat. *corporatio, -onis*) *s. f.* **1.** Organismo oficial, independiente de la administración del Estado, con fines de utilidad pública y carácter diverso, como los ayuntamientos y las cámaras de comercio. **2.** Organización que agrupa a los miembros de una misma profesión, como los colegios de abogados, de médicos, etc. **3.** En los países anglosajones, empresa o sociedad grande. SIN. **2.** Colegio. FAM. Corporativamente, corporativismo, corporativista, corporativo. CUERPO.

corporal (del lat. *corporalis*) *adj.* **1.** Que tiene relación con el cuerpo, especialmente el humano: *trabajo corporal.* || *s. m. pl.* **2.** Lienzo cuadrado sobre el que se ponen el cáliz y la hostia en el sacrificio de la misa. SIN. **1.** Somático, corpóreo. ANT. **1.** Incorpóreo. FAM. Corporalmente. / Incorporal. CUERPO.

corporativismo *s. m.* **1.** Doctrina política y económica que sostiene la integración en una única organización de los trabajadores y empresarios de una misma actividad profesional. **2.** Tendencia a defender los intereses de un sector profesional por encima de los generales de la sociedad. SIN. **2.** Gremialismo.

corpore insepulto (lat.) *loc. adj.* y *loc. adv.* Con el cuerpo o cadáver presente, sin sepultar.

corpóreo, a (del lat. *corporeus*) *adj.* **1.** Que tiene cuerpo o consistencia: *ser corpóreo.* **2.** Del cuerpo o relacionado con él. SIN. **1.** Material. **2.** Corporal. ANT. **1.** Incorpóreo, inmaterial. FAM. Corporeidad. / Extracorpóreo, incorpóreo. CUERPO.

corps (fr.) *s. m.* Denominación de algunos empleos destinados, principalmente, al servicio del rey: *guardia de corps.* ■ No varía en *pl.*

corpulento, ta *adj.* Que tiene mucho cuerpo, alto, grande, fuerte. Se aplica a personas, animales y árboles. SIN. Robusto, fornido, vigoroso. ANT. Endeble, pequeño. FAM. Corpulencia. CUERPO.

corpus (lat.) *s. m.* **1.** Conjunto o recopilación de materiales, datos o textos sobre una materia que pueden servir de base a una investigación, doctrina, teoría, etc.: *el corpus legislativo.* **2.** Conjunto de obras de un mismo autor: *el corpus cervantino.* || **Corpus** *n. p.* **3.** Fiesta que la Iglesia católica celebra en honor a la eucaristía, tradicionalmente el jueves siguiente a la octava de Pentecostés. Se llama también *Corpus Christi.* ■ No varía en *pl.*

Corpus Christi *s. m.* Corpus*, celebración religiosa.

corpúsculo (del lat. *corpusculum*) *s. m.* **1.** Cuerpo muy pequeño, partícula de materia. **2.** Nombre genérico que recibe una serie de pequeñas estructuras de tejidos, células o inclusiones celulares. FAM. Corpuscular. CUERPO.

corral (de *corro*, recinto) *s. m.* **1.** Lugar cercado y descubierto donde se guardan los animales domésticos o cualquier clase de ganado. **2.** Patio descubierto donde se daban representaciones teatrales: *el corral de comedias de Almagro.* **3.** *fam.* Cuarto muy sucio. SIN. **1.** Corralada, corralón, corraliza, aprisco. **2.** Teatro. **3.** Pocilga, cochiquera. FAM. Corralada, corralito, corraliza, corralón, corro. / Acorralar, encorralar.

corrala *s. f.* Casa de vecinos de varios pisos con un amplio patio interior al que dan las puertas de cada vivienda: *La zarzuela se representaba en una antigua corrala.*

corralada *s. f.* Corral grande.

corralito *s. m.* Armazón con una red o malla como pared y el suelo generalmente de lona, en que se coloca a los niños pequeños para que jueguen. SIN. Parque.

corraliza *s. f.* Corral, patio.

corralón *s. m.* **1.** Corralada*. **2.** *Arg.* Corral donde se guardan carruajes o animales. **3.** *Arg., Perú* y *Urug.* Depósito de maderas o materiales de construcción.

correa (del lat. *corrigia*) *s. f.* **1.** Tira de cuero o de otro material, larga y estrecha, en especial la que sirve para atar o ceñir. **2.** Banda de transmisión que conecta dos ejes de rotación por medio de poleas. **3.** Aguante para soportar trabajos, bromas, etc. SIN. **1.** Cinturón. **3.** Paciencia, flema. FAM. Correaje, correazo, correoso.

correaje *s. m.* Conjunto de correas que hay en una cosa y, especialmente, en el equipo de los militares.

corrección (del lat. *correctio, -onis*) *s. f.* **1.** Acción de corregir. **2.** Cambios que se hacen en los escritos al corregirlos: *El ejercicio tenía varias co-*

rrecciones. **3.** Comportamiento de las personas que actúan según las normas del trato social: *portarse con corrección.* **SIN. 1.** Retoque, reprensión, recriminación. **2.** Rectificación, enmienda. **3.** Cortesía, educación. **ANT. 1.** Ratificación. **3.** Incorrección, descortesía. **FAM.** Ultracorrección. CORREGIR.

correccional *adj.* **1.** Se aplica a lo que sirve para corregir: *pena correccional.* || *s. m.* **2.** Reformatorio para menores. **SIN. 1.** Correctivo.

correctivo, va *adj.* **1.** Que corrige. **2.** Que modera o repara algo. También *s. m.* || *s. m.* **3.** Castigo aplicado para corregir una falta. **SIN. 1.** Correccional, corrector.

correcto, ta (del lat. *correctus*) *adj.* **1.** Que no tiene error o se hace según las reglas fijadas: *Me pareció correcto tu razonamiento.* **2.** Educado, cortés o atento: *Es muy correcta, da gusto tratarla.* **SIN. 1.** Preciso, perfecto. **2.** Comedido, delicado. **ANT. 1.** Incorrecto, imperfecto. **2.** Descortés, desatento. **FAM.** Incorrecto. CORREGIR.

corrector, ra (del lat. *corrector, -oris*) *adj.* **1.** Que corrige algo: *tecla correctora.* También *s. m.* y *f.* || *s. m.* y *f.* **2.** En las editoriales, periódicos e imprentas, persona encargada de revisar y corregir las pruebas antes de la impresión.

corredero, ra *adj.* **1.** Se dice de lo que corre o resbala. || *s. f.* **2.** Ranura o carril por donde resbala una pieza en ciertas máquinas o artefactos. **3.** La pieza que resbala o corre. **4.** Cucaracha, insecto. **5.** Nombre de algunas calles o plazas que antiguamente fueron lugares destinados para correr caballos. || **LOC. de corredera** *adj.* Se dice de las puertas y ventanas que se abren y cierran deslizándose por ranuras o guías. **SIN. 2.** Raíl, riel.

corredizo, za *adj.* Se dice de aquello que se desata o que corre con facilidad: *nudo corredizo.*

corredor, ra *adj.* **1.** Que corre mucho. También *s. m.* y *f.* **2.** Se dice del ave que no está capacitada para volar, pero que posee fuertes patas con las que alcanza gran velocidad. También *s. f.* || *s. m.* y *f.* **3.** Persona que toma parte en una carrera. || *s. m.* **4.** Pasillo, pieza de paso en un edificio. **5.** Galería abierta o con vidrieras que rodea un patio. **6.** Agente que por oficio interviene en operaciones comerciales o en apuestas. || *s. f. pl.* **7.** Antiguo orden formado por las aves antes mencionadas. **SIN. 3.** Atleta. **4.** Tránsito. **5.** Claustro. **6.** Intermediario, comisionista.

correduría *s. f.* **1.** Oficio o actividad de corredor comercial. **2.** Corretaje o comisión del corredor.

corregente *adj.* Que ejerce la regencia con otro. También *s. m.* y *f.*

corregidor, ra *s. m.* **1.** Antiguamente, magistrado de justicia en algunas poblaciones. **2.** Antiguamente, cargo semejante al de alcalde. || *s. f.* **3.** Mujer del corregidor.

corregir (del lat. *corrigere*) *v. tr.* **1.** Señalar, modificar o hacer desaparecer los errores o imperfecciones de una persona o cosa: *un aparato para corregir la dentadura.* También *v. prnl.* **2.** Decir a alguien que ha hecho mal cierta cosa: *Su madre le corrigió cariñosamente.* **3.** Examinar y valorar el profesor los ejercicios de los alumnos. ■ Delante de *a* y *o* se escribe *j* en vez de g. Es v. irreg. Se conjuga como *pedir.* **SIN. 1.** Enmen-dar(se), reparar(se), rectificar(se), reformar(se). **2.** Advertir, amonestar, reñir, reprender, censurar. **ANT. 1.** Ratificar(se), confirmar(se), empeorar(se). **2.** Aprobar, alabar. **FAM.** Corrección, correccional, correctamente, correctivo, correcto, corrector, corregible. / Incorregible. REGIR.

correhuela *s. f.* Planta herbácea, de tallo voluble y flores blancas o rosadas en forma de campanilla, que se emplea como purgante.

correlación *s. f.* **1.** Relación mutua entre dos o más personas, cosas, ideas, etc.: *correlación entre esfuerzo y resultado.* **2.** Correspondencia entre dos series de cosas. **SIN. 1.** Conexión, reciprocidad. **2.** Paralelismo. **ANT. 1.** Desconexión. **FAM.** Correlativo, correlato. RELACIÓN.

correlativo, va *adj.* **1.** Se dice de personas o cosas que están en correlación. **2.** Que sigue inmediatamente a otro o que se suceden unos a otros de modo inmediato: *un número correlativo de otro, una serie de días correlativos.* **3.** Se aplica a las oraciones unidas por partículas o nexos que indican una correlación entre lo que dichas oraciones expresan: *Cuanto más ahorres, (tanto) antes te podrás comprar la moto.* **4.** Se aplica también a las partículas y parejas de palabras que indican esa relación, como *cuanto... tanto, así... como.* **SIN. 1.** Correspondiente. **2.** Consecutivo, sucesivo. **FAM.** Correlativamente. CORRELACIÓN.

correlato (de *co* -, y el lat. *relatus*, de *referre*, referir) *s. m.* Término o elemento que está en correlación con otro.

correligionario, ria *adj.* **1.** Que profesa la misma religión que otro. También *s. m.* y *f.* **2.** Que pertenece al mismo partido o grupo ideológico o político que otro. También *s. m.* y *f.* **SIN. 2.** Socio, camarada.

correlón, na *adj.* **1.** *Amér.* Que corre mucho. **2.** *Col., Méx.* y *Ven.* Cobarde.

correntada *s. f.* *Amér.* Corriente muy fuerte de agua.

correntoso, sa *adj.* *Amér.* Torrencial.

correo (del cat. *correu*, y éste del fr. ant. *corlieu*) *s. m.* **1.** Medio de comunicación por el cual los hombres se intercambian noticias, objetos, etc. **2.** Servicio público que regula este medio de comunicación y se ocupa del transporte y reparto de la correspondencia. Se usa mucho en *pl.* **3.** Edificio donde se organiza el transporte y reparto de correspondencia. Se usa más en *pl.*: *Fue a correos a enviar un paquete.* **4.** Conjunto de cartas escritas o recibidas. **5.** Vapor, tren, coche, etc., que lleva correspondencia. **6.** Persona que tenía por oficio llevar correspondencia de un sitio a otro P. ext., persona que lleva un mensaje: *el correo del zar.* || **7. correo electrónico** Sistema de intercambio de mensajes a través de una red informática. **SIN. 6.** Emisario, mensajero.

correoso, sa *adj.* **1.** Que se estira y se dobla fácilmente sin romperse: *El caucho es una sustancia correosa.* **2.** Se dice del pan y otros alimentos cuando están blandos, pero son difíciles de partir. **3.** Se dice de la persona que posee mucha resistencia, combatividad y empuje: *Los defensas del equipo destacan por lo correoso.* **SIN. 1.** Elástico. **3.** Resistente. **ANT. 1.** Rígido. **2.** Tierno. **3.** Blando, débil.

correpasillos *s. m.* Juguete infantil con ruedas sobre el que se sientan los niños, desplazándose con ayuda de los pies. ■ No varía en *pl.*

correr (del lat. *currere*) *v. intr.* **1.** Andar rápidamente y con tanto impulso que, entre un paso y el siguiente, quedan por un instante los dos pies en el aire: *Corrió para alcanzar el autobús.* **2.** Ir de prisa hacia un lugar o situación: *No corras, que vamos de paseo. Corre hacia la fama.* **3.** Hacer alguna cosa con rapidez: *Corre mucho en su trabajo.* **4.** Moverse el agua, el aire, etc.: *El río corría mansamente. Corría un viento frío.* **5.** Transcurrir el tiempo: *Corren las horas.* **6.** Encargarse alguien del cuidado o pago de algo, o estar eso a su cargo: *Yo corro con los gastos. La merienda corre de mi cuenta.* **7.** Extenderse por algún lugar: *La carretera corre junto al río.* **8.** Difundirse una noticia, un rumor, etc.: *Corrió el bulo.* También *v. tr.* **9.** Tener que ser pagada una retribución, interés, etc., o adquirir derecho a ello: *El sueldo empieza a correr desde el día primero de mes.* **10.** Ser admitida como válida una cosa, particularmente ser de curso legal una moneda. || *v. tr.* **11.** Perseguir, acosar: *correr jabalíes.* **12.** Lidiar toros: *El peón corrió el toro a punta de capote.* **13.** Hacer ejercitarse al caballo que se monta. **14.** Echar los cerrojos, llaves, etc.: *correr el pestillo.* **15.** Mover a un lado o a otro cortinas, visillos, toldos, etc. También *v. prnl.* **16.** Estar expuesto a peligros, experimentar cosas como aventuras: *correr un gran riesgo.* **17.** Recorrer, visitar lugares: *Me gusta correr mundo.* **18.** Mover o apartar a una persona o cosa: *correr las sillas de sitio.* También *v. prnl.*: *Córrete un poco para que pueda sentarme.* **19.** Avergonzar, confundir: *Corrieron al muchacho con tantas bromas.* También *v. prnl.* || **correrse** *v. prnl.* **20.** Hablando de colores, tintas, manchas, etc., extenderse: *Se han corrido los colores del cuadro.* **21.** *vulg.* Eyacular, llegar al orgasmo. || LOC. **a todo correr** *adv.* Lo más rápido posible. **correrla** *fam.* Ir de juerga. **dejar correr** No intervenir, no preocuparse de alguna cosa o asunto. **el que no corre, vuela** *fam.* Expresa que en ciertas situaciones o ambientes las personas actúan con rapidez para no perder ninguna oportunidad que les sea beneficiosa. SIN. **1.** Trotar. **2.** y **3.** Apresurarse, precipitarse, aligerar. **4.** Deslizarse, fluir. **5.** Pasar. **8.** Propagarse, divulgarse. **8.** y **10.** Circular. **9.** Devengar. **10.** Valer. **12.** Torear. **16.** Afrontar. **17.** Viajar. **18.** Desplazar(se). **19.** Azorar(se), turbar(se). ANT. **1.** Pararse, detenerse, frenarse, tardar. **2.** y **3.** Retardarse, atrasarse, rezagarse. FAM. Corredero, corredizo, corredor, correduría, correlón, correpasillos, correría, corretear, correvedile, correveidile, corrido, corriente, corrimiento. / Descorrer, recorrer, socorrer.

correría *s. f.* **1.** Ataque o incursión en territorio enemigo, arrasando y saqueando. **2.** Desplazamiento rápido y de corta duración: *Hicimos una correría por la parte antigua de la ciudad.* Se usa más en *pl.* || *s. f. pl.* **3.** Aventuras, travesuras: *Presumía de sus correrías.* SIN. **1.** Algarada, razia. **2.** Andanza, excursión. **3.** Enredos, peripecias, calaveradas.

correspondencia *s. f.* **1.** Acción de corresponder o corresponderse. **2.** Relación recíproca entre dos personas por correo: *Mantengo correspondencia con una amiga.* **3.** Cartas que se envían o que se reciben: *Llegó correspondencia.* **4.** Comunicación entre lugares, medios o líneas de transporte, etc.: *En esa estación hay correspondencia con autobuses urbanos.* SIN. **1.** Correlación, conexión, equivalencia. **2.** Trato, comunicación. **3.** Correo. **4.** Enlace, empalme.

corresponder (de *co-* y *responder*) *v. intr.* **1.** Tener relación o proporción una cosa con otra. También *v. prnl.*: *Esa frase se corresponde con su postura.* **2.** Compensar los afectos, beneficios, favores, etc., responder con el mismo sentimiento o actitud: *corresponder a un favor.* También *v. prnl.* con valor recíproco. **3.** Tocar, pertenecer: *Nos corresponde parte de la herencia.* SIN. **1.** Relacionarse, concordar(se), ajustarse, responder. **2.** Agradecer(se), recompensar(se). **3.** Atañer, incumbir. ANT. **1.** Discordar, contrastar(se), diferir(se). FAM. Correspondencia, correspondiente, corresponsal. RESPONDER.

correspondiente *adj.* **1.** Se dice de lo que corresponde a otra cosa, se sigue de ella o le es natural: *Se llevó el correspondiente susto.* **2.** Oportuno, conveniente, proporcionado: *Dio a cada uno su parte correspondiente.* **3.** Se dice de los miembros de una corporación que por lo general viven fuera del lugar donde ésta está situada y mantienen con ella diversas relaciones, sobre todo por carta o correspondencia: *académico correspondiente.* También *s. m.* y *f.* SIN. **1.** Pertinente, consabido. **2.** Adecuado. ANT. **2.** Desproporcionado, inadecuado. FAM. Correspondientemente. CORRESPONDER.

corresponsal *adj.* **1.** Se dice de la persona que se relaciona con otra por correspondencia. También *s. m.* y *f.* **2.** Se aplica a la persona a través de quien una empresa, un comerciante, etc., mantiene relaciones en otro país o lugar. También *s. m.* y *f.*: *Es el corresponsal de nuestra empresa en Bogotá.* **3.** Se dice del periodista destacado en otra población o en el extranjero para que envíe crónicas o noticias a un periódico, revista u otro medio informativo. También *s. m.* y *f.*: *Fue enviado como corresponsal de guerra.* SIN. **2.** Agente, representante, delegado. FAM. Corresponsalía. CORRESPONDER.

corresponsalía *s. f.* Cargo del corresponsal de un medio informativo.

corretaje *s. m.* Comisión, cantidad de dinero que percibe el corredor de comercio por su trabajo. SIN. Correduría.

corretear *v. intr.* **1.** *fam.* Correr de un lado para otro, como los niños en sus juegos. **2.** Andar vagando de un sitio a otro sin rumbo fijo: *corretear por el centro de la ciudad.* SIN. **2.** Callejear, zascandilear. FAM. Correteo. CORRER.

correveidile o **correvedile** *s. m.* y *f.* Persona que se dedica a llevar y traer chismes y cuentos. SIN. Cotilla, chismoso, murmurador.

corrido, da **1.** *p.* de **correr**. También *adj.* || *adj.* **2.** Que excede o pasa algo del peso o de la medida de que se trata: *un kilo corrido de plátanos.* **3.** Refiriéndose a algunas partes de un edificio, que van de un lado a otro sin interrupción: *un balcón corrido.* **4.** Avergonzado, confundido: *corrido de vergüenza.* **5.** *fam.* Se aplica a la persona de mundo, astuta, experimentada: *Presumía de hombre corrido.* || *s. f.* **6.** Acción de correr cierto espacio: *Llegó de una corrida.* **7.** Lidia de toros en una plaza adecuada para ello. ■ Se dice también *corrida de toros.* **8.** Los toros lidiados en ese festejo: *La corrida de ayer fue mala.* || *s. m.* **9.** Romance interpretado a dos voces, con acompañamiento musical, propio de México, Venezuela y otros países hispanoamericanos. || LOC. **de corrido** (o **de corrida**) *adv.* De memoria o carrerilla. También, rápido, sin entretenerse: *leer de corrido.* SIN. **2.** Largo, pasado, colmado. **3.** Seguido, continuo. **4.** Abochornado, cortado. **5.** Ducho, avezado, experto. **6.** Carrera. ANT. **2.** Escaso, justo. **3.** Discontinuo. **5.** Inexperto, verde.

corriente (del lat. *currens, -entis,* de *currere*) *adj.* **1.** Que corre: *agua corriente.* **2.** Se dice del día, semana, mes, año o siglo actual, en curso: *el 8 del mes corriente.* **3.** Aplicado a ciertos documentos, a periódicos, a recibos, etc., el último aparecido: *el recibo corriente del gas.* **4.** Normal, ordinario, ni bueno ni malo, ni bonito ni feo: *un vino* *corriente.* **5.** Que ocurre muchas veces o es propio de mucha gente o de muchos sitios: *El trigo es una planta muy corriente.* || *s. f.* **6.** Movimiento de masas líquidas o gaseosas: *la corriente del río, una corriente de aire.* **7.** Conjunto unitario de ideas, pensamientos, modas: *una corriente artística.* **8.** Corriente eléctrica: *Hubo un corte de corriente.* || **9. corriente eléctrica** Movimiento ordenado de los electrones a través de un hilo conductor entre dos puntos del mismo en los que existe una diferencia de potencial. || **LOC. al corriente** *adv.* Sin atraso, al día; también, enterado: *¿Estás al corriente en el pago? Estoy al corriente de sus progresos.* **contra corriente** *adv.* Contracorriente*. **corriente y moliente** *adj. fam.* Ordinario, normal. **llevar** (o **seguir**) a uno **la corriente** Mostrarse conforme con lo que dice o hace; también, no oponerse a sus deseos. **SIN. 4.** Vulgar, mediocre. **4.** y **5.** Común. **5.** Habitual, frecuente. **ANT. 1.** Estancado. **4.** y **5.** Extraordinario, raro, infrecuente. **FAM.** Correntada, correntoso, corrientemente. / Contracorriente, cortacorriente, tomacorriente. CORRER.

corrientemente *adv. m.* **1.** De manera habitual, comúnmente: *Corrientemente paseo por la playa.* **2.** De manera normal u ordinaria, ni mal ni bien: *En casa se come corrientemente.*

corrillo *s. m.* Corro o grupo de personas que se juntan aparte para hablar, discutir, etc.: *Los asistentes formaron corrillos.* **SIN.** Círculo, cerco.

corrimiento *s. m.* **1.** Acción de correr o de correrse. **2.** Deslizamiento de una gran extensión de terreno: *Un corrimiento de tierras.* **SIN. 2.** Desprendimiento, avalancha, alud.

corro *s. m.* **1.** Grupo de personas que se disponen en forma circular, generalmente para charlar o distraerse: *A la salida del colegio se formó un corro.* **2.** Juego de niños que forman un círculo cogidos de la mano: *jugar al corro.* **3.** Superficie más o menos circular: *La mancha de grasa formó corros.* || **LOC. hacer corro** Formar un corro alrededor de alguien. **SIN. 1.** Cerco, corrillo, rueda. **3.** Rodal. **FAM.** Corrillo. CORRAL.

corroborar (del lat. *corroborare*, de *cum*, con, y *roborare*, fortificar) *v. tr.* Confirmar una teoría, opinión, etc., con nuevos datos o argumentos. También *v. prnl.* **SIN.** Ratificar(se), reafirmar(se), refrendar(se). **ANT.** Negar(se), refutar(se), rebatir(se). **FAM.** Corroboración, corroborante.

corroer (del lat. *corrodere*) *v. tr.* **1.** Desgastar o destruir lentamente una cosa la acción de un fenómeno físico o químico: *El agua corroyó la pared.* También *v. prnl.* **2.** Causar un sentimiento en el hombre angustia, malestar, etc.: *Le corroían los celos.* También *v. prnl.*: *Se corroía de envidia.* ■ Es v. defect. Se conjuga como *roer*, aunque tiene también conjugación regular. **SIN. 1.** Gastar(se), roer(se), carcomer(se). **2.** Consumir(se), concomerse(se). **FAM.** Corrosión, corrosivo. ROER.

corromper (del lat. *corrumpere*) *v. tr.* **1.** Descomponer, echar a perder una cosa: *El calor corrompió la fruta.* También *v. prnl.*: *corromperse las aguas.* **2.** Pervertir: *El dinero corrompe a la gente.* También *v. prnl.* **3.** Estropear cosas no materiales: *corromper el lenguaje.* **4.** Sobornar a alguien: *corromper a un funcionario.* ■ Tiene dos p.: uno reg., *corrompido*, que se utiliza para la formación de los tiempos compuestos, y otro irreg., *corrupto*, usado exclusivamente como adj. **SIN. 1.** Pudrir(se). **2.** Enviciar(se), viciar(se), depravar(se). **3.** Deteriorar. **4.** Cohechar, comprar. **ANT. 1.** Conservar(se). **2.** Ennoblecer(se). **3.** Mejorar, perfeccionar. **FAM.** Corrupción, corruptela, corruptibilidad, corruptible, corrupto, corruptor. ROMPER.

corrongo, ga *adj. C. Rica* y *Cuba* Bonito, simpático.

corrosión (del lat. *corrosum*) *s. f.* **1.** Acción de corroer o corroerse. **2.** Destrucción progresiva de la superficie de un cuerpo por la acción de fenómenos físicos o químicos. **SIN. 1.** y **2.** Desgaste, erosión.

corrosivo, va (del lat. *corrosivus*) *adj.* **1.** Que corroe: *un ácido corrosivo.* **2.** Aplicado a personas, lenguaje, crítica, etc., hiriente, destructivo: *una ironía corrosiva.* **SIN. 1.** Cáustico, mordiente. **2.** Acerado, acre, incisivo, mordaz. **ANT. 2.** Constructivo.

corrupción (del lat. *corruptio, -onis*) *s. f.* Acción de corromper o corromperse: *la corrupción de materias orgánicas; la corrupción de las costumbres.* **SIN.** Descomposición, putrefacción; perversión, depravación, cohecho.

corruptela (del lat. *corruptela*) *s. f.* **1.** Corrupción. **2.** Mala costumbre, abuso en el ejercicio de cualquier función que va en contra de la ley: *En las elecciones hubo muchas corruptelas.*

corrupto, ta (del lat. *corruptus*) **1.** *p.* irreg. de **corromper**. || *adj.* **2.** Que está corrompido: *un sistema político corrupto.* **SIN. 2.** Descompuesto, podrido, enviciado, depravado, comprado. **ANT. 2.** Incorrupto. **FAM.** Incorrupto. CORROMPER.

corrusco *s. m.* Pedazo de pan duro. **SIN.** Mendrugo, coscurro.

corsario, ria (de *corso*) *adj.* **1.** Se dice de la embarcación que estaba autorizada por su gobierno para atacar y saquear a los buques enemigos. **2.** Se aplica al capitán o tripulación de cada una de estas naves. También *s. m.* y *f.* || *s. m.* **3.** Pirata. **SIN. 3.** Bucanero, filibustero.

corsé (del fr. *corset*) *s. m.* **1.** Prenda interior que usan las mujeres para ajustarse el cuerpo. || **2. corsé ortopédico** El que sirve para corregir o prevenir las desviaciones de la columna vertebral. **SIN. 1.** Justillo. **FAM.** Corsetería, corsetero. / Encorsetar.

corso (del lat. *cursus*, carrera) *s. m.* Campaña para perseguir a las embarcaciones enemigas que realizaban algunos barcos haciéndose pasar por mercantes, con la autorización de su gobierno. **FAM.** Corsario.

corso, sa (del lat. *corsus*) *adj.* **1.** De Córcega. También *s. m.* y *f.* || *s. m.* **2.** Dialecto italiano que se habla en Córcega.

corta *s. f.* Acción de cortar árboles y otras plantas: *corta de pinos.* **SIN.** Tala, saca.

cortacésped *s. amb.* Máquina para segar el césped en parques y jardines.

cortacigarros *s. m.* Cortapuros. ■ No varía en *pl.*

cortacircuitos *s. m.* Aparato que interrumpe automáticamente la corriente eléctrica cuando ésta es excesiva o peligrosa. ■ No varía en *pl.* **SIN.** Plomos, fusible.

cortacorriente *s. m.* Dispositivo que abre o cierra el paso de corriente eléctrica en un circuito.

cortadillo *s. m.* **1.** Vaso pequeño, en especial de vino. **2.** Azúcar prensado y cortado en pequeños trozos prismáticos. **SIN. 2.** Terrón.

cortado, da 1. *p.* de **cortar**. También *adj.* || *adj.* **2.** Tímido, apocado: *Su hermano es muy cortado.* También *s. m.* y *f.* **3.** Se aplica al café que se sirve con un poco de leche. También *s. m.* **4.** Se dice del estilo literario compuesto por frases cortas independientes o unidas por una conjunción copulativa: *Azorín tiene un estilo cortado.* || LOC. **estar cortado por** (o **con**) **el mismo patrón** *fam.* Indica que alguien o algo es muy parecido a otra persona o cosa determinada. SIN. **2.** Cohibido, parado, corto. ANT. **2.** Atrevido, osado, desenvuelto. FAM. Cortadillo. CORTAR.

cortador, ra *adj.* **1.** Que corta: *máquina cortadora.* || *s. m.* y *f.* **2.** Persona que corta trajes o piezas en sastrerías, talleres, zapaterías, etc.

cortadura (de *cortar*) *s. f.* **1.** Corte hecho con un objeto cortante. **2.** Garganta, paso entre montañas. || *s. f. pl.* **3.** Recortes o trozos que sobran de una cosa. SIN. **1.** Tajo, incisión, raja. **2.** Cañón.

cortafrío *s. m.* Especie de cincel para cortar metales u otros materiales en frío. SIN. Escoplo.

cortafuego *s. m.* **1.** Vereda o zanja que se hace en sembrados y bosques para que no se propague el fuego en caso de incendio. **2.** Pared que separa un edificio de otro con el mismo fin.

cortante *adj.* **1.** Que corta o es capaz de cortar: *filo cortante, respuesta cortante.* **2.** Se dice del aire o frío intenso: *viento cortante.* SIN. **1.** Afilado, incisivo. ANT. **1.** Romo, embotado.

cortapapeles *s. m.* Instrumento parecido a un cuchillo poco afilado que sirve para cortar las hojas de los libros o papeles doblados. ■ No varía en *pl.* SIN. Plegadera.

cortapisa *s. f.* Condición o limitación con que se concede o se posee una cosa. Se usa más en *pl.*: *poner cortapisas a un proyecto.* SIN. Restricción, traba, obstáculo, impedimento.

cortaplumas *s. m.* Navaja pequeña que antiguamente se utilizaba para cortar las plumas de ave con las que se escribía y que modernamente tiene múltiples usos. ■ No varía en *pl.*

cortapuros *s. m.* Utensilio que sirve para cortar la punta de los cigarros puros. ■ No varía en *pl.* SIN. Cortacigarros.

cortar (del lat. *curtare*) *v. tr.* **1.** Dividir una cosa o separar sus partes con un objeto afilado: *Cortó el pan con el cuchillo.* También *v. prnl.* **2.** Dividir o separar algo en dos porciones: *El río corta la provincia en dos zonas.* **3.** Atravesar un gas o un líquido: *La flecha corta el aire.* **4.** Interrumpir, detener o impedir el paso: *cortar el agua, cortar la retirada del enemigo.* También *v. prnl.*: *cortarse una comunicación telefónica.* **5.** Suprimir parte de un texto, discurso, película, etc.: *El autor cortó varios diálogos de la obra.* **6.** Agrietar la piel el aire y el frío intenso. También *v. prnl.*: *Se me han cortado las manos por el frío.* **7.** Dar la forma necesaria a las piezas que, cosidas, constituirán una prenda de vestir: *El sastre cortó la chaqueta.* **8.** Separar en dos partes el mazo de cartas. También *v. intr.* **9.** Mezclar un líquido con otro para modificar su fuerza o su sabor: *cortar el café con un poco de leche.* **10.** *fam.* Detener o interrumpir a alguien que actúa de manera incorrecta: *Si sigue así, tendremos que cortarle.* || *v. intr.* **11.** Tomar el camino más corto para ir de un sitio a otro: *cortar por un atajo.* || **cortarse** *v. prnl.* **12.** Hacerse un corte, herirse. **13.** Separarse los elementos que debían formar un todo unido en la leche, una salsa, crema, etc. **14.** Turbarse, quedarse sin saber qué hacer o decir: *Se corta al hablar en público.* || LOC. **cortar por lo sano** *fam.* Poner fin de manera expeditiva y sin contemplaciones a una situación que causa disgusto. SIN. **1.** Seccionar(se), escindir(se), hender(se), sajar(se), tajar(se), cercenar(se). **3.** Surcar. **4.** Obstaculizar(se), estorbar(se). **5.** Censurar, tachar, eliminar. **11.** Acortar, atajar. **14.** Aturdirse, apurarse. ANT. **1.** Unir(se), pegar(se). FAM. Corta, cortacésped, cortacigarros, cortacircuitos, cortacorriente, cortado, cortador, cortadura, cortafrío, cortafuego, cortante, cortapapeles, cortaplumas, cortapuros, cortaúñas, corte[1], corto. / Entrecortar, recortar.

cortaúñas *s. m.* Especie de tenacillas o pinzas para cortarse las uñas. ■ No varía en *pl.*

corte[1] *s. m.* **1.** Acción de cortar. **2.** Herida o hendidura hecha al cortar algo: *Tiene un corte en la mano.* **3.** Filo de un instrumento cortante: *el corte de un cuchillo.* **4.** Arte y acción de cortar las distintas piezas que formarán una prenda de vestir: *un taller de corte y confección.* **5.** Cantidad de tela u otro material con que se confecciona un vestido, un calzado, etc.: *un corte de vestido.* **6.** Estilo, tipo: *una obra de corte modernista.* **7.** *fam.* Réplica ingeniosa e inesperada que produce desconcierto: *Vaya corte que le ha dado.* **8.** Cada uno de los bordes o cantos de un libro que no son el lomo. **9.** Trozo de helado servido entre dos galletas: *Tomó un corte de fresa.* **10.** *fam.* Vergüenza, apuro: *Le da corte hablar en público.* || LOC. **dar** (o **hacer**) **un corte de mangas** *fam.* Ademán despectivo que se hace con la mano, extendiendo el dedo corazón y juntando los otros, a la vez que se dobla hacia arriba el brazo y se golpea en él con la otra mano. SIN. **1.** Cortadura, incisión, tajo, hendidura. **10.** Reparo, bochorno, sonrojo, turbación.

corte[2] (del lat. *cohors, cohortis,* cohorte) *s. f.* **1.** Conjunto del rey, la familia real y sus servidores. **2.** Población donde habitualmente reside un soberano: *Valladolid fue corte de España.* **3.** Acompañamiento del rey o de un personaje importante. **4.** *Amér.* Tribunal de justicia. || *s. f. pl.* **5.** En España, poder legislativo, compuesto por el Senado y el Congreso: *las Cortes españolas.* ■ En esta acepción se escribe con mayúscula. || LOC. **hacer la corte** Halagar u obsequiar a alguien con fines interesados; también, galantear, cortejar. SIN. **3.** Comitiva, séquito, cortejo. FAM. Cortejar, cortesano, cortesía, cortijo. / Cohorte.

cortedad *s. f.* Cualidad de corto.

cortejar *v. tr.* Galantear, procurar agradar y atraer a una mujer. SIN. Requebrar. FAM. Cortejador, cortejo. CORTE[2].

cortejo (del ital. *corteggio,* y éste del lat. *cohors, cohortis,* cohorte) *s. m.* **1.** Acción de cortejar. **2.** Parada nupcial. **3.** Acompañamiento del rey o de un personaje. **4.** Conjunto de personas que desfilan en una ceremonia: *el cortejo fúnebre.* SIN. **1.** Galanteo. **3.** y **4.** Séquito, comitiva.

cortés (de *corte[2]*) *adj.* Que se comporta de acuerdo con las normas establecidas en el trato social o es propio de ese comportamiento. || LOC. **lo cortés no quita lo valiente** *fam.* Indica que no son incompatibles la amabilidad y la educación con la energía a la hora de defender un derecho u opinión. SIN. Atento, educado, correcto, considerado. ANT. Descortés.

cortesano, na (del ital. *cortigiano*) *adj.* **1.** De la corte o relacionado con ella: *vida cortesana.* || *s. m.* y *f.* **2.** Persona que sirve al rey y a su familia en la corte. || *s. f.* **3.** Prostituta refinada y culta. SIN. **1.** Áulico. **1.** y **2.** Palaciego.

cortesía *s. f.* **1.** Cualidad de cortés: *Trataba a todo el mundo con cortesía.* **2.** Regalo: *El café es cortesía de la casa.* **3.** Espacio de tiempo concedido a alguien para llegar a un sitio después de la hora fijada: *Le daremos un cuarto de hora más de cortesía.* **4.** Hoja, página o parte de ella que se deja en blanco en libros y otros impresos. || LOC. **de cortesía** *adj.* Que se hace para cumplir las reglas de la buena educación: *una fórmula de cortesía.* SIN. **1.** Urbanidad, corrección. **1.** y **2.** Gentileza, delicadeza. **2.** Dádiva, obsequio. ANT. **1.** Descortesía. FAM. Cortés, cortésmente. / Descortés. CORTE[2].

córtex *s. m.* Capa más externa y superficial de cualquier órgano, p. ej., del cerebro.

corteza (del lat. *corticea*, de *cortex, -icis*) *s. f.* **1.** Parte externa de una planta, particularmente la que recubre el tronco y las ramas de los árboles. **2.** Parte exterior, y generalmente más dura, de algunos frutos y algunos alimentos: *la corteza del melón, la corteza del pan, la corteza del queso.* **3.** Piel de cerdo frita. **4.** Aspecto visible de una persona o de una cosa, que puede encubrir otra muy distinta: *Tiene una corteza rústica, pero es una persona educada.* **5.** Capa superior de la Tierra cuyo espesor medio se calcula en 35 km. || **6. corteza electrónica** Denominación general de los niveles o capas donde se encuentran los electrones de un átomo. SIN. **2.** Cáscara. **4.** Apariencia, exterioridad. ANT. **2.** Pulpa, carne, meollo. **4.** Interior. FAM. Cortex, cortical, corticoide, corticosteroide, cortisona. / Descortezar.

cortical (del lat. *cortex, -icis*) *adj.* De la corteza. FAM. Subcortical. CORTEZA.

corticoide o **corticosteroide** (del lat. *cortex, -icis*, corteza) *adj.* Se dice del compuesto químico, natural o sintético, cuya actividad es semejante a la de las hormonas producidas en la corteza de las cápsulas suprarrenales; se utiliza como medicamento, especialmente, como antiinflamatorio o para producir anticuerpos. También *s. m.*

cortijero, ra *s. m.* y *f.* **1.** Persona que vive en un cortijo y cuida de él. || *s. m.* **2.** Capataz de un cortijo.

cortijo (del lat. *cohorticula*, de *cohors*, recinto, corral) *s. m.* **1.** Finca rústica con casa de labor, típica de Andalucía. **2.** Esta casa. SIN. **1.** Alquería. FAM. Cortijero. CORTE[2].

cortina (del lat. *cortina*) *s. f.* **1.** Paño grande que se cuelga, p. ej. en puertas y ventanas, como adorno, para abrigar o dividir en dos partes una habitación, delante de un escenario, etc. **2.** Aquello que encubre y oculta lo que está detrás: *Una cortina de agua nos impedía ver la plaza.* **3.** Lienzo de muralla que está entre dos baluartes. || **4. cortina de humo** La utilizada para ocultarse del enemigo; en sentido figurado, cosa o acción destinada a encubrir otra. FAM. Cortinaje, cortinilla, cortinón.

cortinaje *s. m.* Conjunto o juego de cortinas.

cortinilla *s. f.* **1.** Cortina pequeña, particularmente la que se coloca en el interior de las ventanillas de carruajes, trenes, etc. **2.** En televisión, imagen o conjunto de imágenes con el logotipo de la cadena que indica un corte en la programación.

cortinón *s. m.* Cortina grande y pesada: *En el balcón de mi abuela colgaban unos cortinones de terciopelo.*

cortisona (del lat. *corticeus*, de la corteza) *s. f.* Corticoide segregado por la corteza suprarrenal que regula el metabolismo de los hidratos de carbono. Preparado sintéticamente, se utiliza en el tratamiento de varias enfermedades.

corto, ta (del lat. *curtus*) *adj.* **1.** Que tiene poca longitud o es menos largo de lo debido: *Esta calle es muy corta. Este abrigo me está corto.* **2.** Que dura poco tiempo o parece que dura poco: *Los días eran más cortos que las noches.* **3.** Escaso, con poca cantidad, defectuoso: *una ración corta, corto de vista.* También *s. m.*: *un corto de cerveza.* **4.** Tímido, vergonzoso. **5.** Torpe, de poco talento: *Era una persona muy corta.* **6.** Que carece de facilidad para expresarse. || *s. m.* **7.** Cortometraje*. || *s. f.* **8.** Luz corta de un vehículo. Se usa mucho en *pl.*: *Puso las cortas.* || LOC. **a la corta o a la larga** *adv.* Más tarde o más temprano. **ni corto ni perezoso** *adv.* Con decisión, sin pensárselo dos veces. **quedarse corto** Al disparar un arma, quedar el proyectil antes del blanco; también, al contar, comprar, coger o pedir algo, hacerlo en menor medida de lo necesario; asimismo, decir de una cosa mucho menos de lo que merece: *Se quedó corto en el presupuesto. Se quedó corto al hablarme de Florencia.* SIN. **1.** Pequeño. **2.** Breve. **3.** Insuficiente, exiguo, reducido. **4.** Apocado, pusilánime, encogido. **5.** Necio, tonto. ANT. **1.** Largo. **2.** Prolongado. **3.** Abundante, copioso. **4.** Audaz, decidido. **5.** Listo, inteligente. **6.** Locuaz, facundo. FAM. Cortedad, cortometraje. / Acortar, paticorto, piernicorto. CORTAR.

cortocircuito *s. m.* Fenómeno eléctrico que se produce accidentalmente por contacto entre dos conductores, originándose una corriente de gran intensidad: *Al juntarse los cables se produjo un cortocircuito.*

cortometraje *s. m.* Película cinematográfica de corta duración, que no pasa de los 30 minutos. SIN. Corto.

coruñés, sa *adj.* De La Coruña. También *s. m.* y *f.*

corva (del lat. *curvus*, curvo) *s. f.* Parte por donde se dobla la pierna, por detrás de la rodilla.

corvejón (de *corvo*) *s. m.* Articulación entre la parte inferior de la pierna y superior de la caña en las extremidades posteriores de los cuadrúpedos. SIN. Jarrete.

corveta (de *corvo*) *s. f.* Movimiento del caballo consistente en caminar sobre las patas traseras y con las delanteras en alto. ■ No confundir con su homófono *corbeta*, 'barco ligero de guerra'. FAM. Corvetear. CORVO.

córvido, da *adj.* **1.** Se dice de unas aves robustas, generalmente omnívoras, muy ruidosas, extendidas por todo el mundo, excepto Nueva Zelanda y algunas islas de Oceanía; córvidos son los cuervos, cornejas, urracas y grajos. También *s. m.* || *s. m. pl.* **2.** Familia del orden paseriformes constituida por estas aves.

corvo, va (del lat. *curvus*) *adj.* **1.** Curvo: *un pico corvo.* || *s. f.* **2.** Parte de la pierna opuesta a la rodilla, por donde se dobla. ANT. **1.** Recto. FAM. Corva, corvejón, corveta. CURVO.

corzo, za (del lat. vulg. *curtius*, y éste del lat. *curtus*, corto) *s. m.* y *f.* Mamífero artiodáctilo rumiante, el menor de los cérvidos europeos; el macho presenta astas pequeñas ramificadas; su pelo es rojizo en verano y grisáceo en invierno. Vive en Europa.

cosa (del lat. *causa*) *s. f.* **1.** Todo aquello que de algún modo existe, sea real o imaginario, concreto o abstracto. **2.** Objeto inanimado, en contraposición a los seres vivos: *Cada vez se fabrican más cosas.* **3.** Aquello de lo que se trata: *La cosa es complicada.* **4.** En oraciones neg., nada: *No hay cosa peor que el hambre.* **5.** Quehacer, ocupación. Se usa sobre todo en *pl.*: *Tengo muchas cosas que hacer.* **6.** En contraposición a persona o sujeto, el objeto de las relaciones jurídicas. **7.** El objeto material, en oposición a los derechos creados sobre él y a las prestaciones personales. || *s. f. pl.* **8.** Sucesos, acciones que afectan a alguien: *Las cosas iban bien.* **9.** Útiles, instrumentos: *las cosas de afeitarse.* **10.** Objetos que pertenecen a alguien: *Empaquetó sus cosas.* **11.** Dichos o acciones propios de alguien, sobre todo rarezas, defectos, etc.: *Son cosas del abuelo. Son cosas de jóvenes.* **12.** Invenciones, ocurrencias: *¡Qué cosas tienes!* || **13. cosa fina** Cosa buena, excelente: *Te voy a hacer una paella cosa fina.* **14. cosa mala** Mucho, muy grande: *Tiene unas ganas de divertirse cosa mala.* **15. cosa perdida** Persona descuidada en sus obligaciones o de la que no se puede esperar nada bueno. || LOC. **a cosa hecha** *adv.* Expresamente, sabiendo bien lo que se quiere; también, con éxito seguro, estando todo preparado: *Fuimos a comprar el coche a cosa hecha. Nunca arriesga en estos asuntos; siempre va a cosa hecha.* **como quien no quiere la cosa** *adv.* Con disimulo; también, sin darle la importancia que la cosa tiene: *como quien no quiere la cosa, me fui.* **como si tal cosa** *adv.* Como si no hubiera pasado nada; también, sin darle importancia: *Nos propone un tan viaje largo, como si tal cosa.* **(como) cosa de** *adv.* Aproximadamente, poco más o menos: *Es cosa de un minuto.* **decir** a alguien **cuatro cosas** *fam.* Decirle algunas verdades. **¡habrá cosa igual** (o **parecida**)**!** *excl.* Expresa asombro o disgusto. **lo que son las cosas** *fam.* Anticipa que en lo que se va a decir hay algo extraño. **no haber tal cosa** *fam.* No ser así, ser falso lo que se dice. **no sea cosa que** *conj.* Indica precaución: *Saca el paraguas, no sea cosa que llueva.* **poquita cosa** *adj. fam.* Se aplica a la persona débil de cuerpo o de poco ánimo. **por una cosa o por otra,** o **por unas cosas o por otras** *adv.* Siempre. **ser cosa de** Expresa la necesidad de pensar en algo o de hacerlo: *Hace frío, será cosa de ponerse el abrigo. Es cosa de irse.* **ser** algo **cosa de** Consistir algo o la solución de algo en lo que se dice: *Eso es cosa de paciencia.* **ser** algo **cosa** de uno Corresponderle, ser de su incumbencia. SIN. **1.** Ser, ente, realidad. **2.** Artículo, adminículo, bártulo. **3.** Asunto, cuestión. **5.** Tarea. **8.** Acontecimientos, negocios. **9.** Enseres, trastos. **10.** Pertenencias. **12.** Salidas. FAM. Cosificar. / Quisicosa.

cosaco, ca (del ruso *kazak*, caballero) *adj.* De un antiguo pueblo nómada o semisedentario que desde el s. XV se estableció en las estepas del S de Rusia. También *s. m.* y *f.*

coscarse *v. prnl. fam.* Darse cuenta, enterarse: *Está en las nubes, no se cosca de nada.* ▪ Delante de *e* se escribe *qu* en lugar de *c*.

coscoja (de *coscojo*, y éste del lat. *cusculium*) *s. f.* **1.** Árbol o arbusto achaparrado parecido a la encina, de hojas perennes, pequeñas, sin pelos y con el borde muy espinoso; su fruto es una bellota. **2.** Hoja seca de la carrasca o encina. FAM. Coscojal, coscojar, coscojo.

coscojo (del lat. *cusculium*) *s. m.* Especie de agalla que sale en la coscoja, producida por un insecto llamado quermes.

coscorrón *s. m.* Golpe dado en la cabeza. SIN. Cosque, cosqui, mamporro. FAM. Cosque, cosqui.

coscurro *s. m.* Cuscurro*. SIN. Corrusco, tarugo.

cosecante *s. f.* En trigonometría, secante del complemento de un ángulo o un arco. Es la inversa del seno.

cosecha (del ant. *cogecha*, y éste del lat. *collecta*, recogida) *s. f.* **1.** Conjunto de productos agrícolas que se recogen cuando ya están maduros o en sazón: *la cosecha de trigo.* **2.** Ocupación de recoger esos frutos. **3.** Época en que deben recogerse: *Llegó en plena cosecha.* || LOC. **de la cosecha** de uno *fam.* De su propia invención: *El actor aportó ideas de su cosecha.* SIN. **2.** y **3.** Recolección, recogida. FAM. Cosechador, cosechar, cosechero.

cosechador, ra *adj.* **1.** Que cosecha. También *s. m.* y *f.* || *s. f.* **2.** Máquina que sirve para el corte y recogida de la cosecha, especialmente la de los cereales.

cosechar *v. intr.* **1.** Recoger los productos del campo cuando están maduros. También *v. tr.*: *Cosechó mucho maíz.* || *v. tr.* **2.** Ganarse o atraerse odios, simpatías, fracasos, éxitos, etc.: *cosechar un triunfo.* SIN. **1.** Recolectar. **2.** Obtener, granjearse. ANT. **2.** Perder.

cosedor, ra *s. m.* y *f.* **1.** Persona que cose. || *adj.* **2.** Se aplica a la máquina que cose los pliegos de un libro, revista, etc. También *s. f.*

coselete (del fr. *corselet*) *s. m.* Coraza ligera, generalmente de cuero, que usaban algunos soldados de infantería.

coseno *s. m.* Una de las funciones trigonométricas; en un triángulo rectángulo, el coseno de un ángulo agudo es el cociente entre el cateto adyacente al ángulo y la hipotenusa.

coser (del lat. *consuere*) *v. tr.* **1.** Unir con hilo de cualquier clase, generalmente enhebrado en una aguja, dos o más pedazos de tela, cuero, un botón a la ropa, etc. **2.** Hacer pespuntes y otras labores de aguja. **3.** Grapar. **4.** Unir una cosa con otra de manera que queden muy juntas. **5.** Producir muchas heridas, especialmente con arma punzante: *coser a puñaladas.* || LOC. **ser** una cosa **coser y cantar** *fam.* No ofrecer dificultad, ser muy fácil. SIN. **1.** Hilvanar, zurcir, remendar. **4.** Sujetar, pegar. **5.** Acribillar. ANT. **1.** Descoser. **4.** Separar, desunir, despegar. FAM. Cosedor, cosido, costura. / Descoser, inconsútil, recoser.

cosido, da **1.** *p.* de **coser**. También *adj.* || *adj.* **2.** Muy pegado a una persona, dependiendo de ella: *estar cosido a las faldas de su madre.* || *s. m.* **3.** Acción de coser: *Es rápida en el cosido.* **4.** Calidad de la costura: *El cosido del traje es perfecto.* **5.** Esa misma costura.

cosificar *v. tr.* **1.** Convertir algo en cosa: *cosificar ideas.* **2.** Considerar como cosa algo que no lo es, p. ej. una persona. ▪ Delante de *e* se escribe *qu* en lugar de *c*: *cosifique.* FAM. Cosificación. COSA.

cosijo *s. m. Amér.* Disgusto, desazón.

cosmético, ca (del gr. *kosmetikos*, de *kosmeo*, adornar, componer) *adj.* **1.** Que se emplea para cuidar o embellecer la piel o el pelo: *una crema cosmética.* También *s. m.* || *s. f.* **2.** Arte de preparar y emplear tales productos. SIN. **1.** Afeite, potingue.

cósmico, ca *adj.* Del cosmos o relacionado con él.

cosmogonía (del gr. *kosmogonia*, de *kosmos*, mundo, y *gignomai*, producirse) *s. f.* **1.** Ciencia que trata del origen y la formación del universo. **2.** Teoría filosófica, mítica o religiosa sobre el origen y la organización del universo. FAM. Cosmogónico. COSMOS.

cosmografía (del lat. *cosmographia*, y éste del gr. *kosmographia*, de *kosmos*, mundo, y *grapho*, describir) *s. f.* Parte de la astronomía que se ocupa de la descripción del universo. FAM. Cosmográfico, cosmógrafo. COSMOS.

cosmología (de *cosmos* y *-logía*) *s. f.* Estudio filosófico del cosmos, o universo, y sus leyes. FAM. Cosmológico, cosmólogo. COSMOS.

cosmonauta *s. m.* y *f.* Astronauta*.

cosmonave *s. f.* Astronave*. **FAM.** Cosmonauta, cosmonáutico. COSMOS y NAVE.

cosmopolita (del gr. *kosmopolites*, de *kosmos*, mundo, y *polites*, ciudadano) *adj.* **1.** Que ha vivido en muchos países, o conoce lugares, gentes y costumbres muy diversos, etc. También *s. m.* y *f.* **2.** Que suele ser común a todos o a la mayor parte de los países. **3.** Se dice de los lugares en que hay gente y costumbres de numerosos países. **SIN. 1.** Universal, internacional. **FAM.** Cosmopolitismo. POLIS.

cosmos (del lat. *cosmos*, y éste del gr. *kosmos*, mundo) *s. m.* El universo, en especial considerado como un todo ordenado. **SIN.** Mundo. **ANT.** Caos. **FAM.** Cósmico, cosmogonía, cosmografía, cosmología, cosmonave. / Macrocosmo, microcosmo.

cosmovisión *s. f.* Forma de concebir e interpretar el mundo.

coso (del lat. *cursus*, carrera) *s. m.* **1.** Plaza de toros. **2.** Calle principal de algunas poblaciones. **FAM.** Acosar.

cosque o **cosqui** *s. m. fam.* Coscorrón*.

cosquillas *s. f. pl.* Sensación nerviosa que se experimenta en algunas partes del cuerpo, causada por roces de diverso tipo, y que produce involuntariamente risa. || **LOC. buscarle** a uno **las cosquillas** *fam.* Procurar impacientarle o irritarle. **hacerle** a uno **cosquillas** una cosa *fam.* Excitarle la curiosidad, hacerle ilusión pensar en ella. **FAM.** Cosquillear, cosquilleo, cosquilloso.

cosquilleo *s. m.* **1.** Sensación producida por las cosquillas u otra cosa semejante. **2.** Inquietud, nerviosismo producido por el temor a algo: *Antes del examen siento un extraño cosquilleo.* **SIN. 1.** Hormigueo, hormiguillo. **2.** Desazón.

costa[1] (del lat. *costa*, lado, costilla) *s. f.* Franja de tierra en contacto con el mar o cerca de él: *Vive en un pueblo de la costa.* **SIN.** Litoral. **FAM.** Costanera, costear[2], costeño, costero. / Guardacostas. COSTADO.

costa[2] *s. f.* **1.** Cantidad que se paga por una cosa. Se usa sobre todo en *pl.*: *las costas del accidente.* || *s. f. pl.* **2.** Gastos de un juicio. || **LOC. a costa de** *adv.* A fuerza de, mediante. También, abusando de alguien: *Se divierte a costa de los amigos.* **a toda costa** *adv.* Sin detenerse ante ningún gasto, esfuerzo, obstáculo, etc.: *vencer a toda costa.* **SIN. 1.** Coste, costo, importe. **2.** Cargas.

costado (del bajo lat. *costatus*, que tiene costillas) *s. m.* **1.** Cada una de las dos partes laterales del cuerpo humano que están debajo de los brazos, entre el pecho y la espalda. **2.** P. ext., parte o zona lateral de cualquier otra cosa: *los costados de un barco, de un ejército.* || **LOC. por los cuatro costados** *adv. fam.* Por todas partes, se mire por donde se mire: *honrado por los cuatro costados.* **SIN. 2.** Flanco, ala. **FAM.** Costa[1], costal, costalada, costalazo, costilla, cuesta. / Acostar, recostar.

costal[1] (del lat. *costalis*, de *costa*, costilla) *adj.* **1.** De las costillas o relacionado con ellas. || *s. m.* **2.** Saco grande, generalmente de tela tosca: *un costal de harina.* **SIN. 2.** Talego, talega. **FAM.** Intercostal, subcostal. COSTADO.

costalada *s. f.* Golpe que uno recibe al caerse de costado o de espaldas. **SIN.** Batacazo, trastazo.

costalazo *s. m.* Costalada*.

costanera (de *costa*[1]) *s. f. Amér.* Paseo marítimo.

costanilla *s. f.* Calle estrecha y en cuesta.

costar (del lat. *constare*) *v. intr.* **1.** Valer una cosa cierta cantidad de dinero: *El libro cuesta mil pesetas.* **2.** Causar o precisar una cosa trabajo, molestias, esfuerzos, perjuicios, etc.: *Le cuesta mucho dormir. Su amistad me costó disgustos.* **3.** Llevar un trabajo o una ocupación el tiempo que se indica: *Hacer el dibujo me costó un día.* ■ Es v. irreg. Se conjuga como *contar.* || **LOC. costarle caro** algo a alguien Acarrearle mucho daño o perjuicio: *Llegar tarde te costará caro.* **SIN. 1.** Importar, ascender. **3.** Tardar, ocupar. **FAM.** Costa[2], coste, costear[1], costo.

costarricense o **costarriqueño, ña** *adj.* De Costa Rica. También *s. m.* y *f.* **FAM.** Costarriqueñismo.

costarriqueñismo *s. m.* Vocablo o giro propios del habla de Costa Rica.

coste *s. m.* Gastos que ocasiona alguna cosa: *Calculó el coste del arreglo.* **SIN.** Costa, importe, precio, valor.

costear[1] (de *costar*) *v. tr.* Pagar o cubrir los gastos de alguien: *Mi padrino costea mis estudios.* También *v. prnl.* **SIN.** Sufragar(se), subvencionar(se), sostener(se), financiar(se).

costear[2] (de *costa*[1]) *v. tr.* Bordear un barco la costa.

costero, ra *adj.* **1.** De la costa: *una villa costera.* || *s. f.* **2.** Temporada de pesca de una determinada especie: *la costera del bonito.* **SIN. 1.** Costeño.

costilla (del lat. *costa*, lado, costilla) *s. f.* **1.** Cada uno de los huesos largos y arqueados que salen de las vértebras dorsales y delimitan la caja torácica. **2.** Cada uno de estos huesos, con carne adherida, de las reses preparadas para el consumo: *Pidió costillas de cerdo.* **3.** Nombre dado a algunos objetos de forma similar a la de estos huesos y que forman la estructura o armazón de alguna cosa, como p. ej. las cuadernas de un barco. **4.** *fam.* Esposa. || *s. f. pl.* **5.** *fam.* Espaldas: *Echaron el trabajo sobre mis costillas.* || **LOC. medir** a uno **las costillas** *fam.* Golpearle, pegarle. **FAM.** Costillar. COSTADO.

costillar *s. m.* **1.** Conjunto de costillas. **2.** Parte del cuerpo donde se encuentran.

costiparse *v. tr.* Constiparse*. **FAM.** Costipado. CONSTIPARSE.

costo *s. m.* **1.** Coste*. **2.** En argot, hachís. **SIN. 1.** Costa, importe, precio, valor. **FAM.** Costosamente, costoso. COSTAR.

costoso, sa *adj.* **1.** Que cuesta mucho o tiene un precio muy alto. **2.** Que supone un gran esfuerzo o trabajo.

costra (del lat. *crusta*) *s. f.* **1.** Capa exterior que se forma al endurecerse alguna cosa húmeda o blanda. **2.** Placa dura que se forma sobre las heridas cuando se secan. **SIN. 1.** Corteza. **2.** Postilla. **FAM.** Costrón, costroso. / Crustáceo, encostrar.

costrón *s. m.* Trozo de pan frito que se añade a algunos guisos.

costroso, sa *adj.* **1.** Que tiene costras. **2.** Sucio, miserable: *¿Vas a coger ese saco costroso?* **SIN. 2.** Asqueroso, cutre.

costumbre (del lat. vulg. *consuetumen*, del lat. *consuetudo, -inis*) *s. f.* **1.** Forma de conducta estable que se adquiere por la repetición de los mismos actos o por tradición: *Tengo la costumbre de madrugar. Conservan las costumbres de antaño.* **2.** Habilidad para una determinada actividad adquirida con la práctica. || **LOC. de costumbre** *adj.* y *adv.* Usual, ordinario; normalmente: *A la hora de costumbre. Ven como de costumbre.* **SIN. 1.** Hábito, uso, usanza. **FAM.** Costumbrismo, costumbrista. / Acostumbrar, consuetudinario.

costumbrismo *s. m.* Atención especial que se dedica, en literatura y pintura, a la descripción de las costumbres típicas de un país o región.

costura (del lat. *consutura*) *s. f.* **1.** Acción y arte de coser telas, prendas, etc. **2.** Labor que se está cosiendo y se halla sin terminar: *Dejó la costura sobre la mesa.* **3.** Serie de puntadas que unen dos trozos de tela o dos piezas así unidas: *Arregló la costura del pantalón.* || **4. alta costura** Moda exclusiva confeccionada por diseñadores prestigiosos. FAM. Costurar, costurera, costurero, costurón. / Cubrecosturas. COSER.

costurar *v. tr. Amér.* Coser.

costurera *s. f.* Mujer que tiene como oficio la costura. SIN. Modista, sastra.

costurero *s. m.* **1.** Pequeño mueble, caja, cestillo, etc., donde se guardan los útiles de costura. **2.** Cuarto donde se cose.

costurón *s. m.* **1.** Costura mal hecha. **2.** Cicatriz o señal grande y muy visible de una herida.

cota[1] (del lat. *quota*) *s. f.* **1.** Número que señala en los mapas las alturas sobre el nivel del mar u otro plano de nivel. **2.** Esta misma altura. **3.** Importancia, categoría, valor. FAM. Cotejar, cotizar. / Acotar[2], cuota.

cota[2] (del germ. *kotta*, paño basto de lana) *s. f.* Antigua armadura para proteger el cuerpo, hecha de malla de hierro o de cuero guarnecido con clavos.

cotangente *s. f.* Una de las funciones trigonométricas, equivalente a la tangente de un ángulo o arco complementario. Es la inversa de la tangente.

cotarro (de *coto*[1]) *s. m.* **1.** *fam.* Grupo de personas inquieto, agitado: *animar el cotarro.* **2.** *fam.* Asunto, actividad, negocio: *dirigir el cotarro.*

cotejar *v. tr.* Comparar una cosa con otra u otras: *Cotejaron la copia y el original.* SIN. Confrontar, parangonar. FAM. Cotejable, cotejo. / Acotejar. COTA[1].

cotelé (fr.) *s. m. Chile* Pana: *unos pantalones de cotelé.*

cotidiano, na (del lat. *quotidianus*, de *quotidie*, diariamente) *adj.* Que sucede o se hace diariamente, cada día: *el aseo cotidiano.* ■ También se dice *cuotidiano.* SIN. Diario, acostumbrado, habitual. ANT. Insólito. FAM. Cotidianeidad, cotidianidad.

cotiledón (del lat. *cotyledon*, y éste del gr. *kotyledon*, de *kotyle*, cavidad en forma de vaso) *s. m.* Primera o cada una de las primeras hojas que se forman en el embrión de las espermafitas o fanerógamas y le suministra alimento. FAM. Cotiledóneo. / Acotiledóneo, dicotiledónea, monocotiledóneo.

cotilla (de *coto*[1]) *s. m.* y *f. fam.* Persona aficionada a cotillear. ■ A veces se usa la forma *cotillo* para el masculino. SIN. Correveidile, murmurador, chismoso; curioso. FAM. Cotillear, cotilleo. COTO[1].

cotillear *v. intr.* **1.** Chismorrear, andar con chismes y cuentos. **2.** Curiosear: *¿Qué haces cotilleando en mi bolso?* También *v. tr.* SIN. **1.** Murmurar. **2.** Husmear, oler.

cotillo *s. m.* **1.** En el martillo e instrumentos semejantes, parte con que se golpea. **2.** En algunos instrumentos cortantes, como el hacha, la azada, etc., parte opuesta al filo.

cotillón (del fr. *cotillon*) *s. m.* Baile y fiesta con que se celebra algún día señalado: *el cotillón de fin de año, de Reyes.*

cotizar (del fr. *cotiser*, y éste del lat. *quota*, cota) *v. tr.* **1.** Pagar una cuota o parte correspondiente de gastos colectivos, contribuciones, etc.: *cotizar como miembro de un club, cotizar a la seguridad social.* **2.** Publicar en voz alta en la bolsa el precio de las acciones y valores; p. ext., alcanzar éstos un determinado precio: *Sus acciones cotizaron a mil enteros.* También *v. prnl.* **3.** Valorar, estimar. También *v. prnl.*: *Un buen vendedor se cotiza mucho.* ■ Delante de *e* se escribe *c* en lugar de *z*: *cotice.* SIN. **1.** Abonar. **3.** Evaluar, tasar. ANT. **1.** Deber. **3.** Depreciar. FAM. Cotizable, cotización. COTA[1].

coto[1] (del lat. *cautus*, asegurado, garantizado) *s. m.* Terreno reservado para un uso determinado, generalmente para la caza y la pesca, o para la protección de ecosistemas y especies animales y vegetales: *el coto de Doñana.* || LOC. **poner coto** Impedir que continúe un desorden, abuso, etc.: *Hay que poner coto a la violencia.* SIN. Vedado, reserva. FAM. Cotarro, cotilla. / Acotar[1].

coto[2] (quechua) *s. m. Amér. del S.* Papera, bocio.

cotona *s. f.* **1.** *Amér.* Camiseta gruesa de algodón. **2.** *Amér.* Chaqueta de gamuza o de otro tejido, según los países.

cotorra *s. f.* **1.** Nombre aplicado vulgarmente a diversas especies de aves prensoras, la mayoría tropicales, de cabeza grande, pico fuerte y ganchudo, con alas y cola largas y de diversos colores. **2.** *fam.* Persona muy habladora e indiscreta. SIN. **2.** Parlanchín, cotilla. FAM. Cotorrear, cotorreo.

cotorrear *v. intr.* Hablar mucho sin decir nada interesante. SIN. Charlar, parlotear.

cotufa (de or. mozár.) *s. f.* **1.** Chufa*, tubérculo. **2.** Palomita de maíz.

coturno (del lat. *cothurnus*, y éste del gr. *kothornos*) *s. m.* **1.** Calzado que usaban griegos y romanos, que cubría el pie y la pierna hasta la pantorrilla. **2.** Calzado de suela muy gruesa que empleaban los actores en el teatro grecorromano para elevar su estatura. || LOC. **de alto coturno** *adj.* De categoría elevada.

country (ingl.) *s. m.* Género musical de carácter popular y tradicional, propio de los Estados Unidos. ■ Se utiliza mucho en aposición: *música country.*

covacha (del lat. vulg. *cova*, hueca) *s. f.* **1.** Cueva pequeña. **2.** Vivienda o habitación pobre e incómoda. SIN. **1.** Antro, caverna. **2.** Cuchitril, cuartucho.

cowboy (ingl.) *s. m.* Vaquero en los ranchos del oeste de Estados Unidos. ■ Su pl. es *cowboys.*

coxal (del lat. *coxa*, cadera) *adj.* De la cadera: *hueso coxal.*

coxis *s. m.* Hueso que constituye la última sección de la columna vertebral, articulado con el sacro. ■ También se dice *cóccix.* No varía en *pl.*

coyote (del náhuatl *coyotl*) *s. m.* **1.** Mamífero carnívoro de la familia cánidos, conocido también como perro o lobo de las praderas; suele habitar en cuevas excavadas y se halla difundido por Amér. del N. y C. **2.** *Méx.* Persona que guía a los inmigrantes clandestinos.

coyunda (del lat. *coiungula*) *s. f.* **1.** Correa o soga para atar los bueyes al yugo. **2.** Unión conyugal. **3.** Sujeción, dependencia, dominio. SIN. **2.** Matrimonio. **3.** Sumisión, servidumbre. ANT. **3.** Liberación, emancipación.

coyuntura (del lat. *cum*, con, y *iunctura*, unión) *s. f.* **1.** Conjunto de elementos y circunstancias que constituyen una situación determinada: *la coyuntura económica.* **2.** Ocasión favorable para algo: *Aprovechó la coyuntura para pedírselo.* **3.**

Unión móvil de un hueso con otro. SIN. **1.** Estado. **2.** Oportunidad. **3.** Articulación. FAM. Coyunda, coyuntural. / Descoyuntar. JUNTURA.

coz (del lat. *calx, calcis*, talón) *s. f.* **1.** Sacudida hacia atrás de una caballería con cualquiera de las patas y golpe propinado. **2.** Patada hacia atrás que da una persona. **3.** Retroceso del arma de fuego al dispararla. **4.** *fam.* Dicho o hecho injurioso o grosero: *No esperaba esa coz de su amigo.* SIN. **3.** Culatazo. **4.** Grosería, exabrupto. FAM. Cocear.

CPU (siglas de la expresión ingl. *Central Processing Unity*, Unidad Central de Procesamiento) *s. f.* En inform., parte de un ordenador formada por la memoria principal, la unidad artimética-lógica y los registros de control.

crac[1] *s. m.* Onomatopeya con que se imita el sonido de algo que se rompe.

crac[2] (del ingl. *crack*, romper) *s. m.* **1.** Desastre económico. **2.** P. ext., caída brusca en la actividad, vitalidad, etc., de alguien. SIN. **1.** Ruina, depresión. **2.** Derrumbe, fracaso. ANT. **1.** y **2.** Alza, prosperidad.

-cracia (del gr. *kratia*) *suf.* Significa 'dominio, gobierno, poder': *aristocracia, democracia.*

crack (ingl.) *s. m.* **1.** Tipo de droga compuesta principalmente por cocaína. **2.** En fútbol, jugador de extraordinaria calidad: *Es un verdadero crack con el balón.*

crampón (del fr. *crampon*) *s. m.* **1.** Clavija de gran tamaño que se utiliza en alpinismo. **2.** Pieza metálica que se fija a la suela del calzado para no resbalar sobre el hielo o la nieve.

cráneo (del lat. *cranium*) *s. m.* Caja ósea que contiene el encéfalo y lo protege. || LOC. **ir** uno **de cráneo** *fam.* Tener dificultades o muy pocas posibilidades para conseguir algo. FAM. Craneal, craneano.

crápula (del lat. *crapula*) *s. m.* **1.** Hombre de vida licenciosa y deshonesta. || *s. f.* **2.** Ese tipo de vida. SIN. **1.** Crapuloso, calavera, libertino, depravado. **2.** Disipación, libertinaje. ANT. **1.** Virtuoso. **2.** Virtud. FAM. Crapuloso.

craqueo (del ingl. *cracking*, ruptura) *s. m.* Proceso químico industrial mediante el cual los productos de moléculas largas derivados del petróleo se transforman por rompimiento en otros más ligeros que se pueden mezclar con gasolinas.

crascitar *v. intr.* Dar graznidos el cuervo.

crash (ingl.) *s. m.* Gran crisis económica, especialmente, bursátil. SIN. Crac.

craso, sa (del lat. *crassus*) *adj.* **1.** Aplicado a palabras como *error, ignorancia, disparate* y otras semejantes, grande, burdo: *Hemos cometido un craso error y lo pagaremos muy caro.* **2.** En lenguaje literario o científico, gordo, grueso. SIN. **1.** Abultado, enorme. ANT. **1.** Insignificante. **2.** Delgado.

cráter (del lat. *crater*, y éste del gr. *krater*, vasija) *s. m.* **1.** Depresión, generalmente en forma de embudo, situada en la parte superior o en los laterales de los volcanes por donde éstos expulsan lava y gases al exterior durante las erupciones. **2.** Hundimiento de tamaño muy variable (desde pocos metros a 100 km de diámetro) que aparece en la superficie de la Luna y de la Tierra, causado normalmente por el impacto de algún meteorito. FAM. Cratera.

crátera o **cratera** (del lat. *cratera*) *s. f.* Vaso grande y de boca ancha donde los antiguos griegos y romanos mezclaban el vino y el agua antes de servirlo.

crayón (del fr. *crayon*) *s. m. Amér.* Lápiz de cera.

creación *s. f.* **1.** Acto de crear Dios una cosa de la nada. **2.** Conjunto de todas las cosas creadas: *Todos los seres vivos de la creación merecen ser tratados con respeto.* **3.** Acción de crear, establecer o instituir. **4.** Obra de ingenio, de arte o artesanía muy laboriosa, o que revela una gran inventiva: *Todos sus diseños son una gran creación.* SIN. **2.** Mundo.

creacionismo *s. m.* **1.** Movimiento poético de vanguardia surgido a principios del siglo XX en Francia e Hispanoamérica. **2.** En fil. y teología, teoría según la cual Dios creó el mundo a partir de la nada e interviene directamente en la creación del alma humana en el momento de la concepción.

creador, ra (del lat. *creator, -oris*) *adj.* **1.** Que crea o que funda una cosa: *Monturiol tenía un temperamento creador.* También *s. m.* y *f.* || *s. m.* **2.** Por antonomasia, Dios. ■ Con este significado se escribe con mayúscula. || *s. m.* y *f.* **3.** Persona capaz de crear obras artísticas, literarias o científicas: *Goya fue un gran creador.* SIN. **1.** Inventor, fundador. **2.** Hacedor. **3.** Autor. ANT. **1.** Destructor, aniquilador.

crear (del lat. *creare*) *v. tr.* **1.** Sacar o hacer algo de la nada: *Dios creó el mundo.* **2.** Hacer que empiece a existir algo: *crear un museo. Su principal objetivo ha sido crear puestos de trabajo.* **3.** Producir una obra artística, literaria o científica: *Velázquez creó cuadros inmortales.* **4.** Tratándose de dignidades elevadas, designar, elegir. **5.** Representar de forma extraordinaria y con personalidad un personaje en la escena: *El actor creó un gran Hamlet.* || **crearse** *v. prnl.* **6.** Imaginarse, idear: *Se crea sus propios fantasmas.* SIN. **2.** Engendrar, fundar, instituir. **4.** Elevar. **5.** Recrear. **6.** Forjarse. ANT. **2.** Destruir, eliminar. **4.** Destituir, cesar. **5.** Asesinar. FAM. Creación, creacionismo, creador, creatividad, creativo. / Criar, procrear, recrear.

creatinina *s. f.* Compuesto químico presente en la orina y en los tejidos del hombre y los animales.

creativo, va *adj.* **1.** Que posee capacidad de creación e inventiva: *un dibujante creativo.* **2.** Que estimula o implica esta capacidad: *El dibujo es una actividad creativa.* || *s. m.* y *f.* **3.** En agencias de publicidad y otras empresas, persona que idea los anuncios, campañas de promoción, etc. SIN. **1.** y **2.** Imaginativo. ANT. **1.** y **2.** Rutinario. **2.** Monótono.

crecedero, ra *adj.* Que puede crecer o hacerse más grande; se dice particularmente de la ropa de niño que puede agrandarse para que le sirva cuando crezca.

crecepelo *s. m.* Sustancia que se emplea para hacer crecer el cabello.

crecer (del lat. *crescere*) *v. intr.* **1.** Aumentar de tamaño, especialmente en altura, los seres orgánicos: *El niño creció mucho.* **2.** Aumentar de tamaño, cantidad, importancia, etc., una cosa: *El río creció a causa de las lluvias. Ha crecido el interés por la danza.* **3.** Darse algo, especialmente una planta, en determinado lugar o ambiente: *En los trigales crecen las amapolas.* **4.** Aumentar la parte visible de la Luna. **5.** Añadir gradualmente puntos en una labor de punto o de ganchillo. || **crecerse** *v. prnl.* **6.** Adquirir seguridad en sí mismo, más atrevimiento, mayor aptitud en una actividad, etc.: *El equipo se creció con los aplausos.* ■ Es v. irreg. Se conjuga como *agradecer.* SIN. **1.** Desarrollar(se). **2.** Engrandecerse, agrandarse, incrementarse, engrosar, intensificarse, subir. **6.** Envalentonarse, animarse. **ANT.** **2.** Decrecer, bajar, disminuir. **2.** y **5.** Menguar. **6.** Achicarse. **FAM.** Crecedero, creces, crecida, creciente, crecimiento, crecepelo. / Acrecentar, acrecer, decrecer, excrecencia, excrescencia, incrementar, recremento.

creces *s. f. pl.* Se usa casi exclusivamente en la loc. adv. **con creces**, sobradamente, más de lo necesario o suficiente: *Pagó con creces su error.*

crecida *s. f.* Aumento del caudal de un río debido a las lluvias o al deshielo. **SIN.** Avenida, riada. **ANT.** Estiaje, sequía.

crecido, da 1. *p.* de **crecer**. También *adj.* || *adj.* **2.** Grande, numeroso: *un crecido número de clientes.* **SIN.** **2.** Abundante, copioso, nutrido. **ANT.** **2.** Escaso, pequeño.

creciente *adj.* **1.** Que crece o aumenta. **2.** Aplicado a las fases de la Luna, la intermedia entre la Luna nueva y la Luna llena: *La Luna esta en cuarto creciente.* También *s. f.*: *la creciente de la Luna.* || *s. f.* **3.** Subida del agua del mar por efecto de la marea. **ANT.** **1.** Decreciente. **2.** Menguante.

crecimiento *s. m.* **1.** Acción de crecer. || **2. crecimiento natural** Diferencia entre el número de nacidos y el de fallecidos en una región, país, etc., durante un periodo de tiempo. Se denomina también *crecimiento vegetativo.* **SIN.** **1.** Desarrollo, engrandecimiento, agrandamiento, aumento, incremento, estirón. **ANT.** **1.** Disminución, mengua.

credencial *adj.* **1.** Que acredita. || *s. f.* **2.** Documento en que consta el nombramiento de un funcionario para que éste pueda tomar posesión de su cargo. **SIN.** **1.** Acreditativo, justificativo. **2.** Acreditación.

crediticio, cia *adj.* Relacionado con el crédito, préstamo.

crédito (del lat. *creditum*) *s. m.* **1.** Préstamo, dinero que se pide prestado a un banco o a una entidad similar. **2.** Posibilidad que se tiene para obtener dinero prestado: *Tiene crédito en varios bancos.* **3.** Dinero que alguien tiene derecho a cobrar: *Tengo pendiente de cobro un crédito de cien mil pesetas.* **4.** Aceptación de algo como cierto o verdadero: *Sus palabras me merecen crédito.* **5.** Prestigio, buena fama: *Gozaba de gran crédito entre sus discípulos.* **6.** En la enseñanza media y superior, unidad organizativa y de evaluación del progreso escolar. || *s. m. pl.* **7.** Relación que aparece en una obra de creación y que acredita las personas y entidades que han intervenido en ella. || **LOC. a crédito** *adj.* y *adv.* Fiado o a plazos, sin pagar inmediatamente. **SIN.** **3.** Deuda. **4.** Credibilidad, fiabilidad. **5.** Reputación, renombre. **ANT.** **4.** Duda, sospecha. **5.** Descrédito, desprestigio. **FAM.** Crediticio. / Acreditar, acreedor.

credo (del lat. *credo*) *s. m.* **1.** Oración que resume la fe cristiana y que comienza diciendo: *Creo en Dios Padre...* **2.** Conjunto de creencias o doctrinas religiosas, políticas, etc. || **LOC. en un credo** *adv. fam.* En muy poco tiempo, rápidamente. **SIN.** **2.** Fe; ideología.

crédulo, la (del lat. *credulus*) *adj.* Se aplica a los que creen con mucha facilidad las cosas que se les dicen. También *s. m.* y *f.* **SIN.** Cándido, ingenuo, inocente. **ANT.** Incrédulo, desconfiado. **FAM.** Crédulamente, credulidad. / Incrédulo. CREER.

creencia *s. f.* **1.** Acción de creer. **2.** Idea o conjunto de ideas en las que alguien cree. Referido a doctrinas religiosas o políticas, se usa mucho en *pl.* **SIN.** **1.** Certeza, confianza. **1.** y **2.** Convicción. **2.** Credo, ideología. **ANT.** **1.** Descreimiento. **1.** y **2.** Duda.

creer *v. tr.* **1.** Aceptar como cierta alguna cosa: *Creo lo que dices.* También *v. prnl.* con valor expresivo: *Se lo cree todo.* **2.** Suponer una cosa, pensar que algo o alguien es de cierta manera: *Creía que allí había un manantial. Le creo inteligente. Creo que hoy tenemos clase.* También *v. prnl.*: *Se cree muy listo.* || *v. intr.* **3.** Tener fe religiosa: *De joven no creía, pero ahora es católico practicante.* ■ Se construye con la prep. *en*: *Los cristianos creen en la resurrección de Jesucristo.* **4.** Considerar que una cosa es buena, eficaz: *Cree en la justicia.* || **LOC. no (te) creas** Se emplea para reforzar una afirmación que no es evidente: *No creas, no es tan fácil.* **¡ya lo creo!** *excl.* Se usa para afirmar enérgicamente algo. ■ Es v. irreg. Se conjuga como *leer.* **SIN.** **1.** Admitir, tragarse. **2.** Pensar, estimar, imaginar(se). **3.** Profesar. **4.** Confiar. **ANT.** **1.** y **2.** Dudar, negar. **1.** y **4.** Desconfiar. **3.** Abjurar. **FAM.** Credencial, credibilidad, crédito, credo, crédulo, creencia, creíble, creído, creyente. / Descreído, increíble.

creído, da 1. *p.* de **creer**. También *adj.* || *adj.* **2.** Que se da mucha importancia. También *s. m.* y *f.* **SIN.** **2.** Engreído, presuntuoso, vanidoso, endiosado, fatuo. **ANT.** **2.** Humilde, modesto.

crema[1] (del fr. *crème*) *s. f.* **1.** Pasta preparada básicamente con leche, huevos y azúcar, o con otras sustancias aromáticas de similar sabor, muy utilizada como relleno en pastelería: *bamba de crema.* **2.** Nata de la leche. **3.** Especie de puré poco espeso de ciertos alimentos, como mariscos, verduras, etc.: *una crema de espárragos.* **4.** Licor espeso: *crema de whisky.* **5.** Producto cosmético o medicamento de consistencia pastosa: *una crema de belleza.* **6.** Pasta elaborada con ceras para la limpieza y conservación del cuero o materiales similares, particularmente el del calzado: *dar crema a los zapatos.* **7.** Lo mejor y más escogido de una sociedad o colectivo. **8.** En aposición, se aplica al color blanco amarillento y a la cosa que tiene este color: *Lleva una blusa color crema.* **SIN.** **5.** Pomada. **7.** Flor, élite. **ANT.** **7.** Escoria. **FAM.** Cremería, cremoso. / Descremado.

crema[2] (del gr. *trema, -atos*, puntos marcados en un dado, agujero) *s. f.* Diéresis*.

cremación (del lat. *crematio, -onis*) *s. f.* Acción de quemar, particularmente un cadáver. **SIN.** Quema, incineración. **FAM.** Crematorio.

cremallera (del fr. *crémaillère*) *s. f.* **1.** Cierre de ciertas prendas de vestir, bolsas, etc., provisto de dos filas de dientes por los que se desliza una corredera que los encaja. **2.** Barra dentada para engranar con un piñón y convertir así un movimiento circular en rectilíneo o viceversa. **3.** Raíl dentado que se coloca en algunas vías férreas, en tramos de mucha pendiente, en el que engrana una rueda también dentada de la locomotora. || *s. m.* **4.** P. ext., ferrocarril que usa este sistema.

crematístico, ca (del gr. *khrematistikos*, relativo a los negocios financieros) *adj.* **1.** Relacionado con la crematística o el dinero. || *s. f.* **2.** Economía política, conocimientos sobre la producción y distribución de la riqueza. **3.** Cuestiones relacionadas con el dinero: *Veamos la crematística de ese asunto.* **SIN.** **1.** Económico, dinerario.

crematorio, ria (del lat. *crematus*, quemado) *adj.* **1.** Relacionado con la cremación de los cadáveres: *horno crematorio.* || *s. m.* **2.** Lugar para la incineración de los cadáveres. **3.** Lugar para la quema de las basuras.

crème de la crème, la (fr.) *expr.* Lo mejor de lo mejor, lo más selecto: *la crème de la crème de la sociedad.* ■ Se usa como *s. f.*

cremería *s. f. Arg.* Lugar donde se preparan productos lácteos, como mantequilla, queso, etc.

crencha *s. f.* **1.** Raya que divide el pelo en dos partes. **2.** Cada una de estas partes.

crepé (del fr. *crêpé*, y éste del lat. *crispus*, rizado) *s. m.* **1.** Especie de caucho que se utiliza para usos industriales: *una suela de crepé.* **2.** Tejido con relieves, parecido al crespón. **3.** Postizo o relleno para dar más volumen al pelo.

crêpe (fr.) *s. f.* Torta muy delgada, hecha con harina, azúcar, huevos, leche o agua que se prepara a la plancha. A veces se sirve enrollada y con un relleno dulce o salado. **SIN.** Hojuela. **FAM.** Crepería.

crepería *s. f.* Establecimiento donde se elaboran y se venden crêpes.

crepitar (del lat. *crepitare*) *v. intr.* Producir un ruido parecido al chisporroteo que hace la leña al arder. **SIN.** Chisporrotear, chascar. **FAM.** Crepitación, crepitante.

crepúsculo (del lat. *crepusculum*) *s. m.* **1.** Claridad que hay momentos antes de salir el sol y luz atenuada que permanece justamente después de ponerse. **2.** Decadencia de una persona o una cosa. **SIN. 1.** Alba, albor. **1.** y **2.** Ocaso. **2.** Declinación, ruina, decrepitud. **ANT. 2.** Auge, esplendor. **FAM.** Crepuscular.

crescendo (ital.) *s. m.* **1.** En mús., anotación en la partitura que indica que hay que ir aumentando gradualmente la intensidad de los sonidos. **2.** Este aumento.

creso (por alusión a *Creso*, rey de Lidia, famoso por su riqueza) *s. m.* Persona que posee grandes riquezas. **SIN.** Adinerado, rico, millonario. **ANT.** Pobre.

crespo, pa (del lat. *crispus*) *adj.* **1.** Aplicado al cabello, rizado. **2.** Se dice también de otras cosas de aspecto arrugado, como ciertas hojas. **SIN. 1.** Ensortijado. **2.** Encrespado. **ANT. 1.** Lacio. **1.** y **2.** Liso. **FAM.** Crespón. / Crispar, encrespar.

crespón (de *crespo*) *s. m.* **1.** Tela de seda ondulada. **2.** Tira negra de tela u otro material que se emplea en señal de luto.

cresta (del lat. *crista*) *s. f.* **1.** Carnosidad roja que tienen sobre la cabeza algunas aves, como el gallo. **2.** Moño de plumas de ciertas aves. **3.** Saliente o protuberancia de determinados animales. **4.** Cumbre de una montaña cuando es muy accidentada. **5.** Cima de una ola coronada de espuma. || **LOC. dar** a uno **en la cresta** *fam.* Humillarle, bajarle los humos. **SIN. 2.** Penacho, copete. **FAM.** Crestería. / Encrestarse.

crestería *s. f.* **1.** Remate calado que corona la parte superior de un edificio y que se usó mucho en los estilos gótico y renacentista. **2.** Conjunto de almenas o parte superior de las antiguas fortificaciones.

creta (del lat. *creta*, greda) *s. f.* Roca caliza sedimentaria de color blanco de origen orgánico. **FAM.** Cretáceo, cretácico. / Greda.

cretácico, ca o **cretáceo, a** *adj.* **1.** Se dice del tercer y último periodo de la era mesozoica, durante el cual se extinguieron los grandes reptiles y se inició la orogenia alpina. Comenzó hace unos 135 millones de años y finalizó hace unos 65 millones. También *s. m.* **2.** De este periodo.

cretense (del lat. *cretensis*) *adj.* De Creta, isla del Mediterráneo. También *s. m.* y *f.*

cretinismo *s. m.* **1.** Enfermedad caracterizada por un retraso físico y mental debido a la falta o al mal funcionamiento de la glándula tiroides. **2.** *fam.* Estupidez, falta de talento. **SIN. 2.** Idiotez, necedad, imbecilidad. **ANT. 2.** Inteligencia, perspicacia.

cretino, na (del fr. *crétin*) *adj.* **1.** Estúpido, necio. También *s. m.* y *f.* **2.** Que padece cretinismo, enfermedad que se caracteriza por el retraso físico y mental y el mal fucionamiento de la glándula tiroides. También *s. m.* y *f.* **SIN. 1.** Idiota, majadero, tonto, imbécil. **ANT. 1.** Inteligente. **FAM.** Cretinismo, cretinez.

cretona (del fr. *cretonne*, de *Creton*, ciudad donde se fabricaba esta tela) *s. f.* Tela fuerte, generalmente de algodón, blanca o estampada.

creyente *adj.* Que cree, especialmente el que profesa una determinada fe religiosa. También *s. m.* y *f.*

cría *s. f.* **1.** Acción de criar a los hombres y a los animales: *la cría de gallinas.* **2.** Animal recién nacido o salido del huevo o al que todavía están criando sus padres. **3.** Conjunto de animales nacidos de una vez: *la cría de la coneja.* **SIN. 1.** Crianza. **3.** Camada, lechigada.

criadero *s. m.* **1.** Lugar destinado a la cría de animales: *un criadero de chinchillas.* **2.** Lugar a donde se trasplantan árboles o plantas para que se críen. **3.** Lugar donde abunda un mineral: *un criadero de cobre.* **SIN. 1.** Granja. **2.** Vivero, plantel. **3.** Yacimiento, venero, mina, depósito.

criadilla *s. f.* Testículo de algunos animales de matadero, que se consume como alimento.

criado, da 1. *p.* de **criar**. También *adj.* || *adj.* **2.** Con los adv. *bien* o *mal*, se aplica a la persona de buena o mala educación: *Era un muchacho bien criado.* || *s. m.* y *f.* **3.** Persona empleada que trabaja en tareas domésticas por un sueldo. **SIN. 3.** Servidor, sirviente, mozo, asistente, chico.

criador, ra (del lat. *creator, -oris*) *s. m.* y *f.* **1.** Persona que se dedica a la cría de animales: *criador de perros.* **2.** Vinicultor, persona que se dedica a la elaboración y crianza de vinos. || *s. m.* **3.** Creador, Dios. ■ En esta acepción se escribe generalmente con mayúscula.

criandera *s. f. Amér.* Nodriza, ama de cría.

crianza *s. f.* **1.** Acción de criar, en especial a los niños durante la lactancia. **2.** Época de lactancia. **3.** Con los adjetivos *buena* o *mala*, educación o descortesía. **FAM.** Malacrianza. CRIAR.

criar (del lat. *creare*) *v. tr.* **1.** Amamantar las madres a sus hijos recién nacidos o las hembras de los animales a sus crías. También *v. prnl.* **2.** Prestar atención y cuidado a los niños, educarlos. También *v. prnl.* **3.** Cuidar, alimentar y hacer que se reproduzcan animales o plantas. También *v. prnl.* **4.** Tener crías un animal: *La perra ha criado de nuevo.* **5.** Producir algo una cosa: *La lana cría polilla.* **6.** Someter un vino, después de su fermentación, a determinados cuidados. || **criarse** *v. prnl.* **7.** Desarrollarse, crecer: *El niño se criaba sano y robusto.* ■ En cuanto al acento, se conjuga como *ansiar.* **SIN. 1.** Lactar. **2.** Dirigir, enseñar. **3.** Cultivar. **4.** Procrear, parir. **5.** Formar, originar, provocar, suscitar. **ANT. 1.** Destetar. **2.** Descuidar, abandonar. **FAM.** Cría, criadero, criadilla, criado, criador, criandera, crianza, criatura, crío, criollo. / Malcriar, recriar. CREAR.

criatura (del lat. *creatura*) *s. f.* **1.** Cualquiera de las cosas creadas, particularmente el ser humano. **2.** Niño de poca edad. **3.** Feto en el seno materno. **SIN. 1.** Ser, hombre. **2.** Chico, chiquillo, crío, nene.

criba *s. f.* **1.** Instrumento formado por una tela metálica, o de un material agujereado, generalmente de forma circular, que, unido a un aro de metal, sirve para separar partes de distinto tamaño o lo útil del desperdicio, p. ej. el grano de la paja. **2.** Cualquier aparato que se emplea en agricultura con este fin. **3.** Selección de lo bueno o importante: *una criba de candidatos.* **SIN. 1.** Tamiz, cedazo, cernedor, harnero. **3.** Elección. **FAM.** Cribar.

cribar (del lat. *cribare*) *v. tr.* **1.** Separar con la criba partes de distinto tamaño o las impurezas de cualquier producto: *cribar el grano, cribar minerales.* **2.** Seleccionar con rigor: *cribar aspirantes a un puesto.* **SIN. 1.** Cerner, cernir, tamizar, filtrar, colar. **2.** Elegir, escoger.

crimen (del lat. *crimen*) *s. m.* **1.** Delito muy grave que consiste en matar, herir o causar grandes daños a otra persona. **2.** Cosa que está mal hecha o que de alguna manera es perjudicial: *Ese edificio es un crimen.* **SIN. 1.** Asesinato, homicidio. **2.** Disparate, error. **FAM.** Criminal, criminalidad, criminalista, criminalmente, criminología, criminológico. / Incriminar, recriminar.

criminal (del lat. *criminalis*) *adj.* **1.** Que constituye un crimen, o una acción reprobable, aunque no esté penado por las leyes. **2.** Relacionado con los delitos y las penas: *una causa criminal.* **3.** Que ha cometido un crimen. También *s. m.* y *f.* **SIN. 2.** Penal. **3.** Delincuente, malhechor, asesino.

criminalidad *s. f.* **1.** Cualidad o circunstancia que hace que una acción sea criminal. **2.** Grado en que lo es. **3.** Existencia de crímenes: *combatir la criminalidad.* **4.** Proporción numérica de los crímenes cometidos en un territorio y tiempo determinados.

criminalista *adj.* **1.** Se aplica a la persona, y particularmente al abogado, especializada en derecho penal. También *s. m.* y *f.* **2.** Se dice del estudio o tratado del crimen. **SIN. 1.** Penalista.

criminología (del lat. *crimen, -inis,* crimen, y *-logía*) *s. f.* Ciencia que estudia el delito, sus causas y sus repercusiones.

crin (del lat. *crinis*) *s. f.* Conjunto de pelos que tienen los caballos y otros animales en la cerviz, en el cuello o en la cola. Se usa más en *pl.*

crinoideo (del gr. *krinon,* lirio, y *eidos,* forma) *adj.* **1.** Se dice de los equinodermos que tienen el cuerpo en forma de cáliz y cinco brazos ramificados con cilios para la nutrición. Permanecen fijos al fondo del mar, aunque existen formas que viven libres en estado adulto. || *s. m. pl.* **2.** Clase de estos animales marinos.

crío, a *s. m.* y *f.* **1.** Niño o niña que se está criando. **2.** Niño o niña de corta edad. **3.** *fam.* Persona inmadura. También *adj.* **SIN. 1.** Criatura, lactante, bebé. **2.** Chiquillo, nene.

criogenia (del gr. *kryos,* frío, y *-genia*) *s. f.* Conjunto de técnicas para la obtención de bajas temperaturas. **FAM.** Criogénico.

criollismo *s. m.* **1.** Cualidad de criollo. **2.** Aprecio de lo criollo, tendencia a exaltarlo. **3.** Etapa del naturalismo literario latinoamericano que se caracteriza por el realismo en la descripción de la vida de indios, negros, gauchos, etc.

criollo, lla (del port. *crioulo,* y éste de *criar*) *adj.* **1.** Se dice del descendiente de europeos nacido en Iberoamérica. También *s. m.* y *f.* **2.** De los países iberoamericanos. **FAM.** Criollismo. / Acriollarse. CRIAR.

crioterapia (del gr. *kryos,* frío, y *-terapia*) *s. f.* Tratamiento curativo basado en el empleo de bajas temperaturas.

cripta (del lat. *crypta,* y éste del gr. *krypte,* de *krypto,* esconder, cubrir) *s. f.* **1.** Planta subterránea de una iglesia dedicada al culto. **2.** Lugar subterráneo en el que se enterraba a los muertos. **SIN. 2.** Catacumba, hipogeo. **FAM.** Críptico.

críptico, ca (del gr. *kryptikos,* oculto) *adj.* Oscuro, difícil de entender: *un escrito críptico.* **SIN.** Enigmático, confuso, recóndito, indescifrable, inaccesible. **ANT.** Claro, comprensible, accesible.

cripto- (del gr. *kryptos*) *pref.* Significa 'oculto': *criptografía.*

criptógamo, ma (de *cripto-* y *-gamo*) *adj.* **1.** Se dice de la planta del grupo de las criptógamas. También *s. f.* || *s. f. pl.* **2.** Grupo de plantas que carecen de flores y producen los gametos en unos órganos reproductores primitivos en forma de botella llamados arquegonios.

criptografía (de *cripto-* y *-grafía*) *s. f.* Arte de escribir con clave secreta o de un modo enigmático. **FAM.** Criptograma.

criptograma (de *cripto-* y *-grama*) *s. m.* Texto escrito en clave.

criptón *s. m.* Kriptón*.

criptónimo (de *cripto-* y el gr. *onoma,* nombre) *s. m.* Conjunto formado por las iniciales del nombre y el apellido de una persona, escritas en mayúsculas.

criptozoico, ca (de *cripto-* y el gr. *zoon,* animal) *adj.* **1.** Se aplica al eón o división de la historia de la Tierra comprendida entre el origen del planeta y la aparición de los primeros protozoos. Comenzó hace unos 4.700 millones de años y terminó hace alrededor de 1.900 millones. Se divide en las eras catártica y arcaica. También *s. m.* **2.** Relativo a este eón.

críquet (del ingl. *cricket*) *s. m.* Juego de pelota de origen inglés, precedente del béisbol, que se practica con palas de madera, entre dos equipos de once jugadores, en un campo de hierba en el que hay dos porterías.

crisálida (del lat. *chrysallis, -idis,* y éste del gr. *khrysallis,* de *khrysos,* oro) *s. f.* Etapa del desarrollo de los insectos lepidópteros, en la que la larva se va transformando en adulto.

crisantemo (del lat. *chrysanthemum,* y éste del gr. *khrysanthemon,* de *khryusos,* oro, y *anthemos,* flor) *s. m.* **1.** Planta compuesta ornamental, con tallos herbáceos o semileñosos, hojas muy recortadas, blancas o blanquecinas por el envés, y flores solitarias o en corimbos. **2.** Flor de esta planta.

crisis (del lat. *crisis,* y éste del gr. *krisis*) *s. f.* **1.** Manifestación aguda en el curso de una enfermedad, después de la que se produce un claro empeoramiento o mejoría. **2.** Momento de cambios decisivos en cualquier proceso, situación, etc., que origina inestabilidad o incertidumbre sobre el desarrollo posterior: *crisis de gobierno.* **3.** P. ext., dificultad, problema, mala situación. **4.** Caída o descenso de las magnitudes que determinan la actividad económica, como la inversión, el consumo, la creación de puestos de trabajo, etc. ■ No varía en *pl.* **SIN. 2.** Mutación, vicisitud. **3.** Trance, aprieto, compromiso, brete. **4.** Recesión, depresión. **ANT. 1.** y **2.** Estabilidad. **3.** Facilidad, ventaja, comodidad. **4.** Expansión, recuperación. **FAM.** Crítica.

crisma (del lat. *chrisma,* y éste del gr. *khrisma,* de *khrio,* ungir) *s. amb.* **1.** Mezcla de aceite y bálsamo consagrados, que se emplea para las unciones en algunas ceremonias religiosas. || *s. f.* **2.** *fam.* Cabeza: *romperse uno la crisma.* **FAM.** Crismón.

crisma o **crismas** (del ingl. *Christmas card*, tarjeta de Navidad) *s. m.* Tarjeta decorada que se utiliza para felicitar en Navidad. SIN. Felicitación.

crismón (del gr. *khrio*, ungir) *s. m.* Monograma del nombre Cristo, formado por las letras griegas mayúsculas *X* y *P*, y las minúsculas *a* y *ω*. SIN. Lábaro.

crisol (del ant. cat. *cresol*) *s. m.* **1.** Recipiente que se emplea en la industria metalúrgica para fundir diversos tipos de metales. **2.** Cavidad en la parte inferior de los hornos para recoger el metal fundido. **3.** Prueba o circunstancias que purifican y afirman una virtud o un afecto: *El crisol de la vida reforzó su cariño.* FAM. Acrisolar.

crispar (del lat. *crispare*) *v. tr.* **1.** Contraer de forma repentina y pasajera los músculos de una parte del cuerpo. También *v. prnl.*: *Su rostro se crispó.* **2.** *fam.* Poner nervioso a alguien, irritarle: *Le crisparon aquellas palabras.* También *v. prnl.*: *Se crispó al oír la noticia.* SIN. **1.** Estremecer, convulsionar. **2.** Exasperar, enfurecer, alterar. ANT. **1.** Relajar, distender, aflojar, estirar. **2.** Sosegar, tranquilizar, calmar. FAM. Crispación, crispamiento. CRESPO.

cristal (del lat. *crystallus*, y éste del gr. *krystallos*) *s. m.* **1.** Mineral de estructura interna ordenada, limitado por caras planas, de modo que tiene formas geométricas definidas, como p. ej., la sal común y el cuarzo. **2.** Vidrio transparente compuesto por sílice, óxido de plomo y potasa: *un vaso de cristal.* **3.** Lámina de vidrio con que se cubre un hueco en ventanas, puertas, vitrinas, etc. || **4. cristal de roca** Cuarzo cristalizado, incoloro y transparente, que se utiliza en óptica y se considera piedra preciosa. **5. cristal líquido** Sustancia líquida que tiene estructura cristalina y se emplea para fabricar pantallas de aparatos electrónicos digitales, como relojes, indicadores numéricos, etc. FAM. Cristalera, cristalería, cristalero, cristalino, cristalizable, cristalización, cristalizar, cristalografía, cristalográfico. / Acristalar.

cristalera *s. f.* **1.** Cierre, ventanal o puerta de cristales. **2.** Armario con cristales. SIN. **1.** Vidriera. **2.** Vitrina.

cristalería *s. f.* **1.** Establecimiento donde se fabrican o venden objetos de cristal. **2.** Conjunto de objetos de cristal o vidrio. **3.** Juego de vasos, copas de distintos tamaños y jarras de vidrio o cristal para el servicio de mesa.

cristalero, ra *s. m.* y *f.* **1.** Persona que hace o vende cristales o vidrios. **2.** Persona que los coloca.

cristalino, na (del lat. *crystallinus*) *adj.* **1.** De cristal. **2.** Parecido a él, sobre todo en la transparencia: *un arroyo cristalino.* || *s. m.* **3.** Órgano transparente del ojo de los vertebrados y cefalópodos, situado detrás de la pupila. **4.** Se dice del sistema de clasificación que agrupa cristales minerales. SIN. **2.** Claro, transparente. ANT. **2.** Opaco, mate, turbio.

cristalizar *v. intr.* **1.** Tomar una sustancia forma y estructura de cristal. También *v. prnl.*: *En las salinas se cristaliza la sal.* **2.** Aclararse y concretarse las ideas, sentimientos o deseos de una persona o de una colectividad: *Las conversaciones han cristalizado en un acuerdo.* || *v. tr.* **3.** Hacer tomar forma cristalina a una sustancia. ■ Delante de *e* se escribe *c* en lugar de *z*: *cristalice.* SIN. **2.** Especificarse, cuajar. ANT. **2.** Difuminarse. FAM. Recristalización. CRISTAL.

cristalografía (del gr. *krystallos*, cristal, y *-grafía*) *s. f.* Rama de la geología que estudia los cristales y las propiedades de la materia cristalina.

cristianar *v. tr. fam.* Administrar el sacramento del bautismo. SIN. Bautizar.

cristiandad (del lat. *christianitas, -atis*) *s. f.* **1.** Conjunto de los fieles cristianos. **2.** Conjunto de países de religión cristiana. SIN. **1.** y **2.** Cristianismo.

cristianismo (del lat. *christianismus*, y éste del gr. *khristianismos*) *s. m.* **1.** Religión de Cristo, basada en la persona y en la predicación de Jesús de Nazaret, difundida por los apóstoles y luego por sus sucesores a lo largo de los siglos. **2.** Conjunto de los fieles cristianos. **3.** Conjunto de países de religión cristiana. SIN. **1.** Evangelio. **2.** Iglesia. **2.** y **3.** Cristiandad.

cristianizar (del lat. *christianizare*, éste de *jristianidso*) *v. tr.* **1.** Convertir a un país, región, grupo, etc., a la religión de Cristo. **2.** Hacer que algo esté de acuerdo con la religión cristiana: *cristianizar las costumbres.* ■ Delante de *e* se escribe *c* en lugar de *z*. SIN. **1.** Evangelizar, catequizar.

cristiano, na (del lat. *christianus*, y éste del gr. *khristianos*) *adj.* **1.** Del cristianismo: *la fe cristiana.* **2.** Se aplica a la persona que sigue la religión de Cristo. También *s. m.* y *f.* **3.** *fam.* Cualquier persona: *No hay cristiano que le aguante.* || **4. cristiano viejo** El que no descendía de moros o judíos. || LOC. **hablar en cristiano** *fam.* Hablar en la misma lengua del que escucha; también, expresarse con palabras sencillas y comprensibles. SIN. **1.** Evangélico. FAM. Cristianamente, cristianar, cristiandad, cristianismo, cristianización, cristianizar. / Anticristo, democratacristiano, democristiano, judeocristiano, paleocristiano.

cristino, na *adj.* Se dice de los partidarios de la regente María Cristina y de su hija Isabel durante la primera guerra carlista. También *s. m.* y *f.*

Cristo (del lat. *Christus*, y éste del gr. *Khristos*, ungido) *n. p.* **1.** Título equivalente en griego al hebreo *mesías*, que se dio a sí mismo Jesús y que significa ungido, enviado de Dios y capacitado mediante una unción para desempeñar una función sagrada. || **cristo** *s. m.* **2.** Crucifijo, imagen de Cristo crucificado. || LOC. **armarse** (o **ser**) **la de Dios es Cristo** *fam.* Organizarse un jaleo, escándalo, discusión, etc. **como a un cristo dos pistolas** *adv. fam.* Con los verbos *ir*, *sentar* o equivalentes, muy mal: *El sombrero le sienta como a un Cristo dos pistolas.* **donde Cristo dio las tres voces** *fam.* En un lugar muy lejano o apartado. **hecho** (o **como**) **un cristo** *adj. fam.* Destrozado, hecho una pena. **ni cristo que lo fundó** *fam.* Se usa para negar rotundamente: *Eso no lo conoce ni Cristo que lo fundó.* **ni cristo** *fam.* Nadie. **todo cristo** *fam.* Todo el mundo: *Aquí tiene que pagar todo Cristo.*

cristobalita *s. f.* Variante del cuarzo, de origen volcánico.

cristobita *s. m.* y *f.* Muñeco de guiñol.

criterio (del lat. *criterium*, juicio, y éste del gr. *kriterion*, capacidad de juzgar) *s. m.* **1.** Regla, pauta o norma para conocer la verdad o falsedad de una cosa, para distinguir, clasificar o seleccionar cosas, etc. **2.** Capacidad de juzgar que tiene una persona: *un hombre con criterio.* **3.** Opinión, parecer de alguien: *El libro es bueno, según mi criterio.* SIN. **1.** Principio. **2.** Discernimiento, juicio. **3.** Apreciación, valoración. ANT. **2.** Irreflexión.

critérium (del lat. *criterium*) *s. m.* **1.** En dep., prueba o conjunto de pruebas celebradas sin carácter oficial, en las que intervienen participantes de alta categoría. **2.** En hípica, carrera en la que participan caballos de la misma edad para designar el mejor de cada generación.

crítica *s. f.* **1.** Juicio que se da de una obra literaria, de un acontecimiento deportivo, etc. **2.** Conjunto de críticos de literatura, cine, etc.: *La crítica elogió la película.* **3.** Actividad de esas personas: *Hace la crítica deportiva en una emisora de radio.* **4.** Censura: *Su gesto recibió muchas críticas.* **5.** Murmuración. **SIN. 1.** Reseña, comentario. **4.** Reproche, reparo. **ANT. 4.** Elogio, aprobación. **FAM.** Criticable, críticamente, criticar, criticismo, crítico, criticón. / Autocrítica, criterio. CRISIS.

criticar *v. tr.* **1.** Hacer un juicio desfavorable de alguien o algo, decir las faltas y defectos. También *v. prnl.* **2.** Juzgar una obra literaria, artística, etc. ▪ Delante de *e* se escribe *qu* en lugar de *c*: *critique.* **SIN. 1.** Desaprobar, reprobar, censurar. **2.** Examinar. **ANT. 1.** Aprobar, elogiar.

criticismo *s. m.* **1.** Método científico que defiende la necesidad de que cualquier trabajo científico vaya precedido de un análisis de la posibilidad del conocimiento de que se trata, así como de sus fuentes y límites. **2.** Sistema filosófico de Kant.

crítico, ca (del lat. *criticus*, y éste del gr. *kritikos*) *adj.* **1.** De la crítica o relacionado con ella: *actitud crítica.* **2.** Relativo a la crisis o cambio: *un enfermo en estado crítico.* **3.** Hablando del tiempo, punto, ocasión, etc., decisivo, preciso u oportuno: *Vino en el momento crítico.* || *s. m.* y *f.* **4.** Persona que se dedica a la crítica: *un crítico teatral.* **SIN. 1.** Analítico. **3.** Culminante, supremo. **ANT. 1.** Aprobatorio. **3.** Inoportuno, inconveniente. **FAM.** Diacrítico. CRÍTICA.

criticón, na *adj.* Que todo lo critica. También *s. m.* y *f.* **SIN.** Censor, censurador. **ANT.** Adulador, cobista.

croar (onomat.) *v. intr.* Cantar la rana.

croata *adj.* **1.** De Croacia. También *s. m.* y *f.* || *s. m.* **2.** Idioma hablado en Croacia, variedad del serbocroata. **FAM.** Serbocroata.

crocante o **crocanti** (del fr. *croquant*, crujiente) *s. m.* **1.** Guirlache*. **2.** Helado con una capa de almendras tostadas.

croché o **crochet** (del fr. *crochet*, gancho) *s. m.* **1.** Ganchillo, labor: *un tapete de croché.* **2.** En boxeo, golpe lateral que se da con el brazo doblado en forma de gancho.

crocodiliano (del lat. *crocodilus*, cocodrilo) *adj.* **1.** Se dice de los reptiles de gran tamaño, cuerpo robusto y aplanado, con escamas y placas óseas en la piel, mandíbulas poderosas, extremidades cortas y cola fuerte, como los cocodrilos y caimanes. Viven en ríos de climas cálidos y son carnívoros. También *s. m.* || *s. m. pl.* **2.** Orden de estos reptiles.

croissant (fr.) *s. m.* Cruasán*. **FAM.** Croissanterie.

croissanterie *s. f.* Establecimiento donde se venden o sirven cruasanes, como especialidad.

crol (del ingl. *crawl*) *s. m.* Forma de nadar mediante el movimiento alternativo y circular de los brazos y el impulso de las piernas que se mueven de arriba abajo.

cromar *v. tr.* Aplicar un baño de cromo a los metales para que adquieran mayor belleza y resistencia a la oxidación.

cromático, ca (del lat. *chromaticus*) *adj.* **1.** De los colores. **2.** Se dice del sistema musical que procede por semitonos. **3.** Se aplica al cristal o instrumento óptico que presenta los objetos siluetеados con los colores del arco iris. **FAM.** Cromatina, cromatismo, cromolitografía. / Acromático, dicromático, isocromático, ortocromático, pancromático. CROMO.

cromatina (del gr. *kroma*, color) *s. f.* Material del núcleo de las células constituido por moléculas filamentosas de ADN y varias proteínas; durante el proceso de división celular, las moléculas de ADN se condensan y forman los cromosomas.

crómico, ca *adj.* Se dice del cromo y de los compuestos en que éste actúa con valencia máxima.

crómlech (del fr. *cromlech*, y éste del bajo bretón *Kroumlech*, de *Kroumn*, corona, y *lech*, piedra sagrada) *s. m.* Monumento megalítico formado por grandes piedras, o menhires, dispuestas en círculo o en elipse.

cromo (del gr. *khroma*, color) *s. m.* **1.** Elemento químico; es un metal duro, de color blanco argénteo, muy resistente a los agentes atmosféricos; se emplea para recubrir superficies metálicas, en aleaciones con níquel y otros elementos para la fabricación de instrumentos inoxidables y de gran dureza, en tintorería, etc. Su símbolo es *Cr.* **2.** Papel pequeño con dibujos o fotografías, particularmente los que suelen coleccionar los niños || **LOC. como** (o **hecho**) **un cromo** *adj. fam.* Vestido o arreglado de manera exagerada o extravagante. También, con muchas heridas o muy sucio. **FAM.** Cromado, cromar, cromático, crómico. / Mercromina, mercurocromo, nicromo.

cromolitografía *s. f.* **1.** Procedimiento de reproducción en colores mediante impresiones sucesivas con piedras litográficas, una por cada color. **2.** Estampación obtenida por dicho procedimiento.

cromosfera *s. f.* Capa visible o exterior de la envoltura gaseosa del Sol.

cromosoma (del gr. *khroma*, color, y *soma*, cuerpo) *s. m.* Cada uno de los corpúsculos filamentosos del núcleo celular que contienen los caracteres hereditarios; son fundamentales para la reproducción de los seres vivos; todas las células de una especie animal y vegetal tienen un número fijo de cromosomas. **FAM.** Cromosómico. SOMA.

crónica *s. f.* **1.** Manera de relatar la historia exponiendo los acontecimientos por orden cronológico. **2.** Información sobre sucesos actuales en prensa, radio o televisión, especialmente la dada por alguien que está o ha estado en el lugar de los hechos. **SIN. 2.** Reportaje.

crónico, ca (del lat. *chronicus*, y éste del gr. *khronikos*, de *khronos*, tiempo) *adj.* **1.** Se dice de las enfermedades largas o habituales: *una bronquitis crónica.* **2.** Se aplica a los males o vicios que se arrastran desde hace tiempo: *Los atascos de tráfico son un mal crónico.* **SIN. 1.** Endémico. **2.** Arraigado, inveterado. **ANT. 1.** Agudo. **2.** Nuevo, reciente. **FAM.** Crónica, crónicamente, cronicón, cronista.

cronicón *s. m.* Crónica histórica breve.

cronista *s. m.* y *f.* Autor de una crónica histórica o periodística: *los cronistas de Indias, el cronista de un noticiero.* **SIN.** Historiador, analista; reportero.

crono- (del gr. *khronos*) *pref.* Significa 'tiempo': *cronómetro, cronología.*

cronobiología (de *crono-* y *biología*) *s. f.* Rama de la biología que estudia los ritmos biológicos y la duración de la vida de los organismos vivos.

cronoescalada (de *crono-* y *escalada*) *s. f.* En ciclismo, prueba contrarreloj que se efectúa en trayecto ascendente.

cronograma (de *crono-* y *-grama*) *s. m.* Gráfica cuyo eje de abscisas está dividido en fracciones cronológicas (días, semanas, meses, años), de modo que registre las variaciones en el curso del tiempo de un hecho, representado en el eje de coordenadas.

cronología (de *crono-* y *-logía*) *s. f.* **1.** Ciencia que trata de fijar una sucesión de diferentes hechos históricos. **2.** Ordenamiento de sucesos según sus fechas: *Este libro trae una cronología al final.* **3.** Sistema o manera de medir el tiempo. **SIN.** **3.** Calendario. **FAM.** Cronológicamente, cronológico.

cronometrar *v. tr.* Medir el tiempo, especialmente en pruebas deportivas, por medio de un cronómetro. **SIN.** Computar.

cronómetro (de *crono-* y *-metro*) *s. m.* Reloj de precisión, generalmente utilizado para medir periodos breves de tiempo. **FAM.** Cronometraje, cronometrar, cronométrico.

cróquet (del ingl. *croquet*, argolla) *s. m.* Juego que consiste en hacer pasar una bola, mediante golpes de mazo, por una serie de argollas o arcos y siguiendo un trayecto marcado.

croqueta (del fr. *croquette*, de *croquer*, comer una cosa quebradiza) *s. f.* Pasta hecha con harina, leche y carne u otros aditamentos, a la que se da forma redondeada y se fríe.

croquis (del fr. *croquis*) *s. m.* Dibujo rápido o esquemático, hecho a ojo y sin instrumentos adecuados, o como preparación para el definitivo. ■ No varía en *pl.* **SIN.** Apunte, bosquejo, esbozo, borrador.

crosopterigio *adj.* **1.** Se aplica a ciertos peces osteictios caracterizados por tener poderosas aletas pectorales y abdominales. Se creían extinguidos, pero en la actualidad se conoce una sola especie viva: el celacanto. También *s. m.* || *s. m. pl.* **2.** Subclase integrada por estos peces.

cross (ingl., significa 'a través de') *s. m.* Prueba de resistencia consistente en correr unos cuantos kilómetros a campo traviesa. ■ No varía en *pl.* **FAM.** Ciclocross, motocross.

crótalo (del lat. *crotalum*, y éste del gr. *krotalon*) *s. m.* **1.** Instrumento musical de percusión parecido a las castañuelas; p. ext., estas mismas. **2.** Serpiente venenosa caracterizada por tener al final de la cola un conjunto de anillos córneos que el animal hace vibrar al moverse, por lo que también se le llama serpiente de cascabel. **FAM.** Crotorar.

crotorar *v. intr.* Producir la cigüeña un ruido peculiar con el pico.

cruasán (del fr. *croissant*) *s. m.* Bollo de hojaldre en forma de media luna.

cruce *s. m.* **1.** Acción de cruzar o de cruzarse. **2.** Lugar donde se cruzan dos o más calles, dos carreteras, dos caminos, etc. **3.** Paso señalado para peatones en una calle. **4.** Interferencia en una conversación telefónica o en una emisión de radio: *Había un cruce en la línea.* **5.** Mezcla de dos especies de plantas o de animales para obtener una nueva variedad: *El mulo es un cruce de yegua y asno.* **SIN.** **1.** y **5.** Cruzamiento. **2.** Confluencia, encrucijada, intersección, nudo.

cruceiro *s. m.* Antigua unidad monetaria de Brasil.

crucería *s. f.* Sistema de construcción del gótico, que consiste en entrecruzar arcos diagonales, llamados nervios u ojivas, en las bóvedas, para dar a éstas mayor consistencia, grandiosidad y belleza.

crucero *s. m.* **1.** Viaje de placer en barco, con escala en distintos puertos para visitarlos. **2.** Espacio en el que se cruzan la nave mayor con la transversal en una iglesia. **3.** Buque de guerra de gran tamaño, veloz y provisto de fuerte armamento, destinado a cruzar el mar, generalmente con fines de vigilancia. **4.** Acción de cruzar el mar uno o más barcos y zona en la que se realiza. **5.** Cruz de piedra colocada en un cruce de caminos o en un atrio. || **6. velocidad de crucero** La más rápida de un vehículo, en especial de un barco o avión, consumiendo la menor cantidad de combustible.

cruceta *s. f.* **1.** Cruz que resulta al cortarse dos series de líneas paralelas, especialmente en enrejados o labores de hilo o punto. **2.** En los motores de automóviles y otras máquinas, pieza que sirve de articulación entre el vástago del émbolo y la biela.

crucial (del ingl. *crucial*) *adj.* Se dice del momento, situación, etc., que tiene efectos importantes en el desarrollo de los acontecimientos. **SIN.** Decisivo, esencial, fundamental, crítico, culminante. **ANT.** Trivial, accidental, intrascendente.

crucífera (del lat. *crucifer*, de *crux*, *crucis*, cruz, y *ferre*, llevar) *adj.* **1.** Se dice de las plantas dicotiledóneas, con flores en racimo, cuatro sépalos y cuatro pétalos en forma de cruz, seis estambres y semillas que a veces carecen de albumen. También *s. f.* || *s. f. pl.* **2.** Familia formada por estas plantas, en la que se incluyen la berza, el nabo, etc.

crucificado, da 1. *p.* de **crucificar**. También *adj.* y *s. m.* y *f.*: *Vio a varios crucificados a lo largo del camino.* || *s. m.* **2.** Por antonomasia, Jesucristo. ■ Con este significado se escribe con mayúscula.

crucificar (del lat. *crucificare*, de *crux*, *crucis*, y *figere*, fijar) *v. tr.* **1.** Clavar o fijar en una cruz a una persona para torturarla y matarla. **2.** Perjudicar, atormentar a alguien con un daño físico o moral: *Los mosquitos le crucifican.* ■ Delante de *e* se escribe *qu* en lugar de *c*: *crucifique.* **SIN.** **2.** Molestar, mortificar, fastidiar, afligir. **ANT.** **2.** Complacer, agradar. **FAM.** Crucificado, crucifijo, crucifixión. CRUZ.

crucifijo (del lat. *crucifixus*, crucificado) *s. m.* Imagen de Jesucristo clavado en la cruz.

crucifixión (del lat. *crucifixio*, *-onis*) *s. f.* **1.** Acción de crucificar. **2.** Por antonomasia, suplicio de muerte que se dio a Jesucristo. **3.** Cuadro o imagen en que se representa.

cruciforme (del lat. *crux*, *crucis*, cruz, y *-forme*) *adj.* Con forma de cruz: *un edificio de planta cruciforme.*

crucigrama *s. m.* Pasatiempo que consiste en llenar los huecos de unas casillas verticales y horizontales con las letras o sílabas de ciertas palabras de las que aparte se da una definición o equivalencia.

crudeza *s. f.* Cualidad de crudo, en especial refiriéndose al tiempo o a la situación, hecho, etc. difícil, duro, desagradable o excesivamente realista: *la crudeza del clima, la crudeza de una novela; Habla con crudeza, sin contemplaciones.* **SIN.** Rigor, aspereza, rudeza. **ANT.** Suavidad.

crudillo *s. m.* Tejido fuerte y áspero utilizado especialmente para forros.

crudo, da (del lat. *crudus*) *adj.* **1.** Se aplica a los alimentos que no están preparados por la acción del fuego o lo están de manera insuficiente. **2.** Se dice de la fruta que no está madura. **3.** Se dice de algunos productos en estado natural, sin elaborar, como tejidos, cuero, etc.: *seda natural cruda.* **4.** Se aplica al color parecido al de la arena y a las cosas que tienen ese color. **5.** Se aplica al tiempo o al clima muy frío, desapacible y difícil de soportar: *Este invierno ha sido muy crudo.* **6.** Que manifiesta o refleja lo negativo, desagradable, etc., con realismo y dureza, sin suavizarlo o atenuarlo de algún modo: *una novela muy cruda,* *una crítica cruda.* **7.** *fam.* Difícil de conseguir: *Lo tienes crudo.* || *s. m.* **8.** Petróleo bruto, sin refinar: *un barril de crudo.* || *s. f.* **9.** *Guat.* y *Méx.* Borrachera y resaca posterior. **SIN. 2.** Inmaduro, verde. **5.** Inclemente, riguroso, destemplado. **6.** Duro, áspero. **ANT. 1.** Hecho, frito, pasado. **3.** Tratado. **5.** Templado, benigno, suave, clemente, dulce. **FAM.** Crudeza, crudillo. / Cruel, recrudecer.

cruel (del lat. *crudelis*) *adj.* **1.** Que se complace en hacer mal a los demás o viéndoles sufrir, o es propio de ello. **2.** Muy duro, excesivo o insufrible en el daño o en el mal que produce: *una separación cruel, una lucha cruel.* **SIN. 1.** Despiadado, inhumano, sanguinario, desalmado, bárbaro, salvaje. **2.** Riguroso, crudo, brutal, atroz, tremendo. **ANT. 1.** Afectuoso, compasivo, sensible, delicado. **2.** Suave, benigno, dulce. **FAM.** Crueldad, cruelmente. CRUDO.

cruento, ta (del lat. *cruentus*, de *cruor*, sangre) *adj.* Que tiene lugar con derramamiento de sangre: *Se libró una batalla muy cruenta.* **SIN.** Sangriento, encarnizado. **ANT.** Incruento. **FAM.** Cruentamente. / Incruento.

crujía (del ital. *corsìa*, de *corso*, curso) *s. f.* **1.** En arq., espacio comprendido entre dos muros de carga. **2.** En los grandes edificios, corredor amplio que sirve de paso a las habitaciones situadas a los lados del mismo. **3.** Espacio de popa a proa en medio de la cubierta de un barco. **SIN. 2.** Pasillo, galería.

crujir *v. intr.* Hacer cierto ruido algunos cuerpos al partirse, doblarse, curvarse, rozar unos con otros, etc.: *El pan crujió al partirlo.* **SIN.** Chirriar, rechinar. **FAM.** Crujido, crujiente.

crupier (del fr. *croupier*) *s. m.* Empleado de una casa de juego, que dirige las partidas y paga o recoge el dinero apostado.

crustáceo (del lat. *crusta*, costra, corteza) *adj.* **1.** Se dice de ciertos animales artrópodos con el cuerpo dividido en un número variable de segmentos cubiertos por un caparazón y un par de apéndices en cada uno de ellos; tienen respiración branquial o cutánea y la mayoría de ellos viven en el mar, como los cangrejos, langostas, etc. También *s. m.* || *s. m. pl.* **2.** Clase formada por estos animales.

cruz (del lat. *crux, crucis*) *s. f.* **1.** Figura que forman dos líneas, dos palos, dos barras, etc., al cruzarse perpendicularmente. **2.** Utensilio de tormento formado por dos maderos cruzados perpendicularmente, del que se cuelga a una persona, sujetándole o clavándole los brazos al palo horizontal. **3.** Insignia del cristianismo, con la forma de ese utensilio de tormento, en memoria de Jesucristo, que murió en él. **4.** Sufrimiento, trabajo, dificultad, etc.: *Esa enfermedad es una cruz para ella.* **5.** Distintivo de numerosas órdenes militares, religiosas o civiles y nombre de diversas condecoraciones con forma semejante al utensilio antes mencionado. **6.** Reverso de las monedas o medallas. **7.** En un animal, la parte más alta del lomo, donde se cruzan los huesos de las extremidades anteriores con el espinazo. **8.** Parte de un árbol donde termina el tronco y empiezan las ramas. || **9. cruz gamada** La griega que tiene en el extremo de cada brazo un tramo en ángulo recto con él y dirigidos todos los tramos en el mismo sentido. Se llama también *esvástica*, y fue adoptada como símbolo nazi. **10. cruz griega** La que tiene los cuatro brazos iguales. **11. cruz latina** La cristiana, en la que el palo horizontal es más pequeño y corta al vertical cerca de su extremo superior. || **LOC. a cara o cruz** Véase **cara**. **cruz y raya** *fam.* Expresa la determinación de no volver a tratar de un asunto o con una persona. **en cruz** *adv.* Con los brazos extendidos horizontalmente. **hacerse** uno **cruces** *fam.* Mostrar extrañeza o admiración. **SIN. 1.** Aspa, cruceta. **3.** Crucifijo. **4.** Suplicio, carga, calvario. **FAM.** Crucería, cruceta, crucial, crucífera, crucificar, cruciforme, crucigrama, cruzada, cruzar. / Encrucijada.

cruzada *s. f.* **1.** Nombre de las expediciones militares realizadas por la cristiandad del Occidente de Europa entre los s. XI y XIV, con el patrocinio del papa, para recuperar los territorios de Tierra Santa ocupados por los musulmanes. P. ext., campaña militar sostenida por motivos religiosos. **2.** Campaña con algún fin elevado: *una cruzada contra el hambre.*

cruzado, da 1. *p.* de **cruzar**. || *adj.* **2.** Que está puesto de lado a lado en algún lugar: *Había un tronco cruzado en el camino.* **3.** Que está atravesado por aquello que se indica: *La autopista está cruzada por varios puentes.* **4.** Se dice de la prenda de vestir que tiene el ancho necesario para poder sobreponer un delantero sobre otro: *chaqueta cruzada, falda cruzada.* **5.** Se dice de quien participaba en alguna cruzada. También *s. m.* **6.** Se aplica al animal obtenido por un cruzamiento de castas. || *s. m.* **7.** Unidad monetaria del Brasil desde 1986.

cruzamiento *s. m.* **1.** Acción de cruzar. **2.** Fecundación entre seres vivos, especialmente animales o plantas, de distintas razas o categorías taxonómicas. **SIN. 1.** y **2.** Cruce.

cruzar *v. tr.* **1.** Poner una cosa sobre otra en forma de cruz o hallarse puesta oblicuamente sobre ella: *Una cicatriz le cruzaba la frente.* También *v. prnl.*: *cruzarse de piernas.* **2.** Ir de un lado a otro de un lugar o cosa: *cruzar un río, cruzar la calle.* **3.** Intercambiar miradas, saludos, palabras, etc. También *v. prnl.*: *Se cruzaron una sonrisa.* **4.** Juntar para que procreen un macho y una hembra de distintas razas pero de la misma especie. **5.** Juntar plantas de distintas variedades para obtener una variedad nueva. **6.** Navegar en todas las direcciones dentro de un espacio de mar para vigilar, proteger el comercio, etc. || **cruzarse** *v. prnl.* **7.** Encontrarse dos personas, animales o cosas que van por el mismo camino en distintas direcciones: *Me crucé con un amigo.* || **LOC. cruzarle** a uno **la cara** *fam.* Darle una bofetada. **cruzarse de brazos** *fam.* No hacer nada; también, mantenerse al margen de un acontecimiento cualquiera. ■ Delante de *e* se escribe *c* en lugar de *z*: *crucen.* **SIN. 1.** y **2.** Atravesar(se). **2.** Pasar, recorrer. **7.** Coincidir. **FAM.** Cruce, crucero, cruzado, cruzamiento. / Descruzar, entrecruzar. CRUZ.

ctenóforo (del gr. *ktenos*, peine) *adj.* **1.** Se dice de ciertos invertebrados marinos de cuerpo redondo y gelatinoso, dividido en diversas capas, que están provistos de ocho paletas con cilios que baten para impulsarse, como la grosella de mar. También *s. m.* || *s. m. pl.* **2.** Filo integrado por estos animales.

cu *s. f.* Nombre de la letra *q*.

cuaco *s. m. Méx. fam.* Caballo.

cuaderna (del lat. *quaterna*, de *quatuor*, cuatro) *s. f.* **1.** Cada una de las piezas rígidas y curvas que arrancan de la quilla y forman la armadura de un barco. **2.** Conjunto de tales piezas. || **3. cuaderna vía** Estrofa de cuatro versos alejandrinos (catorce sílabas), de dos hemistiquios con cesura en medio, y una sola rima. **SIN. 1.** Costilla.

cuadernillo *s. m.* **1.** *dim.* de **cuaderno**. **2.** En imprenta, conjunto de cinco pliegos de papel.

cuaderno (del lat. *quaterni*, de *quatuor*, cuatro) *s. m.* **1.** Conjunto de pliegos de papel doblados y unidos en forma de libro: *un cuaderno de apuntes.* || **2. cuaderno de bitácora** Libro en que se apuntan las incidencias de la navegación. **SIN. 1.** Libreta, bloc. **FAM.** Cuaderna, cuadernillo. / Descuadernar, encuadernar.

cuadra (del lat. *quadra*, figura cuadrada) *s. f.* **1.** Lugar cubierto donde están las caballerías. **2.** Conjunto de caballos de un mismo propietario: *Compró nuevos caballos para su cuadra.* **3.** Lugar muy sucio y desordenado. **4.** *Amér.* Manzana de casas. **5.** *Amér.* Lado de dicha manzana. **SIN. 1.** Caballeriza, establo. **3.** Pocilga, corral.

cuadrado, da (del lat. *quadratus*) *adj.* **1.** Que tiene la forma o sección de un cuadrado. **2.** Se dice de la persona de aspecto macizo, corpulento o fuerte: *Se ha puesto cuadrado.* **3.** Aplicado a una unidad de longitud, transforma a ésta en una unidad de superficie equivalente a un cuadrado que tiene como lado la unidad de longitud de que se trate: *metro cuadrado, kilómetro cuadrado.* || *s. m.* **4.** Polígono que tiene sus cuatro lados iguales y sus cuatro ángulos rectos. **5.** En mat., potencia de exponente 2, resultado de multiplicar un número, monomio o polinomio, por sí mismo: *elevar un número al cuadrado.* || *s. f.* **6.** Figura o nota musical que vale dos compases mayores.

cuadrafonía *s. f.* Sistema de reproducción del sonido a través de cuatro canales, cuatro altavoces y cuatro micrófonos. **FAM.** Cuadrafónico.

cuadragésimo, ma (del lat. *quadragesimus*) *adj. num. ord.* **1.** Que ocupa por orden el número cuarenta. También *pron.* || *adj. num. part.* **2.** Se dice de cada una de las cuarenta partes en que se divide un todo. También *s. m.*

cuadrangular *adj.* **1.** Que tiene cuatro ángulos: *una plaza cuadrangular.* **2.** Se dice del torneo en el que compiten cuatro participantes. También *s. m.*

cuadrante (del lat. *quadrans, -antis*) *s. m.* **1.** Cuarta parte de un círculo, o de una circunferencia, limitada por dos radios perpendiculares. **2.** Instrumento usado en astronomía para medir ángulos, compuesto de un cuarto de círculo graduado y anteojos. **3.** Reloj de sol trazado en un plano. **4.** Almohada cuadrada de cama.

cuadrar (del lat. *quadrare*) *v. tr.* **1.** Hacer que en una cuenta coincidan los totales del debe y del haber. También *v. intr.*: *Las cuentas no cuadran.* **2.** En tauromaquia, igualar*. También *v. intr.* y *v. prnl.* || *v. intr.* **3.** Ajustarse una cosa a otra o ser apropiada para alguien: *Su entonación no cuadraba con lo que leía. Le cuadra ese empleo.* **4.** *Chile* Estar preparada una persona para hacer alguna cosa. || **cuadrarse** *v. prnl.* **5.** Ponerse una persona en posición erguida y con los pies formando escuadra: *El soldado se cuadró para saludar.* **6.** *fam.* Mostrar alguien de repente un gesto de seriedad o enfado: *Si no se cuadra sus hijos no le obedecen.* **SIN. 3.** Adecuarse, acomodarse, armonizar, convenir. **ANT. 3.** Desentonar, contrastar. **FAM.** Cuadratura. CUADRO.

cuadratín *s. m.* En imprenta, cuadrado de anchura y altura iguales a las del cuerpo al que pertenece, que se utiliza para dejar espacios o blancos.

cuadratura *s. f.* Acción de hacer cuadrada una figura; se utiliza casi exclusivamente en la expresión familiar **la cuadratura del circulo**, que indica la imposibilidad de algo.

cuádriceps *s. m.* Músculo del muslo que interviene en la extensión de la pierna y la flexión del muslo sobre la pelvis. ■ No varía en *pl.*

cuadrícula *s. f.* Conjunto de cuadrados que resultan de cortarse perpendicularmente dos series de rectas paralelas. **FAM.** Cuadriculado, cuadricular. CUADRO.

cuadriculado, da **1.** *p.* de **cuadricular**. También *adj.*: *papel cuadriculado.* || *adj.* **2.** *fam.* De costumbres o ideas muy rígidas, difíciles de cambiar: *Tiene una mente cuadriculada.*

cuadricular *v. tr.* Trazar líneas que formen una cuadrícula: *cuadricular una cuartilla.*

cuadrifolio, lia (del lat. *quattuor*, cuatro, y *folium*, hoja) *adj.* Que tiene cuatro hojas.

cuadriga (del lat. *quadriga*) *s. f.* Carro tirado por cuatro caballos de frente, particularmente el utilizado en las carreras de circo y en los triunfos de la antigua Roma. ■ Es frecuente el uso incorrecto de *cuádriga.*

cuadrilátero, ra (del lat. *quadrilaterus*) *adj.* **1.** Que tiene cuatro lados. || *s. m.* **2.** Polígono de cuatro lados, como p. ej., el cuadrado, el rectángulo, el rombo o el trapecio. **3.** Ring de boxeo: *Los púgiles subieron al cuadrilátero.*

cuadrilla (de *cuadro*) *s. f.* **1.** Conjunto de personas que realizan juntas un trabajo, persiguen un mismo fin, intervienen en un festejo, etc.: *una cuadrilla de albañiles, de malhechores, las cuadrillas de San Fermín.* **2.** Conjunto de toreros subalternos que actúan bajo las órdenes de un matador. **SIN. 1.** Partida, brigada.

cuadrivio (del lat. *quadrivium*, cuatro caminos) *s. m.* Grupo de cuatro artes liberales (aritmética, geometría, música y astrología o astronomía) que, junto con el trivio, formaban la enseñanza que se impartía en la universidad medieval.

cuadro (del lat. *quadrus*) *s. m.* **1.** Figura formada por cuatro líneas iguales que se cortan perpendicularmente p. ext., cosa que tiene esta figura: *un traje con cuadros azules, los cuadros de un jardín.* **2.** Pintura, dibujo, grabado, etc., hecho sobre lienzo, papel, tela, etc., y puesto o no en un marco: *los cuadros de un museo.* **3.** Escena o suceso que produce una determinada impresión: *Después del accidente, el cuadro era terrible.* **4.** Descripción viva de un suceso, por escrito o de palabra: *un cuadro de costumbres.* **5.** Conjunto de nombres, cifras, datos, etc., organizados y presentados de manera que se vea fácilmente la relación que existe entre ellos. **6.** Conjunto de personas que componen una organización: *cuadro de profesores, cuadro de oficiales.* **7.** Lugar donde están los mandos de una instalación, particularmente eléctrica. **8.** Conjunto de tubos que forman la armadura de una bicicleta. **9.** Cada una de las partes en que se dividen los actos de ciertas obras dramáticas. || **10. cuadro clínico** Conjunto de síntomas en un enfermo o en una enfermedad. **11. cuadro de distribución** Conjunto de aparatos de una central eléctrica o telefónica para establecer o interrumpir conexiones o comunicaciones. || **LOC. estar** (o **quedarse**) **en cuadro** Quedar en algún sitio muy pocas personas o menos de las que serían necesarias. **SIN. 1.** Cuadrado, cuadrilátero. **2.** Lámina, tabla. **3.** Visión. **5.** Esquema, sinopsis. **7.** Tablero, panel. **FAM.** Cuadra, cuadrado, cuadragésimo, cuadrante, cuadrar, cuadratín, cuadrícula, cuadriga, cuadrilátero, cuadrilla, cuadrivio, cuádruple. / Encuadrar, escuadra, recuadro.

cuadrumano o **cuadrúmano, na** (del lat. *quadrumanus*) *adj.* Se dice de los animales que, como los monos, tienen manos en las cuatro extremidades. También *s. m.*

cuadrúpedo, da (del lat. *quadrupedus*) *adj.* Se dice del animal que tiene cuatro patas. También *s. m.*

cuádruple (del lat. *quadruple*) *adj. num. mult.* Cuádruplo*.

cuadruplicar (del lat. *quadruplicare*) *v. tr.* Hacer cuádruple, multiplicar por cuatro. ■ Delante de *e* se escribe *qu* en lugar de *c*: *cuadruplique.*

cuádruplo, pla (del lat. *quadruplus*) *adj. num. mult.* **1.** Que contiene exactamente cuatro veces una cosa. También *s. m.* **2.** Se dice de la serie de cuatro cosas iguales o semejantes. ■ Se dice también *cuádruple*: *apuesta cuádruple.* **FAM.** Cuadruplicar. CUADRO.

cuajado, da 1. *p.* de **cuajar**. También *adj.* || *adj.* **2.** *fam.* Dormido: *Se quedó cuajado.* || *s. f.* **3.** Parte sólida y grasa de la leche que se separa del suero por la acción del calor, del cuajo o de los ácidos y que se toma como alimento.

cuajar[1] (del lat. *coagulare*) *v. tr.* **1.** Convertir en sólido un líquido, que contiene generalmente albúmina o materia grasa, al unir o trabar sus partes. También *v. intr.* y *v. prnl.*: *cuajar(se) la leche.* **2.** Recargar, llenar, especialmente de adornos: *Cuajaron la fachada de guirnaldas.* También *v. prnl.* || *v. intr.* **3.** Adquirir una cosa la consistencia sólida que debe tener: *cuajar el grano de la almendra.* **4.** Formar la nieve una capa compacta sobre alguna superficie. También *v. prnl.* **5.** Nacer y formarse el fruto de algunas plantas. **6.** Tener algo buena acogida, un resultado favorable, etc.: *Sus propuestas han cuajado.* **7.** *Méx.* Hablar por hablar o decir mentiras. **SIN. 1.** Coagular(se). **2.** Colmar(se), cargar(se), cubrir(se). **5.** Granar. **6.** Cristalizar, resultar. **ANT. 1.** Fundir(se). **2.** Descargar(se). **6.** Frustrarse, malograrse. **FAM.** Cuajado, cuajar[2], cuajarón, cuajo.

cuajar[2] *s. m.* Cuarta cavidad del estómago de los rumiantes, que segrega el jugo gástrico.

cuajarón *s. m.* Coágulo: *un cuajarón de leche.*

cuajo (del lat. *coagulum*) *s. m.* **1.** Fermento para coagular un líquido, especialmente la leche. **2.** Calma, pesadez: *Esta chica tiene un cuajo que me desespera.* **3.** *Méx.* Charla banal o mentira. || **LOC. de cuajo** *adv.* De raíz, por entero: *El viento arrancó el poste de cuajo.* **SIN. 2.** Lentitud, pachorra, cachaza, flema. **ANT. 2.** Rapidez, energía. **FAM.** Descuajaringar, decuajeringar. CUAJAR[1].

cual (del lat. *qualis*) *pron. relat.* **1.** Equivale a *que* y lleva delante el artículo determinado: *La persona con la cual hablaste es el director.* || *adv. m.* **2.** Equivale a *como, de igual manera*: *Estaban quietos cual estatuas.* ■ Se utiliza frecuentemente como correlativo precedido de *tal*: *Se muestra tal cual es.* || *pron. interr.* **3.** Se usa para preguntar la determinación del sustantivo al que precede. No lleva artículo delante y va acentuado: *¿Cuál de esos dos lápices es tuyo?* También *adj.*, sobre todo en América: *¿Cuál libro leíste?* || *pron. indef.* **4.** Se emplea en oraciones coordinadas distributivas y va acentuado: *Todos ayudaron, cuál más, cuál menos, al éxito de la función.* || **LOC. a cual más** *adv.* Se usa como ponderativo: *Los dos son a cual mejor.* ■ A veces se escribe acentuado. **tal cual** *adv.* Igual, de la misma manera; también, sin inmutarse: *Le empujaron y se quedó tal cual.* **FAM.** Cualesquier, cualesquiera, cualidad, cualificado, cualquiera.

cualesquier *adj. indef. pl.* Véase **cualquier**.

cualesquiera *adj. indef. pl.* Véase **cualquiera**.

cualidad (del lat. *qualitas, -atis*) *s. f.* Propiedad, característica o manera de ser que distingue a una persona o cosa de otra. Sin especificar, se entiende que es positiva: *Le eligieron por sus cualidades.* **SIN.** Atributo, condición, naturaleza, calidad, peculiaridad, particularidad, aspecto; virtud, capacidad. **FAM.** Cualitativo. / Calidad.

cualificado, da (de *cualificar*, y éste del bajo lat. *qualificare*) **1.** *p.* de **cualificar**. || *adj.* **2.** Calificado. **3.** Se dice del trabajador muy preparado en una especialidad. **SIN. 1.** y **2.** Acreditado, autorizado, capacitado. **3.** Experto, especialista. **ANT. 1.** y **2.** Desprestigiado, desacreditado. **FAM.** Cualificar. / Calificar. CUAL.

cualificar *v. tr.* Hacer apto para el ejercicio de una determinada profesión por medio de la experiencia o la realización de estudios especializados: *Su experiencia y los cursillos realizados lo cualifican para ocupar este puesto de trabajo.* ■ Delante de *e* se escribe *qu* en lugar de *c*: *cualifique.* **SIN.** Capacitar, habilitar. **ANT.** Descalificar, inhabilitar.

cualitativo, va (del lat. *qualitativus*) *adj.* De la cualidad: *una mejora cualitativa del servicio.* **ANT.** Cuantitativo.

cualquier *adj. indef. apóc.* de **cualquiera.** ■ Se emplea delante del sustantivo, tanto masculino como femenino: *cualquier trabajo, cualquier cosa.* ■ Su pl. es *cualesquier.*

cualquiera (de *cual* y *quiera*, de *querer*) *adj. indef.* **1.** Se aplica a personas, animales o cosas sin precisar cuál dentro de su clase: *una fruta cualquiera, un alumno cualquiera.* También *pron.*: *Está al alcance de cualquiera.* **2.** Poco importante, vulgar dentro de su clase: *Un trapo cualquiera sirve.* También *s. m.*: *Yo no soy un cualquiera para tratarme así.* || *s. f.* **3.** Mujerzuela, prostituta: *Es una cualquiera.* ■ Como adj. y pron. su pl. es *cualesquiera*, como s. es *cualquieras.* **FAM.** Cualquier. CUAL.

cuan (del lat. *quam*) *adv. c.* **1.** *apóc.* de **cuanto**. Precede a un adj. o adv. para acentuar su significado. Tiene acento prosódico y ortográfico: *¡Cuán diferente es hoy todo!* **2.** *apóc.* Con valor comparativo, equivale a *como*, en correlación con *tan*, o a *todo lo... que*. ■ Carece de acento prosódico y ortográfico: *Resbaló y cayó cuan largo era.* ■ El apóc. no tiene lugar ante los adj. *mayor, menor, mejor* y *peor* y los adv. *más* o *menos*: *Cuanto más cerca estés, mejor lo verás.*

cuando (del lat. *quando*) *adv. t.* **1.** En el momento de, en el instante en que: *Cuando él venga, me iré yo.* || *adv. interr.* **2.** En qué momento. Lleva acento: *¿Cuándo vas a venir?* También *s. m.*: *el cómo y el cuándo.* || *conj.* **3.** Equivale a *si, puesto que, ya que*: *Cuando lo dice, alguna razón tendrá.* **4.** Reforzado con el adv. *aun*, significa 'aunque': *No hablaría aun cuando le diesen dinero.* **5.** A veces tiene valor de prep. y significa en 'tiempos de': *Cuando César, Roma dominaba el Mediterráneo.* || **LOC. cuando más** (o **cuando mucho**) *adv.* A lo más: *Cuando más, nos costará cinco mil pesetas.* **cuando menos** (o **cuando poco**) *adv.* A lo menos: *Cuando menos, tardará una hora.* **de cuando en cuando** (o **de vez en cuando**) *adv.* Algunas veces, de tiempo en tiempo.

cuantía (de *cuanto*) *s. f.* **1.** Cantidad: *Aumentó la cuantía de su hacienda.* **2.** Importancia: *un asunto de mayor cuantía.* **SIN. 1.** Suma, importe. **2.** Magnitud, alcance, trascendencia.

cuántico, ca *adj.* Relacionado con los cuantos de energía.

cuantificador *s. m.* En ling., palabra que se refiere a otra y expresa una cantidad, como los numerales o algunos indefinidos.

cuantificar (de *cuanto*) *v. tr.* Expresar en números: *Los daños se cuantifican en millones.* ■ Delante de *e* se escribe *qu* en lugar de *c*: *cuantifique.* **SIN.** Cifrar, tasar, valorar, calcular. **FAM.** Cuantificación, cuantificador. CUANTO.

cuantioso, sa (de *cuantía*) *adj.* Abundante. **SIN.** Considerable, copioso, numeroso. **ANT.** Escaso, insignificante. **FAM.** Cuantiosamente. CUANTO.

cuantitativo, va (del lat. *quantitas, -atis,* cantidad) *adj.* De la cantidad: *un aumento cuantitativo.* **ANT.** Cualitativo.

cuanto, ta (del lat. *quantum*) *adj. relat.* **1.** Todo lo que: *Cuantas cosas quieras, las tendrás.* También *pron.* en correlación con *tanto* o *todo*, expresos u omitidos: *Cuanto más se tiene (tanto) más se desea. Suspendieron a (todos) cuantos no se presentaron.* ■ En pl. y precedido de *unos*, significa 'algunos, pocos': *unos cuantos años.* || *adj. interr.* **2.** Se usa para preguntar la cantidad de lo que expresa el sustantivo al que acompaña: *¿Cuántos días estarás fuera?* También *pron.* y *s. m.*: *¿Cuánto ganaste? Si te gusta, el cuánto es lo de menos.* || *adj. excl.* **3.** Se emplea para ponderar la cantidad de lo que expresa el sustantivo al que acompaña: *¡Cuánto tiempo ha pasado!* También *adv.*: *¡Cuánto te quiero!* ■ En las dos últimas acepciones siempre lleva acento. || *adv. c.* **4.** Intensifica la cantidad o grado de los adjetivos y adverbios a los que acompaña, a menudo estableciendo una comparación proporcional: *Ven cuanto antes. Cuanto más, mejor.* Se usa frecuentemente en correlación con *tanto*: *Cuanto mayor sea la falta, tanto mayor será el castigo.* || *s. m.* **5.** En fís., cantidad mínima de energía emitida o absorbida por la materia. || **LOC. a cuánto** *adv.* ¿A qué precio? **cuanto más** *adv.* Contrapone a lo que ya se ha dicho lo que se va a decir con ponderación: *Siempre le he ayudado, cuanto más en estas circunstancias.* **en cuanto** *conj.* y *adv.* Tan pronto como; como, en calidad de: *Me levanté en cuanto amaneció. Cervantes en cuanto poeta.* **en cuanto a** *adv.* Por lo que toca a, en relación con. **por cuanto** *conj.* Tiene sentido causal, indicando la razón de alguna cosa: *Por cuanto nadie me necesita, me marcho.* **FAM.** Cuan, cuantía, cuántico, cuantificar, cuantioso, cuantitativo. / Cantidad, quanto.

cuáquero, ra (del ingl. *quaker*, tembloroso) *adj.* De una secta religiosa protestante fundada en el s. XVII en Inglaterra y extendida más tarde a Estados Unidos, cuya creencia se basa fundamentalmente en la iluminación interior y que se distingue por la sencillez y severidad de costumbres y la falta de estructura eclesiástica y de liturgia. También *s. m.* y *f.*

cuarcita *s. f.* Roca formada exclusivamente por granos de cuarzo, muy dura y generalmente de color blanquecino, usada en las industrias de la construcción y la cerámica.

cuarenta (del lat. *quadraginta*) *adj. num. card.* **1.** Cuatro veces diez. También *pron.* y *s. m.* || *adj. num. ord.* **2.** Cuadragésimo. También *pron.*: *las inundaciones del (año) cuarenta.* || *s. m.* **3.** Conjunto de signos que representan este número. || **LOC. cantar** a uno **las cuarenta** *fam.* Decirle con claridad lo que se tiene contra él. **FAM.** Cuarentavo, cuarentena, cuarentón.

cuarentena *s. f.* **1.** Conjunto de cuarenta unidades; particularmente, periodo de cuarenta días, meses o años. **2.** Aislamiento como medida preventiva; especialmente, espacio de tiempo en que permanecen incomunicados personas o animales enfermos para evitar contagios. **3.** Situación de observación a la que se somete algo dudoso antes de decidir sobre ello: *Pusieron la noticia en cuarentena a la espera de confirmación.*

cuarentón, na *adj.* Se dice de la persona que tiene entre cuarenta y cincuenta años. También *s. m.* y *f.*

cuaresma (del lat. *quadragesima*) *s. f.* En la Iglesia cristiana, tiempo litúrgico que va desde el miércoles de ceniza hasta la Pascua de Resurrección, consagrado a la penitencia y el ayuno. **FAM.** Cuaresmal.

cuartear (de *cuarto*) *v. tr.* **1.** Dividir o partir en trozos, especialmente una res. || **cuartearse** *v. prnl.* **2.** Rajarse, agrietarse: *cuartearse una pared.* **3.** *Méx.* Acobardarse, echarse atrás. **SIN. 1.** Despedazar, trocear, descuartizar. **2.** Abrirse, resquebrajarse. **FAM.** Cuarteo. CUARTO.

cuartel (del fr. *quartier*) *s. m.* **1.** Instalación para el alojamiento permanente de una tropa. **2.** Lugar donde acampa o descansa el ejército en campaña: *cuarteles de invierno.* **3.** Cada una de las divisiones o subdivisiones de un escudo. **4.** Tregua, consideración para con el enemigo o el oponente: *lucha sin cuartel. Con sus continuos ataques, nuestra delantera no da cuartel a la defensa contraria.* || **5. cuartel general** Lugar donde se encuentra el estado mayor de un ejército. También, p. ext., lugar donde se establece la dirección de una organización, partido político, etc. **SIN. 1.** Acuartelamiento. **2.** Campamento. **4.** Descanso, pausa. **FAM.** Cuartelazo, cuartelero, cuartelillo. / Acuartelar, encuartelar. CUARTO.

cuartelazo *s. m.* Sublevación militar. **SIN.** Pronunciamiento.

cuartelero, ra *adj.* **1.** Del cuartel: *lenguaje cuartelero.* || *s. m.* y *f.* **2.** Soldado destinado a cuidar el dormitorio de su compañía.

cuartelillo *s. m.* Instalaciones de un puesto de policía, guardia civil, bomberos, etc., o alojamiento de una sección de tropa.

cuarterón, na (del fr. *quarteron*) *adj.* **1.** En América, hijo de mestizo y española o viceversa. También *s. m.* y *f.* || *s. m.* **2.** Cuarta parte de una libra.

cuarteta (del ital. *quartetta*) *s. f.* Estrofa de cuatro versos de arte menor con rima consonante en el segundo y el cuarto.

cuarteto (del ital. *quartetto*) *s. m.* **1.** Conjunto musical de cuatro instrumentos o de cuatro voces. **2.** Composición musical para dicho conjunto. **3.** Estrofa de cuatro versos de arte mayor que suelen rimar ABBA.

cuartilla (de *cuarto*) *s. f.* Hoja de papel para escribir, del tamaño de la cuarta parte de un pliego.

cuartillo (de *cuarto*) *s. m.* Antigua medida de capacidad para áridos (1,156 l) y para líquidos (504 ml).

cuarto, ta (del lat. *quartus*) *adj. num. ord.* **1.** Que ocupa por orden el número cuatro. También *pron.*: *Vivimos en el cuarto B.* || *adj. num. part.* **2.** Se dice de cada una de las cuatro partes en que se puede dividir un todo. También *s. m.*: *un cuarto de hora, un cuarto de kilo.* || *s. m.* **3.** Habitación de una casa. **4.** Cada una de las cuatro partes en que se considera dividido el cuerpo de los cuadrúpedos y las aves: *cuartos delanteros, cuartos traseros.* || *s. f.* **5.** Palmo, medida de longitud. **6.** En mús., intervalo entre dos notas compuesto de dos tonos y un semitono mayor. || *s. m. pl.* **7.** *fam.* Dinero. || **8. cuarto de aseo** Pequeña habitación con lavabo, retrete y otros servicios. **9. cuarto de baño** Habitación con lavabo, baño, retrete y otros servicios. **10. cuarto de estar** Habitación donde las personas de la casa se reúnen y pasan la mayor parte del tiempo. **11. cuarto de Luna** Cuarta parte del tiempo que tarda la Luna desde una conjunción a otra con el Sol; sobre todo, la segunda y la cuarta, a las que se denomina *cuarto creciente* y *cuarto menguante*, respectivamente. **12. cuartos de final** En dep., fase de la competición en la que se enfrentan ocho participantes, de los que saldrán los semifinalistas. || LOC. **de tres al cuarto** *adj.* De poco valor o categoría. **tres cuartos** *adj.* Se aplica a cosas que miden tres cuartas partes de la longitud corriente: *un abrigo tres cuartos.* ■ A veces va sustantivado mediante el art.: *un tres cuartos.* **tres cuartos de lo mismo** (o **de lo propio**) *fam.* Indica que lo dicho de una persona o cosa se puede aplicar igualmente a otra. SIN. **3.** Pieza, dependencia, estancia, cámara. **7.** Plata, parné, guita. FAM. Cuartear, cuartel, cuarterón, cuarteta, cuarteto, cuartilla, cuartillo. / Decimocuarto, descuartizar, encuartar, sacacuartos.

cuarzo (del al. *Quarz*) *s. m.* Mineral formado por sílice, caracterizado por su dureza; es componente de muchas rocas. FAM. Cuarcita.

cuasar o **cuásar** *s. m.* Quasar*.

cuasi- (del ant. *cuasi*, casi) *pref.* Significa 'casi'. ■ Suele usarse con intención irónica o humorística: *Se cree cuasiperfecto.*

cuate, ta (del náhuatl *coatl*, mellizo; culebra) *adj.* **1.** *Ec.* y *Méx.* Mellizo, gemelo. También *s. m.* y *f.* **2.** *Ec.* y *Méx.* Se dice de dos personas muy parecidas. **3.** *Amér. C.*, *Ec.* y *Méx.* Camarada, compinche, amigo. También *s. m.* y *f.* FAM. Cuatezón.

cuaternario, ria (del lat. *quaternarius*) *adj.* **1.** Que consta de cuatro unidades, números o elementos. También *s. m.* **2.** Se aplica al segundo de los dos periodos de la era cenozoica, que comenzó hace unos dos millones de años y dura hasta la actualidad. Se subdivide en dos épocas, *pleistoceno* y *holoceno*, y se caracteriza por la presencia del hombre. También *s. m.* **3.** De este periodo geológico.

cuatezón, na *adj.* **1.** *Méx.* Se dice del animal que debiendo tener cuernos carece de ellos. **2.** *Méx.* Amigo íntimo, compañero. También *s. m.* y *f.* **3.** *Méx.* Cobarde.

cuatreño, ña *adj.* Se dice del novillo o novilla que tiene cuatro años y no ha cumplido los cinco.

cuatrero, ra (de la voz de germanía *cuatro*, caballo) *adj.* **1.** Se aplica al ladrón de ganado. También *s. m.* y *f.* **2.** *Amér. C.* Traidor, bribón.

cuatri- *pref.* Significa 'cuatro'. *cuatrienal, cuatrimotor.*

cuatrienal *adj.* **1.** Que sucede o se repite cada cuatrienio. **2.** Que dura un cuatrienio.

cuatrienio *s. m.* Periodo de tiempo que dura cuatro años. FAM. Cuatrienal. AÑO.

cuatrillizo, za (de *cuatri-* y *mellizo*) *adj.* Se dice de cada uno de los cuatro hermanos nacidos en un parto. También *s. m.* y *f.* FAM. Véase **mellizo**.

cuatrimestral *adj.* **1.** Que sucede o se repite cada cuatrimestre. **2.** Que dura un cuatrimestre.

cuatrimestre (del lat. *quadrimestris*, con influencia de *cuatro*) *adj.* **1.** Que dura cuatro meses. || *s. m.* **2.** Periodo de cuatro meses. FAM. Cuatrimestral. MES.

cuatrimotor *s. m.* Avión provisto de cuatro motores.

cuatro (del lat. *quattuor*) *adj. num. card.* **1.** Tres y uno. También *pron.* y *s. m.*: *Estudiamos los cuatro juntos. Tengo el cuatro de oros.* **2.** Aplicado a ciertos sustantivos, indica poca cantidad en sentido indeterminado: *cuatro letras, cuatro cuartos.* || *adj. num. ord.* **3.** Cuarto. También *pron.*: *el cuatro en la clasificación.* || *s. m.* **4.** Signo que representa este número. FAM. Cuaternario, cuatreño, cuatrero, cuatrocientos. / Catorce, veinticuatro.

cuatrocientos, tas *adj. num. card.* **1.** Cuatro veces cien. También *pron.* y *s. m.* || *adj. num. ord.* **2.** Que sigue por orden al trescientos noventa y nueve: *el año cuatrocientos.* También *pron.* || *s. m.* **3.** Conjunto de signos que representan este número.

cuba (del lat. *cupa*) *s. f.* **1.** Recipiente generalmente de madera para contener líquidos, formado por tablas curvas unidas y cerrado en sus extremos por dos bases circulares. **2.** Su contenido: *una cuba de vino.* || LOC. **estar como una cuba** *fam.* Estar muy borracho. SIN. **1.** Barril, tonel. FAM. Cubeta. CUBO[1].

cubalibre o **cuba-libre** *s. m.* Mezcla de una bebida alcohólica (ron, ginebra, etc.) con un refresco de cola. FAM. Cubata.

cubanismo *s. m.* Palabra o giro propio de los cubanos.

cubano, na *adj.* De Cuba. También *s. m.* y *f.* FAM. Cubanismo. / Afrocubano.

cubata *s. m. fam.* Cubalibre.

cubero, a ojo de buen *loc. adv.* Véase **ojo**.

cubertería *s. f.* Conjunto de cucharas, tenedores, cuchillos y utensilios semejantes.

cubeta (dim. de *cuba*) *s. f.* **1.** Recipiente semejante a un cubo. **2.** Recipiente, normalmente rectangular, con poco fondo, que se usa en los laboratorios de química y fotografía para manipular con ciertos productos. **3.** Depósito para el mercurio que tienen los barómetros en su parte inferior. **4.** Recipiente para obtener el hielo en frigoríficos, neveras, etc. SIN. **1.** Balde.

cúbico, ca (del lat. *cubicus*, y éste del gr. *kybikos*) *adj.* **1.** Del cubo. **2.** Que tiene forma de cubo geométrico, o semejante a él: *una habitación cúbica.* **3.** Aplicado a una unidad de longitud, transforma a ésta en una unidad de capacidad equivalente a un cubo que tiene como lado la unidad de longitud de que se trate: *metro cúbico.* **4.** Se aplica a uno de los sistemas cristalinos.

cubículo (del lat. *cubiculum*) *s. m.* Recinto pequeño. SIN. Cuartucho.

cubierto, ta (del lat. *coopertus*) **1.** *p.* irreg. de **cubrir**. También *adj.*: *gastos cubiertos, una piscina cubierta.* || *s. m.* **2.** Conjunto de cuchara, tenedor y cuchillo; también, cada uno de estos utensilios. **3.** Servicio de mesa que se pone a cada uno de los que van a comer y que consiste principalmente en los tres utensilios anteriores más un plato, vasos y servilleta: *Pon dos cubiertos más en la mesa.* **4.** Comida que se sirve en los restaurantes, hoteles, etc., con unos platos fijos y por un precio determinado: *Ha encargado doscientos cubiertos para su boda.* **5.** Techumbre de una casa u otro paraje que cubre y defiende de las inclemencias del tiempo. || *s. f.* **6.** Aquello que cubre algo para taparlo o resguardarlo. **7.** Tapa de los libros: *la cubierta de una novela.* **8.** Portada de una revista. **9.** Parte exterior de la techumbre de un edificio. **10.** En las ruedas de los vehículos, banda que protege exteriormente la cámara de los neumáticos.

11. Cada una de las partes exteriores, o que están a la intemperie, de una embarcación y, especialmente, el piso superior. || LOC. **a cubierto** *adv.* Resguardado, protegido. SIN. **1.** Tapado, envuelto; abarrotado, lleno; defendido; ocupado, repleto; incluido; oculto; encapotado, nublado, cerrado. ANT. **1.** Descubierto, destapado; desprotegido; vacío; excluido; despejado. FAM. Cubertería. / Contracubierta, entrecubierta, sobrecubierta. CUBRIR.

cubil (del lat. *cubile*) *s. m.* **1.** Lugar, generalmente una cueva, donde se recogen los animales, sobre todo las fieras, para dormir. **2.** *fam.* Refugio, escondrijo: *Los ladrones tenían su cubil en un sótano.* **3.** *fam.* Cuarto, aposento: *Ya se ha metido en su cubil a leer.* SIN. **1.** y **2.** Guarida, madriguera. FAM. Cubículo.

cubilete (del fr. *gobelet*) *s. m.* **1.** Vaso de boca ancha, que sirve para mover y arrojar los dados. **2.** Vaso utilizado en juegos de manos. **3.** Vaso más ancho por la boca que por la base, que se usa en cocina como molde. **4.** *Amér.* Sombrero de copa alta.

cubismo (de *cubo²*) *s. m.* Movimiento artístico surgido en Francia en los primeros años del s. XX y caracterizado por el empleo de formas geométricas (tomó su nombre de los cubos), la representación simultánea de diferentes aspectos de objetos y figuras, etc. FAM. Cubista. CUBO².

cubital (del lat. *cubitalis*) *adj.* **1.** Del codo. **2.** Del cúbito.

cubitera *s. f.* Recipiente para cubitos de hielo.

cubito *s. m.* Pequeña porción de hielo, normalmente en forma de cubo, que se añade a las bebidas para enfriarlas. FAM. Cubitera. CUBO².

cúbito (del lat. *cubitus*) *s. m.* Hueso más largo y grueso de los dos que forman el antebrazo. FAM. Cubital.

cubo¹ (del lat. tardío *cupus*, de *cupa*, cuba) *s. m.* **1.** Recipiente más ancho por la boca que por el fondo, con un asa en el borde superior, generalmente para uso doméstico. **2.** Pieza central en que se encajan los radios de una rueda. SIN. **1.** Balde. FAM. Cuba. / Tapacubos.

cubo² (del lat. *cubus*, y éste del gr. *kybos*, cubo, dado) *s. m.* **1.** Poliedro formado por seis caras que son cuadrados iguales. **2.** Tercera potencia de un número, monomio o polinomio, resultado de multiplicarlo dos veces por sí mismo: *Ocho es el resultado de elevar dos al cubo.* FAM. Cúbico, cubismo, cubito, cuboides.

cuboides (del gr. *kybos*, cubo y *eidos*, forma) *s. m.* Hueso de la segunda fila del tarso. ■ No varía en *pl.*

cubrebañera *s. f.* Lona con que se cubren piraguas y canoas, generalmente ajustada al cuerpo del piragüista, para evitar que el agua entre en la embarcación.

cubrebotón *s. m.* Pieza, generalmente de adorno, que se utiliza para cubrir un botón.

cubrecadena *s. f.* Pieza de la bicicleta que protege la cadena.

cubrecama *s. m.* Cubierta que se pone encima de la cama, sobre las demás ropas. SIN. Colcha, cobertor, edredón, sobrecama.

cubrecosturas *s. m.* Cinta o vivo de adorno que se cose sobre una costura para disimularla. ■ No varía en *pl.*

cubreobjetos *s. m.* Lámina delgada de cristal con que se cubren los objetos que se examinan al microscopio. ■ No varía en *pl.*

cubrir (del lat. *cooperire*) *v. tr.* **1.** Tapar u ocultar una cosa con otra: *Cubrió el sofá con una funda.* También *v. prnl.* **2.** Depositar o extender una cosa sobre la superficie de otra: *cubrir la mesa de papeles.* **3.** Proteger, defender una posición o una acción de guerra: *cubrir a un compañero.* También *v. prnl.* **4.** Ocupar, completar: *Han cubierto las plazas hoteleras de la ciudad.* **5.** En periodismo, seguir el desarrollo de un hecho: *cubrir la visita real.* **6.** Recorrer una distancia: *El autobús cubre ese trayecto.* **7.** Alcanzar, ser suficiente una cosa para aquello que se expresa: *Su sueldo cubre los gastos.* **8.** Llenar a una persona de insultos, alabanzas, etc. También *v. prnl.*: *cubrirse de gloria.* **9.** Disimular una cosa con otra: *Cubría con disimulo su intención.* **10.** Unirse el macho a la hembra para fecundarla: *El caballo cubrió a la yegua.* || **cubrirse** *v. prnl.* **11.** Ponerse el sombrero, la gorra, etc. **12.** Taparse total o parcialmente el cuerpo con algo: *Se cubría de harapos.* **13.** Nublarse: *Se cubrió el cielo.* **14.** Protegerse: *El diestro se cubre con la muleta.* ■ Este v. tiene el p. irreg.: *cubierto.* || LOC. **cubrir el expediente.** Véase **expediente**. SIN. **1.** Esconder, recubrir(se), envolver(se), enfundar(se). **2.** Abarrotar, acumular, cargar. **3.** Resguardar(se). **4.** Copar. **7.** Bastar(se). **8.** Colmar, abrumar. **9.** Encubrir. **10.** Aparearse. **12.** Vestirse. **13.** Encapotarse, cerrarse. ANT. **1.** Descubrir(se), destapar(se). **3.** Exponer(se), desamparar. **13.** Abrirse, despejarse. **14.** Desprotegerse. FAM. Cubierto, cubrebañera, cubrebotón, cubrecadena, cubrecama, cubrecosturas, cubreobjetos. / Cobertura, descubrir, encubrir, recubrir.

cuca *s. f.* **1.** *fam.* Peseta. Se usa más en *pl.*: *Me costó mil cucas.* **2.** *Amér. del S. vulg.* Sexo de la mujer. SIN. **1.** Pela.

cucamonas *s. f. pl. fam.* Carantoñas. SIN. Zalamerías, arrumacos, halagos, embelecos.

cucaña (del ital. *cuccagna*) *s. f.* En los festejos, palo largo untado de una sustancia resbaladiza, por el que hay que pasar o trepar para coger un premio situado en su lado opuesto.

cucaracha *s. f.* **1.** Nombre común de varios insectos de forma aplanada y antenas largas y finas, de color negro, rojizo o amarillento; se esconden en lugares oscuros o húmedos y salen de noche. **2.** *Arg.* y *Méx.* Coche feo y destartalado. **3.** *Méx.* Coche de tranvía remolcado por otro.

cuchara (del ant. *cuchar*, del lat. *cochlear, -aris*) *s. f.* **1.** Utensilio formado por un mango y una pieza ovalada y cóncava, que sirve principalmente para llevarse a la boca los alimentos líquidos o poco consistentes. **2.** Lo que cabe en este utensilio. **3.** Especie de caja metálica articulada de las grúas, excavadoras, dragas, etc., que sirve para sacar materias y transportarlas de un sitio a otro. **4.** *Amér.* Paleta de albañil. || LOC. **meterle** a alguien una cosa **con cuchara** *fam.* Explicársela minuciosamente para que la comprenda. SIN. **2.** Cucharada. FAM. Cucharada, cucharadita, cucharilla, cucharón.

cucharada *s. f.* Porción de cualquier cosa que cabe en una cuchara.

cucharadita *s. f.* Porción de cualquier cosa que cabe en una cucharilla: *una cucharadita de azúcar.*

cucharilla *s. f.* **1.** *dim.* de **cuchara**. Cuchara pequeña, generalmente de café o de postre. **2.** Artificio de pesca provisto de varios anzuelos y una pieza metálica que con su brillo y movimiento atrae a los peces.

cucharón *s. m.* **1.** *aum.* de **cuchara**. Cuchara grande o cacillo con mango, que sirve para repartir la comida en los platos y para otros usos. **2.** Cantidad de comida que cabe en este utensilio.

cuché (del fr. *couché*) *adj.* Se dice del papel muy satinado, que se emplea en revistas y libros que llevan fotografías o grabados. También *s. m.*

cuchichear *v. intr.* Hablar a alguien en voz baja o al oído, para que otros no se enteren. **SIN.** Murmurar, secretear. **FAM.** Cuchicheo. CUCHICHÍ.

cuchichí (onomat.) *s. m.* Canto de la perdiz. **FAM.** Cuchichear.

cuchilla *s. f.* **1.** Hoja de acero con un filo, empleada para cortar. **2.** Cuchillo grande y pesado: *El carnicero partía las chuletas con la cuchilla.* **3.** Hoja de afeitar.

cuchillada *s. f.* Corte o herida hecha con un cuchillo, una cuchilla o con otra arma de corte.

cuchillería *s. f.* **1.** Fábrica en la que se hacen cuchillos. **2.** Tienda en la que se venden cuchillos u otros objetos similares.

cuchillero, ra (del lat. *cultellarius*) *s. m.* y *f.* **1.** Persona que hace o vende cuchillos. **2.** *Amér.* Camorrista, pendenciero.

cuchillo (del lat. *cultellus*) *s. m.* **1.** Instrumento cortante formado por un mango y una hoja de acero con filo por un solo lado. **2.** Pieza de forma triangular que se pone en algunas prendas de vestir, para hacerlas más anchas de lo que permite la tela o como remiendo. **3.** Conjunto de piezas de madera, hierro, etc., que sirve de sostén. **4.** Corriente de aire frío que entra por una rendija. || **LOC. pasar a cuchillo** Dar muerte a los prisioneros o a los habitantes de un lugar conquistado. **FAM.** Cuchilla, cuchillada, cuchillería, cuchillero. / Acuchillar.

cuchipanda *s. f. fam.* Reunión de varias personas para comer y divertirse. **SIN.** Francachela.

cuchitril *s. m.* **1.** Pocilga de algunos animales. **2.** Cuarto muy pequeño, sucio y desordenado. **3.** Vivienda muy pequeña, generalmente de mal aspecto. **SIN. 1.** Cochiquera, chiquero. **2.** Cuartucho, tugurio. **2.** y **3.** Covacha.

cucho, cha *adj.* **1.** *Amér. C.* Jorobado. **2.** *Méx.* Desnarigado. || *s. m.* **3.** *Col.* Desván, cuchitril. **4.** *Ec.* y *Perú* Rincón.

cuchufleta *s. f. fam.* Dicho o palabras de broma. **SIN.** Chufla, chanza, chirigota.

cuclillas, en (del ant. en *cluquillas*, de *clueca*) *loc. adv.* Postura que consiste en estar agachado, con las asentaderas cerca de los talones o apoyadas en ellos.

cuclillo *s. m.* Ave trepadora de plumaje castaño o gris, vientre franjeado y cola larga, cuya hembra pone los huevos en los nidos de otras aves. Se llama también *cuco.*

cuco, ca (del lat. *cucus*) *adj.* **1.** Astuto, que obra con habilidad para la propia conveniencia: *Tu amigo es muy cuco, pero no me engaña.* También *s. m.* y *f.* **2.** Coqueto, mono: *Iba muy cuco a la fiesta.* || *s. m.* **3.** Cuclillo*. || **4. reloj de cuco** Reloj de pesas con un cuclillo mecánico que aparece para cantar las horas, las medias horas o los cuartos. **SIN. 1.** Taimado, zorro, ladino, pícaro, calculador. **2.** Lindo, bonito. **ANT. 1.** Ingenuo, simple, cándido. **FAM.** Cucamonas, cuculiforme, cuquería. / Cuclillo.

cucú (onomat.) *s. m.* **1.** Canto del cuco. **2.** Reloj de cuco.

cuculiforme (del lat. *cuculus*, cuco, y - *forme*) *adj.* **1.** Se dice de aves de tamaño medio, cola larga, alas cortas y finas y pico largo y curvado, que suelen poner sus huevos en los nidos de otras aves, como el cuco. También *s. f.* || *s. f. pl.* **2.** Orden de estas aves.

cucurbitáceo, a (del lat. *cucurbita*, calabaza) *adj.* **1.** Se dice de las plantas angiospermas dicotiledóneas, propias de zonas templadas y tropicales, algunas de las cuales se cultivan por sus frutos, como p. ej. la sandía, el melón, el pepino o la calabaza. También *s. f.* || *s. f. pl.* **2.** Familia de estas plantas.

cucurucho (del ital. dial. *cucuruccio*) *s. m.* **1.** Bolsa de papel o cartón, dispuesta en forma cónica, que sirve para envasar objetos menudos, como frutos secos, caramelos, etc. **2.** Gorro de esa forma que llevan los penitentes en las procesiones de Semana Santa. **3.** Objeto de forma semejante a los anteriores: *el cucurucho del helado.* **SIN. 2.** Capirote.

cucuyo *s. m. Amér.* Cocuyo*.

cueca *s. f. Amér. del S.* Baile de pareja suelta, de ritmo vivo, que se baila en muchos países sudamericanos y es característico de Chile. **SIN.** Zamacueca. **FAM.** Zamacueca.

cuelgue *s. m. fam.* Estado producido por una droga.

cuello (del lat. *collum*) *s. m.* **1.** Parte del cuerpo que une la cabeza al tronco en el hombre y algunos animales. **2.** Tira de tela que rodea el cuello en algunas prendas de vestir: *el cuello de la camisa.* **3.** Adorno superpuesto de encaje, piel, etc., que cubre el cuello. **4.** Parte superior y más estrecha de una botella, garrafa, frasco, etc. **5.** P. ext., se aplica a la parte estrecha y alargada de un cuerpo, especialmente si es redonda: *el cuello de una bombilla.* **SIN. 1.** Pescuezo, garganta. **4.** Gollete. **FAM.** Collar. / Acollarar, alzacuello, descollar, sobrecuello, torcecuello, tortícolis.

cuenca (del lat. *concha*) *s. f.* **1.** Cavidad en que está cada uno de los ojos. **2.** Territorio cuyas aguas van a parar a un mismo río, lago o mar: *la cuenca del río.* **3.** Región en cuyo subsuelo abunda un determinado mineral, que se extrae en las minas. **SIN. 1.** Órbita. **FAM.** Cuenco.

cuenco *s. m.* **1.** Vasija de barro, sin reborde y muy ancha. **2.** Concavidad, sitio cóncavo: *el cuenco de la mano.* **SIN. 1.** Escudilla, bol.

cuenta *s. f.* **1.** Acción de contar. **2.** Cualquier operación aritmética que consiste en sumar, restar, multiplicar o dividir. **3.** Factura o nota escrita con lo que debe pagar una persona por algo: *La cuenta le pareció excesiva.* **4.** Conjunto de anotaciones de gastos e ingresos de una actividad comercial o similar. **5.** Depósito de dinero que una persona o entidad tiene en un banco o caja de ahorros. **6.** Explicación o justificación de los actos de una persona: *Rindió cuentas a su madre.* **7.** Bolita perforada de diversos materiales, que se emplea para hacer collares, rosarios, etc. **8.** Cuidado, obligación, asunto: *Eso es cuenta mía. Todo corre de mi cuenta.* **9.** Consideración, atención: *tomar algo en cuenta.* **10.** Beneficio, provecho: *Trae cuenta comprar en el economato.* **11.** Plan, proyecto, esperanza. Se usa más en *pl.*: *Aquello no entraba en sus cuentas.* || **12. cuenta corriente** La que tiene una persona o entidad en un banco y le permite hacer cargos en ella y disponer de manera inmediata de las cantidades depositadas. **13. la cuenta de la vieja** *fam.* La que se hace con los dedos o por otro procedimiento simple. **14. las cuentas del Gran Capitán** Las exageradas o fantásticas y sin la debida justificación. || **LOC. a cuenta** *adj.* y *adv.* Como anticipo. **ajustar las cuentas** a alguien *fam.* Reprenderle, decir lo que se tiene contra él; también, vengarse de él o darle su merecido. **caer** uno **en la cuenta** Percatarse, comprender algo que no entendía o de lo que no se había enterado. **dar cuenta de** una cosa Acabarla, consumirla: *En un momento dio cuenta del filete.* **darse cuenta de** algo Percatarse de ello, percibirlo, advertirlo. **en resumidas cuentas** *adv. fam.* En conclusión o con brevedad. **hacer** (o **hacerse**) uno **cuenta** (o **la cuenta**) *fam.* Figurarse o dar por supuesto. **no querer** uno **cuentas** con otro *fam.* Negarse a tratar o colaborar con él. **perder la cuenta** Ser muy difícil acordarse de las cosas, porque son muy numerosas o hace mucho tiempo de ellas: *Perdí la cuenta de sus años.* **por cuenta ajena** *adj.* y *adv.* Como empleado de otro: *Trabaja por cuenta ajena.* **por cuenta propia** *adj.* y *adv.* Indica que alguien trabaja como no asalariado o en su propio negocio. También, con independencia, sin contar con nadie: *A falta de instrucciones, actué por cuenta propia.* **por** (o **de**) **cuenta** (**y riesgo**) **de** alguien *adv.* En nombre de alguien o bajo su total responsabilidad. **salir** (o **estar fuera**) **de cuenta** (o **de cuentas**) Cumplir o haber cumplido ya una mujer los nueve meses de embarazo. **vivir a cuenta de** una persona Depender completamente de ella, estar mantenido por ella. SIN. **1.** Recuento, cómputo. **3.** Minuta, recibo. **6.** Razón, satisfacción. **8.** Incumbencia, deber, cargo. **10.** Ventaja, utilidad. FAM. Cuentacorrentista. / Trabacuenta. CONTAR.

cuentagotas *s. m.* Utensilio formado principalmente por un pequeño tubito de plástico o vidrio que permite verter un líquido gota a gota. ■ No varía en *pl.* || LOC. **a** (o **con**) **cuentagotas** *adv. fam.* Muy poco a poco o con tacañería: *Nos daban los bolis con cuentagotas.*

cuentahílos *s. m.* Instrumento formado por tres piezas plegables, una de ellas con una lente; abierto sirve para ver los hilos que entran en la trama de un tejido, el detalle de un dibujo, de una diapositiva, etc. ■ No varía en *pl.*

cuentakilómetros *s. m.* Aparato que, en los automóviles, indica la velocidad a la que circulan y los kilómetros recorridos. ■ No varía en *pl.* SIN. Velocímetro.

cuentarrevoluciones *s. m.* Instrumento que cuenta y registra las revoluciones de un motor, p. ej. en los automóviles. ■ No varía en *pl.*

cuentista *adj.* **1.** Exagerado, embustero o presumido: *No le pasa nada pero es muy cuentista.* También *s. m.* y *f.* **2.** *fam.* Aficionado a contar chismes. También *s. m.* y *f.* || *s. m.* y *f.* **3.** Persona que se dedica a contar o escribir cuentos. SIN. **1.** Mentiroso, farsante, trolero, fantasioso. **2.** Chismoso, correveidile, cotilla.

cuentitis *s. f. fam.* Enfermedad que se finge para evitar hacer algo que no se desea: *El primer día de clase le dio la cuentitis y hubo que dejarlo en casa.* ■ No varía en *pl.*

cuento (del lat. *computus*, cuenta) *s. m.* **1.** Relato de breve extensión, particularmente el de hechos fantásticos dirigido a los niños. **2.** *fam.* Mentira, pretexto o falsa apariencia con que se trata de ocultar algo o presentarlo diferente de la realidad: *Inventó un cuento para justificarse. No le duele, todo es cuento.* **3.** *fam.* Chisme, enredo: *Siempre anda con cuentos sobre los demás.* || **4. cuento chino** *fam.* Embuste, invención. **5. el cuento de la lechera** Proyecto ambicioso que alguien hace sin una base sólida. **6. el cuento de nunca acabar** Asunto o negocio que se complica y al que nunca se le ve el fin. || LOC. **a cuento** *adv.* A propósito o en relación con lo que se trata. ■ Se usa sobre todo con verbos como *venir, traer*, etc. **vivir del cuento** *fam.* Vivir sin trabajar, sin dar golpe. SIN. **1.** Historieta. **2.** Falsedad, embuste, patraña, disimulo. **3.** Habladuría, murmuración, cotilleo, chismorreo. ANT. **2.** Verdad. FAM. Cuentista, cuentitis. / Destripacuentos. CONTAR.

cuera *s. f.* **1.** *Amér.* Azotaina, zurra. **2.** *Amér. C.* Polaina basta de cuero. FAM. Cuerazo. CUERO.

cuerazo *s. m.* **1.** *Amér.* Latigazo. **2.** *Amér.* Golpe, caída.

cuerda (del lat. *chorda*, y éste del gr. *khorde*) *s. f.* **1.** Conjunto de hilos de cáñamo, esparto, etc., que retorcidos juntos forman uno solo, grueso y flexible. **2.** Hilo de tripa de cerdo, de acero, etc., que se emplea en los instrumentos musicales, como el arpa, la guitarra, el violín, etc. ■ Se utiliza también como genérico para designar el conjunto de estos instrumentos. **3.** Muelle o resorte que hace funcionar el reloj. P. ext., resorte parecido en cualquier mecanismo: *un juguete con cuerda.* **4.** Cada una de las cuatro voces fundamentales de bajo, tenor, contralto y tiple. **5.** En geom., segmento rectilíneo que une dos puntos de una curva. **6.** Línea que separa dos vertientes de una montaña. || **7. cuerda dorsal** Notocordio*. **8. cuerda floja** Cable o alambre poco tenso sobre el cual hacen sus ejercicios los acróbatas. **9. cuerdas vocales** Membranas situadas en la cara interna de la laringe que, al vibrar por el aire procedente de los pulmones, producen los sonidos de la voz. || LOC. **andar** (o **bailar**) **en la cuerda floja** *fam.* Proceder con poca decisión o con inseguridad ante las dificultades. **bajo cuerda** *adv.* Reservadamente, a escondidas, sin que se sepa. **dar cuerda** a algo Tensar el muelle o resorte que lo hace funcionar; también, alargarlo, hacerlo durar más de lo normal. **dar cuerda** a alguien *fam.* Animarle en sus aficiones o inclinaciones; también, hacerle hablar de lo que le gusta. **ser de la misma cuerda** *fam.* Ser de la misma opinión, del mismo carácter. **tener cuerda para rato** *fam.* Existir señales de que algo va a continuar o durar; también, ser una persona muy charlatana. SIN. **1.** Cordel, soga, maroma, guita. FAM. Cordado, cordaje, cordal[1], cordel, cordillera, cordón. / Clavicordio, encordar, monocorde, monocordio, notocordio, octacordio.

cuerdo, da (del lat. *cor, cordis*, corazón, ánimo) *adj.* **1.** Que está en su sano juicio. También *s. m.* y *f.* **2.** Prudente, que reflexiona antes de actuar o manifiesta esa actitud: *una recomendación muy cuerda.* También *s. m.* y *f.* SIN. **1.** Juicioso, cabal. **2.** Moderado, sensato, formal. ANT. **1.** Loco, chiflado, ido. **2.** Insensato, imprudente. FAM. Cordura.

cuereada *s. f.* **1.** *Amér.* Conjunto de operaciones relacionadas con la explotación de las pieles, desde el desollamiento de las reses hasta su entrega para la comercialización, y temporada en que se realizan. **2.** *Amér. del S.* Zurra, paliza.

cuerear *v. tr.* **1.** *Amér.* Desollar un animal para obtener su piel. **2.** *Amér.* Ocuparse en las faenas de secar los cueros. **3.** *Amér.* Azotar, zurrar. **4.** *Arg., Cuba, Par.* y *Urug.* Criticar, hablar mal de alguien. FAM. Cuereada. CUERO.

cuerna *s. f.* **1.** Cornamenta de un animal. **2.** Cuerno macizo que algunos animales, como el ciervo, mudan cada año. **3.** Trompa sonora en forma de cuerno.

cuerno (del lat. *cornu*) *s. m.* **1.** Apéndice óseo, generalmente puntiagudo y algo curvo, que tienen algunos animales en la región frontal, casi siempre en número de dos. **2.** Cualquier cosa de forma semejante a esos apéndices: *los cuernos de la luna.* **3.** Antena de los insectos y de otros animales: *los cuernos de un caracol.* **4.** Materia obtenida de los apéndices óseos de las reses vacunas y que se emplea para la elaboración de diversos objetos. **5.** Instrumento músico de viento, generalmente de ese material, con forma curva y un sonido semejante al de la trompa. **6.** Con respecto a una persona, símbolo de la infidelidad de su pareja. Se utiliza especialmente en la locución **ponerle** a alguien **los cuernos**, serle infiel. || LOC. **al cuerno** *fam.* Con verbos como *ir*, *mandar*, *enviar*, etc., se utiliza para indicar rechazo hacia alguien o algo, total fracaso de algo, etc.: *Le dijo a su tía que se fuera al cuerno. Sus estudios se fueron al cuerno.* **coger el toro por los cuernos** *fam.* Hacer frente al peligro o dificultad con valentía. **importarle** algo **un cuerno** a uno *fam.* Tenerle sin cuidado. **oler** (o **saber**) **a cuerno quemado** *fam.* Oler o saber algo muy mal; también, ser sospechosa una cosa o una persona. **romperse los cuernos** *fam.* Esforzarse en algo, trabajar duro. **¡un cuerno!** *excl. fam.* Indica rechazo o disconformidad. SIN. **1.** Asta, pitón. FAM. Cornada, cornamenta, cornamusa, córnea, cornear, córneo, corneta, cornete, cornezuelo, corno, cornucopia, cornudo, cornúpeta, cuerna. / Descornar, encornadura, escornar, mancuerna, tricornio, unicornio.

cuero (del lat. *corium*) *s. m.* **1.** Piel de los animales. **2.** La misma piel, una vez curtida. **3.** Recipiente para contener líquidos, hecho con la piel entera de algunos animales: *un cuero de vino.* **4.** Balón de fútbol. **5.** *Amér.* Látigo, correa. **6.** *Amér.* Ramera, prostituta. **7.** *Amér.* Mujer vieja o solterona. || **8. cuero cabelludo** Piel de la cabeza en donde nace el cabello. || LOC. **en cueros** (o **en cueros vivos**) *adv. fam.* Desnudo, sin ropa alguna; también, sin dinero, en la ruina. SIN. **1.** Pellejo. **3.** Odre, bota. **4.** Pelota, esférico. FAM. Coraza, coriáceo, cuera, cuerear. / Descuerar, encuerar, excoriar.

cuerpo (del lat. *corpus*) *s. m.* **1.** Cualquier materia sólida, líquida o gaseosa. **2.** Cualquier objeto de tres dimensiones que ocupa un lugar en el espacio. **3.** Conjunto de cabeza, tronco y extremidades del hombre y de los animales. **4.** Tronco humano o de cualquier animal. **5.** Cadáver. **6.** Figura de una persona, considerada por su belleza. **7.** Parte superior del vestido que cubre hasta la cintura: *El cuerpo era de encaje y la falda de raso.* **8.** Parte principal o central de un libro, escrito, etc., prescindiendo de prólogos, índices, etc. **9.** Cada una de las partes de un edificio, un mueble, etc., que pueden ser consideradas independientemente: *armario de dos cuerpos.* **10.** Conjunto de personas que forman una corporación o comunidad, o que desempeñan una misma profesión, generalmente dentro de la organización del Estado: *cuerpo de bomberos, cuerpo de redactores de un periódico.* **11.** Conjunto de información, conocimientos, leyes o principios: *un cuerpo de doctrina.* **12.** Grueso de un tejido, papel, etc.: *un papel de mucho cuerpo.* **13.** Consistencia, espesor de una masa pastosa: *Batió las claras hasta que tomaron cuerpo.* **14.** Consistencia, textura y densidad de un vino, especialmente del de sabor y olor fuertes y con mucho color. **15.** En imprenta, tamaño del tipo de letra. || **16. cuerpo de ejército** Unidad militar integrada por dos o más divisiones. **17. cuerpo de guardia** Grupo de soldados destinados a hacer la guardia y lugar donde están instalados. **18. cuerpo del delito** Cosa en que se comete un delito o que se utiliza para ello y que guarda huellas del mismo. || LOC. **a cuerpo** *adv.* Sin ninguna prenda encima del traje. **a cuerpo de rey** *adv.* Con toda comodidad: *Nos trataron a cuerpo de rey.* **a cuerpo descubierto** o **a cuerpo limpio** *adv.* Sin protección, sin ayuda; también, sin armas. **cuerpo a cuerpo** *adj.* y *adv.* En una lucha, estrechamente, en contacto directo. ■ Suele usarse también sustantivada: *Mantuvieron un cuerpo a cuerpo.* **cuerpo a tierra** *adv.* En el ejército, posición del soldado tendido en tierra para protegerse del enemigo y, al mismo tiempo, hacer fuego contra él. **de cuerpo presente** *adv.* Referido a un muerto, dispuesto para ser conducido al enterramiento. **de medio cuerpo** *adj.* Se dice del retrato que sólo reproduce la mitad superior del cuerpo. **en cuerpo y alma** *adv. fam.* Por entero, totalmente. **pedirle** a alguien una cosa **el cuerpo** *fam.* Apetecerla, sentir deseos de hacerla. **quedarse** alguien **con** algo **en el cuerpo** *fam.* Callarlo por algún motivo. **tomar cuerpo** una cosa *fam.* Tomar consistencia, aumentar de poco a mucho; empezar a tomar importancia: *tomar cuerpo una noticia.* SIN. **1.** Sustancia, elemento, cosa, masa. **2.** Volumen. **3.** Organismo. **4.** Torso. **6.** Talle, complexión. **10.** Colectivo, colectividad. **11.** Colección, recopilación. **12.** Grosor, espesura. FAM. Corpachón, corpiño, corporación, corporal, corpóreo, corpulento, corpúsculo. / Anticuerpo, incorporar.

cuervo (del lat. *corvus*) *s. m.* Ave de plumaje negro, pico robusto y moderadamente largo y extremidades fuertes; es omnívora, alcanza hasta 64 cm de longitud y está extendida por Europa, América del Norte y Asia. FAM. Córvido.

cuesco *s. m.* **1.** Hueso de la fruta. **2.** *fam.* Pedo ruidoso. SIN. **1.** Güito.

cuesta (del lat. *costa*, costilla, costado) *s. f.* **1.** Terreno o suelo en pendiente, especialmente en una calle, carretera, camino, etc. || **2. cuesta de enero** Periodo de dificultades económicas en este mes, por los muchos gastos realizados en las fiestas de Navidad. || LOC. **a cuestas** *adv.* Forma de llevar una persona algo sobre los hombros y las espaldas; también, a su cargo, pesando sobre él: *El padre llevó a su hijo a cuestas. Yo sigo con mis males a cuestas.* **hacérsele** a uno **cuesta arriba** una cosa Disgustarle, costarle mucho esfuerzo, hacerla de mala gana. SIN. **1.** Rampa, repecho, subida. FAM. Costanilla. COSTADO.

cuestación (del lat. *quaestus*, de *quaerere*, buscar, pedir) *s. f.* Petición de limosnas o donativos para un fin benéfico: *cuestación de la Cruz Roja.* SIN. Postulación, colecta.

cuestión (del lat. *quaestio, -onis*) *s. f.* **1.** Asunto o tema del que se trata: *Estudiaron la cuestión del horario de clases.* **2.** Dificultad, duda, pregunta, problema: *Juan planteó una cuestión delicada. La cuestión social.* **3.** Riña, disputa: *No quiero tener cuestiones contigo.* || LOC. **cuestión de** *adv.* Aproximadamente, poco más o menos: *cuestión de días.* **en cuestión** *adj.* Refiere el sustantivo a una persona o cosa de la que se está tratando: *El coche en cuestión se saltó el stop.* **en cuestión de** *adv.* Aproximadamente; en cuanto a, en materia de: *Terminó la obra en cuestión de días. En cuestión de dinero no quiero saber nada.* **ser cuestión de** Ser conveniente o necesario: *Si se pone a llover, será cuestión de irse.* **ser** una cosa (**sólo** o **to-**

do) **cuestión de** Consistir en algo que se expresa, ser solamente necesario para ella lo que se indica: *Hacer un puzzle es cuestión de paciencia.* **SIN. 1.** Materia, negocio. **2.** Escollo, complicación. **3.** Discusión, altercado, polémica. **FAM.** Cuestionable, cuestionar, cuestionario. / Cuestación.

cuestionar (del lat. *quaestionare*) *v. tr.* Discutir, poner en duda una cuestión: *Cuestionó su autoridad.* **SIN.** Polemizar, controvertir. **ANT.** Admitir, aceptar. **FAM.** Incuestionable. CUESTIÓN.

cuestionario (del lat. *quaestionarius*) *s. m.* **1.** Lista de preguntas o cuestiones sobre una lección, una materia, etc. **2.** Programa de temas de un curso, de un examen, de una oposición. **SIN. 1.** Formulario, guión. **2.** Temario.

cuestor (del lat. *quaestor, -oris*) *s. m.* **1.** Antiguo magistrado romano que desempeñaba funciones administrativas y fiscales. **2.** El que pide limosna para algún fin benéfico. **SIN. 2.** Postulador.

cueva (del lat. *cova*) *s. f.* **1.** Cavidad natural, o construida artificialmente, en la superficie de la tierra o en su interior. **2.** Sótano*. **SIN. 1.** Caverna, gruta, sima. **2.** Bodega. **FAM.** Covacha.

cuévano (del lat. *cophinus*, y éste del gr. *kophinos*) *s. m.* Cesto grande y hondo, más ancho por arriba que por abajo, empleado en la vendimia y otros usos. **SIN.** Canasto, cesta.

cuezo *s. m.* Artesa pequeña de albañil. || **LOC. meter el cuezo** *fam.* Meter la pata.

cúfico, ca (de *Kufa*, ciudad de Irak) *adj.* Se dice de la escritura árabe antigua de caracteres rígidos y angulosos, que se empleaba en inscripciones y monedas.

cuico, ca *adj.* **1.** *Amér.* Término que en algunos países hispanoamericanos se aplica a los extranjeros. También *s. m.* y *f.* **2.** *Amér.* Indio o mestizo de indio y europeo. También *s. m.* y *f.* || *s. m.* y *f.* **3.** *Méx.* Despectivamente, agente de policía.

cuidado (del lat. *cogitatus*, el pensamiento) *s. m.* **1.** Atención que se pone en hacer bien una cosa, en evitar un daño o peligro, etc.: *Empaqueta el jarrón con cuidado.* **2.** Intranquilidad, temor de que ocurra o haya ocurrido algo malo: *Si no la aviso, mi madre está con cuidado.* **3.** Cosa de la que uno tiene que ocuparse. **4.** Acción de cuidar: *el cuidado del enfermo.* || *interj.* **5.** Se emplea para avisar de un peligro o para amenazar y, a veces, simplemente para ponderar algo: *¡Cuidado con el perro! ¡Cuidado que es listo ese chico!* || **LOC. al cuidado** *adv.* Se aplica tanto a la persona que cuida de alguien o algo, como a la persona o cosa cuidada: *El guarda está al cuidado de la finca.* **¡allá cuidados!** *excl.* Expresa que una persona se desentiende de un asunto. **de cuidado** *adj.* Peligroso: *Se dio un golpe de cuidado.* **SIN. 1.** Esmero, miramiento. **2.** Miedo, preocupación, desconfianza, inquietud. **3.** Incumbencia, cargo. **4.** Vigilancia. **5.** ¡Ojo! **ANT. 1.** Desatención, descuido. **2.** Confianza, despreocupación.

cuidar (del lat. *cogitare*, pensar) *v. tr.* **1.** Atender a una persona, animal o cosa para que esté o se haga bien, no le ocurra nada malo, etc.: *cuidar al niño, el jardín.* También *v. intr.*: *cuidar de un hermano.* || *v. intr.* **2.** Procurar que se realice o deje de realizarse una cosa: *Cuida de que tu hermano estudie (y no salga).* || **cuidarse** *v. prnl.* **3.** Mirar uno por su propia salud, aspecto, etc.: *Tienes que cuidarte.* **4.** Ocuparse, preocuparse: *Cuídate de tus asuntos.* **SIN. 1.** Guardar, velar. **3.** Vigilarse. **ANT. 1.** Descuidar, desatender, abandonar. **4.** Despreocuparse. **FAM.** Cuidado, cuidador, cuidadosamente, cuidadoso. / Descuidar.

cuita *s. f.* **1.** Pena, tristeza. **2.** Cosa o hecho que la produce. **SIN. 1.** Congoja, aflicción. **2.** Desventura, penalidad. **ANT. 1.** Alegría, gozo. **2.** Ventura. **FAM.** Cuitado.

cuitado, da *adj.* **1.** Apenado, desventurado. **2.** Que tiene poco ánimo y decisión. **SIN. 1.** Angustiado, acongojado. **2.** Apocado, tímido. **ANT. 1.** Feliz, afortunado. **2.** Decidido.

culada *s. f.* Caída en que la persona queda sentada.

culamen *s. m. fam.* Culo, posaderas.

culantrillo (del lat. *coriandrum*) *s. m.* Helecho de pecíolos negros, largos y delgados, que crece en sitios sombríos y húmedos.

cular *adj.* **1.** Propio del culo. **2.** Se dice del chorizo, la morcilla, etc., hechos con la tripa más gruesa.

culata *s. f.* **1.** Parte posterior de la caja de las armas de fuego, que sirve para agarrarlas (pistolas) o apoyarlas (fusiles) en el hombro antes de hacer fuego. **2.** En los coches, pieza que cierra el cilindro y se ajusta al bloque del motor. **3.** Anca de una caballería. **FAM.** Culatazo. CULO.

culatazo *s. m.* **1.** Golpe dado con la culata. **2.** Retroceso del arma al ser disparada. **SIN. 2.** Coz.

culé *adj.* Del Fútbol Club Barcelona o relacionado con él: *el equipo culé.* También *s. m.* y *f.*

culebra (del lat. *colubra*) *s. f.* **1.** Nombre común de numerosos reptiles ofidios; son serpientes que viven en tierra, agua o árboles y que por lo general no son venenosas. **2.** *Amér.* Deuda que está por cobrar. **FAM.** Culebrear, culebrina, culebrón.

culebrear *v. intr.* Hacer eses como las culebras: *El camino culebreaba por la montaña.* **SIN.** Serpentear.

culebrina (dim. de *culebra*) *s. f.* **1.** Relámpago en forma de línea ondulada. **2.** Antigua pieza de artillería de pequeño calibre, que arrojaba balas a gran distancia.

culebrón *s. m.* **1.** *aum.* de **culebra**. **2.** Serie dramática televisiva de muchos capítulos. **SIN. 2.** Telenovela.

culera (de *culo*) *s. f.* **1.** Remiendo o refuerzo en los pantalones en la parte que cubre las nalgas. **2.** Desgaste, deformación o mancha de una prenda de vestir en esa parte.

culi (del ingl. *coolie*) *s. m.* En países de Oriente, trabajador o criado indígena.

culinario, ria (del lat. *culinarius*, de *culina*, cocina) *adj.* De la cocina o el arte de cocinar: *un libro de recetas culinarias.*

culmen (del lat. *culmen*, cumbre) *s. m.* Punto más alto de algo: *el culmen de su carrera artística.*

culminar (del lat. *culminare*, levantar, elevar) *v. intr.* **1.** Llegar una cosa a su punto más alto: *Su investigación culminó aquel año.* || *v. tr.* **2.** Dar fin a una tarea, actividad, etc.: *El premio culminó su carrera.* **SIN. 1.** Perfeccionarse. **2.** Acabar, rematar. **ANT. 1.** Malograrse. **2.** Empezar. **FAM.** Culmen, culminación, culminante.

culo (del lat. *culus*) *s. m.* **1.** Nombre dado a las nalgas de las personas y a las ancas o parte semejante de los animales. **2.** Ano. **3.** Extremidad inferior o posterior de una cosa: *el culo de la botella.* **4.** *fam.* Porción de líquido que queda en el fondo de un recipiente. || **5. culo de mal asiento** *fam.* Persona inquieta que no se encuentra a gusto en ninguna parte. **6. culo de pollo** *fam.* Cosido o zurcido mal hecho que sobresale y abulta. **7. culo de vaso** *fam.* Piedra falsa que imita a una preciosa; también, lente graduada de mucho espesor. || LOC. **a tomar por (el) culo** *adv. vulg.* Expresión de enfado, desprecio o rechazo; se usa mucho con los verbos *mandar, ir* y *enviar.* Con el verbo *ir* en forma pronominal, estropearse o malograrse una cosa; también, ir a parar muy lejos. **con el culo al aire** *adv. fam.* En situación difícil, desairada: *Su marcha nos dejó con el culo al aire.* **confundir el culo con las témporas** *fam.* Confundir cosas muy diferentes. **dar por (el) culo** *vulg.* Realizar la cópula anal. También, fastidiar, molestar. **ir** algo o alguien **de culo** *fam.* Marchar muy mal: *El equipo iba de culo.* **perder el culo** *fam.* Ir muy deprisa. También, desvivirse por algo, generalmente de forma humillante o servil: *Pierde el culo por complacer a su jefe.* SIN. **1.** Trasero, posaderas, culamen. FAM. Culada, culamen, cular, culata, culera, culón, culote. / Lameculos, recular.

culombio (de *Coulomb,* físico francés) *s. m.* Unidad de cantidad de carga eléctrica; se define como la cantidad de carga que atraviesa una sección transversal de conductor en un segundo si la corriente que circula tiene una intensidad de un amperio.

culón, na *adj.* Que tiene mucho culo.

culote (del fr. *culot*) *s. m.* **1.** Prenda interior femenina semejante a un pantalón corto. **2.** Pantalón corto que los ciclistas utilizan en competición. **3.** Restos de fundición que quedan en el fondo del crisol.

culpa (del lat. *culpa*) *s. f.* **1.** Responsabilidad que tiene una persona al ser causante de algo malo, aun involuntariamente: *No se supo quién tuvo la culpa.* **2.** Causa de cualquier daño o perjuicio: *El suelo húmedo tuvo la culpa de su resbalón.* **3.** En der., falta de diligencia o cuidado que determina el incumplimiento de una obligación o la realización de un hecho penado por la ley. SIN. **1.** y **3.** Culpabilidad. ANT. **1.** Inocencia. FAM. Culpabilidad, culpabilizar, culpable, culpablemente, culpar. / Disculpa.

culpabilidad *s. f.* Circunstancia de ser culpable o sentirse culpable. ANT. Inocencia.

culpabilizar *v. tr.* Culpar. También *v. prnl.* ■ Delante de *e* se escribe con *c* en lugar de *z*: *culpabilice.*

culpable (del lat. *culpabilis*) *adj.* **1.** Que ha cometido un delito o falta: *ser culpable de un robo.* También *s. m.* y *f.* **2.** Que es causa, aunque sea involuntaria, de algo malo. También *s. m.* y *f.*: *Tú eres culpable de su pena.* **3.** Que constituye falta o delito: *Es un acto culpable falsificar documentos.* SIN. **2.** Responsable, causante. **3.** Delictivo. ANT. **1.** y **2.** Inocente.

culpar (del lat. *culpare*) *v. tr.* Atribuir la culpa de algo a alguien. También *v. prnl.* ■ Se construye con las prep. *de, en* y *por*: *Le culparon del robo. En esto sí te culpo. No te culpo por ello.* SIN. Acusar(se), achacar(se), imputar(se). ANT. Exculpar(se), excusar(se). FAM. Exculpar, inculpar. CULPA.

culteranismo *s. m.* Estilo literario caracterizado por la riqueza de imágenes, alusiones y metáforas oscuras, latinismos y una sintaxis complicada, que pretende crear la belleza por medio de un alejamiento del lenguaje cotidiano; se desarrolló en España en los s. XVI y XVII y su principal cultivador fue Góngora. SIN. Cultismo, gongorismo. ANT. Conceptismo. FAM. Culterano. CULTO.

cultismo *s. m.* **1.** Palabra erudita o culta. **2.** Culteranismo*. FAM. Semicultismo. CULTO.

cultivador, ra *adj.* **1.** Se dice de la persona que cultiva. También *s. m.* y *f.*: *un cultivador de maíz.* || *s. m.* y *f.* **2.** Aparato agrícola, consistente en una especie de arado arrastrado por un tractor, que sirve para cultivar la tierra. FAM. Motocultivador. CULTIVAR.

cultivar (del bajo lat. *cultivare*) *v. tr.* **1.** Trabajar la tierra para que produzca sus frutos, plantar y cuidar plantas. **2.** Poner los medios necesarios para mantener y desarrollar cosas tales como la amistad, el trato, las relaciones comerciales, etc. **3.** Practicar un arte o una determinada ciencia: *cultivar la música.* **4.** Ejercitar la memoria, la inteligencia, etc., para que se perfeccionen: *cultivar el ingenio.* **5.** Preparar y criar microorganismos en medios adecuados. **6.** Criar ciertos animales para explotarlos: *cultivar mejillones.* || **cultivarse** *v. prnl.* **7.** Adquirir cultura. SIN. **1.** Labrar, laborar. **2.** Cuidar, fomentar. **3.** Dedicarse, consagrarse. **4.** Experimentar, adiestrar. **7.** Instruirse, ilustrarse. ANT. **2.** Perder, descuidar. **4.** Abandonar. FAM. Cultivable, cultivador, cultivo. / Incultivable, monocultivo, policultivo. CULTO.

cultivo *s. m.* **1.** Acción o actividad de cultivar: *cultivo del olivo, cultivo de la amistad.* **2.** En bioquímica, preparación que permite criar microorganismos en medios nutritivos especiales, para estudiarlos en el laboratorio. SIN. **1.** Laboreo, labranza; cría, explotación; práctica.

culto, ta (del lat. *cultus*) *adj.* **1.** Que ha adquirido cultura y una formación intelectual sólida. **2.** Se aplica a los países que han desarrollado una cultura. **3.** Se dice de las palabras o expresiones propias de personas instruidas, especialmente de las incorporadas del latín y el griego. **4.** Se aplica a las tierras y a las plantas que han sido cultivadas. || *s. m.* **5.** Homenaje de respeto y veneración que se rinde a lo que se considera divino o sagrado: *culto a la Virgen, culto al Sol.* **6.** Conjunto de actos y manifestaciones con que se expresa este reconocimiento. **7.** P. ext., estima o admiración intensa hacia alguien o algo: *culto a la belleza.* SIN. **1.** Ilustrado, instruido, sabio. **2.** Civilizado. **4.** Labrado. **5.** Adoración, devoción. **6.** Liturgia, rito. ANT. **1.** Inculto, ignorante. **2.** Bárbaro, primitivo. **4.** Salvaje. FAM. Cultamente, culteranismo, cultismo, cultivar, cultura. / Inculto.

-cultor, ra *suf.* Significa 'cultivador, cuidador': *arboricultor, puericultor.*

cultura (del lat. *cultura*) *s. f.* **1.** Conjunto de conocimientos que posee una persona como resultado de haber leído, estudiado, viajado, haberse relacionado con otras personas, etc. **2.** Conjunto de conocimientos científicos, literarios, artísticos, económicos, etc., de un pueblo o de una época tomados globalmente o bien en cada una de las materias: *la cultura maya, la cultura científica de España.* || **3. cultura física** Desarrollo y mantenimiento del cuerpo por medio de ejercicios físicos. SIN. **1.** Formación, instrucción. **1.** y **2.** Saber, sabiduría. **2.** Civilización, desarrollo, progreso. ANT. **1.** Incultura. **2.** Atraso, subdesarrollo. FAM. Cultural, culturismo, culturizar. / Aculturación, contracultura, multicultural, sociocultural, subcultura, transculturación. CULTO.

-cultura (del lat. *cultura*) *suf.* Significa 'cultivo o cuidado': *agricultura, puericultura.*

culturismo *s. m.* Actividad que, mediante la gimnasia, los ejercicios con pesas y un determinado régimen alimenticio, busca desarrollar los músculos del cuerpo humano. FAM. Culturista. CULTURA.

culturizar *v. tr.* Educar, civilizar, dar cultura: *Grecia y Roma culturizaron el Mediterráneo.* También *v. prnl.* ■ Delante de *e* se escribe *c* en lugar de *z*: *culturice.* **SIN.** Ilustrar(se), enseñar(se), instruir(se). **FAM.** Culturización. CULTURA.

cum laude (lat.) *loc.* Significa literalmente 'con elogio', 'con alabanza' y es el grado máximo de calificación académica de un título universitario.

cumbia *s. f.* Danza y canción popular de Colombia de ritmo ágil y compás de dos por cuatro.

cumbre (del lat. *culmen, -inis*) *s. f.* **1.** Parte más alta de una montaña. **2.** Punto más elevado o de mayor intensidad, interés, perfección, etc., que pueden alcanzar una persona o una cosa: *Alcanzó la cumbre de sus aspiraciones.* **3.** Reunión de mandatarios de varios países: *cumbre de jefes de Estado.* **SIN. 1.** Pico, vértice, cresta. **1.** y **2.** Cima, cúspide. **2.** Apogeo, culmen, culminación. **ANT. 1.** Sima, abismo. **2.** Decadencia. **FAM.** Encumbrar.

cumpleaños *s. m.* Día en el que se celebra el aniversario del nacimiento de una persona. ■ No varía en *pl.*

cumplido, da 1. *p.* de **cumplir**. También *adj.* || *adj.* **2.** Se aplica a aquellas cosas que están realizadas, acabadas, completas: *Llegó después de cinco días cumplidos vagando por la calle.* **3.** Perfecto, en el más alto grado: *Es un cumplido galán.* **4.** Amplio, abundante: *Recibió cumplida recompensa por su ayuda.* **5.** Se aplica a la persona meticulosa en el cumplimiento de las reglas de cortesía: *Siempre tan cumplido, me ha felicitado.* || *s. m.* **6.** Atención, muestra de cortesía: *Nos recibieron con muchos cumplidos.* **SIN. 2.** Entero. **3.** Cabal. **4.** Copioso. **5.** Fino, cortés, atento, educado, correcto. **6.** Gentileza, delicadeza, detalle. **ANT. 2.** Incompleto. **3.** Imperfecto. **4.** Escaso. **5.** Descortés, desatento. **6.** Descortesía, grosería.

cumplimentar *v. tr.* **1.** Visitar o saludar a una persona, particularmente a una autoridad o superior, con las muestras de respeto oportunas: *El alcalde cumplimentó al rey.* **2.** Cumplir órdenes de un superior. **3.** Llevar a cabo un trámite. **4.** Rellenar un impreso: *cumplimentar una solicitud.* **SIN. 2.** Ejecutar. **3.** Tramitar. **ANT. 2.** Incumplir, desobedecer.

cumplimiento *s. m.* **1.** Acción de cumplir. **2.** Cumplido, cortesía, especialmente si se hace de manera fingida: *Déjate de cumplimientos.* **SIN. 1.** Observación, observancia, ejecución, realización, desempeño. **2.** Atención, gentileza. **ANT. 1.** Incumplimiento. **2.** Descortesía.

cumplir (del lat. *complere*) *v. tr.* **1.** Ejecutar, llevar a efecto, particularmente algo a lo que alguien está obligado: *cumplir una orden, cumplir una promesa.* También *v. intr.*: *Cumplió con su compromiso.* **2.** Llegar a tener un número determinado de días, años, etc. || *v. intr.* **3.** Quedar bien, observar las normas de cortesía, particularmente de modo fingido: *Fui a la boda por cumplir.* **4.** Corresponder, convenir: *Es alegre, como cumple a su edad.* **5.** Ser el día en que termina una obligación o un plazo. También *v. prnl.*: *Hoy se cumple el plazo de entrega.* **6.** Terminar el servicio militar: *Antonio cumple mañana.* || **cumplirse** *v. prnl.* **7.** Realizarse, hacerse realidad: *Su mayor sueño se ha cumplido.* **SIN. 1.** Obedecer. **2.** Hacer. **5.** Finalizar(se), expirar(se), vencer(se). **6.** Licenciarse. **ANT. 1.** Incumplir. **5.** Iniciarse(se). **FAM.** Cumpleaños, cumplidamente, cumplido, cumplidor, cumplimentar, cumplimiento. / Completo, incumplir.

cúmulo (del lat. *cumulus*) *s. m.* **1.** Conjunto de cosas diversas amontonadas: *un cúmulo de papeles.* **2.** Conjunto abundante de cosas o asuntos no materiales, como negocios, problemas, trabajos: *un cúmulo de detalles.* **3.** Nube de desarrollo vertical de aspecto algodonoso, base plana y cima en forma de cúpula, que no suele dar lugar a precipitaciones. **SIN. 1.** Pila, aglomeración, rimero. **1.** y **2.** Acumulación, montón. **2.** Suma. **FAM.** Acumular, cirrocúmulo, estratocúmulo.

cuna (del lat. *cuna*) *s. f.* **1.** Cama para bebés o niños muy pequeños. **2.** Patria o lugar de nacimiento: *Madrid fue la cuna de Larra.* **3.** Estirpe, linaje: *un hombre de noble cuna.* **4.** Comienzo de la vida de una persona: *desde la cuna.* **5.** Origen o principio de una cosa: *la cuna de la cultura.* **6.** Espacio comprendido entre los cuernos de una res. **SIN. 1.** Moisés. **3.** Familia, sangre, abolengo. **FAM.** Acunar, incunable.

cundeamor *s. m. Amér. C., Cuba* y *Ven.* Planta trepadora con flores en forma de jazmín y frutos amarillos que contienen semillas rojas.

cundir (del gót. *kundjan*, de *kunds*, generación) *v. intr.* **1.** Extenderse o multiplicarse: *Cundió el pánico en el edificio.* **2.** Dar mucho de sí: *La lana gruesa cunde mucho.* **3.** Progresar un trabajo material o intelectual: *Hoy me ha cundido el estudio.* **SIN. 1.** Difundirse, propagarse. **3.** Rendir. **ANT. 3.** Retrasarse.

cuneiforme (del lat. *cuneus*, cuña, y *-forme*) *adj.* De forma de cuña; se dice, sobre todo, de los caracteres de cierta escritura asiática antigua.

cuneta (del ital. *cunetta*) *s. f.* Zanja existente en el borde de los caminos y carreteras para recoger las aguas de lluvia.

cunicultura (del lat. *cuniculus*, conejo, y *-cultura*) *s. f.* Cría de conejos. **FAM.** Cunicultor. CONEJO.

cunnilingus (lat.) *s. m.* Práctica sexual que consiste en estimular con la lengua los órganos genitales femeninos. ■ No varía en *pl.*

cuña (de *cuño*, y éste del lat. *cuneus*) *s. f.* **1.** Pieza generalmente de madera cuya forma más característica es la de un prisma de base rectangular con dos caras triangulares y dos rectangulares que se introduce entre dos cosas o en una ranura o grieta para sujetar, apretar, ajustar, rajar, partir cosas, etc. **2.** Cualquier objeto que se emplea de modo similar, p. ej. una piedra. **3.** Nombre dado a tres huesecillos del tarso. **4.** Especie de orinal plano para uso de enfermos en la cama. **5.** Cosa o persona que se introduce o mete entre otras, en especial a la fuerza. **6.** *Amér.* Enchufe, recomendación. || **7. cuña anticiclónica** Banda de altas presiones que se introduce entre dos ciclones o áreas de baja presión. **8. cuña publicitaria** Breve espacio dedicado a anuncios en radio o televisión. || **LOC. meter cuña** *fam.* Sembrar discordia, provocar enemistad entre personas o grupos. **SIN. 1.** Calza, calce. **FAM.** Cuneiforme. / Acuñar[1], recuñar.

cuñado, da (del lat. *cognatus*) *s. m.* y *f.* Hermano o hermana del marido respecto de la mujer, y hermano o hermana de la mujer respecto del marido. **FAM.** Concuñado.

cuño (del lat. *cuneus*, cuña) *s. m.* **1.** Troquel o sello con el que se imprimen las monedas y medallas. **2.** Señal o figura que deja este sello. || **LOC. de nuevo cuño** *adj.* Recién creado: *una palabra de nuevo cuño.* **FAM.** Cuña. / Acuñar[2].

cuota (del lat. *quota*) *s. f.* **1.** Cantidad fija o proporcional que hay que pagar por ciertas cosas, p. ej. en un gasto colectivo, por ser socio de una entidad, por un impuesto, etc.: *la cuota del club.* **2.** Parte determinada o proporcional de algo: *Nuestra empresa ha conseguido una importante cuota de ventas.* SIN. **1.** Cupo, asignación. FAM. Véase **cota**[1].

cupé (del fr. *coupé*, de *couper*, cortar) *s. m.* **1.** Coche de dos puertas, comúnmente con dos asientos. ■ Se usa mucho en aposición: *un deportivo cupé.* **2.** En las antiguas diligencias, compartimiento situado delante de la baca.

cuplé (del fr. *couplet*, de *coupler*, unir) *s. m.* Cierto tipo de canción corta y ligera, generalmente picaresca, muy de moda a comienzos de siglo. FAM. Cupletista. COPLA.

cupletista *s. m.* y *f.* Cantante de cuplés.

cupo (de *caber*) *s. m.* **1.** Cantidad que se asigna a una persona o entidad de alguna cosa racionada: *el cupo de pesca.* **2.** Parte de algo que se está obligado a aportar para su mantenimiento o realización. **3.** Parte de una cosa no material que corresponde o pertenece a alguien o algo: *Su cupo de responsabilidad en el éxito fue grande.* **4.** Número de reclutas que pueden entrar en filas. **5.** *Amér.* Cabida, capacidad. **6.** *Amér.* Plaza en un vehículo. SIN. **1.** Asignación. **1.** a **3.** Cuota. **1.** y **4.** Contingente. **2.** y **3.** Contribución. FAM. Véase **caber**.

cupón (del fr. *coupon*, de *couper*, cortar) *s. m.* Trozo que se corta fácilmente de un documento, anuncio, envase, etc., o bien de un conjunto de trozos iguales, generalmente por estar troquelado, al que se asigna un valor determinado; p. ej. los de las antiguas cartillas de racionamiento, los que aparecen en los paquetes de ciertos productos para participar en un concurso, los billetes de lotería, etc.

cupresáceo, a (del lat. *cupressus*, ciprés) *adj.* **1.** Se dice de la planta arbórea o arbustiva gimnosperma de la clase coníferas con ramificaciones verticiladas, hojas aciculares a modo de escamas y fruto en forma de piña redonda u ovalada; entre ellas destacan el ciprés y el enebro. También *s. f.* || *s. f. pl.* **2.** Familia constituida por estas plantas.

cúprico, ca (del lat. *cuprum*, cobre) *adj.* Relacionado con el cobre o que lo contiene. Se aplica en particular a ciertos compuestos químicos en los que está presente el cobre. FAM. Cuprífero, cuprita, cuproníquel. COBRE.

cuprífero, ra (del lat. *cuprum*, cobre, y *ferre*, llevar) *adj.* Que contiene cobre: *mineral cuprífero.*

cuproníquel (del lat. *cuprum*, cobre, y *níquel*) *s. m.* **1.** Aleación de cobre y níquel que se emplea en especial para hacer monedas. **2.** Moneda hecha con esta aleación.

cúpula (del ital. *cùpola*) *s. f.* **1.** Cubierta de un edificio semiesférica o de forma similar. **2.** Cubierta rígida que envuelve la base del fruto de las fagáceas. **3.** Dirección, jefatura: *la cúpula de un partido político.* SIN. **1.** Domo, cimborio, cimborrio. **3.** Superioridad, directiva, gerencia.

cura (del lat. *cura*, cuidado) *s. f.* **1.** Tratamiento al que se somete a un enfermo para que recupere la salud. **2.** Desinfección, aplicación de medicinas y vendajes, etc., en una herida para que sane. || *s. m.* **3.** Sacerdote católico, especialmente el que está a cargo de una parroquia. || **4. este cura** *fam.* Equivale a *yo.* ■ Se usa con el verbo en tercera persona: *Este cura se va de paseo.* SIN. **1.** Curación, terapia. FAM. Curato. / Incuria, sinecura.

curado, da **1.** *p.* de **curar**. También *adj.* || *adj.* **2.** Acostumbrado, curtido. Se emplea especialmente en la loc. **estar** alguien **curado de espanto**, tener tanta experiencia de las cosas, particularmente de las negativas, que ya nada puede sorprenderle o afectarle. SIN. **2.** Encallecido.

curandero, ra *s. m.* y *f.* Persona que, sin título profesional, realiza prácticas curativas mediante procedimientos y remedios naturales (hierbas, masajes, etc.) o mágicos, supersticiosos, etc. FAM. Curanderismo. CURAR.

curanto *s. m. Chile* Guiso de mariscos, carne y legumbres que se cuecen sobre piedras previamente calentadas en el interior de un hoyo.

curar (del lat. *curare*, cuidar) *v. tr.* **1.** Hacer que se restablezca una persona o animal enfermo o desaparezcan sus heridas, enfermedad, etc. También *v. intr.* y *v. prnl.*: *Ya se le ha curado el corte que se hizo en la mano. Se curó de la gripe.* **2.** Realizar las curas en una herida, en la cicatriz de una operación, etc. **3.** Quitar a alguien un vicio, pasión, etc.: *Ese fracaso le ha curado de su vanidad.* También *v. prnl.* **4.** Preparar carnes o pescados, cubriéndolos de sal, ahumándolos, etc., para conservarlos. **5.** Curtir las pieles. **6.** Tener las maderas cortadas un cierto tiempo antes de utilizarlas. SIN. **1.** Sanar, reponerse, recuperarse. ANT. **1.** Enfermar(se), agravar(se). FAM. Cura, curación, curado, curandero, curativo, curioso[2], curita. / Incurable, procurar.

curare (voz caribe) *s. m.* Veneno vegetal muy activo con el que impregnaban sus flechas ciertos indios americanos.

curasao (de *Curaçao*, isla de las Antillas) *s. m.* Licor fabricado con corteza de naranja, azúcar y aguardiente.

curato (del lat. *curatus*, de *curare*, cuidar) *s. m.* **1.** Cargo del cura párroco. **2.** Parroquia, territorio que comprende.

curcuncho *s. m. Chile, Ec.* y *Perú* Joroba o jorobado.

curda (del fr. dial. *curda*, calabaza) *s. f.* **1.** *fam.* Borrachera. || *s. m.* **2.** *fam.* Borracho: *Bebe demasiado, es un curda.* SIN. **1.** Turca, trompa, merluza, mona. **2.** Alcohólico.

curdo, da *adj.* Kurdo*.

cureña *s. f.* Armazón con ruedas, o correderas, sobre la que se monta el cañón de artillería.

curia (del lat. *curia*) *s. f.* **1.** Conjunto de abogados, procuradores y funcionarios de la administración de justicia. || **2. curia diocesana** Conjunto de personas que ayudan al obispo en la administración de la diócesis. **3. curia romana** Conjunto de congregaciones y tribunales que en el Vaticano ayudan al papa en el gobierno de la Iglesia católica. FAM. Curial.

curio (de Pierre y Marie *Curie*, matrimonio de científicos franceses) *s. m.* **1.** Elemento químico con 13 isótopos de alta radiactividad. Se emplea en ciertos instrumentos de vehículos espaciales. Su símbolo es *Cm.* **2.** Unidad de radiactividad.

curiosear *v. intr.* **1.** Procurar enterarse alguien de algo que no debiera interesarle: *Alguien ha estado curioseando en mis cajones.* **2.** Mirar algo sin mucho interés, de manera superficial: *He estado curioseando un poco en la rebajas por si veía algo.* SIN. **1.** Fisgonear, fisgar, husmear.

curiosidad (del lat. *curiositas, -atis*) *s. f.* **1.** Interés por enterarse de lo que a uno no debiera importarle: *Le perdió su curiosidad.* **2.** Deseo de saber, conocer, enterarse de cosas. **3.** Cosa curiosa, rara o interesante. **4.** Esmero y limpieza en la manera de hacer las cosas. SIN. **3.** Rareza, singularidad, originalidad. **4.** Pulcritud, cuidado, primor. ANT. **1.** y **2.** Indiferencia. **4.** Abandono.

curioso, sa[1] (del lat. *curiosus*) *adj.* **1.** Se dice de la persona a la que gusta enterarse de los asuntos de otros: *una persona curiosa.* También *s. m.* y *f.* **2.** Que manifiesta interés en saber de cierta materia: *un espíritu curioso.* **3.** Limpio, ordenado: *Tiene la habitación muy curiosa. Es un pintor muy curioso, no mancha nada.* **4.** Que llama la atención por su rareza o interés: *un objeto curioso, una frase curiosa.* **SIN. 1.** Entrometido, indiscreto, fisgón. **2.** Interesado, inquieto. **3.** Pulcro, esmerado. **4.** Interesante, extraño, llamativo. **ANT. 1.** Discreto. **2.** Indiferente. **3.** Abandonado. **4.** Corriente, vulgar. **FAM.** Curiosamente, curiosear, curioseo, curiosidad.

curioso, sa[2] (de *curar*) *s. m.* y *f. Amér.* Curandero.

curita (nombre comercial registrado) *s. f. Arg.* y *Urug.* Tirita, tira de esparadrapo.

currar *v. intr.* **1.** *fam.* Trabajar. ▪ Se dice también *currelar.* || *v. tr.* **2.** Pegar a alguien, zurrarle. **3.** Ganar ventajosamente: *Hoy curraron a mi equipo.* **SIN. 2.** Cascar, atizar, sacudir. **3.** Pulverizar, arrollar. **FAM.** Currante, curre, currelar, currele, currelo, currinche, curro.

curre *s. m. fam.* Trabajo. ▪ También se dice *curro, currelo* o *currele.*

currelar (caló) *v. intr.* Trabajar.

currele o **currelo** *s. m. fam.* Trabajo.

curricán (del port. *curricão*) *s. m.* Aparejo de pesca de un solo anzuelo, que es remolcado por una embarcación.

currículo (del lat. *curriculum*) *s. m.* **1.** Curriculum* vitae. **2.** Plan de estudios, conjunto de materias y contenidos de un ciclo educativo determinado. **3.** Organización sistemática de actividades escolares destinadas a la adquisición de conocimientos y habilidades. **FAM.** Curricular. / Extracurricular.

curriculum vitae (lat.) *expr.* Relación de datos biográficos, estudios, trabajos realizados, etc., de una persona, en especial del candidato a un puesto. ▪ Se usa como *s. m.* Se dice también *currículo* o simplemente *curriculum.* Su pl. es *curricula.*

currinche *s. m.* y *f. fam.* Persona de poca categoría intelectual, profesional, económica, etc. **SIN.** Pelanas, pelagatos.

curro *s. m. fam.* Trabajo.

curruca *s. f.* Ave paseriforme de plumaje pardo o grisáceo, más claro en el vientre; vive entre los arbustos y la maleza.

currusco *s. m.* Cuscurro*.

curry (ingl.) *s. m.* Condimento de la India compuesto de jengibre, clavo, azafrán, etc., con el que se elaboran diversos platos: *arroz al curry.*

cursado, da 1. *p.* de **cursar**. || *adj.* **2.** Experto o muy preparado en alguna cosa. **SIN. 2.** Experimentado, diestro, versado, ducho. **ANT. 2.** Inexperto, novato.

cursar (del lat. *cursare*, correr de acá para allá) *v. tr.* **1.** Seguir un curso en un centro de enseñanza: *Cursa los estudios de medicina.* **2.** Dar curso, enviar o tramitar un documento, una comunicación, una orden, etc.: *cursar una solicitud; cursar instrucciones.* **SIN. 1.** Seguir, asistir. **2.** Diligenciar, expedir.

cursi *adj. fam.* Se aplica a la persona o cosa ridícula y afectada, bajo una apariencia de elegancia y refinamiento. También *s. m.* y *f.* **SIN.** Remilgado, relamido, amanerado. **ANT.** Campechano, sencillo, sobrio. **FAM.** Cursilada, cursilería.

cursilada o **cursilería** *s. f.* **1.** Acción propia de una persona cursi. **2.** Cosa cursi: *Ese sombrero es una cursilada.*

cursillista *s. m.* y *f.* Asistente a un cursillo.

cursillo *s. m.* **1.** Curso de poca duración con el que se completa la preparación en una materia o para una actividad. **2.** Serie breve de conferencias que se dan sobre una materia determinada. **FAM.** Cursillista. CURSO.

cursivo, va *adj.* Se dice de la letra de imprenta inclinada hacia la derecha: *letra cursiva.* También *s. f.* **SIN.** Bastardilla, itálica.

curso (del lat. *cursus*) *s. m.* **1.** Marcha o evolución de alguna cosa: *La enfermedad sigue su curso normal.* **2.** Movimiento y dirección de una corriente de agua o recorrido de un astro: *el curso de un río, el curso del Sol.* **3.** Espacio de tiempo: *Las cosas cambiaron en el curso de una semana.* **4.** Circulación, uso y difusión entre la gente: *una moneda de curso legal.* **5.** Tiempo del año señalado por los centros de enseñanza de un país para que los alumnos asistan a clase: *El curso empieza en septiembre.* **6.** Cada una de las divisiones o partes de un ciclo de enseñanza y conjunto de alumnos que las forman: *Está en segundo curso.* **7.** Conjunto de lecciones o conferencias sobre un tema o materia determinado: *un curso de español para extranjeros.* **SIN. 1.** Derrotero, desarrollo. **1.** y **2.** Cauce, trayectoria. **2.** Itinerario, carrera. **3.** Transcurso, lapso. **7.** Cursillo. **FAM.** Cursado, cursar, cursillo, cursivo, cursor. / Decurso, discurso, excursión, precursor.

cursor (del lat. *cursor*, corredor, a través del ingl.) *s. m.* **1.** Pieza que se desliza a lo largo de otra en algunos aparatos. **2.** Marca móvil que sirve de indicador en la pantalla de diversos aparatos, p. ej. de un ordenador.

curtido *s. m.* **1.** Acción de curtir. **2.** Piel curtida. Se usa mucho en *pl.*: *una fábrica de curtidos.*

curtir (del lat. *conterere*, machacar) *v. tr.* **1.** Preparar las pieles para ser usadas posteriormente en la elaboración de diversos objetos. **2.** Tostar y endurecer el aire y el sol la piel de las personas. También *v. prnl.* **3.** Acostumbrar a alguien a los trabajos, sufrimientos y penalidades. También *v. prnl.* **SIN. 1.** Adobar, curar. **3.** Fortalecer, avezar, encallecer. **ANT. 3.** Enternecer. **FAM.** Curtido, curtidor, curtiduría. / Encurtido.

curvar (del lat. *curvare*) *v. tr.* Doblar y torcer una cosa, poniéndola curva. También *v. prnl.*: *curvarse la madera.* **SIN.** Encorvar, combar, arquear, alabear. **ANT.** Enderezar. **FAM.** Encorvar. CURVO.

curvilíneo, a (del lat. *curvilineus*) *adj.* De forma curva o compuesto de líneas curvas.

curvo, va (del lat. *curvus*) *adj.* **1.** Que continuamente se aparta de la línea recta sin formar ángulos. || *s. f.* **2.** Línea que sigue esta trayectoria. **3.** Tramo de alguna cosa formado por dichas líneas: *una carretera llena de curvas.* **4.** Representación esquemática de un fenómeno por medio de una línea cuyos puntos indican valores variables: *una curva de producción, una curva de temperatura.* || *s. f. pl.* **5.** Formas del cuerpo femenino. || **6. curva de nivel** En un plano o mapa, la que une puntos de igual altitud. **SIN. 1.** Curvado, curvilíneo, combo, arqueado, alabeado. **2.** Comba. **3.** Revuelta, recodo, giro. **4.** Gráfica. **ANT. 1.** Recto, erguido. **2.** Recta. **FAM.** Curvado, curvar, curvatura, curvilíneo. / Corvo.

cusca, hacer la *loc. fam.* Fastidiar, molestar o perjudicar a alguien. ▪ También se dice *hacer la cusqui.*

cuscurro *s. m.* **1.** Extremo o canto de pan. **2.** Trozo pequeño de pan frito que acompaña a algunas sopas, cremas, etc. ■ También se dice *coscurro.* SIN. **1.** Cantero.

cuscús (del ár. *kuskus*) *s. m.* Plato árabe que se elabora a base de sémola de trigo, carne, pollo y verduras. ■ También se llama *cuzcuz.*

cúspide (del lat. *cuspis, -idis,* punta, extremo) *s. f.* **1.** Cumbre de una montaña. **2.** Vértice de un cono o de una pirámide. **3.** Remate superior de una cosa: *la cúspide de un campanario.* **4.** Momento en que algo llega a su mayor altura o perfección: *Estaba en la cúspide de su carrera.* SIN. **1.** Vértice, cima. **3.** Pináculo. **4.** Apogeo, culmen, culminación, apoteosis. ANT. **4.** Decadencia. FAM. Tricúspide.

cusqui, hacer la *loc. fam.* Hacer la cusca*.

custodia (del lat. *custodia*) *s. f.* **1.** Acción de custodiar: *El juez le dio la custodia del hijo.* **2.** Pieza de oro, plata o cualquier otro metal en que se expone el Santísimo Sacramento a la adoración de los fieles. **3.** Templete o trono de grandes dimensiones en que se coloca y lleva la custodia en las procesiones. SIN. **1.** Vigilancia, cuidado, escolta, protección. **2.** Ostensorio.

custodiar *v. tr.* Guardar o cuidar con cuidado y vigilancia. SIN. Vigilar, proteger, velar, escoltar, proteger. ANT. Descuidar, abandonar. FAM. Custodia, custodio.

custodio (del lat. *custos, -odis*) *adj.* Que custodia: *ángel custodio.* También *s. m.*

cutáneo, a (del *cutis*) *adj.* De la piel o el cutis: *una erupción cutánea.* FAM. Subcutáneo. CUTIS.

cúter (del ingl. *cutter*) *s. m.* Embarcación ligera con velas y provista de un solo palo.

cutícula (del lat. *cuticula*) *s. f.* **1.** Epidermis o capa externa de la piel. **2.** Película, piel delgada y delicada; especialmente la que está pegada a la base de la uña.

cutis (del lat. *cutis*) *s. m.* Piel que cubre el cuerpo humano, especialmente la del rostro. ■ No varía en *pl.* FAM. Cutáneo, cutícula.

cuto, ta (del náhuatl *cutuche,* cortado) *adj.* **1.** *Amér. C.* y *Bol.* Mellado, desdentado. **2.** *Amér. C.* y *Bol.* Cojo o manco. También *s. m.* y *f.* **3.** *Amér. C.* y *Bol.* Viejo, estropeado.

cutre *adj.* **1.** *fam.* Pobretón o de baja calidad. **2.** *fam.* Tacaño. También *s. m.* y *f.* SIN. **1.** Mísero, miserable. **1.** y **2.** Mezquino. **2.** Roñoso, rata, avaro. ANT. **1.** Lujoso. **2.** Generoso, rumboso. FAM. Cutrería, cutrez.

cutrería o **cutrez** *s. f.* **1.** *fam.* Pobreza o baja calidad: *la cutrez de los barrios marginales.* **2.** Tacañería, mezquindad: *No dejar propina ha sido una cutrería.*

cutter (nombre comercial registrado) *s. m.* Utensilio formado por una cuchilla recambiable que se recoge dentro de un mango; se emplea para cortar en dibujo y manualidades.

cuy o **cuye** (quechua) *s. m. Chile* y *Perú* Cobaya, conejillo de Indias.

cuyo, ya (del lat. *cuius*) *adj. relat.* Expresa una relación de posesión y concuerda en género y número con la persona o cosa poseída, a la que precede: *El muchacho, cuyos padres conocimos ayer, nos espera.*

cuzcuz *s. m.* Cuscús*.

cuzqueño, ña *adj.* De Cuzco, departamento y ciudad peruanos. También *s. m.* y *f.*

d *s. f.* Cuarta letra del abecedario español y tercera de sus consonantes. Su articulación es dental oclusiva sonora y su nombre es *de*.

da capo (ital.) *loc. adv.* Significa 'desde el principio' y se usa en las partituras para indicar la repetición de un pasaje musical.

dable *adj.* Posible, permitido: *No me es dable decidir en ese asunto.* SIN. Factible, viable, hacedero. ANT. Imposible.

dabuten o **dabuti** *adj. fam.* Estupendo, magnífico. También *adv.* SIN. Chupi, chanchi, chachi. ANT. Fatal.

daca (contr. de *da* y *acá*) *expr.* Sólo se usa en la locución **toma y daca**. Véase **tomar**.

dacha (ruso) *s. f.* Casa de campo rusa, especialmente de madera.

dacio, cia (del lat. *Dacius*) *adj.* De la Dacia, antigua región centroeuropea que corresponde, aproximadamente, a la actual Rumanía. También *s. m.* y *f.*

dactilado, da (del lat. *dactylus*) *adj.* Que tiene forma de dedo.

dactilar *adj.* Relativo a los dedos: *huella dactilar.* SIN. Digital. FAM. Dactilado, dactilografía, dactilología, dactiloscopia. / Artiodáctilo. DÁCTILO.

dáctilo (del gr. *daktylos*, dedo) *s. m.* Pie de la poesía griega y latina de tres sílabas, una larga y dos breves. FAM. Dactilar, dactílico. / Didáctilo, perisodáctilo, pterodáctilo, tridáctilo.

dactilo- (del gr. *daktylos*) *pref.* Significa 'dedo': *dactilografía.*

dactilografía (de *dactilo-* y *-grafía*) *s. f.* Mecanografía*. FAM. Dactilográfico, dactilógrafo. DACTILAR.

dactilología (de *dactilo-* y *-logía*) *s. f.* Medio de comunicación valiéndose de los dedos y distintas posiciones de las manos, comúnmente utilizado por los sordomudos. FAM. Dactilológico. DACTILAR.

dactiloscopia (de *dactilo-* y *-scopia*) *s. f.* Estudio de las huellas de los dedos con el fin de identificar a las personas. FAM. Dactiloscópico, dactiloscopista. DACTILAR.

-dad *suf.* A partir de adjetivos forma sustantivos que designan generalmente una cualidad abstracta: *soledad, maldad, bondad.*

dadá o **dadaísmo** *s. m.* Movimiento artístico y literario surgido en la segunda década del s. XX que rechazaba los valores establecidos y se apoyaba en lo absurdo, el azar, la intuición y lo irracional. FAM. Dadaísta.

dádiva (del lat. *dativa*) *s. f.* Cosa que se da sin esperar nada a cambio. SIN. Regalo, obsequio, presente. FAM. Dadivosidad, dadivoso. DAR.

dadivoso, sa *adj.* Inclinado a dar, generoso. También *s. m.* y *f.* SIN. Desprendido, desinteresado, espléndido, obsequioso. ANT. Tacaño, agarrado.

dado *s. m.* **1.** Cubo con las caras numeradas del uno al seis por medio de puntos o con figuras distintas, que se utiliza para diversos juegos. **2.** Pieza cúbica de metal que se usa en las máquinas para servir de apoyo a tornillos y ejes. **3.** Pedestal de la columna.

dado, da (del lat. *datus*) **1.** *p.* de **dar**. ■ Se usa para presentar los datos de un problema o los antecedentes de una cuestión: *Dado un número par...* ‖ *adj.* **2.** Posible: *Si me es dado escoger, yo quiero éste.* **3.** Especial, determinado: *en momentos dados.* ‖ LOC. **dado que** *conj.* Ya que, puesto que; si, en caso de que: *No nos esperes, dado que llegaremos tarde. Dado que sea cierto lo que cuentas, te ayudaremos.* **ser dado a** Sentir inclinación o afición por algo: *Es muy dado a regalar cosas.* SIN. **1.** Supuesto. **2.** Factible, viable. **3.** Concreto. ANT. **2.** Imposible.

dador, ra (del lat. *dator, -oris*) *adj.* **1.** Que da. También *s. m.* y *f.* ‖ *s. m.* **2.** Persona que lleva una carta de un individuo a otro. **3.** Librador* de una letra de cambio. SIN. **2.** Portador.

daga *s. f.* **1.** Arma blanca de hoja corta y fina parecida a una espada. **2.** *Amér. del S.* Cuchillo, puñal.

daguerrotipia *s. f.* Daguerrotipo*, técnica fotográfica.

daguerrotipo (de *Daguerre*, apellido de su inventor) *s. m.* **1.** Procedimiento fotográfico en que las imágenes se fijan en una placa de metal. **2.** Imagen obtenida por este procedimiento. **3.** Aparato utilizado para obtener esa imagen. FAM. Daguerrotipia.

daguestano, na *adj.* De Daguestán, república autónoma rusa. También *s. m.* y *f.*

daikiri o **daiquiri** (de *Daiquiri*, localidad cubana) *s. m.* Cóctel elaborado con ron, zumo de limón y azúcar.

dalai-lama *s. m.* Título del jefe supremo de la religión budista.

dalia (de Anders *Dahl*, botánico sueco) *s. f.* Planta de la familia compuestas, de flores en cabezuela con el botón central amarillo, corola grande y muchos pétalos de variada coloración; su raíz es cilíndrica y tuberosa y las hojas son opuestas, ovales y dentadas; se emplea en ornamentación.

dálmata *adj.* **1.** De Dalmacia, región histórica del SE de Europa. También *s. m.* y *f.* **2.** De una raza de perros de mediano tamaño y de pelo corto blanco con manchas negras. También *s. m.* y *f.* ‖ *s. m.* **3.** Lengua románica que se habló en Dalmacia.

dalmática (del lat. *dalmatica*) *s. f.* **1.** Vestidura eclesiástica parecida a una casulla con mangas anchas y abiertas que se pone encima del alba. **2.** Túnica abierta por los lados que usan en las ceremonias los heraldos y maceros.

daltonismo (de John *Dalton*, físico británico) *s. m.* Defecto de la vista que consiste en la imposibilidad de distinguir ciertos colores, en especial el rojo y el verde. FAM. Daltoniano, daltónico.

dama (del fr. *dame*, y éste del lat. *domina*, señora) *s. f.* **1.** Mujer distinguida, de buena educación o de clase social elevada. **2.** Mujer galanteada o pretendida por un hombre. **3.** Señora al servicio de una reina o princesa. **4.** En el teatro, actriz que hace los papeles principales. **5.** En el juego de ajedrez, la reina. **6.** En el juego de damas, pieza a la que se le pone otra encima por haber llegado a la primera línea del contrario, pudiendo recorrer toda la línea. ‖ *s. f. pl.* **7.** Juego entre dos personas sobre un tablero con 64 cuadros y 24 piezas, si es a la española, o 100 cuadros y 40 piezas, si es a la polonesa. ‖ **8. dama de honor** Joven que forma parte de la corte o acompañamiento de honor de otra en determinados actos: *las damas de honor de la novia.* **9. dama de noche** Planta arbustiva de la familia solanáceas que mide de 2 a 3 m de altura y tiene flores blancas, muy olorosas durante la noche. ■ Se llama también *galán de noche*. FAM. Damero, damisela.

damajuana (del fr. *dame-jeanne*) *s. f.* Vasija voluminosa de vidrio, de forma redondeada y achatada, generalmente protegida con una funda de mimbre o paja. SIN. Garrafa, garrafón.

damán (del ár. *ghamam*, cordero) *s. m.* Mamífero placentario de unos 50 cm de longitud y pelaje pardo; tiene cuatro dedos en las patas anteriores y tres en las posteriores, e incisivos superiores de crecimiento continuo. Es herbívoro y vive en regiones rocosas de África y Asia occidental.

damasco (de *Damasco*, ciudad de donde procede) *s. m.* Tejido fuerte de seda o lana adornado con figuras formadas por la combinación de hilos del mismo color y distinto grosor. FAM. Damasquinado.

damasquinado, da 1. *p.* de **damasquinar**. También *adj.* ‖ *s. m.* **2.** Trabajo de artesanía que consiste en incrustar oro u otro metal fino en hierro o acero. SIN. **1.** Adamascado. FAM. Damasquinar. DAMASCO.

damasquinar (de *Damasco*, ciudad de Siria) *v. tr.* Adornar el hierro, acero, etc. con incrustaciones de filamentos de oro o plata.

damero *s. m.* **1.** Tablero de jugar a las damas. **2.** P. ext., planta de una zona urbanizada constituida por cuadros o rectángulos. **3.** Damerograma*. FAM. Damerograma. DAMA.

damerograma *s. m.* Variante del crucigrama cuyas casillas, una vez rellenas, componen una cita o un texto.

damisela (del fr. *demoiselle*, y éste del lat. *dominicella*) *s. f.* **1.** Señorita, generalmente en sentido irónico o despectivo. **2.** Joven delicada y presumida.

damnificado, da 1. *p.* de **damnificar**. ‖ *adj.* **2.** Que ha sufrido daños importantes. También *s. m.* y *f.*: *los damnificados por el terremoto.* SIN. **1.** y **2.** Dañado, perjudicado. ANT. **1.** y **2.** Beneficiado. FAM. Damnificar. DAÑO.

damnificar (del lat. *damnificare*, hacer daño, de *damnum*, daño, y *facere*, hacer) *v. tr.* Causar un grave daño o perjuicio a alguien. ■ Se usa sobre todo su participio. Delante de *e* se escribe *qu* en lugar de *c*: *damnifique.*

dan (japonés) *s. m.* En judo y otras artes marciales japonesas, cada uno de los diez grados en que se divide a su vez el de cinturón negro.

dancing (ingl.) *s. m.* Sala pública de baile.

dandi (del ingl. *dandy*) *s. m.* Hombre elegante, refinado y original. FAM. Dandismo.

danés, sa (del lat. *Dania*, Dinamarca) *adj.* **1.** De Dinamarca. También *s. m.* y *f.* ‖ *s. m.* **2.** Lengua germánica hablada en este país europeo. ‖ **3. gran danés** Dogo*, raza de perros. SIN. **1.** y **2.** Dinamarqués.

danone (nombre comercial registrado) *s. m.* Yogur*.

danta *s. f. Amér. C.* Tapir*.

dantesco, ca *adj.* **1.** Propio del poeta italiano Dante Alighieri o semejante a su estilo y cualidades literarias. **2.** Se aplica a las cosas o sucesos que impresionan por ser terribles o desastrosos. SIN. **2.** Aterrador, pavoroso, catastrófico.

dantzari (vasc.) *s. m.* y *f.* Persona que baila danzas tradicionales vascas. FAM. Espatadantza.

danubiano, na *adj.* Relativo al Danubio, río centroeuropeo, y a los territorios por los que pasa.

danza *s. f.* **1.** Acción y arte de danzar. **2.** *fam.* Asunto, enredo, intriga: *Siempre anda metido en danza.* ‖ **3. danza de la muerte** Representación alegórica medieval que simboliza la igualdad ante la muerte y en la que ésta invita a danzar con ella a personajes representativos de las distintas clases sociales. ‖ LOC. **en danza** *adv. fam.* En actividad, de un lado para otro; también de actualidad, dando que hablar: *Otra vez está en danza el problema de la pesca.* SIN. **1.** Ballet, baile. **2.** Lío, embrollo. FAM. Danzón. / Contradanza. DANZAR.

danzar *v. tr.* **1.** Bailar, especialmente bailes artísticos. ‖ *v. intr.* **2.** Moverse de un lado para otro. **3.** Zascandilear, enredar, entremeterse. ■ Delante de *e* se escribe *c* en lugar de *z*: *dance.* SIN. **2.** y **3.** Bullir. **3.** Revolver. FAM. Danza, danzante, danzarín.

danzón *s. m.* Baile y música de origen cubano, semejantes a la habanera.

dañar (del lat. *damnare*, condenar) *v. tr.* Causar daño. También *v. prnl.* SIN. Estropear, perjudicar, herir, damnificar, deteriorar, arruinar. ANT. Beneficiar.

dañino, na *adj.* Que causa daño. SIN. Dañoso, nocivo, perjudicial. ANT. Inofensivo.

daño (del lat. *damnum*) *s. m.* **1.** Cualquier mal o perjuicio causado en alguien o en algo: *los daños de la riada.* **2.** Dolor físico o moral ocasionado por alguien o algo: *Me he hecho daño al caerme. Sus palabras me hicieron daño.* **3.** Alteración del organismo que produce sufrimiento o es signo de enfermedad. ‖ **4. daños y perjuicios** En der., compensación que se exige a quien causa un perjuicio a otro, a fin de reparar sus consecuencias. SIN. **1.** Deterioro, estropicio, destrucción, detrimento, agravio, ofensa. **2.** Aflicción, pena. **3.** Lesión, afección. ANT. **1.** Bien, beneficio. **2.** Alivio. FAM. Dañado, dañar, dañino, dañoso. / Damnificado, indemne.

dar (del lat. *dare*) *v. tr.* **1.** Hacer que algo pase a poder de otro gratuitamente, a cambio de otra cosa o como retribución: *Su amigo le dio unos cromos. Le han dado cien mil pesetas por el coche viejo.* **2.** Entregar: *Dame la sal.* **3.** Proporcionar, administrar, repartir: *dar estudios, dar una medicina.* También *v. intr.*: *Me toca dar (cartas).* **4.** Conceder, conferir: *dar permiso, un crédito.* **5.** Producir: *La oveja da lana y leche.* También *v. prnl.*: *Se da bien el maíz en esta tierra.* **6.** Soltar, desprender, despedir: *Las flores daban un agradable aroma.* **7.** Causar, ocasionar: *dar alegría, dar que hablar.* **8.** Hacer saber, publicar, comunicar: *Dio la enhorabuena al vencedor. Le di tu recado. La radio ha dado la noticia.* **9.** Indicar, decir o dictar: *dar instrucciones, consejos, normas.* **10.** Transmitir cierta cualidad, estado, etc., atribuir: *Un poco de vino da más sabor al guiso. Da* *mucha importancia a tu amistad.* **11.** Presentar, exponer: *dar explicaciones, dar cuenta de los actos.* **12.** Explicar, pronunciar: *dar una clase, una conferencia.* **13.** Con sustantivos como *lección, clase,* etc., recibir: *Sigo dando clases de inglés.* **14.** Con sustantivos que hagan referencia a un determinado periodo de tiempo, fastidiar, amargar, estropear: *Me dio la tarde con sus quejas.* **15.** Con la prep. *por,* considerar, suponer, declarar: *dar por terminado un asunto.* También *v. prnl.*: *darse por satisfecho, por aludido.* **16.** Ejecutar la acción que indica el sustantivo o verbo que sigue: *dar saltos, dar un abrazo.* También *v. intr.* y *v. prnl.*: *dar de comer, darse un paseo.* **17.** Asestar, propinar: *dar un puñetazo, una estocada.* También *v. intr.* y *v. prnl.*: *dar(se) de bofetadas.* **18.** Aplicar: *dar una mano de pintura.* **19.** Con ciertos fluidos, suministrarlos, abrir o conectar sus conductos: *Volvieron a dar el agua. Da la luz.* **20.** Ofrecer, celebrar: *dar una fiesta.* **21.** *fam.* Mostrar, representar: *En el teatro dan una obra de Shakespeare.* **22.** Sonar en el reloj las campanadas de la hora correspondiente: *El reloj ha dado la una.* También *v. intr.*: *Han dado las tres.* **23.** Importar, valer: *Lo mismo da una cosa que otra.* **24.** Anunciar, presagiar, sugerir: *Me da el corazón que vendrá.* || *v. intr.* **25.** Suceder una cosa a alguien, empezar a sentirla: *Le dio un dolor.* **26.** Tocar, chocar, golpear: *Doy con la cabeza en el techo.* También *v. prnl.* **27.** Con la prep. *en,* acertar, atinar: *dar en el blanco.* **28.** Con la prep. *con,* encontrar: *Dimos con su paradero.* **29.** Alcanzar, ser suficiente: *Esa cantidad da para vivir.* **30.** Desembocar, ir a parar, estar orientado hacia una parte: *Esa avenida da a la plaza. Las ventanas dan a poniente.* **31.** Caer, incurrir: *Dio en el error.* **32.** Accionar, manejar: *dar a la llave, dar al gatillo.* **33.** Con adverbios como *bien* o *mal* y expresiones similares, causar buen o mal efecto en determinado medio o situación: *Esa modelo da mejor al natural que en fotografía.* || **darse** *v. prnl.* **34.** Entregarse, dedicarse: *darse a la vagancia, darse a los demás.* **35.** Suceder, existir: *Se dio un curioso fenómeno.* **36.** Resultarle fácil a alguien hacer o aprender cierta cosa, tener habilidad para ejecutarla: *Se le dan bien los idiomas.* || LOC. **ahí me las den todas** *fam.* Indica indiferencia ante un suceso, porque nos afecta poco o afecta a otra persona. **¡dale!** o **¡dale que dale!** o **¡dale que te pego!** *interj. fam.* Muestra el fastidio ante la pesadez o insistencia de una persona o cosa. **dar de sí** Ensancharse, estirarse; también, rendir, aprovechar: *El jersey ha dado de sí. Cien pesetas dan poco de sí.* **dar en** Caer, darse cuenta; también, con los inf. de algunos verbos (*creer, decir, pensar*), empeñarse sin causa justificada en lo que éstos expresan: *Dieron en decir que el producto era malo.* **darle** a uno **por** algo (o **por ahí**) *fam.* Adquirir una manía, hábito o afición: *Le ha dado por pensar que está enfermo. Ahora colecciona posavasos, le ha dado por ahí.* **darse cuenta** Véase **cuenta**. **dársela** a uno *fam.* Engañarle, jugársela. **dárselas de** algo *fam.* Presumir de ello o simularlo: *Se las da de listo.* **no dar una** (o **ni una**) *fam.* Equivocarse continuamente. **para dar y tomar** *adv.* En abundancia. ■ Es v. irreg. SIN. **1.** Donar, ceder, regalar, traspasar; canjear; pagar, abonar. **2.** Pasar. **3.** Procurar, proveer, aportar; distribuir. **4.** Otorgar. **6.** Liberar, arrojar. **10.** Conferir, imprimir, prestar. **11.** Aducir. **12.** Impartir. **15.** Juzgar, estimar. **17.** Pegar. **21.** Exhibir, echar, poner. **25.** Sobrevenir, ocurrir, acometer, atacar. **28.** Hallar. **29.** Bastar. **30.** Salir; mirar, dirigirse. **31.** Incidir. **32.** Activar, encender. **34.** Abandonarse; consagrarse. **35.** Acontecer, acaecer. ANT. **1.** Arrebatar, despojar. **1.** y **2.** Conservar. **1.** a **3.** y **10.** Quitar. **1.**, **2.** y **4.** Negar. **2.** Retirar, recoger. **6.** Retener. **12.** Recibir. **19.** Cortar, cerrar. **27.** Fallar, errar. **28.** Perder. **29.** Faltar. **32.** Apagar. **36.** Resistirse. FAM. Dable, dádiva, dado -da, dador, dativo, dato. / Daca, dosis, poderdante.

DAR	
INDICATIVO	
Presente	**Pretérito perfecto simple**
doy	*di*
das	*diste*
da	*dio*
damos	*dimos*
dais	*disteis*
dan	*dieron*
SUBJUNTIVO	
Pretérito imperfecto	**Futuro**
diera, -ese	*diere*
dieras, -eses	*dieres*
diera, -ese	*diere*
diéramos, -ésemos	*diéremos*
dierais, -eseis	*diereis*
dieran, -esen	*dieren*

dardo (del fr. *dard,* y éste del germ. *darod*) *s. m.* **1.** Especie de pequeña flecha. **2.** Arma parecida a una lanza pequeña y ligera que se arroja con la mano. **3.** Frase o comentario satírico y mal intencionado: *Sus palabras eran dardos envenenados.* SIN. **1.** Venablo. **3.** Puyas.

dársena (del ital. *darsena,* y éste del ár. *dar al-sina'a,* taller) *s. f.* Parte de un puerto resguardada y preparada artificialmente para la carga y descarga de las embarcaciones o para la reparación y desguace de las mismas. SIN. Fondeadero, muelle, desembarcadero.

darvinismo o **darwinismo** *s. m.* Teoría biológica sobre la evolución de las especies, basada en las ideas de Charles Robert Darwin, según la cual los diversos seres vivos actuales resultan de la evolución debida a la selección natural, a la lucha por la existencia y a la transmisión de los caracteres por la herencia. FAM. Darviniano, darvinista, darwiniano, darwinista.

data (del lat. *data,* dada) *s. f.* **1.** Indicación del lugar y tiempo en que se hace o sucede una cosa. **2.** En una cuenta, factura, etc., sección en la que se anotan las partidas entregadas por el titular o partidas de descargo. SIN. **1.** Fecha. FAM. Posdata. DATAR.

datáfono *s. m.* Servicio de telefonía que permite transmitir datos a través de una línea a la que previamente se ha abonado el usuario.

datar *v. tr.* **1.** Fechar*. **2.** Poner en una cuenta la data o partidas de descargo. También *v. prnl.* || *v. intr.* **3.** Seguido de la prep. *de,* tener una cosa su comienzo u origen en el tiempo que se indica: *Nuestra amistad data de los años sesenta.* SIN. **3.** Remontarse. FAM. Data, datación.

dátil (del lat. *dactylus,* y éste del gr. *daktylos,* dedo) *s. m.* **1.** Fruto de la palmera datilera, de forma elipsoidal, cubierta amarillenta, carne blanquecina y un hueso duro central surcado; se come seco o molido en forma de harina. **2.** *fam.* Dedo. || **3. dátil de mar** Molusco lamelibranquio cuya concha se parece por el color y la forma al fruto de la palmera; vive en cavidades que él mismo hace en las rocas y es comestible. **FAM.** Datilera.

datilera *adj.* Se aplica a la palmera cuyo fruto es el dátil. También *s. f.*

dativo (del lat. *dativus*) *s. m.* En latín, griego y otras lenguas, uno de los casos de la declinación gramatical, que indica la función de complemento indirecto, y que en castellano se expresa generalmente mediante las preposiciones *a* y *para*.

dato (del lat. *datum*, lo que se da) *s. m.* **1.** Hecho o detalle previo que facilita el conocimiento de una cosa: *Dame los datos para rellenar tu ficha.* **2.** Magnitudes en un problema matemático o de cualquier otro tipo. **3.** Documento, prueba. **SIN. 1.** Noticia, referencia. **3.** Testimonio, fundamento. **FAM.** Datáfono. DAR.

dazibao (chino) *s. m.* En la República Popular China, periódico mural, a veces manuscrito y a menudo de contenido político, que se expone en lugares públicos.

DDT (siglas de *diclorodifenil-tricloroetano*) *s. m.* Compuesto orgánico que se utiliza como insecticida.

de[1] *s. f.* Nombre de la letra *d*.

de[2] (del lat. *de*) *prep.* **1.** Indica propiedad o pertenencia: *el coche de mi padre.* **2.** Explica el modo de hacerse o suceder alguna cosa: *rezar de rodillas, caer de espaldas.* **3.** Expresa origen y procedencia: *el vino de Rioja. Somos de Lugo.* **4.** A veces equivale a *desde*: *de París a Florencia.* **5.** Denota la materia de que está hecha una cosa: *un pañuelo de seda.* **6.** Indica el asunto o materia de que se trata: *un libro de matemáticas.* **7.** Expresa la naturaleza, condición o carácter: *un hombre de ciencia, un hombre de valor.* **8.** Denota sentido partitivo: *algunos de nosotros.* **9.** A veces se usa en construcciones de infinitivo: *Es hora de comer.* **10.** Expresa la causa: *Me escondí de miedo.* **11.** Sirve de elemento de ilación o deducción: *De esto se sigue que...* **12.** Expresa el tiempo en que sucede una cosa: *Viaja de día y de noche.* **13.** Con infinitivo indica condición o concesión: *De saber esto, no hubiera venido.* **14.** Se utiliza en comparación de cantidades: *más de medio millón.* **15.** Sirve de enlace entre el nombre genérico y el específico: *la isla de Mallorca, la plaza de Cervantes.* **16.** Se utiliza en la conjugación perifrástica con los verbos auxiliares: *Yo he de saberlo.* **17.** Se emplea en expr. de lástima, menosprecio o amenaza: *¡Ay de mí! ¡Pobre de ti!* **18.** Precede al agente de la voz pasiva con ciertos verbos: *Iba acompañado de su madre.*

de facto (lat.) *loc. adj.* y *adv.* En der., que algo es de hecho o en realidad.

de iure o **de jure** (lat.) *loc. adj.* y *adv.* En derecho, conforme a la ley.

de- (del lat. *de-*) *pref.* **1.** Precisa o refuerza el significado de la palabra a la que se antepone: *decaer, demostrar, delimitar.* **2.** Equivale a *ex-* o *es-* y denota separación o procedencia: *deducir* (sacar de), *depender, decapitar.* **3.** Indica negación: *decolorar* (quitar el color).

deambular (del lat. *deambulare*) *v. intr.* Caminar de un sitio para otro sin rumbo determinado. **SIN.** Pasear, vagar, callejear. **FAM.** Deambulatorio. AMBULANTE.

deambulatorio (del lat. *deambulatorium*, galería) *s. m.* Pasillo semicircular que rodea por detrás el altar mayor de las iglesias y catedrales. **SIN.** Girola.

deán (del ant. fr. *deiien*, hoy *doyen*, y éste del lat. *decanus*, decano) *s. m.* Máxima autoridad, después del obispo, del cabildo de una catedral.

debacle (fr.) *s. f.* Desastre, destrucción, derrota. **SIN.** Ruina, hecatombe.

debajo (de *de-* y *bajo*) *adv. l.* **1.** En puesto o lugar inferior a otro superior: *Encontramos debajo muchas cosas; debajo de la mesa.* **2.** Con dependencia o sumisión: *debajo del soberano.* **SIN. 1.** Abajo. **ANT. 1.** y **2.** Encima, sobre.

debate *s. m.* Intercambio de ideas sobre un asunto que mantienen varias personas con puntos de vista diferentes. **SIN.** Discusión, controversia.

debatir (del lat. *debattuere*) *v. tr.* **1.** Discutir sobre algo: *Hoy las Cortes debaten una nueva ley.* || **debatirse** *v. prnl.* **2.** Agitarse, luchar, forcejear: *Se debatía entre la vida y la muerte.* **SIN. 1.** Disputar, polemizar, contender. **2.** Combatir. **FAM.** Debate. BATIR.

debe *s. m.* Una de las dos partes de las cuentas corrientes en que aparecen las cantidades que el titular de la cuenta ha de pagar; la otra parte se llama *haber*.

deber[1] (del lat. *debere*) *v. tr.* **1.** Con un verbo en infinitivo, tener la obligación de hacer lo que el verbo expresa: *Debes cumplir lo prometido.* **2.** Con un sustantivo, estar obligada una persona a dar o hacer lo expresado por ese sustantivo: *Me debes dinero. Te debo una explicación.* **3.** Con la preposición *de* y un verbo en infinitivo, suponer que ha sucedido, sucede o sucederá una cosa: *Debe de haber venido. Debe de hacer frío.* || **deberse** *v. prnl.* **4.** Estar o sentirse obligado: *Se debe a su familia.* **5.** Tener por causa, ser consecuencia de algo: *Todo se debió a un malentendido.* **SIN. 2.** Adeudar, debitar. **FAM.** Debe, deber[2], debidamente, debido, debitar, débito. / Deuda.

deber[2] *s. m.* **1.** Obligación de una persona por las leyes o normas sociales, políticas, laborales, religiosas, éticas, etc. || *s. m. pl.* **2.** Trabajo escolar para hacer en casa. **SIN. 1.** Responsabilidad, compromiso, imposición. **2.** Tarea. **ANT. 1.** Derecho.

debido, da 1. *p.* de **deber**. || *adj.* **2.** Necesario, obligado: *con el debido respeto.* **3.** Conveniente, adecuado: *con la debida anticipación.* || **LOC. debido a** *prep.* A causa de. **SIN. 2.** Exigido, requerido, preciso. **3.** Oportuno. **FAM.** Indebido. DEBER[1].

débil (del lat. *debilis*) *adj.* **1.** Que tiene poca fuerza o resistencia. También *s. m.* y *f.* **2.** Se aplica a la persona de poco carácter o energía, que cede fácilmente. También *s. m.* y *f.* **3.** Se dice de la sílaba no acentuada. **4.** Se aplica a las vocales más cerradas (*i*, *u*). **SIN. 1.** Frágil, endeble, flojo, delicado. **2.** Blando, condescendiente, baldragas. **ANT. 1.** Fuerte, resistente. **2.** Duro. **FAM.** Debilidad, debilitación, debilitamiento, debilitar, débilmente, debilucho.

debilidad (del lat. *debilitas, -atis*) *s. f.* **1.** Cualidad de débil. **2.** Afición desmedida a algo, defecto, flaqueza. **3.** Cariño especial o exagerado a una persona: *Siente debilidad por su nieta.* **4.** Hambre. **SIN. 1.** Flojedad, endeblez; blandura, condescendencia. **4.** Desfallecimiento. **ANT. 1.** Fortaleza, vigor; firmeza.

debilitar (del lat. *debilitare*) *v. tr.* Disminuir la fuerza, la resistencia o el poder de una persona o cosa. También *v. prnl.* **SIN.** Desgastar, cansar, extenuar, agotar. **ANT.** Fortalecer. **FAM.** Debilitado. DÉBIL.

debitar (del ingl. *debit*) *v. tr.* Anotar en el debe de una cuenta. **SIN.** Adeudar.

débito (del lat. *debitum*, de *debere*, deber) *s. m.* **1.** Deuda. **2.** Debe de una cuenta. SIN. **1.** y **2.** Adeudo.
debut (del fr. *début*) *s. m.* **1.** Primera actuación de un artista, una compañía, etc., en público o ante determinado público. **2.** Primera exhibición de una obra de teatro, cine, etc. **3.** P. ext., primera actuación en cualquier actividad: *su debut como empresario.* ■ Su pl. es *debuts*. SIN. **1.** y **2.** Estreno, presentación. **3.** Comienzo, inicio. FAM. Debutante, debutar.
debutante *adj.* **1.** Que debuta: *actor debutante.* También *s. m.* y *f.* || *s. f.* **2.** Jovencita que hace su presentación en sociedad en un baile de gala: *El baile de las debutantes es esta noche.*
debutar *v. intr.* **1.** Empezar una serie de representaciones: *Hoy debuta la compañía de ballet.* **2.** Actuar por primera vez en cualquier actividad: *Mañana debuto como conferenciante.* SIN. **1.** Estrenar. **2.** Estrenarse.
deca- (del gr. *deka*, diez) *pref.* Significa 'diez': *decámetro, decálogo.*
década (del lat. *decada*, y éste del gr. *dekas*, decena) *s. f.* **1.** Periodo de diez años. **2.** En lenguaje culto, conjunto de diez cosas, como libros, capítulos, etc. SIN. **1.** Decenio.
decadencia (del fr. *décadence*, y éste del lat. *cadere*) *s. f.* **1.** Declive o pérdida de fuerza, de importancia, etc. **2.** Tiempo en que se realiza esta pérdida; se aplica especialmente a periodos de la historia o de las artes. SIN. **1.** Decaimiento, debilitación. **1.** y **2.** Ocaso. ANT. **1.** y **2.** Auge.
decadente *adj.* **1.** Que decae. **2.** Que se halla o se encuentra en decadencia. **3.** Se dice del autor, obra, estilo, etc., de estética refinada y tradicional; también, del gusto por los ambientes en crisis o decadencia. SIN. **3.** Decadentista.
decadentismo *s. m.* Movimiento literario europeo de finales del s. XIX caracterizado por los ambientes en decadencia y crisis, el refinamiento, etc. FAM. Decadentista. DECAER.
decaedro (del gr. *deka*, diez, y *edra*, cara) *s. m.* Cuerpo geométrico con diez caras.
decaer (del lat. vulg. *decadere*, del lat. *decidere*) *v. intr.* Ir a menos, perder fuerza, importancia, intensidad una persona, cosa o cualidad. ■ Es v. irreg. Se conjuga como *caer*. SIN. Disminuir, empeorar, debilitarse, desfallecer, desmejorarse. ANT. Fortalecerse, mejorar. FAM. Decadencia, decadente, decadentismo, decaído, decaimiento. CAER.
decágono (del lat. *decagonus*, y éste del gr. *dekagonos*, de *deka*, diez, y *gonos*, ángulo) *s. m.* Polígono de diez lados. FAM. Decagonal. DIEZ.
decagramo *s. m.* Unidad de masa equivalente a diez gramos.
decaimiento *s. m.* **1.** Estado en que se encuentra una persona que ha perdido las fuerzas. **2.** Desánimo, tristeza. SIN. **1.** Debilitamiento, debilidad, flojedad. **2.** Abatimiento, desaliento, afligimiento. ANT. **1.** Fortaleza, vigor. **2.** Ánimo, alegría.
decalcificar *v. tr.* Descalcificar*. ■ Delante de *e* se escribe *qu* en lugar de *c*: *decalcifique.* FAM. Decalcificación. CALCIFICAR.
decalitro *s. m.* Medida de capacidad equivalente a diez litros.
decálogo (del lat. *decalogus*, y éste del gr. *dekalogos*, de *deka*, diez, y *logos*, palabra) *s. m.* **1.** Los diez mandamientos de la ley de Dios. **2.** P. ext., conjunto de diez leyes, normas, reglas, etc.
decámetro *s. m.* Medida de longitud equivalente a diez metros.
decanato *s. m.* **1.** Cargo de decano y tiempo que dura. **2.** Despacho donde el decano desempeña su cargo.
decano, na (del lat. *decanus*) *s. m.* y *f.* **1.** Miembro más antiguo de una comunidad, organismo, junta, etc. También *adj.* **2.** Persona que con ese título dirige una facultad universitaria o un colegio profesional, aun no siendo la más antigua. FAM. Decanato.
decantar (de *de-* y *canto*[2]) *v. tr.* **1.** Verter con cuidado el líquido contenido en un recipiente, de manera que no caigan las sustancias que se hallan depositadas en el fondo. || **decantarse** *v. prnl.* **2.** Tomar partido, decidirse por alguien o algo. SIN. **2.** Inclinarse, optar, FAM. Decantación. CANTO[2].
decapante *adj.* Se dice de la sustancia química utilizada para decapar. También *s. m.*
decapar (del fr. *décaper*) *v. tr.* Quitar por medio de sustancias apropiadas la capa de óxido, pintura, etc., que cubre un objeto o una superficie. FAM. Decapado, decapante. CAPA.
decapitar (del lat. *decapitare*, de *de*, part. priv., y *caput, -itis*, cabeza) *v. tr.* Cortar la cabeza. SIN. Degollar, guillotinar, descabezar. FAM. Decapitación.
decápodo (de *deca-* y *-podo*) *adj.* **1.** Se dice de determinados crustáceos, como el cangrejo de río, la langosta, etc., que poseen cinco pares de patas. También *s. m.* **2.** Se aplica a ciertos cefalópodos, como el calamar o la sepia, provistos de ocho brazos cortos y otros dos más largos. También *s. m.* || *s. m. pl.* **3.** Cualquiera de los órdenes constituidos por los animales arriba descritos, el segundo de los cuales se halla dividido actualmente en los órdenes sepioideos (sepias) y teutoideos (calamares).
decárea (del gr. *deka*, diez y del lat. *area*, solar sin edificar) *s. f.* Medida de superficie equivalente a diez áreas. Su símbolo es *da* o *Da*.
decasílabo, ba (del lat. *decasyllabus*, y éste del gr. *dekasyllabos*, de *deka*, diez, y *syllabe*, sílaba) *adj.* De diez sílabas. También *s. m.*
decatleta *s. m.* y *f.* Atleta de decatlón.
decatlón *s. m.* Competición de atletismo compuesta por diez pruebas: carreras de 100, 400 y 1.500 m lisos; 110 m vallas; salto de longitud, de altura y con pértiga y lanzamiento de peso, disco y jabalina. FAM. Decatleta. ATLETA.
deceleración *s. f.* Aceleración de signo negativo, reducción de la velocidad de un móvil. SIN. Desaceleración. FAM. Decelerar. CELERIDAD.
decelerar *v. tr.* Desacelerar*.
decena (del lat. *decena*) *s. f.* Conjunto de diez unidades. Se usa a veces con sentido aproximado: *unas decenas de espectadores.* FAM. Decenal. DIEZ.
decenal (del lat. *decennalis*) *adj.* **1.** Que sucede cada diez años: *una conmemoración decenal.* **2.** Que dura un decenio: *un plan decenal.*
decencia *s. f.* **1.** Respeto a la moral vigente o a las buenas costumbres, especialmente en el terreno sexual. **2.** Calidad o condiciones suficientes, aunque no extraordinarias: *Gana para vivir sin lujos, pero con decencia.* SIN. **1.** Honradez, pudor, honestidad. **1.** y **2.** Decoro. **2.** Dignidad. ANT. **1.** Indecencia.
decenio (del lat. *decennium*) *s. m.* Periodo de diez años. SIN. Década.
decente (del lat. *decens, -entis*, de *decere*, parecer bien, ser decoroso) *adj.* **1.** Digno, honesto, de acuerdo con la moral o las buenas costumbres,

especialmente en el terreno sexual. **2.** Que resulta suficiente, bueno, adecuado, satisfactorio: *Déjale una propina decente al acomodador.* **3.** Limpio, ordenado. **SIN. 1.** Honrado; recatado, púdico. **3.** Curioso; aseado, arreglado. **ANT. 1.** Deshonesto, indecente, inmoral. **3.** Sucio, desordenado. **FAM.** Decencia, decentemente. / Adecentar, indecente.

decepción (del lat. *deceptio, -onis*) *s. f.* **1.** Sentimiento que produce alguien o algo que no responde a las esperanzas o expectativas puestas en él o en ello. **2.** Persona o cosa que causa este sentimiento. **SIN. 1.** Desengaño, desilusión, desencanto, chasco. **FAM.** Decepcionante, decepcionar.

decepcionar *v. tr.* Causar una decepción. También *v. prnl.*: *Se decepcionó y abandonó los estudios.* **SIN.** Desilusionar, defraudar, desengañar. **ANT.** Ilusionar, motivar.

decerebración *s. f.* En medicina, extirpación del cerebro.

deceso (del lat. *decessus*) *s. m.* En lenguaje culto, muerte. **SIN.** Óbito, defunción, fallecimiento.

dechado (del lat. *dictatum*, precepto) *s. m.* Ejemplo, modelo para imitarlo. **SIN.** Prototipo, arquetipo, ideal.

deci- *pref.* Significa 'décima parte': *decímetro.*

decibel o **decibelio** *s. m.* Unidad utilizada para medir la intensidad de un sonido.

decidido, da 1. *p.* de **decidir**. También *adj.* || *adj.* **2.** Se dice de la persona que no duda en hacer algo, que tiene decisión y valor. También *s. m.* y *f.* **3.** Referido a gestos, acciones, etc., resuelto, firme: *Con aire decidido se acercó al profesor.* **SIN. 1.** Acordado, determinado. **2.** Atrevido, arrojado, valiente, animoso. **3.** Seguro, enérgico. **ANT. 2.** Indeciso, apocado. **3.** Dudoso, vacilante.

decidir (del lat. *decidere*, cortar, resolver) *v. tr.* **1.** Tomar una determinación, resolución o solución de algo; elegir entre varias posibilidades: *Decidió leerlo.* También *v. prnl.* **2.** Determinar: *El resultado de la entrevista decidió su admisión en esa oficina.* **3.** Impulsarle a una persona algo para que tome una determinación: *El buen tiempo le decidió a salir.* || **decidirse** *v. prnl.* **4.** Animarse, atreverse a llevar a cabo algo que antes se dudó hacer: *Se decidió a comprar la casa.* **SIN. 1.** Acordar. **1.** y **4.** Resolverse. **2.** Suponer. **3.** Inclinar, convencer, mover. **4.** Lanzarse. **ANT. 1.** y **4.** Dudar, vacilar. **FAM.** Decididamente, decidido, decidor, decisión, decisivo, decisorio.

decidor, ra *adj.* **1.** Que dice. **2.** Que habla con facilidad y gracia. También *s. m.* y *f.*

decigramo *s. m.* Medida de masa equivalente a la décima parte de un gramo.

decilitro *s. m.* Medida de capacidad equivalente a la décima parte de un litro.

décima (del lat. *decima*) *s. f.* **1.** Cada una de las diez partes iguales en que se divide un conjunto. **2.** Tipo de estrofa compuesta por diez versos octosílabos que riman el primero con el cuarto y el quinto; el segundo con el tercero; el sexto con el séptimo y el último, y el octavo con el noveno. ■ Se llama también *espinela.* **3.** Aludiendo a fiebre, décima parte de un grado en un termómetro clínico: *El enfermo sólo tiene unas décimas.*

decimal (de *décimo*) *adj.* **1.** Se dice de cada una de las diez partes iguales en que se divide un todo. **2.** Se aplica al sistema de pesos y medidas cuyas unidades son múltiplos o divisores de diez respecto de una cantidad que se toma como base. **3.** Se aplica al sistema de numeración cuya base es diez. || **4. número decimal** El compuesto de una parte entera (que puede ser nula) y de otra inferior, separadas por una coma, p. ej. 3,14 y 0,28. También se llama decimal a la parte que está a la derecha de la coma y a cada una de las cifras que aparecen en ella.

decímetro *s. m.* Medida de longitud equivalente a la décima parte de un metro.

décimo, ma (del lat. *decimus*) *adj. num. ord.* **1.** Que ocupa por orden el número diez: *Entró en la meta en el puesto décimo.* También *pron.* || *adj. num. part.* **2.** Se dice de cada una de las diez partes en que se divide un todo. También *s. m.*: *Le corresponde un décimo de la herencia.* || *s. m.* **3.** Décima parte del billete de lotería. **FAM.** Décima, decimal, decimoctavo, decimocuarto, decimonoveno, decimonono, decimoquinto, decimoséptimo, decimosexto, decimotercero, decimotercio. / Duodécimo, tredécimo, undécimo. DIEZ.

decimo- *pref.* Se usa para la formación de adjetivos y pronombres numerales ordinales a partir del trece y hasta el diecinueve inclusive; en el primero y último de los citados alternan dos formas: *decimotercero, -ra* o *decimotercio, -cia*; *decimonoveno, -na* o *decimonono, -na*.

decimoctavo, va *adj. num. ord.* Que ocupa por orden el número dieciocho. También *s. m.* y *f.*

decimocuarto, ta *adj. num. ord.* Que ocupa por orden el número catorce. También *s. m.* y *f.*

decimonónico, ca *adj.* **1.** Del siglo XIX o relacionado con él. **2.** *desp.* Desfasado. **SIN. 2.** Trasnochado, anticuado. **ANT. 2.** Actual.

decimonoveno o **decimonono, na** *adj. num. ord.* Que ocupa por orden el número diecinueve. También *s. m.* y *f.*

decimoquinto, ta *adj. num. ord.* Que ocupa por orden el número quince. También *s. m.* y *f.*

decimoséptimo, ma *adj. num. ord.* Que ocupa por orden el número diecisiete. También *s. m.* y *f.*

decimosexto, ta *adj. num. ord.* Que ocupa por orden el número dieciséis. También *s. m.* y *f.*

decimotercero, ra *adj. num. ord.* Que ocupa por orden el número trece. También *s. m.* y *f.* ■ Se dice también *decimotercio.*

decimotercio, cia *adj. num. ord.* Decimotercero*.

decir[1] (del lat. *dicere*) *v. tr.* **1.** Expresar con palabras habladas o escritas algo. **2.** Asegurar, sostener, opinar. **3.** Indicar, sugerir, dar a entender algo: *El ejercicio que me entregaste dice mucho de tu capacidad.* **4.** Nombrar o llamar: *Me dicen «el patillas».* || *v. intr.* **5.** Con *bien* o *mal,* convenir, armonizar, o al contrario: *Esa corbata dice bien con esa chaqueta.* || **decirse** *v. prnl.* **6.** Con valor reflexivo, hablar con uno mismo: *Viendo aquello yo me dije...* || **LOC. dar que decir** Dar motivos para murmurar. **el qué dirán** La opinión de la gente sobre la conducta de alguien. **es decir** Equivale a 'esto es' e introduce una aclaración a lo citado anteriormente. **diga** o **dígame** Fórmula con que se contesta a una llamada telefónica. **ni que decir tiene** Véase **ni**. **que digamos** Afirma y pondera lo que se ha expresado en la frase anterior con negación: *No es tacaño, que digamos.* **(que) se dice pronto** *fam.* Sirve para resaltar lo excesivo o exagerado de algo: *Lleva veinticinco años en la empresa, que se dice pronto.* **ser** algo **mucho decir** *fam.* Sirve para refutar algo por improbable o desproporcionado: *Llamar ciudad a este poblacho es mucho decir.* **ya es decir** Sirve para expresar lo extremado o exagerado de algo en comparación con otra cosa: *Ella es más patosa que yo, y ya es decir.* ■ Es v. irreg. **SIN. 1.** Referir, contar, exponer. **1.** y **3.** Manifestar, comunicar. **2.** Mantener, afirmar, recalcar, subrayar. **5.** Casar, entonar; contrastar, desentonar. **ANT. 1.** Callar, silenciar. **FAM.** Decir², dicción, dicho, dizque. / Bendecir, contradecir, desdecir, dicterio, indecible, maldecir, maledicencia, predecir.

DECIR	
GERUNDIO	**PARTICIPIO**
diciendo	*dicho*
INDICATIVO	
Presente	**Pretérito perfecto simple**
digo	*dije*
dices	*dijiste*
dice	*dijo*
decimos	*dijimos*
decís	*dijisteis*
dicen	*dijeron*
Futuro	**Condicional**
diré	*diría*
dirás	*dirías*
dirá	*diría*
diremos	*diríamos*
diréis	*diríais*
dirán	*dirían*
SUBJUNTIVO	
Presente	**Pretérito imperfecto**
diga	*dijera, -ese*
digas	*dijeras, -eses*
diga	*dijera, -ese*
digamos	*dijéramos, -ésemos*
digáis	*dijerais, -eseis*
digan	*dijeran, -esen*
Futuro	
dijere	*dijéremos*
dijeres	*dijereis*
dijere	*dijeren*
IMPERATIVO	
di	*decid*

decir² *s. m.* Dicho, sentencia. Se usa más en *pl.*: *los decires del pueblo.* ‖ **LOC. es un decir** Es una suposición, como si dijéramos. **SIN.** Palabra, expresión, frase.

decisión (del lat. *decisio, -onis*) *s. f.* **1.** Acción de decidir o decidirse: *Tomó la decisión de viajar.* **2.** Firmeza de carácter, iniciativa: *Es un hombre con gran decisión.* **3.** Sentencia o fallo de un juez, de un tribunal, etc. **SIN. 1.** Determinación, opción, elección, acuerdo, medida. **2.** Energía, empuje, ánimo. **3.** Dictamen, veredicto. **ANT. 1.** Indecisión, vacilación. **2.** Debilidad, inseguridad. **FAM.** Indeciso. DECIDIR.

decisivo, va (del lat. *decisus*, decidido) *adj.* **1.** Que decide a alguien o algo: *Tengo razones decisivas para hacerlo.* **2.** Que tiene efectos muy importantes: *un paso decisivo.* **SIN. 1.** Determinante, convincente, concluyente, definitivo, resolutorio, decisorio. **2.** Crítico, crucial. **ANT. 1.** Indiferente. **2.** Trivial.

decisorio, ria (del lat. *decisus*) *adj.* **1.** Que tiene la competencia o la capacidad de decidir: *El Consejo de Administración tiene poder decisorio.* **2.** En der., se dice del juramento que una parte exige a otra, obligándose a su vez a aceptar lo jurado. **SIN. 2.** Deferido.

declamación (del lat. *declamatio, -onis*) *s. f.* **1.** Acción de declamar. **2.** Arte de declamar. **SIN. 1.** Disertación.

declamar (del lat. *declamare*) *v. intr.* **1.** Decir artísticamente, con la entonación, los ademanes y el gesto conveniente, un texto en prosa o en verso. También *v. tr.* **2.** Hablar con demasiado calor, énfasis, vehemencia, etc. **SIN. 1.** Recitar, disertar. **FAM.** Declamación, declamatorio. CLAMAR.

declamatorio, ria *adj.* Se dice de la forma de expresarse enfática y exagerada: *estilo declamatorio, tono declamatorio.* **SIN.** Ampuloso, afectado.

declaración (del lat. *declaratio, -onis*) *s. f.* **1.** Acción de declarar o de declararse. **2.** Lo que alguien declara: *Sus declaraciones aparecieron en primera página.* **3.** Documento en el que alguien declara algo. ‖ **4. declaración de la renta** Comunicación que una persona hace a Hacienda de sus ingresos con fines fiscales. ‖ **LOC. prestar declaración** Declarar ante un juez o una autoridad competente. **tomar declaración** Preguntar la autoridad competente a un acusado o a un testigo sobre los hechos que se pretenden aclarar. **SIN. 1.** y **2.** Manifestación, explicación, revelación, proclamación, testimonio.

declarado, da 1. *p.* de **declarar**. También *adj.* ‖ *adj.* **2.** Que es muy claro o conocido por todos: *Es enemigo declarado de los toros. Una declarada feminista dirigirá la comisión.* **SIN. 2.** Manifiesto, notorio.

declarar (del lat. *declarare*) *v. tr.* **1.** Manifestar algo que anteriormente era desconocido o explicar lo que no se entiende bien: *Declaró a los periodistas lo tratado en el consejo de ministros.* **2.** Determinar o decidir los jueces u otras personas con autoridad: *El tribunal le declaró culpable.* **3.** Exponer los testigos o el reo ante el juez, la policía, etc., lo que saben sobre el asunto del que se les pregunta. También *v. prnl.*: *El acusado se declaró inocente.* **4.** Comunicar a la Administración la cantidad y naturaleza de ingresos, mercancías u objetos sometidos al pago de impuestos: *En la aduana declaró todas sus compras. Declaró la renta.* **5.** Adoptar una postura ante un hecho determinado: *declarar la guerra.* También *v. prnl.*: *declararse neutral.* ‖ **declararse** *v. prnl.* **6.** Aparecer claramente una cosa o empezar a advertirse su acción: *Se declaró una epidemia, un incendio.* **7.** Manifestar una persona su amor a otra pidiéndole relaciones. **SIN. 1.** Revelar, descubrir, publicar, proclamar, confesar. **2.** Dictaminar, fallar. **3.** Deponer, atestiguar, testificar. **ANT. 1.** Callar, ocultar. **FAM.** Declaración, declaradamente, declarado, declarante, declarativo. / Indeclarable. CLARO.

declarativo, va *adj.* **1.** Que declara alguna cosa. **2.** Se dice de las oraciones enunciativas.

declinación (del lat. *declinatio, -onis*) *s. f.* **1.** Acción de declinar. **2.** Serie ordenada de los casos gramaticales. **3.** En astron., distancia de un astro al ecuador celeste. **4.** En geog., ángulo que forma el meridiano magnético, definido por la dirección de la brújula, con el meridiano geográfico. **SIN. 1.** Caída, descenso, bajada, pendiente, declive, decadencia. **2.** Flexión. **ANT. 1.** Subida, ascenso.

declinar (del lat. *declinare*) *v. intr.* **1.** Disminuir una cosa en fuerza o valor: *La enfermedad declinó.* **2.** Aproximarse una cosa a su fin o término: *La tarde declinaba.* **3.** Inclinarse hacia abajo o hacia un lado u otro. ‖ *v. tr.* **4.** Renunciar, rechazar o cambiar de opinión: *declinar una invitación.* **5.** Poner las terminaciones en las palabras según los casos o funciones que pueden desempeñar en la oración. SIN. 1. Remitir, decaer, decrecer, desfallecer, debilitarse. 2. Acabarse. 4. Rehusar. ANT. 1. Aumentar, ascender. 2. Empezar. 4. Aceptar. FAM. Declinable, declinación. / Indeclinable.

declive (del lat. *declivis*) *s. m.* **1.** Cuesta o inclinación del terreno o de cualquier otra superficie: *El tejado tiene un pronunciado declive.* **2.** Decadencia: *el declive del imperio.* SIN. **1.** Desnivel, pendiente. **2.** Caída, declinación, ocaso. ANT. **2.** Ascenso, auge.

decodificar *v. tr.* Descodificar*. ■ Delante de *e* se escribe *qu* en lugar de *c*: *decodifique.* FAM. Decodificación, decodificador. CODIFICAR.

decolaje (del fr. *decollage*) *s. m. Amér. del S.* Despegue de una aeronave.

decolar (del fr. *décoller*) *v. intr. Chile, Col.* y *Ec.* Despegar una aeronave.

decolorar (del lat. *decolorare*) *v. tr.* Rebajar o quitar el color a algo. También *v. prnl.*: *El traje se decoloró al lavarlo.* SIN. Descolorar, desteñir, despintar. ANT. Colorar. FAM. Decoloración, decolorante. COLORAR.

decomisar *v. tr.* Apropiarse el Estado de mercancías de contrabando. SIN. Confiscar, comisar, aprehender, incautar. FAM. Decomiso. COMISO.

decomiso *s. m.* **1.** Acción de decomisar, y objeto decomisado. **decomisos 2.** Establecimiento autorizado donde se venden mercancías decomisadas. SIN. **1.** Comiso.

decoración (del lat. *decoratio, -onis*) *s. f.* **1.** Acción de decorar. **2.** Conjunto de los elementos que decoran algo: *La decoración de la casa es muy sencilla.* **3.** Conjunto de telones, bambalinas, muebles y objetos que componen el ambiente de una escena teatral. SIN. **1.** Engalanamiento, interiorismo. **1.** y **2.** Adorno, ornamentación. **3.** Decorado, escenografía.

decorado, da 1. *p.* de **decorar**. También *adj.* || *s. m.* **2.** Decoración, particularmente en el teatro.

decorador, ra (del lat. *decorator, -oris*) *adj.* **1.** Que decora: *un pintor decorador.* || *s. m.* y *f.* **2.** Persona que se dedica profesionalmente a la decoración. SIN. **2.** Interiorista.

decorar (del lat. *decorare*) *v. tr.* **1.** Adornar cualquier espacio u objeto. **2.** Poner en una casa o habitación muebles, cuadros, alfombras, etc., para crear un determinado ambiente y embellecerla. SIN. **1.** Ornar, engalanar, aderezar. **2.** Ambientar. FAM. Decoración, decorado, decorador, decorativo. / Condecorar. DECORO.

decorativo, va (del lat. *decoratus*, decorado) *adj.* **1.** Que sirve para decorar, que produce un efecto agradable a la vista: *un mueble muy decorativo.* **2.** Relativo a la decoración: *artes decorativas.* **3.** Que cumple una función sin importancia o no cumple la que tiene encomendada: *Es una pieza decorativa en la empresa.*

decoro (del lat. *decorum*) *s. m.* **1.** Honor, respeto que se debe a una persona, situación, cargo, etc. **2.** Gravedad, educación en las palabras y acciones. **3.** Cualidad de lo moderado, sin lujo, pero de acuerdo con la propia categoría: *Vive con decoro.* **4.** Recato, pudor en el lenguaje, en el vestir, etc., sobre todo desde la perspectiva de la moral sexual: *Viste con decoro.* SIN. **1.** Dignidad, honra. **2.** Compostura, discreción, circunspección. **3.** Conveniencia, moderación. **4.** Decencia, honestidad. ANT. **1.** Indignidad, deshonor. **2.** Descaro. **4.** Indecencia. FAM. Decorar, decorosamente, decoroso. / Indecoroso.

decrecer (del lat. *decrescere*) *v. intr.* Disminuir algo o alguien en tamaño, cantidad, intensidad o importancia: *Decreció la producción de azúcar. Decrece el interés por la feria.* ■ Es v. irreg. Se conjuga como *agradecer*. SIN. Menguar, aminorar, descender, empequeñecer, bajar. ANT. Aumentar, crecer. FAM. Decreciente, decrecimiento, decremento, decrescendo. CRECER.

decremento (del lat. *decrementum*) *s. m.* Disminución, merma.

decrépito, ta (del lat. *decrepitus*) *adj.* **1.** Se aplica a la persona que por su vejez tiene muy debilitadas sus facultades físicas y mentales. También *s. m.* y *f.* **2.** Se dice de las cosas que están en franca decadencia. SIN. **1.** Viejo, vetusto, carcamal, senil, chocho. **2.** Caduco, acabado, ruinoso. ANT. **1.** Joven, lozano. FAM. Decrepitud.

decrescendo (ital.) *adv. m.* **1.** Disminución gradual de la intensidad del sonido. || *s. m.* **2.** Pasaje de una composición musical que se ejecuta de este modo.

decretar (de *decreto*) *v. tr.* **1.** Decidir o mandar algo la persona o institución que tiene autoridad para ello: *El Ministerio decretó el cierre del colegio.* **2.** Determinar el juez sobre las medidas que se deben tomar como resultado de un juicio: *El juez decretó la libertad del detenido.* **3.** Escribir en el margen de un escrito la solución o respuesta que se ha de dar. SIN. **1.** Resolver, ordenar. ANT. **1.** Derogar, abrogar, abolir. FAM. Decreto.

decreto (del lat. *decretum*) *s. m.* **1.** Acción de decretar. || **2. decreto ley** Disposición del gobierno que tiene fuerza de ley. **3. real decreto** Disposición firmada por el rey y refrendada por un ministro. SIN. **1.** Orden, ordenanza, precepto.

decúbito (del lat. *decubitus*, de *decumbere*, acostarse) *s. m.* **1.** Posición que toman las personas o los animales cuando están tumbados. || **2. decúbito lateral** Tendido horizontalmente sobre un lado. **3. decúbito prono** Echado sobre el pecho y el vientre. **4. decúbito supino** Tendido sobre la espalda.

decuplicar *v. tr.* Multiplicar por diez. Tambien *v. prnl.* ■ Delante de *e* se escribe *qu* en lugar de *c*: *decuplique.* FAM. Décuplo. DIEZ.

décuplo, pla (del lat. *decuplus*) *adj. num. mult.* Que contiene diez veces una cantidad o valor determinado. También *s. m.*

decurso (del lat. *decursus*, corrida, corriente) *s. m.* Sucesión o continuación del tiempo: *en el decurso de los años.* SIN. Curso, transcurso, discurrir.

dedada *s. f.* **1.** Cantidad de algo que puede cogerse con el dedo. **2.** Marca o mancha hecha con los dedos.

dedal (del lat. *digitale*, de *digitus*, dedo) *s. m.* **1.** Utensilio de costura que se ajusta al dedo y sirve para empujar la aguja sin riesgo de pincharse. **2.** Dedil*. **3.** Cantidad muy pequeña de líquido: *Me echó un dedal de licor.*

dedalera *s. f.* Digital*, planta.

dédalo (por alusión al personaje mitológico *Dédalo*, constructor del laberinto de Creta) *s. m.* Laberinto*, lugar o situación confusos y enmarañados. SIN. Maraña, embrollo, enredo.

dedicación *s. f.* **1.** Entrega intensa a una actividad: *Premiaron su dedicación a la empresa.* **2.** Uso al que se destina algo: *La dedicación de este edificio a museo ha sido todo un éxito.* || **3. dedicación exclusiva** Situación laboral del funcionario que se compromete a dedicar todo su tiempo a la Administración. SIN. **2.** Empleo.

dedicar (del lat. *dedicare*) *v. tr.* **1.** Destinar algo para un uso o fin determinado: *Dedica el salón para biblioteca.* También *v. prnl.* **2.** Consagrar un templo u otra cosa al culto. **3.** Ofrecer algo a una persona determinada como prueba de cariño, agradecimiento o admiración: *Dedicó la canción al público.* **4.** Firmar o escribir unas palabras, en atención a alguien, en un libro, programa, etc.: *El autor dedicó más de cien ejemplares de su novela.* || **dedicarse** *v. prnl.* **5.** Tener cierta ocupación o profesión: *Se dedica a la escultura.* ■ Delante de *e* se escribe *qu* en lugar de *c*: *dedique.* **SIN. 1.** Emplear, asignar. **2.** Ofrendar. **5.** Entregarse. **FAM.** Dedicación, dedicatoria.

dedicatoria *s. f.* Escrito que se pone en un libro, fotografía, etc., ofreciéndolo o brindándolo a alguien.

dedil *s. m.* Funda que se coloca en los dedos para protegerlos, cubrir una herida, etc.

dedillo *s. m. dim.* de **dedo**. || **LOC. al dedillo** *adv. fam.* Con toda precisión, con todo detalle: *Se sabe la lección al dedillo.*

dedo (del lat. *digitus*) *s. m.* **1.** Cada una de las partes en que se dividen en su extremo la mano y el pie del hombre y de muchos animales. **2.** El ancho de un dedo tomado como medida de longitud: *En la calle había tres dedos de agua.* **3.** Medida de longitud que equivale a unos 18 mm. || **4. dedo anular** El cuarto de la mano, contando a partir del pulgar; se llama así porque en él se suelen poner los anillos. **5. dedo corazón** (o **de en medio**) El del centro de la mano, el más largo de los cinco. **6. dedo gordo** Pulgar. **7. dedo índice** El segundo de la mano; se usa regularmente para señalar. **8. dedo meñique** El quinto de la mano y, p. ext., del pie; es más delgado y corto y está en el extremo opuesto al pulgar. **9. dedo pulgar** El primero y más grueso de la mano y, p. ext., también el primero del pie. || **LOC. a dedo** *adv. fam.* Por influencia o enchufe; también, al azar: *Ese puesto se cubrió a dedo. Eligió a dedo a uno de la fila.* **cogerse** (o **pillarse**) **los dedos** *fam.* Resultar perjudicado, quedarse corto en algún proyecto, empresa, presupuesto, etc. **chuparse el dedo** *fam.* Ser ingenuo o tonto. ■ Se usa más en frases negativas e interrogativas: *No pienses que me chupo el dedo. ¿Te has creído que me chupo el dedo?* **chuparse los dedos** *fam.* Sentir especial placer con algo, generalmente de comer: *Esta carne está para chuparse los dedos.* **hacer dedo** *fam.* Hacer autostop. **hacérsele** a alguien **los dedos huéspedes** *fam.* Ser receloso, ver peligros o enemigos donde no existen. **no tener dos dedos de frente** *fam.* Ser de corta inteligencia. **poner el dedo en la llaga** *fam.* Acertar o aludir a aquello que más interesa o preocupa. **FAM.** Dedada, dedal, dedalera, dedil, dedillo, dedocracia. / Dígito.

dedocracia (de *dedo* y *-cracia*) *s. f. fam.* Nombramiento de una persona para ocupar un cargo, realizado de manera arrbitraria y con abuso de poder. **FAM.** Dedocrático. DEDO.

deducción (del lat. *deductio, -onis*) *s. f.* **1.** Acción de deducir. **2.** Conclusión a la que se llega a partir de algo por medio de razonamiento. **3.** Aquello que se deduce o resta de algo: *Ha aplicado varias deducciones en su Declaración de la Renta.* **4.** Método de investigación por el cual se obtienen verdades particulares después de examinar conceptos, datos o hechos generales. **SIN. 1.** y **2.** Inferencia, consecuencia, derivación. **1.** y **3.** Descuento, rebaja.

deducir (del lat. *deducere*) *v. tr.* **1.** Sacar consecuencias a partir de un principio, supuesto o situación anterior: *Como estaba todo apagado deduje que no había nadie.* También *v. prnl.*: *De la fiebre se deduce que está enfermo.* **2.** Descontar una parte de una cantidad: *Del total debemos deducir los gastos.* También *v. prnl.* ■ Es v. irreg. Se conjuga como *conducir.* **SIN. 1.** Inferir, concluir, colegir, derivar. **2.** Restar, rebajar. **FAM.** Deducción, deducible, deductivo.

deductivo, va *adj.* Que actúa por deducción o está relacionado con este proceso de razonamiento.

defecar (del lat. *defaecare*) *v. tr.* Expulsar los excrementos. Se usa más como *v. intr.* ■ Delante de *e* se escribe *qu* en lugar de *c*. **SIN.** Cagar, excretar, evacuar, deponer. **FAM.** Defecación. FECAL.

defección (del lat. *defectio, -onis*) *s. f.* Acción de abandonar uno o varios individuos la causa a la que servían, el partido al que pertenecían, etc. **SIN.** Deserción, traición, separación, huida. **ANT.** Adhesión.

defectivo, va (del lat. *defectivus*) *adj.* **1.** Imperfecto, defectuoso. **2.** Se dice del verbo que no se usa en todos los modos, tiempos o personas, como p. ej. *abolir* o *soler.* **SIN. 1.** Incompleto, insuficiente. **ANT. 1.** Perfecto, completo.

defecto (del lat. *defectus*) *s. m.* **1.** Falta o imperfección que tiene una persona, animal o cosa. || **2. defecto de forma** Falta de alguno de los requisitos externos o aspectos de expresión de un acto jurídico, que puede ser motivo de la nulidad del mismo. || **LOC. por defecto** *adj.* y *adv.* Con menos de lo debido o esperado: *un error por defecto.* **SIN. 1.** Carencia, deficiencia, fallo, tara, tacha, desperfecto. **ANT. 1.** Perfección; virtud. **FAM.** Defectivo, defectuosamente, defectuoso. / Defección, deficiente, indefectible.

defender (del lat. *defendere*) *v. tr.* **1.** Proteger a alguien o algo de un daño o cosa perjudicial: *defender la naturaleza.* También *v. prnl.*: *defenderse del frío.* **2.** Hacer frente a alguien que ataca. También *v. prnl.*: *Los soldados se defendían en la trinchera.* **3.** Mantener una opinión, causa, etc., frente a otras opuestas: *Defendí mis ideas.* También *v. prnl.* **4.** Abogar en favor de alguien: *Defendió de las críticas a su amigo.* También *v. prnl.* ■ Es v. irreg. Se conjuga como *tender.* **SIN. 1.** Amparar, preservar, resguardar, salvaguardar. **2.** Parapetarse. **3.** Sostener, sustentar. **4.** Exculpar, disculpar, apoyar. **ANT. 1.** Atacar; abandonar. **2.** Desguarnecer. **3.** Ceder. **4.** Culpar, acusar. **FAM.** Defendible, defendido, defensa, defensivo, defensor.

defendido, da 1. *p.* de **defender**. También *adj.* || *s. m.* y *f.* **2.** En der., persona a quien defiende un abogado.

defenestrar *v. tr.* **1.** Arrojar a alguien por una ventana. **2.** Quitar bruscamente a alguien de un cargo, puesto, situación, etc. **SIN. 2.** Destituir, expulsar. **ANT. 2.** Mantener, confirmar. **FAM.** Defenestración.

defensa (del lat. *defensa*) *s. f.* **1.** Acción y resultado de defender, defenderse. **2.** Medio, instrumento u otra cosa para defenderse de un peligro: *Los cuernos son las defensas del toro.* **3.** Argumentos con que se defiende a alguien o algo, en especial en un juicio: *El abogado enfocó bien la defensa.* **4.** Abogado defensor: *Tiene la palabra la defensa.* **5.** Agente o mecanismo que tienen los seres vivos para oponerse a la invasión de los agentes causantes de enfermedades. Se usa más en *pl.* **6.** En el fútbol y otros deportes, línea de jugadores que tratan de evitar que el equipo contrario consiga un tanto. || *s. m.* y *f.* **7.** Cada uno de esos jugadores. || **8. defensa perso-**

nal Técnica de defensa sin armas que emplea recursos de artes marciales, lucha y boxeo. **SIN. 1.** Amparo, resguardo, salvaguardia, custodia, apoyo, auxilio, ayuda. **3.** Alegato, apología, justificación. **ANT. 1.** Ataque; abandono. **3.** Acusación. **FAM.** Indefenso. DEFENDER.

defensivo, va *adj.* **1.** Que sirve para proteger o defender: *armamento defensivo.* || *s. f.* **2.** Situación o estado del que sólo trata de defenderse. **SIN. 1.** Protector. **ANT. 1.** Atacante.

defensor, ra (del lat. *defensor, -oris*) *adj.* **1.** Que defiende o protege. También *s. m.* y *f.* **2.** Se dice del abogado que en un juicio se encarga de defender al acusado. También *s. m.* y *f.* || **3. defensor del pueblo** Persona elegida por las Cortes para defender a los ciudadanos de los errores o abusos de poder de la Administración pública.

deferencia (del lat. *deferens, -entis*) *s. f.* **1.** Conformidad con la actuación o la opinión de alguien por respeto, aunque no se comparta: *Aplaudieron por deferencia.* **2.** Amabilidad o cortesía hacia alguien: *Tuvo la deferencia de recibirme.* **SIN. 1.** y **2.** Condescendencia, consideración, atención, miramiento. **ANT. 1.** y **2.** Desconsideración, desatención. **FAM.** Deferente.

deferente (del lat. *deferens, -entis*) *adj.* **1.** Que tiene deferencia: *Estuvo muy deferente con nosotros.* || **2. conducto deferente** Conducto que comunica cada uno de los testículos con el exterior. **SIN. 1.** Complaciente, considerado, atento, respetuoso, cortés. **ANT. 1.** Desconsiderado, desatento. **FAM.** Aferente, eferente.

deficiencia *s. f.* **1.** Carencia de perfección: *Rechazaron su trabajo porque tenía muchas deficiencias.* || **2. deficiencia mental** En med. funcionamiento intelectual por debajo del nivel medio. Se suele llamar a la persona que la padece *discapacitado psíquico* o *diferencial.* **SIN. 1.** Defecto, fallo. **FAM.** Inmunodeficiencia DEICIENTE.

deficiente (del lat. *deficiens, -entis*) *adj.* **1.** Insuficiente, que no alcanza el nivel debido: *una producción deficiente.* **2.** Que está mal realizado: *una redacción deficiente.* || **3. deficiente mental** Sujeto cuyo coeficiente intelectual está por debajo del nivel medio de la población. **SIN. 1.** Escaso. **2.** Defectuoso. **ANT. 1.** Suficiente. **2.** Bueno. **FAM.** Deficiencia, déficit. DEFECTO.

déficit (del lat. *deficit,* de *deficere,* faltar) *s. m.* **1.** Situación que se produce en una cuenta, presupuesto, balance, etc., cuando los gastos son mayores que los ingresos. **2.** P. ext., falta de algo que se considera necesario: *déficit de calorías, de hospitales.* ■ Su pl. es *déficit* o *déficits.* **ANT. 1.** Superávit. **FAM.** Deficitario. DEFICIENTE.

definición (del lat. *definitio, -onis*) *s. f.* **1.** Acción de definir. **2.** Palabras con las que se define. **3.** Particularmente, explicación de cada uno de los vocablos que contiene un diccionario. **4.** Resolución de una duda o cuestión por una autoridad competente: *las definiciones del concilio.* **5.** Número de líneas de la imagen en televisión. **FAM.** Indefinición. DEFINIR.

definir (del lat. *definire*) *v. tr.* **1.** Fijar con exactitud el significado de una palabra, concepto, teoría, etc. **2.** Expresar alguien claramente cuál es su actitud u opinión sobre cierto asunto. También *v. prnl.*: *Se definió políticamente.* **SIN. 1.** Explicar. **2.** Pronunciarse, precisar, aclarar(se). **FAM.** Definible, definición, definido, definidor, definitivo, definitorio. / Autodefinido. FIN.

definitivo, va (del lat. *definitivus*) *adj.* **1.** Que es como debe ser y ya no está sujeto a cambios: *la fecha definitiva del viaje.* **2.** Se dice de lo que decide o resuelve: *La postura de los sindicatos fue definitiva para la desconvocatoria de la huelga.* || **LOC. en definitiva** *adv.* En conclusión, en resumen. **SIN. 2.** Decisivo, determinante, concluyente, resolutivo. **ANT. 1.** Provisional.

deflación (del lat. *deflare,* quitar soplando) *s. f.* Situación económica en la que se produce una disminución generalizada de los precios. **FAM.** Deflacionario, deflacionista.

deflagración *s. f.* Acción de deflaglar.

deflagrar (del lat. *deflagrare*) *v. intr.* Arder una cosa rápidamente con llama y sin explosión. **FAM.** Deflagración. FLAGRANTE.

deflector *s. m.* **1.** Dispositivo o superficie -como p. ej. un timón o los alerones de un avión- que sirve para dirigir o desviar una corriente de fluido. **2.** Plano auxiliar del ala de un avión que sirve para aumentar la sustentación.

defoliante *adj.* Se dice del producto químico que provoca la defoliación. También *s. m.*

defoliar *v. tr.* Provocar la caída prematura o artificial de las hojas de los vegetales. **FAM.** defoliación, defoliante. FOLIO.

deforestar (de *de-* y el ant. fr. *forest,* bosque) *v. tr.* Eliminar o destruir el bosque por causas naturales o la actuación del hombre. ■ También se dice *desforestar.* **ANT.** Repoblar. **FAM.** Deforestación. FORESTAR.

deformación (del lat. *deformatio, -onis*) *s. f.* **1.** Acción de deformar o deformarse. **2.** Parte deformada de algo. || **3. deformación profesional** Hábitos adquiridos por el ejercicio de una profesión. **SIN. 1.** Alteración, desfiguración, desproporción. **1.** y **2.** Deformidad.

deformar (del lat. *deformare*) *v. tr.* **1.** Cambiar la forma normal o correcta de una cosa estropeándola o falseándola: *Ese proyector deforma las imágenes.* También *v. prnl.* **2.** Modificar a una persona, su carácter, etc., haciéndolos peores. También *v. prnl.* **SIN. 1.** y **2.** Desfigurar(se), alterar(se), desvirtuar(se). **ANT. 1.** Preservar(se). **1.** y **2.** Mejorar(se). **FAM.** Deformación, deformable, deformador, deformante, deforme, deformidad. / Indeformable. FORMAR.

deforme (del lat. *deformis*) *adj.* Que tiene forma anormal. También *s. m.* y *f.* **SIN.** Disforme, desproporcionado, contrahecho, desfigurado. **ANT.** Proporcionado.

deformidad *s. f.* **1.** Cualidad de deforme: *Su cojera es producrto de una deformidad congénita.* **2.** Cosa deforme: *Una pequeña deformidad le afea la boca.* **SIN. 1.** Anormalidad. **1.** y **2.** Disformidad, deformación.

defraudar (del lat. *defraudare*) *v. tr.* **1.** Resultarle a alguien una persona o cosa menos buena, interesante, importante, etc., de lo que esperaba: *La novela me defraudó.* También *v. intr.* **2.** Eludir el pago de algo con engaño, particularmente el de los impuestos o contribuciones: *defraudar a Hacienda.* **SIN. 1.** Decepcionar, desilusionar, desencantar. **2.** Estafar. **ANT. 1.** Convencer, satisfacer. **2.** Tributar, contribuir. **FAM.** Defraudación. FRAUDE.

defunción (del lat. *defunctio, -onis*) *s. f.* Muerte de una persona. **SIN.** Fallecimiento, óbito, expiración, deceso. **ANT.** Nacimiento. **FAM.** Véase **difunto**.

degenerado, da 1. *p.* de **degenerar**. También *adj.* || *adj.* **2.** Vicioso, pervertido. También *s. m.* y *f.* **SIN. 2.** Depravado, degradado.

degenerar (del lat. *degenerare*) *v. intr.* **1.** Perder las personas o cosas su vigor o cualidades primeras: *Este suelo ha degenerado y ya no produce* *como antes.* También *v. prnl.* **2.** Carecer una especie o individuo vegetal, animal o humano de las buenas cualidades y características de sus antecesores. También *v. prnl.* **3.** Pasar de una condición o estado a otro peor: *La protesta degeneró en bronca.* **SIN. 1.** Empeorar(se), decaer(se), degradarse. **ANT. 1.** Regenerarse. **FAM.** Degeneración, degenerado, degenerativo. GENERAR.

deglución (del lat. *deglutio, -onis*) *s. f.* Acción de deglutir. **SIN.** Ingestión.

deglutir (del lat. *deglutire*) *v. intr.* Tragar, hacer pasar los alimentos de la boca al estómago. También *v. tr.* **SIN.** Ingerir. **ANT.** Devolver, vomitar. **FAM.** Deglución.

degolladero *s. m.* **1.** Sitio destinado a degollar las reses. **2.** Tablado donde se degollaba a los delincuentes. **3.** Parte del cuello por donde se degüella. **SIN. 1.** Matadero. **2.** Patíbulo, cadalso.

degolladura *s. f.* Herida que se hace al degollar y, p. ext., cualquier herida hecha en la garganta o cuello.

degollar (del lat. *decollare*, de *de*, part. priv., y *collum*, cuello) *v. tr.* **1.** Cortar la garganta o el cuello a una persona o animal. **2.** Matar el torero al toro clavándole la espada de forma defectuosa en el cuello. **3.** *fam.* Representar mal una obra de teatro, terminar mal un discurso, ejecutar mal una pieza musical, etc. ■ Es v. irreg. Se conjuga como *contar.* **SIN. 1.** Decapitar. **3.** Asesinar, arruinar, malograr. **FAM.** Degollación, degolladero, degolladura, degollamiento, degollina, degüello.

degollina *s. f.* **1.** Matanza, mortandad. **2.** *fam.* Abundancia de suspensos en un examen. **3.** *fam.* Gran destrozo, escabechina: *Se ha hecho una degollina al afeitarse.* **SIN. 1.** Hecatombe. **1.** y **3.** Carnicería.

degradar (del lat. *degradare*, de *de*, part. priv., y *gradus*, grado) *v. tr.* **1.** Privar o rebajar a una persona de un cargo, dignidad, honor, etc., especialmente en el ejército. **2.** Reducir o desgastar las fuerzas o cualidades de personas o cosas: *degradar el ambiente.* También *v. prnl.* **3.** Humillar, hacer indigno a alguien: *Esos actos despreciables le degradan.* También *v. prnl.* **4.** En pintura, disminuir la intensidad del color o de la luz y también el tamaño de las figuras para lograr el efecto de perspectiva. **SIN. 1.** Destituir, deponer. **2.** Degenerar(se), deteriorar(se), desvirtuar(se), debilitar(se). **3.** Envilecer(se), deshonrar(se), corromper(se). **ANT. 1.** Ascender. **2.** Mejorar(se). **3.** Honrar(se). **FAM.** Degradación, degradante. / Biodegradable. GRADO[1].

degüello *s. m.* Acción de degollar. || **LOC. a degüello** *adv.* Con dureza, mala intención, produciendo gran daño o destrozo.

degustar (del lat. *degustare*) *v. tr.* Probar un alimento o una bebida para valorar su sabor. **SIN.** Catar. **FAM.** Degustación. GUSTAR.

dehesa (del lat. *defensa*, acotada) *s. f.* Campo acotado destinado a pasto de ganados y, en algunas zonas, a la cría de toros de lidia. **SIN.** Pastizal, prado.

dehiscencia *s. f.* En bot., apertura natural de los órganos vegetales para que se disperse el polen o las semillas que contienen.

dehiscente (del lat. *dehiscens, -entis*, de *dehiscere*, abrirse) *adj.* Se aplica a los órganos vegetales que se abren espontáneamente para dispersar su contenido (polen o semillas). **FAM.** Dehiscencia.

deicidio (del lat. *Deus*, Dios, y *caedere*, matar) *s. m.* Acción de dar muerte a Dios. **FAM.** Deicida. DIOS.

deíctico, ca (del gr. *deiktikos*) *adj.* **1.** Que señala o muestra; se aplica sobre todo a elementos lingüísticos que realizan deixis. **2.** Propio de la deixis.

deidad (del lat. *deitas, -atis*) *s. f.* **1.** Ser divino y, particularmente, dios pagano. **2.** Cualidad de divino. **SIN. 1.** y **2.** Divinidad.

deificar (del lat. *deificare*, de *deus*, dios, y *facere*, hacer) *v. tr.* **1.** Hacer o considerar divina a una persona o cosa. **2.** Ensalzar excesivamente. ■ Delante de *e* se escribe *qu* en lugar de *c.* **SIN. 1.** y **2.** Divinizar. **2.** Exaltar, sublimar. **FAM.** Deificación. DIOS.

deísmo (del lat. *Deus*, Dios, e *-ismo*) *s. m.* Doctrina filosófica que acepta racionalmente la existencia de un dios como principio y causa del universo, pero rechaza cualquier tipo de culto externo. **FAM.** Deísta. DIOS.

deixis (del gr. *deixis*, de *deiknymi*, mostrar) *s. f.* Función desempeñada por ciertos elementos lingüísticos que consiste en señalar o designar algo presente entre los hablantes o en el enunciado, p. ej. la que ejercen palabras como *esto, eso, aquí, allí.* ■ No varía en *pl.* **FAM.** Deíctico.

dejación *s. f.* Cesión, abandono de bienes, de derechos, de autoridad, etc. **SIN.** Renuncia.

dejadez *s. f.* Falta de cuidado o energía, abandono de uno mismo o de sus cosas. **SIN.** Negligencia, desidia, incuria, pereza, desgana. **ANT.** Esmero, diligencia.

dejado, da 1. *p.* de **dejar**. || *adj.* **2.** Descuidado para con su persona o sus cosas. También *s. m.* y *f.* || *s. f.* **3.** En algunos dep., como pelota vasca o tenis, pelota que se lanza muy corta para que no llegue a alcanzarla el contrario. **SIN. 2.** Abandonado, adán. **ANT. 2.** Cuidadoso, diligente.

dejar (del lat. *laxare*, ensanchar, aflojar) *v. tr.* **1.** Soltar algo que se tiene cogido o ponerlo en algún lugar: *Deja los documentos en el cajón.* **2.** Abandonar una actividad, no hacer lo que corresponde a lo expresado, no ocuparse de alguien o algo: *Dejó el ejercicio más difícil.* También *v. intr.* y *prnl.*: *He dejado de estudiar. Déjate de bromas.* **3.** No coger o no llevar alguna cosa: *Dejo el coche en casa para evitar atascos.* **4.** Hacer que alguien o algo quede de la manera que se indica: *Le dejó triste la noticia. Dejó el cuarto sin arreglar. El rey dejó a su hermano como heredero.* **5.** No cambiar, no quitar una cosa de donde está. **6.** No inquietar ni molestar: *Deja al pequeño.* **7.** Irse, ausentarse: *Dejó la ciudad.* **8.** Romper una relación afectiva, particularmente la de pareja: *Ha dejado al novio.* También *v. prnl.* con valor recíproco: *Pedro y Carmen se han dejado.* **9.** Encomendar a otro lo que antes hacía uno mismo: *Le dejó al hijo el negocio.* **10.** Dar o entregar algo: *Dejó la llave al portero.* **11.** Dar en herencia: *Le dejó todos sus bienes.* **12.** Prestar: *Su amigo le dejó dinero.* **13.** Ceder o dar algo cuando ya no se piensa usar: *Me dejará su piso cuando se mude.* **14.** Producir, causar: *Esta venta me deja cincuenta mil pesetas.* **15.** Permitir, consentir: *El médico me deja que salga a dar un paseo.* También *v. prnl.*: *Se deja tomar el pelo.* **16.** En algunos dep., como la pelota vasca o el tenis, lanzar suavemente la pelota para que el contrario no pueda alcanzarla. || **dejarse** *v. prnl.* **17.** Abandonarse, descuidarse: *Tras el accidente, se dejó totalmente.* **18.** Olvidarse de algo, particularmente una cosa en un sitio: *Me dejé la cartera en casa.* **19.** Construido con verbos en infinitivo, producirse la acción expresada por éstos: *Se deja* *sentir el calor.* || LOC. **dejar (mucho** o **bastante) que desear** una persona o una cosa Distar mucho de ser buena o de estar bien hecha. SIN. **1.** Desprenderse; colocar, depositar. **2.** Desentenderse, despreocuparse, desistir. **2.** y **7.** Retirarse. **7.** Marcharse. **8.** Plantar, cortar, separarse. **9.** Confiar, encargar. **14.** Proporcionar. **15.** Admitir, acceder, aguantar, tolerar. ANT. **1.** Agarrar, retener. **1.** a **3.** Tomar. **2.** Realizar, efectuar. **6.** Alterar, incomodar. **7.** Quedarse, permanecer. **11.** Desheredar. **15.** Prohibir(se), impedir(se). FAM. Dejación, dejadez, dejado, deje, dejillo, dejo.

deje *s. m.* Acento, pronunciación y entonación particular en el modo de hablar de cada región. ■ Se dice también *dejo* o *dejillo.*

dejo *s. m.* **1.** Deje*. **2.** Gusto o sabor que queda de una comida o bebida: *Tiene un dejo picante.* **3.** Impresión agradable o desagradable que queda después de una acción, conversación, etc. SIN. **1.** Acento. **2.** Saborcillo. **2.** y **3.** Regusto.

del *contr.* Contracción de la preposición *de* y el artículo *el*: *agua del río.* ■ No se produce la contr. cuando el artículo forma parte del nombre de una persona, de una ciudad, de un título de obra literaria o de un rótulo: *el monasterio de El Escorial.*

delación (del lat. *delatio, -onis*) *s. f.* Acción de delatar. SIN. Acusación, denuncia.

delantal *s. m.* Prenda que, atada a la cintura, cubre la parte delantera del cuerpo y se usa en ciertas labores para no mancharse. SIN. Mandil.

delante (del ant. *denante*, de *de* y *enante*, y éste del lat. tardío *inante*, de *in*, en, y *ante*, delante) *adv. l.* **1.** En la parte, lugar, orden, etc., anterior o más próximo al observador respecto de otra persona, cosa o parte: *Pase usted delante. Ponte delante de este árbol.* **2.** Enfrente: *Tengo un libro delante. Delante de mi ventana.* || *adv. m.* **3.** En presencia, a la vista: *Dice lo que piensa delante de quien sea.* FAM. Delantal, delantero. / Adelante.

delantero, ra *adj.* **1.** Que está o va delante: *ruedas delanteras.* || *s. m.* **2.** Pieza que forma la parte anterior de una prenda de vestir. || *s. m.* y *f.* **3.** En algunos dep., cada uno de los jugadores que están en la línea de ataque o juegan delante. || *s. f.* **4.** Parte anterior de una cosa: *Se acomodó en la delantera del autobús.* **5.** En espectáculos públicos, primera fila de cierta clase de asientos. **6.** Distancia en que uno se adelanta o anticipa a otro: *Lleva una buena delantera a su seguidor.* **7.** En algunos dep., línea de ataque. **8.** *fam.* Pecho femenino. SIN. **3.** Atacante. **4.** Frente, cara, fachada, haz. **6.** Adelanto, ventaja, anticipación. **8.** Busto, espetera. ANT. **1.** Trasero. **3.** Defensor, zaguero. **4.** Trasera. **4.** y **7.** Zaga.

delatar (de *delator*, y éste del lat. *delator, -oris*, de *deferre*, denunciar) *v. tr.* **1.** Acusar ante la autoridad al que ha cometido un crimen o falta. **2.** Descubrir, poner de manifiesto: *Su temblor delataba miedo.* También *v. prnl.*: *Se delató con sus preguntas.* SIN. **1.** Denunciar, soplar, chivarse. **2.** Revelar(se), denotar(se). ANT. **1.** Encubrir. **2.** Ocultar(se). FAM. Delación, delator.

delco (nombre comercial registrado) *s. m.* Sistema de encendido de los motores de explosión, consistente en un aparato que distribuye la corriente a las bujías.

deleble (del lat. *delebilis*) *adj.* Que puede borrarse o se borra fácilmente: *tinta deleble.* FAM. Indeleble.

delectación (del lat. *delectatio, -onis*, de *delectare*, deleitar) *s. f.* Deleite*.

delegación (del lat. *delegatio, -onis*) *s. f.* **1.** Acción de delegar. **2.** Conjunto de delegados. **3.** Cargo y oficina de delegado. **4.** Cada una de las oficinas dependientes de una empresa o de un organismo oficial: *una delegación de Hacienda.* **5.** *Méx.* Comisaría, oficina de policía. **6.** *Méx.* Ayuntamiento; término municipal. SIN. **1.** Encomienda, mandato. **1.** y **2.** Representación. **2.** Comisión. **4.** Agencia, filial, sucursal.

delegado, da (del lat. *delegatus*) *adj.* Se dice de la persona en quien se delega una facultad o poder. También *s. m.* y *f.* SIN. Encargado, representante, apoderado, comisionado.

delegar (del lat. *delegare*) *v. tr.* Confiar una persona o entidad a otra u otras el poder, autoridad o responsabilidad que tiene para que los ejerza en su lugar. ■ Delante de *e* se escribe *gu* en lugar de *g*: *delegue.* SIN. Encomendar, facultar, autorizar, apoderar, comisionar. FAM. Delegación, delegado. / Indelegable, subdelegar. LEGAR.

deleitar (del lat. *delectare*) *v. tr.* Producir deleite, placer. También *v. prnl.*: *Me deleito contemplando el paisaje.* SIN. Agradar, complacer, regocijar. ANT. Desagradar, disgustar.

deleite (de *deleitar*, producir placer, del lat. *delectare*) *s. m.* Placer, gozo. SIN. Agrado, complacencia, satisfacción, contento, regocijo. ANT. Desagrado, disgusto. FAM. Deleitable, deleitar, deleitoso. / Delectación. DELICIA.

deleitoso, sa *adj.* Que produce deleite, placer. SIN. Placentero, agradable, delicioso. ANT. Desagradable.

deletéreo, a (del gr. *deleterios*, destructor) *adj.* Nocivo, mortífero. SIN. Mortal, venenoso, dañino. ANT. Inocuo, inofensivo.

deletrear *v. tr.* **1.** Decir con sus nombres cada una de las letras de una palabra. **2.** Pronunciar separadamente las letras de cada sílaba, las sílabas de cada palabra y, finalmente, la palabra completa, como cuando se aprende a leer. FAM. Deletreo. LETRA.

deleznable (del lat. *lenis*, liso, resbaladizo) *adj.* **1.** Poco consistente, que se rompe o se deshace fácilmente: *un material deleznable.* **2.** P. ext., que tiene poca duración y solidez. **3.** Despreciable. SIN. **1.** y **2.** Inconsistente, frágil, delicado. **2.** Pasajero, fugaz, inestable. **3.** Miserable, aborrecible. ANT. **1.** y **2.** Firme, sólido. **2.** Constante, estable. **3.** Estimable.

delfín[1] (del lat. *delphin, -inis*, y éste del gr. *delphis*) *s. m.* Mamífero acuático del orden cetáceos de 2 a 3 m de longitud; carece de extremidades posteriores y las anteriores están transformadas en aletas, tiene una sola abertura nasal situada encima de los ojos y boca en forma de pico. Es carnívoro y se alimenta de peces y cefalópodos. FAM. Delfinario.

delfín[2] (de *Dauphiné*, región de Francia) *s. m.* **1.** Título que se daba al primogénito y heredero del rey de Francia. **2.** P. ext., futuro sucesor de una persona importante.

delfinario *s. m.* Acuario acondicionado para tener y exhibir delfines.

delgado, da (del lat. *delicatus*) *adj.* **1.** Fino, de poco grosor. También *s. m.* y *f.* **2.** Flaco, de pocas carnes. SIN. **1.** Tenue, estrecho, afilado. **2.** Enjuto, enteco, magro, escurrido. ANT. **1.** Grueso, ancho. **2.** Gordo, obeso. FAM. Delgadez, delgaducho. / Adelgazar.

deliberación (del lat. *deliberatio, -onis*) *s. f.* Acción de deliberar: *Firmaron el acuerdo tras largas deliberaciones.* SIN. Reflexión, meditación, discusión.

deliberado, da 1. *p.* de **deliberar**. || *adj.* **2.** Intencionado, premeditado. SIN. **2.** Intencional, preconcebido. ANT. **2.** Involuntario, impremeditado.

deliberante *adj.* Se dice de la reunión de personas que deliberan, la cual tiene facultad para aplicar los acuerdos alcanzados: *asamblea deliberante.*

deliberar (del lat. *deliberare*) *v. intr.* Reflexionar o tratar detenidamente sobre algo antes de tomar una decisión. FAM. Deliberación, deliberadamente, deliberado, deliberante, deliberativo. / Indeliberación, indeliberadamente, indeliberado.

delicadeza *s. f.* **1.** Cualidad de delicado. **2.** Atención, cortesía, tacto: *Tuvo la delicadeza de llamarme.* SIN. **1.** Finura, suavidad, cuidado. **2.** Detalle, consideración. ANT. **1.** Aspereza, rudeza. **2.** Descortesía, grosería. FAM. Indelicadeza. DELICADO.

delicado, da (del lat. *delicatus*) *adj.* **1.** Que se rompe, estropea o daña fácilmente. **2.** Débil o enfermizo. **3.** Fino, suave, exquisito, no vulgar: *facciones delicadas, manjar delicado.* **4.** Hecho con primor y cuidado. **5.** Melindroso, remilgado: *Es muy delicado con las comidas.* **6.** Sensible, que se ofende con facilidad. **7.** Atento, cortés. **8.** Problemático, difícil: *una cuestión muy delicada.* SIN. **1.** Frágil, endeble, quebradizo. **2.** Enclenque. **3.** Refinado, selecto. **3.** y **4.** Primoroso. **4.** Esmerado. **5.** Escrupuloso. **6.** Susceptible, suspicaz. **7.** Considerado. **8.** Peliagudo, escabroso. ANT. **1.** Fuerte, resistente. **2.** Robusto, sano. **3.** y **4.** Tosco, ordinario. **7.** Grosero. FAM. Delicadeza, delicaducho.

delicatessen (ingl., del al. *Delikatessen*) *s. f. pl.* **1.** Productos alimenticios, refinados y exquisitos. || *s. amb.* **2.** Tienda especializada donde se venden estos alimentos. ■ Es correcta también la forma *delicatesen.*

delicia (del lat. *delicia*) *s. f.* **1.** Placer, agrado. **2.** Aquello que lo causa: *Esa comedia es una delicia.* SIN. **1.** Deleite, delectación, complacencia, satisfacción, gozo, encanto. ANT. **1.** Desagrado, disgusto. FAM. Delicioso. / Deleite.

delicioso, sa *adj.* Muy agradable, que causa o puede causar delicia o placer.

delictivo, va (del lat. *delictum*) *adj.* Del delito o que constituye delito. SIN. Criminal. ANT. Legal.

delicuescencia (del lat. *deliquescens, -entis*) *s. f.* **1.** Propiedad de ciertos cuerpos de disolverse en el vapor de agua que absorben del aire. **2.** Decadencia, descomposición. SIN. **2.** Crisis. FAM. Delicuescente. LICUAR.

delikatessen (al.) *s. f. pl.* Delicatessen*.

delimitar (del lat. *delimitare*, de *limes, -itis*, límite) *v. tr.* Poner o señalar límites: *delimitar tareas, una finca.* SIN. Limitar, acotar, restringir. ANT. Extender, ampliar. FAM. Delimitación. LIMITAR.

delincuencia (del lat. *delinquentia*) *s. f.* **1.** Actividad de delinquir. **2.** Conjunto de delitos. SIN. **1.** y **2.** Criminalidad.

delincuente (del lat. *delinquens, -entis*) *s. m.* y *f.* Que comete delitos. SIN. Maleante, malhechor.

delineante *s. m.* y *f.* Persona que se dedica a delinear o trazar planos.

delinear (del lat. *delineare*) *v. tr.* **1.** Trazar las líneas de un dibujo, especialmente de un plano. || **delinearse** *v. prnl.* **2.** Distinguirse el perfil de una cosa. SIN. **1.** Dibujar. **2.** Perfilarse, recortarse. FAM. Delineación, delineante. LÍNEA.

delinquir (del lat. *delinquere*) *v. intr.* Cometer delitos. ■ Delante de *a* y *o* se escribe *c* en lugar de *qu*: *delinco.* FAM. Delincuencia, delincuente. DELITO.

delirante *adj.* **1.** Que delira. **2.** Disparatado, excéntrico: *fantasía delirante, humor delirante.*

delirar (del lat. *delirare*) *v. intr.* **1.** Padecer delirios: *La fiebre le hace delirar.* **2.** Decir, pensar o hacer disparates. SIN. **1.** Alucinar. **1.** y **2.** Desvariar. **2.** Desbarrar, fantasear, disparatar. FAM. Delirante, delirio.

delirio (del lat. *delirium*) *s. m.* **1.** Trastorno mental en que se sufren alucinaciones. **2.** Despropósito, disparate. **3.** Pasión o entusiasmo muy intenso: *El grupo salió al escenario en medio del delirio del público.* || **4. delirio de grandeza** Actitud de alguien de creerse superior o soñar con cosas que no están a su alcance. SIN. **1.** y **2.** Desvarío. **2.** Absurdo, desatino, incongruencia. **3.** Locura, exaltación, frenesí. ANT. **1.** Lucidez, cordura. **3.** Indiferencia, frialdad.

delírium trémens (del lat. *delirium*, delirio, y *tremens*, temblón) *s. m.* Delirio que sufren los alcohólicos crónicos en fase avanzada, caracterizado por alucinaciones, temblores y estado de ansiedad generalizado.

delito (del lat. *delictum*) *s. m.* **1.** Acción o conducta voluntaria castigada por la ley. **2.** Cosa o acción deplorable: *Es un delito lo que te han hecho.* SIN. **1.** Crimen, infracción. FAM. Delictivo, delinquir.

delta (del gr. *delta*) *s. m.* **1.** Terreno triangular formado en la desembocadura de un río por la acumulación de materiales arrastrados por sus aguas: *el delta del Nilo.* || *s. f.* **2.** Cuarta letra del alfabeto griego que corresponde a nuestra *d.* ■ La letra mayúscula se escribe Δ y la minúscula δ. || **3. ala delta** Variedad de vuelo sin motor que se practica con un aparato de forma triangular al que va sujeto el deportista; también dicho aparato. FAM. Deltoides.

deltoides (del gr. *delta*, cuarta letra del alfabeto, y *-oide*) *s. m.* Músculo triangular situado en la parte superior del hombro, que se prolonga desde el omóplato hasta la clavícula y permite elevar el brazo. También *adj.* ■ No varía en *pl.*

demacrado, da (de *de-*, y el lat. *macrare*, enflaquecer) **1.** *p.* de **demacrarse**. || *adj.* **2.** Que está muy delgado o tiene mal aspecto a causa de una enfermedad, trastorno emocional, etc. SIN. **2.** Consumido. ANT. **2.** Gordo, robusto. FAM. Demacración, demacrarse. MAGRO.

demacrarse (del lat. *demacrare*) *v. prnl.* Perder una persona peso y color por enfermedad, trastorno emocional u otras causas. SIN. Desmejorar, consumirse. ANT. Robustecerse.

demagogia (del gr. *demagogia*, de *demagogos*, y éste de *demos*, pueblo, y *ago*, conducir) *s. f.* **1.** Actitud o actuación de un gobernante o político que trata de complacer al pueblo por cualquier medio con el fin de obtener su apoyo. **2.** P. ext., forma de ganarse a la gente en cualquier campo con halagos, falsas promesas, manipulación de sus sentimientos, etc. **3.** En la antigua Grecia, gobierno dictatorial ejercido con el apoyo del pueblo. SIN. **1.** Electoralismo, populismo. FAM. Demagógico, demagogo.

demanda *s. f.* **1.** Petición, súplica: *Atendieron mi demanda de dinero* **2.** Búsqueda: *Fueron en demanda de trabajo.* **3.** Cantidad de un bien, mercancía o servicio que los consumidores piden y están dispuestos a adquirir mediante el pago de un precio determinado. **4.** Documento por el que se inicia un proceso judicial civil y en el que se formula la pretensión de la persona que lo presenta. **5.** Petición o escrito hecho por un juez o tribunal. SIN. **1.** Ruego, solicitud.

demandado, da 1. *p.* de **demandar**. También *adj.* || *adj.* **2.** Se aplica a la persona o parte contra la que se presenta una demanda judicial. También *s. m.* y *f.*

demandante *adj.* Que presenta una demanda judicial. También *s. m.* y *f.*

demandar (del lat. *demandare*, confiar) *v. tr.* **1.** Pedir: *La población demanda más viviendas.* **2.** Presentar una demanda judicial contra alguien: *Le demandaron por calumnia.* **SIN. 1.** Suplicar, solicitar, rogar, implorar. **FAM.** Demanda, demandado, demandante. MANDAR.

demarcación *s. f.* **1.** Acción de demarcar. **2.** Terreno demarcado. **3.** En las divisiones territoriales, área en la que tiene poder una autoridad: *una demarcación provincial.* **4.** En ciertos dep., parte del campo en la que teóricamente actúa un jugador. **SIN. 1.** Delimitación. **3.** Circunscripción, distrito.

demarcar *v. tr.* Señalar los límites de un terreno o país. ■ Delante de *e* se escribe *qu* en lugar de *c.* **SIN.** Delimitar, deslindar. **FAM.** Demarcación. MARCAR.

demarrar (del fr. *démarrer*) *v. intr.* En algunas carreras deportivas, acelerar de pronto para alejarse del resto de los competidores: *El ciclista demarró al ver cansados a sus rivales.* **FAM.** Demarraje.

demás (del lat. *de magis*) *adj. indef.* Indica lo restante, la parte que no se menciona de un todo. También *pron.* ■ Suele ir precedido del art. det.: *las demás niñas. Vinieron los demás.* Puede utilizarse sin art. y en pl. como término de una enumeración: *Se reunió con sus padres, hermanos y demás parientes.* || **LOC. por demás** *adv.* Inútilmente, en vano; también, en exceso: *Es por demás que intentes convencerme. Es prudente por demás.* **por lo demás** *adv.* Por lo que se refiere a otras consideraciones; aparte de lo dicho: *Estoy nervioso pero, por lo demás, me siento perfectamente.* **FAM.** Demasía, demasiado, demasié. MÁS.

demasía (de *demás*) *s. f.* Exceso, abundancia mayor de lo necesario o conveniente. **SIN.** Exuberancia, profusión, superabundancia. **ANT.** Carencia, moderación.

demasiado, da *adj. indef.* **1.** Que tiene exceso o se da en mayor número, cantidad, grado, etc., de lo necesario o conveniente: *Hizo demasiado calor. Había demasiados asistentes.* También *pron.* y *adv.*: *Compraste demasiadas. Habla demasiado.* **2.** *fam.* Muy bueno, estupendo. También *adv.* **SIN. 1.** Excesivo, sobrado, desmedido. **2.** Genial, guay, dabuten. **ANT. 1.** Poco, escaso.

demasié *adj. fam.* Fantástico, increíble. También *adv.*

demediar *v. tr.* **1.** Dividir en mitades. **2.** Gastar una cosa hasta dejarla en la mitad. **3.** Llegar a la mitad de cierto espacio o de cierto tiempo: *Demediaba el siglo cuando...* También *v. intr.* **ANT. 1.** Doblar, duplicar.

demencia (del lat. *dementia*) *s. f.* Trastorno profundo del conjunto de las funciones mentales de un individuo. **SIN.** Locura, enajenación, chifladura, chaladura. **ANT.** Cordura. **FAM.** Demencial, demente.

demencial *adj.* **1.** De la demencia o relacionado con ella. **2.** Disparatado, desatinado o desproporcionado: *Ese precio me parece demencial.*

demérito (del lat. *demeritus*) *s. m.* Acción o circunstancia que rebaja la calidad o el valor de una persona o cosa. **SIN.** Desmerecimiento, imperfección. **ANT.** Mérito, perfección.

-demia *suf.* Significa 'pueblo': *epidemia.*

demiurgo (del lat. *demiurgus* y éste del gr. *demiurgos*, creador) *s. m.* **1.** En la filosofía platónica, creador del mundo a partir del caos. **2.** En la filosofía gnóstica, alma universal, principio activo del mundo que media entre lo infinito y lo finito.

demo (ingl., abreviación de *demonstration*, demostración) *s. f. fam.* En informática, programa de demostración para conocer el funcionamiento o las características de un determinado producto o simplemente con propósito lúdico.

demo- *pref.* Significa 'pueblo': *demócrata, demografía.*

democracia (del gr. *democratia*, de *demos*, pueblo, y *kratos*, poder, autoridad) *s. f.* **1.** Sistema político en que el pueblo ejerce la soberanía, designando y controlando a sus gobernantes, a quienes elige libremente para periodos de tiempo determinados. **2.** Doctrina política que defiende este sistema. **3.** País gobernado por un régimen democrático. **FAM.** Demócrata, democratacristiano, democrático, democratizar, democristiano. / Antidemocrático, socialdemocracia.

demócrata *adj.* Partidario o defensor de la democracia. También *s. m.* y *f.*

democratacristiano, na *adj.* **1.** De la democracia cristiana. **2.** Partidario de esta corriente política inspirada en principios del humanismo cristiano. También *s. m.* y *f.* ■ Se dice también *democristiano.*

democratizar *v. tr.* **1.** Transformar las instituciones de un país con el fin de que éste pueda gobernarse conforme a los principios de la democracia. **2.** Hacer adquirir los principios de esta doctrina: *El nuevo rector democratizó el claustro.* También *v. prnl.* ■ Delante de *e* se escribe *c* en lugar de *z*: *democratice.* **FAM.** Democratización, democratizador. DEMOCRACIA.

democristiano, na *adj.* Democratacristiano*.

demodé (del fr. *démodé*) *adj.* Pasado de moda.

demografía (de *demo-* y *-grafía*) *s. f.* Estudio de la población humana en sus diversos aspectos, como es su número, distribución sobre el espacio, crecimiento, reparto por edades, sexo, etc. **FAM.** Demográfico, demógrafo.

demoler (del lat. *demolire*) *v. tr.* **1.** Derribar un edificio o construcción. **2.** P. ext., destruir cualquier otra cosa, vencer totalmente a una persona. ■ Es v. irreg. Se conjuga como *mover.* **SIN. 1.** Tirar, derruir. **2.** Desbaratar, deshacer, aplastar. **ANT. 1.** Construir, edificar. **FAM.** Demoledor, demolición. MOLE[2].

demoníaco o **demoniaco, ca** (del lat. *demoniacus*) *adj.* Del demonio o relacionado con él: *culto demoníaco, posesión demoníaca.* **SIN.** Satánico, diabólico. **ANT.** Divino.

demonio (del lat. *daemonium*, y éste del gr. *daimonion*, genio o espíritu) *s. m.* **1.** Según la *Biblia*, ángel rebelde condenado al infierno. **2.** Espíritu maligno. **3.** Persona muy mala o cosa muy perjudicial: *el demonio del alcohol.* **4.** Obsesión o sentimiento que atormenta: *El demonio de los celos no le deja vivir.* || *interj.* **5.** Expresa enfado o sorpresa: *¡Demonio de niño!* Se usa más en *pl.*: *¡Demonios, deja de chillar!* || **LOC. a demonios** *adv.* Con verbos como *saber, oler, sonar*, etc., horrendo, muy mal: *Olía a demonios.* **como un demonio** *adv. fam.* Mucho, demasiado: *Esta muela duele como un demonio.* **del demonio** o **de mil demonios** *adj. fam.* Muy intenso: *Hace un frío de mil demonios.* **llevarse** a uno **el demonio** (**los demonios** o **todos los demonios**) *fam.* Encolerizarse. **SIN. 1.** Enemigo. **1.** y **3.** Diablo. **FAM.** Demoníaco, demonolatría, demonología. / Endemoniar, pandemónium.

demonolatría (del lat. *daemonium*, demonio, y *-latría*) *s. f.* Adoración y culto al demonio. **FAM.** Demonólatra. DEMONIO y LATRÍA.

demonología (del lat. *daemonium*, demonio, y *-logía*) *s. f.* Estudio sobre la naturaleza y cualidades de los demonios. **FAM.** Demonólogo. DEMONIO.

¡demontre! *interj.* Expresa enfado o sorpresa.

demora *s. f.* **1.** Tardanza o retraso: *El vuelo viene con treinta minutos de demora.* **2.** En der., tardanza en el cumplimiento de una obligación: *La demora en el pago del préstamo tiene una fuerte penalización.*

demorar (del lat. *demorari*) *v. tr.* **1.** Retrasar, hacer que alguien o algo suceda o llegue más tarde: *La orquesta demoró su presentación.* También *v. prnl.* || **demorarse** *v. prnl.* **2.** Pararse o entretenerse en algún lugar. **SIN. 1.** Atrasar(se), retardar(se), diferir(se), aplazar(se), dilatar(se); tardar. **2.** Detenerse. **ANT. 1.** Anticipar(se), adelantar(se); apresurarse. **FAM.** Demora, demorón. / Indemorable. MORAR.

demorón, na *adj. Amér. del S. fam.* Que es muy lento para hacer las cosas. También *s. m.* y *f.*

demoscopia (del al. *Demoskopie*) *s. f.* Estudio del estado de opinión de una colectividad a través de encuestas o sondeos elaborados con métodos estadísticos, que se realizan, p. ej., para prever el comportamiento de los votantes ante unas elecciones. **FAM.** Demoscópico.

demostración (del lat. *demonstratio, -onis*) *s. f.* **1.** Acción de demostrar. **2.** Manifestación externa de sentimientos o intenciones: *una demostración de cariño.* **SIN. 1.** Argumentación, inferencia, deducción, confirmación, verificación, prueba. **2.** Muestra. **ANT. 1.** Objeción, refutación.

demostrar (del lat. *demonstrare*) *v. tr.* **1.** Probar una cosa mediante datos sin que sea posible dudar de ella: *Demostró su inocencia.* **2.** Realizar la comprobación de una teoría, una proposición, una propiedad, una habilidad, etc.: *demostrar un teorema.* **3.** Manifestar, indicar cierta cosa: *Eso demuestra su educación.* **4.** Enseñar algo en la práctica: *Nos demostró cómo funcionaba el aparato.* ■ Es v. irreg. Se conjuga como *contar.* **SIN. 1.** Establecer, evidenciar, testimoniar. **2.** Verificar, corroborar, confirmar. **3.** y **4.** Mostrar. **ANT. 1.** Objetar, refutar. **FAM.** Demo, demostrable, demostración, demostrativo. / Indemostrable. MOSTRAR.

demostrativo, va (del lat. *demonstrativus*) *adj.* **1.** Que demuestra o sirve para demostrar. **2.** Se aplica a los adj. y pron. que indican la distancia (en el espacio o en el tiempo) a la que se encuentran las cosas con relación al que habla: *esta casa* (que está cerca), *mira ésa* (que está a media distancia), *aquella época* (que pasó hace tiempo). También sirven para elegir un ser u objeto de un grupo: *esta camisa*; para referirse a un lugar o tiempo determinado: *aquella primavera*; para referirse a algo dicho o que se va a decir: *Eso no es verdad. No olvides esto: debes estudiar.* También *s. m.*

demótico, ca (del gr. *demotikos*, popular) *adj.* **1.** Se aplica al tipo de escritura utilizada por los egipcios desde el s. VI a. C., más simple que la hierática y la jeroglífica. **2.** Se dice de la forma hablada del griego moderno, que se va imponiendo paulatinamente como lengua literaria.

demudar (del lat. *demutare*) *v. tr.* Cambiar, alterar, en especial el color y la expresión de la cara. Se usa principalmente como *v. prnl.*: *A la vista de la escena, Pedro se demudó.* **SIN.** Desencajar. **FAM.** Demudación. MUDAR.

denario (del lat. *denarius*) *s. m.* Nombre de dos antiguas monedas romanas, una de oro y otra de plata.

dendrita (del gr. *dendrites*, de *dendron*, árbol) *s. f.* Prolongación ramificada del citoplasma de las neuronas que recibe los impulsos nerviosos procedentes de células sensitivas o de otras neuronas.

denegar (del lat. *denegare*) *v. tr.* No conceder lo que se pide o solicita: *denegar un permiso.* ■ Delante de *e* se escribe *gu* en lugar de *g*. Es v. irreg. Se conjuga como *pensar.* **SIN.** Negar, desestimar. **ANT.** Acceder. **FAM.** Denegación, denegatorio. NEGAR.

denegrido, da *adj.* De color parecido al negro.

dengoso, sa *adj.* Que muestra una delicadeza exagerada. **SIN.** Remilgado, melindroso.

dengue *s. m.* Remilgo, delicadeza exagerada o repugnancia simulada. **SIN.** Melindre, afectación, cursilería. **FAM.** Dengoso.

denigrar (del lat. *denigrare*, poner negro, manchar) *v. tr.* **1.** Desprestigiar, hablar mal de una persona o cosa. **2.** Dirigir a una persona ofensas o insultos. **SIN. 1.** Desacreditar, difamar, infamar. **2.** Afrentar, agraviar, injuriar, ofender. **ANT. 1.** Alabar. **2.** Honrar. **FAM.** Denigración, denigrante, denigratorio.

denodado, da (del lat. *denotatus*, famoso) *adj.* **1.** Esforzado, enérgico: *un trabajo denodado, un denodado defensor.* **2.** Valeroso: *un denodado militar.* **SIN. 1.** Animoso, decidido. **2.** Valiente, bravo, arrojado, intrépido. **ANT. 1.** Flojo, débil. **2.** Cobarde. **FAM.** Denodadamente, denuedo.

denominación (del lat. *denominatio, -onis*) *s. f.* **1.** Acción de denominar. **2.** Nombre o título que se da a una persona o cosa: *El rey Pedro I de Castilla recibe la denominación de el Cruel.* || **3. denominación de origen** Denominación oficial asignada a determinados productos como certificación de su calidad y lugar de procedencia. **SIN. 1.** Designación.

denominador, ra (del lat. *denominator, -oris*) *adj.* **1.** Que denomina. También *s. m.* y *f.* || *s. m.* **2.** En mat., parte de la fracción situada debajo de la raya de quebrado o detrás del signo (:), que representa el número de partes en que se considera dividida la unidad.

DEMOSTRATIVOS					
	SINGULAR			PLURAL	
	masculino	**femenino**	**neutro**	**masculino**	**femenino**
Cercanía	*este*	*esta*	*esto*	*estos*	*estas*
Distancia media	*ese*	*esa*	*eso*	*esos*	*esas*
Lejanía	*aquel*	*aquella*	*aquello*	*aquellos*	*aquellas*

denominal *adj.* En ling., que deriva de un nombre o sustantivo: *«Constitucional» es un adjetivo denominal.*

denominar (del lat. *denominare*) *v. tr.* Dar nombre o título a una persona o cosa. También *v. prnl.* **SIN.** Nombrar, llamar(se), designar. **FAM.** Denominación, denominador, denominativo. NOMINAR.

denominativo, va *adj.* **1.** Que implica denominación o designación. **2.** Se dice de la palabra, especialmente el verbo, que deriva de un nombre, como *veranear* de *verano.*

denostar (del lat. *dehonestare*, deshonrar) *v. tr.* Insultar. ■ Es v. irreg. Se conjuga como *contar.* **SIN.** Injuriar, ofender, denigrar. **ANT.** Honrar, ensalzar. **FAM.** Denuesto.

denotar (del lat. *denotare*) *v. tr.* **1.** Indicar, hacer saber: *Las ojeras denotaban cansancio.* **2.** Expresar una palabra, frase, etc., su significado propio, sin juicios o valoraciones del que habla. ■ Se contrapone a *connotar.* **SIN. 1.** Señalar, demostrar, revelar, anunciar, expresar, significar. **FAM.** Denotación, denotativo. NOTAR.

densidad (del lat. *densitas, -atis*) *s. f.* **1.** Cualidad de denso. **2.** En fís., relación entre la masa de un cuerpo y el volumen del mismo. || **3. densidad de población** Número de habitantes por unidad de superficie. **SIN. 1.** Concentración, espesura, consistencia. **ANT. 1.** Fluidez.

densificar *v. tr.* Hacer densa o más densa una cosa. También *v. prnl.* ■ Delante de *e* se escribe *qu* en lugar de *c.* **FAM.** Densificación. DENSO.

densímetro (de *denso* y *-metro*) *s. m.* Aparato que sirve para medir la densidad de un líquido.

densiometría *s. f.* Técnica para medir la densidad y la transparencia óptica de un medio.

denso, sa (del lat. *densus*) *adj.* **1.** Que tiene mucha masa en relación con un volumen dado. **2.** Aplicado a gases y líquidos, espeso: *una densa niebla.* **3.** Aplicado a nombres colectivos, indica que los elementos que los forman están muy próximos, apretados: *un pinar muy denso.* **4.** De mucho contenido en poca extensión: *Es un escrito muy denso.* **5.** Difícil de entender, confuso. **SIN. 1.** Compacto, consistente, concentrado. **2.** Condensado, pastoso. **3.** Tupido, apiñado, comprimido. **ANT. 1.** Hueco. **2.** Diluido, claro. **3.** Ralo, esparcido. **5.** Sencillo. **FAM.** Densamente, densidad, densificar, densímetro, densiometría. / Adensar, condensar.

dentado, da (del lat. *dentatus*) *adj.* Que tiene dientes o puntas parecidas a los dientes: *un cuchillo dentado, una rueda dentada.*

dentadura *s. f.* Conjunto de dientes, colmillos y muelas de una persona o animal.

dental (del lat. *dentalis*, de *dens, dentis*) *adj.* **1.** Propio de los dientes o que se refiere a ellos. **2.** En ling., se aplica a los sonidos que se articulan entre la punta de la lengua y los dientes, como los de las consonantes *d* y *t.* También *s. m.* y *f.* || *s. m.* **3.** Palo donde se encaja la reja del arado. **4.** Cada una de las piedras o hierros del trillo que sirven para cortar la paja. **FAM.** Interdental, labiodental. DIENTE.

dente, al (ital.) *loc. adj.* y *adv.* Se dice de la pasta cocinada en su punto, sin que quede demasiado blanda.

dentellada *s. f.* **1.** Acción de clavar los dientes en algo: *El perro se defendía a dentelladas.* **2.** Herida o marca que queda al morder a alguien o algo. **SIN. 1.** Mordisco, bocado. **1.** y **2.** Mordedura.

dentellear *v. tr.* Mordisquear algo.

dentera *s. f.* **1.** Sensación desagradable que se experimenta en los dientes cuando se oyen ciertos ruidos chirriantes, se comen algunos alimentos ácidos o se tocan determinados objetos o materiales. **2.** *fam.* Envidia. **SIN. 1.** Grima.

dentición (del lat. *dentitio, -onis*) *s. f.* **1.** Proceso de formación de los dientes. **2.** Tiempo en que esto ocurre. **3.** Tipo y número de dientes que caracterizan a un mamífero, según su especie.

dentículo (del lat. *denticulus*, dientecillo) *s. m.* Cada uno de lo adornos en forma de rectángulo que decoran la parte superior de un friso jónico y otros elementos arquitectónicos.

dentífrico, ca (del lat. *dens, dentis*, diente, y *fricare*, frotar) *adj.* Se aplica a las sustancias que sirven para limpiar y mantener sanos los dientes. También *s. m.*

dentina *s. f.* Marfil de los dientes.

dentirrostro, tra (del lat. *dens, -entis*, diente, y *rostrum*, pico) *adj.* En zool., se aplica a los pájaros que en el extremo de la pieza superior del pico tienen una prolongación parecida a un diente, como el cuervo.

dentista *adj.* Especialista en la conservación y reparación de los dientes. También *s. m.* y *f.* **SIN.** Odontólogo.

dentistería *s. f.* **1.** *Amér.* Clínica dental. **2.** *Amér. del S.* Odontología.

dentón, na *adj.* **1.** *fam.* Se dice de la persona o animal con dientes demasiado grandes. También *s. m.* y *f.* || *s. m.* **2.** Pez acantopterigio de cuerpo oval y color gris plateado con reflejos, que tiene cabeza grande, dientes cónicos en ambas mandíbulas, los centrales muy salientes, y presenta un abultamiento en la nuca. Vive en el Mediterráneo y su carne es apreciada.

dentro (del lat. *de intro*) *adv. l.* **1.** En el interior de un lugar o cosa que se conoce: *El niño está dentro (de la casa).* **2.** En el interior de la persona: *El aplauso me salió de dentro.* **3.** En un grupo, entre una serie de personas o cosas. || *adv. t.* **4.** En una época o periodo de tiempo: *Ocurrió dentro de la semana.* **5.** En el plazo o término: *Dentro de ocho días será su cumpleaños.* **FAM.** Adentro.

dentudo, da *adj.* **1.** *fam.* Que tiene los dientes muy grandes. También *s. m.* y *f.* || *s. m.* **2.** En Cuba, pez seláceo de gran tamaño y dientes largos y afilados dispuestos en doble fila. **SIN. 1.** Dentón.

denuedo (del ant. *denodarse*, atreverse, mostrarse valiente) *s. m.* Valor, esfuerzo: *luchar con denuedo; trabajar con denuedo.* **SIN.** Brío, ánimo, arrojo, coraje, intrepidez. **ANT.** Cobardía, desaliento. **FAM.** Véase **denodado**.

denuesto (de *denostar*) *s. m.* Insulto grave de palabra o por escrito. **SIN.** Ofensa, afrenta, injuria, agravio. **ANT.** Alabanza, elogio. **FAM.** Véase **denostar**.

denuncia *s. f.* **1.** En der., acto por el que se comunica a la autoridad un hecho contrario a la ley y escrito en el que se expresa esta comunicación. **2.** Declaración pública de un hecho irregular: *En el mitin, se hicieron importantes denuncias contra el alcalde.* **SIN. 2.** Acusación.

denunciar (del lat. *denuntiare*) *v. tr.* **1.** Dar parte a la autoridad de que se ha cometido un delito: *denunciar un robo, denunciar a un ladrón.* **2.** Declarar públicamente el estado ilegal, irregular o indebido de una cosa: *La prensa denunció las obras hechas sin licencia.* **3.** Poner de manifiesto. **SIN. 1.** Acusar, delatar. **2.** Revelar, manifestar. **ANT. 1.** Encubrir. **2.** Ocultar, esconder, tapar. **FAM.** Denuncia, denunciante.

denuncio *s. m. Col.* Denuncia.

deontología (del gr. *deon, -ontos*, el deber, y *-logía*) *s. f.* Parte de la moral que se ocupa de los deberes y obligaciones de cada profesión. FAM. Deontológico.

deparar (del lat. *de*, de, y *parare*, preparar) *v. tr.* Proporcionar, suministrar: *El viaje nos deparó muchas sorpresas.* SIN. Dar, causar, producir, conceder, ocasionar.

departamento (del fr. *departement*) *s. m.* **1.** Cada una de las partes de un edificio, vehículo, mueble, etc. **2.** Cada una de las secciones en que se divide un organismo, empresa, etc. **3.** En las universidades, unidad de enseñanza e investigación formada por una o varias cátedras de materias afines. **4.** División administrativa de numerosos países. **5.** En España, zona sobre la que se extiende el mando de un capitán general de Marina. **6.** *Amér.* Apartamento. SIN. **1.** Compartimiento, compartimento, dependencia, habitación. **2.** Sector. FAM. Departamental. PARTE.

departir (del lat. *departire*) *v. intr.* Hablar, conversar. SIN. Charlar, dialogar, platicar.

depauperar (del lat. *pauper, -eris*, pobre) *v. tr.* **1.** Empobrecer. También *v. prnl.* **2.** Debilitar el organismo. También *v. prnl.* SIN. **1.** Arruinar(se). **2.** Extenuar(se), enflaquecer(se), consumir(se). ANT. **1.** Enriquecer(se). **2.** Fortalecer(se), robustecer(se). FAM. Depauperación, depauperado. PAUPÉRRIMO.

dependencia *s. f.* **1.** Situación o estado del que depende de alguien o de algo. **2.** Oficina pública o privada que depende de otra superior. **3.** Adicción: *dependencia del alcohol.* **4.** Conjunto de dependientes. **5.** Cada una de las habitaciones de un gran edificio. Se usa más en *pl.*: *las dependencias de palacio.* SIN. **1.** Subordinación, supeditación, sujeción, sumisión. **2.** Sección, delegación, departamento, negociado. ANT. **1.** Independencia, autonomía. FAM. Drogodependencia, farmacodependencia, interdependencia. DEPENDER.

depender (del lat. *dependere*, colgar, pender) *v. intr.* **1.** Estar subordinado a alguien o algo: *Dependo del jefe.* **2.** Estar una cosa en conexión con otra, producirse si se da cierta condición: *La excursión depende del tiempo que haga.* **3.** Necesitar una persona o cosa de otra: *El país depende de la ayuda exterior.* ■ Este verbo se construye con la preposición *de*. FAM. Dependencia, dependiente. PENDER.

dependiente, ta *s. m.* y *f.* **1.** Persona que atiende al público en una tienda. || *adj.* **2.** Que depende. ■ Como adj. es invariable en cuanto al género: *las personas dependientes de esta dirección.* SIN. **2.** Subordinado; adicto. ANT. **2.** Independiente, autónomo. FAM. Independiente. DEPENDER.

depilar (del lat. *depilare*, de *de*, part. priv., y *pilus*, pelo) *v. tr.* Quitar el pelo o vello de ciertas partes del cuerpo. También *v. prnl.* FAM. Depilación, depilatorio. PELO.

depilatorio, ria (del lat. *depilatus*) *adj.* Se dice de la sustancia que sirve para depilar. También *s. m.*

deplorable (del lat. *deplorabilis*) *adj.* Lamentable. SIN. Lastimoso, penoso, desastroso, pésimo, vergonzoso.

deplorar (del lat. *deplorare*, de *plorare*, llorar) *v. tr.* Sentir pena o disgusto por algo. SIN. Lamentar. ANT. Celebrar. FAM. Deplorable. LLORAR.

deponente (del lat. *deponens, -entis*) *adj.* En la conjugación latina, se dice del verbo que se conjuga en voz pasiva, aunque tiene significado activo. También *s. m.*

deponer (del lat. *deponere*) *v. tr.* **1.** Quitar a una persona de un cargo: *Le han depuesto de gobernador.* **2.** Dejar algo, abandonarlo: *deponer las armas. Depón esa actitud.* **3.** *Amér. C.* y *Méx.* Vomitar. También *v. intr.* || *v. intr.* **4.** Declarar ante la autoridad judicial. **5.** Hacer de vientre. ■ Es v. irreg. Se conjuga como *poner*. SIN. **1.** Destituir, relevar, despedir. **3.** Devolver. **4.** Testificar, atestiguar, testimoniar. **5.** Defecar, evacuar, cagar. ANT. **1.** Reponer, nombrar. **2.** Mantener. FAM. Deponente, deposición, depuesto. PONER.

deportar (del lat. *deportare*) *v. tr.* Enviar el gobierno a alguien a un lugar lejano del que no puede salir como castigo. SIN. Desterrar, expatriar, exiliar, extrañar, confinar. ANT. Repatriar. FAM. Deportación. PORTAR.

deporte *s. m.* **1.** Actividad física, sujeta a un reglamento, que se practica de forma individual o colectiva en competición con otros. **2.** Ejercicio o actividad física que requiere una técnica y se realiza sin intención de competir, como diversión o para mantenerse en forma. FAM. Deportista, deportividad, deportivo.

deportista *s. m.* y *f.* Persona que practica algún deporte o que es aficionada y entendida en él. También *adj.*

deportivo, va *adj.* **1.** Relacionado con el deporte: *ropa deportiva.* **2.** Que se ajusta a las normas de conducta que debe observar todo buen deportista; se aplica también a otros aspectos de la vida. **3.** Se aplica a las prendas cómodas e informales que suelen usarse en el tiempo libre: *una chaqueta deportiva.* SIN. **3.** Sport. FAM. Polideportivo. DEPORTE.

deposición (del lat. *depositio, -onis*) *s. f.* Acción de deponer: *la deposición de un alto cargo; la deposición de un testigo ante el juez.* SIN. Destitución; testificación; defecación. ANT. Nombramiento, reposición.

depositar (de *depósito*) *v. tr.* **1.** Entregar bienes o cosas de valor a una persona o entidad para que los guarde: *Depositó el dinero en el banco.* **2.** Colocar a una persona o cosa en un sitio: *Depositaron al herido en una camilla.* **3.** Poner en alguien cierto sentimiento: *Depositó su confianza en el médico.* || **depositarse** *v. prnl.* **4.** Posarse en el fondo de un recipiente la materia que está en suspensión en un líquido. SIN. **1.** Consignar. **2.** Poner, dejar. **3.** Confiar. **4.** Sedimentar(se), precipitar(se). FAM. Depositaría, depositario, depósito. POSICIÓN.

depositario, ria (del lat. *depositarius*) *adj.* **1.** Se dice de la persona, entidad o cosa que guarda algo, especialmente bienes confiados por otros. También *s. m.* y *f.*: *El banco es el depositario de nuestros ahorros.* || *s. m.* y *f.* **2.** Persona en la que se deposita un sentimiento.

depósito (del lat. *depositum*) *s. m.* **1.** Acción de depositar. **2.** Cosa o cosas depositadas: *un depósito de armas.* **3.** Sitio donde se guarda o encierra algo: *el depósito de cadáveres.* **4.** Recipiente donde se almacena líquido: *el depósito de gasolina del automóvil.* SIN. **1.** Almacenamiento, acopio, acumulación. **2.** Arsenal. **3.** Almacén. **4.** Tanque, bidón, cisterna, cuba.

depravado, da (del lat. *depravatus*, malo) **1.** *p.* de **depravar**. || *adj.* **2.** Pervertido, corrompido. También *s. m.* y *f.* SIN. **2.** Libertino, disoluto, vicioso. ANT. **2.** Virtuoso.

depravar (del lat. *depravare*) *v. tr.* Corromper, volver mala o viciosa a una persona. También *v. prnl.* SIN. Pervertir, viciar, envilecer. ANT. Regenerar. FAM. Depravación, depravadamente, depravado.

depre *adj.* **1.** *fam.* Depresivo, deprimido. También *s. m.* y *f.* || *s. f.* **2.** *fam.* Depresión.

deprecación (del lat. *deprecatio, -onis*) *s. f.* Figura retórica que consiste en dirigir un ruego o súplica con intensidad.

deprecar (del lat. *deprecari*, rogar) *v. tr.* Suplicar, rogar. ■ Delante de *e* se escribe *qu* en lugar de *c*. FAM. Deprecación.

depreciar (del lat. *depretiare*, menospreciar, de *pretium*, precio) *v. tr.* Disminuir el valor o precio de una cosa. También *v. prnl.*: *La moneda se depreció.* SIN. Devaluar, desvalorizar, rebajar. ANT. Revalorizar, revaluar. FAM. Depreciación. PRECIO.

depredación (del lat. *depraedatio, -onis*) *s. f.* **1.** Acción de depredar. **2.** Abuso cometido por un gobernante que impone tributos injustos a sus súbditos. SIN. **1.** Saqueo, pillaje, despojo. **2.** Exacción, concusión.

depredador, ra (del lat. *depraedator, -oris*) *adj.* **1.** Que depreda. También *s. m.* y *f.* **2.** Se dice del animal que se alimenta de otros a los que captura vivos. También *s. m.* SIN. **1.** Saqueador. **2.** Cazador.

depredar (del lat. *depraedari*) *v. tr.* **1.** Robar con violencia causando destrozos, especialmente en la guerra. **2.** Cazar un animal a otro para subsistir. SIN. **1.** Saquear, pillar, despojar, desvalijar. FAM. Depredación, depredador. / Predador.

depresión (del lat. *depressio, -onis*) *s. f.* **1.** Acción de deprimir o deprimirse una persona o una cosa. **2.** Estado psíquico caracterizado por la tristeza y la pérdida de interés por las cosas. **3.** Hundimiento o concavidad en una superficie. **4.** Situación de baja actividad económica que se caracteriza por la disminución de la inversión, caída de los salarios, desempleo, etc. || **5. depresión atmosférica** Situación de baja presión atmosférica que suele manifestarse con nubes y precipitaciones. SIN. **1.** y **2.** Decaimiento, melancolía, abatimiento, postración. **3.** Hoyo, hondonada, fosa. **4.** Recesión. ANT. **1.** y **2.** Alegría, euforia. **3.** Elevación.

depresivo, va *adj.* **1.** Relacionado con la depresión. **2.** Que cae fácilmente en estado de depresión.

depresor, ra (del lat. *depressor, -oris*) *adj.* **1.** Que deprime. **2.** Se dice del medicamento que disminuye la actividad de algunos centros nerviosos. También *s. m.* FAM. Inmunodepresor. DEPRIMIR.

deprimente *adj.* Que deprime o entristece: *un ambiente deprimente.* ANT. Alegre, animado.

deprimido, da **1.** *p.* de **deprimir** o **deprimirse**. También *adj.* || *adj.* **2.** Que padece depresión. **3.** Empobrecido o económicamente poco desarrollado: *La agricultura es el sector más deprimido de la región.*

deprimir (del lat. *deprimere*, de *premere*, apretar) *v. tr.* **1.** Producir decaimiento o tristeza: *Me deprime pensar en lo ocurrido.* También *v. prnl.* **2.** Empobrecer: *La sequía deprimió la región.* **3.** Disminuir el volumen de un cuerpo por medio de presión. También *v. prnl.* SIN. **1.** Abatir(se), entristecer(se), desmoralizar(se), desanimar(se). **2.** Arruinar, esquilmar. **3.** Comprimir(se). ANT. **1.** Animar(se), alegrar(se). **2.** Enriquecer. **3.** Dilatar(se). FAM. Depre, depresión, depresivo, depresor, deprimente, deprimido. / Antidepresivo. PRESIÓN.

deprisa *adv. m.* Con rapidez. ■ Se escribe también *de prisa*. SIN. Rápidamente, velozmente, apresuradamente. ANT. Despacio.

depuesto, ta *p.* irreg. de **deponer**. También *adj.*

depurador, ra *adj.* **1.** Que depura. También *s. m.* y *f.* || *s. m.* y *f.* **2.** Aparato o instalación empleado para eliminar las impurezas de algo.

depurar (del lat. *depurare*, de *de*, de, y *purus*, puro) *v. tr.* **1.** Eliminar de una sustancia todas las impurezas o elementos extraños: *depurar el agua.* También *v. prnl.* **2.** Hacer puro y selecto, perfeccionar: *depurar el lenguaje.* También *v. prnl.* **3.** Expulsar de un partido político, administración pública, organización, etc., a los miembros a los que se considera peligrosos o disconformes. SIN. **1.** Limpiar, purificar, filtrar. **2.** Refinar, acrisolar. **3.** Purgar. ANT. **1.** Ensuciar, corromper. FAM. Depuración, depurado, depurador, depurativo, depuratorio. PURO.

depurativo, va *adj.* **1.** Que sirve para depurar. || *s. m.* **2.** Medicamento empleado para depurar la sangre.

dequeísmo (de *de* y *que*) *s. m.* Uso incorrecto de la preposición *de* ante una proposición subordinada introducida por *que*, como ocurre p. ej. en la frase: *Ella piensa de que no la suspenderán.* FAM. Dequeísta.

-deras *suf.* Forma sustantivos pl. de tono familiar y significa facilidad para realizar la acción indicada por la raíz: *tragaderas*, o denota posibilidades o medios: *explicaderas, agarraderas.*

derbi *s. m.* Derby*.

derby (ingl.) *s. m.* **1.** Cierta competición hípica. **2.** En ciertos dep. como el fútbol, partido entre rivales de la misma localidad o región.

derechazo *s. m.* **1.** Golpe dado con el puño derecho. **2.** Pase de muleta ejecutado por el torero con la mano derecha.

derechista *adj.* De ideología conservadora: *revista derechista, partido derechista.* También *s. m.* y *f.*

derechizar *v. tr.* Inclinar hacia tendencias políticas de derechas. También *v. prnl.* ■ Delante de *e* se escribe *c* en lugar de *z*: *derechice.* FAM. Derechización. DERECHO.

derecho, cha (del lat. *directus*, directo) *adj.* **1.** Que no se tuerce a un lado ni a otro: *una carretera derecha.* **2.** Directo, sin rodeos: *Va derecha al núcleo de la cuestión.* También *adv.*: *Vamos derecho a casa.* **3.** Erguido o en posición vertical: *Anda derecho. Puso derecha la señal.* **4.** Se dice de las partes del cuerpo situadas en el lado opuesto al corazón y de las cosas que quedan en dicho lado: *el pie derecho, la puerta derecha.* **5.** Se dice del lado de un objeto que, con relación a su parte delantera, está situado como en el hombre la parte del cuerpo que está al lado contrario del corazón: *el ala derecha del edificio.* **6.** *Amér.* Feliz, afortunado. || *s. m.* **7.** Conjunto de leyes y reglas que rigen las relaciones entre los hombres y a las que están sometidos todos los ciudadanos. **8.** Ciencia y carrera que estudia estas leyes y reglas. **9.** Posibilidad de hacer o exigir alguna cosa por estar así establecido, por ser legítimo o razonable, etc.: *Pide el libro de reclamaciones, estás en tu derecho.* **10.** Sin artículo, justicia, razón: *En derecho, te corresponde esa herencia.* **11.** Cara o lado principal de un tejido, papel, tabla, etc.: *Éste es el derecho de la tela.* || *s. f.* **12.** Mano o pierna del cuerpo humano situada en el lado opuesto al corazón: *Saludó con la derecha. Chutó con la derecha.* **13.** Lo que está situado en ese lado: *Cuando llegue allí, tuerza a la derecha.* **14.** Conjunto de las organizaciones políticas y de las personas de ideología conservadora. || *s. m. pl.* **15.** Cantidad que se paga como impuesto de aduana, como matrícula, etc. **16.** Cantidades que se cobran en ciertas profesiones: *los derechos del notario.* || **¡derecha!** *interj.* **17.** Voz de mando que se da en el ejército para ordenar al soldado que se vuelva hacia el lado derecho. || LOC. **a derechas** *adv.* Bien, como se debe. ■ Suele emplearse en frases negativas: *No da una a derechas.* SIN. **1.** Rectilíneo. **3.** Tieso, rígido, enhiesto. **4.** Diestro. **8.** Jurisprudencia. **10.** Equidad. **11.** Anverso, haz. **12.** Diestra. **15.** Tasas, aranceles. **16.** Emolumentos, remuneración, minuta. ANT. **1.** Torcido. **3.** Doblado, agachado. **4.** Izquierdo, siniestro. **11.** Reverso, envés. **12.** Siniestra. FAM. Derechazo, derechista, derechizar, derechura. / Ultraderecha.

derechura *s. f.* **1.** Cualidad de derecho. **2.** *Amér. C.* y *Perú* Buena suerte. || LOC. **en derechura** *adv.* Directamente, por el camino más corto.

deriva *s. f.* Desvío del rumbo de alguna cosa, particularmente de un barco o de un avión. || LOC. **a la deriva** *adv.* Referido a un barco u objeto que flota, a merced de las olas y del viento, sin gobierno; también, sin dirección, sin objetivos: *un negocio a la deriva.*

derivación (del lat. *derivatio, -onis*) *s. f.* **1.** Acción de derivar. **2.** Pérdida de fluido eléctrico por varias causas y en especial por la acción de la humedad. **3.** Conexión, por medio de un conductor, entre dos puntos de un circuito eléctrico cerrado. **4.** Procedimiento para la formación de nuevas palabras a partir de otras, añadiendo o suprimiendo sufijos, uniendo vocablos o raíces, etc., como p. ej. *cuchillada* de *cuchillo* o *deshacer* de *hacer.* **5.** En mat., operación de hallar la derivada.

derivado, da (del lat. *derivatus*) **1.** *p.* de **derivar**. También *adj.* || *adj.* **2.** Se dice de las palabras formadas por derivación de otras de la misma lengua. También *s. m.* || *s. m.* **3.** En quím., producto o sustancia que se obtiene de otro mediante una serie de transformaciones. || *s. f.* **4.** En mat., magnitud que expresa la variación de una función respecto a su variable. FAM. Hemoderivado. DERIVAR.

derivar (del lat. *derivare*) *v. intr.* **1.** Proceder una cosa de otra: *Su decisión derivaba de una larga reflexión.* También *v. prnl.* **2.** Apartarse la nave de su rumbo. **3.** Formarse una palabra a partir de otra por derivación. También *v. tr.* y *prnl.* **4.** Tomar algo una dirección nueva: *Derivé la conversación hacia otro tema.* También *v. tr.* || *v. tr.* **5.** En una corriente, conducto, etc., separar una parte para llevarla en otra dirección. También *v. prnl.* **6.** En mat., hallar la función derivada. SIN. **1.** Provenir, nacer, originarse, dimanar, resultar. **2.** Desviarse, derrotarse. **4.** Evolucionar, cambiar. FAM. Deriva, derivación, derivado.

derm(a)-, dermat- o **dermato-** (del gr. *derma, -atos,* piel) *pref.* Significa 'piel': *dermáptero, dermatitis, dermatólogo.*

dermáptero (de *derma-* y *-ptero*) *adj.* **1.** Se dice de ciertos insectos que presentan cuatro alas, cortas las anteriores y largas las posteriores, y dos pinzas robustas a modo de tenazas al final del abdomen, que utilizan como defensa. Son dermápteros las tijeretas. También *s. m.* || *s. m. pl.* **2.** Orden de estos insectos.

dermatitis (de *dermat-* e *-itis*) *s. f.* Inflamación de la piel que suele ir acompañada de picores. ■ No varía en *pl.*

dermatoesqueleto (de *dermato-* y *esqueleto*) *s. m.* Exoesqueleto*.

dermatología (de *dermato-* y *-logía*) *s. f.* Parte de la medicina que trata de la piel y de sus enfermedades. FAM. Dermatológico, dermatólogo. DERMIS.

dermatosis (de *dermato-* y *-osis*) *s. f.* Enfermedad de la piel. ■ No varía en *pl.*

dermis (de *epidermis*) *s. f.* Capa intermedia y más gruesa de la piel, situada entre la epidermis, o capa superficial y la hipodermis, o capa más profunda. ■ No varía en *pl.* FAM. Dermatitis, dermatología, dermatosis, dérmico, dermatoesqueleto, dermoprotector. / Epidermis, gerodermia, hipodermis, intradérmico, paquidermo, taxidermia.

dermo- o **-dermo** (del gr. *derma, -atos,* piel) *pref.* o *suf.* Significa 'piel': *dermoprotector, equinodermo.*

dermoprotector, ra (de *dermo-* y *protector*) *adj.* Que cuida o protege la piel del cuerpo: *crema dermoprotectora.* También *s. m.* y *f.* SIN. Protector.

-dero, ra *suf.* Forma adj. que denotan posibilidad o facilidad: *hacedero, llevadero;* nombres de lugar: *abrevadero, desfiladero;* y nombres de objetos o instrumentos cuya función viene determinada por la raíz: *agarradero, regadera, tapadera.*

derogar (del lat. *derogare*) *v. tr.* Dejar sin validez un mandato o ley. ■ Delante de *e* se escribe *gu* en lugar de *g*: *derogue.* SIN. Abolir, anular, abrogar, revocar. ANT. Promulgar, implantar. FAM. Derogación, derogador, derogatorio. ROGAR.

derrabar (de *de-* y *rabo*) *v. tr.* Cortar o arrancar el rabo a un animal. FAM. Derrabe. RABO.

derrabe *s. m.* En min., derrumbamiento en lo hondo de una mina.

derrama (de *derramar*) *s. f.* **1.** Reparto de un gasto o carga eventual entre los vecinos de una población o casa. **2.** Contribución temporal o extraordinaria.

derramar (del lat. vulg. *diramare,* separarse las ramas de un árbol) *v. tr.* **1.** Dejar salir de un recipiente y esparcir un líquido o cosas menudas, en general involuntariamente: *Derramé el café sobre el mantel.* También *v. prnl.* **2.** Distribuir entre los vecinos de un pueblo o de una casa un impuesto o gasto. **3.** Repartir con abundancia dones, gracias: *Llegó derramando favores.* || **derramarse** *v. prnl.* **4.** Esparcirse. SIN. **1.** Verter(se), desparramar(se), tirar. **3.** Otorgar, conceder. **4.** Dispersarse, diseminarse. FAM. Derrama, derramador, derramamiento, derrame. RAMA[1].

derrame *s. m.* **1.** Derramamiento. **2.** En med., salida anormal de un líquido fuera del cuerpo o acumulación anormal en una cavidad orgánica: *un derrame sanguíneo.* **3.** El propio líquido derramado o acumulado. SIN. **1.** Efusión, pérdida.

derrapaje *s. m.* Derrape*.

derrapar (del fr. *déraper*) *v. intr.* Patinar un vehículo desviándose lateralmente de su dirección. FAM. Derrapaje, derrape.

derrape *s. m.* Acción de derrapar.

derredor *s. m.* Espacio que rodea a una cosa. || LOC. **al** (o **en**) **derredor** *adv.* Alrededor. SIN. Rededor, entorno.

derrengar (del bajo lat. *derenicare,* lastimar los riñones) *v. tr.* **1.** Dañar gravemente los lomos o la columna vertebral a la altura de los riñones: *El peso derrengó a la mula.* También *v. prnl.* **2.** Cansar mucho: *El esfuerzo les derrengó.* También *v. prnl.* ■ Delante de *e* se escribe *gu* en lugar de *g*: *derrengue.* SIN. **1.** Desriñonar(se), deslomar(se). **2.** Fatigar(se), agotar(se). FAM. Derrengado.

derretir (del cruce del lat. *deterere* y *reterere,* deshacer) *v. tr.* **1.** Hacer líquida por medio del calor una cosa sólida: *derretir el plomo.* También *v. prnl.* || **derretirse** *v. prnl.* **2.** Enamorarse o ponerse muy cariñoso: *derretirse por alguien.* ■ Es v. irreg. Se conjuga como *pedir.* SIN. **1.** Fundir, licuar(se), disolver(se). **2.** Acaramelarse. **ANT. 1.** Solidificar(se). **FAM.** Derretido.

derribar *v. tr.* **1.** Tirar al suelo a una persona, animal o cosa: *derribar a un contrincante, derribar un avión.* **2.** Destruir, echar abajo una construcción. **3.** Hacer perder a una persona su empleo o posición elevada: *derribar a un tirano.* **4.** Hacer caer a tierra los toros o vacas, corriendo tras ellos a caballo y empujándolos con la garrocha. **SIN. 1.** Tumbar, abatir. **2.** Derruir, demoler, derrumbar. **3.** Derrocar. **ANT. 1.** Alzar, levantar. **2.** Construir, edificar. **FAM.** Derribo.

derribo *s. m.* **1.** Acción de derribar. **2.** Conjunto de materiales que se obtienen al derribar un edificio: *tejas de derribo.* **3.** Lugar en que se derriba algo. **SIN. 1.** Demolición, destrucción. **ANT. 1.** Construcción.

derrick (ingl.) *s. m.* Estructura metálica que sirve de soporte a una grúa, perforadora, etc.

derrocadero *s. m.* Lugar escarpado y lleno de peñas. **SIN.** Despeñadero.

derrocar *v. tr.* Hacer caer a alguien de un puesto elevado o de mando por medios violentos: *La revolución derrocó al dictador.* ■ Delante de *e* se escribe *qu* en lugar de *c*. **SIN.** Derribar. **FAM.** Derrocadero, derrocamiento. ROCA.

derrochador, ra *adj.* Que dorrocha o malgasta. También *s. m.* y *f.* **SIN.** Derrochón, manirroto. **ANT.** Ahorrador.

derrochar (del fr. *dérocher*, destrozar) *v. tr.* **1.** Malgastar una persona su dinero, bienes, energías, etc.: *derrochar una fortuna.* **2.** Tener gran abundancia de una cosa buena: *Derrocha buen humor, salud.* **SIN. 1.** Despilfarrar, dilapidar, fundir, disipar. **2.** Rebosar. **ANT. 1.** Ahorrar. **2.** Carecer. **FAM.** Derrochador, derroche, derrochón.

derrochón, na *adj.* **1.** *fam.* Derrochador*. **2.** *fam.* Que supone un derroche.

derrota (del lat. *dirupta*, de *diruptus*, roto) *s. f.* **1.** Acción de derrotar: *El equipo sufrió una fuerte derrota.* **2.** Rumbo o dirección de un barco. **SIN. 1.** Fracaso, pérdida, revés. **2.** Derrotero. **ANT. 1.** Victoria, triunfo.

derrotar *v. tr.* **1.** Vencer al enemigo en la guerra o al rival en un juego, pelea, elección, etc. **2.** Abatir, derrumbar a alguien las contrariedades. **SIN. 1.** Batir, rendir. **2.** Deprimir, hundir. **FAM.** Derrota, derrotado, derrotero, derrotismo. ROTO.

derrote (de *derrotar*) *s. m.* Cornada que da el toro levantando la cabeza.

derrotero (de *derrota*, rumbo) *s. m.* **1.** Línea marcada en la carta de navegar que sigue el barco en su navegación. **2.** Libro que contiene estos caminos o rumbos. **3.** Derrota, camino que sigue un barco. **4.** Camino, dirección, medio que uno emplea para alcanzar algo. **SIN. 1.** y **3.** Ruta. **FAM.** Derrote. DERROTAR.

derrotismo *s. m.* Tendencia a sentir o propagar el desaliento y la desesperanza con noticias o ideas pesimistas. **SIN.** Pesimismo, entreguismo, alarmismo. **ANT.** Optimismo. **FAM.** Derrotista. DERROTAR.

derrubiar *v. tr.* Quitar lentamente una corriente de agua la tierra de las orillas. También *v. prnl.* **FAM.** Derrubio.

derrubio *s. m.* **1.** Acción de derrubiar. **2.** Depósito de tierra o piedras que, procedente de lugares más elevados, cae y se acumula al pie de las montañas.

derruir (del lat. *deruere*) *v. tr.* Destruir, derribar un edificio. ■ Es v. irreg. Se conjuga como *huir.* **SIN.** Demoler, derrumbar. **ANT.** Construir, edificar.

derrumbadero *s. m.* **1.** Precipicio, despeñadero. **2.** Situación peligrosa, que lleva al fracaso.

derrumbamiento o **derrumbe** *s. m.* **1.** Acción de derrumbar o derrumbarse. **2.** Caída de una situación, civilización, institución, etc.: *el derrumbamiento del imperio romano.* **SIN. 1.** y **2.** Hundimiento, desplome, desmoronamiento. **ANT. 1.** y **2.** Elevación, levantamiento.

derrumbar (del lat. vulg. *derupare*, de *rupes*, roca) *v. tr.* **1.** Destruir una construcción. También *v. prnl.* **2.** Hacer caer de golpe a una persona, animal o cosa. También *v. prnl.* **3.** Hundir el ánimo a alguien. También *v. prnl.*: *Se derrumbó ante la mala noticia.* **4.** Despeñar, tirar por una pendiente. También *v. prnl.* **SIN. 1.** Derribar, demoler, derruir. **2.** Arrojar(se), lanzar(se). **3.** Abatir(se), deprimir(se), desmoralizar(se). **4.** Precipitar(se), despeñar(se). **ANT. 1.** Construir. **2.** Levantar(se). **3.** Animar(se). **FAM.** Derrumbadero, derrumbamiento, derrumbe.

derviche *s. m.* Monje mendicante musulmán que vive en comunidades dedicadas a la oración.

des- (del lat. *dis-*) *pref.* **1.** Indica negación del significado de la palabra a la que acompaña o lo contrario de la misma: *deshacer, desmontar, desandar.* **2.** También denota privación o carencia: *desconfianza, desprovisto.* **3.** Expresa intensificación: *desgastar, despavorido.* **4.** Puede significar 'fuera de': *deshora.*

desabastecer *v. tr.* Dejar de abastecer o suministrar a una persona, a un pueblo, etc. los productos que necesitan. También *v. prnl.* ■ Es v. irreg. Se conjuga como *agradecer.* **SIN.** Desproveer. **ANT.** Abastecer, proveer, aprovisionar. **FAM.** Desabastecido, desabastecimiento. ABASTECER.

desabastecimiento *s. m.* Falta de determinados productos en un lugar.

desabollar *v. tr.* Quitar las abolladuras. **SIN.** Alisar. **ANT.** Abollar.

desabonarse *v. prnl.* Darse de baja en el lugar en que se estaba abonado.

desabor (de *des-* y *sabor*) *s. m.* Insipidez, falta de sabor de una cosa.

desaborido, da (de *des-* y *sabor*) *adj.* **1.** Sin sabor o sin sustancia. **2.** *fam.* Se aplica a la persona sin gracia, aburrida, aguafiestas. También *s. m.* y *f.* ■ Suele decirse *desaborío* o *esaborío*. **SIN. 1.** Insípido, desabrido, insulso. **2.** Soso. **ANT. 1.** Sabroso. **2.** Gracioso. **FAM.** Desabrido. SABOR.

desabotonar *v. tr.* Sacar los botones de los ojales para abrir la prenda cerrada: *desabotonarse la chaqueta.* También *v. prnl.* **SIN.** Desabrochar(se). **ANT.** Abotonar(se), abrochar(se).

desabrido, da (de *desaborido*) *adj.* **1.** Desagradable por falta de sabor o por poco sabor. **2.** Aplicado al tiempo, desapacible, desigual. **3.** Referido a una persona, a su carácter, acciones, etc., áspero, de mal genio. **SIN. 1.** Soso, insípido, desaborido, insulso. **2.** Destemplado, inestable. **3.** Brusco, adusto, huraño. **ANT. 1.** Sabroso. **2.** Apacible. **3.** Dulce, amable. **FAM.** Desabridamente, desabrimiento. DESABORIDO.

desabrigar *v. tr.* Quitar a una persona o cosa la ropa que le abriga. También *v. prnl.*: *Se desabrigó al entrar en casa.* ■ Delante de *e* se escribe *gu* en lugar de *g*: *desabrigue.* **SIN.** Desarropar(se), destapar(se), descubrir(se). **ANT.** Abrigar(se), arropar(se). **FAM.** Desabrigado, desabrigo. ABRIGAR.

desabrimiento *s. m.* **1.** Falta de sabor o buen gusto en la fruta o cualquier otro alimento. **2.** Desagrado, aspereza en el trato. **SIN. 1.** Insulsez, insipidez, desazón. **2.** Brusquedad, adustez, hosquedad. ANT. **2.** Amabilidad.

desabrochar *v. tr.* Soltar los broches, botones o cualquier otra cosa con que se ajusta la ropa u otro objeto. También *v. prnl.* SIN. Abrir(se), desabotonar(se). ANT. Abrochar(se).

desacato *s. m.* **1.** Desobediencia a la autoridad. **2.** Falta de respeto a los mayores o superiores, a las cosas sagradas o dignas de consideración: *un desacato a la bandera.* **3.** Delito previsto en el Código Penal español que se produce al injuriar, insultar o amenazar de hecho o de palabra a una autoridad o funcionario público cuando éste se halla en el ejercicio de sus funciones. SIN. **1.** Incumplimiento. **2.** Desacatamiento, ofensa, ultraje. ANT. **1.** Obediencia. **2.** Acatamiento. FAM. Desacatamiento, desacatar. ACATAR.

desacelerar *v. tr.* **1.** Disminuir o quitar aceleración. También *v. prnl.* **2.** Disminuir la velocidad o rapidez. También *v. prnl.*: *Se ha desacelerado el aumento del paro.* SIN. **1.** Decelerar(se). **2.** Retardar(se), retrasar(se). ANT. **1.** y **2.** Acelerar(se). FAM. Desaceleración. ACELERAR.

desacertado, da **1.** *p.* de **desacertar**. || *adj.* **2.** Que muestra falta de acierto, exactitud o conveniencia: *una respuesta desacertada, un consejo desacertado.* SIN. **2.** Equivocado, erróneo; desafortunado, improcedente, inapropiado, inadecuado. ANT. **2.** Acertado; conveniente. FAM. DESACIERTO.

desacidificar *v. tr.* Reducir la acidez de algo. ■ Delante de *e* se escribe *qu* en lugar de *c*.

desacierto *s. m.* Dicho o hecho desacertado. SIN. Equivocación, error, desatino, dislate. ANT. Acierto. FAM. Desacertadamente, desacertado, desacertar. ACERTAR.

desaclimatar *v. tr.* Cambiar las condiciones de vida a un ser vivo de manera que deje de estar aclimatado.

desacomedido, da *adj. Amér.* Descortés o poco servicial.

desacomodar *v. tr. Arg.* y *Urug.* Desordenar, descolocar. FAM. Desacomodado, desacomodo. ACOMODAR.

desacompasado, da *adj.* Descompasado*.

desacompasar *v. intr.* Perder el compás. FAM. Desacompasado. ACOMPASAR.

desacondicionar *v. tr. Amér.* Quitar a una cosa la capacidad de adaptarse a otra.

desaconsejable *adj.* Que se recomienda evitar o no hacer: *Es desaconsejable bañarse durante la digestión.* SIN. Desaconsejado, contraindicado. ANT. Aconsejable.

desaconsejado, da **1.** *p.* de **desaconsejar**. || *adj.* **2.** Desaconsejable*. **3.** Que actúa sin prudencia ni consejo, sólo por capricho: *una persona desaconsejada.* SIN. **3.** Imprudente, irreflexivo, caprichoso. ANT. **3.** Prudente.

desaconsejar *v. tr.* Convencer a uno para que no haga algo o haga lo contrario: *Le desaconsejaron el traslado.* SIN. Disuadir, desanimar. ANT. Persuadir. FAM. Desaconsejable, desaconsejado. ACONSEJAR.

desacoplar *v. tr.* **1.** Separar lo que estaba acoplado, unido: *desacoplar las ruedas de un automóvil.* **2.** Desconectar dos circuitos de electricidad. SIN. **1.** Desmontar, desajustar, desencajar, desenganchar. **2.** Desenchufar. ANT. **1.** Acoplar. **2.** Conectar. FAM. Desacoplamiento. ACOPLAR.

desacorde *adj.* **1.** Que está en desacuerdo: *Él y yo tenemos opiniones desacordes.* **2.** Que no se iguala o armoniza con otra cosa: *El contenido del libro está desacorde con sus dibujos.* **3.** En mús., desafinado, destemplado. SIN. **1.** Discrepante, contrario, contradictorio. **2.** Desigual, desentonado. **3.** Discordante. ANT. **1.** a **3.** Acorde. FAM. Desacordar. DESACUERDO.

desacostumbrado, da **1.** *p.* de **desacostumbrar**. || *adj.* **2.** Que está fuera de lo corriente. SIN. **2.** Inusual, insólito, inusitado, raro. ANT. **2.** Acostumbrado. FAM. Desacostumbradamente, desacostumbrar. ACOSTUMBRAR.

desacostumbrar *v. tr.* Quitar una costumbre. También *v. prnl.*

desacreditar *v. tr.* Quitar o disminuir la buena opinión de que goza una persona o la estimación de una cosa. También *v. prnl.* SIN. Desprestigiar(se), deshonrar(se), difamar. ANT. Acreditar. FAM. Desacreditado. ACREDITAR.

desactivar *v. tr.* **1.** Inutilizar el dispositivo que haría estallar un artefacto explosivo: *desactivar una bomba.* **2.** Anular la potencia activa de una máquina, de un proceso fisicoquímico, etc.: *desactivar un reactor nuclear.* **3.** Impedir el funcionamiento de una organización, un plan, etc. SIN. **1.** y **2.** Neutralizar, detener, parar. ANT. **1.** y **2.** Activar. FAM. Desactivación. ACTIVAR.

desacuerdo *s. m.* **1.** Falta de acuerdo entre personas, opiniones, ideas, etc.: *Los amigos estaban en desacuerdo.* **2.** Falta de armonía: *La corbata está en desacuerdo con el color de la camisa.* SIN. **1.** Disconformidad, desavenencia, discrepancia, divergencia; oposición, contradicción, conflicto. **2.** Contraste, discordancia. ANT. **1.** Concordia. **2.** Concordancia. FAM. Desacorde. ACUERDO.

desafección *s. f.* **1.** Desacuerdo, oposición, en especial a un régimen político. **2.** Falta de afecto. **3.** Mala voluntad. SIN. **1.** Disidencia, disconformidad. **2.** Desafecto, indiferencia. **3.** Enemistad, animosidad, aversión, animadversión. ANT. **1.** Acuerdo, conformidad. **2.** Afección. **3.** Benevolencia.

desafecto, ta *adj.* **1.** Contrario, opuesto, en especial a un régimen político. **2.** Que no siente cariño. || *s. m.* **3.** Falta de afecto. **4.** Mala voluntad. SIN. **1.** Disidente, disconforme, hostil. **2.** Despegado, indiferente. **3.** Desafección, antipatía. **4.** Aversión, inquina, malquerencia. ANT. **1.** Afecto, adicto, partidario. **2.** Afectuoso, cariñoso. **3.** Cariño, aprecio. FAM. Desafección. AFECTO.

desafiar (de *des* - y el ant. *afiar*, dar fe) *v. tr.* **1.** Invitar o provocar una o más personas a otra u otras a competir o enfrentarse entre ellas: *Te desafío al ajedrez. Se desafiaron a pistola.* **2.** Hacer frente al enfado de alguien u oponerse a sus opiniones: *Desafió las iras de su jefe.* **3.** Enfrentarse a un peligro o dificultad: *Desafiaron los peligros del desierto.* **4.** Chocar, oponerse una cosa a otra: *Su estilo desafiaba el buen gusto.* ■ En cuanto al acento, se conjuga como *ansiar*: *desafío.* SIN. **2.** y **3.** Arrostrar, afrontar, apechar. FAM. Desafiador, desafiante, desafío. FIAR.

desafinar *v. intr.* **1.** Desviarse la voz o un instrumento musical del tono debido. **2.** *fam.* Hablar a destiempo, decir algo indiscreto o inoportuno. SIN. **1.** Desentonar, disonar. ANT. **1.** Afinar.

desafío *s. m.* **1.** Acción de desafiar. **2.** Tarea u objetivo difícil o peligroso con que alguien se enfrenta: *Ese proyecto es para él un desafío.* SIN. **1.** Provocación. **1.** y **2.** Reto.

desaforado, da (de *des-* y *aforar*) *adj.* Desmesurado, enorme, sin moderación: *una ambición desaforada. Daba gritos desaforados.* SIN. Desmedido, desenfrenado, descomedido. ANT. Contenido, comedido.

desaforar *v. tr.* **1.** Privar de fuero o actuar contra él. || **desaforarse** *v. prnl.* **2.** Descomponerse, perder la moderación. SIN. **2.** Descomedirse. FAM. Desaforadamente, desaforado, desafuero. AFORAR.

desafortunado, da *adj.* **1.** Desgraciado, sin suerte. También *s. m.* y *f.* **2.** Inoportuno, desacertado: *un comentario desafortunado.* SIN. **1.** Infortunado, desventurado. **2.** Improcedente, impertinente. ANT. **1.** Afortunado. **2.** Oportuno, acertado. FAM. Desafortunadamente. AFORTUNADO.

desafuero (de *des-* y *aforar*) *s. m.* Acto contra la ley, la justicia o las normas de convivencia. SIN. Transgresión, abuso, atropello.

desagradable *adj.* Que desagrada, que produce disgusto o rechazo: *una situación desagradable, un olor desagadable.* SIN. Molesto, repugnante. ANT. Agradable.

desagradar *v. intr.* No gustar, provocar disgusto o rechazo: *Me desagradan sus malos modos.* SIN. Disgustar; fastidiar, molestar; enojar. ANT. Agradar. FAM. Desagradable, desagradablemente, desagrado. AGRADAR.

desagradecido, da *adj.* **1.** Que no agradece los favores o beneficios recibidos. También *s. m.* y *f.* **2.** Se aplica a tareas que no lucen a pesar del esfuerzo puesto en ellas. SIN. **1.** y **2.** Ingrato. ANT. **1.** y **2.** Agradecido. FAM. Desagradecer, desagradecidamente, desagradecimiento. AGRADECER.

desagrado *s. m.* Disgusto o rechazo. SIN. Rechazo, molestia, fastidio. ANT. Agrado.

desagraviar *v. tr.* Reparar o compensar un daño u ofensa. También *v. prnl.* SIN. Resarcir, indemnizar. ANT. Agraviar, ofender. FAM. Desagravio. AGRAVIAR.

desaguadero *s. m.* Canal de desagüe.

desaguar *v. tr.* **1.** Hacer salir el agua de un lugar: *desaguar una laguna.* También *v. intr.* y *v. prnl.* || *v. intr.* **2.** Desembocar un río en el mar, en otro río o en un lago. ■ En cuanto al acento, se conjuga como *averiguar*: *desaguo.* SIN. **1.** Avenar, drenar, achicar. **2.** Afluir. FAM. Desaguadero, desagüe. AGUA.

desagüe *s. m.* **1.** Acción de desaguar o desaguarse. **2.** Conducto o lugar por donde desagua algo: *el desagüe del fregadero.* SIN. **2.** Desaguadero, sumidero, aliviadero.

desaguisado (de *des-* y *guisa*) *s. m.* Delito, injusticia, y p. ext. destrozo o fechoría: *hacer un desaguisado.* SIN. Atropello, desmán; estropicio, trastada. FAM. Véase **guisa**.

desahogado, da **1.** *p.* de **desahogar**. || *adj.* **2.** Amplio, espacioso: *una sala desahogada.* **3.** Sin problemas de dinero: *Gozan de una posición desahogada.* SIN. **2.** Despejado, ancho. **3.** Acomodado. ANT. **2.** Estrecho. **3.** Apurado.

desahogar *v. tr.* **1.** Dar rienda suelta a un sentimiento, deseo, pasión o estado de ánimo. También *v. prnl.* **2.** Dejar más libre o despejado un espacio. || **desahogarse** *v. prnl.* **3.** Hacer confidencias o reproches a una persona para aliviarse o serenarse. **4.** Salir de apuros económicos. ■ Delante de *e* se escribe *gu* en lugar de *g*: *desahogue.* SIN. **1.** y **3.** Desfogar(se), descargar(se). **2.** Despejar, descongestionar. **3.** Franquearse, explayarse, despacharse. **4.** Desempeñarse. ANT. **1.** Ahogar, reprimir. FAM. Desahogadamente, desahogado, desahogo. AHOGAR.

desahogo *s. m.* **1.** Acción de desahogar o desahogarse: *Hablar te servirá de desahogo.* **2.** Amplitud, desenvoltura, comodidad: *ganar con desahogo, desahogo económico.* SIN. **2.** Holgura. ANT. **2.** Ahogo, apuro, estrechez.

desahuciar (de *des-* y el ant. *ahuciar*, dar confianza) *v. tr.* **1.** Declarar a un enfermo incurable y sin esperanza de vida: *Los médicos le han desahuciado.* **2.** Quitar las esperanzas a una persona. **3.** Obligar a un inquilino o arrendatario a abandonar una finca, casa o local. SIN. **2.** Desengañar, desencantar. **3.** Echar, expulsar. ANT. **2.** Esperanzar. FAM. Desahucio.

desahuevar *v. tr. Amér. del S.* Espabilar a alguien.

desairado, da **1.** *p.* de **desairar**. También *adj.* || *adj.* **2.** Poco lucido, desafortunado: *Nos dejó en una posición desairada.* SIN. **2.** Deslucido. ANT. **2.** Favorable.

desairar (de *des-* y *aire*) *v. tr.* Hacer un desprecio a una persona. ■ En cuanto al acento, se conjuga como *aislar.* SIN. Menospreciar, desdeñar. ANT. Respetar, obsequiar. FAM. Desairado, desaire. AIRAR.

desajustar *v. tr.* **1.** Separar o aflojar las partes o cosas ajustadas entre sí: *desajustar una tuerca.* También *v. prnl.* **2.** Alterar el correcto funcionamiento de un aparato, plan, sistema, etc. También *v. prnl.*: *desajustarse un mecanismo.* || **desajustarse** *v. prnl.* **3.** Apartarse de un ajuste o convenio. SIN. **1.** Desacoplar(se), desarticular(se). **2.** Desequilibrar(se). ANT. **1.** Acoplar(se). FAM. Desajuste. AJUSTAR.

desalado, da **1.** *p.* de **desalar**. || *adj.* **2.** Que corre presuroso.

desalar *v. tr.* Quitar la sal a algo. También *v. prnl.* ANT. Salar. FAM. Desalación. SALAR[1].

desalentar *v. tr.* Desanimar, desmoralizar. También *v. prnl.* ■ Es v. irreg. Se conjuga como *pensar.* SIN. Descorazonar(se), abatir(se). ANT. Alentar. FAM. Desalentador, desaliento. ALENTAR.

desaliento *s. m.* Falta de ánimo o entusiasmo. || LOC. **inaccesible al desaliento** *adj.* Tenaz, que no se desanima. SIN. Desánimo, desmoralización. ANT. Aliento, coraje.

desalinizadora *s. f.* Instalación en la que se desaliniza agua.

desalinizar *v. tr.* Hacer potable el agua salobre, sobre todo la del mar, al quitar las sales en ella disueltas. ■ Delante de *e* se escribe *c* en lugar de *z.* FAM. Desalinización, desalinizadora. SALINO.

desaliñado, da *adj.* Que muestra falta de aseo y cuidado en el arreglo personal: *Después de viajar toda la noche en tren, tengo un aspecto muy desaliñado.*

desaliño (de *des-* y *aliño*, arreglo, adorno) *s. m.* Falta de aseo y cuidado en el arreglo personal. SIN. Desaseo, abandono. ANT. Pulcritud. FAM. Desaliñado, desaliñar. ALIÑAR.

desalmado, da (de *des-* y *alma*) *adj.* Malvado, cruel. También *s. m.* y *f.* SIN. Inhumano, canalla. ANT. Humano, compasivo. FAM. Véase **alma**.

desalojar *v. tr.* Dejar vacío un lugar o espacio: *La policía desalojó el local. El público desalojó el teatro.* SIN. Desocupar, evacuar. ANT. Ocupar. FAM. Desalojamiento, desalojo. ALOJAR.

desalquilar *v. tr.* **1.** Dejar libre lo que se había alquilado. || **desalquilarse** *v. prnl.* **2.** Quedar sin inquilinos una vivienda u otro local. SIN. **1.** Desarrendar. **2.** Desocuparse. ANT. **1.** Alquilar, arrendar. **2.** Ocuparse. FAM. Desalquilado. ALQUILAR.

desamarrar *v. tr.* **1.** Quitar las amarras de un barco. También *v. prnl.* **2.** Desatar, soltar. También *v. prnl.* ANT. **1.** y **2.** Amarrar. **2.** Atar.

desambientar *v. tr.* Quitar a alguien su adaptación a un determinado medio o ambiente. FAM. Desambientado. AMBIENTAR.

desamor *s. m.* Falta de amor o cariño. SIN. Desafecto; aborrecimiento, aversión. ANT. Afecto; amistad.

desamortizar *v. tr.* **1.** Dejar libres bienes amortizados, mediante disposiciones legales, de modo que puedan ser vendidos o enajenados. **2.** Poner en venta esos bienes. ■ Delante de *e* se escribe *c* en lugar de *z*: *desamorticen.* **SIN. 1.** Liberar, expropiar. **ANT. 1.** Amortizar. **FAM.** Desamortizable, desamortización. AMORTIZAR.

desamparar *v. tr.* Abandonar o desatender a una persona o cosa. **SIN.** Desasistir, descuidar, desproteger. **ANT.** Amparar, asistir. **FAM.** Desamparado, desamparo. AMPARAR.

desamueblar o **desamoblar** *v. tr.* Dejar sin muebles. **ANT.** Amueblar.

desandar *v. tr.* Retroceder en el camino, y p. ext., en cualquier tarea o actividad. ■ Es v. irreg. Se conjuga como *andar.* **SIN.** Recular. **ANT.** Andar, avanzar.

desangelado, da *adj.* Sin ángel o gracia, sin alegría. **SIN.** Soso, insulso. **ANT.** Airoso.

desangrar *v. tr.* **1.** Sacar mucha sangre a una persona o animal. **2.** Arruinar, empobrecer: *desangrar un país.* También *v. prnl.* || **desangrarse** *v. prnl.* **3.** Perder mucha o toda la sangre. **SIN. 1.** Sangrar. **2.** Devastar, agotar(se), explotar. **ANT. 2.** Enriquecer(se). **FAM.** Desangrado, desangramiento. SANGRAR.

desanidar *v. tr.* Abandonar el nido las aves. **ANT.** Anidar.

desanimar *v. tr.* **1.** Quitar a una persona ánimos, entusiasmo, etc., o dejar una cosa sin animación. También *v. prnl.* **2.** Disuadir: *Iba a mirarlo pero le desanimé.* **SIN. 1.** Desalentar(se), abatir(se), desmoralizar(se), deprimir(se). **ANT. 1.** y **2.** Animar(se), estimular. **2.** Persuadir. **FAM.** Desanimadamente, desanimado, desánimo. ÁNIMO.

desanudar *v. tr.* **1.** Deshacer nudos: *desanudar una cuerda.* **2.** Desenredar, desenmarañar. **SIN. 1.** Desenlazar. **2.** Desembrollar. **ANT. 1.** Anudar, atar. **2.** Enredar, enmarañar.

desapacible *adj.* Molesto o desagradable, se aplica frecuentemente al tiempo. **SIN.** Enojoso, destemplado, inestable. **ANT.** Apacible, agradable. **FAM.** Desapacibilidad. APACIBLE.

desaparcar *v. tr.* Retirar un vehículo. ■ Delante de *e* se escribe *qu* en lugar de *c*: *desaparque.* **ANT.** Aparcar, estacionar.

desaparecer *v. intr.* **1.** Dejar de ser visible o localizable una persona o cosa: *El sol desapareció tras el horizonte. Me han desaparecido las llaves del coche.* En Méx., se usa también como *v. tr.*: *desaparecer a una persona.* **2.** Morir alguien o dejar de existir alguna cosa: *Desapareció el viejo actor.* ■ Es v. irreg. Se conjuga como *agradecer.* **SIN. 1.** Esfumarse, evaporarse, desvanecerse; irse, marcharse, ausentarse. **2.** Fallecer, extinguirse. **ANT. 1.** Aparecer. **FAM.** Desaparecido, desaparición. APARECER.

desaparecido, da 1. *p.* de **desaparecer**. También *adj.* || *adj.* **2.** Se dice de la persona que se encuentra en paradero desconocido, sin que se sepa si vive: *El naufragio arrojó el balance de un muerto y tres desaparecidos.* || *s. m.* y *f.* **3.** Persona arrestada por la policía o por fuerzas parapoliciales de un Estado, de la que nunca más se vuelve a saber.

desapasionado, da 1. *p.* de **desapasionar**. || *adj.* **2.** Que carece de entusiasmo o subjetividad. **SIN. 1.** Frío, objetivo, sereno, contenido. **ANT. 1.** Apasionado. **FAM.** Desapasionadamente, desapasionar. APASIONAR.

desapegarse *v. prnl.* Perder el apego o interés por una persona o cosa. ■ Delante de *e* se escribe *gu* en lugar de *g*. **SIN.** Despegarse, distanciarse; desinteresarse. **ANT.** Apegarse; aficionarse. **FAM.** Desapego. APEGARSE.

desapego *s. m.* Falta de apego o interés hacia alguien o algo. **SIN.** Despego, desafecto; desinterés. **ANT.** Cariño; pasión.

desapercibido, da *adj.* **1.** Inadvertido, no percibido: *pasar desapercibido.* **2.** Desprevenido, no preparado: *coger a alguien desapercibido.* **SIN. 2.** Despistado, distraído. **ANT. 1.** Percibido, notado. **2.** Prevenido.

desaplicado, da *adj.* Se dice de la persona que no es aplicada. También *s. m.* y *f.* **FAM.** Desaplicación. APLICAR.

desapolillar *v. tr.* **1.** Quitar la polilla a algo. || **desapolillarse** *v. prnl.* **2.** Salir de casa después de mucho tiempo sin hacerlo.

desaprensivo, va *adj.* Que carece de moral, escrúpulos o responsabilidad. También *s. m.* y *f.* **SIN.** Irresponsable, inmoral, sinvergüenza. **ANT.** Responsable; noble. **FAM.** Desaprensión, desaprensivamente. APRENSIÓN.

desapretar *v. tr.* Aflojar lo que está apretado. También *v. prnl.* ■ Es v. irreg. Se conjuga como *pensar.* **SIN.** Soltar(se).

desaprobar *v. tr.* Juzgar que algo está mal hecho o que alguien ha obrado mal: *Desaprueba la conducta de su amigo.* ■ Es v. irreg. Se conjuga como *contar.* **SIN.** Reprobar, censurar, condenar. **ANT.** Aprobar, aplaudir. **FAM.** Desaprobación, desaprobatorio. APROBAR.

desaprovechar *v. tr.* No sacar de algo el provecho que se podría obtener: *Ha desaprovechado todos estos años. Esa modista desaprovecha mucha tela.* **SIN.** Desperdiciar, malgastar. **ANT.** Aprovechar. **FAM.** Desaprovechado, desaprovechamiento. APROVECHAR.

desarbolar *v. tr.* **1.** Debilitar, desbaratar: *Desarbolaron el equipo de fútbol con los traspasos.* **2.** Dejar un barco sin mástiles o palos. **SIN. 1.** Desarmar. **1.** y **2.** Desmantelar. **ANT. 1.** Reforzar. **2.** Arbolar.

desarmadero *s. m. Arg.* y *Urug.* Desguace, lugar donde se desmantelan máquinas o coches.

desarmador *s. m. Méx.* Destornillador.

desarmar *v. tr.* **1.** Quitar las armas a una persona, tropa, etc., o reducir el ejército de un país. También *v. prnl.* **2.** Impedir o calmar el enfado u otra reacción similar: *Con sus bromas nos desarmó.* **3.** Dejar a una persona sin argumentos para replicar. **4.** Desmontar las piezas que componen una cosa: *desarmar un reloj.* También *v. prnl.* **5.** Arrancar la muleta el toro al torero. **SIN. 2.** Aplacar, apaciguar. **ANT. 1.** Rearmar(se). **1.** y **2.** Armar(se). **2.** Provocar. **4.** Montar. **FAM.** Desarmadero, desarmado, desarmador, desarme. ARMAR.

desarme *s. m.* Eliminación o limitación del arsenal armamentístico, especialmente el nuclear. **ANT.** Rearme.

desarraigar *v. tr.* **1.** Arrancar de raíz un árbol o una planta. También *v. prnl.* **2.** Eliminar una costumbre, pasión, vicio, etc. También *v. prnl.* **3.** Apartar a una persona de su ambiente, del lugar donde vive, etc. También *v. prnl.* ■ Delante de *e* se escribe *gu* en lugar de *g*: *desarraigue.* **SIN. 1.** Descepar. **2.** Extirpar. **2.** y **3.** Desterrar. **3.** Marginar. **ANT. 1.** a **3.** Arraigar(se), enraizar(se). **FAM.** Desarraigado, desarraigo. ARRAIGAR.

desarrapado, da *adj.* Desharrapado*. También *s. m.* y *f.*

desarreglar *v. tr.* Estropear o desorganizar. También *v. prnl.* **SIN.** Desbarajustar(se), perturbar(se), alterar(se). ANT. Arreglar(se). FAM. Desarregladamente, desarreglado, desarreglo. ARREGLAR.

desarreglo *s. m.* **1.** Acción de desarreglar o desarreglarse. **2.** Trastorno, alteración. SIN. **1.** Desorden, desorganización, desbarajuste. ANT. **1.** Arreglo, orden.

desarrendar *v. tr.* Desalquilar*. FAM. Desarrendado. ARRENDAR.

desarrollado, da 1. *p.* de **desarrollar**. También *adj.* || *adj.* **2.** Se dice del país que dispone de un sistema de producción moderno, buenos servicios y un nivel económico elevado.

desarrollar *v. tr.* **1.** Hacer que un organismo, miembro, etc., crezca, aumente o progrese. También *v. prnl.*: *desarrollarse una planta.* **2.** Aumentar la importancia, valor, riqueza o actividad de algo: *desarrollar la memoria.* También *v. prnl.*: *desarrollarse un país.* **3.** Exponer detalladamente un tema, una idea, etc. También *v. prnl.* **4.** Llevar a cabo, poner en práctica: *desarrollar un plan, una actividad.* **5.** Desenrollar. También *v. prnl.* **6.** Obtener la figura plana que corresponde a la superficie de un cuerpo geométrico: *desarrollar un cubo.* || **desarrollarse** *v. prnl.* **7.** Suceder o producirse algo: *Los acontecimientos se desarrollaron con normalidad.* SIN. **1.** Madurar, formar(se). **2.** Acrecentar(se), incrementar(se), enriquecer(se). **4.** Ejecutar. **4.** a **6.** Desplegar(se). **7.** Ocurrir. ANT. **1.** Menguar. **2.** Empobrecer(se). **5.** Arrollar, enrollar. FAM. Desarrollable, desarrollado, desarrollismo, desarrollo. ARROLLAR.

desarrollismo *s. m.* Política que tiene como objetivo el rápido crecimiento económico, sin atender a sus posibles efectos secundarios, como los daños en el medio ambiente, la inflación, etc. FAM. Desarrollista. DESARROLLAR.

desarrollo *s. m.* **1.** Acción de desarrollar o desarrollarse: *el desarrollo de un niño, de una empresa, de una enfermedad.* **2.** Particularmente, evolución de una economía hacia niveles superiores de bienestar. **3.** Relación que existe en una bicicleta entre el plato y los piñones, conectados por medio de la cadena. SIN. **1.** Crecimiento, progreso, aumento, despliegue. ANT. **1.** Disminución, retroceso, estancamiento. FAM. Subdesarrollo. DESARROLLAR.

desarropar *v. tr.* Destapar a alguien que estaba arropado. También *v. prnl.* SIN. Desabrigar(se). ANT. Tapar(se).

desarrugar *v. tr.* Hacer desaparecer las arrugas. También *v. prnl.* ■ Delante de *e* se escribe *gu* en lugar de *g*: *desarrugue.* SIN. Alisar(se), estirar(se). ANT. Arrugar(se).

desarticular *v. tr.* **1.** Deshacer o desbaratar un plan, organización, etc., en especial de malhechores: *La policía desarticuló la banda.* **2.** Separar dos o más cosas articuladas entre sí, p. ej. huesos o piezas de un mecanismo. También *v. prnl.* SIN. **1.** Desorganizar, abortar. **2.** Dislocar(se), desencajar(se), desarmar(se). ANT. **2.** Articular(se). FAM. Desarticulación. ARTICULAR[1].

desasear *v. tr.* Ensuciar o desordenar. ANT. Asear, ordenar. FAM. Desaseadamente, desaseado, desaseo. ASEAR.

desasimilar *v. tr.* Eliminar de un organismo sustancias que forman parte de él transformándolas en compuestos que no existían anteriormente. ANT. Asimilar. FAM. Desasimilación. ASIMILAR.

desasir *v. tr.* **1.** Soltar lo agarrado. También *v. prnl.* || **desasirse** *v. prnl.* **2.** Desprenderse de algo, desinteresarse. ■ Es v. irreg. Se conjuga como *asir.* ANT. **1.** Asir(se), agarrar(se). **2.** Interesarse. FAM. Desasimiento. ASIR.

desasistir *v. tr.* No prestar a alguien la ayuda que necesita. SIN. Desatender, abandonar, desamparar. ANT. Asistir. FAM. Desasistencia. ASISTIR.

desasnar *v. tr. fam.* Hacer menos tosca o ignorante a una persona. También *v. prnl.* SIN. Desbastar(se). ANT. Embrutecer(se).

desasosiego *s. m.* Falta de sosiego. SIN. Intranquilidad, inquietud, nerviosismo. ANT. Tranquilidad. FAM. Desasosegadamente, desasosegar. SOSIEGO.

desastrado, da *adj.* Sucio, descuidado. También *s. m.* y *f.* SIN. Desaseado, abandonado, desaliñado. ANT. Aseado.

desastre (del lat. *dis* y *astrum*, astro, hado) *s. m.* **1.** Desgracia, catástrofe; se usa mucho hiperbólicamente: *El partido fue un desastre.* **2.** Persona con mala suerte o que hace las cosas mal. SIN. **1.** Tragedia, infortunio. **1.** y **2.** Calamidad. ANT. **1.** Éxito. FAM. Desastrado, desastrosamente, desastroso.

desastroso, sa *adj.* **1.** Que produce desastre: *Las guerras son desastrosas.* **2.** *fam.* Muy mal realizado: *Fue un partido desastroso.* SIN. **1.** Funesto. **1.** y **2.** Catastrófico. **2.** Pésimo. ANT. **2.** Excelente, estupendo.

desatar *v. tr.* **1.** Soltar lo que está atado: *desatar un paquete.* También *v. prnl.* **2.** Hacer o dejar que entre en actividad algo que estaba quieto o contenido: *El vino le desató la lengua.* También *v. prnl.*: *Se desató la tormenta.* **3.** Hacer que algo se produzca con fuerza o violencia. También *v. prnl.*: *Se desató una pelea.* || **desatarse** *v. prnl.* **4.** Proceder desordenadamente en el lenguaje o la conducta: *Se desató en insultos.* **5.** Perder la timidez o el temor: *Los invitados se desataron al final de la cena.* SIN. **1.** Desanudar(se), desenlazar(se). **2.** y **3.** Desencadenar(se). **4.** Desmandarse, desmadrarse. ANT. **1.** Atar(se). **2.** y **3.** Reprimir(se). **5.** Retraerse. FAM. Desatado, desatadura. ATAR.

desatascador, ra *adj.* **1.** Que sirve para desatascar. También *s. m.* || *s. m.* **2.** Utensilio casero que consta de una ventosa flexible de goma unida a un mango y se usa para desatascar los desagües.

desatascar *v. tr.* **1.** Sacar algo del lugar donde se encuentra atascado. También *v. prnl.* **2.** Dejar libre un conducto obstruido: *desatascar una tubería.* También *v. prnl.* **3.** Dar impulso a algo que estaba paralizado. También *v. prnl.* ■ Delante de *e* se escribe *qu* en lugar de *c.* SIN. **1.** Desatollar. **2.** Desatrancar(se), desatorar(se). **3.** Estimular. ANT. **1.** a **3.** Atascar(se). **2.** Atrancar(se). FAM. Desatascador. ATASCAR.

desatención *s. f.* **1.** Falta de atención. **2.** Descortesía, falta de respeto: *cometer una desatención.* SIN. **1.** Distracción; desinterés. **2.** Desconsideración. ANT. **1.** Interés. **2.** Cortesía.

desatender *v. tr.* **1.** No prestar la atención debida a la persona o cosa a que se tiene obligación de atender: *desatender el trabajo, a un enfermo.* **2.** No hacer caso de las palabras o consejos de alguien. ■ Es v. irreg. Se conjuga como *tender.* SIN. **1.** Descuidar, abandonar; desasistir. **2.** Desoír, ignorar. ANT. **1.** y **2.** Atender. **2.** Escuchar. FAM. Desatención, desatento. ATENDER.

desatento, ta *adj.* Que muestra desatención o la comete. También *s. m.* y *f.* SIN. Distraído; grosero, desconsiderado. ANT. Atento.

desatinar (de *des-* y *atinar*) *v. tr.* **1.** Fallar la puntería: *Desatinó dos tiros.* || *v. intr.* **2.** Decir o hacer desatinos, locuras o desaciertos. SIN. **1.** Errar. **2.** Desvariar, desbarrar, delirar. ANT. **1.** Atinar. **2.** Razonar. FAM. Desatinadamente, desatinado, desatino. ATINAR.

desatino *s. m.* **1.** Falta de tino o acierto: *obrar con desatino.* **2.** Disparate, absurdo. SIN. **1.** Error, desacierto. **2.** Despropósito, dislate.

desatorar *v. tr.* Desatrancar, desatascar. También *v. prnl.* ANT. Atorar(se).

desatornillador *s. m.* Destornillador*.

desatornillar *v. tr.* Sacar un tornillo dándole vueltas. También *v. prnl.* ■ Se dice también *destornillar.* SIN. Desenroscar. ANT. Atornillar. FAM. Desatornillador. ATORNILLAR.

desatracar *v. tr.* Separar un barco de otro o del sitio en el que está atracado. También *v. intr.* ■ Delante de *e* se escribe *qu* en lugar de *c.* SIN. Desamarrar, zarpar. ANT. Atracar.

desatrancar *v. tr.* **1.** Quitar la tranca o pieza que mantiene cerrada una puerta. **2.** Desatascar, desobstruir: *desatrancar un desagüe.* También *v. prnl.* ■ Delante de *e* se escribe *qu* en lugar de *c.* SIN. **2.** Destaponar(se). ANT. **1.** Atrancar(se). **2.** Atascar(se), obstruir(se). FAM. Desatrancamiento. ATRANCAR.

desautorizar *v. tr.* **1.** No dar permiso a alguien para hacer cierta cosa: *Desautorizaron su traslado.* También *v. prnl.* **2.** Quitar autoridad, crédito o estimación: *El ministro desautorizó las declaraciones del portavoz.* También *v. prnl.* ■ Delante de *e* se escribe *c* en lugar de *z*: *desautorice.* SIN. **1.** Prohibir. **2.** Descalificar, desmentir. ANT. **1.** Autorizar. **2.** Confirmar. FAM. Desautorización, desautorizado. AUTORIZAR.

desavenencia (de *des-* y *avenencia*) *s. f.* Falta de armonía o acuerdo entre personas. SIN. Discordancia, discrepancia. ANT. Avenencia.

desavenir (de *des-* y *avenir*) *v. tr.* Poner en desavenencia. También *v. prnl.* ■ Es v. irreg. Se conjuga como *venir.* SIN. Enemistar(se), indisponer(se), malquistar(se). ANT. Avenirse. FAM. Desavenencia, desavenido, desavenimiento. AVENIR.

desaventajado, da *adj.* Inferior, menos aventajado.

desavío *s. m.* Trastorno, incomodidad: *¿Te causa desavío dejarme el coche?* SIN. Molestia. ANT. Avío.

desayunar (de *des-* y *ayunar*) *v. intr.* **1.** Tomar el desayuno. También *v. tr.* y *v. prnl.* con valor expresivo: *Desayuna un tazón de leche. Se desayuna con un café.* || **desayunarse** *v. prnl.* **2.** *fam.* Enterarse de una cosa que otros ya conocen.

desayuno *s. m.* **1.** Alimento que se toma por la mañana, al empezar el día. **2.** Acción de desayunar. SIN. **1.** Almuerzo. FAM. Desayunado, desayunar. AYUNO.

desazón *s. f.* **1.** Desasosiego, inquietud. **2.** Malestar, indisposición en la salud: *Tengo desazón en el estómago.* **3.** Molestia que causa un picor: *Siento desazón en la palma de la mano.* SIN. **1.** Intranquilidad, ansiedad, zozobra. **1.** y **3.** Comezón. **3.** Picazón, prurito. ANT. **1.** Sosiego. FAM. Desazonado, desazonar. SAZÓN.

desbancar *v. tr.* **1.** Quitar a alguien un puesto o posición privilegiada para ocuparlo uno mismo: *Le desbancó en la dirección de la empresa.* **2.** En el juego, ganarle a la banca todo el dinero del que dispone. ■ Delante de *e* se escribe *qu* en lugar de *c.* SIN. **1.** Suplantar, reemplazar.

desbandada *s. f.* Abandono desordenado de un lugar: *Acabarse el dinero y empezar la desbandada de los parientes, fue todo uno.* || LOC. **a la** (o **en**) **desbandada** *adv.* Desordenadamente: *Las tropas huyeron en desbandada.*

desbandarse *v. prnl.* Huir en desorden, separarse en distintas direcciones: *desbandarse un ejército.* SIN. Desperdigarse, dispersarse. ANT. Concentrarse. FAM. Desbandada, desbande. BANDA[2].

desbarajustar (del ant. *desbarahustar*, trastornar) *v. tr.* Desbaratar, desordenar.

desbarajuste (de *des-* y el ant. *barajustar*) *s. m.* Desorden, lío. SIN. Confusión, desorganización, barullo. ANT. Orden. FAM. Desbarajustar.

desbaratar (de *des-* y el ant. *baratar*) *v. tr.* **1.** Deshacer algo, estropearlo o impedir que se realice: *desbaratar las líneas enemigas, desbaratar una conspiración.* **2.** Malgastar los bienes: *desbaratar una fortuna.* SIN. **1.** Descomponer, arruinar, desarreglar; frustrar. **2.** Derrochar, despilfarrar. ANT. **1.** Componer, arreglar, ordenar; favorecer, propiciar. **2.** Conservar, ahorrar. FAM. Desbaratamiento. BARATO.

desbarbar *v. tr.* **1.** Cortar o quitar de una cosa las barbas, especialmente las raíces muy delgadas de las plantas o los filamentos del borde del papel. **2.** *fam.* Afeitar la barba. También *v. prnl.* SIN. **2.** Rasurar(se). FAM. Desbarbado. BARBA.

desbarrancar *v. tr.* **1.** *Arg.* y *Chile* Despeñar. También *v. prnl.* **2.** *Arg.* y *Méx.* Hacer perder a alguien una posición importante. ■ Delante de *e* se escribe *qu* en lugar de *c.* FAM. Desbarrancadero. BARRANCO.

desbarrar (del ant. *desbarar*, disparatar, del lat. *divarare*, resbalar) *v. intr.* Decir o hacer disparates: *Razona, no desbarres.* SIN. Desatinar, desvariar.

desbastar *v. tr.* **1.** Quitar o suavizar las partes más bastas, ásperas, etc., de alguna cosa: *desbastar la madera.* **2.** Refinar. También *v. prnl.* SIN. **1.** Pulimentar. **1.** y **2.** Pulir(se). **2.** Desasnar(se). FAM. Desbastado, desbastador, desbaste. BASTO -TA.

desbeber *v. intr. fam.* Orinar.

desbloquear *v. tr.* **1.** Eliminar un obstáculo que impedía el movimiento, desarrollo, etc., de algo: *desbloquear una carretera, unas negociaciones.* También *v. prnl.* **2.** Levantar el bloqueo o inmovilidad de valores o dinero: *desbloquear una cuenta corriente.* ANT. **1.** y **2.** Bloquear. FAM. Desbloqueo. BLOQUEAR.

desbocar *v. tr.* **1.** Quitar, romper o gastar la boca de una cosa. También *v. prnl.* || **desbocarse** *v. prnl.* **2.** Abrirse más de lo debido una abertura, particularmente el cuello de una prenda de vestir. **3.** No obedecer una caballería al freno y empezar a galopar alocadamente. **4.** Perder la corrección en la conducta o en el lenguaje. **5.** Incrementarse de forma desmedida: *El déficit se ha desbocado.* ■ Delante de *e* se escribe *qu* en lugar de *c*: *desboque.* SIN. **2.** Deformarse. **3.** Espantarse. **4.** Desmandarse. **5.** Descontrolarse, dispararse. ANT. **5.** Estabilizarse. FAM. Desbocado, desbocamiento. BOCA.

desbordar (de *des-* y *borde[1]*) *v. intr.* **1.** Salirse de los bordes de un cauce, de un recipiente, etc.: *Los papeles desbordan el cesto. El río se desbordó.* También *v. tr.* y *v. prnl.* **2.** Estar lleno de un sentimiento o pasión y manifestarlo vivamente: *desbordar entusiasmo.* También *v. tr.* y *prnl.* || *v. tr.* **3.** Sobrepasar, superar: *La gente desbordó los controles. El problema desborda mis conocimientos.* SIN. **1.** Rebosar, derramarse, inundar. **3.** Rebasar. FAM. Desbordamiento, desbordante, desborde. BORDE[1].

desborde *s. m. Arg.* y *Urug.* Desbordamiento, salida de las aguas de un cauce.

desbravar (de *des-* y *bravo*) *v. tr.* **1.** Hacer manso al ganado, especialmente al caballo. || **desbravarse** *v. prnl.* **2.** Perder algo su fuerza. SIN. **1.** Domar, amansar. ANT. **2.** Embravecerse. FAM. Desbravador. BRAVO.

desbriznar *v. tr.* **1.** Reducir algo a briznas. **2.** Eliminar las briznas o hilos de las legumbres.

desbrozadora *s. f.* Máquina agrícola provista de dos grandes cuchillas que, al deslizarse una sobre otra, cortan la broza o maleza de los campos.

desbrozar *v. tr.* **1.** Limpiar de broza: *desbrozar un campo.* **2.** Quitar lo innecesario, facilitar un camino para conseguir algo: *Desbrozó el escrito de frases inútiles.* ■ Delante de *e* se escribe *c* en lugar de *z*. SIN. **2.** Allanar, despejar, desembarazar. FAM. Desbrozadora, desbrozo. BROZA.

desbrozo *s. m.* **1.** Acción de desbrozar. **2.** Cantidad de broza o ramaje que se produce al desbrozar.

descabalar (de *des-* y *cabal*, completo, perfecto) *v. tr.* Dejar incompleto algo, particularmente un conjunto de cosas: *descabalar una vajilla, un par de guantes.* También *v. prnl.*: *Se descabaló la enciclopedia.* ANT. Completar. FAM. Descabalado, descabalamiento. CABAL.

descabalgar *v. intr.* Bajarse de una caballería. ■ Delante de *e* se escribe *gu* en lugar de *g*: *descabalgue.* SIN. Desmontar, apearse. ANT. Montar.

descabellado, da 1. *p.* de **descabellar**. También *adj.* || *adj.* **2.** Absurdo, fuera de razón, sin sentido: *un propósito descabellado.* SIN. **2.** Disparatado, desatinado. ANT. **2.** Sensato.

descabellar (de *des-* y *cabello*) *v. tr.* Matar el torero al toro clavándole la espada de cruceta entre las últimas cervicales. FAM. Descabelladamente, descabellado, descabello. CABELLO.

descabezado, da 1. *p.* de **descabezar**. || *adj.* **2.** Que no tiene cabeza. **3.** Alocado, poco razonable. SIN. **2.** Decapitado, acéfalo. **3.** Irresponsable, insensato. ANT. **3.** Responsable, sensato, juicioso.

descabezar *v. tr.* **1.** Quitar o cortar la cabeza. **2.** Quitar la punta o la parte superior a alguna cosa: *descabezar cerillas.* **3.** Privar a una organización, movimiento, etc., de sus jefes o elementos más destacados. || LOC. **descabezar un sueño** *fam.* Adormilarse un poco. ■ Delante de *e* se escribe *c* en lugar de *z*: *descabece.* SIN. **1.** Decapitar, degollar. **2.** Desmochar. FAM. Descabezado. CABEZA.

descabuyarse *v. prnl. Col. fam.* Escabullirse.

descachalandrado, da *adj. Amér. C. fam.* Descuidado en el vestir.

descachar *v. tr. Amér.* Cortar los cachos o cuernos.

descacharrar *v. tr.* **1.** Romper o estropear algo. También *v. prnl.*: *descacharrarse un coche, un plan.* **2.** *fam.* Hacer reír a carcajadas. También *v. prnl.* ■ Se dice también *escacharrar.* SIN. **1.** Destrozar(se). **2.** Troncharse, mondarse, partirse. FAM. Descacharrado, descacharrante. CACHARRO.

descafeinado, da *adj.* **1.** Se aplica al café al que se le ha extraído la cafeína. También *s. m.* **2.** *fam.* Se dice de aquello que ha perdido su fuerza o su autenticidad. ANT. **2.** Auténtico, íntegro. FAM. Descafeinar. CAFEÍNA.

descafeinar *v. tr.* **1.** Quitar la cafeína al café. **2.** Quitar fuerza o autenticidad: *La eliminación de varios capítulos terminó por descafeinar la obra.* ■ En cuanto al acento, se conjuga como *aislar.* SIN. **2.** Aguar, desvirtuar.

descalabazarse *v. prnl. fam.* Romperse la cabeza pensando, cavilar mucho tratando de averiguar algo.

descalabrar (de *des-* y *calavera*) *v. tr.* **1.** Herir a uno en la cabeza y, p. ext., en cualquier parte del cuerpo. También *v. prnl.* **2.** Causar grave daño o perjuicio a alguien. SIN. **1.** Escalabrar. **2.** Perjudicar, dañar. FAM. Descalabrado, descalabradura, descalabro. / Escalabrar. CALAVERA.

descalabro *s. m.* Grave daño o pérdida. SIN. Desastre, catástrofe.

descalcificar *v. tr.* **1.** Eliminar o disminuir el calcio de un tejido orgánico, particularmente en los huesos. También *v. prnl.* **2.** Eliminar el agua la caliza de las rocas, suelos o minerales. También *v. prnl.* ■ Se dice también *decalcificar.* Delante de *e* se escribe *qu* en lugar de *c*: *descalcifique.* ANT. **1.** Calcificar. FAM. Descalcificación. CALCIFICAR.

descalificar *v. tr.* **1.** Quitar a alguien o algo crédito, autoridad, validez: *descalificar una opinión.* **2.** Excluir o eliminar a alguien de una competición, concurso, etc.: *Descalificaron a varios corredores.* ■ Delante de *e* se escribe *qu* en lugar de *c.* SIN. **1.** Desacreditar, desprestigiar, desautorizar. ANT. **1.** Acreditar. FAM. Descalificación. CALIFICAR.

descalzar (del lat. *discalceare*) *v. tr.* **1.** Quitar el calzado. También *v. prnl.* **2.** Quitar los calzos o cuñas de un objeto. También *v. prnl.* ■ Delante de *e* se escribe *c* en lugar de *z.* ANT. **1.** y **2.** Calzar. FAM. Descalzo. CALZAR.

descalzo, za *adj.* **1.** Que lleva desnudos los pies. **2.** Que no tiene calzado o lo tiene escaso. **3.** *fam.* Pobre, falto de recursos: *Pedro no está descalzo: ¡menudo cochazo se ha comprado!* **4.** De las órdenes religiosas cuyos miembros no llevaban calzado y de estos miembros; también de las comunidades y religiosos reformados de ciertas órdenes por oposición a los no reformados: *los carmelitas descalzos.* También *s. m.* y *f.*

descamar (del lat. *desquamare*) *v. tr.* **1.** Quitar las escamas a los peces. || **descamarse** *v. prnl.* **2.** Caerse la epidermis en forma de escamillas. **3.** Disgregarse una roca en forma de escamas. SIN. **3.** Exfoliarse. FAM. Descamación. ESCAMA.

descambiar *v. tr.* **1.** Deshacer un cambio. **2.** *fam.* Deshacer una compra recuperando el importe o cambiándola por otro producto.

descamburar *v. tr. Ven. fam.* Despedir a alguien de un cargo público. También *v. prnl.*

descaminado, da 1. *p.* de **descaminar**. || *adj.* **2.** Que ha perdido la orientación. **3.** Que mantiene una idea equivocada sobre las cosas. ■ También se dice *desencaminado* SIN. **2.** Extraviado, despistado. **3.** Confundido. ANT. **2.** Encaminado.

descaminar *v. tr.* **1.** Desviar a alguien de su camino. También *v. prnl.* **2.** Apartar a una persona de un buen propósito. También *v. prnl.*: *descaminarse de un buen fin.* ■ Se dice también *desencaminar.* SIN. **1.** y **2.** Extraviar(se), desorientar(se), descarriar(se). ANT. **1.** y **2.** Encaminar(se), orientar(se). FAM. Descaminadamente, descaminado. CAMINAR.

descamisado, da *adj.* **1.** *fam.* Sin camisa. **2.** *fam.* Se dice de la persona muy pobre o con aspecto de serlo. También *s. m.* y *f.* SIN. **2.** Desharrapado. FAM. Descamisar. CAMISA.

descamisar *v. tr.* **1.** *Amér.* Arruinar a una persona. || **descamisarse** *v. prnl.* **2.** Quitarse un hombre la chaqueta y quedarse en camisa.

descampado, da *adj.* Se dice de un lugar o terreno descubierto, sin árboles ni casas, sin habitar. También *s. m.* ■ Se dice también *escampado.*

descampar *v. intr.* Escampar*.

descansada *s. f. Col. fam.* Pausa o descanso en una actividad.

descansado, da 1. *p.* de **descansar**. || *adj.* **2.** Que requiere poco trabajo o esfuerzo: *Un trabajo muy descansado.* SIN. **2.** Relajado, fácil. ANT. **2.** Ajetreado, tenso.

descansar (de *des-* y *cansar*) *v. intr.* **1.** Parar en un trabajo o esfuerzo para reponer fuerzas. **2.** Dormir, reposar: *No he descansado esta noche.* **3.** Estar sin cultivo las tierras de labor. **4.** Tener algún alivio en un dolor, una preocupación, etc.: *descansar de las responsabilidades.* **5.** Delegar trabajos o preocupaciones en otra persona: *El director descansa en su secretario.* También *v. prnl.* **6.** Estar enterrado: *Sus restos descansan en el cementerio.* **7.** Estar una cosa apoyada sobre otra: *El arco descansa sobre dos columnas.* También *v. tr.*: *Descansó la cabeza sobre el respaldo.* **8.** Basarse, fundamentarse: *Su teoría descansa en los últimos descubrimientos.* || *v. tr.* **9.** Disminuir o eliminar la fatiga de alguien o algo: *Ese colirio descansa los ojos.* **SIN. 1.** Recuperarse, relajarse. **4.** Aliviarse, tranquilizarse. **6.** Yacer. **7.** Cargar, gravitar, estribar. **8.** Fundarse. **ANT. 1.** Cansarse. **4.** Inquietarse. **FAM.** Descansada, descansadamente, descansado, descansillo, descanso. CANSAR.

descansillo (dim. de *descanso*) *s. m.* Plataforma en la que termina cada uno de los tramos de una escalera. **SIN.** Rellano, descanso.

descanso *s. m.* **1.** Acción de descansar. **2.** Intermedio de un espectáculo, proyección, etc. **3.** Descansillo. **4.** *Chile* Retrete. **SIN. 2.** Entreacto.

descantillar (de *des-* y *canto²*) *v. tr.* Romper las aristas o cantos de algo. También *v. prnl.*

descapitalizar *v. tr.* **1.** Dejar sin capital una empresa. También *v. prnl.* **2.** Hacer perder los bienes históricos o culturales de un país o de una sociedad. También *v. prnl.* ■ Delante de *e* se escribe *c* en lugar de *z*. **FAM.** Descapitalización. CAPITALIZAR.

descapotable *adj.* Se aplica al coche que tiene techo plegable y puede quedar descubierto. También *s. m.* **SIN.** Convertible. **FAM.** Descapotar. CAPOTA.

descapotar *v. tr.* En los coches descapotables, quitar o plegar la capota.

descarado, da (de *des-* y *cara*) *adj.* Que habla o actúa con desvergüenza, sin respeto. También *s. m.* y *f.* **SIN.** Desvergonzado, fresco, atrevido. **FAM.** Descaradamente. DESCARO.

descarga *s. f.* **1.** Acción de descargar. **2.** Serie de disparos efectuados simultáneamente. **3.** Paso brusco de corriente eléctrica de un cuerpo a otro de distinto potencial. **SIN. 1.** Descargo, descargue. **ANT. 1.** Carga.

descargar (del lat. *discarricare*) *v. tr.* **1.** Quitar o aligerar la carga: *descargar un barco.* **2.** Liberar a una persona de una obligación o preocupación: *descargar de responsabilidades a alguien.* **3.** Declarar a una persona inocente de cierta culpa: *Le descargaron del delito.* **4.** Disparar las armas de fuego: *Descargó la escopeta contra la diana.* **5.** Extraer la carga a un arma de fuego o a un barreno. **6.** Suprimir lo superfluo o no apreciado de una cosa: *descargar de adornos una decoración.* **7.** Anular la tensión eléctrica. También *v. prnl.*: *descargarse una batería.* **8.** Dar un golpe con violencia: *Descargó una patada contra la puerta.* **9.** Desahogar una persona su tensión, malhumor, etc.: *Descargó su ira sobre mí.* También *v. prnl.* || *v. intr.* **10.** Desembocar un río en el mar o en un lago. **11.** Deshacerse una nube en lluvia, granizo, etc.: *Descargó un aguacero.* || **descargarse** *v. prnl.* **12.** Rechazar una persona con razonamientos los cargos que se le hacen: *Se descargó de las acusaciones.* ■ Delante de *e* se escribe *gu* en lugar de *g*: *descargue.* **SIN. 2.** Dispensar, eximir, exonerar. **3.** Absolver. **4.** Tirar. **8.** Propinar, atizar. **9.** Desfogar. **10.** Desaguar. **11.** Caer. **ANT. 1.** Cargar. **2.** Responsabilizar. **3.** Condenar. **FAM.** Descarga, descargadero, descargador, descargo, descargue. CARGAR.

descargo *s. m.* **1.** Acción de descargar. **2.** Salida de una cuenta. **3.** Excusa que se da a alguien, particularmente a la autoridad judicial: *Tengo que decir en mi descargo...* **SIN. 1.** Descarga, descargue.

descarnado, da 1. *p.* de **descarnar**. También *adj.* || *adj.* **2.** Aplicado a relatos, historias, etc., excesivamente crudos o realistas. **3.** Muy delgado. **SIN. 2.** Desgarrado. **3.** Esquelético, escuálido.

descarnador *s. m.* Instrumento empleado por el dentista para despegar la encía de una muela o diente.

descarnar *v. tr.* **1.** Quitar o separar la carne del hueso. También *v. prnl.* **2.** Quitar parte de una cosa, desmoronarla. También *v. prnl.*: *descarnarse un muro.* **FAM.** Descarnadamente, descarnado, descarnador, descarnadura. CARNE.

descaro *s. m.* Falta de respeto, desvergüenza. **SIN.** Atrevimiento, insolencia, desfachatez. **FAM.** Descarado. CARA.

descarozar *v. tr. Amér.* Quitar el carozo o hueso a las frutas. ■ Delante de *e* se escribe *c* en lugar de *z*.

descarriar (de *des-* y *carro*) *v. tr.* **1.** Apartar a alguien o algo de su camino material o inmaterial. También *v. prnl.* **2.** Separar del rebaño cierto número de reses. También *v. prnl.* ■ En cuanto al acento, se conjuga como *ansiar*: *descarrío.* **SIN. 1.** Desviar(se), desencaminar(se); pervertir(se), malear(se). **ANT. 1.** Encaminar(se), orientar(se). **FAM.** Descarriado, descarrío.

descarrilar *v. intr.* Salirse un tren, tranvía, etc., de los carriles por los que circula. **FAM.** Descarrilamiento. CARRIL.

descartable *adj.* **1.** Que se puede descartar: *La opción me parece completamente descartable, por descabellada.* **2.** *Amér. del S.* Se aplica al objeto fabricado para usar una sola vez: *envase descartable.* **SIN. 1.** y **2.** Desechable.

descartar (de *des-* y *carta*) *v. tr.* **1.** Desechar a una persona o cosa, no contar con ella o no considerarla. || **descartarse** *v. prnl.* **2.** En algunos juegos de naipes, desprenderse un jugador de las cartas que considera inútiles. **SIN. 1.** Excluir, eliminar, prescindir. **FAM.** Descartable, descarte. CARTA.

descarte *s. m.* **1.** Acción de descartarse un jugador. **2.** *Arg.* y *Urug.* Mercancía que se vende a precio bajo por tener alguna tara.

descasar *v. tr.* **1.** Deshacer un casamiento. También *v. prnl.* **2.** Descomponer la disposición de cosas que casaban o se correspondían. También *v. prnl.* **SIN. 1.** Separar(se). **ANT. 1.** Casar(se).

descascar o **descascarar** *v. tr.* Quitar la cáscara o la capa dura que rodea algo. También *v. prnl.* ■ En *descascar* delante de *e* se escribe *qu* en lugar de *c*: *descasque.*

descascarillar *v. tr.* Quitar la cascarilla, esmalte, etc., de algo: *descascarillar una pintura, un plato.* También *v. prnl.* **SIN.** Desconchar(se). **FAM.** Descascarillado. CASCARILLA.

descastado, da *adj.* Que manifiesta poco cariño o apego hacia sus familiares o amigos. También *s. m.* y *f.* **SIN.** Despegado.

descatalogar *v. tr.* Quitar un libro, disco, cuadro, etc. del catálogo del que formaba parte. ■ Delante de *e* se escribe *gu* en lugar de *g*: *descatalogue.* **FAM.** Descatalogado. CATÁLOGO.

descendencia (del lat. *descendens, -entis*, descendiente) *s. f.* **1.** Conjunto de personas que descienden de una misma. **2.** Casta, linaje. **SIN. 1.** Progenie, prole. **2.** Estirpe. **ANT. 1.** Ascendencia.

descender (del lat. *descendere*) *v. intr.* **1.** Bajar una persona o cosa de un lugar a otro: *Descendimos al valle.* También *v. tr.*: *Descendieron al herido de la ambulancia.* **2.** Pasar de una posición, estima, etc. elevada a otra más baja: *descender de categoría.* **3.** Caer un líquido. **4.** Disminuir el nivel, intensidad, valor, etc., de alguna cosa: *descender un embalse, los precios.* **5.** Proceder, por generaciones sucesivas, de una determinada persona, linaje, pueblo, etc. **6.** Derivarse una cosa de otra. **7.** En mús., bajar del agudo al grave. ▪ Es v. irreg. Se conjuga como *tender.* SIN. **1.** Apearse, descolgarse, desmontar. **2.** Declinar, degradarse. **3.** Deslizarse. **4.** Mermar, decrecer, menguar; depreciarse, desvalorizarse. **5.** Venir, provenir. ANT. **1.** y **2.** Ascender. **1.** y **4.** Subir. **4.** Crecer, aumentar, revalorizarse. FAM. Descendencia, descendente, descendiente, descendimiento, descenso. / Condescender. ASCENDER.

descendiente *adj.* **1.** Que desciende. || *s. m.* y *f.* **2.** Hijo, nieto o cualquier persona que desciende de otra. ANT. **1.** y **2.** Ascendiente.

descendimiento *s. m.* **1.** Acción de descender. **2.** Por antonomasia, bajada del cuerpo de Cristo de la cruz. ▪ En esta última acepción, puede escribirse con mayúscula. SIN. **1.** Descenso.

descenso (del lat. *descensus*) *s. m.* **1.** Acción de descender. **2.** En algunos deportes, como el esquí o el piragüismo, bajada por una pendiente o torrente. SIN. **1.** Descendimiento; disminución. ANT. **1.** Ascenso.

descentralizar *v. tr.* **1.** Traspasar a organismos o unidades administrativas más pequeñas poderes, funciones, etc., del gobierno o la administración central. **2.** Hacer que una organización, servicio, etc., deje de depender de un centro único. ▪ Delante de *e* se escribe *c* en lugar de *z*. SIN. **1.** y **2.** Autonomizar. ANT. **1.** y **2.** Centralizar. FAM. Descentralización. CENTRALIZAR.

descentrar *v. tr.* **1.** Sacar una cosa de su centro. También *v. prnl.* **2.** Hacer que alguien no se adapte a un determinado ambiente o situación. También *v. prnl.*: *Se descentró por culpa del viaje.* **3.** Hacer perder la concentración. También *v. prnl.* SIN. **2.** Desambientar(se), desarraigar(se). ANT. **1.** a **3.** Centrar(se). **2.** Ambientar(se). **3.** Concentrar(se). FAM. Descentrado. CENTRAR.

desceñir (del lat. *discingere*) *v. tr.* Desatar, aflojar o quitar cualquier cosa que ciñe a otra. También *v. prnl.* ▪ Es v. irreg. Se conjuga como *ceñir.* SIN. Soltar(se). FAM. Desceñido. CEÑIR.

descepar *v. tr.* Arrancar de raíz los árboles o plantas que tienen cepas. SIN. Descuajar, desarraigar, desenraizar. ANT. Plantar.

descercar *v. tr.* Quitar la muralla de una ciudad o la cerca de un campo. ▪ Delante de *e* se escribe *qu* en lugar de *c*. ANT. Cercar.

descerebrado, da **1.** *p.* de **descerebrar**. También *adj.* || *adj.* **2.** *fam.* Torpe, estúpido, ignorante. También *s. m.* y *f.* SIN. **2.** Idiota, cretino. ANT. **2.** Listo, inteligente.

descerebrar *v. tr.* **1.** Causar la pérdida de la actividad funcional del cerebro. **2.** Extirpar experimentalmente el cerebro de un animal. FAM. Descerebración, descerebrado. CEREBRO.

descerrajar (de *des-* y *cerraja*, cerradura) *v. tr.* **1.** Arrancar o forzar una cerradura: *descerrajar una puerta.* **2.** *fam.* Disparar un arma de fuego contra alguien o algo. SIN. **2.** Descargar.

deschavar *v. tr. Arg.* y *Urug.* Descubrir algo que se mantenía oculto. También *v. prnl.*

deschavetado, da *adj. Amér. fam.* Loco, de poco juicio.

descifrar *v. tr.* **1.** Leer mediante una clave un escrito cifrado: *descifrar un mensaje.* **2.** Explicar o interpretar algo oscuro u oculto: *descifrar un enigma.* SIN. **1.** Descodificar. **2.** Desentrañar, elucidar. ANT. **1.** Codificar. FAM. Descifrable. / Indescifrable. CIFRAR.

descinchar *v. tr.* Quitar o aflojar la cincha a una caballería. ANT. Cinchar.

desclasar *v. tr.* Hacer que un individuo o grupo pierda o abandone la posición que ocupa en el sistema de clases sociales. También *v. prnl.* FAM. Desclasado, desclasamiento. CLASE.

desclasificar *v. tr.* Hacer público lo que estaba clasificado como secreto o reservado. ▪ Delante de *e* se escribe *qu* en lugar de *c*: *desclasifique.*

desclavar *v. tr.* **1.** Quitar o aflojar un clavo, chincheta, etc.: *desclavar una escarpia.* También *v. prnl.*: *desclavarse una tabla.* **2.** Desprender las piedras preciosas de la estructura en que están montadas. También *v. prnl.* SIN. **2.** Desengastar(se), desengarzar(se). ANT. **1.** Clavar(se). **2.** Engarzar.

descoagular *v. tr.* Licuar lo coagulado. También *v. prnl.* SIN. Fundir(se), diluir(se). ANT. Coagular(se). FAM. Descoagulante. COAGULAR.

descocado, da **1.** *p.* de **descocarse**. || *adj.* **2.** Descarado. atrevido. También *s. m.* y *f.* SIN. **2.** Desenvuelto. ANT. **2.** Recatado. FAM. Descocadamente, descocarse, descoco, descoque. COCO[1].

descocarse *v. prnl. fam.* Perder la vergüenza, actuar con soltura, atrevimiento e incluso descaro. ▪ Delante de *e* se escribe *qu* en lugar de *c*: *se descoque.* SIN. Desmadrarse.

descoco (de *des-* y *coco[1]*) *s. m. fam.* Descaro, atrevimiento. ▪ Se dice también *descoque.* SIN. Desvergüenza, desfachatez. ANT. Recato.

descodificar *v. tr.* Aplicar a un mensaje codificado o cifrado las normas de su código para interpretarlo y entenderlo. ▪ Se dice también *decodificar.* Delante de *e* se escribe *qu* en lugar de *c*: *descodifiquen.* SIN. Descifrar. FAM. Descodificación, descodificador. CODIFICAR.

descojonarse *v. prnl. vulg.* Reírse mucho. SIN. Desternillarse, mondarse. FAM. Descojone. COJÓN.

descojone *s. m. vulg.* Risa muy grande.

descolgar *v. tr.* **1.** Quitar una cosa de donde está colgada. También *v. prnl.*: *La cortina se descolgó.* **2.** Dejar caer poco a poco a alguien o algo que cuelga de una cuerda, cadena o cable: *Descolgaron los muebles por el balcón.* También *v. prnl.*: *Los montañeros se descolgaron desde la cima.* **3.** Levantar el auricular del teléfono para establecer comunicación. **4.** Dejar alguien atrás a sus competidores, especialmente un deportista. || **descolgarse** *v. prnl.* **5.** Ir bajando de un sitio alto o por una pendiente. **6.** *fam.* Aparecer una persona en un sitio inesperadamente o por casualidad: *Se descolgó por el café.* **7.** *fam.* Decir o hacer algo inesperado o fuera de lugar: *Se descolgó con un regalo.* **8.** Quedarse atrás de los competidores, especialmente en carreras deportivas: *El caballo se descolgó del grupo de cabeza.* **9.** *fam.* Deshabituarse de una droga. ▪ Delante de *e* se escribe *gu* en lugar de *g*. Es v. irreg. Se conjuga como *colgar.* SIN. **4.** Adelantar. **5.** Deslizarse. **6.** Presentarse. **8.** Rezagarse. **9.** Desengancharse. ANT. **1.** Colgar. **2.** Subir. **9.** Engancharse.

descollar (de *des-* y *cuello*) *v. intr.* **1.** Ser más alto que lo que está alrededor: *La Giralda descuella sobre Sevilla.* **2.** Distinguirse una persona del resto por sus cualidades, méritos, etc. ▪ Es v. irreg. Se conjuga como *contar.* SIN. **1.** y **2.** Sobresalir, resaltar, despuntar. **FAM.** Descollante, descuello. CUELLO.

descolocar *v. tr.* **1.** Desordenar o cambiar de sitio. **2.** En fútbol y otros dep., dejar a un jugador mal situado. También *v. prnl.* **3.** *fam.* Desconcertar, confundir: *Su actitud me descoloca y no sé cómo comportarme.* ■ Delante de *e* se escribe *qu* en lugar de *c*. **SIN.** **1.** Revolver, embarullar. **ANT.** **1.** Colocar, ordenar. **FAM.** Descolocado. COLOCAR.

descolonización *s. f.* Proceso histórico de la independencia política de territorios que fueron colonias. **ANT.** Colonización. **FAM.** Descolonizar. COLONIZAR.

descolorido, da *adj.* De color pálido o desgastado. **SIN.** Lívido, apagado, desvaído. **ANT.** Coloreado. **FAM.** Descolorar, descolorir. COLOR.

descombrar *v. tr.* Desescombrar*. **FAM.** Descombro. ESCOMBRAR.

descomedido, da *adj.* **1.** Descortés, incorrecto. También *s. m.* y *f.* **2.** Desproporcionado, excesivo: *un precio descomedido.* **SIN.** **1.** Desconsiderado. **2.** Desmesurado, desmedido, exagerado. **ANT.** **1.** Comedido. **2.** Moderado. **FAM.** Descomedidamente, descomedimiento. COMEDIRSE.

descompaginar *v. tr.* Desordenar o alterar. **SIN.** Descomponer, trastornar. **ANT.** Ordenar.

descompasado, da **1.** *p.* de **descompasar**. || *adj.* **2.** Desmedido, excesivo. **3.** Que no sigue un ritmo o compás: *un andar descompasado.* **SIN.** **2.** Exagerado, desproporcionado. **ANT.** **3.** Acompasado.

descompasar *v. tr.* **1.** Hacer perder el compás. También *v. prnl.* **2.** Hacer desproporcionado. También *v. prnl.* **FAM.** Descompasadamente, descompasado. COMPÁS.

descompensar *v. tr.* **1.** Quitar la compensación. || **descompensarse** *v. prnl.* **2.** Perder la compensación o el equilibrio: *descompensarse una balanza.* **3.** Llegar el corazón u otro órgano a un estado de incapacidad para cubrir sus funciones. **SIN.** **1.** Desequilibrar. **ANT.** **1.** Compensar, equilibrar. **FAM.** Descompensación. COMPENSAR.

descomponer *v. tr.* **1.** Separar las partes que forman un compuesto o un todo: *descomponer el agua en oxígeno e hidrógeno. El prisma descompone la luz.* También *v. prnl.* **2.** Estropear algo. También *v. prnl.*: *descomponerse un mecanismo.* **3.** Corromper. Se usa más como *v. prnl.*: *descomponerse un cadáver.* **4.** Desordenar, desbaratar: *descomponer el pelo.* También *v. prnl.* **5.** Enfadar, hacer perder la serenidad a alguien. También *v. prnl.*: *Se descompuso y empezó a gritar.* **6.** Provocar miedo: *Aquel toro descompuso al torero.* También *v. prnl.* || **descomponerse** *v. prnl.* **7.** Indisponerse, perder la salud. **8.** Alterarse el rostro. ■ Es v. irreg. Se conjuga como *poner.* **SIN.** **1.** Dividir(se), desunir(se), disociar(se). **2.** Desarreglar(se). **3.** Pudrir(se), podrir(se). **4.** Trastornar. **5.** Encolerizar(se), irritar(se). **7.** Enfermarse. **8.** Demudarse. **ANT.** **1.** Componer. **2.** Arreglar(se). **3.** Conservar(se). **4.** Ordenar. **5.** Serenar(se). **7.** Sanar. **FAM.** Descomposición, descompostura, descompuestamente, descompuesto. COMPONER.

descomposición *s. f.* **1.** Acción de descomponer o descomponerse. **2.** Diarrea. **SIN.** **2.** Cagalera.

descompostura *s. f.* **1.** Acción de descomponer o descomponerse. **2.** Descuido, abandono, especialmente en el arreglo personal. **3.** Descaro, falta de respeto. **SIN.** **1.** Desarreglo. **2.** Dejadez, desaliño. **3.** Insolencia, descortesía. **ANT.** **1.** y **3.** Compostura. **3.** Comedimiento.

descompresión *s. f.* Eliminación o disminución de la presión que actúa sobre algo. **ANT.** Compresión. **FAM.** Descompresor, descomprimir. COMPRESIÓN.

descompresor *s. m.* **1.** Aparato empleado para reducir la presión de un fluido contenido en un recinto cerrado, como en las redes de distribución de gas. **2.** Aparato que suprime momentáneamente la compresión de un motor.

descompuesto, ta **1.** *p.* de **descomponer**. También *adj.* || *adj.* **2.** Que tiene cólico o diarrea. **3.** *Amér.* Borracho.

descomulgar *v. tr.* Excomulgar*. ■ Delante de *e* se escribe *gu* en lugar de *g*: *descomulgue.* **SIN.** Anatematizar.

descomunal *adj.* Enorme, fuera de lo normal. **SIN.** Extraordinario, monumental, gigantesco. **ANT.** Insignificante. **FAM.** Descomunalmente. COMUNAL.

desconceptuar *v. tr.* Desacreditar, juzgar mal a alguien. ■ En cuanto al acento, se conjuga como *actuar*: *desconceptúo.* **SIN.** Descalificar, desprestigiar. **ANT.** Prestigiar.

desconcertante *adj.* Que produce desconcierto o confusión: *Sus bruscos cambios de humor resultan desconcertantes.* **SIN.** Chocante.

desconcertar *v. tr.* **1.** Sorprender o confundir a alguien dejándole sin saber qué decir, hacer o pensar: *Desconcertó al público con su actuación.* También *v. prnl.* **2.** Alterar el orden o la armonía de personas o cosas. También *v. prnl.* **3.** Dislocar un hueso o una articulación. Se usa más como *v. prnl.* ■ Es v. irreg. Se conjuga como *pensar.* **SIN.** **1.** Extrañar(se), desorientar(se). **2.** Trastocar(se). **ANT.** **1.** Orientar(se). **2.** Componer. **FAM.** Desconcertadamente, desconcertador, desconcertante, desconcierto. CONCERTAR.

desconchabar *v. tr.* **1.** *Arg.*, *Chile* y *Méx.* Deshacer un trato. **2.** *Arg.*, *Chile* y *Méx.* Despedir a un trabajador. **3.** *Chile* y *Méx.* Dislocar, descoyuntar.

desconchado, da **1.** *p.* de **desconchar**. También *adj.* || *s. m.* **2.** Desconchón*.

desconchar *v. tr.* Quitar parte de la superficie o el revestimiento de algo. También *v. prnl.* **SIN.** Descascarillar(se). **FAM.** Desconchado, desconchón. CONCHA.

desconche *s. m. Arg.* y *Urug. vulg.* Situación confusa y desordenada. **SIN.** Despelote, despiole.

desconchinflar *v. tr. Méx. fam.* Descomponer algo.

desconchón *s. m.* Pérdida de pintura o revestimiento en una superficie. **SIN.** Desconchado.

desconcierto *s. m.* **1.** Sentimiento de confusión ante algo imprevisto: *Sus cambios de humor provocan el desconcierto en los demás.* **2.** Alteración del orden. **SIN.** **1.** Perplejidad. **2.** Desorden.

desconectar *v. tr.* **1.** Interrumpir el enlace o la relación de una persona o cosa con otras. También *v. prnl.*: *Se desconectó de sus amigos.* **2.** Interrumpir la conexión eléctrica entre dos aparatos o entre un aparato y la línea general: *Desconecté el televisor.* También *v. prnl.* **SIN.** **1.** Desunir(se), desvincular(se). **2.** Apagar(se), desenchufar. **ANT.** **1.** y **2.** Conectar. **FAM.** Desconexión. CONECTAR.

desconfiar *v. intr.* No confiar, dudar de alguien o algo. ■ En cuanto al acento, se conjuga como *ansiar*: *desconfío.* **SIN.** Recelar. **ANT.** Creer. **FAM.** Desconfiadamente, desconfiado, desconfianza. CONFIAR.

descongelar *v. tr.* **1.** Parar o quitar la congelación de algo: *descongelar un alimento, el frigorífico.* También *v. prnl.* **2.** Dejar libres cuentas corrientes, sueldos, alquileres, etc., que estaban inmovilizados. También *v. prnl.* **3.** Reanudar, reanimar. También *v. prnl.*: *Se descongelaron las negociaciones.* **SIN. 1.** Deshelar(se). **2.** Liberar(se). **2.** y **3.** Desbloquear(se). **ANT. 1.** Congelar(se). **2.** y **3.** Bloquear(se). **FAM.** Descongelación. CONGELAR.

descongestionar *v. tr.* Disminuir o eliminar la congestión. También *v. prnl.*: *descongestionar(se) la nariz, el tráfico.* **SIN.** Desahogar; destaponar(se), desatascar(se), aligerar(se). **ANT.** Congestionar(se). **FAM.** Descongestión, descongestivo. CONGESTIÓN.

descongestivo, va *adj.* Se dice del medicamento que sirve para descongestionar. También *s. m.*

desconocer *v. tr.* **1.** Ignorar alguna cosa: *Desconozco sus propósitos.* **2.** No reconocer a una persona o cosa: *Al volver desconocí mi barrio.* También *v. prnl.* con valor reflexivo y recíproco. **3.** Negar una persona su relación con alguien o algo o su pertenencia sobre una cosa: *desconocer a un hijo.* ■ Es v. irreg. Se conjuga como *agradecer.* **SIN. 2.** Extrañar. **3.** Repudiar, renegar. **FAM.** Desconocedor, desconocido, desconocimiento. CONOCER.

desconsideración *s. f.* Falta de consideración, respeto o educación hacia alguien o algo. **SIN.** Descortesía, desatención, descaro. **ANT.** Atención, cortesía. **FAM.** Desconsideradamente, desconsiderado[1], desconsiderar. CONSIDERACIÓN.

desconsiderado, da *adj.* Que no muestra la debida consideración o respeto: *Me pareció muy desconsiderado que no fueras a recibirla.* También *s. m.* y *f.* **SIN.** Descortés, incorrecto. **ANT.** Considerado, cortés.

desconsolado, da *adj.* Muy afectado por una pena. **SIN.** Afligido, desolado.

desconsolar *v. tr.* Apenar, afligir: *Me desconsuela verle así.* También *v. prnl.* ■ Es v. irreg. Se conjuga como *contar.* **SIN.** Apesadumbrar(se), entristecer(se), abatir(se), atribular(se). **ANT.** Consolar(se). **FAM.** Desconsolación, desconsoladamente, desconsolado, desconsolador, desconsuelo. CONSOLAR.

desconsuelo *s. m.* **1.** Pena profunda, falta de consuelo. **2.** Debilidad, vacío en el estómago. **SIN. 1.** Aflicción, pesadumbre, tristeza, congoja, desolación, pesar. **2.** Desfallecimiento. **ANT. 1.** Alegría.

descontado, da *p.* de **descontar**. También *adj.* || **LOC. dar** algo **por descontado** *fam.* Darlo por seguro. **por descontado** *adv.* Con toda seguridad.

descontaminar *v. tr.* Eliminar o disminuir la contaminación. También *v. prnl.* **SIN.** Limpiar(se), purificar(se). **ANT.** Contaminar(se), polucionar(se). **FAM.** Descontaminación. CONTAMINAR.

descontar *v. tr.* **1.** Restar cierta cantidad de alguna cosa: *Le descontaron parte del sueldo.* **2.** Quitar méritos, cualidades, virtudes, etc.: *De su triunfo hay que descontar la ayuda del equipo.* **3.** Abonar al contado una letra u otro documento de pago no vencido, cobrando un interés por ello. ■ Es v. irreg. Se conjuga como *contar.* **SIN. 1.** Rebajar, deducir. **ANT. 1.** Añadir, sumar. **FAM.** Descontado, descuento. CONTAR.

descontento, ta *adj.* **1.** Que no se encuentra a gusto o no está satisfecho. También *s. m.* y *f.* || *s. m.* **2.** Hecho de sentirse a disgusto: *La medida provocó el descontento.* **SIN. 1.** Disgustado, contrariado, insatisfecho. **2.** Enojo, fastidio, decepción, enfado. **ANT. 1.** y **2.** Contento. **FAM.** Descontentadizo, descontentar. CONTENTO.

descontextualizar *v. tr.* Interpretar un texto o un hecho sin tener en cuenta su contexto: *Si descontextualizamos sus palabras, corremos el riesgo de malinterpretarlas.* ■ Delante de *e* se escribe *c* en lugar de *z*: *descontextualice.* **ANT.** Contextualizar. **FAM.** Descontextualización. CONTEXTO.

descontrol *s. m.* **1.** Pérdida del control o dominio sobre algo. **2.** *fam.* Desorden, desorganización. **SIN. 2.** Jaleo, barullo, lío. **ANT. 2.** Organización. **FAM.** Descontrolado, descontrolarse. CONTROL.

descontrolarse *v. prnl.* Perder el control: *En cuanto bebe dos copas se descontrola. El coche se me descontroló al pisar una placa de hielo.*

desconvocar *v. tr.* Anular una convocatoria, reunión, etc. ■ Delante de *e* se escribe *qu* en lugar de *c*: *desconvoque.* **SIN.** Suprimir, revocar. **ANT.** Convocar.

descoordinación *s. f.* Falta de coordinación. **FAM.** Descoordinado. COORDINAR.

descoque *s. m. fam.* Descoco*.

descorazonar *v. tr.* Desanimar o entristecer. También *v. prnl.* **SIN.** Desesperanzar(se), desmoralizar(se); apenar(se), afligir(se). **ANT.** Animar(se); alegrar(se). **FAM.** Descorazonador, descorazonamiento. CORAZÓN.

descorchador *s. m.* Sacacorchos.

descorchar *v. tr.* **1.** Quitar el tapón de una botella. **2.** Quitar o arrancar el corcho al alcornoque. **SIN. 1.** Destaponar, destapar. **2.** Descortezar. **ANT. 1.** Tapar. **FAM.** Descorchador, descorche. CORCHO.

descorche *s. m.* **1.** Acción de descorchar. **2.** Prima que se concede a determinados empleados, camareros, etc., sobre todo en locales de alterne, por cada botella que consume el cliente.

descornar *v. tr.* **1.** Quitar los cuernos a un animal. También *v. prnl.* || **descornarse** *v. prnl.* **2.** *fam.* Esforzarse en algo, trabajar duro. **3.** *fam.* Darse un golpe muy fuerte. ■ Se dice tambien *escornar*, más usual en las dos últimas acepciones. Es v. irreg. Se conjuga como *contar.*

descorrer *v. tr.* **1.** Apartar una cortina o cosa semejante dejando al descubierto lo que cubría: *descorrer el telón.* También *v. prnl.* **2.** Correr un cerrojo o pestillo para abrir una puerta, ventana, etc. También *v. prnl.*

descortés *adj.* Que no tiene cortesía. También *s. m.* y *f.* **SIN.** Grosero, desatento, irrespetuoso. **ANT.** Cortés. **FAM.** Descortesía, descortésmente. CORTESÍA.

descortezar *v. tr.* Quitar la corteza a un árbol o a cualquier otra cosa que la tenga. También *v. prnl.* ■ Delante de *e* se escribe *c* en lugar de *z*. **SIN.** Descorchar, mondar. **FAM.** Descortezamiento. CORTEZA.

descoser *v. tr.* Cortar o soltar las puntadas de lo que estaba cosido. También *v. prnl.* **ANT.** Coser, zurcir. **FAM.** Descosido. COSER.

descosido, da 1. *p.* de **descoser**. También *adj.* || *s. m.* **2.** En una prenda de vestir, parte por donde se ha abierto una costura. || **LOC. como un descosido** *fam.* Con exceso o con mucho afán: *hablar, estudiar como un descosido.*

descote *s. m.* Escote[1]*. **FAM.** Descotar. ESCOTE[1].

descoyuntar (de *des-* y el lat. *coniunctare*, unir) *v. tr.* **1.** Desencajar los huesos de las articulaciones. También *v. prnl.*: *Se descoyuntó un hombro.* **2.** Agotar, cansar tremendamente: *Tanto viaje me descoyunta.* También *v. prnl.* **SIN. 1.** Dislocar(se), desarticular(se). **2.** Fatigar(se), extenuar(se). **ANT. 1.** Articular(se). **FAM.** Descoyuntamiento. COYUNTURA.

descrédito *s. m.* Disminución o pérdida de la buena fama o estima de las personas o cosas. **SIN.** Desprestigio, descalificación, demérito. **ANT.** Crédito, prestigio.

descreído, da *adj.* Que no tiene fe, especialmente religiosa. También *s. m.* y *f.* SIN. Escéptico, ateo. ANT. Creyente. FAM. Descrédito, descreimiento. CREER.

descremado, da 1. *p.* de **descremar**. || *adj.* 2. Se dice de la leche y de sus derivados a los que se le ha quitado la crema o grasa. || *s. m.* 3. Operación con que se consigue. SIN. 2. Desnatado. FAM. Descremadora, descremar. CREMA[1].

descremar *v. tr.* Quitar la crema o grasa a la leche y sus derivados. SIN. Desnatar.

describir (del lat. *describere*) *v. tr.* 1. Explicar cómo es una persona, lugar o cosa: *Me describió la ciudad que había visitado.* 2. Trazar un cuerpo al moverse una determinada figura o trayectoria: *La Tierra describe una órbita alrededor del Sol.* ■ Su p. es irreg.: *descrito.* SIN. 1. Detallar, especificar. 2. Dibujar, recorrer. FAM. Descripción, descriptible, descriptivo, descriptor, descrito. / Indescriptible. ESCRIBIR.

descripción (del lat. *descriptio, -onis*) *s. f.* Acción de describir o explicar cómo es alguien o algo: *la descripción de una paisaje, la descripción de los hechos.*

descriptor (del lat. *descriptor*) *s. m.* 1. En documentación, palabras generalmente extraídas de un texto o documento, que representan las ideas principales o contenido de éste y se utilizan para su clasificación y almacenamiento. 2. En inform., tipo de información almacenada en el ordenador, cuya función es describir la forma en que se encuentra una serie de datos o informaciones y que sirve de criterio principal para su búsqueda automatizada.

descruzar *v. tr.* Devolver a la posición inicial lo que antes estaba cruzado. También *v. prnl.* ■ Delante de *e* se escribe *c* en lugar de *z*: *descruce.*

descuadernar *v. tr.* 1. Desencuadernar*. 2. *fam.* Desbaratar o deshacer algo: *descuadernar una caja.* También *v. prnl.* SIN. 2. Descuajaringar(se), desvencijar(se). ANT. 1. Encuadernar. 2. Arreglar(se).

descuadrar *v. intr.* No cuadrar una cuenta o un balance comercial. También *v. prnl.*

descuajaringar o **descuajeringar** *v. tr.* 1. *fam.* Desunir las partes que forman una cosa. Se usa más como *v. prnl.*: *Con el uso se descuajaringó la butaca.* 2. *fam.* Romper, estropear. Se usa más como *v. prnl.*: *Se descuajaringó la radio.* || **descuajaringarse** o **descuajeringarse** *v. prnl.* 3. *fam.* Cansar, agotar. 4. *fam.* Reírse mucho: *Los niños se descuajaringaban con los payasos.* ■ Delante de *e* se escribe *gu* en lugar de *g*: *descuajaringue, descuajeringue.* SIN. 1. Descuadernar(se), desarmar(se). 2. Descacharrar(se), escacharrar(se). 3. Derrengarse, deslomarse. 4. Desternillarse. ANT. 1. y 2. Arreglar(se).

descuartizar *v. tr.* Dividir un cuerpo en trozos: *descuartizar una res.* ■ Delante de *e* se escribe *c* en lugar de *z*. SIN. Despedazar, trocear. FAM. Descuartizamiento. CUARTO.

descubierto, ta (del lat. *discoopertus*, de *discooperire*, descubrir) 1. *p.* irreg. de **descubrir**. También *adj.* || *adj.* 2. Con los verbos *estar* o *quedar*, expuesto a un ataque o acusación. 3. Despejado o espacioso: *un paraje descubierto.* || *s. m.* 4. En una cuenta bancaria, falta de fondos o dinero: *tener un descubierto, estar en descubierto.* || *s. f.* 5. Reconocimiento del terreno que se hace desde una base militar. || LOC. **al descubierto** *adv.* Claramente, sin rodeos; también, a la intemperie, sin resguardo: *dormir al descubierto.* **poner al descubierto** Revelar, hacer que se conozca algo que estaba oculto. SIN. 3. Abierto. 4. Déficit. ANT. 3. Techado. 4. Superávit.

descubrimiento *s. m.* 1. Hecho de descubrir lo que se desconocía o estaba oculto: *el descubrimiento de América, el descubrimiento de un engaño.* 2. Lo que se descubre: *El láser es un descubrimiento del siglo XX.* SIN. 2. Invención, hallazgo.

descubrir (del lat. *discooperire*) *v. tr.* 1. Destapar lo que estaba cubierto. También *v. prnl.*: *Se descubrió el brazo para la inyección.* 2. Dar a conocer algo oculto, disimulado, etc. También *v. prnl.*: *Se descubrió él solo.* 3. Hallar algo desconocido u oculto: *Amundsen descubrió el polo sur.* 4. Enterarse de algo que se ignoraba: *Descubrió al culpable.* 5. Inventar una máquina, artefacto, dar con la fórmula de un nuevo producto químico, medicina, etc.: *Franklin descubrió el pararrayos.* 6. Percibir, ver desde lejos: *Descubrimos la línea de la costa.* || **descubrirse** *v. prnl.* 7. Quitarse de la cabeza el sombrero, la boina, etc. 8. Manifestar por una persona una gran admiración. 9. En boxeo y otros deportes de lucha, abrir o descuidar la guardia. ■ Su p. es irreg.: *descubierto.* SIN. 2. Mostrar(se), exteriorizar; delatar(se). 3. Encontrar. 4. Averiguar. 5. Crear, idear. 6. Divisar, vislumbrar. ANT. 1. Tapar(se). 1. y 9. Cubrir(se). 2. Ocultar(se), encubrir(se). FAM. Descubiertamente, descubierto, descubridor, descubrimiento. CUBRIR.

descuelgue *s. m. Arg. fam.* Acción o comportamiento incorrecto o demasiado informal.

descuento *s. m.* 1. Acción de descontar. 2. Rebaja aplicada a un precio dado. SIN. 1. Deducción, resta, reducción. ANT. 1. Aumento. FAM. Redescuento. DESCONTAR.

descuerar *v. tr.* 1. Quitar la piel. 2. *Amér.* Criticar. SIN. 1. Pelar.

descuidado, da 1. *p.* de **descuidar**. || *adj.* 2. Que no presta atención a lo que hace: *Tengo que revisar su trabajo porque es muy descuidado.* También *s. m.* y *f.* 3. Que deja de prestar atención en un determinado momento: *Estaba descuidada y se me quemó la comida.* 4. Que no cuida su aspecto. También *s. m.* y *f.*: *Nunca se afeita, es un descuidado.* 5. Que no debe preocuparse por algo: *He aprobado y ya estoy descuidado.* SIN. 2. Distraído. 3. Despistado, desprevenido. 4. Dejado. 5. Tranquilo. ANT. 2. Cuidadoso. 3. Atento

descuidar *v. tr.* 1. No prestar el cuidado y la atención debidos en cualquier orden o actividad: *descuidar un negocio, descuidar el aseo personal.* También *v. prnl.*: *Se descuidó y perdió el tren.* || *v. intr.* 2. En imperativo, asegura a otra persona que puede estar tranquila: *Descuida, llegaré sin problemas.* || **descuidarse** *v. prnl.* 3. En presente y con la conj. *si*, indica que ha habido gran riesgo de que ocurra lo que se indica: *Si me descuido, me quedo sin comer.* SIN. 1. Abandonar(se), desatender(se). ANT. 1. Cuidar(se). FAM. Descuidadamente, descuidado, descuidero, descuido. CUIDAR.

descuidero, ra *adj.* Se dice del ladrón que actúa aprovechándose del descuido ajeno. También *s. m.* y *f.* SIN. Ratero, chorizo.

descuido *s. m.* 1. Falta de cuidado o atención. 2. Abandono en el arreglo personal: *Viste con descuido.* 3. Desliz. SIN. 1. Distracción, imprudencia; desidia, negligencia. 2. Desaliño, desaseo. 3. Tropiezo, flaqueza, yerro. ANT. 1. Esmero. 2. Aseo.

desde (del lat. *de ex*, desde dentro de, y la prep. *de*) *prep.* 1. Indica la procedencia de una persona, animal o cosa: *Venimos desde Almería.* **2.** Expresa el lugar donde está la persona cuando oye, ve o hace algo: *Desde mi ventana veo el mar.* **3.** Denota el momento a partir del cual se desarrolla un hecho determinado: *No nos vemos desde el verano.* ■ A veces se utiliza seguido de la conj. *que*: *No ha llamado desde que se fue.* **4.** Introduce un enfoque o una opinión: *Desde mi punto de vista,...*

desdecir *v. intr.* **1.** Tener una persona o cosa menos o peores cualidades que las que le corresponden por su origen, clase, educación, etc.: *Ese chico desdice de sus padres.* **2.** Desentonar una cosa en su conjunto. || **desdecirse** *v. prnl.* **3.** Negar o contradecir algo que se había afirmado: *El testigo se desdijo de su primera declaración.* ■ Es v. irreg. Se conjuga como *decir*, excepto la 2ª pers. del sing. del presente de imperativo: *desdice.* **SIN. 1.** Desmerecer. **2.** Contrastar. **3.** Retractarse, rectificar. **ANT. 2.** Entonar. **3.** Reafirmarse.

desdén *s. m.* Desprecio, indiferencia: *Nos trata con desdén.* || **LOC. al desdén** *adv.* Con descuido estudiado, al desgaire. **SIN.** Menosprecio, desconsideración. **ANT.** Estima. **FAM.** Desdeñar.

desdentado, da *adj.* **1.** Que no tiene dientes o ha perdido algunos de ellos. **2.** Se aplica al mamífero placentario que carece de dientes o los presenta degenerados, tiene el cuerpo recubierto de pelo o escamas córneas y extremidades que terminan en dos, tres o cuatro dedos provistos de fuertes garras, como p. ej. el perezoso, el oso hormiguero y el armadillo. También *s. m.* || *s. m. pl.* **3.** Orden constituido por estos animales. **SIN. 2.** Edentado.

desdeñar (del lat. *dedignare*, de *dignum*, digno) *v. tr.* **1.** Tratar con desdén. **2.** Rechazar, desestimar: *Desdeñó venir a la conferencia.* **SIN. 1.** Despreciar, menospreciar. **2.** Desechar. **ANT. 1.** Apreciar. **2.** Aceptar. **FAM.** Desdeñable, desdeñosamente, desdeñoso. DESDÉN.

desdibujar *v. tr.* **1.** Hacer confuso o borroso algo. También *v. prnl.* **2.** Desfigurar algo: *desdibujar los hechos.* También *v. prnl.* **SIN. 1.** Confundir, difuminar(se). **2.** Alterar(se), deformar(se). **ANT. 1.** y **2.** Perfilar(se). **FAM.** Desdibujado. DIBUJAR.

desdicha *s. f.* **1.** Desgracia, infelicidad. **2.** Persona inútil, torpe o con mala suerte: *Es una desdicha con las manualidades.* **SIN. 1.** Infortunio, desventura. **2.** Calamidad, desastre. **ANT. 1.** Dicha. **FAM.** Desdichadamente, desdichado. DICHA.

desdichado, da *adj.* **1.** Desgraciado, que sufre desdichas. También *s. m.* y *f.* **2.** De poco carácter, sin ambiciones. También *s. m.* y *f.* **3.** Poco acertado: *Estuvo desdichado en su pronóstico.* **4.** Que causa o va acompañado de desdichas: *una fecha desdichada.* **SIN. 1.** Infortunado, desventurado. **1.**, **3.** y **4.** Desafortunado. **2.** Infeliz. **3.** Desacertado. **4.** Aciago, funesto. **ANT. 1.** y **3.** Afortunado. **1.**, **3.** y **4.** Feliz. **1.** y **4.** Dichoso.

desdoblar *v. tr.* **1.** Extender lo que estaba doblado: *desdoblar una manta.* También *v. prnl.* **2.** Formar dos o más cosas al separar los elementos que suelen estar juntos en otra. También *v. prnl.*: *El actor se desdoblaba en dos personajes.* **3.** Convertir una cosa en dos o más iguales: *desdoblar un cargo.* También *v. prnl.* **SIN. 1.** Desplegar(se). **2.** Dividir(se). **3.** Duplicar(se). **ANT. 1.** Plegar(se). **FAM.** Desdoblamiento. DOBLAR.

desdorar *v. tr.* **1.** Quitar el oro o esmalte dorado que cubre una cosa. También *v. prnl.* **2.** Quitar el prestigio o la buena fama de alguien o algo. También *v. prnl.* **SIN. 2.** Desprestigiar(se), desacreditar(se). **ANT. 1.** Dorar. **2.** Prestigiar(se). **FAM.** Desdoro. DORAR.

desdoro (de *desdorar*, quitar el oro) *s. m.* Pérdida de prestigio o de la buena fama. **SIN.** Descrédito, vergüenza.

desdramatizar *v. tr.* Quitar dramatismo o importancia a algo. ■ Delante de *e* se escribe *c* en lugar de *z.* **SIN.** Atenuar, suavizar. **ANT.** Dramatizar. **FAM.** Desdramatización. DRAMATIZAR.

desear *v. tr.* **1.** Querer intensamente algo: *Deseaba hacer un viaje.* ■ Se utiliza frecuentemente en frases de cortesía y equivale simplemente a *querer*: *¿Qué desea, caballero?* **2.** Sentir atracción sexual por alguien. **SIN. 1.** Apetecer, anhelar, ansiar, ambicionar. **FAM.** Deseable. / Indeseable. DESEO.

desecar (del lat. *desiccare*) *v. tr.* **1.** Eliminar la humedad de un cuerpo. También *v. prnl.* **2.** Quitar el agua que cubre un terreno. También *v. prnl.*: *desecar una zona pantanosa.* ■ Delante de *e* se escribe *qu* en lugar de *c.* **SIN. 2.** Desaguar. **ANT. 1.** Humedecer(se). **2.** Encharcar(se). **FAM.** Desecación, desecador. SECAR.

desechar *v. tr.* **1.** Rechazar: *Deseché lo más caro.* **2.** Dejar algo que se considera inútil: *desechar la ropa vieja.* **3.** Apartar de sí un mal pensamiento, una sospecha, etc. **SIN. 1.** Descartar, desestimar. **2.** Arrinconar, arrumbar. **2.** y **3.** Abandonar. **ANT. 1.** Elegir. **1.** y **3.** Acoger. **2.** Aprovechar. **FAM.** Desechable, desecho. ECHAR.

desecho *s. m.* **1.** Aquello que se ha desechado: *desechos industriales.* **2.** Persona o grupo despreciable: *Aquella banda era el desecho de la sociedad. Ese tipo es un desecho humano.* **SIN. 1.** Sobrante; basura. **2.** Escoria; piltrafa.

desembalar *v. tr.* Deshacer el embalaje de cajas, paquetes, etc. **SIN.** Desempaquetar, desenvolver. **ANT.** Embalar, empaquetar, envolver. **FAM.** Desembalaje. EMBALAR[1].

desembalsar *v. tr.* Dar salida al agua de un embalse. **SIN.** Desaguar. **ANT.** Embalsar.

desembarazar *v. tr.* **1.** Quitar lo que estorba o se opone a algo: *Desembarazó de trastos la buhardilla.* También *v. prnl.* **2.** *Amér.* Dar a luz la mujer. || **desembarazarse** *v. prnl.* **3.** Librarse de alguien o algo que estorba o molesta: *Se desembarazó de sus perseguidores.* ■ Delante de *e* se escribe *c* en lugar de *z.* **SIN. 1.** Desocupar. **3.** Liberarse, deshacerse. **ANT. 1.** Ocupar. **FAM.** Desembarazadamente, desembarazado, desembarazo. EMBARAZAR.

desembarazo *s. m.* **1.** Desenvoltura, facilidad. **2.** *Amér.* Parto. **SIN. 1.** Soltura, desparpajo. **ANT. 1.** Timidez.

desembarcar *v. tr.* Bajar de una nave pasajeros o mercancías. También *v. intr.* y *v. prnl.*: *Desembarqué en Lisboa.* ■ Delante de *e* se escribe *qu* en lugar de *c.* **ANT.** Embarcar(se). **FAM.** Desembarcadero, desembarco, desembarque. EMBARCAR.

desembarco *s. m.* **1.** Desembarque*. **2.** Operación militar que consiste en desembarcar tropas en territorio enemigo.

desembargar *v. tr.* Quitar el embargo de una cosa. ■ Delante de *e* se escribe *gu* en lugar de *g*: *desembargue.* **SIN.** Liberar. **ANT.** Embargar. **FAM.** Desembargo. EMBARGAR.

desembarque *s. m.* Bajada de los pasajeros o de las mercancías de una nave. **SIN.** Desembarco.

desembocadura *s. f.* **1.** Lugar por donde un río, un canal, etc., desemboca en otro, en un lago o en el mar. **2.** Sitio por donde algo desemboca. **SIN. 2.** Confluencia. **ANT. 1.** Nacimiento.

desembocar *v. intr.* **1.** Desaguar un río, canal, etc., en otro, en un lago o en el mar. **2.** Tener un camino, calle, conducto, etc., salida a otro o a un determinado sitio: *Esa travesía desemboca en una* *carretera.* **3.** Acabar algo tal como se expresa: *La situación desembocó en tragedia.* ■ Delante de *e* se escribe *qu* en lugar de *c.* SIN. **1.** Afluir. **2.** Confluir. **3.** Terminar, culminar. ANT. **3.** Comenzar. FAM. Desembocadura. EMBOCAR.

desembolsar *v. tr.* Pagar una cantidad de dinero: *Desembolsó el importe de la factura.* SIN. Abonar. ANT. Embolsar(se); deber. FAM. Desembolso. EMBOLSAR.

desembragar *v. tr.* Quitar o soltar el embrague. ■ Delante de *e* se escribe *gu* en lugar de *g.*: *desembrague.* ANT. Embragar. FAM. Desembrague. EMBRAGAR.

desembrollar *v. tr.* Deshacer un enredo, confusión, etc.: *desembrollar un problema.* También *v. prnl.* SIN. Desenmarañar(se), esclarecer(se). ANT. Embrollar(se).

desembuchar *v. tr.* **1.** Decir todo lo que uno sabe sobre un asunto y que tenía callado: *Desembuchó en el interrogatorio.* **2.** Echar las aves lo que tienen en el buche. SIN. **1.** Cantar, confesar. ANT. **2.** Embuchar.

desemejante *adj.* Diferente, distinto. ANT. Semejante. FAM. Desemejanza, desemejar. SEMEJANTE.

desempacar *v. tr.* **1.** Desempaquetar mercancías. **2.** Deshacer las maletas o equipaje. ■ Delante de *e* se escribe *qu* en lugar de *c.* SIN. **1.** Desembalar. ANT. **1.** Empacar.

desempacho *s. m.* Desenvoltura, desparpajo. SIN. Desembarazo. ANT. Timidez. FAM. Desempachar. EMPACHAR.

desempalmar *v. tr.* Separar lo que está empalmado: *desempalmar un tubo, un cable.*

desempañar *v. tr.* Hacer que una cosa deje de estar empañada. También *v. prnl.*

desempaquetar *v. tr.* Desenvolver lo que estaba empaquetado. SIN. Desembalar, desempacar. ANT. Empaquetar.

desemparejar *v. tr.* Desigualar lo que estaba o iba a la par. También *v. prnl.*: *desemparejarse unos calcetines.* SIN. Desnivelar; desparejar. ANT. Emparejar.

desempatar *v. tr.* **1.** Deshacer el empate: *desempatar un partido, una votación.* **2.** *Col., Cuba* y *P. Rico* Desamarrar. ANT. **1.** Empatar. FAM. Desempate. EMPATAR.

desempedrar *v. tr.* Quitar las piedras de un sitio empedrado. ■ Es v. irreg. Se conjuga como *pensar.* FAM. Desempedrado. EMPEDRAR.

desempeñar *v. tr.* **1.** Recuperar lo que se tenía empeñado. **2.** Liberar a una persona de las deudas que tenía. También *v. prnl.* **3.** Realizar una persona o cosa un trabajo, papel o función. SIN. **2.** Desendeudar(se), desentrampar(se). **3.** Cumplir, ejercer; interpretar. ANT. **1.** y **2.** Empeñar(se). FAM. Desempeño. EMPEÑAR.

desempleado, da *adj.* Que está sin trabajo por falta de empleo o porque no lo encuentra. También *s. m.* y *f.* SIN. Parado.

desempleo *s. m.* Falta de empleo. SIN. Paro. ANT. Ocupación. FAM. Desempleado. EMPLEO.

desempolvar *v. tr.* **1.** Quitar el polvo. **2.** Volver a utilizar o recordar algo que ha estado arrinconado u olvidado: *Desempolvé mis estudios de latín.* SIN. **2.** Recuperar, retomar. ANT. **1.** Empolvar.

desencadenante *s. m.* Hecho que provoca un suceso o una situación, especialmente si es grave o violenta: *El atentado de Sarajevo fue el desencadenante de la Primera Guerra Mundial.*

desencadenar *v. tr.* **1.** Soltar al que está sujeto con cadenas. **2.** Producir, traer como consecuencia, especialmente si es grave o violenta. También *v. prnl.* || **desencadenarse** *v. prnl.* **3.** Producirse ciertos fenómenos atmosféricos particularmente violentos y, p. ext., sentimientos o actitudes pasionales. También *v. prnl.*: *Se desencadenó una tempestad.* SIN. **2.** y **3.** Desatar(se), estallar. ANT. **1.** Encadenar. **2.** y **3.** Calmar(se). FAM. Desencadenamiento, desencadenante. ENCADENAR.

desencajar *v. tr.* **1.** Sacar una cosa de donde está encajada. También *v. prnl.* || **desencajarse** *v. prnl.* **2.** Desfigurarse el rostro por miedo, enfermedad, enfado, etc. SIN. **2.** Demudarse, descomponerse. FAM. Desencajado, desencajamiento. ENCAJAR.

desencajonar *v. tr.* Sacar lo que está encajonado, especialmente los toros de lidia. FAM. Desencajonamiento. ENCAJONAR.

desencallar *v. tr.* Poner a flote una embarcación encallada. También *v. intr.* y *v. prnl.* SIN. Desembarrancar(se), desvarar(se). ANT. Embarrancar(se), varar(se).

desencaminado, da *adj.* Descaminado*.

desencaminar *v. tr.* Descaminar*. FAM. Desencaminado. ENCAMINAR.

desencantar *v. tr.* **1.** Desilusionar: *Me desencantó su regalo.* También *v. prnl.* **2.** Deshacer un encantamiento. También *v. prnl.* SIN. **1.** Decepcionar(se), desengañar(se). ANT. **1.** Ilusionar(se). **2.** Encantar. FAM. Desencantamiento, desencanto. ENCANTAR.

desencanto *s. m.* Pérdida de ilusión. SIN. Desengaño, decepción. ANT. Embrujo.

desencapotarse *v. prnl.* Quedar el cielo sin nubes. SIN. Despejarse, abrirse. ANT. Encapotarse, nublarse.

desenchufar *v. tr.* Sacar el enchufe, desconectar de la red eléctrica. También *v. prnl.* ANT. Enchufar.

desencoger *v. tr.* Extender lo que estaba encogido. ■ Delante de *a* y *o* se escribe *j* en lugar de *g*: *desencoja.* SIN. Desdoblar, desplegar. ANT. Encoger.

desencolar *v. tr.* Despegar lo que estaba unido con cola. También *v. prnl.* ANT. Encolar, pegar.

desenconar *v. tr.* **1.** Bajar la inflamación, p. ej. de una herida. También *v. prnl.* **2.** Calmar, aplacar. También *v. prnl.*: *desenconarse una discusión.* SIN. **1.** Desinflamar(se). **2.** Apaciguar(se), suavizar(se). ANT. **1.** y **2.** Enconar(se). **2.** Encrespar(se).

desencorvar *v. tr.* Enderezar lo que está encorvado. También *v. prnl.* SIN. Estirar. ANT. Encorvar.

desencuadernar *v. tr.* Deshacer la encuadernación de un libro o similar. También *v. prnl.* ■ Se dice también *descuadernar.* SIN. Desbaratar(se), descuajaringar(se). ANT. Encuadernar.

desencuentro *s. m.* **1.** Encuentro fracasado o decepcionante. **2.** Falta de acuerdo o de entendimiento. SIN. **2.** Desacuerdo.

desenfadado, da **1.** *p.* de **desenfadar**. || *adj.* **2.** Espontáneo y con sentido del humor: *una persona desenfadada, una película desenfadada.* SIN. **2.** Fresco, desenvuelto. ANT. **2.** Serio.

desenfadar *v. tr.* Quitar el enfado. También *v. prnl.* SIN. Contentar. ANT. Enfadar. FAM. Desenfadadamente, desenfadado, desenfado. ENFADAR.

desenfado *s. m.* Desenvoltura, sentido del humor. SIN. Soltura, desparpajo, espontaneidad, frescura. ANT. Embarazo.

desenfocar *v. tr.* **1.** No enfocar bien la imagen en fotografía o cine. También *v. prnl.* **2.** Cambiar el verdadero sentido de algo o no verlo con claridad. ■ Delante de *e* se escribe *qu* en lugar de *c.* SIN. **2.** Desvirtuar, deformar, desfigurar. FAM. Desenfoque. ENFOCAR.

desenfrenar *v. tr.* **1.** Quitar el freno a las caballerías. || **desenfrenarse** *v. prnl.* **2.** Entregarse sin moderación a pasiones, vicios, etc. **3.** Desatarse sin freno ni medida: *Se ha desenfrenado el alza de los precios.* SIN. **2.** Desmandarse, desmadrarse. **3.** Dispararse. ANT. **1.** Frenar. **2.** Dominarse. FAM. Desenfrenadamente, desenfrenado, desenfreno. FRENAR.

desenfundar *v. tr.* Quitar la funda o sacar de la funda. ANT. Enfundar.

desenganchar *v. tr.* **1.** Soltar lo que está enganchado: *desenganchar un vagón, los caballos de un carruaje.* También *v. prnl.* || **desengancharse** *v. prnl.* **2.** *fam.* Perder el hábito de una cosa, en especial la adicción a las drogas. SIN. **1.** Desprender(se), separar(se). **2.** Deshabituarse. ANT. **1.** y **2.** Enganchar(se).

desengañar *v. tr.* **1.** Hacer ver a alguien el engaño o error en que se encuentra. También *v. prnl.* **2.** Desilusionar, desencantar. También *v. prnl.*: *Se desengañó de su nuevo trabajo.* SIN. **2.** Decepcionar(se), defraudar. ANT. **1.** Engañar. **2.** Ilusionar(se). FAM. Desengañado, desengaño. ENGAÑAR.

desengaño *s. m.* Pérdida de confianza o fe en alguien o en algo: *Se ha vuelto desconfiado a fuerza de desengaños.* SIN. Decepción, desilusión. ANT. Ilusión.

desengarzar *v. tr.* Deshacer un engarce. ■ Delante de *e* se escribe *c* en lugar de *z.* SIN. Desmontar. ANT. Engarzar, montar.

desengranar *v. tr.* Soltar o separar lo que está engranado: *desengranar dos ruedas.*

desengrasar *v. tr.* **1.** Quitar o limpiar la grasa. || *v. intr.* **2.** *fam.* Ayudar a digerir la grasa que se acaba de comer, p. ej. tomando fruta, ciertos licores, etc. ANT. **1.** Engrasar. FAM. Desengrasante, desengrase. ENGRASAR.

desenhebrar *v. tr.* Sacar la hebra de hilo de la aguja.

desenlace *s. m.* **1.** Acción de desenlazar. **2.** Final de una acción o de la trama de una novela, película, etc.: *El drama tiene un feliz desenlace.* SIN. **2.** Fin, desenredo. ANT. **2.** Planteamiento, comienzo.

desenlazar *v. tr.* Desatar los lazos, soltar lo que está enlazado: *desenlazar los brazos.* También *v. prnl.* ■ Delante de *e* se escribe *c* en lugar de *z.* SIN. Desasir, desanudar, desligar. ANT. Asir, ligar. FAM. Desenlace. ENLAZAR.

desenmarañar *v. tr.* Deshacer una maraña o un enredo: *desenmarañar un ovillo, un asunto.* SIN. Desenredar, desembrollar; desentrañar. ANT. Enmarañar, enredar.

desenmascarar *v. tr.* **1.** Quitar la máscara. También *v. prnl.* **2.** Dar a conocer públicamente los verdaderos propósitos o la realidad oculta de alguien o algo: *desenmascarar a un estafador.* También *v. prnl.* SIN. **2.** Descubrir(se), destapar(se). ANT. **1.** y **2.** Enmascarar(se). **2.** Camuflar(se), encubrir(se).

desenmohecer *v. tr.* **1.** Quitar el moho. También *v. prnl.* **2.** Hacer que una persona o cosa recupere su buen estado después de algún tiempo de inactividad. Se usa más como *v. prnl.*: *Hace deporte para desenmohecerse.* ■ Es v. irreg. Se conjuga como *agradecer.* SIN. **1.** Limpiar, pulir. **2.** Desentumecer(se), desoxidar(se). ANT. **1.** y **2.** Enmohecer(se). **2.** Entumecer(se). FAM. Desenmohecimiento. ENMOHECER.

desenredar *v. tr.* **1.** Deshacer una cosa enredada: *desenredar una madeja.* También *v. prnl.* **2.** Aclarar lo que está muy confuso: *desenredar una cuestión difícil.* || **desenredarse** *v. prnl.* **3.** Salir de una dificultad o situación confusa. SIN. **1.** y **2.** Desenmarañar, desembrollar. **2.** Desentrañar, esclarecer. **3.** Desentramparse, zafarse. ANT. **1.** y **2.** Enmarañar, embrollar. **1.** a **3.** Enredar(se), liar(se). **3.** Entramparse. FAM. Desenredo. ENREDAR.

desenrollar *v. tr.* Extender o desplegar lo que está hecho un rollo: *desenrollar la persiana.* También *v. prnl.* ANT. Enrollar, recoger.

desenroscar *v. tr.* **1.** Extender lo que está enroscado. También *v. prnl.*: *La serpiente se desenroscó.* **2.** Sacar o separar lo que está introducido a vuelta de rosca: *desenroscar un tornillo, una tuerca.* También *v. prnl.* ■ Delante de *e* se escribe *qu* en lugar de *c.* SIN. **1.** Desplegar(se), desarrollar(se). **2.** Desatornillar(se). ANT. **1.** Enrollar(se). **2.** Atornillar(se).

desensamblar *v. tr.* Separar cosas ensambladas. También *v. prnl.* SIN. Desencajar(se), desmontar(se). ANT. Montar(se).

desensartar *v. tr.* Soltar cosas que están ensartadas. También *v. prnl.*: *desensartarse un collar.* ANT. Ensartar, enfilar.

desensillar *v. tr.* Quitar la silla a una caballería. ANT. Ensillar.

desentenderse *v. prnl.* **1.** No ocuparse de algo, mantenerse al margen: *Se desentendió de sus obligaciones.* **2.** Hacerse el desentendido: *Cuando toco el tema, se desentiende y cambia de conversación.* ■ Es v. irreg. Se conjuga como *tender.* SIN. **1.** Despreocuparse, inhibirse, eludir, abandonar. ANT. **1.** Preocuparse. FAM. Desentendido, desentendimiento. ENTENDER[1].

desentendido, da *p.* de **desentenderse**. También *adj.* || LOC. **hacerse el desentendido** *fam.* Simular alguien que no se entera, que no entiende o que no va con él algo que ocurre en su presencia.

desenterrar *v. tr.* **1.** Sacar lo que está enterrado: *Desenterraron un mosaico romano.* **2.** Recordar lo que estaba olvidado, revivirlo: *desenterrar un recuerdo.* ■ Es v. irreg. Se conjuga como *pensar.* SIN. **1.** Exhumar. **2.** Rememorar, avivar. ANT. **1.** Inhumar. **1.** y **2.** Enterrar. FAM. Desenterramiento. ENTERRAR.

desentonar *v. intr.* **1.** Desafinar la voz o un instrumento musical. **2.** Contrastar violenta o desagradablemente con lo que hay alrededor: *Esa corbata desentona con el traje.* || *v. tr.* **3.** Quitar el tono o vigor a un organismo. También *v. prnl.* SIN. **1.** Disonar, discordar. **2.** Chocar, matarse. **3.** Destemplar. ANT. **1.** Afinar. **1.** a **3.** Entonar. **2.** Concordar, armonizar. **3.** Tonificar. FAM. Desentonación, desentonadamente, desentonado, desentonamiento, desentono. ENTONAR.

desentorpecer *v. tr.* **1.** Quitar la torpeza. También *v. prnl.* **2.** Hacer que algo que se mueve dificultosamente lo haga con facilidad y con soltura. También *v. prnl.* ■ Es v. irreg. Se conjuga como *agradecer.* SIN. **1.** y **2.** Agilizar(se). **2.** Desentumecer(se), estimular(se). ANT. **1.** y **2.** Entorpecer(se). **2.** Entumecer(se), dificultar(se).

desentrampar *v. tr. fam.* Liberar de deudas a alguien. Se usa más como *v. prnl.*: *Para poder desentramparse tuvo que empeñar las joyas.* SIN. Desempeñar. ANT. Entrampar, empeñar.

desentrañar (de *des-* y *entraña*) *v. tr.* Averiguar, llegar al fondo de algo. SIN. Descubrir, descifrar, resolver. FAM. Desentrañamiento. DESENTRAÑAR.

desentrenado, da **1.** *p.* de **desentrenar**. || *adj.* **2.** Que carece de suficiente entrenamiento. ANT. **1.** y **2.** Entrenado, preparado. FAM. Desentrenamiento, desentrenar. ENTRENAR.

desentubar *v. tr. fam.* Quitar a un enfermo los tubos por los que se le suministra aire a los pulmones o sustancias necesarias para su salud.

desentumecer *v. tr.* Hacer que un miembro entumecido recobre su agilidad y soltura. También *v. prnl.* ■ Es v. irreg. Se conjuga como *agradecer.* **SIN.** Desentorpecer(se). **ANT.** Agarrotar(se). **FAM.** Desentumecimiento. ENTUMECER.

desenvainar *v. tr.* **1.** Sacar de su vaina o funda un arma blanca: *desenvainar la espada.* **2.** Sacar lo que está oculto o cubierto: *El gato desenvainó sus uñas.* **SIN. 1.** Desenfundar. **ANT. 1.** Envainar, enfundar.

desenvoltura *s. f.* **1.** Agilidad en los movimientos. **2.** Facilidad para manejarse: *Aunque era nuevo en la empresa, se movía con desenvoltura.* **3.** Falta de timidez: *Habla en público con gran desenvoltura.* **SIN. 1.** Soltura, garbo. **2.** Habilidad, manejo, destreza. **3.** Desparpajo, desenfado, desembarazo, naturalidad. **ANT. 1.** y **2.** Torpeza. **3.** Encogimiento.

desenvolver *v. tr.* **1.** Sacar algo de su envoltura, desenrollar lo envuelto: *desenvolver un paquete, un rollo de papel.* También *v. prnl.* || **desenvolverse** *v. prnl.* **2.** Desarrollarse, producirse: *El plan se desenvolvió sin incidentes.* **3.** Manejarse, saber cómo actuar: *Se desenvuelve bien en el trabajo.* ■ Es v. irreg. Se conjuga como *volver.* **SIN. 1.** Desempaquetar, desliar. **2.** Cumplirse, trascurrir. **3.** Arreglárselas, componérselas, gobernarse. **ANT. 1.** Envolver, empaquetar, liar. **FAM.** Desenvoltura, desenvolvimiento, desenvueltamente, desenvuelto. ENVOLVER.

desenvuelto, ta 1. *p.* de **desenvolver**. También *adj.* || *adj.* **2.** Que tiene desenvoltura: *carácter desenvuelto, modales desenvueltos.* **SIN. 2.** Hábil, resuelto; desenfadado, espontáneo. **ANT. 2.** Torpe; cohibido.

desenzarzar *v. tr.* **1.** Soltar lo que está enredado en zarzas. También *v. prnl.* **2.** *fam.* Separar o calmar a los que están enzarzados en una pelea o disputa. También *v. prnl.* ■ Delante de *e* se escribe *c* en lugar de *z.* **SIN. 1.** Desenredar(se), desenmarañar(se). **2.** Apaciguar(se), aplacar(se). **ANT. 1.** Enmarañar(se). **1.** y **2.** Enzarzar(se). **2.** Azuzar(se).

deseo (del bajo lat. *desidium*) *s. m.* **1.** Acción de desear: *el deseo de triunfo.* **2.** Aquello que se desea: *Ese es su deseo.* || **LOC. arder en deseos** Desear ardientemente, con intensidad: *Arde en deseos de irse de vacaciones.* **SIN. 1.** Aspiración, ansia, afán, anhelo, apetito. **ANT. 1.** Desinterés, indiferencia. **FAM.** Desear, deseoso, desiderativo, desiderátum.

desequilibrar *v. tr.* **1.** Hacer perder el equilibrio. También *v. prnl.*: *desequilibrarse una balanza.* **2.** Hacer perder el juicio o la estabilidad mental: *Sus obsesiones acabaron por desequilibrarle.* También *v. prnl.* **SIN. 1.** Desnivelar(se), descompensar(se). **2.** Trastornar(se), enloquecer(se), perturbar(se). **ANT. 1.** Equilibrar(se), nivelar(se), estabilizar(se). **FAM.** Desequilibrado, desequilibrio. EQUILIBRAR.

desequilibrio *s. m.* **1.** Situación del cuerpo en el que las fuerzas que actúan sobre él no se contrarrestan. **2.** Perturbación de las facultades mentales de una persona. **3.** Falta de ajuste entre magnitudes: *desequilibrios climáticos, desequilibrios económicos.* **SIN. 1.** Compensación. **3.** Desigualdades. **ANT. 1.** Equilibrio.

desertar (del lat. *desertare*, de *deserere*, abandonar) *v. intr.* **1.** Abandonar el soldado su puesto: *El soldado desertó de la guardia.* **2.** Abandonar alguien lo que antes defendía o frecuentaba: *desertar de un partido político.* **FAM.** Deserción, desertor. DESIERTO.

desértico, ca (del lat. *desertus*, desierto) *adj.* **1.** Despoblado, sin nadie: *un barrio desértico.* **2.** Propio del desierto: *un clima desértico.* **3.** Se aplica a lugares que parecen un desierto, donde casi no hay vegetación ni agua. **SIN. 1.** Desierto, abandonado, deshabitado. **3.** Yermo. **ANT. 1.** Poblado, habitado. **3.** Frondoso.

desertificar *v. tr.* Desertizar*. ■ Delante de *e* se escribe *qu* en lugar de *c*: *desertifique.* **FAM.** Desertificación. DESIERTO.

desertizar *v. tr.* Convertir en desierto. También *v. prnl.* ■ Delante de *e* se escribe *c* en lugar de *z*: *desertice.* **FAM.** Desertización. DESIERTO.

desertor, ra *adj.* Que deserta. También *s. m.* y *f.*

desescamar *v. tr.* Quitar las escamas al pescado.

desescombrar *v. tr.* Limpiar de escombros. ■ Se dice también *escombrar* y *descombrar.* **FAM.** Descombro. ESCOMBRAR.

desesperación *s. f.* **1.** Pérdida total de la esperanza. **2.** Estado de ánimo de quien pierde los nervios y se deja llevar por la impaciencia o el enfado: *En su desesperación se puso a gritarnos.* **3.** Lo que produce esta alteración: *Es una desesperación tener que hacer cola por todo.* **SIN. 2.** Exasperación.

desesperado, da 1. *p.* de **desesperar**. || *adj.* **2.** Dominado por la desesperación. También *s.m.* y *f.* **3.** Forzado por la desesperación: *una decisión desesperada.* **4.** Sin remedio, sin esperanza de solución o mejoría: *un caso desesperado.* || **LOC. a la desesperada** *adv.* Como último recurso o solución. **SIN. 3.** Extremo.

desesperanza *s. f.* Estado de ánimo de la persona que ha perdido la esperanza. **SIN.** Desaliento.

desesperanzar *v. tr.* **1.** Quitar la esperanza. || **desesperanzarse** *v. prnl.* **2.** Perder la esperanza. ■ Delante de *e* se escribe *c* en lugar de *z.* **ANT. 1.** Esperanzar. **FAM.** Desesperanza, desesperanzador. ESPERANZA.

desesperar (de *des-* y *esperar*) *v. tr.* **1.** Impacientar, exasperar: *Desesperaba a todos con su lentitud.* También *v. prnl.* || *v. intr.* **2.** Perder la esperanza de cierta cosa: *Desespero de conseguir el premio.* También *v. prnl.* || **desesperarse** *v. prnl.* **3.** Sentir y mostrar disgusto por un contratiempo, por haber perdido una oportunidad. **SIN. 1.** Irritar(se). **2.** Desesperanzarse, desconfiar. **3.** Desazonarse, concomerse. **ANT. 1.** Tranquilizar. **2.** Esperar. **3.** Serenarse. **FAM.** Desesperación, desesperadamente, desesperado, desesperante. ESPERAR.

desespero *s. m. Chile, Col., Urug.* y *Ven. fam.* Falta de esperanza. **SIN.** Desesperanza.

desestabilizar *v. tr.* Hacer que algo pierda la estabilidad. ■ Delante de *e* se escribe *c* en lugar de *z.* **SIN.** Desequilibrar. **ANT.** Estabilizar. **FAM.** Desestabilización, desestabilizador. ESTABILIZAR.

desestimar *v. tr.* **1.** Contestar negativamente: *El juez desestimó su petición.* **2.** Valorar poco a una persona o cosa: *Desestimó las posibilidades del equipo contrario.* **SIN. 1.** Rechazar, denegar, desechar. **2.** Desdeñar, despreciar, menospreciar. **ANT. 1.** Estimar. **FAM.** Desestima, desestimación. ESTIMAR.

desfachatez (del ital. *sfacciatezza*, de *faccia*, y éste del lat. *facies*, cara) *s. f.* Desvergüenza, descaro. **SIN.** Frescura, atrevimiento, osadía, descoco. **ANT.** Comedimiento, recato. **FAM.** Desfachatado. FACHA[1].

desfalcar (del ital. *defalcare*) *v. tr.* **1.** Apoderarse una persona de un dinero o bienes que tiene bajo custodia. **2.** Quitar parte de una cosa, dejándola incompleta. **3.** Retirar a uno el favor o la amistad. ■ Delante de *e* se escribe *qu* en lugar de *c*. **SIN.** **1.** Sustraer, robar, estafar. **2.** Descabalar, desparejar. **ANT.** **2.** Completar. **FAM.** Desfalcador, desfalco.

desfalco *s. m.* Delito que comete la persona que desfalca: *El cajero hizo un desfalco de varios millones.*

desfallecer *v. intr.* **1.** Perder uno las fuerzas o quedar con ellas muy disminuidas: *Desfalleció tras la carrera.* **2.** Desmayarse, perder el conocimiento. **3.** Perder el ánimo. ■ Es v. irreg. Se conjuga como *agradecer*. **SIN.** **1.** Flaquear, debilitarse, flojear, extenuarse. **3.** Decaer, desanimarse, abatirse. **ANT.** **1.** Resistir. **3.** Animarse. **FAM.** Desfallecimiento. FALLECER.

desfallecimiento *s. m.* **1.** Pérdida pasajera del conocimiento. **2.** Disminución de las fuerzas, del vigor o del ánimo: *Un repentino desfallecimiento le impidió seguir adelante.* **SIN.** **1.** Desmayo, desvanecimiento. **2.** Desánimo, dasaliento, decaimiento. **ANT.** **2.** Aliento.

desfase *s. m.* **1.** Falta de acuerdo o de adaptación entre personas o cosas y las circunstancias, corrientes o modas de su tiempo. **2.** Diferencia de fase de un mecanismo con respecto a otro, o de dos magnitudes en un movimiento periódico. **SIN.** **2.** Desajuste. **ANT.** **1.** Concordancia. **2.** Ajuste. **FAM.** Desfasado, desfasar. FASE.

desfavorable *adj.* Poco favorable, perjudicial: *un clima desfavorable para la agricultura, navegar con viento desfavorable.* **SIN.** Contrario, hostil, adverso, nocivo, pernicioso. **ANT.** Beneficioso. **FAM.** Desfavorablemente. FAVORABLE.

desfavorecer *v. tr.* **1.** No favorecer, sentar mal algo a alguien: *Esa ropa le desfavorece.* **2.** Oponerse a una cosa favoreciendo la contraria. ■ Es v. irreg. Se conjuga como *agradecer*. **SIN.** **1.** Afear. **2.** Perjudicar. **ANT.** **1.** Embellecer. **2.** Beneficiar.

desfigurar (del lat. *defigurare*) *v. tr.* **1.** Deformar, cambiar la forma o el aspecto de una cosa, afeándola: *El accidente le desfiguró el rostro.* También *v. prnl.* **2.** Hacer que parezcan distintos intenciones, deseos, planes, etc.: *Trataba de desfigurar su propósito.* También *v. prnl.* **3.** Hacer borrosa la forma de algo: *El cristal desfiguraba el paisaje.* **4.** Modificar un suceso al referirlo: *El acusado desfiguró los hechos.* || **desfigurarse** *v. prnl.* **5.** Alterarse por una emoción, un susto, un hecho inesperado, etc. **SIN.** **2.** Disimular, disfrazar. **3.** Difuminar, desdibujar. **4.** Tergiversar, falsear. **5.** Demudarse, inmutarse, turbarse. **ANT.** **3.** y **4.** Precisar, aclarar. **FAM.** Desfiguración, desfigurado, desfiguro. FIGURA.

desfiguro *s. m.* **1.** *Arg.*, *Chile* y *Perú* Desfiguración. **2.** *Méx.* y *Perú* Cosa excéntrica, ridícula.

desfiladero *s. m.* Paso estrecho y profundo entre montañas. **SIN.** Cañón, cañada. **FAM.** Véase **desfilar**.

desfilar (del fr. *défiler*, de *file*, fila) *v. intr.* **1.** Marchar en fila, de uno en uno, o en formación: *Los participantes en la olimpiada desfilaron en el estadio.* **2.** Pasar las tropas en formación por delante de un superior, de alguna autoridad, de un monumento, etc. **3.** Pasar un conjunto de personas por algún sitio: *Los manifestantes desfilaron ante el palacio.* **4.** Salir la gente de una reunión, de un espectáculo, etc. **5.** Recorrer los modelos la pasarela. **FAM.** Desfiladero, desfile.

desfile *s. m.* **1.** Acción de desfilar. **2.** Conjunto de personas, animales o cosas que desfila: *un desfile de carrozas.* **3.** Pase o exhibición de moda.

desflecar *v. tr.* Hacer flecos sacando hilos de los bordes de una tela, cinta o cosa semejante. También *v. prnl.* ■ Delante de *e* se escribe *qu* en lugar de *c*. **SIN.** Deshilar, deshilachar.

desflorar (del lat. *deflorare*) *v. tr.* **1.** Hacer perder la virginidad a una mujer. **2.** Quitar a algo la buena apariencia que tenía. **3.** Tratar superficialmente un asunto o materia: *El profesor apenas desfloró la lección.* **SIN.** **1.** Desvirgar. **2.** Deslustrar, ajar. **FAM.** Desfloración, desfloramiento. FLOR.

desfogar *v. tr.* **1.** Manifestar violentamente un sentimiento o estado de ánimo: *Desfogó su mal humor con un amigo.* También *v. prnl.* **2.** Dar salida al fuego. ■ Delante de *e* se escribe *gu* en lugar de *g*: *desfogue.* **SIN.** **1.** Desatar(se), descargar(se). **ANT.** **1.** Contener(se), reprimir(se). **FAM.** Desfogue. FUEGO.

desfogue *s. m.* **1.** Acción de desfogar o desfogarse. **2.** *Méx.* Agujero por el que desagua un conducto cubierto.

desfondar *v. tr.* **1.** Quitar o romper el fondo de algo: *desfondar un asiento.* También *v. prnl.* **2.** *fam.* En dep., quitar o perder fuerzas o empuje. También *v. prnl.*: *El corredor se desfondó.* **3.** Labrar profundamente la tierra. **4.** Romper, agujerear el fondo de una nave. También *v. prnl.* **SIN.** **2.** Agotar(se), desfallecer. **ANT.** **2.** Estimular(se). **FAM.** Desfondamiento, desfonde. FONDO.

desforestar *v. tr.* Deforestar*.

desgaire (del cat. *a escaire*, oblicuamente) *s. m.* **1.** Falta de cuidado, a veces estudiada, en la manera de vestir o de hacer alguna cosa: *Se peina con desgaire.* **2.** Falta de gracia en la manera de moverse: *Camina con desgaire.* || **LOC. al desgaire** *adv.* Sin interés, con descuido, a veces afectado. **SIN.** **1.** Desaliño, afectación. **2.** Desgarbo. **ANT.** **1.** Cuidado. **2.** Garbo.

desgajadura *s. f.* Rotura de la rama de un árbol cuando lleva consigo parte del tronco.

desgajar (de *des-* y *gajo*) *v. tr.* **1.** Desprender con violencia una rama del tronco. También *v. prnl.* **2.** Separar una parte de alguna cosa unida: *desgajar las hojas de un libro.* También *v. prnl.* **3.** P. ext., separar a alguien contra su voluntad del lugar en que vive: *La guerra le desgajó de su país.* También *v. prnl.* **SIN.** **1.** y **2.** Arrancar. **FAM.** Desgajadura, desgajamiento, desgaje. GAJO.

desgalichado, da *adj.* Desgarbado, desaliñado. **SIN.** Desarreglado, descuidado, desastrado. **ANT.** Garboso, pulcro.

desgalillarse *v. prnl. Cuba*, *Méx.* y *P. Rico* Desgañitarse*.

desgana *s. f.* **1.** Falta de apetito. **2.** Falta de interés o entusiasmo: *Trabaja con desgana.* **SIN.** **1.** Inapetencia. **2.** Apatía, hastío, abulia. **ANT.** **1.** Gana, hambre. **2.** Gusto, afán. **FAM.** Desganado, desgano. GANA.

desganado, da *adj.* Que tiene desgana o se hace con desgana: *No como porque estoy desganado. La reacción del público fue fría, apenas unos aplausos desganados.*

desgano *s. m. Amér. del S.* Desgana.

desgañitarse (de *des-* y *gañir*, aullar) *v. prnl. fam.* Gritar haciendo gran esfuerzo: *Se desgañitó animando a su equipo.* **SIN.** Vociferar. **FAM.** Véase **gañir**.

desgarbado, da *adj.* Se aplica a lo que carece de garbo, gracia o proporción. **SIN.** Desgalichado. **ANT.** Garboso.

desgarrado, da 1. *p.* de **desgarrar**. || *adj.* 2. Roto, hecho jirones. 3. Que tiene gran intensidad y sentimiento: *una voz desgarrada.* 4. Descarado, desvergonzado. También *s. m.* y *f.* SIN. 1. y 2. Rasgado. 3. Crudo, descarnado, escabroso. ANT. 3. Suave.

desgarrar (de *des-* y *garra*) *v. tr.* 1. Rasgar, romper. También *v. prnl.* 2. Causar honda pena o despertar profunda compasión: *Sus gritos desgarran el corazón.* También *v. prnl.* SIN. 2. Destrozar(se), lacerar. FAM. Desgarradamente, desgarrado, desgarrador, desgarradura, desgarramiento, desgarro, desgarrón. GARRA.

desgarre *s. m. Amér. del S. fam.* Flema, esputo.

desgarriate *s. m. Méx.* Destrozo, desastre, estropicio.

desgarro *s. m.* 1. Rotura irregular producida por estiramiento: *un desgarro muscular.* 2. Desenvoltura excesiva, descaro, a veces con cierta gracia. 3. Fanfarronería, chulería. 4. *Arg.*, *Col.* y *Chile* Flema, esputo. SIN. 1. Desgarrón, rasgón. 2. Desvergüenza. 3. Bravuconería, jactancia.

desgarrón (de *desgarro*) *s. m.* 1. Rotura grande producida en algo al rasgarse: *un desgarrón en la sábana.* 2. Tira del vestido al desgarrarse la tela. SIN. 1. Desgarradura, rasgón, siete. 2. Jirón.

desgasificar *v. tr.* Extraer los gases que contiene un líquido. También *v. prnl.* ■ Delante de *e* se escribe *qu* en lugar de *c*: *desgasifique.* FAM. Desgasificación.

desgastar (de *des-* y *gastar*) *v. tr.* 1. Consumir poco a poco una cosa el uso o el roce: *El agua desgasta las rocas. Desgastar unos zapatos.* También *v. prnl.* || **desgastarse** *v. prnl.* 2. P. ext., perder fuerza, entusiasmo: *El ministro se desgastó en pocos meses.* SIN. 1. Gastar, corroer, limar, ajar. 2. Debilitarse, quemarse. ANT. 1. Conservar, preservar. 2. Fortalecerse. FAM. Desgaste. GASTAR.

desglosar *v. tr.* 1. Separar una cosa de un conjunto o dividir ese conjunto en partes para considerarlas aisladamente: *desglosar los distintos apartados de un tema.* 2. Separar un impreso de otros con los que está encuadernado. SIN. 1. Desmembrar, segregar. ANT. 1. Englobar. FAM. Desglose. GLOSAR.

desgobernar *v. tr.* 1. Gobernar mal. 2. Alterar el buen orden o dirección. También *v. prnl.* 3. En un barco, descuidar el timonel el gobierno del mismo. ■ Es v. irreg. Se conjuga como *pensar.* FAM. Desgobernado, desgobierno. GOBERNAR.

desgobierno *s. m.* Falta de gobierno, desorden. SIN. Desarreglo, desbarajuste, desconcierto, desorganización. ANT. Dirección, orden, organización.

desgracia (de *des-* y *gracia*) *s. f.* 1. Suceso que causa dolor, daño o perjuicio: *La enfermedad del padre fue una desgracia para todos.* 2. Mal que constituye un continuo motivo de pena: *la desgracia de ser ciego.* 3. Mala situación: *Le ayudó en la desgracia.* 4. Pérdida del favor, cariño, protección o ayuda de alguien: *El actor cayó en desgracia.* 5. Mala suerte. || 6. **desgracias personales** Víctimas humanas en algún accidente. || LOC. **por desgracia** *adv.* Desgraciadamente. SIN. 1. Adversidad, desdicha. 2. Fatalidad. 3. Pobreza, apuro, estrechez. 5. Infortunio, gafe. ANT. 1. Dicha. 2. Fortuna. 3. Prosperidad. 4. Gracia. FAM. Desgraciadamente, desgraciado, desgraciar. GRACIA.

desgraciado, da 1. *p.* de **desgraciar**. || *adj.* 2. Que sufre desgracias o una desgracia. También *s. m.* y *f.* 3. Que anuncia desgracias o va acompañado de ellas: *un día desgraciado.* 4. Desacertado: *una elección desgraciada.* 5. Que carece de atractivo o belleza: *un físico desgraciado.* 6. Se aplica a la persona que inspira compasión. También *s. m.* y *f.*: *Es un pobre desgraciado.* 7. Malo, mala persona. También *s. m.* y *f.* 8. Que tiene mala suerte. También *s. m.* y *f.* SIN. 2. Desdichado, desventurado, infortunado. 3. Infausto, aciago, funesto. 4. Erróneo, equivocado. 6. Infeliz. 8. Desafortunado, gafe. ANT. 2. y 3. Dichoso, feliz. 4. Acertado. 5. Agraciado. 8. Afortunado.

desgraciar (de *desgracia*) *v. tr.* 1. Echar a perder, estropear o impedir que alguien o algo alcance su pleno desarrollo: *Desgració la planta de tanto regarla.* También *v. prnl.* 2. Quitar la gracia de algo. 3. *fam.* Deshonrar a una mujer. 4. *fam.* Matar o herir gravemente a alguien. SIN. 1. Dañar, perderse, malograr(se).

desgranar *v. tr.* 1. Sacar el grano de una cosa: *desgranar el maíz.* También *v. prnl.* 2. Decir una serie de cosas una a una: *desgranar las ventajas de un asunto.* || **desgranarse** *v. prnl.* 3. Soltarse las piezas ensartadas. 4. *Arg.* y *Chile* Disgregarse, separarse. FAM. Desgranado, desgranador. GRANO.

desgravar (de *des-* y *gravar*) *v. tr.* Rebajar los impuestos que debe pagar una persona o que gravan algo. SIN. Deducir. ANT. Gravar. FAM. Desgravación. GRAVAR.

desgreñar (de *des-* y *greña*) *v. tr.* 1. Desarreglar o revolver el peinado. También *v. prnl.* || **desgreñarse** *v. prnl.* 2. Con valor recíproco, reñir varias personas, especialmente tirándose de los pelos. SIN. 1. Enmarañar. FAM. Desgreñado. GREÑA.

desguace *s. m.* 1. Acción de desguazar: *el desguace de un automóvil.* 2. Materiales que resultan de desguazar algo. 3. Lugar en que se desguaza: *Compró la rueda en un desguace.* SIN. 1. Desmantelamiento. ANT. 1. Montaje.

desguanzar *v. tr.* 1. *Méx.* Desvencijar, descuajaringar; desencuadernar. || **desguanzarse** *v. prnl.* 2. *Amér. C.* y *Méx.* Cansarse, desfallecer. ■ Delante de *e* se escribe *c* en lugar de *z.*

desguañangar *v. tr.* 1. *Amér.* Descuajaringar, deshacer. 2. *Amér.* Causar daño o perjuicio. || **desguañangarse** *v. prnl.* 3. *P. Rico* Desfallecer, desanimarse. ■ Delante de *e* se escribe *gu* en lugar de *g.*

desguarnecer (de *des-* y *guarnecer*) *v. tr.* 1. Quitar el adorno de algo: *desguarnecer una joya.* 2. Quitar la guarnición o conjunto de correajes a una caballería. 3. Quitar las fuerzas y defensas de una plaza, fortaleza, castillo, etc.: *desguarnecer una ciudad.* También *v. prnl.* 4. Dejar a alguien o algo indefenso. 5. Quitar piezas esenciales de una cosa: *desguarnecer de velas un barco.* ■ Es v. irreg. Se conjuga como *agradecer.* SIN. 2. Desaparejar. 3. y 4. Desproteger. 5. Desmantelar. ANT. 1. y 3. Guarnecer. 3. y 4. Proteger.

desguazar (del ital. *sguazzare*) *v. tr.* 1. Deshacer total o parcialmente un barco. 2. P. ext., desmontar total o parcialmente un vehículo, un aparato, etc. ■ Delante de *e* se escribe *c* en lugar de *z.* SIN. 1. y 2. Desmantelar, desarmar. ANT. 1. y 2. Montar, armar. FAM. Desguace.

deshabillé (fr.) *s. m.* Salto de cama, bata de mujer.

deshabitado, da 1. *p.* de **deshabitar**. || *adj.* 2. Que estuvo habitado y ya no lo está. SIN. 1. y 2. Despoblado, desocupado. 2. Solitario, desierto. ANT. 1. y 2. Poblado.

deshabitar *v. tr.* 1. Dejar de vivir en un lugar o casa. 2. Dejar sin habitantes un lugar, territorio, etc. SIN. 2. Despoblar. ANT. 1. Habitar. 2. Poblar. FAM. Deshabitado. HABITAR.

deshabituar *v. tr.* Hacer perder a una persona una costumbre o hábito, especialmente el de drogarse. También *v. prnl.*: *Se deshabituó del tabaco.* ■ En cuanto al acento, se conjuga como *actuar.* SIN. Desacostumbrar, desenganchar. ANT. Habituar, acostumbrar. FAM. Deshabituación. HABITUAR.

deshacer *v. tr.* **1.** Descomponer una cosa en sus partes: *Deshice el rompecabezas.* También *v. prnl.* **2.** Hacer que una cosa hecha quede como antes de hacerla: *deshacer una cama, un nudo.* También *v. prnl.* **3.** Recorrer un camino en sentido contrario al que se ha efectuado. **4.** Machacar una cosa hasta reducirla a polvo: *deshacer una pastilla.* También *v. prnl.* **5.** Destruir una cosa: *El vendaval deshizo la casa.* También *v. prnl.* **6.** Hacer que se separen los que integran una manifestación, un grupo político, un colectivo, etc. También *v. prnl.*: *El partido se deshizo tras las elecciones.* **7.** Descomponer un tratado o negocio. **8.** Derrotar o confundir a una persona. **9.** Convertir en líquida una cosa sólida. También *v. prnl.*: *La nieve se deshacía con la lluvia.* **10.** Disolver una cosa en un líquido. También *v. prnl.*: *El azúcar se deshace en el café.* **11.** Ocasionar grave pérdida o trastorno a alguien. **12.** Desgastar, estropear, causar daño. También *v. prnl.* || **deshacerse** *v. prnl.* **13.** Afligirse mucho, consumirse, estar impaciente. **14.** Desaparecer: *La niebla se deshizo.* **15.** Trabajar con mucho interés y voluntad, esforzarse: *Se deshace por ella.* **16.** Con la preposición *en* y sustantivos como *alabanzas, atenciones, insultos*, etc., hacerlos o decirlos con gran abundancia: *Se deshizo en elogios.* || LOC. **deshacerse de** algo Desprenderse, dar, vender: *Se deshizo de sus cuadros.* **deshacerse de** alguien Apartarle de sí. ■ Es v. irreg. Se conjuga como *hacer.* SIN. **1.** Despedazar(se), dividir, desbaratar, desmontar(se). **3.** Desandar. **4.** Desmenuzar(se). **5.** Derribar(se), desmoronar(se). **6.** Desintegrar(se), disgregar(se). **8.** Aniquilar, vencer. **9.** Derretir(se), licuar(se). **10.** Desleír(se). **11.** Arruinar, hundir. **12.** Reducir, gastar, perjudicar. **14.** Desvanecerse, evaporarse, esfumarse. **15.** Desvivirse. ANT. **1.** Componer(se). **9.** Solidificar(se). **14.** Aparecer. FAM. Deshecho. HACER.

desharrapado, da (de *des-* y el ant. y dial. *harrapo*, harapo) *adj.* Mal vestido, lleno de harapos. También *s. m.* y *f.* ■ Se escribe también *desarrapado.* SIN. Andrajoso, desastrado, harapiento.

deshecho, cha 1. *p.* de **deshacer**. También *adj.* || *adj.* **2.** Desordenado, desarreglado, pero que puede rehacerse: *una cama deshecha, un peinado deshecho.* **3.** Destrozado, muy abatido: *Está deshecho por la desgracia.* **4.** Rendido de cansancio: *Estoy deshecho por la mudanza.* **5.** Roto, inservible: *El motor está deshecho.* SIN. **2.** Descompuesto. **3.** Hundido. **4.** Agotado, molido. **5.** Escacharrado. ANT. **2.** Hecho. **3.** Entero, animoso. **4.** Descansado.

deshelar *v. tr.* Fundir lo que está helado. También *v. prnl.*: *La nieve se deshеló con el sol.* ■ Es v. irreg. Se conjuga como *pensar.* SIN. Licuar(se), derretir(se), descongelar(se). ANT. Congelar(se). FAM. Deshielo. HELAR.

desheredado, da 1. *p.* de **desheredar**. También *adj.* || *adj.* **2.** Se dice de la persona que carece de medios de vida. También *s. m.* y *f.*: *Socorre a los desheredados.* SIN. **2.** Pobre, marginado, miserable.

desheredar *v. tr.* Excluir a alguien de la herencia que le corresponde. FAM. Desheredación, desheredado, desheredamiento. HEREDAR.

deshidratar *v. tr.* Quitar a un cuerpo o a un organismo el agua que contiene. También *v. prnl.* ANT. Hidratar(se). FAM. Deshidratación. HIDRATAR.

deshielo *s. m.* **1.** Acción de deshelar o deshelarse, especialmente fusión de la nieve y el hielo en primavera como consecuencia de la elevación de la temperatura. **2.** Época en que ocurre esto. **3.** Distensión en las relaciones entre personas, naciones, etc. SIN. **1.** Descongelación. **3.** Acercamiento. ANT. **1.** Congelación. **3.** Tensión, enfrentamiento.

deshilachado, da 1. *p.* de **deshilachar**. || *adj.* **2.** Que tiene algún borde o todos los bordes desflecados, desgastados.

deshilachar *v. tr.* Deshilar un tejido, sacarle los hilos. También *v. prnl.* SIN. Desflecar. FAM. Deshilachado. HILACHO.

deshilar *v. tr.* Sacar hilos de una tela, sobre todo por los bordes para formar flecos. SIN. Deshilachar, desflecar. FAM. Deshilado. HILO.

deshilvanado, da 1. *p.* de **deshilvanar**. También *adj.* || *adj.* **2.** Se dice del texto, discurso, pensamiento, etc., que no tiene unión o conexión entre sus partes. SIN. **2.** Deslavazado. ANT. **1.** y **2.** Hilvanado. **2.** Trabado, hilado.

deshilvanar *v. tr.* Quitar los hilvanes. También *v. prnl.* ANT. Hilvanar. FAM. Deshilvanado. HILVANAR.

deshinchar *v. tr.* **1.** Sacar el aire o el contenido de una cosa hinchada: *Deshinchó un neumático.* También *v. prnl.* **2.** Quitar la hinchazón de un miembro o parte del cuerpo. También *v. prnl.*: *Gracias a la pomada se le deshinchó la mano.* **3.** En periodismo, rebajar la importancia o extensión de una noticia, un artículo, etc. || **deshincharse** *v. prnl.* **4.** Perder alguien o algo su vanidad u orgullo. **5.** Perder ánimo, energía, ganas: *Con las malas notas se deshinchó.* SIN. **1.** y **3.** a **5.** Desinflar(se). **2.** Reducir, bajar. **4.** Achicarse, humillarse. **5.** Desanimarse. ANT. **1.** a **4.** Hinchar(se). **1.**, **3.** y **4.** Inflar(se). **2.** Inflamarse. **3.** Exagerar. **4.** Engreírse.

deshipotecar *v. tr.* Cancelar una hipoteca y, p. ext., cualquier otro gravamen. ■ Delante de *e* se escribe *qu* en lugar de *c.* ANT. Hipotecar.

deshojar (del lat. *defoliare*) *v. tr.* **1.** Quitar hojas a una planta o pétalos a una flor: *deshojar una rosa.* También *v. prnl.*: *En otoño se deshojan los árboles.* **2.** P. ext., quitar las hojas a cualquier cosa: *deshojar un libro.* También *v. prnl.* FAM. Deshoje. HOJA.

deshoje *s. m.* Caída de las hojas de las plantas.

deshollinador, ra *adj.* **1.** Se dice de la persona que limpia de hollín las chimeneas. También *s. m.* y *f.* || *s. m.* **2.** Utensilio para deshollinar chimeneas. **3.** Escoba de mango largo usada para limpiar techos y paredes.

deshollinar *v. tr.* **1.** Limpiar las chimeneas de hollín. **2.** P. ext., limpiar con el deshollinador los techos y paredes. FAM. Deshollinador. HOLLÍN.

deshonesto, ta *adj.* **1.** Que va contra la honradez o las normas éticas. **2.** Que va contra la decencia u honestidad, sobre todo en lo relativo a lo sexual. SIN. **1.** Inmoral. **2.** Impúdico, indecente. ANT. **1.** Honrado. **1.** y **2.** Honesto. FAM. Deshonestamente, deshonestidad. HONESTO.

deshonor *s. m.* Pérdida del honor, y lo que lo produce. SIN. Deshonra, afrenta, ignominia. ANT. Honra, dignidad.

deshonra *s. f.* **1.** Pérdida de la honra, de la dignidad o buena fama. **2.** Lo que hace perder la honra: *El trabajo no es ninguna deshonra.* SIN. **1.** Afrenta, oprobio. **1.** y **2.** Deshonor. **2.** Vergüenza. FAM. Deshonrar, deshonrosamente, deshonroso. HONRA.

deshonrar (del lat. *dehonorare*) *v. tr.* **1.** Quitar o dañar la honra. También *v. prnl.* **2.** *ant.* Hacer que una mujer pierda su virginidad fuera del matrimonio. **SIN. 1.** Mancillar. **ANT. 1.** Honrar.

deshora, a *loc. adv.* Fuera del tiempo acostumbrado o debido, o en momento inoportuno. **SIN.** Intempestivamente.

deshuesar *v. tr.* Quitar los huesos a la carne, a una fruta, etc. **FAM.** Deshuesado, deshuesador. HUESO.

deshumanizar *v. tr.* **1.** Privar de caracteres humanos a alguna cosa. También *v. prnl.* **2.** Hacer insensible o poco humana a una persona. También *v. prnl.* ■ Delante de *e* se escribe *c* en lugar de *z*. **FAM.** Deshumanización, deshumanizado. HUMANIZAR.

desiderativo, va (del lat. *desiderativus*) *adj.* Que expresa idea de deseo; se usa en ling.: *oraciones desiderativas.*

desiderátum (del lat. *desideratum*, lo deseado) *s. m.* **1.** Objeto de un vivo y constante deseo: *Llegar a doctorarse era el desiderátum de Carmen.* **2.** Lo más o lo mejor que se puede desear.

desidia (del lat. *desidia*, indolencia) *s. f.* Falta de cuidado, interés, energía o actividad. **SIN.** Dejadez, abandono, pereza, negligencia, descuido. **ANT.** Diligencia, laboriosidad. **FAM.** Desidiosamente, desidioso.

desierto, ta (del lat. *desertus*, de *deserere*, abandonar) *adj.* **1.** Se aplica al sitio o lugar donde no hay gente o no vive nadie: *una calle desierta.* **2.** Se aplica, exageradamente, a un lugar público en el que hay poca gente: *El estadio estaba desierto.* **3.** Se dice de la subasta, oposición, concurso, etc., en el que no hay ningún solicitante o concursante, o los que hay no reúnen los méritos suficientes o los requisitos pedidos: *El premio ha quedado desierto.* || *s. m.* **4.** Lugar seco, casi siempre arenoso, que debido a la falta casi total de lluvias carece de vegetación o la tiene muy escasa. || **LOC. predicar** (o **clamar**) **en el desierto** *fam.* Intentar convencer con palabras o hechos a quien no está dispuesto a ello. **SIN. 1.** Despoblado, deshabitado, desértico, solo, solitario. **1.** y **2.** Vacío. **ANT. 1.** Poblado, habitado. **2.** Concurrido. **FAM.** Desertar, desértico, desertificar, desertizar. / Semidesértico.

designación *s. f.* **1.** Nombramiento de una persona o cosa para cumplir un determinado fin. **2.** Capacidad de referirse a objetos, ideas y realidades exteriores que tienen todas las lenguas. **SIN. 1.** Elección.

designar (del lat. *designare*) *v. tr.* **1.** Destinar a una persona o cosa para un determinado fin: *Le designaron para aquel trabajo.* **2.** Representar una cosa con una palabra o letra: *La h designa la altura del triángulo.* **3.** Nombrar, llamar: *Se le designaba por su nombre artístico.* **4.** Señalar un lugar o un momento para cierta cosa: *Designaron fecha para la reunión.* **SIN. 1.** Elegir, escoger. **2.** Indicar. **3.** Denominar. **4.** Fijar. **FAM.** Designación, designio. SIGNAR.

designio (del bajo lat. *designium*) *s. m.* Propósito o proyecto que alguien tiene de hacer determinada cosa. **SIN.** Intención, fin, plan, objetivo.

desigual *adj.* **1.** Distinto, no igual: *Estos platos son muy desiguales.* **2.** Que cambia, muda o varía; se usa sobre todo refiriéndose al tiempo. **3.** No liso, con diferencias de nivel: *un terreno desigual.* **4.** Arduo, grande, dificultoso: *Venció en desigual combate.* **5.** En mat., se aplica al signo que indica que un término no es igual que otro, que es distinto. **SIN. 1.** Diverso, diferente. **2.** Variable, cambiante, inconstante, mudable. **3.** Irregular, abrupto. **ANT. 1.** Semejante. **2.** Uniforme, constante. **3.** Llano. **4.** Fácil. **FAM.** Desigualar, desigualdad, desigualmente. IGUAL.

desigualar *v. tr.* **1.** Hacer a una persona o cosa desigual a otra. También *v. prnl.* **2.** Deshacer una igualdad: *El último gol desigualó el marcador.* También *v. prnl.* **SIN. 1.** Diferenciar(se), distinguir(se), diversificar(se). **2.** Desempatar, desnivelar(se). **ANT. 1.** Igualar. **2.** Empatar.

desigualdad *s. f.* **1.** Falta de igualdad. **2.** Cada una de las elevaciones o depresiones de un terreno o superficie. **3.** Injusticia: *las desigualdades sociales.* **4.** En mat., expresión que indica la falta de igualdad que existe o se supone entre dos cantidades. **SIN. 1.** Disparidad, diferencia, variedad, desproporción. **2.** Desnivel, irregularidad. **ANT. 1.** Semejanza. **3.** Justicia.

desilusión *s. f.* **1.** Impresión que uno siente cuando alguien o algo no es como él esperaba: *Me llevé una desilusión con esa película.* **2.** Estado del que ha perdido las ilusiones. **SIN. 1.** Decepción, chasco. **2.** Desencanto, desengaño. **ANT. 1.** Alegría. **2.** Ilusión. **FAM.** Desilusionar. ILUSIÓN.

desimantar *v. tr.* Hacer perder a un cuerpo las propiedades magnéticas que poseía. **ANT.** Imantar. **FAM.** Desimantación. IMANTAR.

desimpregnar *v. tr.* Quitar de algo aquello que lo impregna. **ANT.** Empapar. **FAM.** Desimpregnación. IMPREGNAR.

desincrustar *v. tr.* **1.** Separar o extraer lo que está incrustado. **2.** Quitar las incrustaciones o costras que se forman en cañerías, calderas, etc. **SIN. 1.** Sacar, despegar, desprender. **ANT. 1.** Adherir, embutir. **FAM.** Desincrustante. INCRUSTAR.

desinencia (del lat. *desinens, -entis*, de *desinere*, acabar) *s. f.* Morfema o terminación que se añade a la raíz de una palabra para indicar su valor sintáctico y morfológico, como el género, el número, el tiempo, la persona, etc. **FAM.** Desinencial.

desinfectante *adj.* Que desinfecta: *producto desinfectante.* También *s. m.*

desinfectar *v. tr.* Eliminar los gérmenes que pueden producir una infección. También *v. prnl.* **SIN.** Esterilizar. **ANT.** Infectar. **FAM.** Desinfección, desinfectante. INFECTAR.

desinflada *s. f. Col. fam.* Desencanto, desilusión.

desinflamar *v. tr.* Hacer desaparecer la inflamación de una herida, una contusión, etc. También *v. prnl.* **ANT.** Inflamar(se), hinchar(se). **FAM.** Desinflamación. INFLAMAR.

desinflar *v. tr.* **1.** Sacar el aire o gas de una cosa inflada: *desinflar un balón.* También *v. prnl.* **2.** *fam.* Desanimar, desilusionar rápidamente. También *v. prnl.* || **desinflarse** *v. prnl.* **3.** *fam.* Reducirse la importancia de algo. **SIN. 1.** a **3.** Deshinchar(se). **2.** Hundir(se), abatir(se), desmoralizar(se). **ANT. 1.** a **3.** Hinchar(se). **2.** Animar(se). **3.** Resaltar. **FAM.** Desinflada. INFLAR.

desinformación *s. f.* **1.** Información manipulada sobre ciertos hechos con objeto de ocultarlos o dejarlos confusos. **2.** Falta de información. **SIN. 2.** Desconocimiento.

desinformado, da 1. *p.* de **desinformar**. || *adj.* **2.** Se dice de la persona que no ha sido informada o no está bien informada.

desinformar *v. tr.* Manipular la información para evitar que se conozcan ciertos hechos o para crear confusión sobre ellos. **FAM.** Desinformación, desinformado. INFORMAR.

desinhibirse *v. prnl.* Comportarse con espontaneidad, actuar sin atenerse a los usos sociales aceptados. **ANT.** Inhibirse. **FAM.** Desinhibición. INHIBIR.

desinsectar *v. tr.* Eliminar los insectos nocivos de un lugar. **FAM.** Desinsectación. INSECTO.

desintegración *s. f.* **1.** Acción de desintegrar o desintegrarse. **2.** Fragmentación de una roca en sus minerales constitutivos por acción de los fenómenos atmosféricos. || **3. desintegración nuclear** Transformación de un núcleo radiactivo en otro por pérdida de alguna de sus partículas. **SIN.** **1.** Desunión, disgregación, desmembramiento. **2.** Descomposición. **ANT.** **1.** Integración, asociación.

desintegrar *v. tr.* **1.** Separar los diversos elementos que forman el todo de algo. También *v. prnl.*: *El equipo se desintegró en poco tiempo.* **2.** Destruir, deshacer: *desintegrar la sociedad.* También *v. prnl.* **SIN.** **1.** Descomponer, disgregar, disociar, desmembrar. **ANT.** **1.** Integrar. **FAM.** Desintegración, desintegrador. INTEGRAR.

desinteligencia *s. f. Arg.* y *Urug.* Falta de entendimiento entre las personas.

desinterés *s. m.* **1.** Falta de interés, cuidado o entusiasmo: *Trabaja con desinterés.* **2.** Desprendimiento o generosidad de una persona: *Actúa movido por el desinterés.* **SIN.** **1.** Dejadez, abandono, desidia, apatía, abulia. **2.** Desapego, liberalidad, abnegación, altruismo. **ANT.** **1.** Empeño, afán. **2.** Egoísmo. **FAM.** Desinteresadamente, desinteresado, desinteresarse. INTERÉS.

desinteresado, da *adj.* Que actúa o se hace sin pedir nada a cambio: *Nos brindó su ayuda desinteresada.* **SIN.** Generoso, desprendido. **ANT.** Interesado.

desinteresarse *v. prnl.* Dejar de sentir interés. **SIN.** Desentenderse, despreocuparse.

desintoxicar *v. tr.* **1.** Combatir la intoxicación y sus efectos. También *v. prnl.* **2.** Contrarrestar o hacer desaparecer los efectos producidos por una información considerada negativa. También *v. prnl.* ■ Delante de *e* se escribe *qu* en lugar de *c*. **SIN.** **1.** Curar(se), sanar. **2.** Aclarar(se), informar(se). **ANT.** **1.** y **2.** Intoxicar(se). **2.** Confundir(se), desinformar. **FAM.** Desintoxicación. INTOXICAR.

desistir (del lat. *desistere*) *v. intr.* **1.** Dejar un proyecto o intento por necesidad, por considerarlo irrealizable o por cualquier otra causa: *Desistimos de subir a la montaña.* **2.** Refiriéndose a un derecho, abandonarlo: *Desistió de la demanda.* **SIN.** **1.** Renunciar, ceder, cejar, rendirse. **2.** Abdicar. **ANT.** **1.** Insistir, perseverar. **FAM.** Desistimiento.

desjarretar *v. tr.* Cortar a las reses las piernas por el jarrete o corvejón.

deslavazado, da (de *des-* y *lavar*) *adj.* **1.** Que no tiene firmeza o fuerza en su contextura o en el movimiento: *un tejido deslavazado.* **2.** Que carece de unión entre sus partes: *una obra teatral deslavazada.* **SIN.** **1.** Blando, lacio. **2.** Deshilvanado, disperso. **ANT.** **1.** Recio. **2.** Ligado, trabado.

deslealtad *s. f.* Falta de lealtad, traición a unos principios, a una persona, a un país, etc. **SIN.** Infidelidad, ingratitud, falsía, alevosía. **ANT.** Fidelidad. **FAM.** Desleal, deslealmente. LEALTAD.

desleír (del lat. *delere*) *v. tr.* Disolver algunos cuerpos sólidos o pastosos por medio de un líquido: *desleír la harina en leche.* También *v. prnl.* ■ Es v. irreg. Se conjuga como *reír*. **SIN.** Diluir(se), deshacer(se), licuar(se). **ANT.** Solidificar(se), cuajar(se). **FAM.** Desleimiento.

deslenguado, da *adj.* Mal hablado, desvergonzado. También *s. m.* y *f.* **SIN.** Descarado, desbocado, lenguaraz. **ANT.** Mirado, considerado.

desliar (del lat. *deligare*) *v. tr.* Desatar o deshacer un lío o paquete. También *v. prnl.* ■ En cuanto al acento, se conjuga como *ansiar*: *deslío.* **SIN.** Desenvolver. **ANT.** Liar.

desligar *v. tr.* **1.** Soltar las ligaduras o ataduras. También *v. prnl.* **2.** Separar, desunir: *desligar un aspecto de un problema.* **3.** Liberar de una obligación, de un compromiso: *Le desligó de la palabra dada.* También *v. prnl.* || **desligarse** *v. prnl.* **4.** Separarse, independizarse: *Se desligó de la empresa.* ■ Delante de *e* se escribe *gu* en lugar de *g*: *desligue.* **SIN.** **1.** Desatar(se), desenlazar(se), desliar(se). **2.** Deslindar, desglosar. **3.** Eximir(se), dispensar. **4.** Desvincularse. **ANT.** **1.** Atar. **1.** a **4.** Ligar(se). **2.** Englobar. **3.** Obligar(se). **4.** Integrarse. **FAM.** Desligadura. LIGAR.

deslindar (del lat. *delimitare*) *v. tr.* **1.** Señalar los lindes o límites entre terrenos. **2.** Aclarar o definir algo: *deslindar las funciones de un cargo.* **SIN.** **1.** Acotar, amojonar. **1.** y **2.** Delimitar. **FAM.** Deslindador, deslindamiento, deslinde. LINDAR.

desliz (de *deslizar*) *s. m.* **1.** Acción de deslizar o deslizarse. **2.** Desacierto, equivocación, indiscreción. **3.** Falta en sentido moral, especialmente en el terreno sexual. **SIN.** **1.** Deslizamiento, resbalón, patinazo, traspié. **2.** Error, yerro. **3.** Tropiezo.

deslizar *v. tr.* **1.** Mover o pasar una cosa sobre otra suavemente. **2.** Entregar o dejar algo en un sitio con disimulo: *Le deslizó un sobre con dinero.* **3.** Introducir en un escrito, conversación, discurso, etc., como al descuido, frases o palabras intencionadas. || *v. intr.* **4.** Resbalar con suavidad por una superficie. Se usa más como *v. prnl.*: *El patinador se desliza sobre el hielo.* || **deslizarse** *v. prnl.* **5.** Salir o entrar en un lugar sin ser notado: *Se deslizó en la casa aprovechando la oscuridad de la noche.* **6.** Cometer una indiscreción, equivocación o falta. ■ Delante de *e* se escribe *c* en lugar de *z*. **SIN.** **3.** Apuntar, insinuar. **4.** Patinar, escurrirse. **5.** Escabullirse. **FAM.** Desliz, deslizable, deslizamiento. / Aerodeslizador.

deslomar *v. tr.* **1.** Romper o dañar los lomos. **2.** Dejar a alguien agotado un trabajo o esfuerzo. También *v. prnl.* **3.** *fam.* Pegar una paliza a alguien. **SIN.** **2.** Derrengar(se), rendir, moler. **3.** Atizar, zurrar. **ANT.** **2.** Descansar, aliviar. **FAM.** Deslomadura. LOMO.

deslucir *v. tr.* **1.** Quitar la gracia, el brillo o el atractivo a una cosa. También *v. prnl.*: *deslucirse un suelo con el uso.* **2.** Desacreditar a alguien. También *v. prnl.* ■ Es v. irreg. Se conjuga como *lucir*. **SIN.** **1.** Desfigurar(se), ajar(se). **2.** Desprestigiar(se). **ANT.** **1.** Lucir. **2.** Acreditar(se). **FAM.** Deslucidamente, deslucido, deslucimiento. LUCIR.

deslumbrar *v. tr.* **1.** Hacer el exceso de luz que alguien momentáneamente deje de ver o vea mal: *El Sol me deslumbra.* También *v. prnl.* **2.** Encandilar, asombrar. También *v. prnl.*: *Se deslumbró ante tanto lujo.* **SIN.** **1.** Cegar(se). **2.** Fascinar(se). **FAM.** Deslumbrador, deslumbramiento, deslumbrante. LUMBRE.

deslustrar *v. tr.* **1.** Quitar la buena apariencia o el aspecto de nuevo a algo: *El tiempo deslustró los cuadros.* **2.** Desprestigiar, desacreditar. **SIN.** **1.** Deslucir, apagar, empañar. **2.** Difamar, deshonrar. **ANT.** **1.** Lustrar. **2.** Enaltecer. **FAM.** Deslustrador, deslustre. LUSTRAR.

desmadejado, da **1.** *p.* de **desmadejar**. || *adj.* **2.** Que siente debilidad y cansancio: *El calor le deja* *desmadejado.* SIN. **2.** Decaído, flojo. ANT. **2.** Vigoroso. FAM. Desmadejamiento, desmadejar. MADEJA.

desmadrado, da (de *des-* y *madre*) **1.** *p.* de **desmadrar**. || *adj.* **2.** Se dice de la cría separada de su madre. **3.** Se dice del río o arroyo que se sale de su cauce. **4.** *fam.* Se aplica a la persona, actitud, acción, etc., poco convencional, excesivamente libre: *Está desmadrado con tanta fiesta.* También *s. m.* y *f.* SIN. **2.** Destetado. **4.** Desordenado, alocado, desmedido, desenfrenado. ANT. **4.** Moderado, comedido.

desmadrar *v. tr.* **1.** Separar a la cría de la madre para que no mame. || **desmadrarse** *v. prnl.* **2.** *fam.* Obrar de manera incontrolada, sin moderación o sin respeto a las normas establecidas. SIN. **2.** Excederse, propasarse, pasarse. ANT. **2.** Comportarse, comedirse.

desmadre *s. m.* **1.** Libertad excesiva en palabras o acciones. **2.** *fam.* Desorden, jaleo. **3.** *fam.* Juerga, diversión incontrolada. SIN. **1.** Exceso, desmán, abuso, desenfreno. **2.** Confusión, caos, lío, desbarajuste, follón. **3.** Jolgorio, orgía. ANT. **1.** Moderación. **2.** Orden. FAM. Desmadrado, desmadrar. MADRE.

desmagnetizar *v. tr.* Quitar o perder el magnetismo. También *v. prnl.* ■ Delante de *e* se escribe *c* en lugar de *z*: *desmagnetice.* FAM. Desmagnetización. MAGNETIZAR.

desmán[1] (de *desmandar*) *s. m.* **1.** Desorden, exceso en palabras o acciones: *Los manifestantes cometieron muchos desmanes.* **2.** Acto cometido con abuso de autoridad. **3.** Desgracia, suceso lamentable. SIN. **1.** Demasía. **2.** Injusticia, arbitrariedad, tropelía, atropello. **3.** Calamidad. FAM. Véase **desmandarse**.

desmán[2] (del fr. *desman*) *s. m.* Pequeño mamífero insectívoro acuático, de cuerpo macizo, hocico en trompa, pies palmeados y cola larga.

desmanchar *v. tr.* **1.** *Amér.* Quitar las manchas. || **desmancharse** *v. prnl.* **2.** *Amér. del S.* Apartarse de un grupo.

desmandarse *v. prnl.* **1.** Dejar de obedecer. **2.** Actuar sin dominio, sin freno. **3.** Apartarse el ganado de la manada: *Se desmandó un toro en el encierro.* **4.** Apartarse de la compañía con que se va. SIN. **1.** Insubordinarse, rebelarse. **2.** Desbocarse, propasarse, desmadrarse. ANT. **1.** Someterse. **2.** Comedirse. FAM. Desmán[1], desmandado.

desmano, a *loc. adv.* En lugar apartado o mal comunicado. ■ También se dice *a trasmano.*

desmanotado, da *adj.* Se aplica a la persona torpe, poco hábil. También *s. m.* y *f.* SIN. Desmañado, manazas. ANT. Mañoso.

desmantelar (del lat. *dis* y *mantellum*, velo, mantel) *v. tr.* **1.** Destruir una fortificación. **2.** Dejar un edificio, establecimiento, etc., sin sus muebles, útiles, etc. **3.** Desmontar un andamiaje u otra estructura. **4.** Dejar sin palos un barco. **5.** Dejar sin defensa, fuerza o recursos: *Los traspasos desmantelaron al equipo.* SIN. **1.** Demoler, abatir. **4.** Desarbolar, desaparejar. **5.** Desarmar. ANT. **1.** Fortificar. **2.** Guarnecer. **4.** Arbolar, aparejar. **5.** Pertrechar. FAM. Desmantelado, desmantelamiento. MANTO.

desmañado, da *adj.* Que no tiene maña o habilidad. También *s. m.* y *f.* SIN. Torpe, patoso, inútil. ANT. Mañoso, habilidoso. FAM. Desmaña, desmaño. MAÑA.

desmaquillar *v. tr.* Quitar el maquillaje y demás cosméticos de la cara. También *v. prnl.* ANT. Maquillar. FAM. Desmaquillador. MAQUILLAR.

desmarcar *v. tr.* **1.** Quitar una marca. || **desmarcarse** *v. prnl.* **2.** En algunos dep., desplazarse un jugador para escapar del contrario que le marca. **3.** *fam.* Apartarse de algo o eludir un trabajo, una obligación, etc.: *Siempre se desmarca cuando hay que quitar la mesa.* ■ Delante de *e* se escribe *qu* en lugar de *c*. SIN. **3.** Distanciarse; escabullirse. FAM. Desmarque. MARCAR.

desmayado, da **1.** *p.* de **desmayar**. || *adj.* **2.** Desanimado, decaído, sin fuerzas: *voz desmayada.* **3.** Aplicado a colores, pálido: *un azul desmayado.* SIN. **2.** Desfallecido, abatido. **3.** Suave, claro. ANT. **2.** Animado. **3.** Subido.

desmayar (del fr. ant. *esmaiier*, perturbar, desfallecer) *v. intr.* **1.** Perder los ánimos o las fuerzas: *No desmayó en la búsqueda.* || **desmayarse** *v. prnl.* **2.** Perder accidentalmente el sentido. SIN. **1.** Desfallecer, flaquear. **2.** Desvanecerse. FAM. Desmayado, desmayo.

desmayo *s. m.* **1.** Pérdida momentánea del sentido. **2.** Desaliento, falta de fuerzas o entusiasmo. SIN. **1.** Desfallecimiento, lipotimia, soponcio. **2.** Desánimo, abatimiento, desmoralización, aplanamiento. ANT. **2.** Ánimo.

desmechar o **desmechonar** *v. tr. Méx.* Mesar, arrancar el cabello.

desmedido, da **1.** *p.* de **desmedirse**. || *adj.* **2.** Exagerado, excesivo, desproporcionado: *ambiciones desmedidas.* SIN. **2.** Desmesurado, enorme, desaforado. ANT. **2.** Comedido, moderado.

desmedirse *v. prnl.* Cometer excesos en las palabras o en los hechos: *Se desmidió en su escrito.* ■ Es v. irreg. Se conjuga como *pedir.* SIN. Excederse, desbocarse. ANT. Comedirse. FAM. Desmedidamente, desmedido. MEDIR.

desmedrar (de *des-* y *medrar*) *v. intr.* Deteriorarse, debilitarse o empeorar una persona o cosa. También *v. prnl.* SIN. Desmejorar, decaer. ANT. Fortalecer(se). FAM. Desmedrado. MEDRAR.

desmejorar *v. tr.* **1.** Hacer perder la buena condición a una persona o cosa. También *v. prnl.* || *v. intr.* **2.** Ir perdiendo la salud o las fuerzas. También *v. prnl.*: *Se ha desmejorado mucho con los años.* SIN. **1.** Deslucir, empeorar, ajar. **2.** Enfermar. ANT. **1.** y **2.** Mejorar. **2.** Fortalecerse. FAM. Desmejorado, desmejoramiento. MEJORAR.

desmelenar *v. tr.* **1.** Desordenar el cabello. También *v. prnl.* || **desmelenarse** *v. prnl.* **2.** *fam.* Salirse uno de lo normal, proceder con excesiva libertad: *En vacaciones se desmelena.* **3.** *fam.* Esforzarse mucho. SIN. **1.** Despeinar(se). **2.** Desmadrarse, desmedirse. **3.** Lanzarse. ANT. **1.** Peinar(se). **2.** Moderarse. FAM. Desmelenado, desmelenamiento. MELENA[1].

desmembrar *v. tr.* **1.** Separar o arrancar los miembros de un cuerpo. P. ext., separar una parte de un todo. También *v. prnl.* **2.** Dividir un conjunto separando sus partes. También *v. prnl.*: *El imperio se desmembró.* ■ Es v. irreg. Se conjuga como *pensar.* SIN. **1.** Mutilar. **2.** Disgregar. ANT. **2.** Unir. FAM. Desmembración, desmembramiento. MIEMBRO.

desmemoriado, da *adj.* Que tiene poca memoria. También *s. m.* y *f.* SIN. Olvidadizo.

desmentido *s. m.* **1.** Acción de desmentir una afirmación. **2.** Comunicado público en el que se desmiente algo.

desmentir *v. tr.* **1.** Decir que no es verdad lo que otro afirma o cree: *La radio ha desmentido la noticia.* **2.** Demostrar o poner de manifiesto la falsedad de algo: *Los hechos desmintieron sus palabras.* **3.** Ser algo o alguien peor de lo que debería ser por su origen o circunstancias. || **desmentirse** *v. prnl.* **4.** Negar uno mismo lo que ha dicho antes o decir lo contrario. ■ Es v. irreg. Se conjuga como *sentir*. SIN. **1.** Contradecir, rectificar. **2.** Rebatir, refutar, impugnar. **3.** Desmerecer. **4.** Desdecir(se), retractarse. ANT. **1.** y **2.** Confirmar, ratificar. **1.** y **4.** Reafirmar(se). **3.** Honrar. FAM. Desmentido. MENTIR.

desmenuzar *v. tr.* **1.** Dividir algo en partes muy pequeñas. También *v. prnl.* **2.** Analizar una cosa con mucho detalle: *Desmenuzaron el poema verso a verso.* ■ Delante de *e* se escribe *c* en lugar de *z*. SIN. **1.** Desmigajar. **2.** Desglosar. FAM. Desmenuzable, desmenuzamiento. MENUDO.

desmerecer *v. tr.* **1.** No merecer algo, hacerse indigno de ello. || *v. intr.* **2.** Perder una cosa parte de su valor: *La casa ha desmerecido con el tiempo.* **3.** Ser alguien o algo inferior a otra persona o cosa con la que se le compara: *El portero desmerecía del resto del equipo.* ■ Es v. irreg. Se conjuga como *agradecer*. SIN. **2.** Desvalorizarse. **3.** Desentonar. ANT. **2.** Revalorizarse. FAM. Desmerecedor, desmerecimiento. MERECER.

desmesura *s. f.* Exceso o falta de mesura. SIN. Exageración. ANT. Moderación, comedimiento.

desmesurado, da 1. *p.* de **desmesurar**. || *adj.* **2.** Mucho mayor de lo corriente, de lo conveniente o de lo necesario. SIN. **2.** Exagerado, descomunal. ANT. **2.** Mesurado.

desmesurar *v. tr.* **1.** Exagerar. || **desmesurarse** *v. prnl.* **2.** Actuar con exceso o de manera descomedida. SIN. **2.** Desmedirse, descomedirse, excederse. ANT. **2.** Comedirse. FAM. Desmesura, desmesuradamente, desmesurado. MESURA.

desmigajar *v. tr.* Hacer migajas algo. SIN. Desmenuzar.

desmigar *v. tr.* Hacer migas un trozo de pan. ■ Delante de *e* se escribe *gu* en lugar de *g*: *desmigue.* SIN. Desmigajar, desmenuzar.

desmilitarizar *v. tr.* **1.** Quitar el carácter militar a una persona o cosa. **2.** Retirar las tropas o suprimir las instalaciones militares de un territorio. ■ Delante de *e* se escribe *c* en lugar de *z*. SIN. **1.** Desmovilizar. ANT. **1.** Movilizar. **1.** y **2.** Militarizar. FAM. Desmilitarización. MILITAR^2.

desmirriado, da *adj. fam.* Esmirriado*.

desmitificar *v. tr.* Hacer perder el carácter mítico o idealizado que rodea a alguien o a algo. ■ Delante de *e* se escribe *qu* en lugar de *c*. ANT. Mitificar. FAM. Desmitificación. MITIFICAR.

desmochar (de *des-* y *mocho*) *v. tr.* **1.** Quitar la parte superior de algo: *desmochar un árbol, desmochar una torre.* **2.** Eliminar parte de una obra artística o literaria. P. ext., eliminar parte de cualquier cosa. SIN. **1.** Descabezar. **2.** Acortar, recortar. FAM. Desmoche. MOCHO.

desmontar *v. tr.* **1.** Desunir o separar las piezas o elementos de que se compone algo: *desmontar un motor.* **2.** Bajar a alguien de una caballería, vehículo, etc. También *v. intr.* y *v. prnl.*: *desmontar(se) del autobús.* **3.** Poner el mecanismo de un arma de fuego de modo que no dispare. **4.** Rebatir una argumentación minuciosamente: *Desmontó la teoría de su rival.* **5.** Cortar los árboles o matas en un monte o en parte de él. SIN. **1.** Descomponer, desarticular. **2.** Apear, descabalgar. **5.** Talar. ANT. **1.** a **3.** Montar, armar. **2.** Subir. FAM. Desmontable. MONTAR.

desmonte *s. m.* **1.** Acción de desmontar un terreno. **2.** Lugar o terreno desmontado o en el que se han acumulado tierra o escombros procedentes de esa operación. Se usa mucho en *pl.* || *s. m. pl.* **3.** *Bol., Chile, Hond.* y *Perú* En minería, ganga, mineral de desecho. SIN. **1.** Tala.

desmoralizar *v. tr.* **1.** Quitar a alguien el valor, el ánimo, la decisión, etc. También *v. prnl.*: *Se desmoralizó por las malas notas.* **2.** Apartar a alguien de la moral o las buenas costumbres. También *v. prnl.* ■ Delante de *e* se escribe *c* en lugar de *z*. SIN. **1.** Desanimar(se), desalentar. **2.** Pervertir(se), corromper(se). FAM. Desmoralización, desmoralizado, desmoralizador, desmoralizante. MORALIZAR.

desmoronar (del ant. *desboronar*) *v. tr.* **1.** Deshacer poco a poco una cosa sólida. También *v. prnl.*: *desmoronarse una vivienda.* || **desmoronarse** *v. prnl.* **2.** Decaer, perder algo poco a poco la fuerza, energía, etc.: *El imperio romano se desmoronó.* SIN. **1.** Desmenuzar(se), desintegrar(se). **1.** y **2.** Derrumbar(se). **2.** Desplomarse, abatirse. ANT. **2.** Recomponerse; sobreponerse. FAM. Desmoronamiento.

desmotivar *v. tr.* Quitar la motivación o el estímulo para hacer algo. SIN. Desmoralizar, desalentar. ANT. Motivar, estimular. FAM. Desmotivación. MOTIVAR.

desmovilizar *v. tr.* **1.** Dejar libres del servicio activo a los soldados. **2.** Paralizar una movilización social. ■ Delante de *e* se escribe *c* en lugar de *z*. SIN. **1.** Licenciar. ANT. **1.** y **2.** Movilizar. FAM. Desmovilización. MOVILIZAR.

desmultiplicar *v. tr.* Disminuir la velocidad del movimiento de un mecanismo mediante la combinación de diversos engranajes. ■ Delante de *e* se escribe *qu* en lugar de *c*. FAM. Desmultiplicación, desmultiplicador. MULTIPLICAR.

desnacionalizar *v. tr.* Quitar el carácter de nacional; especialmente entregar a la iniciativa privada una empresa, actividad, etc., controlada antes por el Estado. También *v. prnl.* ■ Delante de *e* se escribe *c* en lugar de *z*. SIN. Privatizar. ANT. Nacionalizar; estatalizar. FAM. Desnacionalización. NACIONALIZAR.

desnarigado, da 1. *p.* de **desnarigar**. || *adj.* **2.** Que no tiene nariz o la tiene muy pequeña. SIN. **2.** Chato. ANT. **2.** Narigudo.

desnarigar (de *des-*, y el lat. vulg. *narix*) *v. tr.* Quitar a uno la nariz. ■ Delante de *e* se escribe *gu* en lugar de *g*. FAM. Desnarigado. NARIZ.

desnatar *v. tr.* Quitar la nata a la leche o a otros productos lácteos. SIN. Descremar. FAM. Desnatado, desnatadora. / Semidesnatado. NATA.

desnaturalizado, da 1. *p.* de **desnaturalizar**. También *adj.* || *adj.* **2.** Que no tiene cariño a sus familiares, especialmente a los más cercanos. También *s. m.* y *f.* ANT. **2.** Cariñoso.

desnaturalizar *v. tr.* **1.** Privar a alguien de su nacionalidad. También *v. prnl.* **2.** Hacer perder las cualidades, condiciones o propiedades naturales de una cosa cambiándola o añadiéndole algo. También *v. prnl.* ■ Delante de *e* se escribe *c* en lugar de *z*. SIN. **2.** Alterar, adulterar. ANT. **1.** Naturalizar, nacionalizar. FAM. Desnaturalización, desnaturalizado. NATURALIZAR.

desnivel *s. m.* **1.** Diferencia de altura entre dos o más puntos o zonas. P. ext., diferencia de cualquier cualidad entre personas o cosas: *el desnivel entre los países pobres y ricos.* **2.** Elevación o hundimiento del terreno. SIN. **1.** Desproporción; desequilibrio, contraste. **2.** Pendiente, inclinación. ANT. **1.** Equilibrio. FAM. Desnivelación, desnivelar. NIVEL.

desnivelar *v. tr.* Hacer que exista desnivel entre dos o más cosas, puntos, zonas, etc. También *v.*

prnl. SIN. Desequilibrar, desigualar, desemparejar. ANT. Igualar, equilibrar.

desnucar *v. tr.* **1.** Fracturar los huesos de la nuca. También *v. prnl.* **2.** Matar a una persona o animal con un golpe en la nuca. También *v. prnl.*: *Se desnucó al caerse.* ■ Delante de *e* se escribe *qu* en lugar de *c*. FAM. Desnucamiento. NUCA.

desnuclearizar *v. tr.* Reducir o eliminar el armamento o las instalaciones nucleares de un territorio o país. ■ Delante de *e* se escribe *c* en lugar de *z*: *desnuclearice.*

desnudar (del lat. *denudare*, de *nudus*, desnudo) *v. tr.* **1.** Quitar toda la ropa o parte de ella. También *v. prnl.* **2.** Despojar a una persona o cosa de algo que tenía: *Le desnudaron de todas sus posesiones.* También *v. prnl.*: *El árbol se desnudó de hojas.* **3.** Sacar un arma de su vaina: *desnudar el puñal.* **4.** Mostrar algo a las claras: *Desnudó sus sentimientos.* SIN. **1.** Desvestir(se). **2.** Desguarnecer, desvalijar. **3.** Desenvainar. **4.** Revelar. ANT. **1.** Vestir(se). **2.** Cubrir(se), forrar(se). **3.** Envainar. **4.** Encubrir. FAM. Desnudamente, desnudamiento, desnudez, desnudismo, desnudista, desnudo. / Nudismo.

desnudismo *s. m.* Nudismo*.

desnudo, da (del lat. *nudus*) *adj.* **1.** Sin ropa o con muy poca ropa. **2.** *fam.* Que carece de la ropa necesaria: *Tengo que salir de compras porque estoy desnuda.* **3.** Sin adornos, complementos, revestimientos, añadidos, etc.: *una habitación desnuda.* **4.** Que carece de algo material o inmaterial: *desnudo de malicia.* **5.** Manifiesto, claro: *Queda desnuda su intención.* || *s. m.* **6.** En las bellas artes, figura humana, o parte de ella, desnuda. || LOC. **al desnudo** *adv.* Al descubierto, a la vista de todos: *la verdad al desnudo.* SIN. **1.** Desvestido. **2.** Desprovisto. **3.** Desguarnecido. **4.** Pobre, carente. **5.** Patente. ANT. **1.** Vestido. **3.** Cubierto. **5.** Oculto.

desnutrición *s. f.* Estado de debilidad del organismo a causa de una alimentación deficiente. SIN. Depauperación. FAM. Desnutrido, desnutrirse. NUTRIR.

desobedecer *v. tr.* No hacer lo que se ordena: *desobedecer a un superior.* ■ Es v. irreg. Se conjuga como *agradecer*. SIN. Incumplir, contravenir. ANT. Obedecer. FAM. Desobediencia, desobediente. OBEDECER.

desobediente *adj.* Que desobedece o tiende a desobedecer. También *s. m.* y *f.* SIN. Rebelde, indócil, insumiso, desmandado. ANT. Obediente.

desobstruir *v. tr.* Quitar a algo lo que lo obstruye: *desobstruir una cañería.* ■ Es v. irreg. Se conjuga como *huir*. SIN. Desatascar, desatrancar. ANT. Obstruir, atascar. FAM. Desobstrucción. OBSTRUIR.

desocupar *v. tr.* **1.** Dejar libre un lugar, abandonarlo: *desocupar un local.* También *v. prnl.*: *Se ha desocupado el primer piso.* **2.** Sacar lo que hay dentro de alguna cosa: *desocupar un cajón del armario.* || *v. intr.* **3.** *Amér. del S.* Parir. También *v. prnl.* || **desocuparse** *v. prnl.* **4.** Quedar libre de una ocupación, quedar sin trabajo. SIN. **1.** Desalojar, evacuar, deshabitar, desalquilar(se). **2.** Vaciar. ANT. **1.** Habitar, alquilar. **1.**, **2.** y **4.** Ocupar(se). **2.** Llenar. **4.** Emplearse. FAM. Desocupación, desocupado. OCUPAR.

desodorante (de *des-* y el lat. *odor, -oris*, olor) *adj.* Que elimina los olores molestos, especialmente los corporales. También *s. m.* FAM. Desodorizar. ODORÍFERO.

desodorizar *v. tr.* Eliminar olores, especialmente los desagradables. ■ Delante de *e* se escribe *c* en lugar de *z*: *desodorice.*

desoír *v. tr.* Dejar de oír, no hacer caso: *desoír un ruego, un consejo.* ■ Es v. irreg. Se conjuga como *oír*. SIN. Desatender, ignorar. ANT. Atender.

desojarse (de *des-* y *ojo*) *v. prnl.* **1.** Mirar con mucho esfuerzo para ver o encontrar algo: *Me he desojado buscándolo en los archivos, pero no aparece.* **2.** Estropearse la vista por forzarla demasiado: *Se desoja cosiendo con luz artificial.*

desolación *s. f.* **1.** Ruina, destrucción: *Los invasores sembraron la desolación por todo el país.* **2.** Tristeza o pena profunda. **3.** Soledad, falta de seres vivos: *la desolación del paisaje.* SIN. **1.** Devastación. **2.** Aflicción.

desolado, da 1. *p.* de **desolar**. También *adj.* || *adj.* **2.** Muy triste. **3.** Inhóspito, desierto: *un paisaje desolado.* SIN. **2.** Afligido, apenado, apesadumbrado. ANT. **2.** Dichoso, jubiloso.

desolador, ra *adj.* **1.** Que destruye. **2.** Que causa una profunda pena. SIN. **1.** Arrasador, devastador.

desolar (del lat. *desolare*) *v. tr.* **1.** Destruir, arrasar: *La tormenta desoló la región.* **2.** Apenar profundamente: *Me desoló la noticia.* También *v. prnl.* ■ Es v. irreg. Se conjuga como *contar*. SIN. **1.** Asolar, devastar. **2.** Afligir(se). ANT. **2.** Alegrar(se). FAM. Desolación, desolado, desolador.

desolladero *s. m.* Sitio donde desuellan reses.

desollar (del lat. vulg. *exfollare*, sacar la piel) *v. tr.* **1.** Despellejar. También *v. prnl.* **2.** *fam.* Criticar con crueldad: *Le desollaron vivo en la tertulia.* ■ Es v. irreg. Se conjuga como *contar*. SIN. **1.** Pelar(se). FAM. Desolladero, desollado, desolladura, desuello.

desorbitado, da 1. *p.* de **desorbitar**. También *adj.* || *adj.* **2.** Exagerado: *precios desorbitados, mentira desorbitada.*

desorbitar *v. tr.* **1.** Hacer que algo salga de su órbita habitual. También *v. prnl.* **2.** Exagerar, abultar, disparar. También *v. prnl.*: *desorbitarse los precios.* SIN. **2.** Recargar, desquiciar(se), sobrevalorar. ANT. **2.** Menospreciar. FAM. Desorbitadamente, desorbitado. ÓRBITA.

desorden *s. m.* **1.** Falta de orden: *un armario en desorden.* **2.** Alteración del orden público. Se usa más en *pl.*: *desórdenes callejeros.* || *s. m. pl.* **3.** Vicios, excesos: *Los desórdenes le hicieron enfermar.* SIN. **1.** Confusión, desconcierto, desorganización. **2.** Alborotos, disturbios, tumultos. **3.** Abusos, desmanes. ANT. **1.** Organización. FAM. Desordenadamente, desordenado, desordenar. ORDEN.

desordenado, da 1. *p.* de **desordenar**. || *adj.* **2.** Que no tiene orden: *una habitación desordenada.* **3.** Que actúa sin regularidad, disciplina o método: *una persona desordenada.* **4.** Que no se ajusta a las normas morales o sociales: *una vida desordenada.* SIN. **1.** a **3.** Desorganizado. **2.** Desarreglado. **3.** y **4.** Irregular. **4.** Desmandado, desenfrenado. ANT. **1.** a **3.** Organizado. **1.** a **4.** Ordenado.

desordenar *v. tr.* Alterar lo que estaba ordenado: *desordenar la habitación, el tráfico, etc.* También *v. prnl.*

desorejado, da 1. *p.* de **desorejar**. También *adj.* || *adj.* **2.** *fam.* Despreciable, infame, indecente: *Tenía fama de ser un pendón desorejado.*

desorejar *v. tr.* Cortar las orejas. FAM. Desorejado. OREJA.

desorganizar *v. tr.* Destruir el orden u organización de algo: *desorganizar un sistema.* También *v. prnl.* ■ Delante de *e* se escribe *c* en lugar de *z*. SIN. Desordenar(se). ANT. Organizar. FAM. Desorganización, desorganizadamente, desorganizador. ORGANIZAR.

desorientar *v. tr.* **1.** Hacer perder la orientación. También *v. prnl.* **2.** Hacer que alguien no sepa qué pensar o cómo proceder: *Las informaciones contradictorias desorientaron a la opinión pública.* También *v. prnl.* **SIN. 1.** Extraviar(se), descaminar. **2.** Confundir(se), equivocar(se). **ANT. 1.** y **2.** Orientar(se). **FAM.** Desorientación, desorientado, desorientador. ORIENTAR.

desovar (de *des-* y el lat. *ovum*, huevo) *v. intr.* Depositar sus huevos las hembras de los insectos, peces y anfibios. **SIN.** Frezar. **FAM.** Desove. HUEVO.

desove *s. m.* Época del año en que desovan los insectos, peces y anfibios.

desoxidar *v. tr.* **1.** Limpiar un metal del óxido que lo cubre. También *v. prnl.* **2.** Desoxigenar. También *v. prnl.* **ANT. 1.** y **2.** Oxidar(se). **FAM.** Desoxidación, desoxidante. OXIDAR.

desoxigenar *v. tr.* Eliminar o disminuir el oxígeno de una sustancia o compuesto. También *v. prnl.* **SIN.** Desoxidar. **ANT.** Oxigenar, oxidar. **FAM.** Desoxigenación. OXIGENAR.

desoxirribonucleico *adj.* Se dice del ácido que se encuentra principalmente en el núcleo de las células y es el responsable de la transmisión de la herencia genética en casi todos los organismos vivos. ■ Se suele denominar con sus siglas ADN. **FAM.** Desoxirribosa.

desoxirribosa *s. f.* Glúcido con cinco átomos de carbono que forma parte de la composición de cada nucleótido del ADN.

despabilado, da *adj.* Espabilado*.

despabilar *v. tr.* Espabilar*. **FAM.** Despabilado. PABILO.

despachar (del ant. fr. *despeechier*, y éste del lat. *impedicare*, trabar) *v. tr.* **1.** Resolver o terminar algo, generalmente con diligencia y prontitud: *despachar la correspondencia.* **2.** Tratar asuntos con clientes, colaboradores, etc.: *El presidente despachó con sus ministros.* También *v. intr.* **3.** Atender al público en un comercio, vender mercancías, entradas, billetes, etc.: *Me despachó un dependiente muy amable.* **4.** Enviar: *despachar un mensajero.* **5.** *fam.* Echar de un lugar, una ocupación, etc.: *Han despachado a varios empleados.* **6.** *fam.* Matar. || *v. intr.* **7.** Darse prisa: *Despacha, que nos están esperando.* || **despacharse** *v. prnl.* **8.** Hablar sin rodeos, decir uno todo lo que quiere. **9.** Deshacerse de algo. **SIN. 1.** Concluir, zanjar, tramitar, solucionar. **1.**, **6.** y **7.** Despabilar. **3.** Expender. **4.** Remitir, expedir. **5.** Despedir. **6.** Despenar. **7.** Apresurarse, aligerar. **8.** Desahogarse, explayarse. **9.** Librarse. **FAM.** Despacho.

despacho *s. m.* **1.** Acción de despachar. **2.** Habitación o local destinado para despachar negocios o para trabajar: *el despacho de un notario.* **3.** Muebles de esta habitación: *mesa de despacho.* **4.** Tienda en la que se venden ciertos artículos: *despacho de pan.* **5.** Comunicación oficial: *Enviaron un despacho al embajador.* **6.** Noticia o comunicación transmitida por telégrafo, teléfono, télex, etc.: *un despacho de agencia.* **7.** Título o nombramiento: *Le entregaron el despacho de teniente.* **SIN. 1.** Resolución. **2.** Oficina, bufete. **2.** y **3.** Escritorio. **4.** Establecimiento, expendeduría.

despachurrar (del ant. *despanchurrar*, de *pancho*, variante de *panza*) *v. tr.* Reventar o aplastar algo con fuerza. También *v. prnl.*: *despachurrarse una breva madura.* ■ Se dice también *espachurrar.* **SIN.** Destripar(se), despanzurrar(se). **FAM.** Despachurramiento, despachurro. / Despaturrar, espachurrar.

despacio (de *de* y *espacio*) *adv. m.* **1.** Poco a poco, lentamente: *Haz las cosas despacio para no cansarte. Anda despacio.* **2.** *Amér. del S.* En voz baja. || *adv. t.* **3.** Por largo tiempo: *Charlemos despacio.* || *interj.* **4.** Se emplea para exigir o pedir moderación. **FAM.** Despacioso. ESPACIO.

despacioso, sa *adj.* Lento, reposado: *andares despaciosos.* **SIN.** Pausado. **ANT.** Apresurado. **FAM.** Despaciosamente. DESPACIO.

despampanante *adj. fam.* Deslumbrante, llamativo. **SIN.** Impresionante.

despanzurrar (de *panza*) *v. tr. fam.* Abrir o reventar la panza de una persona o animal u otra cosa blanda o hinchada: *despanzurrar un saco.* También *v. prnl.* **SIN.** Despachurrar(se). **FAM.** Despanzurramiento. PANZA.

desparasitar *v. tr.* Quitar los parásitos de un animal o de un vegetal.

desparejar *v. tr.* Deshacer una pareja. También *v. prnl.*: *desparejarse un calcetín.* **SIN.** Descabalar(se). **ANT.** Emparejar(se).

desparejo, ja *adj.* Desigual, distinto. Se usa más en *pl.*: *Las baldosas son desparejas.* **SIN.** Disparejo, dispar. **ANT.** Parejo.

desparpajo (del ant. *desparpajar*, hablar mucho, cruce del lat. *spargere*, esparcir, y el lat. vulg. *expaleare*, de *palea*, paja) *s. m.* **1.** Desenvoltura y desenfado al obrar o hablar: *Cuenta las cosas con mucho desparpajo.* **2.** *Amér.* Desorden, desbarajuste. **SIN. 1.** Soltura, desembarazo. **ANT. 1.** Apocamiento.

desparramar (de *esparcir* y *derramar*) *v. tr.* **1.** Esparcir, extender o derramar lo que estaba junto. También *v. prnl.*: *El ganado se desparramó por el prado.* **2.** Dividir la atención en demasiadas cosas a la vez. También *v. prnl.* ■ Se dice también *esparramar.* **SIN. 1.** Dispersar(se), desperdigar(se), diseminar(se). **2.** Distraer(se). **ANT. 1.** Reunir(se). **2.** Concentrar(se). **FAM.** Desparramamiento, desparrame, desparramo.

desparrame *s. m. fam.* Desparramo*.

desparramo *s. m.* **1.** *Amér. del S.* y *Cuba* Acción de desparramar o espacir. **2.** *Amér. del S. fam.* Desconcierto, desorden.

despatarrar (de *des-* y *pata*) *v. tr.* **1.** *fam.* Separar mucho las piernas a uno. Se usa más como *v. prnl.* || **despatarrarse** *v. prnl.* **2.** *fam.* Caerse al suelo abierto de piernas. ■ Se dice también *espatarrar.* **FAM.** Despatarrado. PATA.

despaturrar *v. tr.* **1.** *Amér. C.*, *Chile*, *Col.* y *Ven.* Despatarrar. También *v. prnl.* **2.** *Amér. del S.* Despachurrar.

despavorido, da (del lat. *expavorire*, de *pavor*, *-oris*, pavor) *adj.* Lleno de pavor: *Huyó despavorido.* ■ Se dice también *espavorido.* **SIN.** Aterrado, aterrorizado. **ANT.** Sereno. **FAM.** Despavoridamente. PAVOR.

despechado, da *adj.* Que está resentido por algún engaño o menosprecio y desea tomar la revancha: *Murió a manos de un marido despechado y celoso.*

despecho (del lat. *despectus*, menosprecio) *s. m.* Enfado o resentimiento que se siente ante algún desengaño o menosprecio: *Por despecho no felicitó al vencedor.* || **LOC. a despecho de** *adv.* A pesar de, contra su voluntad. **SIN.** Rencor. **FAM.** Despechado. / Despectivo.

despechugar *v. tr.* **1.** Quitar la pechuga a un ave al trincharla. || **despechugarse** *v. prnl.* **2.** *fam.* Enseñar el pecho o llevar mucho escote. ■ Delante de *e* se escribe *gu* en lugar de *g*: *despechugue.*

despectivo, va (del lat. *despectus*, menosprecio) *adj.* Que desprecia o muestra desprecio: *una mirada despectiva, un sufijo despectivo.* **SIN.** Despreciativo, desdeñoso. **ANT.** Apreciativo. **FAM.** Despectivamente. DESPECHO.

despedazar *v. tr.* **1.** Hacer pedazos. También *v. prnl.* **2.** Maltratar alguna cosa no material: *La crítica despedazó la novela.* **3.** Causar profunda pena: *Su enfermedad me despedaza el alma.* También *v. prnl.* ■ Delante de *e* se escribe *c* en lugar de *z.* **SIN. 1.** Descuartizar. **2.** y **3.** Destrozar. **3.** Acongojar, apesadumbrar. **ANT. 2.** Ensalzar; cuidar. **FAM.** Despedazamiento. PEDAZO.

despedida *s. f.* **1.** Acción de despedir o despedirse. **2.** Frase utilizada para despedirse. **SIN. 1.** Separación, partida. **ANT. 1.** Recibimiento. **2.** Bienvenida.

despedir (del lat. *expetere*, reclamar, de *petere*, pedir) *v. tr.* **1.** Decir adiós a una o más personas, acompañarlas hasta la puerta, estación, etc. También *v. prnl.*: *Se despidió con lágrimas.* **2.** Lanzar o arrojar con fuerza: *El volcán despide piedras y vapores.* **3.** Difundir, esparcir: *El Sol despide calor.* **4.** Echar a alguien de un trabajo. También *v. prnl.* **5.** Dejar de utilizar los servicios de alguien o algo: *Despidió al taxi.* **6.** Apartar de sí a alguien o algo, especialmente si es molesto o negativo. || **despedirse** *v. prnl.* **7.** Dejar de pretender algo por considerarlo muy difícil, imposible: *Despídete del aumento de sueldo.* || **LOC. despedirse a la francesa** *fam.* Irse sin despedirse. ■ Es v. irreg. Se conjuga como *pedir.* **SIN. 2.** Expeler. **3.** Emitir. **4.** Expulsar. **5.** Prescindir. **6.** Alejar. **7.** Olvidarse. **ANT. 1.** Recibir. **FAM.** Despedida, despedido, despido. PEDIR.

despegado, da 1. *p.* de **despegar**. También *adj.* || *adj.* **2.** Poco sociable y de trato seco y frío. **SIN. 2.** Desabrido, áspero. **ANT. 2.** Cariñoso.

despegar *v. tr.* **1.** Desprender una cosa de otra a la que estaba pegada o unida. También *v. prnl.* || *v. intr.* **2.** Separarse de la superficie sobre la que estaba posado un avión, helicóptero, cohete, etc. **3.** Comenzar a salir adelante una actividad, empresa, proyecto, etc., especialmente tras resolver dificultades y preparativos: *Pese a las nuevas inversiones, el negocio no acaba de despegar.* || **despegarse** *v. prnl.* **4.** Desapegarse de alguien o algo. **5.** En una carrera, separarse del conjunto de participantes, ocupando un puesto destacado. ■ Delante de *e* se escribe *gu* en lugar de *g*: *despegue.* **SIN. 1.** Arrancar, desencolar(se). **2.** Elevarse. **4.** Distanciarse; desinteresarse. **5.** Descolgarse. **ANT. 1.** Adherir(se). **2.** Aterrizar, amerizar. **4.** Apegarse. **FAM.** Despegable, despegadamente, despegado, despego, despegue. PEGAR.

despego *s. m.* Desapego*.

despegue *s. m.* **1.** Acción de despegar. **2.** En econ., fase en la que un país en vías de desarrollo inicia un crecimiento económico sostenido. **ANT. 1.** Aterrizaje; amerizaje.

despeinar *v. tr.* Deshacer el peinado o revolver el pelo. También *v. prnl.* **SIN.** Desmelenar. **ANT.** Peinar.

despejado, da 1. *p.* de **despejar**. || *adj.* **2.** Sin obstáculos: *camino despejado.* **3.** Sin nubes: *cielo despejado.* **4.** Aplicado a la frente, que es muy ancha. **5.** Que no tiene sueño: *A pesar de la hora que es, estoy muy despejado.* **6.** Aplicado a la mente, que entiende las cosas con rapidez.

despejar (del port. *despejar*, y éste del lat. *expediare*, desembarazar) *v. tr.* **1.** Dejar libre un sitio o espacio: *¡Despejen la calle!* **2.** Aclarar la confusión que había en algo. También *v. prnl.*: *Se despejó la duda.* **3.** En algunos dep., enviar la pelota lejos de la propia área o meta. **4.** En mat., aislar una incógnita en uno de los miembros de una ecuación. || **despejarse** *v. prnl.* **5.** Desaparecer las nubes del cielo. **6.** Aclararse la cabeza después de haber dormido, haber estado borracho, congestionado, etc. **SIN. 1.** Desembarazar, desalojar. **2.** Clarificar, esclarecer. **5.** Desencapotarse, abrirse. **6.** Espabilarse. **ANT. 1.** Ocupar. **2.** Complicar. **5.** Nublarse. **FAM.** Despejado, despeje, despejo.

despeje *s. m.* En algunos deportes, acción de despejar el balón.

despellejadura *s. f.* **1.** Acción de despellejar o quitar la piel. **2.** Herida o señal que queda en el sitio donde se ha levantado la piel: *Estas botas están viejas y llenas de despellejaduras.* **SIN. 1.** Desuello.

despellejar *v. tr.* **1.** Quitar la piel o el pellejo, o parte de ellos. También *v. prnl.* **2.** Criticar ferozmente a alguien: *Sus vecinas la despellejaron.* **SIN. 1.** y **2.** Desollar. **FAM.** Despellejadura, despellejamiento. PELLEJO.

despelotarse *v. prnl.* **1.** *vulg.* Desnudarse. **2.** *vulg.* Partirse de risa. **SIN. 1.** y **2.** Espelotarse. **2.** Troncharse. **FAM.** Despelote. PELOTA.

despelote *s. m.* **1.** *fam.* Acción de despelotarse, quitarse la ropa. **2.** *fam.* Juerga desmedida: *Se organizó tal despelote que tuvo que venir la policía.* **3.** *Amér. del S. fam.* Desorden, confusión. **SIN. 2.** Jaleo. **3.** Despiole, desconche.

despeluchar *v. intr.* **1.** Cambiar el pelaje un animal. || **despelucharse** *v. prnl.* **2.** Pelarse a trozos una piel, una alfombra, etc.

despenalizar *v. tr.* Suprimir el carácter penal o criminal de lo que hasta entonces constituía delito: *despenalizar el divorcio.* ■ Delante de *e* se escribe *c* en lugar de *z*: *despenalicen.* **ANT.** Penalizar. **FAM.** Despenalización. PENALIZAR.

despenar *v. tr.* **1.** Matar a una persona o animal: *Despenó al toro de una estocada.* **2.** *Arg.* y *Chile* Rematar a una persona o animal que agoniza para evitarle sufrimientos. **3.** *Chile* Quitar a uno la esperanza. **SIN. 1.** Liquidar, despachar.

despendolarse *v. prnl. fam.* Comportarse de manera alocada: *Cuando sus padres lo dejaron solo en casa se despendoló por completo.* **SIN.** Desmadrarse, descocarse.

despensa (del lat. *dispensus*, aprovisionado) *s. f.* **1.** Lugar de la casa en que se guardan los comestibles. **2.** Provisión de alimentos: *Tiene despensa para tres meses.* **SIN. 2.** Bastimento, víveres. **FAM.** Despensero.

despeñadero *s. m.* Lugar peñascoso y escarpado. **SIN.** Precipicio, barranco.

despeñar *v. tr.* Arrojar a una persona, animal o cosa desde un precipicio, pendiente o altura. También *v. prnl.*: *El camión se despeñó.* **SIN.** Precipitar(se). **FAM.** Despeñadero, despeño. PEÑA.

despepitar (de *des-* y *pepita*[1]) *v. tr.* Quitar las pepitas a un fruto. **FAM.** Despepitarse. PEPITA[2].

despepitarse (de *des-* y *pepita*[2]) *v. prnl.* **1.** Gritar o hablar con fuerza o excitación. **2.** *fam.* Con la prep. *por,* mostrar grandes deseos de algo: *Se despepita por figurar.* **SIN. 1.** Desgañitarse. **2.** Desvivirse.

desperdiciar (del lat. *disperditio*, de *disperdere*, consumir) *v. tr.* Gastar algo indebidamente o no utilizarlo: *No desperdicies tus fuerzas.* **SIN.** Malgastar, desaprovechar; derrochar, dilapidar. **ANT.** Aprovechar, apurar. **FAM.** Desperdicio. PERDER.

desperdicio *s. m.* **1.** Acción de desperdiciar: *el desperdicio del tiempo.* || *s. m. pl.* **2.** Basura. || **LOC. no tener desperdicio** Ser alguien o algo muy útil o de provecho; también, tener muchas cualidades negativas: *No tiene desperdicio: es antipático, vago, bebedor...* **SIN. 1.** Desaprovechamiento. **2.** Resto(s), residuo(s). **ANT. 1.** Aprovechamiento.

desperdigar (del lat. *disperdere*) *v. tr.* **1.** Separar o esparcir personas, animales o cosas. También *v. prnl.*: *Las ovejas se desperdigaron.* **2.** Repartir la atención, la fuerza, el tiempo, etc., en distintos objetos o actividades. También *v. prnl.* ■ Delante de *e* se escribe *gu* en lugar de *g*: *desperdigue.* **SIN. 1.** Desparramar(se), diseminar(se). **1.** y **2.** Dispersar(se), disgregar(se). **ANT. 1.** Congregar. **1.** y **2.** Reunir. **FAM.** Desperdigamiento.

desperezarse *v. prnl.* Estirar los miembros para quitarse la pereza o el entumecimiento. ■ Se dice tamién *esperezarse.* Delante de *e* se escribe *c* en lugar de *z*: *desperece.* **SIN.** Desentumecerse. **FAM.** Desperezo. PEREZA.

desperfecto *s. m.* **1.** Daño leve que sufre una cosa: *El coche sufrió algunos desperfectos.* **2.** Pequeño defecto en alguna cosa. **SIN. 1.** Deterioro. **2.** Tara, imperfección.

desperolar *v. tr.* **1.** *Ven. fam.* Estropear o romper algo. || **desperolarse** *v. prnl.* **2.** *Ven. fam.* Morirse.

despersonalizar *v. tr.* **1.** Hacer perder los rasgos característicos que distinguen a una persona. También *v. prnl.* **2.** Quitar carácter personal a una cuestión: *Despersonalice la discusión.* ■ Delante de *e* se escribe *c* en lugar de *z*. **SIN. 1.** Adocenar(se), uniformar. **2.** Objetivar. **ANT. 1.** y **2.** Individualizar(se). **FAM.** Despersonalización. PERSONALIZAR.

despertador, ra *adj.* **1.** Que despierta. También *s. m.* || *s. m.* **2.** Reloj que, a la hora que se le marca, hace sonar una alarma.

despertar[1] (de *despierto*) *v. tr.* **1.** Interrumpir el sueño de alguien. También *v. intr.* y *v. prnl.*: *Despertó sobresaltado.* **2.** Traer a la memoria algo ya olvidado: *Aquel paisaje despertó en él viejos recuerdos.* También *v. prnl.* **3.** Provocar, mover: *La carrera me despertó el apetito.* || *v. intr.* **4.** Hacerse más listo y avispado: *Como no despiertes, no conseguirás el premio.* ■ Tiene dos p.: uno reg., *despertado*, que se utiliza para la formación de los tiempos compuestos; y otro irreg., *despierto*, que se emplea como adj. Es v. irreg. Se conjuga como *pensar.* **SIN. 1.** Desvelar(se). **1.** y **4.** Espabilar(se). **2.** Avivar(se), evocar. **ANT. 1.** Dormir. **4.** Atontarse. **FAM.** Despertador, despertar[2], despierto.

despertar[2] *s. m.* **1.** Momento o modo en que alguien despierta: *Tiene un buen despertar.* **2.** Inicio de una actividad, empresa, etc.: *el despertar de la industria.*

despiadado, da *adj.* Cruel, inhumano. **SIN.** Brutal, implacable, desalmado, feroz. **ANT.** Compasivo. **FAM.** Despiadadamente. PIEDAD.

despido *s. m.* **1.** Acción de despedir a una persona de un empleo. **2.** Indemnización cobrada por ello: *Consiguió un despido de tres millones.* **SIN. 1.** Expulsión. **ANT. 1.** Admisión.

despiece *s. m.* Acción de descuartizar a un animal. **SIN.** Descuartizamiento. **FAM.** Despiezar. PIEZA.

despierto, ta (del lat. vulg. *expertus*, del lat. *experrectus*) *adj.* **1.** Que no está dormido. También *adj.* **2.** Listo, vivo: *un chico despierto.* **SIN. 2.** Avispado, espabilado, agudo. **ANT. 2.** Torpe.

despiezar *v. tr.* Separar las partes de un animal o las piezas de un objeto. ■ Delante de *e* se escribe *c* en lugar de *z*: *despiece.*

despilfarrar *v. tr.* Gastar el dinero y los bienes indebidamente o en exceso. **SIN.** Dilapidar, malgastar. **ANT.** Ahorrar. **FAM.** Despilfarrador, despilfarro.

despintar *v. tr.* **1.** Quitar la pintura de una cosa. También *v. prnl.* **2.** Desfigurar un relato o asunto: *despintar un hecho.* También *v. prnl.* || *v. intr.* **3.** Desmerecer. ■ Se usa sobre todo en frases neg.: *Ese perro no despinta de su raza.* || **despintarse** *v. prnl.* **4.** Perder algo la pintura o el color: *El juguete se despintó con el agua.* || **LOC. no despintársele** a uno una persona o cosa *fam.* Conservar vivo el recuerdo de su aspecto. **SIN. 1.** Borrar(se). **2.** Modificar(se), falsear(se). **3.** Desdecir. **4.** Desteñirse, decolorarse. **ANT. 1.** Pintar.

despiojar *v. tr.* Quitar los piojos. También *v. prnl.* con valor reflexivo y recíproco. **FAM.** Despioje. PIOJO.

despiole *s. m. Arg. fam.* Lío, jaleo.

despiporren *s. m. fam.* Juerga desmedida: *La última fiesta fue ya el despiporren.* ■ Se dice también *despiporre.*

despistado, da 1. *p.* de **despistar**. || *adj.* **2.** *fam.* Distraído, que no presta atención. También *s. m.* y *f.*: *No nos ha visto, es un despistado.*

despistar *v. tr.* **1.** Hacer perder a alguien una pista. También *v. prnl.* **2.** Equivocar, desorientar o hacer perder la atención: *Me despistó la dirección que me diste.* También *v. prnl.*: *Me despisté y terminé por extraviarme.* || **despistarse** *v. prnl.* **3.** Salirse un vehículo de la carretera o pista: *El coche se despistó en la curva.* **SIN. 1.** Extraviar(se). **2.** Confundir(se), distraer(se). **3.** Desviarse. **ANT. 1.** y **2.** Orientar(se). **2.** Concentrar(se). **FAM.** Despistado, despiste. PISTA.

despiste *s. m.* **1.** Cualidad de despistado. **2.** Desorientación, distracción o fallo.

desplantar *v. tr.* Arrancar de raíz un árbol o planta. **ANT.** Plantar. **FAM.** Desplante. PLANTAR.

desplante *s. m.* **1.** Dicho o hecho lleno de arrogancia o descaro. **2.** En el toreo, adorno arrogante que hace el diestro como remate a una serie de pases o a la faena de muleta. **SIN. 1.** Insolencia, chulería.

desplatear *v. tr.* **1.** Quitar la plata que cubre un objeto. **2.** *Méx.* Sacarle dinero a alguien. **FAM.** Desplatar. PLATEAR.

desplayado *s. m.* **1.** *Arg.*, *Par.* y *Urug.* Playa que aparece al bajar la marea. **2.** *Arg.*, *Par.* y *Urug.* Descampado o claro en un bosque.

desplazado, da 1. *p.* de **desplazar**. También *adj.* || *adj.* **2.** Que no está adaptado al sitio en el que se encuentra: *Se sentía desplazado en el nuevo colegio.* También *s. m.* y *f.* **SIN. 2.** Inadaptado. **ANT. 2.** Integrado.

desplazar (de *des-* y *plaza*) *v. tr.* **1.** Mover a una persona, animal o cosa del lugar en que está. También *v. prnl.*: *El eje se ha desplazado unos milímetros.* **2.** Quitar a alguien del puesto que ocupa, sustituyéndole: *Le desplazaron de la dirección.* **3.** Desalojar un cuerpo, especialmente un buque, al sumergirse o flotar un volumen de líquido igual al de la parte sumergida: *El barco desplaza unas cuatro mil toneladas.* || **desplazarse** *v. prnl.* **4.** Ir de un lugar a otro. ■ Delante de *e* se escribe *c* en lugar de *z*. **SIN. 1.** Trasladar, correr. **2.** Relegar. **4.** Recorrer. **ANT. 1.** Inmovilizar. **FAM.** Desplazado, desplazamiento. PLAZA.

desplegar (del lat. *explicare*) *v. tr.* **1.** Extender lo que está plegado: *desplegar un mapa.* También *v. prnl.* **2.** Colocar un grupo de personas o cosas de forma que ocupen mayor extensión. También *v.*

prnl.: *Las patrullas se desplegaron para registrar la zona.* **3.** Poner en práctica una cualidad o aptitud de forma que sea vista o apreciada: *Desplegó su ingenio.* ■ Delante de *e* se escribe *gu* en lugar de *g*. Es v. irreg. Se conjuga como *pensar*. **SIN. 1.** Desdoblar(se). **2.** Dispersar(se). **3.** Exhibir. **ANT. 1.** Plegar(se). **2.** Replegar(se). **FAM.** Desplegadura, despliegue. PLEGAR.

despliegue *s. m.* **1.** Acción de desplegar o desplegarse. **2.** Demostración de riqueza, fuerza, conocimientos, etc.: *un despliegue de medios.* **SIN. 2.** Exhibición, alarde. **ANT. 1.** Plegadura.

desplomar (de *des-* y *plomo*) *v. tr.* **1.** Hacer caer una cosa de su posición vertical. Se usa más como *v. prnl.*: *Se desplomó la pared.* **2.** *Ven.* Reñir, regañar. || **desplomarse** *v. prnl.* **3.** Caer a plomo algo: *El río se desploma en la cascada.* **4.** Caerse sin conocimiento o sin vida una persona: *El boxeador se desplomó en la lona.* **5.** Hundirse o desaparecer bruscamente algo no material: *desplomarse un imperio.* **SIN. 1.** Derribar. **1.** y **5.** Derrumbar(se). **5.** Desmoronarse. **ANT. 1.** Levantar. **FAM.** Desplome. PLOMO.

desplumar *v. tr.* **1.** Quitar las plumas a un ave o a una cosa que las tenga. También *v. prnl.* **2.** *fam.* Dejar a alguien sin dinero: *Le desplumaron en el juego.* **SIN. 1.** y **2.** Pelar(se). **2.** Limpiar. **ANT. 1.** Emplumar. **FAM.** Desplumadura, desplume. PLUMA.

despoblado, da 1. *p.* de **despoblar**. También *adj.* || *s. m.* **2.** Lugar sin población: *paraje despoblado, aldea despoblada.* **SIN. 2.** Desierto, deshabitado.

despoblar *v. tr.* **1.** Hacer que un lugar habitado quede desierto o que disminuya de manera importante su población: *Las guerras despoblaron la región.* También *v. prnl.* **2.** Despojar un lugar de lo que hay en él: *El incendio despobló la zona de árboles.* || **despoblarse** *v. prnl.* **3.** Quedarse un lugar momentáneamente sin gente por alguna causa: *El pueblo se despobló por la romería.* ■ Es v. irreg. Se conjuga como *contar*. **SIN. 1.** Deshabitar. **ANT. 1.** Poblar. **FAM.** Despoblación, despoblado, despoblador, despoblamiento, despueble. POBLAR.

despojar (del lat. *despoliare*) *v. tr.* **1.** Privar a una persona, generalmente con violencia, de lo que tiene. **2.** Quitar a una cosa algo que la completa, adorna o enriquece: *Despojaron el palacio de sus cuadros.* || **despojarse** *v. prnl.* **3.** Desnudarse o quitarse la ropa: *Se despojó de la chaqueta.* **4.** Quedarse voluntariamente sin algo de valor: *Se despojó de parte de sus bienes.* **SIN. 1.** Arrebatar, desposeer. **2.** Expoliar. **3.** Desvestirse. **4.** Desprenderse. **ANT. 1.** Restituir. **3.** Vestirse. **4.** Apoderarse. **FAM.** Despojo.

despojo *s. m.* **1.** Acción de despojar o despojarse. **2.** Botín del vencedor. **3.** Lo que se ha perdido por el tiempo, la muerte, etc.: *La juventud es despojo de los años.* ■ Es de uso literario. || *s. m. pl.* **4.** Restos, lo que sobra de una cosa. **5.** Vísceras y partes menos carnosas de reses y aves. **6.** Cadáver, restos mortales. **SIN. 2.** Presa. **4.** Desperdicios. **5.** Menudos.

despolarizar *v. tr.* Destruir o interrumpir el estado de polarización. ■ Delante de *e* se escribe *c* en lugar de *z*. **ANT.** Polarizar. **FAM.** Despolarización, despolarizador. POLARIZAR.

despolitizar *v. tr.* Quitar el carácter político a una persona, grupo, asunto, etc. También *v. prnl.* ■ Delante de *e* se escribe *c* en lugar de *z*. **ANT.** Politizar(se). **FAM.** Despolitización. POLITIZAR.

despopularizar *v. tr.* Privar de la popularidad a una persona o cosa. También *v. prnl.* ■ Delante de *e* se escribe *c* en lugar de *z*. **ANT.** Popularizar(se). **FAM.** Despopularización. POPULARIZAR.

desporrondingarse *v. prnl.* **1.** *Amér.* Arrellanarse, despatarrarse. **2.** *Col.* y *C. Rica* Extenderse mucho al hablar. **3.** *Col.* y *Guat.* Despilfarrar. **4.** *Pan.* Aplastarse.

desportilladura *s. f.* **1.** Pequeña rotura en el canto o filo de un objeto: *La taza tiene una desportilladura.* **2.** Fragmento o astilla que por accidente salta del borde o canto de un objeto. **SIN. 1.** Mella.

desportillar *v. tr.* Estropear una cosa quitándole o rompiendo parte del canto o filo: *desportillar un vaso.* También *v. prnl.* **SIN.** Mellar(se). **FAM.** Desportilladura.

desposado, da 1. *p.* de **desposar**. También *adj.* || *s. m.* y *f.* **2.** Persona recién casada.

desposar (del lat. *desponsare*, prometerse) *v. tr.* **1.** Unir en matrimonio a una pareja. || **desposarse** *v. prnl.* **2.** Contraer esponsales, hacerse promesa pública de matrimonio. **3.** P. ext., contraer matrimonio. **SIN. 1.** Casar. **2.** Prometerse. **ANT. 1.** Divorciar. **FAM.** Desposado, desposorio. ESPOSO.

desposeer *v. tr.* **1.** Quitar a una persona o cosa algo que poseía: *La desposeyó de la herencia.* || **desposeerse** *v. prnl.* **2.** Renunciar alguien a lo que posee. ■ Es v. irreg. Se conjuga como *leer*. **SIN. 1.** Despojar, arrebatar. **2.** Desprenderse. **ANT. 1.** Restituir. **2.** Apropiarse. **FAM.** Desposeído, desposeimiento. POSEER.

desposeído, da 1. *p.* de **desposeer**. || *adj.* **2.** Despojado de alguna cosa que le perteneció o a la que tiene derecho. También *s. m.* y *f.* || *s. m.* y *f.* **3.** Pobre, persona que carece de lo más indispensable. **SIN. 3.** Indigente, desamparado. **ANT. 3.** Acaudalado.

desposorio *s. m.* Acción de contraer matrimonio y ceremonia con que se realiza: *los desposorios de la Virgen.* Se usa más en *pl.* **SIN.** Esponsales.

despostar *v. tr. Amér.* Descuartizar a un animal.

déspota (del ital. *despota*, y éste del gr. *despotes*, dueño, señor) *s. m.* **1.** Soberano que gobierna sin sujetarse a ninguna ley. **2.** Persona que abusa de su autoridad: *Es un déspota con sus empleados.* **SIN. 1.** y **2.** Tirano, dictador. **FAM.** Despóticamente, despótico, despotismo, despotizar.

despotismo *s. m.* **1.** En pol., autoridad absoluta no limitada por ninguna ley: *el despotismo de las dictaduras.* **2.** Abuso por parte de una persona en el trato a sus subordinados o a aquellos que considera como tales. || **3. despotismo ilustrado** Tipo de gobierno fundamentado en una monarquía absoluta influida por los principios de la Ilustración, que se estableció en algunos países (Rusia, Austria, España, etc.) en el s. XVIII. **SIN. 1.** Autoritarismo. **2.** Tiranía.

despotizar *v. tr. Arg.*, *Chile*, *Par.*, *Perú* y *Urug.* Gobernar o tratar a alguien de forma despótica. ■ Delante de *e* se escribe *c* en lugar de *z*. **SIN.** Tiranizar.

despotricar *v. intr. fam.* Decir toda clase de barbaridades contra alguien o algo: *Despotricó contra el gobierno.* ■ Delante de *e* se escribe *qu* en lugar de *c*. **SIN.** Disparatar. **ANT.** Elogiar. **FAM.** Despotrique.

despreciar (del lat. *depretiare*) *v. tr.* **1.** Considerar a una persona o cosa indigna de aprecio o estima. También *v. prnl.* **2.** No hacer caso de una persona o cosa, rechazarla: *Despreciaron el proyecto.* **3.** No detenerse ante ningún obstáculo, peligro, crítica, etc.: *Desprecia las dificultades.* **SIN. 1.** Menospreciar, subestimar. **2.** Desdeñar. **ANT. 1.** Estimar. **2.** Aceptar.

desprecio *s. m.* **1.** Falta de aprecio o estima: *Le trata con desprecio.* **2.** Falta de atención, dicho o hecho con el que se ofende a alguien: *Le hizo un desprecio.* SIN. **1.** Desconsideración, desdén, menosprecio, desestima. **2.** Desaire, descortesía, ofensa. ANT. **1.** Aprecio. **2.** Cortesía, detalle. FAM. Despreciable, despreciar, despreciativamente, despreciativo. PRECIO.

desprender (de *des-* y *prender*) *v. tr.* **1.** Separar lo que está unido. También *v. prnl.*: *Se desprendió la suela del zapato.* **2.** Soltar, echar de sí. También *v. prnl.*: *Se desprenden gotas de humedad.* **3.** *Arg.* y *P. Rico* Desabotonar, desabrochar. || **desprenderse** *v. prnl.* **4.** Dar una persona, voluntariamente o por necesidad, algo que le pertenece: *Se desprendió del reloj.* **5.** Deducirse, conocerse una cosa a partir de otra: *De sus palabras se desprende lo mucho que sabe.* SIN. **1.** Despegar(se), desgajar(se). **2.** Emanar. **4.** Despojarse, renunciar, privarse. **5.** Inferirse. ANT. **1.** Prender(se). FAM. Desprendible, desprendido, desprendimiento. PRENDER.

desprendible *s. m. Col.* Resguardo de un impreso que está preparado para ser desprendido o cortado.

desprendido, da 1. *p.* de **desprender**. || *adj.* **2.** Generoso, desinteresado: *un amigo desprendido.* SIN. **1.** Suelto. **2.** Dadivoso, rumboso, espléndido. ANT. **1.** Prendido, unido. **2.** Agarrado, tacaño, interesado, ronoso.

despreocupación *s. f.* **1.** Acción de despreocuparse. **2.** Estado de ánimo del que carece de preocupaciones. **3.** Falta de cuidado o de atención. SIN. **2.** Serenidad, tranquilidad, calma. **3.** Descuido, negligencia, dejadez. ANT. **2.** Preocupación. **3.** Interés, esmero, empeño.

despreocupado, da 1. *p.* de **despreocuparse**. || *adj.* **2.** Sin preocupaciones. **3.** Que obra sin cuidado o atención. **4.** Que no sigue las modas, opiniones y costumbres de la mayoría: *despreocupado en el vestir.* SIN. **2.** Tranquilo. **2.** y **3.** Descuidado. **3.** Dejado, negligente. ANT. **2.** Preocupado, inquieto. **3.** Cuidadoso, atento.

despreocuparse *v. prnl.* **1.** Librarse de cualquier preocupación: *El médico le recomendó despreocuparse de todo.* **2.** Dejar de ocuparse de uno mismo o de una persona o cosa: *Se despreocupó del negocio.* SIN. **2.** Desentenderse, descuidar, abandonar. ANT. **1.** Preocuparse, inquietarse. **2.** Atender. FAM. Despreocupación, despreocupado. PREOCUPAR.

desprestigiar *v. tr.* Quitar el prestigio. También *v. prnl.* SIN. Desacreditar(se), deshonrar(se), denigrar(se). ANT. Prestigiar(se), acreditar(se). FAM. Desprestigio. PRESTIGIAR.

desprestigio *s. m.* Pérdida del prestigio, de la influencia o de la buena fama. SIN. Descrédito.

desprevenido, da *adj.* Que no está preparado o prevenido para algo: *Atacaron cuando estábamos desprevenidos.* SIN. Descuidado, inadvertido. ANT. Apercibido. FAM. Desprevenidamente. PREVENCIÓN.

desprogramar *v. tr.* **1.** Eliminar un programa o una información de un aparato digitalizado. También *v. prnl.* **2.** *fam.* Recuperar a personas que se hallan totalmente sometidas a la influencia de un sistema de valores que anula su personalidad: *Acudieron a un especialista en desprogramar a antiguos miembros de sectas.*

desproporción *s. f.* Falta de la proporción debida: *Existe una desproporción entre el esfuerzo y el resultado.* SIN. Desajuste, desequilibrio. ANT. Ajuste. FAM. Desproporcionadamente, desproporcionado, desproporcionar. PROPORCIÓN.

desproporcionado, da 1. *p.* de **desproporcionar**. || *adj.* **2.** Que no guarda la proporción o medida conveniente: *El castigo fue desproporcionado respecto a la falta.* **3.** Muy grande, inmenso. SIN. **2.** Exagerado. **2.** y **3.** Desmedido, desmesurado. **3.** Descomunal. ANT. **2.** Proporcionado, ajustado.

desproporcionar *v. tr.* Alterar la proporción o medida de algo: *Si pones tanta harina, vas a desproporcionar la masa.* SIN. Desequilibrar.

despropósito *s. m.* Dicho o hecho inoportuno y sin sentido: *La compra del coche fue un despropósito.* SIN. Disparate, majadería, desatino, dislate. ANT. Acierto.

desproteger *v. tr.* Quitar o descuidar la protección de alguien o algo. También *v. prnl.* ■ Delante de *a* y *o* se escribe *j* en lugar de *g*: *desproteja.* SIN. Desasistir(se), desamparar(se). ANT. Proteger(se). FAM. Desprotección, desprotegido. PROTEGER.

desproveer *v. tr.* Quitar a alguien o algo cierta cosa que le es necesaria o conveniente: *Le desproveyeron de víveres.* ■ Este verbo tiene dos p.: uno reg., *desproveído*, que se emplea sólo en la formación de los tiempos compuestos, y otro irreg., *desprovisto*, utilizado como adj. y para la formación de los tiempos compuestos. Se conjuga como *leer.* SIN. Despojar, privar. ANT. Proveer. FAM. Desprovisto. PROVEER.

desprovisto, ta 1. *p.* irreg. de **desproveer**. || *adj.* **2.** Que le falta algo necesario o conveniente. ■ Se construye con la prep. *de*: *desprovisto de recursos.* SIN. **2.** Carente, falto, privado, exento. ANT. **2.** Provisto.

despueble *s. m.* Acción de despoblar o despoblarse. SIN. Despoblación, despoblamiento. ANT. Poblamiento.

después (de las prep. lat. *de* y *ex* y el adv. *post*) *adv. t.* **1.** Expresa que una cosa sucede más tarde que otra: *Estudió y después salió.* ■ Se suele usar con la prep. *de*: *después de la cena.* Con *que* o *de que* forma loc. conj.: *Hazlo después (de) que yo llegue.* **2.** Más adelante, luego. || *adv. l.* **3.** Indica que una persona o cosa está detrás o a continuación de otra: *La casa está después del puente.* || *adv. ord.* **4.** Denota jerarquía o preferencia: *Es el que más manda después del jefe.* **5.** Se usa con valor adversativo en frases como: *Después de lo que hice por ti, así te portas conmigo.* || *adj.* **6.** Precedido de nombres de tiempo o espacio, significa posterior, siguiente: *el año después.* || LOC. **después de todo** *adv.* Al fin* y al cabo: *Después de todo, no fue tan malo.* SIN. **1.** Posteriormente, seguidamente. ANT. **1.** Anteriormente.

despulgar *v. tr.* **1.** *Arg.* y *Chile* Espulgar. **2.** *Amér. C.* y *Méx.* Quitar a la semilla del café la carne de la baya en que está contenida. ■ Delante de *e* se escribe *gu* en lugar de *g*.

despuntador *s. m.* **1.** *Méx.* Máquina para separar minerales. **2.** *Méx.* Martillo que rompe minerales al separarlos.

despuntar *v. tr.* **1.** Romper o quitar la punta. También *v. prnl.*: *El lápiz se despuntó al caer.* || *v. intr.* **2.** Comenzar a brotar y llenarse de tallos los árboles y plantas: *Despuntaron los frutales.* **3.** Empezar a manifestarse una cosa: *Despunta el día.* **4.** Sobresalir, destacar: *Despunta entre sus compañeros.* SIN. **1.** Descabezar. **2.** Apuntar. **3.** Asomar, clarear. **4.** Descollar, distinguirse. ANT. **1.** Afilar. FAM. Despuntador, despunte. PUNTA.

desquiciar *v. tr.* **1.** Trastornar a alguien, hacerle perder la serenidad o la paciencia; también, desorganizar algo: *Los exámenes le desquician.* También *v. prnl.*: *El plan se desquició.* **2.** Sacar de quicio una cosa, dar a una cosa una importancia excesiva o forzar su interpretación. **3.** Sacar una ventana, puerta, etc., de su quicio. También *v. prnl.* **SIN. 1.** Enloquecer, perturbar. **2.** Forzar, desorbitar(se). **3.** Desencajar(se), desgoznar(se). **ANT. 1.** Serenar(se), centrar(se). **3.** Encajar. **FAM.** Desquiciamiento, desquicio. QUICIO.

desquicio *s. m. Arg., Guat., Par.* y *Urug.* Desorden, trastorno, anarquía.

desquitar *v. tr.* **1.** Compensar un perjuicio, un disgusto o una pérdida, etc. Se usa más como *v. prnl.*: *Con este premio se desquitó de lo perdido antes.* **2.** Descontar una cantidad. **SIN. 1.** Resarcir(se), restituir. **2.** Deducir. **ANT. 1.** Perder. **2.** Añadir. **FAM.** Desquite. QUITAR.

desratizar *v. tr.* Acabar con las ratas y ratones de un lugar. ■ Delante de *e* se escribe *c* en lugar de *z*. **FAM.** Desratización. RATA[1].

desrielar *v. intr. Bol.* y *Chile* Descarrilar. También *v. prnl.*

desriñonar *v. tr.* **1.** Dañar los riñones a causa de un esfuerzo. También *v. prnl.* **2.** Cansar mucho. También *v. prnl.*: *Se desriñonó con la mudanza.* **SIN. 1.** y **2.** Deslomar(se), derrengar(se). **FAM.** Desriñonado. RIÑÓN.

destacable *adj.* Que destaca o merece destacarse: *La reseña recoge lo más destacable de la obra.* **SIN.** Importante, señalado.

destacamento *s. m.* Grupo de soldados destacados para alguna misión.

destacar (del ital. *staccare*, atar y separar) *v. tr.* **1.** Poner de relieve las cualidades o la importancia de alguien o algo: *En el libro destacó tres aspectos.* También *v. intr.* y *v. prnl.*: *En el lienzo se destacaba la figura de Cristo.* **2.** Enviar a una determinada misión a una persona o conjunto de personas, particularmente soldados. También *v. prnl.* ■ Delante de *e* se escribe *qu* en lugar de *c*. **SIN. 1.** Distinguir(se), señalar(se), despuntar. **ANT. 1.** Igualar(se), desmerecer. **FAM.** Destacable, destacado, destacamento.

destajista *s. m.* y *f.* Persona que trabaja a destajo, a trabajo hecho y no por jornal.

destajo *s. m.* Sistema de contratación laboral en el que se paga por trabajo hecho y no por jornal. || **LOC. a destajo** *adv.* Mediante este sistema; también, intensamente, sin descanso. También, con empeño, muy deprisa: *Estudia a destajo.* **FAM.** Destajista. TAJO.

destanteo *s. m. Méx.* Confusión, desconcierto.

destapador *s. m. Amér. del S.* Abrebotellas.

destapar *v. tr.* **1.** Quitar la tapa de una cosa. **2.** Quitar la ropa o cualquier cosa que cubre a alguien o algo. También *v. prnl.*: *El niño se destapó en la cuna.* **3.** Descubrir lo que está oculto: *Destaparon un negocio ilegal.* También *v. prnl.* || **destaparse** *v. prnl.* **4.** *fam.* Hacer o decir alguien una cosa que causa sorpresa o que es impropio de alguien. **SIN. 1.** Destaponar. **2.** Desarropar(se). **3.** Revelar(se). **4.** Sorprender. **ANT. 1.** a **3.** Tapar(se). **2.** Arropar(se). **3.** Ocultar(se). **FAM.** Destapador, destape. TAPAR.

destape *s. m.* Acción de dejar ver alguna parte del cuerpo normalmente oculta o desnudarse con intención erótica en películas, obras teatrales, etc.

destaponar *v. tr.* Quitar un tapón. **SIN.** Destapar, descorchar. **ANT.** Taponar.

destartalado, da 1. *p.* de **destartalar**. || *adj.* **2.** Excesivamente grande o desproporcionado, poco acogedor. **3.** Medio desarmado, con sus partes mal unidas: *un coche destartalado.* **SIN. 2.** Desangelado. **3.** Desvencijado. **ANT. 2.** Proporcionado.

destartalar *v. tr.* **1.** *Amér. del S.* Dejar un lugar o una casa desprovistos de los objetos que son de uso habitual. || **destartalarse** *v. prnl.* **2.** Desarmarse, estropearse algo. **FAM.** Destartalado.

destellar (del lat. *destillare*, gotear) *v. intr.* Lanzar destellos, chispas o ráfagas de luz: *Las estrellas destellaban en el horizonte azul.* **SIN.** Resplandecer, brillar; titilar.

destello (de *destellar*, del lat. *destillare*, de *stilla*, gota) *s. m.* **1.** Ráfaga de luz o resplandor intenso y de breve duración. **2.** Muestra muy pequeña de una cualidad que aparece inesperadamente o en algunos momentos: *Tuvo un destello de dignidad.* **SIN. 1.** Centelleo. **2.** Vislumbre, atisbo. **FAM.** Destellar.

destemplado, da 1. *p.* de **destemplar**. También *adj.* || *adj.* **2.** Que tiene una cierta sensación de frío junto a un ligero malestar físico. **3.** Se dice de las actitudes, palabras, gestos, etc., bruscos o irritados y de las persona que los tiene. **4.** Se dice del tiempo desapacible. **5.** En pintura, se dice del cuadro en el que no hay armonía entre los tonos. **SIN. 2.** Desentonado. **3.** Alterado, irritable. **ANT. 2.** Entonado. **3.** Mesurado. **4.** Apacible.

destemplanza *s. f.* **1.** Estado del tiempo atmosférico destemplado y desapacible. **2.** Exceso en los placeres sensoriales o en uso de ciertas cosas: *Come con destemplanza.* **3.** Brusquedad al hablar o en el trato con los demás: *Me contestó con destemplanza.* **4.** Sensación de malestar con escalofríos y fiebre. **SIN. 2.** Desmesura, descomedimiento. **3.** Desconsideración, desabrimiento, rudeza. **ANT. 1.** Bonanza. **2.** Moderación, templanza. **3.** Cortesía, dulzura.

destemplar *v. tr.* **1.** Producir malestar físico acompañado de algo de frío. También *v. prnl.* **2.** Alterar la armonía y el orden de las cosas: *Destempló la reunión con su falta de tacto.* **3.** Quitar el temple a los metales. También *v. prnl.*: *destemplarse el acero.* **4.** Desafinar un instrumento musical. También *v. prnl.* || **destemplarse** *v. prnl.* **5.** Perder la moderación: *Se destempló y empezó a chillarnos.* **SIN. 1.** Desentonar(se). **2.** Perturbar, trastornar. **5.** Enfurecerse. **ANT. 1.** Entonar(se). **3.** y **4.** Templar. **4.** Afinar. **5.** Serenarse. **FAM.** Destemplado, destemplanza, destemple. TEMPLAR.

destensar *v. tr.* Aflojar una cuerda, cable, etc., que estaba tenso. También *v. prnl.* **SIN.** Distender(se). **ANT.** Tensar(se).

desteñir *v. tr.* **1.** Borrar o apagar los colores de una tela o de otra cosa, quitándole el tinte. También *v. prnl.*: *La camisa se destiñó al lavarla.* **2.** Manchar una cosa con su tinta a otra con la que está en contacto. También *v. intr.* ■ Es v. irreg. Se conjuga como *ceñir.* **SIN. 1.** Decolorar(se). **ANT. 1.** Teñir. **FAM.** Desteñido. TEÑIR.

desternillarse (de *des-* y *ternilla*) *v. prnl.* Mondarse de risa, reírse mucho. ■ En la lengua corriente, se dice también *destornillarse.* **SIN.** Troncharse.

desterrar *v. tr.* **1.** Echar a alguien de su país o de un lugar determinado, generalmente por razones políticas. **2.** Apartar alguien de su mente un pensamiento, sentimiento, etc.: *Tuvo que desterrar ese tipo de ideas.* **3.** Abandonar una costumbre o uso, desterrar el uso del sombrero. ■ Es v. irreg. Se conjuga como *pensar.* **SIN. 1.** Expatriar, deportar. **2.** Desechar. **3.** Suprimir. **ANT. 1.** Repatriar. **2.** Abrigar. **3.** Implantar. **FAM.** Desterrado, destierro. TIERRA.

destetar *v. tr.* **1.** Retirar el pecho a los niños o las crías de mamíferos. También *v. prnl.* **2.** Hacer que los hijos se valgan por sí mismos. También *v. prnl.* || **destetarse** *v. prnl.* **3.** Haber tenido desde niño relación con alguna cosa: *Pedro se destetó viendo cine.* **SIN.** **2.** Emancipar(se). **FAM.** Destete. TETA.

destiempo, a *loc. adj.* y *adv.* Fuera de tiempo o plazo, en un momento no oportuno: *Pagó la contribución a destiempo.*

destierro *s. m.* Acción de desterrar. **SIN.** Deportación, exilio, confinamiento. **ANT.** Repatriación.

destiladera *s. f.* Instrumento o aparato para destilar.

destilar (del lat. *destillare*) *v. tr.* **1.** Separar mediante calor un líquido volátil de otros que lo son menos. Por medio del calor el líquido más volátil de la mezcla se convierte en vapor, que luego se enfría para convertirse nuevamente en líquido. También *v. intr.* **2.** Soltar un cuerpo una sustancia gota a gota: *El jamón destila grasa.* También *v. intr.* **3.** Revelar ciertos actos o palabras un determinado sentimiento o cualidad: *Esa frase destila odio.* **SIN.** **1.** Alambicar. **2.** Rezumar. **3.** Denotar. **FAM.** Destilable, destilación, destiladera, destilado, destilador, destilería.

destilería *s. f.* Establecimiento industrial donde se destilan bebidas alcohólicas o alcoholes industriales.

destinar (del lat. *destinare*) *v. tr.* **1.** Señalar o utilizar una cosa para un fin determinado: *Destinaron la habitación para comedor.* **2.** Designar a una persona para un determinado empleo o puesto: *Le destinaron a la sucursal de Cádiz.* **SIN.** **1.** Dedicar. **2.** Adscribir, asignar. **FAM.** Destinado, destinatario, destino. / Predestinar.

destinatario, ria *s. m.* y *f.* Persona a quien se envía o dirige alguna cosa: *el destinatario de una carta.* **ANT.** Remitente.

destino *s. m.* **1.** Supuesta fuerza a la que se atribuye la determinación inevitable de todo lo que ocurre; también, situación a la que lleva: *El destino quiso que nos conociéramos.* **2.** Situación, profesión, etc., a la que alguien llega como resultado de sus propios actos: *Mi destino ha sido la música.* **3.** Uso que se da o se piensa dar a una cosa: *carne con destino a la alimentación.* **4.** Lugar al que se dirige o ha de ir a parar alguien o algo: *El destino de ese barco es Cuba.* **5.** Empleo para el que ha sido designada una persona. **6.** Lugar en el que alguien cumple su trabajo, particularmente un militar. **SIN.** **1.** Sino, hado, fatalidad. **3.** Finalidad, objetivo. **5.** Puesto, cargo. **6.** Plaza.

destituir (del lat. *destituere*) *v. tr.* Quitar a alguien de su cargo o empleo. ■ Es v. irreg. Se conjuga como *huir.* **SIN.** Relevar, remover, despedir. **ANT.** Restituir. **FAM.** Destitución, destituible.

destorlongado, da *adj. Méx.* Aplicado a personas, desordenado, inútil, manirroto. También *s. m.* y *f.*

destornillador *s. m.* Instrumento que sirve para atornillar y desatornillar. ■ Se dice también *desatornillador.*

destornillar *v. tr.* **1.** Desatornillar*. || **destornillarse** *v. prnl.* **2.** Desternillarse*. **ANT.** **1.** Atornillar. **FAM.** Destornillado, destornillador. TORNILLO.

destral (del lat. *dextralis*) *s. m.* Hacha pequeña.

destratar *v. tr.* **1.** *Amér.* Deshacer un trato. **2.** *Col.* y *Ven.* Deshacer un trueque o cambio.

destreza *s. f.* Habilidad manual o, en general, con cualquier parte del cuerpo. **SIN.** Soltura, maña, aptitud, arte. **ANT.** Torpeza.

destripacuentos *s. m.* y *f. fam.* Persona que interrumpe inoportunamente el relato de una historia o anticipa su final. ■ No varía en *pl.*

destripador, ra *adj.* Que destripa. También *s. m.* y *f.*: *Jack, el destripador.* **SIN.** Sacamantecas.

destripar *v. tr.* **1.** Sacar las tripas. **2.** *fam.* Sacar lo que alguna cosa tiene en su interior: *destripar un reloj.* **3.** *fam.* Espachurrar o despedazar una cosa. **4.** *fam.* Destruir el efecto de un relato, suceso, chiste, etc., anticipando el final o solución: *Nos destripó la película.* || *v. intr.* **5.** *Méx.* Abandonar los estudios. **SIN.** **1.** a **3.** Despanzurrar. **3.** Reventar. **FAM.** Destripador, destripamiento, destripacuentos, destripaterrones. TRIPA.

destripaterrones *s. m. desp.* Campesino, trabajador del campo. ■ No varía en *pl.* **SIN.** Gañán, paleto.

destronar *v. tr.* **1.** Destituir a un rey. **2.** Echar o privar a alguien de un cargo o posición importante: *Destronaron al presidente del banco.* **SIN.** **1.** Derrocar, deponer. **2.** Derribar. **ANT.** **1.** Entronizar. **2.** Nombrar. **FAM.** Destronamiento. TRONO.

destrozar *v. tr.* **1.** Romper mucho una cosa, estropearla completamente, dejarla inservible. También *v. prnl.* **2.** Causar gran dolor moral: *La noticia nos destrozó.* **3.** Dañar, perjudicar gravemente a alguien o algo no material: *Las peleas destrozan la convivencia.* También *v. prnl.* **4.** Vencer de manera contundente en una batalla, competición, discusión. ■ Delante de *e* se escribe *c* en lugar de *z.* **SIN.** **1.** Destruir(se), despedazar(se). **2.** Quebrantar. **4.** Arrollar. **ANT.** **1.** Arreglar(se). **4.** Perder. **FAM.** Destrozado, destrozo, destrozón. TROZO.

destrozón, na *adj.* **1.** Que destroza. También *s. m.* y *f.* || *s. f.* **2.** *fam.* En el carnaval, disfraz de mujer con harapos.

destructor, ra (del lat. *destructor, -oris*) *adj.* **1.** Que destruye. || *s. m.* **2.** Barco de guerra muy veloz, armado con misiles, utilizado en misiones de escolta.

destruir (del lat. *destruere*) *v. tr.* **1.** Deshacer algo material: *El terremoto destruyó numerosos edificios.* También *v. prnl.* **2.** Inutilizar algo no material: *destruir un argumento.* ■ Es v. irreg. Se conjuga como *huir.* **SIN.** **1.** Derruir, derrumbar(se), devastar, desolar, asolar. **2.** Desbaratar, frustrar. **ANT.** **1.** Construir. **2.** Fortalecer. **FAM.** Destrucción, destructible, destructivo, destructor, destruible. / Indestructible.

desubicarse *v. prnl.* **1.** *Arg.* y *Urug.* Desorientarse. **2.** *Arg.* y *Urug. fam.* Comportarse en forma inconveniente.

desuello *s. m.* Acción de desollar: *el desuello de una res.* **SIN.** Despellejamiento, desollamiento.

desuncir (del lat. *disiungere*) *v. tr.* Quitar el yugo a las bestias. ■ Delante de *a* y *o* se escribe *z* en lugar de *c.* **ANT.** Uncir.

desunir *v. tr.* **1.** Separar una cosa de otra a la que estaba unida. También *v. prnl.* **2.** Introducir desacuerdo, discordia, etc., entre personas que estaban unidas: *La herencia desunió a los hermanos.* También *v. prnl.* **SIN.** **1.** Dividir(se). **2.** Enemistar(se), desavenir(se). **ANT.** **1.** Juntar(se). **2.** Conciliar(se). **FAM.** Desunidamente, desunión. UNIR.

desurtido, da *adj. Amér.* Desprovisto, desabastecido: *una tienda desurtida.*

desusado, da *adj.* **1.** Desacostumbrado, poco usual: *Nos hizo un recibimiento desusado.* **2.** Anticuado: *una costumbre desusada.* **SIN.** **1.** Infrecuente, inusual, inusitado. **2.** Obsoleto. **ANT.** **1.** Acostumbrado. **2.** Vigente. **FAM.** Desusar. DESUSO.

desuso *s. m.* **1.** Falta de uso de alguna cosa. **2.** Falta de aplicación de una ley en vigor: *Invocó una ley en desuso y ganó el pleito.* **SIN. 1.** Olvido, abandono. **2.** Inobservancia. **ANT. 1.** Uso. **FAM.** Desusadamente, desusado. USO.

desustanciar *v. tr.* Quitar fuerza a algo privándolo de su sustancia. Se usa más como *v. prnl.* **SIN.** Desvirtuar(se).

desvaído, da (del port. *esvaido*, y éste del lat. *evanescere*, desaparecer) **1.** *p.* de **desvaír**. || *adj.* **2.** De color débil o que ha perdido intensidad: *un rosa desvaído.* **3.** Que tiene forma o contorno impreciso: *una figura desvaída.* **4.** Se dice de la cosa inmaterial poco definida: *un discurso desvaído.* **5.** De poca personalidad. **SIN. 2.** Descolorido, apagado. **3.** Difuminado. **4.** Indefinido, vago. **5.** Gris, vulgar. **ANT. 2.** Intenso. **3.** Nítido. **3.** y **4.** Preciso. **FAM.** Desvaír.

desvaír *v. tr.* Hacer perder el color a una cosa. También *v. prnl.*: *Con tanto lavado, la funda acabó por desvaírse.* ■ Es v. defect. e irreg. Se conjuga como *abolir* y las formas con los diptongos *–ió–* o *–ie–* cambian la *i* por *y*, como en *huir*: *desvayó, desvayera.*

desvalido, da *adj.* **1.** Que carece de ayuda y protección. También *s. m.* y *f.* **2.** Que no tiene bienes ni recursos. También *s. m.* y *f.* **SIN. 1.** Desamparado, indefenso. **2.** Pobre. **ANT. 1.** Protegido. **2.** Rico. **FAM.** Desvalimiento. VALER[1].

desvalijar (de *des-* y *valija*, maleta) *v. tr.* **1.** Quitar o robar a una persona todo lo que lleva encima: *Le desvalijaron en la calle.* **2.** Robar todas las cosas valiosas de un sitio: *Desvalijaron la casa.* **SIN. 1.** Atracar, despojar. **2.** Saquear. **FAM.** Desvalijador, desvalijamiento. VALIJA.

desvalimiento *s. m.* Situación del que está desvalido.

desvalorizar *v. tr.* Disminuir el valor o la estimación de una persona o cosa. También *v. prnl.* ■ Delante de *e* se escribe *c* en lugar de *z*. **SIN.** Rebajar(se), devaluar(se). **ANT.** Valorizar(se). **FAM.** Desvalorización. VALORIZAR.

desván (del ant. *desvanar*, vaciar) *s. m.* Parte más alta de una casa, debajo del tejado, donde se suelen guardar los objetos viejos y en desuso. **SIN.** Buhardilla, boardilla, guardilla, altillo, camaranchón, sobrado.

desvanecer (del lat. *evanescere*) *v. tr.* **1.** Hacer poco a poco menos densa o intensa una cosa hasta que desaparece. También *v. prnl.*: *Las nubes se desvanecen en el cielo.* **2.** Reducir la intensidad de los colores o la precisión de los contornos. También *v. prnl.* **3.** Eliminar, borrar de la mente una idea, sentimiento, etc. También *v. prnl.* || **desvanecerse** *v. prnl.* **4.** Evaporarse la parte volátil de una cosa: *El perfume se desvanece.* **5.** Desmayarse, perder el sentido momentáneamente. ■ Es v. irreg. Se conjuga como *agradecer.* **SIN. 1.** Dispersar(se), esfumar(se). **1.** y **3.** Disipar(se). **2.** Difuminar(se). **3.** Ahuyentar, deshacer(se). **5.** Marearse. **ANT. 1.** y **2.** Intensificar(se). **3.** Configurar(se). **FAM.** Desvanecedor, desvanecido, desvanecimiento. VANO.

desvarar *v. tr.* **1.** *Col.* Arreglar provisionalmente un vehículo. || **desvararse** *v. prnl.* **2.** *Col. fam.* Resolver una situación apurada o de falta de dinero.

desvariar (de *des-* y *vario*) *v. intr.* Decir o hacer locuras, disparates o despropósitos: *La fiebre le hacía desvariar.* ■ En cuanto al acento, se conjuga como *ansiar*: *desvarío.* **SIN.** Delirar, disparatar. **FAM.** Desvarío. VARIAR.

desvarío *s. m.* **1.** Dicho o hecho disparatado o sin sentido. **2.** Trastorno de la razón motivado por la fiebre, de un estado pasional o por trastorno mental. **SIN. 1.** Desatino. **2.** Delirio.

desvelada *s. f. Col.* Imposibilidad de conciliar el sueño durante la noche.

desvelar[1] (del lat. *dis* y *evigilare*, despertar) *v. tr.* **1.** Hacer perder el sueño o no dejar dormir. También *v. prnl.* || **desvelarse** *v. prnl.* **2.** Preocuparse por alguien o algo, poner gran cuidado y atención en una tarea. ■ Se construye con las prep. *en* o *por*: *Se desvela en (por) atendernos.* **SIN. 1.** Despabilar(se), espabilar(se). **2.** Esmerarse, afanarse, desvivirse. **ANT. 1.** Adormecer(se). **2.** Despreocuparse. **FAM.** Desvelada, desvelo. VELAR[1].

desvelar[2] *v. tr.* Dar a conocer algo que estaba oculto: *Desveló el final de la novela.* **SIN.** Revelar, develar. **ANT.** Ocultar.

desvelo *s. m.* **1.** Insomnio. **2.** Esfuerzo, cuidado, solicitud. Se usa más en *pl.*

desvencijar (de *des-* y el lat. *vincire*, atar) *v. tr.* Aflojar, desunir las partes de una cosa que estaban unidas. También *v. prnl.*: *Se desvencijó el sillón.* **SIN.** Descomponer(se), descuajaringar(se), desarmar(se). **ANT.** Componer.

desventaja *s. f.* Circunstancia que hace que una persona o cosa sea peor o esté en peor situación que otras: *Esta casa tiene la desventaja de ser muy pequeña.* **SIN.** Inconveniente, desigualdad, inferioridad. **ANT.** Ventaja, superioridad. **FAM.** Desventajosamente, desventajoso. VENTAJA.

desventura *s. f.* Desgracia, mala suerte. **SIN.** Adversidad, desdicha, infortunio. **ANT.** Ventura. **FAM.** Desventurado. VENTURA.

desventurado, da *adj.* Desafortunado, desgraciado: *Ese desventurado día estuvo a punto de perderlo todo.* También *s. m.* y *f.* **SIN.** Desdichado, infortunado. **ANT.** Afortunado, dichoso.

desvergonzarse *v. prnl.* **1.** Actuar con desvergüenza. **2.** Vencer la vergüenza o timidez para hacer algo: *Se desvergonzó y habló cara al público.* ■ Es v. irreg. Se conjuga como *forzar.* **SIN. 1.** Descararse, insolentarse. **2.** Atreverse. **ANT. 1.** Comedirse. **2.** Avergonzarse.

desvergüenza *s. f.* **1.** Atrevimiento, falta de vergüenza: *Tuvo la desvergüenza de pedirme dinero.* **2.** Dicho o hecho que va contra lo que se considera moral y justo. **SIN. 1.** Desfachatez, descaro. **2.** Deshonestidad, indecencia, inmoralidad. **ANT. 1.** Decoro. **2.** Decencia. **FAM.** Desvergonzado, desvergonzarse. VERGÜENZA.

desvestir (del lat. *divestire*) *v. tr.* Quitar la ropa que una persona lleva puesta o las telas que cubren algo: *desvestir una cama.* También *v. prnl.* ■ Es v. irreg. Se conjuga como *pedir.* **SIN.** Desnudar(se). **ANT.** Vestir(se).

desviación (del lat. *deviatio, -onis*) *s. f.* **1.** Acción de desviar o desviarse. **2.** Tramo de una carretera que se aparta de la general: *Tomaron una desviación para evitar el atasco.* **3.** Cosa irregular, que se sale de lo considerado normal. **4.** Diferencia entre un valor estadístico y la normalidad o valor medio. **5.** En medicina, cambio de la posición natural de los órganos, especialmente de los huesos, p. ej. la desviación de la columna vertebral. **SIN. 1.** Derivación, desvío. **3.** Anormalidad, anomalía, aberración.

desviacionismo *s. m.* En pol., doctrina o conducta que se aparta en aspectos importantes de la postura oficial, pero sin romper con ella.

desviar (del lat. *deviare*) *v. tr.* **1.** Apartar a alguien o algo del camino que seguía o de la dirección conveniente: *El vendaval desvió el barco.* También *v. prnl.* **2.** Apartar a alguien de su intención o idea. También *v. prnl.*: *Se desvió de su propósito.* ■ En cuanto al acento, se conjuga como *ansiar*: *desvío.* SIN. **1.** Desencaminar(se). **2.** Disuadir. ANT. **1.** Encaminar(se). FAM. Desviación, desviacionismo, desviacionista, desvío. VÍA.

desvincular *v. tr.* Hacer desaparecer la relación que se tenía con alguien o algo. También *v. prnl.*: *Se desvinculó de sus antiguos amigos.* SIN. Desunir(se), desligar(se). ANT. Vincular(se). FAM. Desvinculación. VINCULAR[1].

desvío *s. m.* **1.** Acción de desviar. **2.** Vía o camino que se aparta de otro más importante. **3.** Falta de afecto: *Mostraba hacia él un cierto desvío.* **4.** Dispositivo utilizado para bifurcar o unir vías de ferrocarril. SIN. **1.** Desviación, derivación. **2.** Ramal. **3.** Frialdad, desafecto. **4.** Bifurcación. ANT. **1.** Encaminamiento. **3.** Cariño.

desvirgar *v. tr.* **1.** Quitar la virginidad a una mujer. **2.** *fam.* Usar algo por primera vez, abrirlo: *desvirgar un libro.* ■ Delante de *e* se escribe *gu* en lugar de *g.* SIN. **1.** Desflorar. **2.** Estrenar.

desvirolado, da *adj. Col. fam.* Loco, chiflado.

desvirtuar (de *des-* y *virtud*) *v. tr.* Quitar a alguien o algo su virtud, valor o sus características: *Desvirtuaron las palabras del autor.* También *v. prnl.* ■ En cuanto al acento, se conjuga como *actuar*: *desvirtúo.* SIN. Debilitar, falsear, tergiversar. ANT. Resaltar.

desvitalizar *v. tr.* Matar un nervio, dejarlo sin sensibilidad: *Mi dentista me ha desvitalizado un colmillo y ahora ya no me duele.* ■ Delante de *e* se escribe *c* en lugar de *z*: *desvitalice.*

desvivirse *v. prnl.* Mostrar vivo interés y afecto por alguien o algo: *Se desvive por sus hijos.* SIN. Desvelarse, afanarse. ANT. Despreocuparse.

desyemar *v. tr.* Quitar las yemas o brotes a las plantas y árboles.

detall, al (del fr. *détail*) *loc. adj.* y *adv.* Al por menor: *comercio al detall.*

detallar (de *detalle*) *v. tr.* **1.** Relatar o tratar una cosa en sus partes más mínimas: *En la carta se detalla lo sucedido.* **2.** Vender al detall. SIN. **1.** Pormenorizar, puntualizar.

detalle (del fr. *détail*, de *détailler*, y éste del lat. *detaliare*, cortar) *s. m.* **1.** Parte pequeña que completa el aspecto de otra mayor, pero que no es indispensable en ella: *los detalles de un vestido.* **2.** Fragmento de un cuadro, escultura, etc.: *un detalle de Las Meninas.* **3.** Dato que aclara o completa un suceso: *Pidió detalles sobre el viaje.* **4.** Rasgo de cortesía, delicadeza: *Las flores fueron un detalle por su parte.* || LOC. **al detalle** *adv.* Con detalle: *Sabe al detalle la obra.* **con** (o **en**) **detalle** *adv.* Minuciosamente, en profundidad: *Estudió con detalle el plano.* SIN. **1.** Adorno, complemento, accesorio. **3.** Pormenor, particularidad. **4.** Atención, finura. ANT. **1.** Todo, conjunto. FAM. Detalladamente, detallar, detallista, detalloso.

detallista *adj.* **1.** Que es muy minucioso y cuida mucho los detalles. También *s.m.* y *f.* **2.** Que tiene muchos detalles o atenciones con los demás: *Es muy detallista: siempre se presenta con un obsequio.* **3.** Comerciante al por menor. SIN. **3.** Minorista. ANT. **3.** Mayorista.

detalloso, sa *adj. Perú* Presumido.

detectar (del ingl. *to detect*, y éste del lat. *detectus*, de *detegere*, descubrir) *v. tr.* **1.** Descubrir por medio de un aparato o mediante métodos físicos o químicos lo que no puede ser observado directamente: *El sonar detectó un submarino.* **2.** Percibir, darse cuenta de un hecho determinado: *Detectó tensión en el ambiente.* SIN. **1.** Localizar. **1.** y **2.** Notar, captar. FAM. Detección, detectable, detector. / Teledetección.

detective (ingl.) *s. m.* y *f.* **1.** Persona que se dedica a hacer investigaciones por encargo de clientes. **2.** En ciertos países, uno de los cargos del cuerpo de policía. SIN. **1.** Investigador. FAM. Detectivesco.

detector, ra *adj.* **1.** Que puede detectar. También *s. m.*: *detector de metales.* || **2. detector de mentiras** Aparato que capta y refleja gráficamente los cambios emocionales involuntarios en la persona que miente.

detener (del lat. *detinere*) *v. tr.* **1.** Parar a alguien o algo no dejándole avanzar, moverse o realizar una acción. También *v. prnl.*: *Se detuvo frente al cine.* **2.** Capturar a una persona que ha cometido un delito. || **detenerse** *v. prnl.* **3.** Entretenerse: *Nos detuvimos con un amigo.* **4.** Pararse a considerar o meditar una cosa. ■ Es v. irreg. Se conjuga como *tener.* SIN. **1.** Paralizar(se), inmovilizar(se), retener. **2.** Arrestar, prender. **3.** Demorarse. **4.** Enfrascarse. ANT. **1.** Impulsar. **2.** Liberar. **3.** Apresurarse. FAM. Detención, detenidamente, detenido, detenimiento. TENER.

detenido, da **1.** *p.* de **detener**. También *adj.*: *El camión se encuentra detenido en la frontera.* || *adj.* **2.** Que ha sido apresado por la policía por ser sospechoso de un delito. También *s. m.* y *f.* SIN. **1.** Parado, inmovilizado. **2.** Arrestado.

detentar (del lat. *detentare*, retener) *v. tr.* Usar o atribuirse una persona sin derecho lo que no le pertenece. ■ Se utiliza incorrectamente por ocupar, ostentar un cargo lícitamente. SIN. Usurpar, arrogarse. ANT. Devolver.

détente (fr.) *s. f.* Distensión en las relaciones internacionales. SIN. Acercamiento, deshielo. ANT. Tensión.

detergente (del lat. *detergere*) *adj.* **1.** Se aplica a lo que tiene la propiedad de limpiar sin producir corrosión. || *s. m.* **2.** Sustancia o producto que limpia. SIN. **2.** Jabón.

deteriorar (del lat. *deteriorare*) *v. tr.* Estropear, echar a perder. También *v. prnl.*: *Nuestras relaciones se han deteriorado.* SIN. Dañar(se), menoscabar(se). ANT. Arreglar(se). FAM. Deterioro.

determinación (del lat. *determinatio, -onis*) *s. f.* **1.** Acción de determinar. **2.** Decisión, cosa que alguien decide hacer ante una situación cualquiera: *Tomó la determinación de irse.* **3.** Cualidad o actitud del que no se detiene ante el peligro o la dificultad y actúa con decisión. SIN. **1.** Concreción, precisión, delimitación. **2.** Acuerdo, medida. **3.** Resolución, intrepidez. ANT. **1.** Indeterminación. **2.** y **3.** Duda, indecisión, vacilación.

determinado, da **1.** *p.* de **determinar**. También *adj.* || *adj.* **2.** En ling., se aplica al artículo que presenta un sustantivo ya conocido por los hablantes; tiene las formas *el, la, lo, los, las.*

determinante *adj.* **1.** Que determina. || *s. m.* **2.** En ling., palabra que concreta o determina al sustantivo, como los artículos, los adjetivos demostrativos, posesivos, indefinidos y numerales.

determinar (del lat. *determinare*) *v. tr.* **1.** Fijar los términos de una cosa: *determinar los límites del campo.* **2.** Concretar, precisar: *Determinaron la fecha de la reunión.* **3.** Averiguar o calcular cierta cosa partiendo de unos datos conocidos: *determinar la población de un lugar.* **4.** Disponer, establecer algo: *El reglamento del centro así lo determina.* **5.** Tomar una decisión: *Determinó dejar de* *fumar.* También *v. prnl.* **6.** Hacer que alguien tome una decisión: *El mal tiempo le determinó a quedarse en casa.* **7.** Provocar, ser causa: *Las nuevas ideas determinaron la revolución.* **8.** En der., sentenciar, definir: *El juez determinó la libertad bajo fianza.* SIN. **1.** Limitar, delimitar. **2.** Detallar, puntualizar, especificar. **3.** Discernir, aclarar. **4.** Señalar, prescribir. **5.** Concluir(se), resolver. **6.** Impulsar, inducir. **7.** Ocasionar, originar. **8.** Acordar. FAM. Determinable, determinación, determinado, determinante, determinativo, determinismo, determinista. / Autodeterminación, indeterminado, predeterminar. TERMINAR.

determinativo, va *adj.* **1.** Que determina. **2.** En lingüística, adjetivo que determina o concreta el significado del sustantivo al que complementa y desempeña la función sintáctica de determinante. SIN. **1.** Determinante.

determinismo *s. m.* Corriente filosófica que mantiene que todos los fenómenos del universo están sometidos a leyes naturales de carácter causal, por lo que existe entre ellos un encadenamiento que no permite la casualidad ni la libertad.

detestable (del lat. *detestabilis*) *adj.* **1.** Odioso, aborrecible: *un tipo detestable.* **2.** Que produce mala impresión, pésimo, malísimo: *un gusto detestable.* SIN. **1.** Abominable, despreciable. **2.** Horrendo. ANT. **1.** Adorable. **2.** Estupendo.

detestar (del lat. *detestari*) *v. tr.* Sentir antipatía, repugnancia o rechazo: *Detesta la mentira y la falsedad.* SIN. Aborrecer, odiar. ANT. Estimar. FAM. Detestable, detestablemente. TESTAR[1].

detonación *s. f.* **1.** Acción de detonar. **2.** Explosión rápida capaz de iniciar la de un explosivo relativamente estable. SIN. **1.** y **2.** Estampido, estallido.

detonador, ra *adj.* **1.** Que provoca o causa detonación. || *s. m.* **2.** Dispositivo que provoca el estallido de la carga explosiva.

detonante *adj.* **1.** Que detona. **2.** Muy llamativo, chocante: *unos colores detonantes.* || *s. m.* **3.** Agente capaz de producir detonación. **4.** Motivo que desencadena una circunstancia o resultado: *La falta de acuerdo fue el detonante de la huelga.* SIN. **2.** Estridente, discordante.

detonar (del lat. *detonare*) *v. intr.* **1.** Dar estampido o trueno. **2.** Llamar la atención, causar asombro, etc. || *v. tr.* **3.** Iniciar una explosión o un estallido. SIN. **1.** y **3.** Explotar, estallar. **2.** Chocar, asombrar. FAM. Detonación, detonador, detonante.

detractor, ra (del lat. *detractor, -oris*) *adj.* Se dice de la persona que critica, se opone o desacredita a alguien o algo. También *s. m.* y *f.*: *los detractores del régimen.* SIN. Oponente, crítico. ANT. Partidario.

detraer (del lat. *detrahere*) *v. tr.* Separar o quitar parte de una cosa. También *v. prnl.* ■ Es v. irreg. Se conjuga como *traer.* SIN. Sustraer, restar. ANT. Añadir. FAM. Detractor. TRAER.

detrás (del lat. *de* y *trans*, más allá) *adv. l.* **1.** Indica que la persona o cosa de que se habla está colocada a espaldas de otra o va a continuación de ella: *Primero iban los perros, detrás los cazadores.* ■ Suele ir seguido de la prep. *de*: *El jardín está detrás de la casa.* **2.** En la parte posterior de una misma persona o cosa: *Lleva el precio detrás.* **3.** En ausencia. ■ Va precedido generalmente de la prep. *por*: *Murmuran de él por detrás.* SIN. **1.** Tras. **2.** Atrás. ANT. **1.** y **2.** Delante.

detrimento (del lat. *detrimentum*) *s. m.* Daño o perjuicio material o moral: *Esas murmuraciones van en detrimento de su buen nombre.* SIN. Menoscabo, agravio. ANT. Beneficio.

detrito (del lat. *detritus*, desgastado) *s. m.* **1.** Cada uno de los pequeños fragmentos que se originan de la desintegración de las rocas. **2.** Residuos que resultan de la descomposición de ciertos cuerpos. **3.** Restos y materiales inútiles: *los detritos de una fábrica.* ■ Se dice también *detritus.* SIN. **3.** Sobra, desecho. FAM. Detrítico.

detritus *s. m.* Detrito*.

deuce (ingl.) *s. m.* En tenis y otros deportes, situación de igualdad en el tanteo, que puede producirse al final de cada juego y debe romperse, para ganar el juego, apuntándose dos tantos consecutivos.

deuda (del lat. *debita*, de *debitum*, débito) *s. f.* **1.** Obligación que una persona tiene de pagar, dar o devolver a otra una cierta cantidad de dinero: *Estaba cargado de deudas.* **2.** Cantidad que se debe: *una deuda de mil pesetas.* **3.** Obligación moral: *Estoy en deuda contigo por ese favor.* || **4. deuda pública** Conjunto de préstamos concedidos al Estado para que éste pueda hacer frente a sus gastos. SIN. **1.** Débito. **3.** Compromiso. FAM. Deudo, deudor. / Adeudar, endeudar. DEBER[1].

deudo, da (del lat. *debitus*, de *debere*, ser deudor) *s. m.* y *f.* Pariente o familiar. SIN. Allegado.

deudor, ra (del lat. *debitor, -oris*) *adj.* **1.** Que debe algo, generalmente el dinero que se le ha prestado. También *s. m.* y *f.* **2.** En contabilidad, referido al debe: *un saldo deudor.* ANT. **1.** Acreedor.

deuterio (del gr. *deuteros*, segundo) *s. m.* Isótopo del hidrógeno en cuyo núcleo, además del protón, existe un neutrón.

devaluar (de *de-* y *valuar*) *v. tr.* **1.** Disminuir el valor de una moneda con respecto a las de otros países. También *v. prnl.*: *El dólar se ha devaluado.* **2.** Hacer perder valor a algo: *devaluar una finca.* También *v. prnl.* ■ En cuanto al acento, se conjuga como *actuar*: *devalúo.* SIN. **1.** y **2.** Desvalorizar, depreciar. ANT. **1.** y **2.** Revalorizar. FAM. Devaluación. VALUAR.

devanadera *s. f.* **1.** Aparato giratorio donde se colocan las madejas para devanarlas. **2.** Soporte para enrollar la madeja en estas máquinas.

devanado, da **1.** *p.* de **devanar**. || *s. m.* **2.** Acción de devanar.

devanador, ra *adj.* **1.** Que devana o sirve para devanar. También *s. m.* y *f.* || *s. m.* **2.** Pieza sobre la que se devana algo. || *s. f.* **3.** En las máquinas de coser, pieza que sirve para devanar la bobina de hilo.

devanar (del lat. *depanare*, de *panus*, ovillo) *v. tr.* Enrollar un hilo, alambre, cuerda, etc., alrededor de un eje, bobina o carrete, o formando un ovillo: *Devanó las madejas de lana.* || LOC. **devanarse los sesos** *fam.* Reflexionar mucho sobre un problema. FAM. Devanadera, devanado, devanador.

devaneo (de *de-* y *vano*) *s. m.* **1.** Relación amorosa pasajera y poco seria: *Tuvo un devaneo este verano.* **2.** Entretenimiento o acción con la que se pierde el tiempo. SIN. **1.** Amorío.

devastador, ra (del lat. *devastator, -oris*) *adj.* **1.** Que devasta. **2.** Arrollador, que no admite comparación o réplica: *Tuvo un éxito devastador.* SIN. **1.** Destructor. **2.** Inmenso.

devastar (del lat. *devastare*) *v. tr.* Destruir algo: *La guerra devastó el país.* SIN. Asolar, arrasar, desolar. ANT. Reconstruir. FAM. Devastación, devastador. VASTO.

develar (del lat. *develare*) *v. tr.* **1.** Quitar o descorrer el velo que cubre alguna cosa. **2.** Desvelar[1]*. SIN. **1.** y **2.** Destapar. **2.** Descubrir, mostrar. ANT. **2.** Ocultar. FAM. Develación. VELAR[2].

devengar (de *de-* y el lat. *vindicare*, atribuirse, apropiarse) *v. tr.* Adquirir derecho a retribución por un trabajo, servicio, etc. ■ Delante de *e* se escribe *gu* en lugar de *g*: *devengue*. **FAM.** Devengo.

devengo *s. m.* Cantidad devengada.

devenir[1] (del lat. *devenire*) *v. intr.* **1.** Llegar a ser: *El alumno devino en un gran pianista.* **2.** Suceder una cosa. ■ Es v. irreg. Se conjuga como *venir*. **SIN. 1.** Convertirse. **2.** Acaecer, acontecer, sobrevenir. **FAM.** Devenir[2]. VENIR.

devenir[2] *s. m.* **1.** En fil., movimiento o proceso por el que, en el curso del tiempo, las cosas y los seres se hacen o se transforman. **2.** Transcurso: *el devenir del tiempo.*

devoción (del lat. *devotio, -onis*) *s. f.* **1.** Amor, veneración y fervor religiosos. **2.** Manifestación externa de estos sentimientos religiosos: *Reza sus devociones.* **3.** Sentimiento de admiración, predilección, cariño, etc., hacia alguien o algo: *Siente devoción por su madre. Tiene auténtica devoción por la lectura.* **4.** Entrega a una causa. **SIN. 3.** Apego, inclinación. **4.** Dedicación, aplicación. **ANT. 3.** Desapego. **4.** Desinterés. **FAM.** Devocionario, devoto. VOTO.

devocionario *s. m.* Libro que contiene oraciones para uso de los fieles.

devolver (del lat. *devolvere*) *v. tr.* **1.** Dar una cosa a la persona, lugar o institución de quien se ha recibido: *Le devolví el paraguas que me había dejado. Devolvió los libros a la biblioteca.* **2.** Entregar en un comercio una cosa comprada en el mismo, recuperando su importe: *Devolvió los pantalones.* **3.** Rechazar un trabajo, una factura, etc., por no considerarlos adecuados: *Devolvieron el texto por largo.* **4.** Corresponder a algo bueno o malo: *devolver una invitación, un insulto.* **5.** *fam.* Vomitar. También *v. intr.* **6.** Dar la vuelta a quien ha hecho un pago: *Le devolvieron tres euros del billete de cinco.* **7.** En ciertos deportes, como el tenis, enviar de nuevo al contrario la pelota que éste ha lanzado. También *v. intr.* **8.** Volver una cosa a su situación o estado original. || **devolverse** *v. prnl.* **9.** *Amér.* Regresar, volverse: *Me devolví a mi tierra.* ■ Es v. irreg. Se conjuga como *volver*. **SIN. 1.** Restituir, retornar, reintegrar. **3.** Rehusar. **4.** Responder. **5.** Arrojar. **ANT. 1.** Retener, quedarse, apropiarse. **3.** Aceptar, acoger, admitir. **FAM.** Devolución, devuelta, devuelto. VOLVER.

devónico, ca (de *Devon*, condado de Inglaterra) *adj.* **1.** Se aplica al cuarto periodo de la era paleozoica, que comenzó hace unos 395 millones de años y terminó hace unos 345 millones. En él aparecen las arañas, los insectos, los ammonites, los tiburones y los primeros vertebrados terrestres (anfibios). También *s. m.* **2.** De este periodo.

devorar (del lat. *devorare*) *v. tr.* **1.** Tragar con ansia y apresuradamente: *devorar la merienda.* **2.** Comer un animal a otro u otros. **3.** Destruir, consumir algo: *El fuego devoró el bosque.* **4.** P. ext., producir a alguien inquietud y trastorno una pasión, un deseo, etc.: *Le devora la envidia.* **5.** Recorrer muy rápidamente una distancia: *devorar kilómetros.* **6.** Dedicar una atención absorbente a algo: *Devorar un libro.* **SIN. 1.** Engullir, zampar. **3.** Arruinar, arrasar. **4.** Abrasar, corroer. **FAM.** Devorador. VORAZ.

devoto, ta (del lat. *devotus*, consagrado) *adj.* **1.** Se dice de la persona dedicada a obras piadosas y religiosas o que tiene una devoción particular: *devota de la Virgen.* También *s. m.* y *f.* **2.** Se aplica a la imagen, templo o lugar que mueve a devoción. **3.** Aficionado a cierta persona o cosa: *Es devoto de la comida china.* También *s. m.* y *f.* **SIN. 1.** y **2.** Fervoroso, ferviente. **3.** Apegado, entusiasta. **FAM.** Devotamente. DEVOCIÓN.

devuelta *s. f. Col., P. Rico* y *Rep. Dom.* Cambio, vuelta de lo pagado.

devuelto, ta 1. *p.* de **devolver**. También *adj.* || *s. m.* **2.** *fam.* Vómito*.

dextrógiro, ra (del lat. *dexter*, derecho, y *girar*) *adj.* Se aplica al compuesto orgánico en disolución y al cristal óptico que desvía hacia la derecha la luz polarizada. Se opone a *levógiro*.

dextrosa (del lat. *dextra*, derecha) *s. f.* Variedad de glucosa que se caracteriza por que sus disoluciones hacen girar la luz polarizada hacia la derecha.

deyección (del lat. *deiectio, -onis*) *s. f.* **1.** Expulsión de los excrementos del organismo. **2.** Los excrementos mismos. Se usa más en *pl.* **3.** En geol., conjunto de materiales expulsados en las erupciones volcánicas; acumulación de detritos al cesar su transporte. **SIN. 1.** Defecación, deposición, evacuación. **2.** Heces.

di-[1] (del lat. *dis* y *di*) *pref.* Denota oposición: *disentir*; separación: *divergir*; origen: *dimanar*; o extensión: *dilatar*.

di-[2] (del gr. *dis*, dos) *pref.* Significa 'dos': *disílabo, dimorfo, dióxido.*

di- o **dia-** (del gr. *dia*) *pref.* Significa 'separación', 'a través de', 'entre', etc.: *diacrítico, diacronía, diatónico.*

día (del lat. *dies*) *s. m.* **1.** Tiempo que tarda la Tierra en dar una vuelta sobre su eje, contado desde las 24 horas (doce de la noche); y cada uno de estos espacios de tiempo con número y nombre: *La semana tiene siete días. Hoy jueves, día 12 de abril.* **2.** Tiempo que dura la claridad del Sol: *Ya es de día.* **3.** Ocasión, momento indeterminado: *El día en que te coja, vas a ver.* **4.** Fecha en que se conmemora o celebra un acontecimiento, particularmente la de una onomástica: *el día de la madre, día del cumpleaños.* || *s. m. pl.* **5.** Vida: *al fin de sus días.* || **6. día D** El determinado secretamente para alguna acción concreta. **7. día del juicio (final)** En la religión cristiana, el último día de los tiempos en el que Dios juzgará a los vivos y a los muertos; también, irónicamente, muy tarde o nunca: *Esto te lo pagarán el día del juicio.* **8. día de precepto** Para los católicos, día en que hay obligación de oír misa y no trabajar. **9. día feriado** Aquel en el que están cerrados los tribunales; también, día festivo. **10. día hábil** Día en el que funcionan las oficinas públicas y los tribunales. **11. día lectivo** Aquel en el que se da clase en los centros de enseñanza. || **LOC. a días** *adv.* Unos días sí y otros no: *Es bueno a días.* **a tantos días fecha** (o **vista**) Expresión comercial para indicar que una letra, un pagaré, etc. será abonado al cumplirse los días que se expresan, empezando a contar desde la fecha o desde la aceptación. **al día** *adv.* Al corriente, sin retraso: *estar al día en los pagos.* También, con los verbos *estar*, *ponerse*, etc. conocer los últimos adelantos, descubrimientos, tendencias de un asunto o materia: *Está al día en literatura.* Con el verbo *vivir*, tener lo justo para cubrir las necesidades de cada día, no ahorrar ni hacer previsiones para el futuro. **como del día a la noche** Señala que hay una gran diferencia entre las personas o cosas que se comparan. **del día** *adv.* De moda o conforme al gusto; también, hecho en el mismo día, fresco, reciente: *Es el hombre del día. Pan del día, pescado del día.* **de un día a otro** *adv.* Expresa la prontitud con que se espera algo: *Llegará de un día a otro.* **día y noche** *adv.* A todas horas, constantemente. **el día de mañana** En el futuro. **en su día** En el momento oportuno, cuando corresponda. **hoy (en) día** *adv.* Actualmente, en el tiempo presente. **ser el día** de alguien Ser un día en el que todo le sale bien; se usa más en frases negativas con el significado de salirle todo mal en ese día: *Hoy no es tu día.* **tener** uno **días** Ser desigual en el trato, en el humor, etc. **tener los días contados** Quedarle a alguien o algo muy poco tiempo de existencia. **un día es un día** Indica que en cierta ocasión uno se aparta de unas costumbres por algún motivo especial, extraordinario. SIN. **1.** Jornada. **4.** Santo, aniversario. **5.** Existencia. ANT. **2.** Noche. FAM. Diana, diario. / Diurno.

diabetes (del lat. *diabetes*, y éste del gr. *diabetes*, de *diabaino*, atravesar) *s. f.* Enfermedad que se caracteriza por una concentración muy elevada de glucosa en la sangre. ■ No varía en *pl.* FAM. Diabético.

diabla *s. f.* **1.** *fam.* Diablo hembra. **2.** En los teatros, batería de luces entre bambalinas. SIN. **1.** Diablesa.

diablesa *s. f. fam.* Diablo hembra. SIN. Diabla.

diablillo (dim. de *diablo*) *s. m. fam.* Se usa en tono afectuoso, aplicado sobre todo a los niños, para indicar que son algo revoltosos.

diablo (del lat. tardío *diabolus*, y éste del gr. *diabolos*) *s. m.* **1.** Nombre dado a los ángeles que se rebelaron contra Dios y fueron arrojados al abismo; también, nombre de cada uno de ellos. **2.** Persona traviesa, temeraria o inquieta; especialmente se dice con respecto a los niños algo revoltosos. **3.** Persona astuta y muy hábil. || *interj.* **4.** *fam.* Expresa sorpresa, admiración, susto, enfado: *¡Diablo de niño!* Se usa a menudo en *pl.* || **5. pobre diablo** Hombre infeliz, desgraciado; también, persona de poca valía o sin bienes de fortuna. || LOC. **a diablos** *adv. fam.* Con verbos como *saber*, *sonar*, etc., horrendo, muy mal: *Esa música suena a diablos.* **andar** (o **estar**) **el diablo suelto** *fam.* Haber grandes disturbios o desórdenes. **como el** (o **un**) **diablo** *adv. fam.* Mucho, demasiado; se usa para exagerar algo: *Este pimiento pica como un diablo.* **del diablo** o **de mil diablos** *adj. fam.* Muy intenso: *Hace un frío del diablo.* **llevarse el diablo** una cosa *fam.* Consumirse, desaparecer una cosa sin provecho de nadie: *La herencia se la llevó el diablo.* **llevárselo** a uno **los diablos** *fam.* Encolerizarse. **mandar** a alguien **al diablo** *fam.* Enfadarse con él, echarle de su lado. **tener el diablo** (o **los diablos**) **en el cuerpo** *fam.* Ser muy travieso o muy astuto. SIN. **1.** Enemigo. **1.** y **4.** Demonio. **2.** Diablillo, diablejo, trasto. FAM. Diabla, diablejo, diablesa, diablesco, diablillo, diablura, diabólicamente, diabólico, diábolo. / Endiablado.

diablura *s. f.* Travesura propia de niños. SIN. Trastada, chiquillada.

diabólico, ca (del lat. *diabolicus*, y éste del gr. *diabolikos*) *adj.* **1.** Del diablo o propio de él. **2.** Excesivamente malo o malvado: *Trazó un plan diabólico.* **3.** Enrevesado, muy difícil: *un problema diabólico.* SIN. **1.** Demoniaco. **2.** Perverso. ANT. **1.** Angélico. **1.** y **2.** Angelical.

diábolo (del ital. *diavolo*, y éste del lat. *diabolus*, diablo) *s. m.* Juguete en forma de dos conos unidos por sus vértices que se baila con una cuerda sujeta a dos varillas.

diaconisa *s. f.* Mujer que realiza determinados servicios para la Iglesia.

diácono (del lat. tardío *diaconus*, y éste del gr. *diakonos*, sirviente, diácono) *s. m.* En la religión católica, ministro eclesiástico de grado inmediatamente inferior al sacerdote. FAM. Diaconado, diaconal, diaconato, diaconisa. / Archidiácono.

diacrítico, ca (del gr. *diakritikos*, que distingue, de *diakrino*, distinguir) *adj.* En ling., se dice de los signos ortográficos que sirven para dar a una letra un valor especial, p. ej. la diéresis en la letra *u* de *vergüenza*, o para distinguir cuándo una palabra que tiene dos significados se usa con uno u otro, p. ej. el acento en *aún* (todavía) para diferenciarlo de *aun* (incluso).

diacronía (del gr. *dia*, a través, y *khronos*, tiempo) *s. f.* **1.** Desarrollo y sucesión de hechos a través del tiempo. **2.** Estudio de la lengua, la historia, etc. desde el punto de vista de la evolución y transformaciones de los fenómenos a lo largo del tiempo. ANT. **1.** y **2.** Sincronía. FAM. Diacrónico.

diacrónico, ca *adj.* Se aplica a los fenómenos que ocurren a lo largo del tiempo, así como a los estudios referentes a ellos: *lingüística diacrónica.* ANT. Sincrónico.

diadema (del lat. *diadema*) *s. f.* **1.** Tocado femenino en forma de media corona abierta por detrás. **2.** Corona, aureola. **3.** Faja o cinta que ceñía la cabeza de algunos soberanos.

diáfano, na (del gr. *diaphanes*, de *diaphaino*, aparecer a través) *adj.* **1.** Se dice del cuerpo que permite el paso de la luz. **2.** Transparente, claro, limpio: *comportamiento diáfano.* SIN. **1.** Traslúcido. **2.** Cristalino, límpido, puro; acrisolado. ANT. **1.** Opaco. **2.** Turbio. FAM. Diafanidad.

diafragma (del lat. *diaphragma*, y éste del gr. *diaphragma*, de *diaphrasso*, interceptar) *s. m.* **1.** Tabique musculoso que en los mamíferos separa las cavidades del abdomen y del tórax. **2.** Membrana o separación que regula o impide la comunicación entre diferentes espacios de una máquina, circuito, organismo, etc. **3.** Dispositivo de las cámaras fotográficas que regula el paso de la luz. **4.** En aparatos como micrófonos, teléfonos, altavoces, etc., lámina metálica fina y elástica que se deforma con las variaciones de presión. **5.** Dispositivo anticonceptivo que se coloca en el cuello del útero e impide el ascenso de los espermatozoides. FAM. Diafragmático.

diagnosis (del gr. *diagnosis*, de *diagignosko*, distinguir, conocer) *s. f.* **1.** Conocimiento de los signos y síntomas de las distintas enfermedades. **2.** Examen, análisis: *la diagnosis de una crisis.* ■ No varía en *pl.* SIN. **2.** Evaluación. FAM. Diagnosticable, diagnosticar, diagnóstico. GNOSIS.

diagnosticar *v. tr.* Hacer el diagnóstico de algo, especialmente el que hace el médico respecto al paciente: *Le diagnosticaron una hepatitis.* ■ Delante de *e* se escribe *qu* en lugar de *c*: *diagnostique.* SIN. Dictaminar.

diagnóstico, ca (del gr. *diagnostikos*, de *diagignosko*, conocer, distinguir) *adj.* **1.** Relacionado con la diagnosis. || *s. m.* **2.** Determinación y calificación de una enfermedad por los síntomas y signos que le son propios: *El médico dio su diagnóstico.* **3.** Conclusión o resultado del examen de algo: *emitir un diagnóstico.* SIN. **2.** y **3.** Dictamen. **3.** Juicio, valoración, evaluación. FAM. Radiodiagnóstico, serodiagnóstico. DIAGNOSIS.

diagonal (del lat. *diagonalis*) *adj.* **1.** Se aplica a las rectas que unen vértices no consecutivos de un polígono o vértices de un poliedro que no están en la misma cara. También *s. f.* **2.** Se dice de la línea, calle, etc., que corta a otra u otras sin ser perpendicular a ellas. También *s. f.* SIN. **1.** y **2.** Oblicuo. FAM. Diagonalmente.

diagrama (del lat. *diagramma*, y éste del gr. *diagramma*, diseño) *s. m.* Representación gráfica de una ley o fenómeno o de las relaciones entre las diferentes partes de un conjunto o sistema. SIN. Gráfico. FAM. Diagramación, diagramar.

diagramar *v. tr.* Distribuir los espacios de un texto para que su presentación sea coherente y atractiva.

dial (ingl.) *s. m.* Placa de forma variable, con letras o números, sobre la que se mueve un indicador (aguja, punto luminoso, disco), que en teléfonos y radios sirve para seleccionar el número o emisora.

dialectalismo *s. m.* Palabra, construcción o fenómeno fonético propio de un dialecto.

dialéctica (del lat. *dialectica*, y éste del gr. *dialektika*) *s. f.* **1.** Parte de la filosofía que trata del razonamiento y sus reglas; método de esta disciplina. **2.** Arte de discutir o argumentar. **3.** Conjunto de razonamientos y modo de estructurarlos en un discurso, controversia, etc. SIN. **3.** Argumentación. FAM. Dialéctico. DIÁLOGO.

dialecto (del lat. *dialectus*, y éste del gr. *dialektos*, de *dialegomai*, hablar) *s. m.* **1.** Variedad que adopta una lengua en una determinada área geográfica; p. ej. el andaluz es un dialecto del castellano. **2.** Cualquier lengua al ser considerada procedente de otra, p. ej. las lenguas romances respecto del latín. FAM. Dialectal, dialectalismo, dialectología, dialectólogo.

dialectología (del gr. *dialektos*, manera de hablar, y *-logía*) *s. f.* Rama de la lingüística que estudia los dialectos.

dialefa (de *dia-* y *sinalefa*) *s. f.* En ling., proximidad de dos vocales que se no se pronuncian en la misma sílaba por razones de acento, métrica, etc., como p. ej. *baúl* o *mío.* SIN. Hiato. ANT. Diptongo; sinalefa.

diálisis (del gr. *dialysis*, disolución) *s. f.* **1.** Método de separación de sustancias existentes en una disolución mediante membranas adecuadas que permiten el paso de unos cuerpos y evitan el de otros. **2.** En med., eliminación, mediante un riñon artificial, de las sustancias de desecho que contiene la sangre en personas cuyos riñones no funcionan adecuadamente. ▪ En esta acepción se dice también *hemodiálisis.* No varía en *pl.* FAM. Dialítico, dializador, dializar. / Hemodiálisis.

dializar *v. tr.* Efectuar una diálisis. ▪ Delante de *e* se escribe *c* en lugar de *z*: *dialice.*

dialogante *adj.* Abierto al diálogo: *La actitud dialogante por ambas partes hizo posible el acuerdo.*

dialogar *v. intr.* **1.** Mantener un diálogo: *Dialogué con él largamente.* **2.** Discutir un asunto para llegar a un acuerdo o encontrar solución a un problema: *El gobierno accedió a dialogar con la guerrilla.* ▪ Delante de *e* se escribe *gu* en lugar de *g*: *dialogue.* SIN. **1.** Conversar, hablar. **2.** Negociar.

diálogo (del lat. *dialogus*, y éste del gr. *dialogos*, de *dialegomai*, hablar) *s. m.* **1.** Conversación entre dos o más personas. **2.** Discusión entre personas o grupos de opiniones distintas para lograr un acuerdo o acercamiento. **3.** Parte de una obra literaria o cinematográfica en la que la acción transcurre en forma de conversación entre los personajes. **4.** Género literario en el que dos personajes conversan, exponiendo opiniones opuestas. || **5. diálogo de besugos** *fam.* Conversación sin sentido. SIN. **1.** Plática, charla. **2.** Debate, negociación. ANT. **1.** y **3.** Monólogo. FAM. Dialogante, dialogar. / Dialéctica.

diamante (del lat. vulgar *diamas, -antis*, del lat. *adamas, -antis*, y éste del gr. *adamas, -antos*) *s. m.* **1.** Piedra preciosa compuesta de carbono puro cristalizado; es el más brillante y duro de los minerales, por lo que es muy apreciada en joyería y en la industria. || *s. m. pl.* **2.** Uno de los cuatro palos de la baraja francesa. || **3. diamante bruto** (o **en bruto**) El que está sin tallar; también, persona o cosa de gran valor, pero a la que falta educación o pulimento. FAM. Diamantífero, diamantino.

diamantino, na *adj.* **1.** Del diamante: *brillo diamantino.* **2.** Firme, duro, inquebrantable: *una voluntad diamantina.*

diametralmente (de *diámetro*) *adv. m.* **1.** De un extremo al opuesto: *Cruzó diametralmente la habitación.* **2.** Enteramente, completamente: *Somos diametralmente distintos.*

diámetro (del lat. *diametrus*, y éste del gr. *diametros*, de *dia*, a través, y *metron*, medida) *s. m.* Recta que, pasando por el centro, une dos puntos opuestos de una circunferencia, de una curva o de la superficie de una esfera. FAM. Diametral, diametralmente. / Semidiámetro. METRO[1].

diana (del ital. *diana*) *s. f.* **1.** Toque militar de corneta para despertar a la tropa. **2.** Centro de un blanco de tiro.

diantre *s. m. fam.* Diablo, demonio. Se usa mucho como interjección para expresar sorpresa o enfado.

diapasón (del lat. *diapason*, y éste del gr. *diapason*, de *dia*, a través, y *pason*, de todas las cuerdas o notas) *s. m.* **1.** Frecuencia asignada a un sonido, que regula y condiciona a los restantes de un sistema musical. **2.** P. ext., instrumento que produce ese sonido, normalmente en forma de horquilla que vibra al ser golpeada. **3.** Escala musical que puede abarcar una voz o un instrumento. **4.** Trozo de madera que cubre el mástil de los instrumentos musicales de arco.

diaporama *s. f.* Sistema audiovisual de proyección de diapositivas sobre una o varias pantallas en las que las imágenes se funden o mezclan y están sincronizadas con el sonido. SIN. Multivisión.

diapositiva (de *dia-* y *positiva*) *s. f.* Fotografía positiva copiada en material transparente para ser proyectada. SIN. Filmina, transparencia.

diarero, ra *adj. Amér. del S.* Vendedor o repartidor de diarios.

diario, ria (del lat. *diarium*) *adj.* **1.** De todos los días: *la comida diaria.* || *s. m.* **2.** Periódico que se publica todos los días. **3.** Libro en el que alguien recoge acontecimientos y pensamientos distribuidos por días. **4.** Gasto del día en una casa. || **5. diario de a bordo** Aquel en el que el capitán de un barco refleja las incidencias de un viaje. || LOC. **a diario** *adv.* Cada día, todos los días: *Viene a diario por aquí.* **de diario** *adj.* Se aplica a lo que se usa ordinariamente, sin reservarlo para las ocasiones extraordinarias: *ropa de diario.* SIN. **1.** Cotidiano. FAM. Diarero, diariamente, diarismo, diarista. / Telediario. DÍA.

diarismo (de *diario*) *s. m. Amér.* Periodismo.

diarquía (del gr. *diarkhia*, de *dis* dos y *arkho*, gobernar) *s. f.* Forma de gobierno en la que dos personas ejercen simultáneamente el poder.

diarrea (del lat. *diarrhoea*, y éste del gr. *diarrhoia*, de *diarrheo*, fluir a través) *s. f.* **1.** Trastorno del aparato digestivo que consiste en evacuaciones frecuentes de excrementos líquidos o semilíquidos. || **2. diarrea mental** *fam.* Gran confusión de ideas. SIN. **1.** Descomposición. ANT. **1.** Estreñimiento. FAM. Diarreico.

diáspora (del gr. *diaspora*, dispersión) *s. f.* **1.** Dispersión de los judíos por diversos lugares del mundo. **2.** P. ext., dispersión de un conjunto numeroso de personas: *En septiembre comienza la diáspora de veraneantes.*

diástole (del lat. *diastole*, y éste del gr. *diastole*, dilatación) *s. f.* **1.** Movimiento de dilatación del corazón, durante el cual la sangre procedente de las venas inunda las aurículas y los ventrículos. **2.** Licencia poética que utiliza como larga una sílaba breve. ANT. **1.** y **2.** Sístole. FAM. Diastólico.

diatónico, ca (del lat. *diatonicus*, y éste del gr. *diatonikos*, de *dia*, por, y *tonos*, tono) *adj.* En mús., se dice de la escala compuesta por cinco tonos y dos semitonos.

diatriba (del lat. *diatriba*, y éste del gr. *diatribe*) *s. f.* Ataque violento efectuado de palabra, por escrito, etc., contra personas o cosas. SIN. Sátira, invectiva. ANT. Alabanza, defensa.

diávolo *s. m.* Diábolo*.

dibujar (del fr. ant. *deboissier*, labrar en madera) *v. tr.* **1.** Trazar sobre una superficie, por medio de lápiz, carboncillo, pluma, etc., la figura de alguna cosa. **2.** Describir: *Dibujó la situación en pocas palabras.* **3.** Preparar un plan, un proyecto, etc.: *Se encargará de dibujar una estrategia publicitaria.* || **dibujarse** *v. prnl.* **4.** Aparecer o mostrarse vagamente: *Empezaban a dibujarse en su rostro unas pequeñas arrugas.* SIN. **1.** Pintar, ilustrar. **2.** Representar. **3.** Pensar, idear. **4.** Revelarse; percibirse. ANT. **1.** Borrar. **4.** Esfumarse. FAM. Dibujante, dibujo. / Desdibujar.

dibujo *s. m.* **1.** Arte de dibujar: *Estudia dibujo en una academia.* **2.** Representación gráfica de una imagen trazada mediante líneas y sombras sobre una superficie plana: *un dibujo a lápiz.* **3.** Motivo decorativo: *una tela con un dibujo de flores.* || **4. dibujo lineal** El realizado con escuadra, cartabón, compás y otros instrumentos semejantes. **5. dibujos animados** Los que adquieren movimiento gracias a la técnica cinematográfica. || LOC. **no meterse en dibujos** *fam.* No hacer o decir más que lo estrictamente necesario: *Termina rápido y no te metas en dibujos.* SIN. **2.** Apunte, boceto, esbozo.

dicción (del lat. *dictio, -onis*) *s. f.* **1.** Manera de pronunciar: *Ese actor tiene una dicción clara.* **2.** Modo de hablar o escribir: *un autor de dicción clásica.* SIN. **1.** Pronunciación, vocalización. **2.** Expresión. FAM. Diccionario. DECIR[1].

diccionario (de *dicción*) *s. m.* Obra en la que se ordenan alfabéticamente las palabras de un idioma, materia, etc., definiendo cada una de ellas o dando su equivalencia en otras lenguas: *diccionario ilustrado, diccionario bilingüe, diccionario de informática.* SIN. Vocabulario, léxico. FAM. Diccionarista. DICCIÓN.

dicha (del lat. *dicta*, de *dictus*, dicho) *s. f.* Felicidad, fortuna: *Qué dicha tenerte aquí.* SIN. Alegría, ventura. ANT. Desdicha. FAM. Dichosamente, dichoso. / Desdicha.

dicharachero, ra *adj. fam.* Se dice de la persona alegre, que emplea bromas y dichos ingeniosos en la conversación. SIN. Ocurrente, ingenioso. ANT. Serio. FAM. Dicharacho. DICHO.

dicho, cha (del lat. *dictus, dicta*) **1.** *p.* irreg. de **decir.** || *adj.* **2.** Que se ha dicho o mencionado antes: *Dichas acusaciones son falsas.* || *s. m.* **3.** Palabra o conjunto de palabras con las que se expresa algo o que constituyen una máxima o consejo popular: *un repertorio de dichos famosos.* **4.** Ocurrencia ingeniosa. || LOC. **dicho y hecho** *fam.* Indica la prontitud con que se hace una cosa: *Lo propuso y, dicho y hecho, se puso manos a la obra.* **mejor dicho** *adv.* y *conj.* Rectifica o aclara algo que se acaba de decir: *Le ordené, mejor dicho, le rogué que me lo diese.* SIN. **2.** Citado. **3.** Frase, locución, decir. **4.** Agudeza, gracia, salida. FAM. Dicharachero. / Antedicho, entredicho, redicho, sobredicho, susodicho. DECIR[1].

dichoso, sa *adj.* **1.** Feliz, afortunado. **2.** Molesto o fastidioso: *Deja de tocar la dichosa trompeta.* SIN. **1.** Contento; venturoso. **2.** Desagradable, maldito. ANT. **1.** Infeliz; desafortunado.

diciembre (del lat. *december, -bris*, de *decem*, diez; décimo mes del año entre los romanos) *s. m.* Duodécimo y último mes del año, que tiene treinta y un días.

dicotiledónea (de *di-*[2], y *kotiledon*, cavidad) *adj.* **1.** Se dice de la planta angiosperma caracterizada por tener semillas provistas de dos cotiledones. También *s. f.* || *s. f. pl.* **2.** Clase constituida por estas plantas.

dicotomía (del gr. *dikhotomia*) *s. f.* División en dos partes de una cosa o asunto. SIN. Bipartición.

dicromático, ca (del gr. *dikhromatikos*) *adj.* Que tiene dos colores. SIN. Bicolor. FAM. Dicromatismo. CROMÁTICO.

dicromatismo *s. m.* En med., anomalía congénita de la visión que impide la percepción de uno de los colores -azul, rojo, ver conformantes del color.

dictado (del lat. *dictatus*, de *dictare*, dictar) *s. m.* **1.** Acción de dictar: *Hicimos un dictado en clase.* **2.** Calificativo o sobrenombre que se da a alguien: *Se le aplica el dictado de prudente.* || *s. m. pl.* **3.** Inspiraciones o mandatos de la razón o de la conciencia: *dictados morales.* || LOC. **al dictado** *adv.* Con verbos como *copiar* o *escribir*, hacerlo escribiendo el texto que otro dicta; también, con otros verbos, realizar lo que éstos expresan, pero siguiendo las indicaciones o mandatos de otra persona. SIN. **3.** Exigencias, imperativos.

dictador, ra (del lat. *dictatorem*) *s. m.* y *f.* **1.** Gobernante que asume todo el poder y lo ejerce al margen de la constitución o las leyes de un país. **2.** Persona autoritaria. También *adj.* SIN. **1.** Autócrata, tirano. FAM. Dictadura, dictatorial, dictatorialmente. DICTAR.

dictadura (del lat. *dictatura*) *s. f.* **1.** Gobierno de un dictador y régimen político que lo defiende. **2.** Concentración de todos los poderes en un solo individuo o institución. **3.** Fuerza o poder dominante: *la dictadura de la moda.* SIN. **1.** Totalitarismo, autarquía, tiranía, autoritarismo. ANT. **1.** Democracia.

dictáfono (nombre comercial registrado) *s. m.* Aparato utilizado para grabar conversaciones, mensajes, etc., y reproducirlos después. SIN. Magnetófono.

dictamen (del lat. *dictamen*) *s. m.* Juicio u opinión sobre un determinado asunto, en especial el expresado por una persona con autoridad o una institución competente: *Los médicos no consiguieron ponerse de acuerdo en su dictamen.* SIN. Parecer, decisión, sentencia, veredicto. FAM. Dictaminador, dictaminar. DICTAR.

dictaminar *v. intr.* Dar dictamen sobre un asunto. SIN. Declarar, exponer, decidir, señalar.

dictar (del lat. *dictare*) *v. tr.* **1.** Leer o decir algo para que otro lo escriba. **2.** Dar o promulgar leyes, normas, fallos, etc. **3.** Inspirar, sugerir: *Hizo lo que le dictó su conciencia.* **4.** Pronunciar: *El catedrático ha dictado un ciclo de conferencias.* SIN. **2.** Publicar, emitir, decretar. **3.** Aconsejar, guiar. ANT. **2.** Derogar. FAM. Dictado, dictador, dictáfono, dictamen.

dicterio (del lat. *dicterium*) *s. m.* Insulto, ofensa. SIN. Injuria, improperio. ANT. Elogio.

didáctica *s. f.* Rama de la pedagogía que se ocupa de las técnicas y métodos de enseñanza.

didáctico, ca (del gr. *didaktikos*, de *didasko*, enseñar) *adj.* **1.** Relacionado con la enseñanza: *métodos didácticos.* **2.** Adecuado para enseñar: *Ese me parece un juego muy didáctico.* SIN. **1.** y **2.** Pedagógico, educativo. FAM. Didáctica, didácticamente, didactismo. / Autodidacto.

didáctilo, la *adj.* Que tiene dos dedos.

didactismo *s. m.* Cualidad de didáctico o adecuado para la enseñanza: *La abundancia de esquemas refuerza el didacticismo de este libro.*

diecinueve *adj. num. card.* **1.** Diez más nueve. También *pron.* y *s. m.* || *adj. num. ord.* **2.** Decimonoveno. También *pron.* || *s. m.* **3.** Signos con que se representa. ■ Se escribe también *diez y nueve.* FAM. Decimonónico, diecinueveavo. DIEZ y NUEVE.

dieciochesco, ca *adj.* Del s. XVIII o relacionado con él.

dieciocho *adj. num. card.* **1.** Diez más ocho. También *pron.* y *s. m.* || *adj. num. ord.* **2.** Decimoctavo. También *pron.* || *s. m.* **3.** Signos con que se representa. ■ Se escribe también *diez y ocho.* FAM. Dieciochavo, dieciochesco, dieciochoavo. DIEZ y OCHO.

dieciséis *adj. num. card.* **1.** Diez más seis. También *pron.* y *s. m.* || *adj. num. ord.* **2.** Decimosexto. También *pron.* || *s. m.* **3.** Signos con que se representa. ■ Se escribe también *diez y seis.* FAM. Dieciseisavo. DIEZ y SEIS.

diecisiete *adj. num. card.* **1.** Diez más siete. También *pron.* y *s. m.* || *adj. num. ord.* **2.** Decimoséptimo. También *pron.* || *s. m.* **3.** Signos con que se representa. ■ Se escribe también *diez y siete.* FAM. Diecisieteavo. DIEZ y SIETE.

diedro (del gr. *diedros*, de *dis*, dos, y *edra*, plano) *adj.* Se aplica al ángulo formado por dos planos que se cortan.

dieléctrico, ca *adj.* Se aplica al cuerpo que no conduce la corriente eléctrica.

diencéfalo *s. m.* Parte del encéfalo que constituye la zona del cerebro de desarrollo más avanzado en la escala evolutiva de los animales.

diente (del lat. *dens, dentis*) *s. m.* **1.** Cada uno de los huesos que encajados en las mandíbulas sirven para triturar los alimentos. **2.** Cada uno de los salientes de ciertos mecanismos o herramientas, especialmente las ruedas dentadas o engranajes. || **4. diente de ajo** Cada una de las partes en que se divide una cabeza de ajo. **5. diente de leche** Cada uno de los de la primera dentición, que se caen al llegar los niños a cierta edad. **6. diente de león** Planta herbácea compuesta de hojas basales profundamente dentadas y cabezuelas de flores amarillas, que se emplean como diurético. || LOC. **armarse hasta los dientes** *fam.* Armarse mucho. **dar** uno **diente con diente** *fam.* Tiritar de frío; también, tener mucho miedo. **enseñar** (o **mostrar**) **los dientes** *fam.* Demostrar que uno está dispuesto a atacar o defenderse. **estar** alguien **que echa los dientes** *fam.* Estar muy enfadado, colérico. **hablar** (o **decir**) una cosa **entre dientes** Decirla en voz muy baja para que no se oiga; también, refunfuñar, murmurar. **hincar** (o **meter**) uno **el diente** *fam.* Comer algo difícil de masticar; enfrentarse con la dificultad de algún asunto; apropiarse de algo que pertenece a otro. **pelar el diente** *Méx., P. Rico,* y *Ven. fam.* Adular, halagar. *Amér. C.* y *Col. fam.* Sonreír mucho por coquetear. **poner** una cosa **los dientes largos** *fam.* Provocar algo mucho deseo, dar envidia: *Ese viaje me pone los dientes largos.* **tener** uno **buen diente** *fam.* Ser muy comilón. FAM. Dentado, dentadura, dental, dentario, dentellar, dentellear, dentera, dentición, dentículo, dentífrico, dentina, dentirrostro, dentista, dentistería, dentón, dentudo. / Desdentado, edentado, endentecer, escarbadientes, mondadientes, tridente.

diéresis (del lat. *diaeresis*, y éste del gr. *diairesis*, división) *s. f.* **1.** Pronunciación en sílabas distintas de dos vocales que normalmente forman diptongo, como *ru-i-na* por *rui-na*. **2.** Signo ortográfico (¨) que se coloca encima de la *u* de las sílabas *gue* y *gui* cuando se pronuncia aquélla, p. ej. en la palabra *cigüeña*. ■ No varía en *pl.*

diesel *s. m.* Motor donde el aire se comprime a alta presión, lo que aumenta la temperatura y provoca la explosión del combustible en el cilindro sin necesidad de bujía. FAM. Turbodiesel.

diestro, tra (del lat. *dexter, -tra, -trum*) *adj.* **1.** Que queda a mano derecha: *el lado diestro.* **2.** Que utiliza preferentemente la mano derecha. También *s. m.* y *f.* **3.** Hábil, experto: *Es diestro en jardinería.* || *s. m.* **4.** Matador de toros: *un diestro valiente.* || *s. f.* **5.** Mano derecha: *Levantó la diestra.* || LOC. **a diestro y siniestro** *adv.* A todos lados, sin orden ni miramiento. SIN. **3.** Ducho, versado. **4.** Torero. ANT. **2.** Zurdo. **3.** Torpe. **5.** Zurda. FAM. Destral, destreza, diestramente. / Adiestrar, ambidextro, ambidiestro.

dieta[1] (del lat. *diaeta*, y éste del gr. *diaita*, régimen de vida) *s. f.* **1.** Régimen de comidas que se ha de guardar por enfermedad o para adelgazar: *una dieta con pocas calorías.* **2.** P. ext., tipo de alimentación: *la dieta de los deportistas.* FAM. Dietética, dietético, dietista.

dieta[2] (del bajo lat. *dieta*, de *dies*, día) *s. f.* **1.** Cantidad que se paga a los que ejecutan algunas comisiones o realizan un trabajo fuera de la población en la que residen. Se usa más en *pl.*: *Aún tiene que cobrar las dietas.* **2.** Retribución de los representantes en cortes o cámaras legislativas. **3.** En ciertas confederaciones, asamblea extraordinaria de los distintos estados confederados. FAM. Dietario.

dietario (de *dieta*[2]) *s. m.* **1.** Libro en el que se anotan diariamente las cuentas de una casa o de un comercio. **2.** Agenda.

dietética (del lat. *diaetetica*) *s. f.* Parte de la medicina que estudia la influencia del régimen de alimentación en la salud. FAM. Herbodietética. DIETA[1].

dietista *s. m.* y *f.* Médico especialista en dietética.

diez (del lat. *decem*) *adj. num. card.* **1.** Nueve más uno. También *pron.* y *s. m.* || *adj. num. ord.* **2.** Décimo. También *pron.*: *el diez de diciembre.* || *s. m.* **3.** Signo con que se representa. **4.** *Chile* y *Méx.* Moneda de diez centavos. FAM. Diecinueve, dieciocho, dieciséis, diecisiete, diezmar, diezmo. / Década, decagono, decálogo, decatlón, decena, decenio, décimo, décuplo.

diezmar (de *diez*) *v. tr.* **1.** Causar gran mortalidad o destrucción una epidemia u otra calamidad: *Las plagas han diezmado la cosecha.* **2.** Sacar o separar una de cada diez personas o cosas. SIN. **1.** Dañar, perjudicar, disminuir.

diezmilésimo, ma *adj. num. part.* Se dice de cada una de las diez mil partes iguales en que se divide un todo. También *s. m.* y *f.*

diezmo (del lat. *decimus*, de *decem*, diez) *s. m.* Antiguo impuesto que se pagaba a la Iglesia o a la corona.

difamar (del lat. *diffamare*) *v. tr.* Decir de una persona en público cosas que perjudican gravemente su buena fama. SIN. Infamar, denigrar. ANT. Acreditar. FAM. Difamación, difamador, difamante, difamatorio. FAMA.

diferencia (del lat. *differentia*) *s. f.* **1.** Cualidad, circunstancia o aspecto que distinguen a una persona o cosa de otra: *diferencia de edad.* **2.** Desacuerdo o disputa. Se usa más en *pl.*: *Los generales tuvieron sus diferencias.* **3.** Resultado de efectuar una resta o sustracción de dos expresiones algebraicas. || LOC. **a diferencia de** *prep.* Precede a la persona o cosa que es diferente a otra con la que se la compara: *Luis, a diferencia de su hermano, es estudioso.* **partir la diferencia** *fam.* En una disputa o trato, ceder en algo cada uno para encontrar un justo punto medio. SIN. **1.** Disimilitud, disparidad. **2.** Discrepancia, desavenencia. ANT. **1.** Igualdad. **2.** Coincidencia. FAM. Diferenciación, diferencial, diferenciar, diferente, diferentemente. DIFERIR.

diferencial *adj.* **1.** Propio de las cosas o cualidades que diferencian. **2.** Se aplica a una cantidad infinitamente pequeña. **3.** En mat., cantidad infinitamente pequeña de una variable. || *s. m.* **4.** Mecanismo que emplean los automóviles para permitir el movimiento independiente de las dos ruedas del eje sobre el que actúa el motor. SIN. **1.** Distintivo. ANT. **1.** Común.

diferenciar *v. tr.* **1.** Percibir como distintas dos o más personas o cosas: *Ya sabe diferenciar las letras.* **2.** Hacer que una persona o cosa sea distinta de otra u otras: *Las salsas diferencian la carne.* || **diferenciarse** *v. prnl.* **3.** Ser distinta de otra una persona o cosa: *Se diferenció por su talento.* SIN. **1.** Distinguir. **2.** Desigualar, diversificar. **3.** Diferir, sobresalir, despuntar. ANT. **1.** Confundir. **2.** Igualar, asemejar. **3.** Parecerse, asemejarse.

diferendo *s. m. Amér. del S.* Desavenencia, litigio o desacuerdo entre países, instituciones o personas.

diferente (del lat. *differens, -entis*) *adj.* **1.** Distinto, diverso: *Las casas eran diferentes.* || *adv. m.* **2.** Diferentemente: *Su voz suena diferente.* SIN. **1.** Desigual, desemejante. ANT. **1.** Semejante. **1.** y **2.** Igual. FAM. Indiferente. DIFERENCIA.

diferido, da *p.* de **diferir**. También *adj.* || LOC. **en diferido** *adj.* y *adv.* Se dice de la emisión de radio o televisión transmitida para el público posteriormente a su grabación o filmación.

diferir (del lat. *differre*) *v. tr.* **1.** Dejar algo para más tarde: *diferir un pago.* || *v. intr.* **2.** Ser diferente de otra una persona o cosa. **3.** No estar de acuerdo con alguien o algo: *Difiero de tu opinión.* ■ Es v. irreg. Se conjuga como *sentir.* SIN. **1.** Aplazar, demorar, posponer. **2.** Diferenciarse, distinguirse. **3.** Discrepar, disentir. ANT. **1.** Adelantar. **2.** Asemejarse. **3.** Coincidir. FAM. Diferencia, diferido.

difícil (del lat. *difficilis*) *adj.* **1.** Se aplica a lo que cuesta mucho trabajo y esfuerzo lograr, entender o resolver: *un problema difícil.* **2.** Poco tratable, de mal carácter, rebelde. SIN. **1.** Dificultoso, complejo, intrincado, delicado. **1.** y **2.** Complicado. ANT. **1.** Fácil. **2.** Accesible. FAM. Difícilmente, dificultad, dificultar, dificultosamente, dificultoso.

dificultad (del lat. *difficultas, -atis*) *s. f.* **1.** Cualidad que poseen las cosas difíciles. **2.** Situación o cosa difícil que se tiene que hacer o resolver: *Le pusieron dificultades en la aduana.* SIN. **1.** Complicación, complejidad. **2.** Obstáculo, contrariedad, traba. ANT. **1.** Facilidad.

dificultar (del lat. *difficultare*) *v. tr.* Poner obstáculos para la realización de alguna cosa o hacerla más difícil: *La lluvia dificulta el viaje.* SIN. Estorbar, entorpecer, obstaculizar. ANT. Facilitar.

difracción (del lat. *diffractus*, roto, quebrado) *s. f.* Dispersión de una onda o de un rayo de luz cuando es interceptado por un obstáculo o cuerpo opaco a la onda. FAM. Difractar, difrangente. FRACCIÓN.

difteria (del gr. *diphthera*, membrana) *s. f.* Enfermedad infecciosa que se caracteriza por la formación de unas membranas o placas en la garganta que impiden la respiración. SIN. Garrotillo. FAM. Diftérico.

difuminar *v. tr.* **1.** Extender con el dedo o el difumino los trazos de lápiz o carboncillo. **2.** Disminuir progresivamente la nitidez y la concreción de algo. También *v. prnl.* SIN. **1.** Esfumar, esfuminar. **2.** Desvanecer(se), diluir(se). ANT. **1.** Perfilar. **2.** Concretar(se). FAM. Difumino. HUMO.

difumino *s. m.* Rollito de papel suave, terminado en punta, que sirve para difuminar las sombras de un dibujo. ■ Se dice también *esfumino.*

difundir (del lat. *diffundere*) *v. tr.* **1.** Extender, derramar. También *v. prnl.*: *La luz se difunde por la sala.* **2.** Hacer que una noticia, doctrina, etc., sea conocida por un gran número de personas: *La prensa difundió los nombramientos.* También *v. prnl.* ■ Tiene dos p.: uno reg., *difundido*, que se emplea para formar los tiempos compuestos, y otro irreg., *difuso*, usado como adj. SIN. **1.** Esparcir(se), dispersar(se). **2.** Divulgar(se), propalar(se). ANT. **1.** Recoger(se). **2.** Ocultar(se). FAM. Difusamente, difusión, difusivo, difuso, difusor. / Radiodifundir. FUNDIR.

difunto, ta (del lat. *deffunctus*) *adj.* Se dice de la persona muerta. También *s. m.* y *f.* SIN. Fallecido, finado. ANT. Vivo. FAM. Defunción.

difusión (del lat. *diffusio, -onis*) *s. f.* **1.** Acción de difundir o difundirse: *los medios de difusión.* **2.** Extensión e imprecisión en lo que se habla o escribe. SIN. **1.** Expansión, propagación, divulgación, transmisión. **2.** Profusión, confusión, prolijidad, vaguedad. ANT. **1.** Concreción, limitación. **2.** Precisión, claridad. FAM. Cabledifusión, teledifusión. DIFUNDIR.

difuso, sa (del lat. *diffusus*) **1.** *p.* irreg. de **difundir**. || *adj.* **2.** Ancho, dilatado: *un espacio difuso.* **3.** Impreciso, poco concreto, vago: *una luz difusa.* SIN. **2.** Extenso. **3.** Difuminado, borroso, prolijo. ANT. **2.** Estrecho. **3.** Nítido.

difusor, ra *adj.* **1.** Que difunde: *Esta institución realiza una importante labor difusora de la cultura.* También *s. m.* y *f.* || *s. m.* **2.** Aparato o pieza que sirve para difundir o dispersar algo, generalmente un fluido: *El difusor de este ventilador envía el aire en todas direcciones.* SIN. **1.** Propagador, divulgador, transmisor.

digerir (del lat. *digerere*) *v. tr.* **1.** Hacer la digestión, convertir en el aparato digestivo los alimentos en sustancia apta para la nutrición. **2.** Superar una ofensa, disgusto, desgracia, etc. Se usa más en frases negativas: *Aún no ha digerido la derrota.* **3.** Entender, asimilar: *Le costó mucho digerir el libro.* ■ Es v. irreg. Se conjuga como *sentir.* SIN. **2.** Encajar, sobrellevar. **3.** Comprender. FAM. Digerible. / Indigerible. DIGESTIÓN.

digestión (del lat. *digestio, -onis*) *s. f.* Conjunto de procesos que convierten los alimentos en sustancias más sencillas que pueden ser asimiladas por el organismo. SIN. Asimilación, absorción. FAM. Digerir, digestibilidad, digestible, digestivo, digestólogo. / Indigestión. GESTIÓN.

digestivo, va (del lat. *digestivus*) *adj.* **1.** Se dice de las operaciones y partes del organismo que realizan la digestión. **2.** Que ayuda a la digestión: *un tónico digestivo.* También *s. m.* SIN. **1.** Gástrico. **2.** Eupéptico. ANT. **2.** Indigesto.

digitación *s. f.* **1.** En mús., indicación de los dedos que se deben emplear para cada nota en los diferentes instrumentos de viento y cuerda. **2.** P. ext., adiestramiento de los dedos para tocar un instrumento.

digitado, da (del lat. *digitatus*, de *digitus*, dedo) *adj.* **1.** En forma de dedos. **2.** Se aplica a los vertebrados con dedos en las patas, como el mono.

digital (del lat. *digitalis*) *adj.* **1.** De los dedos. **2.** Se dice de los instrumentos de medida que presentan los datos en forma de dígitos o números: *un reloj digital.* **3.** Planta angiosperma, de hojas alternas, flores en racimo, con corola en forma de dedal, y fruto en cápsula, de la que se obtiene un medicamento eficaz contra la insuficiencia cardiaca. SIN. **3.** Dedalera. FAM. Interdigital. DÍGITO.

digitalina *s. f.* Sustancia muy venenosa, extraída de una variedad de la planta llamada digital, que se suministra en mínimas dosis para regular el ritmo cardíaco y contra las úlceras de estómago.

digitalizar *v. tr.* En inform., expresar en dígitos una información. ■ Delante de *e* se escribe *c* en lugar de *z*. FAM. Digitalización. DÍGITO.

digitígrado, da *adj.* Animal que para caminar apoya sólo los dedos y no la planta del pie, como el perro o el gato.

dígito (del lat. *digitus*, dedo) *s. m.* **1.** Cada una de las cifras que se emplean para escribir un número. **2.** Cada una de las doce partes en las que se divide el diámetro aparente del Sol y de la Luna en el cálculo de los eclipses. FAM. Digitación, digitado, digital, digitalina, digitalizar, digitígrado. DEDO.

diglosia (del gr. *diglossos*, de dos lenguas) *s. f.* Coexistencia en un país o región de dos lenguas diferentes. SIN. Bilingüismo.

dignarse (del lat. *dignare*) *v. prnl.* Tener a bien o aceptar hacer algo: *No se dignó a recibirnos.* ■ Se usa mucho en fórmulas sociales, en imperativo: *Dígnese presidir la mesa.* SIN. Consentir. ANT. Negarse.

dignatario *s. m.* Persona que tiene un empleo, cargo o dignidad elevados. SIN. Mandatario.

dignidad (del lat. *dignitas, -atis*) *s. f.* **1.** Cualidad de digno. **2.** Honor, estima, respetabilidad. **3.** Excelencia, altura: *Está a tono con la dignidad del puesto.* **4.** Seriedad y honestidad en la forma de comportarse las personas. **5.** Cargo honorífico y de autoridad: *Alcanzó la dignidad de arzobispo.* **6.** Persona que lo posee: *Es una alta dignidad eclesiástica.* SIN. **1.** y **2.** Honra, honorabilidad. **3.** Importancia, elevación. **4.** Gravedad, decoro, decencia, nobleza. **5.** Título. **6.** Personalidad. ANT. **1.** y **2.** Indignidad. **3.** Insignificancia.

dignificar (del lat. *dignificare*) *v. tr.* Dar dignidad a una persona o cosa o aumentar la que ya tiene. También *v. prnl.* ■ Delante de *e* se escribe *qu* en lugar de *c*. SIN. Honrar, engrandecer, ennoblecer, enaltecer, ensalzar. ANT. Rebajar, humillar. FAM. Dignificable, dignificación, dignificante. DIGNO.

digno, na (del lat. *dignus*) *adj.* **1.** Que merece lo que se expresa, sea favorable o adverso: *digno de desprecio.* **2.** Proporcionado o correspondiente al mérito o condición de una persona o cosa. **3.** Que actúa, habla, etc. con seriedad o de forma que merece el respeto de los demás y de sí mismo. **4.** Decoroso, suficiente: *un sueldo digno.* SIN. **1.** Merecedor, acreedor. **2.** Justo, conveniente. **3.** Honorable, noble, honrado, honesto. **3.** y **4.** Decente. ANT. **1.** a **4.** Indigno. **2.** Injusto. **3.** Deshonroso. **4.** Mísero. FAM. Dignamente, dignarse, dignatario, dignidad, dignificar. / Condigno, fidedigno, indigno.

dígrafo (de *di-*[2] y *-grafo*) *s. m.* Grupo de dos letras que representan un solo sonido como *ch, ll, rr.*

digresión (del lat. *digressio, -onis*) *s. f.* En un discurso o escrito, parte de los mismos o comentario que se aparta del tema principal. SIN. Paréntesis, inciso.

dije *s. m.* **1.** Joya o adorno que se lleva colgado de una cadena, pulsera, etc. ‖ *adj.* **2.** *Chile fam.* Simpático, afable, agradable. SIN. **1.** Colgante, medallón.

dilacerar (del lat. *dilacerare*) *v. tr.* Lacerar*. FAM. Dilaceración. LACERAR.

dilación (del lat. *dilatio, -onis*) *s. f.* Detención o retraso de una cosa por algún tiempo: *una dilación en las obras.* SIN. Demora, tardanza, aplazamiento, moratoria. ANT. Anticipación.

dilapidar (del lat. *dilapidare*) *v. tr.* Gastar muy deprisa, en cosas innecesarias o sin prudencia, el dinero u otros bienes: *dilapidar una herencia.* SIN. Derrochar, despilfarrar, malgastar. ANT. Ahorrar. FAM. Dilapidación, dilapidador.

dilatar (del lat. *dilatare*) *v. tr.* **1.** Aumentar el tamaño de algo, generalmente por una elevación de su temperatura: *El fuego dilató el metal.* También *v. prnl.* **2.** Alargar una cosa, extenderse en ella o hacer que dure más tiempo del necesario o previsto. También *v. prnl.* **3.** Retrasar: *Dilató varios días la respuesta.* También *v. prnl.* **4.** Con palabras como *ánimo, corazón*, etc., poner contento por algo. También *v. prnl.*: *Se me dilata el ánimo al leer esos poemas.* SIN. **1.** Agrandar(se), ampliar(se). **2.** Prolongar(se). **3.** Demorar(se), aplazar(se), diferir. **4.** Alegrarse. ANT. **1.** Contraer(se). **2.** Reducir(se), abreviar. **3.** Anticipar(se). **4.** Achicarse. FAM. Dilatabilidad, dilatable, dilatación, dilatadamente, dilatado, dilatador, dilatorio. / Dilación, vasodilatación. LATO.

dilección (del lat. *dilectio, -onis*) *s. f.* Cariño. SIN. Aprecio, estima. ANT. Animadversión, inquina. FAM. Dilecto. PREDILECCIÓN.

dilecto, ta (del lat. *dilectus*, de *diligere*, amar) *adj.* Querido, estimado. SIN. Amado, apreciado. ANT. Odiado.

dilema (del lat. *dilemma*, y éste del gr. *dilemma*, de *dis*, dos, y *lemma*, premisa) *s. m.* **1.** Duda entre dos cosas, especialmente si ambas son malas. **2.** Argumento que presenta una elección entre dos proposiciones que conducen a la misma conclusión. SIN. **1.** Alternativa, disyuntiva.

diletante (del ital. *dilettante*) *adj.* Aficionado, no profesional. También *s. m.* y *f.* ■ Se usa con frecuencia en sentido desp. SIN. Amateur. FAM. Diletantismo.

diligencia (del lat. *diligentia*) *s. f.* **1.** Prontitud e interés al actuar. **2.** Aquello que hay que hacer para resolver algo: *Hizo unas diligencias en el banco.* **3.** Actuación de un juez o secretario judicial en un asunto de su competencia. **4.** Nota escrita en un documento oficial y que consigna algún trámite o alguna formalidad. **5.** Coche de caballos cerrado que se destinaba al transporte de viajeros. SIN. **1.** Rapidez, presteza, celeridad. **2.** Gestión. ANT. **1.** Pereza, lentitud, negligencia.

diligenciar *v. tr.* Poner los medios necesarios para resolver o lograr algo: *Diligenciaron el permiso de obras.* SIN. Gestionar, tramitar.

diligente (del lat. *diligens, -entis*) *adj.* Rápido en el obrar, activo: *un trabajador diligente.* SIN. Presto. ANT. Negligente, descuidado. FAM. Diligencia, diligenciar, diligentemente.

dilogía (del gr. *dilogia*) *s. f.* **1.** Ambigüedad, equívoco. **2.** En ling., uso de una palabra que, según los contextos, puede tener distintos significados.

dilucidar (del lat. *dilucidare*) *v. tr.* Aclarar un asunto o problema: *dilucidar las dudas.* SIN. Esclarecer, elucidar. ANT. Oscurecer, liar. FAM. Dilucidación, dilucidador. LUZ.

diluir (del lat. *diluere*) *v. tr.* **1.** Disolver: *diluir el azúcar en el café.* También *v. prnl.* **2.** Disminuir la concentración de una disolución: *Diluir la pintura con aguarrás.* También *v. prnl.* **3.** Referido al mando, responsabilidad, atribuciones, etc., repartirlos entre varios. También *v. prnl.* **4.** Difuminar. ■ Es v. irreg. Se conjuga como *huir.* SIN. **1.** y **2.** Desleír(se). **3.** Distribuir(se). **4.** Rebajar. ANT. **2.** Concentrar(se), espesar(se). **3.** Acumular(se). **4.** Intensificar. FAM. Dilución, diluyente.

diluvial (del lat. *diluvialis*) *adj.* **1.** Relacionado con el diluvio. **2.** Se dice de los depósitos sedimentarios de materiales arrastrados por grandes corrientes de agua.

diluviano, na *adj.* Del diluvio universal.

diluviar (del lat. *diluviare*) *v. impers.* Llover abundante y violentamente.

diluvio (del lat. *diluvium*) *s. m.* **1.** Lluvia abundante y fuerte. **2.** Gran abundancia de algo: *un diluvio de regalos.* SIN. **2.** Afluencia, aluvión. ANT. **2.** Escasez. FAM. Diluvial, diluviano, diluviar. / Antediluviano, posdiluviano.

dimanar (del lat. *dimanare*) *v. intr.* **1.** Proceder el agua de sus manantiales: *La fuente dimanaba de una grieta.* **2.** Proceder una cosa de otra que se expresa: *La orden dimana del director.* SIN. **1.** Nacer, manar, salir. **2.** Provenir. FAM. Dimanación, dimanante. MANAR.

dimensión (del lat. *dimensio, -onis*) *s. f.* **1.** Longitud de una línea; longitud y anchura de una superficie; o longitud, anchura y altura de un cuerpo. **2.** Cada una de las magnitudes que sirven para definir un fenómeno físico. **3.** Aspecto de algo: *la dimensión humana del problema.* **4.** Importancia o trascendencia de algo. Se usa mucho en *pl.*: *una catástrofe de grandes dimensiones.* || **5. cuarta dimensión** El tiempo, en la teoría de la relatividad. SIN. **3.** Faceta, vertiente. **4.** Proporción, alcance. FAM. Dimensional, dimensionar. / Multidimensional, pluridimensional, tridimensional, unidimensional. MENSURAR.

dimensionar *v. tr.* **1.** Fijar las dimensiones o el valor de alguien o algo. **2.** Hacer resaltar algo, darle importancia. SIN. **1.** Medir, calibrar, mensurar, evaluar. **2.** Ponderar, valorar, destacar, acentuar. ANT. **2.** Menospreciar, rebajar. FAM. Sobredimensionar. DIMENSIÓN.

dimes y diretes *loc. fam.* Habladurías, chismes.

diminutivo, va (del lat. *diminutivus*) *adj.* **1.** Se aplica al sufijo derivativo que expresa menor tamaño o intensidad de lo significado por la raíz, o le añade ciertos valores afectivos o expresivos, como *-ito* (*trocito*), *-cito* (*golpecito*), *-ín* (*tontín*). || *s. m.* **2.** Palabra formada con estos sufijos. ANT. **1.** y **2.** Aumentativo.

diminuto, ta (del lat. *diminutus*) *adj.* De tamaño muy pequeño. SIN. Mínimo, minúsculo, insignificante. ANT. Enorme. FAM. Diminutivo. DISMINUIR.

dimisión (del lat. *dimissio, -onis*, de *dimittere*, abandonar, dejar) *s. f.* Renuncia al cargo que se ocupa.

dimisionario, ria *adj.* Que ha presentado la dimisión. También *s. m.* y *f.*

dimitir (del lat. *dimittere*) *v. intr.* Renunciar al cargo que se desempeña: *Pedro dimitió como delegado.* FAM. Dimisión, dimisionario.

dimorfismo *s. m.* **1.** Fenómeno por el que individuos de una misma especie presentan formas o aspectos distintos. **2.** En geol., fenómeno por el que una sustancia puede cristalizar en dos sistemas diferentes.

dimorfo, fa (del gr. *dimorphos*, de *dis*, dos, y *morphe*, forma) *adj.* **1.** Se aplica al mineral que puede cristalizar en dos sistemas distintos. **2.** Que se presenta bajo dos formas o aspectos diferentes. FAM. Dimorfismo.

dina (del gr. *dynamis*, fuerza) *s. f.* Unidad de fuerza en el sistema cegesimal, equivalente a la que es necesario aplicar a la masa de 1 g para comunicarle una aceleración de 1 cm/s^2.

dinamarqués, sa *adj.* Danés*.

dinámico, ca (del gr. *dynamikos*, de *dynamis*, fuerza) *adj.* **1.** Relacionado con la dinámica. **2.** Activo: *un empresario dinámico.* || *s. f.* **3.** Parte de la física que estudia las relaciones entre el movimiento de los cuerpos y las causas que lo producen. **4.** Modo de producirse algo: *La dinámica del trabajo le obliga a tratar con muchas personas.* SIN. **2.** Emprendedor, enérgico, diligente. ANT. **2.** Inactivo, perezoso. FAM. Dinamismo, dinamizar, dinamo, dinamómetro. / Aerodinámico, electrodinámica, geodinámica, hidrodinámica, termodinámica.

dinamismo (del gr. *dynamis*, fuerza) *s. m.* Actividad, energía, capacidad de hacer muchas cosas y con rapidez. SIN. Empuje, brío. ANT. Pereza.

dinamita (del gr. *dynamis*, fuerza) *s. f.* Explosivo sólido formado por un material poroso (tierra silícea o pasta de madera) empapado en nitroglicerina. FAM. Dinamitar, dinamitero.

dinamitar *v. tr.* **1.** Destruir con dinamita: *Dinamitaron el puente.* **2.** Hacer fracasar un plan, un proyecto, una idea. SIN. **1.** Volar. **2.** Torpedear.

dinamitero, ra *s. m.* y *f.* Encargado de realizar voladuras con dinamita.

dinamizar *v. tr.* Dar dinamismo a una actividad. También *v. prnl.* ■ Delante de *e* se escribe *c* en lugar de *z.* SIN. Activar(se), avivar(se), estimular(se).

dinamo o **dínamo** (del gr. *dynamis*, fuerza) *s. f.* Generador eléctrico que transforma la energía mecánica en energía eléctrica.

dinamómetro (del gr. *dynamis*, fuerza, y *-metro*) *s. m.* Instrumento para medir fuerzas.

dinar (del ár. *dinar*, y éste del lat. *denarius*) *s. m.* **1.** Antigua moneda árabe de oro. **2.** Moneda actual de Yugoslavia, Macedonia, Argelia, Jordania, Irak, Yemen, Tunicia, Kuwait, Libia, Sudán y Bahrein.

dinastía (del gr. *dynasteia*) *s. f.* **1.** Serie de reyes pertenecientes a una misma familia. **2.** P. ext., familia entre cuyos miembros se transmite el poder o la influencia política, económica o cultural. SIN. **1.** Casa. **2.** Saga, estirpe, linaje. FAM. Dinástico.

dineral *s. m.* Cantidad grande de dinero. SIN. Fortuna.

dinerario, ria *adj.* Del dinero como instrumento de cambio: *activos dinerarios.*

dinero (del lat. *denarius*) *s. m.* **1.** Cualquier medio de pago aceptado por los miembros de una comunidad. **2.** Conjunto de monedas y billetes que se utilizan para ese fin. **3.** Riqueza: *Tiene mucho dinero en cuadros.* **4.** Nombre dado a algunas monedas antiguas, como el denario romano. || **5. dinero negro** Dinero que se oculta a Hacienda para no pagar impuestos. SIN. **1.** y **2.** Parné, guita. **3.** Fortuna, patrimonio. FAM. Dineral, dinerario, dinerillo. / Adinerado, sacadineros.

dingo *s. m.* Mamífero australiano de la familia cánidos, de unos 50 cm de alto, pelo corto de color amarillento o rojizo, con las partes inferiores blancas y cola poblada.

dinosaurio (del gr. *deinos*, terrible, y *sauros*, lagarto) *s. m.* **1.** Reptil perteneciente a un grupo totalmente extinguido, que vivió en el mesozoico. Estaban adaptados a todos los medios y su tamaño oscilaba entre varios decímetros y 25 m. || *s. m. pl.* **2.** Grupo constituido por estos reptiles.

dinoterio (del gr. *deinos*, terrible, y *therion*, bestia) *s. m.* Mamífero extinguido, emparentado con los elefantes, con los colmillos curvados hacia abajo. Alcanzaba unos 5 m de altura y 6 de longitud y vivió en la era cenozoica.

dintel (del ant. *lintel*, y éste del bajo lat. *limitalis*, del lat. *limen*, umbral) *s. m.* Parte horizontal superior de los huecos de puertas y ventanas. FAM. Adintelado.

diñar (caló) *v. tr.* Dar, entregar. || LOC. **diñarla** *fam.* Morirse.

diócesis (del lat. *dioecesis*, y éste del gr. *dioikesis*, de *dioikeo*, administrar) *s. f.* **1.** Distrito al que se extiende la jurisdicción de un obispo o arzobispo. **2.** División administrativa del bajo imperio romano. ■ No varía en *pl.* SIN. **1.** Obispado. FAM. Diocesano. / Archidiócesis.

diodo (de *di-*[2] y el gr. *odos*, camino) *s. m.* Válvula electrónica en la que se ha hecho el vacío y en la que hay dos electrodos (ánodo y cátodo) cuya diferencia de potencial produce un flujo de electrones desde el cátodo hacia el ánodo. Se usa como rectificador de corriente y en aparatos electrónicos.

dioico, ca (de *di-*[2] y el gr. *oikos*, casa) *adj.* Se dice de las plantas fanerógamas unisexuales en las que cada individuo produce únicamente flores masculinas o femeninas.

dionisiaco o **dionisíaco, ca** (del lat. *dionysiacus*) *adj.* Del dios Dionisos o Baco y de sus cualidades o características. SIN. Báquico, bacanal.

dioptría (del gr. *dia*, a través, y la raíz *op*, ver) *s. f.* Unidad de potencia de una lente.

diorama (del gr. *dia*, a través de, y *orama*, vista) *s. m.* Superficie pintada por ambas caras, que al ser iluminada produce una sensación tridimensional o de movimiento.

diorita (del gr. *diorizo*, distinguir, pues se compone de elementos diversos) *s. f.* Roca ígnea compuesta fundamentalmente por plagioclasas y piroxenos, aunque a menudo contiene cuarzo, y de estructura parecida a la del granito, aunque suele ser más oscura. Se utiliza como piedra ornamental y en la construcción.

dios, sa (del lat. *deus*) *s. m.* y *f.* **1.** En las religiones politeístas, cada uno de los seres sobrenaturales que controlan algún aspecto de la realidad: *Marte era el dios de la guerra.* || *s. m.* **2.** En las religiones monoteístas, ser supremo, creador del universo. ■ En esta acepción suele escribirse con mayúscula. || LOC. **a la buena de Dios** *fam.* De cualquier manera: *Lo hizo a la buena de Dios.* **como Dios** *adv. fam.* Estupendamente: *Vive como Dios.* **como Dios le da** a uno **a entender** *adv. fam.* Como buenamente se puede. **como Dios manda** *adv. fam.* Como debe ser. **ande** (o **vaya**) **con Dios** Fórmula de despedida, adiós. **costar** (o **necesitar**) algo **Dios y ayuda** *fam.* Costar mucho esfuerzo. **dejado de la mano de Dios** *adj.* Abandonado. **Dios mediante** Si todo va bien. **ni Dios** *fam.* Nadie: *No se enteró ni Dios.* **no haber Dios que...** *fam.* No haber nadie que: *No había Dios que supiera cocinar.* **¡por Dios!** *excl.* Indica sorpresa; también se usa para pedir una limosna o hacer una petición cualquiera. **que venga Dios y lo vea** *fam.* Expresa enfado porque una cosa que otro niega es bien patente. **¡sabe Dios!** Expresa ignorancia sobre algo. **sin encomendarse a Dios ni al diablo** *adv. fam.* Por su cuenta, sin consultarlo ni meditarlo. **todo dios** *fam.* Todo el mundo. **¡válgame** (o **vaya por**) **Dios!** *excl. fam.* Expresa disgusto o sorpresa. **venir Dios a ver** a uno *fam.* Sucederle inesperadamente algo muy bueno: *Con ese premio le ha venido Dios a ver.* SIN. **1.** Divinidad, deidad. **2.** Señor, Altísimo, Todopoderoso. FAM. Deicidio, deidad, deificar, deísmo, divino. / ¡Adiós!, endiosar, pordiosear, ¡rediós!, semidiós, sindiós.

dióxido *s. m.* Compuesto en cuya molécula existen dos átomos de oxígeno por uno de otro elemento.

dipétalo, la *adj.* Que tiene dos pétalos.

diplodocus o **diplodoco** (del gr. *diploos*, doble, y *dokos*, estilete) *s. m.* Dinosaurio cuadrúpedo herbívoro que vivió durante el jurásico. Llegaba a medir más de 25 m de largo y tenía una cabeza pequeña y cuello y cola muy largos. ■ La forma *diplodocus* no varía en *pl.*

diploide (del gr. *diploos*, doble, y *eidos*, forma) *adj.* Se dice de la célula que tiene los cromosomas agrupados por parejas, uno procedente del padre y otro de la madre.

diploma (del lat. *diploma*, y éste del gr. *diploma*, de *diploo*, doblar) *s. m.* **1.** Documento en el que se afirma que alguien posee un título, premio, estudios, condición, etc. **2.** Documento antiguo. FAM. Diplomacia, diplomado, diplomar, diplomatura.

diplomacia *s. f.* **1.** Estudio y práctica de las relaciones internacionales. **2.** Conjunto de personas e instituciones que intervienen en esas relaciones. **3.** *fam.* Habilidad para tratar con otras personas: *Llevó el asunto con diplomacia.* SIN. **3.** Tacto, sutileza, astucia. ANT. **3.** Torpeza. FAM. Diplomáticamente, diplomático. DIPLOMA.

diplomado, da *adj.* Que tiene un diploma donde se acredita el haber cursado con éxito ciertos estudios. También *s. m.* y *f.*: *diplomado en peluquería.*

diplomar *v. tr.* **1.** Otorgar un título que demuestra que la persona que lo posee ha realizado satisfactoriamente ciertos estudios. || **diplomarse** *v. prnl.* **2.** Obtener ese título. SIN. **1.** y **2.** Graduar(se).

diplomático, ca *adj.* **1.** Relacionado con la diplomacia: *un cargo diplomático.* **2.** Se dice de la persona que tiene habilidad y sutileza en el trato con otras. || *s. m.* y *f.* **3.** Funcionario especializado en relaciones internacionales que representa a su país ante otros Estados u organismos. || *s. f.* **4.** Ciencia que estudia los diplomas o documentos antiguos. SIN. **2.** Hábil, astuto, sutil.

diplomatura *s. f.* Grado universitario que se obtiene después de cursar con éxito tres años en una facultad o en una escuela universitaria.

diplópodo (del gr. *diploos*, doble, y *-podo*) *adj.* **1.** Se dice de los miriápodos de pequeño tamaño, cuerpo alargado y anillado, cubierto por una coraza quitinosa, que presentan segmentos dobles en el tronco, provistos cada uno de dos pares de patas, como el milpiés. También *s. m.* || *s. m. pl.* **2.** Clase de estos animales artrópodos.

dipneo, a (de *di-*[2] y el gr. *pnoe*, respiración) *adj.* Se aplica a los animales que están dotados a un tiempo de respiración branquial y pulmonar. También *s. m.* y *f.* **FAM.** Dipnoo.

dipnoo (de *di-*[2] y el gr. *pnoe*, respiración) *adj.* **1.** Se aplica a ciertos peces osteictios que poseen pulmones además de branquias, lo que permite a algunas especies sobrevivir enterrados en el barro durante la estación seca. Habitan en ríos y lagos de África, Australia y América del Sur. También *s. m.* || *s. m. pl.* **2.** Orden de estos peces.

dipsomanía (del gr. *dipsa*, sed, y *mania*, manía) *s. f.* Tendencia irresistible a tomar bebidas alcohólicas. **SIN.** Alcoholismo. **FAM.** Dipsomaniaco, dipsómano.

díptero, ra (del lat. *dipteros*, y éste del gr. *dipteros*, de *dis*, dos, y *pteron*, ala) *adj.* **1.** Que tiene dos alas. **2.** Se dice del edificio rodeado de una doble fila de columnas o que tiene cuerpos salientes a ambos lados. **3.** Se aplica a los insectos chupadores provistos de un par de alas membranosas y otro par transformado en balancines estabilizadores, como la mosca y el mosquito. También *s. m.* || *s. m. pl.* **4.** Orden constituido por estos insectos.

díptico (del lat. *diptychus*, y éste del gr. *diptykhos*, plegado en dos) *s. m.* Cuadro o bajorrelieve formado por dos tableros generalmente articulados que representan asuntos relacionados entre sí.

diptongar *v. tr.* **1.** Pronunciar dos vocales en una misma sílaba. **2.** Convertir en diptongo una vocal. También *v. intr.*: *La* o *de morder diptonga en* ue *en muerdo.* ■ Delante de *e* se escribe *gu* en lugar de *g*: *diptongue.* **ANT. 2.** Monoptongar.

diptongo (del lat. *diphthongus*, y éste del gr. *diphthongos*, de *dis*, dos, y *phthongos*, sonido) *s. m.* Conjunto de dos vocales diferentes, una de las cuales, generalmente, es cerrada, que se pronuncian en la misma sílaba. Según la vocal abierta sea la última o la primera se denomina *creciente* o *decreciente*, respectivamente. **FAM.** Diptongación, diptongar. / Monoptongar, triptongo.

diputación (del lat. *deputatio, -onis*) *s. f.* **1.** Conjunto de diputados y ejercicio y duración de su cargo. **2.** Acción de diputar.

diputado, da *s. m.* y *f.* **1.** Persona elegida por los electores para formar parte de una cámara legislativa: *diputado a Cortes por Palencia.* **2.** Persona nombrada por un cuerpo o grupo para representarlo. **SIN. 2.** Delegado, representante, comisionado. **FAM.** Diputación, diputar. / Eurodiputado.

diputar (del lat. *deputare*) *v. tr.* **1.** Destinar a alguien o algo para una misión. **2.** Elegir un grupo a alguno de sus miembros para que lo represente. **3.** Juzgar, tener por. **SIN. 1.** Comisionar. **2.** Delegar. **3.** Reputar, conceptuar.

dique (del neerl. *dijk*) *s. m.* **1.** Muro que sirve para contener la fuerza de las aguas o del oleaje. **2.** Recinto en una dársena, que queda en seco al descender la marea o se cierra con compuertas para luego achicar el agua por medio de bombas, donde se limpian o carenan barcos. ■ Se llama también *dique seco.* **3.** Obstáculo o defensa que se opone al avance de algo perjudicial: *poner un dique a la desertización.* **4.** En geol., masa de rocas ígneas de poco espesor y gran longitud, que corta la estratificación de otras rocas. **5.** *Arg.* y *Urug. fam.* Categoría, importancia: *darse dique.* || **LOC. entrar** (o **estar**) **en el dique seco** Quedar apartado alguien provisionalmente de la práctica de una actividad, por razones de salud.

diquelar (caló) *v. tr.* Comprender una cosa o darse cuenta de las intenciones de alguien. **SIN.** Calar.

dirección (del lat. *directio, -onis*) *s. f.* **1.** Acción de dirigir o dirigirse. **2.** Trayectoria que puede o debe recorrer una cosa que se mueve: *Las nubes se desplazaron en dirección este.* **3.** Destino: *un tren con dirección a París.* **4.** Orientación: *No me gusta la dirección de su pensamiento.* **5.** Persona o conjunto de personas encargadas de dirigir una empresa, sociedad, etc. **6.** Cargo y oficina de director: *Ocupó la dirección de la compañía.* **7.** En cine, teatro, música, etc., conjunto de técnicas para organizar y coordinar la realización de una obra. **8.** Señas del lugar en que está alguien o algo. **9.** Mecanismo que, gobernado por el volante, sirve para dirigir un vehículo. **10.** En inform., expresión alfanumérica que representa un emplazamiento en la memoria de un ordenador. **SIN. 1.** Gobierno, mando, jefatura. **2.** y **4.** Rumbo, curso, derrotero. **4.** Tendencia, línea. **5.** Directiva, gerencia. **8.** Domicilio. **FAM.** Direccional. / Omnidireccional, servodirección, unidireccional. DIRIGIR.

direccional *s. m. Méx. fam.* Indicador de dirección de un automóvil.

directivo, va *adj.* **1.** Que tiene autoridad o poder para dirigir: *junta directiva.* || *s. m.* y *f.* **2.** Miembro de una junta o equipo de dirección: *los directivos del casino.* || *s. f.* **3.** Junta de gobierno de una corporación, sociedad, etc.: *la directiva del club.* **4.** Instrucción, norma. Se usa más en *pl.*: *Siguen las directivas marcadas.* **SIN. 1.** y **2.** Dirigente. **3.** Dirección, mando, gerencia. **4.** Directriz, regla, precepto.

directo, ta (del lat. *directus*, de *dirigere*, dirigir) *adj.* **1.** En línea recta. **2.** Sin detenerse en ningún punto intermedio: *tren directo.* También *s. m.* **3.** Franco, sin rodeos: *una respuesta directa.* **4.** Sin intermediarios o cosas intermedias: *venta directa.* **5.** Que se sigue de padres a hijos: *herencia directa.* || *s. m.* **6.** En boxeo, golpe que se da extendiendo hacia delante un brazo. || *s. f.* **7.** Marcha más rápida y menos potente de un automóvil: *metió la directa.* || **LOC. en directo** *adj.* y *adv.* En radio y televisión, se aplica al programa, reportaje, actuación, etc. que se transmite al mismo tiempo que se realiza. **SIN. 1.** Recto. **2.** Seguido. **3.** Sincero. **ANT. 1.** Torcido. **3.** Indirecto. **FAM.** Directamente. / Indirecto. DIRIGIR.

director, ra *s. m.* y *f.* **1.** Persona encargada de la dirección de algo: *director de empresa, de orquesta, de expedición.* || **2. director de escena** El que dispone todo lo relativo a la representación teatral, dirige a los actores y los diversos elementos del espectáculo. **3. director espiritual** Confesor habitual de una persona.

director, triz *adj.* Que dirige: *las líneas directrices.* **SIN.** Regulador, directivo.

directorio, ria (del lat. *directorius*) *adj.* **1.** Que sirve para dirigir. || *s. m.* **2.** Conjunto de normas sobre una materia: *directorio de navegación.* **3.** Lista de nombres y direcciones de determinada clase de personas, comercios, abonados, etc. **4.** Tablero o cuadro informativo de ciertos establecimientos públicos. **5.** Junta directiva. **6.** En inform., lista de archivos almacenados en la memoria de un ordenador. **SIN. 2.** Normativa, preceptiva. **3.** Nomenclátor, guía.

directriz *s. f.* Instrucción, norma. Se usa más en *pl.*: *Siguen las directrices marcadas.* **SIN.** Orden, orientación.

dirham o **dirhem** (del ár. *dirham*, y éste del gr. *drakhme*) *s. m.* **1.** Moneda de Marruecos y de los Emiratos Árabes Unidos. **2.** Moneda medieval árabe de plata.

dirigencia *s. f. Amér. del S.* Cúpula dirigente de un organismo, partido político o sindicato.

dirigible *adj.* **1.** Que puede ser dirigido. || *s. m.* **2.** Aeróstato autopropulsado y con un sistema de dirección; consta de una gran envoltura con hidrógeno o helio en su interior y una barquilla para los pasajeros. SIN. **2.** Zepelín.

dirigir (del lat. *dirigere*) *v. tr.* **1.** Llevar o hacer ir a alguien o algo por un camino o a un lugar: *Dirigió el coche hacia la izquierda.* También *v. prnl.*: *Me dirijo a Bilbao.* **2.** Decir algo a otro de palabra o por escrito. También *v. prnl.*: *Se dirigió a mí con quejas.* **3.** Poner la dirección en una carta, paquete, etc.: *Dirigió el sobre a su padre.* **4.** Orientar algo hacia una determinada dirección: *Dirigió la vista al cielo.* **5.** Encaminar a un determinado fin: *Dirigió su esfuerzo a aprobar.* También *v. prnl.* **6.** Destinar algo a un cierto grupo de personas: *Dirigió su libro a las amas de casa.* **7.** Gobernar, organizar, estar al frente: *Dirigir una nación.* **8.** Aconsejar: *El banco dirige mis finanzas.* **9.** Educar: *El profesor dirige a la clase.* ■ Delante de *a* y *o* se escribe *j* en lugar de *g*: *dirijo.* SIN. **1.** Conducir, guiar. **3.** Encabezar. **5.** Encauzar(se), encarrilar(se). **6.** Enfocar. **7.** Administrar, mandar. **8.** Asesorar. **9.** Instruir. FAM. Dirección, directivo, directo, director -ra, director -triz, directorio, dirigencia, dirigente, dirigible, dirigismo. / Codirigir, subdirector. REGIR.

dirigismo *s. m.* En pol., tendencia a la intervención del Estado, de un órgano directivo o de una persona en una actividad, limitando la autonomía de otras personas o entidades que participan en el proceso.

dirimir (del lat. *dirimere*) *v. tr.* **1.** Resolver un desacuerdo: *Dirimimos nuestras diferencias.* **2.** Romper un vínculo. SIN. **1.** Zanjar, solucionar. **2.** Anular, disolver. ANT. **1.** Enconar. FAM. Dirimente, dirimible.

dis-[1] (del lat. *dis*) *pref.* Indica 'negación' o 'contrariedad': *disconforme;* 'separación': *distraer;* o refuerza el significado: *disminuir.*

dis-[2] (del gr. *dys*, difícil, mal) *pref.* Indica 'dificultad, mal'. Se emplea en voces científicas: *disnea, disfasia.*

disc-jockey (ingl.) *s. m.* y *f.* Persona que selecciona y pone los discos en la radio o una discoteca. SIN. Pinchadiscos.

discal *adj.* En med., relacionado con los discos situados entre las vértebras.

discante *s. m. Perú* Disparate.

discapacidad *s. f.* Limitación o incapacidad para realizar una actividad en la forma que se considera normal para un ser humano, como consecuencia de enfermedad o lesión: *discapacidad psíquica, discapacidad física.* FAM. Discapacitado. CAPACIDAD.

discapacitado, da *adj.* Que sufre una discapacidad. También *s. m.* y *f.*

discar *v. tr. Amér. del S.* Marcar un número de teléfono. ■ Delante de *e* se escribe *qu* en lugar de *c*.

discente *adj.* Que recibe enseñanza. También *s. m.* y *f.* SIN. Estudiante.

discernir (del lat. *discernere*) *v. tr.* **1.** Distinguir y diferenciar una cosa de otra: *discernir lo auténtico de lo falso.* **2.** Encargar un juez a alguien la tutela de un menor u otro cargo. ■ Es v. irreg. SIN. **1.** Separar. ANT. **1.** Confundir, equivocar. FAM. Discernible, discernidor, discerniente, discernimiento. / Indiscernible.

DISCERNIR		
INDICATIVO	**SUBJUNTIVO**	**IMPERATIVO**
Presente	**Presente**	
discierno	*discierna*	
disciernes	*disciernas*	*discierne*
discierne	*discierna*	
discernimos	*discernamos*	
discernís	*discernáis*	*discernid*
disciernen	*disciernan*	

disciplina (del lat. *disciplina*) *s. f.* **1.** Normas de conducta que rigen una actividad. **2.** Actitud de quien se somete a ellas: *Es un estudiante con mucha disciplina.* **3.** Asignatura de un plan de estudios: *la disciplina de historia.* **4.** Modalidad de un deporte: *Nuestro esquiador ganó en la disciplina de descenso.* **5.** Látigo corto. SIN. **1.** Orden, regla, normativa. **3.** Materia. **4.** Especialidad. **5.** Azote. ANT. **1.** Indisciplina, desobediencia, insubordinación. FAM. Disciplinable, disciplinadamente, disciplinado, disciplinal, disciplinante, disciplinar, disciplinario. / Indisciplina.

disciplinante *adj.* Que se azota con una disciplina; particularmente, se dice de la persona que lo hace públicamente en las procesiones de Semana Santa.

disciplinar (del lat. *disciplinare*) *v. tr.* **1.** Hacer guardar el orden y la disciplina: *Disciplinó al ejército.* También *v. prnl.* **2.** Azotar con una disciplina. También *v. prnl.* SIN. **1.** Organizar(se), ordenar, someter(se). **2.** Flagelar(se). ANT. **1.** Desorganizar(se), desordenar.

disciplinario, ria *adj.* **1.** Relacionado con la disciplina. **2.** Se aplica a lo que sirve para mantener la disciplina o para castigar las faltas. SIN. **1.** Disciplinal. **2.** Correccional, correctivo. FAM. Interdisciplinar, interdisciplinario, multidisciplinar, multidisciplinario. DISCIPLINA.

discípulo, la (del lat. *discipulus*) *s. m.* y *f.* **1.** Alumno. **2.** Persona que sigue la opinión de un maestro o una escuela, aunque viva en tiempos muy posteriores a ellos. SIN. **1.** Colegial, escolar, estudiante, pupilo. **2.** Seguidor, epígono. FAM. Discipulado, discipular. / Condiscípulo.

discman (ingl.) *s. m.* Aparato reproductor de discos compactos portátil.

disco (del lat. *discus*, y éste del gr. *diskos*) *s. m.* **1.** Cuerpo cilíndrico cuya base es muy grande con respecto a su altura. **2.** Placa circular de material plástico en la que se graba un sonido que luego se reproduce en un fonógrafo o tocadiscos. **3.** Pieza circular de metal que, en la modalidad atlética del mismo nombre, es lanzada por el deportista lo más lejos posible. **4.** Semáforo. **5.** Objeto circular y plano de cualquier materia: *un disco de prohibido aparcar.* **6.** Aspecto que presentan a la vista el Sol y la Luna. **7.** Dial del teléfono. **8.** *fam.* Tabarra, rollo: *Nos colocó otra vez el disco de siempre.* **9.** En anat., almohadilla fibrocartilaginosa que separa entre sí las vértebras. **10.** En bot., interior de la hoja de una planta, en contraposición a su borde. || **11. disco compacto** Disco de pequeño tamaño que se graba y se reproduce por láser. **12. disco duro** En inform., disco magnético para almacenamiento de información. **13. disco magnético** En inform., conjunto de una o varias placas de material metálico, dispuestas alrededor de un eje común, en las que se puede grabar información magnetizando adecuadamente su superficie. **14. disco óptico** En inform., placa circular de material plástico donde se graba y se lee la información por medio de rayo láser. SIN. **1.** Círculo, rueda. FAM. Discal, discar, discobar, discóbolo, discografía, discoteca, disquería, disquete. / Giradiscos, pinchadiscos, tocadiscos, videodisco.

discobar *s. m.* Discopub*.

discóbolo (del lat. *discobolos*, y éste del gr. *discobolos*, de *discos*, disco, y *ballo*, lanzar) *s. m.* Atleta de la antigua Grecia que lanzaba el disco.

discografía *s. f.* **1.** Técnica e industria de la grabación de discos. **2.** Conjunto de discos de un autor o intérprete: *Tiene la discografía completa de Strauss.* FAM. Discográfico. DISCO.

discoidal *adj.* En forma de disco.

díscolo, la (del lat. *dyscolus*, y éste del gr. *dyskolos*) *adj.* Desobediente, rebelde. También *s. m.* y *f.* SIN. Indisciplinado, revoltoso. ANT. Obediente, dócil.

disconforme *adj.* Que no está de acuerdo: *Se mostró disconforme con la decisión.* SIN. Discrepante, discordante. ANT. Conforme, partidario. FAM. Disconformidad. CONFORME.

disconformidad *s. f.* **1.** Falta de acuerdo: *Mostró su disconformidad con el nuevo horario.* **2.** Falta de correspondencia entre las cosas: *Es notable la disconformidad entre estos dos resultados.* SIN. **1.** Desacuerdo. **2.** Desigualdad, diferencia.

discontinuo, nua *adj.* Que se interrumpe: *una línea discontinua.* SIN. Entrecortado, intermitente. ANT. Seguido, regular. FAM. Discontinuidad. CONTINUO.

discopub (ingl.) *s. m.* Establecimiento público nocturno en el que se sirven bebidas, se escucha música y se puede bailar.

discordancia (del lat. *discordans, -antis*, de *discordare*, discordar) *s. f.* Falta de armonía, coherencia o acuerdo: *Había discordancia entre los dos actos de la obra.* SIN. Disonancia, contraste, desacuerdo, discrepancia. ANT. Unidad, uniformidad.

discordar (del lat. *discordare*) *v. intr.* **1.** Ser opuestas dos o más cosas. **2.** Discrepar: *Nuestros puntos de vista discordaban.* **3.** Desafinar. ■ Es v. irreg. Se conjuga como *contar.* SIN. **1.** Diferir. **2.** Disentir, oponerse. **3.** Disonar. ANT. **1.** Concordar. **3.** Entonar, armonizar. FAM. Discordancia, discordante, discorde, discordia.

discordia (del lat. *discordia*) *s. f.* **1.** Falta de acuerdo: *Entre los vecinos reina la discordia.* || **2. manzana de la discordia** Persona o cosa que provoca discusiones o peleas. SIN. **1.** Desacuerdo, desavenencia, discusión. ANT. **1.** Concordia.

discoteca (de *disco* y *-teca*) *s. f.* **1.** Local donde se escucha música grabada y se baila. **2.** Colección de discos. **3.** Mueble donde se guardan. SIN. **2.** Fonoteca. FAM. Discotequero. DISCO.

discotequero, ra *adj.* **1.** *fam.* Propio del ambiente o la música de las discotecas. **2.** *fam.* Que es muy amigo de ir a las discotecas. También *s. m.* y *f.*

discreción (del lat. *discretio, -onis*) *s. f.* **1.** Prudencia, tacto: *Llevó el caso con discreción.* **2.** Cualidad del que sabe guardar un secreto. || LOC. **a discreción** *adv.* Como cada uno quiera, sin limitación: *fuego a discreción.* SIN. **1.** Sensatez, mesura, tiento. ANT. **1.** Imprudencia. **1.** y **2.** Indiscreción. FAM. Discrecional, discrecionalidad, discrecionalmente, discreto.

discrecional *adj.* **1.** Que se deja al criterio de cada uno: *La asistencia es discrecional.* || **2. parada discrecional** Aquella en la que un vehículo de transporte público se detiene si lo pide un usuario. **3. servicio discrecional** Servicio de transporte cuyo recorrido, horario, etc. es decidido por el usuario que lo contrata. SIN. **1.** Optativo. ANT. **1.** Obligatorio.

discrepar (del lat. *discrepare*) *v. intr.* **1.** Estar en desacuerdo: *Las opiniones discrepaban.* **2.** Diferenciarse una cosa de otra. SIN. **1.** Disentir, oponerse. **2.** Diferir, divergir, discordar. ANT. **1.** Asentir. **1.** y **2.** Coincidir. FAM. Discrepancia, discrepante.

discretear *v. intr.* Cuchichear. SIN. Secretear. FAM. Discreteo. DISCRETO.

discreto, ta (del lat. *discretus*, de *discernere*, discernir) *adj.* **1.** Prudente. **2.** Que sabe guardar un secreto. También *s. m.* y *f.* **3.** Que muestra o implica discreción: *una conducta discreta.* **4.** Moderado, regular: *El partido de fútbol fue discreto. Tiene un sueldo discreto.* SIN. **1.** y **3.** Juicioso, sensato, mesurado. **2.** Reservado. **4.** Corriente. ANT. **1.** a **3.** Indiscreto. **1.** y **3.** Imprudente. **4.** Extraordinario. FAM. Discretamente, discretear. / Indiscreto. DISCRECIÓN.

discriminar (del lat. *discriminare*) *v. tr.* **1.** Dar trato de inferioridad por motivos raciales, políticos, religiosos, etc.: *En algunos países discriminan a los negros.* **2.** Diferenciar una cosa de otra: *discriminar lo bueno de lo malo.* SIN. **1.** Segregar, marginar. **2.** Discernir, distinguir. ANT. **1.** Equiparar. **2.** Confundir. FAM. Discriminación, discriminante, discriminatorio. / Indiscriminado.

disculpa *s. f.* **1.** Acción de disculpar o disculparse. **2.** Excusa. SIN. **1.** Perdón, exculpación. **2.** Pretexto, justificación. ANT. **1.** Inculpación, acusación. FAM. Disculpar. CULPA.

disculpar *v. tr.* **1.** Perdonar, justificar: *disculpar un error, un comportamiento.* || **disculparse** *v. prnl.* **2.** Dar alguien explicaciones para descargar una culpa o por no hacer algo: *Se disculpó diciendo que le había faltado tiempo.* **3.** Pedir perdón. SIN. **1.** y **2.** Exculpar(se), eximir(se), dispensar(se). **1.** a **3.** Excusar(se). ANT. **1.** Condenar. FAM. Disculpable, disculpablemente. / Indisculpable. DISCULPA.

discurrir (del lat. *discurrere*) *v. intr.* **1.** Ir algo continuamente por un sitio: *El río discurre por el valle.* **2.** Pasar el tiempo: *El año discurrió sin novedad.* **3.** Ocurrir: *Las vacaciones discurrieron tranquilamente.* **4.** Pensar: *Ese chico discurre bien.* También *v. tr.* SIN. **1.** Fluir. **2.** y **3.** Transcurrir. **3.** Desarrollarse, desenvolverse. **4.** Razonar.

discursear *v. intr.* Pronunciar discursos vacíos de contenido: *Mucho discursear, pero no ha dicho nada jugoso.*

discursivo, va *adj.* **1.** Relativo al discurso o al razonamiento. **2.** Inclinado a reflexionar: *Tiene un temperamento discursivo. Tiene pasajes muy discursivos en sus novelas.*

discurso (del lat. *discursus*, de *discurrere*, correr de una parte a otra) *s. m.* **1.** Exposición hablada en público: *el discurso de ingreso en la academia.* **2.** Serie de palabras y frases con sentido y enlazadas de modo coherente: *Interrumpió el hilo del discurso.* **3.** Conjunto de ideas y modo de razonar: *el discurso existencialista.* **4.** Escrito de extensión variable en el que se reflexiona sobre una determinada materia: *Discurso del método.* **5.** Espacio, cierta duración de tiempo: *en el discurso de un par de años.* SIN. **1.** Alocución, disertación. **3.** Razonamiento. **5.** Curso, transcurso, lapso. FAM. Discursear, discursivo. CURSO.

discusión (del lat. *discussio, -onis*) *s. f.* **1.** Análisis de una cuestión desde diferentes puntos de vista: *discusión sobre el origen de las especies.* **2.** Conversación en la que dos o más personas defienden opiniones contrarias: *Hubo una discusión por ver a quién le tocaba fregar los platos.* **3.** Oposición a lo dicho, ordenado o dispuesto por otro: *Aceptó el castigo sin discusión.* **SIN. 1.** Debate, controversia. **2.** Pelea, disputa, diferencia. **3.** Objeción.

discutidor, ra *adj.* Aficionado a discutir. **SIN.** Polemista, porfiado.

discutir (del lat. *discutere*, resolver) *v. tr.* **1.** Examinar entre varios un asunto, exponiendo y defendiendo cada uno su postura: *Los alumnos discutieron sobre el desempleo; discutir un contrato.* También *v. intr.*: *discutir de política.* **2.** Oponerse o manifestar oposición a algo: *discutir una orden.* || *v. intr.* **3.** Regañar: *Discutieron por una bobada.* **SIN. 1.** Debatir, polemizar; negociar. **2.** Objetar, contradecir. **3.** Reñir. **ANT. 2.** Aceptar, acatar. **3.** Reconciliarse. **FAM.** Discusión, discutible, discutidor. / Indiscutible.

disecar (del lat. *dissecare*) *v. tr.* **1.** Preparar un animal muerto para que tenga apariencia de vivo: *Disecaron una cabeza de toro.* **2.** Preparar una planta, secándola para que se conserve. **3.** Hacer la disección de un cadáver o planta. ■ Delante de *e* se escribe *qu* en lugar de *c*. **FAM.** Disecación, disecado, disecador. SECANTE[2].

disección (del lat. *dissectio, -onis*) *s. f.* **1.** Acción de diseccionar un cadáver o una planta para examinarlos. **2.** Análisis minucioso: *hacer la disección de un problema.* **FAM.** Diseccionar. SECCIÓN.

diseccionar *v. tr.* **1.** Seccionar un cadáver o una planta para estudiar su estructura interna o sus órganos. **2.** Analizar con detalle una cuestión. **SIN. 2.** Examinar.

diseminar (del lat. *disseminare*) *v. tr.* Esparcir, propagar: *El viento disemina las semillas.* También *v. prnl.* **SIN.** Dispersar(se), extender(se). **ANT.** Recoger, agrupar(se). **FAM.** Diseminación, diseminador.

disensión (del lat. *dissensio, -onis*) *s. f.* **1.** Desacuerdo. Se usa mucho en *pl.*: *Hubo disensiones en la directiva.* **2.** Riña, disputa. **SIN. 1.** Disenso, disconformidad. **2.** Altercado. **ANT. 1.** Acuerdo, concordia.

disenso (del lat. *dissensus*) *s. m.* Desacuerdo.

disentería (del lat. *dysenteria*, y éste del gr. *dysenteria*, de *dys*, mal, y *enteron*, intestino) *s. f.* Enfermedad producida por microorganismos en el intestino, que se inflama y ulcera causando dolor abdominal, fiebre y diarrea. **FAM.** Disentérico.

disentir (del lat. *dissentire*) *v. intr.* Discrepar: *Disentimos en política. Disiento de tu opinión. Disentían sobre el precio.* ■ Es v. irreg. Se conjuga como *sentir.* **SIN.** Divergir. **ANT.** Asentir. **FAM.** Disensión, disenso, disentimiento. SENTIR[1].

diseñador, ra *s. m.* y *f.* Persona que se dedica por profesión al diseño de objetos artísticos, industriales o relacionados con la moda.

diseño *s. m.* **1.** Delineación o dibujo de un edificio, figura, vestido, etc. **2.** Esquema resumen: *Hizo un diseño de sus planes.* || **3. diseño gráfico** Arte y técnica de traducir ideas en imágenes y formas visuales. **4. diseño industrial** Arte y técnica de fabricar objetos que luego serán fabricados en serie por la industria. **SIN. 1.** Boceto, croquis, trazado. **2.** Bosquejo. **FAM.** Diseñador, diseñar. SEÑA.

disépalo, la *adj.* Se aplica al cáliz que tiene dos sépalos y a la flor que tiene ese tipo de cáliz.

disertar (del lat. *dissertare*) *v. intr.* Tratar detenidamente de alguna materia, especialmente en público: *Disertó sobre arte.* **SIN.** Conferenciar. **FAM.** Disertación, disertador, disertante.

diserto, ta (del lat. *dissertus*) *adj.* Que habla con facilidad y con numerosos argumentos.

disestesia (de *dis-*[2] y el gr. *aisthesis*, sensación) *s. f.* Trastorno de la sensibilidad, especialmente del tacto.

disfasia (de *dis-*[2] y el gr. *phasis*, palabra) *s. f.* Grado moderado de afasia.

disfavor *s. m.* **1.** Perjuicio. **2.** Pérdida del favor: *Se ganó el disfavor del público.* **3.** Desaire. **SIN. 1.** Menoscabo. **2.** Menosprecio. **3.** Descortesía, desprecio. **ANT. 1.** y **2.** Favor. **2.** Gracia, estima. **3.** Atención, cortesía.

disforme *adj.* Deforme*. **FAM.** Disformidad. FORMA.

disformidad *s. f.* Deformidad*.

disforzar *v. tr. Perú* Hacer melindres o remilgos. ■ Es v. irreg. Se conjuga como *forzar.*

disfraz *s. m.* **1.** Vestido o máscara que se utiliza en fiestas y carnavales. **2.** Lo que cambia el aspecto de alguien o algo para que no sea conocido. **3.** Disimulo: *Sus bromas eran un disfraz de sus preocupaciones.* **SIN. 2.** Camuflaje. **3.** Velo. **FAM.** Disfrazadamente, disfrazar.

disfrazar (del ant. *desfrezar*, disimular) *v. tr.* **1.** Poner un disfraz. También *v. prnl.*: *Me disfracé de pirata en el último carnaval.* ■ Se construye con las prep. *de* y *con.* **2.** Disimular, encubrir: *Supo disfrazar sus intenciones.* ■ Delante de *e* se escribe *c* en lugar de *z*: *disfrace.* **SIN. 2.** Enmascarar, tapar, velar.

disfrutar (de *dis-*[1] y *fruto*) *v. intr.* **1.** Sentir alegría, placer o satisfacción: *Disfrutan en la piscina.* También *v. tr.* **2.** Con la prep. *de*, poseer algo bueno: *Disfruta de salud.* **SIN. 1.** Divertirse, deleitarse. **1.** y **2.** Gozar. **ANT. 1.** Aburrirse. **1.** y **2.** Sufrir, padecer. **FAM.** Disfrute. FRUTO.

disfunción (de *dis-*[2] y *función*) *s. f.* Trastorno, especialmente de un órgano o glándula, del cuerpo humano. **SIN.** Desarreglo.

disgenesia (de *dis-*[2] y el gr. *genesis*, generación) *s. f.* Displasia*.

disgregar (del lat. *disgregare*, de *dis-*, dis-[1] y *grex, gregis*, rebaño) *v. tr.* Separar aquello que estaba unido o formaba un todo: *El agua disgrega la roca.* También *v. prnl.*: *El rebaño se ha disgregado.* ■ Delante de *e* se escribe *gu* en lugar de *g*: *disgregue.* **SIN.** Deshacer(se), desintegrar(se), dispersar(se). **ANT.** Juntar(se), congregar(se). **FAM.** Disgregación, disgregador, disgregante, disgregativo. GREY.

disgustar (de *dis-*[1] y *gusto*) *v. tr.* **1.** Desagradar: *Me disgusta tu tardanza.* **2.** Causar tristeza: *Le disgustó que no le felicitaran.* También *v. prnl.* || **disgustarse** *v. prnl.* **3.** Enfadarse con alguien: *Se disgustaron por una tontería.* **SIN. 1.** Molestar, incomodar, fastidiar. **2.** Apenar(se), entristecer(se). **3.** Enojarse. **ANT. 1.** Gustar, agradar. **2.** Alegrar(se). **FAM.** Disgustado, disgusto. GUSTAR.

disgusto *s. m.* **1.** Tristeza o preocupación: *dar un disgusto.* **2.** Desgracia: *Si conduces así, tendrás un disgusto.* **3.** Enfado: *He tenido un disgusto con mi hermano.* || **LOC. a disgusto** Incómodo, de mala gana. **SIN. 1.** Pesar, aflicción. **2.** Desastre. **3.** Disputa, pelea. **ANT. 1.** Satisfacción, alegría. **1.** y **3.** Gusto, placer. **3.** Concordia, avenencia.

disidente (del lat. *dissidens, -entis*) *adj.* Que diside, que no está de acuerdo, especialmente en cuestiones políticas. También *s. m.* y *f.* **SIN.** Discrepante, opositor. **ANT.** Adepto, partidario. **FAM.** Disidencia, disidir.

disidir (del lat. *dissidere*) *v. intr.* Estar en desacuerdo. **SIN.** Discrepar, disentir. **ANT.** Concordar, comulgar.

disilábico, ca *adj.* Bisílabo*.

disimilación *s. f.* En ling., alteración o pérdida de un sonido por acción de otro próximo, igual o parecido, como la que se da en el habla vulgar al pronunciar *pograma* en lugar de *programa*.

disimilitud (del lat. *dissimilitudo*) *s. f.* Falta de similitud. **SIN.** Desemejanza, desigualdad. **ANT.** Semejanza.

disimular (del lat. *dissimulare*) *v. tr.* **1.** Ocultar o retocar algo para que no se vea o parezca distinto: *disimular una cicatriz, disimular el llanto.* También *v. intr.* y *v. prnl.* **2.** Fingir alguien que no se entera de algo o no conoce alguna cosa. Se usa más como *v. intr.*: *Disimula, haz que no le ves.* **3.** Disculpar una falta o defecto: *Disimulaba los retrasos del ayudante.* **SIN. 1.** Esconder, camuflar, enmascarar. **2.** Simular, aparentar. **3.** Dispensar, excusar. **ANT. 1.** Descubrir; resaltar. **FAM.** Disimulable, disimulación, disimuladamente, disimulado, disimulador, disimulo. SIMULAR.

disimulo *s. m.* Comportamiento mediante el que se oculta lo que se hace, lo que se piensa o lo que se proyecta: *Le pasó una nota con disimulo.* **SIN.** Astucia; fingimiento.

disipación (del lat. *dissipatio, -onis*) *s. f.* **1.** Acción de disipar o disiparse. **2.** Desenfreno, libertinaje. **SIN. 1.** Desvanecimiento, disolución. **2.** Licencia.

disipado, da 1. *p.* de **disipar**. || *adj.* **2.** Que lleva una vida de disipación. **SIN. 2.** Desenfrenado, libertino, disoluto, licencioso.

disipar (del lat. *dissipare*) *v. tr.* **1.** Hacer desaparecer algo volátil o inmaterial: *Disipó una duda.* También *v. prnl.*: *Las nubes se han disipado.* **2.** Gastar por completo e imprudentemente: *Disipó la herencia.* **SIN. 1.** Desvanecer(se), esfumar(se). **2.** Despilfarrar, dilapidar, derrochar. **ANT. 1.** Condensar(se), espesar(se), reforzar(se). **2.** Ahorrar, conservar. **FAM.** Disipación, disipado, disipador.

diskette (ingl.) *s. m.* Disquete*.

dislalia (de *dis-*[2] y el gr. *lalia*, palabra) *s. f.* Dificultad en la pronunciación de las palabras.

dislate (del ant. *deslate*, disparo, estallido) *s. m.* Disparate. **SIN.** Desacierto, imprudencia, locura. **ANT.** Acierto.

dislexia (de *dis-*[2] y el gr. *lexis*, lenguaje) *s. f.* Dificultad especial en el aprendizaje de la lectura y la escritura. **FAM.** Disléxico.

dislocar (de *dis-*[1] y el lat. *locare*, colocar) *v. tr.* **1.** Sacar algo de su sitio, especialmente un hueso o articulación. Se usa más como *v. prnl.*: *Se dislocó el brazo.* **2.** Alterar dichos o hechos al contarlos o al interpretarlos: *Dislocar unas declaraciones.* ■ Delante de *e* se escribe *qu* en lugar de *c.* **SIN. 1.** Desarticular(se), descoyuntar(se). **2.** Desfigurar, distorsionar. **ANT. 1.** Encajar(se), articular(se). **FAM.** Dislocación, dislocadura, disloque. LOCAL.

disloque *s. m. fam.* El colmo, sobre todo en la loc. **ser** algo **el disloque**.

dismenorrea (de *dis-*[2] y el gr. *men*, menstruo, y *rheo*, fluir) *s. f.* Trastorno en la menstruación que normalmente provoca dolores.

disminuido, da 1. *p.* de **disminuir**. También *adj.* || *adj.* **2.** Minusválido, impedido. También *s. m.* y *f.* **SIN. 2.** Discapacitado, deficiente.

disminuir (del lat. *diminuere*) *v. tr.* Hacer que algo sea menos extenso, numeroso, intenso o importante: *La policía disminuyó la vigilancia.* También *v. intr.* y *v. prnl.*: *La lluvia disminuyó.* ■ Es v. irreg. Se conjuga como *huir.* **SIN.** Reducir(se), rebajar(se). **ANT.** Aumentar(se), acrecentar(se), intensificar(se). **FAM.** Disminución, disminuido. / Diminuto. MINUCIA.

disnea (del lat. *dyspnoea*, y éste del gr. *duspnoia*, de *dys*, mal, y *pneo*, respirar) *s. f.* Dificultad para respirar. **FAM.** Disneico.

disociar (del lat. *dissociare*) *v. tr.* Separar lo que estaba unido: *disociar la sal en cloro y sodio.* También *v. prnl.* **SIN.** Desunir(se). **ANT.** Asociar(se). **FAM.** Disociabilidad, disociable, disociación. / Indisociable. SOCIO.

disolución (del lat. *dissolutio, -onis*) *s. f.* **1.** Acción de disolver o disolverse. **2.** Mezcla homogénea y generalmente líquida de dos sustancias. **3.** Relajación de la moral. **SIN. 2.** Dilución; desunión. **3.** Disipación, relajación. **ANT. 1.** Concentración; cohesión.

disoluto, ta (del lat. *dissolutus*) *adj.* Libertino. También *s. m.* y *f.* **SIN.** Disipado, licencioso, vicioso. **ANT.** Austero, virtuoso.

disolvente (del lat. *dissolvens, -entis*) *adj.* Que disuelve; se aplica particularmente a la sustancia líquida que se usa para disolver otras. En una disolución es el componente que está en mayor proporción. También *s. m.*

disolver (del lat. *dissolvere*) *v. tr.* **1.** Deshacer una sustancia en un líquido hasta conseguir una mezcla homogénea. También *v. prnl.*: *El jabón se disolvió en el agua.* **2.** Deshacer una reunión, manifestación, etc. También *v. prnl.*: *La manifestación se disolvió pacíficamente.* **3.** Anular la validez de algo: *disolver un matrimonio.* ■ Es v. irreg. Se conjuga como *volver.* **SIN. 1.** Diluir(se). **2.** Dispersar(se), disgregar(se). **3.** Invalidar. **ANT. 2.** Congregar(se). **FAM.** Disolubilidad, disoluble, disolución, disolutamente, disolutivo, disoluto, disolvente, disuelto. / Indisoluble. SOLUCIÓN.

disonancia (del lat. *dissonantia*) *s. f.* **1.** En mús., falta de consonancia entre dos sonidos sucesivos o simultáneos. **2.** Falta de armonía, proporción o relación entre cosas que naturalmente deberían tenerla: *Sus actos están en disonancia con sus palabras.* **SIN. 2.** Discordancia, discrepancia, contradicción. **ANT. 2.** Consonancia, concordancia, conformidad.

disonar (del lat. *dissonare*) *v. intr.* **1.** Sonar mal. **2.** No estar en armonía: *Sus opiniones disonaron en la reunión.* ■ Es v. irreg. Se conjuga como *contar.* **SIN. 1.** y **2.** Desentonar. **2.** Discordar, discrepar. **ANT. 1.** y **2.** Armonizar. **FAM.** Disonancia, disonante. SONAR.

dispar (del lat. *dispar, -aris*) *adj.* Distinto: *gustos dispares.* **SIN.** Diferente. **ANT.** Similar, semejante. **FAM.** Disparidad. PAR.

disparada *s. f. Arg., Méx.* y *Nic.* Fuga precipitada y sin orden. || **LOC. a la disparada** *adv. Arg., Chile, Perú* y *Urug.* Deprisa, a todo correr.

disparadero *s. m.* Disparador de un arma. || **LOC. ponerle** a uno **en el disparadero** *fam.* Agotar su paciencia.

disparado, da 1. *p.* de **disparar**. También *adj.* || *adj.* **2.** *fam.* Rápido, muy deprisa: *Me voy disparada, que se me hace tardísimo.* **SIN. 2.** Escopetado.

disparador *s. m.* **1.** Mecanismo de un arma de fuego que mueve la palanca de disparo. **2.** Dispositivo de las máquinas fotográficas que abre el obturador. **SIN. 1.** Disparadero.

disparar (del lat. *disparare*) *v. tr.* **1.** Hacer que un arma lance un proyectil: *disparar dardos.* También *v. intr.* y *v. prnl.*: *No dispare. La pistola se disparó.* **2.** Arrojar algo con fuerza: *El delantero disparó a puerta.* También *v. intr.* || **dispararse** *v. prnl.* **3.** *fam.* Salir hacia algún sitio precipitadamente: *Se disparó hacia su casa.* **4.** *fam.* Subir o aumentar algo en exceso: *Se disparan los precios.*

5. *fam.* Enfadarse: *Se dispara si le chillas.* 6. *fam.* Desmadrarse: *En vacaciones se dispara.* || *v. intr.* 7. *Méx.* Derrochar dinero. También *v. prnl.* SIN. 2. Despedir; chutar. 5. Irritarse, descomponerse. 6. Desmandarse. ANT. 5. Calmarse. 6. Moderarse. FAM. Disparada, disparadero, disparado, disparador, disparo. PARAR.

disparatado, da 1. *p.* de **disparatar**. || *adj.* 2. Contrario a la razón por ilógico o desmedido: *un plan disparatado, unos precios disparatados.* SIN. 2. Absurdo, desproporcionado. ANT. 2. Razonable, moderado.

disparatar (del lat. *disparatus*, p. de *disparare*, contradecir) *v. intr.* Actuar o hablar sin sentido o de manera contraria a la razón: *Mucha gente pensaba que Colón disparataba.*

disparate (del lat. *disparatus*, de *disparare*, separar) *s. m.* 1. Cosa absurda, errónea o irreflexiva: *Contestó un disparate. Beber así es un disparate.* 2. *fam.* Exceso, enormidad: *Ese coche cuesta un disparate.* SIN. 1. Desatino, despropósito, insensatez, temeridad. ANT. 1. Acierto. FAM. Disparatadamente, disparatado, disparatar.

disparidad *s. f.* Desigualdad o diferencia de una cosa respecto a otra: *disparidad de opiniones, de creencias.* ANT. Paridad, igualdad.

disparo *s. m.* 1. Acción de disparar o dispararse: *El disparo ha dado en la diana.* 2. En algunos deportes, como el fútbol, lanzamiento que impulsa el balón con gran fuerza: *El disparo a puerta pasó rozando el larguero.* SIN. 1. Descarga, tiro; pistoletazo.

dispendio (del lat. *dispendium*) *s. m.* Gasto excesivo y normalmente innecesario: *El banquete fue un dispendio.* SIN. Derroche, despilfarro. ANT. Ahorro, economía. FAM. Dispendiosamente, dispendioso.

dispensa *s. f.* 1. Permiso que libra a una persona de una obligación: *Obtuvo una dispensa para no ir a trabajar.* 2. Particularmente, privilegio que exime una persona del cumplimiento de una obligación o de una ley; también, documento que la contiene: *Solicitó a Roma una dispensa para casarse con su prima.* SIN. 1. Exención. 1. y 2. Licencia.

dispensar (del lat. *dispensare*) *v. tr.* 1. Dar o conceder: *dispensar una buena acogida; dispensar una ayuda.* 2. Librar de una obligación: *Me dispensó de un duro trabajo.* También *v. prnl.* 3. Disculpar: *Dispensó mi ausencia.* SIN. 1. Otorgar, prestar, rendir, deparar. 2. Eximir, exonerar. 3. Excusar. ANT. 2. Obligar. 3. Condenar. FAM. Dispensa, dispensable, dispensario. / Indispensable.

dispensario *s. m.* Clínica para enfermos no internados.

dispepsia (del lat. *dyspepsia*, y éste del gr. *duspepsia*, de *dys*, mal, y *pepto*, digerir) *s. f.* Dificultad para digerir los alimentos, que se manifiesta con dolores, náuseas, dificultades respiratorias, etc. FAM. Dispéptico. PEPSINA.

dispersar (de *disperso*, y éste del lat. *dispersus*, de *dispergere*, esparcir) *v. tr.* 1. Separar y alejar en distintas direcciones lo que estaba unido. También *v. prnl.*: *Los manifestantes se dispersaron.* 2. Distraer una persona su atención, actividad, etc., entre diversas cosas. También *v. prnl.*: *Se dispersó en las ocupaciones.* 3. Eliminar algo no material como sospechas, celos, etc.: *Tus palabras dispersaron mi duda.* También *v. prnl.* SIN. 1. Desperdigar(se), diseminar(se). 3. Desvanecer, disipar. ANT. 1. Reunir(se), congregar(se). 2. Concentrar(se). 3. Confirmar(se). FAM. Dispersión, dispersivo, disperso, dispersor.

disperso, sa (del lat. *dispersus*, de *dispergere*, esparcir) *adj.* 1. Que está separado en muchos sitios: *hábitat disperso, tropas dispersas.* 2. Que reparte su atención o su actividad en asuntos muy distintos. SIN. 1. Desperdigado, diseminado, esparcido. ANT. 1. Agrupado, junto 2. Concentrado.

displasia (del gr. *dys*, mal, y *plasein*, formar) *s. f.* Alteración del desarrollo de ciertos tejidos del organismo. SIN. Disgenesia. FAM. Displásico, displástico.

display (ingl.) *s. m.* 1. Terminal de ordenador donde se expresa la información contenida en los programas. 2. Pantalla de una calculadora digital. 3. Folleto desplegable.

displicencia (del lat. *displicentia*, de *displicere*, desagradar) *s. f.* Desprecio, indiferencia: *Le recibió con displicencia.* SIN. Desdén. ANT. Complacencia. FAM. Displicente. PLACER[1].

displicente (del lat. *displicens*, de *displicere*, desagradar) *adj.* Que muestra displicencia: *Estuvo muy displicente conmigo.* También *s. m.* y *f.* SIN. Desdeñoso, frío, apático. ANT. Afectuoso, cálido, solícito.

disponer (del lat. *disponere*) *v. tr.* 1. Colocar las cosas convenientemente. También *v. prnl.* 2. Preparar algo para un fin: *Dispuso la mesa para el banquete.* 3. Mandar, establecer: *El gobierno dispuso nuevas medidas.* || *v. intr.* 4. Con la prep. *de*, tener, utilizar: *Dispongo de tiempo. Dispón de mí.* || **disponerse** *v. prnl.* 5. Estar a punto de: *Me disponía a salir.* ■ Es v. irreg. Se conjuga como *poner.* SIN. 1. Arreglar(se), organizar(se). 1. y 3. Ordenar(se). 2. Habilitar. 3. Determinar. ANT. 1. Desordenar(se). 4. Carecer. FAM. Disponibilidad, disponible, disposición, dispositivo, dispuesto. / Indisponer, predisponer. PONER.

disponibilidad *s. f.* 1. Cualidad o situación de disponible. || *s. f. pl.* 2. Cantidad de dinero, bienes o medios de que se dispone: *las disponibilidades de una empresa.* SIN. 2. Recursos, posibles.

disponible *adj.* 1. Que se puede disponer de él o de ello: *Hay plazas disponibles.* 2. Se dice de la situación del funcionario o militar en espera de destino. SIN. 1. Utilizable, vacante. ANT. 1. Inutilizable.

disposición (del lat. *dispositio, -onis*) *s. f.* 1. Acción de disponer: *Cambió la disposición del cuarto. Estoy a su disposición.* 2. Orden, norma, instrucción: *una disposición legal.* 3. Estado físico o anímico de alguien: *No está en disposición de viajar.* 4. Aptitud, habilidad: *Tiene disposición para la electrónica.* || 5. **última disposición** Testamento. SIN. 1. Colocación, distribución; servicio. 2. Mandato, ley. 3. Humor. 3. y 4. Condiciones. 4. Talento, facilidad. ANT. 4. Incapacidad.

dispositivo (del lat. *dispositus*, dispuesto, de *disponere*, disponer) *s. m.* Mecanismo, sistema para conseguir un efecto: *La puerta se abre gracias a un dispositivo electrónico. La policía estableció un dispositivo de seguridad.* SIN. Aparato, artilugio; plan.

disprosio *s. m.* Elemento químico que posee propiedades magnéticas. Su símbolo es *Dy.*

dispuesto, ta (del lat. *dispositus*, de *disponere*, disponer) 1. *p.* irreg. de **disponer**. También *adj.*: *La comida ya está dispuesta.* || *adj.* 2. En disposición para hacer algo: *dispuesto a salir.* 3. Diligente, capaz: *Un joven muy dispuesto.* || 4. **bien** (o **mal**) **dispuesto** Que tiene una actitud favorable (o desfavorable): *bien dispuesto para el trabajo.* SIN. 2. Presto, listo. 3. Hábil, capacitado. FAM. Maldispuesto. DISPONER.

disputa *s. f.* **1.** Acción de disputar. **2.** Riña, pelea. || LOC. **sin disputa** *adv.* Sin duda alguna: *Es, sin disputa, el mejor del equipo.* SIN. **1.** Discusión. **2.** Altercado. ANT. **1.** Acuerdo. **2.** Concordia.

disputar (del lat. *disputare*) *v. tr.* **1.** Discutir. Se usa más como *v. intr.*: *Disputaban sobre política.* **2.** Competir: *disputar la Copa del Rey.* También *v. intr.*: *Disputaban por el mismo puesto.* SIN. **1.** Debatir, polemizar. **2.** Contender. FAM. Disputa, disputable, disputador. / Indisputable.

disquería *s. f. Arg.* y *Urug.* Tienda de discos.

disquete *s. m.* En inform., disco magnético para almacenar información, flexible y de reducida capacidad. ■ Se escribe también *diskette.* FAM. Disquetera. DISCO.

disquetera *s. f.* Dispositivo donde se coloca el disquete en un ordenador para su grabación y lectura.

disquisición (del lat. *disquisitio, -onis,* de *disquirere,* indagar) *s. f.* **1.** Comentario o reflexión que se aparta del tema de que se trata. Se usa más en *pl.*: *El conferenciante se perdió en disquisiciones.* **2.** Examen profundo y detallado. SIN. **1.** Digresión, divagación. **2.** Análisis.

distancia (del lat. *distantia*) *s. f.* **1.** Espacio o tiempo que hay entre dos personas o cosas: *Entre nuestras casas hay poca distancia. Una distancia de varios siglos separa a Miguel Ángel de Rodin.* **2.** Diferencia: *Entre la calidad de esos dos libros hay una gran distancia.* **3.** Enfriamiento en la amistad o el afecto: *Se ahondó la distancia entre los antiguos amigos.* || **4. distancia focal** En ópt., la que existe entre el centro óptico de un espejo curvo o una lente y su foco. || LOC. **a distancia** *adj.* Se dice de los estudios que se imparten a través de medios de comunicación, sin requerir la presencia de los alumnos. **guardar las distancias** No dar ni tomarse confianzas: *Es amable, pero guarda las distancias.* SIN. **1.** Trayecto, intervalo, lapso. **2.** Desigualdad. **3.** Alejamiento, frialdad. ANT. **2.** Semejanza, igualdad. **3.** Intimidad, cordialidad. FAM. Distanciamiento, distanciar. DISTAR.

distanciar *v. tr.* **1.** Poner distancia: *Distanció a sus perseguidores.* También *v. prnl.*: *Se distanció de sus amigos.* || **distanciarse** *v. prnl.* **2.** Desligarse de algo: *Se distanció del asunto para no comprometerse.* SIN. **1.** Apartar(se), alejar(se). **2.** Eludir. ANT. **1.** Acercar, aproximar, unir. **2.** Implicarse.

distante (del lat. *distans, -antis,* de *distare,* distar) *adj.* **1.** Que dista; alejado: *Vive algo distante del centro.* **2.** Altivo, que guarda las distancias: *Se mostró distante con nosotros.* SIN. **1.** Lejano, retirado. **2.** Displicente. ANT. **1.** Próximo, cercano. **2.** Cordial.

distar (del lat. *distare*) *v. intr.* **1.** Estar separada una cosa de otra por cierto espacio o tiempo: *El pueblo dista un kilómetro de aquí.* **2.** Diferenciarse mucho una cosa de otra: *Esto dista mucho de la verdad.* SIN. **2.** Diferir. ANT. **2.** Parecerse, coincidir. FAM. Distancia, distante. / Equidistar.

distender (del lat. *distendere*) *v. tr.* **1.** Disminuir la tirantez de algo: *distender un arco.* También *v. prnl.*: *La entrevista se distendió.* **2.** Causar una tensión brusca en los músculos. También *v. prnl.* ■ Es v. irreg. Se conjuga como *tender.* SIN. **1.** Destensar; relajar. ANT. **1.** Tensar; crispar. FAM. Distensible, distensión. TENDER.

distensión *s. f.* **1.** Disminución de la tensión: *Después de los exámenes hay un ambiente de gran distensión.* **2.** En med., lesión que se produce en los tejidos o ligamentos de una articulación por un esfuerzo o movimiento brusco. **3.** En fonética, fase final de la pronunciación de un fonema.

dístico (del lat. *distichus,* y éste del gr. *distikhon,* de *dis,* dos, y *stikhos,* verso) *s. m.* Estrofa de dos versos.

distinción (del lat. *distinctio, -onis,* de *distinguere,* distinguir) *s. f.* **1.** Acción de distinguir o distinguirse. **2.** Honor, privilegio: *otorgar una distinción.* **3.** Elegancia. || LOC. **sin distinción** *adv.* Por igual: *Nos trató a todos sin distinción.* SIN. **1.** Diferenciación. **2.** Dignidad, recompensa. **3.** Finura, refinamiento, clase. ANT. **1.** Indiferenciación. **2.** Deshonor. **3.** Vulgaridad.

distingo *s. m.* Reparo, distinción sutil.

distinguido, da 1. *p.* de **distinguir**. || *adj.* **2.** Elegante: *modales distinguidos.* **3.** Que sobresale por alguna cualidad: *un distinguido intérprete de violín.* SIN. **2.** Refinado, exquisito. **3.** Ilustre, eminente, señalado. ANT. **2.** Ordinario, grosero. **3.** Vulgar, oscuro.

distinguir (del lat. *distinguere*) *v. tr.* **1.** Reconocer la diferencia entre dos o más cosas o hacer que se diferencien entre sí: *distinguir los colores.* También *v. prnl.*: *Su cartera se distingue por el tamaño.* **2.** Señalar la diferencia entre dos o más cosas: *No distinguir la c y la z al hablar.* También *v. prnl.*: *En la obra se distinguen dos aspectos fundamentales.* **3.** Ver: *Ya distingo las agujas de la catedral.* También *v. prnl.* **4.** Caracterizar. También *v. prnl.*: *Se distingue por su inteligencia.* **5.** Manifestar preferencia por alguien o algo: *Le distingue entre sus amigos.* **6.** Honrar o premiar: *distinguir con una condecoración.* || *v. intr.* **7.** Dar distinción o importancia: *Ese cargo distingue mucho.* ■ Delante de *a* y *o* se escribe *g* en lugar de *gu*: *distingo.* SIN. **1.** Discernir. **3.** Avistar. **4.** Descollar, sobresalir. **5.** Preferir. **6.** Galardonar, condecorar. **7.** Prestigiar. ANT. **1.** Confundir. **5.** Relegar. FAM. Distinción, distingo, distinguible, distinguido, distintamente, distintivo, distinto. / Subdistinguir.

distintivo, va (de *distinto*) *adj.* **1.** Que distingue o caracteriza: *rasgo distintivo.* También *s. m.*: *El distintivo de nuestra empresa es la calidad.* || *s. m.* **2.** Señal o insignia que sirve para diferenciar: *El vigilante lleva un distintivo en la solapa.* SIN. **1.** Diferenciador, caracterizador, característico; divisa. **2.** Emblema. ANT. **1.** Igualador.

distinto, ta (del lat. *distinctus,* de *distinguere,* distinguir) *adj.* **1.** Que no es igual o parecido. **2.** Claro, preciso: *En el cuadro se aprecian unos rasgos bien distintos.* || *adj. pl.* **3.** Varios: *Me hicieron distintos regalos.* SIN. **1.** Diferente. **2.** Expreso, nítido. ANT. **1.** Igual, semejante. **2.** Impreciso, confuso. FAM. Indistinto. DISTINGUIR.

distocia (de *dis-*[2] y el gr. *tokos,* parto) *s. f.* Parto difícil y doloroso. FAM. Distócico.

distorsión (del lat. *distorsio, -onis,* de *dis-,* y *torquere,* torcer) *s. f.* **1.** Alteración, deformación: *distorsión de una imagen.* **2.** Fuerte estiramiento o desgarro de los ligamentos. SIN. **1.** Desfiguración. **2.** Esguince. ANT. **1.** Ajuste, fidelidad. FAM. Distorsionar. TORSIÓN.

distraer (del lat. *distrahere*) *v. tr.* **1.** Entretener, divertir. También *v. prnl.*: *Me distraigo viendo la tele.* **2.** Apartar alguien la atención de lo que estaba haciendo o de lo que pasa alrededor. También *v. prnl.*: *distraerse del trabajo.* **3.** *fam.* Robar: *distraer una cartera.* ■ Es v. irreg. Se conjuga como *traer.* SIN. **1.** Amenizar, solazar(se). **2.** Despistar. **3.** Hurtar. ANT. **1.** Aburrir. **2.** Concentrar(se). FAM. Distracción, distraídamente, distraído. TRAER.

distribución (del lat. *distributio, -onis,* de *distribuire,* distribuir) *s. f.* **1.** Acción de distribuir: *distribución de víveres.* **2.** En el automóvil, conjunto de piezas que trasladan la fuerza de los cilindros a otros lugares. SIN. 1. Reparto.

distribuidor, ra *adj.* **1.** Que distribuye. **2.** Se dice de la persona o empresa que recibe un producto del fabricante y lo distribuye entre los comerciantes. También *s. m.* y *f.*: *una distribuidora de discos.* **3.** Mecanismo que lleva la corriente de la bobina a las bujías. **4.** En algunas casas, pieza que sustituye al pasillo y que comunica las habitaciones. SIN. **2.** Repartidor; representante, vendedor.

distribuir (del lat. *distribuere*) *v. tr.* **1.** Repartir algo ordenadamente: *Distribuyeron los libros entre los alumnos.* También *v. prnl.*: *distribuirse en grupos.* **2.** Colocar cada persona o cosa en su sitio. También *v. prnl.*: *Las hojas se distribuyen a los dos lados del tallo.* **3.** Poner los productos al alcance del consumidor. También *v. prnl.* ■ Es v. irreg. Se conjuga como *huir.* SIN. **1.** Asignar. **2.** Ordenar, disponer. ANT. **2.** Desordenar, descolocar. FAM. Distribución, distribuidor, distributivo. / Redistribuir. TRIBUTO.

distributivo, va (del lat. *distributivus*, de *distribuire*, distribuir) *adj.* **1.** De la distribución o relacionado con ella. || **2. conjunción distributiva** En ling., la que introduce oraciones coordinadas disyuntivas y se repite al principio de cada oración, como *ya... ya, ora... ora, bien... bien,* etc. **3. oración** (o **cláusula**) **distributiva** La compuesta por dos o más proposiciones coordinadas yuxtapuestas, en las que se contraponen acciones distribuidas entre varios sujetos, lugares o tiempos: *unos van, otros vienen.* **4. propiedad distributiva** En mat., la que se verifica siempre que el producto de un número por una suma es igual a la suma del producto de dicho número por cada uno de los sumandos: $3 \cdot (2 + 1) = (3 \cdot 2) + (3 \cdot 1)$.

distrito (del lat. *districtus*, de *distringuere*, separar) *s. m.* **1.** Subdivisión de un territorio, generalmente de carácter administrativo. || **2. distrito federal** Nombre que se da en algunas repúblicas federales al territorio de la capital.

distrofia (del gr. *dys*, mal, y *trophe*, alimentación) *s. f.* **1.** Trastorno de la nutrición. || **2. distrofia muscular** Debilitamiento y atrofia progresiva de ciertos músculos. FAM. Distrófico.

disturbio (de *disturbar*, y éste del lat. *disturbare*) *s. m.* Alteración, especialmente del orden público: *Los manifestantes provocaron graves disturbios.* SIN. Desorden, altercado, tumulto. FAM. Disturbar. / Antidisturbios. TURBAR.

disuadir (del lat. *dissuadere*) *v. tr.* Convencer a alguien para que cambie una actitud, idea o propósito: *Le disuadí de sus disparatados planes.* SIN. Desaconsejar, apartar, desanimar. ANT. Animar. FAM. Disuasión, disuasivo, disuasorio.

disuelto, ta (del lat. *disolutus*) *p.* irreg. de **disolver.** También *adj.*

disuria (de *dis-*[2] y el gr. *uron*, orina) *s. f.* Dificultad para expulsar la orina, generalmente acompañada de dolor o escozor.

disyunción (del lat. *disiunctio, -onis*, desunión) *s. f.* **1.** Acción de separar o desunir. **2.** Relación entre dos o más posibilidades, cada una de las cuales excluye a las otras. SIN. **1.** Separación. FAM. Disyuntivo.

disyuntivo, va (del lat. *disiunctivus*) *adj.* **1.** Que separa, desune o implica incompatibilidad. || *s. f.* **2.** Situación en la que sólo existen dos posibilidades entre las que hay que elegir: *Está ante la disyuntiva de irse o quedarse.* || **3. conjunción disyuntiva** La que introduce o sirve de enlace a las oraciones disyuntivas, como *o* y *u.* **4. oraciones coordinadas disyuntivas** Las que plantean la elección entre dos posibilidades: *¿Vas o vienes?*

ditirambo (del lat. *dithyrambus*, y éste del gr. *dithyrambos*, sobrenombre de Dionisos) *s. m.* **1.** En la antigua Grecia, composición poética en honor de Dionisos. **2.** Poema lírico en el que se expresa gran entusiasmo por alguien o algo. **3.** Alabanza exagerada. SIN. **3.** Lisonja, encomio, adulación. ANT. **3.** Crítica, reproche. FAM. Ditirámbico.

diu (de las siglas *DIU*, dispositivo intrauterino) *s. m.* Aparato anticonceptivo que se coloca en el cuello de la matriz e impide la anidación del óvulo fecundado.

diuca (voz mapuche) *s. f.* **1.** *Chile* Ave paseriforme, de color gris apizarrado con una franja blanca en el vientre, que canta al amanecer. || *s. m.* y *f.* **2.** *Arg. fam.* Alumno favorito de un profesor.

diuresis (del gr. *diureo*, orinar) *s. f.* Secreción de la orina. ■ No varía en *pl.* FAM. Diurético.

diurético, ca (del lat. *diureticus*, y éste del gr. *diuretikos*, de *diureo*, orinar) *adj.* Que aumenta o facilita la producción de orina. También *s. m.*

diurno, na (del lat. *diurnus*) *adj.* **1.** Del día, en oposición a la noche: *horario diurno.* **2.** Se aplica a los animales que desarrollan su actividad durante el día y a las flores que se abren sólo por el día. ANT. **1.** y **2.** Nocturno.

divagar (del lat. *divagari*) *v. intr.* **1.** Apartarse del asunto de que se trata. **2.** Caminar sin rumbo fijo. ■ Delante de *e* se escribe *gu* en lugar de *g*: *divague.* SIN. **1.** Desviarse, dispersarse. **2.** Vagar, deambular. ANT. **1.** Ajustarse, ceñirse. FAM. Divagación. VAGAR[1].

diván (del ár. *diwan*) *s. m.* **1.** Sofá mullido, con o sin brazos y normalmente sin respaldo. **2.** Antigua institución u órgano de gobierno islámico. **3.** Colección de poesías en árabe, persa o turco. SIN. **1.** Canapé.

divergencia (del lat. *divergens, -entis*) *s. f.* **1.** Acción de divergir. **2.** Desacuerdo. SIN. **2.** Discrepancia, disentimiento. ANT. **1.** Convergencia. **2.** Coincidencia.

divergir (del lat. *divergere*) *v. intr.* **1.** Separarse sucesivamente dos o más líneas, superficies o cosas. **2.** Discrepar: *Divergían en sus aficiones.* ■ Delante de *a* y *o* se escribe *j* en lugar de *g*: *diverja.* SIN. **1.** Bifurcarse, desviarse, apartarse. **2.** Disentir. ANT. **1.** Converger. **1.** y **2.** Coincidir. FAM. Divergencia, divergente.

diversidad (del lat. *diversitas, -atis*) *s. f.* **1.** Diferencia o variedad: *diversidad de opiniones.* **2.** Conjunto de personas o cosas distintas: *una gran diversidad de visitantes.* FAM. Biodiversidad. DIVERSO.

diversificar (del lat. *diversificare*, de *diversus*, diverso, y *facere*, hacer) *v. tr.* Multiplicar los aspectos de una cosa, darle más variedad para adecuarla a nuevas necesidades: *La editorial ha diversificado su oferta de libros.* También *v. prnl.* ■ Delante de *e* se escribe *qu* en lugar de *c.*

diversión (del lat. *diversio, -onis*) *s. f.* **1.** Acción de divertir o divertirse: *Pinta por diversión.* **2.** Cosa que divierte: *El cine es su diversión preferida.* SIN. **1.** Esparcimiento. **1.** y **2.** Distracción, entretenimiento. **2.** Pasatiempo. ANT. **1.** Hastío, tedio, aburrimiento.

diverso, sa (del lat. *diversus*) *adj.* **1.** Variado o diferente: *una vegetación muy diversa, un tema diverso al anterior.* || *adj. pl.* **2.** Varios: *Se presentaron diversos proyectos.* SIN. **1.** Heterogéneo. **1.** y **2.** Distinto(s). **2.** Algunos. ANT. **1.** Homogéneo, igual. FAM. Diversamente, diversidad, diversificación, diversificar. VERSO[2].

divertículo (del lat. *diverticulum*, desviación) *s. m.* Bolsa que se forma en un conducto principal, como el tubo digestivo o la vejiga urinaria.

divertido, da 1. *p.* de **divertir**. || *adj.* **2.** Alegre, de buen humor: *una persona muy divertida.* **3.** Que divierte: *un juego divertido.* **4.** *Arg., Chile, Guat.* y *Perú* Achispado. SIN. **2.** Gracioso, ocurrente, jovial. **3.** Distraído, entretenido, ameno. ANT. **2.** Triste. **3.** Aburrido.

divertimento (ital.) *s. m.* **1.** Composición musical breve y generalmente de carácter alegre, de estructura relativamente libre, para varios instrumentos musicales. **2.** Divertimiento. SIN. **2.** Diversión, entretenimiento.

divertimiento *s. m.* **1.** Diversión, acción de divertir: *Canta por puro divertimiento.* **2.** Cosa que divierte: *Pasear es su único divertimiento.* SIN. **1.** y **2.** Entretenimiento.

divertir (del lat. *divertere*, llevar por varios lados) *v. tr.* **1.** Producir alegría o placer algo o alguien: *Me divierten sus chistes.* También *v. prnl.* **2.** Desviar la atención del enemigo hacia objetivos poco importantes para así debilitarlo. ■ Es v. irreg. Se conjuga como *sentir.* SIN. **1.** Entretener(se), amenizar. **2.** Despistar. ANT. **1.** Aburrir(se). FAM. Diversión, divertido, divertimiento.

dividendo (del lat. *dividendus*, de *dividere*, dividir) *s. m.* **1.** Cantidad que se divide por otra. **2.** Parte de los beneficios de una empresa que corresponde a cada accionista según el número de acciones que posea.

dividir (del lat. *dividere*) *v. tr.* **1.** Partir, separar en partes: *Dividió el bollo en dos trozos.* También *v. prnl.* **2.** Repartir algo entre varios. También *v. prnl.*: *Se dividieron el trabajo entre los tres.* **3.** Enfrentar, enemistar: *La noticia dividió a los vecinos.* También *v. prnl.* **4.** En mat., averiguar cuántas veces un número, el divisor, está contenido en otro, el dividendo. SIN. **1.** Cortar, trocear, fraccionar(se). **2.** Distribuir(se). **3.** Indisponer(se). ANT. **1.** Unir(se), juntar(se). **2.** Concentrar. **4.** Multiplicar. FAM. Dividendo, divisibilidad, divisible, división, divisor, divisorio. / Indivisible, subdividir.

divieso (del lat. *diversus*, separado) *s. m.* Forúnculo. SIN. Absceso, lobanillo.

divinidad (del lat. *divinitas, -atis*) *s. f.* **1.** Naturaleza divina o esencia de Dios. **2.** Dios, sobre todo en la mitología y en las religiones politeístas: *las divinidades romanas.* **3.** Persona o cosa de gran hermosura y perfección: *Ese niño tuyo es una divinidad.* SIN. **2.** Deidad. **3.** Preciosidad, maravilla. ANT. **3.** Bodrio, horror.

divinizar *v. tr.* **1.** Conceder categoría de dios a alguien o algo: *divinizar a un héroe.* **2.** Ensalzar exageradamente a una persona. ■ Delante de *e* se escribe *c* en lugar de *z.* SIN. **1.** Deificar. **2.** Exaltar, glorificar. ANT. **2.** Humillar, rebajar.

divino, na (del lat. *divinus*) *adj.* **1.** Propio de Dios o de los dioses: *los atributos divinos.* **2.** Extraordinario, muy bueno o hermoso: *un abrigo divino.* SIN. **2.** Maravilloso, soberbio. ANT. **2.** Horrible, horroroso. FAM. Divinamente, divinidad, divinización, divinizar, divo. / Adivinar. DIOS.

divisa (de *divisar*) *s. f.* **1.** Distintivo, emblema: *El toro llevaba la divisa de su ganadería.* **2.** Palabra o expresión que resume las ideas que una persona o grupo asume como norma. **3.** Dinero de un país extranjero. Se usa más en *pl.*: *El turismo supone una fuerte entrada de divisas.* **4.** En un escudo, lema o leyenda que se expresa con palabras o figuras. SIN. **1.** Marca, insignia. FAM. Eurodivisa. DIVISAR.

divisar (del lat. *divisus*, de *dividere*, dividir, distinguir) *v. tr.* Ver confusamente o desde lejos. También *v. prnl.*: *Desde allí se divisa el castillo.* SIN. Vislumbrar(se), atisbar(se). FAM. Divisa.

divisible (del lat. *divisibilis*) *adj.* **1.** En mat., se dice del número que al dividirlo por otro da una cantidad exacta, con resto igual a cero. **2.** Que se puede dividir. SIN. **2.** Fraccionable. ANT. **2.** Indivisible.

división (del lat. *divisio, -onis*) *s. f.* **1.** Acción de dividir o dividirse: *la división de una herencia.* **2.** Operación aritmética de dividir. **3.** Desacuerdo: *Tras la concesión del premio hubo división de opiniones.* **4.** En el ejército, unidad formada por dos o más brigadas o regimientos. **5.** Departamento de ciertos organismos: *Trabaja en la división de comercio exterior del banco.* **6.** En algunos dep., agrupación de equipos según su categoría: *Ascendió a primera división.* || **7. división de honor** En ciertos dep., máxima categoría. SIN. **1.** Repartición, reparto, partición. **3.** Desavenencia. ANT. **1.** Unión, fusión. **2.** Multiplicación. **3.** Concordia. FAM. Divisionario, divisionismo. DIVIDIR.

divisionario, ria *adj.* **1.** Relacionado con la división militar y sus miembros: *cuerpo divisionario.* || **2. moneda divisionaria** Véase **moneda**.

divisionismo *s. m.* Puntillismo*. FAM. Divisionista. DIVISIÓN.

divismo *s. m.* Actitud del artista que se comporta como un divo o de cualquier persona que se considera a sí misma extraordinaria en su actividad. SIN. Arrogancia, engreimiento, vanidad. ANT. Modestia, humildad.

divisor, ra (del lat. *divisor, -oris*) *adj.* **1.** Que divide. También *s. m.* y *f.* **2.** Se dice de un número entero con respecto a otro, cuando el segundo es múltiplo del primero. También *s. m.* || *s. m.* **3.** En una división, cantidad por la cual se divide otra. || **4. común divisor** Número que divide de forma exacta a varios números; p. ej., 5 es común divisor de 10, de 15 y de 20. **5. máximo común divisor** El mayor de todos los divisores comunes de varios números.

divo, va (del lat. *divus*, divino) *s. m.* y *f.* **1.** Artista de primera categoría, especialmente cantante de ópera. También *adj.* **2.** Persona arrogante y engreída. También *adj.* SIN. **1.** Estrella, figura. **2.** Soberbio, presuntuoso. ANT. **2.** Modesto, humilde. FAM. Divismo. DIVINO.

divorciado, da 1. *p.* de **divorciar**. || *adj.* **2.** Se aplica a la persona que ha obtenido la disolución de su matrimonio. También *adj.* y *s. m.* y *f.*

divorciar *v. tr.* **1.** Disolver el juez un matrimonio. Se usa más como *v. prnl.*: *Sus padres se han divorciado.* **2.** Separar, apartar lo que estaba junto o de acuerdo. También *v. prnl.*: *Algunos seguidores se divorciaron del partido.* SIN. **1.** Descasar(se). **2.** Desligar(se), desvincular(se). ANT. **1.** Casar(se). **2.** Unir(se), vincular(se).

divorcio (del lat. *divortium*) *s. m.* **1.** Disolución definitiva de un contrato matrimonial mediante sentencia legal. **2.** Falta de acuerdo, separación: *El divorcio entre los dos grupos fue total.* **3.** *Col.* Cárcel de mujeres. SIN. **2.** Divergencia, desavenencia. ANT. **2.** Convergencia, avenencia. FAM. Divorciado, divorciar.

divulgación (del lat. *divulgatio, -onis*) *s. f.* **1.** Acción de divulgar o divulgarse: *Su libro tuvo una gran divulgación.* **2.** Estilo que pretende poner al alcance del público no especializado temas científicos, históricos, técnicos, etc.: *un autor de divulgación científica.* **SIN. 1.** Difusión, extensión, propagación. **ANT. 1.** Secreto, reserva.

divulgar (del lat. *divulgare*) *v. tr.* Difundir, dar a conocer al público cierta cosa: *divulgar secretos de Estado.* También *v. prnl.*: *Su obra se divulgó en Europa.* ■ Delante de *e* se escribe *gu* en lugar de *g*: *divulgue.* **SIN.** Extender(se), propagar(se). **ANT.** Ocultar(se), silenciar(se). **FAM.** Divulgable, divulgación, divulgador. VULGO.

dizque *adv. Amér.* Según parece, por lo visto.

DNI *s. m.* Siglas de **Documento Nacional de Identidad**, tarjeta que, en España, contiene la fotografía y los datos identificativos del titular de la misma.

do[1] (del ital. *do*, sílaba arbitraria) *s. m.* **1.** Nombre de la primera nota o sonido de la escala musical. || **2. do de pecho** Una de las notas más agudas que alcanza la voz del tenor; en sentido figurado, el máximo esfuerzo por conseguir algo. ■ Su pl. es *does.*

do[2] (del arcaico *o*, derivado del lat. *ubi*, y la prep. *de*) *adv. l.* Donde y de donde: *¿Do vas tan deprisa?*

dóbermann (de Louis *Dobermann*, científico alemán creador de esta raza) *s. m.* y *f.* Raza de perros obtenida mediante selección, de unos 50 cm, pelo oscuro y corto, cuerpo esbelto y musculoso y cabeza estrecha y alargada. Destacan por su ferocidad, por lo que se usan como perros guardianes y de defensa.

dobla (del lat. *dupla*) *s. f.* Moneda castellana de oro de la baja Edad Media.

dobladillo *s. m.* Pliegue y costura que se hace en los bordes de una tela para evitar que se deshilache.

doblado, da 1. *p.* de **doblar**. || *adj.* **2.** Cansado, agotado: *Llegó doblado del trabajo.* **3.** Se dice de la película que ha sido traducida al idioma del país donde se proyecta: *Vimos la versión doblada, no la original.*

doblaje *s. m.* Acción de doblar una película a otro idioma.

doblar (del lat. *duplare*, de *duplus*, doble) *v. tr.* **1.** Hacer una cosa dos veces mayor o tener el doble que otro: *Dobló su dinero. Su marido le dobla la edad.* **2.** Plegar un objeto, en especial si es plano: *doblar una colcha.* **3.** Torcer algo que estaba derecho: *doblar una barra.* También *v. prnl.* **4.** Cambiar de dirección, pasar al otro lado: *doblar la esquina.* También *v. intr.*: *doblar a la derecha.* **5.** En cine, traducir las partes habladas de una película al idioma del país en el que se proyecta. **6.** Sustituir la voz de un actor por la de otro. **7.** Sustituir un extra a un actor en determinadas escenas. **8.** En carreras de pista o en circuito, alcanzar un corredor a otro sacándole una vuelta de ventaja. **9.** *Méx.* Derribar a uno de un disparo. **10.** *Cuba* Avergonzar. || *v. intr.* **11.** Tocar las campanas anunciando la muerte de alguien. **12.** En tauromaquia, caer el toro herido de muerte. || **doblarse** *v. prnl.* **13.** Someterse, ceder: *Se dobló a mi petición.* **SIN. 1.** Duplicar. **3.** Curvar(se), combar(se), encorvar(se), flexionar(se), arquear(se). **4.** Girar, virar. **13.** Doblegarse. **ANT. 2.** Desdoblar, desplegar. **3.** Enderezar, estirar. **FAM.** Dobladillo, doblado, doblador, dobladura, doblaje, doblegar, doblez. / Desdoblar, redoblar. DOBLE.

doble (del lat. *duple*) *adj. num. mult.* **1.** Que es dos veces el tamaño, número o intensidad de alguna cosa: *Se sirvió doble ración de pastel.* Se usa mucho como *s. m.*: *Me costó el doble.* **2.** Formado por dos cosas iguales: *doble ventana.* || *adj.* **3.** Se dice de las flores que tienen más hojas que las sencillas: *un geranio doble.* **4.** Se dice del vaso de cerveza o vino mayor que el normal. También *s. m.* **5.** En el dominó, se aplica a las fichas que tienen el mismo número en los dos cuadrados: *el tres doble.* **6.** En tenis, se dice de la falta que un jugador comete al sacar mal dos veces seguidas. **7.** Hipócrita, falso: *Es un tipo doble, no puedes confiar en él.* || *s. m.* **8.** Acción de doblar las campanas por la muerte de alguien. **9.** Persona de gran parecido a otra. **10.** En el cine, especialista que sustituye a un actor en ciertas escenas. **11.** Reproducción de algún objeto: *un doble de la llave.* || *s. m. pl.* **12.** En baloncesto, infracción que consiste en botar el balón, agarrarlo con las dos manos y volverlo a botar: *El jugador hizo dobles.* **13.** En tenis, partido por parejas y cada una de las parejas que lo juegan. **SIN. 1.** Duplo, dúplice. **2.** Par, pareja. **7.** Taimado. **9.** Sosia. **10.** Extra. **11.** Duplicado, copia. **ANT. 1.** Medio, mitad. **2.** Sencillo. **7.** Sincero, franco. **FAM.** Dobla, doblar, doblemente, doblete, doblón. / Duplo.

doblegar (del lat. *duplicare*) *v. tr.* **1.** Torcer o doblar lo que estaba recto. También *v. prnl.*: *La barra se doblegó por el peso.* **2.** Obligar a obedecer, a ceder, a abandonar las ideas o propósitos que alguien tenía. También *v. prnl.* **3.** Derrotar: *doblegar un rival.* **4.** Humillar. También *v. prnl.* ■ Delante de *e* se escribe *gu* en lugar de *g*: *doblegue.* **SIN. 1.** Arquear(se), curvar(se). **2.** Someter(se). **4.** Degradar(se). **ANT. 1.** Enderezar(se). **3.** Vencer, superar(se). **4.** Ensalzar(se). **FAM.** Doblegable. / Indoblegable. DOBLAR.

doblete *s. m.* **1.** En teatro, dos personajes interpretados por el mismo actor en una obra. **2.** Serie de dos victorias o éxitos consecutivos, especialmente en dep.: *Este año el equipo consiguió el doblete.* **3.** Par de palabras que tienen el mismo origen, pero que han evolucionado de forma distinta; p. ej. *cátedra* y *cadera,* del lat. *cathedra.* **4.** Piedra formada por dos cristales superpuestos.

doblez *s. m.* **1.** Pliegue que se forma al doblar una cosa: *Hizo cuatro dobleces al mantel.* **2.** Marca que queda donde se ha doblado algo. || *s. amb.* **3.** Hipocresía: *Actuar con doblez.* ■ En esta acepción se usa más como *s. f.* **SIN. 1.** y **2.** Dobladura. **3.** Fingimiento, disimulo, falsía. **ANT. 3.** Sinceridad, franqueza.

doblón (de *dobla*) *s. m.* Antigua moneda castellana de oro.

doce (del lat. *duodecim*) *adj. num. card.* **1.** Diez y dos. También *pron.* y *s. m.*: *Vinieron doce. El doce me da buena suerte.* || *adj. num. ord.* **2.** Duodécimo. También *pron.*: *Su hermano era el doce de la lista.* || *s. m.* **3.** Signos con que se representa. **FAM.** Doceavo, docena, dozavo. DOS.

docena *s. f.* Conjunto de doce unidades: *una docena de huevos.* **FAM.** Adocenar. DOCE.

docencia *s. f.* Actividad de las personas que se dedican a la enseñanza: *Ejerció la docencia en distintos colegios.* **SIN.** Educación, instrucción. **FAM.** Docente. DOCTOR.

docente (del lat. *docens, -entis*, de *docere*, enseñar) *adj.* **1.** Relacionado con la enseñanza: *centro docente, actividad docente.* **2.** Que se dedica a la enseñanza. También *s. m.* y *f.*: *los docentes de la universidad.* **SIN. 1.** Educativo, instructivo, formativo. **2.** Profesor, enseñante, maestro, educador, instructor.

dócil (del lat. *docilis*) *adj.* **1.** Obediente: *Mi perro es dócil.* **2.** Tranquilo, fácil de educar. **3.** Se aplica al metal, piedra, etc., que se labra o trabaja con facilidad. **SIN.** **1.** Sumiso. **2.** Manso. **3.** Maleable, dúctil. **ANT.** **1.** Indócil, desobediente, rebelde. **2.** Brusco, agresivo. **FAM.** Docilidad, dócilmente. / Indócil.

dock (ingl.) *s. m.* Muelle rodeado de almacenes para guardar las mercancías. **SIN.** Dársena.

docto, ta (del lat. *doctus*, de *docere*, enseñar) *adj.* Sabio: *Era muy docto en astronomía.* También *s. m.* y *f.* **SIN.** Erudito, instruido, letrado. **ANT.** Ignorante, iletrado. **FAM.** Doctamente. / Indocto. DOCTOR.

doctor, ra (del lat. *doctor, -oris*) *s. m.* y *f.* **1.** Persona que ha obtenido el más alto grado universitario: *doctor en derecho.* **2.** Médico. || **3. doctor de la Iglesia** Título que concede la Iglesia católica a algunos de sus grandes teólogos y escritores. **4. doctor honoris causa** Título honorífico concedido por las universidades a alguna personalidad ilustre. **FAM.** Docto, doctorado, doctoral, doctorando, doctorar. / Docencia, doctrina.

doctorado, da 1. *p.* de **doctorar**. También *adj.* || *s. m.* **2.** Título de doctor que se obtiene tras una serie de estudios y la presentación de una tesis. **3.** Estudios necesarios para obtener ese título: *Está realizando el doctorado.*

doctoral *adj.* **1.** Del doctor o doctorado: *tesis doctoral.* **2.** Pedante: *Deja de hablar en tono doctoral.* **SIN.** **2.** Petulante, presuntuoso.

doctorando, da *s. m.* y *f.* Persona que está realizando los estudios necesarios para obtener el título de doctor.

doctorar *v. tr.* **1.** Conceder una universidad el título de doctor a alguien. Se usa más como *v. prnl.*: *doctorarse en psicología.* **2.** Dar la alternativa a un torero. Se usa más como *v. prnl.*: *El diestro se doctoró en la Maestranza.*

doctrina (del lat. *doctrina*) *s. f.* **1.** Conjunto ordenado de conocimientos sobre un tema. **2.** Conjunto de ideas estructuradas de un autor, corriente de pensamiento, religión, etc.: *la doctrina aristotélica.* || **3. doctrina legal** La contenida en las leyes que rigen un país. **SIN.** **2.** Sistema, ideario. **FAM.** Doctrinal, doctrinario, doctrinarismo. / Adoctrinar. DOCTOR.

doctrinario, ria *adj.* **1.** Relativo a la doctrina. **2.** Que defiende rígidamente una doctrina o pensamiento. También *s. m.* y *f.* **SIN.** **2.** Intransigente, sectario, fanático. **ANT.** **2.** Transigente, tolerante.

docudrama *s. m.* Programa de radio, cine o televisión que recrea, con técnicas dramáticas, situaciones o hechos reales propios de un documental.

documentación (del lat. *documentatio, -onis*) *s. f.* **1.** Acción de documentar o documentarse. **2.** Conjunto de información sobre un determinado tema o asunto y técnica con que se recopila. **3.** Cualquier tipo de documento que sirve para identificar a alguien o algo: *Nos pidieron la documentación en un control.* **SIN.** **2.** Expediente. **3.** Credencial.

documentado, da 1. *p.* de **documentar**. También *adj.* || *adj.* **2.** Que posee o aporta la documentación necesaria para identificarse. **SIN.** **2.** Acreditado. **ANT.** **2.** Indocumentado. **FAM.** Indocumentado. DOCUMENTO.

documental *adj.* **1.** Que se basa en los documentos o se refiere a ellos: *una prueba documental.* **2.** Se dice de la película y el género cinematográfico que presenta escenas y personajes reales con fines informativos o pedagógicos. También *s. m.*: *un documental sobre las cigüeñas.*

documentalista *adj.* **1.** Relativo a los documentos, a su estudio, tratamiento, clasificación, etc. || *s. m.* y *f.* **2.** Persona que se dedica a la búsqueda y recopilación de documentación e información sobre un determinado tema o materia. **3.** Persona que realiza películas documentales.

documentar (del lat. *documentare*) *v. tr.* **1.** Presentar documentos para justificar, demostrar o fundamentar algo: *Tienes que documentar tu afirmación.* **2.** Proporcionar información sobre algo. También *v. prnl.*: *Se documentó antes de escribir su libro.* **SIN.** **1.** Probar, certificar, acreditar. **2.** Informar(se), instruir(se).

documento (del lat. *documentum*) *s. m.* **1.** Escrito u otra cosa que informa o ilustra sobre una cuestión, o que sirve para justificar o acreditar algo: *La película era un buen documento sobre la época.* || **2. Documento Nacional de Identidad** DNI*. **3. documento privado** El redactado por los particulares sin la intervención de funcionario público competente. **4. documento público** El autorizado por un funcionario público competente; p. ej. un testamento hecho ante notario. **FAM.** Documentación, documentado, documental, documentalista, documentalmente, documentar.

dodecaedro (del gr. *dodekaedros*, de *dodeka*, doce, y *edra*, cara) *s. m.* Poliedro que tiene doce caras.

dodecafonía o **dodecafonismo** (del gr. *dodeka*, doce, y *phone*, sonido) *s. f.* o *m.* Sistema de composición musical que utiliza los doce sonidos de la escala cromática según un orden determinado. **FAM.** Dodecafónico.

dodecágono, na (del gr. *dodekagonos*, de *dodeka*, doce, y *gonia*, ángulo) *adj.* Se aplica al polígono de doce lados. También *s. m.*

dodecasílabo, ba (del gr. *dodeka*, doce, y *syllabe*, sílaba) *adj.* En poesía, se dice del verso que tiene doce sílabas. También *s. m.*

dodo *s. m.* Ave actualmente extinguida, de tamaño parecido al de un cisne, pico fuerte y ganchudo, e incapaz de volar, que vivía en algunas islas del océano Índico.

dodotis (nombre comercial registrado) *s. m.* Pañal.

dogal (del bajo lat. *ducale*, correa de conducir) *s. m.* **1.** Soga que se pone al cuello de las caballerías. **2.** Cuerda para ahorcar a los condenados. **SIN.** **1.** Cabestro, ronzal, ramal.

dogaresa (del ital. *dogaressa*) *s. m.* Mujer del dogo o dux*.

dogma (del lat. *dogma*, y éste del gr. *dogma*, parecer, opinión, decreto) *s. m.* **1.** Verdad o principio de una doctrina, ciencia o religión, que se considera cierto e innegable. **2.** Conjunto de esas verdades o principios: *el dogma católico.* **3.** Cualquier cosa que se dice o cree con certeza absoluta. **SIN.** **1.** Axioma. **2.** Dogmática. **FAM.** Dogmáticamente, dogmático, dogmatismo, dogmatizante, dogmatizar.

dogmático, ca (del lat. *dogmaticus*, y éste del gr. *dogmatikos*) *adj.* **1.** Propio de los dogmas: *una verdad dogmática.* **2.** Que considera las propias ideas como dogmas, sin aceptar otras posibles. También *s. m.* y *f.* || *s. f.* **3.** Conjunto de los dogmas. **4.** Parte de la teología que estudia los dogmas. **SIN.** **1.** Axiomático. **2.** Doctrinario, intransigente. **3.** Dogmatismo. **ANT.** **2.** Abierto, flexible.

dogmatismo (del lat. *dogmatismus*) *s. m.* **1.** Cualidad de dogmático: *En el libro muestra su dogmatismo habitual.* **2.** Conjunto de verdades consideradas como dogma por una religión, doctrina, etc. **3.** Doctrina filosófica opuesta al escepticismo que considera a la razón como instrumento para conocer la verdad. **SIN.** **1.** Intransigencia, inflexibilidad. **2.** Dogmática. **ANT. 1.** Apertura, flexibilidad.

dogmatizar (del lat. *dogmatizare*, y éste del gr. *dogmatizo*) *v. intr.* **1.** Exponer ideas de manera dogmática. **2.** Enseñar dogmas. También *v. tr.* ■ Delante de *e* se escribe *c* en lugar de *z*: *dogmatice.*

dogo (del ital. *doge*, y éste del lat. *dux, ducis*, guía, jefe) *s. m.* Dux*. ■ Su femenino es *dogaresa*. **FAM.** Dogaresa.

dogo, ga (del ingl. *dog*, perro) *adj.* Se aplica a los perros de una raza centroeuropea, de gran tamaño y fortaleza, cráneo voluminoso, hocico pequeño y pelo corto. Se llama también *gran danés*. También *s. m.* y *f.*

dólar (del ingl. *dollar*, y éste del al. *Thaler*) *s. m.* Unidad monetaria de varios países como Estados Unidos, Canadá, Australia, etc. **FAM.** Eurodólar, petrodólar.

dolby (nombre comercial registrado) *s. m.* Sistema que reduce el ruido de fondo de la señal de los magnetófonos y otros aparatos electroacústicos.

dolce far niente (ital., significa 'dulce no hacer nada') *expr.* Vida ociosa y relajada. ■ Se usa como *s. m.*: *Se acabo el dolce far niente; mañana terminan mis vacaciones.*

dolce vita (ital., significa 'dulce vida') *expr.* Vida placentera y despreocupada. ■ Se usa como *s. f.*: *Como me toque la lotería me voy a dedicar a la dolce vita.*

dolencia (del lat. *dolentia*) *s. f.* Enfermedad. **SIN.** Achaque, afección. **ANT.** Bienestar, salud.

doler (del lat. *dolere*) *v. intr.* **1.** Sentir dolor en alguna parte del cuerpo: *Me duele la espalda.* También *v. prnl.*: *Se duele del golpe.* **2.** Producir dolor: *Algunas inyecciones duelen.* **3.** Causar tristeza o pena: *Me duele tu respuesta.* También *v. prnl.* || **dolerse** *v. prnl.* **4.** Quejarse, mostrar disgusto: *Se dolió del trato recibido.* || **LOC. ahí (le) duele** *fam.* Indica que se ha acertado en lo fundamental de una cuestión o en el punto débil de una persona. ■ Es v. irreg. Se conjuga como *mover*. **SIN. 2.** Lastimar. **3.** Afligir(se), apenar(se). **4.** Protestar. **ANT. 2.** Calmar, aliviar. **3.** Alegrar(se), animar(se). **4.** Congratularse, felicitarse. **FAM.** Dolencia, dolido, doliente. / Adolecer, condolerse, indolente. DOLOR.

dolicocéfalo, la (del gr. *dolikhos*, largo, y *-cefalo*) *s. f.* Característica de la persona que tiene el cráneo mucho más alargado que ancho. **ANT.** Braquicefalia. **FAM.** Dolicocefalia. CEFÁLICO.

doliente (del lat. *dolens, -entis*) *adj.* **1.** Que expresa dolor o pena profunda: *Vino con gesto doliente a contarnos sus desgracias.* **2.** Que está enfermo o sufre, o se queja de ello. También *s. m.* y *f.*: *El médico visitó al doliente.* **SIN. 1.** Doloroso. **1.** y **2.** Afligido.

dolmen (del fr. *dolmen*) *s. m.* Monumento megalítico de carácter funerario propio del neolítico y de la edad de bronce, que consiste en una losa horizontal sostenida por grandes piedras plantadas verticalmente en el suelo. **FAM.** Dolménico.

dolo (del lat. *dolus*) *s. m.* Intención de realizar un hecho injusto, dañino o contrario a la ley. **FAM.** Doloso.

dolomita *s. f.* Roca formada por carbonato cálcico-magnésico, de color rosado o incoloro y brillo vítreo; aparece en zonas calizas y se utiliza en la industria de la construcción y en la metalurgia. **FAM.** Dolomítico.

dolor (del lat. *dolor, -oris*) *s. m.* **1.** Sensación de malestar en alguna parte del cuerpo debido a una causa externa o interna. **2.** Tristeza: *Sintió un gran dolor al marcharse.* **SIN. 1.** Sufrimiento, padecimiento. **2.** Aflicción, pesar. **ANT. 1.** Bienestar. **2.** Alegría. **FAM.** Doler, dolorido, dolorosamente, doloroso. / Duelo[2], indoloro.

dolorido, da *adj.* **1.** Que sufre un dolor: *Tengo el brazo dolorido.* **2.** Entristecido, apenado. **SIN. 1.** Lastimado, resentido. **2.** Dolido, angustiado. **ANT. 2.** Alegre, gozoso.

doloroso, sa (del lat. *dolorosus*) *adj.* **1.** Que produce dolor físico. **2.** Que causa pena: *Se encontraba en una situación muy dolorosa.* || *s. f.* **3.** Pintura o escultura que representa a la Virgen después de la muerte de Jesús. ■ En esta acepción, se escribe normalmente con mayúscula. **4.** *fam.* Factura, especialmente la de los restaurantes: *Ya hemos pedido la dolorosa.* **SIN. 2.** Lastimoso, lamentable. **ANT. 2.** Alegre, gozoso.

doloso, sa *adj.* Realizado con dolo: *Hubo proceder doloso en la concesión de premios.* **SIN.** Fraudulento, engañoso.

domar (del lat. *domare*) *v. tr.* **1.** Amansar y hacer dócil a un animal. **2.** Dominar, reprimir: *domar una revuelta.* **3.** Hacer que una cosa tome cierta forma o se vuelva flexible: *domar unos zapatos nuevos.* **SIN. 1.** Amaestrar, desbravar. **2.** Domeñar, refrenar. **3.** Amoldar, adaptar. **ANT. 1.** Embravecer. **2.** Incitar. **FAM.** Doma, domable, domador. / Indomable, redomado.

domeñar (del lat. vulg. *dominiare*, por *dominare*, dominar) *v. tr.* Someter o dominar: *domeñar los sentimientos.* **SIN.** Controlar, domar. **ANT.** Liberar, soltar. **FAM.** Domeñable. / Indomeñable. DOMINAR.

domesticar *v. tr.* **1.** Acostumbrar a los animales salvajes a la compañía del hombre: *domesticar una especie muy peligrosa.* **2.** Conseguir que un animal obedezca y haga lo que se le pide. ■ Delante de *e* se escribe *qu* en lugar de *c*: *domestique.* **SIN. 2.** Educar. **FAM.** Domesticable, domesticación, domesticado. / Indomesticable. DOMÉSTICO.

doméstico, ca (del lat. *domesticus*, de *domus*, casa) *adj.* **1.** De la casa o el hogar: *tareas domésticas.* **2.** Se dice del animal que vive con el hombre: *El perro es un animal doméstico.* || *s. m.* y *f.* **3.** Sirviente. || *s. m.* **4.** En ciclismo, corredor que ayuda al miembro más destacado del equipo. **SIN. 1.** Casero, familiar. **3.** Criado, servidor. **4.** Gregario. **ANT. 2.** Salvaje. **FAM.** Domésticamente, domesticar, domesticidad.

domiciliar *v. tr.* **1.** Indicar la cuenta bancaria que se ha elegido para que en ella se efectúen ingresos y pagos a nombre del interesado: *domiciliar un recibo, domiciliar una nómina.* || **domiciliarse** *v. prnl.* **2.** Establecer el domicilio en un lugar determinado: *Se domicilió en la calle Mayor.* **SIN. 2.** Avecindarse, instalarse.

domiciliario, ria *adj.* **1.** Del domicilio o relacionado con él: *datos domiciliarios.* **2.** Que se cumple o tiene lugar en el domicilio del interesado: *asistencia domiciliaria, venta domiciliaria.* || *s. m.* y *f.* **3.** Persona que tiene su domicilio en un lugar determinado. **SIN. 3.** Vecino.

domicilio (del lat. *domicilium*, de *domus*, casa) *s. m.* **1.** Edificio, piso o local donde vive una persona. **2.** Lugar de residencia de una persona, empresa, etc., a efectos legales. || **3. domicilio social** El de una empresa o establecimiento. **SIN. 1.** Casa, vivienda, hogar, morada. **2.** Dirección, sede. **FAM.** Domiciliación, domiciliar, domiciliario.

dominación (del lat. *dominatio, -onis*) *s. f.* **1.** Acción de dominar. **2.** Poder o control sobre un pueblo, territorio, nación, etc.: *España estuvo bajo la dominación árabe.* || *s. m. pl.* **3.** Nombre dado a los ángeles que forman el cuarto coro. **SIN. 2.** Dominio.

dominancia *s. f.* **1.** Preponderancia de un carácter hereditario o de un gen sobre otro. **2.** En ecol., influencia determinante que una especie ejerce en el ecosistema.

dominante *adj.* **1.** Que domina. **2.** En biol., se dice de los caracteres hereditarios que se manifiestan en el fenotipo. || *s. f.* **3.** En mús., quinta nota de la escala diatónica.

dominar (del lat. *dominare*) *v. tr.* **1.** Tener alguien o algo poder sobre personas o cosas: *Ese animal domina a toda la manada.* **2.** Conocer perfectamente una materia, arte, técnica, etc.: *dominar las matemáticas.* **3.** Contener: *dominar la cólera, dominar un incendio.* También *v. prnl.*: *Tengo que dominarme.* **4.** Divisar desde lo alto una gran extensión de terreno: *Desde aquí dominamos la bahía.* **5.** Sobresalir algo o alguien por ser más alto, mejor, etc.: *El monte domina todo el valle.* También *v. intr.* SIN. **1.** Someter, domeñar. **3.** Controlar(se), sofocar. **4.** Abarcar. **5.** Destacar, resaltar. ANT. **1.** Obedecer. **2.** Desconocer, ignorar. **3.** Avivar(se). FAM. Dominación, dominador, dominancia, dominante, dominio, dominó. / Domeñar, predominar, subdominante, superdominante. DUEÑO.

dómine (del lat. *dominus*, señor) *s. m.* **1.** Antiguo profesor de gramática latina. **2.** En tono desp., persona que se las da de maestro sin serlo.

domingas *s. f. pl. vulg.* Pechos femeninos.

domingo (del lat. *dominicus dies*, día del Señor) *s. m.* Día de la semana, entre el sábado y el lunes, que la mayoría de la población dedica al descanso y, en algunas religiones, como la cristiana, a Dios y a su culto. FAM. Dominguero, dominical. / Endomingarse.

dominguero, ra *adj.* **1.** De domingo o que se usa sólo en domingo: *un programa de televisión dominguero.* **2.** Que sale, se divierte o se arregla sólo los domingos. También *s. m.* y *f.*: *La cafetería estaba llena de domingueros.* **3.** Se dice de la persona que utiliza el coche sólo los domingos o festivos y, p. ext., del conductor inexperto. También *s. m.* y *f.*

dominical (del lat. *dominicalis*) *adj.* **1.** Del domingo: *un ambiente dominical.* || *s. m.* **2.** Suplemento que algunos periódicos publican los domingos.

dominicanismo *s. m.* Palabra o giro propio de la República Dominicana que ha pasado al español.

dominicano, na *adj.* De Santo Domingo o de la República Dominicana. También *s. m.* y *f.* FAM. Dominicanismo.

dominico, ca *adj.* De la orden fundada por Santo Domingo de Guzmán. También *s. m.* y *f.*

dominio (del lat. *dominium*) *s. m.* **1.** Poder o superioridad que se tiene sobre personas o cosas: *España tuvo bajo su dominio un gran imperio.* **2.** Derecho de propiedad: *el dominio de una finca.* **3.** Conocimiento profundo de algo: *dominio del piano, dominio del inglés.* **4.** Territorio gobernado o administrado por otro o sometido a la soberanía de otro. Se usa sobre todo en *pl.*: *los antiguos dominios británicos.* **5.** Ámbito de una ciencia o actividad artística o intelectual: *el dominio de la física.* || LOC. **ser** una cosa **del dominio público** Ser algo conocido por todo el mundo: *Su boda es ya del dominio público.* SIN. **1.** Dominación, imperio. **2.** Disposición, disfrute. **3.** Maestría, pericia, destreza. **4.** Colonia, posesión. **5.** Terreno, campo, esfera. FAM. Autodominio, condominio. DOMINAR.

dominó (del fr. *domino*) *s. m.* **1.** Juego en el que se usan veintiocho fichas rectangulares, que están divididas en dos mitades, cada una de las cuales lleva marcados de uno a seis puntos o no lleva ninguno. **2.** Conjunto formado por estas fichas. **3.** Disfraz compuesto por una túnica hasta los pies, generalmente negra, y una capucha.

domo (del lat. *domus*, casa) *s. m.* **1.** Cúpula. **2.** En geol., masa rocosa de forma irregular que aparece en un contorno de rocas distintas a ella. **3.** Forma cristalográfica que se caracteriza por dos caras opuestas con respecto a un plano.

domótica *s. f.* En inform., rama dedicada a la inclusión de dispositivos informáticos de control en instalaciones domésticas y laborales.

don[1] (del lat. *donum*) *s. m.* **1.** Regalo: *El genio le concedió tres dones.* **2.** Cualidad o rasgo característico de alguien: *Tiene el don de la elocuencia.* **3.** Habilidad o maña para realizar algo: *Tiene don con los niños.* || **4. don de gentes** Facilidad para la relación con otras personas. SIN. **1.** Presente, obsequio. **2.** Característica. **3.** Destreza. ANT. **3.** Torpeza, incapacidad. FAM. Donoso. DONAR.

don[2] (del lat. *dominus*, señor) *s. m.* **1.** Tratamiento que se antepone a los nombres de pila: *don Tomás.* **2.** Delante de algunos nombres o adj., indica que la persona a la que va dirigido se caracteriza por lo que éstos expresan: *don perfecto.* || **3. don nadie** Persona insignificante. **4. don juan** o **don Juan** Donjuán*.

donaire (del lat. *donarium*, de *donare*, donar) *s. m.* **1.** Gracia en el hablar, escribir, moverse, etc. **2.** Dicho gracioso y ocurrente. SIN. **1.** Garbo, gallardía. **2.** Ocurrencia, broma, agudeza. ANT. **1.** Sosería, torpeza. FAM. Donairoso. DONAR.

donante *adj.* **1.** Que dona. También *s. m.* y *f.* **2.** Se aplica a la persona que da sangre para una transfusión o cede órganos para trasplantes o investigación. También *s. m.* y *f.* || *s. m.* y *f.* **3.** Mecenas*. || **4. donante universal** Persona cuya sangre puede ser donada a otras personas, aunque no tengan el mismo grupo sanguíneo.

donar (del lat. *donare*) *v. tr.* Dar de forma gratuita algo que se posee o de lo que se puede disponer: *Donó su casa a la ciudad.* SIN. Obsequiar, regalar. ANT. Quitar, despojar. FAM. Don[1], donación, donador, donaire, donante, donatario, donativo. / Condonar, perdonar.

donatario, ria (del lat. *donatarius*) *s. m.* y *f.* Persona que recibe una donación.

donativo (del lat. *donativum*) *s. m.* Dinero u otra cosa de valor o utilidad que se da especialmente con fines benéficos: *un donativo a la Cruz Roja.* SIN. Donación, limosna, dádiva.

doncel, lla (del prov. *donsel*, y éste del bajo lat. *dominicellus*) *s. m.* y *f.* **1.** En lenguaje literario, persona joven, en especial la que es virgen. ■ Se usa más el femenino. || *s. f.* **2.** Criada que se ocupa de las faenas de la casa o que atiende o sirve a una señora. || *s. m.* **3.** En la Edad Media, joven noble que todavía no había sido armado caballero. SIN. **1.** Mozo. **2.** Sirvienta. FAM. Doncellez.

donde (del lat. *de unde*) *adv. relat. l.* **1.** Se refiere al lugar en el que está alguien o algo o en el que sucede la acción: *Allí es donde viven sus padres. Ese es el pueblo donde paré el otro día.* ■ En el lenguaje fam., equivale a la expr. *a casa de*: *Vamos donde la abuela.* || *adv. relat.* **2.** Precedido por las prep. *de* y *por*, indica aquello de lo que se deduce alguna cosa o de la que es consecuencia: *De donde sabemos que no lo hizo.* || *adv. interr.* **3.** Indica el lugar por el que se pregunta o del que no se sabe o se duda: *¿Dónde está el cuaderno? No sé dónde está.* ■ Como interr., se escribe con tilde. || *adv. excl.* **4.** Expresa extrañeza, protesta, negación: *Pero ¡dónde se ha visto tal cosa!* ■ En este uso también lleva tilde. **FAM.** Do², dondequiera. / Adonde.

dondequiera *adv. l.* En cualquier parte: *Ponlo dondequiera.* ■ Se usa más seguido del pron. rel. *que* y puede ir precedido de prep.: *Llámale dondequiera que esté.*

dondiego *s. m.* **1.** Planta herbácea originaria de América, de flores grandes y coloreadas que se abren sólo después de anochecer y desprenden un penetrante y agradable olor. || **2. dondiego de día** Planta anual de flores azules, con garganta blanca y fondo amarillo, que se abren con el día y se cierran al anochecer.

donguindo *s. m.* Variedad de peral que da un fruto de carne porosa y dulce, de mayor tamaño que el ordinario.

donjuán (de *don Juan*, personaje teatral) *s. m.* Hombre seductor. ■ Puede escribirse también *don Juan* y *don juan.* **FAM.** Donjuanesco, donjuanismo.

donjuanismo *s. m.* Conjunto de rasgos que caracterizan la figura de D. Juan Tenorio (personaje que seduce a damas y desafía a caballeros) y que se aplican también a cualquier otra persona que se comporte como él.

donoso, sa (del lat. *donosus*, de *donum*, don) *adj.* Que tiene gracia y donaire: *figura donosa.* **SIN.** Gracioso, garboso, airoso. **ANT.** Desgarbado, patoso. **FAM.** Donosamente, donosura. DON¹.

donostiarra (del vasc. *Donostia*, San Sebastián) *adj.* De San Sebastián. También *s. m.* y *f.*

donut (ingl.) *s. m.* Rosquilla esponjosa recubierta de una fina capa de azúcar o de chocolate. ■ Su pl. es *donuts.*

doña (del lat. *domina*) *s. f.* **1.** Tratamiento de cortesía y respeto que se aplica al nombre propio de la mujer. **2.** Delante de adjetivos o nombres comunes, indica que la persona a quien se dirige se caracteriza por ello: *doña perfecta.*

dopaje *s. m.* Uso de sustancias estimulantes por deportistas para conseguir mayor rendimiento. **SIN.** Doping.

dopar (del ingl. *to dope*, drogar) *v. tr.* Suministrar a un deportista drogas o estimulantes para que obtenga mayores rendimientos. También *v. prnl.* con valor reflexivo: *Se doparon varios corredores.* **SIN.** Estimular(se). **FAM.** Dopaje, doping. / Antidopaje, antidoping.

doping (ingl.) *s. m.* Dopaje*.

doquier o **doquiera, por** *loc. adv.* En cualquier parte.

-dor, ra *suf.* Forma sustantivos y adjetivos a los que añade los significados de 'agente', 'actividad profesional' o 'instrumento': *devorador, acogedor; diseñador, leñador; calculadora, acelerador.*

dorada *s. f.* Pez teleósteo de entre 60 y 80 cm de largo, dorso azulado o negro, vientre blanco y una mancha dorada en la cabeza. Se pesca en las costas españolas y su carne es muy apreciada.

dorado, da 1. *p.* de **dorar**. || *adj.* **2.** Que tiene color de oro o parecido a él. **3.** Feliz, esplendoroso: *una época dorada de la literatura.* || *s. m.* **4.** Operación de dorar metales: *Aún falta que le den el dorado.* **5.** Capa dorada de un objeto: *Al frotar desapareció el dorado de la medalla.* **6.** *Arg., Par.* y *Urug.* Pez de río, parecido al salmón, cuya carne es comestible y cuya pesca constituye un deporte muy difundido. || *s. m. pl.* **7.** Conjunto de adornos, objetos de metal, etc., de color de oro: *Sacó brillo a los dorados de la escalera.* **SIN. 2.** Áureo. **3.** Glorioso, brillante. **4.** Doradura.

dorar (del lat. *deaurare*) *v. tr.* **1.** Cubrir la superficie de un objeto con una fina capa de oro o con otra que tenga ese mismo color: *Doraron los cantos del libro.* **2.** Freír o asar ligeramente un alimento hasta que tome color dorado. También *v. prnl.* **3.** Mostrar una cosa como mejor o menos mala de lo que es: *dorar una mala noticia.* || **dorarse** *v. prnl.* **4.** Tomar color dorado: *dorarse las uvas.* || **LOC. dorar la píldora** *fam.* Mostrar una cosa como muy buena o que parezca menos mala de lo que es. También, adular. **SIN. 2.** Tostar. **3.** Adobar, disfrazar. **FAM.** Dorada, dorado, dorador, doradura. / Desdorar, redorar, sobredorar. ORO.

dórico, ca (del lat. *doricus*, y éste del gr. *dorikos*) *adj.* **1.** Relativo a los dorios. **2.** Se dice de uno de los órdenes de la arquitectura clásica griega y de sus elementos; se caracteriza por la columna estriada y el capitel sin molduras. También *s. m.* || *s. m.* **3.** Dialecto de los dorios.

dorio, ria (del lat. *dorius*) *adj.* De un pueblo indoeuropeo que invadió la península Balcánica a partir del s. XII a. C. También *s. m.* y *f.* **SIN.** Dórico. **FAM.** Dórico.

dormido, da 1. *p.* de **dormir**. También *adj.* || *adj.* **2.** Atontado, alelado: *¿Estás dormido o qué?* || *s. f.* **3.** Acción de dormir: *Me gustaría echarme una dormida.* **4.** Cada una de las cuatro fases por las que pasa el gusano de seda desde su nacimiento hasta que se encierra en el capullo. **5.** *Amér.* Lugar donde se pasa la noche. **SIN. 2.** Aturdido, embobado, ausente. **3.** Sueño. **ANT. 2.** Atento. **FAM.** Semidormido. DORMIR.

dormilón, na *adj. fam.* Que le gusta mucho dormir o que pasa mucho tiempo durmiendo. También *s. m.* y *f.* **SIN.** Lirón, marmota.

dormir (del lat. *dormire*) *v. intr.* **1.** Hallarse en un estado de reposo en el que se pierde la conciencia y los movimientos voluntarios. También *v. prnl.* y, en ocasiones, *v. tr.*: *dormir la siesta.* **2.** Pasar la noche en algún sitio: *Mañana duermo en casa de mis padres.* **3.** Quedar algo apartado, olvidado: *El informe durmió varios meses en el ca-*

DORMIR	
GERUNDIO	
durmiendo	
INDICATIVO	
Presente	**Pretérito perfecto simple**
duermo	*dormí*
duermes	*dormiste*
duerme	*durmió*
dormimos	*dormimos*
dormís	*dormisteis*
duermen	*durmieron*
SUBJUNTIVO	
Presente	**Pretérito imperfecto**
duerma	*durmiera, -ese*
duermas	*durmieras, -eses*
duerma	*durmiera, -ese*
durmamos	*durmiéramos, -ésemos*
durmáis	*durmierais, -eseis*
duerman	*durmieran, -esen*
Futuro	
durmiere	*durmiéremos*
durmieres	*durmiereis*
durmiere	*durmieren*
IMPERATIVO	
duerme	*dormid*

jón. || *v. tr.* **4.** Hacer que alguien concilie el sueño: *dormir a un niño.* **5.** Privar a alguien del sentido por medios artificiales: *dormir a un paciente con anestesia.* || **dormirse** *v. prnl.* **6.** Abandonarse, descuidarse: *No te duermas o perderás la plaza.* **7.** Quedarse sin sensibilidad un miembro del cuerpo: *Se me ha dormido un pie.* **8.** Calmarse algo que estaba agitado: *Se durmieron las aguas.* || LOC. **dormirla** o **dormir la mona** *fam.* Dormir despúes de una borrachera. **dormirse en los laureles** Abandonar o ceder en un asunto, confiando en lo ya logrado. ■ Es v. irreg. **SIN. 2.** Pernoctar. **5.** Anestesiar. **6.** Distraerse. **7.** Entumecerse. **8.** Aplacarse, apaciguarse. **ANT. 1.**, **3.** y **4.** Despertar(se). **8.** Alterarse. **FAM.** Dormido, dormilón, dormitar, dormitorio. / Adormecer, duermevela, durmiente.

dormitar (del lat. *dormitare*) *v. intr.* Dormir con sueño poco profundo. **SIN.** Adormecerse, amodorrarse. **ANT.** Espabilarse.

dormitorio (del lat. *dormitorium*) *s. m.* **1.** Habitación para dormir: *piso con dos dormitorios.* **2.** Conjunto de muebles que la ocupan: *Compró un dormitorio de nogal.* **SIN. 1.** Alcoba.

dorsal (del lat. *dorsualis*) *adj.* **1.** Del dorso: *músculo dorsal, aleta dorsal.* **2.** Se dice de la articulación realizada con el dorso de la lengua, del sonido que así se emite y de las letras que lo representan (*ch, ñ, k*). También *s. f.* || *s. m.* **3.** Trozo de tela con un número que cada participante lleva colocado en la espalda durante una carrera. || *s. f.* **4.** Cordillera, tanto terrestre como marina. **FAM.** Posdorsal, predorsal. DORSO.

dorso (del lat. *dorsum*) *s. m.* **1.** Espalda del hombre y lomo del animal. **2.** Revés de una cosa: *el dorso de una carta, el dorso de la mano.* **SIN. 2.** Envés, reverso. **ANT. 2.** Anverso, cara. **FAM.** Dorsal. / Adosar, predorso.

dos (del lat. *duos*) *adj. num. card.* **1.** Que resulta de la suma de uno y uno. También *pron.* y *s. m.* || *adj. num. ord.* **2.** Segundo, que sigue en orden al primero: *Estaba sentado en la fila dos.* También *pron.* || *s. m.* **3.** Signo con que se representa. || LOC. **(a) cada dos por tres** *adv.* Frecuentemente: *Me llama cada dos por tres.* **como dos y dos son cuatro** *fam.* Indica que algo es muy evidente: *Lo que me has dicho es tan cierto como dos y dos son cuatro.* **FAM.** Doce, doscientos. / Dúo, entredós, veintidós.

dosaje *s. m. Arg.* y *Perú* Prueba que mide la presencia de drogas o alcohol en el organismo.

doscientos, tas *adj. num. card.* **1.** Dos veces ciento: *Había doscientas plazas.* También *pron.* y *s. m.* y *f.* || *adj. num. ord.* **2.** Que sigue en orden al ciento noventa y nueve: *Llegó en el puesto doscientos.* También *pron.* || *s. m.* **3.** Signos con que se representa. **FAM.** Ducentésimo. DOS y CIENTO.

dosel (del fr. *dossier*, y éste del lat. *dorsum*, espalda) *s. m.* Cubierta ornamental en forma de techo que se sitúa por encima de un altar, trono, cama, etc. **FAM.** Doselete.

doselete *s. m.* Pequeño elemento ornamental voladizo que se coloca como dosel sobre estatuas, sillas de coro, etc.

dosier *s. m.* Dossier*.

dosificar (de *dosis* y el lat. *facere*, hacer) *v. tr.* **1.** Establecer la dosis que ha de tomarse de un medicamento. **2.** Determinar o graduar la cantidad de algo: *dosificar las fuerzas.* También *v. prnl.* ■ Delante de *e* se escribe *qu* en lugar de *c.* **SIN. 2.** Regular(se). **FAM.** Dosificable, dosificación, dosificador. DOSIS.

dosis (del gr. *dosis*, acción de dar, de *didomai*, dar) *s. f.* **1.** Cantidad de medicamento que debe tomar un enfermo cada vez. **2.** Cantidad o porción de cualquier cosa: *una dosis de veneno, una buena dosis de comprensión.* ■ No varía en *pl.* **SIN. 1.** Toma. **FAM.** Dosificar. / Sobredosis. DAR.

dossier (fr.) *s. m.* Expediente, conjunto de documentos sobre una persona o asunto. **SIN.** Informe.

dotación *s. f.* **1.** Acción de dotar. **2.** Aquello con que se dota: *La dotación del premio era de treinta y seis mil euros.* **3.** Tripulación de un barco y, p. ext., conjunto de personas dedicadas a un servicio: *la dotación de un submarino, la dotación de un hotel.* || **4. dotación cromosómica** Conjunto de cromosomas de una célula. **SIN. 2.** Asignación. **3.** Plantilla, equipo.

dotado, da 1. *p.* de **dotar**. También *adj.* || *adj.* **2.** Que tiene la cualidad que se expresa a continuación: *dotado de gran inteligencia.* **3.** Que tiene condiciones y habilidad para lo que se expresa a continuación: *dotado para la música.* **SIN. 1.** Asignado, adornado. **1.** y **2.** Provisto. **2.** Dueño, poseedor. **3.** Apto, capacitado, hábil. **ANT. 2.** Carente. **3.** Inepto. **FAM.** Superdotado. DOTAR.

dotar (del lat. *dotare*) *v. tr.* **1.** Conceder ciertas cualidades a las personas o animales: *La naturaleza dotó a los animales de instinto.* **2.** Añadir a algo cierta cosa que lo completa o mejora: *Dotaron al barrio de alcantarillado.* **3.** Proporcionar a una oficina, buque, establecimiento, etc., las personas y el material necesarios. **4.** Asignar un sueldo. **5.** Fijar una cantidad de dinero para un premio: *Dotaron el premio con veinte mil euros.* **6.** Dar dote a la mujer. **7.** Dar parte de los propios bienes a una institución benéfica, docente, etc.: *Dotó al hospital con una importante suma.* **SIN. 1.** Otorgar, conferir. **3.** Proveer, equipar. **7.** Donar. **FAM.** Dotación, dotado. DOTE.

dote (del lat. *dos, dotis*) *s. amb.* **1.** Conjunto de bienes que aporta la mujer al matrimonio o que entrega al convento en el que ingresa. Se usa más como *s. f.* || *s. f.* **2.** Cualidad que posee una persona o animal. Se usa sobre todo en *pl.*: *Tiene dotes de mando.* **SIN. 2.** Don, capacidad. **FAM.** Dotal, dotar. /Cazadotes.

dovela (del fr. *douvelle*, y éste del lat. *doga*, doga) *s. f.* Cada una de las piezas talladas en forma de cuña que forman un arco o una bóveda. **FAM.** Dovelaje.

dovelaje *s. m.* Conjunto de dovelas.

dracma (del lat. *drachma*, y éste del gr. *drakhme*) *s. amb.* **1.** Unidad monetaria de Grecia hasta el año 2002, en que fue sustituida por el euro. **2.** Antigua moneda de plata usada por griegos y romanos.

draconiano, na (de *Dracón*, legislador ateniense, sumamente severo) *adj.* **1.** De Dracón. **2.** Muy cruel o severo: *una medida draconiana.* **SIN. 2.** Duro, despiadado, feroz. **ANT. 2.** Suave, moderado.

drag queen (ingl.) *s. f.* Travesti que usa ropa femenina muy llamativa, especialmente el que actúa como animador en determinados espectáculos, locales o fiestas.

draga (del ingl. *to drag*, tirar arrastrando) *s. f.* **1.** Máquina que extrae materiales, arena, piedras, fango, etc., del fondo de los ríos, puertos, etc., y p. ext., cualquier maquinaria destinada a extraer y elevar tierras. **2.** Barco provisto de esta máquina. **3.** Dispositivo para limpiar de minas las aguas navegables. **SIN. 2.** Dragador. **FAM.** Dragaminas, dragar.

dragaminas *s. m.* Embarcación destinada a limpiar el mar de minas. ■ No varía en *pl.*

dragar *v. tr.* **1.** Excavar el fondo de puertos, vías fluviales, etc., por medio de dragas, para evitar que la acumulación de depósitos impida la navegación, construir diques, recuperar algo hundido, etc. **2.** Buscar las minas que en tiempos de guerra se colocan en aguas navegables. ■ Delante de *e* se escribe *gu* en lugar de *g*: *drague.* **FAM.** Dragado, dragador. DRAGA.

drago (del lat. *draco, -onis*, dragón) *s. m.* Árbol de la familia liliáceas, que tiene de 12 a 14 m de altura (aunque los hay que llegan a los 20 m), de tronco grueso, ramificado y liso y la copa ancha y siempre verde. Es originario de Canarias.

dragón (del lat. *draco, -onis*, y éste del gr. *drakon*) *s. m.* **1.** Animal fabuloso, con cuerpo de serpiente, alas de águila y garras de león, que echa fuego por la boca. **2.** Soldado de un cuerpo de caballería, creado en Francia en el s. XVI, que se desplazaba a caballo y combatía a pie. **3.** Embarcación deportiva de vela, de un solo palo y 9 m de eslora. || **4. dragón de Komodo** Reptil saurio que vive en la isla de Komodo, en el archipiélago de la Sonda. Es el mayor lagarto existente y puede medir hasta 3 m de longitud. **5. dragón marino** Pez osteíctio marino de unos 20 cm de longitud, cuerpo alargado, cabeza muy grande y dotado de grandes aletas. **6. dragón volador** Reptil saurio que tiene entre las extremidades anteriores y posteriores un pliegue característico (patagio) que abre y cierra a la manera de un paracaídas, lo que le permite realizar grandes saltos. Vive en los árboles de Malasia. **FAM.** Drago, dragonear, dragontea.

dragonear *v. intr.* **1.** *Amér.* Alardear o presumir de algo. **2.** *Amér.* Ejercer un oficio o cargo sin tener título para ello. || *v. tr.* **3.** *Arg.* y *Urug.* Cortejar.

dragontea *s. f.* Planta herbácea de un solo cotiledón, que se usa como adorno de jardines y crece espontáneamente en varios puntos de España.

drama (del lat. *drama*, y éste del gr. *drama*, de *drao*, hacer) *s. m.* **1.** Obra literaria, en verso o en prosa, compuesta para ser representada mediante el diálogo de los personajes. **2.** En sentido más restringido, obra de teatro que trata de temas serios o tristes, aunque su tono no sea tan elevado como en la tragedia y aparezcan en ocasiones elementos cómicos. **3.** Teatro, género literario que comprende las obras escritas para ser representadas: *Cultivó el drama y la novela.* **4.** Suceso triste o lamentable: *La despedida de su amigo fue un drama para Juan.* || **LOC. hacer un drama de** algo Considerar como muy grave o dramático algo que no lo es tanto: *Ha hecho un drama de ese suspenso.* **SIN. 4.** Desdicha, desventura, calamidad. **ANT. 4.** Dicha, ventura. **FAM.** Dramática, dramáticamente, dramático, dramatismo, dramatizar, dramaturgia, dramón. / Melodrama, psicodrama.

dramática *s. f.* **1.** Arte de escribir obras de teatro. **2.** Conjunto de obras teatrales de un país, una época, etc.: *la dramática del Siglo de Oro.* **SIN. 1.** y **2.** Dramaturgia.

dramático, ca (del lat. *dramaticus*, y éste del gr. *dramatikos*) *adj.* **1.** Relacionado con el drama o género teatral: *arte dramático.* **2.** Relacionado con el drama o tipo de obra teatral de argumento serio: *escritor dramático.* También *s. m.* y *f.* **3.** Que emociona o conmueve: *La película tenía momentos dramáticos.* **SIN. 3.** Emocionante, conmovedor.

dramatismo *s. m.* Cualidad de dramático.

dramatizar (del gr. *dramatizo*) *v. tr.* **1.** Dar características o cualidades dramáticas: *dramatizar una novela para llevarla al cine.* **2.** Exagerar algo con el fin de conmover o aumentar la emoción, el interés, etc. También *v. intr.*: *No dramatices, que no ha sido tan grave.* ■ Delante de *e* se escribe *c* en lugar de *z*. **SIN. 1.** Teatralizar. **2.** Hinchar, desorbitar, desmesurar. **ANT. 2.** Desdramatizar. **FAM.** Dramatizable, dramatización. / Desdramatizar. DRAMA.

dramaturgia (del gr. *dramaturgia*) *s. f.* **1.** Arte de escribir obras de teatro. **2.** Conjunto de obras teatrales: *la dramaturgia española.* **SIN. 1.** y **2.** Dramática. **FAM.** Dramaturgo. DRAMA.

dramaturgo, ga (del gr. *dramaturgos*, de *drâma -atos* y *érgon*, obra) *s. m.* y *f.* Autor de dramas u obras de teatro.

dramón (aum. de *drama*) *s. m. fam.* Obra dramática de baja calidad o en la que se exageran los efectos emocionales.

drapear (del lat. *drappus*, paño) *v. tr.* Hacer o marcar pliegues en una prenda. **FAM.** Drapeado.

draque *s. m. Amér.* Bebida elaborada con agua, aguardiente y nuez moscada.

drástico, ca (del gr. *drastikos*, de *drao*, obrar) *adj.* Rápido, enérgico: *El director tomó medidas drásticas.* **SIN.** Tajante, radical, contundente. **ANT.** Suave, flexible, moderado.

drenaje (del fr. *drainage*) *s. m.* **1.** Eliminación del agua de una zona, ya sea artificialmente, por medio de canales o conducciones, o de forma natural, mediante cursos de agua. **2.** Eliminación de líquidos de una herida y tubo, gasa u otro procedimiento empleado para ello: *Le pusieron un drenaje.* **SIN. 1.** Avenamiento, desagüe, achique, desecación. **ANT. 1.** Encharcamiento, inundación. **FAM.** Drenar.

drenar (del fr. *drainer* y éste del ingl. *to drain*, desecar) *v. tr.* **1.** Extraer el agua sobrante de un terreno mediante drenaje. **2.** Extraer los líquidos que segrega una herida, absceso, tumor, etc. por medio de un tubo, gasa o cualquier otro procedimiento adecuado. **SIN. 1.** Avenar. **ANT. 1.** Inundar.

dríade (del lat. *dryas, -adis* y éste del gr. *dryás*, árbol) *s. f.* Ninfa o deidad de los bosques.

dribbling (ingl.) *s. m.* Acción de driblar. **SIN.** Regate. **FAM.** Driblar.

driblar (del ingl. *to dribble*, regatear) *v. tr.* En fútbol, rugby y otros deportes, avanzar el jugador con el balón, esquivando al contrario. **SIN.** Regatear, burlar.

dril (del ingl. *drill*) *s. m.* Tela fuerte de hilo o de algodón crudos.

drive (ingl.) *s. m.* **1.** En tenis, golpe que el jugador ejecuta por el mismo lado en que sostiene la raqueta, elevándola ligeramente de abajo a arriba. **2.** En golf, golpe largo que se juega en las salidas y palo con el que se ejecuta.

driver (ingl.) *s. m.* **1.** En golf, palo con el que se ejecuta el drive. **2.** En informática, programa o parte del software que controla un dispositivo del ordenador. **SIN. 2.** Controlador.

driza (del ital. *drizza*) *s. f.* En un barco, cabo que sirve para izar y arriar velas, banderas, etc.

droga *s. f.* **1.** Nombre genérico de algunos productos y sustancias usados en química, en la industria o en medicina. **2.** Sustancia que produce efectos estimulantes, sedantes o alucinógenos y puede crear hábito en el que la consume. **3.** P. ext., aquello que produce algún tipo de hábito o dependencia: *El cine es su droga.* || **4. droga blanda** La que no daña gravemente al organismo y no crea dependencia, como el hachís, marihuana, etc. **5. droga dura** La que produce graves efectos nocivos sobre el organismo, como la heroína, cocaína, etc., y puede crear dependencia. SIN. **1.** Medicamento, medicina, fármaco, específico. FAM. Drogadicción, drogadicto, drogar, drogata, drogota, droguería. / Antidroga, endrogarse.

drogadicción *s. f.* Hábito de consumir drogas y dependencia física o psíquica que produce. SIN. Toxicomanía, drogodependencia.

drogadicto, ta *adj.* Que es adicto a alguna droga, que depende de ella. También *s. m.* y *f.* SIN. Drogodependiente.

drogar *v. tr.* Administrar drogas a una persona. También *v. prnl.* ■ Delante de *e* se escribe *gu* en lugar de *g*: *drogue.* SIN. Dopar(se), intoxicar(se).

drogata o **drogota** *s. m.* y *f. fam.* Drogadicto*.

drogodependencia *s. f.* Dependencia física o psíquica de una droga, producida por el consumo habitual de la misma. SIN. Drogadicción. FAM. Drogodependiente. DROGA y DEPENDENCIA.

droguería *s. f.* Tienda donde se venden productos de limpieza, pintura, etc. FAM. Droguero. DROGA.

dromedario (del lat. *dromedarius*, y éste del gr. *dromas, -ados*, corredor) *s. m.* Mamífero artiodáctilo rumiante muy parecido al camello, pero con una sola joroba.

drosófila (del gr. *drosos*, rocío, y *-filo*) *s. f.* Insecto díptero conocido vulgarmente como mosca de la fruta, una de cuyas especies es muy utilizada en investigaciones genéticas.

drugstore (ingl.) *s. m.* Establecimiento comercial donde se puede comprar gran variedad de productos, por lo general durante las veinticuatro horas del día, y que cuenta también con cafetería o restaurante.

druida (del lat. *druida*, y éste del celta *derv*, roble) *s. m.* Sacerdote de los antiguos celtas. FAM. Druídico, druidismo.

druidismo *s. m.* Religión de los antiguos druidas, que rendía culto a sus divinidades en los bosques y estaba fundada en la inmortalidad y en la transmigración de las almas.

drupa (del lat. *drupa*, y éste del gr. *dryppa*) *s. f.* Fruto de mesocarpio carnoso y cuyo endocarpio (o hueso) contiene una sola semilla; p. ej. la ciruela, la cereza y el melocotón. FAM. Drupáceo.

drupáceo, a *adj.* **1.** Se aplica a la planta cuyo fruto es una drupa; p. ej. el melocotonero. **2.** Semejante a la drupa.

drusa (del fr. *druse*) *s. f.* Cristalización mineral que recubre la cavidad de una roca.

druso, sa *adj.* **1.** Se aplica a un pueblo del Próximo Oriente que profesa una doctrina que mezcla elementos musulmanes, cristianos y judíos. **2.** De este pueblo. También *s. m.* y *f.*

dseta (del gr. *zeta*) *s. f.* Nombre de la sexta letra del alfabeto griego, que equivale al sonido *ds.* ■ La letra mayúscula se escribe *Z* y la minúscula *ζ*.

dual (del lat. *dualis*) *adj.* **1.** Que está formado por dos partes, tiene dos aspectos, etc. **2.** En ling., se aplica al número gramatical propio de algunas lenguas, como el griego, que designa dos personas, animales o cosas. También *s. m.* SIN. **1.** Doble, dúplice. FAM. Dualidad, dualismo, dualista. DÚO.

dualidad *s. f.* **1.** Confluencia de dos aspectos o naturalezas distintas en una misma cosa o persona: *La dualidad del alma y el cuerpo en el ser humano es una creencia muy extendida.* **2.** En quím., facultad de algunas sustancias de cristalizar en dos sistemas diferentes. SIN. **1.** Dualismo.

dualismo *s. m.* **1.** Cualidad de dual. **2.** Cualquier sistema filosófico o religioso que explica la realidad mediante la acción combinada de dos principios opuestos y diferentes, como materia y espíritu, cuerpo y alma, el bien y el mal, etc.

dubitación (del lat. *dubitatio, -onis*) *s. f.* **1.** Duda. **2.** Figura retórica de pensamiento en la que el orador o escritor manifiesta duda ante lo que debe decir o hacer. SIN. **1.** Incertidumbre, indecisión. ANT. **1.** Certidumbre. FAM. Dubitativo. DUDAR.

dubitativo, va (del lat. *dubitativus*) *adj.* **1.** Que expresa o manifiesta duda: *Le encontré dubitativo.* **2.** En ling., se dice de las oraciones que denotan duda; se aplica también a los adverbios o expresiones que expresan este sentimiento, como *quizá, es posible, tal vez, puede*, etc. SIN. **1.** Indeciso. ANT. **1.** Seguro.

dublinés, sa *adj.* De Dublín. También *s. m.* y *f.*

dubnio (de *Dubna*, ciudad de Rusia) *s. m.* Elemento químico del grupo VB de la tabla periódica, obtenido artificialmente mediante el bombardeo de átomos de californio con núcleos de un isótopo del nitrógeno. Su símbolo es *Db.*

ducado (del lat. *ducatus*) *s. m.* **1.** Título o dignidad de duque. **2.** Territorio y propiedades del duque. **3.** Antigua moneda de oro, que circuló en España hasta el s. XVI. **4.** Moneda de oro del imperio austrohúngaro.

duce (ital., del lat. *dux, ducis*, jefe) *s. m.* Título adoptado por Mussolini, jefe máximo de la Italia fascista.

ducentésimo, ma (del lat. *ducentesimus*) *adj. num. ord.* **1.** Que ocupa por orden el número doscientos. También *s. m.* y *f.* || *adj. num. part.* **2.** Se dice de cada una de las doscientas partes iguales en que se divide un todo. También *s. m.*

ducha (del fr. *douche*, y éste del lat. *ductio*, conducción) *s. f.* **1.** Agua en forma de chorros muy finos que se deja caer sobre el cuerpo para lavarse o refrescarse o por razones medicinales: *darse o tomar una ducha.* **2.** Aparato mediante el cual el agua cae de esa forma: *En casa han instalado una ducha.* **3.** Espacio destinado para ducharse: *meterse en la ducha.* || **4. ducha de agua fría** Noticia, suceso, etc., que decepciona, que provoca gran desilusión. FAM. Duchador, duchar, duchero.

duchador *s. m. Arg.* Pieza con orificios por donde sale el agua en la ducha.

duchar *v. tr.* Dar una ducha. También *v. prnl.*

duchero *s. m. Urug.* Pieza con orificios por donde sale el agua en la ducha.

ducho, cha (del lat. *doctus*, enseñado) *adj.* Buen conocedor, experto. SIN. Versado, experimentado. ANT. Inexperto.

dúctil (del lat. *ductilis*, que se puede conducir) *adj.* **1.** Que se puede manejar o moldear fácilmente: *El coche tiene dirección muy dúctil.* **2.** Se dice de la persona, el carácter, etc., fácil de manejar o que se acomoda sin dificultad a las diversas situaciones. **3.** Se aplica a los metales que se pueden reducir a hilos o alambres, como el cobre. SIN. **1.** Maleable. **1.** y **2.** Manejable. **2.** Flexible, adaptable. ANT. **1.** Duro. **1.** y **2.** Rígido. **2.** Inflexible. FAM. Ductilidad.

duda *s. f.* **1.** Estado de quien no está seguro de algo o que ante varias posibilidades no sabe cuál escoger. **2.** Cuestión o problema que se plantea para solucionarlo: *Presentó varias dudas al profesor.* **3.** Sospecha: *Existen dudas sobre la autenticidad del documento.* SIN. **1.** Vacilación, indecisión. **2.** Dificultad. **3.** Recelo, reparo. ANT. **1.** Decisión, seguridad. **3.** Confianza, fe.

dudar (del lat. *dubitare*) *v. intr.* **1.** No estar seguro de alguna cosa o no saber qué hacer, qué elegir o por qué decidirse: *Dudo si lo hizo o no. Dudaba* *entre ciencias o letras.* También *v. tr.*: *Lo dudó mucho antes de saltar.* **2.** Sospechar: *La policía dudaba del empleado.* **SIN. 1.** Vacilar, titubear. **2.** Recelar. **ANT. 1.** Decidir. **2.** Confiar. **FAM.** Dubitación, duda, dudosamente, dudoso. / Indudable.

dudoso, sa *adj.* **1.** Que ofrece duda: *una interpretación dudosa.* **2.** Que tiene dudas: *Estaba dudoso ante la forma de actuar.* **3.** Acompañando a sustantivos como *gusto, interés, calidad,* etc., escaso o malo: *un libro de dudoso gusto.* **SIN. 1.** Confuso, incierto. **2.** Dubitativo, vacilante. **3.** Poco, mínimo. **ANT. 1.** Cierto, preciso. **2.** Seguro. **3.** Innegable.

duela (del ant. fr. *douelle,* y éste del lat. tardío *doga,* tonel) *s. f.* **1.** Cada una de las tablas que forman las paredes abombadas de un tonel. **2.** Nombre común de varias especies de gusanos platelmintos, una de cuyas especies vive parásita en el hígado de los rumiantes.

duelista *s. m.* Persona que toma parte en un duelo, combate.

duelo[1] (del lat. *duellum,* guerra, combate) *s. m.* **1.** Combate entre dos personas que se han desafiado: *duelo a muerte.* **2.** Cualquier tipo de enfrentamiento entre dos rivales: *un duelo futbolístico, un duelo de coplas.* **FAM.** Duelista.

duelo[2] (del bajo lat. *dolus,* dolor, de *dolere,* doler) *s. m.* **1.** Demostraciones de tristeza por la muerte de una persona. **2.** Grupo de personas que asisten al entierro, a los funerales, etc. **3.** Pena, aflicción. **ANT. 3.** Alegría, felicidad.

duende (de *duen de casa,* dueño de la casa) *s. m.* **1.** Espíritu que, según algunas creencias populares, habita en ciertos lugares. **2.** Personaje fantástico, característico de los cuentos de hadas. **3.** Encanto o gracia que tiene una persona o cosa. **SIN. 1.** Fantasma. **2.** Genio, geniecillo, gnomo, trasgo, elfo.

dueño, ña (del lat. *dominus,* señor) *s. m.* y *f.* Persona que posee alguna cosa. || **LOC. hacerse (el) dueño** Imponerse, dominar algo: *Se hizo el dueño de la situación.* **ser** alguien **(muy) dueño** Tener derecho o libertad para hacer una cosa: *Es muy dueño de no ir a la fiesta.* **ser** alguien **dueño de sí mismo** Controlar o contener sus impulsos. **SIN.** Amo, patrón. **FAM.** Doña. / Adueñarse, dominar, dómine, don[2].

duermevela *s. amb. fam.* Sueño ligero e interrumpido: *Toda la noche estuvo en duermevela.*

dueto (del ital. *duetto*) *s. m.* Dúo musical.

dulce (del lat. *dulcis*) *adj.* **1.** Que tiene un sabor parecido al del azúcar o la miel: *una bebida dulce.* **2.** Que no es agrio, amargo o salado: *agua dulce, almendra dulce.* **3.** Delicado, agradable: *una voz dulce, una temperatura dulce.* **4.** Amable, cariñoso: *Es un niño muy dulce.* || *s. m.* **5.** Todo aquello que tiene un sabor azucarado: *No sé si comer dulce o salado.* **6.** Golosina: *No comas tantos dulces.* **7.** Fruta cocida con azúcar que forma una masa compacta: *dulce de membrillo.* || **LOC. de dulce** *adv. fam.* Muy bien: *Esa chica está de dulce.* **en dulce** *adv.* Que está hecho en almíbar o confitado: *fruta en dulce.* **SIN. 3.** Grato. **3.** y **4.** Suave. **6.** Chuchería. **ANT. 3.** y **4.** Desagradable. **4.** Ácido, aspero. **FAM.** Dulcemente, dulcería, dulcero, dulcificar, dulzaina, dulzón, dulzor, dulzura. / Agridulce, edulcorar, endulzar.

dulcería *s. f.* Confitería*.

dulcificar (del lat. *dulcificare,* de *dulcis,* dulce, y *facere,* hacer) *v. tr.* **1.** Hacer o poner dulce algo: *Dulcificó las natillas con sacarina.* **2.** Hacer más agradable, tranquilo o suave a alguien o algo: *La lectura dulcificó su carácter.* También *v. prnl.* ■ Delante de *e* se escribe *qu* en lugar de *c*: *dulcifique.* **SIN. 1.** Endulzar, azucarar, edulcorar. **2.** Suavizar(se), apaciguar(se). **ANT. 2.** Amargar(se), agriar(se). **FAM.** Dulcificación, dulcificante. DULCE.

dulzaina (del ant. fr. *doulçaine*) *s. f.* **1.** Instrumento popular de viento de sonido agudo, de madera y con doble lengüeta, parecido al oboe. **2.** Conjunto de dulces. **FAM.** Dulzainero. DULCE.

dulzón, na *adj.* **1.** Demasiado dulce. **2.** Demasiado tierno o emotivo: *una película dulzona.*

dulzor *s. m.* **1.** Sabor dulce: *el dulzor del azúcar.* **2.** Dulzura, ternura: *el dulzor de aquella mirada.* **ANT. 1.** Amargor.

dulzura *s. f.* **1.** Sabor dulce: *la dulzura de la miel.* **2.** Ternura, bondad: *Trata a los niños con dulzura.* **3.** Suavidad, placer: *la dulzura del tacto de la lana.* **SIN. 1.** Dulzor. **2.** Afabilidad, cariño. **3.** Gusto, deleite. **ANT. 1.** Amargor, amargura. **2.** Sequedad, hosqueda. **3.** Aspereza.

dumping (del ingl. *dump,* tirar) *s. m.* En economía, fijación de precios inferiores para los productos exportados que para los mismos productos en el mercado interior, con el fin de dar salida a excedentes, adquirir divisas o conquistar mercados exteriores.

duna (del neerl. *duin*) *s. f.* Montículo de arena de altura variable formado por el viento, característico del desierto y de ciertas zonas de playa.

dúo (del ital. *duo,* y éste del lat. *duo,* dos) *s. m.* **1.** Pieza musical para dos voces o instrumentos. **2.** Conjunto musical que interpreta esa pieza. **3.** P. ext., conjunto de dos personas. || **LOC. a dúo** *adv.* Entre dos personas: *cantar a dúo, responder a dúo.* **SIN. 1.** Dueto. **3.** Pareja, par. **FAM.** Dual, dueto. DOS.

duodécimo, ma (del lat. *duodecimus*) *adj. num. ord.* **1.** Que ocupa por orden el número doce. También *pron.*: *Fue el duodécimo en las oposiciones.* || *adj. num. part.* **2.** Se dice de cada una de las doce partes en que se ha dividido algo. También *s. m.* **SIN. 2.** Doceavo.

duodeno (del lat. *duodeni,* doce) *s. m.* Primera parte del intestino delgado, unida al estómago, y en la que vierten sus jugos digestivos el hígado y el páncreas. **FAM.** Duodenal, duodenitis.

dúplex (del lat. *duplex,* doble) *s. m.* **1.** Vivienda que consta de dos pisos comunicados por una escalera interior. **2.** Enlace eléctrico o telegráfico que permite la transmisión de mensajes en los dos sentidos. ■ En las dos acepciones se usa a veces en aposición. No varía en *pl.*

dúplica *s. f.* En der., escrito en el que el demandado responde a una réplica del demandante. **SIN.** Contrarréplica.

duplicado, da 1. *p.* de **duplicar**. También *adj.* || *s. m.* **2.** Copia fiel de un original: *Hay que presentar original y duplicado.*

duplicar (del lat. *duplicare*) *v. tr.* **1.** Multiplicar algo por dos. También *v. prnl.*: *Sus ganancias se han duplicado.* **2.** Sacar el duplicado de algo. ■ Delante de *e* se escribe *qu* en lugar de *c*. **SIN. 1.** Doblar. **ANT. 1.** Demediar. **FAM.** Dúplica, duplicación, duplicado. / Reduplicar. DUPLO.

dúplice (del lat. *duplex, -icis*) *adj. num. mult.* Que contiene un número dos veces exactamente. **SIN.** Doble, duplo.

duplicidad (del lat. *duplicitas, -atis*) *s. f.* **1.** Cualidad de doble. **2.** Falsedad, hipocresía. **SIN. 2.** Doblez, engaño, falsía, fingimiento. **ANT. 2.** Sinceridad, franqueza, honestidad.

duplo, pla (del lat. *duplus*) *adj. num. mult.* Que contiene un número dos veces exactamente. También *s. m.* **SIN.** Doble, dúplice. **FAM.** Dúplex, duplicar, dúplice, duplicidad. / Subduplo. DOBLE.

duque, quesa (del ant. fr. *duc*, y éste del lat. *dux, ducis*, guía) *s. m.* y *f.* **1.** Título nobiliario, inferior a príncipe y superior a marqués y conde. **2.** Persona que lleva este título. || *s. f.* **3.** Mujer del duque. SIN. **1.** Ducado. FAM. Ducado, ducal, duce, dux. / Archiduque.

duración *s. f.* **1.** Acción de durar. **2.** Tiempo que dura algo: *Su reinado tuvo una duración de seis años.* SIN. **2.** Durabilidad.

duradero, ra *adj.* Que dura o puede durar mucho: *un efecto duradero.* SIN. Perdurable; sólido. ANT. Efímero, fugaz, pasajero.

duralex (nombre comercial registrado) *s. m.* Materia plástica transparente, de textura parecida al vidrio, que se emplea para fabricar piezas de vajilla. ■ No varía en *pl.*

duraluminio *s. m.* Aleación de aluminio, cobre y pequeñas cantidades de manganeso, magnesio y hierro, que posee una resistencia y dureza similares a las del acero, pero mayor ligereza, y se emplea en la construcción de edificios, aviones, automóviles, etc.

duramadre o **duramáter** (del lat. *dura*, dura, y *mater*, madre) *s. f.* La más externa y resistente de las tres meninges o membranas que rodean el encéfalo y la médula espinal, protegiéndolos de los choques contra las paredes óseas. FAM. Epidural. DURO.

duramen (del lat. *duramen*) *s. m.* Parte central, más seca, compacta y generalmente más oscura, del tronco y las ramas gruesas de los árboles.

durante *prep.* Expresa el tiempo en que algo sucede o dura: *Durante mis vacaciones le visité a menudo.*

durar (del lat. *durare*, de *durus*, duro) *v. intr.* **1.** Desarrollarse u ocurrir algo en cierto periodo de tiempo: *La charla duró una hora.* **2.** Seguir existiendo o permanecer algo o alguien: *Estos zapatos me han durado mucho. El director duró poco en el puesto.* SIN. **1.** Extenderse, prolongarse. **2.** Resistir, aguantar. ANT. **2.** Acabarse. FAM. Durabilidad, durable, duración, duraderamente, duradero, durante, durativo. / Perdurar.

durativo, va *adj.* Se aplica al verbo, al tiempo y en general al modo de significación verbal que expresan una acción en desarrollo o aún no acabada; p. ej. verbos como *continuar, permanecer, ser*, y tiempos como el imperfecto de indicativo. SIN. Imperfectivo. ANT. Perfectivo, desinente.

duraznero *s. m.* **1.** Variedad de melocotonero de fruto algo más pequeño que el común. **2.** *Amér. del S.* Melocotonero.

duraznillo *s. m.* Planta herbácea de aproximadamente 1 m de altura, tallo nudoso y muy ramificado, hojas lanceoladas con una mancha negra, flores rosáceas y fruto en nuez; se usa en medicina para combatir la fiebre y los eccemas.

durazno (del lat. *duracinus*) *s. m.* Melocotón y, en ciertas zonas, árbol que produce este fruto. FAM. Duraznero, duraznillo.

dureza (del lat. *duritia*) *s. f.* **1.** Cualidad de duro. **2.** Capa de piel dura que se forma en algunas partes del cuerpo, sobre todo en las extremidades. SIN. **1.** Resistencia, consistencia, brusquedad, inflexibilidad, insensibilidad. **2.** Callosidad. ANT. **1.** Blandura, fragilidad; dulzura, suavidad, delicadeza, flexibilidad, sensibilidad.

duro, ra (del lat. *durus*) *adj.* **1.** Que no tiene la blandura o la flexibilidad necesarias: *El acero es una aleación muy dura. La carne está dura.* **2.** Se dice de los materiales, objetos, etc., resistentes al uso, al paso del tiempo, etc.: *un coche muy duro.* **3.** Se dice de la actividad que exige gran esfuerzo. **4.** Difícil de soportar: *un clima duro, una época dura.* **5.** Capaz de aguantar sufrimientos o penalidades: *La noticia no le afectará porque es un tipo duro.* También *s. m.* **6.** Severo, violento o insensible: *un jurado muy duro. Los defensas de ese equipo son muy duros.* También *s. m.* **7.** Que puede herir la sensibilidad: *una película muy dura.* **8.** Que tiene poca facilidad para comprender algo o es difícil de convencer: *duro de mollera.* **9.** Aplicado a facciones o contornos, demasiado marcado: *un perfil muy duro.* || *s. m.* **10.** Moneda española que equivalía a cinco pesetas y, p. ext., dinero: *No tengo ni un duro.* || *adv. m.* **11.** Con fuerza o con gran esfuerzo: *Hay que estudiar duro.* || LOC. **a duras penas** Véase **pena**. **duro de oído** *adj.* Véase **oído**. **el canto de un duro** Véase **canto**. **estar a las duras y a las maduras** *fam.* Aceptar tanto el lado malo como el bueno de una cosa. **lo que faltaba para el duro** *fam.* Se emplea cuando, después de una serie de desgracias, llega otra que no se esperaba. SIN. **1.** Sólido, consistente, compacto. **2.** Duradero. **3.** Arduo. **4.** Inclemente, riguroso. **5.** Sufrido. **6.** Implacable, exigente. **7.** Crudo, hiriente. **8.** Torpe, cerrado, corto. ANT. **1.** Blando. **2.** y **5.** Frágil, débil, endeble. **3.** Suave, ligero. **4.** Agradable. **6.** Tolerante, comprensivo. **7.** Inocente. **8.** Listo, inteligente. **9.** Dulce. FAM. Duramadre, duramen, duramente, dureza. / Endurecer.

duty-free (ingl.) *s. m.* Establecimiento comercial donde se venden artículos libres de impuestos.

dux (del lat. *dux, ducis*, guía) *s. m.* Título del príncipe o magistrado supremo en las antiguas repúblicas de Venecia y Génova. ■ No varía en *pl.*

e[1] *s. f.* Quinta letra del abecedario español y segunda de las vocales. Su articulación es anterior y de abertura media. ■ Su pl. es *es*.

e[2] (del lat. *et*) *conj. cop.* Sustituye a *y*, para evitar el hiato, ante palabras que comienzan por el sonido *i*: *Paula e Isabel, aguja e hilo.* ■ No sustituye a la conj. cop. *y* al comienzo de una interrogación o admiración: *¿Y Isaac?*; o cuando el sonido *i* forme diptongo: *limón y hielo.* FAM. Véase **y**[2].

¡ea! (del lat. *eia*) *interj.* **1.** Expresa resolución: *Se ha acabado, ¡ea!* **2.** También se emplea para animar: *¡Ea!, que ya llegamos.* **3.** Se usa repetido para acunar a un niño. SIN. **1.** ¡Vaya!, ¡caramba! **2.** ¡Ánimo!, ¡vamos!, ¡hale!

eagle (ingl.) *s. m.* Jugada de golf en la que se mete la pelota en el hoyo con dos golpes menos de los fijados en su par.

easonense (de *Oeason*, nombre latino de San Sebastián) *adj.* De San Sebastián. También *s. m.* y *f.* SIN. Donostiarra.

ebanista *s. m.* y *f.* Carpintero que trabaja el ébano y otras maderas finas y realiza muebles de calidad.

ebanistería *s. f.* **1.** Taller del ebanista. **2.** Oficio o arte del ebanista: *Aprendió ebanistería con su padre.* **3.** Conjunto de muebles y otras obras realizadas según este arte: *La decoración se completaba con ebanistería inglesa.*

ébano (del lat. *ebenus*, y éste del gr. *ebenos*) *s. m.* Árbol de unos 10 m de altura, hojas enteras y duras, flores unisexuales y fruto en baya; su madera, negra y maciza, es muy apreciada para la fabricación de muebles e instrumentos musicales. FAM. Ebanista, ebanistería, ebonita.

ébola *s. m.* Enfermedad infecciosa producida por un virus, cuyos síntomas son fiebres altas y múltiples hemorragias internas y externas.

ebonita (del ingl. *ebony*, ébano) *s. f.* Caucho vulcanizado con azufre, que fue muy utilizado en la fabricación de aislamientos eléctricos, peines, cajas, etc.; actualmente ha sido sustituido por materiales sintéticos, más baratos y resistentes.

ebrio, bria (del lat. *ebrius*) *adj.* **1.** Borracho, que sufre una perturbación de carácter tóxico en el cerebro, generalmente por haber tomado demasiado alcohol. **2.** Que experimenta una gran excitación, una fuerte pasión, etc.: *ebrio de triunfo, ebrio de venganza.* SIN. **1.** Bebido, embriagado, beodo. **2.** Exaltado, ciego, ofuscado, loco. ANT. **1.** y **2.** Sobrio, sereno. FAM. Ebriedad. / Embriagar.

ebullición (del lat. *ebullitio, -onis*) *s. f.* **1.** Acción de hervir un líquido, que se manifiesta por la formación de burbujas de vapor en su interior. **2.** Agitación: *Había ebullición en el estadio.* SIN. **1.** Hervor, cocción. **2.** Alboroto, bullicio, revuelo, jaleo. ANT. **2.** Calma, tranquilidad, sosiego. FAM. Ebullómetro, ebulloscopia. BULLIR.

ebullometría *s. f.* Ebulloscopia*.

ebullómetro *s. m.* Ebulloscopio*. FAM. Ebullometría. EBULLICIÓN.

ebulloscopia (del lat. *ebullire*, hervir, y *-scopia*) *s. f.* Estudio del aumento que experimenta la temperatura de ebullición de una disolución respecto a la del disolvente puro. Se utiliza para determinar el peso molecular de una sustancia. ■ Se denomina también *ebullometría.* FAM. Ebulloscopio. EBULLICIÓN.

ebulloscopio *s. m.* Aparato que sirve para calcular el punto de ebullición de un líquido. ■ Se denomina también *ebullómetro.*

ebúrneo, a (del lat. *eburneus*, de *ebur*, marfil) *adj.* De marfil o muy parecido a él: *escultura ebúrnea.* ■ Se usa sobre todo en lenguaje culto o literario. SIN. Marfileño.

ecarté (del fr. *écarté*, descartado) *s. m.* Juego de cartas para dos personas en el que cada una toma cinco cartas, que pueden cambiarse por otras del mazo.

eccehomo (del lat. *ecce*, he aquí, y *homo*, el hombre) *s. m.* **1.** Representación de Jesucristo coronado de espinas, al ser presentado por Pilatos al pueblo. **2.** Persona de aspecto muy lastimoso, con heridas y contusiones: *Le encontramos hecho un eccehomo.* ■ Se escribe también *ecce homo.* SIN. **2.** Maltratado, penoso.

eccema (del gr. *ekzema*, de *ekzeo*, hervir) *s. m.* Enfermedad de la piel, caracterizada por la aparición de escamas, pequeñas ampollas, manchas rojizas e intenso picor; puede deberse a causas externas, como la acción del sudor, o internas, como alergias, asma, etc. ■ Se escribe también *eczema.* FAM. Eccematoso.

ecco (ital.) *interj. Arg.* y *Urug. fam.* ¡Eso!, ¡exacto!

echar (del lat. *iactare*, echar) *v. tr.* **1.** Arrojar a una persona o cosa dándole impulso: *Échame la pelota.* También *v. prnl.*: *Se echaron al agua.* **2.** Introducir una cosa en un sitio: *Eché una carta al buzón.* **3.** Dejar caer: *Echa agua al estofado.* **4.** Desprender o despedir algo una cosa: *El motor echaba humo.* **5.** Salirle a un ser vivo alguna parte u órgano: *echar los dientes, echar las hojas.* **6.** Experimentar alguien aumento, p. ej. de una parte del cuerpo, de un rasgo del carácter, etc.: *Está echando barriga. ¡Vaya genio que ha echado!* **7.** Expulsar: *Le echaron de clase.* **8.** Condenar: *Al estafador le echaron diez años de cárcel.* **9.** Decir, pronunciar: *echar un discurso.* **10.** Mover, inclinar: *Echó los brazos atrás.* También *v. prnl.*: *Se echó hacia delante.* **11.** Tratándose de obras de teatro, películas, etc., representar, proyectar: *Hoy echan una serie nueva en la tele.* **12.** Jugar o apostar: *Echamos una partida.* También *v. intr.*: *Ayer eché a la lotería.* **13.** Dar, distribuir, repartir: *echar de comer a los animales.* **14.** Juntar un animal macho con la hembra para que se reproduzcan. **15.** Calcular algo por su aspecto o por aproximación: *¿Cuántos años le echas a mi madre?* **16.** Con *cuentas, cálculos,* etc., hacerlos. **17.** Gastar o invertir: *Echa muchas horas en el trabajo.* **18.** Poner o añadir cosas como piezas, remiendos, etc.: *echar tapas a los zapatos.* **19.** Con algunos nombres, hacer lo que éstos expresan: *echar una reprimenda (reprender).* También *v. prnl.*: *echarse un trago.* **20.** Seguido de la preposición *a* y algunos infinitivos, iniciar la acción que éstos expresan: *echar a andar.* También *v. prnl.*: *Se echó a reír.* **21.** Con palabras como *llave, cerrojo,* etc., cerrar, asegurar: *He echado el pestillo.* **22.** Con sustantivos como *centellas, fuego, rayos,* etc., estar muy enfadado: *Está que echa chispas.* **23.** Poner alguna prenda por encima. También *v. prnl.*: *Se echó el abrigo por los hombros.* || *v. intr.* **24.** Dirigirse, ir hacia un lugar: *Los bomberos echaron calle arriba.* También *v. prnl.* ■ A veces se usa seguido de la prep. *por*: *Echa por ese atajo.* || **echarse** *v. prnl.* **25.** Precipitarse hacia una persona, animal o cosa: *Se echó sobre ellos como una fiera.* **26.** Acostarse o tenderse: *Me echaré un rato después de comer.* **27.** Empezar a tener relaciones con la persona que se expresa: *Ese verano se echó novio, muchos amigos.* **28.** Dedicarse a algo o adquirir una costumbre, normalmente con sentido peyorativo: *Se echó a la bebida.* **29.** Posarse las aves sobre los huevos para incubarlos: *echarse la gallina.* **30.** Referido al viento, calmarse. || LOC. **echar a rodar** Estropear o hacer fracasar un asunto, negocio, etc. **echar de menos** Notar la falta de una persona o de una cosa; también, tener pena por esa falta. **echar las cartas** Interpretar las cartas, leer el porvenir a través de éstas. **echar** (o **echarse**) **tras uno** Ir o irse en persecución de alguien: *Se echaron tras él.* **echar un cable** (o **una mano**) a alguien Ayudarle. **echarse a dormir** Descuidarse: *No te eches a dormir y arregla ese asunto.* **echarse atrás** Negar algo que se había dicho antes o retirarse de un asunto, plan, etc. **echarse encima** una cosa Estar algo muy próximo: *Se nos echan encima las vacaciones.* **echárselas de** Presumir de alguna cosa: *Mi vecino se las echa de forzudo.* SIN. **1.** Lanzar(se), tirar(se). **2.** Meter. **3.** Derramar, verter. **4.** Soltar, emitir, emanar, exhalar. **5.** Brotar. **6.** Aumentar, engrosar. **7.** Apartar, alejar, deponer, destituir. **8.** Imponer. **9.** Proferir, dirigir, largar. **10.** Alargar(se), extender(se), llevar(se). **11.** Pasar. **13.** Entregar, suministrar. **14.** Cruzar, aparear. **15.** Suponer, conjeturar, atribuir. **16.** Efectuar, realizar, resolver. **17.** Emplear, usar, utilizar, consumir. **18.** Aplicar, colocar. **20.** Empezar, comenzar, arrancar. **21.** Correr. **24.** Marchar(se), caminar, tirar, encaminar(se). **25.** Abalanzarse. **26.** Tumbarse, recostarse, reposar, yacer. **28.** Abandonarse, darse, entregarse. ANT. **1.** Coger, retener. **2.** Sacar, extraer. **5.** Perder. **6.** Reducir. **7.** Acoger, admitir, nombrar. **18.** Quitar. **20.** Terminar, dejar. **21.** Descorrer, abrir. **26.** Levantarse, incorporarse. **28.** Quitarse. FAM. Echado. / Desechar.

echarpe (del fr. *écharpe*) *s. m.* Especie de manto largo y estrecho que se ponen las mujeres sobre los hombros. SIN. Chal, mantón, pañoleta.

echón, na *adj. Méx.* y *Ven.* Fanfarrón, pedante. SIN. Presumido, presuntuoso.

echona (del quechua *ychhuna,* de *ychhu,* paja, y *na,* que sirve para) *s. f. Arg., Bol., Chile* y *Perú* Hoz para segar.

eclecticismo *s. m.* **1.** Método filosófico que elige ideas o aspectos de doctrinas u opiniones diversas, intentando alcanzar una síntesis equilibrada entre ellas para beneficiarse de lo más positivo de cada una. **2.** P. ext., tendencia a seleccionar y conciliar ideas, estilos, etc., de origen diverso y, a veces, opuesto: *el eclecticismo de la arquitectura contemporánea.* **3.** Actitud que adopta una posición intermedia entre ideas o posturas extremas. SIN. **2.** Conciliación, sincretismo. **3.** Moderación. ANT. **2.** Contraposición. **3.** Extremismo, radicalismo. FAM. Ecléctico.

ecléctico, ca (del gr. *eklektikos,* de *eklego,* escoger) *adj.* **1.** Relativo al eclecticismo. **2.** Que adopta un criterio intermedio, seleccionando lo más conveniente de cualquier doctrina, sistema, estilo, etc.: *una solución ecléctica.* También *s. m.* y *f.* SIN. **1.** Sincrético. **2.** Conciliador, sintético; moderado. ANT. **2.** Extremista.

eclesial (del lat. *ecclesia,* y éste del gr. *ekklesia,* asamblea) *adj.* Relativo a la Iglesia. SIN. Eclesiástico. FAM. Eclesiástico, eclesiología. IGLESIA.

eclesiástico, ca (del lat. *ecclesiasticus,* y éste del gr. *ekklesiastikos,* asamblea) *adj.* **1.** Relativo a la Iglesia y en particular a los clérigos: *la jerarquía eclesiástica.* || *s. m.* **2.** Persona que ha recibido las órdenes sagradas. SIN. **1.** Eclesial, clerical. **2.** Cura, sacerdote. ANT. **1.** y **2.** Laico, seglar. FAM. Eclesiásticamente. ECLESIAL.

eclesiología *s. f.* Parte de la teología que estudia el origen, esencia y desarrollo histórico de la Iglesia.

eclímetro *s. m.* Instrumento topográfico con el que se mide la inclinación de las pendientes.

eclipsar *v. tr.* **1.** Causar un astro el eclipse de otro: *La Luna eclipsó al Sol.* **2.** Disminuir o anular una persona o cosa los méritos o cualidades de otra con los suyos: *Eclipsó a sus rivales.* || **eclipsarse** *v. prnl.* **3.** Sufrir un astro un eclipse. **4.** Perder gradualmente alguien o algo la importancia, calidad, presencia, etc.: *Se fue eclipsando después de su primera novela.* **5.** Desaparecer, desvanecerse: *Se eclipsó de la fiesta.* SIN. **2.** Oscurecer, deslucir. **4.** Decaer, declinar. **5.** Ausentarse, retirarse, evadirse. ANT. **2.** Resaltar, destacar. **4.** Brillar, sobresalir, despuntar, descollar.

eclipse (del lat. *eclipsis,* y éste del gr. *ekleipsis,* de *ekleipo,* faltar, desaparecer) *s. m.* **1.** Ocultación transitoria, parcial o total, de un astro al interponerse otro entre él y un tercero. **2.** Pérdida gradual de importancia, valor, calidad, éxito, etc.: *el eclipse de su carrera.* **3.** Desaparición de una persona o cosa. SIN. **2.** Oscurecimiento, decadencia, ocaso. **3.** Desvanecimiento, evasión. ANT. **2.** Encumbramiento, eclosión. FAM. Eclipsable, eclipsar, eclíptica.

eclíptica (del lat. *ecliptica,* y éste del gr. *ekleiptike,* propia de los eclipses) *s. f.* Trayectoria que describe la Tierra en su movimiento de traslación alrededor del Sol, y constituye una órbita elíptica poco alargada.

eclosión (del fr. *éclosion*) *s. f.* **1.** Acción de nacer o brotar un ser vivo tras romper la envoltura que lo contenía; p. ej., la eclosión de un insecto, de una flor, etc. **2.** Manifestación repentina de un fenómeno social, político o cultural, que alcanza en poco tiempo gran importancia: *la eclosión del renacimiento.* **3.** Durante la ovulación, apertura del folículo maduro, que permite así la salida del óvulo. SIN. **1.** Brote, nacimiento. **2.** Comienzo, inicio, aparición, surgimiento. ANT. **2.** Desaparición, derrumbamiento. FAM. Eclosionar.

eclosionar *v. intr.* Abrirse un capullo de flor, una crisálida o un huevo: *El capullo de la rosa eclosiona cuando florece.*

eco (del lat. *echo*, y éste del gr. *ekho*) *s. m.* **1.** Sonido que se percibe como efecto de la reflexión de las ondas sonoras cuando chocan contra un obstáculo. **2.** P. ext., reflexión de ondas eléctricas o electromagnéticas cuando provocan la repetición de la señal transmitida. **3.** Sonido que se percibe o se recuerda de forma débil y confusa: *A lo lejos se oían ecos de trompetas. Aún tengo en la mente el eco de su voz.* **4.** Noticia imprecisa, que llega indirectamente a través de varias fuentes: *Nos llegaron ecos de su protesta.* **5.** Propagación o alcance de una noticia o acontecimiento: *La exposición de pintura tuvo mucho eco.* **6.** Persona que repite constantemente lo que otra dice y esa misma repetición: *Es el eco de su jefe.* **7.** Influencia de alguien o algo: *En su obra musical hay ecos de Mozart.* || **8. ecos de sociedad** Noticias sobre bodas, nacimientos, fiestas y otros hechos similares, sobre todo de gente famosa. || LOC. **hacerse eco de** algo Darlo por cierto y propagarlo: *Los periodistas se hicieron eco del suceso.* SIN. **1.** Retumbo. **3.** Murmullo, son, rumor, zumbido. **4.** Referencia. **5.** Resonancia, difusión, extensión, divulgación. **7.** Influjo. FAM. Ecografía.

ecocardiografía (del gr. *ekho*, eco, *kardia*, corazón, y *-grafía*) *s. f.* Estudio del corazón que se realiza mediante ondas acústicas.

ecocardiograma (del gr. *ekho*, eco, *kardia*, corazón, y *-grama*) *s. m.* Gráfico que registra los movimientos del corazón mediante ondas acústicas.

ecografía (del gr. *ekho*, eco, y *-grafía*) *s. f.* Técnica de exploración de los órganos del cuerpo mediante ultrasonidos cuyo eco, al ser reflejado por los distintos órganos, se recoge en una pantalla. FAM. Ecografista, ecógrafo.

ecografista *adj.* Especialista en la realización de ecografías: *médico ecografista.* También *s. m.* y *f.*

ecógrafo *s. m.* Aparato que se emplea para hacer ecografías.

ecolalia (del gr. *ekho*, eco, y *lalia*, palabra) *s. f.* En ciertos trastornos mentales como el autismo, y también en niños muy pequeños, repetición inmediata y constante de los sonidos o palabras que acaban de oír.

ecología (del gr. *oikos*, casa, y *-logía*) *s. f.* **1.** Ciencia que estudia los ecosistemas. **2.** Defensa de la conservación del medio ambiente natural. FAM. Ecológico, ecologismo, ecologista, ecólogo.

ecologismo *s. m.* Teoría y movimiento social que defiende la conservación del medio ambiente.

ecologista *adj.* **1.** De la ecología. **2.** Partidario del ecologismo. También *s. m.* y *f.* || *s. m.* y *f.* **3.** Persona especializada en ecología.

ecólogo, ga *s. m.* y *f.* Experto en ecología.

ecónoma *s. f. Arg.* y *Urug.* Mujer que se encarga de aconsejar sobre economía doméstica.

economato *s. m.* **1.** Establecimiento destinado sólo a ciertos grupos de personas o socios donde se pueden adquirir productos a un precio más bajo de lo habitual: *economato militar.* **2.** Cargo de ecónomo. SIN. **1.** Cooperativa.

econometría *s. f.* Aplicación de la estadística y las matemáticas a las teorías económicas. FAM. Econométrico. ECONOMÍA.

economía (del lat. *oeconomia*, y éste del gr. *oikonomia*, de *oikonomos*, ecónomo) *s. f.* **1.** Ciencia que estudia la correcta utilización de los bienes para obtener el máximo rendimiento. **2.** Sistema productivo de un país, área o región: *La economía de ese país es de tipo capitalista.* **3.** Estado de la riqueza de un país, área o región: *La economía de esa nación ha mejorado.* **4.** P. ext., bienes que posee una persona, familia, etc.: *Las vacaciones han dejado temblando mi economía.* **5.** Reducción en los gastos: *Hace economías a fin de mes.* **6.** Ahorro, referido a cualquier cosa: *economía de tiempo, de palabras.* || *s. f. pl.* **7.** Cantidad de dinero ahorrado: *Compró el piso con sus economías.* || **8. economía de mercado** Sistema económico en el que la producción y los precios están determinados por la oferta y la demanda, con un mínimo de regulación por parte del Estado. **9. economía dirigida** (o **planificada**) Sistema económico en el que el Estado establece los objetivos de producción en función de las necesidades colectivas. **10. economía sumergida** Conjunto de actividades económicas realizadas sin el control fiscal del Estado. SIN. **3.** Finanzas. **4.** Hacienda, patrimonio, caudal, peculio. ANT. **5.** y **6.** Derroche, despilfarro. FAM. Ecónoma, economato, econometría, económicamente, economicismo, económico, economismo, economista, economizar, ecónomo. / Macroeconomía, microeconomía.

economicismo *s. m.* Economismo*. FAM. Economicista. ECONOMÍA.

economicista *adj.* Que concede gran importancia a los factores económicos en el análisis de los fenómenos sociales o históricos: *El marxismo ofrece una visión marcadamente economicista de la Historia.*

económico, ca (del lat. *oeconomicus*, y éste del gr. *oikonomikos*, de *oikonomos*, ecónomo) *adj.* **1.** Relativo a la economía: *sistema económico.* **2.** Que gasta poco. **3.** Que cuesta poco dinero: *un restaurante económico.* SIN. **2.** Ahorrador, ahorrativo, hormiguita. **3.** Barato, asequible, módico. ANT. **2.** Gastador, derrochador. **3.** Caro, costoso. FAM. Socioeconómico. ECONOMÍA.

economismo *s. m.* Doctrina que concede a los factores económicos una importancia fundamental, superior a los hechos históricos de otra índole. ■ Se dice también *economicismo.*

economista *s. m.* y *f.* Experto en economía, especialmente el licenciado en Ciencias Económicas.

economizar *v. tr.* Ahorrar, gastar de una cosa lo menos posible: *economizar fuerzas.* También *v. intr.*: *Es necesario que economices.* ■ Delante de *e* se escribe *c* en lugar de *z*: *economice.* SIN. Preservar, reservar, escatimar. ANT. Malgastar, derrochar, despilfarrar, dilapidar. FAM. Economizador. ECONOMÍA.

ecónomo (del lat. *oeconomus*, y éste del gr. *oikonomos*, de *oikos*, casa, y *nemo*, administrar) *adj.* **1.** Se aplica al cura destinado a una parroquia en ausencia de su titular. También *s. m.* || *s. m.* **2.** Administrador de los bienes eclesiásticos, de los bienes de una persona demente, o de aquella que no puede disponer de los mismos por sentencia legal.

ecosistema (del gr. *oikos*, casa y *sistema*, conjunto) *s. m.* Conjunto formado por los seres vivos, el ámbito territorial en el que viven y las relaciones que establecen entre ellos: *El desierto es un ecosistema.*

ecosonda *s. m.* Aparato para estudiar el fondo del mar mediante el envío de ultrasonidos desde la superficie.

ecotasa *s. f.* Impuesto con el que se gravan las energías más contaminantes.

ecoturismo *s. m.* Turismo que se dirige a áreas naturales respetando el medio ambiente.

ecto- (del gr. *ektos*, por fuera) *pref.* Significa 'externo, por fuera': *ectoparásito.*

ectodermo (del gr. *ekto*, fuera, y *-dermo*) *s. m.* En biol., capa más superficial de las tres que constituyen el blastodermo o disco embrionario.

-ectomía (del gr. *ektome*) *suf.* Significa 'escición', 'separación': *vasectomía, mastectomía.*

ectoparásito, ta (de *ecto-* y *parásito*) *adj.* Se aplica al parásito que vive en la parte externa de otro organismo, como p. ej. la pulga o la garrapata. También *s. m.*

ectoplasma (de *ecto-* y el gr. *plasma*, formación) *s. m.* **1.** Parte exterior del citoplasma de la célula. **2.** En parapsicología, sustancia que se supone que emite el médium cuando está en trance y con la que se forman rostros, imágenes, etc.

ectoprocto (de *ecto-* y el gr. *proktos*, ano) *adj.* Briozoo*.

ecu (siglas de *European Currency Unit*) *s. m.* Unidad monetaria de la Comunidad Económica Europea, sustituida por el euro.

ecuación (del lat. *aequatio*, *-onis*, nivelación) *s. f.* En mat., igualdad entre dos expresiones matemáticas que contienen una o más incógnitas. **FAM.** Inecuación. EQUIDAD.

ecuador (del lat. *aequator*, *-oris*) *s. m.* **1.** Círculo imaginario formado por todos los puntos de la Tierra situados a la misma distancia del polo N y del polo S. **2.** Punto medio en la duración de algo: *el ecuador de un curso escolar.* || **LOC. paso del ecuador** Entre universitarios, momento en que se pasa la mitad de la carrera. **FAM.** Ecuatorial. EQUIDAD.

ecualizador *s. m.* Circuito electrónico destinado a ampliar las bajas frecuencias y rebajar las altas en un televisor, una radio, un equipo de sonido, etc. **FAM.** Ecualizar.

ecualizar (del ingl. *to equalize*, igualar) *v. tr.* Ajustar las frecuencias de reproducción de un sonido para ajustarlo a su emisión originaria: *ecualiza los agudos.* ■ Delante de *e* se escribe *c* en lugar de *z*: *ecualice.*

ecuanimidad (del lat. *aequanimitas*, *-atis*) *s. f.* Modo de pensar y obrar equilibrado e imparcial: *la ecuanimidad del tribunal.* **SIN.** Serenidad, imparcialidad, rectitud, honestidad. **ANT.** Desequilibrio, parcialidad. **FAM.** Ecuánime. EQUIDAD.

ecuatoguineano, na *adj.* De Guinea Ecuatorial, país de África. También *s. m.* y *f.*

ecuatorial *adj.* **1.** Del Ecuador o relacionado con él. **2.** En astron., se dice de un tipo de telescopio dotado de un mecanismo que le permite seguir el movimiento aparente de los astros. **FAM.** Ecuatoguineano, ecuatoriano.

ecuatorianismo *s. m.* Vocablo o giro propio del idioma español hablado en Ecuador.

ecuatoriano, na *adj.* De Ecuador. También *s. m.* y *f.* **FAM.** Ecuatorianismo. ECUATORIAL.

ecuestre (del lat. *equestris*, de *eques*, caballero) *adj.* **1.** Relativo al caballo: *ejercicios ecuestres.* **2.** Se aplica a las figuras representadas a caballo: *escultura ecuestre.* **3.** Relativo a los caballeros y órdenes de caballería. **SIN. 1.** Hípico, equino.

ecuménico, ca (del lat. *oecumenicus*, y éste del gr. *oikumenikos*) *adj.* **1.** Que se extiende al mundo entero. **2.** Se aplica en particular a los concilios en que está representada toda la Iglesia. **SIN. 1.** Universal, mundial. **ANT. 1.** Local.

ecumenismo *s. m.* Movimiento que intenta conseguir la unidad de las Iglesias cristianas. **FAM.** Ecuménico.

eczema *s. m.* Eccema*.

edad (del lat. *aetas*, *-atis*) *s. f.* **1.** Tiempo que lleva existiendo una persona o ser vivo desde su nacimiento: *Tiene 20 años de edad.* **2.** Duración de una cosa desde su comienzo: *Era difícil calcular la edad del edificio.* **3.** Cada uno de los periodos de la vida humana: *edad madura.* **4.** Cada uno de los periodos de tiempo en que se ha dividido tradicionalmente la historia: *Edad Media.* **5.** Tiempo, época: *El siglo XVII fue una edad gloriosa para la literatura española.* **6.** Ancianidad o época próxima a ella: *Era una mujer de edad.* || **7. Edad Antigua** Periodo de la historia que abarca hasta la caída del imperio romano (s. V). **8. Edad Contemporánea** El periodo histórico más reciente, especialmente el que comienza con la Revolución Francesa (1789). **9. edad de los metales** Periodo de la prehistoria que sigue a la edad de piedra, en el cual el hombre empezó a fabricar útiles de metal; se divide en edad del cobre, edad del bronce y edad del hierro. **10. edad de merecer** Época en la que una chica empieza a resultar atractiva a los hombres. **11. edad de piedra** Periodo de la prehistoria anterior al uso de los metales, que se divide a su vez en paleolítico, mesolítico y neolítico. **12. edad del pavo** Época en la que se pasa de la niñez a la pubertad y que se caracteriza por profundos cambios físicos y emocionales. **13. Edad Media** Periodo histórico que transcurre desde finales del s. V hasta finales del s. XV y se divide a su vez en alta, plena y baja Edad Media. **14. Edad Moderna** Periodo histórico que sigue a la Edad Media y llega hasta la Revolución Francesa (1789). **15. tercera edad** Periodo de la vida humana que comienza a partir de los sesenta y cinco años aproximadamente. **SIN. 1.** Existencia, vida. **2.** Antigüedad. **3.** Etapa. **6.** Senectud, vejez. **ANT. 6.** Infancia, niñez. **FAM.** Coetáneo.

edáfico, ca (del gr. *edaphos*, suelo) *adj.* Relativo al suelo. **FAM.** Edafología.

edafología (del gr. *edaphos*, suelo, y *-logía*) *s. f.* Ciencia que estudia la composición química, el origen, la evolución y las características de los suelos en relación con los seres vivos. **FAM.** Edafólogo.

edecán (del fr. *aide de camp*, ayuda de campo) *s. m.* **1.** En el ejército, ayudante de campo, oficial que está al servicio de otro que posee superior graduación. **2.** Acompañante de una persona, colaborador muy próximo. **SIN. 2.** Auxiliar, adjunto.

edelweiss (del al. *edel*, noble, y *weiss*, blanco) *s. m.* Planta herbácea compuesta, de hojas lanosas y flores blancas de gran belleza; llamada también *flor de nieve*, crece en zonas de alta montaña.

edema (del gr. *oidema*, hinchazón) *s. m.* Inflamación de una parte del cuerpo debida a la acumulación de líquido.

edén (del lat. *eden*, y éste del hebreo *eden*, huerto delicioso) *s. m.* **1.** Según la *Biblia*, paraíso terrenal, en el que vivieron Adán y Eva antes de cometer el pecado original. **2.** Lugar muy agradable, en especial por su vegetación: *Esta finca es un edén.* **SIN. 2.** Vergel. **ANT. 1.** y **2.** Infierno.

edentado *adj.* Desdentado*, mamífero placentario.

edición (del lat. *editio*, *-onis*) *s. f.* **1.** Acción de editar. **2.** Conjunto de ejemplares de una misma obra realizados de una sola vez sobre los mismos moldes o planchas: *una edición de tres mil ejemplares.* **3.** Cada celebración de un certamen, torneo, concurso, etc., que se repite periódicamente: *Delgado ganó la 75.ª edición del Tour.* **4.** Texto de una obra preparado por un filólogo u otro especialista: *Prepara una edición de las obras de Pío Baroja.* || **5. edición crítica** La que fija el texto de un libro o de una partitura musical basándose en el estudio de diversas fuentes. P. ext., edición en la que el texto se acompaña de notas explicativas. **6. edición príncipe** La primera de las que se hacen de una misma obra. **7. segunda edición** Repetición o imitación de una cosa: *Tu sobrino parece tu segunda edición.* SIN. **1.** Estampación. **2.** Tirada.

edicto (del lat. *edictum*) *s. m.* **1.** Mandato o decreto dado por una autoridad. **2.** Aviso colocado en un sitio público o impreso en los periódicos para el conocimiento de los ciudadanos. SIN. **1.** Ley, orden, disposición. **2.** Cartel, bando, proclama.

edículo (del lat. *aediculum*) *s. m.* **1.** Edificio de pequeño tamaño. **2.** Pequeño templo que se utiliza como tabernáculo. SIN. **2.** Templete, relicario.

edificable *adj.* Se aplica al terreno en el que se puede edificar.

edificación (del lat. *aedificatio, -onis*) *s. f.* **1.** Acción de edificar. **2.** Edificio o conjunto de ellos: *La carretera está detrás de esas edificaciones.* SIN. **1.** Construcción, obra. **2.** Inmueble, bloque, casa. ANT. **1.** Demolición.

edificante *adj.* Que edifica, que da buen ejemplo: *conducta edificante.* SIN. Ejemplar, modélico. ANT. Envilecedor, pervertidor.

edificar (del lat. *aedificare*) *v. tr.* **1.** Construir edificios o mandar su construcción. También *v. intr.*: *Aún no han edificado.* **2.** Crear, fundar, establecer: *Edificó su teoría sobre hechos científicos.* **3.** Dar buen ejemplo una persona con su comportamiento, actitud, etc., animando a otros a obrar bien. ■ Delante de *e* se escribe *qu* en lugar de *c*: *edifique.* SIN. **1.** Levantar, alzar, erigir. **3.** Ejemplarizar. ANT. **1.** Derrumbar, tirar. **1.** y **2.** Destruir. **2.** Disolver. **3.** Escandalizar, pervertir. FAM. Edificable, edificación, edificador, edificante, edificativo. / Reedificar. EDIFICIO.

edificativo, va *adj.* Edificante*.

edificio (del lat. *aedificium*) *s. m.* **1.** Construcción fabricada con materiales resistentes y destinada a vivienda, usos industriales, administrativos, recreativos, culturales, etc. **2.** Sistema u ordenación de conocimientos, ideas, etc.: *el edificio de la ciencia.* SIN. **1.** Edificación, inmueble. **2.** Corpus, estructura. FAM. Edificar.

edil, la (del lat. *aedilis*, de *aedes*, casa) *s. m.* y *f.* **1.** Concejal de un ayuntamiento. || *s. m.* **2.** Magistrado de la antigua Roma encargado de las obras públicas. SIN. **1.** Regidor. FAM. Edilicio.

edilicio, cia *adj. Arg.* y *Urug.* De los edificios o de su construcción.

edípico, ca (de *Edipo*) *adj.* Que muestra complejo de Edipo: *A cierta edad, los niños tienen comportamientos edípicos.*

editar (del lat. *editum*, de *edere*, sacar a la luz) *v. tr.* **1.** Publicar y lanzar al mercado un libro, periódico, disco, vídeo, etc., valiéndose de un medio de reproducción. **2.** Preparar para su publicación un texto, una obra, etc. **3.** En inform., presentar en pantalla los resultados de una operación realizada con el ordenador. SIN. **1.** Imprimir. FAM. Edición, editor, editorial, editorialista. / Autoedición, inédito, reeditar.

editor, ra (del lat. *editor, -oris*) *s. m.* y *f.* **1.** Persona o entidad que edita una obra literaria, discográfica, cinematográfica, etc. También *adj.* **2.** Persona que dirige los procesos y actividades de la publicación de una obra, revista, etc., como redacción, revisión, ilustración, etc. **3.** Persona encargada de preparar un texto y hacer una edición crítica. || *s. m.* **4.** En inform., programa que permite corregir o modificar otro programa o datos añadiendo o suprimiendo instrucciones.

editorial *adj.* **1.** Relativo a los editores o a las ediciones: *Domina el mundo editorial.* || *s. f.* **2.** Empresa dedicada a editar libros, revistas, periódicos, discos, etc. || *s. m.* **3.** Artículo de fondo de un periódico, revista, etc., que suele ir sin firmar y refleja la opinión de la dirección sobre un asunto determinado.

editorialista *s. m.* y *f.* Persona que escribe editoriales y artículos de fondo en un periódico o revista.

-edo o **-eda** *suf.* Forma sustantivos colectivos a partir de nombres de plantas, particularmente de árboles: *hayedo, olmedo, alameda, pineda.*

edredón (del fr. *édredon*, y éste del sueco *eiderdum*, plumón de una especie de pato salvaje llamado *eider*) *s. m.* Cubrecama acolchado que se rellena con plumas, guata u otro material.

educación (del lat. *educatio, -onis*) *s. f.* **1.** Acción de educar. **2.** Formación dirigida a la adquisición de conocimientos o al desarrollo intelectual, social, moral, cívico, etc. de las personas. **3.** Comportamiento correcto según unas normas de trato social: *buena educación. Nos presentó la queja con mucha educación.* || **4. educación especial** La dirigida a las personas que por diversas causas (mentales, físicas, emocionales) no se adaptan a una enseñanza normal. **5. educación física** La que está encaminada al desarrollo corporal mediante la gimnasia y el deporte. SIN. **1.** Adiestramiento. **1.** y **2.** Enseñanza, instrucción. **3.** Cortesía, corrección, modales, urbanidad. ANT. **2.** Analfabetismo, incultura, ignorancia. **3.** Descortesía, grosería. FAM. Educacional. / Ineducación. EDUCAR.

educado, da **1.** *p.* de **educar**. También *adj.* || *adj.* **2.** Que tiene buena educación, buenos modales: *una persona muy educada.* SIN. **2.** Cortés, correcto, fino, considerado. ANT. **2.** Descortés, grosero, ordinario.

educador, ra (del lat. *educator, -oris*) *adj.* **1.** Que educa: *labor educadora.* || *s. m.* y *f.* **2.** Persona que se dedica profesionalmente a la educación, especialmente de niños y jóvenes. SIN. **1.** Educativo, formativo, instructivo. **1.** y **2.** Formador. **2.** Maestro, instructor, profesor, preceptor, pedagogo.

educando, da (del lat. *educandus*, de *educare*, educar) *adj.* Que está recibiendo una educación. También *s. m.* y *f.*: *el profesor y sus educandos.* SIN. Alumno, estudiante, discípulo, pupilo.

educar (del lat. *educare*) *v. tr.* **1.** Dirigir el proceso de aprendizaje y desarrollo de las facultades intelectuales, físicas, morales, etc., de una persona: *Se educó en Inglaterra.* También *v. prnl.* **2.** Enseñar las normas de cortesía necesarias para la vida en sociedad: *educar a los hijos.* **3.** Preparar a una persona para desempeñar una función o comportarse de una manera determinada: *Le educaron como futuro rey.* **4.** Acostumbrar a un animal a ciertos hábitos relacionados con la higiene, la obediencia, etc. **5.** Desarrollar las facultades de un miembro u órgano o la percepción de los sentidos: *educar los músculos, educar el oído.* ■ Delante de *e* se escribe *qu* en lugar de *c*: *eduque.* SIN. **1.** Formar, instruir, aleccionar, ilustrar, adoctrinar. **2.** Urbanizar. **4.** Adiestrar, amaestrar. **5.** Ejercitar, afinar, perfeccionar. ANT. **1.** y **2.** Maleducar, malcriar. **3.** Incapacitar. **5.** Atrofiar. FAM. Educabilidad, educable, educación, educado, educador, educando, educatividad, educativo. / Maleducar, reeducar.

edulcorado, da 1. *p.* de **edulcorar.** || *adj.* **2.** Excesivamente sensible o emotivo. **SIN. 2.** Azucarado, dulzón. **ANT. 2.** Amargo, ácido, duro.

edulcorante *adj.* Que sirve para endulzar. También *s. m.*: *La sacarina es un edulcorante.*

edulcorar (del bajo lat. *edulcorare*) *v. tr.* Endulzar*. **SIN.** Azucarar. **ANT.** Amargar. **FAM.** Edulcoración, edulcorado, edulcorante. DULCE.

efe *s. f.* Nombre de la letra *f.*

efebo (del lat. *ephebus*, y éste del gr. *ephebos*) *s. m.* Muchacho, adolescente. **SIN.** Doncel, mancebo, mozo. **ANT.** Anciano, viejo.

efectismo *s. m.* Excesiva importancia o abundancia de recursos, detalles, etc., con los que se pretende causar una fuerte impresión o llamar la atención: *Su pintura se caracteriza por el efectismo.* **SIN.** Sensacionalismo, artificiosidad, aparatosidad, espectacularidad. **ANT.** Sobriedad, parquedad. **FAM.** Efectista. EFECTO.

efectista *adj.* Que pretende, sobre todo, producir una fuerte impresión: *Fue un discurso efectista, pero de poco contenido.* **SIN.** Sensacionalista, artificioso, afectado, aparatoso. **ANT.** Sobrio, sencillo.

efectivamente *adv. m.* En efecto, verdaderamente: *Efectivamente, acabó la carrera.*

efectivo, va (del lat. *effectivus*) *adj.* **1.** Se aplica a lo que causa efecto: *un remedio efectivo.* **2.** Real o auténtico: *El proyecto será efectivo el próximo año.* || *s. m.* **3.** Dinero en moneda o disponible en el momento: *pagó en efectivo; el efectivo de una cuenta corriente.* || *s. m. pl.* **4.** Fuerzas militares, policiales, etc.; p. ext., conjunto de miembros de cualquier colectivo: *La secta contaba con pocos efectivos.* || **LOC. hacer efectivo** Llevar a cabo, realizar; referido a sumas de dinero, créditos, etc., pagarlos o cobrarlos: *Hoy nos harán efectiva esa cantidad.* **SIN. 1.** Eficaz, eficiente, activo, operante, operativo. **2.** Cierto, verdadero, seguro. **3.** Numerario. **ANT. 1.** Ineficaz, inactivo, inoperante. **2.** Hipotético. **FAM.** Inefectivo. EFECTO.

efecto (del lat. *effectus*) *s. m.* **1.** Lo que es producido por la acción de algo: *La dilatación de la puerta fue efecto del calor.* **2.** Fin o propósito: *A tal efecto se levantó temprano.* **3.** Impresión: *El suceso no le causó ningún efecto.* **4.** En algunos deportes, movimiento dado a la bola, golpeándola lateralmente, para que se desvíe de su trayectoria normal: *El tenista sacaba con efecto.* **5.** Título o documento de crédito o mercantil, como un talón, un cheque, etc. **6.** Fenómeno físico o químico que lleva el nombre de su descubridor: *el efecto Coriolis, el efecto Edison.* || *s. m. pl.* **7.** Objetos que pertenecen a alguna persona: *Se llevó sus efectos.* **8.** Mercancías o artículos de comercio: *Traspasan la tienda con efectos.* || **9. efecto secundario** Consecuencia indirecta y generalmente negativa de algo, en especial de la acción de un fármaco o de un tratamiento médico. **10. efectos especiales** En cine, teatro, etc., trucos que se utilizan para provocar en el espectador una ilusión de realidad. || **LOC. con efecto desde** *adv.* Con vigor o validez desde una fecha o momento determinado. **en efecto** *adv.* Efectivamente, confirmando algo que se ha dicho o supuesto anteriormente: *Eran ocho personas, en efecto.* **llevar a efecto** Realizar, llevar a cabo. **surtir efecto** Producir el resultado deseado: *El consejo surtió efecto.* **SIN. 1.** Consecuencia, producto, fruto, secuela, resultado. **2.** Finalidad, objetivo, intención, objeto. **3.** Sensación, impacto. **7.** Enseres, bienes, pertenencias. **8.** Género, mercadería, existencias. **ANT. 1.** Causa, origen, principio, fuente. **FAM.** Efectismo, efectivamente, efectividad, efectivo, efectuar. / Eficaz, eficiente.

efectuar (del lat. *effectus*, efecto) *v. tr.* **1.** Realizar, hacer: *efectuar un disparo, una cuenta.* || **efectuarse** *v. prnl.* **2.** Llevarse a cabo, cumplirse: *La operación se efectuó sin novedad.* ■ En cuanto al acento, se conjuga como *actuar*: *efectúa.* **SIN. 1.** Ejecutar, obrar. **2.** Suceder, consumarse, producirse, cumplimentarse. **ANT. 1.** Deshacer, anular. **2.** Incumplirse. **FAM.** Efectuación. EFECTO.

efeméride (del lat. *ephemerides*, y éste del gr. *ephemeris*, de *ephemeros*, de un día) *s. f.* **1.** Acontecimiento importante que se recuerda en cualquier aniversario del mismo y, también, conmemoración de ese aniversario. || *s. f. pl.* **2.** Acontecimientos importantes ocurridos en distintos años o épocas, pero que coinciden en el día y en el mes. **3.** Libro donde se van anotando los hechos de cada día. **SIN. 1.** Episodio, evento. **3.** Diario.

efemeróptero *adj.* **1.** Se dice de ciertos insectos de cuerpo ligero y dos pares de alas, las primeras de gran tamaño. Habitan en el agua o cerca de ella y sus larvas suelen durar uno o dos años, aunque en estado adulto viven el tiempo justo para reproducirse. También *s. m.* || *s. m. pl.* **2.** Orden de estos insectos.

efendi (del turco otomano *efendi*, señor, dueño) *s. m.* Título honorífico usado entre los turcos.

eferente (del lat. *efferens, -entis*, de *efferre*, llevar hacia afuera) *adj.* Que conduce desde el centro a la periferia; se dice especialmente de conductos y formaciones del organismo: *vaso eferente, nervio eferente.* **ANT.** Aferente. **FAM.** Véase **deferente.**

efervescencia (del lat. *effervescens, -entis*) *s. f.* **1.** Desprendimiento de burbujas gaseosas a través de un líquido. **2.** Gran excitación o agitación: *En la ciudad se respiraba un ambiente de efervescencia electoral.* **SIN. 1.** Burbujeo, borboteo. **2.** Conmoción, exaltación, arrebato, inquietud. **ANT. 2.** Tranquilidad, calma, paz. **FAM.** Efervescente.

efervescente (del lat. *effervescens, -entis*) *adj.* **1.** Que está o puede estar en efervescencia: *bebida efervescente.* **2.** Excitado, acalorado. **SIN. 1.** Burbujeante. **2.** Agitado, exaltado, vehemente, encendido. **ANT. 2.** Frío, sosegado.

efesio, sia (del lat. *Ephesius*) *adj.* De Éfeso, antigua ciudad de Asia Menor. También *s. m.* y *f.*

eficacia (del lat. *efficatia*) *s. f.* Cualidad de eficaz: *la eficacia de un medicamento.* **SIN.** Eficiencia, efectividad, validez. **ANT.** Ineficacia, inutilidad.

eficaz (del lat. *efficax, -acis*) *adj.* Que actúa satisfactoriamente o es adecuado para producir un determinado efecto: *un medicamento eficaz contra la gripe.* **SIN.** Efectivo, eficiente, válido; competente, activo, apto. **ANT.** Ineficaz. **FAM.** Eficacia, eficazmente. / Ineficaz. EFECTO.

eficiente (del lat. *efficiens, -entis*) *adj.* Se aplica a la persona o cosa que realiza satisfactoriamente su función: *Es una secretaria muy eficiente.* **SIN.** Competente; eficaz, efectivo. **ANT.** Incompetente; ineficaz. **FAM.** Eficiencia, eficientemente. / Coeficiente, ineficiente. EFECTO.

efigie (del lat. *effigies*) *s. f.* **1.** Imagen de una persona reproducida en pintura, escultura, etc.: *la efigie de un emperador; la efigie del rey en una moneda.* **2.** Personificación de una cosa ideal o abstracta: *Su cara era la efigie de la bondad.* **SIN. 1.** Retrato, figura. **2.** Representación, símbolo.

efímero, ra (del gr. *ephemeros*, de un día) *adj.* Breve, de corta duración: *un reinado efímero.* **SIN.**

Fugaz, perecedero. **ANT.** Largo, perenne. **FAM.** Efeméride.

eflorescencia (del lat. *efflorescens, -entis*) *s. f.* Erupción o eccema que sale en la piel.

efluvio (del lat. *effluvium*) *s. m.* **1.** Emanación de vapores o pequeñas partículas. **2.** Irradiación de algo no material, como sentimientos, etc.: *Irradia efluvios de emoción.* **SIN. 1.** y **2.** Exhalación. **ANT. 1.** Absorción.

efugio (del lat. *effugium*) *s. m.* Recurso para evitar una dificultad o salir de algún problema. **SIN.** Salida, subterfugio.

efusión (del lat. *effusio, -onis*) *s. f.* **1.** Manifestación muy viva de sentimientos alegres o afectuosos: *Nos recibió con efusión.* **2.** Derramamiento de un líquido, sobre todo de la sangre. **3.** Salida de los gases impulsores en un motor a reacción o en un cohete. **4.** En geol., emisión de lava volcánica sobre la superficie de la tierra. **SIN. 1.** Entusiasmo, calor, afecto. **2.** Derrame, flujo. **ANT. 1.** Frialdad. **FAM.** Efusivo. FUSIÓN.

efusivo, va (del lat. *effusus*) *adj.* **1.** Que manifiesta viva y afectuosamente sus sentimientos: *Nos dio un efusivo abrazo.* **2.** Se dice de la roca ígnea que ha salido al exterior en una erupción volcánica. También *s. f.* ■ También se dice *extrusiva.* **SIN. 1.** Expansivo, caluroso. **ANT. 1.** Frío. **FAM.** Efusivamente, efusividad. EFUSIÓN.

egeo, a *adj.* **1.** Relativo al mar Egeo. **2.** De los pueblos que habitaron las costas e islas del mar Egeo durante la edad del bronce. También *s. m.* y *f.*

égida o **egida** (del lat. *aegis, -idis*, y éste del gr. *aigis*, coraza de piel de cabra con que se solía representar a Júpiter y a Minerva) *s. f.* **1.** Protección: *Trabajó bajo la égida de su tutor.* **2.** En lenguaje literario, escudo. **SIN. 1.** Amparo, patrocinio, favor. **ANT. 1.** Desprotección.

egipciaco o **egipcíaco, ca** (del lat. *Aegyptiacus*) *adj.* Egipcio*.

egipcio, cia (del lat. *Aegyptius*) *adj.* **1.** De Egipto. También *s. m.* y *f.* || *s. m.* **2.** Lengua hablada en Egipto. **FAM.** Egipciaco, egiptología, egiptólogo.

egiptología (de *Egipto* y *-logía*) *s. f.* Rama de la arqueología que se centra en la antigua civilización egipcia.

égloga (del lat. *ecloga*, y éste del gr. *ekloge*, extracto) *s. f.* Composición poética de tema campestre o amoroso, en la que suelen dialogar dos o más pastores.

ego (lat., significa 'yo') *s. m.* **1.** En psicoanálisis, parte consciente de la personalidad. **2.** Soberbia o presunción: *Vaya un ego que tiene.* || **3. alter ego** Persona en la que otra tiene confianza. **SIN. 1.** Yo. **2.** Altivez, arrogancia, engreimiento, inmodestia, aires. **ANT. 2.** Modestia, humildad. **FAM.** Egocentrismo, egoísmo, egolatría, egotismo. / Superego, yo.

egocentrismo (de *ego* y *centro*) *s. m.* Actitud y conducta de la persona que se considera a sí misma como centro de todo lo que hace y ocurre. **SIN.** Egotismo, egolatría, narcisismo. **FAM.** Egocéntrico. EGO y CENTRO.

egoísmo (del lat. *ego*, yo) *s. m.* Cualidad de la persona que busca su propio interés o bienestar por encima del de los demás. **SIN.** Egocentrismo, egolatría, egotismo, individualismo. **ANT.** Altruismo, abnegación. **FAM.** Egoísta. EGO.

egoísta *adj.* Que tiene o muestra egoísmo. También *s. m.* y *f.* **SIN.** Egotista, ególatra, interesado, individualista. **ANT.** Altruista, generoso, solidario.

egolatría (del gr. *ego*, yo, y *latreia*, adoración) *s. f.* Estimación o admiración excesiva de uno mismo. **SIN.** Egocentrismo, egotismo, narcisismo, egoísmo. **ANT.** Modestia, humildad, sencillez. **FAM.** Ególatra. EGO y LATRÍA.

egotismo (de *ego*) *s. m.* Egocentrismo*. **SIN.** Egocentrismo, egolatría, narcisismo. **FAM.** Egotista. EGO.

egregio, gia (del lat. *egregius*) *adj.* Que sobresale por su categoría o méritos: *un egregio personaje.* **SIN.** Ilustre, insigne, distinguido, preclaro, eminente, eximio. **ANT.** Mezquino, vulgar. **FAM.** Egregiamente. GREY.

egresado, da *adj. Arg., Col., Ven.* y *Urug.* Que ha terminado sus estudios en un centro docente obteniendo el título académico. También *s. m.* y *f.*

egresar *v. intr. Amér.* Dejar un centro docente, colegio, universidad, etc., después de terminar los estudios en él. **SIN.** Licenciarse, graduarse. **ANT.** Ingresar, matricularse.

¡eh! *interj.* En tono exclamativo o interrogativo se utiliza para llamar, advertir, preguntar, reprender, etc.: *¡Eh, sal de ahí! ¿Te has enterado, eh?*

einstenio (de *Einstein*, físico alemán) *s. m.* Elemento químico radiactivo obtenido artificialmente, que fue descubierto entre los residuos de la primera explosión de una bomba de hidrógeno. Su símbolo es *Es.*

eje (del lat. *axis*) *s. m.* **1.** Línea que pasa por el centro geométrico de un cuerpo. **2.** Línea imaginaria alrededor de la cual gira un cuerpo. **3.** Barra que atraviesa y sostiene un cuerpo que gira alrededor de ella. **4.** En una máquina, pieza mecánica que transmite el movimiento de rotación. **5.** Barra horizontal de un vehículo, a cuyos extremos van unidas las ruedas. **6.** Persona, asunto, etc., esencial de algo: *El nuevo fichaje es el eje del equipo. Los salarios fueron el eje de la reunión.* || **7. eje de coordenadas** Cada una de las dos rectas perpendiculares que sirven para determinar la situación de un punto cualquiera del plano constituido por ellas. El eje horizontal se llama *eje de abscisas* y el vertical *eje de ordenadas.* **8. eje de rotación** Recta alrededor de la cual se considera que gira una línea para engendrar una superficie, o una superficie para engendrar un sólido. **9. eje de simetría** Recta respecto a la cual una figura coincide con ella misma al efectuar un giro alrededor de dicha recta. || **LOC. partir** a alguien **por el eje** Perjudicar gravemente a alguien. **SIN. 6.** Fundamento, base, núcleo, centro, esencia. **FAM.** Neuroeje, semieje.

ejecución *s. f.* **1.** Acción de ejecutar. **2.** Procedimiento judicial mediante el cual se embargan y venden los bienes de una persona para pagar sus deudas.

ejecutante *adj.* **1.** Que ejecuta. También *s. m.* y *f.* **2.** En der., que reclama a otro por vía ejecutiva el pago de una deuda. También *s. m.* y *f.* || *s. m.* y *f.* **3.** Persona que interpreta una composición musical. **SIN. 1.** Ejecutor, autor. **3.** Intérprete, músico.

ejecutar (del lat. *exsecutus*, de *exsequi*, cumplir) *v. tr.* **1.** Hacer, realizar algo: *ejecutar una acción.* **2.** Referido a obras musicales, tocarlas, interpretarlas: *Ejecutaron la pieza con gran maestría.* **3.** Cumplir lo dispuesto en una sentencia o una resolución administrativa. También *v. prnl.*: *Anoche se ejecutó el cierre del local.* **4.** Matar a un condenado en cumplimiento de la sentencia de muerte. **5.** Reclamar una deuda por vía ejecutiva. **SIN. 1.** Efectuar, obrar, perpetrar, elaborar, consumar. **3.** Cumplimentar. **4.** Ajusticiar. **ANT. 1.** Incumplir. **4.** Indultar. **FAM.** Ejecución, ejecutable, ejecutante, ejecutivo, ejecutor, ejecutorio.

ejecutivo, va (del lat. *exsecutus*, de *exsequi*, cumplir) *adj.* **1.** Encargado de ejecutar alguna cosa, en especial el cumplimiento de leyes, acuerdos, etc.: *consejo ejecutivo.* || *s. m.* y *f.* **2.** Persona que ocupa un cargo directivo en una empresa: *Había reunión de ejecutivos.* || *s. m.* **3.** Gobierno de un país. || *s. f.* **4.** Junta directiva de una asociación, corporación, etc.: *la ejecutiva del partido.* || **5. poder ejecutivo** Poder del Estado cuya función es llevar a cabo las normas procedentes del poder legislativo y dirigir la política y la administración del país. ■ A veces, se suprime *poder*: *el ejecutivo.* **6. vía ejecutiva** Procedimiento judicial en el que se embargan y venden los bienes de una persona para pagar sus deudas. **SIN. 1.** Ejecutor, ejecutante. **FAM.** Ejecutivamente. EJECUTAR.

ejecutorio, ria (del lat. *exsecutorius*) *adj.* **1.** Aplicado en particular a las sentencias, invariable, firme. || *s. f.* **2.** Título o diploma de nobleza. **3.** Acción o circunstancia que ennoblece a una persona: *una ejecutoria intachable.* **4.** En der., sentencia que ha adquirido el carácter de firme, contra la que no existe posibilidad de reclamación, p. ej., una resolución del Tribunal Supremo. **5.** Documento público en que consta esa sentencia. **SIN. 1.** Inapelable. **ANT. 1.** Apelable.

ejemplar (del lat. *exemplar, -aris*) *adj.* **1.** Que sirve o puede servir como ejemplo o modelo: *una conducta ejemplar.* **2.** Que sirve como lección o escarmiento: *Pusieron una sanción ejemplar.* || *s. m.* **3.** Cada una de las copias de un libro, escrito, periódico, dibujo, etc.: *Firmó muchos ejemplares de su novela.* **4.** Cada uno de los individuos de una raza, especie, etc.: *Era un ejemplar de ave muy escasa.* **5.** Pieza de una colección. **SIN. 1.** Modélico, arquetípico, prototípico. **2.** Aleccionador. **3.** Reproducción, muestra. **4.** y **5.** Espécimen. **ANT. 1.** Corruptor, pervertidor.

ejemplarizante *adj.* Que ejemplariza: *Las fábulas tienen una intención ejemplarizante.* **SIN.** Aleccionador, edificante.

ejemplarizar *v. tr.* Servir de ejemplo. ■ Delante de *e* se escribe *c* en lugar de *z*: *ejemplarice.* **SIN.** Edificar, aleccionar. **ANT.** Corromper, pervertir. **FAM.** Ejemplarizante. EJEMPLO.

ejemplificar *v. tr.* Demostrar o aclarar alguna cosa con ejemplos. ■ Delante de *e* se escribe *qu* en lugar de *c*: *ejemplifique.* **SIN.** Ilustrar, clarificar. **FAM.** Ejemplificación. EJEMPLO.

ejemplo (del lat. *exemplum*) *s. m.* **1.** Persona o cosa que mueve o puede mover a alguien a imitarla, e influencia que ejerce: *Siguió el ejemplo de sus padres. Dio un mal ejemplo a sus compañeros.* **2.** Persona o cosa que merece ser imitada: *Su comportamiento es un ejemplo para todos.* **3.** Persona que tiene una cualidad en alto grado: *Es un ejemplo de honradez.* **4.** Hecho, texto, etc., que se menciona o expone como muestra de alguna cosa o para que algo se entienda mejor: *El profesor puso ejemplos de oraciones compuestas.* || **5. vivo ejemplo** o **ejemplo vivo** Persona o cosa que manifiesta muy fielmente una cualidad, estado, etc: *Es el vivo ejemplo de la honradez.* || **LOC. por ejemplo** *prep.* y *conj.* Introduce o cita una aclaración, prueba, etc.: *En España hay notables catedrales góticas, por ejemplo, la de León.* **SIN. 1.** Modelo, patrón, paradigma, guía, norma, canon, pauta. **3.** Prototipo, arquetipo, dechado. **4.** Cita, demostración, justificación. **FAM.** Ejemplar, ejemplaridad, ejemplarizar, ejemplarmente, ejemplificar. / Contraejemplo.

ejercer (del lat. *exercere*) *v. tr.* **1.** Practicar una profesión u oficio: *Ejerce la medicina.* También *v. intr.*: *Ejerce como abogado.* || *v. intr.* **2.** Con palabras como *acción, influencia, poder*, hacerlos actuar sobre alguien o algo: *Ejercía un gran influjo sobre sus alumnos.* **3.** Disponer o hacer uso de una determinada facultad, virtud, etc.: *ejercer alguien sus derechos.* ■ Delante de *a* y *o* se escribe *z* en lugar de *c*: *ejerza.* **SIN. 1.** Profesar, desempeñar, cultivar. **3.** Ejercitar. **FAM.** Ejercicio, ejercitar, ejército.

ejercicio (del lat. *exercitium*) *s. m.* **1.** Acción de ejercer o ejercitarse: *Viaja mucho en el ejercicio de su profesión.* **2.** Conjunto de movimientos y esfuerzos corporales que se realizan para estar en forma, como entrenamiento, etc.: *Luis hace ejercicio todas las mañanas.* **3.** Tarea que sirve de práctica para aprender, conservar o perfeccionar alguna cosa: *Hay que hacer los ejercicios de la lección.* **4.** Cada una de las pruebas en que se divide un examen y, p. ext., examen, control: *ejercicio oral, ejercicio escrito.* **5.** Tiempo durante el cual una ley tiene validez. **6.** Periodo de tiempo que una empresa, particular, etc., adopta para dividir su actividad y que suele coincidir con el año natural: *En el pasado ejercicio se obtuvieron importantes beneficios.* || *s. m. pl.* **7.** Prácticas que hace el ejército como adiestramiento. || **8. ejercicios espirituales** Los que practica un grupo de personas, generalmente bajo la dirección de un sacerdote, dedicándose a la oración y a la reflexión. || **LOC. en ejercicio** *adv.* Ejerciendo o practicando su profesión: *un médico en ejercicio.* **SIN. 1.** Desempeño, uso; ejercitación. **2.** Gimnasia, deporte, entrenamiento, adiestramiento. **7.** Maniobras. **ANT. 2.** Reposo, descanso.

ejercitar (del lat. *exercitare*) *v. tr.* **1.** Hacer uso de un derecho, facultad, capacidad o poder: *Ejercitó sus cualidades de orador.* **2.** Hacer que uno mismo u otra persona adquiera destreza en algo mediante la práctica: *ejercitar la memoria; ejercitar a los alumnos en la pintura.* También *v. prnl.* **3.** Dedicarse al ejercicio de un oficio o profesión: *Ejercita la abogacía.* **4.** Poner en práctica una virtud: *ejercitar la caridad.* **SIN. 1.** y **3.** Ejercer. **2.** Practicar, entrenar(se). **3.** Profesar, desempeñar. **FAM.** Ejercitación, ejercitante. EJERCER.

ejército (del lat. *exercitus*) *s. m.* **1.** Conjunto de las fuerzas armadas de un país, especialmente las de tierra y aire. **2.** Grupo de soldados que forma un cuerpo y está bajo las órdenes de un mando superior: *el ejército de Napoleón.* **3.** Colectividad numerosa que ha sido organizada para algún fin. **4.** Multitud o gran cantidad de algo: *un ejército de insectos.* **SIN. 1.** y **2.** Milicia, hueste. **4.** Turba, masa.

ejidatario, ria *s. m.* y *f. Méx.* Campesino que trabaja en un ejido.

ejido (del lat. *exitus*, salida) *s. m.* **1.** Campo comunal de un pueblo, situado a las afueras, donde se establecen las eras y se reúne el ganado. **2.** *Méx.* Finca colectiva. **FAM.** Ejidal, ejidatario.

ejote (náhuatl) *s. m. Amér. C.* y *Méx.* Judía verde.

el (del lat. *ille*) *art. det. m.* **1.** Acompaña a un sustantivo masculino singular: *el libro, el sueño.* **2.** También acompaña a sustantivos femeninos que comienzan por *a* o *ha* tónica: *el agua, el hacha.* **3.** A veces indica el género del sustantivo cuando éste es invariable para masculino y femenino: *el reo*; o cuando no se puede precisar por la terminación si es masculino o femenino: *el mármol, el fin.* **4.** Acompañando a un adjetivo, le da valor de sustantivo: *el pequeño.*

él, ella, ello (del lat. *ille, illa, illud*) *pron. pers. m., f.* y *n.* **1.** Formas de tercera persona que funcionan como sujeto o como complemento cuando es término de una preposición: *Él no lo conocía. No vió la mesa y tropezó con ella.* ■ El neutro *ello* se utiliza sobre todo como término de preposición: *Hablamos de ello.* **2.** En femenino, precedido por un adverbio de tiempo o lugar y el verbo *ser*, indica que existen alboroto o problemas allí donde se expresa: *Mañana será ella. Aquí fue ella.* ■ Las formas pl. para el pron. masculino y el pron. femenino son *ellos, ellas*.

elaborado, da 1. *p.* de **elaborar**. || *adj.* **2.** Que ha sido producido industrialmente. **3.** Que se ha trabajado cuidadosamente, con esmero. **SIN. 2.** Fabricado, manufacturado. **3.** Cuidado, esmerado, detallado, primoroso, minucioso. **ANT. 3.** Descuidado, chapucero.

elaborar (del lat. *elaborare*) *v. tr.* **1.** Preparar adecuadamente un producto con los ingredientes o materias primas necesarias: *elaborar un buen guiso.* También *v. prnl.* **2.** Producir un órgano u organismo alguna sustancia: *Las arañas elaboran sus telas.* También *v. prnl.* **3.** Idear y formar un proyecto, una teoría, etc.: *Elaboraron nuevos planes de enseñanza.* También *v. prnl.* **SIN. 1.** y **2.** Confeccionar, hacer, fabricar. **3.** Conformar, trazar. **FAM.** Elaborable, elaboración, elaborado, elaborador. / Reelaborar. LABORAR.

elasmobranquio (del gr. *elasmos*, lámina, y *branquia*) *adj.* **1.** Se dice de los peces condrictios de esqueleto cartilaginoso, branquias al descubierto, piel escamada en forma de dientes, cola heterocerca, que carecen de vejiga natatoria, como el tiburón, la raya, el pez martillo, etc. También *s. m.* || *s. m. pl.* **2.** Subclase formada por estos peces.

elasticidad *s. f.* **1.** Cualidad de elástico. **2.** Conjunto de ejercicios destinados a conseguir flexibilidad en los músculos y articulaciones: *En gimnasia hicimos elasticidad.* **SIN. 1.** Flexibilidad, maleabilidad, ductilidad, adaptabilidad. **ANT. 1.** Inflexibilidad, rigidez. **FAM.** Termoelasticidad. ELÁSTICO.

elástico, ca (del gr. *elastikos*, que empuja, de *elauno*, empujar) *adj.* **1.** Se aplica al cuerpo capaz de recuperar su forma anterior cuando cesa la fuerza que lo comprimía o estiraba. **2.** Que se acomoda o permite acomodarse a diferentes posibilidades, circunstancias, etc.: *Consiguieron unas normas más elásticas.* || *s. m.* **3.** Cinta o cordón de goma. **4.** Tira de goma que se coloca en algunas prendas de vestir para que se ajusten o se sostengan: *el elástico del bañador.* **5.** Borde de algunas prendas, de tejido o punto más ajustable que el resto: *Estoy terminando el elástico del jersey.* || *s. f.* **6.** Camiseta interior o de deporte. || **7. tejido elástico** Tejido animal, variante del tejido conjuntivo, rico en elastina, que recubre superficialmente las venas y arterias. **SIN. 1.** y **2.** Flexible. **2.** Acomodaticio, adaptable. **ANT. 1.** y **2.** Rígido. **2.** Inflexible. **FAM.** Elasticidad, elastina, elastómero.

elastina *s. f.* Tipo de proteína que forma las fibras elásticas del tejido conjuntivo y permite que los tendones recuperen su tamaño ideal después de realizar un esfuerzo.

elastómero *s. m.* Materia natural o artificial de gran elasticidad.

elativo (del lat. *elativum*, que eleva) *s. m.* En ling., adjetivo superlativo absoluto; p. ej.: de *célebre*, *celebérrimo*.

elato, ta (del lat. *elatus*, de *efferre*, levantar) *adj.* Altivo, muy orgulloso. **SIN.** Soberbio, presuntuoso, engreído. **ANT.** Sencillo, humilde. **FAM.** Elativo.

ele *s. f.* **1.** Nombre de la letra *l*. **2.** Forma similar a la de esta letra: *una piscina en ele.*

¡ele! *interj.* **1.** Expresa asentimiento: *¡Ele! Lo que yo decía.* **2.** Se utiliza para jalear. A veces va reforzada con otra palabra: *¡Ele ahí! ¡Ele mi niña!*

eleático, ca (del lat. *Eleaticus*) *adj.* **1.** De Elea, ciudad de la antigua Italia. También *s. m.* y *f.* **2.** Relativo a la escuela filosófica que floreció en Elea en el s. IV a.C.

elección (del lat. *electio, -onis*) *s. f.* **1.** Acción de elegir: *La elección de color resultó complicada.* **2.** Votación en la que se elige un individuo o grupo para un puesto, cargo, etc. Se usa mucho en *pl.*: *Se presentará a las próximas elecciones municipales.* **SIN. 2.** Comicios, sufragio. **FAM.** Eleccionario, electivo, electo, elector, electorado, electoral, electoralismo, electorero. / Seleccionar. ELEGIR.

eleccionario, ria *adj. Amér.* Electoral*.

electivo, va (del lat. *electivus*) *adj.* Se aplica al cargo o puesto que se consigue por elección: *juez electivo.*

electo, ta (del lat. *electus*, p. de *eligere*) **1.** *p.* irreg. de **elegir**. || *adj.* **2.** Se aplica a la persona elegida para un cargo, pero que aún no lo desempeña.

elector, ra (del lat. *elector, -oris*) *adj.* **1.** Que elige o puede elegir. || *s. m.* y *f.* **2.** Persona que vota en unas elecciones o tiene derecho a hacerlo: *Calculaban el número de electores.* **SIN. 2.** Votante.

electorado *s. m.* **1.** Conjunto de electores. **2.** Antiguo estado alemán gobernado por un elector. **3.** Cargo de elector.

electoral *adj.* Relativo a las elecciones o a los electores. **FAM.** Poselectoral, preelectoral. ELECCIÓN.

electoralismo *s. m.* Consideración de razones puramente electorales en la política de un partido con el fin de obtener votos. **FAM.** Electoralista. ELECCIÓN.

electoralista *adj.* Que busca exclusivamente la propaganda con vistas a unas elecciones: *discurso electoralista.* También *s. m.* y *f.*

electorero, ra *adj.* **1.** Relativo a las maniobras y manejos que se hacen en unas elecciones. || *s. m.* y *f.* **2.** Persona que manipula unas elecciones.

electricidad *s. f.* **1.** Conjunto de fenómenos físicos que resultan de la existencia en la materia de cargas eléctricas, positivas y negativas, y de las interacciones entre ellas. **2.** Conjunto de aplicaciones de estos fenómenos: *La técnica se revolucionó gracias a la electricidad.* **3.** Rama de la física que se encarga de su estudio. **4.** Corriente eléctrica. **FAM.** Electricista, eléctrico, electrificar, electrizar, electrochoque, electrocutar, electrodo, electrodoméstico, electrógeno, electrolito, electrómetro, electrón, electrónica, electroscopio, electrostática, electrotecnia, electrotermia. / Fotoelectricidad, hidroelectricidad, piezoelectricidad, piroelectricidad, radioelectricidad, termoelectricidad.

electricista *adj.* **1.** Especializado en electricidad: *perito electricista.* || *s. m.* y *f.* **2.** Persona cuyo oficio consiste en colocar y reparar instalaciones eléctricas.

eléctrico, ca (del lat. *electrum*, y éste del gr. *elektron*, ámbar) *adj.* **1.** Relativo a la electricidad. **2.** Que posee o conduce electricidad: *cable eléctrico.* **3.** Que produce electricidad o funciona con ella: *batería eléctrica, cocina eléctrica.* **FAM.** Dieléctrico, hidroeléctrico. ELECTRICIDAD.

electrificar (del gr. *elektron*, ámbar, y del lat. *facere*, hacer) *v. tr.* **1.** Dotar de electricidad o equipo eléctrico. **2.** Transformar una máquina, instalación, etc., para que funcione mediante energía eléctrica. ■ Delante de *e* se escribe *qu* en lugar de *c*: *electrifique*. FAM. Electrificación. ELECTRICIDAD.

electrizante *adj.* **1.** Que electriza. **2.** Que comunica gran entusiasmo o emoción: *Fue un concierto electrizante.*

electrizar *v. tr.* **1.** Producir en un cuerpo la electricidad. **2.** Comunicar gran entusiasmo o emoción: *Su discurso electrizó a la multitud.* También *v. prnl.* ■ Delante de *e* se escribe *c* en lugar de *z*: *electrice*. SIN. **2.** Emocionar, entusiasmar, arrebatar, apasionar, enardecer. FAM. Electrizable, electrización, electrizante. ELECTRICIDAD.

electro- (del gr. *elektron*, ámbar) *pref.* Significa 'eléctrico': *electrocardiograma*.

electroacústica *s. f.* Rama de la electrónica que estudia la producción y reproducción de ondas sonoras mediante procedimientos eléctricos, como p. ej. los micrófonos, altavoces, discos, etc.

electrocardiografía (del gr. *elektron*, ámbar; *kardia*, corazón, y *-grafía*) *s. f.* Estudio de la actividad eléctrica del corazón, a través de la lectura e interpretación de los electrocardiogramas. FAM. Electrocardiógrafo. CARDIOGRAFÍA.

electrocardiógrafo (del gr. *elektron*, ámbar, *kardia*, corazón, y *grafo*, escribir) *s. m.* Instrumento que registra la actividad eléctrica del corazón, mediante electrodos que se colocan sobre los miembros y el pecho del paciente y captan sus impulsos eléctricos.

electrocardiograma *s. m.* Gráfico que se obtiene con el electrocardiógrafo.

electrochoque (del ingl. *electric shock*) *s. m.* Aplicación de una descarga eléctrica en el cerebro para tratar determinadas enfermedades psíquicas.

electrocutar (del fr. *électrocuter*, y éste del ingl. americano *electrocute*, de *electro-* y *execute*, ejecutar) *v. tr.* Matar por medio de una descarga eléctrica. También *v. prnl.*: *Casi me electrocuto con ese cable.* FAM. Electrocución. ELECTRICIDAD.

electrodinámica (del gr. *elektron*, ámbar, y *dynamikos*, de *dynamis*, fuerza) *s. f.* Parte de la física que estudia la electricidad en movimiento. FAM. Electrodinámico. DINÁMICO.

electrodo (del gr. *elektron*, ámbar, y *odos*, camino) *s. m.* Cada uno de los extremos de un conductor que recibe o comunica una corriente eléctrica.

electrodoméstico *s. m.* Aparato o utensilio eléctrico que se utiliza en el hogar, como el frigorífico, el televisor, el vídeo, etc. También *adj.*

electroencefalografía *s. f.* Parte de la medicina que se ocupa del estudio de la actividad eléctrica del cerebro a través de la lectura e interpretación de electroencefalogramas.

electroencefalógrafo (de *electro-*, *encéfalo* y *-grafo*) *s. m.* Instrumento que registra la actividad eléctrica del cerebro. FAM. Electroencefalografía. ENCEFALOGRAFÍA.

electroencefalograma (de *electro-*, *encéfalo* y *-grama*) *s. m.* Registro gráfico obtenido por el electroencefalógrafo, a partir del cual se pueden diagnosticar enfermedades cerebrales.

electrógeno, na *adj.* **1.** Que genera electricidad. || *s. m.* **2.** Generador eléctrico. || **3. grupo electrógeno** Sistema formado por un motor de explosión o vapor adaptado a un generador, que transforma la energía mecánica en eléctrica.

electroimán *s. m.* Barra de hierro dulce que adquiere propiedades magnéticas al circular una corriente eléctrica a través de una bobina enrollada en dicha barra.

electrolisis o **electrólisis** (de *electro-* y el gr. *lysis*, disolución) *s. f.* Descomposición de un electrólito al paso de una corriente eléctrica continua. Es muy utilizada en la industria. FAM. Electrolizar. ELECTROLITO.

electrolito o **electrólito** (del gr. *elektron*, ámbar, y *lytos*, desatado) *s. m.* Sustancia que al disolverse en agua la hace conductora de la corriente eléctrica; p ej., las sales, los ácidos y los hidróxidos. FAM. Electrolisis, electrolítico. ELECTRICIDAD.

electrolizar *v. tr.* Descomponer un cuerpo mediante la electrólisis. ■ Delante de *e* se escribe *c* en lugar de *z*. FAM. Electrolizable, electrolización, electrolizador. ELECTRÓLISIS.

electromagnetismo *s. m.* Conjunto de los fenómenos producidos por la interrelación entre los campos eléctrico y magnético. FAM. Electromagnético. MAGNETISMO.

electromecánica *s. f.* Técnica que trata de las aplicaciones de la electricidad a la mecánica.

electrometalurgia *s. f.* Conjunto de procedimientos eléctricos que se emplean para obtener y refinar metales.

electrómetro *s. m.* Aparato que sirve para medir la cantidad de carga eléctrica.

electromotor, ra *adj.* Que transforma la energía eléctrica en mecánica. También *s. m.* ■ Su femenino es también *electromotriz*. FAM. Electromotriz. MOTOR.

electromotriz *adj.* Que transforma la energía eléctrica en mecánica. ■ Es el femenino de *electromotor*. Se dice también *electromotora*.

electrón (del gr. *elektron*, ámbar) *s. m.* Partícula elemental de un átomo cargada negativamente. FAM. Electronvoltio. ELECTRICIDAD.

electronegativo, va *adj.* Se dice de los elementos químicos cuyos átomos pueden captar fácilmente electrones, transformándose de esta manera en iones negativos. FAM. Electronegatividad. NEGATIVO.

electrónica *s. f.* Rama de la física que estudia fenómenos relacionados con señales eléctricas de baja potencia, dispositivos que utilizan ese tipo de señales, etc. FAM. Electrónico. / Microelectrónica. ELECTRICIDAD.

electrónico, ca *adj.* Relacionado con la electrónica; particularmente, que funciona con señales eléctricas de baja potencia: *balanza electrónica, microscopio electrónico*.

electronvoltio *s. m.* Unidad de energía empleada en física atómica.

electropositivo, va *adj.* Se dice de los elementos químicos cuyos átomos ceden con facilidad electrones y adquieren, por tanto, carga positiva.

electroquímica *s. f.* Parte de la química que estudia la relación entre los procesos químicos y los eléctricos. FAM. Electroquímico. QUÍMICA.

electroscopio (de *electro-* y *-scopio*) *s. m.* Instrumento que permite advertir la presencia de electricidad en un cuerpo.

electroshock *s. m.* Electrochoque*.

electrostática (de *electro-* y el gr. *statikos*, fijo) *s. f.* Parte de la física dedicada al estudio de los fenómenos debidos a cargas eléctricas en reposo. FAM. Electrostático. ELECTRICIDAD.

electrotecnia o **electrotécnica** *s. f.* Parte de la física que estudia la producción, transporte y usos prácticos de la energía eléctrica. FAM. Electrotécnico. ELECTRICIDAD.

electroterapia (de *electro-* y *terapia*) *s. f.* Utilización de la electricidad en el tratamiento de las enfermedades. FAM. Electroterápico. TERAPIA.

electrotermia (de *electro-* y el gr. *therme*, calor) *s. f.* Técnica de la transformación de la energía eléctrica en calor.

electrotipia (de *electro-* y el gr. *typos*, molde) *s. f.* Empleo de técnicas electrolíticas en la composición de planchas o clichés para la imprenta. FAM. Electrotipo. TIPO.

electrotipo *s. m.* **1.** Aparato empleado en la electrotipia. **2.** Plancha o cliché tipográfico que se obtiene mediante este aparato.

electrovalencia *s. f.* Número de electrones que gana o pierde un átomo al unirse con otro átomo.

elefante, ta (del lat. *elephas, -antis*, y éste del gr. *elephas*) *s. m.* y *f.* **1.** Mamífero proboscídeo de la familia elefántidos que puede alcanzar 7.000 kg de peso y 4 m de altura en la cruz; tiene enormes orejas y una larga trompa formada por la nariz y el labio superior. Sus incisivos superiores, conocidos normalmente como colmillos, están muy desarrollados y le sirven como defensa. Existen dos especies, el elefante africano, que es el de mayor tamaño, y el elefante asiático. || **2. elefante marino** Mamífero pinnípedo de gran tamaño (el macho llega a alcanzar los 6 m de longitud y los 3.000 kg. de peso) con el cuerpo cubierto de pelo y un hocico que se continúa en una trompa. FAM. Elefantiasis.

elefantiasis (del lat. *elephantiasis*, y éste del gr. *elephantiasis*) *s. f.* Enfermedad que se caracteriza por un enorme aumento de algunas partes del cuerpo, especialmente de las extremidades inferiores y de los órganos genitales externos, debido a la obstrucción de los conductos linfáticos. ■ No varía en *pl.*

elegancia (del lat. *elegantia*) *s. f.* Cualidad de elegante. SIN. Distinción, finura, refinamiento, exquisitez. ANT. Vulgaridad, ordinariez.

elegante (del lat. *elegans, -antis*) *adj.* **1.** Se dice de la persona que viste con buen gusto o con ropa más lujosa que la corriente; así como de su vestimenta: *Se puso muy elegante para la fiesta.* También *s. m.* y *f.* **2.** Que tiene gracia, belleza y distinción: *un andar elegante.* **3.** Se dice de las personas que llevan un alto nivel de vida, de su ambiente y de sus cosas: *Era el barrio más elegante de la ciudad.* **4.** Correcto, moderado, que no demuestra exageración, afectación o excesivo apasionamiento: *Dirigió el debate de forma elegante. El estilo de su obra es elegante.* SIN. **1.** y **2.** Distinguido, fino, bello. **3.** Aristocrático, lujoso. **4.** Mesurado, equilibrado. ANT. **1.** Hortera. **2.** Ordinario, vulgar. **3.** Modesto, humilde. **4.** Exagerado. FAM. Elegancia, elegantemente, elegantoso. / Inelegancia.

elegantoso, sa *adj. Col. fam.* Que viste con buen gusto y elegancia.

elegía (del lat. *elegia*, y éste del gr. *elegeia*, de *elegos*, llanto) *s. f.* Composición poética en la que predomina un sentimiento de dolor, tristeza o melancolía, en especial por la muerte de una persona. FAM. Elegiaco.

elegiaco o **elegíaco, ca** (del lat. *elegiacus*, y éste del gr. *elegiakos*) *adj.* **1.** Relativo a la elegía. **2.** De carácter triste y dolorido: *Habló en un tono elegiaco.* SIN. **2.** Lastimero, afligido, pesaroso. ANT. **2.** Alegre.

elegido, da 1. *p.* de **elegir**. También *adj.* y *s. m.* y *f.* || *adj.* **2.** Escogido por Dios con algún fin, especialmente, para lograr la salvación eterna. También *s. m.* y *f.* SIN. **2.** Predestinado.

elegir (del lat. *eligere*) *v. tr.* Escoger a una persona, animal o cosa entre otros: *Aún no ha elegido el traje. Eligieron al delegado por votación.* ■ Delante de *a* y *o* se escribe *j* en lugar de *g*. Es v. irreg. Se conjuga como *pedir.* SIN. Seleccionar, preferir, optar. ANT. Rechazar. FAM. Elección, elegibilidad, elegible, elegido. / Inelegible, reelegir.

elemental *adj.* **1.** Que forma parte de la base o fundamento de algo: *una norma elemental de cortesía; física elemental.* **2.** Sencillo, fácil de comprender: *Es elemental todo lo que dijo.* **3.** Relativo a los elementos de algo: *análisis elemental.* SIN. **1.** Fundamental, básico, esencial. **2.** Simple, claro. ANT. **1.** Accesorio. **2.** Complicado, difícil. FAM. Elementalidad, elementalmente. ELEMENTO.

elemento (del lat. *elementum*) *s. m.* **1.** Cada uno de los objetos, entidades, etc., individuales que componen una cosa o un conjunto: *los elementos de un motor. El juego de tocador constaba de tres elementos.* **2.** En quím., cuerpo simple formado por átomos iguales y que, por tanto, no puede descomponerse por medios químicos en otros más simples. ■ Se le llama también *elemento químico.* **3.** Factor, dato, aspecto: *Los viajes han sido un elemento fundamental en su formación.* **4.** Individuo valorado positiva o negativamente: *¡Vaya elemento que está hecho!* ■ En esta acepción, familiarmente puede usarse también como femenino: *¡Menuda elementa es esa chica!* **5.** Medio natural: *Los animales deben desarrollarse en su elemento.* También, situación, actividad, etc., en la que alguien se encuentra más a gusto: *Cuando viaja está en su elemento.* || *s. m. pl.* **6.** Nociones básicas o fundamentos de una teoría, ciencia, arte, etc.: *elementos de economía.* **7.** Medios, cosas necesarias para algo: *No puedo empezar sin elementos.* **8.** Fuerzas de la naturaleza, como los vientos, el mar, etc.: *la furia de los elementos.* || **9. elementos de juicio** Datos de alguien o algo sobre los que se forma una opinión: *Tengo bastantes elementos de juicio para hablar así.* **10. el líquido elemento** El agua. SIN. **1.** Integrante. **4.** Tío, tipo. **5.** Hábitat, ambiente. **6.** Principios, rudimentos. **7.** Instrumentos, recursos. FAM. Elemental. / Bioelemento, oligoelemento.

elenco (del lat. *elenchus*, apéndice, y éste del gr. *elenkhos*, argumento) *s. m.* **1.** Conjunto de actores que forman una compañía: *un gran elenco de artistas.* **2.** P. ext., conjunto de personas que actúan o trabajan en cualquier cosa. **3.** Índice o catálogo: *un elenco de libros.* SIN. **1.** Reparto. **2.** Personal, nómina, equipo. **3.** Lista, repertorio.

elepé (de *L. P.*, iniciales de la expresión inglesa *long play*) *s. m.* Disco de larga duración grabado a 33 revoluciones por minuto.

elevación (del lat. *elevatio, -onis*) *s. f.* **1.** Acción de elevar o elevarse: *la elevación de los precios, la elevación de una persona a un cargo.* **2.** Parte de una cosa que está más alta que el resto: *una elevación del terreno.* **3.** Nobleza, superioridad: *la elevación de sus sentimientos.* **4.** Momento de la misa en que el sacerdote alza la hostia y el cáliz. SIN. **1.** Ascenso, ascensión, subida, altura, alza, aumento, encumbramiento. **2.** Saliente, altitud, prominencia. **3.** Eminencia, alteza, grandeza, sublimidad. ANT. **1.** Descenso, disminución, hundimiento, rebaja. **2.** Depresión, hondonada. **3.** Bajeza, mezquindad, pequeñez.

elevado, da 1. *p.* de **elevar**. También *adj.* || *adj.* **2.** De gran altura o situado a una altura superior: *monte elevado, paso elevado.* **3.** De cantidad, fuerza o intensidad superior a lo normal: *precio elevado.* **4.** De gran belleza o valor moral: *sentimientos, ideales elevados.* **5.** Culto, propio de personas instruidas: *estilo elevado.* **SIN. 2.** a **4.** Alto. **3.** Cuantioso, intenso. **4.** Noble, sublime. **5.** Refinado. **ANT. 2.** a **4.** Bajo. **3.** Escaso, moderado. **4.** Vil, rastrero. **5.** Familiar, llano.

elevador, ra (del lat. *elevator, -oris*) *adj.* **1.** Que eleva. **2.** Se dice de los músculos cuya función es levantar la parte del cuerpo donde se encuentran; p. ej. los párpados. **3.** Se aplica a la máquina o aparato que eleva, sostiene y baja personas, mercancías, etc. También *s. m.* || *s. m.* **4.** *Amér.* Ascensor, montacargas. **FAM.** Elevadorista. ELEVAR.

elevadorista *s. m.* y *f. Amér.* Ascensorista.

elevalunas *s. m.* Mecanismo para subir y bajar los cristales de las ventanillas de un coche. ■ No varía en *pl.*

elevar (del lat. *elevare*) *v. tr.* **1.** Alzar, levantar: *Elevaron la mercancía con la grúa.* También *v. prnl.*: *A la entrada de la ciudad se eleva una torre.* **2.** Aumentar el valor, la cantidad, la fuerza o la intensidad de algo. También *v. prnl.*: *La tarifa se ha elevado mucho.* **3.** Situar a una persona o cosa en un lugar más destacado, mejorar su situación. También *v. prnl.*: *Se elevó por encima de sus contemporáneos.* **4.** Engrandecer, ennoblecer. También *v. prnl.*: *El tono de la obra se eleva en los últimos capítulos.* **5.** Tratándose de un escrito o petición, dirigirlos a una autoridad u organismo: *Elevó una instancia al ministerio.* **6.** En mat., efectuar una potencia: *elevar al cuadrado.* **SIN. 1.** Subir(se), izar(se), aupar(se); emerger, surgir. **2.** Incrementar(se), acrecentar(se), dispararse. **3.** Ascender, progresar, avanzar, descollar, prosperar. **4.** Sublimar, enaltecer(se). **5.** Presentar. **ANT. 1.** Bajar, descender. **2.** Disminuir, abaratar(se), reducir(se), aminorar(se). **3.** Hundir(se), degradar(se). **4.** Humillar, decaer. **FAM.** Elevación, elevadamente, elevado, elevador, elevalunas, elevamiento. LEVAR.

elfo (del ingl. *elf*) *s. m.* Genio o espíritu benéfico que, según la mitología escandinava, habitaba en los bosques. **SIN.** Duende, gnomo.

elidir (del lat. *elidere*, arrancar) *v. tr.* **1.** Suprimir la vocal final de una palabra cuando la siguiente comienza por vocal, p. ej., *del* en vez de *de el.* **2.** Omitir en una oración alguna palabra cuyo significado se sobrentiende: *De esos coches prefiero el azul (el coche azul).* **SIN. 2.** Eliminar, prescindir. **ANT. 2.** Expresar, mencionar. **FAM.** Elisión.

eliminar (del lat. *eliminare*, echar fuera de casa; de *e*, fuera de, y *limen*, umbral) *v. tr.* **1.** Prescindir de una persona o cosa: *En la primera prueba eliminaron a muchos concursantes.* **2.** Vencer a un rival en una competición, impidiéndole continuar en la misma: *El equipo fue eliminado en cuartos de final.* **3.** Quitar, anular: *Este producto elimina la grasa.* También *v. prnl.* **4.** Expulsar el organismo determinada sustancia: *eliminar orina.* **5.** *fam.* Matar a una persona o animal. **6.** En mat., hacer desaparecer una incógnita de una ecuación. **SIN. 1.** Desechar, excluir, descartar, rechazar. **1.** y **3.** Suprimir. **3.** Deshacer. **4.** Expeler, echar, arrojar. **5.** Liquidar, fulminar, asesinar. **ANT. 1.** Admitir, incluir. **3.** Producir, provocar. **4.** Absorber, retener. **FAM.** Eliminación, eliminador, eliminatorio.

eliminatorio, ria *adj.* **1.** Que elimina o sirve para eliminar. || *s. f.* **2.** Prueba que sirve para seleccionar a los participantes en una competición, concurso, etc.: *Consiguió pasar la eliminatoria.*

elipse (del lat. *ellipsis*, y éste del gr. *elleipsis*, falta) *s. f.* Curva cerrada y plana resultante de cortar oblicuamente un cono con un plano que afecte a todas sus generatrices. **FAM.** Elipsoide, elíptico.

elipsis (del lat. *ellipsis*, y ésta del gr. *elleipsis*, falta) *s. f.* **1.** Supresión de una o más palabras en una oración, sintagma, etc., sin alterar su sentido: *¿Has visto su casa? Me gusta más la de Jaime (la casa de Jaime).* **2.** En lit., cine, etc., salto en el tiempo, con el que el autor corta el desarrollo de la acción y la reanuda después prescindiendo de lo sucedido en ese intermedio. ■ No varía en *pl.* **SIN. 1.** Elisión.

elipsoide (de *elipse* y *-oide*) *s. m.* Superficie cerrada y simétrica respecto de tres ejes perpendiculares entre sí; sus secciones planas son elipses o círculos. **FAM.** Elipsoidal. ELIPSE.

elíptico, ca (del gr. *elleiptikos*) *adj.* **1.** Relativo a la elipse. **2.** Relativo a la elipsis: *sujeto elíptico.* **FAM.** Elípticamente. ELIPSE.

elisión *s. f.* **1.** Supresión de la vocal final de una palabra cuando la siguiente comienza por vocal. **2.** Omisión en una oración de alguna palabra cuyo significado se sobreentiende.

élite o **elite** (del fr. *élite*) *s. f.* Grupo minoritario y selecto que destaca en algún campo o actividad: *la élite intelectual.* **FAM.** Elitismo, elitista.

elitismo *s. m.* Sistema que beneficia a una minoría privilegiada, aunque sea en perjuicio del resto de la sociedad.

elitista *adj.* De la élite, del elitismo o partidario de este último: *barrio elitista, política elitista.* También *s. m.* y *f.*

élitro (del gr. *elytron*, estuche) *s. m.* Cada una de las alas anteriores, endurecidas e inútiles para el vuelo, características de ciertos insectos, como los coleópteros.

elixir o **elíxir** (del ár. *al-iksir*, medicamento seco, y éste del gr. *xeron, xerion*, seco) *s. m.* **1.** Medicamento líquido, compuesto de sustancias, normalmente aromáticas, que suelen ir disueltas en alcohol. **2.** Remedio o medicamento al que se atribuían propiedades maravillosas: *el elixir de la vida.* **3.** Entre los alquimistas, sustancia específica o esencia de un cuerpo. **SIN. 1.** Licor. **2.** Jarabe, brebaje, pócima.

ella *pron. pers.* Véase **él**.

elle *s. f.* Nombre del dígrafo *ll.*

ello *pron. pers.* Véase **él**.

elocución (del lat. *elocutio, -onis*) *s. f.* **1.** Manera de utilizar las palabras para expresar los conceptos: *Tiene una elocución clara y precisa.* **2.** Parte de la retórica que se ocupa de la selección de las palabras y la forma de distribuirlas en el discurso. **3.** Conjunto de oraciones que expresan un pensamiento completo. **SIN. 1.** Dicción, estilo. **FAM.** Elocuencia, elocutivo. LOCUCIÓN.

elocuencia (del lat. *eloquentia*) *s. f.* **1.** Capacidad que tiene una persona para utilizar el lenguaje con propiedad, claridad y soltura, de forma que agrade, conmueva o convenza: *Consiguió persuadirle con su elocuencia.* **2.** Eficacia que tienen otras cosas que no son el lenguaje, como gestos, imágenes, etc., para comunicar alguna idea o influir sobre la actitud de las personas: *la elocuencia de su mirada.* **SIN. 1.** Fluidez, facundia, oratoria, labia. **2.** Persuasión, convicción, sugestión. **ANT. 2.** Inexpresividad. **FAM.** Elocuente, elocuentemente. ELOCUCIÓN.

elocuente (del lat. *eloquens, -entis*) *adj.* **1.** Que se expresa con elocuencia: *un discurso elocuente.* **2.** Significativo, expresivo: *imágenes elocuentes.* **SIN. 1.** Fluido, facundo. **2.** Indicativo, representativo. **ANT. 2.** Inexpresivo.

elocutivo, va *adj.* Relativo a la elocución.
elogiar (del lat. *elogiare*) *v. tr.* Hacer elogios de alguien o algo: *El profesor elogió el comportamiento de los alumnos.* SIN. Alabar, ensalzar, celebrar, encomiar, halagar, loar. ANT. Censurar, criticar.
elogio (del lat. *elogium*) *s. m.* **1.** Alabanza que se hace de las cualidades y méritos de una persona o cosa: *Dedicaron muchos elogios a su carrera.* **2.** En lit., discurso o composición con que se alaba o ensalza a una persona o cosa. SIN. **1.** Enaltecimiento, ensalzamiento, apología, encomio, loa, ponderación. **2.** Panegírico. ANT. **1.** Censura, crítica, reproche, vituperio. FAM. Elogiable, elogiador, elogiar, elogioso.
elongación *s. f.* **1.** Alargamiento o extensión de un músculo, miembro, etc. **2.** Distancia que existe en cada instante entre el centro de oscilación y la posición que ocupa un cuerpo móvil; la elongación máxima es la amplitud de la oscilación. FAM. Véase **luengo**.
elote (del náhuatl *élotl*) *s. m. Amér.* Mazorca tierna de maíz que en México y otros países de América se come cocida o asada.
elucidar (del lat. *elucidare*) *v. tr.* Aclarar o explicar alguna cosa: *Intentaron elucidar la cuestión.* SIN. Dilucidar, clarificar, esclarecer. ANT. Confundir, oscurecer. FAM. Elucidación, elucidario. LUZ.
elucidario (del bajo lat. *elucidarium*, y éste del lat. *elucidare*, dar luz) *s. m.* Libro que aclara cosas difíciles de comprender.
elucubrar (del lat. *elucubrare*) *v. tr.* **1.** Pensar mucho y con agudeza sobre algo. También *v. intr.*: *Elucubraba sobre cómo enfocar su novela.* **2.** Imaginar sin mucho fundamento, divagar. ■ Se dice también *lucubrar.* SIN. **1.** Cavilar, meditar, reflexionar. FAM. Elucubración. / Lucubrar.
eludir (del lat. *eludere*) *v. tr.* **1.** Librarse de una dificultad o de una obligación: *Eludió el problema. Eludió todas sus responsabilidades.* **2.** Evitar el encuentro con alguien o algo: *Eludió a la policía.* **3.** Rechazar una cosa: *Eludirá tu oferta.* SIN. **1.** Evadir, soslayar. **2.** Esquivar, rehuir, sortear. **3.** Rehusar. ANT. **1.** Afrontar, acometer. **2.** Enfrentarse. **3.** Aceptar, admitir. FAM. Eludible, elusión, elusivo. / Ineludible.
eluvión *s. m.* Depósito detrítico situado al pie de la roca de donde procede; se diferencia, por tanto, del aluvión en que éste ha sufrido arrastre o transporte.
em- *pref.* Véase **en-**.
e-mail *s. m.* **1.** Sistema de transmisión de mensajes a través de una red informática: *Puedes mandarme el archivo por e-mail.* **2.** Mensaje enviado o recibido por este sistema: *He recibido un e-mail de mi prima de Venezuela.* SIN. **1.** y **2.** Correo electrónico.
emanación (del lat. *emanatio, -onis*) *s. f.* Acción de emanar: *Una rotura en la tubería fue la causa de la emanación de gases.* SIN. Irradiación, emisión, efluvio. ANT. Absorción.
emanantismo *s. m.* Doctrina filosófica y religiosa según la cual todas las cosas proceden por emanación de Dios. FAM. Emanantista. EMANAR.
emanar (del lat. *emanare*) *v. intr.* **1.** Proceder una cosa de otra con la que estaba relacionada o en la que tiene su origen: *Sus problemas emanan de la falta de confianza en sí mismo.* **2.** Salir o desprenderse de un cuerpo cierto olor, gas, irradiación, etc.: *Los gases emanaban del pantano.* También *v. tr.* **3.** Transmitirse o comunicarse alguna cosa, en especial sentimientos. También *v. tr.*: *Ese hombre emana cordialidad.* SIN. **1.** Derivar, provenir, arrancar, originarse. **2.** Emitir, irradiar, exhalar, despedir. **3.** Difundir, impartir. ANT. **2.** Absorber. FAM. Emanación, emanante, emanantismo. MANAR.
emancipar (del lat. *emancipare*) *v. tr.* Liberar a una persona, grupo o pueblo de la autoridad, tutela, servidumbre, sujeción, etc., a la que estaba sujeto. También *v. prnl.*: *Es lógico que los hijos se emancipen de los padres.* SIN. Manumitir, redimir(se), soltar(se), independizar(se), desvincular(se). ANT. Dominar(se), esclavizar. FAM. Emancipación, emancipado, emancipador.
emascular (del lat. *emasculare*) *v. tr.* Extirpar o quitar los órganos sexuales del macho. SIN. Castrar, capar. FAM. Emasculación. MASCULINO.
embadurnar (del ant. *embardunar*, de *en-* y *barduno*, y éste de *bardo*, barro) *v. tr.* **1.** Manchar una cosa con una sustancia pegajosa o que ensucia fácilmente. También *v. prnl.*: *Ya te has embadurnado de barro.* **2.** Cubrir de forma irregular una superficie con algo grasiento o untuoso: *No embadurnes tanto el pan con aceite.* **3.** Pintar o dibujar sin arte, de cualquier manera: *Lo único que hace es embadurnar cuadros.* SIN. **1.** Pringar(se), impregnar(se), embarrar(se), tiznar(se). **2.** Untar. **3.** Pintarrajear. FAM. Embadurnamiento.
embajada (del lat. *ambactus*, ministro) *s. f.* **1.** Oficinas en que tiene su sede la representación diplomática de un Estado en otro: *Trasladaron la embajada a un sitio más céntrico.* **2.** Cargo de embajador y residencia del mismo: *Le han concedido una embajada en Europa.* **3.** Conjunto de diplomáticos y empleados a las órdenes del embajador. **4.** Mensaje o comunicación de gran importancia enviado a alguien a través de otra persona, en especial los que se envían los gobiernos de dos Estados por medio de sus embajadores: *Recibió una embajada que proponía un acuerdo amistoso.* **5.** *fam.* Proposición o encargo molesto o impertinente: *Con buena embajada me vinieron.* SIN. **1.** Legación. **4.** Comisión, comunicado. FAM. Embajador.
embajador, ra *s. m.* y *f.* **1.** Diplomático que representa a su país en una nación extranjera. **2.** Persona encargada de hacer llegar un mensaje importante o una embajada. ‖ *s. f.* **3.** Esposa del embajador. SIN. **2.** Emisario, mensajero, enviado, comisionado.
embaladura *s. f. Chile* y *Perú* Embalaje.
embalaje *s. m.* **1.** Acción de embalar o empaquetar. **2.** Cubierta o envoltura que protege los objetos que se van a transportar. **3.** Precio de esta envoltura: *En esa ventanilla se paga el embalaje.* SIN. **1.** Empaquetado. ANT. **1.** Desempaquetado.
embalar[1] (de *en-* y *bala*, fardo) *v. tr.* Envolver o proteger los objetos para que no se estropeen durante su transporte: *Embalaron los paquetes en Correos.* SIN. Empaquetar, empacar. ANT. Desembalar, desempaquetar, desempacar. FAM. Embalado, embalador, embaladura, embalaje. / Desembalar. BALA.
embalar[2] (del fr. *emballer*) *v. tr.* **1.** Aumentar considerablemente la velocidad de algo. Se usa mucho como *v. prnl.*: *No dejes que el coche se embale.* ‖ **embalarse** *v. prnl.* **2.** Hacer una cosa muy deprisa o tener mucho empeño en hacerla: *Se embala hablando. Ya le verás, no te embales.* SIN. **1.** Acelerar(se), precipitar(se), lanzar(se). **2.** Apresurarse, correr, volar. ANT. **1.** Frenar(se). **2.** Moderarse, calmarse. FAM. Embalado, embale.
embaldosado, da **1.** *p.* de **embaldosar**. También *adj.* ‖ *s. m.* **2.** Piso o suelo cubierto con baldosas:

un embaldosado muy decorativo. **3.** Operación de embaldosar: *Están terminando el embaldosado.* SIN. **2.** y **3.** Alicatado, solado. ANT. **3.** Desembaldosamiento.

embaldosar *v. tr.* Cubrir el suelo con baldosas: *Embaldosaron el patio.* SIN. Alicatar, solar. ANT. Desembaldosar. FAM. Embaldosado. / Desembaldosamiento, desembaldosar. BALDOSA.

embale *s. m.* **1.** *Arg.* y *Urug. fam.* Aumento de la velocidad. **2.** *Arg.* y *Urug. fam.* Gran energía o entusiasmo.

embalsadero *s. m.* Lugar pantanoso donde se recogen las aguas de lluvia o las de los ríos que se han desbordado.

embalsamar (de *en-* y *bálsamo*) *v. tr.* **1.** Preparar un cadáver mediante ciertas sustancias u operaciones para evitar su descomposición: *Los egipcios embalsamaban a sus faraones.* **2.** Perfumar, despedir algo un olor agradable y comunicarlo a lo que lo rodea: *Las rosas embalsamaban el ambiente.* También *v. prnl.* SIN. **1.** Momificar. **2.** Aromatizar. ANT. **2.** Heder, atufar, apestar. FAM. Embalsamador, embalsamamiento, embalsamante. BÁLSAMO.

embalsar *v. tr.* **1.** Hacer que un líquido, especialmente el agua, se detenga y quede retenida. Se usa mucho como *v. prnl.* || *v. intr.* **2.** *Col.* Atravesar un río o laguna en cualquier tipo de embarcación. SIN. **1.** Empantanar(se), empozar(se), estancar(se), rebalsar. ANT. **1.** Fluir, correr. FAM. Embalsadero, embalse. / Desembalsar. BALSA[1].

embalse *s. m.* **1.** Acción de embalsar o embalsarse. **2.** Balsa o lago artificial, generalmente cerrado por un dique, donde se acumulan las aguas de un río. **3.** Cantidad de agua retenida de esta forma. SIN. **1.** Estancamiento, encharcamiento. **2.** Pantano, laguna, rebalsa, estanque.

embalurdar *v. tr. Arg. fam.* Timar, estafar.

embanastar *v. tr.* **1.** Meter en banastas o cestas. **2.** Introducir demasiada gente en un lugar. SIN. **2.** Embaular, apiñar, hacinar.

embancarse *v. prnl.* **1.** Varar la embarcación en un banco. **2.** *Chile* y *Ec.* Cegarse o disminuir su calado un río, lago, etc. **3.** *Méx.* En las fundiciones, pegarse la escoria a las paredes del horno. ■ Delante de *e* se escribe *qu* en lugar de *c*: *se embanque.* SIN. **1.** Encallar, embarrancar(se).

embanderarse *v. prnl. Arg.* y *Urug.* Adscribirse a un partido o a una ideología.

embanquetar *v. tr. Méx.* Poner banquetas o aceras a las calles.

embarazar (del leonés o port. *embaraçar*, de *baraça*, lazo, cordón) *v. tr.* **1.** Poner dificultades, estorbar los movimientos o actividad de una persona, el desarrollo de una cosa, etc.: *La mochila le embaraza en la marcha.* **2.** Hacer que una mujer conciba un hijo. || **embarazarse** *v. prnl.* **3.** Sentir vergüenza o confusión ante alguien o algo: *Se embaraza en su presencia.* ■ Delante de *e* se escribe *c* en lugar de *z*. SIN. **1.** Obstaculizar, entorpecer, dificultar. **2.** Preñar, fecundar. **3.** Cohibirse, inhibirse, aturdirse, azorarse. ANT. **1.** Desembarazar, ayudar. **3.** Liberarse, atreverse. FAM. Embarazada, embarazo, embarazosamente, embarazoso. / Desembarazar.

embarazo *s. m.* **1.** Dificultad, estorbo. **2.** Estado de la mujer embarazada. **3.** Periodo de tiempo que dura este estado: *Tuvo que guardar reposo durante el embarazo.* **4.** Vergüenza, apuro o falta de desenvoltura: *Mostraba un gran embarazo cuando habló a la prensa.* SIN. **1.** Impedimento, obstáculo, inconveniente. **3.** Gestación, preñez, gravidez. **4.** Cortedad, corte, apocamiento, turbación. ANT. **1.** Ayuda, apoyo. **4.** Desembarazo, desparpajo, atrevimiento.

embarazoso, sa *adj.* Que causa embarazo o apuro: *situación embarazosa.* SIN. Comprometido, incómodo, violento. ANT. Cómodo, fácil.

embarcación *s. f.* **1.** Vehículo que flota y que, impulsado por cualquier procedimiento, puede transportar personas, animales o cosas: *Subieron las mercancías a la embarcación.* **2.** Acción de embarcar personas o embarcarse. **3.** Tiempo que dura la navegación de una parte a otra. SIN. **1.** Barco, nave, navío, nao. **2.** Embarque, embarco. FAM. Embarcadero, embarcar. BARCA.

embarcadero *s. m.* **1.** Zona del muelle destinada al embarque y desembarque. **2.** Rampa o escalera que permiten bajar hasta el nivel del agua. **3.** Andén de ferrocarril. SIN. **1.** y **3.** Atracadero.

embarcar *v. tr.* **1.** Introducir personas, mercancías o cualquier otra cosa en un barco, tren o avión. También *v. prnl.*: *Cristóbal Colón se embarcó en el puerto de Palos.* **2.** Hacer que alguien tome parte en negocios o empresas normalmente difíciles o peligrosos: *Le embarcaron en un asunto muy arriesgado.* También *v. prnl.* **3.** *Amér.* Engañar. ■ Delante de *e* se escribe *qu* en lugar de *c*: *embarque.* SIN. **2.** Comprometer(se), arriesgar(se), exponer(se), aventurar(se). ANT. **1.** Desembarcar(se). FAM. Embarco, embarque. / Desembarcar, reembarcar. EMBARCACIÓN.

embargar (del lat. vulg. *imbarricare*) *v. tr.* **1.** Retener determinados bienes por orden de una autoridad judicial o administrativa. **2.** Llenar a una persona alguna sensación o sentimiento: *Le embarga la emoción.* **3.** Producir una cosa o alguien un placer o satisfacción extraordinarios: *Los aplausos le embargaron.* **4.** Ocupar alguna cosa todo el tiempo o quehacer de una persona. **5.** Estorbar, dificultar. ■ Delante de *e* se escribe *gu* en lugar de *g*: *embargue.* SIN. **1.** Confiscar, requisar. **2.** Colmar, inundar. **3.** Cautivar, embelesar, arrobar. **4.** Absorber, copar. **5.** Entorpecer, embarazar, obstaculizar. ANT. **1.** Desembargar. **3.** Defraudar. **4.** Desocupar. **5.** Ayudar, facilitar. FAM. Embargable, embargador, embargante, embargo. / Desembargar, inembargable.

embargo *s. m.* **1.** Retención de determinados bienes ordenada por una autoridad judicial o administrativa, para asegurar el pago de una deuda o la responsabilidad contraída por haber cometido un delito. **2.** Prohibición o detención del comercio y transporte de alguna cosa, como p. ej. el de armamento, decretado por un gobierno: *embargo de armas, embargo económico.* || LOC. **sin embargo** *conj.* No obstante: *Estaba muy cansado; sin embargo, vino.* SIN. **1.** Confiscación, requisa. **2.** Bloqueo. ANT. **1.** Desembargo. **2.** Desbloqueo.

embarque *s. m.* **1.** Acción de embarcarse personas o embarcar mercancías: *el embarque de las provisiones.* **2.** Pasaje o carga que se embarca: *El embarque se componía de cereales.* **3.** Asunto o empresa difícil o engañosa: *Le metieron en un buen embarque.* SIN. **1.** Embarco. **3.** Encerrona, trampa. ANT. **1.** Desembarque, desembarco.

embarrada *s. f. Col.* y *Perú fam.* Desacierto, error.

embarrancar (de *en-* y *barranco*) *v. intr.* **1.** Encallar, quedar detenida una embarcación por tropezar con el fondo: *El barco embarrancó en la escollera.* También *v. prnl.* **2.** Quedar cualquier cosa retenida en un lugar estrecho o que dificulta el paso. Se usa mucho como *v. prnl.* || **embarrancarse** *v. prnl.* **3.** Atascarse en algún problema o dificultad: *Me he embarrancado con las matemáticas.* ■ Delante de *e* se escribe *qu* en lugar de *c*: *embarranque.* SIN. **1.** Varar. **2.** Atrancar(se), atollar(se), estancar(se). ANT. **1.** Desembarrancar, desencallar. **2.** Desatrancar(se). FAM. Embarrancamiento. / Desembarrancar. BARRANCO.

embarrar *v. tr.* **1.** Cubrir o manchar una cosa con barro. También *v. prnl.*: *Se ha embarrado toda la entrada.* **2.** Ensuciar con cualquier sustancia pegajosa. También *v. prnl.* **3.** *Amér.* Complicar o liar un asunto. **4.** *Amér.* Mezclar a alguien en un mal negocio. También *v. prnl.* **5.** *Méx.* Chocar dos vehículos. SIN. **1.** Enlodar(se). **2.** Embadurnar(se), pringar(se). **3.** Enmarañar, enredar. **4.** Embarcar. ANT. **1.** y **2.** Desembarrar. **3.** Desenmarañar. FAM. Embarrado. / Desembarrar. BARRO[1].

embarrialarse *v. prnl.* **1.** *Amér. C.* y *Ven.* Enlodarse. **2.** *Amér. C.* Quedarse atascado.

embarullar *v. tr.* **1.** *fam.* Mezclar desordenadamente cosas, ideas, etc.: *No embarulles más el asunto.* También *v. prnl.* **2.** *fam.* Conseguir que alguien se confunda o se enrede: *Estás embarullando a tu hermano con esas historias.* También *v. prnl.* **3.** *fam.* Hacer alguna cosa precipitadamente, sin cuidado: *No tenía tiempo y embarulló el examen.* SIN. **1.** Liar(se), enmarañar(se), embrollar(se). **2.** Desconcertar(se), aturdir(se), aturullar(se). **3.** Descuidar. ANT. **1.** Desembrollar(se), desenredar(se), clarificar(se). **3.** Cuidar. FAM. Embarulladamente, embarullado, embarullador, embarullamiento. BARULLO.

embastar (de *en-* y *basta*, hilván) *v. tr.* **1.** Hilvanar, coser alguna cosa con puntadas largas: *Embasta los bajos para coserlos a máquina.* **2.** Hacer bastas en los colchones. ANT. **1.** Deshilvanar, descoser. FAM. Embaste. BASTA.

embastecer *v. tr.* Hacer basto u ordinario. También *v. prnl.* ■ Es v. irreg. Se conjuga como *agradecer.* SIN. Embrutecer(se), achabacanar(se). ANT. Refinar(se), pulir(se).

embate (de *en-* y *batir*) *s. m.* **1.** Golpe fuerte y violento; se emplea especialmente cuando se trata del mar, el viento, etc.: *el embate de las olas.* **2.** Ataque de un sentimiento, pasión, etc.: *el embate de la ira, de los celos.* SIN. **1.** y **2.** Embestida, acometida, arremetida.

embaucar *v. tr.* Engañar a alguien aprovechándose de su inexperiencia o confianza: *Logró embaucar a esa pobre gente con sus promesas.* ■ Delante de *e* se escribe *qu* en lugar de *c*: *embauque.* SIN. Engatusar, alucinar, camelar. FAM. Embaucador, embaucamiento.

embaular *v. tr.* **1.** Guardar o meter alguna cosa en un baúl. **2.** *fam.* Meter a muchas personas o cosas en un lugar reducido: *Embaularon a diez en el mismo compartimiento.* **3.** *fam.* Comer mucho o con mucha ansia: *Embauló medio cochinillo.* También *v. prnl.* con valor expresivo. ■ En cuanto al acento, se conjuga como *aunar*: *embaúlo.* SIN. **2.** Apiñar, hacinar, apretujar. **3.** Devorar, engullir(se), zampar(se). ANT. **1.** Desembaular. FAM. Embaulado. BAÚL.

embebecer (de *embeber*) *v. tr.* **1.** Entretener, fascinar. || **embebecerse** *v. prnl.* **2.** Quedarse pasmado o admirado: *Se embebece escuchándola.* ■ Es v. irreg. Se conjuga como *agradecer.* SIN. **1.** Deleitar, divertir, embelesar, cautivar. **2.** Ensimismarse, maravillarse. ANT. **1.** Aburrir, desagradar. FAM. Embebecimiento. EMBEBER.

embeber (del lat. *imbibere*) *v. tr.* **1.** Absorber y retener un cuerpo sólido un líquido: *La esponja embebe el agua.* **2.** Empapar, impregnar: *Embebieron el pan en leche.* **3.** Reducir o recoger una cosa en ella misma, acortándola o frunciéndola, como, p. ej., una prenda de vestir: *embeber las sisas.* **4.** Encajar o incluir una cosa en otra: *Embebieron el radiador en el hueco de la pared.* || *v. intr.* **5.** Encoger o apelmazarse un tejido o prenda al lavarse: *El algodón embebe en el primer lavado.* También *v. prnl.* || **embeberse** *v. prnl.* **6.** Concentrarse, ensimismarse: *Javier se embebió en la televisión.* SIN. **1.** Chupar. **3.** Rebajar. **4.** Embutir, incrustar, empotrar, incorporar. **5.** Tupir(se). **6.** Enfrascarse, abstraerse. ANT. **1.** Escupir, rechazar. **3.** Alargar. **4.** Sacar, excluir. **5.** Desapelmazar(se). **6.** Distraerse. FAM. Embebecer. BEBER.

embejucar *v. tr.* **1.** *Ven.* Cubrir con bejucos. **2.** *Col.* Desorientar. SIN. **2.** Despistar, confundir, liar. ANT. **2.** Orientar.

embelecador, ra *adj.* Que embeleca. También *s. m.* y *f.* SIN. Embaucador, embustero, engañador, enredador.

embelecamiento *s. m.* Acción de embelecar. SIN. Embeleco, embaucamiento, engaño, embuste.

embelecar *v. tr.* Engañar a alguien, especialmente, con halagos o falsas apariencias. ■ Delante de *e* se escribe con *qu* en lugar de *c*. SIN. Engatusar, embaucar, camelar.

embeleco (del ár. *baliq*, aturdir) *s. m.* Engaño, especialmente con zalamerías o halagos, que se hace a una persona para conseguir algo de ella: *Pretendía ganárselo con sus embelecos.* SIN. Embaucamiento, ardid, artimaña. FAM. Embelecador, embelecamiento, embelecar.

embelesar (de *en-* y *belesa*, planta que se utilizaba para emborrachar a los peces y pescarlos) *v. tr.* Agradar una cosa de tal forma a una persona que se olvide del resto o no advierta otras cosas: *Su belleza le embelesaba.* También *v. prnl.*: *Se embelesa viéndole reír.* SIN. Cautivar, fascinar, encantar, arrobar(se). ANT. Desencantar(se), defraudar. FAM. Embelesamiento, embeleso.

embeleso *s. m.* **1.** Acción de embelesar o embelesarse. **2.** Aquello que embelesa. SIN. **1.** Embelesamiento, admiración, fascinación, arrobo. ANT. **1.** Desencanto.

embellecedor, ra *adj.* **1.** Que embellece: *una crema embellecedora.* || *s. m.* **2.** Chapa o moldura metalizada que cubre y adorna algunas partes del automóvil. **3.** Adorno de un mueble, de una puerta, etc.

embellecer *v. tr.* Dar belleza a una persona o cosa o aumentar la que ya tenía: *Aquella luz embellecía la ciudad.* También *v. prnl.* ■ Es v. irreg. Se conjuga como *agradecer.* SIN. Adornar(se), arreglar(se), acicalar(se), hermosear(se). ANT. Desarreglar(se). FAM. Embellecedor, embellecimiento. BELLEZA.

embero (del pamue *nvero*) *s. m.* Árbol de Guinea ecuatorial muy apreciado por su madera de color marrón grisáceo, que se utiliza en ebanistería. ■ Se escribe también *envero.*

emberrenchinarse o **emberrincharse** *v. prnl. fam.* Enfadarse mucho, coger un berrinche. SIN. Enrabietarse, enfurecerse, encolerizarse. ANT. Calmarse, tranquilizarse. FAM. Emberretinarse. BERRINCHE.

emberretinarse *v. prnl. Amér.* Encapricharse.

embestir (del lat. *investire*) *v. tr.* Lanzarse con violencia o ímpetu contra una persona o cosa. También *v. intr.*: *El toro embestía con fuerza.* ■ Es v. irreg. Se conjuga como *pedir.* SIN. Arremeter, atacar, asaltar, agredir. ANT. Esquivar, huir. FAM. Embestida.

embetunar *v. tr.* Cubrir de betún una cosa.

embicar *v. tr.* **1.** *Arg.* y *Chile* Dirigir una nave hacia la costa. **2.** *Arg.* y *Chile* Beber alcohol, emborracharse.

embicharse *v. prnl. Amér. del S.* Llenarse de gusanos una herida.

embijar *v. tr. Amér.* Manchar, pintarrajear.

emblandecer *v. tr.* **1.** Ablandar, reblandecer. También *v. prnl.* || **emblandecerse** *v. prnl.* **2.** Enternecerse, sentir compasión. ■ Es v. irreg. Se conjuga como *agradecer.* SIN. **2.** Conmoverse, apiadarse, humanizarse, suavizarse. ANT. **1.** Endurecer(se). **2.** Deshumanizarse.

emblanquecer *v. tr.* Poner blanca una cosa. También *v. prnl.*: *Su cabello se ha emblanquecido.* ■ Es v. irreg. Se conjuga como *agradecer.* SIN. Blanquear(se). ANT. Ennegrecer(se). FAM. Emblanquecimiento. BLANCO.

emblema (del lat. *emblema*, y éste del gr. *emblema*, de *emballo*, colocar en o sobre) *s. m.* **1.** Insignia, a menudo con una leyenda o texto que indica su significado, que adopta un grupo, familia, institución, etc.: *el emblema de la monarquía.* **2.** Símbolo o figura que se toma como representación de algo: *La paloma es el emblema de la paz.* SIN. **1.** Enseña, distintivo, escudo. **2.** Signo, alegoría. FAM. Emblemáticamente, emblemático.

emblemático, ca *adj.* **1.** Que constituye un emblema o símbolo de algo: *La paloma blanca es la figura emblemática de la paz.* **2.** Importante, representativo: *Fue el escritor más emblemático de su generación.* SIN. **1.** Simbólico, distintivo, alegórico. **2.** Significativo, relevante, característico.

embobar *v. tr.* **1.** Causar a alguien gran admiración, dejarle deslumbrado: *La actuación de los payasos embobaba a los niños.* || **embobarse** *v. prnl.* **2.** Quedarse suspenso, admirado: *Se emboba con la tele.* SIN. **1.** Asombrar, pasmar. **2.** Embelesarse. FAM. Embobado, embobamiento. BOBO.

embocado, da (de *en-* y *boca*, abertura) **1.** *p.* de **embocar.** || *adj.* **2.** Se aplica al vino que contiene mezcla de seco y dulce. SIN. **2.** Abocado.

embocadura *s. f.* **1.** Acción de entrar algo por un lugar estrecho. **2.** Lugar de acceso a un puerto, canal, etc. **3.** Boquilla de un instrumento de viento. **4.** Gusto o sabor que tiene un vino: *Aquel valdepeñas tenía muy buena embocadura.* **5.** En el escenario de un teatro, marco por cuyo hueco se ve la escena. **6.** Bocado del freno de una caballería. SIN. **2.** Bocana.

embocar *v. tr.* **1.** Dirigirse una cosa hacia una boca o entrada que conduce a un lugar estrecho para meterse por él, como p. ej. un túnel. **2.** Hacer que algo se meta por una entrada o abertura: *El jugador embocó la bola en el hoyo.* **3.** Poner los labios en la boquilla de un instrumento musical de viento. ■ Delante de *e* se escribe *qu* en lugar de *c*: *emboque.* SIN. **1.** Enfilar. FAM. Embocado, embocadura, emboque. / Desembocar. BOCA.

embochinchar *v. tr. Amér.* Armar un bochinche, alboroto.

embojotar *v. tr. Ven. fam.* Hacer bojotes o paquetes, empaquetar.

embolada *s. f.* Movimiento de vaivén que hace el émbolo entre dos puntos que limitan su desplazamiento.

embolado, da **1.** *p.* de **embolar**[1]. || *adj.* **2.** Se aplica al toro o a la vaquilla a los que se colocan bolas en las puntas de los cuernos. También *s. m.* || *s. m.* **3.** *fam.* Engaño o mentira que se cuenta a alguien. **4.** En el teatro, papel corto y poco lucido. **5.** *fam.* P. ext., cometido, problema o situación difícil, incómoda o que deja a uno en mal lugar: *En buen embolado me has metido.* SIN. **3.** Embuste, bola, trola. **5.** Papeleta, papelón, engorro.

embolador *s. m. Col.* Limpiabotas.

embolar[1] *v. tr.* **1.** Poner bolas en la punta de los cuernos del toro o la vaquilla para que no dañe con ellos. **2.** *Col.* Dar bola o betún al calzado. FAM. Embolado. BOLA.

embolar[2] *v. tr. Amér. C.* y *Méx.* Emborrachar.

embolia (del gr. *emballo*, insertar) *s. f.* Obstrucción de las vías circulatorias por la presencia de cuerpos extraños, como placas grasas, coágulos sanguíneos, etc.

émbolo (del lat. *embolus*, y éste del gr. *embolos*, pene, de *emballo*, insertar) *s. m.* **1.** Pieza móvil situada en el interior de una bomba o del cilindro de una máquina para empujar un fluido en una dirección determinada, p. ej. en una jeringa o en un motor de explosión. **2.** Cuerpo extraño que, introducido en la circulación de la sangre, produce la embolia. FAM. Embolada, embolia.

embolsar *v. tr.* **1.** Cobrar o recibir algún dinero: *Embolsó una buena cantidad de la venta del solar.* **2.** Guardar algo en una bolsa, especialmente dinero: *El cajero embolsó las monedas de uno y dos euros.* || **embolsarse** *v. prnl.* **3.** Ganar dinero como consecuencia de un trabajo, negocio, juego, etc.: *En el bingo se embolsó una buena cantidad.* SIN. **1.** Percibir, obtener, adquirir, recaudar. ANT. **1.** Perder, gastar. FAM. Embolso. / Desembolsar, reembolsar. BOLSA[1].

emboque *s. m.* **1.** Acción de embocar. **2.** Embocadura de un vino.

emboquillar *v. tr.* Poner boquillas o filtros a los cigarrillos. FAM. Emboquillado. BOQUILLA.

emborrachar *v. tr.* **1.** Poner borracho: *Tanta cerveza te emborrachará.* También *v. prnl.* **2.** Empapar un bizcocho, pastel, etc., en un licor o almíbar: *emborrachar las rosquillas en vino.* **3.** Echar demasiado combustible en un depósito, de forma que no se absorba todo. También *v. prnl.*: *Si pisas tanto el acelerador, el motor se emborracha.* **4.** *fam.* Hacer perder a alguien el dominio de sí una gran alegría, un triunfo, el poder, etc.: *Le emborrachan tantos éxitos.* **5.** Atontar, adormecer. También *v. prnl.* || **emborracharse** *v. prnl.* **6.** Mezclarse o correrse los colores de alguna cosa, p. ej. de una prenda de vestir. SIN. **1.** Embriagar(se), amonar(se), achispar(se), alegrar(se). **2.** Embeber. **3.** Ahogar(se). **4.** Aturdir, perturbar. **5.** Alelar(se), abobar(se), atontolinar(se). ANT. **1.** Despejar(se). **5.** Despertar(se), avivar(se). FAM. Emborrachador, emborrachamiento. BORRACHO.

emborrascarse *v. prnl.* Ponerse el tiempo borrascoso.

emborregado *adj.* Se aplica al cielo cubierto de nubes. SIN. Aborregado, empedrado.

emborronar *v. tr.* **1.** Echar borrones o hacer garabatos en un papel o escrito: *Emborronó la carta.* **2.** Escribir algo deprisa, sin pensar en lo que se está escribiendo: *Ese escritor emborrona muchas cuartillas al año.* SIN. **2.** Garrapatear. FAM. Emborronamiento. BORRÓN.

emboscada *s. f.* **1.** Acción de ocultarse una persona o grupo para atacar por sorpresa a otra u otras: *Prepararon una emboscada al enemigo.* **2.** Conspiración o trampa que se prepara contra alguien: *En su empresa le tendieron una emboscada.* SIN. **1.** Celada, encerrona. **2.** Intriga, asechanza, maquinación. FAM. Emboscado, emboscar. BOSQUE.

emboscar (de *en-* y *bosque*) *v. tr.* **1.** Colocar gente oculta en un lugar para atacar a alguien por sorpresa. También *v. prnl.* || **emboscarse** *v. prnl.* **2.** Esconderse alguien entre el ramaje o la espesura: *El fugitivo se emboscó en la sierra.* **3.** Evitar una persona sus obligaciones, escudándose en una ocupación más cómoda o favorable. **4.** Introducirse alguien en una asociación para perjudicarla o para ocultarse. ■ Delante de *e* se escribe *qu* en lugar de *c*: *embosque.* SIN. **1.** Apostar(se). **2.** y **4.** Infiltrarse.

embotar *v. tr.* **1.** Debilitar, quitar energía, eficacia o sensibilidad. También *v. prnl.*: *embotarse el olfato, la voluntad.* **2.** Quitar la punta o el filo a instrumentos cortantes. También *v. prnl.*: *El sable se ha embotado.* || **embotarse** *v. prnl.* **3.** Aturdirse, no poder pensar con claridad: *Se ha embotado y no es capaz de discurrir.* **4.** Hincharse, congestionarse. SIN. **1.** Enervar(se), insensibilizar(se), acorcharse. **2.** Mellar(se), despuntar(se). **3.** Ofuscarse, atontarse. **4.** Inflamarse, embotijarse. ANT. **1.** Aguzar(se), agudizar(se). **2.** Afilar. **3.** Despejarse. **4.** Deshincharse, descongestionarse. FAM. Embotamiento. / Desembotar.

embotellado, da 1. *p.* de **embotellar**. También *adj.* || *adj.* **2.** Se aplica al discurso, lección, conferencia, etc., que se lleva muy preparado o aprendido. || *s. m.* **3.** Operación de embotellar los vinos y otros líquidos o bebidas: *sección de embotellado.* SIN. **2.** Estudiado, elaborado. **3.** Envasado. ANT. **2.** Improvisado.

embotellamiento *s. m.* **1.** Acción de embotellar. **2.** Aglomeración de vehículos que dificulta el tráfico. **3.** Acumulación de personas en un lugar. SIN. **1.** Embotellado, envasado. **2.** Atasco, tapón. **3.** Amontonamiento, apelotonamiento. ANT. **2.** Fluidez, descongestión.

embotellar *v. tr.* **1.** Meter un líquido en botellas. **2.** Producir los vehículos un atasco: *Los coches embotellaron las salidas de la ciudad.* **3.** Meter gente muy apretada en un lugar. **4.** Acorralar a una persona. **5.** Entorpecer, dificultar o inmovilizar un negocio, una mercancía, etc. **6.** Impedir las fuerzas marítimas la salida de las naves enemigas. SIN. **1.** Envasar. **2.** Atascar, taponar, obstruir, congestionar. **3.** Hacinar, amontonar. **4.** Cercar. ANT. **2.** Desatascar, descongestionar. FAM. Embotellado, embotellador, embotellamiento. BOTELLA.

embotijarse *v. prnl. fam.* Hincharse, congestionarse. SIN. Embotarse, inflamarse. ANT. Deshincharse.

embozar (de *en-* y *bozo*) *v. tr.* **1.** Cubrir la parte inferior del rostro, p. ej. con el embozo de la cama, una bufanda, etc. Se usa mucho como *v. prnl.* **2.** Ocultar o desfigurar una cosa con palabras o actos. ■ Delante de *e* se escribe *c* en lugar de *z*: *emboce.* SIN. **1.** Tapar(se). **2.** Encubrir, disimular, enmascarar. ANT. **1.** Desembozar(se). **2.** Descubrir, desenmascarar. FAM. Desembozar. EMBOZO.

embozo *s. m.* **1.** Parte de la sábana de arriba, doblada hacia fuera, en el extremo que toca la cara. **2.** Parte de una prenda de vestir, en particular de la capa, que cubre el rostro. **3.** Disimulo, falta intencionada de claridad. SIN. **3.** Tapujo, ambages, encubrimiento. FAM. Embozadamente, embozar. BOZO.

embragar *v. tr.* Conectar dos ejes en rotación para transmitir a uno el movimiento del otro. ■ Delante de *e* se escribe *gu* en lugar de *g*: *embrague.* SIN. Acoplar. ANT. Desembragar, desacoplar. FAM. Embrague. / Desembragar. BRAGA.

embrague *s. m.* **1.** Acción de embragar. **2.** Mecanismo para embragar. **3.** Pedal con que se acciona este mecanismo.

embraguetarse *v. prnl. Ven. vulg.* Enfrentarse a personas o situaciones peligrosas.

embravecer *v. tr.* **1.** Poner furioso a una persona o a un animal. También *v. prnl.* || **embravecerse** *v. prnl.* **2.** Agitarse o desatarse las fuerzas naturales: *El mar se ha embravecido.* ■ Es v. irreg. Se conjuga como agradecer. SIN. **1.** Irritar(se), encolerizar(se). **2.** Picarse, encresparse. ANT. **1.** Apaciguar(se), amansar(se). **1.** y **2.** Calmar(se). FAM. Embravecimiento. BRAVO.

embrazadura *s. f.* **1.** Acción de embrazar. **2.** Asa por donde se mete el brazo en un escudo o arma semejante.

embrazar *v. tr.* Meter el brazo por el asa del escudo o arma semejante. ■ Delante de *e* se escribe *c* en lugar de *z*: *embrace.* FAM. Embrazadura. BRAZO.

embrear *v. tr.* Untar con brea algo, como p. ej. los costados de una barca, o los cables, maromas, etc. FAM. Embreado. BREA.

embretar *v. tr.* **1.** *Amér. del S.* Meter los animales en el corral. **2.** *Urug. fam.* Poner en apuros o crear problemas a alguien. || **embretarse** *v. prnl.* **3.** *Arg.* Meterse en problemas. **4.** *Ven.* Afanarse, acongojarse.

embriagar (del ant. *embriago*, y éste del lat. *ebriacus*, ebrio) *v. tr.* **1.** Poner borracho a alguien: *El vino le embriagó.* También *v. prnl.* **2.** Causar algo mucho placer o satisfacción a una persona: *La velocidad le embriagaba.* También *v. prnl.* **3.** Hacer perder el equilibrio o la serenidad a alguien una alegría, victoria, etc.: *Tanto poder le ha embriagado.* ■ Delante de *e* se escribe *gu* en lugar de *g*: *embriague.* SIN. **1.** Emborrachar(se), achispar(se). **2.** Cautivar, deleitar(se), fascinar. **3.** Embargar, enajenar. ANT. **1.** Despejar(se). **2.** Repeler, disgustar. FAM. Embriagador, embriagante, embriaguez. EBRIO.

embriague *s. m. Arg.* y *Urug.* Embrague de un automóvil.

embriaguez *s. f.* **1.** Estado de alteración de la mente y de los sentidos por haber tomado bebidas alcohólicas en exceso. **2.** Pérdida de la serenidad o el equilibrio: *la embriaguez del éxito.* SIN. **1.** Borrachera, cogorza, mona. **2.** Exaltación, arrebato. ANT. **1.** Sobriedad.

embridar *v. tr.* **1.** Poner o colocar las bridas a las caballerías. **2.** Hacer que el caballo lleve y mueva bien la cabeza. **3.** Contener, someter, refrenar: *Consiguieron embridar su apasionamiento.* FAM. Desembridar. BRIDA.

embriogénesis (del lat. *embruon*, embrión, y *-genesis*) *s. f.* Conjunto de transformaciones sucesivas por las que pasa el huevo o embrión hasta su nacimiento. ■ No varía en *pl.* FAM. Embriogenésico, embriogenico. EMBRIÓN.

embriología (de *embrión* y *-logía*) *s. f.* Parte de la biología que estudia la formación y el desarrollo de los embriones de los seres vivos.

embrión (del gr. *embryon*, de *en*, en, y *bryo*, germinar) *s. m.* **1.** Primera etapa del desarrollo de un ser vivo, desde el comienzo de la evolución del huevo fecundado hasta la diferenciación de los órganos principales. **2.** Lo que está empezando y aún no ha madurado: *Aquel borrador fue el embrión de una estupenda novela.* SIN. **2.** Germen, origen, principio, arranque, base. ANT. **2.** Final. FAM. Embriogénesis, embriología, embriológico, embrionario.

embrionario, ria *adj.* **1.** Del embrión. **2.** Que está en sus comienzos: *El proyecto aún se encuentra en estado embrionario.* **SIN. 1.** Fetal. **2.** Incipiente. **ANT. 2.** Avanzado.

embrocar (del lat. *involvicare*, volcar) *v. tr.* **1.** Vaciar una vasija en otra, poniéndola boca abajo. **2.** *Amér. del S.* y *Méx.* Vestirse poniéndose las prendas por la cabeza. ■ Delante de *e* se escribe *qu* en lugar de *c*: *embroque.*

embrollar *v. tr.* Embarullar, producir embrollo. También *v. prnl.*: *Esa historia cada vez se embrolla más.* **SIN.** Liar(se), enredar(se), enmarañar(se), complicar(se). **ANT.** Aclarar(se). **FAM.** Embrolladamente, embrollador, embrollo, embrollón. / Desembrollar.

embrollo *s. m.* **1.** Conjunto de cosas enredadas o revueltas: *Qué embrollo has hecho con los cordones.* **2.** Situación confusa, difícil de comprender o resolver: *Está metido en un buen embrollo.* **3.** Chisme o mentira sobre alguien: *No cuentes más embrollos de la gente.* **4.** Chanchullo o apaño que se hace para que algo no se conozca: *Deben haber hecho algún embrollo con las papeletas.* **SIN. 1.** Enredo, lío, maraña, barullo. **2.** Follón, problema, atolladero. **3.** Embuste, trola, cuento. **4.** Arreglo, manejo, trapicheo. **ANT. 1.** Orden. **3.** Verdad.

embromar *v. tr.* **1.** Gastarle una broma a alguien. **2.** Engañar a una persona o burlarse de ella por diversión. **3.** *Amér.* Hacer perder el tiempo, molestar. **4.** *Amér.* Perjudicar, causar daño. También *v. prnl.* **SIN. 1.** Bromear, chancear, guasearse. **2.** Chasquear, vacilar, cachondearse. **3.** Fastidiar, incordiar.

embroncarse *v. prnl. Amér. del S.* Enfadarse, enojarse. **SIN.** Encolerizarse, cabrearse. **ANT.** Desenfadarse.

embrujado, da 1. *p.* de **embrujar**. También *adj.* y *s. m.* y *f.* **2.** Fascinado, embelesado: *Nos tiene embrujados con su simpatía.* **SIN. 1.** Encantado. **1.** y **2.** Hechizado. **2.** Maravillado. **ANT. 2.** Defraudado, desilusionado.

embrujar *v. tr.* **1.** Ejercer influencia sobre alguien o algo por medio de la brujería o de la magia. **2.** Atraer de forma irresistible: *Sus ojos embrujaban a quienes la miraban.* **SIN. 1.** Hechizar, encantar. **2.** Cautivar, fascinar, arrobar. **ANT. 1.** Desencantar, desembrujar. **2.** Repeler. **FAM.** Embrujado, embrujamiento, embrujo. BRUJO.

embrutecer (del lat. *in*, en, y *brutescere*, de *brutus*, bruto) *v. tr.* Hacer a una persona más bruta, torpe o menos sensible: *Su aislamiento le embruteció.* También *v. prnl.* ■ Es v. irreg. Se conjuga como *agradecer.* **SIN.** Entorpecer(se), entontecer(se), insensibilizar(se). **ANT.** Educar(se), formar(se). **FAM.** Embrutecedor, embrutecimiento. BRUTO.

embuchado, da 1. *p.* de **embuchar**. También *adj.* || *s. m.* **2.** Tripa de cerdo o de material artificial que ha sido rellenada con carne picada y otras sustancias o condimentos, y en especial la rellena con lomo de cerdo. **3.** En imprenta, operación que consiste en intercalar hojas o cuadernillos en un libro, revista, etc. **4.** Cosa que se pasa disimulada o encubiertamente entre otras. **5.** Palabras o frases de su invención que introduce un actor en su papel. **6.** *fam.* Enfado fingido o que no se exterioriza. **SIN. 3.** Encarte. **4.** Tapujo, disimulo. **5.** Morcilla.

embuchar (de *en-* y *buche*) *v. tr.* **1.** Hacer embutidos metiendo carne picada y otras sustancias y condimentos en una tripa de animal. **2.** Cebar a las aves introduciéndoles comida en el buche. **3.** Comer mucho y muy deprisa, tragando casi sin masticar. **4.** En imprenta, intercalar en algún impreso hojas o cuadernillos. || **embucharse** *v. prnl.* **5.** *Amér.* Enfadarse sin motivo, teniendo que disimular. **SIN. 1.** Embutir. **3.** Embaular, engullir, zampar. **4.** Encartar. **ANT. 2.** Desembuchar. **FAM.** Embuchado, embuchador, embuchamiento. / Desembuchar. BUCHE.

embudo (del bajo lat. *imbutum*, de *imbuere*, mojar) *s. m.* **1.** Instrumento hueco de forma cónica cuyo vértice se prolonga en un tubo o canutillo y que se utiliza para pasar líquidos de un recipiente a otro. **2.** Agujero o hundimiento con la forma de este utensilio. **3.** Gran hoyo producido en la tierra por una explosión. || **4. ley del embudo** La que se emplea con desigualdad, con más rigor a unos que a otros.

emburujar *v. tr.* **1.** *fam.* Formar en una cosa burujos o grumos, como en una masa, engrudo, etc., o nudos en hilos y cordones cuando se enredan. También *v. prnl.*: *Se ha emburujado la cola, la cuerda.* || **emburujarse** *v. prnl.* **2.** *Col.*, *Méx.* y *Ven.* Arrebujarse, arroparse.

embuste *s. m.* Mentira, especialmente si es grande o disparatada. **SIN.** Patraña, trola, bola. **ANT.** Verdad. **FAM.** Embustero.

embustero, ra *adj.* Que miente o dice embustes. También *s. m.* y *f.*

embutido, da 1. *p.* de **embutir**. También *adj.* || *s. m.* **2.** Tripa de cerdo o de material artificial rellena de carne picada y de otras sustancias y condimentos, como el salchichón, el chorizo, etc. **3.** Acción de embutir, p. ej. un material en otro. **4.** Taracea. **5.** *Amér.* Entredós, tira bordada o de encaje. **SIN. 2.** Embuchado, fiambre.

embutir (del ant. *embotir*, y éste del lat. *buttis*, odre, tonel) *v. tr.* **1.** Embuchar, preparar embutidos. **2.** Meter una cosa en otra o en un sitio apretándola: *Embutió la gomaespuma en el cojín.* **3.** Introducir una pieza en un material de forma que quede encajada: *embutir las cañerías en la pared.* **4.** Dar forma cóncava o hueca a los metales con un molde o matriz. **5.** *fam.* Comer mucho y muy deprisa. También *v. prnl.* **SIN. 2.** Encajonar. **3.** Empotrar, embeber, taracear. **4.** Moldear. **5.** Tragar(se), embaular(se), jalar, jamar, atiborrar(se). **FAM.** Embutido.

eme *s. f.* Nombre de la letra *m.*

emenagogo (del gr. *emmena*, menstruos, y *agogos*, que conduce) *adj.* Se aplica al medicamento que provoca o favorece la menstruación en la mujer. También *s. m.*

emental (de *Emmental*, valle suizo) *s. m.* Variedad de queso parecida al gruyer, elaborada con leche de vaca y con unos agujeros característicos.

emergencia (del lat. *emergens, -entis*, emergente) *s. f.* **1.** Acción de emerger. **2.** Suceso o accidente que ocurre de forma imprevista: *Llámame para cualquier emergencia.* **3.** Hecho o asunto urgente que exige una rápida atención o solución. **SIN. 1.** Emersión, surgimiento, manifestación, brote. **2.** Eventualidad, evento. **3.** Urgencia, necesidad. **ANT. 1.** Inmersión, hundimiento, desaparición.

emerger (del lat. *emergere*) *v. intr.* **1.** Salir de un líquido una cosa que estaba sumergida o sobresalir una parte de ésta: *El casco del galeón emergió a la superficie.* **2.** Surgir, aparecer una cosa: *Su poderío emergió de la nada.* **3.** Salir un astro de detrás de otro que lo eclipsaba. ■ Delante de *a* y *o* se escribe *j* en lugar de *g*: *emerja.* **SIN. 1.** Flotar. **2.** Brotar, ascender, nacer. **3.** Asomar. **ANT. 1.** Sumergirse, hundirse. **2.** Desaparecer, morir, desvanecerse. **FAM.** Emergencia, emergente, emersión.

emeritense (del lat. *Emeritensis*) *adj.* De Mérida.

emérito, ta (del lat. *emeritus*) *adj.* **1.** Se aplica a la persona que, una vez retirada de sus funciones, recibe un premio o recompensa por sus buenos servicios. **2.** Se dice del profesor de universidad que, por sus méritos, sigue dando clases después de jubilado.

emersión (del lat. *emersio, -onis*) *s. f.* **1.** Acción de emerger: *la emersión de los submarinistas.* **2.** Fenómeno por el que un lugar antes oculto por las aguas queda al descubierto. **SIN. 1.** Emergencia. **ANT. 1.** Hundimiento, inmersión.

emético, ca (del lat. *emeticus*, y éste del gr. *emetikos*, de *emeo*, vomitar) *adj.* Se aplica a la sustancia o acción que provoca el vómito. También *s. m.* **SIN.** Vomitivo. **ANT.** Antiemético. **FAM.** Antiemético.

emetropía (del gr. *emmetros*, proporcionado, y *-opía*) *s. f.* Estado normal del ojo, visión normal. **FAM.** Emétrope, emetrópico.

emigración (del lat. *emigratio, -onis*) *s. f.* **1.** Acción de emigrar: *En ese país hubo una gran emigración a principios de siglo.* **2.** Conjunto de personas que han abandonado su país o región de origen para establecerse en otro: *la emigración africana en Europa.* **3.** Situación o condición del emigrado: *Conoció a su esposa en la emigración.* **SIN. 1.** Éxodo, migración, desplazamiento. **ANT. 1.** Inmigración, asentamiento.

emigrante *adj.* **1.** Que emigra. **2.** Se dice de la persona que se ha trasladado de su país a otro, generalmente, por motivos económicos. También *s. m.* y *f.*

emigrar (del lat. *emigrare*) *v. intr.* **1.** Abandonar una persona, familia, pueblo, etc., su lugar de origen para establecerse en otro país o región. **2.** Dejar temporalmente el país o región de origen para desempeñar en otros un trabajo o faena determinados: *Emigraron a Francia para la vendimia.* **3.** Trasladarse temporalmente algunas especies animales de un lugar a otro por exigencias climáticas, alimentarias o reproductivas: *Las golondrinas emigran hacia las zonas cálidas.* **4.** *fam.* Marcharse. **SIN. 1.** Exiliarse, expatriarse. **2.** Desplazarse. **3.** Migrar. **4.** Ahuecar. **ANT. 1.** Inmigrar, repatriar(se). **FAM.** Emigración, emigrado, emigrante, emigratorio. MIGRAR.

eminencia (del lat. *eminentia*) *s. f.* **1.** Cualidad de eminente. **2.** Persona que destaca o sobresale en un campo, profesión, etc.: *Es una eminencia en matemáticas.* **3.** Título o tratamiento que se da a los cardenales y otras jerarquías eclesiásticas. ■ Va precedido por el posesivo *su* o *vuestra.* **4.** Persona que posee este título. **5.** Parte del terreno que está algo más elevada que el resto: *Desde aquella eminencia veremos todo el paisaje.* **6.** En anat., saliente o elevación en una superficie, especialmente en algunos huesos y, p. ext., en algunos órganos: *eminencia occipital.* || **7. eminencia gris** Personaje que, sin aparecer públicamente, inspira las decisiones de otro y ejerce gran influencia. **SIN. 1.** Excelencia, superioridad. **2.** Celebridad, as, figura. **5.** Prominencia, altura. **ANT. 1.** Mediocridad, insignificancia. **2.** Medianía, vulgaridad. **5.** Depresión. **FAM.** Eminente, eminentemente, eminentísimo. / Inminente, preeminencia, prominente.

eminente (del lat. *eminens, -entis*) *adj.* **1.** Que es más alto o está más elevado que el resto. **2.** Se aplica a la persona que sobresale por sus cualidades, trabajo, etc., en una ciencia, profesión o actividad: *un médico eminente.* **SIN. 1.** Prominente, elevado, encumbrado. **2.** Sobresaliente, notable, insigne, ilustre. **ANT. 1.** Bajo, hondo. **2.** Insignificante, mediocre.

eminentísimo, ma (sup. de *eminente*) *adj.* Título o tratamiento que en la Iglesia católica se da a los cardenales y al gran maestre de la orden de Malta.

emir (del ár. *amir*, jefe) *s. m.* Príncipe, jefe de una comunidad islámica. **FAM.** Emirato.

emirato *s. m.* **1.** Cargo de emir. **2.** Tiempo que dura el gobierno del emir. **3.** Territorio en que gobierna un emir.

emisario, ria (del lat. *emissarius*) *s. m.* y *f.* **1.** Persona a la que se envía a un lugar determinado para que comunique un mensaje o trate un asunto con alguien: *Mandaron emisarios a París.* || *s. m.* **2.** Río que nace en un lago. También *adj.* **3.** Conducto o canal que recoge las aguas residuales a la salida de una ciudad y las vierte en la estación depuradora, en un río o en el mar. **SIN. 1.** Mensajero, enviado, comisionado, embajador, legado.

emisión (del lat. *emissio, -onis*) *s. f.* **1.** Acción de emitir: *emisión de un sonido, emisión de calor.* **2.** Programa emitido por una estación de radio o televisión: *emisión deportiva.* **3.** Conjunto de títulos, valores o documentos de crédito que se ponen en circulación de una vez: *una emisión de bonos del Estado.* **SIN. 1.** Emanación, difusión, exhalación. **2.** Transmisión, retransmisión.

emisor, ra (del lat. *emissor, -oris*) *adj.* **1.** Que emite. También *s. m.* y *f.* || *s. m.* **2.** Aparato que emite ondas electromagnéticas (radio, televisión, etc.). || *s. f.* **3.** Estación donde se emiten dichas ondas y se realizan y transmiten programas radiofónicos: *Modernizaron la antigua emisora.* || *s. m.* y *f.* **4.** En el acto de la comunicación, la persona que envía o emite el mensaje. **SIN. 2.** Transmisor. **4.** Hablante. **ANT. 4.** Receptor, oyente. **FAM.** Radioemisor. EMITIR.

emitir (del lat. *emittere*) *v. tr.* **1.** Despedir una cosa algo que sale de ella: *Los astros emiten luz y calor.* **2.** Producir algún tipo de sonido una persona o animal: *Las fieras emitían fuertes rugidos.* **3.** Transmitir una estación de radio o televisión sus programas. **4.** Crear y poner en circulación valores, monedas, billetes de banco, obligaciones, etc.: *El banco emitió nuevas acciones.* **5.** Manifestar una opinión, un juicio, etc.: *Emitieron conclusiones sobre el proyecto.* **SIN. 1.** Arrojar, emanar, expeler, exhalar. **2.** Proferir. **3.** Radiar, televisar. **4.** Lanzar. **5.** Exponer, expresar. **ANT. 1.** Recibir, absorber. **4.** Retirar. **FAM.** Emisario, emisión, emisivo, emisor.

emoción (del lat. *emotio, -onis*) *s. f.* Estado afectivo intenso y breve: *Tu llegada le produjo una gran emoción.* **SIN.** Conmoción, turbación, alteración, agitación, exaltación. **ANT.** Tranquilidad, impasibilidad. **FAM.** Emocionable, emocional, emocionante, emocionar, emotivo.

emocional *adj.* **1.** De las emociones o relacionado con ellas: *estado emocional.* **2.** Que se deja llevar por la emoción. **SIN. 2.** Emotivo, sensible. **ANT. 2.** Frío, imperturbable.

emocionar *v. tr.* Conmover a alguien, causarle emoción. También *v. prnl.*: *Se emocionó mucho al despedirse de sus compañeros.* **SIN.** Conmocionar(se), turbar(se), alterar(se). **ANT.** Tranquilizar(se).

emoliente (del lat. *emolliens, -entis*, de *emollire*, ablandar) *adj.* Se dice del agente o medicamento de uso externo que relaja y ablanda las partes inflamadas. También *s. m.* **SIN.** Lenitivo. **FAM.** Véase **mullir**.

emolumento (del lat. *emolumentum*) *s. m.* Cantidad que se recibe como pago de un trabajo o del ejercicio de un cargo, especialmente en las profesiones liberales. Se usa sobre todo en *pl.*: *Reclamó sus emolumentos.* **SIN.** Retribución, sueldo, remuneración, honorarios, gaje.

emoticón (del ingl. *emotion*, emoción, e *icon*, icono) s. *m.* Símbolo gráfico utilizado en ámbitos informáticos como chats, correos electrónicos, etc., para reflejar estados de ánimo.

emotivo, va *adj.* **1.** Relativo a la emoción: *estado emotivo.* **2.** Que produce emoción: *Pronunció un discurso muy emotivo.* **3.** Que es muy sensible a las emociones: *Es una persona muy emotiva.* **SIN.** **1.** Emocional. **2.** Conmovedor, impresionante. **3.** Emocionable, impresionable, afectivo, sentimental. **ANT.** **2.** y **3.** Indiferente. **3.** Insensible. **FAM.** Emotividad. EMOCIÓN.

empacadora *s. f.* Máquina que sirve para hacer pacas o fardos.

empacar (de *en-* y *paca*, fardo) *v. tr.* **1.** Hacer pacas o fardos: *empacar la paja.* || *v. intr.* **2.** Hacer las maletas. ■ Delante de *e* se escribe *qu* en lugar de *c*: *empaque.* **SIN.** **1.** Enfardar, embalar, empaquetar, envolver. **ANT.** **1.** Desempacar, desembalar. **FAM.** Empacado, empacador, empacadora, empaque[1]. / Desempacar. PACA[1].

empacarse (de *en-* y *paco*, alpaca, por la obstinación de este animal) *v. prnl.* **1.** Obstinarse o empeñarse en algo. **2.** *Amér.* Resistirse a avanzar un animal de carga. ■ Delante de *e* se escribe *qu* en lugar de *c*: *se empaque.* **SIN.** **1.** Emperrarse, empecinarse. **ANT.** **1.** Ceder. **FAM.** Empaque[2]. PACO[2].

empachar (del fr. *empêcher*, y éste del bajo lat. *impedicare*, trabar) *v. tr.* **1.** Causar indigestión. También *v. intr.* y *v. prnl.*: *El chocolate empacha. Se empachó de pasteles.* **2.** Aburrir o cansar: *Sus bromas me empachan.* **3.** Causar una cosa vergüenza a alguien: *Le empacha hablar con el jefe.* También *v. prnl.* **SIN.** **1.** Indigestarse. **2.** Saturar, hartar, empalagar. **3.** Apurar, embarazar, cortar(se). **ANT.** **1.** Aliviar(se). **2.** Agradar. **FAM.** Empachado, empacho, empachoso. / Desempacho.

empachoso, sa *adj.* **1.** Se aplica a los alimentos que causan indigestión. **2.** Embarazoso, comprometido. **3.** Aplicado a personas, empalagoso: *Es tan amable que resulta empachosa.* **SIN.** **1.** Indigesto, pesado. **2.** Incómodo, violento. **ANT.** **1.** Ligero. **2.** Cómodo, fácil. **3.** Seco, áspero.

empadrar *v. tr.* **1.** *Méx.* Aparear animales, hacer que la hembra sea cubierta por el macho. || **empadrarse** *v. prnl.* **2.** Apegarse demasiado el niño a su padre o a sus padres.

empadronamiento *s. m.* **1.** Acción de empadronar o empadronarse: *oficina de empadronamiento.* **2.** Lista o registro de los habitantes de un lugar. **SIN.** **2.** Padrón, censo.

empadronar *v. tr.* Inscribir a una persona en el padrón de un lugar. También *v. prnl.*: *Se empadronó en Madrid.* **SIN.** Censar, registrar(se). **FAM.** Empadronamiento. PADRÓN.

empajar *v. tr.* **1.** Cubrir o rellenar con paja. **2.** *Arg.*, *Chile*, *Col.* y *Urug.* Techar con paja. || **empajarse** *v. prnl.* **3.** *Chile* Producir los cereales poco fruto y mucha paja.

empalagar (de *piélago*, remanso grande de agua) *v. tr.* **1.** Cansar o desagradar un alimento por ser demasiado dulce o pesado: *Esta tarta me empalaga.* También *v. intr.* y *v. prnl.* **2.** Referido a las personas y a su comportamiento, palabras, etc., aburrir o hartar por ser demasiado amables o cariñosas. También *v. intr.* y *v. prnl.*: *Empalaga con su forma de hablar. Me empalago escuchándole.* **SIN.** **1.** Empachar(se). **2.** Molestar, hastiar. **ANT.** **1.** Agradar. **FAM.** Empalagamiento, empalago, empalagoso.

empalar[1] *v. tr.* **1.** Atravesar a una persona con un palo, introduciéndoselo por el ano, como suplicio. || **empalarse** *v. prnl.* **2.** *Chile* y *Perú* Ponerse terco. **3.** *Arg.* y *Chile* Paralizarse, entumecerse. **FAM.** Empalamiento. PALO.

empalar[2] *v. tr.* En algunos deportes, golpear bien la bola o pelota con la pala.

empalidecer *v. intr.* Palidecer*. ■ Es v. irreg. Se conjuga como *agradecer.*

empalizada (de *en-* y *palo*) *s. f.* Cerca hecha con estacas o palos enlazados y clavados en el suelo. **FAM.** Empalizar. PALO.

empalizar *v. tr.* Cercar un terreno con una o varias empalizadas. ■ Delante de *e* se escribe con *c* en lugar de *z*: *empalice.* **SIN.** Vallar.

empalmar (de *empalomar*, atar con bramante) *v. tr.* **1.** Juntar los extremos de dos cosas, como cuerdas, alambres, tubos, caminos, etc., de modo que se continúen: *Hay que empalmar los dos cables.* También *v. intr.*: *La carretera empalma con la autopista.* **2.** Unir ideas, planes, acciones, periodos de tiempo, etc.: *Empalmaría durmiendo un día con otro.* También *v. intr.*: *Esto empalma con lo que dije antes.* **3.** En algunos deportes, rematar un jugador rápidamente y sin parar un pase o jugada. || *v. intr.* **4.** Suceder una cosa a continuación de otra: *Una diversión empalmaba con otra.* **5.** Combinarse los medios de transporte de modo que se pueda dejar uno y tomar otro a continuación: *Ese tren empalma con el que viene de Irún.* || **empalmarse** *v. prnl.* **6.** *vulg.* Estar sexualmente excitado el macho, con erección del pene. **SIN.** **1.** Ensamblar. **2.** Conectar, conexionar, ligar, vincular. **4.** Seguir. **5.** Enlazar. **ANT.** **1.** Desunir. **2.** Desligar. **FAM.** Empalmadura, empalme. / Desempalmar.

empalme *s. m.* **1.** Acción de empalmar: *Haremos un empalme para alargar la cuerda.* **2.** Punto o lugar donde empalman dos cosas, vías de comunicación o medios de transporte: *empalme de ferrocarril.* **3.** Cosa que une o empalma con otra. **4.** Conexión eléctrica, especialmente de dos cables conductores. **SIN.** **1.** Unión, acoplamiento, ensamblaje. **2.** Juntura, enlace, nudo. **ANT.** **1.** Separación, interrupción. **4.** Desconexión.

empamparse *v. prnl. Amér. del S.* Perderse.

empanada *s. f.* **1.** Especie de tarta o pastel hecho de masa de pan o de hojaldre, relleno con distintos ingredientes, que se cuece al horno. **2.** *fam.* Acción de ocultar o encubrir engañosamente algo y, p. ext., lo que se quiere ocultar: *Han descubierto la empanada.* || **3. empanada mental** *fam.* Confusión o lío de ideas. **SIN.** **2.** Intriga, embrollo, enredo, tapujo. **FAM.** Empanadilla. EMPANAR.

empanadilla (dim. de *empanada*) *s. f.* Pastel pequeño en forma de media luna, que se hace doblando la masa para cubrir el relleno (dulce, pescado, carne picada, etc.).

empanar (de *en-* y *pan*) *v. tr.* **1.** Rebozar con pan rallado un alimento para después freírlo: *empanar un filete.* **2.** Cubrir un alimento con masa o pan para cocerlo en el horno. **FAM.** Empanada. PAN.

empantanado, da **1.** *p.* de **empantanar**. También *adj.* || *adj.* **2.** Revuelto, desordenado, a medio hacer: *Tengo la casa empantanada.* || **LOC. dejar** a alguien **empantanado** Abandonarle una persona con la que contaba en un asunto o negocio: *Le dejó empantanado nada más empezar.*

empantanar *v. tr.* **1.** Llenar de agua un terreno. También *v. prnl.* **2.** Detener o interrumpir el curso de un asunto. También *v. prnl.*: *Se empantanó la búsqueda hasta tener más pruebas.* SIN. **1.** Inundar(se), anegar(se). **2.** Estancar(se), inmovilizar(se), parar(se), paralizar(se). ANT. **2.** Continuar. FAM. Empantanado. PANTANO.

empañar (de *en-* y *paño*) *v. tr.* **1.** Quitar a una cosa su brillo o transparencia; particularmente, se usa referido a un cristal o superficie pulimentada que se cubre de vapor de agua. También *v. prnl.* **2.** Disminuir el valor, la buena fama, las cualidades de alguien o algo: *Las murmuraciones no consiguieron empañar su prestigio.* También *v. prnl.* **3.** Referido a los ojos, cubrirlos las lágrimas. Se usa más como *v. prnl.* || **empañarse** *v. prnl.* **4.** Referido a la voz, quebrarse, perder su claridad, p. ej., por la emoción: *Los aplausos hicieron que se le empañara la voz.* SIN. **2.** Manchar, mancillar, desacreditar. FAM. Empañado, empañamiento. / Desempañar. PAÑO.

empañetar *v. tr.* **1.** *Amér.* Blanquear las paredes. **2.** *Amér. C., Ec.* y *P. Rico* Cubrir una pared con una mezcla de barro y paja.

empapar *v. tr.* **1.** Penetrar un líquido los poros o huecos de un cuerpo: *El agua empapa la tierra.* También *v. prnl.* **2.** Mojar a una persona o cosa gran cantidad de agua: *La lluvia le empapó la cara.* También *v. prnl.* **3.** Absorber una cosa un líquido cualquiera: *El bizcocho empapa el almíbar.* También *v. prnl.*: *La ropa tendida se ha empapado.* **4.** Hacer que una cosa absorba un líquido: *Empapa en agua este paño.* || **empaparse** *v. prnl.* **5.** *fam.* Enterarse bien de una cosa: *He asistido a la reunión para empaparme de lo que pasaba.* **6.** Llenarse de ciertas ideas o afectos. SIN. **1.** Impregnar(se). **1.** y **2.** Calar(se). **3.** Chupar. **3.** y **4.** Embeber. **4.** Remojar. **6.** Imbuirse. ANT. **1.**, **2.** y **4.** Secar(se). FAM. Empapamiento. PAPA[3].

empapelar *v. tr.* **1.** Recubrir con papel una superficie, especialmente las paredes. **2.** Formar un expediente o un proceso criminal contra una persona: *Han empapelado a varios directivos.* SIN. **2.** Expedientar, procesar, emplumar. ANT. **1.** Desempapelar. FAM. Empapelado, empapelador, empapeladora. / Desempapelar. PAPEL.

empapuciar o **empapujar** *v. tr.* Empapuzar*.

empapuzar (de *en-* y *papo*[1], buche) *v. tr. fam.* Hartar de comida a una persona o animal hasta que ya no pueda más: *empapuzar a las aves.* También *v. prnl.* ■ Delante de *e* se escribe *c* en lugar de *z*: *empapuce.* Se dice también *empapuciar* y *empapujar.* SIN. Cebar(se), atiborrar(se), hinchar(se), inflar(se). FAM. Empapuciar, empapujar. PAPO[1].

empaque[1] *s. m.* **1.** Acción de empacar. **2.** Envoltura de los paquetes y materiales que la forman: papel, cuerda, cinta adhesiva, etc. SIN. **1.** Empaquetado. ANT. **1.** Desempaquetado.

empaque[2] (de *empacarse*) *s. m.* **1.** Aspecto señorial, de gran importancia, de personas o cosas: *una casa de mucho empaque.* **2.** Solemnidad o gravedad, a veces artificiosa y estudiada, de algunas personas. **3.** *Amér.* Acción de empacarse un animal. **4.** *Amér.* Insolencia, descaro. SIN. **1.** Señorío, distinción, majestuosidad, categoría. **2.** Arrogancia. ANT. **2.** Llaneza, naturalidad.

empaquetado 1. *p.* de **empaquetar**. También *adj.* || *s. m.* **2.** Acción de empaquetar.

empaquetar *v. tr.* **1.** Hacer paquetes, meter las cosas en paquetes. **2.** Introducir apretadas a muchas personas en un lugar pequeño: *Nos empaquetaron a todos en el mismo coche.* **3.** *fam.* Imponer a una persona un castigo. SIN. **1.** Embalar, empacar, envolver. **2.** Embotellar. **3.** Castigar, sancionar. ANT. **1.** Desempaquetar, desenvolver. FAM. Empaquetado, empaquetador, empaquetamiento. / Desempaquetar. PAQUETE.

emparar (del lat. vulg. *anteparare*, preparar) *v. tr. Perú* Recoger una cosa al vuelo.

emparchar *v. tr.* Poner parches a una cosa. También *v. prnl.* SIN. Parchear.

empardar (de *en par de*, por igual) *v. tr. Arg., Par.* y *Urug.* Empatar. También *v. prnl.* || LOC. **ser lo que no se emparda** *Amér. del S. fam.* Ser único.

emparedado, da 1. *p.* de **emparedar**. También *adj.* || *adj.* **2.** Se dice de la persona recluida en prisión como castigo o encerrada por propia voluntad. También *s. m.* y *f.* || *s. m.* **3.** Bocadillo de cualquier alimento, preparado con dos rebanadas finas de pan. SIN. **2.** Recluso. **3.** Sandwich.

emparedar *v. tr.* **1.** Encerrar a alguien en un lugar sin comunicación alguna con el exterior. También *v. prnl.* **2.** Ocultar una cosa en el grueso de la pared o entre paredes. SIN. **1.** Recluir, aprisionar. ANT. **1.** Liberar. FAM. Emparedado, emparedamiento. PARED.

emparejamiento *s. m.* **1.** Acción de emparejar o emparejarse. **2.** En zool., formación de una pareja entre dos individuos de la misma especie y sexo contrario, con fines reproductivos. SIN. **1.** Unión. **2.** Apareamiento. ANT. **1.** Desemparejamiento, desunión.

emparejar *v. tr.* **1.** Unir o juntar personas, animales o cosas de modo que formen pareja: *Ha emparejado las fichas.* También *v. prnl.*: *Ana y Miguel se emparejaron para el baile.* **2.** Poner una cosa a nivel con otra: *emparejar los platillos de una balanza.* **3.** Juntar las hojas de las puertas o ventanas, sin que lleguen a cerrarse ni encajarse: *Empareja las contraventanas para que no entre sol.* || *v. intr.* **4.** Hacer pareja una cosa con otra: *Esta carta empareja con aquélla.* **5.** Llegar una persona a ponerse al lado de otra que va delante. Se usa más como *v. prnl.*: *El ciclista se emparejó con su rival.* **6.** Ponerse al mismo nivel que otra persona más avanzada en alguna actividad o tarea. Se usa más como *v. prnl.*: *Se emparejó con su hermano mayor en los estudios.* || **emparejarse** *v. prnl.* **7.** *Méx.* Hacerse con lo necesario para un fin. SIN. **2.** Igualar, nivelar. **3.** Ajustar. **4.** Casar. **5.** y **6.** Alcanzar. ANT. **1.** Desemparejar. **2.** Desigualar, desnivelar. **3.** Desajustar, abrir. **5.** y **6.** Retrasarse. FAM. Emparejado, emparejamiento. / Desemparejar. PAREJA.

emparentado, da *p.* de **emparentar**. También *adj.* || LOC. **estar** uno **bien** (o **muy bien**) **emparentado** Tener parientes influyentes o de buena posición social.

emparentar (de *en-* y *pariente*) *v. intr.* **1.** Contraer parentesco con alguien al casarse. **2.** Tener una cosa relación o semejanza con otra: *Esa lengua parece emparentar con el árabe.* || *v. tr.* **3.** Descubrir o señalar un parentesco, semejanza u origen común. ■ Se usa como irreg. conjugado como *pensar*, pero es más frecuente la conjugación reg. SIN. **1.** Entroncar. **3.** Enlazar, relacionar, vincular. FAM. Emparentado. PARIENTE.

emparrado, da 1. *p.* de **emparrar**. También *adj.* || *s. m.* **2.** Conjunto de hojas y vástagos de una o más parras que, sostenidas por un armazón, forman una cubierta. **3.** Armazón que sostiene la parra u otra planta trepadora. FAM. Emparrar. PARRA.

emparrillado *s. m.* Enrejado de barras que sirve para asegurar los cimientos en una construcción.

emparvar *v. tr.* Colocar las mieses en parva para trillarlas.

empastador, ra *adj.* **1.** Que empasta. **2.** Se dice del pintor que da abundante pasta de color a sus cuadros. También *s. m.* y *f.* || *s. m.* **3.** Pincel para empastar. || *s. m.* y *f.* **4.** *Amér.* Encuadernador.

empastar[1] *v. tr.* **1.** Cubrir una cosa con pasta. **2.** Rellenar el dentista con una pasta especial el hueco producido por una caries en un diente o muela. **3.** Encuadernar los libros en pasta. **4.** En pintura, poner bastante cantidad de color para tapar la preparación o el primer dibujo del cuadro. || *v. intr.* **5.** En un coro u orquesta, sonar las voces o instrumentos de modo uniforme, sin que se noten disonancias. **FAM.** Empastador, empaste. PASTA.

empastar[2] (de *en-* y *pasto*) *v. tr.* **1.** *Amér.* Convertir un terreno en prado o tierra para pasto del ganado. También *v. prnl.* **2.** *Arg.* y *Chile* Padecer meteorismo el animal por haber comido el pasto en malas condiciones. También *v. prnl.* || **empastarse** *v. prnl.* **3.** *Chile* Llenarse de maleza un sembrado.

empaste (de *empastar*[1]) *s. m.* **1.** Acción de empastar. **2.** Pasta con que rellena el dentista el hueco producido por una caries: *Se me ha caído el empaste.* **3.** En pintura, unión perfecta y acertada de los colores.

empatar (del ital. *impattare*, de *patta*, y éste del lat. *pacta*, acuerdo) *v. tr.* **1.** En una competición deportiva, obtener dos jugadores o equipos igual número de tantos, puntos, etc. Se usa mucho como *v. intr.*: *empatar a cero.* **2.** Alcanzar igual número de votos dos o más candidatos, partidos, etc., en una votación: *Los candidatos empataron las elecciones.* Se usa mucho como *v. intr.* **3.** *Can.* y *Amér.* Empalmar dos cosas. **4.** *Ven.* Molestar, importunar. **SIN. 1.** y **2.** Igualar. **ANT. 1.** y **2.** Desempatar, desigualar. **FAM.** Empate. / Desempatar.

empate *s. m.* Acción y resultado de empatar. **ANT.** Desempate.

empatía (del gr. *en*, en otros, y *pathema*, sentimiento) *s. f.* En psicol., capacidad de experimentar en uno mismo los sentimientos de otra persona, de ponerse uno mismo en el lugar del otro.

empatucar *v. tr.* **1.** *Ven. fam.* Ensuciar, manchar. También *v. prnl.* **2.** *Ven. fam.* Perjudicar la reputación o la imagen pública de alguien. También *v. prnl.*

empavesado, da 1. *p.* de **empavesar**. También *adj.* || *s. m.* **2.** Conjunto de banderas y gallardetes con que se adorna un barco. || *s. f.* **3.** Banda de tela, normalmente azul o roja con franjas blancas, con que se adornan las bordas y cofas de una embarcación en días señalados.

empavesar *v. tr.* **1.** Adornar una embarcación con empavesadas, banderas y gallardetes. **2.** Cubrir con tela, lona, plástico, etc., un edificio para restaurarlo. **SIN. 1.** Engalanar. **FAM.** Empavesado. PAVÉS[1].

empavonar *v. tr.* **1.** Dar a los metales pavón. ■ Se dice también *pavonar.* **2.** *Amér.* Untar con algo pegajoso. || **empavonarse** *v. prnl.* **3.** *Amér. C.* Emperejilarse, acicalarse.

empecatado, da (del lat. *in*, en, y *peccatum*, pecado) *adj.* **1.** Se aplica a la persona muy traviesa o rebelde y a su carácter: *¡Qué crío más empecatado!* **2.** Se dice de personas, animales o cosas que molestan y enfadan o que son difíciles de manejar: *La empecatada mula anda cuando quiere.* **3.** Se dice de la persona maligna, de mala intención. **SIN. 1.** Díscolo, indomable, indócil. **2.** Maldito, condenado. **3.** Perverso, malvado, malévolo. **ANT. 1.** Domable, suave, dócil. **3.** Bueno.

empecer (del ant. *empedecer*, y éste del lat. *impedire*, impedir) *v. intr.* Impedir, estorbar. ■ Se usa sólo en la 3.ª pers. y, normalmente, en frases negativas: *Eso no empece para que le saludemos.* Es v. irreg. Se conjuga como *agradecer.* **SIN.** Obstar, obstaculizar, dificultar. **ANT.** Facilitar.

empecinarse (por alusión a la tenacidad del guerrillero Juan Martín Díaz, *El Empecinado*) *v. prnl.* Obstinarse, empeñarse en algo: *Se empecinó en comprar un coche.* **SIN.** Emperrarse, obcecarse. **ANT.** Ceder, transigir. **FAM.** Empecinado, empecinamiento.

empedarse *v. prnl. Arg.*, *Méx.* y *Urug.* Emborracharse.

empedernido, da (de *en* y el lat. *petrinus*, de piedra) *adj.* **1.** Que tiene un vicio o costumbre muy arraigado, difícilmente corregible: *Era un bebedor empedernido.* **2.** Cruel, insensible. **SIN. 1.** Incorregible, tenaz. **2.** Duro, implacable. **ANT. 1.** Moderado. **2.** Sensible.

empedrado, da 1. *p.* de **empedrar**. También *adj.* || *adj.* **2.** Se aplica al cielo cubierto de nubes pequeñas y juntas. || *s. m.* **3.** Pavimento hecho con piedras: *Se conserva bien el empedrado de la calle.* **4.** Operación de empedrar o pavimentar el suelo. **SIN. 2.** Emborregado. **3.** Adoquinado. **ANT. 1.** y **4.** Desempedrado.

empedrar *v. tr.* **1.** Cubrir el suelo con piedras ajustadas entre sí. **2.** Llenar algo con aquello que se expresa: *empedrar un discurso de citas.* ■ Es v. irreg. Se conjuga como *pensar.* **SIN. 1.** Adoquinar. **2.** Plagar. **ANT. 1.** Desempedrar. **FAM.** Empedrado, empedrador, empedramiento. / Desempedrar. PIEDRA.

empeine *s. m.* **1.** Parte superior del pie, desde su unión con la pierna hasta los dedos. **2.** Parte del calzado que la cubre.

empellón (del lat. *impellere*) *s. m.* Empujón fuerte. || **LOC. a empellones** *adv.* Empujando con fuerza y brusquedad: *Le sacó del bar a empellones.* P. ext., violentamente, bruscamente: *Lo expulsaron de la reunión a empellones.*

empelotarse *v. prnl.* **1.** *vulg.* Desnudarse. **2.** *Cuba* y *Méx.* Enamorarse perdidamente.

empenachar *v. tr.* Adornar con penachos. **FAM.** Empenachado. PENACHO.

empeñado, da 1. *p.* de **empeñar**. También *adj.* || *adj.* **2.** Endeudado: *Está muy empeñado con las letras del piso.* **3.** Obstinado: *Está empeñado en jugar.* **4.** Aplicado a discusiones, luchas, combates, etc., acalorado, reñido: *Tuvieron una empeñada disputa.* **SIN. 2.** Entrampado. **3.** Empecinado. **4.** Implacable, encarnizado. **ANT. 1.** Desempeñado. **2.** Desahogado. **4.** Moderado, tranquilo.

empeñar *v. tr.* **1.** Dar o dejar una cosa como garantía de un préstamo: *Tuvo que empeñar sus joyas.* **2.** Dar alguien su palabra al prometer alguna cosa. **3.** Dedicar alguien enteramente alguna cosa en hacer o conseguir algo: *En ese proyecto empeñó toda su vida.* **4.** Comenzar una lucha, discusión, etc. Se usa más como *v. prnl.*: *Se empeñaron en una disputa sobre política.* || **empeñarse** *v. prnl.* **5.** Contraer muchas deudas: *Se empeñó con los bancos.* **6.** Insistir firmemente en algo: *Se ha empeñado en viajar en tren.* **SIN. 1.** Pignorar. **2.** Comprometer, asegurar. **3.** Entregar, consagrar. **4.** Empezar, entablar, trabar. **5.** Endeudarse, entramparse. **6.** Empecinarse, obstinarse, obcecarse, emperrarse. **ANT. 1.** Desempeñar. **4.** Terminar, finalizar. **6.** Ceder, transigir. **FAM.** Empeñadamente, empeñado, empeño, empeñoso. / Desempeñar.

empeño (del lat. *in pignus*) *s. m.* **1.** Acción de empeñar o empeñarse. **2.** Deseo intenso o afán: *Tiene mucho empeño por aprender. Todo su empeño es casarse.* **3.** Esfuerzo, constancia, interés: *Pone gran empeño en sacar el curso.* **4.** Intento: *Va a perder la salud en el empeño.* **5.** *fam.* Influencia. Se usa sobre todo en *pl.*: *Dispone de muy buenos empeños para lograrlo.* **6.** *And.* y *Méx.* Casa de empeños. **SIN. 1.** Pignoración. **2.** Anhelo, ansia. **3.** Perseverancia, ánimo, tesón, tenacidad. **5.** Valimiento, enchufe, agarraderas. **ANT. 1.** Desempeño. **3.** Dejadez, abandono, desinterés.

empeñoso, sa *adj. Amér.* Que pone constancia y tesón en conseguir su objetivo.

empeorar *v. tr.* Poner peor algo que ya estaba mal: *Con las prisas empeorarás el trabajo.* También *v. intr.* y *v. prnl.*: *Su salud empeora. El tiempo se empeoró.* **SIN.** Deteriorar(se), desmejorar(se); decaer, recaer. **ANT.** Mejorar(se). **FAM.** Empeoramiento. PEOR.

empepado, da *adj. Col.* Drogado.

empequeñecer *v. tr.* **1.** Hacer una cosa más pequeña. También *v. intr.* y *v. prnl.*: *Su fortuna (se) empequeñeció.* **2.** Disminuir la importancia, gravedad, etc., de algo: *empequeñecer los problemas.* También *v. prnl.* || **empequeñecerse** *v. prnl.* **3.** Sentirse uno más pequeño o acobardado en una situación determinada: *Se empequeñeció ante un público tan exigente.* ■ Es v. irreg. Se conjuga como *agradecer.* **SIN. 1.** Encoger(se), menguar(se), mermar(se). **2.** Suavizar(se), atenuar(se). **3.** Achicarse, apocarse. **ANT. 1.** Agrandar(se), aumentar(se), ampliar(se). **1.** y **2.** Engrandecer(se). **2.** Exagerar(se). **FAM.** Empequeñecimiento. PEQUEÑO.

emperador (del lat. *imperator, -oris*) *s. m.* **1.** Soberano de un imperio. ■ Su femenino es *emperatriz.* **2.** Pez teleósteo marino, de hasta 2 m de longitud, con el hocico corto, boca pequeña y dorso rojizo. **3.** Pez* espada. **FAM.** Emperatriz. IMPERAR.

emperatriz (del lat. *imperatrix, -icis*) *s. f.* **1.** Soberana de un imperio. **2.** Mujer del emperador.

emperchado *s. m.* Cerca o valla formada por un enrejado de maderas verdes.

emperejilar (de *en-* y *perejiles*, adorno excesivo) *v. tr.* Emperifollar*. También *v. prnl.*

emperezar *v. intr.* Dejarse llevar por la pereza. Se usa más como *v. prnl.* ■ Delante de *e* se escribe *c* en lugar de *z*: *emperece.* **SIN.** Apoltronarse, aplatanarse.

emperganinar *v. tr.* Cubrir o forrar con pergamino.

empericarse *v. prnl.* **1.** *Col.* y *Ec. fam.* Emborracharse. **2.** *Cuba* y *Méx.* Subirse, encaramarse.

emperifollar (de *en-* y *perifollo*) *v. tr.* Adornar a una persona o una cosa en exceso. También *v. prnl.* **SIN.** Emperejilar(se), acicalar(se). **FAM.** Emperifollamiento. PERIFOLLO.

empero *conj. advers.* Equivale a 'pero' y a 'sin embargo'. ■ Es de uso literario.

emperrarse (de *en-* y *perro*) *v. prnl. fam.* Empeñarse tozudamente en algo: *Se emperró en ir al teatro.* **SIN.** Obstinarse, obcecarse, empecinarse. **ANT.** Ceder, transigir. **FAM.** Emperramiento, emperrechinarse. PERRO.

emperrechinarse *v. prnl. Perú fam.* Encapricharse, obstinarse.

empezar (de *en-* y *pieza*) *v. tr.* **1.** Dar principio a una cosa: *El artista empezó el cuadro.* **2.** Comenzar a utilizar o gastar una cosa: *Ayer empecé la novela.* || *v. intr.* **3.** Tener su principio una cosa: *La sesión empieza a las seis.* **4.** Seguido de la preposición *a* y un infinitivo, dar comienzo a la acción que expresa este infinitivo: *empezar a hablar, a comer.* **5.** Con la preposición *a* y con algunos sustantivos como *tiros, golpes*, etc., emprender bruscamente la acción expresada por éstos: *Empezó a empujones con todos.* || **LOC. ya empezamos** *fam.* Expresa fastidio ante la insistencia o reiteración de algo: *Ya empezamos con los ruidos.* ■ Delante de *e* se escribe *c* en lugar de *z*. Es v. irreg. Se conjuga como *pensar.* **SIN. 1.** Principiar, emprender, iniciar(se). **3.** Iniciarse, comenzar. **ANT. 1.** a **3.** Acabar(se), terminar(se), finalizar(se). **FAM.** Empiece, empiezo.

empiece *s. m. fam.* Comienzo.

empiezo *s. m. Arg.*, *Col.*, *Ec.* y *Guat.* Comienzo.

empilchar *v. tr. Arg.* y *Urug.* Vestir ropa de buena calidad. También *v. prnl.*

empilonar *v. tr. Col.*, *Cuba* y *P. Rico* Apilar.

empiltrarse *v. prnl. fam.* Echarse o meterse en la cama.

empinado, da 1. *p.* de **empinar**. También *adj.* || *adj.* **2.** Aplicado a camino, calle, etc., que tiene una pendiente muy pronunciada: *una vereda empinada.* **3.** Muy alto. **4.** Orgulloso, soberbio. **SIN. 3.** Elevado. **4.** Altivo, estirado. **ANT. 2.** Llano. **3.** Bajo. **4.** Modesto.

empinar (de *en-* y *pino*, derecho) *v. tr.* **1.** Poner vertical una cosa que estaba tumbada o inclinada. **2.** Levantar y sostener en alto: *Empinó al niño para que viera la cabalgata.* **3.** Alzar e inclinar una vasija, un jarro, etc., para beber: *empinar el botijo.* **4.** *fam.* Tomar con exceso bebidas alcohólicas. También *v. intr.* ■ Se usa frecuentemente en la loc. fam. **empinar el codo**. || **empinarse** *v. prnl.* **5.** Levantarse sobre las puntas de los pies: *Si no te empinas no lo ves.* **6.** Ponerse un cuadrúpedo sobre los dos pies con las manos levantadas. **7.** Alcanzar las plantas, torres, montañas, etc., gran altura. **8.** Levantarse una cosa por un lado: *No te apoyes en la mesa, que se empina.* **SIN. 1.** Enderezar, erguir. **2.** Elevar, aupar. **4.** Pimplar, soplar. **ANT. 1.** Tumbar, recostar. **2.** Bajar. **5.** Encogerse. **FAM.** Empinado, empinamiento. / Pino -na.

empingorotado, da (de *en-* y *pingorote*, punta) **1.** *p.* de **empingorotar**. || *adj.* **2.** Se dice de la persona de posición social elevada y, en especial, de la que presume de ello: *Era una reunión de damas empingorotadas.* **SIN. 2.** Encopetado. **FAM.** Empingorotar. PINGOROTA.

empiñonado *s. m.* Pasta dulce con piñones incrustados.

empiparse *v. prnl. Chile* y *Ec.* Apiparse*.

empíreo, a (del lat. *empyrius*, y éste del gr. *empyrios*, de *en*, en, y *pyr*, fuego) *adj.* **1.** Se aplica al cielo, entendido como morada de Dios, los ángeles y los bienaventurados. También *s. m.* **2.** Perteneciente a este cielo espiritual. **3.** Se dice del cielo o de las esferas concéntricas en las que, según algunas teorías antiguas, se movían los astros. También *s. m.* **SIN. 1.** y **2.** Celestial.

empírico, ca (del lat. *empiricus*, y éste del gr. *empeirikos*, de *empeiros*, experto, de *en*, en, y *peira*, experiencia) *adj.* **1.** Que se funda en la experiencia y observación de los hechos: *conocimiento empírico.* **2.** Que procede según el empirismo. También *s. m.* y *f.* **3.** Partidario del empirismo filosófico. También *s. m.* y *f.* **FAM.** Empíricamente, empirismo.

empirismo *s. m.* **1.** Doctrina filosófica que sostiene que la única fuente del conocimiento humano científicamente válido es la experiencia sensible. **2.** Procedimiento o método basado en la práctica o la experiencia. **FAM.** Empirista. EMPÍRICO.

empitonar *v. tr.* Coger el toro al torero, caballo, etc., con el pitón o punta del cuerno.

empizarrado, da 1. *p.* de **empizarrar**. También *adj.* || *s. m.* **2.** Cubierta de un edificio hecha con pizarras. **3.** Operación de empizarrar.

empizarrar *v. tr.* Cubrir con pizarras el techo de un edificio u otra superficie. **FAM.** Empizarrado. PIZARRA.

emplastador *s. m.* y *f. Amér.* Encuadernador.

emplastar *v. tr.* **1.** Aplicar emplastos. **2.** Aplicar excesivos cosméticos o adornos. También *v. prnl.* || **emplastarse** *v. prnl.* **3.** Ensuciarse, pringarse. **SIN. 3.** Embadurnarse.

emplaste *s. m.* Pasta de yeso que se endurece rápidamente y sirve para igualar una superficie antes de pintarla.

emplastecer *v. tr.* Igualar con emplaste la superficie que se va a pintar. ■ Es v. irreg. Se conjuga como *agradecer.* **FAM.** Emplaste. PLÁSTICO.

emplasto (del lat. *emplastrum*, y éste del gr. *emplastron*) *s. m.* **1.** Preparado medicinal, sólido y adhesivo, que se reblandece con el calor y se aplica como cura en el exterior del cuerpo. **2.** *fam.* Cosa blanda, apelmazada, pegajosa y de mal aspecto: *¡Qué emplasto de guiso!* **3.** *fam.* Cosa mal hecha, arreglo o remiendo que se añade a algo de cualquier manera. **4.** *fam.* Persona que tiene la salud delicada: *Está hecho un emplasto.* **SIN. 2.** Mazacote, plasta, pegote. **3.** Chapuza, chapucería, parche. **4.** Achacoso, enfermizo. **FAM.** Emplastadura, emplastamiento, emplastar.

emplazamiento[1] *s. m.* **1.** Acción de emplazar, citar. **2.** Citación ante un juez o tribunal. **SIN. 1.** Convocatoria.

emplazamiento[2] *s. m.* **1.** Acción de emplazar, colocar. **2.** Lugar donde está colocado algo o alguien: *El emplazamiento del hotel es paradisiaco.* **SIN. 2.** Colocación, situación, ubicación, enclave.

emplazar[1] (de *en-* y *plazo*) *v. tr.* **1.** Citar a alguien en un lugar y tiempo fijados. **2.** Citar a una persona para que se presente ante un juez o tribunal en un día y hora fijados. ■ Delante de *e* se escribe *c* en lugar de *z*: *emplace.* **SIN. 1.** Convocar. **FAM.** Emplazamiento[1]. PLAZO.

emplazar[2] (de *en-* y *plaza*) *v. tr.* **1.** Poner una cosa en determinado lugar: *Emplazaron el nuevo hospital cerca de casa.* **2.** Señalar la situación o localización de una cosa: *Los científicos emplazaron en el valle una antigua civilización.* ■ Delante de *e* se escribe *c* en lugar de *z*: *emplace.* **SIN. 1.** Colocar, establecer, instalar, asentar. **1.** y **2.** Situar. **2.** Localizar, ubicar. **FAM.** Emplazamiento[2]. / Reemplazar. PLAZA.

empleado, da 1. *p.* de **emplear**. También *adj.* || *s. m.* y *f.* **2.** Persona que desempeña un trabajo o cargo a cambio de un salario. || **3. empleada de hogar** Mujer que por un salario realiza los trabajos domésticos o ayuda en ellos. || **LOC. dar** algo **por bien empleado** Estar satisfecho de haber hecho una cosa por el resultado que ha producido: *Ya puedes dar el dinero por bien empleado.* **estarle** a alguien una cosa **bien empleada** Tener merecido una persona el daño, mal o perjuicio que le sobreviene: *Le estuvo bien empleado, por haber chuleado tanto.* **SIN. 1.** Usado, destinado; gastado, invertido; colocado. **2.** Trabajador, asalariado.

emplear (del fr. *employer*, y éste del lat. *implicare*, ocupar) *v. tr.* **1.** Utilizar algo para un determinado fin: *Empleo esa caja para guardar fotos.* También *v. prnl.* **2.** Gastar, invertir una cosa para hacer o conseguir algo: *Empleó mucho tiempo en hacerlo. No sé en qué emplear el dinero.* También *v. prnl.* **3.** Dar a alguien un trabajo o empleo: *Me ha empleado en su empresa.* **4.** Hacer que alguien se ocupe de alguna actividad: *Emplea a su hija para atender las llamadas.* **SIN. 1.** Usar(se), destinar(se). **3.** Colocar. **ANT. 1.** Desechar(se). **3.** Echar, expulsar. **FAM.** Empleado, empleo. / Malemplear.

empleo *s. m.* **1.** Acción de emplear: *Hace buen empleo de su tiempo.* **2.** Trabajo profesional que se realiza a cambio de una retribución o salario: *Ha encontrado un empleo como electricista.* **3.** En el ejército, jerarquía o categoría personal: *Se retiró con el empleo de coronel.* **SIN. 1.** Uso, utilización. **2.** Colocación, ocupación, puesto. **ANT. 2.** Desempleo. **FAM.** Desempleo, pluriempleo, subempleo. EMPLEAR.

emplomado, da 1. *p.* de **emplomar**. También *adj.* || *s. m.* **2.** Cubierta de plomo que resguarda y cubre un techo. **3.** Conjunto de tiras de plomo que sujetan los cristales de las vidrieras. **4.** Protección de una superficie con una chapa de plomo o una aleación rica en este metal.

emplomadura *s. f.* **1.** Acción de emplomar. **2.** Porción de plomo con que se emploma algo. **3.** *Arg.* y *Urug.* Empaste de un diente o muela.

emplomar *v. tr.* **1.** Aplicar plomo a alguna cosa, para cubrirla, asegurarla o soldarla: *emplomar la tubería.* **2.** Sujetar con tiras de plomo los cristales de las vidrieras. **3.** Poner sellos de plomo para precintar alguna cosa, como fardos o cajones. **4.** *Amér. del S.* Empastar un diente o una muela. **FAM.** Emplomado, emplomador, emplomadura. PLOMO.

emplumar *v. tr.* **1.** Poner plumas a alguna cosa, p. ej., a una flecha, a un sombrero. **2.** Antiguamente, poner plumas a alguien como castigo. **3.** *fam.* Castigar, arrestar o procesar a una persona: *Han emplumado a su hermano.* **4.** *Amér. C.* y *Cuba* Timar a alguien. || *v. intr.* **5.** Emplumecer. **6.** *Amér.* Huir. **SIN. 3.** Empapelar. **FAM.** Emplumecer. PLUMA.

emplumecer *v. intr.* Echar plumas las aves. ■ Es v. irreg. Se conjuga como *agradecer.*

empobrecer *v. tr.* **1.** Hacer que uno sea pobre o más pobre: *La crisis lo ha empobrecido.* También *v. intr.* y *v. prnl.*: *Su familia ha empobrecido. Se empobreció por su afición al juego.* **2.** Venir a menos una cosa material o inmaterial. También *v. prnl.*: *empobrecerse el espíritu, una cultura.* ■ Es v. irreg. Se conjuga como *agradecer.* **SIN. 1.** y **2.** Depauperar(se), arruinar(se), debilitar(se), decaer. **ANT. 1.** y **2.** Enriquecer(se), prosperar. **FAM.** Empobrecedor, empobrecimiento. POBRE.

empollado, da 1. *p.* de **empollar**. También *adj.* || *adj.* **2.** *fam.* Muy enterado de cierta materia, asignatura, etc.: *Está muy empollado en noticias de actualidad.* **SIN. 1.** Incubado. **2.** Impuesto, puesto.

empollar *v. tr.* **1.** Permanecer un ave encima de los huevos para calentarlos y que se desarrollen los polluelos en su interior. **2.** *fam.* Estudiar mucho un alumno: *Tengo que empollar matemáticas.* También *v. intr.* y *v. prnl.* con valor expresivo: *Se nota que ha empollado*: *se lo ha sabido todo de carrerilla. Me he empollado ese ejercicio.* || *v. intr.* **3.** Producir sus crías las abejas. **SIN. 1.** Incubar. **2.** Chapar. **FAM.** Empollado, empolle, empollón. POLLO[1].

empolle *s. m. fam.* Acción de empollar, estudiar mucho. SIN. Atracón, panzada.

empollón, na *adj.* Que estudia mucho. También *s. m.* y *f.* SIN. Estudioso, aplicado.

empolvar *v. tr.* **1.** Echar o poner polvos sobre algo, p. ej. los de tocador sobre el rostro, etc. También *v. prnl.* con valor reflexivo: *Se empolvaba delante del espejo.* || **empolvarse** *v. prnl.* **2.** Cubrirse de polvo. **FAM.** Desempolvar. POLVO.

emponchado, da **1.** *p.* de **emponcharse**. También *adj.* || *adj.* **2.** *Arg.*, *Par.*, *Perú* y *Urug.* Sospechoso. **3.** *Arg.*, *Par.*, *Perú* y *Urug.* Astuto, desconfiado.

emponcharse *v. prnl. Amér. del S.* Arrebujarse en un poncho, ponérselo. **FAM.** Emponchado. PONCHO.

emponzoñar *v. tr.* **1.** Envenenar con ponzoña. También *v. prnl.* **2.** Corromper, echar a perder, dañar: *La envidia emponzoñó su amistad.* También *v. prnl.* **SIN. 2.** Envilecer(se), pervertir(se). **FAM.** Emponzoñador, emponzoñamiento. PONZOÑA.

empopada *s. f.* Navegación hecha con viento fuerte por la popa.

empopar *v. intr.* **1.** Calar mucho de popa un barco. **2.** Volver la popa al viento, a la marea o a cualquier objeto. También *v. prnl.* **FAM.** Empopada. POPA.

emporcar (de *en-* y *puerco*) *v. tr.* Llenar algo de porquería, ensuciarlo: *Emporcó toda la cocina.* También *v. prnl.* ■ Delante de *e* se escribe *qu* en lugar de *c*. Es v. irreg. Se conjuga como *contar*. **SIN.** Manchar(se), enguarrar(se). **ANT.** Limpiar(se).

emporio (del lat. *emporium*, y éste del gr. *emporion*, mercado) *s. m.* **1.** Ciudad o centro de gran importancia comercial. **2.** P. ext., lugar de mucha riqueza o de gran desarrollo cultural, científico o artístico. **3.** Empresa o grupo de empresas prósperas: *Comenzó con un pequeño negocio y ahora dirige un emporio.* **4.** Lugar donde acudían gentes de distintas nacionalidades a comerciar o negociar. **5.** *Amér.* Almacén grande y elegante en el que se encuentra de todo.

emporrarse *v. prnl.* En argot, estar o ponerse bajo los efectos del porro. **FAM.** Emporrado. PORRO.

empotrar (del fr. *poutre*, viga) *v. tr.* **1.** Meter una cosa en la pared o en el suelo, asegurándola con trabajos de albañilería: *empotrar un armario.* || **empotrarse** *v. prnl.* **2.** Encajarse una cosa en otra, particularmente en un choque: *El camión se empotró en la pared.* **FAM.** Empotramiento. / Desempotrar. POTRO.

empozar *v. tr.* **1.** Meter o echar en un pozo: *empozar el cubo.* También *v. prnl.* || *v. intr.* **2.** Quedar detenida el agua formando pozas o charcas. || **empozarse** *v. prnl.* **3.** *fam.* Detenerse la tramitación de un expediente o un proyecto de ley. ■ Delante de *e* se escribe *c* en lugar de *z*: *empoce.*

emprendedor, ra *adj.* Que tiene capacidad e iniciativa para emprender cualquier cosa. También *s. m.* y *f.* **SIN.** Decidido, dispuesto, atrevido, resuelto. **ANT.** Indeciso, apocado.

emprender (del lat. *in*, en, y *prahendere*) *v. tr.* Comenzar alguna cosa, especialmente aquella que supone trabajo, dificultad o riesgo: *Al fin emprendió la marcha. Ha emprendido un negocio muy arriesgado.* || **LOC. emprenderla a** *fam.* Con nombres como *tiros*, *golpes*, etc., empezar bruscamente la acción que éstos expresan: *La emprendió a palos con todos.* **emprenderla con** alguien o algo *fam.* Tener una actitud desfavorable ante una persona o encontrar inconvenientes en una cosa: *La emprendió conmigo. La ha emprendido con la fábrica.* **SIN.** Acometer, abordar, iniciar. **ANT.** Acabar, finalizar, desistir. **FAM.** Emprendedor, empresa. / Reemprender. PRENDER.

empreñar (del lat. *impraegnare*) *v. tr.* **1.** Fecundar a la hembra, hacerla concebir. **2.** *fam.* Molestar a alguien. También *v. prnl.* || *v. intr.* **3.** Quedar preñada la hembra. También *v. prnl.* **SIN. 2.** Fastidiar(se), importunar(se).

empresa (del lat. *in-prehensa*, cogida, tomada) *s. f.* **1.** Organización de factores productivos, capital y trabajo, que realiza una actividad para obtener un beneficio: *una empresa industrial, constructora, de transportes.* **2.** Conjunto de estas sociedades: *la empresa textil en España.* **3.** Acción o tarea, en especial aquella en que intervienen varias personas, que exige trabajo o presenta dificultades: *la empresa espacial. No es empresa fácil convencerle.* **4.** Emblema o figura simbólica, a veces acompañada de una leyenda, como las de los escudos o las que llevaban los caballeros como distintivo. **SIN. 1.** Sociedad, compañía, firma. **3.** Obra, operación, proyecto. **4.** Enseña, divisa, insignia. **FAM.** Empresariado, empresarial, empresario. EMPRENDER.

empresariado *s. m.* Conjunto de empresas o de empresarios de una industria, región, país, etc. **SIN.** Patronal.

empresario, ria *s. m.* y *f.* **1.** Propietario de una empresa y, p. ext., el o los responsables de la gestión de la misma. **2.** Persona que se encarga de la explotación de un espectáculo o diversión pública: *el empresario del teatro.*

empréstito (del lat. *in*, en, y *praestitus*, de *praestare*, prestar) *s. m.* **1.** Préstamo normalmente de elevado importe que recibe el Estado o una sociedad y que se formaliza en múltiples contratos de importe menor, que pueden tomar la forma de obligaciones, bonos, pagarés, etc. **2.** Cantidad prestada en esa operación.

empujar (del lat. *impulsare*) *v. tr.* **1.** Hacer fuerza contra alguien o algo o darle un golpe, para moverlo: *Tuvimos que empujar el coche.* **2.** Influir en alguien para que haga cierta cosa: *Su amor propio le empujó a estudiar.* **3.** Hacer que alguien salga de un cargo, empleo, puesto, etc. || *v. intr.* **4.** Hacer todo lo posible para que algo ocurra o para obtener alguna cosa: *Empujó mucho para que le votaran.* **5.** Progresar, mejorar o abrirse paso para ello: *Ese disco empuja con fuerza en la lista de éxitos.* **SIN. 1.** Impulsar, impeler. **2.** Incitar, estimular, animar. **3.** Echar. **4.** Pugnar, luchar, esforzarse. **5.** Prosperar, subir. **ANT. 2.** Desanimar, disuadir. **5.** Bajar, decaer, retroceder. **FAM.** Empuje, empujón. / Arrempujar.

empuje *s. m.* **1.** Acción de empujar. **2.** Carga o fuerza que ejerce el peso de un elemento de construcción sobre otro, como el de una bóveda sobre los pilares o columnas que la sostienen. **3.** Fuerza ascendente que, según el principio de Arquímedes, recibe todo cuerpo inmerso en un fluido y que es igual al volumen de la masa fluida que desplaza. ■ Se denomina también *empuje hidrostático.* **4.** Energía, entusiasmo, decisión: *Comenzó el curso con gran empuje.* || **5. empuje aerodinámico** Componente vertical de la fuerza en una corriente, como p. ej. el que permite a un avión superar la atracción terrestre y mantenerse en el aire. **SIN. 4.** Ánimo, brío, arranque. **ANT. 4.** Desánimo, indecisión, desgana.

empujón (del lat. *impulsio, -onis*) *s. m.* **1.** Golpe brusco dado contra alguien o algo para moverlo o apartarlo: *No des empujones.* **2.** Adelanto considerable que se hace de una vez en un trabajo, actividad, etc., al dedicarle un mayor esfuerzo o más tiempo: *Esta tarde doy un empujón a la lectura.* || LOC. **a empujones** *adv.* Empujando, a empellones: *Entró en el cine a empujones.* P. ext., bruscamente, interrumpidamente o con tropiezos: *Saca los estudios a empujones.* SIN. **1.** Empellón. **2.** Impulso, avance, progreso. ANT. **2.** Retroceso.

empuntar *v. tr.* **1.** *Col.* y *Ec.* Encarrilar, encaminar. ■ Se dice también en Salamanca. || **empuntarse** *v. prnl.* **2.** *Ven.* Empeñarse, obstinarse en algo. || LOC. **empuntarlas** *Col.* y *Ec.* Huir, desaparecer.

empuñadura *s. f.* Parte de las armas, herramientas y otros utensilios por donde se empuñan o agarran: *la empuñadura de la espada, del bastón, del remo.* SIN. Puño, mango.

empuñar *v. tr.* **1.** Coger por el puño una cosa, como un arma, una herramienta o utensilio: *empuñar la espada.* **2.** Agarrar algo fuertemente con la mano cerrada. **3.** Sostener un arma, un palo, etc., en actitud amenazadora o defensiva. SIN. **1.** y **2.** Asir, sujetar. **3.** Esgrimir, blandir. ANT. **1.** y **2.** Soltar, desasir. FAM. Empuñador, empuñadura. / Desempuñar. PUÑO.

empurar *v. tr. fam.* Castigar o sancionar. SIN. Empaquetar.

empurrarse *v. prnl. Amér. C.* Enfurruñarse*.

emú *s. m.* Ave corredora, de gran tamaño (hasta 2 m de altura), plumaje gris o marrón oscuro e incapaz de volar, al estar sus alas atrofiadas. Vive en las llanuras australianas. ■ Su pl. es *emúes*, aunque también se utiliza *emús*.

emular (del lat. *aemulare*) *v. tr.* **1.** Imitar a alguien intentando igualar o superar sus acciones, méritos, etc.: *Quiere emular a los ciclistas profesionales.* **2.** Hacer una cosa tan bien como otro, tener una cualidad en el mismo grado que otro: *Emula la constancia de su maestro.* SIN. **2.** Rivalizar, competir. FAM. Emulación, emulador, émulo.

émulo, la (del lat. *aemulus*) *adj.* Se aplica a la persona que sigue el ejemplo de otra con la que puede compararse en mérito o valor. También *s. m.* y *f.*: *Es digno émulo de su maestro.* SIN. Emulador, imitador, competidor.

emulsión (del lat. *emulsus*, de *emulgere*, ordeñar) *s. f.* **1.** Líquido que tiene en suspensión partículas muy pequeñas de otro líquido que no llegan a formar una verdadera disolución. || **2. emulsión fotográfica** Suspensión de sales de plata en gelatina u otra sustancia semejante que forma la capa de las placas, películas y papeles fotográficos, por su sensibilidad a la luz. FAM. Emulsionar, emulsivo.

emulsionar *v. tr.* Hacer que una sustancia adquiera el estado de emulsión.

en (del lat. *in*) *prep.* **1.** Indica el lugar dentro del cual se encuentra una persona o cosa: *El jersey va en la maleta. Está en el colegio.* **2.** Expresa el lugar sobre el que está alguien o algo: *No te subas en la silla.* **3.** Indica el tiempo en que sucede alguna cosa o el que se tarda en hacer algo: *Saldré en vacaciones. En diez segundos me termino de arreglar.* **4.** Informa sobre diversas circunstancias: el modo o manera; el instrumento o medio y también el precio: *El partido terminó en empate. Va a clase en bicicleta. ¿En cuánto valoras estas joyas?* **5.** Se usa delante de numerosos complementos a los que se refiere el significado de verbos intransitivos o utilizados como intransitivos: *Trabaja en la construcción. Piensa en mí.* **6.** Introduce un complemento de materia. ■ En esta acepción la prep. *en* suele ir regida por un verbo, sustantivo o adjetivo: *Destaca en esa actividad. Los expertos en ese tema estuvieron dialogando.* **7.** Con verbos como *descubrir, conocer, notar*, etc., y seguido de un sustantivo o infinitivo sustantivado, equivale a *por*: *Le conocí en los pasos. Le conozco en el hablar.* **8.** Precediendo a ciertos sustantivos y adjetivos, forma locución adverbial: *en confianza, en particular.* **9.** Se usa algunas veces seguido de gerundio con el significado de 'luego que', 'después que': *En sonando el despertador, me levanto.*

en- (del lat. *in*) *pref.* Forma verbos aportando diversos matices en la significación; p. ej.: *enriquecer*, que está formado a partir del adjetivo *rico*, y *encajar*, que está formado a partir del sustantivo *caja.* ■ Este pref. se escribe *em-* delante de *p* o *b*: *emperejilar, embellecer.*

enagua (de *nagua*, voz taína) *s. f.* Prenda interior femenina que se lleva debajo de la falda o vestido, desde la cintura o desde los hombros. Se usa mucho en *pl.* SIN. Combinación. FAM. Enagüillas.

enagüillas (dim. de *enagua*) *s. f. pl.* **1.** Falda corta, como la de algunos trajes regionales masculinos (el escocés, el griego) o la que se pone a algunas imágenes de Cristo crucificado. **2.** Faldas de la mesa camilla.

enajenable *adj.* Se dice de aquello que se puede enajenar, cuya propiedad puede transmitirse a otro. SIN. Transferible.

enajenación *s. f.* **1.** Acción de enajenar o transmitir una propiedad. **2.** Trastorno mental, locura. ■ En esta acepción, se dice también *enajenación mental.* **3.** Acción de contemplar algo con gran admiración o disfrutar de ello sin atender a otra cosa. SIN. **1.** Venta, transferencia, transmisión, traspaso. **2.** Alienación. **3.** Embelesamiento, embeleso, pasmo. ANT. **1.** Compra, retención. **2.** Cordura.

enajenado, da 1. *p.* de **enajenar**. También *adj.* || *adj.* **2.** Se aplica a la persona que ha perdido la razón, que está loca. También *s. m.* y *f.* SIN. **2.** Alienado, loco, chalado, ido. ANT. **2.** Cuerdo.

enajenamiento *s. m.* Enajenación*.

enajenar (del lat. *in*, en, y *alienare*) *v. tr.* **1.** Vender o traspasar por otro medio la propiedad de una cosa o algún derecho sobre ella. **2.** Trastornar a una persona, hacerle perder la razón. También *v. prnl.*: *Se enajenó por el pánico.* **3.** Causar algo gran admiración o deleite a alguien, de manera que no presta atención a nada más: *La música le enajena.* También *v. prnl.* **4.** Ser motivo de que una persona pierda la admiración, el cariño, la simpatía, etc., de otras: *Su mal carácter le enajena la amistad de la gente.* También *v. prnl.* SIN. **1.** Transferir, transmitir, ceder. **2.** Alienar, enloquecer, desequilibrar. **3.** Embelesar, cautivar, extasiar. **4.** Quitar, restar, privar. ANT. **1.** Retener, comprar. **2.** Tranquilizar, serenar, equilibrar. **3.** Repeler, disgustar. **4.** Atraer, aumentar. FAM. Enajenable, enajenación, enajenado, enajenador, enajenamiento, enajenante. AJENO.

enálage (del lat. *enallage*, y éste del gr. *enallasso*, cambiar) *s. f.* Figura de dicción que consiste en usar unas partes de la oración con funciones propias de otras, hacer concordar palabras que no se corresponden, etc., p. ej.: *Esto sabe bueno* por *Esto sabe bien.*

enalbardar *v. tr.* **1.** Colocar la albarda a una caballería. **2.** Rebozar alguna cosa que se va a freír.

enaltecer (de *en-* y *alto*) *v. tr.* **1.** Dar a alguien o algo mayor estimación, mérito, grandeza, etc.: *Fue un gesto que le enalteció.* También *v. prnl.* **2.** Elogiar, hacer alabanzas de alguien o algo: *Enalteció* *a sus profesores.* También *v. prnl.* ■ Es v. irreg. Se conjuga como *agradecer.* **SIN. 1.** Engrandecer(se), enorgullecer(se), exaltar(se), distinguir(se). **1.** y **2.** Ensalzar(se). **2.** Alabar(se), encomiar(se). **ANT. 1.** y **2.** Humillar. **2.** Criticar. **FAM.** Enaltecedor, enaltecimiento. ALTO -TA.

enamoradizo, za *adj.* Que se enamora fácilmente. También *s. m.* y *f.*

enamorado, da 1. *p.* de **enamorar**. También *adj.* y *s. m.* y *f.* || *adj.* **2.** Entusiasmado con alguna cosa o muy aficionado a ella. También *s. m.* y *f.*: *Es un enamorado de la música.* **SIN. 1.** y **2.** Amante. **2.** Entusiasta, forofo, fanático.

enamorar *v. tr.* **1.** Despertar o excitar el amor en otra persona. **2.** Mostrar a alguien el amor que se siente por él y procurar conseguir el suyo. **3.** Gustar o atraer mucho a alguien una cosa: *Le enamoró el paisaje.* || **enamorarse** *v. prnl.* **4.** Sentir atracción y amor por una persona. **5.** Aficionarse a una cosa, sentir deseo de poseerla: *Se ha enamorado de un chalé que vio en la playa.* **SIN. 1.** y **3.** Cautivar. **2.** Galantear, cortejar, pretender. **3.** Embelesar, encantar. **3.** y **5.** Entusiasmar(se). **4.** Prendarse, colarse. **5.** Encapricharse. **ANT. 1.** Desinteresar. **1.** y **4.** Desenamorar(se). **3.** Desagradar, aburrir, cansar. **FAM.** Enamoradamente, enamoradizo, enamorado, enamoramiento, enamoricarse, enamoriscarse. / Desenamorar. AMOR.

enamoriscarse o **enamoricarse** *v. prnl.* **1.** Enamorarse superficialmente o sin seriedad de una persona. **2.** Comenzar a enamorarse: *Creo que se está enamoriscando de ese chico.* ■ Delante de *e* se escribe *qu* en lugar de *c*: *se enamorisque.* **SIN. 1.** Tontear, ligar. **2.** Interesarse.

enancarse *v. prnl.* **1.** *Amér.* Montar a las ancas. **2.** *Amér.* Meterse uno donde no le llaman. ■ Delante de *e* se escribe *qu* en lugar de *c*: *se enanque.*

enanismo *s. m.* Trastorno del crecimiento manifestado en una estatura mucho menor que la normal en los individuos de la misma especie.

enano, na (del lat. *nanus,* y éste del gr. *nanos*) *adj.* **1.** Que es mucho más pequeño que la mayoría de los individuos de su especie: *un caballo enano, un tomate enano.* **2.** *fam.* Muy pequeño: *un coche enano, un país enano.* || *s. m.* y *f.* **3.** Persona que padece enanismo. **4.** Persona de poca estatura. **5.** *fam.* Apelativo cariñoso aplicado a veces a los niños. **6.** Personaje fantástico de figura humana muy pequeña, que aparece a menudo en los cuentos o leyendas infantiles. || **LOC. como un enano** *adv. fam.* Con verbos como *trabajar, divertirse, reírse,* etc., hacerlo en gran manera, mucho: *Me reí como un enano.* **SIN. 1.** Diminuto, canijo. **ANT. 1.** y **2.** Grande, enorme. **1., 2.** y **4.** Gigante. **FAM.** Enanismo.

enarbolado, da 1. *p.* de **enarbolar**. También *adj.* || *s. m.* **2.** Conjunto de maderas ensambladas que forman la armadura de la linterna de una torre o bóveda.

enarbolar (de *en-* y *árbol*) *v. tr.* **1.** Levantar en alto una bandera o estandarte. **2.** Sujetar en alto un palo o arma contra alguien en actitud de atacarle: *Enarboló un bastón.* **3.** Lanzar o utilizar alguna cosa como amenaza: *Prometió enarbolar las pruebas contra él.* **4.** Con palabras como *bandera* o semejantes, declararse partidario de algo, defenderlo: *Enarboló la bandera de la revolución.* **SIN. 1.** Alzar. **2.** Esgrimir, empuñar, blandir. **FAM.** Enarbolado. ÁRBOL.

enarcar *v. tr.* Dar forma de arco: *enarcar las cejas.* También *v. prnl.* **SIN.** Arquear.

enardecer (del lat. *inardescere*) *v. tr.* **1.** Hacer que una lucha, discusión, etc., se haga más violenta o intensa. También *v. prnl.*: *La disputa se enardeció.* **2.** Entusiasmar, excitar los ánimos de alguien: *Su emoción enardeció al público.* También *v. prnl.* **3.** Excitar el apetito sexual. También *v. prnl.* ■ Es v. irreg. Se conjuga como *agradecer.* **SIN. 1.** Enconar(se), acalorar(se), avivar(se). **2.** Encender(se), emocionar(se), enfervorizar(se), provocar, incitar. **3.** Calentar(se). **ANT. 1.** y **2.** Calmar(se), sosegar(se), apaciguar(se). **FAM.** Enardecedor, enardecimiento. ARDER.

enarenar *v. tr.* Echar arena para cubrir una superficie.

enastado, da 1. *p.* de **enastar**. || *adj.* **2.** Se aplica a la herramienta o utensilio colocado en un asta o mango.

enastar *v. tr.* Poner mango o asta a un arma, herramienta, etc. **FAM.** Enastado. ASTA.

encabalgamiento (de *encabalgar*) *s. m.* **1.** Armazón de maderas cruzadas en que se apoya algo. **2.** Separación en versos distintos de una palabra o frase que constituyen una unidad léxica o sintáctica.

encabalgar *v. tr.* **1.** Producir un encabalgamiento. También *v. prnl.*: *encabalgarse dos versos.* || *v. intr.* **2.** Apoyarse una cosa sobre otra. ■ Delante de *e* se escribe *gu* en lugar de *g*: *encabalgue.* **FAM.** Encabalgamiento. CABALGAR.

encaballar (de *en-* y *caballo*) *v. tr.* **1.** Colocar una pieza sobre el extremo de otra, como las tejas o las pizarras en un tejado. || *v. intr.* **2.** Encabalgar, apoyarse. **SIN. 1.** Imbricar, solapar.

encabestrar (de *en-* y *cabestro*) *v. tr.* **1.** Poner el cabestro o rienda a los animales. **2.** Conducir el ganado bravo con los cabestros. **3.** Conseguir una persona dominar a otra por las buenas. || **encabestrarse** *v. prnl.* **4.** Enredarse un animal una mano en el cabestro o ronzal.

encabezamiento *s. m.* **1.** Expresión o fórmula que se pone al principio de algunos escritos: *el encabezamiento de una carta.* **2.** P. ext., aquello que encabeza o comienza alguna cosa: *el encabezamiento de la manifestación.* **SIN. 2.** Cabecera, cabeza. **ANT. 2.** Colofón, final.

encabezar (de *en-* y *cabeza*) *v. tr.* **1.** Comenzar una lista, estar el primero o de los primeros. **2.** Poner el encabezamiento a una carta o escrito. **3.** Dirigir una manifestación, motín, movimiento, etc.: *Buscaban a los que encabezaron la rebelión.* **4.** Aumentar la graduación de un vino, mezclándolo con otro más fuerte. ■ Delante de *e* se escribe *c* en lugar de *z*: *encabece.* **SIN. 3.** Acaudillar, capitanear, conducir, guiar. **FAM.** Encabezamiento. CABEZA.

encabritarse (de *en-* y *cabrito*) *v. prnl.* **1.** Ponerse el caballo con las manos levantadas y apoyándose sobre las patas traseras. **2.** Levantarse la parte delantera de algunos vehículos, embarcaciones, etc.: *Se encabritó la moto.* **3.** *fam.* Enfadarse mucho una persona: *Se encabritó con la noticia.* **SIN. 1.** y **2.** Empinarse. **3.** Cabrearse, encolerizarse.

encabronar *v. tr. vulg.* Enfurecer, enojar. También *v. prnl.*: *encabronarse por el exceso de trabajo.* **SIN.** Encolerizar(se), cabrear(se), encabritar(se).

encachado, da (de *cacho*[1]) **1.** *p.* de **encachar**. También *adj.* || *s. m.* **2.** Pavimento o suelo de piedra o de hormigón que se hace para reforzar el cauce de una corriente de agua. **3.** Capa de cimentación en el pavimento de una carretera. **4.** Empedrado entre los raíles del tren. **5.** Enlosado irregular de piedra con juntas de tierra, en las que crece hierba. **FAM.** Encachar.

encachar *v. tr.* **1.** Hacer un encachado. **2.** Poner las cachas a un revólver, cuchillo, etc. **3.** *Chile* Bajar la cabeza un animal vacuno para embestir.

encachilarse *v. prnl. Arg.* Enfurecerse, enojarse mucho.

encachorrarse *v. prnl. Col. fam.* Ponerse de mal humor, enfadarse.

encadenado, da **1.** *p.* de **encadenar**. También *adj.* || *adj.* **2.** Se dice de la estrofa cuyo primer verso repite total o parcialmente el último de la precedente, y del verso que comienza repitiendo la última palabra del anterior. || *s. m.* **3.** En cinematografía, fundido*. || **4. tercetos encadenados** Véase **terceto**.

encadenar *v. tr.* **1.** Sujetar o atar con cadenas: *Encadenó a las fieras.* También *v. prnl.* **2.** Retener a alguien, quitarle libertad para moverse o actuar: *El trabajo le encadena a la ciudad.* **3.** Enlazar o relacionar unas cosas con otras. También *v. prnl.*: *Las desgracias se encadenan entre sí.* **4.** Tiranizar o someter a una persona, pueblo, etc. SIN. **1.** Amarrar(se), aherrojar. **3.** Concatenar(se), ligar(se), suceder(se). **4.** Sojuzgar, esclavizar, subyugar. ANT. **1.** Desencadenar(se). **2.** y **3.** Desligar(se), desvincular(se). **4.** Liberar. FAM. Encadenado, encadenamiento. / Desencadenar. CADENA.

encajamiento *s. m.* Descenso y penetración del feto en la cavidad de la pelvis.

encajar (de *en-* y *caja*) *v. tr.* **1.** Meter o colocar una cosa en otra, de forma que quede bien ajustada. También *v. intr.* y *v. prnl.*: *La ventana encaja bien en su marco. La puerta se ha encajado.* **2.** Reaccionar ante un suceso, noticia, etc., de una forma u otra: *Encajó bien lo ocurrido.* **3.** *fam.* Dar a alguien un golpe: *Le encajó un puñetazo.* **4.** *fam.* Hacer oír a una persona algo pesado o fastidioso: *Le encajó un sermón de una hora.* **5.** *fam.* Hacer tomar a alguien una cosa molesta o perjudicial, a veces con engaño: *Le encajó un billete falso.* **6.** En dep., recibir o sufrir tantos, derrotas o golpes del contrario: *Su equipo encajó una abultada derrota.* || *v. intr.* **7.** Coincidir, estar de acuerdo dos personas, hechos, noticias, etc.: *Esa versión encaja con lo que he oído.* **8.** Adaptarse perfectamente a un lugar, actividad, etc.: *El nuevo alumno encajó bien con sus compañeros.* || **encajarse** *v. prnl.* **9.** Ponerse una prenda de vestir: *encajarse el abrigo.* **10.** *Amér. del S.* Atascarse un vehículo. SIN. **1.** Empotrar(se), acoplar(se), ensamblar(se). **2.** Asimilar, digerir. **3.** Atizar, propinar, pegar. **4.** Soltar, espetar, endilgar. **5.** Colar, endosar, encasquetar. **7.** Concordar, corresponder, casar. **8.** Acomodarse, integrarse. **9.** Vestirse. ANT. **1.** Desencajar(se). **7.** Diferir, discrepar, divergir. **10.** Desatascarse. FAM. Encajable, encajadura, encajamiento, encaje, encajetar. / Desencajar. CAJA.

encaje *s. m.* **1.** Acción de encajar. **2.** Sitio o hueco de una cosa en el que se mete o encaja otra. **3.** Ajuste entre dos piezas que van encajadas. **4.** Cierto tejido calado y con dibujos: *una blusa de encaje.* SIN. **1.** y **3.** Acoplamiento, ensamblaje. **2.** Encajadura.

encajetar *v. tr. Arg.* y *Chile* Encajar, obligar a alguien a recibir o hacerse cargo de algo causándole molestia o desagrado.

encajonar *v. tr.* **1.** Meter alguna cosa o persona en un sitio muy estrecho. También *v. prnl.* **2.** Meter algo dentro de un cajón, especialmente los toros para llevarlos al lugar donde serán lidiados. || **encajonarse** *v. prnl.* **3.** Correr el río por una parte estrecha, p. ej. entre montañas. SIN. **1.** Embutir(se), encajar(se). **3.** Encañonarse. FAM. Encajonamiento. / Desencajonar. CAJÓN.

encalabrinar (de *en-* y el ant. *calabrina*, hedor de cadáver) *v. tr.* **1.** Enfadar, irritar. También *v. prnl.* **2.** Hacer concebir a una persona ilusiones o deseos sin fundamento: *Le encalabrinó con promesas.* || **encalabrinarse** *v. prnl.* **3.** *fam.* Encapricharse con algo: *Se ha encalabrinado con ese viaje.* **4.** *fam.* Enamorarse locamente de alguien. SIN. **1.** Exasperar(se), soliviantar(se), enojar(se), sulfurar(se). **2.** Encandilar. **3.** Empeñarse, emperrarse, obstinarse. **4.** Prendarse, colarse. ANT. **4.** Desenamorarse. FAM. Encalabrinamiento.

encalambrarse *v. prnl. Amér.* Entumecerse.

encalar *v. tr.* **1.** Blanquear con cal alguna cosa, especialmente las paredes. **2.** Meter en cal o espolvorear con ella alguna cosa. SIN. **1.** Enjalbegar. FAM. Encalado, encalador. CAL.

encallar *v. intr.* **1.** Tropezar el fondo de una embarcación con arena o rocas y quedar por ello detenida. También *v. prnl.* **2.** Quedar detenido un negocio, empresa, etc., por dificultades o problemas. También *v. prnl.* SIN. **1.** Embarrancar(se), varar. **2.** Atascarse, paralizarse, bloquearse. ANT. **1.** Desencallar(se). **2.** Desbloquearse. FAM. Encalladura. / Desencallar.

encallarse (del lat. *incallare*, endurecer) *v. prnl.* Ponerse duros algunos alimentos por estar mal cocidos: *Se han encallado los garbanzos.* SIN. Encallecerse, acorcharse.

encallecer *v. intr.* **1.** Salir callos en la piel o endurecerse ésta, p. ej. por el trabajo. También *v. prnl.*: *Remando se encallecen las manos.* || **encallecerse** *v. prnl.* **2.** Hacerse resistente a la dureza del clima, del trabajo, etc. **3.** Hacerse insensible a los sufrimientos, emociones, etc.: *Jamás llora, se ha encallecido.* **4.** Estar alguien tan habituado a un vicio que no puede dejarlo. **5.** Encallarse los alimentos. ■ Es v. irreg. Se conjuga como *agradecer.* SIN. **2.** Curtirse, avezarse. **3.** Insensibilizarse. **5.** Acorcharse. ANT. **1.** Suavizarse, emblandecerse. **3.** Enternecerse, ablandarse. FAM. Encallecimiento. CALLO.

encallejonar *v. tr.* Meter algo por un callejón o paso estrecho. También *v. prnl.*: *encallejonarse las reses en el matadero.*

encalmar *v. tr.* **1.** Calmar, tranquilizar. También *v. prnl.* || **encalmarse** *v. prnl.* **2.** Referido al mar, viento, etc., quedarse en calma. SIN. **1.** y **2.** Sosegar(se), aquietar(se), serenar(se). ANT. **1.** Sulfurar(se), excitar(se), irritar(se). **2.** Embravecerse, desatarse.

encalomar *v. tr. fam.* Endosar, endilgar.

encamar *v. tr.* **1.** Acostar a alguien o hacer que se acueste: *En cuanto le vio el médico, le encamó.* || **encamarse** *v. prnl.* **2.** Meterse uno en la cama, especialmente por enfermedad. **3.** Tumbarse los animales en los sitios que buscan para dormir: *Las reses se han encamado.* **4.** Quedarse las piezas de caza agazapadas para no ser vistas: *encamarse las liebres.* **5.** Doblarse o tumbarse las mieses: *El trigo se ha encamado.*

encamburarse *v. prnl. Ven. fam.* Conseguir un cargo público.

encaminar *v. tr.* **1.** Indicar a alguien el camino que debe seguir. También *v. prnl.* **2.** Guiar la conducta o educación de una persona: *Encaminó a sus hijos por el estudio.* También *v. prnl.* **3.** Dirigir o enfocar algo con un objetivo determinado: *un libro encaminado a los jóvenes.* || **encaminarse** *v. prnl.* **4.** Dirigirse a algún sitio. SIN. **1.** Orientar(se). **2.** Encarrilar(se), enderezar(se), encauzar(se). **3.**

Destinar. **4.** Irse, marcharse. **ANT. 1.** y **2.** Descaminar(se), desviar(se), desorientar(se). **FAM.** Desencaminar. CAMINO.

encamisonado *s. m. Ven. fam.* Hombre que se viste con ropa de mujer, travestido.

encamotarse *v. prnl. Amér. fam.* Enamorarse.

encampanado, da 1. *p.* de **encampanar**. También *adj.* || *adj.* **2.** Acampanado, en forma de campana.

encampanar *v. tr.* **1.** Dar forma de campana a algo. También *v. prnl.* **2.** *Col.*, *P. Rico* y *Ven.* Elevar, encumbrar. **3.** *Méx.*, *Perú* y *P. Rico* Dejar a alguien en la estacada. || *v. intr.* **4.** *Col.* Salir rápidamente en busca de algo. || **encampanarse** *v. prnl.* **5.** Envanecerse, presumir. **6.** Levantar el toro parado la cabeza en actitud desafiante. **7.** *Col.* Enamorarse. **8.** *Méx.* Meterse en una situación difícil o comprometida. **FAM.** Encampanado. CAMPANA.

encanalar *v. tr.* **1.** Conducir un líquido por canales. También *v. prnl.* **2.** Canalizar: *encanalar un río.* También *v. prnl.*

encanallar *v. tr.* Corromper a una persona para que actúe como un canalla. Se usa más como *v. prnl.* **SIN.** Envilecer(se), degradar(se). **ANT.** Ennoblecer(se). **FAM.** Encanallamiento. CANALLA.

encanarse (de *en-* y *caña*) *v. prnl.* **1.** Quedarse rígido, con la boca abierta, por un ataque de risa o de llanto, especialmente los niños. **2.** *Arg.*, *Col.* y *Urug.* Ingresar en la cárcel.

encandelillar *v. tr.* **1.** *Amér.* Deslumbrar. **2.** *Amér.* Coser ligeramente el borde de una tela para que no se deshilache. **SIN. 1.** Encandilar.

encandilamiento *s. m.* **1.** Acción de encandilar o encandilarse. **2.** *Amér. del S.* Deslumbramiento, especialmente, el producido por los faros de los vehículos durante la conducción.

encandilar (de *en-* y *candela*) *v. tr.* **1.** Deslumbrar a alguien, generalmente con apariencias: *Encandiló a los niños con aquel número de magia.* También *v. prnl.* **2.** Hacer que una persona tenga deseos o ilusiones sin fundamento: *Al final logrará encandilarle con sus cuentos.* **3.** Enamorar, excitar en alguien el deseo amoroso. También *v. prnl.* **4.** Cegar o deslumbrar una luz. **5.** *fam.* Avivar la lumbre. **6.** *Perú* y *P. Rico* Hacer perder a alguien el sueño. || **encandilarse** *v. prnl.* **7.** Brillarle los ojos a una persona por la bebida o la pasión. **8.** *Col.*, *Perú* y *P. Rico* Asustarse. **9.** *Méx.* y *P. Rico* Enfadarse. **SIN. 1.** Fascinar(se), alucinar(se), impresionar(se). **2.** Embaucar(se), encalabrinar(se). **4.** Ofuscar. **5.** Atizar. **FAM.** Encandilamiento. CANDELA.

encanecer (del lat. *incanescere*) *v. intr.* **1.** Ponerse gris o blanco el cabello de una persona. También *v. prnl.* **2.** Envejecer. ■ Es v. irreg. Se conjuga como *agradecer.* **SIN. 1.** Platear, blanquear. **2.** Avejentarse, aviejarse. **ANT. 2.** Rejuvenecer. **FAM.** Encanecimiento. CANA[1].

encanijar *v. tr.* Poner débil y raquítica a una persona. También *v. prnl.*: *El niño se ha encanijado después de la enfermedad.* **FAM.** Encanijado, encanijamiento. CANIJO.

encantado, da 1. *p.* de **encantar**. || *adj.* **2.** Que está bajo los efectos de un encantamiento o hechizo: *un castillo encantado.* **3.** Muy contento con una persona, cosa, situación, etc.: *Está encantada con su trabajo.* **4.** Como fórmula de saludo a alguien que acaba de ser presentado, equivale a *mucho gusto.* **SIN. 2.** Hechizado, embrujado. **ANT. 2.** y **3.** Desencantado. **3.** Desilusionado, descontento.

encantador, ra (del lat. *incantator, -oris*) *adj.* **1.** Se aplica a la persona que encanta o hace encantamientos. También *s. m.* y *f.*: *un encantador de serpientes.* **2.** Agradable, que produce una grata impresión: *una familia encantadora.* **SIN. 2.** Cautivador, arrebatador, adorable. **ANT. 2.** Desagradable, antipático.

encantar (del lat. *incantare*) *v. tr.* **1.** Convertir por arte de magia a una persona o cosa en otra distinta: *La bruja encantó al príncipe.* **2.** Gustar mucho a alguien una persona o cosa: *Me encantó aquel pueblo.* **SIN. 1.** Hechizar, embrujar. **2.** Fascinar. **ANT. 1.** Desembrujar. **1.** y **2.** Desencantar. **2.** Disgustar. **FAM.** Encantado, encantador, encantamiento, encanto. / Desencantar. CANTAR[1].

encanto *s. m.* **1.** Conjunto de cualidades que hacen a alguien o algo muy atrayente: *el encanto de un paisaje.* **2.** También, apelativo cariñoso: *Ven aquí, encanto.* || *s. m. pl.* **3.** Atractivos físicos de una persona, en especial los de una mujer.

encañado[1] *s. m.* Enrejado de cañas para proteger las plantas o hacer divisiones en un jardín.

encañado[2] *s. m.* Conducto hecho con caños para conducir el agua. **SIN.** Encañizada.

encañar[1] *v. tr.* **1.** Poner cañas a las plantas para que se desarrollen rectas. || *v. intr.* **2.** Empezar a formar caña los tallos de los cereales. **FAM.** Encañado[1]. CAÑA.

encañar[2] *v. tr.* Conducir el agua por encañados o cañerías. **FAM.** Encañado[2]. CANO.

encañizada *s. f.* **1.** Atadijo de cañas que se pone en lagunas, ríos, etc., para que no se escapen los peces. **2.** Encañado[1]*.

encañizar *v. tr.* **1.** Hacer un techo o falso techo con cañizos. **2.** Poner cañizos a los gusanos de seda. ■ Delante de *e* se escribe *c* en lugar de *z*: *encañice.* **FAM.** Encañizada. CAÑIZO.

encañonado, da 1. *p.* de **encañonar**. También *adj.* || *adj.* **2.** Se aplica al humo, aire, etc., que pasa por un lugar estrecho.

encañonar *v. tr.* **1.** Apuntar a alguien o algo con el cañón de un arma: *El cazador encañonó al conejo.* **2.** Hacer que el agua u otra cosa entre por un cauce o conducto estrecho. También *v. prnl.* **3.** Planchar algo formando pliegues. **4.** En encuadernación, encajar un pliego dentro de otro. || *v. intr.* **5.** Echar las aves cañones de pluma. **FAM.** Encañonado. CAÑÓN.

encapotado, da 1. *p.* de **encapotar**. También *adj.* || *adj.* **2.** Cubierto de nubes.

encapotar *v. tr.* **1.** Cubrir con el capote. También *v. prnl.* || **encapotarse** *v. prnl.* **2.** Cubrirse el cielo de nubes, en especial si anuncian tormenta. ■ En esta acepción se conjuga sólo en 3.ª pers.: *Se ha encapotado el día.* **3.** Poner el rostro ceñudo, poner mala cara. **SIN. 2.** Nublarse, cerrarse, oscurecerse. **ANT. 2.** Despejarse, abrirse. **FAM.** Encapotado, encapotamiento. / Desencapotarse. CAPA.

encapricharse *v. prnl.* **1.** Empeñarse una persona en conseguir un capricho: *encapricharse con comprar un perro.* **2.** Enamorarse de una persona ligeramente o por frivolidad: *Se encaprichó de una chica de su curso.* **SIN. 1.** Antojarse, emperrarse, obstinarse. **2.** Enamoriscarse. **ANT. 1.** Desistir. **1.** y **2.** Desencapricharse.

encapsular *v. tr.* Meter algo en cápsula o cápsulas. También *v. prnl.*

encapuchado, da 1. *p.* de **encapuchar**. También *adj.* || *adj.* **2.** Se aplica a la persona que se cubre con una capucha, p. ej. en las procesiones. También *s. m.* y *f.*

encapuchar *v. tr.* Poner una capucha a algo o a alguien. También *v. prnl.* **FAM.** Encapuchado. CAPUCHA.

encarado, da 1. *p.* de **encarar**. También *adj.* || *adj.* **2.** Con los adverbios *bien* y *mal*, que muestra buena o mala cara, con las facciones bellas o feas: *Un individuo mal encarado.* **FAM.** Malencarado. ENCARAR.

encaramar (de *en-* y el ár. *karma*, cepa de vid) *v. tr.* **1.** Subir a una persona o cosa a un lugar elevado. También *v. prnl.*: *Se encaramó al tejado.* **2.** *fam.* Elevar, colocar a alguien en una posición importante: *Su trabajo le encaramó a la presidencia.* También *v. prnl.* **3.** *Col.* y *C. Rica* Abochornar. **SIN. 1.** y **2.** Alzar(se), aupar(se). **2.** Encumbrar(se), ascender. **ANT. 1.** Bajar(se), descender. **2.** Rebajar(se), relegar(se). **FAM.** Encaramamiento.

encarar (de *en-* y *cara*) *v. tr.* **1.** Hacer frente a un problema o dificultad. También *v. prnl.* **2.** Contraponer dos aspectos de una cosa: *encarar los pros y los contras.* También *v. prnl.* **3.** Poner cara a cara a dos personas, animales o cosas, p. ej. dos piezas de tela para cortarlas iguales. || **encararse** *v. prnl.* **4.** Ponerse una persona cara a cara con otra para discutir alguna cosa o para desafiarla: *Se encaró con el jefe para hablar del horario.* **SIN. 1.** Afrontar. **4.** Enfrentarse, plantarse, carearse. **ANT. 1.** Rehuir, eludir. **FAM.** Encarado, encaramiento, encaro. CARA.

encarcelar *v. tr.* Meter a una persona en la cárcel. **SIN.** Apresar, aprisionar, enchironar. **ANT.** Excarcelar. **FAM.** Encarcelación, encarcelador, encarcelamiento. CÁRCEL.

encarecer (del lat. *incarescere*) *v. tr.* **1.** Aumentar el precio o valor de una cosa. También *v. intr.* y *v. prnl.*: *El coste de los transportes (se) ha encarecido.* **2.** Ponderar o alabar mucho a una persona o cosa: *Encareció sus métodos de enseñanza.* **3.** Recomendar con empeño algo: *Me encareció repetidamente que le visitara.* ■ Es v. irreg. Se conjuga como *agradecer.* **SIN. 2.** Enaltecer, ensalzar. **3.** Rogar, insistir. **ANT. 1.** Abaratar(se), bajar, rebajar. **2.** Criticar, censurar. **FAM.** Encarecedor, encarecidamente, encarecimiento. CARO.

encarecidamente *adv. m.* Con encarecimiento o insistencia: *Me rogó encarecidamente que fuera.* **SIN.** Insistentemente.

encargado, da 1. *p.* de **encargar**. También *adj.* || *adj.* **2.** Que ha recibido un encargo o tiene alguna cosa a su cargo: *el profesor encargado de la cátedra.* También *s. m.* y *f.* || *s. m.* y *f.* **3.** Persona responsable de un negocio, establecimiento, etc., en representación del dueño o interesado: *Quiero hablar con el encargado del local.*

encargar (de *en-* y *cargar*) *v. tr.* **1.** Mandar a alguien que haga cierta cosa, confiarle un asunto o tarea: *Me encargaron que les avisara.* **2.** Pedir que desde otro lugar envíen a uno mismo o a otra persona cierta cosa: *Encargué flores a la tienda.* || **encargarse** *v. prnl.* **3.** Hacerse una persona cargo de alguien o algo, tomarlo bajo su cuidado: *Luis se encarga de la comida.* ■ Delante de *e* se escribe *gu* en lugar de *g*: *encargue.* **SIN. 1.** Encomendar. **2.** Solicitar. **3.** Ocuparse, cuidarse. **ANT. 2.** Cancelar, anular. **3.** Despreocuparse, desentenderse. **FAM.** Encargado, encargo, encargue. CARGAR.

encargo *s. m.* **1.** Acción de encargar. **2.** Cosa que se encarga o encomienda a alguien: *Traigo el encargo de visitar a Pedro.* || **LOC. como (hecho) de encargo** (o **ni hecho de encargo**) *adv.* Con todas las cualidades que se pueden desear o esperar. **estar de encargo** *Amér. del S.* Estar una mujer embarazada. **SIN. 2.** Recado, misión, comisión.

encargue *s. m. Arg.* Encargo.

encariñar *v. tr.* **1.** Despertar cariño. || **encariñarse** *v. prnl.* **2.** Tomar cariño a una persona, animal o cosa. **SIN. 2.** Prendarse, enamorarse, encapricharse.

encarnación (del lat. *incarnatio, -onis*) *s. f.* **1.** Acción de encarnar o encarnarse. **2.** Representación o personificación de algo no material: *Su rostro era la encarnación del dolor.* **3.** En pintura y escultura, color carne con que se pintan los desnudos. **SIN. 2.** Imagen, materialización, estampa. **3.** Carnación.

encarnado, da 1. *p.* de **encarnar**. También *adj.* || *adj.* **2.** Personificado: *Es el diablo encarnado.* **3.** De color rojo. También *s. m.*: *No le gusta el encarnado.* **4.** De color carne. También *s. m.* || *s. m.* **5.** Color de carne que se da a las pinturas y esculturas. **SIN. 2.** Representado. **3.** Colorado. **5.** Encarnación, carnación.

encarnadura *s. f.* Capacidad que tiene un tejido orgánico dañado para repararse o cicatrizar. ■ Se dice también *carnadura.*

encarnar (del lat. *incarnare*) *v. intr.* **1.** Tomar forma carnal o material un ser o una idea espiritual. Se usa más como *v. prnl.*: *En la mitología, los dioses se encarnaban a veces en animales.* **2.** Según la fe cristiana, hacerse Dios hombre en la persona de Cristo. Se usa más como *v. prnl.* **3.** Cicatrizar o irse reparando los tejidos de una herida: *El corte ha encarnado muy bien.* || *v. tr.* **4.** Representar una persona o animal un concepto abstracto. **5.** Representar alguien un personaje en una obra dramática, película, etc.: *Ese actor encarnó el papel de don Juan Tenorio.* **6.** Dar color de carne a las pinturas y esculturas. || **encarnarse** *v. prnl.* **7.** Introducirse o clavarse una uña, al crecer, en la carne de alrededor. **SIN. 1.** Materializarse. **4.** Simbolizar, personificar, significar. **5.** Interpretar, protagonizar. **FAM.** Encarnación, encarnado, encarnadura. / Reencarnar. CARNE.

encarnecer *v. intr.* Echar carnes, engordar. ■ Es v. irreg. Se conjuga como *agradecer.*

encarnizado, da 1. *p.* de **encarnizar**. También *adj.* || *adj.* **2.** Se aplica a la lucha, discusión, etc., muy cruel o violenta. **SIN. 2.** Salvaje, feroz, cruento.

encarnizar (de *en-* y *carniza*, destrozo, carnicería) *v. tr.* **1.** Hacer más cruel o despiadado a alguien o algo: *Aquel hecho encarnizó aún más a los contendientes.* También *v. prnl.* **2.** Cebar a los perros con la carne de otros animales para que se hagan fieros. || **encarnizarse** *v. prnl.* **3.** Cebarse los animales en su víctima. **4.** Mostrarse cruel con alguien: *Se encarnizó con el más débil.* ■ Delante de *e* se escribe *c* en lugar de *z*: *encarnice.* **SIN. 1.** Recrudecer(se), acalorar(se), atizar. **3.** y **4.** Ensañarse. **FAM.** Encarnizadamente, encarnizado, encarnizamiento. CARNE.

encaro *s. m.* **1.** Acción de encarar o encararse. **2.** Parte de la culata de una escopeta o arma similar donde se apoya la mejilla al apuntar.

encarpetar *v. tr.* Guardar papeles en carpetas.

encarrilar *v. tr.* **1.** Colocar sobre los carriles un vehículo que ha descarrilado. **2.** Encaminar, dirigir por el camino conveniente: *encarrilar a los hijos.* También *v. prnl.*: *Se encarriló en los estudios.* **SIN. 2.** Guiar, encauzar(se), enderezar(se), orientar(se). **ANT. 2.** Desorientar(se), descarriar(se).

encarroñar *v. tr.* Corromper una cosa. También *v. prnl.* **SIN.** Pudrir(se).

encartado, da 1. *p.* de **encartar**. También *adj.* || *adj.* **2.** Se aplica a la persona que está sujeta a un proceso judicial. También *s. m.* y *f.*

encartar (de *en-* y *carta*) *v. tr.* **1.** Incluir a una persona entre las que han de ser juzgadas en un proceso. **2.** En los juegos de naipes, echar carta de un palo que el otro jugador, sea compañero o contrario, tiene que seguir. || **encartarse** *v. prnl.* **3.** En los juegos de naipes, coger un jugador cartas del mismo palo que otro para obligarle a que le siga y no pueda desprenderse de las que no le interesan. **4.** Venir una cosa a cuento, ser una ocasión adecuada o propicia para algo. **SIN. 1.** Procesar, encausar. **FAM.** Encartado, encartamiento, encarte. CARTA.

encarte *s. m.* **1.** Acción de encartar o encartarse en los juegos de naipes. **2.** Hoja o folleto que se introduce, suelto o cosido, en un libro, revista, etc.

encartonar *v. tr.* **1.** Poner cartones a una cosa o protegerla con cartones. **2.** Encuadernar un libro con tapas de cartón recubiertas de papel. **FAM.** Encartonado. CARTÓN.

encartuchar *v. tr.* **1.** *Amér.* Enrollar algo en forma de cartucho. También *v. prnl.* **2.** *Chile* Meterse el dinero en el bolsillo.

encasillar *v. tr.* **1.** Poner o distribuir algo en casillas. **2.** Clasificar a personas o cosas por alguna propiedad o característica, a veces de manera arbitraria: *Ya le han encasillado como mal estudiante.* **3.** Limitar, inmovilizar: *Le han encasillado en papeles de malo.* También *v. prnl.*: *Se ha encasillado en esas ideas.* **SIN. 2.** Etiquetar. **3.** Reducir, restringir(se), circunscribir(se). **FAM.** Encasillable, encasillado, encasillamiento. CASILLA.

encasquetar *v. tr.* **1.** Encajar o meter bien en la cabeza un sombrero, gorro, etc. También *v. prnl.*: *Se encasquetó la boina.* **2.** Hacer oír a alguien algo molesto o pesado: *Vaya discurso que le ha encasquetado.* **3.** Encargar a una persona algo desagradable o fastidioso: *Le encasquetó el trabajito a Rosa.* **4.** Con palabras como *golpe, bofetada*, etc., dar, propinar: *Le encasquetó un tortazo.* || **encasquetarse** *v. prnl.* **5.** Emperrarse, tener alguien una idea fija: *Se le ha encasquetado irse mañana.* **SIN. 2.** Soltar, espetar. **3.** Endosar, endilgar. **4.** Sacudir, meter. **5.** Empeñarse, obstinarse, obcecarse. **ANT. 1.** Desencajar(se).

encasquillarse (de *en-* y *casquillo*) *v. prnl.* **1.** Atascarse un arma de fuego con el casquillo de la bala al disparar: *Se le encasquilló la escopeta.* **2.** P. ext., quedarse atascado cualquier mecanismo, pieza, etc.: *Se ha encasquillado la palanca.* **3.** *fam.* Atascarse alguien al hablar o al discurrir. **SIN. 1.** y **2.** Engancharse, atorarse, obstruirse. **3.** Tartamudear. **ANT. 1.** y **2.** Desatascarse.

encastado, da 1. *p.* de **encastar**. También *adj.* || *adj.* **2.** Se dice de la res que es considerada como característica de su casta.

encastar *v. tr.* Mejorar una raza de animales mediante cruces con los individuos de otra mejor. **FAM.** Encastado. CASTA.

encastillarse *v. prnl.* Obstinarse alguien en una idea, sin que nadie pueda convencerle de lo contrario: *Se ha encastillado en la idea de cambiar de carrera.* **SIN.** Emperrarse, obcecarse. **ANT.** Ceder, desistir.

encastrar (del lat. *incastrare*, encajar) *v. tr.* **1.** Encajar. **2.** Acoplar los dientes de dos piezas. **SIN. 1.** Empotrar. **2.** Engranar, endentar. **ANT. 1.** Desencajar. **2.** Desengranar.

encausado, da *adj.* Que está sometido a un proceso judicial. También *s. m.* y *f.*: *Los encausados declararán hoy ante el juez.* **SIN.** Procesado.

encausar *v. tr.* Abrir una causa judicial contra alguien: *Ya han encausado a los culpables.* **SIN.** Procesar, encartar. **FAM.** Encausado. CAUSA[1].

encáustico, ca (del lat. *encausticus*, y éste del gr. *enkaustikos*) *adj.* **1.** Se dice de las pinturas o barnices preparados con cera que se aplican sobre una superficie para cubrir los poros y dejarla lisa y brillante. || *s. m.* **2.** Preparado de cera fundida para este fin. || *s. f.* **3.** Técnica de pintura que se hace con colores disueltos en cera fundida que deben aplicarse en caliente. ■ Se llama también *encausto* o *encauste.* **FAM.** Encauste, encausto. CÁUSTICO.

encausto o **encauste** *s. m.* Encáustica*, técnica de pintura. || **LOC. al encausto** *adv.* Utilizando esta técnica.

encauzar *v. tr.* **1.** Conducir una corriente por un cauce que ya existe o que se hace expresamente para ello: *Encauzaron las aguas del río para regar.* **2.** Dirigir a una persona, asunto, etc., por un camino favorable o conveniente: *El moderador encauzó bien el tema.* También *v. prnl.* || **encauzarse** *v. prnl.* **3.** Normalizarse, arreglarse la marcha de alguna cosa: *Todo va bien, sus negocios ya se han encauzado.* ■ Delante de *e* se escribe *c* en lugar de *z*: *encauce.* **SIN. 1.** Canalizar. **2.** Guiar, encaminar, orientar, enfocar. **3.** Estabilizarse, enderezarse, encarrilarse. **ANT. 2.** Desencaminar, desviar. **3.** Torcerse. **FAM.** Encauzamiento. CAUCE.

encebollar *v. tr.* Guisar un alimento con mucha cebolla. **FAM.** Encebollado. CEBOLLA.

encefalitis (de *encefalo-* e *-itis*) *s. f.* Inflamación del encéfalo a consecuencia de una infección, causada normalmente por un virus. ■ No varía en *pl.*

encéfalo (del gr. *en*, en, y *-céfalo*) *s. m.* Conjunto de órganos protegidos por el cráneo que constituyen la parte más importante del sistema nervioso central. **FAM.** Encefálico, encefalitis, encefalografía, encefalograma, encefalomielitis, encefalopatía. / Diencéfalo, mesencéfalo, telencéfalo. CEFÁLICO.

encefalografía (de *encéfalo* y *-grafía*) *s. f.* Examen del cerebro por medios radiológicos o eléctricos. **FAM.** Electroencefalógrafo. ENCÉFALO.

encefalograma (de *encéfalo* y *-grama*) *s. m.* Gráfico en el que se refleja el resultado de una encefalografía. **FAM.** Electroencefalograma. ENCÉFALO.

encefalomielitis *s. f.* Inflamación simultánea del encéfalo y la médula espinal. ■ No varía en *pl.*

encefalopatía (de *encéfalo* y *-patía*) *s. f.* Cualquier enfermedad o trastorno del encéfalo.

enceguecer *v. tr.* **1.** Cegar, quitar la visión. **2.** Trastornar, oscurecer las ideas o el entendimiento. || *v. intr.* **3.** Quedarse ciego. También *v. prnl.* ■ Es v. irreg. Se conjuga como *agradecer.* **SIN. 2.** Ofuscar, obnubilar. **ANT. 2.** Aclarar, iluminar. **FAM.** Enceguecimiento. CEGAR.

enceguecimiento *s. m. Col.* Ceguera.

encelar *v. tr.* **1.** Dar celos. || **encelarse** *v. prnl.* **2.** Sentir celos. **3.** Ponerse en celo un animal. **FAM.** Encelamiento. CELO[1].

encenagarse *v. prnl.* **1.** Meterse en el cieno y ensuciarse con él. **2.** Entregarse a los vicios, malas costumbres, etc., o meterse en asuntos poco honrados: *Se encenagó en las drogas.* **SIN. 1.** Embarrarse, enlodarse, enlodazarse. **2.** Envilecerse, enfangarse, hundirse, corromperse. **FAM.** Encenagado, encenagamiento.

encendedor, ra *adj.* **1.** Que enciende. || *s. m.* **2.** Aparato que sirve para encender por medio de una llama, chispa, etc. **SIN. 2.** Mechero.

encender (del lat. *incendere*) *v. tr.* **1.** Hacer que una cosa arda para que dé luz o calor: *encender una hoguera, una vela.* También *v. prnl.* **2.** Conectar un aparato o un circuito eléctrico: *encender* *la radio, la luz.* También *v. prnl.* **3.** Provocar o hacer más intenso un sentimiento, una pasión, etc.: *Sus palabras encendieron los ánimos.* También *v. prnl.* **4.** Ocasionar o comenzar una guerra, una batalla, etc. También *v. prnl.* **5.** Causar ardor físico una sustancia, un alimento. También *v. prnl.* || **encenderse** *v. prnl.* **6.** Ponerse colorado, ruborizarse: *encenderse el rostro.* || LOC. **encender** a una persona **la sangre** Irritarla, enfadarla mucho. ■ Es v. irreg. Se conjuga como *tender.* SIN. **1.** Prender(se). **2.** Poner. **3.** Excitar(se), avivar(se), exaltar(se). **4.** Estallar. **5.** Arder. **6.** Sonrojarse, ruborizarse. ANT. **1.** y **2.** Apagar(se). **2.** Desconectar(se), quitar. **4.** Enfriar(se), calmar(se). **6.** Palidecer, empalidecer. FAM. Encendedor, encendidamente, encendido. / Incendiar, incienso.

encendidamente *adv. m.* Con ardor, pasión. SIN. Ardorosamente, apasionadamente. ANT. Tibiamente.

encendido, da 1. *p.* de **encender**. También *adj.* || *adj.* **2.** Se aplica al color rojo muy intenso y a las cosas que lo tienen. || *s. m.* **3.** Acción de encender: *Este mechero permite muchos encendidos.* **4.** Inflamación de la mezcla carburante (generalmente gasolina y aire) en un motor de explosión. **5.** Dispositivo o sistema que produce el encendido de un mechero, del motor de un coche, etc.

encerado, da 1. *p.* de **encerar**. También *adj.* || *s. m.* **2.** Acción de encerar una superficie. **3.** Tablero pintado de negro u otro color empleado para escribir en él con tizas. **4.** Lienzo recubierto con cera u otra sustancia semejante para impermeabilizarlo. **5.** Fina capa de cera con que se recubren los muebles, entarimados, etc. SIN. **3.** Pizarra.

encerador, ra *s. m.* y *f.* **1.** Persona que encera suelos y pavimentos. || *s. f.* **2.** Máquina para encerar.

encerar (del lat. *incerare*) *v. tr.* Dar cera, especialmente a los suelos. FAM. Encerado, encerador. CERA.

encerradero *s. m.* **1.** Lugar en que se encierra o recoge al ganado. **2.** Toril*.

encerrar *v. tr.* **1.** Meter a una persona o animal en un lugar de donde no pueda salir: *Lo encerraron en una celda.* También *v. prnl.* **2.** Guardar una cosa en un sitio cerrado. **3.** Contener algo dentro de sí: *Ese libro encierra mucha sabiduría.* **4.** Poner una palabra, frase, etc., entre dos signos de puntuación: *encerrar entre comillas.* **5.** En algunos juegos, no dejar que el contrario pueda mover sus fichas o haga una jugada determinada. || **encerrarse** *v. prnl.* **6.** No comunicar una persona sus sentimientos: *Me gustaría ayudarle, pero se encierra en sí mismo.* ■ Es v. irreg. Se conjuga como *pensar.* SIN. **2.** Depositar. **3.** Incluir, comprender, englobar, entrañar. **5.** Inmovilizar. **6.** Cerrarse, aislarse. ANT. **1.** Soltar. **1.** y **2.** Sacar. **6.** Abrirse. FAM. Encerradero, encerrona, encierra, encierro. CERRAR.

encerrona *s. f.* **1.** Situación preparada de antemano en que se pone a una persona para obligarla a hacer o decir alguna cosa: *Le tendieron una encerrona para que confesara.* **2.** Trampa, emboscada. **3.** Corrida de toros privada. **4.** En algunos exámenes, oposiciones, etc., ejercicio que consiste en preparar, durante un tiempo limitado en el que se permanece incomunicado, un tema para exponerlo luego ante el tribunal. SIN. **1.** y **2.** Celada.

encestar *v. tr.* **1.** Poner, recoger o meter algo en una cesta, particularmente en el juego del baloncesto. También *v. intr.* **2.** Conseguir meter una cosa al lanzarla a un recipiente. También *v. intr.*: *Ha conseguido encestar en el bote.* FAM. Encestador, enceste. CESTA.

enceste *s. m.* En baloncesto, acción de encestar. SIN. Canasta.

enchalecar *v. tr. Amér.* Colocar la camisa de fuerza a los locos. ■ Delante de *e* se escribe con *qu* en lugar de *c*: *enchaleque.*

enchamarrar *v. intr. Col.* Enredar, embrollar.

enchambranar *v. tr.* **1.** *Ven.* Meter ruido. || **enchambranarse** *v. prnl.* **2.** *Col.* Enredarse.

encharcar *v. tr.* **1.** Cubrir el agua una parte del terreno, formar charcos. También *v. prnl.* **2.** Causar molestia o pesadez en el estómago el haber tomado mucho líquido o alimentos que lo contengan. También *v. prnl.* **3.** Llenar la sangre u otro líquido un órgano, cavidad, etc. También *v. prnl.*: *encharcarse los pulmones.* ■ Delante de *e* se escribe *qu* en lugar de *c*: *encharque.* FAM. Encharcamiento. CHARCO.

enchastar o **enchastrar** *v. tr. Amér. del S.* Ensuciar.

enchicharse *v. prnl.* **1.** *Amér.* Emborracharse con chicha. **2.** *Amér. C.* Emberrenchinarse, irritarse.

enchilado, da *adj.* **1.** *Méx.* Que tiene color bermejo, como el chile. **2.** *Méx.* Colérico, rabioso. || *s. m.* **3.** *Méx.* Guiso con salsa de chile. || *s. f.* **4.** *Amér.* Tortilla de maíz rellena de carne, queso o verdura y condimentada con chile.

enchilar *v. tr.* **1.** *Amér.* Condimentar algo con chile. **2.** *Méx.* Encolerizar, irritar. También *v. prnl.* FAM. Enchilado, enchiloso. CHILE.

enchiloso, sa *adj. Amér.* Picante.

enchinar *v. tr. Méx.* Rizar.

enchinchar *v. tr.* **1.** *Méx.* y *Guat. fam.* Molestar, fastidiar. || **enchincharse** *v. prnl.* **2.** *Arg.*, *Méx.*, *Par.* y *Urug. fam.* Enfadarse.

enchipar (del quechua *chipa*, red) *v. tr.* **1.** *Bol.* y *Col.* Colocar algo en el canasto. **2.** *Bol.* y *Col.* Enredar, liar.

enchiquerar *v. tr.* **1.** Encerrar al toro en el chiquero o toril. **2.** *fam.* Meter a alguien en la cárcel. SIN. **2.** Enchironar, enjaular, encarcelar. ANT. **2.** Soltar. FAM. Enchiqueramiento. CHIQUERO.

enchironar *v. tr. fam.* Encarcelar*.

enchispar *v. tr. Amér. fam.* Achispar, emborrachar. Se usa más como *v. prnl.*

enchivarse *v. prnl. Col.* y *Ec.* Encolerizarse.

enchuchado *adj. Perú vulg.* Se dice del hombre que se siente atraído sexualmente por una mujer. También *v. prnl.*

enchuecar *v. tr. Chile* y *Méx. fam.* Torcer, arquear. ■ Delante de *e* se escribe *qu* en lugar de *c*: *enchueque.*

enchufado, da 1. *p.* de **enchufar**. También *adj.* || *s. m.* y *f.* **2.** *fam.* y *desp.* Persona que consigue un empleo o un trato de favor por las recomendaciones ajenas y no por méritos propios: *Le han ascendido porque es el enchufado del jefe.* **3.** *Arg.* y *Urug. fam.* Persona que participa con entusiasmo en una actividad.

enchufar *v. tr.* **1.** Conectar un aparato a la corriente eléctrica, encajando las dos piezas del enchufe: *Enchufa la tele.* **2.** *fam.* Dirigir una cosa que despide un chorro de agua, luz, etc., hacia un punto determinado: *Le ha enchufado con la manguera.* **3.** Meter el extremo de un tubo o cualquier otra pieza en otro tubo o pieza semejante. **4.** *fam.* Dar a alguien un empleo o alguna cosa beneficiosa por medio de influencias o recomendaciones: *Su tío le ha enchufado en la fábrica.* || **enchufarse** *v. prnl.* **5.** Obtener un empleo o algo provechoso por influencias: *Se ha enchufado bien.* SIN. **3.** Acoplar. **4.** Recomendar. ANT. **1.** Desenchufar. **3.** Desencajar. FAM. Enchufado, enchufe, enchufismo, enchufista. / Desenchufar.

enchufe *s. m.* **1.** Dispositivo que sirve para conectar un aparato eléctrico a la red, a otro aparato, etc. **2.** *fam.* Recomendación o influencia para conseguir alguna cosa, particularmente un trabajo. **3.** *fam.* Empleo, cargo, etc., conseguido de este modo, y especialmente el que produce muchas ganancias con poco trabajo. **4.** *fam.* Simpatía especial y trato favorable de una persona a otra. **SIN. 3.** Chollo.

enchufismo *s. m.* Práctica que consiste en proporcionar u obtener cargos, puestos, etc., mediante la influencia o la amistad. **SIN.** Amiguismo.

enchufista *adj.* **1.** Propio del enchufe, influencia, recomendación o trato favorable. || *s. m.* y *f.* **2.** Persona que goza o se beneficia del enchufe. **SIN. 2.** Enchufado, recomendado.

enchularse *v. prnl.* **1.** Convertirse en un chulo. **2.** Encapricharse o enamorarse una mujer de un hombre de tal manera que permite que éste se aproveche de ella, particularmente en lo económico. **FAM.** Enchulado. CHULO.

enchumbar *v. tr. Ven. fam.* Empapar, mojar. También *v. prnl.*

enchutar *v. tr. Amér. C.* y *Bol.* Meter, encajar. **FAM.** Enchute.

enchute *s. m. Amér. C.* y *Bol.* Boliche, juego.

encía (del lat. *gingiva*) *s. f.* Mucosa de la boca de los vertebrados superiores que cubre la parte alveolar de los maxilares, adhiriéndose al cuello de los dientes. Se usa mucho en *pl.*

encíclica (del lat. *encyclica*, y éste del gr. *enkyklios*, circular) *s. f.* Carta que dirige el papa a todos los obispos y fieles de la Iglesia católica, o a una parte de ella, sobre temas importantes de la fe o la moral.

enciclopedia (del gr. *en*, en, *kyklos*, círculo, y *paideia*, instrucción) *s. f.* **1.** Obra o conjunto de obras en que se expone un gran número de conocimientos sobre una ciencia o materia o sobre muchas. **2.** Diccionario en el que, además de las definiciones de los términos de una lengua, se incluye información sobre distintas materias, personajes, países, etc. **3.** Enciclopedismo*. || **LOC. ser una enciclopedia viviente** (o **andante, parlante**, etc.) *fam.* Ser muy erudito. **FAM.** Enciclopédico, enciclopedismo, enciclopedista.

enciclopédico, ca *adj.* **1.** De la enciclopedia o relacionado con ella: *diccionario enciclopédico.* **2.** Que posee conocimientos muy amplios, que abarca múltiples ciencias o materias: *saber enciclopédico.*

enciclopedismo *s. m.* Movimiento filosófico surgido en Francia en el s. XVIII en torno a los autores de *La Enciclopedia* francesa, caracterizado por su defensa del conocimiento científico y de la razón frente al autoritarismo, el dogmatismo religioso y la superstición. **SIN.** Ilustración.

enciclopedista *adj.* **1.** Relativo al enciclopedismo. **2.** Partidario del enciclopedismo. También *s. m.* y *f.* || *s. m.* y *f.* **3.** Autor o colaborador de una enciclopedia. **SIN. 1.** y **2.** Ilustrado.

encierra *s. f.* **1.** *Chile* Encierro de reses en el invernadero. **2.** *Chile* Conjunto de reses encerradas. **3.** *Chile* Dehesa para pasto de las reses en el invierno.

encierro *s. m.* **1.** Acción de encerrar o encerrarse, particularmente encerrarse una persona voluntariamente en algún lugar: *El encierro de los estudiantes fue una forma de protesta contra las nuevas medidas.* **2.** Lugar donde se encierra, especialmente aquel en que se encierra una persona voluntariamente: *Todavía no ha salido de su encierro.* **3.** Acción de conducir los toros al toril antes de la lidia: *los encierros de San Fermín.* **4.** Toril*. **SIN. 1.** Reclusión. **4.** Chiquero. **ANT. 1.** Salida.

encima (de *en* y *cima*) *adv. l.* **1.** En lugar más alto que otro y sobre él: *Su madre vive encima.* **2.** Cubriendo algo: *Ponte el abrigo encima de los hombros.* **3.** En un puesto o cargo más elevado: *Tiene encima a dos superiores.* **4.** Pesando sobre alguien, constituyendo una carga: *Tiene mucha responsabilidad encima.* || *adv. l.* y *t.* **5.** Referido a algo que está aproximándose, muy cerca: *La policía ya está encima del ladrón. Tenemos encima las vacaciones.* || *adv. c.* **6.** Además: *Pagó la mercancía y encima el transporte.* || *adv. m.* **7.** Vigilando y controlando continuamente; también cuidando o atendiendo constantemente: *El encargado está todo el tiempo encima de él. Hay que estar siempre encima de los niños.* **8.** Indica que algo aumenta o empeora el efecto de otra cosa expresada anteriormente: *Llega tarde y encima protesta.* || **LOC. llevar** (o **traer**) **encima** Llevar consigo alguien dinero, objetos de valor, etc. **por encima** *adv.* Superficialmente, sin profundizar: *Estudió la lección por encima.* De más importancia o interés: *La felicidad está por encima del dinero.* A pesar de algún obstáculo: *Si se lo propone, lo hará por encima de tu voluntad; por encima de todo.* Fuera del alcance de aquello que se expresa: *Eso está por encima de sus posibilidades.* **ANT. 1.** a **3.** Debajo. **1.** y **3.** Abajo. **FAM.** Encimero. CIMA.

encimero, ra *adj.* **1.** Se aplica a aquellas cosas que se colocan encima de otras del mismo tipo: *sábana encimera.* || *s. f.* **2.** Especie de plancha o tablero a modo de mesa larga que recorre la pared de una cocina, cubriendo muebles, electrodomésticos, alojando los senos del fregadero, etc. **3.** *Arg., Par.* y *Urug.* Pieza de cuero de la montura que tiene dos correas unidas a la cincha.

encina (del lat. *ilicina*) *s. f.* Árbol de la familia fagáceas de tronco grisáceo y copa ancha. Sus hojas son siempre verdes, coriáceas, peludas y grises por el envés y lisas y verde oscuro por el haz. Tiene fruto en aquenio llamado bellota. **FAM.** Encinar.

encinta (del lat. *incincta*) *adj.* Se dice de la mujer embarazada. **SIN.** Preñada, grávida.

encintado, da 1. *p.* de **encintar**. También *adj.* || *s. m.* **2.** Acción de encintar. **3.** Hilera o línea de piedra que forma el borde de una acera, andén, etc. **SIN. 3.** Bordillo.

encintar *v. tr.* **1.** Adornar una cosa con cintas. **2.** Poner el bordillo o encintado de la acera. **FAM.** Encintado. CINTA.

encizañar *v. tr.* Meter cizaña, provocar enemistad y discordia. ■ Se dice también *cizañar.* **SIN.** Indisponer, enemistar, malmeter. **ANT.** Reconciliar. **FAM.** Encizañador. CIZAÑA.

enclaustrar *v. tr.* **1.** Meter en un claustro o en un convento. También *v. prnl.* **2.** Encerrar en algún sitio. También *v. prnl.*: *Se ha enclaustrado y no quiere ver a nadie.* **FAM.** Enclaustramiento. CLAUSTRO.

enclavado, da 1. *p.* de **enclavar**. || *adj.* **2.** Se aplica al lugar situado dentro de un determinado territorio: *Es un pueblo enclavado en una bella provincia.* **3.** Se dice de las cosas que están situadas o encajadas en otras.

enclavamiento *s. m.* **1.** Acción de enclavar o enclavarse. **2.** Dispositivo que coordina el funcionamiento de dos o más sistemas o aparatos, p. ej., en las vías férreas, el que regula la posición de las agujas en combinación con las señales. **3.**

En med., posición del feto en que la cabeza queda inmovilizada en el estrecho superior de la pelvis.

enclavar *v. tr.* Colocar, situar: *Enclavaron la nueva colonia junto al pinar.* También *v. prnl.* SIN. Establecer(se), ubicar(se). FAM. Enclavado, enclavamiento, enclave. CLAVAR.

enclave *s. m.* Territorio o grupo humano que se halla incluido en otro de mayor tamaño y con el que tiene diferencias étnicas, religiosas, lingüísticas, políticas, etc.

enclavijar *v. tr.* **1.** Poner las clavijas a un instrumento. **2.** Unir dos cosas entrelazándolas o encajando parte de una en otra. SIN. **2.** Trabar.

enclenque (de or. onomat.) *adj.* Muy débil, flaco o de poca salud. También *s. m.* y *f.* SIN. Endeble, flojo, esmirriado. ANT. Robusto, rollizo.

enclisis o **énclisis** (del gr. *enklisis*, inclinación) *s. f.* Unión de una palabra con otra precedente que le sirve de apoyo. ■ No varía en *pl.* FAM. Enclítico.

enclítico, ca (del lat. *encliticus*, y éste del gr. *enklitikos*, inclinado) *adj.* Se aplica a las partículas o partes de la oración que se unen a la palabra que las precede; p. ej., los pronombres complementos del verbo cuando van pospuestos a éste: *tráemelo, bebérselo.*

enclochar *v. intr. Col.* y *Ven.* Embragar el motor de un vehículo.

encluecarse *v. prnl. Amér. del S.* Encontrarse en mal estado de salud, enfermar. ■ Delante de *e* se escribe *qu* en lugar de *c*: *se enclueque.*

encobar (del lat. *incubare*, echarse) *v. intr.* Incubar aves y otros animales los huevos. También *v. prnl.* SIN. Empollar.

encocorar *v. tr.* Enfadar o irritar mucho. También *v. prnl.* SIN. Crispar(se), exasperar(se), desesperar(se). ANT. Agradar, tranquilizar(se).

encofrado, da **1.** *p.* de **encofrar**. También *adj.* || *s. m.* **2.** Acción de encofrar: *Un albañil se encargó del encofrado de las paredes.* **3.** Armazón o molde desmontable que sostiene el hormigón mientras éste fragua. **4.** Revestimiento de madera que se construye en las galerías de las minas para contener las tierras.

encofrar *v. tr.* **1.** Hacer un armazón que sostiene el hormigón mientras éste fragua. **2.** Colocar bastidores en las galerías de las minas para contener las tierras. FAM. Encofrado, encofrador. COFRE.

encoger *v. intr.* **1.** Disminuir el tamaño de algunas cosas, p. ej. ciertos tejidos al mojarlos. También *v. prnl.* || *v. tr.* **2.** Contraer o recoger el cuerpo o una parte de él. También *v. prnl.*: *Se encogía de frío.* **3.** Con palabras como *alma*, *corazón*, etc., producir tristeza, miedo, desaliento: *Ver tanta miseria encoge el corazón.* También *v. prnl.* || **encogerse** *v. prnl.* **4.** Acobardarse ante una persona, situación, etc.: *Cuando te hable, no te encojas y contéstale.* **5.** Perder la energía o las ganas de hacer cosas. || LOC. **encogerse de hombros** Levantar los hombros en señal de indiferencia, por no conocer la respuesta a una pregunta, etc. También, desentenderse, no intervenir ante una situación injusta, peligrosa, etc. ■ Delante de *a* y *o* se escribe *j* en lugar de *g*: *encoja.* SIN. **2.** Retraer(se). **3.** Achicarse, apocarse, achantarse. **5.** Desanimarse. ANT. **1.** Ensanchar(se). **2.** Desencoger, estirar(se). **4.** Crecerse. **5.** Animarse. FAM. Encogidamente, encogido, encogimiento. / Desencoger. COGER.

encogido, da **1.** *p.* de **encoger**. También *adj.* || *s. m.* **2.** Desperfecto de un tejido o una prenda al engancharse o tirar de un hilo. SIN. **2.** Enganchón.

encolado, da **1.** *p.* de **encolar**. También *adj.* || *adj.* **2.** *Chile* y *Méx.* Gomoso, petimetre. También *s. m.* || *s. m.* **3.** Operación de encolar.

encolar *v. tr.* **1.** Pegar con cola una cosa. **2.** Dar cola a una superficie para pegar algo sobre ella y, especialmente, para pintarla después al temple. **3.** Aclarar los vinos y licores. FAM. Encolado, encolador, encoladura, encolamiento. / Desencolar. COLA[2].

encolerizar *v. tr.* Hacer que alguien se ponga colérico, se enfade mucho. También *v. prnl.* ■ Delante de *e* se escribe *c* en lugar de *z*: *encolerice.* SIN. Enojar(se), irritar(se), enfurecer(se). ANT. Aplacar(se), calmar(se).

encomendar *v. tr.* **1.** Encargar a alguien que haga cierta cosa. **2.** Entregar a alguien una persona o cosa para que cuide de ella: *Le he encomendado los niños.* **3.** Dar a un colonizador en América indios en encomienda. || **encomendarse** *v. prnl.* **4.** Confiarse una persona en manos de alguien buscando protección o amparo: *Se encomendó a Dios.* ■ Es v. irreg. Se conjuga como *pensar.* SIN. **1.** Delegar, comisionar. **4.** Abandonarse. FAM. Encomendable, encomendería, encomendero, encomienda. / Recomendar.

encomendería *s. f. Méx.* y *Perú* Pequeña tienda de comestibles.

encomendero *s. m.* **1.** Persona que en la América colonial hispana tenía indios encomendados por concesión de la autoridad real o de otra autoridad competente. **2.** *Méx.* y *Perú* Persona que vende comestibles.

encomiable *adj.* Digno de encomio o alabanza: *Desarrolló una encomiable labor al frente del hospital.* SIN. Excelente, admirable. ANT. Mediocre.

encomiar *v. tr.* Alabar con insistencia o interés. SIN. Elogiar, ensalzar, celebrar. ANT. Censurar, criticar. FAM. Encomiable, encomiador, encomiasta, encomiástico, encomio, encomioso.

encomiasta (del gr. *enkomiastes*) *s. m.* y *f.* Persona que elogia a otra de palabra o por escrito. SIN. Panegirista.

encomiástico, ca (del gr. *enkomiastikos*) *adj.* Que contiene alabanza o sirve para alabar: *un escrito encomiástico.* SIN. Elogioso, laudatorio. ANT. Crítico, reprobatorio.

encomienda *s. f.* **1.** Acción de encomendar. **2.** Encargo que recibe alguien, especialmente el molesto o inoportuno: *Vaya encomienda que me ha tocado.* **3.** Institución de la América colonial española por la que se concedía a un colonizador, o encomendero, el tributo o el trabajo de un grupo de indígenas, a cambio de protegerles e instruirles en la religión cristiana. **4.** *Amér.* Paquete postal. **5.** *Méx.* Almacén de frutas.

encomio *s. m.* Alabanza o elogio muy grande: *Sus labores humanitarias son dignas de encomio.* SIN. Ensalzamiento, encumbramiento. ANT. Censura, crítica.

encomioso, sa *adj. Amér. del S.* Encomiástico, elogioso.

enconar (del lat. *inquinare*, manchar, contaminar) *v. tr.* **1.** Poner peor una herida o un tejido dañado. Se usa mucho como *v. prnl.*: *Si te tocas, lo único que consigues es enconarte la llaga.* **2.** Hacer más violenta o difícil de calmar una lucha, una disputa, etc. También *v. prnl.* **3.** Aumentar en alguien la hostilidad, el odio, el rencor, etc.: *Aquel castigo enconó a los alumnos.* También *v. prnl.* SIN. **2.** y **3.** Exacerbar, recrudecer, avivar. ANT. **1.** Sanar, curar, cicatrizar. **2.** y **3.** Apaciguar. FAM. Enconado, enconamiento, encono. / Desenconar.

encono *s. m.* **1.** Rencor, odio: *Persiguó con encono a sus enemigos.* **2.** *Amér.* Inflamación de una llaga o herida. **SIN. 1.** Resentimiento, saña.

encontradamente *adv. m.* Opuestamente, con oposición: *Son dos aspectos encontradamente distintos.*

encontradizo, za *adj.* Que se encuentra con otra persona o cosa. ■ Se usa especialmente en la locución **hacerse** uno **el encontradizo**, salir al encuentro de alguien al que se buscaba, simulando que se le encuentra de forma casual.

encontrado, da 1. *p.* de **encontrar**. También *adj.* ‖ *adj.* **2.** Contrario, opuesto. **3.** Que está puesto enfrente. ■ En las dos últimas acepciones se usa más en *pl.*: *dos actitudes encontradas, dos muebles encontrados.* **SIN. 2.** Antitético, antagónico. **2.** y **3.** Enfrentado. **ANT. 2.** Compatible, coincidente.

encontrar (del lat. *in contra*) *v. tr.* **1.** Dar con una persona o cosa que se estaba buscando. **2.** Dar con alguna persona o cosa casualmente, sin buscarla. También *v. prnl.*, a veces con valor recíproco: *Se encontró a su primo en el fútbol. Se encontraron en el metro algunas veces.* **3.** Llegar a donde está una persona o a un lugar y verlos de la manera que se expresa o darse cuenta de algo: *Fui a su casa y la encontré buscando por todos los cajones.* También *v. prnl.*: *Llegué a casa y me encontré con que todos se habían ido.* **4.** Considerar que alguien o algo está de cierta manera o tiene determinada cualidad: *A Luis le encuentro muy interesante. Encontramos la película muy divertida.* ‖ **encontrarse** *v. prnl.* **5.** Estar en el lugar que se expresa: *Ahora se encuentra en el extranjero.* **6.** Sentirse de la manera que se indica; con los adverbios *bien* o *mal*, se refiere generalmente a la salud: *El médico ha dicho que se encuentra bien.* **7.** Reunirse con alguien: *¿Nos encontramos a las siete en el metro?* **8.** Descubrir que se tiene alguna cosa sin haber pensado en ello: *Tú ahorra todos los meses y, al final, eso que te encuentras.* ■ Puede construirse con la prep. *con.* **9.** Coincidir en un punto dos o más cosas: *En este vértice se encuentran las dos rectas.* **10.** Chocar bruscamente. **11.** Oponerse dos posturas, actitudes, etc.: *En la obra se encuentran dos estilos radicalmente distintos.* **12.** También se usa con el significado contrario, estar de acuerdo, coincidir: *Por fin se encontraron sus intereses.* ■ Es v. irreg. Se conjuga como *contar.* **SIN. 1.** y **2.** Tropezar(se). **1.** a **3.**, **5.**, **6.** y **9.** Hallar(se). **1.**, **2.** y **10.** Topar(se). **3.**, **4.** y **7.** Ver(se). **4.** Juzgar. **9.** Converger. **10.** Colisionar. **11.** Contraponerse, enfrentarse. **ANT. 1.** y **2.** Perder(se). **9.** Separarse. **11.** Acercarse. **12.** Divergir. **FAM.** Encontradamente, encontradizo, encontrado, encontronazo, encuentro. / Desencuentro, reencontrar. CONTRA[1].

encontronazo *s. m.* **1.** Golpe o choque violento. **2.** Pelea, disputa.

encoñarse *v. prnl.* **1.** *vulg.* Estar el hombre tan atraído sexualmente por una mujer que llega a obsesionarse con ella. **2.** *vulg.* P. ext., encapricharse con alguna cosa. **SIN. 2.** Emperrarse.

encoparse *v. prnl. Arg.*, *Chile* y *Urug.* Embriagarse, emborracharse.

encopetado, da *adj.* **1.** De alto copete, de mucha categoría o de elevada clase social. **2.** Muy acicalado: *Las mujeres iban muy encopetadas a la fiesta.* **3.** Presumido, vanidoso. **SIN. 1.** Empingorotado. **2.** Emperifollado, emperejilado. **3.** Engreído. **ANT. 1.** y **3.** Humilde, sencillo. **2.** Descuidado. **FAM.** Encopetar. COPETE.

encorajinar *v. tr.* Irritar o enfadar mucho a alguien. También *v. prnl.* **SIN.** Encolerizar(se), enfurecer(se), airar(se). **ANT.** Calmar(se). **FAM.** Encorajinado. CORAJE.

encorbatarse *v. prnl. fam.* Ponerse corbata: *Se trajeó y se encorbató para su cita.*

encorchar *v. tr.* **1.** Poner tapones de corcho a las botellas. **2.** Poner cebo para que las abejas entren en las colmenas. **ANT. 1.** Descorchar. **FAM.** Encorchador. CORCHO.

encorchetar *v. tr.* Poner corchetes o abrochar alguna cosa con corchetes.

encordado, da 1. *p.* de **encordar**. También *adj.* ‖ *s. m.* **2.** Encordadura*. **3.** *Arg.*, *Chile*, *Par.* y *Urug.* Guitarra*.

encordadura *s. f.* Conjunto de las cuerdas de un instrumento de música.

encordar *v. tr.* **1.** Poner cuerdas a los instrumentos de música, raquetas de tenis, etc. ‖ **encordarse** *v. prnl.* **2.** Amarrarse el montañista a la cuerda formando cordada. ■ Es v. irreg. Se conjuga como *contar.* **FAM.** Encordado, encordadura. CUERDA.

encornado, da *adj.* Con los adverbios *bien* y *mal* y aplicado a toros y vacas, que tiene buena o mala encornadura.

encornadura *s. f.* **1.** Forma o disposición de los cuernos de un animal. **2.** Cornamenta. **SIN. 2.** Cuerna. **FAM.** Encornado. CUERNO.

encorozar *v. tr. Chile* y *Méx.* Rellenar los huecos de una pared o revocarla con barro.

encorralar *v. tr.* Meter o guardar ganado en el corral.

encorsetado, da 1. *p.* de **encorsetar**. También *adj.* ‖ *adj.* **2.** Que está sujeto a unas normas muy rígidas e inflexibles.

encorsetar *v. tr.* **1.** Poner el corsé y, p. ext., cualquier otra cosa que se ciña mucho al cuerpo. También *v. prnl.* **2.** Limitar, oprimir: *Tantas normas encorsetaban su libertad de acción.* También *v. prnl.* **SIN. 2.** Constreñir(se), reprimir(se). **ANT. 2.** Liberar. **FAM.** Encorsetado. CORSÉ.

encorvar (del lat. *incurvare*) *v. tr.* Hacer que alguien o algo tomen forma curva. También *v. prnl.* **SIN.** Corcovar(se), arquear(se). **ANT.** Desencorvar(se), enderezar(se). **FAM.** Encorvadura, encorvamiento. / Desencorvar. CURVAR.

encostrar (del lat. *incrustare*) *v. tr.* **1.** Cubrir con costra. También *v. prnl.* ‖ *v. intr.* **2.** Formar una cosa costra.

encrespado, da 1. *p.* de **encrespar**. También *adj.* ‖ *adj.* **2.** Aplicado al pelo, muy tieso: *Se levanta todos los días con el pelo encrespado.*

encrespar (del lat. *incrispare*) *v. tr.* **1.** Agitar o levantar las olas del mar. También *v. prnl.*: *Se encresparon las aguas con el viento.* **2.** Excitar, irritar, enfurecer. También *v. prnl.*: *Se encresparon los ánimos en el debate.* **3.** Erizar los animales el pelo o el plumaje. También *v. prnl.* **4.** Rizar el pelo con rizos pequeños. **SIN. 1.** Picarse, embravecerse. **2.** Crispar(se), exasperar(se). **4.** Ensortijar(se). **ANT. 1.** Calmar(se), amainar. **2.** Apaciguar(se), serenar(se). **4.** Desrizar(se), alisar. **FAM.** Encrespado, encrespamiento. CRESPO.

encrestarse *v. prnl.* **1.** Poner las aves tiesa su cresta. **2.** Tomar una persona una actitud altiva, engreída. **SIN. 2.** Ensoberbecerse, engreírse. **FAM.** Encrestado. CRESTA.

encrucijada *s. f.* **1.** Cruce de caminos o calles. **2.** Punto de confluencia: *encrucijada de culturas.* **3.** Situación en la que es difícil decidirse por existir varias posibilidades: *No sé qué hacer, estoy en una encrucijada.* **4.** Trampa, emboscada. **SIN. 1.** Intersección. **3.** Dilema.

encuadernación *s. f.* **1.** Acción de encuadernar. **2.** Tapas o cubierta de un libro: *encuadernación en piel.*

encuadernar *v. tr.* Coser o pegar las hojas que van a formar un libro y ponerles tapas. **FAM.** Encuadernable, encuadernación, encuadernador. / Desencuadernar. CUADERNO.

encuadrar *v. tr.* **1.** Poner una cosa en un marco o cuadro: *encuadrar un dibujo.* **2.** Incluir a alguien o algo en un esquema, clasificación, etc., o situarlo en un tiempo o circunstancias determinados: *Algunos encuadran su obra en el modernismo.* También *v. prnl.* **3.** Colocar a alguien en cierto grupo: *Encuadraron a los reclutas en unidades.* También *v. prnl.* **4.** Realizar un encuadre con una cámara fotográfica, de cine, etc. **5.** Ajustar la imagen de un televisor de forma que quede fija y nítida en la pantalla. **6.** Proporcionar una cosa el marco apropiado para algo, servirle de fondo: *Aquel paisaje encuadraba bien la escena.* **SIN. 1.**, **2.** y **6.** Enmarcar(se). **2.** Clasificar(se), localizar(se). **3.** Incorporar(se), integrar(se). **FAM.** Encuadramiento, encuadre. CUADRO.

encuadre *s. m.* **1.** Recuadro o porción de espacio que capta el objetivo de una cámara: *Más lejos, conseguirás un mayor encuadre.* **2.** Forma en que se dispone aquello que se va a fotografiar o captar con la cámara. **3.** P. ext., composición o plano obtenido. **4.** En un televisor, sistema o control que permite ajustar o encuadrar la imagen en la pantalla. **5.** Ajuste de la imagen en la pantalla.

encuartar *v. tr.* **1.** *Amér.* Ayudar con una caballería de refuerzo a remolcar un vehículo atascado. || **encuartarse** *v. prnl.* **2.** *Méx.* Encabestrarse una bestia, enredarse en el cabestro. **3.** *Méx.* Atravesarse en una conversación. **4.** *Méx.* Meterse alguien en un mal asunto o negocio.

encuartelar *v. tr. Amér.* Acuartelar*.

encuatar *v. tr. Amér.* Emparejar dos cosas semejantes.

encubierta *s. f.* Fraude, ocultación que constituye un delito.

encubrimiento *s. m.* **1.** Acción de encubrir. **2.** En der., delito que consiste en ocultar un acto ilegal o ayudar a los culpables a no ser descubiertos, sin participar en su planificación y ejecución.

encubrir *v. tr.* **1.** Ocultar una cosa o no hacerla manifiesta: *Intentaba encubrir la verdad.* **2.** Ayudar al delincuente a no ser descubierto u ocultar su delito. **SIN. 1.** Enmascarar, camuflar. **1.** y **2.** Esconder, tapar. **ANT. 1.** Revelar, manifestar. **2.** Denunciar, delatar. **FAM.** Encubierta, encubiertamente, encubierto, encubridor, encubrimiento. CUBRIR.

encucurucharse *v. prnl. Amér. C.* y *Col.* Encaramarse, treparse a todo lo alto.

encuellar *v. tr. Col.* Acogotar*.

encuentro *s. m.* **1.** Acción de encontrarse personas o cosas: *un encuentro con un amigo, entre dos líneas, entre dos jefes de Estado, entre dos opiniones distintas.* **2.** Partido de fútbol, baloncesto, etc. **3.** Lucha, choque entre dos o más combatientes. **4.** Discusión o disputa entre personas. || **LOC. al encuentro** *adv.* Con verbos como *ir* o *salir*, en busca de alguien o algo por su mismo camino y en sentido contrario; también, anticipándose a lo que otro va a decir: *Tuve que salirle al encuentro para que no dijera más disparates.* **SIN. 1.** Confluencia; entrevista, reunión; acercamiento, aproximación. **3.** Batalla, combate. **4.** Altercado. **ANT. 1.** Separación, divergencia. **4.** Acuerdo, armonía.

encuerar *v. tr. Amér.* Dejar en cueros, desnudar. También *v. prnl.* **FAM.** Encuerado. CUERO.

encuesta (del fr. *enquête*) *s. f.* **1.** Método que se utiliza para conocer el estado de opinión sobre un determinado tema y que consiste en realizar una serie de preguntas a una población o a una muestra representativa de la misma. **2.** Conjunto de acciones para averiguar alguna cosa. **SIN. 1.** Sondeo. **2.** Investigación, pesquisa. **FAM.** Encuestador, encuestar.

encuestar *v. tr.* **1.** Interrogar a alguien para una encuesta. También *v. intr.* **2.** Someter un asunto a encuesta o investigación.

encularse *v. prnl.* **1.** *Amér. del S.* Enfadarse o empeñarse en algo. **2.** *Méx.* Enamorarse.

encumbrar *v. tr.* **1.** Colocar a una persona en una posición social o económica elevada: *Su padre fue quien lo encumbró.* También *v. prnl.* **2.** Ensalzar o alabar a una persona o cosa. || **encumbrarse** *v. prnl.* **3.** Llegar una cosa a mucha altura. **SIN. 1.** Elevar(se). **2.** Elogiar, encomiar, exaltar. **ANT. 1.** Relegar(se). **2.** Criticar, censurar. **FAM.** Encumbrado, encumbramiento. CUMBRE.

encurrucarse *v. prnl. Amér.* Acurrucarse. ■ Delante de *e* se escribe *qu* en lugar de *c*: *se encurruque.*

encurtido, da **1.** *p.* de **encurtir**. || *adj.* **2.** Se aplica a los frutos o legumbres, como cebollas, aceitunas, pepinillos, etc., que se conservan en vinagre. También *s. m.*, sobre todo en *pl.* **SIN. 2.** Variante. **FAM.** Encurtir. CURTIR.

encurtir *v. tr.* Conservar en vinagre, p. ej., frutos o legumbres.

ende, por (del lat. *inde*) *loc. adv.* En lenguaje culto, por tanto, por consiguiente.

endeble *adj.* Débil, de poca fuerza: *una persona endeble, un argumento endeble.* **SIN.** Flojo, frágil. **ANT.** Fuerte, sólido. **FAM.** Endeblez.

endecágono (del gr. *endeka*, once, y *-gono*) *s. m.* Polígono de once ángulos y once lados.

endecasílabo, ba (del gr. *endeka*, once, y *syllabe*, sílaba) *adj.* Se aplica al verso de once sílabas. También *s. m.* **FAM.** Endecasilábico. SÍLABA.

endecha (del lat. *indicta*, de *indicere*, anunciar) *s. f.* **1.** Canción melancólica. **2.** Poema formado por cuatro versos de seis o siete sílabas, generalmente en recuerdo y honor de un difunto.

endemia (del gr. *endemia*, de *en*, en, y *demos*, pueblo) *s. f.* Enfermedad que afecta a una comarca, país, etc., de forma permanente o en épocas fijas. **FAM.** Endémico, endemismo.

endémico, ca *adj.* **1.** Se aplica a las enfermedades habituales o muy extendidas en una región, país, etc. **2.** Se dice de los acontecimientos que ocurren con mucha frecuencia en un lugar, circunstancia, etc., determinados: *El paro es un mal endémico de muchos países desarrollados.* **3.** Se aplica a las especies vegetales o animales que son propias de un área limitada y sólo se dan en ella. **SIN. 3.** Autóctono.

endemismo *s. m.* **1.** Hecho de tener una especie de planta o animal un área de distribución única y limitada. **2.** Esta especie de planta o animal.

endemoniadamente *adv. m. fam.* Tremendamente: *un problema endemoniadamente difícil.* **SIN.** Endiabladamente, horriblemente, espantosamente, terriblemente.

endemoniado, da **1.** *p.* de **endemoniar**. También *adj.* y *s. m.* y *f.* || *adj.* **2.** *fam.* Travieso. También *s. m.* y *f.* **3.** *fam.* Se aplica a cualquier cosa molesta, fastidiosa o que da mucho trabajo: *Ya terminó ese endemoniado asunto.* **4.** *fam.* Muy malo o desagradable: *Qué olor más endemoniado.* **5.** *fam.* Malvado. También *s. m.* y *f.* **SIN. 1.** Poseso, poseído. **2.** Endiablado, revoltoso, enredador. **2.** y **3.** Condenado. **3.** Maldito. **4.** Asqueroso, repugnante. **5.** Perverso. **ANT. 3.** Bueno, modoso, tranquilo.

endemoniar *v. tr.* **1.** Hacer entrar el demonio en una persona o cosa. **2.** *fam.* Irritar o enfurecer a alguien. También *v. prnl.* **SIN. 1.** Endiablar. **2.** Encolerizar(se), exasperar(se). **ANT. 1.** Exorcizar. **2.** Calmar(se). **FAM.** Endemoniadamente, endemoniado. DEMONIO.

endenantes *adv. t. And.* y *Chile* Antes.

endentar *v. tr.* **1.** Hacer dientes o muescas en el borde de alguna cosa. **2.** Encajar una cosa en otra mediante dientes o muescas. **SIN. 2.** Engranar. **ANT. 2.** Desengranar.

endentecer *v. intr.* Comenzar los niños a echar los dientes. ■ Es v. irreg. Se conjuga como *agradecer.*

enderezar *v. tr.* **1.** Poner derecho algo que estaba torcido. También *v. prnl.*: *Se han enderezado las ramas.* **2.** Levantar algo que estaba inclinado: *Endereza la espalda.* También *v. prnl.* **3.** Arreglar, poner una cosa en buen estado: *Debe enderezar su negocio.* También *v. prnl.* **4.** Corregir la conducta de alguien, llevarle por el buen camino: *Ha sabido enderezar a sus hijos.* **5.** Dirigir una cosa hacia algún punto o hacia un objetivo determinado: *Endereza la manguera hacia aquí.* También *v. prnl.*: *Las negociaciones se enderezaron hacia un acuerdo.* ■ Delante de *e* se escribe *c* en lugar de *z*: *enderece.* **SIN. 1.** Desencorvar(se), destorcer(se). **2.** Alzar, erguir, incorporar. **2.** a **5.** Encauzar(se), encaminar(se), encarrilar(se). **4.** Rectificar, enmendar(se), educar. **5.** Orientar(se), apuntar, enfocar. **ANT. 1.** Torcer(se). **2.** Tumbar. **3.** Estropear(se). **4.** Pervertir(se). **5.** Desviar(se). **FAM.** Enderezado, enderezamiento.

endeudar *v. tr.* **1.** Llenar de deudas: *La política del gobierno endeudó al país.* También *v. prnl.*: *Se endeudó en aquel negocio.* || **endeudarse** *v. prnl.* **2.** Sentirse obligado con alguna persona por haber recibido un favor. **SIN. 1.** Entrampar(se). **FAM.** Endeudamiento. DEUDA.

endiablado, da **1.** *p.* de **endiablar**. || *adj.* **2.** Endemoniado*. **FAM.** Endiabladamente, endiablar. DIABLO.

endíadis (del lat. *hendiadys*, y éste del gr. *en dia dyoin*, uno por medio de dos) *s. f.* Figura retórica que consiste en utilizar dos sustantivos unidos por una conjunción copulativa para expresar un solo concepto, en lugar de un sustantivo y su complemento; p. ej., *su ayuda y su generosidad*, en vez de *su generosa ayuda.* ■ No varía en *pl.*

endibia (del lat. *intybea*) *s. f.* Planta herbácea, variedad de achicoria obtenida por cultivo y tratamiento, cuyas hojas dentadas presentan forma fusiforme y se consumen en ensalada.

endilgar (del lat. *in*, en, y *delicare*, mostrar) *v. tr.* **1.** *fam.* Hacer aguantar a alguien una cosa molesta, pesada o desagradable: *Vaya charla le endilgó.* **2.** *fam.* Atribuir o aplicar a una persona una calificación que se considera negativa, sin ningún fundamento: *Le han endilgado un mote en el colegio.* **3.** *fam.* Hacer una cosa de cualquier manera, precipitadamente: *Endilgó el trabajo en dos minutos.* **4.** *fam.* Dirigir, encaminar, acomodar. ■ Delante de *e* se escribe *gu* en lugar de *g*: *endilgue.* **SIN. 1.** Endosar, largar, endiñar. **1.** y **2.** Encasquetar. **2.** Tachar. **3.** Despachar, enjaretar. **4.** Encauzar, facilitar. **ANT. 1.** Desembarazar, librar.

endiñar *v. tr.* **1.** *fam.* Dar, propinar un golpe, una paliza, etc. **2.** *fam.* Pasar o encargar a otro algo molesto o desagradable: *Le endiñaron el peor trabajo.* **SIN. 1.** Atizar, asestar, cascar, sacudir. **2.** Encajar, encasquetar, largar, endilgar, endosar, encalomar. **ANT. 2.** Desembarazar, librar.

endiosar *v. tr.* Envanecer a una persona en grado extremo. También *v. prnl.* **SIN.** Engreír(se), ensoberbecer(se). **ANT.** Humillar(se). **FAM.** Endiosamiento. DIOS.

endivia *s. f.* Endibia*.

endo- (del gr. *endon*, dentro) *pref.* Significa 'dentro, en el interior': *endógeno, endocarpio.*

endocardio (de *endo-* y *-cardio*) *s. m.* Capa de tejido endotelial que recubre el interior de las cuatro cavidades del corazón. **FAM.** Endocarditis. CARDIACO.

endocarditis *s. f.* Inflamación del endocardio. ■ No varía en *pl.*

endocarpio o **endocarpo** (de *endo-* y el gr. *karpos*, fruto) *s. m.* En los vegetales, capa interna y leñosa de los frutos que rodea la semilla. ■ Se denomina familiarmente *hueso.*

endocéntrico, ca *adj.* En ling., se aplica a la construcción sintáctica que puede desempeñar la misma función gramatical que su núcleo.

endocrino, na (del gr. *endon*, dentro, y *krino*, separar) *adj.* **1.** Se dice de las hormonas generadas en el interior del cuerpo y de las glándulas que las vierten al sistema circulatorio. **2.** Relativo a estas hormonas y glándulas. || *s. m.* y *f.* **3.** *fam.* Médico especializado en endocrinología. **SIN. 3.** Endocrinólogo. **FAM.** Endocrinología, endocrinológico, endocrinólogo, endocrinopatía.

endocrinología *s. f.* Parte de la medicina dedicada al estudio de las glándulas endocrinas, de sus secreciones y de su función.

endocrinopatía *s. f.* Enfermedad causada por el exceso o el defecto en la producción de hormonas de una glándula endocrina.

endodermo (de *endo-* y *-dermo*) *s. m.* En biol., capa celular u hoja más interna que, junto con el ectodermo y el mesodermo, se forma en la estructura de gástrula del embrión.

endodoncia (de *endo-*, y el gr. *odon*, diente) *s. f.* **1.** Parte de la odontología especializada en el estudio de las afecciones de la pulpa dentaria. **2.** Técnica utilizada para tratar estas afecciones.

endoesqueleto (de *endo-* y *esqueleto*) *s. m.* Esqueleto interno de un animal. ■ Se dice también *endosqueleto.*

endogamia (de *endo-* y *-gamia*) *s. f.* **1.** Costumbre u obligación de contraer matrimonio con personas del mismo grupo étnico, social o religioso. **2.** En biol., fecundación entre individuos de la misma especie. **3.** Tendencia de ciertos grupos profesionales, sociales, etc., a no admitir a personas ajenas a ese grupo: *la endogamia de los estudiantes universitarios.* **ANT. 1.** y **2.** Exogamia. **FAM.** Endogámico. POLIGAMIA.

endogénesis (de *endo-* y *-génesis*) *s. f.* Reproducción por división de una célula o elemento primitivo dentro del órgano que lo engendra. ■ No varía en *pl.* **FAM.** Endógeno.

endógeno, na (de *endo-* y *-geno*) *adj.* **1.** Originado en el interior. **2.** Se aplica a lo originado dentro del organismo, independientemente de los factores externos: *intoxicación endógena, agente endógeno.* **3.** Se aplica a las rocas de origen interno o intrusivas. También *s. f.* **4.** Se dice de los fenómenos cuya energía procede del interior de la Tierra y que modifican la corteza, como, p. ej. el vulcanismo. **ANT. 1.** y **2.** Exógeno.

endolinfa (de *endo-* y *linfa*) *s. f.* Líquido acuoso que se encuentra en el laberinto del oído interno de los vertebrados. Su función es la de transmitir impulsos producidos por las vibraciones sonoras.

endometrio (de *endo-* y *metra*, útero) *s. m.* Capa mucosa que tapiza el interior del útero en el aparato reproductor femenino, donde se implanta el óvulo tras la fecundación y comienza el desarrollo embrionario. **FAM.** Endometritis.

endometritis (de *endometrio* e *-itis*) *s. f.* Inflamación del endometrio. ■ No varía en *pl.*

endomingarse *v. prnl.* Vestirse con ropa de fiesta, arreglarse más que de costumbre: *Se endomingó para la cena.* ■ Delante de *e* se escribe *gu* en lugar de *g*: *se endomingue.* **SIN.** Emperifollarse, emperejilarse. **ANT.** Desarreglarse. **FAM.** Endomingado. DOMINGO.

endoparásito *adj.* Se dice del parásito que se aloja en el interior de otro ser vivo, p. ej., la tenia. También *s. m.*

endoplasma (de *endo-* y el gr. *plasma*, formación) *s. m.* Zona más interna del citoplasma de una célula.

endorfina *s. f.* Hormona que actúa en el sistema nervioso central modulando la respuesta a la analgesia y el comportamiento. Regula también la función endocrina en la hipófisis.

endorreísmo (de *endo-* y el gr. *rheo*, fluir) *s. m.* Fenómeno por el que las aguas corrientes de una región no desembocan en el mar, sino en lagos y zonas pantanosas. **ANT.** Exorreísmo. **FAM.** Endorreico.

endosante *s. m.* y *f.* Persona que endosa una letra, cheque o cualquier documento de crédito.

endosar (del lat. *in*, en, y *dorsum*, dorso) *v. tr.* **1.** Cargar a otra persona con algo que resulta pesado, trabajoso o molesto: *Me ha endosado las maletas para no llevarlas él.* **2.** Ceder a favor de otro una letra, cheque o cualquier documento de crédito. **SIN. 1.** Endilgar, encasquetar, largar, endiñar. **2.** Transferir, traspasar. **ANT. 2.** Librar. **FAM.** Endosable, endosante, endosatario, endose, endoso.

endosatario, ria *s. m.* y *f.* Persona a quien se endosa o traspasa un documento de crédito.

endoscopia *s. f.* Examen médico de los conductos y cavidades del organismo a través del endoscopio.

endoscopio (de *endo-* y *-scopio*) *s. m.* Aparato óptico en forma de tubo y provisto de un sistema de iluminación, que se utiliza para explorar los conductos y cavidades del organismo. **FAM.** Endoscopia, endoscópico. / Fonendoscopio.

endosfera (de *endo-* y el lat. *sphaera*, esfera) *s. f.* Núcleo central del globo terráqueo, compuesto fundamentalmente de níquel y hierro.

endosperma o **endospermo** (de *endo-* y el gr. *sperma*, semilla) *s. m.* Tejido que rodea al embrión de las semillas en las plantas angiospermas y le sirve de reserva alimenticia.

endosqueleto *s. m.* Endoesqueleto*.

endotelio (de *endo-* y el gr. *thele*, pezón del pecho) *s. m.* Tejido constituido por células planas dispuestas en una sola capa, que recubren el interior de algunas cavidades que no comunican con el exterior, como los vasos sanguíneos y linfáticos. **FAM.** Endotelial. / Reticuloendotelial.

endotérmico, ca *adj.* Se dice de las reacciones y procesos en los que el sistema absorbe calor del medio que lo rodea, p. ej. la fusión y la ebullición. **ANT.** Exotérmico.

endovenoso, sa *adj.* Intravenoso*.

endriago (del lat. *draco*, dragón) *s. m.* Monstruo fabuloso con facciones humanas y animales.

endrina *s. f.* Fruto del endrino, ciruela silvestre de color negro azulado y sabor ácido, con que se fabrica el licor llamado pacharán.

endrino, na *adj.* **1.** De color negro azulado, semejante al de la endrina. || *s. m.* **2.** Árbol de la familia rosáceas, de 1 a 4 m, con hojas lanceoladas, flores blancas y fruto en drupa. **FAM.** Endrina.

endrogarse *v. prnl. Amér.* Empeñarse, contraer deudas.

endulzar *v. tr.* **1.** Poner dulce una cosa. También *v. prnl.* **2.** Hacer más suave y agradable algo o más llevadera una situación difícil o penosa: *Sus hijos endulzaron su viudez.* También *v. prnl.* ■ Delante de *e* se escribe *c* en lugar de *z*: *endulce.* **SIN. 1.** Edulcorar(se), azucarar(se). **1.** y **2.** Dulcificar(se). **2.** Aliviar(se). **ANT. 2.** Amargar(se), recrudecer(se). **FAM.** Endulzante. DULCE.

endurecedor, ra *adj.* **1.** Que endurece. || *s. m.* **2.** Sustancia empleada para endurecer: *un endurecedor de uñas.*

endurecer (del lat. *indurescere*) *v. tr.* **1.** Poner dura una cosa. También *v. prnl.* **2.** Hacer más dura o resistente a una persona, tanto física como moralmente. También *v. prnl.* **3.** Hacer más cruel o insensible a una persona. ■ Es v. irreg. Se conjuga como *agradecer.* **SIN. 2.** Curtir(se), encallecer(se), fortalecer(se), robustecer(se). **3.** Deshumanizar(se), insensibilizar(se). **ANT. 1.** Reblandecer(se). **1.** y **3.** Ablandar(se). **2.** Debilitar(se). **3.** Enternecer(se), humanizar(se). **FAM.** Endurecedor, endurecimiento. DURO.

ene *s. f.* Nombre de la letra *n.* **FAM.** Enésimo.

enea *s. f.* Planta de cañaveral cuyas hojas estrechas y largas se utilizan para tejer asientos de sillas y otros objetos. **SIN.** Anea, espadaña, gladio. **FAM.** Eneal. ANEA.

eneágono (del gr. *ennea*, nueve, y *-gono*) *s. m.* Polígono de nueve ángulos y nueve lados.

eneasílabo, ba (del gr. *ennea*, nueve, y *syllabe*, sílaba) *adj.* Se aplica al verso de nueve sílabas. También *s. m.*

enebrina *s. f.* Fruto del enebro.

enebro (del lat. *juniperus*) *s. m.* Planta arbustiva y arbórea en algunas ocasiones, de la familia cupresáceas, de hojas aciculares, rígidas y punzantes, agrupadas de tres en tres, y piñas denominadas gálbulos. El enebro común mide de 3 a 4 m de altura y sus gálbulos, llamados enebrinas, se usan en la fabricación de la ginebra. **FAM.** Enebral, enebrina. / Ginebra, junípero.

eneldo (del lat. *anhelitus*, y éste del gr. *anethon*) *s. m.* Planta herbácea de la familia de las umbelíferas que puede alcanzar 1 m de altura, de hojas divididas en tiras estrechas y flores amarillas dispuestas en círculo. Se emplea para favorecer la expulsión de los gases intestinales.

enema (del gr. *enema*, inyección) *s. m.* **1.** Introducción de agua o de otras sustancias en el recto a través del ano para estimular el intestino con el fin de provocar la defecación, introducir un material opaco que permita obtener radiografías, etc. **2.** Líquido o sustancia así introducidos.

enemigo, ga (del lat. *inimicus*) *adj.* **1.** Contrario u opuesto a una persona o cosa, particularmente en un enfrentamiento armado. También *s. m.* y *f.* || *s. m.* y *f.* **2.** Persona que desea o hace mal a otra o le tiene odio: *Su padre nunca tuvo enemigos.* || **LOC. ser** uno **enemigo de** algo No gustarle alguna cosa, rechazarla: *Es enemigo de la violencia.* **SIN.**

1. Adversario, hostil. ANT. **1.** Partidario, aliado. **1.** y **2.** Amigo. FAM. Enemistad, enemistar. AMIGO.

enemistad (del lat. *inimicitas*) *s. f.* Odio o enfrentamiento entre dos o más personas. SIN. Hostilidad, animadversión, desavenencia, aversión. ANT. Amistad.

enemistar *v. tr.* Convertir a alguien en enemigo de otro u otros, hacer que pierda su amistad. También *v. prnl.*: *Es absurdo que os enemistéis por esa tontería.* SIN. Indisponer(se), malquistar(se), enfrentar(se). ANT. Avenir(se), reconciliar(se).

eneolítico, ca (del lat. *aeneus*, de bronce, y del gr. *lithikos*, de piedra) *adj.* Relativo al periodo prehistórico intermedio entre la edad de piedra pulimentada y la de bronce. También *s. m.*

energética *s. f.* Parte de la física que trata de la energía. FAM. Energético. ENERGÍA.

energético, ca *adj.* Relativo a la energía: *valor energético de un alimento.*

energía (del lat. *energia*, y éste del gr. *energeia*) *s. f.* **1.** En fís., capacidad de un cuerpo o sistema para realizar un trabajo. **2.** Capacidad física o psíquica para realizar algo: *Aún le quedan energías para llegar a la meta.* **3.** Firmeza, carácter: *Tiene la energía suficiente como para ser militar.* **4.** Fuerza, intensidad: *Golpeó la mesa con energía.* || **5. energía cinética** La que tiene un cuerpo en movimiento. **6. energía potencial** La que tiene un cuerpo debido a su posición en un campo de fuerzas. SIN. **2.** Fortaleza, vitalidad, empuje. **2.** y **4.** Potencia. **3.** Entereza, fibra, garra. **4.** Contundencia. ANT. **2.** y **3.** Debilidad. **4.** Suavidad. FAM. Energética, energético, enérgicamente, enérgico. / Exoenergético, hidroenergía.

enérgico, ca *adj.* **1.** Se dice de la persona activa, decidida y de carácter fuerte, así como de su forma de ser, de las acciones que le son propias, etc. **2.** Se dice de lo que produce efectos muy fuertes: *un disolvente muy enérgico.* SIN. **1.** Resuelto, brioso. **2.** Activo. ANT. **1.** Apocado, flojo. **1.** y **2.** Débil.

energúmeno, na (del lat. *energumenus*, y éste del gr. *energumenos*) *s. m.* y *f.* **1.** Persona muy furiosa o que se encoleriza con facilidad: *Se puso como un energúmeno cuando vio la ventanilla rota.* **2.** Persona violenta, extremista, brutal. SIN. **1.** Basilisco. **2.** Animal, burro, bestia.

enero (del lat. *ienuarius*, por *ianuarius*, de *Jano*, dios romano) *s. m.* Primer mes del año, que tiene treinta y un días.

enervante *adj.* **1.** Que enerva. **2.** Corrientemente, irritante o exasperante, aunque este uso se considera incorrecto. SIN. **1.** Enervador, debilitador, agotador. ANT. **1.** Tonificante, fortalecedor. **2.** Relajante, tranquilizador.

enervar (del lat. *enervare*) *v. tr.* **1.** Quitar las fuerzas o la energía a alguien. También *v. prnl.* **2.** En la conversación corriente, se emplea en el sentido de poner nervioso. También *v. prnl.* ■ Este último uso constituye un galicismo. SIN. **1.** Agotar(se), debilitar(se). **2.** Agitar(se), excitar(se), alterar(se). ANT. **1.** Fortalecer(se), vigorizar(se). **2.** Calmar(se). FAM. Enervación, enervador, enervamiento, enervante. NERVIO.

enésimo, ma (de *n*, número cualquiera) *adj.* **1.** Se dice del número indeterminado de veces que se repite una cosa. Se aplica especialmente a algo que se ha dicho, hecho, etc., muchas veces: *Te digo por enésima vez que te estés quieto.* **2.** Se aplica a lo que ocupa un lugar indeterminado en una serie. **3.** Se dice de la potencia de un número cuando es una cualquiera: *un número elevado a la enésima potencia.*

enfadar *v. tr.* **1.** Causar ira, irritación o disgusto en alguien. También *v. prnl.* || **enfadarse** *v. prnl.* **2.** Enemistarse alguien con otro o ambos mutuamente: *Se enfadaron por un asunto de dinero.* SIN. **1.** Enojar(se), enfurecer(se), encolerizar(se); disgustar(se). **2.** Enfrentarse, indisponerse. ANT. **1.** Aplacar(se); agradar. **2.** Reconciliarse. FAM. Enfadadizo, enfadado, enfado, enfadosamente, enfadoso. / Desenfadar.

enfado *s. m.* Disgusto, irritación: *A ver si se te pasa pronto el enfado por no haber podido salir.* SIN. Enojo.

enfadoso, sa *adj.* **1.** Que enfada. **2.** Que resulta trabajoso o complicado: *Fue muy enfadoso volver a montar el motor.* SIN. **1.** y **2.** Fastidioso, enojoso. **2.** Engorroso. ANT. **1.** Agradable. **2.** Fácil.

enfaenado, da *adj.* **1.** Metido de lleno en un trabajo o actividad: *Estaba tan enfaenado que ni nos vio.* **2.** Que tiene excesivo trabajo. SIN. **1.** Enfrascado. **1.** y **2.** Ocupado. **2.** Agobiado, abrumado. ANT. **1.** y **2.** Desocupado.

enfajillar *v. tr. Amér.* Poner una faja a los impresos para enviarlos por correo.

enfaldado *adj.* Se dice del hombre, y especialmente del niño, que está demasiado unido a su madre o a otras mujeres. SIN. Enmadrado.

enfangar *v. tr.* **1.** Cubrir una cosa de fango o meterla en él. También *v. prnl.* || **enfangarse** *v. prnl.* **2.** *fam.* Mezclarse o complicarse en alguna actividad deshonrosa o mal vista por los demás. **3.** Entregarse con exceso a los placeres y los vicios: *Se enfangó en el juego.* ■ Delante de *e* se escribe *gu* en lugar de *g*: *enfangue.* SIN. **1.** Embarrar(se), enlodar(se). **3.** Hundirse, enviciarse, pervertirse, corromperse. ANT. **2.** y **3.** Reformarse.

énfasis (del gr. *emphasis*, explicación, de *emphaino*, mostrar, declarar) *s. m.* **1.** Fuerza que se da a la expresión o a la entonación para destacar o resaltar alguna cosa. **2.** Interés, dedicación, intensidad, etc., con que se lleva a cabo una actividad o importancia que se da a una cosa: *Debe ponerse mayor énfasis en la lucha contra el paro.* **3.** Falta de naturalidad al expresarse. ■ No varía en *pl.* SIN. **1.** Realce. **1.** y **2.** Acento. **3.** Afectación. FAM. Enfáticamente, enfático, enfatizante, enfatizar.

enfático, ca (del gr. *emphatikos*) *adj.* **1.** Que tiene énfasis o se expresa con énfasis: *Su discurso tuvo una entonación enfática.* **2.** Falto de naturalidad. SIN. **2.** Afectado, ampuloso. ANT. **2.** Natural.

enfatizar *v. intr.* **1.** Expresarse con énfasis. || *v. tr.* **2.** Destacar o recalcar la importancia de algo: *Enfatizó la trascendencia del experimento.* ■ Delante de *e* se escribe *c* en lugar de *z*: *enfatice.* SIN. **2.** Realzar, remarcar, acentuar. ANT. **2.** Atenuar, moderar.

enfermar (del lat. *infirmare*) *v. intr.* **1.** Ponerse enfermo. También *v. prnl.* || *v. tr.* **2.** Causar enfermedad: *El frío acabó por enfermarle.* **3.** Desagradar o irritar: *Me enferma su mal gusto. Estos niños me enferman cuando se ponen a chillar.* SIN. **1.** Indisponerse. **3.** Disgustar, fastidiar, crispar, alterar. ANT. **1.** Curar(se), sanar. **2.** Fortalecer, robustecer. **3.** Agradar, tranquilizar.

enfermedad (del lat. *infirmitas, -atis*) *s. f.* **1.** Conjunto de fenómenos que se producen en un organismo que sufre un mal funcionamiento o daño y reacciona contra él. **2.** Cualquier cosa que altera el buen funcionamiento de una institución, colectividad, etc.: *La falta de solidaridad es la enfermedad del barrio.* SIN. **1.** Afección, dolencia, padecimiento, indisposición. **1.** y **2.** Mal.

enfermería *s. f.* Local o dependencia donde se cura y atiende a enfermos o heridos, p. ej. en las plazas de toros, campos de fútbol, colegios, cárceles, etc. **SIN.** Botiquín.

enfermero, ra *s. m.* y *f.* Persona que cuida y atiende a enfermos o heridos, ayudando a los médicos en su trabajo.

enfermizo, za *adj.* **1.** Que tiene poca salud o fortaleza o enferma con frecuencia. **2.** Propio de un enfermo: *ojos enfermizos.* **3.** Propio de una persona desequilibrada: *pasión enfermiza.* **SIN. 1.** Delicado, achacoso, frágil. **3.** Morboso. **ANT. 1.** Saludable, robusto. **1.** a **3.** Sano.

enfermo, ma (del lat. *infirmus*) *adj.* **1.** Que padece una enfermedad. También *s. m.* y *f.* **2.** Degenerado, desequilibrado, que parece tener una enfermedad mental: *Es un enfermo, siempre obsesionado con las mujeres.* **3.** Dañado, deteriorado. **SIN. 1.** Indispuesto, malo; paciente. **2.** Morboso. **ANT. 1.** Bueno, curado. **1.** a **3.** Sano. **FAM.** Enfermar, enfermedad, enfermería, enfermero, enfermizo, enfermoso, enfermucho.

enfermoso, sa *adj. Amér.* Enfermizo*.

enfervorizar *v. tr.* **1.** Comunicar a los demás ánimo o entusiasmo: *Su discurso enfervorizaba a las masas.* También *v. prnl.* **2.** Transmitir fervor o devoción religiosa. También *v. prnl.* ■ Delante de *e* se escribe *c* en lugar de *z*: *enfervorice.* **SIN. 1.** Entusiasmar(se), enardecer(se), excitar(se), electrizar(se). **ANT. 1.** Enfriar(se), desalentar(se). **FAM.** Enfervorizador. FERVOR.

enfeudar *v. tr.* Conceder en feudo un territorio, ciudad, etc.

enfiestarse *v. prnl. Amér.* Estar de fiesta.

enfilar (del fr. *enfiler*) *v. intr.* **1.** Dirigirse directamente, sin dar rodeos, a un lugar: *El barco enfiló hacia el puerto.* || *v. tr.* **2.** Dirigir o apuntar algo hacia un lugar determinado: *enfilar el cañón al blanco.* **3.** Tomar una dirección determinada: *Enfiló la carretera de La Coruña.* **4.** Orientar un asunto en un determinado sentido: *Enfilaron el negocio a su conveniencia.* **5.** *fam.* Tomarla con alguien, tenerle antipatía o mala voluntad: *El profesor le ha enfilado desde el primer día.* **SIN. 1.** y **2.** Encaminar(se). **4.** Enfocar, encauzar, conducir. **ANT. 1.** a **3.** Apartar(se), desviar(se). **FAM.** Enfilado. FILA.

enfisema (del lat. *emphysema*, y éste del gr. *enphysema*, de *en*, en, y *physao*, soplar) *s. m.* Formación de bolsas gaseosas en un tejido, especialmente de aire en el tejido celular subcutáneo, p. ej. el enfisema pulmonar, característico de la bronquitis crónica de las personas fumadoras.

enfiteusis (del lat. *emphyteusis*, y este del gr. *emphyteuo*, plantar) *s. f.* Contrato de cesión perpetua, o por un largo periodo, del aprovechamiento de una finca a cambio del pago de una cantidad anual. **FAM.** Enfitéutico.

enflaquecer *v. tr.* **1.** Poner flaco. También *v. intr.* **2.** Debilitar, quitar fuerzas, ánimos, etc. También *v. intr.* y *v. prnl.*: *Su espíritu no enflaqueció jamás.* ■ Es v. irreg. Se conjuga como *agradecer.* **SIN. 1.** Adelgazar. **2.** Flaquear, desfallecer. **ANT. 1.** Engordar. **2.** Fortalecer(se), robustecer(se). **FAM.** Enflaquecimiento. FLACO.

enflatarse *v. prnl.* **1.** *Amér.* Acongojarse. **2.** *Cuba* y *Méx.* Irritarse, malhumorarse.

enfocar *v. tr.* **1.** Hacer que la imagen obtenida en un aparato óptico se reproduzca con claridad sobre un plano u objeto determinado, p. ej. sobre una pantalla. **2.** Centrar y hacer que aparezca con precisión en el visor de una cámara fotográfica, de cine, etc., la imagen que se quiere obtener. **3.** Dirigir un foco de luz, una cámara de cine o algo similar hacia alguien o algo: *Enfocó el camino con los faros.* **4.** Plantear un asunto, tema, etc., de una manera determinada, destinar a un determinado fin, etc.: *Enfocó el problema desde otro punto de vista.* ■ Delante de *e* se escribe *qu* en lugar de *c*: *enfoque.* **SIN. 1.** y **2.** Encuadrar, ajustar. **3.** Iluminar, enchufar. **4.** Orientar. **ANT. 1.** y **2.** Desenfocar, descentrar. **FAM.** Enfoque. / Desenfocar. FOCO.

enfoque *s. m.* Acción de enfocar: *un enfoque correcto del problema, el enfoque de la cámara.* **SIN.** Encuadre, planteamiento, perspectiva, tratamiento. **ANT.** Desenfoque.

enfoscado, da 1. *p.* de **enfoscar**. También *adj.* || *s. m.* **2.** Acción de enfoscar. **3.** Capa del material con que se realiza.

enfoscar (del lat. *infuscare*, oscurecer) *v. tr.* Tapar los agujeros de una pared o cubrirla con cemento o materiales similares. ■ Delante de *e* se escribe *qu* en lugar de *c*: *enfosque.* **FAM.** Enfoscado.

enfrascar *v. tr.* Meter en frascos una cosa. ■ Delante de *e* se escribe *qu* en lugar de *c*: *enfrasque.* **SIN.** Envasar.

enfrascarse (del ital. *infrascarsi*, meterse en la vegetación) *v. prnl.* Dedicarse intensamente y por entero a una cosa: *enfrascarse en la lectura, en el estudio.* ■ Delante de *e* se escribe *qu* en lugar de *c*: *se enfrasque.* **SIN.** Embeberse, abstraerse, concentrarse, entregarse. **ANT.** Distraerse. **FAM.** Enfrascamiento.

enfrenar (del lat. *infrenare*) *v. tr.* **1.** Poner el freno a una caballería. **2.** Dominar al caballo, enseñarle a obedecer.

enfrentamiento *s. m.* Acción de enfrentar o enfrentarse. **SIN.** Enemistad, oposición, competición, lucha.

enfrentar *v. tr.* **1.** Enemistar a dos o más personas. También *v. prnl.* **2.** Hacer frente a una determinada situación, peligro, etc. Se usa más como *v. prnl.* **3.** Poner a una persona o cosa frente a otra. También *v. prnl.* || **enfrentarse** *v. prnl.* **4.** Oponerse o competir dos o más rivales, contrincantes, etc. **SIN. 1.** Indisponer(se), malquistar(se). **2.** Afrontar, arrostrar, encarar(se). **4.** Contender, luchar. **ANT. 1.** Unir(se); reconciliar(se). **2.** Eludir. **FAM.** Enfrentamiento. ENFRENTE.

enfrente *adv. l.* **1.** En la parte opuesta o delante de un lugar, persona o cosa. ■ Se construye con la prep. *de*: *La tienda está enfrente del cine.* || *adv. m.* **2.** En contra: *En este juicio, tenemos enfrente a los mejores abogados.* **FAM.** Enfrentar. FRENTE.

enfriamiento *s. m.* **1.** Acción de enfriar o enfriarse: *La distancia produjo un enfriamiento en sus relaciones.* **2.** Catarro, resfriado.

enfriar (del lat. *infrigidare*) *v. tr.* **1.** Poner fría o más fría una cosa. También *v. intr.* y *v. prnl.*: *La nevera ya no enfría. Se ha enfriado el café.* **2.** Disminuir la fuerza de una emoción, sentimiento, etc. También *v. prnl.*: *Con los años se enfrió su amor por ella.* || **enfriarse** *v. prnl.* **3.** Constiparse, acatarrarse. **4.** Reducirse el rendimiento o la eficacia de alguien en una actividad: *El equipo se enfrió en la segunda parte.* ■ En cuanto al acento, se conjuga como *ansiar*: *enfrío.* **SIN. 1.** Refrigerar(se), refrescar(se). **2.** Entibiar(se), calmar(se), apaciguar(se). **3.** Resfriarse. **ANT. 1.** Calentar(se). **2.** y **4.** Avivar(se). **FAM.** Enfriamiento. FRÍO.

enfrijolarse *v. prnl. Méx.* Enredarse algún asunto o negocio.

enfuertar *v. intr. Col.* y *Ven.* Fermentar.
enfuetarse *v. prnl. Col.* y *Ven.* Destorcerse o enderezarse una cuerda, un cable, etc.
enfullinarse *v. prnl. Chile* y *Méx. fam.* Sulfurarse, irritarse. **SIN.** Enflatarse.
enfundar *v. tr.* **1.** Meter algo en una funda. **2.** Poner una prenda de vestir. Se usa más como *v. prnl.*: *Se enfundó en el abrigo.* **SIN. 1.** Envainar. **ANT. 1.** Desenfundar. **FAM.** Desenfundar.
enfurecer *v. tr.* Poner furioso a alguien, irritarle. También *v. prnl.*: *Se enfureció demasiado con ellos.* ■ Es v. irreg. Se conjuga como *agradecer.* **SIN.** Enojar(se), encolerizar(se), encrespar(se), airar(se). **ANT.** Calmar(se). **FAM.** Enfurecimiento. FURIA.
enfurruñarse (del ant. fr. *enfrogner*, poner mala cara) *v. prnl.* **1.** *fam.* Enfadarse ligeramente, particularmente los niños. **2.** *fam.* Cubrirse el cielo de nubes. **SIN. 1.** Molestarse. **2.** Encapotarse. **FAM.** Enfurruñamiento.
engajado, da *adj. Col.* Rizado.
engalanar *v. tr.* Embellecer, adornar a una persona o cosa. También *v. prnl.* **SIN.** Acicalar(se), emperifollar(se); ornamentar. **ANT.** Desarreglar. **FAM.** Engalanamiento. GALÁN.
engallado, da (de *en-* y *gallo*) **1.** *p.* de **engallarse**. También *adj.* || *adj.* **2.** Se dice del huevo que tiene engalladura o galladura.
engalladura *s. f.* Galladura*.
engallarse (de *en-* y *gallo*) *v. prnl.* **1.** Erguirse, ponerse derecho. **2.** Envalentonarse, mostrar soberbia y arrogancia: *Se engallaba para disimular su miedo.* **3.** Alzar la cabeza el caballo. **SIN. 1.** Enderezarse, estirarse. **2.** Engreírse, crecerse, ensoberbecerse. **ANT. 2.** Amilanarse, acobardarse. **FAM.** Engallado, engalladura.
enganchada *s. f. fam.* Discusión o riña violenta, especialmente cuando va acompañada de agresión física. **SIN.** Bronca, gresca, reyerta, refriega, altercado.
enganchado, da 1. *p.* de **enganchar**. También *adj.* || *adj.* **2.** Adicto a una droga y, p. ext., a cualquier otra cosa: *Está enganchado a los videojuegos.*
enganchar *v. tr.* **1.** Prender con un gancho, clavo u objeto parecido o colgar algo de él: *enganchar la carne en un garfio.* También *v. intr.* y *v. prnl.*: *Me enganché con el picaporte.* **2.** Unir una caballería u otra bestia a un carruaje para que tire de él: *enganchar los bueyes a la carreta.* **3.** *fam.* Coger, agarrar; apresar: *Me enganchó del brazo. Le enganchó la policía.* **4.** *fam.* Contraer, adquirir: *enganchar un catarro.* También *v. prnl.* con valor expresivo: *engancharse una borrachera.* **5.** *fam.* Atraer a alguien con habilidad o engaños: *Le engancharon con falsas promesas.* **6.** *fam.* Conseguir una persona que otra se convierta en su novio o novia o que se case con ella: *Por fin enganchó marido.* **7.** *fam.* Crear adicción a la droga, al juego o a alguna afición o actividad. También *v. intr.* y *v. prnl.*: *La televisión engancha. Se enganchó a la cocaína.* **8.** En tauromaquia, coger el toro a alguien o algo y levantarlo con los cuernos: *El toro enganchó la muleta.* **9.** Hacer un enganchón. También *v. prnl.*: *Se me han enganchado las medias.* || **engancharse** *v. prnl.* **10.** Enrolarse en el ejército: *engancharse a la armada.* **SIN. 1.** Sujetar, suspender. **2.** Uncir. **3.** Asir, aprehender. **3.** a **6.** Pillar, pescar, atrapar. **6.** Cazar, conquistar. **10.** Alistarse. **ANT. 1.** Descolgar. **1.** y **7.** Desenganchar(se). **3.** y **4.** Soltar. **7.** Desintoxicarse. **10.** Licenciarse. **FAM.** Enganchada, enganchado, enganchamiento, enganche, enganchón. / Desenganchar, reenganchar. GANCHO.
enganche *s. m.* **1.** Acción de enganchar o engancharse. **2.** Pieza u objeto que sirve para enganchar: *Se me rompió el enganche y perdí el broche.*
enganchón *s. m.* Desgarrón producido al engancharse con algo: *un enganchón en la media.* **SIN.** Roto, siete, carrera.
engañabobos *s. m.* y *f.* **1.** Persona que se aprovecha de los incautos. || *s. m.* **2.** Cosa que engaña por su apariencia: *Este producto es un engañabobos.* ■ No varía en *pl.* **SIN. 1.** Embaucador, estafador, timador, liante. **2.** Engañifa, estafa.
engañapichanga *s. f. Arg.* y *Chile fam.* Engañifa.
engañar (del lat. *ingannare*, burlar) *v. tr.* **1.** Hacer creer como verdad algo que no lo es: *Les engañó diciendo que había ido a clase.* **2.** Hacer caer en un error la falsa apariencia de alguien o algo: *Me engañó su buena pinta.* También *v. intr.* **3.** Estafar: *Te han engañado en la vuelta.* **4.** Distraer la atención: *Engañó al perro con un hueso y se coló.* **5.** Calmar momentáneamente el hambre, la sed u otra necesidad: *engañar el estómago, el sueño.* **6.** Entre parejas, ser infiel. **7.** Conquistar con mentiras o promesas un hombre a una mujer para gozar sexualmente de ella. || **engañarse** *v. prnl.* **8.** Resistirse a aceptar o reconocer la realidad. **9.** Equivocarse: *Me engañé contigo.* **SIN. 1.** Mentir, liar. **1.** y **2.** Confundir. **3.** Timar, embaucar. **4.** Despistar, entretener. **5.** Apaciguar, matar. **6.** Traicionar. **7.** Seducir. **8.** Obcecarse. **ANT. 1.**, **2.** y **8.** Desengañar(se). **4.** Advertir, avisar. **5.** Avivar, excitar. **6.** Respetar. **8.** Comprender, despertar(se). **9.** Acertar. **FAM.** Engañabobos, engañadizo, engañador, engañapichanga, engañifa, engaño, engañosamente, engañoso. / Desengañar.
engañifa *s. f.* **1.** *fam.* Engaño con apariencia de utilidad: *Esta propaganda es una engañifa.* **2.** *fam.* Cosa que parece buena o útil, pero no lo es: *Sus productos son una engañifa.* **SIN. 1.** y **2.** Filfa, timo. **2.** Engañabobos.
engaño *s. m.* **1.** Acción de engañar o engañarse. **2.** Aquello con que se engaña: *Sus promesas son un engaño.* **3.** Circunstancia de estar engañado o equivocado: *Vivía en el engaño.* **4.** En tauromaquia, muleta o capa del torero: *El novillo seguía el engaño.* **5.** Arte de pesca. || **LOC. llamarse uno a engaño** Quejarse de haber sido engañado para deshacer un acuerdo, contrato, etc.: *No se fijan en lo que firman y luego se llaman a engaño.* **SIN. 1.** y **2.** Ardid, artimaña, fraude, engañifa, timo. **3.** Error, confusión, yerro. **ANT. 1.** Desengaño. **2.** y **3.** Verdad, realidad.
engarabitar (de *en-* y *garabato*) *v. intr.* **1.** Trepar, encaramarse. También *v. prnl.*: *Se engarabitó al árbol.* || *v. tr.* **2.** Poner algo en forma de gancho, p. ej. los dedos. También *v. prnl.*: *Se me engarabitan los dedos con el frío.* **SIN. 1.** Subirse. **2.** Engarfiar.
engaratusar *v. tr. Amér. fam.* Engatusar*.
engarce *s. m.* **1.** Acción de engarzar. **2.** Metal en el que se engarza una cosa, especialmente, en joyería: *La sortija tiene un engarce de platino.* **SIN. 1.** Enlace, unión, encadenamiento. **1.** y **2.** Engaste. **ANT. 1.** Desunión, separación.
engarrotarse *v. prnl. Col.* Tener mucho frío.
engarzar (de *en-* y el ár. *jaraza*, cuenta o abalorio engarzado) *v. tr.* **1.** Unir una cosa con otra de modo que formen cadena: *engarzar un collar, engarzar eslabones.* **2.** P. ext., enlazar, ligar: *Engarzaba una conversación con otra.* **3.** Engastar*. ■ Delante de *e* se escribe *c* en lugar de *z*: *engarce.* **SIN. 1.** y **2.** Encadenar, empalmar. **2.** Conectar, vincular. **ANT. 1.** Desengarzar. **2.** Desconectar. **FAM.** Engarce, engarzador. / Desengarzar.

engastado 1. *p.* de **engastar**. También *adj.* || *s. m.* **2.** Operación de engastar: *el engastado del rubí.* SIN. **2.** Engaste, engarce.

engastar (del lat. vulg. *incastrare*, insertar) *v. tr.* Encajar una cosa en otra, y especialmente una piedra preciosa en un soporte de metal. SIN. Engarzar. FAM. Engastado, engastadura, engaste.

engaste *s. m.* **1.** Acción de engastar. **2.** Cerco de metal en el que se engasta una cosa, especialmente, una piedra preciosa. SIN. **1.** Engastadura, engastado, engarce.

engatusar *v. tr.* Ganarse a una persona con halagos y engaños. SIN. Camelar, embelecar. FAM. Engatusador, engatusamiento. / Engaratusar.

engayolar *v. tr. Arg.* y *Urug. fam.* Meter en la cárcel a alguien.

engendrar (del lat. *ingenerare*) *v. tr.* **1.** Producir los seres vivos individuos de su misma especie: *engendrar un hijo.* **2.** Causar, dar lugar a alguna cosa: *La envidia engendra males.* También *v. prnl.* SIN. **1.** Procrear, reproducir, concebir. **2.** Originar(se), generar(se), suscitar(se). FAM. Engendrador, engendramiento, engendro.

engendro (de *engendrar*) *s. m.* **1.** Criatura deforme o monstruosa; p. ext., persona muy fea. **2.** Obra muy mal concebida y realizada. **3.** *fam.* Persona, especialmente niño o muchacho, cruel y malintencionada. SIN. **1.** Adefesio, espantajo. **1.** y **3.** Monstruo. **2.** Disparate, barbaridad.

englobar (de *en-* y *globo*) *v. tr.* **1.** Contener un conjunto cierta cosa o grupo de cosas: *Su finca engloba varios edificios.* **2.** Incluir algo en una cosa o conjunto. También *v. prnl.*: *En la obra se engloban varias materias.* SIN. **1.** Comprender, abarcar, envolver. **2.** Encerrar, encuadrar. ANT. **1.** y **2.** Excluir. **2.** Sacar.

engolado, da (de *en-* y *gola*) **1.** *p.* de **engolar**. || *adj.* **2.** Se aplica a la voz o a la forma de hablar que resuena en el fondo de la boca o en la garganta. **3.** Poco natural, exagerado: *estilo engolado.* **4.** Engreído, presuntuoso. SIN. **2.** Gutural. **3.** Altisonante, enfático, afectado. **4.** Altanero, arrogante, soberbio. ANT. **3.** y **4.** Llano, sencillo. **4.** Campechano. FAM. Engolamiento, engolar. GOLA.

engolar *v. tr.* Dar resonancia gutural a la voz, ahuecarla.

engolfarse[1] (de *en-* y *golfo*, accidente geográfico) *v. prnl.* Concentrarse intensamente en algo: *Se engolfó en la lectura y no nos oyó.* SIN. Enfrascarse, embeberse, entregarse. ANT. Desentenderse, distraerse.

engolfarse[2] (de *en-* y *golfo*, pillo) *v. prnl.* Hacerse un golfo, adquirir malas costumbres o vicios: *Se engolfó en la calle.* SIN. Enviciarse, envilecerse. ANT. Reformarse, enmendarse.

engolosinar (de *en-* y *golosina*) *v. tr.* **1.** Despertar el deseo en una persona ofreciéndole algo atractivo: *Le engolosinaron con una recompensa.* || **engolosinarse** *v. prnl.* **2.** Aficionarse a una cosa. SIN. **1.** Incitar, tentar, seducir. **2.** Enviciarse, encapricharse. ANT. **2.** Hartarse. FAM. Engolosinamiento. GOLOSINA.

engomar *v. tr.* Untar o impregnar de goma: *engomar sellos, engomar una tela para dejarla lustrosa.* FAM. Engomado. GOMA.

engominar *v. tr.* Poner gomina o fijador en el cabello. También *v. prnl.*

engorda *s. f. Chile* y *Méx.* Engorde, acción de engordar animales.

engordaderas *s. f. pl.* Pequeños granos que aparecen frecuentemente en la cara de los lactantes.

engordar *v. tr.* **1.** Poner gordo a una persona o a un animal: *La inactividad me engorda; engordar cerdos.* Se usa mucho como *v. intr.*: *Engordó en vacaciones.* **2.** Aumentar, hacer crecer: *Aquel negocio engordó su cuenta.* También *v. intr.* || *v. intr.* **3.** Enriquecerse, en especial cuando es fraudulentamente o a costa de los demás: *Está engordando con sus estafas.* SIN. **1.** Cebar. **2.** Acrecentarse, incrementarse. **3.** Prosperar, medrar. ANT. **1.** y **2.** Adelgazar. **2.** Mermar. **3.** Empobrecerse. FAM. Engorda, engordaderas, engordadero, engorde. GORDO.

engorro (del ant. *engorar*, estar inmovilizado) *s. m.* Estorbo, molestia, cosa embarazosa: *Este encarguito es un engorro.* SIN. Incordio, fastidio, pesadez, carga. ANT. Placer, gusto. FAM. Engorroso.

engorroso, sa *adj.* Molesto o embarazoso: *un asunto engorroso.* SIN. Fastidioso, pesado, cargante. ANT. Agradable, cómodo.

engoznar *v. tr.* Poner goznes o encajar en un gozne: *engoznar una ventana.*

engrampadora *s. f. Arg.* y *Urug.* Grapadora, máquina para grapar.

engrampar *v. tr. Amér.* Engrapar, grapar. FAM. Engrampadora. GRAMPA.

engranaje *s. m.* **1.** Acción de engranar. **2.** Sistema de piezas provistas de dientes que engranan entre sí y conjunto de dichos dientes: *los engranajes del reloj.* SIN. **1.** Articulación, trabazón, acoplamiento.

engranar (del lat. *in*, en, y *crenae*, *-arum*, muescas) *v. intr.* **1.** Encajar unos con otros los dientes de dos o más piezas, de modo que el movimiento o giro de una produzca el movimiento de la otra: *La cadena de la bicicleta engrana con un piñón.* También *v. tr.*: *engranar dos ejes.* **2.** Estar relacionadas las partes de un conjunto. También *v. tr.*: *engranar las ideas de un discurso.* SIN. **1.** Endentar, embragar. **2.** Conectar(se), trabar(se), articular(se). ANT. **1.** Desengranar. **2.** Desconectar(se), desarticular(se). FAM. Engranaje. / Desengranar.

engrandecer (del lat. *ingrandescere*) *v. tr.* **1.** Hacer grande o más grande. También *v. prnl.*: *Su fortuna se engrandeció.* **2.** Enaltecer, honrar, ennoblecer: *Las gestas engrandecen la historia de las naciones.* ■ Es v. irreg. Se conjuga como *agradecer.* SIN. **1.** Agrandar(se), ampliar(se), engrosar(se), acrecentar(se). **2.** Exaltar, ensalzar, elevar. ANT. **1.** Empequeñecer(se), achicar(se), reducir(se), menguar(se). **2.** Humillar, deshonrar, degradar. FAM. Engrandecedor, engrandecimiento. GRANDE.

engrapadora *s. f.* Grapadora*.

engrapar *v. tr.* Grapar*. FAM. Engrapadora. / Engrampar. GRAPAR.

engrasar *v. tr.* Untar algo con grasa o una sustancia aceitosa, especialmente las piezas de un mecanismo, para disminuir el rozamiento: *engrasar un gozne, una cerradura.* SIN. Aceitar, lubricar, lubrificar. ANT. Desengrasar. FAM. Engrasado, engrase. / Desengrasar. GRASA.

engreído, da 1. *p.* de **engreír**. || *adj.* **2.** Soberbio y vanidoso. También *s. m.* y *f.* SIN. **2.** Creído, presumido, presuntuoso, pretencioso, fatuo. ANT. **2.** Humilde, modesto.

engreír (del ant. *engreerse*, de *en-* y *creer*) *v. tr.* **1.** Poner a alguien soberbio y vanidoso. También *v. prnl.*: *Se engreía con su belleza.* **2.** *Amér.* Malcriar, mimar. || **engreírse** *v. prnl.* **3.** *Amér.* Encariñarse. ■ Es v. irreg. Se conjuga como *reír.* SIN. **1.** Envanecer(se), endiosar(se), ensoberbecer(se). ANT. **1.** Humillar(se). FAM. Engreído, engreimiento.

engrescar *v. tr.* Incitar a la gresca, enzarzar. También *v. prnl.*: *Se engrescaron en una discusión.* ■ Delante de *e* se escribe *qu* en lugar de *c*: *engresque.* SIN. Azuzar, enredar(se), achuchar, encizañar. ANT. Apaciguar(se), aplacar(se).

engrillarse *v. prnl. Ven. fam.* Enfadarse mucho, ponerse de mal humor.

engriparse *v. prnl. Arg.* y *Urug.* Coger la gripe.

engrosar *v. tr.* **1.** Hacer grueso o más grueso. También *v. prnl.*: *La bombilla se engrosa por uno de sus extremos.* **2.** Aumentar la cantidad o el número de algo: *engrosar las riquezas de uno, engrosar el caudal de un río.* También *v. intr.* y *v. prnl.* || *v. intr.* **3.** Ponerse gordo. SIN. **1.** Ensanchar(se), abultar(se). **1.** a **3.** Engruesar(se). **2.** Agrandar(se), acrecentar(se), incrementar(se). **3.** Engordar. ANT. **1.** Estrechar(se). **2.** Disminuir, reducir(se). **3.** Adelgazar. FAM. Engrosamiento, engruesar. GRUESO.

engrudo (del ant. *englut* o *engrut*, y éste del lat. vulg. *glus, -utis*, por el lat. *gluten*) *s. m.* Masa de harina y almidón cocidos en agua que sirve para pegar papeles y semejantes. FAM. Engrudar.

engruesar *v. intr.* Engrosar*.

engrupir *v. tr. Arg.* y *Chile fam.* Mentir, engañar, engatusar.

enguachinar *v. tr.* **1.** Aguar: *Ha enguachinado el café.* También *v. prnl.* **2.** Causar pesadez en el estómago el haber tomado demasiada agua, fruta, etc. También *v. prnl.*

enguantar *v. tr.* Cubrir las manos con guantes. También *v. prnl.*

enguarrar *v. tr. fam.* Ensuciar, emborronar: *enguarrar una hoja.* También *v. prnl.* SIN. Manchar(se), guarrear(se), emporcar(se).

enguatar *v. tr.* Guatear*. FAM. Enguatado. GUATA[2].

engullir (del ant. *engollir*, y éste de *engolir*, de *en-* y *gola*, garganta, del lat. *gulla*) *v. tr.* Tragar la comida atropelladamente y sin apenas masticarla: *Engulle la cena en cinco minutos.* También *v. prnl.* con valor expresivo. ■ Es v. irreg. Se conjuga como *mullir.* SIN. Devorar(se), zampar(se), embuchar(se), embaular(se). FAM. Engullidor.

engurruñar (de *en-* y *gurruño*) *v. tr.* Encoger, arrugar. También *v. prnl.*: *El gato se engurruñó junto al fuego.* SIN. Contraer(se), ovillar(se), acurrucar(se). ANT. Estirar(se).

enharinar *v. tr.* Cubrir o manchar de harina: *enharinar el pescado para freírlo.* También *v. prnl.*

enhebrar *v. tr.* **1.** Meter una hebra o hilo por el ojo de la aguja o por el agujero de unas cuentas, perlas, etc. **2.** *fam.* Decir muchas cosas seguidas, sin orden ni concierto: *enhebrar un tema con otro.* SIN. **1.** Ensartar, enfilar, enhilar. **2.** Empalmar. ANT. **1.** Desenhebrar, desensartar. FAM. Desenhebrar. HEBRA.

enhiesto, ta (del lat. *infestus*, hostil) *adj.* Levantado, derecho: «*Enhiesto surtidor de sombra y sueño*» (Gerardo Diego: *El ciprés de Silos*). SIN. Erguido, empinado, erecto. ANT. Tumbado, inclinado.

enhilar (de *en-* e *hilo*) *v. tr.* **1.** Enhebrar*. **2.** Ordenar las ideas o partes de un discurso o de un escrito. **3.** Dirigir, encaminar. También *v. prnl.* SIN. **1.** Ensartar, engarzar. **1.** y **3.** Enfilar(se). **2.** Coordinar, disponer. **3.** Encauzar(se), encarrilar(se), orientar(se). ANT. **1.** Desenhebrar. **2.** Embarullar. **3.** Desviar(se), descaminar(se).

enhorabuena *s. f.* **1.** Felicitación que se da a una persona por algo bueno que ha hecho o le ha sucedido: *Le dieron la enhorabuena por el premio.* || *adv. m.* **2.** En buena hora. ■ Se usa con verbos en imperativo para reforzar o permitir con enfado lo que se dice: *¡Vete enhorabuena!* SIN. **1.** Congratulación, parabién. ANT. **2.** Enhoramala.

enhoramala *adv. m.* En mala hora; expresa enfado o desaprobación. ■ Se usa con verbos en imperativo, especialmente con *ir*: *¡Id enhoramala!* ANT. Enhorabuena.

enigma (del lat. *aenigma*, y éste del gr. *ainigma*) *s. m.* **1.** Conjunto de palabras u otros signos de sentido oculto o difícil de entender. **2.** P. ext., persona o cosa desconocida o difícil de comprender: *Lo que se proponía era un enigma para nosotros.* SIN. **1.** Adivinanza, acertijo, jeroglífico. **2.** Misterio, incógnita, secreto. FAM. Enigmáticamente, enigmático.

enigmático, ca *adj.* Que contiene un enigma, desconocido, difícil de comprender o descubrir: *una respuesta enigmática.* SIN. Misterioso, secreto, oscuro, inescrutable, impenetrable, arcano. ANT. Claro, manifiesto.

enjabonada *s. f. Ven.* y *Col. fam.* Reprimenda, regañina.

enjabonar *v. tr.* **1.** Untar o frotar algo con jabón para lavarlo, ablandarlo, etc. También *v. prnl.*: *Se enjabonó para afeitarse.* **2.** *fam.* Adular, dar jabón. **3.** *fam.* Reprender, regañar a alguien. SIN. **1.** Jabonar(se). **2.** Halagar, lisonjear, pelotillear. **3.** Reñir, abroncar. FAM. Enjabonada, enjabonado, enjabonadura. JABÓN.

enjaezar *v. tr.* Poner jaeces a las caballerías. ■ Delante de *e* se escribe *c* en lugar de *z*: *enjaece.*

enjalbegar (del lat. vulg. *exalbicare*, blanquear) *v. tr.* Blanquear las paredes con cal, yeso, etc.: *enjalbegar el patio.* ■ Delante de *e* se escribe *gu* en lugar de *g*: *enjalbegue.* Se dice también *jalbegar.* SIN. Encalar. FAM. Enjalbegado, enjalbegador, enjalbegadura. / Jalbegar. ALBO.

enjalma (de *en-* y el lat. vulg. *salma*, del lat. *sagma*, albarda) *s. f.* Especie de albarda ligera para caballería de carga. FAM. Enjalmar.

enjambrar (de *enjambre*) *v. tr.* **1.** Recoger en una colmena abejas que andan esparcidas o enjambres que están fuera de ella. **2.** Sacar un enjambre de una colmena muy poblada para fundar otra. || *v. intr.* **3.** Criar la colmena un nuevo enjambre que se puede separar de ella.

enjambre (del lat. *examen, -inis*) *s. m.* **1.** Conjunto de abejas con su reina. **2.** Conjunto numeroso de personas, animales o cosas: *Le recibió un enjambre de admiradores.* **3.** Grupo de estrellas o meteoritos. SIN. **2.** Muchedumbre, multitud, hormiguero. FAM. Enjambrar, enjambrazón.

enjaranarse *v. prnl. Amér. C.* Entramparse, contraer jaranas o deudas.

enjarciar *v. tr.* Poner las jarcias a una embarcación.

enjardinar *v. tr.* **1.** Ajardinar*. **2.** Plantar y arreglar los árboles como están en los jardines.

enjaretado, da **1.** *p.* de **enjaretar**. También *adj.* || *s. m.* **2.** Tablero formado por listones que forman un enrejado: *el enjaretado de una escotilla.*

enjaretar *v. tr.* **1.** Pasar una cinta o un cordón por una jareta o dobladillo, como en las capuchas de los chubasqueros. **2.** *fam.* Hacer o decir algo muy deprisa y de mala manera: *Nos enjaretó cuatro explicaciones mal dichas.* **3.** *fam.* Encajar, endilgar: *Me enjaretaron las tareas más molestas.* **4.** Incluir, intercalar. SIN. **2.** Soltar. **3.** Endosar, encasquetar. **4.** Insertar. FAM. Enjaretado. JARETA.

enjaular *v. tr.* **1.** Meter en una jaula. **2.** *fam.* Encarcelar. SIN. **1.** y **2.** Encerrar. **2.** Enchironar. ANT. **1.** Desenjaular. **2.** Excarcelar.

enjoyar *v. tr.* **1.** Adornar con joyas. También *v. prnl.* **2.** Adornar o enriquecer una cosa. **SIN. 1.** Alhajar. **2.** Engalanar, decorar, ornamentar. **ANT. 2.** Afear, empobrecer.

enjuagar (del lat. vulg. *exaquare*) *v. tr.* **1.** Limpiar la boca y los dientes con agua u otro líquido. También *v. prnl.*: *Se enjuaga después de la comida.* **2.** Lavar algo con agua, especialmente, aclarar lo que se ha enjabonado: *enjuagar la vajilla.* ▪ Delante de *e* se escribe *gu* en lugar de *g*: *enjuague.* **FAM.** Enjuagadura, enjuague, enjuatorio.

enjuague *s. m.* **1.** Acción de enjuagar o enjuagarse. **2.** Líquido que sirve para enjuagarse. **3.** Arreglo o manejo sucio, poco correcto: *Hizo muchos enjuagues para ganar las elecciones.* **SIN. 1.** Enjuagadura. **1.** y **2.** Enjuagatorio. **2.** Colutorio. **3.** Amaño, chanchullo, fregado, trapicheo.

enjugar (del lat. tardío *exsucare*, de *ex*, part. priv., y *succus*, jugo) *v. tr.* **1.** Secar la humedad: *enjugar el agua con una bayeta.* **2.** Limpiar del cuerpo las lágrimas, el sudor, la sangre. También *v. prnl.* con valor reflexivo. **3.** Saldar una deuda o un déficit: *Las ventas de este año han enjugado las pérdidas del anterior.* También *v. prnl.* ▪ Delante de *e* se escribe *gu* en lugar de *g*: *enjugue.* **SIN. 3.** Cancelar, liquidar, extinguir(se). **ANT. 1.** y **2.** Humedecer(se), mojar(se). **3.** Contraer, deber.

enjuiciamiento *s. m.* **1.** Acción de enjuiciar. **2.** En der., procedimiento o forma de actuar en los asuntos judiciales. **SIN. 1.** Juicio, crítica, apreciación, valoración, opinión. **2.** Instrucción, causa, proceso.

enjuiciar *v. tr.* **1.** Examinar o someter a juicio: *enjuiciar la conducta de alguien.* **2.** En der., instruir un proceso judicial; someter a alguien a juicio. **SIN. 1.** Analizar, valorar, calificar, cuestionar. **1.** y **2.** Juzgar. **2.** Procesar, encausar. **FAM.** Enjuiciable, enjuiciamiento. JUICIO.

enjundia (del lat. *axungia*, sebo) *s. f.* **1.** Sebo de un animal; particularmente, el que tienen las aves alrededor de la overa. **2.** Lo más importante y sustancioso de algo: *la enjundia de un asunto.* **3.** Profundidad y riqueza de contenido: *Esa obra tiene mucha enjundia.* **SIN. 1.** Grosura, manteca, unto. **2.** Meollo, núcleo, esencia. **3.** Sustancia. **ANT. 2.** Complemento, accesorio. **2.** y **3.** Paja, hojarasca. **FAM.** Enjundioso.

enjuta *s. f.* **1.** En arq., cada uno de los espacios que deja un círculo inscrito en un cuadrado. **2.** En arq., pechina*.

enjuto, ta (del lat. *exsuctus*, de *exsugere*, chupar, secar) *adj.* Flaco: *un cuerpo enjuto.* **SIN.** Delgado, seco, magro, enteco. **ANT.** Gordo, grueso, rollizo. **FAM.** Enjuta, enjutez.

enlace *s. m.* **1.** Acción de enlazar o enlazarse. **2.** Lo que une o relaciona: *Las conjunciones son enlaces entre palabras u oraciones.* **3.** Empalme de líneas o medios de transporte: *el enlace entre dos líneas de autobuses.* **4.** Persona que actúa de intermediario entre otras, especialmente dentro de una organización: *Durante la guerra sirvió de enlace en el frente.* **5.** Boda: *El feliz enlace tuvo lugar en la parroquia.* **6.** En quím., fuerza que mantiene unidos los átomos de las moléculas. **SIN. 1.** Enlazamiento, relación, ligazón, engarce. **1.** y **2.** Unión, conexión. **2.** Nexo, lazo, vínculo, juntura. **4.** Mediador, correo. **5.** Nupcias, desposorio. **ANT. 1.** Separación, desunión. **2.** Aislador, aislante.

enladrillar *v. tr.* Cubrir un suelo con ladrillos. **SIN.** Solar, pavimentar. **ANT.** Desenladrillar. **FAM.** Enladrillado, enladrillador. LADRILLO.

enlatado, da **1.** *p.* de **enlatar**. También *adj.* || *adj.* **2.** Programa de radio o televisión que se graba previamente para ser emitido en diferido. También *s. m.* y *f.*

enlatar *v. tr.* Envasar en latas: *enlatar sardinas.* **FAM.** Enlatado. LATA.

enlazar (del lat. *inlaqueare*, de *laqueus*, lazo) *v. tr.* **1.** Juntar o atar con lazos. **2.** Unir o relacionar: *Enlazando un ejemplo con otro el profesor aclaró el tema.* También *v. intr.* y *v. prnl.*: *El vestíbulo enlaza con el pasillo.* || *v. intr.* **3.** Combinarse los medios de transporte, o sus trayectos y horarios: *Este tren enlaza con otro en Medina del Campo.* || **enlazarse** *v. prnl.* **4.** Unirse dos familias por medio de un matrimonio. ▪ Delante de *e* se escribe *c* en lugar de *z*: *enlace.* **SIN. 1.** Entrelazar(se), atar. **2.** Asociar(se), conectar(se), vincular(se), ligar(se), trabar(se). **2.** y **3.** Empalmar(se). **4.** Emparentar, entroncar. **ANT. 1.** Desenlazar, desatar(se). **2.** Separar(se). **FAM.** Enlace, enlazable, enlazador, enlazamiento. / Desenlazar. LAZO.

enlobreguecer *v. tr.* Poner lóbrego, oscurecer. También *v. prnl.* ▪ Es v. irreg. Se conjuga como *agradecer.* **SIN.** Ensombrecer(se), entenebrecer(se), nublar(se). **ANT.** Aclarar(se), iluminar(se).

enlodar *v. tr.* **1.** Cubrir o manchar con lodo. También *v. prnl.* **2.** Perjudicar la reputación de una persona: *Aquellas murmuraciones enlodaron su buen nombre.* También *v. prnl.* **SIN. 1.** Enfangar(se), embarrar(se). **2.** Deshonrar(se), desacreditar(se), ensuciar(se), mancillar(se). **ANT. 2.** Honrar, acreditar(se).

enloquecer *v. tr.* **1.** Volver loco a alguien. También *v. intr.* **2.** *fam.* Hacer perder el juicio, alterar profundamente: *Tanto ajetreo me está enloqueciendo.* También *intr.*: *enloquecer de pena.* || *v. intr.* **3.** *fam.* Gustarle mucho a uno alguna cosa: *Me enloquece el chocolate.* ▪ Es v. irreg. Se conjuga como *agradecer.* **SIN. 1.** Enajenar(se), alienar(se), desequilibrar(se). **1.** y **2.** Perturbar(se), trastornar(se). **1.** y **3.** Chiflar. **3.** Encantar, entusiasmar, privar. **ANT. 2.** Tranquilizar(se), calmar(se). **3.** Desagradar. **FAM.** Enloquecedor, enloquecimiento. LOCO.

enlosado, da **1.** *p.* de **enlosar**. También *adj.* || *s. m.* **2.** Suelo cubierto de losas: *Has manchado el enlosado.* **SIN. 1.** y **2.** Embaldosado.

enlosar *v. tr.* Pavimentar con losas o baldosas. **SIN.** Losar, embaldosar. **FAM.** Enlosado. LOSA.

enlozar *v. tr. Amér.* Cubrir con un baño de loza o de esmalte con apariencia de vidrio. ▪ Delante de *e* se escribe *c* en lugar de *z*: *enloce.* **SIN.** Vitrificar.

enlucido, da **1.** *p.* de **enlucir**. También *adj.* || *s. m.* **2.** Acción de enlucir y capa que se aplica: *La humedad ha deteriorado el enlucido.* **SIN. 2.** Estucado, revoque.

enlucir (de *en-* y *lucir*) *v. tr.* **1.** Cubrir paredes, techos o fachadas con una capa de yeso, estuco, argamasa u otro material similar. **2.** Dar brillo: *enlucir la plata.* ▪ Es v. irreg. Se conjuga como *lucir.* **SIN. 1.** Revocar. **2.** Abrillantar, pulir, bruñir, lustrar. **ANT. 2.** Empañar, deslustrar. **FAM.** Enlucido, enlucimiento. LUCIR.

enlutar *v. tr.* **1.** Vestir o poner de luto: *Enlutaron la casa con crespones negros.* También *v. prnl.* **2.** Causar dolor o tristeza: *Esa desgracia enlutó las fiestas.* También *v. prnl.* **SIN. 2.** Afligir(se), apesadumbrar(se), consternar(se), ensombrecer(se). **ANT. 2.** Alegrar(se). **FAM.** Enlutado. LUTO.

enmabitar *v. tr. Ven.* Dar mala suerte, gafar. También *v. prnl.*

enmaderar *v. tr.* **1.** Cubrir con maderas una superficie: *enmaderar un suelo.* **2.** Construir el entramado de vigas y maderas de un edificio. **FAM.** Enmaderado, enmaderamiento. MADERA.

enmadrarse *v. prnl.* Apegarse demasiado los hijos a su madre. **FAM.** Enmadrado. MADRE.

enmarañar *v. tr.* **1.** Formar una maraña: *enmarañar los cabellos.* También *v. prnl.* **2.** Confundir o complicar alguna cosa: *enmarañar un asunto.* También *v. prnl.* **SIN. 1.** Revolver(se). **1.** y **2.** Enredar(se), liar(se), embarullar(se). **2.** Embrollar(se), enfollonar(se). **ANT. 1.** y **2.** Desenmarañar(se), desenredar(se). **2.** Desembrollar(se), aclarar(se). **FAM.** Enmarañado, enmarañamiento. / Desenmarañar. MARAÑA.

enmarcar *v. tr.* **1.** Poner marco a una cosa: *enmarcar una pintura.* **2.** Contener una cosa a otra o servirle de fondo. También *v. prnl.*: *La finca se enmarcaba en una región fértil.* **3.** Ceñir o limitar una cosa a otra: *La toca le enmarcaba la cara.* **4.** Situar algo dentro de unas circunstancias de lugar, tiempo, estilo, etc. También *v. prnl.*: *Su obra se enmarca dentro del realismo.* ■ Delante de *e* se escribe *qu* en lugar de *c*: *enmarque.* **SIN. 1.** a **4.** Encuadrar(se).

enmaridar *v. intr.* Casarse la mujer. También *v. prnl.*

enmaromar *v. tr.* Atar o sujetar con una maroma, especialmente cuando se habla de animales bravos.

enmascarar *v. tr.* **1.** Cubrir el rostro con una máscara o disfraz. También *v. prnl.* **2.** Encubrir o disimular alguna cosa: *Enmascaró sus numerosos defectos.* **SIN. 1.** Embozar(se). **2.** Disfrazar, desfigurar, esconder. **ANT. 1.** Desembozar(se). **1.** y **2.** Desenmascarar(se). **2.** Descubrir, mostrar. **FAM.** Enmascarado, enmascaramiento. / Desenmascarar. MÁSCARA.

enmasillar *v. tr.* **1.** Sujetar con masilla, especialmente los cristales a sus marcos. **2.** Rellenar con masilla grietas o agujeros.

enmelar (de *en-* y el lat. *mel, mellis,* miel) *v. tr.* **1.** Untar con miel: *enmelar una torrija.* **2.** Endulzar una cosa, hacerla suave o agradable: *enmelar la voz.* || *v. intr.* **3.** Hacer miel las abejas. ■ Es v. irreg. Se conjuga como *pensar.* **SIN. 2.** Dulcificar, acaramelar. **ANT. 2.** Amargar, agriar. **FAM.** Enmielar. MIEL.

enmendar (del lat. *emendare,* de *menda,* falta) *v. tr.* Corregir, remediar, reformar: *Enmendó sus equivocaciones.* También *v. prnl.* || **LOC. enmendar** a uno **la plana** Encontrar defectos en lo que otro ha hecho o mejorarlo. ■ Es v. irreg. Se conjuga como *pensar.* **SIN.** Rectificar, reparar, subsanar, resarcir. **ANT.** Reincidir. **FAM.** Enmendable, enmienda.

enmielar *v. tr. Amér.* Enmelar*.

enmienda *s. f.* **1.** Acción de enmendar o enmendarse: *hacer propósito de enmienda.* **2.** Corrección hecha en un escrito o documento, que se señala al final del mismo. **3.** Propuesta de cambio al texto de una ley, proyecto, informe, etc.: *enmienda a los presupuestos del Estado.* **SIN. 1.** Remedio, reforma, mejora, perfeccionamiento. **1.** y **2.** Rectificación. **ANT. 1.** Reincidencia. **3.** Ratificación.

enmohecer *v. tr.* **1.** Cubrir de moho. También *v. intr.* y *v. prnl.*: *Los alimentos (se) enmohecen con la humedad.* **2.** Inutilizar o degradar algo por falta de uso. También *v. prnl.*: *Los músculos se enmohecen de no ejercitarlos.* ■ Es v. irreg. Se conjuga como *agradecer.* **SIN. 1.** Florecerse. **1.** y **2.** Oxidar(se). **2.** Anquilosar(se), deteriorar(se). **ANT. 2.** Activar(se). **FAM.** Enmohecimiento. / Desenmohecer. MOHO.

enmonarse *v. prnl. Chile* y *Perú* Emborracharse, amonarse.

enmoquetar *v. tr.* Cubrir con moqueta: *enmoquetar el suelo.*

enmudecer (del lat. *immutescere*) *v. intr.* **1.** Quedarse mudo, perder el habla: *Enmudeció de la impresión.* **2.** Permanecer callado: *Enmudecía pese a las acusaciones.* **3.** Dejar de sonar o producir ruido: *De pronto enmudecieron los pájaros.* || *v. tr.* **4.** Hacer callar: *El temor enmudeció todas las protestas.* ■ Es v. irreg. Se conjuga como *agradecer.* **SIN. 4.** Silenciar, acallar. **ANT. 1.** y **2.** Hablar. **FAM.** Enmudecimiento. MUDO.

enmugrecer *v. tr.* Llenar algo de mugre o suciedad. También *v. prnl.* ■ Es v. irreg. Se conjuga como *agradecer.* **SIN.** Manchar(se), pringar(se). **ANT.** Limpiar(se), lavar(se).

ennegrecer *v. tr.* **1.** Poner negra u oscura una cosa: *Las nubes ennegrecieron el cielo.* También *v. intr.* y *v. prnl.*: *Las paredes (se) ennegrecen con el humo.* || **ennegrecerse** *v. prnl.* **2.** Tomar algo un aspecto desfavorable: *Se ennegreció su futuro.* ■ Es v. irreg. Se conjuga como *agradecer.* **SIN. 1.** Enturbiar(se), ensuciar(se), atezar(se). **1.** y **2.** Oscurecer(se). **2.** Ensombrecerse. **ANT. 1.** Blanquear(se), aclarar(se). **2.** Mejorar. **FAM.** Ennegrecimiento. NEGRO.

ennoblecer *v. tr.* **1.** Hacer noble a alguien: *Su conducta le ennoblece. El rey le ennobleció por sus méritos.* También *v. prnl.* **2.** Dar elegancia, distinción: *Finos rasgos ennoblecían su rostro.* También *v. prnl.* **3.** Adornar, enriquecer, dar esplendor: *Ennobleció su casa con obras de arte.* También *v. prnl.* ■ Es v. irreg. Se conjuga como *agradecer.* **SIN. 1.** Dignificar, honrar, enaltecer(se). **2.** Refinar(se). **3.** Engalanar(se), embellecer(se). **ANT. 1.** Deshonrar(se), degradar(se). **1.** y **2.** Embrutecer(se). **3.** Deslucir(se). **FAM.** Ennoblecedor, ennoblecimiento. NOBLE.

-eno, na (del lat. *-enus*) *suf.* Forma adjetivos y sustantivos gentilicios: *heleno, sarraceno, nazareno*; adjetivos numerales ordinales: *noveno, onceno*; sustantivos colectivos de género femenino: *docena, decena, centena*; nombres de algunos hidrocarburos: *acetileno, benceno*; adjetivos derivados: *moreno,* de moro, o *maicena,* harina fina de maíz.

enografía (del gr. *oinos,* vino, y *-grafía*) *s. f.* Descripción de los variados tipos o clases de vinos.

enojadizo, za *adj.* Que se enoja con facilidad. **SIN.** Colérico, irritable. **ANT.** Afable, flemático, pacífico.

enojar (del prov. ant. *enojar,* y éste del lat. *inodiare,* enfadar) *v. tr.* **1.** Producir enojo o enfado. También *v. prnl.*: *Se enoja por cualquier tontería.* **2.** Molestar, disgustar: *Las esperas me enojan mucho.* **SIN. 1.** Enfadar(se), enfurecer(se), encolerizar(se). **1.** y **2.** Irritar(se), exasperar(se). **2.** Fastidiar, incomodar. **ANT. 1.** Desenojar(se), apaciguar(se). **2.** Gustar, complacer. **FAM.** Enojadizo, enojante, enojo, enojón, enojosamente, enojoso. / Desenojar.

enojo *s. m.* **1.** Alteración del ánimo de una persona como resultado de algo que le perjudica, contraría o fastidia: *Creció su enojo contra mí.* **2.** Molestia, trabajo. Se usa más en *pl.*: *¡Cuántos enojos para salir adelante!* **SIN. 1.** Enfado, ira, irritación. **2.** Pena, penalidad. **ANT. 1.** Agrado, complacencia. **1.** y **2.** Satisfacción.

enojón, na *adj. Chile, Ec.* y *Méx.* Enojadizo. También *s. m.* y *f.*

enojoso, sa *adj.* Que causa enojo. SIN. Enfadoso, irritante, exasperante; fastidioso, embarazoso. ANT. Agradable, placentero.

enología (del gr. *oinos*, vino, y *-logía*) *s. f.* Ciencia que trata de la elaboración y conservación de los vinos. FAM. Enografía, enológico, enólogo, enotecnia.

enólogo, ga *s. m.* y *f.* Entendido en enología.

enorgullecer *v. tr.* Llenar de orgullo o satisfacción: *La fama del pintor enorgullecía a sus paisanos.* También *v. prnl.*: *Se enorgullece de haber triunfado gracias a su esfuerzo.* ■ Es v. irreg. Se conjuga como *agradecer.* SIN. Halagar, honrar(se), ufanar(se); preciarse, vanagloriarse. ANT. Avergonzar(se). FAM. Enorgullecedor, enorgullecimiento. ORGULLO.

enorme (del lat. *enormis*) *adj.* **1.** Muy grande, mayor de lo habitual: *Australia es un país enorme.* **2.** P. ext., excesivo o desproporcionado: *un calor enorme, un despiste enorme.* **3.** *fam.* Muy bueno, excepcional: *Estuvo enorme en su actuación.* SIN. **1.** Gigantesco, colosal, inmenso. **2.** Desmedido, desmesurado, exagerado. **3.** Maravilloso, estupendo, espléndido. ANT. **1.** Pequeño, ínfimo. **2.** Moderado. **3.** Fatal, pésimo. FAM. Enormemente, enormidad.

enormidad (del lat. *enormitas, -atis*) *s. f.* **1.** Cantidad o tamaño muy grandes, excesivos: *Había una enormidad de regalos. Le sobrecogía la enormidad del firmamento.* **2.** Disparate, barbaridad: *Es una enormidad recetarse uno mismo.* **3.** Exceso de maldad: *Reconoció la enormidad de su crimen.* || LOC. **una enormidad** *adv.* Mucho, muchísimo: *Me costó una enormidad convencerle.* SIN. **1.** Montón, abundancia; inmensidad, vastedad. **2.** Burrada, desatino. **3.** Atrocidad. ANT. **1.** Escasez, insignificancia. **2.** Acierto. **3.** Bondad.

enotecnia (del gr. *oinos*, vino, y *-tecnia*) *s. f.* Técnica de la elaboración y comercialización de los vinos. FAM. Enotécnico. ENOLOGÍA.

enquiciar *v. tr.* **1.** Colocar una puerta, ventana, etc., en su quicio. También *v. prnl.* **2.** Poner una cosa en orden, asegurarla. SIN. **1.** Encajar. **2.** Arreglar, afianzar. ANT. **1.** y **2.** Desquiciar.

enquistamiento *s. m.* **1.** Acción de enquistarse. **2.** En biol., secreción por parte de un organismo de una cubierta dura para protegerse de las condiciones externas adversas y, en el caso de los parásitos, para propagarse más fácilmente de un huésped a otro.

enquistarse *v. prnl.* **1.** Recubrirse algo con un quiste. **2.** Incrustarse profundamente: *Las termitas se enquistaron en la madera.* **3.** Quedarse estancado el proceso de alguna cosa: *enquistarse un catarro.* SIN. **2.** Encajarse, empotrarse, introducirse. **3.** Empantanarse, paralizarse. ANT. **2.** Salirse. FAM. Enquistado, enquistamiento. QUISTE.

enrabietar o **enrabiar** *v. tr.* Poner a alguien rabioso, hacerle rabiar. También *v. prnl.*: *Se enrabieta mucho cuando pierde.* SIN. Irritar(se), enfadar(se), exasperar(se).

enracimarse *v. prnl.* Arracimarse*.

enraizar (de *en-* y *raíz*) *v. intr.* **1.** Echar raíces las plantas. También *v. prnl.* **2.** Asentarse en un lugar: *Esta familia enraizó en la comarca.* También *v. prnl.* **3.** Implantarse con éxito alguna cosa: *La costumbre enraizó en la gente.* ■ Delante de *e* se escribe *c* en lugar de *z.* En cuanto al acento, se conjuga como *aislar*: *enraíce.* SIN. **1.** a **3.** Arraigar(se). **2.** Afincarse, establecerse. **3.** Prender, calar, cuajar. ANT. **1.** a **3.** Desarraigar(se). **2.** Marchar(se). **3.** Perderse, olvidarse.

enramada *s. f.* **1.** Conjunto de ramas entrelazadas y frondosas. **2.** Adorno de ramas de árboles. **3.** Cobertizo hecho con ramas de árboles. SIN. **1.** Espesura, follaje. **3.** Chamizo.

enramar *v. tr.* Cubrir o adornar con ramas. FAM. Enramada, enrame. RAMA[1].

enranciar *v. tr.* Poner rancio. Se usa más como *v. prnl.*: *enranciarse el queso.* ■ Se dice también *ranciar.*

enrarecer (de *en-* y el lat. *rarescere*, de *rarus*, raro) *v. tr.* **1.** Dilatar un gas haciéndolo menos denso. También *v. prnl.*: *A gran altura se enrarece la atmósfera.* **2.** Contaminar el aire. También *v. prnl.* **3.** Deteriorar o turbar una situación, relación, etc. También *v. prnl.*: *Desde aquella pelea se enrareció el ambiente en la casa.* ■ Es v. irreg. Se conjuga como *agradecer.* SIN. **1.** Rarificar(se). **2.** Viciar(se). **3.** Degradar(se), atirantar(se). ANT. **1.** Enriquecer(se). **2.** Limpiar(se). **3.** Arreglar(se). FAM. Enrarecimiento. RARO.

enrasar (de *en-* y *ras*) *v. tr.* **1.** Igualar la altura o nivel de algo, p. ej. una obra de albañilería. También *v. intr.* **2.** Hacer que el contenido de un recipiente no rebase una medida o el borde del mismo: *enrasar un vaso de cerveza.* SIN. **1.** Nivelar, allanar, alisar. ANT. **1.** Desnivelar. FAM. Enrasamiento, enrase. RASAR.

enrasillar *v. tr.* Cubrir el suelo con rasillas.

enredadera *adj.* Se dice de las plantas de tallo trepador, que se adhieren a lo largo de un muro, otra planta, etc., por medio de pequeñas raíces, como la hiedra o la madreselva. También *s. f.*

enredar (de *en-* y *red*) *v. tr.* **1.** Revolver y enlazar desordenadamente cosas como hilos, cabellos, etc. También *v. prnl.* **2.** Atrapar con red. **3.** Complicar a alguien en un asunto peligroso, comprometido o ilegal: *Le enredaron en el robo.* También *v. prnl.* **4.** Confundir a alguien para engañarlo o convencerlo: *Me enredó para que comprara el coche.* **5.** Intrigar, meter cizaña: *Siempre anda enredando para desunirlos.* También *v. intr.* **6.** Complicar: *Su intervención enredó el asunto.* También *v. prnl.* **7.** Entretener, hacer perder el tiempo: *Me enredó una vecina y perdí el tren.* También *v. prnl.* || *v. intr.* **8.** Hacer travesuras, armar jaleo: *Los chicos se aburrían y empezaban a enredar.* **9.** Manipular una cosa o hurgar en algo para distraerse o por curiosidad: *Deja de enredar con el tocadiscos. ¿Qué haces enredando en mi bolso?* || **enredarse** *v. prnl.* **10.** Quedarse atrapado o enganchado en alguna cosa: *Me he enredado el pie con el cable.* **11.** Embarullarse, equivocarse al hablar o hacer algo: *Se enredó al dar explicaciones.* **12.** Comenzar una pelea o disputa: *Se enredaron a golpes.* **13.** *fam.* Mantener dos personas una relación amorosa al margen del matrimonio o del noviazgo. SIN. **1.**, **4.** y **6.** a **13.** Liar(se). **1.** y **6.** Enmarañar(se). **3.** Implicar, involucrar. **4.** Camelar, engatusar. **5.** Encizañar, malmeter. **6.** y **11.** Embrollar(se). **7.** Retener. **8.** Trastear, zascandilear. **9.** Juguetear, manosear, curiosear. **12.** Enzarzarse. ANT. **1.** Desenredar(se), desembrollar(se), desenmarañar(se). **5.** Reconciliar. **6.** Facilitar, aclarar(se), esclarecer(se). FAM. Enredadera, enredador, enredijo, enredista, enredo, enredoso. / Desenredar. RED.

enredijo *s. m. fam.* Enredo o maraña de hilos u otras cosas flexibles. SIN. Lío, embrollo, revoltijo.

enredista *adj. Amér. del S.* Persona que enreda las relaciones contando chismes.

enredo *s. m.* **1.** Entrecruzamiento desordenado de hilos o cosas semejantes. **2.** Mentira, cizaña o chisme malintencionado: *Sus enredos sembraron la discordia.* **3.** Asunto turbio: *Siempre anda metido en enredos.* **4.** Complicación, problema: *¿Y cómo salgo del enredo?* **5.** Confusión, desorden: *enredo de ideas.* **6.** En las obras literarias, en especial en novela y drama, conjunto de sucesos que constituyen el centro del argumento y se resuelven en un desenlace. **7.** P. ext., argumento muy complicado de una obra literaria o cinematográfica: *comedia de enredo.* **8.** Relación amorosa o sexual al margen del matrimonio o del noviazgo. **9.** Travesura, alboroto: *Los enredos de los alumnos traían loco al maestro.* **SIN. 1.** Revoltijo, lío, maraña. **2.** Embuste, maledicencia, intriga. **3.** Manejo, fregado, enjuague. **4.** y **5.** Embrollo, jaleo, follón. **6.** Trama, nudo. **8.** Apaño, ligue. **9.** Trastada, diablura. **ANT. 5.** Orden, claridad.

enrejado, da 1. *p.* de **enrejar**. También *adj.* || *s. m.* **2.** Verja o cerca de rejas. **3.** Celosía de barrotes, listones o cañas entrecruzados. **SIN. 2.** Cancela.

enrejar *v. tr.* **1.** Poner rejas: *enrejar una ventana.* **2.** *fam.* Encarcelar. **3.** *Méx.* Zurcir la ropa. **SIN. 1.** Cercar. **2.** Enchironar, encerrar. **ANT. 2.** Soltar, excarcelar. **FAM.** Enrejado. REJA[2].

enrevesado, da 1. *p.* de **enrevesar**. || *adj.* **2.** Complicado o difícil: *un argumento enrevesado.* **3.** Que tiene muchas vueltas, cruces y rodeos: *un sendero enrevesado.* **SIN. 2.** Enredoso, lioso, confuso. **2.** y **3.** Intrincado. **ANT. 2.** Sencillo, fácil. **FAM.** Enrevesadamente, enrevesamiento, enrevesar. REVÉS.

enrevesar *v. tr.* Hacer enrevesado. También *v. prnl.*: *El asunto se ha enrevesado.* **SIN.** Enredar, liar, tergiversar. **ANT.** Simplificar.

enriquecer *v. tr.* **1.** Hacer rico o más rico a alguien o algo: *El turismo enriqueció la región.* También *v. intr.* y *v. prnl.*: *(Se) Enriqueció con aquellos negocios.* **2.** Mejorar o aumentar las cualidades, componentes o propiedades de algo: *enriquecer un terreno con abonos, enriquecer uno sus conocimientos.* También *v. prnl.* **3.** Adornar o ennoblecer una cosa: *enriquecer una escultura.* También *v. prnl.* ■ Es v. irreg. Se conjuga como *agradecer.* **SIN. 1.** Lucrarse. **2.** Perfeccionar(se), potenciar(se), reforzar(se). **3.** Engrandecer(se), enaltecer(se). **ANT. 1.** Empobrecer(se), arruinar(se). **2.** Empeorar, debilitar(se). **3.** Afear(se). **FAM.** Enriquecedor, enriquecido, enriquecimiento. RICO.

enriscado, da *adj.* **1.** Lleno de riscos o peñascos. **2.** Metido o protegido entre riscos.

enristrar[1] *v. tr.* **1.** Poner la lanza en el ristre o colocarla horizontalmente bajo el brazo para atacar. **2.** Ir derecho hacia cierto sitio. **SIN. 2.** Enfilar.

enristrar[2] *v. tr.* Hacer ristras: *enristrar ajos.*

enrocar *v. tr.* En ajedrez, mover en una misma jugada el rey y la torre de un mismo bando a las posiciones de caballo y alfil respectivamente, siempre que no hayan sido movidos anteriormente, no medie ninguna otra pieza entre ambos y no esté el rey en jaque. También *v. prnl.* ■ Delante de *e* se escribe *qu* en lugar de *c*. **FAM.** Enroque. ROQUE[1].

enrojecer *v. tr.* **1.** Poner roja una cosa la acción del fuego o el calor. También *v. prnl.*: *enrojecerse el hierro.* **2.** Dar a algo color rojo: *El crepúsculo enrojecía las montañas.* También *v. prnl.* **3.** Poner rojo el rostro la vergüenza, la ira, etc. También *v. intr.* y *v. prnl.*: *Enrojeció de cólera. Sus mejillas se enrojecieron.* ■ Es v. irreg. Se conjuga como *agradecer.* **SIN. 3.** Encender(se), ruborizarse, sonrojarse. **ANT. 3.** Palidecer. **FAM.** Enrojecimiento. ROJO.

enrolar *v. tr.* **1.** Inscribir a una persona en la lista o rol de los tripulantes de un buque mercante. También *v. prnl.* **2.** Alistar gente para el ejército. Se usa más como *v. prnl.*: *enrolarse en la marina.* **3.** P. ext., incluir a una persona en un grupo, asociación, actividad, etc. También *v. prnl.*: *enrolarse en un partido, en una expedición.* **SIN. 2.** Enganchar(se). **3.** Apuntar(se). **FAM.** Enrolamiento. ROL.

enrollado, da 1. *p.* de **enrollar**. También *adj.* || *adj.* **2.** *fam.* Se dice de la persona agradable, bien dispuesta, de trato abierto. También *s. m.* y *f.*

enrollante *adj. fam.* Muy agradable o atractivo. **SIN.** Alucinante, arrebatador, excitante. **ANT.** Desagradable, irritante.

enrollar *v. tr.* **1.** Poner una cosa en forma de rollo: *enrollar un cable, una manta.* También *v. prnl.* **2.** *fam.* Liar o confundir a alguien para que haga cierta cosa: *No te dejes enrollar por él.* || *v. intr.* **3.** *fam.* Gustar mucho una cosa: *Me enrolla esta música.* || **enrollarse** *v. prnl.* **4.** *fam.* Extenderse demasiado al hablar o escribir o entretenerse excesivamente en cualquier actividad: *enrollarse en un examen, con un juego.* **5.** *fam.* Tener relaciones amorosas o sexuales dos personas. **6.** *fam.* Formar parte de algún grupo o participar en cierto asunto o actividad: *Se enrolló en el mundo del cine.* **7.** *fam.* Tener facilidad de trato o encajar en un ambiente: *Tus amigos se enrollan bien.* **8.** *fam.* Portarse bien con alguien: *Se enrolló y nos dejó pasar gratis.* **SIN. 1.** Arrollar(se), enroscar(se), envolver. **2.** Enredar, embaucar. **3.** Encantar, chiflar, entusiasmar, molar. **4.** Explayarse, entregarse. **ANT. 1.** Desenrollar(se). **3.** Desagradar. **4.** Abreviar, cortar. **FAM.** Enrollado, enrollamiento, enrollante, enrolle. / Desenrollar. ROLLO.

enrolle *s. m.* **1.** *fam.* Acción de enrollarse una persona. **2.** *fam.* Hecho de estar una persona enrollada con otra.

enronquecer *v. tr.* Poner ronco a alguien. También *v. intr.* y *v. prnl.*: *Enronqueció de tanto gritar.* ■ Es v. irreg. Se conjuga como *agradecer.* **FAM.** Enronquecimiento. RONCO.

enroque *s. m.* En ajedrez, jugada que se hace al enrocar.

enroscar *v. tr.* **1.** Retorcer una cosa formando una espiral. También *v. prnl.*: *enroscarse una serpiente.* **2.** Introducir o acoplar una cosa en otra dándole vueltas, p. ej. un tornillo en una tuerca. ■ Delante de *e* se escribe *qu* en lugar de *c*: *enrosque.* **SIN. 1.** Enrollar(se), arrollar(se). **2.** Atornillar. **ANT. 1.** y **2.** Desenroscar(se). **2.** Desatornillar. **FAM.** Enroscadura, enroscamiento. / Desenroscar. ROSCA.

enrostrar *v. tr. Amér.* Reprochar algo a alguien.

enrudecer *v. tr.* **1.** Hacer rudo a alguien. También *v. prnl.* **2.** Volver torpe, lerdo. También *v. prnl.* ■ Es v. irreg. Se conjuga como *agradecer.* **SIN. 2.** Embrutecer, entontecer. **ANT. 1.** Refinar(se), pulir(se). **2.** Espabilar(se).

enrular *v. tr. Amér.* Hacer ondas o rizos en el pelo.

ensacar *v. tr.* Meter en sacos: *ensacar trigo.* ■ Delante de *e* se escribe *qu* en lugar de *c*: *ensaque.* **SIN.** Entalegar. **FAM.** Ensacador. SACO.

ensaimada (mallorquín, de *saim*, saín, grasa animal) *s. f.* Bollo de pasta hojaldrada en forma de espiral o caracol.

ensalada (de *en-* y *sal*) *s. f.* **1.** Plato compuesto de hortalizas aderezadas con aceite y vinagre, a las que a veces se añaden otros alimentos o condimentos: *ensalada de tomate, de pollo.* **2.** *fam.* Mezcla, confusión: *¡Qué ensalada de papeles!* **3.**

fam. Mezcla de colores mal combinados. **4.** Composición poética y musical española del s. XVI en cuyo texto se mezclan temas, se emplean diferentes metros, así como versos de otras obras e idiomas diversos. || **5. ensalada de frutas** Macedonia. **6. ensalada de tiros** o **de balas** Fuerte tiroteo. || LOC. **en ensalada** *adj.* y *adv.* Se dice de los alimentos servidos fríos y aliñados con aceite y vinagre: *alubias en ensalada.* SIN. **2.** Revoltijo, batiburrillo, mezcolanza. FAM. Ensaladera, ensaladilla. SAL.

ensaladera *s. f.* Fuente honda en que se sirve la ensalada.

ensaladilla *s. f.* Ensalada compuesta generalmente de patatas, zanahorias, atún, etc., mezclados con mayonesa. ■ Se dice también *ensaladilla rusa.*

ensalivar *v. tr.* Llenar o empapar de saliva: *ensalivar el bolo alimenticio.*

ensalmador, ra *s. m.* y *f.* **1.** Persona que se dedica a arreglar dislocaduras y recomponer huesos. **2.** Curandero, hechicero. SIN. **1.** Algebrista.

ensalmar (de *en-* y *salmo*) *v. tr.* **1.** Componer o arreglar los huesos dislocados o rotos. **2.** Curar por medio de ensalmos, hechizos u otras prácticas supersticiosas.

ensalmo *s. m.* Oración o práctica a la que se atribuyen poderes mágicos y curativos. || LOC. **por** (o **como por**) **ensalmo** *adv.* De manera prodigiosa o misteriosa: *Desapareció como por ensalmo.* FAM. Ensalmador, ensalmar. SALMO.

ensalzar (del ant. *exalzar*, y éste del lat. vulg. *exaltiare*, del lat. *exaltare*) *v. tr.* **1.** Alabar a una persona o cosa: *Ensalzó el clima de la región.* **2.** Proporcionar dignidad y respetabilidad a una persona: *Sus hechos le ensalzan.* **3.** Elevar a alguien a un grado o categoría superior: *ensalzar al trono.* ■ Delante de *e* se escribe *c* en lugar de *z*: *ensalce.* SIN. **1.** Elogiar, encomiar, loar. **2.** Ennoblecer, engrandecer. **2.** y **3.** Elevar, encumbrar, enaltecer. ANT. **1.** Difamar, ofender. **2.** Envilecer, deshonrar. **3.** Rebajar, degradar. FAM. Ensalzador, ensalzamiento.

ensamblador, ra *adj.* **1.** Que ensambla. || *s. m.* **2.** En inform., programa que teniendo como entrada otro programa en lenguaje simbólico, lo traduce a código adecuado para el ordenador.

ensamblar (del ant. *ensemble*, y éste del lat. *insimul*, juntamente) *v. tr.* Unir dos piezas, generalmente haciéndolas encajar por medio de entrantes y salientes. SIN. Acoplar. ANT. Desacoplar. FAM. Ensamblado, ensamblador, ensambladura, ensamblaje, ensamble. / Desensamblar.

ensanchar (del lat. vulg. *examplare*) *v. tr.* **1.** Hacer más ancho: *ensanchar un vestido.* También *v. intr.* y *v. prnl.*: *Desde que hace gimnasia ha ensanchado. Se ensanchó el jersey.* **2.** Hacer algo más grande, amplio o extenso: *Ensancharon las aceras. Ensanchó sus conocimientos.* También *v. prnl.*: *La ciudad se ensancha al otro lado del río.* || **ensancharse** *v. prnl.* **3.** Mostrar alguien mucha satisfacción u orgullo por alguna cosa: *Se ensancha cuando le felicitan.* **4.** *fam.* Colocarse las personas de forma que ocupen mucho sitio: *Si os ensancháis tanto no quepo.* SIN. **1.** y **2.** Agrandar(se). **2.** Dilatar(se), extender(se), expandir(se), prolongar(se). **3.** Envanecerse, engreírse, inflarse. ANT. **1.** y **2.** Estrechar(se), encoger(se). **2.** Disminuir, reducir(se). **3.** Avergonzarse. FAM. Ensanchador, ensanchamiento, ensanche. ANCHO.

ensanche *s. m.* **1.** Acción de ensanchar: *el ensanche de una carretera.* **2.** Ampliación planificada de una ciudad, en especial las realizadas a finales del s. XIX en las grandes poblaciones: *el ensanche de Barcelona.* **3.** Terreno que comprende. SIN. **1.** Ensanchamiento, agrandamiento, dilatación, extensión, aumento. ANT. **1.** Estrechamiento.

ensangrentar *v. tr.* **1.** Manchar de sangre. También *v. prnl.*: *Se ha ensangrentado la venda.* **2.** Causar muertes, provocar derramamiento de sangre: *La guerra ensangrentó la región.* ■ Es v. irreg. Se conjuga como *pensar.* SIN. **2.** Masacrar. FAM. Ensangrentamiento. SANGRE.

ensañamiento *s. m.* **1.** Acción de ensañarse. **2.** En der., circunstancia agravante de un delito que consiste en aumentar voluntariamente el daño producido.

ensañarse (del lat. *insania*, locura, furor) *v. prnl.* Mostrar una excesiva crueldad al causar un daño, dolor, etc., a una persona o animal: *Se ensañó con su víctima.* ■ La acción de este verbo, el *ensañamiento*, constituye en derecho circunstancia agravante. SIN. Encarnizarse, cebarse. ANT. Apiadarse. FAM. Ensañamiento. SAÑA.

ensartar *v. tr.* **1.** Pasar cosas como cuentas, anillos, etc., por un hilo, alambre u objeto semejante: *ensartar las cuentas de un collar.* **2.** Pasar la hebra por el ojo de la aguja. **3.** Atravesar un cuerpo con un objeto puntiagudo: *Ensartó el pollo con el asador.* **4.** Decir muchas cosas seguidas generalmente sin conexión entre ellas: *Ensartaba un disparate tras otro.* SIN. **1.** Enfilar. **2.** Enhebrar. **3.** Espetar, traspasar. **4.** Encadenar, empalmar. ANT. **1.** y **3.** Desensartar. FAM. Desensartar. SARTA.

ensayar *v. tr.* **1.** Hacer una cosa repetidas veces para adquirir soltura y realizarla correctamente, p. ej. repetir una función antes de representarla en público. También *v. intr.* **2.** Dirigir el entrenamiento o el ensayo a una persona: *Su preparador le ensaya el salto de longitud.* También *v. prnl.* **3.** Comprobar la eficacia, calidad, resistencia, etc., de algo, sometiéndolo a determinadas pruebas o condiciones: *ensayar una vacuna, ensayar la dureza de un mineral.* **4.** Intentar hacer alguna cosa. ■ Suele construirse con la prep. *a* seguida de un infinitivo: *Ensayó a entrar por la ventana.* || *v. intr.* **5.** En rugby, conseguir un ensayo. SIN. **2.** Ejercitar(se), adiestrar. **3.** Experimentar, probar. **4.** Tratar. ANT. **1.** Improvisar. FAM. Ensaye, ensayo.

ensayismo *s. m.* Ensayo*, género literario.

ensayista *s. m.* y *f.* Escritor de ensayos.

ensayo (del lat. *exagium*, peso) *s. m.* **1.** Acción de ensayar. **2.** Cada una de las representaciones de un espectáculo antes de su estreno: *Asistimos al ensayo general.* **3.** Obra literaria, generalmente breve y de carácter didáctico, en la que un autor expone sus pensamientos sobre un tema determinado. **4.** Género literario constituido por estas obras: *Ortega y Gasset cultivó el ensayo.* **5.** En rugby, acción de posar el balón con las manos detrás de la línea contraria. SIN. **1.** Entrenamiento, adiestramiento, preparación. **3.** Tratado, opúsculo. ANT. **1.** Improvisación. FAM. Ensayismo, ensayista, ensayístico. ENSAYAR.

enseguida *adv. t.* En seguida*.

ensenada (de *en-* y *seno*) *s. f.* Entrada del mar en la tierra, que puede servir de refugio natural para las embarcaciones. SIN. Bahía, rada, cala.

enseña (del lat. *insignia*, de *insignis*, señalado) *s. f.* Señal u objeto que representa a una persona y especialmente a un grupo o colectividad: *La bandera es la enseña nacional.* SIN. Estandarte, emblema, insignia.

enseñado, da **1.** *p.* de **enseñar**. También *adj.* || *adj.* **2.** Aplicado a personas o animales, educado.

■ Se utiliza mucho con los adverbios *bien* y *mal*: *Este perro no muerde, está bien enseñado.* SIN. **2.** Adiestrado, instruido, amaestrado, entrenado. ANT. **2.** Malacostumbrado.

enseñanza *s. f.* **1.** Acción de enseñar. **2.** Conjunto de personas, medios o actividades destinados a la educación: *la enseñanza en España.* **3.** Método utilizado para enseñar: *enseñanza programada, enseñanza audiovisual.* **4.** Ejemplo, suceso, etc., que sirve de experiencia o lección. Se usa mucho en *pl.*: *Sacó valiosas enseñanzas de aquel fracaso.* || *s. f. pl.* **5.** Conjunto de conocimientos, ideas, técnicas, etc., que una persona transmite a otra u otras: *Se apartó de las enseñanzas de sus maestros.* SIN. **1.** Instrucción, adiestramiento, aleccionamiento, preparación. **2.** Docencia. **4.** Consejo, moraleja, escarmiento, advertencia.

enseñar (del lat. *insignare*, señalar) *v. tr.* **1.** Comunicar a alguien algún conocimiento, habilidad, experiencia, etc., con el fin de que lo aprenda: *Le enseñó a montar en bicicleta.* **2.** Servir de ejemplo o escarmiento: *Eso te enseñará a no dejarte las cosas por ahí.* **3.** Mostrar algo a alguien: *Me enseñó las fotos.* **4.** Dejar ver algo de forma involuntaria: *Al reírse enseña un diente roto.* SIN. **1.** Instruir, educar, adiestrar, aleccionar, entrenar. **2.** Escarmentar. ANT. **3.** y **4.** Ocultar, esconder. FAM. Enseñable, enseñado, enseñador, enseñante, enseñanza. SEÑA.

enseñorearse *v. prnl.* Hacerse dueño y señor de algo: *El viejo macho se enseñoreó de la manada. Se ha enseñoreado del teléfono.* SIN. Adueñarse, apoderarse, apropiarse, posesionarse. ANT. Abandonar. FAM. Enseñoramiento. SEÑOR.

enseres *s. m. pl.* Conjunto de muebles, utensilios e instrumentos que hay en una casa, para una determinada profesión, etc. SIN. Efectos, útiles, avíos.

ensiforme (del lat. *ensiformis*) *adj.* Con forma de espada.

ensilladura *s. f.* **1.** Acción de ensillar. **2.** Parte de la caballería sobre la que se coloca la silla.

ensillar *v. tr.* Poner la silla de montar a las caballerías. FAM. Ensilladura. / Desensillar. SILLA.

ensimismarse *v. prnl.* Concentrarse alguien en sus pensamientos, aislándose de lo que le rodea. SIN. Abstraerse, enfrascarse, embeberse, abismarse. ANT. Expansionarse, distraerse. FAM. Ensimismamiento. SÍ[1].

ensoberbecer *v. tr.* **1.** Volver soberbio a alguien: *El poder le ensoberbeció.* También *v. prnl.* || **ensoberbecerse** *v. prnl.* **2.** Agitarse el mar y las olas. ■ Es v. irreg. Se conjuga como *agradecer.* SIN. **1.** Engreír(se), envanecer(se), endiosar(se), crecerse. **2.** Embravecerse, encresparse, alborotarse. ANT. **1.** Humillar(se), rebajar(se). **2.** Aplacarse. FAM. Ensoberbecimiento. SOBERBIA.

ensombrecer *v. tr.* **1.** Cubrir de sombra u oscuridad: *Las nubes ensombrecían la mañana.* También *v. prnl.* **2.** Entristecer, apenar: *Aquel suceso ensombreció nuestra estancia.* También *v. prnl.* ■ Es v. irreg. Se conjuga como *agradecer.* SIN. **1.** Oscurecer(se), nublar(se). **2.** Afligir(se), apesadumbrar(se), enlutar(se). ANT. **1.** Aclarar(se). **2.** Alegrar(se).

ensoñación *s. f.* Ensueño, fantasía.

ensoñar *v. intr.* Tener ensueños o ilusiones. ■ Es v. irreg. Se conjuga como *contar.* SIN. Soñar, fantasear. ANT. Despertar; desilusionarse. FAM. Ensoñación, ensoñador. ENSUEÑO.

ensopar *v. tr.* Mojar, empapar. También *v. prnl.* SIN. Calar(se).

ensordecedor, ra *adj.* Se aplica al sonido tan fuerte que apenas deja oír otra cosa: *griterío ensordecedor.* SIN. Atronador, estridente, estentóreo. ANT. Suave, tenue, susurrante.

ensordecer *v. tr.* **1.** Dejar sorda a una persona. Se usa más como *v. intr.*: *Ensordeció a causa de un medicamento.* **2.** Impedir o dificultar un ruido muy fuerte que alguien oiga otra cosa: *Me ensordecía el estruendo de las cataratas.* **3.** Hacer más suave un ruido: *Los gruesos muros ensordecían las voces de los vecinos.* **4.** En ling., convertir una consonante sonora en sorda. También *v. prnl.* **5.** No responder, hacerse el sordo: *Ensordeció a mis peticiones.* ■ Es v. irreg. Se conjuga como *agradecer.* SIN. **2.** Atronar, aturdir. **3.** Amortiguar, atenuar, debilitar. ANT. **3.** Amplificar. **4.** Sonorizar(se). FAM. Ensordecedor, ensordecimiento. SORDO.

ensortijar *v. tr.* **1.** Dar forma de anillo o rizo a algo, especialmente al pelo. También *v. prnl.* **2.** Poner un aro metálico atravesando la nariz de un animal para domesticarlo, guiarlo o impedir que paste en cierto sitio. || **ensortijarse** *v. prnl.* **3.** Ponerse muchas sortijas. SIN. **1.** Rizar(se), ondular(se). ANT. **1.** Desrizar(se), alisar(se). FAM. Ensortijamiento. SORTIJA.

ensuciar *v. tr.* **1.** Poner sucia una cosa. También *v. prnl.*: *Se ensuciaron los cristales.* **2.** Quitar o disminuir el honor o la fama de alguien: *Aquel rumor ensució su buen nombre.* || **ensuciarse** *v. prnl.* **3.** Hacerse las necesidades corporales en la cama o en la ropa. También *v. intr.* **4.** *fam.* Participar en negocios o asuntos sucios: *Se ensució con aquel fraude.* SIN. **1.** Manchar(se), embadurnar(se), emporcar(se), tiznar(se). **2.** Deshonrar, empañar. **4.** Pringarse, corromperse. ANT. **1.** Limpiar(se). **2.** Honrar, ennoblecer. FAM. Ensuciamiento. SUCIO.

ensueño (del lat. *insomnium*) *s. m.* Fantasía, ilusión: *Se evadía con sus ensueños.* || LOC. **de ensueño** *adj.* Fantástico, magnífico: *un viaje de ensueño.* SIN. Ensoñación, quimera. FAM. Ensoñar. SUEÑO.

entablado, da **1.** *p.* de **entablar**. También *adj.* || *s. m.* **2.** Armazón o entramado de tablas. **3.** Suelo formado por tablas. SIN. **2.** Tablado. **3.** Entarimado.

entablamento *s. m.* En arq., conjunto de molduras que constituyen la parte alta de la fachada de un edificio clásico y suele estar compuesta por cornisa, friso y arquitrabe.

entablar *v. tr.* **1.** Comenzar cierta acción o actividad, como p. ej. una conversación, negociación o enfrentamiento: *entablar un diálogo, una lucha.* También *v. prnl.* **2.** Cubrir, cercar o asegurar con tablas alguna cosa: *entablar un suelo.* **3.** Entablillar: *entablar un brazo.* **4.** En ajedrez, damas y otros juegos de tablero, colocar las piezas en su lugar para comenzar la partida. || *v. intr.* **5.** *Amér.* Empatar, igualar. SIN. **1.** Emprender, empezar, iniciar. ANT. **1.** Zanjar. FAM. Entablado, entabladura, entablamento, entable. TABLA.

entable *s. m.* **1.** Acción de entablar, cubrir, cercar o asegurar con tablas. **2.** *Col.* Empresa, negocio.

entablillar *v. tr.* Inmovilizar con tablillas y vendas un hueso roto para que suelde. SIN. Entablar.

entalegar *v. tr.* **1.** Meter en talegos. **2.** Ahorrar, acumular dinero. **3.** En argot, encarcelar. ■ Delante de *e* se escribe *gu* en lugar de *g*: *entalegue.* SIN. **1.** Ensacar. **2.** Atesorar. **3.** Encerrar, enchironar. ANT. **2.** Derrochar. **3.** Soltar.

entalladura *s. f.* **1.** Corte hecho en una pieza de madera para ensamblarla con otra. **2.** Corte hecho en los árboles para extraer su resina. **3.** Acción de entallar o esculpir. SIN. **1.** Escopladura, escopleadura. **2.** Muesca, tajo. **3.** Tallado, cincelado.

entallar[1] *v. tr.* **1.** Hacer cortes en una pieza de madera para ensamblarla con otra. **2.** Hacer cortes en la corteza de algunos árboles para obtener su resina. **3.** Tallar, esculpir. **4.** Grabar, labrar. FAM. Entallado, entallador, entalladura. TALLAR.

entallar[2] *v. tr.* Ajustar el talle de una prenda de vestir: *entallar una chaqueta.* También *v. prnl.*: *Esa blusa se entalla demasiado.* SIN. Ceñirse. FAM. Entallado, entallador. TALLE.

entallecer *v. intr.* Echar tallos las plantas y árboles. También *v. prnl.* ■ Es v. irreg. Se conjuga como *agradecer.*

entalpía *s. f.* Magnitud termodinámica que equivale al calor absorbido o emitido por un sistema a presión constante.

entapar *v. tr. Chile* Encuadernar un libro.

entarimado, da **1.** *p.* de **entarimar**. También *adj.* || *s. m.* **2.** Suelo cubierto con tablas. SIN. **2.** Parqué.

entarimar *v. tr.* Cubrir el suelo de una habitación con tablas. SIN. Entablar. FAM. Entarimado, entarimador. TARIMA.

éntasis (del lat. *entasis*, y éste del gr. *entasis*, intensidad) *s. f.* Abultamiento que se da al fuste de algunas columnas. ■ No varía en *pl.*

ente (del lat. *ens, entis*, de *esse*, ser) *s. m.* **1.** Todo aquello que existe. **2.** Colectividad, corporación, organismo, especialmente el que está relacionado con el Estado: *ente autonómico, ente público.* **3.** *fam.* Persona rara o ridícula. SIN. **1.** Ser. **2.** Entidad. **3.** Engendro, adefesio. FAM. Entidad.

enteco, ca (del ant. *entecarse*, y éste del lat. *hecticus*, tísico) *adj.* Flaco, débil, enfermizo. SIN. Endeble, enclenque, raquítico. ANT. Robusto.

entelequia (del lat. *entelechia*, y éste del gr. *entelekheia*, de *en*, en, *telos*, fin, y *ekho*, tener) *s. f.* **1.** Cosa irreal: *Su vida, tal como nos la presentó, era una pura entelequia.* **2.** En fil., fin u objetivo de una actividad que la completa y perfecciona. SIN. **1.** Ilusión, ideal, quimera.

entenado, da *s. m.* y *f.* Hijastro*.

entendederas *s. f. pl. fam.* Entendimiento, inteligencia: *tener buenas entendederas.* SIN. Luces, cacumen.

entender[1] (del lat. *intendere*, tender hacia) *v. tr.* **1.** Captar el sentido o significado de alguna cosa, de las voces de un idioma, etc.: *Ahora entiendo la pregunta. No entiende el francés.* **2.** Encontrar algún motivo, justificación, etc., que explique la conducta o actitud de alguien: *Es un pelma, no entiendo cómo le aguantas. Entendimos tu postura.* También *v. prnl.*: *Déjame, yo me entiendo.* **3.** Expresar una opinión: *Yo entiendo que deberías disculparte.* **4.** Conocer la forma de ser de una persona y cómo tratarla: *Sabe entender a los niños.* **5.** Deducir alguna cosa: *¿Debo entender que te marchas?* || *v. intr.* **6.** Con la preposición *de*, saber de algo o ser experto en ello: *Entiende de mecánica.* También *v. tr.*: *Yo no entiendo estos aparatos.* **7.** Con la preposición *en*, tener autoridad o competencia para intervenir en un asunto: *Éste es el magistrado que entiende en los casos de divorcio.* **8.** *fam.* Ser homosexual. || **entenderse** *v. prnl.* **9.** Llevarse bien con alguien o ponerse de acuerdo: *Se entiende fenomenal con su compañero. Ya se entenderán en el precio.* **10.** Arreglárselas alguien como pueda: *Allá te entiendas con eso.* **11.** Mantener dos personas una relación amorosa: *Esos dos se entienden desde hace tiempo.* || LOC. **entendérselas** uno **con** alguien Dar explicaciones, rendir cuentas o enfrentarse con él: *Te las entenderás conmigo.* ■ Es v. irreg. Se conjuga como *tender.* SIN. **1.** Asimilar, alcanzar, discernir. **1.**, **2.**, **4.** y **9.** Comprender(se). **3.** Opinar, creer, pensar. **5.** Inferir, adivinar. **7.** Encargarse, llevar. **9.** Congeniar, simpatizar, avenirse, compenetrarse. **10.** Apañarse, componerse, ingeniarse. **11.** Liarse, enredarse. ANT. **1.** Ignorar, desconocer. **9.** Chocar, discrepar. FAM. Entendederas, entendedor, entender[2], entendible, entendido, entendimiento. / Desentenderse, malentender, sobrentender. TENDER.

entender[2] *s. m.* Opinión, parecer: *Le pidió su entender. A mi entender, no obraste bien.* SIN. Juicio, dictamen.

entendido, da **1.** *p.* de **entender**. También *adj.* || *adj.* **2.** Que posee buenos conocimientos sobre una materia. También *s. m.* y *f.*: *Es un entendido en arte.* SIN. **2.** Experto, especialista, conocedor, versado, docto. ANT. **2.** Ignorante, profano.

entendimiento *s. m.* **1.** Facultad del hombre de conocer, comprender y juzgar las cosas. **2.** Acuerdo, armonía: *entendimiento internacional, llegar a un entendimiento.* **3.** Sentido común. SIN. **1.** Comprensión, discernimiento. **2.** Avenencia; pacto, arreglo, convenio. **3.** Cordura, sensatez. ANT. **1.** Estupidez; ignorancia. **2.** Desacuerdo, desavenencia.

entenebrecer (del lat. *in*, en, y *tenebrescere*, oscurecer) *v. intr.* **1.** Llenar de tinieblas o de oscuridad. También *v. prnl.* **2.** Llenar de tristeza o pesimismo. También *v. prnl.* ■ Es v. irreg. Se conjuga como *agradecer.* SIN. **1.** y **2.** Ensombrecer(se), oscurecer(se), enlobreguecer(se). **2.** Apenar(se), afligir(se). ANT. **1.** Aclarar(se). **1.** y **2.** Iluminar(se).

entente (fr.) *s. f.* Acuerdo, especialmente entre Estados o gobiernos.

enter- (del gr. *enteron*) *pref.* Significa 'intestino'. ■ Existe también la variante *entero-*: *enteritis, enteropatía.*

enteradillo, lla *adj. fam.* Sabihondo. SIN. Listillo.

enterado, da **1.** *p.* de **enterar**. También *adj.* || *adj.* **2.** Que domina una materia: *Está muy enterado de política.* También *s. m.* y *f.* || *s. m.* y *f.* **3.** *fam.* y *desp.* Persona que presume de saber de todo y estar siempre al corriente. ■ Se utiliza frecuentemente el diminutivo: *enteradillo.* || *s. m.* **4.** Fórmula en la que consta que se ha recibido o leído un documento y, p. ext., este trámite: *firmar el enterado.* SIN. **2.** Versado, entendido, ducho, impuesto. **3.** Listillo, sabelotodo. ANT. **2.** Inexperto.

enterar (del lat. *integrare*) *v. tr.* **1.** Poner al corriente de algo. Se usa sobre todo como *v. prnl.*: *Me enteré del accidente por la prensa.* **2.** *Amér.* Pagar. **3.** *Arg.*, *Chile* y *Perú* Completar una suma de dinero. || **enterarse** *v. prnl.* **4.** Darse cuenta de algo, comprenderlo. ■ Se usa mucho en frases negativas: *No me enteré cuando llegaron. No se enterará de nada, si no hablas claro.* || LOC. **para que te enteres** *fam.* Refuerza lo que se comunica a alguien con la intención de molestarle o desagradarle. **te vas (se va, se van**, etc.**) a enterar** *fam.* Se usa como advertencia o amenaza. SIN. **1.** Comunicar, informar(se). **4.** Percatarse, apercibirse. ANT. **1.** Desinformar(se). FAM. Enteradillo, enterado. ENTERO.

entereza *s. f.* **1.** Cualidad o actitud de la persona entera, firme o serena: *Encajó la noticia con entereza.* **2.** Energía en el carácter y en el comportamiento: *Su entereza se probaba en las decisiones.* SIN. **1.** y **2.** Firmeza, temple, fortaleza, aplomo. ANT. **1.** y **2.** Debilidad, turbación.

entérico, ca (del gr. *enteron*, intestino) *adj.* Relativo a los intestinos. SIN. Intestinal.

enteritis (del gr. *enteron*, intestino, e *-itis*) *s. f.* Proceso inflamatorio del intestino delgado que se manifiesta en forma de cólicos y diarreas. ■ No varía en *pl.* FAM. Entérico, enterocolitis, enteropatía. / Gastroenteritis.

enterizo, za *adj.* De una sola pieza: *una prenda enteriza.*

enternecer (del lat. *in*, en, y *tenerescere*, de *tener*, tierno) *v. tr.* Provocar ternura o compasión en alguien: *Algunas escenas de la película enternecieron al público.* También *v. prnl.* ■ Es v. irreg. Se conjuga como *agradecer.* SIN. Conmover(se), emocionar(se), ablandar(se). ANT. Endurecer(se). FAM. Enternecedor, enternecidamente, enternecimiento. TIERNO.

entero, ra (del lat. *integer, -gri*) *adj.* **1.** Completo, que no le falta ninguna parte o componente: *Se comió una tarta entera. Compró una vajilla entera.* **2.** Que no ha sufrido daño o desperfecto: *El mueble llegó entero a su destino.* **3.** Se aplica a la persona que domina sus emociones e impresiones: *Se mostró muy entero en el funeral.* **4.** Que es constante y firme en sus ideas, deberes, determinaciones, etc. **5.** Se aplica a algunos alimentos, especialmente a las legumbres, que quedan duros una vez cocinados. **6.** Aplicado a mujeres, virgen. **7.** En mat., se dice del número racional, positivo o negativo, no decimal. También *s. m.* **8.** *Amér. fam.* Muy parecido. || *s. m.* **9.** En bolsa, unidad que mide los cambios en la cotización de los valores. **10.** *Amér. fam.* Acción de completar una cantidad. || LOC. **por entero** *adv.* Enteramente, por completo. SIN. **1.** y **2.** Íntegro, cabal. **2.** Sano, salvo. **3.** Sereno, inalterable, impasible. ANT. **1.** Incompleto. **2.** Roto; herido. **3.** Turbado. FAM. Enteramente, enterar, entereza, enterizo.

enterocolitis (de *entero-*, *colon* e *-itis*) *s. f.* Inflamación del intestino delgado, del ciego y del colon. ■ No varía en *pl.*

enteropatía (de *entero-* y *-patía*) *s. f.* Nombre genérico de las enfermedades intestinales.

enterrador, ra *s. m.* y *f.* **1.** Persona que cava las sepulturas y entierra a los muertos. || *s. m.* **2.** Nombre común de varios insectos coleópteros que ponen sus huevos sobre cadáveres de animales pequeños a los que luego entierran para que sirvan de alimento a sus larvas. SIN. **1.** Sepulturero.

enterramiento *s. m.* **1.** Entierro. **2.** Sepultura o monumento funerario. SIN. **2.** Fosa, tumba; mausoleo.

enterrar *v. tr.* **1.** Poner algo bajo tierra o cubrirlo con ella. También *v. prnl.*: *El cangrejo se enterró en la arena.* **2.** Dar sepultura a un cadáver. **3.** Ocultar o tapar a alguien o algo entre otras cosas o bajo ellas. También *v. prnl.* **4.** Hundir o clavar algo en un sitio. **5.** Olvidar o arrinconar algo: *Enterró sus malos recuerdos.* **6.** Sobrevivir uno a alguien: *Ese anciano ha enterrado a todos sus amigos.* || **enterrarse** *v. prnl.* **7.** Apartarse del trato de los demás. ■ Es v. irreg. Se conjuga como *pensar.* SIN. **1.** Soterrar(se). **1.** y **2.** Sepultar(se). **2.** Inhumar. **3.** Esconder(se). **4.** Hincar, meter. **5.** Relegar, apartar. **7.** Aislarse, encerrarse, enclaustrarse. ANT. **1.** a **3.** Desenterrar(se). **2.** Exhumar. **4.** Desclavar. **5.** Recordar, desempolvar. **7.** Relacionarse. FAM. Enterrador, enterramiento, enterratorio, entierro. / Desenterrar. TIERRA.

enterratorio *s. m. Amér. del S.* Cementerio, especialmente de indígenas.

entibación *s. f.* **1.** Acción de entibar. **2.** Conjunto de maderos o armazón metálico para sostener o reforzar la tierra en excavaciones, pozos y galerías.

entibado 1. *p.* de **entibar**. || *s. m.* **2.** En minería, recubrimiento de maderos u otros materiales para sostener o reforzar las paredes y techos de las galerías.

entibar (del lat. *instipare*, poner junto o apiñado) *v. tr.* **1.** Sostener o reforzar con maderos o armazones metálicos las paredes y techo de una excavación, pozo, galería de mina, etc. || *v. intr.* **2.** Descansar una cosa sobre otra. SIN. **1.** Apuntalar. FAM. Entibación, entibado, entibador. ESTIBAR.

entibiar *v. tr.* **1.** Poner algo tibio o templado. También *v. prnl.* **2.** Moderar, distanciar. También *v. prnl.*: *Su amistad se entibió con el tiempo.* SIN. **1.** Templar(se). **2.** Atenuar(se), debilitar(se). ANT. **1.** Enfriar(se). **2.** Avivar(se).

entidad (del lat. *ens, entis*, ente) *s. f.* **1.** Colectividad o asociación de personas de carácter oficial o privado: *una entidad bancaria, las entidades locales.* **2.** Valor o importancia de una cosa: *Ocupémonos de asuntos de mayor entidad.* **3.** Aquello que constituye la esencia o forma de una cosa: *la entidad de un pueblo.* **4.** Realidad no material, como la voluntad, el alma, etc. SIN. **1.** Organismo, corporación, sociedad, compañía, firma. **2.** Alcance, trascendencia, cuantía. **4.** Ser, ente.

entierro *s. m.* **1.** Acción de enterrar. **2.** Actos que se celebran y comitiva que acompaña al cadáver: *Pasaba un entierro.* SIN. **1.** Enterramiento, sepultamiento, inhumación. **2.** Sepelio. ANT. **1.** Desenterramiento, exhumación.

entimema *s. m.* En fil., razonamiento o silogismo en el que se suprime una de las premisas por ser evidente, y que por tanto consta sólo de dos proposiciones como, *pienso, luego existo.*

entintar *v. tr.* **1.** Manchar o empapar con tinta. **2.** Teñir una sustancia o material. FAM. Entintado. TINTAR.

entoldado, da 1. *p.* de **entoldar**. También *adj.* || *s. m.* **2.** Acción de entoldar. **3.** Lugar cubierto con toldos. **4.** Conjunto de toldos dispuestos para proteger del sol, la lluvia, etc. SIN. **2.** Entoldamiento. **4.** Cobertizo, sombra, carpa.

entoldar *v. tr.* **1.** Cubrir algo con toldos: *entoldar una terraza.* || **entoldarse** *v. prnl.* **2.** Cubrirse de nubes el cielo. SIN. **2.** Nublarse, encapotarse. ANT. **2.** Despejarse, Aclarar(se). FAM. Entoldado, entoldamiento. / Desentoldar. TOLDO.

entomófago, ga *adj.* Se dice de los animales que se alimentan de insectos. También *s. m.* y *f.*

entomófilo, la (del gr. *entomon*, insecto, y *philo-*, amigo) *adj.* **1.** Aficionado al estudio de los insectos. También *s. m.* y *f.* **2.** Se aplica a las plantas en cuya polinización intervienen los insectos.

entomología (del gr. *entomon*, insecto, y *-logía*, tratado) *s. f.* Rama de la zoología que estudia los insectos. FAM. Entomófago, entomófilo, entomológico, entomólogo.

entonación *s. f.* **1.** Acción de entonar. **2.** Sucesión de tonos o variaciones de la voz que forman una línea melódica y añaden un matiz expresivo a lo que se dice. SIN. **2.** Inflexión, cadencia.

entonado, da 1. *p.* de **entonar**. También *adj.* || *adj.* **2.** Restablecido, fortalecido, reanimado. **3.** *fam.* Alegre por la bebida. **4.** De posición social elevada: *Pertenece a un círculo muy entonado.* SIN. **2.** Recuperado, tonificado. **3.** Achispado. **4.** Encumbrado, encopetado, selecto. ANT. **2.** Debilitado. **4.** Humilde, modesto, bajo.

entonar *v. tr.* **1.** Dar el tono correcto al cantar. También *v. intr.*: *No consigue entonar.* **2.** Dar un determinado tono a la voz. **3.** Cantar o recitar un himno, un poema, etc., en honor de alguien o algo: *Entonó un canto a su tierra.* **4.** Combinar o armonizar los colores. También *v. intr.* **5.** Restablecer el organismo, devolverle las fuerzas que ha perdido momentáneamente, p. ej. a causa del frío: *Este café caliente te entonará.* También *v. prnl.* **6.** *fam.* Poner a alguien animado o alegre el alcohol. También *v. prnl.*: *Se entonó con un par de copas.* || **entonarse** *v. prnl.* **7.** Engreírse, ponerse soberbio. **SIN. 1.** Afinar. **4.** Pegar. **5.** Tonificar(se). **6.** Alegrar(se), achispar(se). **7.** Envanecerse, engallarse, crecerse. **ANT. 1.** Desentonar, desafinar. **7.** Humillarse. **FAM.** Entonación, entonado. / Desentonar. TONO.

entonces (del ant. *entonce*, y éste del lat. vulg. *intunce*) *adv. t.* **1.** En un tiempo u ocasión determinada: *Entonces yo tendría diez años.* || *conj. ilativa* **2.** Introduce algo que es consecuencia o se deduce de lo dicho anteriormente: *Para estar a disgusto, entonces no vengas. Y entonces, ¿qué hago?* || **LOC. en aquel** (o **por aquel** o **por**) **entonces** *adv.* En aquel tiempo.

entontecer *v. tr.* Volver tonto a alguien. También *v. prnl.* ■ Es v. irreg. Se conjuga como *agradecer.* **SIN.** Embobar(se), abobar(se), atontar(se), alelar(se). **ANT.** Espabilar(se). **FAM.** Entontecimiento. TONTO.

entorchado, da 1. *p.* de **entorchar**. También *adj.* || *s. m.* **2.** Cuerda o hilo reforzado con otro, generalmente de metal y enrollado alrededor, que se usa en especial para las cuerdas de instrumentos musicales y algunos bordados. **3.** Bordado de oro o plata que se lleva como distintivo en algunos uniformes. **SIN. 3.** Galón, charretera.

entorchar (del lat. *intorquere*, torcer) *v. tr.* Recubrir un hilo o cuerda enrollándole otro hilo, generalmente de metal. **FAM.** Entorchado.

entornar *v. tr.* **1.** Dejar una puerta o ventana a medio cerrar. **2.** Bajar los párpados sin cerrarlos por completo. **SIN. 1.** y **2.** Entreabrir, entrecerrar.

entorno *s. m.* **1.** Conjunto de personas, cosas y circunstancias que rodean a alguien o algo: *entorno familiar.* **2.** Conjunto de condiciones externas que precisa un sistema informático para su funcionamiento, como el tipo de programación y de proceso, las características de las máquinas que lo integran, etc. **SIN. 1.** Ámbito, ambiente, dominio, círculo.

entorpecer (del lat. *in*, en, y *torpescere*) *v. tr.* **1.** Dificultar o impedir el movimiento o el paso de alguien o algo: *El camión entorpecía el tráfico.* También *v. prnl.* **2.** Retrasar o dificultar la realización de algo: *Sus peticiones entorpecían el acuerdo.* También *v. prnl.* **3.** Volver torpe a alguien, física o mentalmente: *Intentaba entorpecer sus negocios.* También *v. prnl.* ■ Es v. irreg. Se conjuga como *agradecer.* **SIN. 1.** Estorbar, embarazar; obstruir(se), cortar(se), interceptar. **2.** Retardar(se), atrasar(se). **3.** Embotar(se), atrofiar(se). **ANT. 1.** y **2.** Desentorpecer(se), facilitar. **2.** Agilizar(se). **3.** Espabilar(se). **FAM.** Entorpecedor, entorpecimiento. / Desentorpecer. TORPE.

entrada *s. f.* **1.** Acción de entrar en alguna parte: *Le hicieron una entrada triunfal. No nos darán entrada en el asunto. Celebraremos tu entrada en el club.* **2.** Lugar por donde se entra: *¿Dónde está la entrada?* **3.** Espacio de la casa, cercano a la puerta, que da paso a las demás habitaciones: *Compró un espejo para la entrada.* **4.** Billete o boleto que permite entrar en un lugar público, espectáculo, etc.: *Ana sacará las entradas.* **5.** Cantidad de público que acude a un espectáculo y recaudación obtenida: *¿A cuánto asciende la entrada?* **6.** Cantidad de dinero que entra en una caja, cuenta, registro, etc., o en poder de alguien. **7.** Señal que se paga al comprar una cosa a plazos, al alquilarla, hacerse socio de una institución, etc.: *Pedían como entrada el 20 % del total.* **8.** Zona desprovista de pelo situada encima de las sienes. Se usa sobre todo en *pl.*: *Es muy joven, pero ya tiene entradas.* **9.** Plato más ligero que se sirve antes de los principales. **10.** Principio de una obra, como un libro, oración, etc.: *La novela tenía varias citas como entrada.* **11.** En los diccionarios, palabra que encabeza el bloque de las definiciones o artículo y, p. ext., conjunto que forma junto con éste: *un diccionario de 30.000 entradas.* **12.** Oportunidad que una persona ofrece a otra para hablarle o tratar algún asunto: *Se lo diré si me da entrada.* **13.** En algunos deportes como el fútbol, acción de acometer a un jugador para quitarle el balón. || **LOC. de entrada** *adv.* En un primer momento, para empezar: *De entrada nos dijo que no.* **SIN. 1.** Ingreso, penetración; incorporación. **2.** Acceso, pórtico, embocadura. **3.** Vestíbulo, recibimiento. **7.** Depósito, garantía. **9.** Entrante. **10.** Prólogo. **11.** Lema. **12.** Ocasión. **ANT. 1.** y **2.** Salida. **10.** Epílogo, colofón.

entradilla *s. f.* Comienzo de una información periodística que resume lo más importante.

entrado, da 1. *p.* de **entrar**. También *adj.* || *adj.* **2.** Con palabras que indican tiempo, avanzado, adelantado: *entrado el año, muy entrada la noche.* || **LOC. entrado en años** *adj.* Maduro, que va siendo mayor.

entrador, ra *adj.* **1.** *Amér.* Arriesgado, osado. **2.** *Amér. fam.* Que cae bien, que se gana con facilidad la simpatía.

entramado, da 1. *p.* de **entramar**. También *adj.* || *s. m.* **2.** Armazón de hierro o madera que sirve para sostener una obra de albañilería. **3.** Conjunto de cosas materiales o inmateriales unidas o relacionadas entre sí: *La película era un entramado de situaciones cómicas.* **FAM.** Entramar. TRAMA.

entrambos, bas (del lat. *inter ambos*) *adj. pl.* Ambos; se utiliza en un lenguaje culto o arcaizante.

entrampar *v. tr.* **1.** Llenar a alguien de deudas. Se usa más como *v. prnl.*: *Se entramparon para comprar el piso.* **2.** Engañar, enredar. **3.** Hacer caer en una trampa. **SIN. 1.** Endeudar(se), empeñar(se). **ANT. 1.** Desentrampar(se). **FAM.** Desentrampar. TRAMPA.

entrante *adj.* **1.** Que entra: *la semana entrante.* || *s. m.* **2.** Entrada hacia el interior del borde de una cosa: *El mar formaba un entrante.* **3.** Plato que se sirve como entrada. **ANT. 2.** Saliente.

entraña (del lat. *interanea*) *s. f.* **1.** Órgano interno del cuerpo de las personas y los animales. Se usa sobre todo en *pl.* **2.** Lo más importante o esencial de algo: *la entraña de un asunto.* || *s. f. pl.* **3.** Interior, parte más oculta o escondida de algo: *las entrañas de la gruta.* **4.** Sentimientos de una persona. ■ Se usa especialmente en frases negativas: *no tener entrañas, un hombre sin entrañas.* || **LOC. echar** (**hasta**) **las entrañas** *fam.* Vomitar violentamente. **sacar** a alguien **las entrañas** *fam.* Se utiliza como amenaza; también, aprovecharse económicamente de él. **SIN. 1.** Víscera, tripa, intestino, asadura. **2.** Meollo, sustancia. **2.** y **3.** Núcleo. **4.** Corazón, alma. **ANT. 2.** Anécdota. **3.** Exterior, superficie. **FAM.** Entrañable, entrañablemente, entrañar.

entrañable *adj.* **1.** Muy profundo y verdadero: *una amistad entrañable.* **2.** Muy querido o estimado: *un personaje entrañable, recuerdos entrañables.* SIN. **1.** Auténtico, sincero. **2.** Íntimo, amado, preciado. ANT. **1.** Superficial, falso. **2.** Odiado.

entrañar *v. tr.* **1.** Implicar, llevar dentro de sí: *La operación de apéndice entraña poco riesgo.* **2.** Introducir en lo más interno u oculto de alguna cosa. También *v. prnl.*: *Se entrañaron en el bosque.* SIN. **1.** Envolver, contener, significar, suponer, conllevar. **2.** Meter, penetrar. ANT. **2.** Desentrañar. FAM. Desentrañar. ENTRAÑA.

entrar (del lat. *intrare*) *v. intr.* **1.** Ir de fuera adentro, pasar al interior de algo o a través de algo: *Entraron en el salón. La borrasca entra por el este.* **2.** Introducirse una cosa dentro de otra: *El clavo entró en la madera.* **3.** Caber alguien o algo dentro de una cosa o ser ésta lo bastante amplia para ello: *En el garaje entran dos coches. El jersey no me entra.* **4.** Ingresar en una institución, grupo, asociación, etc.: *Entró en un colegio mayor.* **5.** Formar parte una persona o cosa de un conjunto, clase, etc.: *Ese ácido entra en la fórmula. Eso no entraba en mis planes.* **6.** Ser necesario cierto número o cantidad de algo para formar una cosa, completar una medida, etc.: *¿Cuántas pastas entran en un kilo?* **7.** Tomar parte en un negocio, actividad, discusión, etc.: *No quiero entrar en esa conversación.* **8.** Con algunos sustantivos introducidos, a veces, por la preposición *en*, comenzar a experimentar lo que éstos expresan: *entrar sueño, miedo, entrar en calor, en coma.* **9.** Empezar una etapa, periodo, etc.: *Iremos cuando entre la primavera. Ha entrado en los cuarenta.* **10.** Ser admitido en un lugar o ambiente: *Entraba en todos los clubs de la ciudad.* **11.** *fam.* Ser una bebida o una comida muy agradable de tomar: *Cómo entra este vino.* **12.** En mús., incorporarse una voz o el sonido de un instrumento en el momento preciso. **13.** Embestir, acudir el toro a las llamadas del torero: *La vaquilla entraba al engaño.* **14.** En los juegos de naipes, hacer una apuesta contra los demás jugadores. **15.** Seguido de la preposición *a* y un infinitivo, dar comienzo a la acción expresada por éste: *Entró a trabajar el mes pasado.* **16.** Con la preposición *por*, aceptar o tolerar cierta costumbre, idea, situación, etc.: *Yo no entro por esas novedades.* || *v. tr.* **17.** Meter una cosa en un lugar: *Entró los muebles en el piso.* **18.** En algunos deportes como el fútbol, acometer un jugador a otro para quitarle el balón: *El defensa entró duramente al contrario.* **19.** Tratar o abordar a una persona o cosa: *¿Cómo le entramos a ese negocio?* || LOC. **no entrarle** a alguien una cosa (**en la cabeza**) *fam.* No llegar a comprenderla o aprenderla: *No le entra la física.* **no entrar ni salir** en algo *fam.* Mantenerse al margen de un asunto, discusión, etc. SIN. **1.** y **2.** Penetrar, adentrarse, internarse, acceder. **3.** Coger. **4.** Apuntarse, afiliarse, inscribirse. **5.** Contarse, encuadrarse, enmarcarse, integrarse, situarse. **7.** Intervenir, participar. **9.** Principiar, iniciarse. ANT. **1.**, **2.**, **4.**, **7.** y **9.** Salir. **4.** Abandonar, dejar. **9.** Terminar, acabar. **17.** Sacar. FAM. Entrada, entradilla, entrado, entrador, entrante.

entre (del lat. *inter*) *prep.* **1.** Expresa la situación de alguien o algo respecto a otras personas o cosas que se hallan a sus lados: *la frontera entre Francia y España.* **2.** Indica estado intermedio: *Eligió un color entre verde y azul.* **3.** Indica la posición que ocupa alguien o algo dentro de un grupo: *Está entre los tres primeros.* **4.** En el pueblo o colectividad que se expresa: *Entre los egipcios, es costumbre que...* **5.** Mezclado con algo o situado dentro: *Lo escondió entre las hojas.* **6.** Indica reciprocidad o participación en una acción, situación o estado: *Se miraron entre sí. Entre todos lo conseguiremos.* **7.** Establece comparaciones de dos o más personas o cosas: *Entre éste y aquél, me quedo con el primero.* **8.** Expresa la división: *Seis entre tres es dos.*

entre- (del lat. *inter*) *pref.* Significa 'cualidad, estado o acción intermedia': *entrecano, entrefino, entreabrir*; 'en medio' de dos o más cosas: *entreguerras, entreplanta*; 'relación, combinación o cruce' de dos o más cosas: *entresacar, entremezclar.*

entreabrir (del lat. *interaperire*) *v. tr.* Abrir a medias: *entreabrir las puertas, los ojos.* También *v. prnl.* ■ Su p. es irreg.: *entreabierto.* SIN. Entornar. FAM. Entreabierto. ABRIR.

entreacto *s. m.* Intermedio en una representación teatral o cualquier otro espectáculo público, y p. ext., en una actividad o situación. SIN. Descanso, pausa; paréntesis.

entrebarrera *s. f.* En las plazas de toros, espacio existente entre la valla de madera que hay alrededor del ruedo y el muro en que comienza el tendido. Se usa sobre todo en *pl.* SIN. Callejón.

entrecalle *s. f.* En arq., espacio entre dos molduras.

entrecano, na *adj.* Se dice del cabello o barba a medio encanecer.

entrecavar *v. tr.* Cavar ligeramente la tierra.

entrecejo (del lat. *intercilium*, de *inter*, entre, y *cilium*, ceja) *s. m.* **1.** Espacio que existe entre las cejas. **2.** Ceño: *fruncir el entrecejo.*

entrecerrar *v. tr.* Cerrar a medias: *entrecerrar una puerta, los ojos.* También *v. prnl.* ■ Es v. irreg. Se conjuga como *pensar.* SIN. Entornar.

entrechocar *v. tr.* Chocar dos cosas una contra otra: *entrechocar los dientes.* También *v. prnl.* ■ Delante de *e* se escribe *qu* en lugar de *c*: *entrechoquen.* SIN. Golpear; castañetear.

entrecomillado, da 1. *p.* de **entrecomillar**. También *adj.* || *s. m.* **2.** Lo que se cita entre comillas: *Leyó en voz alta el entrecomillado del texto.*

entrecomillar *v. tr.* Poner entre comillas palabras, frases o párrafos. FAM. Entrecomillado. COMILLAS.

entrecortar *v. tr.* **1.** Cortar algo a medias. || **entrecortarse** *v. prnl.* **2.** Hablar de una forma discontinua debido a la timidez, la emoción, el miedo, etc.: *entrecortarse la voz.* SIN. **2.** Tartamudear. FAM. Entrecortadamente, entrecortado. CORTAR.

entrecot (del fr. *entrecôte*) *s. m.* Filete que se saca de la parte de las costillas de la res, y p. ext., cualquier filete grueso.

entrecruzar *v. tr.* Cruzar dos o más cosas entre sí: *entrecruzar hilos.* También *v. prnl.* ■ Delante de *e* se escribe *c* en lugar de *z*: *entrecrucen.* FAM. Entrecruzado, entrecruzamiento. CRUZAR.

entrecubierta *s. f.* Espacio comprendido entre cubierta y cubierta de un barco. SIN. Entrepuente.

entredicho (del lat. *interdictus*, de *interdicere*, prohibir) *s. m.* **1.** Duda sobre alguien o algo, en especial sobre su reputación, honradez, sinceridad, etc.: *Su autoridad estaba en entredicho.* **2.** Prohibición, censura. **3.** Prohibición eclesiástica por la que se priva a alguien de recibir ciertos sacramentos o participar en determinados ritos religiosos. SIN. **2.** Reprobación. **2.** y **3.** Interdicto. ANT. **2.** Permiso; aprobación.

entredós (del fr. *entre-deux*) *s. m.* **1.** Tira bordada o de encaje que se cose como adorno entre dos telas. **2.** Armario de madera fina y de poca altura, que suele colocarse entre dos balcones de una sala.

entrefilete (del fr. *entrefilet*) *s. m.* Suelto de un periódico.

entrega *s. f.* **1.** Acción de entregar o entregarse: *No recibieron la entrega. Le agradecieron su entrega a la enseñanza de aquellos niños.* **2.** Ceremonia en la que se conceden premios, títulos, etc.: *la entrega de los Oscar.* **3.** Cada una de las partes de una obra o serie que se publican y venden separadamente: *una novela por entregas.* **4.** Parte de un madero o de un sillar que está introducida en el muro. **SIN. 3.** Fascículo.

entregar (del lat. *integrare*, restituir a su primer estado) *v. tr.* **1.** Dar una cosa a alguien, ponerla en su poder: *entregar el correo. Me entregaron el piso.* **2.** Poner a alguien a disposición de otras personas, como sus enemigos o las autoridades. También *v. prnl.*: *Se entregó a la guardia civil.* **3.** Hacer depender de una persona o cosa el destino o la voluntad de alguien: *Le entregaron a sus propios recursos.* También *v. prnl.* || **entregarse** *v. prnl.* **4.** Dedicarse alguien por entero o desinteresadamente a una cosa, actividad, afición, etc.: *entregarse a la lectura, al cuidado de un enfermo.* **5.** Abandonarse a un vicio, pasión, sentimiento o estado de ánimo: *entregarse a la desesperación.* ■ Delante de *e* se escribe *gu* en lugar de *g*: *entregue.* **SIN. 1.** Otorgar, conceder, confiar, depositar. **3.** Exponer. **4.** Enfrascarse, embeberse, sumirse, sumergirse. **5.** Hundirse. **ANT. 1.** Quitar; aceptar. **2.** Liberar. **4.** Desentenderse. **FAM.** Entrega, entreguismo.

entreguerras, de *loc. adj.* Se aplica a la etapa de paz que media entre dos guerras consecutivas y a lo relativo a ella.

entreguismo *s. m.* Abandonismo*.

entrelazar *v. tr.* Enlazar una cosa con otra, cruzándolas entre sí: *entrelazar unos mimbres.* También *v. prnl.* ■ Delante de *e* se escribe *c* en lugar de *z*: *entrelace.* **SIN.** Entrecruzar, trenzar. **FAM.** Entrelazamiento, entrelazo. LAZO.

entrelazo *s. m.* Motivo decorativo formado con elementos entrelazados.

entrelínea *s. f.* **1.** Espacio blanco entre dos líneas de un texto compuesto o impreso. **2.** Lo escrito entre dos renglones. **SIN. 1.** Interlineado. **FAM.** Entrelinear. LÍNEA.

entrelinear *v. tr.* Escribir algo intercalado entre líneas.

entremedias *adv. t.* Entre dos o más tiempos, acciones, cosas o lugares.

entremés (del fr. *entremets*) *s. m.* **1.** Plato ligero y variado que se sirve generalmente al comienzo de las comidas. Se usa sobre todo en *pl.* **2.** En el teatro, pieza breve de carácter humorístico que solía representarse entre los actos de una obra más extensa; y género dramático constituido por estas piezas. **FAM.** Entremesista.

entremeter (del lat. *intermittere*) *v. tr.* **1.** Meter una cosa entre otras: *Entremetió las cartas en las páginas del libro.* También *v. prnl.* **2.** Doblar o recoger hacia dentro la parte que sobra o sobresale de algo, p. ej. de una prenda: *entremeter la manta de la cama.* || **entremeterse** *v. prnl.* **3.** Entrometerse. **SIN. 1.** Intercalar(se), entremezclar(se), entreverar(se). **3.** Inmiscuirse, injerirse. **ANT. 1.** Entresacar. **3.** Desentenderse. **FAM.** Entremetido, entremetimiento. METER.

entremezclar *v. tr.* Juntar y revolver personas o cosas distintas. También *v. prnl.*: *En la obra se entremezclan realidad y fantasía.* **SIN.** Mezclar(se).

entrenador, ra *s. m.* y *f.* Persona que entrena a otras, especialmente, a los deportistas. **SIN.** Preparador.

entrenamiento *s. m.* Acción de entrenar o entrenarse y ejercicios que se hacen con este fin. **SIN.** Preparación, adiestramiento, ejercitación.

entrenar (del fr. *entraîner*) *v. tr.* **1.** Ejercitar a los deportistas y cuidar su forma física. También *v. intr.* y *v. prnl.*: *Ese chico (se) entrena a menudo.* **2.** Preparar a alguien en el manejo o práctica de alguna cosa: *La entrenan para la danza.* También *v. prnl.* **SIN. 1.** y **2.** Adiestrar(se). **ANT. 1.** y **2.** Desentrenar(se). **FAM.** Entrenado, entrenador, entrenamiento, entreno. / Desentrenado.

entreno *s. m.* Entrenamiento*.

entrenudo *s. m.* Parte del tallo de una planta que está entre dos nudos consecutivos.

entreoír *v. tr.* Oír algo sin entenderlo bien. ■ Es v. irreg. Se conjuga como *oír.*

entrepaño *s. m.* **1.** Balda de una estantería o mueble. **2.** Parte de pared comprendida entre dos pilastras, columnas o huecos. **3.** Cada uno de los paneles o tableros en que se divide una puerta o ventana. **SIN. 1.** Anaquel, estante. **2.** Lienzo, paño. **3.** Cuarterón.

entrepelado, da *adj.* **1.** Se dice del caballo cuya capa tiene, sobre fondo oscuro, pelos blancos entremezclados. **2.** *Arg.* Se aplica al caballo de capa indefinida.

entrepierna *s. f.* **1.** Parte interior de los muslos. **2.** Parte de una prenda de vestir que corresponde a ese lugar. **3.** *vulg.* Órganos genitales del hombre o la mujer. **SIN. 1.** y **2.** Bragadura.

entrepiso *s. m.* Piso que se construye quitando parte de la altura de uno y que queda entre éste y el superior.

entreplanta *s. f.* Planta situada entre los sótanos y el primer piso o el bajo, que generalmente se destina a locales comerciales, oficinas, etc.

entrepuente *s. m.* Entrecubierta*.

entresacar *v. tr.* **1.** Sacar o escoger una cosa de entre otras: *Entresacó unas líneas del texto.* **2.** Aclarar un monte cortándole algunos árboles o espaciar las plantas de un sembrado. **3.** Cortar parte del cabello cuando es demasiado espeso. ■ Delante de *e* se escribe *qu* en lugar de *c*: *entresaque.* **SIN. 1.** Elegir, seleccionar; extraer. **ANT. 1.** Entremeter, intercalar. **FAM.** Entresaca, entresacadura. SACAR.

entresijo (derivado del lat. *trans*, a través, e *ilia*, ijada, vientre) *s. m.* **1.** Mesenterio*. **2.** Cosa oculta; se utiliza sobre todo en plural para referirse a las interioridades de alguien o algo: *Conoce bien los entresijos del negocio.* || *s. m. pl.* **3.** Enredos, complicaciones: *tener algo muchos entresijos.* **SIN. 1.** Redaño. **2.** Entretelas, tripas.

entresuelo *s. m.* **1.** Piso situado entre el bajo y el principal. **2.** En teatros y cines, planta sobre el patio de butacas.

entretanto *adv. t.* En el mismo tiempo en que ocurre o se hace otra cosa. ■ Se escribe también *entre tanto.* **SIN.** Mientras.

entretecho *s. m. Amér. del S.* Parte más alta de la casa situada inmediatamente debajo del tejado, desván.

entretejer (del lat. *intertexere*) *v. tr.* **1.** Meter en la tela que se está tejiendo hilos diferentes para hacer una labor o dibujo. **2.** Entrelazar o entremezclar unas cosas con otras. También *v. prnl.* **SIN. 2.** Enlazar, entrecruzar; mezclar, intercalar. **ANT. 2.** Desenlazar.

entretela *s. f.* **1.** Tejido que se pone como refuerzo entre la tela y el forro en algunas partes de las prendas de vestir. || *s. f. pl.* **2.** *fam.* Lo más íntimo y profundo del corazón o sentimiento: *hijo de mis entretelas.* **SIN. 2.** Entrañas. **FAM.** Entretelar. TELA.

entretención *s. f. Amér.* Entretenimiento.

entretener *v. tr.* **1.** Divertir, hacer pasar el tiempo agradablemente: *Le entretiene la televisión.* También *v. prnl.*: *Se entretiene con los puzzles.* **2.** Distraer a alguien impidiéndole hacer algo, seguir su camino, etc. También *v. prnl.*: *Me entretuve y perdí el tren.* **3.** Dar largas, retrasar alguna cosa: *Entretuvieron el fallo del concurso durante meses.* **4.** Mantener o conservar algo: *entretener un museo.* **5.** Hacer menos molesta o pesada una cosa: *entretener el hambre.* ■ Es v. irreg. Se conjuga como *tener.* **SIN. 1.** Recrear(se), disfrutar. **3.** Aplazar, dilatar, demorar. **ANT. 1.** Aburrir(se), cansar(se). **3.** Adelantar. **FAM.** Entretención, entretenido, entretenimiento. TENER.

entretenido, da 1. *p.* de **entretener**. También *adj.* || *adj.* **2.** Distraído, agradable: *una película entretenida.* **3.** Se aplica a la tarea o actividad que ocupa mucho tiempo. || *s. f.* **4.** Amante de un hombre casado. **SIN. 2.** Divertido, ameno. **3.** Trabajoso, pesado, minucioso. **4.** Querida. **ANT. 2.** Aburrido, fastidioso. **3.** Sencillo.

entretenimiento *s. m.* **1.** Acción de entretener o entretenerse. **2.** Cosa que entretiene o divierte. **3.** Mantenimiento de algo en uso o funcionamiento: *El entretenimiento de ese hotel es muy costoso.* **SIN. 1.** y **2.** Distracción, diversión, pasatiempo. **3.** Sostenimiento, conservación, cuidado. **ANT. 1.** y **2.** Aburrimiento.

entretiempo *s. m.* Tiempo intermedio entre el invierno y el verano: *un traje de entretiempo.*

entrever *v. tr.* **1.** Ver algo confusamente, sin claridad: *Entrevió un grupo de gente a lo lejos.* También *v. prnl.* **2.** Sospechar una cosa: *Entrevió sus intenciones.* ■ Es v. irreg. Se conjuga como *ver.* **SIN. 1.** Vislumbrar, atisbar. **2.** Adivinar, intuir, presentir.

entreverado, da 1. *p.* de **entreverar**. || *adj.* **2.** Que tiene diferentes cosas alternadas: *tocino entreverado con vetas de magro.* || *s. m.* **3.** *Ven.* Asadura de cordero preparada al fuego con sal y vinagre.

entreverar (del lat. *inter*, entre, y *variare*, variar) *v. tr.* **1.** Introducir una cosa en otras. También *v. prnl.* || **entreverarse** *v. prnl.* **2.** *Arg.* Mezclarse desordenadamente personas, animales o cosas. **3.** *Arg.*, *Chile*, *Par.* y *Urug.* Luchar cuerpo a cuerpo dos fuerzas militares. **4.** *Arg.* Discutir dos o más personas. **SIN. 1.** Intercalar, entremezclar, entremeter, entretejer. **2.** Enredarse, aglomerarse. **FAM.** Entreverado, entrevero.

entrevero *s. m.* **1.** Acción de entreverarse. **2.** *Arg.*, *Chile*, *Par.* y *Urug.* Lucha o discusión. **3.** *Arg.* y *Chile* Desorden.

entrevía *s. f.* Espacio que queda entre dos rieles de una vía férrea.

entrevista *s. f.* **1.** Acción de entrevistar o entrevistarse. **2.** Encuentro entre dos o más personas para tratar de un asunto. **3.** En periodismo, diálogo que establece un periodista con una persona famosa para difundir sus opiniones o impresiones. **4.** Encuentro para determinar si el aspirante a un puesto de trabajo se adapta a las necesidades de la empresa. **SIN. 2.** Audiencia, cita, conversación, reunión, conferencia. **3.** Interviú.

entrevistar *v. tr.* **1.** Realizar una entrevista de trabajo, periodística, etc. || **entrevistarse** *v. prnl.* **2.** Reunirse dos o más personas para tratar de un asunto: *Se entrevistaron los jefes de Estado.* **SIN. 1.** Interviuvar. **2.** Conferenciar, conversar, encontrarse. **FAM.** Entrevista, entrevistador. VISTA.

entripado, da 1. *p.* de **entripar**. || *adj.* **2.** Que afecta a las tripas. También *s. m.* || *s. m.* **3.** *fam.* Enfado o disgusto que se mantiene oculto: *Apenas pudo disimular su entripado.*

entripar *v. tr.* **1.** *Arg.*, *Col.* y *Ec.* Enfadar, irritar. || **entriparse** *v. prnl.* **2.** *Ant.* y *Méx.* Empaparse, mojarse. **FAM.** Entripado. TRIPA.

entristecer *v. tr.* **1.** Causar tristeza a alguien: *Me entristece tu respuesta.* **2.** Dar a algo un aspecto triste: *La penumbra entristece la casa.* || **entristecerse** *v. prnl.* **3.** Ponerse uno triste. ■ Se construye con las prep. *con, por* y *de*: *Se entristece por (con) la noticia. Se entristece de amargura.* Es v. irreg. Se conjuga como *agradecer.* **SIN. 1.** Apenar, afligir, acongojar, atribular, desconsolar, desolar, apesadumbrar. **ANT. 1.** Alegrar, contentar, regocijar. **FAM.** Entristecedor, entristecimiento. TRISTE.

entrometer (del lat. *intromittere*) *v. tr.* **1.** Meter una cosa entre otras. También *v. prnl.* || **entrometerse** *v. prnl.* **2.** Meterse alguien indiscretamente donde no le llaman: *entrometerse en una conversación.* **SIN. 1.** Entremeter(se). **2.** Inmiscuirse. **ANT. 1.** Entresacar. **FAM.** Entrometido, entrometimiento. / Intromisión. METER.

entromparse *v. prnl.* **1.** *fam.* Emborracharse. **2.** *Amér. fam.* Disgustarse, enfadarse.

entroncar *v. tr.* **1.** Establecer una relación entre personas, acciones, ideas, etc.: *La crítica entronca su obra con el romanticismo.* **2.** Afirmar que alguien tiene parentesco con una familia o linaje: *Le entroncan con los reyes de Aragón.* || *v. intr.* **3.** Existir una relación entre personas, ideas, acciones, etc.: *Su pensamiento entronca con los clásicos.* **4.** Emparentar: *Sus antepasados entroncan con la casa de Alba.* **5.** Tener una cosa su comienzo, término o continuación en otra, especialmente las líneas o medios de transporte: *Ese autobús entronca en la capital con el metro.* ■ Delante de *e* se escribe *qu* en lugar de *c*: *entronque.* **SIN. 1.** Relacionar, asociar, vincular, ligar. **1.**, **3.** y **5.** Enlazar, unir, conectar. **5.** Empalmar. **ANT. 1.** y **3.** Desconectar, desvincular, disociar, separar. **FAM.** Entroncamiento, entronque. TRONCO.

entronizar (de *en-* y *trono*) *v. tr.* **1.** Colocar a alguien en el trono. **2.** Ensalzar a alguien, colocarle en una dignidad o grado superior: *Les entronizaron como héroes.* || **entronizarse** *v. prnl.* **3.** Engreírse, ponerse soberbio. ■ Delante de *e* se escribe *c* en lugar de *z*: *entronice.* **SIN. 2.** Honrar, dignificar, encumbrar. **3.** Ensoberbecerse, envanecerse. **ANT. 1.** Destronar. **2.** Deshonrar, denigrar. **3.** Humillarse. **FAM.** Entronización, entronizamiento. TRONO.

entronque *s. m.* **1.** Acción de entroncar. **2.** Relación de parentesco entre personas que tienen un tronco familiar común. **3.** Sitio donde se unen o entroncan dos o más cosas: *entronque de líneas de ferrocarril.* **SIN. 1.** Entroncamiento, enlace, empalme, conexión, vínculo. **ANT. 1.** Separación, desconexión.

entropía (del gr. *entropia*, vuelta) *s. f.* Magnitud termodinámica que expresa el grado de desorden molecular de un sistema.

entropillar *v. tr. Arg.* Acostumbrar a los caballos a vivir en tropilla o en manada.

entubar *v. tr.* **1.** Poner tubos a una persona o cosa: *entubar a un recién operado.* **2.** *fam.* En el servicio militar, imponer un castigo, arrestar. **SIN. 2.** Sancionar, empaquetar. **FAM.** Entubación, entubado. / Desentubar. TUBO.

entuerto (del lat. *intortus*) *s. m.* **1.** Injusticia, ofensa. **2.** Dolor abdominal que se produce tras el parto. || LOC. **deshacer un entuerto** Reparar un daño u ofensa. SIN. **1.** Agravio, perjuicio. ANT. **1.** Bien, beneficio.

entumecer (del lat. *intumescere*, hincharse) *v. tr.* Hacer que un miembro del cuerpo quede sin movimiento ni sensibilidad. Se usa más como *v. prnl.*: *Se le entumecieron los pies por el frío.* ■ Es v. irreg. Se conjuga como *agradecer.* SIN. Agarrotar(se), dormirse, envarar(se), entumirse. ANT. Desentumecer(se). FAM. Entumecimiento, entumirse. / Desentumecer.

entumirse (del lat. *intumere*) *v. prnl.* Entumecerse.

enturbiar (de *en-* y *turbio*) *v. tr.* **1.** Poner turbio algo, quitarle claridad y transparencia: *enturbiar el agua; enturbiar un negocio.* También *v. prnl.* **2.** Estropear, disminuir el entusiasmo, la alegría, la animación, etc.: *enturbiar el festejo.* También *v. prnl.* SIN. **1.** Ensuciar, oscurecer, empañar. ANT. **1.** Clarificar, aclarar. FAM. Enturbiamiento. TURBIO.

entusiasmar *v. tr.* **1.** Provocar entusiasmo en alguien: *Entusiasmó al público.* **2.** Gustar mucho a alguien: *Me entusiasma la música.* || **entusiasmarse** *v. prnl.* **3.** Sentir entusiasmo: *Se entusiasma fácilmente.* SIN. **1.** Emocionar, enfervorizar. **2.** Encantar, apasionar. **3.** Pirrarse, chiflarse. ANT. **1.** Aburrir. **2.** Desagradar, asquear. **3.** Desinflarse.

entusiasmo (del lat. *enthusiasmus*, y éste del gr. *enthusiasmos*, éxtasis, de *enthusiazo*, estar inspirado por los dioses) *s. m.* **1.** Estado de gran excitación y animación producido por la admiración, el placer, el interés, etc.: *La actuación de la bailarina despertó un enorme entusiasmo.* **2.** Entrega y esfuerzo que uno pone en realizar algo: *Remaba con entusiasmo.* SIN. **1.** Emoción, enardecimiento, frenesí, delirio, pasión, arrebato. **2.** Ánimo, afán, empeño. ANT. **1.** y **2.** Desinterés, desencanto, apatía, indiferencia. FAM. Entusiasmar, entusiasta, entusiástico.

entusiasta (del lat. *enthusiastes*, y éste del gr. *enthusiastes*, inspirado) *adj.* Que muestra entusiasmo por alguien o por algo: *elogios entusiastas.* También *s. m.* y *f.*: *Es un entusiasta del ciclismo.* SIN. Encendido, caluroso, fervoroso, apasionado; fanático, incondicional. ANT. Desinteresado, desapasionado, frío.

enumeración (del lat. *enumeratio, -onis*) *s. f.* **1.** Exposición ordenada de una serie de cosas o de todos los aspectos de algo: *Hizo una enumeración de las partes de la planta.* **2.** Relación numerada de cosas: *una enumeración de bienes.* SIN. **1.** y **2.** Recuento, detalle, catálogo. **2.** Inventario. FAM. Enumerar, enumerativo. NUMERACIÓN.

enumerar (del lat. *enumerare*) *v. tr.* Hacer una enumeración: *Me enumeró mis fallos uno por uno.* SIN. Contar, catalogar, detallar, inventariar.

enunciación *s. f.* **1.** Acción de enunciar. **2.** En mat., exposición de los datos que permiten la resolución de un problema. SIN. **1.** Exposición.

enunciado, da 1. *p.* de **enunciar**. También *adj.* || *s. m.* **2.** Conjunto de palabras con que se enuncia o expone un problema, cuestión, teorema, etc. **3.** En ling., conjunto organizado de palabras que expresan juntas una idea; está limitado por pausas o silencios marcados. **4.** En lóg., proposición susceptible de tener valores de verdad. SIN. **1.** Formulado, expuesto, expresado. **2.** Enunciación, exposición, formulación.

enunciar (del lat. *enuntiare*) *v. tr.* Expresar de forma breve y precisa una idea, principio, etc., y en especial los datos de un problema. SIN. Exponer, formular. FAM. Enunciación, enunciado, enunciativo.

enunciativo, va *adj.* **1.** Que enuncia. **2.** Se dice de las oraciones que afirman o niegan algo sin ningún matiz exclamativo, interrogativo, imperativo, etc.

enuresis *s. f.* Incontinencia en la orina. ■ No varía en *pl.*

envainador, ra *adj.* **1.** Que envaina. **2.** Se dice de la hoja que envuelve al tallo a modo de vaina.

envainar (del lat. *invaginare*, de *vagina*, vaina) *v. tr.* **1.** Meter algo en su vaina o funda, especialmente un arma blanca: *envainar la espada.* || **envainarse** *v. prnl.* **2.** *Col.*, *Perú* y *Ven.* Meterse en vainas o contrariedades. SIN. **1.** Enfundar. ANT. **1.** Desenvainar, desenfundar. FAM. Envainador. / Desenvainar. VAINA.

envalentonar (de *en-* y *valentón*) *v. tr.* **1.** Hacer que alguien adquiera valentía o arrogancia: *Los aplausos le envalentonaban.* || **envalentonarse** *v. prnl.* **2.** Dárselas de valiente, mostrarse atrevida o desafiante una persona: *Se envalentona ante los débiles.* SIN. **1.** y **2.** Engallar(se). ANT. **1.** y **2.** Acobardar(se), achantar(se), achicar(se). FAM. Envalentonamiento. VALIENTE.

envanecer (del lat. *in*, en, y *vanescere*, desvanecerse) *v. tr.* Hacer que alguien se vuelva vanidoso: *Su riqueza le envanece.* También *v. prnl.* ■ En uso pronominal se construye con las prep. *con, de, en* y *por*: *Se envaneció por el éxito obtenido.* Es v. irreg. Se conjuga como *agradecer.* SIN. Engreír(se), ensoberbecer(se), endiosar(se). ANT. Humillar(se). FAM. Envanecedor, envanecimiento. VANO.

envarar (de *en-* y *varar*) *v. tr.* **1.** Entumecer un miembro, p. ej. el frío. También *v. prnl.*: *envararse las piernas.* || **envararse** *v. prnl.* **2.** Mostrar una actitud muy seria y seca u orgullosa: *Se envara en su trato con nosotros.* SIN. **1.** Entumecer(se), agarrotar(se), entorpecer(se), entumirse. ANT. **1.** Desentumecer(se). FAM. Envarado, envaramiento.

envasador, ra *adj.* **1.** Que envasa. También *s. m.* y *f.* || *s. m.* **2.** Embudo grande para echar líquidos en toneles u otros recipientes.

envasar (de *en-* y *vaso*) *v. tr.* **1.** Introducir algo, especialmente líquidos, en envases para guardarlo, conservarlo, transportarlo, etc.: *envasar aceite.* **2.** *fam.* Beber en exceso: *Envasó cerca de una botella.* SIN. **1.** Embotellar, enfrascar, enlatar. **2.** Pimplar. ANT. **1.** Sacar, extraer. FAM. Envasado, envasador, envase. VASO.

envase *s. m.* **1.** Acción de envasar. **2.** Recipiente para conservar o transportar un producto.

envegarse *v. prnl. Chile* Encharcarse un terreno, convertirse en un fangal. ■ Delante de *e* se escribe *gu* en lugar de *g*: *se envegue.*

envejecer *v. tr.* **1.** Hacer vieja o antigua a una persona o cosa: *El tiempo envejeció la casa.* **2.** Mantener el vino en los toneles un cierto tiempo para que tome cuerpo. || *v. intr.* **3.** Hacerse uno viejo o parecerlo: *Envejeció mucho últimamente.* También *v. prnl.* **4.** Permanecer, durar mucho tiempo en un lugar o situación: *No envejecerá en ese oficio.* ■ Es v. irreg. Se conjuga como *agradecer.* SIN. **1.** y **3.** Ajar(se), marchitar(se), avejentar(se), aviejar(se). **4.** Perdurar. ANT. **1.** y **3.** Rejuvenecer(se), reverdecer. FAM. Envejecido, envejecimiento. VIEJO.

envejecimiento *s. m.* **1.** Acción de envejecer o envejecerse. **2.** Conjunto de alteraciones anatómicas y funcionales del organismo a partir de la edad adulta.

envenenado, da 1. *p.* de **envenenar**. También *adj.* y *s. m.* y *f.* || *adj.* **2.** Que contiene una sustancia venenosa. **3.** Que contiene un mal encubierto: *Sus elogios eran un regalo envenenado.* **SIN. 2.** Emponzoñado, ponzoñoso.

envenenar *v. tr.* **1.** Matar o hacer enfermar a alguien con un veneno. También *v. prnl.*: *Se envenenó con las setas.* **2.** Poner veneno en alguna cosa: *Envenenó el cebo.* **3.** Enemistar, meter discordia en una relación: *Aquello envenenó nuestra amistad.* **4.** Amargar o llenar de resentimiento a una persona: *El rencor envenenó su corazón.* **SIN. 1.** a **4.** Emponzoñar. **3.** Encizañar, cizañar, enrarecer. **4.** Agriar, avinagrar. **ANT. 1.** Desintoxicar. **3.** Fortalecer, estrechar. **4.** Endulzar, alegrar. **FAM.** Envenenado, envenenador, envenenamiento. VENENO.

enverar (del lat. *in*, en, y *variare*, cambiar de color) *v. intr.* Comenzar las uvas y otras frutas a tomar el color de maduras. **FAM.** Envero.

envergadura *s. f.* **1.** Distancia entre las puntas de las alas extendidas de un ave. **2.** Distancia entre los extremos de las alas de un avión o de los brazos de una persona. **3.** Importancia o alcance de algo: *un problema de mucha envergadura.* **4.** Ancho de la vela de un barco en la parte por donde va unida a la verga. **SIN. 3.** Amplitud, altura, relevancia, extensión.

enverjado *s. m.* Verja, cerca de rejas: *el enverjado de un parque.* **SIN.** Enrejado.

envero (de *enverar*) *s. m.* **1.** Color rojizo o dorado que toman las uvas y otras frutas cuando comienzan a madurar. **2.** Uva de este color.

envés (del lat. *inversum*) *s. m.* Parte opuesta a la cara de cualquier cosa: *el envés de una hoja.* **SIN.** Revés, reverso, cruz, dorso. **ANT.** Haz, anverso, derecho. **FAM.** Véase **revés**.

enviado, da 1. *p.* de **enviar**. También *adj.* || *s. m.* y *f.* **2.** Persona que va por mandato de otra con un mensaje, encargo, etc. || **3. enviado especial** Periodista desplazado a un lugar para cubrir una información. **SIN. 2.** Mensajero, emisario.

enviar (del bajo lat. *inviare*) *v. tr.* Mandar a una persona o cosa a cierto sitio: *Envié el paquete por correo.* ■ En cuanto al acento, se conjuga como *ansiar*: *envío.* **SIN.** Destinar, despachar, expedir, remitir. **ANT.** Retener; recibir. **FAM.** Enviado, envío. / Reenviar. VÍA.

enviciar (de *en-* y *vicio*) *v. tr.* **1.** Hacer que alguien adquiera un vicio: *Le envició en el juego.* || *v. intr.* **2.** Echar las plantas muchas hojas y poco fruto. || **enviciarse** *v. prnl.* **3.** Entregarse a un vicio: *enviciarse con el vino.* **4.** Aficionarse demasiado a una cosa y no poder prescindir de ella: *Se ha enviciado con el ordenador y no lo suelta.* **5.** Deformarse algo por permanecer demasiado tiempo en mala posición: *Se envició la tapa de la olla y ya no ajusta.* **SIN. 1.** y **3.** Pervertir(se), corromper(se). **4.** Engolosinarse. **ANT. 1.** y **3.** Regenerar(se). **FAM.** Enviciamiento. VICIO.

envidar (del lat. *invitare*, invitar) *v. tr.* Hacer un envite o apuesta contra alguien en el juego. También *v. intr.* **SIN.** Apostar. **FAM.** Envidada, envido. ENVITE.

envidia (del lat. *invidia*) *s. f.* **1.** Disgusto o pesar por el bien ajeno, o por creer que otra persona goza de mayor cariño o estima que uno mismo: *Cuando ve su coche nuevo, la envidia le corroe. Tiene envidia de su hermano pequeño.* **2.** Deseo positivo de tener o hacer lo mismo que otro: *Me da envidia lo bien que te sale.* **FAM.** Envidiable, envidiar, envidioso.

envidiable *adj.* Tan bueno que cualquiera puede desearlo: *Tiene una salud envidiable.* **SIN.** Deseable, apetecible. **ANT.** Aborrecible.

envidiar *v. tr.* **1.** Sentir envidia o celos de alguien por lo que es, tiene o hace: *Le envidio por su dinero.* **2.** Desear algo que otros tienen: *Envidio tu suerte.* || **LOC. no tener (nada) que envidiar** No ser inferior una persona o cosa a otra. **SIN. 2.** Apetecer, ambicionar, codiciar. **ANT. 2.** Despreciar, desdeñar.

envido *s. m.* En el juego del mus, envite de dos tantos.

envigado, da 1. *p.* de **envigar**. || *s. m.* **2.** Conjunto de vigas de un edificio.

envigar *v. tr.* Poner vigas a un edificio. También *v. intr.* ■ Delante de *e* se escribe *gu* en lugar de *g*: *envigue.* **FAM.** Envigado. VIGA.

envilecer *v. tr.* **1.** Hacer a una persona o cosa vil y despreciable: *La traición envilece a quien la comete.* También *v. prnl.* **2.** Hacer que descienda el valor de una moneda, de las acciones de bolsa, etc. También *v. prnl.* ■ Es v. irreg. Se conjuga como *agradecer.* **SIN. 1.** Degenerar(se), degradar(se), deshonrar(se), prostituir(se). **2.** Depreciar(se), devaluar(se), bajar, decaer. **ANT. 1.** Enaltecer(se). **2.** Revalorizar(se). **FAM.** Envilecedor, envilecimiento. VIL.

envinado, da *adj. Méx.* De color de vino tinto.

envío *s. m.* **1.** Acción de enviar. **2.** Lo que se envía: *No llegó a tiempo el envío.* **SIN. 1.** Remisión, expedición. **2.** Remesa, pedido. **ANT. 1.** Retención.

enviscar *v. tr.* **1.** Incitar a los perros u otros animales para que ataquen. **2.** Irritar, provocar a personas para que se enemisten o riñan entre sí. ■ Delante de *e* se escribe *qu* en lugar de *c*: *envisque.* **SIN. 1.** Azuzar. **2.** Enconar, engrescar, indisponer.

envite (del cat. *envit*, derivado de *envidar*) *s. m.* **1.** Apuesta que se hace en algunos juegos de naipes o de azar. **2.** Empujón: *De un fuerte envite le derribó.* **3.** Avance realizado de una vez en un trabajo, estudio, etc.: *Le ha dado un buen envite a la obra que está escribiendo.* **4.** Acción de ofrecer una cosa. || **LOC. al primer envite** *adv.* Al primer esfuerzo, de entrada: *Al primer envite se colocó al frente de la clasificación.* **SIN. 2.** Empellón. **3.** Adelanto. **4.** Invitación, ofrecimiento. **FAM.** Envidar. / Reenvite. INVITAR.

enviudar *v. intr.* Quedar alguien viudo o viuda.

envoltijo *s. m.* Envoltorio mal hecho.

envoltorio *s. m.* **1.** Conjunto de cosas envueltas: *Hizo un envoltorio con sus ropas.* **2.** Papel, cartón, etc., que envuelve una cosa: *Le quitó el envoltorio al regalo.* **3.** Defecto en un paño por contener mezclado material de calidad distinta. **SIN. 1.** Lío, fardo, paquete, hato. **2.** Envoltura.

envoltura *s. f.* **1.** Lo que envuelve una cosa. **2.** Capa exterior que rodea algo: *La atmósfera es la envoltura gaseosa de la Tierra.* **3.** Aspecto de una cosa: *No juzgues las cosas por su envoltura.* **SIN. 1.** Envoltorio. **2.** Revestimiento, cubierta. **3.** Apariencia, pinta.

envolvente *adj.* Que envuelve o rodea: *sonido envolvente.*

envolver (del lat. *involvere*) *v. tr.* **1.** Cubrir a una persona o cosa, rodeándola y ciñéndola total o parcialmente con algo: *Envolví el regalo con un papel.* También *v. prnl.*: *Se envolvió con la capa.* **2.** Rodear o cubrir una cosa a otra: *La niebla envuelve el pueblo.* **3.** Recubrir algo con una sustancia: *Envolvió en miel los pestiños.* **4.** Enrollar una cinta, un hilo, etc., en algo: *Envolvió el sedal* *en el carrete.* **5.** Rodear a alguien un determinado ambiente o sentimiento: *Le envuelve el cariño de su familia.* **6.** En una acción de guerra, rebasar la línea del enemigo y rodearlo. **7.** Acorralar o dominar a alguien con argumentos o habilidad: *Te envuelve con sus palabras de tal forma que no sabes qué hacer.* **8.** Mezclar o complicar a alguien en un asunto poco claro o en alguna sospecha: *También a él le envolvieron en el escándalo.* **9.** Contener una cosa a otra: *Sus palabras envolvían una acusación.* ■ Es v. irreg. Se conjuga como *volver.* **SIN.** **1.** Empaquetar, liar, embalar. **3.** Bañar, rebozar. **5.** Arropar. **6.** Cercar, copar. **7.** Confundir. **8.** Comprometer, involucrar. **9.** Entrañar, implicar, revestir. **ANT.** **1.** Desenvolver, desempaquetar, desliar. **FAM.** Envoltijo, envoltorio, envoltura, envolvedor, envolvente, envolvimiento, envuelto. / Desenvolver. VOLVER.

envuelto, ta (del lat. *involutus*) **1.** *p.* irreg. de **envolver**. También *adj.* || *adj.* **2.** Que está cubierto o rodeado por algo: *un regalo envuelto en celofán.* || *s. m.* **3.** *Méx.* Tortilla de maíz guisada.

enyerbar *v. tr.* **1.** *Col., Chile* y *Méx.* Embrujar, hechizar. || **enyerbarse** *v. prnl.* **2.** *Amér.* Cubrirse de yerba un campo, cultivo, etc. **3.** *Guat.* y *Méx.* Enamorarse perdidamente. **4.** *Guat.* y *Méx.* Envenenarse.

enyesado, da **1.** *p.* de **enyesar**. || *adj.* **2.** Cubierto con yeso: *un brazo enyesado.* || *s. m.* **3.** Acción de enyesar. **SIN.** **2.** Escayolado.

enyesar (de *en-* y *yeso*) *v. tr.* **1.** Tapar o cubrir con yeso: *enyesar un tabique.* **2.** Inmovilizar un miembro o una parte del cuerpo mediante un vendaje recubierto con yeso o escayola. **SIN.** **2.** Escayolar. **FAM.** Enyesado, enyesadura. YESO.

enyetar *v. tr. Arg.* y *Par.* Transmitir la yeta o adversidad, contagiarla.

enyuyarse *v. prnl. Arg., Chile* y *Urug.* Llenarse un terreno de malezas o matojos.

enzacatarse *v. prnl. Amér. C.* y *Méx.* Llenarse un campo de zacate o pasto.

enzarzar (de *en-* y *zarza*) *v. tr.* **1.** Hacer que disputen o peleen entre sí personas o animales: *Enzarzaron a los perros en una lucha feroz.* **2.** Cubrir de zarzas una cosa o un terreno. || **enzarzarse** *v. prnl.* **3.** Enredarse en una discusión o pelea: *Se enzarzaron en una riña.* **4.** Meterse en negocios o asuntos dificultosos. **5.** Enredarse en las zarzas. ■ Delante de *e* se escribe *c* en lugar de *z*: *enzarce.* **SIN.** **1.** Azuzar, incitar, enemistar, encizañar. **ANT.** **1.** Apaciguar, separar. **FAM.** Desenzarzar. ZARZA.

enzima (del gr. *en*, en, y *zyme*, fermento) *s. amb.* Molécula compuesta principalmente por proteínas, que favorece y regula la producción de reacciones químicas en los seres vivos. **FAM.** Enzimático.

enzocar *v. tr. Chile* Encajar, introducir. ■ Delante de *e* se escribe *qu* en lugar de *c*: *enzoque.*

enzolvar *v. tr. Méx.* Taponar, obstruir un conducto. También *v. prnl.*

enzootia (de *en-* y el gr. *zoon*, animal) *s. f.* Enfermedad epidémica que ataca a una o más especies de animales de una región geográfica.

eñe *s. f.* Nombre de la letra *ñ*.

eoceno, na (del gr. *eos*, aurora, y *kainos*, reciente) *adj.* **1.** Se aplica a la segunda época del periodo terciario, de intensa actividad orogénica, que comenzó hace unos 52 millones de años y concluyó hace unos 34 millones. También *s. m.* **2.** De esta época.

eólico, ca (del lat. *aeolicus*, de *Aeolus*, Eolo) *adj.* **1.** Relativo a Eolo, dios del viento. **2.** Producido por la acción del viento: *energía eólica.*

eolito (del gr. *eos*, aurora, y *lithos*, piedra) *s. m.* Piedra de cuarzo sin tallar usada como instrumento por el hombre primitivo.

eón (del ingl. *eon*, y éste del gr. *aion*, tiempo, eternidad) *s. m.* **1.** En el gnosticismo, cada uno de los seres eternos emanados de la divinidad suprema, que participan de su naturaleza. **2.** En paleontología y geología, cada uno de los tres grandes periodos en que se divide la historia de la Tierra: criptozoico, proterozoico y fanerozoico.

eosina *s. f.* Colorante rojo con que se fabrican tintas, se usa también en cosmética.

¡epa! *interj.* **1.** *Amér.* ¡Hola! **2.** *Arg.* ¡Cuidado! **3.** *Chile* ¡Upa!, ¡ea!

epanadiplosis (del lat. *epanadiplosis*, y éste del gr. *epanadiplosis*, de *epanadiploo*, doblar, reiterar) *s. f.* Figura retórica que consiste en repetir al final de una oración o frase la misma palabra con que comienza: «*Verde que te quiero verde*» (F. García Lorca). ■ No varía en *pl.*

epanalepsis (del lat. *epanalepsis*, y éste del gr. *epanalepsis*, de *epanalambano*, retornar) *s. f.* Epanadiplosis*. ■ No varía en *pl.*

epatar (del fr. *épater*) *v. tr.* Asombrar, dejar deslumbrado a alguien: *Hace todas esas extravagancias para epatar.* También *v. intr.* **SIN.** Deslumbrar, sorprender, admirar, impactar, maravillar. **FAM.** Epatante.

epazote *s. m. Amér. C.* y *Méx.* Pazote.

epéndimo (de *epi-* y del gr. *endyma*, vestido) *s. m.* Membrana que recubre los ventrículos del cerebro y el conducto central de la médula espinal.

epéntesis (del lat. *epenthesis*, y éste del gr. *epenthesis*, de *epentithemi*, intercalar) *s. f.* Introducción de un sonido dentro de un vocablo, como p. ej. en *inresponsable*, por *irresponsable*. ■ No varía en *pl.* **FAM.** Epentético.

epi- (del gr. *epi*, sobre) *pref.* Significa 'sobre': *epicarpio, epidermis.*

épica *s. f.* Género de poesía que narra en tono elevado las hazañas guerreras y otros hechos memorables de un héroe o de un pueblo.

epicardio (del gr. *epi-*, sobre, y *-cardio*) *s. m.* Membrana que rodea el corazón.

epicarpio (de *epi-* y del gr. *karpos*, fruto) *s. m.* Capa externa del pericarpio de los frutos, llamada vulgarmente piel.

epiceno (del lat. *epicoenus*, y éste del gr. *epi*, sobre, y *koinos*, común) *adj.* **1.** Se dice de los sustantivos, especialmente de animales, con una misma terminación y artículo para el macho y la hembra: *el salmón, el loro.* También *s. m.* **2.** Se aplica al género de estos sustantivos.

epicentro *s. m.* Punto de la superficie terrestre situado sobre el hipocentro de un terremoto; es el lugar donde primero llegan las ondas sísmicas.

épico, ca (del lat. *epicus*, y éste del gr. *epikos*, de *epos*, palabra) *adj.* **1.** Relativo a la poesía heroica o la epopeya: *literatura épica.* **2.** Se dice del autor de obras de este género. También *s. m.* y *f.* **3.** Grandioso o desmedido: *un esfuerzo épico.* **FAM.** Épica, épicamente. / Epopeya.

epicontinental *adj.* Se dice de las zonas marinas próximas a la costa, situadas sobre la plataforma marina.

epicureísmo *s. m.* **1.** Doctrina filosófica enunciada por Epicuro. **2.** Forma de vida que consiste en disfrutar de los placeres de la vida evitando cualquier tipo de dolor o sufrimiento. **SIN.** **1.** y **2.** Hedonismo. **FAM.** Epicúreo.

epicúreo, a (del lat. *epicureus*) *adj.* **1.** De Epicuro o del epicureísmo: *filosofía epicúrea.* **2.** Partidario de esta doctrina. También *s. m.* y *f.* **3.** Que busca el placer: *una actitud epicúrea.* **SIN. 2.** Hedonista. **3.** Sensual, voluptuoso.

epidemia (del gr. *epidemia*, de *epidemos*, de *epi*, sobre, y *demos*, pueblo) *s. f.* **1.** Enfermedad infecciosa que ataca al mismo tiempo y en el mismo lugar a una parte de la población. **2.** P. ext., abundancia o propagación rápida de algo malo o negativo: *una epidemia de robos.* **SIN. 2.** Ola, oleada. **FAM.** Epidémico, epidemiología, epidemiológico, epidemiólogo.

epidemiología *s. f.* Parte de la medicina que estudia las epidemias.

epidérmico, ca *adj.* **1.** Relativo a la epidermis: *enfermedad epidérmica.* **2.** Ligero o superficial: *un tratamiento epidérmico del problema.* **SIN. 1.** Cutáneo. **ANT. 2.** Profundo, hondo.

epidermis (del lat. *epidermis*, y éste del gr. *epidermis*, de *epi*, sobre, y *derma*, *-atos*, piel) *s. f.* **1.** Capa externa de la piel de los animales, formada por tejido epitelial. **2.** En bot., membrana formada por una capa de células vivas que protege el tallo, la raíz y las hojas. ■ No varía en *pl.* **SIN. 1.** Cutícula. **FAM.** Epidérmico. DERMIS.

epidiascopio (de *epi-*, y del gr. *dia*, a través, y *skopeo*, mirar) *s. m.* Aparato de proyección que permite mostrar en una pantalla tanto imágenes opacas como diapositivas.

epidídimo *s. m.* En anat., conducto genital del aparato reproductor masculino donde se almacenan los espermatozoides y que comunica los vasos seminíferos con el conducto deferente.

epidural *adj.* Se dice de la anestesia que se aplica en la zona lumbar, alrededor de la médula espinal, para anestesiar la parte comprendida entre la cintura y las rodillas. También *s. f.*: *En el parto le pusieron la epidural.*

epifanía (del lat. *epiphania*, y éste del gr. *epiphaneia*, manifestación) *s. f.* Festividad que celebra la Iglesia católica el 6 de enero, en la que se conmemora la adoración de los Reyes Magos a Jesús. ■ Suele escribirse con mayúscula.

epífisis (del lat. *epiphysis*, y éste del gr. *epiphysis*, excrecencia) *s. f.* **1.** Parte extrema de un hueso largo, que mantiene su naturaleza parcialmente cartilaginosa. **2.** Glándula situada en el dorso del encéfalo, conocida también como glándula pineal. ■ No varía en *pl.*

epifonema (del lat. *epiphonema*, y éste del gr. *epiphonema*, de *epi*, sobre, y *phoneo*, gritar) *s. m.* Figura retórica consistente en una exclamación o reflexión final que resume lo dicho anteriormente.

epigastrio (del gr. *epigastrion*) *s. m.* Región anatómica situada en la parte superior del abdomen, desde el esternón al ombligo, y comprendida entre las costillas frontales. **FAM.** Epigástrico. GÁSTRICO.

epiglotis (del lat. *epiglottis*, y éste del gr. *epiglottis*, de *epi*, sobre, y *glottis*, glotis) *s. f.* Porción cartilaginosa unida a la parte posterior de la lengua, que cierra la glotis durante la deglución, evitando que los alimentos se introduzcan en las vías respiratorias. ■ No varía en *pl.*

epígono (del gr. *epigonos*, nacido después) *s. m.* Persona que sigue las enseñanzas, doctrinas, etc., de otra persona, escuela o generación anterior.

epígrafe (del gr. *epigraphe*, de *epigrapho*, inscribir) *s. m.* **1.** Breve resumen que precede a un capítulo, estudio, artículo periodístico, etc., e informa sobre su contenido. **2.** Título o rótulo que encabeza un capítulo, apartado, etc. **3.** Inscripción en piedra, metal, etc. **SIN. 1.** y **2.** Encabezamiento. **3.** Epigrama. **FAM.** Epigrafía, epigrama.

epigrafía *s. f.* Ciencia que tiene por objeto el estudio o interpretación de las inscripciones. **FAM.** Epigráfico, epigrafista. EPÍGRAFE.

epigrama (del lat. *epigramma*, y éste del gr. *epigramma*, de *epigrapho*, inscribir) *s. m.* **1.** Inscripción sobre piedra, metal u otra superficie. **2.** Composición poética breve que expresa un pensamiento ingenioso o satírico. **3.** Pensamiento satírico o mordaz expresado con brevedad y agudeza. **SIN. 1.** Epígrafe. **FAM.** Epigramático, epigramatista, epigramatorio, epigramista. EPÍGRAFE.

epigramático, ca (del lat. *epigrammaticus*) *adj.* **1.** De los epigramas o que tiene sus características: *estilo epigramático.* **2.** Se dice de la persona que hace o emplea epigramas. También *s. m.* y *f.* **SIN. 1.** Epigramatorio. **2.** Epigramatista, epigramista.

epigramatista o **epigramista** (del lat. *epigrammatista*) *s. m.* y *f.* Autor de epigramas. **SIN.** Epigramático.

epilepsia (del lat. *epilepsia*, y éste del gr. *epilepsia*, interrupción brusca) *s. f.* Enfermedad del sistema nervioso debida a una actividad eléctrica anormal en la corteza cerebral y que se manifiesta por medio de ataques con pérdida de conciencia y violentas convulsiones. **FAM.** Epiléptico.

epilogar *v. tr.* Resumir una obra o escrito.

epílogo (del lat. *epilogus*, y éste del gr. *epilogos*, de *epi*, sobre, y *logos*, tratado) *s. m.* **1.** Parte añadida al final de una obra, exposición, etc., a modo de conclusión o desenlace, o en la que se hacen consideraciones sobre su contenido. **2.** Aquello que es consecuencia, final o prolongación de algo aparentemente terminado: *El partido tuvo como epílogo enfrentamientos entre los seguidores.* **SIN. 2.** Colofón, culminación. **FAM.** Epilogar.

epirogénesis (del gr. *epeiros*, tierra sumergida, y *-génesis*) *s. f.* Movimiento de elevación o hundimiento de la corteza terrestre en grandes extensiones o en continentes enteros. ■ No varía en *pl.* **FAM.** Epirogénico.

episcopado (del lat. *episcopatus*) *s. m.* **1.** Dignidad de obispo y duración y jurisdicción de su gobierno. **2.** Colegio o conjunto de los obispos: *el episcopado español.* **SIN. 1.** Obispado. **FAM.** Episcopal, episcopaliano, episcopalismo.

episcopal (del lat. *episcopalis*) *adj.* **1.** Relativo al episcopado o al obispo: *sede episcopal.* || *s. m.* **2.** Libro que contiene las ceremonias y oficios de los obispos. **SIN. 1.** Obispal.

episcopaliano, na *adj.* Del episcopalismo o seguidor de esta doctrina. También *s. m.* y *f.*

episcopalismo *s. m.* Doctrina que defiende la superioridad del colegio de obispos sobre el papa.

episcopio (de *epi-* y *-scopio*) *s. m.* Aparato para proyectar sobre una pantalla la imagen ampliada de un objeto opaco fuertemente iluminado.

episiotomía *s. f.* Incisión quirúrgica practicada en el perineo para evitar graves desgarros con la salida del feto durante el parto.

episódico, ca *adj.* **1.** Relativo al episodio: *una narración episódica.* **2.** Pasajero o poco importante: *Fue un suceso episódico en su infancia.* **SIN. 2.** Accidental, anecdótico, secundario, circunstancial. **ANT. 2.** Esencial, decisivo.

episodio (del gr. *epeisodion*, de *epeisodos*, entrada, intervención) *s. m.* **1.** Hecho que puede considerarse por separado respecto a un todo: *un epi-*

sodio de la historia de España. **2.** Cada una de las partes o acciones parciales de una obra literaria, una serie de radio o televisión, etc.: *Leyó el episodio del cautivo en el «Quijote».* **3.** Hecho o suceso pasajero o poco importante: *Aquel trabajo fue un episodio más en su carrera.* **4.** *fam.* Suceso imprevisto muy accidentado o complicado: *¡Qué episodio para arrancar el coche!* **SIN. 1.** a **3.** Capítulo. **2.** Pasaje. **3.** Anécdota, accidente. **4.** Peripecia, aventura. **FAM.** Episódicamente, episódico.

epistemología (del gr. *episteme*, conocimiento, y *logos*, tratado) *s. f.* Parte de la filosofía que estudia la naturaleza y fundamentos del conocimiento humano. **SIN.** Gnoseología. **FAM.** Epistemológico.

epístola (del lat. *epistola*, y éste del gr. *epistole*, de *epistello*, enviar) *s. f.* **1.** En lenguaje culto, carta, como p. ej. cada una de las dirigidas por los apóstoles a los fieles. **2.** Fragmento de alguna de estas cartas, del *Apocalipsis* o del Antiguo Testamento que se lee en la misa antes del evangelio; también, momento de la misa en que se hace dicha lectura. **3.** Composición literaria, en forma de carta, con un fin didáctico, moralizador o satirizante. **SIN. 1.** Misiva, esquela. **FAM.** Epistolar, epistolario.

epistolar (del lat. *epistolaris*) *adj.* **1.** De la epístola o carta, o que tiene su forma: *novela epistolar.* **2.** Se aplica al género literario de las epístolas, creado en la antigüedad y perteneciente a la literatura didáctica.

epistolario (del lat. *epistolarius*) *s. m.* **1.** Libro en el que se recogen epístolas de un personaje: *el epistolario de Santa Teresa.* **2.** Libro que contiene las epístolas de la misa.

epitafio (del lat. *epitaphius*, y éste del gr. *epitaphios*, de *epi*, sobre, y *taphos*, sepultura) *s. m.* Frase o inscripción dedicada a un difunto: *Sobre su tumba hay un epitafio.*

epitalamio (del lat. *epithalamium*, y éste del gr. *epithalamios*, de *epi*, sobre, y *thalamos*, tálamo) *s. m.* Composición poética que celebra una boda. **SIN.** Himeneo. **FAM.** Epitalámico. TÁLAMO.

epitelial *adj.* Del epitelio; particularmente, se aplica al tejido animal que recubre y protege las superficies externas e internas del cuerpo.

epitelio (del gr. *epi*, sobre, y *thele*, pezón) *s. m.* Capa o membrana que cubre las superficies internas y externas del cuerpo de los animales. **FAM.** Epitelial.

epíteto (del lat. *epitheton*, y éste del gr. *epitheton*, agregado, añadido) *s. m.* Adjetivo que expresa una característica principal o propia del nombre a que acompaña, como *cielo azul*, *primavera florida.* **SIN.** Calificativo, apelativo.

epítome (del lat. *epitome*, y éste del gr. *epitome*, de *epitemno*, cortar, abreviar) *s. m.* Compendio o resumen de una obra más extensa: *epítome de historia universal.* **SIN.** Extracto, sinopsis, breviario, prontuario.

época (del lat. *epocha*, y éste del gr. *epokhe*, de *epekho*, persistir, continuar) *s. f.* **1.** Periodo de tiempo de cierta extensión, especialmente el que se distingue por algún personaje o por determinados acontecimientos: *en mi época de estudiante, la época de Felipe II.* **2.** Parte del año que se caracteriza de cierta manera: *la época de la siembra.* **3.** En geol., cada uno de los espacios de tiempo en que se subdividen los periodos. ‖ **LOC. de época** *adj.* No contemporáneo, ambientado en el pasado: *una película de época.* **de los** (o **las**) **que hacen época** *adj. fam.* Se aplica exageradamente a sucesos de excepcional magnitud: *un fracaso de los que hacen época.* **hacer época** Tener mucha resonancia en su momento, caracterizar una época: *Un concierto que hizo época.* **SIN. 1.** Edad. **1.** y **2.** Temporada, tiempo. **2.** Estación, momento.

epónimo, ma (del gr. *eponymos*, de *epi*, sobre, y *onoma*, nombre) *adj.* Se aplica a la persona o personaje que da nombre a un lugar, época, etc.: *Colón es epónimo de Colombia.*

epopeya (del gr. *epopoiia*, de *epopoios*, poeta épico; de *epos*, palabra, verso, y *poieo*, hacer) *s. f.* **1.** Poema extenso que narra hechos heroicos o legendarios realizados por hombres, dioses o pueblos enteros. **2.** Conjunto de poemas que forman la tradición épica de un pueblo: *la epopeya castellana.* **3.** P. ext., conjunto de hechos heroicos: *la epopeya de Alejandro Magno.* **4.** Acción o empresa realizada con penalidades y sufrimientos: *La subida al puerto, con la nieve, fue una epopeya.* **SIN. 1.** Saga. **1.** a **4.** Gesta. **4.** Proeza, odisea.

épsilon (del gr. *e*, e, y *psilon*, breve) *s. f.* Nombre de la *e* breve del alfabeto griego. ■ La letra mayúscula se escribe *E* y la minúscula *ε*.

equi- (del lat. *aequus*) *pref.* Significa 'igual': *equiángulo, equidistar.*

equiángulo, la *adj.* Se dice de la figura o sólido que tiene todos sus ángulos iguales.

equidad (del lat. *aequitas, -atis*, de *aequus*, igual) *s. f.* Trato justo y proporcional: *Repartieron los premios con equidad.* **SIN.** Justicia, imparcialidad, ecuanimidad. **ANT.** Injusticia. **FAM.** Equiparar, equitativo. / Ecuación, ecuador, ecuanimidad. IGUALDAD.

equidistar *v. intr.* Hallarse dos o más cosas en la misma distancia de otra, o una cosa a la misma distancia de otras: *Esos tres pueblos equidistan de la capital. Mi casa equidista del parque y de la estación.* **FAM.** Equidistancia, equidistante. DISTAR.

equidna (cruce del gr. *ekhidna*, víbora, y *ekhinos*, erizo) *s. m.* Mamífero monotrema de cuerpo compacto y cubierto de espinas, patas muy cortas dotadas de largas uñas que usan para excavar, hocico puntiagudo y tubular y lengua larga y pegajosa, con la que atrapan insectos y gusanos. Su reproducción es ovípara. Vive en Australia, Tasmania y Nueva Guinea.

équido (del lat. *equus*, caballo, y el gr. *eidos*, forma) *adj.* **1.** Se aplica a los mamíferos perisodáctilos de extremidades largas y que caminan sobre su tercer dedo, muy desarrollado y protegido por una uña llamada casco, como el caballo o el asno. También *s. m.* ‖ *s. m. pl.* **2.** Familia constituida por estos animales. **FAM.** Equino, equitación, équite. / Ecuestre.

equilátero, ra (del lat. *aequilaterus*, *aequus*, igual, y *latus*, lado) *adj.* Se dice de la figura o cuerpo geométrico que tiene todos sus lados iguales: *triángulo equilátero.*

equilibrado, da 1. *p.* de **equilibrar**. También *adj.* ‖ *adj.* **2.** Sereno, sensato: *una persona equilibrada.* ‖ *s. m.* **3.** Acción de equilibrar: *el equilibrado de una balanza.* **SIN. 2.** Ecuánime, ponderado, prudente, mesurado.

equilibrar *v. tr.* **1.** Poner en equilibrio: *equilibrar una balanza, una carga.* También *v. prnl.* **2.** Hacer que dos o más cosas estén en igualdad o proporción: *equilibrar dos fuerzas.* También *v. prnl.* **SIN. 1.** Nivelar(se), balancear(se), contrapesar(se). **2.** Compensar(se), contrarrestar(se), igualar(se), armonizar(se). **ANT. 1.** y **2.** Desequilibrar(se). **2.** Descompensar(se). **FAM.** Desequilibrar. EQUILIBRIO.

equilibrio (del ital. *equilibrio*, y éste del lat. *aequilibrium*) *s. m.* **1.** Estado de reposo de un cuerpo en el que las fuerzas que actúan sobre él se contrarrestan. **2.** Relación entre diversos elementos, acciones, etc., que se moderan, armonizan o compensan entre sí: *equilibrio entre gastos e ingresos.* **3.** Estabilidad en una determinada posición: *Perdí el equilibrio y me caí.* **4.** Prudencia, sensatez: *Siempre mantiene el equilibrio en sus decisiones.* **5.** Salud: *Tantas emociones perjudican su equilibrio mental.* || *s. m. pl.* **6.** *fam.* Maniobras para manejar una situación difícil o delicada: *Tengo que hacer equilibrios para contentar a todos.* **SIN.** **1.** Inmovilidad, inacción. **2.** Proporción, armonía, contrapeso. **3.** Ecuanimidad, aplomo, mesura. **6.** Malabarismos. **ANT.** **1.** a **3.** Desequilibrio. **2.** Inestabilidad. **FAM.** Equilibrado, equilibrar, equilibrista.

equilibrismo *s. m.* Conjunto de ejercicios y juegos que realiza un equilibrista. **SIN.** Acrobacia.

equilibrista *s. m.* y *f.* Artista que practica ejercicios difíciles basados en mantener cosas o mantenerse a sí mismo en equilibrio. **SIN.** Acróbata, funámbulo, volatinero, malabarista. **FAM.** Equilibrismo. EQUILIBRIO.

equilicuá (del ital. *eccolo quá*, helo aquí) *interj.* Expresa que se ha encontrado la solución a un problema o que se ha acertado alguna cuestión.

equimosis (del gr. *ekkhymosis*, de *ekkhymoomai*, derramarse la sangre) *s. f.* Mancha de la piel debida a un derrame de sangre a consecuencia, p. ej., de un golpe. ■ No varía en *pl.* **SIN.** Cardenal, moratón, hematoma.

equino, na (del lat. *equinus*, de *equus*, caballo) *adj.* **1.** Relativo al caballo: *raza equina.* || *s. m.* **2.** Caballo. **SIN.** **1.** Caballar.

equinoccio (del lat. *aequinoctium*, de *aequus*, igual, y *nox, noctis*, noche) *s. m.* Intersección de la trayectoria aparente del Sol con el plano del ecuador, que produce que la noche y el día tengan la misma duración en toda la Tierra. **FAM.** Equinoccial.

equinococo *s. m.* Gusano platelminto de la familia de la tenia, parásito para algunos animales y para el hombre.

equinodermo (del gr. *ekhinos*, erizo, y *-dermo*) *adj.* **1.** Se dice de ciertos invertebrados marinos con simetría radial que debajo de la piel tienen un esqueleto de placas o espinas calcáreas y en el interior del cuerpo un sistema de canales por el que circula el agua del mar. También *s. m.* || *s. m. pl.* **2.** Tipo de estos animales, al que pertenecen el erizo y la estrella de mar.

equinoideo (del gr. *ekhinos*, erizo, y *eidos*, forma) *adj.* **1.** Se dice de los equinodermos de cuerpo generalmente globular, a veces aplanado, con las placas de su esqueleto soldadas formando un caparazón rígido cubierto de espinas. Son equinoideos los erizos de mar. También *s. m.* || *s. m. pl.* **2.** Clase de estos animales marinos. **FAM.** Equinodermo.

equipación *s. f.* Conjunto de prendas que componen la vestimenta oficial de un equipo deportivo.

equipaje *s. m.* Conjunto de maletas y otras cosas que se llevan de viaje. **SIN.** Bagaje, bultos. **FAM.** Portaequipaje. EQUIPAR.

equipal (del náhuatl *icpalli*, asiento) *s. m. Méx.* Silla rústica de cuero o mimbre.

equipamiento *s. m.* **1.** Acción de equipar. **2.** Conjunto de instalaciones básicas necesarias para una determinada actividad. P. ej., el equipamiento de un barrio (escuelas, hospitales, centros culturales, etc.), el equipamiento industrial de una zona (fábricas, red de comunicaciones, etc.). **SIN.** **1.** Aprovisionamiento, suministro, abastecimiento. **2.** Infraestructura.

equipar (del fr. *équiper*, y éste del escandinavo *skipa*, equipar un barco, de *skip*, barco) *v. tr.* Proporcionar a alguien o algo lo necesario para un uso determinado: *equipar con provisiones, armas y tripulación una fragata.* También *v. prnl.* con valor reflexivo: *Se ha equipado de todo lo necesario para esquiar.* **SIN.** Proveer(se), surtir(se), abastecer(se), aprovisionar(se). **ANT.** Despojar. **FAM.** Equipación, equipaje, equipamiento, equipo.

equiparar (del lat. *aequiparare*) *v. tr.* Considerar o hacer a una persona o cosa igual o equivalente a otra: *Equiparó su trabajo al mío.* **SIN.** Comparar, asemejar, asimilar, igualar. **ANT.** Diferenciar. **FAM.** Equiparable, equiparación. EQUIDAD.

equipo *s. m.* **1.** Conjunto de personas que realizan una tarea determinada: *un equipo de salvamento.* **2.** Grupo completo de jugadores que compite con otro en deportes y juegos: *un equipo de baloncesto.* **3.** Conjunto de prendas, útiles, instalaciones, etc., con que se equipa a alguien o algo para un fin determinado: *equipo de novia, de laboratorio, el equipo sanitario de una casa.* **4.** Conjunto de amplificador, plato, pletina y altavoces para oír y grabar música. || **LOC.** **caerse** alguien **con todo el equipo** *fam.* Fracasar rotundamente: *Otra equivocación y nos caemos con todo el equipo.* **SIN.** **1.** Personal. **3.** Pertrechos, aparejo, instrumental, ajuar. **4.** Cadena.

equis *s. f.* **1.** Nombre de la letra *x* y del signo de la incógnita en los cálculos. || *adj.* **2.** Designa un número desconocido o indiferente: *Supón que tienes equis pesetas.* ■ No varía en *pl.*

equisetácea *adj.* **1.** Se dice de las plantas pteridofitas, con hojas pequeñas, tallos con nudos, rizomas y flores en espiga, que crecen en lugares húmedos. También *s. f.* || *s. f. pl.* **2.** Familia formada por estas plantas.

equiseto (del lat. *equisaetum*, cola de caballo, de *equus*, caballo, y *saeta*, cerda de la cola) *s. m.* Nombre común de las plantas de la familia equisetáceas, de tallos delgados y nudosos, hojas pequeñas en verticilo y provistas de rizoma, entre las que merece citarse la cola de caballo. Viven en lugares húmedos. **FAM.** Equisetácea.

equitación (del lat. *equitatio, -onis*, de *equus*, caballo) *s. f.* Arte y deporte de montar a caballo y práctica del mismo. **SIN.** Hípica, monta.

equitativo, va (del lat. *aequitas, -atis*, igualdad) *adj.* Que tiene equidad: *El reparto fue equitativo.* **SIN.** Justo, imparcial, ecuánime. **ANT.** Injusto. **FAM.** Equitativamente. EQUIDAD.

équite (del lat. *eques, equitis*) *s. m.* Ciudadano romano que pertenecía a una clase intermedia entre los patricios y los plebeyos y servía en el ejército a caballo.

equiuroideo (del gr. *ekhis*, víbora, y *ura*, cola) *adj.* **1.** Se dice de unos gusanos marinos cuyo tamaño varía entre unos milímetros y 50 cm de longitud y tienen el cuerpo cilíndrico no segmentado y una trompa larga y extensible con la que capturan bacterias y pequeñas partículas. También *s. m.* || *s. m. pl.* **2.** Filo constituido por estos animales invertebrados.

equivalencia *s. f.* Hecho de ser equivalentes dos o más cosas.

equivalente *adj.* **1.** Que equivale a otra cosa: *Le dieron el equivalente en dinero.* También *s. m.* **2.** Se dice de las figuras o cuerpos geométricos que tienen distinta forma, pero el mismo volumen o área. **3.** En mat., se dice de las ecuaciones que tienen las mismas soluciones. **4.** En mat., se dice de las fracciones cuyo cociente es el mismo. || *s. m.* **5.** En quím., mínimo peso necesario de un cuerpo para que, al unirse con otro, tomado como tipo, forme verdadera combinación. **SIN. 1.** Igual, parecido, semejante. **ANT. 1.** Desemejante.

equivaler (del lat. *aequivalere*) *v. intr.* Ser una cosa igual a otra en valor, estimación, potencia, eficacia, etc.: *Diez decímetros equivalen a un metro. Su ausencia en el juicio equivaldría a confesarse culpable.* ■ Es v. irreg. Se conjuga como *valer.* **SIN.** Valer, suponer; significar. **FAM.** Equivalencia, equivalente. VALER[1].

equivocación (del lat. *aequivocatio, -onis*) *s. f.* **1.** Acción de equivocar o equivocarse. **2.** Cosa hecha o dicha erróneamente: *En el crucigrama hay dos equivocaciones.* **SIN. 1.** Yerro. **1.** y **2.** Error, confusión. **2.** Desacierto, fallo, gazapo. **ANT. 1.** y **2.** Acierto.

equivocado, da 1. *p.* de **equivocar.** || *adj.* **2.** Que contiene equivocación o la comete: *una respuesta equivocada, una decisión equivocada.* **SIN. 2.** Erróneo, inexacto; errado, desacertado. **ANT. 2.** Acertado, exacto.

equivocar *v. tr.* **1.** Hacer, decir o tomar algo distinto a lo que se debería: *Equivoqué el camino.* También *v. prnl.*: *Se equivocaron los que le condenaron.* **2.** Hacer que una persona se confunda: *Con estas explicaciones, me equivocáis.* ■ Delante de *e* se escribe *qu* en lugar de *c*: *equivoque.* **SIN. 1.** Errar, desacertar, fallar, patinar; colarse. **2.** Despistar, engañar. **ANT. 1.** Acertar. **FAM.** Equivocación, equivocadamente, equivocado, equívocamente, equívoco.

equívoco, ca (del lat. *aequivocus*, de *aequus*, igual, y *vocare*, llamar) *adj.* **1.** Se aplica al término o expresión que puede entenderse de varias maneras o que tiene varios significados. P. ej.: *Se puso las botas* (se las calzó, se aprovechó de algo o se enriqueció). También *s. m.* **2.** Que puede llevar a error o ser mal interpretado. También *s. m.* **3.** Que hace sospechar sobre su honradez, su sexo, etc.: *Lleva una vida equívoca. Tiene un aspecto equívoco.* **4.** Se aplica al término o expresión que deja entender más de lo que dice, generalmente en sentido malicioso: *Le gusta jugar con equívocos.* También *s. m.* || *s. m.* **5.** Acción de equivocar o equivocarse: *Hubo un equívoco y me dieron tu abrigo en vez del mío.* **SIN. 1.** Ambiguo, anfibológico. **2.** y **3.** Oscuro, confuso, dudoso. **3.** Sospechoso. **5.** Equivocación, malentendido, confusión, error. **ANT. 1.** Unívoco, inequívoco. **2.** y **3.** Claro, preciso. **5.** Acierto. **FAM.** Equivocidad. / Inequívoco. EQUIVOCAR.

era[1] (del bajo lat. *aera*, número, cifra) *s. f.* **1.** Periodo de tiempo que se calcula a partir de un hecho importante o fecha determinada, p. ej. aquellos en que se divide la historia de la Tierra desde el punto de vista de la geología y la paleontología. **2.** Este hecho o fecha. **3.** Extenso periodo histórico con unas características determinadas que lo distinguen de otros posteriores o anteriores: *era de los descubrimientos.* **4.** Temporada larga: *Su reinado fue una era de paz.* **SIN. 3.** Época.

era[2] (del lat. *area*) *s. f.* Espacio de tierra limpia y llana en el que se trillan las mieses. **FAM.** Erial.

-era *suf.* **1.** Forma nombres de sitios en los que abunda, se produce o se guarda lo que se expresa: *carbonera, cantera, bombonera.* **2.** Forma nombres de conjuntos: *cabellera, cristalera.* **3.** Forma sustantivos de cualidad o estado: *flojera, llorera.*

eral, la *s. m.* y *f.* Res vacuna que tiene más de un año, pero que no llega a dos.

erario (del lat. *aerarium*, de *aes, aeris*, cobre) *s. m.* **1.** Tesoro público de una nación, provincia o pueblo. **2.** Lugar donde se guarda. **SIN. 1.** Hacienda.

erasmismo *s. m.* Corriente de pensamiento surgida en Europa en el s. XVI por influencia de la obra de Erasmo de Rotterdam. **FAM.** Erasmista.

erbio *s. m.* Elemento químico que se presenta en forma de un polvo metálico de color gris oscuro plateado. Sus sales se disuelven en los ácidos minerales y son de color rojo. Poco abundante en la naturaleza, se utiliza en las industrias metalúrgica y nuclear y su óxido, de color rosa, como colorante para cristales. Su símbolo es *Er.*

ere *s. f.* Nombre de la letra *r* en su sonido suave, como en *ara, arena.*

erección (del lat. *erectio, -onis*) *s. f.* **1.** Acción de erigir o erigirse: *la erección de un monumento.* **2.** Acción de erguir o erguirse; particularmente, dilatación y rigidez del pene o del clítoris por afluencia de sangre a estos órganos, y que en el caso del hombre, le permite la realización del coito. **SIN. 1.** Levantamiento, construcción, establecimiento, fundación, institución. **2.** Enderezamiento, empinamiento. **ANT. 1.** Destrucción, derrumbamiento. **2.** Relajación, ablandamiento.

eréctil (del lat. *erectus*, levantado) *adj.* Que puede levantarse, enderezarse o ponerse rígido. **FAM.** Erectilidad, erecto, erector. ERGUIR.

erecto, ta (del lat. *erectus*) *adj.* Enderezado, levantado o rígido: *un gato con el rabo erecto.* **SIN.** Tieso, erguido. **ANT.** Lacio, flácido.

erector, ra (del lat. *erector, -oris*) *adj.* Que levanta, endereza o pone rígido: *músculos erectores.* También *s. m.* y *f.*

eremita (del lat. *eremita*, y éste del gr. *eremites*, de *eremos*, desierto) *s. m.* Hombre que vive en un lugar solitario y se dedica principalmente a la oración y penitencia. **SIN.** Ermitaño, cenobita, anacoreta. **FAM.** Eremítico, eremitorio. ERMITA.

eremitorio *s. m.* Lugar en el que hay una o más viviendas de eremitas.

erg (ár.) *s. m.* Extensa superficie arenosa formada por un conjunto de dunas que pueden llegar a fundirse y formar cordones dunares. ■ También se denomina *campo de dunas.*

ergio (del gr. *ergio*, trabajo) *s. m.* Unidad de trabajo en el sistema cegesimal, correspondiente al trabajo realizado por una dina de fuerza a lo largo de un centímetro.

ergo (lat.) *conj.* Significa 'luego, pues, por tanto', e introduce la conclusión en argumentaciones lógicas. ■ Se usa también humorísticamente: *Tú le has invitado, ergo aguántale.* **FAM.** Ergotismo[2], ergotista, ergotizante, ergotizar.

ergometría *s. f.* Medición del trabajo que realizan los músculos o el organismo en general.

ergonomía (del gr. *ergon*, trabajo, y *-nomía*) *s. f.* Ciencia que estudia las relaciones entre el hombre y su trabajo y trata de adaptar éste a las características psicológicas y fisiológicas del trabajador. **FAM.** Ergonómico.

ergonómico, ca *adj.* **1.** Relativo a la ergonomía. **2.** Se dice de los objetos y aparatos cuya forma está adaptada a las condiciones anatómicas y fisiológicas del hombre: *un asiento ergonómico.*

ergotina (del fr. *ergot*, cornezuelo) *s. f.* Sustancia tóxica que se extrae del cornezuelo del centeno y se emplea contra las hemorragias. **FAM.** Ergotismo[1].

ergotismo[1] *s. m.* Intoxicación causada por la ergotina.

ergotismo[2] *s. m.* Abuso de los silogismos en la argumentación.

ergotizar (del lat. *ergo*) *v. intr.* Abusar de los silogismos en un razonamiento o argumentación. ■ Delante de *e* se escribe *c* en lugar de *z*: *ergotice*.

erguir (del lat. *erigere*) *v. tr.* **1.** Levantar y poner derecha una cosa: *erguir la cabeza*. También *v. prnl.* || **erguirse** *v. prnl.* **2.** Alzarse, estar donde se expresa una cosa alta, en posición vertical: *Sobre la colina se yergue la casa.* **3.** Ensoberbecerse, creerse superior. ■ Es v. irreg. SIN. **1.** Elevar(se), enderezar(se). **3.** Engreírse, engallarse, envanecerse. ANT. **1.** Bajar(se), inclinar(se). **3.** Humillarse, empequeñecerse. FAM. Erección, eréctil, erguimiento. / Erigir, yerto.

ERGUIR	
GERUNDIO	
irguiendo	
INDICATIVO	
Presente	**Pretérito perfecto simple**
irgo o *yergo*	*erguí*
irgues o *yergues*	*erguiste*
irgue o *yergue*	*irguió*
erguimos	*erguimos*
erguís	*erguisteis*
irguen o *yerguen*	*irguieron*
SUBJUNTIVO	
Presente	**Pretérito imperfecto**
irga o *yerga*	*irguiera, -ese*
irgas o *yergas*	*irguieras, -eses*
irga o *yerga*	*irguiera, -ese*
irgamos o *yergamos*	*irguiéramos, -ésemos*
irgáis o *yergáis*	*irguierais, -eseis*
irgan o *yergan*	*irguieran, -esen*
Futuro	
irguiere	*irguiéremos*
irguieres	*irguiereis*
irguiere	*irguieren*
IMPERATIVO	
irgue o *yergue*	*erguid*

-ería *suf.* Véase **-ía**.

erial *s. m.* **1.** Tierra o campo sin cultivar o improductivo. También *adj.* **2.** Cualquier cosa material o espiritual desagradable o de lo que no se puede sacar provecho: *«Mi vida es un erial; flor que toco se deshoja...»* (Gustavo Adolfo Bécquer). SIN. **1.** Baldío, barbecho, yermo. ANT. **1.** Sembrado. **1.** y **2.** Vergel.

ericácea *adj.* **1.** Se dice de las plantas arbóreas o arbustivas, de pequeño y mediano tamaño, generalmente perennes, que crecen en climas templados. También *s. f.* || *s. f. pl.* **2.** Familia formada por estas plantas.

erigir (del lat. *erigere*) *v. tr.* **1.** Construir, fundar, levantar: *En ese lugar erigieron una ciudad.* **2.** Elevar a una persona o cosa a una función o categoría importante que antes no tenía: *Le erigieron presidente de la asociación.* También *v. prnl.* ■ Delante de *a* y *o* se escribe *j* en lugar de *g*: *erija*. SIN. **1.** Alzar, edificar. **2.** Constituir(se). ANT. **1.** Destruir. **2.** Destituir.

erisipela (del lat. *erysipelas*, y éste del gr. *erysipelas*) *s. f.* Infección de la piel que se manifiesta con una erupción en la cara y el cuero cabelludo, acompañada de fiebre.

eritema (del gr. *erythema*, rubicundez) *s. m.* Enrojecimiento de la piel causado por dilatación de sus capilares. FAM. Eritematoso.

eritreo, a (del lat. *erythraeus*, y éste del gr. *erythraios*, rojizo) *adj.* **1.** De Eritrea, provincia etíope. También *s. m.* y *f.* **2.** Del mar Rojo. También *s. m.* y *f.*

eritrocito (del gr. *erythros*, rojo, y *-cito*) *s. m.* Célula presente en la sangre, que le da a ésta su color característico. ■ Se denomina también *hematíe* o *glóbulo rojo*.

erizar *v. tr.* **1.** Levantar, poner rígido algo, especialmente el pelo o vello, como las púas del erizo. Se usa más como *v. prnl.*: *Con el susto se le erizó el cabello.* **2.** Inquietar o poner a la defensiva a una persona ante alguien o algo. Se usa más como *v. prnl.* ■ Delante de *e* se escribe *c* en lugar de *z*: *erice*. SIN. **1.** Erguir, enderezar. **2.** Alarmar(se). ANT. **1.** Bajar, asentar. **2.** Serenar(se), tranquilizar(se). FAM. Erizado, erizamiento. ERIZO.

erizo (del lat. *ericius*) *s. m.* **1.** Mamífero insectívoro nocturno, de 25 a 30 cm de longitud, con el dorso y los costados cubiertos de agudas púas, hocico puntiagudo y patas y cola muy cortas; se enrosca sobre sí mismo, formando una bola, cuando advierte un peligro. **2.** Cubierta espinosa de la castaña y otros frutos. **3.** *fam.* Persona de carácter huraño, poco tratable. **4.** Defensa con puntas de hierro que se pone en lo alto de una muralla, parapeto o tapia. || **5. erizo de mar** Animal equinoideo, que tiene un caparazón sólido formado por placas, en algunas de las cuales existen agujeros para los pies ambulacrales, apéndices tubulares con ventosas, que les sirven también para respirar. FAM. Erizar.

ermita *s. f.* Iglesia pequeña o capilla situada generalmente en las afueras de una población. FAM. Ermitaño. / Eremita.

ermitaño, ña *s. m.* y *f.* **1.** Persona que vive en una ermita y cuida de ella. || *s. m.* **2.** Monje que vive en soledad. También *adj.* **3.** Cangrejo decápodo marino que tiene el abdomen grande y blando, y se introduce en conchas de moluscos vacías para protegerse.

-ero, ra (del lat. *-arius*) *suf.* **1.** Forma sustantivos que expresan: oficio (*librero, carnicero, barrendero*); árbol o planta del fruto que indica la raíz (*limonero, tomatera*); utensilio relacionado con el significado de la raíz (*perchero*); recipiente (*jabonera, joyero*). **2.** Forma adjetivos que expresan relación o pertenencia (*camero, sopero*).

erogación (del lat. *erogatio, -onis*) *s. f.* **1.** Acción de erogar. **2.** *Ec.*, *Perú* y *Ven.* Donativo. **3.** *Méx.* Desembolso.

erogar (del lat. *erogare*) *v. tr.* Repartir bienes o caudales. ■ Delante de *e* se escribe *gu* en lugar de *g*: *erogue*. FAM. Erogación. ROGAR.

erógeno, na (del gr. *eros*, amor, y *-geno*) *adj.* Que produce o es sensible a la excitación sexual: *El cuerpo tiene ciertas zonas erógenas.*

eros (gr., significa 'amor') *s. m.* Componente sexual de la personalidad. ■ No varía en *pl.* FAM. Erógeno, erótico, erotomanía.

erosión (del lat. *erosio, -onis*, roedura) *s. f.* **1.** Desgaste de la superficie terrestre a causa de los fenómenos geológicos externos, como el viento y el agua, y de la acción de los seres vivos. **2.** Desgaste producido en la superficie de un cuerpo por el roce de otro: *La cuerda produjo una ero-*

sión en el brocal del pozo. **3.** Herida o lesión superficial que afecta sólo a la epidermis. **4.** Pérdida de prestigio o influencia de una persona, institución, etc. SIN. **1.** y **2.** Abrasión, corrosión. **2.** Rozamiento. **3.** Rozadura, escoriación. **4.** Deterioro. FAM. Erosionable, erosionar, erosivo. ROER.

erosionar *v. tr.* **1.** Producir erosión en un cuerpo: *El agua ha erosionado la roca.* **2.** Desgastar o debilitar el prestigio o la influencia de alguien o algo: *El escándalo erosionó la buena imagen de la empresa.* También *v. prnl.* SIN. **2.** Deteriorar. ANT. **2.** Prestigiar.

erosivo, va (del lat. *erosum*, de *erodere*) *adj.* **1.** Relativo a la erosión. **2.** Que produce erosión.

erótico, ca (del lat. *eroticus*, y éste del gr. *erotikos*, de *eros*, amor) *adj.* **1.** Relativo al amor sexual. **2.** Se dice de la literatura, cine, artista, etc., que describe o muestra temas sexuales y amorosos: *un poema erótico, un pintor erótico.* **3.** Que provoca o excita sexualmente. || *s. f.* **4.** Aquello por lo que algo resulta muy excitante o atrayente: *la erótica del poder.* SIN. **1.** Amatorio. **3.** Voluptuoso, sensual, sexy. FAM. Erotismo, erotización, erotizar. EROS.

erotismo (del gr. *eros, erotos*, amor) *s. m.* **1.** Cualidad de erótico: *La crítica destacó el erotismo de la novela.* **2.** Sexualidad: *Ha escrito un artículo sobre el erotismo infantil.* SIN. **1.** Voluptuosidad, sensualidad.

erotizar *v. tr.* **1.** Dar contenido o significado erótico a algo: *erotizar una conversación, un ambiente.* **2.** Excitar el deseo sexual. ■ Delante de *e* se escribe *c* en lugar de *z*: *erotice.*

erotomanía (del gr. *eros, erotos*, amor, y *-manía*) *s. f.* **1.** Trastorno mental causado por un enamoramiento excesivo e idealizado, sin una relación real con la persona a la que se cree amar. **2.** Agudización del deseo sexual. FAM. Erotómano. EROS.

errabundo, da (del lat. *errabundus*) *adj.* Errante*.

erradicar (del lat. *eradicare*) *v. tr.* Arrancar una cosa de raíz, eliminarla completamente: *erradicar una enfermedad, erradicar la pobreza.* ■ Delante de *e* se escribe *qu* en lugar de *c*: *erradique.* SIN. Extirpar, terminar, suprimir. ANT. Arraigar, sembrar. FAM. Erradicación. RAÍZ.

errante (del lat. *errans, -antis*) *adj.* Se aplica a la persona, animal o cosa que anda de un lado para otro sin tener lugar fijo. SIN. Errabundo, errático, ambulante, vagabundo. ANT. Sedentario, arraigado, enraizado.

errar (del lat. *errare*) *v. tr.* **1.** No acertar: *errar el blanco.* También *v. intr.* || *v. intr.* **2.** Cometer faltas, no cumplir con alguien: *Debes perdonarme si he errado.* **3.** Andar sin destino ni residencia fija: *Erraron de ciudad en ciudad.* **4.** P. ext., pasar el pensamiento, la imaginación, etc., de una cosa a otra. ■ Es v. irreg. SIN. **1.** Equivocar, fallar, desacertar, marrar. **2.** Faltar, incumplir. **3.** Vagar, deambular, vagabundear. **4.** Divagar. ANT. **1.** Atinar. **2.** Cumplir. **3.** Asentarse, establecerse. **4.** Centrarse, concentrarse. FAM. Errabundo, erradamente, errado, errante, errata, errático, errátil, error. / Aberrar, yerro.

ERRAR		
INDICATIVO	SUBJUNTIVO	IMPERATIVO
Presente	**Presente**	
yerro	*yerre*	
yerras	*yerres*	*yerra*
yerra	*yerre*	
erramos	*erremos*	
erráis	*erréis*	*errad*
yerran	*yerren*	

errata (del lat. *errata*, de *erratus*, errado) *s. f.* Equivocación material cometida en un impreso o manuscrito. SIN. Error, lapso, gazapo.

errático, ca (del lat. *erraticus*) *adj.* **1.** Que anda de una parte a otra sin domicilio ni rumbo fijo. **2.** Se aplica al dolor, síntoma, etc., que unas veces se produce en un sitio del organismo y otras en otro. **3.** Que se sale de lo normal y corriente: *un comportamiento errático.* SIN. **1.** Errante, errabundo, vagabundo. **3.** Extravagante, excéntrico. ANT. **1.** Sedentario, fijo.

errátil *adj.* Que va de un lado a otro, sin rumbo fijo: *una trayectoria errátil, una vida errátil.* SIN. Errante, errático.

erre *s. f.* Nombre de la letra *r* en su sonido fuerte, como en *ratón, enredo, perro, corro*, etc. || LOC. **erre que erre** *adv. fam.* Con terquedad, insistentemente: *Está erre que erre en su idea de irse.*

erróneo, a (del lat. *erroneus*) *adj.* Que contiene error o equivocación: *Aquella información era errónea.* SIN. Equivocado, confundido, inexacto. ANT. Cierto, exacto.

error (del lat. *error, -oris*) *s. m.* **1.** Concepto o juicio falso o equivocado: *El ejercicio escrito tenía muchos errores.* **2.** Cosa o acción desacertada: *Fue un error veranear en ese pueblo.* **3.** Diferencia entre el resultado que se obtiene y el que se estima como exacto: *El proyectil falló el blanco por un escaso margen de error.* || **4. error de bulto** Error de importancia. SIN. **1.** Falsedad, confusión, equívoco, inexactitud. **2.** Falta, fallo, yerro, desacierto, errata. **3.** Desviación. ANT. **1.** Verdad, exactitud. **2.** Acierto. FAM. Erróneamente, erróneo. ERRAR.

ertzaina (vasc.) *s. m.* y *f.* Miembro de la policía autonómica vasca.

ertzaintza (vasc.) *s. f.* Cuerpo de policía autonómica vasca.

eructar (del lat. *eructare*) *v. intr.* Echar con ruido por la boca los gases del estómago. SIN. Regoldar. FAM. Eructo.

erudición (del lat. *eruditio, -onis*) *s. f.* Conocimiento amplio y profundo de varias materias. SIN. Saber, sabiduría, cultura, instrucción. ANT. Ignorancia, incultura. FAM. Eruditamente, erudito.

erudito, ta (del lat. *eruditus*) *adj.* Que tiene o refleja erudición: *profesor erudito, investigación erudita.* También *s. m.* y *f.* SIN. Sabio, instruido, docto, ilustrado, culto. ANT. Inculto, ignorante.

erupción (del lat. *eruptio, -onis*, de *erumpere*, precipitarse fuera) *s. f.* **1.** Expulsión violenta de algo contenido en un sitio. **2.** Salida más o menos violenta de materias sólidas, líquidas o gaseosas procedentes del interior del globo terrestre: *la erupción de un volcán.* **3.** Aparición en la piel de granos o manchas; también, estos mismos granos o manchas. SIN. **3.** Urticaria. FAM. Eruptivo.

eruptivo, va *adj.* **1.** De la erupción volcánica o que procede de ella: *rocas eruptivas.* **2.** Que produce erupción cutánea.

es- (del lat. *ex*) *pref.* Significa 'fuera', 'más allá': *escoger, estirar.* ■ Como tiene un significado muy cercano a *des-* (separación, privación) y la *d* es un sonido que tiende a desaparecer fácilmente, se ha creado una confusión entre los dos prefijos: *espabilar* y *despabilar.*

esa *pron. dem.* Véase **ese**.

esaborío, a *adj. fam.* Desaborido*.

esbatimento (del ital. *sbattimento*) *s. m.* En pintura, sombra de un cuerpo sobre otro.

esbelto, ta (del ital. *svelto*) *adj.* Alto, delgado y bien formado. SIN. Espigado, grácil, juncal. ANT. Rechoncho. FAM. Esbeltez, esbelteza.

esbirro (del ital. *sbirro*) *s. m.* **1.** Persona pagada por otra para que ejecute abusos y violencias ordenados por ella. **2.** Persona que ejecuta las órdenes de una autoridad, particularmente si, para imponerlas, ha de emplear la fuerza. **3.** Antiguamente, oficial inferior de justicia. SIN. **1.** y **2.** Sicario. **3.** Alguacil, corchete.

esbozar (del ital. *sbozzare*) *v. tr.* **1.** Hacer un esbozo: *esbozar un cuadro, esbozar un plan.* **2.** Empezar a hacer un gesto o hacerlo poco marcado: *esbozar una sonrisa.* ■ Delante de *e* se escribe con *c* en lugar de *z*: *esboce.* SIN. **1.** Bosquejar, abocetar. **2.** Insinuar, apuntar.

esbozo (del ital. *sbozzo*) *s. m.* **1.** Acción de esbozar. **2.** Dibujo o pintura hecho sin detalles, sin acabar o como base de otro definitivo. **3.** Descripción de las líneas generales de una obra, plan, proyecto, etc.: *Hizo un esbozo de su próximo libro.* **4.** P. ext., cualquier cosa que está por desarrollar: *Por entonces, la ciudad era el esbozo de lo que hoy es.* **5.** Insinuación de un gesto: *el esbozo de una sonrisa.* SIN. **2.** Boceto, bosquejo, apunte. **3.** Borrador, esquema. **4.** Principio, embrión. **5.** Amago. FAM. Esbozar. BOCETO.

escabechar *v. tr.* **1.** Poner en escabeche: *escabechar sardinas.* **2.** *fam.* Matar, generalmente con arma blanca. **3.** *fam.* Suspender en un examen: *El profesor escabechó a la mitad de la clase.* SIN. **2.** Liquidar, despachar. **2.** y **3.** Cargarse. **3.** Catear.

escabeche (del ár. vulg. *iskebey*, guiso de carne con vinagre) *s. m.* **1.** Salsa preparada con aceite, vinagre y otros condimentos para la conservación de pescados o carnes. **2.** Alimento conservado en esta salsa. Si no se especifica, se entiende escabeche de bonito. FAM. Escabechar, escabechina.

escabechina *s. f.* **1.** *fam.* Destrozo grande, matanza: *La cacería fue una escabechina.* **2.** *fam.* Abundancia de suspensos en un examen: *En la última prueba hicieron una escabechina.* SIN. **1.** Estrago, carnicería, hecatombe. **2.** Degollina.

escabel (del cat. ant. *escabell*, y éste del lat. *scabellum*) *s. m.* **1.** Banquillo para apoyar los pies. **2.** Asiento pequeño sin respaldo.

escabio *s. m. Arg.* y *Urug. fam.* Bebida alcohólica.

escabroso, sa (del lat. tardío *scabrosus*, del lat. *scaber*) *adj.* **1.** Desigual y muy accidentado: *terreno escabroso.* **2.** Que roza lo inmoral u obsceno: *una escena escabrosa.* **3.** Embarazoso, incómodo, que requiere tacto: *En la conversación evitaron tocar tema tan escabroso.* SIN. **1.** Abrupto, quebrado. **2.** Atrevido, picante. **3.** Comprometido, delicado. ANT. **1.** Llano. **2.** Inocente. FAM. Escabrosamente, escabrosidad.

escabullirse (del lat. vulg. *excapulare*, de *capulare*, lazar animales) *v. prnl.* **1.** Escaparse de entre las manos: *El pez se escabullía entre los dedos.* **2.** Irse o desaparecer con disimulo: *Se escabulló por una puerta trasera.* **3.** Evitar un trabajo, una obligación, etc.: *Siempre que hay tarea se escabulle.* ■ Es v. irreg. Se conjuga como *mullir.* SIN. **1.** y **2.** Escurrirse. **2.** Desaparecer, eclipsarse. **3.** Escaquearse, librarse. FAM. Escabullimiento.

escachalandrado, da *adj. Amér. C.* y *Col. fam.* Mal vestido, desaseado, harapiento.

escachar *v. tr.* Cascar, aplastar, romper. También *v. prnl.* SIN. Despachurrar, chafar, reventar.

escacharrar (de *es-* y *cacharro*) *v. tr.* Romper, estropear. También *v. prnl.*: *Se escacharró el coche.* SIN. Destrozar, averiar, descomponer, escachifollar. ANT. Recomponer, arreglar.

escachifollar *v. tr. fam.* Estropear. También *v. prnl.*

escafandra (del fr. *scaphandre*, construido sobre el gr. *skaphe*, barco, y *andros*, hombre) *s. f.* **1.** Traje impermeable con un casco hermético y una serie de tubos para la respiración que permiten permanecer un tiempo prolongado debajo del agua. **2.** Traje protector utilizado por los astronautas para sus salidas al espacio. || **3. escafandra autónoma** Aparato con botella de oxígeno utilizado por los buceadores.

escafoides (del gr. *skaphe*, esquife, y *eidos*, forma) *s. m.* **1.** Hueso de la mano, el mayor y más externo de la primera fila del carpo. **2.** Hueso del pie, situado en el tarso, delante del astrágalo. ■ No varía en *pl.*

escagarruzarse *v. prnl. vulg.* Cagarse involuntariamente. ■ Delante de *e* se escribe *c* en lugar de *z*: *se escagarruce.*

escala (del lat. *scala*) *s. f.* **1.** Escalera de mano hecha de madera, cuerda y otros materiales. **2.** Serie de valores, ordenada y generalmente numerada, que sirve para medir una característica común a diversos objetos; p. ej., la escala de dureza en los minerales. **3.** Serie ordenada según algún criterio. **4.** Sucesión de notas musicales. **5.** Conjunto de divisiones numeradas de ciertos instrumentos de medición: *la escala del termómetro.* **6.** En un plano, mapa, dibujo, etc., relación entre sus dimensiones y el tamaño real de lo representado: *un mapa a escala 1:50.000.000.* **7.** Línea recta dividida en partes iguales que representan metros, kilómetros, etc., y que sirve de medida para calcular las dimensiones reales en un mapa o plano. **8.** Ordenación jerarquizada en categorías dentro de un colectivo. **9.** Orden o grado de importancia: *escala de valores, venta a escala reducida.* **10.** Parada en la ruta de barcos o aviones: *El vuelo hace escala en Lisboa.* || **11. escala técnica** Escala de un avión durante su viaje por razones técnicas. SIN. **2.** Baremo, gama, gradación. **5.** Graduación. **8.** Escalafón. **9.** Proporción, magnitud. FAM. Escalafón, escalar[1], escalar[2], escalera, escalinata, escalón.

escalabrar *v. tr.* Descalabrar*.

escalada *s. f.* **1.** Acción de escalar. **2.** Aumento rápido y por lo general alarmante de alguna cosa: *la escalada de los precios.* SIN. **1.** Ascensión, ascenso. **2.** Carrera. ANT. **1.** Descenso. **2.** Caída.

escalador, ra *adj.* **1.** Que escala. También *s. m.* y *f.* || *s. m.* **2.** Ciclista especializado en pruebas de montaña. SIN. **1.** Alpinista.

escalafón *s. m.* Clasificación del personal de una corporación o profesión ordenada por antigüedad, categoría, méritos, etc. SIN. Escala, jerarquía.

escalamiento *s. m.* **1.** Acción de escalar. **2.** Acción de penetrar en un lugar ocultamente y produciendo desperfectos, p. ej., forzando una puerta, una ventana, etc. Es circunstancia que determina uno de los tipos de robo. SIN. **1.** Escalada.

escálamo *s. m.* Estaca donde se sujeta el remo en una embarcación. ■ Se dice también *escalmo.* SIN. Tolete.

escalar[1] (de *escala*) *v. tr.* **1.** Subir a algún sitio o salvar una altura valiéndose de escalas o trepando por una gran pendiente: *escalar un monte.* **2.** Entrar en algún sitio oculta o violentamente, rompiendo una pared, la puerta, etc. **3.** Alcanzar un puesto o posición social elevados, empleando toda clase de medios. **4.** En ciclismo, subir pendientes en las pruebas de montaña. **SIN.** **1.** Ascender, asaltar. **3.** Medrar, progresar, prosperar. **ANT.** **1.** Bajar. **FAM.** Escalable, escalada, escalador, escalamiento, escalo. / Cronoescalada. ESCALA.

escalar[2] (de *escala*) *adj.* Se dice de las magnitudes físicas y matemáticas que, como la temperatura, la presión o el trabajo, se expresan sólo por un número.

escaldado, da **1.** *p.* de **escaldar**. También *adj.* || *adj.* **2.** *fam.* Escarmentado: *Está muy escaldado por experiencias anteriores.* **SIN.** **2.** Desengañado.

escaldar (del lat. vulg. *excaldare*, de *ex*-, y *caldus*, caliente) *v. tr.* **1.** Bañar una cosa con agua hirviendo: *escaldar un pollo para que se desprenda la piel.* **2.** Quemar un líquido hirviendo. También *v. prnl.*: *Me escaldé con el aceite.* **3.** Abrasar con fuego una cosa, poniéndola muy roja y encendida: *escaldar el hierro.* **4.** Ofender a alguien, herir su amor propio: *Aquel insulto le escaldó.* También *v. prnl.* || **escaldarse** *v. prnl.* **5.** Escocerse alguna parte del cuerpo: *El niño se escaldó las ingles.* **SIN.** **1.** Escalfar. **2.** Quemar. **4.** Humillar. **ANT.** **1.** Enfriar. **FAM.** Escaldado, escaldadura, escaldamiento. CALDO.

escaleno, na (del lat. *scalenus*, y éste del gr. *skalenos*, oblicuo) *adj.* **1.** Se dice del triángulo que tiene sus tres lados y ángulos desiguales. También *s. m.* **2.** Se dice del cono o pirámide cuyo eje no es perpendicular a la base. || *s. m.* **3.** Cada uno de los tres músculos que hay a ambos lados del cuello.

escalera (del lat. *scalaria*) *s. f.* **1.** Serie de peldaños que sirve para comunicar dos pisos o niveles de diferente altura. **2.** En algunos juegos de naipes, sucesión de cartas de valor correlativo; se llama *escalera de color* si son del mismo palo. **3.** Línea desigual que queda en el pelo mal cortado. || **4. escalera de caracol** La que tiene forma de espiral. **5. escalera de mano** La portátil, compuesta de dos largueros unidos por travesaños. **6. escalera de tijera** (o **doble**) La compuesta por dos de mano, unidas en su parte superior con bisagras. **7. escalera mecánica** La formada por peldaños que ascienden o descienden movidos por un mecanismo eléctrico. **SIN.** **1.** Escalinata, grada. **3.** Trasquilón. **FAM.** Escalerilla. ESCALA.

escalerilla (dim. de *escalera*) *s. f.* Escalera pequeña o exterior: *la escalerilla del avión.*

escaléxtric (de *scalextric*, nombre comercial registrado de cierto juego de coches eléctricos) *s. m.* Sistema de cruces de carreteras a distinto nivel.

escalfar (del lat. vulg. *calfare*, y éste del lat. *calefacere*, calentar) *v. tr.* **1.** Cocer un alimento en agua hirviendo, en caldo o en un guiso, especialmente un huevo sin cáscara. También *v. prnl.* **2.** Cocer el pan con demasiado fuego, de manera que se levanten ampollas en su corteza. También *v. prnl.* **FAM.** Escalfado.

escalinata (del ital. *scalinata*) *s. f.* Escalera de un solo tramo en el exterior o en el vestíbulo de un edificio. **SIN.** Grada.

escalivada (cat.) *s. f.* Ensalada de pimientos, berenjenas y otras hortalizas asadas.

escalmo (del lat. *scalmus*, y éste del gr. *skalmos*) *s. m.* **1.** Escálamo*. **2.** Cuña para calzar o apretar ciertas piezas de una máquina. **FAM.** Escálamo.

escalo *s. m.* **1.** Acción de escalar, introducirse en un lugar. **2.** Boquete realizado para penetrar en un lugar cerrado o para salir de él. **SIN.** **1.** Escalamiento.

escalofriante *adj.* **1.** Que causa escalofríos. **2.** Aterrador, impresionante: *una escena escalofriante.* **SIN.** **2.** Tremendo, espeluznante, inquietante. **ANT.** **2.** Tranquilizador.

escalofrío (del ant. *calofrío*, de *calor* y *frío*) *s. m.* Sensación de frío con estremecimiento del cuerpo debida a la fiebre, el miedo, etc. Se usa más en *pl.* **SIN.** Repeluzno, espeluzno, tiritera. **FAM.** Escalofriante, escalofriar. CALOR y FRÍO.

escalón (aum. de *escala*) *s. m.* **1.** Peldaño. **2.** Desnivel a modo de peldaño: *un escalón del terreno.* **3.** Grado o rango: *Ha ascendido un escalón en la empresa.* **4.** Paso o progreso hacia un fin: *Sus esfuerzos diarios son escalones hacia el éxito.* **5.** Fase de una serie continua y progresiva: *Los microorganismos están en el primer escalón de la evolución de las especies.* **SIN.** **1.** Grada. **3.** Puesto. **4.** Avance. **5.** Etapa, nivel. **ANT.** **4.** Retroceso. **FAM.** Escalonar. ESCALA.

escalonado, da **1.** *p.* de **escalonar**. También *adj.* || *adj.* **2.** En forma de escalón o escalones: *terreno escalonado.* **SIN.** **1.** Graduado, gradual. **2.** Desnivelado.

escalonar *v. tr.* Distribuir en tiempos sucesivos, de trecho en trecho o en forma ascendente o descendente: *Han escalonado los estudios en tres cursos. Escalonaron los controles en la carrera.* También *v. prnl.* **SIN.** Graduar(se). **ANT.** Agolpar(se). **FAM.** Escalonadamente, escalonado, escalonamiento. ESCALÓN.

escàlonia (del lat. *ascalonia*) *s. f.* Chalota*.

escalope (del fr. *scalope*, concha, venera) *s. m.* Filete delgado de carne rebozado y frito.

escalpelo (del lat. *scalpellum*, de *scalprum*, escoplo) *s. m.* Instrumento quirúrgico en forma de cuchillo pequeño de hoja estrecha y puntiaguda. ■ Se dice también *escarpelo.*

escama (del lat. *squama*) *s. f.* **1.** Cada una de las placas protectoras que cubren la piel de algunos animales, como peces y reptiles. **2.** Lo que tiene forma parecida a estas placas: *escamas de la piel, jabón en escamas.* **3.** En bot., hoja pequeña y dura que protege la superficie de una planta. **4.** Recelo, desconfianza. **SIN.** **4.** Temor, sospecha. **ANT.** **4.** Confianza. **FAM.** Escamar, escamoso. / Descamar.

escamar *v. tr.* **1.** Quitar las escamas a los peces. **2.** *fam.* Causar desconfianza o sospecha: *Ya me está escamando tanto misterio.* También *v. prnl.* **SIN.** **1.** Descamar, raspar. **2.** Mosquear(se); sospechar, recelar. **ANT.** **2.** Tranquilizar(se); confiar. **FAM.** Escamado, escamante, escamón. / Desescamar. ESCAMA.

escamochar *v. tr.* **1.** Quitar las hojas no comestibles a las hortalizas. **2.** Derrochar, desperdiciar.

escamón, na *adj.* Que desconfía o recela. También *s. m.* y *f.* **SIN.** Escamado, receloso, suspicaz. **ANT.** Confiado.

escamondar (del lat. *ex* y *caput mundare*, podar lo somero) *v. tr.* **1.** Limpiar los árboles de las ramas inútiles y las hojas secas. **2.** Quitar lo que es inútil o sobra de una cosa. **SIN.** **1.** y **2.** Podar. **FAM.** Escamonda, escamondadura. MONDAR.

escamoso, sa *adj.* **1.** Que tiene escamas. **2.** Se dice de los reptiles que tienen el cuerpo cubierto de escamas imbricadas, reforzadas a veces por placas óseas en la cabeza, y dientes soldados al borde de las mandíbulas, como los lagartos y las serpientes. Son generalmente ovíparos y habitan normalmente en climas cálidos y templados. También *s. m.* || *s. m. pl.* **3.** Orden de estos reptiles.

escamotear (del fr. *escamoter*) *v. tr.* **1.** Hacer desaparecer algo con una hábil maniobra: *El prestidigitador escamoteó una paloma.* **2.** Robar con habilidad: *Le escamotearon la cartera.* **3.** Suprimir intencionadamente: *Escamotearon parte de sus declaraciones en la entrevista.* **SIN. 2.** Birlar, hurtar. **3.** Ocultar, eliminar. **FAM.** Escamoteador, escamoteo.

escampada *s. f.* En un día lluvioso, espacio corto de tiempo en que deja de llover. **SIN.** Claro.

escampado, da 1. *p.* de **escampar**. || *adj.* **2.** Descampado*. También *s. m.*

escampar *v. impers.* Dejar de llover. **FAM.** Escampada, escampado. CAMPO.

escanciador, ra *adj.* Que escancia. También *s. m.* y *f.*: *un escanciador de sidra.*

escanciar (del germ. *skankjan*, dar de beber) *v. tr.* Servir en vasos el vino u otra bebida. **FAM.** Escanciador.

escandalera *s. f.* Escándalo, jaleo, alboroto.

escandalizar (del lat. *scandalizare*, y éste del gr. *skandalizo*) *v. tr.* **1.** Provocar escándalo: *Escandalizan toda la casa con sus riñas.* Tambien *v. intr.* **2.** Horrorizar, indignar. También *v. prnl.*: *Se escandalizó al ver los precios.* ■ Delante de *e* se escribe *c* en lugar de *z*: *escandalice.* **SIN. 1.** Alborotar. **2.** Irritar(se).

escandallar *v. tr.* **1.** Medir y analizar el fondo del mar con un escandallo. **2.** Valorar el conjunto de algo analizando una muestra. **3.** Determinar el precio de coste o de venta de una mercancía por los factores que intervienen en su producción. **SIN. 1.** Sondear, fondear.

escandallo (del prov. *escandall*, sonda, del lat. *scandalium*) *s. m.* **1.** Pieza del extremo de la sonda con que recogen muestras de un fondo acuático. **2.** Prueba consistente en escoger al azar muestras de algo para determinar la calidad del conjunto. **3.** Determinación del coste de una mercancía con arreglo al precio de los factores que intervienen en su producción. **FAM.** Escandallar.

escándalo (del lat. *scandalum*, y éste del gr. *skandalon*) *s. m.* **1.** Alboroto, jaleo. **2.** Acción, conducta o situación inmoral o intolerable y rechazo o indignación que causa: *Sus escándalos eran la comidilla del pueblo.* **3.** Asunto deshonesto que conmociona a la opinión pública: *Aquel político se vio envuelto en un escándalo económico.* **4.** Revuelo, controversia. *Sus declaraciones originaron un gran escándalo.* || **LOC. de escándalo** *adj.* Desmedido, exagerado: *unos precios de escándalo.* **SIN. 1.** Bulla, griterío, tumulto. **3.** Affaire. **4.** Conmoción, polémica. **ANT. 1.** Paz. **4.** Desinterés. **FAM.** Escandalera, escandalizador, escandalizar, escandalosa, escandalosamente, escandaloso.

escandalosa *s. f.* Vela pequeña que se orienta sobre la cangreja.

escandaloso, sa (del lat. *scandalosus*) *adj.* Que causa escándalo: *una novela escandalosa.* También *s. m.* y *f.*

escandinavo, va *adj.* **1.** De Escandinavia. También *s. m.* y *f.* **2.** Se dice del grupo lingüístico nórdico. **FAM.** Escandio.

escandio (del lat. *Scandia*, Escandinavia) *s. m.* Elemento de color gris plateado, muy ligero y con elevado punto de fusión, y muy escaso en la Tierra, donde sólo se encuentra, asociado al estaño y al volframio, en Escandinavia y Madagascar. Se emplea en la fabricación de luces de gran intensidad y como agente rastreador en las refinerías de petróleo. Su símbolo es *Sc.*

escanear *v. tr.* Explorar o leer con escáner.

escáner (del ingl. *scanner*, el que explora) *s. m.* **1.** Aparato para exploraciones médicas mediante rayos X, ultrasonidos o resonancias magnéticas que, con la ayuda de un ordenador, obtiene imágenes de secciones del cuerpo humano. **2.** Aparato con el que se obtienen imágenes digitales de un original en papel, un objeto, etc. que pueden ser procesadas en un ordenador. **3.** Trabajo o exploración realizada con alguno de estos aparatos: *Voy al hospital a hacerme un escáner.* **FAM.** Escanear, escanograma.

escanograma *s. f.* Imagen obtenida con un escáner.

escantillón *s. m.* Regla o patrón para trazar las líneas según las cuales se han de labrar las piezas en diversas artes y oficios mecánicos.

escaño (del lat. *scamnum*) *s. m.* **1.** Banco grande con respaldo. **2.** Asiento de los miembros de las dos cámaras del parlamento; p. ext., cargo de parlamentario.

escapada *s. f.* **1.** Acción de escapar o escaparse. **2.** Abandono momentáneo del trabajo o viaje breve para descansar, relajarse, etc. **3.** En ciclismo y otros deportes, adelantamiento que hace un corredor o grupo de corredores alejándose mucho del resto de los participantes. **SIN. 1.** Huida, escape. **2.** Alto. **ANT. 1.** Detención.

escapar (del lat. vulg. *excappare*, librarse de un estorbo, de *ex*, fuera, y *cappa*, capa) *v. intr.* **1.** Lograr salir de un encierro. También *v. prnl.*: *El preso se escapó de la cárcel.* **2.** Salir uno deprisa y a escondidas. También *v. prnl.*: *Se escapó por la puerta falsa.* **3.** Librarse, salvarse: *Escapó de la catástrofe.* También *v. prnl.* **4.** Quedar fuera de la influencia, alcance o percepción de alguien o algo: *Este caso escapa a mi responsabilidad.* También *v. prnl.*: *Se me escapa el sentido de la frase.* || **escaparse** *v. prnl.* **5.** Salirse un líquido o un gas por algún resquicio: *El vapor se escapa por la junta.* **6.** Partir un transporte público antes de que uno pueda tomarlo: *Se me escapó el autobús.* **7.** Soltarse algo involuntariamente o no poder dominarlo: *escaparse un globo, la risa.* **8.** Perder: *Se me escapó la oportunidad.* **SIN. 1.** Huir, fugarse. **2.** Escabullirse, largarse. **3.** Eludir, burlar. **4.** Sobrepasar, superar. **5.** y **7.** Irse. **ANT. 1.** Quedarse; apresar. **3.** Sufrir. **4.** Entrar. **FAM.** Escapada, escapatoria, escape, escapismo.

escaparate (del neerl. *schaprade*, armario) *s. m.* **1.** Espacio acristalado en la fachada de un establecimiento, que sirve para exponer mercancías. **2.** Medio de lucimiento o promoción: *Ese cargo es para él un escaparate.* **3.** *Amér.* Armario. **FAM.** Escaparatismo, escaparatista.

escaparatismo *s. m.* Técnica y actividad profesional de disponer artísticamente el contenido de los escaparates.

escaparatista *s. m.* y *f.* Persona que se dedica al escaparatismo.

escapatoria *s. f.* **1.** Acción o manera de escapar. **2.** Solución o modo de salir de un apuro: *No tienes otra escapatoria que confesar la verdad.* **SIN. 1.** Fuga, huida, evasión. **1.** y **2.** Escape. **2.** Salida, pretexto, subterfugio. **ANT. 1.** Detención, apresamiento.

escape *s. m.* **1.** Acción de escapar o escaparse: *vía de escape.* **2.** Salida de un gas o un líquido por un agujero o raja y agujero o raja por donde sale. **3.** En un motor de explosión, expulsión de los gases del cilindro y tubo o dispositivo por donde se efectúa. **4.** Solución para salir de una dificultad o apuro. **5.** En algunas máquinas, pieza que, separándose, deja actuar a otra (muelle, rueda, etc.)

que sujetaba: *el escape del reloj.* || LOC. **a escape** *adv.* A todo correr, en seguida: *Vete a escape si no quieres perder el tren.* SIN. **1.** Huida, escapada. **1.** y **2.** Fuga. **4.** Escapatoria, salida. **5.** Tope. ANT. **1.** Detención, apresamiento.

escapismo *s. m.* Actitud del que se evade o huye de la realidad. FAM. Escapista. ESCAPAR.

escápula (del lat. *scapula*) *s. f.* Omóplato*. FAM. Escapular, escapulario.

escapular *adj.* **1.** Relativo a la escápula. **2.** Se dice de cada una de las plumas del hombro de un ave. También *s. f.*

escapulario (del lat. *scapularis*, que cuelga sobre los hombros) *s. m.* **1.** Distintivo de algunas órdenes religiosas consistente en una tira de tela que cuelga por el pecho y por la espalda. **2.** Objeto de devoción formado por dos pequeños trozos de tela unidos con cintas que se llevan colgando del cuello y representan una imagen o guardan una reliquia.

escaque *s. m.* Cada una de las casillas de los tableros de ajedrez y de damas. FAM. Escaquearse.

escaqueado, da 1. *p.* de **escaquearse**. También *adj.* || *adj.* **2.** Con dibujo semejante al tablero de ajedrez.

escaquearse *v. prnl. fam.* Escurrir el bulto, eludir una obligación, compromiso, dificultad, etc. SIN. Escabullirse, librarse. ANT. Cumplir, apechugar. FAM. Escaqueado, escaqueo. ESCAQUE.

escara (del lat. *schara*, y éste del gr. *skhara*) *s. f.* Costra oscura de tejido muerto que se forma por efecto de la gangrena, de una quemadura, etc.

escarabajear *v. intr.* **1.** *fam.* Bullir, agitarse. **2.** *fam.* Inquietar a una persona un pensamiento o un temor. SIN. **1.** Hormiguear. **2.** Rondar. FAM. Escarabajeo. ESCARABAJO.

escarabajo (del lat. vulg. *scarafaius*, del lat. *scarabeus*) *s. m.* **1.** Nombre común de numerosos insectos coleópteros, especialmente los de cuerpo ovalado y patas cortas. || **2. escarabajo de la patata** Escarabajo de dorso rayado, muy perjudicial para las plantas solanáceas, especialmente para la patata. **3. escarabajo pelotero** Escarabajo de color negro, que se caracteriza por hacer rodar con las patas posteriores pequeñas bolas de estiércol que sirven de alimento a sus larvas. FAM. Escarabajear.

escaramujo *s. m.* **1.** Arbusto de hoja caduca, conocido también como rosal silvestre; puede alcanzar los 3 m de altura, tiene hojas agudas, flores encarnadas o sonrosadas y fruto carnoso de color rojo, utilizado como astringente. **2.** Fruto de este arbusto.

escaramuza (del ital. *scaramuzza*, combate) *s. f.* **1.** Enfrentamiento poco importante entre las avanzadas de dos ejércitos enemigos. **2.** Riña o discusión de poca importancia: *La pelea no pasó de simple escaramuza.* SIN. **1.** Refriega, choque.

escarapela (del ant. *escarapelarse*, reñir arañándose, del lat. *carpere*, arrancar) *s. f.* Adorno o distintivo hecho de cintas de colores plegadas en forma de círculo o roseta.

escarapelar *v. tr. Perú fam.* Horripilar, espeluznar, poner la carne de gallina. También *v. prnl.*

escarbadientes *s. m.* Mondadientes*. ■ No varía en *pl.*

escarbar (del lat. tardío *scarifare*, rascar, rayar, y éste del gr. *skariphaomai*) *v. tr.* **1.** Remover la tierra o algo semejante con las manos, herramientas o, como hacen algunos animales, con las patas o el hocico. También *v. intr.*: *El toro escarbó en la arena.* **2.** Hurgar algo con los dedos u otra cosa. También *v. prnl.* **3.** Avivar la lumbre, moviéndola con la badila. **4.** Investigar con interés algo oculto. También *v. intr.*: *escarbar en el pasado de alguien.* SIN. **1.** Rascar, arañar, hozar. **3.** Atizar. **4.** Escudriñar, fisgar, indagar. FAM. Escarbadientes, escarbador, escarbadura.

escarcela (del ital. *scarsella*, de *scarso*, avaro) *s. f.* **1.** Especie de bolsa que se colgaba de la cintura. **2.** Mochila de cazador, especie de red. SIN. **2.** Macuto.

escarceo *s. m.* **1.** Prueba o tentativa antes de emprender una acción o en una actividad no habitual: *Ese científico tuvo sus escarceos en la literatura.* **2.** Aventura amorosa superficial. **3.** Rodeo, divagación: *Se perdió en escarceos filosóficos.* **4.** Ligero oleaje en la superficie del mar. ■ En estas acepciones se usa más en *pl.* || *s. m. pl.* **5.** Vueltas que da el caballo por su nerviosismo o por voluntad del jinete. SIN. **1.** Tanteo, incursión. **2.** Amorío. **3.** Digresión. **5.** Caracoleo.

escarcha *s. f.* Capa de rocío congelado que se forma sobre las superficies en las noches de helada. FAM. Escarchado, escarchar.

escarchar *v. intr.* **1.** Formarse la escarcha. || *v. tr.* **2.** Salpicar una superficie con algo que imite escarcha: *Escarchar los cristales en Navidad.* **3.** Preparar frutas, confituras, bebidas alcohólicas, etc., con azúcar cristalizada. SIN. **1.** Helar.

escarda *s. f.* **1.** Acción de escardar sembrados y época del año en que se hace. **2.** Azada pequeña para escardar.

escardar (de *es-* y *cardo*) *v. tr.* **1.** Arrancar los cardos y las malas hierbas de los sembrados. **2.** Separar lo malo de lo bueno o conveniente. SIN. **1.** Desherbar, desyerbar, escardillar. **1.** y **2.** Limpiar. **2.** Cribar. FAM. Escarda, escardador, escardilla, escardillo. CARDO.

escardilla o **escardillo** *s. f.* o *m.* Azada pequeña para escardar.

escariador *s. m.* Herramienta para escariar.

escariar *v. tr.* Agrandar y redondear agujeros abiertos en el metal. FAM. Escariador.

escarlata (del ár. hispánico *iskirlata*, del ár. *siqillat*, tejido de seda brocada de oro) *adj.* Se aplica al color rojo vivo, entre el bermellón y el carmín, y a las cosas que lo tienen. También *s. f.* SIN. Grana. FAM. Escarlatina.

escarlatina *s. f.* Enfermedad infecciosa que se manifiesta por fiebre brusca y alta, erupción cutánea de color escarlata e inflamación de la garganta y amígdalas. Afecta fundamentalmente a los niños.

escarmentar (de *escarmiento*, del ant. *escarnimiento*, de *escarnir*, escarnecer) *v. tr.* **1.** Castigar o corregir duramente al que ha cometido una falta, para que no la repita. || *v. intr.* **2.** Aprender una persona de las consecuencias de las faltas o errores propios o ajenos, para no volver a cometerlos: *Escarmentó al ver lo que le pasó a su amigo.* ■ Es v. irreg. Se conjuga como *pensar.* SIN. **1.** Disciplinar. ANT. **1.** Perdonar. FAM. Escarmiento.

escarmiento *s. m.* **1.** Experiencia obtenida a partir de las malas consecuencias de algo, que mueve a no hacerlo de nuevo. **2.** Castigo, reprimenda. SIN. **1.** Aviso, advertencia. **2.** Merecido, sanción, correctivo. ANT. **2.** Premio, felicitación.

escarnecer (del ant. *escarnir*, de or. germ.) *v. tr.* Hacer escarnio de una persona. ■ Es v. irreg. Se conjuga como *agradecer.* SIN. Humillar, zaherir, afrentar. ANT. Alabar. FAM. Escarnecedor, escarnecidamente, escarnecimiento, escarnio.

escarnio (de *escarnecer*) *s. m.* Burla muy humillante. ▪ Se dice también *escarnecimiento.* SIN. Afrenta, mofa, agravio. ANT. Alabanza.

escarola (del cat. y prov. *escarola*, y éste del bajo lat. *escariola*, comestible) *s. f.* Planta de huerta de flores de color púrpura, fruto en aquenio y hojas abundantes y rizadas que se comen en ensalada. FAM. Escarolado.

escarpa (del ital. *scarpa*) *s. f.* **1.** Escarpadura*. **2.** Plano inclinado de los muros de las fortificaciones. FAM. Escarpado, escarpadura, escarpe.

escarpado, da (de *escarpa*) *adj.* Se dice del terreno con mucha pendiente. SIN. Empinado, inclinado. ANT. Llano.

escarpadura (de *escarpa*) *s. f.* Pendiente muy pronunciada de un terreno. SIN. Escarpa, escarpe, declive.

escarpe *s. m.* Escarpadura*.

escarpelo *s. m.* **1.** Escalpelo*. **2.** Especie de lima que usan carpinteros y escultores para limpiar y raspar.

escarpia *s. f.* Clavo doblado en ángulo recto para colgar cosas de él. SIN. Alcayata. FAM. Escarpiador.

escarpiador *s. m.* Horquilla de hierro para sujetar a la pared tuberías y canalones.

escarpín (del ital. *scarpino*, y éste de *scarpa*, zapato) *s. m.* **1.** Zapato ligero y flexible, con una sola suela y una sola costura. **2.** Prenda para abrigo del pie que se pone sobre la media o el calcetín. SIN. **2.** Patuco.

escarzano (del ital. *scarso*, corto) *adj.* En arq., se dice del arco rebajado, especialmente el que tiene un ángulo de 60°.

escasear *v. intr.* Haber poco o no lo suficiente: *En el desierto escasea el agua.* SIN. Faltar. ANT. Abundar.

escasez *s. f.* **1.** Falta, insuficiencia: *La escasez de alimentos obligó a racionarlos.* **2.** Falta de lo necesario para vivir: *Pasaron de la escasez a la riqueza.* || *s. f. pl.* **3.** Apuros económicos: *Cuando se casaron pasaban escaseces.* SIN. **1.** Carencia. **1.** y **2.** Penuria, necesidad. **3.** Estrecheces. ANT. **1.** Abundancia. **2.** Opulencia.

escaso, sa (del lat. *excarpsus*, escogido, de *excarpere*, entresacar) *adj. indef.* **1.** Se aplica a las cosas de las que hay poca cantidad o resultan insuficientes: *Las escasas lluvias arruinaron la cosecha.* **2.** Que tiene poco de algo: *Ando escaso de dinero.* **3.** Que le falta un poco para estar justo o completo: *El pescado pesó dos kilos escasos.* SIN. **1.** Limitado, exiguo. **2.** Pobre, falto. **3.** Corto. ANT. **1.** Abundante. **2.** Rico. **3.** Largo. FAM. Escasamente, escasear, escasez.

escatimar (cruce del lat. *aestimare* y el gót. *skattjan*, evaluar) *v. tr.* Dar o utilizar lo menos posible de algo: *No escatimaron esfuerzos para lograrlo.* SIN. Cicatear, ahorrar, regatear. ANT. Prodigar.

escatología[1] (del gr. *eskhatos*, último, y *-logía*) *s. f.* Conjunto de creencias y doctrinas sobre el destino final del hombre y del universo. FAM. Escatológico[1].

escatología[2] (del gr. *skor*, *skatos*, excremento, y *-logía*) *s. f.* **1.** Estudio de los excrementos. **2.** Conjunto de supersticiones, chistes, anécdotas, etc., sobre los excrementos. FAM. Escatológico[2].

escay *s. m.* Skay*.

escayola (del ital. *scagliuola*) *s. f.* **1.** Yeso calcinado que, mezclado con agua, se emplea como material plástico. **2.** Vendaje endurecido con esta mezcla que se utiliza para inmovilizar un miembro fracturado o lesionado. **3.** Escultura realizada en este material. FAM. Escayolar, escayolista.

escayolar *v. tr.* Poner una escayola en un miembro fracturado o dislocado para inmovilizarlo. SIN. Enyesar.

escena (del lat. *scena*, y éste del gr. *skene*) *s. f.* **1.** Escenario de un teatro o local similar. **2.** Lo que en cada caso representa este lugar: *Ahora cambian la escena.* **3.** Fragmento de una obra o una película que representa una determinada acción. **4.** Arte de la interpretación: *Es un genio de la escena.* **5.** Teatro, literatura dramática: *La escena barroca española es de gran calidad.* **6.** Suceso, cuadro: *La perra y sus cachorros formaban una escena deliciosa.* **7.** Campo donde se refleja lo más destacado de una actividad, de la vida de un país, etc.: *la escena política, la escena nacional.* **8.** Acción o actitud exagerada o teatral: *Me hizo una escena de celos.* || LOC. **desaparecer de escena** Marcharse, esfumarse. **entrar en escena** Salir un actor al escenario. También, intervenir en un asunto, discusión, etc. **poner en escena** Preparar o representar una representación teatral. SIN. **2.** Decorado. **3.** Secuencia. **5.** Drama, dramaturgia. **6.** Espectáculo, imagen. **8.** Número. FAM. Escenario, escénico, escenificar, escenografía. / Proscenio.

escenario (del lat. *scenarium*) *s. m.* **1.** Parte de un teatro o un local donde se representa una obra o un espectáculo ante el público. **2.** Lugar en que ocurre la acción de una película, narración, etc., o en que se desarrolla un suceso: *El encuentro tuvo por escenario una cafetería.* **3.** Conjunto de cosas o circunstancias que rodean a una persona o suceso: *Ella se mueve en un escenario muy conocido.* SIN. **1.** Escena. **2.** Decorado. **3.** Marco, ambiente, círculo.

escenificar *v. tr.* **1.** Dar forma teatral a una obra literaria o a un asunto para poderlo representar. **2.** Poner en escena una obra teatral. ▪ Delante de *e* se escribe *qu* en lugar de *c*: *escenifique.* SIN. **1.** Teatralizar. **2.** Montar. FAM. Escenificable, escenificación. ESCENA.

escenografía (del gr. *skenografia*) *s. f.* **1.** Arte de realizar decorados para el teatro, el cine, la televisión, etc. **2.** Conjunto de decorados de una obra de teatro, cine, televisión, etc. **3.** En arte, conjunto de técnicas con que se logra la perspectiva. SIN. **3.** Delineación. FAM. Escenográficamente, escenográfico, escenógrafo. ESCENA.

escepticismo *s. m.* **1.** Doctrina filosófica que niega que el hombre esté capacitado para conocer la esencia de la realidad y para alcanzar verdades absolutas. **2.** P. ext., duda o desconfianza acerca de la verdad o eficacia de alguien o algo. SIN. **2.** Incredulidad. ANT. **2.** Fe, credulidad, confianza. FAM. Escéptico.

escéptico, ca (del lat. *scepticus* y éste del gr. *skeptikos*, de *skeptomai*, considerar) *adj.* **1.** Que muestra escepticismo: *Adoptó una actitud escéptica ante la explicación que le dimos.* También *s. m.* y *f.* **2.** Relacionado con el escepticismo o seguidor de esta doctrina filosófica: *filósofo escéptico.* También *s. m.* y *f.* SIN. **1.** Incrédulo, desconfiado, dudoso. ANT. **1.** Crédulo, confiado.

escifozoo *adj.* **1.** Se dice de un animal cnidario marino en el que domina la fase de medusa, caracterizada por su gran tamaño (hasta 2 m); muchas de sus especies carecen de la forma pólipo. También *s. m.* || *s. m. pl.* **2.** Clase de estos animales.

escindir (del lat. *scindere*) *v. tr.* Separar o dividir en dos o más partes. También *v. prnl.*: *La secta religiosa se escindió en dos ramas.* SIN. Cortar, partir(se), romper(se). **ANT.** Juntar(se), agrupar(se). **FAM.** Escindible, escisión, escisiparidad. / Abscisión, prescindir, rescindir.

escisión (del lat. *scissio, -onis*, cortadura) *s. f.* **1.** Separación, división: *la escisión de un grupo, del átomo, de una célula.* **2.** En cirugía, extirpación de un órgano o parte del mismo. **SIN. 1.** Partición, rompimiento, cisma. **2.** Ablación. **ANT. 1.** Unión, unificación.

escisiparidad *s. f.* Forma de reproducción asexual en la que el progenitor se divide en dos partes que dan lugar a dos nuevos individuos.

escita (del lat. *Scytha*) *adj.* De un pueblo nómada de origen iranio, asentado en la antigüedad al N del mar Negro, y que en el s. VI llegó a invadir Egipto. También *s. m.* y *f.*

esclarecer (del lat. *ex*, fuera, y *clarescere*, hacerse claro) *v. tr.* **1.** Poner en claro un asunto: *esclarecer un delito.* **2.** Dar fama o prestigio a alguien o algo: *esclarecer un apellido.* **3.** Iluminar. || *v. intr.* **4.** Amanecer. ■ Es v. irreg. Se conjuga como *agradecer.* **SIN. 1.** Aclarar, dilucidar, clarificar, solucionar. **2.** Ennoblecer, afamar, prestigiar. **4.** Alborear. **ANT. 1.** Embarullar, enredar. **1.** a **4.** Oscurecer. **2.** Empañar, desprestigiar, denigrar. **4.** Anochecer, atardecer. **FAM.** Esclarecedor, esclarecidamente, esclarecido, esclarecimiento. CLARO.

esclarecido, da 1. *p.* de **esclarecer**. || *adj.* **2.** Distinguido, ilustre: *un esclarecido científico.* **SIN. 2.** Insigne, preclaro, destacado, eminente. **ANT. 2.** Vulgar, mediocre.

esclava *s. f.* Pulsera de eslavones con una placa rectangular en el centro en la que se suele grabar el nombre.

esclavina *s. f.* **1.** Capa corta que cubre hasta la mitad de los hombros. **2.** Esta misma prenda como pieza sobrepuesta a otra.

esclavismo *s. m.* Modo de producción basado en la utilización de esclavos como mano de obra.

esclavista *adj.* Partidario de la esclavitud. También *s. m.* y *f.*

esclavitud (del lat. *sclavitudo*) *s. f.* **1.** Condición jurídica de la persona privada de libertad y derechos que pertenece a un dueño para el que trabaja. **2.** Fenómeno social basado en la existencia de esclavos. **3.** Dependencia excesiva respecto a una persona o cosa: *la esclavitud del trabajo.* **SIN. 3.** Sumisión, servidumbre, yugo.

esclavizar *v. tr.* **1.** Someter a esclavitud: *Los romanos esclavizaban a los prisioneros.* **2.** Tener fuertemente dominado a alguien. ■ Delante de *e* se escribe *c* en lugar de *z*: *esclavice.* **SIN. 2.** Oprimir, sojuzgar, dominar. **ANT. 1.** Manumitir. **1.** y **2.** Liberar, libertar. **2.** Emancipar.

esclavo, va (del bajo lat. *sclavus*, y éste del al. *slave*, eslavo, prisionero) *adj.* **1.** Que está sujeto a esclavitud. También *s. m.* y *f.* **2.** Sometido o dominado completamente por alguien o algo: *esclavo de la bebida.* **SIN. 1.** Siervo. **2.** Prisionero. **FAM.** Esclava, esclavina, esclavismo, esclavista, esclavitud, esclavizar.

esclerénquima (del gr. *skleros*, duro, y *parenkhyma*, sustancia de los órganos) *s. m.* Tejido de sostén de los vegetales, formado por células con membrana engrosada y lignificada que mueren al llegar a la fase adulta.

esclero- (del gr. *skleros*, duro) *pref.* Significa 'duro': *esclerosis, esclerótica.*

esclerófilo, la (del gr. *skleros*, duro, y *phyllon*, hoja) *adj.* Se dice de los vegetales bien adaptados a los climas secos.

esclerosis (del gr. *sklerosis*) *s. f.* **1.** Endurecimiento anormal de un tejido u órgano debido principalmente al excesivo desarrollo del tejido conjuntivo. **2.** P. ext., anquilosamiento. ■ No varía en *pl.* **SIN. 2.** Atrofia. **FAM.** Escleroso, esclerótica, esclerótico. / Arteriosclerosis.

esclerótica (del gr. *skleros*, duro) *s. f.* La más externa de las tres membranas que recubren el globo ocular. Es de consistencia dura y color blanco, excepto la zona central de su parte anterior, que es transparente y se llama córnea.

esclusa (del lat. *exclusa*, cerrada) *s. f.* Recinto de un canal, con compuertas que permiten aumentar o disminuir el nivel del agua para que los barcos puedan pasar de un tramo a otro de diferente altura.

-esco, ca *suf.* **1.** Forma adjetivos a los que añade el significado de 'propio' o 'característico': *caballeresco, juglaresco.* **2.** En femenino, forma nombres colectivos con valor despectivo: *soldadesca.*

escoba (del lat. *scopa*) *s. f.* **1.** Utensilio empleado para barrer que consiste en varias ramas flexibles o hilos de plástico sujetos al extremo de un palo. **2.** Arbusto de la familia papilonáceas, parecido a la retama, de hasta 2 m de altura, con tallos verdes y flores amarillas. **3.** Juego de naipes consistente en sumar quince puntos con una carta propia y otra u otras puestas sobre la mesa. **4.** Lance de este juego al sumar quince puntos y no quedar ninguna carta boca arriba en la mesa. || **LOC. no vender una escoba** *fam.* Darse mal una venta; p.ext., no tener éxito. **SIN. 1.** Cepillo, escobón. **FAM.** Escobada, escobajo, escobazo, escobero, escobilla, escobón.

escobada *s. f.* **1.** Cada movimiento que se hace con la escoba al barrer. **2.** Barrido rápido y ligero: *Dio una escobada al pasillo.*

escobajo (del lat. *scopus*) *s. m.* Racimo sin uvas.

escobén *s. m.* En un barco, cada uno de los agujeros en la proa que sirven para el paso de cables y cadenas.

escobero, ra *s. m.* y *f.* **1.** Persona que hace o vende escobas. || *s. m.* **2.** Armario o lugar donde se guardan las escobas. || *s. f.* **3.** Retama* común.

escobilla *s. f.* **1.** Escoba pequeña para diversos usos. **2.** Planta, especie de brezo del que se hacen escobas. **3.** En algunas máquinas, pieza que sirve para mantener el contacto eléctrico entre una parte fija y otra móvil. **FAM.** Escobillar, escobillón. ESCOBA.

escobillar *v. intr.* **1.** *Arg.*, *Chile* y *Urug.* En algunos bailes, hacer un movimiento rápido con los pies, rozando el suelo. || **escobillarse** *v. prnl.* **2.** Astillársele un pitón al toro.

escobillón *s. m.* **1.** Cepillo sujeto a un mango largo. **2.** Cilindro de cerdas sujeto a un palo para limpiar los cañones de las armas de fuego.

escobón *s. m.* **1.** Escoba grande: *un escobón de barrendero.* **2.** Escobillón*. **3.** Escoba de mango muy corto o sin mango.

escocer (del lat. *excoquere*) *v. intr.* **1.** Sentir en el cuerpo una sensación de picor doloroso, parecida a la de una quemadura. **2.** Causar algo esta sensación: *El alcohol escuece en las heridas.* **3.** Sentirse una persona ofendida o dolida por algo. También *v. prnl.*: *Se escoció porque no le invitaron a la fiesta.* || **escocerse** *v. prnl.* **4.** Irritarse una parte del cuerpo debido al roce de una prenda, al sudor, etc. ■ Delante de *a* se escribe *z* en lugar de *c*. Es v. irreg. Se conjuga como *mover.* **SIN. 1.** y **2.** Picar. **3.** Mosquearse, amoscarse, enfadarse, requemarse. **ANT. 3.** Alegrarse, complacerse. **FAM.** Escocedura, escozor. COCER.

escocés, sa *adj.* **1.** De Escocia. También *s. m.* y *f.* **2.** Se dice del dibujo formado por cuadros de distintos colores y de las telas que lo tienen. **3.** Se aplica a la falda semejante a la del traje típico de Escocia. || *s. m.* **4.** Dialecto céltico hablado en Escocia. **5.** Whisky escocés.

escocia (del lat. *scotia*, y éste del gr. *skotia*, de *skotos*, sombra) *s. f.* **1.** Moldura cóncava formada por dos arcos de desigual diámetro, más ancha por la parte inferior. **2.** Curvatura con que se cubre el ángulo de unión de una pared con el techo.

escoda *s. f.* Martillo con corte en ambos lados, que sirve para labrar piedras y picar paredes. **FAM.** Escodar.

escodar (del lat. *excutere*, romper a golpes) *v. tr.* Picar con la escoda.

escofina (del lat. vulg. *scoffina*, y éste del lat. *scobina*) *s. f.* Lima de dientes gruesos, usada para desbastar.

escogencia *s. f. Col.* y *Ven.* Elección.

escoger (del lat. *ex*, fuera, y *colligere*, coger) *v. tr.* Tomar una o más personas o cosas de entre otras: *escoger un vestido, una carrera.* ■ Delante de *a* y *o* se escribe *j* en lugar de *g*: *escoja.* **SIN.** Elegir, seleccionar, preferir. **FAM.** Escogencia, escogidamente, escogido. COGER.

escogido, da 1. *p.* de **escoger**. También *adj.* || *adj.* **2.** Selecto, notable: *Reunieron a un escogido grupo de escritores.* **SIN. 2.** Sobresaliente, brillante, destacado, eminente. **ANT. 2.** Vulgar, ordinario.

escogorciar *v. tr.* **1.** *fam.* Estropear, romper. También *v. prnl.* || **escogorciarse** *v. prnl.* **2.** *fam.* Reirse mucho.

escolanía *s. f.* Coro de niños, especialmente de algunas iglesias, monasterios, colegios, etc. **FAM.** Escolano. ESCUELA.

escolano *s. m.* Niño de una escolanía.

escolapio, pia *adj.* De las Escuelas Pías. También *s. m.* y *f.* **SIN.** Calasancio.

escolar (del lat. *scholaris*) *adj.* Relativo a la escuela o al estudiante: *material escolar.* También *s. m.* y *f.* **SIN.** Colegial, educando. **FAM.** Extraescolar, preescolar. ESCUELA.

escolaridad *s. f.* Tiempo durante el cual se asiste a la escuela o a un centro de enseñanza.

escolarización *s. f.* **1.** Acción de escolarizar. **2.** Porcentaje de niños en edad escolar obligatoria que asiste realmente a la escuela.

escolarizar *v. tr.* Proporcionar a una persona, grupo, lugar, etc., cualquier enseñanza incluida dentro del sistema educativo oficial. ■ Delante de *e* se escribe *c* en lugar de *z*: *escolarice.*

escolástica (del lat. *scholastica*) *s. f.* Conjunto de corrientes filosóficas que se originaron en la Europa medieval, caracterizadas por ser una síntesis de los dogmas de la Iglesia católica y de la filosofía griega, principalmente la de origen aristotélico. ■ Se dice también *escolasticismo.* **FAM.** Escolásticamente, escolasticismo, escolástico. / Neoescolástica, neoescolasticismo. ESCUELA.

escolasticismo *s. m.* Escolástica*.

escolio (del lat. *scholium*, y éste del gr. *skholion*, comentario) *s. m.* Nota explicativa en un texto.

escoliosis (del gr. *skolios*, tortuoso) *s. f.* Desviación lateral de la columna vertebral. ■ No varía en *pl.*

escollera *s. f.* Obra hecha con grandes piedras, bloques de cemento, etc., que sirve de protección contra la acción del mar. **SIN.** Dique.

escollo (del ital. *scoglio*) *s. m.* **1.** Roca poco visible o situada en la superficie del agua. **2.** Obstáculo: *Superó el escollo del examen.* **SIN. 1.** Arrecife, bajo, bajío, rompiente. **2.** Dificultad, problema. **FAM.** Escollera.

escolopendra (del lat. *scolopendra*, y éste del gr. *skolopendra*) *s. f.* Animal artrópodo de unos 10 cm de longitud, cuerpo aplanado y dividido en segmentos, y 21 pares de patas. De color amarillento, posee dos uñas capaces de inocular veneno.

escolta (del ital. *scorta*, de *scorgere*, guiar) *s. f.* **1.** Acción de escoltar. **2.** Conjunto de personas destinadas a proteger a alguien o algo. **3.** Acompañamiento en señal de honra y respeto. || *s. m.* y *f.* **4.** Persona que acompaña a alguien o algo para protegerlo: *El juez viajaba con un escolta.* **5.** En baloncesto, jugador que acompaña al base y desempeña también funciones de alero. **SIN. 1.** Custodia, protección, vigilancia. **3.** Cohorte, corte. **4.** Guardaespaldas.

escoltar (del ital. *scortare*, de *scorta*, escolta) *v. tr.* **1.** Acompañar a alguien o algo dándole protección. **2.** Acompañar a personajes en señal de honra o respeto: *Muchos nobles escoltaban a Carlos I cuando llegó a España.* **SIN. 1.** Custodiar, vigilar, proteger. **FAM.** Escolta.

escombrar (del lat. *excomborare*, y éste del celta *comboros*) *v. tr.* **1.** Quitar escombros de un lugar: *escombrar un solar.* **2.** Limpiar algo de desperdicios, basuras, etc. ■ Se dice también *desescombrar.* **FAM.** Descombrar, desescombrar. ESCOMBRO.

escombrera *s. f.* Conjunto de escombros y lugar en que se tiran.

escómbrido *adj.* **1.** Se dice del pez de la familia escómbridos. También *s. m.* || *s. m. pl.* **2.** Familia de peces de cuerpo fusiforme, hocico puntiagudo y aletas dorsales separadas, a la que pertenecen la caballa, el bonito y el atún.

escombro *s. m.* Conjunto de cascotes y demás desechos de una obra de albañilería, derribo, etc. Se usa sobre todo en *pl.* **FAM.** Escombrar, escombrera. / Desescombrar.

esconder (del lat. *abscondere*) *v. tr.* **1.** Poner a una persona o cosa en lugar donde sea difícil encontrarla: *Escondió el dinero.* También *v. prnl.* **2.** Ocultar una cosa a otra: *El cuadro escondía una mancha.* **3.** Guardar en el interior, ocultar: *El mar esconde muchos tesoros.* **SIN. 1.** Encubrir. **2.** Tapar. **3.** Encerrar. **ANT. 1.** a **3.** Enseñar, mostrar, exhibir. **FAM.** Escondidamente, escondidizo, escondido, escondimiento, escondite, escondrijo.

escondidas, a *loc. adv.* Sin ser visto: *Le dio el dinero a escondidas.*

escondido, da 1. *p.* de **esconder**. También *adj.* || *adj.* **2.** Se dice del lugar situado fuera o lejos de los sitios frecuentados: *un pueblo escondido.* || *s. f. pl.* **3.** *Amér.* Juego del escondite. También *s. m. pl.* **SIN. 1.** Oculto, encubierto, tapado, disimulado, secreto, velado. **2.** Retirado, apartado, recóndito.

escondite *s. m.* **1.** Escondrijo*. **2.** Juego de niños que consiste en encontrar al jugador o jugadores que se han escondido.

escondrijo *s. m.* Lugar apropiado para esconderse, esconder alguna cosa o donde hay algo escondido: *Descubrieron el escondrijo de las joyas.* **SIN.** Escondite, refugio.

escoñar *v. tr.* **1.** *vulg.* Romper o estropear algo: *escoñarse la excursión.* También *v. prnl.* || **escoñarse** *v. prnl.* **2.** *vulg.* Lesionarse, accidentarse: *Se escoñó de una caída.* **SIN. 1.** Jorobar(se), escachifollar(se), changar(se), averiar(se), malograr(se). **2.** Lastimarse.

escopeta (del ital. *schioppetto*) *s. f.* **1.** Arma de fuego portátil, con los mecanismos para cargarla y descargarla y uno o dos cañones, montado todo ello sobre una caja o pieza de madera. || **2. escopeta recortada** Aquella a la que se han aserrado los cañones, lo que aumenta la dispersión de su fuego. FAM. Escopetado, escopetazo, escopetear, escopetero.

escopetado, da *adj. fam.* Rápido, muy deprisa: *Salieron escopetados de clase.*

escopetazo *s. m.* **1.** Disparo hecho con una escopeta. **2.** Ruido producido por el mismo: *Oyeron varios escopetazos.* **3.** Daño o herida producidos por este disparo. **4.** Noticia o hecho desagradable o imprevisto: *El diagnóstico del médico fue un escopetazo.* SIN. **1.** Tiro.

escopetero *s. m.* **1.** Soldado armado de escopeta. **2.** Insecto coleóptero del tipo de los escarabajos, de cuerpo rojizo y élitros azules, que al ser molestado lanza una sustancia por el ano, produciendo una pequeña detonación.

escopladura o **escopleadura** *s. f.* Corte o agujero hecho con un escoplo.

escoplo (del lat. *scalprum*) *s. m.* **1.** Herramienta de carpintero o escultor, formada por una barra de hierro con boca en bisel y mango de madera que se golpea con un mazo y sirve para tallar o modelar. **2.** Herramienta de cantería, especie de punzón grueso con mango también de hierro. **3.** En cirugía, instrumento de acero, parecido al cincel, utilizado en las operaciones de huesos. SIN. **1.** Formón, gubia. FAM. Escopladura, escopleadura.

escora (del fr. ant. *escore*, y éste probablemente del neerl. *schoor*) *s. f.* **1.** Inclinación de un buque. **2.** Cada uno de los puntales que sostienen los costados de un buque en construcción o reparación. FAM. Escoraje, escorar.

escorar *v. tr.* **1.** Afirmar, sostener un barco con escoras o puntales: *Escoraron el buque para reparar el casco.* || *v. intr.* **2.** Inclinarse un barco por la acción del viento o por otras causas. También *v. prnl.*: *El barco se escoró por el oleaje.* **3.** Llegar la marea a su nivel más bajo. || **escorarse** *v. prnl.* **4.** Desviarse o inclinarse a uno u otro lado o tendencia: *El futbolista se escoró a la derecha. Ese político se escora hacia la izquierda.*

escorbuto (del lat. medieval *scorbutus*, y éste del ruso *scrobota*) *s. m.* Enfermedad producida por deficiencia de vitamina C; se manifiesta por anemia, daños en la piel, debilidad, encías sangrantes, etc. FAM. Escorbútico.

escorchar *v. tr. Arg.* y *Urug.* Molestar, fastidiar.

escoria (del lat. *scoria*) *s. f.* **1.** Sustancia que flota en el crisol de los hornos de fundir metales, formada por las impurezas. **2.** Materia que salta del hierro al rojo al ser martilleado. **3.** Residuo esponjoso que queda después de la combustión del carbón: *las escorias de la máquina de vapor.* **4.** Lava esponjosa de los volcanes. **5.** Persona o cosa despreciable, lo peor o más indigno: *Aquella panda era la escoria del barrio.* SIN. **5.** Hez, basura, desecho. FAM. Escorial.

escoriación *s. f.* Excoriación*.

escoriar *v. tr.* Excoriar*. FAM. Escoriación. EXCORIAR.

escornar *v. tr.* Descornar*.

escorpena o **escorpina** (del lat. *scorpaena*, y éste del gr. *skorpaina*) *s. f.* Pez osteictio de hasta 50 cm de longitud y color rojizo con puntos oscuros, que tiene unas protuberancias en la cabeza y espinas urticantes. Habita las costas del Mediterráneo y del Atlántico y es comestible. Se llama también *cabracho* y *raño*.

Escorpio (del lat. *scorpio, -onis*) *n. p.* **1.** Constelación zodiacal situada en las proximidades de la Vía Láctea, entre Libra y Sagitario. **2.** Octavo signo del Zodiaco que el Sol recorre aparentemente del 23 de octubre al 22 de noviembre. || **escorpio** *s. m.* y *f.* **3.** Persona nacida bajo este signo. ▪ No varía en pl. Se usa mucho en aposición: *los varones escorpio.* SIN. **1.** a **3.** Escorpión.

escorpión (del lat. *scorpio, -onis*) *s. m.* **1.** Artrópodo arácnido con la parte anterior del abdomen unida al cefalotórax, mientras que la posterior se estrecha en forma de cola y acaba en un aguijón con glándula venenosa; tiene cuatro pares de patas y pedipalpos acabados en pinzas con los que atrapa a sus presas. || *s. m. pl.* **2.** Orden de artrópodos formado por dichos arácnidos. || **Escorpión** *n. p.* **3.** Escorpio*, constelación y signo zodiacal. || *s. m.* y *f.* **4.** Persona nacida bajo el signo Escorpio*. SIN. **1.** Alacrán. FAM. Escorpio.

escorrentía *s. f.* **1.** Corriente de agua que forma la lluvia sobre un terreno. **2.** Erosión producida por el agua a lo largo de una pendiente pronunciada: *las escorrentías del monte.* **3.** Salida de aguas sobrantes embalsadas o canalizadas. SIN. **3.** Desagüe, aliviadero.

escorzar *v. tr.* Realizar un dibujo o pintura en escorzo. ▪ Delante de *e* se escribe *c* en lugar de *z*: *escorce.*

escorzo (del ital. *scorciare*, acortar) *s. m.* **1.** Tipo de perspectiva utilizada en arte para representar objetos o figuras situados oblicua o perpendicularmente al plano del lienzo o de la pared. **2.** Posición de una figura cuando una parte de ella está vuelta con un giro respecto al resto. **3.** Figura o parte de figura así representada: *Pintó un atrevido escorzo.* FAM. Escorzar.

escotado, da 1. *p.* de **escotar**. || *adj.* **2.** Que tiene mucho escote: *un vestido escotado.*

escotadura *s. f.* **1.** Escote de una prenda de vestir. **2.** Abertura grande en el suelo del escenario para las tramoyas. **3.** Entrante en el borde de una cosa por faltar o haber quitado un trozo. SIN. **2.** Escotillón. **3.** Muesca, hendidura.

escotar *v. tr.* **1.** Hacer el escote en una prenda de vestir: *escotar un vestido.* || **escotarse** *v. prnl.* **2.** Abrirse o desabrocharse el escote. ▪ Se dice también *descotar.* SIN. **2.** Despechugarse.

escote[1] (del gót. *skaut*, orilla) *s. m.* **1.** Abertura alrededor del cuello de una prenda de vestir, que deja al descubierto la garganta y, a veces, parte del pecho y de la espalda. **2.** Parte del busto que queda al descubierto por esta abertura: *Tenía el escote cubierto de pecas.* ▪ Se dice también *descote.* SIN. **1.** Escotadura. FAM. Escotado, escotadura, escotar[1]. / Descote.

escote[2] (del germ. *skot*, tributo) *s. m.* Parte que paga cada uno de un gasto hecho en común por varias personas. || LOC. **a escote** *adv.* Pagando cada uno la parte que le corresponde en un gasto común. SIN. Derrama, cuota, prorrata. FAM. Escotar[2].

escotilla (del ant. ingl. *scottelle*, *scuttle*) *s. f.* **1.** Cada una de las aberturas que hay en las cubiertas de un barco para pasar a los compartimientos interiores y para ventilarlos: *Cerró la escotilla de proa.* **2.** En un carro de combate, trampilla para acceder a su interior. FAM. Escotillón.

escotillón *s. m.* **1.** Puerta o trampilla en el suelo. **2.** Trozo del piso de un escenario que puede bajarse o subirse para que personas o cosas salgan a escena o desaparezcan: *En la obra, el diablo se hunde por el escotillón.* || LOC. **aparecer** (o **desaparecer**) **por** (o **como por**) **escotillón** *fam.* Aparecer o desaparecer una persona o cosa repentinamente, sin saberse cómo lo ha hecho. SIN. **1.** Trampa.

escozor (de *escocer*) *s. m.* **1.** Sensación de picor doloroso, como la producida por una quemadura, aunque menos intensa: *Noto escozor en los ojos.* **2.** Resentimiento causado por una pena, disgusto, etc.: *Aún siente el escozor de sus insultos.* SIN. **1.** Desazón, quemazón, picazón. **2.** Dolor, resquemor.

escrachar (del ingl. *to scratch*) *v. tr.* **1.** *Arg.* y *Urug. fam.* Romper, estropear. **2.** *Arg.* y *Urug. fam.* Golpear mucho a una persona, dar una paliza.

escriba (del lat. *scriba*) *s. m.* **1.** Entre los hebreos, doctor o intérprete de la ley. **2.** En algunos pueblos de la antigüedad, en especial entre los egipcios, escribano o secretario.

escribanía *s. f.* **1.** Juego compuesto de tintero, pluma, secante y otras piezas, colocado en una bandeja, platillo o pie: *Le regalaron una escribanía de plata.* **2.** Oficio del escribano. **3.** Despacho u oficina del escribano.

escribano, na (del lat. *scriba*) *s. m.* y *f.* **1.** Escribiente, persona que copia o escribe a mano. **2.** *Amér.* Notario. || *s. m.* **3.** Antiguamente, funcionario público que tenía autorización para dar fe de los documentos y de ciertos hechos que pasaban ante él. **4.** Nombre común de diversas aves paseriformes de pequeño tamaño, pico corto y fundamentalmente granívoras. SIN. **1.** Amanuense, copista. FAM. Escriba, escribanía. ESCRIBIR.

escribido, da *adj. fam.* Se usa en la locución **leído y escribido**, con que se califica humorísticamente a la persona de cierta cultura.

escribiente (del lat. *scribens, -entis*) *s. m.* y *f.* Empleado de oficina que escribe a mano o copia lo que le mandan. SIN. Amanuense, copista, chupatintas.

escribir (del lat. *scribere*) *v. tr.* **1.** Representar un lenguaje mediante letras o cualquier otro tipo de signos trazados sobre una superficie: *Escribió los nombres en la pizarra.* También *v. intr.*: *Escribe a máquina.* **2.** Trazar sobre el pentagrama las notas y signos musicales: *Está aprendiendo a escribir música.* **3.** Comunicar a alguien algo por escrito. También *v. prnl.*: *Nos escribiremos todos los años.* **4.** Componer obras como libros, discursos, partituras musicales, etc.: *escribir una novela.* También *v. intr.* y *v. prnl.* con valor expresivo: *Ese periodista hace tiempo que no escribe.* || *v. intr.* **5.** Funcionar o hacer los trazos un bolígrafo, pluma, etc.: *Este rotulador escribe muy grueso.* ■ Su p. es irreg.: *escrito.* SIN. **1.** Caligrafiar, mecanografiar, copiar, garrapatear. **3.** Cartearse. **4.** Redactar. **5.** Pintar. FAM. Escribano, escribido, escribiente, escrito, escritor, escritorio, escritura. / Adscribir, circunscribir, conscripción, describir, inscribir, prescribir, proscribir, reescribir, suscribir, transcribir.

escrito, ta (del lat. *scriptus*) **1.** *p.* irreg. de **escribir**. También *adj.*: *un papel escrito.* || *adj.* **2.** Que tiene manchas o rayas que recuerdan a la escritura: *un melón escrito.* || *s. m.* **3.** Aquello que se ha escrito, particularmente un documento, una carta, etc., ya sea manuscrito, mecanografiado o impreso: *Leyó el escrito del testamento.* **4.** Obra o composición científica o literaria: *Su cultura se refleja en sus escritos.* **5.** Petición o alegato en un pleito o causa. || LOC. **estar escrito** Estar así dispuesto por el destino: *Su triunfo estaba escrito.* **por escrito** *adv.* Escribiendo aquello de que se trata: *Haga la petición por escrito.* SIN. **3.** Comunicación, mensaje, manifiesto, apunte. **4.** Libro, texto, publicación. FAM. Manuscrito. ESCRIBIR.

escritor, ra (del lat. *scriptor, -oris*) *s. m.* y *f.* Persona que escribe obras de creación, ya sean literarias, científicas, etc.: *los escritores del Siglo de Oro español.* SIN. Autor, publicista. FAM. Escritorzuelo. ESCRIBIR.

escritorio (del lat. *scriptorium*) *s. m.* **1.** Mueble para escribir y guardar papeles, provisto de cajoncitos y otras divisiones, que se cierra mediante una tapa o una pequeña persiana. **2.** Mueble pequeño semejante al anterior, generalmente más adornado, para guardar joyas. **3.** Mesa destinada para escribir sobre ella. **4.** Despacho, oficina: *un escritorio de notario, artículos de escritorio.* SIN. **1.** Buró. **2.** Gaveta. **3.** Pupitre. **4.** Bufete, estudio.

escritura (del lat. *scriptura*) *s. f.* **1.** Representación gráfica por medio de signos o símbolos convencionales del lenguaje y otros sistemas, p. ej., el musical. **2.** Manera de escribir: *Tiene una escritura muy clara.* **3.** Documento, carta o cualquier cosa escrita. **4.** Documento en el que queda reflejada una obligación o acuerdo y se firma por los interesados. **5.** La Biblia*. Se usa más en *pl.* ■ En esta acepción se escribe con mayúscula: *Aseguran las Escrituras...* Se dice también *Sagradas Escrituras* o *Sagrada Escritura.* SIN. **1.** Grafía, ideografía, pictografía, criptografía. **2.** Caligrafía. **3.** Escrito. FAM. Escriturar, escriturario. ESCRIBIR.

escriturar *v. tr.* **1.** Dar forma legal a un contrato o acto semejante mediante escritura pública. **2.** Contratar a un artista de teatro, a un torero, etc. SIN. **1.** Legalizar, formalizar. ANT. **2.** Rescindir.

escriturario, ria *adj.* **1.** Que consta por escritura pública o relativo a ella: *un derecho escriturario.* || *s. m.* y *f.* **2.** Persona especializada en las Sagradas Escrituras.

escrófula (del lat. *scrofulae*, paperas) *s. f.* Tuberculosis de los ganglios linfáticos del cuello, que se inflaman y forman un absceso. ■ Se dice también *escrofulismo* o *escrofulosis.* FAM. Escrofuloso.

escroto (del lat. *scrotum*) *s. m.* Bolsa de piel que contiene las gónadas masculinas o testículos. SIN. Saco.

escrúpulo (del lat. *scrupulum*, de *scrupus*, piedra) *s. m.* **1.** Duda o temor que tiene una persona sobre si una acción es buena, moral o justa: *Después de hacerlo, le entraron escrúpulos.* **2.** En frases negativas, moral, conciencia: *un político sin escrúpulos.* **3.** Aprensión o repugnancia a tomar o usar algo por temor a la suciedad, al contagio, etc.: *Tiene escrúpulo de usar la toalla del hotel.* **4.** Escrupulosidad: *Ha cumplido con escrúpulo el encargo.* SIN. **1.** Recelo, reparo, reconcomio. **2.** Honradez, honestidad, ética. **3.** Asco, melindre. ANT. **1.** Seguridad. **2.** Desvergüenza, inmoralidad. FAM. Escrupulosamente, escrupulosidad, escrupuloso.

escrupulosidad (del lat. *scrupulositas, -atis*) *s. f.* Exactitud y cuidado en lo que uno hace o tiene a su cargo y en el cumplimiento de obligaciones y deberes. SIN. Esmero, precisión, pulcritud, celo. ANT. Descuido, negligencia.

escrupuloso, sa (del lat. *scrupulosus*) *adj.* **1.** Inclinado a sentir escrúpulo, aprensión o repugnancia. **2.** Propenso a tener escrúpulos o dudas de conciencia: *una conducta escrupulosa.* **3.** Cumplidor en el trabajo y en el deber: *un empleado escrupuloso.* **4.** Cuidadoso y detallado: *un trabajo escrupuloso.* SIN. **1.** Aprensivo, melindroso. **2.** Mirado. **3.** Íntegro, cabal. **3.** y **4.** Concienzudo. **4.** Minucioso. **ANT. 3.** Negligente. **3.** y **4.** Descuidado.

escrutar (del lat. *scrutare*) *v. tr.* **1.** Examinar una cosa cuidadosamente, con mucha atención: *escrutar el panorama.* **2.** Contar los votos en unas elecciones, los boletos en unas apuestas, etc. **SIN. 1.** Explorar, escudriñar, indagar, investigar. **2.** Computar. **FAM.** Escrutador, escrutinio. / Escudriñar, inescrutable.

escrutinio (del lat. *scrutinium*) *s. m.* **1.** Recuento de los votos en unas elecciones, de los boletos en las apuestas, etc.: *Ya han terminado el escrutinio de las quinielas.* **2.** Examen atento y minucioso de algo. **SIN. 2.** Indagación, investigación, exploración.

escuadra *s. f.* **1.** Instrumento de dibujo, en forma de triángulo rectángulo, que sirve para trazar ángulos rectos, líneas perpendiculares y, con el auxilio de una regla, paralelas. **2.** Pieza con dos ramas en ángulo recto con que se aseguran las uniones en ángulo de cualquier estructura: *Reforzó con escuadras de hierro las patas de la mesa.* **3.** En dep. como el fútbol o el balonmano, cada uno de los dos ángulos superiores de una portería. **4.** Conjunto de buques de guerra a las órdenes de un almirante. **5.** Número reducido de soldados a las órdenes de un cabo. **6.** Cargo de cabo al mando de esa unidad. **7.** Grupo de obreros manuales que hace un trabajo, generalmente al aire libre. || **LOC. a (o en) escuadra** *adv.* En ángulo recto: *cortar una pieza a escuadra.* **SIN. 5.** Patrulla. **7.** Cuadrilla. **FAM.** Escuadrar, escuadrilla, escuadrón. CUADRO.

escuadrar (del lat. *exquadrare*, de *quadrum*) *v. tr.* Hacer que las caras planas de un objeto formen entre sí ángulos rectos: *escuadrar un madero.*

escuadría *s. f.* Las dos dimensiones (ancho y alto) de la sección transversal de un madero cortado a escuadra.

escuadrilla *s. f.* **1.** Escuadra o conjunto de buques de pequeño tamaño: *una escuadrilla de lanchas rápidas.* **2.** Conjunto de aviones que realizan un mismo vuelo dirigidos por un jefe: *una escuadrilla de bombarderos.* **SIN. 1.** Flotilla.

escuadrón (de *escuadra*) *s. m.* **1.** Unidad de caballería mandada por un capitán. **2.** Unidad operativa del arma de aviación equivalente en importancia al batallón.

escuálido, da (del lat. *squalidus*) *adj.* Flaco, raquítico: *un hombre escuálido, una planta escuálida.* **SIN.** Delgado, enclenque, esmirriado, escuchimizado, esquelético. **ANT.** Gordo, rollizo. **FAM.** Escualidez, escualo.

escualiforme (del lat. *squalus*, y *-forme*) *adj.* **1.** Se dice de los peces que tienen el cuerpo fusiforme, dos aletas pectorales y dos dorsales, 5 pares de hendiduras branquiales y boca muy grande, situada en la parte inferior de la cabeza, como los tiburones. También *s. m.* || *s. m. pl.* **2.** Orden de estos peces.

escualo (del lat. *squalus*) *s. m.* Nombre común que reciben diversas especies de peces elasmobranquios, algunas de ellas muy voraces y peligrosas para el hombre. Vulgarmente se les aplica el nombre genérico de tiburón. **FAM.** Escualiforme. ESCUÁLIDO.

escucha *s. f.* **1.** Acción de escuchar. **2.** Acción de escuchar y registrar las conversaciones privadas de una persona sin que ésta lo advierta: *escucha telefónica.* || *s. m.* **3.** Centinela que se acerca por la noche a las líneas enemigas y observa sus movimientos. || **LOC. a la escucha** *adv.* Atento, dispuesto para oír algo. **SIN. 1.** Audición. **FAM.** Radioescucha. ESCUCHAR.

escuchar (del lat. *auscultare*) *v. tr.* **1.** Prestar atención a lo que se oye: *escuchar un concierto.* **2.** Dejarse influir por las palabras o consejos de otra persona: *Escuchó su recomendación.* || *v. intr.* **3.** Aplicar el oído para oír: *Se puso a escuchar.* || **escucharse** *v. prnl.* **4.** Mostrar satisfacción de uno mismo al hablar, por lo que se dice o por la manera de decirlo: *Disfruta escuchándose.* **SIN. 1.** a **3.** Atender. **FAM.** Escucha.

escuchimizado, da *adj.* Muy flaco y de aspecto enfermizo: *un gato mustio y escuchimizado.* **SIN.** Raquítico, escuálido, esmirriado, canijo, debilucho. **ANT.** Gordo, fuerte.

escudar *v. tr.* **1.** Defender a una persona de un peligro o amenaza. También *v. prnl.*: *Se escuda de las broncas en su hermano.* **2.** Proteger con el escudo. También *v. prnl.* || **escudarse** *v. prnl.* **3.** Valerse de algo, utilizándolo como pretexto, para hacer o dejar de hacer lo que se expresa: *Se escuda en sus ocupaciones para no asistir.* **SIN. 1.** Amparar(se), resguardar(se), preservar. **1.** y **2.** Cubrir(se). **3.** Parapetarse, refugiarse, excusarse, servirse. **ANT. 1.** y **2.** Desproteger, descubrir. **FAM.** Escudado. ESCUDO.

escudella (cat.) *s. f.* Guiso típico catalán compuesto de alubias, patata, verdura, fideos gordos, arroz y otros ingredientes.

escudería (de *escudo*) *s. f.* **1.** Equipo de competición de coches o motos de carreras con pilotos profesionales: *La escudería está patrocinada por una prestigiosa marca.* **2.** Oficio de escudero.

escudero (del lat. *scutarius*) *s. m.* **1.** Paje que acompañaba a un caballero para llevarle las armas y servirle: *Sancho fue escudero de don Quijote.* **2.** Criado que servía a un señor y le asistía en ciertas cosas. **3.** Fabricante de escudos.

escudilla (del lat. *scutella*) *s. f.* Vasija pequeña en forma de media esfera en la que se suele servir el caldo y la sopa. **SIN.** Cuenco, bol.

escudo (del lat. *scutum*) *s. m.* **1.** Arma defensiva formada por una lámina de metal, madera, cuero, etc., y sostenida por la mano y el brazo. **2.** Superficie o espacio de distintas formas con el emblema o armas de una nación, ciudad, familia noble, entidad, etc.: *un escudo de piedra sobre la puerta.* **3.** Insignia en forma de escudo: *el escudo de un equipo de fútbol.* **4.** Defensa, protección: *El dique es un escudo contra los embates del mar.* **5.** Unidad monetaria de Portugal (hasta el año 2002, en que fue sustituida por el euro) y Cabo Verde. **6.** Moneda antigua de oro y plata. **7.** Planchita de metal que rodea el ojo de la cerradura y, a veces, se utiliza para guía de la llave. **8.** En geol., gran plataforma continental formada por rocas consolidadas. || **9. escudo de armas** Emblema en el que figuran los símbolos o blasones nobiliarios de un país, familia, etc. **SIN. 1.** Adarga, broquel, brazal, pavés. **2.** Blasón. **3.** Distintivo. **4.** Amparo, resguardo, salvaguardia. **FAM.** Escudar, escudería, escuderil, escudero.

escudriñar (del ant. *escrudiñar*, y éste del lat. vulg. *scrutinare*) *v. tr.* Investigar, examinar con atención: *Escudriñó su vida pasada. Escudriñaba el cielo en busca de pájaros.* **SIN.** Escrutar, avizorar. **FAM.** Escudriñable, escudriñador, escudriñamiento. ESCRUTAR.

escuela (del lat. *schola*, y éste del gr. *skhole*) *s. f.* **1.** Lugar o edificio donde se educa, y, especialmente, el que imparte la enseñanza primaria. **2.** Establecimiento donde se dan otros tipos de enseñanza: *escuela de ingenieros.* **3.** Enseñanza o conocimientos que se dan o aprenden: *Es un buen actor, pero le falta algo de escuela.* **4.** Conjunto de profesores y alumnos de una misma enseñanza, establecimiento, etc. **5.** Método, estilo, doctrina o sistema de cada profesor, maestro o autor. **6.** Lo que de alguna manera sirve de ejemplo y experiencia: *la escuela de la vida.* **7.** Conjunto de seguidores o discípulos de una doctrina, estilo, arte, maestro, y también sus obras: *los pintores de la escuela flamenca.* **8.** Conjunto de caracteres comunes que en arte o literatura distingue de las demás las obras de una época, región, movimiento, grupo, etc.: *la escuela romántica.* SIN. **1.** Colegio. **2.** Academia, liceo, instituto. **3.** Estudio, saber. **8.** Tendencia, corriente. FAM. Escolanía, escolar, escolaridad, escolarización, escolarizar, escolástica, escuelante, escuelero. / Autoescuela.

escuelante *s. m.* y *f.* **1.** *Col., Méx.* y *Ven.* Colegial, alumno de una escuela. **2.** *Méx.* Maestro de escuela.

escuelero, ra *s. m.* y *f.* **1.** *Amér.* Maestro de escuela. **2.** *Amér.* Colegial.

escuerzo (del lat. *scorteus*, de piel arrugada) *s. m.* **1.** Sapo. **2.** *fam.* Persona flaca y esmirriada.

escueto, ta *adj.* **1.** Aplicado al lenguaje, breve, sin palabras no necesarias: *una respuesta escueta.* **2.** Aplicado a obras de arte, sin adornos innecesarios: *una fachada escueta.* SIN. **1.** Conciso, preciso, lacónico, sucinto. **2.** Desnudo, sencillo, sobrio. ANT. **1.** Largo, prolijo. **2.** Adornado, recargado. FAM. Escuetamente.

escuincle (del náhuatl *izcuintli*) *s. m. Méx.* Niño, muchacho.

esculpir (del lat. *sculpere*) *v. tr.* Cincelar, labrar a mano: *esculpir una estatua.* SIN. Tallar.

escultismo (del ingl. *scouting*, exploración) *s. m.* Movimiento juvenil internacional, cuyo objetivo es mejorar la formación de los jóvenes de ambos sexos, mediante la vida comunitaria al aire libre y el servicio a los demás; sus miembros se denominan *boy scouts* (niños exploradores). ▪ Se dice también *escutismo*.

escultor, ra (del lat. *sculptor, -oris*) *s. m.* y *f.* Artista que hace esculturas. SIN. Imaginero, tallista, grabador, cincelador.

escultura (del lat. *sculptura*) *s. f.* **1.** Arte de representar objetos o figuras de bulto con un material cualquiera, como barro, yeso, madera, piedra, bronce, plástico, etc. **2.** Obra hecha con este arte: *una exposición de esculturas.* SIN. **1.** Estatuaria, imaginería, modelado. **2.** Estatua, talla, imagen, figura. FAM. Escultor, escultórico, escultural. / Esculpir, lipoescultura.

escultural *adj.* **1.** Relativo a la escultura. **2.** Que es semejante a la escultura por su belleza y perfección: *un cuerpo escultural.* SIN. **2.** Bello, hermoso.

escupidera *s. f.* **1.** Recipiente para escupir en él. **2.** Orinal*. SIN. **1.** Salivadera.

escupidor, ra *adj.* **1.** Que escupe frecuentemente. También *s. m.* y *f.* ‖ *s. m.* **2.** *Amér.* Escupidera*. **3.** *Col.* Estera pequeña de esparto. **4.** *Méx.* Cohete que despide luces de colores.

escupir (del lat. *ex* y *conspuere*) *v. intr.* **1.** Arrojar saliva por la boca. ‖ *v. tr.* **2.** Echar de la boca alguna cosa: *escupir un chicle.* **3.** Lanzar violentamente una cosa otra de su interior: *El volcán escupe lava y fuego.* **4.** Despedir un cuerpo a la superficie algo que estaba mezclado o unido con él: *Los muros escupen humedad.* **5.** Rechazar un cuerpo una sustancia: *Esta tela escupe el agua.* **6.** *fam.* Contar uno lo que sabe sobre algo: *Escupió los nombres de sus cómplices en el atraco.* SIN. **1.** Expectorar, esputar, gargajear. **2.** y **3.** Expulsar, expeler. **5.** Repeler. **6.** Confesar, declarar, cantar. ANT. **1.** y **2.** Tragar. **3.** Retener. **4.** y **5.** Absorber. **6.** Callar. FAM. Escupidera, escupidor, escupidura, escupitajo, escupitinajo.

escupitajo o **escupitinajo** *s. m. fam.* Esputo*. ▪ Se dice también *escupidura* o *escupitinajo.* SIN. Gargajo, salivazo.

escurialense *adj.* **1.** Del monasterio de El Escorial. **2.** Del pueblo de El Escorial. También *s. m.* y *f.*

escurreplatos *s. m.* Utensilio de cocina en el que se colocan verticalmente los platos fregados para que escurran. ▪ No varía en *pl.* SIN. Escurridero, escurridor, escurridora.

escurridizo, za *adj.* **1.** Que se escurre o desliza fácilmente: *escurridizo como el jabón.* **2.** Que hace escurrirse o deslizarse: *suelo escurridizo.* **3.** Que se escabulle o escapa fácilmente: *No consiguieron atrapar al ladrón, era muy escurridizo.* SIN. **1.** y **2.** Resbaladizo.

escurrido, da 1. *p.* de **escurrir**. También *adj.* ‖ *adj.* **2.** Delgado, sin formas: *una mujer escurrida de caderas.* ‖ *s. m.* **3.** Acción de escurrir o escurrirse. SIN. **2.** Estrecho. **3.** Escurrimiento.

escurridor *s. m.* **1.** Escurreplatos*. **2.** Colador de agujeros grandes para que escurran las verduras u otros alimentos. ▪ Se dice también *escurridora.*

escurridora *s. f.* Escurridor*.

escurriduras *s. f. pl.* **1.** Últimas gotas o restos de algo. **2.** *fam.* Lo último y menos valioso que queda de alguna cosa: *las escurriduras del banquete.* SIN. **1.** Residuos. **1.** y **2.** Sobras.

escurrir (del lat. *excurrere*) *v. tr.* **1.** Hacer que una cosa mojada o que contiene líquido lo suelte: *escurrir la colada.* **2.** Verter las últimas gotas de un líquido: *Escurrió el vino de la botella.* ‖ *v. intr.* **3.** Soltar una cosa el líquido que la moja o empapa: *Deja que la fuente escurra en el fregadero.* **4.** Caer deslizándose gota a gota un líquido: *El agua escurre al suelo desde la pila.* También *v. prnl.* **5.** Resbalar, deslizar: *Este suelo escurre demasiado.* También *v. prnl.*: *Se escurrió entre las manos.* ‖ **escurrirse** *v. prnl.* **6.** Escabullirse, escapar: *El perseguido se escurrió entre la multitud.* **7.** Decir o hacer uno más de lo que debe o de lo que conviene decir o hacer: *Se escurrió y soltó una inconveniencia.* SIN. **1.** Secar. **2.** Apurar. **3.** Rezumar. **4.** Gotear, chorrear. **6.** Esfumarse. **7.** Pasarse, excederse. FAM. Escurreplatos, escurridero, escurridizo, escurrido, escurridor, escurridora, escurriduras, escurrimiento.

escusado, da *adj.* **1.** Separado del uso común: *un lugar escusado.* **2.** Oculto, disimulado: *una puerta escusada.* ‖ *s. m.* **3.** Retrete*. ▪ Se dice también *excusado.* SIN. **1.** Reservado. **2.** Escondido. **3.** Servicio, wáter. FAM. Excusado[2].

escúter (del ingl. *scooter*) *s. m.* Motocicleta de poca cilindrada con ruedas pequeñas, el motor cubierto y una pequeña plataforma inferior donde el conductor, que va sentado en lugar de ir a horcajadas, apoya los pies. SIN. Scooter.

escutismo *s. m.* Escultismo*.

esdrújulo, la (del ital. *sdrucciolo*) *adj.* Se dice de las palabras acentuadas en la antepenúltima sílaba, como *súbito, próximo, máximo.* También *s. m.* y *f.* FAM. Sobresdrújulo.

ese *s. f.* **1.** Nombre de la letra *s.* **2.** Figura u objeto que tiene la forma de esta letra: *una calle en ese.* ‖ LOC. **hacer eses** *fam.* Andar hacia uno y otro lado, como los borrachos.

ese, esa, eso (del lat. *ipse, ipsa, ipsum*) *pron. dem., m., f.* y *n.* **1.** Señala a una persona, animal o cosa que está más cerca del que escucha que del que habla: *Dame un libro, ése que tienes a tu derecha.* En masculino y femenino, también *adj.* ■ Las formas plural de los demostrativos son *esos* y *esas* para masculino y femenino, respectivamente. Cuando es adjetivo no lleva nunca acento gráfico. Las formas de masculino y femenino suelen escribirse con acento cuando son pronombres. **2.** En femenino significa ocasión, situación, jugada, etc., o equivale a un sustantivo sobrentendido: *¡Chúpate ésa! ¿Ahora vienes con ésas?* || *pron. dem. n.* **3.** En la forma neutra se emplea a menudo para referirse a algo que el que escucha ya sabe: *¿Hizo eso que acordamos?* || *adj.* **4.** Pospuesto al sustantivo le da a veces un sentido despectivo: *No quiero saber nada del hombre ese.* || LOC. **a eso de** *adv.* Expresa idea de tiempo aproximado: *a eso de las doce.* **ni por ésas** *adv.* De ninguna manera.

esencia (del lat. *essentia*) *s. f.* **1.** Conjunto de características que no pueden faltar para que un ser sea lo que es: *La inteligencia pertenece a la esencia del hombre.* **2.** Lo fundamental o más importante de una cosa: *Abordaron la esencia del problema.* **3.** Extracto de cualquier sustancia: *esencia de café.* **4.** Perfume con gran concentración de sustancias aromáticas: *Se puso unas gotas de esencia.* **5.** Cosa en que se encuentra acumulada o concentrada la cualidad que se indica: *Esa comedia es la esencia de la gracia.* || **6. quinta esencia** Quinto elemento, sutil y purísimo, que consideraban algunos filósofos antiguos como componente del universo; entre los alquimistas, principio fundamental de la materia; también expresa lo más puro y concentrado de una cualidad: *la quinta esencia de la amistad.* ■ Se dice también *quintaesencia.* SIN. **1.** Naturaleza, identidad. **2.** Fondo, meollo. **3.** Concentrado. **5.** Modelo. ANT. **1.** Accidente. **2.** Accesorio. **5.** Antítesis. FAM. Esencial, esencialidad, esencialismo, esencialmente, esenciero. / Quintaesencia. SER[1].

esencial (del lat. *essentialis*) *adj.* **1.** Relativo a la esencia. **2.** Fundamental, que no puede prescindirse de ello: *Es esencial que te lleves bien con tus compañeros.* SIN. **1.** Inherente, sustancial, constitutivo. **2.** Importante, básico, necesario. ANT. **1.** Superficial. **2.** Accesorio.

esencialismo *s. m.* Cualquier doctrina filosófica que considera que la esencia es anterior a la existencia.

esenciero *s. m.* Frasco para esencia o perfume. SIN. Aromatizador.

esenio, nia *adj.* De una secta judía surgida en el s. II a. C., en la región del mar Muerto, que practicaba el ascetismo, el celibato, la comunidad de bienes y juraba guardar secreto sobre su doctrina. También *s. m.* y *f.*

esfenisciforme (del gr. *espheniskos*, cuña pequeña, y *-forme*) *adj.* **1.** Se dice de las aves marinas de las regiones antárticas, incapaces de volar pero buenas nadadoras, que tienen el plumaje espeso, cola corta, patas palmeadas y alas transformadas en aletas. Son esfenisciformes los pingüinos. También *s. f.* || *s. f. pl.* **2.** Orden de estas aves.

esfenoides (del gr. *sphenoeides*, de *sphen*, cuña, y *eidos*, forma) *s. m.* Hueso situado en la base del cráneo, delante del occipital y detrás del etmoides. ■ No varía en *pl.*

esfera (del lat. *sphaera*, y éste del gr. *sphaira*) *s. f.* **1.** Cuerpo geométrico limitado por una superficie curva cuyos puntos equidistan todos de otro interior, llamado centro. **2.** Círculo o superficie en que giran las manecillas del reloj o de otro instrumento semejante: *la esfera del manómetro.* **3.** Globo terráqueo. **4.** Poéticamente, la que rodea la Tierra. Se usa más en *pl.*: *la música de las esferas.* **5.** Rango, clase social: *Se mueve por las altas esferas de la política.* **6.** Espacio al que se extiende el influjo, la acción, etc., de alguien o de algo: *No se sale de la esfera de influencia de su familia.* FAM. Esfericidad, esférico, esferoidal, esferoide. / Astenosfera, atmósfera, barisfera, biosfera, cromosfera, endosfera, estratosfera, exosfera, fotosfera, hidrosfera, ionosfera, litosfera, magnetosfera, mesosfera, oosfera, ozonosfera, semiesfera, termosfera, troposfera.

esférico, ca (del lat. *sphaericus*, y éste del gr. *sphairikos*) *adj.* **1.** Perteneciente a la esfera o que tiene su forma. || *s. m.* **2.** En el fútbol, balón. SIN. **1.** Redondo. **2.** Pelota.

esferográfica *s. f. Amér.* Pluma estilográfica.

esferógrafo *s. m. Col.* Bolígrafo.

esferoide (del lat. *sphaeroides*, y éste del gr. *sphairoeides*, de *sphaira*, esfera y *eides*, forma) *s. m.* Sólido de forma semejante a la esfera, cuya curvatura no es constante.

esfinge (del lat. *sphinx, -ingis*, y éste del gr. *sphiggo*, cerrar) *s. f.* **1.** Monstruo fabuloso con cabeza y pecho de mujer y cuerpo y pies de león. P. ej., la esfinge de Gizeh, en Egipto. **2.** Nombre de varias especies de mariposas nocturnas, de gran tamaño y alas con dibujos de color oscuro. **3.** Persona que no muestra al exterior lo que piensa o siente.

esfínter (del lat. *sphincter*, y éste del gr. *sphinkter*, de *sphiggo*, cerrar) *s. m.* Músculo o conjunto de músculos que regula la apertura y cierre de un orificio natural del cuerpo, p. ej. los esfínteres del ano y de la uretra.

esforzado, da 1. *p.* de **esforzar**. También *adj.* || *adj.* **2.** Valiente, animoso, de gran espíritu y corazón: *un deportista muy esforzado.* SIN. **2.** Arrojado, denodado, atrevido. ANT. **2.** Apocado, cobarde.

esforzar (del bajo lat. *exfortiare*) *v. tr.* **1.** Utilizar alguien un órgano o capacidad con mayor intensidad que la normal: *Procura no esforzar tanto la vista.* || **esforzarse** *v. prnl.* **2.** Hacer esfuerzos físicos, mentales, etc., para conseguir algo: *Se esforzó mucho para entregar el trabajo a tiempo.* ■ Delante de *e* se escribe *c* en lugar de *z*. Es v. irreg. Se conjuga como *contar.* SIN. **1.** Forzar, violentar, obligar. **2.** Afanarse, empeñarse, luchar. ANT. **1.** Aflojar, distender. **2.** Desistir, flaquear.

esfuerzo *s. m.* **1.** Empleo enérgico de la fuerza física, de la mente o de la voluntad para conseguir una cosa: *Hizo esfuerzos para no dormirse.* **2.** Utilización de medios superiores a los normales para lograr algún fin: *La empresa hace esfuerzos por renovar la maquinaria.* **3.** Aumento de la actividad de un órgano o sistema: *un esfuerzo del corazón.* SIN. **1.** Afán, ánimo, empeño. **2.** Sacrificio. ANT. **1.** Desgana, desánimo. FAM. Esforzadamente, esforzado, esforzar. FUERZA.

esfumar (del ital. *sfumare*) *v. tr.* **1.** Difuminar*, extender con el difumino. ■ Se dice también *esfuminar.* **2.** En un dibujo o pintura, suavizar los contornos de las figuras: *Esfumó en el lienzo las figuras en segundo plano.* || **esfumarse** *v. prnl.* **3.** Desaparecer poco a poco una cosa: *El barco se esfumó en el horizonte.* **4.** Irse, desaparecer alguien con rapidez y sin que se note: *Cuando miré, se había esfumado.* SIN. **2.** Atenuar. **3.** Perderse, desvanecerse. **4.** Escabullirse, evaporarse. **FAM.** Esfumado, esfumino. HUMO.

esfuminar *v. tr.* Difuminar*, extender con el difumino.

esfumino (del ital. *sfumino*) *s. m.* Difumino*. **FAM.** Esfuminar.

esgrafiado *s. m.* Acción de esgrafiar.

esgrafiar (del ital. *sgraffiare*) *v. tr.* Trazar dibujos raspando una superficie que tiene dos capas o colores superpuestos, de modo que aparezca en algunos sitios el color de la inferior: *Esgrafiaron la fachada.* ■ En cuanto al acento, se conjuga como *ansiar: esgrafío.* **FAM.** Esgrafiado.

esgrima *s. f.* Arte de manejar la espada y otras armas blancas para combatir, y deporte basado en dicho arte. Es disciplina olímpica y sus modalidades son espada, sable y florete.

esgrimir (del ant. al. *skirmyan*, proteger) *v. tr.* **1.** Sostener o manejar un arma u otra cosa en actitud de usarla contra alguien: *Esgrimió una pistola.* **2.** Emplear algo material o inmaterial para atacar o defenderse: *Los argumentos que esgrimía no me convencieron.* **SIN. 1.** Empuñar, blandir. **2.** Usar, servirse. **FAM.** Esgrima.

esguín *s. m.* Murgón*.

esguince *s. m.* **1.** Distensión o rotura de las fibras musculares o ligamentos de una articulación. **2.** Movimiento rápido del cuerpo para evitar la acometida de algo, un golpe o una caída: *El torero hizo un esguince para burlar al toro.*

esgunflar *v. tr. Arg.* y *Urug. fam.* Causar molestias, fastidiar.

eskay *s. m.* Skay*.

eslabón (del lat. *sclavus*, esclavo) *s. m.* **1.** Cada una de las piezas que, enlazadas unas con otras, forman una cadena. **2.** Elemento fundamental en el desarrollo de un suceso, plan, tarea, argumento, etc.: *Ese descubrimiento es el eslabón que faltaba para explicar el fenómeno.* **3.** Pedazo de acero con que se golpea el pedernal para sacar chispas. **SIN. 1.** Anilla, anillo. **2.** Enlace. **FAM.** Eslabonadamente, eslabonamiento, eslabonar.

eslabonar *v. tr.* **1.** Unir los eslabones para formar una cadena. **2.** Enlazar o relacionar hechos, argumentos, ideas, pensamientos, etc. También *v. prnl.*: *eslabonarse los acontecimientos.* **SIN. 1.** y **2.** Encadenar, engarzar. **2.** Concatenar. **ANT. 1.** Desunir. **2.** Dispersar.

eslalon *s. m.* Slálom*.

eslavismo *s. m.* Doctrina política cuyo objetivo era la unificación de los pueblos eslavos en un solo Estado. **FAM.** Paneslavista. / Paneslavismo. ESLAVO.

eslavista *s. m.* y *f.* Especialista en lenguas y literaturas eslavas.

eslavo, va (del lat. *slavus*) *adj.* **1.** De un grupo de pueblos indoeuropeos que ocupó el norte y centro de Europa. También *s. m.* y *f.* **2.** Se dice de la lengua de los antiguos eslavos y de aquellas derivadas de ella, como el ruso o el polaco. También *s. m.* **FAM.** Eslavismo, eslavista. / Yugoslavo.

eslip *s. m.* Slip*.

eslogan (del ingl. *slogan*) *s. m.* **1.** Frase publicitaria, corta y expresiva. **2.** Lema, consigna: *Su eslogan es «justicia y progreso».* ■ Se escribe también *slogan.*

eslora (del neerl. *sloerie*) *s. f.* Longitud de un barco de proa a popa, medida sobre la cubierta principal: *un pesquero de treinta metros de eslora.*

eslovaco, ca *adj.* **1.** De Eslovaquia. También *s. m.* y *f.* || *s. m.* **2.** Lengua de Eslovaquia. **FAM.** Checoeslovaco, checoslovaco.

esloveno, na *adj.* **1.** De Eslovenia. También *s. m.* y *f.* || *s. m.* **2.** Lengua de Eslovenia.

esmachar (del ingl. *smash*) *v. intr.* En algunos deportes, golpear fuertemente la pelota con la raqueta de arriba abajo.

esmaltar *v. tr.* **1.** Cubrir con esmalte algo: *esmaltar una joya.* **2.** Adornar, hermosear: *Esmalta sus charlas con anécdotas. Las amapolas esmaltan el campo.* **SIN. 1.** Vidriar. **2.** Embellecer, ornar, realzar.

esmalte (del germ. *smalts*) *s. m.* **1.** Barniz que se obtiene fundiendo vidrio coloreado y que se adhiere al metal, porcelana, loza, etc. **2.** Objeto cubierto o adornado con ese barniz. **3.** Arte de esmaltar: *Aprendió esmalte con rapidez.* **4.** Barniz para dar color y brillo a las uñas. **5.** Sustancia blanca y muy dura que protege el marfil de los dientes. **SIN. 1.** Vidriado. **4.** Laca. **FAM.** Esmaltador, esmaltar, esmaltina. / Quitaesmalte.

esmaltina *s. f.* Mineral de color gris, combinación de cobalto y arsénico, que se emplea para la fabricación de esmaltes.

esmerado, da 1. *p.* de **esmerarse**. || *adj.* **2.** Que pone el máximo cuidado en hacer una cosa: *es muy esmerado traduciendo.* **3.** Hecho con el máximo cuidado: *un trabajo esmerado.* **SIN. 2.** Cuidadoso, minucioso, meticuloso, escrupuloso, concienzudo. **3.** Primoroso, pulcro. **ANT. 2.** y **3.** Descuidado.

esmeralda (del lat. *smaragdus*, y éste del gr. *smaragdos*) *s. f.* Variedad de berilo, de color verde por su contenido en cromo. Es una piedra preciosa.

esmerarse (del lat. *exmerare*, de *merus*, puro) *v. prnl.* Poner mucho cuidado en hacer bien una cosa: *Se esmeró en redactar la carta.* **FAM.** Esmerado. ESMERO.

esmeril (del gr. bizantino *smeri*, y éste del gr. *smyris*) *s. m.* Variedad basta del corindón, con magnetita, oligisto, cuarzo o mica, que se emplea para pulimentar; existe también esmeril artificial. **FAM.** Esmerilado, esmerilar.

esmerilar *v. tr.* Pulir un objeto con esmeril.

esmero *s. m.* Máximo cuidado o atención que se pone en hacer una cosa: *La exposición está montada con esmero.* **SIN.** Meticulosidad, pulcritud, celo, escrupulosidad, primor. **ANT.** Descuido. **FAM.** Esmeradamente, esmerarse. MERO -RA.

esmirriado, da *adj.* Muy delgado o poco desarrollado: *un animal esmirriado, una planta esmirriada.* ■ Se dice también *desmirriado.* **SIN.** Flaco, raquítico, canijo, enclenque, escuchimizado. **ANT.** Fuerte, robusto. **FAM.** Desmirriado.

esmoquin (del ingl. *smoking*) *s. m.* Chaqueta masculina con cuello largo de seda y sin faldones; es prenda de etiqueta. ■ Se escribe también *smoking.*

esnifada *s. f.* **1.** Acción de esnifar. **2.** Dosis de droga tomada por este procedimiento.

esnifar *v. tr.* En argot, aspirar cocaína u otra droga análoga por la nariz. **FAM.** Esnifada.

esnob (del ingl. *snob*, esclavo de la moda) *adj.* Se dice de la persona que, por afectación o para darse importancia, adopta costumbres, modas o ideas de medios considerados distinguidos. También *s. m.* y *f.*: *Vistiendo es un esnob.* ■ Se escribe también *snob.* Su pl. es *esnobs.* **SIN.** Afectado. **ANT.** Sencillo. **FAM.** Esnobismo, esnobista.

eso *pron. dem.* Véase **ese**.

esófago (del gr. *oisophagos*) *s. m.* Conducto que forma parte del tubo digestivo y está comprendido entre la faringe y el estómago.

esotérico, ca (del gr. *esoterikos*, interior, de *eso*, dentro) *adj.* **1.** Secreto, reservado. **2.** Que es difícil de entender: *un libro esotérico.* **3.** Se aplica a algunas doctrinas filosóficas o enseñanzas que sólo se daban a conocer a los miembros de una escuela o a los iniciados. ■ No confundir con su antónimo *exotérico*, 'asequible a todo el mundo'. **SIN. 1.** Oculto, escondido. **2.** Enigmático, misterioso. **ANT. 1.** Accesible, patente. **2.** Comprensible, inteligible. **FAM.** Esoterismo.

esoterismo *s. m.* **1.** Cualidad de esotérico. **2.** Estudio de los temas ocultos.

espabilado, da 1. *p.* de **espabilar**. También *adj.* || *adj.* **2.** Listo, hábil: *Es espabilado para los negocios.* ■ Se dice también *despabilado.* **SIN. 2.** Despierto, avispado, vivo. **ANT. 2.** Atontado.

espabilar (de *es-* y *pabilo*) *v. tr.* **1.** Quitar el sueño, acabar de despertar: *El café me espabila.* También *v. prnl.* **2.** Avivar el ingenio de alguien. También *v. intr.* y *v. prnl.*: *Como no (te) espabiles, te tomarán el pelo.* **3.** Hacer o acabar algo rápidamente: *Espabiló la cena rápidamente.* **4.** *fam.* Robar con habilidad y rapidez: *Le espabilaron la cartera en el metro.* **5.** *fam.* Matar. **6.** Quitar la parte quemada del pabilo o mecha, para avivar la luz de una vela, un candil, etc. || *v. intr.* **7.** *fam.* Aligerar, darse prisa: *Espabila, que es para hoy.* También *v. prnl.* ■ Se dice también *despabilar.* **SIN. 1.** Desvelar(se). **2.** Aguzar(se), avispar(se). **3.** Despachar. **4.** Birlar. **5.** Apiolar. **7.** Apresurarse, apurarse. **ANT. 1.** Adormecer(se). **2.** Atontar(se), alelar(se). **7.** Tardar. **FAM.** Espabilado. PABILO.

espachurrar *v. tr.* Despachurrar*. **FAM.** Espachurramiento. DESPACHURRAR.

espaciador *s. m.* En las máquinas de escribir y ordenadores, tecla que se pulsa para dejar espacios en blanco.

espacial *adj.* Del espacio o relacionado con él: *tecnología espacial, viaje espacial.*

espaciar *v. tr.* **1.** Colocar a personas o cosas separándolas entre sí: *espaciar los muebles.* También *v. prnl.* **2.** Aumentar el periodo de tiempo que transcurre entre las cosas: *espaciar las comidas.* También *v. prnl.* **3.** Separar las palabras, letras, renglones, etc., con espacios. **SIN. 2.** Dilatar. **ANT. 1.** Apretar. **1.** y **2.** Juntar. **FAM.** Espaciado, espaciador, espaciamiento. ESPACIO.

espacio (del lat. *spatium*) *s. m.* **1.** Extensión en la que está contenida toda la materia existente y parte de la misma: *espacio sideral, espacio ajardinado.* **2.** Lugar o extensión que ocupa un cuerpo: *Deja espacio para poner una silla.* **3.** Distancia comprendida entre dos o más personas o cosas: *Hay poco espacio entre la mesa y la pared.* **4.** Separación entre dos líneas, signos o palabras de un texto impreso, de un pentagrama, etc. **5.** Porción de tiempo: *En el espacio de seis meses debo abandonar la casa.* **6.** Programa de radio o televisión: *un espacio deportivo.* **7.** En imprenta, pieza de metal que sirve para separar las palabras. **8.** En máquinas de escribir, ordenadores, etc., porción de la página o de la pantalla correspondiente a una pulsación del teclado. || **9. espacio aéreo** Parte de la atmósfera destinada al tráfico aéreo, sometida a la jurisdicción de un Estado. **10. espacio vital** Territorio o medio necesario para el desarrollo de algo o alguien. **SIN. 1.** Parcela, sector. **2.** y **3.** Sitio. **5.** Plazo, intervalo, lapso. **FAM.** Espacial, espaciar, espacioso. / Aeroespacial, ciberespacio, despacio, hiperespacio, semiespacio.

espacioso, sa (del lat. *spatiosus*) *adj.* **1.** Amplio, grande: *una habitación espaciosa.* **2.** Lento, pausado: *un hablar espacioso.* **SIN. 1.** Dilatado, vasto. **ANT. 1.** Estrecho. **2.** Apresurado. **FAM.** Espaciosamente, espaciosidad. ESPACIO.

espada (del lat. *spatha*, y éste del gr. *spathe*) *s. f.* **1.** Arma de hoja larga y cortante provista de empuñadura y guarnición para proteger la mano. **2.** Naipe de la baraja española del palo de espadas, especialmente el as. || *s. f. pl.* **3.** Uno de los cuatro palos de la baraja española. || *s. f.* **4.** Espadachín*. || *s. m.* **5.** Torero, matador de toros: *los espadas del cartel.* || **6. primer espada** En tauromaquia, torero que dirige la lidia; también, persona que destaca en una profesión o actividad. || **LOC. ceñir espada** Llevarla en el cinto; también, ser militar. **ceñir** a alguien **la espada** Armarle caballero. **entre la espada y la pared** *adv.* En situación muy comprometida; teniendo que elegir entre dos cosas igualmente malas. **SIN. 1.** Estoque, acero. **5.** Diestro. **FAM.** Espadachín, espadaña, espadería, espadero, espadín, espadón.

espadachín (del ital. *spadaccino*) *s. m.* Persona que maneja muy bien la espada.

espadaña *s. f.* **1.** Campanario de una sola pared, con huecos para colocar las campanas. **2.** Enea*. **SIN. 2.** Gladio. **FAM.** Espadañal. ESPADA.

espadín *s. m.* Espada de hoja estrecha que se usa como complemento de algunos uniformes.

espadón *s. m.* **1.** *aum.* de **espada**. **2.** *fam.* Persona de elevada categoría en el ejército y, p. ext., en otras profesiones.

espagueti (del ital. *spaghetti*) *s. m.* Pasta alimenticia en forma de cilindros macizos más largos y gruesos que los fideos.

espahí (del fr. *spahi*) *s. m.* **1.** Soldado de caballería turco. **2.** Soldado de caballería del ejército francés de Argelia.

espalda (del lat. *spathula*, omóplato) *s. f.* **1.** Parte posterior del cuerpo humano que comprende desde los hombros hasta la cintura. Se usa también en *pl.*: *caer de espaldas.* **2.** Lomo de los animales. **3.** Parte posterior de ciertas prendas de vestir. **4.** Parte posterior de una cosa. Se usa más en *pl.*: *a espaldas de la catedral.* **5.** Estilo de natación consistente en nadar boca arriba: *Ganó los 100 m espalda.* || **6. espalda mojada** Persona que entra o pretende entrar de forma ilegal en un país atravesando un mar o un río; específicamente, mexicano que cruza ilegalmente la frontera de los Estados Unidos. || **LOC. a espaldas** de alguien o algo *adv.* A escondidas, sin afrontarlo: *Vive a espaldas de la realidad.* **dar la espalda** Situarse dejando detrás a alguien o algo; también, retirar la ayuda, confianza, cariño, etc., que se había dado a alguien. **echarse** uno alguna cosa **a la espalda** (o **a las espaldas**) Despreocuparse de ella, no importarle. **guardar las espaldas** de alguien Protegerle. Se usa también con *v. prnl.* **tener** alguien **las espaldas cubiertas** (o **guardadas**) Contar con amistades o seguridades que le protejan ante cualquier riesgo. **volver** a alguien **la espalda** (o **las espaldas**) Abandonarle, darle la espalda. **SIN. 1.** Espinazo. **4.** Dorso, envés. **FAM.** Espaldar, espaldarazo, espaldera, espaldero, espaldilla. / Guardaespaldas, respaldar.

espaldar *s. m.* **1.** Parte de la coraza que cubre la espalda. **2.** Respaldo de un asiento. **3.** Parte dorsal de la concha de las tortugas. **4.** Enrejado para que trepen y se extiendan las plantas. **SIN. 1.** Espaldera.

espaldarazo *s. m.* **1.** Golpe dado de plano en la espalda con la espada o con la mano. **2.** Admisión de alguien en un grupo, profesión, etc. **3.** Reconocimiento de los méritos o habilidades de alguien.

espaldera *s. f.* **1.** Enrejado sobre una pared para que por él trepen y se extiendan algunas plantas. || *s. f. pl.* **2.** Aparato para realizar ejercicios de gimnasia, formado por una serie de barras horizontales adosadas a la pared. **SIN. 1.** Espaldar.

espaldero *s. m. Ven.* Guardaespaldas.

espaldilla *s. f.* **1.** Omóplato. **2.** Cuarto delantero de algunas reses, formado por la pata delantera y la parte del cuerpo donde se inserta.

espanglish *s. m.* Spanglish*.

espantada *s. f.* **1.** Huida repentina de uno o más animales. **2.** Abandono brusco de una actividad, especialmente cuando es causado por el miedo: *dar la espantada.* **SIN. 1.** Estampida. **2.** Fuga, escapada.

espantadizo, za *adj.* Que se espanta con facilidad. **SIN.** Asustadizo, pusilánime, cobarde. **ANT.** Valiente, atrevido.

espantajo *s. m.* **1.** Espantapájaros. **2.** Persona o cosa que por su aspecto causa un ligero temor. **3.** *fam.* Persona molesta o de aspecto desagradable. **SIN. 1.** Pelele. **2.** Coco, camuñas.

espantalobos *s. m.* Arbusto papilionáceo de hasta tres metros de altura, con flores amarillas y legumbres de vainas infladas que hacen ruido al chocar entre sí.

espantamoscas *s. m.* Utensilio que sirve para espantar moscas. ■ No varía en *pl.* **SIN.** Mosquero.

espantapájaros *s. m.* **1.** Muñeco, generalmente imitando una figura humana, que se coloca en los sembrados y huertos para espantar a los pájaros; p. ext., cualquier cosa utilizada para este fin. **2.** *fam.* Persona fea o ridículamente vestida. ■ No varía en *pl.* **SIN. 1.** Pelele. **1.** y **2.** Espantajo. **2.** Mamarracho, facha, fantoche.

espantar (del lat. vulg. *expaventare*, de *expavens, -entis*, temeroso) *v. tr.* **1.** Causar espanto o miedo. También *v. intr.* **2.** Ahuyentar: *espantar las moscas, espantar el sueño.* || *v. intr.* **3.** *fam.* Desagradar o molestar mucho una cosa: *Me espanta conducir de noche.* **4.** Quedarse admirado o asombrado. También *v. prnl.* || **espantarse** *v. prnl.* **5.** Asustarse, atemorizarse. **SIN. 1.**, **3.** y **5.** Horrorizar(se). **1.** y **5.** Aterrar(se). **2.** Ojear. **3.** Fastidiar. **5.** Amedrentarse. **ANT. 1.** y **5.** Tranquilizar(se). **2.** y **3.** Atraer. **FAM.** Espantable, espantadizo, espantajo, espantalobos, espantamoscas, espantapájaros. ESPANTO.

espanto *s. m.* **1.** Miedo muy intenso: *Tiene espanto a la soledad.* **2.** Impresión muy fuerte que se siente ante un hecho terrible: *La noticia causó espanto.* **3.** *fam.* Desagrado o molestia muy grande: *Me da espanto ir de compras.* **4.** *fam.* Persona o cosa muy fea: *¡Qué espanto de pintura!* **5.** *Amér.* Fantasma, aparición. ■ Se usa frecuentemente con el verbo *ser.* || **LOC. de espanto** *adj.* Enorme, muy grande: *Había una cola de espanto.* **estar** alguien **curado de espanto** No asombrarse ante un hecho llamativo por estar ya acostumbrado a él. **ser** algo **un espanto** Asustar una cosa por su cantidad, magnitud, etc.: *Es un espanto el precio de los pisos.* **SIN. 1.** Terror, horror, pánico, pavor. **2.** Sobresalto, consternación. **3.** Fastidio, rabia. **4.** Adefesio, esperpento, espantajo. **ANT. 1.** y **2.** Tranquilidad. **3.** Gusto. **4.** Hermosura. **FAM.** Espantar, espantosamente, espantoso.

espantoso, sa *adj.* **1.** Que causa espanto. **2.** *fam.* Muy grande, desmesurado: *Tengo un hambre espantosa.* **3.** *fam.* Muy feo o muy malo: *Llevaba un peinado espantoso.* **SIN. 1.** Terrible, pavoroso, aterrador. **2.** Enorme, extraordinario, increíble, formidable. **3.** Horrendo, horrible, horroroso. **ANT. 2.** Mínimo, ínfimo. **3.** Precioso, maravilloso.

español, la *adj.* **1.** De España. También *s. m.* y *f.* || *s. m.* **2.** Idioma hablado en España, amplios territorios de América, en algunos sectores de la población filipina y, con peculiaridades muy características, en grupos sefardíes de Asia Menor, los Balcanes y N de África. **SIN. 2.** Castellano. **FAM.** Espanglish, españolada, españolear, españolidad, españolismo, españolista, españolización, españolizar. / Judeoespañol.

españolada *s. f.* Cualquier acto, hecho, espectáculo, fiesta, etc., que exagera y falsea los tópicos sobre lo español: *Esta película es una españolada.*

españolear *v. intr.* **1.** Ensalzar exageradamente a España y lo español. **2.** Presumir de español.

españolismo *s. m.* **1.** Carácter genuinamente español. **2.** Amor o afición a las cosas características de España. **3.** Hispanismo*.

españolista *adj.* **1.** Aficionado a lo español. También *s. m.* y *f.* **2.** En ciertas regiones autónomas, se dice de los partidos no autonomistas y de sus militantes. También *s. m.* y *f.*

españolizar *v. tr.* **1.** Dar a alguien o algo carácter o costumbres españolas: *Los colonos españolizaron América.* También *v. prnl.* **2.** Dar forma española a un vocablo o expresión de otro idioma. ■ Delante de *e* se escribe con *c* en lugar de *z*: *españolice.* **SIN. 1.** Hispanizar. **2.** Castellanizar.

esparadrapo (del ital. ant. *sparadrappo*, de *sparare*, partir en trozos, y *drappo*, trapo) *s. m.* Tira de tela o plástico, cubierta por uno de sus lados con una sustancia adhesiva, que se utiliza para sujetar vendajes, algodones, etc.

esparaván (del gót. *sparwa*) *s. m.* **1.** Gavilán, ave de rapiña. **2.** Tumor que se forma en la parte interna del corvejón de las caballerías.

esparavel (del neerl. *sperwer*, gavilán) *s. m.* **1.** Red redonda para pescar en sitios de poco fondo. **2.** En albañilería, tabla de madera con mango que sirve para tener la mezcla que se aplica con la llana o la paleta.

esparcimiento *s. m.* **1.** Acción de esparcir o esparcirse. **2.** Entretenimiento, diversión: *Buscaba un esparcimiento después del trabajo.* **SIN. 1.** Desparramamiento, diseminación. **2.** Distracción. **ANT. 1.** Unión. **2.** Aburrimiento.

esparcir (del lat. *spargere*) *v. tr.* **1.** Arrojar en distintas direcciones, separar lo que estaba junto: *esparcir las semillas.* También *v. prnl.* **2.** Hacer que algo se extienda, que ocupe más espacio. También *v. prnl.*: *Se esparció la leche por la mesa.* **3.** Hacer que una noticia, consigna, etc., llegue a mucha gente o a muchos sitios. También *v. prnl.*: *En poco tiempo se esparció el rumor.* **4.** Divertir, recrear. También *v. prnl.* ■ Delante de *a* y *o* se escribe *z* en lugar de *c*: *esparza.* **SIN. 1.** Diseminar(se), dispersar(se), desparramar(se). **3.** Difundir(se), divulgar(se), propagar(se), propalar(se). **4.** Distraer(se), entretener(se). **ANT. 1.** Acumular(se). **4.** Aburrir(se). **FAM.** Esparcidamente, esparcimiento.

espárrago (del lat. *asparagus*, y éste del gr. *asparagos*) *s. m.* **1.** Brote de la esparraguera, de forma alargada y color verdoso o blanquecino muy apreciado como alimento. **2.** Esparraguera*, planta. **3.** Nombre de diversas piezas alargadas o partes de un objeto con esa forma, particularmente las que sirven para sujetar algo introduciéndolas en un orificio. || **4. espárrago triguero** El silvestre, fino y de color verde, que crece especialmente en los terrenos sembrados de trigo. || **LOC. a freír espárragos** *fam.* Con algunos verbos, particularmente las formas de imperativo de *irse*, se emplea para despedir a alguien de malos modos o con enfado: *Vete a freír espárragos.* SIN. **3.** Vástago, perno. FAM. Esparragal, esparraguera, esparraguero.

esparraguera *s. f.* **1.** Planta monocotiledónea vivaz de la familia de las liliáceas, de tallo recto y cilíndrico. Los brotes tiernos de su rizoma, llamados espárragos, se usan como alimento. **2.** Terreno en el que abundan los espárragos. **3.** Plato o fuente para servir espárragos. SIN. **2.** Esparragal.

esparramar *v. tr.* Desparramar*.

esparrancarse *v. prnl. fam.* Separar mucho las piernas. SIN. Despatarrarse, espatarrarse.

espartano, na *adj.* **1.** De Esparta, ciudad de la antigua Grecia. También *s. m.* y *f.* **2.** Austero, duro, muy riguroso: *Dirigía la empresa con mentalidad espartana.* SIN. **1.** Lacedemonio. **2.** Severo, rígido. ANT. **2.** Blando, flojo.

esparteña *s. f.* Alpargata con suela de esparto.

espartero, ra *s. m.* y *f.* Persona que fabrica o vende cosas de esparto.

esparto (del lat. *spartum*, y éste del gr. *sparton*) *s. m.* Nombre común de varias plantas herbáceas perennes de la familia de las gramíneas. El esparto común tiene hojas muy largas que aparecen en forma de filamento por estar enrolladas, por lo que se utiliza para la fabricación de sogas, esteras, suelas, etc. FAM. Esparteña, espartería, espartero.

espasmo (del lat. *spasmus*, y éste del gr. *spasmos*, convulsión) *s. m.* Contracción involuntaria de los músculos: *un espasmo en el intestino.* FAM. Espasmódico, espasmolítico. PASMO.

espasmódico, ca (del gr. *spasmodes*) *adj.* Relativo al espasmo o acompañado de él: *un dolor espasmódico.* FAM. Antiespasmódico. ESPASMO.

espasmolítico, ca *adj.* Se aplica a la sustancia que se utiliza para suprimir o curar el espasmo. También *s. m.*

espatadantza (vasc.) *s. f.* Danza vasca que se baila con espadas. FAM. Espatadantzari. DANTZARI.

espatadantzari (vasc.) *s. m.* Hombre que baila la espatadantza.

espatarrar *v. tr.* Despatarrar*. FAM. Espatarrado. PATA.

espático, ca *adj.* Se dice de los minerales que, como el espato, se dividen fácilmente en láminas.

espato (del al. *Spat*) *s. m.* **1.** Nombre genérico de diversos minerales de estructura laminar. || **2. espato de Islandia** Variedad de calcita transparente e incolora, en la que se da con gran nitidez el fenómeno de la doble refracción, por lo que suele emplearse en la fabricación de instrumentos ópticos. **3. espato flúor** Fluorita*. FAM. Espático. / Feldespato.

espátula (del lat. *spathula*) *s. f.* **1.** Paleta formada por una lámina de metal flexible con mango utilizada en albañilería para raspar, dar yeso, etc. **2.** Paleta pequeña empleada en pintura para mezclar los colores, aplicarlos en algunos casos y otros usos. **3.** Utensilio parecido al anterior, utilizado en farmacia, cocina, imprenta, etc. **4.** Nombre de diversas aves zancudas caracterizadas por tener un pico largo, de unos 20 cm, ancho y muy aplanado en el extremo. Su tamaño varía entre los 50 cm y 1 m y entre ellas destaca la espátula común, abundante en las marismas y pantanos del suroeste de España.

especia (del lat. *species*) *s. f.* Sustancia aromática vegetal que se utiliza para condimentar las comidas y también en perfumería, medicina, etc., como el azafrán, el clavo y la pimienta. ■ No confundir con *especie.* FAM. Especiado, especiar, especiería, especiero. ESPECIE.

especial (del lat. *specialis*) *adj.* **1.** Se aplica a la persona o cosa que se diferencia de lo corriente, ordinario o general: *Le dieron un trato especial.* **2.** Destinado a un fin o a cierta persona o cosa en particular: *una sierra especial para metales.* **3.** Se aplica a la emisión de radio o televisión dedicada de forma excepcional y monográfica a un asunto determinado. También *s. m.*: *un especial informativo.* || LOC. **en especial** *adv.* Especialmente, de modo particular: *Me gusta en especial su sabor.* SIN. **1.** Distinto, singular, peculiar. **2.** Exclusivo, específico, adecuado, apropiado. ANT. **1.** Común, normal. **2.** Inadecuado. FAM. Especialidad, especialista, especializar, especialmente. ESPECIE.

especialidad (del lat. *specialitas, -atis*) *s. f.* **1.** Aquello en lo que se especializa o destaca una persona, un establecimiento, etc.: *La especialidad de la casa es el conejo guisado.* **2.** Parte de una ciencia, arte o actividad sobre la que se poseen conocimientos y habilidades muy precisos. **3.** Medicamento preparado en un laboratorio con un nombre comercial registrado. **4.** Cualidad o circunstancia especial. SIN. **1.** Fuerte. **2.** Especialización, rama. **3.** Específico. **4.** Particularidad, peculiaridad, singularidad. ANT. **4.** Normalidad.

especialista *adj.* **1.** Se dice de la persona que se dedica a una rama o parte de una ciencia, profesión o actividad, en la que posee conocimientos y habilidades especiales, principalmente en medicina. También *s. m.* y *f.* **2.** P. ext., se dice de la persona excepcionalmente buena o hábil en alguna cosa: *un preso especialista en fugas.* También *s. m.* y *f.* || *s. m.* y *f.* **3.** En cine y televisión, persona que rueda las escenas peligrosas o aquellas que requieren alguna habilidad especial. SIN. **2.** Experto, diestro. **3.** Doble. ANT. **2.** Torpe.

especializar *v. tr.* **1.** Dedicar o hacer valer a alguien o algo para una cosa determinada: *Especializaron el restaurante en celebraciones familiares.* También *v. prnl.* || **especializarse** *v. prnl.* **2.** Adquirir especiales conocimientos y habilidades en cierta rama o parte de una ciencia, arte o actividad y dedicarse a ella. ■ Delante de *e* se escribe *c* en lugar de *z*: *especialice.* FAM. Especialización. ESPECIAL.

especiar *v. tr.* Añadir especias a un alimento. SIN. Condimentar.

especie (del lat. *species*) *s. f.* **1.** En biol., categoría básica utilizada para clasificar a los seres vivos y que comprende a un conjunto de individuos que tienen ciertos caracteres comunes y son capaces de reproducirse entre sí. **2.** En fil., grupo de individuos con unas mismas características incluido dentro de un género: *El conjunto de los niños es una especie del género de los seres humanos.* **3.** Construido con la preposición *de* y un sustantivo expresa que la cosa de que se trata es parecida a lo indicado por éste: *El chaquetón es una especie de abrigo.* **4.** Tipo, clase: *La especie de vida que llevas va a acabar contigo.* **5.** Rumor, noticia. || **6. especies sacramentales** Olor, color y sabor del pan y el vino consagrados por el sacerdote en la eucaristía. || LOC. **bajo (la) especie de** Con aspecto o apariencia de. **en especie** *adv.* En género, en productos, no en dinero. FAM. Especia, especial, específico, especioso. / Subespecie.

especiero, ra (del lat. *speciarius*, de *species*, especia) *s. m.* y *f.* **1.** Persona que vende especias. || *s. m.* **2.** Armarito o estantería con cajones pequeños o tarros donde se guardan las especias.

especificar *v. tr.* Dar los datos precisos sobre alguien o algo para distinguirlos o para dar información: *Especificó a qué alumnos se refería. Esta enciclopedia especifica el lugar de nacimiento de los personajes.* **SIN.** Precisar; explicitar, detallar. **FAM.** Especificación, especificadamente, especificativo. ESPECÍFICO.

especificativo, va *adj.* **1.** Que especifica: *unas aclaraciones especificativas.* **2.** Se aplica al adjetivo u oración subordinada adjetiva que limita la extensión del sustantivo al que se refiere; p. ej., en *la casa que vimos ayer*, la oración *que vimos ayer* selecciona una casa dentro del conjunto de todas las casas. **ANT.** **2.** Epíteto; explicativa.

específico, ca (del lat. *specificus*) *adj.* **1.** Que es propio de una especie, de un ser o de una cosa y no puede aplicarse a otros: *La risa es específica del hombre.* **2.** En med., se aplica a los síntomas, lesiones, etc., característicos de una enfermedad: *una fiebre específica.* **3.** Se dice del medicamento, tratamiento, etc., especialmente indicado para una determinada enfermedad. También *s. m.* || *s. m.* **4.** Medicamento fabricado al por mayor por un laboratorio y que se vende con nombre comercial registrado. **SIN.** **1.** Peculiar, especial. **4.** Especialidad, preparado, fármaco. **ANT.** **1.** General, común. **FAM.** Específicamente, especificar, especificidad. ESPECIE.

espécimen (del lat. *specimen*) *s. m.* Modelo, muestra, ejemplar: *Ese caballo es un espécimen perfecto.* ■ Su pl. es *especímenes.*

especioso, sa (del lat. *speciosus*) *adj.* Engañoso: *un razonamiento especioso.* **SIN.** Falso, falaz, capcioso. **ANT.** Verdadero.

espectacular *adj.* **1.** Que tiene caracteres propios del espectáculo. **2.** Aparatoso, exagerado, que llama la atención: *Fue un accidente espectacular. Ha habido una subida espectacular de los precios.* **SIN.** **1.** Vistoso, brillante. **2.** Llamativo, asombroso. **ANT.** **1.** Insulso, gris. **2.** Normal.

espectáculo (del lat. *spectaculum*) *s. m.* **1.** Representación, acto, etc., que se realiza ante un público fundamentalmente para su diversión o entretenimiento: *Después de cenar asistieron a un espectáculo.* **2.** Suceso o escena que atrae la atención y que produce asombro, placer, pena, indignación, etc., en quien lo presencia: *Verles jugar era un espectáculo único.* **3.** Acción que causa escándalo o asombro. ■ Se usa frecuentemente con el verbo *dar*: *Con su borrachera dio un triste espectáculo.* **SIN.** **3.** Número, cuadro. **FAM.** Espectacular, espectacularidad, espectador.

espectador, ra (del lat. *spectator, -oris*) *adj.* **1.** Que asiste a un espectáculo público. Se usa más como *s. m.* y *f.* **2.** Que mira u observa algo con atención. Se usa más como *s. m.* y *f.*: *No intervino, estaba como mero espectador.* **SIN.** **1.** Asistente, concurrente. **2.** Observador. **FAM.** Telespectador. ESPECTÁCULO.

espectral *adj.* **1.** Relativo al espectro. **2.** Fantasmal, misterioso.

espectro (del lat. *spectrum*) *s. m.* **1.** Figura irreal, generalmente de aspecto terrorífico, que alguien se imagina o cree ver. **2.** Persona muy delgada o decaída físicamente: *El pobre está hecho un espectro.* **3.** Serie de diversas especies de microorganismos contra los que es eficaz un antibiótico. **4.** En fís., conjunto de longitudes de onda electromagnéticas emitidas o absorbidas por un cuerpo. **5.** Banda de los colores del arco iris diferenciados por su respectiva longitud de onda, que resulta de la descomposición de la luz blanca al atravesar un prisma. Se le llama también *espectro luminoso.* || **6. espectro solar** El emitido por el Sol, que equivale al luminoso con más líneas oscuras originadas por la absorción de determinadas radiaciones de la luz blanca al atravesar ésta la envoltura externa del Sol. **SIN.** **1.** Visión, aparición, fantasma. **2.** Ruina, escuerzo. **FAM.** Espectral, espectrógrafo, espectroscopia.

espectrografía (del lat. *spectrum*, imagen, y *-grafía*) *s. f.* Estudio de los espectros por medio del espectrógrafo.

espectrógrafo *s. m.* **1.** Instrumento óptico que registra sobre una placa fotográfica el espectro de una radiación luminosa. **2.** Aparato utilizado en fonética para registrar los distintos componentes de un sonido. **FAM.** Espectrografía. ESPECTRO.

espectroscopia *s. f.* Rama de la física que estudia los espectros de las radiaciones electromagnéticas, y en especial de las luminosas. **FAM.** Espectroscopio. ESPECTRO.

espectroscopio *s. m.* Instrumento óptico que sirve para producir y observar los espectros de la luz.

especulación (del lat. *speculatio, -onis*) *s. f.* **1.** Acción de especular: *especulaciones científicas, especulación inmobiliaria.* **2.** Razonamiento u opinión que no se puede probar: *Sus argumentos eran sólo especulaciones.* **SIN.** **1.** Meditación, reflexión, elucubración. **2.** Conjetura, hipótesis.

especular[1] (del lat. *speculari*) *v. tr.* **1.** Meditar, pensar sobre algo, especialmente sin aplicación o finalidad práctica. Se usa más como *v. intr.*: *Los filósofos griegos especularon sobre la naturaleza.* || *v. intr.* **2.** Hacer suposiciones, en especial con poco fundamento: *Especulaba con la posibilidad de un ascenso en su trabajo.* **3.** En econ., comprar cualquier tipo de bien que se supone va a subir de precio para luego venderlo y obtener así un beneficio. **SIN.** **1.** Reflexionar, teorizar, elucubrar. **2.** Imaginar, suponer, conjeturar. **FAM.** Especulación, especulador, especulativamente, especulativo.

especular[2] (del lat. *specularis*, de *speculum*, espejo) *adj.* Que semeja un espejo o es propio de él.

especulativo, va (del lat. *speculativus*) *adj.* **1.** Relativo a la especulación económica: *Ha ganado mucho dinero con actividades especulativas.* **2.** Se aplica al conocimiento teórico por oposición al práctico. **3.** Que está capacitado para especular o tiende a hacerlo: *Tiene una mente muy especulativa.* || *s. f.* **4.** Capacidad para especular. **SIN.** **3.** Reflexivo.

espéculo (del lat. *speculum*, espejo) *s. m.* En cirugía, instrumento provisto de un espejo que se emplea para examinar ciertas cavidades del cuerpo.

espejarse *v. prnl.* Reflejarse como en un espejo.

espejear *v. intr.* Brillar como lo hace un espejo. **SIN.** Lucir, relucir, refulgir, destellar. **FAM.** Espejeo. ESPEJO.

espejismo *s. m.* **1.** Ilusión óptica que consiste en ver ciertas imágenes en la lejanía. Es frecuente en los desiertos y está motivada por la refracción de la luz en capas de aire próximas al suelo. **2.** Apariencia que engaña: *Esa ligera mejoría en las ventas es sólo un espejismo.* **SIN.** **2.** Fantasía, quimera.

espejito *s. m. Arg.* y *Urug.* Juego infantil que consiste en arrojar figuritas contra la pared.

espejo (del lat. *speculum*) *s. m.* **1.** Superficie lisa en que se reflejan la luz y los objetos. **2.** Superficie en la que se reflejan los objetos: *El lago era un espejo.* **3.** Cosa que retrata o da la imagen de aquello que se expresa: *El cine es un espejo de* *nuestro tiempo.* **4.** Modelo digno de ser imitado: *un espejo de virtud.* **SIN. 3.** Reflejo, retrato. **FAM.** Espejarse, espejear, espejismo, espejito, espejuelo. / Especular[2], espéculo.

espejuelo *s. m.* **1.** Artificio o engaño utilizado para atraer a las personas: *Algunas rebajas no son más que un espejuelo para los compradores.* **2.** Trozo de madera, generalmente pintado de rojo, con pedacitos de espejo, que se hace girar para que las alondras acudan a los reflejos de su luz y así poder cazarlas. **3.** Yeso cristalizado en láminas brillantes. || *s. m. pl.* **4.** Cristales que se ponen en las gafas y, p. ext., las gafas mismas. ■ Esta acepción se usa sobre todo en América. **SIN. 1.** y **2.** Señuelo, reclamo. **3.** Selenita. **4.** Lentes, anteojos.

espeleología (del gr. *spelaion*, caverna, y *-logía*) *s. f.* Práctica deportiva o científica en que se exploran las cavidades naturales del subsuelo terrestre, como las grutas y cavernas. **FAM.** Espeleológico, espeleólogo.

espeluznante (de *es-* y *pelo*) *adj.* **1.** Que causa mucho miedo. **2.** Que pone tieso el pelo o las plumas, generalmente a causa del miedo. **SIN. 1.** Horripilante, terrorífico, aterrador, pavoroso, sobrecogedor. **ANT. 2.** Tranquilizador. **FAM.** Espeluznamiento, espeluznar, espeluzno. PELO.

espeluzno *s. m.* Escalofrío, estremecimiento. **SIN.** Repeluzno.

espera *s. f.* **1.** Acción de esperar: *La espera se nos hizo larga.* **2.** Capacidad que tiene alguien para esperar sin inquietarse: *tener espera.* **3.** Plazo que se señala para la ejecución de una cosa. **4.** Puesto donde el cazador aguarda a que la caza acuda espontáneamente. **SIN. 2.** Paciencia, calma. **4.** Acecho. **ANT. 2.** Impaciencia.

esperanto (de *Esperanto*, seudónimo de Zamenhof, lingüista que lo creó) *s. m.* Idioma artificial ideado con el fin de servir como lengua universal.

esperanza *s. f.* **1.** Confianza de que ocurra o se logre aquello que se desea: *Tengo muchas esperanzas de que vuelva.* **2.** Objeto de dicha confianza: *Eres mi única esperanza.* **3.** Virtud teologal por la que los cristianos esperan recibir de Dios los bienes prometidos. **SIN. 1.** Ilusión. **ANT. 1.** Desesperanza. **FAM.** Esperanzado, esperanzador, esperanzar. / Desesperanzar. ESPERAR.

esperanzar *v. tr.* **1.** Dar esperanzas a alguien sobre cierta cosa. || **esperanzarse** *v. prnl.* **2.** Tener esperanzas. ■ Delante de *e* se escribe *c* en lugar de *z*: *esperance.* **ANT. 1.** y **2.** Desesperanzar(se).

esperar (del lat. *sperare*) *v. tr.* **1.** Tener confianza en que algo sucederá de cierta manera: *Es de esperar una rápida recuperación de la operación.* También *v. prnl.* con valor expresivo: *¿Que Andrés no quiere pagar? Eso ya me lo esperaba yo.* **2.** Desear que ocurra algo: *Espero que te mejores.* **3.** Creer o saber que algo va a ocurrir o cumplirse. Suele usarse en forma impersonal: *Se esperan lluvias para el fin de semana.* **4.** Permanecer una persona en un sitio, sin hacer nada, etc. hasta que venga alguien o algo u ocurra alguna cosa. También *v. intr.*: *Esperemos a cobrar para hacerle el regalo.* **5.** Estar algo en el futuro de una persona o cosa: *Nos espera un brillante futuro. ¡La que te espera!* **6.** Estar una mujer embarazada. También *v. intr.*: *Espera para mayo.* || **LOC. de aquí te espero** *adj.* Muy grande, fuera de lo común: *un frío de aquí te espero.* **SIN. 1.** Confiar. **4.** y **5.** Aguardar. **ANT. 1.** Desconfiar. **FAM.** Espera, esperable, esperanza. / Desesperar, inesperado.

esperma (del lat. *sperma*, y éste del gr. *sperma*, simiente) *s. amb.* **1.** Semen*. **2.** Sustancia grasa que se extrae de la cabeza del cachalote y se emplea para la fabricación de velas y pomadas. ■ Se dice también *esperma de ballena.* **3.** *Col.* Vela para alumbrar. **FAM.** Espermafita, espermático, espermatogénesis, espermatozoide, espermicida, espermiograma. / Angiosperma, oligospermia, zoospermo.

espermafita (del gr. *sperma*, simiente, y *fyton*, vegetal) *adj.* **1.** Se dice de la planta que se reproduce mediante semillas. También *s. f.* || *s. f. pl.* **2.** Grupo de vegetales formado por estas plantas. **SIN. 1.** y **2.** Fanerógama(s). **FAM.** Espermatofito. ESPERMA.

espermatofito o **espermatófito** (del gr. *sperma*, simiente, y *fyton*, vegetal) *s. m.* Planta que se reproduce mediante semillas.

espermatogénesis *s. f.* Proceso de formación de espermatozoides en los testículos.

espermatozoide o **espermatozoo** (del gr. *sperma*, simiente, y *zoon*, animal) *s. m.* Célula masculina diferenciada de los metazoos cuya función es fecundar el óvulo en la reproducción sexual.

espermicida (del gr. *sperma*, simiente, y *-cida*) *adj.* Se dice del producto anticonceptivo de uso local que destruye los espermatozoides. También *s. m.*

espermiograma *s. m.* Análisis cuantitativo y cualitativo del esperma.

espernada (de *pierna*) *s. f.* Remate de la cadena, que suele tener el eslabón abierto y con las puntas dobladas para meterlo en la argolla fijada a la pared o a un poste.

esperpento *s. m.* **1.** Persona o cosa muy fea o ridícula. **2.** Género literario creado por Ramón María del Valle-Inclán, en el que se deforma la realidad y se recargan sus rasgos grotescos. **SIN. 1.** Mamarracho, birria. **ANT. 1.** Maravilla. **FAM.** Esperpéntico.

espesar (del lat. *spissare*) *v. tr.* **1.** Hacer un líquido espeso o más espeso. También *v. prnl.* **2.** Unir una cosa con otra haciéndola más cerrada y tupida: *espesar un tejido.* También *v. prnl.*: *El bosque se espesa pasado el río.* **SIN. 1.** Condensar, densificar. **1.** y **2.** Concentrar. **2.** Apretar, comprimir. **ANT. 1.** Aclarar, diluir. **2.** Separar.

espeso, sa (del lat. *spissus*) *adj.* **1.** Se dice de los líquidos muy densos, que fluyen con dificultad. **2.** Se aplica a las cosas cuyas partes están muy juntas y apretadas: *un pinar espeso.* **3.** Grueso, macizo: *una muralla espesa.* **4.** *fam.* Sucio. **5.** Complicado, de difícil comprensión. **SIN. 1.** Denso, concentrado, pastoso, viscoso. **2.** Tupido, prieto, cerrado. **3.** Ancho. **5.** Complejo, abstruso. **ANT. 1.** Fluido. **2.** Despejado. **3.** Delgado. **4.** Limpio. **5.** Fácil. **FAM.** Espesante, espesar, espesor, espesura.

espesor *s. m.* **1.** Grosor o anchura de un cuerpo sólido. **2.** Cualidad de espeso. **SIN. 1.** Grueso. **2.** Espesura.

espesura *s. f.* **1.** Cualidad de espeso. **2.** Lugar muy poblado de árboles y matorrales. **SIN. 1.** Espesor. **2.** Boscosidad, frondosidad.

espetar *v. tr.* **1.** Atravesar aves, carne, pescados, etc., con el asador. **2.** Atravesar un cuerpo con un instrumento puntiagudo. **3.** *fam.* Decir bruscamente a una persona alguna cosa que le sorprende o molesta. || **espetarse** *v. prnl.* **4.** Ponerse tieso fingiendo gravedad. **5.** Encajarse, asegurarse en un sitio. **SIN. 1.** y **2.** Ensartar, clavar. **3.** Soltar. **4.** Erguirse, envararse. **5.** Afianzarse.

espetera *s. f.* **1.** En la cocina, tabla con ganchos donde se cuelgan utensilios y alimentos. **2.** Conjunto de estos utensilios de metal, como cazos, sartenes, etc. **3.** *Guat.* y *Hond.* Excusa, pretexto.

espetón (del gót. *spitus*) *s. m.* **1.** Hierro largo y delgado que se usa para empujar, mover o pinchar algo con su extremo. **2.** Pez* aguja. SIN. **1.** Pincho, espiche. FAM. Espetar, espetera.

espía (del gót. *spaíha*) *s. m.* y *f.* **1.** Persona que espía. **2.** En aposición, se aplica a ciertas cosas utilizadas para espiar: *submarino espía.* SIN. **1.** Agente.

espiar (del gót. *spaíhon*, acechar) *v. tr.* **1.** Observar o escuchar disimuladamente a alguien o algo. **2.** En especial, tratar de obtener información secreta al servicio de un país extranjero, de la competencia, etc. También *v. intr.* ■ No confundir con *expiar.* En cuanto al acento, se conjuga como *ansiar: espío.* SIN. **1.** Acechar, vigilar, fisgar. FAM. Espía, espionaje.

espichar (de *espiche*) *v. intr.* **1.** *fam.* Morir. ■ Se usa mucho en la expresión *espicharla.* **2.** *Arg.* Acabar de salir el líquido de un recipiente. **3.** *Ven.* Perder aire un neumático pinchado. || *v. tr.* **4.** *Chile* Entregar algo a disgusto. || **espicharse** *v. prnl.* **5.** *Cuba* y *Méx.* Chuparse, adelgazar. SIN. **1.** Diñar, palmar.

espiche (del lat. *spiculum*, dardo, punta) *s. m.* **1.** Arma o utensilio puntiagudo, como un asador, chuzo, etc. **2.** Estaquilla que sirve para tapar un agujero, como, p. ej., las que se colocan en las cubas de vino o en una barca. SIN. **1.** Pincho, espetón. **2.** Tapón.

espícula (del lat. *spicula*, espiga) *s. f.* Inflorescencia simple de las gramíneas que se agrupa a su vez en espigas, racimos o panículas.

espídico, ca *adj. fam.* Que está nervioso o especialmente activo.

espiga (del lat. *spica*) *s. f.* **1.** Inflorescencia formada por un conjunto de flores que se insertan directamente en un tallo común. **2.** Espiguilla, dibujo. **3.** Parte de una herramienta, de un madero o de otro objeto a la que se ha rebajado para poder encajarla en un mango, en la ranura de otra pieza, etc. **4.** Clavo de madera para asegurar tablas. **5.** Clavo pequeño sin cabeza. **6.** En bombas y otros artefactos similares, espoleta. **7.** Parte superior de la espada que se introduce en el puño. FAM. Espigar, espigón, espiguilla. / Espícula.

espigado, da 1. *p.* de **espigar**. También *adj.* || *adj.* **2.** Se dice del niño o joven alto y delgado. SIN. **2.** Esbelto. ANT. **2.** Rechoncho.

espigador, ra *s. m.* y *f.* **1.** Persona que espiga. || *s. f.* **2.** En carpintería, máquina o herramienta que se utiliza para tallar espigas.

espigar (del lat. *spicare*) *v. tr.* **1.** Coger las espigas que han quedado sin segar o caídas en el campo. **2.** Buscar y recoger datos, citas, etc., de distintos libros, revistas, diarios, papeles, etc. También *v. intr.* **3.** Rebajar las maderas que han de entrar en los huecos de otras para ensamblarlas. || *v. intr.* **4.** Comenzar los cereales a formar espiga. || **espigarse** *v. prnl.* **5.** Crecer demasiado el tallo de algunas hortalizas. **6.** Crecer mucho una persona. ■ Delante de *e* se escribe *gu* en lugar de *g*: *espigue.* SIN. **2.** Investigar. **6.** Estirarse. FAM. Espigador, espigueo. ESPIGA.

espigón *s. m.* **1.** Muro que se construye a orilla del mar o de un río de forma que avance en el agua y sirva para proteger esa orilla o modificar la corriente. **2.** Punta de un instrumento puntiagudo o de un clavo. **3.** Eje que sostiene una escalera de caracol. **4.** Espiga áspera y espinosa. SIN. **1.** Malecón, dique, escollera.

espiguilla *s. f.* **1.** Dibujo parecido a la espiga, formado por una línea como eje y otras laterales paralelas entre sí y oblicuas a la primera; particularmente, el utilizado en ciertos tejidos. **2.** Espícula*.

espín *s. m.* Spin*.

espina (del lat. *spina*) *s. f.* **1.** Astilla pequeña y puntiaguda. **2.** Cada uno de los huesos del pez, en especial los largos y puntiagudos. **3.** Formación vegetal endurecida y puntiaguda. **4.** Muro bajo situado a lo largo y en el centro del circo romano, alrededor del cual corrían los caballos y los carros. **5.** Pesar, inquietud o sentimiento de frustración: *Al ganar este partido se sacó la espina de la derrota anterior.* || *s. f. pl.* **6.** Dificultades, penalidades: *Su vida fue un camino de espinas.* || **7. espina bífida** Defecto de la columna vertebral que consiste en una abertura de los arcos de las vértebras por la que sale la médula o una parte de la misma, formando un abultamiento. **8. espina dorsal** Columna vertebral. || LOC. **darle** a uno **mala espina** una cosa *fam.* Hacerle pensar que puede ocurrir algo malo o desagradable. SIN. **5.** Espinazo. **6.** Sufrimientos. FAM. Espinal, espinazo, espineta, espinilla, espino, espinoso.

espinaca (del ár. hispánico *ispanah*) *s. f.* Planta herbácea con hojas radicales en roseta de color verde con peciolos rojizos. Se usa en alimentación.

espinal (del lat. *spinalis*) *adj.* Relativo a la médula o a la columna vertebral.

espinar *s. m.* Terreno poblado de espinos.

espinazo *s. m.* **1.** Columna vertebral. **2.** Clave de una bóveda o de un arco. || LOC. **doblar el espinazo** *fam.* Trabajar. También, humillarse. SIN. **1.** Espina dorsal.

espinela (del poeta Vicente *Espinel*, a quien se atribuye esta composición métrica) *s. f.* Décima, tipo de estrofa.

espineta (del ital. *spinetta*, y éste del lat. *spina*, espina) *s. f.* Especie de clavicémbalo, más pequeño que éste.

espingarda (del ant. fr. *espringarde*, *espringale*, derivado de *espringaler*, saltar, retozar) *s. f.* **1.** Antiguo cañón de artillería que lanzaba bolas de hierro o plomo. **2.** Escopeta de chispa, de cañón muy largo, que usaban mucho los musulmanes. **3.** Persona muy alta, delgada y sin garbo.

espinilla *s. f.* **1.** Borde delantero de la tibia. **2.** Pequeño grano que se forma en la piel al taponarse el conducto secretor de las glándulas sebáceas.

espinillera *s. f.* Pieza usada para proteger la espinilla, p. ej. la que formaba parte de la armadura o la que utilizan los deportistas.

espino *s. m.* **1.** Planta arbórea o arbustiva de la familia rosáceas que crece preferentemente en zonas montañosas. Las especies más conocidas son el espino mediterráneo y el espino albar o majuelo. **2.** Nombre común de plantas de diversas familias y géneros caracterizadas por tener ramas espinosas. || **3. alambre de espino** Alambre con pinchos utilizado para hacer cercas. FAM. Espinar. ESPINA.

espinoso, sa *adj.* **1.** Que tiene espinas. **2.** Se aplica a lo que es difícil o comprometido. SIN. **2.** Peliagudo, delicado. ANT. **2.** Fácil.

espionaje *s. m.* Acción o actividad de espiar y organización, medios y agentes destinados a este fin. FAM. Contraespionaje. ESPIAR.

espira (del lat. *spira*) *s. f.* **1.** Cada una de las vueltas de una espiral o de una curva helicoidal. **2.** Espiral, curva. **3.** En electricidad, cada una de las vueltas del conductor en una bobina. **4.** Parte de la basa de la columna que está encima del plinto.

espiráculo *s. m.* Orificio respiratorio situado detrás de los ojos de algunos peces por el que penetra el agua hacia las branquias.

espiral *s. f.* **1.** Curva que da vueltas alrededor de un punto alejándose continuamente de él. **2.** Hélice, curva que da vueltas alrededor de la superficie de un cilindro. **3.** Muelle del volante de un reloj. **4.** Proceso creciente y no controlable: *una espiral de violencia.* || *adj.* **5.** Con la forma de las curvas mencionadas. **FAM.** Espira, espirilo, espiritrompa, espiroqueta.

espirar (del lat. *spirare*) *v. intr.* **1.** Expulsar el aire que se ha aspirado. También *v. tr.* || *v. tr.* **2.** Despedir una cosa buen o mal olor. ■ No confundir con *expirar*, 'morir, finalizar'. **SIN. 1.** Soplar. **2.** Exhalar. **ANT. 1.** Inspirar. **FAM.** Espiración, espiráculo, espiratorio, espiritoso, espíritu, espirituoso, espirómetro. / Aspirar, conspirar, expirar, inspirar, respirar, suspiro, transpirar.

espirilo *s. m.* Bacteria en forma de espiral.

espiritado, da *adj.* Flaco, muy delgado.

espiritismo *s. m.* Creencia según la cual los espíritus de los muertos pueden entrar en comunicación con los vivos; también, conjunto de prácticas relacionadas con esta creencia. **FAM.** Espiritista. ESPÍRITU.

espiritoso, sa *adj.* Espirituoso*.

espiritrompa *s. f.* Aparato chupador de los insectos lepidópteros que consiste en un largo tubo arrollado en espiral.

espíritu (del lat. *spiritus*) *s. m.* **1.** Según numerosas doctrinas y creencias, parte inmaterial del hombre y gracias a la cual piensa, siente, quiere, etc. **2.** Ser inmaterial dotado de razón, como Dios, los ángeles o los de ciertas creencias o mitologías: *los espíritus del bosque.* **3.** En ciertas expresiones, generalmente en plural, demonio, ser sobrenatural maligno: *Estate quieto, parece que tienes los espíritus dentro del cuerpo.* **4.** Ánimo, valor. **5.** Actitud: *espíritu de sacrificio, espíritu amistoso.* **6.** Carácter o sentido de una cosa: *el espíritu de las Olimpiadas.* **7.** Sentido o intención real de un texto, por oposición a la letra o sentido estricto de lo que expresa: *Hay que saber interpretar el espíritu de una ley y no quedarse sólo en la letra.* **8.** Con palabras como *clase*, *cuerpo*, etc., sentimiento de solidaridad de alguien hacia la colectividad de la que forma parte: *El espíritu de partido debe mantenerse en toda la campaña electoral.* **9.** Sustancia que se extrae de algunos cuerpos mediante destilación, p. ej. el *espíritu de vino* o alcohol etílico. **10.** Don sobrenatural, gracia que Dios concede a algunas personas: *espíritu de profecía.* **11.** En la lengua griega, cada uno de los dos signos ortográficos que indican que ciertos sonidos han de pronunciarse con o sin aspiración. || **12. espíritu de contradicción** Tendencia de una persona a decir o hacer siempre lo contrario de lo que hacen los demás o de lo que se desea o espera de ella. **13. Espíritu Santo** En la teología cristiana, tercera persona de la Santísima Trinidad. || **LOC. pobre de espíritu** Apocado, tímido; se dice también del que desprecia los bienes materiales, los honores, etc. **SIN. 1.** Alma, mente. **1.** y **8.** Conciencia. **2.** Ánima, duende. **3.** Diablo. **4.** Coraje, brío. **5.** Talante. **ANT. 1.** Materia. **4.** Desánimo, abatimiento. **FAM.** Espiritado, espiritismo, espiritual, espiritualismo, espiritualizar. ESPIRAR.

espiritual (del lat. *spiritualis*) *adj.* **1.** Relativo al espíritu. **2.** Se aplica a la persona y a las cosas en que predomina lo mental, la sensibilidad o los sentimientos sobre lo material. || *s. m.* **3.** Canto religioso originario de la población negra del S de Estados Unidos. **SIN. 1.** Anímico. **1.** y **2.** Inmaterial. **ANT. 1.** y **2.** Físico. **FAM.** Espiritualidad, espiritualización, espiritualmente. ESPÍRITU.

espiritualidad *s. f.* **1.** Cualidad de espiritual. **2.** Vida espiritual de una persona, una orden religiosa, de una época, etc.: *Las catedrales góticas reflejan la espiritualidad medieval.* **SIN. 1.** Inmaterialidad. **ANT. 1.** Materialidad.

espiritualismo *s. m.* Cualquier doctrina o sistema filosófico que afirma la existencia del espíritu, y particularmente cuando lo considera una realidad superior a la materia. **ANT.** Materialismo. **FAM.** Espiritualista. ESPÍRITU.

espirituoso, sa *adj.* Que contiene bastante alcohol: *bebida espirituosa.*

espirometría *s. f.* Método utilizado para medir el volumen de aire que los pulmones mueven en la respiración.

espirómetro *s. m.* Aparato que mide el volumen de aire que los pulmones mueven en la respiración. **FAM.** Espirometría. ESPIRAR.

espiroqueta *s. f.* Bacteria con forma de bastoncillo en espiral, a menudo causante de enfermedades.

espita (del gót. *spitus*, asador) *s. f.* Canuto o dispositivo similar, con llave o sin ella, colocado en un recipiente para que por él pueda salir el fluido o con el que se regula el que corre por una cañería: *la espita del tonel, la espita del gas.* **SIN.** Grifo.

esplendente (del lat. *splendens, -entis*) *adj.* En lenguaje literario, resplandeciente, brillante. **SIN.** Refulgente. **ANT.** Apagado. **FAM.** Esplender. ESPLENDOR.

esplendidez *s. f.* **1.** Generosidad. **2.** Ostentación, riqueza: *Vive con esplendidez.* **SIN. 1.** Desprendimiento, liberalidad. **2.** Fausto, magnificencia. **ANT. 1.** Tacañería. **2.** Sencillez.

espléndido, da (del lat. *splendidus*) *adj.* **1.** Magnífico, estupendo. **2.** Generoso, que da o gasta su dinero abundantemente: *Es muy espléndido con los amigos.* **SIN. 1.** Soberbio. **2.** Desprendido, dadivoso. **ANT. 1.** Pésimo. **2.** Tacaño. **FAM.** Espléndidamente, esplendidez. ESPLENDOR.

esplendor (del lat. *splendor, -oris*) *s. m.* **1.** Grandeza, hermosura, lujo: *el esplendor de su linaje; el esplendor de la fiesta.* **2.** Situación de la persona o cosa que ha alcanzado un grado muy alto de su desarrollo o de alguna cualidad: *Está en su momento de esplendor.* **3.** Brillo, resplandor: *el esplendor de los astros.* **SIN. 1.** Grandiosidad, magnificencia, gloria. **2.** Apogeo, plenitud, culminación. **ANT. 1.** Insignificancia, fealdad. **3.** Decadencia. **FAM.** Esplendente, espléndido, esplendorosamente, esplendoroso. / Resplandor.

esplendoroso, sa *adj.* **1.** Que impresiona por esplendor: *un palacio esplendoroso.* **2.** Que resplandece o brilla: *un sol esplendoroso.* **SIN. 1.** Espléndido, deslumbrante, regio, suntuoso, fastuoso. **2.** Brillante, resplandeciente. **ANT. 1.** Común, vulgar. **2.** Apagado.

esplénico, ca (del lat. *splenicus*, y éste del gr. *splaenikos*) *adj.* Relativo al bazo. **FAM.** Esplenitis.

esplenio (del lat. *splenium*, y éste del gr. *splenion*, venda) *s. m.* Músculo de la nuca, largo y plano, que contribuye a los movimientos de la cabeza.

esplenitis (del lat. *splen*, bazo, e *-itis*, inflamación) *s. f.* Inflamación del bazo. ■ No varía en *pl.*

espliego (del lat. *spiculum*, de *spica*, espiga) *s. m.* Planta arbustiva de la familia de las labiadas, de hojas estrechas y grisáceas y flores azules que se presentan en forma de espiga. De ella se extraen esencias utilizadas en perfumería. SIN. Lavanda, lavándula.

espolear *v. tr.* **1.** Picar con la espuela a la cabalgadura. **2.** Estimular a una persona para que haga alguna cosa: *El deseo de sacar mejores notas le espolea para estudiar.* SIN. **1.** y **2.** Aguijonear. **2.** Incitar, pinchar. ANT. **2.** Desanimar. FAM. Espoleadura. ESPUELA.

espoleta[1] (del ital. *spoletta*) *s. f.* Dispositivo que se coloca en un proyectil con carga explosiva para que estalle en el momento oportuno. SIN. Detonador.

espoleta[2] *s. f.* Horquilla que forman las clavículas de las aves. FAM. Véase **espuela**.

espoliar *v. tr.* Expoliar*. FAM. Espoliación. EXPOLIO.

espolio *s. m.* Expolio*.

espolón (del gót. *spora*) *s. m.* **1.** Pequeño apéndice de naturaleza ósea que presentan en sus patas los machos de diversas especies de aves -gallos, faisanes, etc.- y que utilizan como defensa. **2.** Saliente córneo que tienen las caballerías en la parte posterior de las patas. **3.** Prolongación en ángulo agudo de la base del pilar de un puente para repartir la presión del agua. **4.** Muro de defensa que suele hacerse a orillas de los ríos o del mar y también al borde de barrancos y precipicios. **5.** Contrafuerte de un muro. **6.** Ramal montañoso, corto y escarpado, que sale de una sierra en dirección aproximadamente perpendicular a ella. **7.** Punta en que remata la proa de una nave. || LOC. **tener** alguien **espolones** *fam.* Se utiliza irónicamente para indicar que una persona es vieja. SIN. **3.** Tajamar. **4.** Malecón. **5.** Machón. FAM. Véase **espuela**.

espolvorear *v. tr.* Esparcir sobre una cosa una sustancia con consistencia de polvo. SIN. Polvorear. FAM. Espolvoreo. POLVO.

espondeo (del lat. *spondeus*, y éste del gr. *spondeios*) *s. m.* Pie de la poesía griega y latina, compuesto por dos sílabas largas. FAM. Espondaico.

espóndilo *s. m.* Cada uno de los huesos cortos de la columna vertebral. SIN. Vértebra.

espongiario, ria *adj.* **1.** Se dice de los animales invertebrados, acuáticos, con forma de saco o tubo con una sola abertura, que viven en colonias fijas sobre objetos sumergidos. También *s. m.* y *f.* || *s. m. pl.* **2.** Tipo de estos animales.

esponja (del lat. *spongia*, y éste del gr. *spoggia*) *s. f.* **1.** Nombre genérico de diversas especies de metazoos acuáticos con el cuerpo perforado por un enorme número de poros que comunican la cavidad interna con el exterior. Viven formando colonias. El esqueleto de algunas especies se usa como utensilio en la higiene personal. **2.** Masa porosa y elástica, formada por el esqueleto de este metazoo o cualquier objeto de consistencia similar, utilizado para el aseo u otros fines, por su textura y por absorber fácilmente los líquidos. **3.** *fam.* Persona que bebe mucho, particularmente alcohol. || *s. f. pl.* **4.** Poríferos*. SIN. **1.** Porífero. FAM. Esponjar, esponjera, esponjosidad, esponjoso. / Espongiario.

esponjadura *s. f.* **1.** Acción de esponjar o esponjarse. **2.** Defecto de fundición en una pieza metálica.

esponjar *v. tr.* **1.** Ahuecar o hacer más poroso un cuerpo. También *v. prnl.*: *Esta masa de bizcocho se esponja al meterla en el horno.* || **esponjarse** *v. prnl.* **2.** Llenarse de vanidad. **3.** *fam.* Adquirir alguien aspecto saludable. SIN. **1.** Mullir. **2.** Hincharse, envanecerse. ANT. **2.** Humillarse. **3.** Desmejorarse. FAM. Esponjadura, esponjamiento. ESPONJA.

esponjera *s. f.* Lugar o recipiente en el que se deja la esponja de aseo personal.

esponjoso, sa *adj.* Se dice del cuerpo poroso, hueco y elástico como la esponja: *una lana esponjosa, pan esponjoso.* SIN. Blando, mullido. ANT. Amazacotado.

esponsales (del lat. *sponsalis*) *s. m. pl.* Promesa de casarse que se hacen públicamente un hombre y una mujer y ceremonia o fiesta con que se celebra. SIN. Compromiso. FAM. Esponsalicio. ESPOSO.

esponsalicio, cia (del lat. *sponsalicius*) *adj.* Relativo a los esponsales.

espónsor (del ingl. *sponsor*) *s. m.* Sponsor*. FAM. Esponsorizar.

esponsorizar *v. tr.* Hacerse cargo de la financiación de determinada actividad con fines publicitarios: *Una marca de refrescos esponsoriza el programa musical.* ■ Delante de *e* se escribe *c* en lugar de *z*: *esponsorice.* SIN. Patrocinar.

espontáneo, a (del lat. *spontaneus*) *adj.* **1.** Se aplica al fenómeno que se realiza sin acción o intervención exterior: *combustión espontánea.* **2.** Que se hace por propia voluntad, sin indicación o presión de nadie: *Se presentó para hacer el trabajo de manera espontánea.* **3.** Se dice de la persona que actúa con naturalidad y sinceridad, y de sus palabras, acciones, etc. **4.** Se aplica a las plantas que crecen sin cultivo, sin cuidado del hombre. || *s. m.* y *f.* **5.** Espectador que en una corrida de toros salta al ruedo a torear. **6.** P. ext., persona que interviene en un espectáculo público o en otra actividad sin estar autorizada para ello. SIN. **1.** Automático. **2.** Libre, voluntario. **3.** Natural. **4.** Silvestre. **5.** Capitalista. ANT. **2.** Obligado. **3.** Afectado. **4.** Cultivado. FAM. Espontáneamente, espontaneidad.

espora (del gr. *spora*, semilla) *s. f.* **1.** Célula reproductora que no necesita ser fecundada, propia de los musgos y helechos, de algunas bacterias, de los hongos, etc. **2.** Forma de resistencia que adoptan algunos microorganismos en condiciones ambientales desfavorables. FAM. Esporádico, esporangio, esporofito, esporozoo, esporulación. / Zoospora.

esporádico, ca (del gr. *sporadikos*, de *sporas*, disperso) *adj.* Que se da con poca frecuencia o sin relación con otros casos: *Nos vemos de forma esporádica. Ha habido algunos casos esporádicos de meningitis.* SIN. Ocasional, aislado, suelto. ANT. Regular, constante. FAM. Esporádicamente. ESPORA.

esporangio (del gr. *sporos*, semilla, y *aggos*, vaso) *s. m.* Cápsula donde se originan y están contenidas las esporas.

esporofito, ta *adj.* **1.** Se dice de las plantas que se reproducen por esporas. También *s. f.* || *s. m.* **2.** Fase que en la alternancia de generaciones de la mayoría de los vegetales origina las esporas.

esporozoo *s. m.* **1.** Protozoo parásito que en determinado momento de su ciclo vital se reproduce por esporas. || *s. m. pl.* **2.** Clase de estos animales.

esportear *v. tr.* Llevar o echar con espuertas una cosa.

esportilla o **esportillo** *s. f.* o *m.* Espuerta pequeña de mimbre o palma.

esporulación *s. f.* Proceso de formación y emisión de esporas. Constituye un tipo de reproducción asexual propia de algunos organismos inferiores.

esposar *v. tr.* Sujetar a uno con esposas: *Esposaron a los detenidos.* SIN. Maniatar. ANT. Desatar.

esposas *s. f. pl.* Aros de metal unidos por una cadena con los que se sujeta por las muñecas a los presos. FAM. Esposar. ESPOSO.

esposo, sa (del lat. *sponsus*, de *spondere*, prometer solemnemente) *s. m.* y *f.* Persona que ha contraído matrimonio con respecto a aquella con la que se ha casado. SIN. Cónyuge, consorte. FAM. Esponsales, esposas. / Desposar.

espot *s. m.* Spot*.

espray *s. m.* Spray*.

esprint *s. m.* Sprint*. FAM. Esprintar, esprínter. SPRINT.

esprintar *v. intr.* Realizar un sprint.

esprínter *s. m.* y *f.* Sprinter*.

espuela (del ant. *espuera*, y éste del gót. *spora*) *s. f.* **1.** Arco de metal, con una pieza alargada provista de una ruedecilla dentada en su extremo, que se ajusta el jinete al talón para picar a la cabalgadura. **2.** Última copa que se toma un grupo de amigos o uno de ellos antes de separarse de sus compañeros. || **3. espuela de caballero** Planta herbácea con flores en espolón, generalmente azules y agrupadas en racimo, y fruto en folículo. Es frecuente en campos y terrenos no cultivados y se emplea como ornamento. FAM. Espolada, espolear, espoleta², espolón, espuelear.

espuelear *v. tr.* **1.** *Amér.* Espolear*. **2.** *Col.* Probar una cosa, experimentar con ella.

espuerta (del lat. *sporta*) *s. f.* Recipiente de forma cóncava con dos asas pequeñas, hecho de mimbre, esparto, etc.: *El albañil llevó los escombros en una espuerta.* || LOC. **a espuertas** *adv.* En abundancia: *Tiene dinero a espuertas.* FAM. Esportada, esportear, esportilla, esportón.

espulgar *v. tr.* **1.** Limpiar de pulgas o piojos. También *v. prnl.* **2.** Examinar una cosa con mucho cuidado: *Espulgó el trabajo recibido.* ■ Delante de *e* se escribe *gu* en lugar de *g*: *espulgue.* SIN. **1.** Despiojar(se), desparasitar. **2.** Escrutar, escudriñar. FAM. Espulgo. PULGA.

espuma (del lat. *spuma*) *s. f.* **1.** Conjunto de burbujas que se forman en la superficie de un líquido. **2.** Parte del jugo y las impurezas que sobrenadan al cocer ciertas sustancias: *la espuma del caldo.* **3.** Tejido muy ligero y esponjoso: *unas medias de espuma.* || **4. espuma de mar** Silicato magnésico hidratado, blando, ligero y de color blaquecino, utilizado para hacer pipas de fumar y otros objetos. || LOC. **crecer como la espuma** Prosperar rápidamente. FAM. Espumadera, espumajoso, espumar, espumarajo, espumeante, espumear, espumilla, espumillón, espumoso. / Gomaespuma.

espumadera *s. f.* Utensilio de cocina formado por un mango largo y un disco con agujeros, que sirve para sacar los fritos de la sartén.

espumajear *v. intr.* Arrojar espumarajos.

espumajo *s. m.* Espumarajo*.

espumar *v. tr.* **1.** Quitar la espuma de un líquido. || *v. intr.* **2.** Formar o hacer espuma. ■ Con este significado se dice también *espumear.* FAM. Espumante. ESPUMA.

espumarajo (de *espuma*) *s. m.* Saliva espumosa arrojada en gran abundancia por la boca. ■ Se dice también *espumajo.* FAM. Espumajear, espumajo. ESPUMA.

espumear *v. tr.* Espumar, formar espuma.

espumilla *s. f.* **1.** *dim.* de **espuma**. **2.** Tejido ligero y delicado, especie de crespón. **3.** *Amér.* Merengue.

espumillón *s. m.* Tira con flecos, muy ligera, de vivos colores, que adorna especialmente el árbol de Navidad.

espumoso, sa (del lat. *spumosus*) *adj.* **1.** Que hace o tiene mucha espuma. **2.** Se aplica al vino que forma mucha espuma por haber sufrido una segunda fermentación, p. ej. el champán. También *s. m.* SIN. **1.** Espumante.

espurio, ria (del lat. *spurius*) *adj.* **1.** Bastardo: *un hijo espurio.* **2.** Falso, que no tiene autenticidad. ■ La forma *espúreo* no está admitida por la Real Academia. SIN. **1.** Natural. **1.** y **2.** Ilegítimo. **2.** Adulterado. ANT. **1.** y **2.** Legítimo.

espurrear (del lat. *aspergere*) *v. tr.* Rociar algo con un líquido arrojado por la boca: *La niña espurreó el vestido con la papilla.* ■ Se dice también *espurriar.* FAM. Espurriar.

espurriar *v. tr.* Espurrear*. ■ En cuanto al acento, se conjuga como *ansiar*: *espurrío.*

esputar (del lat. *sputare*) *v. tr.* Expulsar esputos. SIN. Escupir, expectorar.

esputo (del lat. *sputum*, de *spuere*, escupir) *s. m.* Secreción de las vías respiratorias que se arroja de una vez por la boca. SIN. Escupitajo, gargajo, lapo. FAM. Esputar.

esquejar *v. tr.* Plantar esquejes.

esqueje (del lat. *schidiae*, y éste del gr. *skhidai*, astilla) *s. m.* Tallo o cogollo de una planta que se emplea para injertarlo en otra o se introduce en el suelo para que nazca una nueva planta. FAM. Esquejar.

esquela (del lat. *schedula*, de *scheda*, hoja de papel) *s. f.* **1.** Impreso en papel con rebordes negros que se envía para comunicar la muerte de alguien. **2.** Recuadro que aparece en los periódicos con el mismo fin. ■ Se dice también *esquela mortuoria.* **3.** Carta o nota breve: *Le envié una esquela anunciándole mi llegada.* SIN. **3.** Billete, misiva, nota.

esquelético, ca *adj.* **1.** Relativo al esqueleto. **2.** Muy flaco. SIN. **2.** Escuálido, consumido, enjuto.

esqueleto (del gr. *skeletos*, de *skello*, secar) *s. m.* **1.** Conjunto de huesos y cartílagos articulados entre sí que sostiene el cuerpo de los vertebrados. **2.** En los invertebrados, material duro de protección y soporte situado en la parte exterior del cuerpo, p. ej. el de los artrópodos. **3.** *fam.* Persona muy flaca: *Está hecho un esqueleto.* **4.** Armadura que sostiene alguna cosa: *Está ya terminado el esqueleto del edificio.* **5.** Esquema o plan de una conferencia, discurso, etc. **6.** *Amér.* Formulario impreso con espacios en blanco para rellenarlos. || LOC. **mover** (o **menear**) **el esqueleto** *fam.* Bailar: *Se pasaron toda la fiesta meneando el esqueleto.* SIN. **1.** Osamenta. **2.** Caparazón. **4.** Estructura, armazón. **5.** Esbozo, bosquejo, guía. FAM. Esquelético. / Dermatoesqueleto, endoesqueleto, exoesqueleto.

esquema (del lat. *schema*, y éste del gr. *skhema*, forma, hábito) *s. m.* **1.** Representación gráfica y simbólica de una cosa: *un esquema del edificio.* **2.** Resumen de las principales ideas o puntos de un plan, conferencia, etc.: *El entrenador dio a conocer su esquema de juego.* **3.** Concepto que una persona tiene de alguien o algo y que condiciona su conducta o su forma de pensar. Se usa más en *pl.*: *Conocer otras culturas me cambió los esquemas.* SIN. **1.** Boceto, esbozo, croquis. **2.** Guion, sinopsis. **3.** Idea. FAM. Esquemáticamente, esquemático, esquematismo, esquematización, esquematizar.

esquematismo (del lat. *schematismus*, y éste del gr. *skhematismos*) *s. m.* **1.** Procedimiento esquemático para exponer o representar algo. **2.** Tendencia a esquematizar o simplificar.

esquematizar *v. tr.* Representar algo de forma esquemática. ■ Delante de *e* se escribe con *c* en lugar de *z*: *esquematice.* SIN. Bosquejar, resumir, sintetizar, extractar.

esquí (del noruego *ski*, tronco cortado) *s. m.* **1.** Tabla larga y estrecha para deslizarse sobre la nieve o el agua. **2.** Deporte que se practica sobre la nieve con estas tablas. || **3. esquí acuático** (o **náutico**) Variante del esquí que consiste en deslizarse el esquiador en el agua a gran velocidad, arrastrado por una lancha motora. **4. esquí alpino** Esquí sobre nieve basado en la velocidad, que se practica deslizándose por pendientes pronunciadas. **5. esquí de fondo** Modalidad de resistencia de esquí sobre nieve que consiste en recorrer largas distancias por trayectos de poco desnivel. **6. esquí nórdico** Modalidad de esquí sobre nieve que combina pruebas de esquí de fondo, salto y tiro con carabina. ■ Su pl. es *esquís*, aunque también se utiliza *esquíes*. FAM. Esquiador, esquiar. / Motoesquí, portaesquís, telesquí.

esquiar *v. intr.* Deslizarse sobre una superficie de nieve o agua con esquís. ■ En cuanto al acento, se conjuga como *ansiar*: *esquío.*

esquife (del cat. *esquif*, y éste del ant. alto al. *skif*, a través del ital. ant. *schifo*, barco) *s. m.* **1.** Bote que se lleva en un barco y se usa sobre todo para llegar a tierra. **2.** Embarcación de regatas semejante a la piragua, para un solo remero.

esquijama *s. m.* Cierto tipo de pijama ceñido y cerrado, confeccionado en tejido de punto, que se usa en invierno. ■ Se escribe también *skijama.*

esquila[1] (del gót. *skilla*) *s. f.* **1.** Cencerro pequeño: *las esquilas de las ovejas.* **2.** Campana pequeña para llamar a la comunidad en los conventos. SIN. **1.** Campanilla. FAM. Esquilón.

esquila[2] *s. f.* Acción de esquilar.

esquilar (del ant. arag. *esquirar*, y éste del gót. *skairan*) *v. tr.* **1.** Cortar el pelo o la lana de los animales. **2.** *fam.* Cortar el pelo a una persona. También *v. prnl.* SIN. **1.** y **2.** Trasquilar(se). **2.** Pelar(se). FAM. Esquila[2], esquilador, esquileo. / Trasquilar.

esquileo *s. m.* **1.** Acción de esquilar a los animales. **2.** Tiempo en que se esquila. **3.** Casa para esquilar al ganado lanar.

esquilmar (del ant. *esquimar*, dejar un árbol sin ramas) *v. tr.* **1.** Agotar una fuente de riqueza por explotarla más de lo debido. **2.** Chupar con exceso las plantas el jugo de la tierra. **3.** Empobrecer, sacarle dinero u otros bienes a una persona de forma abusiva.

esquilón *s. m.* Cencerro o esquila grande: *el esquilón del buey.*

esquimal *adj.* **1.** De un pueblo de raza mongoloide que habita en las tierras árticas de Groenlandia, América del N y Asia. También *s. m.* y *f.* || *s. m.* **2.** Lengua hablada por el mismo.

esquina *s. f.* **1.** Ángulo formado por dos paredes de un edificio, especialmente en la calle. **2.** Lugar donde se unen dos lados o caras de una cosa: *la esquina de la mesa.* || LOC. **a la vuelta de la esquina** *adv.* Muy cerca o fácil de lograr: *Un buen trabajo no se encuentra a la vuelta de la esquina.* SIN. **1.** Cantón. **2.** Vértice. FAM. Esquinado, esquinar, esquinazo, esquinera, esquinero.

esquinado, da **1.** *p.* de **esquinar**. También *adj.* || *adj.* **2.** Se dice de la persona de trato difícil. **3.** Se aplica a la persona de mala intención. SIN. **2.** Intratable, áspero, huraño. **3.** Malintencionado, atravesado. ANT. **2.** Afable.

esquinar *v. tr.* **1.** Poner en esquina alguna cosa: *esquinar un mueble.* **2.** Hacer o formar esquina. También *v. intr.* **3.** Enemistar a una persona con otra. Se usa más como *v. prnl.*: *Se esquinó con su mejor amigo.* SIN. **3.** Indisponer(se), malquistar(se), cizañar, pelearse. ANT. **3.** Reconciliar(se).

esquinazo *s. m.* **1.** Esquina. **2.** *Arg.* y *Chile* Canción de serenata. || LOC. **dar esquinazo** *fam.* Dejar a uno plantado; también, evitar el encuentro con una persona; en Argentina, timar a alguien, engañarlo.

esquinera *s. f.* Rinconera, mueble: *En el patio había una esquinera con macetas.*

esquinero *s. m. Arg.*, *Col.* y *Urug.* Mueble preparado para adaptarse a un rincón, rinconera.

esquirla *s. f.* **1.** Astilla desprendida de un hueso fracturado. **2.** P. ext., astilla desprendida de una piedra, cristal, madera, etc.

esquirol (cat.) *s. m.* y *f. desp.* Trabajador que no se suma a una huelga, o que se presta a sustituir a un huelguista. Tambien *adj.* SIN. Rompehuelgas.

esquisto (del lat. *schistos*, y éste del gr. *skhistos*, dividido) *s. m.* Roca metamórfica, fácilmente exfoliable en láminas, que resulta de la transformación de la arcilla sometida a grandes presiones orogénicas. FAM. Esquistosidad, esquistoso.

esquistoso, sa *adj.* De estructura laminar, como los esquistos.

esquivar (del germ. *skiuhan*, tener miedo) *v. tr.* **1.** Realizar un movimiento para salvar un obstáculo, evitar un golpe, etc. **2.** Procurar con habilidad no hacer algo, no encontrarse con alguien, etc.: *Me esquiva para no saludarme.* SIN. **1.** Sortear. **1.** y **2.** Eludir, soslayar. **2.** Rehuir. ANT. **1.** Chocar. **2.** Afrontar. FAM. Esquivez, esquivo.

esquivo, va *adj.* Que rehúye las atenciones y muestras de afecto de las personas. SIN. Huraño, arisco, hosco, áspero.

esquizofrenia (del gr. *skhizo*, disociar, y *phren*, inteligencia) *s. f.* Enfermedad mental del grupo de la psicosis, caracterizada por la escisión de la personalidad, las alucinaciones y la pérdida de contacto con la realidad. FAM. Esquizofrénico, esquizoide.

esquizofrénico, ca *adj.* Que padece esquizofrenia o presenta rasgos semejantes a los de esta enfermedad. También *s. m.* y *f.*

esquizogénesis (del gr. *skhizo*, disociar, y *-genesis*) *s. f.* Reproducción asexual por división simple, típica de las bacterias. ■ No varía en *pl.*

esquizoide *adj.* Se dice de la persona que presenta tendencia a la esquizofrenia, y de sus rasgos, comportamiento, etc. También *s. m.* y *f.*

esta *pron. dem.* Véase **este**.

estabilidad (del lat. *stabilitas, -atis*) *s. f.* **1.** Cualidad de estable: *estabilidad atmosférica; estabilidad en el empleo.* **2.** Capacidad de un cuerpo de mantener o recuperar el equilibrio: *la estabilidad de un coche.* SIN. **1.** Firmeza, inmovilidad, invariabilidad, permanencia. ANT. **1.** y **2.** Inestabilidad, provisionalidad. **2.** Desequilibrio. FAM. Estabilizar. ESTABLE.

estabilización *s. f.* **1.** Acción de estabilizar. **2.** Acción de frenar la subida de los precios y mejorar otros aspectos de la economía después de un periodo de inestabilidad o crisis. ANT. **1.** y **2.** Desestabilización, desequilibrio.

estabilizador, ra *adj.* **1.** Que estabiliza. También *s. m.* y *f.* || *s. m.* **2.** Cada uno de los planos fijos en forma de aletas que dan estabilidad al avión. **3.** Mecanismo o dispositivo para evitar el balanceo en un barco o en un automóvil. **4.** En quím., sustancia coloidal que se añade a una suspensión para impedir su sedimentación. SIN. **1.** Afianzador, consolidador. **3.** Giroscopio. ANT. **1.** Desestabilizador.

estabilizante *adj.* **1.** Que estabiliza. || *s. m.* **2.** Sustancia que se añade a ciertos preparados para evitar su degradación.

estabilizar *v. tr.* **1.** Dar estabilidad a alguien o algo. También *v. prnl.*: *Viajaremos cuando se estabilice el tiempo.* **2.** Fijar y garantizar oficialmente el valor de la moneda de un país para evitar las oscilaciones del cambio. También *v. prnl.* ■ Delante de *e* se escribe *c* en lugar de *z*: *estabilice.* SIN. **1.** Equilibrar(se), afianzar(se), consolidar(se). ANT. **1.** Desequilibrar(se). **1.** y **2.** Desestabilizar(se). FAM. Estabilización, estabilizador, estabilizante. / Desestabilizar. ESTABILIDAD.

estable (del lat. *stabilis*) *adj.* **1.** Que no está en peligro de caer, cambiar, descomponerse o desaparecer: *un edificio estable.* **2.** Que permanece en un sitio o situación mucho tiempo o indefinidamente: *un inquilino estable.* **3.** Que conserva o recupera el equilibrio: *un automóvil muy estable.* SIN. **1.** Firme, sólido, seguro, constante, invariable. **2.** Duradero, permanente, fijo. ANT. **1.** Inconsistente, variable. **1.** y **2.** Inestable. **2.** Provisional, precario. FAM. Estabilidad, establecer, establemente. / Inestable, termoestable.

establecer (del lat. *stabilire*) *v. tr.* **1.** Poner o crear algo en un sitio: *establecer una sucursal.* **2.** Ordenar, disponer lo que debe hacerse: *El director estableció las normas.* **3.** Expresar un pensamiento, principio, etc., de valor general: *El libro establece la diferencia entre los estilos artísticos.* || **establecerse** *v. prnl.* **4.** Fijar la residencia en un lugar: *Se estableció en París.* **5.** Abrir por cuenta propia un establecimiento comercial: *Dejó el empleo y se estableció en su barrio.* **6.** Empezar a ejercer una profesión en un sitio determinado: *Se estableció como veterinario.* ■ Es v. irreg. Se conjuga como *agradecer.* SIN. **1.** Constituir, instituir, instaurar, fundar. **2.** Mandar, decretar. **3.** Señalar, especificar. **4.** Avecindarse, afincarse, domiciliarse. **4.** a **6.** Instalarse. ANT. **4.** Trasladarse. FAM. Establecedor, establecimiento. / Preestablecer, restablecer. ESTABLE.

establecimiento *s. m.* **1.** Acción de establecer o establecerse. **2.** Casa o local donde se ejerce una actividad comercial, social, de enseñanza, etc.: *un establecimiento docente.* **3.** Colonia fundada en un país por otros pueblos: *Cádiz fue un establecimiento fenicio.*

establishment (ingl.) *s. m.* Conjunto de personas, instituciones y entidades que controlan el poder político y socioeconómico en una sociedad.

establo (del lat. *stabulum*) *s. m.* **1.** Lugar cubierto en que se encierra el ganado. **2.** *fam.* Lugar muy sucio y con mal olor. SIN. **1.** Cuadra, caballeriza, cobertizo. **2.** Cochiquera, pocilga. FAM. Estabulación, estabular.

estabular (del lat. *stabulare*) *v. tr.* Criar y mantener los ganados en establos de manera temporal o permanente.

estaca (del gót. *stakka*, palo) *s. f.* **1.** Palo puntiagudo por un extremo para que se pueda clavar. **2.** Palo grueso y fuerte. **3.** Rama verde que se planta para que eche raíces y se convierta en un nuevo árbol. **4.** *Chile* Propiedad minera concedida a los peticionarios mediante ciertos trámites. **5.** *Ven.* Indirecta, comentario irónico. SIN. **2.** Garrote, tranca. **3.** Esqueje. FAM. Estacada, estacar, estacazo, estaquear, estaquilla.

estacada *s. f.* **1.** Serie de estacas clavadas en el suelo para cercar, defender, aislar, etc., un lugar: *Construyó una estacada para guardar el ganado.* **2.** Campo de batalla o lugar de un desafío. || LOC. **dejar** a uno **en la estacada** Abandonarle en un peligro o situación difícil. **quedar** (o **quedarse**) uno **en la estacada** Fracasar en una empresa, ser abandonado por alguien en un peligro o situación apurada.

estacar *v. tr.* **1.** Atar un animal a una estaca hincada en tierra. **2.** Señalar en el terreno una línea con estacas, como el límite de algo, el eje de un camino, etc. **3.** *Arg.*, *Chile*, *Col.*, *Méx.* y *Ven.* Fijar algo con estacas: *estacar un cuero.* **4.** *Col.* y *Ven.* Engañar a alguien, mentirle. || **estacarse** *v. prnl.* **5.** Quedarse inmóvil y rígido como una estaca. **6.** *Amér.* Lastimarse, herirse. ■ Delante de *e* se escribe *qu* en lugar de *c*: *estaque.*

estacazo *s. m.* **1.** Golpe dado con una estaca o garrote. **2.** P. ext., cualquier golpe fuerte. **3.** Daño o crítica violenta que uno recibe: *El autor sufrió los estacazos de la crítica.* SIN. **1.** Garrotazo, porrazo. **1.** y **3.** Palo, varapalo. **2.** Golpazo, tortazo, trastazo.

estacha *s. f.* **1.** Cuerda o cable atado al arpón con que se cazan ballenas. **2.** Cabo que se echa desde un barco para diversas faenas.

estación (del lat. *statio, -onis*) *s. f.* **1.** Cada uno de los cuatro periodos (primavera, verano, otoño e invierno) en que se divide un año. **2.** Temporada, tiempo: *la estación de las lluvias.* **3.** Lugar en que para habitualmente un tren, autobús, etc., destinado al servicio de pasajeros y mercancías. **4.** Sitio en que momentáneamente se detiene alguien o algo: *Las procesiones de Semana Santa hacen estación en la catedral.* **5.** Conjunto de aparatos e instalaciones para realizar una actividad determinada: *estación de esquí, de radio o televisión.* **6.** Centro de observación o experimentación científica: *una estación meteorológica, espacial.* **7.** En el vía crucis, cada una de las catorce escenas de la pasión de Cristo y oraciones que las acompañan. **8.** Visita que se hace por devoción a una iglesia o altar, especialmente para rezar ante el Santísimo Sacramento el Jueves y Viernes Santo. || **9. estación de servicio** Conjunto de instalaciones al servicio de los automovilistas en una carretera o autopista. SIN. **2.** Época, etapa. **4.** Parada, detención. FAM. Estacional, estacionar, estacionario. / Geoestacionario, subestación. ESTAR.

estacional (del lat. *stationalis*) *adj.* **1.** Propio o característico de cualquiera de las estaciones del año: *temperaturas estacionales.* **2.** Que se da sólo en algún tiempo del año: *empleo estacional.*

estacionamiento *s. m.* **1.** Acción de estacionar o estacionarse. **2.** Lugar de la vía pública donde pueden estacionarse los vehículos. || **3. estacionamiento en batería** Aquel en que los coches deben situarse paralelos unos a otros. **4. estacionamiento en línea** Aquel en que los vehículos deben situarse en fila, paralelos a la acera. SIN. **1.** y **2.** Aparcamiento. **2.** Parking.

estacionar (de *estación*) *v. tr.* **1.** Colocar en un sitio, especialmente un vehículo. También *v. prnl.* || **estacionarse** *v. prnl.* **2.** Pararse, quedar estancado: *La fiebre se estacionó.* SIN. **1.** Aparcar. **2.** Inmovilizarse, estabilizarse. ANT. **1.** Circular. **2.** Evolucionar. FAM. Estacionamiento. ESTACIÓN.

estacionario, ria *adj.* Invariable, en el mismo estado o situación: *El estado del enfermo continúa estacionario.* SIN. Estabilizado, estable. ANT. Variable.

estadía (del lat. *stativa*) *s. f.* **1.** Permanencia en un lugar. **2.** Tiempo que permanece el modelo ante el pintor o escultor. **3.** Cada uno de los días que transcurren desde la finalización del plazo estipulado para la carga o descarga de un barco mercante, por los cuales hay que pagar una indemnización. SIN. **1.** Estancia.

estadillo *s. m.* **1.** Cuadro con columnas, casillas, etc., en las que figuran diversos datos o que se dejan en blanco para incluirlos en ellas. **2.** Breve resumen estadístico.

estadio (del lat. *stadium*, y éste del gr. *stadion*) *s. m.* **1.** Recinto destinado a competiciones deportivas, con gradas para los espectadores. **2.** Etapa o fase de un proceso: *los distintos estadios de una enfermedad.* SIN. **1.** Campo. **2.** Ciclo.

estadista (de *estado*) *s. m.* **1.** Jefe de un Estado: *una reunión de estadistas europeos.* **2.** Persona experta en asuntos de Estado. **3.** Persona especializada en estadística.

estadística (de *estadista*) *s. f.* **1.** Ciencia que se ocupa de la recogida y ordenación de datos numéricos, para obtener a partir de ellos conclusiones basadas en el cálculo de probabilidades. **2.** Conjunto de estos datos. FAM. Estadístico. ESTADO.

estado (del lat. *status*) *s. m.* **1.** Situación en que se encuentra una persona o cosa: *una fruta en mal estado.* **2.** Forma de presentarse la materia según la cohesión de sus moléculas: *un cuerpo en estado sólido.* **3.** Clase o condición de una persona en el orden social: *Dejó el estado religioso.* **4.** Unidad política y administrativa superior, que ejerce su autoridad sobre todos los individuos de un territorio: *el Estado español.* **5.** Territorio y población correspondiente a un país o nación. **6.** En una federación, como Estados Unidos o Brasil, cada uno de los territorios autónomos que la componen: *el Estado de Texas.* ■ En las acepciones **4** a **6**, suele escribirse con mayúscula. **7.** Antiguamente, cada uno de los grupos en los que se dividía la sociedad: *estado llano.* **8.** Relación, inventario de partidas o conceptos: *estado de cuentas de una empresa, estado de existencias de un almacén.* **9.** Dominios de un rey, príncipe, etc. || **10. estado civil** Condición de cada persona en relación con los derechos y obligaciones civiles: *estado civil, soltero.* **11. estado de bienestar** Sistema de organización social que procura reducir las desigualdades entre los ciudadanos mediante compensaciones en la redistribución de las rentas y las prestaciones sociales. **12. estado de excepción** Situación declarada oficialmente grave para el orden público, en la que quedan suspendidas las garantías constitucionales. **13. estado mayor** En el ejército, cuerpo de oficiales encargados de informar técnicamente a los superiores, distribuir las órdenes y vigilar su cumplimiento. || LOC. **en estado (de buena esperanza** o **interesante)** *adj.* y *adv.* Se aplica a la mujer embarazada. SIN. **1.** Circunstancia, disposición. **4.** Administración. **7.** Estamento. FAM. Estadillo, estadio, estadista, estadística, estadual, estatal, estatificar, estatismo[2]. ESTAR.

estadounidense *adj.* De los Estados Unidos de América. También *s. m.* y *f.* SIN. Norteamericano, yanqui.

estadual *adj. Amér.* Estatal.

estafa *s. f.* Acción de estafar: *Fue víctima de una estafa.* SIN. Timo, engaño.

estafar *v. tr.* **1.** Privar a alguien mediante engaño de dinero u otros bienes. **2.** Dar a una persona menos de lo debido de una cosa o cobrarle más de lo justo: *Le estafaron en el precio.* **3.** Defraudar, no dar a alguien lo que esperaba: *Estafaron al público con el espectáculo.* SIN. **1.** y **2.** Timar, engañar. FAM. Estafa, estafador.

estafermo (del ital. *stà fermo*, está firme, sin moverse) *s. m.* **1.** *fam.* Persona que se queda parada, como embobada, y sin acción. **2.** *fam.* Persona de aspecto ridículo. **3.** En los juegos caballerescos, muñeco giratorio que al ser tocado por los corredores con la lanza se daba la vuelta y los golpeaba en la espalda si no pasaban por debajo de él con suficiente velocidad. SIN. **1.** Pasmarote. **2.** Esperpento, espantajo, adefesio.

estafeta (del ital. *staffetta*) *s. f.* Oficina de correos.

estafilococo (del gr. *staphyle*, racimo, y *kokkos*, grano) *s. m.* Bacteria de forma esférica que se agrupa en racimos, y produce en el hombre diversas enfermedades de tipo infeccioso.

estajanovismo (de *A. Stajanov*, minero soviético que estableció un récord de producción) *s. m.* Método para incrementar la productividad laboral mediante una serie de estímulos, como salarios más elevados y privilegios. FAM. Estajanovista.

estalactita (del gr. *stalaktis, -idos*, que cae gota a gota) *s. f.* Acumulación calcárea de forma larga y puntiaguda que cuelga del techo de algunas cuevas naturales, producida por la filtración de aguas con sales calizas o silíceas en disolución.

estalagmita (del gr. *stalagma, -atos*, líquido filtrado gota a gota) *s. f.* Acumulación calcárea de forma larga y puntiaguda, que se forma en el suelo de algunas cuevas naturales por el goteo desde una estalactita de agua con sales calizas o silíceas en disolución.

estalinismo *s. m.* Nombre que reciben las teorías y las prácticas políticas de Stalin y sus seguidores. FAM. Estaliniano, estalinista.

estallar *v. intr.* **1.** Romperse una cosa de golpe y con estruendo: *estallar una bomba.* **2.** Abrirse una cosa por efecto de la presión o la tirantez: *estallar las costuras del pantalón.* También *v. prnl.* **3.** Hacer algo un ruido seco, como el del látigo. **4.** Ocurrir repentina y violentamente una cosa: *estallar una revolución.* **5.** Manifestar de repente y con fuerza el llanto, la risa, el entusiasmo, etc.: *Estalló en carcajadas.* **6.** Terminar algo de forma brusca y desastrosa: *El día menos pensado esta situación estallará.* SIN. **1.**, **2.** y **6.** Explotar, reventar. **3.** Chascar, chasquear, restallar. **5.** Prorrumpir. FAM. Estallante, estallido. / Restallar.

estallido *s. m.* **1.** Acción de estallar. **2.** Ruido producido al estallar algo. **3.** Final brusco y grave de algo: *El negocio está a punto de dar un estallido.* SIN. **1.** Explosión, reventón. **2.** Estampido, zambombazo.

estambrar *v. tr.* Hacer estambre torciendo la lana.

estambre (del lat. *stamen, -inis*) *s. m.* **1.** Parte del vellón de lana compuesto de hebras largas. **2.** Hilo formado de estas hebras. **3.** Tejido hecho con este hilo. **4.** Órgano reproductor masculino de las flores, formado por un filamento y una cabeza terminal denominada antera, que contiene el polen. SIN. **3.** Urdimbre, estameña. FAM. Estambrar. / Estameña.

estamental *adj.* **1.** Relacionado con los estamentos. **2.** Estructurado u organizado en estamentos: *sociedad estamental.*

estamento (del bajo lat. *stamentum*, y éste del lat. *stare*, estar) *s. m.* **1.** Cada uno de los grupos sociales de la Europa medieval y del antiguo régimen con unas mismas condiciones legales y jurídicas. **2.** Grupo de una sociedad, definido por una serie de rasgos profesionales, sociales y culturales comunes: *el estamento militar, médico.* SIN. **1.** Estado, brazo. **2.** Clase. FAM. Estamental. ESTAR.

estameña (del lat. *staminea*, de estambre) *s. f.* Tela basta de lana, empleada generalmente para hábitos: *una túnica de estameña.* SIN. Urdimbre, estambre.

estampa *s. f.* **1.** Imagen o figura impresa: *un libro con estampas.* **2.** Papel o cartulina con una imagen religiosa: *una estampa de la Virgen.* **3.** Imprenta o impresión: *dar una obra a la estampa.* **4.** Figura, apariencia: *un toro de bella estampa.* **5.** Escena, cuadro, especialmente típico o pintoresco: *una estampa castiza de Madrid.* **6.** Persona que se parece mucho a otra que se expresa: *Es la viva estampa de su madre.* **7.** Persona que, por una determinada cualidad o condicion, sirve de ejemplo o representación de algo: *Era la estampa misma del dolor.* SIN. **1.** Lámina, cromo, grabado. **4.** Planta, porte, presencia, traza. **6.** Retrato. **7.** Personificación, encarnación. ANT. **7.** Antítesis. FAM. Estampilla, estampita. ESTAMPAR.

estampado, da 1. *p.* de **estampar**. También *adj.* || *adj.* **2.** Se dice de los tejidos con diferentes dibujos o labores. También *s. m.*: *Es un estampado muy llamativo.* **3.** Se dice del objeto que por presión o percusión se fabrica en matriz o molde: *una placa estampada.* También *s. m.* || *s. m.* **4.** Acción de estampar: *El estampado de este libro es diferente.* SIN. **4.** Estampación.

estampar (del germ. *stampón*, majar) *v. tr.* **1.** Dejar impresa una cosa sobre papel, tela, etc., mediante presión con un molde: *estampar un libro.* **2.** P. ext., escribir, especialmente la firma: *Estampó su firma al pie del escrito.* **3.** Dejar señalada por presión la huella de algo: *estampar la huella del pie en la arena.* También *v. prnl.* **4.** Dar determinada forma en relieve a una chapa metálica prensándola sobre un molde: *estampar una medalla.* **5.** Arrojar con violencia a una persona o cosa, haciéndola chocar contra algo: *Estampó el cacharro contra el suelo.* También *v. prnl.* **6.** Dar un golpe, beso, etc., produciendo un chasquido: *Le estampó dos besos.* **7.** Inculcar algo en la mente de una persona. También *v. prnl.*: *Sus palabras se estamparon en mi memoria.* SIN. **1.** Imprimir. **5.** Estrellar(se). **6.** Plantar, largar. **7.** Fijar(se), grabar(se). FAM. Estampa, estampación, estampado, estampador, estampida, estampido.

estampía, de *loc. adv.* De repente, precipitadamente: *Tan pronto terminó, salió de estampía.*

estampida *s. f.* **1.** Huida rápida e impetuosa del ganado. **2.** Estampido*. SIN. **1.** Espantada, desbandada. **2.** Estallido.

estampido (de *estampida*) *s. m.* Ruido grande y fuerte, como el producido por algo al estallar: *el estampido de un cohete.* || LOC. **dar un estampido** Explotar, tener algo un final brusco y grave. SIN. Estampida, detonación, estallido.

estampilla (dim. de *estampa*) *s. f.* **1.** Sello, por lo general de caucho, para estampar en ciertos documentos la firma de una persona, un letrero, etc. **2.** *Amér.* Sello de correos o fiscal. SIN. **1.** Cajetín. **2.** Timbre, póliza. FAM. Estampillado, estampilladora, estampillar. ESTAMPA.

estampillar *v. tr.* Marcar con una estampilla o sello. SIN. Sellar.

estampita *s. f.* **1.** *dim.* de **estampa**. || **2. timo de la estampita** Engaño en que uno o más timadores se aprovechan de la codicia de un incauto haciéndole pagar una cantidad de dinero a cambio de un grueso fajo de billetes que luego resultan ser papeles sin valor.

estancar *v. tr.* **1.** Detener el curso de algo, especialmente de una corriente de agua. También *v. prnl.*: *Las aguas se estancaron.* **2.** Detener la marcha o evolución de un asunto, proceso, etc. También *v. prnl.*: *El chico se estancó en sus estudios.* **3.** Prohibir la venta libre de una mercancía, concediendo el monopolio a alguna persona o entidad. ■ Delante de *e* se escribe *qu* en lugar de *c*: *estanque.* SIN. **2.** Empantanar(se), paralizar(se), atascar(se). ANT. **2.** Activar(se). **3.** Privatizar. FAM. Estancamiento, estanco, estanque.

estancia (de *estar*) *s. f.* **1.** Habitación o sala de una vivienda. **2.** Permanencia de alguien en un lugar: *su estancia en el extranjero.* **3.** Cantidad que se paga por esa permanencia. **4.** Estrofa formada por una combinación variable de versos endecasílabos y heptasílabos que se repite a lo largo de todo el poema. **5.** *Amér.* Hacienda de campo, especialmente la dedicada a la ganadería. **6.** *Cuba* y *Ven.* Quinta, casa de campo con huerta, cercana a la ciudad. SIN. **1.** Cuarto, aposento. **2.** Estadía. FAM. Estanciero. ESTAR.

estanciero, ra *s. m.* y *f. Amér.* El dueño de una estancia o el que cuida de ella.

estanco, ca (de *estancar*) *adj.* **1.** Se aplica a cosas perfectamente cerradas e incomunicadas entre sí: *compartimientos estancos.* || *s. m.* **2.** Prohibición de la venta libre de ciertos productos. **3.** Lugar en que se venden productos estancados, especialmente tabaco, sellos y papel timbrado. **4.** *Ec.* Tienda donde se vende aguardiente. SIN. **1.** Aislado, hermético. **3.** Expendeduría. FAM. Estanquero, estanquillo. ESTANCAR.

estándar (del ingl. *standard*) *adj.* **1.** Se aplica a lo que está unificado conforme a un modelo: *un tornillo de medidas estándar.* **2.** Se dice del producto fabricado en serie. **3.** Que copia algo muy extendido y repetido: *una sonrisa estándar.* || *s. m.* **4.** Tipo, patrón: *un estándar de vida.* ■ Se dice también *standard.* SIN. **1.** Normalizado, tipificado, típico. **3.** Habitual, estereotipado. FAM. Estandarización, estandarizar.

estandarizar *v. tr.* **1.** Ajustar algo a un tipo, modelo o norma: *Quieren estandarizar la fabricación del producto.* **2.** Uniformar, igualar: *estandarizar los gustos.* También *v. prnl.* ■ Delante de *e* se escribe con *c* en lugar de *z*: *estandarice.* SIN. **1.** Normalizar, tipificar. **2.** Estereotipar, homogeneizar. ANT. **1.** Singularizar. **2.** Diversificar.

estandarte (del ant. fr. *standart*, y éste del germ. *standan*, estar en pie) *s. m.* Insignia o bandera distintiva de un cuerpo de caballería, una corporación religiosa, etc. FAM. Portaestandarte.

estannífero, ra (del lat. *stannum*, estaño, y *ferre*, llevar) *adj.* Que contiene estaño.

estanque (de *estancar*) *s. m.* Depósito artificial de agua, construido para riego, cría de peces, etc., o como elemento de adorno: *el estanque del jardín.*

estanquero, ra *s. m.* y *f.* Persona encargada de un estanco o expendeduría de tabaco.

estanquillo *s. m.* **1.** *Amér.* Tienda, generalmente estatal o municipal, donde se vende tabaco y baratijas. **2.** *Ec.* Taberna.

estante (del lat. *stans, stantis*) *s. m.* Tabla horizontal que forma parte de un mueble o se adosa directamente a la pared para colocar cosas encima: *Hay varios estantes en la despensa.* SIN. Anaquel, repisa, balda. FAM. Estantería. ESTAR.

estantería *s. f.* Mueble formado por estantes.

estantigua (contr. de *hueste antigua*) *s. f.* **1.** Fantasma, visión que causa miedo: *No creo en aparecidos ni estantiguas.* **2.** *fam.* Persona alta, delgada y extravagantemente vestida. SIN. **1.** Espectro, aparición. **2.** Mamarracho, adefesio, espantajo.

estañadura *s. f.* **1.** Acción de estañar. **2.** Soldadura hecha con estaño: *Se ha desprendido la estañadura de la cadena.*

estañar (del lat. *stagnare*, de *stagnum*, estaño) *v. tr.* **1.** Cubrir o bañar con estaño una pieza de otro metal. **2.** Soldar una cosa con estaño.

estaño (del lat. *stannum* o *stagnum*, estaño) *s. m.* Metal de color blanco plateado, más duro y brillante que el plomo, resistente a la humedad, que se utiliza para fabricar hojalata, en aleaciones como el bronce, en soldaduras, en el envasado de alimentos, etc. Su símbolo es *Sn.* FAM. Estañador, estañadura, estañar. / Estannífero.

estaquear *v. tr. Amér. del S.* Torturar a una persona, atando sus miembros a estacas clavadas en el suelo.

estaquilla (dim. de *estaca*) *s. f.* **1.** Trozo pequeño de madera con que se clava o sujeta algo: *Aseguraron los estantes con estaquillas.* **2.** Pequeño clavo de forma piramidal y sin cabeza.

estar (del lat. *stare*) *v. cop.* **1.** Encontrarse en cierta situación, manera, etc.: *Está sentado. Estar en paro.* También *v. prnl.* **2.** Con algunos adjetivos, sentir o experimentar lo que éstos significan: *Está contento.* **3.** Quedarle a alguien una prenda de vestir de la manera que se indica: *El abrigo te está estrecho.* **4.** Seguido de adverbios como *bien*, *mal*, etc., o ciertos adjetivos, encontrarse de salud como éstos indican: *Estoy pachucho.* **5.** Seguido de *que* y otro verbo, encontrarse en la situación o actitud que se expresa: *Está que muerde.* **6.** Con la preposición *de*, encontrarse haciendo algo o hallarse en determinadas circunstancias: *estar de mudanza, estar de viaje.* **7.** Con la preposición *de*, desempeñar un empleo o cargo: *Está de traductor.* **8.** Con la preposición *de*, y sustantivos como *semana*, *mes*, etc., indica el tiempo de embarazo de una mujer: *Está de tres meses.* || *v. intr.* **9.** Existir o hallarse en cierto lugar, momento, etc.: *Está en Lisboa. Estamos en mayo.* **10.** Con la preposición *a* y el día del mes o de la semana, indica que es ése el día que corre: *Estamos a miércoles.* **11.** Con la preposición *a* y ciertos sustantivos, comprometerse a realizar lo que éstos expresan: *Estoy a sus órdenes.* **12.** Con la preposición *a* y un numeral, tener un valor o precio en el mercado: *El kilo está a dos euros.* **13.** Con la preposición *a* y grados del termómetro, de longitud o latitud, etc., sirve para indicarlos: *Estamos a 29 grados.* **14.** Seguido de la preposición *con* y un nombre de persona, convivir, trabajar o permanecer con ella: *Hace muchos años que está con Jorge. Estaré toda la mañana con los vendedores.* **15.** En 3.ª pers. del sing., con la preposición *en* seguida de un sustantivo, consistir, ser la causa o el motivo de lo que se expresa: *El mérito está en su generosidad.* **16.** Con la preposición *en*, suponer, creer: *Estoy en que no se dio cuenta.* **17.** Con la preposición *en* seguida generalmente de un pronombre neutro, atender, realizar en ese mismo momento lo que éste indica: *Ahora estamos en ello.* **18.** Seguido de la preposición *sobre*, vigilar, cuidar, tener alguien bajo su responsabilidad: *estar sobre un asunto.* **19.** Seguido de la preposición *para* y ciertos sustantivos o verbos en infinitivo, encontrarse preparado o en disposición para hacer lo que éstos expresan: *Ya estaba para salir. No estoy para esos trotes.* **20.** Con la preposición *para*, indica el uso o utilidad del sustantivo de que se trate: *El dinero está para gastarlo.* **21.** Con la preposición *por*, ser partidario de alguien o algo: *Estoy por la democracia.* **22.** Con la preposición *por* y el infinitivo de algunos verbos, no haberse realizado todavía la acción que éstos expresan: *Las camas están por hacer.* **23.** Con la preposición *por* y el infinitivo de algunos verbos, haberse casi decidido a hacer alguna cosa o sentir la tentación de hacerla: *Estoy por comprarlo.* || **estarse** *v. prnl.* **24.** Quedarse o permanecer en algún sitio: *Se estuvo toda la tarde con ella.* || *v. aux.* **25.** Puede formar la voz pasiva de algunos verbos: *El ciclo de conferencias estuvo coordinado por el catedrático.* **26.** Seguido de un gerundio, presenta una acción que se está realizando: *Está hablando con él.* ■ El verbo *estar* puede utilizarse también en ger.: *Estando durmiendo me llamaron por teléfono*; y equivale a: *Mientras dormía.* || LOC. **¿estamos?** *interr.* Se emplea para apoyar lo que se dice o comprobar si hay acuerdo o conformidad. **estar a la que salta** *fam.* Estar atento a cualquier cosa para no desaprovechar ninguna oportunidad. **estar a mal con** una persona Llevarse mal con ella. **estar con** Compartir su misma opinión: *En lo que has dicho estoy contigo.* **estar de más** alguien o algo No tener una persona trabajo u ocupación; tambien, ser inútil o molesto, sobrar: *Lo que has dicho está de más.* **estar en todo** Atender muchas cosas a la vez sin descuidar ningún detalle. **estar** algo **por ver** Dudar sobre la realización, verdad o eficacia de alguna cosa. ■ Es v. irreg. SIN. **3.** Caer, sentar, venir. **7.** Trabajar. **9.** Vivir, residir. **12.** Costar, valer, importar. **16.** Considerar, estimar. **21.** Apoyar. FAM. Estación, estadía, estado, estafermo, estamento, estancia, estante, estático, estatua, estatuir, estatura, estatuto. / Bienestar, malestar, sobrestante.

ESTAR	
INDICATIVO	
Presente	**Pretérito perfecto simple**
estoy	*estuve*
estás	*estuviste*
está	*estuvo*
estamos	*estuvimos*
estáis	*estuvisteis*
están	*estuvieron*
SUBJUNTIVO	
Pretérito imperfecto	**Futuro**
estuviera, -ese	*estuviere*
estuvieras, -eses	*estuvieres*
estuviera, -ese	*estuviere*
estuviéramos, -ésemos	*estuviéremos*
estuvierais, -eseis	*estuviereis,*
estuvieran, -esen	*estuvieren*

estarcir (del lat. *extergere*, limpiar frotando) *v. tr.* Reproducir dibujos, letras, etc., recortando su silueta en una chapa, colocando ésta sobre una superficie y pintando encima de modo que al retirar la chapa queda marcado el dibujo. ■ Delante de *a* y *o* se escribe *z* en lugar de *c*: *estarza.* FAM. Estarcido.

estárter *s. m.* Starter*.

estasis (del gr. *stasis*, detención) *s. f.* Estancamiento de la sangre u otro líquido en alguna parte del cuerpo. ■ No varía en *pl.*

estatal *adj.* Relativo al Estado: *un organismo estatal.* **SIN.** Oficial, gubernamental, público. **ANT.** Privado. **FAM.** Estatalización, estatalismo, estatalizar. / Interestatal, paraestatal. ESTADO.

estatalismo *s. m.* Estatismo[2]*.

estatalizar *v. tr.* Poner bajo la administración del Estado: *estatalizar una empresa.* ■ Delante de *e* se escribe *c* en lugar de *z*: *estatalicen.* **ANT.** Privatizar.

estática (del gr. *statike*) *s. f.* **1.** Parte de la mecánica que estudia las leyes del equilibrio. **2.** Conjunto de estas leyes. **FAM.** Hidrostática. ESTÁTICO.

estático, ca (del gr. *statikos*, de *stemi*, dejar fijo) *adj.* **1.** Relativo a la estática. **2.** Que permanece en un mismo estado sin cambios. **3.** Paralizado de admiración, asombro o emoción: *Al contemplar por vez primera el mar se quedó estático.* **SIN.** **2.** Fijo, invariable, quieto, inmóvil. **3.** Pasmado, asombrado. **ANT.** **1.** y **2.** Dinámico. **2.** Cambiante. **FAM.** Estasis, estática, estatismo[1], estator. / Aerostático. ESTAR.

estatificar *v. tr.* Estatalizar*. ■ Delante de *e* se escribe *qu* en lugar de *c*: *estatifique.* **FAM.** Estatificación. ESTADO.

estatismo[1] *s. m.* Cualidad de estático.

estatismo[2] (de *estado*) *s. m.* Tendencia política partidaria de la intervención del Estado en todos los asuntos de un país.

estator o **estátor** *s. m.* Parte inmóvil de los motores o generadores eléctricos, por oposición a rotor o parte giratoria.

estatua (del lat. *statua*) *s. f.* **1.** Obra de escultura que representa una figura humana, animal, etc.: *una estatua de Bolívar.* **2.** Persona fría y sin iniciativa. **FAM.** Estatuaria, estatuario, estatuilla. ESTAR.

estatuaria (del lat. *statuaria*) *s. f.* Arte y técnica de hacer estatuas.

estatuario, ria (del lat. *statuarius*) *adj.* **1.** Relativo a la estatuaria. **2.** Propio de una estatua por su belleza o perfección: *un gesto estatuario.*

estatuilla (dim. de *estatua*) *s. f.* Estatua de pequeño tamaño.

estatuir (del lat. *statuere*) *v. tr.* **1.** Establecer, ordenar: *El consejo escolar estatuyó varias normas.* **2.** Afirmar como verdad un hecho o doctrina. ■ Es v. irreg. Se conjuga como *huir.* **SIN.** **1.** Instituir, decretar, determinar. **2.** Sostener, asentar. **ANT.** **1.** Derogar, abolir. **2.** Invalidar.

estatura (del lat. *statura*) *s. f.* **1.** Medida de una persona desde los pies a la cabeza: *un hombre de mediana estatura.* **2.** Dimensión, elevación, calidad: *una mujer de gran estatura moral.* **SIN.** **1.** y **2.** Talla, altura.

estatus *s. m.* Status*.

estatutario, ria *adj.* De los estatutos o que está estipulado en ellos.

estatuto (del lat. *statutum*) *s. m.* **1.** Ley, ordenamiento jurídico: *el estatuto de los trabajadores.* **2.** Conjunto de normas por las que se rige una sociedad o corporación. Se usa más en *pl.*: *los estatutos de una academia.* || **3. estatuto de autonomía** En España, conjunto de leyes y normas por las que se rigen las comunidades autónomas y que sólo es inferior a la Constitución. **SIN.** **1.** Decreto. **2.** Reglas, ordenanzas, disposiciones. **FAM.** Estatutario. ESTAR.

este (del ingl. ant. *east*) *s. m.* **1.** Punto cardinal por donde sale el Sol. **2.** Parte de un país, región, etc., situada al oriente. **3.** Viento que viene del oriente. ■ En las dos últimas acepciones, se usa también en aposición. **SIN.** **1.** y **3.** Levante. **ANT.** **1.** a **3.** Oeste. **FAM.** Estenordeste, estesudeste. / Nordeste, noreste, oeste, sudeste, sureste.

este, esta, esto (del lat. *iste, ista, istud*) *pron. dem., m., f.* y *n.* **1.** Señala a una persona, animal o cosa que está cerca del que habla y del que escucha. En masculino y femenino, también *adj.* ■ Las formas plural de los demostrativos son *estos* y *estas* para masculino y femenino respectivamente. Cuando es adjetivo no lleva nunca acento gráfico; sin embargo, las formas de masculino y femenino suelen escribirse con acento cuando son pronombres. **2.** En femenino singular y plural significa ocasión, situación, jugada, etc., o equivale a un sustantivo no expreso: *No te verás en otra como ésta.* || *adj.* **3.** Pospuesto al nombre, demuestra enfado o desdén: *¿Qué se habrá creído el niño este?* || **LOC. a todo esto** *adv.* Introduce en la conversación un comentario al margen de la misma o relacionado con algo que se acaba de mencionar: *A todo esto, ¿qué tal te va?* **en esto** *adv.* En ese momento, entonces: *Íbamos a acostarnos, pero en esto llamaron a la puerta.*

esteárico *adj.* Se dice del ácido orgánico graso en cuya cadena hay dieciocho átomos de carbono. **FAM.** Estearina, esteatita.

estearina (del gr. *stear, steatos*, sebo) *s. f.* Éster formado por el ácido esteárico y la glicerina.

esteatita (del lat. *steatitis*, y éste del gr. *stear, steatos*, sebo, grasa sólida) *s. f.* Variedad de talco muy untuoso, de color gris o verde grisáceo.

estegosaurio (del gr. *stegos*, techo, y *sauros*, lagarto) *s. m.* Dinosaurio que se caracterizaba por tener placas dérmicas dorsales en forma de cresta, espinas en la cola y patas posteriores rematadas en tres dedos con pezuñas.

estela[1] (del lat. *aestuaria*, de *aestuarium*, agitación del mar) *s. f.* **1.** Señal que deja en el agua una embarcación o cualquier otro cuerpo en movimiento. **2.** Rastro que deja tras sí un cuerpo luminoso en el firmamento: *la estela de una estrella fugaz.* **3.** P. ext., cualquier otra huella que deja un cuerpo en movimiento: *la estela de un reactor, la estela de un cohete.* **4.** Recuerdo, impresión, consecuencia que permanece de alguna cosa ocurrida: *Su paso por el pueblo dejó una estela de simpatía.* **SIN.** **4.** Vestigio.

estela[2] (del lat. *stela*, y éste del gr. *stele*) *s. f.* Monumento conmemorativo formado por una piedra en forma de lápida, prisma, columna, etc., que se levanta sobre el suelo: *una estela funeraria romana.*

estelar (del lat. *stellaris*) *adj.* **1.** Relativo a las estrellas. **2.** De mucha importancia o de gran categoría: *la figura estelar del espectáculo, un momento estelar de la historia.* **SIN.** **2.** Principal, culminante, sobresaliente. **FAM.** Estelaridad. / Interestelar. ESTRELLA.

estelaridad *s. f. Chile* Popularidad.

estenocardia (del gr. *stenos*, estrecho, y *kardia*, corazón) *s. f.* Angina* de pecho.

estenografía (del gr. *stenos*, estrecho, y *-grafía*) *s. f.* Taquigrafía*. **FAM.** Estenógrafo.

estenordeste o **estenoreste** *s. m.* **1.** Punto del horizonte entre el E y el NE, a igual distancia de ambos. **2.** Viento que sopla de esta parte.

estenosis (del gr. *stenos*, estrecho, y *-osis*) *s. f.* Estrechez o estrechamiento anormal de un orificio o conducto anatómico; puede ser congénita o accidental: *una estenosis arterial.* ■ No varía en *pl.* **FAM.** Estenocardia.

estenotipia (del gr. *stenos*, estrecho, y *typos*, molde, modelo) *s. f.* **1.** Taquigrafía a máquina. **2.** Máquina taquigráfica capaz de transcribir textos a la velocidad de la palabra hablada, cuyo teclado permite imprimir, en forma fonética simplificada, sílabas y palabras completas en una sola pulsación. **FAM.** Estenotipista. TIPO.

estentóreo, a (del lat. *stentoreus*, de *Stentor*, Esténtor, héroe griego en el sitio de Troya, de voz muy potente) *adj.* Se dice de la voz, grito o sonido muy fuertes: *Tiene un hablar estentóreo.* **SIN.** Retumbante, ruidoso, estruendoso, estridente. **ANT.** Suave, susurrante.

estepa (del ruso *step*) *s. f.* **1.** Formación vegetal de plantas adaptadas a la sequedad, especialmente de la familia gramíneas, que se extiende por zonas subdesérticas cálidas y frías de todos los continentes. **2.** Llanura muy extensa donde crece este tipo de vegetación. **3.** Terreno seco con poca vegetación. **SIN. 3.** Yermo, erial. **FAM.** Estepario.

éster *s. m.* Serie de compuestos orgánicos obtenidos por la adición de un ácido y un alcohol con eliminación de agua. **FAM.** Poliéster.

estera (del lat. *storea*) *s. f.* **1.** Tejido grueso de esparto, junco, etc., que se utiliza para cubrir el suelo. **2.** Con expresiones que significan dar o recibir palos, se usa como comparación para intensificar ese sentido: *Te van a sacudir más que a una estera.* **SIN. 1.** Felpudo, ruedo. **FAM.** Esterar, esterería, esterero, esterilla.

esteral *s. m. Arg., Par.* y *Urug.* Terreno pantanoso. **SIN.** Estero.

esterar *v. tr.* Cubrir con esteras el suelo: *esterar el pasillo.*

estercolar *v. tr.* **1.** Echar estiércol a la tierra: *estercolar una huerta.* || *v. intr.* **2.** Expulsar los animales el excremento. **FAM.** Estercoladura, estercolamiento. ESTIÉRCOL.

estercolero, ra *s. m.* y *f.* **1.** Persona que recoge y saca el estiércol. || *s. m.* **2.** Sitio donde se recoge y amontona el estiércol. **3.** Lugar muy sucio: *El patio es un estercolero.* **4.** P. ext., persona o cosa considerada sucia o vergonzosa según la moral establecida. **SIN. 2.** Muladar. **3.** Cochinera, cochiquera, pocilga. **4.** Basura.

estéreo *adj.* Estereofónico*. También *s. m.*

estereofonía (del gr. *stereos*, fuerte, y *-fonía*) *s. f.* Técnica de grabación y reproducción del sonido por medio de dos o más canales, que seleccionan los tonos y consiguen así una sensación de relieve acústico. **FAM.** Estereo, estereofónico.

estereofónico, ca *adj.* **1.** Relativo a la estereofonía: *sonido estereofónico.* **2.** Se aplica al equipo de grabación y reproducción de sonido que emplea dicha técnica. También *s. m.* ■ Se dice también *estéreo.*

estereografía (del gr. *stereos*, sólido, y *-grafía*) *s. f.* Arte de representar cuerpos sólidos proyectados en un plano. **FAM.** Estereográfico, estereógrafo.

estereometría (del lat. *stereometria*, y éste del gr. *stereometria*) *s. f.* Parte de la geometría que trata de la medida de los cuerpos sólidos. **FAM.** Estereométrico.

estereoscopio (del gr. *stereos*, sólido, y *skopeo*, mirar, ver) *s. m.* Aparato óptico en el que, al mirar con ambos ojos, se ven dos imágenes de un objeto que, al fundirse en una, producen una sensación de relieve. **FAM.** Estereoscópico.

estereotipado, da 1. *p.* de **estereotipar**. También *adj.* || *adj.* **2.** Se dice de los gestos, fórmulas, expresiones, conductas, etc., que se repiten siempre de la misma manera o que se usan de manera formularia.

estereotipar *v. tr.* **1.** Fundir en una plancha de una sola pieza la composición hecha con caracteres o letras movibles. **2.** Imprimir con esas planchas: *estereotipar un libro.* **3.** Fijar y repetir sin variaciones un gesto, una frase, un estilo, un procedimiento artístico, etc.

estereotipia (del gr. *stereos*, sólido, y *typos*, molde) *s. f.* **1.** Procedimiento para reproducir una composición tipográfica, que consiste en estampar en un cartón especial o lámina de otra materia la página compuesta con caracteres o letras movibles, de manera que ese cartón o lámina sirva de molde para fundir el metal y obtener así las planchas de imprimir. **2.** Oficina donde se estereotipa. **3.** Máquina de estereotipar. **4.** Repetición involuntaria, brusca e intempestiva de expresiones verbales, gestos, movimientos, que tiene lugar en enfermedades psiquiátricas y neurológicas.

estereotipo *s. m.* **1.** Modelo o norma fija de conducta, de cualidades, etc. **2.** Idea simplificada y comúnmente admitida que se tiene acerca de alguien o algo. **3.** Plancha de impresión estereotípica. **SIN. 1.** Patrón, pauta. **2.** Tópico, cliché. **FAM.** Estereotipado, estereotipar, estereotipia, estereotípico. TIPO.

estéril (del lat. *sterilis*) *adj.* **1.** Que no da fruto o no produce nada: *un campo estéril, una mente estéril.* **2.** Se aplica a la persona o animal que no puede reproducirse. **3.** Se dice del año de muy mala cosecha y de las épocas de miseria. **4.** Se aplica a lo que está libre de gérmenes que pueden causar enfermedad: *gasa estéril.* **5.** Que no da resultado: *una gestión estéril.* **SIN. 1.** Árido, infructuoso, yermo. **1.** a **3.** Infecundo. **1.** y **3.** Improductivo. **4.** Esterilizado, aséptico. **5.** Inútil, ineficaz. **ANT. 1.** y **2.** Fecundo. **1.** a **3.** Fértil. **1.** y **3.** Productivo. **5.** Útil, eficaz. **FAM.** Esterilidad, esterilizar, estérilmente.

esterilizar *v. tr.* **1.** Hacer estéril a una persona o animal. También *v. prnl.* **2.** Destruir los gérmenes causantes de enfermedades que hay o puede haber en alguna cosa: *esterilizar la leche, esterilizar un bisturí.* ■ Delante de *e* se escribe *c* en lugar de *z*: *esterilice.* **SIN. 1.** Castrar. **2.** Desinfectar. **FAM.** Esterilización, esterilizador. ESTÉRIL.

esterilla (dim. de *estera*) *s. f.* **1.** Estera para tumbarse a tomar el sol en la playa y en la piscina. **2.** Tejido de hilos gruesos y separados.

esterlina *adj.* Se aplica a la libra, unidad monetaria del Reino Unido. También *s. f.*

esternocleidomastoideo *s. m.* Músculo del cuello cuya función consiste en permitir el giro y la flexión lateral de la cabeza.

esternón (del gr. *sternon*, de *sternumi*, extender) *s. m.* Hueso plano de forma alargada y terminado en punta, que cierra verticalmente la caja torácica por delante y con el cual se articulan los siete primeros pares de costillas. **FAM.** Esternocleidomastoideo.

estero (del lat. *aestuarium*) *s. m.* **1.** Zona costera que se inunda con la subida de la marea. **2.** *Amér.* Terreno bajo pantanoso, intransitable, que suele llenarse de agua, y que tiene plantas acuáticas en abundancia. **3.** *Chile* y *Ec.* Riachuelo. **FAM.** Esteral. / Estuario.

esteroide *s. m.* Nombre genérico de las sustancias derivadas del colesterol, que comprenden al propio colesterol, los ácidos biliares, las hormonas sexuales y suprarrenales y la vitamina D.

estertor (del lat. *stertere*, roncar) *s. m.* **1.** Respiración jadeante o dificultosa que produce un sonido ronco o a manera de silbido y que es propia de los moribundos. **2.** Ruido anormal que se produce al pasar el aire por las vías respiratorias obstruidas. **FAM.** Estertóreo.

estesudeste o **estesureste** *s. m.* **1.** Punto del horizonte entre el E y el SE, a igual distancia entre ambos. **2.** Viento que sopla de esta parte.

esteta *s. m.* y *f.* **1.** Persona que sigue una actitud esteticista. **2.** Persona entendida en estética. SIN. **2.** Estético.

estética *s. f.* **1.** Rama de la filosofía que trata de la belleza en el arte y en la naturaleza. **2.** Modo particular de entender o realizar el arte y la belleza: *la estética del realismo literario.* **3.** Apariencia de una persona o cosa desde el punto de vista de la belleza: *la estética de una fachada.*

esteticismo *s. m.* Actitud que concede más importancia a la belleza que a los aspectos intelectuales, sociales, morales, etc., en cualquier faceta de la vida, y especialmente en las obras literarias y artísticas.

esteticista *adj.* **1.** Relativo al esteticismo. || *s. m.* y *f.* **2.** Especialista en el cuidado y embellecimiento del cuerpo humano, particularmente del rostro. SIN. **2.** Esthéticienne.

estético, ca (del gr. *aisthetikos*, propio de los sentidos) *adj.* **1.** Relativo a la estética. **2.** Relativo a la apreciación de la belleza: *una emoción estética.* **3.** Artístico, de aspecto bello: *un edificio estético.* || *s. m.* y *f.* **4.** Persona que se dedica al estudio de la estética. SIN. **3.** Decorativo. **4.** Esteta. ANT. **3.** Antiestético. FAM. Esteta, estética, estéticamente, esteticismo, esteticista. / Antiestético.

estetoscopia *s. f.* **1.** Exploración realizada por medio del estetoscopio. **2.** Conjunto de signos que aporta esta exploración.

estetoscopio (del gr. *stethos*, pecho, y *-scopio*) *s. m.* Instrumento utilizado en medicina para auscultar. FAM. Estetoscopia, estetoscópico.

esteva (del lat. vulg. *steva*, del lat. *stiva*) *s. f.* Pieza curva de la parte posterior del arado, que el campesino agarra con la mano para guiar la reja y hundirla más o menos en la tierra. SIN. Mancera. FAM. Estevado.

estevado, da (de *esteva*) *adj.* Se dice del que tiene las piernas torcidas, de manera que estando los pies juntos quedan separadas las rodillas. También *s. m.* y *f.*

esthéticienne (fr.) *s. f.* Mujer especializada en el cuidado y embellecimiento del cuerpo humano, principalmente del rostro. SIN. Esteticista.

estiaje (del fr. *étiage*) *s. m.* **1.** Disminución del caudal de un río o del nivel de las aguas de un lago, laguna, etc., durante cierta época del año. **2.** Tiempo que dura esta disminución.

estiba *s. f.* **1.** Acción de estibar. **2.** Peso que se pone en el fondo de un barco cuando va poco cargado. SIN. **1.** Estibación. **2.** Lastre.

estibar (del lat. *stipare*) *v. tr.* **1.** Colocar algo de modo que ocupe el menor espacio posible. **2.** Distribuir adecuadamente los pesos de un buque. **3.** P. ext., cargar y descargar mercancías de los barcos: *Estibaron maderas en el muelle.* FAM. Estiba, estibación, estibador. / Entibar.

estiércol (del lat. *stercus, -oris*) *s. m.* **1.** Excremento de los animales. **2.** Abono muy rico en nitrógeno que consiste en excremento de animales mezclado con restos vegetales. FAM. Estercolar, estercolero.

estigma (del lat. *stigma*, del gr. *stigma*, picadura, de *stizo*, picar, punzar) *s. m.* **1.** Marca o señal en el cuerpo. **2.** Marca impuesta con un hierro candente como castigo deshonroso o como signo de esclavitud. **3.** Señal impresa sobrenaturalmente en el cuerpo de algunos santos y místicos como símbolo de la participación de sus almas en la pasión de Cristo. **4.** Motivo de deshonra o infamia para alguien: *los estigmas de la corrupción.* **5.** Síntoma o signo persistentes característicos de ciertas enfermedades: *los estigmas de la sífilis.* **6.** Parte superior del pistilo de la flor donde es recogido el polen. **7.** Cada uno de los pequeños orificios que tiene el tegumento de insectos, arácnidos y miriápodos, por donde penetra el aire en la tráquea. SIN. **1.** Signo, huella. **3.** Llaga. **4.** Afrenta, mancha. FAM. Estigmatizar.

estigmatizar (del gr. *stigmatizo*) *v. tr.* **1.** Marcar a uno con hierro candente. **2.** Afrentar, infamar, manchar. **3.** Imprimir a una persona sobrenaturalmente las llagas de Jesucristo. ■ Delante de *e* se escribe *c* en lugar de *z*: *estigmatice.* FAM. Estigmatizador. ESTIGMA.

estilar (de *estilo*) *v. intr.* Usar, tener por costumbre, estar de moda. También *v. prnl.*: *Se estilan mucho esos zapatos.* SIN. Llevarse.

estilete (dim. de *estilo*) *s. m.* **1.** Puñal de hoja muy estrecha y aguda. **2.** Estilo pequeño, punzón con que los antiguos escribían y gnomon del reloj de sol. **3.** Sonda metálica, flexible o rígida, terminada en una bolita.

estilismo *s. m.* **1.** Tendencia a cuidar el estilo al escribir, dando más importancia a la forma que al contenido. **2.** Actividad y profesión del estilista de moda, decoración, etc.

estilista *s. m.* y *f.* **1.** Escritor u orador que se distingue por lo cuidado y elegante de su lenguaje. **2.** Persona responsable de todo lo relacionado con el estilo y la imagen en revistas de moda, en decoración, en ciertos espectáculos, etc. FAM. Estilismo. ESTILO.

estilística *s. f.* Estudio del estilo y de la expresión lingüística en general.

estilístico, ca *adj.* Relativo al estilo de escribir o de hablar.

estilita (del gr. *stylites*) *adj.* Se dice del anacoreta que por austeridad vivía sobre una columna. También *s. m.* y *f.*: *Simeón el estilita.*

estilizado, da **1.** *p.* de **estilizar**. También *adj.* || *adj.* **2.** Delgado, esbelto. SIN. **2.** Fino.

estilizar (de *estilo*) *v. tr.* **1.** Representar artísticamente una cosa, resaltando tan sólo sus rasgos elementales. **2.** Afinar, adelgazar: *El Greco estilizaba las figuras.* También *v. prnl.* ■ Delante de *e* se escribe *c* en lugar de *z*: *estilice.* FAM. Estilización, estilizado. ESTILO.

estilo (del lat. *stilus*, y éste del gr. *stylos*) *s. m.* **1.** Manera de hacer algo propia de una persona, un país, una época, una escuela, etc.: *El nuevo profesor ha impuesto su estilo de enseñanza en la clase.* **2.** Conjunto de rasgos que distinguen y caracterizan a un escritor, artista, género literario, corriente artística, uso del idioma, etc. **3.** Forma de practicar un deporte: *estilo mariposa.* **4.** Modo, tipo, carácter: *Tiene un estilo de vida elevado, una chaqueta de estilo deportivo.* **5.** Costumbre, uso, moda: *Llevaba sombrero, siguiendo el estilo de su época.* **6.** Elegancia, distinción: *Tiene estilo vistiendo.* **7.** Prolongación del ovario de las flores, en forma de hilo y hueca, que termina en el estigma. **8.** Punzón con el que los antiguos escribían sobre tablillas enceradas. **9.** Gnomon del reloj de sol. **10.** En una brújula, púa sobre la que gira la aguja. || **11. estilo directo** En ling., manera de reproducir las palabras de una persona o de un personaje refiriéndolas textualmente: *Me dijo: vete de aquí.* **12. estilo indirecto** Aquel en que el discurso no se reproduce literalmente, sino transformado en una oración subordinada: *Me* *dijo que me fuera de allí.* || LOC. **por el estilo** *adj.* y *adv.* Parecido o aproximado. SIN. **1.** Peculiaridad, singularidad. **3.** Modalidad. **4.** y **6.** Clase. **5.** Usanza, gusto. FAM. Estilar, estilete, estilista, estilística, estilístico, estilizar, estilográfico, estiloso.

estilóbato (del lat. *stylobata*, y éste del gr. *stylobates*) *s. m.* Base, generalmente con tres gradas, sobre la que se apoya el templo griego.

estilográfico, ca (del lat. *stilus*, del gr. *stylos*, punzón, y *grafo*, escribir) *adj.* **1.** Se dice de la pluma que escribe con la tinta de un depósito que lleva en el mango. También *s. f.* **2.** Se dice de lo escrito con esta pluma.

estiloso, sa *adj.* Que tiene estilo o clase: *una mujer muy estilosa.*

estima *s. f.* Aprecio, afecto. SIN. Estimación. FAM. Autoestima. ESTIMAR.

estimación (del lat. *aestimatio, -onis*) *s. f.* **1.** Acción de estimar o valorar: *El perito hizo una estimación de los daños.* **2.** Aprecio, afecto: *Se ha ganado la estimación de todos.* SIN. **1.** Evaluación, apreciación, cálculo, tasación. **2.** Estima, consideración, respeto. ANT. **2.** Desprecio.

estimar (del lat. *aestimare*) *v. tr.* **1.** Dar valor o importancia a una persona o cosa: *Estiman su profesionalidad. Estimo en mucho lo que haces.* También *v. prnl.* con valor reflexivo: *Me estimo en poco.* **2.** Sentir cariño o afecto por alguien. También *v. prnl.* con valor reflexivo: *Tú no te estimas, de lo contrario no trasnocharías tanto.* **3.** Tener una opinión sobre algo: *Estimo que tus consejos pueden beneficiarle.* **4.** Calcular o determinar el valor o la medida de algo, a menudo haciéndolo de manera aproximada: *La capacidad del depósito se estima en quinientos litros.* SIN. **1.**, **2.** y **4.** Apreciar(se). **1.** y **3.** Considerar(se). **1.** y **4.** Valorar(se). **2.** Querer(se), amar(se). **3.** Creer, opinar, juzgar. **4.** Tasar, evaluar. ANT. **1.** Desestimar. **1.** y **2.** Despreciar(se). **2.** Odiar(se). FAM. Estima, estimabilidad, estimable, estimación, estimativo. / Desestimar, inestimable, sobreestimar, subestimar.

estimativo, va *adj.* **1.** Se aplica a lo que valora o sirve para valorar: *un juicio estimativo.* **2.** Calculado de manera aproximada o deducida: *un precio estimativo.* || *s. f.* **3.** Capacidad con que se juzga el valor material o moral de las personas y cosas. **4.** Instinto animal.

estimulante *adj.* **1.** Que estimula: *un premio estimulante.* **2.** Se dice de las sustancias que estimulan la acción de un órgano o parte del cuerpo, como hacen, p. ej., los laxantes con el intestino, los fármacos antidepresivos con el sistema nervioso, etc. También *s. m.* SIN. **1.** Estimulador, tentador, incitador. **1.** y **2.** Excitante. ANT. **1.** Desalentador. **1.** y **2.** Calmante, tranquilizante.

estimular (del lat. *stimulare*) *v. tr.* **1.** Animar a alguien a hacer alguna cosa o a realizarla mejor o en menos tiempo: *El amor propio le estimulaba a seguir.* También *v. prnl.* **2.** Hacer que algo empiece a actuar o lo haga más deprisa o con mayor eficacia: *La publicidad estimuló las ventas.* **3.** Activar los órganos de los sentidos o el tejido nervioso: *Una ducha fría estimula el sistema nervioso.* || **estimularse** *v. prnl.* **4.** Administrarse una droga o un estimulante para aumentar la propia capacidad de acción. SIN. **1.** Mover, empujar, incitar. **2.** y **3.** Excitar. ANT. **1.** Desanimar(se). **1.** y **2.** Inhibir(se). FAM. Estimulación, estimulador, estimulante, estímulo.

estímulo (del lat. *stimulus*) *s. m.* **1.** Acción de estimular, o aquello que sirve para estimular: *El premio fue un estímulo para seguir escribiendo.* **2.** Cualquier agente o causa que, al actuar sobre un organismo, provoca en éste una reacción o respuesta, p. ej., la luz al producir la contracción de las pupilas. SIN. **1.** Impulso, acicate, aguijón.

estío (del lat. *aestivum tempus*) *s. m.* Verano*. FAM. Estivación, estival.

estipendiario, ria (del lat. *stipendiarius*) *s. m.* y *f.* Persona que cobra un estipendio.

estipendio (del lat. *stipendium*) *s. m.* **1.** Dinero que se paga a alguien por un trabajo realizado o por unos servicios prestados. **2.** En la religión católica, cantidad que el sacerdote recibe de los fieles por la realización de ciertos actos religiosos, como la aplicación de una misa por una determinada intención. SIN. **1.** Remuneración, retribución. FAM. Estipendial, estipendiario.

estípite *s. m.* **1.** Pilastra en forma de pirámide truncada e invertida, característica del barroco. **2.** Tallo largo y sin ramificar, terminado en un penacho de hojas, como en las palmeras. **3.** Pie de ciertos hongos.

estípula (del lat. *stipula*) *s. f.* Cada una de las piezas o apéndices que tienen algunas hojas a ambos lados de la base del pecíolo, como en las acacias, geranios, etc.

estipulación (del lat. *stipulatio, -onis*) *s. f.* **1.** Convenio o acuerdo. **2.** Cada una de las disposiciones de un contrato u otro tipo de acuerdo, privado o público. SIN. **1.** Pacto, negociación, tratado. **2.** Condición, cláusula.

estipular (del lat. *stipulare*) *v. tr.* **1.** Determinar por acuerdo las condiciones de un trato u otra cosa: *Estipularon el precio de venta.* **2.** Hacer un contrato. SIN. **1.** Concertar, convenir, acordar, pactar. FAM. Estipulación.

estirado, da **1.** *p.* de **estirar**. También *adj.* || *adj.* **2.** Arrogante, que adopta aires de superioridad. También *s. m.* y *f.* || *s. m.* **3.** Acción de estirar. **4.** Operación de cirugía estética para suprimir las arrugas mediante el estiramiento de la piel, principalmente en la cara y el cuello. || *s. f.* **5.** En fútbol, esfuerzo que hace el portero, estirándo el cuerpo al máximo, para alcanzar el balón. SIN. **2.** Orgulloso, engreído, altivo. **3.** Estiramiento. **4.** Lifting.

estiramiento *s. m.* **1.** Acción de estirar o estirarse. **2.** Cualidad de estirado. SIN. **2.** Arrogancia, orgullo, engreimiento.

estirar (de *es-* y *tirar*) *v. tr.* **1.** Alargar una cosa tirando de sus extremos o de uno de ellos: *Estiró el cable para que llegara al enchufe.* También *v. prnl.* **2.** Poner tenso o tirante algo: *estirar las cuerdas de una guitarra.* **3.** Poner lisa una cosa extendiéndola o desplegándola: *estirar un papel arrugado, estirar la colcha.* **4.** Poner recto el cuerpo o algún miembro. También *v. prnl.*: *Se estiró para sacudirse el sueño.* **5.** Hacer que algo dure más tiempo: *Estira el sueldo para llegar a fin de mes. Estiraba la conversación para quedarse más tiempo.* También *v. prnl.*: *En las esperas, el tiempo parece estirarse.* **6.** *Amér.* Matar a alguien. || *v. intr.* **7.** *fam.* Tirar de alguien o algo: *Estira de la cuerda.* **8.** Crecer una persona. Se usa más como *v. prnl.*: *Tu hijo se ha estirado en un verano.* **9.** *Amér. fam.* Morir. || **estirarse** *v. prnl.* **10.** Tenderse sobre algo: *Se estiró en el suelo.* **11.** *fam.* Mostrarse generoso: *Se estiró con el regalo.* || LOC. **estirar la pata** *fam.* Morir. **estirar las piernas** *fam.* Caminar para desentumecerse. SIN. **1.** y **5.** Prolongar(se). **2.** Tensar. **3.** Alisar, desarrugar, aplanar. **4.** Desperezarse. **8.** Espigarse. **10.** Tumbarse, echarse. **ANT.** **1.** Comprimir. **1.**, **4.** y **5.** Encoger(se). **2.** Aflojar. **3.** Arrugar, doblar. **5.** Acortar. **10.** Incorporarse. **11.** Cicatear, escatimar. **FAM.** Estirado, estiramiento, estirón. TIRAR.

estirón *s. m.* **1.** Acción de estirar una cosa o tirar con fuerza de ella. **2.** Crecimiento rápido en altura de una persona, especialmente de un adolescente: *En pocos meses ha dado (pegado) un estirón.* **SIN.** **1.** Tirón.

estirpe (del lat. *stirps, stirpis*) *s. f.* Conjunto de ascendientes y descendientes de una persona, especialmente cuando es noble o ilustre. **SIN.** Linaje, alcurnia, casta.

estivación *s. f.* Periodo de letargo que experimentan algunos seres vivos durante el verano o la estación seca.

estival (del lat. *aestivalis*) *adj.* Relativo al estío o verano. **SIN.** Veraniego. **ANT.** Invernal.

esto *pron. dem.* Véase **este**.

estocada *s. f.* **1.** Pinchazo o golpe que se da con la espada, el estoque y armas similares: *El torero dio una estocada hasta el puño. Paró la estocada con su espada.* **2.** Herida producida de ese modo.

estocástico, ca (del gr. *stokhastikos*, conjetura) *adj.* **1.** Que depende del azar o suerte: *suceso estocástico.* **2.** Relativo al cálculo de probabilidades. **SIN.** **1.** Casual, fortuito. **2.** Probabilístico.

estofa (del germ. *stopja*, y éste del lat. *stuppa*, estopa) *s. f. desp.* Condición, clase. **SIN.** Ralea, calaña. **FAM.** Estofar[2].

estofado, da[1] **1.** *p.* de **estofar[1]**. También *adj.* || *s. m.* **2.** Guiso de carne o pescado, condimentado principalmente con aceite, vino o vinagre, cebolla y algunas especias, cocido todo a fuego lento. **FAM.** Estofar[1].

estofado, da[2] **1.** *p.* de **estofar[2]**. También *adj.* || *s. m.* **2.** Acción de estofar[2].

estofar[1] (del fr. ant. *estofer*) *v. tr.* Hacer el guiso llamado estofado.

estofar[2] (de *estofa*) *v. tr.* **1.** Raspar la pintura dada sobre el dorado de la madera haciendo líneas que descubran el oro. **2.** Blanquear esculturas de madera antes de dorarlas. **3.** Pintar relieves al temple sobre el oro. **4.** Acolchar una tela. **FAM.** Estofado[2]. ESTOFA.

estoicismo (del gr. *stoa*, pórtico, por el lugar de Atenas donde se reunían los filósofos de esta escuela) *s. m.* **1.** Escuela filosófica fundada en Grecia por Zenón de Citio en el s. III a. C., que se extendió ampliamente por el imperio romano. **2.** Doctrina de esta escuela. **3.** Fortaleza de carácter y dominio de los sentimientos en las dificultades y desgracias. **SIN.** **3.** Entereza, firmeza. **FAM.** Estoicamente, estoico.

estoico, ca (del lat. *stoicus* y éste del gr. *stoikos*) *adj.* **1.** Relacionado con el estoicismo o partidario de esta doctrina. También *s. m.* y *f.* **2.** Que muestra fortaleza y dominio en la adversidad o el dolor: *comportamiento estoico.* También *s. m.* y *f.* **SIN.** **2.** Firme, entero, impasible, resignado. **ANT.** **2.** Débil, impaciente.

estola (del lat. *stola*, y éste del gr. *stole*, vestido) *s. f.* **1.** Especie de túnica ceñida a la cintura que utilizaban los antiguos griegos y romanos. **2.** Pieza de la vestidura litúrgica que consiste en una tira larga y estrecha que lleva colgada del cuello el sacerdote. **3.** Banda larga, generalmente de piel, que se ponen las mujeres alrededor del cuello y sobre los hombros.

estólido, da (del lat. *stolidus*) *adj.* Estúpido, tonto. También *s. m.* y *f.* **SIN.** Bobo, memo, necio. **FAM.** Estolidez.

estolón (del lat. *stolo, -onis*, retoño) *s. m.* Pequeña rama que nace a ras del suelo de la base del tallo de determinadas plantas, echa raíces y da lugar a una planta nueva.

estoma (del gr. *stoma*, boca) *s. m.* Cada uno de los distintos orificios que hay en la superficie de las hojas, a través de los cuales se realiza el intercambio gaseoso de la planta. **FAM.** Estomático, estomatitis, estomatología.

estomacal (del lat. *stomachus*, estómago) *adj.* **1.** Relativo al estómago. **2.** Se dice del medicamento, licor, etc., que es bueno para el estómago y ayuda a la digestión. También *s. m.* **SIN.** **1.** Gástrico. **2.** Digestivo, eupéptico.

estomagar (del lat. *stomachari*) *v. tr.* **1.** Causar indigestión. **2.** *fam.* Fastidiar, resultarle a alguien inaguantable una persona o cosa: *Me estomaga su amabilidad fingida.* ■ Delante de *e* se escribe *gu* en lugar de *g*: *estomague.* **SIN.** **1.** y **2.** Empachar. **2.** Cargar, hartar, empalagar. **ANT.** **2.** Gustar, agradar. **FAM.** Estomagante. ESTÓMAGO.

estómago (del lat. *stomachus*, y éste del gr. *stomakhos*, orificio del estómago) *s. m.* **1.** Órgano en forma de bolsa que forma parte del aparato digestivo del hombre y de otros animales; en él se digieren o descomponen los alimentos para ser asimilados por el organismo. **2.** Capacidad para hacer o soportar cosas desagradables, humillantes, etc.: *Se necesita estómago para tragarse ese insulto.* **SIN.** **2.** Tragaderas, aguante. **FAM.** Estomacal, estomagar.

estomático, ca (del gr. *stoma, -atos*, boca) *adj.* Relativo a la boca del hombre. **SIN.** Bucal.

estomatitis (del gr. *stoma, -atos*, boca, e *-itis*) *s. f.* Inflamación de la mucosa bucal. ■ No varía en *pl.*

estomatología (del gr. *stoma, -atos*, boca, y *-logía*) *s. f.* Parte de la medicina que estudia las enfermedades de la boca del hombre. **FAM.** Estomatológico, estomatólogo. ESTOMA.

estoniano, na o **estonio, nia** *adj.* **1.** De Estonia, país báltico. También *s. m.* y *f.* || *s. m.* **2.** Lengua finesa hablada por este pueblo.

estopa (del lat. *stuppa*) *s. f.* **1.** Parte basta del lino o cáñamo que queda en el rastrillo cuando se peina y rastrilla. **2.** Tela gruesa que se fabrica con este material. **3.** Jarcia vieja deshilada que se emplea para calafatear. **4.** *fam.* Con verbos como *dar, sacudir, repartir, arrear*, etc., paliza.

estoperol *s. m.* **1.** En marina, clavo de cabeza grande y redonda. **2.** *Amér.* Tachuela grande de cabeza dorada o plateada.

estoque (del al. *Stock*, bastón) *s. m.* **1.** Espada estrecha afilada sólo en la punta, especialmente la que usan los toreros para matar al toro. **2.** Espada estrecha que se enfunda en un bastón. **3.** Gladiolo*. **FAM.** Estocada, estoquear.

estoqueador, ra *s. m.* y *f.* Persona que estoquea, especialmente el torero. **SIN.** Matador, espada.

estoquear *v. tr.* Herir de punta con espada o estoque: *El matador estoqueó al toro.* **FAM.** Estoqueador. ESTOQUE.

estor (del fr. *store*) *s. m.* Cortina que se coloca en ventanas, balcones y puertas para cubrir el hueco.

estoraque (del lat. *styracea* y *storax*, y éste del gr. *styrax*) *s. m.* **1.** Árbol de cuatro a seis metros de altura, de cuyo tronco se obtiene un bálsamo muy oloroso. **2.** Este bálsamo.

estorbar (del lat. *exturbare*) *v. tr.* **1.** Poner obstáculos a la realización de algo: *Trata de estorbar nuestros planes.* **2.** Molestar, incomodar. También *v. intr.*: *Me largo porque no quiero estorbar.*

SIN. **1.** Dificultar, entorpecer, obstaculizar. **2.** Fastidiar. FAM. Estorbo. TURBAR.

estornino (del lat. *sturnus*) *s. m.* Pájaro de cuerpo rechoncho, cola corta, pico amarillento largo y puntiagudo y plumaje generalmente oscuro con brillos metálicos.

estornudar (del lat. *sternutare*) *v. intr.* Arrojar violentamente y con estrépito por la nariz y la boca el aire de los pulmones en un movimiento involuntario y brusco. FAM. Estornudo, estornutatorio.

estornudo (del lat. *sternutus*) *s. m.* Acción de estornudar y ruido que se hace al estornudar.

estornutatorio, ria *adj.* Se aplica a lo que provoca estornudos. También *s. m.*

estrabismo (del gr. *strabismos*) *s. m.* Defecto de la vista que consiste en una alineación anormal de los ejes oculares por la cual los dos ojos miran en distinta dirección. SIN. Bizquera. FAM. Estrábico.

estrado (del lat. *stratum*) *s. m.* **1.** Tarima sobre la que está un trono o se coloca la presidencia en algún acto solemne: *Los premiados subieron al estrado.* || *s. m. pl.* **2.** Salas de tribunales de justicia, donde los jueces oyen y sentencian los pleitos. SIN. **1.** Entarimado.

estrafalario, ria (del ital. *strafalario*, persona despreciable) *adj.* **1.** Se aplica a la persona que viste de forma extraña y caprichosa y a su aspecto o indumentaria: *Su estrafalaria levita llamaba la atención.* **2.** Se dice de la persona, idea, conducta, etc., rara o ridícula: *Tenía unas costumbres de lo más estrafalarias.* SIN. **1.** y **2.** Extravagante. **2.** Excéntrico, insólito. ANT. **1.** y **2.** Normal. FAM. Estrafalariamente.

estragar *v. tr.* **1.** Causar estrago: *El temporal ha estragado la huerta.* **2.** Hacerle a alguien perder sensibilidad el abuso de sensaciones fuertes: *El picante me ha estragado el paladar.* También *v. prnl.* **3.** Estropear el estómago el exceso de comida o bebida. También *v. prnl.*: *Se ha estragado de tanto comer dulces.* ■ Delante de *e* se escribe *gu* en lugar de *g*: *estrague.* SIN. **1.** Destruir, arrasar. **2.** Embotar, insensibilizar. **3.** Empachar. ANT. **2.** Aguzar. FAM. Estragador, estragamiento, estrago.

estrago (del lat. *strages*) *s. m.* **1.** Destrozo o matanza producidos por una guerra o por una acción natural: *La epidemia causó estragos.* **2.** Daño o perjuicio moral: *Una mala educación puede ocasionar estragos.* || LOC. **hacer estragos** Causar grandes daños; también, tener mucho éxito con el sexo contrario: *Por donde pasa hace estragos entre las chicas.* ■ En todas las acepciones se usa más en *pl.* SIN. **1.** Destrucción, devastación, asolamiento. **1.** y **2.** Ruina.

estragón (del fr. *estragon*, y éste del ár. *tarhun*) *s. m.* Planta herbácea de la familia compuestas, de hasta 80 cm de altura, con tallos delgados y ramosos, hojas lanceoladas y flores amarillentas en cabezuelas pequeñas; se usa como condimento.

estrambote (del ital. *strambotto*) *s. m.* Conjunto de versos que se añaden al final de una composición poética: *soneto con estrambote.* FAM. Estrambótico.

estrambótico, ca *adj. fam.* Extravagante, raro: *Su sombrero estrambótico llamaba la atención.* SIN. Estrafalario, excéntrico. ANT. Normal. FAM. Estrambóticamente. ESTRAMBOTE.

estramonio (del lat. *stramonium*) *s. m.* Planta herbácea de la familia de las solanáceas, con grandes flores blancas en forma de embudo y fruto espinoso en nuez. Sus hojas y semillas son tóxicas y contienen alcaloides utilizados como antiespasmódicos.

estrangul *s. m.* Lengüeta o pipa que tienen algunos instrumentos de viento y que se mete en la boca al tocarlos.

estrangulador *s. m.* Starter*.

estrangular (del lat. *strangulare*) *v. tr.* **1.** Ahogar a una persona o animal oprimiéndole el cuello hasta impedirle la respiración. También *v. prnl.* **2.** Dificultar o impedir el paso por una vía o conducto: *Las calles estrechas estrangulan el tráfico.* **3.** En cirugía, detener la circulación sanguínea en una parte del cuerpo por medio de ligaduras o presión. También *v. prnl.* **4.** Impedir la realización de un proyecto, negocio, etc.: *estrangular la venta de un producto.* SIN. **2.** Obstruir, obturar. **3.** Constreñir(se). **4.** Frustrar, abortar. ANT. **2.** Desobstruir. **4.** Facilitar. FAM. Estrangulación, estrangulador, estrangulamiento.

estraperlista *s. m.* y *f.* Persona dedicada al estraperlo.

estraperlo (de *straperlo*, juego fraudulento de azar que se intentó implantar en España en 1935; el nombre es una fusión de los apellidos de sus introductores: *Strauss* y *Perlo*) *s. m.* **1.** *fam.* Mercado negro, comercio ilegal de productos: *Se enriqueció con el estraperlo.* **2.** Dichos productos. FAM. Estraperlear, estraperlista.

estrapontín *s. m.* Traspuntín*.

estratagema (del lat. *strategema*, y éste del gr. *strategema*, de *strategeo*, mandar un ejército) *s. f.* **1.** Acción de guerra destinada a conseguir un objetivo a base de astucia y habilidad. **2.** Medio de obtener algo con destreza y generalmente también con engaño. SIN. **2.** Artimaña, ardid, argucia, añagaza, treta, trampa.

estratega (del fr. *stratège*, y éste del gr. *strategos*) *s. m.* y *f.* Persona experta o entendida en estrategia: *Napoleón fue un gran estratega.* ■ Como s. m., se dice también *estratego.*

estrategia (del lat. *strategia*, y éste del gr. *strategia*, de *strategos*, general, jefe) *s. f.* **1.** Técnica de proyectar y dirigir las operaciones militares y plan de las mismas: *la estrategia de un desembarco.* **2.** Plan o habilidad para dirigir un asunto hasta conseguir el fin propuesto: *una estrategia publicitaria.* SIN. **1.** y **2.** Táctica. FAM. Estratagema, estratega, estratégicamente, estratégico, estratego.

estratégico, ca (del lat. *strategicus*, y éste del gr. *strategikos*) *adj.* **1.** De la estrategia o relacionado con ella. **2.** Se aplica al lugar clave para una operación militar y, p. ext., a la posición, actitud, etc., fundamental o indispensable para el desarrollo de algo. SIN. **1.** Táctico. **2.** Fundamental, decisivo.

estratego *s. m.* Estratega*.

estratificación *s. f.* **1.** Acción de estratificar o estratificarse. || **2. estratificación social** División de la sociedad en grupos superpuestos caracterizados por su nivel económico, cultural, etc.

estratificar *v. tr.* Disponer en estratos. También *v. prnl.*

estratigrafía (del lat. *stratus*, extendido, y *-grafía*) *s. f.* **1.** Parte de la geol. que estudia los estratos, su disposición, su formación y evolución y los fósiles en ellos contenidos. **2.** Técnica auxiliar de la arqueol. que estudia los distintos niveles de un yacimiento, determinando así su cronología. FAM. Estratigráfico. ESTRATO.

estrato (del lat. *stratus*, extendido) *s. m.* **1.** Cada una de las capas de rocas sedimentarias que pueden distinguirse en un terreno. **2.** Capa o serie de capas de cualquier otra cosa, como las de un tejido orgánico o un yacimiento arqueológico. **3.** Clase o nivel social: *Su familia pertenece a* *un estrato medio.* **4.** En ecol., capa situada a una determinada altura, en la que vive parte de la población de una comunidad terrestre o marina. **5.** Tipo de nube baja que se presenta en forma de faja o banda paralela al horizonte. **FAM.** Estratificación, estratificar, estratigrafía, estratocúmulo. / Adstrato, cirrostrato, estrado, nimboestrato, superestrato, sustrato.

estratocúmulo *s. m.* Nube baja, de tono grisáceo o blanquecino, que cubre una gran extensión del cielo.

estratosfera (del lat. *stratus*, extendido, y *sphaera*) *s. f.* Capa de la atmósfera que comprende desde los 10-18 km hasta los 50 km de altura; se caracteriza por su gran sequedad y temperatura en constante aumento. **FAM.** Estratosférico. ESFERA.

estrave (del fr. *étrave*) *s. m.* Remate de la quilla del barco, que va en línea curva hacia la proa.

estraza (del lat. *distractiare*, despedazar) *s. f.* **1.** Trapo, desecho de ropa muy basta. || **2. papel de estraza** Aquel que está sin blanquear, muy basto, de color pajizo o gris.

estrechamiento *s. m.* **1.** Acción de estrechar o estrecharse. **2.** Parte en que algo se estrecha. **SIN. 1.** Constreñimiento. **2.** Cuello, garganta. **ANT. 1.** y **2.** Ensanchamiento. **2.** Ensanche.

estrechar *v. tr.* **1.** Reducir la anchura de algo: *estrechar una chaqueta.* También *v. prnl.*: *La calle se estrecha al final.* **2.** Aumentar la unión o relación entre personas, países, etc.: *estrechar lazos internacionales.* También *v. prnl.* **3.** Apretar con los brazos o las manos. También *v. prnl.* con valor recíproco: *Se estrecharon la mano al saludarse.* **4.** Empujar insistentemente a uno a que haga o diga alguna cosa. || **estrecharse** *v. prnl.* **5.** Recogerse, apretarse en un espacio para que quepa más gente. **6.** Disminuir gastos: *Al ganar menos, tenemos que estrecharnos.* **7.** Arrimarse el torero al torear: *Se estrechó en las verónicas.* **SIN. 1.** Comprimir(se), disminuir(se), encoger(se). **4.** Obligar, acorralar, constreñir. **5.** Apiñarse. **6.** Limitarse, ahorrar. **ANT. 1.** Ensanchar(se). **2.** Enfriar(se), distanciar(se). **7.** Despegarse. **FAM.** Estrechamiento. ESTRECHO.

estrechez *s. f.* **1.** Cualidad de estrecho: *la estrechez del pasillo.* **2.** Escasez o limitación de tiempo: *las estrecheces de última hora.* **3.** Dificultad, apuro, especialmente por escasez de medios económicos. Se usa más en *pl.*: *Esta familia está pasando estrecheces.* **4.** Con palabras como *horizontes*, *mente*, *miras*, etc., pobreza, falta de amplitud al juzgar, al valorar algo, al aplicar criterios, etc.: *Su estrechez de miras le hizo perder la ocasión de su vida.* **SIN. 1.** Angostura. **1.** y **3.** Apretura. **3.** Aprieto, privación, penuria. **4.** Limitación. **ANT. 1.** Anchura. **1.** a **3.** Holgura. **4.** Amplitud.

estrecho, cha (del lat. *strictus*) *adj.* **1.** Que tiene poca anchura: *un corredor estrecho.* **2.** Ajustado, que comprime o aprieta: *Este abrigo te queda estrecho.* **3.** Metido en un espacio más pequeño del que necesita: *En ese cine se está muy estrecho.* **4.** Se dice de la relación en la que existen unos vínculos muy fuertes: *un estrecho parentesco, una estrecha unión.* **5.** *fam.* Se aplica a la persona reprimida sexualmente o con ideas muy rígidas sobre las relaciones sexuales. También *s. m.* y *f.*: *Ella es una estrecha.* **6.** Rígido, estricto: *El director impuso unas normas muy estrechas.* || *s. m.* **7.** Porción de agua que separa dos costas más o menos próximas y comunica dos extensiones de mar. **SIN. 1.** Delgado, angosto. **2.** Ceñido, justo. **3.** Apretado. **4.** Íntimo, cercano. **5.** Puritano. **6.** Severo, férreo. **ANT. 1.** a **3.** Amplio. **2.** y **3.** Holgado. **4.** Lejano, superficial. **6.** Laxo. **FAM.** Estrechamente, estrechar, estrechez, estrechura.

estrechura *s. f.* **1.** Estrechez de un paso o lugar. **2.** Aprieto, dificultad: *Pasó muchas estrechuras.* **SIN. 1.** Angostura. **2.** Apuro, apretura. **ANT. 1.** Anchura, holgura.

estregar (del lat. *striga*, de *stringere*, rozar) *v. tr.* Frotar con fuerza una cosa contra otra: *Estregó la plata con un paño.* También *v. prnl.* ■ Delante de *e* se escribe *gu* en lugar de *g*. Es v. irreg. Se conjuga como *pensar*. **SIN.** Restregar, friccionar. **FAM.** Estregadura, estregamiento, estregón. / Restregar.

estregón *s. m.* Restregón*.

estrella (del lat. *stella*) *s. f.* **1.** Cuerpo celeste que brilla con luz propia. **2.** Figura con que se suele representar una estrella; puede ser con rayos que parten de un centro común o con un círculo rodeado de puntas. P. ext., cualquier objeto con esta forma: *la estrella de la espuela.* **3.** Emblema de esta forma que indica la graduación militar de jefes y oficiales: *las estrellas de capitán.* **4.** Signo semejante usado para indicar la categoría o el grado de calidad de algo: *un hotel de cuatro estrellas.* **5.** Persona, especialmente artista o deportista, que sobresale en su profesión: *una estrella de cine.* **6.** Destino, suerte: *Lo anuncia mi estrella. Tengo buena estrella.* || **7. estrella de David** La de seis puntas, símbolo del judaísmo. **8. estrella de mar** o **estrellamar** Animal invertebrado marino de la clase asteroideos; su cuerpo presenta cinco brazos de simetría radial, con dermoesqueleto calcáreo articulado, boca en la parte inferior y sistema ambulacral para la locomoción, respiración y captura de alimentos. **9. estrella errante** Planeta*. **10. estrella fugaz** Cuerpo celeste, posiblemente fragmento de un planeta, que atraviesa el cielo y desaparece rápidamente. || **LOC. ver** uno **las estrellas** *fam.* Sentir un dolor físico muy fuerte y agudo. **SIN. 1.** Astro, lucero. **5.** Figura. **6.** Hado, fortuna, sino. **FAM.** Estrellado, estrellamar, estrellato, estrellón. / Constelación, estelar.

estrellado, da 1. *p.* de **estrellar**. También *adj.*: *cielo estrellado.* || *adj.* **2.** De forma de estrella.

estrellamar *s. f.* **1.** Estrella* de mar. **2.** Planta herbácea de hojas dentadas dispuestas en forma de estrella y fruto en cápsula.

estrellar *v. tr.* **1.** *fam.* Arrojar una cosa violentamente contra otra, haciéndola pedazos: *Estrelló el vaso en el suelo.* También *v. prnl.* **2.** Cubrir de estrellas. También *v. prnl.* || **estrellarse** *v. prnl.* **3.** Sufrir un choque violento, especialmente en un accidente de automóvil, avión, etc.: *Se estrelló con la moto.* **4.** Fracasar en algo al tropezar con dificultades insuperables: *Me estrellé en el negocio.* **SIN. 1.** Romper, estampar. **3.** Chocar. **4.** Fallar. **ANT. 4.** Triunfar.

estrellato *s. m.* **1.** Condición del artista del espectáculo que alcanza la fama, especialmente en el cine: *Llegó al estrellato muy joven.* **2.** Conjunto de estrellas del espectáculo.

estrellón *s. m.* **1.** *aum.* de **estrella**. **2.** *Amér.* Encontronazo, choque violento.

estremecer (del lat. *ex* y *tremiscere*, de *tremere*, temblar) *v. tr.* **1.** Hacer temblar a alguien o algo. También *v. prnl.*: *Se estremecía de frío.* **2.** Producir algo una sensación de temor, inquietud o sobresalto: *Me estremece pensar en los peligros que nos acechan.* También *v. prnl.*: *El vecindario se estremeció con la noticia.* **3.** Alterar, trastornar. También *v. prnl.*: *Se estremecieron los fundamen-*

tos de la democracia. ■ Es v. irreg. Se conjuga como *agradecer.* **SIN. 1.** Sacudir, tiritar. **1.** a **3.** Conmover, convulsionar. **2.** Asustar, sobresaltar, turbar. **3.** Perturbar. **ANT. 1.** Inmovilizar, aquietar. **2.** Tranquilizar, apaciguar, sosegar. **3.** Afianzar. **FAM.** Estremecedor, estremecimiento, estremezón.

estremezón *s. m. Col.* y *Ven.* Acción de estremecer o estremecerse.

estrenar (del lat. *strena*, regalo hecho en una solemnidad) *v. tr.* **1.** Usar una cosa por primera vez. **2.** Representar, proyectar o ejecutar por primera vez ante el público una obra de teatro, un espectáculo, una película, una pieza musical, etc.: *estrenar una comedia.* || **estrenarse** *v. prnl.* **3.** Empezar a desempeñar un oficio, empleo, cargo, etc., o darse a conocer en un arte, profesión o facultad: *Se estrenó como arquitecto proyectando un chalé.* **SIN. 3.** Debutar, iniciarse. **FAM.** Estrenista, estreno. / Reestrenar.

estrenista *adj.* Que asiste habitualmente a los estrenos de espectáculos. También *s. m.* y *f.*

estreno *s. m.* **1.** Acción de estrenar. **2.** Acto o función en que se estrena una película, una obra teatral, etc. **FAM.** Preestreno. ESTRENAR.

estreñimiento *s. m.* Retención de los excrementos o dificultad en expulsarlos. **SIN.** Constipación, constipado. **ANT.** Descomposición, diarrea.

estreñir (del lat. *stringere*, apretar, comprimir) *v. tr.* **1.** Producir estreñimiento: *El membrillo estriñe.* || **estreñirse** *v. prnl.* **2.** Padecer estreñimiento. ■ Es v. irreg. Se conjuga como *ceñir.* **SIN. 1.** Constipar, astringir. **ANT. 1.** Laxar. **2.** Descomponerse. **FAM.** Estreñido, estreñimiento. / Constreñir.

estrépito (del lat. *strepitus*) *s. m.* **1.** Ruido muy grande: *Se cayeron las latas con gran estrépito.* **2.** Exageración llamativa en los movimientos o acciones: *Manifestó su dolor con estrépito.* **SIN. 1.** Estruendo, fragor. **2.** Ostentación, pompa, aparato, aparatosidad. **ANT. 1.** Silencio. **2.** Sencillez. **FAM.** Estrepitosamente, estrepitoso.

estrepitoso, sa *adj.* **1.** Que hace mucho ruido: *una ovación estrepitosa.* **2.** Llamativo, espectacular: *una estrepitosa caída.* **SIN. 1.** Ruidoso, estruendoso. **1.** y **2.** Clamoroso. **2.** Ostensible, aparatoso, ostentoso. **ANT. 1.** Silencioso. **2.** Leve, moderado.

estreptococia *s. f.* Infección producida por estreptococos.

estreptococo (del gr. *streptos*, trenzado, y *kokkos*, grano) *s. m.* Microorganismo formado por bacterias de forma redondeada agrupadas en cadena; es un agente causante de enfermedades como la pulmonía, la escarlatina, etc. **FAM.** Estreptococia, estreptocócico. COCO[2].

estreptomicina (del gr. *streptos*, trenzado, y *myke*, hongo) *s. f.* Antibiótico utilizado durante cierto tiempo para combatir la tuberculosis, y posteriormente sustituido por otros, debido a sus efectos secundarios.

estrés (del ingl. *stress*) *s. m.* Estado de gran tensión nerviosa originado por el exceso de trabajo, la ansiedad, etc., y que suele manifestarse en diversos trastornos físicos o psicológicos. ■ No varía en *pl.* **FAM.** Estresante, estresar.

estresar *v. tr.* Causar estrés: *El tráfico me estresa.* También *v. intr.* y *prnl.*

estría (del lat. *stria*) *s. f.* **1.** Surco rectilíneo en cualquier superficie, especialmente el labrado de arriba abajo en una columna o pilastra. **2.** Línea semejante a una pequeña cicatriz que aparece en la piel, especialmente del abdomen, por haber sufrido un estiramiento excesivo, como en las mujeres después de un embarazo. **SIN. 1.** Canal, ranura, hendidura. **FAM.** Estriación, estriado, estriar.

estriar (del lat. *striare*) *v. tr.* Formar estrías. También *v. prnl.*: *estriarse la piel.* ■ En cuanto al acento, se conjuga como *ansiar.* **SIN.** Rayar, acanalar.

estribación *s. f.* Conjunto de montañas laterales más bajas que salen de una cordillera: *Una estribación de la sierra penetra en el mar.* **SIN.** Estribo, espolón.

estribadero *s. m.* Sitio o parte donde se apoya o asegura algo.

estribar *v. intr.* **1.** Descansar el peso de una cosa en otra fija y resistente. **2.** Basarse o consistir algo en otra cosa que se expresa: *La grandeza de esa novela estriba en su sencillez.* **SIN. 1.** Cargar, sustentarse. **1.** y **2.** Apoyarse. **2.** Radicar, residir, fundarse. **ANT. 1.** Sostener. **FAM.** Estribación, estribadero. ESTRIBO.

estribillo *s. m.* **1.** Verso o conjunto de versos que se repiten total o parcialmente cada cierto número de estrofas en una composición poética o canción. **2.** Palabra o frase que se repite por vicio muchas veces al hablar o escribir. **SIN. 1.** Ritornelo. **2.** Muletilla.

estribitos *s. m. pl.* **1.** *Bol.* y *P. Rico* Remilgos, melindres. **2.** *Bol.* Pucheros que se hacen al llorar.

estribo *s. m.* **1.** Cada una de las piezas que cuelgan a ambos lados de la silla de montar y en las que el jinete apoya los pies. **2.** Especie de escalón que sirve para subir a algunos vehículos y bajar de ellos. **3.** Cada una de las piezas colocadas a ambos lados de una motocicleta para apoyar los pies. **4.** En una plaza de toros, saliente en la parte inferior de la barrera, en el que se apoya el torero para saltar al callejón. **5.** Nombre con que se designan algunos objetos que sirven de apoyo para algo. **6.** Chapa de hierro con los extremos doblados en ángulo recto que se emplea para asegurar la unión de ciertas piezas. **7.** Elemento arquitectónico que soporta el peso y el empuje lateral de un arco o una bóveda. **8.** Refuerzo de un muro o una tapia. **9.** Hueso del oído medio. || **LOC. perder** uno **los estribos** Perder la paciencia y enfadarse mucho, decir o hacer disparates. **SIN. 7.** y **8.** Contrafuerte. **FAM.** Estribar, estribillo.

estribor (del danés *styrbord*) *s. m.* Lado derecho de una embarcación mirando de popa a proa. **ANT.** Babor.

estricnina (del gr. *strykhnos*, nombre de diversas plantas) *s. f.* Alcaloide extraído de algunas plantas como la nuez vómica, de sabor amargo, poco soluble y venenoso, que se utiliza como pesticida y, en medicina, como estimulante del sistema nervioso para combatir la anorexia, etc.

estrictez *s. f. Amér.* Cualidad de estricto. **SIN.** Rigurosidad.

estricto, ta (del lat. *strictus*, de *stringere*, apretar, comprimir) *adj.* **1.** Que se ajusta exactamente a lo necesario o a lo establecido: *la estricta aplicación de la ley. José es muy estricto en el cumplimiento del deber.* **2.** Que no admite excepciones ni tolerancia: *unas normas muy estrictas.* **3.** Aplicado a un sustantivo indica que hay que entenderlo en su significado exacto: *Es de estricta justicia pagarle ese trabajo.* **SIN. 1.** Preciso, ajustado, cumplidor, fiel. **2.** Riguroso, rígido, severo, inflexible. **3.** Puro, auténtico. **ANT. 1.** Amplio, libre. **2.** Permisivo, tolerante. **FAM.** Estrictamente, estrictez.

estridente (del lat. *stridens, -entis*) *adj.* **1.** Se dice de los sonidos agudos, desagradables y chirriantes. **2.** Se aplica a lo que por su exageración o contraste violento produce una sensación molesta: *una corbata de colores estridentes.* SIN. **1.** Penetrante, discordante, destemplado. **1.** y **2.** Chillón. **2.** Disonante, llamativo. ANT. **1.** y **2.** Suave, armonioso. FAM. Estridencia.

estrigiforme (del lat. *strix, -igis*, lechuza, y *-forme*) *adj.* **1.** Se dice de las aves rapaces nocturnas de cabeza grande y redondeada, cuello corto y muy móvil, ojos muy desarrollados y fuertes garras, como los búhos, mochuelos, lechuzas, etc. También *s. f.* || *s. f. pl.* **2.** Orden de estas aves.

estrilar *v. intr. Arg., Perú* y *Urug.* Enfadarse, irritarse.

estripazón *s. f.* **1.** *Amér. C.* Estrechez, apretura. **2.** *Amér. C.* Destrozo.

estriptís o **estriptis** *s. m.* Strip-tease*.

estro (del lat. *oestrus*, y éste del gr. *oistros*, tábano, aguijón) *s. m.* **1.** Inspiración artística, capacidad creadora, especialmente de los poetas. **2.** Fase de celo sexual de las hembras de los mamíferos. **3.** Moscardón*. SIN. **1.** Numen.

estróbilo (del lat. *strobilus*, y éste del gr. *strobilos*) *s. m.* Piña, inflorescencia de las coníferas.

estrobo (del lat. *strophus*, y éste del gr. *strophos*, lazo de cuerda) *s. m.* En marina, pedazo de cabo unido por sus extremos, que se emplea para colgar peso, sujetar el remo al tolete y otros usos.

estroboscopio *s. m.* Instrumento óptico que se usa para ajustar la velocidad de giro del plato de un tocadiscos (33 ó 45 revoluciones por minuto).

estrofa (del lat. *stropha*, y éste del gr. *strophe*, vuelta, conversación) *s. f.* Cada una de las partes de la composición poética formada por un determinado número de versos ordenados según un modelo. FAM. Estrófico.

estrófico, ca *adj.* **1.** De la estrofa o relacionado con ella. **2.** Dividido en estrofas.

estrógeno *s. m.* Hormona sexual a cuya acción se debe la aparición de los caracteres sexuales secundarios femeninos. También *adj.*

estroncio (de *Strontian*, Escocia) *s. m.* Elemento químico. Es un metal de color blanco plateado, dúctil y maleable, muy escaso en la naturaleza, que se emplea en la fabricación de válvulas de vacío. Su símbolo es *Sr.*

estropajo (del lat. *stuppa*) *s. m.* **1.** Trozo de esparto machacado, o de cualquier otro material, que se utiliza para fregar. **2.** Planta cucurbitácea trepadora, cuyo fruto alargado se deseca para usarlo como esponja. **3.** Persona o cosa sin valor, estropeada. FAM. Estropajosamente, estropajoso.

estropajoso, sa *adj.* **1.** *fam.* Se aplica a cosas fibrosas o ásperas: *Tiene un pelo estropajoso.* **2.** *fam.* Se dice de la lengua o persona que pronuncia de forma torpe y confusa, y de esta forma de pronunciar. **3.** Se dice de la persona sucia y andrajosa. SIN. **1.** Basto. **2.** Trapajoso. **3.** Astroso, harapiento, desharrapado. ANT. **1.** Sedoso. **2.** Fluido.

estropear (del ital. *stroppiare*) *v. tr.* **1.** Poner algo en mal estado, de modo que no pueda utilizarse o tenga feo aspecto. También *v. prnl.*: *La carne se ha estropeado.* **2.** Afear: *Esa casa estropea la calle.* Se usa como *v. prnl.* **3.** Hacer fracasar algún plan, proyecto, diversión, etc.: *La avería del coche estropeó la excursión.* También *v. prnl.*: *estropearse un negocio.* SIN. **1.** Dañar, deteriorar, pudrir. **2.** Deslucir, ajar. **3.** Arruinar, frustrar, malograr. ANT. **1.** Arreglar. **2.** Embellecer. FAM. Estropicio.

estropicio *s. m.* **1.** Destrozo o rotura con mucho ruido: *Causó un estropicio al caérsele la pila de platos.* **2.** P. ext., trastorno que parece mayor de lo que es en realidad. SIN. **1.** Desastre.

estruciforme o **estrucioniforme** (del lat. *struthio*, avestruz, y *- forme*) *adj.* **1.** Se aplica a ciertas aves corredoras de gran tamaño, alas muy cortas, inútiles para el vuelo, y patas largas y fuertes adaptadas para la carrera. Son estruciformes las avestruces. También *s. m.* || *s. m. pl.* **2.** Orden de estas aves.

estructura (del lat. *structura*) *s. f.* **1.** Distribución y orden de las partes que componen un todo: *la estructura de la sociedad, la estructura del cuerpo humano.* **2.** Conjunto de piezas que sirve de soporte a algo: *la estructura de hierro de un edificio, la estructura de un avión.* **3.** Sistema de relaciones entre los elementos, mutuamente condicionados, que constituyen un conjunto. SIN. **1.** Organización, ordenación, ordenamiento, configuración, trabazón. **2.** Armazón, armadura. FAM. Estructural, estructuralismo, estructurar. / Infraestructura, macroestructura, superestructura.

estructuralismo *s. m.* Método de investigación científica basado en el estudio de la estructura, que se aplica a muy diversos campos del saber. FAM. Estructuralista. ESTRUCTURA.

estructurar *v. tr.* Distribuir y ordenar las partes de una obra o de cualquier conjunto: *estructurar un libro.* SIN. Organizar, disponer. ANT. Desorganizar. FAM. Estructuración. / Reestructurar. ESTRUCTURA.

estruendo (del lat. *ex*, de, y *tonitrus*, trueno) *s. m.* **1.** Ruido muy fuerte: *el estruendo de una catarata.* **2.** Alboroto, jaleo que arman muchas personas: *el estruendo de una estación.* **3.** Resonancia, escándalo: *La noticia levantó un gran estruendo.* SIN. **1.** Fragor, estrépito, clamor. **2.** Confusión, bullicio. **3.** Eco, polvareda. ANT. **1.** Silencio. FAM. Estruendosamente, estruendoso.

estrujar (del lat. vulg. *extorculare*) *v. tr.* **1.** Apretar una cosa para sacar su jugo o lo que tenga dentro: *estrujar una naranja, estrujar un grano.* **2.** Apretar a una persona con fuerza. También *v. prnl.*: *La gente se estruja en el autobús.* **3.** *fam.* Abrazar con fuerza cariñosamente. **4.** *fam.* Sacar de una persona o cosa todo el partido posible: *En el trabajo le estrujan.* También *v. prnl.*: *Se estrujó la cabeza para hallar una solución.* **5.** Apretar una cosa arrugándola o deformándola: *estrujar un sobre.* SIN. **1.** y **4.** Exprimir. **2.** Apretujar, aplastar, comprimir. **2.** y **4.** Oprimir. **3.** Achuchar. **4.** Explotar. **5.** Chafar. ANT. **2.** y **3.** Soltar, aflojar. **5.** Estirar, alisar. FAM. Estrujador, estrujadura, estrujamiento, estrujón.

estrujón *s. m.* Acción de estrujar: *Dale otro estrujón al pomelo.*

estuario (del lat. *aestuarium*) *s. m.* Desembocadura de un río de gran anchura.

estucar *v. tr.* **1.** Dar estuco a algo o blanquearlo con él. **2.** Colocar sobre un muro o columna las piezas de estuco ya moldeadas y secas: *Estucaron con cenefas las paredes del salón.* ■ Delante de *e* se escribe *qu* en lugar de *c*: *estuque.* SIN. **1.** Enlucir.

estuchar *v. tr.* Recubrir con estuche de papel los terrones de azúcar u otros productos. SIN. Empaquetar, envolver. FAM. Estuchado. ESTUCHE.

estuche (del cat. y prov. *estug*, y éste del lat. *studium*) *s. m.* **1.** Caja o envoltura para guardar y proteger un objeto o varios: *el estuche del violín, el estuche de compases.* **2.** Conjunto de objetos que se guardan en esta caja o envoltura: *un buen estuche de cubiertos.* SIN. **1.** Envase. FAM. Estuchar, estuchista.

estuco (del ital. *stucco*) *s. m.* **1.** Masa de yeso y agua de cola que se utiliza para hacer objetos de escultura y relieves en muros y bóvedas, así como objetos que luego se doran o pintan: *una decoración de estuco.* **2.** Masa de yeso fino, cal apagada y polvo de mármol con que se hace un enlucido al que luego se barniza con aguarrás o cera. **FAM.** Estucado, estucador, estucar.

estudiado, da 1. *p.* de **estudiar**. También *adj.* || *adj.* **2.** Se dice de la actitud, el gesto, etc., que carece de naturalidad: *modales estudiados.* **SIN. 2.** Afectado, amanerado, artificioso, fingido. **ANT. 2.** Natural, espontáneo.

estudiantado *s. m.* Conjunto de los estudiantes. **SIN.** Alumnado.

estudiante *adj.* **1.** Que estudia. || *s. m.* y *f.* **2.** Persona que cursa estudios, especialmente de grado medio o superior. **SIN. 2.** Alumno, escolar. **FAM.** Estudiantado, estudiantil, estudiantina. ESTUDIAR.

estudiantina *s. f.* Tuna[1]*.

estudiar (del lat. *studere*) *v. tr.* **1.** Aplicar la inteligencia para comprender o aprender una cosa: *estudiar una lección.* **2.** Realizar estudios en un centro de enseñanza o con determinados profesores: *Estudia derecho.* También *v. intr.*: *Ha estudiado con Ortega y Gasset.* **3.** Pensar detenidamente sobre un asunto para decidir sobre él: *estudiar un contrato, una oferta de trabajo.* **4.** Observar, analizar: *Estudié atentamente su aspecto.* **SIN. 1.** Preparar, memorizar, empollar. **2.** Cursar. **3.** Considerar, ponderar, meditar, reflexionar. **4.** Examinar. **FAM.** Estudiadamente, estudiado, estudiante, estudio, estudiosidad, estudioso.

estudio (del lat. *studium*) *s. m.* **1.** Acción de estudiar: *El estudio es necesario para aprender.* **2.** Trabajo en que un autor trata una cuestión: *Publicó un estudio sobre Felipe II.* **3.** Lugar de trabajo de un artista o de ciertos profesionales: *un estudio de escultor, un estudio de fotógrafo.* **4.** Pequeño alojamiento compuesto por una pieza principal, cocina y cuarto de baño. **5.** Dibujo, pintura o escultura que se hace como ensayo o preparación para la obra de arte definitiva o como ejercicio para adiestrarse el autor: *los estudios para el Guernica, estudio de cabezas.* **6.** Pieza musical compuesta generalmente con fines didácticos: *un estudio de piano.* **7.** Afectación, cuidado: *Se colocó con estudio una flor en el pelo.* **8.** Conjunto de dependencias destinadas al rodaje de películas o a la realización de programas de radio y televisión: *el personal del estudio.* Se usa más en *pl.*: *los estudios de Cinecittà.* || *s. m. pl.* **9.** Conjunto de cosas que se estudian en una materia, etapa o modalidad docente: *estudios de filosofía, estudios universitarios.* **10.** Actividad de estudiar: *Le ayuda en sus estudios.* || **11. estudio de mercado** Marketing*. || **LOC. dar estudios** a uno Pagárselos, costeárselos. **tener estudios** Se dice de la persona que tiene una carrera o ha cursado estudios. **SIN. 1.** Aprendizaje, reflexión, análisis, observación, ponderación. **2.** Tratado, investigación, ensayo, memoria, disquisición, monografía. **3.** Bufete, taller. **5.** Boceto, esbozo, bosquejo. **7.** Artificio, amaneramiento. **9.** Temas, asignaturas, disciplinas. **ANT. 7.** Naturalidad.

estudioso, sa (del lat. *studiosus*) *adj.* **1.** Que estudia con dedicación: *un alumno muy estudioso.* || *s. m.* y *f.* **2.** Investigador, experto: *Es un estudioso de la música clásica.* **SIN. 1.** Aplicado, trabajador, laborioso. **2.** Erudito, especialista, entendido. **ANT. 1.** Desaplicado. **2.** Desconocedor, lego.

estufa *s. f.* **1.** Aparato que sirve para calentar un recinto quemando leña, carbón, gas u otro combustible, o mediante la energía eléctrica. **2.** Aparato destinado a secar o mantener caliente algo: *estufa para la cría de polluelos.* **3.** En los baños termales, local acondicionado para que los enfermos suden en él abundantemente. || **LOC. criar** a alguien **en estufa** *fam.* Cuidarle con excesivo mimo, haciéndole débil. **SIN. 1.** Calentador, estufilla, calorífero. **2.** Invernadero. **3.** Sauna. **FAM.** Estufar, estufilla.

estufar *v. tr. Arg., Par.* y *Urug.* Molestar. También *v. prnl.*

estultez o **estulticia** (del lat. *stultitia*) *s. f.* Necedad, tontería. **SIN.** Estupidez, idiotez, imbecilidad, memez. **ANT.** Inteligencia, sagacidad.

estulto, ta (del lat. *stultus*) *adj.* Necio, tonto. **SIN.** Estúpido, idiota, imbécil, bobo, memo. **ANT.** Inteligente, listo, sagaz, astuto. **FAM.** Estultamente, estultez, estulticia.

estupefacción (del lat. *stupefactio, -onis*) *s. f.* Asombro, admiración. **SIN.** Estupor, pasmo, sorpresa, desconcierto. **ANT.** Indiferencia, impasibilidad.

estupefaciente (del lat. *stupefaciens, -entis*) *adj.* Se aplica a las sustancias que producen efectos sedantes, sensación de euforia y bienestar y alteran los sentidos del individuo. Su consumo generalmente crea hábito. También *s. m.* **SIN.** Droga, narcótico.

estupefacto, ta (del lat. *stupefactus*) *adj.* Asombrado, atónito: *Sus palabras me dejaron estupefacto.* **SIN.** Pasmado, sorprendido, desconcertado, maravillado, patidifuso. **ANT.** Impasible, impertérrito. **FAM.** Estupefacción, estupefaciente. ESTUPOR.

estupendo, da (del lat. *stupendus*) *adj.* Muy bueno, hermoso o admirable: *un chico estupendo, una película estupenda.* **SIN.** Excelente, extraordinario, maravilloso, fantástico, magnífico, fenomenal. **ANT.** Malo. **FAM.** Estupendamente.

estúpido, da (del lat. *stupidus*) *adj.* **1.** De poca inteligencia, torpe o sin sentido. **2.** Se dice de la persona molesta o inoportuna y de lo que hace o dice. También *s. m.* y *f.* ■ Aplicado a personas, se usa mucho como interj., a modo de insulto. **SIN. 1.** Estulto, imbécil, idiota, bobo, necio, cretino, absurdo, ridículo. **2.** Cargante, majadero, engreído. **ANT. 1.** Inteligente, listo, espabilado. **2.** Agradable. **FAM.** Estúpidamente, estupidez.

estupor (del lat. *stupor, -oris*) *s. m.* **1.** Asombro, pasmo: *Oyéndole, no salía de mi estupor.* **2.** Disminución de las funciones mentales y físicas de una persona y de su respuesta a los estímulos. **SIN. 1.** Estupefacción. **2.** Insensibilidad. **FAM.** Estupefacto.

estupro *s. m.* Delito que consiste en el acceso carnal de un adulto con un menor, aprovechándose aquel de su superioridad. **FAM.** Estuprador, estuprar.

esturión (del lat. *sturio, -onis*) *s. m.* Pez teleósteo marino, de hasta 5 m de longitud, cuyo cuerpo está cubierto de placas óseas y cuya cabeza se prolonga en un hocico agudo. Remonta los ríos para hacer la puesta y sus huevos constituyen el caviar.

esvástica (del sánscrito *svastikam*) *s. f.* Cruz gamada, símbolo solar de los antiguos arios, adoptada por Hitler como emblema del nacionalsocialismo.

esviaje *s. m.* Inclinación de la superficie de un muro o del eje de una bóveda respecto al frente del edificio.

et alia (lat., significa 'y otras cosas') *loc.* Se utiliza al final de una enumeración para evitar mencionar todos sus componentes.

et alii (lat., significa 'y otros') *loc.* Se usa en la enumeración de autores de una obra para sustituir los nombres de varios de ellos: *Este trabajo está realizado por J. García et alii.*

eta (del gr. *eta*) *s. f.* Nombre de la letra *e* larga del alfabeto griego. ■ La letra mayúscula se escribe *H* y la minúscula *η*.

etalaje (del fr. *étalage*) *s. m.* Parte de la cavidad de la cuba de un alto horno, entre el vientre y la obra.

etano *s. m.* Hidrocarburo saturado compuesto por dos átomos de carbono y seis de hidrógeno. Es un gas inerte, inodoro, incoloro y combustible, presente en los gases del petróleo. **FAM.** Etanol. ÉTER.

etanol *s. m.* Alcohol etílico.

etapa (del fr. *étape*, y éste del germ. *stapel*, emporio) *s. f.* **1.** Camino recorrido entre dos paradas: *Hicimos la excursión en tres etapas.* **2.** Distancia que se corre de una sola vez en una prueba ciclista o automovilística. **3.** Fase en el desarrollo de una acción o proceso: *las tres etapas de la EGB.* **SIN. 1.** y **2.** Trayecto, tramo, jornada. **3.** Periodo, ciclo.

etarra *adj.* Relativo a la banda terrorista vasca ETA. También *s. m.* y *f.*

etcétera (del lat. *et* y *cetera*, de *ceterum*, lo demás, lo que falta) *s. m.* Palabra con la que se sustituye la parte final de una enumeración, por ser ésta muy larga o por sobrentenderse dicha parte con facilidad. ■ Casi siempre se usa su forma abreviada *etc.*: *De madera se fabrican mesas, sillas, cajas, etc.*

éter (del lat. *aether*, y éste del gr. *aither*) *s. m.* **1.** Fluido invisible, que se suponía como soporte de las ondas electromagnéticas, entre ellas la luz. **2.** Nombre genérico de compuestos orgánicos en cuya molécula existe un átomo de oxígeno unido a dos radicales de hidrocarburos. El más conocido es el éter dietílico, que se emplea como anestésico. **3.** Poéticamente, espacio, bóveda celeste. **SIN. 3.** Cielo, firmamento. **FAM.** Etano, etéreo, etilo.

etéreo, a (del lat. *aetherius*) *adj.* **1.** Relativo al éter. **2.** En lenguaje poético, inmaterial, vago, sublime. **3.** Relativo al cielo: *las regiones etéreas.* **SIN. 2.** Sutil, tenue, vaporoso, incorpóreo. **3.** Celestial.

eterio *s. m.* Tipo de fruto agregado, que se forma a partir de una única flor con los carpelos libres, como la fresa, el fresón, la frambuesa, etc.

eternidad (del lat. *aeternitas, -atis*) *s. f.* **1.** Lo que no tiene principio ni fin. **2.** En ciertas religiones, vida del alma humana, perfecta y sin fin, que hay tras la muerte. **3.** Espacio de tiempo muy largo: *La espera duró una eternidad.* **SIN. 2.** Inmortalidad, cielo. **ANT. 2.** Transitoriedad, fugacidad. **3.** Instante.

eternizar *v. tr.* **1.** Prolongar excesivamente la duración de una cosa. También *v. prnl.*: *La rehabilitación del edificio se está eternizando.* **2.** Hacer que algo dure para siempre: *eternizar el recuerdo de alguien.* ■ Delante de *e* se escribe con *c* en lugar de *z*: *eternice.* **SIN. 1.** Dilatar, alargar. **2.** Inmortalizar, perpetuar. **ANT. 1.** Acortar, abreviar. **2.** Destruir, borrar.

eterno, na (del lat. *aeternus*) *adj.* **1.** Que no tuvo principio ni tendrá fin; se aplica especialmente a Dios y a sus atributos. **2.** Se dice de aquello que se quiere que dure siempre: *Le juró amor eterno.* **3.** Permanente, válido en todo tiempo: *La amistad es un valor eterno.* **4.** Que se repite frecuentemente o con insistencia: *la eterna pregunta.* **5.** Que dura demasiado: *La película me pareció eterna.* **SIN. 1.** Infinito, imperecedero, inmortal. **2.** y **3.** Indestructible, perpetuo, perenne. **4.** Constante. **5.** Interminable, inacabable. **ANT. 1.** a **3.** Efímero, perecedero. **4.** Infrecuente. **5.** Breve, fugaz. **FAM.** Eternamente, eternidad, eternizable, eternizar.

ética (del lat. *ethica*, y éste del gr. *ethike*) *s. f.* **1.** Parte de la filosofía que trata de establecer el fundamento de la moralidad de los actos humanos, es decir, aquello de acuerdo con lo cual estos actos pueden ser calificados de buenos o de malos. **2.** Conjunto de reglas morales que regulan la conducta y las relaciones humanas, en general o en un campo específico: *la ética periodística.* **SIN. 1.** y **2.** Moral. **2.** Deontología. **FAM.** Ético. / Bioética.

ético, ca (del lat. *ethicus* y éste del gr. *ethikos*, de *ethos*, costumbre) *adj.* **1.** De la ética o conforme a sus principios: *una conducta ética.* || *s. m.* y *f.* **2.** Persona que estudia o enseña ética, o escribe sobre esta materia. **SIN. 1.** Moral, bueno, justo, honesto, decente. **2.** Moralista. **ANT. 1.** Inmoral, malo.

etileno *s. m.* Hidrocarburo no saturado de doble enlace, formado por dos átomos de carbono y cuatro átomos de hidrógeno. Es un gas incoloro, de sabor dulce y olor agradable, que se utiliza como anestésico y en la fabricación de plásticos. ■ Se denomina también *eteno* y *vinilo.*

etílico, ca *adj.* **1.** Relativo a los derivados del radical etilo. **2.** Se dice del alcohol cuyo compuesto se forma por fermentación de hidratos de carbono, es incoloro e inflamable y se utiliza en la elaboración de bebidas alcohólicas, en farmacia y en perfumería. Se denomina también *etanol.* **3.** Relativo al alcohol etílico y a sus efectos sobre el organismo: *vapores etílicos, intoxicación etílica.*

etilismo *s. m.* Intoxicación por ingestión excesiva de bebidas alcohólicas.

etilo *s. m.* Radical monovalente del etano, compuesto por dos carbonos y cinco hidrógenos. Es el radical del alcohol etílico. **FAM.** Etílico, etilismo, etilómetro. ÉTER.

etilómetro *s. m.* Aparato para medir el nivel de alcohol en la sangre.

étimo (del lat. *etymon*, y éste del gr. *etymos*, verdadero) *s. m.* Raíz o vocablo del que proceden otras palabras: *El latín «captare» es el étimo del español «catar».* **FAM.** Etimología.

etimología (del lat. *etymologia*, y éste del gr. *etymologia*, de *etymos*, verdadero, y *logos*, palabra) *s. f.* **1.** Origen de una palabra, tanto de su forma como de su significado. **2.** Parte de la lingüística que estudia el origen de una palabra. || **3. etimología popular** En la evolución lingüística, falsa interpretación que produce cambios en la forma o el significado de una palabra al asociarla con otra relacionada, pero de origen distinto. **FAM.** Etimológicamente, etimológico, etimologista, etimólogo. ÉTIMO.

etiología (del gr. *aitiologia*, de *aitia*, causa, y *logos*, tratado) *s. f.* **1.** Estudio sobre las causas de las cosas: *la etiología de un problema escolar.* **2.** Parte de la medicina que estudia las causas de las enfermedades; también, estas mismas causas. **FAM.** Etiológico.

etíope o **etiope** (del lat. *Aethiops, -opis*, y éste del gr. *Aithiops*, de *aitho*, tostar, y *ops*, aspecto) *adj.* **1.** De Etiopía. También *s. m.* y *f.* || *s. m.* **2.** Familia de lenguas semíticas habladas en Etiopía y Eritrea. **SIN. 2.** Etiópico.

etiqueta (del fr. *étiquette*, y éste de la raíz germ. *stik*, fijar, clavar) *s. f.* **1.** Trozo de papel, tela, plástico u otro material que se pega o sujeta a alguna cosa, para su identificación, valoración, clasificación, etc.: *La botella tiene una etiqueta con marca.* **2.** P. ext., calificación que identifica a una persona con una determinada actitud, ideología, etc.: *Le colgaron la etiqueta de tacaño.* **3.** Conjunto de reglas que se observan en el desarrollo de los actos oficiales, solemnes, o sencillamente en sociedad: *la etiqueta de palacio.* **4.** En inform., uno o más caracteres o símbolos que identifican una instrucción, una posición de la memoria en un programa, un registro o un fichero. || LOC. **de etiqueta** *adj.* Se dice de las fiestas o reuniones solemnes en las que es necesario llevar un traje adecuado y de dicho traje: *una cena de etiqueta.* **SIN.** **1.** Rótulo, marbete, inscripción. **2.** Calificativo. **3.** Ceremonial. **FAM.** Etiquetado, etiquetador, etiquetaje, etiquetar, etiquetero.

etiquetar *v. tr.* **1.** Poner etiqueta a una cosa: *etiquetar un frasco.* **2.** Encasillar a alguien en una ideología, dedicación, profesión, etc.: *Le gusta etiquetar a la gente antes de conocerla a fondo.* **SIN.** **1.** Marcar. **2.** Clasificar, calificar.

etmoides (del gr. *ethmoides*, de *ethmos*, criba, y *eidos*, forma) *s. m.* Hueso situado en el compartimiento anterior de la base del cráneo, delante del esfenoides. ■ No varía en *pl.*

etnia *s. f.* Conjunto de individuos humanos pertenecientes a una misma raza, que comparten un origen, lengua, religión y cultura propios. **FAM.** Étnico, etnocentrismo, etnografía, etnología.

étnico, ca *adj.* **1.** De las razas o etnias. || **2. grupo étnico** Población que se caracteriza por determinados caracteres raciales y culturales que la diferencian claramente de otros grupos de su misma raza.

etno- (del gr. *ethnos*) *pref.* Significa 'pueblo': *etnografía, etnología.*

etnocentrismo *s. m.* Ideología que considera los valores, costumbres y cultura del propio grupo como superiores a los del resto. **FAM.** Etnocéntrico. ETNIA.

etnografía (del gr. *ethnos*, pueblo, y *grafo*, escribir) *s. f.* Rama de la antropología cultural que estudia razas, pueblos y culturas, tanto primitivos como modernos, centrándose en los aspectos descriptivos. **FAM.** Etnográfico, etnógrafo. ETNIA.

etnología (del gr. *ethnos*, pueblo, y *logos*, tratado) *s. f.* Rama de la antropología que estudia comparativamente las razas, pueblos y culturas en sus diferentes aspectos y relaciones, basándose en los datos proporcionados por la etnografía. **FAM.** Etnológico, etnólogo. ETNIA.

etología (del gr. *ethos*, conducta, y *logos*, tratado) *s. f.* Ciencia que estudia la conducta de los animales en su ambiente natural. **FAM.** Etológico, etólogo.

etopeya (del lat. *ethopoeia*, y éste del gr. *ethopoiia*) *s. f.* Descripción del carácter, acciones y costumbres de una persona.

etrusco, ca (del lat. *Etruscus*) *adj.* **1.** De Etruria. También *s. m.* y *f.* **2.** De un pueblo de la Italia antigua: *la civilización etrusca.* También *s. m.* y *f.* || *s. m.* **3.** Lengua hablada por los etruscos. **SIN.** **2.** Tusco, tirreno.

eu- (del gr. *eu*) *pref.* Significa 'bien': *eugenesia, eutanasia.*

eucalipto *s. m.* Árbol mirtáceo de hojas lanceoladas y curvadas y fruto en cápsula, originario de Australia e implantado en todo el mundo, de gran altura y rápido crecimiento, cuyas hojas contienen esencias balsámicas.

eucarionte *adj.* Se dice del organismo formado por células eucariotas. Se opone a *procarionte.*

eucariota (de *eu-* y el gr. *karyon*, núcleo) *adj.* Se aplica a la forma de organización celular de estructura compleja, que posee verdadero núcleo y citoplasma con diversos orgánulos, contenido en una membrana celular. Se opone a *procariota.* También *s. m.* **FAM.** Eucarionte.

eucaristía (del lat. *eucharistia*, y éste del gr. *eukharistia*, de *eukharistos*, de *eu*, bien, y *kharizesthai*, dar gracias) *s. f.* **1.** Sacramento del cristianismo que conmemora el sacrificio de Jesús mediante la comunión en las dos especies, pan y vino. **2.** P. ext., misa. **FAM.** Eucarístico.

euclidiano, na *adj.* Relativo a Euclides, matemático griego del s. III a. C., y a la geometría basada en sus postulados.

eufemismo (del lat. *euphemismus*, y éste del gr. *euphemismos*, de *euphemos*, que habla bien) *s. m.* Palabra o expresión más suave con que se sustituye otra considerada de mal gusto, malsonante o demasiado franca, como, p. ej., *trasero* por *culo.* **FAM.** Eufemístico.

eufonía (del lat. *euphonia*, y éste del gr. *euphonia*, de *eu*, bien, y *phone*, voz) *s. f.* Sonoridad agradable de la palabra y de la frase. **ANT.** Cacofonía. **FAM.** Eufónico.

euforbiácea (del lat. *euphorbia*, y éste del gr. *euphorbion*) *adj.* **1.** Se dice de la planta herbácea o arbórea que posee generalmente látex lechoso, con flores verdosas unisexuales y fruto en cápsula, como el ricino, el caucho, etc. También *s. f.* || *s. f. pl.* **2.** Familia de estas plantas.

euforia (del gr. *euphoria*, de *euphoros*, de *eu*, bien, y *phero*, llevar) *s. f.* Sensación de intensa alegría y bienestar: *la euforia del triunfo.* **SIN.** Exaltación, júbilo. **ANT.** Depresión. **FAM.** Eufórico.

eugenesia (de *eu-* y el gr. *genesis*, engendramiento) *s. f.* Ciencia que estudia la mejora de las especies vegetales y animales mediante el control de la reproducción, favoreciendo el apareamiento de ejemplares que presentan una dotación genética idónea. **FAM.** Eugenésico.

eunuco (del lat. *eunuchus*, y éste del gr. *eunukhos*, de *eune*, lecho, y *ekho*, tener, guardar) *s. m.* **1.** Hombre castrado que se destinaba a la custodia de las mujeres en los harenes de Oriente. **2.** Hombre de poco carácter, afeminado. **SIN.** **2.** Pusilánime.

eupepsia (del gr. *eupepsia*, de *eu*, bien, y *pepto*, digerir) *s. f.* Digestión normal. **ANT.** Dispepsia. **FAM.** Eupéptico. PEPSINA.

eupéptico, ca *adj.* Se aplica a la sustancia o medicamento que ayuda a la digestión. También *s. m.* **SIN.** Estomacal, digestivo.

eurasiático, ca *adj.* Euroasiático*.

¡eureka! (del gr. *eureka*, lo he encontrado, exclamación de Arquímedes al descubrir el principio que lleva su nombre) *interj.* Expresa alegría al conseguir o descubrir algo que se estaba buscando afanosamente. **SIN.** ¡Bingo!

euritmia (del lat. *eurythmia*, y éste del gr. *eurythmia*) *s. f.* **1.** Armonía y equilibrio entre las partes de una obra de arte. **2.** Ritmo normal del pulso de una persona. **ANT.** **2.** Arritmia.

euro[1] (del lat. *eurus*, y éste del gr. *euros*) *s. m.* Poéticamente, uno de los cuatro vientos cardinales, que sopla del este.

euro[2] (apóc. de *Europa*) *s. m.* Unidad monetaria común de los estados de la Unión Europea.

euroasiático, ca *adj.* De Europa y Asia. También *s. m.* y *f.* ■ Se dice también *eurasiático.*

eurocentrismo *s. m.* Tendencia a considerar la cultura y la historia mundiales sólo desde el punto de vista europeo.

eurócrata *s. m.* y *f.* Funcionario de la Comunidad Europea.

eurodiputado, da *s. m.* y *f.* Diputado del Parlamento Europeo.

eurodivisa *s. f.* Moneda que un país deposita en grandes cantidades en bancos europeos.

eurodólar *s. m.* Dólar depositado en un banco europeo o invertido en una empresa europea.

europeidad *s. f.* **1.** Cualidad o condición de europeo. **2.** Carácter propio de los pueblos que forman Europa.

europeísmo *s. m.* Doctrina política que aboga por la unidad europea en aspectos económicos, culturales, políticos, etc. **FAM.** Europeísta. EUROPEO.

europeizar *v. tr.* Introducir o transmitir la cultura europea: *Los inmigrantes contribuyeron a europeizar América.* También *v. prnl.* ■ Delante de *e* se escribe con *c* en lugar de *z*: *europeícen.* En cuanto al acento, se conjuga como *enraizar.*

europeo, a (del lat. *Europaeus*) *adj.* **1.** De Europa. También *s. m.* y *f.* **2.** Se dice de la raza blanca o caucásica. También *s. m.* y *f.* **FAM.** Euro[2], europeidad, europeísmo, europeización, europeizante, europeizar, europio. / Centroeuropeo, indoeuropeo, paneuropeísmo.

europio (de *Europa*) *s. m.* Elemento químico metálico, de color grisáceo, blando y volátil, escaso en la corteza terrestre. Su símbolo es *Eu.*

eurotúnel *s. m.* Túnel que une el continente europeo con las islas británicas.

eurovisión *s. f.* Red de radio y televisión común a varios países europeos asociados.

euscaldún o **euskaldún, na** (vasc.) *adj.* Se dice del que habla vasco. También *s. m.* y *f.*

euskera (vasc.) *s. m.* **1.** Lengua vasca. || *adj.* **2.** Relativo a la lengua vasca: *un sufijo euskera.* **FAM.** Euskaldún.

eutanasia (de *eu-* y el *thanatos,* muerte) *s. f.* Provocación de la muerte de un enfermo incurable para evitarle una agonía prolongada. **FAM.** Eutanásico.

euterio *adj.* Placentario*.

eutocia (de *eu-* y el gr. *tokos,* parto) *s. f.* En med., parto sin dificultades. **ANT.** Distocia. **FAM.** Eutócico.

eutrófico, ca *adj.* **1.** Se dice del medio natural rico en componentes nutritivos, especialmente en sales minerales. **2.** Suficientemente alimentado.

evacuado, da **1.** *p.* de **evacuar**. También *adj.* || *adj.* **2.** Que ha sido obligado a abandonar un territorio por razones militares, políticas, sanitarias, etc. También *s. m.* y *f.*

evacuar (del lat. *evacuare*) *v. tr.* **1.** Desocupar, desalojar: *Evacuaron la zona inundada.* **2.** Expulsar del cuerpo los excrementos: *evacuar el vientre.* También *v. prnl.* **3.** Hacer una gestión, consulta, etc.: *evacuar una duda.* ■ En cuanto al acento, se conjuga como *averiguar*: *evacuo.* Sin embargo, a veces se acentúa como *actuar*: *evacúo.* **SIN.** **1.** Vaciar. **2.** Defecar; orinar. **3.** Resolver. **ANT.** **1.** Ocupar. **FAM.** Evacuación, evacuado, evacuante, evacuativo, evacuatorio. VACUO.

evacuatorio, ria *adj.* **1.** Que sirve para evacuar. También *s. m.* || *s. m.* **2.** Retrete público. **SIN.** **1.** Evacuante, evacuativo. **2.** Servicio, urinario.

evadir (del lat. *evadere*) *v. tr.* **1.** Evitar con habilidad y astucia una dificultad, un compromiso, un peligro, etc.: *Evadió responder a mis preguntas.* También *v. prnl.* **2.** Sacar del país ilegalmente dinero u otros bienes: *evadir capital.* || **evadirse** *v. prnl.* **3.** Fugarse: *Se evadió del penal.* **4.** Distraerse, despreocuparse: *evadirse de las preocupaciones.* **SIN.** **1.** Eludir; sortear. **3.** Escaparse, huir. **4.** Abstraerse; divertirse. **ANT.** **1.** Afrontar. **4.** Preocuparse. **FAM.** Evasión, evasivo, evasor.

evaginación *s. f.* Salida de un órgano de la cubierta o vaina que lo rodea.

evaluación *s. f.* **1.** Acción de evaluar. **2.** Valoración de los conocimientos adquiridos y de las actitudes desarrolladas por un alumno en un periodo de tiempo determinado. **SIN.** **1.** Tasación, estimación, cálculo, medición, valuación.

evaluar *v. tr.* Determinar el valor o importancia de una cosa o de las aptitudes, conducta, etc., de una persona: *evaluar los daños de un incendio, el rendimiento de un alumno.* ■ En cuanto al acento, se conjuga como *actuar*: *evalúo.* **SIN.** Calcular, estimar. **FAM.** Evaluable, evaluación, evaluador. / Autoevaluación. VALUAR.

evanescente (del lat. *evanescere,* desvanecerse) *adj.* Que se desvanece: *una luz evanescente.* **FAM.** Evanescencia. VANO.

evangélico, ca (del lat. *evangelicus*) *adj.* **1.** Relativo al evangelio. **2.** Relativo a las iglesias protestantes: *iglesia evangélica.* También *s. m.* y *f.*

evangelio (del lat. *evangelium,* y éste del gr. *evaggelion,* buena nueva) *s. m.* **1.** Historia de la vida y doctrina de Jesucristo. **2.** Cada uno de los cuatro libros escritos por los evangelistas y el conjunto de estos, en cuyo caso se usa también en plural. ■ En estas acepciones se suele escribir con mayúscula. **3.** Parte de la misa en que se lee un fragmento de estos libros. **4.** *fam.* Verdad indiscutible: *Lo que te cuento es el evangelio.* **5.** Creencias o principios de una persona. **FAM.** Evangélicamente, evangélico, evangelista, evangelizar.

evangelista *s. m.* Cada uno de los cuatro discípulos de Jesucristo que fueron autores de los evangelios: San Mateo, San Marcos, San Lucas y San Juan.

evangelizar (del lat. *evangelizare*) *v. tr.* Predicar el evangelio y la fe cristiana. ■ Delante de *e* se escribe *c* en lugar de *z*: *evangelice.* **SIN.** Catequizar. **FAM.** Evangelización, evangelizador. EVANGELIO.

evaporación (del lat. *evaporatio, -onis*) *s. f.* Acción de evaporar o evaporarse. **SIN.** Vaporización, volatilización, gasificación. **ANT.** Condensación, licuación.

evaporador *s. m.* En un frigorífico, dispositivo que contiene un fluido que, al evaporarse, absorbe calor y produce frío.

evaporar (del lat. *evaporare*) *v. tr.* **1.** Convertir un líquido en vapor. También *v. prnl.*: *El agua se evapora al sol.* **2.** Hacer desaparecer algo. Se usa más como *v. prnl.*: *Evaporarse el dinero.* || **evaporarse** *v. prnl.* **3.** Fugarse, desaparecer: *Se evaporó de la reunión.* **SIN.** **1.** Vaporar. **3.** Esfumarse, largarse. **ANT.** **1.** Licuar. **3.** Permanecer. **FAM.** Evaporable, evaporación, evaporador, evaporizar. VAPOR.

evaporizar *v. tr.* Vaporizar*. **FAM.** Evaporización. EVAPORAR.

evasé (del fr. *évasé,* 'acampanado') *adj.* Se dice de algunas prendas de vestir, particularmente de las faldas, que se van ensanchando hacia abajo.

evasión *s. f.* **1.** Acción de evadir o evadirse. || **2.** **evasión de capital** (o **de capitales**) Salida ilegal de capitales al extranjero. **3.** **evasión de impuestos** (o **fiscal**) Manipulación por parte del contribuyente para evitar, por medios ilegales, el pago de impuestos. || **LOC.** **de evasión** *adj.* Que ayuda a distraerse, que divierte sin hacer pensar: *cine de evasión.*

evasivo, va *adj.* **1.** Que elude una dificultad, un peligro, etc.: *Realizó una maniobra evasiva para escapar de sus perseguidores.* || *s. f.* **2.** Medio para evitar una dificultad o compromiso. **SIN. 2.** Rodeo, excusa.

evento (del lat. *eventus*) *s. m.* Acontecimiento, suceso imprevisto. **SIN.** Acaecimiento; caso; contingencia. **FAM.** Eventual.

eventual *adj.* Que no es seguro, fijo o regular o que depende de las circunstancias: *un trabajo eventual, un eventual contratiempo.* **SIN.** Casual, ocasional; circunstancial. **ANT.** Permanente, estable. **FAM.** Eventualidad, eventualmente. EVENTO.

eventualidad *s. f.* **1.** Cualidad de eventual. **2.** Hecho imprevisto o que podría suceder: *Ahorró para poder hacer frente a cualquier eventualidad.* **SIN. 1.** Provisionalidad, posibilidad, probabilidad. **2.** Contingencia, evento, caso. **ANT. 1.** Seguridad.

evidencia (del lat. *evidentia*) *s. f.* **1.** Cualidad de evidente. **2.** Hecho o cosa evidente: *La gravitación universal se tiene por una evidencia.* **3.** Prueba que demuestra algo: *Todavía no hay evidencias de que exista vida en otros planetas.* || **LOC. en evidencia** *adv.* En ridículo, en situación comprometida. **SIN. 2.** Verdad. **ANT. 1.** y **2.** Falsedad.

evidenciar *v. tr.* Hacer algo evidente, manifiesto. También *v. prnl.* **SIN.** Patentizar, revelar, probar, descubrir. **ANT.** Ocultar, disimular.

evidente (del lat. *evidens, -entis*) *adj.* **1.** Cierto, claro, sin duda. **2.** Expresión de asentimiento o conformidad: *¿Te agrada viajar? Evidente.* **SIN. 1.** Indudable, innegable, incuestionable. **ANT. 1.** Incierto, dudoso. **FAM.** Evidencia, evidenciar, evidentemente. VER[1].

evitar (del lat. *evitare*) *v. tr.* **1.** Impedir que se produzca cierta cosa, especialmente un mal, un peligro o una molestia. **2.** Procurar no hacer cierta cosa o encontrarse en cierta situación: *Siempre evita dar explicaciones. Evito las caravanas de fin de semana.* También *v. prnl.* **SIN. 1.** Prevenir. **2.** Eludir, rehuir. **ANT. 1.** Provocar. **2.** Incurrir; afrontar. **FAM.** Evitable, evitación. / Inevitable, vitando.

evo *s. m.* **1.** Duración de las cosas eternas. **2.** Unidad de tiempo astronómico equivalente a mil millones de años.

evocar (del lat. *evocare*) *v. tr.* **1.** Traer a la memoria. **2.** Recordar una cosa o persona a otra por su parecido o su relación: *Aquella victoria le hizo evocar otras pasadas.* ■ Delante de *e* se escribe *qu* en lugar de *c*: *evoque.* **SIN. 1.** Rememorar. **ANT. 1.** Olvidar. **FAM.** Evocación, evocador.

evolución (del lat. *evolutio, -onis*) *s. f.* **1.** Cambio gradual: *la evolución de la moda.* **2.** Desarrollo gradual de los seres vivos. **3.** En biol., proceso continuo de transformación de las especies a través de cambios producidos en sucesivas generaciones. || *s. f. pl.* **4.** Conjunto de movimientos, ejercicios, maniobras de alguien o algo: *las evoluciones de la bailarina.* **SIN. 1.** Transformación, progreso. **2.** Crecimiento. **ANT. 1.** y **2.** Estancamiento. **FAM.** Evolucionar, evolucionismo, evolutivo.

evolucionar *v. intr.* **1.** Desarrollarse los organismos o las cosas, pasando de un estado a otro: *La técnica ha evolucionado mucho.* **2.** Cambiar de conducta, de propósito o de actitud: *Este político ha evolucionado hacia posturas más radicales.* **3.** Hacer determinados movimientos o maniobras: *Los gimnastas evolucionaban en la pista.* **SIN. 1.** Progresar, desenvolverse, avanzar. **3.** Maniobrar, desplegarse. **ANT. 1.** Estancarse, anquilosarse.

evolucionismo *s. m.* **1.** Teoría que explica el desarrollo de un proceso físico, mental o social mediante el cambio y la transformación gradual de los elementos que en él participan. **2.** En biol., teoría que explica la transformación de las especies por los cambios producidos en sucesivas generaciones. **FAM.** Evolucionista. EVOLUCIÓN.

ex *adj.* **1.** Que ha dejado de ser lo que expresa el sustantivo al que acompaña: *ex presidente, ex esposa.* || *s. m.* y *f.* **2.** Persona que ha dejado de ser la pareja sentimental de otra: *Cuando se separaron, su ex se hizo cargo del niño.*

ex aequo (lat.) *loc. adv.* Con el mismo mérito, por igual: *Gerardo Diego y Jorge Luis Borges recibieron el premio Cervantes ex aequo.*

ex cátedra o **ex cathedra** (del lat.) *loc. adv.* **1.** En la Iglesia católica, se emplea cuando el Papa se dirige a toda la Iglesia, indicando que en materia de fe es la suprema autoridad. **2.** En tono magistral y firme: *hablar ex cátedra.*

ex libris (lat.) *s. m.* Sello colocado normalmente en el reverso de la tapa de los libros, en la portadilla o al final, que indica el nombre o iniciales del dueño, de la biblioteca a que pertenece o el emblema del editor.

ex profeso (lat.) *loc. adv.* Con la intención que se indica: *Hizo el viaje ex profeso para hablarle.* **SIN.** Expreso, expresamente.

ex voto *s. m.* Exvoto*.

ex- (del lat. *ex*) *pref.* **1.** Significa 'fuera': *expatriar.* **2.** Indica negación o privación: *expropiar.* **3.** Unido con algunos sustantivos indica que ha dejado de ser lo que éstos expresan: *exministro.* ■ Tiende a escribirse separado: *ex presidente.* A veces se suprime el sustantivo y el pref. funciona como tal: *Hoy he visto a tu ex (novio).*

exa- *pref.* Multiplica la unidad un trillón de veces: *exámetro.*

exabrupto (del lat. *ex abrupto*, de repente) *s. m.* Dicho o gesto inconveniente y brusco: *Contestó con exabruptos.*

exacción (del lat. *exactio, -onis*) *s. f.* **1.** Acción de exigir el cobro de impuestos o cargas fiscales. **2.** Cobro injusto o forzado. **SIN. 2.** Concusión.

exacerbar (del lat. *exacerbare*) *v. tr.* **1.** Causar gran enfado. También *v. prnl.* **2.** Hacer más fuerte un sentimiento, un dolor, una enfermedad, etc.: *Tu presencia exacerbó su cólera.* También *v. prnl.*: *Se le exacerbó el hambre.* **SIN. 1.** Exasperar(se), airar(se), encolerizar(se). **2.** Agudizar(se), avivar(se). **ANT. 1.** Sosegar(se), calmar(se). **2.** Mitigar(se); aliviar(se). **FAM.** Exacerbación, exacerbamiento. ACERBO.

exactitud *s. f.* Cualidad de exacto: *Respondió con exactitud. Llegó a la cita con exactitud.* **SIN.** Precisión, corrección, fidelidad; puntualidad. **ANT.** Inexactitud.

exacto, ta (del lat. *exactus*) *adj.* **1.** Puntual, preciso, riguroso, hecho o dicho con fidelidad. **2.** Con el verbo *ser* en forma impersonal, equivale a verdad: *Lo que ha dicho es exacto.* **SIN. 1.** Cabal, correcto, estricto. **2.** Cierto. **ANT. 1.** Inexacto. **2.** Falso. **FAM.** Exactamente, exactitud. / Inexacto.

exageración *s. f.* **1.** Acción de exagerar. **2.** Cantidad exagerada: *Se comió una exageración de dulces.*

exagerado, da 1. *p.* de **exagerar**. || *adj.* **2.** Excesivo, que sobrepasa lo normal, justo o conveniente: *un tren de vida exagerado, un maquillaje exagerado.* **3.** Que exagera o tiende a exagerar. También *s. m.* y *f.* **SIN. 2.** Desaforado, desmedido, desorbitado, extremado, desproporcionado. **ANT. 2.** Moderado.

exagerar (del lat. *exaggerare*) *v. tr.* Agrandar, dar proporciones excesivas: *Exageraron la noticia. Exageró el castigo.* También *v. intr.*: *No exageres.* SIN. Abultar, hinchar, desorbitar, encarecer, agigantar. ANT. Atenuar. FAM. Exageración, exageradamente, exagerado.

exágono, na *s. m.* Hexágono*. FAM. Exagonal.

exaltación (del lat. *exaltatio, -onis*) *s. f.* Acción de exaltar o exaltarse: *Hizo una exaltación de las virtudes del libro. Defendía su postura con exaltación.* ■ Se dice también *exaltamiento.* SIN. Alabanza, glorificación, ensalzamiento; entusiasmo, ardor, acaloramiento, vehemencia. ANT. Denigración, humillación; serenidad, moderación.

exaltar (del lat. *exaltare*) *v. tr.* **1.** Alabar con exceso, glorificar: *Exaltó su belleza.* **2.** Colocar a alguien en una posición elevada: *exaltar al trono.* **3.** Aumentar o avivar un sentimiento o pasión. También *v. prnl.* || **exaltarse** *v. prnl.* **4.** Entusiasmarse o acalorarse perdiendo la calma: *El público se exaltó.* SIN. **1.** Ensalzar, enaltecer. **2.** Encumbrar. **4.** Excitarse, apasionarse. ANT. **1.** Denigrar. **4.** Serenarse, calmarse. FAM. Exaltación, exaltado, exaltador, exaltamiento. ALTO -TA.

examen (del lat. *examen*) *s. m.* **1.** Prueba que se hace para demostrar aptitudes: *Aprobó el examen de conducir.* **2.** Observación, estudio o análisis que se hace para ver cómo es una cosa o comprobar su estado: *La policía hizo un examen de las pruebas.* SIN. **1.** Ejercicio, control. **2.** Inspección, investigación; reconocimiento. FAM. Examinador, examinando, examinar.

examinar (del lat. *examinare*) *v. tr.* **1.** Juzgar las aptitudes de una persona mediante un examen. También *v. prnl.*: *Me examiné ayer.* **2.** Someter una cosa a examen: *Examinaré tu oferta.* SIN. **2.** Analizar; explorar; revisar.

exangüe (del lat. *exsanguis*, de *ex*, part. priv., y *sanguis*, sangre) *adj.* **1.** Que ha perdido mucha sangre o toda. **2.** Agotado, sin fuerzas. **3.** Muerto: *Tras el accidente quedó exangüe.* SIN. **1.** Desangrado. **2.** Desfallecido, exhausto, rendido. **2.** y **3.** Exánime. ANT. **2.** Vigoroso. **3.** Vivo.

exánime (del lat. *exanimis*, de *ex*, part. priv., y *animus*, espíritu) *adj.* **1.** Sin vida o que no muestra señales de ella: *un cuerpo exánime.* **2.** Muy debilitado: *Tuvimos que ayudarle porque estaba exánime.* SIN. **1.** Muerto. **1.** y **2.** Exangüe. **2.** Desmayado, exhausto, rendido. ANT. **1.** Vivo. **2.** Vigoroso.

exantema (del lat. *exanthema*, y éste del gr. *exanthema*, de *exantheo*, florecer) *s. m.* Erupción o mancha en la piel. FAM. Exantemático.

exarca (del lat. *exarchus*, y éste del gr. *exarkhos*) *s. m.* **1.** Dignidad de la iglesia griega. **2.** Gobernador del imperio bizantino. FAM. Exarcado.

exasperar (del lat. *exasperare*) *v. tr.* Enfadar mucho a alguien, hacer que pierda la paciencia. También *v. prnl.* SIN. Enfurecer(se), encolerizar(se); impacientar(se). ANT. Tranquilizar(se). FAM. Exasperación, exasperante. ÁSPERO.

excarcelar *v. tr.* Sacar a un preso de la cárcel por orden de una autoridad competente. SIN. Libertar, liberar. ANT. Encarcelar. FAM. Excarcelación. CÁRCEL.

excavación (del lat. *excavatio, -onis*) *s. f.* **1.** Acción de excavar. **2.** Hoyo abierto en un terreno. || **3. excavación arqueológica** La que tiene por objeto poner al descubierto restos de antiguas culturas. SIN. **1.** Vaciado.

excavadora *s. f.* Máquina que se utiliza para excavar.

excavar (del lat. *excavare*) *v. tr.* Hacer hoyos o cavidades en un terreno o cuerpo sólido: *Algunos animales excavan la tierra. La lluvia ha excavado las rocas.* SIN. Cavar, socavar, ahondar. FAM. Excavación, excavadora, excavador. CAVAR.

excedencia *s. f.* Situación laboral del trabajador que, sin perder su puesto, deja de ejercer sus funciones durante algún tiempo: *Ha pedido una excedencia para terminar la tesis.*

excedentario, ria *adj.* Que excede o sobrepasa la cantidad necesaria o establecida.

excedente *adj.* **1.** Que excede o sobra. También *s. m.*: *un excedente de dinero.* || *s. m.* **2.** Beneficio empresarial. Se usa mucho en *pl.* || *adj.* **3.** Se aplica al empleado que deja de ejercer sus funciones durante un tiempo. También *s. m.* y *f.* || **4. excedente de cupo** En el reclutamiento para el servicio militar, hombre que queda libre del mismo por corresponderle en el sorteo un número que lo excluía. SIN. **1.** Remanente; resto. **3.** Supernumerario.

exceder (del lat. *excedere*) *v. tr.* **1.** Superar una persona o cosa en algo a otra: *Excedía a todos en prudencia.* También *v. intr.*: *El peso excedía 2 kg.* **2.** Sobrepasar cierto límite: *Dar aquel permiso excedía a sus competencias.* También *v. intr.* || *v. intr.* **3.** Sobrar: *Nos comprará la producción que exceda.* || **excederse** *v. prnl.* **4.** Hacer algo que se pasa de lo necesario, justo o razonable: *Se excedió en el regalo. Se excedió en cumplidos.* SIN. **1.** Adelantar, ganar, aventajar. **2.** Desbordar, rebasar. **4.** Propasarse, extralimitarse. ANT. **3.** Faltar. **4.** Contenerse, moderarse. FAM. Excedencia, excedentario, excedente, exceso. / Sobrexceder. CEDER.

excelencia (del lat. *excellentia*) *s. f.* **1.** Cualidad de excelente. **2.** Tratamiento honorífico que reciben algunas personas por su cargo o dignidad. || LOC. **por excelencia** *adv.* Expresa que a una persona o cosa le corresponde el nombre o adjetivo que se le aplica con más propiedad que a otras: *«El Quijote» es la novela española por excelencia.* SIN. **1.** Excelsitud, magnificencia. ANT. **1.** Inferioridad. FAM. Vuecencia. EXCELENTE.

excelente (del lat. *excellens, -entis*) *adj.* Que sobresale por sus buenas cualidades: *un vino excelente.* SIN. Superior, extraordinario, excepcional. ANT. Pésimo. FAM. Excelencia, excelentemente, excelentísimo, excelso.

excelentísimo, ma *adj.* **1.** *sup.* de **excelente**. **2.** Tratamiento aplicado a las personas a las que les corresponde el de excelencia.

excelso, sa (del lat. *excelsus*) *adj.* **1.** De elevada categoría: *el excelso poeta.* **2.** Muy alto: *excelsos montes.* SIN. **1.** Sublime, insigne. **1.** y **2.** Elevado. ANT. **1.** Ínfimo. **1.** y **2.** Bajo. FAM. Excelsamente, excelsitud. EXCELENTE.

excentricidad *s. f.* Comportamiento excéntrico: *Se vale de sus excentricidades para llamar la atención.* SIN. Extravagancia, rareza. ANT. Normalidad.

excéntrico, ca *adj.* **1.** Se aplica a la persona cuyo comportamiento se sale de lo común y a sus cosas. También *s. m.* y *f.*: *Tus tíos son unos excéntricos.* **2.** Que está fuera del centro o que tiene un centro diferente: *circunferencias excéntricas.* SIN. **1.** Raro, extravagante, estrafalario. **2.** Descentrado. ANT. **1.** Corriente. **2.** Centrado. FAM. Excéntricamente, excentricidad. CENTRO.

excepción (del lat. *exceptio, -onis*) *s. f.* **1.** Acción de exceptuar. **2.** Que se aparta de la regla general: *Comer fuera de casa es una excepción.* || LOC. **de excepción** *adj.* Muy bueno, excelente: *un invi-*

tado de excepción. ■ Se dice también *exceptuación.* **SIN. 1.** y **2.** Exclusión, salvedad. **ANT. 1.** y **2.** Inclusión. **FAM.** Excepcional, excepcionalmente. EXCEPTUAR.

excepcional *adj.* **1.** Que constituye una excepción u ocurre rara vez: *Las lluvias son excepcionales en la comarca.* **2.** Extraordinario, muy bueno. **SIN. 1.** Singular; inusual; anormal. **2.** Excelente, estupendo. **ANT. 1.** Normal; corriente.

excepto (del lat. *exceptus*, retirado) *prep.* A excepción de, fuera de: *Conoce a todos excepto a Rafa.* A veces tiene función de conjunción: *Este chico vale para todo excepto para ayudarme.* **SIN.** Menos, salvo. **ANT.** Incluso.

exceptuación *s. f.* Excepción*.

exceptuar (del lat. *exceptus*, de *excipere*, sacar) *v. tr.* Dejar fuera del grupo general de que se trata o de lo que es común: *Exceptuando algunos días, en verano hace calor en Madrid.* También *v. prnl.* ■ En cuanto al acento, se conjuga como *actuar*: *exceptúo.* **SIN.** Excluir(se); eliminar(se); apartar(se). **ANT.** Incluir(se). **FAM.** Excepción, excepto, exceptuación.

excesivo, va *adj.* Que constituye un exceso o se produce en exceso: *Pagué una cantidad excesiva. Hace un calor excesivo.* **SIN.** Exagerado, desmedido, desmesurado, descomunal; abusivo. **ANT.** Escaso; razonable.

exceso (del lat. *excessus*, salida) *s. m.* **1.** Lo que excede o es mayor de lo normal. **2.** Lo que se sale de lo permitido, necesario o conveniente: *Le multaron por exceso de velocidad.* Se usa mucho en *pl.*: *Ten cuidado con los excesos en las comidas.* **3.** Acción abusiva o injusta. Se usa más en *pl.*: *En las guerras se cometen muchos excesos.* **4.** Aquello en que una cosa es mayor que otra: *El exceso de la natalidad sobre la mortalidad hace crecer la población.* **SIN. 1.** Superabundancia. **1.** y **2.** Exageración, desmesura. **2.** y **3.** Abuso. **4.** Excedente. **ANT. 1.** Carencia. **1.** y **4.** Defecto. **2.** y **3.** Moderación. **FAM.** Excesivamente, excesivo. EXCEDER.

excipiente (del lat. *excipiens, -entis*, de *excipere*, sacar, tomar) *s. m.* Sustancia que se mezcla con los medicamentos para darles forma, consistencia, sabor, etc.

excitable (del lat. *excitabilis*) *adj.* Que se excita fácilmente: *una persona muy excitable.* **SIN.** Impresionable, irritable, alterable. **ANT.** Indiferente, inmutable.

excitante *adj.* **1.** Que excita: *una bebida excitante.* También *s. m.* **2.** Muy interesante, apasionante: *La película tiene un final excitante.* || *s. m.* **3.** Sustancia que provoca excitación: *El café es un excitante.* **SIN. 1.** Incitante, irritante. **2.** Emocionante, palpitante. **3.** Estimulante. **ANT. 1.** y **3.** Calmante, tranquilizante, relajante. **2.** Decepcionante.

excitar (del lat. *excitare*) *v. tr.* **1.** Hacer que algo o alguien se ponga en actividad o que ésta sea más intensa: *excitar el apetito, excitar la respiración.* **2.** Producir en alguien nerviosismo, impaciencia, entusiasmo, etc.: *Le excitó tanta espera.* También *v. prnl.*: *Los niños se excitaron en el circo.* **3.** Provocar deseo sexual. También *v. prnl.* **4.** Hacer que los sentimientos de alguien sean más fuertes o violentos: *Consiguió excitar aún más a los contendientes.* **SIN. 1.** Activar, intensificar, acelerar. **2.** Agitar(se), alborotar(se). **3.** Calentar(se). **4.** Avivar, enardecer, enfervorizar. **ANT. 1.** a **3.** Calmar(se). **2.** y **4.** Tranquilizar(se), sosegar(se). **FAM.** Excitabilidad, excitable, excitación, excitador, excitante. / Sobreexcitar. CITAR.

exclamación (del lat. *exclamatio, -onis*) *s. f.* **1.** Voz o frase que expresa con intensidad algún sentimiento: *Lanzó una exclamación de alegría.* **2.** Signo ortográfico que se coloca al principio (¡) y al final (!) de una palabra o frase para indicar dicha intensidad. **SIN. 1.** Interjección.

exclamar (del lat. *exclamare*) *v. intr.* Decir exclamaciones: *exclamar con júbilo.* También *v. tr.* **SIN.** Clamar. **FAM.** Exclamación, exclamativo, exclamatorio. CLAMAR.

exclamativo, va *adj.* **1.** De la exclamación: *signos exclamativos, tono exclamativo.* **2.** Se aplica a la palabra o frase que expresa exclamación. También *s. f.* **SIN. 1.** Exclamatorio. **2.** Admirativo, ponderativo.

exclaustrar *v. tr.* Permitir u ordenar a un religioso que abandone la orden a la que pertenece. **ANT.** Enclaustrar. **FAM.** Exclaustración, exclaustrado. CLAUSTRO.

excluir (del lat. *excludere*) *v. tr.* **1.** Dejar a una persona o cosa fuera de algún grupo: *En la invitación no excluyas a ninguno de los amigos.* **2.** Rechazar algo: *Excluyeron esa posibilidad.* || **excluirse** *v. prnl.* **3.** No poder darse o utilizarse a la vez dos o más cosas: *Esas dos soluciones se excluyen.* ■ Es v. irreg. Se conjuga como *huir.* **SIN. 1.** Exceptuar, apartar, separar. **1.** y **2.** Eliminar, desechar, descartar. **ANT. 1.** Incluir. **1.** y **2.** Admitir, aceptar. **FAM.** Excluible, exclusión, exclusivamente, exclusive, exclusivo, excluyente.

exclusiva *s. f.* Concesión o privilegio por el que una persona o entidad es la única autorizada para realizar cierta cosa: *El periódico tiene la exclusiva de esa noticia.* **SIN.** Monopolio.

exclusive *adv. m.* Sin contar el término o los términos que se mencionan como límites de una serie: *Estudia hasta la lección 8 exclusive.* **ANT.** Inclusive.

exclusivismo *s. m.* **1.** Actitud y comportamiento de quien sólo considera, sigue o aprecia a una persona, idea o cosa, sin prestar atención a las demás que deben ser tenidas en cuenta. **2.** Acción o deseo de impedir que otros participen en algo que uno quiere para sí solo. **3.** Aprecio excesivo de las cosas propias con desprecio de las ajenas. **SIN. 1.** Partidismo, parcialidad. **2.** Egoísmo. **3.** Chovinismo. **ANT. 1.** Pluralismo. **FAM.** Exclusivista. EXCLUSIVO.

exclusivo, va *adj.* **1.** Que excluye o tiene capacidad para excluir. **2.** Único: *Les reunió en su despacho con el exclusivo fin de felicitarles.* **SIN. 1.** Excluyente. **2.** Solo. **ANT. 1.** Inclusivo. **FAM.** Exclusiva, exclusividad, exclusivismo. EXCLUIR.

excombatiente *adj.* Que ha luchado en algún conflicto bélico bajo una bandera o por alguna causa política. También *s. m.* y *f.*

excomulgar (del lat. *excommunicare*) *v. tr.* **1.** Apartar a alguien la autoridad eclesiástica de la comunidad católica, prohibiéndole el uso de los sacramentos. **2.** *fam.* Expulsar a alguien de un grupo. ■ Delante de *e* se escribe *gu* en lugar de *g*: *excomulgue.* Se dice también *descomulgar.* **SIN. 1.** Anatematizar. **2.** Repudiar; rechazar. **ANT. 2.** Aceptar, admitir. **FAM.** Excomulgado, excomulgador, excomunión. COMULGAR.

excomunión *s. f.* **1.** Acción de excomulgar. **2.** Decreto en que se excomulga a alguien. **SIN. 1.** Anatema.

excoriación *s. f.* Lesión que se produce al levantarse la capa más externa de la piel.

excoriar (del lat. *excoriare*) *v. tr.* Levantar la capa más externa de la piel. También *v. prnl.* ■ Se escribe también *escoriar.* **FAM.** Excoriación. / Escoriar. CUERO.

excrecencia (del lat. *excrescentia*) *s. f.* **1.** Parte que crece en la superficie de un organismo animal o vegetal, generalmente de forma anormal: *Tiene una excrecencia en un dedo.* **2.** Parte secundaria o despreciable de algo. ■ Se dice también *excrescencia.* SIN. **1.** Tumor.

excreción (del lat. *excretio, -onis*) *s. f.* Acción de excretar.

excremento (del lat. *excrementum*) *s. m.* Residuos que elimina el organismo naturalmente, en especial los fecales. SIN. Heces, deposición. FAM. Excrementar, excrementicio. / Excretar.

excrescencia *s. f.* Excrecencia*.

excretar (del lat. *excretus*, de *excernere*, separar, purgar) *v. intr.* **1.** Expulsar los excrementos. **2.** Expulsar los residuos metabólicos, como la orina o el anhídrido carbónico de la respiración. SIN. **1.** Excrementar, defecar; evacuar. FAM. Excreción, excretor, excretorio. EXCREMENTO.

excretor, ra *adj.* Se dice de los órganos o conductos que sirven para expulsar los excrementos: *aparato excretor.*

exculpar (de *ex-* y *culpa*) *v. tr.* Librar de culpa o responsabilidad: *El juez le exculpó de todos los cargos.* También *v. prnl.* SIN. Disculpar, absolver. ANT. Inculpar, acusar. FAM. Exculpación, exculpador, exculpatorio. CULPAR.

excursión (del lat. *excursio, -onis*) *s. f.* **1.** Salida o viaje de corta duración, generalmente como diversión, aprendizaje o deporte. **2.** Paseo o recorrido breve. FAM. Excursionismo, excursionista. CURSO.

excursionismo *s. m.* Práctica que consiste en hacer excursiones con fines deportivos, recreativos o educativos.

excusa *s. f.* **1.** Acción de excusar: *No hay excusa para lo que has hecho.* **2.** Explicación que alguien da para justificarse o disculparse: *Me presentó sus excusas.* **3.** Pretexto que se pone para hacer o dejar de hacer una cosa: *Se inventó una excusa para no ir a trabajar.* SIN. **1.** a **3.** Disculpa, justificación. ANT. **1.** Acusación.

excusado, da[1] **1.** *p.* de **excusar**. También *adj.* || *adj.* **2.** Inútil, innecesario: *Excusado es decir que puedes contar conmigo.* **3.** Libre de ciertas obligaciones o impuestos. SIN. **2.** Superfluo. ANT. **2.** Necesario, forzoso.

excusado, da[2] (del lat. *absconsus*, escondido) *adj.* **1.** Escusado*. || *s. m.* **2.** Retrete*.

excusar (del lat. *excusare*) *v. tr.* **1.** Disculpar, justificar. También *v. prnl.*: *Se excusó por su conducta.* **2.** Evitar, ahorrar: *Excuso decir cuánto me molestan tus desaires. Si hablas con él, me excusas de llamarle.* **3.** Liberar de un pago o de una obligación. || **excusarse** *v. prnl.* **4.** Dejar de hacer cierta cosa presentando un pretexto: *Se excusó de acudir a la cita.* SIN. **1.** Dispensar; explicarse. **2.** y **3.** Librar, eximir. **4.** Escaquearse. ANT. **1.** Culpar, acusar. FAM. Excusa, excusable, excusado[1], excusador. / Inexcusable. ACUSAR.

execrable (del lat. *exsecrabilis*) *adj.* Que merece rechazo o condena: *un crimen execrable.* SIN. Abominable, deplorable. ANT. Digno, admirable.

execrar (del lat. *exsecrare*) *v. tr.* Condenar, rechazar, aborrecer: *Todo el mundo execraba aquellos abusos.* SIN. Reprobar, censurar, abominar. ANT. Aprobar, alabar. FAM. Execrable, execración, execrativo, execratorio.

exedra (del gr. *exedra*, de *ex*, fuera, y *edra*, silla) *s. f.* Construcción descubierta de planta semicircular, con asientos en su parte interior.

exégesis o **exegesis** (del gr. *exegesis*, de *exegeomai*, guiar, explicar) *s. f.* Interpretación de un texto en sus aspectos filológicos, históricos o doctrinales, y especialmente de la *Biblia.* ■ No varía en *pl.* SIN. Hermenéutica. FAM. Exégeta, exegético.

exégeta o **exegeta** (del gr. *exegetes*) *s. m.* y *f.* Persona que interpreta un texto, en especial la Sagrada Escritura.

exención (del lat. *exemptio, -onis*) *s. f.* **1.** Acción de eximir o eximirse. **2.** Privilegio que exime de una obligación: *exención del servicio militar.* SIN. **1.** y **2.** Dispensa, exoneración. ANT. **1.** y **2.** Deber.

exento, ta (del lat. *exemptus*) **1.** *p.* irreg. de **eximir**. || *adj.* **2.** Libre de lo que se indica: *una finca exenta de impuestos, exento de responsabilidad.* **3.** En arq., separado, no adosado: *columna exenta.* SIN. **1.** y **2.** Descargado, dispensado, exonerado. ANT. **1.** y **2.** Obligado.

exequátur (del lat. *exsequatur*, que se ejecute) *s. m.* **1.** Autorización concedida a los representantes extranjeros para que puedan ejercer sus funciones en un país. **2.** Autorización dada por el Estado de un país para que se lleven a cabo las sentencias que dicta un tribunal extranjero. **3.** Aprobación de la autoridad civil a las bulas y documentos pontificios. ■ No varía en *pl.* SIN. **1.** Plácet.

exequias (del lat. *exsequiae*) *s. f. pl.* Honras fúnebres, ceremonias religiosas que se hacen por los difuntos. SIN. Funerales.

exequible (del lat. *exsequi*, conseguir) *adj.* Que se puede realizar o conseguir. SIN. Asequible, posible. ANT. Inasequible, imposible.

exfoliación (de *exfoliar*, del lat. *exfoliare*) *s. f.* **1.** División en láminas o escamas. **2.** Particularmente, propiedad de ciertos minerales de dividirse en láminas paralelas a las caras cristalográficas. **3.** Escamación de la epidermis. **4.** Tratamiento cosmético para eliminar las células muertas de la piel. FAM. Exfoliable, exfoliado, exfoliador, exfoliante, exfoliar. FOLIACIÓN.

exfoliador, ra *adj. Amér.* Se dice de los blocs de hojas desprendibles. También *s. m.*

exfoliante *adj.* Se dice de los productos cosméticos que eliminan las células muertas de la piel. También *s. m.*

exfoliar (del lat. *exfoliare*) *v. tr.* **1.** Dividir una cosa en láminas o escamas. También *v. prnl.* **2.** Eliminar de la piel las células muertas.

exhalación *s. f.* **1.** Acción de exhalar. **2.** Rayo. **3.** Estrella fugaz. || LOC. **como una exhalación** *adv.* Muy rápido: *Pasó como una exhalación.* SIN. **1.** Emanación, efluvio. **2.** Centella.

exhalar (del lat. *exhalare*) *v. tr.* **1.** Desprender gases, vapores u olores: *El jardín exhalaba un agradable aroma.* **2.** Con palabras como *quejas, suspiros*, etc., lanzarlos. SIN. **1.** Despedir. **2.** Proferir. ANT. **1.** Absorber. **2.** Reprimir. FAM. Exhalación, exhalador. HÁLITO.

exhaustivo, va (de *exhausto*) *adj.* Completo, intensivo, a fondo: *una enumeración exhaustiva, un estudio exhaustivo.* SIN. Profundo, minucioso. ANT. Somero, superficial. FAM. Exhaustivamente, exhaustividad. EXHAUSTO.

exhausto, ta (del lat. *exhaustus*, de *exhaurire*, agotar) *adj.* **1.** Agotado, consumido: *Dejaron exhausta la mina de cobre.* **2.** Muy debilitado o cansado: *La enfermedad le dejó exhausto.* SIN. **1.** Vacío, acabado. **2.** Exánime, extenuado. ANT. **1.** Lleno. **1.** y **2.** Pletórico. **2.** Fuerte, descansado. FAM. Exhaustivo. / Inexhausto.

exhibición (del lat. *exhibitio, -onis*) *s. f.* **1.** Acción de exhibir o exhibirse. **2.** Prueba deportiva con carácter de espectáculo y no como competición:

una exhibición de karate. **SIN. 1.** Exposición, manifestación, alarde. **1.** y **2.** Demostración.

exhibicionismo *s. m.* **1.** Deseo de exhibirse: *Me molesta su ansia de exhibicionismo.* **2.** Desviación que consiste en mostrar a otras personas los genitales para obtener placer sexual.

exhibicionista *s. m.* y *f.* Persona que tiende a exhibirse o practica el exhibicionismo. También *adj.*

exhibir (del lat. *exhibere*) *v. tr.* **1.** Mostrar o presentar algo a otros o ante el público: *Exhibieron la moda de esta temporada. Exhibió sus dotes de bailarín.* También *v. prnl.*: *La película se exhibe en este cine.* || **exhibirse** *v. prnl.* **2.** Tratar uno de que le vean, llamar la atención: *No pierde ocasión de exhibirse.* **SIN. 1.** Enseñar, ofrecer, demostrar. **1.** y **2.** Lucir(se). **ANT. 1.** Ocultar. **FAM.** Exhibición, exhibicionismo, exhibicionista.

exhortación (del lat. *exhortatio, -onis*) *s. f.* **1.** Acción de exhortar. **2.** Palabras con que se exhorta a alguien: *No atendió a las exhortaciones de sus padres.* **3.** Sermón breve: *El sacerdote dirigió una exhortación a los fieles.* **SIN. 1.** y **2.** Advertencia, consejo. **3.** Plática, prédica.

exhortar (del lat. *exhortare*) *v. tr.* Animar a alguien con ruegos o razones para que actúe de determinada manera: *Le exhortó a seguir su ejemplo.* **SIN.** Aconsejar, alentar. **ANT.** Desaconsejar. **FAM.** Exhortación, exhortador, exhortativo, exhortatorio, exhorto.

exhortativo, va *adj.* **1.** Que sirve para exhortar. **2.** En ling., se aplica a la oración que expresa ruego, mandato o prohibición. También *s. f.* **SIN. 1.** Exhortatorio.

exhorto *s. m.* Comunicación que un juez envía a otro para que ordene el cumplimiento de lo que se le pide.

exhumar (del lat. *ex*, fuera de, y *humus*, tierra) *v. tr.* **1.** Desenterrar, especialmente un cadáver. **2.** Recuperar algo que estaba olvidado: *exhumar el pasado, una obra literaria.* **SIN. 2.** Recordar, actualizar. **ANT. 1.** Inhumar. **1.** y **2.** Enterrar. **FAM.** Exhumación, exhumador. HUMUS.

exigencia (del lat. *exigentia*) *s. f.* **1.** Acción de exigir. Se usa sobre todo en *pl.*: *Todas sus exigencias eran justificadas.* **2.** Pretensión caprichosa o excesiva. Se usa sobre todo en *pl.*: *¡Vaya exigencias que tiene!* **3.** Cualidad de exigente: *Todos conocen su exigencia a la hora de corregir los ejercicios.* **SIN. 1.** Petición, demanda. **3.** Rigurosidad. **ANT. 3.** Flexibilidad.

exigente (del lat. *exigens, -entis*) *adj.* Que exige mucho: *Es muy exigente con las comidas.* También *s. m.* y *f.* **SIN.** Severo, riguroso. **ANT.** Flexible, tolerante.

exigir (del lat. *exigere*) *v. tr.* **1.** Pedir alguien una cosa que le corresponde o a la que tiene derecho: *Le exigía el pago del alquiler.* **2.** Solicitar enérgicamente: *Exigían una mejora del transporte.* **3.** Necesitar, precisar: *Esta planta exige muchos cuidados.* **4.** Ordenar a alguien que haga, presente o dé alguna cosa: *Te exigen el título de graduado escolar.* || *v. intr.* **5.** Mostrarse muy exigente: *Este profesor exige mucho.* ■ Delante de *a* y *o* se escribe *j* en lugar de *g*: *exija.* **SIN. 1.** Reclamar, reivindicar. **ANT. 1.** y **2.** Renunciar. **FAM.** Exigencia, exigente, exigibilidad, exigible. / Exacción.

exiguo, gua (del lat. *exiguus*) *adj.* Escaso, muy pequeño: *Ganaba un sueldo exiguo.* **SIN.** Reducido, insignificante. **ANT.** Grande, abundante. **FAM.** Exigüidad.

exilar *v. tr.* Exiliar*. **FAM.** Exilado. EXILIAR.

exiliar *v. tr.* **1.** Obligar a alguien a abandonar su patria. || **exiliarse** *v. prnl.* **2.** Marcharse alguien de su patria, generalmente por razones políticas. ■ Se construye con las prep. *en* y *a*: *exiliarse en el extranjero, exiliarse a América.* Se dice también *exilar.* **SIN. 1.** Desterrar. **2.** Expatriarse. **ANT. 1.** Acoger. **FAM.** Exilar, exiliado, exilio.

exilio (del lat. *exilium*, de *exilire*, saltar afuera) *s. m.* **1.** Acción de exiliar o exiliarse. **2.** Lugar y tiempo en que se vive exiliado: *Desarrolló una gran labor desde (o durante) su exilio.* **SIN. 1.** y **2.** Destierro.

eximente *adj.* **1.** Que exime. **2.** En der., se aplica a la circunstancia que libra de la responsabilidad criminal. También *s. f.* **ANT. 2.** Agravante.

eximio, mia (del lat. *eximius*) *adj.* Que sobresale por alguna cualidad: *el eximio conferenciante.* **SIN.** Insigne, ilustre, eminente. **FAM.** Véase **eximir**.

eximir (del lat. *eximere*) *v. tr.* Librar a alguien de una carga, culpa, obligación, etc.: *Su corta edad le exime de responsabilidades.* También *v. prnl.* ■ Este verbo tiene dos p.: uno reg., *eximido*, que se utiliza para la formación de los tiempos compuestos, y otro irreg., *exento*, utilizado principalmente como adjetivo. **SIN.** Exonerar, excusar. **ANT.** Obligar(se), acusar. **FAM.** Exención, exento, eximente, eximio.

existencia (del lat. *existentia*) *s. f.* **1.** Circunstancia de existir. **2.** Vida del hombre y modo en que vive: *Tuvo una existencia muy feliz.* **3.** En fil., realidad concreta de un ente, en oposición a esencia. || *s. f. pl.* **4.** Mercancías: *Han vendido todas las existencias de la tienda.* **SIN. 1.** Subsistencia. **4.** Género. **ANT. 1.** Inexistencia. **2.** Muerte. **FAM.** Inexistencia. EXISTIR.

existencialismo *s. m.* Doctrina filosófica desarrollada en Europa en la primera mitad del s. XX, que sitúa la existencia concreta del hombre en el primer plano de su reflexión. **FAM.** Existencialista. EXISTIR.

existir (del lat. *exsistere*) *v. intr.* **1.** Tener alguien o algo ser real y verdadero: *Aquí existió una importante civilización.* **2.** Tener vida: *Mientras yo exista, eso no ocurrirá.* **3.** Haber, estar, hallarse: *En el museo existen piezas interesantísimas.* **SIN. 2.** Vivir. **3.** Encontrarse. **ANT. 2.** Morir. **3.** Faltar. **FAM.** Existencia, existencial, existencialismo, existente. / Coexistir, preexistir.

éxito (del lat. *exitus*, de *exire*, salir) *s. m.* **1.** Buen resultado: *Finalizó sus estudios con éxito.* **2.** Buena acogida, fama: *El libro tuvo mucho éxito entre los jóvenes.* **3.** Aquello con que se ha conseguido la fama: *lista de éxitos musicales.* **SIN. 1.** Fortuna. **1.** y **3.** Triunfo, logro. **2.** Aceptación, celebridad. **ANT. 1.** a **3.** Fracaso. **FAM.** Exitoso.

exitoso, sa *adj.* Que tiene éxito: *una película exitosa.*

exo- *pref.* Significa 'fuera', 'fuera de': *exoesqueleto, exocrino.*

exobiología *s. f.* Ciencia que estudia la posibilidad de existencia de vida fuera de la Tierra.

exocéntrico, ca *adj.* En ling., se aplica a la construcción sintáctica que, a diferencia de las endocéntricas, no tiene un núcleo que pueda desempeñar su misma función gramatical.

exocrino, na (de *exo-* y el gr. *krino*, segregar) *adj.* Se dice de la glándula que tiene conducto excretor por el que salen los productos que ha elaborado, p. ej. las glándulas sebáceas.

éxodo (del lat. *exodus*, y éste del gr. *exodos*, salida, de *ex*, fuera de, y *odos*, camino) *s. m.* **1.** Larga marcha del pueblo hebreo desde Egipto a Canaán, conducido por Moisés. **2.** Emigración de un pueblo o grupo. **3.** P. ext., cualquier salida de gente en masa hacia otro lugar: *Comenzó el gran éxodo de las vacaciones.* **SIN. 2.** Expatriación. **2.** y **3.** Marcha, huida. **ANT. 2.** Repatriación. **2.** y **3.** Regreso, retorno.

exoenergético, ca *adj.* Se dice del proceso en el que se desprende energía.

exoesqueleto *s. m.* Cubierta sólida que protege total o parcialmente el cuerpo de algunos animales, como la tortuga o los insectos. ■ Se dice también *exosqueleto.* **SIN.** Dermatoesqueleto. **FAM.** Exosqueleto. ESQUELETO.

exoftalmia o **exoftalmía** (de *exo-* y *oftalmia*) *s. f.* En med., abultamiento anormal hacia adelante del globo ocular.

exogamia (de *exo-* y el gr. *gameo*, casarse) *s. f.* **1.** Norma social por la que el individuo ha de casarse con personas de distinto grupo, clan, etc. **2.** En biol., fecundación entre individuos de distinta especie. **ANT. 1.** y **2.** Endogamia. **FAM.** Exogámico. POLIGAMIA.

exógeno, na (de *exo-* y el gr. *gennao*, engendrar, originar) *adj.* **1.** Se dice de las causas, fuerzas, etc., originadas en el exterior de un organismo, sistema social, etc., y que actúan sobre ellos. **2.** En geol., se aplica a los fenómenos que se producen en la superficie terrestre. **ANT. 1.** y **2.** Endógeno.

exón *s. m.* Segmento de ADN con información genética.

exonerar (del lat. *exonerare*) *v. tr.* **1.** Librar de una carga u obligación: *Le exoneraron de pagar la multa.* También *v. prnl.* **2.** Quitar a alguien un empleo, una dignidad: *Le exoneraron de su cargo.* **3.** Con palabras como *vientre*, expulsar los excrementos. **SIN. 1.** Eximir(se), dispensar, descargar. **2.** Destituir, deponer. **3.** Evacuar. **ANT. 1.** Obligar(se). **FAM.** Exoneración. ONEROSO.

exoparásito, ta (de *exo-* y *parásito*) *adj.* Se dice del parásito que vive en el exterior de otro ser vivo, p. ej., el piojo.

exorbitante (del lat. *exorbitans, -antis*, de *exorbitare*, salirse del camino, separarse) *adj.* Excesivo, desmesurado: *un precio exorbitante.* **SIN.** Exagerado, extremado, abusivo. **ANT.** Moderado, comedido. **FAM.** Exorbitantemente, exorbitar. ÓRBITA.

exorbitar *v. tr.* Exagerar, desorbitar.

exorcismo (del lat. *exorcismus*, y éste del gr. *exorkismos*) *s. m.* Conjunto de ritos y fórmulas para expulsar al demonio de la persona por él poseída. **FAM.** Exorcista, exorcizar.

exorcista (del lat. *exorcista*, y éste del gr. *exorkistes*) *s. m.* y *f.* **1.** Persona que realiza exorcismos. || *s. m.* **2.** Eclesiástico que tiene poder y facultad para exorcizar.

exorcizar (del lat. *exorcizare* y éste del gr. *exorkizo*) *v. tr.* **1.** Utilizar exorcismos para librar a alguien de los malos espíritus. **2.** Expulsar algo perjudicial. ■ Delante de *e* se escribe con *c* en lugar de *z*: *exorcice.* **SIN. 1.** y **2.** Conjurar. **ANT. 1.** Endemoniar, poseer.

exordio (del lat. *exordium*) *s. m.* **1.** Comienzo de un discurso u obra literaria. **2.** P. ext., introducción a una conversación, razonamiento. **SIN. 1.** y **2.** Preámbulo, prefacio, prólogo, prolegómeno. **ANT. 1.** Epílogo, conclusión.

exornar (del lat. *exornare*) *v. tr.* En lenguaje lit., adornar, embellecer: *exornar el lenguaje con adornos retóricos.* **SIN.** Ornar.

exorreico, ca *adj.* Se aplica al lugar que tiene una extensa circulación de aguas superficiales. **ANT.** Endorreico.

exorreísmo *s. m.* Salida de las aguas corrientes de una región al mar. **ANT.** Endorreísmo. **FAM.** Exorreico.

exosfera *s. f.* Capa más externa de la atmósfera terrestre que se extiende desde los 500 km hasta alturas no determinadas.

exosqueleto *s. m.* Exoesqueleto*.

exotérico, ca (del lat. *exotericus*, y éste del gr. *exoterikos*) *adj.* Fácil de entender, aplicado sobre todo a la doctrina filosófica dirigida al gran público. ■ No confundir con *esotérico*, 'oculto, difícil de entender'. **SIN.** Accesible, asequible. **ANT.** Esotérico.

exotérmico, ca (de *exo-* y el gr. *therme*, calor) *adj.* En quím., se dice del proceso que al verificarse desprende calor. **ANT.** Endotérmico.

exótico, ca (del lat. *exoticus*, y éste del gr. *exotikos*) *adj.* **1.** Que procede de un país extranjero. **2.** Extraño, chocante: *una cara con rasgos exóticos.* **SIN. 1.** Forastero, foráneo. **2.** Singular, insólito, infrecuente. **ANT. 1.** Autóctono. **2.** Común, corriente. **FAM.** Exotismo.

expandir (del lat. *expandere*) *v. tr.* Extender, aumentar. También *v. prnl.*: *La noticia se expandió con rapidez.* **SIN.** Esparcir(se), propagar(se), difundir(se), divulgar(se). **FAM.** Expansibilidad, expansible, expansión, expansivo.

expansión (del lat. *expansio, -onis*) *s. f.* **1.** Acción de expandir o expandirse: *la expansión de un pueblo, de un gas.* **2.** Manifestación de un pensamiento o sentimiento íntimos. **3.** Diversión, distracción: *Necesitaba un momento de expansión.* **4.** En econ., estado y periodo de desarrollo, caracterizado por un aumento de la producción, de los beneficios, de la inversión, del empleo, etc. **5.** En un motor de explosión, fase en que se mezclan el combustible y el aire y tiene lugar la combustión. **SIN. 1.** Extensión, dilatación. **2.** Desahogo, confidencia, confesión. **3.** Esparcimiento, entretenimiento. **ANT. 1.** Contracción. **3.** Aburrimiento. **4.** Recesión. **FAM.** Expansionar, expansionismo. EXPANDIR.

expansionar *v. tr.* **1.** Expandir, dilatar, aumentar de volumen. También *v. prnl.*: *expansionarse un gas.* || **expansionarse** *v. prnl.* **2.** Manifestar a otro pensamientos o sentimientos íntimos para encontrar alivio. **3.** Divertirse. **SIN. 2.** Desahogarse, confiarse. **3.** Entretenerse, evadirse. **ANT. 1.** Contraer. **3.** Aburrirse.

expansionismo *s. m.* **1.** Tendencia de un pueblo o nación a extender su poder político y económico a otras áreas geográficas. **2.** P. ext., tendencia de una empresa o entidad a extender su influencia sobre otras. **FAM.** Expansionista. EXPANSIÓN.

expansivo, va (del lat. *expansus*, extendido) *adj.* **1.** Que se expande. **2.** Comunicativo, extravertido. **SIN. 2.** Abierto, franco, sociable. **ANT. 2.** Cerrado, huraño, introvertido.

expatriar *v. tr.* Hacer abandonar a uno su patria. También *v. prnl.* ■ En cuanto al acento, puede conjugarse como *ansiar*: *expatrío*, o según la norma general de los terminados en *ar*: *expatrio.* **SIN.** Emigrar, exiliarse. **ANT.** Repatriar, regresar. **FAM.** Expatriación, expatriado. PATRIA.

expectación (del lat. *exspectatio, -onis*) *s. f.* Gran interés o curiosidad con que se espera alguna cosa. **FAM.** Expectante, expectativa.

expectante (del lat. *expectans, -antis*, de *exspectare*, esperar) *adj.* Vigilante, a la espera de algo: *Se mantuvo en actitud expectante.* **SIN.** Atento, alerta. **ANT.** Desinteresado.

expectativa (del lat. *exspectatum*, esperado) *s. f.* Esperanza o posibilidad de conseguir alguna cosa: *Tenía muy buenas expectativas en su trabajo.* || LOC. **estar a la expectativa** Estar a la espera de algo, sin intervenir en ello; también, estar pendiente de alguna cosa. **SIN.** Perspectiva, futuro.

expectoración *s. f.* **1.** Acción de expectorar. **2.** Esputo.

expectorante *adj.* Se dice del medicamento que provoca la expectoración.

expectorar (del lat. *expectorare*, de *ex*, fuera de, y *pectus, -oris*, pecho) *v. tr.* Expulsar, tosiendo o carraspeando, las secreciones de las vías respiratorias. **FAM.** Expectoración, expectorante. PECTORAL.

expedición (del lat. *expeditio, -onis*) *s. f.* **1.** Acción de expedir: *la expedición de un pasaporte.* **2.** Marcha o viaje con fines científicos, militares, deportivos, etc., y personas que la componen. **SIN. 1.** Envío, giro.

expedicionario, ria *adj.* Que participa en una expedición: *grupo expedicionario.* También *s. m.* y *f.*

expedientar *v. tr.* Formar expediente a alguien. **SIN.** Empapelar, sancionar.

expediente (del lat. *expediens, -entis*, de *expedire*, soltar, dar curso, convenir) *s. m.* **1.** Conjunto de las gestiones que se llevan a cabo sobre un asunto y de los documentos a que ello da lugar: *Instruyeron un expediente sobre la construcción de la presa.* **2.** Historial de la actuación de un empleado, de las calificaciones de un estudiante, etc. **3.** Investigación sobre la conducta de un empleado o funcionario del que se supone que ha cometido alguna falta en el ejercicio de sus funciones: *Le han incoado (o abierto) expediente.* **4.** Medio utilizado para resolver alguna dificultad: *Recurrieron al expediente de vender el coche.* || **5. expediente de crisis** Mecanismo legal al que puede acogerse una empresa con graves dificultades económicas para reducir personal. || LOC. **cubrir el expediente** Limitarse a cumplir en un puesto, trabajo u obligación. **FAM.** Expedientar. EXPEDIR.

expedir (del lat. *expedire*) *v. tr.* **1.** Enviar: *expedir un paquete por correo.* **2.** Extender un documento: *expedir un certificado de nacimiento.* ■ Es v. irreg. Se conjuga como *pedir.* **SIN. 1.** Mandar, remitir, facturar. **2.** Cursar, tramitar. **FAM.** Expedición, expedicionario, expedidor, expediente, expedito. / Reexpedir.

expeditar *v. tr. Amér.* Dejar concluido un asunto, facilitar su solución.

expeditivo, va *adj.* Con eficacia y rapidez: *El equipo tiene una defensa expeditiva.* **SIN.** Decidido, resuelto, enérgico. **ANT.** Lento, torpe. **FAM.** Expeditivamente. EXPEDITO.

expedito, ta (del lat. *expeditus*) *adj.* **1.** Libre de estorbo: *Encontraron el camino expedito.* **2.** Ágil y rápido en actuar. **SIN. 1.** Despejado, practicable. **2.** Raudo, pronto. **ANT. 2.** Lento, torpe. **FAM.** Expeditamente, expeditivo. EXPEDIR.

expeler (del lat. *expellere*) *v. tr.* Arrojar con fuerza algo que se encontraba contenido en alguna parte: *La caldera expelía un humo muy denso.* ■ Este verbo tiene dos p.: uno reg., *expelido*, que se utiliza para la formación de los tiempos compuestos, y otro irreg., *expulso*, poco frecuente, utilizado como adjetivo. **SIN.** Expulsar, echar, despedir. **ANT.** Absorber. **FAM.** Expelente.

expendedor, ra *adj.* Que expende algo: *una máquina expendedora de tabaco.* También *s. m.* y *f.*: *un expendedor de entradas.*

expendeduría *s. f.* Lugar en que se venden al público tabaco y otros artículos, como sellos, pólizas, etc.

expender (del lat. *expendere*, pesar, pagar) *v. tr.* **1.** Vender al por menor. **2.** Despachar billetes de tren, entradas para espectáculos, etc. **3.** Vender artículos por encargo de su dueño. **FAM.** Expendedor, expendio, expendeduría, expensar, expensas.

expendio *s. m.* **1.** *Amér.* Venta al por menor. **2.** *Amér.* Tienda donde se venden bebidas alcohólicas, tabaco y otras mercancías.

expensar *v. tr. Chile, Guat.* y *Méx.* En lenguaje de tribunales, costear los gastos de alguna gestión.

expensas (del lat. *expensa*) *s. f. pl.* Gastos, costas. || LOC. **a expensas de** *adv.* Por cuenta de, a costa de: *Vive a expensas de sus padres.*

experiencia (del lat. *experientia*) *s. f.* **1.** Hecho de sentir o conocer una persona algo por sí misma: *Vivió la experiencia de viajar en globo.* **2.** Conjunto de conocimientos que se adquieren con la práctica o a lo largo de la vida. **3.** Experimento. **SIN. 1.** Vivencia. **2.** Enseñanza, lección; habilidad, destreza, costumbre, hábito. **3.** Ensayo, prueba. **ANT. 2.** Inexperiencia, impericia. **FAM.** Experiencial, experimental, experimentalismo, experimentalmente, experimentar, experto. / Inexperiencia.

experiencial *adj.* Relacionado con la experiencia.

experimentación *s. f.* **1.** Acción de experimentar. **2.** Método científico de investigación basado en fenómenos que han sido producidos intencionadamente para ser estudiados: *La experimentación es un poderoso auxiliar de la ciencia.* **3.** Conjunto de análisis, pruebas, etc., a que se somete algo para estudiar y comprobar su validez: *El medicamento está en fase de experimentación.* **SIN. 1.** Experiencia, vivencia. **1.** y **2.** Experimento. **1.** y **3.** Ensayo, comprobación, verificación.

experimentado, da 1. *p.* de **experimentar**. También *adj.* || *adj.* **2.** Que tiene mucha experiencia en algo: *un médico experimentado.* **SIN. 2.** Ducho, entendido, experto, conocedor, versado. **ANT. 2.** Inexperto, novato.

experimental *adj.* **1.** Fundado en la experiencia o en la experimentación: *ciencia experimental.* **2.** Se dice de los procesos, periodos, etc., en los que se somete algo a prueba para comprobar su validez, y también de la cosa sometida: *El tren está en fase experimental.* **3.** Que busca nuevas formas estéticas y técnicas expresivas renovadoras: *música experimental.* Aplicado a personas, también *s. m.* y *f.*

experimentalismo *s. m.* **1.** Empirismo*. **2.** Tendencia a la búsqueda de formas estéticas y de técnicas expresivas renovadoras. **FAM.** Experimentalista. EXPERIENCIA.

experimentar *v. tr.* **1.** Hacer experimentos sobre algo para comprobarlo o estudiarlo. También *v. intr.*: *Experimentan con cobayas.* **2.** Sentir o conocer algo por uno mismo: *Aquel día experimentó lo que es trabajar duro.* **3.** Sufrir alguien o algo un cambio, transformación, etc.: *La librería experimentó una gran mejora desde su llegada.* **SIN. 1.** Ensayar, probar. **2.** Percibir, notar, advertir, percatarse. **FAM.** Experimentación, experimentado, experimentador, experimento. EXPERIENCIA.

experimento (del lat. *experimentum*) *s. m.* **1.** Acción de experimentar. **2.** Método de investigación que consiste en provocar un fenómeno, analizar los hechos concretos que tienen lugar durante su desarrollo y determinar la validez de una hipótesis. **SIN. 1.** Experimentación, experiencia, prueba, ensayo.

experto, ta (del lat. *expertus*, de *experire*, experimentar) *adj.* Muy experimentado, entendido o hábil en cierta materia, trabajo o actividad. También *s. m.* y *f.*: *Es un experto en antigüedades.* SIN. Versado, ducho. ANT. Inexperto. FAM. Expertamente. EXPERIENCIA.

expiar (del lat. *expiare*) *v. tr.* **1.** Borrar las culpas mediante el sacrificio o la penitencia: *expiar los pecados.* **2.** Sufrir el castigo correspondiente al delito que se ha cometido: *Expió su crimen en la cárcel.* **3.** Purificar algo que ha sido profanado: *expiar un templo.* ■ No confundir con *espiar*, 'vigilar disimuladamente'. En cuanto al acento, se conjuga como *ansiar*: *expío.* SIN. **1.** y **2.** Purgar. **2.** Pagar. FAM. Expiable, expiación, expiativo, expiatorio. / Inexpiable. PÍO -A[1].

expiatorio, ria (del lat. *expiatorius*) *adj.* **1.** Que sirve para expiar. || **2. chivo expiatorio** Chivo*.

expirar (del lat. *exspirare*) *v. intr.* **1.** Morir: *Expiró a edad avanzada.* **2.** Terminar un periodo de tiempo: *El plazo expira el día 15.* ■ No confundir con *espirar*, 'expulsar el aire al respirar'. SIN. **1.** Fallecer, fenecer. **2.** Vencer, extinguirse. ANT. **1.** Nacer. FAM. Expiración, expirante. ESPIRAR.

explanada (del lat. *explanata*, allanada) *s. f.* Espacio de terreno llano o allanado: *Pronto edificarán en esa explanada.* SIN. Descampado. FAM. Explanación, explanar. PLANO.

explanar (del lat. *explanare*) *v. tr.* **1.** Poner llano un terreno. **2.** Exponer detalladamente o explicar algo: *El conferenciante explanó el tema.* SIN. **1.** Allanar, alisar, nivelar, igualar, aplanar. **2.** Desarrollar.

explayada *adj.* En heráldica, se dice de la representación de un águila con las alas extendidas.

explayar *v. tr.* **1.** Extender, especialmente el pensamiento, la vista, la mirada. También *v. prnl.* **2.** Distraer con una actividad agradable: *Llevé a los niños al campo para que se explayaran.* || **explayarse** *v. prnl.* **3.** Extenderse demasiado al expresarse: *Se explayó en el comentario.* **4.** Confiarse con alguien comunicándole sentimientos íntimos, para desahogarse: *Se explayó conmigo.* SIN. **1.** Ensanchar(se), ampliar(se), expandir(se). **2.** Esparcir(se). **3.** Alargarse. **4.** Expansionarse. ANT. **1.** Limitar(se). **3.** Ceñirse, constreñirse. FAM. Explayada.

expletivo, va (del lat. *expletivus*) *adj.* En ling., se aplica a las palabras, partículas o expresiones que no son necesarias para el sentido de la frase, pero que le añaden valores expresivos. P. ej., en la frase: *Le dijo a él que vendría*, existen dos complementos indirectos, el segundo (*a él*), es expletivo e intensifica al primero (*le*). SIN. Enfático, redundante.

explicación (del lat. *explicatio, -onis*) *s. f.* **1.** Acción de explicar: *No atendió a la explicación en clase.* **2.** Dato o conjunto de datos que aclaran la causa o motivo de alguna cosa: *Las lesiones son la explicación de nuestra derrota.* **3.** Razón que disculpa algo. Se usa más en *pl.*: *No tengo por qué dar explicaciones a nadie.* SIN. **1.** Aclaración, exposición. **2.** Móvil, origen. **3.** Justificación, excusa.

explicar (del lat. *explicare*) *v. tr.* **1.** Exponer con claridad alguna cosa para que otros la conozcan o la comprendan: *Me explicó cómo ir a su casa.* **2.** Enseñar una materia determinada: *Explica historia en un instituto.* **3.** Justificar algo que se ha dicho o hecho. También *v. prnl.*: *Se explicó ante todos por su conducta.* || **explicarse** *v. prnl.* **4.** Hacerse entender: *Este chico se explica muy bien.* **5.** Comprender alguna cosa: *Ahora me explico el porqué de su retraso.* **6.** *fam.* Pagar. ■ Delante de *e* se escribe *qu* en lugar de *c*: *explique.* SIN. **1.** Aclarar, interpretar, esclarecer, dilucidar. **2.** Impartir. **3.** Disculpar, exculpar, excusar. **4.** Expresarse. **5.** Concebir. FAM. Explicable, explicablemente, explicación, explicaderas, explicativo, explícito, explicotear. / Inexplicable.

explicativo, va *adj.* **1.** Que explica o sirve para explicar alguna cosa: *una nota explicativa.* **2.** Se dice del adjetivo o de la oración subordinada adjetiva que añade al sustantivo al que se refiere un matiz o valor complementario, por lo que puede suprimirse, p. ej.: *La fruta, dorada y madura, caía del árbol. Su hermano, que es muy travieso, rompió el jarrón.* SIN. **1.** Aclaratorio, esclarecedor. ANT. **1.** Oscurecedor.

éxplicit (del lat. *explicit*, de *explicitus est liber*, el libro ha sido desenrollado por completo) *s. m.* Termino con que se designan en las descripciones bibliográficas las últimas palabras del texto de un escrito o impreso antiguo.

explicitar *v. tr.* Hacer algo explícito: *Explicitó sus deseos.* SIN. Expresar, manifestar, exponer. ANT. Insinuar, sugerir.

explícito, ta (del lat. *explicitus*) *adj.* **1.** Expreso, dicho, no sólo insinuado: *Esa condición estaba explícita en el contrato.* **2.** Que expresa algo con claridad: *Fue explícito en sus peticiones.* SIN. **1.** Manifiesto. **1.** y **2.** Claro, patente. ANT. **1.** Implícito, tácito, sugerido. **2.** Oscuro, confuso. FAM. Éxplicit, explicitación, explícitamente, explicitar, explicitud. EXPLICAR.

explicotear *v. tr.* **1.** *fam.* Explicar algo con claridad y desenvoltura. También *v. prnl.*: *Se explicotea muy bien para su edad.* **2.** Explicar algo deprisa y por encima. También *v. prnl.* FAM. Explicoteo. EXPLICAR.

exploración (del lat. *exploratio, -onis*) *s. f.* Acción de explorar: *exploraciones espaciales, exploración médica.* SIN. Examen, estudio, análisis, investigación, reconocimiento, sondeo.

explorador, ra *s. m.* y *f.* **1.** Persona que explora un lugar desconocido. **2.** Miembro de una asociación educativa y deportiva juvenil: *Pasó el verano en un campamento de exploradores.*

explorar (del lat. *explorare*) *v. tr.* **1.** Recorrer un país, una región o cualquier otro lugar para conocerlo: *El hombre explora el espacio.* **2.** Examinar el médico una parte del organismo, un órgano, una herida, etc.: *Después de explorar al enfermo, le puso un tratamiento.* **3.** Estudiar algo para averiguar su situación, circunstancias, etc.: *Exploran la intención de voto.* **4.** Intentar conocer los pensamientos o intenciones de alguien: *Hizo aquella pregunta para explorar sus propósitos.* SIN. **1.** Inspeccionar, rastrear. **1.**, **3.** y **4.** Indagar, investigar. **2.** Reconocer. **3.** Analizar, sondear. **4.** Tantear, sonsacar. FAM. Explorable, exploración, explorador, exploratorio. / Inexplorado.

explosión (del lat. *explosio, -onis*) *s. f.* **1.** Acción de romperse de repente una cosa por aumento de la presión interior, lanzando violentamente sus fragmentos y haciendo un gran ruido: *la explosión de un neumático.* **2.** Ruido que produce. **3.** Combustión muy rápida de un cuerpo acompañada de desprendimiento de calor, luz y gases, que puede ser debida a causas naturales o al uso de sustancias químicas: *La explosión de la bomba no provocó víctimas.* **4.** Manifestación viva y brusca de un sentimiento, estado de ánimo o de cualquier cosa: *una explosión de alegría.* **5.** Desarrollo importante y rápido de alguna cosa:

explosión urbanística. **6.** En ling., fase final de la articulación de las consonantes oclusivas (*p, t, k,* etc.) en que el aire, después de ser retenido en la oclusión, sale bruscamente. **SIN. 1.** Reventón. **1.** y **2.** Estallido. **2.** Estampido, detonación. **4.** Arrebato, acceso. **ANT. 1.** Implosión. **FAM.** Explosionar, explosivo, explotar[2]. / Implosión.

explosionar *v. intr.* Hacer explosión. También *v. tr.*: *Explosionaron un artefacto en el campo de pruebas.* **SIN.** Estallar, explotar[2].

explosivo, va *adj.* **1.** Capaz de hacer explosión o producirla. **2.** Se dice de la sustancia química empleada para producir explosiones. También *s. m.* **3.** Impresionante, muy llamativo: *una rubia explosiva,, unas declaraciones explosivas.* **4.** Se dice de la manifestación violenta de un sentimiento y de cualquier actuación brusca: *una reacción explosiva.* **5.** En ling., se aplica a los fonemas que se pronuncian con una salida brusca del aire retenido, como *p, t, k, b,* etc. ■ Se tiende a llamarlos *plosivos* para distinguirlos de las consonantes de la siguiente acepción. **6.** En ling., se dice de la consonante, oclusiva o no, que forma sílaba con la vocal siguiente; p. ej. la *m* en *madre* o la *r* en *rosa.* **SIN. 1.** y **2.** Detonante. **3.** Provocativo, arrebatador. **4.** Apasionado, vehemente. **ANT. 6.** Implosivo.

explotación *s. f.* **1.** Acción de explotar. **2.** Conjunto de instalaciones destinadas a explotar un producto natural: *explotación agraria.* **SIN. 1.** Aprovechamiento. **2.** Factoría. **FAM.** Sobreexplotación. EXPLOTAR.

explotador, ra *adj.* **1.** Encargado de la explotación de algo: *compañía explotadora.* **2.** Que explota a alguien de forma abusiva. También *s. m.* y *f.*: *El jefe es un explotador.* **SIN. 2.** Negrero, logrero.

explotar[1] (del fr. *exploiter,* de *exploit,* y éste del lat. *explicitum,* de *explicare,* desplegar, acabar) *v. tr.* **1.** Obtener beneficio de algo poniendo los medios necesarios para ello: *Su familia ha explotado la mina durante generaciones.* **2.** Hacer trabajar a alguien de forma abusiva en provecho propio: *explotar a los obreros.* **3.** Aprovecharse de algo: *Explota su amistad con el jefe.* **SIN. 1.** Trabajar. **2.** Exprimir. **3.** Valerse. **FAM.** Explotable, explotación, explotador.

explotar[2] *v. intr.* **1.** Hacer explosión: *La bomba explotó cerca de la casa.* **2.** Manifestarse con violencia un sentimiento o mostrarlo alguien de este modo: *Su enfado explotó.* **SIN. 1.** Explosionar. **1.** y **2.** Estallar, reventar.

expoliar (del lat. *exspoliare*) *v. tr.* Quitar injustamente a alguien lo que le pertenece: *Le expoliaron sus propiedades.* ■ Se construye también con la prep. *de*: *Le expoliaron de cuanto poseía.* **SIN.** Despojar, desposeer. **ANT.** Restituir. **FAM.** Expoliación, expoliador, expolio. / Espolio.

expolio (del lat. *exspolium*) *s. m.* **1.** Acción de expoliar. **2.** Botín ganado por el vencedor. **3.** *fam.* Con verbos como *formar, organizar, montar,* etc., equivale a bronca, alboroto: *Le montó un expolio a la salida.* **SIN. 1.** Despojo, rapiña. **2.** Trofeo, presa. **3.** Gresca, follón, pelotera. **ANT. 1.** Restitución.

exponencial *adj.* **1.** Se aplica al crecimiento cuyo ritmo aumenta cada vez más rápidamente. **2.** En mat., se dice de la cantidad elevada a un exponente variable, indeterminado o desconocido.

exponente *adj.* **1.** Que expone. También *s. m.* y *f.* || *s. m.* **2.** En mat., número o expresión algebraica que se coloca a la derecha y en la parte superior de otro, llamado base, e indica el número de veces que ha de multiplicarse éste por sí mismo. **3.** Medida o indicador de algo: *El adelanto técnico es exponente del progreso de un país.* **4.** Persona o cosa representativa de un grupo, género, etc.: *el máximo exponente de la lírica española.* **SIN. 3.** Indicativo, índice. **4.** Ejemplo, modelo.

exponer (del lat. *exponere*) *v. tr.* **1.** Presentar una cosa para que sea vista: *Expusieron los trofeos en la vitrina.* **2.** Exhibir un artista su obra al público. También *v. intr.*: *los pintores exponen en galerías.* **3.** Colocar algo para que reciba la acción de un agente. También *v. prnl.*: *Se expuso demasiado al sol.* **4.** Decir o explicar algo: *exponer una razón, una lección.* También *v. intr.* **5.** Poner en peligro a alguien o algo. También *v. prnl.*: *Se expuso mucho en la pelea.* ■ Es v. irreg. Se conjuga como *poner.* **SIN. 1.** Enseñar, lucir. **3.** Someter(se). **4.** Comunicar, expresar; explanar. **5.** Arriesgar(se). **ANT. 1.** Ocultar. **3.** Resguardar(se). **4.** Callar. **5.** Defender(se). **FAM.** Exponencial, exponente, exposición, expositivo, expósito, expositor, expuesto. PONER.

exportación (del lat. *exportatio, -onis*) *s. f.* **1.** Acción de exportar: *Se dedica a la exportación.* **2.** Conjunto de bienes exportados. **ANT. 1.** y **2.** Importación.

exportar (del lat. *exportare*) *v. tr.* Vender o enviar mercancías, servicios o capitales a un país extranjero. **ANT.** Importar. **FAM.** Exportable, exportación, exportador. / Reexportar. PORTAR.

exposición (del lat. *expositio, -onis*) *s. f.* **1.** Acción de exponer o exponerse: *una exposición de escultura, una exposición al sol.* **2.** Tiempo en que se expone una placa o papel fotográfico a la luz para que se impresione. **3.** Escrito en que se expone o pide algo a una autoridad. **SIN. 1.** Presentación, manifestación; exhibición, muestra; explicación, declaración; imprudencia, temeridad. **ANT. 1.** Ocultación. **FAM.** Exposímetro. EXPONER.

exposímetro *s. m.* Fotómetro*.

expósito, ta (del lat. *expositus,* expuesto) *adj.* Se dice del niño recién nacido que ha sido abandonado o depositado en un establecimiento benéfico. También *s. m.* y *f.* **SIN.** Inclusero.

expositor, ra (del lat. *expositor, -oris*) *adj.* **1.** Se aplica a la persona o entidad que exhibe algo en una exposición. También *s. m.* y *f.* **2.** Que expone o explica, especialmente textos bíblicos o jurídicos. También *s. m.* y *f.* || *s. m.* **3.** Mueble en que se coloca aquello que se expone: *un expositor de joyas.* **SIN. 3.** Mostrador, vitrina, escaparate.

exprés (del ingl. *express*) *adj.* **1.** Rápido, en especial referido a algunos utensilios de cocina que funcionan con rapidez: *una olla, una cafetera exprés.* **2.** Se aplica a algunos trenes en sustitución de *expreso.* También *s. m.* **3.** Se aplica al café hecho con una cafetera exprés. También *s. m.* ■ No varía en *pl.*

expresar *v. tr.* Manifestar aquello que se piensa o siente: *Su mirada expresaba agradecimiento.* También *v. prnl.*: *El niño se expresa a través del juego.* ■ Tiene dos p.: uno reg., *expresado,* para la formación de los tiempos compuestos, y otro irreg., *expreso,* utilizado como adjetivo. **SIN.** Exteriorizar, mostrar(se), declarar, reflejar(se), revelar. **FAM.** Expresable, expresión, expresivo, expreso. / Inexpresable. PRESIÓN.

expresión (del lat. *expresio, -onis*) *s. f.* **1.** Acción de expresar. **2.** Locución o palabra: *una expresión en inglés.* **3.** Gesto o aspecto del rostro de una persona que indica un sentimiento: *Tiene una expresión triste.* **4.** En ling., lo correspondiente al significante. **5.** En farmacia, acción de exprimir. || **6. expresión algebraica** En mat., conjunto de letras y números relacionados entre sí por medio de signos de operaciones. || LOC. **reducir** algo **a la mínima expresión** Disminuir todo lo posible una cosa: *Redujo el prólogo del libro a la mínima expresión.* SIN. **1.** Exteriorización, declaración, revelación, prueba, señal, testimonio. **2.** Voz, vocablo, dicho. ANT. **1.** Ocultación. **4.** Significación, significado. FAM. Expresionismo. EXPRESAR.

expresionismo *s. m.* Corriente artística surgida en Europa en el primer tercio del s. XX, que abarcó campos como la pintura, la música, la literatura y el cine y se caracterizó por la importancia concedida a la expresión de los sentimientos y sensaciones del artista, generalmente con una intención crítica. FAM. Expresionista. EXPRESIÓN.

expresividad *s. f.* Cualidad de expresivo. SIN. Viveza, elocuencia, efusión. ANT. Inexpresividad, frialdad.

expresivo, va *adj.* **1.** Que expresa vivamente pensamientos, sentimientos o actitudes: *una persona muy expresiva.* **2.** Característico o propio: *Esa reacción es expresiva de su forma de ser.* SIN. **1.** Efusivo, afectivo. **2.** Típico, indicativo, significativo. ANT. **1.** Inexpresivo, impasible, soso. FAM. Expresividad. / Inexpresivo. EXPRESAR.

expreso, sa (del lat. *expresus*, p. de *exprimere*) **1.** *p.* irreg. de **expresar**. || *adj.* **2.** Dicho o manifestado explícitamente: *Sus condiciones estaban expresas en el contrato.* **3.** Se dice del tren de viajeros que circula a bastante velocidad y sólo para en las principales estaciones del recorrido. También *s. m.* || *s. m.* **4.** Correo extraordinario que se manda con una noticia o mensaje especial. || *adv. m.* **5.** Intencionadamente: *Lo hizo expreso para satisfacerle.* SIN. **2.** Claro, patente, evidente. **5.** Expresamente, adrede, aposta. ANT. **2.** Implícito, insinuado, sobrentendido. FAM. Expresamente. EXPRESAR.

exprimidor *s. m.* Instrumento para sacar el zumo de las frutas.

exprimir (del lat. *exprimere*) *v. tr.* **1.** Sacar el jugo a una cosa apretándola, retorciéndola: *Exprimió un limón.* **2.** Aprovechar al máximo algo o a alguien: *exprimir el sueldo, exprimir a un empleado.* SIN. **1.** Estrujar. **2.** Estirar; explotar. FAM. Exprimidor. PRESIÓN.

expropiación *s. f.* **1.** Acción de expropiar: *la expropiación de un terreno.* **2.** Aquello que ha sido expropiado. Se usa sobre todo en *pl.* SIN. **1.** Desposeimiento. ANT. **1.** Restitución.

expropiar *v. tr.* Quitar a alguien por motivos de utilidad pública algo de su propiedad, a cambio de una indemnización: *Le expropiaron las tierras para construir una autopista.* FAM. Expropiación, expropiador, expropiatorio. PROPIO.

expuesto, ta (del lat. *expositus*) **1.** *p.* irreg. de **exponer**. || *adj.* **2.** Peligroso: *Es más expuesto conducir de noche.* SIN. **2.** Arriesgado, aventurado. ANT. **2.** Prudente, seguro.

expugnar (del lat. *expugnare*) *v. tr.* Tomar por las armas una ciudad, una posición militar, etc. SIN. Conquistar. FAM. Expugnable, expugnación, expugnador. / Inexpugnable. PUGNAR.

expulsar (del lat. *expulsare*, de *expellere*, expeler) *v. tr.* Hacer salir a alguien o algo de un lugar: *Le han expulsado de clase. Expulsaba el aire lentamente.* SIN. Echar, arrojar, despedir, expeler. ANT. Admitir, acoger. FAM. Expulsión, expulsor. PULSAR.

expulsión (del lat. *expulsio, -onis*) *s. f.* Acción de expulsar: *El árbitro decidió la expulsión del jugador.* SIN. Exclusión, despido.

expulsor, ra *adj.* **1.** Que expulsa. || *s. m.* **2.** Mecanismo que en algunas armas expulsa los cartuchos vacíos. **3.** En ciertas máquinas, dispositivo que expulsa la pieza que se ha obtenido.

expurgar (del lat. *expurgare*) *v. tr.* **1.** Depurar. **2.** Suprimir una autoridad competente algunos párrafos, pasajes o palabras de un libro, escrito, etc.: *expurgar una novela.* ■ Delante de *e* se escribe *gu* en lugar de *g*: *expurgue.* SIN. **1.** Purificar, purgar. **2.** Censurar. ANT. **1.** Ensuciar, contaminar. FAM. Expurgación, expurgador, expurgatorio, expurgo. PURGAR.

exquisitez *s. f.* **1.** Elegancia, refinamiento. **2.** Cosa exquisita, especialmente un alimento muy sabroso y delicado. SIN. **1.** Distinción, finura. ANT. **1.** Vulgaridad, ordinariez, tosquedad.

exquisito, ta (del lat. *exquisitus*) *adj.* **1.** De gran calidad, refinamiento o corrección: *una decoración exquisita, un trato exquisito.* **2.** De gustos refinados o selectos: *Es un hombre muy exquisito.* **3.** De sabor muy agradable y delicado: *Prueba este plato, está exquisito.* SIN. **1.** Primoroso, excelente, delicioso. **2.** Delicado, distinguido, elegante. **3.** Rico, sabroso. ANT. **1.** y **2.** Vulgar, ordinario, basto, tosco. **3.** Asqueroso, repugnante. FAM. Exquisitamente, exquisitez.

extasiar *v. tr.* **1.** Producir una persona o cosa extraordinario placer o admiración en alguien. También *v. prnl.*: *Se extasió con el concierto.* || **extasiarse** *v. prnl.* **2.** Experimentar éxtasis religioso. ■ En cuanto al acento, se conjuga como *ansiar*: *extasío.* SIN. **1.** Fascinar(se), embelesar(se), encantar(se).

éxtasis (del lat. *ecstasis*, y éste del gr. *ekstasis*) *s. m.* **1.** Estado de la persona dominada por un intenso sentimiento de admiración, alegría, etc., y ajena a todo lo demás. **2.** Unión del alma con Dios durante la cual se suspenden las funciones corporales y se experimenta una inmensa felicidad: *caer en éxtasis.* **3.** Droga sintética estimulante del sistema nervioso central, que altera la percepción de la realidad. ■ No varía en *pl.* SIN. **1.** Arrobamiento, fascinación, embeleso, delirio. FAM. Extasiar, extático.

extático, ca (del gr. *ekstatikos*) *adj.* Que está en éxtasis. ■ No confundir con la palabra homófona *estático*, 'inmutable'.

extemporáneo, a (del lat. *extemporaneus*) *adj.* **1.** Que ocurre fuera del tiempo que le corresponde: *lluvias extemporáneas.* **2.** Inadecuado, inconveniente: *Hizo un comentario extemporáneo.* SIN. **2.** Intempestivo, inoportuno, improcedente, inapropiado. ANT. **2.** Oportuno, conveniente, procedente. FAM. Extemporal, extemporáneamente, extemporaneidad. TIEMPO.

extender (del lat. *extendere*) *v. tr.* **1.** Hacer que algo ocupe más espacio. También *v. prnl.*: *La mancha se extendió por el suelo.* **2.** Esparcir lo que está junto o amontonado. También *v. prnl.* **3.** Estirar una cosa que estaba doblada: *Extendió la sábana.* También *v. prnl.* **4.** Repartir algo por una superficie: *extender mantequilla, pintura.* **5.** Divulgar. También *v. prnl.*: *Se ha extendido la noticia.* **6.** Redactar documentos, recibos, etc.: *extender un cheque.* || **extenderse** *v. prnl.* **7.** Tumbarse: *Llegó cansado y se extendió en la cama.* **8.** Ocupar cierto espacio o durar cierto tiempo: *Su finca se extiende hasta el río. El buen tiempo se extiende de abril a finales de octubre.* **9.** Mostrarse enteramente una gran extensión: *Ante él se extendía todo el valle.* **10.** Hablar o escribir detallada y ampliamente sobre algo: *Se extendió en la* *descripción de su viaje.* ■ Tiene dos p.: uno reg., *extendido*, que se utiliza para la formación de los tiempos compuestos, y otro irreg., *extenso*, que se utiliza como *adj.* Es v. irreg. Se conjuga como *tender.* **SIN. 1.** Agrandar(se), ensanchar(se), expandir(se). **2.** Dispersar(se), desparramar(se), desperdigar(se). **3.** Desdoblar, desplegar. **4.** Dar, untar. **5.** Propagar(se), propalar(se), difundir(se). **7.** Tenderse, echarse, tirarse. **8.** Prolongarse. **9.** Ofrecerse. **10.** Explayarse, dilatarse, enrollarse. **ANT. 1.** Reducir(se), encoger(se), estrechar(se). **2.** Reunir(se), juntar(se), agrupar(se). **3.** Plegar(se), doblar(se). **4.** Concentrar. **10.** Ceñirse. **FAM.** Extendidamente, extendido, extensamente, extensible, extensión, extensivamente, extensivo, extenso, extensor. / Inextensible. TENDER.

extensión (del lat. *extensio, -onis*) *s. f.* **1.** Acción de extender o extenderse. **2.** Movimiento por el que dos segmentos de una articulación tienden a apartarse y se disponen en línea recta: *extensión de brazos y piernas.* **3.** Dimensión de un espacio: *Calculó la extensión de la parcela.* **4.** Capacidad de los cuerpos de ocupar una parte del espacio. **5.** Duración en el tiempo. **6.** Cada una de las líneas telefónicas que están conectadas a una centralita. **7.** En lóg., conjunto de individuos o entidades que abarca un concepto: *la extensión del concepto flor es mayor que la de clavel.* || **LOC. en toda la extensión de la palabra** *adv.* En su más amplio significado: *Es un artista en toda la extensión de la palabra.* **por extensión** *adj.* y *adv.* Se aplica a las palabras o expresiones que se usan con un sentido que no es el suyo, sino una ampliación de otro con el que guardan relación. **SIN. 1.** Prolongación, alargamiento, estiramiento, expansión, propagación, difusión. **3.** Superficie, área. **5.** Transcurso. **ANT. 1.** Contracción, encogimiento. **2.** Flexión.

extensivo, va (del lat. *extensivus*) *adj.* Que se extiende o se puede extender a otras personas o cosas. ■ Se suele construir con los verbos *hacer* y *ser*: *Haced extensiva mi felicitación a toda vuestra familia.*

extenso, sa (del lat. *extensus*) **1.** *p.* irreg. de **extender.** || *adj.* **2.** De mucha extensión: *una extensa llanura, una novela extensa.* || **LOC. por extenso** *adv.* Extensamente, con detalle: *Trató el tema por extenso.* **SIN. 2.** Amplio, vasto, dilatado, espacioso, grande, largo, prolongado. **ANT. 2.** Reducido, pequeño, breve.

extensor, ra *adj.* **1.** Que extiende o hace que algo se extienda. **2.** Se dice de los músculos que facilitan el estiramiento de pies y manos. También *s. m.* **SIN. 1.** Dilatador. **ANT. 1.** Compresor. **2.** Flexor.

extenuar (del lat. *extenuare*) *v. tr.* Debilitar o cansar mucho: *La subida le extenuó.* También *v. prnl.* ■ En cuanto al acento, se conjuga como *actuar*: *extenúo.* **SIN.** Agotar(se). **ANT.** Fortalecer(se). **FAM.** Extenuación, extenuante. TENUE.

exterior (del lat. *exterior, -oris*) *adj.* **1.** Que está situado en la parte de fuera. **2.** Referido a viviendas o habitaciones, que da a la calle: *un piso exterior.* **3.** Relativo a otros países: *comercio exterior.* || *s. m.* **4.** Aspecto de alguien o algo: *el exterior de la casa.* || *s. m. pl.* **5.** En el cine, escenarios de rodaje fuera del estudio y escenas allí rodadas. **SIN. 1.** Externo. **3.** Extranjero. **4.** Fachada. **ANT. 1.** Interno. **1.** a **5.** Interior(es). **3.** Nacional. **FAM.** Exterioridad, exteriorizar, exteriormente, externo.

exterioridad *s. f.* **1.** Aquello que está por fuera. **2.** Apariencia de las personas, animales o cosas. **3.** Manifestación con que se aparenta un sentimiento. **4.** Lujo externo, cumplidos. Se usa más en *pl.*: *En su trato, todo se queda en exterioridades.* **SIN. 1.** y **2.** Exterior. **2.** Facha, porte, pinta, traza. **3.** Simulación. **4.** Pompa, boato, ostentación. **ANT. 1.** Interior. **2.** Interioridad.

exteriorización *s. f.* Acción de exteriorizar. **SIN.** Manifestación, revelación, descubrimiento, expresión, comunicación. **ANT.** Ocultamiento, disimulo.

exteriorizar *v. tr.* Mostrar una cosa para que otros la conozcan, especialmente lo que uno siente o piensa: *Le gusta exteriorizar su alegría.* También *v. prnl.* ■ Delante de *e* se escribe *c* en lugar de *z*: *exteriorice.* **SIN.** Manifestar(se), revelar(se), descubrir, expresar. **ANT.** Ocultar(se), disimular(se), interiorizar(se). **FAM.** Exteriorización. EXTERIOR.

exteriormente *adv. m.* **1.** Por fuera o por encima: *Exteriormente, el edificio era viejo.* **2.** En apariencia: *Era serio sólo exteriormente.* **SIN. 1.** Externamente. **2.** Aparentemente. **ANT. 1.** Internamente. **2.** Interiormente, íntimamente.

exterminar (del lat. *exterminare*) *v. tr.* **1.** Acabar totalmente con algo o alguien: *exterminar una plaga.* **2.** Destruir con las armas. **SIN. 1.** Extinguir, suprimir, aniquilar. **2.** Devastar, asolar. **ANT. 1.** Proteger; salvar. **FAM.** Exterminable, exterminación, exterminador, exterminio. TERMINAR.

exterminio (del lat. *exterminium*) *s. m.* Acción de exterminar. ■ Se dice también *exterminación.* **SIN.** Destrucción, aniquilación, devastación, eliminación, erradicación, masacre. **ANT.** Protección, preservación.

externado *s. m.* **1.** Centro de enseñanza de alumnos externos. **2.** Estado y forma de vida del alumno externo. **3.** Conjunto de alumnos externos. **ANT. 1.** a **3.** Internado.

externo, na (del lat. *externus*) *adj.* **1.** Se dice de lo que está, actúa o se manifiesta por fuera: *cara externa de una hoja, medicamento para uso externo, una reacción externa.* **2.** Relativo a otros países: *deuda externa.* **3.** Se aplica a la persona que no reside en su lugar de estudio o de trabajo. También *s. m.* y *f.* **4.** Se dice del que trabaja para una empresa sin pertenecer a su plantilla: *colaborador externo.* También *s. m.* y *f.* **SIN. 1.** y **2.** Exterior. **ANT. 1.** a **3.** Interno, interior. **FAM.** Externado, externamente. EXTERIOR.

extinción (del lat. *exstinctio, -onis*) *s. f.* Acción de extinguir o extinguirse: *la extinción de los dinosaurios.* **SIN.** Acabamiento, terminación; cese. **ANT.** Surgimiento, nacimiento.

extinguidor *s. m. Amér.* Aparato para apagar fuegos, extintor.

extinguir (del lat. *exstinguere*) *v. tr.* **1.** Acabar poco a poco con alguna cosa: *extinguir una ilusión.* También *v. prnl.*: *extinguirse la vida.* **2.** Apagar el fuego o la luz: *extinguir un incendio.* También *v. prnl.* || **extinguirse** *v. prnl.* **3.** Dejar de tener validez un derecho, obligación, plazo, etc. ■ Delante de *a* y *o* se escribe *g* en lugar de *gu*: *extingo.* **SIN. 1.** Agotar(se), cesar, agonizar. **2.** Sofocar(se). **3.** Prescribirse, caducar. **ANT. 1.** Originar(se). **2.** Encender(se). **FAM.** Extinción, extinguible, extinguidor, extintivo, extinto, extintor. / Inextinguible.

extinto, ta (del lat. *exstinctus*) *adj.* **1.** Que se ha extinguido: *un volcán extinto.* **2.** Difunto, muerto. También *s. m.* y *f.* **SIN. 1.** Acabado, agotado. **ANT. 1.** Activo. **2.** Vivo.

extintor, ra *adj.* **1.** Que extingue. || *s. m.* **2.** Aparato para apagar incendios.

extirpar (del lat. *exstirpare*) *v. tr.* **1.** Quitar de raíz una cosa: *extirpar un órgano, un quiste.* **2.** Acabar completamente con un mal o vicio fuertemente arraigado: *extirpar la corrupción.* SIN. **1.** Extraer, arrancar. **2.** Eliminar, erradicar. ANT. **1.** Implantar. **2.** Fomentar. FAM. Extirpable, extirpación, extirpador.

extorsión (del lat. *extorsio, -onis*) *s. f.* **1.** Trastorno, perjuicio, molestia: *La avería me produce una gran extorsión.* **2.** Presión que, mediante violencia o amenazas, se ejerce sobre alguien para obtener algo de él y que, en determinadas circunstancias, constituye delito. SIN. **1.** Perturbación. FAM. Extorsionador, extorsionar, extorsionista. TORSIÓN.

extorsionar *v. tr.* **1.** Producir extorsión, trastorno, perjuicio: *Este retraso extorsiona mi trabajo.* **2.** Cometer delito de extorsión contra alguien. SIN. **1.** Perturbar, trastornar, perjudicar, dañar, molestar.

extra (lat.) *adj.* **1.** De calidad superior a la normal: *jamón extra.* **2.** Que se da o se hace por añadidura: *servicio extra, horas extras.* También *s. m.*: *No me han pagado ningún extra.* || *s. m.* y *f.* **3.** Persona que interviene en una película sin un papel especial. || *s. f.* **4.** Paga extraordinaria: *la extra de Navidad.* SIN. **1.** Excelente, extraordinario. **2.** Plus. **3.** Figurante. **4.** Sobresueldo. ANT. **1.** Inferior.

extra- (del lat. *extra*) *pref.* **1.** Significa 'fuera de': *extraterritorial, extraterrestre.* **2.** Añadido a algunos adjetivos, aumenta la cualidad que expresan: *extrafino, extraplano.*

extracción (del lat. *extractio, -onis*) *s. f.* **1.** Acción de extraer. **2.** Origen social de una persona: *Es de baja extracción.* SIN. **2.** Cuna, linaje.

extrachato, ta *adj. Arg.* y *Urug.* Extraplano: *reloj extrachato.*

extracorpóreo, a *adj.* Que está situado u ocurre fuera del cuerpo: *circulación extracorpórea.*

extractar *v. tr.* **1.** Hacer un extracto de un libro, discurso, etc. **2.** Obtener de una sustancia otra más concentrada: *extractar un perfume.* SIN. **1.** Sintetizar, resumir, abreviar, compendiar. **1.** y **2.** Condensar. ANT. **1.** Ampliar, desarrollar. **2.** Diluir.

extracto (del lat. *extractus*, de *extrahere*, extraer) *s. m.* **1.** Reducción de un escrito, documento, etc., a sus puntos esenciales: *extracto de una conferencia, de una cuenta.* **2.** Sustancia concentrada que se obtiene por cocción de otra sustancia o por evaporación de soluciones alcohólicas o acuosas: *extracto de carne, extracto de menta.* SIN. **1.** Síntesis, compendio. **2.** Esencia. ANT. **1.** Ampliación. FAM. Extractador, extractar. EXTRAER.

extractor, ra *adj.* Que sirve para extraer: *campana extractora de humos.* También *s. m.*: *extractor de gases.*

extracurricular *adj.* Que está fuera del currículum.

extradición (del lat. *ex*, fuera de, y *traditio, -onis*, acción de entregar) *s. f.* Acción de extraditar. ANT. Asilo.

extraditar o **extradir** *v. tr.* Entregar a una persona refugiada en un país a las autoridades de otro que la reclama para juzgarla o condenarla: *extraditar a un narcotraficante.* ANT. Asilar, acoger. FAM. Extradición.

extradós (del fr. *extrados*) *s. m.* Superficie exterior de un arco o bóveda. SIN. Trasdós. FAM. Trasdós.

extraer (del lat. *extrahere*) *v. tr.* **1.** Sacar algo que se encuentra metido, hundido o sepultado en algún sitio: *extraer petróleo del mar, extraer un riñón.* **2.** Obtener la sustancia que contienen algunos frutos u otros cuerpos: *extraer aceite de la aceituna.* **3.** Averiguar el valor de la raíz cuadrada, raíz cúbica, etc. **4.** Deducir, inferir: *extraer una conclusión.* ■ Es v. irreg. Se conjuga como *traer.* SIN. **1.** Desenterrar, extirpar. **2.** Exprimir. ANT. **1.** Introducir; implantar. FAM. Extracción, extracto, extractor. TRAER.

extraescolar *adj.* Se aplica a las actividades que se desarrollan fuera del horario escolar, pero que complementan la formación personal.

extrafino, na *adj.* **1.** Muy fino o delgado. **2.** De muy buena calidad: *chocolate extrafino.*

extrajudicial *adj.* Que se hace o se tramita fuera de la vía judicial: *Llegaron a un acuerdo extrajudicial.*

extralimitarse *v. prnl.* Ir más allá del límite permitido, aconsejado, etc.: *Me extralimité en la dieta. Se extralimitó en la forma de decírselo.* SIN. Pasarse, excederse, propasarse. ANT. Comedirse. FAM. Extralimitación. LIMITAR.

extramarital *adj.* Fuera del matrimonio: *relaciones extramaritales.* SIN. Extramatrimonial.

extramatrimonial *adj.* Fuera del matrimonio. SIN. Extramarital.

extramuros (del lat. *extra muros*, fuera de las murallas) *adv.* Fuera del recinto de una población: *La ermita está extramuros.* SIN. Extrarradio, afueras. ANT. Intramuros.

extranjería *s. f.* **1.** Condición de extranjero. **2.** Conjunto de normas que regulan la condición y los intereses de los extranjeros en una nación: *ley de extranjería.*

extranjerismo *s. m.* **1.** Voz, frase o giro de un idioma que se introduce en otro. **2.** Afición exagerada a lo extranjero.

extranjerizar *v. tr.* Introducir en un país usos y costumbres extranjeros. También *v. prnl.* ■ Delante de *e* se escribe con *c* en lugar de *z*: *extranjerice.*

extranjero, ra (del ant. fr. *estrangier*, de *estrange*, extraño) *adj.* **1.** Que es o viene de otro país: *un filme extranjero.* También *s. m.* y *f.* || *s. m.* **2.** País o países distintos del propio: *viajar al extranjero.* SIN. **1.** Forastero, foráneo. ANT. **1.** Nativo; nacional. FAM. Extranjería, extranjerismo, extranjerizante, extranjerizar.

extranjis, de *loc. adv. fam.* Ocultamente, en secreto: *Viajábamos de extranjis.*

extrañar (del lat. *extraneare*) *v. tr.* **1.** Producir sorpresa algo, encontrarlo extraño: *Me extrañó no verlo.* **2.** Notar la falta de una persona o cosa: *El chico extraña a sus padres.* **3.** Expulsar a una persona a un país extranjero o apartarla de una comunidad. También *v. prnl.* || **extrañarse** *v. prnl.* **4.** Mostrar sorpresa o extrañeza ante algo: *No te extrañes si te pasa algo.* SIN. **1.** y **4.** Sorprender(se), asombrar(se), maravillar(se). **2.** Añorar. **3.** Exiliar(se). ANT. **3.** Acoger(se), asilar(se). FAM. Extrañación, extrañamiento. EXTRAÑO.

extrañeza *s. f.* **1.** Cualidad de extraño, raro. **2.** Efecto que produce algo extraño, raro: *Sus palabras causaron gran extrañeza.* SIN. **1.** Anomalía, rareza, singularidad. **2.** Asombro, sorpresa.

extraño, ña (del lat. *extraneus*) *adj.* **1.** Raro, distinto de lo normal: *Es extraño que no nos invitara.* **2.** Se aplica a la persona o cosa de otro país, grupo, familia, profesión, etc. También *s. m.* y *f.*: *En los asuntos familiares no deben intervenir los extraños.* **3.** Seguido de la preposición *a*, que no tiene parte en lo que se expresa: *Era extraño al negocio.* || *s. m.* **4.** Movimiento brusco e inesperado: *El toro hizo un extraño.* SIN. **1.** Insólito, excepcional, singular. **2.** Extranjero, forastero; intruso. **3.** Ajeno. ANT. **1.** Corriente, habitual. FAM. Extrañamente, extrañar, extrañez, extrañeza.

extraoficial *adj.* No oficial: *una información extraoficial.* SIN. Oficioso.

extraordinario, ria (del lat. *extraordinarius*) *adj.* **1.** No ordinario, que se aparta de lo normal: *sorteo extraordinario de Navidad.* También *s. m.* **2.** Mayor o mejor que lo corriente: *un novelista extraordinario, un triunfo extraordinario.* **3.** Que se da o se hace por añadidura: *horas extraordinarias.* También *s. m.* || *s. f.* **4.** Paga añadida al sueldo: *He cobrado la extraordinaria.* || *s. m.* **5.** Número de un periódico, semanario, etc., que se publica por algún motivo especial: *un extraordinario de verano.* SIN. **1.** Excepcional, raro, insólito. **2.** Estupendo, notable. **2.** a **4.** Extra. **4.** Gratificación, plus. ANT. **1.** y **2.** Usual, común. **2.** Mediocre, vulgar. FAM. Extraordinariamente. ORDINARIO.

extraparlamentario, ria *adj.* Se dice de las actividades, grupos políticos, etc., que quedan fuera del sistema parlamentario o no se hallan representados en el parlamento.

extraplano, na *adj.* Que es mucho más plano o delgado de lo normal: *reloj extraplano, pantalla extraplana.*

extrapolar *v. tr.* **1.** Sacar conclusiones de datos parciales: *Han extrapolado ese pronóstico a partir de las encuestas.* **2.** Separar de su contexto una frase, un dato, etc.: *Al extrapolar del discurso esa afirmación ha tomado otro significado.* **3.** Averiguar el valor de una variable en un punto situado fuera del intervalo estudiado. SIN. **1.** Inferir. **2.** Descontextualizar. ANT. **2.** Contextualizar. FAM. Extrapolación.

extrarradio *s. m.* Área que rodea el casco urbano: *Vive en el extrarradio.* SIN. Suburbio, periferia.

extrasensorial *adj.* Que se percibe o sucede sin la intervención de los sentidos: *fenómenos extrasensoriales, percepción extrasensorial.*

extrasístole *s. f.* Latido anormal del corazón y seguido de una pausa en las contracciones, que puede provocar angustia.

extraterrestre *s. m.* y *f.* **1.** Cualquier posible habitante de otros mundos: *Vimos una película de extraterrestres.* || *adj.* **2.** Que está fuera del planeta Tierra: *vida extraterrestre.* SIN. **1.** Alienígena. ANT. **1.** Terrícola. **2.** Terrestre. FAM. Extraterrenal, extraterreno. TERRESTRE.

extraterritorialidad *s. f.* Privilegio del que gozan los representantes diplomáticos y sus sedes, que les permite regirse por las leyes de su país de origen. FAM. Extraterritorial. TERRITORIO.

extrauterino, na *adj.* Que está situado u ocurre fuera del útero: *embarazo extrauterino.*

extravagancia *s. f.* **1.** Cualidad de extravagante. **2.** Acción o dicho extravangante: *Nos reímos con sus extravagancias.* SIN. **1.** y **2.** Originalidad, rareza, excentricidad. ANT. **1.** Normalidad.

extravagante (del lat. *extra*, fuera de, y *vagans, -antis*, errante) *adj.* Extraño, que se sale de lo común: *un atuendo extravagante.* SIN. Estrafalario, excéntrico, estrambótico. ANT. Corriente. FAM. Extravagancia. VAGO[2].

extravasarse *v. prnl.* Salirse un líquido de su vaso o conducto normal, especialmente la sangre de los vasos sanguíneos. FAM. Extravasación. VASO.

extravertido, da *adj.* Se aplica a la persona sociable, cuyo interés se dirige especialmente al mundo exterior; se dice asimismo de su carácter. También *s. m.* y *f.* ■ Se dice también *extrovertido.* SIN. Abierto, comunicativo. ANT. Introvertido. FAM. Extraversión, extrovertido. VERTER.

extraviado, da **1.** *p.* de **extraviar**. || *adj.* **2.** Se dice de los lugares poco transitados: *una calleja extraviada.* SIN. **1.** Descaminado, descarriado. **1.** y **2.** Perdido. **2.** Retirado. ANT. **1.** Orientado; encontrado.

extraviar (del lat. *extra*, fuera de, y *via*, camino) *v. tr.* **1.** Hacer perder el camino. También *v. prnl.*: *extraviarse en la calle.* **2.** Perder alguien una cosa: *extraviar un libro.* También *v. prnl.* **3.** No fijar la vista: *extraviar la mirada.* || **extraviarse** *v. prnl.* **4.** Desviarse de la forma normal de vida y seguir una conducta desordenada: *Se extravió por las malas compañías.* ■ En cuanto al acento, se conjuga como *ansiar*: *extravío.* SIN. **1.** Desorientar(se), descaminar(se). **4.** Descarriarse. ANT. **1.** Orientar, encaminar. **1.** y **4.** Encauzar(se). **2.** Encontrar. FAM. Extraviado, extravío. VÍA.

extravío *s. m.* **1.** Acción de extraviar o extraviarse: *el extravío de una cartera.* **2.** Conducta desordenada. Se usa mucho en *pl.*: *extravíos de juventud.* **3.** Disparate: *No hacía más que locuras y extravíos.* **4.** *fam.* Molestia, trastorno. SIN. **1.** Pérdida, desorientación, despiste. **2.** Desliz, descarrío. **3.** Desatino, desvarío. **4.** Perturbación. ANT. **1.** Hallazgo.

extremado, da **1.** *p.* de **extremar**. || *adj.* **2.** Mucho, excesivo: *una persona de extremada inteligencia.* **3.** Exagerado, que se sale de lo normal: *un clima extremado.* SIN. **2.** Sobresaliente, formidable, enorme. **3.** Excesivo. ANT. **1.** a **3.** Moderado.

extremar *v. tr.* **1.** Llevar una cosa al extremo: *extremar las precauciones.* || **extremarse** *v. prnl.* **2.** Poner gran cuidado en la ejecución de algo: *Se extremó en la presentación del trabajo.* SIN. **1.** Exagerar. **2.** Esmerarse, aplicarse. ANT. **1.** Moderar. **2.** Descuidar.

extremaunción *s. f.* Sacramento de la Iglesia católica que el sacerdote administra a los fieles que se encuentran en peligro inminente de muerte. SIN. Unción.

extremeño, ña *adj.* De Extremadura. También *s. m.* y *f.*

extremidad (del lat. *extremitas, -atis*) *s. f.* **1.** Parte final de una cosa: *El edificio tiene en su extremidad un pararrayos.* **2.** En un animal, cada uno de los miembros que son apéndices del cuerpo: cabeza, manos, patas y cola: *las piernas son las extremidades inferiores.* || *s. f. pl.* **3.** Brazos y piernas o patas de los animales. SIN. **1.** Extremo, remate, punta.

extremismo *s. m.* Inclinación a adoptar ideas y actitudes extremas, particularmente en política. SIN. Radicalismo. ANT. Moderación. FAM. Extremista. EXTREMO.

extremista *adj.* Partidario del extremismo o que lo demuestra: *posturas extremistas.* También *s. m.* y *f.* SIN. Radical, intolerante. ANT. Moderado.

extremo, ma (del lat. *extremus*) *adj.* **1.** Se dice del grado máximo que alcanza una cosa: *un frío extremo.* **2.** Se aplica a la parte de un lugar que está más alejada del punto en que se sitúa el que habla: *Extremo Oriente.* || *s. m.* **3.** Parte que está al principio o final de algo: *los extremos del cordón.* **4.** Límite, actitud exagerada: *En su enfado, llegó al extremo de no mirarnos.* **5.** Punto o cuestión: *Repasaron cada extremo del contrato.* **6.** En el fútbol y otros deportes, cada uno de los dos delanteros que juegan por las bandas. || *s. m. pl.* **7.** Manifestación exagerada y vehemente de algún sentimiento. **8.** En mat., el primero y el último término de una proporción. || LOC. **con** (o **en**) **extremo** *adv.* Muy, mucho, en exceso: *Le cuidas en* *extremo.* **de extremo a extremo** *adv.* De principio a fin; también, de un extremo a su contrario. **en último extremo** *adv.* En última instancia. **ir** (o **pasar**) **de un extremo a otro** Invertirse repentinamente el orden de las cosas, ideas u opiniones. **los extremos se tocan** Indica que dos actitudes opuestas y exageradas tienen muchas más semejanzas de lo que podría suponerse. SIN. **1.** Sumo, supremo. **2.** Lejano, distante. **3.** Extremidad, cabo, punta. **4.** Colmo. **7.** Aspavientos. ANT. **1.** Moderado. **2.** Cercano. FAM. Extremadamente, extremado, extremar, extremidad, extremismo, extremosidad, extremoso.

extremoso, sa *adj.* **1.** Que no tiene término medio, yéndose a los extremos: *Es muy extremoso en sus odios y simpatías.* **2.** Se aplica a la persona que es muy expresiva en sus demostraciones de afecto y a estas demostraciones: *Me hizo un recibimiento extremoso.* SIN. **1.** Exagerado, extremado, extremista, radical. **2.** Cariñoso, efusivo. ANT. **1.** Moderado. **2.** Despegado.

extrínseco, ca (del lat. *extrinsecus*) *adj.* Que no forma parte de la esencia o naturaleza de algo, sino que es externo o añadido: *una causa extrínseca.* SIN. Exterior, accesorio, circunstancial. ANT. Intrínseco. FAM. Extrínsecamente.

extroversión *s. f.* Cualidad de extravertido o extrovertido.

extrovertido, da *adj.* Extravertido*. FAM. Extroversión. EXTRAVERTIDO.

extrudir (del lat. *extrudere*, forzar) *v. tr.* Formar barras, tubos, perfiles, etc., haciendo pasar metal fundido o materia plástica por una abertura apropiada. FAM. Extrusión, extrusivo.

extrusión (del lat. *extrusio, -onis*, forzamiento, de *extrudere*, forzar) *s. f.* **1.** En la industria, acción de extrudir. **2.** En geol., afloración de materiales a la superficie terrestre que se produce a causa de presiones laterales internas en formaciones tectónicas, volcánicas y glaciares.

exuberancia (del lat. *exuberantia*) *s. f.* Abundancia excesiva de alguna cosa: *exuberancia de vegetación.* SIN. Riqueza, profusión, opulencia. ANT. Escasez, parquedad. FAM. Exuberante.

exuberante (del lat. *exuberans, -antis*, de *exuberare*, abundar mucho) *adj.* Muy rico y abundante: *una vegetación exuberante.* SIN. Profuso, copioso, generoso, opulento, pletórico. ANT. Pobre, escaso.

exudación *s. f.* **1.** Salida lenta de un líquido u otra sustancia a través de las paredes del cuerpo que los contienen. **2.** Secreción lenta de sangre o líquido seroso de una herida: *Si continúa la exudación en la llaga, repitan la cura.*

exudado, da **1.** *p.* de **exudar**. También *adj.* || *s. m.* **2.** En med., sustancia fluida salida por exudación de los vasos pequeños y capilares, generalmente sangre o líquido seroso en una inflamación. ■ Se dice también *exudación.* SIN. **2.** Secreción.

exudar (del lat. *exsudare*) *v. intr.* **1.** Dejar salir un recipiente, conducto, vaso, glándula, etc., a través de sus paredes, el líquido o sustancia que contiene. También *v. tr.*: *El pino exuda resina.* **2.** Sacar algo la humedad de su interior. SIN. **1.** Segregar, destilar. **2.** Rezumar, sudar. FAM. Exudación, exudado. SUDAR.

exultante *adj.* Que muestra gran alegría o satisfacción: *Estaba exultante el día de su boda.* SIN. Eufórico, entusiasmado, feliz. ANT. Abatido.

exultar (del lat. *exultare*) *v. intr.* Mostrar alegría o satisfacción con gran excitación: *Exultó de alegría ante la noticia del premio.* SIN. Alborozarse, exaltarse, regocijarse. ANT. Abatirse. FAM. Exultación, exultante.

exvoto (del lat. *ex voto*, por voto) *s. m.* Ofrenda hecha a los dioses en agradecimiento de un beneficio. ■ Se escribe también *ex voto.*

eyaculación *s. f.* **1.** Acción de eyacular. || **2. eyaculación precoz** La que se produce antes del coito o apenas iniciado éste.

eyacular (del lat. *eiaculari*, vaciar) *v. tr.* Expulsar con fuerza el contenido de algún órgano, depósito o cavidad, especialmente el semen en el orgasmo masculino. FAM. Eyaculación, eyaculatorio.

eyección *s. f.* **1.** Acción de eyectar o eyectarse. **2.** Expulsión de cualquier materia orgánica destinada a ser eliminada, p. ej. la orina. **3.** Expulsión por la tobera de un cohete de los gases producidos por la combustión. **4.** En los aviones reactores militares o experimentales, expulsión mediante un dispositivo del asiento del piloto, cuando éste debe abandonar el aparato en el aire. SIN. **2.** Deyección.

eyectar (del lat. *eiectare*) *v. tr.* Impulsar algo con fuerza hacia afuera. También *v. prnl.* SIN. Expeler, arrojar. FAM. Eyección, eyectable, eyector.

eyector (del lat. *eiectus*, arrojado) *s. m.* **1.** Aparato que sirve para desalojar un líquido o un gas, arrastrándolo con otro fluido a gran velocidad. **2.** Dispositivo que extrae el cartucho vacío en las armas de fuego automáticas.

f *s. f.* Sexta letra del abecedario español y cuarta de las consonantes. Su articulación es labiodental, fricativa y sorda. Su nombre es *efe*.

fa (sílaba de la primera estrofa del himno a San Juan Bautista) *s. m.* Nota musical que constituye el cuarto grado de la escala fundamental. ■ No varía en *pl.*

fabada *s. f.* Guisado de judías con tocino, chorizo y morcilla, típico de Asturias.

fábrica (del lat. *fabrica*) *s. f.* **1.** Lugar donde se fabrican o elaboran determinados productos con maquinaria e instalaciones apropiadas. **2.** Obra de albañilería de ladrillos o piedras unidos con cemento o argamasa: *un muro de fábrica.* **3.** Edificio, construcción. **SIN. 1.** Factoría. **3.** Edificación.

fabricar (del lat. *fabricare*) *v. tr.* **1.** Producir bienes, generalmente en serie y con ayuda de máquinas. **2.** Construir o hacer manualmente algo. **3.** Levantar una construcción, un muro, etc. **4.** Elaborar algo de forma natural: *Las abejas fabrican miel.* ■ Delante de *e* se escribe *qu* en lugar de *c*: *fabrique.* **SIN. 1.** Manufacturar. **2.** Confeccionar. **3.** Edificar. **FAM.** Fábrica, fabricación, fabricante, fabril. / Prefabricar.

fabril (del lat. *fabrilis*, de *faber*, operario) *adj.* Relacionado con las fábricas y sus trabajadores. **SIN.** Industrial.

fábula (del lat. *fabula*) *s. f.* **1.** Relato sin fundamento, habladuría o rumor. **2.** Narración o representación inventada y fantástica. **3.** Narración literaria, generalmente en verso, cuyos personajes suelen ser animales y de la que se extrae una moraleja. **4.** Relato mitológico: *la fábula de Orfeo y Eurídice.* **SIN. 1.** Chisme, bulo, patraña. **2.** Ficción, cuento. **4.** Mito. **ANT. 1.** Verdad. **FAM.** Fabulación, fabulador, fabular, fabulario, fabulesco, fabulista, fabuloso. / Confabularse.

fabular (del lat. *fabulare*) *v. tr.* Imaginar o inventar historias fantásticas, argumentos, etc. También *v. intr.* **SIN.** Fantasear, idear.

fabulista *s. m.* y *f.* Escritor de fábulas literarias. **SIN.** Fabulador.

fabuloso, sa (del lat. *fabulosus*) *adj.* **1.** Imaginario o inventado: *un animal fabuloso.* **2.** Muy grande, abundante o bueno: *Hace un día fabuloso.* **SIN. 1.** Mítico, legendario, ficticio, irreal. **1.** y **2.** Fantástico. **2.** Extraordinario, excelente. **ANT. 1.** Histórico, verdadero. **2.** Mediocre. **FAM.** Fabulosamente. FÁBULA.

faca *s. f.* Cuchillo grande y puntiagudo, especialmente el de forma curva. **FAM.** Facón.

facción (del lat. *factio, -onis*) *s. f.* **1.** Cada uno de los bandos que intervienen en una guerra o enfrentamiento. **2.** Grupo de insurrectos o revoltosos. **3.** Grupo dentro de un partido, movimiento, etc., que se distingue del conjunto o se enfrenta a él. **4.** Cada una de las distintas partes de la cara. Se usa sobre todo en *pl.*: *Tiene un rostro de facciones suaves.* **SIN. 3.** Ala. **4.** Rasgo. **FAM.** Faccioso.

faccioso, sa (del lat. *factiosus*) *adj.* **1.** De un bando o facción: *luchas facciosas.* **2.** Se dice del rebelde alzado en armas. También *s. m.* y *f.* **3.** Se dice de la persona que causa disturbios y desórdenes. También *s. m.* y *f.* **SIN. 2.** Revoltoso, insurrecto, sublevado. **3.** Agitador.

faceta (del fr. *facette*) *s. f.* **1.** Cada uno de los diferentes aspectos de un asunto, del carácter de una persona, etc.: *No te conocía esa faceta de actor.* **2.** Lado o cara de un poliedro, en especial de los cristales o piedras preciosas talladas. **SIN. 1.** Dimensión, vertiente. **FAM.** Polifacético. FAZ.

facha[1] (del ital. *faccia*, y éste del lat. *facies*, faz) *s. f.* **1.** Aspecto exterior de una persona, animal o cosa: *Me gustó su facha.* **2.** Persona o cosa fea o ridícula. **3.** *Arg.*, *Chile* y *Méx.* Jactancia, presunción. **SIN. 1.** Fachada, pinta, planta, presencia. **2.** Birria, adefesio, esperpento. **ANT. 2.** Belleza. **FAM.** Fachada, fachoso. / Desfachatez. FAZ.

facha[2] (del ital. *fascio*) *adj. fam.* De extrema derecha o de ideología muy conservadora. También *s. m.* y *f.* **SIN.** Fascista, derechista, carca. **ANT.** Progre, rojo. **FAM.** Véase **fascismo**.

fachada *s. f.* **1.** Parte exterior de los muros que forman un edificio. **2.** *fam.* Apariencia externa: *Tenía muy buena fachada. No son tan ricos, todo es fachada.* **SIN. 2.** Facha, aspecto, presencia.

fachenda *s. f.* **1.** *fam.* Cualidad de la persona presumida, vanidosa. || *s. m.* y *f.* **2.** *fam.* Esta misma persona: *No le creas, es un fachenda.* **SIN. 1.** Presunción, jactancia, empaque. **2.** Fachendoso, jactancioso. **ANT. 1.** Modestia. **2.** Modesto. **FAM.** Fachendear, fachendoso.

fachendear *v. intr. fam.* Presumir, darse importancia. **SIN.** Jactarse, fanfarronear, alardear. **ANT.** Comedirse.

fachendoso, sa *adj. fam.* Vanidoso, presumido. Tambien *s. m.* y *f.* **SIN.** Fachenda, petulante, jactancioso. **ANT.** Modesto.

fachista *adj. Amér. del S. fam.* Fascista. También *s. m.* y *f.*

fachoso, sa *adj.* De mala facha o aspecto. **SIN.** Descuidado, desastrado.

facial (del lat. *facialis*, de *facies*, cara) *adj.* Propio del rostro. **SIN.** Fisonómico. **FAM.** Maxilofacial. FAZ.

facies (del lat. *facies*, forma) *s. f.* En geol., conjunto de caracteres litológicos o paleontológicos de un estrato o sedimento, que se suele observar para reconstruir el medio ambiente en que se formó.

fácil (del lat. *facilis*) *adj.* **1.** Que no supone o requiere esfuerzos, ni tiene complicaciones: *dinero fácil, un trabajo fácil, una lección fácil.* **2.** Probable: *Es fácil que llueva.* **3.** Dócil y sociable. **4.** Se dice de aquello a lo que alguien es propenso: *Tiene la risa fácil.* **5.** Aplicado a una mujer, que se deja seducir o conquistar por cualquiera. || *adv. m.* **6.** Fácilmente: *Eso se dice fácil.* **SIN. 1.**

Sencillo, elemental, cómodo, factible. **2.** Posible, previsible. **3.** Manejable, tratable. **5.** Liviana, casquivana. **ANT.** **1.** Complicado, duro. **1.** a **3.** y **5.** Difícil. **2.** Improbable. **3.** Rebelde, intratable. **5.** Recatada. **FAM.** Facilidad, facilitar, fácilmente, facilón, facilongo.

facilidad (del lat. *facilitas, -atis*) *s. f.* **1.** Cualidad de fácil. **2.** Disposición para algo o propensión a ello: *facilidad de palabra, facilidad para resfriarse.* **3.** Ocasión o circunstancia que hace fácil alguna cosa: *Ahora tengo facilidad para cambiar de trabajo.* || *s. f. pl.* **4.** Condiciones favorables que se proporcionan a alguien: *facilidades de pago.* ■ Suele utilizarse con verbos como *ofrecer, obtener* o *dar.* **SIN.** **1.** Sencillez, comodidad, factibilidad. **2.** Habilidad, capacidad, aptitud, predisposición. **3.** Oportunidad, posibilidad. **4.** Ventajas. **ANT.** **1.** Dificultad, complicación. **2.** Incapacidad.

facilitar *v. tr.* **1.** Hacer algo fácil o posible: *Esta máquina facilita el trabajo.* **2.** Proporcionar algo a alguien: *Le facilitaron los medios.* **3.** *Amér.* Juzgar algo más fácil de lo que realmente es. **SIN.** **1.** Simplificar, favorecer, posibilitar, permitir. **2.** Entregar, suministrar. **ANT.** **1.** Dificultar, imposibilitar. **2.** Quitar. **FAM.** Facilitación. FÁCIL.

facilón, na *adj. fam.* Que no tiene complicaciones: *examen facilón, música facilona.*

facilongo, ga *adj. fam.* Tan extremadamente fácil que cualquiera lo puede hacer.

facineroso, sa (del lat. *facinorosus*) *adj.* **1.** Se aplica al criminal o delincuente habitual. También *s. m.* y *f.* **2.** Malvado. También *s. m.* y *f.* **SIN.** **1.** Malhechor, maleante, bandido. **2.** Perverso, canalla. **ANT.** **1.** Honrado. **2.** Bondadoso.

facistol (del bajo lat. *facistolium*, y éste del germ. *faldistol*, sillón) *s. m.* Atril grande del coro de las iglesias.

facócero o **facóquero** *s. m.* Especie de jabalí africano que tiene la cabeza desproporcionadamente grande, cuatro verrugas en el rostro, orejas pequeñas, cuatro colmillos de crecimiento continuo y el pelaje pardo con una espesa crin negra.

facón *s. m. Arg., Bol., Par.* y *Urug.* Cuchillo grande y agudo, característico del gaucho.

facsímil (del lat. *fac*, de *facere*, hacer, y *simile*, semejante) *s. m.* Reproducción o copia exacta de un dibujo, manuscrito, etc. ■ Se escribe también *facsímile.* **SIN.** Imitación, duplicado. **FAM.** Facsimilar. SÍMIL.

facsimilar *adj.* Reproducido en facsímil: *edición facsimilar.*

facsímile *s. m.* Facsímil*.

factible (del lat. *factibilis*) *adj.* Que se puede hacer o realizar. **SIN.** Realizable, hacedero, posible. **ANT.** Irrealizable. **FAM.** Factibilidad. FÁCTICO.

fáctico, ca (del lat. *factum*, hecho) *adj.* **1.** De los hechos o relacionado con ellos. **2.** Basado en los hechos. **SIN.** **1.** Factual. **2.** Real. **ANT.** **2.** Teórico. **FAM.** Factible, factitivo, factual.

factitivo, va (del lat. *factum*, hecho) *adj.* Se aplica al verbo o perífrasis verbal cuyo sujeto no ejecuta realmente la acción, sino que hace que otros la realicen, como p. ej. en las frases: *Voy a cortarme el pelo. Se hacen los trajes en la misma sastrería.* **SIN.** Causativo.

factor (del lat. *factor, -oris*, el que hace una cosa) *s. m.* y *f.* **1.** Persona que actúa en nombre y por cuenta de un comerciante. **2.** Empleado del ferrocarril o de una empresa de transportes encargado de la recepción, envío y entrega de mercancías y equipajes. || *s. m.* **3.** Cada una de las condiciones que contribuyen a un resultado o de los elementos que constituyen un conjunto: *La constancia fue un factor decisivo de su éxito.* **4.** Cada uno de los números o expresiones algebraicas que forman parte de una multiplicación. **SIN.** **1.** Apoderado, representante. **3.** Causa, agente, aspecto. **FAM.** Factoría, factorial.

factoría *s. f.* **1.** Fábrica o complejo industrial. **2.** Establecimiento comercial fundado por un pueblo o país en otro: *Los fenicios crearon factorías en el Mediterráneo.* **3.** Empleo y oficina del factor. **SIN.** **2.** Emporio.

factorial *adj.* **1.** Relativo al factor. || *s. f.* **2.** Referido a un determinado número *n*, es el producto de todos los números enteros consecutivos desde la unidad hasta *n*, ambos inclusive.

factótum (del lat. *fac totum*, haz todo) *s. m.* **1.** *fam.* Persona que desempeña todas las funciones en una casa, oficina, etc. **2.** Persona de confianza de otra, encargada por ésta de sus asuntos, negocios, etc.

factual (del lat. *factum*) *adj.* Relativo a los hechos. **SIN.** Fáctico. **ANT.** Teórico.

factura (del lat. *factura*) *s. f.* **1.** Recibo en que constan las mercancías adquiridas, servicios prestados, etc., con el que se queda el comprador o cliente como justificante de que ha realizado el pago. **2.** Modo en que algo está hecho, especialmente en pintura y escultura: *la factura de un cuadro.* || **LOC. pasar factura** Presentarla a un cliente; cobrarse un favor; también, hacer pagar a alguien las consecuencias de sus actos: *Sus excesos le pasan ahora factura.* **SIN.** **1.** Cuenta, nota. **2.** Ejecución, confección. **FAM.** Facturar.

facturación *s. f.* **1.** Elaboración de una factura. **2.** Conjunto de operaciones en las que se especifica la totalidad de las ventas de una empresa en un determinado periodo de tiempo. **3.** Operación mediante la que se realiza la entrega de equipaje, mercancía, etc. para que sea enviado a su destino. **SIN.** **3.** Expedición.

facturar *v. tr.* **1.** Hacer o extender una factura. **2.** Incluir o anotar en una factura cada mercancía, artículo o servicio prestado. **3.** Entregar en una estación de transportes, puerto o aeropuerto mercancías, equipajes, etc., para que sean enviados a su destino. **SIN.** **1.** Cargar. **2.** Registrar. **3.** Expedir, remitir. **FAM.** Facturación. FACTURA.

fácula (del lat. *facula*, antorcha pequeña) *s. f.* Cada una de las áreas más brillantes que se aprecian en el disco del Sol. **FAM.** Véase **hacha**[1].

facultad (del lat. *facultas, -atis*) *s. f.* **1.** Capacidad o aptitud física, intelectual o moral que tiene una persona: *Debes desarrollar tu facultad de pensar. Tiene grandes facultades para la música.* **2.** Autorización, derecho o permiso para hacer alguna cosa: *Tiene facultad para edificar aquí. El cargo le da facultades para tomar esta decisión.* **3.** Cada una de las grandes secciones en que se dividen los estudios universitarios correspondientes a una rama del saber y, p. ext., edificio e instalaciones de dicha sección: *Facultad de Filosofía y Letras.* **SIN.** **1.** Virtud, disposición, dotes, talento. **2.** Licencia, permisión, autoridad, competencia. **ANT.** **1.** Incapacidad. **2.** Prohibición. **FAM.** Facultar, facultativo.

facultar *v. tr.* Dar a alguien facultad, autorización o derecho para algo. **SIN.** Autorizar, capacitar, habilitar. **ANT.** Incapacitar; prohibir.

facultativo, va *adj.* **1.** Relativo a una facultad universitaria. **2.** Voluntario: *El examen es facultativo.* **3.** Se dice de la persona que posee un título universitario o estudios superiores y desempeña para el Estado determinadas funciones técnicas: *cuerpo facultativo*. También *s. m.* y *f.* **4.** Se aplica a los consejos o indicaciones del médico: *prescripción facultativa*. || *s. m.* y *f.* **5.** Médico. **SIN. 2.** Opcional, potestativo, libre. **5.** Doctor. **ANT. 2.** Obligatorio. **FAM.** Facultativamente. FACULTAD.

facundia (del lat. *facundia*) *s. f.* Facilidad de palabra o tendencia excesiva a hablar. **SIN.** Fluidez, elocuencia, locuacidad, verborrea. **FAM.** Facundo.

facundo *adj.* Que tiene facundia. **SIN.** Elocuente.

fado *s. m.* Canción popular portuguesa de carácter melancólico.

faena (del ant. cat. *faena*, y éste del lat. *facienda*, cosas por hacer) *s. f.* **1.** Actividad que requiere esfuerzo físico o mental: *las faenas del campo*. **2.** En tauromaquia, la brega y los pases del torero con la muleta, preliminares de la estocada. **3.** Mala pasada, acción perjudicial o molesta: *¡Qué faena me has hecho!* **4.** *Chile* Cuadrilla de obreros. **SIN. 1.** Labor, tarea, quehacer. **3.** Trastada, jugada, jugarreta. **ANT. 1.** Ocio, recreo. **3.** Cortesía. **FAM.** Faenar, faenero. / Enfaenado.

faenar *v. intr.* **1.** Realizar las tareas propias de la pesca marina. **2.** Efectuar las faenas agrícolas. **SIN. 1.** Pescar. **2.** Laborar.

faenero, ra *adj.* Que faena en la mar: *barco faenero*.

faetón *s. m.* Carruaje descubierto, sobre cuatro ruedas, alto y ligero.

fagácea (del lat. *fagus*, haya) *adj.* **1.** Se dice de la planta dicotiledónea de hoja perenne y tipo arbóreo, con flores unisexuales, hojas dentadas o lobuladas y fruto seco e indeniscente, como p. ej. el roble, la encina, el castaño, el alcornoque y el haya. También *s. f.* || *s. f. pl.* **2.** Familia constituida por estas plantas.

-fagia (del gr. *ephagon*, comer) *suf.* Significa 'comer', 'tragar': *aerofagia*.

fago- o **-fago, ga** (del gr. *ephagon*, comer) *pref.* o *suf.* Significa 'el que come': *fagocito, antropófago*.

fagocitar *v. tr.* **1.** Englobar una célula un cuerpo extraño para digerirlo o destruirlo. **2.** Absorber, p. ej. una empresa a otra.

fagocito (del *fago-* y *-cito*) *s. m.* Célula capaz de fagocitar a otras células o cuerpos extraños. **FAM.** Fagocitar, fagocitosis.

fagocitosis *s. f.* Proceso por el que ciertas células capturan y engloban partículas extrañas y otras células, que forma parte del sistema de defensa inmunológica del hombre.

fagot (del fr. *fagot*) *s. m.* **1.** Instrumento músico de viento de la familia de los oboes. **2.** Persona que toca este instrumento. ▪ Su pl. es *fagotes*. **SIN. 2.** Fagotista. **FAM.** Fagotista.

fair-play (ingl.) *expr.* Juego limpio, sobre todo en deporte. ▪ Se usa como *s. m.*

faisán (del prov. *faizan*, y éste del lat. *phasianus*) *s. m.* Ave galliforme de alas cortas cuyo tamaño varía entre los 60 y 80 cm, tiene cola larga y el macho posee un plumaje más vistoso que el de la hembra; su carne es muy apreciada.

faja (del lat. *fascia*) *s. f.* **1.** Tira de cualquier material con que se rodea una cosa, p. ej. las que se ponen alrededor de la cintura o alrededor de periódicos e impresos. **2.** Prenda interior, generalmente de material elástico, que ciñe la cintura o desde la cintura a las caderas o hasta la parte superior del muslo. **3.** Banda de cualquier material que se pone alrededor de la cintura y constituye una insignia de algunos cargos militares, civiles o eclesiásticos o un distintivo honorífico. **4.** Cualquier franja o lista mucho más larga que ancha, como la comprendida entre dos paralelos en la superficie terrestre, la que forma un adorno en arquitectura, etc. **FAM.** Fajar, fajilla, fajín, fajón. / Enfajillar, refajo.

fajador, ra *adj.* **1.** Se dice del boxeador que en la pelea busca más el ataque que la defensa. También *s. m.* y *f.* **2.** Combativo, que no se da fácilmente por vencido. También *s. m.* y *f.* **SIN. 2.** Luchador.

fajar *v. tr.* **1.** Ceñir o rodear con una faja a alguien o algo: *fajar a un niño, fajar un periódico*. También *v. prnl.* **2.** Pegar, golpear o acometer a alguien. También *v. prnl.*: *fajarse los boxeadores*. || **fajarse** *v. prnl.* **3.** Realizar con empeño un trabajo, estudio, etc.: *fajarse en la tarea*. **SIN. 3.** Entregarse, afanarse. **FAM.** Fajador, fajadura, fajamiento. FAJA.

fajilla (dim. de *faja*) *s. f.* Faja que se coloca en los impresos para enviarlos por correo.

fajín (dim. de *faja*) *s. m.* Faja o ceñidor usado como insignia o distintivo honorífico por militares y ciertos funcionarios civiles: *un fajín de general*. **SIN.** Banda.

fajina[1] (del lat. *fascina*, de *fascis*, haz) *s. f.* **1.** Conjunto de haces de mies en las eras. **2.** Haz de leña. **3.** En el ejército, toque de corneta para reunir a la tropa antes de la comida.

fajina[2] *s. f. Amér. del S.* Trabajo manual rutinario e intenso.

fajo (del lat. *fascis*) *s. m.* Conjunto de cosas delgadas y largas, puestas unas sobre otras y atadas: *un fajo de billetes*. **FAM.** Fajina[1].

fajón *s. m.* **1.** En arq., faja o moldura ancha alrededor de puertas y ventanas. || *adj.* **2.** Se aplica al arco perpiaño.

fakir *s. m.* Faquir*.

falacia (del lat. *fallacia*) *s. f.* **1.** Cualidad de falaz. **2.** Engaño o mentira con que se intenta dañar a otra persona. **3.** Error o argumento falso: *Su teoría es pura falacia*. **SIN. 2.** Fraude, trampa, dolo. **3.** Inexactitud, equivocación, sofisma. **ANT. 1.** a **3.** Verdad. **3.** Exactitud, acierto.

falange (del lat. *phalanx, -angis*, y éste del gr. *phalanx*) *s. f.* **1.** Cuerpo de infantería de los antiguos griegos. **2.** Cuerpo de tropas numeroso. **3.** Conjunto de personas unidas para un mismo fin. **4.** Cada uno de los huesos que forman el esqueleto de los dedos y, particularmente, el primero de ellos, desde la palma hacia el extremo. **SIN. 3.** Cuadrilla. **FAM.** Falangeta, falangina, falangismo.

falangeta *s. f.* Falange tercera o ungular de los dedos.

falangina *s. f.* Falange segunda o media de los dedos.

falangismo *s. m.* Movimiento e ideología de Falange Española, partido fundado por José Antonio Primo de Rivera en 1933 y caracterizado por su tendencia nacionalista y la influencia del fascismo italiano. **FAM.** Falangista. FALANGE.

falansterio (del fr. *phalanstère*) *s. m.* **1.** Comunidad de trabajadores en el sistema utópico del filósofo y sociólogo Charles Fourier, y edificio donde habitaban. **2.** P. ext., residencia colectiva y mixta de un grupo numeroso de personal.

falaz (del lat. *fallax, -acis*) *adj.* **1.** Mentiroso, embaucador. **2.** Que atrae con engaños o falsas apariencias: *una promesa falaz*. **SIN. 1.** Embustero. **1.** y **2.** Fraudulento, doloso, artero. **2.** Engañoso, insidioso. **ANT. 1.** y **2.** Sincero. **2.** Verdadero. **FAM.** Falacia, falazmente.

falcata (del lat. *spatha falcata*) *s f.* Espada curva de hierro que usaban los iberos.

falciforme (del lat. *falx, falcis*, hoz, y *-forme*) *adj.* De forma parecida a la de una hoz.

falconiforme (del lat. *falco, -onis*, halcón, y *- forme*) *adj.* **1.** Se dice de ciertas aves rapaces de tamaño variable, algunas con envergaduras que llegan a los 3 m, cabeza robusta, pico fuerte y ganchudo, garras vigorosas y alas bien desarrolladas, como buitres, cóndores, águilas, halcones, etc. También *s. f.* || *s. f. pl.* **2.** Orden de estas aves.

falda (del germ. *falda*, pliegue, seno) *s. f.* **1.** Parte del vestido o prenda de vestir, especialmente femenina, que cae de la cintura hacia abajo. Se usa mucho en *pl.* **2.** Parte de la tela que cae del borde del objeto que cubre y, p. ext., toda la tela: *la falda de una mesa camilla.* Se usa mucho en *pl.* **3.** Parte baja de la vertiente de una montaña. **4.** En una mujer sentada, regazo: *La madre tenía al bebé en su falda.* **5.** En el despiece de carne bovina, parte que cuelga de las agujas, sin estar pegada a hueso ni costilla: *falda de ternera.* || *s. f. pl.* **6.** Mujeres: *Es muy aficionado a las faldas.* || **7. falda pantalón** Prenda de vestir que parece una falda pero tiene perneras como un pantalón. **SIN. 1.** Saya, pollera. **3.** Ladera. **FAM.** Faldellín, faldero, faldillas, faldón. / Enfaldado, maxifalda, minifalda, sobrefalda.

faldellín *s. m.* Falda corta que se usa encima de otra.

faldero, ra *adj.* **1.** Relativo a la falda. **2.** *fam.* Muy aficionado a las mujeres. También *s. m.* || **3. perro faldero** Véase **perro**. **SIN. 2.** Mujeriego.

faldillas *s. f. pl.* Parte que cuelga de la cintura en algunas prendas de vestir. **SIN.** Faldones.

faldón (aum. de *falda*) *s. m.* **1.** Pieza que cuelga o se prolonga hacia abajo en la parte inferior de algunas cosas: *los faldones de un coche.* **2.** En prendas de vestir, parte que cae suelta desde la cintura, como en la camisa, la chaqueta, etc. **3.** Falda larga que se pone a los bebés encima de las otras prendas. **4.** Vertiente triangular de un tejado.

faldriquera *s. f.* Faltriquera*.

falena (del gr. *phalaina*) *s. f.* Mariposa nocturna de anchas alas, cuyas orugas imitan el aspecto de las ramas de los árboles.

falencia *s. f. Amér.* Bancarrota, quiebra.

falible (del lat. *fallibilis*) *adj.* **1.** Que puede engañarse o engañar. **2.** Que puede fallar o faltar: *El sistema de seguridad era falible.* **SIN. 1.** Engañoso, equívoco. **2.** Inseguro. **ANT. 1.** y **2.** Infalible. **FAM.** Falibilidad. / Infalible. FALLAR[2].

fálico, ca *adj.* Del falo o relacionado con él.

falla[1] (del lat. *falla*, de *fallere*, engañar) *s. f.* **1.** Defecto o imperfección de alguna cosa, especialmente en las telas. **2.** Fractura de una roca con desplazamiento de bloques, cuando soporta fuerzas tectónicas horizontales o verticales. **3.** *Amér.* Fallo. **SIN. 1.** Falta, tara, desperfecto, maca.

falla[2] (del cat. *falla*, y éste del lat. *facula*) *s. f.* **1.** Figura o conjunto de figuras de cartón piedra que representan grotesca y humorísticamente a personajes o hechos de actualidad y son quemadas en las calles valencianas la noche de San José. || *s. f. pl.* **2.** Fiestas celebradas con este motivo la noche del 19 de marzo. ■ En esta acepción suele escribirse con mayúscula. **FAM.** Fallero.

fallar[1] (del lat. *afflare*, soplar, husmear) *v. tr.* Decidir un jurado o una autoridad competente lo que se expresa: *El tribunal fallará esta tarde el segundo premio.* También *v. intr.* **SIN.** Sentenciar, dictaminar. **FAM.** Fallo[1].

fallar[2] *v. intr.* **1.** Hacer mal algo. También *v. tr.*: *Luis falló el tiro.* **2.** No dar una persona o cosa el servicio, rendimiento o resultado que se esperaba: *Tu hermano nos ha fallado. El mecanismo del reloj falla.* **3.** Dejar de tener algo fuerza o resistencia: *Le fallaron las piernas.* || *v. tr.* **4.** En algunos juegos de cartas, seguir a una carta con un triunfo, por no tener otra del mismo palo. **SIN. 1.** Errar, equivocar(se), marrar. **2.** Defraudar, decepcionar. **3.** Flaquear, ceder. **ANT. 1.** Acertar. **2.** Responder. **3.** Resistir. **4.** Asistir. **FAM.** Falla[1], fallido, fallo[2], falluto. / Falencia, falible.

falleba (del ár. *jallaba*, tarabilla) *s. f.* **1.** Mecanismo utilizado para cerrar y asegurar puertas o ventanas, consistente en una varilla sujeta a una de las hojas, que por medio de una manivela queda encajada por sus extremos en los huecos del marco. **2.** Manivela con que se mueve la varilla.

fallecer (del lat. *fallere*) *v. intr.* Morir una persona. ■ Es v. irreg. Se conjuga como *agradecer.* **SIN.** Perecer, expirar, fenecer, sucumbir. **ANT.** Nacer, vivir. **FAM.** Fallecimiento. / Desfallecer.

fallecimiento *s. m.* Hecho de fallecer una persona. **SIN.** Óbito, deceso.

fallero, ra *adj.* **1.** Relativo a las Fallas valencianas. || *s. m.* y *f.* **2.** Persona que interviene o participa en estas fiestas: *fallera mayor.*

fallido, da *adj.* **1.** Fracasado, no logrado: *un intento fallido, una revolución fallida.* **2.** Se aplica a las cantidades de dinero, créditos, etc., que pasado cierto tiempo no pueden ser cobrados. **SIN. 1.** Frustrado, abortado, malogrado. **2.** Incobrable. **ANT. 1.** Exitoso.

fallo[1] *s. m.* Acción de fallar[1]: *El tribunal dio a conocer su fallo.* **SIN.** Resolución, decisión, veredicto, dictamen.

fallo[2] *s. m.* Acción de fallar[2]: *Fue un fallo que no le avisaran. Tiene dos fallos en el examen.* **SIN.** Error, equivocación, yerro, descuido, fracaso. **ANT.** Acierto, éxito.

falluto, ta *adj.* **1.** *Amér. del S.* Fallido, fracasado. **2.** *Amér. del S.* Falso, desleal, incumplidor. También *s. m.* y *f.* **FAM.** Fallutería. FALLAR[2].

falo (del gr. *phallos*) *s. m.* Pene. **FAM.** Fálico, falocracia.

falocracia *s. f.* Predominio del hombre sobre la mujer, especialmente en la vida pública. **FAM.** Falócrata, falocrático. FALO.

falsar (del lat. *falsare*) *v. tr.* Contrastar una proposición con los hechos de modo que sea posible refutarla. **FAM.** Falsación. FALSO.

falsario, ria (del lat. *falsarius*) *adj.* **1.** Que falsea la verdad o actúa con falsedad. **2.** Embustero. También *s. m.* y *f.* **SIN. 1.** Falseador, mixtificador. **2.** Mentiroso, calumniador. **ANT. 2.** Sincero.

falsear *v. tr.* **1.** Alterar alguna cosa, de forma que deje de ser verdadera o auténtica. || *v. intr.* **2.** Perder una cosa su resistencia o firmeza: *Los cimientos falsean.* **SIN. 1.** Adulterar, deformar, desfigurar, desvirtuar. **2.** Flaquear, ceder. **ANT. 2.** Resistir. **FAM.** Falseador, falseamiento, falseo. FALSO.

falsedad (del lat. *falsitas, -atis*) *s. f.* **1.** Cualidad de falso: *Actuaba con falsedad.* **2.** Dicho o hecho falso: *No digas falsedades.* **SIN. 1.** Inexactitud, inverosimilitud, falsía, hipocresía, doblez. **2.** Mentira, embuste, engaño. **ANT. 1.** Veracidad, sinceridad. **2.** Verdad.

falsete *s. m.* Voz más aguda que la normal, producida por la vibración de las cuerdas superiores o falsas de la laringe.

falsía *s. f.* Falsedad al actuar o hablar. **SIN.** Doblez, hipocresía, fingimiento. **ANT.** Sinceridad, franqueza.

falsificación *s. f.* **1.** Acción de falsificar. **2.** Cosa falsificada: *Este cuadro es una falsificación.*

falsificar (del lat. *falsificare*, de *falsus*, falso, y *facere*, hacer) *v. tr.* Realizar una copia de algo, haciéndola pasar por verdadera: *Falsificó la firma.* ■ Delante de *e* se escribe *qu* en lugar de *c*: *falsifique.* **FAM.** Falsificable, falsificación, falsificador. / Infalsificable. FALSO.

falsilla *s. f.* Hoja rayada que se pone debajo del papel sobre el que se va a escribir para guiarse por sus líneas y no torcerse. **SIN.** Pauta.

falso, sa (del lat. *falsus*) *adj.* **1.** Que no es verdadero o auténtico: *un billete falso, una noticia falsa.* **2.** Hipócrita, que carece de sinceridad: *Nos dedicó una sonrisa falsa.* También *s. m.* y *f.* **3.** Supuesto o simulado: *falsa membrana, puerta falsa.* ■ En algunos casos equivale al prefijo *seudo-*. **4.** Débil, poco resistente: *Estas paredes son muy falsas.*|| **LOC. en falso** *adv.* Con falsedad: *declarar en falso.* Sin apoyo o fundamento: *pisar en falso.* Sin conseguir aquello que se pretende o busca: *dar un golpe en falso.* **SIN. 1.** Inauténtico, inexacto, fraudulento. **2.** Doble, insincero, engañoso. **4.** Frágil, flojo. **ANT. 1.** Real. **2.** Sincero. **4.** Fuerte. **FAM.** Falsamente, falsar, falsario, falsear, falsedad, falsete, falsía, falsificar, falsilla.

falta (del lat. vulg. *fallita*, de *fallere*, engañar) *s. f.* **1.** Circunstancia de no haber alguna cosa o existir en poca cantidad: *Murieron por falta de agua. Hay falta de personal.* **2.** Ausencia de una persona: *Se notará tu falta.* **3.** Anotación con que se confirma o registra la ausencia de una persona en un determinado lugar, ocupación, etc.: *Nos han puesto falta en inglés.* **4.** Defecto o imperfección de una cosa: *Este pantalón tiene una falta.* **5.** Error o equivocación: *Cometió varias faltas de ortografía.* **6.** Acción censurable o castigable que comete alguien: *Debes perdonar sus faltas.* **7.** En der., acción castigada con una pena leve. **8.** En algunos dep., violación de alguna de las reglas: *El árbitro pitó falta.* **9.** Ejecución o realización del castigo: *lanzar una falta.* **10.** Supresión de la menstruación en la mujer, especialmente por causa del embarazo. || **LOC. echar en falta** Echar de menos, notar la ausencia de alguien o algo: *Echa en falta a sus amigos. Echó en falta varios libros.* **hacer falta** Ser necesario; también, cometer una infracción en ciertos deportes. **SIN. 1.** Carencia, defecto, privación, escasez, penuria, carestía. **2.** Inasistencia. **4.** Tara, desperfecto, anomalía. **5.** Confusión, fallo, yerro. **6.** Culpa, pecado, delito. **7.** y **8.** Penalización. **ANT. 1.** Abundancia. **2.** Asistencia. **5.** Acierto.

faltar *v. intr.* **1.** No haber alguna cosa o resultar insuficiente: *Falta leche. Al guiso le falta sal.* **2.** No estar alguna cosa en su lugar o haber menos de ella: *Falta el libro de latín. Falta dinero del cajón.* **3.** Quedar tiempo aún para que algo llegue a hacerse, realizarse, etc.: *Faltan varios meses para las vacaciones.* ■ En estas tres acepciones se usa sólo en 3.ª persona. **4.** No acudir alguien a algún sitio o ausentarse de él: *Faltaste a la cita. Hace tres días que falta de casa.* **5.** Acabar o morir: *No sé qué hará cuando falten sus padres.* **6.** Cometer alguna falta u ofender a alguien: *Faltó a un superior.* **7.** Seguido de la preposición *a* y de sustantivos como *promesa, palabra, amistad, fidelidad*, etc., no cumplir lo que éstos expresan. || **LOC. faltar poco para algo** Estar a punto de que ocurra alguna cosa: *Faltó poco para que se cayera.* **¡no faltaba** (o **faltaría**) **más!** *excl.* Rechaza una proposición por considerarla absurda o intolerable. Se utiliza como fórmula de cortesía y equivale a 'desde luego, por supuesto': *¿Me deja ver el periódico? ¡No faltaba más!* ■ A veces se suprime el *no*, cuando se usa con el verbo en condicional. **SIN. 1.** Escasear. **2.** Desaparecer. **5.** Finalizar, fallecer. **6.** Agraviar, insultar. **7.** Incumplir, infringir, quebrantar. **ANT. 1.** Abundar; sobrar. **4.** Asistir. **6.** Respetar. **7.** Acatar. **FAM.** Falta, falto, faltón.

falto, ta *adj.* Que carece de algo o lo necesita: *falto de prejuicios, de cariño.* **SIN.** Carente, desprovisto, escaso, necesitado. **ANT.** Lleno, rebosante.

faltón, na *adj.* **1.** *fam.* Se aplica a la persona que no suele cumplir sus promesas, compromisos, obligaciones, etc. También *s. m.* y *f.* **2.** Que acostumbra a faltar u ofender a los demás. También *s. m.* y *f.* **SIN. 1.** Informal, incumplidor. **2.** Insultón, grosero. **ANT. 1.** Formal, cumplidor. **2.** Respetuoso.

faltriquera *s. f.* Pequeño bolso atado a la cintura, que se lleva colgando debajo de la ropa. ■ Se dice también *faldriquera.*

falúa (del ant. *faluca*, y éste del ár. *faluka*) *s. f.* Pequeña embarcación utilizada en los puertos para transportar a las autoridades de marina. **FAM.** Falucho.

falucho *s. m.* Embarcación costera con una vela latina.

fama (del lat. *fama*) *s. f.* **1.** Circunstancia de ser alguien o algo muy conocido y apreciado: *Alcanzó gran fama como pintor.* **2.** Juicio u opinión que se tiene acerca de alguien o algo: *Tenía fama de conquistador.* || **LOC. de fama** *adj.* Famoso: *un cantante de fama.* **es fama** Se comenta, se sabe: *Es fama que no volverá a torear.* **SIN. 1.** Celebridad, popularidad, renombre, prestigio, notoriedad. **2.** Reputación. **ANT. 1.** Impopularidad. **FAM.** Famoso. / Afamado, difamar, infamar.

famélico, ca (del lat. *famelicus*) *adj.* **1.** Que tiene o pasa mucha hambre. **2.** Excesivamente delgado: *un caballo famélico.* **SIN. 1.** Hambriento. **2.** Esmirriado, escuálido, esquelético. **ANT. 1.** Harto, ahíto. **2.** Gordo, robusto.

familia (del lat. *familia*) *s. f.* **1.** Grupo formado por una pareja y sus hijos y, entendido en un sentido más amplio, por las personas con las que tienen lazos de parentesco: *Los domingos se reúne toda la familia.* **2.** Hijos, descendencia: *El año pasado tuvo familia.* **3.** Origen o linaje de una persona: *Es de muy buena familia.* **4.** Conjunto de personas unidas por unas ideas, forma de vida, causas, etc., comunes a todas ellas: *la familia franciscana, la familia socialista.* **5.** Conjunto de cosas que tienen alguna característica común, el mismo origen, etc.: *familia de palabras, de lenguas.* **6.** En biol., categoría taxonómica que agrupa seres vivos emparentados entre sí y pertenecientes a uno o varios géneros. || **LOC. en familia** *adv.* Sólo con la familia o con muy pocas personas; también, con sencillez y confianza: *Lo celebraron en familia. Tutéame: aquí estamos en familia.* **SIN. 1.** Parentela, clan. **2.** Prole. **3.** Estirpe, cuna, extracción. **FAM.** Familiar, familión. / Subfamilia, superfamilia.

familiar (del lat. *familiaris*) *adj.* **1.** De la familia o relacionado con ella: *una reunión familiar.* **2.** Conocido, que no resulta extraño: *Su cara me es familiar.* **3.** Sencillo, sin ceremonias ni cortesías: *un trato familiar.* **4.** Aplicado al lenguaje, conversacional. **5.** Referido a ciertos objetos, productos, etc., de mayor tamaño, destinados al uso de una familia: *coche familiar, envase familiar.* || *s. m.* **6.** Persona que pertenece a la misma familia que otra. *Me presentó a varios familiares suyos.* **7.** Ministro de la Inquisición encargado de ciertas tareas auxiliares. **SIN. 2.** Habitual, común, consabido. **3.** Llano, natural, informal. **4.** Coloquial. **6.** Pariente, allegado, deudo. **ANT. 2.** Raro, ajeno. **3.** Ceremonioso. **4.** Literario. **5.** Individual. **FAM.** Familiaridad, familiarizar, familiarmente. / Unifamiliar. FAMILIA.

familiaridad (del lat. *familiaritas, -atis*) *s. f.* **1.** Trato sencillo y natural entre personas. ■ Cuando la llaneza y confianza es excesiva e inadecuada se emplea sobre todo en *pl.*: *No me gustan esas familiaridades.* **2.** Contacto habitual con algo o conocimiento profundo de ello: *Tiene gran familiaridad con la literatura latina.* **SIN. 1.** Confianza, sencillez, llaneza, libertad, atrevimiento. **ANT. 1.** Desconfianza.

familiarizar *v. tr.* **1.** Hacer familiar, conocido o sencillo algo a alguien. También *v. prnl.*: *Debe familiarizarse con la maquinaria.* || **familiarizarse** *v. prnl.* **2.** Llegar a tener trato familiar con una persona. ■ Delante de *e* se escribe *c* en lugar de *z*: *se familiaricen.* **SIN. 1.** Acostumbrar(se), habituar(se). **ANT. 1.** Desacostumbrar(se).

famoso, sa (del lat. *famosus*) *adj.* **1.** Que tiene fama. También *s. m.* y *f.* **2.** *fam.* Que llama la atención, por ser chocante, gracioso, etc.: *¿Éste es el famoso coche?* **SIN. 1.** Afamado, renombrado, popular. **1.** y **2.** Célebre. **ANT. 1.** Olvidado, impopular.

fámulo, la (del lat. *famulus*) *s. m.* y *f.* Sirviente, criado doméstico.

fan (ingl., de *fanatic*) *s. m.* y *f.* Entusiasta admirador o seguidor de alguien o algo ■ Su pl. es *fans.* **SIN.** Fanático, aficionado, hincha.

fanal (del ital. *fanale*, y éste del gr. *fanos*, antorcha, luz) *s. m.* **1.** Farol grande empleado a bordo de los barcos y para el señalamiento de los puertos. **2.** Campana transparente para resguardar una luz o un objeto. **SIN. 2.** Urna.

fanático, ca (del lat. *fanaticus*) *adj.* **1.** Defensor apasionado de una creencia, idea, causa, etc. También *s. m.* y *f.*: *Los fanáticos apoyaban la guerra santa.* **2.** Muy aficionado a alguien o algo: *Es fanático del jazz.* También *s. m.* y *f.* **SIN. 1.** Exaltado, intolerante. **2.** Entusiasta, admirador, hincha, fan. **FAM.** Fan, fanáticamente, fanatismo, fanatizador, fanatizar.

fanatismo (del fr. *fanatisme*) *s. m.* Defensa extrema y apasionada de una idea, causa o creencia.

fanatizar *v. tr.* Provocar fanatismo. ■ Delante de *e* se escribe *c* en lugar de *z*: *fanaticen.*

fandango *s. m.* **1.** Danza popular española que se baila con acompañamiento de castañuelas y casi siempre de guitarra. **2.** Copla y música de este baile. **3.** *fam.* Bullicio, jaleo. **SIN. 3.** Jarana, parranda, jolgorio.

fané (fr.) *adj.* Lacio, mustio, estropeado. **SIN.** Ajado, marchito.

faneca *s. f.* Pez teleósteo marino de unos 20 ó 30 cm de longitud, con tres aletas dorsales y dos anales, una barbilla en la mandíbula inferior y el lomo oscuro, con bandas verticales en algunas especies.

fanega (del ár. *faniqa*) *s. f.* **1.** Medida de capacidad para áridos. **2.** Medida agraria de superficie, también llamada *fanega de tierra.* ■ Ambas varían según las regiones. **FAM.** Fanegada.

fanerógama (del gr. *phaneros*, aparente, y *gamos*, casamiento) *adj.* Espermafita*.

fanerozoico, ca (del gr. *phaneros*, visible, y *zoon*, animal) *adj.* **1.** Se dice de uno de los tres eones o divisiones de la historia de la Tierra, en el que los animales poseían partes duras y dejaron restos fósiles visibles. Comenzó hace unos 570 millones de años y se prolonga hasta la actualidad. Se divide en tres eras: paleozoica, mesozoica y cenozoica. También *s. m.* **2.** Relativo a este eón.

fanfarria *s. f.* **1.** *fam.* Fanfarronería: *Déjate de fanfarrias.* **2.** Banda de música, generalmente militar. || *s. m.* **3.** *fam.* Fanfarrón. **SIN. 1.** Bravata, baladronada, desplante. **2.** Charanga.

fanfarrón, na (onomat.) *adj. fam.* Que presume de lo que no es, especialmente de valiente. También *s. m.* y *f.* **SIN.** Presuntuoso, fachendoso, fantasma, bravucón. **ANT.** Modesto. **FAM.** Fanfarria, fanfarronada, fanfarronear, fanfarronería.

fanfarronada o **fanfarronería** *s. f.* Acto o palabras propias de un fanfarrón. **SIN.** Bravata, alarde, jactancia, baladronada.

fanfarronear *v. intr.* Presumir alguien de lo que no es, especialmente de valiente. **SIN.** Alardear, jactarse, chulearse.

fango (del cat. *fang*) *s. m.* **1.** Barro, mezcla de agua, tierra y sedimentos que se forma en el fondo de una corriente de agua o donde hay agua detenida. **2.** Deshonra, indignidad: *cubrir a alguien de fango.* **SIN. 1.** Lodo, cieno, légamo. **2.** Descrédito, deshonor. **ANT. 2.** Honra, dignidad. **FAM.** Fangal, fangosidad, fangoso. / Enfangar.

fangoso, sa *adj.* Lleno de fango o con sus propiedades.

fangote (del genovés *fangotto*, pequeño paquete) *s. m.* **1.** *Amér. del S. fam.* Envoltorio, paquete. **2.** *Amér. del S. fam.* Gran cantidad de algo, sobre todo de dinero.

fantasear *v. intr.* **1.** Imaginar cosas fantásticas. También *v. tr.*: *Fantaseó un brillante porvenir.* **2.** Fanfarronear. **SIN. 1.** Soñar. **2.** Farolear. **FAM.** Fantaseador. FANTASÍA.

fantasía (del lat. *phantasia*, y éste del gr. *phantasia*) *s. f.* **1.** Capacidad para imaginar o inventar cosas inexistentes. **2.** Cosa creada por dicha capacidad. Se usa más en *pl.*: *Vive de fantasías.* **3.** Composición instrumental de forma libre. || **LOC. de fantasía** *adj.* Se aplica a los adornos de bisutería y, también, a otros objetos, prendas, etc. adornados o realizados con gran imaginación: *un bolso de fantasía, una corbata de fantasía.* **SIN. 1.** Imaginación, inventiva. **2.** Invención, entelequia, quimera. **ANT. 1.** Realismo. **2.** Realidad. **FAM.** Fantasear, fantasioso, fantástico.

fantasioso, sa *adj.* Que imagina o inventa muchas fantasias. También *s. m.* y *f.* **SIN.** Soñador, iluso, fabulador. **ANT.** Realista.

fantasma (del lat. *phantasma*, y éste del gr. *phantasma*) *s. m.* **1.** Ser producto de la imaginación o de los sueños; también, espectro de un difunto. **2.** Imagen impresa en la memoria de forma atormentadora: *Le persiguen los fantasmas de su niñez.* **3.** *fam.* Persona presuntuosa. También *adj.* || *adj.* **4.** Se aplica a ciertas cosas no existentes o dudosas, pero que parecían reales o evidentes o querían presentarse como tales: *noticia fantasma, golpe de Estado fantasma.* **5.** Deshabitado: *un pueblo fantasma.* **SIN. 1.** Aparición, visión, espíritu. **3.** Fantasmal, fantasmón, fanfarrón, fantasioso. **FAM.** Fantasmada, fantasmagoría, fantasmón.

fantasmada *s. f. fam.* Hecho o dicho de la persona que presume de lo que no tiene.

fantasmagoría (del fr. *fantasmagorie*) *s. f.* **1.** Ilusión fantástica producto de los sentidos o de la imaginación. **2.** Arte de representar figuras por medio de una ilusión óptica. SIN. 1. Fantasía, quimera, alucinación. FAM. Fantasmagórico. FANTASMA.

fantasmagórico, ca *adj.* Propio de las fantasmagorías: *La niebla daba al paisaje un aspecto fantasmagórico.* SIN. Irreal, fantástico, fantasmal.

fantasmal *adj.* De los fantasmas producidos por la imaginación o la percepción de mundos irreales: *voz fantasmal, pueblo fantasmal.*

fantasmón, na *adj. fam.* Vanidoso, presumido. También *s. m.* y *f.* SIN. Fantasma, fantoche, fantasioso. ANT. Sencillo, modesto.

fantástico, ca (del lat. *phantasticus*, y éste del gr. *phantastikos*) *adj.* **1.** Producto de la imaginación o la fantasía: *animales fantásticos, cine fantástico.* **2.** Estupendo, maravilloso: *un clima fantástico.* SIN. **1.** Irreal, imaginario. **1.** y **2.** Fabuloso. **2.** Sensacional. ANT. **1.** Real. **2.** Pésimo. FAM. Fantásticamente. FANTASÍA.

fantoche (del fr. *fantoche*, y éste del ital. *fantoccio*, muñeco) *s. m.* **1.** Marioneta, títere. **2.** Persona de aspecto ridículo o grotesco. **3.** Persona presumida. También *adj.* SIN. **2.** Espantajo, adefesio, mamarracho. **3.** Fanfarrón, fantasma, farolero, figurón. FAM. Fantochada, fantochería.

fantochería *s. f. Col.* Acción o dicho propio de una persona presumida.

fanzine (ingl., compuesto de *fanatic*, fanático, aficionado, y *magazine*, revista) *s. m.* Publicación realizada por aficionados.

faquir (del ár. *faqir*, pobre, hombre religioso que hace voto de pobreza) *s. m.* **1.** En la India y otros países de Oriente, asceta que vive de limosnas y realiza actos de mortificación. **2.** P. ext., artista de circo que realiza ejercicios semejantes. ■ Se escribe también *fakir.* SIN. **1.** Santón. FAM. Faquirismo.

faradio (de Michael *Faraday*, físico y químico inglés) *s. m.* Unidad de capacidad eléctrica en el sistema internacional. Su símbolo es *F.*

faralá *s. m.* **1.** Volante, tira ancha de tela, especialmente el que rodea la parte baja del traje típico andaluz. **2.** *fam.* Adorno exagerado o de mal gusto. ■ Su pl. es *faralaes.*

farallón (del cat. *faralló*) *s. m.* Roca alta y en pico que sobresale en el mar y a veces en tierra firme. SIN. Peñasco.

farándula (del prov. *farandoulo*) *s. f.* **1.** Profesión, arte y ambiente del teatro. **2.** Compañía ambulante de comediantes. SIN. **1.** Carátula, farsa. FAM. Farandulero.

faraón *s. m.* Soberano del antiguo Egipto. FAM. Faraónico.

faraónico, ca *adj.* **1.** Relativo a los faraones y a su época. **2.** Grandioso, espectacular: *Tuvo un enterramiento faraónico.* SIN. **2.** Fastuoso, suntuoso. ANT. **2.** Modesto.

fardada *s. f. fam.* Dicho o hecho con el que alguien pretende fardar, darse importancia. SIN. Fanfarronada, fantasmada.

fardar *v. intr.* **1.** *fam.* Presumir, darse importancia: *Le gusta fardar con las chicas.* **2.** *fam.* Lucir, resultar aparente o vistoso: *¡Cómo fardan esas gafas!* SIN. **1.** Fanfarronear, alardear, chulear(se). FAM. Fardada, farde, fardón. FARDO.

farde *s. m. fam.* Aquello que hace que alguien presuma o se dé importancia: *¡Vaya farde de coche!* SIN. Pasada, chulada.

fardo *s. m.* Paquete grande y apretado. FAM. Fardar.

fardón, na *adj.* **1.** *fam.* Bonito, vistoso. **2.** *fam.* Que le gusta presumir. También *s. m.* y *f.* SIN. **2.** Presuntuoso, presumido.

farero, ra *s. m.* y *f.* Persona que cuida y hace funcionar un faro de una costa o puerto.

fárfara *s. f.* Membrana fina que recubre por dentro la cáscara del huevo.

farfolla (del dial. *marfolla*, y éste del lat. *malum, folium*) *s. f.* **1.** Envoltura de las mazorcas de maíz, mijo y panizo. **2.** Cosa poco importante, pero de gran apariencia.

farfullar (onomat.) *v. tr.* **1.** Decir algo de forma confusa y atropellada: *Azorado, farfulló una excusa.* También *v. intr.* **2.** *fam.* Hacer algo de forma embarullada y chapucera. También *v. intr.* SIN. **1.** Balbucir, mascullar, chapurrear. **2.** Chapucear. ANT. **1.** Vocalizar. **2.** Esmerarse. FAM. Farfulladamente, farfullador, farfullero.

faria (de *Farias*, nombre comercial) *s. amb.* Cigarro puro barato de hebra larga, elaborado en la Península.

farináceo, a *adj.* Parecido a la harina.

faringe (del gr. *pharynx, -yngos*) *s. f.* Conducto del aparato digestivo situado en la parte posterior de la garganta, común a las vías respiratoria y digestiva. FAM. Faríngeo, faringitis, faringotomía. / Bucofaríngeo, nasofaringe, rinofaringe.

faringitis *s. f.* Inflamación de la faringe. ■ No varía en *pl.*

faringotomía (del gr. *pharynx*, faringe, y *-tomía*) *s. f.* Corte quirúrgico practicado en la faringe.

fario, mal *expr. fam.* Mala suerte. ■ Se usa como *s. m.*

farisaico, ca *adj.* **1.** De los fariseos o relacionado con ellos. **2.** Hipócrita, falso, solapado.

fariseo, a (del lat. *pharisaeus*, y éste del gr. *pharisaios*, del hebreo *faras*, separar) *s. m.* **1.** Miembro de una antigua secta judía que prestaba más interés a la forma externa de los preceptos religiosos que a su esencia. ‖ *adj.* **2.** Hipócrita, en especial en el campo religioso o moral. También *s. m.* y *f.* SIN. **2.** Farisaico, falso, inauténtico. ANT. **2.** Sincero, auténtico. FAM. Farisaicamente, farisaico, farisaísmo, fariseísmo.

farmaceuta *s. m. Col.* y *Ven.* Farmacéutico.

farmacéutico, ca *adj.* **1.** Relativo a la farmacia: *laboratorio farmacéutico.* ‖ *s. m.* y *f.* **2.** Licenciado o doctor en farmacia. **3.** Persona que regenta una farmacia o trabaja en ella.

farmacia (del lat. *pharmacia*, y éste del gr. *pharmakeia*) *s. f.* **1.** Ciencia que trata de la preparación de los medicamentos y de las propiedades de sus componentes. **2.** Establecimiento donde se preparan y venden al público los medicamentos. SIN. **2.** Botica. FAM. Farmaceuta, farmacéutico. FÁRMACO.

fármaco (del lat. *pharmacum*, y éste del gr. *pharmakon*) *s. m.* Medicamento. FAM. Farmacia, farmacodependencia, farmacología, farmacopea. / Psicofármaco.

farmacodependencia *s. f.* Estado de la persona que psíquica o físicamente no puede dejar de tomar un medicamento.

farmacología (del gr. *pharmakon*, medicamento, y *-logía*) *s. f.* Ciencia que estudia los medicamentos, su composición química y la manera en que actúan sobre el cuerpo y las enfermedades. FAM. Farmacológico, farmacólogo. FÁRMACO.

farmacopea (del gr. *pharmakopoiia*, de *pharmakon*, medicamento, y *poieo*, hacer) *s. f.* Libro que describe los medicamentos más frecuentes, su preparación, propiedades, administración, etc.

faro (del lat. *pharus*, y éste del gr. *Pharos*, isla situada en la desembocadura del Nilo, que dio nombre al faro allí levantado) *s. m.* **1.** Torre alta situada en costas y puertos, con luz en su parte superior, para orientar de noche a los navegantes. **2.** Potente luz que orienta la ruta nocturna y los aterrizajes de los aviones. **3.** Proyector o aparato que produce una luz potente, p. ej. los que llevan los automóviles. **4.** Persona o cosa que sirve de guía en la conducta, en el entendimiento, etc.: *Él fue nuestro faro y guía.* **SIN. 4.** Consejero, mentor, norte. **FAM.** Farero, farol. / Aerofaro, radiofaro.

farol (de *faro*) *s. m.* **1.** Especie de caja de cristal o material transparente que encierra una luz destinada a alumbrar. **2.** Farola. **3.** *fam.* Acción o dicho incierto o exagerado para lucirse ante alguien, engañarlo o desconcertarlo, p. ej. en los juegos de naipes. **4.** Lance del toreo en el que el diestro gira el capote por encima de su cabeza. || **LOC. ¡adelante con los faroles!** *fam.* Anima a continuar lo empezado; se usa a veces irónicamente, para indicar que es descabellado. **SIN. 1.** Fanal. **3.** Fanfarronada, fanfarronería, fantasmada. **FAM.** Farola, farolear, farolería, farolero, farolillo. / Afarolado. FARO.

farola *s. f.* Farol grande, generalmente sobre un pie o poste, para iluminar calles y plazas.

farolear *v. intr.* Marcarse faroles, presumir. **SIN.** Fanfarronear, fachendear, jactarse, vanagloriarse. **FAM.** Faroleo. FAROL.

farolero, ra *s. m.* y *f.* **1.** Persona que se encargaba del encendido y apagado de los faroles del alumbrado público. || *adj.* **2.** *fam.* Jactancioso, fanfarrón. También *s. m.* y *f.* || **LOC. meterse alguien a farolero** *fam.* Meterse en asuntos ajenos. **SIN. 2.** Fachenda, fachendoso, fantasma.

farolillo (dim. de *farol*) *s. m.* **1.** Farol hecho de papeles de colores, que sirve como adorno en fiestas, ferias y verbenas. **2.** Planta ornamental de hojas dentadas y flores acampanadas azules o blancas. || **3. farolillo rojo** *fam.* El último en una clasificación, especialmente deportiva.

farra *s. f.* Juerga, parranda: *irse de farra.* **SIN.** Jarana, jolgorio. **FAM.** Farrear, farrista.

fárrago (del lat. *farrago*, mezcla de varios granos) *s. m.* Mezcla confusa de cosas innecesarias o desordenadas: *Llegó hasta nosotros un fárrago de noticias.* **SIN.** Maremágnum, revoltijo, caos, barullo. **FAM.** Farragoso.

farragoso, sa *adj.* Desordenado y confuso, con muchas cosas innecesarias; se aplica especialmente al estilo. **SIN.** Caótico, incomprensible. **ANT.** Claro.

farrear *v. intr.* **1.** *Amér. del S.* Ir de farra. || **farrearse** *v. prnl.* **2.** *Amér. del S.* Gastarse el dinero de forma insensata. **3.** *Arg.* y *Urug.* Burlarse de alguien.

farrista *adj.* **1.** *Amér. del S.* Persona aficionada a las farras o diversiones. **2.** *Amér. del S.* Persona que acostumbra burlarse de los demás. También *s. m.* y *f.* **SIN. 2.** Jaranero, juerguista.

farruco, ca (forma hipocorística de *Francisco*, en Galicia y Asturias) *adj. fam.* Desafiante, insolente: *ponerse farruco.* **SIN.** Flamenco.

farsa (del fr. *farce*, de *farcir*, y éste del lat. *farcire*, rellenar) *s. f.* **1.** Obra teatral, especialmente, la de carácter cómico y caricaturesco. **2.** Arte, actividad y mundillo del teatro. **3.** Montaje para aparentar o engañar: *Las elecciones fueron una farsa.* **SIN. 2.** Farándula, histrionismo. **3.** Engaño, patraña, tramoya. **FAM.** Farsante.

farsante, ta *adj.* **1.** Que finge lo que no siente o simula pasar por quien no es. También *s. m.* y *f.* ■ En esta acepción se utiliza también la forma *farsante* para femenino. || *s. m.* y *f.* **2.** Persona que tenía por oficio representar farsas o comedias. **SIN. 1.** Comediante, farandulero. **2.** Hipócrita; embaucador.

fas (del lat. *fas*, justo, lícito) Palabra que sólo se emplea en la frase familiar **por fas o por nefas**, por unas cosas o por otras, justa o injustamente: *Por fas o por nefas, nunca paga.* **FAM.** Nefas.

fasces (del lat. *fasces*, pl. de *fascis*, haz) *s. m. pl.* Insignia del consul romano, formada por una segur o hacha en un haz de varas. Fue adoptada como símbolo por el fascismo. **FAM.** Véase **fascismo**.

fasciculado, da *adj.* **1.** Dispuesto en fascículos. **2.** Se aplica a la columna que tiene el fuste formado por varias columnillas delgadas. **3.** Se dice de la raíz formada por numerosas raíces con pequeñas ramificaciones de tamaño regular.

fascículo (del lat. *fasciculus*, hacecillo) *s. m.* **1.** Cada uno de los cuadernillos o partes de un libro que se van publicando y entregando a los lectores de forma periódica: *una enciclopedia por fascículos.* **2.** Haz de fibras musculares o nerviosas. **SIN. 1.** Entrega. **FAM.** Fasciculado.

fascinación *s. f.* Atracción irresistible. **SIN.** Encanto, embrujo. **ANT.** Repulsión.

fascinante *adj.* Que fascina: *una mirada fascinante, un relato fascinante.* **SIN.** Cautivador, encantador, deslumbrante. **ANT.** Desagradable; insulso, vulgar.

fascinar (del lat. *fascinare*) *v. tr.* Atraer, seducir o gustar irresistiblemente una persona o cosa. Se usa mucho como *v. intr.*: *Me fascina el ballet.* **SIN.** Encantar, embelesar, cautivar. **ANT.** Repeler. **FAM.** Fascinación, fascinador, fascinante.

fascismo (del ital. *fascio*, y éste del lat. *fascis*, haz) *s. m.* **1.** Movimiento político y social caracterizado por el autoritarismo y un marcado nacionalismo, que fue fundado en Italia por Benito Mussolini después de la Primera Guerra Mundial. **2.** Doctrina de este movimiento italiano y de los similares en otros países. **FAM.** Fascista, fascistoide. / Facha², fachista, fasces, neofascismo.

fascistoide *adj.* Tendente a la ideología fascista: *revista fascistoide.* También *s. m.* y *f.*

fase (del gr. *phasis*, de *phaino*, brillar) *s. f.* **1.** Cada uno de los estados sucesivos por los que atraviesa alguien o algo que se desarrolla o evoluciona: *la fase larvaria de un insecto.* **2.** Cada uno de los aspectos sucesivos con que se dejan ver la Luna y algunos planetas, según los ilumina el Sol. **3.** Cada una de las corrientes alternas que intervienen en una corriente polifásica. **SIN. 1.** Estadio, secuencia. **FAM.** Anafase, bifásico, desfase, interfase, metafase, monofásico, polifásico, profase, telofase, trifásico.

fast food (ingl.) *expr.* Comida rápida. ■ Se usa como *s. f.*: *No voy a la hamburguesería porque no me gusta la fast food.*

fastidiado, da 1. *p.* de **fastidiar**. También *adj.* || *adj.* **2.** Enfermo: *Anda bastante fastidiado con el estómago.*

fastidiar *v. tr.* **1.** Causar fastidio, molestia, daño o perjuicio: *Me fastidia hacer siempre lo mismo.* También *v. prnl.*: *fastidiarse un plan.* || **fastidiarse** *v. prnl.* **2.** Aguantarse, sufrir algo con paciencia. || **LOC. estar fastidiado** *fam.* No encontrarse bien de salud. **SIN. 1.** Jeringar(se), jorobar(se); disgustar(se), molestar, desgraciar(se). **2.** Conformarse, chincharse. **ANT. 1.** Entretener(se); agradar. **FAM.** Fastidiado. FASTIDIO.

fastidio (del lat. *fastidium*) *s. m.* **1.** Disgusto o molestia de poca importancia. **2.** Hastío, cansancio, aburrimiento. **SIN. 1.** Incordio, lata, pejiguera. **1.** y **2.** Rollo. **2.** Pesadez, tedio. **ANT. 1.** Gusto, alivio. **2.** Entretenimiento. **FAM.** Fastidiar, fastidiosamente, fastidioso.

fastidioso, sa *adj.* Que molesta, cansa o aburre. **SIN.** Pesado, tedioso. **ANT.** Ameno.

fasto (del lat. *fastus*, orgullo) *s. m.* Fausto, lujo, suntuosidad. **SIN.** Boato, esplendor, aparato. **ANT.** Modestia.

fasto, ta (del lat. *fastus*) *adj.* Se aplica al día, año, etc. feliz o afortunado. **SIN.** Favorable, venturoso, dichoso. **ANT.** Nefasto. **FAM.** Fastos. / Nefasto.

fastos (del lat. *fastos*, de *fasti*) *s. m. pl.* **1.** En la antigua Roma, especie de calendario en que se anotaban las fechas y acontecimientos memorables. **2.** P. ext., relación de sucesos históricos por orden cronológico: *los fastos de los papas.* **SIN. 2.** Crónica, anales.

fastuoso, sa (del lat. *fastuosus*) *adj.* **1.** Hecho con gran lujo y riqueza. **2.** Amigo del lujo y la ostentación. **SIN. 1.** Lujoso, majestuoso. **1.** y **2.** Ostentoso, opulento. **ANT. 1.** y **2.** Modesto, sencillo. **FAM.** Fastuosamente, fastuosidad. FAUSTO.

fatal (del lat. *fatalis*) *adj.* **1.** Desgraciado, desafortunado, muy perjudicial: *Una recaída podría ser fatal.* **2.** Muy malo o desacertado: *una comida fatal.* **3.** Inevitable: *atracción fatal.* **4.** Determinado por el destino: *un encuentro fatal.* || **5. mujer fatal** Mujer que disfruta enamorando y haciendo sufrir a los hombres. **SIN. 1.** Aciago. **1.** y **2.** Fatídico, funesto, nefasto, pésimo, lamentable. **3.** Forzoso, ineludible. **ANT. 1.** Feliz. **1.** y **2.** Óptimo. **3.** Evitable. **FAM.** Fatalidad, fatalismo, fatalmente. / Fatídico.

fatalidad (del lat. *fatalitas, -atis*) *s. f.* **1.** Desgracia, adversidad: *Tuvo la fatalidad de caerse a pocos metros de la meta.* **2.** Fuerza del destino: *No se puede luchar contra la fatalidad.* **SIN. 1.** Desdicha, desventura. **2.** Sino, hado, suerte. **ANT. 1.** Dicha, fortuna.

fatalismo *s. m.* **1.** Teoría según la cual todos los acontecimientos son inevitables y han sido previamente establecidos por una fuerza que rige el mundo. **2.** P. ext., actitud de la persona que no ve posibilidad de cambiar los acontecimientos y, por lo tanto, se somete resignadamente a ellos. **SIN. 1.** Determinismo. **2.** Derrotismo, conformismo. **FAM.** Fatalista. FATAL.

fati (del ingl. *fatty*, gordito, popularizado por el sobrenombre *Fatty* de un actor de cine cómico) *adj. fam.* Gordo. También *s. m.* y *f.*

fatídico, ca (del lat. *fatidicus*) *adj.* Que anuncia desgracias o va acompañado de ellas. **SIN.** Fatal, funesto, nefasto, desdichado, aciago. **ANT.** Esperanzador, halagüeño. **FAM.** Fatídicamente. FATAL.

fatiga *s. f.* **1.** Cansancio, agotamiento. **2.** Dificultad al respirar. **3.** P. ext., molestia, sufrimiento o trabajo penoso. Se usa más en *pl.*: *Pasó muchas fatigas para terminar la carrera.* **4.** *fam.* Miramientos, reparo, vergüenza. ■ Se usa sobre todo con el verbo *dar*: *Me da fatiga preguntárselo otra vez.* **5.** Deterioro progresivo de un material al ser sometido a esfuerzos repetidos. **SIN. 1.** Debilidad, desfallecimiento. **2.** Ahogo, disnea. **3.** Penalidad. **ANT. 1.** Descanso, relax.

fatigar (del lat. *fatigare*, de *fatim*, con exceso, y *agere*, hacer) *v. tr.* Causar fatiga: *La subida fatigaba a los corredores.* También *v. prnl.*: *Me fatigo con este calor.* ■ Delante de *e* se escribe *gu* en lugar de *g*: *No se fatigue.* **SIN.** Cansar(se), agotar(se), extenuar(se); sofocar(se), fastidiar, incomodar, atosigar. **ANT.** Descansar; reconfortar. **FAM.** Fatiga, fatigadamente, fatigador, fatigante, fatigosamente, fatigoso. / Infatigable.

fatigoso, sa *adj.* Que causa fatiga, cansancio. **SIN.** Penoso, cansado. **ANT.** Descansado.

fatimí o **fatimita** (de *Fátima*, hija de Mahoma) *adj.* Dinastía musulmana chiíta que creó un califato independiente de Bagdad en el s. X en el actual Túnez, desde donde se extendió hasta Egipto. También *s. m.* y *f.*

fato (del ital. *fato*, cosa, negocio) *s. m. Arg.* y *Urug. fam.* Negocio o asunto poco claro o ilegal.

fatum (lat.) *s. m.* Hado, destino.

fatuo, tua (del lat. *fatuus*) *adj.* **1.** Poco inteligente, sensato o profundo: *un comportamiento fatuo.* **2.** Presuntuoso, engreído. **SIN. 1.** Necio, estúpido, ligero, vano. **2.** Jactancioso, petulante. **FAM.** Fatuidad. / Infatuar.

fauces (del lat. *fauces*) *s. f. pl.* Parte posterior de la boca de los mamíferos que comunica con la faringe. ■ Se usa sobre todo referido a la boca de animales fieros, como p. ej. el león.

fauna (del lat. *Fauna*, diosa romana de la fecundidad) *s. f.* Conjunto de todas las especies animales de un país, región o periodo: *fauna ibérica.* **FAM.** Fáunico. / Avifauna. FAUNO.

fauno (del lat. *faunus*) *s. m.* Semidiós de los antiguos romanos que habitaba en los campos y las selvas. **SIN.** Sátiro. **FAM.** Fauna, faunesco.

fausto (del lat. *fastus*) *s. m.* Lujo y esplendor. **SIN.** Fasto, fastuosidad, pompa, suntuosidad, boato. **ANT.** Sencillez, austeridad. **FAM.** Fasto, fastuoso.

fausto, ta (del lat. *faustus*) *adj.* Afortunado, que causa alegría: *un fausto acontecimiento.* **SIN.** Feliz, alegre, dichoso, venturoso. **ANT.** Infausto, nefasto, fatídico. **FAM.** Infausto.

fauvismo (del fr. *fauve*, fiera) *s. m.* Movimiento pictórico que tuvo su origen en París, a principios de siglo y que se caracterizó, entre otros rasgos, por el empleo del color puro.

favela (port.) *s. f. Amér.* Chabola de las grandes ciudades de Brasil.

favor (del lat. *favor, -oris*) *s. m.* **1.** Cualquier beneficio o ayuda que se da o se recibe gratuitamente: *Me ha hecho muchos favores.* **2.** Privilegio concedido por una autoridad o por un superior. **3.** Confianza, apoyo o agrado por parte de alguien: *Goza del favor popular.* **4.** Consentimiento en una relación amorosa por parte de una mujer. Se usa más en *pl.*: *Consiguió los favores de su dama.* || **LOC. a favor** *adj.* y *adv.* En beneficio o apoyo de la persona o cosa de que se trate: *Tiene el público a su favor. Estoy a favor de la huelga.* También, en la trayectoria de algo o impulsado por ello: *a favor de la corriente, con el viento a favor.* **en favor de alguien o algo** *adj.* y *adv.* En su beneficio. **favor de** *Méx.* Expresión de cortesía con que se pide alguna cosa: *¿Favor de atenderme, señorita?* **haz** (o **haga, haced, etc.**) **me** (o **nos**) **el favor** Fórmula de cortesía para solicitar alguna cosa. **por favor** Se emplea para pedir cortésmente una cosa o como súplica. **SIN. 1.** Servicio, atención. **2.** Gracia, merced, concesión. **3.** Privanza, protección, simpatía. **ANT. 1.** Perjuicio. **3.** Enemistad, disfavor. **FAM.** Favorable, favorecer, favorito. / Disfavor.

favorable (del lat. *favorabilis*) *adj.* **1.** Que favorece o es beneficioso: *condiciones favorables, viento favorable.* **2.** Partidario de aquello que se expresa: *Se mostró favorable a adelantar la reunión.* **3.** Positivo, bueno: *Tengo una opinión favorable* *de usted.* SIN. **1.** Adecuado, conveniente, propicio. **2.** Inclinado, conforme. ANT. **1.** Perjudicial. **1.** a **3.** Desfavorable. **2.** Contrario, enemigo. **3.** Negativo, malo. FAM. Favorablemente. / Desfavorable. FAVOR.

favorecer *v. tr.* **1.** Beneficiar, prestar ayuda, protección, etc.: *Eso favorece mis planes. Favorecía a sus protegidos.* **2.** Sentar bien, mejorar el aspecto de alguien o algo: *Te favorece ese color.* También *v. intr.* ■ Es v. irreg. Se conjuga como *agradecer.* SIN. **1.** Ayudar, apoyar, proteger, amparar, privilegiar. **2.** Embellecer. ANT. **1.** Perjudicar; desamparar. **2.** Afear. FAM. Favorecedor. / Desfavorecer. FAVOR.

favoritismo *s. m.* Preferencia injusta por alguien o algo, especialmente en la concesión de favores, cargos o beneficios. SIN. Parcialidad, nepotismo. ANT. Equidad.

favorito, ta (ital., a través del fr. *favori, -ite*) *adj.* **1.** Preferido o apreciado sobre otros. También *s. m.* y *f.* **2.** Probable ganador en una competición, en especial en las carreras de caballos. También *s. m.* y *f.* || *s. m.* y *f.* **3.** Privado, valido. SIN. **1.** Predilecto. FAM. Favoritismo. FAVOR.

fax *s. m.* Telefax*. FAM. Faxear. TELEFAX.

faxear *v. tr.* Enviar un mensaje por fax.

fayuca (del ant. *bayuca,* taberna) *s. f. Méx.* Mercancía de contrabando. FAM. Fayuquear, fayuquero.

faz (del lat. *facies*) *s. f.* **1.** Cara, rostro. **2.** Cara o lado principal de algo, como una moneda o una tela. **3.** Superficie: *Le buscó por toda la faz de la tierra.* SIN. **1.** Semblante, efigie. **2.** Haz, anverso, derecho. ANT. **2.** Reverso, revés. FAM. Faceta, facial, facies. / Antifaz, facha[1], haz[2].

fe (del lat. *fides*) *s. f.* **1.** Creencia firme en algo, sin que sea necesario probarlo o demostrarlo, especialmente en materia religiosa. **2.** Conjunto de creencias de una religión y, p. ext., de ciertas doctrinas o ideologías: *la fe islámica; la fe revolucionaria.* **3.** Confianza en el éxito o eficacia de alguien o algo: *Tiene mucha fe en los adelantos médicos.* **4.** Promesa o palabra que se da a alguien: *Le dio fe de su lealtad.* **5.** Documento en que se verifica o acredita la verdad de alguna cosa: *una fe de vida.* || **6. artículo de fe** Véase **artículo**. **7. buena** (o **mala**) **fe** Buena o mala intención: *Lo hizo de buena fe.* **8. fe de erratas** En un libro, lista en la que se señalan las erratas o errores cometidos y las correcciones correspondientes. || LOC. **a fe mía** *adv.* Realmente, en verdad. **dar fe** Asegurar, acreditar: *Doy fe de que es cierto.* **hacer fe** Garantizar un documento, declaración, etc. la verdad de alguna cosa. SIN. **1.** Convicción, convencimiento, credulidad. **2.** Credo, ideario. **3.** Esperanza. **5.** Justificante. ANT. **1.** Duda, incredulidad. **3.** Desconfianza. FAM. Fedatario, fehaciente, fementido. / Fidedigno, fideísmo.

fealdad *s. f.* Cualidad de feo. ANT. Belleza, beldad, hermosura.

feble (del lat. *flebilis,* de *flere,* llorar) *adj.* **1.** Débil, flaco. **2.** Aplicado a monedas y en general a aleaciones, escasas de peso o ley.

febrero (del lat. *februarius,* de *februa,* fiestas de purificación) *s. m.* Segundo mes del año, que tiene veintiocho días, o veintinueve en los años bisiestos.

febrícula (del lat. *febricula,* de *febris,* fiebre) *s. f.* Fiebre ligera.

febrífugo, ga (del lat. *febris,* fiebre, y *-fugo*) *adj.* Que hace desaparecer la fiebre o la disminuye. También *s. m.* SIN. Antifebril, antipirético.

febril (del lat. *febrilis*) *adj.* **1.** Relativo a la fiebre. **2.** Que tiene fiebre. **3.** Muy vivo o intenso: *actividad febril.* SIN. **3.** Apasionado, vehemente, fogoso. ANT. **3.** Calmado. FAM. Febrícula, febrífugo, febrilmente. FIEBRE.

fecal (del lat. *faex, faecis,* hez, excremento) *adj.* Relativo al excremento intestinal: *heces fecales.* SIN. Excrementicio. FAM. Defecar. HEZ.

fecha (del lat. *facta,* de *factus,* hecho) *s. f.* **1.** Momento, especialmente día, mes y año, en que sucede o se hace algo y, p. ext., indicación de dicho momento: *No recuerdo la fecha de su cumpleaños. Olvidó poner la fecha.* **2.** Cada día que pasa a partir de uno determinado: *Tardará varias fechas en llegar.* **3.** Momento actual: *en estas fechas, hasta la fecha.* SIN. **1.** Data. **3.** Hoy, ahora. FAM. Fechador, fechar.

fechador *s. m.* **1.** *Chile* Estampilla o sello para imprimir la fecha en documentos. ■ En España, tiene un uso restringido. **2.** *Arg.* y *Méx.* Matasellos.

fechar *v. tr.* **1.** Indicar la fecha en un escrito o documento: *fechar un cheque.* **2.** Determinar el momento en que se produjo un suceso, se realizó una obra de arte, etc.: *fechar una escultura.* SIN. **1.** y **2.** Datar.

fechoría (del ant. *fechor,* el que hace alguna cosa, y éste del lat. *factor, -oris*) *s. f.* Mala acción, delito; también, travesura. SIN. Desmán, maldad, canallada, trastada, barrabasada.

fécula (del lat. *faecula*) *s. f.* Almidón, especialmente el contenido en tubérculos y raíces. FAM. Feculento.

feculento, ta (del lat. *faeculentus*) *adj.* **1.** Que tiene un alto contenido en fécula: *Las patatas son feculentas.* **2.** Que tiene heces.

fecundación *s. f.* **1.** Acción de fecundar. || **2. fecundación artificial** Procedimiento técnico por el que se hace llegar los gametos masculinos al óvulo femenino sin que se produzca un contacto sexual natural entre los progenitores. **3. fecundación in vitro** Fecundación en laboratorio de un óvulo préviamente extraído del ovario de la hembra, y que se vuelve a implantar en ella una vez fecundado. SIN. **1.** Inseminación; polinización.

fecundar (del lat. *fecundare*) *v. tr.* **1.** Unirse una célula sexual masculina a una femenina para producir un nuevo individuo. **2.** Hacer productivo algo: *Las lluvias fecundan la tierra.* SIN. **1.** Engendrar. **2.** Fecundizar, fertilizar. ANT. **2.** Esterilizar. FAM. Fecundable, fecundación, fecundador, fecundante, fecundativo, fecundidad, fecundizar, fecundo. / Autofecundación.

fecundizar *v. tr.* Hacer a una cosa capaz de producir o de ser fecundada. ■ Delante de *e* se escribe *c* en lugar de *z*: *fecundice.* SIN. Fertilizar. ANT. Esterilizar. FAM. Fecundización, fecundizador, fecundizante. FECUNDAR.

fecundo, da (del lat. *fecundus*) *adj.* **1.** Capaz de fecundar o ser fecundado: *una hembra fecunda.* **2.** Que produce mucho: *un escritor fecundo.* SIN. **1.** Fértil. **2.** Productivo, prolífico, prolífero, feraz. ANT. **1.** y **2.** Infecundo, estéril. FAM. Fecundamente. / Infecundo. FECUNDAR.

fedatario, ria *s. m.* y *f.* Notario o cualquier otro funcionario que tiene autoridad o competencia para asegurar la verdad o autenticidad de documentos o hechos.

fedayin (ár.) *s. m. pl.* Guerrilleros o combatientes palestinos. ■ Su *sing.* es *fedai.*

federación (del lat. *foederatio, -onis*) *s. f.* **1.** Unión de Estados autónomos bajo una autoridad central. **2.** Agrupación de colectividades humanas, como sindicatos, asociaciones, etc., que mantienen su propia autonomía. **3.** Organismo que regula y controla un deporte. **SIN. 1.** Coalición, liga. **2.** Confederación. **FAM.** Federal, federalismo, federar, federativo. / Confederación.

federal (del lat. *foedus, -eris*, pacto, alianza) *adj.* **1.** Relativo a la federación o al federalismo. **2.** Partidario del federalismo. También *s. m.* y *f.* **3.** Durante la guerra de Secesión estadounidense, partidario de los Estados del Norte. También *s. m.* y *f.* **SIN. 1.** Federativo, federalista.

federalismo *s. m.* Sistema político, y doctrina que lo defiende, en el que las funciones de gobierno están repartidas entre un poder central y cierto número de Estados asociados; p. ej., Estados Unidos. **FAM.** Federalista. FEDERACIÓN.

federar (del lat. *foederare*) *v. tr.* Formar federación o incorporar a una federación. Se usa más como *v. prnl.* **SIN.** Confederar(se). **ANT.** Desunir(se), desvincular(se).

federativo, va (del lat. *foederatus*) *adj.* **1.** Relativo a la federación o al federalismo: *sistema federativo.* || *s. m.* **2.** Miembro dirigente de una federación, especialmente de las deportivas. **SIN. 1.** Federal, federalista.

feed-back (ingl.) *s. m.* Retroalimentación*.

feeling (ingl.) *s. m.* Sensación, sentimiento, sensibilidad, intuición.

féferes *s. m. pl. Amér.* Trastos, bártulos.

fehaciente *adj.* Que atestigua o certifica que algo es cierto: *documento fehaciente.* **SIN.** Fidedigno, irrefutable, indiscutible. **ANT.** Dudoso, incierto.

felación o **felatio** (del lat. *fellatio*, y éste de *fellare*, chupar) *s. f.* Práctica sexual que consiste en excitar el órgano sexual masculino con la boca.

feldespato (del al. *Feldspat*, de *Feld*, campo, y *Spat*, espato) *s. m.* Mineral del grupo de los silicatos de aluminio, que se halla como principal componente de la corteza terrestre y se usa en la fabricación de vidrio y cerámica. **FAM.** Feldespático. ESPATO.

felicidad (del lat. *felicitas, -atis*) *s. f.* **1.** Estado de satisfacción y alegría de la persona que ha logrado sus deseos, le agrada lo que le rodea, etc. **2.** Circunstancia de que algo ocurra sin contratiempos: *Regresamos con felicidad.* **SIN. 1.** Dicha, contento. **2.** Normalidad. **ANT. 1.** Infelicidad. **2.** Desgracia. **FAM.** Felicitar. FELIZ.

felicitación *s. f.* **1.** Acción de felicitar. Se usa mucho en *pl.*: *Reciba usted mis felicitaciones.* **2.** Palabras, tarjeta, mensaje, etc. con que se felicita a alguien: *He recibido varias felicitaciones de Navidad.*

felicitar (del lat. *felicitare*, hacer feliz) *v. tr.* **1.** Manifestar a una persona la satisfacción que se siente por algún suceso beneficioso para ella. También *v. prnl.*: *Me felicito por tu ascenso.* **2.** Expresar a alguien el deseo de que sea feliz, sobre todo en una fecha o circunstancia determinados: *Nos felicitó las fiestas. Felicítale por su cumpleaños.* **SIN. 1.** Congratularse, alegrarse. **ANT. 1.** Compadecer. **FAM.** Felicitación. FELICIDAD.

félido (del lat. *feles*, gato) *adj.* **1.** Se aplica al mamífero carnívoro de cabeza redondeada, hocico corto y uñas retráctiles, dotado de gran flexibilidad, como el león, el tigre, el gato, etc. También *s. m.* || *s. m. pl.* **2.** Familia formada por estos mamíferos. **SIN. 1.** Felino.

feligrés, sa (del lat. *filius ecclesiae*, hijo de la Iglesia) *s. m.* y *f.* **1.** Miembro de una parroquia determinada. **2.** *fam.* Cliente habitual de algún establecimiento. **SIN. 1.** Fiel. **1.** y **2.** Parroquiano. **FAM.** Feligresía.

felino, na (del lat. *felinus*) *adj.* **1.** Relativo al gato: *andares felinos, mirada felina.* **2.** Félido. También *s. m.* **SIN. 1.** y **2.** Gatuno. **FAM.** Félido.

feliz (del lat. *felix, -icis*) *adj.* **1.** Que disfruta de felicidad. **2.** Que es causa o anuncio de felicidad: *una feliz noticia.* **3.** Agradable y sin contratiempos: *Nos desearon una feliz estancia.* **4.** Se dice de la persona o cosa eficaz o acertada: *Fue una ocurrencia feliz la tuya.* **SIN. 1.** Satisfecho, alegre, contento. **1.** a **3.** Dichoso. **3.** Favorable. **4.** Atinado, oportuno. **ANT. 1.** y **2.** Triste, infausto. **1.** a **3.** Infeliz, desgraciado. **1.** a **4.** Desafortunado. **4.** Desacertado. **FAM.** Felicidad, felizmente. / Infeliz.

felón, na (del fr. *felon*, vil, traidor) *adj.* Que comete felonía o traición. **SIN.** Desleal, pérfido. **ANT.** Leal, fiel.

felonía *s. f.* Traición, deslealtad. **SIN.** Infidelidad, perfidia, infamia, cobardía. **ANT.** Lealtad. **FAM.** Felón.

felpa *s. f.* **1.** Tejido de tacto parecido al terciopelo por una cara. **2.** *fam.* Paliza o reprimenda. **SIN. 2.** Somanta, tunda, rapapolvo. **FAM.** Felpear, felposo, felpudo. / Afelpado.

felpear *v. tr. Amér.* Pegar o reprender.

felpudo, da *adj.* **1.** Afelpado, parecido a la felpa. || *s. m.* **2.** Esterilla que suele colocarse en las entradas para limpiarse las suelas de los zapatos. **SIN. 1.** Felposo. **2.** Alfombrilla, limpiabarros.

femenino, na (del lat. *femininus*) *adj.* **1.** Propio de la mujer. **2.** Que tiene rasgos o características atribuidos tradicionalmente a la mujer: *una chica muy femenina.* **3.** Se dice de los individuos de las especies animales y vegetales que son fecundados y alimentan y mantienen en sí a los nuevos seres. **4.** Relativo a esos individuos: *órganos femeninos.* **5.** Se dice del género gramatical aplicado a dichos individuos o a las cosas que se asimilan, por terminación o por uso, a este género. También *s. m.* **6.** Relativo a este género gramatical: *sustantivo femenino.* **SIN. 1.** Mujeril. **2.** Femenil, femíneo. **ANT. 1.** a **4.** Masculino. **2.** Viril, varonil. **FAM.** Femenil, femenilmente, fémina, femineidad, femíneo, feminidad, feminismo, feminización, feminoide. / Afeminar.

fementido, da *adj.* **1.** Que no es fiel a su palabra. **2.** Engañoso. **SIN. 1.** Felón, traidor, desleal. **1.** y **2.** Falso. **ANT. 1.** Leal, honesto. **FAM.** Fementidamente. FE.

fémina (del lat. *femina*) *s. f.* Mujer.

feminidad o **femineidad** (derivado del lat. *femininus*, propio de la hembra) *s. f.* Conjunto de cualidades que tradicionalmente se han atribuido al sexo femenino, como el instinto maternal, la ternura, la constancia, etc. **ANT.** Masculinidad, virilidad.

feminismo *s. m.* Doctrina y movimiento que defiende la igualdad social, jurídica, etc., entre el hombre y la mujer. **FAM.** Feminista. FEMENINO.

femoral *adj.* **1.** Del fémur o relacionado con él. **2.** Se dice de la arteria que recorre el muslo. También *s. f.*

fémur (del lat. *femur*) *s. m.* Hueso del muslo. **FAM.** Femoral.

fenecer (del lat. *finire*) *v. intr.* **1.** Morir. **2.** P. ext., acabarse, tener fin una cosa. ■ Es v. irreg. Se conjuga como *agradecer.* **SIN. 1.** Fallecer, perecer, expirar. **2.** Terminarse. **ANT. 1.** Nacer. **2.** Comenzar. **FAM.** Fenecimiento.

fenicio, cia (del lat. *phoenicius*) *adj.* **1.** De Fenicia, antiguo país asiático. También *s. m.* y *f.* **2.** Hábil para sacar el máximo beneficio de los negocios. También *s. m.* y *f.* || *s. m.* **3.** Antigua lengua semítica hablada en dicho país.

fénix (del lat. *phoenix*) *s. m.* **1.** Ave fabulosa del tamaño de un águila, que ardía en una hoguera dispuesta por ella misma y renacía de sus cenizas. **2.** Persona excepcional en algún aspecto: *el fénix de los ingenios.* ■ No varía en *pl.*

fenol (del gr. *phaino*, brillar) *s. m.* Compuesto orgánico que se obtiene a partir del benceno, sustituyendo un hidrógeno por un grupo hidroxilo. Se emplea para síntesis de colorantes y medicamentos y como desinfectante.

fenomenal *adj. fam.* Muy bueno o grande, extraordinario: *Hace un día fenomenal.* También *adv.* **SIN.** Fenómeno, fantástico, colosal. **ANT.** Fatal, minúsculo. **FAM.** Fenomenalmente. FENÓMENO.

fenómeno (del lat. *phaenomenon*, y éste del gr. *phainomenon*, de *phaino*, aparecer) *s. m.* **1.** Cualquier manifestación de la naturaleza, de la materia, de la mente, etc.: *un fenómeno atmosférico.* **2.** Cualquier hecho o suceso: *Las lluvias en esta época son un fenómeno normal.* **3.** Cosa sorprendente. **4.** *fam.* Persona o animal monstruoso: *un fenómeno de feria.* **5.** *fam.* Persona sobresaliente, fuera de serie: *Como piloto es un fenómeno.* || *adj.* **6.** *fam.* Fenomenal. También *adv.*: *Juega fenómeno.* **SIN. 2.** Acontecimiento. **3.** Prodigio, rareza, anormalidad, maravilla. **4.** Monstruo, engendro. **5.** Eminencia, portento. **6.** Fabuloso, magnífico, extraordinario. **ANT. 3.** Normalidad. **5.** Mediocridad. **6.** Espantoso, fatal. **FAM.** Fenomenal, fenoménico, fenomenología.

fenomenología *s. f.* Teoría y método filosóficos que se centran en los fenómenos físicos o psíquicos, en su origen y manifestaciones. **FAM.** Fenomenológico, fenomenólogo. FENÓMENO.

fenotipo (del gr. *phaino*, aparecer, y *typos*, tipo) *s. m.* Conjunto de caracteres observables de un organismo vivo individual que dependen tanto del conjunto de genes presentes en él como de la influencia del ambiente. **FAM.** Fenotípico. TIPO.

feo, a (del lat. *foedus*) *adj.* **1.** Que carece de belleza. También *s. m.* y *f.* **2.** Que desagrada o disgusta: *Tuvo un detalle muy feo conmigo.* **3.** Deshonroso o deshonesto: *Estaba metido en un asunto bastante feo.* **4.** Desfavorable: *El tiempo se está poniendo feo.* || *s. m.* **5.** Desprecio, descortesía: *hacer un feo.* **SIN. 1.** Antiestético. **2.** Desagradable. **3.** Inmoral, innoble, indecente. **4.** Adverso. **5.** Menosprecio, grosería. **ANT. 1.** Bello. **2.** Agradable. **3.** Honroso, honesto. **4.** Favorable. **5.** Cortesía. **FAM.** Fealdad, feamente, feote. / Afear.

feraz (del lat. *ferax, -acis*, de *ferre*, llevar) *adj.* Muy fértil, se aplica especialmente a la tierra. **SIN.** Productivo, fecundo. **ANT.** Estéril. **FAM.** Feracidad.

féretro (del lat. *feretrum*, de *ferre*, llevar) *s. m.* Ataúd*.

feria (del lat. *feria*) *s. f.* **1.** Mercado extraordinario y exposición de productos, que se celebra normalmente al aire libre y en lugares y fechas determinados: *una feria de ganado, la feria del libro.* **2.** Fiestas acompañadas de espectáculos y diversiones, p. ej. las verbenas. **3.** *Méx.* Calderilla, dinero en moneda pequeña. **SIN. 1.** Muestra. **FAM.** Feriado, ferial, feriante, feriar.

feriado *adj.* Se dice del día festivo, no laborable.

ferial (del lat. *feriale*) *adj.* **1.** De la feria o relacionado con ella: *recinto ferial.* || *s. m.* **2.** Feria o mercado y lugar donde se instala.

feriante *adj.* Que acude a la feria para comprar o vender. También *s. m.* y *f.*: *feriante de ganado.*

feriar (del lat. *feriari*) *v. tr.* Comprar o vender en una feria: *feriar ganado.*

ferino, na *adj.* **1.** Propio de las fieras. || **2. tos ferina** Véase **tos**.

fermentación *s. f.* Proceso químico por el que los hidratos de carbono de una sustancia orgánica se descomponen por la acción de microorganismos.

fermentar (del lat. *fermentare*) *v. intr.* **1.** Experimentar fermentación. || *v. tr.* **2.** Producir fermentación. **FAM.** Fermentable, fermentación, fermentador, fermentante, fermentativo, fermento.

fermento (del lat. *fermentum*) *s. m.* **1.** Sustancia orgánica que hace fermentar a otra. **2.** Causa que provoca descontento o agitación entre la gente. **SIN. 1.** Enzima, levadura.

fermio (de Enrico *Fermi*, físico italiano) *s. m.* Elemento químico radiactivo, de propiedades semejantes a las del erbio. Su símbolo es *Fm.*

fernandino, na *adj.* **1.** Del rey español Fernando VII (1784-1833) o relacionado con él o con su época: *mesa fernandina.* **2.** Partidario de este rey.

-fero, ra *suf.* Significa 'que lleva o produce': *acuífero, petrolífera.*

ferocidad *s. f.* **1.** Cualidad de feroz. **2.** Dicho o hecho feroz. **SIN. 1.** Fiereza, crueldad. **ANT. 1.** Mansedumbre.

ferodo (nombre comercial registrado) *s. m.* Material metálico reforzado con amianto, de gran resistencia, que se emplea principalmente en las zapatas de los frenos de automóviles.

feromona *s. f.* Sustancia secretada por algunos animales, que influye en el comportamiento de otros individuos de la misma especie.

feroz (del lat. *ferox, -ocis*) *adj.* **1.** Se aplica a los grandes animales carnívoros, temibles por atacar y devorar a otros. **2.** Cruel, violento: *un crimen feroz.* **3.** Que produce daño, destrozo o terror: *una feroz enfermedad.* **4.** Muy intenso: *un hambre feroz.* **SIN. 1.** Fiero. **2.** Salvaje, encarnizado. **2.** y **3.** Implacable, despiadado, atroz. **2.** a **4.** Brutal, bestial. **ANT. 1.** y **2.** Manso. **1.** y **3.** Inofensivo. **FAM.** Ferocidad, ferozmente. FIERO.

férreo, a (del lat. *ferreus*) *adj.* **1.** Que es de hierro o tiene sus propiedades. **2.** Duro, fuerte o resistente: *férreo brazo, férrea disciplina.* **3.** Tenaz o constante: *voluntad férrea.* **4.** Relativo al ferrocarril: *línea férrea.* **SIN. 2.** Consistente, pétreo, sólido. **2.** y **3.** Firme. **3.** Pertinaz, inflexible. **ANT. 2.** Frágil, blando. **2.** y **3.** Débil. **3.** Inconstante. **FAM.** Ferretería, férrico, ferrita, ferroso, ferruginoso. / Ferrocarril, ferroviario. HIERRO.

ferretería *s. f.* **1.** Establecimiento donde se venden objetos de metal y otros materiales, como herramientas, utensilios de cocina, clavos, etc. **2.** Conjunto formado por dichos objetos. **FAM.** Ferretero. FÉRREO.

férrico, ca *adj.* Se dice de los compuestos del hierro en los que este elemento actúa con valencia 3.

ferrita (del lat. *ferrum*, hierro) *s. f.* **1.** Hierro en estado casi puro. **2.** Mineral rojizo derivado del olivino, con una alta proporción de hierro.

ferro- (del lat. *ferrum*, hierro) *pref.* Significa 'hierro': *ferrocarril, ferrocromo.*

ferrobús (de *ferro-* y *bus*) *s. m.* Tren ligero con tracción en ambos extremos.

ferrocarril (de *ferro-* y *carril*) *s. m.* **1.** Tren. **2.** Camino formado por dos carriles de hierro paralelos sobre los que circula un vehículo. **3.** Empresa dedicada al transporte por medio de trenes: *El ferrocarril sigue ampliando sus líneas.* **FAM.** Ferrocarrilero. FÉRREO y CARRIL.

ferrocarrilero, ra *adj. Amér.* Ferroviario.

ferroso, sa (del lat. *ferrum*, hierro) *adj.* **1.** Que es de hierro o lo contiene. **2.** Se dice de los compuestos del hierro en los que este elemento actúa con valencia 2.

ferroviario, ria *adj.* **1.** Relativo al ferrocarril. || *s. m.* y *f.* **2.** Empleado u obrero del ferrocarril. **FAM.** Véase **férreo** y **vía**.

ferruginoso, sa (del lat. *ferruginus*, de *ferrugo, -inis*, óxido del hierro) *adj.* Que contiene hierro.

ferry (ingl.) *s. m.* Buque de pasajeros especialmente diseñado para el transporte de vehículos y vagones de ferrocarril. ■ Su pl. es *ferries*. **SIN.** Transbordador.

fértil (del lat. *fertilis*, de *ferre*, llevar) *adj.* **1.** Que produce mucho: *una tierra fértil, un talento fértil.* **2.** Se dice del ser vivo que puede reproducirse. **SIN. 1.** Fructífero, feraz, productivo. **1.** y **2.** Fecundo. **ANT. 1.** y **2.** Estéril. **FAM.** Fertilidad, fertilizar. / Infértil.

fertilidad *s. f.* Cualidad de fértil. **SIN.** Fecundidad. **ANT.** Esterilidad.

fertilización *s. f.* Aplicación de determinadas sustancias al suelo para que produzca mejores cosechas.

fertilizante *adj.* **1.** Que se fertiliza. || *s. m.* **2.** Abono[1]*.

fertilizar *v. tr.* Hacer fértil, especialmente la tierra, incorporándole determinadas sustancias. ■ Delante de *e* se escribe *c* en lugar de *z*: *fertilice.* **SIN.** Fecundizar, abonar. **FAM.** Fertilizable, fertilización, fertilizador, fertilizante. FÉRTIL.

férula (del lat. *ferula*) *s. f.* **1.** Palmeta*. **2.** Tablilla, armazón, etc., rígida o flexible, empleada para inmovilizar miembros o partes del cuerpo. || **LOC. estar bajo la férula de alguien** Depender de él, estar sujeto a él o bajo su dirección.

ferviente (del lat. *fervens, -entis*) *adj.* Que muestra fervor: *un ferviente admirador.* **SIN.** Fervoroso, apasionado. **ANT.** Indiferente. **FAM.** Fervientemente. FERVOR.

fervor (del lat. *fervor, -oris*) *s. m.* **1.** Sentimiento religioso intenso: *Oía misa con fervor.* **2.** Cuidado e interés con que se hace algo: *Trabaja con fervor.* **3.** Intensa simpatía o admiración hacia alguien o algo: *Sigue sus consejos con fervor.* **SIN. 1.** Piedad, devoción. **1.** y **2.** Unción. **2.** Celo, dedicación, esmero. **3.** Pasión, exaltación. **ANT. 1.** Tibieza. **2.** Desinterés. **3.** Indiferencia. **FAM.** Ferviente, fervorosamente, fervoroso. / Enfervorizar.

fervoroso, sa *adj.* Ferviente*.

festejar *v. tr.* **1.** Organizar fiestas en honor de alguien o algo: *Festejaron el primer centenario de la fundación.* **2.** Ofrecer a alguien atenciones o regalos, para agradarle u obtener algo de él: *No para de festejar al director.* **3.** Cortejar a una mujer: *Festejaban a las mozas en la plaza.* **SIN. 1.** Conmemorar. **2.** Agasajar. **3.** Rondar, galantear. **FAM.** Festejador, festejo. FIESTA.

festejo *s. m.* **1.** Acción de festejar. **2.** Cada uno de los actos públicos que se celebran en unas fiestas populares. Se usa más en *pl.*: *un amplio progama de festejos.* **SIN. 1.** y **2.** Celebración.

festín (del fr. *festin*, y éste del ital. *festino*, del lat. *festa*, fiesta) *s. m.* Espléndido banquete, a veces acompañado de baile y otras diversiones. **SIN.** Convite, comilona.

festinar *v. tr.* **1.** *Amér.* Apresurar imprudentemente un asunto. **2.** *Amér. C.* Agasajar, festejar a alguien.

festival (del lat. *festivalis*) *s. m.* Conjunto de actuaciones, representaciones, exhibiciones, etc., dedicadas a un arte, deporte o personaje, a veces con carácter de competición: *un festival de rock, un festival de cine.* **SIN.** Certamen, concurso, muestra. **FAM.** Festivalero. FIESTA.

festivalero, ra *adj.* Relacionado con los festivales: *canción festivalera.*

festividad (del lat. *festivitas, -atis*) *s. f.* Fiesta, solemnidad con que se celebra o conmemora a alguien o algo: *la festividad de la Constitución, la festividad del Corpus.* **SIN.** Celebración, conmemoración.

festivo, va (del lat. *festivus*) *adj.* **1.** De fiesta: *un ambiente festivo.* **2.** Alegre, desenfadado: *hablar en tono festivo.* **3.** Se dice del día no laborable o en el que se conmemora algún acontecimiento. También *s. m.* **SIN. 1.** Bullicioso. **2.** Jocoso, chistoso. **ANT. 2.** Serio; triste. **3.** Lectivo. **FAM.** Festivamente, festividad. FIESTA.

festón (del ital. *festone*, del lat. *festa*, fiesta) *s. m.* **1.** Cualquier bordado, dibujo, etc., en forma de ondas o puntas, que adorna el borde de una cosa. **2.** Bordado de realce en el que por un lado se remata cada puntada con un nudo, para que pueda recortarse la tela que sobra sin que se deshilache. **SIN. 1.** Cenefa, ribete. **FAM.** Festoneado, festonear. / Afestonado.

festoneado, da 1. *p.* de **festonear**. También *adj.* || *adj.* **2.** Con el borde en forma de festón o de onda: *un mantel festoneado.*

festonear *v. tr.* **1.** Adornar con festones. **2.** Bordear, formar el borde ondulado de algo: *Guirnaldas y ángeles festonean el retablo.* **SIN. 2.** Rodear, orillar, enmarcar.

feta *s. f. Arg.* y *Urug.* Loncha de embutido. **SIN.** Lonja, raja.

fetal *adj.* **1.** Del feto o relacionado con él. **2.** Se dice de la postura que mantiene las piernas encogidas hacia el pecho y los brazos doblados a ambos lados de la cabeza. **SIN. 1.** Embrionario.

fetén *adj.* **1.** *fam.* Verdadero, auténtico: *Habla en castellano fetén.* **2.** Estupendo, muy bueno. También *adv.*: *Lo pasamos fetén.* || *s. f.* **3.** *fam.* Verdad: *Te digo la fetén.* **SIN. 1.** Cierto; genuino. **2.** Estupendo, fabuloso, fantástico. **ANT. 1.** Falso; inauténtico. **2.** Espantoso.

fetiche (del fr. *fétiche*, y éste del lat. *facticius*, artificial) *s. m.* **1.** Ídolo u objeto al que dan culto ciertos pueblos primitivos. **2.** Objeto al que se atribuyen poderes mágicos o sobrenaturales que benefician a quien lo usa o posee. **3.** Objeto en el que alguien fija su atracción sexual. **SIN. 1.** Tótem. **2.** Amuleto, talismán. **FAM.** Fetichismo.

fetichismo *s. m.* **1.** Culto a los fetiches. **2.** Admiración o amor supersticioso hacia una persona u objeto al que se otorgan ciertas virtudes extraordinarias. **3.** Desviación sexual consistente en que únicamente se experimenta placer erótico en presencia o posesión de determinados objetos o partes del cuerpo excluida la zona genital. **SIN. 1.** Idolatría, totemismo. **FAM.** Fetichista. FETICHE.

fétido, da (del lat. *foetidus*, de *foetere*, oler mal) *adj.* Se dice de lo que desprende mal olor. **SIN.** Maloliente, hediondo, apestoso, pestilente. **ANT.** Perfumado, fragante. **FAM.** Fetidez.

feto (del lat. *fetus*) *s. m.* **1.** Embrión de los mamíferos placentarios desde que ha adquirido la forma característica de su especie hasta el momento de su nacimiento. **2.** El mismo embrión después de abortado. **3.** *fam.* Persona muy fea. **SIN. 2.** Aborto. **3.** Adefesio, engendro. **ANT. 3.** Belleza. **FAM.** Fetal.

fettuccini (ital.) *s. m. pl.* Pasta italiana parecida a los tallarines.

feudal *adj.* Relativo al feudo o al feudalismo: *señor feudal, sociedad feudal.*

feudalismo *s. m.* **1.** Sistema de organización política, económica y social propio de la Edad Media, basado en una serie de lazos y dependencias que vinculaban a señores y vasallos. **2.** Época de la Edad Media en que imperó este sistema.

feudatario, ria *adj.* Sometido a vasallaje, sujeto a pagar rentas feudales a un señor. También *s. m.* y *f.* **SIN.** Súbdito, vasallo, tributario.

feudo (del germ. *fehu*, rebaño, propiedad) *s. m.* **1.** Contrato por el que el rey o un noble concedía tierras o sus rentas a un súbdito o vasallo a cambio de determinados servicios y obligaciones. **2.** Territorio así concedido. **3.** Renta de ese territorio. **SIN. 2.** Dominio, heredad. **FAM.** Feudal, feudalismo, feudatario. / Enfeudar.

fez (del nombre de la ciudad marroquí de *Fez*, por fabricarse en ella) *s. m.* Gorro de fieltro rojo, en forma de cubilete, usado por moros y turcos.

fi (del gr. *phi*) *s. f.* Nombre de la vigésima primera letra del alfabeto griego, que corresponde a nuestra *f.* ■ La letra mayúscula se escribe Φ y la minúscula φ.

fiable *adj.* **1.** Digno de confianza: *unos datos fiables.* **2.** De funcionamiento regular. **SIN. 1.** Fidedigno. **ANT. 1.** Dudoso. **FAM.** Fiabilidad. FIAR.

fiado, da *p.* de **fiar**. También *adj.* || **LOC. al** (o **de**) **fiado** *adv.* A crédito, sin dar o tomar en el acto el importe de la compra o venta.

fiador, ra *adj.* **1.** Que fía o vende al fiado. También *s. m.* y *f.* || *s. m.* y *f.* **2.** Persona que responde de la obligación de otra: *el fiador de un crédito.* || *s. m.* **3.** Pieza o dispositivo para sujetar o asegurar algo: *el fiador de la escopeta.* **SIN. 2.** Avalista, garante. **3.** Seguro, tope.

fiambre (de *frío*) *adj.* **1.** Se aplica a los alimentos, especialmente carnes, que se toman fríos una vez cocinados, o a los ya preparados y curados, como los embutidos. Se usa más como *s. m.* **2.** *fam.* Que ha perdido actualidad, anticuado: *un reportaje fiambre.* || *s. m.* **3.** *fam.* Cadáver. **SIN. 2.** Viejo, caduco, gastado. **3.** Muerto, difunto. **ANT. 2.** Actual, fresco. **3.** Vivo. **FAM.** Fiambrera, fiambrería.

fiambrera *s. f.* **1.** Recipiente con tapa muy ajustada que se utiliza para llevar comida. **2.** *Arg., Par.* y *Urug.* Fresquera. **SIN. 1.** Tartera.

fiambrería *s. f. Amér. del S.* Establecimiento donde se venden fiambres y quesos.

fianza *s. f.* **1.** Obligación por la que alguien responde del cumplimiento o realización de algo: *libertad bajo fianza.* **2.** Aquello, generalmente dinero, que se deja como garantía de algo. **SIN. 1.** y **2.** Aval, caución. **FAM.** Afianzar. FIAR.

fiar (del lat. vulg. *fidare*, de *fidere*) *v. tr.* **1.** Vender sin exigir el pago en el momento de realizar la compra. **2.** Hacerse responsable alguien de que otra persona cumpla alguna cosa: *Yo le fío, puedes darle esa oportunidad.* || *v. intr.* **3.** Tener confianza en alguien o algo: *Fío en tu buen juicio.* Se usa más como *v. prnl.*: *Me fío de él.* || **LOC. ser alguien de fiar** Merecer confianza. ■ En cuanto al acento, se conjuga como *ansiar.* **SIN. 2.** Garantizar, responder, avalar. **3.** Confiar. **ANT. 3.** Desconfiar. **FAM.** Fiable, fiado, fiador, fianza. / Confiar, desafiar.

fiasco (del ital. *fiasco*) *s. m.* Fracaso, chasco. **SIN.** Decepción, desengaño, frustración. **ANT.** Éxito, logro.

fibra (del lat. *fibra*) *s. f.* **1.** Cada uno de los elementos largos y delgados que forman los tejidos orgánicos o se hallan presentes en algunos minerales: *fibra muscular.* **2.** Hilo obtenido artificialmente y empleado en la confección de tejidos; p. ext., este mismo tejido: *fibra textil, una prenda de fibra.* **3.** Energía y decisión en las personas: *Buscaban un ejecutivo de fibra.* **4.** Aspecto del carácter o sentimientos de alguien: *Tus palabras han tocado su fibra sensible.* || **5. fibra de vidrio** La que se obtiene al estirar el vidrio fundido, utilizada como aislante. **6. fibra óptica** Filamento de vidrio o sílice que transmite impulsos luminosos y se utiliza en sistemas de telecomunicación. **SIN. 1.** Hebra. **3.** Empuje, carácter, nervio. **ANT. 3.** Indecisión. **FAM.** Fibrilación, fibrina, fibroma, fibrosis, fibroso. / Microfibra.

fibrilación *s. f.* En med., contracción incontrolada de las fibras musculares, especialmente del corazón. **FAM.** Fibrilar. FIBRA.

fibrilar *v. intr.* Sufrir una fibrilación.

fibrina *s. f.* Proteína fibrosa que se forma en la sangre y en otros líquidos orgánicos, y cumple un importante papel durante el proceso de coagulación.

fibroma *s. m.* Tumor benigno de tejido fibroso.

fibrosis *s. f.* Formación patológica de tejido fibroso que tiene lugar al disminuir la actividad de un órgano. ■ No varía en *pl.*

fibroso, sa *adj.* Que tiene muchas fibras o está formado por fibras: *tejido fibroso.*

fíbula (del lat. *fibula*) *s. f.* Especie de hebilla o broche que utilizaban los antiguos.

ficción (del lat. *fictio, -onis*) *s. f.* **1.** Acción de fingir: *Su conducta fue pura ficción.* **2.** Cosa inventada, producto de la imaginación. **3.** Obra y género narrativo que tratan sobre sucesos y personajes imaginarios: *literatura de ficción.* **SIN. 1.** Fingimiento, simulación. **2.** Invención, cuento, fábula, fantasía. **ANT. 2.** Realidad.

ficha (del fr. *fiche*) *s. f.* **1.** Pieza normalmente delgada y plana a la que se le dan diversas funciones, como contar los tantos en algunos juegos, sustituir al dinero, servir de contraseña, etc. **2.** Hoja de papel o cartulina en que se anotan datos y que se puede clasificar entre otras: *ficha policial.* **3.** Tarjeta u objeto similar que se utiliza para contabilizar el tiempo que ha estado trabajando un empleado. **4.** Cantidad anual que se paga a alguien aparte de su sueldo: *Le pagarán una ficha de varios millones.* **5.** Cartulina u hoja de papel en que se propone al alumno una actividad escolar. **6.** *fam.* Pícaro, bribón. **SIN. 5.** Cédula, papeleta. **FAM.** Fichar, fichero. / Microficha.

fichaje *s. m.* **1.** Acción de fichar o contratar a alguien. **2.** Cantidad pagada para este fin. **3.** Persona que ha sido fichada.

fichar *v. tr.* **1.** Hacer una ficha, anotando en ella los datos de una persona o cosa: *Ya han fichado las revistas. Le fichó la policía.* **2.** Contratar a un deportista y, p. ext., a cualquier otra persona: *Le ha fichado una multinacional.* También *v. intr.*: *Fichó por un equipo regional.* **3.** *fam.* Conocer muy bien a una persona, especialmente sus defectos y debilidades, o mirarla con desconfianza: *Le fiché nada más verlo.* || *v. intr.* **4.** Introducir un empleado la ficha en un contador, reloj, etc., para que contabilice el tiempo que permanece trabajando. SIN. 1. Filiar, registrar. 3. Calar. FAM. Fichaje. FICHA.

fichero *s. m.* **1.** Caja o mueble donde se clasifican y guardan las fichas, y conjunto formado por éstas. **2.** En inform., archivo. SIN. **1.** Clasificador, archivador.

ficticio, cia (del lat. *fictitius*) *adj.* Aparente o inventado: *una riqueza ficticia.* SIN. Fingido, falso, imaginario. ANT. Real.

ficus *s. m.* **1.** Género de plantas de la familia de las moráceas al que pertenece la higuera. **2.** Popularmente, nombre dado a diversas plantas de hojas grandes, ovaladas y fuertes. ■ No varía en *pl.*

fidedigno, na (del lat. *fides*, fe, y *dignus*, digno) *adj.* Digno de confianza: *fuentes fidedignas.* SIN. Fiable, verosímil, veraz. ANT. Dudoso; falso.

fideicomisario, ria *adj.* Se dice de la persona, institución o Estado al que se destina un fideicomiso. También *s. m.* y *f.*

fideicomiso (del lat. *fideicommissum*, de *fides*, fe, y *commissus*, confiado) *s. m.* **1.** Disposición testamentaria por la cual una persona (fideicomitente) encomienda a otra (fideicomisario) una herencia para que haga con ella aquello que se le encarga. **2.** En der. internacional, situación en la que se encuentran los territorios que aún no han alcanzado la independencia, por lo que la ONU designa un Estado para que los administre. FAM. Fideicomisario, fideicomitente.

fideísmo (del lat. *fides*, fe) *s. m.* Doctrina según la cual la razón no puede alcanzar por sí sola las verdades metafísicas, morales y religiosas y es necesaria la fe como única forma de llegar a ellas.

fidelidad (del lat. *fidelitas, -atis*) *s. f.* **1.** Cualidad de fiel. || **2. alta fidelidad** Cualidad de ciertos aparatos como tocadiscos, magnetófonos, etc., que introducen muy poca distorsión. SIN. **1.** Lealtad; precisión. ANT. **1.** Infidelidad; imprecisión.

fidelísimo, ma (del lat. *fidelissimus*) *adj. sup. irreg.* de **fiel**.

fidelizar *v. tr.* Captar a un cliente como consumidor habitual: *Con una política de precios mínimos, algunas cadenas de supermercados fidelizan su clientela.* ■ Delante de *e* se escribe *c* en lugar de *z*: *fidelice.*

fideo (del cat. *fideu*) *s. m.* **1.** Pasta alimenticia en forma de hilos. **2.** *fam.* Persona muy delgada. FAM. Fideuá.

fideuá (cat.) *s. f.* Plato parecido a la paella, pero elaborado con fideos gruesos en lugar de arroz.

fidjano, na *adj.* Fijiano*.

fiduciario, ria (del lat. *fiduciarius*, de *fiducia*, confianza) *adj.* **1.** Que no tiene un valor real, sino que depende del crédito o confianza que merece: *título fiduciario, moneda fiduciaria.* **2.** Se aplica a la persona a quien se ha encomendado una herencia para que la transmita a otra o haga con ella lo que se encarga. También *s. m.* y *f.* **3.** Se dice de la administración o gobierno de un territorio por la ONU o por algún país al que se ha designado tal función.

fiebre (del lat. *febris*) *s. f.* **1.** Aumento anormal de la temperatura del cuerpo, como consecuencia de una enfermedad o trastorno. **2.** P. ext., enfermedad cuyo principal síntoma es el aumento de la temperatura corporal. Se usa mucho en *pl.*: *Padeció fiebres durante su viaje al Amazonas.* **3.** Gran agitación o excitación: *la fiebre de las rebajas.* **4.** Afición exagerada por algo: *Le ha dado la fiebre del coleccionismo.* || **5. fiebre amarilla** Enfermedad tropical, caracterizada por la alta temperatura, hemorragias gastrointestinales, etc. **6. fiebre de Malta o mediterránea** Enfermedad transmitida al hombre por algunos animales que se caracteriza por fiebre alta, cambios bruscos de temperatura y larga duración. **7. fiebre del heno** Forma de alergia propia de primavera y verano, debida a la inhalación del polen de algunas plantas. SIN. **1.** Calentura, hipertermia. **3.** Ardor, entusiasmo. **4.** Manía, moda. ANT. **1.** Hipotermia. FAM. Febril. / Afiebrarse.

fiel[1] (del lat. *fidelis*) *adj.* **1.** Que cumple sus compromisos y mantiene firme su amistad, obediencia, simpatía, etc., con respecto a alguien o algo: *un amigo fiel, fiel a sus principios.* **2.** Exacto o verídico: *un mecanismo fiel, un retrato fiel.* **3.** Partidario de una doctrina, grupo, etc., y, en particular, creyente de una religión. También *s. m.* y *f.*: *Los fieles asistieron a la misa.* SIN. **1.** Honesto, noble. **1.** y **3.** Leal. **2.** Fiable, seguro, cierto. **3.** Seguidor, adepto, devoto. ANT. **1.** Infiel, desleal. **2.** Inexacto. **3.** Adversario. FAM. Fidelidad, fidelísimo, fidelizar, fielmente. / Infiel.

fiel[2] (del lat. *filum*, hilo) *s. m.* **1.** Aguja de una balanza. **2.** Clavillo que asegura las hojas de las tijeras. FAM. Fielato.

fielato *s. m.* Oficina que existía a la entrada de las poblaciones donde se cobraban los derechos de consumo.

fieltro (del germ. *filt*) *s. m.* Especie de paño grueso y rígido, que no va tejido, sino prensado.

fiera (del lat. *fera*) *s. f.* **1.** Animal salvaje, especialmente los grandes carnívoros. **2.** Persona violenta, que se enfurece con facilidad. **3.** Persona muy buena en algo. ■ En esta acepción, se utiliza también en masculino: *Es un fiera en gimnasia.* || **4. fiera corrupia** Nombre dado a ciertas figuras animales, deformes y de aspecto terrible; también, persona furiosa o irascible. SIN. **1.** Alimaña, bestia. **2.** Energúmeno, bárbaro.

fiereza *s. f.* Cualidad de fiero. SIN. Ferocidad, crueldad, violencia. ANT. Mansedumbre.

fiero, ra (del lat. *ferus*) *adj.* **1.** Se dice del animal salvaje, en especial de los grandes carnívoros. **2.** Cruel, violento: *una fiera batalla.* **3.** Muy grande o intenso: *un hambre fiera.* SIN. **1.** y **2.** Feroz. **2.** Implacable, atroz. **3.** Terrible. ANT. **1.** Manso. **2.** Suave; dulce. **3.** Insignificante. FAM. Fiera, fieramente, fiereza. / Ferino, feroz.

fierro (del lat. *ferrum*) *s. m.* **1.** *Amér.* Hierro*. **2.** *Méx.* Calderilla, dinero en monedas de poco valor.

fiesta (del lat. *festa*, de *festum*) *s. f.* **1.** Reunión de varias personas para divertirse o celebrar algún acontecimiento. **2.** Día no laborable con ocasión de alguna conmemoración religiosa o civil: *En ese comercio abren las fiestas.* **3.** Conjunto de actividades y diversiones organizadas con motivo de tales celebraciones. Se usa mucho en *pl.*: *las fiestas del pueblo.* **4.** Espectáculo del toreo: *la fiesta nacional.* **5.** Aquello que proporciona alegría, diversión o placer: *Esta comida es una fiesta para el paladar.* || *s. f. pl.* **6.** Ciertas vacaciones, como las de Navidad o Semana Santa: *¡Felices fiestas!* **7.** Manifestaciones de alegría y agrado: *El cachorro hacía fiestas a su amo.* || **8. fiesta de guardar** (o **de precepto**) La de carácter religioso. || LOC. **arder en fiestas** Estar un lugar muy animado por alguna celebración. **estar de fiesta** *fam.* Estar muy alegre. SIN. **1.** Guateque, celebración. **2.** Festividad, festivo. **3.** Festejo. **7.** Carantoñas. ANT. **7.** Ascos. FAM. Festejar, festín, festival, festivo, fiestero. / Aguafiestas, enfiestarse.

fifí *s. m.* **1.** *Arg.* y *Urug. fam.* Persona que se comporta con un refinamiento amanerado y ridículo. **2.** *Arg., Urug.* y *Méx.* Señorito, joven ocioso de familia rica. SIN. **1.** Petimetre.

fifty-fifty (ingl.) *loc. adv.* A medias, a partes iguales: *Pagamos los gastos fifty-fifty.*

figle (del fr. *bugle*, cruzado con *ophicléide*, del gr. *ophis*, serpiente, y *kleis*, llave) *s. m.* **1.** Instrumento de viento, formado por un tubo cónico doblado por la mitad, provisto de llaves o pistones. || *s. m.* y *f.* **2.** Músico que toca dicho instrumento.

figón (del ant. *figo*, higo) *s. m.* Establecimiento popular donde se sirve de comer. SIN. Taberna, tasca, mesón, fonda. FAM. Figonero.

figura (del lat. *figura*) *s. f.* **1.** Forma exterior o aspecto de un cuerpo: *Laura tiene una bella figura.* **2.** En geom. espacio limitado por líneas o por superficies o caras. **3.** Dibujo, escultura, etc., que representa a una persona o animal: *museo de figuras de cera.* **4.** Persona sobresaliente: *las grandes figuras del deporte.* ■ A veces se usa familiarmente como masculino precedido del art. *un*: *Es un figura para los negocios.* **5.** Personaje de una obra de teatro, literaria, etc. **6.** Representación de una nota musical, que indica su duración. **7.** Naipe que representa una persona, como p. ej. la sota, el caballo o el rey de la baraja española. **8.** Pieza de algunos juegos de tablero, como el ajedrez. **9.** Cada postura o variación en la ejecución de una danza, gimnasia, etc. **10.** Cosa que representa o simboliza a otra: *La calavera es figura de la muerte.* || **11. figura de construcción** Construcción sintáctica que se aparta de las normas gramaticales buscando un efecto estético. **12. figura de delito** En der., cada uno de los tipos de delito especificados por las leyes. **13. figura de dicción** Figura retórica en la que las alteraciones corresponden a los planos fonético y sintáctico del lenguaje, p. ej. la aliteración o la anáfora. **14. figura de pensamiento** Figura retórica que afecta al plano del significado, como p. ej. la metáfora o la metonimia. **15. figura retórica** Procedimiento estético del lenguaje mediante el cual se intenta buscar una mayor originalidad o expresividad. SIN. **1.** Silueta, estampa, tipo. **4.** Personalidad, eminencia; fiera. **10.** Símbolo, emblema. FAM. Figurar, figurilla, figurín, figurita, figurón. / Configurar, desfigurar, prefigurar, transfigurar.

figuración (del lat. *figuratio, -onis*) *s. f.* **1.** Imaginación, suposición de una cosa: *Eso son figuraciones tuyas.* **2.** Corriente artística caracterizada por representar de manera fiel o aproximada aspectos reconocibles de la realidad. **3.** En cine, conjunto de actores secundarios. SIN. **1.** Fantasía, sospecha. **2.** Figurativismo.

figurado, da 1. *p.* de **figurar**. || *adj.* **2.** Se dice del significado de las palabras o expresiones distinto del literal y con el que guarda cierta relación, así como de estas palabras y expresiones o del tipo de lenguaje en que se emplean. SIN. **2.** Traslaticio. ANT. **2.** Recto, propio. FAM. Figuradamente. FIGURAR.

figurante *adj.* **1.** Que figura o aparece: *los nombres figurantes en el documento.* || *s. m.* y *f.* **2.** En teatro, cine o televisión, persona que actúa de comparsa. **3.** P. ext., persona que desempeña un papel poco importante en un asunto, ambiente o grupo. SIN. **2.** Extra.

figurar (del lat. *figurare*) *v. tr.* **1.** Representar, formar la figura de alguien o algo: *Las ondas de las telas figuraban olas.* **2.** Aparentar, fingir: *Figuró marcharse para sorprendernos.* || *v. intr.* **3.** Estar alguien o algo presente en cierto lugar, actividad, circunstancia, etc.: *Figura entre los primeros de la clase. Figura como director. Al pie figura su firma.* **4.** Tratar con gente importante y querer ser tenido por tal: *Le encanta figurar.* || **figurarse** *v. prnl.* **5.** Suponer o creer algo sin seguridad o fundamento: *Me figuro que lo sabrá.* ■ A veces se construye en forma impersonal con un pronombre complemento: *Se me figura que es extranjero.* SIN. **1.** Encarnar, simbolizar. **2.** Simular. **3.** Hallarse, encontrarse, contarse. **5.** Imaginarse, sospechar, olerse. FAM. Figuración, figurado, figurante, figurativo. FIGURA.

figurativo, va (del lat. *figurativus*) *adj.* **1.** Se dice de lo que representa otra cosa. **2.** Se aplica al arte, a los artistas y a sus obras que representan aspectos reconocibles de la realidad. SIN. **1.** Simbólico. ANT. **2.** Abstracto. FAM. Figurativamente, figurativismo. FIGURAR.

figurín (dim. de *figura*) *s. m.* **1.** Dibujo que se utiliza como modelo para confeccionar vestidos, adornos, etc. **2.** Colección de tales dibujos o revista de modas. **3.** Persona que viste con elegancia y pulcritud, especialmente cuando es exagerada. SIN. **3.** Dandi, lechuguino, petimetre, pisaverde. ANT. **3.** Desastrado, adán. FAM. Figurinista. FIGURA.

figurinista *s. m.* y *f.* Persona que hace figurines.

figurita *s. f. Arg.* y *Urug.* Cromo infantil.

figurón (aum. de *figura*) *s. m.* **1.** *fam.* Persona a la que le gusta presumir o ser el centro de atención. || **2. figurón de proa** Mascarón de proa. SIN. **1.** Fatuo, engreído, presuntuoso; egocéntrico.

fija (de *fijo*) *s. f.* **1.** *Amér. del S.* Acontecimiento que sin lugar a dudas ocurrirá. **2.** Pronóstico relativo al caballo que seguramente ganará la carrera. ■ Suele ir precedido de *una.*

fijación *s. f.* **1.** Acción de fijar. **2.** Obsesión o manía muy persistente. SIN. **2.** Monomanía, monotema.

fijador, ra *adj.* **1.** Que fija o sirve para fijar. || *s. m.* **2.** Sustancia usada para fijar, como p. ej. la que se aplica sobre el cabello o la que se emplea en fotografía. SIN. **2.** Gomina, brillantina; fijativo.

fijar *v. tr.* **1.** Asegurar, sujetar, etc., una cosa de forma que no se mueva o se desprenda: *fijar un cuadro en (o a) la pared, fijar la imagen del televisor.* También *v. prnl.* **2.** Centrar la atención, la mirada o el pensamiento en alguien o algo: *Fijó sus ojos en mí.* **3.** Establecer o determinar alguna cosa: *fijar la residencia, una fecha.* También *v. prnl.*: *Se fijó una meta.* || **fijarse** *v. prnl.* **4.** Darse cuenta de algo o prestarle atención: *Me fijo mucho en estas cosas.* SIN. **1.** Afianzar(se), adherir(se). **2.** Dirigir, encauzar. **3.** Precisar, marcar(se), señalar. **4.** Percatarse, reparar. ANT. **1.** Soltar(se). **2.** Desviar. **4.** Ignorar. FAM. Fijación, fijado, fijador, fijapelo, fijeza. FIJO.

fijativo *s. m.* Fijador de fotografías, dibujos o pinturas.

fijeza *s. f.* **1.** Seguridad, firmeza: *Lo sabré con fijeza el viernes próximo.* **2.** Persistencia: *Me miraba con fijeza y no sé por qué.*

fijiano, na *adj.* De las islas Fiji o Fidji, en Oceanía. También *s. m.* y *f.* ■ Se escribe también *fidjano.*

fijo, ja (del lat. *fixus*, de *figere*, clavar) *adj.* **1.** Sujeto a algo o inmóvil: *El mueble estaba fijo a (o en) la pared.* **2.** Que no experimenta cambio o alteración: *residencia fija.* **3.** Se dice de los contratos indefinidos o de las personas que los tienen: *ha-*

cer fijo, estar fijo. **4.** Con sustantivos como *atención* o *mirada*, centrada en un determinado punto: *El león tenía la mirada fija en su presa.* || *adv. m.* **5.** Con certeza o seguridad: *Fijo que ha sido ella.* || LOC. **de fijo** *adv.* Con seguridad, sin duda. SIN. **1.** y **2.** Firme, estable. **2.** Permanente, definitivo. **5.** Seguramente, seguro. ANT. **1.** y **2.** Inestable. **3.** Eventual. FAM. Fija, fijamente, fijar. / Afijo, fotofija, infijo, interfijo, posfijo, prefijo, sufijo.

fila (del fr. *file*) *s. f.* **1.** Línea formada por personas o cosas una detrás de otra o una al lado de otra. **2.** En un conjunto de líneas verticales y horizontales, designa a estas últimas. **3.** *fam.* Antipatía: *Javier me tiene fila.* || *s. f. pl.* **4.** Servicio militar: *entrar en filas; llamar a filas.* **5.** P. ext., colectivo o agrupación de personas, especialmente de carácter político: *Milita en las filas de los conservadores.* || **6. fila india** La formada por varias personas o cosas una detrás de otra. || LOC. **cerrar filas** Agruparse una unidad militar. También, unirse un grupo para defender a una persona, una idea, un proyecto, etc. **de primera fila** *adj.* De los mejores: *un atleta de primera fila.* **en primera fila** *adv.* En lugar destacado. **romper filas** Deshacer una formación militar. SIN. **1.** Hilera, cola, ringle, ringlera. **3.** Manía, tirria. **5.** Huestes. ANT. **2.** Columna. FAM. Desfilar, enfilar. FILO[1].

filamento (del bajo lat. *filamentum*, del lat. *filum*, hilo) *s. m.* Cuerpo en forma de hilo, p. ej. el de las bombillas eléctricas. SIN. Hebra, fibra, brizna. FAM. Filamentoso. FILO[1].

filantropía (del gr. *philanthropia*, de *philos*, amigo, y *anthropos*, hombre) *s. f.* Amor al género humano. SIN. Altruismo, humanitarismo. ANT. Misantropía. FAM. Filantrópico, filántropo.

filántropo, pa (del gr. *philanthropos*) *s. m.* y *f.* Persona que practica la filantropía realizando obras en beneficio de la comunidad.

filar *v. tr.* **1.** *argot* Ver, observar. **2.** *argot* Descubrir las verdaderas intenciones o la forma de ser de alguien: *Se hacía el santo, pero en seguida le filé.* SIN. **1.** Junar. **1.** y **2.** Guipar. **2.** Calar, fichar.

filarmonía (del gr. *philos*, amante, y *armonia*) *s. f.* Afición a la música. SIN. Melomanía. FAM. Filarmónico. ARMONÍA.

filarmónico, ca *adj.* **1.** Aficionado a la música. También *s. m.* y *f.* **2.** Se dice de algunas orquestas, sociedades, etc., de música clásica. También *s. f.*: *la Filarmónica de Londres.* SIN. **1.** Melómano.

filatelia (del gr. *philos*, amante, y *ateles*, sin impuestos) *s. f.* Conjunto de conocimientos sobre los sellos de correos y afición a coleccionarlos. FAM. Filatélico, filatelista.

filete (del fr. y cat. *filet*, y éstos del lat. *filum*, hilo) *s. m.* **1.** Loncha de carne o pescado, limpia de huesos o espinas. **2.** Tira larga y estrecha utilizada normalmente como adorno: *El libro tenía filetes dorados en los cantos.* **3.** Línea fina que encuadra o separa un texto, dibujo, etc. || LOC. **darse el filete** *fam.* Besarse y toquetearse una pareja. SIN. **1.** Bisté, entrecot. **2.** Moldura, cenefa, lista, franja. **3.** Orla, ribete. FAM. Filetear. FILO[1].

filetear *v. tr.* Adornar una cosa con filetes. SIN. Orlar, ribetear. FAM. Fileteado. FILETE.

filfa *s. f. fam.* Cosa engañosa, mentira: *Todo lo que dijo era pura filfa. Esas joyas son todo filfa.* SIN. Patraña, engañifa.

filia (del gr. *philos*, amigo) *s. f.* Amor o afición hacia una persona o cosa. ■ Se emplea frecuentemente como suf.: *bibliofilia*; y a veces toma el matiz de 'atracción sexual aberrante': *zoofilia.* SIN. Cariño, inclinación. ANT. Fobia.

filiación (del lat. *filiatio, -onis*, de *filius*, hijo) *s. f.* **1.** Conjunto de los datos personales de un individuo. **2.** Procedencia de los hijos con respecto a los padres o al lugar de origen. **3.** Origen de una cosa o relaciones que mantiene con otras: *la filiación de una lengua.* **4.** Hecho de ser partidario o seguidor de una determinada doctrina, movimiento, etc.: *En esta obra se advierte su filiación modernista.* SIN. **1.** Identificación, identidad, personalidad. **2.** Parentesco, ascendencia. **3.** Entronque. **4.** Afiliación, adscripción.

filial (del lat. *filialis*) *adj.* **1.** Del hijo o relacionado con él: *amor filial.* **2.** Se dice del establecimiento que depende de otro principal. También *s. f.*: *una filial bancaria.* SIN. **2.** Sucursal, agencia, delegación. FAM. Filiación, filiar. / Afiliar.

filiar (del lat. *filius*, hijo) *v. tr.* Tomar los datos personales a una persona.

filibusterismo *s. m.* **1.** Actividad de los filibusteros. **2.** Obstruccionismo parlamentario basado en el uso abusivo del reglamento.

filibustero (del fr. *filibustier*) *s. m.* Nombre dado a los piratas que durante el s. XVII operaban en el mar de las Antillas. FAM. Filibusterismo.

filiforme (del lat. *filum*, hilo, y *-forme*) *adj.* Que tiene forma o apariencia de hilo.

filigrana (del ital. *filigrana*, y éste del lat. *filum*, hilo, y *granum*, grano) *s. f.* **1.** Obra de orfebrería que forma dibujos similares a los de los encajes. **2.** Dibujo que se ve al trasluz en un papel, p. ej. en los billetes de banco. **3.** Cosa hecha con gran perfección y lucimiento o que requiere mucha habilidad y trabajo: *Hace filigranas con el balón.* SIN. **3.** Primor, exquisitez, floritura, virguería, malabarismo. ANT. **3.** Chapuza. FAM. Afiligranar.

filípica (de *Filípicas*, discursos de Demóstenes contra Filipo, rey de Macedonia) *s. f.* Censura o reprensión extensa y dura contra alguien. SIN. Invectiva, diatriba, reprimenda. ANT. Elogio.

filipino, na *adj.* De Filipinas. También *s. m.* y *f.* FAM. Filipinismo.

filisteo, a (del lat. *philistaeus*) *adj.* **1.** Se dice de un antiguo pueblo enemigo de los israelitas. **2.** De este pueblo. También *s. m.* y *f.*

filloa (gall.) *s. f.* Torta de harina, leche y huevos.

film (ingl.) *s. m.* Filme*. ■ Su pl. es *films.*

filmación *s. f.* Toma de las imágenes de una película. SIN. Rodaje.

filmador, ra *adj.* **1.** Que sirve para filmar. || *s. f.* **2.** *Arg.* y *Urug.* Cámara portátil destinada a filmar.

filmar *v. tr.* Registrar imágenes en una película cinematográfica. También *v. intr.* SIN. Cinematografiar, rodar. FAM. Filmación, filmador. FILME.

filme (del ingl. *film*, película) *s. m.* Película cinematográfica. FAM. Filmar, fílmico, filmina, filmografía, filmoteca. / Microfilme, telefilme.

fílmico, ca *adj.* Relacionado con el filme.

filmina *s. f.* Diapositiva*.

filmografía *s. f.* **1.** Lista de los filmes existentes de un género, asunto, director, actor, etc. **2.** Conocimiento o estudio acerca de los filmes o microfilmes. FAM. Filmográfico, filmógrafo. FILME.

filmología *s. f.* Estudio de las obras cinematográficas.

filmoteca *s. f.* **1.** Lugar donde se guardan los filmes para su estudio o exhibición. **2.** Colección de filmes o películas.

filo[1] (del lat. *filum*) *s. m.* **1.** Borde cortante o afilado de algo, especialmente de un utensilio o arma. **2.** *Guat.*, *Hond.* y *Méx.* Hambre. || LOC. **al filo** *adv.* Exacta o puntualmente, aunque sus sentidos más generalizados son los de alrededor de y, también, muy cerca de: *Nos veremos al filo del mediodía.* **de dos filos** (o **de doble filo**) *adj.* Que puede producir un resultado contrario al que se desea: *Un arma de dos filos.* Que persigue una doble intención: *una frase de doble filo.* SIN. **1.** Corte, arista. FAM. Fila, filamento, filete, filón, filoso, filudo. / Afilar[1], contrafilo, perfil. HILO.

filo[2] (del gr. *phylon*, raza) *s. m.* En biol., cada uno de los grandes grupos en que se dividen los reinos y que se dividen a su vez en clases. FAM. Filogénesis, filogenia. / Subfilo.

filo- o **-filo, la** (del gr. *philos*) *pref.* o *suf.* Significa 'amigo, amante de': *filósofo, aliadófilo.* ■ Ante vocal toma la forma *fil-*: *filantropía.*

filogenia o **filogénesis** (del gr. *phylon*, raza, y *-genia* o *-génesis*) *s. f.* Historia de la evolución y aparición de las especies biológicas.

filología (del lat. *philologia*, y éste del gr. *philologia*) *s. f.* Ciencia que estudia una lengua o familia de lenguas y sus literaturas. FAM. Filológicamente, filológico, filólogo.

filón (del fr. *filon*, de *file*, fila) *s. m.* **1.** Masa de mineral que rellena una grieta de una formación rocosa: *filón de oro.* **2.** Persona, asunto o negocio del que se saca o se espera sacar un gran provecho: *Ese bar es un filón.* SIN. **1.** Veta, vena. **2.** Mina, chollo. ANT. **2.** Ruina.

filoso, sa *adj. Amér.* Afilado.

filosofar (del lat. *philosophari*) *v. intr.* **1.** Reflexionar sobre los problemas y cuestiones de la filosofía. **2.** P. ext., hacer razonamientos sobre cualquier materia: *En la tertulia filosofaban sobre lo humano y lo divino.* SIN. **2.** Meditar, especular. FAM. Filosofador. FILOSOFÍA.

filosofía (del lat. *philosophia*, y éste del gr. *philosophia*, de *philos*, amante, y *sophia*, sabiduría) *s. f.* **1.** Conjunto de reflexiones sobre temas fundamentales relacionados con el ser humano y el mundo en general. **2.** Conjunto de opiniones o valoraciones de alguien y, p. ext., intención con que está concebida una obra, proyecto, etc.: *No comparto la filosofía de las nuevas medidas.* **3.** Tranquilidad o serenidad para soportar contrariedades: *tomárselo con filosofía.* SIN. **2.** Ideología. **3.** Resignación, estoicismo. FAM. Filosofar, filosofastro, filosóficamente, filosófico, filósofo.

filósofo, fa (del gr. *philosophos*, el que gusta de un arte o ciencia) *s. m.* y *f.* **1.** Persona que se dedica a la filosofía. **2.** Persona con tendencia a filosofar: *Ese anciano es un filósofo de la vida.* **3.** Persona que acepta los contratiempos con filosofía o serenidad: *Los desengaños me han vuelto filósofo.* SIN. **2.** Sabio. **3.** Estoico.

filoxera (del gr. *phyllon*, hoja, y *xeros*, seco) *s. f.* **1.** Insecto hemíptero parecido al pulgón, que ataca las hojas y las raíces de la vid y constituye una plaga. **2.** Enfermedad de la vid causada por este insecto. FAM. Filoxérico.

filtración *s. f.* Acción de filtrar o de filtrarse.

filtrado, da *adj. Arg.* y *Urug. fam.* Que está muy cansado.

filtrar *v. tr.* **1.** Hacer pasar por un filtro: *filtrar el sonido, el aceite.* **2.** Dar a conocer secretos o asuntos confidenciales: *Filtraron la noticia a la prensa.* También *v. prnl.* **3.** Dejar un cuerpo sólido pasar un fluido a través de sus poros o resquicios: *Esta lona filtra agua.* También *v. intr.* y *v. prnl.*: *filtrarse la luz.* || *v. intr.* **4.** Penetrar poco a poco una noticia, idea, etc. También *v. prnl.*: *El malestar se filtró por todas las capas sociales.* || **filtrarse** *v. prnl.* **5.** Desaparecer, sin que sea notado, dinero o bienes: *Se filtraron fondos de la caja.* SIN. **1.** Colar(se), traspasar. **1.** y **3.** Calar(se). **1.** y **4.** Infiltrar(se). **3.** Rezumar. **4.** Difundir(se), extender(se). FAM. Filtración, filtrador, filtrante. / Infiltrar. FILTRO[1].

filtro[1] (de *fieltro*) *s. m.* **1.** Material poroso o dispositivo a través del cual se hace pasar un fluido para separarlo de las materias sólidas con que está mezclado o limpiarlo de impurezas. **2.** Pantalla que se interpone al paso de la luz para privarla de ciertas radiaciones. SIN. **1.** Tamiz, filtrador. FAM. Filtrar.

filtro[2] (del lat. *philtrum*, y éste del gr. *philtron*) *s. m.* Bebida a la que se atribuyen poderes mágicos, especialmente para conseguir el amor de una persona o causarle la muerte.

filudo, da *adj. Amér.* Afilado.

fimosis (del gr. *phimosis*) *s. f.* Estrechez excesiva del orificio del prepucio, que impide descubrir completamente el glande. ■ No varía en *pl.*

fin (del lat. *finis*) *s. m.* **1.** Parte o momento en que termina algo. **2.** Finalidad o motivo de algo: *Su fin era aprobar.* || **3. fin de año** Nochevieja, última noche del año. **4. fin de fiesta** Actuación extraordinaria con que se termina una función o espectáculo; también, final desagradable e inoportuno de una discusión, asunto, etc. **5. fin de semana** Periodo de tiempo que comprende el sábado y el domingo y que generalmente coincide con el descanso semanal; también, pequeña bolsa o maleta, neceser. || LOC. **a fin de** *prep.* Con objeto de, para; se usa con el verbo en infinitivo o con oraciones encabezadas por *que*: *a fin de llegar a tiempo, a fin de que pueda venir.* **a fin de cuentas** *adv.* En resumen, en definitiva. **al** (o **por**) **fin** *adv.* Por último; también, después de vencidos todos los obstáculos e inconvenientes. **al fin y al cabo** (o **al fin y a la postre**) *adv.* Introduce una afirmación en apoyo de algo que se acaba de decir y que, de alguna manera, está en oposición a lo ya expresado, a cierta situación, etc.: *Perdónale, al fin y al cabo es bueno.* **dar fin** Terminar una cosa: *El espectáculo dio fin. Dieron fin a la discusión.* **en fin** *adv.* En resumidas cuentas, en conclusión. **sin fin** *adj.* Se dice de correas, cadenas, etc., que forman figura cerrada y pueden girar continuamente, movidas por poleas, piñones, etc. Innumerable, infinito: *alegrías sin fin.* SIN. **1.** Final, terminación, término, extremo. **2.** Intención, propósito, objetivo, objeto. ANT. **1.** Principio. FAM. Finado, final, finalidad, finiquitar, finito. / Afín, confín, definir, sinfín.

finado, da *s. m.* y *f.* Persona muerta. SIN. Difunto, cadáver. FAM. Finar. FIN.

final (del lat. *finalis*) *adj.* **1.** Que termina una cosa o acción: *acto final.* **2.** Se dice de la oración subordinada adverbial que expresa finalidad: *Trabajo para ganar dinero.* **3.** También se aplica a las conjunciones o locuciones conjuntivas que introducen este tipo de oraciones. || *s. m.* **4.** Fin o terminación de algo: *el final del curso, el final de la novela.* || *s. f.* **5.** Última y decisiva fase de un campeonato o concurso: *la final de tenis.* SIN. **1.** Postrero. **4.** Término, conclusión, remate, desenlace. ANT. **1.** Inicial. **4.** Comienzo. FAM. Finalísima, finalista, finalizar, finalmente. / Semifinal. FIN.

finalidad (del lat. *finalitas, -atis*) *s. f.* Objetivo o utilidad de algo: *La finalidad de la asamblea era informar al alumnado.* SIN. Fin, intención, propósito.

finalísima *s. f.* Última fase de una competición, sobre todo deportiva, en la que se decide el triunfador de la misma.

finalista *adj.* Que ha llegado a la final de una prueba o concurso. También *s. m.* y *f.*

finalizar *v. tr.* Terminar, acabar. También *v. intr.* ■ Delante de *e* se escribe *c* en lugar de *z*: *finalice.* **SIN.** Consumar(se), concluir, rematar. **ANT.** Empezar, comenzar.

financiar (del fr. *financer*) *v. tr.* Dar dinero para la creación y desarrollo de un negocio, actividad, etc. **SIN.** Sufragar, pagar. **FAM.** Financiación, financiador, financiamiento. FINANZAS.

financiero, ra (del fr. *financier*, de *finances*, hacienda pública) *adj.* **1.** Relativo a las finanzas. **2.** Se dice de la entidad, generalmente bancaria, que financia con el capital depositado por los ahorradores. También *s. f.* ‖ *s. m.* y *f.* **3.** Experto en asuntos de finanzas.

financista *s. m. Amér.* Financiero.

finanzas (del fr. *finances*) *s. f. pl.* Conjunto de las actividades económicas, bancarias, de inversión, etc. **SIN.** Negocios, economía. **FAM.** Financiar, financiero, financista.

finar (derivado del lat. *finis*, límite, fín) *v. intr.* Llegar al límite final de la vida, morir. ■ Es de uso culto. **SIN.** Fallecer, expirar, fenecer.

finca *s. f.* Propiedad inmueble en el campo o en la ciudad. **SIN.** Casa, bloque; hacienda, heredad. **FAM.** Afincar.

finés, sa (del lat. *Finnia*, Finlandia) *adj.* **1.** Se dice de un antiguo pueblo que se extendió por el N de Europa y que dio nombre a Finlandia. **2.** De este pueblo. También *s. m.* y *f.* **3.** Finlandés. También *s. m.* y *f.* ‖ *s. m.* **4.** Lengua hablada por dicho pueblo. **FAM.** Ugrofinés.

fineza *s. f.* **1.** Cuidado y esmero con que se hace una cosa: *un encaje realizado con gran fineza.* **2.** Hecho o palabras con que alguien manifiesta afecto o cortesía hacia otra persona: *Tu novio tiene muchas finezas contigo.* **SIN. 1.** Finura, primor, delicadeza. **2.** Detalle, atención. **ANT. 1.** Chapucería. **2.** Grosería.

finger (ingl.) *s. m.* Tubo por el que se accede a un avión desde una terminal del aeropuerto.

fingir (del lat. *fingere*) *v. tr.* **1.** Mostrar con palabras, gestos o acciones algo distinto a la realidad: *Fingió alegría.* También *v. prnl.*: *Se fingió dormido.* **2.** Representar alguna cosa de manera que parezca real: *En el estudio fingieron los exteriores.* ■ Delante de *a* y *o* se escribe *j* en lugar de *g*: *finja, finjo.* **SIN. 1.** Aparentar, simular. **2.** Figurar, escenificar. **ANT. 1.** Evidenciar, revelar. **FAM.** Fingidamente, fingidor, fingimiento. / Ficción, ficticio.

finiquitar *v. tr.* **1.** Pagar por completo una cuenta. **2.** *fam.* Acabar, dar algo por terminado. **SIN. 1.** Liquidar, saldar. **2.** Rematar, concluir, finalizar. **ANT. 1.** Adeudar. **2.** Comenzar. **FAM.** Finiquito. FIN.

finiquito *s. m.* **1.** Acción de finiquitar. **2.** Cantidad de dinero con que se salda o liquida una cuenta y, particularmente, un contrato laboral. **3.** Documento que pone fin a la relación laboral entre un trabajador y una empresa. **SIN. 1.** Liquidación, saldo.

finisecular *adj.* Relativo al final de un siglo.

finito, ta (del lat. *finitus*, acabado, finalizado) *adj.* Que tiene fin. **SIN.** Limitado. **ANT.** Infinito. **FAM.** Finitud. / Infinito. FIN.

finlandés, sa *adj.* **1.** De Finlandia. También *s. m.* y *f.* ‖ *s. m.* **2.** Idioma hablado en este país europeo. **SIN. 1.** y **2.** Finés.

finn *s. m.* Velero de origen sueco, de una sola plaza.

fino, na *adj.* **1.** Delgado, de poco grosor: *una manta fina.* **2.** Que no presenta asperezas o irregularidades: *piel fina.* **3.** Refinado, de buen gusto o calidad: *una decoración muy fina.* **4.** Aplicado a personas, educado, de modales muy correctos. **5.** Agudo o hábil: *un oído fino, una respuesta muy fina.* **6.** Referido a metales, muy depurado, sin defectos ni impurezas: *una pulsera de oro fino.* **7.** Se aplica a cierto jerez muy seco, de color claro. También *s. m.* **SIN. 1.** Flaco. **2.** Liso, pulido, suave. **3.** Selecto, distinguido, elegante. **4.** Cortés, atento, cumplido. **5.** Sutil; sagaz. **ANT. 1.** Grueso. **2.** Áspero. **3.** y **4.** Basto, vulgar. **4.** Grosero. **5.** Torpe. **FAM.** Finamente, fineza, finolis, finura, finústico. / Afinar, astifino, entrefino, extrafino, refinar.

finolis *adj. fam.* Que aparenta o muestra una finura y delicadeza exageradas. También *s. m.* y *f.* ■ No varía en *pl.* **SIN.** Finústico, cursi, repipi. **ANT.** Basto.

finta (del ital. *finta*, y éste del lat. *fictum*, de *fingere*, fingir) *s. f.* Amago que se hace para engañar a alguien, especialmente en algunos deportes, como esgrima, boxeo, fútbol, etc. **SIN.** Regate, esguince, quiebro. **FAM.** Fintar.

fintar *v. tr.* Hacer fintas. **SIN.** Amagar, regatear.

finura *s. f.* Cualidad de fino.

finústico, ca *adj.* **1.** *fam.* y *desp.* Que exagera su finura y cortesía. **2.** *fam.* Muy delgado y poco resistente: *¡Qué tela más finústica!* **SIN. 1.** Finolis, cursi, repipi. **2.** Endeble. **ANT. 1.** Basto, rudo. **2.** Grueso, fuerte.

fiordo (del escandinavo *fjord*) *s. m.* Valle glaciar situado en la costa e invadido por el mar.

firma *s. f.* **1.** Nombre y apellidos de una persona, normalmente acompañados de su rúbrica, que se ponen en algún documento o escrito. **2.** Acción de firmar. **3.** Conjunto de documentos presentados a un jefe o persona autorizada para que los firme. **4.** Empresa o establecimiento comercial: *Es una firma muy prestigiosa.* **5.** Estilo peculiar de una persona: *Aquel discurso llevaba su firma.* **6.** Autor: *En la revista colaboran grandes firmas.* **SIN. 1.** Autógrafo, signatura. **FAM.** Antefirma, secafirmas. FIRMAR.

firmamento (del lat. *firmamentum*) *s. m.* Esfera celeste, especialmente cuando se aprecian en ella los astros. **SIN.** Cielo, espacio, éter.

firmar *v. tr.* Poner alguien su firma en un escrito, documento, etc. También *v. intr.* ‖ **LOC. firmar por** Comprometerse a trabajar para una empresa o entidad por un determinado periodo de tiempo: *Firmó por tres años en el equipo.* Desear que se cumpla alguna cosa o conformarse con ella: *Firmaría ahora mismo por tener su salud.* **SIN.** Rubricar. **FAM.** Firma, firmante. FIRME.

firme (del lat. *firme*) *adj.* **1.** Bien sujeto o consistente, por lo que no se mueve ni se cae: *una viga muy firme.* **2.** Que no cambia o disminuye: *una vocación firme, una amistad firme.* **3.** Se dice del que no se desanima ni se deja dominar o abatir: *Se mantuvo firme ante la desgracia.* ‖ *s. m.* **4.** Pavimento o revestimiento de una carretera, calle, etc. **5.** Capa sólida de terreno sobre la que se pueden poner los cimientos de un edificio. ‖ *adv. m.* **6.** Con firmeza: *Trabajó firme para labrarse un futuro.* ‖ **LOC. de firme** *adv.* Mucho, con fuerza o constancia: *Llueve de firme. Estudia de firme.* **en firme** *adj.* y *adv.* Con carácter definitivo: *un pedido en firme.* **firmes** *interj.* y *adv.* En el ejército, voz de mando para que los soldados se cuadren. Como loc. adv., en esa postura. También, bajo la autoridad de alguien, sin poder replicar. ■ En lenguaje corriente, se usa la forma singular: *Puso firme a su marido de una voz.* SIN. **1.** Seguro, estable, fijo, sólido, resistente. **1.** y **3.** Fuerte. **2.** Inmutable, inalterable, inamovible. **3.** Entero, sereno, impasible. **6.** Firmemente. ANT. **1.** Frágil, inestable. **1.** y **3.** Débil. **2.** Variable, voluble. FAM. Firmar, firmemente, firmeza. / Afirmar, confirmar, firmamento.

firmeza *s. f.* **1.** Estabilidad, seguridad: *Comprobó la firmeza de la escalera antes de subir.* **2.** Entereza, constancia, fortaleza: *Mantiene con firmeza sus convicciones.* SIN. **1.** Solidez, resistencia, consistencia. ANT. **1.** Inestabilidad. **1.** y **2.** Fragilidad, debilidad.

firulete (de *floreta*, bordado o tipo de baile) *s. m.* **1.** *Amér. del S. fam.* Adorno superfluo y barroco: *el firulete de un espejo.* **2.** Formalidad impropia para la ocasión. **3.** Pasos complicados que se marcan en un baile para lucirse ante los demás.

fiscal (del lat. *fiscalis*) *adj.* **1.** Del fisco o relacionado con él. **2.** Relativo al oficio de acusador público. ‖ *s. m.* y *f.* **3.** Funcionario encargado de realizar la acusación ante los tribunales de justicia. ■ Se denomina también *ministerio fiscal.* **4.** Persona encargada de defender los intereses del fisco. ANT. **3.** Defensor. FAM. Fiscalía. FISCO.

fiscalía *s. f.* **1.** Profesión del fiscal. **2.** Oficina o despacho del fiscal. **3.** Cualquier oficina del Estado encargada de una actividad de control.

fiscalidad *s. f.* **1.** Actividad de la Hacienda pública para fijar, recaudar y controlar los impuestos que se pagan al Estado. **2.** Conjunto de tales impuestos. SIN. **1.** y **2.** Imposición, recaudación. **2.** Tributación, cargas, gravámenes.

fiscalizar *v. tr.* **1.** Inspeccionar a personas o entidades para comprobar si pagan sus impuestos al Estado. **2.** Examinar, controlar o criticar las acciones de otros: *Fiscalizaba todos sus movimientos.* ■ Delante de *e* se escribe *c* en lugar de *z*: *fiscalice.* SIN. **1.** Intervenir. **2.** Vigilar. FAM. Fiscalizable, fiscalización, fiscalizador. FISCO.

fisco (del lat. *fiscus*) *s. m.* **1.** Hacienda pública como recaudadora de tributos del Estado. **2.** Conjunto de bienes del Estado. SIN. **2.** Erario, tesoro, patrimonio. FAM. Fiscal, fiscalidad, fiscalizar. / Confiscar.

fiscorno *s. m.* Instrumento musical de viento, de la familia del metal, parecido al bugle.

fisga (de *fisgar*) *s. f.* Arpón, generalmente de tres dientes, para pescar peces grandes. FAM. Véase **fisgar**.

fisgar (del lat. vulg. *fixicare*, clavar, de *fixus*, fijo) *v. tr.* Procurar enterarse indiscretamente de los asuntos de otras personas, revolver en sus cosas: *fisgar la correspondencia.* También *v. intr.*: *fisgar en los archivos.* ■ Delante de *e* se escribe *gu* en lugar de *g*: *fisgue.* Se dice también *fisgonear.* SIN. Curiosear, cotillear, husmear. FAM. Fisgador, fisgón, fisgonear, fisgoneo. / Fisga.

fisgón, na *adj.* Que acostumbra a fisgar. También *s. m.* y *f.* SIN. Cotilla, entrometido. ANT. Discreto.

fisgonear *v. tr.* Fisgar*.

fisiatría (de *fisio-* y el gr. *iatreia*, curación) *s. f.* Curación de las enfermedades por procedimientos naturales. SIN. Naturismo, fisioterapia. FAM. Fisiatra, fisiátrico.

física (del lat. *physica*, y éste del gr. *physike*, de *physis*, naturaleza) *s. f.* Ciencia que estudia la materia, sus propiedades, fenómenos y leyes que los rigen. FAM. Físico, fisicoquímica. / Astrofísica, biofísica, geofísica, metafísica, microfísica, psicofísica.

físico, ca (del lat. *physicus*, y éste del gr. *physikos*, de *physis*, naturaleza) *adj.* **1.** De la física o relacionado con ella: *fenómenos físicos.* **2.** Material: *el mundo físico.* **3.** Corporal, relacionado con el cuerpo: *ejercicios físicos, rasgos físicos.* ‖ *s. m.* y *f.* **4.** Persona especializada en física. ‖ *s. m.* **5.** Aspecto exterior de una persona: *Me agrada su físico.* SIN. **2.** Real, tangible. **3.** Corpóreo. **5.** Fisonomía, presencia, apariencia, porte, facha. ANT. **2.** Inmaterial. **2.** y **3.** Espiritual. **3.** Incorpóreo, intelectual. FAM. Físicamente. FÍSICA.

fisicoquímica *s. f.* Ciencia que estudia fenómenos comunes a la física y a la química. FAM. Fisicoquímico.

fisio- (del gr. *physis*, naturaleza) *pref.* Significa 'naturaleza': *fisioterapia, fisiopatología.* ■ Puede tomar la forma *fisi-*: *fisiatría.*

fisiocracia (de *fisio-* y *-cracia*) *s. f.* Doctrina económica del s. XVIII que sostenía que la tierra era el origen de la riqueza y la agricultura la actividad económica primordial. FAM. Fisiócrata, fisiocrático.

fisiología (del lat. *physiologia*, y éste del gr. *physiologia*) *s. f.* Ciencia que estudia las funciones de los seres vivos y de cada una de las partes de su cuerpo. FAM. Fisiológicamente, fisiológico, fisiólogo. / Psicofisiología.

fisión (del lat. *fissio, -onis*) *s. f.* División de un núcleo atómico pesado en otros dos más ligeros, con gran emisión de energía y neutrones. ANT. Fusión. FAM. Fisionar. FISURA.

fisionomía *s. f.* Fisonomía*.

fisioterapeuta (del gr. *physis*, naturaleza, y *therapeutes*, servidor) *s. m.* y *f.* Especialista en fisioterapia.

fisioterapia *s. f.* Tratamiento de enfermedades o incapacidades físicas mediante el uso de formas de energía natural, mecánica, eléctrica, térmica, etc. FAM. Fisioterapeuta, fisioterapéutico, fisioterápico. TERAPIA.

fisonomía (del lat. *physiognomia*, y éste del gr. *physiognomia*; de *physis*, naturaleza, y *gnomon*, el que distingue) *s. f.* **1.** Aspecto del rostro de una persona. **2.** P. ext., aspecto externo de algo: *la fisonomía de un paisaje.* ■ Se dice también *fisionomía.* SIN. **1.** Cara, semblante. **2.** Forma, apariencia. FAM. Fisonómico, fisonomista, fisónomo. / Fisionomía.

fisonomista *adj.* Se dice de la persona que tiene facilidad para recordar o reconocer a otras personas por su rostro. También *s. m.* y *f.*

fístula (del lat. *fistula*, tubo, flauta) *s. f.* Conducto anormal que se abre en la piel o en las membranas mucosas y pone en comunicación un órgano con el exterior o con otro órgano. FAM. Fistular, fistulización, fistuloso.

fisura (del lat. *fissura*) *s. f.* **1.** Grieta o raja: *El agua se escapa por una fisura en el depósito.* **2.** Fallo o defecto en algo aparentemente fuerte o sólido y que causa o amenaza su ruina: *Su amistad tiene ya demasiadas fisuras.* SIN. **1.** Rendija. FAM. Fisión.

fitness (ingl.) *s. m.* Tipo de gimnasia de mantenimiento.

fito- o **-fito, ta** (del gr. *phyton*, vegetal) *pref.* o *suf.* Significa 'planta, vegetal': *fitófago, zoofito.*

fitófago, ga (de *fito-* y *-fago*) *adj.* Se dice del animal que se alimenta de vegetales, p. ej. los herbívoros.

fitoplancton *s. m.* Plancton constituido por algas y otros vegetales microscópicos que viven suspendidos en el agua.

flácido o **fláccido, da** (del lat. *flaccidus*) *adj.* Blando, sin consistencia ni dureza: *carnes flácidas.* SIN. Flojo, fofo. ANT. Firme, duro. FAM. Flaccidez, flacidez.

flaco, ca (del lat. *flaccus*) *adj.* **1.** De pocas carnes. **2.** Débil, escaso o pobre: *Estaba flaco de fuerzas. Le hizo un flaco servicio.* || *s. m.* **3.** Defecto, punto débil: *Tu flaco es la memoria.* **4.** Vicio o afición muy marcada en una persona: *Su flaco son los dulces.* SIN. **1.** Delgado, enjuto, escuálido. **2.** Flojo, endeble. **3.** Flaqueza. **3.** y **4.** Debilidad. ANT. **1.** Gordo. **2.** y **3.** Fuerte. FAM. Flacamente, flacucho, flacura, flaquear, flaquencia, flaqueza. / Enflaquecer.

flagelado, da 1. *p.* de **flagelar**. También *adj.* || *adj.* **2.** Se aplica a los microorganismos o a las células provistos de flagelos. También *s. m.*

flagelante *adj.* **1.** Que flagela. || *s. m.* **2.** Persona que se flagela como penitencia, especialmente en las procesiones de Semana Santa. SIN. **1.** Flagelador, azotador. **2.** Disciplinante.

flagelar (del lat. *flagellare*) *v. tr.* Golpear con un flagelo o azote. También *v. prnl.* SIN. Azotar(se), disciplinar(se). FAM. Flagelación, flagelado, flagelador, flagelante. FLAGELO.

flagelo (del lat. *flagellum*) *s. m.* **1.** Instrumento empleado para azotar, como castigo, tormento o penitencia. **2.** Calamidad o desgracia: *Sufrió el flagelo del hambre.* **3.** Prolongación o extremidad alargada de gran número de células y seres unicelulares. SIN. **1.** Disciplina. **1.** y **2.** Azote. **2.** Catástrofe. FAM. Flagelar.

flagrante (del lat. *flagrans, -antis*, de *flagrare*, arder) *adj.* **1.** Que está sucediendo o se está realizando en el momento de que se habla; especialmente un delito. **2.** Claro, evidente: *Estás incurriendo en una flagrante contradicción.* || LOC. **en flagrante** *adv.* In* fraganti. SIN. **1.** Fragante. **2.** Manifiesto, obvio, indudable. FAM. Conflagración, deflagrar.

flama (del lat. *flamma*) *s. f.* **1.** Resplandor de una llama, astro, etc. **2.** Calor agobiante de verano. SIN. **1.** Reverbero, centelleo. **2.** Bochorno. FAM. Flamante, flamear, flamígero, flámula. / Inflamar, oriflama, soflamar. LLAMA[1].

flamante (del ital. *fiammante*) *adj.* **1.** De aspecto espléndido o vistoso: *La novia apareció flamante.* **2.** Recién hecho o estrenado: *un flamante coche nuevo.* **3.** Se aplica a la persona nueva en una situación, cargo, etc.: *El aspirante es hoy flamante campeón.* SIN. **1.** Resplandeciente, deslumbrante. **2.** y **3.** Reciente. ANT. **2.** y **3.** Viejo.

flambear (del fr. *flamber*) *v. tr.* Flamear un alimento.

flamear (del cat. *flamejar*) *v. intr.* **1.** Echar llamas. **2.** Ondear al viento una vela, una bandera, etc.: *Su vestido flameaba con la brisa.* || *v. tr.* **3.** Aplicar a algo una llama o un líquido inflamable encendido, p. ej. para confeccionar un plato culinario o para desinfectar alguna cosa. SIN. **1.** Llamear, arder. **2.** Ondular. **3.** Flambear.

flamenco, ca (del neerl. *flaming*) *adj.* **1.** De Flandes, región histórica del norte de Europa. También *s. m.* y *f.* **2.** Se aplica al conjunto de cantes y bailes gitanos con influencias del orientalismo musical andaluz y a sus intérpretes y cosas: *un traje flamenco.* También *s. m.* **3.** *fam.* Altivo, descarado, insolente: *Se me puso flamenco.* **4.** *fam.* De aspecto saludable: *Está muy flamenca para su edad.* || *s. m.* **5.** Variedad lingüística del neerlandés que se habla en la región belga de Flandes. **6.** Ave zancuda de pico encorvado, con patas y cuello largos, plumaje blanco y rosado y alas rojas y negras, que habita en zonas acuáticas poco profundas. || LOC. **a la flamenca** *adj.* y *adv.* Forma de preparar una variedad de huevos al plato, con jamón, guisantes, tomate y otros ingredientes. SIN. **3.** Farruco, gallito. **4.** Fresco, lozano. FAM. Flamencología, flamencólogo, flamenquería, flamenquismo. / Aflamencado.

flamencología *s. f.* Conjunto de conocimientos y técnicas sobre el cante y baile flamencos.

flamígero, ra (del lat. *flammiger*, de *flamma*, llama, y *gerere*, llevar) *adj.* **1.** Que despide llamas o tiene forma de llama. **2.** Se dice del último periodo del estilo gótico que se desarrolló en Europa a partir del s. XV, caracterizado por una mayor complejidad y recargamiento.

flámula (del lat. *flammula*) *s. f.* Banderín. SIN. Gallardete, grímpola. FAM. Véase **flama**.

flan (del fr. *flan*, y éste del germ. *flado*, pastel) *s. m.* **1.** Dulce hecho con huevos, leche y azúcar o con otras sustancias preparadas, que se cuaja al baño María en un molde con forma de tronco de cono. **2.** Cualquier otro alimento o cosa a los que se ha dado forma en un molde semejante: *un flan de arroz, de arena.* || LOC. **hecho** (o **como**) **un flan** *fam.* Muy nervioso. FAM. Flanero.

flanco (del fr. *flanc*) *s. m.* Lateral de algo que se considera de frente, especialmente de un barco o una formación militar. SIN. Costado, lado, ala. FAM. Flanquear.

flanero, ra *s. m.* o *f.* Molde para hacer flanes.

flanquear *v. tr.* **1.** Estar colocado a los flancos de alguien o algo: *Dos hileras de árboles flanqueaban la calle.* **2.** Colocarse a ambos lados de una persona, ejército, etc., para protegerlo o bien para atacarlo: *La guardia flanqueó su entrada.* **3.** Dominar con la artillería una posición enemiga. ■ No confundir con *franquear*, 'dejar libre' o 'atravesar'. SIN. **1.** Bordear. **2.** Escoltar. FAM. Flanqueador, flanqueo. FLANCO.

flap (ingl.) *s. m.* Pieza móvil situada en el borde posterior de las alas de los aviones, a los que ayuda a mantener la estabilidad.

flaquear *v. intr.* **1.** Debilitarse, fallar la resistencia física o moral de una persona o cosa: *Le flaquean las fuerzas.* **2.** Estar menos preparado en algunas materias, actividades, etc., que en otras: *Flaquea en matemáticas.* SIN. **1.** Ceder, decaer, cejar, agotarse. **2.** Flojear, cojear. ANT. **1.** Fortalecerse, resistir. **2.** Destacar.

flaquencia *s. f. Amér.* Delgadez.

flaqueza *s. f.* **1.** Cualidad de flaco. **2.** Debilidad de carácter. **3.** Acción cometida por dicha debilidad; punto flaco de alguien. SIN. **1.** Delgadez. **2.** Pusilanimidad; desliz. ANT. **1.** Gordura. **2.** Fortaleza.

flas o **flash** (del ingl. *flash*) *s. m.* **1.** Dispositivo utilizado en las cámaras fotográficas para producir una iluminación breve e intensa. **2.** Breve información sobre noticias de última hora. **3.** *fam.* Sensación intensa de bienestar o euforia producida por drogas y estimulantes. **4.** *fam.* Impresión fuerte, sorprendente o alucinante.

flash-back (ingl.) *s. m.* Técnica narrativa procedente del cine que consiste en intercalar en el desarrollo lineal de la acción secuencias referidas a un tiempo pasado.

flato (del lat. *flatus*, viento) *s. m.* **1.** Acumulación de gases en un punto del aparato digestivo, acompañada de dolor pasajero. **2.** *Amér.* Tristeza, melancolía. FAM. Flatulencia, flatulento.

flatulencia (del bajo lat. *flatulentia*, y éste del lat. *flatus*, viento) *s. f.* Acumulación de gases en la cavidad abdominal y molestias que produce. SIN. Flato, meteorismo, aire.

flatulento, ta *adj.* **1.** Que produce flatulencia. **2.** Que padece flatulencia. También *s. m.* y *f.*

flauta (del ant. fr. *flaüte*) *s. f.* **1.** Instrumento musical de viento, que consiste en un tubo con varios orificios que se tapan con los dedos o por medio de llaves, y en el que el sonido se produce por la vibración del aire en su interior. **2.** *fam.* Bocadillo muy grande. || *s. m.* y *f.* **3.** Persona que toca dicho instrumento musical. || **4. flauta de Pan** Siringa. **5. flauta dulce** (o **de pico**) La que tiene la embocadura en el extremo del tubo y en forma de boquilla. **6. flauta travesera** La que tiene embocadura lateral y se coloca de través. SIN. **3.** Flautista. FAM. Flautín, flautista. / Aflautar.

flautín *s. m.* **1.** Flauta pequeña, de sonido más agudo que ésta. || *s. m.* y *f.* **2.** Persona que toca este instrumento.

flebitis (del gr. *phleps*, vena, e *-itis*) *s. f.* Inflamación de las venas, que puede producir su obstrucción. ■ No varía en *pl.* FAM. Tromboflebitis.

flecha (del fr. *flèche*) *s. f.* **1.** Arma arrojadiza que consiste en una punta metálica o de material duro de forma triangular unida a un asta o varilla. **2.** Cualquier otra cosa con esta misma forma, p. ej. un indicador. **3.** Remate puntiagudo que corona algunas torres, campanarios, etc. **4.** En arq., distancia vertical que existe desde el centro de un arco hasta las líneas de sus arranques. **5.** Sagita. SIN. **1.** Saeta, dardo. **3.** Aguja. FAM. Flechador, flechar, flechaste, flechazo, flechero.

flechar *v. tr.* **1.** Estirar la cuerda del arco para colocar la flecha. También *v. intr.* **2.** *fam.* Enamorar a alguien repentinamente. También *v. prnl.* SIN. **1.** Tensar. **2.** Cautivar, conquistar, hechizar, encandilar. ANT. **1.** Destensar. **2.** Repeler.

flechazo *s. m.* **1.** Golpe o herida causados con la flecha. **2.** *fam.* Enamoramiento repentino.

fleco (del ant. *flueco*, y éste del lat. *floccus*) *s. m.* **1.** Adorno formado por una serie de hilos o cordoncillos que cuelgan de una tira de tela o pasamanería. **2.** Borde deshilachado y gastado de una tela o prenda. **3.** Detalle aún no solucionado en un asunto. Se usa más en *pl.*: *Los flecos de la negociación se discutirán por la mañana.* SIN. **1.** Cairel, alamar. FAM. Flequillo. / Desflecar.

fleje (del lat. *flexus*, doblado, arqueado) *s. m.* **1.** Tira de metal larga y estrecha que sirve para hacer los aros de las cubas o para embalar. **2.** Pieza alargada y curva con que se hacen muelles y resortes.

flema (del lat. *phlegma*, y éste del gr. *phlegma*, inflamación) *s. f.* **1.** Mucosidad de las vías respiratorias expulsada por la boca. **2.** Lentitud o tranquilidad, en ocasiones excesiva: *gastar flema.* **3.** Serenidad, entereza: *la flema inglesa.* SIN. **1.** Expectoración, gargajo. **2.** Pachorra, cachaza. **3.** Aplomo. ANT. **2.** Presteza. **3.** Nerviosismo. FAM. Flemático, flemón, flemoso.

flemático, ca (del lat. *phlegmaticus*, y éste del gr. *phlegma, -atos*, humores orgánicos) *adj.* **1.** Relativo a la flema. **2.** Que tiene flema, mucha calma: *Gracias a su carácter flemático nunca pierde el control.* SIN. **2.** Imperturbable, templado, tranquilo. ANT. **2.** Nervioso, agonías.

flemón (del lat. *phlegmon, -onis*, y éste del gr. *phlegmone*, de *phlego*, inflamar) *s. m.* Inflamación del tejido conjuntivo, en especial el de las encías.

flequillo (dim. de *fleco*) *s. m.* Mechón de cabello que cae sobre la frente.

fletán (del fr. *flétan*) *s. m.* Pez plano de gran tamaño que abunda en los mares del Norte; su carne se destina al consumo alimentario.

fletante *adj. Arg.* Que contrata un medio de transporte para sus productos o mercancías: *compañía fletante.*

fletar *v. tr.* **1.** Contratar un vehículo para el transporte de personas o mercancías: *Han fletado un avión para el equipo de fútbol.* **2.** Embarcar mercancías o personas para su transporte. **3.** *Arg.*, *Chile* y *Perú* Referido a palabras o acciones insultantes o agresivas, soltarlas, largarlas. **4.** *Arg.* y *Chile* Echar a alguien de un lugar. || **fletarse** *v. prnl.* **5.** *Cuba* y *Méx.* Marcharse de repente o en secreto. FAM. Fletador, fletamento, fletamiento, fletante. FLETE.

flete (del fr. *fret*, y éste del neerl. *vraecht*, pago) *s. m.* **1.** Precio que se paga por el alquiler de un medio de transporte, especialmente un barco, o por la carga que ha de transportar. **2.** Carga que se transporta en un barco, avión, etc. **3.** *Arg.*, *Col.*, *Par.* y *Urug.* Caballo veloz. SIN. **1.** Porte. **2.** Cargamento. FAM. Fletar, fletero.

fletero, ra *adj.* **1.** *Amér.* Se aplica al medio de transporte que se alquila. || *s. m.* y *f.* **2.** *Amér.* Persona que fleta un medio de transporte. **3.** *Ec.* y *Guat.* Persona que transporta fardos o bultos. **4.** *Chile* y *Perú* Propietario de una embarcación con la que transporta personas y carga entre los barcos y los muelles.

flexibilizar *v. tr.* Hacer algo flexible o más flexible: *flexibilizar el horario.* También *v. prnl.* ■ Delante de *e* se escribe *c* en lugar de *z*: *flexibilicen.*

flexible (del lat. *flexibilis*) *adj.* **1.** Se dice de lo que se dobla con facilidad sin romperse. **2.** Que cede o se acomoda fácilmente a las circunstancias, pareceres o deseos de otras personas: *Tiene una actitud flexible.* **3.** Se aplica al horario en el que la jornada puede comenzar y terminar dentro de un margen de tiempo más o menos amplio. || *s. m.* **4.** Cable formado por hilos finos de cobre, recubiertos de una capa aislante, que se emplea en instalaciones eléctricas. SIN. **1.** Elástico, dúctil, maleable. **2.** Acomodaticio, amoldable, comprensivo. ANT. **1.** y **2.** Inflexible, rígido. **3.** Fijo. FAM. Flexibilidad, flexibilizar, flexión, flexo. / Inflexible.

flexión (del lat. *flexio, -onis*) *s. f.* **1.** Acción de doblar o doblarse: *En gimnasia, hicimos flexiones de brazos.* **2.** Variación morfológica mediante desinencias, como en los sistemas de declinación (flexión nominal) o conjugación (flexión verbal), etc. FAM. Flexional, flexionar, flexivo, flexor. / Genuflexión, inflexión, reflexión. FLEXIBLE.

flexionar *v. tr.* Hacer flexiones con el cuerpo. También *v. prnl.* SIN. Doblar(se), arquear(se).

flexivo, va *adj.* **1.** Relativo a la flexión gramatical. **2.** Que tiene flexión gramatical: *lenguas flexivas.*

flexo *s. m.* Lámpara de mesa con brazo flexible o articulado.

flexor, ra (del lat. *flexus*) *adj.* Que produce un movimiento de flexión, como p. ej. los músculos flexores de los dedos. También *s. m.* ANT. Tensor.

flipar (del ingl. *to fly*, volar) *v. intr.* **1.** *fam.* Agradar o gustar mucho: *Me flipa ese disco.* También *v. prnl.* **2.** *fam.* Funcionar una máquina mal o de forma extraña. **3.** *vulg.* Alucinar a causa de una droga o sentirse vacío al pasar el efecto de ésta. También *v. prnl.* || **fliparse** *v. prnl.* **4.** *vulg.* Drogarse. SIN. **1.** Entusiasmar(se), apasionar(se), pirrar(se). **3.** y **4.** Colgarse. FAM. Flipe.

flipe *s. m.* **1.** *fam.* Lo que gusta mucho. **2.** *vulg.* Estado del que ha consumido una droga.

flirt (ingl.) *s. m.* **1.** Flirteo, hecho de flirtear. **2.** Persona con la que se flirtea: *Vino con su nuevo flirt.* **SIN. 1.** Coqueteo, devaneo. **1.** y **2.** Ligue. **FAM.** Flirtear.

flirtear (del ingl. *to flirt*, coquetear) *v. intr.* **1.** Entablar una relación amorosa sin importancia, por coqueteo: *Flirtea con las extranjeras.* **2.** Ocuparse de algo sin seriedad ni constancia: *Flirtear con la política.* **SIN. 1.** Coquetear, tontear. **FAM.** Flirteo. FLIRT.

floema (del gr. *phloios*, corteza) *s. m.* Líber*.

flojear *v. intr.* Aflojar, perder fuerza, intensidad, etc.: *Ese alumno ha flojeado en el último trimestre. Este año flojean las cosechas. Ya flojea la lluvia.* **SIN.** Ceder, flaquear, decaer; remitir. **ANT.** Apretar; arreciar; aumentar.

flojera *s. f. fam.* Sensación de debilidad y agotamiento físico. **SIN.** Flojedad.

flojo, ja (del lat. *fluxus*, de *fluere*, fluir) *adj.* **1.** Poco apretado, tirante o seguro: *una bombilla floja, un cojín flojo.* **2.** Que tiene poca fuerza, intensidad o vigor: *una cerveza floja, un viento flojo.* **3.** Pobre o escaso: *un examen flojo, una comida floja.* **4.** Poco activo y cuidadoso. También *s. m.* y *f.* **5.** *Amér.* Cobarde. **SIN. 1.** Suelto, flácido, laxo. **2.** Débil, endeble. **3.** Insuficiente; mediocre. **4.** Inactivo, perezoso. **ANT. 1.** Tenso, duro. **2.** Fuerte. **3.** Brillante; abundante. **4.** Diligente. **FAM.** Flojamente, flojear, flojedad, flojera. / Aflojar.

floppy disk (ingl.) *expr.* Disquete*. ■ Se usa como *s. m.*

flor (del lat. *flos, floris*) *s. f.* **1.** Parte de las plantas donde se encuentran los órganos de reproducción, generalmente de formas y colores vistosos. **2.** Lo mejor o más selecto de algo: *la flor de la sociedad, la flor de la edad.* **3.** Piropo, alabanza. Se usa más en *pl.*: *echar flores.* **4.** Nata que se forma en la superficie de algunos líquidos, como en el vino. **5.** En las pieles curtidas, parte exterior, que admite pulimento. || **6. flor de estufa** Persona excesivamente delicada o expuesta a pequeños achaques. **7. flor de la canela** Algo muy bueno o excelente. **8. flor de la maravilla** Planta ornamental originaria de México, con flores grandes de color púrpura y manchas atigradas, que se marchitan a las pocas horas de abiertas. **9. flor de lis** Planta de grandes flores rojas aterciopeladas; también, figura heráldica que representa un lirio, como las tres que adornan el escudo de los Borbones franceses. **10. flor de un día** *fam.* Algo que dura muy poco. **11. flor y nata** Lo mejor de algo. || **LOC. a flor de** *adv.* En la superficie de algo, a poca profundidad; también en sentido no material: *Tiene los nervios a flor de piel.* **en flor** *adj.* y *adv.* Con flores; también, en el estado de plenitud o mayor belleza: *almendro en flor; muchachas en flor.* **flor de** *Amér.* Precediendo a un nombre, funciona como superlativo: *flor de amigo.* **ir de flor en flor** No tener fijeza, tratar con personas o intervenir en algo sin detenerse o profundizar. **ser uno la flor de la maravilla** Cambiar bruscamente, p. ej. de estado de salud: *Es la flor de la maravilla: tan pronto esta sanísimo como se pone a morir.* **SIN. 2.** Crema. **3.** Galantería, requiebro. **ANT. 2.** Escoria. **3.** Insulto. **FAM.** Flora, floración, floral, florear, florecer, florero, florescencia, floricultura, florido, florilegio, floripondio, florista, floristería, floritura, florón. / Aflorar, desflorar, eflorescencia, inflorescencia, picaflor.

flora (del lat. *Flora*, diosa romana de las flores y de la vegetación) *s. f.* **1.** Conjunto de plantas de un país, región o periodo: *flora africana, flora del cuaternario.* **2.** Obra que trata de estas plantas y las nombra y describe. **3.** Conjunto de bacterias que se desarrollan en el interior de algunos órganos y que son indispensables para su perfecto funcionamiento: *flora intestinal.* **SIN. 1.** Vegetación.

floración *s. f.* Acción de florecer las plantas y época en que se produce.

floral (del lat. *floralis*) *adj.* **1.** De las flores o relacionado con ellas: *un adorno floral.* **2.** Se aplica a las fiestas que celebraban los antiguos en honor de la diosa Flora y, p. ext., a otras fiestas parecidas celebradas en Provenza y en otras partes. || **3. juegos florales** Véase **juego**.

floreado, da 1. *p.* de **florear**. También *adj.* || *adj.* **2.** Con dibujo de flores: *un papel floreado.* **3.** Adornado con figuras retóricas: *un discurso floreado.* **SIN. 3.** Florido. **ANT. 2.** Liso.

florear *v. intr.* **1.** Tocar dos o tres cuerdas de la guitarra con tres dedos, repetidamente y sin parar, para lograr un sonido continuo. **2.** *Amér.* Florecer. || **florearse** *v. prnl.* **3.** *Arg., Bol., Chile* y *Urug.* Presumir, lucirse. **FAM.** Floreado, floreo. FLOR.

florecer (del ant. *florescer*, y éste del lat. *florescere*) *v. intr.* **1.** Dar flores las plantas: *Los almendros florecen muy pronto.* **2.** Prosperar, marchar bien: *El negocio floreció tras la reforma.* **3.** Vivir o desarrollarse un artista, movimiento, civilización, etc., en una época o país: *El surrealismo floreció en la primera mitad del s. XX.* **4.** Producir alguien o algo cierta cosa que le da fama, prestigio, realce: *La nación floreció en grandes hombres.* || **florecerse** *v. prnl.* **5.** Ponerse algo mohoso: *florecerse el queso.* ■ Es v. irreg. Se conjuga como *agradecer.* **SIN. 1.** Florar. **2.** Progresar, medrar. **ANT. 1.** Mustiarse. **2.** Decaer. **3.** Desaparecer. **FAM.** Floreciente, florecimiento. / Reflorecer. FLOR.

floreciente *adj.* **1.** Que florece. **2.** Próspero, en pleno desarrollo: *un negocio floreciente, una cultura floreciente.* **SIN. 1.** Florido. **2.** Pujante, boyante.

florentino, na (del lat. *florentinus*) *adj.* De Florencia. También *s. m.* y *f.*

floreo *s. m.* **1.** Acción de florear. **2.** Cualquier dicho, movimiento, etc., que se hace como adorno o muestra de ingenio.

florero *s. m.* Vaso o recipiente en el que se colocan flores.

florescencia *s. f.* **1.** Época en que florecen las plantas. **2.** Erupción en la piel. **SIN. 1.** Eflorescencia.

floresta (del ant. fr. *forest*) *s. f.* Bosque frondoso o lugar poblado de vegetación. **SIN.** Espesura, fronda.

florete (del fr. *fleuret*, y éste del ital. *fioretto*, del lat. *flos, -oris*) *s. m.* Espada de hoja estrecha, con cuatro aristas y la punta embotada, que se emplea en esgrima. **SIN.** Espadín.

flori- (del lat. *flos, floris*, flor) *pref.* Significa 'flor': *floricultura, floristería.*

floricultura (de *flori-* y *-cultura*) *s. f.* Arte y oficio de cultivar flores y plantas ornamentales en invernaderos o al aire libre. **FAM.** Floricultor. FLOR.

florido, da *adj.* **1.** Que tiene abundancia de flores. **2.** Se dice del lenguaje o estilo con mucho adorno. || **LOC. lo más florido** Lo mejor y más escogido de algo. **SIN. 2.** Floreado. **ANT. 2.** Pobre, prosaico. **FAM.** Floridamente. FLOR.

florilegio (del lat. *flos, floris*, flor, y *legere*, escoger) *s. m.* Colección de fragmentos literarios escogidos. SIN. Antología, repertorio.

florín (del ital. *fiorino*) *s. m.* **1.** Unidad monetaria de los Países Bajos (hasta el año 2002, en que fue sustituida por el euro) y Surinam. **2.** Antigua moneda de plata.

floripondio *s. m.* **1.** Arbusto del Perú de flores blancas en forma de embudo y muy olorosas. **2.** Flor grande y, p. ext., cualquier adorno exagerado y de mal gusto.

florista *s. m.* y *f.* Persona que vende flores y plantas y prepara ramos y ornamentos con ellas.

floristería *s. f.* Tienda o puesto de flores.

floritura (del ital. *fioritura*, adorno en el canto) *s. f.* **1.** En el canto o alguna otra actividad, cosa que se hace como adorno. || *s. f. pl.* **2.** *fam.* Cosas superfluas o complicaciones innecesarias que se añaden a lo principal: *Ve al grano y no te metas en florituras.* SIN. **1.** Floreo. **2.** Paja, hojarasca. ANT. **2.** Meollo.

florón (del ital. *fiorone*) *s. m.* Adorno en forma de flor grande utilizado en arquitectura y pintura. SIN. Rosetón. FAM. Floronado. FLOR.

flota (del fr. *flotte*, y éste del escandinavo ant. *flóti*) *s. f.* **1.** Conjunto de barcos mercantes, de pesca o de guerra pertenecientes a un país, a una compañía naviera, etc. **2.** Grupo de barcos o aviones que operan juntos con una misión o destino común: *una flota de invasión.* **3.** P. ext., conjunto de vehículos de una misma clase que posee un país, empresa, etc.: *flota de taxis, de autobuses.* SIN. **1.** y **2.** Escuadra, armada. FAM. Flotar, flotilla.

flotación *s. f.* **1.** Acción de flotar. **2.** En econ., situación de una moneda cuyo cambio no está sujeto a paridad oficial y varía según lo hace el mercado. || **3. línea de flotación** La que forma la superficie del agua en el casco de un barco. SIN. **1.** Flote, flotamiento. ANT. **1.** Hundimiento, inmersión.

flotador *s. m.* **1.** Cualquier cuerpo ligero que flota en un líquido con alguna finalidad, p. ej. el de las cisternas de los sanitarios. **2.** Objeto de formas diversas que, atado o ajustado al cuerpo de una persona, la mantiene a flote. SIN. **2.** Salvavidas.

flotante *adj.* **1.** Que flota. **2.** Sometido a variaciones o cambios: *población flotante.* SIN. **2.** Fluctuante, inestable. ANT. **2.** Constante, estable.

flotar (del fr. *flotter*) *v. intr.* **1.** Sostenerse un cuerpo en la superficie de un líquido. **2.** Mantenerse algo suspendido en un medio gaseoso: *El humo flota en el aire.* **3.** Ondear al viento una bandera, tela, etc. **4.** Difundirse o notarse en el ambiente cierta sensación, estado de ánimo, etc.: *La excitación flotaba en el aire.* SIN. **1.** Sobrenadar. **3.** Flamear, agitarse, ondular. **4.** Propagarse, percibirse. ANT. **1.** Hundirse. FAM. Flotabilidad, flotable, flotación, flotador, flotamiento, flotante, flote. / Reflotar. FLOTA.

flote, a *loc. adv.* **1.** Flotando sobre un líquido. **2.** A salvo de algún peligro, apuro o crisis: *La empresa salió a flote.* **3.** A la luz pública: *Salieron a flote sus trapos sucios.*

flotilla (dim. de *flota*) *s. f.* **1.** Flota de barcos pequeños. **2.** Flota de pocos barcos o de pocos aviones.

fluctuación *s. f.* Acción de fluctuar. SIN. Oscilación, variación.

fluctuar (del lat. *fluctuare*, de *fluctus*, ola) *v. intr.* **1.** Aumentar o disminuir alternativamente algunas cosas, p. ej. los precios o la moneda. **2.** Dudar al tomar una decisión, hacer una elección, etc.: *El jurado fluctuó a la hora de la sentencia.* ■ En cuanto al acento, se conjuga como *actuar*: *fluctúo.* SIN. **1.** Oscilar, variar. **2.** Vacilar, titubear. ANT. **1.** Estabilizarse, mantenerse. FAM. Fluctuación, fluctuante, fluctuoso.

fluidez *s. f.* Cualidad de fluido.

fluidificar *v. tr.* Hacer fluida una cosa. FAM. Fluidificación. FLUIDO.

fluido, da (del lat. *fluidus*) *adj.* **1.** Se aplica a las sustancias (gases y líquidos) que toman siempre la forma del recipiente en que están contenidas. También *s. m.* **2.** Aplicado al lenguaje o forma de expresarse, claro y espontáneo. **3.** Que marcha o se desarrolla con facilidad: *una circulación fluida.* || *s. m.* **4.** *fam.* Corriente eléctrica: *Han cortado el fluido.* SIN. **2.** Natural, claro. **3.** Ligero, despejado. **4.** Electricidad. ANT. **1.** Sólido. **2.** Farragoso. **3.** Dificultoso. FAM. Fluidez, fluidificar. FLUIR.

fluir (del lat. *fluere*) *v. intr.* **1.** Correr un fluido por algún lugar o brotar de algún sitio: *El petróleo fluye por el conducto. El agua fluye del manantial.* **2.** Marchar algo ágilmente, sin obstáculos: *Ya fluye el tráfico.* **3.** Aparecer o surgir con facilidad los pensamientos, palabras, etc. ■ Es v. irreg. Se conjuga como *huir.* SIN. **1.** Discurrir. **1.** y **3.** Manar. ANT. **2.** Obstruirse. **3.** Estancarse. FAM. Fluido, flujo, fluxión. / Afluir, confluir, efluvio, influir, refluir, transfluencia.

flujo (del lat. *fluxus*) *s. m.* **1.** Acción de fluir un líquido o gas. **2.** Subida de la marea. **3.** Movimiento de personas o cosas de un lugar a otro: *flujo migratorio, cultural.* **4.** Cantidad de energía que atraviesa cierta superficie en un tiempo determinado: *flujo eléctrico, magnético.* **5.** Secreción o expulsión al exterior del cuerpo de un líquido, normal o patológico, especialmente cuando es abundante. || **6. Flujo de caja.** En econ., cantidad que resulta al restar los costes de los ingresos, cash-flow. SIN. **3.** Corriente, oleada. ANT. **2.** Reflujo.

fluminense *adj.* De Rio de Janeiro. También *s. m.* y *f.*

flúor (del lat. *fluor, -oris*, de *fluere*, fluir) *s. m.* Elemento químico perteneciente a la familia de los halógenos; es un gas amarillento que se emplea como reactivo químico, en el combustible de cohetes espaciales, en odontología para reforzar el esmalte dental, etc. Su símbolo es *F.* FAM. Fluorar, fluorescente, fluorita.

fluoración *s. f.* Tratamiento de flúor en las piezas dentales, que se aplica sobre todo en la edad infantil para evitar las caries.

fluorar *v. tr.* Suministrar o incorporar flúor a alguna cosa, p. ej. a las aguas destinadas al consumo humano. FAM. Fluoración. FLÚOR.

fluorescencia *s. f.* Propiedad que tienen algunas sustancias de reflejar la luz con mayor longitud de onda que la recibida.

fluorescente *adj.* **1.** Se aplica a ciertas sustancias capaces de reflejar la luz con mayor longitud de onda de la recibida: *pintura fluorescente.* **2.** Se dice del tubo de cristal que emite luz mediante el uso de alguna de estas sustancias. También *s. m.* FAM. Fluorescencia. FLÚOR.

fluorita *s. f.* Mineral compuesto de flúor y calcio. Se llama también *espatoflúor.*

fluvial (del lat. *fluvialis*, de *fluvius*, río) *adj.* De los ríos. FAM. Fluviómetro. / Interfluvio.

fluviómetro (del lat. *fluvius*, río, y *-metro*) *s. m.* Aparato para medir las variaciones de nivel de un río.

flux *s. m.* *Amér.* Terno, traje masculino.

fluxión (del lat. *fluxio, -onis*) *s. f.* **1.** Secreción de una mucosa causada por un proceso inflamatorio. **2.** Resfriado de nariz. **FAM.** Véase **fluir**.

fobia *s. f.* **1.** Temor irracional muy intenso, angustioso y obsesivo, a determinadas personas, cosas o situaciones. ▪ Se emplea frecuentemente como suf. **2.** Odio o antipatía hacia alguien o algo. **SIN. 1.** Horror, terror, pánico. **2.** Hostilidad, aversión, manía. **ANT. 2.** Filia, simpatía. **FAM.** Fóbico./ Acrofobia, aerofobia, claustrofobia, fotofobia, hidrofobia, homofobia, patofobia, tanatofobia, xenofobia, zoofobia.

-fobo, ba (del gr. *phobos*, horror) *suf.* Significa 'que siente odio o antipatía': *xenófobo, fotófobo.*

foca (del lat. *phoca*, y éste del gr. *phoke*) *s. f.* Mamífero pinnípedo adaptado a la vida acuática, dotado de aletas, que carece de pabellones auditivos y tiene el cuerpo recubierto de grasa y pelo; habita normalmente en zonas frías.

focal *adj.* Del foco o relacionado con él: *distancia focal.* **FAM.** Bifocal. FOCO.

focalizar *v. tr.* Ser el centro de interés: *Encontrar nuevas vías de desarrollo focaliza el interés de los economistas.* ▪ Delante de *e* se escribe *c* en lugar de *z*: *focalice.*

focha (del cat. *fotja*, y éste del lat. *fulix*, gaviota) *s. f.* Ave acuática de color negruzco, con una callosidad blanca en la frente y pico también blanco. Se llama también *foja* y *gallareta.* **FAM.** Foja[1].

foco (del lat. *focus*, fogón) *s. m.* **1.** Lámpara que produce una luz potente, normalmente dirigible. **2.** Punto de donde parten o donde se concentran determinado tipo de radiaciones u ondas: *foco calorífico, foco acústico.* **3.** Lugar donde se da alguna cosa más intensamente que en el resto y desde el cual se difunde o extiende: *foco cultural, infeccioso.* **4.** Nombre que reciben ciertos puntos de las cónicas. **5.** *Méx.* Farola. **6.** *Perú* Bombilla. **SIN. 3.** Centro, núcleo. **FAM.** Focal, focalizar. / Enfocar, transfocador.

foete *s. m. Amér.* Fuete*.

fofo, fa (onomat.) *adj.* Blando y poco consistente. **SIN.** Flojo, flácido, muelle. **ANT.** Duro, compacto.

fogaje *s. m.* **1.** *Arg., Can., Cuba* y *Méx.* Erupción en la piel. **2.** *Amér.* Bochorno, calor asfixiante.

fogata *s. f.* Fuego hecho con leña o cualquier otro material, que levanta llamas. **SIN.** Hoguera.

fogón (del lat. *focus*) *s. m.* **1.** En las antiguas cocinas, lugar preparado para hacer fuego y guisar. **2.** Antigua cocina de carbón. **3.** En las calderas de vapor, hornos, etc., lugar donde se quema el combustible. **4.** *Amér.* Fogata. **SIN. 1.** Hogar. **FAM.** Fogonero. FUEGO.

fogonazo *s. m.* Llama o fuego momentáneo: *el fogonazo de un disparo.* **SIN.** Llamarada, destello.

fogonero, ra *s. m.* y *f.* Persona encargada del fogón de las calderas, especialmente en las máquinas de vapor.

fogoso, sa (de *fuego*) *adj.* Ardoroso, impetuoso, muy vivo. **FAM.** Fogosidad. FUEGO.

foguear *v. tr.* **1.** Acostumbrar al fuego de la pólvora a la tropa y a los animales utilizados por el ejército. También *v. prnl.* **2.** P. ext., acostumbrar a alguien a cualquier trabajo o a las dificultades de una actividad. También *v. prnl.*: *Se fogueó en puestos de responsabilidad.* **3.** Limpiar un arma disparándola con pólvora. **SIN. 2.** Habituar(se), ejercitar(se). **FAM.** Fogueo. FUEGO.

fogueo *s. m.* Acción de foguear. ‖ **LOC. de fogueo** *adj.* Se dice de la munición sin bala y de los disparos realizados con ella.

foie-gras (fr.) *s. m.* Pasta alimenticia que se prepara con hígado animal (ganso, oca, cerdo, etc.). ▪ Se escribe también *fuagrás.*

foja[1] *s. f.* Focha*.

foja[2] (del lat. *folia*) *s. f. Amér.* Hoja de papel.

folclore o **folclor** (del ingl. *folklore*, de *folk*, pueblo, y *lore*, erudición) *s. m.* **1.** Conjunto de costumbres, leyendas, artesanías, canciones, etc., tradicionales de un pueblo. **2.** *fam.* Jaleo, juerga: *Te lo encuentras en todos los folclores.* ▪ Se escribe también *folklore.* **SIN. 2.** Jolgorio, jarana, bulla. **FAM.** Folclórico, folclorista.

folclórico, ca *adj.* **1.** Propio del folclore. ‖ *s. m.* y *f.* **2.** Persona que se dedica al cante o baile flamenco o aflamencado. ▪ Se escribe también *folklórico.*

fólder (del ingl. *folder*) *s. m. Amér.* Carpeta para guardar papeles.

folía (del fr. *folie*, y éste del lat. *follis*, fuelle) *s. f.* **1.** Canto y baile popular de las islas Canarias. Se usa más en *pl.* **2.** Composición musical de origen portugués. Se usa más en *pl.*

foliáceo, a (del lat. *foliaceus*, de *folium*, hoja) *adj.* **1.** De las hojas de las plantas o relacionado con ellas. **2.** De estructura o disposición en hojas: *una roca foliácea.* **SIN. 1.** Foliar. **2.** Laminar.

foliación *s. f.* **1.** Acción de echar hojas las plantas. **2.** Época en que se produce. **3.** Acción de foliar. **SIN. 3.** Paginación. **FAM.** Exfoliación. FOLIO.

foliar[1] *v. tr.* Numerar los folios de un libro, manuscrito, etc. **SIN.** Paginar. **FAM.** Interfoliar. FOLIO.

foliar[2] (del lat. *foliaris*) *adj.* En bot., relativo a la hoja.

fólico, ca (del lat. *folium*, hoja) *adj.* Se aplica a un ácido que constituye una de las vitaminas del grupo B y se halla presente en las hojas de los vegetales, como la espinaca; su deficiencia en el organismo humano origina una forma de anemia.

folículo (del lat. *folliculus*) *s. m.* **1.** Fruto de un solo carpelo, que se abre a lo largo de una sutura y que normalmente encierra numerosas semillas. **2.** Nombre de diversas estructuras anatómicas en forma de pequeño saco. **FAM.** Folicular.

folidoto *adj.* **1.** Se dice de ciertos mamíferos placentarios con el cuerpo, cabeza y cola cubiertos de escamas córneas imbricadas, piernas cortas con gruesas uñas, boca sin dientes y lengua larga y retráctil. Habitan en África y Asia meridional y se alimentan de hormigas. Folidotos son los pangolines. También *s. m.* ‖ *s. m. pl.* **2.** Orden de estos mamíferos.

folio (del lat. *folium*) *s. m.* **1.** Hoja de un libro o cuaderno. **2.** Hoja de papel que corresponde en tamaño a una doble cuartilla. **3.** Número que lleva cada una de las páginas de un libro, periódico, revista, etc. ‖ **LOC. de a folio** *adj. fam.* Aplicado a algunas cosas inmateriales, enorme, muy grande: *Dijo un disparate de a folio.* **en folio** *adj.* Se dice del libro, folleto, etc., que mide 33 cm de altura. **FAM.** Foliáceo, foliación, foliador, foliar[1], foliar[2], foliolo. / Cuadrifolio, defoliar, infolio, perennifolio, porfolio, portafolio, trifolio, unifoliado.

foliolo o **folíolo** (del lat. *foliolum*) *s. m.* Cada una de las hojuelas o divisiones de una hoja compuesta.

folk (ingl.; significa 'pueblo') *s. m.* **1.** Género musical que tiene sus raíces en las canciones populares. **2.** Género de música popular, nacida en Estados Unidos a finales de los cincuenta, caracterizada por la temática social de sus letras y la sencillez formal.

folklore (ingl.) *s. m.* Folclore*.

folklórico, ca *adj.* Folclórico*.

follaje (del prov. *follatge*, y éste del lat. *folium*, hoja) *s. m.* **1.** Conjunto de ramas y hojas de los árboles y plantas. **2.** Adorno hecho con ramas y hojas cortadas. **3.** Palabrería o adorno recargado o inútil. **SIN. 1.** Fronda, frondosidad, verdor, espesura. **3.** Hojarasca, fárrago.

follar (del lat. *follis*, fuelle) *v. tr.* **1.** *vulg.* Realizar el acto sexual. También *v. intr.* y *v. prnl.* || **follarse** *v. prnl.* **2.** Ventosear sin ruido. ■ Es término malsonante. **SIN. 1.** Fornicar, copular.

folletín (dim. de *folleto*) *s. m.* **1.** Escrito o novela que se publica por partes en periódicos o revistas. **2.** Novela, película, etc., de argumento complicado, sentimental y poco creíble. **SIN. 1.** Folletón. **2.** Melodrama, serial, dramón. **FAM.** Folletinesco, folletinista. FOLLETO.

folletinesco, ca *adj.* De los folletines o semejante a las situaciones generadas en este tipo de melodramas.

folleto (del ital. *foglietto*, y éste del lat. *folium*, hoja) *s. m.* **1.** Obra impresa, no periódica y de pocas páginas. **2.** P. ext., impreso de propaganda o información. **SIN. 1.** Opúsculo. **2.** Prospecto. **FAM.** Folletín, folletón.

folletón *s. m.* Folletín publicado en un periódico o revista.

follón[1] (del lat. *fullo, -onis*, batanero) *s. m.* **1.** Situación o suceso en que hay gritos o riñas. **2.** Cualquier cosa complicada o desordenada y confusa: *Ese juego es un follón.* **SIN. 1.** Bronca, gresca, trifulca. **1.** y **2.** Lío, jaleo. **ANT. 1.** y **2.** Orden. **FAM.** Follonero.

follón[2] (del lat. *follis*, fuelle) *s. m.* **1.** Cohete que se dispara sin ruido. **2.** Ventosidad sin ruido.

follonero, ra *adj.* Que le gustan los follones o los provoca. También *s. m.* y *f.* **SIN.** Alborotador, camorrista; jaranero, bullanguero. **ANT.** Tranquilo, pacífico.

fomentar (del lat. *fomentare*) *v. tr.* Aumentar la actividad o intensidad de algo: *fomentar el deporte.* **SIN.** Promover, impulsar. **ANT.** Obstaculizar. **FAM.** Fomentación, fomentador, fomento.

fomento (del lat. *fomentum*, de *fovimentum*, de *fovere*, calentar) *s. m.* **1.** Acción de fomentar. **2.** Compresa caliente, empapada en agua o en un medicamento, que se aplica a una parte enferma del cuerpo. Se usa más en *pl.* **SIN. 1.** Promoción, impulso. **2.** Cataplasma, emplasto.

fonación (del gr. *phone*, voz) *s. f.* Emisión de la voz o articulación de la palabra. **FAM.** Fonador.

fonador, ra *adj.* Se dice de los órganos que intervienen en la fonación, como la lengua, las cuerdas vocales, etc.

fonda (del ár. *fundaq*, hospedería, depósito) *s. f.* Establecimiento en el que se dan comidas y hospedaje a precios económicos. **SIN.** Hostería, posada, pensión. **FAM.** Fondero, fondista[1].

fondeadero *s. m.* Lugar de una costa, puerto o ría con profundidad suficiente para fondear un barco. **SIN.** Surgidero, anclaje.

fondear *v. tr.* **1.** Fijar una embarcación por medio de anclas o pesos que se agarren o descansen en el fondo del agua. También *v. intr.*: *El barco fondeó en la bahía.* || *v. intr.* **2.** Detenerse en un puerto. || **fondearse** *v. prnl.* **3.** *Amér.* Hacerse rico. **SIN. 1.** Anclar, amarrar. **2.** Atracar. **FAM.** Fondeadero, fondeo. FONDO.

fondero, ra *s. m.* y *f. Amér.* Fondista[1]*.

fondillos *s. m. pl.* Parte trasera de los pantalones, correspondiente a las nalgas.

fondista[1] *s. m.* y *f.* Propietario o encargado de una fonda. **SIN.** Fondero.

fondista[2] *s. m.* y *f.* Deportista especializado en carreras de fondo.

fondo (del lat. *fundus*, hondón) *s. m.* **1.** Parte más baja del interior y exterior de una cosa hueca: *el fondo de un vaso.* **2.** Extremo de alguna cosa o lugar que está más alejado de la entrada o del que habla: *al fondo del pasillo.* **3.** Suelo sobre el que descansa el agua del mar, río, etc. **4.** Profundidad: *una piscina de poco fondo, el fondo de un cajón.* **5.** Superficie o color sobre el que se pinta, borda, etc.: *flores blancas sobre fondo azul.* **6.** Ambiente o circunstancias que rodean a una persona, acción, etc.: *La historia tenía un fondo romántico.* **7.** Lo más importante, esencial o verdadero de algo: *Debemos llegar al fondo del problema. No es malo en el fondo.* **8.** Forma de ser de una persona: *tener buen o mal fondo.* **9.** Dinero, capital: *fondo de ayuda económica, quedarse sin fondos.* **10.** Conjunto de libros, documentos u obras de arte pertenecientes a una biblioteca, museo, etc. Se usa mucho en *pl.*: *los fondos del archivo.* **11.** Resistencia física para el deporte: *Le falta fondo.* **12.** Modalidad deportiva basada en esta capacidad, que consiste en carreras de largo recorrido. || *s. m. pl.* **13.** Parte sumergida del casco de un barco. || **14. bajos fondos** Ambiente y gente de la delincuencia. **15. fondo perdido** (**vitalicio o muerto**) Dinero que una persona recibe de otra con la obligación de pagarle unos intereses y que, al morir ésta o sus herederos, queda en poder de aquélla. **16. medio fondo** En dep., carrera de media distancia. || **LOC. a fondo** *adv.* Con entrega o profundidad: *emplearse a fondo, tratar a fondo un tema.* **tocar fondo** Llegar al límite de una situación desfavorable: *La crisis ha tocado fondo.* **SIN. 1.** Base, asiento, culo. **2.** Final. **3.** Lecho. **6.** Marco, entorno, atmósfera. **7.** Núcleo. **9.** Bienes, efectivo, liquidez. **ANT. 1.** Boca, embocadura. **2.** Principio. **FAM.** Fondear, fondillos, fondista[2], fondón. / Desfondar, mediofondista, semifondo, trasfondo. HONDO.

fondón, na *adj. fam.* Se dice de la persona que empieza a estar gorda. También *s. m.* y *f.*

fondue (fr.) *s. f.* **1.** Plato de origen suizo consistente en queso fundido con licor que se elabora y se consume en un hornillo especial. **2.** Plato que consiste en trozos de carne cruda que se fríen en el momento en un hornillo semejante al anterior, y p. ext., otros alimentos como pescados, mariscos, etc. **3.** Dicho hornillo.

fonema (del gr. *phonema*, sonido de la voz) *s. m.* Cada uno de los modelos ideales de los sonidos que pronunciamos, que al oponerse o diferenciarse entre sí, sirven para formar o distinguir signos lingüísticos. **FAM.** Fonemático. / Epifonema.

fonendo *s. m.* Fonendoscopio*.

fonendoscopio (de *fon -*, *endo-* y *-scopio*) *s. m.* Aparato utilizado en medicina para auscultar, formado por un diafragma que amplifica los sonidos y dos tubos que se aplican en los oídos. ■ Se emplea frecuentemente la forma abreviada *fonendo.*

fonética (del gr. *phonetike*, de *phonetikos*, fonético) *s. f.* **1.** Rama de la lingüística que estudia los sonidos de una o varias lenguas describiendo sus diferencias articulatorias o acústicas. **2.** Conjunto de los sonidos de una lengua o dialecto. **FAM.** Fonético, fonetismo, fonetista.

fonético, ca (del gr. *phonetikos*) *adj.* **1.** Relativo a los sonidos del lenguaje. **2.** Se dice de las lenguas, y sus alfabetos o escrituras, cuyas grafías o signos representan sonidos y no conceptos. **3.** Se aplica a la ortografía de una lengua que se corresponde de modo bastante perfecto con la pronunciación de sus sonidos, p. ej. la del español.

fonetismo *s. m.* Conjunto de las características de los sonidos de una lengua o dialecto.

foniatría (de *fono-*, y el gr. *iatreia*, curación) *s. f.* Parte de la medicina que se ocupa de los defectos de la voz o la articulación de los sonidos. **FAM.** Foniatra.

fónico, ca (del gr. *phone*, voz) *adj.* Relativo a la voz o al sonido.

fono *s. m. Bol.* y *Chile* Teléfono, aparato y número de abonado.

fono- o **-fono, na** (del gr. *phone*, voz, sonido) *pref.* o *suf.* Significa 'sonido': *fonógrafo, teléfono.* ■ Existe también la variante *fon-*: *foniatría.*

fonógrafo (de *fono-* y *-grafo*) *s. m.* Gramófono*. **FAM.** Fonografía, fonográfico.

fonograma (del gr. *phone*, sonido, y *gramma*, escrito) *s. m.* Signo que representa un sonido: *Cada una de las letras del alfabeto es un fonograma.*

fonología (de *fono-* y *-logía*) *s. f.* Rama de la lingüística que estudia los fonemas. **SIN.** Fonemática. **FAM.** Fonológico, fonólogo.

fonometría *s. f.* Medición de la intensidad de los sonidos.

fonómetro (de *fono-* y *-metro*) *s. m.* Aparato para medir la intensidad del sonido. **FAM.** Fonometría.

fonoteca (de *fono-* y *-teca*) *s. f.* **1.** Lugar donde se guardan y archivan discos, cintas, etc. **2.** Colección de estos documentos sonoros.

fontana (ital.) *s. f.* En lenguaje culto y literario, fuente. **SIN.** Fontanal, fontanar.

fontanela (del fr. *fontanelle*, de *fontaine*, fuente) *s. f.* Espacio membranoso existente en el cráneo de los niños y muchos animales jóvenes antes de formarse el hueso completamente.

fontanería *s. f.* **1.** Oficio y conjunto de técnicas relacionadas con la instalación, conservación y arreglo de cañerías y conducciones de agua. **2.** Conjunto de conductos y aparatos para la canalización y distribución de agua: *Tuvimos que cambiar toda la fontanería.* **3.** Taller u oficina del fontanero. **FAM.** Fontanero. FUENTE.

fontanero, ra *s. m.* y *f.* Persona dedicada a la fontanería.

footing (del ingl. *foot*, pie) *s. m.* Ejercicio físico que consiste en correr a un ritmo moderado. **SIN.** Jogging.

foque (del neerl. *fok*) *s. m.* Cada una de las velas triangulares de una embarcación y especialmente la principal de ellas. **FAM.** Petifoque.

forado *s. m. Amér. del S.* Agujero.

forajido, da (del lat. *foras*, fuera, y *exitus*, salido) *adj.* Malhechor que huye de la justicia. También *s. m.* y *f.*

foral *adj.* Del fuero o relacionado con él: *derecho foral.* **SIN.** Forero.

foralismo *s. m.* Ideología que defiende el mantenimiento de los antiguos fueros.

foráneo, a (del bajo lat. *foraneus*, y éste del lat. *foras*, de fuera) *adj.* Extranjero, de fuera. **SIN.** Forastero, exótico. **ANT.** Autóctono, indígena.

forastero, ra (del ant. fr. *forestier*, de *forest*, y éste del lat. *foras*, de fuera) *adj.* De otro lugar o país. También *s. m.* y *f.* **SIN.** Foráneo, extranjero, exótico. **ANT.** Autóctono, indígena.

forcejear (del cat. *forcejar*, y éste del lat. vulg. *fortia*, fuerza) *v. intr.* **1.** Hacer esfuerzos para vencer una resistencia: *Forcejeó para soltarse.* **2.** Disputar, oponerse: *Forcejeaban por el primer puesto.* **SIN. 1.** Bregar, bracear. **1.** y **2.** Luchar, debatirse. **2.** Litigar, competir. **FAM.** Forcejeo. FUERZA.

fórceps (del lat. *forceps*, tenaza) *s. m.* **1.** Instrumento en forma de tenaza utilizado en los partos difíciles para facilitar la salida del niño. **2.** Tenacillas utilizadas en odontología para extraer dientes y muelas. ■ No varía en *pl.*

forense (del lat. *forensis*, de *forum*, foro) *adj.* **1.** Se aplica al médico y a la rama de la medicina que se ocupa de cuestiones relacionadas con las leyes, como p. ej., el examen de los cadáveres para buscar posibles causas criminales. También *s. m.* y *f.* **2.** Del derecho o relacionado con él: *lenguaje forense.* **SIN. 2.** Jurídico.

forestal (del bajo lat. *forestalis*, de *foresta*, bosque) *adj.* De los bosques o relacionado con ellos. **FAM.** Forestar.

forestar *v. tr.* Repoblar un terreno con árboles y plantas forestales. **ANT.** Deforestar, desforestar. **FAM.** Forestación. / Deforestar, desforestar, reforestar. FORESTAL.

forfait (fr.) *s. m.* **1.** Acuerdo o arreglo hecho con anterioridad sobre el precio de alguna cosa. **2.** Particularmente, abono que se adquiere para hacer uso de unas instalaciones de esquí. **3.** Viaje organizado por una agencia en el que todos los gastos están pagados de antemano.

forja (del fr. *forge*, y éste del lat. *fabrica*, fábrica) *s. f.* **1.** Taller donde se da forma a los metales, mediante presión o martilleo. **2.** Acción y resultado de forjar: *la forja del hierro, de una persona, de un futuro.* **SIN. 1.** Fragua, herrería. **2.** Forjadura, forjado; formación, creación, configuración. **FAM.** Forjar.

forjado, da 1. *p.* de **forjar**. También *adj.* || *s. m.* **2.** Armazón con que se hacen las paredes o las separaciones entre los pisos de un edificio. **3.** Acción y resultado de forjar los metales. **SIN. 2.** Entramado. **3.** Forja, forjadura.

forjar (del fr. *forger*, y éste del lat. *fabricare*) *v. tr.* **1.** Trabajar metales en caliente, dándoles forma sin tener que fundirlos. **2.** Crear con esfuerzo y trabajo algo no material: *forjar una empresa, un porvenir.* También *v. prnl.* **3.** Inventar o idear alguna cosa: *forjar ilusiones, esperanzas.* También *v. prnl.* **SIN. 1.** Fraguar. **2.** Construir, conformar. **3.** Imaginar, maquinar. **FAM.** Forjado, forjador, forjadura. FORJA.

forma (del lat. *forma*) *s. f.* **1.** Figura o aspecto exterior de los cuerpos y las cosas materiales. **2.** Modo de actuar o de hacer alguna cosa: *Tiene una extraña forma de hablar.* **3.** Modo de expresar las ideas o el contenido de una obra escrita: *Da más importancia a la forma que al argumento.* **4.** Molde con que se da a una cosa un determinado cuerpo o figura. **5.** Condición física, especialmente la de un deportista; también, estado físico o anímico de cualquier persona: *estar en buena (o mala) forma.* **6.** En der., requisitos externos, manera en que se presenta o expone la causa o asunto del pleito: *defecto de forma.* **7.** En ling., configuración morfológica o sintáctica de una palabra o unidad lingüística: *forma gramatical.* **8.** Hostia; especialmente la pequeña para la comunión de los fieles: *sagrada forma.* **9.** Molde o plancha para imprimir. || *s. f. pl.* **10.** Figura del cuerpo humano, especialmente, los pechos y caderas de la mujer. **11.** Modales, convenciones sociales o educación de las personas: *guardar las formas.* || **LOC. dar forma a algo** Idear de modo preciso y organizado alguna cosa: *dar forma a un plan.* **de cualquier forma** (o **de todas formas**) *adv.* Indica que lo expresado anteriormente no impide que se realice alguna cosa: *No me gusta; de cualquier forma lo haré.* **de forma que** *conj.* Indica consecuencia, efecto o resultado: *Cóselo de forma que no se rompa.* **SIN. 1.** Configuración, apariencia. **2.** Procedimiento, método. **3.** Estilo. **4.** Matriz, horma. **10.** Curvas. **ANT. 1.** Esencia. **3.** Fondo. **FAM.** Formal, formato, formero, formón, fórmula. / Disforme, informe[2], multiforme, triforme.

formación (del lat. *formatio, -onis*) *s. f.* **1.** Acción de formar o formarse: *una formación de hielo.* **2.** Educación y conocimientos que se poseen: *tener una sólida formación.* **3.** Conjunto de personas ordenadas en filas, especialmente de soldados. || **4. formación profesional** Enseñanza oficial que prepara a los alumnos para el ejercicio de una profesión técnica. **SIN. 1.** Creación, constitución, conformación, configuración. **2.** Cultura, estudios. **FAM.** Malformación. FORMAR.

formal (del lat. *formalis*) *adj.* **1.** De la forma o relacionado con ella: *análisis formal.* **2.** Que cumple con su palabra, obligaciones o compromisos: *una empresa formal.* **3.** Que muestra buen comportamiento: *Estuvo muy formal en casa.* **4.** Estable, sin cambios: *relación formal, novio formal.* **5.** Con las formalidades o requisitos precisos: *una visita formal, lenguaje formal.* **SIN. 2.** Cumplidor, serio, responsable. **3.** Educado, correcto. **4.** Fijo, definitivo. **5.** Oficial. **ANT. 1.** Esencial; conceptual. **2.** Irresponsable. **2.**, **4.** y **5.** Informal. **4.** Eventual. **FAM.** Formalidad, formalismo, formalizar, formalmente. / Informal. FORMA.

formalidad *s. f.* **1.** Cualidad de formal, seriedad, responsabilidad. **2.** Cada una de las condiciones o requisitos que se exigen para hacer alguna cosa, especialmente cuando son puramente externas o resultan excesivas. Se usa sobre todo en *pl.* **ANT. 1.** Informalidad.

formalismo *s. m.* **1.** Tendencia excesiva a cumplir o exigir formalidades. **2.** Cualquier corriente artística o científica, que centra su investigación en los rasgos formales de su objeto de estudio. **SIN. 1.** Formulismo, burocratismo, ordenancismo, legalismo. **FAM.** Formalista. FORMAL.

formalizar *v. tr.* **1.** Dar carácter más serio, solemne o estable a alguna cosa: *formalizar un noviazgo.* También *v. prnl.* **2.** Dar a alguna cosa los requisitos legales que se precisan: *formalizar un contrato.* **3.** Dar forma específica a algo, hacerla concreta o precisa: *formalizar un lenguaje, un pedido.* ■ Delante de *e* se escribe *c* en lugar de *z*: *formalice.* **SIN. 1.** Solemnizar(se). **2.** Legalizar, oficializar. **3.** Configurar. **FAM.** Formalización. FORMAL.

formante *s. m.* **1.** En ling., cada uno de los constituyentes que modifican el significado del lexema en las palabras derivadas y compuestas. **2.** Cada uno de los rasgos que pueden identificarse en un sonido o en un fonema.

formar (del lat. *formare*) *v. tr.* **1.** Hacer una cosa con un material o con distintos elementos, dándole la forma debida: *Los niños formaron un castillo con arena.* **2.** Crear, constituir, establecer: *formar equipos, formar un nuevo gobierno.* También *v. prnl.*: *formarse escarcha.* **3.** Enseñar, adiestrar, desarrollar. También *v. intr.* y *v. prnl.*: *El ejemplo forma. Se formó en la universidad.* **4.** Colocar a una persona en una formación, cortejo, etc.: *El capitán formó a los soldados.* También *v. intr.* y *v. prnl.* **5.** Dar o tomar la forma propia de una determinada categoría gramatical: *Añade una -s para formar el plural.* También *v. prnl.* || *v. intr.* **6.** Estar en una determinada clase, situación, etc.: *Forma en el bando rebelde.* **SIN. 1.** Conformar, configurar, modelar. **2.** Organizar(se), componer(se). **3.** Educar(se), forjar(se). **4.** Ordenar(se), alinear(se). **6.** Figurar, contarse, encontrarse. **ANT. 1.** Desfigurar. **2.** Destruir. **3.** Embrutecer. **FAM.** Formable, formación, formado, formador, formante, formativo. / Conformar, deformar, informar, reformar, transformar, uniformar.

formatear *v. tr.* En inform., preparar un disquete para darle una estructura utilizable por el ordenador. **FAM.** Formateo. FORMATO.

formativo, va *adj.* Que forma o sirve para formar: *El estudio es una labor formativa.* **SIN.** Formador, educativo, instructivo, didáctico. **ANT.** Deformador, deformante.

formato *s. m.* **1.** Tamaño y forma de un libro o impreso, que se expresa, generalmente, por la anchura y altura de la página. **2.** P. ext., tamaño de una fotografía, disco, etc. **3.** En inform. estructura de un disco o disquete según su capacidad de información. **FAM.** Formatear. FORMA.

-forme (del lat. *forma*) *suf.* Significa 'forma': *pisciforme, multiforme.*

formenterano, na *adj.* De Formentera. También *s. m.* y *f.*

formero *adj.* **1.** En arq., se aplica al arco paralelo al eje longitudinal de la nave central, y que la separa de las laterales. **2.** Se dice de cada uno de los cuatro arcos que soportan una bóveda vaída.

formica (nombre comercial registrado) *s. f.* Material resistente revestido por una de sus caras con una resina artificial, decorativa y brillante.

fórmico, ca (del lat. *formica*, hormiga) *adj.* Se dice de varios compuestos orgánicos que poseen un solo átomo de carbono, el más importante de los cuales es el ácido fórmico, presente en el veneno de las hormigas, orugas, ortigas, etc. **FAM.** Formol.

formidable (del lat. *formidabilis*, de *formidare*, temer) *adj.* **1.** Extraordinario, magnífico. **2.** Muy grande. **3.** Aterrador, temible. **SIN. 1.** Fantástico, excelente. **1.** y **2.** Colosal. **2.** Enorme, inmenso. **ANT. 1.** Horrible. **2.** Minúsculo.

formol *s. m.* Solución acuosa de aldehído fórmico, de olor fuerte e irritante, que tiene propiedades desinfectantes y se utiliza para conservar cuerpos u órganos de animales. **FAM.** Véase **fórmico**.

formón *s. m.* Herramienta de carpintería consistente en una pieza de metal terminada en bisel con filo muy cortante. **FAM.** Véase **forma**.

fórmula (del lat. *formula*) *s. f.* **1.** Expresión mediante números, letras o símbolos de una ley física o matemática, de la naturaleza y de la composición de un cuerpo químico, etc. **2.** Receta para hacer una cosa determinada, p. ej. un medicamento. **3.** Modo de resolver o conseguir una cosa, y particularmente de contentar intereses y opiniones distintas: *Se llegó a una fórmula de compromiso.* **4.** Manera, acción o frase convenida para expresar o ejecutar alguna cosa: *una fórmula de despedida.* **5.** En automovilismo, cada una de las categorías en que se divide las competiciones: *campeonato de Fórmula 1.* || *s. m.* **6.** P. ext., vehículo que participa en estas competiciones. **SIN. 1.** Enunciado. **3.** Solución, arreglo. **4.** Cliché. **FAM.** Formular, formulario, formulismo. FORMA.

formulación *s. f.* **1.** Acción de formular. **2.** Conjunto de normas que hay que seguir para nombrar y escribir las formas de los compuestos químicos.

formular *v. tr.* **1.** Expresar algo mediante una fórmula. **2.** Expresar algo con claridad y precisión, valiéndose de la palabra o de la escritura: *formular una reclamación, un deseo.* **3.** Recetar. **SIN. 2.** Enunciar, manifestar, exponer. **FAM.** Formulación. FÓRMULA.

formulario, ria *adj.* **1.** Que se hace por formulismo, compromiso o cortesía: *un saludo formulario.* || *s. m.* **2.** Impreso que debe rellenarse con los datos correspondientes al asunto que se trata: *el formulario de una encuesta.* **3.** Libro que recoge una colección de fórmulas: *un formulario de química.* **4.** Libro que contiene diversos modelos de instancias, cartas, etc. **SIN. 1.** Formal, formalista. **3.** Prontuario. **ANT. 1.** Informal.

formulismo *s. m.* **1.** Tendencia excesiva a las fórmulas establecidas para la resolución y ejecución de cualquier asunto, especialmente oficial y burocrático. **2.** Tendencia a preferir la apariencia de algo a su esencia, proceder que sólo busca cubrir las apariencias. **SIN. 1.** Formalismo, burocratismo, legalismo, ordenancismo. **FAM.** Formulista. FÓRMULA.

fornicar (del lat. *fornicare*, de *fornix*, lupanar) *v. intr.* Mantener relaciones sexuales fuera del matrimonio. ■ Delante de *e* se escribe *qu* en lugar de *c*: *fornique.* **FAM.** Fornicación, fornicador.

fornido, da *adj.* Aplicado a personas o partes de su cuerpo, fuerte y robusto. **SIN.** Corpulento, recio, musculado, macizo. **ANT.** Débil, enclenque.

fornitura (del fr. *fourniture*, de *fournir*, y éste del germ. *frumjan*, producir, fabricar) *s. f.* **1.** Conjunto de botones, trencillas, forros y otros elementos accesorios utilizados en prendas de vestir. **2.** Correaje y cartuchera que usan los soldados. Se usa sobre todo en *pl.*

foro (del lat. *forum*) *s. m.* **1.** Plaza de las antiguas ciudades romanas donde se trataban los asuntos públicos y donde el pretor celebraba los juicios. **2.** P. ext., lugar donde actúan los tribunales de justicia. **3.** Ejercicio de la abogacía y todo lo relacionado con ella: *Cambió el foro por la política.* **4.** Coloquio, debate: *Celebraron un foro sobre cine negro.* **5.** En un escenario, parte opuesta a la embocadura. || **LOC. por el foro** *adv.* Con verbos como *desaparecer, irse, marcharse*, etc., hacerlo sin que se note. **SIN. 2.** Curia. **FAM.** Forense, forum. / Aforar, fuero.

forofo, fa *s. m.* y *f.* Seguidor apasionado, especialmente en deportes. También *adj.* **SIN.** Hincha, fanático, incondicional.

forraje (del fr. *fourrage*, y éste del germ. *fodar*) *s. m.* **1.** Pasto tanto verde como seco para el ganado. **2.** Acción de forrajear. **FAM.** Forrajear, forrajero.

forrajear *v. tr.* Segar y recoger el forraje. **FAM.** Forrajeador. FORRAJE.

forrajero, ra *adj.* Se dice de las plantas que sirven para forraje.

forrar (del fr. *fourrer*) *v. tr.* **1.** Poner forro a algo o cubrirlo con una lámina o capa: *forrar un libro, forrar la pared con corcho.* **2.** *fam.* Pegar mucho a alguien: *Le forraron a golpes.* || **forrarse** *v. prnl.* **3.** *fam.* Atiborrarse de algo: *Se forró a chuletas.* **4.** *fam.* Ganar muchísimo dinero: *Se forró en poco tiempo.* **5.** *Arg.* Estudiar mucho para un examen. **SIN. 1.** Revestir, recubrir. **2.** Zurrar, sacudir, zumbar. **3.** Hincharse, hartarse. **4.** Enriquecerse. **FAM.** Forrado. FORRO.

forro *s. m.* Material con que se reviste una cosa, ya sea interior o exteriormente, como p. ej., las telas, pieles, etc., que se ponen a una prenda por dentro o las cubiertas de los libros: *Descosió el forro de la falda. Le puso un forro al cuaderno.* || **LOC. ni por el forro** *adv. fam.* Ni por asomo, nada en absoluto: *No se parecen ni por el forro.* **SIN.** Funda. **FAM.** Forrar.

fortacho, cha o **fortachón, na** *adj. fam.* Fuerte, corpulento. También *s. m.* y *f.* **SIN.** Forzudo, robusto, macizo. **ANT.** Debilucho, enclenque.

fortalecer *v. tr.* **1.** Dar fuerza física o moral a alguien o algo: *Tus consejos le fortalecieron.* También *v. prnl.*: *Se fortaleció con el ejercicio.* **2.** Confirmar o apoyar una cosa: *Los hechos fortalecen su hipótesis.* ■ Es v. irreg. Se conjuga como *agradecer.* **SIN. 1.** Fortificar, robustecer(se), vigorizar(se). **1.** y **2.** Reforzar. **2.** Ratificar, corroborar. **ANT. 1.** Debilitar(se). **FAM.** Fortalecedor, fortalecimiento. FUERTE.

fortaleza (del prov. *fortaleza*, y éste del lat. *fortis*) *s. f.* **1.** Fuerza, capacidad de alguien o algo para realizar trabajos o ejercicios físicos, resistir pesos, etc.: *fortaleza muscular, la fortaleza de unas vigas.* **2.** Capacidad para soportar problemas y contrariedades: *Sufrió las adversidades con fortaleza.* **3.** Lugar o edificio fortificado: *una fortaleza militar.* **SIN. 1.** Vigor, energía. **2.** Entereza. **3.** Fortificación, fuerte, fortín. **ANT. 1.** Debilidad. **2.** Flaqueza.

forte (ital.) *s. m.* Anotación en la partitura que indica que el pasaje debe interpretarse aumentando la intensidad del sonido.

fortificación (del lat. *fortificatio, -onis*) *s. f.* **1.** Acción de fortificar. **2.** Construcción o conjunto de obras con que se fortifica un lugar. **SIN. 2.** Fortaleza, fuerte, fortín.

fortificar (del lat. *fortificare*, de *fortis*, fuerte, y *facere*, hacer) *v. tr.* **1.** Dar fuerza material o moral. **2.** Hacer construcciones y obras de defensa en un lugar para protegerlo: *Fortificaron la ciudad.* ■ Delante de *e* se escribe *qu* en lugar de *c*: *fortifique.* **SIN. 1.** Fortalecer, robustecer; reconfortar, alentar. **2.** Guarnecer, amurallar. **ANT. 1.** Debilitar. **2.** Desguarnecer, desproteger. **FAM.** Fortificación, fortificante. FUERTE.

fortín *s. m.* **1.** Fortaleza o fuerte pequeño. **2.** Obra levantada en el atrincheramiento de un ejército para reforzar su defensa. **SIN. 2.** Fortificación, parapeto.

fortuito, ta (del lat. *fortuitus*, de *fors*, *fortis*, suerte, casualidad) *adj.* Casual, accidental: *un hallazgo fortuito.* **SIN.** Imprevisto, involuntario, aleatorio. **ANT.** Deliberado. **FAM.** Fortuitamente. FORTUNA.

fortuna (del lat. *fortuna*) *s. f.* **1.** Suerte, buena o mala, a la que supuestamente se debe todo lo que ocurre: *Quiso conocer su fortuna. Probaron fortuna.* **2.** Buena suerte o suceso muy favorable y conveniente: *Fue una fortuna el encontrarte.* **3.** Aceptación, éxito: *Sus teorías no tuvieron demasiada fortuna.* **4.** Conjunto de bienes, dinero, propiedades, etc.: *hacer fortuna.* **5.** Mucho dinero: *Gana una fortuna.* || **LOC. por fortuna** *adv.* Afortunadamente. **SIN. 1.** Destino, sino, hado. **2.** Dicha, ventura. **3.** Acogida. **4.** Hacienda, caudal, patrimonio. **5.** Potosí, dineral. **ANT. 2.** Infortunio. **5.** Miseria. **FAM.** Fortuito. / Afortunado, cazafortunas, infortunado.

forum (lat.) *s. m.* **1.** Foro*. || **2. cine forum** Véase **cine.** ■ Se escribe también *cineforum.* **FAM.** Cineforum.

forúnculo (del lat. *furunculus*) *s. m.* Inflamación con pus en la piel, muy localizada y dolorosa, producida por una infección. ■ Se dice también *furúnculo.* **SIN.** Divieso.

forzado, da 1. *p.* de **forzar**. También *adj.* || *adj.* **2.** Que no es espontáneo o natural: *una sonrisa forzada.* **3.** Forzoso: *trabajos forzados.* || *s. m.* **4.** Galeote. SIN. **2.** Afectado, artificial, fingido, estudiado. **3.** Obligatorio. ANT. **2.** Auténtico; sincero. **3.** Voluntario. FAM. Forzadamente. FORZAR.

forzar (del lat. *fortiare*, y éste de *fortis*, fuerte) *v. tr.* **1.** Hacer fuerza o presión sobre una persona o cosa para conseguir algo: *Le forzaron para que dimitiera. Forcé la correa.* **2.** Abrir alguna cosa, como una puerta, cerradura, etc., por la fuerza. **3.** Esforzarse por que una cosa sea distinta a como sería de una forma natural o espontánea: *forzar una frase, forzar los acontecimientos.* **4.** Hacer que algo funcione o trabaje al máximo: *forzar un motor.* **5.** Abusar sexualmente de una persona. ▪ Delante de *e* se escribe *c* en lugar de *z*: *No lo forcemos.* Es v. irreg. Se conjuga como *contar.* SIN. **1.** Presionar, coaccionar. **5.** Violar. FAM. Forzado, forzamiento. / Reforzar. FUERZA.

forzoso, sa *adj.* Obligatorio o inevitable: *El examen es forzoso. Es forzoso que asistas.* SIN. Ineludible, inexcusable, indispensable. ANT. Voluntario; evitable. FAM. Forzosamente. FUERZA.

forzudo, da *adj.* Que tiene mucha fuerza física. También *s. m.* y *f.* SIN. Fuerte, fortachón, hercúleo. ANT. Débil.

fosa (del lat. *fossa*, de *fodere*, cavar) *s. f.* **1.** Hoyo hecho en la tierra como sepultura. **2.** Cavidad o hueco del organismo: *fosas nasales.* **3.** En geol., zona hundida de la corteza terrestre o del fondo marino. || **4. fosa séptica** Depósito donde se recogen y depuran las aguas residuales. SIN. **1.** Tumba. **2.** Concavidad, oquedad. ANT. **2.** Protuberancia. FAM. Foso.

fosco, ca (del lat. *fuscus*) *adj.* **1.** Se dice del pelo fuerte y rebelde. **2.** Oscuro, se aplica especialmente al cielo. **3.** Hosco. SIN. **2.** Nublado, cerrado. ANT. **1.** Liso, lacio. **2.** Claro. FAM. Hosco.

fosfatar *v. tr.* Combinar fosfatos con otras sustancias. FAM. Fosfatado. FOSFATO.

fosfatina *s. f.* Voz que sólo aparece en las loc. fam.: **estar hecho fosfatina**, estar muy cansado, desanimado o enfermo, y **hacer fosfatina**, pulverizar, estropear o perjudicar.

fosfato *s. m.* Sal obtenida a partir del fósforo, empleada como fertilizante y en la fabricación de levaduras artificiales. FAM. Fosfatar, fosfático. FÓSFORO.

fosforecer o **fosforescer** *v. intr.* Producir o emitir fosforescencia. ▪ Es v. irreg. Se conjuga como *agradecer.* FAM. Fosforescente. FOSFORESCENCIA.

fosforescencia *s. f.* Propiedad de algunas sustancias de emitir luz después de su exposición a una fuente luminosa. FAM. Fosforecer. FÓSFORO.

fosforescente *adj.* Se dice del cuerpo o la sustancia que produce fosforescencia.

fosforito, ta *adj. fam.* Fosforescente: *amarillo fosforito, verde fosforito.*

fósforo (del lat. *phosphorus*, y éste del gr. *phosphoros*, de *phos*, luz, y *phero*, llevar) *s. m.* **1.** Elemento químico que emite luz en la oscuridad y se encuentra en los huesos, en distintos componentes del organismo animal y en gran variedad de minerales. Su símbolo es *P.* **2.** Cerilla. SIN. **2.** Mixto. FAM. Fosforado, fosforar, fosforero, fosforescencia, fosfórico, fosforito. / Fosfato.

fósil (del lat. *fossilis*, de *fossum*, cavado) *adj.* **1.** Se aplica a los restos de animales y plantas muertos en épocas remotas que han quedado convertidos en piedra. También *s. m.* **2.** *fam.* Viejo o anticuado. También *s. m.* y *f.*: *Está hecho un fósil.* ANT. **2.** Reciente. FAM. Fosilizarse.

fosilizarse *v. prnl.* **1.** Convertirse un cuerpo orgánico en fósil. **2.** Estancarse en el pasado, dejar de evolucionar. ▪ Delante de *e* se escribe *c* en lugar de *z*: *fosilice.* SIN. **1.** Mineralizarse. **2.** Anquilosarse, atrofiarse. ANT. **2.** Progresar. FAM. Fosilización. FÓSIL.

foso (del lat. *fossus*, de *fodere*, cavar) *s. m.* **1.** Hoyo grande de forma alargada abierto en el suelo. **2.** En el teatro, espacio situado debajo del escenario donde normalmente está la orquesta. **3.** En talleres mecánicos y garajes, cavidad desde la que se puede arreglar o limpiar más fácilmente la máquina colocada encima. **4.** Zanja profunda y alargada que rodea algunas fortalezas y castillos. **5.** Lugar con arena donde va a parar el atleta después de saltar. SIN. **3.** y **4.** Cava.

foto *s. f. fam. acort.* de **fotografía**. FAM. Foto-fija, fotomatón, fotorrobot, fototeca. FOTOGRAFÍA.

foto- (del gr. *phos*, *photos*, luz) *pref.* Significa 'luz' o 'fotografía': *fotosíntesis.*

fotocélula *s. f.* Célula fotoeléctrica.

fotocomposición *s. f.* En artes gráficas, sistema de composición de textos basado en un proceso fotográfico.

fotoconductor, ra o **triz** *adj.* Se aplica al cuerpo cuya conductividad eléctrica cambia de acuerdo con la intensidad de la luz.

fotocopia *s. f.* Reproducción fotográfica instantánea de un documento, dibujo, etc., realizada directamente sobre papel. SIN. Xerocopia. FAM. Fotocopiadora, fotocopiar. COPIA.

fotocopiadora *s. f.* Máquina que hace fotocopias.

fotocopiar *v. tr.* Hacer fotocopias.

fotodegradable *adj.* Que puede degradarse por efecto de la luz.

fotoelectricidad *s. f.* Electricidad producida por el desprendimiento de electrones bajo la acción de la luz. FAM. Fotoeléctrico. ELECTRICIDAD.

foto-fija *s. f.* **1.** En cine, fotografía que se toma durante el rodaje para uso exclusivamente publicitario. || *s. m.* y *f.* **2.** Persona que realiza este trabajo.

foto-finish *s. f.* Photo* finish.

fotofobia (de *foto-* y *-fobia*) *s. f.* Repulsión o temor a la luz. FAM. Fotófobo.

fotogénico, ca *adj.* Que tiene buenas condiciones para ser fotografiado o filmado o que sale favorecido. FAM. Fotogenia.

fotógeno, na *adj.* Que produce luz.

fotograbado *s. m.* **1.** Procedimiento para grabar por medios fotográficos, químicos o electrónicos un cliché sobre planchas metálicas que sirven para imprimir. **2.** Plancha y grabado obtenidos por este procedimiento. FAM. Fotograbador, fotograbar. GRABADO.

fotografía (de *foto-* y *-grafía*) *s. f.* **1.** Técnica para obtener imágenes permanentes sobre materias sensibles a la luz. **2.** Imagen así obtenida. **3.** Representación, descripción, etc., fiel y exacta de personas, hechos o cosas: *Sus relatos son fotografías de la época.* SIN. **2.** Instantánea, retrato. FAM. Foto, fotografiar, fotográficamente, fotográfico, fotógrafo, fotograma. / Aerofotografía, macrofotografía, microfotografía, telefotografía.

fotografiar *v. tr.* Obtener imágenes por medio de la fotografía. También *v. prnl.*: *Se fotografió con su familia.* ▪ En cuanto al acento, se conjuga como *ansiar*: *fotografíe.*

fotográfico, ca *adj.* **1.** Relativo a la fotografía: *película fotográfica.* **2.** Con la precisión y la fidelidad de una fotografía: *Tiene memoria fotográfica; se acuerda de todos los detalles.*

fotógrafo, fa *s. m.* y *f.* Persona que hace fotografías, especialmente si se dedica a ello profesionalmente.

fotograma (de *foto-* y *-grama*) *s. m.* Cada una de las imágenes que se suceden en una película cinematográfica consideradas aisladamente.

fotólisis (de *foto-* y el gr. *lysis*, disolución) *s. f.* Descomposición química de los cuerpos por efecto de la luz, fundamentalmente a causa de la acción de los rayos ultravioleta.

fotolito (de *foto-* y *-lito*) *s. m.* En artes gráficas, cliché fotográfico que reproduce el original sobre soporte transparente.

fotolitografía (de *foto-* y *litografía*) *s. f.* Arte de reproducir y fijar dibujos en piedra litográfica por la acción química de la luz. **FAM.** Fotolitografiar, fotolitográfico. LITOGRAFÍA.

fotomatón (de *foto-* y *matón*) *s. m.* **1.** Sistema fotográfico para obtener el revelado del negativo y sacar el positivo y las copias en muy pocos minutos. **2.** Cabina donde se hacen fotos por este sistema.

fotomecánica *s. f.* **1.** Procedimiento de reproducción gráfica mediante técnicas fotográficas. **2.** Taller donde se efectúa. **FAM.** Fotomecánico. MECÁNICO.

fotometría *s. f.* Ciencia que estudia las leyes relativas a la intensidad de la luz y los métodos e instrumentos para medirla. **FAM.** Fotómetro.

fotómetro (de *foto-* y *-metro*) *s. m.* Instrumento para medir la intensidad de la luz.

fotomicrografía *s. f.* **1.** Método de obtención de fotografías de objetos invisibles a simple vista, aumentando la imagen por medio del microscopio. **2.** Fotografía así realizada.

fotomontaje *s. m.* Combinación de varias fotografías para conseguir una nueva imagen con intención artística, publicitaria, etc.

fotón (del gr. *phos*, *photos*, luz) *s. m.* Partícula de mínima energía luminosa que se propaga en el vacío a la velocidad de la luz.

fotonovela *s. f.* Relato compuesto por una sucesión de fotografías, acompañadas de pies o bocadillos con indicaciones o trozos de diálogo.

fotoprotector, ra *adj.* Se aplica al producto que protege contra los efectos nocivos de los rayos solares. También *s. m.*

fotoquímica *s. f.* Estudio de las reacciones químicas producidas por la acción de la luz.

fotorrobot *s. f.* Retrato de una persona elaborado con detalles fisonómicos descritos por otras. ■ Se escribe también separado.

fotosensible *adj.* Sensible a la luz.

fotosfera (de *foto-* y el gr. *sphaira*, esfera) *s. f.* Capa gaseosa del Sol que corresponde a la superficie visible desde la Tierra.

fotosíntesis (de *foto-* y el gr. *synthesis*, formación) *s. f.* Transformación de la energía de la luz en energía bioquímica que tiene lugar en las hojas de los vegetales. ■ No varía en *pl.*

fototactismo o **fototaxismo** (de *foto-* y el gr. *taxis*, ordenación) *s. m.* Respuesta de ciertos organismos a los estímulos luminosos, que les impulsa a aproximarse o alejarse de la luz.

fototeca (de *foto-* y *-teca*) *s. f.* **1.** Archivo de fotografías. **2.** Colección de fotografías.

fototerapia *s. f.* Utilización de radiaciones luminosas en el tratamiento de ciertas enfermedades, como el raquitismo o algunas afecciones reumáticas.

fototipia *s. f.* **1.** Procedimiento de impresión mediante un cliché en relieve que reproduce un negativo fotográfico. **2.** Lámina o estampa reproducida con esta técnica. **FAM.** Fototipo. TIPO.

fototipo *s. m.* Cliché fotográfico.

fototropismo (de *foto-* y el gr. *tropos*, vuelta) *s. m.* Reacción de movimiento de un organismo vivo al estímulo de la luz, p. ej. el crecimiento de los vegetales dirigiendo sus hojas hacia zonas luminosas.

fotovoltaico, ca *adj.* Se aplica a los dispositivos capaces de transformar la energía luminosa en electricidad.

fotuto, ta *adj.* **1.** *Ant.*, *Arg.* y *Méx.* Fastidiado, arruinado. || *s. m.* **2.** *Amér.* Instrumento musical indígena, hecho con una caracola marina.

foul (ingl.) *s. m. Amér. del S.* En dep., falta, infracción del reglamento.

foulard (fr.) *s. m.* Fular*.

fovismo *s. m.* Fauvismo*.

foxterrier (ingl., de *fox*, zorro, y *terrier*, madriguera) *adj.* Se dice de una raza de perro de caza inglés, de tamaño medio, cráneo ancho, cara pequeña y orejas semicaídas, del que existen dos variedades, la de pelo duro y la de pelo liso. También *s. m.* y *f.*

foxtrot (ingl., significa 'paso de la zorra') *s. m.* Baile de origen anglosajón, muy popular a principios del siglo XX.

frac (fr.) *s. m.* Chaqueta masculina de etiqueta que por delante llega hasta la cintura y por detrás se prolonga en dos faldones.

fracasado, da **1.** *p.* de **fracasar**. También *adj.* || *adj.* **2.** Se dice de la persona marcada por el fracaso de sus intentos o aspiraciones. También *s. m.* y *f.*

fracasar (del ital. *fracassare*) *v. intr.* No tener éxito: *fracasar un artista, un negocio.* **SIN.** Frustrarse, malograrse, fallar. **ANT.** Triunfar. **FAM.** Fracasado, fracaso.

fracaso *s. m.* **1.** Hecho de fracasar. **2.** Suceso, persona, cosa, etc. que fracasa: *La obra fue un fracaso. Como deportista, soy un auténtico fracaso.* **SIN.** **1.** Fallo, revés. **1.** y **2.** Ruina, desastre. **ANT.** **1.** Logro. **1.** y **2.** Éxito.

fracción (del lat. *fractio*, *-onis*) *s. f.* **1.** Acción de fraccionar. **2.** En mat., expresión que representa la división de dos cantidades enteras, numerador y denominador, respectivamente. **SIN.** **1.** Fraccionamiento, partición; trozo, fragmento. **2.** Quebrado. **ANT.** **1.** Unión. **FAM.** Fraccionar, fraccionario. / Difracción, fractal, fracturar, infracción, refracción.

fraccionar *v. tr.* Dividir algo en partes: *Fraccionó el pago en tres mensualidades.* También *v. prnl.* **SIN.** Partir(se). **ANT.** Unir(se). **FAM.** Fraccionable, fraccionamiento. FRACCIÓN.

fraccionario, ria *adj.* **1.** De la fracción o que constituye una fracción de algo. || **2. moneda fraccionaria** Véase **moneda**. **3. número fraccionario** En mat, fracción*.

fractal *adj.* **1.** Se dice de los objetos matemáticos cuya creación o forma responde a reglas irregulares o a la fragmentación. **2.** Se aplica a la disciplina matemática que estudia dichos objetos y las reglas por las que se rigen.

fractura (del lat. *fractura*, de *frangere*, romper) *s. f.* **1.** Acción de fracturar o fracturarse, especialmente un hueso o cartílago. **2.** Aspecto de la superficie que se forma en los minerales al romperse: *fractura astillosa, plana.* **SIN.** **1.** Ruptura, rompimiento. ANT. **1.** Unión. FAM. Anfractuoso. FRACTURAR.

fracturar *v. tr.* Romper algo violentamente, especialmente un hueso o miembro del cuerpo. También *v. prnl.* SIN. Quebrar(se), partir(se). FAM. Fractura. FRACCIÓN.

fraga *s. f.* **1.** Terreno escarpado, lleno de peñas y malezas. **2.** En carpintería, madera sobrante que se quita de las piezas para desbastarlas. FAM. Véase **fragoso**.

fragancia (del lat. *fragantia*) *s. f.* Olor fresco y agradable: *la fragancia de los pinos.* SIN. Aroma, perfume. ANT. Hedor. FAM. Fragante.

fragante (del lat. *fragans, -antis*) *adj.* Que tiene fragancia. SIN. Aromático, oloroso. ANT. Hediondo, fétido.

fragata (del ital. *fregata*) *s. f.* **1.** Antiguo navío de guerra. **2.** Actualmente, buque de guerra, menor que el destructor. **3.** Rabihorcado.

frágil (del lat. *fragilis*) *adj.* **1.** Que se rompe con facilidad. **2.** Que se estropea, acaba o trastorna fácilmente: *salud frágil.* **3.** Se dice de la persona de carácter débil, a la que le afectan mucho los problemas o contrariedades. SIN. **1.** Quebradizo. **2.** Endeble, delicado. ANT. **3.** Fuerte. FAM. Fragilidad, frágilmente.

fragilidad *s. f.* Cualidad de frágil. SIN. Debilidad, endeblez. ANT. Dureza.

fragmentar *v. tr.* Reducir una cosa a trozos pequeños o dividirla en partes: *Fragmentó el relato en episodios.* También *v. prnl.* SIN. Fraccionar(se), trocear, partir(se). ANT. Unir(se); fusionar(se). FAM. Fragmentación. FRAGMENTO.

fragmentario, ria *adj.* **1.** Compuesto de partes o fragmentos: *estructura fragmentaria.* **2.** Incompleto o parcial: *una visión fragmentaria.* SIN. **2.** Imperfecto. ANT. **2.** Completo, global, total.

fragmento (del lat. *fragmentum*) *s. m.* Cada una de las partes en que se rompe o divide una cosa: *Encontraron fragmentos de cristal.* SIN. Trozo, porción, cacho. FAM. Fragmentar, fragmentario.

fragor (del lat. *fragor, -oris*, de *frangere*, romper) *s. m.* Ruido grande, continuo y violento. SIN. Estruendo, estrépito. ANT. Silencio. FAM. Fragoroso.

fragoroso, sa *adj.* Ruidoso, estruendoso. SIN. Estrepitoso. ANT. Silencioso, sordo.

fragoso, sa (del lat. *fragosus*) *adj.* **1.** Se dice del terreno irregular, abrupto o lleno de malezas. **2.** SIN. **1.** Escarpado, intrincado, quebrado. ANT. **1.** Llano; despejado. FAM. Fraga, fragosidad.

fragua (del lat. *fabrica*, arte del herrero) *s. f.* **1.** Fogón abierto, aireado mediante un fuelle, donde se calientan los metales para forjarlos. **2.** Taller donde se trabajan los metales con este fogón. SIN. **2.** Forja, herrería. FAM. Fraguar.

fraguar (del lat. *fabricare*, confeccionar, modelar) *v. tr.* **1.** Forjar el metal. **2.** Planear o promover algo, generalmente negativo, como conspiraciones, mentiras, etc.: *Un grupo de violentos fraguaron el motín.* || *v. intr.* **3.** Endurecerse el cemento, la cal u otra mezcla semejante una vez aplicada. **4.** Tener éxito una idea, plan o proyecto: *Su propuesta no acaba de fraguar.* ■ Se conjuga como *averiguar.* SIN. **2.** Idear, tramar, urdir, maquinar. **3.** Solidificarse. **4.** Cuajar, prosperar. ANT. **4.** Fracasar, fallar. FAM. Fraguado, fraguador. FRAGUA.

fraile (del prov. *fraire*, y éste del lat. *frater, -tris*, hermano) *s. m.* Miembro de ciertas órdenes religiosas, especialmente de las llamadas mendicantes, como los franciscanos, carmelitas o dominicos. SIN. Monje, religioso. FAM. Frailecillo, frailero, frailesco, frailuno, fray.

frailecillo *s. m.* **1.** Ave marina cuya especie común tiene dorso negro, vientre y mejillas blancas y fuerte pico de vivos colores. Habita en las costas de acantilado del Atlántico Norte. **2.** Pájaro insectívoro de plumaje blanco con el dorso oscuro y una corona negra. Vive en las selvas tropicales de América del Sur.

frambuesa (del fr. *framboise*, y éste del germ. *brambasi*, zarzamora) *s. f.* **1.** Fruto de color rojo y sabor agridulce, formado por una agrupación de pequeñas drupas. || *s. m.* **2.** Color semejante al de este fruto. ■ Se usa también en aposición: *una blusa frambuesa.* FAM. Frambueso.

frambueso *s. m.* Arbusto espinoso de la familia de las rosáceas, parecido a la zarza, con hojas compuestas y flores blancas, cuyo fruto es la frambuesa.

francachela *s. f.* **1.** *fam.* Comida alegre y abundante. **2.** *fam.* Reunión de personas que se divierten de forma desordenada y ruidosa. SIN. **1.** Comilona. **2.** Juerga, jarana, jolgorio.

francamente *adv. m.* **1.** Con franqueza o sinceridad. **2.** Sin duda ni reserva: *francamente bueno.*

francés, sa (del prov. *fransés*, y éste del germ. *frank*, libre) *adj.* **1.** De Francia. También *s. m.* y *f.* || *s. m.* **2.** Lengua oficial de Francia. **3.** *fam.* Felación*. || LOC. **a la francesa** *adv.* Con verbos como *despedirse* o *marcharse,* irse sin decir adiós. SIN. **1.** Galo. FAM. Francesada, franchute, francio, francocanadiense, francófilo, francófobo, francófono. / Afrancesar, vascofrancés. FRANCO.

franchute *adj. desp.* Francés*. SIN. Gabacho.

francio *s. m.* Elemento químico radiactivo cuyos isótopos poseen una vida media muy corta y la mayoría son obtenidos artificialmente. Su símbolo es *Fr.*

franciscano, na *adj.* De la orden religiosa fundada por San Francisco de Asís. También *s. m.* y *f.*

francmasonería (de *francmasón*, y éste del fr. *francmaçon*, y éste del ingl. *free mason*, albañil libre) *s. m.* y *f.* Masonería*. FAM. Francmasón, francmasónico. MASONERÍA.

franco, ca (del ant. al. *frank*, libre, y éste del lat. *francus*) *adj.* **1.** Sincero. **2.** Cordial y espontáneo: *Nos ofreció un trato franco.* **3.** Indudable, claro: *una franca mejoría.* **4.** Que no tiene obstáculos, impedimentos: *paso franco.* **5.** Libre de carga, impuesto u obligación: *puerto franco.* **6.** Se aplica al pueblo de origen germánico que conquistó y dio nombre a la Galia, actual Francia. **7.** De este pueblo. También *s. m.* y *f.* **8.** Francés. También *s. m.* ■ Con este significado, puede funcionar como pref. o formar parte de compuestos: *francófilo, franco-prusiano.* || *s. m.* **9.** Lengua hablada por el pueblo antes mencionado. **10.** Unidad monetaria de Francia y otros países como Suiza, Bélgica, Luxemburgo y algunos de África. SIN. **2.** Llano, campechano. **3.** Evidente, manifiesto. **5.** Exento, dispensado. ANT. **1.** Hipócrita. **2.** Distante. **3.** Velado. **4.** Obstruido. **5.** Gravado. FAM. Francamente, francés, franquear, franqueza, franquía, franquicia.

francocanadiense *adj.* **1.** Relativo a Francia y Canadá conjuntamente. **2.** Se aplica al canadiense de ascendencia y lengua francesas. También *s. m.* y *f.*

francófono, na (de *franco*, francés, y el gr. *phone*, voz) *adj.* De habla francesa. También *s. m.* y *f.*

francolín *s. m.* Ave galliforme cuya especie común es parecida a la perdiz, pero de plumaje negro en la cabeza, pecho y vientre, gris con manchas blancas en la espalda y con un collar de color castaño.

francotirador, ra (del fr. *franc-tireur*) *s. m.* y *f.* Tirador que actúa aisladamente.

franela (del ingl. *flannel*) *s. f.* Tela de lana o algodón, ligeramente cardada para formar pelillo por una de sus caras. **FAM.** Franelógrafo, franelograma.

franelógrafo *s. m.* Cuadro de franela u otro material que se usa en la escuela para fijar en él grabados, dibujos, letras, frases, etc.

franelograma *s. m.* Figuras, letras, frases, etc., que se adhieren al franelógrafo.

franja (del fr. *frange*, y éste del lat. *fimbria*, fimbria) *s. f.* **1.** Tira o banda de adorno dibujada o superpuesta sobre algo. **2.** Banda o tira en general: *Labraron una franja de terreno.* **SIN. 1.** Cenefa. **1.** y **2.** Faja.

franquear *v. tr.* **1.** Dejar algo libre de estorbos o impedimentos, abrir paso: *franquear la puerta.* **2.** Atravesar algún sitio venciendo alguna dificultad: *Franquearon las líneas enemigas.* **3.** Poner los sellos necesarios para enviar alguna cosa por correo. || **franquearse** *v. prnl.* **4.** Sincerarse: *Se franqueó conmigo.* ■ No confundir con *flanquear*, 'colocarse en los flancos'. **SIN. 1.** Despejar, desobstruir. **2.** Traspasar, cruzar. **ANT. 1.** Obstruir. **FAM.** Franqueable, franqueamiento, franqueo. / Infranqueable. FRANCO.

franqueo *s. m.* **1.** Acción de franquear. **2.** Cantidad que se pone en sellos.

franqueza *s. f.* Sinceridad o claridad, especialmente al expresar una cosa: *Le dije con toda franqueza lo que pensaba de él.* **SIN.** Confianza, espontaneidad. **ANT.** Hipocresía; reserva.

franquía *s. f.* Situación en la cual un buque tiene paso libre para hacerse a la mar o tomar determinado rumbo.

franquicia *s. f.* **1.** Privilegio que se concede a alguien para que quede libre de cierta obligación, impuesto, etc. **2.** Contrato por el que una marca comercial, abastecedor, etc., concede a una persona la explotación de un negocio bajo un nombre común y según determinadas condiciones, iguales a los de otros establecimientos de la misma organización. **3.** Negocio sometido a las condiciones que fija este contrato. || **4. franquicia postal** Transporte gratuito de la correspondencia. **SIN. 1.** Exención, dispensa.

franquismo *s. m.* Régimen político de carácter totalitario que estableció el general Franco en España desde 1939 hasta 1975. **FAM.** Franquista.

frapé (del fr. *frappé*) *adj.* **1.** Granizado. **2.** *Arg.* y *Urug.* Se aplica a la bebida que está muy fría.

frasca *s. f.* Vasija de vidrio, generalmente cuadrada, que se usa para el vino.

frasco *s. m.* Recipiente más pequeño que una botella, generalmente de vidrio y de formas variadas. **SIN.** Tarro. **FAM.** Frasca. / Enfrascar.

frase (del lat. *phrasis*, y éste del gr. *phrasis*, de *phrazo*, hablar) *s. f.* **1.** Conjunto de palabras que tiene sentido. **2.** Expresión elaborada que sintetiza bien una idea, tiene una especial trascendencia, etc.: *una frase de Sócrates.* **3.** Fragmento bien definido de una composición musical que termina en una pausa. || **4. frase hecha** La que tiene una forma fija, como p. ej. *Dios mediante* o *como anillo al dedo.* **SIN. 1.** Oración. **2.** Máxima, aforismo. **4.** Locución, modismo. **FAM.** Frasear, fraseología. / Paráfrasis, perífrasis.

frasear *v. tr.* **1.** Formar frases. **2.** Tocar un instrumento o cantar haciendo resaltar las frases musicales. **FAM.** Fraseo. FRASE.

fraseología (del gr. *phrasis*, frase, y *-logía*) *s. f.* **1.** Conjunto de modos de expresión propios de una lengua, época, grupo, etc.: *fraseología del hampa.* **2.** Abundancia de palabras o expresiones convencionales, muy rebuscadas o inútiles. **3.** Modo de construcción de las frases característico de cada escritor, idioma, etc. **SIN. 2.** Palabrería, verborrea. **FAM.** Fraseológico. FRASE.

fratás *s. m.* Herramienta de albañil parecida a una llana, que se emplea para enlucir.

fraternal *adj.* Propio de un hermano: *cariño fraternal.* **FAM.** Fraternalmente. FRATERNO.

fraternidad (del lat. *fraternitas, -atis*) *s. f.* Unión y afecto entre hermanos o entre los que se tratan como tales. **SIN.** Confraternidad, hermandad. **ANT.** Odio.

fraternizar *v. intr.* Unirse y tratarse con afecto, como hermanos. ■ Delante de *e* se escribe *c* en lugar de *z*: *fraternice.* **SIN.** Confraternizar. **ANT.** Odiarse, desunirse. **FAM.** Confraternizar. FRATERNO.

fraterno, na (del lat. *fraternus*, de *frater*, hermano) *adj.* Fraternal*. **FAM.** Fraternal, fraternidad, fraternizar, fratricidio./ Confraternizar.

fratricida *adj.* **1.** Relativo al fraticidio: *lucha fratricida.* || *s. m.* y *f.* **2.** Persona que comete fratricidio.

fratricidio *s. m.* **1.** Muerte dada al propio hermano. **2.** P. ext., crimen o enfrentamiento entre compatriotas o personas muy cercanas. **FAM.** Fratricida. FRATERNO.

fraude (del lat. *fraus, fraudis*) *s. m.* Engaño realizado para obtener un beneficio, que viola alguna disposición legal: *fraude fiscal, electoral.* **SIN.** Timo, estafa. **FAM.** Fraudulencia, fraudulento. / Defraudar.

fraudulento, ta (del lat. *fraudulentus*) *adj.* Que supone fraude: *venta fraudulenta.* **SIN.** Doloso. **ANT.** Legal. **FAM.** Fraudulentamente. FRAUDE.

fray *s. m. apóc.* de **fraile**. ■ Se emplea delante del nombre de los religiosos de ciertas órdenes.

frazada *s. f.* Manta de cama, gruesa y de pelo.

freático, ca (del gr. *phrear, -atos*, pozo) *adj.* **1.** Se dice de las aguas subterráneas acumuladas sobre una capa impermeable y que pueden ser aprovechadas por medio de pozos. **2.** Se aplica a la capa del subsuelo que contiene estas aguas.

frecuencia (del lat. *frequentia*) *s. f.* **1.** Repetición a menudo de un acto o suceso: *Me llama con frecuencia.* **2.** Número de veces que ocurre una cosa en un determinado tiempo: *frecuencia de pulsaciones.* **3.** En fís., en un movimiento periódico, número de ciclos completos realizados en un segundo. || **4. frecuencia modulada** Tipo de modulación de las ondas sonoras utilizado en emisiones radiofónicas con una alta calidad de sonido. **SIN. 1.** Reiteración, asiduidad. **FAM.** Frecuente. / Radiofrecuencia, videofrecuencia.

frecuentar (del lat. *frequentare*) *v. tr.* **1.** Ir a menudo a alguna parte: *Los amigos frecuentan mi casa.* **2.** Hacer algo a menudo: *Frecuenta la lectura de los clásicos.* **3.** Tratar con frecuencia a alguien: *Frecuenta a sus antiguos compañeros.* **SIN. 2.** Menudear. **FAM.** Frecuentación, frecuentado, frecuentador. FRECUENTE.

frecuentativo (del lat. *frequentativus*) *adj.* En ling., iterativo.

frecuente (del lat. *frequens, -entis*) *adj.* **1.** Que se repite cada poco tiempo. **2.** Corriente, habitual:

No es frecuente llevar sombrero. **SIN. 2.** Común, usual. **ANT. 1.** Infrecuente. **2.** Inusual. **FAM.** Frecuentar, frecuentativo, frecuentemente. / Infrecuente. FRECUENCIA.

free-lance (ingl.) *adj.* Se aplica a la persona que trabaja independientemente, y en especial al periodista que colabora en diversas publicaciones. También *s. m.* y *f.*

freezer (ingl.) *s. m. Arg.* y *Urug.* Congelador.

fregadero *s. m.* **1.** Pila o recipiente para fregar, especialmente los cacharros de cocina. **2.** Sitio en que se friega. **SIN. 1.** Fregador.

fregado, da 1. *p.* de **fregar**. También *adj.* || *adj.* **2.** *Amér.* Aplicado a personas, inoportuno, enfadoso. **3.** *Amér.* Astuto, pícaro. || *s. m.* **4.** Acción de fregar. **5.** *fam.* Discusión, pelea. **6.** *fam.* Asunto complicado y dificultoso: *Nos has metido en un buen fregado.* **7.** *Amér.* Molestia, fastidio. **SIN. 5.** Riña, refriega. **6.** Enredo, follón.

fregar (del lat. *fricare*, frotar) *v. tr.* **1.** Limpiar algo frotándolo con estropajo, bayeta, etc., empapados en agua y jabón o en alguna sustancia apropiada. **2.** Restregar: *Le fregó el cuerpo con alcohol.* También *v. prnl.* **3.** *Amér. fam.* Molestar, fastidiar o perjudicar. También *v. prnl.* ■ Delante de *e* se escribe *gu* en lugar de *g*. Es v. irreg. Se conjuga como *pensar.* **SIN. 2.** Friccionar. **FAM.** Fregadero, fregado, fregador, fregona, fregotear, friega, friegaplatos. / Refregar.

fregona *s. f.* **1.** *desp.* Mujer que friega y, p. ext., criada. **2.** *desp.* Mujer ordinaria. **3.** Utensilio para fregar el suelo formado por un manojo de tiras de material absorbente, provisto de un mango largo. **SIN. 1.** Sirvienta. **1.** y **2.** Chacha.

fregotear *v. tr.* **1.** *fam.* Fregar deprisa y mal, de cualquier manera. **2.** *fam.* Fregar mucho o con energía. **FAM.** Fregoteo. FREGAR.

freidora *s. f.* Electrodoméstico que sirve para freír alimentos.

freiduría *s. f.* Establecimiento en el que se fríe pescado y otros alimentos y donde también se sirven o venden.

freír (del lat. *frigere*) *v. tr.* **1.** Cocinar un alimento poniéndolo cierto tiempo en aceite o grasa hirviendo. **2.** *fam.* Acribillar a tiros: *Frieron a la patrulla en una emboscada.* **3.** *fam.* Molestar o atormentar a alguien con algo pesado, insistente, etc.: *Le frieron los mosquitos.* || **freírse** *v. prnl.* **4.** *fam.* Pasar mucho calor: *Aquí, en verano, te fríes.* ■ Es v. irreg. Se conjuga como *reír.* Tiene dos p.: uno reg., *freído*, y otro irreg., mucho más frecuente, *frito.* **SIN. 3.** Mortificar. **4.** Asarse. **ANT. 4.** Helarse, congelarse. **FAM.** Freidora, freidura, freiduría. / Frito, refreír, sofreír.

fréjol (del lat. *faseolus*, y éste del gr. *phaselos*) *s. m.* Alubia*. ■ Se dice también *fríjol* y *frijol.*

frenado, da 1. *p.* de **frenar**. También *adj.* || *s. m.* **2.** Parada del movimiento de una máquina mediante el freno. || **LOC. dar o pegar a alguien una frenada** *Arg.* y *Urug. fam.* Parar los pies a alguien o hacer que se tranquilice.

frenar (del lat. *frenare*) *v. tr.* **1.** Disminuir o detener la marcha de un vehículo, máquina, cabalgadura, etc. Se usa mucho como *v. intr.*: *Frenó antes de la curva.* **2.** Disminuir o detener el desarrollo, intensidad o actividad de algo: *Frena tus impulsos.* También *v. prnl.* **SIN. 1.** Desacelerar. **1.** y **2.** Parar(se). **ANT. 1.** Acelerar. **2.** Desatar(se). **FAM.** Frenada, frenado, frenazo. / Desenfrenar, enfrenar, refrenar, sofrenar. FRENO.

frenazo *s. m.* Acción de frenar bruscamente. **ANT.** Acelerón.

frenesí (del lat. *phrenesis*, y éste del gr. *phrenesis*, de *phren*, entrañas, alma) *s. m.* **1.** Pasión o sentimiento violento, exaltado: *Tanta alegría se convirtió en frenesí.* **2.** Locura furiosa. **SIN. 1.** Arrebato, desenfreno. **2.** Furia, vesania. **ANT. 1.** y **2.** Calma. **FAM.** Frenético, frenopático. ■ Su pl. es *frenesíes*, aunque también se utiliza *frenesís.*

frenético, ca (del lat. *phreneticus*) *adj.* **1.** Que experimenta o siente frenesí. **2.** Furioso, muy enfadado: *Se puso frenético.* **SIN. 1.** Exaltado. **2.** Colérico, iracundo. **FAM.** Frenéticamente. FRENESÍ.

frenillo *s. m.* Membrana formada en determinados puntos del organismo que limita la movilidad de algunos órganos, como la lengua, el labio superior o el prepucio.

freno (del lat. *frenum*) *s. m.* **1.** Dispositivo de las máquinas o de los automóviles que sirve para disminuir o detener su movimiento. **2.** Pieza de hierro de la brida que se introduce en la boca de las caballerías para sujetarlas y dirigirlas. **3.** Aquello que sujeta o contiene las acciones, sentimientos, procesos, etc.: *poner freno a la imaginación.* **SIN. 2.** Bocado. **3.** Traba, impedimento. **ANT. 3.** Estímulo. **FAM.** Frenar, frenillo. / Aerofreno, guardafrenos, servofreno.

frenopático (del gr. *phren*, *phrenos*, alma y *pathos*, enfermedad) *s. m. fam.* Manicomio*.

frentazo *s. m. Arg.* y *Urug.* En dep., cabezazo.

frente (del ant. *fruente*, y éste del lat. *frons*, *frontis*) *s. f.* **1.** Parte superior de la cara, comprendida entre las sienes y desde el cuero cabelludo hasta las cejas. || *s. m.* **2.** Parte delantera de una cosa, especialmente la fachada de un edificio: *el frente de la casa.* **3.** Zona donde se combate en una guerra: *Le enviaron al frente.* **4.** Unión entre organizaciones, grupos políticos, etc.: *frente democrático.* **5.** En meteorología, línea que separa dos masas de aire de diferentes características, especialmente en su temperatura y humedad. || **LOC. al frente** *adv.* Hacia delante; también, en cabeza o al mando: *un paso al frente. Iba al frente de la comitiva. Está al frente del negocio.* **con la frente alta** *adv.* Sin avergonzarse. **de frente** *adv.* Hacia delante o hacia la parte delantera: *Siga de frente.* Uno enfrente de otro: *Me lo encontré de frente.* Directamente, sin rodeos: *Aborda las dificultades de frente.* **frente a** *prep.* Enfrente de: *Vivo frente a su casa.* En oposición a: *Evolucionó frente al resto.* Ante: *Estoy frente a un dilema.* **frente a frente** *adv.* Cara a cara. **frente por frente** *adv.* Enfrente justamente una cosa de otra. **hacer frente a alguien o algo** Enfrentarse a él o a ello: *Haz frente a tus problemas.* **SIN. 2.** Frontis, testero. **4.** Coalición, confederación, liga. **ANT. 2.** Trasera. **FAM.** Frontal, frontera, frontil, frontis, frontispicio, frontón. / Afrenta, afrontar, bifronte, confrontar, enfrente.

freón (del ingl. *freon*, nombre comercial) *s. m.* Nombre de diversos derivados halogenados del metano y el etano, utilizados en industria para refrigeración, extintores, etc.

fresa[1] (del fr. *fraise*, y éste del lat. *fraga*) *s. f.* **1.** Fruto rojo, comestible, constituido por un conjunto de granos distribuidos sobre una masa carnosa. **2.** Planta de hojas compuestas y flores blancas que produce este fruto. || *s. m.* **3.** Color similar al de dicho fruto. ■ Se usa mucho en aposición: *color fresa.* **FAM.** Fresal, fresón.

fresa[2] *s. f.* **1.** Herramienta provista de una serie de cuchillas o buriles, a modo de dientes, que al girar rápidamente perfora, alisa o labra piezas. **2.** Instrumento quirúrgico en forma de cono que se emplea para perforar, agrandar orificios o limar partes duras, p. ej. piezas dentales.

fresador, ra *s. m.* y *f.* **1.** Trabajador que se ocupa del manejo de las máquinas de fresar. || *s. f.* **2.** Máquina provista de fresas que sirve para alisar, agujerear o labrar piezas.

fresar (del lat. vulg. *fresare*, de *frendere*, triturar) *v. tr.* Trabajar las piezas por medio de una fresa. FAM. Fresa[2], fresado, fresador.

frescachón, na *adj.* Robusto y de aspecto sano, aunque algo tosco. También *s. m.* y *f.*

frescales *s. m.* y *f. fam.* Caradura, sinvergüenza.

fresco, ca (del germ. *frisk*) *adj.* **1.** Moderada o agradablemente frío: *tiempo fresco, agua fresca.* **2.** Recién cogido, hecho, sucedido, etc.: *huevos frescos, noticias frescas.* **3.** Aplicado a pinturas, masas, etc., y al lugar recubierto con ellas, húmedo, que todavía no se ha secado. **4.** Que no ha comenzado a estropearse o a perder sus cualidades: *Conserva fresca su belleza.* **5.** Descansado, no fatigado: *Después de la carrera se encontraba todavía fresco.* **6.** Se aplica a las telas, ropas, etc., que no dan calor. **7.** Espontáneo, natural, carente de artificio: *un estilo fresco.* **8.** Descarado, caradura. También *s. m.* y *f.* **9.** Sin preocupaciones ni remordimientos. ▪ Se usa sobre todo con los verbos *traer* y *quedarse*: *Se quedó tan fresco después de la regañina.* || *s. m.* **10.** Temperatura de frío moderado: *el fresco de la noche.* **11.** Técnica de pintura que consiste en aplicar sobre una superficie todavía húmeda los colores disueltos en agua; y pintura mural hecha con esta técnica. **12.** *Amér.* Bebida refrescante. || *s. f.* **13.** Frescor agradable, sobre todo el de madrugada y atardecer en verano: *Llegamos con la fresca.* **14.** *fam.* Cosa que se dice a alguien bruscamente y que, aunque sea verdad, puede ofenderle: *soltar una fresca.* || LOC. **estar fresco alguien** *fam.* Tener esperanzas que no se van a realizar: *Estás tú fresco si crees que va a venir.* **traer a alguien algo al fresco** *fam.* No importarle en absoluto. SIN. **2.** Reciente. **3.** Tierno. **4.** Lozano, joven. **7.** Llano. **8.** Frescales, cara, desvergonzado. **9.** Tranquilo, impasible. **10.** Frescor. **14.** Insolencia, descaro, inconveniencia. ANT. **1.** y **6.** Caluroso. **2.** Pasado. **3.** Seco. **4.** Ajado. **5.** Cansado. **7.** y **9.** Afectado. **8.** Comedido. **10.** Calor, bochorno. FAM. Frescachón, frescales, frescamente, frescor, frescura, fresquera, fresquería, fresquista. / Refrescar.

frescor *s. m.* Frescura*, cualidad de fresco.

frescura *s. f.* **1.** Cualidad de fresco, agradablemente frío: *La frescura de la sombra.* **2.** Cualidad de lo que está reciente, nuevo, sin estropear: *La frescura de las flores en primavera.* **3.** Naturalidad, espontaneidad: *La frescura de los dibujos infantiles.* **4.** Desvergüenza, descaro; también, lo que se dice o se hace con esa actitud: *Me pidió dinero con toda frescura. Me respondió con una frescura.* SIN. **1.** Frescor. **2.** Lozanía; verdor. **4.** Desfachatez, insolencia, cara. ANT. **1.** Calor, bochorno. **3.** Artificiosidad, afectación. **4.** Formalidad.

fresno (del lat. *fraxinus*) *s. m.* **1.** Árbol de la familia oleáceas de tronco grueso, corteza gris, hojas compuestas y fruto en sámara, y pequeñas flores blancas. **2.** Madera de este árbol, muy apreciada por su elasticidad. FAM. Fresneda, fresnedo.

fresón *s. m.* **1.** Variedad de fresa de mayor tamaño, color rojo menos intenso y sabor más ácido. **2.** Planta que la produce.

fresquera *s. f.* Lugar o mueble en que se guardan los alimentos para conservarlos frescos.

fresquería *s. f. Amér.* Establecimiento donde se sirven o venden refrescos.

fresquilla *s. f.* Cierta variedad de melocotón o albérchigo.

freudiano, na (de Freud, psiquiatra austriaco que publicó sus principales obras a principios del s. XX) *adj.* **1.** De las doctrinas de Freud, y en particular del psicoanálisis. **2.** Seguidor de los principios de Freud.

freza *s. f.* Puesta de huevos de ciertos animales, en especial los peces, y época durante la cual se produce. SIN. Desove. FAM. Frezar.

frezar *v. intr.* Poner huevos algunos animales, sobre todo los peces. ▪ Delante de *e* se escribe *c* en lugar de *z*: *frecen.* SIN. Desovar.

frialdad *s. f.* Cualidad, estado o sensación de frío: *la frialdad de sus manos, de una mirada; actuar con frialdad.* SIN. Frescor, frescura; indiferencia, desinterés; desafecto, sequedad; imperturbabilidad. ANT. Calor, calidez.

fricativo, va (del lat. *fricare*, frotar, fregar) *adj.* Se aplica a los sonidos consonánticos en los que el aire pasa rozando por una estrecha abertura que forman dos órganos bucales, como en el caso de la *f, j, s* y *z.* También *s. f.* FAM. Fricación. / Africado. FRICCIONAR.

fricción (del lat. *frictio, -onis*) *s. f.* **1.** Acción de friccionar. **2.** Rozamiento de dos cuerpos al moverse uno sobre otro. **3.** Enfrentamiento, desacuerdo: *Hubo ciertas fricciones en el debate.* SIN. **1.** Frotación, frotamiento, frote. **2.** y **3.** Roce. **3.** Desavenencia, discrepancia. ANT. **3.** Concordia.

friccionar *v. tr.* Frotar, dar friegas. También *v. prnl.* SIN. Restregar, fregar. FAM. Fricción. / Fricativo.

friega *s. f.* **1.** Acción de frotar una parte del cuerpo, generalmente con alguna sustancia, para curar o aliviar un dolor o dolencia: *Se dio en el tobillo unas friegas de alcohol.* **2.** *Amér.* Molestia, fastidio. **3.** *Méx., Perú* y *P. Rico* Reprimenda. SIN. **1.** Fricción. FAM. Véase **fregar**.

friegaplatos *s. m.* **1.** Lavavajillas, electrodoméstico. || *s. m.* y *f.* **2.** En establecimientos de hostelería, persona encargada de lavar los platos. ▪ No varía en *pl.* SIN. **1.** Lavaplatos.

frigidez *s. f.* **1.** Incapacidad de la mujer para excitarse o alcanzar el orgasmo en el acto sexual. **2.** Frialdad, sobre todo en sentido figurado.

frígido, da (del lat. *frigidus*, frío) *adj.* **1.** Se aplica a la mujer incapaz de sentir excitación o placer sexual. También *s. f.* **2.** En lenguaje culto y literario, muy frío. SIN. **2.** Helado, gélido. ANT. **2.** Caliente. FAM. Frigidez. FRÍO.

frigio, gia (del lat. *Phrygius*) *adj.* De Frigia, antigua región de Asia Menor.

frigoría (del lat. *frigus, -oris*, frío) *s. f.* Unidad calorífica empleada para medir el frío y que equivale a la absorción de una kilocaloría.

frigorífico, ca (del lat. *frigus, -oris*, frío, y *facere*, hacer) *adj.* **1.** Que produce o mantiene frío artificialmente. Se dice particularmente de las cámaras o recintos que conservan así los alimentos. También *s. m.* || *s. m.* **2.** Especie de armario doméstico con refrigeración eléctrica o química que mantiene fríos en su interior los alimentos. **3.** *Arg., Par.* y *Urug.* Establecimiento industrial donde se prepara carne y otros alimentos para conservarlos mediante congelación. SIN. **2.** Nevera, refrigerador.

fríjol o **frijol** (del lat. *faseolus*) *s. m.* Fréjol*.

frío, a (del lat. *frigidus*, frío) *adj.* **1.** Que tiene una temperatura inferior a la normal o conveniente:

El tiempo era frío. Se quedó fría la comida. **2.** Que muestra falta de interés, pasión o entusiasmo: *un público frío.* **3.** Poco afectuoso o cordial: *Nos dispensó un trato frío.* **4.** Poco acogedor: *Resultan fríos los hospitales.* **5.** Que conserva la calma y el dominio: *Se mantuvo frío ante el peligro.* **6.** Que no provoca interés o emoción: *un espectáculo frío.* **7.** Se aplica a los colores que, como el azul o el verde, producen un efecto tranquilizante. || *s. m.* **8.** Baja temperatura del ambiente o de los cuerpos: *hacer frío.* **9.** Sensación física que produce: *tener frío.* || LOC. **coger frío** Sufrir alguien un catarro, enfriamiento, etc., a causa de la baja temperatura del ambiente. **en frío** *adv.* Sin preparación; también, sin estar bajo la presión del momento o las circunstancias: *Así, en frío, no se me ocurre nada. Mañana, en frío, lo veremos más claro.* **¡frío!** *excl.* En ciertos juegos, indica que el jugador está lejos del objeto escondido que se busca; y, p. ext., que no va acertado en lo que intenta adivinar. Se opone a *¡caliente!.* **quedarse uno frío** *fam.* Quedarse impresionado. SIN. **2.** Insensible, desapasionado, desinteresado. **3.** Distante, seco. **5.** Impasible. **6.** Soso, insulso. **8.** Fresco. ANT. **1.** Caliente. **1.** a **3.** y **7.** Cálido. **2.** Entusiasta, ardiente. **3.** Afable. **4.** Grato. **5.** Nervioso. **6.** Emocionante. **8.** Bochorno. **8.** y **9.** Calor. FAM. Frialdad, fríamente, friolento, friolero. / Enfriar, escalofrío, frígido, frigoría, frigorífico, refrigerar, resfriar.

friolento, ta *adj. Amér. del S.* Friolero. También *s. m.* y *f.*

friolero, ra *adj.* **1.** Se dice de la persona muy sensible al frío. También *s. m.* y *f.* || *s. f.* **2.** *fam.* Gran cantidad de algo, normalmente de dinero: *Pagué la friolera de tres millones.* SIN. **2.** Barbaridad, locura. ANT. **1.** Caluroso.

friqui (del ingl. *free-kick*, tiro libre) *s. m.* En fútbol, lanzamiento directo, que se realiza con el balón parado como castigo a una falta cometida cerca del área.

frisa *s. m. Amér.* Frazada, manta.

frisar *v. intr.* **1.** Acercarse, rozar; se usa normalmente referido a la edad: *Frisaba en los cuarenta.* También *v. tr.* || *v. tr.* **2.** Levantar y rizar el pelo de algún tejido.

frisio, sia *adj.* Frisón*, de Frisia. También *s. m.* y *f.*

friso *s. m.* **1.** Elemento arquitectónico en forma de franja decorada, situado entre el arquitrabe y la cornisa. **2.** Banda continua de distinto color o material en la parte superior o inferior de las paredes. SIN. **2.** Zócalo.

frisón, na *adj.* **1.** De Frisia, región histórica del noroeste de Europa. También *s. m.* y *f.* ■ En esta acepción se dice también *frisio.* **2.** Se dice de los caballos originarios de la misma, de pies anchos y fuertes. También *s. m.* y *f.* || *s. m.* **3.** Lengua germánica hablada en Frisia.

fritada *s. f.* **1.** Fritura*. **2.** Plato de vegetales troceados y fritos, parecido al pisto.

fritanga *s. f. fam.* y *desp.* Fritura*.

fritar *v. tr. Col.* Freír.

frito, ta (del lat. *frictus*) **1.** *p.* irreg. de **freír**. También *adj.* || *adj.* **2.** *fam.* Profundamente dormido. **3.** *fam.* Muerto. ■ En las dos últimas acepciones, suele usarse con los verbos *estar* y *quedarse.* || *s. m.* **4.** Alimento frito: *Le han prohibido los fritos.* || LOC. **tener** (o **traer**) **frito a alguien** *fam.* Importunarle constantemente: *Me trae frito con tantas llamadas.* FAM. Fritada, fritanga, fritar, fritura. FREÍR.

fritura (del lat. *frictura*) *s. f.* Conjunto de alimentos fritos. SIN. Fritada, fritanga.

frivolidad *s. f.* **1.** Cualidad de frívolo. **2.** Cosa frívola: *Sólo dice frivolidades.* SIN. **1.** Superficialidad, ligereza. **2.** Tontería, simpleza. ANT. **1.** Seriedad, gravedad.

frívolo, la (del lat. *frivolus*) *adj.* **1.** Inconstante, superficial: *una conversación frívola.* También *s. m.* y *f.* **2.** Se dice de la persona a la que le gusta coquetear, así como de sus actos y actitudes. También *s. m.* y *f.* **3.** Se aplica a aquellos espectáculos, publicaciones, etc., de tema sencillo y con predominio de lo sensual, la gracia y la picardía. SIN. **1.** Insustancial, intrascendente. **2.** Coqueto. ANT. **1.** y **3.** Serio, trascendente. FAM. Frívolamente, frivolidad.

fronda (del lat. *frons, frondis*) *s. f.* **1.** Conjunto apretado de ramas y hojas de plantas. **2.** Hoja de una planta, especialmente la de los helechos. SIN. **1.** Frondosidad, follaje, espesura, ramaje. **2.** Fronde. FAM. Fronde, frondoso.

fronde (del lat. *frons, frondis*) *s. f.* Fronda*, hoja de los helechos.

frondoso, sa (del lat. *frondosus*) *adj.* Abundante en hojas y ramas. SIN. Exuberante, lujuriante. FAM. Frondosidad. FRONDA.

frontal (del lat. *frontalis*) *adj.* **1.** De la frente o relacionado con ella: *región frontal.* **2.** Se dice del hueso que forma la parte delantera superior del cráneo, constituyendo la frente. También *s. m.* **3.** Situado en la parte delantera de algo. **4.** De frente: *un choque frontal.* **5.** Referido a enfrentamientos y luchas, directo y total. || *s. m.* **6.** Decoración o adorno que forma o cubre la parte delantera de la mesa de un altar. SIN. **3.** Anterior. ANT. **3.** Trasero, posterior.

frontenis *s. m.* Juego de frontón en el que se utilizan raquetas y pelotas semejantes a las de tenis.

frontera *s. f.* **1.** Límite entre dos Estados. **2.** P. ext., cualquier cosa que limita o frena a otra: *poner frontera a algo.* SIN. **1.** Confín, linde, divisoria. **2.** Barrera, coto. FAM. Fronterizo. FRENTE.

fronterizo, za *adj.* **1.** Que está en la frontera o se refiere a ella: *ciudad fronteriza, problemas fronterizos.* **2.** Se dice del país que tiene frontera con otro que se menciona: *Chile es fronterizo con Argentina.* **3.** Situado al lado de algo o entre dos o más cosas, circunstancias, etc.: *Su obra es fronteriza entre el renacimiento y el barroco.* SIN. **2.** Limítrofe, colindante. **2.** y **3.** Lindante, contiguo.

frontis (del lat. *frons, frontis*, frente) *s. m.* **1.** Fachada, parte delantera. **2.** En el juego de pelota, pared principal del frontón. SIN. **1.** Frontispicio, portada, frente. ANT. **1.** Trasera.

frontispicio (del lat. *frons, frontis*, frente, y *spicere*, ver, examinar) *s. m.* **1.** Parte delantera de un edificio, mueble, etc. **2.** Frontón, remate triangular. **3.** En un libro, página anterior a la portada, que suele llevar un grabado o viñeta. SIN. **1.** Frontis, fachada. ANT. **1.** Trasera.

frontón *s. m.* **1.** Pared principal del juego de pelota, contra la que se lanza ésta. **2.** Juego de la pelota vasca: *un partido de frontón.* **3.** Edificio o lugar dispuesto para este juego: *un frontón cubierto.* **4.** Remate triangular de una fachada o de un pórtico; se coloca también sobre puertas y ventanas. SIN. **1.** Frontis. **3.** Cancha, trinquete. **4.** Frontispicio.

frotar (del fr. *frotter*, y éste del lat. *frictare*) *v. tr.* Pasar algo por la superficie de una cosa muchas veces y con fuerza: *Frotó los metales con un paño.* También *v. prnl.* SIN. Friccionar, restregar. FAM. Frotación, frotador, frotadura, frotamiento, frote.

fructífero, ra (del lat. *fructifer, -eri*, de *fructus*, fruto, y *ferre*, llevar) *adj.* Que produce fruto: *una tierra fructífera, un trabajo fructífero.* SIN. Fructuoso, productivo, fértil; provechoso, beneficioso. ANT. Infructuoso. FAM. Fructíferamente. / Infructífero. FRUTO.

fructificar (del lat. *fructificare*, de *fructus*, fruto, y *facere*, producir) *v. intr.* **1.** Dar fruto los árboles y otras plantas. **2.** Producir utilidad o buenos resultados alguna cosa: *Los esfuerzos de todos han fructificado.* ■ Delante de *e* se escribe *qu* en lugar de *c*: *fructifique.* SIN. **2.** Rendir, aprovechar. ANT. **2.** Fracasar. FAM. Fructificable, fructificación, fructificador, fructificante. FRUTO.

fructosa *s. f.* Azúcar existente en la composición de la miel y de muchas frutas.

fructuoso, sa (del lat. *fructuosus*) *adj.* Fructífero*. FAM. Fructuosamente. / Infructuoso. FRUTO.

frugal (del lat. *frugalis*, de *frux, frugis*, fruto de la tierra) *adj.* **1.** Se aplica a las comidas poco abundantes y a las cosas en que se manifiesta esa moderación: *una cena frugal, un régimen frugal.* **2.** Moderado en la comida y en la bebida. SIN. **1.** y **2.** Sobrio, parco. ANT. **1.** Opíparo. **2.** Tragón. FAM. Frugalidad, frugalmente.

frugívoro, ra (del lat. *frux, frugis*, fruto de la tierra, y *-voro*) *adj.* Se dice del animal que se alimenta de frutos.

fruición (del lat. *fruitio, -onis*) *s. f.* Goce, placer: *comer con fruición.* SIN. Deleite, disfrute. ANT. Indiferencia; sufrimiento.

frumentario, ria o **frumenticio, cia** (del lat. *frumentarius*) *adj.* Relativo al trigo y a otros cereales. SIN. Cerealista.

frunce *s. m.* Arruga pequeña, pliegue, o serie de ellos, que se hacen en una tela, papel, etc. SIN. Fruncido.

fruncido, da **1.** *p.* de **fruncir**. También *adj.* || *adj.* **2.** *Arg., Chile, Par.* y *Urug.* Remilgado, melindroso. || *s. m.* **3.** Frunce*.

fruncir (del ant. fr. *froncir*) *v. tr.* **1.** Arrugar la frente y las cejas, especialmente en señal de enfado o preocupación: *fruncir el ceño.* **2.** Estrechar una cosa, reduciéndola a menor extensión: *fruncir la boca.* **3.** Hacer en una tela, papel o cosa parecida pequeños pliegues paralelos: *fruncir una cortina.* ■ Delante de *a* y *o* se escribe *z* en lugar de *c*: *frunza.* SIN. **2.** Encoger. ANT. **3.** Estirar. FAM. Frunce, fruncido, fruncidor, fruncimiento. / Desfruncir.

fruslería *s. f.* Cosa de poco valor o importancia: *No te enfades por fruslerías.* SIN. Bagatela, pequeñez, insignificancia, nadería.

frustración (del lat. *frustratio, -onis*) *s. f.* Sensación de malestar producida por el fracaso en las expectativas de obtener algo.

frustrante *adj.* Que produce frustración.

frustrar (del lat. *frustrare*) *v. tr.* **1.** Hacer que algo fracase o no se lleve a cabo: *La policía frustró el robo.* También *v. prnl.*: *Se frustraron los planes.* **2.** Dejar a uno sin lo que esperaba. También *v. prnl.* SIN. **1.** Malograr(se), estropear(se); fallar. **2.** Desilusionar(se). ANT. **1.** Favorecer; triunfar. FAM. Frustración, frustrado, frustrante, frustratorio, frustre.

frustre *s. m. fam.* Frustración*.

fruta *s. f.* **1.** Fruto comestible de ciertas plantas cultivadas, como la pera o la naranja. || **2. fruta de sartén** Cualquier tipo de masa frita, como los churros o los buñuelos. **3. fruta prohibida** Véase **fruto* prohibido**. FAM. Frutal, frutería, frutero, frutícola, fruticultura, frutilla. / Afrutado, hortofrutícola, lavafrutas, tutifruti. FRUTO.

frutal *adj.* **1.** Se dice del árbol que produce frutas. También *s. m.* **2.** De la fruta o relacionado con ella: *un adorno frutal.*

frutería *s. f.* Tienda de fruta.

frutero, ra *adj.* **1.** Relacionado con la fruta. **2.** Que lleva o contiene fruta. || *s. m.* y *f.* **3.** Persona que vende fruta. || *s. m.* **4.** Recipiente para la fruta.

fruticultura *s. f.* Cultivo de árboles frutales y técnicas dirigidas a ello. FAM. Fruticultor. FRUTA.

frutilla *s. f.* **1.** *dim.* de **fruta**. **2.** *Amér.* Especie de fresón.

fruto (del lat. *fructus*) *s. m.* **1.** Parte de la planta en que se transforma el ovario de la flor, después de la fecundación, y que contiene en su interior las semillas. **2.** Producto de la tierra: *La plantación dio el fruto esperado.* **3.** Producto, beneficio o utilidad: *Ese libro es el fruto de su trabajo.* **4.** El hijo que lleva la mujer en su vientre. || **5. fruto prohibido** Aquello que no está permitido. SIN. **1.** Fruta. **2.** Producción, cosecha. **3.** Obra, resultado, rendimiento. FAM. Fructífero, fructificar, fructosa, fructuoso, fruta. / Disfrutar, infrutescencia, usufructo.

fu Voz onomatopéyica empleada en la loc. **ni fu ni fa**: resultar algo indiferente, ni bueno ni malo.

fuagrás *s. m.* Foie-gras*.

fucsia (de *Fuchs*, botánico alemán del s. XVI) *s. f.* **1.** Planta arbustiva de hojas ovaladas y flores rojas. || *s. m.* **2.** Color entre rojo y rosa semejante al de estas flores. ■ Se usa mucho en aposición: *unos pantalones fucsia.*

fuego (del lat. *focus*) *s. m.* **1.** Fenómeno producido al arder un cuerpo, en el que se desprende luz, calor y, frecuentemente, llama: *prender fuego.* **2.** Materia ardiendo con o sin llama: *Puso la olla al fuego. Dame fuego.* **3.** Incendio: *Los bomberos lograron apagar el fuego.* **4.** Disparo de un arma: *abrir fuego.* **5.** Cada uno de los puntos de una cocina que dan lumbre: *una cocina de cuatro fuegos.* **6.** Cada vecino o familia que tiene casa: *un pueblo de mil fuegos.* **7.** Sensación de ardor o picor en alguna parte del cuerpo. **8.** Entusiasmo, apasionamiento: *Discutía con el fuego propio de la juventud.* || *s. m. pl.* **9.** Fuegos artificiales. || **10. Fuego de Santelmo** Resplandor que puede apreciarse, durante las tormentas, en los mástiles de las embarcaciones, debido a la electricidad atmosférica. **11. fuego fatuo** Resplandor que se aprecia a poca distancia de la tierra, procedente de la descomposición de sustancias orgánicas; puede observarse en pantanos y cementerios. **12. fuegos artificiales** Artificios de pólvora y otras sustancias que producen estallidos y luces de colores como espectáculo. FAM. Fogaje, fogata, fogón, fogonazo, fogoso, foguear. / Cortafuego, desfogar.

fuel o **fuel-oil** (ingl.) *s. m.* Mezcla combustible de hidrocarburos líquidos, obtenida en la destilación fraccionada del petróleo a partir de 350 °C.

fuelle (del lat. *follis*) *s. m.* **1.** Utensilio formado por una caja de laterales flexibles o plegados que aspira aire del exterior y lo expulsa con fuerza; se emplea, p. ej., para avivar el fuego, o en ciertos instrumentos musicales, como el acordeón y el órgano clásico. **2.** En la gaita, bolsa que se llena y vacía de aire para hacer sonar el instrumento. **3.** Parte o pieza plegable que regula la capacidad de algunos bolsos, maletas, etc. **4.** Pasillo flexible que comunica dos compartimientos en ciertos trenes y autobuses articulados. **5.** *fam.* Capacidad pulmonar de una persona y, p. ext., resistencia física: *un corredor con mucho fuelle.* SIN. **5.** Pulmones; aguante. FAM. Follar, follón[2].

fuente (del lat. *fons, fontis*) *s. f.* **1.** Lugar donde brota el agua de una corriente subterránea. **2.** Construcción situada en calles, plazas, caminos, etc., que proporciona agua por uno o más caños o grifos; a veces tiene una finalidad decorativa. **3.** Aquello de lo que mana abundante líquido: *Sus ojos eran fuentes de lágrimas.* **4.** Recipiente grande y más o menos llano en el que se sirven alimentos. **5.** P. ext., cantidad de alimento que cabe en este recipiente: *Me comería una fuente de angulas.* **6.** Origen o procedencia de algo: *fuente de ingresos, la fuente de una noticia.* **7.** Temas, estilos, obras, etc., que influyen en un artista y su trabajo: *Su fuente de inspiración son los clásicos.* || **8. fuente bautismal** Pila para bautizar. **9. fuente de alimentación** Generador. **SIN. 1.** Manantial, fontana, fontanal. **6.** Germen, raíz. **FAM.** Fontana, fontanela, fontanería.

fuer *s. m. apóc.* de **fuero**. Se usa solo en la locución **a fuer de**; por ser eso que se expresa o hacer ese papel: *A fuer de jefe, les mandaba.*

fuera (del ant. *fueras*, y éste del lat. *foras*) *adv. l.* **1.** Hacia o en la parte exterior de algo: *Tu hermana salió fuera. El coche está fuera.* || *adv. t.* **2.** Antes o después de un tiempo determinado: *fuera de plazo.* || *adv. m.* **3.** Más allá, no comprendido en algo que se indica: *Económicamente, está fuera de mi alcance.* **4.** En situación o de forma contraria a lo que se expresa: *fuera de combate, fuera de razón.* || *interj.* **5.** Se emplea para expulsar a alguien, expresar rechazo, etc.: *¡Fuera lamentos!* || **LOC. de fuera** *adj.* y *adv.* De otro lugar o país: *costumbres de fuera.* **fuera de** *prep.* Excepto, salvo: *Fuera de ti, nadie lo sabe.* Dejando a un lado lo que se expresa: *Fuera de bromas, el asunto es grave.* **fuera de serie** *adj.* Magnífico. También *s. m.* **fuera de sí** *adj.* Que ha perdido la razón o el control. **SIN. 1.** Afuera. **ANT. 1.** y **3.** Dentro. **FAM.** Foráneo, forastero, fueraborda. / Afuera.

fueraborda *adj.* **1.** Se dice del motor instalado fuera del casco de una embarcación. También *s. m.* **2.** Se aplica a la embarcación propulsada por este motor. También *s. amb.* ■ Como adjetivo puede utilizarse también la forma *fuera borda.*

fuero (del lat. *forum*, tribunal) *s. m.* **1.** Cada uno de los privilegios y exenciones concedidos a un territorio o persona. Se usa sobre todo en *pl.* **2.** En la Edad Media, ley especial que se otorgaba a un municipio. **3.** Clase de juez o tribunal al que corresponde un caso: *fuero eclesiástico, fuero militar.* **4.** Nombre dado a algunas compilaciones de leyes: *Fuero Juzgo.* || **5. fuero interno** La propia conciencia. || **LOC. volver por los fueros de una cosa** Defenderla. **volver alguien por sus fueros** Volver a demostrar alguien sus cualidades. **SIN. 1.** Franquicia. **3.** Jurisdicción. **4.** Código. **FAM.** Foral, foralismo, forero, fuer, fuerismo, fuerista. / Contrafuero. FORO.

fuerte (del lat. *fortis*) *adj.* **1.** Que tiene mucha fuerza o resistencia: *un hombre fuerte, una tela fuerte, un muro fuerte.* **2.** Corpulento, musculoso. ■ A veces se utiliza como eufemismo de 'gordo': *Se ha puesto muy fuerte.* **3.** De mucho ánimo y constancia: *Sé fuerte y no llores.* **4.** Que posee gran estabilidad, poder, medios, etc.: *un país fuerte, una moneda fuerte.* **5.** Bien sujeto o apretado: *El clavo (el nudo) está muy fuerte.* **6.** Muy intenso, abundante, efectivo, etc.: *un sonido fuerte, un insulto fuerte, una comida fuerte, un somnífero muy fuerte.* **7.** Hábil o experto en aquello que se expresa: *Está fuerte en física.* **8.** Aplicado al carácter de una persona, irritable o difícil de dominar: *un temperamento fuerte.* **9.** Que refleja con gran realismo acciones o situaciones inmorales o violentas: *Ésa es la escena más fuerte de la película.* **10.** Referido a palabras o dichos, grosero, malsonante. **11.** En ling., se dice de las formas gramaticales que tienen el acento en la raíz, como los llamados perfectos fuertes: *dije, hice.* **12.** Se aplica a las vocales abiertas: *a, e, o.* || *s. m.* **13.** Actividad o conocimiento en el que destaca una persona: *Su fuerte son los números.* **14.** Recinto fortificado: *Los indios atacaron el fuerte.* || *adv. m.* **15.** Con fuerza o intensidad: *Habla más fuerte.* || *adv. c.* **16.** Mucho: *desayunar fuerte.* || **LOC. hacerse alguien fuerte** Resistir al enemigo en una posición; p. ext., defender algo sin ceder: *Se hizo fuerte en su oferta.* **SIN. 1.** Resistente, recio; forzudo. **2.** Robusto; grueso. **3.** Animoso, entero. **4.** Poderoso, influyente. **5.** Firme. **7.** Versado, ducho, experimentado. **8.** Temperamental, irascible, excitable. **9.** Crudo, escabroso. **10.** Soez, vulgar. **13.** Especialidad. **14.** Fortificación. **15.** Fuertemente, intensamente. **ANT. 2.** Enclenque. **2.** y **6.** Flojo. **3.** Pusilánime. **4.** Inestable. **5.** Suelto. **5.** y **8.** Débil. **6.** y **9.** Suave. **7.** Inexperto. **10.** Refinado. **FAM.** Fortacho, fortachón, fortalecer, fortaleza, fortificar, fortín, fortísimo, fuertemente, fuerza. / Confortar, contrafuerte.

fuerza (del lat. *fortia*) *s. f.* **1.** Toda causa capaz de modificar el estado de reposo o de movimiento de un cuerpo o de cambiar la forma del mismo: *La fuerza del viento derribó varios árboles.* **2.** Capacidad para sostener un peso, soportar un empuje, realizar un esfuerzo, etc.: *la fuerza de unos cimientos, recuperar las fuerzas.* **3.** Utilización del poder físico o moral: *empujar, defenderse con fuerza.* **4.** Empuje, intensidad, vitalidad: *El agua salía con fuerza. Sus relatos tienen fuerza.* **5.** Violencia física: *emplear la fuerza, por la fuerza.* **6.** Momento o estado de mayor intensidad: *en la fuerza de la juventud.* **7.** Causa que obliga o conduce a algo: *la fuerza del destino, de la costumbre.* **8.** Autoridad, poder o influencia: *la fuerza de la ley, la fuerza de las armas.* **9.** Conjunto de tropas militares: *fuerza de desembarco.* Se usa mucho en *pl.* **10.** Conjunto de personas unidas por unos mismos ideales, intereses, etc.: *las fuerzas políticas.* **11.** Corriente eléctrica: *Han cortado la fuerza.* || **12. fuerza bruta** La física, empleada sin derecho o inteligencia. **13. fuerza de choque** Unidad militar empleada sobre todo para el ataque. **14. fuerza de voluntad** Capacidad de una persona para imponerse esfuerzos u obligaciones o para superar dificultades. **15. fuerza mayor** Situación o circunstancia que obliga a alguna cosa. **16. fuerza pública** (o **fuerzas de orden público**) Conjunto de agentes policiales encargados de mantener el orden. **17. fuerzas armadas** Ejército de un país. **18. fuerzas vivas** Conjunto de las personas más influyentes en la política, la economía y la vida social de una localidad. || **LOC. a fuerza de** *prep.* Seguido de un sustantivo o de un verbo, por usar o hacer repetidamente lo que éstos expresan: *A fuerza de tocarlo, lo has roto.* **a la fuerza** *adv.* Por la fuerza; también, necesariamente, indudablemente: *Lo echaron a la fuerza. Tiene que ser así a la fuerza.* **por fuerza** *adv.* A la fuerza, forzosamente: *Por fuerza he de irme.* **írsele a uno la fuerza por la boca** *fam.* Presumir de palabra y no obrar en consecuencia. **SIN. 1.** Potencia. **1.** y **4.** Energía. **2.** Resistencia, solidez, firmeza. **4.** Vigor, ímpetu, impetuosidad. **6.** Lozanía, auge, culmen. **7.** Dominio, influjo. **8.** Coacción, coerción, imposición. **11.** Electricidad, fluido, luz. **ANT. 4.** Debilidad. FAM. Forcejear, forzar, forzoso, forzudo. / Esfuerzo. FUERTE.

fuet (cat.) *s. m.* Embutido delgado parecido al salchichón.

fuete (del fr. *fouet*) *s. m. Amér.* Látigo. ■ Se dice también *foete*. FAM. Enfuetarse.

fuga (del lat. *fuga*) *s. f.* **1.** Acción de fugarse: *Los presos preparaban una fuga.* **2.** Salida de un líquido o gas por un orificio o abertura producidos accidentalmente en un recipiente o conducto: *La cañería tiene una fuga.* **3.** Forma musical basada en la repetición sucesiva de un mismo tema por las distintas voces. || **4. fuga de cerebros** Marcha al extranjero de intelectuales y científicos para ejercer allí su profesión. SIN. **1.** Huida, evasión, escapada. **2.** Escape, pérdida. FAM. Tránsfuga. FUGARSE.

fugacidad *s. f.* Circunstancia de ser fugaz. SIN. Brevedad, rapidez. ANT. Persistencia, eternidad.

fugarse (del lat. *fugare*) *v. prnl.* Huir alguien de un lugar: *Se fugó de la cárcel.* SIN. Evadirse, escaparse. FAM. Fuga, fugaz, fugitivo, fuguillas. / Prófugo, refugiar, subterfugio.

fugaz (del lat. *fugax, -acis*) *adj.* **1.** Que dura muy poco: *un éxito fugaz.* **2.** Que pasa o sucede rápidamente: *una estrella fugaz.* SIN. **1.** Breve, efímero. **2.** Rápido, veloz. ANT. **1.** y **2.** Duradero. FAM. Fugacidad, fugazmente. FUGARSE.

fugitivo, va (del lat. *fugitivus*) *adj.* **1.** Se dice del que está huyendo o escondiéndose. También *s. m.* y *f.*: *un fugitivo de la justicia.* **2.** Fugaz: *el tiempo fugitivo.* SIN. **1.** Prófugo. **2.** Efímero; veloz.

-fugo, -ga (del lat. *fugere*, huir) *suf.* Significa 'huir, hacer huir' o 'desaparecer': *centrífugo, febrífugo.*

fuguillas *s. m.* y *f.* **1.** *fam.* Persona nerviosa e impaciente. **2.** Persona que se enfada fácilmente. ■ No varía en *pl.* SIN. **1.** Intranquilo, inquieto. **2.** Iracundo, irascible. ANT. **1.** y **2.** Paciente.

Führer (al., significa 'conductor', 'guía') *s. m.* Título que se dio a Adolf Hitler como jefe del Partido Nacionalsocialista alemán y, posteriormente, como jefe del Estado.

ful[1] (caló, significa 'estiércol') *adj. vulg.* Malo, poco auténtico o logrado. También *s. f.*: *Esa película es una ful.* SIN. Falso, fallido; porquería, basura. ANT. Guay. FAM. Fulero.

ful[2] *s. m.* Full*.

fulano, na (del ár. *fulan*, un tal) *s. m.* y *f.* **1.** Voz con la que se designa o nombra a una persona de la que se ignora o se calla el nombre: *El fulano aquel me quería engañar.* || *s. f.* **2.** Prostituta. SIN. **1.** Tío, tipo, sujeto; mengano, zutano, perengano. **2.** Puta, ramera, buscona, furcia.

fular (del fr. *foulard*) *s. m.* Pañuelo de cuello o bufanda de seda, gasa, etc.

fulbito *s. m.* **1.** Futbito*. **2.** *Arg.* y *Urug.* Futbolín.

fulcro (del lat. *fulcrum*) *s. m.* Punto de apoyo de la palanca.

fulero, ra (de la voz caló *ful*) *adj.* **1.** *fam.* Chapucero. **2.** Embustero, tramposo. SIN. **1.** Chapuzas. **2.** Fullero, mentiroso. ANT. **1.** Hábil. **2.** Sincero; honesto. FAM. Fullería. FUL.

fulgente (del lat. *fulgens, -entis*) *adj.* Muy brillante, resplandeciente. SIN. Fúlgido, fulgurante, refulgente. ANT. Apagado.

fúlgido, da (del lat. *fulgidus*) *adj.* Fulgente, muy brillante.

fulgir (del lat. *fulgere*) *v. intr.* Fulgurar*. ■ Delante de *a* y *o* se escribe *j* en lugar de *g*: *fulja, fuljo.*

fulgor (del lat. *fulgor, -oris*) *s. m.* Resplandor, brillo intenso. SIN. Esplendor, centelleo. ANT. Opacidad. FAM. Fulgente, fúlgido, fulgir, fulgor, fulgurar. / Refulgir.

fulgurante (del lat. *fulgurans, -antis*) *adj.* **1.** Brillante: *luz fulgurante.* **2.** Espectacular por su rapidez o su éxito: *una fulgurante carrera, victoria.* SIN. **1.** Resplandeciente, refulgente. **2.** Meteórico. ANT. **1.** Opaco. **2.** Lento; penoso.

fulgurar (del lat. *fulgurare*) *v. intr.* Brillar intensamente. SIN. Resplandecer, centellear, refulgir, destellar. FAM. Fulguración, fulgurante. FULGOR.

full (ingl.) *s. m.* En el póquer, jugada que consiste en tener un trío y una pareja. ■ Se escribe también *ful.*

full contact (ingl.) *expr.* Deporte mezcla de boxeo y artes marciales en el que es posible golpear con los puños y los pies por encima de la cintura. ■ Se usa como *s. m.*

full time (ingl.) *loc. adv.* A tiempo completo o en régimen de dedicación exclusiva: *Trabaja full time.*

fullería *s. f.* **1.** Trampa en el juego y, por ext., en cualquier otra actividad. **2.** Astucia, treta. SIN. **1.** Truco. **2.** Artería, picardía, trapacería. FAM. Fullero. FULERO.

fullero, ra *adj.* Que hace fullerías. También *s. m.* y *f.* SIN. Tramposo, trapacero.

fulminante (del lat. *fulminans, -antis*) *adj.* **1.** Que fulmina. **2.** Que sucede de forma muy rápida o produce un efecto inmediato: *ataque fulminante.* **3.** Se aplica a la sustancia que transmite el fuego a la carga de los explosivos. También *s. m.* SIN. **1.** Fulminador. **2.** Súbito, fulgurante, meteórico. **3.** Detonante. ANT. **2.** Gradual; lento.

fulminar (del lat. *fulminare*) *v. tr.* **1.** Lanzar rayos eléctricos. **2.** Causar el rayo muertes o daños materiales. **3.** Matar instantáneamente a alguien con un arma: *Le fulminó de un tiro.* **4.** P. ext., destruir, acabar con alguien o algo. **5.** Dejar a alguien impresionado con una mirada de ira: *Me fulminó con sólo mirarme.* **6.** Dañar una luz intensa a personas o cosas. **7.** Imponer a alguien castigos, excomuniones, sentencias, etc. SIN. **3.** Freír, apiolar. **4.** Pulverizar, aniquilar. **5.** Traspasar, taladrar. FAM. Fulminación, fulminador, fulminante.

fumadero *s. m.* Local o sitio destinado para fumar: *un fumadero de opio.*

fumado, da *adj.* **1.** Que ha fumado alguna droga y se encuentra bajo sus efectos. || *s. f.* **2.** *Méx.* Chupada de un cigarro. SIN. **1.** Drogado.

fumador, ra *adj.* Que fuma habitualmente.

fumar (del lat. *fumare*, arrojar humo) *v. intr.* **1.** Aspirar y despedir el humo del tabaco. También *v. tr.* y *v. prnl.*: *Fuma rubio. Se fuma tres cajetillas diarias.* **2.** P. ext., hacerlo con drogas, como el opio o la marihuana. También *v. tr.* y *v. prnl.* || **fumarse** *v. prnl.* **3.** *fam.* Gastar algo indebidamente o de manera poco razonable: *fumarse el sueldo.* **4.** *fam.* Faltar a una obligación, dejar de cumplirla: *Se fumó la primera clase.* SIN. **3.** Fundir, pulir. **4.** Eludir, escaquearse. FAM. Fumable, fumadero, fumado, fumador, fumarada. / Infumable. HUMO.

fumarada *s. f.* **1.** Cantidad de humo que se expulsa de una vez. **2.** Cantidad de tabaco que cabe en una pipa.

fumarel *s. m.* Ave marina de plumaje negro o gris oscuro y blanco, pico afilado, alas largas y cola corta un poco ahorquillada. Es una de las aves conocidas como *golondrinas de mar.*

fumarola (del ital. *fumaruola*, y éste del lat. *fumariolum*, sahumerio) *s. f.* Conjunto de gases y vapores que salen al exterior a través de grietas formadas en los terrenos volcánicos.

fumata (ital.) *s. f.* Columna de humo que sale después de cada votación de la asamblea de cardenales reunidos para nombrar un nuevo Papa, y que por su color, blanco o negro, avisa a los fieles si éste ya ha sido designado o no.

fumigar (del lat. *fumigare*) *v. tr.* Desinfectar por medio de humo o de gases; se utiliza en edificios y en agricultura para combatir las plagas. ■ Delante de *e* se escribe *gu* en lugar de *g*: *fumigue.* **FAM.** Fumigación, fumigador, fumigante. HUMO.

fumista *s. m.* y *f.* Persona que hace, arregla o limpia estufas, cocinas antiguas y chimeneas. **FAM.** Fumistería. HUMO.

funambulesco, ca *adj.* **1.** Relacionado con el funámbulo, acróbata. **2.** Extravagante, exagerado, grotesco. **3.** Hábil para desenvolverse entre tendencias opuestas.

funámbulo, la (del lat. *funambulus*, de *funis*, cuerda, y *ambulare*, andar) *s. m.* y *f.* **1.** Acróbata que hace ejercicios sobre la cuerda floja o el alambre. **2.** Persona hábil en la vida social y política. **SIN. 1.** Equilibrista, volatinero. **FAM.** Funambulesco. AMBULANTE.

función (del lat. *functio, -onis*) *s. f.* **1.** Acción o actividad que corresponde a alguien o algo. **2.** Actividad propia de un empleo, oficio, cargo, etc. Se usa mucho en *pl.*: *Desempeña las funciones de director.* **3.** Acto público, como p. ej., la representación de una obra teatral o cinematográfica, de un espectáculo de circo, etc. **4.** En ling., papel o labor que desempeña un elemento en la frase, como sujeto, complemento directo, etc. **5.** En mat., relación entre dos magnitudes de forma que a cada valor de una de ellas corresponde determinado valor de la otra. ‖ **LOC. en función** *adv.* En el ejercicio propio de su cargo: *Actuó en función de su puesto.* **en funciones** *adj.* En sustitución del titular de un cargo: *el presidente en funciones.* **en función de** *prep.* En dependencia de otra cosa: *El precio está en función de la calidad.* **SIN. 1.** Finalidad, utilidad, misión. **2.** Atribución, competencia, ministerio. **3.** Actuación, sesión. **FAM.** Funcional, funcionalidad, funcionalismo, funcionar, funcionario. / Disfunción, macrofunción, multifuncional.

funcional *adj.* **1.** Relativo a la función: *trastorno funcional, diferencia funcional.* **2.** Práctico, utilitario; se aplica particularmente a la arquitectura, mobiliario, etc., en los que el material y la forma se acomodan a la función a que se destinan. **SIN. 2.** Pragmático, cómodo.

funcionalidad *s. f.* Características que hacen que algo sea funcional, práctico. **SIN.** Utilidad.

funcionalismo *s. m.* **1.** Doctrina que considera el sistema social como un todo en el que cada uno de sus elementos desempeña una función específica. **2.** Corriente arquitectónica de principios del s. XX que da a todo elemento formal una función práctica, principio en el que fundamenta la belleza. **FAM.** Funcionalista. FUNCIÓN.

funcionar *v. intr.* **1.** Realizar alguien o algo las funciones que le corresponden: *Su corazón funciona con normalidad.* **2.** Marchar bien una persona o cosa: *Su matrimonio funciona perfectamente.* **SIN. 1.** Actuar, trabajar. **ANT. 1.** y **2.** Fallar. **FAM.** Funcionamiento. FUNCIÓN.

funcionariado *s. m.* Conjunto de todos los funcionarios.

funcionario, ria *s. m.* y *f.* Persona que desempeña un empleo público y pertenece a un determinado cuerpo de la administración del Estado: *Es funcionario en un ministerio.* **SIN.** Burócrata, administrativo. **FAM.** Funcionariado, funcionarial. FUNCIÓN.

funda (del lat. *funda*, bolsa) *s. f.* Cubierta con que se envuelve o cubre una cosa para protegerla y conservarla: *la funda de las gafas.* **SIN.** Estuche, envoltorio. **FAM.** Enfundarse.

fundación (del lat. *fundatio, -onis*) *s. f.* **1.** Acción de fundar. **2.** Establecimiento benéfico, cultural o religioso creado y sostenido con los bienes de un particular. **SIN. 1.** Creación, constitución, instauración. **2.** Institución. **ANT. 1.** Eliminación, clausura. **FAM.** Fundacional. FUNDAR.

fundado, da 1. *p.* de **fundar**. También *adj.* ‖ *adj.* **2.** Que tiene fundamento: *una opinión fundada.* **SIN. 2.** Razonado. **ANT. 2.** Infundado. **FAM.** Fundadamente. / Infundado. FUNDAR.

fundamental *adj.* Que sirve de fundamento o es lo principal o más importante en alguna cosa. **SIN.** Básico, elemental, esencial, primordial. **ANT.** Accesorio, secundario. **FAM.** Fundamentalmente. FUNDAMENTO.

fundamentalismo *s. m.* Actitud y pensamiento que en ciertos movimientos religiosos y políticos defienden los fundamentos en su integridad o pureza más rigurosa: *fundamentalismo islámico.* **FAM.** Fundamentalista. FUNDAMENTO.

fundamentar *v. tr.* **1.** Poner los fundamentos o explicar las razones de algo: *fundamentar una petición.* **2.** Colocar los cimientos de una construcción. También *v. prnl.*: *El puente se fundamenta sobre ocho pilares.* **3.** P. ext., hacer firme algo: *Ese acuerdo fundamentará la amistad entre ambas naciones.* También *v. prnl.* **SIN. 1.** a **3.** Cimentar, asentar(se), basar(se). **3.** Afianzar(se), consolidar(se). **FAM.** Fundamentación. FUNDAMENTO.

fundamento (del lat. *fundamentum*) *s. m.* **1.** Principio o base, material o inmaterial, en que se funda o apoya algo: *El fundamento de la sabiduría es el estudio. Los fundamentos de la casa son sólidos.* **2.** Razón, motivo. **3.** Seriedad o formalidad de una persona. ‖ *s. m. pl.* **4.** Principios básicos de una ciencia o arte: *los fundamentos de las matemáticas.* **SIN. 1.** Apoyo, soporte, puntal, pilar. **2.** Fundamentación. **3.** Sensatez, juicio. **4.** Elementos, rudimentos. **FAM.** Fundamental, fundamentalismo, fundamentar. FUNDAR.

fundar (del lat. *fundare*) *v. tr.* **1.** Crear una ciudad, institución, empresa, etc.: *Pedro de Mendoza fundó Buenos Aires.* **2.** Apoyar una cosa material sobre otra que se expresa. También *v. prnl.*: *La cúpula se funda sobre columnas.* **3.** Apoyar con motivos o argumentaciones una afirmación, creencia, etc.: *Fundaba su teoría en experiencias de laboratorio.* También *v. prnl.* **SIN. 1.** Constituir, instituir, instaurar, erigir. **2.** Asentar(se), cimentar. **3.** Fundamentar(se), basar(se). **ANT. 1.** Destruir. **FAM.** Fundación, fundado, fundador, fundamento.

fundente *s. m.* Material que se añade al mineral cargado en el alto horno para rebajar su punto de fusión y formar compuestos que fundan con mayor facilidad.

fundición *s. f.* **1.** Acción de fundir o fundirse. **2.** Proceso que permite obtener objetos de forma determinada, derramando un metal fundido en el interior de un molde. **3.** Fábrica o taller donde se funden los metales. **4.** Hierro colado. **SIN. 1.** Derretimiento, fusión. **2.** Vaciado. **3.** Herrería, horno. **ANT. 1.** Solidificación.

fundido, da 1. *p.* de **fundir**. También *adj.* ‖ *s. m.* **2.** Acción de fundir o fundirse. **3.** En cine, aparición de una imagen cuando todavía no ha desaparecido la anterior. **4.** En mús., paso gradual de un sonido a otro. || **5. fundido en negro** En cine, desaparición gradual de la imagen hasta la oscuridad total. **SIN. 2.** Fundición. **4.** Encadenado.

fundillo *s. m.* **1.** *Amér. fam.* Trasero, glúteos de una persona. **2.** Fondillos, trasero de los pantalones.

fundir (del lat. *fundere*, derretir) *v. tr.* **1.** Convertir en líquido un cuerpo sólido calentándolo: *fundir un metal.* También *v. intr.* y *v. prnl.*: *Este queso funde fácilmente. Se ha fundido la mantequilla.* **2.** Dar forma en moldes a un metal en fusión: *Fundió una estatua en bronce.* **3.** Unir íntimamente personas o cosas, reduciéndolas a una sola: *El matrimonio fundió a las dos familias.* También *v. prnl.*: *fundirse los colores.* **4.** *fam.* Gastar, despilfarrar. También *v. prnl.*: *Se fundió la herencia en un año.* **5.** Estropear un aparato o dispositivo eléctrico por hacer que se queme o se suelte algún hilo de resistencia. Se usa mucho como *v. prnl.*: *fundirse una bombilla.* **6.** Mezclar los últimos momentos de una imagen o sonido con el principio de otro. || **fundirse** *v. prnl.* **7.** *Amér. fam.* Arruinarse, hundirse. También *v. tr.* **SIN. 1.** Derretir(se). **2.** Vaciar, moldear. **3.** Fusionar(se), vincular(se). **4.** Derrochar, tirar. **ANT. 1.** Solidificar(se). **3.** Desunir(se). **4.** Ahorrar. **FAM.** Fundente, fundible, fundición, fundido, fundidor. / Confundir, difundir, fusible, fusión, fusor, infundir, refundir, transfundir.

fundo (del lat. *fundus*, fondo) *s. m.* Finca rústica.

fúnebre (del lat. *funebris*) *adj.* **1.** Relativo a los difuntos: *pompas fúnebres.* **2.** Muy triste o sombrío: *colores fúnebres.* **SIN. 1.** Funerario, mortuorio. **2.** Lúgubre, tétrico. **ANT. 2.** Alegre. **FAM.** Fúnebremente, funeral, funerario, funesto.

funeral (del lat. *funeralis*) *adj.* **1.** Del entierro de un difunto y de las ceremonias celebradas por él. || *s. m.* **2.** Ceremonia religiosa que se hace por un difunto. **SIN. 1.** Funerario, mortuorio. **2.** Réquiem, exequias, honras.

funerala, a la *loc. adv.* **1.** Indica la manera de llevar las armas los militares en señal de duelo, con la boca o punta del cañón hacia abajo. **2.** *fam.* Se refiere también al color amoratado de un ojo a consecuencia de un golpe.

funerario, ria (del lat. *funerarius*) *adj.* **1.** Del entierro de un difunto y de las ceremonias celebradas por él. || *s. f.* **2.** Empresa que se encarga de la conducción y entierro de los difuntos. **SIN. 1.** Funeral, mortuorio.

funesto, ta (del lat. *funestus*) *adj.* Que causa o constituye desgracia o va acompañado de ella: *un funesto accidente.* **SIN.** Desgraciado, aciago, nefasto. **ANT.** Dichoso. **FAM.** Funestamente. FÚNEBRE.

fungible (del lat. *fungere*, acabar) *adj.* Que se consume con el uso y puede ser sustituido por otra cosa de la misma clase. **SIN.** Consumible, agotable. **ANT.** Inagotable; insustituible.

fungicida (del lat. *fungus*, hongo, y *-cida*) *adj.* Se dice de la sustancia que elimina los hongos causantes de enfermedades.

fungir (del lat. *fungi*, desempeñar) *v. intr. Amér.* Desempeñar un determinado cargo o función. ■ Delante de *a* y *o* se escribe *j* en lugar de *g*: *funja, funjo.* **FAM.** Fungible.

funicular (del lat. *funiculus*, cuerda) *adj.* Se aplica al vehículo o a la cabina en los cuales la tracción se realiza por medio de un cable o cadena. También *s. m.* **SIN.** Teleférico.

funículo (del lat. *funiculus*, cuerda) *s. m.* **1.** Cordón umbilical. **2.** En la arquitectura románica, adorno en forma de cordón. **3.** En bot., cordoncito que une el óvulo al carpelo.

funk o **funky** (ingl.) *s. m.* Tipo de música, mezcla de jazz y blues, que se caracteriza por su ritmo fuerte y repetitivo.

funyi (del ital. *fungo*) *s. m. Arg.* y *Urug. fam.* Sombrero.

furcia *s. f.* Prostituta. **SIN.** Fulana, ramera.

furcio *s. m. Arg.* y *Urug.* Error verbal, lapsus que comete el actor o intérprete en teatro o televisión.

furgón (del fr. *fourgon*) *s. m.* **1.** Vehículo largo y cubierto para el transporte de equipajes, víveres, municiones, etc.: *un furgón de mudanzas.* **2.** En los trenes, vagón cerrado para transportar mercancías y equipajes: *el furgón de cola.* **FAM.** Furgoneta.

furgoneta (del fr. *fourgonette*) *s. f.* Vehículo automóvil, más pequeño que el camión, generalmente con puerta trasera, destinado al transporte y reparto de mercancías. **SIN.** Camioneta.

furia (del lat. *furia*) *s. f.* **1.** Enfado violento contra alguien o algo: *Desahogó su furia golpeando los muebles.* **2.** Persona muy irritada y colérica: *Se puso hecho una furia.* **3.** Ímpetu con que se realiza algo: *luchar con furia.* **4.** Violencia con que se manifiesta algo: *Se desató la furia de los elementos.* **5.** Momento de más intensidad de alguna cosa: *la furia de una moda.* **SIN. 1.** Furor, ira, cólera. **3.** Vehemencia, coraje, denuedo, pasión. **3.** y **4.** Impetuosidad. **5.** Auge, apogeo, fiebre. **ANT. 1.**, **3.** y **4.** Mansedumbre, calma. **4.** Placidez. **5.** Decadencia. **FAM.** Furibundo, furioso, furor. / Enfurecer.

furibundo, da (del lat. *furibundus*) *adj.* **1.** Que siente o muestra furia o furor: *una mirada furibunda.* **2.** Irritable, irascible. **3.** Muy entusiasta o partidario de alguien o algo: *Le esperaban sus más furibundos seguidores.* **SIN. 1.** Furioso. **2.** Iracundo, colérico. **3.** Fanático, hincha. **ANT. 1.** y **2.** Manso. **3.** Enemigo, adversario.

furioso, sa (del lat. *furiosus*) *adj.* **1.** Lleno de furia: *Estaba furioso por mi respuesta.* **2.** Muy grande, terrible o violento: *una furiosa tempestad.* **SIN. 1.** Furibundo, enfurecido, airado. **2.** Enorme, tremendo. **ANT. 1.** y **2.** Manso, suave. **FAM.** Furiosamente. FURIA.

furor (del lat. *furor*) *s. m.* **1.** Enfado violento: *Estaba dominado por el furor.* **2.** Entusiasmo, violencia, ímpetu: *Atacaron con furor. El furor del viento.* **3.** Momento cumbre de alguna cosa: *en el furor del verano.* **4.** Afición desmedida por algo: *Tiene furor por el tenis.* || **5. furor uterino** Deseo sexual exagerado y violento en la mujer. || **LOC. hacer** (o **causar**) **furor** Ponerse o estar algo muy de moda. **SIN. 2.** Vehemencia, pasión. **3.** Furia, auge, apogeo, fiebre. **ANT. 1.** y **2.** Calma, apacibilidad. **3.** Decadencia.

furriel o **furrier** (del fr. *fourrier*, y éste del germ. *fodr*, pasto) *s. m.* Militar, generalmente cabo, encargado de repartir los servicios, el material, el correo, etc.

furrusca *s. f. Col. fam.* Pelea, riña.

furtivo, va (del lat. *furtivus*) *adj.* **1.** Hecho a escondidas: *un encuentro furtivo, una mirada furtiva.* **2.** Se aplica a la persona que actúa de esta manera, especialmente al que caza o pesca sin licencia o en coto vedado. También *s. m.* y *f.* **SIN. 1.** Oculto, cauteloso. **ANT. 1.** Abierto. **FAM.** Furtivamente. HURTO.

furúnculo *s. m.* Forúnculo*.

fusa (del ital. *fusa*) *s. f.* Signo de duración de una nota o sonido musical equivalente a la mitad de una semicorchea. **FAM.** Semifusa.

fuseau (fr.) *s. m.* Pantalón ajustado a las piernas que se mantiene tirante gracias a unas bandas elásticas que pasa por debajo de los pies.

fuselaje (del fr. *fuselage*) *s. m.* Cuerpo central del avión, de forma parecida a la de un huso, donde van los pasajeros y las mercancías. **FAM.** Véase **fusiforme**.

fusible (del lat. *fusibilis*) *adj.* **1.** Que se funde con facilidad. || *s. m.* **2.** Dispositivo que se intercala en un circuito eléctrico para impedir que pase por él una corriente excesiva. **SIN. 2.** Plomos. **FAM.** Fusibilidad. FUNDIR.

fusiforme (del lat. *fusus*, huso, y *-forme*) *adj.* Que tiene forma de huso. **FAM.** Fuselaje. HUSO.

fusil (del ital. *fucile*, y éste del lat. vulgar *focilis*, de *focus*, fuego) *s. m.* **1.** Arma de fuego portátil, que dispara balas y constituye el armamento básico de los soldados de infantería. || **2. fusil submarino** El que lanza arpones a gran velocidad bajo la superficie del agua. **FAM.** Fusilar, fusilazo, fusilería, fusilero. / Portafusil, refusilo, subfusil.

fusilar *v. tr.* **1.** Matar a una persona con una descarga de fusil. **2.** *fam.* Copiar fragmentos o ideas de una obra original de otro autor y utilizarlos como si fueran propios. **SIN. 2.** Plagiar. **FAM.** Fusilamiento. FUSIL.

fusilería *s. f.* **1.** Conjunto de fusiles. **2.** Conjunto de fusileros. **3.** Disparo simultáneo de fusiles.

fusilero, ra *adj.* **1.** Relativo al fusil. || *s. m.* **2.** Soldado de infantería armado con fusil.

fusión (del lat. *fusio, -onis*) *s. f.* **1.** Acción de fundir o fundirse: *la fusión de los metales.* **2.** Paso de un cuerpo del estado sólido al líquido. **3.** Unión de empresas, partidos, ideales, etc. || **4. fusión nuclear** Reacción nuclear en la que varios núcleos ligeros se unen entre sí para producir núcleos más pesados, liberándose gran cantidad de energía. **SIN. 1.** Fundición. **2.** Licuefacción. **3.** Amalgama, vinculación. **ANT. 2.** Solidificación. **3.** Separación. **FAM.** Fusionar, fusionista. / Efusión, sobrefusión. FUNDIR.

fusionar *v. tr.* Producir una fusión de empresas, partidos, intereses, etc. También *v. prnl.*: *Se fusionaron dos firmas comerciales.* **SIN.** Fundir, unir, amalgamar, vincular. **ANT.** Separar.

fusta (del bajo lat. *fusta*, y éste del lat. *fustis*, palo) *s. f.* Látigo largo y flexible que se utiliza para estimular a las caballerías. **FAM.** Fustazo, fustigar. FUSTE.

fustal o **fustán** *s. m.* **1.** Tela gruesa de algodón con pelo por una de sus caras. **2.** *Amér.* Combinación, enagua.

fuste (del lat. *fustis*, palo) *s. m.* **1.** Parte de la columna que forma el cuerpo de ésta, comprendido entre la basa y el capitel. **2.** Vara de la lanza en que va fijado el acero. **3.** Armazón de madera de la silla de montar. **4.** Fundamento de un discurso, escrito, etc. **5.** Importancia, valor: *un empresario de fuste, una marca de fuste.* **SIN. 1.** Caña. **2.** Asta. **3.** Arzón. **4.** Base, sostén. **5.** Entidad, peso, solidez. **ANT. 5.** Intrascendencia, insignificancia. **FAM.** Fusta.

fustigar (del lat. *fustigare*, de *fustis*, palo, y *agere*, mover, menear) *v. tr.* **1.** Dar golpes con una fusta, látigo, etc., a las caballerías para estimularlas. **2.** Censurar o reprender duramente. ■ Delante de *e* se escribe *gu* en lugar de *g*: *fustigue.* **SIN. 1.** Hostigar. **2.** Desaprobar, condenar, criticar. **ANT. 2.** Elogiar. **FAM.** Fustigación, fustigador. FUSTA.

futbito *s. m. fam.* Variedad de fútbol-sala. ■ Se dice también *fulbito.*

fútbol (del ingl. *football*, de *foot*, pie, y *ball*, balón) *s. m.* Deporte practicado entre dos equipos de once jugadores que, combinándose y lanzando un balón por medio de los pies, la cabeza y el cuerpo (excepto manos y brazos), tratan de introducirlo en la portería contraria. **SIN.** Balompié. **FAM.** Fulbito, futbito, fútbol-sala, futbolero, futbolín, futbolista, futbolístico, futbolito. / Microfútbol.

fútbol-sala *s. m.* Deporte inspirado en el fútbol, que se juega entre menos jugadores y en un campo y con un balón más pequeños.

futbolero, ra *adj. fam.* Que es muy aficionado al fútbol. **SIN.** Forofo.

futbolín (nombre comercial registrado) *s. m.* **1.** Juego en que se imita un partido de fútbol moviendo por medio de barras unas figuritas que golpean una bola. **2.** Mesa o tablero con estas figuras.

futbolista *s. m.* y *f.* Jugador de fútbol, especialmente el profesional.

futbolito *s. m. Urug.* Futbolín.

futesa (del fr. *foutaise*, y éste del lat. *futuere*, tener trato carnal) *s. f.* Pequeñez, tontería: *Se pelearon por una futesa.* **SIN.** Fruslería, insignificancia, nadería.

fútil (del lat. *futilis*) *adj.* Poco importante o serio: *un asunto fútil.* **SIN.** Insignificante, frívolo, baladí. **ANT.** Esencial. **FAM.** Futilidad.

futilidad *s. f.* **1.** Cualidad de fútil: *La futilidad de sus razones invalida su argumento.* **2.** Cosa fútil: *Ese libro sólo contiene futilidades.* **SIN. 1.** y **2.** Insignificancia, nimiedad. **ANT. 1.** Importancia.

futón *s. m.* Colchoneta plegable que al abrirse se apoya sobre una estructura de madera o metálica o directamente sobre el suelo, y se utiliza como cama.

futre (del fr. *foutre*) *s. m. Amér. del S.* Lechuguino. **FAM.** Afutrarse.

futurible (del lat. *futuribilis*) *adj.* Se dice de los acontecimientos futuros que sólo ocurrirían si se dieran una serie de condiciones. También *s. m.*

futurismo *s. m.* Movimiento de vanguardia nacido en Italia a principios del s. XX, que rompía con la cultura del pasado y defendía la nueva sociedad industrial. **FAM.** Futurista. FUTURO.

futurista *adj.* **1.** Del futurismo o relacionado con él: *manifiesto futurista.* **2.** Partidario del futurismo. También *s. m.* y *f.*

futuro, ra (del lat. *futurus*) *adj.* **1.** Que existirá o sucederá en un tiempo que aún no ha llegado: *las futuras generaciones.* **2.** En ling., se aplica a la forma verbal que expresa una acción que ocurrirá en un tiempo que todavía no ha llegado. También *s. m.* || *s. m.* **3.** Tiempo que está por venir: *Se prepara para el futuro.* **4.** Situación favorable que promete alguna cosa: *una carrera con futuro.* || *s. m.* y *f.* **5.** *fam.* Novio o novia formal: *No conozco a su futura.* **SIN. 1.** Venidero, ulterior. **3.** Porvenir, mañana. **4.** Horizontes, perspectivas. **ANT. 1.** y **3.** Pasado. **FAM.** Futurible, futurismo, futurología.

futurología *s. f.* Conjunto de estudios a través de los cuales se pretende predecir el futuro. **FAM.** Futurólogo. FUTURO.

g *s. f.* Séptima letra del abecedario español y quinta de sus consonantes. Inmediatamente seguida de *e*, *i*, su articulación es semejante a la *j* (velar fricativa sorda): *gema*, *girasol*. Sin embargo, en cualquier otra posición o seguida por el resto de las vocales, su sonido es velar oclusivo (o fricativo) sonoro, como en *gavilán*, *goma*, *angustia*, *agua* o *gusano*. Para conservar este sonido delante de *e*, *i*, se intercala una *u*: *guerra*, *guitarra*, y para indicar que esta *u* debe pronunciarse, ha de llevar diéresis: *cigüeña*, *lingüística*. Su nombre es *ge*.

gabacho, cha (del prov. *gavach*, que habla mal) *adj.* **1.** De algunos pueblos de los Pirineos. También *s. m.* y *f.* **2.** *fam.* Despectivamente, francés. También *s. m.* y *f.*

gabán (del ár. *qaba*, túnica de hombre con mangas) *s. m.* Abrigo, prenda de vestir. **SIN.** Sobretodo.

gabanear *v. tr.* **1.** *Amér. C.* Robar, apropiarse de algo. || *v. intr.* **2.** *Méx.* Huir, escaparse.

gabardina (del fr. *galvardine*) *s. f.* **1.** Prenda de vestir impermeable, semejante al abrigo. **2.** Tela de tejido diagonal muy tupido. || **LOC. en** (o **a la**) **gabardina** *adj.* y *adv.* Forma de preparar algunos alimentos rebozados en una masa ligera de harina y fritos: *gambas en gabardina.* **SIN. 1.** Trinchera.

gabarra (del ital. y prov. *gabarra*) *s. f.* **1.** Pequeño barco de carga que se utiliza en los puertos. **2.** Embarcación de transporte, mayor que la lancha, normalmente con cubierta. **FAM.** Gabarrero.

gabela (del ár. *qabala*, impuesto) *s. f.* **1.** Impuesto, tributo. **2.** Ventaja, privilegio. **SIN. 1.** Gravamen, carga, contribución.

gabinete (del fr. ant. *gabinet*, dim. de *gabine*, cuarto) *s. m.* **1.** Habitación, pequeña sala destinada a estudio o a recibir visitas de confianza. **2.** Conjunto de los muebles de esta habitación. **3.** Sala dotada del instrumental necesario para la práctica privada de la medicina o para la investigación y el estudio de otras ciencias: *gabinete de física y química.* **4.** Conjunto de los ministros del gobierno de un país. **5.** Departamento de un organismo encargado de atender determinados asuntos: *gabinete de prensa.* **SIN. 1.** Salita. **4.** Gobierno.

gablete (del fr. *gablet*) *s. m.* Remate consistente en dos líneas que se unen formando un ángulo agudo; es frecuente en la arquitectura gótica.

gabonés, sa *adj.* De Gabón. También *s. m.* y *f.*

gabrieles *s. m. pl. fam.* Garbanzos del cocido.

gacela (del ár. *gazala*) *s. f.* Mamífero bóvido herbívoro, de color marrón claro en el dorso y blanco en el vientre, con patas finas y largas, cabeza pequeña y cuernos curvados, más largos en el macho.

gaceta (del ital. *gazzetta*, pequeña moneda) *s. f.* **1.** Publicación periódica de carácter cultural o científico: *gaceta literaria.* || *s. m.* **2.** P. ext., publicación de noticias económicas, administrativas, comerciales, etc. || *s. f.* **3.** *fam.* Persona que siempre está enterada de todo lo que ocurre. **SIN. 3.** Correveidile. **FAM.** Gacetilla, gacetillero.

gacetilla *s. f.* Noticia corta publicada en un periódico.

gacetillero, ra *s. m.* y *f.* Redactor de gacetillas y, p. ext., periodista.

gacha (del lat. *coacta*, de *coactus*, cuajado) *s. f.* **1.** Cualquier masa muy blanda y poco espesa. Se usa sobre todo en *pl.* || *s. f. pl.* **2.** Comida hecha de harina cocida con agua y condimentada.

gacheta (del fr. *gâchette*) *s. f.* Pequeña palanca que en las cerraduras sujeta el pestillo, deteniéndolo en cierto punto.

gachí (voz gitana, femenino de *gachó*) *s. f. vulg.* Mujer, muchacha. ■ Su pl. es *gachís*. **SIN.** Jai.

gachó (voz gitana) *s. m.* **1.** *vulg.* Hombre, individuo. **2.** Amante de una mujer. **SIN. 1.** Tipo, tío. **2.** Maromo. **FAM.** Gachí.

gacho, cha (del lat. *coactus*, de *cogere*, recoger) *adj.* **1.** Doblado hacia abajo: *con la cabeza gacha.* **2.** Se aplica a la res que tiene los cuernos curvados hacia abajo. **SIN. 1.** Agachado. **ANT. 1.** Erguido.

gachupín, na *s. m.* y *f.* Nombre que se da en México a los españoles allí establecidos. ■ Se dice también *cachupín*. **FAM.** Cachupín.

gaditano, na (del lat. *Gaditanus*, de *Gades*, Cádiz) *adj.* De Cádiz. También *s. m.* y *f.*

gadolinio (de Johan *Gadolin*, químico finlandés) *s. m.* Elemento químico del grupo de los lantánidos o tierras raras; metal de color blanco plateado, maleable y dúctil, con brillo metálico, que se usa en la industria nuclear y en los tubos de televisores. Su símbolo es *Gd*.

gaélico, ca (del ingl. *Gaelic*) *adj.* Se aplica a los dialectos de la lengua céltica hablados en Irlanda y Escocia. También *s. m.*

gafa (del germ. *gafa*, gancho) *s. f.* **1.** Grapa metálica. || *s. f. pl.* **2.** Par de lentes o cristales, especialmente los correctores, montados en una armadura que se apoya en la nariz y se sujeta detrás de las orejas mediante patillas. **SIN. 1.** Laña. **2.** Anteojos, antiparras. **FAM.** Gafotas.

gafar *v. tr.* Dar mala suerte: *Me han gafado, porque todo me sale mal.*

gafe *adj. fam.* Se dice de la persona o cosa que supuestamente trae mala suerte. También *s. m.* y *f.* **SIN.** Cenizo. **FAM.** Gafar.

gafotas *adj. fam.* y *desp.* Que usa gafas. También *s. m.* y *f.*: *Ese gafotas es su hermano.* ■ No varía en *pl.*

gag (ingl.) *s. m.* Situación o golpe cómico: *un gag cinematográfico.* ■ Su pl. es *gags*.

gagá (del fr. *gaga*) *adj. fam.* Se dice de la persona muy achacosa o que chochea. También *s. m.* **SIN.** Decrépito, caduco, senil, chocho.

gaita (probablemente del gót. *gaits*, cabra) *s. f.* **1.** Instrumento musical de viento provisto de una bolsa de cuero, o fuelle, una boquilla y dos especies de flautas, el puntero y el roncón. **2.** Flauta parecida a la chirimía. **3.** *fam.* Cuello, pescuezo: *Estira la gaita y lo verás.* **4.** Cosa fastidiosa, desagradable o molesta: *Es una gaita tener que madrugar.* || LOC. **templar gaitas** *fam.* Ceder con alguien o tratarle con miramiento para que no se enfade. **SIN. 1.** Cornamusa. **2.** Dulzaina. **4.** Lata, pejiguera, incordio. **FAM.** Gaitero. / Soplagaitas.

gaitero, ra *s. m.* y *f.* Persona que toca la gaita.

gaje (del fr. *gage*, prenda, y éste del germ. *wadyan*, apostar) *s. m.* **1.** Salario o complemento que se cobra aparte del sueldo. Se usa sobre todo en *pl.* || **2. gajes del oficio** *fam.* Molestias o inconvenientes que lleva consigo un empleo, cargo u ocupación. **SIN. 1.** Emolumento, gratificación.

gajo (del bajo lat. *galleus*, de *galla*, agalla) *s. m.* **1.** Cada una de las partes en que se dividen interiormente los frutos cítricos. **2.** Cada uno de los grupos de uvas que hay en un racimo. **3.** Racimo de cualquier fruta. **4.** Rama desprendida del árbol. **5.** *Arg.*, *Chile*, *Par.* y *Urug.* Esqueje. **FAM.** Desgajar.

gala (del ant. fr. *gale*, placer, diversión) *s. f.* **1.** Vestido o adorno elegante y lujoso. Se usa sobre todo en *pl.*: *Se puso sus mejores galas.* **2.** Fiesta o ceremonia que por su carácter solemne requiere este tipo de vestuario: *cena de gala.* **3.** Ceremonia a la que se da un carácter excepcional: *la gala de los Oscar.* **4.** Cualquier actuación de un cantante, conjunto, actor, etc. **5.** Lo más escogido y exquisito de algo. || LOC. **hacer gala de** alguna cosa Presumir de ella; también, mostrarla, lucirla: *Hace gala de su talento. Hizo gala de su buen humor.* **tener a gala** Estar orgulloso o presumir de alguna cosa: *Tiene a gala no mentir jamás.* **SIN. 1.** Aderezo, perifollo. **2.** Celebración, recepción. **3.** Festival, certamen. **4.** Recital, concierto, show. **5.** Flor. **FAM.** Galán.

galáctico, ca *adj.* De la Vía Láctea o de cualquier otra galaxia. **FAM.** Intergaláctico. GALAXIA.

galactita (del lat. *galactitis*, y éste del gr. *galaktites*, lácteo) *s. f.* Arcilla que se deshace fácilmente en agua, a la que da un color blanquecino.

galactófago, ga (del gr. *gala, -aktos*, leche, y *-fago*) *adj.* Que se alimenta de leche: *Los cachorros de los mamíferos son galactófagos.* También *s. m.* y *f.*

galactóforo, ra (del gr. *gala, -aktos*, leche, y *phero*, llevar) *adj.* Se aplica a los conductos que llevan la leche desde las glándulas mamarias al pezón.

galactosa *s. f.* Azúcar de la lactosa, presente en la leche y otras reservas nutritivas animales. **FAM.** Galactita, galactófago, galactófero. LACTOSA.

gálago *s. m.* Mamífero primate africano, mono de pequeño tamaño, color gris o rojizo, miembros largos, grandes ojos, orejas erectas y costumbres nocturnas.

galaico, ca (del lat. *Galaicus*) *adj.* **1.** De un pueblo de la España primitiva que habitaba en Galicia y el N de Portugal. **2.** P. ext., gallego. **FAM.** Galaicoportugués.

galaicoportugués, sa *adj.* **1.** Se dice de la antigua lengua romance de la que derivan el gallego y el portugués. También *s. m.* **2.** Se aplica a una escuela lírica medieval, expresión literaria de esta lengua. **SIN. 1.** y **2.** Gallegoportugués.

galán *s. m.* **1.** Hombre apuesto y muy atractivo. **2.** Novio o pretendiente de una mujer. **3.** Actor teatral o cinematográfico que desempeña papeles de seductor. || **4. galán de día** Arbusto solanáceo de flores blancas, propio de América. **5. galán de noche** Arbusto solanáceo parecido al anterior, con flores blancuzcas muy olorosas por la noche. **6. galán de noche** Perchero con pie para colocar el traje. **SIN. 1.** Adonis. **2.** Enamorado, galanteador. **FAM.** Galano, galante. / Engalanar. GALA.

galano, na *adj.* **1.** De figura y aspecto hermoso y agradable. **2.** Muy bien arreglado y aseado. **3.** Aplicado a la manera de hablar o escribir, elegante, ingenioso. **SIN. 1.** Garrido, garboso, gallardo. **2.** Primoroso. **3.** Pulido, brillante. **ANT. 1.** Desgarbado. **2.** Desastrado. **3.** Pedestre. **FAM.** Galanura. GALÁN.

galante (del fr. *galant*) *adj.* **1.** Muy educado y atento, especialmente con las mujeres. **2.** Se dice del relato de asunto amoroso algo picante. **SIN. 1.** Cortés. **2.** Erótico. **ANT. 1.** Descortés. **FAM.** Galantear, galantemente, galantería. GALÁN.

galantear *v. tr.* **1.** Decir galanterías a las mujeres. **2.** Intentar enamorar o atraer a una mujer. **SIN. 1.** Requebrar. **2.** Cortejar, camelar, rondar. **FAM.** Galanteador, galanteo. GALANTE.

galantería *s. f.* **1.** Cualidad de galante. **2.** Acción o palabras galantes: *Trató de seducirla con galanterías.* **SIN. 1.** Cortesía.

galantina (del fr. *galantine*) *s. f.* Carne rellena, cocida y recubierta con gelatina, que se come en fiambre.

galanura *s. f.* Gracia, elegancia: *Llamaba la atención la galanura de su figura y sus gestos.* **SIN.** Donosura.

galápago (del ár. *qalabbaq*, tortuga) *s. m.* Reptil quelonio, tortuga de agua dulce, con caparazón duro, extremidades largas y dedos unidos por una membrana.

galardón *s. m.* Premio o recompensa que se otorga por méritos o servicios. **SIN.** Distinción, condecoración, honor. **FAM.** Galardonar.

galardonado, da 1. *p.* de **galardonar**. || *adj.* **2.** Que ha recibido un premio. También *s. m.* y *f.*: *Los galardonados recibirán una importante cantidad de dinero.*

galardonar *v. tr.* Premiar con un galardón.

gálata (del lat. *Galata*) *adj.* De Galacia, en Asia Menor. También *s. m.* y *f.*

galaxia (del lat. *galaxias*, y éste del gr. *galaxias*, lechoso) *s. f.* Agrupación de estrellas concentrada en una determinada región del espacio. **FAM.** Galáctico.

galbana (del ár. *gabana*, tristeza, descontento) *s. f. fam.* Desgana, pereza. **SIN.** Flojera, holgazanería. **ANT.** Diligencia.

gálbula (del lat. *galbulus*, de *galbus*, color verde claro) *s. f.* Falso fruto, redondeado y carnoso, que producen algunas plantas gimnospermas como los cipreses, enebros, sabinas, etc. ■ Se dice también *gálbulo.* **FAM.** Gálbulo.

galdosiano, na *adj.* Propio del escritor Benito Pérez Galdós y de su obra, o que tiene alguna de las cualidades de su producción literaria.

gálea (del lat. *galea*) *s. f.* Casco que usaban los soldados romanos. **FAM.** Galeato.

galeato (del lat. *galeatus*, cubierto con casco) *adj.* Se dice del prólogo en que se defiende una obra de objeciones o ataques.

galena (del lat. *galena*, y éste del gr. *galene*) *s. f.* Mineral sulfuro de plomo, de color gris y brillo metálico, que constituye la principal mena del plomo.

galeno (de *Galeno*, médico de la antigua Grecia) *s. m. fam.* Médico, persona que puede ejercer la medicina.

galeón *s. m.* Buque grande de vela, parecido a la galera, de guerra o mercante, usado desde el s. XV al XVII para el comercio de España con América.

galeote *s. m.* Persona condenada a remar en las galeras.

galera (del gr. bizantino *galea*) *s. f.* **1.** Embarcación antigua de vela y remo, utilizada en la armada real. **2.** En imprenta, tabla o plancha rectangular con bordes en escuadra donde el cajista dispone las líneas compuestas para formar la galerada. **3.** Crustáceo de color claro que vive en fondos marinos rocosos. **4.** *Amér. C.* y *Méx.* Cobertizo. **5.** *Arg.*, *Chile* y *Urug.* Sombrero de copa. || *s. f. pl.* **6.** Condena que consistía en remar en las galeras reales. **FAM.** Galerada, galerón. / Galeón, galeote.

galerada *s. f.* **1.** En imprenta, fragmento de composición que cabe en una galera. **2.** Prueba sacada de esta composición para hacer sobre ella las correcciones oportunas.

galería (del bajo lat. *galeria*) *s. f.* **1.** Habitación larga y espaciosa, muy iluminada, generalmente sostenida por columnas o pilares. **2.** Pasillo abierto al exterior o con vidrieras que sirve para iluminar las habitaciones interiores. **3.** Sala o local donde se exponen y venden obras de arte. **4.** Colección de obras artísticas. **5.** Conjunto de localidades del piso más alto de un teatro. **6.** Público que ocupa estas localidades. **7.** P. ext., público o gente corriente: *Escribe para la galería.* **8.** Pasadizo subterráneo en minas o en antiguas construcciones. **9.** Bastidor de madera que sostiene las cortinas delante de ventanas y balcones. **10.** Crujía de un barco. || *s. f. pl.* **11.** Conjunto de tiendas situadas en un pasaje interior, centro comercial. **SIN.** **2.** Corredor. **3.** Museo. **5.** Gallinero, paraíso. **8.** Túnel. **FAM.** Galerista.

galerista *s. m.* y *f.* Propietario o director de una galería de arte.

galerna (del fr. *galerne*) *s. f.* **1.** Viento del NO fuerte y frío que sopla en la costa N española. **2.** P. ext., cualquier viento fuerte. **SIN.** **2.** Temporal.

galerón *s. m.* **1.** *Amér. del S.* Romance vulgar para ser recitado. **2.** *Amér. C.* Cobertizo. **3.** *Ven.* Melodía popular.

galés, sa *adj.* **1.** De Gales. También *s. m.* y *f.* || *s. m.* **2.** Idioma hablado en Gales.

galga *s. f.* Instrumento para medir ángulos y longitudes. **SIN.** Calibre.

galgo, ga *adj.* **1.** Se aplica a una raza de perros de figura estilizada, cabeza pequeña y hocico alargado, potentes y veloces, que se utilizan para la caza y las carreras. También *s. m.* y *f.* **2.** Goloso. || **LOC.** **¡échale un galgo!** *excl. fam.* Expresa la dificultad o imposibilidad de alcanzar a una persona o conseguir alguna cosa. **SIN.** **2.** Dulcero, laminero. **FAM.** Galguear.

galguear *v. intr.* **1.** Comer golosinas. **2.** *Arg.*, *Chile* y *Urug.* Pasar hambre o necesidades.

gálibo *s. m.* **1.** Arco metálico en forma de U invertida con que se comprueba si las dimensiones de un vehículo son aptas para pasar por un túnel, puente, arco, etc. || **2. luces de gálibo** Las que llevan los vehículos de gran tamaño en la parte superior delantera y trasera para señalizar sus dimensiones.

galicismo (del lat. *Gallicus*, francés) *s. m.* Palabra o giro propio del francés usado en otra lengua. **FAM.** Galicista. GÁLICO.

gálico, ca (del lat. *Gallicus*) *adj.* **1.** De la Galia, antigua región de Europa. **2.** *ant.* Venéreo*. **SIN.** **1.** Galo. **FAM.** Galicismo, galio, galo.

galileo, a *adj.* De Galilea, antigua región de Palestina. También *s. m.* y *f.*

galimatías (del fr. *gallimatias*, de *galli*, gallo, y el gr. *matheia*, enseñanza) *s. m.* **1.** *fam.* Lenguaje oscuro y enrevesado. **2.** Cosa confusa o embrollada: *Estas cuentas son un galimatías.* **SIN.** **1.** Jerigonza. **2.** Lío, embrollo, enredo, barullo.

galio (del lat. *gallus*, gallo, traducción del apellido de P. E. *Lecoq*, descubridor de este elemento) *s. m.* Elemento químico, metal de color blancoazulado, estable en aire seco y atacable por ácidos y álcalis. Se usa para fabricar termómetros, semiconductores, como cambiador de calor y como cierre en los sistemas de vacío. Su símbolo es *Ga.*

galladura *s. f.* Pequeño coágulo de sangre presente en la yema del huevo de gallina fecundado. ■ Se dice también *engalladura.*

gallardete (del fr. *gaillardet*) *s. m.* Bandera de forma triangular. **SIN.** Banderín, grímpola.

gallardía *s. f.* **1.** Buena presencia y elegancia de movimientos en una persona. **2.** Valor, arrojo. **SIN.** **1.** Apostura. **1.** y **2.** Arrogancia, bizarría. **2.** Bravura. **ANT.** **2.** Cobardía.

gallardo, da (del prov. *galhart*) *adj.* **1.** Que tiene buena presencia y movimientos ágiles y elegantes. **2.** Que denota valentía y nobleza. **SIN.** **1.** Airoso, garboso. **1.** y **2.** Arrogante. **2.** Bravo, noble. **ANT.** **1.** Desgarbado. **2.** Cobarde, vil. **FAM.** Gallardamente, gallardear, gallardete, gallardía.

gallareta *s. f.* Focha*.

gallear *v. intr.* **1.** Presumir, fanfarronear. **2.** Imponerse a los demás con ostentaciones de fuerza. || *v. tr.* **3.** Cubrir el gallo a las gallinas. **SIN.** **1.** y **2.** Bravuconear, pavonear. **ANT.** **1.** y **2.** Achicarse, encogerse.

gallegada *s. f.* **1.** *Urug. fam.* Conjunto de españoles. **2.** *Urug. fam.* y *desp.* Hecho o dicho que se consideran propios de los españoles.

gallego, ga (del lat. *Gallaicus*) *adj.* **1.** De Galicia. También *s. m.* y *f.* **2.** *Amér. desp.* Se aplica al inmigrante español. También *s. m.* y *f.* || *s. m.* **3.** Lengua hablada en Galicia. **FAM.** Gallegada, gallegoportugués, galleguismo, galleguizar.

gallegoportugués, sa *adj.* Galaicoportugués*.

galleguismo *s. m.* **1.** Palabra, expresión o giro propio de la lengua gallega. **2.** Doctrina política o movimiento que defiende la autonomía de Galicia y sus peculiaridades históricas y culturales. **FAM.** Galleguista. GALLEGO.

galleguito *s. m. Urug.* Puesto de comida ambulante.

galleguizar *v. tr.* Proporcionar las características o los rasgos que se consideran propios del gallego o de lo gallego: *galleguizar el lenguaje.* ■ Delante de *e* se escribe *c* en lugar de *z*: *galleguice.*

gallera *s. f.* **1.** Gallinero donde se crían gallos de pelea y jaula en que se transportan. **2.** Lugar donde se celebran las peleas de gallos. **SIN.** **1.** y **2.** Gallero.

galleta (del fr. *galet*, *galette*, guijarro, y éste del céltico *gallos*, piedra) *s. f.* **1.** Dulce seco y crujiente, cocido al horno, de forma aplastada, cuadrada o redonda. **2.** Pan sin levadura que se lleva en los barcos por su buena conservación. **3.** *fam.* Bofetada o golpe fuerte. **4.** Carbón de antracita en trozos menudos. **5.** *Arg.* Vasija hecha de calabaza en que se toma el mate. **SIN.** **1.** Pasta. **2.** Bizcocho. **3.** Cachete, guantazo, sopapo; batacazo, trompazo. **FAM.** Galletero.

galliforme *adj.* **1.** Se aplica a ciertas aves de mediano y pequeño tamaño, pico corto y patas robustas, que no son buenas voladoras y en las que existen acusadas diferencias entre macho y hembra, como la gallina, la perdiz y el urogallo. También *s. f.* || *s. f. pl.* **2.** Orden de estas aves.

gallina (del lat. *gallina*) *s. f.* **1.** Hembra del gallo. Se diferencia del macho en su menor tamaño, cresta más corta, cola sin timoneras y ausencia de espolones. || *s. m.* y *f.* **2.** *fam.* Persona cobarde. También *adj.* || **3. carne** (o **piel**) **de gallina** Véase **carne**. **4. la gallina** (o **la gallinita**) **ciega** Juego en que uno de los participantes, con los ojos vendados, debe atrapar a otro y adivinar quién es. **5. la gallina de los huevos de oro** Por referencia a una conocida fábula, fuente de riqueza. || **LOC. acostarse con las gallinas** *fam.* Irse muy temprano a la cama. **cantar** a alguien **la gallina** Decirle las verdades, quejas, etc. con toda claridad, cantarle las cuarenta. **como gallina en corral ajeno** Muy avergonzado e incómodo por sentirse entre gente extraña. **SIN. 2.** Cobardica, cagueta. **ANT. 2.** Valiente. **FAM.** Gallináceo, gallinaza, gallinazo, gallinejas, gallinería, gallinero, gallineta. GALLO.

gallináceo, a *adj.* Galliforme*. También *s. f.*

gallinaza (del lat. *gallinacea*) *s. f.* **1.** Gallinazo*. **2.** Excremento de las gallinas.

gallinazo *s. m.* Ave rapaz carroñera americana, de gran tamaño, plumaje pardo y cabeza desnuda. Se llama también *aura* y *gallinaza*.

gallinejas *s. f. pl.* Plato típico de Madrid que consiste en tripas fritas de gallina o cordero.

gallinero, ra (del lat. *gallinarius* y *gallinarium*) *s. m.* y *f.* **1.** Persona que cría y vende gallinas. || *s. m.* **2.** Lugar, cobertizo o nave donde se crían y guardan las aves de corral, y el conjunto de éstas. **3.** *fam.* Sitio de mucho jaleo o griterío. **4.** Piso más alto de un teatro o cine donde se hallan las localidades más baratas. **SIN. 4.** Paraíso, galería.

gallineta *s. f.* **1.** Ave gruiforme de alas cortas, patas largas y color gris, generalmente rayado de negro, que habita en lagunas y pantanos de regiones frías. **2.** Becada*. **3.** *Amér.* Pintada[2]*.

gallito *s. m.* **1.** *dim.* de **gallo**. **2.** *fam.* Individuo que en un lugar, grupo, etc., se impone al resto o sobresale entre todos: *el gallito de la clase.* **3.** *fam.* Matón, bravucón. **SIN. 2.** Jefe, amo. **3.** Chulo, perdonavidas, valentón. **ANT. 2.** Segundón.

gallo (del lat. *gallus*) *s. m.* **1.** Ave galliforme doméstica de cresta alta y plumaje abundante, con un espolón en el tarso y unas formaciones epiteliales llamadas carúnculas bajo el pico. El macho y la hembra presentan acusadas diferencias. Se crían por su carne, sobre todo antes de la primera muda (pollo), y por los huevos que pone la hembra (gallina). **2.** Nombre dado al macho de otras aves galliformes. **3.** Nota aguda y desagradable que se da al cantar, hablar o levantar la voz: *soltar un gallo.* **4.** Gallito*. **5.** Categoría de boxeo constituida por los púgiles cuyo peso está comprendido entre los 52 y los 53 kg. ■ Se usa también en aposición. **6.** Pez teleósteo marino de unos 60 cm de longitud, con el cuerpo plano y asimétrico, aleta dorsal en forma de cresta y ojos en el flanco izquierdo; suele permanecer recostado en el fondo marino sobre su lado derecho. Es muy apreciado por su carne. || **7. gallo de pelea** El que se cría y entrena para las peleas; también, en sentido figurado, persona aficionada a meterse en reyertas o riñas. **8. gallo silvestre** Urogallo*. || **LOC. en menos que canta un gallo** *adv. fam.* Con rapidez y facilidad. **otro gallo** (**me, te** ...) **cantara** *fam.* Indica que, de hacerse o cumplirse cierta cosa que se expresa, se habría obtenido un resultado más favorable: *Si lo llego a saber, otro gallo me cantara.* **FAM.** Galladura, gallear, gallera, gallero, galliforme, gallina, gallito.

gallofa (del gr. *kelyphos*, monda) *s. f.* **1.** *fam.* Comida mala, comistrajo. **2.** Habladuría. **SIN. 1.** Bazofia. **2.** Chisme.

gallón *s. m.* Cada uno de los segmentos convexos en forma de gajo que adornan un espacio abovedado. **FAM.** Gallonado.

galo, la (del lat. *Gallus*) *adj.* **1.** De la Galia, antigua región de Europa. También *s. m.* y *f.* ■ A veces se utiliza como pref.: *galorromano.* || *s. m.* **2.** Antigua lengua céltica hablada en la Galia. **FAM.** Galorromano.

galón[1] (del fr. *galon*, del ant. fr. *galonner*) *s. m.* **1.** Cinta de tejido fuerte y resistente, a veces bordada con hilo dorado o plateado, que adorna vestidos y otros objetos. **2.** Cinta semejante usada en los uniformes militares para indicar grados o clases: *galones de sargento.* **SIN. 1.** Trencilla. **FAM.** Galonear.

galón[2] (del ingl. *gallon*) *s. m.* Medida de capacidad para líquidos. El galón inglés equivale a 4,59 l y el americano a 3,78.

galopada *s. f.* Carrera al galope.

galopante *adj.* **1.** Que galopa. **2.** Se aplica a las enfermedades graves y repentinas: *una tuberculosis galopante.* **3.** De crecimiento o desarrollo muy rápido: *una crisis económica galopante.* **SIN. 2.** Fulminante. **3.** Vertiginoso, trepidante. **ANT. 3.** Pausado.

galopar *v. intr.* **1.** Correr el caballo a galope. **2.** Cabalgar un jinete a galope. **FAM.** Galopante. GALOPE.

galope *s. m.* **1.** Marcha más rápida del caballo, que durante un momento tiene las cuatro patas en el aire. || **2. galope tendido** Ritmo máximo del galope. **FAM.** Galopada, galopar, galopeada, galopín.

galopeada *s. f. Amér. del S.* Galopada.

galopín *s. m.* **1.** Muchacho sucio y mal vestido. **2.** Pícaro, bribón; a veces se emplea cariñosamente referido a los niños. **3.** *fam.* Hombre astuto y taimado. **SIN. 1.** y **2.** Golfillo. **2.** Pillo, tunante. **3.** Truhán, granuja.

galorromano, na *s. m.* y *f.* De los pueblos galos romanizados en la época del Imperio Romano. También *s. m.* y *f.*

galpón *s. m.* **1.** Dependencia donde vivían los esclavos en las haciendas de América. **2.** *Amér.* Almacén. **SIN. 2.** Barracón.

galucha *s. f. Amér.* Galope.

galvanismo (de Luigi *Galvani*, físico y médico italiano del s. XVIII) *s. m.* **1.** Propiedad de la corriente eléctrica de provocar contracciones en los músculos de animales vivos o muertos. **2.** Corriente eléctrica generada mediante el contacto de dos metales de distinto potencial, como el cobre y el cinc, sumergidos en un líquido. **FAM.** Galvánico, galvanizar, galvanómetro, galvanoplastia, galvanotecnia, galvanotipia.

galvanizar *v. tr.* **1.** Cubrir un metal con una capa de otro, especialmente de cinc. **2.** Aplicar corrientes eléctricas con fines terapéuticos. **3.** Comunicar a alguien o algo nuevos bríos o energías: *galvanizar la opinión pública.* ■ Delante de *e* se escribe *c* en lugar de *z*: *galvanice.* **SIN. 3.** Estimular. **FAM.** Galvanización, galvanizado. GALVANISMO.

galvanómetro *s. m.* Instrumento para medir la intensidad y sentido de corrientes eléctricas.

galvanoplastia *s. f.* Técnica que consiste en cubrir de metal mediante electrólisis una superficie u objeto. **FAM.** Galvanoplástico. GALVANISMO.

galvanotipia *s. f.* En imprenta, procedimiento galvanoplástico para la obtención de clichés tipográficos, como los usados en las rotativas. **FAM.** Galvanotipo. GALVANISMO y TIPO.

gama (del gr. *gamma*, tercera letra del alfabeto griego, con que se iniciaba la serie de los sonidos musicales) *s. f.* **1.** Sucesión gradual de cosas que pertenecen a una misma clase, especialmente de colores: *una gama de grises.* **2.** P. ext., conjunto de cosas variadas, dentro de una misma categoría. **3.** Escala musical. SIN. **1.** Gradación, progresión. **2.** Serie, repertorio.

gamada (del gr. *gamma*, tercera letra del alfabeto griego) *adj.* Se dice de la cruz griega con los cuatro brazos acodados.

gamba[1] (del ital. *gamba*, y éste del lat. vulg. *camba*) *s. f. fam.* Pierna. || LOC. **meter la gamba** *fam.* Meter la pata. FAM. Gambeta, gambito. / Jamba, jamón.

gamba[2] (del cat. *gamba*, y éste del lat. *cammarus*) *s. f.* Crustáceo decápodo de color rojizo, cuerpo alargado y cubierto por un caparazón. Es comestible.

gamberrada *s. f.* Acción propia de un gamberro.

gamberrear *v. intr.* Hacer gamberradas.

gamberro, rra *adj.* Se dice de la persona que por diversión alborota y provoca escándalos, destrozos o molestias. También *s. m.* y *f.* SIN. Alborotador, vándalo, salvaje, incívico. ANT. Cívico, educado. FAM. Gamberrada, gamberrear, gamberrismo.

gambeta (del ital. *gamba*, pierna) *s. f.* **1.** En la danza, movimiento que se hace entrecruzando rápidamente las piernas en el aire. **2.** Movimiento que hace el caballo alzando las manos y caminando sobre las patas traseras. **3.** *Amér.* En fútbol, regate. SIN. **2.** Corveta. FAM. Gambetear, gambeteo. GAMBA[1].

gambiano o **gambiense** *adj.* De Gambia. También *s. m.* y *f.*

gambito (del ital. *gambetto*, zancadilla, y éste del lat. *gamba*, pierna) *s. m.* Jugada del ajedrez que consiste en sacrificar una pieza, generalmente un peón, para obtener una posición favorable.

gamella[1] (del celta *gamba*, *camba*, corva) *s. f.* Cada uno de los arcos del yugo que se apoyan sobre el cuello de las bestias.

gamella[2] (del lat. *camella*) *s. f.* Artesa, utilizada especialmente para dar de comer a los animales.

gameto (del gr. *gametes*, marido, o *gamete*, esposa) *s. m.* Célula sexual especializada en la reproducción. FAM. Gametocida, gametocito, gametogénesis.

gametocito (de *gameto* y *-cito*) *s. m.* Cada una de las células diploides que, en la gametogénesis, dan lugar a los gametos.

gametogénesis (de *gameto* y *-genesis*) *s. f.* Proceso de formación de los gametos a partir de células germinativas, que tiene lugar en las gónadas.

gamezno *s. m.* Cría del gamo.

-gamia (del gr. *gamia*, unión sexual) *suf.* Significa 'unión': *monogamia, endogamia, poligamia, exogamia.*

gamín (del fr. *gamin*) *s. m. Col.* Niño o joven que vagabundea en pandillas y vive de la limosna o del robo.

gamitido *s. m.* Balido o voz del gamo. FAM. Gamitar. GAMO.

gamma (del gr. *gamma*) *s. f.* Tercera letra del alfabeto griego, que corresponde al sonido suave de nuestra *g.* ■ La letra mayúscula se escribe Γ y la minúscula γ. FAM. Gama, gamada, gammaglobulina, gammagrafía.

gammaglobulina *s. f.* Proteína que se encuentra en la sangre. Es portadora de anticuerpos, por lo que desempeña un papel fundamental en el sistema inmunológico.

gammagrafía *s. f.* En med., técnica exploratoria que consiste en inyectar al paciente en las venas una sustancia radiactiva y, mediante un contador de destellos, determinar su localización y distribución cuantitativa en los diferentes órganos.

gamo (del lat. vulg. *gammus*) *s. m.* Mamífero cérvido rumiante de alrededor de 1 m de altura, pelaje pardo rojizo y cornamenta plana y ramificada en el macho. FAM. Gamezno, gamitido.

gamo- o **-gamo, ma** (del gr. *gamos*, unión) *pref.* o *suf.* Significa 'unión': *gamopétalo, monógamo.*

gamón *s. m.* Planta herbácea liliácea de raíces tuberosas, hojas en forma de espada, flores blancas y fruto en cápsula. FAM. Gamonal.

gamonal *s. m.* **1.** Lugar donde abunda el gamón. **2.** *Amér.* Cacique; también, adinerado.

gamopétalo, la (de *gamo-* y *pétalo*) *adj.* En bot., se aplica a la corola con los pétalos parcial o totalmente unidos y a las flores que así los tienen. También *s. f.* SIN. Monopétalo.

gamosépalo, la (de *gamo-* y *sépalo*) *adj.* En bot., se aplica al cáliz que presenta los sépalos parcial o totalmente unidos y a las flores que así los tienen. También *s. f.* SIN. Monosépalo.

gamusino *s. m.* Animal imaginario con que se hacen bromas a los cazadores novatos.

gamuza (del lat. vulg. *camox, -ocis*) *s. f.* **1.** Mamífero bóvido rumiante de cornamenta lisa y recta, curvada en sus extremos, y fuertes patas adaptadas al salto. En España se le conoce también como *rebeco*, *sarrio* e *isard.* **2.** Piel curtida de este animal, muy fina y flexible, y p. ext. la de otros animales de similares características: *una cazadora de gamuza.* **3.** Tejido de lana, algodón, etc., parecido por su aspecto y tacto a la piel de este animal. **4.** Paño de este tejido u otro semejante utilizado para la limpieza. SIN. **4.** Bayeta.

gana *s. f.* **1.** Deseo de hacer alguna cosa, de disfrutarla o de que ocurra. Se usa sobre todo en *pl.*: *Tengo ganas de verlo.* **2.** Buena disposición, voluntad o agrado con que se hace algo. Se usa sobre todo en *pl.*: *estudiar con ganas.* **3.** Hambre, apetito. Se usa sobre todo en *pl.*: *No comas más si no tienes ganas.* || LOC. **con ganas** *adv.* Con agrado o empeño; también se utiliza para intensificar un calificativo: *La película era mala con ganas.* **de buena** o **de mala gana** *adv.* Con gusto o a disgusto: *Le prestó los patines de mala gana.* **tenerle ganas** a alguien *fam.* Desear tener la oportunidad de hacerle daño a alguien. SIN. **1.** Ansia, apetencia, antojo. **2.** Afán, interés, placer. **3.** Gazuza, gusa. ANT. **3.** Desgana. FAM. Ganoso. / Desgana, malagana.

ganadería *s. f.* **1.** Cría de ganado para su explotación y comercio. **2.** Determinada raza o clase de ganado: *ganadería bovina.* **3.** Conjunto de los ganados de un país, región o lugar: *la ganadería argentina.* **4.** Conjunto de los toros bravos de un propietario. SIN. **4.** Vacada.

ganadero, ra *adj.* **1.** Del ganado o de la ganadería: *mercado ganadero.* || *s. m.* y *f.* **2.** Persona que cría ganado.

ganado, da 1. *p.* de **ganar**. También *adj.*: *el dinero ganado.* || *s. m.* **2.** Ganadería*: *ganado vacuno, ganado trashumante.* **3.** *fam.* y *desp.* Conjunto de personas: *No me gustó el ganado que había en el cine.* || **4. ganado bravo** El que no está domado o domesticado, y especialmente los toros de lidia. **5. ganado mayor** El de reses mayores, como vacas, caballos, etc. **6. ganado menor** El de reses menores, como ovejas, cabras, etc. SIN. **2.** Rebaño, manada, hato. **3.** Chusma, masa. FAM. Ganadería, ganadero. GANAR.

ganancia *s. f.* **1.** Acción de ganar. **2.** Utilidad o beneficio, especialmente dinero, que se obtiene de alguna cosa. Se usa sobre todo en *pl.*: *Consiguió grandes ganancias.* **3.** En telecomunicación, aumento de la intensidad, tensión o potencia obtenido con un amplificador, transformador, etc. || LOC. **no arrendarle** a alguien **la ganancia** Advierte a una persona sobre las consecuencias negativas que puede tener un comportamiento, acción, etc.: *Si no cambias de actitud, no te arriendo la ganancia.* **SIN. 1.** y **2.** Fruto, provecho, rendimiento, lucro, producto. **ANT. 1.** y **2.** Pérdida. **2.** Déficit. **FAM.** Ganancial, ganancioso. GANAR.

ganancial *adj.* **1.** De la ganancia: *recuento ganancial.* **2.** Se aplica a los bienes adquiridos durante el matrimonio y que pertenecen por igual a ambos cónyuges.

ganapán *s. m.* **1.** Persona que se gana la vida transportando cargas, llevando recados o con cualquier otra actividad menor. **2.** *fam.* Hombre rudo y torpe. **SIN. 1.** Porteador, recadero. **2.** Gañán, palurdo.

ganapierde *s. m.* Modo particular de jugar, en que el jugador que pierde todas las piezas o bazas se convierte en el ganador. ■ No varía en *pl.*

ganar (del germ. *waidanjan*, segar) *v. tr.* **1.** Conseguir un beneficio, especialmente dinero. **2.** Recibir un sueldo fijo por un trabajo: *En esa empresa gana un dineral.* **3.** Conseguir aquello por lo que se disputa en un concurso, oposición, batalla, etc.: *ganar la guerra, el primer premio, el pleito.* **4.** Conseguir alguna cosa con trabajo y esfuerzo o por merecerla. Se usa más como *v. prnl.*: *Te has ganado unas vacaciones.* **5.** Referido a una determinada opinión o consideración de alguien, obtenerla: *ganar la estima, la repulsa.* También *v. prnl.* **6.** Superar a alguien en alguna cosa: *Nadie le gana en simpatía.* **7.** Atraer a alguien hacia una determinada causa, partido, etc. o captar su simpatía, admiración o cariño: *Ganó nuestro apoyo.* También *v. prnl.*: *Se ha ganado a toda la familia.* **8.** Llegar al sitio que se pretende, generalmente con esfuerzo: *Ganaron la orilla a nado.* **9.** Con sustantivos que indican tiempo o espacio, adelantar, avanzar: *Con la nueva autopista ganas casi una hora.* **10.** En imprenta, suprimir texto o reducir espacios en blanco. También *v. intr.* || *v. intr.* **11.** Mejorar alguien de aspecto, situación, etc., con alguna cosa: *Ha ganado desde que no trabaja de noche.* **12.** *Amér.* Tomar una determinada dirección: *ganar por la derecha.* || **ganarse** *v. prnl.* **13.** *Arg.* y *Chile* Esconderse, refugiarse. **SIN. 1.** Embolsar, ingresar. **2.** Cobrar. **3.** Vencer. **5.** Granjearse. **6.** Aventajar. **7.** Seducir, cautivar. **11.** Medrar, prosperar. **ANT. 1.**, **3.**, **5.** y **10.** Perder. **7.** Repeler. **11.** Desmejorar. **FAM.** Ganado, ganador, ganancia, ganapán, ganapierde.

ganchera *s. f. Arg.* y *Urug.* Estructura formada por ganchos que se utiliza para colgar la carne en las carnicerías.

ganchero, ra *adj. Arg.* y *Urug. fam.* Alcahuete, persona que actúa como intermediario en los asuntos amorosos de alguien.

ganchillo *s. m.* **1.** Aguja con un pequeño gancho en la punta que se emplea para hacer algunas labores de punto. **2.** Labor hecha con esta aguja: *un tapete de ganchillo.* **3.** Acción de realizar estas labores.

ganchito (nombre comercial registrado) *s. m.* Aperitivo de patata, maíz o trigo con forma alargada o de gancho.

gancho (del gr. *gampsos*, curvo, retorcido) *s. m.* **1.** Instrumento curvo y generalmente puntiagudo, que sirve para sujetar, agarrar o colgar alguna cosa: *Prendió la ropa en un gancho.* **2.** Aguja de ganchillo. **3.** *fam.* Especial atractivo que tiene alguien por su simpatía, belleza, cualidades, etc.: *Esa chica no es guapa, pero tiene gancho.* **4.** Compinche de un vendedor ambulante o de un estafador, que mezclándose entre el público anima a la gente a que compre sus productos o ayuda a que caiga en el engaño. **5.** En boxeo, golpe dado de abajo arriba con el brazo y antebrazo arqueados. **6.** En baloncesto, tiro a cesta que se efectúa arqueando el brazo sobre la cabeza. **7.** *Amér.* Horquilla para el pelo. || LOC. **echar el gancho** a alguien *fam.* Atraer o conquistar a una persona. **SIN. 1.** Garfio. **3.** Encanto, ángel, aquel. **4.** Cómplice. **FAM.** Ganchera, ganchero, ganchillo, ganchoso, ganchudo. / Enganchar.

ganchudo, da *adj.* Con forma de gancho.

gandalla *adj. Méx. fam.* Bravucón, abusón.

gandido, da *adj. Col. fam.* y *desp.* Se aplica al que come demasiado.

gandola *s. f. Col.* Camión amplio que tiene el remolque separado de la cabina. **FAM.** Gandolero.

gandolero *s. m. Col.* Conductor de una gandola.

gandul, la (del ár. *gandur*, bravucón, valentón) *adj. fam.* Vago, holgazán. También *s. m.* y *f.* **SIN.** Perezoso, haragán. **ANT.** Trabajador. **FAM.** Gandulear, gandulería.

gandulear *v. intr.* Comportarse como un gandul, holgazanear.

ganga[1] (del fr. *gangue* y éste del al. *Gang*, filón metálico) *s. f.* Materia mineral no aprovechable de un yacimiento, que acompaña a la mena.

ganga[2] (onomat.) *s. f.* Cosa ventajosa y muy conveniente que se consigue sin esfuerzo o se compra a muy bajo precio: *Ese piso es una ganga.* ■ Se emplea a veces irónicamente para expresar todo lo contrario. **SIN.** Ocasión, chollo, bicoca.

ganglio (del lat. *ganglion*, y éste del gr. *gagglion*) *s. m.* Pequeño abultamiento que existe en una vía linfática o en el trayecto de un nervio. **FAM.** Ganglionar.

gangoso, sa (onomat.) *adj.* **1.** Se aplica a la persona que habla con resonancias nasales, por algún defecto en los conductos de la nariz. También *s. m.* y *f.* **2.** Se dice de esta forma de hablar. También *adv. m.*: *Su hermana hablaba gangoso.* **FAM.** Gangosidad, ganguear.

gangrena (del lat. *gangraena*, y éste del gr. *gaggraina*, de *grao*, comer, roer) *s. f.* Muerte de un tejido de un ser vivo a consecuencia de la interrupción de la circulación sanguínea que lo alimentaba. **FAM.** Gangrenarse, gangrenoso.

gangrenarse *v. prnl.* Desarrollarse la gangrena en una parte del cuerpo.

gángster (del ingl. americano *gang*, pandilla, cuadrilla) *s. m.* **1.** Miembro de las bandas de malhechores que controlaban el mundo del crimen en Estados Unidos y, p. ext., miembro de una banda de delincuentes. **2.** Persona que emplea medios ilícitos (violencia, soborno, etc.) en su propio beneficio o en el de la persona para quien trabaja. ■ Su pl. es *gángsteres* o *gángsters*. Se escribe también *gánster*. **SIN. 1.** Pistolero, bandido, matón. **FAM.** Gangsterismo.

ganguear *v. intr.* Hablar con voz gangosa. **FAM.** Gangueo. GANGOSO.

ganoso, sa *adj.* Que tiene gana o deseo de aquello que se expresa: *Estaba ganoso de verle.* **SIN.** Deseoso, ansioso, ávido. **ANT.** Desganado.

gansada *s. f.* **1.** *fam.* Hecho o dicho con intención de hacer reír. **2.** Cosa poco seria y sin sentido, que se hace o se dice: *Llamarnos a estas horas es otra gansada suya.* **SIN. 1.** Gracia, broma. **2.** Tontería, memez, bobería.

gansear *v. intr. fam.* Hacer o decir gansadas. **SIN.** Bromear, burlarse.

ganso, sa (del gót. *gans*) *s. m.* y *f.* **1.** Nombre común de diversas especies de aves palmípedas de gran tamaño, de color blanco o gris, pico grueso y patas fuertes; habitan en el hemisferio N y migran hacia el S en otoño. El ganso doméstico es muy apreciado por su carne y su hígado, con el que se elabora el foie-gras. || *adj.* **2.** *fam.* Se aplica a la persona que hace o dice gansadas. También *s. m.* y *f.* **3.** Perezoso, descuidado. También *s. m.* y *f.* **SIN. 1.** Ansar, oca. **2.** Bromista, guasón. **3.** Gandul, holgazán. **ANT. 2.** Serio, formal. **3.** Diligente. **FAM.** Gansada, gansear.

gánster *s. m.* Gángster*.

ganzúa (del vasc. *gantzua*) *s. f.* Alambre fuerte y doblado por una punta, a modo de garfio, que se utiliza para abrir cerraduras, en lugar de la llave.

gañán (del ár. *gannam*, pastor que cuida del ganado) *s. m.* **1.** Mozo de labranza. **2.** Hombre fuerte y tosco. **SIN. 1.** Peón, bracero, jornalero. **1.** y **2.** Destripaterrones. **2.** Hastial, patán.

gañido *s. m.* Aullido lastimero de algunos animales.

gañil (del lat. *galla*, excrecencia) *s. m.* **1.** Garganta, gaznate. **2.** Agalla de los peces. Se usa más en *pl.* **SIN. 1.** Garguero.

gañir (del lat. *gannire*) *v. intr.* **1.** Aullar lastimeramente el perro y otros animales. **2.** Graznar las aves. ■ Es v. irreg. Se conjuga como *mullir.* **SIN. 1.** Gemir. **FAM.** Gañido. / Desgañitarse.

gañote (del lat. *canna gutturis*, tubo de la garganta) *s. m. fam.* Interior de la garganta. || **LOC. de gañote** *adv. fam.* De gorra, a costa de otros: *Viaja de gañote.* **SIN.** Gañil, gaznate, garguero.

garabatear *v. intr.* Trazar garabatos: *Siempre está garabateando en el cuaderno.* También *v. tr.*: *garabatear una hoja.* **SIN.** Garrapatear, emborronar, pintarrajear.

garabato *s. m.* **1.** Trazo caprichoso e irregular que no intenta representar nada, especialmente los que hacen los niños pequeños cuando aún no saben escribir. **2.** Escritura o dibujo mal hecho: *La firma es un garabato.* Se usa más en *pl.* **3.** Instrumento de hierro, cuya punta está vuelta en semicírculo, para agarrar o tener colgada alguna cosa: *un garabato de carnicero.* **SIN. 1.** y **2.** Garrapato, pintarrajo. **3.** Garfio, gancho. **FAM.** Garabatear, garabateo, garabatoso. / Engarabitar.

garaje (del fr. *garage*) *s. m.* **1.** Local público o privado destinado a guardar los automóviles. **2.** Taller de reparación y mantenimiento de automóviles. **3.** *P. Rico* Gasolinera. **SIN. 1.** Aparcamiento, parking, cochera.

garambaina (metátesis de *gambaraina*, y éste del ital. *gamba*) *s. f.* **1.** Adorno innecesario, recargado o de mal gusto. Se usa más en *pl.*: *Llevaba un traje de noche con muchas garambainas.* || *s. f. pl.* **2.** Cosas o dichos inútiles y sin sentido: *No me vengas con garambainas.* **SIN. 1.** Perifollo, abalorio. **2.** Pamplinas, tonterías, sandeces.

garante (del fr. *garant*) *adj.* Se dice de la persona que da garantía. También *s. m.* y *f.*: *El presidente fue el garante del cumplimiento del acuerdo.*

garantía *s. f.* **1.** Acción de afianzar algo o responder de que se cumplirá o se realizará: *Me dio su garantía de que se efectuará el pago.* Se usa mucho en *pl.* **2.** Fianza, prenda: *Dejó su firma como garantía.* **3.** Seguridad que se ofrece por un determinado periodo de tiempo del buen funcionamiento o resultado de algo y documento en que consta: *El televisor tiene garantía por dos años.* **4.** Confianza que ofrece alguien o algo: *una empresa de garantía, un profesional de garantía.* **SIN. 1.** Palabra, certeza, salvaguarda, caución. **2.** Aval, respaldo. **4.** Credibilidad, crédito, fiabilidad. **FAM.** Garante, garantir, garantizar.

garantir *v. tr.* Garantizar*. ■ Es v. defect. Se conjuga como *abolir.*

garantizar *v. tr.* Dar garantías de alguna cosa: *El gobierno garantiza que se construirán más viviendas.* ■ Delante de *e* se escribe *c* en lugar de *z*: *garantice.* **SIN.** Garantir, avalar, respaldar, responsabilizarse. **FAM.** Garantizador. GARANTÍA.

garañón (del germ. *wranjo, -ons*, caballo padre) *s. m.* Macho de ciertos animales, como caballo, asno y camello, destinado a la reproducción. **SIN.** Semental.

garapacho *s. m.* Carapacho*.

garapiña *s. f.* **1.** Garrapiña*. **2.** *Cuba* y *Méx.* Bebida refrescante hecha con la corteza de la piña, agua y azúcar. **FAM.** Garapiñado, garapiñar. GARRAPIÑAR[1].

garapiñar *v. tr.* Garrapiñar[1]*.

garbancero, ra *adj.* **1.** Del garbanzo. **2.** Ordinario, descortés. También *s. m.* y *f.* || *s. m.* y *f.* **3.** *Méx. desp.* Criado. **SIN. 2.** Basto, maleducado, gañán.

garbanzo (del gr. *erebinthos*) *s. m.* **1.** Planta herbácea de la familia papilionáceas, que alcanza una altura de 50 cm, tiene hojas compuestas y flores blancas y fruto en legumbre. Sus semillas son comestibles. **2.** Semilla de esta planta. || **3. garbanzo negro** *fam.* Persona que destaca por algo malo en una familia, grupo, etc. **FAM.** Garbancero, garbanzal.

garbeo *s. m.* Paseo, generalmente corto. **SIN.** Vuelta.

garbo (del ital. *garbo*) *s. m.* **1.** Gracia y desenvoltura en la manera de actuar y moverse, especialmente al andar. **2.** Soltura, perfección y elegancia que se aprecia en una cosa, especialmente en el estilo de un escritor. **SIN. 1.** Salero, gallardía. **1.** y **2.** Galanura, donaire, brío. **ANT. 1.** Desgarbo. **2.** Descuido. **FAM.** Garbeo, garbosamente, garboso. / Desgarbado.

garboso, sa *adj.* Que tiene garbo. **SIN.** Saleroso, gracioso, airoso. **ANT.** Desgarbado.

garceta (de *garza*) *s. f.* Ave parecida a la garza, de plumaje generalmente blanco o gris, pico fino, cuello delgado y patas negras. Habita en las orillas de ríos y lagunas.

garcilla *s. f.* Ave zancuda migratoria de cuerpo corto y alas robustas; habita en zonas pantanosas del S y E de Europa y de África.

garçon (fr.) *s. m.* Mozo, camarero.

gardenia (de Alexander *Garden*, médico escocés a quien fue dedicada esta planta) *s. f.* **1.** Planta arbustiva de tallos espinosos y flores blancas olorosas, muy apreciada en jardinería. **2.** Flor de esta planta.

garduña (voz prerromana) *s. f.* Mamífero carnívoro de pequeño tamaño (unos 50 cm de longitud), patas cortas, cuello largo y pelo de color pardo o grisáceo, con una mancha blanca en el pecho. Habita en Europa central y en la península Ibérica.

garete, ir o **irse al** (del fr. *être égaré*) *loc.* **1.** Ir la embarcación sin rumbo, llevada por el viento o la corriente por haberse quedado sin gobierno. **2.** Estar una cosa sin dirección, objetivos o rumbo fijo: *Su vida va al garete.* **3.** Fracasar, malograrse algo: *La empresa se fue al garete.*

garfa (del ant. alto al. *harfan*, agarrar) *s. f.* **1.** Uña corva de algunos animales. **2.** Pieza con forma de U invertida que sujeta el cable conductor de la corriente en los vehículos alimentados eléctricamente, como los tranvías o los ferrocarriles. SIN. **1.** Garra.

garfio (del lat. *graphium*, y éste del gr. *grapheion*, punzón para escribir) *s. m.* Instrumento de hierro, curvo y puntiagudo, que sirve para sujetar o agarrar algo. SIN. Gancho, garabato.

gargajo (de or. onomat.) *s. m.* Flema espesa y voluminosa arrojada por la boca. SIN. Esputo, expectoración, escupitajo, lapo, pollo. FAM. Gargajear, gargajeo, gargajiento, gargajoso. GARGANTA.

garganta (de or. onomat.) *s. f.* **1.** Parte anterior del cuello. **2.** Región interna correspondiente a esta parte, espacio entre el paladar y la entrada del esófago. **3.** Voz del cantante. **4.** Paso estrecho entre montañas. **5.** Parte más estrecha y delgada de algo, como p. ej. la de algunos elementos arquitectónicos (columnas, balaustres, etc.). **6.** Ranura que tienen algunas cosas, p. ej. las poleas. **7.** Ángulo formado en la parte superior del pie, donde empieza la pierna. || LOC. **tener** a alguien **atravesado en la garganta** *fam.* Sentir mucha antipatía por él. SIN. **2.** Gaznate, gañote, garguero. **4.** Desfiladero, cañón, angostura. **5.** Estrechamiento, estrangulación. **6.** Hendidura. **7.** Empeine. FAM. Gargantilla. / Gargajo, gárgara, garguero.

gargantilla *s. f.* Collar corto que rodea el cuello.

gárgara (onomat.) *s. f.* Acción de mantener un líquido en la garganta, con la boca hacia arriba, sin tragarlo y expulsando el aire para moverlo. Se usa más en *pl.*: *Está haciendo gárgaras.* || LOC. **a hacer gárgaras** *adv. fam.* Con los verbos *mandar* o *ir*, echar a alguien o desprenderse de algo que resulta molesto: *Mandó el trabajo a hacer gárgaras. Vete a hacer gárgaras.* Con el verbo *ir* en forma pronominal, estropearse o malograrse algo: *Nuestros planes se fueron a hacer gárgaras.* SIN. Gargarismo. FAM. Gargarismo, gargarizar. GARGANTA.

gargarismo (del lat. *gargarisma*, y éste del gr. *gargarismos*) *s. m.* **1.** Acción de hacer gárgaras. Se usa más en *pl.* **2.** Líquido con que se hacen gárgaras. SIN. **2.** Colutorio.

gárgola (del bajo lat. *gargula*) *s. f.* Elemento ornamental colocado en las cornisas de los tejados para que salga el agua de lluvia, o caño semejante en una fuente.

garguero *s. m.* Parte superior de la tráquea o toda la tráquea. SIN. Garganta, gañil.

garita (del ant. fr. *garite*, refugio) *s. f.* **1.** Torrecilla o caseta para diversos usos, en especial desde donde vigilan resguardados los centinelas o vigilantes. **2.** Cuarto pequeño dentro de algunos portales que ocupa el portero. SIN. **2.** Chiscón, tabuco. FAM. Garito.

garito *s. m.* **1.** Casa de juego no autorizada. **2.** P. ext., local de mala reputación. **3.** *fam.* Bar de copas. SIN. **1.** Timba, tasca. **2.** Antro, tugurio.

garlito (del dial. *garla* y éste del lat. *gallula*, agalla) *s. m.* **1.** Red de pesca que tiene en su parte más estrecha una malla, colocada de tal forma que el pez, cuando entra, no puede volver a salir. **2.** *fam.* Situación que se prepara a alguien para perjudicarle, atrayéndole con engaños: *caer en el garlito.* SIN. **2.** Trampa, celada, emboscada, cepo, lazo, ratonera, treta.

garlopa (del neerl. *voorloop*) *s. f.* Cepillo de carpintero, más largo y con mango, utilizado para igualar y afinar las superficies ya cepilladas.

garnacha (del ital. *vernaccia*) *s. f.* **1.** Variedad de uva muy fina y dulce de color negro rojizo. También *adj.* **2.** Vino obtenido con esta uva.

garoso, sa *adj. Col.* y *Ven.* Se dice de la persona comilona o que siente hambre continuamente.

garra (del celta *garra*, pierna) *s. f.* **1.** Cada una de las uñas fuertes, curvas y afiladas que tienen en el extremo de los dedos algunos animales vertebrados. **2.** Mano o pie del animal con estas uñas. **3.** *fam.* Mano del hombre. Se usa sobre todo en *pl.*: *Aparta tus garras de ahí.* **4.** Fuerza, atractivo: *una persona con garra, un espectáculo con garra.* **5.** *Amér.* Trozo de cuero endurecido y arrugado. || *s. f. pl.* **6.** Parte de las pieles menos apreciada en peletería, que corresponde a las patas del animal: *un abrigo de garras.* **7.** Poder que tiene una persona o cosa sobre alguien para hacerle grave daño. ■ Se usa con verbos como *caer, estar*, etc.: *Cayó en las garras de su enemigo. Le salvaron de las garras del alcohol.* **8.** *Méx.* Tiras, desgarrones. SIN. **1.** Garfa. **2.** y **3.** Zarpa. **4.** Empuje, brío, interés, gancho. **7.** Dominio, influencia, yugo. FAM. Garrapiñar[2], garrón. / Agarrar, desgarrar.

garrafa (del ár. *garraf*, cántaro) *s. f.* Vasija de cristal o de otro material, parecida a una botella muy abultada y redondeada, con cuello largo y estrecho; a veces lleva un revestimiento de mimbre, plástico, etc. || LOC. **de garrafa** *adj. fam.* Aplicado a licores, a granel, de mala calidad. SIN. Damajuana, bombona. FAM. Garrafón.

garrafal (de *guinda garrofal*, guinda mayor que la ordinaria) *adj.* **1.** Aplicado a faltas y otras cosas negativas o inconvenientes, muy graves, enormes: *una equivocación garrafal.* || *adv. m.* **2.** Muy mal: *Jugaron garrafal.* SIN. **1.** Tremendo, descomunal, desmesurado, monstruoso. **2.** Fatal. ANT. **1.** Mínimo, pasable. **2.** Genial.

garrafón *s. m. aum.* de **garrafa**. || LOC. **de garrafón** *adj. fam.* Aplicado a licores, de mala calidad: *Nos dieron whisky de garrafón.* SIN. Damajuana.

garrapata (metátesis de *gaparrata*, de *caparra*, voz prerromana) *s. f.* Nombre común de diversas especies de ácaros, parásitos en aves y mamíferos, a los que chupa la sangre. FAM. Garrapato.

garrapatear *v. intr.* Hacer garrapatos o garabatos. También *v. tr.*: *garrapatear un papel.* SIN. Garabatear, emborronar, pintarrajear.

garrapato *s. m.* **1.** Rasgo irregular y caprichoso que no pretende representar nada. **2.** Escritura o dibujo mal hecho. SIN. **1.** y **2.** Garabato, pintarrajo. FAM. Garrapatear, garrapatoso. GARRAPATA.

garrapiña *s. f.* Estado del líquido que se solidifica formando grumos. ■ Se dice también *garapiña.*

garrapiñado, da 1. *p.* de **garrapiñar**. || *adj.* **2.** Se dice de los frutos secos recubiertos de almíbar solidificado: *almendras garrapiñadas.*

garrapiñar[1] (del lat. vulg. *carpiniare*, de *carpere*) *v. tr.* **1.** Hacer que un líquido se solidifique formando pequeños abultamientos. **2.** Bañar golosinas y frutos secos en almíbar solidificado de este modo: *garrapiñar piñones.* ■ Se dice también *garapiñar.* FAM. Garrapiña, garrapiñado. / Garapiña.

garrapiñar[2] *v. tr. fam.* Robar algo agarrándolo o tirando de ello: *Le garrapiñaron el bolso.*

garrido, da *adj.* Hermoso, bien parecido y proporcionado. SIN. Gallardo, apuesto, lozano, arrogante. ANT. Feo, contrahecho.

garriga *s. f.* En bot., matorral de hoja perenne que crece sobre terrenos calizos en áreas secas de clima mediterráneo. Está formado por diversos arbustos espinosos, matas aromáticas y otras plantas.

garrir *v. intr.* Emitir el loro su grito característico.

garrocha (del celta *garra*, pantorrilla) *s. f.* Vara larga con una punta de acero como, p. ej. la utilizada para picar a los toros en las corridas. **SIN.** Pica, puya. **FAM.** Garrochazo, garrochista.

garrón (de *garra*) *s. m.* **1.** Espolón del ave. **2.** Extremo de la pata de las reses y de otros animales, por donde se les cuelga una vez muertos. **3.** Gancho que queda en un árbol al cortar o romperse una rama. **4.** *Amér.* Corvejón. **FAM.** Garronear. GARRA.

garronear *v. tr.* **1.** *Arg.*, *Chile*, *Par.* y *Urug.* Morder el perro los garrones. **2.** Acosar a alguien. **3.** Sacar dinero a alguien con habilidad y cara dura.

garrota *s. f.* **1.** Garrote, palo. **2.** Bastón grueso y curvo por la parte superior. **SIN. 1.** Tranca. **2.** Cayado.

garrotazo *s. m.* Golpe dado con el garrote. || **LOC. garrotazo y tente tieso** *fam.* Indica la manera de actuar con dureza y energía. **SIN.** Leñazo, trancazo, bastonazo.

garrote (del fr. *garrot*) *s. m.* **1.** Palo grueso y fuerte que se puede utilizar como bastón, arma, etc. **2.** En bot., estaca, sobre todo de olivo. **3.** Instrumento de tortura formado por un palo y una cuerda que, al retorcerse, comprimía los miembros de los prisioneros. **4.** Instrumento con que se ajusticiaba a los condenados a muerte, consistente en un aro de hierro colocado alrededor del cuello con un tornillo trasero que, al ser accionado por una manivela, penetraba en el bulbo raquídeo causando la muerte. También se llamaba *garrote vil*. **5.** Pena de muerte así ejecutada. **SIN. 1.** Garrota, tranca, cayado, cachiporra. **2.** Plantón, esqueje. **FAM.** Garrota, garrotazo, garrotillo, garrotín. / Agarrotar, engarrotarse.

garrotillo (de *garrote*) *s. m.* Nombre vulgar de la difteria.

garrotín *s. m.* Danza popular que estuvo de moda a finales del s. XIX.

garrucha (del ant. *carrucha*, de *carro*) *s. f.* Polea*. **SIN.** Carrillo.

garrulería[1] *s. f. fam.* Comportamiento propio de una persona garrula.

garrulería[2] *s. f.* Charla de la persona gárrula.

garrulo, la *adj.* Se aplica a la persona basta, de modales toscos y zafios. También *s. m.* y *f.* **SIN.** Rústico, paleto, palurdo. **ANT.** Fino, refinado, delicado. **FAM.** Garrulería[1].

gárrulo, la (del lat. *garrulus*) *adj.* **1.** Se dice de las aves que cantan o chirrían mucho. **2.** Que habla mucho o se extiende demasiado al exponer alguna cosa. **SIN. 2.** Hablador, charlatán, parlanchín. **ANT. 2.** Callado. **FAM.** Garrulería[2].

garúa (del port. *caruja*, niebla, y éste del lat. *caligo, -inis*, oscuridad) *s. f.* **1.** *Amér.* Llovizna. **2.** Niebla espesa. **FAM.** Garuar.

garuar *v. impers. Amér.* Llover ligeramente. ■ En cuanto al acento, se conjuga como *actuar*. **SIN.** Lloviznar, chispear.

garufa *s. f. Arg.*, *Par.* y *Urug.* Juerga. **SIN.** Parranda.

garza (onomat.) *s. f.* Ave zancuda de gran tamaño, plumaje de colores diversos, cabeza pequeña con moño largo y cuello sinuoso; vive en las riberas de lagos y pantanos y se alimenta de peces. Entre sus especies destacan la garza real y la garza imperial. **FAM.** Garceta, garcilla.

garzo, za *adj.* De color azulado; se aplica principalmente a los ojos de este color y también a las personas que los tienen así.

gas (voz inventada por el químico flamenco Van Helmont a partir del lat. *chaos*, caos) *s. m.* **1.** Estado de la materia caracterizado por la gran separación y desorden de las moléculas y la escasa intensidad de las fuerzas de atracción existentes entre ellas. **2.** Nombre genérico aplicado a cualquier combustible en este estado: *unas instalaciones de gas, el gas del mechero.* **3.** Mezcla de carburante y aire que alimenta el motor de un vehículo. || *s. m. pl.* **4.** Restos gaseosos de la digestión, acumulados en el intestino. || **5. gas ciudad** Cualquier gas combustible que se suministra por tuberías para uso doméstico o industrial. **6. gas de los pantanos** Metano*. **7. gas hilarante** Nombre dado antiguamente al óxido nitroso, que tiene propiedades anestésicas. **8. gas lacrimógeno** El tóxico que provoca abundantes lágrimas. Es utilizado en la guerra y por las fuerzas policiales. Se usa más en *pl.* **9. gas mostaza** Iperita, gas tóxico empleado con fines bélicos; ataca a los ojos y a las vías respiratorias. **10. gas natural** Mezcla de hidrocarburos gaseosos que se presenta en grandes depósitos subterráneos naturales. **11. gases nobles** Son el helio, neón, argón, criptón, xenón y radón, que existen en la atmósfera en muy pequeña cantidad. || **LOC. a medio gas** *adv. fam.* A media velocidad o potencia. **a todo gas** *adv.* A toda velocidad o potencia. **SIN. 1.** Emanación, vapor. **4.** Meteorismo, flato, flatulencia, aire. **FAM.** Gasear, gaseiforme, gaseoducto, gaseoso, gasificar, gasoducto, gasógeno, gasoil, gasometría. / Antigás.

gasa (del ár. *qazz*, seda) *s. f.* **1.** Tela muy ligera y transparente, generalmente de seda. **2.** Tejido de trama poco tupida que se utiliza para vendas, compresas, curas, etc. **3.** Trozo de dicho tejido que, doblado varias veces, se pone a los niños pequeños para que empape el pis. **SIN. 3.** Pico.

gascón, na *adj.* **1.** De Gascuña, región histórica de Francia. También *s. m.* y *f.* || *s. m.* **2.** Dialecto de la lengua* de oc hablado en Gascuña. **FAM.** Gasconés.

gasconés, sa *adj.* Gascón*. También *s. m.* y *f.*

gasear *v. tr.* **1.** Hacer que un líquido absorba cierta cantidad de gas. **2.** Someter a la acción de gases asfixiantes, tóxicos, lacrimógenos, etc.

gaseiforme *adj.* Que se halla en estado gaseoso.

gaseoducto (de *gas* y el lat. *ductus*, conducción) *s. m.* Tubería de gran calibre y longitud para conducir gas combustible a largas distancias. ■ Se dice también *gasoducto*.

gaseoso, sa *adj.* **1.** Que se halla en estado de gas. **2.** Se aplica al líquido que contiene o desprende gases. || *s. f.* **3.** Bebida refrescante, efervescente, debido al gas carbónico disuelto en ella. **SIN. 1.** Gaseiforme. **2.** Carbonatado.

gasfíter, gásfiter o **gasfitero** (del ingl. *gasfitter*, instalador de gas) *s. m. Chile* y *Perú* Fontanero. **FAM.** Gasfitería.

gasfitería *s. f. Chile* y *Perú* Fontanería.

gasificar *v. tr.* **1.** Convertir líquidos o sólidos en sustancias gaseosas, aumentando su temperatura o sometiéndolos a reacciones químicas. **2.** Diluir gas carbónico en un líquido. ■ Delante de *e* se escribe *qu* en lugar de *c*: *gasifique*. **SIN. 1.** Volatilizar. **2.** Gasear, carbonatar. **ANT. 2.** Descarbonatar. **FAM.** Gasificable, gasificación. GAS.

gasoducto *s. m.* Gaseoducto*.

gasofa *s. f. fam.* Gasolina.

gasógeno (de *gas* y *-geno*) *s. m.* Aparato que produce gas combustible mediante la combinación de materiales sólidos o líquidos con aire u oxígeno y, en ocasiones, vapor.

gasoil o **gasóleo** (del ingl. *gas oil*) *s. m.* Mezcla de hidrocarburos líquidos, obtenida en la destilación fraccionada del petróleo entre 250 y 350 °C, aproximadamente, que se usa como combustible. FAM. Gasolero, gasolina. GAS.

gasolero, ra *adj. Arg.* y *Urug.* Se dice de los vehículos y motores que funcionan con gasoil. También *s. m.* y *f.*

gasolina (de *gas* y el lat. *oleum*, aceite) *s. f.* Mezcla de hidrocarburos líquidos obtenida en la destilación del petróleo entre 60 y 200 °C; es un líquido amarillento, inflamable, de olor característico, que se evapora con facilidad; se emplea como combustible en los motores de explosión y como disolvente. SIN. Nafta. FAM. Gasofa, gasolinera. GASOIL.

gasolinera *s. f.* **1.** Instalación con depósitos de gasolina y gasóleo y sus correspondientes surtidores para suministrar estos combustibles a los vehículos, en la que se ofrecen en ocasiones otros servicios. **2.** Lancha con motor de gasolina.

gasometría *s. f.* Método de análisis químico de las mezclas gaseosas para determinar la concentración de gas. FAM. Gasométrico, gasómetro. GAS.

gasómetro (de *gas* y *-metro*) *s. m.* **1.** Instrumento para medir el volumen de un gas. **2.** Tanque de almacenaje de gas a presión conectado a la red de distribución.

gastador, ra *adj.* **1.** Que gasta mucho dinero: *Su mujer es muy gastadora.* También *s. m.* y *f.* || *s. m.* **2.** Soldado que se ocupa de abrir trincheras, zanjas, etc. **3.** Cada uno de los soldados de cada batallón que abren paso en marchas y desfiles. SIN. **1.** Gastoso, derrochador, despilfarrador, manirroto. **2.** Zapador. **3.** Batidor, guía. ANT. **1.** Ahorrador, hormiguita.

gastar (del lat. *vastare*, destruir, influido por el germ. *wostjan*) *v. tr.* **1.** Emplear dinero en algo. También *v. intr.* y *prnl.*: *Si no gastas no estás contento. Se gastó una fortuna en ropa.* **2.** Utilizar alguna cosa que se consume, se pierde o se estropea al hacer uso de ella: *Este coche gasta mucha gasolina.* También *v. prnl.*: *Se ha gastado el café.* **3.** Desgastar, estropear o destruir algo con el uso o a consecuencia de una acción continuada: *La lluvia gasta la piedra.* También *v. prnl.* **4.** Usar, llevar: *Manolo gasta gafas.* **5.** Tener habitualmente una persona la actitud, estado, etc., que se indica, especialmente cuando es negativo: *Gasta muy mal genio.* **6.** Con sustantivos como *bromas, cumplidos*, etc., hacerlos: *Siempre está gastando chirigotas.* **7.** Debilitar las fuerzas o la capacidad de una persona. También *v. prnl.*: *Se gastó en ese cargo.* || LOC. **gastarlas** *fam.* Comportarse alguien habitualmente de una determinada manera: *Ya sabes cómo las gasta el abuelo.* SIN. **1.** Pagar, desembolsar. **2.** Consumir. **3.** Deteriorar(se), deslucir(se), ajar(se). **5.** Mostrar, manifestar. **7.** Agotar(se), extenuar(se). ANT. **1.** Ahorrar. **3.** Renovar(se). FAM. Gastable, gastado, gastador, gasto, gastón, gastoso. / Desgastar, malgastar.

gastero- *pref.* Véase **gastr-**.

gasterópodo (del gr. *gaster, gastros*, estómago, y *-podo*) *adj.* **1.** Se dice del molusco de cuerpo asimétrico, con concha generalmente en espiral; cabeza provista de tentáculos sensoriales y un pie ventral que le sirve para arrastrarse, como el caracol. También *s. m.* || *s. m. pl.* **2.** Clase constituida por estos moluscos.

gasto *s. m.* **1.** Acción de gastar: *Tenemos que cuidar el gasto de luz.* **2.** Aquello que se gasta o se ha gastado, especialmente dinero. Se usa mucho en *pl.*: *los gastos de la casa.* **3.** Cantidad de líquido o de gas que sale por un orificio o circula por una conducción en cada unidad de tiempo. || LOC. **correr con los gastos** Hacerse cargo de ellos, abonarlos. **cubrir gastos** Producir con un negocio los beneficios suficientes para que no cueste dinero mantenerlo. **hacer el gasto** Ser alguien el que habla la mayor parte del tiempo en una conversación. Ser el que más se esfuerza o rinde en alguna actividad; se usa especialmente en deportes: *Aunque perdió, tu equipo hizo el gasto.* SIN. **1.** Consumo, consumición, utilización, uso. **2.** Desembolso, coste. ANT. **1.** y **2.** Ahorro.

gastr- (del gr. *gaster, gastros*, estómago) *pref.* Significa 'estómago': *gastritis.* ■ Existen también las variantes *gastro-* y *gastero-*: *gastronomía, gasterópodo.*

gastralgia (de *gastr-* y *-algia*) *s. f.* Dolor de estómago.

gástrico, ca (del lat. *gastricus*, y éste del gr. *gaster, gastros*) *adj.* Del estómago. FAM. Gastralgia, gastritis. / Epigastrio, hipogastrio.

gastritis (de *gastr-* e *-itis*) *s. f.* Inflamación de las capas mucosas del estómago. ■ No varía en *pl.*

gastro- *pref.* Véase **gastr-**.

gastroenteritis (de *gastro-* y *enteritis*) *s. f.* Inflamación simultánea de las mucosas gástrica e intestinal. ■ No varía en *pl.*

gastrointestinal *adj.* Del estómago y los intestinos.

gastronomía (de *gastro-* y *-nomía*) *s. f.* **1.** Conjunto de conocimientos relacionados con la alimentación humana, especialmente en lo que respecta a la elaboración y preparación de los platos. **2.** Afición a la buena cocina. FAM. Gastronómico, gastrónomo.

gastrotrico (de *gastro-* y el gr. *thrix, thrikhos*, cabello) *adj.* **1.** Se dice de un tipo de gusanos acuáticos que miden de 0,6 a 1,5 mm y tienen el cuerpo alargado, con cabeza diferenciada y dos apéndices caudales. Su reproducción es hermafrodita o mediante partenogénesis. También *s. m.* || *s. m. pl.* **2.** Filo integrado por estos animales.

gástrula (del gr. *gaster, gastros*, estómago) *s. f.* Fase del desarrollo embrionario que sigue a la de blástula, en la que aparecen las tres capas embrionarias: ectodermo, mesodermo y endodermo.

gatear *v. intr.* **1.** Andar a gatas. **2.** Trepar como lo hacen los gatos.

gatera *s. f.* **1.** Agujero en una pared, puerta, etc., para que entren y salgan los gatos, utilizado también para otros usos. **2.** En los barcos, agujero circular en la cubierta y otros puntos, para que pasen por él cadenas y cabos de amarre.

gatillazo *s. m.* Golpe del gatillo de un arma de fuego, especialmente, cuando el tiro no sale. || LOC. **pegar** (o **dar**) **gatillazo** *vulg.* Sufrir el hombre impotencia de manera inesperada durante el acto sexual.

gatillo (de *gato*) *s. m.* **1.** En las armas de fuego, palanca que al presionarla con el dedo acciona el disparo. **2.** Instrumento semejante a unas tenazas que utiliza el dentista para extraer dientes. **3.** Gato pequeño utilizado en carpintería y en otros oficios. FAM. Gatillazo. GATO.

gato, ta (del lat. *cattus*) *s. m.* y *f.* **1.** Pequeño mamífero carnívoro doméstico de la familia félidos; tiene cabeza redonda, ojos cuya pupila se adapta a la visión nocturna, lengua áspera, pelo suave y espeso, cola larga y patas cortas con uñas retráctiles. **2.** *fam.* Madrileño, nacido en Madrid. **3.** *Méx. fam.* Criado, sirviente. || *s. m.* **4.** En general, cualquiera de los animales de la familia félidos: leones, tigres y otros grandes gatos. **5.** Instrumento que, colocado debajo de grandes pesos, sirve para elevarlos a poca altura. **6.** En carpintería y otros oficios, instrumento generalmente de hierro en forma de U, entre cuyos brazos se sujeta mediante un tornillo la pieza que se trabaja. **7.** Instrumento de hierro utilizado para agarrar y transportar la madera. **8.** *Arg.* Errata, error en un escrito. || **9. gato de algalia** Civeta*. || LOC. **a gatas** *adv.* Modo de ponerse o caminar una persona, apoyándose en las manos y los pies o las rodillas, como el gato. **cuatro gatos** *desp.* Muy poca gente: *Al final vinieron cuatro gatos.* **dar gato por liebre** *fam.* Hacer pasar una cosa de poca calidad, valor, etc., por otra parecida, pero mucho mejor. **haber gato encerrado** Haber algo oculto y sospechoso en cierta cosa o asunto. **tenerle gato** a alguien *fam.* Tenerle manía, ojeriza. **llevar(se) el gato al agua** Conseguir alguien lo que se había propuesto en competencia con otros; también, ser alguien entre varios el que vence una dificultad. SIN. **1.** Minino. **4.** Felino. FAM. Gatear, gatera, gatillo, gatuno, gatuperio. / Pelagatos.

gatuno, na *adj.* **1.** Propio del gato. **2.** Que se asemeja al gato en algún aspecto: *Tiene una mirada gatuna.*

gatuperio (de *gato*, formada a semejanza de *vituperio*) *s. m.* **1.** *fam.* Asunto oculto, enredado o de dudosa honradez. **2.** Mezcla desagradable o perjudicial que resulta al reunir sustancias muy distintas. SIN. **1.** Chanchullo, tapujo, embrollo, enjuague, manejo, trapisonda. **2.** Mezcolanza, revoltijo.

gauchada *s. f.* **1.** *Amér.* Acción propia de gauchos. **2.** Favor, servicio prestado.

gauchaje *s. m. Arg.*, *Chile*, *Par.* y *Urug.* Conjunto de gauchos.

gauchear *v. intr.* **1.** *Arg.*, *Par.* y *Urug.* Comportarse como un gaucho. **2.** Andar errante. **3.** Hacer favores. SIN. **2.** Vagar, errar.

gauchismo *s. m.* Corriente artística inspirada en la vida y costumbres de los gauchos, que ha tenido especial importancia en la literatura y en la música.

gaucho, cha *adj.* **1.** Se aplica a ciertos habitantes de las pampas de Río de la Plata en Uruguay y Argentina y de Rio Grande do Sul, en Brasil, dedicados a la ganadería y de vida nómada. También *s. m.* **2.** Propio o característico de estos campesinos: *sombrero gaucho.* **3.** *Amér. del S.* Se dice del que es buen jinete o posee otras cualidades propias de los mismos. También *s. m.* FAM. Gauchada, gauchaje, gauchear, gauchesco, gauchismo. / Agauchado.

gaveta (del ital. *gavetta*, y éste del lat. *gabata*, plato) *s. f.* **1.** Cajón corredizo, especialmente de los escritorios. **2.** Mueble que tiene uno o varios de estos cajones.

gavia (del lat. *cavea*, hoyo y jaula) *s. f.* **1.** Vela del mastelero mayor de un barco y, p. ext., cualquiera de las velas de los otros dos masteleros. **2.** Plataforma colocada en el mastelero de una galera. **3.** Surco hecho en la tierra como desagüe o para separar propiedades. SIN. **2.** Cofa. **3.** Zanja.

gavial (del hindi *ghariyal*) *s. m.* Cocodrilo de gran tamaño y hocico largo y estrecho con un ensanchamiento en el extremo; habita en los ríos de la India y se alimenta de peces.

gaviforme *adj.* **1.** Se aplica a ciertas aves palmípedas de tamaño mediano, pico recto y agudo, alas y patas cortas y plumaje denso, como el colimbo. También *s. f.* || *s. f. pl.* **2.** Orden de estas aves.

gavilán *s. m.* **1.** Ave rapaz de pequeño tamaño, entre 28 y 38 cm de longitud, con alas redondeadas y cola larga; tiene el dorso grisáceo y el vientre blanquecino o pardo rojizo con rayas transversales. **2.** Cada uno de los dos hierros que forman la cruz de la espada y protegen la mano. Se usa más en *pl.*

gavilla (del celta *gabhail*) *s. f.* **1.** Conjunto de cañas, ramas, mieses, etc., atadas o sujetas de algún modo: *Recogió la cebada en gavillas.* **2.** Grupo de individuos despreciables o mal considerados, como ladrones, estafadores, gamberros, etc. SIN. **1.** Haz, fajo, manojo. **2.** Pandilla, patulea, cuadrilla. FAM. Agavillar.

gavión *s. m.* Gaviota de gran tamaño, de plumaje blanco con las alas y el dorso negros.

gaviota (del lat. *gavia*) *s. f.* Ave marina de plumaje generalmente blanco y ceniciento, alas largas, torso fuerte y pico largo y ganchudo; vive en las costas de todos los continentes, aunque algunas especies penetran hasta el interior, y se alimenta de restos orgánicos y peces. FAM. Gavión.

gay (ingl., significa 'alegre') *adj.* Homosexual. También *s. m.* ■ Su pl. es *gays.*

gayo, ya (del prov. *gai*, alegre, y éste del lat. *gaudium*, gozo) *adj.* **1.** Alegre o vistoso. ■ Se utiliza sobre todo en lenguaje culto y literario. || **2. gaya ciencia** Arte de la poesía.

gayola *s. f. Arg.* y *Urug. fam.* Cárcel. FAM. Engayolar.

gayumbos *s. m. pl. fam.* Calzoncillos.

gazapo[1] *s. m.* Cría de conejo. FAM. Gazapera. / Agazaparse.

gazapo[2] (del cat. *gasafató*, expresión malsonante) *s. m.* Equivocación que se comete por distracción al hablar o al escribir. SIN. Errata, error, yerro, despiste.

gazmoño, ña (del vasc. *gazmuña*) *adj.* Que es o finge ser muy devoto y escrupuloso en cuestiones de moral o religión. También *s. m.* y *f.* SIN. Mojigato, beato, santurrón, puritano. FAM. Gazmoñería.

gaznápiro, ra *adj.* Se aplica a la persona torpe, tonta y simple. También *s. m.* y *f.* SIN. Memo, bobo, palurdo, paleto, cateto. ANT. Vivo, espabilado.

gaznate (del ár. *qannat*, de *qanna*, conducto) *s. m.* Parte superior de la garganta: *Se echó el licor al gaznate.* SIN. Garguero, gañote.

gazpacho (de la voz prerromana *caspa*, residuo, fragmento) *s. m.* Sopa fría que se hace mezclando hortalizas crudas (tomate, pimiento, pepino, cebolla) y pan, todo ello condimentado con sal, ajo, aceite y vinagre.

gazuza (del vasc. *gose-utsa*) *s. f. fam.* Hambre, ganas de comer. SIN. Apetito, gusa. ANT. Desgana, inapetencia.

ge *s. f.* Nombre de la letra *g.*

geco *s. m.* Reptil saurio de piel rugosa, cabeza ancha y cuerpo aplastado; tiene costumbres nocturnas y se caracteriza por poseer dedos que se ensanchan en su zona terminal y tienen capacidad adhesiva, lo que le facilita el trepar.

geisa *s. f.* Geisha*.

géiser (del islandés *geysir*) *s. m.* Surtidor intermitente de agua caliente (a más de 90 °C) y sulfurosa a través de una abertura de la corteza terrestre.

geisha (japonés) *s. f.* En Japón, muchacha que entretiene y da agradable compañía a los hombres. ■ Se escribe también *geisa.*

gel (de *gelatina*) *s. m.* **1.** Jabón líquido usado para el aseo. ▪ Se dice también *gel de baño*. **2.** Mezcla de un líquido y una materia coloidal, muy utilizada en farmacia y cosmética.

gelatina (del lat. *gelatus*, helado, congelado) *s. f.* **1.** Sustancia proteica que procede del colágeno presente en los tejidos animales y que se obtiene mediante la cocción en agua de huesos, tendones y ligamentos; se usa en cocina, en farmacia y en la fabricación de películas y pegamento. **2.** Jalea de frutas. FAM. Gel, gelatinar, gelatinizar, gelatinoso.

gelatinoso, sa *adj.* Que tiene gelatina o parece gelatina.

gélido, da (del lat. *gelidus*) *adj.* **1.** Helado, muy frío. **2.** Poco afectuoso, distante: *un saludo gélido.* SIN. **1.** Congelado, aterido, glacial. **2.** Despegado, tirante, desabrido. ANT. **1.** Caliente. **2.** Amistoso. FAM. Gélidamente, gelifracción, gelivación. / Congelar. HIELO.

gelivación o **gelifracción** (del lat. *gelu*, hielo) *s. f.* Proceso de fragmentación de una roca debido a los cambios bruscos de temperatura, que hielan y deshielan el agua que se encuentra en las grietas y fisuras.

gema (del lat. *gemma*) *s. f.* **1.** Piedra preciosa. **2.** Yema o botón de un vegetal. FAM. Gemación, gemología.

gemación (del lat. *gemmatio, -onis*) *s. f.* **1.** En bot., desarrollo de la gema para producir una nueva planta. **2.** Tipo de reproducción asexual de determinados seres vivos inferiores, que consiste en la formación en una parte del cuerpo de un botón o yema que, al desprenderse, da lugar a un nuevo individuo.

gemebundo, da *adj.* Que gime profundamente o tiende a hacerlo. SIN. Gemidor, sollozante, quejumbroso.

gemelo, la (del lat. *gemellus*) *adj.* **1.** Se aplica a cada uno de los individuos nacidos a partir de un mismo óvulo: *hermano gemelo.* También *s. m.* y *f.* **2.** Se dice de dos cosas semejantes que están emparejadas en una construcción, ornamentación, etc.: *arcos gemelos, columnas gemelas.* **3.** De gustos similares, muy compenetrados: *son almas gemelas.* || *s. m.* **4.** Músculo doble (interno y externo) de la pantorrilla, que termina en un solo tendón, llamado de Aquiles; su función es elevar el talón y extender el pie al caminar. También *adj.* || *s. m. pl.* **5.** Juego de dos botones, o dos piezas unidas por una barrita o cadenita, con que se abrochan los puños de las camisas. **6.** Prismáticos*. SIN. **2.** Geminado, duplicado. **3.** Afín. FAM. Géminis.

gemido *s. m.* **1.** Acción de gemir. **2.** Sonido que expresa pena u otros sentimientos. SIN. **1.** y **2.** Lamento, quejido, queja.

geminación *s. f.* En ling., repetición en el habla o en la escritura de un fonema, una sílaba o una palabra.

geminado, da 1. *p.* de **geminar**. También *adj.* || *adj.* **2.** Dispuesto o agrupado de dos en dos. **3.** Formado por dos partes iguales: *una ventana geminada.*

geminar (del lat. *geminare*) *v. intr.* En ling., producirse una geminación. También *v. prnl.* FAM. Geminación, geminado.

Géminis (del lat. *gemini*, hermanos gemelos) *n. p.* **1.** Constelación zodiacal del hemisferio boreal. **2.** Tercer signo del Zodiaco, que el Sol recorre aparentemente del 20 de mayo al 21 de junio. || **géminis** *s. m.* y *f.* **3.** Persona nacida bajo este signo. ▪ No varía en pl. Se usa mucho en aposición: *los hombres géminis.*

gemir (del lat. *gemere*) *v. intr.* **1.** Emitir una persona sonidos que expresan pena u otros sentimientos. **2.** Producir un animal o cosa sonidos parecidos al gemido humano: *gemir el viento.* ▪ Es v. irreg. Se conjuga como *pedir.* SIN. **1.** Sollozar, quejarse. **2.** Aullar, ulular. FAM. Gemebundo, gemido, gemidor, gimiente. / Gimotear.

gemología *s. f.* Parte de la mineralogía que estudia las gemas o piedras preciosas. FAM. Gemológico, gemólogo. GEMA.

gen (de la raíz lat. *genus*) *s. m.* Cada uno de los segmentos de ADN contenidos en los cromosomas, de los cuales dependen los caracteres hereditarios de los seres vivos. FAM. Genoma, genotipo. / Oncogén. GENERAR.

genciana (del lat. *gentiana*) *s. f.* Planta herbácea o arbustiva, de hojas opuestas, flores aisladas o agrupadas de color amarillo y fruto en cápsula, cuya raíz de sabor amargo se emplea para favorecer la digestión o bajar la fiebre.

gendarme (del fr. *gendarme*, de *gent d'arme*, hombre de armas) *s. m.* En Francia y otros países, agente de policía. SIN. Guardia. FAM. Gendarmería.

gendarmería *s. f.* **1.** Cuerpo constituido por gendarmes. **2.** Puesto o cuartel de gendarmes.

genealogía (del lat. *genealogia*, y éste del gr. *genealogia*, de *genea*, generación, y *logos*, tratado) *s. f.* **1.** Conjunto de los antepasados de cada persona. **2.** Escrito o cuadro en que figuran. **3.** Ascendencia de un animal y documento en que consta. SIN. **1.** Linaje, estirpe, abolengo. **3.** Pedigrí. FAM. Genealógico, genealogista.

generación (del lat. *generatio, -onis*) *s. f.* **1.** Acción de generar. **2.** Sucesión de descendientes en línea recta: *Aquí viven tres generaciones de la misma familia.* **3.** Conjunto de todas las personas que viven en una misma época. **4.** Conjunto de personas nacidas en un determinado periodo de tiempo y que han vivido los mismos acontecimientos y circunstancias: *la generación de nuestros padres.* **5.** Grupo de intelectuales, escritores, etc., de parecida edad, cuya obra presenta una serie de rasgos comunes. **6.** Conjunto de aparatos, máquinas, etc., que marcan un avance sobre la serie anterior: *una nueva generación de ordenadores.* || **7. generación espontánea** Antigua teoría que sostenía que algunos seres nacen espontáneamente, sin ser engendrados por otros individuos. || LOC. **por generación espontánea** *adv.* Sin causa aparente. FAM. Generacional. GENERAR.

generador, ra (del lat. *generator, -oris*) *adj.* **1.** Que genera. También *s. m.* y *f.* **2.** En geom., se aplica al punto, línea o superficie que genera al moverse una figura o un cuerpo. ▪ Con este significado, el adjetivo femenino es *generatriz.* || *s. m.* **3.** Aparato que produce energía. || **4. generador eléctrico** Dispositivo capaz de producir corriente eléctrica. SIN. **1.** Productor. FAM. Turbogenerador. GENERAR.

general (del lat. *generalis*) *adj.* **1.** Común a todo el conjunto de personas o cosas: *una regla general.* **2.** Amplio, muy extendido: *cultura general.* **3.** Que no entra en detalles ni en casos concretos: *Dio una respuesta general.* || *s. m.* **4.** Grado superior del ejército y la aviación, por encima del coronel. **5.** Superior de una orden religiosa: *el general de los dominicos.* || **6. general de brigada** Primer grado del generalato, con mando sobre una brigada o unidad similar. **7. general de división** Categoría intermedia entre general de brigada y teniente general. **8. general en jefe** El que tiene el mando superior de un ejército. || LOC. **en** (o **por lo**) **general** *adv.* Generalmente; también, sin especificar: *En general, la comida fue buena. Se refirió a todos en general.* SIN. **1.** Universal, genérico, colectivo. ANT. **1.** Particular. **2.** Especializado. **3.** Pormenorizado, detallado. FAM. Generala, generalato, generalidad, generalísimo, generalista, generalizar, generalmente. GÉNERO.

generala *s. f.* **1.** En el ejército, toque de tambor, corneta o clarín para que las fuerzas se preparen con las armas. **2.** Mujer del general.

generalato *s. m.* **1.** Grado de general y tiempo que dura. **2.** Conjunto de generales de un ejército. **3.** Cargo del general de las órdenes religiosas y tiempo que dura.

generalidad (del lat. *generalitas, -atis*) *s. f.* **1.** Mayoría de personas o elementos que componen un todo: *Tuvo el apoyo de la generalidad.* **2.** Imprecisión o vaguedad en lo que se dice o escribe. Se usa más en *pl.*: *Contestaba generalidades.* || *s. f. pl.* **3.** Principios básicos de una materia o ciencia: *Conoce algunas generalidades de economía.* SIN. **1.** Colectividad, conjunto. **3.** Nociones, rudimentos. ANT. **1.** Minoría. **2.** Concreción.

generalísimo *s. m.* General que tiene el mando supremo de todos los ejércitos de un Estado o una coalición de Estados. En España, se ha dado este título a Espartero y, especialmente, a Franco.

generalista *adj.* Que posee conocimientos generales sobre muchas materias: *médico generalista.* También *s. m.* y *f.*

generalizar *v. tr.* **1.** Hacer general o común una cosa. También *v. prnl.*: *Se ha generalizado el estudio del inglés.* **2.** Atribuir a todo el conjunto algo que sólo es propio de una parte: *No generalices, no todos son así.* **3.** Considerar lo más general de algo, prescindiendo de sus aspectos particulares. También *v. prnl.* ■ Delante de *e* se escribe *c* en lugar de *z*. SIN. **1.** Extender(se), difundir(se), universalizar(se). **2.** Pluralizar. ANT. **1.** Limitar(se), restringir(se). **2.** Individualizar, singularizar. **3.** Concretar(se). FAM. Generalizable, generalización. GENERAL.

generalmente *adv. m.* Común o habitualmente: *Generalmente veraneo en el norte.*

generar (del lat. *generare*) *v. tr.* **1.** Producir, originar: *generar energía, generar admiración.* **2.** Dar vida a un nuevo ser: *La semilla generará una planta.* SIN. **1.** Ocasionar, suscitar. **1.** y **2.** Crear. **2.** Engendrar. FAM. Gen, generación, generador, generativo, generatriz, género, génesis, genital, genitivo. / Degenerar, regenerar.

generativo, va (del lat. *generatum*, de *generare*, engendrar) *adj.* **1.** Que es capaz de generar. || **2. gramática generativa** Modelo gramatical que trata de establecer una serie de reglas capaces de generar todas las oraciones posibles y aceptables de un idioma.

generatriz (del lat. *generatrix, -icis*) *adj.* **1.** En geom., se aplica a la línea o figura que al moverse genera una superficie o un cuerpo. También *s. f.* **2.** En fís., se aplica a la máquina que transforma la energía mecánica en eléctrica. También *s. f.*

genérico, ca *adj.* **1.** Común a todos los elementos de un género o conjunto. **2.** Del género gramatical o relacionado con él: *morfemas genéricos.* **3.** Se dice de los medicamentos que, teniendo la misma composición que un específico, se venden bajo el nombre de su principio activo. También *s. m.* SIN. **1.** General, colectivo, universal. ANT. **1.** Específico, individual. FAM. Genéricamente. GÉNERO.

género (del lat. *genus, generis*) *s. m.* **1.** Conjunto de personas o cosas con características comunes: *El violín pertenece al género de los instrumentos de cuerda.* **2.** En biol., conjunto de especies que tienen cierto número de caracteres comunes: *El lobo y el perro pertenecen al género Canis.* **3.** Clase de persona o cosa: *No le hagas ese género de preguntas.* **4.** Cualquier tipo de mercancía: *El dependiente está colocando el género.* **5.** Tejido, paño: *un traje de buen género.* **6.** Categoría gramatical por la que los sustantivos, adjetivos, artículos y pronombres se clasifican en masculinos y femeninos, y algunos pronombres y el artículo determinado además en neutros. **7.** Cada una de estas clasificaciones: *género femenino.* **8.** Cada una de las categorías en las que se agrupan las obras artísticas, según rasgos comunes de forma y contenido: *el género narrativo.* || **9. género chico** Tipo de obras teatrales, generalmente musicales, de estructura sencilla y carácter popular, que surgieron como reacción a la zarzuela de tres actos y a la ópera. SIN. **1.** Variedad, apartado. **3.** Especie, tipo, estilo. **4.** Producto, existencias. FAM. General, genérico, generoso, genocidio. / Congénere, subgénero. GENERAR.

generoso, sa (del lat. *generosus*) *adj.* **1.** Que da o reparte lo que tiene. **2.** Noble, dispuesto a sacrificarse por los demás: *Con esos niños lleva a cabo una labor generosa.* **3.** Grande, abundante: *Sirvió una ración generosa.* **4.** Productivo: *una tierra generosa.* **5.** Se dice del vino fuerte y añejo. SIN. **1.** Dadivoso, espléndido, desprendido. **2.** Altruista, magnánimo. **3.** Copioso. **4.** Fértil, fecundo. ANT. **1.** Tacaño. **1.** y **2.** Egoísta, ruin. **3.** Escaso. **4.** Estéril. FAM. Generosamente, generosidad. GÉNERO.

genésico, ca *adj.* De la generación o relacionado con ella.

génesis (del lat. *genesis*, y éste del gr. *genesis*, engendramiento) *s. f.* **1.** Origen o principio de una cosa: *la génesis de la vida.* **2.** Proceso de formación de algo y factores que intervienen en este proceso: *la génesis de las montañas.* ■ No varía en *pl.* SIN. **1.** Nacimiento. ANT. **1.** Fin. FAM. Genesiaco, genésico, genética. GENERAR.

-génesis (del gr. *genesis*, engendramiento) *suf.* Significa 'origen o proceso de formación': *biogénesis, orogénesis.*

genética *s. f.* Ciencia que estudia las leyes de la transmisión de los caracteres hereditarios de los organismos. FAM. Genético, genetista. GÉNESIS.

genético, ca *adj.* **1.** Relativo a los genes y a la genética: *caracteres genéticos.* **2.** Relativo a la génesis u origen de las cosas. || *s. m.* y *f.* **3.** Genetista*.

genetista *s. m.* y *f.* Persona que se dedica a la genética.

-genia (del gr. *geneia*) *suf.* Significa 'proceso natural de formación': *orogenia.*

genial (del lat. *genialis*) *adj.* **1.** Propio del genio como talento creador o dotado de él: *obra genial.* **2.** Muy bueno, extraordinario. También *adv.*: *Canta genial.* **3.** Ocurrente, ingenioso: *Tuvo una idea genial.* SIN. **2.** Excelente, espléndido, formidable. **3.** Agudo, perspicaz. ANT. **1.** Mediocre, vulgar. **2.** Pésimo, fatal. **3.** Estúpido. FAM. Genialidad, genialmente. GENIO.

genialidad (del lat. *genialitas, -atis*) *s. f.* **1.** Cualidad de genial. **2.** Acción o dicho original e ingenioso. ■ A veces, en sentido irónico, significa lo contrario: *Estoy harto de tus genialidades.* SIN. **1.** Genio, talento, ingenio. **2.** Ocurrencia. ANT. **1.** Mediocridad, vulgaridad.

geniecillo *s. m.* Genio de las fábulas y cuentos: *el geniecillo del bosque.* **SIN.** Gnomo, duende.

genio (del lat. *genius*) *s. m.* **1.** Forma de ser, carácter: *Tiene un genio envidiable.* **2.** Estado de ánimo pasajero: *Hoy está de mal genio.* **3.** Mal humor, temperamento difícil: *Vaya genio que gasta.* **4.** Carácter particular de un país, región, etc.: *el genio español.* **5.** Gran ingenio o talento para crear o inventar. **6.** Persona que lo tiene: *un genio de la música.* **7.** En la mitología grecorromana, divinidad que presidía el nacimiento de cada individuo, vivía con él toda su vida y guiaba sus actos. **8.** Ser fantástico que aparece en leyendas y cuentos infantiles: *el genio de la lámpara de Aladino.* **SIN. 1.** Índole, natural. **1.**, **2.** y **4.** Talante. **4.** Idiosincrasia, espíritu. **5.** Genialidad. **8.** Geniecillo, duende. **ANT. 3.** Afabilidad, simpatía. **5.** Incapacidad. **FAM.** Genial, geniecillo. / Congeniar, ingenio.

genital (del lat. *genitalis*) *adj.* **1.** De los órganos reproductores y sus funciones. || *s. m. pl.* **2.** Órganos sexuales masculinos o femeninos. **FAM.** Genitourinario, urogenital. GENERAR.

genitivo (del lat. *genitivus*, de *genus*, *-eris*, origen) *s. m.* En latín, griego y otras lenguas, uno de los casos de la declinación gramatical, que indica relación de propiedad o pertenencia, y se expresa en castellano mediante la preposición *de*.

genitourinario, ria *adj.* De las vías y órganos genitales y urinarios: *exploración genitourinaria.*

genízaro *s. m.* Jenízaro*.

geno- o **-geno, na** (del gr. *gennao*, engendrar) *pref.* o *suf.* Significa 'engendrar o producir': *genotipo, endógeno.*

genocidio (del gr. *genos*, raza, y la raíz lat. *cidium*, de *caedere*, matar) *s. m.* Matanza o eliminación sistemática de un grupo social por motivos raciales, políticos o religiosos. **SIN.** Exterminación, exterminio.

genoma *s. m.* Conjunto de cromosomas que constituyen la dotación genética de un organismo.

genoterapia (de *geno-* y *-terapia*) *s. f.* Terapia que pretende la curación de ciertas enfermedades mediante la inserción de genes específicos en los pacientes.

genotipo *s. m.* Conjunto de la información genética de un organismo, heredado de sus padres y contenido en los cromosomas. **FAM.** Genotípico. GEN y TIPO.

genovés, sa *adj.* De Génova. También *s. m.* y *f.*

gente (del lat. *gens*, *gentis*) *s. f.* **1.** Conjunto de personas. **2.** Cada una de las clases que se distinguen en la sociedad: *gente pobre, de dinero.* **3.** Con algunos adjetivos, persona: *Luis es buena gente.* **4.** *fam.* Parentela, familia: *Está en la playa con su gente.* **5.** Grupo de amigos o compañeros: *Ha quedado con otra gente.* || **6. gente baja** La ordinaria o grosera. **7. gente bien** La de posición económica y social elevada. **8. gente de bien** La que es honrada y actúa con buena intención. **9. gente gorda** *fam.* La importante e influyente. **10. gente guapa** Gente bien. **11. gente menuda** Los niños. || **LOC. buena gente** *adj.* Se aplica a la persona que tiene bondad, que es buena. **ser gente** *Amér. fam.* Ser buena persona; comportarse como es debido. **FAM.** Gentecilla, gentil, gentilicio, gentío, gentuza.

gentecilla (dim. de *gente*) *s. f. desp.* Gente despreciable o de baja condición. **SIN.** Gentuza, morralla, chusma. **ANT.** Élite.

gentil (del lat. *gentilis*) *adj.* **1.** Amable, cortés: *Fue muy gentil conmigo.* **2.** Apuesto, de buena presencia: *gentil figura.* **3.** Antiguamente, se aplicaba al que tenía una religión diferente a la cristiana. También *s. m.* y *f.* **SIN. 1.** Educado, correcto, atento. **2.** Gallardo, garrido, garboso. **3.** Infiel, impío. **ANT. 1.** Maleducado, grosero. **2.** Feo, desgarbado. **3.** Creyente, fiel. **FAM.** Gentileza, gentilhombre, gentilmente. GENTE.

gentileza *s. f.* **1.** Cualidad de gentil. **2.** Cosa que se hace u ofrece por cortesía: *El obsequio es una gentileza de la casa.* **3.** Gracia y garbo para desenvolverse. ■ En esta acepción se emplea sobre todo en lenguaje literario.

gentilhombre *s. m.* Noble que servía en la corte o acompañaba a un personaje importante. ■ Su pl. es *gentileshombres.*

gentilicio, cia (del lat. *gentilitius*) *adj.* **1.** Se dice del sustantivo o adjetivo que expresa origen o nacionalidad, p. ej. *español, andaluz.* También *s. m.* **2.** Del linaje o familia.

gentío *s. m.* Aglomeración de gente en un lugar. **SIN.** Multitud, muchedumbre.

gentleman (ingl.) *s. m.* Hombre que se caracteriza por su distinción, elegancia y su comportamiento noble. **SIN.** Caballero. **ANT.** Patán.

gentuza *s. f.* Gente despreciable. **SIN.** Morralla, chusma, plebe.

genuflexión (del lat. *genuflexio*, *-onis*) *s. f.* Inclinación que se hace doblando las rodillas en señal de reverencia o sumisión.

genuino, na (del lat. *genuinus*) *adj.* **1.** Puro, que no está mezclado con otras cosas: *el genuino sabor del café.* **2.** Propio o representativo de aquello a que se refiere: *una muestra genuina de arte popular.* **SIN. 1.** Natural, verdadero, auténtico. **2.** Característico.

geo (siglas de *Grupo Especial de Operaciones*) *s. m.* y *f.* Miembro de un cuerpo de la policía española especializado en operaciones de alto riesgo: *Los geos asaltaron el edificio.*

geo- o **-geo** (del gr. *ge*, tierra) *pref.* o *suf.* Significa 'tierra o suelo': *geografía, hipogeo.*

geobiología *s. f.* Ciencia que estudia de manera conjunta los procesos geológicos y biológicos.

geobotánica *s. f.* Rama de la botánica que estudia la relación entre la vida vegetal y el medio terrestre en que se desarrolla.

geocéntrico, ca *adj.* **1.** Del centro de la Tierra o relacionado con él. **2.** Se aplica a los sistemas astronómicos que, como el de Tolomeo, situaban a la Tierra en el centro del Universo. **FAM.** Geocentrismo. CENTRO.

geocentrismo *s. m.* Antigua teoría científica según la cual la Tierra era el centro del Universo y el resto de los planetas giraban alrededor de ella.

geoda (del lat. *geodes*, y éste del gr. *geodes*, térreo) *s. f.* Formación de cristales minerales que tapiza el hueco de una roca.

geodesia (del gr. *geodaisia*, de *ge*, tierra, y *daio*, dividir) *s. f.* Ciencia matemática que se ocupa de determinar la forma y dimensiones de la Tierra y su representación en mapas. **FAM.** Geodésico, geodesta.

geodesta *s. m.* y *f.* Especialista en geodesia.

geodinámica *s. f.* Parte de la geología que estudia las alteraciones de la corteza terrestre, como p. ej. la erosión, la orogénesis, etc.

geoestacionario, ria *adj.* Se dice del satélite artificial que se desplaza de O a E sobre el Ecuador y a la misma velocidad que la rotación de la Tierra, manteniéndose así en la misma posición respecto de la Tierra.

geofagia (de *geo-* y *-fagia*) *s. f.* Hábito de comer tierra o sustancias similares no nutritivas.
geofísica *s. f.* Ciencia que estudia los fenómenos físicos que afectan a la Tierra, como p. ej. el geomagnetismo, la sismología, etc.
geoglifo *s. m.* Inscripción en la tierra, como las de Nazca, en Perú.
geografía (del lat. *geographia*, y éste del gr. *geographia*, de *ge*, tierra, y *graphe*, descripción) *s. f.* **1.** Ciencia que estudia la descripción de la Tierra en su aspecto físico y como lugar habitado por el hombre. **2.** Tratado de esta ciencia. || *s. m.* **3.** Paisaje, zona o territorio: *La geografía suiza es montañosa.* **FAM.** Geográficamente, geográfico, geógrafo. / Zoogeografía.
geoide (de *geo-* y *-oide*) *s. m.* Forma teórica de la Tierra que se determina tomando como superficie el nivel medio de los mares.
geología (del gr. *ge*, tierra, y *logos*, tratado) *s. f.* Ciencia que estudia la forma interior y exterior de la Tierra, la naturaleza de los materiales que la componen y su formación. **FAM.** Geológico, geólogo. / Hidrogeología.
geomagnetismo *s. m.* **1.** Conjunto de fenómenos relativos al campo magnético terrestre. **2.** Estudio de dichos fenómenos y de su aplicación. **FAM.** Geomagnético. MAGNETISMO.
geomancia o **geomancía** (del lat. *geomantia*, y éste del gr. *geomanteia*, de *ge*, tierra, y *manteia*, adivinación) *s. f.* Adivinación del futuro por medio de los cuerpos terrestres o a través de puntos, líneas, etc., trazados en la tierra. **FAM.** Geomántico.
geometría (del lat. *geometria*, y éste del gr. *geometria*, de *ge*, tierra, y *metron*, medida) *s. f.* Parte de las matemáticas que estudia las propiedades y medidas de puntos, líneas, planos y volúmenes, así como las relaciones que entre ellos se establecen. **FAM.** Geómetra, geométricamente, geométrico.
geométrico, ca (del lat. *geometricus*, y éste del gr. *geometrikos*) *adj.* **1.** De la geometría o relacionado con ella. **2.** Se dice del dibujo o la decoración que reproduce figuras típicas de la geometría: *motivos geométricos.* **3.** Muy exacto o preciso.
geomorfología *s. f.* Rama de la geología que estudia el relieve terrestre, tanto continental como submarino, y su evolución.
geopolítica *s. f.* Disciplina que estudia las relaciones entre el medio físico de un país y sus estructuras socioeconómicas para extraer conclusiones que permitan determinar una política. **FAM.** Geopolítico. POLÍTICA.
geoquímica *s. f.* Rama de la geología que estudia la composición química y las reacciones que tienen o han tenido lugar en la Tierra. **FAM.** Geoquímico. QUÍMICA.
georama (del gr. *ge*, tierra, y *orama*, espectáculo) *s. m.* Gran esfera hueca sobre cuya superficie interior está trazado el mapa de la Tierra, que puede ser observado por un espectador situado dentro de la esfera.
georgiano, na *adj.* **1.** De Georgia, república caucásica. También *s. m.* y *f.* **2.** De Georgia, estado de los Estados Unidos. También *s. m.* y *f.* **3.** Se aplica a un estilo arquitectónico desarrollado durante el s. XVIII en Inglaterra y Estados Unidos. || *s. m.* **4.** Lengua caucásica, oficial en la república de Georgia.
geórgica (del lat. *georgica*, y éste del gr. *georgikos*, rural) *s. f.* Composición poética sobre la vida en el campo.
geosinclinal *s. m.* Zona hundida de la corteza terrestre en la que se han acumulado a lo largo del tiempo numerosos sedimentos, que posteriormente se han plegado debido a una orogénesis.
geotectónico, ca *adj.* Relativo a la forma, disposición y estructura de las rocas y estratos que forman la corteza terrestre.
geotermia *s. f.* Rama de la geología que estudia el origen y distribución del calor interno de la Tierra. **FAM.** Geotérmico. TÉRMICO.
geotropismo *s. m.* En biol., influencia de la gravedad terrestre en la orientación del crecimiento de los órganos de las plantas.
geranio (del lat. *geranion*, y éste del gr. *geranion*) *s. m.* Nombre común de diversas especies de plantas herbáceas, de hojas grandes, recortadas o divididas, flores de vivos colores reunidas en umbelas, que se cultivan en jardines y macetas.
gerbo *s. m.* Jerbo*.
gerencia *s. f.* **1.** Cargo y función de gerente. **2.** Gerente o conjunto de gerentes de una empresa, sociedad, etc. **3.** Oficina del gerente. **4.** Tiempo que una persona permanece en este cargo.
gerente (del lat. *gerens, -entis*, de *gerere*, dirigir) *s. m.* y *f.* Persona que dirige los negocios de una sociedad o empresa, firma documentos y representa a las demás personas interesadas. **FAM.** Gerencia.
geriatría (del gr. *geras*, vejez, y *iatreia*, curación) *s. f.* Rama de la medicina que se ocupa de la vejez y sus enfermedades. **SIN.** Gerontología. **FAM.** Geriatra, geriátrico.
geriátrico, ca *adj.* **1.** De la geriatría o relacionado con ella: *investigación geriátrica.* **2.** Se aplica al hospital o residencia que se ocupa del cuidado de personas ancianas. También *s. m.*
gerifalte (del fr. ant. o prov. *gerfalc*, y éste del nórdico *geirfalki*) *s. m.* **1.** Halcón de gran tamaño, de plumaje blanco salpicado de manchas y franjas oscuras. Fue usado en cetrería. **2.** Persona que destaca en cualquier actividad: *un gerifalte de la política.* **3.** P. ext., jefe, mandamás. **SIN. 2.** Figura. **3.** Jefazo, líder, dirigente.
germanía (del lat. *germanus*, hermano) *s. f.* **1.** Lenguaje secreto utilizado en los s. XVI y XVII por ladrones y maleantes que se llamaban entre sí *germanes* o *germanos*. **2.** En el antiguo reino de Valencia, hermandad o gremio. **FAM.** Germanesco.
germánico, ca (del lat. *germanicus*) *adj.* **1.** De Germania o de los germanos. También *s. m.* y *f.* **2.** De Alemania o de los alemanes. También *s. m.* y *f.* || *s. m.* **3.** Grupo de lenguas indoeuropeas habladas por los pueblos germanos, del que derivan el alemán, el inglés, etc. **SIN. 2.** Teutón, tudesco. **FAM.** Indogermánico. GERMANO.
germanio (de *Germania*, Alemania, donde fue descubierto) *s. m.* Elemento químico metálico, blanco grisáceo, que cristaliza en octaedros, es muy resistente a ácidos y bases y se usa como semiconductor eléctrico y en la fabricación de transistores. Su símbolo es *Ge*.
germanismo (del lat. *Germania*, Alemania) *s. m.* Palabra o giro propios de la lengua alemana usados en otro idioma. **FAM.** Pangermanismo. GERMANO.
germanizar *v. tr.* Hacer tomar el carácter o las costumbres germánicas. También *v. prnl.* ■ Delante de *e* se escribe *c* en lugar de *z*: *germanice.* **FAM.** Germanización. GERMANO.
germano, na *adj.* **1.** De Germania, antigua región de Europa. También *s. m.* y *f.* **2.** Alemán. También *s. m.* y *f.* ■ A veces forma parte de voces compuestas: *una película germanoitaliana.* **SIN. 1.**

y **2.** Germánico. FAM. Germánico, germanio, germanismo, germanista, germanizar, germanófilo.

germanófilo, la *adj.* Simpatizante de Alemania, y especialmente del bando alemán durante las dos guerras mundiales.

germen (del lat. *germen, -inis*) *s. m.* **1.** Microorganismo capaz de causar o propagar enfermedades, como p. ej. las bacterias. **2.** Célula o conjunto de células que sirve de origen a un ser vivo. **3.** Primer tallo que brota de la semilla. **4.** Aquello que es origen o causa de algo: *La afición a la música es el germen de su amistad.* SIN. **2.** Embrión. **4.** Principio, raíz, comienzo. FAM. Germicida, germinal, germinar.

germicida (de *germen* y el lat. *caedere*, matar) *adj.* Se aplica a la sustancia que destruye gérmenes. También *s. m.*

germinador, ra *adj.* **1.** Que hace germinar. || *s. m.* **2.** Cámara o local con unas condiciones de humedad, temperatura, luz, etc., favorables para la germinación de las semillas.

germinar (del lat. *germinare*) *v. intr.* **1.** Brotar y comenzar a crecer las plantas. **2.** Empezar a desarrollarse o manifestarse algo no material: *germinar una idea.* SIN. **2.** Nacer, surgir. FAM. Germinación, germinador, germinante, germinativo. GERMEN.

germinativo, va *adj.* Que puede germinar o causar la germinación.

gero- (del gr. *geron, gerontos*, anciano) *pref.* Significa 'viejo, anciano': *gerodermia.* ■ Existe también la variante *geronto-*: *gerontocracia.*

gerodermia (de *gero-* y el gr. *derma*, piel) *s. f.* Alteración en la piel, propia de la vejez.

geronto- *pref.* Véase **gero-**.

gerontocracia (de *geronto-* y *-cracia*) *s. f.* Forma de gobierno en el que los ancianos ejercen el poder. FAM. Gerontócrata.

gerontología (de *geronto-* y el gr. *logos*, tratado) *s. f.* Parte de la medicina que estudia los fenómenos y problemas propios de la vejez. FAM. Gerontológico, gerontólogo.

gerundense *adj.* De Girona. También *s. m.* y *f.*

gerundio (del lat. *gerundium*) *s. m.* Forma no personal del verbo, acabada en *-ando* o *-iendo*, que comunica a la acción verbal un carácter durativo y funciona generalmente como adverbio de la oración en la que figura. FAM. Gerundivo.

gerundivo (del lat. *gerundivus*) *s. m.* En lat., participio de futuro pasivo que termina en *-ndus, -nda, -ndum.*

gesta (del lat. *gesta*, hazañas) *s. f.* **1.** Conjunto de hazañas o hechos heroicos de un personaje o de un pueblo: *la gesta del Cid.* || **2. cantar de gesta** Véase **cantar**².

gestación (del lat. *gestatio, -onis*) *s. f.* **1.** Periodo durante el cual las crías de los mamíferos permanecen dentro del cuerpo de la madre. **2.** Desarrollo o formación de algo: *la gestación de la novela.* SIN. **1.** Embarazo.

gestante (del lat. *gestans, -antis*) *adj.* **1.** Que gesta. **2.** Se aplica a la mujer embarazada. También *s. f.* SIN. **2.** Preñada, encinta, grávida.

gestar (del lat. *gestare*, llevar) *v. tr.* **1.** Llevar y mantener la madre en el vientre a su hijo hasta el momento del parto. || **gestarse** *v. prnl.* **2.** Formarse o desarrollarse cosas no materiales: *gestarse un movimiento artístico, una conspiración.* SIN. **2.** Germinar, iniciarse, crecer. FAM. Gestación, gestante, gestatorio.

gestatorio, ria *adj.* Se aplica a lo que ha de transportarse en brazos o a hombros, como la *silla gestatoria* en que eran llevados los papas en ciertos actos solemnes.

gestero, ra *adj.* Que hace muchos gestos. SIN. Gesticulador, gesticulante. ANT. Inexpresivo.

gesticulador, ra *adj.* Que gesticula mucho o lo hace de forma exagerada. SIN. Gestero. ANT. Inexpresivo.

gesticular¹ (del lat. *gesticulari*) *v. intr.* Hacer gestos, en especial si son frecuentes y exagerados. FAM. Gesticulación, gesticulador, gesticulante. GESTO.

gesticular² (del lat. *gesticulus*, de *gestus*, gesto) *adj.* Del gesto o relacionado con él: *lenguaje gesticular.* SIN. Gestual.

gestión (del lat. *gestio, -onis*) *s. f.* **1.** Conjunto de acciones encaminadas a conseguir o resolver algo. **2.** Acción de administrar o dirigir una empresa, un asunto, un negocio, etc.: *Él lleva la gestión del almacén.* SIN. **1.** Diligencia, papeleo, tramitación. **2.** Administración, dirección, gobierno. FAM. Gestionar, gestor. / Autogestión, cogestión, digestión, telegestión.

gestionar *v. tr.* **1.** Hacer gestiones para conseguir algo: *Su abogado le está gestionando un permiso de trabajo.* **2.** Dirigir, organizar: *gestionar una empresa.* SIN. **1.** Tramitar.

gesto (del lat. *gestus*) *s. m.* **1.** Movimiento de los músculos de la cara o las manos que generalmente expresa algo. **2.** Acción que una persona realiza obedeciendo a un impulso o sentimiento: *un gesto de amor.* **3.** Rostro, semblante: *con el gesto descompuesto.* || LOC. **torcer el gesto** *fam.* Poner expresión de disgusto o enfado. SIN. **1.** Seña, mueca, visaje. FAM. Gestero, gesticular¹, gesticular², gestual.

gestor, ra (del lat. *gestor, -oris*) *adj.* **1.** Que realiza la gestión o gestiones: *la empresa gestora.* También *s. m.* y *f.* || *s. m.* y *f.* **2.** Miembro de una empresa mercantil que participa en su administración. FAM. Gestoría. GESTIÓN.

gestoría *s. f.* Oficina o empresa que gestiona asuntos administrativos para sus clientes.

gestual (del lat. *gestus*) *adj.* Relativo a los gestos o que se hace con gestos: *lenguaje gestual.* SIN. Gesticular, mímico.

ghanés, sa *adj.* De Ghana. También *s. m.* y *f.*

ghetto (ital.) *s. m.* Gueto*.

giba (del lat. *gibba*, joroba) *s. f.* Joroba*. FAM. Gibar, gibosidad, giboso.

gibar *v. tr.* **1.** Fastidiar, molestar. También *v. prnl.*: *Para que te gibes.* **2.** Hacer que una cosa tenga giba. También *v. prnl.* SIN. **1.** Jeringar(se), chinchar(se). **1.** y **2.** Jorobar(se). **2.** Encorvar(se).

gibelino, na (del ital. *ghibellino*) *adj.* **1.** En la Italia medieval, partidario de los emperadores de Alemania, frente a los güelfos, defensores del papado. También *s. m.* y *f.* **2.** Propio de estas personas y familias.

gibón *s. m.* Nombre común de diversas especies de monos antropoides, que tienen los brazos largos, caminan erguidos y habitan en los árboles. Viven en el sudeste asiático.

giboso, sa (del lat. *gibbosus*) *adj.* Que tiene giba. También *s. m.* y *f.* SIN. Jorobado, chepudo.

gibraltareño, ña *adj.* De Gibraltar. También *s. m.* y *f.*

giga *s. m. acort.* de **gigabyte**.

giga- (del lat. *gigas, -antis*) *pref.* Significa 'mil millones' y sirve para formar nombres de múltiplos de determinadas unidades: *gigavatio.* Su símbolo es *G.*

gigabyte (del lat. *gigas, -antis*, gigante, y el ingl. *byte*) *s. m.* En inform., unidad de medida que equivale a 1.024 megabytes.

gigante, ta (del lat. *gigas, -antis*) *s. m.* y *f.* **1.** Personaje fabuloso de enorme estatura que aparece en los cuentos infantiles. **2.** Persona muy alta. **3.** Figura de algunos festejos populares que representa a un hombre o mujer de gran estatura: *un desfile de gigantes y cabezudos.* **4.** Persona que padece gigantismo. || *s. m.* **5.** Persona que destaca excepcionalmente en una actividad: *Es un gigante de la música.* || *s. f.* **6.** Gigantea*. || **gigante** *adj.* **7.** De tamaño mucho más grande que el normal para su especie: *un árbol gigante.* **SIN. 3.** Gigantón. **5.** Monstruo, genio. **6.** Girasol. **ANT. 3.** y **4.** Enano. **4.** Retaco. **FAM.** Gigantea, gigantesco, gigantez, gigantismo, gigantón. / Agigantar.

gigantea *s. f.* Girasol*, planta.

gigantesco, ca *adj.* Muy grande, enorme. **SIN.** Inmenso, desmesurado. **ANT.** Minúsculo.

gigantismo *s. m.* Enfermedad que consiste en un aumento excesivo del tamaño del cuerpo, debida generalmente a un mal funcionamiento de la hipófisis. **ANT.** Enanismo.

gigantón, na *s. m.* y *f.* **1.** *aum.* de **gigante**. **2.** Gigante de las fiestas y desfiles populares.

gigatón o **gigatonelada** *s. m.* o *f.* Unidad de medida de energía de una bomba nuclear, equivalente a mil millones de toneladas de trilita.

gigoló (del fr. *gigolo*) *s. m.* Hombre joven y atractivo que mantiene relaciones sexuales con mujeres maduras a cambio de regalos o dinero.

gigote (del fr. *gigot*) *s. m.* Guisado de carne picada o troceada.

gijonense o **gijonés, sa** *adj.* De Gijón. También *s. m.* y *f.*

gil *adj. fam.* Estúpido, tonto. También *s. m.* y *f.* **SIN.** Imbécil, bobo, idiota. **ANT.** Listo, inteligente.

gilí (del caló *jilí*) *adj. fam.* Bobo, memo. También *s. m.* y *f.* **SIN.** Alelado, tontaina. **ANT.** Vivo, vivales. **FAM.** Gilipollas.

gilipollada *s. f. vulg.* Gilipollez, tontería.

gilipollas *adj. vulg.* Tonto, estúpido. También *s. m.* y *f.* ■ No varía en *pl.* **SIN.** Idiota, tonto, majadero, gilipuertas. **FAM.** Gil, gilipollada, gilipollez, gilipuertas, gilitonto. / Agilipollar. GILÍ y POLLA..

gilipollez *s. f.* **1.** *vulg.* Cualidad de gilipollas. **2.** Tontería, hecho o dicho propio de un gilipollas. **SIN. 1.** y **2.** Estupidez, idiotez. **2.** Gilipollada, majadería.

gilipuertas *adj. vulg.* Gilipollas*.

gilitonto, ta *adj. vulg.* Gilipollas*.

gillette (nombre comercial registrado) *s. f.* **1.** Maquinilla de afeitar desechable. || *s. m.* **2.** Hoja de afeitar para maquinillas desechables.

gim-jazz (ingl.) *s. m.* Gimnasia que se practica siguiendo el ritmo de música de jazz.

gimiente *adj.* Que gime o se lamenta.

gimnasia (del lat. *gymnasia*, y éste del gr. *gymnasia*, de *gymnazo*, ejercitar) *s. f.* **1.** Conjunto de ejercicios que se realizan para desarrollar, fortalecer y dar flexibilidad al cuerpo o a alguna parte de él. **2.** Práctica con que se adiestra o desarrolla alguna facultad: *gimnasia mental.* || **3. gimnasia sueca** La que se hace sin aparatos. **SIN. 2.** Ejercitación, entrenamiento. **FAM.** Gimnasio, gimnasta, gimnástico.

gimnasio (del lat. *gymnasium*, y éste del gr. *gymnasion*) *s. m.* **1.** Local provisto de las instalaciones y aparatos adecuados para practicar gimnasia y otros deportes. **2.** En algunos países, como Alemania, Italia o Suiza, centro oficial de enseñanza.

gimnasta (del gr. *gymnastes*) *s. m.* y *f.* Persona que practica la gimnasia como disciplina deportiva.

gimnosperma (del gr. *gymnos*, desnudo, y *sperma*, simiente) *adj.* **1.** Se dice de las plantas que se caracterizan por tener el óvulo desnudo, sin la protección de un ovario, por lo que carecen de frutos. También *s. f.* || *s. f. pl.* **2.** Grupo formado por estas plantas.

gimnoto (del lat. *gymnotus*, y éste del gr. *gymnos*, desnudo, y *notos*, dorso) *s. m.* Pez teleósteo de los ríos de América del Sur similar a la anguila, dotado de órganos eléctricos en sus costados, con los que emite descargas para paralizar a sus víctimas.

gimotear *v. intr.* Hacer gestos de llorar, pero sin llegar a ello. **SIN.** Lloriquear. **FAM.** Gimoteo. GEMIR.

gin (ingl.) *s. m.* **1.** Ginebra. || **2. gin tonic** Combinado de tónica con ginebra.

gincana (del ingl. *gymkhana*, y éste del hindi *gend-khana*, casa de danza) *s. f.* Competición en que los participantes, generalmente utilizando algún vehículo, deben salvar un gran número de obstáculos y dificultades. ■ También se escribe *gymkhana.*

ginebra (del fr. *genièvre*, y éste del lat. *juniperus*, enebro) *s. f.* Bebida alcohólica obtenida de ciertas semillas y aromatizada con bayas de enebro.

ginebrino, na o **ginebrés, sa** *adj.* De Ginebra, ciudad de Suiza. También *s. m.* y *f.*

gineceo (del lat. *gynaeceum*, y éste del gr. *gynaikeios*, de *gyne, gynaikos*, mujer) *s. m.* **1.** Entre los antiguos griegos, habitaciones destinadas a las mujeres y situadas generalmente en el piso superior de la casa. **2.** Órgano femenino de la flor.

ginecocracia (del gr. *gynaikokratia*, de *gyne, gynaikos*, mujer, y *kratos*, poder, autoridad) *s. f.* Forma de gobierno en que las mujeres tienen el poder. **SIN.** Matriarcado. **ANT.** Patriarcado.

ginecología (del gr. *gyne, aikos*, mujer, y *-logia*) *s. f.* Rama de la medicina que se ocupa de los órganos sexuales de la mujer, de su funcionamiento y enfermedades y, generalmente, también de diversos aspectos relacionados con la maternidad. **FAM.** Ginecológico, ginecólogo. / Tocoginecología.

ginesta (del lat. *genista*) *s. f.* Retama*.

gineta *s. f.* Jineta[1]*.

ginger-ale (ingl.) *s. m.* Bebida refrescante elaborada con jengibre.

gingival (del lat. *gingiva*, encía) *adj.* De las encías o relacionado con ellas. **FAM.** Gingivitis.

gingivitis (del lat. *gingiva*, encía, e *-itis*) *s. f.* Inflamación de las encías. ■ No varía en *pl.*

ginkgo *s. m.* Árbol nativo de China y Japón, del tipo de las gimnospermas, de hojas caducas con el limbo en forma de abanico, flores dioicas y semilla semejante a una drupa.

ginseng (chino) *s. m.* Planta originaria de Asia cuya raíz posee propiedades medicinales.

gira *s. f.* **1.** Viaje por diferentes lugares, volviendo luego al punto de partida: *gira turística.* **2.** Serie de actuaciones sucesivas de un artista, compañía de teatro, etc., por distintas localidades. ■ No confundir con la palabra homófona *jira*, 'comida campestre'. **SIN. 1.** Tour, recorrido, ruta. **2.** Tournée.

giradiscos *s. m.* Pieza del tocadiscos sobre la que se coloca el disco, que da vueltas a una velocidad constante. ■ No varía en *pl.* **SIN.** Plato.

girador, ra *s. m.* y *f.* Persona que gira o cursa letras de cambio u otras órdenes de pago.

giralda *s. f.* Veleta de una torre con figura humana o animal.

girándula *s. f.* Artefacto pirotécnico giratorio.

girar (del bajo lat. *gyrare*) *v. intr.* **1.** Dar vueltas alrededor de algo o sobre sí mismo. **2.** Cambiar de dirección: *El coche giró a la derecha.* **3.** Tratar una conversación, asunto, etc., sobre un tema determinado. || *v. tr.* **4.** Hacer que algo dé vueltas o cambie de dirección: *girar la llave.* **5.** Enviar por correo o telégrafo una cantidad de dinero. También *v. intr.* **6.** Enviar letras de cambio u otras órdenes de pago a cargo de alguien. También *v. intr.* **SIN. 1.** Rotar. **2.** Torcer, doblar, virar. **3.** Versar, hablar, ocuparse. **FAM.** Giradiscos, girado, girador, giralda, girándula, girasol, giratorio, giro, girómetro, giroscopio, giróscopo.

girasol *s. m.* Planta herbácea de la familia compuestas, de tallo largo, hojas alternas pecioladas y acorazonadas y fruto en aquenio, de cuya semilla comestible (pipa) se extrae un apreciado aceite vegetal. Debe su nombre a que su flor va girando en dirección al sol. **SIN.** Gigante, gigantea, mirasol.

giratorio, ria *adj.* Que gira: *puerta, silla giratoria.*

girl scout (ingl., significa 'muchacha exploradora') *expr.* Miembro femenino de la organización de los boy* scouts. ■ Se utiliza como *s. f.*

giro (del lat. *gyrus*, y éste del gr. *gyros*, círculo) *s. m.* **1.** Acción de girar: *El coche dio un giro repentino. He recibido un giro postal de treinta euros.* **2.** Carácter u orientación de una conversación, asunto, etc.: *Su relación con Tomás tomó un giro inesperado.* **3.** Frase, expresión, atendiendo particularmente a la forma de estar construida: *Utilizaba giros propios de Andalucía.* **SIN. 1.** y **2.** Viraje, rotación, vuelta. **2.** Cariz, derrotero. **3.** Construcción. **FAM.** Autogiro, levógiro. GIRAR.

girola (del ant. fr. *charole*, de *carole*, danza popular, procesión religiosa y lugar donde se realizaba) *s. f.* Galería semicircular que rodea el altar mayor de iglesias y catedrales. **SIN.** Deambulatorio.

girómetro *s. m.* **1.** Aparato que mide la velocidad de rotación de un eje vertical. **2.** Instrumento que mide los cambios de dirección de un avión.

girondino, na (de *Gironde*, departamento de Francia) *adj.* **1.** Se aplica a uno de los grupos políticos, de carácter moderado, surgidos durante la Revolución Francesa. **2.** De este grupo político. También *s. m.* y *f.*

giroscopio o **giróscopo** (del lat. *gyrus*, y éste del gr. *gyros*, círculo, y *-scopio*) *s. m.* Aparato utilizado en barcos, aviones y vehículos espaciales como indicador de dirección.

gitanear *v. intr.* Intentar por todos los medios, incluido el engaño, sacar el máximo beneficio de una compra, negocio, etc. **SIN.** Trampear. **FAM.** Gitaneo. GITANO.

gitanismo *s. m.* **1.** Forma de vida, costumbres y cultura propia de los gitanos. **2.** Palabra o giro característico del lenguaje de los gitanos.

gitano, na (de *egiptano*, egipcio, porque se creyó que procedían de Egipto) *adj.* **1.** Se aplica a cierta raza de vida nómada, posiblemente originaria de la India, que se extendió en épocas muy distintas por Europa y otros lugares. **2.** De esta raza. También *s. m.* y *f.* **3.** Parecido a este grupo humano o a sus cosas: *ojos gitanos, gracia gitana.* **4.** *fam.* Que sabe atraerse a los demás con gracia y habilidad. También *s. m.* y *f.* **5.** *desp.* Se dice de la persona que, en los tratos comerciales, utiliza medios poco formales y a veces poco lícitos. También *s. m.* y *f.* **6.** *desp.* Sucio, desarrapado. También *s. m.* y *f.* || *s. m.* **7.** Lengua de los gitanos. || **LOC. que no se lo salta un gitano** *adj. fam.* Muy grande, fuera de lo común: *Se comió un bocadillo que no se lo salta un gitano.* **SIN. 1.** y **2.** Calé, cíngaro. **3.** Agitanado, gitanesco. **4.** Zalamero, lisonjero. **5.** Fullero, estafador. **6.** Desastrado, andrajoso. **7.** Caló. **ANT. 1.** y **2.** Payo. **5.** Honrado. **6.** Atildado. **FAM.** Gitanada, gitanamente, gitanear, gitanería, gitanesco, gitanismo. / Agitanado.

glaciación *s. f.* Periodo de la historia de la Tierra en que, a causa de un descenso generalizado de las temperaturas, se produjo un aumento de los fenómenos glaciares y, por tanto, un avance de los hielos en dirección al ecuador.

glacial (del lat. *glacialis*) *adj.* **1.** Helado, muy frío: *un viento glacial, una temperatura glacial.* **2.** Se aplica a las zonas terrestres y marítimas situadas dentro de los círculos polares. **3.** Que no tiene emoción o sentimientos: *una mirada glacial, un saludo glacial.* **SIN. 1.** Gélido. **3.** Distante. **ANT. 1.** Caliente. **1.** y **3.** Cálido, caluroso. **FAM.** Glaciación, glacialmente, glaciar, glacis. / Preglacial.

glaciar (del fr. *glacier*) *s. m.* **1.** Masa de hielo originada en las partes más altas de las montañas por encima del límite de las nieves perpetuas, que desciende hasta niveles inferiores formando un auténtico río. || *adj.* **2.** Relativo a estas masas de hielo. **FAM.** Glaciarismo, glaciología. / Interglaciar, periglaciar. GLACIAL.

glaciarismo *s. m.* **1.** Conjunto de fenómenos relacionados con la formación y evolución de los glaciares. **2.** Forma del relieve que está modelada por los glaciares.

glaciología (del lat. *glacies*, hielo, y *-logía*) *s. f.* Parte de la geología que estudia la distribución y los efectos de la nieve y del hielo en la superficie terrestre, especialmente los glaciares. **FAM.** Glaciológico, glaciólogo. GLACIAR.

glacis (del fr. *glacis*, de *glacier*, y éste del lat. *glacies*, hielo) *s. m.* Terreno natural que presenta una pendiente suave y uniforme.

gladiador (del lat. *gladiator, -oris*, de *gladius*, espada) *s. m.* Luchador que en el circo romano se enfrentaba con otros luchadores o con fieras. **FAM.** Véase **gladio**.

gladio (del lat. *gladius*, espada) *s. m.* Enea*. **FAM.** Gladiador, gladiolo.

gladiolo o **gladíolo** (del lat. *gladiolum*, de *gladius*, espada) *s. m.* Nombre común de numerosas especies de plantas bulbosas, vivaces, con flores reunidas en espigas, de uso ornamental.

glamour (ingl.) *s. m.* Atractivo, encanto. **SIN.** Seducción. **FAM.** Glamouroso, glamuroso.

glamouroso o **glamuroso, sa** *adj.* Que tiene glamour. **SIN.** Seductor, fascinante.

glande (del lat. *glans, glandis*, bellota) *s. m.* Extremo o cabeza del pene. **SIN.** Bálano.

glándula (del lat. *glandula*, de *glans, glandis*, bellota) *s. f.* Órgano animal de tejido epitelial cuya función es producir una o más sustancias que vierte en el organismo. **FAM.** Glande, glandular.

glasé (del fr. *glacé*, de *glacer*, y éste del lat. *glacies*, helado) *s. m.* Cierto tejido de seda muy brillante o tela artificial que lo imita. **FAM.** Véase **glasear**.

glasear *v. tr.* **1.** Recubrir con azúcar derretido, clara de huevo o almíbar algunos postres, como bizcochos y pasteles para que queden brillantes; p. ext., recubrir cualquier alimento con una capa brillante. **2.** Dar brillo a la superficie de algunas cosas, como el papel y las telas. **FAM.** Glasé, glaseado.

glauco, ca (del lat. *glaucus*, y éste del gr. *glaukos*, verdemar) *adj.* Verde claro o grisáceo: *ojos glaucos.* **FAM.** Glaucoma.

glaucoma (del lat. *glaucoma*, y éste del gr. *glaukoma*, de *glaukos*, verdemar) *s. m.* Enfermedad de los ojos en que la pupila toma un color verdoso y que se caracteriza por una atrofia de la retina y del nervio óptico, pérdida de visión, dolores intensos y vómitos.

gleba (del lat. *gleba*) *s. f.* **1.** Pequeño trozo de tierra que se levanta con el arado. **2.** Terreno de labranza: *siervo de la gleba.*

glera (del arag. *glera*, y éste del lat. *glarea*, terreno de cantos) *s. f.* Terreno cubierto de piedras pequeñas o fragmentos de piedra.

glicérido *s. m.* Nombre genérico de los ésteres de la glicerina y los ácidos grasos. **FAM.** Triglicérido.

glicerina (del gr. *glykeros*, dulce) *s. f.* Alcohol trivalente de tres átomos de carbono, viscoso, incoloro y de sabor dulce, que se usa en la industria cosmética y farmacéutica y para la obtención de nitroglicerina. **FAM.** Glicérido. / Nitroglicerina.

glicina (del ingl. *glycine*) *s. f.* **1.** Aminoácido que interviene en la composición de las proteínas y se halla presente en el azúcar de caña y en los colágenos. **2.** Glicinia*.

glicinia (del lat. *glycina*, y éste del gr. *glykys*, dulce) *s. f.* Planta papilionácea de jardín, de origen chino, que puede alcanzar gran altura y produce racimos de flores generalmente azuladas o malvas. Se llama también *glicina.*

glíptica (del gr. *glypho*, esculpir) *s. f.* **1.** Técnica de grabar piedras finas. **2.** Técnica de grabar en acero los cuños para las monedas, medallas, sellos, etc. **FAM.** Gliptografía, gliptoteca.

glipto- (del gr. *glyptos*, grabado) *pref.* Significa 'grabar, esculpir': *gliptoteca, gliptografía.*

gliptogénesis (de *glipto-* y *-génesis*) *s. f.* Formación del relieve de la Tierra por efecto de los agentes geológicos externos (viento, agua, hielo, etc.) ■ No varía en *pl.*

gliptografía (de *glipto-* y *-grafía*) *s. f.* Estudio de los antiguos grabados en piedra.

gliptoteca (de *glipto-* y el gr. *theke*, caja, armario) *s. f.* **1.** Colección de piedras grabadas. **2.** Museo que las conserva. **3.** P. ext., museo de escultura.

global *adj.* Que ha sido tomado en conjunto, sin dividirlo en partes: *una visión global, un examen global, un presupuesto global.* **SIN.** Total, integral, general. **ANT.** Parcial. **FAM.** Globalidad, globalizar, globalmente. GLOBO.

globalizar *v. tr.* Unir y relacionar datos, hechos, consideraciones, disciplinas, etc., en un planteamiento global, especialmente con fines didácticos. ■ Delante de *e* se escribe *c* en lugar de *z*: *globalice.* **FAM.** Globalización. GLOBAL.

globo (del lat. *globus*) *s. m.* **1.** Especie de bolsa de goma u otro material flexible llena de aire o gas ligero que utilizan los niños para jugar, como adorno, etc. **2.** Vehículo aéreo formado por una bolsa esférica muy grande llena de un gas de poca densidad (aire caliente, hidrógeno o helio), de la que cuelga una barquilla que transporta a los viajeros y la carga. Se llama también *globo aerostático.* **3.** El planeta Tierra: *globo terráqueo.* **4.** Denominación de diversos objetos de forma más o menos esférica, p. ej. los utilizados en las lámparas. **5.** En algunos deportes como el fútbol o el tenis, trayectoria semicircular que describe la pelota al ser lanzada muy alto. **6.** Mentira, embuste: *soltar globos.* **7.** En viñetas de tebeos, cómics, chistes, etc., texto o dibujo enmarcado que expresa lo que un personaje dice o piensa. || **8. globo cautivo** Globo aerostático sujeto a tierra mediante un cable. **9. globo celeste** Esfera en la que se representan las principales constelaciones. **10. globo ocular** Órgano de la visión formado por la córnea y la esclerótica, que constituye el ojo propiamente dicho. **11. globo sonda** El que no está tripulado y se envía a las regiones altas de la atmósfera para obtener medidas de sus condiciones físicas por medio de instrumentos adecuados. **12. globo terráqueo** o **terrestre** El planeta Tierra y, también, esfera con que se representa. || **LOC. en globo** *adv.* Globalmente, en conjunto: *analizar en globo.* También, en peligro de no realizarse: *Como siga lloviendo, veo la excursión en globo.* **SIN. 2.** Aeróstato. **3.** Mundo, orbe. **7.** Bocadillo. **FAM.** Global, globoso, glóbulo. / Englobar.

globular *adj.* **1.** Con forma de glóbulo. **2.** Relativo a los glóbulos o compuesto de glóbulos.

globulina *s. f.* Nombre genérico de diversas proteínas presentes en la leche y en la sangre. **FAM.** Gammaglobulina, inmunoglobulina. GLÓBULO.

glóbulo (del lat. *globulus*, de *globus*) *s. m.* **1.** Cuerpo esférico pequeño. **2.** Células de diversos tipos que se encuentran en la sangre de los seres vivos. En el hombre se dividen en dos grandes grupos: los glóbulos rojos o hematíes y los blancos o leucocitos. **FAM.** Globular, globulina, globuloso. GLOBO.

glomérulo (del lat. *glomerulus*, de *glomus*, madeja) *s. m.* En anat. y fisiol., formación, generalmente globulosa, originada por un conjunto de corpúsculos. Suelen ser estructuras vasculares o excretoras.

gloria (del lat. *gloria*) *s. f.* **1.** Estado o lugar con que, según algunas religiones, se recompensará a los bienaventurados y en el que gozarán de la presencia de Dios. **2.** Gran fama alcanzada por alguien. **3.** Aquello con que se logra esta fama: *Le gusta recordar sus glorias pasadas.* **4.** Persona o cosa que constituye un orgullo para su patria, familia, etc. **5.** Grandeza, esplendor: *una nación en toda su gloria.* **6.** Gran placer o satisfacción que produce alguna cosa: *Da gloria verle.* **7.** En pintura, representación del cielo y los ángeles entre nubes y resplandores. **8.** Antiguo sistema de calefacción de las casas rurales castellanas que consiste en un doble suelo por el que circula el aire caliente producido por la quema de paja u otro combustible. || *s. m.* **9.** Cántico de la misa que comienza con las palabras *Gloria in excelsis Deo* (Gloria a Dios en el cielo). **10.** Oración que se reza después del padrenuestro y el avemaría. ■ Se dice también *Gloria Patri* o *Gloria al Padre*, por comenzar con estas palabras. || **11. pastel (de) gloria** Dulce de mazapán relleno de yemas de huevo batidas con azúcar. || **LOC. estar** alguien **en la gloria** *fam.* Encontrarse muy a gusto en un lugar, situación, etc. **que en gloria esté** Fórmula de respeto utilizada para referirse a los difuntos. **saber** algo **a gloria** *fam.* Saber muy bien; también, resultar muy agradable. **SIN. 1.** Cielo, paraíso. **2.** Renombre, celebridad, notoriedad, prestigio. **3.** Logro, mérito. **5.** Plenitud, apogeo. **6.** Gusto, goce, deleite, delicia. **ANT. 1.** Infierno, condenación. **3.** Fracaso. **4.** Vergüenza. **5.** Decadencia. **6.** Asco. **FAM.** Gloriar, glorieta, glorificar, gloriosamente, glorioso. / Vanagloria.

gloriar (del lat. *gloriari*) *v. tr.* **1.** Glorificar*. || **gloriarse** *v. prnl.* **2.** Vanagloriarse. **3.** Sentirse muy alegre y satisfecho. ■ En cuanto al acento, según unos autores se conjuga como *ansiar*: *glorío*, y según otros, sigue la regla general: *glorio.* **SIN. 1.**

Exaltar, enaltecer, honrar. **2.** Jactarse, pavonearse, alardear. **3.** Complacerse, gozarse. **ANT. 1.** Deshonrar. **2.** Despreciarse. **3.** Apenarse.

glorieta (del fr. *gloriette*, y éste del lat. *gloria*) *s. f.* **1.** Plaza donde desembocan varias calles. **2.** Espacio, generalmente redondo, cerrado y cubierto de plantas trepadoras, sostenidas por un armazón. **3.** Plazoleta de un jardín, parque, etc. **SIN. 2.** Cenador. **3.** Rotonda.

glorificar (del lat. *glorificare*) *v. tr.* **1.** Alabar o ensalzar: *glorificar a Dios y a los santos.* **2.** Dar gloria, honor o fama. **3.** Dar la gloria o vida eterna. ■ Delante de *e* se escribe *qu* en lugar de *c*: *glorifique.* **SIN. 1.** Loar, celebrar, aplaudir. **1.** y **2.** Exaltar, enaltecer, honrar. **ANT. 1.** Ofender. **1.** y **2.** Humillar, deshonrar. **3.** Condenar. **FAM.** Glorificable, glorificación, glorificador. GLORIA.

glorioso, sa (del lat. *gloriosus*) *adj.* **1.** Digno de gloria, honor o fama: *una fecha gloriosa, una hazaña gloriosa.* **2.** Relativo al cielo o a los seres celestiales. **3.** Que goza de la gloria eterna. **SIN. 1.** Memorable. **2.** Divino. **3.** Bienaventurado. **ANT. 1.** Deshonroso. **2.** Infernal. **3.** Condenado.

glosa (del lat. *glossa*, lenguaje oscuro, y éste del gr. *glossa*, lengua) *s. f.* **1.** Comentario o explicación de un texto. **2.** Nota explicativa sobre alguna palabra, fragmento, etc., que puede ofrecer dificultades en un texto. **3.** Aclaración hecha en un libro de cuentas o en una cuenta. **4.** Composición poética de extensión variable en la que se diferencian dos partes: una poesía breve (texto) y la glosa propiamente dicha, que la desarrolla y comenta. **SIN. 1.** Interpretación, exégesis, reseña. **2.** Apostilla. **FAM.** Glosar, glosario. / Diglosia, isoglosa.

glosar *v. tr.* **1.** Hacer o poner glosas: *glosar una obra de literatura clásica.* **2.** Comentar palabras, expresiones, etc., aclarándolas y ampliándolas: *glosar un verso del poema.* **SIN. 1.** Apostillar, anotar. **2.** Explicar. **FAM.** Glosador, glose. / Desglosar. GLOSA.

glosario (del lat. *glossarium*) *s. m.* Vocabulario con la definición o explicación de aquellos términos que puedan ofrecer duda en un determinado texto, tema, autor, etc.

glosopeda (del gr. *glossa*, lengua, y el lat. *pes, pedis*, pie) *s. f.* Enfermedad de los animales herbívoros provocada por un virus y caracterizada por la aparición de pequeñas ampollas en la boca y entre las pezuñas.

glotis (del gr. *glottis*) *s. f.* Espacio existente en la laringe entre las cuerdas vocales. **FAM.** Glótico. / Epiglotis.

glotón, na (del lat. *glutto, -onis*) *adj.* **1.** Comilón, tragón. También *s. m.* y *f.* || *s. m.* **2.** Mamífero carnívoro de la familia mustélidos, de hasta 1 m de longitud, piel oscura y muy tupida, que habita en bosques de las zonas frías del hemisferio N. **SIN. 1.** Zampón, hambrón. **ANT. 1.** Desganado. **FAM.** Glotonamente, glotonear, glotonería.

glotonear *v. intr.* Comer excesivamente y con ansia. **SIN.** Tragar, hincharse, atiborrarse.

glucemia (del gr. *glykos*, dulzor, y *haima*, sangre) *s. f.* Presencia de azúcar en la sangre. **FAM.** Hiperglucemia, hipoglucemia. GLÚCIDO.

glúcido (del gr. *glykos*, dulzor) *s. m.* Nombre genérico de diversos compuestos orgánicos, constituidos por oxígeno, hidrógeno y carbono, que desempeñan en los seres vivos importantes funciones, especialmente energéticas. También se los denomina hidratos de carbono, carbohidratos y azúcares. **FAM.** Glucemia, glucosa.

gluco- (del gr. *glykos*) *pref.* Significa 'dulce': *glucómetro.*

glucógeno (de *gluco-* y *-geno*) *s. m.* Polisacárido que en los animales vertebrados se almacena en el hígado y los músculos como reserva de glucosa.

glucólisis (de *gluco-* y el gr. *lysis*, disolución) *s. f.* Primera fase del metabolismo de la glucosa, mediante la cual los organismos vivos obtienen energía. ■ No varía en *pl.*

glucómetro *s. m.* Aparato que sirve para medir la cantidad de azúcar de un líquido.

glucosa (del gr. *glykys*, dulce) *s. f.* Glúcido de seis átomos de carbono, presente en la miel, en la fruta y en la sangre de los animales, en la que desempeña la función de reserva energética. **FAM.** Glucógeno, glucolisis, glucómetro, glucósido, glucosuria. GLÚCIDO.

glucosuria (del gr. *glykos*, dulzor, y *ureo*, orinar) *s. f.* Presencia de azúcar en la orina. Suele ser síntoma de diabetes.

glutamato *s. m.* Cualquier sal o éster del ácido glutámico. Se emplea como aditivo en ciertos alimentos para darles olor o sabor característico, o para resaltar los que poseen naturalmente.

gluten (del lat. *gluten*, cola) *s. m.* Mezcla que se obtiene amasando la harina de trigo con agua y separando luego los glúcidos. Es pegajosa, de color pardo y tiene un alto valor nutritivo. **FAM.** Glutinoso. / Aglutinar.

glúteo, a (del gr. *glutos*, nalga) *adj.* **1.** De la nalga: *región glútea.* || *s. m.* **2.** Cada uno de los tres músculos que forman las nalgas y permiten mantener la posición erguida. También *adj.*

glutinoso, sa (del lat. *glutinosus*) *adj.* Pegajoso y con capacidad para pegar una cosa con otra, como el engrudo, la goma, la cola, etc. **SIN.** Viscoso, aglutinante. **FAM.** Glutinosidad. GLUTEN.

gnatostomado (del gr. *gnathos*, mandíbula, y *stoma*, boca) *adj.* **1.** Se aplica a los vertebrados que se caracterizan por poseer mandíbulas articuladas. También *s. m.* || *s. m. pl.* **2.** Superclase formada por estos animales, que incluye a peces, anfibios, reptiles, aves y mamíferos.

gnatostomúlido (del gr. *gnathos*, mandíbula, y *stoma*, boca) *adj.* **1.** Se dice de un tipo de animal invertebrado que mide entre 0,5 y 2 mm de longitud, tiene aspecto de gusano y su boca está en posición ventral. Es hermafrodita y vive en el fango marino. También *s. m.* || *s. m. pl.* **2.** Filo formado por estos animales.

gneis (del al. *Gneis*) *s. m.* Roca metamórfica de grano grueso, compuesta por cuarzo, feldespato y mica, que presenta capas alternas de minerales claros y oscuros. ■ No varía en *pl.* Se escribe también *neis.* **FAM.** Gnéisico.

gnómico, ca (del lat. *gnomicus*, y éste del gr. *gnomikos*, de *gnome*, sentencia) *adj.* **1.** Se aplica a los poetas que escriben breves sentencias y consejos morales, así como a las poesías de este género. También *s. m.* y *f.* **2.** Relativo a los proverbios y refranes. ■ Se escribe también *nómico.* **SIN. 1.** Sentencioso, moralista, aforístico.

gnomo (del gr. *gnomon*, de *gignosko*, conocer) *s. m.* Geniecillo de la mitología nórdica. ■ Se escribe también *nomo.* **SIN.** Duende, elfo.

gnomon (del lat. *gnomon*, y éste del gr. *gnomon*, de *gignosko*, conocer) *s. m.* En los relojes de sol, barrita cuya sombra indica las horas. ■ Se escribe también *nomon.* **SIN.** Estilo. **FAM.** Gnomónica. / Nomon.

gnomónica (del lat. *gnomonica*, y éste del gr. *gnomonike*) *s. f.* Arte y técnica de construir relojes solares. ■ Se escribe también *nomónica*. **FAM.** Gnomónico. GNOMON.

gnoseología (del gr. *gnosis*, *-eos*, conocimiento, y *logos*, tratado) *s. f.* Rama de la filosofía que se ocupa de la teoría del conocimiento y estudia sus posibilidades, fundamentos y formas. ■ Se escribe también *noseología*. **SIN.** Epistemología. **FAM.** Gnoseológico. GNOSIS.

gnosis (del gr. *gnosis*, conocimiento) *s. f.* Conocimiento intuitivo y absoluto de la divinidad, pretendido por los partidarios del gnosticismo. ■ Se escribe también *nosis*. No varía en *pl.* **FAM.** Gnoseología, gnosticismo. / Agnosticismo, diagnosis, nosis, pronóstico.

gnosticismo *s. m.* Conjunto de doctrinas y sectas filosófico-religiosas surgidas en el Oriente mediterráneo en los primeros siglos del cristianismo, que fundaban la salvación en el conocimiento o gnosis. ■ Se escribe también *nosticismo*. **FAM.** Gnóstico. / Nosticismo. GNOSIS.

gnóstico, ca (del lat. *gnosticus*, y éste del gr. *gnostikos*, de *gignosko*, conocer) *adj.* **1.** Del gnosticismo: *el pensamiento gnóstico*. **2.** Seguidor de esta doctrina. También *s. m.* y *f.*: *los gnósticos de Alejandría*. ■ Se escribe también *nóstico*.

goal average (ingl.) *expr.* En fútbol y otros deportes, promedio entre los goles marcados y los recibidos. ■ Se utiliza como *s. m.*

gobelino *s. m.* **1.** Tapicero que trabajaba en la manufactura llamada de los Gobelinos, creada en París por Luis XIV en la fábrica de tejidos que había pertenecido a Jacques Gobelin. **2.** Tapiz hecho por dichos artesanos o que lo imita.

gobernabilidad *s. f.* Cualidad de gobernable: *Hay que asegurar la gobernabilidad del Estado.*

gobernación (del lat. *gubernatio*, *-onis*) *s. f.* **1.** Acción de gobernar o gobernarse. **2.** En ciertos periodos de la historia de España, organismo equivalente al actual ministerio del Interior. ■ Con este significado suele escribirse con mayúscula. **3.** En algunos países, división administrativa o territorial. **4.** En la antigua América española, demarcación administrativa dentro de un virreinato. **SIN.** **1.** Regencia, administración, mandato, gerencia.

gobernador, ra (del lat. *gubernator*, *-oris*) *adj.* **1.** Que gobierna. También *s. m.* y *f.* || *s. m.* y *f.* **2.** Jefe superior de una provincia, ciudad o territorio que, según el tipo de jurisdicción que ejerce, toma el nombre de *gobernador civil*, *militar*, etc. **3.** Representante del gobierno en algún establecimiento o entidad pública: *el gobernador del Banco de España*. **4.** En México, Estados Unidos y otros Estados federales, persona elegida por votación que está al frente de un Estado federado. **SIN.** **1.** Dirigente, administrador. **3.** Director.

gobernalle (del cat. *governall*, y éste del lat. *gubernaculum*) *s. m.* Timón de la nave. **SIN.** Mando, dirección.

gobernanta *s. f.* **1.** Mujer encargada del servicio, limpieza y conservación de un hotel. **2.** Mujer encargada de la administración de una casa o institución. **3.** *fam.* Mujer a la que le gusta mucho mandar y organizar. También *adj.* **4.** *Amér.* Institutriz. **SIN.** **1.** Supervisora, cuidadora. **1.** y **2.** Ama. **2.** Celadora. **3.** Dominanta, mandona, mangoneadora. **4.** Aya, preceptora, mentora.

gobernante *adj.* **1.** Que gobierna. También *s. m.* y *f.* **2.** Que gobierna un país o forma parte de su gobierno. También *s. m.* y *f.* **SIN.** **1.** y **2.** Dirigente.

gobernar (del lat. *gubernare*) *v. tr.* **1.** Dirigir un país, dando las órdenes o normas necesarias y haciendo que se cumplan. También *v. intr.* **2.** Dirigir la vida y el funcionamiento de una colectividad, empresa, etc. También *v. intr.* **3.** Dominar a alguien, influir en él. **4.** Conducir una nave, vehículo, etc. || *v. intr.* **5.** Responder el barco al timón. || **gobernarse** *v. prnl.* **6.** Manejarse, administrarse: *Ya tiene edad para poder gobernarse.* **7.** Comportarse siguiendo ciertas normas, consejos, etc. ■ Es v. irreg. Se conjuga como *pensar*. **SIN.** **1.** y **2.** Regir, mandar. **3.** Mangonear, manejar. **4.** Guiar, timonear, pilotar. **5.** Obedecer. **6.** Arreglarse, valerse. **7.** Conducirse, portarse. **ANT.** **1.** Desgobernar. **FAM.** Gobernabilidad, gobernable, gobernación, gobernador, gobernalle, gobernanta, gobernante, gobierno. / Desgobernar, ingobernabilidad, ingobernable.

gobierno *s. m.* **1.** Acción de gobernar o gobernarse. **2.** Conjunto de personas y organismos que dirigen un Estado. **3.** Edificio donde tiene su despacho y oficinas el que gobierna. **4.** División administrativa de ciertos países. **5.** Timón de la nave. **SIN.** **1.** Gobernación, administración, dirección; dominio; pilotaje. **3.** Gabinete. **5.** Gobernalle. **ANT.** **1.** Desgobierno, descontrol. **FAM.** Gubernativo. / Autogobierno. GOBERNAR.

gobio (del lat. *gobius*) *s. m.* **1.** Pez teleósteo de pequeño tamaño, cuerpo alargado, con las aletas pélvicas soldadas en toda su longitud formando un disco ventral con funciones de ventosa, y cabeza ancha de ojos grandes en posición elevada. Habita en aguas litorales. **2.** Pez teleósteo de río, de pequeño tamaño, con dos barbillas cortas en la boca y el lomo con manchas.

goce *s. m.* Placer o alegría que produce el disfrutar algo. **SIN.** Gozo, deleite, satisfacción. **ANT.** Sufrimiento.

godo, da (del lat. *Gothus*, y éste del gót. *guthan*) *adj.* **1.** De un antiguo pueblo germánico que invadió gran parte del imperio romano. **2.** *Can. desp.* Se dice del español peninsular. También *s. m.* y *f.* **3.** *Arg.*, *Chile* y *Col. desp.* Se decía de los españoles durante las luchas de independencia. También *s. m.* y *f.* **FAM.** Gótico. / Ostrogodo, visigodo.

gofio (guanche) *s. m. Can.* y *Amér.* Harina tostada, generalmente de maíz.

gofrar (del fr. *gaufrer*, repujar) *v. tr.* **1.** Estampar dibujos, adornos, letras, ya sea en hueco o en relieve, sobre tela, papel, etc. **2.** Acanalar el papel. **FAM.** Gofrado, gofrador.

gofre (nombre comercial registrado) *s. m.* Dulce de masa ligera con forma de rejilla rectangular, que se toma caliente, cubierto de chocolate, nata, mermelada, etc.

gogó (del ingl. *go-go*, activo, animado) *s. f.* Chica que baila profesionalmente en discotecas, salas de fiesta, etc.

gogó, a *loc. adv. fam.* En gran cantidad.

gol (del ingl. *goal*, meta) *s. m.* **1.** En fútbol y otros deportes, acción de introducir el balón, la bola, etc., en la portería o meta: *Metió un gol de cabeza.* **2.** Tanto así conseguido: *Nos ganaron por dos goles a cero.* || **LOC. meter un gol** a alguien *fam.* Obtener un triunfo sobre alguien, generalmente de forma inesperada; también, engañarle o adelantársele en algo. **FAM.** Golazo, golear. / Autogol.

gola (del lat. *gula*, garganta) *s. f.* **1.** Adorno de tul, encaje, etc., plegado o fruncido, que se ponía alrededor del cuello. **2.** Pieza de la armadura que protegía la garganta. **3.** Garganta. **4.** En arq., cimacio, moldura. **SIN.** **1.** y **2.** Gorguera. **3.** Gaznate, gañote. **FAM.** Golilla. / Engolado.

golazo *s. m.* Gol conseguido mediante un potente disparo o una jugada de gran calidad.
goleada *s. f.* Conjunto de muchos goles marcados por un equipo en un partido.
goleador, ra *adj.* Se dice del jugador o del equipo que marca muchos goles. También *s. m.* y *f.*: *Ese delantero es el máximo goleador.*
golear *v. tr.* Marcar muchos goles al equipo contrario. **FAM.** Goleada, goleador. GOL.
goleta (del fr. *goélette*, de *goéland*, golondrina de mar, y éste del bretón *goelann*) *s. f.* Barco velero ligero de dos o tres palos y bordas poco elevadas.
golf (ingl., y éste del neerl. *kolf*, palo de juego) *s. m.* Deporte que consiste en introducir una pequeña pelota en unos hoyos, muy separados y situados correlativamente, golpeándola con un bastón. **FAM.** Golfista. / Minigolf.
golfante *adj. fam.* Golfo, sinvergüenza. También *s. m.* y *f.* **SIN.** Tunante, bribón, pillo, granuja.
golfear *v. intr.* Portarse como un golfo.
golfería *s. f.* **1.** Acción propia de un golfo. **2.** Conjunto de golfos: *En este bar se reúne toda la golfería del barrio.* **SIN. 1.** Sinvergonzonería, pillería.
golfista *s. m.* y *f.* Jugador de golf.
golfo (del lat. vulg. *colphus*, y éste del gr. *kolpos*, seno) *s. m.* Accidente geográfico que consiste en una amplia y profunda entrada del mar en la tierra. **SIN.** Rada, ensenada. **FAM.** Engolfarse[1], regolfo.
golfo, fa *s. m.* y *f.* **1.** Pillo, vagabundo. También *adj.* || *s. m.* **2.** Hombre de vida y costumbres poco formales, holgazán, juerguista, etc. || *s. f.* **3.** Mujer deshonesta en su comportamiento sexual. || *adj.* **4.** Atrevido, picante: *una película golfa.* **SIN. 1.** Pillo, tunante, bribón, granuja. **2.** Golfante, sinvergüenza, vividor, crápula. **3.** Furcia, ramera, puta, zorra. **4.** Verde. **FAM.** Golfada, golfante, golfear, golfería, golfillo. / Engolfarse[2].
goliardesco, ca *adj.* **1.** De los goliardos: *vida goliardesca.* **2.** Se aplica a la poesía compuesta por los goliardos, generalmente en latín, que, parodiando los cantos litúrgicos, exaltaba los placeres y satirizaba la sociedad de la época.
goliardo, da (del fr. ant. *gouliard*, y éste del bajo lat. *gens Goliae*, gente del demonio, de *Golias*, el gigante Goliat, el demonio) *s. m.* En la Edad Media, clérigo o estudiante vagabundo de vida disipada, dedicado en ocasiones a la literatura. **FAM.** Goliardesco.
golilla *s. f.* **1.** Cuello postizo hecho con una tira de tela negra que tiene sobrepuesta otra blanca almidonada y rizada; lo usaban antiguamente los hombres, especialmente los empleados de los tribunales. **2.** Plumas del cuello de las aves galliformes.
gollería *s. f.* **1.** Comida de sabor muy agradable y muy bien presentada: *Ese postre es una gollería.* **2.** *fam.* Cosa innecesaria, demasiado buena o refinada para exigirla en ciertas circunstancias: *En nuestra situación no se pueden pedir gollerías.* **SIN. 1.** Golosina. **2.** Exquisitez, superfluidad. **ANT. 1.** Comistrajo. **2.** Necesidad.
golletazo *s. m.* **1.** En tauromaquia, estocada que se da al toro en el cuello. **2.** Término brusco que se pone a un negocio, discusión, etc., sin dejar que llegue a su fin: *A ese proyecto le han dado golletazo.* **SIN. 2.** Cerrojazo, carpetazo.
gollete (del fr. *goulet*, y éste del lat. *gula*) *s. m.* **1.** Parte superior delantera del cuello, por donde se une a la cabeza. **2.** Cuello de botellas, garrafas, vasijas, etc. || **LOC. no tener gollete** *Amér. del S. fam.* Ser descabellada una cosa o situación. **FAM.** Golletazo.
golondrina (del lat. *hirundo, -inis*) *s. f.* **1.** Pájaro de pequeño tamaño, plumaje oscuro o negro en el dorso, pico corto, alas largas y puntiagudas y cola en forma de horquilla. **2.** Pequeña embarcación con motor y toldo para transporte de pasajeros en trayectos cortos. || **3. golondrina de mar** Nombre común de diversas especies de aves parecidas a las gaviotas; anidan en costas y en lagos y tienen alas estrechas, pico alargado y cola ahorquillada. Son golondrinas de mar el charrán, el fumarel y la pagaza. **FAM.** Golondrino.
golondrino *s. m.* **1.** Pollo de la golondrina. **2.** Bulto producido en las axilas debido a la inflamación de una glándula sudorípara.
golosina *s. f.* **1.** Cosa de comer de sabor muy agradable y generalmente dulce, como los caramelos, los pasteles, etc. Se usa mucho en *pl.* **2.** Cualquier cosa agradable, pero de poca utilidad. **3.** Cosa muy apetecible con que se atrae o tienta a alguien. **SIN. 1.** Chuchería. **3.** Cebo, señuelo. **FAM.** Golosear, golosinear, goloso. / Engolosinar.
golosinear *v. intr.* Andar comiendo o buscando golosinas continuamente. **SIN.** Golosear, gulusmear, lechucear.
goloso, sa (del lat. *gulosus*) *adj.* **1.** Que le gusta mucho el dulce. También *s. m.* y *f.* **2.** Muy apetecible o codiciable. **3.** *fam.* Sucio, manchado: *Traes las manos golosas.* **SIN. 1.** Dulcero. **2.** Deseable. **FAM.** Golosamente. GOLOSINA.
golpe (del bajo lat. *colupus*, y éste del gr. *kolaphos*, bofetón) *s. m.* **1.** Acción de juntar o juntarse con violencia dos cuerpos: *dar un golpe, recibir un golpe. Tengo un golpe en la rodilla.* **2.** Ruido producido por esa acción: *A lo lejos se oían golpes.* **3.** Disgusto o contrariedad: *Suspender fue un duro golpe para él.* **4.** Atraco, robo. **5.** Fuerte impresión o sorpresa que causa alguna cosa: *¡Menudo golpe va a ser esta noticia!* **6.** Dicho, situación, etc., gracioso o ingenioso que tiene lugar en una conversación, espectáculo, etc.: *Esta película tiene golpes geniales.* **7.** Ataque repentino: *un golpe de tos.* **8.** Pequeña cantidad de algo que se echa de una vez: *un golpe de sal, de ginebra.* **9.** Número de plantas o semillas que se siembran en un hoyo. || **10. golpe bajo** En boxeo, el antirreglamentario dado por debajo de la cintura del calzón; también, acción o dicho malintencionado y traicionero con que se perjudica a alguien. **11. golpe de efecto** Acción inesperada que sorprende o impresiona. **12. golpe de Estado** Acción por la que un grupo, ya sea militar o con apoyo armado, se apodera ilegalmente y por la fuerza del gobierno de un país. **13. golpe de gracia** Vease **gracia**. **14. golpe de mano** Acción de guerra rápida y por sorpresa hecha por una fuerza reducida; también, cualquier tipo de acción rápida con que se sorprende a un rival. **15. golpe de pecho** Gesto de arrepentimiento que consiste en golpearse el pecho con el puño o la mano. **16. golpe de suerte** Suceso muy favorable. **17. golpe de vista** Percepción rápida de una cosa: *Me di cuenta de la errata en el título al primer golpe de vista.* **18. golpe franco** En fútbol, castigo por falta cometida fuera del área de penalty, en el que se permite disparar directamente a gol. || **LOC. a golpe de** alguna cosa *adv.* A fuerza de algo o sirviéndose de ello: *a golpe de pedal, a golpe de martillo.* **de golpe** *adv.* De una vez; también, inesperadamente, con brusquedad: *No se lo digas de golpe.* Sin pensárselo: *Se tiró al agua de golpe.* **de golpe y porrazo** *adv. fam.* De golpe,

bruscamente. **no dar (ni) golpe** *fam.* No trabajar o esforzarse en algo. **SIN. 1.** Choque, impacto. **3.** Desgracia, adversidad, revés, palo. **4.** Asalto. **5.** Campanada. **6.** Salida. **7.** Acceso. **FAM.** Golpazo, golpear, golpetazo, golpetear, golpismo. / Agolpar, contragolpe, paragolpes.

golpeador *s. m.* **1.** *Amér.* Aldaba, pieza que sirve para llamar a las puertas. **2.** *Arg.* Hombre que pega a su esposa.

golpear *v. tr.* Dar uno o más golpes a alguien o algo. También *v. intr.* y *v. prnl.*: *La pelota golpeaba en la pared. Se golpeó en el codo.* **SIN.** Pegar, atizar, zurrar, sacudir. **FAM.** Golpeador, golpeadura, golpeo. GOLPE.

golpetazo *s. m.* Golpe fuerte. **SIN.** Porrazo, trastazo, castañazo.

golpetear *v. tr.* Dar golpes continuados. También *v. intr.*: *golpetear en la mesa.* **SIN.** Repiquetear. **FAM.** Golpeteo. GOLPE.

golpismo *s. m.* **1.** Actitud política favorable a los golpes de Estado. **2.** Actividad que prepara o ejecuta golpes de Estado. **FAM.** Golpista. GOLPE.

golpista *adj.* **1.** Relativo al golpismo o al golpe de Estado: *La intentona golpista fracasó.* **2.** Que participa en un golpe de Estado. También *s. m.* y *f.*: *Los golpistas tomaron el parlamento.*

golpiza *s. f. Amér.* Paliza. **SIN.** Tunda, zurra, somanta.

goma (del lat. *gumma, gummi*) *s. f.* **1.** Cierta sustancia viscosa que se extrae de algunas plantas, que se endurece en contacto con el aire y es soluble en agua. **2.** Esta sustancia disuelta en agua empleada para pegar y, en general, cualquier pegamento líquido. **3.** Material elástico obtenido a partir de la mencionada sustancia u otro similar elaborado artificialmente. **4.** Tira o hilo elástico para sujetar cosas o para otros usos. **5.** Trozo de material elástico, hecho con caucho u otra sustancia, para borrar lo escrito o dibujado. ■ Se llama también *goma de borrar.* **6.** *fam.* Preservativo. **7.** En argot, hachís de buena calidad. **8.** *Amér.* Malestar que se siente después de una borrachera. **9.** *Arg., Par.* y *Urug.* Neumático. || **10. goma 2** Explosivo plástico impermeable e insensible a los golpes y al fuego. **11. goma arábiga** La obtenida de cierta acacia africana y que se emplea como pegamento y en farmacia. **12. goma de mascar** Resina obtenida de cierto árbol suramericano o por medios artificiales que se mastica. ■ Se conoce popularmente como *chicle.* **13. goma elástica** Látex*. **14. goma laca** Resina de ciertos árboles de la India usada especialmente para elaborar barnices. **SIN. 2.** Cola, adhesivo. **5.** Borrador. **6.** Condón. **FAM.** Gomaespuma, gomería, gomero[1], gomina, gominola, gomorresina, gomoso. / Engomar, tiragomas.

gomaespuma *s. f.* Caucho natural o sintético, flexible y esponjoso.

gomería *s. f.* **1.** *Amér.* Comercio de venta de neumáticos y artículos de goma. **2.** Taller donde se reparan neumáticos.

gomero, ra[1] *adj.* **1.** De la goma o relacionado con ella. || *s. m.* **2.** *Amér.* Árbol que produce la goma. || *s. m.* y *f.* **3.** *Amér.* Recolector de caucho. **4.** Persona dedicada a la explotación de la goma o a su venta. **SIN. 3.** Cauchero.

gomero, ra[2] *adj.* De la isla de La Gomera, en las Canarias. También *s. m.* y *f.*

gomina *s. f.* Fijador para el cabello. **FAM.** Engominar. GOMA.

gominola *s. f.* Golosina blanda y con sabor a frutas, de consistencia parecida a la de la goma.

gomorresina *s. f.* Jugo lechoso que fluye de algunas plantas de forma natural o haciendo en ellas un corte; se compone generalmente de resina mezclada con una materia gomosa y un aceite o esencia volátil.

gomoso, sa (del lat. *gummosus*) *adj.* **1.** Que contiene goma o es parecido a ella. **2.** Se aplica al hombre que cuida excesivamente su aspecto físico. También *s. m.* **SIN. 2.** Pisaverde, lechuguino, currutaco, figurín. **ANT. 2.** Desastrado, adán. **FAM.** Gomosidad. GOMA.

gónada (del gr. *gonas, -ados,* de *gone,* generación) *s. f.* Glándula sexual que produce las células reproductoras o gametos. La gónada masculina es el testículo y la femenina, el ovario.

góndola (del ital. *gondola*) *s. f.* **1.** Embarcación ligera, característica de Venecia, que tiene la popa y la proa salientes y puntiagudas. Se mueve con un solo remo sujeto a popa y manejado por uno o más remeros que van de pie. **2.** En los aviones, recinto donde está colocado el reactor. **3.** *Chile* y *Col.* Ómnibus. **FAM.** Gondolero.

gondolero *s. m.* Hombre que conduce una góndola, embarcación.

gong o **gongo** (del ingl. *gong,* y éste del malayo *gong*) *s. m.* Instrumento de percusión consistente en un disco de metal que, suspendido de un soporte, resuena con fuerza al ser golpeado por una maza. ■ Su plural es *gongs* o *gongos.* **SIN.** Batintín.

gongorino, na *adj.* Propio del escritor Luis de Gongora y de su obra, o que tiene alguna de las cualidades de su producción literaria. **FAM.** Gongorismo.

gongorismo *s. m.* Estilo literario iniciado por Luis de Góngora. **SIN.** Culteranismo. **ANT.** Conceptismo.

goniómetro (del gr. *gonia,* ángulo, y *-metro*) *s. m.* Instrumento para medir ángulos. **FAM.** Goniometría. / Radiogoniometría.

-gono (del gr. *gonia*) *suf.* Significa 'ángulo': *hexágono.*

gonococia (de *gonococo*) *s. f.* Enfermedad venérea producida por gonococos, localizada en la uretra. **FAM.** Gonocócico. GONOCOCO.

gonococo (del gr. *gonos,* esperma, y *kokos,* granos) *s. m.* Bacteria que se encuentra en el pus o en el interior de los leucocitos y causa la blenorragia. **FAM.** Gonococia. COCO[2].

gonorrea (del gr. *gonos,* esperma, y *rheo,* fluir) *s. f.* Blenorragia* crónica.

gordal *adj.* Que sobrepasa en gordura a las cosas de su especie: *aceituna gordal.*

gordinflas *adj. fam.* Gordinflón*. También *s. m.* y *f.* ■ No varía en *pl.*

gordinflón, na *adj. fam.* Demasiado grueso. También *s. m.* y *f.* **SIN.** Gordinflas.

gordo, da (del lat. *gurdus*) *adj.* **1.** Que tiene muchas carnes o grasas. También *s. m.* y *f.* **2.** Grueso, abultado, voluminoso: *tela gorda, cabeza gorda.* **3.** Se aplica al dedo pulgar. También *s. m.* **4.** Grave, de consideración: *una falta gorda.* **5.** Se dice del primer premio de la lotería. También *s. m.* || *s. m.* **6.** Grasa de la carne animal. || *s. f.* **7.** *fam.* Perra gorda, antigua moneda de diez céntimos. ■ Se usa generalmente con el sentido de 'dinero': *estar sin gorda.* || **LOC. armarse la gorda** *fam.* Organizarse un alboroto, una riña, etc. **caer gordo** Resultar antipática una persona. **ni gorda** Nada en absoluto: *Desde aquí no se ve ni gorda.* **SIN. 1.** Obeso. **2.** Grande. **4.** Importante, considerable. **6.** Sebo, unto. **ANT. 1.** Flaco. **1.** y **2.** Delgado. **2.** Fino, pequeño. **4.** Insignificante. **6.** Magro.

FAM. Gordal, gordezuelo, gordinflas, gordinflón, gordura. / Engordar, regordete.

gordura *s. f.* **1.** Exceso de carnes o grasas en personas o animales. **2.** *Arg.* y *Urug.* Nata de la leche.

gore (ingl., significa 'coágulo de sangre') *adj.* Se dice de cierto género de películas en las que se muestran escenas muy sangrientas.

goretex (nombre comercial registrado) *s. m.* Material impermeable que permite el paso de la transpiración.

gorgojo (del lat. vulg. *gurgulio*, del lat. *curculio, -onis*) *s. m.* Nombre común de diversas especies de insectos coleópteros de pequeño tamaño, cuerpo ovalado y cabeza prolongada en una trompa, muy nocivos para la agricultura.

gorgonzola (de Gorgonzola, ciudad italiana) *s. m.* Queso italiano de forma cilíndrica originario de la ciudad de Gorgonzola.

gorgorito (onomat.) *s. m. fam.* Quiebro de la voz en tono agudo, especialmente al cantar. Se usa más en *pl.* **SIN.** Gorjeo, trino. **FAM.** Gorgotear.

gorgotear (onomat.) *v. intr.* Hacer ruido un líquido al moverse en el interior de una cavidad, recipiente, etc. **SIN.** Borbotar, borbotear. **FAM.** Gorgoteo. GORGORITO.

gorguera (del lat. vulg. *gurga*, del lat. *gurges*, garganta) *s. f.* Gola, adorno y pieza de la armadura.

gorigori (onomat.) *s. m.* **1.** *fam.* Nombre dado al canto fúnebre de los entierros. **2.** Escándalo, alboroto. **SIN. 2.** Follón, guirigay.

gorila (del lat. *gorilla*, y éste del gr. *gorilla*, nombre que se dio a los habitantes de una isla africana que tenían mucho vello) *s. m.* **1.** Simio antropoide de gran tamaño, cuerpo velludo, pies prensiles y patas cortas; vive en el suelo y se alimenta de vegetales. Habita en los bosques húmedos de África ecuatorial. **2.** *fam.* Guardaespaldas. **3.** *fam.* Matón, gángster.

gorjear (del ant. *gorja*, garganta, y éste del lat. vulg. *gurga*) *v. intr.* **1.** Hacer cambios rápidos de sonidos agudos con la voz, especialmente los pájaros. **2.** Balbucir el niño cuando aún no sabe hablar o cuando se ríe. **SIN. 1.** Trinar. **FAM.** Gorjeador, gorjeante, gorjeo.

gorjeo *s. m.* **1.** Acción de gorjear. **2.** Canto de algunos pájaros. **SIN. 2.** Trino.

gorra (del fr. ant. *gorre*, elegancia) *s. f.* **1.** Prenda que cubre la cabeza, sin copa ni alas y generalmente con visera. || **2. gorra de plato** La que tiene visera y la parte superior más ancha y plana. || **LOC. con la gorra** *adv. fam.* Fácilmente, sin esfuerzo: *Tú apruebas con la gorra.* **de gorra** *adv.* Gratis, a costa ajena: *comer de gorra.* **FAM.** Gorro, gorrón.

gorrear *v. intr.* Hacer el gorrón. **SIN.** Gorronear.

gorrinada *s. f.* **1.** Suciedad, porquería. **2.** Acción grosera, indecente o injusta: *Le han hecho una gorrinada al no contar con él.* **SIN. 1.** y **2.** Guarrería, guarrada, cochinada, marranada. **ANT. 1.** Limpieza. **2.** Detalle.

gorrinera *s. f.* Pocilga*.

gorrino, na (onomat.) *s. m.* y *f.* **1.** Cerdo, especialmente el de menos de cuatro meses. || *adj.* **2.** *fam.* Sucio, grosero o indecente. También *s. m.* y *f.* **SIN. 1.** y **2.** Puerco, cochino, guarro, marrano. **ANT. 2.** Limpio; decente. **FAM.** Gorrinada, gorrinamente, gorrinera. GUARRO.

gorrión, na *s. m.* y *f.* Nombre común de diversas especies de pájaros de pequeño tamaño (menos de 15 cm), que se alimentan de granos, aunque también comen insectos, y tienen plumaje de color pardo a franjas, más fuerte en los machos.

gorro (de *gorra*) *s. m.* **1.** Prenda con que se cubre la cabeza, especialmente la que carece de alas y visera. **2.** *fam.* Objeto que cubre el extremo o punta de algo: *el gorro del bolígrafo.* || **LOC. hasta el gorro** *adv. fam.* Harto: *Estoy hasta el gorro de tus caprichos.* **SIN. 1.** Sombrero. **2.** Capucha, capuchón.

gorrón, na (de *gorra*) *adj.* Que vive o disfruta a costa de otros. También *s. m.* y *f.* **SIN.** Aprovechado, chupón. **FAM.** Gorrear, gorronear, gorronería. GORRA.

gorronear *v. intr.* Comer, beber o vivir a costa de otros. También *v. tr.*: *Estoy harta de que me gorronee el tabaco.*

gospel (ingl., contracción de *good spell*, buena nueva) *s. m.* Estilo musical característico de las comunidades negras estadounidenses, inspirado en los himnos evangélicos.

gota (del lat. *gutta*) *s. f.* **1.** Partícula redondeada de líquido que se desprende o se deposita sobre algo. **2.** Pequeña cantidad de algo; en frases negativas equivale a *nada*: *No me queda ni gota de azúcar.* **3.** Enfermedad caracterizada por alta concentración de ácido úrico en la sangre y depósito de cristales de esta sustancia en las articulaciones, lo que produce una inflamación muy dolorosa. || *s. f. pl.* **4.** Medicamento líquido administrado con cuentagotas: *gotas para los ojos.* || **5. gota a gota** Método de administración terapéutica de un líquido, de manera que éste caiga lenta y continuadamente. **6. gota fría** Centro de baja presión formado por un embolsamiento de aire frío en una zona de aire caliente, lo que produce gran inestabilidad atmosférica. || **LOC. ser** algo **la gota que colma el vaso** *fam.* Hacer que la paciencia, el sufrimiento, etc., de alguien llegue a su límite. **sudar** alguien **la gota gorda** Trabajar o esforzarse mucho para conseguir algo. **SIN. 2.** Chispa, pizca, ápice. **ANT. 2.** Montón. **FAM.** Gotear, gotelé, gotera, gotero, goterón, gotoso. / Agotar, cuentagotas.

gotear *v. intr.* **1.** Caer un líquido gota a gota o dejarlo caer de este modo: *Gotea agua del alero; gotear un grifo.* **2.** Repartirse o recibirse algo en varias ocasiones y poca cantidad cada vez: *La tienda iba mal, goteaban los ingresos.* || *v. impers.* **3.** Comenzar a llover gotas muy espaciadas: *Ha empezado a gotear.* **SIN. 2.** Espaciarse. **3.** Chispear. **ANT. 3.** Diluviar. **FAM.** Goteado, goteo. GOTA.

gotelé *s. m.* Técnica para pintar paredes esparciendo gotas de pintura espesa que dan al muro un relieve granulado.

goteo *s. m.* Acción de gotear.

gotera *s. f.* **1.** Paso del agua a través del techo o la pared, grieta por donde se filtra y mancha que deja. **2.** Achaques propios de la vejez. Se usa sobre todo en *pl.* || *s. f. pl.* **3.** *Amér.* Afueras de una población.

gotero *s. m. Amér.* Cuentagotas.

goterón *s. m.* Gota muy grande, sobre todo, de lluvia.

gótico, ca (del lat. *gothicus*) *adj.* **1.** De los godos o relacionado con ellos. **2.** Se aplica al arte desarrollado en Europa occidental entre los s. XII y XVI, caracterizado principalmente por el uso del arco ojival y de la bóveda de aristas. También *s. m.* **3.** Se dice del tipo de letra, de rasgos rectos y angulosos, introducido en España en el s. XII para sustituir a la letra carolina. **4.** Se dice de un género literario narrativo, desarrollado especialmente en la Inglaterra del s. XVIII y XIX, que se caracteriza por el tremendo dramatismo de su argumento y por ciertos rasgos de misterio y terror. || *s. m.* **5.** Lengua perteneciente al grupo germánico, hablada por los godos. **FAM.** Neogótico. GODO.

gotoso, sa *adj.* Que padece gota. También *s. m.* y *f.*

gouache (fr.) *s. m.* Aguada*, técnica pictórica y obra realizada con esta técnica.

gouda *s. m.* Queso holandés en forma de rueda, elaborado con leche de vaca, originario de la ciudad de Gouda.

gourmet (fr.) *s. m.* y *f.* Persona entendida y de gustos refinados en lo referente a la comida.

goyesco, ca *adj.* De Goya, pintor español, o con las características de su pintura: *estilo goyesco.*

gozada *s. f. fam.* Gran placer y satisfacción que produce alguna cosa. **SIN.** Gustazo, goce.

gozar *v. intr.* **1.** Sentir gozo. También *v. prnl.*: *gozarse en hacer el bien.* **2.** Disponer de algo agradable, útil o beneficioso: *Goza de buena posición.* También *v. tr.* ■ Delante de *e* se escribe *c* en lugar de *z*. **SIN. 1.** Deleitarse, regocijarse. **1.** y **2.** Disfrutar. **ANT. 1.** Sufrir. **2.** Carecer. **FAM.** Goce, gozador. GOZO.

gozne (del ant. *gonce*, y éste del fr. ant. *gonz*, del lat. *gomphus*, clavija) *s. m.* Bisagra, especialmente la de puertas y ventanas. **SIN.** Pernio, charnela. **FAM.** Engoznar.

gozo (del lat. *gaudium*) *s. m.* **1.** Placer o alegría por la contemplación o disfrute de algo. || *s. m. pl.* **2.** Composición poética en honor de la Virgen o los santos. **SIN. 1.** Goce, deleite, satisfacción. **ANT. 1.** Pena, disgusto. **FAM.** Gozada, gozar, gozosamente, gozoso. / Regocijo.

gozoso, sa *adj.* **1.** Que siente gozo: *Está gozoso con la noticia.* **2.** Que causa gozo o va acompañado de él: *una celebración gozosa.* **SIN. 1.** Contento, radiante. **1.** y **2.** Dichoso, jubiloso, feliz. **ANT. 1.** y **2.** Triste, desdichado.

grabación *s. f.* **1.** Acción de grabar sonidos, imágenes o información en un disco, cinta, etc.: *la grabación de un concierto.* **2.** Lo que se ha grabado en un disco o cinta magnética y, p. ext., ese mismo disco o cinta: *Escuchamos una grabación. Tiene varias grabaciones de ese cantante.*

grabado, da 1. *p.* de **grabar**. También *adj.* || *s. m.* **2.** Arte o procedimiento de grabar. **3.** Estampa obtenida mediante cualquiera de esos procedimientos. **4.** Plancha grabada para la reproducción o impresión de imágenes fotográficas, de dibujos o de textos. **SIN. 3.** Lámina. **FAM.** Fotograbado, heliograbado, huecograbado, pirograbado, rotograbado. GRABAR.

grabador, ra *adj.* **1.** Que graba. **2.** Relativo al arte del grabado. || *s. m.* y *f.* **3.** Persona que se dedica a ese arte. || *s. f.* **4.** Magnetófono*. ■ En América existe la forma *grabador* para esta acepción. **SIN. 4.** Casete.

grabar (del fr. *graver*) *v. tr.* **1.** Marcar algo sobre una superficie dura con objetos punzantes o mediante otros procedimientos: *grabar una lápida, un anillo.* **2.** Hacer las planchas que se han de reproducir por impresión y que pueden ser en relieve o en hueco. **3.** Recoger e imprimir sonidos, imágenes o información en un disco, cinta magnética, etc., para después poder reproducirlo. También *v. prnl.* **4.** Fijar en el pensamiento o en el ánimo de una persona sentimientos, recuerdos, etc. También *v. prnl.*: *Se le grabaron aquellas palabras en la memoria.* ■ No confundir con la palabra homófona *gravar*, 'imponer una carga'. **SIN. 1.** Labrar, tallar, cincelar. **3.** Registrar. **4.** Imprimir(se), inculcar. **ANT. 4.** Borrar(se). **FAM.** Grabación, grabado, grabador. / Videograbadora.

gracejada *s. f. Amér. C.* y *Méx.* Broma o gracia grosera.

gracejo (de *gracia*) *s. m.* Gracia y desenvoltura en el hablar o escribir. **SIN.** Donaire, salero, ingenio. **ANT.** Sosería, insulsez. **FAM.** Gracejada. GRACIA.

gracia (del lat. *gratia*) *s. f.* **1.** Capacidad de alguien o algo para hacer reír: *Esa anécdota tiene mucha gracia.* **2.** Aquello que hace reír, divierte o resulta chocante. ■ Se usa a veces irónicamente referido a algo que irrita o molesta: *Es una gracia que tengamos que volver.* **3.** Encanto o atractivo: *Tiene una gracia especial.* Se usa mucho en *pl.* **4.** Elegancia, armonía: *Caminaba con gracia.* **5.** Rasgo o característica de una cosa que la hace atractiva o interesante: *La gracia de este cóctel es tomarlo frío.* **6.** Soltura, desenfado: *El chaval nos lo contó con mucha gracia.* **7.** Habilidad, talento: *Tiene gracia para vender.* **8.** Amistad o protección de alguien influyente: *Cuenta con la gracia del presidente.* **9.** Favor o concesión gratuita: *rey por la gracia de Dios.* **10.** Perdón de la autoridad, especialmente el concedido a un condenado: *medida de gracia.* **11.** En la religión cristiana, don de Dios a los hombres, que se obtiene con el bautismo y se pierde con el pecado y por el que les hace hijos suyos. **12.** En lenguaje muy ceremonioso o humorístico, nombre propio: *Dígame su gracia, señorita.* || *s. f. pl.* **13.** Fórmula de agradecimiento: *Muchas gracias por todo.* || **14. derecho de gracia** El que posee el rey para perdonar a los condenados. || **LOC. caer en gracia** Agradar, caer bien. **de gracia** *adj.* Se dice del golpe o tiro con que se remata a alguien; también, aplicado a *golpe*, aquello que agrava y completa la desgracia de alguien. **gracias a** *adv.* Por mediación o a causa de alguien o algo: *Lo conseguí gracias a ti.* **SIN. 1.** Humor, chispa. **2.** Agudeza, ocurrencia, chiste, golpe. **3.** Hechizo, ángel, aquel. **4.** Garbo, donaire, donosura. **6.** Gracejo, salero, desparpajo. **7.** Maña, arte, disposición. **8.** Simpatía, amparo. **9.** Merced. **10.** Indulto, clemencia. **ANT. 1.** Sosería, sequedad. **4.** Desgarbo. **4.** y **7.** Torpeza. **8.** Enemistad, antipatía. **10.** Condena. **FAM.** Gracejo, graciosamente, gracioso. / Agraciar, congraciar, desgracia. GRADO[2].

grácil (del lat. *gracilis*) *adj.* Delgado, delicado, ligero: *una muchacha de grácil figura.* **SIN.** Esbelto, sutil, tenue. **ANT.** Tosco. **FAM.** Gracilidad.

gracioso, sa *adj.* **1.** Que tiene gracia, que divierte: *un chiste gracioso.* También *s. m.* y *f.* **2.** También, irónicamente, pesado, molesto, sin gracia. También *s. m.* y *f.*: *Algún gracioso ha escondido las llaves.* **3.** Agradable, atractivo, simpático: *Tiene una nariz graciosa.* **4.** Que concede gracias o favores. **5.** Que se concede como gracia o favor. || *s. m.* y *f.* **6.** Actor o actriz que representa papeles cómicos y este tipo de papeles o personajes. || *s. m.* **7.** Personaje del teatro clásico español, generalmente un criado, que protagonizaba la parte humorística y satírica de la obra. **SIN. 1.** Chistoso, jocoso, agudo. **2.** Patoso, pelmazo. **3.** Salado. **4.** Generoso. **5.** Gratuito. **ANT. 1.** Serio, desaborido. **3.** Desagradable, feo. **4.** Interesado.

grada[1] (del lat. *gradus*) *s. f.* **1.** Cada uno de los bancos a modo de grandes escalones de un estadio, plaza de toros, anfiteatro, etc. **2.** Conjunto de esos asientos. Se usa más en *pl.* **3.** Escalón o tarima, especialmente de un altar o un trono. **4.** Plano inclinado de piedra sobre el que se construyen y reparan los barcos. || *s. f. pl.* **5.** Escalinata. **SIN. 2.** Graderío. **FAM.** Gradería, graderío. GRADO[1].

grada[2] (del lat. *crates*, verja, enrejado) *s. f.* Instrumento de labranza en forma de reja con que se allana la tierra después de ararla. **SIN.** Rastra.

gradación (del lat. *gradatio, -onis*) *s. f.* **1.** Sucesión o desarrollo por fases, en orden creciente o decreciente. **2.** En mús., periodo armónico que va ascendiendo o descendiendo de tono progresivamente. **3.** Figura retórica que consiste en una sucesión de palabras o frases que van creciendo o decreciendo en significado o fuerza expresiva. **SIN. 1.** Escala, gama, graduación, progresión.

gradén (del fr. *gradin*) *s. m.* Cajonera que se coloca en los armarios.

gradería *s. f.* Graderío*.

graderío *s. m.* **1.** Conjunto de gradas: *los graderíos de un estadio.* **2.** P. ext., público que ocupa esas localidades: *El graderío estalló en una ovación.* **SIN. 1.** y **2.** Gradería.

gradiente (del lat. *gradiens, -ntis*, el que anda, de *gradi*, andar) *s. m.* **1.** Grado en que varía una magnitud con relación a la unidad. **2.** *Amér.* Pendiente, inclinación del terreno.

gradilla *s. f.* **1.** Armazón utilizado en los laboratorios para mantener verticales y ordenados los tubos de ensayo. **2.** Escalerilla portátil.

grado[1] (del lat. *gradus*, paso, peldaño) *s. m.* **1.** Cada uno de los valores, medidas o estados de las cosas que pueden ordenarse de mayor a menor o viceversa: *el grado de preparación de una persona.* **2.** Intensidad con que se manifiesta algo: *en mayor (o menor) grado, en grado sumo.* **3.** Cada una de las divisiones de una escala que sirven como unidad de medida de ciertas variaciones: *Pon el horno a 200 grados de temperatura.* **4.** Cada una de las secciones en que se agrupan los alumnos en las escuelas, atendiendo a su edad y conocimientos. **5.** Título que recibe la persona que termina con éxito ciertos estudios: *grado de bachiller, de doctor.* **6.** Cada una de las categorías que se distinguen en un cuerpo o institución, especialmente en el ejército: *grado de alférez, de comandante.* **7.** Cada una de las generaciones que marcan el parentesco entre las personas. **8.** En ling., cada uno de los tres modos, positivo, comparativo y superlativo, en que se expresa la intensidad del significado de un adj. **9.** En mat., exponente más alto que tiene la incógnita de una ecuación o la variante de un polinomio. **10.** En mat., unidad de medida de los ángulos planos, que equivale a cada una de las 360 partes iguales en que se divide una circunferencia. || **11. grado centígrado** o **Celsius** Unidad para medir la temperatura que se obtiene dando un valor de 0° a la temperatura de fusión del hielo y de 100° a la temperatura de ebullición del agua a la presión de 1 atmósfera. **12. grado Fahrenheit** Unidad para medir la temperatura que se obtiene dando un valor de 32° a la temperatura de fusión del hielo y de 212° a la temperatura de ebullición del agua a la presión de 1 atmósfera. **13. grado Kelvin** Unidad para medir la temperatura igual al grado Celsius en extensión, pero tomando en la escala el cero como –273 °C, que es el cero absoluto o la temperatura más baja posible. **SIN. 1.** y **2.** Nivel. **2.** Medida, alcance. **4.** Ciclo, enseñanza. **6.** Graduación, cargo, empleo. **FAM.** Grada[1], gradación, gradiente, gradual, graduar. / Centígrado, degradar, grao, multigrado, posgrado, retrógrado.

grado[2] (del lat. *gratus*, grato) *s. m.* Gusto, voluntad. || **LOC. de (buen) grado** *adv.* Con gusto, voluntariamente: *Nos ayudará de buen grado.* **FAM.** Agradar, agradecer, congratular, gracia, grato.

graduación *s. f.* **1.** Acción de graduar. **2.** Proporción en que una cualidad, componente, etc., se encuentra en alguna cosa, p. ej. la cantidad de alcohol de un vino. **3.** En el ejército y cuerpos con jerarquía semejante, grado o empleo. **SIN. 1.** Regulación, gradación.

graduado, da 1. *p.* de **graduar**. También *adj.*: *unas gafas graduadas.* || *adj.* **2.** Se aplica a la persona que ha conseguido un grado universitario. También *s. m.* y *f.* || **3. graduado escolar** Título obtenido al finalizar con éxito los estudios de educación básica. **SIN. 2.** Titulado.

gradual (del lat. *gradualis*) *adj.* Que se presenta o desarrolla por grados que se suceden sin saltos ni variaciones bruscas: *un descenso gradual de las temperaturas.* **SIN.** Progresivo, paulatino, escalonado. **ANT.** Repentino. **FAM.** Gradualmente. GRADO[1].

graduar *v. tr.* **1.** Dar a una cosa el grado que se desea de intensidad, cantidad, etc.: *graduar la calefacción.* **2.** Medir los grados en que una cualidad, componente, etc., se encuentra en alguna cosa: *graduar un licor, graduar la vista.* **3.** Dividir o disponer en grados: *graduar un termómetro.* **4.** Aumentar o disminuir una cosa de forma gradual: *graduar el esfuerzo.* **5.** Conceder un grado o título: *La facultad graduó a 100 licenciados el curso anterior.* || **graduarse** *v. prnl.* **6.** Conseguir un grado o título: *Se graduó en ciencias.* ■ En cuanto al acento, se conjuga como *actuar*: *gradúo.* **SIN. 1.** Regular. **4.** Escalonar. **5.** Titular. **FAM.** Graduable, graduación, graduado, graduador. GRADO[1].

grafema *s. m.* En ling., unidad mínima e indivisible de la escritura.

graffiti (ital.) *s. m.* Inscripción, dibujo o pintura realizados en paredes y otras superficies callejeras. ■ No varía en *pl.* Se dice también *grafito.* **SIN.** Pintada.

grafía (del gr. *graphe*, escritura) *s. f.* Letra o letras con que se representan los sonidos.

-grafía (del gr. *grafo*, escribir, dibujar) *suf.* Significa 'escrito, descripción o tratado descriptivo': *taquigrafía, geografía.*

gráfico, ca (del lat. *graphicus*, y éste del gr. *graphikos*) *adj.* **1.** De la escritura o de la imprenta: *artes gráficas.* **2.** Que se representa por medio de ilustraciones, dibujos, signos, etc. También *s. m.* y *f.* **3.** Que comunica viva y claramente la idea que pretende expresar: *un gesto gráfico, descripción gráfica.* || *s. m.* y *f.* **4.** Representación, mediante dibujos, esquemas o coordenadas, de cantidades y proporciones o de datos estadísticos: *gráfico de ventas, gráfica de natalidad.* **SIN. 3.** Expresivo, elocuente. **4.** Croquis. **FAM.** Grafema, grafía, gráficamente, grafismo, grafito, grafología.

grafiosis *s. f.* Enfermedad de los olmos causada por el hongo *Graphius ulmi*, que se transmite a través de ciertos insectos. ■ No varía en *pl.*

grafismo *s. m.* **1.** Manera peculiar de hacer los trazos al escribir o dibujar. **2.** Diseño gráfico; arte de confeccionar y disponer las imágenes, letras y elementos visuales de una portada, un anuncio, etc. **3.** Cualidad de gráfico, expresividad. **SIN. 3.** Elocuencia. **ANT. 3.** Inexpresividad. **FAM.** Grafista. GRÁFICO.

grafista *s. m.* y *f.* Especialista en grafismo, diseño gráfico.

grafito (del gr. *grapho*, escribir) *s. m.* **1.** Mineral de carbono puro cristalizado; es de color negro o gris oscuro, graso al tacto y buen conductor del calor y de la electricidad. Se usa en la fabricación de electrodos, minas de lápices y productos lubricantes. **2.** Graffiti*.

grafo- o **-grafo** (del gr. *grapho*) *pref.* o *suf.* Significa 'escribir, grabar': *grafología; tipografía.*

grafología (de *grafo-* y *-logía*) *s. f.* Método que estudia el carácter o personalidad de los individuos a través de los rasgos de su escritura. FAM. Grafológico, grafólogo. GRÁFICO.

gragea (del fr. *dragée*) *s. f.* Píldora de medicamento que suele estar recubierta de una sustancia azucarada.

grajilla *s. f.* Ave de unos 33 cm de longitud, de plumaje negro, cogote gris y pico corto. Vive en Europa y Asia y es muy común en la proximidad de zonas habitadas.

grajo, ja (del lat. *graculus*) *s. m.* y *f.* Ave parecida al cuervo pero más pequeña (45 cm), plumaje negro azulado, pies negros y pico claro. FAM. Grajilla.

grama (del lat. *gramina*, hierbas) *s. f.* **1.** Nombre común de diversas especies de plantas gramíneas, muy abundantes en campos y bosques, de tallo rastrero y flores en espiga. Su especie más común tiene propiedades medicinales. **2.** *Amér.* Césped. FAM. Gramínea.

-grama (del gr. *gramma*, escritura) *suf.* Significa 'escrito, trazado': *telegrama, crucigrama.*

gramaje *s. m.* Peso en gramos de un papel por m^2.

gramática (del lat. *grammatica*, y éste del gr. *grammatike*) *s. f.* **1.** Estudio y descripción del lenguaje como sistema. **2.** Texto en que se recoge dicho estudio: *la gramática de Nebrija.* || **3. gramática comparada** La que estudia dos o más lenguas comparándolas entre sí para analizar sus semejanzas y diferencias. **4. gramática estructural** La que se ocupa del estudio sincrónico de una lengua y de su funcionamiento, basándose en el principio de que todos los elementos de la misma mantienen entre sí relaciones sistemáticas. **5. gramática generativa** La que trata de formular un conjunto de reglas capaces de generar todas las oraciones posibles y aceptables en una lengua. **6. gramática histórica** La que estudia el proceso de evolución de una lengua a través del tiempo. **7. gramática normativa** La que da normas de uso del lenguaje y establece lo que es correcto o incorrecto. **8. gramática parda** *fam.* Habilidad para desenvolverse en la vida. **9. gramática tradicional** La anterior a la aparición de la gramática estructural en el s. XX, de carácter teórico y descriptivo y basada en las ideas que los clásicos griegos y latinos aportaron al estudio de la lengua. **10. gramática transformativa** o **transformacional** La que, siendo generativa, establece que de un esquema oracional se pasa a otro u otros por medio de determinadas reglas. FAM. Gramatical, gramaticalidad, gramaticalización, gramaticalmente, gramático.

gramatical (del lat. *grammaticalis*) *adj.* Relativo a la gramática o que se ajusta a sus reglas. ANT. Agramatical. FAM. Agramatical. GRAMÁTICA.

gramaticalización *s. f.* Proceso mediante el cual una palabra pierde su significado para convertirse en un simple instrumento gramatical; p. ej., el verbo *tener* pierde su significado de 'poseer' y se convierte en auxiliar en perífrasis como *tengo que estudiar*. FAM. Gramaticalizarse. GRAMÁTICA.

gramínea (del lat. *gramineus*, de *gramen*, hierba) *adj.* **1.** Se dice de las plantas angiospermas monocotiledóneas; tienen tallo en caña, hojas alargadas que se insertan en los nudos y flores en espiga. Entre ellas sobresalen los cereales. También *s. f.* || *s. f. pl.* **2.** Familia de estas plantas.

gramnegativo, va *adj.* Se dice de las bacterias que, una vez tratadas con una solución especial, pierden el color azul al añadírseles decolorantes como el alcohol o la acetona; p. ej., los gonococos.

gramo (del fr. *gramme*, y éste del gr. *gramma*, peso equivalente a 1/24 de onza) *s. m.* Unidad de masa en el sistema cegesimal, que equivale a la masa de 1 cm^3 de agua destilada a 4 °C. Es la milésima parte de un kilogramo. FAM. Gramaje. / Centigramo, decagramo, decigramo, hectogramo, kilogramo, miligramo, miriagramo.

gramófono (del gr. *gramma*, escritura, y *-fono*) *s. m.* Aparato que reproduce sonidos grabados en un disco, mediante una aguja que recorre los surcos de éste y transmite las vibraciones a una membrana que las convierte en ondas sonoras. SIN. Fonógrafo. FAM. Gramofónico.

gramola (nombre comercial registrado) *s. f.* **1.** Gramófono portátil con la bocina en el interior. **2.** Gramófono eléctrico en el que, mediante una moneda, se hace sonar el disco seleccionado.

grampa *s. f. Amér. del S.* Grapa[1]*. FAM. Engrampar. GRAPA.

grampositivo, va *adj.* Se dice de las bacterias que, una vez tratadas con una solución especial, conservan el color azul al añadírseles decolorantes como el alcohol o la acetona; p. ej., los estafilococos.

gran *adj.* **1.** *apóc.* de **grande**: *un gran ruido.* **2.** Principal o primero de su clase: *el gran jefe.* **3.** Con artículo y seguido de un sustantivo o un calificativo, acentúa el significado de éste: *un gran amigo, un gran tonto.* ■ Se utiliza siempre delante de un sustantivo singular, ya sea masculino o femenino: *gran hombre, gran ocasión.*

grana[1] *s. f.* **1.** Acción de granar y tiempo en que tiene lugar. **2.** Semilla pequeña de algunos vegetales. SIN. **1.** Granazón.

grana[2] (del lat. *granum*, grano) *s. f.* **1.** Color rojo oscuro. ■ Se usa mucho en aposición. **2.** Colorante de color rojo oscuro que se obtiene de la cochinilla. **3.** Cochinilla*, insecto. SIN. **1.** Granate. FAM. Granado, granate. / Azulgrana.

granada (de *granar*) *s. f.* **1.** Fruto del granado. **2.** Bomba pequeña que se lanza con la mano. **3.** Proyectil que se dispara con piezas artilleras de pequeño calibre: *granada de mortero.* FAM. Granadero. / Lanzagranadas. GRANADO.

granadero *s. m.* **1.** Soldado encargado de lanzar granadas. **2.** Soldado de elevada estatura perteneciente a una compañía que formaba a la cabeza del regimiento.

granadino, na[1] (de *granar*) *adj.* **1.** Del granado o a la granada. || *s. m.* **2.** Flor del granado. || *s. f.* **3.** Refresco hecho con zumo de granada.

granadino, na[2] *adj.* **1.** De Granada. También *s. m.* y *f.* || *s. f.* **2.** Canción popular andaluza originaria de Granada.

granado (de *granada*, fruto) *s. m.* Arbusto espinoso de 2 a 5 m de alto, de hojas lustrosas, flores rojas grandes y fruto con granos muy dulces que son comestibles. FAM. Granada, granadal, granadino[1]. GRANA[2].

granado, da **1.** *p.* de **granar**. También *adj.* || *adj.* **2.** Se aplica a la persona madura, experimentada. **3.** Notable, principal. SIN. **2.** Experto, ducho. **3.** Ilustre, distinguido. ANT. **2.** Inmaduro. **3.** Vulgar.

granalla *s. f.* Metal reducido a granos.

granar *v. intr.* Formarse y crecer el grano de algunos frutos: *Granaron muy pronto los trigales.* FAM. Grana[1], granado -da, granazón. GRANO.

granate (del lat. *granatum*, granada) *s. m.* **1.** Color rojo oscuro. También *adj.*: *una blusa granate.* **2.** Mineral silicato de un metal trivalente (como el aluminio) y otro bivalente (como el calcio), de brillo vítreo y color que varía según la composición; el más frecuente es el rojo. Se usa en joyería y como abrasivo. SIN. **1.** Grana, encarnado.

grancanario, ria *adj.* De Gran Canaria. También *s. m.* y *f.*

grande (del lat. *grandis*) *adj.* **1.** De dimensiones o intensidad mayores a las normales: *una casa grande, una alegría grande.* **2.** De mucha importancia. También *s. m.* y *f.*: *los grandes del cine.* **3.** *fam.* Mayor, adulto: *Cuando sea grande trabajará con su padre.* También *s. m.* y *f.* || *s. m.* **4.** Persona perteneciente a la clase superior de la nobleza española. ■ Se dice también *grande de España.* || LOC. **a lo grande** *adv.* Con mucho lujo: *Vive a lo grande.* **en grande** *adv.* Muy bien: *Nos lo pasamos en grande.* SIN. **1.** Vasto, extenso; agudo. **2.** Importante, notable. ANT. **1.** Pequeño; débil. **2.** Insignificante. FAM. Gran, grandemente, grandeza, grandioso, grandón, grandote, grandullón, grandulón. / Agrandar, engrandecer.

grandeza *s. f.* **1.** Cualidad de grande. **2.** Bondad, generosidad: *grandeza de corazón.* **3.** Conjunto de grandes de España. SIN. **1.** Grandiosidad, inmensidad. **2.** Nobleza, magnanimidad. ANT. **1.** Insignificancia. **2.** Mezquindad.

grandilocuencia *s. f.* Elocuencia pomposa y altisonante. SIN. Ampulosidad, énfasis. ANT. Sencillez. FAM. Grandilocuente. LOCUAZ.

grandilocuente (del lat. *grandis*, grande, y *loquens, -entis*, que habla) *adj.* Que muestra grandilocuencia. SIN. Pomposo, altisonante, enfático. ANT. Sobrio, sencillo.

grandioso, sa *adj.* Impresionante por su tamaño o cualidades: *una panorámica grandiosa.* SIN. Majestuoso, magnífico. ANT. Insignificante. FAM. Grandiosamente, grandiosidad. GRANDE.

grandullón, na *adj. fam.* Se aplica a la persona alta y fuerte, especialmente, a los muchachos que están demasiado crecidos para su edad. También *s. m.* y *f.* SIN. Grandón. ANT. Pequeñajo.

grandulón, na *adj. Arg., Urug.* y *Ven. desp.* Grandullón.

graneado, da *adj.* **1.** En forma de granos. **2.** Cubierto de pintas: *un caballo graneado.* SIN. **1.** Granulado. **2.** Moteado.

granel, a (del cat. *granell*, y éste del lat. *granellum*, de *granum*) *loc. adv.* **1.** Manera de vender sin envase o sin medida exacta: *aceite a granel.* **2.** En gran cantidad: *Hubo quejas a granel.*

granero (del lat. *granarium*) *s. m.* **1.** Sitio donde se guarda el grano. **2.** Territorio donde abunda el cereal: *Esta región es el granero del país.* SIN. **1.** Silo, hórreo.

granítico, ca *adj.* **1.** Relativo al granito o compuesto de él: *roca granítica.* **2.** Muy duro o firme: *una solidez granítica.* SIN. **2.** Pétreo, férreo. ANT. **2.** Blando, débil.

granito (del ital. *granito*) *s. m.* Roca cristalina compuesta fundamentalmente de cuarzo, feldespato y mica. Su color más frecuente es el gris. FAM. Granítico. GRANO.

granívoro, ra (del lat. *granum*, grano, y *vorare*, comer) *adj.* Que se alimenta de granos.

granizado, da 1. *p.* de **granizar**. También *adj.* || *adj.* **2.** Se dice del refresco hecho con hielo picado y zumo de frutas, café, etc. También *s. m.* y *f.*: *un granizado de limón.* || *s. f.* **3.** Precipitación abundante de granizo. **4.** P. ext., gran número de cosas que caen o suceden a la vez: *Me recibió con una granizada de insultos.* SIN. **3.** Pedrisco. **4.** Lluvia, chaparrón.

granizar *v. impers.* **1.** Caer granizo. || *v. intr.* **2.** Caer algo con fuerza y abundancia. || *v. tr.* **3.** Preparar un refresco granizado. ■ Delante de *e* se escribe *c* en lugar de *z*: *granice.* SIN. **2.** Llover. FAM. Granizado. GRANIZO.

granizo *s. m.* Tipo de precipitación que cae en forma de pequeños trozos de hielo. SIN. Pedrisco, granizada. FAM. Granizar. GRANO.

granja (del fr. *grange*, y éste del lat. *granica*, de *granum*, grano) *s. f.* **1.** Finca en el campo con casa, corrales y establos. **2.** Conjunto de instalaciones apropiadas para la cría de animales de corral. **3.** Establecimiento dedicado a la venta de leche y sus derivados. || **4. granja escuela** Granja en la que se enseña el cuidado de los animales y la convivencia en el campo. SIN. **1.** Hacienda, cortijo. FAM. Granjear, granjería, granjero.

granjear (de *granja*) *v. tr.* Conseguir alguna cosa. Se usa más como *v. prnl.*: *Se granjeó muchas amistades influyentes.* SIN. Captar(se), ganar(se), procurar(se). ANT. Perder(se). FAM. Granjeable, granjeo. GRANJA.

granjería (de *granjero*) *s. f.* **1.** Beneficio que produce una granja. **2.** P. ext., ganancia en general.

granjero, ra *s. m.* y *f.* Persona que posee o cuida una granja. SIN. Cortijero, estanciero.

grano (del lat. *granum*) *s. m.* **1.** Semilla y fruto de los cereales y de otras plantas. **2.** Trozo muy pequeño de alguna cosa: *un grano de sal.* **3.** Cada uno de los frutos o semillas que forman un racimo: *un grano de uva.* **4.** Bulto pequeño de la piel: *un grano en la frente.* **5.** Cada una de las partículas que se aprecian en la masa o en la superficie de algo y estructura que éstas forman: *papel de lija de grano grueso.* **6.** Cada una de las manchitas formadas por una acumulación de partículas de sales de plata cuyo conjunto forma la imagen fotográfica: *una foto de grano fino.* || **7. grano** (o **granito**) **de arena** Pequeña ayuda: *Él aportó su granito de arena.* || LOC. **ir al grano** *fam.* Dirigirse a lo fundamental de una cosa sin dar rodeos: *Déjate de preámbulos y vamos al grano.* SIN. **4.** Espinilla. FAM. Granalla, granar, graneado, granero, granito, granívoro, granizo, granoso, granujiento, granular[1], granular[2], gránulo, granulosidad, granuloso. / Desgranar.

granuja (del lat. *granum*, grano) *s. m.* y *f.* Persona que engaña o estafa. También *adj.* ■ A veces se utiliza como apelativo cariñoso. SIN. Bribón, pillo, pícaro. FAM. Granujada, granujería.

granujiento, ta *adj.* Que tiene muchos granos: *un rostro granujiento.*

granulado, da 1. *p.* de **granular**. || *adj.* **2.** En forma de granos: *azúcar granulado.* || *s. m.* **3.** Preparado farmacéutico presentado de esa manera.

granular[1] *v. tr.* Formar granos con una sustancia o en una superficie: *granular el azúcar.* También *v. prnl.* FAM. Granulación, granulado. GRANO.

granular[2] *adj.* Que tiene granos en su masa o superficie. SIN. Granuloso, granoso. ANT. Liso.

gránulo (del lat. *granulum*) *s. m.* **1.** Pequeño cuerpo que se forma en células y tejidos orgánicos. **2.** Bolita que contiene dosis mínimas de medicamento. SIN. **1.** Granulación.

granuloso, sa *adj.* Se dice de lo que está compuesto por pequeños granos o los tiene en su superficie: *una sustancia granulosa.* **SIN.** Granular, granoso, rugoso. **ANT.** Pulido.

granza (del lat. tardío *grandia*, harina gruesa) *s. f.* **1.** Carbón mineral cuyos trozos tienen un tamaño comprendido entre 15 y 25 mm. || *s. f. pl.* **2.** Restos que quedan del trigo y otras semillas después de aventarlas y cribarlas. **3.** Desechos del yeso después de limpiarlo. **4.** Residuos de un metal.

grao (del cat. *grau*, y éste del lat. *gradus*, escalón) *s. m.* Puerto.

grapa[1] (del germ. *krappa*, gancho) *s. f.* **1.** Trozo pequeño y delgado de metal cuyos extremos doblados se clavan para unir o sujetar papeles, tablas, etc. **2.** Pieza similar a la anterior que se emplea en medicina para unir los bordes de una herida. **FAM.** Grapar. / Grampa.

grapa[2] (del ital. *grappa*) *s. f.* Aguardiente de orujo de origen italiano; se consume sobre todo en América del Sur.

grapadora *s. f.* Utensilo que sirve para grapar.

grapar *v. tr.* Sujetar con grapas: *grapar papeles.* **SIN.** Engrapar, coser. **FAM.** Grapadora. / Engrapar. GRAPA.

grasa (del lat. *crassa*, de *crassus*, grueso) *s. f.* **1.** Sustancia untuosa, animal o vegetal, que en la materia viva sirve como reserva de energía. **2.** Manteca o sebo de un animal. **3.** Sustancia utilizada para engrasar. **4.** Suciedad de la ropa debida al contacto con el cuerpo. **SIN. 1.** Lípido. **2.** Gordo. **3.** Lubricante, lubrificante. **4.** Mugre. **ANT. 3.** Desengrasante. **FAM.** Grasiento, graso, grasoso. / Engrasar.

grasiento, ta *adj.* Que tiene mucha grasa.

graso, sa (del lat. *crassus*, grueso) *adj.* Que tiene grasa o está constituido por ella: *pelo graso, materia grasa.* **SIN.** Grasoso, untuoso. **ANT.** Magro. **FAM.** Craso. GRASA.

grasoso, sa *adj.* Impregnado de grasa. **SIN.** Grasiento.

gratén (del fr. *gratin*) *s. m.* Forma de cocinar un alimento cubriéndolo con una capa de besamel, pan rallado o queso que luego se dora en el horno: *macarrones al gratén.*

gratificación (del lat. *gratificatio, -onis*) *s. f.* Pago o recompensa, generalmente en dinero, que se da a alguien por un trabajo o servicio ocasional.

gratificante *adj.* Que gusta mucho, que produce gran satisfacción: *Con este calor, una buena ducha resulta gratificante.* **SIN.** Placentero, agradable. **ANT.** Desagradable.

gratificar (del lat. *gratificare*, de *gratus*, grato, y *facere*, hacer) *v. tr.* **1.** Recompensar a alguien, generalmente con dinero, por un trabajo, servicio, ayuda, etc.: *Gratificará espléndidamente al que encuentre a su perro.* **2.** Gustar, complacer: *Gratifica charlar con los amigos.* ■ Delante de *e* se escribe *qu* en lugar de *c*: *gratifique.* **SIN. 1.** Premiar, retribuir. **2.** Agradar. **ANT. 2.** Desagradar. **FAM.** Gratificación, gratificador, gratificante. GRATO.

gratin (fr.) *s. m.* Gratén*.

gratinador *s. m.* En el horno, parte superior acondicionada para dorar la superficie de los alimentos. **SIN.** Grill.

gratinar (del fr. *gratiner*) *v. tr.* Dorar al horno un alimento recubierto de besamel, queso, etc. **FAM.** Gratinado, gratinador.

gratis (del lat. *gratis*) *adv. m.* **1.** Sin pagar o sin cobrar: *Entró gratis. Actuaron gratis en el festival.* **2.** Sin base ni fundamento. || *adj.* **3.** Gratuito: *una entrada gratis.* **SIN. 1.** y **2.** Gratuitamente. **2.** Infundadamente. **ANT. 1.** Onerosamente. **2.** Fundadamente. **FAM.** Gratuito. GRATO.

gratitud (del lat. *gratitudo*) *s. f.* Sentimiento del que agradece un favor o beneficio. **SIN.** Agradecimiento, reconocimiento. **ANT.** Ingratitud.

grato, ta (del lat. *gratus*) *adj.* Que produce agrado: *un trabajo grato, una persona grata.* **SIN.** Agradable, apetecible. **ANT.** Ingrato. **FAM.** Gratamente, gratificar, gratis, gratitud. / Ingrato. GRADO[2].

gratuito, ta (del lat. *gratuitus*) *adj.* **1.** Que no cuesta dinero. **2.** Que no tiene base o fundamento: *Sus sospechas eran gratuitas.* **SIN. 1.** Gratis. **2.** Infundado, injustificado. **ANT. 1.** Oneroso. **2.** Fundado. **FAM.** Gratuidad, gratuitamente. GRATIS.

grava (del celta *grava*, arena gruesa) *s. f.* **1.** Conjunto de piedras pequeñas procedentes de la erosión y meteorización de otras rocas. **2.** Piedra machacada que se utiliza para cubrir y allanar el suelo o para hacer hormigón. **SIN. 1.** y **2.** Gravilla. **2.** Balasto. **FAM.** Gravera, gravilla.

gravamen (del lat. *gravamen*) *s. m.* **1.** Impuesto, obligación fiscal. **2.** Carga impuesta sobre un inmueble o sobre un capital: *La finca tiene el gravamen de una hipoteca.* **SIN. 1.** Contribución, tributo. **2.** Canon. **ANT. 1.** Exención. **FAM.** Gravar.

gravar (del lat. *gravare*) *v. tr.* Imponer una carga o gravamen. ■ No confundir con la palabra homófona *grabar*, 'labrar, esculpir'. **ANT.** Desgravar. **FAM.** Gravoso. / Desgravar. GRAVAMEN.

grave (del lat. *gravis*) *adj.* **1.** De mucha importancia: *un error grave.* **2.** Se dice de lo que encierra peligro, dificultad o puede tener malas consecuencias. **3.** Que está muy enfermo. **4.** Serio: *Tiene un rostro grave.* **5.** Se aplica al estilo serio y elevado: *unos versos graves.* **6.** Se aplica al sonido cuya frecuencia de vibraciones es pequeña. También *s. m.*: *No se oyen bien los graves.* **7.** Se dice de la palabra que tiene su acento tónico en la penúltima sílaba. También *s. f.* **8.** Que tiene peso. También *s. m.* **SIN. 1.** Importante, trascendental. **2.** Difícil, arduo, espinoso. **4.** Solemne; severo. **7.** Llano. **ANT. 1.** y **2.** Insignificante, leve. **2.** Fácil. **3.** Sano. **4.** y **5.** Frívolo. **6.** Agudo. **FAM.** Gravedad, gravemente, grávido. / Agravar, agraviar.

gravedad (del lat. *gravitas, -atis*) *s. f.* **1.** Fenómeno de atracción que se produce entre cuerpos con masa, responsable del movimiento de caída libre de los cuerpos físicos y del movimiento ordenado de los cuerpos celestes. **2.** Cualidad o estado de grave: *La policía intervino ante la gravedad de la situación.* **3.** Seriedad en la forma de hablar o de actuar: *Se dirigió a nosotros con gravedad.* **SIN. 1.** Gravitación. **2.** Importancia, trascendencia. **3.** Solemnidad, circunspección, formalidad. **ANT. 2.** Levedad, insignificancia. **3.** Frivolidad. **FAM.** Gravímetro, gravitar. GRAVE.

gravidez *s. f.* Estado de la hembra que ha sido fecundada y lleva el feto en el vientre. **SIN.** Preñez, embarazo.

grávido, da (del lat. *gravidus*) *adj.* **1.** Lleno, cargado. **2.** Se aplica a la hembra en estado de gravidez. **SIN. 1.** Repleto. **2.** Preñada, embarazada, encinta. **ANT. 1.** Vacío. **FAM.** Gravidez. / Ingrávido. GRAVE.

gravilla *s. f.* Grava fina.

gravímetro *s. m.* Instrumento que sirve para medir la aceleración de la gravedad en la superficie de la Tierra. **FAM.** Gravimetría, gravimétrico. GRAVEDAD.

gravitación *s. f.* **1.** Acción de gravitar: *la gravitación de una bóveda.* **2.** En fís., atracción mutua entre dos masas separadas por una determinada distancia. La teoría de la gravitación universal, enunciada por Newton, sostiene que dos cuerpos se atraen con una fuerza directamente proporcional al producto de sus masas e inversamente proporcional al cuadrado de la distancia. FAM. Gravitatorio. GRAVITAR.

gravitar (del lat. *gravitas, -atis*, peso) *v. intr.* **1.** Moverse un cuerpo en torno a otro por efecto de la gravedad: *La Luna gravita en torno a la Tierra.* **2.** Tener tendencia a caer un cuerpo sobre otro debido a su peso: *La rama del árbol gravita sobre el río.* **3.** Descansar un cuerpo pesado sobre otro que lo soporta: *El techo gravita sobre las vigas.* **4.** Recaer sobre alguien o algo una carga, trabajo, obligación, etc.: *Sobre él gravita la preparación del festival.* **5.** Estar algo negativo a punto de suceder: *Sobre ese edificio gravita peligro de hundimiento.* SIN. **2.** Pender. **3.** Cargar, apoyar, sustentar(se). **4.** Pesar. **5.** Amenazar. FAM. Gravitación. GRAVEDAD.

gravoso, sa *adj.* **1.** Que ocasiona mucho gasto: *Resulta gravoso mantener la finca.* **2.** Molesto, pesado. SIN. **1.** Costoso, caro, oneroso, dispendioso. **2.** Cargante, fastidioso. ANT. **1.** Barato. **2.** Agradable.

graznar (del lat. hispánico *gracinare*, de or. onomat.) *v. intr.* Dar graznidos.

graznido *s. m.* **1.** Voz de algunas aves, como el cuervo, el grajo, el ganso, etc. **2.** Voz desagradable y desigual al hablar o al cantar. FAM. Graznador, graznar.

greba (del ant. fr. *grève*) *s. f.* Pieza de la armadura antigua que cubría desde la rodilla hasta el comienzo del pie.

greca *s. f.* Banda o tira de adorno en la que se repiten los mismos motivos decorativos, generalmente geométricos. SIN. Orla, cenefa.

grecismo (del lat. *graecus*, griego) *s. m.* Palabra o giro propios de la lengua griega empleados en otra.

grecolatino, na *adj.* De los griegos y latinos o relacionado con ellos.

grecorromano, na *adj.* **1.** De los griegos y romanos o relacionado con ellos: *arte grecorromano.* **2. lucha grecorromana.** Véase **lucha**.

greda (del lat. *creta*) *s. f.* Arcilla arenosa, por lo común de color blanco azulado. FAM. Gredal, gredoso. CRETA.

gredal *adj.* **1.** Se aplica a la tierra que tiene greda. || *s. m.* **2.** Terreno donde abunda la greda.

green (ingl.) *s. m.* En golf, terreno con césped corto y muy cuidado situado alrededor de cada hoyo.

gregal (del lat. *graegalis*, de *grex, gregis*, rebaño) *adj.* Gregario*.

gregario, ria (del lat. *gregarius*) *adj.* **1.** Se aplica a los animales que viven agrupados en rebaños o manadas. **2.** En biol., se aplica a animales y vegetales que se agrupan estableciendo asociaciones. **3.** Que sigue en todo momento las iniciativas e ideas de los demás, por no tener personalidad propia: *un espíritu gregario.* || *s. m.* **4.** En ciclismo, doméstico. SIN. **3.** Aborregado, adocenado, impersonal. ANT. **3.** Individualista, independiente. FAM. Gregal, gregarismo. GREY.

gregarismo *s. f.* Cualidad de gregario: *Su gregarismo le induce a hacer siempre lo que dicen los demás.* SIN. Adocenamiento, pasividad. ANT. Individualismo, independencia.

gregoriano, na *adj.* **1.** Se dice del canto religioso adoptado oficialmente por la Iglesia romana para su liturgia y cuya ordenación ha sido atribuida por la tradición medieval al papa Gregorio Magno. También *s. m.* ■ Se llama también *canto llano.* **2.** Se aplica al año, calendario y era reformados por el papa Gregorio XIII. **3.** Relativo a alguno de los diversos papas llamados Gregorio.

greguería (de *griego*) *s. f.* **1.** Ruido producido por las voces o gritos de muchas personas. **2.** Género literario creado por Ramón Gómez de la Serna, constituido por composiciones muy breves en las que se presenta una visión sorprendente o humorística de la realidad. **3.** Cada una de estas composiciones. SIN. **1.** Algarabía, vocerío, griterío.

greguescos o **gregüescos** (del lat. *graeciscus*, griego) *s. m. pl.* Especie de calzones bombachos muy anchos usados durante los s. XVI y XVII.

grelo *s. m.* Hoja tierna y comestible de la planta del nabo.

gremialismo *s. m.* **1.** Tendencia política que favorece la formación de gremios y su predominio sobre otros sectores de la sociedad. **2.** Doctrina que defiende esta tendencia.

gremio (del lat. *gremium*) *s. m.* **1.** Agrupación de personas (aprendices, oficiales y maestros) de una misma profesión u oficio, surgida en Europa durante la Edad Media. **2.** Conjunto de personas que pertenecen a un mismo oficio o profesión: *gremio editorial, de actores, de hostelería.* **3.** *fam.* Clase de personas que están en la misma situación o que comparten los mismos gustos, aficiones, etc.: *Es del gremio de los no fumadores.* FAM. Gremial, gremialismo. / Agremiar.

greña (del lat. *crinis*) *s. f.* **1.** Pelo revuelto, enredado o mal peinado. Se usa sobre todo en *pl.* **2.** P. ext., conjunto de cosas enredadas y revueltas, como hilos, lanas, etc. || LOC. **andar a la greña** *fam.* Reñir dos o más personas o estar continuamente en disposición de hacerlo. SIN. **1.** Pelambrera. **1.** y **2.** Maraña. FAM. Greñudo. / Desgreñar.

gres (del fr. *grès*, arenisca) *s. m.* Pasta cerámica vitrificada compuesta por arcilla plástica y arena cuarzosa, cocidas a elevadas temperaturas. Se llama también *gresite*.

gresca (del cat. *greesca*, y éste del lat. *graeciscus*, griego) *s. f.* **1.** Riña, pelea. **2.** Alboroto, bulla, follón. SIN. **1.** Trifulca. **1.** y **2.** Bronca. **2.** Jaleo. FAM. Engrescar.

gresite *s. m.* Gres*.

grey (del lat. *grex, gregis*, rebaño) *s. f.* **1.** Rebaño. **2.** Conjunto de personas que tienen características comunes, como la raza, la religión, una misma actividad, etc.: *la grey teatral.* **3.** Conjunto de los fieles de una religión, agrupados bajo la dirección de sus guías o pastores espirituales: *la grey católica.* FAM. Gregario. / Agregar, congregar, disgregar, egregio, segregar.

grial *s. m.* Según una leyenda medieval, vaso o copa que sirvió a Jesús durante la última cena para instituir el sacramento de la eucaristía.

griego, ga (del lat. *Graecus*) *adj.* **1.** De Grecia. También *s. m.* y *f.* **2.** Se aplica a la nariz que sigue una línea recta como continuación de la frente, y al perfil con dicha nariz. || *s. m.* **3.** Lengua hablada en Grecia. **4.** *fam.* Lenguaje ininteligible o muy difícil de comprender: *Como si me hablaras en griego.* **5.** *fam.* Coito anal. SIN. **1.** Heleno. FAM. Grecismo, grecolatino, grecorromano, greguescos.

grieta (del ant. *crieta*) *s. f.* **1.** Abertura larga y estrecha que se hace de forma natural en la tierra o en cualquier cuerpo sólido: *las grietas del terreno, de la pared.* **2.** Separación que queda entre dos cosas muy próximas o dos partes de una misma cosa: *No cierres la ventana, deja una grieta para que entre la luz.* **3.** Pequeña raja que aparece en la piel, como p. ej. en las palmas de las manos, las plantas de los pies o en las membranas mucosas. Se usa sobre todo en *pl.* **4.** Problema o dificultad que amenaza la estructura o solidez de algo. SIN. **1.** Brecha, resquebrajadura, fisura, hendidura. **2.** Rendija, resquicio, hueco. FAM. Agrietar.

grifa *s. f. fam.* Marihuana, en especial la marroquí.

grifería *s. f.* Conjunto de grifos; también, tienda donde se venden.

grifero, ra *s. m.* y *f. Perú* Persona que trabaja en una gasolinera.

grifo (del lat. tardío *gryphus*, y éste del gr. *grypos*, encorvado, retorcido) *s. m.* **1.** Utensilio, normalmente metálico, provisto de una llave para abrir o cerrar el paso de un líquido. **2.** *Perú* Gasolinera. **3.** Animal fabuloso, con cabeza, alas y patas delanteras de águila y cuerpo de león. || LOC. **abrir** (o **cerrar**) **el grifo** Aumentar (o reducir) el suministro de algo, especialmente de dinero. FAM. Grifería, grifero. / Hipogrifo.

grifón *adj.* Se dice de una raza de perros de pelo áspero y rizado, utilizados para la caza y como animales de compañía. También *s. m.*

grill (ingl.) *s. m.* **1.** Parrilla. **2.** Fuego situado en la parte superior de los hornos de gas para gratinar o dorar los alimentos.

grillado, da 1. *p.* de **grillarse**. || *adj.* **2.** *fam.* Loco, mal de la cabeza. También *s. m.* y *f.* SIN. **2.** Guillado, pirado, chiflado, tocado. ANT. **2.** Cuerdo.

grillarse *v. prnl. fam.* Volverse loco. FAM. Grillado. GRILLO.

grillera *s. f.* **1.** Hueco donde se recogen los grillos en el campo. **2.** Jaula para grillos. **3.** *fam.* Lugar donde hay mucho alboroto y desorden.

grillete (de *grillos*) *s. m.* Arco de metal con un agujero en cada extremo, por donde se hace pasar una pieza alargada metálica, utilizado sobre todo para sujetar los pies de los presidiarios.

grillo, lla (del lat. *gryllus*) *s. m.* y *f.* **1.** Insecto ortóptero de color negro rojizo, cabeza redonda y ojos salientes; el macho produce un sonido agudo y monótono con el roce de los élitros. || *s. m. pl.* **2.** Conjunto de dos grilletes unidos por una misma pieza, que colocados en los pies de los presos les impide andar. SIN. **2.** Hierros, esposas. FAM. Grillarse, grillera, grillete.

grima *s. f.* **1.** Irritación, lástima o disgusto que produce alguna cosa: *Me da grima tanto gasto inútil.* **2.** Dentera: *Le da grima escribir en la pizarra.*

grímpola (del fr. ant. *guimple*, velo de mujer, gallardete de lanza) *s. f.* **1.** Bandera pequeña. **2.** Antigua insignia militar. SIN. **1.** Gallardete.

gringo, ga (de *griego*, lenguaje incomprensible) *adj. Amér.* Estadounidense. También *s. m.* y *f.* FAM. Agringarse.

gripa *s. f. Amér.* Gripe*.

gripar *v. tr.* **1.** Hacer que queden agarrotadas las piezas de un engranaje, generalmente por falta de lubricante. || *v. intr.* **2.** Agarrotarse las piezas de un engranaje. También *v. prnl.*

gripe (del fr. *grippe*, y éste del suizo-alemán *grüpi*, de *grüpen*, temblar de frío) *s. f.* Enfermedad infecciosa aguda, causada por virus, que tiene como síntomas más frecuentes la fiebre, dolores generalizados y catarro respiratorio. FAM. Gripa, gripal, griposo. / Engriparse.

griposo, sa *adj. fam.* Que tiene gripe.

gris (del germ. *grîs*) *adj.* **1.** Se aplica al color que resulta de la mezcla de blanco y negro o azul, y a las cosas que lo tienen. También *s. m.* **2.** Se aplica a las personas o cosas que no destacan del resto: *un personaje gris.* **3.** Triste, apagado: *una mañana gris.* **4.** Borroso, sin perfiles definidos: *un panorama gris.* || *s. m.* **5.** *fam.* Frío, o viento frío. || **6. gris marengo** Gris muy oscuro. **7. gris perla** Gris claro. SIN. **2.** Vulgar, corriente, mediocre. **3.** Sombrío, melancólico, taciturno. **4.** Difuso, nebuloso. ANT. **3.** Alegre, vivo. **4.** Nítido, claro. FAM. Grisáceo, grisalla.

grisalla *s. f.* **1.** Pintura realizada con diferentes tonos de gris, blanco y negro, que imita relieves escultóricos o espacios arquitectónicos. **2.** *Méx.* Chatarra.

grisón, na (del lat. *Grisones*) *adj.* **1.** Del cantón suizo de los Grisones. También *s. m.* y *f.* || *s. m.* **2.** Lengua neolatina hablada en la mayor parte de este cantón.

grisú (del fr. *grisou*, y éste del valón *feu grisou*) *s. m.* Gas inflamable compuesto por metano, nitrógeno y dióxido de carbono, que se desprende principalmente en las minas de carbón.

grita *s. f.* Griterío o vocerío, sobre todo el que se hace en señal de protesta. SIN. Bronca, abucheo, pita. ANT. Aplauso, ovación.

gritar (del lat. *quiritare*, hablar a voces) *v. intr.* **1.** Hablar alto, levantar la voz. **2.** Dar gritos, especialmente para expresar un sentimiento o sensación: *Gritó al pincharse. Gritaba de alegría.* **3.** Demostrar desagrado o protesta. También *v. tr.*: *El público gritó al director.* || *v. tr.* **4.** *fam.* Regañar a alguien u ordenarle algo alzando la voz. || LOC. **gritar** algo **a los cuatro vientos** Hacer pública alguna cosa: *Va gritando su ascenso a los cuatro vientos.* SIN. **1.** Vocear, vociferar. **2.** Chillar. **3.** Abuchear, silbar, patalear. ANT. **1.** Susurrar, murmurar. **3.** Aplaudir, ovacionar. FAM. Grita, gritador, gritería, griterío, grito, gritón.

griterío o **gritería** *s. m.* o *f.* Confusión de voces de personas que gritan. SIN. Vocerío, alboroto, bulla.

grito *s. m.* **1.** Sonido, palabra o expresión breve que se emite fuerte o violentamente. **2.** Manifestación viva de un sentimiento, sensación, etc., a través de estos sonidos: *un grito de felicidad, de horror.* || LOC. **a gritos** (o **a grito pelado** o **limpio**) *adv.* Dando voces, gritando. **estar en un grito** Quejarse alguien de un dolor agudo y constante. **pedir** alguien o algo una cosa **a gritos** *fam.* Tener gran necesidad de ello: *Este coche está pidiendo a gritos una revisión.* **poner el grito en el cielo** Mostrar gran enfado o indignación ante algo. **ser** una cosa **el último grito** Ser una cosa lo más moderno, estar muy de moda. SIN. **1.** Chillido.

groenlandés, sa *adj.* De Groenlandia. También *s. m.* y *f.*

grogui (del ingl. *groggy*) *adj.* **1.** En boxeo, y en otros deportes de combate, aturdido o semiinconsciente por los golpes recibidos. **2.** *fam.* Atontado o medio dormido: *Por las mañanas está grogui.* SIN. **2.** Zombi.

gronchada *s. f. Arg.* y *Urug. fam.* y *desp.* Grupo de personas groseras, chabacanas o maleducadas.

groncho, cha *adj. Arg.* y *Urug. fam.* y *desp.* Grosero, chabacano. También *s. m.* y *f.* FAM. Gronchada.

grosella *s. f.* **1.** Fruto en baya de pequeño tamaño, color rojo y sabor agridulce. || *s. m.* **2.** Color rojo semejante al de este fruto. ■ Se utiliza mucho en aposición: *unos pantalones grosella.* FAM. Grosellero.

grosellero *s. m.* Arbusto de tronco ramoso, de uno a dos metros de altura, hojas alternas, flores de color amarillo verdoso y en racimos y cuyo fruto es la grosella.

grosería *s. f.* **1.** Cualidad de grosero. **2.** Expresión, actitud o acción grosera. SIN. **1.** Desconsideración. **1.** y **2.** Ordinariez. **2.** Vulgaridad. ANT. **1.** Educación. **1.** y **2.** Delicadeza, fineza. **2.** Detalle.

grosero, ra (de *grueso*) *adj.* **1.** Que no tiene o no demuestra educación ni delicadeza. También *s. m.* y *f.* **2.** Basto, ordinario: *una tela grosera.* SIN. **1.** Maleducado, desconsiderado, descortés, soez. **1.** y **2.** Burdo, tosco. FAM. Groseramente, grosería. GRUESO.

grosísimo, ma *adj. sup.* de **grueso**.

grosor *s. m.* **1.** Anchura o volumen de un cuerpo: *el grosor de un ladrillo, de un papel.* **2.** Diámetro de un cuerpo cilíndrico: *el grosor de una columna.* SIN. **1.** Grueso.

grosso modo (lat.) *loc. adv.* Aproximadamente, sin detallar: *La obra costará grosso modo unos dos millones.*

grotesco, ca (del ital. *grottesco*, de *grotta*, gruta) *adj.* Que por su deformidad, mal gusto o extravagancia produce reacciones muy distintas, como risa, burla o rechazo: *un personaje grotesco, una figura grotesca.* SIN. Ridículo, caricaturesco, extravagante. FAM. Grotescamente. GRUTESCO.

grúa (del lat. *grus, gruis*, grulla) *s. f.* **1.** Máquina que consiste en una estructura metálica provista de un brazo horizontal o inclinado del que cuelgan cables y poleas, para elevar grandes pesos y transportarlos a distancias cortas. **2.** Vehículo automóvil con grúa, que sirve para remolcar otros vehículos. **3.** Aparato con brazo móvil que permite toda clase de movimientos a la cámara de cine y televisión situada sobre el mismo. **4.** Máquina militar antigua. FAM. Gruero.

gruero *s. m. Ven.* Operario que maneja grúas.

grueso, sa (del lat. *grossus*) *adj.* **1.** Gordo, que tiene muchas grasas o carnes. **2.** Que tiene más grosor que lo normal para su clase: *una tabla gruesa, un hilo grueso.* **3.** Grande, que sobrepasa lo regular: *Pagó una gruesa suma de dinero.* || *s. m.* **4.** Grosor de una cosa: *Mide el grueso del cable.* **5.** Parte principal o más importante de algo: *Soldados veteranos formaban el grueso del pelotón.* **6.** Trazo más ancho de una letra. || *s. f.* **7.** Conjunto de doce docenas de alguna cosa, generalmente menuda: *una gruesa de tornillos, de botones.* SIN. **1.** Obeso, rollizo, robusto, corpulento. **1.** y **3.** Fuerte. **3.** Cuantioso. **4.** Espesor. ANT. **1.** Flaco, estilizado. **1.** y **2.** Delgado. **3.** Pequeño, insignificante. FAM. Grosero, grosísimo, grosor. / Engrosar.

gruiforme (del lat. *grus, gruis*, grulla, y *-forme*) *adj.* **1.** Se dice de ciertas aves de mediano o gran tamaño, cuello largo, alas anchas y patas largas con los pies no palmeados y que habitan generalmente en zonas pantanosas, como grullas, avutardas, pollas de agua, fochas, etc. También *s. f.* || *s. f. pl.* **2.** Orden de estas aves.

grulla (del lat. *gruilla*, de *grus, gruis*) *s. f.* Ave zancuda de gran tamaño, de pico cónico y prolongado, cuello largo y negro, alas grandes y redondas y plumaje gris y negro. FAM. Gruiforme.

grumete (del ingl. *groom*, criado joven) *s. m.* Muchacho que aprende el oficio de marinero ayudando a la tripulación en sus labores.

grumo (del lat. *grumus*) *s. m.* **1.** Parte de un líquido o masa líquida que se hace más compacta o se solidifica: *los grumos de la leche.* **2.** Conjunto de cosas apretadas entre sí, como p. ej. el cogollo de algunas hortalizas. **3.** Brote de los árboles. **4.** Extremidad del alón de las aves. SIN. **3.** Yema, botón. FAM. Grumoso.

grunge (ingl.) *adj.* De un movimiento de origen estadounidense, surgido a principios de los años noventa del s. XX, que se caracteriza por una música ruidosa y depresiva y una estética que cultiva un aspecto descuidado. También *s. m.* y *f.*

gruñido (del lat. *grunnitus*) *s. m.* **1.** Sonido ronco que emiten algunos animales al gruñir. **2.** *fam.* Palabras o sonidos de enfado o protesta emitidos en voz baja: *Estoy harto de oír tus gruñidos por cualquier cosa.* SIN. **2.** Bufido, rezongo, refunfuño.

gruñir (del lat. *grunnire*) *v. intr.* **1.** Emitir su voz el cerdo. **2.** Emitir el perro y otros animales ciertos sonidos roncos para asustar, en señal de ataque, etc. **3.** *fam.* Quejarse, protestar, sobre todo en voz baja o con sonidos que expresan enojo. ■ Es v. irreg. Se conjuga como *mullir.* SIN. **3.** Refunfuñar, rezongar, bufar. FAM. Gruñido, gruñidor, gruñón.

gruñón, na *adj. fam.* Que gruñe o protesta mucho. SIN. Protestón, quejica.

grupa (del germ. *kruppa*) *s. f.* Parte posterior del lomo de una caballería. SIN. Anca.

grupi (del ingl. *groupie*, de *group*, grupo) *s. f.* Admiradora de un cantante o de un grupo de rock, al que acompaña en sus desplazamientos.

grupo (del ital. *gruppo*) *s. m.* **1.** Conjunto de personas, animales o cosas que están reunidas o que se considera que están juntas: *un grupo de alumnos, un grupo de viviendas.* **2.** Conjunto de personas y de objetos pintado, esculpido, fotografiado, etc.: *un grupo escultórico.* **3.** Conjunto musical: *un grupo de rock.* **4.** Unidad del ejército, mandada generalmente por un comandante. **5.** Cada uno de los tipos en que se clasifica la sangre en función del antígeno presente en los glóbulos rojos del plasma sanguíneo: *No hay sangre de su grupo.* **6.** En quím., cada una de las columnas del sistema periódico que contiene elementos de propiedades semejantes. **7.** En mat., estructura matemática que adopta un conjunto cuando en él se define una operación que cumple las siguientes propiedades: asociativa, existencia de elemento neutro y de elemento simétrico; si además de las anteriores cumple la propiedad conmutativa se denomina *grupo abeliano.* **8.** *Arg., Par.* y *Urug.* Mentira, trola. SIN. **1.** Agrupación. FAM. Grupal, grupúsculo. / Agrupar, engrupir, semigrupo, subgrupo.

grupúsculo (dim. de *grupo*) *s. m.* Grupo poco numeroso de personas que interviene en una actividad frente a otro u otros grupos mayores.

gruta (del napolitano ant. o siciliano *grutta*, del lat. vulg. *crupta*, del gr. *krypte*, bóveda subterránea) *s. f.* **1.** Cavidad natural abierta en riscos o peñas. **2.** Cavidad hecha artificialmente que imita la anterior. SIN. **1.** Cueva, caverna. FAM. Grutesco.

grutesco, ca *adj.* **1.** De las grutas o relacionado con ellas. **2.** Se dice de la ornamentación, característica del renacimiento, constituida por figuras de animales reales o fabulosos, motivos vegetales, etc., que forman un conjunto muy apretado. También *s. m.*, sobre todo *pl.* FAM. Grotesco. GRUTA.

gruyer o **gruyère** (de *Gruyère*, comarca suiza) *s. m.* Queso suave de origen suizo, en forma de grandes ruedas, elaborado con leche de vaca y cuajo triturado.

gua *s. m.* **1.** Pequeño hoyo que se hace en el suelo para hacer entrar en él bolitas o canicas. **2.** Juego de las canicas.

guaca (del quechua *waca*, dios de la casa) *s. f.* **1.** Sepulcro de los antiguos indios, principalmente de Bolivia, Ecuador y Perú. **2.** *Amér. del S.* Tesoro escondido o enterrado. **3.** En la región andina, nombre que los indígenas daban a los lugares sagrados. **4.** *Bol.*, *C. Rica*, *Cuba* y *Ven.* Hucha o alcancía. ■ Se escribe también *huaca*. **FAM.** Guaquear.

guacal (del náhuatl *wacalli*, angarillas) *s. m.* **1.** *Amér. C.* Árbol que produce unos frutos de pericarpio leñoso que, partidos por la mitad y extraída su pulpa, se usan como vasija. **2.** Esta vasija. **3.** *Ant.*, *Can.*, *Col.*, *Méx.* y *Ven.* Especie de cesta o jaula de varillas de madera, utilizada para transportar mercancías. ■ Se escribe también *huacal*.

guacamayo (del taíno *huacamayo*) *s. m.* Ave americana, especie de papagayo, del tamaño de una gallina; presenta vivos colores y cola muy larga, con dos plumas timoneras muy desarrolladas.

guacamole o **guacamol** (del náhuatl *ahuacamolli*) *s. m. Méx.* Ensalada de aguacate, chile o pimiento verde y cebolla.

guachada *s. f. Amér.* Vileza, canallada.

guachafita *s. f. Col.* y *Ven.* Alboroto, bullicio.

guache[1] (quechua) *s. m.* **1.** *Col.* y *Ven.* Hombre rudo y grosero. **2.** Coatí*.

guache[2] (del fr. *gouache*) *s. m.* Aguada*, técnica pictórica.

guachimán (del ingl. *watchman*) *s. m. Amér.* Persona que se encarga de vigilar un lugar.

guachinango, ga *adj.* **1.** *Amér.* Zalamero, astuto. **2.** *Col.*, *Cuba* y *P. Rico* Simpático, divertido.

guacho, cha (del quechua *uájcha*, huérfano) *adj.* **1.** *Amér. del S.* Huérfano, desamparado. || *s. m.* y *f.* **2.** *Amér. del S.* Hijo natural. **FAM.** Guachada, guache[1]. / Aguachar.

guaco (del quechua *guaca*) *s. m. Amér. del S.* Objeto de cerámica precolombina que se encuentra en las guacas o sepulcros.

guadalajarense *adj.* De Guadalajara, ciudad mexicana. También *s. m.* y *f.*

guadalajareño, ña *adj.* De Guadalajara, ciudad y provincia españolas. También *s. m.* y *f.*

guadamecí o **guadamecil** (del ár. *gudamusi*, de *Gadames*, ciudad saharaui) *s. m.* Cuero curtido y decorado con dibujos pintados o en relieve. ■ El pl. de *guadamecí* es *guadamecíes* o *guadamecís*.

guadaña (de la raíz germ. *waith*, cultivar la tierra) *s. f.* Instrumento utilizado para segar a ras de tierra, que consiste en una cuchilla curva, larga y puntiaguda, sujeta a un mango de gran tamaño que se maneja con las dos manos. **FAM.** Guadañador, guadañar, guadañero.

guadañar *v. tr.* Segar con la guadaña.

guadua *s. f. Col.*, *Ec.* y *Ven.* Planta parecida al bambú, de tallo grueso y alto, que se emplea en la construcción de casas.

guaflex (nombre comercial registrado) *s. m.* Material semisintético para encuadernar que imita la piel. ■ No varía en *pl.*

guagua[1] *s. f.* Autobús de servicio urbano; se utiliza sobre todo en Canarias y en diversas partes de América. **SIN.** Ómnibus.

guagua[2] (del quechua *huahua*, niño) *s. f. Amér. del S.* Niño pequeño, bebé.

guaira (del quechua *guaira*, viento) *s. f. Amér. C.* Especie de flauta indígena formada por varios tubos de diferentes tamaños.

guajiro, ra (del yucateco *guajiro*, señor) *s. m.* y *f.* **1.** Campesino cubano. || *s. f.* **2.** Canción popular, procedente de Cuba, con cierto carácter flamenco.

guajolote (del náhuatl *wesolotl*) *s. m. Méx.* Pavo, ave.

gualda (del germ. *walda*) *s. f.* **1.** Planta herbácea de hojas enteras y flores amarillas, de la que se obtiene un colorante amarillo dorado, que se utilizaba para teñir las telas. || *s. m.* **2.** Color amarillo semejante al de esas flores. **FAM.** Gualdo.

gualdo, da *adj.* De color amarillo dorado.

gualdrapa (del bajo lat. *vastrapes*, pantalón) *s. f.* **1.** Cobertura larga que se coloca sobre las ancas de las caballerías, generalmente como adorno. **2.** Harapo, andrajo.

gualicho *s. m.* **1.** *Amér. del S.* Maleficio. **2.** *Arg.* Talismán o mascota.

guamazo *s. m. Col.* y *Méx. fam.* Manotazo, golpe. **SIN.** Guantada, guantazo.

guampa (quechua) *s. f. Arg.*, *Chile*, *Par.* y *Urug.* Cuerno de animal vacuno. **FAM.** Guampudo.

guanaco (del quechua *wanaku*) *s. m.* **1.** Mamífero artiodáctilo parecido a la llama, pero de mayor tamaño, que habita en la cordillera de los Andes en América del Sur y es muy apreciado por su lana. || *adj.* **2.** *Amér. del S.* Tonto, bobo.

guanche *adj.* **1.** Del pueblo de raza blanca que habitaba las islas Canarias antes de ser conquistadas por los españoles en el s. XVI. || *s. m.* **2.** Lengua hablada por dicho pueblo.

guanera *s. f.* Sitio donde abunda el guano.

guano (del quechua *huanu*, estiércol) *s. m.* **1.** Estiércol de aves marinas que se recoge en la costa del Pacífico de América del Sur y se utiliza como abono. **2.** *Amér.* Estiércol de cualquier animal. **FAM.** Guanera.

guantada o **guantazo** *s. f.* o *m.* **1.** Golpe que se da en la cara con la mano abierta. **2.** P. ext., cualquier golpe: *pegarse un guantazo.* **SIN. 1.** Manotazo, cachete. **1.** y **2.** Bofetada, torta.

guante (del germ. *want*) *s. m.* Prenda de muy distintos materiales que cubre o protege la mano. || **LOC. arrojar el guante** a alguien Retarle o provocarle. **colgar los guantes** Retirarse del boxeo y, p. ext., de cualquier actividad. **como un guante** (o **más suave que un guante**) *fam.* Muy dócil, obediente o sumiso. **de guante blanco** *adj.* Se aplica al ladrón de gran habilidad y que no emplea la violencia; se dice también del enfrentamiento, rivalidad, etc., llevado a cabo con mucha deportividad. **echar el guante** a alguien *fam.* Apresarle. **FAM.** Guantada, guantazo, guantelete, guantera, guantería. / Enguantar.

guantelete (del fr. *gantelet*, de *gant*, guante) *s. m.* Pieza de la armadura que protegía la mano. **SIN.** Manopla.

guantera *s. f.* Compartimiento situado en el salpicadero de los automóviles para guardar objetos.

guapamente *adv. m. fam.* Muy bien, como si tal cosa. ■ Suele ir precedido de *tan*: *No me acompañes, puedo ir sola tan guapamente.*

guaperas *adj. fam.* Se dice del hombre guapo que presume de ello. También *s. m.* ■ No varía en *pl.*

guapetón, na *adj. fam.* Atractivo, vistoso: *¡Mira qué guapetón va con ese sombrero!* **SIN.** Apuesto. **ANT.** Feo.

guapo, pa (del fr. ant. *wape*, bribón, y éste del lat. *vappa*, malvado) *adj.* **1.** Se dice de la persona de aspecto agradable, sobre todo referido a la cara. También *s. m.* y *f.* **2.** *fam.* Aplicado a cosas, bueno, interesante: *una película guapa.* || *s. m.* y *f.* **3.** *fam.* Persona valiente, decidida: *¿Y quién es el guapo que le planta cara?* || *s. m.* **4.** Hombre fanfarrón, bravucón. **SIN. 1.** Bello, hermoso, agraciado. **2.** Estupendo. **4.** Gallito. **ANT. 1.** Feo. **FAM.** Guapamente, guaperas, guapetón, guapeza, guapura. / Requeteguapo.

guapura *s. f.* Cualidad de guapo. **SIN.** Guapeza.

guaquear *v. tr. Amér. C., Col.* y *Perú* Buscar tesoros.

guaracha *s. f. Cuba, Pan.* y *P. Rico* Baile semejante al zapateado.

guarangada *s. f. Amér. del S.* Dicho o hecho propio de un guarango o persona maleducada.

guarango, ga *adj. Arg., Chile, Par.* y *Urug.* Grosero, mal educado. También *s. m.* y *f.* **FAM.** Guarangada.

guaraní (del guaraní *abá guariní*, hombre de guerra) *adj.* **1.** Del pueblo amerindio que habitó en la región comprendida entre el Río de la Plata y el Amazonas y del que en la actualidad sólo quedan pequeños núcleos. || *s. m.* **2.** Lengua hablada por este pueblo y que hoy es, junto con el español, el idioma oficial de Paraguay. **3.** Unidad monetaria de Paraguay. **FAM.** Tupí-guaraní. ■ Su pl. es *guaraníes*, aunque también se utiliza *guaranís*.

guarapo (quechua) *s. m. Amér.* Jugo de caña de azúcar y bebida que se hace con él.

guarda *s. m.* y *f.* **1.** Persona encargada de la vigilancia y conservación de algo. || *s. f.* **2.** Acción de guardar. **3.** Hoja de papel o cartulina que une la tapa con el resto del libro. Se usa sobre todo en *pl.* **4.** Varilla exterior del abanico. **5.** Parte de la espada que protege la mano. || **6. guarda jurado** El que ha jurado su cargo y responsabilidades ante la autoridad, pero que puede ser contratado por empresas particulares. **SIN. 1.** Vigilante, cuidador. **2.** Custodia, guardia. **4.** Guía. **5.** Guardamano, guarnición. **FAM.** Guardagujas. GUARDAR.

guardabarrera *s. m.* y *f.* Persona que en las líneas férreas vigila un paso a nivel.

guardabarros *s. m.* Pieza que cubre las ruedas de un vehículo y las protege de las salpicaduras de barro. ■ No varía en *pl.* **SIN.** Aleta.

guardabosque o **guardabosques** *s. m.* y *f.* Guarda de un bosque.

guardacantón *s. m.* Bloque de piedra que protege las esquinas de los edificios de los golpes de los vehículos o impide su paso.

guardacoches *s. m.* y *f.* Persona que aparca y vigila los automóviles de los clientes en un establecimiento. ■ No varía en *pl.*

guardacostas *s. m.* Barco encargado de vigilar la costa y perseguir el contrabando. ■ No varía en *pl.*

guardaespaldas *s. m.* y *f.* Persona que acompaña a otra para protegerla. ■ No varía en *pl.*

guardafrenos *s. m.* y *f.* En los trenes, persona que maneja los frenos. ■ No varía en *pl.*

guardagujas *s. m.* y *f.* En los ferrocarriles, encargado del manejo de las agujas en los cambios de vía. ■ No varía en *pl.*

guardainfante *s. m.* Armazón hecho de alambre y cintas que se ponían antiguamente las mujeres bajo la falda para ahuecarla.

guardamano *s. m.* **1.** Guarnición de la espada. **2.** Pieza de madera fija al cañon de un arma de fuego, que sirve para proteger la mano de la alta temperatura del mismo.

guardameta *s. m.* y *f.* En fútbol y otros deportes, portero. **SIN.** Cancerbero.

guardamonte *s. m.* En las armas de fuego, pieza semicircular de metal que resguarda el gatillo.

guardamuebles *s. m.* Local donde se guardan muebles, pagando una cantidad. ■ No varía en *pl.*

guardapelo *s. m.* Joya en forma de cajita que sirve para guardar recuerdos, por ej., un mechón de pelo o una fotografía.

guardapolvo *s. m.* **1.** Funda con que se cubre algo para evitar que se llene de polvo. **2.** Bata o delantal para proteger la ropa en el trabajo.

guardar (del germ. *wardon*, estar en guardia) *v. tr.* **1.** Cuidar, vigilar: *El perro guarda la casa.* **2.** Colocar algo en lugar seguro o apropiado: *Guardó las gafas en el estuche.* **3.** Proteger: *La manta me guarda del frío.* **4.** Reservar: *Le guardaré el sitio.* **5.** Retener alguien para sí una cosa: *Me guardo mi opinión.* **6.** Mantener hacia alguien o algo cierto sentimiento o actitud: *guardar cariño.* **7.** Conservar un recuerdo o sensación: *Guardo una buena impresión de la visita.* **8.** Permanecer en la actitud o estado que se expresa: *guardar silencio, guardar cama.* **9.** Cumplir una regla: *guardar la palabra dada.* **10.** No gastar: *Guarda la mitad del sueldo.* || **guardarse** *v. prnl.* **11.** Prevenirse contra alguien o algo: *Guárdate de los aduladores.* **12.** Evitar: *Me guardé de llevarle la contraria.* ■ Se usa también como amenaza: *Te guardarás mucho de chillarme.* || **LOC. guardarla** (o **guardársela**) a alguien *fam.* Esperar para vengarse de una persona: *Ten cuidado con él, que te las guarda.* **SIN. 1.** Custodiar. **2.** Meter. **3.** Defender. **6.** Sentir. **9.** Observar. **10.** Ahorrar, economizar. **11.** Recelar, desconfiar, alejarse. **12.** Abstenerse. **ANT. 1.** Descuidar. **2.** Sacar. **5.** Dar. **9.** Incumplir, faltar. **10.** Despilfarrar. **11.** Confiar(se). **FAM.** Guarda, guardabarrera, guardabarros, guardabosque, guardacantón, guardacoches, guardacostas, guardador, guardaespaldas, guardafrenos, guardainfante, guardamano, guardameta, guardamonte, guardamuebles, guardapelo, guardapolvo, guardarraíl, guardarraya, guardarropa, guardarruedas, guardavía, guardería, guardés, guardia, guardián. / Aguardar, resguardar, retaguardia, salvaguardar.

guardarraíl *s. m.* Protección que se coloca en las carreteras para delimitar la calzada y evitar accidentes.

guardarraya *s. f. Amér.* Linde entre dos terrenos.

guardarropa *s. m.* **1.** En locales públicos, lugar donde los clientes pueden dejar los abrigos y otros objetos. **2.** Armario para guardar la ropa. **3.** P. ext., conjunto de prendas de vestir de una persona. || *s. m.* y *f.* **4.** Encargado de un guardarropa o de una guardarropía. **SIN. 2.** Ropero. **3.** Vestuario. **FAM.** Guardarropía. GUARDAR y ROPA.

guardarropía *s. f.* **1.** En teatro, cine y televisión, conjunto de trajes y objetos que se usan en las representaciones. **2.** Lugar donde se guardan. || **LOC. de guardarropía** *adj.* Que es sólo apariencia.

guardarruedas *s. m.* Guardacantón*. ■ No varía en *pl.*

guardavía *s. m.* y *f.* Empleado que se encarga de la vigilancia de un tramo de la vía férrea.

guardería *s. f.* Establecimiento donde se cuida a niños pequeños que aún no han cumplido la edad de comienzo de la educación preescolar y se atiende a algunos aspectos de su desarrollo.

guardés, sa *s. m.* y *f.* **1.** Persona que cuida y vigila una finca o una casa. || *s. f.* **2.** Mujer del guardés.

guardia (del gót. *wardja*) *s. f.* **1.** Acción de guardar o vigilar: *Hace guardia en el polvorín.* **2.** Servicio especial que se hace fuera del horario normal: *una farmacia de guardia.* **3.** Grupo armado que defiende o vigila a una persona o lugar: *la guardia de palacio.* **4.** Nombre que reciben ciertos cuerpos armados: *guardia civil, guardia pretoriana.* **5.** Postura o actitud de defensa: *El boxeador descuidó la guardia.* || *s. m.* y *f.* **6.** Individuo de ciertos cuerpos armados: *Le preguntó a un guardia.* || **7. guardia civil** Cuerpo armado español destinado a mantener el orden en las zonas rurales y vigilar las costas, fronteras y carreteras. **8.**

guardia de corps La destinada a proteger al rey. **9. guardia marina** El que estudia la carrera militar en una academia de la Armada. **10. guardia suiza** La que da escolta al papa y se ocupa del mantenimiento del orden en el Vaticano. || **LOC. bajar la guardia** Descuidar la defensa o vigilancia. **en guardia** *adv.* En actitud de defensa, con desconfianza. **poner en guardia** a alguien Llamar su atención sobre un peligro: *Nos puso en guardia sobre el problema.* **SIN. 1.** Guarda, custodia. **3.** Escolta. **5.** Protección. **6.** Agente. **ANT. 1.** Descuido, abandono. **FAM.** Guardiamarina. / Vanguardia. GUARDAR.

guardiamarina *s. m.* Guardia* marina.

guardián, na (del gót. *wardjan*, centinela) *s. m.* y *f.* **1.** Persona que guarda o cuida de una cosa. || *s. m.* **2.** Entre los franciscanos, superior de un convento. || *adj.* **3.** Se dice del animal, especialmente el perro, adiestrado para guardar y defender alguna cosa. **SIN. 1.** Vigilante, cuidador.

guardilla *s. f.* Buhardilla*.

guarecer *v. tr.* **1.** Proteger de un mal o peligro. || **guarecerse** *v. prnl.* **2.** Refugiarse: *Se guarecieron de la nieve en el cobertizo.* ■ Es v. irreg. Se conjuga como *agradecer.* **SIN. 1.** Defender. **2.** Cobijarse, resguardarse. **ANT. 1.** Desamparar. **2.** Exponerse. **FAM.** Guarida.

guarida *s. f.* **1.** Lugar resguardado donde se refugian los animales. **2.** Refugio de malhechores: *una guarida de ladrones.* **3.** *fam.* Lugar o rincón donde se recoge y aísla una persona. **SIN. 1.** y **2.** Cubil, madriguera, cueva. **2.** Nido. **FAM.** Véase **guarecer**.

guarismo (del ár. *jwarizmi*, sobrenombre del matemático Muhammad ibn Musa) *s. m.* Signo o conjunto de signos que expresa un número. **SIN.** Cifra. **FAM.** Algoritmo.

guarnecer *v. tr.* **1.** Poner guarnición: *Guarneció la sala de cortinas. Guarneció la ternera con verduras.* **2.** Abastecer: *guarnecer la despensa de provisiones.* **3.** Revocar o revestir la paredes de un edificio. **4.** Proteger, defender un lugar: *Las tropas guarnecían la plaza.* ■ Es v. irreg. Se conjuga como *agradecer.* **SIN. 1.** Adornar. **2.** Surtir, proveer, equipar. **4.** Custodiar. **FAM.** Guarnición. / Desguarnecer.

guarnición *s. f.* **1.** Adorno que se pone en vestidos, colgaduras, etc. **2.** Complemento de hortalizas, legumbres, etc., que se sirve acompañando a un plato más fuerte:: *ternera con guarnición de patatas.* **3.** Tropa que protege una ciudad, posición, etc. **4.** Parte de las espadas, sables, etc., que protege la mano. **5.** Montura de una joya: *La sortija tiene una guarnición de platino.* || *s. f. pl.* **6.** Conjunto de correajes de una caballería. **SIN. 1.** Accesorio. **2.** Aderezo. **4.** Guarda, cazoleta. **5.** Engaste, engarce. **6.** Arreos, arneses. **FAM.** Guarnicionería, guarnicionero. GUARNECER.

guarnicionería *s. f.* **1.** Taller en que se hacen guarniciones para las caballerías y otros objetos de cuero. **2.** Tienda en que se venden. **SIN. 1.** y **2.** Talabartería.

guarrada *s. f.* **1.** *fam.* Porquería. **2.** Acción indecente o injusta. **SIN. 1.** y **2.** Cochinada, marranada. **2.** Faena, jugarreta.

guarrazo *s. m. fam.* Golpe que se da alguien. **SIN.** Porrazo, golpetazo, batacazo.

guarrear *v. tr. fam.* Ensuciar: *guarrear un libro.* También *v. prnl.*

guarreras *adj. fam.* Sucio, desaseado. También *s. m.* y *f.*: *Esa mujer va hecha una guarreras.* ■ No varía en *pl.*

guarrería *s. f.* Guarrada*.

guarrindongo, ga *adj. fam.* Guarro, sucio. También *s. m.* y *f.*

guarro, rra *s. m.* y *f.* Cerdo*. También *adj.* **SIN.** Gorrino, cochino, puerco, marrano. **FAM.** Guarrada, guarrazo, guarrear, guarreras, guarrería, guarrindongo. / Enguarrar, gorrino.

guasa *s. f. fam.* Burla, ironía: *Contestó con mucha guasa.* **SIN.** Sorna, socarronería. **ANT.** Seriedad, gravedad. **FAM.** Guasada, guasearse, guaso, guasón.

guasada *s. f. Amér. del S.* Dicho o hecho propio de un guaso.

guasca (quechua) *s. f. Amér. del S.* Látigo ancho de cuero.

guasearse *v. prnl.* Tomar a guasa, burlarse. ■ Se construye con la prep. *de*: *Se guasea de todo el mundo.* **SIN.** Reírse, pitorrearse.

guaso, sa (voz caribe) *s. m.* y *f.* **1.** *Chile* Campesino de la zona centro y sur. || *adj.* **2.** *Arg.*, *Chile*, *Par.* y *Urug.* Grosero, tosco. También *s. m.* y *f.* ■ También se dice *huaso*.

guasón, na *adj. fam.* Que se toma todo a guasa, que le gusta bromear. También *s. m.* y *f.* **SIN.** Bromista, burlón, socarrón, cachondo. **ANT.** Serio.

guasteco, ca *adj.* Huasteco*.

guata[1] *s. f. Arg.* y *Chile fam.* Barriga, tripa.

guata[2] (del ár. *wadda*, poner entretela o forro en el vestido) *s. f.* Lámina de algodón que se emplea como relleno. **FAM.** Guatear. / Enguatar.

guatear *v. tr.* Rellenar con guata: *guatear una colcha.* **SIN.** Enguatar, acolchar. **FAM.** Guateado. GUATA[1].

guatemalteco, ca *adj.* De Guatemala. También *s. m.* y *f.* **FAM.** Guatemaltequismo.

guatemaltequismo *s. m.* Vocablo o giro propios del habla de Guatemala.

guateque (voz caribe) *s. m.* Fiesta en una casa particular, en que se merienda y se baila. **SIN.** Baile.

guau (onomat.) **1.** Voz que imita el ladrido del perro. || *interj.* **2.** Expresa admiración, alegría: *¡Guau, qué cochazo!*

guay *adj. fam.* Estupendo, sensacional: *una discoteca guay.* También *adv.*: *Lo pasamos guay.* **SIN.** Magnífico, fenómeno. **ANT.** Fatal.

guayaba (voz mapuche) *s. f.* **1.** Fruto comestible del guayabo, de sabor dulce. **2.** Conserva que se hace con esta fruta. **3.** *Amér. C.* y *Ven.* Mentira. **FAM.** Guayabera, guayabo.

guayabera *s. f.* Chaquetilla o camisa suelta y de tela ligera.

guayabo *s. m.* **1.** Árbol leñoso de la familia mirtáceas, de hasta 8 m de altura, con hojas ovales y coriáceas y flores blancas. Es originario de América Central y se cultiva por su fruto, la guayaba. || *s. m.* y *f.* **2.** Persona joven y atractiva.

guayacán *s. m.* Árbol de América tropical, que alcanza hasta unos 12 metros de altura, de tronco grande, ramoso y torcido, y flores de color blanco azulado.

guayanés, sa *adj.* De Guayana. También *s. m.* y *f.*

guayuco *s. m. Col.* y *Ven.* Taparrabos.

gubernamental *adj.* **1.** Del gobierno o relacionado con él: *política gubernamental.* **2.** Partidario del gobierno. **SIN. 1.** Gubernativo, oficial.

gubernativo, va *adj.* Gubernamental*. **FAM.** Gubernamental, gubernativamente. GOBIERNO.

gubia (del bajo lat. *gulbia*, formón) *s. f.* **1.** Herramienta que se emplea en carpintería y ebanistería para labrar superficies curvas o acanaladas. **2.** En cirugía, instrumento de boca semiesférica utilizado para separar o extirpar fragmentos de hueso. **SIN. 1.** Formón.

gudari (vasc.) *s. m.* Soldado vasco.

guedeja *s. f.* **1.** Mechón de pelo. **2.** Cabellera de una persona cuando es larga. **3.** Melena del león. SIN. **2.** Pelambrera. FAM. Vedeja.

güelfo, fa (del al. *Welf*, nombre propio) *adj.* En la Edad Media, en Italia, partidario de los papas y enemigo de los gibelinos o defensores de los emperadores alemanes de la casa Hohenstaufen. También *s. m.* y *f.*

guepardo (del fr. *guépard*) *s. m.* Mamífero carnívoro félido, parecido al leopardo, aunque más esbelto, que mide hasta 135 cm de longitud, tiene uñas no retráctiles y una velocidad inicial de carrera de más de 100 km/h.

güero, ra[1] *adj.* Huero*.

güero, ra[2] *adj. Amér. C.*, *Méx.* y *Ven.* Rubio. También *s. m.* y *f.*

guerra (del germ. *werra*, pelea) *s. f.* **1.** Lucha armada entre dos o más países o entre grupos contrarios dentro de un mismo país; p. ext., cualquier clase de lucha continua: *la guerra entre bandas rivales.* **2.** Acción o conjunto de acciones encaminadas a acabar con algo que se considera negativo o perjudicial: *guerra a la pobreza.* || **3. guerra civil** La que sostienen entre sí dos bandos contrarios de un mismo país. **4. guerra fría** Tensión política surgida tras la Segunda Guerra Mundial entre los países occidentales y el bloque soviético, que se prolongó hasta la desaparición de este último; también se aplica a las relaciones muy tensas entre países, organismos, personas, etc. **5. guerra de nervios** Enfrentamiento sin violencia física entre dos contendientes cuyas acciones están dirigidas a desmoralizar al contrario. **6. guerra santa** La que el Corán ordena a los creyentes islámicos para defender o extender su religión; también, cualquier guerra que se hace por motivos religiosos. || LOC. **buscar** (**pedir** o **querer**) **guerra** *fam.* Buscar pelea; también, provocar sexualmente. **dar guerra** Molestar, enredar; también, causar problemas: *Este coche me está dando guerra.* **de antes de la guerra** *adj. fam.* Muy antiguo. **declarar la guerra** Comunicar formalmente el inicio de las hostilidades; también, iniciar una lucha o combate contra alguien o algo. **tener** (**la**) **guerra declarada** a alguien o algo *fam.* Actuar continuamente y por sistema contra una persona o cosa. SIN. **1.** Contienda, conflagración, enfrentamiento, choque, refriega, disputa. **2.** Eliminación, exterminio, erradicación. ANT. **1.** Paz. FAM. Guerrear, guerrera, guerrero, guerrilla. / Aguerrido, posguerra.

guerrear *v. intr.* **1.** Hacer la guerra. **2.** P. ext., rebatir, discutir, contradecir. SIN. **1.** Luchar, pelear. **2.** Pleitear.

guerrera *s. f.* Chaqueta ajustada y generalmente abrochada desde el cuello, que forma parte de algunos uniformes militares. SIN. Casaca.

guerrero, ra *adj.* **1.** Propio de la guerra o relacionado con ella: *canto guerrero, espíritu guerrero.* **2.** Que lucha en la guerra. También *s. m.* y *f.* **3.** *fam.* Travieso, revoltoso: *un niño muy guerrero.* **4.** Pendenciero, belicoso. También *s. m.* y *f.* SIN. **1.** Bélico, marcial, aguerrido. **2.** Combatiente, soldado. **3.** Enredador. **4.** Peleón. ANT. **4.** Pacífico.

guerrilla *s. f.* **1.** Pequeño grupo armado que combate hostilizando al enemigo mediante golpes de mano, aprovechando su conocimiento del terreno y su facilidad de maniobra. **2.** Conjunto de estos grupos que actúa en un determinado país. **3.** Forma de guerra llevada a cabo por dichos grupos y caracterizada por acciones discontinuas y aisladas. **4.** Partida de soldados regulares de estas características. SIN. **1.** Banda, facción. **4.** Avanzada, avanzadilla. FAM. Guerrillero. GUERRA.

gueto (del ital. *ghetto*, abreviatura de *borghetto*) *s. m.* **1.** Barrio de una ciudad en que vivían o eran obligados a vivir los judíos: *el gueto de Varsovia.* **2.** Cualquier minoría de personas que vive aislada por motivos raciales, políticos, culturales, etc.: *un gueto negro.* **3.** Lugar en que vive dicha minoría. SIN. **1.** Judería, aljama.

güevón, na *adj. fam.* Huevón*.

guía *s. m.* y *f.* **1.** Persona que orienta, enseña, aconseja y dirige a otras: *guía de montaña, guía espiritual, guía turístico.* || *s. m.* **2.** Soldado que colocado en primera fila y a la derecha de la formación sirve para alinear la tropa. || *s. f.* **3.** Cualquier cosa que sirve a alguien de orientación: *Sus consejos fueron para mí una guía.* **4.** Libro en que se dan indicaciones sobre la forma de actuar en determinados casos o sobre la utilización de un aparato, mecanismo, etc.: *guía de uso.* **5.** Libro o folleto que contiene una serie de datos e informaciones sobre alguna materia: *guía telefónica, guía de espectáculos.* **6.** Documento que certifica y autoriza el transporte de ciertas mercancías que por razones fiscales, sanitarias, etc., tienen algunas limitaciones. **7.** Tallo principal de algunos árboles. **8.** Vara o sarmiento que se deja sin podar en las cepas y en los árboles. **9.** Palo o caña que se clava junto a una planta para que crezca recta: *Le hemos puesto una guía al rosal.* **10.** Ranura, carril o barra que sirve para que un objeto o mecanismo siga una dirección determinada: *las guías de una persiana.* **11.** Caballería que, sola o junto con otra, va delante de las demás, tirando de un carruaje. **12.** En el movimiento scout, muchacha exploradora. También *adj.* **13.** Cada una de las puntas del bigote cuando están retorcidas. || *s. amb.* **14.** Manillar. SIN. **1.** Conductor, maestro, líder, cicerone. **3.** Faro, norte, pauta, rumbo. **5.** Manual. **9.** Rodrigón.

guiar *v. tr.* **1.** Servir de guía: *El guarda nos guió por el monte.* **2.** Conducir un vehículo. || **guiarse** *v. prnl.* **3.** Dejarse dirigir por alguien o algo: *Nos guiamos por la brújula.* ■ En cuanto al acento, se conjuga como *ansiar*: *guío.* SIN. **1.** Orientar, encauzar. ANT. **2.** Desorientar, desviar. FAM. Guía, guiado, guión.

guija *s. f.* **1.** Guijarro. **2.** Almorta*. SIN. **1.** China.

guijarro *s. m.* Piedra pequeña y redondeada por la erosión, como las que se encuentran en las orillas del mar y cauces de los ríos. SIN. Guija, china, chinarro. FAM. Guija, guijarral, guijo.

guijo *s. m.* Conjunto de guijas o piedras pequeñas, utilizadas para construir caminos y carreteras. SIN. Grava, gravilla, cascajo.

guilda (del ant. nórdico *gildi*) *s. f.* En la Edad Media, asociación de mercaderes para defensa de sus intereses de grupo. ■ Se dice también *gilda.*

guillado, da *adj.* Chiflado, loco. SIN. Grillado. ANT. Cuerdo.

guillarse *v. prnl.* **1.** *fam.* Volverse loco: *Se guillará de tanto pensar.* **2.** Irse, marcharse. SIN. **1.** Grillarse, chiflarse, chalarse. **2.** Pirarse, abrirse. FAM. Guillado, guilladura.

guillotina (del fr. *guillotine*, de *Guillotin*, médico francés que propuso el empleo de esta máquina) *s. f.* **1.** Máquina creada en Francia para decapitar a los condenados a muerte, consistente en una cuchilla que resbala por un armazón de madera. **2.** Máquina semejante utilizada para cortar papel y otras cosas parecidas. || LOC. **de guillotina** *adj.* Se aplica a las ventanas, persianas, etc., que se abren y se cierran verticalmente deslizándose por guías, en lugar de girar sobre bisagras. FAM. Guillotinar.

guillotinar *v. tr.* **1.** Decapitar con la guillotina. **2.** Cortar papel u otra cosa con guillotina.

guinche o **güinche** (del ingl. *winch*, montacargas) *s. m. Arg., Chile* y *Urug.* Grúa. ■ Se dice también *huinche*.

guinda *s. f.* **1.** Fruto del guindo, parecido a la cereza, pero más redondo y de sabor más ácido. **2.** *fam.* Detalle que remata o perfecciona una cosa: *Los fuegos artificiales pusieron la guinda a las fiestas.* SIN. **2.** Colofón. FAM. Guindado, guindilla, guindo.

guindado *s. m. Amér.* Licor elaborado con guindas.

guindar (del fr. *guinder*) *v. tr. fam.* Robar, quitar. SIN. Birlar, afanar, hurtar, sustraer.

guindilla *s. f.* **1.** Variedad del pimiento, de tamaño más pequeño y alargado, color rojo o verde y muy picante. **2.** Fruto del guindillo de Indias.

guindillo de Indias *expr.* Árbol solanáceo de pequeño tamaño, con flores blancas y fruto redondo de sabor picante. Se usa como planta ornamental y crece en Asia meridional. ■ Se utiliza como *s. m.*

guindo *s. m.* Árbol rosáceo que alcanza hasta 10 m de altura, tiene hojas dentadas de color oscuro, flores blancas y fruto rojo en drupa, de sabor ácido. || LOC. **caerse de un guindo** *fam.* Ser muy ingenuo o no estar al tanto de las cosas. ■ Suele usarse en frases interrogativas, introducidas por verbos como *creer, pensar*, etc.: *¿Crees que me he caído de un guindo?* FAM. Guindalera. GUINDA.

guinea (de *Guinea*, región de África de donde provenía el oro con que se acuñaban estas monedas) *s. f.* Antigua moneda británica de oro, que valía veintiún chelines.

guineano, na o **guineo, a** *adj.* De Guinea. También *s. m.* y *f.* FAM. Guinea. / Ecuatoguineano.

guineo *s. m.* Variedad de plátano en algunas zonas de América, especialmente en el área del Caribe.

guiña (del fr. *gigne*) *s. f. Col.* y *Ven.* Mala suerte.

guiñapo (del fr. *guenipe*, andrajo, y éste del neerl. *knippe*, recorte de tela) *s. m.* **1.** Trozo de tela roto y sucio. **2.** Prenda sucia o muy estropeada. **3.** Persona muy débil, enfermiza, o muy decaída moralmente: *Está hecho un guiñapo.* || LOC. **poner** a alguien **como un guiñapo** *fam.* Hablar mal de él, insultarle. SIN. **1.** Andrajo, harapo. **3.** Ruina, piltrafa. ANT. **3.** Roble.

guiñar *v. tr.* **1.** Cerrar y abrir rápidamente un ojo dejando el otro abierto, p. ej. para hacer una seña disimulada a otra persona. También *v. prnl.* **2.** Entrecerrar los dos ojos por efecto de la luz, por mala visión, etc. FAM. Guiñada, guiño.

guiño *s. m.* **1.** Acción de guiñar. **2.** Mensaje implícito, no expresado abiertamente: *La película estaba llena de guiños al espectador.* SIN. **1.** Guiñada. **2.** Insinuación, sugerencia, indirecta.

guiñol (del fr. *guignol*) *s. m.* Representación teatral realizada con muñecos, que se mueven con la mano por personas ocultas tras el escenario.

guión *s. m.* **1.** Esquema básico de un discurso, conferencia, etc., que sirve de ayuda al hacer la exposición. **2.** Texto que contiene los diálogos, la distribución por escenas, la relación de los elementos sonoros y musicales y las indicaciones técnicas necesarias para la realización de una película o un programa de radio o televisión. **3.** Signo ortográfico (-) empleado para distintos usos, como indicar que un renglón termina con parte de una palabra que continuará en el siguiente; unir los elementos de algunas palabras compuestas (*franco-alemán*); señalar en un diálogo cuando habla cada persona; sustituir a veces un paréntesis en listas, índices, etc., o una palabra o frase que está en la línea superior y que no se quiere repetir. **4.** Ave que va delante de la bandada guiándola. **5.** Estandarte del rey o de otro jefe. **6.** Cruz o bandera que se lleva delante de las procesiones como insignia de una comunidad, cofradía, etc. SIN. **2.** Libreto. **5.** Pendón, enseña. FAM. Guionista. GUIAR.

guionista *s. m.* y *f.* Autor de un guión.

guipar *v. tr.* **1.** *fam.* Ver: *Desde aquí no guipo nada.* **2.** Descubrir las intenciones, defectos o debilidades de alguien: *Le guipé nada más verle.* SIN. **1.** Junar. **2.** Fichar, calar, pillar.

guipuchi *s. m.* y *f. fam.* Guipuzcoano.

guipur (del fr. *guipure*) *s. m.* Cierto tipo de encaje de malla gruesa.

guipuzcoano, na *adj.* **1.** De Guipúzcoa. También *s. m.* y *f.* || *s. m.* **2.** Dialecto del eusquera. FAM. Guipuchi.

güira (voz antillana) *s. f.* Árbol tropical de hasta 5 m de altura, tronco torcido, hojas grandes con forma de corazón y flores blanquecinas, con cuyo fruto de corteza dura se fabrican vasijas, tazas, etc. Se llama también *hibuero* y *hüira*.

guiri (del vasc. *guiristino*, cristino, nombre que los carlistas vascos daban a los soldados partidarios de la regente María Cristina) *s. m.* y *f.* **1.** *fam.* y *desp.* Extranjero: *En verano, la costa se llena de guiris.* || *s. m.* **2.** *desp.* Miembro de la Guardia Civil.

guirigay (onomat.) *s. m.* **1.** Lenguaje confuso, difícil de entender. **2.** Griterío, alboroto. ■ Su pl. es *guirigáis* o *guirigayes*. SIN. **1.** Galimatías. **2.** Jaleo, follón, escándalo.

guirlache (del fr. *grillage*, de *grille*, parrilla, y éste del lat. *craticula*, rejilla) *s. m.* Dulce hecho con almendras tostadas y caramelo.

guirnalda *s. f.* **1.** Tira hecha con flores, hojas naturales o artificiales u otras cosas entretejidas, que se usa como adorno. **2.** En arte, elemento ornamental compuesto por frutos, flores y hojas unidos por cintas, formando una banda que cuelga de los extremos.

guisa (del germ. *wisa*) *s. f.* Modo, manera: *¿Dónde vas vestido de esa guisa?* || LOC. **a guisa de** *adv.* A modo de: *Usaba un palo a guisa de bastón.* FAM. Guisar. / Desaguisado.

guisado, da **1.** *p.* de **guisar**. También *adj.*: *patatas guisadas.* || *s. m.* **2.** Plato de carne o pescado cocidos con patatas, verdura, etc.: *un guisado de ternera.*

guisante *s. m.* **1.** Planta herbácea leguminosa de tallo trepador, dotada de zarcillos, flores blancas y fruto en legumbre, cuyas semillas de color verde o amarillo son apreciadas como alimento. **2.** Semilla de esta planta.

guisar *v. tr.* **1.** Preparar los alimentos condimentándolos y cociéndolos al fuego. También *v. intr.*: *Tu madre guisa muy bien.* **2.** Planear u organizar. También *v. prnl.*: *El asunto se lo guisaron entre ellos.* SIN. **1.** Cocinar. **2.** Tramar, maquinar, fraguar, proyectar, concebir. FAM. Guisado, guisandero, guiso, guisote. GUISA.

guiso *s. m.* Guisado*.

guisote *s. m.* Guiso mal presentado o mal hecho. SIN. Comistrajo, gallofa, bazofia, bodrio.
güisquería *s. f.* Whiskería*.
güisqui (del ingl. *whisky*) *s. m.* Whisky*. FAM. Güisquería.
guita (del lat. *vitta*, cinta) *s. f.* **1.** Cuerda delgada de cáñamo. **2.** *fam.* Dinero. SIN. **1.** Cordel, bramante. **2.** Pasta, plata, parné, cuartos.
guitarra (del ár. *qitara*, y éste del gr. *kithara*, cítara) *s. f.* **1.** Instrumento musical de cuerda que consta de una caja de resonancia con formas redondeadas, un mástil dividido en trastes, un clavijero donde se afinan las seis cuerdas y un puente donde se fijan éstas. **2.** *Ven.* Traje de fiesta. || *s. m.* y *f.* **3.** Persona que toca ese instrumento. || **4. guitarra eléctrica** Aquella cuyo sonido se produce en unas pastillas electrónicas que recogen la vibración de las cuerdas y la transmiten a un amplificador. SIN. **2.** Guitarrista. FAM. Guitarreo, guitarrería, guitarrero, guitarrillo, guitarrista, guitarro, guitarrón.
guitarrillo o **guitarro** *s. m.* Instrumento musical de cuatro cuerdas, parecido a la guitarra.
guitarrón *s. m.* **1.** *aum.* de **guitarra**. **2.** Guitarra grande, de tono bajo, usada sobre todo por los mariachis mexicanos.
güito *s. m.* **1.** *fam.* Sombrero. **2.** Hueso de fruta, especialmente el del albaricoque. || *s. m. pl.* **3.** Juego de chicos en que se utilizan estos huesos.
gula (del lat. *gula*) *s. f.* Vicio de comer y beber en exceso, glotonería: *Se terminó la tarta con gula.* SIN. Tragonería, voracidad, avidez. ANT. Frugalidad, templanza. FAM. Gulusmear.
gulasch (del húngaro *gulyás*) *s. m.* Estofado de buey o cerdo, típico de Hungría.
gules (del fr. *gueules*, de *gueule*, y éste del lat. *gula*, garganta) *s. m. pl.* En heráldica, color rojo: *león rampante sobre campo de gules.*
gulusmear *v. intr.* **1.** Andar comiendo golosinas y picando entre comidas. **2.** Curiosear en la cocina, probando lo que se guisa. SIN. **1.** Golosinear, lechucear. FAM. Gulusmero. GULA.
gumía (del ár. *kummyya*) *s. f.* Puñal de hoja ligeramente curva que usan los moros.
gurí, risa (guaraní) *s. m.* y *f. Arg.*, *Par.* y *Urug.* Niño.
guripa *s. m.* **1.** *fam.* Soldado raso. **2.** Guardia municipal. **3.** Granuja, golfo. SIN. **3.** Pícaro, bribón, pillo, pillastre.
gurja o **gurka** *adj.* De un pueblo de raza indoafgana que habita en Nepal.
gurriato *s. m.* **1.** Pollo del gorrión. **2.** *fam.* Niño.
gurrumino, na *adj.* **1.** *Arg.*, *Par.* y *Urug.* Débil, enclenque. || *s. m.* y *f.* **2.** *Amér. C.* y *Méx.* Niño, muchacho. || *s. f.* **3.** *Amér.* Cansancio, flojera.
gurruño *s. m.* Cosa encogida o arrugada: *La manta se hizo un gurruño.* SIN. Ovillo, lío. FAM. Gurruñar. / Engurruñar.
gurú (sánscrito, significa 'venerable') *s. m.* **1.** En la India, jefe o director espiritual de un grupo religioso. **2.** P. ext., jefe espiritual en sectas religiosas de inspiración oriental. **3.** Persona que ejerce una gran influencia moral o intelectual sobre otras. ■ Su pl. es *gurúes*, aunque también se utiliza *gurús*.
gurullo *s. m.* Grumo que se forma en una masa, pasta, etc. SIN. Burujo.
gusa *s. f. fam.* Hambre, apetito. SIN. Gazuza, gana. ANT. Inapetencia.
gusanillo *s. m.* **1.** *dim.* de **gusano**. **2.** Hilo de seda, oro, plata, etc., enrollado en espiral con el que se confeccionan algunas labores y, p. ext., estas labores. || **3. el gusanillo de la conciencia** *fam.* Remordimientos. || LOC. **matar el gusanillo** *fam.* Calmar momentáneamente el hambre comiendo algo ligero. Satisfacer un deseo. Tomar por la mañana un licor en ayunas. **picar** (o **entrar**) **el gusanillo** Entrarle a alguien un deseo o afición.
gusano *s. m.* **1.** Animal de cuerpo alargado, cilíndrico, blando, sin esqueleto ni extremidades, que se desplaza contrayendo y estirando el cuerpo, como la lombriz. **2.** Nombre genérico que se utiliza para designar a diversos metazoos invertebrados. **3.** Larva de algunos insectos u oruga de ciertas mariposas. **4.** Persona despreciable, de comportamiento muy poco noble y desinteresado. **5.** Persona insignificante: *Sólo es un pobre gusano.* || **6. gusano de luz** Luciérnaga. **7. gusano de seda** Oruga de ciertas mariposas que teje un capullo utilizado en la confección de telas de seda. SIN. **4.** Rata, reptil, infame, indeseable. **5.** Infeliz, tipejo. ANT. **4.** Bendito. **5.** Figura. FAM. Gusanera, gusanillo. / Agusanarse.
gusarapo, pa *s. m.* y *f.* Cualquier tipo de animal con forma de gusano que se desarrolla en los líquidos: *El agua de la charca tenía gusarapos.* FAM. Gusarapiento.
gustar (del lat. *gustare*) *v. intr.* **1.** Resultar algo agradable o atractivo a alguien: *Me gusta mucho la playa.* **2.** Parecer bien algo a una persona: *Me gusta que seas generoso.* **3.** Caer bien una persona a otra, y en especial atraerse físicamente. También *v. prnl.* con valor recíproco: *Julio y Mónica se gustan.* ■ En estas tres acepciones, el complemento indirecto de persona suele repetirse con un pron. pers. y muy frecuentemente el sujeto va detrás del verbo: *A Javier no le gusta el dulce.* **4.** Sentir agrado o afición por alguna cosa. ■ Se construye con la prep. *de*: *Gusta de darse importancia.* **5.** Se usa como fórmula de cortesía para ofrecer a alguien de lo que se está comiendo o bebiendo: *¿Gustas?* || *v. tr.* **6.** Percibir el sabor de alguna cosa: *Gustó el vino y le pareció excelente.* **7.** Probar o experimentar algo. SIN. **1.** Placer, encantar, deleitar. **1.** y **2.** Agradar, complacer. **2.** Satisfacer. **4.** Disfrutar, divertirse, recrearse. **6.** Degustar, saborear, paladear. **7.** Conocer. ANT. **1.** Repugnar. **1.** y **2.** Desagradar, disgustar. FAM. Degustar, disgustar. GUSTO.
gustativo, va *adj.* Del sentido del gusto o relacionado con él: *papilas gustativas.*
gustazo (aum. de *gusto*) *s. m. fam.* Placer o satisfacción que produce hacer lo que a uno le apetece mucho: *Me di el gustazo de comprármelo.*
gustillo *s. m.* **1.** Ligero sabor que queda en la boca después de comer algo o que acompaña a otro más fuerte: *Este vino tiene un gustillo agrio.* **2.** Sensación o impresión que deja algo: *La derrota nos dejó un gustillo amargo.* **3.** Satisfacción mal intencionada que produce alguna cosa: *En vacaciones da gustillo ver trabajar a otros.* SIN. **1.** Dejo. **1.** y **2.** Regusto. ANT. **3.** Grima.
gustirrinín *s. m. fam.* Sensación de placer muy agradable e intensa.
gusto (del lat. *gustus*) *s. m.* **1.** Uno de los cinco sentidos corporales, gracias al cual se perciben los sabores dulces, salados, ácidos y amargos. **2.** Sabor de las cosas que se experimenta a través de este sentido: *Noto un gusto amargo en la bebida.* **3.** Placer o satisfacción que produce alguna cosa: *Daba gusto verle.* ■ Se usa en algunas expresiones de cortesía utilizadas en las presentaciones como *mucho gusto*, *tanto gusto*, *el gusto es mío.* **4.** Agrado o disposición con que se hace algo: *Comía con gusto.* **5.** Voluntad o decisión pro-

pia: *Si ha venido es por su gusto.* **6.** Deseo, capricho: *Deja que se lo compre si ése es su gusto.* **7.** Forma de apreciar las cosas propia de cada persona: *Tú y yo tenemos gustos muy diferentes.* **8.** Capacidad que tiene alguien para apreciar y elegir las cosas bonitas o elegantes: *Viste con gusto.* **9.** Cualidad de una cosa que la hace hermosa y agradable o fea y desagradable: *Nos gastó una broma de muy mal gusto.* **10.** Estilo de una obra artística o literaria. || LOC. **a gusto** *adv.* Cómodamente, sin problemas: *Está a gusto con nosotros.* **cogerle (encontrarle o tomarle) el gusto** a algo Aficionarse a aquello que se expresa: *Parece que le ha cogido el gusto al estudio.* **con mucho gusto** Expresión de cortesía con que se responde a una petición, pregunta, etc.: *Por favor, ¿me abre la puerta? Con mucho gusto.* SIN. **1.** Paladar. **3.** Goce, gozo. **3.** y **4.** Deleite, complacencia. **4.** Gana. **5.** Albedrío. **6.** Antojo. **7.** Apreciación. **8.** Elegancia, distinción. ANT. **3.** y **4.** Disgusto, desagrado, asco, aversión. FAM. Gustar, gustativo, gustazo, gustillo, gustirrinín, gustosamente, gustoso. / Regusto.

gustoso, sa *adj.* **1.** Sabroso. **2.** Que siente gusto o hace algo con gusto: *Le invitaré muy gustoso.* **3.** Que produce gusto o placer.

gutapercha (del ingl. *gutta-percha*, y éste del malayo *gatah*, goma, y *percha*, el árbol que la produce) *s. f.* **1.** Goma vegetal, sólida y flexible, que se obtiene del látex de ciertos árboles del SE asiático y se utiliza como aislante, para impermeabilizar las telas, para hacer empastes en odontología, etc. **2.** Tela barnizada con esta sustancia.

gutural (del lat. *gutturalis*, de *guttur*, garganta) *adj.* **1.** De la garganta o relacionado con ella: *voz gutural.* **2.** En ling., se aplica a las consonantes velares *g*, *j*, *k*. También *s. f.* FAM. Guturalmente.

guyanés, sa *adj.* De Guyana, Guayana Británica. También *s. m.* y *f.* ■ Se dice también *guayanés*.

guzla (del serbocroata *guslati*, a través del fr.) *s. f.* Instrumento musical parecido al violín, de una sola cuerda, propio de los pueblos eslavos de los Balcanes.

gymkhana *s. f.* Gincana*.

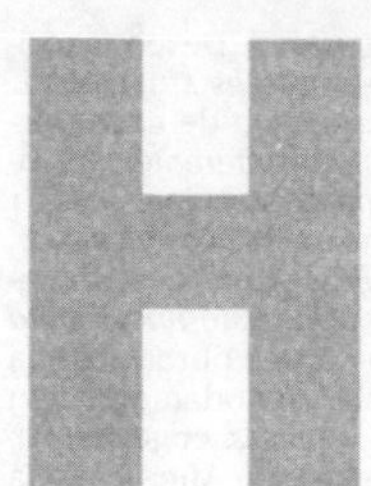

h *s. f.* Octava letra del abecedario español y sexta de las consonantes. No se pronuncia, aunque su antiguo sonido aspirado se conserva en algunas zonas de Extremadura, Andalucía y América del Sur, y en algunas palabras de origen extranjero. Su nombre es *hache*.

haba (del lat. *faba*) *s. f.* **1.** Planta leguminosa de hojas compuestas y flores de color violeta o blanco, cuyo fruto se utiliza en alimentación, sobre todo sus semillas. **2.** Fruto y semilla de esta planta. **3.** Roncha que sale en la piel por alguna causa. || LOC. **son habas contadas** Se aplica a una cosa segura, clara; se dice también de aquellas cosas de las que hay un número fijo y generalmente escaso. FAM. Habar, habichuela, habón. / Fabada.

habanero, ra *adj.* **1.** De La Habana, capital de Cuba. También *s. m.* y *f.* || *s. f.* **2.** Danza y melodía cubanas de compás binario y ritmo cadencioso. FAM. Habano.

habanito *s. m. Arg.* y *Urug.* Galleta redonda rellena de dulce de leche y chocolate.

habano, na *adj.* **1.** De La Habana y, p. ext., de la isla de Cuba. || *s. m.* **2.** Cigarro puro elaborado en Cuba.

habeas corpus (lat., significa 'que tengas el cuerpo') *expr.* Derecho que tienen los detenidos a ser llevados ante el juez en un plazo límite después de su arresto. ■ Se usa como *s. m.*

haber[1] (del lat. *habere*, tener, poseer) *v. aux.* **1.** En la conjugación verbal, se usa para formar los tiempos compuestos: *Lo he visto. Habrán terminado.* **2.** Con *de* y un infinitivo expresa la acción como necesaria o forzosa: *He de irme.* **3.** Seguido de *que* y de un verbo en infinitivo, significa 'ser necesario, obligatorio o conveniente': *Hay que saber escuchar.* || *v. impers.* **4.** Ocurrir, suceder algo: *Hubo un accidente.* **5.** Estar presente en algún lugar o acontecimiento: *Había mucha gente en la manifestación.* **6.** Existir o hallarse una cosa real o figuradamente: *Hay votos en tu contra.* **7.** Verificarse, efectuarse: *Mañana habrá acuerdo.* **8.** La forma *ha*, acompañada de expresiones de tiempo, significa 'haber transcurrido ese tiempo': *Años ha que se fue.* || LOC. **como hay pocos** *adj.* Intensifica un nombre o un calificativo: *Es un atleta como hay pocos.* **de lo que no hay** *adj.* Refuerza un calificativo, generalmente en sentido negativo. **habérselas con** alguien Enfrentarse con él. **no haber** (o **tener**) **por donde coger** a alguien o algo *fam.* No tener una persona o cosa nada bueno, estar muy mal. También, ser algo muy difícil de tratar, manejar o comprender: *Este problema no hay por donde cogerlo.* **no hay de qué** Se utiliza como respuesta de cortesía al que da las gracias. **si los (las) hay** o **donde los (las) haya** Refuerza lo expresado anteriormente: *Es una mujer hermosa, donde las haya.* ■ Es v. irreg. Como v. impers., se utiliza en la 3.ª del sing., aunque el sustantivo que le acompaña vaya en pl., y en el presente de indicativo presenta la forma *hay*: *Hubo varios accidentes. Hay días muy buenos.* SIN. **2.** Deber, tener. **4.** Acaecer, sobrevenir, acontecer. **5.** Asistir, acudir. ANT. **5.** Faltar, ausentarse. FAM. Haber[2], habiente. / ¡Malhaya!

HABER	
INDICATIVO	
Presente	**Pretérito perfecto simple**
he	*hube*
has	*hubiste*
ha/hay	*hubo*
hemos	*hubimos*
habéis	*hubisteis*
han	*hubieron*
Futuro	**Condicional**
habré	*habría*
habrás	*habrías*
habrá	*habría*
habremos	*habríamos*
habréis	*habríais*
habrán	*habrían*
SUBJUNTIVO	
Presente	**Pretérito imperfecto**
haya	*hubiera o hubiese*
hayas	*hubieras o hubieses*
haya	*hubiera o hubiese*
hayamos	*hubiéramos o hubiésemos*
hayáis	*hubierais o hubieseis*
hayan	*hubieran o hubiesen*
Futuro	
hubiere	*hubiéremos*
hubieres	*hubiereis*
hubiere	*hubieren*

haber[2] *s. m.* **1.** Conjunto de bienes o derechos que posee una persona o entidad. Se usa mucho en *pl.*: *Le fueron confiscados todos sus haberes.* **2.** Parte de una cuenta bancaria donde se anotan los ingresos. **3.** Cualidades positivas que tiene en su favor alguien o algo. || *s. m. pl.* **4.** Dinero que percibe un empleado por su trabajo. SIN. **1.** Capital, caudal, hacienda. **4.** Emolumentos, paga, sueldo, retribución. ANT. **2.** Debe.

habichuela *s. f.* Alubia*.

habiente *adj.* Que tiene. ■ Se usa sobre todo en expr. jurídicas. FAM. Poderhabiente. HABER[1].

hábil (del lat. *habilis*, fácil de tener) *adj.* **1.** Que tiene capacidad para hacer bien las cosas o cierta cosa: *unas manos hábiles, un hábil negociador.* **2.** En der., apto o disponible para una cosa: *tiempo hábil para presentar un recurso.* SIN. **1.** Habilidoso, mañoso, experto. **ANT.** **1.** Torpe. **1.** y **2.** Inhábil. **FAM.** Habilidad, habilidoso, habilitar, hábilmente. / Inhábil.

habilidad (del lat. *habilitas, -atis*) *s. f.* **1.** Capacidad o destreza para hacer bien una cosa o hacerla fácilmente: *habilidad para las manualidades, habilidad para tratar a la gente.* **2.** Cada una de las cosas realizadas con facilidad o destreza por una persona: *Demostró todas sus habilidades en el escenario.* **SIN.** **1.** Talento, arte, maestría, pericia, soltura. **ANT.** **1.** Ineptitud, incapacidad. **1.** y **2.** Torpeza.

habilidoso, sa *adj.* Que tiene habilidad o está hecho con habilidad: *un artesano habilidoso, una maniobra habilidosa.* **SIN.** Hábil, diestro, eficaz, mañoso. **ANT.** Torpe, patoso.

habilitado, da **1.** *p.* de **habilitar**. También *adj.* || *s. m.* **2.** En algunos organismos, persona encargada de pagar los sueldos. **3.** En el ejército, encargado de cobrar en la tesorería las cantidades asignadas a su unidad.

habilitar *v. tr.* **1.** Hacer a una persona o cosa hábil o apta para algo, en especial para actos jurídicos. **2.** Proporcionar los medios necesarios para el fin que se pretende: *Habilitaron los fondos para la construcción del puente.* **3.** Adaptar las cosas disponibles a las necesidades presentes: *Habilitaron la iglesia como hospital.* **SIN.** **1.** Capacitar, autorizar. **2.** Aportar. **3.** Adecuar. **ANT.** **1.** Inhabilitar, incapacitar. **FAM.** Habilitación, habilitado. / Rehabilitar. HÁBIL.

habitabilidad *s. f.* Cualidad de habitable, especialmente la que, con arreglo a determinadas normas legales, tiene un local o una vivienda.

habitable *adj.* Que tiene las condiciones necesarias para ser habitado. **ANT.** Inhabitable, inhóspito.

habitación *s. f.* **1.** Cada una de las piezas en que se divide una casa y particularmente la destinada para dormir. **2.** Edificio o lugar destinado para ser habitado. **3.** Acción de habitar. **SIN.** **1.** Dependencia, estancia, cuarto, aposento, dormitorio, alcoba. **2.** Morada, vivienda, habitáculo. **2.** y **3.** Alojamiento.

habitáculo (del lat. *habitaculum*) *s. m.* **1.** Lugar destinado a ser habitado y, p. ext., recinto destinado a alojar a una o varias personas: *el habitáculo de un coche.* **2.** Hábitat natural.

habitante *adj.* Que habita, particularmente en un lugar determinado. También *s. m.* **SIN.** Morador, residente, vecino.

habitar (del lat. *habitare*, ocupar un lugar) *v. tr.* Ocupar un territorio o casa, vivir en él. Se usa mucho como *v. intr.*: *Los indios habitan en chozas.* **SIN.** Poblar, morar, residir, alojarse. **ANT.** Deshabitar, desalojar. **FAM.** Habitabilidad, habitable, habitación, habitáculo, habitante, hábitat. / Cohabitar, deshabitar, inhabitable, inhabitado.

hábitat (del lat. *habitat*, de *habitare*, ocupar un lugar) *s. m.* **1.** Territorio que presenta unas condiciones ambientales determinadas y que está habitado por un conjunto de seres vivos para los que tales condiciones son adecuadas. **2.** Características que reúne o debe reunir la residencia del hombre y su entorno: *el deterioro del hábitat urbano.* ■ Su pl. es *hábitat* o *hábitats*. **SIN.** **1.** Medio, elemento, ambiente.

hábito (del lat. *habitum*, costumbre) *s. m.* **1.** Forma de conducta estable que se adquiere por la repetición de los mismos actos: *Ha tomado el hábito de madrugar.* **2.** Habilidad adquirida con la práctica: *No tiene hábito de cuidar niños.* **3.** Vestimenta usada por los religiosos o por algunos cofrades y penitentes. || **LOC.** **ahorcar** (o **colgar**) **los hábitos** Abandonar la carrera eclesiástica y, p. ext., cualquier otra carrera o actividad. **tomar el** (o **los**) **hábito(s)** Ingresar en una orden religiosa. **SIN.** **1.** Costumbre, rutina. **2.** Experiencia. **ANT.** **2.** Inexperiencia. **FAM.** Habitual, habitualmente, habituar.

habitual (del lat. *habitus*) *adj.* Que se hace por costumbre o que es normal o frecuente: *Es un cliente habitual. Andrés toma su habitual café con leche.*

habituar (del lat. *habituare*) *v. tr.* Hacer que alguien adquiera un hábito. Se usa más como *v. prnl.* ■ En cuanto al acento, se conjuga como *actuar*: *habitúo.* **SIN.** Acomodar(se), familiarizar(se), aclimatar(se). **ANT.** Deshabituar(se). **FAM.** Habituación. / Deshabituar. HÁBITO.

habla (del lat. *fabulam*) *s. f.* **1.** Capacidad de hablar: *Recobró el habla.* **2.** Acción de hablar o modo de hacerlo: *Tiene un habla fluida.* **3.** En ling., utilización individual que hacen los hablantes de la lengua. **4.** Conjunto de peculiaridades lingüísticas propias de una comunidad, grupo o persona: *el habla de los niños, el habla de Andalucía, el habla gitana.* || **LOC.** **al habla** *adv.* En comunicación con alguien; también, como contestación teléfonica, a la escucha. **dejar** a alguien **sin habla** Pasmarle, sorprenderle. ■ En sing. lleva el art. *el* o *un*. **SIN.** **1.** Palabra. **4.** Dialecto, jerga.

habladero *s. m.* **1.** *Arg.* y *Chile* Murmuración. **2.** Verborrea.

hablado, da **1.** *p.* de **hablar**. También *adj.* || *adj.* **2.** Con los adverbios *bien* y *mal*, se aplica respectivamente a la persona que habla con propiedad o, por el contrario, de forma grosera. También *s. m.* y *f.*: *Julio es un mal hablado.* || *s. f.* **3.** *Col. fam.* Charla, conversación informal. || *s. f. pl.* **4.** *Arg.* y *Méx. fam.* Fanfarronadas, bravatas.

hablador, ra *adj.* Que habla mucho: *Calla, que hoy estás muy hablador.* **SIN.** Parlanchín, charlatán. **ANT.** Callado, reservado.

habladuría *s. f.* Rumor sin fundamento que se divulga entre la gente. Se usa sobre todo en *pl.*: *Esas acusaciones no son más que habladurías.* **SIN.** Chisme, murmuración, hablilla.

hablante *s. m.* y *f.* Persona que habla una determinada lengua: *una hablante bilingüe, un hablante del castellano.*

hablar (del lat. *fabulari*) *v. intr.* **1.** Pronunciar sonidos en forma de palabras: *Su hijo ha empezado a hablar.* **2.** Expresar el pensamiento y comunicarse a través de la palabra: *hablar en público.* **3.** P. ext., expresarse o comunicar algo por otros medios: *Hablaban por señas. Estas ruinas nos hablan de tiempos pasados.* **4.** Mantener una conversación: *Estuvimos hablando toda la noche.* **5.** Dirigirse a alguien directa o indirectamente: *Me habló personalmente.* **6.** Seguido de la preposición *de*, ocuparse de un tema o referirse a alguien o algo: *El artículo habla de cine.* **7.** Con los adverbios *bien* y *mal*, respectivamente, decir cosas favorables o desfavorables de alguien o algo. También *v. tr.*: *Me habló maravillas de ti.* **8.** Con adverbios semejantes, hacerlo con o sin corrección, utilizando un buen o mal vocabulario. **9.** Murmurar, criticar: *Sé discreto, que luego la gente habla.* **10.** Recomendar a alguien o intervenir en su favor: *Le hablé de ti al director.* **11.** Confesar, revelar algo: *El cómplice terminó por hablar.* **12.** Estar en armonía, tener buenas relaciones con alguien. También *v. prnl.* ■ Se usa sobre todo en construcciones negativas: *Hace años que no* *se hablan.* **13.** Acordar o convenir algo: *Lo hicimos tal y como lo habíamos hablado.* **14.** Dar a alguien el tratamiento que se expresa. También *v. prnl.*: *hablarse de usted.* || *v. tr.* **15.** Conocer y utilizar un idioma como medio de expresión: *hablar inglés.* || **hablarse** *v. prnl.* **16.** Ser novios, tener relaciones amorosas: *Hace dos meses que me hablo con su hija.* || LOC. **hablar por los codos** *fam.* Hablar mucho. **ni hablar (del peluquín)** *fam.* Rechaza una proposición o niega alguna cosa. SIN. **4.** Charlar, conversar, departir. **10.** Rogar, interceder. **11.** Cantar, soltar. **13.** Concertar, acordar. ANT. **4.** Callar, enmudecer. **11.** Silenciar, omitir. FAM. Habla, habladero, hablado, hablador, habladuría, hablante, hablilla, hablista. / Bienhablado, hispanohablante, malhablado, vascohablante.

hablilla *s. f.* Habladuría*.

hablista *s. m.* y *f.* Persona que utiliza correctamente el idioma y enseña a utilizarlo con corrección. SIN. Purista.

habón *s. m.* Bulto en forma de grano que produce mucho picor y aparece en la piel debido a la picadura de un insecto, por urticaria, etc. SIN. Roncha.

hacedero, ra *adj.* Que puede hacerse: *Realizaremos lo que sea hacedero en tan poco tiempo.* SIN. Factible, posible.

hacedor, ra *adj.* **1.** Que hace o crea algo. También *s. m.* y *f.* || *s. m.* **2.** Por antonomasia, Dios. ■ Con este significado se escribe con mayúscula.: *El Supremo Hacedor.*

hacendado, da 1. *p.* de **hacendar**. || *adj.* **2.** Que posee una o, más comúnmente, varias haciendas. También *s. m.* y *f.* **3.** *Arg., Chile, Par.* y *Urug.* Propietario de una hacienda de ganado. También *s. m.* y *f.* SIN. **2.** Potentado, terrateniente. **3.** Estanciero. FAM. Hacendar. HACIENDA.

hacendista *s. m.* Persona entendida en la administración y en todo lo relacionado con la Hacienda Pública.

hacendístico *adj.* Relativo a la Hacienda Pública.

hacendoso, sa *adj.* Que hace bien y con esmero las tareas de la casa.

hacer (del lat. *facere*) *v. tr.* **1.** Producir o fabricar cosas materiales: *Están haciendo un nuevo edificio.* **2.** Crear: *Dios hizo al hombre. Hizo un poema.* **3.** Realizar una acción, tarea, operación, etc.: *Hacen un duro trabajo.* También *v. prnl.* ■ A menudo se sustituye el nombre de esta tarea, operación, etc., por el objeto o el instrumento de la misma: *hacer las manos (o la manicura).* **4.** Efectuar lo que indica el sustantivo: *hacer señas, gestos.* **5.** Causar, ocasionar: *hacer ruido, hacer un trastorno.* **6.** Preparar, arreglar algo: *hacer la comida, la cama.* **7.** Conseguir, llegar a tener: *hacer dinero.* **8.** Dar cierto aspecto: *La barba te hace más viejo.* **9.** Volver, transformar: *La vida le hizo un hombre.* También *v. prnl.*: *hacerse viejo.* **10.** Concebir algo con la mente, imaginar: *hacerse ilusiones.* **11.** Forma a menudo con su complemento locuciones verbales que equivalen al verbo de la misma raíz: *hacer alusión (aludir), hacer presión (presionar).* Otras veces expresa acciones, procesos, etc., para los que no existe el verbo correspondiente: *hacer feliz, hacer efecto.* **12.** Seguido de un infinitivo o una oración subordinada, obligar a que se realice la acción de los mismos: *Hizo que volviese.* **13.** Con ciertos sustantivos, convertir algo en lo que éstos expresan: *hacer añicos, pedazos.* **14.** Comportarse de la forma que se expresa o aparentar lo que se indica: *hacer el tonto. Hace que no nos ve.* También *v. prnl.*: *hacerse el dormido.* **15.** Suponer, creer: *Te hacía en París.* **16.** Interpretar un papel en cine, teatro, etc. Se usa más como *v. intr.* con la prep. *de*: *hacer de malo, de galán.* **17.** Tratándose de comedias u otros espectáculos, representarlos: *Hicieron «Don Juan Tenorio».* **18.** Expulsar los excrementos: *hacer pis.* También *v. intr.*: *hacer de vientre.* **19.** Tener un recipiente la capacidad que se expresa. **20.** Formar o completar cierto número o cantidad: *Cuatro y dos hacen seis. Este huevo hace la docena.* **21.** Ocupar un lugar en una serie: *Tú haces el tercero de la lista.* **22.** Sustituye a un verbo sobrentendido o mencionado anteriormente: *Ha vuelto a hacerlo.* **23.** Cumplir años: *Hoy hago veintidós (años).* **24.** Acostumbrar, habituar. También *v. prnl.*: *hacerse al frío.* **25.** Ejercitar los miembros o los músculos para desarrollarlos: *hacer abdominales.* **26.** Tener algo el efecto que se indica: *No te hace ningún bien esa actitud.* || *v. intr.* **27.** Con las preposiciones *por* y *para*, intentar, procurar: *Ya haré por cuidarme.* **28.** Con la preposición *con*, proveerse, conseguir, ganar: *Se hizo con el premio.* **29.** Con esta misma preposición, ganar la simpatía, admiración o confianza de alguien: *En seguida se hizo con los niños.* **30.** Con la preposición *de*, ejercer la función, profesión, etc., que se expresa: *Hizo de carpintero. La torre hacía de pararrayos.* **31.** Actuar, proceder: *Déjame hacer a mí.* También *v. tr.*: *No sé qué hacer.* **32.** Concernir, referirse: *Por lo que hace a ese asunto, olvidaos de mí.* **33.** *fam.* Apetecer, gustar o convenir: *¿Te hace una cerveza? Esa música no me hace.* || *v. impers.* **34.**

HACER	
PARTICIPIO	
hecho	
INDICATIVO	
Presente	**Pretérito perfecto simple**
hago	*hice*
haces	*hiciste*
hace	*hizo*
hacemos	*hicimos*
hacéis	*hicisteis*
hacen	*hicieron*
Futuro	**Condicional**
haré	*haría*
harás	*harías*
hará	*haría*
haremos	*haríamos*
haréis	*haríais*
harán	*harían*
SUBJUNTIVO	
Presente	**Pretérito imperfecto**
haga	*hiciera, -ese*
hagas	*hicieras, -eses*
haga	*hiciera, -ese*
hagamos	*hiciéramos, -ésemos*
hagáis	*hicierais, -eseis*
hagan	*hicieran, -esen*
Futuro	
hiciere	*hiciéremos*
hicieres	*hiciereis*
hiciere	*hicieren*
IMPERATIVO	
haz	*haced*

Haber transcurrido cierto tiempo: *Hace ya una hora que espero.* **35.** Haber ciertas condiciones atmosféricas, temperatura, etc.: *hacer malo, hacer calor.* || **hacerse** *v. prnl.* **36.** Seguir su curso un proceso, elaboración, etc., hasta llegar a su estado final: *El guiso se está haciendo.* || LOC. **hacer de menos** Menospreciar. **hacer el efecto** Dar la impresión: *Me hizo el efecto de que estaba enfermo.* **hacerla** *fam.* Hacer una trastada o una mala jugada. **hacer y deshacer** Mandar en todo de una forma absoluta: *Su marido es quien hace y deshace.* ■ Es v. irreg. SIN. **1.** Construir, elaborar, confeccionar, manufacturar. **2.** Engendrar, componer, inventar. **3.** Ejecutar, practicar(se). **5.** Provocar, originar, suscitar. **6.** Disponer, aderezar. **7.** Obtener, alcanzar, lograr, adquirir, conquistar. **10.** Abrigar, conjeturar, tramar, forjar, urdir. **12.** Forzar, constreñir. **13.** Reducir. **14.** Simular. **17.** Escenificar. **18.** Evacuar. **19.** Contener. **24.** Acomodar(se), adaptar(se), avezar(se). **28.** Apropiarse, adueñarse. **31.** Obrar. **32.** Tocar, atañer. **33.** Petar, agradar. ANT. **1.** Deshacer. **1.** y **2.** Destruir, aniquilar. **7.** Perder. FAM. Hacedero, hacedor, hacendoso, hacienda, hazmerreír, hecho, hechor, hechura. / Bienhechor, deshacer, malhechor, quehacer, rehacer.

hacha[1] (del lat. *fascula*, cruce entre *facula*, antorcha, y *fascis*, haz) *s. f.* **1.** Antorcha de madera resinosa o mecha de esparto y alquitrán. **2.** Vela de cera grande y gruesa. ■ En sing. lleva el art. *el* o *un*. SIN. **1.** Tea, hachón. **2.** Cirio, velón. FAM. Hachero, hachón. / Fácula.

hacha[2] (del fr. *hache*, y éste del germ. *happja*) *s. f.* Herramienta cortante formada por una hoja ancha, generalmente de metal, afilada por uno de sus lados y unida por el otro a un mango de madera. || LOC. **desenterrar el hacha de guerra** Declarar las hostilidades. **ser** uno **un hacha** *fam.* Destacar o ser muy hábil en alguna actividad: *Es un hacha en matemáticas.* ■ En sing. lleva el art. *el* o *un*. FAM. Hachazo.

hachazo *s. m.* **1.** Golpe cortante dado con un hacha. **2.** *fam.* Disgusto o contrariedad grande e inesperada: *La noticia de su despido fue un hachazo para ella.* **3.** Golpe lateral que el toro da con un cuerno, y que produce sólo contusión. **4.** *fam.* En fútbol, patada que un jugador da a un contrario intencionadamente. **5.** *Col.* Movimiento brusco del caballo al espantarse.

hache *s. f.* Nombre de la letra *h*. ■ Como excepción a la regla de las palabras que comienzan por *a* o *ha* tónicas, no lleva en singular el artículo *el* o *un*: *la hache.* || LOC. **llámale** (o **llámalo** o **llámele** o **llámelo**) **hache** *fam.* Lo mismo da una cosa que otra: *Se despidió o le despidieron, llámale hache.* **por hache o por be** *adv.* Por un motivo u otro.

hachemí o **hachemita** *adj.* Del clan árabe fundado por un antepasado de Mahoma y a cuyo cuidado estuvo el santuario de la Kaaba. También *s. m.* y *f.*

hachero *s. m.* Candelero donde se coloca el hacha o vela.

hachís (del ár. *hasis*, hierba seca) *s. m.* Sustancia extraída de cierta variedad del cáñamo indio, que se usa como droga. ■ No varía en *pl.* SIN. Chocolate, costo, mandanga.

hachón *s. m.* **1.** Vela grande y gruesa. **2.** Antorcha. SIN. **1.** Cirio, velón. **1.** y **2.** Hacha. **2.** Tea.

hacia (del ant. *face a*, cara a, del lat. *facies*, cara) *prep.* **1.** Indica dirección: *Voy hacia mi casa.* **2.** Expresa tendencia: *Ese negocio va hacia la ruina.* **3.** Cuando se refiere a una situación de lugar o de tiempo, significa alrededor de, cerca de: *Mi casa está hacia el puerto. Le llamaré hacia las tres.*

hacienda (del lat. *facienda*, lo que ha de hacerse) *s. f.* **1.** Finca agrícola. **2.** Bienes y propiedades de una persona: *Acrecentó su hacienda.* **3.** Ministerio encargado de administrar los bienes del Estado. || **4. Hacienda Pública** Conjunto de bienes que pertenecen al Estado. También, el Estado mismo en su carácter fiscal. SIN. **1.** Predio. **1.** y **2.** Posesiones. **2.** Heredad, fortuna, capital, patrimonio. **4.** Erario, tesoro. FAM. Hacendado, hacendista, hacendístico. HACER.

hacina (de *haz*) *s. f.* **1.** Conjunto de haces apilados. **2.** Montón, pila.

hacinamiento *s. f.* Acumulación de personas, animales o cosas juntas y apretadas en un lugar: *Varias organizaciones denunciaron el hacinamiento de los animales durante su transporte.* SIN. Aglomeración, amontonamiento.

hacinar *v. tr.* **1.** Amontonar sin orden unas cosas sobre otras: *Hacinaron los muebles en el desván.* También *v. prnl.* **2.** Colocar los haces ordenados unos encima de otros: *hacinar la leña.* || **hacinarse** *v. prnl.* **3.** Estar muchas personas muy apretadas en un sitio: *La gente se hacinaba en el vagón.* SIN. **1.** Apilar, aglomerar. FAM. Hacina, hacinamiento. HAZ[1].

hacker (ingl.) *s. m.* y *f.* Intruso informático que obtiene acceso ilegal a un sistema.

hada (del lat. *fata*) *s. f.* Ser fantástico de los cuentos y leyendas representado por una bella mujer dotada de poderes mágicos. ■ En sing. lleva el art. *el* o *un*.

hado (del lat. *fatum*, fatalidad, oráculo) *s. m.* **1.** En la antigua Roma, divinidad o fuerza irresistible que regía el destino de los hombres y los dioses. **2.** Sucesión de hechos que se encadenan inevitablemente para producir un resultado: *El hado quiso que nos conociéramos.* SIN. **2.** Destino, fatalidad, fortuna, sino, estrella. FAM. Hada. / Fatum, malhadado.

hafnio (de *Hafnia*, nombre lat. de Copenhague) *s. m.* Elemento químico del grupo IVB de la tabla periódica; es un metal brillante y dúctil, que se halla presente en los minerales de circonio y se emplea en reactores nucleares, aleaciones duras y cátodos de los tubos de rayos X. Su símbolo es *Hf*.

hagiografía (del lat. *hagiographia*, y éste del gr. *agios*, santo, y *graphe*, escritura) *s. f.* Género literario religioso que trata de las vidas de los santos. FAM. Hagiográfico, hagiógrafo.

hagiógrafo, fa *s. m.* y *f.* **1.** Escritor de vidas de santos. **2.** Autor de cualquiera de los libros de la Sagrada Escritura.

haiga *s. m. fam.* Coche muy grande y ostentoso.

haitiano, na *adj.* De Haití, estado de las Antillas. También *s. m.* y *f.*

¡hala! (del ár. *hala*, voz para excitar a los caballos) *interj.* Se emplea para animar, meter prisa, expresar desagrado, impresión, etc.: *¡Hala, que no llegamos! ¡Hala! ¡Qué salto ha dado!* SIN. ¡Hale! FAM. ¡Hale! / Jalear.

halagar (del ár. *halaq*, tratar bondadosamente) *v. tr.* **1.** Adular: *Halaga constantemente a su jefe.* **2.** Satisfacer el amor propio o el orgullo de alguien: *Me halaga que se fijaran en mí.* ■ Delante de *e* se escribe *gu* en lugar de *g*. SIN. **1.** Lisonjear. **2.** Enorgullecer. ANT. **1.** Insultar. **1.** y **2.** Ofender. **2.** Humillar. FAM. Halagador, halago, halagüeño.

halago *s. m.* **1.** Acción de halagar. **2.** Lo que se dice o se hace para halagar: *Quiso convencerme con halagos.* SIN. **1.** Adulación. **1.** y **2.** Alabanza. **2.** Lisonja, zalamería. ANT. **1.** y **2.** Ofensa, insulto.

halagüeño, ña *adj.* **1.** Que anuncia hechos favorables: *Las perspectivas son halagüeñas.* **2.** Que halaga o puede halagar. SIN. **1.** Prometedor. **2.** Halagador, lisonjero, adulador. ANT. **1.** Pesimista. FAM. Halagüeñamente. HALAGAR.

halar (del fr. *haler*) *v. tr.* **1.** Tirar de un cabo, lona, remo, etc.: *El marinero haló el cable.* **2.** *Amér.* Tirar hacia sí de cualquier cosa. SIN. **1.** y **2.** Jalar. FAM. Jalar[1].

halcón (del lat. *falco, -onis*) *s. m.* Nombre común de diversas aves rapaces, de alas largas y puntiagudas, pico curvo, cola larga y garras poderosas. De plumaje variable, miden entre 25 y 50 cm de longitud y son excelentes voladoras. Es posible domesticarlas y se usan en cetrería. FAM. Halconero. / Falconiforme.

halconero, ra *s. m.* y *f.* Persona que cuida de los halcones de cetrería.

¡hale! *interj.* ¡Hala!*.

halita *s. f.* Sal* gema o sal común.

hálito (del lat. *halitus*) *s. m.* **1.** Aliento: *Le quedaba un hálito de vida.* **2.** Vapor. **3.** En lenguaje lit., soplo suave del aire. SIN. **2.** Vaho. **3.** Brisa. FAM. Halitosis. / Exhalar, inhalar.

halitosis *s. f.* Mal aliento. ■ No varía en *pl.*

hall (ingl.) *s. m.* Vestíbulo*: *el hall del hotel.* SIN. Recibimiento, entrada.

hallar (del lat. *afflare*, olfatear) *v. tr.* **1.** Encontrar a alguien o algo: *Halló oro en el río.* **2.** Inventar, descubrir: *Halló el remedio para esa enfermedad.* **3.** Observar, darse cuenta de algo: *Hallé desprecio en su gesto.* **4.** Descubrir la verdad de algo: *Por fin halló el motivo.* || **hallarse** *v. prnl.* **5.** Estar en un lugar o situación: *hallarse en Vigo, hallarse cansado, hallarse entre los diez primeros.* || LOC. **no hallarse** uno Sentirse molesto o incómodo: *No me hallo viviendo tan lejos de la ciudad.* SIN. **1.** Tropezar, topar. **3.** Notar, advertir, percatarse. **4.** Averiguar. FAM. Hallazgo.

hallazgo *s. m.* **1.** Acción de hallar o encontrar. **2.** Aquello que ha sido hallado, en particular cuando se trata de algo muy conveniente o importante. SIN. **1.** Encuentro. **2.** Descubrimiento. ANT. **1.** y **2.** Pérdida.

halo (del lat. *halos*, y éste del gr. *halos*) *s. m.* **1.** Cerco luminoso que a veces se aprecia alrededor del Sol y de la Luna. **2.** Círculo de luz difusa que rodea un cuerpo luminoso. **3.** Aro luminoso que suele representarse alrededor de la cabeza de las imágenes religiosas. **4.** Fama que rodea a una persona o cosa: *Un halo de misterio envolvía al castillo.* SIN. **3.** Nimbo, corona. **3.** y **4.** Aureola.

halógeno, na (del gr. *hals*, sal, y *-geno*) *adj.* **1.** Se aplica al flúor, cloro, bromo, yodo y astato, elementos químicos electronegativos y muy reactivos, que forman sales binarias al combinarse con los metales. También *s. m.* **2.** Se dice de ciertas lámparas que contienen algunos de estos elementos y producen una luz blanca y brillante. ■ No confundir con la palabra homófona *alógeno*, 'extranjero'. FAM. Halita, haluro.

haltera (del gr. *halteres*) *s. f.* Barra con dos discos de metal en los extremos que se usa en halterofilia. FAM. Halterofilia.

halterofilia (del gr. *halteres*, haltera, y *-filia*) *s. f.* Deporte que consiste en el levantamiento de pesos o halteras. FAM. Halterófilo. HALTERA.

halterófilo, la *adj.* **1.** De la halterofilia. || *s. m.* y *f.* **2.** Persona que practica la halterofilia.

haluro *s. m.* Sal binaria formada por la reacción de un halógeno con otro elemento, fundamentalmente algún metal.

hamaca (voz haitiana) *s. f.* **1.** Red o lona que, al colgarse de sus dos extremos, sirve de cama. **2.** Asiento que consiste en un armazón de tijera en el que se coloca una lona que sirve de asiento y respaldo. **3.** *Amér. del S.* Mecedora. SIN. **2.** Tumbona. FAM. Hamacar, hamaquear.

hamaquear o **hamacar** *v. tr. Amér. del S.* Mecer la hamaca u otra cosa que pueda columpiarse. También *v. prnl.* ■ En la forma *hamacar*, delante de *e* se escribe *qu* en lugar de *c.*

hambre (del lat. *famen, -inis*) *s. f.* **1.** Necesidad o ganas de comer. **2.** Escasez de alimentos: *el hambre de la posguerra.* **3.** Deseo intenso de algo: *hambre de justicia.* || **4. hambre canina** Hambre insaciable. **5. muerto de hambre** Persona pobre. || LOC. **más listo que el hambre** *fam.* Muy listo. **matar de hambre** Dar poco de comer. **matar el hambre** Saciarla. **morir** (o **morirse**) **de hambre** Vivir con muchas necesidades; también, tener mucha hambre. ■ En sing. lleva el artículo *el* o *un.* SIN. **1.** Apetito, gazuza, gusa. **2.** Penuria, carestía. **3.** Sed. ANT. **1.** Hartura. **2.** Abundancia. FAM. Hambrear, hambriento, hambrón, hambruna. / Matambre.

hambrear *v. tr.* **1.** Hacer pasar hambre: *Hambrearon a los perros para que rastreasen mejor.* || *v. intr.* **2.** Padecer hambre: *La comarca hambreaba con la sequía.* SIN. **1.** Saciar, hartar.

hambriento, ta *adj.* **1.** Que tiene hambre. También *s. m.* y *f.* **2.** Deseoso. SIN. **1.** Famélico. **2.** Sediento. ANT. **1.** Saciado. **2.** Harto.

hambrón, na *adj. fam.* Que come mucho o con mucha ansia. También *s. m.* y *f.* SIN. Glotón, tragón. ANT. Inapetente.

hambruna *s. f.* **1.** Situación de hambre intensa y prolongada que padece una población, región, etc. **2.** *Amér.* Hambre muy intensa.

hamburguesa (del ingl. americano *hamburger*) *s. f.* **1.** Filete de carne picada. **2.** Bocadillo de pan especial, generalmente redondo, con esta carne y otros condimentos. FAM. Hamburguesera, hamburguesería.

hamburguesera *s. f.* Pequeño electrodoméstico para hacer hamburguesas.

hamburguesería *s. f.* Establecimiento donde se sirven hamburguesas.

hampa *s. f.* **1.** Conjunto de individuos que se dedican a actividades delictivas. **2.** Modo de vida y actividad de estos individuos. ■ En sing. lleva el art. *el* o *un.* SIN. **1.** y **2.** Delincuencia, gangsterismo. FAM. Hampón.

hampón *adj.* **1.** Miembro del hampa. También *s. m.* **2.** Bravucón, valentón. SIN. **1.** Delincuente, malhechor. **2.** Chulo, perdonavidas.

hámster (del al. *Hamster*) *s. m.* Mamífero roedor, orejas pequeñas, cola y hocico cortos, que alcanza hasta 15 cm de longitud. Se alimenta de frutos secos y semillas y es muy apreciado como mascota. ■ No varía en *pl.*

handball (ingl.) *s. m. Arg.* y *Urug.* Balonmano.

hándicap (del ingl. *hand in the cap*, mano en el sombrero) *s. m.* **1.** Prueba hípica en que se igualan las posibilidades de victoria de los participantes, p. ej. colocando pesos suplementarios a algunos caballos. **2.** P. ext., dificultad: *Tiene el hándicap de la inexperiencia.* SIN. **2.** Inconveniente, pega. ANT. **2.** Ventaja.

hangar (fr.) *s. m.* Cobertizo donde se guardan, revisan o reparan los aviones en los aeródromos y aeropuertos.

hansa (del alto al. *hansa*, tropa) *s. f.* Asociación de mercaderes de diversas ciudades en Inglaterra, Flandes y, sobre todo, el N de Alemania durante la baja Edad Media. **FAM.** Hanseático.

hanseático, ca *adj.* Relativo a la hansa.

hápax *s. m.* Palabra que sólo se ha documentado una vez en una lengua, un autor o en un texto.

haploide (del gr. *haploos*, simple, y *-oide*) *adj.* Se aplica a las células o los individuos que presentan la mitad de la dotación cromosómica.

happening (ingl.) *s. m.* Manifestación artística en forma de espectáculo en que se incluye la participación espontánea de los espectadores.

happy hour (ingl.) *expr.* Hora durante la que se ofrece la segunda consumición gratis en un bar. ■ Se utiliza como *s. f.*

haragán, na *adj.* Que evita el trabajo. También *s. m.* y *f.* **SIN.** Perezoso, gandul, holgazán, vago. **ANT.** Trabajador, hacendoso. **FAM.** Haraganear, haraganería.

haraganear *v. intr.* Estar inactivo por pereza cuando se debería estar trabajando. **SIN.** Holgazanear, gandulear, vaguear.

harapiento, ta *adj.* **1.** Que va vestido con harapos. También *s. m.* y *f.* **2.** Que está o parece hecho de harapos. **SIN. 1.** y **2.** Andrajoso.

harapo (del ant. *farpar* o *harpar*, desgarrar) *s. m.* **1.** Trozo desgarrado de ropa vieja y usada. **2.** En general, vestido viejo y sucio. **SIN. 1.** y **2.** Guiñapo, pingajo, andrajo. **FAM.** Harapiento, haraposo. / Arrapiezo, desharrapado.

haraquiri (japonés) *s. m.* Suicidio ritual practicado en Japón y que consiste en abrirse el vientre en canal con una espada.

hardcore (ingl. americano, significa 'denso') *adj.* Se aplica a un tipo de cine pornográfico de extremada crudeza en el que aparecen imágenes reales. También *s. m.*

hardware (ingl.) *s. m.* Conjunto de componentes materiales de un sistema informático.

harekrisna *s. m.* y *f.* Persona que pertenece al Hare Krisna, movimiento hinduista basado en la adoración a Krisna, octava reencarnación del dios Visnú.

harén o **harem** (del ár. *haram*, cosa prohibida o sagrada) *s. m.* **1.** Entre los musulmanes, departamento de la casa donde viven exclusivamente las mujeres. **2.** Conjunto de estas mujeres. **SIN. 1.** y **2.** Serrallo.

harina (del lat. *farina*) *s. f.* **1.** Polvo que se obtiene al moler cereales, en especial trigo, semillas de algunas leguminosas, tubérculos como la patata, pescado seco, etc. **2.** Ese polvo, una vez depurado y sin salvado o cascarilla. || **3. harina en flor** La que está tamizada, muy blanca y pura. **4. harina integral** Aquella de la que aún no se ha separado el salvado. || **LOC. estar metido en harina** *fam.* Estar actuando o trabajando de lleno en algo. **hacer** (o **hacerse**) **harina** una cosa Destrozarla (o destrozarse) completamente. **ser** una cosa **harina de otro costal** Ser muy distinto. **FAM.** Harinado, harinero, harinoso. / Enharinar, farináceo.

harinear *v. intr. And.* y *Ven.* Lloviznar*.

harinoso, sa *adj.* **1.** Que tiene mucha harina. **2.** De aspecto o propiedades semejantes a los de la harina: *una manzana harinosa.*

harmonía *s. f.* Armonía*.

harmónico, ca *adj.* Armónico*.

harmonio *s. m.* Armonio*.

harmonioso, sa *adj.* Armonioso*.

harnero (de [*cribo*] *harinero*) *s. m.* Especie de criba.

harpa *s. f.* Arpa*.

harpagón, na *adj. Col.* Muy flaco.

harpía *s. f.* Arpía*.

harpillera *s. f.* Arpillera*.

harrijasoketa (vasc.) *s. m.* Deporte tradicional vasco consistente en levantar piedras.

harrijasotzaile (vasc.) *s. m.* Persona que practica el harrijasoketa.

hartada *s. f.* Acción de hartar o hartarse: *Se dio una hartada de pasteles.* **SIN.** Panzada, atracón, hartazgo.

hartar *v. tr.* **1.** Dar de comer o de beber a una persona o a un animal hasta que no puede más. También *v. prnl.*: *Se hartó de queso.* **2.** Cansar, aburrir: *Me harta tanta palabrería.* También *v. prnl.*: *Ya me he hartado de aguantarte.* **3.** Seguido de las preposiciones *a* o *de* y algunos sustantivos, dar gran cantidad de lo que éstos expresan: *Le hartaron a palos.* || **hartarse** *v. prnl.* **4.** Satisfacer un deseo: *Me voy a hartar a dormir.* ■ Tiene dos p.: uno reg., *hartado*, que se emplea en la formación de los tiempos compuestos, y otro irreg., *harto*, que se usa como adj. **SIN. 1.** Atiborrar(se), atracar(se). **2.** Hastiar(se). **3.** y **4.** Inflar(se), hinchar(se). **FAM.** Hartada, hartazgo, harto, hartón, hartura.

hartazgo *s. m.* Acción de hartarse. **SIN.** Atracón, panzada.

harto, ta (del lat. *farctus*, relleno, henchido) **1.** *p.* irreg. de **hartar**. || *adj.* **2.** Saciado: *harto de comida.* **3.** Cansado, aburrido. || *adv. c.* **4.** Bastante, demasiado: *Su obra fue harto polémica.* **SIN. 2.** Ahíto, atiborrado, lleno. **3.** Hastiado. **4.** Asaz. **ANT. 2.** Necesitado. **3.** Deseoso. **4.** Poco, apenas.

hartón, na *adj.* **1.** *Amér. C.* Glotón. || *s. m.* **2.** *fam.* Hartazgo: *Me di un hartón de sardinas.*

hartura *s. f.* **1.** Estado de harto: *Comí hasta la hartura.* **2.** Abundancia: *hartura de bienes.* **SIN. 1.** Hartazgo, saciedad. **2.** Profusión, exceso. **ANT. 1.** Necesidad. **2.** Carencia, falta.

hassio (de *Hassia*, nombre lat. de Hesse, estado de Alemania) *s. m.* Elemento químico artificial que se obtiene por la reacción del plomo con los iones de hierro. Es un metal de transición radiactivo. Su símbolo es *Hs*.

hasta (del ár. *hatta*) *prep.* **1.** Expresa el final o el límite de un lugar, tiempo, acción, etc.: *La finca llega hasta la playa. Faltan tres días hasta el domingo. Él me paga hasta seis euros.* || *adv.* **2.** Incluso: *Te han oído hasta en la calle.* || *conj.* **3.** Introduce una oración que señala el final de la acción del verbo principal: *Trabajó hasta quedar rendido.* || **LOC. hasta ahora**, **hasta después**, **hasta luego** o **hasta pronto** Se utilizan como fórmula de despedida.

hastial (del lat. *fastigium*) *s. m.* **1.** Parte superior de la fachada de los edificios, sobre la que descansa el tejado. **2.** En las iglesias, las fachadas correspondientes a los pies y los laterales del crucero. **3.** En una excavación minera, pared lateral de roca sin valor. **4.** *fam.* Hombre alto y fuerte. **SIN. 1.** Frontispicio. **4.** Hombretón, gigantón.

hastiar (del lat. *fastidiare*) *v. tr.* Aburrir. También *v. prnl.*: *Me hastía su conversación.* ■ En cuanto al acento, se conjuga como *ansiar*: *hastío.* **SIN.** Cansar, hartar. **ANT.** Divertir, agradar.

hastío (del lat. *fastidium*) *s. m.* **1.** Sensación de disgusto o aburrimiento: *Los viajes largos me producen hastío.* **2.** Asco a la comida. SIN. **1.** Cansancio, tedio. **2.** Repugnancia. ANT. **1.** Diversión, agrado. **2.** Apetencia. FAM. Hastiar.

hatajo (del ant. *atajar*, separar una parte del ganado) *s. m.* **1.** Grupo pequeño de cabezas de ganado. **2.** *desp.* Conjunto de personas o cosas: *hatajo de ladrones.* ■ En ambos casos se escribe también sin *h*. SIN. **1.** y **2.** Hato. **2.** Montón, pandilla, banda.

hatillo (dim. de *hato*) *s. m.* Pequeño envoltorio con ropa y objetos de uso personal.

hato (del gót. *fat*, vestido, equipaje) *s. m.* **1.** Envoltorio de ropa y otros objetos que una persona lleva consigo cuando se traslada de un lado para otro. **2.** Grupo de cabezas de ganado: *un hato de ovejas.* **3.** Conjunto de personas o cosas, generalmente malas o despreciables: *un hato de disparates, un hato de sinvergüenzas.* **4.** *Amér.* Hacienda dedicada a la cría de ganado. SIN. **1.** Atadijo. **2.** Rebaño. **2.** y **3.** Atajo, hatajo. **3.** Sarta, montón, cuadrilla, pandilla. FAM. Hatillo.

hawaiana *s. f. Arg.* y *Urug.* Chancleta, sandalia sin talón.

hawaiano, na *adj.* De las islas Hawai, estado de los Estados Unidos. FAM. Hawaiana.

haya (del lat. *fagea*) *s. f.* Árbol de la familia fagáceas que llega a alcanzar hasta 30 m de altura; tiene corteza lisa grisácea o blanquecina, hojas ovaladas de borde ondulado y fruto en aquenio con cúpula, llamado hayuco. ■ En sing. lleva el art. *el* o *un*. FAM. Hayal, hayedo, hayuco. / Fagácea.

hayal o **hayedo** *s. m.* Bosque de hayas: *Los hayedos adquieren tonalidades preciosas en otoño.*

hayuco *s. m.* Fruto del haya.

haz[1] (del lat. *fascis*) *s. m.* **1.** Conjunto de cosas alargadas unidas y atadas lateralmente, como mies, leña, hierba, etc. **2.** Conjunto de rayos luminosos que parten de un mismo punto: *un haz de luz.* **3.** Conjunto de partículas que se mueven aproximadamente con igual velocidad y dirección. **4.** Conjunto de ondas que se propagan en la misma dirección. SIN. **1.** Gavilla, manojo. FAM. Hacinar.

haz[2] (del lat. *facies*, cara) *s. f.* **1.** Derecho de una tela o de otro objeto que tenga dos caras. **2.** En bot., cara más brillante y lisa de la hoja, con menos nervadura que en el envés. || **3. haz de la tierra** Superficie de la misma. ■ En sing. lleva el art. *el* o *un*. ANT. **1.** Revés.

hazaña (del ár. *hasana*, acción meritoria, influido por *facere*, hacer) *s. f.* Proeza, hecho heroico o ilustre. ■ Se emplea a veces en sentido irónico para expresar todo lo contrario: *¡Bonita hazaña has hecho!* SIN. Gesta, heroicidad, proeza. ANT. Cobardía.

hazmerreír *s. m. fam.* Persona que, en determinada circunstancia, resulta ridícula y sufre la burla de los demás: *Es el hazmerreír de la clase.*

he (del ár. *ha*) *adv.* Señala o muestra una persona o cosa. ■ Va unido a los adv. *aquí, allí* y *ahí*: *He aquí el cuadro más valioso del museo*; o a los pronombres personales: *Heme aquí*, a veces seguido también por un complemento circunstancial: *Henos ya en Madrid.*

heavy (ingl.) *adj.* **1.** Del rock duro: *concierto heavy, grupo heavy.* || *s. m.* **2.** Rock duro, de ritmo enérgico y obsesivo: *Se pasa el día escuchando heavy.* || *s. m.* y *f.* **3.** Persona que pertenece a un movimiento juvenil que se caracteriza por la afición a esta música y su rechazo a la policía y a los militares.

hebdomadario, ria (del gr. *hebdomas, ados*) *adj.* **1.** Semanal; se aplica generalmente a los periódicos. || *s. m.* **2.** Semanario.

hebilla (del lat. vulg. *fibella*, derivado de *fibula*) *s. f.* Objeto de metal o de otros materiales que se emplea para unir los dos extremos de un cinturón o de una o varias cintas. FAM. Hebillaje.

hebillaje *s. m.* Conjunto de hebillas: *el hebillaje de los arreos.*

hebra (del lat. *fibra*) *s. f.* **1.** Nombre que se da a diversas fibras vegetales y animales, como las que hay en la juntura de las legumbres o las de la carne. **2.** Filamentos de diversas materias que guardan semejanza con un hilo: *estropajo de hebras de aluminio.* **3.** Fibra textil. **4.** Trozo de hilo de coser que se pone en la aguja. **5.** Cada una de las partículas del tabaco picado en briznas. **6.** Estigma de la flor del azafrán, que es la parte utilizada como especia. **7.** Filón de una mina. **8.** Hilo del discurso: *Si no atiendes, vas a perder la hebra.* **9.** Cabello: *hebras doradas.* || LOC. **pegar la hebra** *fam.* Entablar una conversación de forma casual y prolongarla demasiado. SIN. **3.** Hila. **7.** Vena. FAM. Hebroso. / Enhebrar.

hebraico, ca *adj.* Relativo a los hebreos: *cultura hebraica.* SIN. Judío.

hebraísmo *s. m.* **1.** Religión hebrea antigua según la ley de Moisés. **2.** Forma de expresión, giro o construcción propios de la lengua hebrea empleados en otro idioma. SIN. **1.** Judaísmo.

hebraísta *s. m.* y *f.* Persona que estudia la lengua y cultura hebreas.

hebraizante *adj.* Judaizante*. También *s. m.* y *f.*

hebreo, a (del lat. *hebraeus*, y éste del hebreo *ibri*) *adj.* **1.** Se aplica al pueblo semita que en la antigüedad habitó en Palestina, también llamado israelita y judío. **2.** De dicho pueblo. También *s. m.* y *f.* || *s. m.* **3.** Lengua hablada antiguamente por este pueblo y en la actualidad en el Estado de Israel y comunidades judías. FAM. Hebraico, hebraísmo, hebraísta, hebraizante.

hecatombe (del lat. *hecatombe*, y éste del gr. *hekatombe*, de *hekaton*, ciento, y *bus*, buey) *s. f.* **1.** Gran mortandad, catástrofe que causa muchas víctimas. **2.** Desastre, suceso en que se producen daños o hay muchos perjudicados: *Este examen ha sido una hecatombe.* **3.** En la antigüedad grecorromana, sacrificio ritual de muchas víctimas, originariamente de cien bueyes. SIN. **1.** Matanza, carnicería. **1.** y **2.** Escabechina. **2.** Tragedia.

hechicería *s. f.* **1.** Conjunto de prácticas mediante las cuales se pretende dominar las fuerzas de la naturaleza y los poderes sobrenaturales. **2.** El acto mismo de hechizar. SIN. **1.** Brujería, magia. **2.** Conjuro, hechizo, encantamiento. FAM. Hechicero, hechizar, hechizo.

hechicero, ra *adj.* **1.** Que practica la hechicería. También *s. m.* y *f.* **2.** Que hechiza o seduce por su belleza o atractivo: *ojos hechiceros.* SIN. **1.** Mago, brujo, nigromante. **2.** Encantador, cautivador, seductor. ANT. **2.** Repulsivo.

hechizar *v. tr.* **1.** Ejercer sobre una persona una influencia o poder, generalmente perjudicial, mediante la hechicería. **2.** Despertar una irresistible admiración, afecto o deseo: *Su novia le tiene hechizado.* ■ Delante de *e* se escribe *c* en lugar de *z*: *hechice.* SIN. **1.** Embrujar, encantar, maleficiar. **2.** Cautivar, enamorar, embelesar, fascinar, seducir. ANT. **1.** Desencantar. **2.** Repeler, repugnar.

hechizo (del lat. *facticius*) *s. m.* **1.** Acción de hechizar. **2.** Lo que se emplea para tal fin, como plantas, ungüentos, conjuros, etc. **3.** Atractivo natural, muy poderoso, de algunas personas o cosas. SIN. **1.** Encantamiento, maleficio. **3.** Encanto, embrujo, embeleso, seducción, fascinación. ANT. **3.** Repulsión, repugnancia.

hecho, cha (del lat. *factus*) **1.** *p.* irreg. de **hacer**. También *adj.* || *adj.* **2.** Se aplica a las personas o cosas que han alcanzado la madurez o desarrollo completo: *fruta hecha, hombre muy hecho.* **3.** Acostumbrado, familiarizado: *Es un hombre hecho a todo.* **4.** Con *bien* o *mal*, y aplicado a personas o animales, indica proporción o desproporción de sus miembros o sus rasgos: *unas facciones bien hechas.* || *s. m.* **5.** Obra o acción de una persona: *Es un hecho que le honra.* **6.** Acontecimiento, suceso, caso: *los hechos históricos.* **7.** En der., cuestión sobre la que trata el pleito o litigio. || *interj.* **8.** Expresa que se acepta un trato, una proposición, etc.: *¿Hacemos un cambio? ¡Hecho!* || **9. hecho consumado** Acción que ha sido realizada con anterioridad a cualquier cosa que hubiera podido impedirla: *Su despido es ya un hecho consumado.* **10. hecho de armas** Acción señalada en un enfrentamiento bélico. || LOC. **a lo hecho, pecho** *fam.* Indica que hay que afrontar las consecuencias de lo que se ha hecho, aunque haya sido desacertado. **de hecho** *adj.* y *adv.* En oposición a *de derecho*, en la práctica, en la realidad; también, verdaderamente, en realidad: *El piso no era caro, de hecho era muy barato.* **el hecho es que** Introduce una frase de significado contrario a lo que se ha dicho antes; tiene, por lo tanto, carácter adversativo: *Dijiste que lo arreglarías; el hecho es que sigue estropeado.* **hecho y derecho** *adj.* Se aplica a la persona que ya es adulta; también, auténtico, verdadero, cabal: *Vi a tu hija, ya es una mujer hecha y derecha. Un caballero hecho y derecho.* SIN. **2.** Maduro, conformado, constituido. **3.** Habituado, adaptado. **4.** Proporcionado. **5.** Acto. **6.** Evento, accidente. ANT. **2.** Inmaduro. **3.** Desacostumbrado. FAM. Fechoría. HACER.

hechor, ra (del lat. *factor, -oris*, factor) *adj.* **1.** *Amér. del S.* Se dice del caballo o del asno dedicado a la reproducción. **2.** *Chile* y *Ec.* Malhechor. También *s. m.* y *f.* SIN. **1.** Garañón, semental.

hechura (del lat. *factura*) *s. f.* **1.** Acción de hacer, especialmente confección de ropa: *¿Cuánto le costó la hechura del abrigo?* **2.** Forma externa de una persona o cosa: *Tiene una hechura robusta.* **3.** Cualquier cosa respecto del que la ha realizado: *Este cuadro es hechura de un genio.* **4.** Una persona respecto a otra a la que debe su educación, posición, fortuna, etc.: *Es la hechura de su maestro.* SIN. **1.** Ejecución. **2.** Figura, configuración, factura. **3.** Fruto. **3.** y **4.** Obra, producto, creación.

hect- (contr. del gr. *hekaton*, ciento) *pref.* Significa 'cien': *hectárea.* ■ Existe también la variante *hecto-*: *hectómetro.*

hectárea (de *hect-* y *área*) *s. f.* Medida de superficie que equivale a 100 áreas o a un hectómetro cuadrado, esto es, 10.000 m².

hecto- *pref.* Véase **hect-**.

hectogramo (de *hecto-* y *gramo*) *s. m.* Medida de masa que equivale a 100 g.

hectolitro (de *hecto-* y *litro*) *s. m.* Medida de capacidad que equivale a 100 l.

hectómetro (de *hecto-* y *metro*) *s. m.* Medida de longitud que equivale a 100 m.

heder (del lat. *foetere*) *v. intr.* **1.** Arrojar mal olor: *Las mofetas son los animales que más hieden.* **2.** Fastidiar, cansar, molestar: *Este asunto ya hiede.* ■ Es v. irreg. Se conjuga como *tender.* SIN. **1.** y **2.** Apestar, oler, atufar. ANT. **1.** Perfumar. **2.** Agradar.

hediento, ta *adj.* Que despide hedor. SIN. Hediondo, apestoso. ANT. Aromático.

hediondez *s. f.* Olor desagradable, maloliente. SIN. Fetidez, hedor. ANT. Fragancia.

hediondo, da (del lat. *foetibundus*, de *foetere*, heder) *adj.* **1.** Que produce mal olor. **2.** Sucio, obsceno, que repugna física o moralmente. SIN. **1.** Fétido, maloliente, apestoso, pestilente. **2.** Asqueroso, repugnante, repulsivo. ANT. **1.** Perfumado. **2.** Atractivo, exquisito. FAM. Hediondamente, hediondez. HEDOR.

hedónico, ca *adj.* Hedonístico*.

hedonismo (del gr. *hedone*, placer) *s. m.* Doctrina o actitud que propone el placer como único fin en la vida. FAM. Hedónico, hedonista, hedonístico.

hedonista *adj.* **1.** Relativo al hedonismo. **2.** Que busca el placer. También *s. m.* y *f.*

hedonístico, ca *adj.* **1.** Relativo al hedonismo o al hedonista. **2.** Que proporciona placer o está relacionado con él. ■ Se dice también *hedónico.*

hedor (del lat. *foetor, -oris*) *s. m.* Olor desagradable y penetrante. SIN. Hediondez, fetidez, peste, pestilencia. ANT. Perfume, aroma. FAM. Heder, hediento, hediondo.

hegeliano, na *adj.* **1.** Relativo al filósofo aleman G. W. F. Hegel (1770-1831) y a su pensamiento y escuela filosófica. **2.** Seguidor de las ideas filosóficas de Hegel o de las diversas tendencias derivadas de ellas. También *s. m.* y *f.*

hegemonía (del gr. *hegemonia*, de *hegemon, -onos*, guía, jefe) *s. f.* **1.** Superioridad de un país sobre otro u otros. **2.** P. ext., supremacía que alguien o algo ejerce en cualquier aspecto. SIN. **1.** y **2.** Predominio. ANT. **1.** y **2.** Inferioridad, dependencia. FAM. Hegemónico.

hegemónico, ca *adj.* Relativo a la hegemonía o que tiene la hegemonía: *el poder hegemónico, la potencia hegemónica de la región.*

hégira o **héjira** (del ár. *hiyra*, emigración) *s. f.* **1.** Emigración o huida de Mahoma de La Meca a Yatrib (Medina), ocurrida en el año 622 d. C. **2.** Era de los musulmanes, que se cuenta desde esa fecha.

helada *s. f.* Fenómeno atmosférico que consiste en el descenso de la temperatura por debajo de 0 °C, con lo que puede formarse hielo. || LOC. **caer una helada** Helar*, producirse una helada.

heladería *s. f.* Establecimiento donde se hacen, se venden o se sirven helados.

heladerita *s. f. Arg.* y *Urug.* Nevera portátil.

heladero, ra *adj.* **1.** Relativo a la fabricación de helados: *industria heladera.* || *s. m.* y *f.* **2.** Vendedor de helados. || *s. f.* **3.** *Arg.*, *Chile* y *Urug.* Refrigerador, nevera.

helado, da 1. *p.* de **helar**. También *adj.* || *adj.* **2.** Seco, desdeñoso: *un recibimiento helado.* || *s. m.* **3.** Dulce o postre elaborado con leche, azúcar, zumo o esencia de frutas, etc., que se somete a cierto grado de congelación. SIN. **1.** Congelado. **2.** Frío, esquivo, distante. ANT. **1.** Descongelado. **2.** Cálido. FAM. Helada, heladería, heladerita, heladero. HELAR.

helador, ra *adj.* **1.** Que hiela. || *s. f.* **2.** Aparato casero para la preparación de helados y sorbetes.

helar (del lat. *gelare*) *v. tr.* **1.** Convertir un líquido en sólido por la acción del frío, y especialmente el agua en hielo: *La baja temperatura heló la superficie del lago.* También *v. prnl.* **2.** Dañar el frío a las plantas o a sus frutos, secándose sus savias y jugos. También *v. prnl.*: *Este año se han helado muchos frutales.* **3.** Producir las bajas temperaturas lesiones en los tejidos orgánicos. También *v. prnl.*: *helarse un pie.* **4.** Dejar a alguien sin poder reaccionar de asombro, sorpresa o miedo: *Aquel aullido me heló la sangre.* También *v. prnl.* **5.** Con palabras como *ánimo, entusiasmo, pasión*, etc., hacerlos decaer. También *v. prnl.*: *helarse la pasión.* || **helarse** *v. prnl.* **6.** Pasar alguien mucho frío o quedarse algo muy frío: *Me helé esperándote en la calle.* || *v. impers.* **7.** Producirse heladas: *Aquí hiela todas las noches.* ■ Es v. irreg. Se conjuga como *pensar*. **SIN. 1.**, **3.** y **6.** Congelar(se). **4.** Paralizar(se), pasmar(se), sobrecoger(se). **5.** Enfriar(se). **ANT. 1.** Deshelar(se), descongelar(se). **5.** Encender(se). **FAM.** Helado, helador, helamiento. / Deshelar. HIELO.

helecho (del lat. *filictum*) *s. m.* Nombre común de diversas plantas pteridofitas que crecen en bosques húmedos y umbríos; carecen de flores y semillas y su reproducción tiene lugar en varias fases: una se realiza por esporas, formadas en el envés de sus hojas (llamadas frondes), y otra por fecundación de gametos. **FAM.** Helechal.

helénico, ca *adj.* Relativo a la Hélade, la Grecia antigua. **SIN.** Griego.

helenismo (del lat. *hellenismus*, y éste del gr. *hellenismos*) *s. m.* **1.** Influencia de la antigua civilización griega en la cultura universal. **2.** Giro propio de la lengua griega empleado en otro idioma. **3.** Periodo de la historia y la cultura griegas posterior al reinado de Alejandro Magno. **SIN. 2.** Grecismo. **FAM.** Panhelenismo. HELENO.

helenista *s. m.* y *f.* Persona especializada en el estudio de la lengua y cultura griegas.

helenístico, ca *adj.* **1.** Propio del helenismo: *arte helenístico, teatro helenístico.* **2.** Se aplica a la lengua común griega, que se difundió a partir de Alejandro Magno.

helenizar *v. tr.* **1.** Transmitir las costumbres, la cultura y la lengua griegas a otras personas o lugares. || **helenizarse** *v. prnl.* **2.** Adoptar las costumbres, la cultura y la lengua griegas. ■ Delante de *e* se escribe *c* en lugar de *z*. **FAM.** Helenización, helenizante. HELENO.

heleno, na (del gr. *hellen, hellenos*) *adj.* De la Hélade o de la Grecia antigua y, p. ext., de la Grecia actual. También *s. m.* y *f.* **SIN.** Griego. **FAM.** Helénico, helenismo, helenista, helenístico, helenizar. / Prehelénico.

helero *s. m.* Masa de hielo formada en las altas cumbres por debajo de las nieves perpetuas y, p. ext., toda mancha de nieve en las montañas.

hélice (del lat. *helix, -icis*, y éste del gr. *helix, -ikos*, espiral) *s. f.* **1.** Dispositivo formado por aletas o aspas que giran alrededor de un eje; movido por un motor, se usa principalmente como propulsor de barcos y aviones. **2.** Espiral (línea curva). **3.** En geom., curva de longitud indefinida que da vueltas sin cerrarse sobre la superficie de un cilindro, formando ángulos iguales con todas las generatrices. **4.** Parte externa del pabellón de la oreja que va desde el exterior del conducto auditivo hasta el lóbulo. **FAM.** Helicoidal, helicoide, helicóptero. / Turbohélice.

helico- (del gr. *helix, -ikos*, espiral) *pref.* Significa 'hélice, espiral': *helicoide, helicóptero.*

helicoidal *adj.* En forma o figura de hélice: *escalera helicoidal.* **SIN.** Espiral.

helicoide (del gr. *helikoides*) *s. m.* Superficie engendrada por una recta que se mueve apoyándose en una hélice (línea curva) y en el eje del cilindro sobre el que está trazada la hélice.

helicón (de *hélice*) *s. m.* Instrumento musical de viento cuyo tubo, de forma circular, se coloca alrededor del cuerpo y apoyado en el hombro.

helicóptero (de *helico-* y el gr. *pteron*, ala) *s. m.* Aeronave a la que una gran hélice o rotor, que gira horizontalmente en su parte superior, permite elevarse y tomar tierra verticalmente, desplazarse en cualquier dirección y mantenerse inmóvil en el aire. **FAM.** Portahelicópteros. HÉLICE.

helio (del gr. *helios*, sol) *s. m.* Elemento químico gaseoso que se encuentra en pequeñas cantidades en la atmósfera y forma parte de los gases nobles; es inodoro, incoloro, insípido y no inflamable. Se obtiene por licuación del gas natural y se emplea como gas para globos aerostáticos y vehículos espaciales, para producir atmósferas inertes, en la soldadura por arco y en iluminación. Su símbolo es *He*.

helio- (del gr. *helios*, sol) *pref.* Significa 'sol': *heliograbado, helioterapia.*

heliocéntrico, ca *adj.* **1.** Relativo al heliocentrismo. **2.** En astron., se aplica a las coordenadas de un planeta calculadas tomando como centro el Sol.

heliocentrismo (de *helio-* y *centro*) *s. m.* Teoría o sistema que considera el Sol como centro del Universo. **FAM.** Heliocéntrico. CENTRO.

heliogábalo (de *Heliogábalo*, emperador romano) *s. m.* Hombre dominado por la gula, comilón.

heliograbado (de *helio-* y *grabado*) *s. m.* **1.** Procedimiento por el que se obtienen grabados en relieve mediante la acción de la luz solar sobre planchas preparadas para ello. **2.** Grabado obtenido de esta forma. **SIN. 1.** y **2.** Heliografía.

heliografía (de *helio-* y *-grafía*) *s. f.* **1.** Método de transmisión de señales mediante destellos de luz solar. **2.** Heliograbado*. **3.** Descripción del Sol. **4.** Fotografía del Sol. **FAM.** Heliográfico, heliógrafo.

heliógrafo (de *helio-* y *-grafo*) *s. m.* **1.** Instrumento de telecomunicación que transmite mensajes mediante destellos de luz solar, reflejados por medio de espejos que se cubren y descubren alternativamente. **2.** En astron., aparato que mide la cantidad de calor emitida por el Sol. **3.** En meteorología, aparato que registra la duración diaria de la luz solar.

heliomotor (de *helio-* y *motor*) *s. m.* Aparato que transforma la energía del sol en energía mecánica.

helioscopio (de *helio-* y *-scopio*) *s. m.* Dispositivo adaptable a aparatos ópticos que permite observar el Sol sin que su luz dañe la vista.

helióstato (de *helio-* y el gr. *statos*, parado) *s. m.* Instrumento que refleja los rayos solares en una dirección determinada.

heliotecnia (de *helio-* y *-tecnia*) *s. f.* Técnica que convierte la luz solar en energía eléctrica o calor.

helioterapia (de *helio-* y *-terapia*) *s. f.* Tratamiento de ciertas enfermedades mediante las radiaciones solares.

heliotropismo (de *helio-* y *tropismo*) *s. m.* Reacción de movimiento en dirección a la luz del Sol que experimentan algunos órganos de las plantas. **FAM.** Heliotropo. TROPISMO.

heliotropo (del gr. *heliotropos*, de *helios*, sol, y *tropos*, volver) *s. m.* Planta de jardín de agradable perfume, con hojas de color verde oscuro y superficie rugosa y gran número de pequeñas flores de color blanco o violeta. Se encuentra en Europa y América.

helipuerto *s. m.* Aeropuerto destinado al despegue y aterrizaje de helicópteros.

helmíntico, ca *adj.* Se aplica al medicamento empleado para acabar con los helmintos intestinales.

helminto (del gr. *helmins, -inthos*, gusano) *s. m.* Gusano, especialmente los que son parásitos de hombres y animales. **FAM.** Helmíntico. / Nematelminto, platelminto.

helvecio, cia (del lat. *Helvetius*) *adj.* **1.** De la antigua Helvecia, actual Suiza. **2.** De un pueblo de origen celta que se estableció en Helvecia en el siglo V a. C. También *s. m.* y *f.* **SIN. 1.** Helvético. **FAM.** Helvético.

helvético, ca *adj.* **1.** De la antigua Helvecia, actual Suiza. **2.** De Suiza. También *s. m.* y *f.* **SIN. 1.** Helvético. **2.** Suizo. **FAM.** Helvecio.

hema- o **hemat-** (del gr. *haima, -atos*, sangre) *pref.* Significa 'sangre': *hematoma.* ■ Existen también las variantes *hemato-* y *hemo-*: *hematología, hemofilia.*

hemático, ca *adj.* Relacionado con la sangre.

hematíe (del gr. *haima, -atos*, sangre) *s. m.* Cada una de las células de la sangre, llamadas también *glóbulos rojos*, que contiene hemoglobina y transporta el oxígeno desde los pulmones hasta los tejidos y el dióxido de carbono de los tejidos a los pulmones. Se usa más en *pl.* **FAM.** Hemático, hematites, hematocrito, hematófago, hematología, hematoma, hematopatía, hematopoyesis, hematosis, hematuria.

hematites (del lat. *haematites*, y éste del gr. *haimatites*) *s. f.* Mineral de hierro oxidado, cuyo color varía del rojizo al negro. ■ No varía en *pl.*

hemato- *pref.* Véase **hema-**.

hematocrito (de *hemato-* y el gr. *kritos*, separado) *s. m.* Proporción de glóbulos que existe en la sangre en relación con el plasma sanguíneo.

hematófago, ga (de *hemato-* y *-fago*) *adj.* Se aplica al animal que se alimenta de sangre.

hematología (de *hemato-* y *-logía*) *s. f.* Parte de la medicina que estudia la sangre. **FAM.** Hematológico, hematólogo. HEMATÍE.

hematoma (de *hemat-* y *-oma*) *s. m.* Derrame interno de sangre que se acumula en la dermis, producido por un golpe o por alguna enfermedad. **SIN.** Moratón, cardenal.

hematopatía (de *hemato-* y *-patía*) *s. f.* Hemopatía*. **FAM.** Hemopatía. HEMATÍE.

hematopoyesis (de *hemato-* y el gr. *poieo*, hacer) *s. f.* Proceso de formación de los glóbulos rojos o hematíes, que tiene lugar sobre todo en la médula ósea. ■ No varía en *pl.* **SIN.** Hemopoyesis. **FAM.** Hemopoyesis. HEMATÍE.

hematosis (del gr. *haimatosis*, cambio de sangre) *s. f.* Proceso de intercambio de gases entre el aire inspirado y la sangre, que se produce en los pulmones.

hematuria (de *hemat-* y del gr. *uron*, orina) *s. f.* Presencia de sangre en la orina.

hembra (del lat. *femina*) *s. f.* **1.** Persona o animal del sexo femenino. **2.** En las plantas dioicas, aquella que da flores femeninas: *palmera hembra.* **3.** En algunos objetos que constan de dos piezas, como corchetes, enchufes, etc., la que tiene el hueco o agujero donde encaja la otra, llamada macho. **FAM.** Hembraje, hembrilla. / Machihembrar.

hembraje *s. m. Amér. del S.* Conjunto de las hembras de un ganado.

hembrilla (dim. de *hembra*) *s. f.* **1.** En algunos utensilios, pieza pequeña en la que encaja otra. **2.** Anilla metálica con tornillo que la fija, utilizada para insertar en ella otra pieza, un candado, una escarpia, etc. **SIN. 2.** Armella, cáncamo.

hemeroteca (del gr. *hemera*, día, y *theke*, caja, depósito) *s. f.* Biblioteca de periódicos y revistas.

hemiciclo (del lat. *hemicyclium*, y éste del gr. *hemikyklion*, de *hemi-* y *kyklos*, círculo) *s. m.* **1.** Semicírculo. **2.** Espacio semicircular, provisto de gradas, especialmente el del salón de sesiones del Congreso.

hemicordado (de *hemi-* y el lat. *chorda*, cuerda) *adj.* **1.** Se dice de ciertos animales invertebrados marinos que tienen el cuerpo dividido en tres segmentos y un rudimentario cordón nervioso dorsal. También *s. m.* ‖ *s. m. pl.* **2.** Filo de estos animales.

hemimorfita *s. f.* Calamina*, mena del cinc.

hemiplejia o **hemiplejía** (del gr. *hemipleges*, de *hemi-* y *plesso*, herir, golpear) *s. f.* Parálisis de todo un lado del cuerpo. **FAM.** Hemipléjico.

hemipléjico, ca *adj.* Relativo a la hemiplejia o que la padece: *Un ataque le dejó hemipléjico.* También *s. m.* y *f.*

hemíptero, ra (de *hemi-* y *pteron*, ala) *adj.* **1.** Se dice del insecto chupador, provisto de pico articulado, largas antenas segmentadas y, generalmente, dos pares de alas, como p. ej. la cigarra o las chinches. También *s. m.* ‖ *s. m. pl.* **2.** Orden formado por estos insectos.

hemisférico, ca *adj.* **1.** Del hemisferio. **2.** Que tiene forma de media esfera. **SIN. 2.** Semiesférico.

hemisferio (del lat. *hemisphaerium*, y éste del gr. *hemisphairion*, de *hemi-* y *sphaira*, esfera) *s. m.* **1.** Cada una de las dos mitades de la esfera terrestre separadas por el ecuador. **2.** Cada una de las dos mitades de una esfera dividida por un plano que pasa por su centro. **3.** Cada una de las dos mitades laterales del cerebro y del cerebelo. **SIN. 3.** Lóbulo. **FAM.** Hemisférico.

hemistiquio (del lat. *hemistichium*, y éste del gr. *hemistikhion*, de *hemi-* y *stikhos*, línea) *s. m.* Cada una de las dos partes, separadas por una cesura, en que se dividen algunos versos de arte mayor.

hemo- *pref.* Véase **hema-**.

hemoderivado *s. m.* Sustancia derivada de la sangre o de su plasma.

hemodiálisis (de *hemo-* y el gr. *dialysis*, disolución) *s. f.* En med., técnica terapéutica que consiste en realizar una diálisis o depuración exterior de la sangre por medio de un riñón artificial. ■ No varía en *pl.*

hemofilia (de *hemo-* y *-filia*) *s. f.* Enfermedad hereditaria que se caracteriza por la dificultad de la sangre para coagularse. **FAM.** Hemofílico.

hemofílico, ca *adj.* Relativo a la hemofilia o que padece hemofilia. También *s. m.* y *f.*

hemoglobina (de *hemo-* y el lat. *globulus*, glóbulo) *s. f.* Pigmento rojo contenido en los hematíes de la sangre de los vertebrados, que hace posible el transporte de oxígeno.

hemograma *s. m.* Cuadro o fórmula que expresa el número y proporción de los elementos celulares de la sangre.

hemolinfa *s. f.* Líquido interno de invertebrados, generalmente incoloro.

hemopatía (de *hemo-* y *-patía*) *s. f.* Enfermedad de la sangre.

hemopoyesis *s. f.* Hematopoyesis*.

hemorragia (del lat. *haemorrhagia*, y éste del gr. *haimorrhagia*, de *haima, -atos*, sangre, y *rhegnymi*, brotar) *s. f.* Salida de la sangre de los vasos sanguíneos, especialmente cuando se produce en grandes cantidades. FAM. Hemorrágico, hemorroísa.

hemorroide (del lat. *haemorrhois, -idis*, y éste del gr. *haimorrhois*, de *haima, -atos*, sangre, y *rheo*, fluir) *s. f.* Pequeño tumor sanguíneo que se forma en la parte exterior del ano o en el final del intestino, por causas congénitas, estreñimiento, etc. Se usa más en *pl.* SIN. Almorrana. FAM. Hemorroidal. / Almorrana.

hemorroísa (del lat. *haemorrhoissa*, y éste del gr. *haimorrhoos*, que sufre hemorragias) *s. f.* Mujer que padece flujo de sangre.

hemostasia o **hemostasis** (de *hemo-* y del gr. *stasis*, fijación) *s. f.* Contención de una hemorragia de forma espontánea o por medios terapéuticos. ■ La forma *hemostasis* no varía en *pl.* FAM. Hemostático.

hemostático, ca *adj.* Que sirve para detener una hemorragia. También *s. m.*

henal *s. m.* Henil*.

henar *s. m.* Campo en que se cultiva el heno.

henchido, da 1. *p.* de **henchir**. || *adj.* **2.** Lleno, repleto: *henchido de ira.*

henchir (del lat. *implere*) *v. tr.* **1.** Llenar una cosa, sobre todo si ésta se va abultando según se llena: *henchir el pecho de aire.* || **henchirse** *v. prnl.* **2.** Llenarse de comida y bebida. ■ Es v. irreg. Se conjuga como *pedir.* SIN. **1.** Atestar, colmar. **1.** y **2.** Inflar(se). **2.** Hartarse, atiborrarse. FAM. Henchido, henchidor, henchidura, henchimiento.

hendedura *s. f.* Hendidura*.

hender (del lat. *findere*) *v. tr.* **1.** Abrir o rajar una cosa sin llegar a partirla del todo. También *v. prnl.* **2.** Atravesar un fluido o un líquido: *El barco hiende las aguas con su quilla.* ■ Es v. irreg. Se conjuga como *tender.* Se dice también *hendir.* SIN. **1.** Agrietar(se), resquebrajar(se). **2.** Cortar, surcar. FAM. Hendedura, hendidura, hendimiento, hendir. / Labihendido, rendija.

hendidura *s. f.* Raja o grieta producida por un corte, rotura, etc. ■ Se dice también *hendedura.* SIN. Abertura, fisura, ranura.

hendir *v. tr.* Hender*. ■ Es v. irreg. Se conjuga como *discernir.*

henequén (voz indígena de probable or. maya) *s. m.* Especie de pita, planta amarilidácea.

henil (del lat. *fenile*) *s. m.* Lugar donde se guarda el heno. ■ Se dice también *henal.*

henna (ár.) *s. f.* **1.** Arbusto de flores perfumadas y hojas ovaladas que se utilizan para la fabricación de cosméticos. **2.** Colorante de color rojizo que se obtiene de las hojas de esta planta una vez secas y molidas: *Se tiñó el pelo con henna.*

heno (del lat. *fenum*) *s. m.* **1.** Planta herbácea de la familia gramíneas, de hojas estrechas y agudas y flores en panoja. **2.** Hierba segada y seca para alimento del ganado. || **3. fiebre del heno** Enfermedad de tipo alérgico provocada por el polen de ciertas gramíneas, que produce congestión nasal, sinusitis, etc. FAM. Henal, henar, henil.

henrio o **henry** *s. m.* Unidad de inductancia eléctrica del Sistema Internacional.

heñir (del lat. *fingere*) *v. tr.* Sobar la masa, amasar. ■ Es v. irreg. Se conjuga como *ceñir.*

heparina *s. f.* Polisacárido ácido de función anticoagulante, que se encuentra fundamentalmente en el hígado de los mamíferos.

hepática (del lat. *hepatica*, de *hepaticus*, hepático) *adj.* **1.** Se dice de las plantas briofitas que tienen un tallo plano del que parten estructuras pilosas llamadas rizoides, que actúan como raíces. Viven en regiones húmedas. También *s. f.* || *s. f. pl.* **2.** Clase de estas plantas.

hepático, ca (del lat. *hepaticus*, y éste del gr. *hepatikos*, de *hepar, hepatos*, hígado) *adj.* **1.** Del hígado o relacionado con él. **2.** Que padece del hígado. También *s. m.* y *f.* FAM. Hepática, hepatitis.

hepatitis (del gr. *hepar, hepatos*, hígado, e *-itis*) *s. f.* Inflamación del hígado causada entre otras causas por virus, bacterias o medicamentos, cuyos síntomas son fiebre, ictericia y astenia. ■ No varía en *pl.*

hept- o **hepta-** (del gr. *hepta*, siete) *pref.* Significa 'siete': *heptasílabo.*

heptaedro (de *hepta-* y el gr. *edra*, cara) *s. m.* Poliedro irregular de siete caras planas.

heptágono, na (del lat. *heptagonus*, y éste del gr. *heptagonos*, de *hepta*, siete, y *gonia*, ángulo) *adj.* Se aplica al polígono con siete lados y siete ángulos. También *s. m.* FAM. Heptagonal. POLÍGONO.

heptámetro (de *hepta-* y *-metro*) *adj.* Se dice del verso compuesto por siete pies. También *s. m.*

heptano *s. m.* Hidrocarburo saturado cuya molécula consta de siete átomos de carbono. Es uno de los principales componentes de la gasolina.

heptasílabo, ba (de *hepta-* y el gr. *syllabe*, sílaba) *adj.* Compuesto de siete sílabas: *verso heptasílabo.* También *s. m.* FAM. Heptasilábico. SÍLABA.

heptathlon o **heptatlón** *s. m.* Conjunto de siete pruebas femeninas de atletismo: *El heptatlón se compone de 100 m vallas, salto de altura, salto de longitud, lanzamiento de peso, lanzamiento de jabalina, 200 m lisos y 800 m.*

heráldica *s. f.* Conjunto de conocimientos referentes a los escudos de armas. SIN. Blasón. FAM. Heráldico, heraldista. HERALDO.

heraldista *s. m.* y *f.* Experto en heráldica.

heraldo (del fr. *héraut*, y éste del fráncico *heriald*) *s. m.* **1.** Cortesano medieval que transmitía mensajes de importancia, organizaba los torneos y llevaba el registro de la nobleza. **2.** Oficial que anunciaba públicamente los sucesos importantes. **3.** Mensajero. **4.** Cualquier cosa que anuncia con su presencia la llegada de otra: *Las flores son el heraldo de la primavera.* SIN. **3.** Emisario, enviado. **4.** Anuncio. FAM. Heráldica.

herbáceo, a (del lat. *herbaceus*) *adj.* Se aplica a las plantas que tienen las características o el aspecto de la hierba.

herbaje (del lat. *herbaticus*) *s. m.* Conjunto de hierbas que crecen en prados y dehesas. SIN. Pasto.

herbario, ria (del lat. *herbarius*) *adj.* **1.** De las hierbas y las plantas. || *s. m.* **2.** Colección de plantas secas, clasificadas y conservadas principalmente para su estudio. **3.** Primera de las cuatro cavidades de que consta el estómago de los rumiantes.

herbazal *s. m.* Lugar con mucha hierba. SIN. Prado, pastizal.

herbicida (del lat. *herba*, hierba, y *-cida*) *adj.* Se aplica al producto químico que impide el desarrollo de las hierbas perjudiciales. También *s. m.*

herbívoro, ra (del lat. *herba*, hierba, y *-voro*) *adj.* Se aplica al animal que se alimenta de vegetales, especialmente de hierba.

herbodietética *s. f.* Establecimiento en el que se venden alimentos dietéticos y productos medicinales naturales.

herbolario, ria (del lat. *herbula*, de *herba*, hierba) *s. m.* y *f.* **1.** Persona dedicada a la recolección de hierbas y plantas medicinales para la venta. || *s. m.* **2.** Tienda donde se venden estas plantas. **3.** Herbario, colección de plantas. **SIN. 2.** Herboristería.

herboristería *s. f.* Establecimiento en que se venden plantas y hierbas medicinales. **SIN.** Herbolario.

herborizar (del fr. *herboriser*) *v. intr.* Recoger plantas silvestres para estudiarlas o coleccionarlas. ■ Delante de *e* se escribe *c* en lugar de *z*.

herboso, sa *adj.* Cubierto de hierba.

herciano, na *adj.* Hertziano*.

herciniano, na *adj.* **1.** Se dice del movimiento orogénico producido en la segunda mitad de la era primaria, que provocó la formación de numerosas cordilleras. También *s. m.* **2.** Relativo a este movimiento orogénico.

hercio *s. m.* Hertzio*.

hercúleo, a (del lat. *Herculeus*) *adj.* De Hércules o con cualidades semejantes a él, sobre todo en lo que se refiere a su fuerza. **SIN.** Fuerte, fornido, robusto. **ANT.** Débil, frágil.

hércules (del lat. *Hercules*, héroe mitológico famoso por su fuerza) *s. m. fam.* Hombre de gran fortaleza y corpulencia. ■ No varía en *pl.* **SIN.** Sansón, forzudo, cachas. **ANT.** Enclenque, debilucho. **FAM.** Hercúleo.

heredad (del lat. *hereditas, -atis*) *s. f.* **1.** Parcela de terreno cultivada que pertenece a un solo dueño. **2.** Conjunto de fincas rústicas o urbanas que constituyen la propiedad de una persona, institución, etc. **SIN. 2.** Hacienda, posesión, predio. **FAM.** Heredar.

heredar (del lat. *hereditare*) *v. tr.* **1.** Recibir, por ley o por testamento, todos o algunos de los bienes, obligaciones o derechos que deja una persona al morir. **2.** Recibir ciertos caracteres biológicos o cualidades de los padres o antepasados: *Ha heredado el genio de su madre.* **3.** Recibir cierta cosa procedente de personas o circunstancias de un momento anterior: *El gobierno heredó la crisis económica.* **4.** *fam.* Recibir alguien una cosa que otro ya ha utilizado antes: *La niña hereda la ropa de sus hermanas.* **FAM.** Heredable, heredero, hereditario. / Desheredar. HEREDAD.

heredero, ra (del lat. *hereditarius*) *adj.* **1.** Que hereda o va a heredar bienes, obligaciones o derechos de otra persona. También *s. m.* y *f.* **2.** Se aplica al que ha heredado ciertos rasgos, cualidades, etc. de sus antepasados o de las personas que le precedieron. También *s. m.* y *f.* **3.** Se dice de lo que procede total o parcialmente de algo anterior: *El arte romano es heredero del griego.* **SIN. 1.** Sucesor, beneficiario. **2.** y **3.** Continuador. **3.** Descendiente. **ANT. 2.** Antecesor. **2.** y **3.** Precursor.

hereditario, ria (del lat. *hereditarius*) *adj.* Relativo a la herencia o que se transmite o recibe por herencia: *bienes hereditarios, caracteres hereditarios.*

hereje (del prov. *eretge*, y éste del lat. *haereticus*) *s. m.* y *f.* **1.** Que defiende o practica herejías. **2.** Se aplica a quien dice o comete blasfemias. **SIN. 1.** Heresiarca. **2.** Blasfemo, irreverente. **ANT. 1.** Ortodoxo.

herejía *s. f.* **1.** Doctrina o creencia opuesta a los dogmas de una religión, especialmente a los de la Iglesia católica. **2.** Postura que se enfrenta a principios comúnmente aceptados en una ciencia o arte. **3.** Daño o tormento causado a una persona o animal: *Deja de hacer herejías al pobre perro.* **4.** *fam.* Error muy grande, disparate. **SIN. 1.** Apostasía, heterodoxia. **ANT. 1.** Ortodoxia. **FAM.** Hereje. / Heresiarca, herético.

herencia (del lat. *haerentia*) *s. f.* Bienes o cualquier otra cosa o situación que se hereda: *la herencia biológica. Recibió una cuantiosa herencia.* **SIN.** Legado.

hereque *adj.* **1.** *Ven.* Que tiene viruelas o marcado por ellas. || *s. m.* **2.** *Ven.* Enfermedad de la piel. **3.** Cierta enfermedad del árbol del café.

heresiarca *s. m.* Autor o defensor de una herejía. **SIN.** Hereje.

herético, ca (del lat. *haereticus*, y éste del gr. *airetikos*) *adj.* De la herejía o del hereje.

hereu (cat.) *s. m.* En Cataluña, hijo primogénito al que le corresponde la herencia familiar.

herida *s. f.* **1.** Lesión en la piel producida por un golpe, corte, etc. **2.** Ofensa, agravio: *Pedro y Juan siguen distanciados por viejas heridas.* **3.** Pena, sufrimiento. **SIN. 2.** Afrenta, ultraje. **3.** Aflicción, pesar.

herido, da 1. *p.* de **herir**. || *adj.* **2.** Que tiene heridas. También *s. m.* y *f.*: *No hubo heridos en el accidente.* || **LOC. sentirse herido** Sentirse ofendido o apenado a causa de algo. **SIN. 1.** y **2.** Lesionado. **ANT. 2.** Indemne.

herir (del lat. *ferire*) *v. tr.* **1.** Romper o abrir los tejidos de un ser vivo por algún medio violento. También *v. prnl.* **2.** Ofender a una persona en su amor propio. **3.** Causar a alguien un vivo sentimiento de dolor o de pena: *Tus palabras la hirieron profundamente.* **4.** Producir en alguno de los cinco sentidos una sensación desagradable y molesta: *El sol me hiere los ojos.* **5.** Golpear o dar una cosa en otra: *El pico hiere la roca.* **6.** Hacer sonar las cuerdas de un instrumento musical. ■ Es v. irreg. Se conjuga como *sentir*. **SIN. 1.** Lesionar(se), lastimar(se). **3.** Apenar, doler. **4.** Irritar. **5.** Batir. **6.** Tañer. **FAM.** Herida, herido, heridor, hiriente. / Malherir, zaherir.

hermafrodita (del fr. *hermaphrodite*) *adj.* **1.** Se aplica a aquellas especies en las que un mismo individuo tiene, simultánea o alternativamente, los dos sexos. También *s. m.* **2.** Se dice de las flores que tienen a la vez órganos masculinos, estambres, y femeninos, pistilos. **3.** Se aplica a la persona que presenta órganos genitales masculinos y femeninos. También *s. m.* y *f.* **SIN. 1.** Andrógino, bisexual. **ANT. 1.** Unisexual. **FAM.** Hermafrodismo, hermafroditismo. / Seudohermafrodita.

hermanado, da 1. *p.* de **hermanar**. También *adj.* || *adj.* **2.** Semejante en todo a otra cosa. **SIN. 2.** Igual. **ANT. 2.** Distinto, dispar.

hermanar *v. tr.* **1.** Juntar una cosa con otra haciéndolas compatibles. También *v. prnl.*: *En su obra se hermanan la filosofía y la literatura.* **2.** En sentido simbólico, unir, hacer hermanas a dos o más personas o cosas: *hermanar dos ciudades.* También *v. prnl.* **SIN. 1.** Armonizar(se), conciliar(se). **ANT. 1.** y **2.** Separar(se). **2.** Enfrentar(se). **FAM.** Hermanable, hermanado, hermanamiento. HERMANO.

hermanastro, tra *s. m.* y *f.* Hijo o hija de uno solo de los cónyuges con respecto a los hijos del otro.

hermandad *s. f.* **1.** Parentesco entre hermanos. **2.** Relación de afecto y solidaridad entre personas, grupos o pueblos. **3.** Asociación de cierto número de personas que se unen por motivos de trabajo, ideales, etc.: *hermandad de pescadores.* **4.** Cofradía de devotos: *hermandad de la Santa Cruz.* **SIN. 1.** Consanguinidad. **2.** Fraternidad. **4.** Congregación.

hermano, na (del lat. *frater germanus*, hermano carnal) *s. m.* y *f.* **1.** Persona que con respecto a otra es hija de los mismos padres o tiene al menos uno de ellos en común. **2.** Miembro de ciertas congregaciones religiosas y, en algunas, los no destinados al sacerdocio, y tratamiento que se les da. **3.** Miembro de una hermandad o cofradía. **4.** Persona o cosa unida a otra u otras por algún tipo de vínculo, como religión, situación, origen, etc.: *hermanos en Cristo, en la adversidad.* También *adj.*: *El francés y el español son lenguas hermanas.* **5.** Una cosa con respecto a otra a la que es semejante: *Esta media es hermana de esta otra.* || **6. hermano de leche** El niño que ha sido amamantado por una nodriza con respecto al hijo de ésta y viceversa. **7. hermano político** Cuñado. **8. medio hermano** Hermanastro. SIN. **2.** Fray; sor. **3.** Cofrade. **4.** Correligionario; compañero; emparentado. **5.** Pareja. FAM. Hermanar, hermanastro, hermandad.

hermenéutica (del gr. *hermeneutike*) *s. f.* Técnica o método de interpretación del sentido de los textos, fundamentalmente los antiguos. FAM. Hermeneuta, hermenéutico.

hermético, ca (del bajo lat. *hermeticus*) *adj.* **1.** Que cierra una abertura de manera que no permite pasar aire, agua o algún otro fluido: *cierre hermético, cámara hermética.* **2.** Impenetrable, reservado: *un rostro hermético.* **3.** Oculto, oscuro, incomprensible: *poesía hermética.* SIN. **1.** Estanco, impermeable. **2.** Introvertido, cerrado. **3.** Inaccesible, inescrutable. ANT. **1.** Permeable. **2.** Comunicativo. **3.** Accesible. FAM. Herméticamente, hermeticidad, hermetismo.

hermetismo *s. m.* **1.** Cualidad de hermético, difícil de entender: *El hermetismo de sus escritos los hace difíles de entender.* **2.** Actitud o comportamiento muy reservado: *Nuestras indagaciones tropezaron con el hermetismo de las autoridades.* SIN. **1.** Inaccesibilidad, impermeabilidad. **1.** y **2.** Impenetrabilidad. **2.** Silencio. ANT. **1.** y **2.** Accesibilidad.

hermosear *v. tr.* Hacer o poner hermoso: *Los jardines hermosean la ciudad.* También *v. prnl.* SIN. Embellecer, adornar, ornar. ANT. Afear, deslucir.

hermoso, sa (del lat. *fermosus*) *adj.* **1.** Que tiene belleza. **2.** Grande, abundante o de buen aspecto: *Tuvimos una hermosa cosecha.* **3.** Sano, robusto: *Tu niño está muy hermoso.* **4.** Referido al tiempo, soleado. **5.** Digno de elogio: *Fue un hermoso gesto de tu parte.* SIN. **1.** Bonito, lindo, bello. **2.** Espléndido, estupendo. **3.** Fuerte, lozano. **4.** Radiante. **5.** Noble. ANT. **1.**, **4.** y **5.** Feo. **3.** Enclenque. **4.** Desapacible. **5.** Indigno. FAM. Hermosamente, hermoseamiento, hermosear, hermosura.

hermosura *s. f.* **1.** Cualidad de hermoso. **2.** Aquello que es hermoso: *una hermosura de casa.* SIN. **1.** y **2.** Belleza. ANT. **1.** Fealdad. **1.** y **2.** Espanto.

hernia (del lat. *hernia*) *s. f.* Tumor formado por la salida de un órgano o parte del mismo de su cavidad natural. FAM. Herniario, herniarse.

herniarse *v. prnl.* **1.** Causarse o sufrir una hernia. **2.** Hacer mucho esfuerzo; suele usarse irónicamente para indicar que alguien trabaja poco. SIN. **2.** Deslomarse. FAM. Herniado. HERNIA.

héroe, roína (del lat. *heros, -ois*, y éste del gr. *eros*, semidiós) *s. m.* y *f.* **1.** Persona que ha realizado una heroicidad. **2.** Persona muy admirada por sus cualidades: *Ese futbolista es el héroe de los chavales.* **3.** Personaje principal de una obra literaria o de una película. || *s. m.* **4.** En mit., hijo de un dios o una diosa y de un ser humano, p. ej. Hércules. SIN. **2.** Ídolo, figura. **3.** Protagonista. **4.** Semidiós. ANT. **1.** Cobarde. FAM. Heroicamente, heroicidad, heroico, heroína[1], heroísmo. / Antihéroe.

heroicidad *s. f.* **1.** Cualidad o comportamiento de héroe. **2.** Hecho admirable para el que se necesita mucho valor. SIN. **1.** Valentía, arrojo. **2.** Hazaña, proeza. ANT. **1.** y **2.** Cobardía.

heroico, ca (del lat. *heroicus*, y éste del gr. *heroikos*) *adj.* **1.** Se aplica a la persona que realiza una heroicidad y a esta misma acción: *Se mostró heroico ante el peligro; un gesto heroico.* **2.** Se aplica a la obra artística que narra grandes hazañas. SIN. **1.** Valiente, audaz. **2.** Épico. ANT. **1.** Cobarde.

heroína[1] (del gr. *heroine*) *s. f.* Véase **héroe**.

heroína[2] (del fr. *héroïne*) *s. f.* Droga derivada de la morfina que se utiliza como estupefaciente y que produce adicción e importantes daños al organismo. SIN. Caballo. FAM. Heroinómano.

heroinómano, na *adj.* Adicto a la heroína. También *s. m.* y *f.*

heroísmo *s. m.* Valor o determinación que lleva a realizar actos extraordinarios. SIN. Valentía, coraje, arrojo. ANT. Cobardía, flaqueza.

herpes o **herpe** (del lat. *herpes*, y éste del gr. *herpes*) *s. m.* Nombre de varias enfermedades causadas por virus, caracterizadas por la aparición de granos, vesículas o costras. ■ La forma *herpes* no varía en *pl.* FAM. Herpético.

herpético, ca *adj.* Relativo al herpes o que lo padece.

herpetología (del gr. *herpeton*, reptil, y *-logía*) *s. f.* Parte de la zoología que estudia los reptiles.

herrada (del lat. *ferrata*, de *ferratus*, herrado) *s. f.* Cubo de madera más ancho por su base que por su boca y reforzado con aros metálicos.

herradero *s. m.* Operación de marcar las reses con un hierro al rojo y lugar y temporada en que se hace. SIN. Hierra.

herradura *s. f.* **1.** Hierro de forma más o menos semicircular que se fija con clavos a las pezuñas de las caballerías para que no se les desgasten o dañen contra el suelo. || **2. arco de herradura** En arq., aquel cuyo trazado es mayor que media circunferencia.

herraje *s. m.* Conjunto de piezas metálicas con que se decora o refuerza un objeto.

herramienta (del lat. *ferramenta*) *s. f.* Instrumento utilizado para desempeñar algún oficio o realizar un trabajo manual; también, conjunto de dichos instrumentos. SIN. Utensilio; instrumental. FAM. Herramental. HIERRO.

herrar (de *hierro*) *v. tr.* **1.** Poner herraduras a las caballerías. **2.** Marcar los ganados con un hierro candente para indicar quién es su dueño. **3.** Reforzar o decorar con metal: *herrar un cofre.* ■ Es v. irreg. Se conjuga como *pensar*. No confundir con la palabra homófona *errar*, 'equivocarse'. SIN. **3.** Guarnecer. FAM. Herradero, herrado, herrador. HIERRO.

herreño, ña *adj.* De la isla de El Hierro, en las Canarias. También *s. m.* y *f.*

herrería *s. f.* **1.** Taller del herrero. **2.** Oficio de herrero. SIN. **1.** Fragua.

herreriano, na *adj.* Propio o característico del estilo de Juan de Herrera, arquitecto español del s. XVI.

herrerillo *s. m.* Nombre común de diversas especies de pájaros de pequeño tamaño, pico corto y cónico, que se alimentan principalmente de insectos; el herrerillo común presenta plumaje de color azul, negro, amarillo y blanco. Se llaman también *trepatroncos*.

herrero, ra (del lat. *ferrarius*) *s. m.* y *f.* Persona que trabaja el hierro.

herreruelo *s. m.* **1.** Pájaro insectívoro de 12 cm de largo y 17 de envergadura. **2.** Soldado de la antigua caballería alemana cuyas armas defensivas eran negras.

herrete (dim. de *hierro*) *s. m.* Remate de metal que se pone en los extremos de cordones, cintas, etc., como adorno o para facilitar su entrada por los ojetes.

herrumbrar *v. tr.* Llenar de herrumbre. También *v. prnl.* SIN. Aherrumbrarse.

herrumbre (del lat. *ferrumen*, soldadura) *s. f.* **1.** Óxido de hierro que se forma sobre objetos de este metal expuestos a la humedad. **2.** Gusto que deja el hierro en aquello con lo que ha estado en contacto, p. ej. en el agua. SIN. **1.** Orín. FAM. Herrumbrar, herrumbroso. / Aherrumbrarse. HIERRO.

herrumbroso, sa *adj.* Que tiene herrumbre. SIN. Oxidado.

hertz *s. m.* Hertzio*.

hertziano, na *adj.* Se aplica a las ondas electromagnéticas empleadas en radiofonía. ■ Se escribe también *herciano*.

hertzio (del físico al. *Heinrich Hertz*) *s. m.* Unidad de frecuencia de un movimiento periódico, equivalente a una vibración por segundo. ■ Se escribe también *hercio* y *hertz*. FAM. Hertziano. / Kilohertzio, megahertzio.

hervidero *s. m.* **1.** Ruido y movimiento de los líquidos al hervir. **2.** Multitud, muchedumbre: *un hervidero de gente.* **3.** Lugar o reunión en que hay mucho movimiento, agitación de pasiones, murmuraciones, etc.: *un hervidero de rumores, de discordias.* **4.** Manantial en que se producen burbujas cuando brota el agua. SIN. **1.** Burbujeo, borboteo. **2.** Hormiguero, enjambre.

hervidor *s. m.* **1.** Utensilio de cocina para hervir líquidos. **2.** Recipiente de ciertos aparatos por cuyo interior pasa el agua, y que recibe calor directamente.

hervir (del lat. *fervere*) *v. intr.* **1.** Producir burbujas un líquido cuando alcanza determinada temperatura o también por fermentación. **2.** Con las preposiciones *en* y *de* y algunos nombres, abundar en lo que éstos significan: *Las oficinas hervían de (o en) actividad.* **3.** Con las mismas preposiciones y seguido de nombres que expresan afectos, pasiones, etc., sentirlas intensamente: *hervir en deseos.* || *v. tr.* **4.** Calentar un líquido hasta que llegue a la ebullición. **5.** P. ext., meter algo dentro de un líquido y calentarlo para que se cueza. ■ Es v. irreg. Se conjuga como *sentir.* SIN. **1.** Borbotear, burbujear. **1.**, **4.** y **5.** Cocer. **2.** Rebosar. **3.** Arder. ANT. **3.** Aplacarse. FAM. Hervidero, hervido, hervidor, hervor, hirviente.

hervor (del lat. *fervor*) *s. m.* Acción de hervir. || LOC. **faltar** a alguien **un hervor** *fam.* Ser ingenuo o poco inteligente. SIN. Hervido, ebullición.

herzegovino, na *adj.* De Herzegovina, región de la república de Bosnia-Herzegovina. También *s. m.* y *f.*

hesperidio (del lat. *hesperidium*) *s. m.* Fruto de corteza gruesa, rica en esencias, y endocarpio muy jugoso, dividido en gajos o secciones por telillas membranosas, p. ej. la naranja.

hesperio, ria (del lat. *Hesperius*) *adj.* De Hesperia, nombre que los griegos dieron a Italia y los romanos a España. También *s. m.* y *f.*

hetaira (del gr. *hetaira*, compañera) *s. f.* Cortesana, prostituta.

hetero- (del gr. *heteros*) *pref.* Significa 'diferente, otro': *heterótrofo, heterosexual.*

heterocerca (de *hetero-* y el gr. *kerkos*, cola) *adj.* Se aplica a la aleta caudal de algunos peces, formada por dos lóbulos desiguales, uno de los cuales contiene el extremo de la columna vertebral.

heteróclito, ta (del lat. *heteroclitus*, y éste del gr. *heteroklitos*, de *heteros*, otro, y *klino*, declinar) *adj.* Formado por elementos dispares, sin relación entre sí: *mezcla heteróclita.* SIN. Irregular, heterogéneo. ANT. Homogéneo.

heterodoxia (del gr. *heterodoxia*, de *heteros*, otro, y *doxa*, opinión) *s. f.* Desacuerdo con los dogmas de una fe o los principios de una norma o doctrina que se considera cierta. SIN. Herejía; disensión. ANT. Ortodoxia. FAM. Heterodoxo.

heterodoxo, xa (del gr. *heterodoxos*) *adj.* **1.** Que no está de acuerdo con determinados dogmas de una religión, doctrina o teoría. También *s. m.* y *f.* **2.** Que se aparta de las opiniones, prácticas, normas etc. generalmente admitidas: *Utiliza procedimientos heterodoxos para conseguir sus fines.* También *s. m.* y *f.* SIN. **1.** Hereje; disidente. **2.** Excéntrico, irregular. ANT. **1.** y **2.** Ortodoxo. **2.** Normal.

heterogéneo, a (del lat. *heterogeneus*, y éste del gr. *heterogenes*, de *heteros*, otro, y *genos*, género) *adj.* Formado por elementos diferentes: *conjunto heterogéneo.* SIN. Variado, diverso. ANT. Homogéneo. FAM. Heterogeneidad.

heteronimia (de *hetero-* y el gr. *onoma*, nombre) *s. f.* En ling., fenómeno por el cual palabras con significados muy próximos tienen una forma y origen distintos: *caballo y yegua.* FAM. Heterónimo.

heterónimo *s. m.* **1.** Palabra que tiene un significado muy próximo a otra pero una forma y origen distintos: *las palabras «caballo» y «yegua» son heterónimos.* **2.** Nombre fingido con que el autor firma una obra. SIN. **2.** Seudónimo.

heteróptero (de *hetero-* y *-ptero*) *adj.* **1.** Se dice del insecto hemíptero que tiene las alas anteriores parcialmente endurecidas, el cuerpo aplanado y el aparato bucal en forma de estilete chupador. Muchas especies segregan una sustancia hedionda. Heterópteros son las chinches. También *s. m.* || *s. m. pl.* **2.** Suborden de estos insectos.

heterosexual *adj.* Se aplica a la atracción y a la relación sexual entre individuos de distinto sexo y, también, a estos mismos individuos. También *s. m.* y *f.* ANT. Homosexual. FAM. Heterosexualidad. SEXUAL.

heterótrofo, fa (de *hetero-* y el gr. *trophos*, que se alimenta) *adj.* Se aplica a los seres que se alimentan de materia elaborada por otros seres vivos, como los animales y los vegetales sin clorofila, y también a este tipo de nutrición. También *s. m.* y *f.*

hético, ca (del lat. *hecticus*, y éste del gr. *hektikos pyretos*, [fiebre]constante) *adj.* **1.** Tuberculoso. También *s. m.* y *f.* **2.** Muy flaco. SIN. **1.** Tísico. **2.** Escuálido. ANT. **2.** Robusto.

heurística (del gr. *heurisko*, hallar) *s. f.* **1.** Investigación o búsqueda de documentos y fuentes históricas. **2.** P. ext., método científico basado en la investigación y la deducción. FAM. Heurístico.

hevea *s. f.* Árbol del caucho.

hexa- (del gr. *hex*) *pref.* Significa 'seis': *hexagono, hexámetro.*

hexaedro (del gr. *hexaedros*, de *hex*, seis, y *hedra*, cara) *s. m.* Sólido con seis caras planas. ■ Se escribe también *exaedro.*

hexágono, na (del lat. *hexagonus*, y éste del gr. *hexagonos*, de *hex*, seis, y *gonia*, ángulo) *adj.* Se aplica al polígono con seis ángulos y seis lados.

También *s. m.* ■ Se escribe también *exágono.* **FAM.** Hexagonal. POLÍGONO.

hexámetro (del lat. *hexametrus*, y éste del gr. *hexametros*, de *hex*, seis, y *metron*, medida) *s. m.* Verso griego y latino que consta de seis pies.

hexasílabo, ba (del lat. *hexasyllabus*, y éste del gr. *hexasyllabos*, de *hex*, seis, y *syllabe*, sílaba) *adj.* De seis sílabas: *verso hexasílabo.* También *s. m.*

hez (del lat. *faex*, *faecis*) *s. f.* **1.** Sedimento de ciertas sustancias o preparados líquidos. Se usa más en *pl.*: *las heces del vino.* **2.** Lo más bajo y despreciable: *Eran la hez de la sociedad.* || *s. f. pl.* **3.** Excrementos: *heces fecales.* **SIN. 1.** Poso, precipitado, madre. **2.** Escoria, deshecho. **3.** Deposiciones. **ANT. 2.** Crema. **FAM.** Fecal.

hiato (del lat. *hiatus*, abertura, de *hiare*, separar) *s. m.* **1.** Pronunciación en sílabas distintas de dos vocales que se hallan juntas dentro de una palabra; se produce hiato cuando ambas vocales son abiertas: *ca-er, le-er*, o cuando el acento recae en la vocal cerrada: *a-hí, re-úma.* **2.** En un verso, fenómeno que consiste en que la vocal final de una palabra y la primera de la siguiente se mantienen como sílabas diferentes. Es el fenómeno contrario a la *sinalefa.* **ANT. 1.** Diptongo.

hibernación (del lat. *hibernatio*, *-onis*, de *hibernare*) *s. f.* **1.** Letargo que experimentan durante el invierno algunos animales. **2.** Estado semejante provocado artificialmente en un organismo, mediante fármacos y un descenso progresivo de la temperatura. **SIN. 1.** Invernación. **ANT. 1.** Estivación.

hibernal *adj.* Invernal*.

hibernar *v. intr.* Pasar el invierno, especialmente en letargo. **FAM.** Hibernación, hibernante. INVIERNO.

hibisco *s. m.* Planta de la familia de las malváceas, de hojas caducas, generalmente de gran tamaño, flores de cinco pétalos y vivos colores y fruto en cápsulas.

hibridación *s. f.* Producción artificial de seres híbridos.

híbrido, da (del lat. *hybrida*) *adj.* **1.** Se aplica a los seres que son resultado de un cruce entre individuos de distinta raza, género o especie. **2.** Que procede o está formado de elementos de distinta naturaleza. **SIN. 2.** Mixto. **ANT. 1.** y **2.** Puro. **FAM.** Hibridación, hibridismo.

hidalgo, ga (del ant. *fijo d'algo*) *s. m.* y *f.* **1.** Miembro del escalón más bajo de la antigua nobleza castellana. || *adj.* **2.** Propio de dicha persona. **3.** Noble, generoso: *un comportamiento hidalgo.* **SIN. 3.** Caballeroso. **ANT. 2.** y **3.** Plebeyo. **3.** Innoble. **FAM.** Hidalguía.

hidalguía *s. f.* **1.** Cualidad o condición de hidalgo. **2.** Generosidad y nobleza de carácter. **SIN. 2.** Caballerosidad. **ANT. 2.** Ruindad.

hidátide *s. f.* **1.** Larva de una tenia intestinal del perro y de otros animales, que puede adquirir un tamaño considerable en las vísceras humanas. **2.** Vesícula acuosa producida por este parásito. **FAM.** Hidatídico.

hidatídico, ca *adj.* **1.** Se dice del quiste que se forma en órganos del hombre como el hígado o los pulmones, producido por la tenia del perro. **2.** De este quiste o relacionado con él.

hidra (del lat. *hydra*, y éste del gr. *hydra*) *s. f.* **1.** Nombre común de diversas especies de celentéreos de agua dulce; tienen cavidad digestiva simple, poseen tentáculos urticantes en torno a la boca y se reproducen sexualmente y asexualmente por gemación. **2.** Nombre vulgar de diversas especies de culebras marinas venenosas. **3.** Monstruo mitológico de siete cabezas.

hidrácido (de *hidro-* y *ácido*) *s. m.* Ácido formado por hidrógeno y un elemento no metálico.

hidratar (del gr. *hydor, hydatos*, agua) *v. tr.* **1.** Añadir agua a una sustancia o cuerpo: *hidratar la piel.* También *v. prnl.* **2.** En quím., combinar una sustancia o un cuerpo con el agua. También *v. prnl.* **ANT. 1.** y **2.** Deshidratar. **FAM.** Hidratación, hidratador, hidratante. / Deshidratar. HIDRATO.

hidrato *s. m.* **1.** Sustancia en cuya composición existen moléculas de agua. || **2. hidrato de carbono** Compuesto orgánico formado por carbono, oxígeno e hidrógeno, donde el hidrógeno está en doble proporción que el oxígeno. Se denomina también *glúcido* o *azúcar.* **FAM.** Hidratar. / Carbohidrato.

hidráulico, ca (del lat. *hydraulicus*, y éste del gr. *hydraulis*) *adj.* **1.** Se aplica a la energía producida por el movimiento del agua. **2.** Se dice de lo que funciona gracias al movimiento o la presión del agua u otro líquido: *turbina hidráulica, frenos hidráulicos.* **3.** Se aplica a las sustancias que se endurecen al contacto con el agua. **4.** Relativo a la hidráulica, o especializado en ella. || *s. f.* **5.** Parte de la mecánica que estudia el movimiento y equilibrio del agua y otros fluidos. **6.** Rama de la ingeniería especializada en la conducción, contención y aprovechamiento industrial de las aguas.

hidro- (del gr. *hydor, hydatos*, agua) *pref.* Significa 'agua': *hidroavión*; e 'hidrógeno': *hidrocarburo.*

hidroavión *s. m.* Avión dotado de flotadores que le permiten despegar desde el agua o bien posarse en ella. **SIN.** Hidroplano.

hidrocarburo *s. m.* Sustancia orgánica compuesta únicamente por carbono e hidrógeno.

hidrocefalia (de *hidro-* y *-cefalia*) *s. f.* Enfermedad congénita que se caracteriza por la acumulación de líquido cefalorraquídeo en la cavidad craneal. **FAM.** Hidrocéfalo. CEFÁLICO.

hidrocele *s. m.* Enfermedad que se caracteriza por la acumulación de líquido en el testículo y que puede dar lugar a tumores voluminosos.

hidrodinámica *s. f.* Parte de la dinámica que estudia el movimiento de los líquidos y las fuerzas que ejercen éstos sobre cuerpos sumergidos en ellos. **FAM.** Hidrodinámico. DINÁMICO.

hidroelectricidad *s. f.* Energía eléctrica obtenida mediante turbinas accionadas por el movimiento del agua.

hidroeléctrico, ca *adj.* Relativo al aprovechamiento de las corrientes y saltos de agua para la obtención de la electricidad: *central hidroeléctrica.*

hidroenergía *s. f.* Energía que se obtiene por la fuerza del agua en movimiento.

hidrófilo, la (de *hidro-* y *-filo*) *adj.* **1.** Que absorbe agua: *algodón hidrófilo.* **2.** Se dice del organismo que vive en ambientes húmedos.

hidrofobia (del lat. *hydrophobia*, y éste del gr. *hydrophobia*, de *hydor*, agua, y *phobos*, terror) *s. f.* Rabia*, enfermedad. **FAM.** Hidrófobo. FOBIA.

hidrófobo, ba *adj.* Se dice de las sustancias que no se disuelven o no tienen afinidad con el agua.

hidrofoil *s. m.* Embarcación que se desplaza sobre el agua sustentada por una capa de aire a presión que genera una turbina.

hidrófugo, ga (de *hidro-* y *-fugo*) *adj.* Que no deja pasar la humedad ni las filtraciones: *ladrillos hidrófugos.* También *s. m.*

hidrogenar *v. tr.* Combinar con hidrógeno una sustancia. **FAM.** Hidrogenación, hidrogenado. HIDRÓGENO.

hidrógeno (de *hidro-* y *-geno*) *s. m.* Elemento químico gaseoso, más ligero que el aire, incoloro, inodoro, insípido e inflamable, que forma parte de hidruros, ácidos y numerosos compuestos orgánicos y combinado con el oxígeno produce el agua. Su símbolo es *H*. **FAM.** Hidrácido, hidrogenar, hidruro.

hidrogeología *s. f.* Parte de la geología que se ocupa de las aguas subterráneas. **FAM.** Hidrogeológico. / GEOLOGÍA.

hidrografía *s. f.* Rama de la geografía que estudia las aguas, tanto marítimas como continentales. **FAM.** Hidrográfico.

hidrojet (de *hidro-* y el ingl. *jet*, chorro) *s. m.* **1.** Sistema de propulsión que se produce al expulsar agua a mucha presión. **2.** P. ext., embarcación que se mueve con este sistema.

hidrólisis o **hidrolisis** (de *hidro-* y el gr. *lysis*, disolución) *s. f.* **1.** En quím., división de una molécula en sus iones por la acción del agua. **2.** P. ext., reacción en la que participa cualquier compuesto químico y agua. ■ No varía en *pl.* **FAM.** Hidrolizar.

hidrolizado, da *adj.* Que ha experimentado un proceso de hidrólisis: *Los cereales son hidrolizados.*

hidrolizar *v. tr.* Efectuar la hidrólisis. ■ Delante de *e* se escribe *c* en lugar de *z*: *hidrolice.*

hidrología (de *hidro-* y *-logía*) *s. f.* Ciencia que estudia las aguas, sus propiedades, distribución, circulación y utilización. **FAM.** Hidrológico, hidrólogo.

hidromasaje *s. m.* Masaje que se efectúa con chorros a presión de agua y aire.

hidromel *s. m.* Hidromiel*.

hidrometría (de *hidro-* y *-metría*) *s. f.* Parte de la hidrodinámica que se ocupa de medir el caudal, la velocidad o la fuerza de los líquidos en movimiento. **FAM.** Hidrométrico.

hidrómetro (de *hidro-* y *metro*) *s. m.* Instrumento empleado para medir el caudal, la velocidad o la fuerza de los líquidos en movimiento.

hidromiel (del lat. *hydromeli*, y éste del gr. *hydromeli*, de *hydor*, agua, y *meli*, miel) *s. m.* Bebida elaborada con agua y miel. ■ Se dice también *hidromel*. **SIN.** Aguamiel.

hidropesía (del lat. *hydropisis*, y éste del gr. *hydrops*, de *hydor*, agua, y *ops*, aspecto) *s. f.* Acumulación anormal de líquido seroso en alguna de las cavidades o tejidos del organismo. **FAM.** Hidrópico.

hidrópico, ca *adj.* Relativo a la hidropesia o que la padece.

hidroplano *s. m.* Hidroavión*.

hidroscopia (de *hidro-* y *-scopia*) *s. f.* Técnica que permite localizar aguas subterráneas mediante el estudio de la naturaleza y de la configuración del terreno.

hidrosfera (de *hidro-* y *esfera*) *s. f.* Conjunto de las partes de agua de la Tierra.

hidrosoluble (de *hidro-* y *soluble*) *adj.* Que puede disolverse en agua.

hidrostática *s. f.* Parte de la física que estudia las propiedades de los líquidos en equilibrio o en reposo. **FAM.** Hidrostático. ESTÁTICA.

hidroterapia (de *hidro-* y *-terapia*) *s. f.* Utilización del agua para tratar enfermedades. **FAM.** Hidroterápico. TERAPIA.

hidrotermal (de *hidro-* y el gr. *thermos*, caliente) *adj.* Se aplica al agua termal.

hidrotropismo (de *hidro-* y *tropismo*) *s. m.* Reacción de movimiento de un organismo vivo al estímulo del agua, como el que se aprecia en las raíces de las plantas en busca de la humedad.

hidróxido *s. m.* Compuesto químico básico que contiene el radical hidróxilo. **FAM.** Hidróxilo. ÓXIDO.

hidróxilo o **hidroxilo** *s. m.* En quím., radical que contiene un átomo de hidrógeno y otro de oxígeno.

hidrozoo (de *hidro-* y *-zoo*) *adj.* **1.** Se aplica a una clase de animales cnidarios que pueden tener alternancia de generaciones, con fases de pólipo y de medusa, o generaciones individuales. También *s. m.* ‖ *s. m. pl.* **2.** Clase de estos animales.

hidruro *s. m.* **1.** Compuesto binario de hidrógeno con un metal. **2.** P. ext., cualquier compuesto binario de hidrógeno con otro elemento.

hiedra (del lat. *hedera*) *s. f.* Planta trepadora de hojas alternas y persistentes, de textura coriácea y lustrosa, forma entera o palmeada, con tres o cinco lóbulos. Sus flores son verdes, con forma de umbela y cinco pétalos, y sus frutos, carnosos y negros. Trepa sobre cualquier soporte, mediante raicillas que brotan de sus ramas. ■ Se escribe también *yedra*. **FAM.** Yedra.

hiel (del lat. *fel*) *s. f.* **1.** Bilis*, líquido orgánico. **2.** Resentimiento, mala intención. **3.** Amargura, sufrimiento o aquello que lo produce. Se usa mucho en *pl.* **SIN. 2.** Veneno.

hielera *s. f. Chile* y *Méx.* Nevera.

hielo (del lat. *gelu*) *s. m.* **1.** Agua en estado sólido por efecto del frío. **2.** Acción de helar o helarse: *El hielo estropeó la cosecha.* **3.** Falta absoluta de afecto o interés entre personas. ‖ **4. hielo seco** Dióxido de carbono en estado sólido utilizado en refrigeración o para apagar incendios. Se llama también *nieve carbónica.* ‖ **LOC. romper el hielo** *fam.* Empezar una conversación, charla, relación, etc., que hasta entonces nadie se había atrevido a comenzar. **SIN. 2.** Helada. **3.** Frialdad, indiferencia. **ANT. 3.** Calor. **FAM.** Helar, helero, hielera. / Gélido, rompehielos.

hiena (del lat. *hyaena*, y éste del gr. *hyaina*) *s. f.* **1.** Mamífero carnívoro de hasta 1,50 m de longitud y cuartos traseros más bajos que los delanteros. Tiene el pelaje gris con manchas o rayas oscuras y una crin espesa en el espinazo y se alimenta de carroña o de presas abatidas por otros depredadores. Vive en África y parte de Asia. **2.** Persona cruel y despiadada.

hierático, ca (del lat. *hieraticus*) *adj.* **1.** Que no deja ver lo que piensa o siente: *Nos miró hierático.* **2.** P. ext., se aplica a las facciones de las figuras reproducidas en escultura o en pintura cuando éstas son rígidas e inexpresivas y a las figuras así representadas, como p. ej. las egipcias. **3.** De los asuntos sagrados o de los sacerdotes. **4.** Se aplica a cierta escritura egipcia, que es abreviación de la antigua escritura jeroglífica. **SIN. 1.** Impasible, inalterable. **3.** Sacro, sacerdotal. **ANT. 1.** Expresivo. **FAM.** Hieratismo.

hierba (del lat. *herba*) *s. f.* **1.** Cualquier planta pequeña de tallo tierno. **2.** Conjunto de muchas de estas plantas. **3.** Hablando de animales que se crían en los pastos, año de edad: *un toro de cinco hierbas.* **4.** Planta utilizada para infusiones o para la elaboración de ciertos productos. Se usa sobre todo en *pl.* **5.** *argot* Marihuana*. ‖ **6. finas hierbas** Hierbas picadas muy menudas que se emplean para condimentar muchos platos y alimentos: *queso a las finas hierbas.* **7. hierba luisa** Planta de jardín, de olor muy agradable, cuyas hojas, utilizadas en infusión, tienen propiedades medicinales. **8. mala hierba** Plantas perjudiciales que crecen en los sembrados. ‖ **LOC. como la mala hierba** *adv. fam.* Mucho, muy deprisa. ■ Se usa referido a algo perjudicial o desagradable que crece o se extiende: *Aquí los chismes proliferan como la mala hierba.* **ver** (o **sentir**) uno **crecer la hierba** *fam.* Ser de inteligencia viva y despierta, darse cuenta en seguida de las cosas. ■ Se escribe también *yerba.* SIN. **2.** Césped, verde. FAM. Herbáceo, herbaje, herbario, herbazal, herbicida, herbívoro, herbolario, herboristería, herborizar, herboso, hierbabuena, hierbajo. / Yerba.

hierbabuena *s. f.* **1.** Planta herbácea vivaz de la familia labiadas de hasta 50 cm de altura, tiene hojas lanceoladas y flores rosadas y despide un olor agradable. Se toma en infusión y se utiliza también como condimento. **2.** Nombre que se da a otras plantas labiadas parecidas a la anterior, como el poleo, el sándalo y la menta. ■ Se escribe también *hierba buena* o *yerbabuena.*

hierbajo *s. m.* Hierba que crece por sí sola sin ser cultivada y que no tiene ningún valor ni utilidad.

hiero *s. m.* Yero*.

hierofante (del gr. *hierophantes*) *s. m.* Sacerdote que en algunos templos griegos de la Antigüedad dirigía las ceremonias de iniciación en los misterios sagrados.

hierra *s. f. Amér. del S.* Acción de marcar con el hierro el ganado. ■ Se escribe también *yerra.* SIN. Herradero.

hierro (del lat. *ferrum*) *s. m.* **1.** Elemento químico metálico muy abundante en la naturaleza, dúctil y tenaz, de color gris plateado, aunque normalmente se presenta negruzco por las impurezas de carbono; tiene un amplio uso industrial. Su símbolo es *Fe.* **2.** Arma, instrumento o pieza de hierro o de otro metal similar. **3.** Instrumento de este material que se calienta al rojo vivo para marcar el ganado y marca realizada. **4.** P. ext., ganadería a la que pertenece un toro de lidia: *Ese hierro está trayendo muy buenos toros esta temporada.* **5.** Parte metálica y cortante de algunas armas y herramientas. || *s. m. pl.* **6.** Instrumentos de hierro, como grilletes, cadenas, etc., usados para apresar las extremidades u otras partes del cuerpo. || **7. edad del hierro** Periodo de la prehistoria que se caracteriza por la utilización del hierro en la fabricación de armas y utensilios, que se extendió aproximadamente desde el s. XIV al III a. C. **8. hierro dulce** El que no tiene impurezas y se trabaja fácilmente. **9. hierro forjado** El que se trabaja artesanalmente en la forja. || LOC. **de hierro** *adj.* Duro, estricto, inflexible: *disciplina de hierro.* También, fuerte, firme, resistente: *salud de hierro, voluntad de hierro.* **quitar hierro** *fam.* Quitar importancia o gravedad a algo: *Tuve que contárselo todo, aunque procuré quitar hierro al asunto.* SIN. **2.** Acero. **5.** Hoja. FAM. Herrada, herradura, herraje, herramienta, herrar, herrería, herrerillo, herrero, herreruelo, herrete, herrumbre, hierra. / Férreo, fierro.

hifa *s. f.* En botánica, filamento que forma parte del micelio o aparato vegetativo de un hongo.

hi-fi *s. m.* Abreviatura de la expresión inglesa **High Fidelity**, alta fidelidad. ■ Se usa sobre todo en aposición: *un equipo hi-fi.*

higa (de *higo*) *s. f.* **1.** Amuleto en forma de puño al que se atribuye tradicionalmente la propiedad de librar a los niños del mal de ojo. **2.** Gesto realizado con el puño cerrado, dejando asomar el pulgar entre el índice y el corazón, usado despectivamente hacia las personas, o contra el mal de ojo: *hacer la higa.* **3.** *vulg.* En determinadas frases, equivale a nada o a una cosa insignificante y se usa en tono despectivo y de burla: *no importar algo una higa, no dar una higa por una cosa.* SIN. **3.** Higo, comino, pimiento.

higadillos o **higaditos** *s. m. pl.* Hígados de los animales pequeños, especialmente de las aves, que se utilizan como alimento.

hígado (del bajo lat. *ficatum,* y éste de *iecur ficatum,* de *iecur,* hígado, y *ficatum,* alimentado con higos) *s. m.* **1.** Glándula perteneciente al aparato digestivo que segrega la bilis y realiza otras importantes funciones. || *s. m. pl.* **2.** Valor, ánimo. **3.** Falta de escrúpulos: *Hay que tener hígados para comerse eso.* SIN. **2.** Redaños, narices. **3.** Estómago. FAM. Higadillos, higaditos.

higadoso, sa *adj. C. Rica* y *Méx.* Majadero, fastidioso.

higiene (del fr. *hygiène,* y éste del gr. *hygieinon,* salud) *s. f.* **1.** Limpieza del cuerpo y de los utensilios, viviendas, instalaciones, etc., que utilizan las personas, así como el conjunto de normas y prácticas destinadas a este fin. **2.** Parte de la medicina que se ocupa de las reglas y procedimientos que conducen a la conservación de la salud y la prevención de las enfermedades. SIN. **1.** Aseo. **2.** Profilaxis. ANT. **1.** Suciedad. FAM. Higiénico, higienista, higienizar. / Antihigiénico.

higiénico, ca *adj.* Relativo a la higiene o que se ajusta a sus reglas y procedimientos: *condiciones higiénicas, toallitas higiénicas.* SIN. Profiláctico, preventivo. ANT. Antihigiénico, sucio.

higienista *adj.* Se aplica a la persona especialista en higiene, parte de la medicina. También *s. m.* y *f.*

higienizar *v. tr.* Hacer que algo se acomode a las normas de la higiene. ■ Delante de *e* se escribe *c* en lugar de *z.* SIN. Asear, limpiar, desinfectar. ANT. Infectar, ensuciar. FAM. Higienización. HIGIENE.

higo (del lat. *ficus*) *s. m.* **1.** Fruto de la higuera, blando, de sabor dulce, de color encarnado y blanco por dentro, lleno de pequeñas semillas y cubierto de una fina piel verdosa, negra o morada según las variedades. Se toma como postre, fresco o seco. **2.** En ciertas frases, y en tono despectivo o de burla, equivale a nada: *Me importa un higo su enfado.* || **3. higo chumbo** Fruto dulce y carnoso de la chumbera. || LOC. **de higos a brevas** *adv. fam.* De tarde en tarde, pasando mucho tiempo entre una vez y otra. **estar** algo **hecho un higo** *fam.* Estar una cosa muy estropeada o arrugada. SIN. **2.** Higa, pimiento, comino. FAM. Higa, higuera.

higro- (del gr. *hygros*) *pref.* Significa 'humedad': *higrometría, higroscopio.*

higrófilo, la (de *higro-* y *-filo*) *adj.* Se aplica a los organismos que buscan la humedad, y en especial a las plantas que necesitan un medio muy húmedo para desarrollarse. También *s. m.* y *f.*

higrófobo, ba (de *higro-* y *-fobo*) *adj.* Se aplica a los organismos que no pueden adaptarse a los sitios húmedos. También *s. m.* y *f.*

higrometría (de *higro-* y *-metría*) *s. f.* Ciencia que se ocupa de determinar las causas de la humedad atmosférica y de medirla. SIN. Higroscopia. FAM. Higrométrico, higrómetro.

higrómetro (de *higro-* y *-metro*) *s. m.* Higroscopio*.

higroscopia (de *higro-* y *-scopia*) *s. f.* Higrometría*.

higroscopio (de *higro-* y *-scopio*) *s. m.* Aparato utilizado para medir la humedad atmosférica, y en particular el dotado de una cuerda de tripa que se tensa o destensa según la humedad del aire sea mayor o menor, moviendo una figurilla o aguja indicadora. SIN. Higrómetro. FAM. Higroscopia.

higuana *s. f.* Iguana*.

higuera *s. f.* Árbol de la familia moráceas, de mediana altura y madera blanda, hojas grandes, lobuladas y dentadas, verdes y brillantes por encima y grises y ásperas por debajo; las flores se disponen en receptáculos que se transforman en higos. Algunas variedades pueden producir dos cosechas: una de higos y otra de brevas. || **LOC. estar en la higuera** *fam.* Estar muy distraído, desorientado o no enterarse de nada. **FAM.** Higueral. HIGO.

hijastro, tra (del lat. *filiaster, filiastra*, de *filius*, hijo) *s. m.* y *f.* Respecto a una persona que se ha casado con otra, los hijos que esta última ha tenido de una unión anterior. **SIN.** Entenado.

hijear *v. intr. Amér.* Retoñar, echar brotes una planta.

hijo, ja (del lat. *filius*) *s. m.* y *f.* **1.** Cualquier persona o animal respecto a sus padres. **2.** Persona respecto al lugar donde ha nacido, a su nación, raza, etc.: *Es hijo de La Rioja. Los hijos de Israel.* **3.** Resultado, consecuencia: *La osadía es a veces hija de la ignorancia.* **4.** Nombre que habitualmente se da al yerno y a la nuera respecto de sus suegros. **5.** Miembro de una orden religiosa en relación a su fundador. **6.** *fam.* Expresión con que una persona se dirige a otra con variados matices, como cariño, impaciencia, enfado, etc.: *¡Mira, hijo, haz lo que quieras!* || *s. m.* **7.** Brote o retoño de una planta. || **8. hijo adoptivo** Nombramiento que una ciudad o localidad concede a alguien no nacido en ella. **9. hijo de papá** El que se aprovecha de la buena situación económica de sus padres, sin hacer nada por sus propios medios. **10. hijo de puta** (o **de perra**, o **de su madre**) *vulg.* Persona malintencionada o despreciable. ■ Se usa mucho como insulto. **11. hijo natural** El que se tiene sin haberse casado o fuera del matrimonio. **12. hijo político** El yerno o la nuera respecto a sus suegros. || **LOC. como cualquier (cada o todo) hijo de vecino** *fam.* Como cualquier persona normal y corriente. **SIN. 1.** y **7.** Vástago. **2.** Natural. **3.** Fruto. **7.** Yema, botón. **FAM.** Hijastro, hijear, hijaputa, hijoputa, hijuela. / Ahijado, ahijar, prohijar.

hijoputa, hijaputa *s. m.* y *f. vulg.* Hijo* de puta. También *adj.*

hijuela (del lat. *filiola*) *s. f.* **1.** Cosa derivada o ramificada de otra principal. **2.** Cada una de las partes en que se ha dividido una herencia y documento donde se deja constancia de ello.

hilacha o **hilacho** *s. f.* o *m.* **1.** *desp.* de **hilo**. || *s. f.* **2.** Parte muy pequeña que queda de algo. Se usa más en *pl.* || *s. m. pl.* **3.** *Méx.* Harapos, andrajos. **SIN. 2.** Resto, migaja. **FAM.** Hilachento, hilachoso. / Deshilachar. HILO.

hilachento, ta *adj. Amér.* Andrajoso, deshilachado.

hilada *s. f.* Serie de cosas dispuestas en fila, particularmente la de los ladrillos de un muro. **SIN.** Hilera.

hilado, da 1. *p.* de **hilar**. También *adj.* y *s. m.*: *fábrica de hilados.* || *adj.* **2.** Se aplica a cualquier cosa que haya sido convertida en hilos: *huevo hilado, tabaco hilado.* || *s. m.* **3.** Acción de hilar: *el hilado del algodón.*

hilandero, ra *s. m.* y *f.* Persona que tiene como oficio hilar.

hilar (del lat. *filare*) *v. tr.* **1.** Transformar en hilo materias textiles como lino, seda, lana, algodón, etc. **2.** Elaborar el gusano de seda y algunos insectos, como las arañas, la hebra para tejer sus capullos o telas. || **LOC. hilar fino** (o **delgado**) Pensar o actuar con mucha precisión y acierto. **FAM.** Hilado, hilador, hilandería, hilandero, hilatura. HILO.

hilarante (del lat. *hilarare*, alegrar, regocijar) *adj.* Que produce alegría o ganas de reír. **SIN.** Divertido, cómico, festivo, risible. **ANT.** Serio.

hilaridad (del lat. *hilaritas, -atis*) *s. f.* Risa ruidosa y prolongada. **SIN.** Carcajada. **ANT.** Llanto. **FAM.** Hilarante.

hilatura *s. f.* **1.** Arte, industria y comercialización de los hilados. **2.** Lugar donde se hilan las materias textiles. **SIN. 1.** y **2.** Hilandería.

hilaza *s. f.* Materia textil transformada en hilos. **SIN.** Hilado.

hilemorfismo (del gr. *hyle*, materia, y *morphe*, forma) *s. m.* Teoría filosófica según la cual toda realidad está constituida por dos principios fundamentales: materia, aquello de lo que están constituidas todas las cosas, y forma, lo que les da su carácter específico.

hilera *s. f.* **1.** Conjunto de personas, animales o cosas colocados en línea. **2.** Instrumento que consiste en una lámina de acero o diamante provista de agujeros por donde se hacen pasar los metales para reducirlos a hilo o alambre. || *s. f. pl.* **3.** Apéndices situados alrededor del ano de algunos animales hiladores, como las arañas, con los que fabrican el líquido para formar los hilos. **SIN. 1.** Fila, hilada.

hilo (del lat. *filum*) *s. m.* **1.** Fibra larga y delgada de una materia textil como el algodón, el lino, la lana, etc., que se usa para hacer tejidos o para coser. **2.** Filamento o hebra de cualquier material flexible: *hilo de cobre, los hilos del telégrafo.* **3.** Tipo de tela hecha con fibra de lino: *Se compró una camisa de hilo.* **4.** Chorro muy delgado de un líquido: *Apenas sale un hilo de agua.* **5.** P. ext., se aplica a otras cosas para indicar su reducida cantidad: *hilo de voz.* **6.** Desarrollo del discurso, de un pensamiento, etc.: *el hilo de la conversación.* **7.** Curso que siguen las cosas: *hilo de la vida.* || **LOC. colgar** (o **pender**) **de un hilo** *fam.* Estar en peligro o en una situación muy poco segura: *Su vida pende de un hilo.* **SIN. 2.** Alambre. **FAM.** Hilacha, hilacho, hilada, hilar, hilaza, hilera, hilván. / Ahilarse, cuentahílos, deshilar, enhilar, filiforme, filo[1], retahíla, semihilo, sobrehilar.

hilozoísmo (del gr. *yle*, materia, y *zoe*, vida, e *-ismo*) *s. m.* Doctrina filosófica según la cual toda materia está dotada de vida.

hilván *s. m.* **1.** Costura de puntadas largas que se hace de forma provisional para hacer señales en la tela o para sujetar las piezas mientras se realiza el cosido definitivo; también, cada uno de los hilos con que está hecha. **2.** *Arg., Chile, Par.* y *Urug.* Hilo empleado para esta clase de costura. **SIN. 1.** Basta. **FAM.** Hilvanado, hilvanar. HILO.

hilvanar *v. tr.* **1.** Coser algo provisionalmente con hilvanes. **2.** Enlazar unas ideas con otras, darles un sentido coherente. También *v. prnl.* **SIN. 1.** Embastar. **2.** Coordinar(se), engarzar(se). **ANT. 1.** Deshilvanar. **FAM.** Deshilvanar. HILVÁN.

himen (del lat. *hymen*, y éste del gr. *hymen*, membrana) *s. m.* Repliegue membranoso que recubre y reduce el orificio externo de la vagina en las mujeres vírgenes.

himeneo (del lat. *hymenaeus*, y éste del gr. *hymenaios*, canto nupcial) *s. m.* **1.** En lenguaje literario, boda, casamiento. **2.** Composición poética en la que se canta esta celebración. **SIN. 1.** Desposorios, nupcias. **2.** Epitalamio.

himenóptero (del gr. *hymenopteros*, de *hymen*, membrana, y *pteron*, ala) *adj.* **1.** Se dice del insecto caracterizado por poseer, generalmente, dos pares de alas membranosas y transparentes y un aparato bucal adaptado para morder y, a menudo, también para lamer y chupar, como p. ej. las hormigas, las avispas y las abejas. También *s. m.* || *s. m. pl.* **2.** Orden constituido por estos insectos.

himno (del lat. *hymnus*, y éste del gr. *hymnos*) *s. m.* Composición poética o musical de tono solemne en alabanza de seres, hechos o cosas que son considerados importantes.

hincada *s. f.* **1.** *Amér.* Acción de hincar. **2.** *Chile, Ec.* y *P. Rico* Genuflexión. **3.** *Perú* y *P. Rico* Dolor agudo, punzada.

hincapié *s. m.* Acción de asegurar el pie o los pies en un sitio para apoyarse y hacer fuerza con el resto del cuerpo. ■ Se usa casi exclusivamente en la loc. **hacer hincapié** con el significado de insistir.

hincar (del lat. vulg. *figicare*, de *figere*, fijar) *v. tr.* **1.** Clavar una cosa con punta. **2.** Apoyar con fuerza una cosa en otra: *Hincó bien los pies en el suelo para no caerse.* || **LOC. hincarla** *fam.* Morirse. **hincarse de rodillas** Arrodillarse. ■ Delante de *e* se escribe *qu* en lugar de *c*: *hinque.* **SIN. 1.** Atravesar, hundir. **2.** Fijar, asentar, afirmar. **ANT. 1.** Desclavar. **FAM.** Hincada, hincapié. / Ahínco.

hincha *s. f.* **1.** Antipatía, manía. || *s. m.* y *f.* **2.** Persona que sigue con gran entusiasmo a un equipo deportivo. **3.** P. ext., partidario de cualquier persona destacada o famosa, como actores, cantantes, etc. **SIN. 1.** Tirria, asco. **2.** y **3.** Forofo. **3.** Fan. **ANT. 1.** Simpatía, afecto.

hinchable *adj.* Que se puede hinchar: *un balón hinchable, una colchoneta hinchable.*

hinchado, da 1. *p.* de **hinchar**. También *adj.* || *adj.* **2.** Se aplica al lenguaje o estilo que utiliza de manera exagerada palabras y expresiones sonoras o de contenido elevado. || *s. f.* **3.** Conjunto de hinchas. **SIN. 2.** Grandilocuente, altisonante, enfático, pomposo, ampuloso, retórico. **ANT. 2.** Llano, natural.

hinchar (del lat. *inflare*) *v. tr.* **1.** Hacer que algo aumente de volumen llenándolo de un gas o de otra cosa. También *v. prnl.* **2.** Exagerar: *La prensa hinchó demasiado el suceso.* **3.** Aumentar el agua de un río o arroyo. También *v. prnl.* || **hincharse** *v. prnl.* **4.** Abultarse una parte del cuerpo por un golpe, una herida, etc. **5.** Comer o hacer cualquier cosa en exceso: *Se hinchó de bombones. Se hinchó a trabajar.* **6.** Darse importancia, presumir. || **LOC. hinchar** (o **hinchársele**) a uno **las narices** *fam.* Fastidiar(se), enfadar(se). **SIN. 1.** Henchir(se). **1., 2., 4.** y **6.** Inflar(se). **4.** Inflamarse. **5.** Hartarse, atiborrarse. **6.** Ahuecarse, envanecerse. **ANT. 1.** Vaciar(se), desinflar(se). **1., 2., 4.** y **6.** Deshinchar(se). **4.** Desinflamarse, bajar. **6.** Humillarse. **FAM.** Hincha, hinchable, hinchado, hinchamiento, hinchazón. / Deshinchar.

hinchazón *s. f.* **1.** Efecto de hinchar o hincharse: *La picadura del insecto le produjo una gran hinchazón.* **2.** Vanidad, soberbia. **SIN. 1.** Inflamación, abultamiento. **2.** Envanecimiento, engreimiento.

hindi *s. m.* Lengua oficial de la India, derivada del sánscrito.

hindú (del persa *hindu*) *adj.* De la India; se aplica particularmente a los que practican el hinduismo o el budismo, en oposición a los de religión musulmana. También *s. m.* y *f.* ■ Su pl. es *hindúes*, aunque también se usa *hindús.* **SIN.** Indio, índico. **FAM.** Hindi, hinduismo.

hinduismo *s. m.* Religión predominante en la India actual según la cual el hombre pasa por una serie interminable de formas de vida y sólo logra la salvación mediante un estricto cumplimiento de las normas morales. **FAM.** Hinduista. HINDÚ.

hiniesta (del lat. *genesta*) *s. f.* Retama*.

hinojo[1] (del bajo lat. *genuculum*, de *genu*, rodilla) *s. m.* Rodilla. ■ Se emplea exclusivamente en lenguaje literario en la loc. adv. **de hinojos**, de rodillas.

hinojo[2] (del bajo lat. *fenuculum*, de *fenum*, heno) *s. m.* Planta herbácea de la familia umbelíferas, anual o vivaz, que llega a alcanzar los 2 m de altura y tiene hojas recortadas, flores amarillas en umbelas y frutos en aquenio. Se usa como condimento por el sabor anisado de sus frutos y en medicina como carminativo y expectorante.

hinterland (al.) *s. m.* **1.** Área de influencia de un centro urbano, industrial o comercial, del que depende fundamentalmente en lo económico. **2.** Territorio próximo a una colonia en el que se dejaba sentir la influencia de la metrópoli.

hip-hop (del ingl. *hip*, colgado, y *hop*, movida) *s. m.* Tendencia de origen estadounidense surgida en los años sesenta del s. XX, que se caracteriza por su afición al rap, los graffiti y el breakdance.

hipálage (del gr. *hypallage*) *s. f.* Figura retórica que consiste en aplicar un complemento a otra palabra distinta de aquella a la que lógicamente debería referirse. P. ej., en la frase *El agua corre por caños susurrantes*, el adjetivo *susurrantes*, a pesar de acompañar al sustantivo *caños*, se refiere a *agua*.

hipar (onomat.) *v. intr.* **1.** Tener hipo. **2.** Llorar o sollozar produciendo sonidos parecidos al hipo. **FAM.** Hipido. HIPO.

híper *s. m. fam.* Hipermercado.

hiper- (del gr. *hyper*) *pref.* Significa 'mucho o excesivo': *hipersensibilidad, hipermercado.*

hiperactividad *s. f.* Exceso de movimientos e incapacidad de permanecer quieto. **FAM.** Hiperactivo. ACTIVIDAD.

hiperactivo, va *adj.* Que presenta una actividad excesiva: *un niño hiperactivo.*

hipérbato o **hipérbaton** (del lat. *hyperbaton*, y éste del gr. *hyperbaton*, transpuesto) *s. m.* Figura retórica que consiste en una alteración del orden normal de las palabras o frases: *«Descolorida estaba como rosa / que ha sido fuera de sazón cogida»* (Garcilaso de la Vega). ■ Su pl. es *hipérbatos.*

hipérbola (del lat. *hyperbola*, y éste del gr. *hyperbole*) *s. f.* Curva plana y simétrica que resulta de cortar una superficie cónica por un plano paralelo a su eje. **FAM.** Hipérbole, hiperbólicamente, hiperbólico.

hipérbole (del lat. *hyperbole*, y éste del gr. *hyperbole*, de *hyperballo*, lanzar más allá) *s. f.* Figura retórica que consiste en deformar la realidad exagerándola: *«Tanto dolor se agrupa en mi costado, / que por doler me duele hasta el aliento»* (Miguel Hernández). **FAM.** Hiperbólico, hiperbolizar. HIPÉRBOLA.

hiperbólico, ca (del gr. *hyperbolikos*) *adj.* **1.** Relativo a la hipérbola o con forma de hipérbola. **2.** Que constituye una hipérbole o la incluye: *una descripción hiperbólica de la realidad.* **SIN. 2.** Exagerado. **ANT. 2.** Moderado, ajustado.

hiperbóreo, a *adj.* Relativo a las regiones situadas en el extremo N, cerca del polo.

hiperclorhidria (de *hiper-* y *clorhídrico*) *s. f.* Exceso de ácido clorhídrico en el jugo gástrico, que produce acidez de estómago. **FAM.** Hiperclorhídrico. CLORHÍDRICO.

hiperespacio *s. m.* Espacio de más de tres dimensiones.

hiperestesia (de *hiper-* y el gr. *aisthesis*, sensibilidad) *s. f.* Sensibilidad excesiva, tanto física como psíquica. **SIN.** Hipersensibilidad. **ANT.** Insensibilidad. **FAM.** Hiperestésico.

hiperglucemia (de *hiper-* y *glucemia*) *s. f.* Presencia excesiva de azúcar en la sangre. **ANT.** Hipoglucemia.

hipermercado *s. m.* Supermercado que suele estar situado en las afueras de las ciudades y que reúne gran cantidad de artículos con precios normalmente más bajos. **FAM.** Híper. MERCADO.

hipermetropía (del gr. *hypermetros*, desmesurado, y *ops*, ojo) *s. f.* Defecto de la visión que impide ver bien de cerca. **FAM.** Hipermétrope.

hiperónimo, ma (de *hiper-* y el gr. *onoma*, nombre) *adj.* Se dice de las palabras cuyo significado, por su amplitud, incluyen el significado de uno o varios términos más específicos; p. ej., *ave* es la palabra hiperónima de *gorrión*, *pato*, *halcón*, etc. También *s. m.* **ANT.** Hipónimo.

hiperrealismo *s. m.* Movimiento artístico contemporáneo, caracterizado por representar la realidad con el máximo de fidelidad al modelo. **FAM.** Hiperrealista. REALISMO[1].

hipersensibilidad *s. f.* Sensibilidad excesiva, tanto física como emocional: *Tiene hipersensibilidad al polen. La hipersensibilidad del artista.* **SIN.** Hiperestesia. **ANT.** Insensibilidad. **FAM.** Hipersensible. SENSIBLE.

hipersónico, ca *adj.* Se aplica a la velocidad superior a los 6.000 km (Mach 5) y a las aeronaves capaces de alcanzar esta velocidad.

hipertensión *s. f.* Tensión excesivamente alta de la sangre en el aparato circulatorio. **ANT.** Hipotensión. **FAM.** Hipertenso. TENSIÓN.

hipertenso, sa *adj.* Que tiene la tensión arterial excesivamente alta. También *s. m.* y *f.* **ANT.** Hipotenso.

hipertermia (de *hiper-* y el gr. *therme*, calor) *s. f.* Fiebre, aumento anormal de la temperatura del cuerpo. **ANT.** Hipotermia.

hipertexto *s. m.* En inform., sistema que permite el acceso a la información escrita de un ordenador, así como su manipulación: *en el sistema hipertexto basta marcar una palabra con el cursor para obtener su definición.*

hipertiroidismo *s. m.* Actividad excesiva de la glándula tiroides y trastornos que origina.

hipertrofia (de *hiper-* y el gr. *trophe*, alimentación) *s. f.* **1.** Crecimiento excesivo, y por tanto anormal, de un órgano o de un organismo. **2.** P. ext., crecimiento desmesurado de otras cosas: *hipertrofia en la administración.* **FAM.** Hipertrofiarse, hipertrófico.

hípico, ca (del gr. *hippikos*, de *hippos*, caballo) *adj.* **1.** Del caballo; específicamente se aplica a todo lo relacionado con los deportes de caballos: *trofeo hípico.* || *s. f.* **2.** Deporte que se practica a caballo, en la modalidad de carreras o en la de saltos de obstáculos. **SIN. 2.** Equitación. **FAM.** Hipismo, hipocampo, hipódromo.

hipido *s. m.* Acción de hipar o gimotear. ■ Se pronuncia aspirando la *h*.

hipismo *s. m.* Técnica de la cría del caballo y de su adiestramiento.

hipnosis (del gr. *hypnoo*, adormecer) *s. f.* Estado parecido al sueño, provocado en una persona, cuyo efecto más característico es el sometimiento de la voluntad del hipnotizado a la del hipnotizador. ■ No varía en *pl.* **FAM.** Hipnoterapia, hipnótico, hipnotismo, hipnotizar.

hipnoterapia *s. f.* Utilización de la hipnosis para el tratamiento de determinadas enfermedades.

hipnótico, ca *adj.* De la hipnosis o que la causa: *Cayó en un estado hipnótico.*

hipnotismo *s. m.* Conjunto de teorías y fenómenos referentes a la hipnosis y a los procedimientos que la producen.

hipnotizar *v. tr.* **1.** Producir hipnosis en alguien. **2.** Atraer mucho a alguien o influir poderosamente en él: *Su belleza me hipnotiza.* ■ Delante de *e* se escribe *c* en lugar de *z*. **SIN. 2.** Hechizar, embrujar. **FAM.** Hipnotización, hipnotizador. HIPNOSIS.

hipo (onomat.) *s. m.* **1.** Serie de inspiraciones bruscas, acompañadas de un ruido característico, producidas por la contracción del diafragma. **2.** Fenómeno similar que se produce al intentar contener el llanto. || **LOC. quitar el hipo** *fam.* Asombrar, sorprender algo por su belleza o buenas cualidades: *un coche que quita el hipo.* **SIN. 2.** Hipido, sollozo. **FAM.** Hipar, hiposo. / Jipío.

hipo- (del gr. *hypo*, debajo) *pref.* Significa 'poca cantidad, inferioridad, subordinación': *hipotensión.*

hipoalergénico o **hipoalérgico, ca** *adj.* Que no provoca alergia o que tiene un reducido riesgo de provocarla: *crema hipoalérgica.*

hipocalórico, ca *adj.* Que tiene pocas calorías: *El médico le prescribió una dieta hipocalórica para perder peso.*

hipocampo (del lat. *hippocampus*, y éste del gr. *hippokampos*, de *hippos*, caballo, y *kampe*, encorvado) *s. m.* **1.** Caballito de mar. **2.** En la mit. griega, monstruo marino mitad caballo, mitad pez.

hipocentro *s. m.* Lugar del interior de la corteza terrestre donde tiene su origen un movimiento sísmico o terremoto.

hipocondría (del lat. *hypochondria*, y éste del gr. *hypokhondrion*) *s. f.* Estado de ansiedad o melancolía debido a una preocupación constante y angustiosa por la propia salud, particularmente por contraer enfermedades. **FAM.** Hipocondriaco. HIPOCONDRIO.

hipocondriaco o **hipocondríaco, ca** (del gr. *hypokhondriakos*) *adj.* **1.** Que sufre hipocondría o tiene tendencia a ella. También *s. m.* y *f.* **2.** De la hipocondría o relacionado con ella.

hipocondrio (del gr. *hypokhondrion*, de *hypo*, debajo, y *khondros*, cartílago) *s. m.* Cada una de las dos regiones superiores y laterales del abdomen, situadas a ambos lados del epigastrio. Se usa mucho en *pl.* **FAM.** Hipocondría.

hipocorístico, ca (del gr. *hypokoristikos*, acariciador, diminutivo afectuoso) *adj.* Se aplica a los diminutivos o alteraciones de los nombres, ya sean propios o comunes, que se usan de forma cariñosa o familiar, p. ej. *Susi* por *Susana*. También *s. m.*

hipocrático, ca *adj.* **1.** Relativo al médico griego Hipócrates (460-377 a. C.) o a sus doctrinas médicas. || **2. juramento hipocrático** Código ético del ejercicio de la medicina en Occidente.

hipocresía *s. f.* Cualidad de hipócrita o acción, actitud o conducta hipócrita: *Su aparente bondad es pura hipocresía.*

hipócrita (del lat. *hypocrita*, y éste del gr. *hypokrites*) *adj.* Que finge lo que no es o lo que no siente. También *s. m.* y *f.* **SIN.** Falso, doble, farisaico. **ANT.** Sincero. **FAM.** Hipocresía, hipócritamente.

hipodérmico, ca (del gr. *hypo*, debajo, y *derma*, piel) *adj.* Se dice de lo que está debajo de la piel y de lo que actúa o se aplica en esa zona: *región hipodérmica, inyección hipodérmica.* **SIN.** Subcutáneo.

hipodermis *s. f.* Capa más profunda de la piel. **FAM.** Hipodérmico.

hipódromo (del lat. *hippodromos*, y éste del gr. *hippodromos*, de *hippos*, caballo, y *dromos*, carrera) *s. m.* Lugar destinado para hacer carreras de caballos y otras pruebas de equitación, generalmente con carácter público.

hipófisis (del gr. *hypophysis*, excrecencia inferior) *s. f.* Glándula de secreción interna que controla la actividad de las demás glándulas y regula el funcionamiento del organismo: el crecimiento, la actividad de los órganos sexuales, etc. ■ No varía en *pl.* **SIN.** Pituitaria. **FAM.** Hipofisario.

hipogastrio (del lat. *hypogastrium*, y éste del gr. *hypogastrion*, de *hypo*, debajo, y *gaster*, vientre) *s. m.* Parte inferior del vientre. **FAM.** Hipogástrico. GÁSTRICO.

hipogénico, ca (de *hipo-* y el gr. *genikos*, generativo) *adj.* Se dice de los terrenos o rocas que se forman bajo la corteza terrestre.

hipogeo, a (del lat. *hypogaeum*, y éste del gr. *hypogaios*, de *hypo*, debajo, y *ge*, tierra) *adj.* **1.** Se dice de la planta u órgano que se desarrolla bajo el suelo. || *s. m.* **2.** Cueva excavada en un macizo rocoso, utilizada desde la prehistoria como lugar de enterramiento. Su uso estuvo muy extendido en el antiguo Egipto.

hipoglucemia *s. f.* Disminución de la cantidad normal de azúcar en la sangre.

hipogrifo (del gr. *hippos*, caballo, y el lat. tardío *gryphus*, grifo) *s. m.* Ser legendario, entre caballo y grifo.

hipónimo, ma (de *hipo-* y el gr. *onoma*, nombre) *adj.* Se dice de los términos cuyo significado está incluido dentro de otro u otros más generales. P. ej, *abedul* o *cedro* son términos hipónimos de *árbol*. También *s. m.* **ANT.** Hiperónimo.

hipopótamo (del lat. *hippopotamus*, y éste del gr. *hippopotamos*, de *hippos*, caballo, y *potamos*, río) *s. m.* Mamífero artiodáctilo acuático que alcanza hasta 5 m de longitud, tiene la piel gruesa, cabeza con los ojos, orificios nasales y orejas situados en la parte alta, lo que le permite utilizarlos y respirar mientras está dentro del agua; vive en África.

hiposo, sa *adj.* Que tiene hipo.

hipóstilo, la (de *hipo-* y el gr. *stylos*, columna) *adj.* Que está sostenido por columnas.

hipotálamo (de *hipo-* y el gr. *thalamos*, tálamo) *s. m.* Parte del encéfalo situada debajo del tálamo. Controla el funcionamiento del sistema nervioso autónomo, la actividad de la hipófisis y la alternancia del sueño y la vigilia. **FAM.** Hipotalámico. TÁLAMO.

hipotaxis (del gr. *hypotaxis*, dependencia) *s. f.* En ling., subordinación*. ■ No varía en *pl.*

hipoteca (del lat. *hypotheca*, y éste del gr. *hypotheke*, de *hypotithemi*, poner debajo) *s. f.* **1.** Contrato por el que se garantiza el pago de un crédito con un bien inmueble. **2.** Dicho bien inmueble. **3.** Obligación pesada o costosa. **FAM.** Hipotecar, hipotecario.

hipotecar *v. tr.* **1.** Someter a hipoteca ciertas propiedades para responder con ellas del pago de una deuda. **2.** Poner cierta cosa en peligro de que se pierda, se dañe o fracase: *Fumando desde tan joven estás hipotecando tu salud.* ■ Delante de *e* se escribe *qu* en lugar de *c*. **FAM.** Hipotecable. / Deshipotecar. HIPOTECA.

hipotecario, ria *adj.* De la hipoteca: *Solicitaron un préstamo hipotecario para comprar la casa.*

hipotensión *s. f.* Tensión excesivamente baja de la sangre en el aparato circulatorio. **FAM.** Hipotenso. TENSIÓN.

hipotenso, sa *adj.* Que tiene la tensión arterial excesivamente baja. También *s. m.* y *f.* **ANT.** Hipertenso.

hipotenusa (del lat. *hypotenusa*, y éste del gr. *hypoteinusa*, de *hypoteino*, tender por debajo) *s. f.* Lado que se opone al ángulo recto en un triángulo rectángulo.

hipotermia *s. f.* Disminución anormal de la temperatura del cuerpo. **ANT.** Fiebre. **FAM.** Hipotérmico. TÉRMICO.

hipótesis (del gr. *hypothesis*, suposición) *s. f.* Teoría, explicación, etc., no confirmada que se admite de forma provisional. ■ No varía en *pl.* **SIN.** Conjetura, supuesto. **ANT.** Confirmación. **FAM.** Hipotéticamente, hipotético. TESIS.

hipotético, ca *adj.* **1.** Propio de la hipótesis o basado en ella. **2.** Poco probable: *En el hipotético caso de que me toque la lotería...* **SIN. 1.** Supuesto, teórico. **2.** Dudoso, improbable. **ANT. 1.** Comprobado, seguro.

hipotiroidismo *s. m.* Actividad deficiente de la glándula tiroides y trastornos que origina.

hippioso, sa *adj. fam.* Con características propias del movimiento hippy. También *s. m.* y *f.*

hippy o **hippie** (ingl.) *adj.* **1.** Se aplica al movimiento juvenil surgido en Estados Unidos en la década de los sesenta como rechazo hacia la sociedad capitalista y de consumo. **2.** Que pertenece a dicho movimiento. También *s. m.* y *f.* **3.** Propio o característico de este movimiento. ■ Su pl. es *hippies*. **FAM.** Hippioso

hiriente *adj.* Que hiere u ofende: *Sus hirientes palabras me dolieron.*

hirsutismo *s. m.* Brote excesivo de vello.

hirsuto, ta (del lat. *hirsutus*) *adj.* **1.** Se aplica al pelo duro y tieso y, p. ext., a lo que está cubierto de este tipo de pelo, de púas o espinas. **2.** Se dice de la persona de carácter áspero y rudo. **SIN. 1.** Erizado, espinoso. **2.** Adusto, huraño. **ANT. 1.** Suave. **2.** Amable. **FAM.** Hirsutismo.

hirudíneo (del lat. *hirudo, -inis*, sanguijuela) *adj.* **1.** Se dice del gusano anélido de cuerpo cilíndrico más o menos aplanado, que posee dos ventosas que le sirven para desplazarse, adherirse a otros animales y de esta manera chupar su sangre. La mayor parte viven en agua dulce. Son hirudíneos las sanguijuelas. También *s. m.* || *s. m. pl.* **2.** Clase de estos gusanos.

hisopo (del lat. *hyssopus*, y éste del gr. *hyssopos*) *s. m.* **1.** Planta herbácea olorosa de hojas lanceoladas y flores azules, cuya altura oscila entre 20 y 60 cm. **2.** Utensilio usado en las iglesias para esparcir el agua bendita. **3.** Manojo de ramitas usado con este fin.

hispalense (del lat. *Hispalensis*, de *Hispalis*, Sevilla) *adj.* Sevillano*. También *s. m.* y *f.*

hispánico, ca (del lat. *hispanicus*) *adj.* De España, la hispanidad o la antigua Hispania. **SIN.** Hispano, español. **FAM.** Prehispánico. HISPANO.

hispanidad *s. f.* Comunidad de pueblos de lengua y cultura hispanas y conjunto de caracteres que comparten.

hispanismo *s. m.* **1.** Giro o palabra propia de la lengua española, especialmente la empleada en otro idioma. **2.** Estudio de la cultura española.

hispanista *s. m.* y *f.* Persona que estudia la cultura española.

hispanizar *v. tr.* Transmitir la lengua, la cultura y las costumbres hispanas. ■ Delante de *e* se escribe *c* en lugar de *z*. SIN. Españolizar. FAM. Hispanización. HISPANO.

hispano, na (del lat. *hispanus*) *adj.* **1.** De España o las naciones de lengua española: *la literatura hispana.* **2.** Se dice de los habitantes de habla española de los Estados Unidos. También *s. m.* y *f.* SIN. **1.** Hispánico. FAM. Hispánico, hispanidad, hispanismo, hispanista, hispanizar, hispanoamericano, hispanoárabe, hispanocolonial, hispanófilo, hispanohablante, hispanojudío, hispanomusulmán, hispanorromano.

hispanoamericano, na *adj.* **1.** De Hispanoamérica. También *s. m.* y *f.* **2.** Relativo a España y América.

hispanoárabe *adj.* De la parte de la península Ibérica que estuvo bajo dominio musulmán. También *s. m.* y *f.* SIN. Hispanomusulmán.

hispanocolonial *adj.* Se aplica al arte hispanoamericano de influencia española.

hispanófilo, la (del lat. *hispanicus*, hispánico, y *-filo*) *adj.* Se aplica a la persona que, sin ser española, es aficionada a la cultura, historia y costumbres españolas. También *s. m.* y *f.*

hispanohablante *adj.* Que habla español. También *s. m.* y *f.*

hispanojudío, a *adj.* De los judíos establecidos antiguamente en la península Ibérica. También *s. m.* y *f.*

hispanomusulmán, na *adj.* Hispanoárabe*. También *s. m.* y *f.*

hispanorromano, na *adj.* **1.** De los pueblos romanizados de la península Ibérica o relacionado con ellos. **2.** Se aplica a los individuos de estos pueblos. También *s. m.* y *f.*

híspido, da (del lat. *hispidus*) *adj.* De pelo hirsuto. SIN. Erizado, espinoso. ANT. Suave.

histamina *s. f.* Compuesto orgánico producido por el organismo que disminuye la tensión arterial y produce ciertas secreciones. FAM. Histamínico. / Antihistamínico.

histerectomía (del gr. *hystera*, matriz, y *-ectomía*) *s. f.* Extirpación quirúrgica total o parcial del útero: *Tras detectar el tumor, practicaron una histerectomía a la paciente.*

histeria (del gr. *hystera*, matriz) *s. f.* **1.** Enfermedad nerviosa caracterizada por respuestas emocionales agudas en situaciones de ansiedad. **2.** Estado transitorio de excitación nerviosa. ■ Se dice también *histerismo*. SIN. **2.** Nerviosismo. ANT. **2.** Tranquilidad. FAM. Histérico, histerismo.

histérico, ca (del lat. *hystericus*, y éste del gr. *hysterikos*, de *hystera*, matriz) *adj.* **1.** De la histeria o relacionado con ella. También *s. m.* y *f.* **2.** Del útero o relacionado con él. SIN. **1.** Nervioso. **2.** Uterino. ANT. **1.** Flemático. FAM. Histerectomía. HISTERIA.

histerismo (del gr. *hystera*, matriz e *-ismo*) *s. m.* Histeria*.

histograma *s. m.* Representación de variables continuas por medio de rectángulos.

histología (del gr. *histos*, tejido, y *-logía*) *s. f.* Parte de la anatomía que se ocupa del estudio de los tejidos de los seres vivos. FAM. Histológico, histólogo.

historia (del lat. *historia*, y éste del gr. *historia*, búsqueda) *s. f.* **1.** Ciencia que estudia el pasado del hombre. **2.** Desarrollo de los acontecimientos del pasado. **3.** Obra histórica: *la historia de Herodoto.* **4.** Biografía: *la historia de Napoleón.* **5.** Relato de cualquier suceso: *Les conté algunas historias del viaje.* **6.** Narración inventada: *la historia de Aladino.* **7.** *fam.* Relato pesado, fastidioso. **8.** Pretexto sin justificación. Se usa más en *pl.*: *No me vengas con historias y dime la verdad.* **9.** Problema, asunto: *¡Se mete en cada historia más rara!* **10.** Chisme, enredo. Se usa más en *pl.*: *Siempre anda enzarzando a unos y a otros con sus historias.* ‖ LOC. **hacer historia** Tener algo tal fama o importancia que merece ser recordado: *Sus hazañas hicieron historia.* **pasar a la historia** Dejar de tener actualidad: *Los tranvías de caballos pasaron a la historia.* SIN. **1.** Crónica, anales. **5.** Anécdota. **6.** Fábula, leyenda. **6.** y **8.** Cuento. **7.** Monserga. **7.** y **9.** Rollo. **9.** Lío. **10.** Murmuración, bulo. FAM. Historiado, historiador, historial, historiar, historicismo, histórico, historieta, historiografía. / Intrahistoria, prehistoria, protohistoria.

historiado, da **1.** *p.* de **historiar**. ‖ *adj.* **2.** Se dice de los elementos arquitectónicos decorados con escenas figuradas: *capiteles historiados.* **3.** Complicado, recargado de adornos: *Para mi gusto, tiene una decoración demasiado historiada.* SIN. **3.** Abigarrado, barroco. ANT. **3.** Sobrio.

historiador, ra *s. m.* y *f.* Persona que se dedica al estudio de la Historia.

historial (del lat. *historialis*) *s. m.* Escrito en el que constan los datos, méritos, etc., referentes a la actividad de una persona o entidad, como p. ej. los antecedentes de una empresa o los estudios y conocimientos de un profesional. SIN. Currículum, expediente.

historiar *v. tr.* **1.** Narrar un hecho o suceso de forma ordenada y detallada. **2.** *Amér.* Enredar, complicar.

historicismo *s. m.* Conjunto de corrientes y doctrinas que interpretan los fenómenos humanos como producto de la historia y que pretenden establecer una serie de leyes del desarrollo histórico para poder predecir los acontecimientos futuros. FAM. Historicista. HISTORIA.

histórico, ca (del lat. *historicus*) *adj.* **1.** De la historia o relacionado con ella: *película histórica.* **2.** Que ha sucedido realmente: *un hecho histórico.* **3.** Se aplica a los acontecimientos de gran importancia y trascendencia: *un encuentro histórico entre el gobierno y la guerrilla.* SIN. **2.** Auténtico, real. **3.** Trascendente, crucial. ANT. **2.** Incierto, imaginario. **3.** Intrascendente. FAM. Históricamente, historicidad. HISTORIA.

historieta (dim. de *historia*) *s. f.* **1.** Relato breve y divertido. **2.** Relato ilustrado con viñetas o dibujos que narran la acción. SIN. **2.** Cómic, tebeo. FAM. Historietista. HISTORIA.

historiografía *s. f.* **1.** Conjunto de conocimientos sobre el método de escribir la historia. **2.** Estudio de las obras que han tratado temas históricos y de los autores que han investigado estos temas. **3.** El conjunto de estas obras. FAM. Historiográfico, historiógrafo. HISTORIA.

historiógrafo, fa *s. m.* y *f.* **1.** Persona que se ocupa de la historiografía. **2.** Antiguamente, cronista.

histrión (del lat. *histrio, -onis*) *s. m.* **1.** Actor, especialmente el del teatro de la antigüedad clásica. **2.** Actor que actúa exageradamente. **3.** P. ext., persona que se expresa o se comporta de forma teatral, muy exagerada, o que finge algo con muchos gestos. **4.** Persona que hace cosas ridículas o grotescas para divertir a otros. SIN. **3.** Comediante. **4.** Payaso, bufón. FAM. Histriónico, histrionismo.

histriónico, ca (del lat. *histrionicus*) *adj.* Propio de un histrión: *El jugador simuló la falta con gestos histriónicos.* SIN. Teatral, exagerado. ANT. Sobrio.

histrionismo *s. m.* **1.** Oficio de histrión o actor teatral. **2.** Mundo de las personas que se dedican a este oficio. **3.** Teatralidad o exageración en los gestos, el lenguaje, etc. SIN. **3.** Aparatosidad, afectación. ANT. **3.** Sobriedad, moderación.

hit (ingl., significa 'golpe') *s. m.* **1.** Disco fonográfico que alcanza un gran éxito de venta. || **2. hit parade** Lista de éxitos de esos discos.

hitita *adj.* **1.** De un pueblo indoeuropeo que, entre los años 1600 y 1200 a. C., constituyó un poderoso imperio en Asia Menor. || *s. m.* **2.** Lengua del mismo.

hitleriano, na *adj.* **1.** De Hitler o relacionado con él. **2.** Que es partidario de su sistema político.

hito (del lat. *fictus*, fijo) *s. m.* **1.** Poste de piedra que señala los límites de las tierras, la dirección de los caminos o indica las distancias. **2.** Suceso muy importante dentro de un ámbito o contexto. || LOC. **mirar de hito en hito** Mirar fijamente, sin apartar la vista. SIN. **1.** Mojón, señal. FAM. Ahíto.

hobby (ingl.) *s. m.* Afición o pasatiempo favorito para entretenerse en los ratos de ocio. ■ Su pl. es *hobbies*.

hocicar *v. tr.* **1.** Levantar o remover la tierra con el hocico. **2.** *desp.* Besuquear. También *v. prnl.* || *v. intr.* **3.** *fam.* Curiosear. **4.** Encontrarse con un obstáculo o dificultad insuperable. **5.** Caerse de bruces. ■ Delante de *e* se escribe *qu* en lugar de *c.* SIN. **1.** Hozar. **3.** Cotillear, husmear. **4.** Tropezar, topar.

hocico *s. m.* **1.** Parte saliente de la cabeza de algunos animales, en la que tienen la nariz y la boca. **2.** *fam.* Boca de una persona. Se usa más en *pl.* || LOC. **estar** (o **ponerse**) **de hocicos** Mostrar con el gesto enfado o desagrado. **meter el hocico** (o **los hocicos**) en algo *fam.* Fisgar. FAM. Hocicar, hocicón, hocicudo, hociquear, hozar.

hocicón, na *adj.* **1.** Hocicudo*. **2.** Se dice de la persona a la que le gusta curiosear y enterarse de las cosas ajenas. También *s. m.* y *f.* **3.** *Chile fam.* Que habla mucho de lo que no debe, bocazas. **4.** *Méx. fam.* Que es presumido y hablador.

hocicudo, da *adj.* **1.** Se aplica al animal que tiene mucho hocico. **2.** *desp.* Se aplica a la persona que tiene la boca saliente. **3.** *Guat.*, *Perú* y *P. Rico* Enfadado. SIN. **1.** y **2.** Morrudo, jetudo. **3.** Malhumorado. ANT. **3.** Contento.

hociquear *v. tr.* Hocicar*.

hockey (ingl.) *s. m.* Deporte de competición en el que dos equipos disputan una bola de caucho o un disco de metal, jugándolo con un bastón, con el fin de introducirlo en la portería contraria.

hodierno, na (del lat. *hodiernus*) *adj.* Del día de hoy o del tiempo presente. SIN. Actual, contemporáneo. ANT. Antiguo.

hogaño (del lat. *hoc anno*, en este año) *adv. t.* En este año presente y, p. ext., en esta época. SIN. Actualmente. ANT. Antaño.

hogar (del bajo lat. *focaris*, de *focus*, fuego) *s. m.* **1.** Lugar donde se hace fuego en las cocinas, chimeneas, hornos de fundición, etc. **2.** Sitio donde vive una persona, generalmente con su familia. **3.** P. ext., este lugar junto con las personas que lo habitan: *Quiere casarse y fundar un hogar.* SIN. **1.** Fogón. **2.** Casa, domicilio. FAM. Hogareño, hogaza, hoguera.

hogareño, ña *adj.* **1.** Del hogar o relacionado con él. **2.** Que es amante del hogar. SIN. **1.** Doméstico. **2.** Familiar.

hogaza (del lat. *focacia*, panecillos cocidos en el hogar) *s. f.* Pan grande, generalmente de forma circular.

hoguera (del lat. *focaria*, de *focus*, fuego) *s. f.* Fuego que se hace en el suelo al aire libre. SIN. Fogata. FAM. Véase **hogar**.

hoja (del lat. *folia*, de *folium*) *s. f.* **1.** Órgano de las plantas briofitas, pteridofitas y fanerógamas, generalmente plano y simétrico, que crece en los extremos de las ramas o en los tallos y que realiza principalmente las funciones de transpiración y fotosíntesis. **2.** Pétalo de las flores. **3.** Lámina delgada de cualquier materia: *hoja de aluminio, hoja de afeitar.* **4.** Lámina muy fina de papel como las que sirven para escribir, las que forman los libros y revistas, etc. **5.** Cada una de las láminas o capas que se distinguen en una cosa, p. ej. en el hojaldre. **6.** Parte plana y cortante de las armas blancas o de algunas herramientas. **7.** Parte de las puertas y las ventanas que se cierra y se abre. **8.** Cada una de las partes articuladas de una cosa que pueden plegarse una sobre otra: *las hojas de un biombo, de un tríptico.* **9.** Cada una de las piezas en que se dividía la armadura. **10.** Porción de tierra de labranza que se siembra un año y se deja descansar otro. || **11. hoja de cálculo** Programa informático que permite manejar grandes cantidades de información, generalmente numérica, en forma de tablas o matrices de filas y columnas. **12. hoja de ruta** Documento en el que se hacen constar las incidencias de un viaje o transporte, ya sea de personas o mercancías. También, el que indica el recorrido que se ha de seguir en un viaje. **13. hoja de servicios** Expediente en el que figuran los empleos, antecedentes, méritos, etc., de un funcionario. SIN. **3.** Plancha. **4.** Folio, cuartilla. **6.** Filo, hierro. FAM. Hojalata, hojaldre, hojarasca, hojear, hojoso, hojuela. / Deshojar, foja², milhojas.

hojalata *s. f.* Lámina de hierro o acero cubierta de estaño por las dos caras. ■ Se dice también *hoja de lata.* FAM. Hojalatería, hojalatero. HOJA.

hojaldra *s. f. Amér.* Hojaldre*.

hojaldrado, da 1. *p.* de **hojaldrar**. || *adj.* **2.** Hecho o cubierto de hojaldre. || *s. m.* **3.** Pastel hecho con hojaldre.

hojaldrar *v. tr.* Trabajar la masa para hacer hojaldre. FAM. Hojaldrado. HOJALDRE.

hojaldre *s. m.* Pasta hecha con harina y manteca, trabajada de cierta manera, que al cocerse en el horno forma hojas muy delgadas, superpuestas en capas. FAM. Hojaldra, hojaldrar. HOJA.

hojarasca *s. f.* **1.** Conjunto de las hojas secas que han caído de los árboles o plantas. **2.** Frondosidad o espesura de algunos árboles o plantas. **3.** Cosa de mucho bulto, pero de poca importancia. SIN. **3.** Paja, relleno. ANT. **3.** Enjundia.

hojear *v. tr.* **1.** Pasar las hojas de un libro, revista, etc. **2.** Leer algo de forma rápida y superficial. || *v. intr.* **3.** *Amér.* Echar hojas los árboles. ■ No confundir con la palabra homófona *ojear*, 'mirar algo' o 'espantar a los animales para cazarlos'.

hojuela (del lat. *foliola*) *s. f.* **1.** *dim.* de **hoja**. **2.** Cada una de las hojas que forman parte de una compuesta. **3.** Masa de harina muy delgada que se suele comer frita. **4.** *Cuba* y *Guat.* Hojaldre*.

¡hola! *interj.* Expresión familiar empleada para saludar. ANT. Adiós.

holanda *s. f.* Cierta tela muy fina, de algodón o de hilo.

holandés, sa *adj.* **1.** De Holanda. También *s. m.* y *f.* || *s. m.* **2.** Idioma que se habla en Holanda. || *s. f.* **3.** Hoja de papel algo más pequeña que un folio. SIN. **1.** y **2.** Neerlandés. FAM. Holanda.

holding (ingl.) *s. m.* Sociedad financiera que posee acciones de varias empresas y de esta forma ejerce control sobre ellas.

holgado, da 1. *p.* de **holgar**. || *adj.* **2.** Amplio, ancho, más grande de lo necesario: *La chaqueta le está holgada.* **3.** Se aplica a la situación económica del que vive sin preocupaciones de dinero. SIN. **2.** Espacioso, grande. **3.** Desahogado, acomodado. ANT. **2.** Estrecho; ceñido. **3.** Necesitado. FAM. Holgadamente, holgura.

holganza *s. f.* Descanso. SIN. Ocio, recreo, inactividad. ANT. Actividad.

holgar (del bajo lat. *follicare*, soplar, respirar) *v. intr.* **1.** Descansar, no trabajar. **2.** Estar algo de más, sobrar: *Huelga decir que hoy hay clase.* || **holgarse** *v. prnl.* **3.** Dedicarse a un placer o entretenimiento. **4.** Alegrarse por alguna cosa. ■ Delante de *e* se escribe *gu* en lugar de *g*. Es v. irreg. Se conjuga como *contar.* SIN. **1.** Reposar; vaguear. **3.** Recrearse, solazarse. **4.** Complacerse, felicitarse. ANT. **1.** Bregar. **2.** Faltar. **4.** Entristecerse. FAM. Holgado, holganza, holgazán, holgorio. / Huelga, huelgo, jolgorio.

holgazán, na *adj.* Se aplica a la persona que no quiere trabajar o que trabaja muy poco. También *s. m.* y *f.* SIN. Vago, gandul, haragán. ANT. Trabajador, laborioso. FAM. Holgazanear, holgazanería. HOLGAR.

holgazanear *v. intr.* Estar inactivo, trabajar muy poco o nada cuando se debería hacerlo. SIN. Vaguear, gandulear, haraganear. ANT. Bregar.

holgazanería *s. f.* Cualidad de holgazán. SIN. Pereza, vaguería. ANT. Laboriosidad, diligencia.

holgorio (de *holgar*) *s. m.* Jolgorio*.

holgura *s. f.* **1.** Amplitud de las cosas. **2.** Anchura conveniente o también excesiva: *Esta manga tiene holgura.* **3.** Espacio que queda entre dos cosas que van unidas o encajadas una en la otra. **4.** Situación de desahogo o bienestar económico. ANT. **1.**, **2.** y **4.** Estrechez. **4.** Apuro. FAM. Véase **holgado**.

holladura *s. f.* Huella, pisada.

hollar (del lat. vulg. *fullare*, abatanar, pisotear) *v. tr.* **1.** Pisar, poner los pies sobre algo. **2.** Humillar, despreciar: *Hollaron sus derechos.* SIN. **1.** y **2.** Pisotear. **2.** Abatir, atropellar. FAM. Holladura. / Huella. ■ Es un v. irreg. Se conjuga como contar.

hollejo (del lat. *folliculus*) *s. m.* Piel delgada que envuelve algunas frutas y legumbres, como la uva y la judía. SIN. Pellejo.

hollín (del lat. vulg. *fulligo, -inis*) *s. m.* Sustancia negra y grasienta que el humo deja pegada sobre los objetos y las paredes. SIN. Tizne. FAM. Deshollinar.

holmio (de la última sílaba de *Stockholm*, Estocolmo) *s. m.* Elemento químico metálico perteneciente al grupo de las tierras raras del sistema periódico. Su símbolo es *Ho*.

holo- (del gr. *holos*, todo) *pref.* Significa 'totalidad, todo': *holografía, holómetro.*

holocausto (del lat. *holocaustum*, y éste del gr. *holokaustos*, de *holos*, todo, y *kaustos*, quemado) *s. m.* **1.** Sacrificio religioso, especialmente entre los judíos, en que el animal era totalmente quemado. **2.** Acto de renuncia o sacrificio que hace una persona por el bien de otras. **3.** Gran matanza de seres humanos.

holocéfalo (de *holo-* y *-céfalo*) *adj.* **1.** Se dice de los peces condrictios que tienen la mandíbula superior sólidamente soldada al cráneo y la cabeza más grande que el cuerpo. Holocéfalos son las quimeras. También *s. m.* || *s. m. pl.* **2.** Subclase de estos peces.

holoceno, na (de *holo-* y el gr. *kainos*, nuevo) *adj.* **1.** Se dice de la última época del periodo cuaternario, cuyo comienzo coincide con la revolución neolítica y el fin de la última glaciación, hace 10.000 años. También *s. m.* **2.** De esta época geológica.

holoedro *s. m.* Forma que alcanza la máxima simetría dentro de un sistema cristalino.

holografía (de *holo-* y *-grafía*) *s. f.* Técnica fotográfica que sirve para obtener reproducciones en tres dimensiones de una imagen mediante la interferencia de dos haces de rayos láser. FAM. Holográfico. / Holograma.

holágrafo, fa *adj.* Ológrafo*. También *s. m.*

holograma (de *holo-* y *-grama*) *s. m.* **1.** Placa o cliché fotográfico obtenido mediante la técnica de la holografía. **2.** Imagen óptica obtenida por esta técnica. FAM. Holográmico.

holómetro (de *holo-* y *-metro*) *s. m.* Aparato que sirve para calcular la altura angular de un punto en el horizonte.

holósteo *adj.* **1.** Se dice de ciertos peces actinopterigios que tienen el esqueleto en parte cartilaginoso y el cráneo recubierto de placas. Habitan en aguas dulces de América del Norte. También *s. m.* || *s. m. pl.* **2.** Superorden constituido por estos peces.

holoturia (del lat. *holothuria*, y éste del gr. *holothurion*) *s. f.* Nombre común que reciben diversas especies de equinodermos holoturoideos, a los que se suele llamar *pepinos* o *cohombros de mar* por su forma alargada y cilíndrica. Viven en el fondo marino y se alimentan de microorganismos y partículas orgánicas.

holoturoideo *adj.* **1.** Se dice de los animales equinodermos de forma cilíndrica y alargada, con la boca y el ano situados en ambos extremos del cuerpo, que es blando pues su esqueleto está formado por espinas calcáreas microscópicas. Son holoturoideos las holoturias. También *s. m.* || *s. m. pl.* **2.** Clase constituida por estos invertebrados.

holter *s. m.* Aparáto médico que se le pone a una persona para registrar la actividad cardiaca durante cierto tiempo, generalmente un día.

hombrada *s. f.* Acción propia de un hombre fuerte y valeroso.

hombre (del lat. *homo, -inis*) *s. m.* **1.** Ser vivo caracterizado, entre otros rasgos, por su desarrollada inteligencia, su capacidad de hablar, postura erguida sobre sus extremidades inferiores y manos prensiles. **2.** Individuo de la especie humana de sexo masculino: *ropa de hombre.* **3.** Adulto de este sexo: *Pepito está hecho un hombre.* **4.** Persona de este sexo que muestra cualidades, comportamientos, etc., tradicionalmente considerados masculinos por excelencia: *Deja de llorar y pórtate como un hombre.* **5.** Con algunos sustantivos y la preposición *de*, designa al varón caracterizado por la cualidad, condición, ocupación, etc., que expresa el sustantivo: *hombre de palabra, hombre de ciencia.* **6.** *fam.* Marido o amante. || *interj.* **7.** Expresa sorpresa, vacilación o enfado. || **8. hombre de Estado** El que dirige los asuntos políticos de un país. También, el que tiene aptitudes para dirigir esos asuntos. **9. hombre de la calle** La gente corriente. **10. hombre de paja** El que actúa en nombre y siguiendo las órdenes de otro al que no le interesa aparecer en primer plano. **11. hombre del saco** Personaje fantástico con que se asusta a los niños. **12. hombre lobo** Personaje fantástico, tema de la literatura y del cine, que en las noches de luna llena se transforma en un monstruo mitad hombre, mitad lobo. **13. hombre rana** Persona que realiza actividades submarinas provista de un equipo apropiado. || LOC. **como un solo hombre** *adv.* Expresa la solidaridad y unión con que un grupo de personas realiza algo: *La comunidad entera protestó como un solo hombre.* **hacerle** a uno **un hombre** *fam.* Hacerle un gran favor a alguien, sacarle de un apuro. **hacerse** uno **un hombre** Llegar un hombre a ser maduro, responsable. SIN. **2.** y **3.** Varón. ANT. **2.** Mujer. **3.** Niño. FAM. Hombrada, hombrear, hombretón, hombría, hombruno, homínido. / Gentilhombre, prohombre, superhombre.

hombrear *v. intr.* Imitar un muchacho a los hombres adultos, queriendo parecerse a ellos.

hombrera *s. f.* **1.** Pequeña almohadilla que se pone en las prendas de vestir para levantar los hombros. **2.** En algunas prendas, cintas de tela a modo de tirantes. **3.** Franja de tela colocada sobre los hombros de los uniformes militares y prendas similares, por donde pasan y se sujetan correas, cordones, etc. **4.** Pieza que protege los hombros en algunos deportes. **5.** Pieza de las armaduras antiguas, que protegía el hombro.

hombretón *s. m.* Hombre grande o corpulento.

hombría *s. f.* **1.** Cualidad de hombre. **2.** Conjunto de cualidades buenas del hombre, especialmente el valor y la firmeza.

hombro (del lat. *umerus*) *s. m.* **1.** Cada una de las partes superiores y laterales del tronco del hombre y de los primates, de las que nacen los brazos. **2.** Parte de las prendas de vestir que cubre esa zona. || LOC. **a hombros** *adv.* Sobre los hombros; a veces, si se trata de una persona, es señal de victoria: *El torero salió a hombros de la plaza.* **arrimar el hombro** *fam.* Ayudar, cooperar, colaborar. **encogerse de hombros** Realizar este gesto mostrando ignorancia, indiferencia o resignación. **hombro con hombro** *adv. fam.* En unión con otra u otras personas en el trabajo, en las responsabilidades, etc. **mirar por encima del hombro** *fam.* Despreciar a una persona, considerarla inferior. **sobre mis** (o **tus**, **sus**, etc.) **hombros** *adv.* En la responsabilidad de uno. FAM. Hombrera.

hombruno, na *adj. fam.* Se aplica a las mujeres o a las características de éstas que tienen algún parecido con el hombre. SIN. Masculino.

homeless (ingl.) *s. m.* y *f.* Persona que vive en la calle y no tiene ingresos fijos. SIN. Vagabundo, mendigo.

homenaje (del ant. prov. *omenatge*, de *ome*, hombre, vasallo) *s. m.* **1.** Ceremonia medieval mediante la cual señor y vasallo establecían una relación feudal. **2.** Demostración de respeto o admiración hacia alguien. **3.** Acto o actos públicos que se celebran como reconocimiento a alguien. SIN. **1.** Vasallaje. FAM. Homenajear.

homenajear *v. tr.* Dedicar un homenaje a alguien. FAM. Homenajeado. HOMENAJE.

homeópata *adj.* Se aplica al médico especialista en homeopatía. También *s. m.* y *f.*

homeopatía (del gr. *homoios*, parecido, y *-patía*) *s. f.* Tratamiento curativo de una enfermedad por medio de las mismas sustancias que la provocan, administradas en dosis muy pequeñas. FAM. Homeópata, homeopático.

homeostasia *s. f.* Homeostasis*.

homeostasis u **homeóstasis** (del gr. *homoios*, parecido, y *stasis*, posición, estabilidad) *s. f.* Conjunto de mecanismos que aseguran el control automático de las constantes biológicas de los seres vivos, manteniéndolas fijas dentro de límites muy estrechos a pesar de las variaciones del ambiente externo. ■ No varía en *pl.* Se dice también *homeostasia*. FAM. Homeostasia, homeostático.

homeotermia *s. f.* Capacidad de regulación metabólica para mantener la temperatura del cuerpo constante e independiente de la temperatura ambiental. FAM. Homeotérmico, homeotermo. TÉRMICO.

homeotermo, ma *adj.* Se aplica a los seres vivos, como p. ej. el hombre, cuya temperatura interna es constante. También *s. m.* y *f.*

homérico, ca *adj.* **1.** Propio o característico del poeta griego Homero. **2.** Que recuerda su estilo o se inspira en él. SIN. **2.** Épico.

homicida (del lat. *homicida*, de *homo*, hombre, y *caedere*, matar) *adj.* **1.** Que comete homicidio. También *s. m.* y *f.* **2.** Se aplica a aquello con que se ha causado la muerte a alguien: *arma homicida.* **3.** Se dice de los instintos, intenciones, etc. que buscan la muerte de alguien.

homicidio (del lat. *homicidium*) *s. m.* Muerte de una persona causada intencionadamente por otra. FAM. Homicida.

homilía (del lat. *homilia*, y éste del gr. *homilia*, de *homilos*, reunión) *s. f.* En la liturgia católica, sermón que el sacerdote dirige a los fieles para explicar los textos bíblicos y sagrados y otras materias de la religión.

homínido *adj.* **1.** Se dice del individuo perteneciente a la familia de mamíferos primates cuyo único representante actual es el hombre. También *s. m.* || *s. m. pl.* **2.** Esta familia. FAM. Hominización, homo. / Prehomínido. HOMBRE.

hominización *s. f.* Proceso evolutivo de los primates que dio lugar a los primeros homínidos.

homo *s. m.* **1.** Mamífero primate superior perteneciente a la familia homínidos, que se caracteriza por poseer un cráneo de capacidad superior a 750 cc. || **2. homo erectus** Homo que vivió en el paleolítico inferior y que caminaba erguido, tenía la mandíbula prominente, la frente inclinada hacia atrás y carecía de mentón. **3. homo sapiens** Homo bípedo, de mano libre, maduración retardada, con lenguaje articulado y vida social compleja, como p. ej. el hombre actual.

homo- (del gr. *homos*, igual, semejante) *pref.* Significa 'semejanza' o 'igualdad': *homosexual.*

homocerco, ca (de *homo-* y el gr. *kerkos*, cola) *adj.* **1.** Se dice de la aleta caudal de los peces cuando está formada por dos lóbulos iguales y simétricos, como la de la sardina. **2.** Se aplica, p. ext., a la cola y a los peces que tienen esta clase de aleta.

homofobia (de *homosexual* y *-fobia*) *s. f.* Rechazo hacia los homosexuales. FAM. Homófobo. FOBIA.

homófono, na (del gr. *homophonos*, de *homos*, igual, y *phone*, sonido) *adj.* **1.** Se aplica a las palabras que se pronuncian igual y tienen diferente significado, p. ej. *honda* y *onda*. **2.** Se dice del canto o la música en el que todas las voces o sonidos suenan en el mismo tono. ANT. **2.** Polifónico. FAM. Homofonía.

homogeneidad *s. f.* Cualidad de homogéneo. ANT. Heterogeneidad.

homogeneizar *v. tr.* Hacer homogéneo. ■ Delante de *e* se escribe *c* en lugar de *z*. En cuanto al acento se conjuga como *aislar*.

homogéneo, a (del bajo lat. *homogeneus*, y éste del gr. *homogenes*, de la misma raza) *adj.* **1.** Se dice del conjunto formado por elementos de las mismas características o naturaleza o muy semejantes entre sí: *un equipo de fútbol muy homogéneo.* **2.** Se aplica a aquello en lo que no se aprecian diferencias, partes o componentes: *un color homogéneo.* **3.** Se dice de una sustancia o de una mezcla de varias cuando su composición y estructura son uniformes. **ANT. 1.** y **2.** Heterogéneo. **FAM.** Homogéneamente, homogeneidad, homogeneización, homogeneizar.

homógrafo, fa (de *homo-* y *-grafo*) *adj.* Se aplica a las palabras que se escriben igual, pero que tienen significados diferentes, p. ej. *llama*, animal; *llama*, del verbo *llamar*, y *llama*, de fuego. **FAM.** Homografía.

homologar *v. tr.* **1.** Igualar cosas o hacer que sean equivalentes: *homologar los anchos de vía.* **2.** En dep., dar validez un organismo oficial al resultado de una prueba deportiva. **3.** Asegurar una autoridad oficial que un producto se ajusta a las normas de calidad establecidas. **4.** Hacer que un producto se ajuste a determinadas normas. **5.** Declarar válidos en un país estudios realizados en otro. ■ Delante de *e* se escribe *gu* en lugar de *g*. **SIN. 5.** Convalidar. **FAM.** Homologable, homologación. HOMÓLOGO.

homólogo, ga (del lat. *homologus*, y éste del gr. *homologos*, de *homos*, igual, y *-logos*, palabra) *adj.* **1.** Se dice de una persona o cosa respecto a otra con la que se corresponde por su estructura, función, etc.: *El ministro español se entrevistará con sus homólogos extranjeros.* **2.** En bot. y zool., se aplica a los órganos o partes del cuerpo de especies diferentes que se asemejan por tener un origen embrionario similar, por sus relaciones con otros órganos y por su posición en el cuerpo, aunque su aspecto y función sean diferentes; p. ej. las extremidades anteriores de los mamíferos y las alas de las aves. **FAM.** Homologar, homología.

homonimia *s. f.* Coincidencia en la pronunciación o en la escritura entre dos palabras de significado y origen distinto: *Entre las palabras «vaca» y «baca» hay homonimia.*

homónimo, ma (del lat. *homonymus*, y éste del gr. *homonymos*, de *homos*, igual, y *onoma*, nombre) *adj.* **1.** En ling., se aplica a las palabras que tienen la misma forma y cuyo significado y origen etimológico es distinto; p. ej., *bota*[1], 'recipiente para el vino', y *bota*[2], 'calzado'. **2.** Que tiene o lleva el mismo nombre. También *s. m.* y *f.* **SIN. 2.** Tocayo. **FAM.** Homonimia.

homóptero (de *homo* - y - *ptero*) *adj.* **1.** Se dice de los insectos hemípteros, como cigarras, pulgones, cochinillas, etc., caracterizados por tener las alas anteriores dispuestas paralelamente sobre el dorso y no cruzadas. También *s. m.* || *s. m. pl.* **2.** Suborden de estos insectos.

homosexual *adj.* Se aplica a la atracción y a la relación sexual entre individuos del mismo sexo, y también a dichos individuos. También *s. m.* y *f.* **ANT.** Heterosexual. **FAM.** Homosexualidad. SEXUAL.

homosfera *s. f.* Capa de la atmósfera comprendida entre la superficie de la Tierra y unos 100 km de altura.

honda (del lat. *funda*) *s. f.* Arma manual formada por una tira de cuero u otro material, ensanchada por el centro, que permite arrojar proyectiles, aplicando la fuerza centrífuga producida al hacerla girar. ■ No confundir con la palabra homófona *onda*, 'curva'. **FAM.** Hondero.

hondear (de *hondo*) *v. tr.* Inspeccionar un fondo acuático con la sonda. **SIN.** Sondear.

hondero *s. m.* Soldado que antiguamente iba armado con honda.

hondo, da (del lat. *fundus*) *adj.* **1.** Que tiene profundidad: *pozo hondo, plato hondo.* **2.** Que está más bajo con respecto a la superficie o a lo que lo rodea: *El río baja por un hondo valle.* **3.** Muy adentro en el interior de algo: *Lo metimos muy hondo en el baúl.* **4.** Se aplica a los pensamientos y sentimientos íntimos, profundos: *una honda tristeza.* **5.** Oculto, secreto: *en lo más hondo de su ser.* **SIN. 5.** Recóndito, interior, escondido. **FAM.** Hondamente, hondear, hondonada, hondura. / Ahondar, fondo.

hondonada *s. f.* Parte de un terreno que está situada en un lugar más hondo que el resto.

hondura *s. f.* Cualidad de hondo: *hondura de sentimientos.* **SIN.** Profundidad.

hondureñismo *s. m.* Vocablo o giro propios del habla de Honduras.

hondureño, ña *adj.* De Honduras. También *s. m.* y *f.* **FAM.** Hondureñismo.

honesto, ta (del lat. *honestus*) *adj.* **1.** Honrado*. **2.** Decente, casto. **SIN. 2.** Púdico. **ANT. 2.** Deshonesto. **FAM.** Honestamente, honestidad. / Cohonestar, deshonesto.

hongo (del lat. *fungus*) *s. m.* **1.** Nombre dado a los seres vivos, unicelulares o pluricelulares, cuyas células se agrupan formando un cuerpo filamentoso muy ramificado; viven en lugares húmedos, sobre materia orgánica en descomposición y ocultos a la luz del sol, aunque también pueden habitar en medios acuáticos o en el interior de seres vivos, de los que son parásitos. **2.** Sombrero de copa baja y redondeada con ala estrecha. || *s. m. pl.* **3.** Reino formado por dichos seres vivos. **SIN. 2.** Bombín. **FAM.** Fungicida.

honor (del lat. *honor*) *s. m.* **1.** Cualidad por la que alguien o algo merece el respeto y la consideración de los demás y el suyo propio: *un hombre de honor.* **2.** Buena fama que adquiere una persona o entidad: *Su esfuerzo le proporcionó más honor que dinero.* **3.** Distinción, cargo, título, etc., que concede importancia o prestigio. Se usa más en *pl.* **4.** En la moral tradicional, decencia y castidad de las mujeres. **5.** Satisfacción, orgullo: *Será un honor para mí acompañarle.* **6.** Homenaje o reconocimiento a alguien o algo. Se usa más en *pl.*: *recibir honores, rendir honores.* || **LOC. hacer honor a** Comportarse según corresponde a lo que se expresa: *Hizo honor a su reputación.* **hacer los honores** Atender el anfitrión a los invitados; también, hacer un comensal elogio de la comida o bebida. **SIN. 1.** Estima, respetabilidad, prez. **1., 2.** y **4.** Honra. **1.** y **3.** Dignidad. **2.** Renombre, reputación, celebridad. **3.** Galardón. **4.** Honestidad. **5.** Placer, gusto. **ANT. 2.** Descrédito. **3.** Deshonor. **4.** Indecencia. **5.** Deshonra. **FAM.** Honorabilidad, honorable, honorablemente, honorario, honorífico. / Deshonor, pundonor.

honorable *adj.* Digno, respetable.

honorario, ria (del lat. *honorarius*) *adj.* **1.** Honorífico*. || *s. m. pl.* **2.** Paga por un trabajo o servicio en las profesiones liberales.

honorífico, ca *adj.* Se aplica a determinados títulos, cargos, etc., que proporcionan honor y dignidad a alguien pero no beneficios económicos. **SIN.** Honorario. **FAM.** Honoríficamente. HONOR.

honoris causa (lat.) *loc. adj.* Significa 'por razón o causa de honor' y se aplica a los grados universitarios concedidos de forma honorífica.

honra *s. f.* **1.** Dignidad, respetabilidad: *Habló en defensa de su honra.* **2.** Según la moral tradicional, virginidad, decencia. **3.** Motivo de orgullo o satisfacción; se utiliza frecuentemente en la locución **a mucha honra.** || **4. honras fúnebres** Oficio o acto dedicado a los difuntos. **SIN. 1.** Consideración, prestigio, renombre. **1.** a **3.** Honor. **2.** Honestidad, castidad. **ANT. 1.** a **3.** Deshonra. **1.** y **3.** Deshonor. **2.** Deshonestidad. **3.** Ofensa. **FAM.** Honrar, honrilla, honrosamente, honroso. / Deshonra.

honrado, da (del lat. *honoratus*) **1.** *p.* de **honrar**. También *adj.* || *adj.* **2.** Que obra con justicia y cumple su palabra y obligaciones, así como de sus actos y conducta. **SIN. 2.** Honesto, decente, íntegro, probo. **ANT. 2.** Deshonesto. **FAM.** Honradamente, honradez. HONRAR.

honrar (del lat. *honorare*) *v. tr.* **1.** Mostrar respeto y consideración a alguien o algo: *honrar a los ancianos.* **2.** Ser motivo de orgullo o estima: *Tu valor te honra.* También *v. prnl.*: *Me honro de pertenecer a este club.* ■ Se utiliza a menudo como fórmula de cortesía para hacer o agradecer una invitación, celebrar la presencia de alguien, etc.: *Nos honra con su visita.* **3.** Adorar, venerar. **SIN. 1.** Respetar. **2.** Enorgullecer(se), enaltecer, ennoblecer. **ANT. 1.** Agraviar. **1.** y **2.** Deshonrar. **2.** Avergonzar(se). **FAM.** Honrado. HONRA.

honrilla (dim. de *honra*) *s. f. fam.* Amor propio.

honroso, sa *adj.* Que proporciona honra: *Logró un honroso tercer puesto.* **SIN.** Digno, honorable, respetable. **ANT.** Deshonroso, indigno.

hontanar *s. m.* Lugar en el que nacen fuentes o manantiales.

hooligan (ingl.) *s. m.* y *f.* Hincha inglés de un equipo deportivo, que se caracteriza por sus actos violentos.

hopalanda *s. f.* Vestidura grande y holgada, en especial la que utilizaban antiguamente los estudiantes. Se usa sobre todo en *pl.*

hopo (del ant. fr. *hope*, mechón) *s. m.* Cola de algunos animales con mucho pelo o lana, como la del zorro o la oveja. ■ Se dice también *jopo.*

hora (del lat. *hora*) *s. f.* **1.** Cada una de las veinticuatro partes iguales en que se divide el día solar: *Trabaja ocho horas al día.* **2.** Huso* horario. **3.** Momento determinado del día o apropiado para alguna cosa: *Es hora de dormir.* Se usa mucho en *pl.*: *Éstas no son horas de llegar.* **4.** Cita fijada para un día y momento determinados: *He pedido hora para el dentista.* || **5. hora punta** La que coincide con la hora de entrada o de salida del trabajo y en la que se produce una mayor aglomeración en calles, transportes, etc. **6. horas canónicas** Las distintas partes en que se divide el oficio divino, a las que corresponden diferentes oraciones, como maitines, laudes, etc. || **LOC. ¡a buenas horas (mangas verdes)!** *excl.* Expresa que algo llega o sucede demasiado tarde, cuando ya no es necesario. **entre horas** *adv.* Entre una comida y otra: *comer entre horas.* **hacer horas** Trabajar horas extraordinarias. **no ver** uno **la hora** de algo *fam.* Estar impaciente por que ocurra: *No veo la hora de salir de trabajar.* **pasar** (o **estar**) **las horas muertas** Emplear mucho tiempo en alguna ocupación, especialmente un hobby o entretenimiento. **FAM.** Horario, horero. / Ahora, enhorabuena, enhoramala.

horaciano, na *adj.* **1.** Propio o característico del escritor latino Horacio. **2.** Que recuerda su estilo o se inspira en él.

horadar *v. tr.* Hacer un agujero en algo de modo que lo atraviese. **SIN.** Perforar, taladrar. **FAM.** Horadable.

horario, ria (del lat. *horarius*) *adj.* **1.** De las horas o relacionado con ellas: *cambios horarios.* || *s. m.* **2.** Conjunto de horas durante las cuales se desarrolla una determinada actividad, funciona un servicio público, etc.: *Tiene un horario muy reducido.* **3.** Distribución de dichas horas y cuadro en que se detalla: *Consultó el horario de trenes.* **4.** Manecilla más corta del reloj que indica las horas.

horca (del lat. *furca*, horca del labrador) *s. f.* **1.** Estructura de la que cuelga una cuerda para ahorcar a los condenados a esta pena. **2.** Utensilio en forma de tenedor empleado para amontonar las mieses y en otras faenas del campo. **3.** Palo con dos puntas que sirve para sujetar las ramas de los árboles, parrales, etc. ■ No confundir con su palabra homófona *orca*, 'cetáceo'. **SIN. 1.** Cadalso, patíbulo. **2.** Bieldo. **3.** Horquilla, horqueta. **FAM.** Horcón, horqueta, horquilla. / Ahorcar.

horcajadas, a *loc. adv.* Modo de montar a caballo o de sentarse sobre cualquier sitio poniendo una pierna a cada lado.

horcajo (dim. de *horca*) *s. m.* **1.** Confluencia de dos ríos. **2.** Punto de unión de dos montañas.

horchata (del lat. *hordeata*, hecha con cebada) *s. f.* Refresco hecho básicamente con chufas machacadas, agua y azúcar. **FAM.** Horchatería, horchatero.

horchatería *s. f.* Establecimiento donde se vende o se sirve horchata.

horco *s. m.* Orco*.

horcón *s. m. Amér.* Pilar tosco de madera que sostiene vigas y aleros en una construcción rústica.

horda (del turco *urdu*, campamento) *s. f.* **1.** Grupo de nómadas que forman una comunidad. **2.** Grupo de gente armada que no pertenece a un ejército regular. **3.** P. ext., reunión o grupo de delincuentes, gamberros, etc.

horero *s. m. Amér.* Horario del reloj.

horizontal *adj.* **1.** Se aplica a lo que está paralelo al horizonte o que tiene todos sus puntos a una misma altura: *Túmbate en posición horizontal.* **2.** Se dice de la recta o plano que es perpendicular a la vertical. También *s. f.* **3.** Se dice de las personas o cosas que están o se realizan al mismo nivel de autoridad o categoría. || **LOC. coger la horizontal** *fam.* Acostarse, dormir. **SIN. 1.** Acostado, tendido, apaisado. **ANT. 1.** y **3.** Vertical. **FAM.** Horizontalidad, horizontalmente. HORIZONTE.

horizonte (del lat. *horizon*, *-ontis*, y éste del gr. *horizo*, delimitar) *s. m.* **1.** Línea más lejana de la superficie terrestre a que alcanza la vista y donde parece que se juntan la tierra o el mar con el cielo. **2.** Campo que abarcan los pensamientos o las inquietudes de una persona: *Su amplitud de horizontes le lleva a interesarse por todo.* **3.** Conjunto de posibilidades o perspectivas que ofrece una cosa: *Se nos presenta un horizonte prometedor.* **FAM.** Horizontal.

horma (del lat. *forma*) *s. f.* **1.** Molde que se emplea para dar forma a algunos objetos, p. ej. a los zapatos o a la copa de los sombreros. **2.** Utensilio que se coloca dentro de los zapatos para que no se deformen y también para ensancharlos o alargarlos. || **LOC. encontrar** (o **hallar**) uno **la horma de su zapato** *fam.* Encontrar uno lo adecuado a él, lo que se merece o lo que desea. También, encontrar uno a otra persona que sabe hacerle frente. **FAM.** Hormilla. / Ahormar.

hormiga (del lat. *formica*) *s. f.* **1.** Insecto himenóptero de pequeño tamaño y color generalmente negro o pardo, provisto de cabeza, tórax y abdomen, que puede ser alado o áptero. Las hormigas forman colonias, llamadas hormigueros, y habitan en galerías excavadas en el suelo. **2.** Persona muy trabajadora y ahorradora. **SIN. 2.** Hormiguita. **FAM.** Hormigón², hormigueo, hormiguero, hormiguillo, hormiguita.

hormigón¹ *s. m.* Mezcla compuesta de grava, arena y cemento, que al fraguar adquiere gran dureza y resistencia; se emplea en la construcción. **SIN.** Concreto. **FAM.** Hormigonera.

hormigón² *s. m.* **1.** Cierta enfermedad que sufre el ganado vacuno. **2.** Enfermedad de algunas plantas, provocada por un insecto que roe raíces y tallos.

hormigonera *s. f.* Máquina que mezcla el hormigón en un recipiente o tambor giratorio.

hormiguear *v. intr.* **1.** Producirse en alguna parte del cuerpo una sensación molesta de cosquilleo. **2.** Moverse o agitarse desordenadamente: *La multitud hormigueaba en el mercadillo.* **SIN. 1.** Cosquillear. **2.** Bullir.

hormigueo *s. m.* **1.** Sensación molesta de cosquilleo o picor localizada en alguna parte del cuerpo. **2.** Desasosiego, nerviosismo. **3.** Movimiento desordenado de gente o animales. **SIN. 1.** Hormiguillo, comezón. **2.** Desazón. **ANT. 2.** Calma. **FAM.** Hormigueante, hormiguear. HORMIGA.

hormiguero *s. m.* **1.** Colonia de hormigas. **2.** Vivienda de las hormigas, formada por una red de túneles que excavan en la tierra, en los muros, los árboles, etc. **3.** Lugar donde hay mucha gente en movimiento: *El centro comercial era un hormiguero.* **4.** Esta misma multitud. **SIN. 3.** Hervidero. **3.** y **4.** Enjambre. **4.** Muchedumbre.

hormiguillo *s. m.* Hormigueo, cosquilleo.

hormiguita *s. f.* **1.** *dim.* de **hormiga**. **2.** Persona trabajadora y ahorradora.

hormilla *s. f.* Pequeño disco de metal, madera u otro material que se forra para hacer botones.

hormona (del gr. *hormon*, de *hormao*, excitar) *s. f.* Sustancia química de naturaleza orgánica, producida por las glándulas de secreción interna (tiroides, páncreas, genitales, etc.), que a través de la sangre llega a los diferentes órganos y tejidos, donde activa y regula importantes funciones del organismo. **FAM.** Hormonal.

hornacina *s. f.* Hueco en forma de arco que se hace en un muro para colocar en él una estatua, imagen o cualquier objeto decorativo.

hornada *s. f.* **1.** Cantidad de pan, cerámica, etc., que se cuece de una vez en el horno. **2.** *fam.* Conjunto de personas que acaban unos estudios o consiguen un cargo, trabajo, etc., al mismo tiempo: *la última hornada de licenciados.* **SIN. 2.** Promoción, reemplazo, remesa, quinta.

hornalla *s. f.* **1.** *Arg.*, *Chile* y *Urug.* Quemador, fuego de una cocina. **2.** Brasero. **SIN. 1.** Hogar, fogón.

hornazo *s. m.* Rosca o bollo que se adorna con huevos cocidos en el horno junto con la masa.

hornblenda *s. f.* Mineral del grupo de los anfíboles; es un silicato de calcio, hierro y magnesio, duro, exfoliable, de forma columnar, fibrosa o granular, color verde oscuro o negro y brillo vítreo.

hornear *v. tr.* Asar o cocer en el horno.

hornero, ra *s. m.* y *f.* Persona que se ocupa de un horno.

hornilla *s. f.* Hueco hecho en el hogar, con una rejilla para sostener la lumbre.

hornillo *s. m.* Utensilio portátil de pequeñas dimensiones, que sirve para cocinar o calentar y funciona con electricidad o combustibles. **SIN.** Infiernillo, brasero.

horno (del lat. *furnus*) *s. m.* **1.** Obra de albañilería con forma abovedada o aparato metálico donde se introducen materiales muy diversos para someterlos a la acción de las altas temperaturas. **2.** Parte de la cocina donde se asan alimentos mediante la acción del fuego o la electricidad. **3.** Tahona*. **4.** Lugar donde hace mucho calor: *En verano, mi casa es un horno.* ‖ **5. alto horno** Horno industrial para la fusión de minerales y menas de hierro. Se utiliza más en *pl.* **6. horno crematorio** El utilizado en los cementerios para incinerar los cadáveres. ‖ **LOC. no estar el horno para bollos** *fam.* Indica la inconveniencia de algún acto o comentario en una situación tensa o complicada. **SIN. 4.** Sauna. **ANT. 4.** Nevera. **FAM.** Hornada, hornalla, hornazo, hornear, hornero, hornilla, hornillo.

horóscopo (del gr. *horoskopos*, de *hora*, hora, y *skopeo*, examinar) *s. m.* **1.** Predicción del futuro deducida de la posición de los astros, o según el signo del Zodiaco correspondiente a una fecha dada. **2.** Sección de ciertas publicaciones periódicas que trata de dichas predicciones. **3.** Zodiaco*. **SIN. 1.** Vaticinio, augurio.

horqueta *s. f.* **1.** Horca utilizada para sujetar las ramas de los árboles, parrales, etc. **2.** Parte del árbol donde el tronco y una rama forman un ángulo agudo. **3.** *Amér.* Bifurcación de un camino. **4.** *Arg.* Curva muy cerrada en el curso de un río y terreno que queda dentro de ella. **SIN. 1.** Horquilla, horcón. **FAM.** Horquetear. HORCA.

horquetear *v. intr.* **1.** *Col.*, *Méx.* y *Urug.* Brotar ramas en los árboles. ‖ **horquetearse** *v. prnl.* **2.** *Col.*, *Méx.* y *Urug.* Montar a horcajadas.

horquilla (dim. de *horca*) *s. f.* **1.** Trozo de alambre u otro material doblado por el centro que se usa para sujetar el pelo. **2.** Horqueta*. **3.** Instrumento que consiste en un palo acabado en dos puntas en uno de sus extremos. **4.** En las bicicletas y motocicletas, parte del cuadro que va desde la rueda delantera hasta el manillar. **FAM.** Ahorquillar.

horrendo, da (del lat. *horrendus*) *adj.* **1.** Que causa horror: *un crimen horrendo.* **2.** *fam.* Muy feo, malo, aburrido, etc.: *un jersey horrendo, una película horrenda.* **3.** Muy grande, intenso: *Tengo unas ganas horrendas de ir.* **SIN. 1.** Aterrador, horripilante. **1.** a **3.** Horrible, horroroso, espantoso, monstruoso. **3.** Enorme, tremendo. **ANT. 2.** Bonito, bueno. **FAM.** Horrendamente. HORROR.

hórreo (del lat. *horreum*) *s. m.* **1.** En Asturias y Galicia, construcción de madera o piedra, elevada sobre cuatro pilares, donde se almacena el grano y otros productos agrícolas. **2.** En general, granero. **SIN. 2.** Troj, silo.

horrible (del lat. *horribilis*) *adj.* **1.** Que causa horror: *una horrible tragedia.* **2.** *fam.* Muy feo, malo, desagradable: *una corbata horrible, un tiempo horrible.* **3.** Muy grande o intenso: *un hambre horrible.* **SIN. 1.** Aterrador, horripilante, terrorífico. **1.** a **3.** Horrendo, horroroso, espantoso, terrible. **3.** Inmenso, enorme, tremendo. **ANT. 2.** Precioso, bonito, estupendo, magnífico. **FAM.** Horriblemente. HORROR.

horripilante *adj.* Horrible, horroroso.

horripilar (del lat. *horripilare*, hacer erizar los cabellos) *v. tr.* **1.** Poner los pelos de punta un miedo excesivo. También *v. prnl.* **2.** Causar horror y espanto. También *v. prnl.* **SIN. 2.** Horrorizar(se), aterrorizar(se), aterrar(se), espantar(se), espeluznar(se). **ANT. 2.** Tranquilizar(se), calmar(se), sosegar(se). **FAM.** Horripilación, horripilante. HORROR.

horrísono, na (del lat. *horrisonus*, de *horrere*, horrorizar, y *sonus*, sonido) *adj.* Se aplica a lo que causa horror o molestia por su sonido: *un trueno horrísono, una música horrísona.*

horro, rra (del ár. *hurr*, libre) *adj.* **1.** Se decía del esclavo que conseguía la libertad. **2.** Libre o falto de lo que se expresa. **3.** Se dice de la hembra de animal no preñada. **4.** *Col.* Se dice de la hembra que es estéril. **SIN. 1.** Liberto, manumiso. **2.** Exento, carente, desprovisto. **ANT. 2.** Provisto, dotado.

horror (del lat. *horror, -oris*) *s. m.* **1.** Miedo muy grande e intenso: *El grito le dejó petrificado de horror.* **2.** Exageradamente, algo que desagrada o disgusta: *Me da horror ordenar el armario.* **3.** Fuerte impresión que causa en alguien una tragedia o catástrofe: *Siento horror al pensar en los accidentados.* **4.** P. ext., las mismas desgracias, sufrimientos, etc., que producen esa impresión: *los horrores de la guerra.* **5.** *fam.* Aborrecimiento, repugnancia: *Tengo horror al pescado crudo.* **6.** Cosa fea o mal hecha: *Ese cuadro es un horror.* **7.** Enormidad; equivale a *mucho*: *Costó un horror conseguirlo.* Se usa mucho en *pl.*: *Me gusta horrores el helado.* || *s. m. pl.* **8.** Cosas extraordinarias por lo negativas o lo exageradas: *Contó horrores de su empresa.* **SIN. 1.** a **3.** Terror, pavor. **1.** a **5.** Espanto. **5.** Aversión, manía. **6.** Bodrio, porquería. **7.** Barbaridad, montón. **ANT. 1.** Sosiego. **2.** Gusto. **6.** Maravilla. **7.** Nada. **8.** Maravillas. **FAM.** Horrendo, horrible, horripilar, horrísono, horrorizar, horroroso.

horrorizar *v. tr.* Causar horror: *Me horrorizan las arañas.* También *v. prnl.*: *Me horroricé viéndole hacer un salto mortal.* ■ Delante de *e* se escribe *c* en lugar de *z*. **SIN.** Aterrar, horripilar, espeluznar, espantar. **ANT.** Gustar, encantar, maravillar.

horroroso, sa *adj.* Horrible*. **FAM.** Horrorosamente. HORROR.

horst (al.) *s. m.* En un relieve de fallas, bloque fracturado y levantado por encima del terreno circundante.

hortaliza *s. f.* Planta comestible que se cultiva en huerto.

hortelano, na *adj.* **1.** De la huerta o relacionado con ella. || *s. m.* y *f.* **2.** Persona que tiene o cultiva una huerta. **SIN. 1.** Hortense, hortícola. **2.** Horticultor.

hortense (del lat. *hortus*, huerto) *adj.* De la huerta: *planta hortense.*

hortensia (de *Hortense Lapaute*, dama francesa a quien dedicó esta flor el naturalista Commerson) *s. f.* Planta arbustiva de hojas simples y dentadas, flores olorosas de distintos colores y fruto en cápsula, que se cultiva para uso ornamental.

hortera (del bajo lat. *fortera*, vasija) *adj.* **1.** Se dice de la persona de gusto vulgar y llamativo o de la cosa de estas características. También *s. m.* y *f.* || *s. m.* **2.** Dependiente de comercio. **SIN. 1.** Ordinario, zafio, chabacano. **ANT. 1.** Elegante, distinguido. **FAM.** Horterada.

horterada *s. f.* Cosa o acción vulgar o de mal gusto. **SIN.** Chabacanería, ordinariez.

hortícola (de *hortus*, huerto, y *-cola*) *adj.* Relativo a la horticultura: *cultivos hortícolas.*

horticultura (del lat. *hortus*, huerto, y *-cultura*) *s. f.* **1.** Cultivo de las plantas de huerta. **2.** Rama de la agricultura especializada en este cultivo. **FAM.** Hortícola, horticultor. HUERTA.

hortofrutícola *adj.* De las huertas y los árboles frutales.

hosanna (del lat. *hosanna*, y éste del hebreo *hosi'anna*, sálvanos) *interj.* **1.** Se utiliza en la liturgia católica, para expresar alegría, júbilo. || *s. m.* **2.** Himno que se canta el domingo de ramos.

hosco, ca (del lat. *fuscus*, oscuro) *adj.* **1.** Arisco, poco sociable: *Tiene un carácter hosco.* **2.** Poco acogedor, desagradable, amenazador: *Hoy el tiempo está hosco.* **SIN. 1.** Adusto, desabrido, huraño, intratable, antipático, insociable. **2.** Desapacible, inhóspito. **ANT. 1.** Afable. **2.** Apacible. **FAM.** Hosquedad. / Ofuscar. FOSCO.

hospedaje *s. m.* **1.** Acción de hospedar: *Los monjes nos dieron hospedaje.* **2.** Cantidad que se paga por estar hospedado. **3.** Lugar donde se está hospedado. **SIN. 1.** y **3.** Alojamiento, albergue.

hospedar (del lat. *hospitare*) *v. tr.* **1.** Dar alojamiento a una persona como invitada o como huésped de pago. || **hospedarse** *v. prnl.* **2.** Estar alojado en un sitio: *Se hospedan en casa de mis padres.* **SIN. 1.** y **2.** Albergar(se), instalar(se). **FAM.** Hospedador, hospedaje, hospedería, hospedero. HUÉSPED.

hospedería *s. f.* Albergue, hospedaje, especialmente el existente en monasterios y conventos. **SIN.** Pensión, posada, hostería, hostal.

hospiciano, na *adj.* Se dice del niño que vive en un hospicio o persona que se ha criado allí. También *s. m.* y *f.* **SIN.** Inclusero.

hospiciante *s. m.* y *f. Col.*, *Guat.* y *Méx.* Persona acogida en un asilo.

hospicio (del lat. *hospitium*) *s. m.* **1.** Establecimiento donde se acoge a niños huérfanos, pobres o abandonados. **2.** Casa donde se albergaba a peregrinos y pobres. **SIN. 1.** Inclusa, orfanato, orfelinato. **2.** Asilo. **FAM.** Hospiciano, hospiciante. HUÉSPED.

hospital (del lat. *hospitalis*) *s. m.* **1.** Establecimiento público o privado donde se atiende y cura a los enfermos. || **2. hospital de sangre** Lugar que durante la guerra se destina para hacer la primera cura a los heridos. **SIN. 1.** Sanatorio, clínica. **FAM.** Hospitalario, hospitalizar. HUÉSPED.

hospitalario, ria *adj.* **1.** Se dice de la persona, comunidad, etc., que acoge amablemente a los forasteros. **2.** Se aplica a los lugares gratos y acogedores. **3.** Se dice de las órdenes religiosas que daban hospedaje a peregrinos y forasteros. **4.** Del hospital o relacionado con él: *centro hospitalario.* **SIN. 2.** Acogedor. **ANT. 1.** y **2.** Inhospitalario, inhóspito. **FAM.** Hospitalariamente, hospitalidad. / Inhospitalario. HOSPITAL.

hospitalidad *adj.* Cualidad de hospitalario: *Es proverbial la hospitalidad de los esquimales.*

hospitalizar *v. tr.* Internar a alguien en un hospital o clínica. ■ Delante de *e* se escribe *c* en lugar de *z*. **SIN.** Ingresar. **FAM.** Hospitalización. HOSPITAL.

hostal (del lat. *hospitalis*) *s. m.* Establecimiento de menor categoría que el hotel en el que se proporciona alojamiento y comida. **SIN.** Hostería, hospedería, posada. **FAM.** Hostelería, hostería. HUÉSPED.

hostelería *s. f.* **1.** Conjunto de servicios destinados a proporcionar alojamiento y comida a los clientes. **2.** Agrupación de personas que trabajan en esta actividad: *el ramo de hostelería.* ■ Se dice también *hotelería.* **FAM.** Hostelero. HOSTAL.

hostelero, ra (del fr. ant. *hostelier*) *adj.* **1.** Relativo a la hostelería: *industria hostelera.* || *s. m.* y *f.* **2.** Encargado de una hostería o de un hostal.

hostería *s. f.* Establecimiento donde se da hospedaje y comida. **SIN.** Hospedería, posada, fonda.

hostia (del lat. *hostia*, víctima de sacrificio) *s. f.* **1.** Lámina redonda y delgada de pan ázimo con que el sacerdote administra la comunión a los fieles. **2.** Oblea hecha de agua, harina, azúcar y otros ingredientes. **3.** *vulg.* Golpe, bofetón. || *interj.* **4.** *vulg.* Indica sorpresa, admiración, enfado, etc. Se usa mucho en *pl.* || **5. mala hostia** *vulg.* Enfado, mala intención o mal genio. **SIN. 2.** Barquillo. **FAM.** Hostiar, hostiario.

hostiar *v. tr. vulg.* Pegar, golpear. También *v. prnl.*: *Como sigas conduciendo así, te vas a hostiar.*

hostiario *s. m.* Caja donde se guardan las hostias no consagradas.

hostigar (del lat. *fustigare*) *v. tr.* **1.** Golpear a las caballerías con varas, látigos, etc., para hacerlas andar. **2.** Presionar, acosar o molestar a alguien. **3.** En la guerra, inquietar y entorpecer al enemigo con ataques parciales pero continuados. ■ Delante de *e* se escribe *gu* en lugar de *g*. **SIN. 1.** Fustigar, aguijar. **2.** Asediar, incordiar, pinchar. **3.** Hostilizar, castigar. **FAM.** Hostigador, hostigamiento.

hostil (del lat. *hostilis*) *adj.* Contrario, enemigo, opuesto a alguien o algo. **SIN.** Enfrentado, rival, adverso, desfavorable. **ANT.** Amigo, favorable. **FAM.** Hostilidad, hostilizar, hostilmente. HUESTE.

hostilidad (del lat. *hostilitas, -atis*) *s. f.* **1.** Cualidad de hostil, actitud o acción hostil: *Sentía hacia ellos una gran hostilidad.* || *s. f. pl.* **2.** Guerra, conflicto armado: *El tratado de paz puso fin a las hostilidades.* || **LOC. romper las hostilidades** Comenzar la guerra o cualquier otro tipo de conflicto. **SIN. 1.** Enemistad, rivalidad, oposición, aversión. **2.** Contienda, conflagración. **ANT. 1.** Amistad, concordia. **2.** Paz.

hostilizar *v. tr.* **1.** Realizar actos hostiles contra alguien. **2.** En la guerra, hostigar: *La aviación hostilizaba la retaguardia.* ■ Delante de *e* se escribe *c* en lugar de *z*. **SIN. 1.** y **2.** Atacar, castigar. **ANT. 1.** Defender, apoyar.

hot dog (ingl.) *expr.* Perrito* caliente. ■ Se utiliza como *s. m.*

hot line (ingl.) *expr.* Línea de teléfono de atención inmediata al público. ■ Se usa como *s. f.*

hotel (del fr. *hôtel*) *s. m.* **1.** Establecimiento público, de mayor categoría que el hostal, donde se da alojamiento y comida a los clientes. **2.** Casa unifamiliar de dos o tres pisos, con jardín. **SIN. 1.** Parador, albergue, hospedaje. **2.** Chalé, villa. **FAM.** Hotelería, hotelero. / Aparthotel, apartotel.

hotelería *s. f.* Hostelería*.

hotelero, ra *adj.* **1.** Relativo al hotel: *plazas hoteleras, complejo hotelero.* || *s. m.* y *f.* **2.** Propietario o encargado de un hotel.

hotentote *adj.* **1.** De un pueblo negro del SO de África que habita en una región al N del río Orange. || *s. m.* **2.** Lengua hablada por el mismo.

house (ingl.) *s. m.* Música que emplea sonidos pregrabados y manipulados por medios electrónicos.

hovercraft u hoverfoil *s. m.* Vehículo que se desplaza sobre el agua o la tierra sustentado por una capa de aire a presión producida mediante un conjunto de hélices.

hoy (del lat. *hodie*, de *hoc die*, este día) *adv. t.* **1.** En el día presente: *Hoy no irá a comer.* **2.** Actualmente, en el tiempo presente: *Hoy se vive mejor que hace años.* **3.** El día o el tiempo presente: *Hay que vivir el hoy sin olvidarse del mañana.* || **LOC. hoy (en) día** *adv.* Actualmente, en estos tiempos. **hoy por hoy** *adv.* En el momento actual, aunque más adelante las cosas cambien: *Hoy por hoy no debo aceptarlo.* **SIN. 2.** Hogaño. **ANT. 2.** Antaño.

hoya (del lat. *fovea*, hoyo) *s. f.* **1.** Cavidad o ahondamiento grande en el terreno. **2.** Llanura extensa rodeada de montañas. **3.** Hoyo para enterrar un cadáver. **4.** *Arg.*, *Chile* y *Col.* Cuenca de un río. **SIN. 1.** Hondura. **2.** Depresión. **3.** Sepultura, fosa, tumba. **FAM.** Hoyo.

hoyo *s. m.* **1.** Hueco natural del terreno o hecho por alguien: *Cavaron un hoyo en el jardín.* **2.** Hueco o agujero en cualquier superficie. **3.** Sepultura. **4.** En el deporte del golf, cada una de las partes del recorrido y agujero en que hay que introducir la pelota. **SIN. 1.** Depresión, hondura, concavidad, socavón. **1.** y **3.** Hoya. **3.** Fosa, tumba. **FAM.** Hoyuelo. HOYA.

hoyuelo *s. m.* **1.** *dim.* de **hoyo**. **2.** Pequeño hoyo que tienen algunas personas en la barbilla o que se les forma en las mejillas al reírse.

hoz[1] (del lat. *falx, falcis*) *s. f.* Herramienta para segar, de hoja curva y cortante, sujeta a un mango de madera. || **LOC. de hoz y coz** *adv.* De lleno, por completo. **FAM.** Hozada. / Falciforme.

hoz[2] (del lat. *faux, faucis*, garganta) *s. f.* Paso estrecho que forma un valle profundo o un río entre montañas. **SIN.** Desfiladero, garganta.

hozada *s. f.* **1.** Golpe o corte dado con la hoz. **2.** Cantidad de mies o hierba cortada de una sola vez con la hoz.

hozadura *s. f.* Señal que deja un animal al hozar.

hozar (del lat. vulg. *fodiare*, y éste del lat. *fodere*, cavar) *v. tr.* Remover la tierra con el hocico algunos animales como el cerdo o el jabalí. También *v. intr.* ■ Delante de *e* se escribe *c* en lugar de *z*. **SIN.** Escarbar. **FAM.** Hozadura. HOCICO.

huaca *s. f. Amér. del S.* Guaca*.

huacal *s. m. Amér.* Guacal*.

huachafería *s. f. Perú* Cursilería. **FAM.** Huacho.

huachafo, fa *adj. Perú* Cursi, ridículo.

huacho *s. m. Amér. del S.* Guacho*.

huaco *s. m. Amér. del S.* Guaco*.

huaico (quechua) *s. m. Amér. del S.* Alud de piedras y barro.

huaino (quechua) *s. m. Amér. del S.* Canción y danza tradicionales. ■ Se escribe también *huayno*.

huairuro (quechua) *s. m. Amér. del S.* Especie de judía de color rojizo, no comestible, utilizada para hacer collares y otros adornos.

huánuco o **huanuco, ca** *adj.* Del pueblo amerindio que habitaba la actual región de Huánuco. También *s. m.* y *f.*

huapango *s. m.* Danza popular mexicana taconeada y de ritmo muy vivo.

huaquear *v. tr. Amér. C.*, *Col.* y *Perú* Guaquear*.

huarache *s. m. Méx.* Sandalia de cuero.

huarique *s. m. Perú* Lugar escondido donde se realizan actividades ilícitas.

huasca *s. f. Perú fam.* Borrachera.

huaso, sa *s. m.* y *f. Amér. del S.* Guaso*.

huasteco, ca *adj.* **1.** Se aplica a un pueblo amerindio del grupo lingüístico maya. **2.** De este pueblo. También *s. m.* y *f.* **FAM.** Guasteco.

huayno *s. m. Amér. del S.* Huaino*.

hucha (del fr. *huche*) *s. f.* **1.** Recipiente o caja con una ranura, donde se guarda dinero. **2.** Dinero que se tiene ahorrado. **SIN. 1.** Alcancía.

hueco, ca (del lat. *occare*, ahuecar la tierra con el rastrillo) *adj.* **1.** Vacío por dentro: *una pelota hueca.* **2.** Esponjoso, mullido, holgado: *peinar el cabello hueco.* **3.** Que no contiene lo que debiera: *cabeza hueca.* **4.** Vanidoso, orgulloso, satisfecho de sí mismo: *El éxito le pone hueco.* **5.** Aplicado al lenguaje, estilo, etc., pedante, vacío de contenido. **6.** Se aplica a lo que tiene un sonido profundo y retumbante, y a ese mismo sonido: *Su voz hueca resonó en la sala.* || *s. m.* **7.** Espacio vacío, cavidad: *Donde estuvo el armario ahora hay un hueco.* **8.** Vano o abertura en un muro. **9.** Intervalo de tiempo entre otras ocupaciones: *Ya encontraré un hueco para visitarle.* **10.** Plaza o sitio libre: *un hueco para aparcar.* **11.** Puesto o empleo vacante: *Me buscará un hueco en su empresa.* **SIN. 1.** y **2.** Ahuecado. **2.** Ancho, suelto. **2.** y **5.** Hinchado. **4.** Presuntuoso, engreído, fatuo. **5.** Huero, fútil. **6.** Grave, resonante. **7.** y **10.** Lugar. **ANT. 1.** Lleno. **1.** y **2.** Macizo, compacto. **2.** Apelmazado. **4.** Modesto. **5.** Enjundioso. **FAM.** Huecograbado, huecorrelieve. / Ahuecar, oquedad.

huecograbado *s. m.* **1.** Procedimiento de impresión mediante planchas o cilindros grabados en hueco y entintados, que se acoplan a la rotativa. **2.** Estampa o grabado obtenido por este procedimiento.

huecorrelieve *s. m.* Tipo de relieve escultórico en el que los motivos están en un nivel más bajo respecto del fondo.

huelga *s. f.* **1.** Suspensión colectiva del trabajo puesta en práctica por los obreros como protesta o como presión para obtener mejoras laborales: *Mañana tenemos una jornada de huelga.* || **2. huelga de brazos caídos** La que se hace acudiendo al puesto laboral, pero sin trabajar. **3. huelga de celo** La que hacen los trabajadores realizando sus funciones con excesiva meticulosidad y lentitud, para que descienda el rendimiento. **4. huelga de hambre** Abstención de todo alimento que se practica como medida de presión para conseguir lo que se pretende. **FAM.** Huelguista, huelguístico. HOLGAR.

huelgo *s. m.* **1.** Aliento, respiración. **2.** Holgura, anchura. **SIN. 1.** Resuello. **FAM.** Véase **holgar**.

huelguista *s. m.* y *f.* Persona que participa en una huelga.

huella *s. f.* **1.** Señal que dejan en el terreno el pie, la pezuña de los animales, las ruedas, etc., al pasar o posarse. **2.** Impresión o vestigio que queda de un suceso, una acción pasada, etc.: *El accidente dejó una profunda huella en mi vida.* **3.** Parte horizontal de los peldaños. **4.** *Arg.*, *Chile* y *Urug.* Senda marcada por el paso de animales, vehículos y personas. || **5. huellas dactilares** (o **digitales**) Marcas del dibujo de las yemas de los dedos, que son diferentes en cada persona. **SIN. 1.** Pisada. **1.** y **2.** Rastro. **2.** Traza, resto. **FAM.** Contrahuella. HOLLAR.

huelveño, ña *adj.* Onubense*. También *s. m.* y *f.*

huemul (voz mapuche) *s. m.* Mamífero cérvido parecido a la gamuza que habita en los Andes.

huérfano, na (del bajo lat. *orphanus*, y éste del gr. *orphanos*) *adj.* **1.** Se dice de la persona menor de edad que ha perdido a sus padres o alguno de los dos. También *s. m.* y *f.* **2.** Que carece de alguna cosa, especialmente de cariño o seguridad. **SIN. 2.** Necesitado, falto. **FAM.** Orfandad.

huero, ra (del ant. *güero*, y éste del port. y castellano dialectal *gorar*, empollar) *adj.* **1.** Vacío, hueco. **2.** Vano, sin contenido: *un comentario huero.* **SIN. 2.** Insustancial, superficial, fútil, vacuo, trivial. **ANT. 1.** Lleno. **2.** Sustancial, profundo.

huerta *s. f.* **1.** Terreno mayor que el huerto, donde se cultivan verduras, legumbres y árboles frutales. **2.** En algunas regiones, tierra de regadío: *la huerta murciana.* **SIN. 1.** Vergel. **FAM.** Hortelano, hortense, horticultura, hortofrutícola, huertano. HUERTO.

huertano, na *adj.* Se aplica a los habitantes de algunas regiones de regadío, como Valencia, Murcia, etc. También *s. m.* y *f.*

huerto (del lat. *hortus*, jardín) *s. m.* Terreno de pequeña extensión y generalmente cercado donde se cultivan verduras, legumbres y árboles frutales. || **LOC. llevar** a alguien **al huerto** *fam.* Engañar o estafar a alguien. **FAM.** Hortaliza, huerta.

hueso (del lat. *ossum*) *s. m.* **1.** Cualquiera de las piezas duras que constituyen el esqueleto de los animales vertebrados. **2.** Materia de la que están formadas estas piezas: *unos botones de hueso.* **3.** Parte dura y leñosa que está en el interior de algunas frutas, donde se encuentra la semilla: *hueso de aceituna, de ciruela.* **4.** Color blanco amarillento. También *adj.*: *color hueso.* **5.** *fam.* Persona o cosa difícil o desagradable: *el profesor de lengua es un hueso.* || *s. m. pl.* **6.** Restos mortales: *En la catedral reposan sus huesos.* || **7. la sin hueso** *fam.* La lengua. || **LOC. dar** (o **pinchar**) **en hueso** *fam.* Tropezar con alguien o algo que opone dificultades. **estar** (o **quedarse**) **en los huesos** Estar excesivamente delgado (o adelgazar mucho). **hueso duro de roer** Persona o cosa que opone dificultad: *Tu adversario es un hueso duro de roer.* **SIN. 3.** Güito. **5.** Ogro; rollo, lío. **6.** Despojos. **ANT. 5.** Ángel, encanto. **FAM.** Huesudo. / Deshuesar, óseo, quebrantahuesos, sinhueso.

huésped, da (del lat. *hospes, -itis*) *s. m.* y *f.* **1.** Persona que habita en casa ajena como invitada o en un hotel o pensión pagando su estancia: *Se alquilan habitaciones para huéspedes.* **2.** Persona que hospeda o invita en su casa a otra: *El huésped salió a recibir a sus invitados.* **3.** Organismo animal o vegetal a cuya costa vive, temporal o permanentemente, un parásito o comensal. **SIN. 2.** Anfitrión. **FAM.** Hospedar, hospicio, hospital, hostal.

hueste (del lat. *hostis*, enemigo) *s. f.* **1.** Ejército, tropa o gente armada. Se usa sobre todo en *pl.*: *las huestes del enemigo.* || *s. f. pl.* **2.** Seguidores o partidarios: *El político aleccionó a sus huestes.* **SIN. 1.** Fuerza. **2.** Adeptos. **ANT. 2.** Oponentes, rivales. **FAM.** Hostil.

huesudo, da *adj.* Que tiene mucho hueso o se le notan mucho los huesos: *unas manos huesudas.* **SIN.** Descarnado. **ANT.** Rollizo.

hueva (del lat. *ova*, huevos) *s. f.* Masa que forman los huevos de ciertos peces, contenida en una bolsa o membrana: *hueva de salmón.*

huevada *s. f. Arg.*, *Chile* y *Perú* Estupidez, cosa sin importancia.

huevazos *adj. vulg.* Hombre de carácter débil, que se deja dominar. **SIN.** Calzonazos.

huevear *v. intr.* **1.** *Arg.* y *Chile vulg.* Hacer estupideces. **2.** *Perú vulg.* Perder el tiempo.

huevería *s. f.* Tienda donde se venden huevos.

huevero, ra *s. m.* y *f.* **1.** Persona que vende huevos. || *s. f.* **2.** Pequeño recipiente en forma de copa en que se sirven los huevos pasados por agua. **3.** Utensilio que sirve para transportar y guardar huevos.

huevo (del lat. *ovum*) *s. m.* **1.** Cuerpo orgánico de forma oval puesto por las hembras de los animales ovíparos, que contiene el embrión y da origen a un nuevo ser, especialmente el de la gallina, destinado a la alimentación. **2.** Óvulo*, célula reproductora femenina. **3.** *vulg.* Testículo. Se usa sobre todo en *pl.* || *s. m. pl.* **4.** *vulg.* Valor, coraje. || **5. huevo de Pascua** Dulce de chocolate en forma de huevo que se come por Pascua de Resurección. || **LOC. a huevo** *adv. fam.* En forma o circunstancia muy favorable o conveniente: *Tienes el aprobado a huevo.* **costar un huevo** *vulg.* Ser muy costoso. **pisando huevos** *adv. fam.* Muy despacio. SIN. **3.** Cojón. **4.** Narices, redaños. FAM. Hueva, huevada, huevazos, huevear, huevería, huevero. / Ahuevar, aovar, desovar, ovado, óvalo, ovario, ovas, overa, oviducto, oviforme, ovíparo, ovocélula, ovocito, ovogénesis, ovoide, óvolo, ovovivíparo, óvulo.

huevón, na *adj.* **1.** *vulg.* Lento, calmoso y poco avispado. **2.** *Cuba, Guat.* y *Méx.* Vago. **3.** *Perú* y *P. Rico* Majadero, pesado. **4.** *Ven.* Tonto. **5.** *Chile* Cobarde.

hugonote, ta *s. m.* y *f.* Nombre dado por los católicos a los calvinistas franceses de los s. XVI y XVII. También *adj.*

huida *s. f.* Acción de huir: *Se produjo una huida en el penal.* SIN. Fuga.

huidizo, za *adj.* **1.** Que huye o tiende a huir. **2.** Temeroso, esquivo: *Tiene una mirada huidiza.* SIN. **1.** Escurridizo. **2.** Asustadizo, medroso, receloso. ANT. **2.** Atrevido, audaz.

huinche *s. m.* Guinche*.

huipil (del náhuatl *huipilli*) *s. m. Amér. C.* y *Méx.* Camisa suelta que usan las mujeres, sin mangas y con vistosos bordados.

huir (del lat. *fugere*) *v. intr.* **1.** Marcharse muy deprisa de un sitio para evitar un peligro: *Los animales huían del fuego.* **2.** Fugarse: *Huyó del reformatorio.* **3.** Apartarse: *huir de los pesados.* También *v. tr.*: *Me huye nada más verme.* **4.** Con expresiones de tiempo, transcurrir rápidamente. ■ Es v. irreg. SIN. **2.** Evadirse. **3.** Evitar, rehuir, esquivar. **4.** Volar. ANT. **1.** y **2.** Permanecer. **3.** Acercarse. **4.** Detenerse. FAM. Huida, huidizo, huido. / Ahuyentar, rehuir.

HUIR	
GERUNDIO	
huyendo	
INDICATIVO	
Presente	**Pretérito perfecto simple**
huyo	*huí*
huyes	*huiste*
huye	*huyó*
huimos	*huimos*
huís	*huisteis*
huyen	*huyeron*
SUBJUNTIVO	
Presente	**Pretérito imperfecto**
huya	*huyera, -ese*
huyas	*huyeras, -eses*
huya	*huyera, -ese*
huyamos	*huyéramos, -ésemos*
huyáis	*huyerais, -eseis*
huyan	*huyeran, -esen*
Futuro	
huyere	*huyéremos*
huyeres	*huyereis*
huyere	*huyeren*
IMPERATIVO	
huye	*huid*

huiro *s. m. Chile* Nombre común de varias especies de algas marinas.

huisache *s. m. Méx.* Arbusto de hojas compuestas y flores amarillas.

hujier *s. m.* Ujier*.

hula-hoop *s. m.* Aro que se hace girar con la cintura, como juego o deporte.

hula-hula (voz hawaiana) *s. m.* Danza hawaina que se realiza con movimientos circulares de caderas, brazos y cabeza sin mover los pies.

hule (del náhuatl *ulli*) *s. m.* **1.** Tela recubierta por uno de sus lados con una capa brillante de óleo y barniz que la hace impermeable y flexible. **2.** Caucho*.

hulla (del fr. *houille*) *s. f.* Mineral fósil que contiene entre un 75 y un 90% de carbono. De color negro y brillo mate o graso, se usa como combustible y para la obtención de gas. FAM. Hullero.

humanidad (del lat. *humanitas, -atis*) *s. f.* **1.** Cualidad de humano. **2.** Conjunto de todos los seres humanos. **3.** Compasión, bondad: *Trataron a los cautivos con humanidad.* **4.** *fam.* Corpulencia, gordura. || *s. f. pl.* **5.** Rama del saber que comprende la literatura, la historia, la filosofía, las lenguas clásicas y actuales, etc. SIN. **3.** Humanitarismo, consideración, benevolencia. **4.** Mole. **5.** Letras. ANT. **3.** Crueldad, inhumanidad. **4.** Delgadez, flacura.

humanismo *s. m.* **1.** Estudio y conocimiento de las humanidades. **2.** Movimiento cultural que surgió en Europa durante el Renacimiento y se caracterizó por el interés fundamental por el hombre y la inspiración en los maestros de la antigüedad clásica. **3.** Corriente filosófica que se centra en el estudio del ser humano. FAM. Humanista, humanístico. HUMANO.

humanista *s. m.* y *f.* **1.** Experto en humanidades. **2.** Nombre dado a los intelectuales que formaron parte del humanismo renacentista. || *adj.* **3.** Se aplica a ciertas corrientes filosóficas o políticas que conceden especial importancia al hombre, a su libertad y bienestar.

humanitario, ria *adj.* Que se preocupa y trabaja por el bienestar de todos los hombres. SIN. Humano, solidario, altruista. ANT. Inhumano, cruel. FAM. Humanitarismo. HUMANO.

humanizar *v. tr.* **1.** Hacer a alguien o algo más humano y agradable: *humanizar la enseñanza, el trabajo.* || **humanizarse** *v. prnl.* **2.** Hacerse más humano, más comprensivo o caritativo. ■ Delante de *e* se escribe *c* en lugar de *z*: *humanice.* ANT. **1.** y **2.** Deshumanizar(se), endurecer(se), insensibilizar(se). FAM. Humanización. / Deshumanizar. HUMANO.

humano, na (del lat. *humanus*) *adj.* **1.** Del hombre o con las características que le son propias: *la especie humana.* **2.** Comprensivo y bondadoso con los demás: *Tiene un carácter muy humano.* || *s. m.* **3.** Persona, hombre. SIN. **2.** Sensible, compasivo, considerado. ANT. **2.** Inhumano, cruel, insensible. FAM. Humanamente, humanidad, humanismo, humanitario, humanizar, humanoide. / Infrahumano, inhumano, sobrehumano.

humanoide *adj.* Que tiene forma o características humanas. También *s. m.* y *f.*

humareda *s. f.* Gran cantidad de humo.

humazo (aum. de *humo*) *s. m.* Humo muy denso y molesto.

humear *v. intr.* **1.** Desprender alguna cosa humo o vapor. || *v. intr.* y *v. tr.* **2.** *Amér.* Fumigar. FAM. Humeante. HUMO.

humectador, ra *adj.* Humidificador*. También *s. m.*

humectar (del lat. *humectare*) *v. tr.* Humidificar, impregnar de humedad. SIN. Humedecer. ANT. Secar. FAM. Humectación, humectador, humectante. HÚMEDO.

humedad (del lat. *humiditas, -atis*) *s. f.* **1.** Cualidad de húmedo. **2.** Agua u otro líquido que impregna algo: *Hay manchas de humedad en la pared.* **3.** Cantidad de vapor de agua que hay en la atmósfera. **ANT. 1.** Sequedad.

humedal *s. m.* Terreno húmedo.

humedecer *v. tr.* Mojar ligeramente alguna cosa o impregnarla de humedad: *Humedece el sello para poder pegarlo.* ■ Es v. irreg. Se conjuga como *agradecer.* **SIN.** Humidificar, humectar. **ANT.** Secar, resecar. **FAM.** Humedecimiento. HÚMEDO.

húmedo, da (del lat. *humidus*) *adj.* **1.** Que está ligeramente mojado. **2.** Se dice del aire, atmósfera, etc., con un gran contenido de vapor de agua. **3.** Aplicado al clima, país, región, etc., que tiene mucha humedad o abundantes lluvias. || **4. la húmeda** *fam.* La lengua. **ANT. 1.** y **3.** Seco. **3.** Árido. **FAM.** Humectar, humedad, humedal, humedecer, humidificar.

humeral (del lat. *humerale*) *adj.* **1.** Del húmero o relacionado con él. || *s. m.* **2.** Paño que se pone el sacerdote sobre los hombros, con cuyos extremos se cubre las manos para coger la custodia o el copón.

húmero (del lat. *humerus*) *s. m.* Hueso de la parte superior del brazo, que se articula en el hombro con el omóplato y en el codo con el radio y el cúbito. También *adj.* **FAM.** Humeral.

humidificador, ra *adj.* **1.** Que humidifica. || *s. m.* **2.** Aparato que sirve para aumentar el grado de humedad del aire en lugares cerrados. **SIN. 1.** y **2.** Humectador.

humidificar *v. tr.* Aumentar el grado de humedad de un lugar o cosa. ■ Delante de *e* se escribe *qu* en lugar de *c.* **FAM.** Humidificación, humidificador. HÚMEDO.

humildad (del lat. *humilitas, -atis*) *s. f.* **1.** Condición y actitud de los que no presumen de sus méritos y reconocen sus defectos y errores. **2.** Posición o clase social baja. **3.** Sumisión, docilidad. **SIN. 1.** Sencillez, llaneza. **1.** y **2.** Modestia. **ANT. 1.** Vanidad, soberbia. **2.** Nobleza, alcurnia. **3.** Rebeldía. **FAM.** Humilde, humildemente, humillar.

humilde (del lat. *humilis*) *adj.* **1.** Que tiene humildad: *Es famoso, pero humilde.* **2.** Perteneciente a una posición o clase social baja: *de procedencia humilde.* **3.** Sumiso. **SIN. 1.** Sencillo, llano. **1.** y **2.** Modesto. **3.** Dócil. **ANT. 1.** Vanidoso, soberbio. **2.** Acomodado, noble.

humillación *s. f.* Acción de humillar y hecho o situación que humilla: *Más dura que la derrota fue la humillación.* **SIN.** Deshonra, ofensa, vergüenza, desprecio. **ANT.** Honra, exaltación.

humilladero *s. m.* Lugar con una cruz o una imagen que suele haber a la entrada de los pueblos o en los caminos.

humillar (del lat. *humiliare*) *v. tr.* **1.** Rebajar el orgullo o la dignidad de alguien. **2.** Doblar o inclinar una parte del cuerpo, como la cabeza o la espalda, en señal de sumisión: *Humilló la frente ante su superior.* **3.** En tauromaquia, bajar la cabeza el toro. También *v. intr.* || **humillarse** *v. prnl.* **4.** Adoptar una actitud de inferioridad respecto a otro o perder la dignidad por alguna acción, circunstancia, etc.: *Tuvo que humillarse para conseguir el dinero.* **SIN. 2.** y **3.** Agachar. **2.** y **4.** Postrar(se). **4.** Doblegarse, empequeñecerse. **ANT. 1.** Ensalzar, exaltar. **2.** y **3.** Alzar, levantar. **4.** Rebelarse. **FAM.** Humillación, humilladero, humillante. HUMILDAD.

humita (del quechua *huminta,* torta de maíz tierno) *s. f. Amér. del S.* Pasta de maíz tierno rallado, cebolla, pimientos, queso, etc., que, envuelta en las hojas del maíz, se cocina al vapor.

humo (del lat. *fumus*) *s. m.* **1.** Producto gaseoso que se desprende de la combustión incompleta de los combustibles. **2.** Vapor que despide cualquier cosa al fermentar o un líquido al hervir. || *s. m. pl.* **3.** Soberbia: *Vaya humos que gasta tu tío.* || **LOC. a humo de pajas** *adv. fam.* Sin reflexionar, sin fundamento: *Siempre habla a humo de pajas.* **echar humo** *fam.* Estar muy enfadado: *Hoy está que echa humo.* **subírsele** a alguien **los humos** Envanecerse: *Desde que es director se le han subido los humos.* **SIN. 3.** Vanidad, arrogancia. **ANT. 3.** Humildad, modestia. **FAM.** Humareda, humazo, humear. / Ahumar, difuminar, esfumar, fumar, fumarola, fumata, fumigar, fumista, perfume, sahumar.

humor (del lat. *humor, -oris*) *s. m.* **1.** Estado de ánimo: *Veamos qué humor tiene hoy.* **2.** Disposición para hacer o emprender algo: *No está de humor para ir al cine.* **3.** Capacidad para descubrir y mostrar lo cómico o divertido de las personas, cosas, situaciones, etc., y aplicación de dicha capacidad: *Se toma la vida con humor.* **4.** Nombre que antiguamente recibían los líquidos que segrega el cuerpo. || **5. humor ácueo** (o **acuoso**) Líquido del ojo que está contenido en una cámara entre la córnea y el cristalino. **6. humor de perros** *fam.* Muy mal humor. **7. humor negro** El que busca provocar la risa a partir de situaciones dramáticas o trágicas. **8. humor vítreo** Masa gelatinosa y transparente que se encuentra detrás del cristalino del ojo. **SIN. 1.** Talante, genio. **3.** Ingenio, gracia. **FAM.** Humorada, humoral, humorismo, humorista, humorístico. / Malhumor.

humorada *s. f.* **1.** Hecho o dicho divertido o extravagante. **2.** Poema breve que contiene un pensamiento filosófico, tratado de forma humorística. **SIN. 1.** Ocurrencia, agudeza, salida.

humoral *adj.* Relativo a los humores del cuerpo.

humorismo *s. m.* **1.** Sentido del humor, gracia. **2.** Actividad profesional que pretende divertir y hacer reír al público: *Es muy conocido en el mundo del humorismo.* **SIN. 1.** Ingenio, jocosidad. **ANT. 1.** Seriedad.

humorista *adj.* **1.** Que se expresa o actúa con humor. || *s. m.* y *f.* **2.** Que se dedica profesionalmente al humorismo. **SIN. 1.** y **2.** Cómico. **2.** Caricato.

humorístico, ca *adj.* **1.** Que expresa o contiene humor. **2.** Relativo al humorismo como estilo literario o actividad profesional. **SIN. 1.** Divertido, gracioso, ingenioso. **ANT. 1.** Serio. **FAM.** Humorísticamente. HUMOR.

humus (lat., significa 'tierra') *s. m.* Conjunto de materias orgánicas descompuestas o en proceso de transformación (humificación) que constituyen la capa más externa de un suelo. ■ No varía en *pl.* **FAM.** Exhumar, inhumar, trashumancia.

hundido, da 1. *p.* de **hundir**. También *adj.*: *un barco hundido.* || *adj.* **2.** Afligido, abatido: *Está hundido por la derrota de su equipo.* **SIN. 2.** Deprimido, entristecido. **ANT. 2.** Alegre, animado.

hundimiento *s. m.* **1.** Acción y resultado de hundir o hundirse: *el hundimiento del Titanic.* **2.** Parte que está más hundida en una superficie: *Había un hundimiento en el terreno.* **SIN. 1.** Derrumbamiento, desmoronamiento, desplome. **2.** Socavón, hondonada. **ANT. 1.** Emersión; levantamiento. **2.** Abombamiento.

hundir (del lat. *fundere,* derribar) *v. tr.* **1.** Hacer que algo se vaya al fondo: *Hundí las manos en el agua. El torpedo hundió el barco.* También *v. prnl.* **2.** Deformar algo desde su superficie hacia abajo o hacia adentro: *El choque ha hundido el guardabarros.* También *v. prnl.* **3.** Derrumbar un edificio. También *v. prnl.* **4.** Hacer fracasar. También *v. prnl.*: *Se hundió la empresa.* **5.** Abatir, deprimir: *La noticia le hundió.* También *v. prnl.* **6.** Derrotar: *Sus argumentos hundieron al rival.* || **hundirse** *v. prnl.* **7.** Haber en un sitio mucho ruido o alboroto: *El teatro se hundía con la ovación.* SIN. **1.** Sumergir(se). **1.** y **6.** Sumir(se). **2.** Abollar(se), desfondar(se); ceder. **4.** Arruinar(se), frustrar(se). **6.** Desmoralizar, destrozar, deshacer. ANT. **1.** Emerger, sacar. **4.** Levantar. **5.** Animar(se), alentar. FAM. Hundido, hundimiento. / Rehundir.

húngaro, ra *adj.* **1.** De Hungría. También *s. m.* y *f.* || *s. m.* **2.** Lengua que se habla en este país. SIN. **1.** y **2.** Magiar.

huno, na (del lat. *Hunnus*) *adj.* De un pueblo nómada de raza mongoloide que, procedente de las estepas asiáticas, invadió el continente europeo a fines del s. IV.

hura (del lat. *forare*, agujerear) *s. f.* Agujero pequeño, madriguera.

huracán (voz antillana) *s. m.* **1.** Ciclón tropical característico del mar Caribe. **2.** P. ext., viento de gran fuerza. **3.** Persona muy impetuosa. SIN. **1.** Tifón, tornado. **2.** Vendaval. FAM. Huracanado, huracanarse.

huracanado, da *adj.* Que tiene la fuerza o las características del huracán: *viento huracanado.*

huraño, ña (del lat. *foraneus*, forastero) *adj.* Que evita el trato o la conversación con la gente. SIN. Arisco, esquivo. ANT. Sociable, abierto. FAM. Hurañamente.

hurgar (del bajo lat. *furicare*, huronear) *v. tr.* **1.** Remover algo, especialmente en un hueco o cavidad. También *v. intr.* y *v. prnl.*: *El zorro hurga en la madriguera. No te hurgues la nariz.* **2.** Fisgar, curiosear. Se usa más como *v. intr.*: *Hurga siempre en los cajones.* ■ Delante de *e* se escribe *gu* en lugar de *g.* SIN. **1.** Escarbar, revolver. **2.** Fisgonear, husmear. FAM. Hurgón.

hurgón *s. m.* Instrumento de hierro que sirve para remover y atizar la lumbre. SIN. Atizador.

hurguete *s. m. Amér.* Hurón, mamífero carnívoro. FAM. Hurguetear.

hurguetear *v. intr.* **1.** *Amér.* Tratar de enterarse de los asuntos ajenos, espiar. || *v. tr.* **2.** *Chile fam.* Revolver las cosas de otra persona.

hurí (del persa *huri*, y éste del ár. *hur*) *s. f.* Mujer de gran belleza que, según la religión islámica, acompaña a cada creyente en el paraíso. ■ Su pl. es *huríes*, aunque también se utiliza *hurís.*

hurón (del bajo lat. *furo, -onis*, de *fur*, ladrón) *s. m.* **1.** Mamífero carnívoro de cuerpo largo, patas cortas, cuyo color varía desde el albino (con los ojos rojos) hasta el pardo oscuro, mide unos 30 cm y es utilizado para la caza por su gran ferocidad y por su facilidad para penetrar en las madrigueras en busca de la presa. **2.** *fam.* Persona huraña. FAM. Huronear, huronera.

hurón, na *adj.* **1.** De un pueblo amerindio de América del Norte, de raza iroquesa, que habitó en la margen izquierda del río San Lorenzo hasta el s. XVIII. || *s. m.* **2.** Lengua hablada por este pueblo.

huronear *v. intr.* **1.** Cazar con hurones. **2.** *fam.* Fisgar, curiosear. SIN. **2.** Husmear, fisgonear.

huronera *s. f.* **1.** Madriguera del hurón o jaula donde se encierran los destinados a la caza. **2.** *fam.* Refugio, escondite. SIN. **2.** Guarida, escondrijo.

¡hurra! (del ingl. *hurrah*) *interj.* Expresa alegría o satisfacción: *¡Hurra! ¡Ganamos!*

hurrita *adj.* De un pueblo indoeuropeo que, procedente del Cáucaso, se estableció en la alta Mesopotamia entre 1700 y 1500 a. C. y creó el reino Mitanni.

hurtadillas, a *loc. adv.* Ocultamente, a escondidas: *Se comió el chocolate a hurtadillas.*

hurtar *v. tr.* **1.** Robar algo de poca importancia y sin utilizar la violencia. **2.** Apartar, desviar: *Hurtó el cuerpo para evitar la embestida.* || **hurtarse** *v. prnl.* **3.** Esconderse, ocultarse. SIN. **1.** Sustraer, sisar. **2.** y **3.** Retirar(se), alejar(se). **3.** Rehuir. ANT. **2.** Acercar. **3.** Mostrarse.

hurto (del lat. *furtum*) *s. m.* **1.** Robo en que no se emplea violencia. **2.** Cosa hurtada. SIN. **1.** Ratería, sustracción. **2.** Botín. FAM. Hurtar. / Furtivo.

húsar (del fr. *housard*, y éste del húngaro *huszar*) *s. m.* Militar de caballería ligera con un uniforme semejante a los de la caballería húngara.

husillo *s. m.* Tornillo de metal o madera utilizado para mover las piezas de algunas máquinas, como las prensas.

husky *s. m.* **1.** Prenda de abrigo para la parte superior del cuerpo acolchada en forma de rombos y generalmente de color verde. || **2. husky (siberiano)** Perro de una raza que se caracteriza por tener las orejas en punta, los ojos pardos o azules y el pelaje suave y muy espeso, generalmente blanco o gris.

husmear (del gr. *osmaomai*, de *osme*, olor) *v. tr.* **1.** Seguir el rastro de algo con el olfato. También *v. intr.*: *El perro husmeaba en la basura.* **2.** Fisgonear. Se usa más como *v. intr.*: *No husmees en mis papeles.* SIN. **1.** Rastrear. **2.** Curiosear, huronear. FAM. Husmeador, husmeo.

huso (del lat. *fusus*) *s. m.* **1.** Instrumento de madera o metal, con forma cilíndrica y alargada, más estrecho en los extremos, que sirve para devanar la hebra que se hila en la rueca. **2.** Nombre dado a diversos objetos de forma parecida. || **3. huso esférico** Porción de superficie comprendida entre dos semicircunferencias máximas. **4. huso horario** Cada una de las veinticuatro partes en que se divide el globo terrestre, limitadas por dos meridianos separados 15° de longitud y en las que rige la misma hora. FAM. Husillo. / Fusiforme.

hutu *adj.* De un grupo étnico de la raza negra que habita en Ruanda y Burundi. También *s. m.* y *f.*

¡huy! (onomat.) *interj.* Expresa extrañeza, sorpresa o dolor físico.

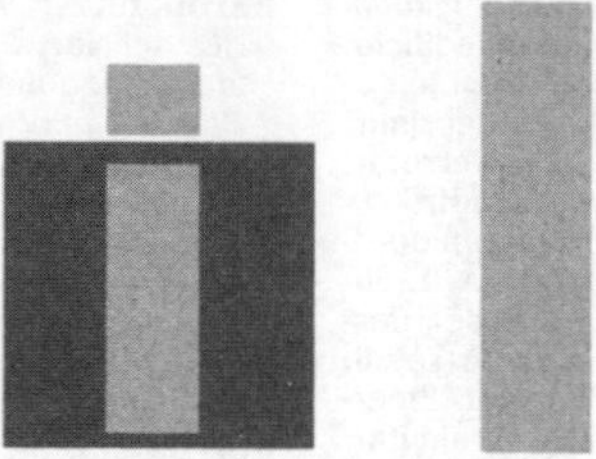

i *s. f.* **1.** Novena letra del abecedario español y tercera de sus vocales. Su articulación es anterior y de abertura mínima. ■ Se denomina también *i latina.* || **2. i griega** Nombre de la letra *y.* ■ Su pl. es *íes.*

-ía *suf.* **1.** Forma nombres abstractos de cualidad: *anomalía, campechanía.* **2.** Asociado generalmente al suf. *-ero,* indica 'profesión, actividad' o 'lugar donde se ejerce': *jardinería, fontanería.* También, 'tienda': *papelería.*

ibérico, ca (del lat. *Ibericus*) *adj.* **1.** Ibero*. También *s. m.* y *f.* **2.** De la antigua Iberia, de la península Ibérica o, p. ext., de España: *arte ibérico, fauna ibérica, jamón ibérico.* SIN. **2.** Hispano.

iberismo *s. m.* Palabra o rasgo lingüístico propio de la lengua de los iberos empleado en otra lengua.

ibero o **íbero, ra** (del lat. *Iberus*) *adj.* **1.** De la antigua Iberia, hoy España y Portugal. También *s. m.* y *f.* || *s. m.* **2.** Lengua de los antiguos iberos. SIN. **1.** Ibérico. FAM. Ibérico, iberismo, iberoamericano. / Celtíbero.

iberoamericano, na *adj.* **1.** De Iberoamérica, conjunto de países americanos de habla española o portuguesa. También *s. m.* y *f.* **2.** Relativo a estos países, junto con España y Portugal. SIN. **1.** y **2.** Latinoamericano, hispanoamericano.

íbex *s. m.* Íbice*.

íbice (del lat. *ibex, ibicis*) *s. m.* Mamífero bóvido rumiante parecido a la cabra, de cuernos anchos y robustos curvados hacia atrás, que habita en las altas regiones alpinas, formando rebaños. También se llama *íbex.*

ibicenco, ca *adj.* De Ibiza. También *s. m.* y *f.*

ibid (lat.) *adv. l.* Abreviatura del adverbio latino **ibídem.**

ibídem (del lat. *ibidem*) *adv. l.* Allí mismo, en el mismo lugar; se utiliza en índices, notas y citas de impresos o manuscritos.

ibis (del lat. *ibis,* y éste del gr. *ibis*) *s. m.* Ave zancuda con forma de cigüeña, pico largo y curvado y patas con cuatro dedos; habita en zonas pantanosas y se alimenta de animales acuáticos.

ibón *s. m.* Laguna de montaña, de origen glaciar.

iceberg (ingl.) *s. m.* Bloque de hielo, desprendido de un glaciar o de una costa helada, que flota en el mar arrastrado por las corrientes. ■ Su pl. es *icebergs.*

icnografía (del lat. *ichnographia,* y éste del gr. *ikhnographia*) *s. f.* Dibujo de la planta de un edificio.

icnología (del gr. *ikhnos,* huella, y *-logía*) *s. f.* Ciencia que estudia las huellas de los fósiles.

-ico, ca *suf.* **1.** Forma adjetivos que indican relación, propiedad o pertenencia: *acrobático, melódico.* **2.** En femenino forma nombres de ciencias o disciplinas: *electrónica.* **3.** Con acento sobre la *i,* forma diminutivos, sobre todo en ciertas regiones: *pañuelico.*

icónico, ca *adj.* Relativo al icono, imagen y signo.

icono (del gr. *eikon,* imagen) *s. m.* **1.** Imagen religiosa pintada sobre tabla, propia del arte bizantino. **2.** Signo que mantiene con aquello que representa una relación o semejanza en la forma, como p. ej., algunas señales de tráfico. FAM. Icónico, iconoclasta, iconografía, iconología.

iconoclasta (del gr. *eikonoklastes,* de *eikon,* imagen, y *klao,* romper) *adj.* **1.** Enemigo del culto a las imágenes religiosas, particularmente aplicado al movimiento surgido en el imperio bizantino con esa ideología. También *s. m.* y *f.* **2.** P. ext., que no respeta los valores admitidos tradicionalmente. También *s. m.* y *f.*

iconografía (del lat. *iconographia,* y éste del gr. *eikonographia,* de *eikon,* imagen, y *grapho,* escribir) *s. f.* **1.** Descripción y explicación de las representaciones figurativas, como imágenes, retratos, esculturas, etc. **2.** Colección de imágenes, cuadros, etc., que tienen en común una determinada característica: *la iconografía románica.* FAM. Iconográfico. ICONO.

iconología (del gr. *eikonologia,* y éste de *eikon,* imagen, y *logia,* tratado) *s. f.* Estudio e interpretación de los símbolos y atributos con que se representan personajes mitológicos, religiosos o históricos, ideas abstractas, etc.

icosaedro (del gr. *eikosaedros,* de *eikosi,* veinte, y *hedra,* cara) *s. m.* Sólido con veinte caras planas.

ictericia *s. f.* Coloración amarilla de la piel, síntoma de enfermedades del hígado. FAM. Ictérico.

ictiófago, ga (del gr. *ikhthyophagos,* de *ikhthys,* pez, y *phago,* comer) *adj.* Que se alimenta de peces. También *s. m.* y *f.* SIN. Piscívoro.

ictiografía (del gr. *ikhthys,* pez, y *-grafía*) *s. f.* Parte de la zoología que se ocupa de la descripción de los peces.

ictiología (del gr. *ikhthys,* pez, y *-logía*) *s. f.* Rama de la zoología que estudia los peces. FAM. Ictiológico, ictiólogo.

ictiosaurio (del gr. *ikhthys,* pez, y *sauros,* lagarto) *s. m.* **1.** Reptil marino perteneciente a un orden extinguido, que vivió en el mesozoico. Tenía forma parecida a los delfines, con extremidades transformadas en aletas y poderosos dientes cónicos, y era vivíparo. || *s. m. pl.* **2.** Orden constituido por estos reptiles.

ida *s. f.* Acción de ir de un sitio a otro. SIN. Marcha, partida. ANT. Vuelta, llegada.

idea (del lat. *idea,* y éste del gr. *idea,* forma, apariencia, de *eidon,* ver) *s. f.* **1.** Representación que se forma en la mente sobre cualquier cosa. **2.** Conjunto de conocimientos sobre alguien o algo: *Se formó una idea falsa de mí.* **3.** Plan, intención: *Tenía idea de viajar.* **4.** Tema esencial de algo. **5.** Disposición o habilidad: *Tiene mucha idea para el dibujo.* **6.** Ocurrencia: *Tuvo una magnífica* *idea.* || *s. f. pl.* **7.** Ideología: *Tiene ideas conservadoras.* || **8. mala idea** Mala intención. || LOC. **hacerse a la idea** Acostumbrarse: *Hazte a la idea de trabajar los sábados.* SIN. **1.** Concepto, arquetipo. **2.** Juicio, criterio. **3.** Proyecto; bosquejo, esbozo. **4.** Asunto. **5.** Aptitud, maña. **7.** Creencias, ideario, credo. FAM. Ideal, idear, ideario, ideografía, ideograma, ideología.

ideal (del lat. *idealis*) *adj.* **1.** De las ideas o relacionado con ellas. **2.** Formado en la mente, sin realidad física: *El ecuador es una línea ideal.* **3.** Excelente: *Viven en un lugar ideal.* || *s. m.* **4.** Modelo: *Es el ideal de belleza femenino.* **5.** Aspiración: *Su ideal es dirigir su propio negocio.* **6.** Conjunto de creencias. Se usa sobre todo en *pl.*: *Defendió sus ideales.* SIN. **1.** Conceptual. **2.** Imaginario, irreal, inmaterial. **3.** Estupendo, fantástico, maravilloso. **4.** Arquetipo, canon. **5.** Objetivo, meta, ilusión. **6.** Ideario. ANT. **2.** Real. FAM. Idealidad, idealismo, idealizar, idealmente. IDEA.

idealismo *s. m.* **1.** Sistema filosófico que sostiene que las ideas son el elemento más importante que constituye la realidad. **2.** Tendencia a idealizar. **3.** Actitud de quien se rige por sus ideales, sin atender a las dificultades prácticas. ANT. **1.** a **3.** Realismo. **3.** Pragmatismo, materialismo. FAM. Idealista. IDEAL.

idealizar *v. tr.* Considerar o presentar la realidad mejor o más bella de lo que realmente es. ■ Delante de *e* se escribe *c* en lugar de *z.* FAM. Idealización, idealizador. IDEAL.

idear *v. tr.* Dar forma en la mente a una idea o proyecto: *Ideó un viaje precioso.* SIN. Pensar, discurrir, concebir, trazar, urdir.

ideario *s. m.* Ideología*. SIN. Credo.

ídem (del lat. *idem*) *pron.* Significa 'lo mismo' y se utiliza para no repetir lo mencionado anteriormente.

idéntico, ca *adj.* Igual o muy parecido: *Tu hijo es idéntico a ti.* SIN. Exacto, semejante, similar. ANT. Desigual, diferente. FAM. Ídem, idénticamente, identidad, identificar.

identidad (del lat. *identitas, atis,* de *idem,* lo mismo) *s. f.* **1.** Cualidad de idéntico. **2.** Hecho de ser una persona o cosa la misma que se dice o se supone que es: *Tuvo que probar su identidad.* SIN. **1.** Equivalencia, semejanza, analogía. ANT. **1.** Desigualdad, diferencia.

identificar *v. tr.* **1.** Reconocer la identidad de una persona o cosa: *Identificaron a los culpables.* También *v. prnl.*: *Se identificaron como autores del delito.* **2.** Vincular, asociar: *Identifica el verano con la playa.* || **identificarse** *v. prnl.* **3.** Sentir alguna cosa como propia, estar de acuerdo con alguien o algo: *Al leer la novela, te identificas con el personaje.* ■ Delante de *e* se escribe *qu* en lugar de *c.* SIN. **2.** Relacionar. **3.** Solidarizarse, simpatizar, armonizar. ANT. **2.** Oponer, contrastar. **3.** Disentir. FAM. Identificable, identificación, identificado, identificador. IDÉNTICO.

ideografía (del gr. *idea,* idea, y *-grafía*) *s. f.* Representación de una idea por medio de signos o símbolos. FAM. Ideográfico. IDEA.

ideograma (del gr. *idea,* idea, y *-grama*) *s. m.* Representación gráfica de un concepto. SIN. Pictograma.

ideología (del gr. *idea,* idea, y *-logía*) *s. f.* Conjunto de ideas o valores de una persona, grupo o doctrina, especialmente los políticos y religiosos. SIN. Ideario, credo. FAM. Ideológico, ideólogo. IDEA.

ideólogo, ga *s. m.* y *f.* **1.** Persona que elabora o difunde una ideología. **2.** Persona que en una organización, movimiento, grupo político, etc. se ocupa de cuestiones relacionadas con la ideología del mismo: *el ideólogo del partido.* SIN. **2.** Teórico.

idílico, ca *adj.* Muy apacible, agradable o hermoso: *un lugar idílico, una escena idílica.* SIN. Ameno, placentero, grato, delicioso, paradisiaco. ANT. Desagradable.

idilio (del lat. *idylium,* y éste del gr. *eidyllion,* de *eidos,* forma, imagen) *s. m.* Aventura o relación amorosa. SIN. Amorío. FAM. Idílico.

idiolecto (del gr. *idios,* propio, y *lektos,* decible, escogido) *s. m.* En ling., forma particular en la que cada hablante utiliza la lengua.

idioma (del lat. *idioma,* y éste del gr. *idioma,* de *idios,* propio, especial) *s. m.* Lengua de una comunidad, pueblo o nación. SIN. Lenguaje. FAM. Idiomático.

idiosincrasia (del gr. *idiosynkrasia,* de *idios,* propio, y *synkrasis,* temperamento) *s. f.* Carácter, temperamento: *la idiosincrasia española.* SIN. Personalidad, particularidad, peculiaridad, singularidad. FAM. Idiosincrásico.

idiota (del lat. *idiota,* y éste del gr. *idiotes*) *adj.* **1.** Poco inteligente, estúpido. También *s. m.* y *f.* **2.** Que padece retraso mental grave; hoy en desuso. También *s. m.* y *f.* SIN. **1.** Imbécil, tonto, bobo, simple, torpe, zopenco, mentecato, majadero, memo. ANT. **1.** Listo. FAM. Idiotez, idiotismo, idiotizar.

idiotismo (del lat. *idiotismus,* lenguaje o estilo familiar, y éste del gr. *idiotismos*) *s. m.* Expresión característica de una lengua, difícil de analizar o que en sí misma carece de sentido, p. ej. *a tontas y a locas.*

ido, da 1. *p.* de **ir.** || *adj.* **2.** Loco, chiflado. **3.** Muy distraído o despistado. SIN. **2.** Chalado, pirado, majareta. **3.** Lelo, atontado. ANT. **2.** Cuerdo. **3.** Atento.

-ido, da[1] (del gr. *eidos,* forma) *suf.* Significa 'forma' o 'semejanza': *anélidos, homínidos.*

-ido, da[2] *suf.* **1.** Sirve para formar sustantivos derivados de verbos que denotan sonidos o voces de animales: *chillido, ladrido, pitido.* **2.** Forma adjetivos derivados; p. ej., de *dolor, dolorido.* **3.** Forma nombres de familias animales: *cánidos.*

idólatra (del bajo lat. *idolatra,* y éste del gr. *eidololatres,* de *eidolon,* ídolo, y *latreia,* latría) *adj.* Que adora ídolos. También *s. m.* y *f.*

idolatrar (de *idólatra*) *v. tr.* **1.** Adorar a ídolos. **2.** Amar o admirar con exceso a una persona o cosa. FAM. Idólatra, idolatría, idolátrico. ÍDOLO.

idolatría (de *idólatra*) *s. f.* **1.** Adoración de ídolos. **2.** Amor excesivo y vehemente: *Siente idolatría por su mujer.*

ídolo (del lat. *idolum,* y éste del gr. *eidolon,* imagen) *s. m.* **1.** Representación de un dios que es objeto de adoración. **2.** Persona o cosa muy admirada: *Su ídolo es John Wayne.* SIN. **1.** Fetiche, tótem. FAM. Idolatrar.

idóneo, a (del lat. *idoneus*) *adj.* **1.** Apto, apropiado: *Luis es idóneo para el puesto.* **2.** Muy conveniente y oportuno: *Le dio una respuesta idónea.* SIN. **1.** Ideal, competente. **1.** y **2.** Adecuado. ANT. **1.** Incompetente, inepto. **1.** y **2.** Inadecuado. FAM. Idoneidad.

iglesia (del lat. *ecclesia,* y éste del gr. *ekklesia,* asamblea, congregación) *s. f.* **1.** Conjunto de los fieles y el clero de una religión cristiana, especialmente la católica. **2.** Conjunto de fieles cristianos de una región, país, etc., o durante un periodo de tiempo: *la Iglesia española, la Iglesia medieval.* **3.** Jerarquía eclesiástica. **4.** Condición eclesiástica. ■ En estas últimas cuatro acepciones se suele escribir con mayúscula. **5.** Templo cristiano: *una iglesia románica.* **SIN. 4.** Sacerdocio. **FAM.** Eclesial.

iglú (voz esquimal) *s. m.* Vivienda esquimal hecha con bloques de hielo. ■ Su pl. es *iglúes*, aunque también se utiliza la forma *iglús*.

ignaro, ra (del lat. *ignarus*) *adj.* Ignorante. También *s. m.* y *f.* **SIN.** Inculto. **ANT.** Docto.

ígneo, a (del lat. *igneus*, de *ignis*, fuego) *adj.* **1.** De fuego o que tiene alguna de sus cualidades. **2.** Se aplica a las rocas procedentes de la masa en fusión que existe en el interior de la Tierra. **SIN. 1.** Ardiente, incandescente, rojo. **2.** Eruptivo. **FAM.** Ignición, ignífugo.

ignición (del lat. *ignitus*, encenderse) *s. f.* **1.** Acción de estar un cuerpo ardiendo o incandescente: *la ignición del carbón, hierro en ignición.* **2.** Encendido de un motor: *la ignición de un automóvil.* **SIN. 1.** Quema, combustión.

ignífugo, ga (del lat. *ignis*, fuego, y *fugere*, huir, evitar) *adj.* Que protege contra el fuego: *un tejido ignífugo.* **SIN.** Incombustible.

ignominia (del lat. *ignominia*) *s. f.* **1.** Deshonor, descrédito: *Su traición le llevó a la ignominia.* **2.** Motivo que origina esa situación: *la ignominia de un crimen.* **3.** Ofensa o injusticia, sobre todo si se realiza en público: *Ese insulto delante de todos fue una ignominia.* **SIN. 1.** Oprobio, deshonra, afrenta, baldón. **3.** Bajeza, infamia, canallada. **ANT. 3.** Dignidad, honor, honra. **FAM.** Ignominiosamente, ignominioso.

ignominioso, sa (del lat. *ignominiosus*) *adj.* Que produce o supone ignominia: *Sufrió una derrota igniminiosa.* **SIN.** Deshonroso, indigno, vergonzoso, humillante. **ANT.** Honroso, honorable.

ignorancia (del lat. *ignorantia*) *s. f.* **1.** Estado del que no sabe. **2.** Falta general de cultura. **SIN. 1.** Desconocimiento. **2.** Incultura. **ANT. 1.** Conocimiento. **1.** y **2.** Sabiduría.

ignorante (del lat. *ignorans, -antis*) *adj.* **1.** De poca cultura o instrucción. Se usa más como *s. m.* y *f.*: *Si no estudias, siempre serás una ignorante.* **2.** Que no está informado de algo: *Me mantuvieron ignorante de la situación.* **SIN. 1.** Inculto, asno. **2.** Desconocedor, ajeno. **ANT. 1.** Sabio, culto, instruido. **2.** Enterado.

ignorar (del lat. *ignorare*) *v. tr.* **1.** No saber una cosa: *Ignoro si mañana hay clase.* **2.** No hacer caso de alguien o algo: *Ignoró la señal de stop.* **SIN. 1.** Desconocer. **2.** Desatender, desoír. **ANT. 1.** Conocer. **2.** Atender. **FAM.** Ignaro, ignorancia, ignorante, ignorantemente, ignoto.

ignoto, ta (del lat. *ignotus*, de *in*, part. priv., y *gnotus*, conocido) *adj.* **1.** Desconocido: *Esa lengua tiene un origen ignoto.* **2.** No descubierto, inexplorado: *una tierra ignota.* **SIN. 1.** Ignorado. **2.** Virgen. **ANT. 1.** Conocido, sabido.

igual (del lat. *aequalis*) *adj.* **1.** Que es de la misma naturaleza, cantidad o calidad que otra persona, animal o cosa: *Compró una pluma igual que la mía.* **2.** Muy parecido o semejante: *dos hermanos iguales.* **3.** Indiferente: *Todo le es igual.* **4.** Constante: *En esa región el clima es muy igual.* **5.** Liso, sin desniveles: *un terreno igual.* **6.** Se dice de las figuras geométricas que se pueden superponer de modo que se confundan en su totalidad. || *s. m.* y *f.* **7.** Persona de la misma clase, condición o rango que otra u otras: *Sólo se relaciona con sus iguales.* || *s. m.* **8.** Signo de la igualdad (=). || *s. m. pl.* **9.** En tenis, pelota vasca, pimpón, igualdad de puntos. **10.** *fam.* Cupones de la ONCE (Organización Nacional de Ciegos de España). || *adv. m.* **11.** Lo mismo: *Me da igual vino que cerveza.* **12.** Posiblemente: *Igual llego tarde.* || **LOC. sin igual** *adj.* Incomparable, extraordinario: *El equipo obtuvo un triunfo sin igual.* **SIN. 1.** Idéntico, equivalente, exacto. **2.** Similar. **4.** Invariable. **5.** Llano, uniforme. **ANT. 1.** y **2.** Diferente, desigual. **4.** Variable, inconstante. **5.** Accidentado. **FAM.** Igualar, igualdad, igualitario, igualitarismo, igualmente. / Desigual.

iguala *s. f.* **1.** Acción de igualar o igualarse. **2.** Cantidad de dinero que se paga periodicamente por contrato, especialmente por servicios médicos. **3.** Listón de madera con que los albañiles comprueban si están bien lisas las superficies. **SIN. 1.** Igualación, igualamiento.

igualar *v. tr.* **1.** Hacer iguales a personas o cosas: *Nos han igualado en el sueldo. Igualar dos cantidades.* También *v. prnl.* **2.** Considerar a una persona como igual a otra: *Igualo al hijo con el padre.* **3.** Alcanzar a alguien en una cualidad, acción, resultado, etc.: *Igualó a su hermano en las notas.* **4.** Alisar una superficie: *Ya han igualado el solar.* **5.** Ajustar o contratar algo, especialmente una iguala médica. También *v. prnl.* **6.** En dep., empatar. También *v. intr.*: *El rival igualó en el último minuto.* **7.** En tauromaquia, preparar al toro para que quede con las cuatro patas paralelas entre sí, sin adelantar ni atrasar ninguna. También *v. intr.* || *v. intr.* **8.** Ser una persona o cosa igual o muy parecida a otra: *El color del pantalón iguala con el de la chaqueta.* También *v. prnl.* **SIN. 1.** Uniformar, identificar, nivelar. **2.** Equiparar. **4.** Allanar, aplanar, explanar. **5.** Convenir, pactar. **7.** Cuadrar. **8.** Parecerse, emparejarse. **ANT. 1.** Desigualar, diferenciar. **2.** Distinguir. **4.** Desnivelar. **6.** Desempatar. **8.** Contrastar. **FAM.** Iguala, igualable, igualación, igualado, igualador, igualamiento, igualatorio. / Inigualable. IGUAL.

igualdad (del lat. *aequalitas, -atis*) *s. f.* Circunstancia de ser iguales dos o más personas o cosas. **SIN.** Coincidencia, identidad, paridad. **ANT.** Desigualdad. **FAM.** Equidad. IGUAL.

igualitario, ria *adj.* Que pretende la igualdad social.

igualitarismo *s. m.* Tendencia política que defiende la supresión de las diferencias sociales y económicas.

iguana (del arauaco antillano *iwana*) *s. f.* Reptil saurio de gran tamaño, con patas largas, dedos puntiagudos y una cresta espinosa a lo largo del lomo, que vive en regiones cálidas de América y del Pacífico. ■ Se escribe también *higuana.* **FAM.** Iguanodonte.

iguanodonte (de *iguana* y el gr. *odon, odontos*, diente) *s. m.* Reptil fósil, dinosaurio herbívoro de gran tamaño que caminaba erguido. Vivió en Europa durante el cretácico inferior.

ijada o **ijar** (del lat. *ilia*) *s. f.* o *m.* **1.** Cada uno de los dos espacios entre las costillas flotantes y los huesos de las caderas. **2.** Parte anterior e inferior del cuerpo de los peces.

-ijo, -ja *suf.* Forma sustantivos y adjetivos, generalmente diminutivos o despectivos: *acertijo, lagartija, revoltijo.*

ikastola (vasc.) *s. f.* Escuela en la que se enseña el euskera y, generalmente, también otras disciplinas en dicha lengua.

ikebana *s. m.* Arte tradicional japonés de colocar las flores de forma decorativa o simbólica.

ikurriña (vasc.) *s. f.* Bandera oficial del País Vasco.

-il *suf.* Forma sustantivos y adjetivos, a los que añade el significado de 'propio de' o 'con aspecto de': *tamboril, cerril, juvenil.*

ilación (del lat. *illatio, -onis*) *s. f.* **1.** Enlace de ideas o partes que se deducen de otra o que están relacionadas entre sí; p. ej., las partes de un discurso. **2.** Acción de deducir una cosa de otra. **SIN. 1.** Conexión, interrelación. **2.** Inferencia, consecuencia, deducción. **ANT. 1.** Desconexión, desvinculación. **FAM.** Ilativo.

ilativo, va *adj.* **1.** De la ilación. **2.** En ling., que expresa una relación de ilación o consecuencia.

ilegal *adj.* Contrario a la ley. **SIN.** Ilícito, prohibido, ilegítimo, indebido. **ANT.** Legal. **FAM.** Ilegalidad, ilegalizar, ilegalmente. LEGAL.

ilegalidad *s. f.* **1.** Falta de legalidad. **2.** Acción ilegal: *Incurrió en una ilegalidad.* **SIN. 1.** Ilicitud, ilegitimidad. **2.** Infracción, delito, falta. **ANT. 1.** Legalidad, legitimidad.

ilegalizar *v. tr.* Declarar ilegal. **FAM.** Ilegalización. ILEGAL.

ilegible *adj.* Que no se puede leer: *Tiene una letra ilegible.* **SIN.** Indescifrable, incomprensible, ininteligible. **ANT.** Legible, inteligible. **FAM.** Ilegibilidad. LEGIBLE.

ilegitimar *v. tr.* Privar de su carácter legítimo o legal a una persona o cosa. **SIN.** Ilegalizar. **ANT.** Legitimar, legalizar.

ilegítimo, ma (del lat. *illegitimus*) *adj.* **1.** No legítimo, que está fuera de la ley. **2.** Se aplica a los hijos que se tienen fuera del matrimonio. **3.** Falso: *firma ilegítima.* **SIN. 1.** Ilegal, ilícito. **2.** Natural, bastardo, adulterino. **3.** Falsificado, adulterado. **ANT. 1.** Legal, lícito. **3.** Verdadero, original. **FAM.** Ilegítimamente, ilegitimar, ilegitimidad. LEGÍTIMO.

íleon[1] (del gr. *eileo*, retorcerse) *s. m.* Tercera sección del intestino delgado, que comienza en el yeyuno y desemboca en el grueso.

íleon[2] *s. m.* Ilion*.

ilerdense (del lat. *Ilerdensis*) *adj.* **1.** De la antigua Ilerda, actual Lleida. También *s. m.* y *f.* **2.** Leridano. También *s. m.* y *f.*

ilergete (del lat. *Ilergetes*) *adj.* De un antiguo pueblo ibero asentado en las actuales provincias de Huesca, Zaragoza y Lleida.

ileso, sa (del lat. *illaesus*) *adj.* Que no ha sufrido lesión o daño: *Resultó ileso en el accidente.* **SIN.** Indemne, incólume. **ANT.** Herido.

iletrado, da *adj.* Inculto. **SIN.** Ignorante, analfabeto. **ANT.** Letrado, culto.

ilicitano, na (del lat. *Ilicitanus*, de *Ilici*) *adj.* De Elche. También *s. m.* y *f.*

ilícito, ta (del lat. *illicitus*) *adj.* Que no está permitido por la ley o por la moral. **SIN.** Ilegal, ilegítimo, inmoral. **ANT.** Lícito. **FAM.** Ilícitamente, ilicitud. LÍCITO.

ilimitado, da (del lat. *illimitatus*) *adj.* Que no tiene límites: *recursos ilimitados.* **SIN.** Infinito, interminable. **ANT.** Finito, limitado. **FAM.** Ilimitable, ilimitadamente. LIMITADO.

ilion (del lat. *ilium*, ijar) *s. m.* Hueso de la cadera, que junto al isquion y el pubis forma la pelvis. ■ Se dice también *íleon.* **FAM.** Íleon[2], iliaco.

ilírico, ca (del lat. *Illyricus*) *adj.* **1.** De la antigua provincia romana de Iliria. También *s. m.* y *f.* || *s. m.* **2.** Lengua indoeuropea hablada antiguamente en la región del Adriático N. **SIN. 1.** y **2.** Ilirio. **FAM.** Ilirio.

ilirio, ria (del lat. *Illyrius*) *adj.* Ilírico*.

-ilo (del gr. *hyle*, materia) *suf.* Significa 'radical químico': *etilo.*

ilocalizable *adj.* Que no se puede localizar o encontrar. **ANT.** Localizable, ubicable, situable.

ilógico, ca *adj.* Que carece de lógica: *Tu enfado es ilógico.* **SIN.** Incoherente, inconsecuente, irrazonable, absurdo. **ANT.** Razonable.

ilota (del lat. *Ilota*, y éste del gr. *eilotes*) *s. m.* y *f.* **1.** En la antigua Esparta, siervo. **2.** Se aplica a la persona desposeída de sus derechos civiles.

iluminación (del lat. *illuminatio, -onis*) *s. f.* **1.** Acción de iluminar. **2.** Conjunto de luces que alumbran un lugar. **3.** Cantidad de luz que hay o entra en un lugar: *La iluminación es muy débil en esta habitación.* **4.** Disposición de la luz en un cuadro. **5.** Ilustración con miniaturas de un manuscrito. **6.** En cine, fotografía, teatro y otros espectáculos, técnica y acción de disponer las luces. **7.** Conocimiento que, según ciertas creencias, se adquiere por intervención de la divinidad. **SIN. 1.** y **2.** Alumbrado.

iluminado, da 1. *p.* de **iluminar**. También *adj.* || *adj.* **2.** De la secta de los alumbrados. También *s. m.* y *f.* **3.** Fanático. **SIN. 2.** Visionario, vidente.

iluminar (del lat. *illuminare*) *v. tr.* **1.** Dar luz sobre algo: *El Sol ilumina la Tierra.* También *v. intr.*: *Esa lámpara ilumina poco.* **2.** Adornar con luces: *Iluminaron la catedral.* **3.** Colorear un libro, grabado, etc. **4.** Aclarar alguna cuestión o materia. **5.** En rel., mostrar Dios a los hombres la verdad, su voluntad, etc. **SIN. 1.** Alumbrar. **4.** Ilustrar, esclarecer, orientar, encauzar. **5.** Inspirar, revelar. **ANT. 1.** Apagar. **1.** y **4.** Oscurecer. **4.** Confundir. **FAM.** Iluminación, iluminado, iluminador, iluminismo. LUMINOSO.

iluminismo *s. m.* Doctrina religiosa que se basa en una iluminación mística interior inspirada por Dios, y que rechaza las jerarquías eclesiásticas y el uso de los sacramentos.

ilusión (del lat. *illusio, -onis*) *s. f.* **1.** Imagen o concepto que alguien se forma de algo que no existe como tal en realidad. **2.** Esperanza sin fundamento real: *No te hagas ilusiones.* **3.** Alegría, satisfacción: *Me hizo mucha ilusión tu regalo.* **4.** Entusiasmo: *Trabaja con gran ilusión.* || **5. ilusión óptica** Interpretación errónea de una sensación visual. **SIN. 1.** Visión, espejismo, sueño, fantasía, quimera. **2.** Utopía. **4.** Ganas, empeño, afán, ánimo. **ANT. 1.** y **2.** Realidad. **2.** Desilusión. **4.** Desgana. **FAM.** Ilusionar, ilusionismo, iluso. / Desilusión.

ilusionar *v. tr.* **1.** Hacer que alguien conciba esperanzas, generalmente no fundadas: *Ilusionó a su hijo con la promesa de comprarle una moto.* También *v. prnl.* **2.** Causar algo satisfacción o alegría: *Me ilusiona regresar a casa.* **SIN. 1.** Esperanzar(se), encandilar(se). **2.** Alegrar, encantar. **ANT. 1.** Desengañar(se), desilusionar(se). **2.** Entristecer. **FAM.** Ilusionado. ILUSIÓN.

ilusionismo *s. m.* Arte de producir fenómenos aparentemente extraordinarios por medio de trucos. **SIN.** Prestidigitación, magia. **FAM.** Ilusionista. ILUSIÓN.

ilusionista *s. m.* y *f.* Persona que practica el ilusionismo. **SIN.** Mago, prestidigitador.

ilusivo, va *adj.* Ilusorio*.

iluso, sa (del lat. *illusus*, de *illudere*, burlar) *adj.* **1.** Que se deja engañar fácilmente. También *s. m.* y *f.* **2.** Que tiende a crearse esperanzas infundadas. También *s. m.* y *f.* **SIN. 1.** Crédulo, cándido, ingenuo. **2.** Soñador, utopista. **ANT. 1.** Despierto. **2.** Realista. **FAM.** Ilusivo, ilusorio. ILUSIÓN.

ilusorio, ria (del lat. *illusorius*) *adj.* Engañoso, imaginario. **SIN.** Irreal, ficticio, falso, soñado, quimérico, ilusivo. **ANT.** Real, verdadero. **FAM.** Ilusoriamente. ILUSO.

ilustración (del lat. *illustratio, -onis*) *s. f.* **1.** Acción de ilustrar o ilustrarse. **2.** Fotografía, dibujo o grabado impreso. **3.** Movimiento cultural, político y filosófico que tuvo lugar en Europa y América en el s. XVIII, caracterizado por el predominio de la razón. También, época en la que se desarrolló este movimiento. ■ En esta acepción suele escribirse con mayúscula. SIN. **1.** Instrucción, educación, formación. **2.** Lámina, figura. **3.** Enciclopedismo. ANT. **1.** Ignorancia, incultura.

ilustrado, da 1. *p.* de **ilustrar**. || *adj.* **2.** Que contiene ilustraciones o láminas: *revista ilustrada.* **3.** De la Ilustración, movimiento intelectual del s. XVIII. También *s. m.* y *f.* **4.** Se aplica a la persona que posee una buena formación cultural. También *s. m.* y *f.* SIN. **3.** Enciclopedista. **4.** Instruido, culto. ANT. **4.** Ignorante, inculto.

ilustrar (del lat. *illustrare*) *v. tr.* **1.** Aclarar algo mediante datos, imágenes, comparaciones, etc.: *Este ejemplo ilustrará lo que digo.* **2.** Incorporar ilustraciones a un libro, revista, etc. **3.** Educar. También *v. prnl.* SIN. **1.** Explicar, esclarecer. **3.** Enseñar, formar. ANT. **1.** Oscurecer. FAM. Ilustración, ilustrado, ilustrador, ilustrativo. LUSTRAR.

ilustre (del lat. *illustris*) *adj.* **1.** Noble, distinguido: *Pertenecía a una ilustre familia.* **2.** Se dice de la persona que destaca en algún aspecto o actividad: *el ilustre cirujano.* **3.** Tratamiento honorífico: *ilustre señor.* SIN. **1.** Egregio, preclaro, esclarecido. **2.** Eminente, insigne, prestigioso, afamado. ANT. **1.** Plebeyo, oscuro. **2.** Mediocre. FAM. Ilustremente, ilustrísimo. LUSTRE.

ilustrísimo, ma (del lat. *illustrissimus*) *adj.* **1.** *sup.* de **ilustre**. **2.** Se aplica a ciertas personas como tratamiento correspondiente a su cargo o dignidad. || *s. f.* **3.** Tratamiento que se da a los obispos: *Su ilustrísima les recibirá ahora.* ■ Su abreviatura es *Ilmo., Ilma.*

im- *pref.* Véase **in-**.

imagen (del lat. *imago, -inis*) *s. f.* **1.** Representación en un espejo, pantalla, pintura, etc., de alguien o algo. **2.** Representación mental: *Tengo su imagen grabada en la memoria.* **3.** Estatua o pintura de Cristo, la Virgen o los santos. **4.** Aspecto: *un cambio de imagen, dar buena imagen.* **5.** En el lenguaje literario, empleo de una palabra o expresión de forma que sugiera con viveza un sentido distinto al que normalmente posee. **6.** Figura de un objeto que se percibe a través del sentido de la vista. || LOC. **ser** uno **la (viva) imagen** de alguien o algo Parecerse: *Es la viva imagen de su padre.* Tener y mostrar alguien intensamente un sentimiento o estado: *Es la viva imagen del dolor.* SIN. **1.** Efigie, retrato. **3.** Icono. **5.** Metáfora, tropo. FAM. Imaginar, imaginaria, imaginería, imaginero, imago.

imaginación (del lat. *imaginatio, -onis*) *s. f.* **1.** Capacidad de la mente para reproducir imágenes y crear nuevas asociaciones entre éstas. **2.** Imagen formada en la misma. **3.** Sospecha sin fundamento. Se usa sobre todo en *pl.*: *No hay nada raro, sólo son imaginaciones tuyas.* SIN. **1.** a **3.** Fantasía. **3.** Figuración, aprensión.

imaginar (del lat. *imaginari*) *v. tr.* **1.** Representarse imágenes en la mente. También *v. prnl.* **2.** Inventar algo: *Imaginó un juego muy divertido.* También *v. prnl.* **3.** Creer, suponer: *Imagino que mañana vendrá mucho público.* También *v. prnl.* SIN. **1.** Fantasear, soñar. **2.** Idear, concebir. **3.** Sospechar, figurarse. FAM. Imaginable, imaginación, imaginario, imaginativo. / Inimaginable, magín. IMAGEN.

imaginaria (de *imaginario*) *s. f.* **1.** Cuerpo de guardia que no hace rondas pero que está preparado para intervenir en caso necesario. **2.** Vigilancia que se hace por turno durante la noche. || *s. m.* **3.** Soldado que realiza esta guardia.

imaginario, ria (del lat. *imaginarius*) *adj.* Que sólo existe en la mente o imaginación. SIN. Ficticio, fantástico, inventado. ANT. Real. FAM. Imaginariamente. IMAGINAR.

imaginativo, va *adj.* **1.** Relativo a la imaginación. **2.** Que tiene mucha imaginación. || *s. f.* **3.** Capacidad de imaginar.

imaginería (de *imagen*) *s. f.* **1.** Arte de pintar o esculpir imágenes religiosas. **2.** Conjunto de este tipo de obras debidas a un autor, una escuela o una época: *la imaginería barroca.*

imaginero *s. m.* Pintor o escultor de imágenes, generalmente religiosas.

imago *s. m.* Estado definitivo de los insectos que sufren metamorfosis, p. ej. las mariposas.

imam *s. m.* Imán[2]*.

imán[1] (del fr. *aimant*, y éste del lat. *adamans, -antis*, diamante) *s. m.* **1.** Magnetita, óxido de hierro natural, que tiene la propiedad de atraer al hierro y otros metales. **2.** Cualquier materia capaz de atraer al hierro y otros metales. **3.** Atractivo de alguien o algo: *Tiene imán en sus ojos.* SIN. **1.** Calamita. FAM. Imanar, imantar. / Electroimán.

imán[2] (del ár. *imam*, el que preside) *s. m.* **1.** Entre los musulmanes, el que preside la oración en la mezquita. **2.** Guía o jefe, generalmente religioso, aunque también puede ser político, de una comunidad musulmana, sobre todo chiíta. ■ Se escribe también *imam.* FAM. Imam.

imanar *v. tr.* Imantar*. FAM. Imanación. IMÁN[1].

imantar *v. tr.* Comunicar al hierro, al acero, etc., las propiedades del imán. También *v. prnl.* FAM. Imantación. / Desimantar. IMÁN[1].

imbatible *adj.* Que no puede ser batido o derrotado. SIN. Invencible. FAM. Imbatibilidad. BATIR.

imbatido, da *adj.* Que no ha sido batido o vencido. SIN. Invicto.

imbebible *adj.* Que no resulta agradable o posible beberlo: *Ese café está tan malo que es imbebible.*

imbécil (del lat. *imbecillis*) *adj.* **1.** Poco inteligente. También *s. m.* y *f.* **2.** Que molesta o enfada. También *s. m.* y *f.* SIN. **1.** Idiota, tonto, bobo, necio, lerdo. ANT. **1.** Listo. FAM. Imbecilidad.

imbecilidad (del lat. *imbecillitas*) *s. f.* **1.** Falta de inteligencia o de sensatez: *Todavía me sorprende la imbecilidad del ser humano.* **2.** Acción o palabras propias de un imbécil: *Sería una imbecilidad no aceptar ese trabajo.* SIN. **1.** y **2.** Idiotez, estupidez, tontería, sandez.

imberbe (del lat. *imberbis*) *adj.* **1.** Se dice del joven que todavía no tiene barba o tiene muy poca. También *s. m.* **2.** *fam.* P. ext., se dice del muchacho muy joven e inexperto. Se usa más como *s. m.* SIN. **1.** Lampiño. **2.** Pipiolo, niñato. ANT. **1.** Barbado.

imbornal (del cat. *embornal*) *s. m.* **1.** Agujero que se abre en las bordas de los barcos para dar salida al agua acumulada en la cubierta. **2.** Abertura situada en las azoteas o en los bordillos de las aceras para desaguar.

imborrable *adj.* **1.** Que no se puede borrar. **2.** Que no se puede olvidar. SIN. **1.** Indeleble. **2.** Inolvidable.

imbricar *v. tr.* **1.** Colocar cosas de manera que unas se apoyen parcialmente en otras como las tejas de un tejado. También *v. prnl.* || **imbricarse** *v. prnl.* **2.** Estar una serie de cosas superpuestas o muy ligadas entre sí: *Sus argumentos se imbrican justificándose unos a otros.* ■ Delante de *e* se escribe *qu* en lugar de *c*. SIN. **1.** Solapar. **1.** y **2.** Superponer. **2.** Entrelazar. FAM. Imbricación, imbricado.

imbuir (del lat. *imbuere*) *v. tr.* **1.** Comunicar a alguien ideas o sentimientos para que los haga suyos: *Les imbuyen elevados ideales.* || **imbuirse** *v. prnl.* **2.** Adquirir ideas o sentimientos: *Se imbuyó del pensamiento humanista.* ■ Es v. irreg. Se conjuga como *huir*. SIN. **1.** Infundir, inculcar. **2.** Llenarse, empaparse.

imitación (del lat. *imitatio, -onis*) *s. f.* **1.** Acción de imitar: *El humorista hizo una buena imitación del cantante.* **2.** Producto fabricado para sustituir a otro, procurando que se parezca a éste lo más posible: *una joya de imitación.* SIN. **1.** Copia, remedo, plagio.

imitamonos o **imitamonas** *adj.* Se dice de quien imita a otra persona en todos sus gestos, palabras y acciones. También *s. m.* y *f.*

imitar (del lat. *imitare*) *v. tr.* **1.** Hacer algo del mismo modo que otra persona o tratando de reproducir alguna cosa: *Quiere imitar a su hermano mayor.* **2.** Dar una cosa la misma impresión que otra: *Esta cartera imita a piel.* SIN. **1.** Copiar, remedar, plagiar, parodiar. **2.** Parecer, semejar. FAM. Imitable, imitación, imitador, imitamonas, imitamonos, imitativo, imitatorio. / Inimitable.

impaciencia (de *impaciente*, del lat. *impatiens, -entis*) *s. f.* **1.** Falta de paciencia, intranquilidad. **2.** Ansia, deseo: *No podía disimular su impaciencia por llegar.* SIN. **1.** Nerviosismo, inquietud. **2.** Anhelo, gana(s). FAM. Impacientar, impaciente, impacientemente. PACIENCIA.

impacientar *v. tr.* **1.** Causar nerviosismo o intranquilidad: *me impacientan las esperas en los hospitales.* || **impacientarse** *v. prnl.* **2.** Perder la paciencia. SIN. **2.** Desesperar.

impaciente (del lat. *impatiens, entis*) *adj.* Que no es capaz de esperar o desea que algo ocurra en seguida: *Estoy impaciente por comenzar mis vacaciones.* SIN. Ansioso, deseoso. ANT. Paciente, tranquilo.

impactar *v. tr.* **1.** Hacer impacto, chocar: *La bala impactó en la pared.* También *v. intr.* **2.** Causar impresión: *Me impactó aquel suceso.*

impacto (del lat. *impactus*) *s. m.* **1.** Choque de un proyectil o de otra cosa lanzada fuertemente contra algo. **2.** Señal dejada por ese choque: *Había dos impactos de bala en el muro.* **3.** Impresión provocada por un acontecimiento, noticia, etc.: *Acusó el impacto de la separación.* SIN. **1.** Colisión. **3.** Conmoción. ANT. **3.** Indiferencia. FAM. Impactante, impactar.

impagable *adj.* **1.** Que no se puede pagar. **2.** De tanto valor que es imposible pagarlo: *una ayuda impagable.* SIN. **2.** Inapreciable, inestimable.

impagado, da *adj.* **1.** Que no se ha pagado. || *s. m.* **2.** Letra, recibo, etc., cuyo importe no ha sido pagado a su vencimiento. SIN. **1.** Pendiente. FAM. Impagable, impago. PAGADO.

impago *s. m.* **1.** Falta de pago de una deuda, obligación, etc., en el plazo convenido: *el impago de una multa.* || *adj.* **2.** *Amér.* Se dice de la persona a la que aún no se ha pagado.

impala *s. m.* Mamífero artiodáctilo parecido al antílope, de casi 1 m de altura, lomo castaño y vientre blanco, que vive en África meridional. Los machos tienen los cuernos finos, anillados y dispuestos en forma de lira.

impalpable *adj.* **1.** Que no produce sensación al tacto: *El aire es impalpable.* **2.** Ligero, de muy poca densidad: *un velo impalpable.* SIN. **1.** Intangible, incorpóreo. **2.** Sutil, tenue. ANT. **1.** Palpable. **2.** Denso, espeso.

impar (del lat. *impar, -aris*) *adj.* **1.** Se aplica al número no divisible por dos, como el cinco. También *s. m.* **2.** Que no tiene igual: *un personaje impar.* SIN. **1.** Non. **2.** Único, excepcional.

imparcial *adj.* **1.** Que juzga o actúa con objetividad: *un tribunal imparcial.* También *s. m.* y *f.* **2.** Se aplica asimismo a sus juicios, actos o palabras. **3.** Independiente, que no toma partido: *un periódico imparcial.* También *s. m.* y *f.* SIN. **1.** y **2.** Justo, objetivo, ecuánime. **3.** Neutral. ANT. **1.** y **2.** Parcial. **3.** Partidista. FAM. Imparcialidad, imparcialmente. PARCIAL.

imparcialidad *s. f.* Cualidad de imparcial. SIN. Objetividad, ecuanimidad. ANT. Parcialidad, injusticia, subjetividad.

imparisílabo, ba *adj.* **1.** Aplicado a una palabra, verso, etc., que tiene un número impar de sílabas. **2.** En latín y griego, se aplica a las palabras que tienen en los casos oblicuos distinto número de sílabas que en el nominativo.

impartir (del lat. *impartire*) *v. tr.* Repartir, comunicar, dar: *impartir una clase, impartir la bendición.*

impasible (del lat. *impassibilis*) *adj.* **1.** Indiferente, imperturbable: *Recibió impasible la noticia.* **2.** Incapaz de padecer. SIN. **1.** Impertérrito. **2.** Insensible. FAM. Impasibilidad, impasiblemente. PASIÓN.

impasse (fr.) *s. m.* Punto muerto o situación sin salida: *La negociación está en un impasse.* SIN. Parón, estancamiento.

impávido, da (del lat. *impavidus*) *adj.* **1.** Que no tiene miedo. **2.** Tranquilo, sereno. **3.** *Amér.* Descarado, desvergonzado. SIN. **1.** Valiente, intrépido. **2.** Impasible, impertérrito, imperturbable, inalterable, inmutable. **3.** Insolente. ANT. **1.** Miedoso. **2.** Inquieto. **3.** Comedido. FAM. Impávidamente, impavidez. PÁVIDO.

impecable (del lat. *impeccabilis*) *adj.* **1.** Perfecto, sin ningún defecto o mancha: *un traje impecable.* **2.** Que es incapaz de pecar. SIN. **1.** Intachable, irreprochable. ANT. **1.** Defectuoso. FAM. Impecabilidad. PECAR.

impedancia (del fr. *impedance*, y éste del lat. *impedire*, estorbar) *s. f.* En electricidad, oposición que ejerce un circuito al paso de la corriente alterna.

impedido, da 1. *p.* de **impedir**. También *adj.* || *adj.* **2.** Inválido: *A causa del accidente está impedido en una silla de ruedas.* También *s. m.* y *f.* SIN. **2.** Imposibilitado, tullido.

impedimenta (del lat. *impedimenta*) *s. f.* Bagaje o carga que dificulta los movimientos de alguien, especialmente de un ejército.

impedimento (del lat. *impedimentum*) *s. m.* **1.** Obstáculo. **2.** Circunstancia que impide o anula el matrimonio. SIN. **1.** Estorbo, dificultad, escollo, traba.

impedir (del lat. *impedire*) *v. tr.* Hacer imposible o difícil una cosa: *La persiana impide la entrada de luz.* ■ Es v. irreg. Se conjuga como *pedir*. SIN. Imposibilitar, estorbar, dificultar, obstaculizar. ANT. Posibilitar. FAM. Impedido, impedidor, impedimenta, impedimento.

impeler (del lat. *impellere*) *v. tr.* **1.** Impulsar: *La hélice impele al barco.* **2.** Animar, motivar: *El deseo de aclarar los hechos le impelió a escribir la* *carta.* SIN. **1.** y **2.** Impulsar, empujar. **2.** Estimular, incitar. ANT. **1.** Retener, sujetar. **2.** Desanimar. FAM. Impelente.

impenetrable (del lat. *impenetrabilis*) *adj.* **1.** Que no se puede o es difícil de penetrar: *una selva impenetrable.* **2.** Difícil de conocer: *un secreto impenetrable.* **3.** Se aplica a la persona que no deja ver lo que sabe, piensa, etc., así como a su actitud o comportamiento. SIN. **1.** Inaccesible. **2.** Indescifrable, ininteligible, insondable. **3.** Hermético, inescrutable. ANT. **1.** y **3.** Accesible. **2.** Comprensible, inteligible. FAM. Impenetrabilidad. PENETRAR.

impenitente (del bajo lat. *impaenitens, -entis*) *adj.* **1.** Incorregible: *un jugador impenitente.* También *s. m.* y *f.* **2.** Se dice de quien no quiere arrepentirse del pecado. También *s. m.* y *f.* SIN. **1.** y **2.** Contumaz, empedernido. ANT. **1.** y **2.** Corregible. FAM. Impenitencia. PENITENCIA.

impensable *adj.* **1.** Absurdo: *Dio una solución impensable.* **2.** Difícil o imposible de realizar: *Su retorno es impensable por ahora.* SIN. **1.** Increíble, inimaginable, inconcebible. **2.** Inviable. ANT. **1.** Lógico. **2.** Posible.

impensado, da *adj.* **1.** Inesperado: *La aventura tuvo un final impensado.* **2.** No pensado: *Ante el apuro, dio una respuesta impensada.* SIN. **1.** Imprevisto. **2.** Improvisado. ANT. **1.** Esperado, previsto. **2.** Reflexionado. FAM. Impensable, impensadamente. PENSAR.

impepinable *adj. fam.* Inevitable, indiscutible: *Obtuvo un triunfo impepinable.* SIN. Seguro, indudable. ANT. Incierto, discutible.

imperar (del lat. *imperare*) *v. intr.* **1.** Ejercer el emperador su mando. **2.** Mandar, dominar: *Allí imperaba la ley del más fuerte.* SIN. **1.** y **2.** Reinar, regir. ANT. **2.** Obedecer. FAM. Imperante, imperativo, imperio. / Emperador.

imperativo, va (del lat. *imperativus*) *adj.* **1.** Que impera, que suele mandar o se utiliza para mandar: *Habló en tono imperativo.* **2.** Se aplica al modo verbal que expresa mandato o ruego. También *s. m.* ‖ *s. m.* **3.** Obligación inexcusable: *Actué por un imperativo del cargo.* SIN. **1.** Autoritario, exigente, conminatorio, categórico. **3.** Imposición, exigencia, deber. ANT. **1.** Flexible, transigente. FAM. Imperativamente. IMPERAR.

imperceptible *adj.* Que no se puede percibir o que apenas se percibe: *un sonido imperceptible.* SIN. Invisible, inaudible, impalpable, intangible. ANT. Perceptible, tangible. FAM. Imperceptibilidad, imperceptiblemente. PERCEPTIBLE.

imperdible *adj.* **1.** Que no puede perderse. ‖ *s. m.* **2.** Especie de alfiler formado por un alambre doblado que se abrocha sujetando uno de sus extremos en un gancho o pequeña pieza metálica.

imperdonable *adj.* Que no se puede perdonar. SIN. Intolerable, inexcusable. ANT. Perdonable. FAM. Imperdonablemente. PERDONABLE.

imperecedero, ra *adj.* **1.** Que no perece. **2.** Eterno: *una fama imperecedera.* SIN. **1.** y **2.** Inmortal, perenne. ANT. **1.** y **2.** Perecedero.

imperfección (del lat. *imperfectio, -onis*) *s. f.* **1.** Falta de perfección. **2.** Defecto, generalmente pequeño: *Esta porcelana tiene varias imperfecciones.* SIN. **1.** Deficiencia, incorrección, desacierto. **2.** Desperfecto, tara, falla, tacha, maca. ANT. **1.** Acierto, corrección.

imperfectivo, va *adj.* Se dice de los verbos o formas verbales que expresan la acción en su desarrollo, no acabada, como los verbos *querer, creer, desear,* y de todos los tiempos simples excepto el pretérito indefinido (pretérito perfecto simple). ANT. Perfectivo.

imperfecto, ta (del lat. *imperfectus*) *adj.* **1.** Que no es perfecto. **2.** En ling., se aplica al tiempo verbal que expresa la acción en su transcurso, sin que se dé idea de su comienzo o final. **3.** En sentido restringido, se dice del pretérito simple de indicativo (*cantaba*) o subjuntivo (*cantara* o *cantase*). También *s. m.* SIN. **1.** Incompleto, defectuoso. FAM. Imperfección, imperfectamente, imperfectivo. PERFECTO.

imperial (del bajo lat. *imperialis*) *adj.* Del emperador o el imperio.

imperialismo *s. m.* **1.** Tendencia a la formación de imperios, es decir, al dominio político, económico o militar de países y estados por parte de una potencia. **2.** Doctrina política que la sustenta. FAM. Imperialista. IMPERIO.

impericia (del lat. *imperitia*) *s. f.* Falta de habilidad o experiencia: *Fracasó por impericia.* SIN. Inexperiencia, ineptitud, incapacidad, incompetencia. ANT. Destreza, capacidad.

imperio (del lat. *imperium*) *s. m.* **1.** Organización política superior al reino, en que un Estado extiende su dominio a otros países. **2.** Conjunto de territorios que se hallan bajo esta organización. **3.** Gran potencia, Estado importante: *el imperio americano.* **4.** Acción de imperar o mandar: *el imperio de la ley.* **5.** Predominio o importancia de alguien o algo en un momento dado: *el imperio de la informática.* **6.** Dignidad de emperador. **7.** Tiempo que dura el gobierno del emperador o durante el cual hubo emperadores en un país: *Durante el imperio de Carlos V...* ‖ LOC. **valer un imperio** *fam.* Ser muy valioso: *Su secretaria vale un imperio.* SIN. **4.** Mando, poder, potestad, señorío. **5.** Preponderancia, supremacía. ANT. **4.** Obediencia, sumisión. FAM. Imperial, imperialismo, imperioso. IMPERAR.

imperioso, sa (del lat. *imperiosus*) *adj.* **1.** Autoritario: *un padre imperioso.* **2.** Urgente o muy necesario: *Era imperioso resolver aquel asunto.* SIN. **1.** Despótico, dominante, tiránico. **2.** Indispensable, esencial, preciso, vital, forzoso. ANT. **1.** Flexible, permisivo. **2.** Secundario. FAM. Imperiosamente. IMPERIO.

impermeabilizar *v. tr.* Hacer impermeable: *impermeabilizar una tela.*

impermeable *adj.* **1.** Que no puede ser atravesado por el agua y otros líquidos. ‖ *s. m.* **2.** Prenda semejante al abrigo hecha con tela que el agua no puede traspasar. SIN. **1.** Impenetrable. **2.** Chubasquero. ANT. **1.** Permeable. FAM. Impermeabilidad, impermeabilización, impermeabilizante, impermeabilizar. PERMEABLE.

impersonal (del lat. *impersonalis*) *adj.* **1.** Que no tiene personalidad: *un estilo impersonal.* **2.** Que no se refiere a ninguna persona en concreto: *Habló de todos, de forma impersonal.* **3.** Se aplica al tratamiento de respeto en que se utiliza la tercera persona en vez de la segunda; p. ej., en la frase *¿Qué desea el señor?* en lugar de *Señor, ¿qué desea usted?* **4.** Se aplica al verbo o forma verbal cuya acción se expresa sin hacer referencia a un sujeto determinado, así como a las oraciones en que interviene dicho verbo o forma verbal. FAM. Impersonalidad, impersonalmente. PERSONAL.

impertérrito, ta (del lat. *imperterritus*) *adj.* Impasible: *Permaneció impertérrito ante el toro.* SIN. Imperturbable, inmutable.

impertinencia *s. f.* **1.** Cualidad de impertinente. **2.** Acción o dicho impertinente. SIN. **1.** Inoportunidad, inconveniencia. ANT. **1.** Pertinencia.

impertinente (del lat. *impertinens, -entis*) *adj.* **1.** Inoportuno, sin consideración o discreción: *una pregunta impertinente.* También *s. m.* y *f.* **2.** Que molesta con sus exigencias: *Desde la operación está muy impertinente.* También *s. m.* y *f.* || *s. m. pl.* **3.** Anteojos provistos de mango para poder sujetarlos delante de los ojos. **SIN. 1.** Inconveniente, indiscreto, desconsiderado, descarado, desvergonzado. **2.** Pesado, molesto, exigente, cargante. **ANT. 1.** Discreto, considerado, pertinente, oportuno. **FAM.** Impertinencia, impertinentemente. PERTINENTE.

imperturbable (del lat. *imperturbabilis*) *adj.* Que no se perturba o altera. **SIN.** Impertérrito, impasible, inmutable, impávido. **FAM.** Imperturbabilidad, imperturbablemente. PERTURBAR.

impétigo *s. m.* Enfermedad infecciosa de la piel caracterizada por la formación de ampollas en la cara y la cabeza.

impetrar (del lat. *impetrare*) *v. tr.* Suplicar. **SIN.** Pedir, implorar, rogar. **FAM.** Impetración, impetrador, impetrante, impetratorio.

ímpetu (del lat. *impetus*) *s. m.* **1.** Gran fuerza y rapidez con que se mueven personas, animales o cosas. **2.** Esfuerzo, energía: *Comenzó el curso con mucho ímpetu.* **SIN. 1.** Furia, violencia. **2.** Impulso, empeño, afán, vehemencia, vigor. **ANT. 2.** Desgana. **FAM.** Impetuoso.

impetuoso, sa (del lat. *impetuosus*) *adj.* **1.** Con ímpetu. **2.** Que actúa de forma precipitada y sin reflexionar. **SIN. 1.** Violento. **2.** Impulsivo, irreflexivo. **ANT. 1.** Débil. **2.** Prudente. **FAM.** Impetuosamente, impetuosidad. ÍMPETU.

impiedad (del lat. *impietas, -atis*) *s. f.* **1.** Falta de devoción religiosa o desprecio por ésta. **2.** Falta de piedad o compasión. **SIN. 1.** Irreligiosidad, ateísmo. **2.** Crueldad, rudeza. **ANT. 1.** Religiosidad, devoción. **2.** Compasión.

impío, a (del lat. *impius*) *adj.* **1.** Que no tiene fe o piedad religiosa. También *s. m.* y *f.* **2.** Que no respeta las cosas sagradas. También *s. m.* y *f.* **SIN. 1.** Irreligioso, descreído, incrédulo, ateo. **2.** Irreverente, sacrílego. **ANT. 1.** Pío, creyente. **1.** y **2.** Piadoso. **2.** Reverente. **FAM.** Impíamente, impiedad. PÍO -A[1].

implacable (del lat. *implacabilis*) *adj.* **1.** Que no se puede aplacar. **2.** Inflexible: *un juez implacable.* **SIN. 2.** Inclemente, riguroso, severo, duro. **ANT. 2.** Clemente. **FAM.** Implacablemente.

implantación *s. f.* **1.** Acción de implantar. **2.** Fijación del huevo fecundado en la superficie interna del útero. **3.** En med., colocación en el organismo humano de medicamentos, prótesis o trasplantes. **SIN. 1.** Establecimiento, instauración, asentamiento. **ANT. 1.** Abolición.

implantar (de *in-*, en, dentro de, y *plantar*) *v. tr.* **1.** Hacer que entren en vigor o empiecen a funcionar leyes, costumbres, sistemas políticos, etc.: *implantar una moda, la democracia.* **2.** Colocar, injertar, particularmente un aparato, prótesis, tejido, órgano, etc. en el cuerpo para restituir o mejorar alguna de sus partes o funciones, o con fines estéticos: *Tuvieron que implantarle piel en las quemaduras.* **SIN. 1.** Introducir, establecer, instaurar, asentar. **ANT. 1.** Abolir, eliminar. **FAM.** Implantación, implantador, implante. / Reimplantar. PLANTAR.

implante *s. m.* **1.** En med., acción de implantar: *Se ha hecho un implante de cabello.* **2.** En med., aparato, prótesis, tejido orgánico, etc. que se implanta en el cuerpo.

implementar *v. tr.* **1.** En inform., poner en funcionamiento, aplicar métodos, medidas, etc., para llevar algo a cabo. **2.** *Amér.* Dotar de los medios necesarios para hacer algo.

implemento (del ingl. *implement*) *s. m.* **1.** Utensilio. Se usa sobre todo en *pl.*: *los implementos de la expedición.* **2.** Nombre que dan algunos lingüistas al complemento directo. **SIN. 1.** Enseres, útiles, instrumentos. **FAM.** Implementar.

implicación (del lat. *implicatio, -onis*) *s. f.* **1.** Acción de implicar. **2.** Participación en un delito: *Confesó su implicación en el robo.* **3.** En lóg., relación mediante la cual de una afirmación se deduce otra. **4.** Consecuencia, repercusión: *La decisión de cambiar de domicilio puede tener importantes implicaciones.*

implicancia *s. f.* **1.** *Arg.*, *Chile* y *Urug.* Impedimento o incompatibilidad legal o moral para adoptar una decisión justa. **2.** *Amér.* Implicación, consecuencia.

implicar (del lat. *implicare*) *v. tr.* **1.** Mezclar o hacer participar a alguien en algo: *Implicó a su familia en el negocio.* También *v. prnl.* **2.** Significar: *Para él las vacaciones implican descanso.* ■ Delante de *e* se escribe *qu* en lugar de *c*. **SIN. 1.** Enredar(se), envolver, involucrar(se). **2.** Entrañar, comportar. **ANT. 1.** Apartar. **1.** y **2.** Excluir. **FAM.** Implicación, implicancia, implícito.

implícito, ta (del lat. *implicitus*) *adj.* Que se entiende incluido en algo, sin necesidad de expresarlo: *Hizo una crítica implícita del gobierno.* **SIN.** Sobrentendido. **ANT.** Explícito, expreso. **FAM.** Implícitamente. IMPLICAR.

implorar (del lat. *implorare*) *v. tr.* Rogar, pedir con lágrimas algo. **SIN.** Suplicar, impetrar. **FAM.** Imploración, implorante. LLORAR.

implosión *s. f.* **1.** Acción de estallar hacia dentro las paredes de un recipiente cuya presión interior es menor que la exterior. **2.** En astron., disminución brusca del tamaño de un astro. **3.** En fonética, primera fase de la articulación de las consonantes oclusivas (*p, t, k*...) que corresponde al momento en que se forma la oclusión. **ANT. 1.** y **3.** Explosión. **FAM.** Implosionar, implosivo. EXPLOSIÓN.

implosivo, va *adj.* **1.** Se dice de la articulación o sonido oclusivo que, por estar en posición final de sílaba, como la *b* en *ábside*, no termina en la abertura brusca que caracteriza a las consonantes explosivas. **2.** P. ext., se aplica a cualquier otra consonante en posición final de sílaba y a esta misma posición; p. ej., se dice que la *r* de *árbol* está en posición implosiva. **ANT. 1.** y **2.** Explosivo.

implume (del lat. *implumis*) *adj.* Sin plumas.

impluvio (del lat. *impluvium*, de *impluere*, llover) *s. m.* Espacio descubierto en medio del atrio de las casas romanas por donde entraba el agua de lluvia, que se iba acumulando en un pequeño depósito situado en el centro del atrio.

impoluto, ta (del lat. *impollutus*) *adj.* Limpio: *un traje impoluto; un expediente impoluto.* **SIN.** Inmaculado, impecable, intachable. **ANT.** Sucio.

imponderable *adj.* **1.** Que no se puede pesar, medir o precisar. **2.** De gran valor: *La amistad es un bien imponderable.* || *s. m.* **3.** Factor que interviene en una cosa y cuya influencia no se puede precisar: *No contó con los imponderables.* **SIN. 1.** Imprevisible. **1.** y **2.** Inestimable, inapreciable. **ANT. 1.** Ponderable, previsible. **2.** Estimable, apreciable. **FAM.** Imponderabilidad, imponderablemente. PONDERAR.

imponencia *s. f.* **1.** *Arg.* y *Urug.* Grandeza o majestad de un paisaje. **2.** *Col.* Gallardía, porte.

imponente *adj.* **1.** Que impone. **2.** Magnífico, estupendo: *Se compró un coche imponente.* || *s. m.* y *f.* **3.** En banca y bolsa, persona que ingresa dinero en una entidad bancaria. **SIN. 1.** Impresionante. **2.** Formidable, excepcional, colosal, genial. **ANT. 2.** Ridículo.

imponer (del lat. *imponere*) *v. tr.* **1.** Obligar a alguien a hacer algo: *imponer una sanción, un método.* También *v. prnl.*: *Después del escándalo que montó, se impuso salir corriendo.* **2.** Causar miedo o respeto. También *v. intr.*: *Tu perro impone.* **3.** Poner un nombre: *Le impusieron el nombre de Paloma.* **4.** Poner algo sobre alguien en ciertas ceremonias: *imponer una medalla, imponer las manos.* **5.** Aplicar un castigo o sanción: *imponer una multa.* **6.** Colocar en una institución bancaria o en bolsa una cantidad de dinero. **7.** Instruir a alguien en una materia o actividad. También *v. prnl.* || **imponerse** *v. prnl.* **8.** Dejar alguien clara su superioridad sobre otros; particularmente, vencer a un contrincante: *Se impuso sobre el pelotón. El equipo visitante se impuso con facilidad.* **9.** Predominar una cosa sobre otras: *Se han impuesto las prendas de cuero.* ■ Es v. irreg. Se conjuga como *poner.* **SIN. 1.** Implantar. **2.** Asustar, intimidar, impresionar. **6.** Ingresar. **7.** Iniciar, enseñar. **8.** Aventajar, superar, ganar. **9.** Imperar, reinar, prevalecer. **ANT. 1.** Anular. **6.** Sacar. **FAM.** Imponencia, imponente, imponible, imposición, impositor, imposta, impuesto. PONER.

imponible *adj.* **1.** Que se puede gravar con un impuesto. || **2. base imponible** Parte de la renta o del patrimonio sobre la que se calcula la cantidad que ha de pagarse como impuesto.

impopular *adj.* Que disgusta a una mayoría: *un personaje impopular.* **SIN.** Antipático, odiado. **ANT.** Popular. **FAM.** Impopularidad. POPULAR.

importación *s. f.* **1.** Acción de importar. **2.** Conjunto de las cosas importadas: *la importación alimentaria española.* **ANT. 1.** y **2.** Exportación.

importancia *s. f.* **1.** Valor, influencia o interés de una persona o cosa: *Su ayuda fue de gran importancia.* **2.** Categoría o situación social de una persona: *Pertenece a una familia de importancia.* ■ En ambas acepciones, si el término no lleva ningún calificativo, se entiende que la importancia es grande o elevada. || **LOC. darse** uno **importancia** Presumir, aparentar superioridad. **SIN. 1.** Consideración, significación, envergadura, trascendencia, alcance, magnitud, peso. **2.** Prestigio. **ANT. 1.** Insignificancia, trivialidad. **FAM.** Importante. IMPORTAR.

importante (de *importar*) *adj.* Que tiene importancia. **SIN.** Considerable, notable, fundamental; poderoso, pudiente. **ANT.** Secundario. **FAM.** Importantemente. IMPORTANCIA.

importar (del lat. *importare*, traer) *v. intr.* **1.** Tener una persona o cosa valor, influencia o interés: *Sabes que le importas mucho.* **2.** Afectar, incumbir: *Eso a ti no te importa.* **3.** Como fórmula de cortesía, molestar: *¿Le importa que me siente?* || *v. tr.* **4.** Adquirir productos, servicios o capitales procedentes de un país extranjero: *España importa petróleo.* **5.** Introducir costumbres, modas, ideas, etc. de otro país: *Importamos de Estados Unidos el gusto por la comida rápida.* **6.** Costar algo el precio que se indica. **SIN. 2.** Atañer, concernir. **6.** Valer. **ANT. 4.** y **5.** Exportar. **FAM.** Importable, importación, importado, importador, importancia, importe. / Reimportar. PORTAR.

importe *s. m.* Valor de una cosa en dinero. **SIN.** Coste, precio, montante, valía, cuantía.

importunar (de *importuno*) *v. tr.* Molestar con peticiones insistentes o que están fuera de lugar. **SIN.** Fastidiar, incordiar, jorobar. **FAM.** Importunación. IMPORTUNO.

importuno, na (del lat. *importunus*) *adj.* **1.** Inoportuno. También *s. m.* y *f.* **2.** Que molesta o enfada. También *s. m.* y *f.* **SIN. 1.** Intempestivo, inconveniente. **2.** Molesto, fastidioso. **ANT. 1.** Oportuno. **2.** Agradable. **FAM.** Importunar, importunidad. OPORTUNO.

imposibilidad (del lat. *impossibilitas, -atis*) *s. f.* **1.** Falta de posibilidad para que exista, ocurra o se haga algo. **2.** Enfermedad o defecto físico que imposibilita o estorba para el ejercicio de algún cargo, empleo o profesión. **SIN. 1.** Inviabilidad, impracticabilidad. **2.** Impedimento. **ANT. 1.** Posibilidad.

imposibilitado, da 1. *p.* de **imposibilitar**. También *adj.* || *adj.* **2.** Tullido, impedido. También *s. m.* y *f.*

imposibilitar *v. tr.* Quitar la posibilidad de hacer o conseguir una cosa: *Su enfermedad le imposibilita para ese trabajo.* **SIN.** Incapacitar, inhabilitar, impedir. **ANT.** Posibilitar, capacitar. **FAM.** Imposibilitado. IMPOSIBLE.

imposible (del lat. *impossibilis*) *adj.* **1.** Que no es posible. **2.** Muy difícil: *Resultaba imposible encontrar la salida.* También *s. m.*: *Pides un imposible.* **3.** Inaguantable, muy malo: *Es un niño imposible.* || **LOC. hacer lo imposible** *fam.* Hacer cuanto se puede para conseguir algo. **SIN. 3.** Insoportable, insufrible. **ANT. 1.** Posible. **2.** Fácil. **3.** Soportable. **FAM.** Imposibilidad, imposibilitar. POSIBLE.

imposición (del lat. *impositio, -onis*) *s. f.* **1.** Acción de imponer o de imponerse. **2.** Carga, obligación o tributo. **3.** Ingreso de una cantidad en una cuenta corriente, depósito bancario, etc. **SIN. 2.** Gravamen, impuesto, contribución. **ANT. 2.** Exención.

impositivo, va *adj.* De los impuestos o relacionado con ellos.

impositor, ra *adj.* Que impone o deposita una cantidad en una cuenta bancaria. También *s. m.* y *f.*

imposta (del ital. *imposta*) *s. f.* **1.** Fila de sillares sobre la que se asienta un arco. **2.** Faja o moldura que recorre horizontalmente la fachada de algunos edificios y separa sus plantas. **3.** Tablero fijo de una puerta o ventana, sobre el que cierra la hoja.

impostación *s. f.* Acción de impostar: *En sus clases de canto aprendió técnicas de impostación de la voz.*

impostar (del ital. *impostare*) *v. tr.* En mús., llevar el aire al punto adecuado de las cuerdas vocales para que la voz suene en su plenitud, sin vacilación ni temblor. **FAM.** Impostación.

impostergable *adj.* Que no se puede postergar o retrasar: *Este asunto ha de estar listo hoy mismo, es impostergable.* **SIN.** Inaplazable. **ANT.** Postergable, aplazable.

impostor, ra (del lat. *impostor, -oris*) *adj.* **1.** Se aplica a la persona que engaña con apariencia de verdad. También *s. m.* y *f.* **2.** Suplantador, que se hace pasar por lo que no es. También *s. m.* y *f.* **3.** Calumniador, murmurador. **SIN. 1.** Embaucador, farsante, simulador. **3.** Difamador. **FAM.** Impostura. POSTOR.

impotencia (del lat. *impotentia*) *s. f.* **1.** Falta de fuerza, posibilidad o poder para hacer una cosa: *El gobierno reconoció su impotencia para controlar la situación.* **2.** Incapacidad en el hombre para realizar el acto sexual. **SIN. 1.** Incapacidad.

impotente (del lat. *impotens, -entis*) *adj.* **1.** Que no tiene poder o fuerza para hacer una cosa: *Se ve impotente para llevar a cabo esa tarea.* **2.** Se dice del hombre que sufre impotencia. También *s. m.* **SIN. 1.** Inútil. **FAM.** Impotencia. PODER[1].

impracticable *adj.* **1.** Que no se puede practicar o realizar. **2.** Se dice del camino o lugar por donde es imposible o difícil pasar. **3.** Se aplica a ventanas o puertas que no se abren. **SIN. 1.** Irrealizable, imposible. **2.** Intransitable, inaccesible. **2.** y **3.** Infranqueable. **ANT. 1.** Practicable. **2.** Transitable. **2.** y **3.** Franqueable. **FAM.** Impracticabilidad. PRACTICABLE.

imprecación (del lat. *imprecatio, -onis*) *s. f.* **1.** Exclamación con la que se manifiesta el deseo de que a alguien le ocurra algo malo. **2.** Figura retórica que consiste en esa exclamación. **SIN. 1.** Maldición, dicterio. **ANT. 1.** Bendición. **FAM.** Imprecar, imprecatorio.

imprecar (del lat. *imprecari*) *v. tr.* Proferir imprecaciones. ■ Delante de *e* se escribe *qu* en lugar de *c*.

imprecisión *s. f.* Que carece de precisión o exactitud. **SIN.** Indeterminación, inexactitud, ambigüedad, vaguedad. **ANT.** Determinación, concreción.

impreciso, sa *adj.* No preciso, indefinido. **SIN.** Indeterminado, inexacto, vago. **ANT.** Concreto. **FAM.** Imprecisión. PRECISO.

impredecible *adj.* Que no se puede predecir. **SIN.** Imprevisible. **ANT.** Predecible.

impregnar (del lat. *impraegnare*, preñar) *v. tr.* **1.** Introducir entre las moléculas de un cuerpo las de otro, sin que haya combinación o mezcla. También *v. prnl.* **2.** Empapar: *Impregna de alcohol un algodón. La colonia impregnó el pañuelo.* También *v. prnl.* || **impregnarse** *v. prnl.* **3.** Adquirir conocimientos debido al contacto con alguien o algo: *Se impregnó de su doctrina.* **SIN. 2.** Embeber, mojar, humedecer. **3.** Imbuirse. **FAM.** Impregnable, impregnación. / Desimpregnar.

impremeditado, da *adj.* No premeditado. **FAM.** Impremeditación. PREMEDITACIÓN.

imprenta (del cat. *empremta*, impresión, huella) *s. f.* **1.** Técnica de reproducir en papel u otro material textos y figuras mediante tipos, planchas u otros procedimientos. **2.** Taller o lugar donde se imprime.

imprentilla *s. f.* Colección de letras y signos para componer palabras e imprimirlas.

imprescindible *adj.* Se dice de alguien o algo de lo que no se puede prescindir: *En el barco es imprescindible ponerse el chaleco salvavidas.* También *s. m.* y *f.* **SIN.** Indispensable, necesario. **ANT.** Prescindible, innecesario.

imprescriptible *adj.* Que no puede prescribir. **FAM.** Imprescriptibilidad. PRESCRIBIR.

impresentable *adj.* Que no es apto para presentarse o ser aceptado en un grupo social. También *s. m.* y *f.*

impresión (del lat. *impressio, -onis*) *s. f.* **1.** Acción de imprimir. **2.** Forma de estar impreso: *El libro tiene una cuidada impresión.* **3.** Marca que una cosa deja en otra contra la que se aprieta: *la impresión de las pisadas en la nieve.* **4.** Efecto, generalmente grande o fuerte, que las cosas, los acontecimientos, etc., producen en una persona: *La noticia me causó impresión.* **5.** Opinión que alguien se forma de algo: *Tengo la impresión de que todo saldrá bien.* || **LOC. cambiar impresiones** Intercambiar opiniones dos o más personas. **de impresión** *adj.* Impresionante: *una casa de impresión.* **SIN. 1.** Estampación, edición, tirada. **3.** Señal, rastro, impronta. **4.** Sensación, emoción, impacto. **5.** Intuición, corazonada. **FAM.** Impresionar, impresionismo. IMPRIMIR.

impresionable *adj.* **1.** Que se impresiona o conmueve con facilidad. **2.** Que se puede impresionar: *Las imágenes fotográficas se fijan en un material impresionable.* **SIN. 1.** Sensible, sentimental, afectivo. **ANT. 1.** Insensible, inalterable, impasible.

impresionante *adj.* Que impresiona, que causa sorpresa o admiración: *Las Fallas de Valencia son impresionantes. Tiene un tamaño impresionante para su edad.* **SIN.** Emocionante, conmovedor, imponente, sobrecogedor. **ANT.** Indiferente.

impresionar *v. tr.* **1.** Causar en alguien una gran impresión o emoción. También *v. prnl.* **2.** Fijar imagen o sonidos en una superficie sensible: *impresionar una placa fotográfica.* **SIN. 1.** Emocionar(se), conmover(se), afectar, turbar. **2.** Reproducir, registrar. **ANT. 1.** Serenar(se). **2.** Velar, borrar. **FAM.** Impresionabilidad, impresionable, impresionante. IMPRESIÓN.

impresionismo *s. m.* Movimiento y estilo pictórico surgido en Francia en la segunda mitad del s. XIX, caracterizado por reproducir las impresiones que la naturaleza o cualquier objeto producen en el artista. El término se aplicó también a otras artes, como la música y la literatura. **FAM.** Impresionista. / Neoimpresionismo, posimpresionismo. IMPRESIÓN.

impreso, sa (del lat. *impressus*) **1.** *p.* irreg. de **imprimir**. También *adj.* || *s. m.* **2.** Obra o escrito reproducido mediante técnicas de impresión. **3.** Formulario para llenar a mano o a máquina. **SIN. 2.** Libro, folleto, hoja. **3.** Modelo.

impresor, ra *adj.* **1.** Que imprime. || *s. m.* y *f.* **2.** Persona que dirige o posee una imprenta. **3.** Operario de una imprenta. || *s. f.* **4.** En inform., máquina que imprime sobre un papel la información tratada.

imprevisible *adj.* Que no se puede prever. **SIN.** Imprevisto, inesperado, impensable, impensado, repentino, insospechado. **ANT.** Previsible. **FAM.** Imprevisiblemente. IMPREVISTO.

imprevisto, ta *adj.* **1.** No previsto. También *s. m.* || *s. m. pl.* **2.** Gastos inesperados. **SIN. 1.** Imprevisible, inesperado, repentino. **2.** Extraordinarios. **FAM.** Imprevisible, imprevisión, imprevisor, imprevistamente. PREVISTO.

imprimar *v. tr.* Preparar con los ingredientes necesarios lo que se ha de pintar o teñir: *imprimar la madera.* **FAM.** Imprimación. IMPRIMIR.

imprimátur (del lat. *imprimatur*) *s. m.* Permiso que concede la autoridad eclesiástica para imprimir un escrito. ■ No varía en *pl.*

imprimir (del lat. *imprimere*, hacer presión, marcar una huella) *v. tr.* **1.** Reproducir en papel u otro material textos e ilustraciones. **2.** Elaborar una obra impresa. **3.** Dejar una marca mediante presión. **4.** Fijar en el ánimo o la memoria algún afecto, sentimiento, etc. **5.** Dar a algo determinado carácter, estilo u orientación: *Imprime a sus escritos una gracia especial.* **6.** Comunicar actividad, velocidad y cosas semejantes. ■ Tiene dos p.: uno reg., *imprimido*, para la formación de los tiempos compuestos, y otro irreg., *impreso*, utilizado casi exclusivamente como adj. **SIN. 1.** Estampar. **2.** Editar, publicar. **4.** Grabar. **5.** Conferir. **ANT. 3.** Borrar. **4.** Olvidar. **FAM.** Imprenta, imprentilla, impresión, impreso, impresor, imprimar, imprimátur. / Impronta, reimprimir, sobreimprimir. PRESIÓN.

improbable *adj.* Poco probable. SIN. Dudoso, incierto, remoto, difícil. ANT. Seguro. FAM. Improbabilidad, improbablemente. PROBABLE.

ímprobo, ba (del lat. *improbus*) *adj.* **1.** Aplicado a un trabajo, esfuerzo, etc., que es muy grande. **2.** Que no tiene probidad u honradez. SIN. **1.** Agotador, fatigoso, pesado, ingrato. **2.** Deshonesto, deshonroso, inmoral. ANT. **1.** Fácil. **2.** Probo, honesto. FAM. Improbidad. PROBO.

improcedente *adj.* **1.** Que no es oportuno o adecuado. **2.** Que no se ajusta a la ley o a los reglamentos. SIN. **1.** Inoportuno, inapropiado, extemporáneo. ANT. **1.** Conveniente. **1.** y **2.** Procedente. FAM. Improcedencia. PROCEDER[1].

improductivo, va *adj.* Que no produce fruto, ganancia o resultado. SIN. Estéril, infecundo, infructífero. ANT. Productivo, fecundo, fértil. FAM. Improductividad. PRODUCIR.

impromptu (fr.) *s. m.* Composición musical que improvisa el ejecutante o que está compuesta sin plan preconcebido.

impronta (del ital. *impronta*, y éste del lat. *imprimere*, imprimir) *s. f.* **1.** Reproducción de una imagen en hueco o en relieve sobre una materia blanda. **2.** Estilo, carácter peculiar: *Sus obras tienen una impronta apasionada.* **3.** Influencia que alguien o algo deja en otros: *Su música denota la impronta de Beethoven.* SIN. **1.** Grabado. **2.** Sello. **3.** Huella, influjo.

impronunciable *adj.* **1.** Muy difícil o imposible de pronunciar. **2.** Que no se debe o no conviene decir.

improperio (del lat. *improperium*) *s. m.* **1.** Insulto grave. ■ Suele emplearse en la loc. **llenar** o **cubrir** (a alguien) **de improperios**. || *s. m. pl.* **2.** Versículos que se cantan durante la adoración de la cruz en el oficio del Viernes Santo. SIN. **1.** Afrenta, injuria, vituperio, denuesto. ANT. **1.** Alabanza, elogio.

impropiedad (del lat. *improprietas, -atis*) *s. f.* **1.** Cualidad de impropio. **2.** Falta de propiedad al emplear las palabras.

impropio, pia (del lat. *improprius*) *adj.* **1.** Extraño a una persona o cosa: *Ese es un comportamiento impropio de él.* **2.** Inadecuado: *Es un traje impropio para la fiesta. Hace cosas impropias de (para) su edad.* SIN. **1.** Raro, ajeno, chocante. **2.** Improcedente, inconveniente, incorrecto, inoportuno, extemporáneo. ANT. **1.** y **2.** Propio. FAM. Impropiamente, impropiedad. PROPIO.

improrrogable *adj.* Que no se puede prorrogar: *un plazo improrrogable.* SIN. Improlongable. ANT. Prorrogable.

improvisar (del fr. *improviser*) *v. tr.* **1.** Hacer una cosa sin preparación, inventándola a medida que se realiza: *improvisar un discurso.* **2.** Fabricar algo con los medios de que se dispone: *Con unas tablas improvisó una balsa.* SIN. **1.** Repentizar. ANT. **1.** Preparar, planear, prevenir. FAM. Improvisación, improvisadamente, improvisador, improviso. PROVISIÓN.

improviso, sa (del lat. *improvisus*) *adj.* Imprevisto. ■ Se usa casi exclusivamente en la loc. adv. **de improviso**, de repente, sin avisar: *De improviso le subió la fiebre. Se presentó en casa de improviso.*

imprudencia (del lat. *imprudentia*) *s. f.* **1.** Falta de prudencia. **2.** Cosa imprudente: *Cometió una imprudencia al contarle el secreto.* || **3. imprudencia temeraria** Imprudencia grave. SIN. **1.** y **2.** Insensatez, temeridad, descuido. ANT. **1.** Prudencia. **1.** y **2.** Precaución. FAM. Imprudente, imprudentemente. PRUDENCIA.

imprudente (del lat. *imprudens, -entis*) *adj.* Que carece de prudencia: *Fue imprudente darle tanto dinero.* También *s. m.* y *f.* SIN. Irreflexivo, insensato, temerario, descuidado.

impúber *adj.* Que aún no ha alcanzado la pubertad. También *s. m.* y *f.* SIN. Niño, infante. ANT. Púber.

impúdico, ca (del lat. *impudicus*) *adj.* Que no tiene pudor. También *s. m.* y *f.* SIN. Desvergonzado, indecente, indecoroso, deshonesto. ANT. Recatado. FAM. Impúdicamente. IMPUDOR.

impudor *s. m.* **1.** Falta de pudor. **2.** Cinismo. SIN. **1.** Impudicia, indecencia, deshonestidad. **1.** y **2.** Descaro, desvergüenza. **2.** Frescura, caradura. ANT. **1.** Recato, decencia. **1.** y **2.** Vergüenza. FAM. Impúdico, impudicia. PUDOR.

impuesto, ta (del lat. *impositus*) **1.** *p.* irreg. de **imponer**. También *adj.* || *s. m.* **2.** Entrega de dinero que el Estado o las administraciones locales exigen a los ciudadanos para poder atender las necesidades públicas. || **3. impuesto directo** El que se paga por la renta, el capital, el patrimonio y los beneficios y se recauda periódicamente. **4. impuesto indirecto** El que se paga por el consumo de ciertos artículos, en cuyo precio va incluido, por las transmisiones de bienes y por los actos jurídicos documentados. **5. impuesto revolucionario** Sistema de extorsión ejercido por una organización terrorista para obtener dinero para su financiación. **6. Impuesto sobre el Valor Añadido** El indirecto sobre el consumo que se aplica en la Unión Europea sobre el precio del producto final y todas las fases del proceso de producción y distribución. Suele nombrarse también por sus siglas: *IVA*. **7. Impuesto sobre la Renta de las Personas Físicas** Denominación que recibe en España el impuesto general que las personas físicas han de pagar anualmente por el conjunto de sus ingresos. Suele nombrarse también por sus siglas: *IRPF.* SIN. **1.** Obligado, forzado, exigido; experto, instruido, versado, ducho. **2.** Tributo, carga, contribución, tasa, gravamen. ANT. **1.** Elegido, opcional, inexperto. FAM. Impositivo. IMPONER.

impugnar (del lat. *impugnare*) *v. tr.* Oponerse a algo por considerar que no es cierto o legal: *Impugnó el resultado de la votación.* SIN. Refutar, rebatir, rechazar, contestar. ANT. Confirmar, refrendar. FAM. Impugnable, impugnación, impugnador, impugnante. PUGNAR.

impulsar *v. tr.* **1.** Hacer que algo se mueva empujándolo: *El viento impulsa la nave.* También *v. prnl.* **2.** Estimular: *La visita del ministro impulsó las relaciones con ese país.* **3.** Animar: *Aquello le impulsó a estudiar más.* SIN. **1.** Impeler, propulsar. **2.** Potenciar, activar, intensificar. **3.** Incitar, estimular. ANT. **1.** Frenar, parar. **2.** Frustrar, dificultar. **3.** Disuadir. FAM. Impulso, impulsor. PULSAR.

impulsivo, va *adj.* Que obra sin reflexionar, llevado de sus impulsos y sentimientos, y también de su comportamiento. También *s. m.* y *f.* SIN. Impetuoso, vehemente, exaltado, precipitado, irreflexivo. ANT. Sereno, prudente. FAM. Impulsividad. IMPULSO.

impulso (del lat. *impulsus*) *s. m.* **1.** Acción de impeler o impulsar. **2.** Fuerza con que algo se mueve, desarrolla, etc.: *El impulso que llevaba le impidió frenar.* **3.** Estímulo: *Necesita un impulso para triunfar.* **4.** Deseo: *Tuve el impulso de echar a correr.* SIN. **1.** Empujón, propulsión. **2.** Energía, ímpetu, pujanza. **3.** Acicate, móvil. **4.** Arrebato, arranque, pronto, apremio. ANT. **3.** Freno; desánimo, desaliento. FAM. Impulsivo. IMPULSAR.

impune (del lat. *impunis*) *adj.* Que queda sin castigo: *Aquel homicidio permanecía impune.* **ANT.** Sancionado. **FAM.** Impunemente, impunidad. PUNIR.

impunidad *s. f.* Falta de castigo.

impuntual *adj.* Que llega tarde o hace las cosas con retraso. **ANT.** Puntual. **FAM.** Impuntualidad. PUNTUAL.

impureza (del lat. *impuritia*) *s. f.* **1.** Cualidad de impuro. **2.** Sustancia extraña en una materia o en un cuerpo: *Refinan el metal para eliminar las impurezas.* **3.** Falta de castidad. **SIN. 1.** Corrupción, adulteración. **2.** Residuo, sedimento. **3.** Indecencia, deshonestidad. **ANT. 1.** Limpieza. **1.** y **3.** Pureza. **3.** Decencia.

impuro, ra (del lat. *impurus*) *adj.* **1.** No puro: *aire impuro.* **2.** Indecente, deshonesto. **SIN. 1.** Corrompido, contaminado, sucio, turbio, viciado. **2.** Vicioso, lujurioso, obsceno. **ANT. 1.** Limpio, depurado. **2.** Honesto. **FAM.** Impuramente, impureza, impurificación, impurificar. PURO.

imputado, da 1. *p.* de **imputar.** || *adj.* **2.** En der., se dice de la persona a la que se le atribuye la responsabilidad de un posible delito. También *s. m.* y *f.*

imputar (del lat. *imputare*) *v. tr.* **1.** En der., atribuir a alguien un delito: *Le imputaron el crimen.* **2.** Atribuir a algo la causa de cierto perjuicio o daño. **3.** Dar cierto destino a una cantidad de dinero. **SIN. 1.** Acusar, inculpar. **1.** y **2.** Culpar, achacar. **ANT. 1.** Exculpar. **FAM.** Imputabilidad, imputable, imputación, imputador.

in (ingl.) *adj.* Que está de moda: *Es el local más in de la ciudad.* **ANT.** Demodé.

in- (del lat. *in*) *pref.* **1.** Significa 'en', 'dentro de': *implantar, infiltrar.* **2.** Significa 'privación' o 'negación': *incapacitar, inseguro.* ■ Toma la forma *im-* ante *p* o *b*: *imposible, imborrable*; e *i-* ante *l* o *r*: *ilegal, irreal.*

-in, -ina *suf.* **1.** Unido a sustantivos y adjetivos forma diminutivos: *pequeñín.* ■ Muchos de estos derivados se han independizado y han desarrollado un significado propio: *botiquín, figurín.* **2.** Añadido a verbos, da lugar a adjetivos y sustantivos que designan al que ejecuta la acción o gusta de hacerlo: *bailarín, cantarín.* **3.** Forma también algunos gentilicios, como *mallorquín.*

in albis (lat.) *loc. adv.* En blanco, sin entender. ■ Se utiliza con los verbos *dejar* y *quedarse*: *Me quedé in albis durante el examen.*

in artículo mortis (lat.) *loc. adv.* En derecho, denota el momento de la muerte, el trance final: *Se casó con ella in artículo mortis.*

in extremis (lat.) *loc. adv.* **1.** A punto de morir: *Confesó in extremis.* **2.** En el último momento, al final: *Lo consiguieron in extremis.*

in fraganti (lat. jurídico; *in flagrante crimine*) *loc. adv.* En el mismo momento en que se está cometiendo una falta o delito: *Atraparon al ladrón in fraganti.* ■ Se escribe también *infraganti.* Se dice también *en flagrante.*

in medias res (lat.) *loc. adv.* Significa 'en mitad del asunto' y se aplica al relato que se inicia en medio de la acción, no desde el principio.

in memóriam (lat.) *loc. adv.* Significa 'en memoria de' o 'en recuerdo de': *Se realizó una exposición in memoriam Federico García Lorca.*

in mente (lat.) *loc. adv.* En la mente, en el pensamiento.

in péctore (lat.) *loc. adv.* Significa 'en el pecho', 'dentro de uno mismo', y se dice del cardenal que, habiendo sido designado por el papa, aún no ha sido proclamado. Se usa también referido a cualquier resolución o nombramiento que ya ha sido decidido, pero que todavía no se ha hecho público.

in sécula o **in secula seculorum** (lat.) *loc. adv.* Por los siglos de los siglos.

in situ (lat.) *loc. adv.* En el mismo sitio.

in vitro (lat.) *loc. adj.* y *loc. adv.* Significa 'en vidrio' y se utiliza para designar las investigaciones realizadas en laboratorio, fuera del organismo: *fecundación in vitro.*

-ina *suf.* **1.** Significa 'relacionado con': *cafeína, marina.* **2.** Forma derivados a los que aporta un matiz de intensidad o insistencia: *llantina, regañina.* **3.** Terminación de fármacos y productos químicos: *morfina, penicilina.*

inabarcable *adj.* Que no se puede abarcar.

inabordable *adj.* Que no se puede o es muy difícil de abordar o tratar: *un tema inabordable. Desde que ascendió es inabordable.* **SIN.** Intratable, inaccesible.

inacabable *adj.* Que no se acaba o que no se le ve un final cercano: *una conferencia inacabable.* **SIN.** Interminable. **ANT.** Breve.

inacabado, da *adj.* Que no está acabado. **FAM.** Inacabable. ACABADO.

inaccesible (del lat. *inaccessibilis*) *adj.* **1.** No accesible o muy difícil de acceder: *una cumbre inaccesible, un jefe inaccesible, un concepto inaccesible.* || **2. inaccesible al desaliento** Véase **desaliento.** **SIN. 1.** Inalcanzable, inabordable, ininteligible. **FAM.** Inaccesibilidad, inaccesiblemente. ACCESIBLE.

inacción *s. f.* Inactividad*.

inacentuado, da *adj.* Que no tiene acento. **SIN.** Átono. **ANT.** Acentuado, tónico.

inaceptable *adj.* Que no se puede aceptar. **SIN.** Intolerable, inadmisible. **ANT.** Tolerable.

inactivar *v. tr.* Suprimir la actividad. También *v. prnl.* **SIN.** Inmovilizar(se), parar(se), paralizar(se). **ANT.** Activar(se). **FAM.** Inactividad, inactivo. ACTIVAR.

inactividad *s. f.* Falta de actividad o movimiento: *La lesión le obligó a la inactividad.* **SIN.** Inacción, inmovilidad, pasividad.

inactivo, va *adj.* Que no se mueve ni trabaja.

inadaptable *adj.* Que no se puede adaptar: *un enchufe inadaptable.* **SIN.** Inaplicable, incompatible. **ANT.** Adaptable.

inadaptación *s. f.* Falta de adaptación o mala integración en un ambiente: *inadaptación al clima, inadaptación juvenil.* **SIN.** Inadecuación; marginación. **ANT.** Adaptación. **FAM.** Inadaptabilidad, inadaptable, inadaptado. ADAPTAR.

inadaptado, da *adj.* Que no está adaptado; se dice especialmente de quien no se adapta a su situación familiar, social, etc. También *s. m.* y *f.* **SIN.** Marginado. **ANT.** Integrado.

inadecuación *s. f.* Falta de adecuación: *inadecuación entre el esfuerzo y los resultados.* **SIN.** Desproporción. **ANT.** Proporción.

inadecuado, da *adj.* Que no es adecuado: *un traje inadecuado para la boda.* **SIN.** Inapropiado. **ANT.** Apropiado. **FAM.** Inadecuación. ADECUAR.

inadmisible *adj.* Que no se puede admitir o tolerar. **SIN.** Inaceptable, intolerable. **ANT.** Admisible, aceptable.

inadvertencia *s. f.* Distracción, ignorancia, imprevisión: *Por inadvertencia aparqué en un sitio prohibido.* **FAM.** Inadvertido. ADVERTIR.

inadvertido, da *adj.* **1.** No advertido o notado: *Su presencia pasó inadvertida.* **2.** Distraído. **SIN. 1.** Desapercibido. **2.** Desprevenido. **ANT. 2.** Atento. **FAM.** Inadvertidamente. INADVERTENCIA.

inagotable *adj.* Que no se puede agotar: *manantial inagotable, imaginación inagotable.* SIN. Inacabable. ANT. Perecedero.

inaguantable *adj.* Que no se aguanta: *un calor inaguantable.* SIN. Insoportable, insufrible.

inalámbrico, ca *adj.* Se aplica al sistema de comunicación eléctrica que no utiliza cables para la transmisión: *teléfono inalámbrico.*

inalcanzable *adj.* Que no se puede alcanzar. SIN. Inaccesible. ANT. Accesible.

inalienable (del lat. *inalienabilis*) *adj.* **1.** Que no se puede vender o ceder legalmente. **2.** Que no puede ser negado o quitado: *La vida es un derecho inalienable.* SIN. **1.** Irrenunciable.

inalterable *adj.* **1.** Que no se altera o no se puede alterar: *una pintura inalterable.* **2.** Sereno, imperturbable. SIN. **2.** Inmutable, impasible. ANT. **1.** Alterable. **2.** Inquieto, nervioso. FAM. Inalterabilidad, inalterablemente, inalterado. ALTERAR.

inamovible *adj.* Que no puede ser movido: *una losa inamovible, una decisión inamovible.* SIN. Inmovible; firme, inapelable. ANT. Móvil; voluble. FAM. Inamovilidad. MOVER.

inane (del lat. *inanis*, vacío) *adj.* Que no tiene contenido, valor o fundamento: *Apoyó su opinión en argumentos inanes.* SIN. Insustancial, vano. ANT. Importante. FAM. Inanidad. INANICIÓN.

inanición (del lat. *inanitio, -onis*) *s. f.* Estado de extrema debilidad producido por la falta de alimentos. FAM. Inane.

inanidad (del lat. *inanitas, -atis*) *s. f.* **1.** Cualidad de inane. **2.** Cosa inane.

inanimado, da (del lat. *inanimatus*) *adj.* Que no tiene vida. SIN. Inerte. ANT. Vivo. FAM. Inánime. ANIMADO.

inapelable *adj.* **1.** Se aplica a la sentencia contra la que no se puede apelar: *El fallo del jurado es inapelable.* **2.** Que no ofrece duda: *una victoria inapelable.* SIN. **1.** Firme. **2.** Claro, contundente. ANT. **1.** Apelable. **2.** Dudoso.

inapetencia *s. f.* Falta de apetito. SIN. Desgana, anorexia. ANT. Hambre. FAM. Inapetente. APETECER.

inapetente (del lat. *in*, part. priv., y *appetens, -entis*, de *appeto*, apetecer) *adj.* Desganado. ANT. Hambriento.

inaplazable *adj.* Que no se puede aplazar: *La operación es inaplazable.* SIN. Improrrogable.

inapreciable *adj.* **1.** Que no se puede apreciar, muy pequeño: *Hay una diferencia inapreciable a simple vista.* **2.** De gran valor: *Agradecemos su inapreciable ayuda.* SIN. **1.** Imperceptible. **2.** Inestimable. ANT. **1.** Manifiesto. FAM. Inapreciablemente. APRECIAR.

inaprensible (del lat. *inapprehensibilis*) *adj.* **1.** Que no se puede coger. **2.** Que no se puede comprender o captar. SIN. **1.** Escurridizo. **2.** Críptico. ANT. **2.** Comprensible.

inapropiado, da *adj.* No apropiado: *Lleva unas botas inapropiadas para la nieve.* SIN. Inadecuado, impropio. ANT. Adecuado.

inarmónico, ca *adj.* Que no tiene armonía.

inarrugable *adj.* Que no se arruga.

inarticulado, da (del lat. *inarticulatus*) *adj.* **1.** Que no tiene articulación: *un muñeco inarticulado.* **2.** Se dice de los sonidos de la voz que no llegan a formar palabras, como los gritos. SIN. **1.** Desarticulado. ANT. **1.** y **2.** Articulado.

inasequible *adj.* No asequible, imposible de conseguir: *un precio inasequible, una meta inasequible.* SIN. Inalcanzable, inaccesible.

inasible *adj.* **1.** Que no se puede coger. **2.** Incomprensible. SIN. **1.** Inaprensible. **2.** Incomprensible, inasequible. ANT. **2.** Comprensible.

inasistencia *s. f.* Falta de asistencia. SIN. Ausencia. ANT. Presencia. FAM. Inasistente. ASISTENCIA.

inatacable *adj.* **1.** Que no puede ser atacado: *un material inatacable por el óxido.* **2.** Indiscutible: *una argumentación inatacable.* SIN. **2.** Incontestable, irrebatible.

inatención *s. f.* Descortesía. SIN. Incorrección. ANT. Atención, cortesía. FAM. Inatento. ATENCIÓN.

inaudible *adj.* Que no se oye o que apenas puede oírse: *Lo dijo en un tono inaudible.* FAM. Inaudito. AUDICIÓN.

inaudito, ta (del lat. *inauditus*) *adj.* **1.** Nunca oído, asombroso: *una noticia inaudita.* **2.** Intolerable: *Nos dieron un trato inaudito.* SIN. **1.** Insólito. **2.** Horrible, inaceptable.

inauguración (del lat. *inauguratio, -onis*) *s. f.* Acción de inaugurar y acto con el que se inaugura algo: *la inauguración de una exposición.* SIN. Apertura. ANT. Clausura, cierre.

inaugurar (del lat. *inaugurare*, observar los augurios) *v. tr.* **1.** Dar comienzo a una cosa con un acto solemne: *Hoy se inaugura la feria del libro.* **2.** Abrir un establecimiento o negocio con algún tipo de celebración: *inaugurar una discoteca.* SIN. **1.** y **2.** Estrenar, iniciar. ANT. **1.** y **2.** Clausurar, cerrar. FAM. Inauguración, inaugurador, inaugural. AUGURAR.

inca *adj.* **1.** Del pueblo amerindio que habitaba el O de Sudamérica y formó un imperio que, a la llegada de los españoles, se extendía desde Quito hasta Santiago de Chile. || *s. m.* **2.** Soberano que lo gobernaba. **3.** Antigua moneda de oro peruana equivalente a 20 soles. FAM. Incaico.

incaico, ca *adj.* De los incas.

incalculable *adj.* **1.** Que no se puede calcular. **2.** Muy grande: *una fortuna incalculable.* SIN. **1.** Incontable, innumerable. **2.** Enorme.

incalificable *adj.* **1.** Que no se puede calificar. **2.** Que merece desaprobación o rechazo: *Su conducta fue incalificable.* SIN. **2.** Reprobable, vergonzoso. ANT. **2.** Loable.

incandescente (del lat. *incandescens, -entis*) *adj.* Se dice del cuerpo metálico que por la acción del calor se pone rojo o blanco luminoso. SIN. Ígneo. FAM. Incandescencia. CANDENTE.

incansable *adj.* Que no se cansa o resiste mucho sin cansarse. SIN. Infatigable, tenaz, laborioso. ANT. Inconstante, perezoso. FAM. Incansablemente. CANSAR.

incapacidad (del lat. *incapacitas, -atis*) *s. f.* **1.** Falta de capacidad para algo: *incapacidad para la música.* **2.** Estado de la persona que se ve privada de algún derecho: *incapacidad para hacer testamento.* **3.** Estado de la persona que queda imposibilitada para trabajar. SIN. **1.** Ineptitud, incompetencia. **2.** y **3.** Inhabilidad. ANT. **1.** Aptitud.

incapacitado, da **1.** *p.* de **incapacitar**. || *adj.* **2.** Se dice de la persona que tiene una incapacidad física, psíquica o legal para hacer una cosa: *Está incapacitado para conducir debido a su sordera.* También *s. m.* y *f.*

incapacitar *v. tr.* **1.** Hacer que alguien o algo sea incapaz para cierta cosa: *La lesión le incapacita para el fútbol.* **2.** Declarar oficialmente la incapacidad de alguien para ejercer ciertos derechos. SIN. **1.** Impedir, imposibilitar. **2.** Inhabilitar. FAM. Incapacitación, incapacitado. INCAPAZ.

incapaz (del lat. *incapax, -acis*) *adj.* **1.** Que no tiene capacidad o aptitud para algo: *Es incapaz de aprendérselo.* **2.** Necio, poco inteligente. **3.** Sin capacidad legal para ciertos actos: *Fue declara-*

do incapaz para administrar sus bienes. **4.** Que no tiene cabida para algo: *La plaza era incapaz para aquel gentío.* **SIN. 1.** Inepto. **3.** Negado, inútil. **4.** Insuficiente. **ANT. 1.** Competente. **3.** Listo, hábil. **FAM.** Incapacidad, incapacitar. CAPAZ.

incardinar (del bajo lat. *incardinare*, y éste del lat. *in*, en, y *cardo, -inis*, el quicio) *v. tr.* **1.** Asimilar, incorporar armónicamente. También *v. prnl.*: *Su obra se incardina en las corrientes de vanguardia.* **2.** Admitir un obispo como súbdito a un eclesiástico de otra diócesis. También *v. prnl.* **FAM.** Incardinación.

incasable *adj.* No casable o que difícilmente llegará a casarse.

incautarse (del bajo lat. *incautare*, fijar una pena pecuniaria) *v. prnl.* **1.** Apoderarse de algo la autoridad competente. **2.** Apropiarse de algo injustamente. **SIN. 1.** Embargar, confiscar, requisar. **FAM.** Incautación. CAUTO.

incauto, ta (del lat. *incautus*) *adj.* **1.** Que no tiene cautela o precaución. También *s. m.* y *f.* **2.** Ingenuo. También *s. m.* y *f.* **SIN. 1.** Imprevisor. **2.** Crédulo, cándido. **ANT. 1.** Previsor, precavido. **2.** Astuto. **FAM.** Incautamente. CAUTO.

incendiar *v. tr.* Provocar un incendio. También *v. prnl.* **FAM.** Incendiario, incendio. ENCENDER.

incendiario, ria (del lat. *incendiarius*) *adj.* **1.** Que incendia o puede provocar un incendio: *una bomba incendiaria.* **2.** Se aplica a la persona que provoca voluntariamente un incendio. También *s. m.* y *f.* **3.** Apasionado, revolucionario: *Pronunció frases incendiarias.* **SIN. 2.** Pirómano. **3.** Arrebatado, violento.

incendio (del lat. *incendium*) *s. m.* **1.** Fuego grande que quema y destruye cosas que no estaban destinadas a arder. **2.** Afecto o sentimiento apasionado. **SIN. 2.** Arrebato.

incensario *s. m.* Brasero que cuelga de unas cadenas y sirve para quemar incienso y esparcir su aroma durante las ceremonias religiosas.

incentivar *v. tr.* Estimular: *Incentivó a los alumnos con un viaje.*

incentivo, va (del lat. *incentivus*) *adj.* **1.** Que anima a hacer o desear algo. También *s. m.*: *El mejorar de vida ha sido para ella un incentivo.* || *s. m.* **2.** Prima que se ofrece a los trabajadores para mejorar su rendimiento. **SIN. 1.** Aliciente, acicate. **ANT. 1.** Freno. **FAM.** Incentivar.

incertidumbre *s. f.* **1.** Falta de certeza o seguridad: *Tengo incertidumbre sobre su paradero.* **2.** Inquietud causada por la duda. **SIN. 1.** Inseguridad. **2.** Desasosiego. **ANT. 1.** Certidumbre. **2.** Tranquilidad.

incesante *adj.* **1.** Que no cesa: *un trabajo incesante.* **2.** Frecuente: *Son incesantes sus intervenciones.* **SIN. 1.** Continuo, constante. **2.** Persistente. **ANT. 1.** Interrumpido. **2.** Esporádico. **FAM.** Incesantemente. CESAR.

incesto (del lat. *incestus*) *s. m.* Relación sexual entre familiares cercanos, a los que la ley prohíbe contraer matrimonio entre sí. **FAM.** Incestuosamente, incestuoso.

incidencia (del lat. *incidentia*) *s. f.* **1.** Acción de incidir. **2.** Lo que sucede en el transcurso de algo y tiene conexión con ello: *Le contó las incidencias del estreno.* **3.** En geom., intersección de dos líneas, planos o cuerpos. **SIN. 2.** Incidente.

incidental *adj.* Que sucede en relación con algo sin ser esencial. **SIN.** Accidental, secundario. **ANT.** Fundamental. **FAM.** Incidentalmente. INCIDENTE.

incidente (del lat. *incidens, -entis*) *adj.* **1.** Que incide: *rayo incidente.* || *s. m.* **2.** Cualquier cosa que ocurre en el desarrollo de algo: *Resumió los incidentes de la intervención quirúrgica.* **3.** Hecho que interrumpe u obstaculiza un acto o asunto: *La reunión estuvo llena de incidentes.* **4.** Disputa, altercado: *La medida provocó un incidente diplomático.* **5.** En der., cuestión distinta del asunto principal, pero relacionada con él, que se decide por separado. **SIN. 2.** Incidencia, circunstancia. **3.** Percance, contratiempo. **4.** Riña, enfrentamiento. **FAM.** Incidental. INCIDIR[1].

incidir[1] (del lat. *incidere*, dar sobre) *v. intr.* **1.** Caer en una falta o error: *incidir en la misma equivocación.* **2.** Chocar una cosa contra otra: *El proyectil incidió en el blanco.* **3.** Causar efecto, influir: *La publicidad incidió en las ventas.* **4.** Tratar un tema o insistir en él: *La charla incidió en la situación política.* **SIN. 1.** Incurrir. **2.** Alcanzar. **3.** Afectar. **FAM.** Incidencia, incidente. / Coincidir, reincidir.

incidir[2] (del lat. *incidere*, de *caedere*, cortar) *v. intr.* Hacer una incisión o cortadura. **SIN.** Cortar. **FAM.** Inciso.

incienso (del lat. *incensum*) *s. m.* **1.** Resina que se extrae de diversos árboles y produce un olor aromático al arder. Se usa especialmente en ceremonias religiosas. **2.** *fam.* Adulación: *dar incienso al jefe.* **SIN. 2.** Jabón, coba. **FAM.** Incensar, incensario. ENCENDER.

incierto, ta (del lat. *incertus*) *adj.* **1.** Que no es cierto: *una afirmación totalmente incierta.* **2.** Dudoso o desconocido: *un resultado incierto; estar en paradero incierto.* **3.** Impreciso, borroso: *el incierto contorno del castillo.* **SIN. 1.** Falso. **2.** Inseguro; ignorado. **3.** Vago. **ANT. 1.** Cierto. **3.** Preciso, nítido. **FAM.** Inciertamente. CIERTO.

incinerador, ra *adj.* Se dice de los aparatos o instalaciones que sirven para incinerar. También *s. m.* y *f.*: *Han construido otra incineradora de basuras.*

incinerar (del lat. *incinerare*, de *in*, en, y *cinis, -eris*, ceniza) *v. tr.* Quemar algo hasta convertirlo en cenizas: *incinerar un cadáver.* **SIN.** Calcinar, carbonizar. **FAM.** Incinerable, incineración, incinerador. CINERARIO.

incipiente (del lat. *incipens, -entis*, de *incipere*, comenzar) *adj.* Que empieza: *una calvicie incipiente.*

íncipit *s. m.* Término con que se designan en las descripciones bibliográficas las primeras palabras del texto de un manuscrito o impreso antiguo. ▪ No varía en *pl.*

incisión (del lat. *incisio, -onis*) *s. f.* **1.** Corte que se hace con un instrumento cortante. **2.** En métrica, cesura o separación en el verso. **SIN. 2.** Hemistiquio.

incisivo, va (del lat. *incisus*, de *incidere*, cortar) *adj.* **1.** Que sirve para abrir o cortar: *un arma incisiva.* **2.** Agudo, penetrante: *Hizo un comentario incisivo.* || *s. m.* **3.** Diente de una sola raíz, plano y cortante, situado en la parte anterior del maxilar. También *adj.* **SIN. 2.** Punzante, mordaz, cáustico.

inciso, sa (del lat. *incisus*, cortado) *s. m.* **1.** Oración intercalada en otra, que se escribe entre comas o paréntesis. **2.** Comentario que quien habla intercala en su exposición apartándose del tema principal. **SIN. 2.** Digresión, acotación. **FAM.** Incisión, incisivo, incisorio. INCIDIR[2].

incitar (del lat. *incitare*) *v. tr.* **1.** Animar a alguien para que haga algo: *incitar a la violencia.* **2.** Excitar sexualmente. **SIN. 1.** Inducir, instigar. **FAM.** Incitación, incitador, incitante, incitativo. CITAR.

incívico, ca *adj.* Incivil*.

incivil (del lat. *incivilis*) *adj.* **1.** Que no tiene civismo. **2.** Maleducado. SIN. **1.** Incívico. **2.** Grosero. ANT. **1.** Cívico. **2.** Cortés. FAM. Incívico, incivilidad, incivilizado, incivilmente. CIVIL.

incivilizado, da *adj.* **1.** Que carece de la cultura, los conocimientos y formas de convivencia propias de las sociedades desarrolladas. **2.** Incivil, maleducado. SIN. **1.** Inculto, asocial. **2.** Incívico, descortés. ANT. **1.** y **2.** Civilizado. **2.** Civil, cívico.

inclasificable *adj.* Que no puede ser clasificado: *una obra inclasificable.*

inclaustrar *v. tr.* Enclaustrar*. FAM. Inclaustración. CLAUSTRO.

inclemencia (del lat. *inclementia*) *s. f.* **1.** Falta de clemencia. **2.** En climatología, tiempo desagradable y perjudicial, especialmente el invernal. Se usa sobre todo en *pl.*: *Las inclemencias del tiempo acabaron con la cosecha.* SIN. **1.** Severidad, dureza. **1.** y **2.** Rigor. ANT. **1.** Piedad. FAM. Inclemente. CLEMENCIA.

inclemente (del lat. *inclemens, -entis*) *adj.* **1.** Que obra sin clemencia: *un jurado inclemente.* **2.** Aplicado al clima y al tiempo atmosférico, desagradable, frío, tormentoso. SIN. **1.** Severo, duro, intolerante, inconmovible. **2.** Riguroso, desapacible. ANT. **1.** Clemente, tolerante, compasivo. **2.** Apacible, suave.

inclinación (del lat. *inclinatio, -onis*) *s. f.* **1.** Acción de inclinar o inclinarse. **2.** Reverencia. **3.** Dirección de una línea o superficie con respecto a otra: *la inclinación de un terreno.* **4.** Afición: *inclinación por la música.* **5.** Propensión, tendencia: *Tiene inclinación a escribir con la izquierda.* **6.** En astron., ángulo formado por el plano de la órbita de un planeta con el plano de la eclíptica. SIN. **3.** Pendiente. **4.** Gusto, preferencia. **5.** Predisposición. ANT. **4.** Manía, repulsa.

inclinar (del lat. *inclinare*) *v. tr.* **1.** Apartar una cosa de su posición horizontal o vertical: *inclinar una mesa, inclinar un cuerpo.* También *v. prnl.* **2.** Convencer, influir algo o alguien: *El precio nos inclinó a cambiar de casa.* || **inclinarse** *v. prnl.* **3.** Tender a algo: *Me inclino a creerle.* **4.** Parecerse: *Se inclina más a su padre.* SIN. **1.** Torcer. **2.** Mover. **3.** Propender. **4.** Semejarse. ANT. **1.** Enderezar. **3.** Resistirse. FAM. Inclinación, inclinado.

ínclito, ta (del lat. *inclitus*) *adj.* Ilustre, noble, célebre.

incluir (del lat. *includere*) *v. tr.* **1.** Poner una cosa dentro de otra: *En el envío incluyen la factura.* **2.** Hacer que una persona o cosa forme parte de algo: *Le incluyeron en la lista de espera.* **3.** Contener una cosa a otra: *El precio del viaje incluye el hotel.* ■ Es v. irreg. Se conjuga como *huir.* SIN. **1.** Insertar. **1.** y **2.** Meter, introducir. **2.** Incorporar. **3.** Comprender, englobar. ANT. **3.** Excluir. FAM. Inclusión, inclusive, inclusivo, incluso, incluyente.

inclusa *s. f.* Establecimiento benéfico donde se recoge a niños abandonados. SIN. Hospicio, orfanato. FAM. Inclusero.

inclusero, ra *adj.* **1.** Que se ha criado en una inclusa. También *s. m.* y *f.* **2.** *fam.* Se dice de los objetos de marca desconocida o de imitación: *unos pantalones incluseros.*

inclusión (del lat. *inclusio, -onis*) *s. f.* Acción de incluir. SIN. Incorporación, adición, entrada. ANT. Exclusión.

inclusive (del bajo lat. *inclusive*) *adv. m.* **1.** Indica que un elemento de una serie está incluido en ella y que es su límite: *Hasta la página seis inclusive.* **2.** Detrás de la palabra o frase a la que se refiere, incluso, además: *Nos invitó a su casa y nos ofreció su coche inclusive.* ■ Se usa a veces impropiamente en lugar de *incluso* con el significado de 'hasta, aun'. ANT. **1.** Exclusive.

incluso, sa (del lat. *inclusus*) *adj.* **1.** Que está dentro de algo. Es de uso culto. || *prep.* **2.** Se usa para ponderar algo: *Es difícil incluso para un experto.* También *conj.*: *Nos recibió encantado, incluso nos abrazaba.* || *adv. m.* **3.** Con inclusión de: *Todos, incluso tu prima, vinieron.* **4.** Además: *Nos convidó a comer incluso.* SIN. **1.** Incluido. **2.** Hasta, aun. **3.** y **4.** Inclusive.

incoar (del lat. *inchoare*) *v. tr.* Iniciar un proceso administrativo, pleito, etc. SIN. Abrir. FAM. Incoación, incoativo.

incoativo, va (del lat. *inchoativus*) *adj.* **1.** Que indica el comienzo de una acción. **2.** Se aplica al verbo o forma verbal que señala el principio de una acción o el paso a un estado determinado, como p. ej. *florecer, envejecer,* etc.

incoercible *adj.* Irreprimible. SIN. Incontenible, irrefrenable.

incógnita (del lat. *incognita*, de *incognitus*, incógnito) *s. f.* **1.** Cantidad no conocida que hay que averiguar en una ecuación; suele representarse por una letra. **2.** Misterio, enigma: *Su paradero es una incógnita.* SIN. **2.** Secreto.

incógnito, ta (del lat. *incognitus*) *adj.* **1.** Que no se conoce: *Sigue en lugar incógnito.* || *s. m.* **2.** Hecho de ocultar su identidad una persona: *Mantuvo el incógnito durante su estancia.* || LOC. **de incógnito** *adv.* Pretendiendo no ser reconocido: *Viaja de incógnito.* SIN. **1.** Desconocido. **2.** Anónimo, anonimato.

incognoscible (del lat. *incognoscibilis*) *adj.* Que no se puede conocer. SIN. Inescrutable, insondable, impenetrable. ANT. Cognoscible.

incoherencia *s. f.* **1.** Cualidad de incoherente: *la incoherencia de sus argumentos.* **2.** Necedad: *Sólo nos decía incoherencias.* SIN. **1.** Incongruencia, contradicción. **2.** Absurdo. ANT. **1.** Coherencia. FAM. Incoherente, incoherentemente. COHERENCIA.

incoherente (del lat. *incohaerens, -entis*) *adj.* Que no tiene coherencia, que carece de sentido: *El guión de la película era incoherente.* SIN. Incongruente, inconexo, contradictorio. ANT. Coherente.

incoloro, ra (del lat. *incolor, -oris*) *adj.* Que no tiene color: *un líquido incoloro.*

incólume (del lat. *incolumis*) *adj.* Que no ha sufrido ningún daño: *Salió incólume del accidente.* SIN. Ileso, indemne. FAM. Incolumidad.

incombustible *adj.* Que no puede quemarse. FAM. Incombustibilidad. COMBUSTIBLE.

incomible *adj.* Que no se puede comer, especialmente por estar muy mal cocinado.

incomodar (del lat. *incommodare*) *v. tr.* **1.** Causar molestia, incomodidad. También *v. prnl.* **2.** Enfadar, disgustar. También *v. prnl.*: *Se incomodó con tus comentarios.* SIN. **1.** Fastidiar(se), molestar(se). **2.** Enojar(se), doler(se). FAM. Incomodador, incomodo. INCÓMODO.

incomodidad (del lat. *incommoditas, -atis*) *s. f.* **1.** Falta de comodidad: *la incomodidad de viajar.* **2.** Molestia: *un viaje lleno de incomodidades.* SIN. **1.** Fastidio, engorro. **2.** Inconveniente. ANT. **2.** Ventaja.

incomodo *s. m.* Molestia, fastidio: *No me causa incomodo acompañarle.* SIN. Incomodidad.

incómodo, da (del lat. *incommodus*) *adj.* **1.** Que incomoda o molesta: *un encargo incómodo.* **2.** Que no tiene comodidad: *una silla incómoda.* **3.** A disgusto: *Estaba incómodo con ellos.* SIN. **1.** Molesto, fastidioso, desagradable. **3.** Violento. ANT. **1.** Agradable. **1.** a **3.** Cómodo. FAM. Incomodar, incomodidad. CÓMODO.

incomparable (del lat. *incomparabilis*) *adj.* Que no admite comparación: *una belleza incomparable.* **SIN.** Inigualable. **FAM.** Incomparablemente, incomparado. COMPARABLE.

incomparecencia *s. f.* Falta de asistencia: *Perdieron el partido por su incomparecencia.* **SIN.** Ausencia.

incompatibilidad *s. f.* **1.** Cualidad de incompatible: *incompatibilidad de caracteres.* **2.** Impedimento legal para ejercer dos o más funciones o cargos al mismo tiempo. **ANT. 1.** Compatibilidad.

incompatible *adj.* **1.** Que no es compatible: *dos trabajos incompatibles, dos personas incompatibles.* **2.** Se aplica a la ecuación o sistema de ecuaciones que no tiene solución. **SIN. 1.** Inconciliable, antagónico. **FAM.** Incompatibilidad. COMPATIBLE.

incompetencia *s. f.* **1.** Falta de competencia o jurisdicción. **2.** Falta de capacidad para hacer eficazmente algo. **SIN. 2.** Ineptitud, incapacidad. **ANT. 1.** Autoridad. **2.** Aptitud, eficacia. **FAM.** Incompetente. COMPETENCIA.

incompetente (del lat. *incompetens, -entis*) *adj.* Que tiene o demuestra incompetencia. También *s. m.* y *f.* **SIN.** Inepto, incapaz. **ANT.** Competente, eficaz.

incompleto, ta (del lat. *incompletus*) *adj.* Que no está completo: *Dio una descripción incompleta. El rompecabezas está incompleto.* **SIN.** Insuficiente, parcial, inacabado. **ANT.** Entero, acabado.

incomprendido, da *adj.* **1.** Mal comprendido: *Su discurso fue incomprendido.* **2.** Se aplica a la persona o grupo cuyos méritos no han sido debidamente reconocidos. También *s. m.* y *f.*

incomprensible *adj.* Imposible o muy difícil de comprender. **SIN.** Ininteligible, inexplicable. **FAM.** Incomprensibilidad, incomprensiblemente. INCOMPRENSIÓN.

incomprensión *s. f.* Falta de comprensión. **FAM.** Incomprendido, incomprensible, incomprensivo. COMPRENSIÓN.

incomunicable (del lat. *incommunicabilis*) *adj.* Que no se puede comunicar.

incomunicación *s. f.* **1.** Acción de incomunicar o de incomunicarse. **2.** Aislamiento temporal de un procesado acordado por el juez. **3.** Falta de comunicación o de diálogo: *la incomunicación entre las generaciones.*

incomunicar *v. tr.* **1.** Dejar a alguien o algo sin comunicación: *Han incomunicado a los detenidos.* || **incomunicarse** *v. prnl.* **2.** Apartarse del trato con la gente. ■ Delante de *e* se escribe *qu* en lugar de *c.* **SIN. 1.** Aislar. **2.** Aislarse, recogerse, retirarse. **ANT. 1.** Comunicar. **2.** Comunicarse, relacionarse. **FAM.** Incomunicabilidad, incomunicable, incomunicación, incomunicado. COMUNICAR.

inconcebible *adj.* **1.** Imposible o muy difícil de concebir o imaginar: *La novela tiene un desenlace inconcebible.* **2.** Censurable. **SIN. 1.** Incomprensible. **1.** y **2.** Inaudito. **2.** Inexcusable, imperdonable.

inconciliable *adj.* Irreconciliable*.

inconcluso, sa *adj.* Inacabado*.

inconcreto, ta *adj.* No concreto, poco preciso. **SIN.** Impreciso, vago. **ANT.** Exacto.

incondicional *adj.* **1.** Sin condiciones: *amistad incondicional, rendición incondicional.* **2.** Partidario, sin ninguna reserva o limitación, de una persona, idea, etc. También *s. m.* y *f.*: *Es un incondicional del equipo.* **SIN. 1.** Absoluto, total. **2.** Fanático. **ANT. 1.** Condicional. **2.** Enemigo. **FAM.** Incondicionado, incondicionalmente. CONDICIONAL.

inconexo, xa (del lat. *inconnexus*) *adj.* Que no guarda relación con otra cosa. **SIN.** Incoherente. **FAM.** Inconexión. CONEXO.

inconfesable *adj.* Que no puede o no debe decirse públicamente por ser vergonzoso: *un secreto inconfesable.* **FAM.** Inconfeso. CONFESAR.

inconfeso, sa (del lat. *inconfessus*) *adj.* Que no confiesa la falta o crimen del que se le acusa: *El reo murió inconfeso.*

inconforme *adj.* **1.** Que no acepta lo socialmente establecido. También *s. m.* y *f.* **2.** Disconforme*.: *Pedro está inconforme con su sueldo.* También *s. m.* y *f.* **SIN. 1.** Inconformista, inadaptado, contestatario, rebelde. **2.** Discrepante, discordante, descontento, insatisfecho. **ANT. 1.** Conformista, acomodaticio. **2.** Conforme.

inconformismo *s. m.* Falta de conformidad o de adaptación a los valores establecidos: *el inconformismo de la juventud.* **SIN.** Contestación. **ANT.** Conformismo. **FAM.** Inconforme, inconformidad, inconformista. CONFORME.

inconfundible *adj.* Que por sus características o cualidades no puede confundirse con otro: *Tiene un acento inconfundible.* **SIN.** Característico, peculiar. **ANT.** Indistinguible.

incongruencia (del lat. *incongruentia*) *s. f.* **1.** Cualidad de incongruente. **2.** Cosa que resulta incongruente. **SIN. 1.** y **2.** Incoherencia. **ANT. 1.** Coherencia. **FAM.** Incongruente, incongruentemente. CONGRUENCIA.

incongruente (del lat. *incongruens, -entis*) *adj.* **1.** Se dice de las partes que no guardan conformidad con el conjunto o entre ellas: *Algunos capítulos eran incongruentes entre sí.* **2.** Sin lógica, contradictorio: *Nos contó una historia incongruente.* **SIN. 1.** y **2.** Incoherente, inconexo.

inconmensurable (del lat. *incommensurabilis*) *adj.* **1.** Que no se puede medir. **2.** Enorme: *una bondad inconmensurable.* **SIN. 2.** Ilimitado, infinito. **ANT. 2.** Ínfimo. **FAM.** Inconmensurabilidad. CONMENSURAR.

inconmovible *adj.* Que no se deja convencer, conmover o emocionar: *Se mantuvo inconmovible ante la desgracia.* **SIN.** Firme, imperturbable, impasible. **ANT.** Débil.

inconsciencia (del lat. *inconscientia*) *s. f.* **1.** Cualidad de inconsciente: *Conduce con inconsciencia, imprudentemente.* **2.** Estado de la persona que ha perdido el conocimiento. **SIN. 1.** Imprudencia, insensatez. **ANT. 1.** Prudencia. **2.** Consciencia.

inconsciente *adj.* **1.** No consciente: *un movimiento inconsciente.* **2.** Desmayado, sin conocimiento: *El golpe le dejó inconsciente.* **3.** Irreflexivo, imprudente. También *s. m.* y *f.*: *Fue un inconsciente al abandonar sus estudios.* || *s. m.* **4.** Conjunto de procesos mentales de los que el individuo no tiene conciencia, pero que influyen en su conducta. **SIN. 1.** Involuntario, automático, reflejo. **2.** Desvanecido. **3.** Insensato, alocado. **ANT. 1.** Voluntario, deliberado. **1.** y **2.** Consciente. **3.** Prudente, sensato. **FAM.** Inconsciencia, inconscientemente. CONSCIENTE.

inconsecuencia (del lat. *inconsequentia*) *s. f.* **1.** Cualidad de inconsecuente: *Criticaron la inconsecuencia de sus ideas políticas.* **2.** Acción o dicho inconsecuente. **SIN. 1.** y **2.** Incoherencia, incongruencia. **ANT. 1.** Consecuencia.

inconsecuente (del lat. *inconsequens, -entis*) *adj.* **1.** Ilógico. **2.** Se aplica a la persona cuyo comportamiento no se corresponde con lo que dice o piensa, así como a su actitud, postura, etc. También *s. m.* y *f.* **SIN. 2.** Incoherente, incongruente. **ANT. 1.** Lógico. **1.** y **2.** Consecuente. **FAM.** Inconsecuencia. CONSECUENTE.

inconsideración (del lat. *inconsideratio, -onis*) *s. f.* Falta de consideración. SIN. Desconsideración, descortesía; irreflexión. ANT. Consideración, cortesía; observancia. FAM. Inconsideradamente, inconsiderado. CONSIDERACIÓN.

inconsiderado, da (del lat. *inconsideratus*) *adj.* **1.** Que no se ha considerado o reflexionado. **2.** Poco amable o respetuoso. También *s. m.* y *f.* SIN. **1.** Irreflexivo, precipitado. **2.** Desconsiderado, descortés.

inconsistencia *s. f.* Falta de consistencia: *la inconsistencia de unos argumentos.* SIN. Debilidad. ANT. Fortaleza.

inconsistente *adj.* **1.** Que no tiene dureza ni resistencia. **2.** Que tiene poco fundamento: *una prueba inconsistente.* SIN. **1.** y **2.** Frágil, endeble. **2.** Infundado, fútil. ANT. **1.** Duro, resistente. **1.** y **2.** Consistente, sólido. **2.** Fundado. FAM. Inconsistencia. CONSISTENTE.

inconsolable (del lat. *inconsolabilis*) *adj.* Imposible de consolar, muy triste. SIN. Desconsolado. FAM. Inconsolablemente. CONSOLAR.

inconstancia (del lat. *inconstantia*) *s. f.* Falta de constancia. SIN. Inestabilidad, variabilidad, volubilidad; inconsecuencia. ANT. Constancia, estabilidad.

inconstante (del lat. *inconstans, -antis*) *adj.* **1.** Que tiene muchos cambios. **2.** Que no tiene constancia: *Es muy inconstante con sus clases de inglés.* SIN. **1.** Inestable, variable. **1.** y **2.** Voluble, irregular. **2.** Inconsecuente. ANT. **1.** y **2.** Constante, estable. **2.** Perseverante. FAM. Inconstancia. CONSTANTE.

inconstitucional *adj.* Que no se atiene a la Constitución. SIN. Anticonstitucional. FAM. Inconstitucionalidad, inconstitucionalmente. CONSTITUCIONAL.

inconsútil *adj.* Que no tiene costura.

incontable *adj.* **1.** Que no se puede contar. **2.** Muy numeroso: *Al estadio acudió un público incontable.* SIN. **1.** Infinito. **1.** y **2.** Incalculable, innumerable. ANT. **2.** Escaso.

incontaminado, da (del lat. *incontaminatus*) *adj.* Que no está contaminado. SIN. Puro, limpio. ANT. Polucionado.

incontenible *adj.* Que no se puede contener o reprimir: *una risa incontenible.* SIN. Irreprimible, irresistible.

incontestable *adj.* Que no admite contestación o discusión: *un razonamiento incontestable.* SIN. Indiscutible, innegable. ANT. Cuestionable, refutable. FAM. Incontestabilidad. CONTESTAR.

incontinencia (del lat. *incontinentia*) *s. f.* **1.** Falta de continencia: *incontinencia en el beber.* **2.** Trastorno que consiste en la expulsión involuntaria de excremento u orina. SIN. **1.** Intemperancia, desenfreno. ANT. **1.** Moderación, control. FAM. Incontinente, incontinentemente. CONTINENCIA.

incontinente (del lat. *incontinens, -entis*) *adj.* **1.** Que no puede reprimir sus deseos: *un fumador incontinente.* **2.** Que sufre incontinencia.

incontrastable *adj.* **1.** Que no se puede contrastar. **2.** Indiscutible. SIN. **2.** Innegable, irrebatible. ANT. **2.** Discutible. FAM. Incontrastablemente. CONTRASTAR.

incontrolable *adj.* Imposible de controlar. FAM. Incontrolado. CONTROL.

incontrolado, da *adj.* Que actúa sin control: *Varios incontrolados insultaron al árbitro.* También *s. m.* y *f.* SIN. Descontrolado.

incontrovertible *adj.* Que no admite duda o discusión. SIN. Indiscutible, irrebatible.

inconveniencia (del lat. *inconvenientia*) *s. f.* **1.** Cualidad de inconveniente: *la inconveniencia de vivir lejos.* **2.** Dicho o hecho inconveniente: *Nos soltó una inconveniencia.* SIN. **1.** Incomodidad. **2.** Impertinencia, incorrección. ANT. **1.** Comodidad, ventaja. **2.** Cortesía.

inconveniente (del lat. *inconveniens, -entis*) *adj.* **1.** Que no es conveniente: *Iba vestido de forma inconveniente.* || *s. m.* **2.** Aspecto desfavorable o perjudicial de algo: *los inconvenientes de viajar.* **3.** Dificultad, obstáculo: *Nos dieron el permiso y no nos pusieron ningún inconveniente.* SIN. **1.** Inoportuno. **2.** Desventaja. **3.** Problema, pega, traba. ANT. **2.** Ventaja. FAM. Inconveniencia. CONVENIENTE.

incordiar *v. tr.* Causar molestia o fastidio. También *v. intr.*: *Los mosquitos incordian en verano.* SIN. Molestar, fastidiar. ANT. Agradar.

incordio *s. m.* Persona o cosa molesta. SIN. Molestia, fastidio. ANT. Encanto. FAM. Incordiar.

incorporar (del lat. *incorporare*) *v. tr.* **1.** Unir una cosa a otra o varias entre sí para que formen un todo: *Incorpora las yemas a la masa.* **2.** Levantar la parte superior del cuerpo al que está tumbado para que quede sentado o reclinado. Se usa más como *v. prnl.*: *Se incorporó en la cama.* **3.** Destinar a un funcionario al puesto en que debe prestar servicio. También *v. prnl.*: *incorporarse a un regimiento.* || **incorporarse** *v. prnl.* **4.** Entrar a formar parte de una asociación, grupo, empresa, etc.: *Se han incorporado nuevos empleados.* SIN. **1.** Añadir. **2.** Enderezar(se), alzar(se). **3.** y **4.** Integrar(se), alistar(se). ANT. **1.** Separar. **2.** Recostar(se), tender(se). FAM. Incorporable, incorporación. / Reincorporar. CUERPO.

incorpóreo, a (del lat. *incorporeus*) *adj.* Que no tiene cuerpo. SIN. Inmaterial, espiritual. ANT. Corpóreo. FAM. Incorporeidad. CORPÓREO.

incorrección *s. f.* **1.** Cualidad de incorrecto. **2.** Dicho o hecho incorrecto: *Había una incorrección en el examen. Al no saludar a tu profesor has cometido una incorrección.* SIN. **1.** y **2.** Inconveniencia, descortesía. **2.** Error, falta, equivocación. ANT. **1.** y **2.** Cortesía. **2.** Acierto.

incorrecto, ta (del lat. *incorrectus*) *adj.* **1.** Erróneo: *Nos dio una dirección incorrecta.* **2.** Descortés. SIN. **1.** Equivocado. **2.** Maleducado, desconsiderado. ANT. **1.** Exacto, acertado. **2.** Cortés, educado. FAM. Incorrección, incorrectamente. CORRECTO.

incorregible (del lat. *incorregibilis*) *adj.* **1.** Que no se puede corregir. **2.** Que no quiere corregir sus costumbres, defectos, etc.: *un perezoso incorregible.* SIN. **2.** Recalcitrante, empedernido. FAM. Incorregibilidad, incorregiblemente. CORREGIR.

incorruptible (del lat. *incorruptibilis*) *adj.* **1.** Que no se corrompe o se pudre. **2.** Que no se deja corromper o sobornar: *un funcionario incorruptible.* SIN. **2.** Insobornable, íntegro. FAM. Incorruptibilidad. INCORRUPTO.

incorrupto, ta (del lat. *incorruptus*) *adj.* **1.** Que permanece sin corromperse. **2.** Honesto. SIN. **2.** Íntegro. ANT. **1.** Descompuesto, podrido. **1.** y **2.** Corrupto. FAM. Incorruptible. CORRUPTO.

incredibilidad (del lat. *incredibilitas, -atis*) *s. f.* Cualidad de increíble.

incredulidad (del lat. *incredulitas, -atis*) *s. f.* **1.** Dificultad en creer una cosa. **2.** Falta de fe. SIN. **1.** Escepticismo.

incrédulo, la (del lat. *incredulus*) *adj.* **1.** Que no cree fácilmente. **2.** Que no tiene fe religiosa. SIN. **1.** Escéptico, desconfiado. **2.** Descreído. ANT. **1.** Crédulo, confiado. **2.** Creyente. FAM. Incrédulamente, incredulidad. CRÉDULO.

increíble (del lat. *incredibilis*) *adj.* **1.** Imposible o muy difícil de creer. **2.** Enorme, extraordinario: *una fortuna increíble.* **SIN. 1.** Inverosímil, inaudito, inimaginable. **2.** Impresionante, tremendo. **FAM.** Incredibilidad, increíblemente. CREER.

incrementar (del lat. *incrementare*) *v. tr.* Aumentar. También *v. prnl.*: *Las ventas se han incrementado.* **SIN.** Multiplicar, ampliar. **ANT.** Disminuir. **FAM.** Incremento. CRECER.

incremento (del lat. *incrementum*) *s. m.* **1.** Acción de incrementar: *el incremento de la población en las ciudades.* **2.** Parte incrementada: *Hubo un incremento de doscientos socios.* **3.** En mat., diferencia entre dos valores. **SIN. 1.** y **2.** Crecimiento, auge. **ANT. 1.** y **2.** Disminución.

increpar (del lat. *increpare*) *v. tr.* **1.** Reñir con severidad: *Increpó a los alumnos por su conducta.* **2.** Insultar: *Increparon al árbitro.* **SIN. 1.** Reprender. **FAM.** Increpación, increpador, increpante.

incriminar (del lat. *incriminare*) *v. tr.* Acusar de un delito grave: *Le incriminaron del robo.* **SIN.** Imputar, inculpar. **ANT.** Exculpar. **FAM.** Incriminación. CRIMEN.

incruento, ta (del lat. *incruentus*) *adj.* Sin derramamiento de sangre: *una revuelta incruenta.* **FAM.** Incruentamente. CRUENTO.

incrustación (del lat. *incrustatio, -onis*) *s. f.* **1.** Acción de incrustar. **2.** Cosa incrustada: *El cinturón tenía unas incrustaciones de plata.*

incrustar (del lat. *incrustare*) *v. tr.* **1.** Introducir una cosa en la superficie de otra: *Incrustaron joyas en la tapa.* **2.** Intercalar un encaje, un bordado, etc., en una tela. **3.** Fijar una idea en la mente. También *v. prnl.*: *Aquella frase se incrustó en su memoria.* **4.** Meter un cuerpo en otro sin que se mezclen. Se usa más como *v. prnl.*: *La bala se incrustó en el muro.* **SIN. 1.** Taracear, damasquinar, embutir, engastar. **3.** Grabar. **4.** Empotrar. **FAM.** Incrustación. / Desincrustar.

incubación (del lat. *incubatio, -onis*) *s. f.* **1.** Acción de incubar o incubarse. **2.** Periodo inicial de una enfermedad, hasta que se manifiestan sus efectos. **3.** Cultivo de microorganismos con fines científicos o industriales. **4.** En los animales ovíparos, periodo durante el cual el embrión se desarrolla dentro del huevo. **SIN. 4.** Empolle.

incubadora *s. f.* **1.** Aparato utilizado para incubar artificialmente los huevos de las aves domésticas. **2.** Cámara donde se mantiene en condiciones controladas a los niños prematuros.

incubar (del lat. *incubare*) *v. tr.* **1.** Empollar los huevos. **2.** Comenzar a desarrollar una enfermedad: *incubar la gripe.* También *v. prnl.* || **incubarse** *v. prnl.* **3.** Empezar algo a desarrollarse de forma oculta: *La revuelta se incubó durante meses.* **SIN. 3.** Gestarse, fraguarse. **FAM.** Incubación, incubadora, íncubo. / Encobar.

íncubo (del lat. *incubus*) *adj.* Se dice del diablo que, con la apariencia de un hombre, tiene relaciones sexuales con una mujer. También *s. m.* **FAM.** Véase **incubar**.

incuestionable *adj.* Que no admite discusión o duda. **SIN.** Indiscutible, indudable.

inculcar (del lat. *inculcare*) *v. tr.* Introducir firmemente en alguien ideas, sentimientos, etc.: *Inculcó en sus hijos el amor a la naturaleza.* ■ Delante de *e* se escribe *qu* en lugar de *c*. **SIN.** Infundir, imbuir. **FAM.** Inculcación, inculcador.

inculpabilidad *s. f.* Falta de culpabilidad.

inculpado, da 1. *p.* de **inculpar**. || *adj.* **2.** En der., se dice de la persona contra la que se dirige la acusación en un procedimiento legal. También *s. m.* y *f.*

inculpar (del lat. *inculpare*) *v. tr.* Acusar a alguien de una falta o delito en un procedimiento legal. **SIN.** Culpar, incriminar. **ANT.** Exculpar. **FAM.** Inculpabilidad, inculpable, inculpación, inculpadamente, inculpado. CULPAR.

inculto, ta (del lat. *incultus*) *adj.* **1.** Que no tiene cultura, ignorante. También *s. m.* y *f.* **2.** Aplicado al estilo de hablar o escribir, descuidado, tosco. **3.** Se aplica al terreno que está sin cultivar: *un campo inculto.* **SIN. 1.** Iletrado, incivilizado. **2.** Ramplón, basto. **3.** Yermo, baldío. **ANT. 1.** Culto. **2.** Cuidado, elegante. **3.** Cultivado. **FAM.** Incultamente. / Incultura. CULTO.

incultura *s. f.* **1.** Falta de cultura. **2.** Falta de cultivo. **SIN. 1.** Ignorancia. **ANT. 1.** Sabiduría.

incumbencia *s. f.* Circunstancia de corresponder a alguien una función, obligación o asunto: *Esa tarea es de tu incumbencia.* **SIN.** Competencia, jurisdicción.

incumbir (del lat. *incumbere*) *v. intr.* Corresponder a alguien una función, una responsabilidad, etc: *Esa misión incumbe a la policía.* **SIN.** Competer, atañer, concernir. **FAM.** Incumbencia.

incumplimiento *s. m.* Acción de incumplir: *un incumplimiento de contrato.*

incumplir *v. tr.* Dejar de cumplir algo: *incumplir las reglas de tráfico, incumplir una promesa.* **SIN.** Infringir, quebrantar. **ANT.** Respetar. **FAM.** Incumplidor, incumplimiento. CUMPLIR.

incunable (del fr. *incunable*, y éste del lat. *incunabula*, de *incunabulum*, cuna, haciendo alusión al origen de la imprenta) *adj.* Se aplica a las ediciones hechas desde la invención de la imprenta hasta el 1500 inclusive. También *s. m.*

incurable (del lat. *incurabilis*) *adj.* Imposible de curar. También *s. m.* y *f.*: *pabellón de incurables.* **SIN.** Insanable, desahuciado. **FAM.** Incurabilidad. CURAR.

incuria (del lat. *incuria*) *s. f.* Descuido, dejadez: *El tiempo y la incuria arruinaron el edificio.* **SIN.** Abandono, desidia. **ANT.** Cuidado, mantenimiento. **FAM.** Véase **cura**.

incurrir (del lat. *incurrere*) *v. intr.* **1.** Con palabras que indican falta, culpa, etc., cometerla: *Incurrió en varios errores.* **2.** Tener alguien merecido aquello que se expresa: *Incurrieron en el desprecio de sus amigos.* ■ Tiene dos p.: uno reg., *incurrido*, y otro irreg., *incurso*. **SIN. 1.** Incidir. **2.** Merecerse, ganarse. **FAM.** Incurrimiento, incursión.

incursión (del lat. *incursio, -onis*) *s. f.* **1.** Acción de incurrir. **2.** Penetración de fuerzas armadas en territorio enemigo. **3.** Penetración en un terreno o ámbito nuevo o desconocido: *una incursión en la cocina, una incursión en el campo de la poesía.* **SIN. 2.** Correría, razia. **FAM.** Incursionar. INCURRIR.

indagar (del lat. *indagare*) *v. tr.* Investigar, averiguar: *Indagaron los orígenes de la revuelta.* También *v. intr.*: *La policía indagó sobre el robo.* ■ Delante de *e* se escribe *gu* en lugar de *g*. **SIN.** Analizar, examinar. **FAM.** Indagación, indagador, indagatoria, indagatorio.

indagatoria *s. f.* En der., primera declaración que se toma a un procesado.

indalo *s. m.* Representación prehistórica antropomorfa a la que se atribuía el poder de ahuyentar los maleficios.

indebido, da *adj.* **1.** Que no es justo, legal o correcto: *Les cobraron una cantidad indebida.* **2.** Que no es obligatorio. **SIN. 1.** Injusto, ilegal, ilícito. **FAM.** Indebidamente. DEBIDO.

indecencia (del lat. *indecentia*) *s. f.* **1.** Cualidad de indecente. **2.** Cosa indecente: *Su chiste fue una* *indecencia.* **SIN. 1.** Inmoralidad, deshonestidad, desvergüenza. **2.** Obscenidad, grosería.

indecente (del lat. *indecens, -entis*) *adj.* **1.** Que no está de acuerdo con la moral establecida o las buenas costumbres: *Hizo un gesto indecente.* **2.** Muy sucio, desarreglado: *El patio está indecente.* **SIN. 1.** Inmoral, obsceno. **2.** Asqueroso, impresentable. **ANT. 1.** Honesto, decente. **2.** Limpio, aseado. **FAM.** Indecencia, indecentemente. DECENTE.

indecible *adj.* Que no se puede expresar con palabras por ser muy grande o intenso. Se usa especialmente en la locución ponderativa **lo indecible**: *Nos ha costado lo indecible terminar este trabajo.*

indecisión *s. f.* Falta de decisión. **SIN.** Vacilación, duda. **ANT.** Determinación, resolución.

indeciso, sa (del lat. *in*, part. priv., y *decisus*, decidido) *adj.* **1.** Que le cuesta decidirse o que aún no se ha decidido: *Está indeciso sobre a quién votar.* También *s. m.* y *f.* **2.** Aún por decidir: *un resultado indeciso.* **SIN. 1.** Dubitativo, vacilante. **ANT. 1.** y **2.** Decidido, determinado, resuelto. **FAM.** Indecisión. DECISIÓN.

indeclinable (del lat. *indeclinabilis*) *adj.* **1.** Se dice de lo que necesariamente tiene que hacerse: *Esa norma es indeclinable.* **2.** Se aplica a las palabras que no tienen declinación. **SIN. 1.** Ineludible, insoslayable. **ANT. 1.** y **2.** Declinable.

indecoroso, sa (del lat. *indecorosus*) *adj.* Que no tiene decoro o dignidad, o atenta contra ellos: *un comportamiento indecoroso, un lenguaje indecoroso.* **SIN.** Indigno, desvergonzado, impúdico. **ANT.** Digno, correcto. **FAM.** Indecorosamente. DECORO.

indefectible *adj.* Inevitable, obligatorio. **SIN.** Infalible, seguro. **FAM.** Indefectibilidad, indefectiblemente. DEFECTO.

indefendible *adj.* Que no puede o no debe ser defendido: *un argumento indefendible.* **SIN.** Injustificable, insostenible, inaceptable, inadmisible. **ANT.** Defendible, sostenible, tolerable.

indefensión *s. f.* **1.** Falta de defensa. **2.** En un proceso, situación en que se deja a la parte a la que se niegan los medios para su defensa. **SIN. 1.** Desamparo, desvalimiento.

indefenso, sa (del lat. *indefensus*) *adj.* Que no tiene medios de defensa o los tiene débiles e insuficientes: *una ciudad indefensa, un niño indefenso.* También *s. m.* y *f.* **SIN.** Desprotegido, inerme. **ANT.** Defendido, protegido. **FAM.** Indefendible, indefensible, indefensión. DEFENSA.

indefinición *s. f.* Falta de definición o precisión. **SIN.** Imprecisión, vaguedad, inexactitud. **ANT.** Exactitud. **FAM.** Indefinible, indefinido. DEFINICIÓN.

indefinido, da (del lat. *indefinitus*) *adj.* **1.** No definido o precisado: *Había un olor indefinido.* **2.** Que no tiene término o límite concreto: *un trabajo por tiempo indefinido.* **3.** Se aplica al adjetivo o pronombre que no se refiere a una persona o cosa en concreto, como *algún, varios, cualquiera, ninguno.* **4.** Se dice del pretérito perfecto simple. **5.** Se dice del artículo indeterminado. **SIN. 1.** Impreciso, confuso, borroso, vago. **2.** Ilimitado. **ANT. 1.** Preciso, delimitado. **2.** Limitado. **5.** Determinado. **FAM.** Indefinidamente. INDEFINICIÓN.

indehiscente *adj.* En bot., se aplica a los frutos que no se abren espontáneamente. **ANT.** Dehiscente. **FAM.** Indehiscencia.

indeleble (del lat. *indelebilis*) *adj.* Imposible de borrar: *una mancha indeleble, un recuerdo indeleble.* **SIN.** Imborrable, inalterable. **FAM.** Indeleblemente. DELEBLE.

indelicadeza *s. f.* **1.** Falta de delicadeza. **2.** Hecho o acto que lo manifiesta. **SIN. 1.** y **2.** Descortesía, desatención, desaire, grosería. **ANT. 1.** y **2.** Atención, cortesía. **2.** Detalle. **FAM.** Indelicado. DELICADEZA.

indemne (del lat. *indemnis*) *adj.* Que no ha sufrido ningún daño o perjuicio. **SIN.** Ileso, incólume. **FAM.** Indemnidad, indemnizar. DAÑO.

indemnización *s. f.* **1.** Acción de indemnizar. **2.** Cantidad de dinero u otra cosa con que se indemniza.

indemnizar *v. tr.* Dar algo, generalmente dinero, a alguien por haberle causado voluntaria o involuntariamente algún daño o perjuicio: *Indemnizaron al accidentado con una fuerte suma.* ■ Delante de *e* se escribe *c* en lugar de *z*: *indemnice.* **SIN.** Resarcir, reparar, compensar. **FAM.** Indemnización. INDEMNE.

indemostrable (del lat. *indemonstrabilis*) *adj.* Que no se puede demostrar.

independencia *s. f.* **1.** Cualidad o estado de independiente: *En su trabajo disfruta de una total independencia.* **2.** Situación de un territorio que no depende o ha dejado de depender de otro. **SIN. 1.** y **2.** Emancipación, libertad, autonomía. **ANT. 1.** y **2.** Dependencia, dominación.

independentismo *s. m.* Movimiento encaminado a reclamar la independencia política de un país, región, etc. **SIN.** Nacionalismo. **FAM.** Independentista. INDEPENDIENTE.

independiente *adj.* **1.** Que no depende de nada ni de nadie: *pueblo independiente, oración independiente.* **2.** Que toma decisiones sin contar con los demás, así como de su actitud y conducta: *Sus hijos son muy independientes.* **3.** Que no pertenece a ningún partido, ideología, etc.: *periódico independiente.* También *s. m.* y *f.* || *adv. m.* **4.** Con independencia: *Vive independiente.* **SIN. 1.** Libre, aislado. **2.** Autónomo, autosuficiente. **FAM.** Independencia, independentismo, independientemente, independizar. DEPENDIENTE.

independizar *v. tr.* Hacer independiente a alguien o algo. También *v. prnl.*: *Sus hijos se han independizado.* ■ Delante de *e* se escribe *c* en lugar de *z*. **SIN.** Emancipar(se). **ANT.** Someter(se).

indescifrable *adj.* Imposible o muy difícil de descifrar: *Nos envió un mensaje indescifrable.* **SIN.** Incomprensible, ininteligible, impenetrable, inextricable. **ANT.** Descifrable.

indescriptible *adj.* Que no se puede describir por grande, impresionante o intenso: *un placer indescriptible.* **SIN.** Inenarrable, inexpresable. **ANT.** Descriptible.

indeseable *adj.* **1.** Se dice de la persona cuyas cualidades negativas hacen que su presencia y trato no sean deseados. También *s. m.* y *f.* **2.** Se aplica al extranjero que por circunstancias sociales y políticas no es deseable en un país. También *s. m.* y *f.* **SIN. 1.** Indeseado, despreciable, indigno. **ANT. 1.** Deseable, digno. **FAM.** Indeseado. DESEAR.

indeseado, da *adj.* No deseado o grato. También *s. m.* y *f.* **SIN.** Indeseable. **ANT.** Deseado.

indestructible *adj.* Imposible o muy difícil de destruir: *un poder indestructible.* **SIN.** Irrompible, inalterable, firme. **ANT.** Destructible. **FAM.** Indestructibilidad. DESTRUIR.

indeterminable (del lat. *indeterminabilis*) *adj.* Que no se puede determinar o precisar: *un valor indeterminable.* **ANT.** Determinable, precisable.

indeterminación *s. f.* Falta de determinación en las cosas o de decisión o resolución en las personas: *Con su indeterminación nunca llegará a nada.* SIN. Indecisión, irresolución, inseguridad, vacilación. ANT. Determinación.

indeterminado, da (del lat. *indeterminatus*) *adj.* **1.** No determinado, no precisado: *en un lugar indeterminado.* **2.** No delimitado; borroso o confuso: *perfiles indeterminados.* **3.** En ling., se aplica al artículo que presenta un nombre no conocido por los hablantes; tiene las formas *un, una, unos, unas.* SIN. **1.** y **2.** Impreciso, vago. **2.** Desdibujado. ANT. **1.** Concreto. **2.** Definido. FAM. Indeterminable, indeterminación, indeterminadamente, indeterminismo. DETERMINAR.

indeterminismo *s. m.* Doctrina filosófica que concede una gran importancia al azar en la explicación de los hechos y niega que algunos o todos los acontecimientos del universo se encuentren sometidos a leyes naturales de carácter causal. FAM. Indeterminista. INDETERMINADO.

indexación *s. f.* En inform., acción de indexar.

indexar *v. tr.* En inform., hacer índices: *indexar una base de datos.* SIN. Indizar. FAM. Indexación. ÍNDICE.

indiano, na *adj.* **1.** De las Indias Occidentales y de las Orientales. **2.** Se dice de la persona que volvía tras haber hecho fortuna en América. También *s. m.* y *f.*

INDEFINIDOS

CANTIDAD O INTENSIDAD

singular			**plural**	
masculino	**femenino**	**neutro**	**masculino**	**femenino**
		algo		
		nada		
poco	*poca*	*poco*	*pocos*	*pocas*
escaso	*escasa*		*escasos*	*escasas*
mucho	*mucha*	*mucho*	*muchos*	*muchas*
demasiado	*demasiada*	*demasiado*	*demasiados*	*demasiadas*
todo	*toda*	*todo*	*todos*	*todas*
un	*una*	*uno*	*unos*	*unas*
			varios	*varias*
tanto	*tanta*	*tanto*	*tantos*	*tantas*
tal			*tales*	
bastante			*bastantes*	
más *menos*				

SERES U OBJETOS

singular			**plural**	
masculino	**femenino**	**neutro**	**masculino**	**femenino**
cierto	*cierta*		*ciertos*	*ciertas*
otro	*otra*	*otro*	*otros*	*otras*
uno	*una*	*uno*	*unos*	*unas*
		demás	*demás*	

EXISTENCIA O INEXISTENCIA

singular		**plural**	
masculino	**femenino**	**masculino**	**femenino**
algún, alguno	*alguna*	*algunos*	*algunas*
ningún, ninguno	*ninguna*	*ningunos*	*ningunas*
alguien			
nadie			
cualquier, cualquiera		*cualesquier, cualesquiera*	
quienquiera		*quienesquiera*	

indicación *s. f.* **1.** Acción de indicar: *Gracias a tus indicaciones no me perdí.* **2.** Palabras, señal, etc. que indica algo: *Lea atentamente las indicaciones de uso. Me multaron por no obedecer las indicaciones de límite de velocidad.*

indicado, da 1. *p.* de **indicar**. También *adj.* || *adj.* **2.** Apropiado, conveniente: *Llevaba un traje muy indicado para la ocasión.* **SIN. 2.** Adecuado, oportuno. **ANT. 2.** Inapropiado.

indicador, ra *adj.* Que indica o sirve para indicar: *cartel indicador.* También *s. m.*: *indicador de velocidad.*

indicar (del lat. *indicare*) *v. tr.* **1.** Dar a conocer algo mediante señales, palabras, etc.: *El guardia nos indicó que parásemos. Esa aguja indica el nivel del aceite.* **2.** Significar, manifestar: *Su mirada indicaba cansancio.* **3.** Ordenar el médico un medicamento, tratamiento, etc. ■ Delante de *e* se escribe *qu* en lugar de *c*. **SIN. 1.** Avisar, informar, comunicar. **2.** Denotar, revelar, traslucir. **3.** Recetar, prescribir. **ANT. 1.** y **2.** Ocultar. **3.** Prohibir. **FAM.** Indicación, indicado, indicador, indicativo. / Contraindicación. ÍNDICE.

indicativo, va (del lat. *indicativus*) *adj.* **1.** Que indica o sirve para indicar. También *s. m.* **2.** Se dice del modo verbal que se limita a exponer la acción del verbo sin aportar otro tipo de matices como el subjuntivo o el imperativo. También *s. m.* **SIN. 1.** Indicador, indicación.

índice (del lat. *index, -icis*) *s. m.* **1.** Aquello que indica o señala la importancia o intensidad de algo: *La venta de libros es un índice de cultura.* **2.** Lista de las materias, capítulos, etc., de un libro. **3.** Catálogo, clasificado por orden alfabético, cronológico, etc., de las obras sobre un autor, tema, época, o de los ejemplares de una biblioteca: *índice bibliográfico.* **4.** Lista de los libros prohibidos por la Iglesia. ■ Con este significado se escribe con mayúscula. **5.** Dedo de la mano, entre el pulgar y el corazón. También *adj.* **6.** Manecilla del reloj o cualquier otro tipo de indicador en un instrumento. **7.** En estadística, valor numérico que expresa de forma sencilla una serie de datos y permite realizar estudios comparativos y cronológicos sobre un fenómeno determinado; p. ej., el índice de precios al consumo, el índice de natalidad, la renta per cápita, etc. **8.** En mat., número o letra que indica el grado de una raíz. || **9. índice de precios al consumo** (IPC) Valor que expresa las variaciones del precio de bienes y servicios durante un periodo respecto de otros anteriores. **SIN. 1.** Indicativo, indicio, señal, vestigio. **FAM.** Indicar, indicio. / Indexar, subíndice, superíndice.

indiciar *v. tr.* **1.** Dar indicios de una cosa o ser indicio de algo. **2.** Llegar a conocer una cosa a través de indicios.

indicio (del lat. *indicium*) *s. m.* **1.** Aquello que demuestra o pone de manifiesto la existencia de alguna cosa: *Encontraron indicios de una antigua civilización.* **2.** Primera manifestación de algo o escasa cantidad de ello: *Se advertían indicios de huelga.* **SIN. 1.** Señal, vestigio, huella, rastro, pista. **2.** Síntoma, atisbo, asomo. **FAM.** Indiciar. ÍNDICE.

índico, ca (del lat. *Indicus*) *adj.* Relativo a la India o al océano Índico. **SIN.** Indio.

indiferencia (del lat. *indifferentia*) *s. f.* **1.** Actitud o estado de ánimo de la persona que no siente inclinación ni rechazo hacia alguien o algo. **2.** Frialdad, desdén: *Nos trató con indiferencia.* **SIN. 1.** Impasibilidad, insensibilidad, neutralidad, desinterés, apatía, indolencia. **2.** Desprecio, displicencia, despego, desafecto. **ANT. 1.** Preferencia, pasión. **2.** Afecto.

indiferenciado, da *adj.* Que no presenta rasgos que lo diferencian de otros. **SIN.** Indistinto. **ANT.** Diferenciado.

indiferente (del lat. *indifferens, -entis*) *adj.* **1.** Que es igual que se realice o no: *Es indiferente ir o telefonear.* **2.** Que no tiene preferencia por una cosa u otra: *Se mostró indiferente a la hora de decidir.* **3.** Se aplica a la persona que no muestra interés ni rechazo hacia alguien o algo: *Es indiferente a las habladurías.* **4.** Que no produce ninguna impresión o emoción: *El cantante tuvo una actuación indiferente.* **SIN. 1.** Indistinto. **2.** Neutral, imparcial. **3.** Distante, frío. **4.** Insípido, insulso. **ANT. 1.** Preferible. **2.** Parcial, inclinado. **3.** Proclive, sensible. **4.** Emocionante. **FAM.** Indiferencia, indiferenciado, indiferentemente, indiferentismo. DIFERENTE.

indiferentismo *s. m.* Indiferencia o desinterés en materias de política o religión. **SIN.** Escepticismo.

indígena (del lat. *indigena*) *adj.* Originario de un determinado pueblo o país. Se aplica especialmente a los primeros pobladores de un lugar y a lo relacionado con ellos: *folclore indígena.* También *s. m.* y *f.* **SIN.** Aborigen, nativo, autóctono. **ANT.** Extranjero, foráneo. **FAM.** Indigenismo.

indigencia (del lat. *indigentia*) *s. f.* Miseria: *Vive en la indigencia.* **SIN.** Pobreza. **ANT.** Opulencia. **FAM.** Indigente.

indigenismo *s. m.* **1.** Estudio de la cultura de los pueblos indígenas americanos. **2.** Movimiento que defiende y promueve la identidad y la cultura de los indios en los países iberoamericanos y que tiene también su reflejo en los campos del arte y la literatura. **3.** Préstamo lingüístico que una lengua indígena aporta a la del país invasor; en la lengua española, americanismo. **FAM.** Indigenista. INDÍGENA.

indigente *adj.* Que se encuentra en la indigencia, en la miseria. También *s. m.* y *f.* **SIN.** Pobre, menesteroso, miserable. **ANT.** Rico, acomodado.

indigestarse *v. prnl.* **1.** Sufrir una indigestión. **2.** Producir algo una indigestión: *Se me indigestó el cocido.* **3.** *fam.* Resultar alguien o algo muy pesado o antipático: *Se me ha indigestado la novela.* **SIN. 1.** Empacharse. **3.** Atragantarse, atravesarse. **ANT. 3.** Agradar.

indigestión (del lat. *indigestio, -onis*) *s. f.* Trastorno producido en las funciones digestivas por tomar demasiados alimentos, no masticarlos lo suficiente, etc. **SIN.** Empacho. **FAM.** Indigestarse, indigesto. DIGESTIÓN.

indigesto, ta *adj.* **1.** Que causa indigestión: *La verdura cruda suele ser indigesta.* **2.** Pesado, antipático, difícil de soportar: *Estas conferencias me resultan indigestas.* **SIN. 1.** y **2.** Estomagante. **2.** Infumable, insoportable. **ANT. 1.** Digestivo. **2.** Grato, interesante.

indignación (del lat. *indignatio, -onis*) *s. f.* Gran enfado que produce una situación injusta o censurable. **SIN.** Irritación, enojo, coraje, ira, rabia. **ANT.** Agrado, contento.

indignar (del lat. *indignari*) *v. tr.* Enfadar mucho a alguien: *Le indignan esas bromas.* También *v. prnl.* **SIN.** Irritar(se), enojar(se), enfurecer(se), cabrear(se). **ANT.** Agradar. **FAM.** Indignación, indignado, indignante. INDIGNO.

indigno, na (del lat. *indignus*) *adj.* **1.** Que no merece aquello que se expresa: *indigno de ese honor.* **2.** Que no corresponde al mérito o categoría de cierta persona o cosa: *indigno de su fama.* **3.** Vil, despreciable. **SIN. 2.** Impropio, inadecuado. **3.** Indecoroso, ruin, infame, deshonroso, vergonzoso. **ANT. 1.** Merecedor. **1.** a **3.** Digno. **2.** Propio. **3.** Decente, honrado. **FAM.** Indignamente, indignar, indignidad. DIGNO.

índigo (del lat. *indicus*, de la India) *s. m.* Añil*.

indio *s. m.* Elemento químico metálico, de color blanco brillante, blando y maleable, cuyo espectro presenta una raya de color índigo; escaso en la naturaleza, se encuentra en yacimientos de minerales de cinc. Su símbolo es *In*.

indio, dia *adj.* **1.** De la India. También *s. m.* y *f.* **2.** Se aplica a los originarios pobladores de América. También *s. m.* y *f.* || **LOC. hacer el indio** *fam.* Hacer tonterías. **SIN. 1.** Hindú, índico. **FAM.** Indianista, indiano. / Aindiado, amerindio.

indirecto, ta (del lat. *indirectus*) *adj.* **1.** Que se dirige a un fin mediante rodeos o con intermediarios y no de forma directa: *Nos enteramos de forma indirecta.* || *s. f.* **2.** Cosa que se dice o se da a entender sin expresarla claramente: *No dejó de soltar indirectas.* **SIN. 1.** Sinuoso, tortuoso. **2.** Insinuación, pulla. **ANT. 1.** y **2.** Directo. **FAM.** Indirectamente. DIRECTO.

indiscernible *adj.* Que no se puede distinguir. **SIN.** Indistinguible. **ANT.** Discernible.

indisciplina (del bajo lat. *indisciplina*) *s. f.* Falta de disciplina. **SIN.** Rebeldía, desobediencia, insubordinación. **ANT.** Obediencia. **FAM.** Indisciplinar. DISCIPLINA.

indisciplinar *v. tr.* **1.** Producir o fomentar la indisciplina: *El descontento indisciplinó a la tripulación.* || **indisciplinarse** *v. prnl.* **2.** Rebelarse contra la disciplina: *La tropa se indisciplinó contra su comandante.* **SIN. 1.** Sublevar, insubordinar. **2.** Sublevarse, insubordinarse. **ANT. 1.** Disciplinar. **2.** Someterse. **FAM.** Indisciplinado. INDISCIPLINA.

indiscreción *s. f.* **1.** Cualidad de indiscreto: *No confía en él por su indiscreción.* **2.** Dicho o hecho indiscreto: *Fue una indiscreción revelar el secreto.* **SIN. 1.** y **2.** Imprudencia, inconveniencia. **ANT. 1.** Discreción, tacto.

indiscreto, ta (del lat. *indiscretus*) *adj.* **1.** Que dice o hace cosas inoportunas. También *s. m.* y *f.* **2.** Que pretende enterarse de cosas que no son asunto suyo. También *s. m.* y *f.* **3.** Se aplica a las cosas que se dicen o hacen con imprudencia o poca oportunidad: *Le hizo una pregunta indiscreta.* **SIN. 1.** Bocazas. **1.** y **3.** Imprudente. **2.** Entrometido, curioso, cotilla, fisgón. **3.** Inconveniente. **ANT. 1.** a **3.** Discreto. **1.** y **3.** Prudente, juicioso. **FAM.** Indiscreción, indiscretamente. DISCRETO.

indiscriminado, da *adj.* Sin distinción o selección: *Aplica el reglamento de forma indiscriminada.* **SIN.** Indistinto. **ANT.** Selectivo. **FAM.** Indiscriminadamente. DISCRIMINAR.

indisculpable *adj.* Imperdonable. **SIN.** Inexcusable. **ANT.** Disculpable, perdonable.

indiscutible *adj.* Que que no admite discusión: *Quedó como vencedor indiscutible.* **SIN.** Incuestionable, irrefutable, incontestable. **ANT.** Discutible.

indisociable *adj.* Que no se puede disociar o separar: *La ciencia y la técnica son indisociables.* **SIN.** Inseparable. **ANT.** Disociable.

indisoluble (del lat. *indissolubilis*) *adj.* **1.** Que no se puede disolver: *una sustancia indisoluble en agua.* **2.** Que no se puede desunir o romper: *un vínculo indisoluble.* **SIN. 1.** Insoluble. **2.** Inquebrantable, firme. **ANT. 1.** Disoluble, soluble. **2.** Quebrantable. **FAM.** Indisolubilidad, indisolublemente. DISOLVER.

indispensable *adj.* **1.** Que es absolutamente necesario: *El aire es indispensable para vivir.* **2.** Que no se puede dispensar o excusar: *una obligación indispensable.* **SIN. 1.** Imprescindible, preciso, insustituible. **2.** Inexcusable, ineludible. **ANT. 1.** Innecesario. **2.** Excusable. **FAM.** Indispensabilidad, indispensablemente. DISPENSAR.

indisponer *v. tr.* **1.** Enfrentar a dos o más personas: *Le indispuso contra su hermano.* También *v. prnl.* **2.** Causar a alguien una indisposición o enfermedad leve: *La comida acabó de indisponerle.* || **indisponerse** *v. prnl.* **3.** Sufrir una indisposición. ■ Es v. irreg. Se conjuga como *poner.* **SIN. 1.** Enemistar(se), malquistar(se), malmeter. **3.** Enfermar(se). **ANT. 1.** Conciliar. **2.** Restablecer(se). **2.** y **3.** Sanar. **3.** Restablecerse. **FAM.** Indisposición, indispuesto. DISPONER.

indisposición *s. f.* **1.** Enfermedad leve y pasajera. **2.** Acción de indisponer o indisponerse contra alguien: *Su indisposición con el jefe le costó el puesto.* **SIN. 1.** Trastorno, arrechucho. **2.** Enfrentamiento, enemistad, desavenencia. **ANT. 2.** Reconciliación, amistad.

indispuesto, ta 1. *p.* de **indisponer**. || *adj.* **2.** Ligeramente enfermo: *Se sintió indispuesto y se marchó a casa.* **SIN. 2.** Descompuesto, malo.

indisputable (del lat. *indisputabilis*) *adj.* Que no admite disputa o discusión. **SIN.** Indiscutible, incuestionable, incontestable. **ANT.** Discutible. **FAM.** Indisputablemente. DISPUTAR.

indistinguible *adj.* Imposible o muy difícil de distinguir. **SIN.** Indistinto, inapreciable, indiscernible. **ANT.** Distinguible.

indistinto, ta (del lat. *indistinctus*) *adj.* **1.** Que no se distingue de otra cosa. **2.** Que no se distingue o percibe claramente: *La oscuridad hace indistintos los perfiles.* **3.** Indiferente: *Es indistinto que esté a tu nombre o al mío.* **4.** Se dice de la cuenta corriente, depósito, etc., realizado por dos o más personas, del que puede disponer cualquiera de ellas. **SIN. 1.** Igual. **1.** y **2.** Indistinguible. **2.** Impreciso, indefinido. **ANT. 1.** Distinto. **1.** y **2.** Distinguible. **2.** Preciso. **FAM.** Indistinción, indistinguible, indistintamente. DISTINTO.

individual *adj.* **1.** Del individuo o relacionado con él: *libertades individuales.* **2.** Dispuesto para un solo individuo: *asientos individuales.* **3.** En ling., se aplica al sustantivo que, estando en singular, nombra a un solo ser u objeto. **SIN. 1.** Peculiar. **1.** y **2.** Particular, singular, personal. **2.** Unipersonal. **ANT. 1.** General. **1.** y **2.** Común. **1.** a **3.** Colectivo. **FAM.** Individualmente. INDIVIDUO.

individualidad *s. f.* **1.** Cualidad por la que una persona o cosa se distingue respecto a las demás de su especie. **2.** Individuo que se destaca claramente frente a otros: *El equipo contaba con grandes individualidades.* **SIN. 1.** Particularidad, peculiaridad, singularidad. **1.** y **2.** Personalidad.

individualismo *s. m.* **1.** Actitud de la persona que piensa y actúa según su propio criterio y sin sujetarse a normas generales. **2.** Actitud del que antepone su propio interés al de los demás. **3.** Cualquiera de las doctrinas éticas, políticas, sociales, etc., que consideran al individuo, y no a la colectividad, objeto y base de toda ley o consideración. **SIN. 1.** Independencia, particularismo. **2.** Egoísmo, insolidaridad. **ANT. 1.** Colectivismo. **2.** Solidaridad. **FAM.** Individualista. INDIVIDUO.

individualizar *v. tr.* **1.** Dar o atribuir a alguien o algo características, funciones, etc., que lo distingan del resto. **2.** Concretar en un solo individuo algo que es común a varios: *No individuali-*

ces, la culpa la tuvimos todos. || **individualizarse** *v. prnl.* **3.** Separarse alguien o algo del resto por sus características, cualidades, etc. ▪ Delante de *e* se escribe *c* en lugar de *z.* SIN. **1.** Diferenciar, distinguir. **1.** y **2.** Particularizar. **3.** Aislarse, destacarse. ANT. **1.** y **2.** Generalizar. **3.** Confundirse. FAM. Individualización. INDIVIDUO.

individuo, dua (del lat. *individuus*) *s. m.* y *f.* **1.** Persona cuya identidad no se conoce o no se quiere decir. Se usa mucho en sentido despectivo: *En ese bar hay cada individuo...* || *s. m.* **2.** Cada uno de los distintos seres o elementos que forman una especie o clase. || *adj.* **3.** Indivisible. **4.** Individual. SIN. **1.** Tipo. **1.** y **2.** Sujeto. **2.** Ejemplar, especimen, miembro. **3.** Indiviso, simple. **4.** Particular, singular. ANT. **2.** Colectividad. **3.** Divisible. **4.** Colectivo. FAM. Individual, individualidad, individualismo, individualizar.

indivisible (del lat. *indivisibilis*) *adj.* Que no puede ser dividido: *una partícula indivisible.* SIN. Inseparable, indiviso, individuo. ANT. Divisible. FAM. Indivisibilidad, indivisiblemente, indiviso. DIVIDIR.

indiviso, sa (del lat. *indivisus*) *adj.* **1.** Que no está dividido. También *s. m.* y *f.* **2.** En der., se dice de los bienes que, aun pudiendo dividirse, permanecen unidos. SIN. **1.** Entero. ANT. **1.** Fraccionado, repartido. FAM. Indivisamente, indivisión. INDIVISIBLE.

indo- (del lat. *indus*) *pref.* Significa 'indio (de la India)': *indoeuropeo, indoario.*

indoario, ria *adj.* Indoiranio*. También *s. m.*

indoblegable *adj.* Imposible de convencer, someter o manejar. SIN. Indócil, indomable, rebelde. ANT. Doblegable, influenciable.

indochino, na *adj.* De la península de Indochina. También *s. m.* y *f.*

indócil (del lat. *indocilis*) *adj.* Difícil de manejar, educar o trabajar. SIN. Indoblegable, díscolo, indómito, desobediente. ANT. Dócil. FAM. Indocilidad. DÓCIL.

indocto, ta (del lat. *indoctus*) *adj.* Ignorante. También *s. m.* y *f.* SIN. Inculto. ANT. Docto. FAM. Indoctamente. DOCTO.

indocumentado, da *adj.* **1.** Que no tiene o no lleva documentos que demuestren su identidad: *No le dejaron pasar la frontera porque iba indocumentado.* También *s. m.* y *f.* **2.** Ignorante. También *s. m.* y *f.* **3.** Que no está probado o mencionado en ningún documento: *una palabra indocumentada.* SIN. **2.** Indocto. ANT. **2.** Docto, ducho. **3.** Documentado.

indoeuropeo, a *adj.* **1.** De unos pueblos procedentes de las estepas asiáticas, que ocuparon desde finales del neolítico el SE europeo y el occidente asiático. || *s. m.* **2.** Lengua de la que proceden las lenguas itálicas, el griego, las lenguas germánicas, bálticas, célticas, eslavas y un grupo de lenguas asiáticas. ▪ Se dice también *indogermánico.*

indogermánico, ca *adj.* Indoeuropeo*.

indoiranio, nia *adj.* Se aplica a la familia de lenguas indoeuropeas que comprende dos grandes grupos: el indo y el iranio, también llamado *ario.* También *s. m.* ▪ Se dice también *indoario.*

índole (del lat. *indoles*) *s. f.* **1.** Carácter de una persona: *Es de índole tranquila.* **2.** Rasgo diferencial de una cosa. SIN. **1.** Naturaleza, natural, inclinación. **2.** Constitución, calidad.

indolente (del lat. *indolens, -entis*) *adj.* **1.** Perezoso, apático. También *s. m.* y *f.* **2.** Que no cuida su aspecto ni sus cosas. También *s. m.* y *f.* SIN. **1.** Vago, desidioso, abúlico. **2.** Abandonado, dejado, descuidado. ANT. **1.** Activo. **2.** Pulcro. FAM. Indolencia, indolentemente. DOLER.

indoloro, ra *adj.* Que no causa dolor: *La operación fue indolora.* ANT. Doloroso.

indomable (del lat. *indomabilis*) *adj.* **1.** Referido a un animal, que no se puede domar. **2.** Difícil de someter o dominar: *un niño indomable, una voluntad indomable.* **3.** Imposible o muy difícil de moldear o trabajar: *Tiene un pelo indomable.* SIN. **1.** Indómito, indomesticable. **2.** Indócil, indoblegable. **2.** y **3.** Rebelde. ANT. **1.** Domable. **2.** y **3.** Dócil, manejable. FAM. Indomabilidad, indomado, indómito. DOMAR.

indomeñable (de *in-* y *domeñable*) *adj.* Que no se puede dominar: *un temperamento indomeñable.* SIN. Indomable, indoblegable. ANT. Dócil.

indomesticable *adj.* **1.** Que no se puede domesticar. **2.** Aplicado a personas, rebelde. SIN. **1.** Salvaje. **1.** y **2.** Indomable, indómito. **2.** Indócil, díscolo, desobediente. ANT. **1.** y **2.** Domesticable. **2.** Dócil.

indómito, ta (del lat. *indomitus*) *adj.* **1.** Que no se puede domar o domesticar. **2.** Que no ha sido domado. **3.** Aplicado a personas y a su actitud, difícil de dominar o someter. **4.** P. ext., se dice de lo que presenta problemas para su control o acceso. SIN. **1.** Indomable, indomesticable, salvaje. **2.** Indomado. **3.** Rebelde, indócil. ANT. **1.** Domable. **2.** Domesticado. **3.** Dócil.

indonesio, sia *adj.* **1.** De Indonesia. También *s. m.* y *f.* || *s. m.* **2.** Grupo de lenguas malayopolinésicas, habladas en el SE de Asia.

indostaní *adj.* **1.** Del Indostán. También *s. m.* y *f.* || *s. m.* **2.** Lengua de la familia indoaria hablada en la India y en el Pakistán y una de cuyas variantes es el hindi, lengua oficial de la India. SIN. **1.** y **2.** Indostánico. FAM. Indostánico. ▪ Su pl. es *indostaníes*, aunque también se utiliza *indostanís.*

indostánico, ca *adj.* **1.** Del Indostán. || *s. m.* **2.** Lengua hablaba en esta región. SIN. **1.** y **2.** Indostaní.

indubitable (del lat. *indubitabilis*) *adj.* Indudable*. FAM. Indubitablemente. INDUDABLE.

inducción (del lat. *inductio, -onis*) *s. f.* **1.** Acción de inducir. **2.** Razonamiento que partiendo de hechos particulares obtiene una ley general. **3.** Primer periodo de la anestesia. || **4. inducción electromagnética** Proceso de producción de corriente eléctrica en un conductor cuando éste es atravesado por un flujo magnético variable. Si este fenómeno se produce en un conductor debido a la variación de la intensidad de corriente que circula por él, recibe el nombre de autoinducción. SIN. **1.** Instigación, incitación.

inducido, da 1. *p.* de **inducir**. También *adj.* || *adj.* **2.** Se aplica a la corriente eléctrica que se produce en un circuito atravesado por un flujo magnético variable. || *s. m.* **3.** Conductor en el cual se genera una corriente inducida. **4.** Conjunto de bobinas que forman parte de un motor eléctrico o de un generador y que giran en el seno de un campo magnético.

inducir (del lat. *inducere*) *v. tr.* **1.** Incitar, convencer: *Tus palabras le indujeron a error.* **2.** Formular principios generales a partir de hechos concretos. **3.** En fís., provocar fenómenos de inducción. ▪ Es v. irreg. Se conjuga como *conducir.* SIN. **1.** Impulsar, instigar, mover. ANT. **1.** Apartar, disuadir. FAM. Inducción, inducido, inductivo, inductor.

inductancia (del fr. *inductance*) *s. f.* Oposición que presenta al paso de la corriente eléctrica alterna un conductor en el que se produce el fenómeno de la autoinducción.

inductivo, va (del lat. *inductivus*) *adj.* **1.** Que se hace por inducción: *método inductivo.* **2.** De la inducción o relacionado con ella. ANT. **1.** Deductivo.

inductor, ra (del lat. *inductor, -oris*, de *inducere*, inducir) *adj.* **1.** Que induce. También *s. m.* y *f.*: *el inductor del crimen.* || *s. m.* **2.** Parte del generador electromagnético que produce una variación de flujo magnético en el inducido; está formado por electroimanes. **SIN. 1.** Instigador, provocador.

indudable (del lat. *indubitabilis*) *adj.* Que no admite duda. **SIN.** Indubitable, incuestionable, indiscutible, evidente. **ANT.** Cuestionable. **FAM.** Indudablemente. / Indubitable. DUDAR.

indulgencia (del lat. *indulgentia*) *s. f.* **1.** Cualidad de indulgente. **2.** Remisión que hace la Iglesia católica de la pena temporal debida a los pecados.

indulgente (del lat. *indulgens, -entis*) *adj.* Benévolo, tolerante: *Es indulgente con los defectos ajenos.* **SIN.** Condescendiente, comprensivo. **ANT.** Inflexible, despiadado. **FAM.** Indulgencia, indulgentemente.

indultar *v. tr.* Conceder el indulto.

indulto (del lat. *indultus*) *s. m.* Perdón, total o parcial, de una pena o castigo por parte de la autoridad competente. **FAM.** Indultar.

indumentaria *s. f.* **1.** Conjunto de prendas que lleva puestas o posee una persona. **2.** Estudio del traje a través de la historia. **SIN. 1.** Vestimenta, vestuario, ropa, ropaje, atavío. **FAM.** Indumentario.

industria (del lat. *industria*) *s. f.* **1.** Conjunto de actividades orientadas a la transformación de materias primas en objetos o productos útiles y preparados para el consumo. **2.** Esa misma actividad referida a una rama en concreto o a una determinada región, país, etc.: *la industria textil, la industria europea.* **3.** En oposición a artesanía, fabricación de productos mediante máquinas y, generalmente, en serie. **4.** Fábrica, factoría: *Consiguió montar su propia industria.* **5.** Habilidad para hacer algo: *Con su tenacidad e industria saldrá adelante.* **6.** En la prehistoria, conjunto de utensilios hechos con la misma técnica: *industria lítica.* || **7. industria ligera** La que trabaja con pequeñas cantidades de materia prima y elabora productos generalmente relacionados con el consumo. **8. industria pesada** La que trabaja con grandes cantidades de materia prima para convertirla en productos semielaborados o para fabricar bienes de equipo (maquinaria, motores, transportes, etc.). **SIN. 1.** Manufactura. **5.** Destreza, maña, pericia. **FAM.** Industrial, industrialismo, industrializar, industriarse.

industrial *adj.* **1.** De la industria o relacionado con ella: *desarrollo industrial.* || *s. m.* y *f.* **2.** Propietario de una industria y, p. ext., persona dedicada al comercio o a cualquier tipo de negocio. **SIN. 2.** Empresario, fabricante. **FAM.** Industrialmente. INDUSTRIA.

industrialismo *s. m.* **1.** Tendencia al predominio de los intereses industriales y al desarrollo excesivo de la industria. **2.** Mercantilismo. **FAM.** Industrialista. INDUSTRIA.

industrializar *v. tr.* **1.** Fabricar o producir algo por medios industriales. También *v. prnl.*: *La producción de cerámica se ha industrializado.* **2.** Crear industrias en una región, país, etc., o aumentar y desarrollar las que ya existían. También *v. prnl.* ■ Delante de *e* se escribe *c* en lugar de *z.* **SIN. 1.** Mecanizar(se). **FAM.** Industrialización. INDUSTRIA.

industriarse *v. prnl.* Ingeniarse, procurarse algo con habilidad: *Se industrió dos entradas para el concierto.* || **LOC. industriárselas** *fam.* Arreglárselas, componérselas: *Se las industrió para convencernos a todos.* **FAM.** Industrioso. INDUSTRIA.

industrioso, sa (del lat. *industriosus*) *adj.* **1.** Que hace las cosas con habilidad e ingenio. **2.** Muy trabajador: *Las abejas son animales industriosos.* **SIN. 1.** Habilidoso, hábil, mañoso, ingenioso. **2.** Laborioso, activo, hacendoso. **ANT. 1.** Torpe. **2.** Perezoso. **FAM.** Industriosamente. INDUSTRIARSE.

inecuación *s. f.* Desigualdad algebraica en que aparecen una o más incógnitas y que se verifica para ciertos valores que a ellas se den.

inédito, ta (del lat. *ineditus*) *adj.* **1.** Que aún no ha sido publicado: *El poeta tiene inédita parte de su obra.* También *s. m.* **2.** Se dice del escritor que todavía no ha publicado nada: *un autor inédito.* **3.** Nuevo, no conocido aún: *Es un modelo de coche inédito en España.* **SIN. 3.** Desconocido. **ANT. 3.** Conocido.

ineducación *s. f.* Falta de educación. **SIN.** Grosería, descortesía, ordinariez, indelicadeza. **ANT.** Cortesía, delicadeza. **FAM.** Ineducado. EDUCACIÓN.

inefable (del lat. *ineffabilis*, de *in*, part. priv., y *affabilis*, que se puede decir) *adj.* Que no se puede explicar con palabras. **SIN.** Indecible, inexpresable, inenarrable, indescriptible. **FAM.** Inefabilidad, inefablemente.

inefectivo, va *adj.* Que no produce efecto: *La medicina resultó inefectiva.* **SIN.** Ineficaz, inútil, ineficiente. **ANT.** Efectivo.

ineficacia *s. f.* Falta de eficacia: *la ineficacia de un remedio.* **SIN.** Ineficiencia, ineptitud, incapacidad. **ANT.** Eficacia, aptitud.

ineficaz (del lat. *ineficax, -acis*) *adj.* Que no es eficaz, inútil: *un tratamiento ineficaz, un jugador ineficaz.* También *s. m.* y *f.* **SIN.** Inefectivo, ineficiente, incapaz, nulo. **ANT.** Eficaz. **FAM.** Ineficacia, ineficazmente. EFICAZ.

ineficiente *adj.* Ineficaz*. **FAM.** Ineficiencia. EFICIENTE.

inelegancia *s. f.* Falta de elegancia. **SIN.** Vulgaridad, tosquedad, ordinariez. **ANT.** Distinción. **FAM.** Inelegante. ELEGANTE.

inelegible *adj.* Que no puede ser elegido. **ANT.** Elegible. **FAM.** Inelegibilidad. ELEGIR.

ineluctable (del lat. *ineluctabilis*) *adj.* Se dice de aquello contra lo cual no se puede luchar o que no puede evitarse: *un destino ineluctable.* **SIN.** Inevitable, ineludible, insoslayable. **ANT.** Eluctable.

ineludible *adj.* Que no puede eludirse o evitarse: *un deber ineludible.* **SIN.** Inevitable, inexcusable, insoslayable, ineluctable. **ANT.** Eludible. **FAM.** Ineludiblemente. ELUDIR.

inembargable *adj.* Que no puede ser embargado: *bienes inembargables.* **ANT.** Embargable.

inenarrable (del lat. *inenarrabilis*) *adj.* **1.** Imposible o muy difícil de describir con palabras. **2.** Increíble, sorprendente: *Hizo proezas inenarrables.* **SIN. 1.** Indescriptible, inefable, inexpresable. **2.** Impresionante, admirable. **ANT. 1.** Descriptible. **2.** Normal, ordinario.

inepto, ta (del lat. *ineptus*) *adj.* Que no sirve para nada o no es apto para alguna cosa. También *s. m.* y *f.*: *Es un inepto para los trabajos manuales.* **SIN.** Incompetente, incapaz, inútil. **ANT.** Competente. **FAM.** Ineptitud. APTO.

inequívoco, ca *adj.* Que no admite duda o equivocación: *Hizo un gesto inequívoco de aprobación.* **SIN.** Indudable, evidente, claro, cierto. **ANT.** Dudoso. **FAM.** Inequívocamente. EQUÍVOCO.

inercia (del lat. *inertia*) *s. f.* **1.** Incapacidad de los cuerpos para modificar su estado de reposo o de movimiento en tanto que sobre ellos no actúe una causa externa. **2.** Pereza, apatía. **SIN. 2.** Desidia, apatía, desgana, inacción. **ANT. 2.** Empuje, impulso. **FAM.** Inercial, inerte.

inerme (del lat. *inermis*) *adj.* **1.** Que está sin armas: *un pueblo inerme.* **2.** Que no tiene defensas, física o moralmente: *Estaba inerme ante la enfermedad.* **3.** En bot. y zool., que carece de espinas, púas, aguijones, etc. SIN. **1.** y **2.** Desarmado, indefenso. **2.** Desvalido. ANT. **1.** Armado. **2.** Protegido.

inerte (del lat. *iners, inertis*) *adj.* **1.** Que no tiene vida o movimiento. **2.** En quím., se dice de los cuerpos caracterizados por su inactividad, como los gases nobles. **3.** Se aplica al medio en donde no pueden surgir ni desarrollarse organismos vivos. SIN. **1.** Inactivo.

inervación *s. f.* **1.** Acción de un nervio sobre una parte del cuerpo. **2.** Distribución de las fibras nerviosas en un órgano o región del organismo.

inervar (del lat. *innervis*) *v. tr.* Actuar un nervio sobre una parte del organismo. FAM. Inervación, inervador. NERVIO.

inescrutable (del lat. *inscrutabilis*) *adj.* Que no se puede saber ni averiguar: *El porvenir es inescrutable.* SIN. Impenetrable, enigmático, indescifrable, insondable. ANT. Claro.

inesperado, da *adj.* Que ocurre sin haberlo esperado o previsto: *El resultado fue totalmente inesperado.* SIN. Impensado, imprevisto, inopinado, insospechado. ANT. Previsto, sospechado. FAM. Inesperable, inesperadamente. ESPERAR.

inestabilidad *adj.* **1.** Falta de estabilidad. || **2. inestabilidad atmosférica** Cambios bruscos de la temperatura que se producen al superponerse el aire frío al cálido, dando lugar a nubes y lluvias.

inestable *adj.* **1.** Que está en peligro de caerse, cambiar de situación o desaparecer: *una unión inestable, un tiempo inestable.* **2.** Se aplica a la persona que varía fácilmente de humor, de ideas, etc., y a su manera de ser. **3.** Se dice del compuesto químico o del núcleo atómico que se descompone fácilmente. SIN. **1.** Variable, inseguro, mudable, inconsistente. **2.** Inconsecuente, voluble, tornadizo. ANT. **1.** Seguro, permanente. **1.** y **3.** Estable. **2.** Constante, consecuente. FAM. Inestabilidad. ESTABLE.

inestimable (del lat. *inaestimabilis*) *adj.* Que tiene demasiado valor para ser debidamente apreciado: *una colaboración inestimable.* SIN. Incalculable, inapreciable. ANT. Desdeñable. FAM. Inestimabilidad, inestimado. ESTIMAR.

inestimado, da (del lat. *inaestimatus*) *adj.* **1.** Que está sin calcular o tasar. **2.** Que no se estima o valora como se merece. SIN. **2.** Subestimado, menospreciado. ANT. **1.** Valorado, tasado. **2.** Estimado, apreciado.

inevitable (del lat. *inevitabilis*) *adj.* Que no se puede evitar. SIN. Ineludible, insoslayable, irremediable, ineluctable. ANT. Evitable, eludible. FAM. Inevitablemente. EVITAR.

inexacto, ta *adj.* **1.** Que no es exacto: *una información inexacta, un peso inexacto.* **2.** Con el verbo *ser* en forma impersonal, equivale a 'falso': *Es inexacto que nos encontráramos.* SIN. **1.** Impreciso, aproximado. **2.** Erróneo. ANT. **1.** Justo. **2.** Cierto. FAM. Inexactamente, inexactitud. EXACTO.

inexcusable (del lat. *inexcusabilis*) *adj.* **1.** Que no se puede dejar de hacer, cumplir, etc.: *un trabajo inexcusable.* **2.** Que no puede disculparse o justificarse: *Su cobardía es inexcusable.* SIN. **1.** Ineludible, inevitable. **2.** Imperdonable, injustificable. ANT. **1.** Eludible. **2.** Disculpable. FAM. Inexcusablemente. EXCUSAR.

inexhausto, ta (del lat. *inexhaustus*) *adj.* Inagotable. SIN. Inextinguible. ANT. Agotable.

inexistencia *s. f.* Falta de existencia. SIN. Carencia, ausencia. ANT. Presencia. FAM. Inexistente. EXISTENCIA.

inexistente *adj.* **1.** Que no existe o no es real: *La película transcurre en un país inexistente.* **2.** Nulo, ineficaz: *En el partido de fútbol, la delantera fue inexistente.* SIN. **1.** Irreal, imaginario, ilusorio, ficticio, supuesto. **2.** Inefectivo. ANT. **1.** Existente. **2.** Efectivo.

inexorable (del lat. *inexorabilis*) *adj.* **1.** Que no se deja convencer o ablandar con ruegos: *un juez inexorable.* **2.** Que no se puede evitar: *El paso del tiempo es inexorable.* SIN. **1.** Implacable, inflexible, duro, intransigente. **2.** Inevitable, ineludible, ineluctable, irremediable. ANT. **1.** Flexible. **2.** Evitable. FAM. Inexorabilidad, inexorablemente.

inexperiencia (del lat. *inexperientia*) *s. f.* Falta de experiencia. SIN. Impericia. ANT. Pericia. FAM. Inexperto. EXPERIENCIA.

inexperto, ta *adj.* Que no tiene suficiente experiencia: *Soy un conductor inexperto; acabo de obtener el permiso.* También *s. m.* y *f.* SIN. Novato, bisoño, nuevo. ANT. Experto, experimentado.

inexplicable (del lat. *inexplicabilis*) *adj.* **1.** Que no tiene o no se le encuentra explicación: *Es inexplicable su tardanza.* **2.** Que no tiene justificación: *Es inexplicable su enfado hacia nosotros.* SIN. **1.** Incomprensible, extraordinario. **1.** y **2.** Inconcebible. **2.** Injustificable. ANT. **1.** y **2.** Explicable. **2.** Justificable. FAM. Inexplicablemente, inexplicado. EXPLICAR.

inexplorado, da (del lat. *inexploratus*) *adj.* Que no ha sido explorado: *una región inexplorada.* SIN. Desconocido, ignoto, virgen. ANT. Conocido. FAM. Inexplorable. EXPLORAR.

inexpresable *adj.* Imposible o muy difícil de expresar. SIN. Inefable, inenarrable, indescriptible, indecible. ANT. Decible.

inexpresivo, va *adj.* **1.** Que carece de expresión: *un gesto inexpresivo.* **2.** Aplicado a personas o a su carácter, seco, poco afectuoso: *Estuvo muy inexpresivo con nosotros.* SIN. **1.** Soso, impasible, inalterable. **2.** Frío, distante, adusto. ANT. **1.** y **2.** Expresivo. **2.** Cariñoso.

inexpugnable (del lat. *inexpugnabilis*) *adj.* **1.** Imposible o muy difícil de expugnar o conquistar: *una ciudad inexpugnable.* **2.** P. ext., se dice de aquello a lo que resulta muy difícil tener acceso o entrada: *una caja fuerte inexpugnable.* **3.** Que es muy difícil de convencer o persuadir. SIN. **1.** Invulnerable, invencible. **1.** y **2.** Inaccesible. **1.** y **3.** Inconquistable, irreductible. **3.** Inflexible. ANT. **1.** Conquistable. **1.** y **2.** Accesible. **3.** Flexible.

inextensible *adj.* Que no se puede extender. ANT. Extensible.

inextinguible (del lat. *inextinguibilis*) *adj.* **1.** Inagotable: *una fuente de energía inextinguible.* **2.** De muy larga duración. SIN. **1.** Inacabable. **1.** y **2.** Interminable. **2.** Duradero. ANT. **1.** Extinguible.

inextricable (del lat. *inextricabilis*) *adj.* **1.** Tan enredado que es imposible o muy difícil penetrar en ello: *una selva inextricable.* **2.** Incomprensible, enrevesado: *un concepto inextricable, un misterio inextricable.* SIN. **1.** y **2.** Intrincado, enmarañado. **2.** Oscuro, indescifrable. ANT. **2.** Comprensible.

infalible (del lat. *infallibilis*) *adj.* **1.** Que no puede equivocarse o fallar. **2.** Seguro, que no deja de producirse: *Es infalible, cada vez que voy, me lo encuentro.* SIN. **1.** Inequívoco. **2.** Inevitable, indefectible, forzoso. ANT. **1.** Falible, equívoco. **2.** Inseguro. FAM. Infalibilidad, infaliblemente. FALIBLE.

infalsificable *adj.* Que no se puede falsificar. **ANT.** Falsificable.

infamar (del lat. *infamare*) *v. tr.* Difamar: *Sus acusaciones no consiguieron infamarle.* **SIN.** Deshonrar, desacreditar, desprestigiar, denigrar. **ANT.** Honrar. **FAM.** Infamación, infamador, infamante, infamatorio, infame. FAMA.

infame (del lat. *infamis*) *adj.* **1.** Que no tiene honra o prestigio. También *s. m.* y *f.* **2.** Se dice de la persona que actúa con mala intención y de sus acciones. También *s. m.* y *f.* **3.** Que es causa de deshonra o vergüenza: *Cometió un acto infame.* **4.** Muy malo: *un local infame.* **SIN. 1.** Innoble, indigno. **2.** Malvado, perverso, despreciable. **3.** Infamador, infamante, infamatorio, ignominioso. **4.** Ruin, rastrero. **ANT. 1.** Noble, prestigioso. **2.** Bondadoso. **3.** Honroso. **4.** Excelente. **FAM.** Infamemente, infamia. INFAMAR.

infamia (del lat. *infamia*) *s. f.* **1.** Cualidad de infame: *la infamia de su conducta.* **2.** Situación o estado de infame. **3.** Acción infame: *No le alteraron tus infamias.* **SIN. 1.** Maldad, vileza. **1.** y **2.** Ignominia, indignidad, degradación. **3.** Canallada. **ANT. 1.** Bondad. **1.** y **2.** Honradez, honestidad.

infancia (del lat. *infantia*) *s. f.* **1.** Periodo de la vida del hombre que comprende desde su nacimiento hasta la adolescencia. **2.** Conjunto de los niños. **SIN. 1.** Niñez.

infantado o **infantazgo** *s. m.* **1.** Dignidad de infante. **2.** Territorio que corresponde al infante o la infanta real.

infante, ta (del lat. *infans, -antis*) *s. m.* y *f.* **1.** Niño. **2.** En España y Portugal, cualquiera de los hijos del rey, con excepción del heredero al trono español. **3.** En Castilla, antiguamente, título que se otorgaba a los parientes del rey: *el infante don Juan Manuel.* || *s. m.* **4.** Soldado de infantería. **SIN. 1.** Crío. **FAM.** Infancia, infantado, infantazgo, infantería, infanticidio, infantil, infanzón. / Guardainfante.

infantería *s. f.* En el ejército, conjunto de tropas que actúan a pie provistas de armamento ligero.

infanticida *adj.* Se dice de la persona que mata a un niño. También *s. m.* y *f.*: *La presunta infanticida será juzgada mañana.*

infanticidio (del lat. *infanticidium*) *s. m.* Muerte dada a un niño. **FAM.** Infanticida. INFANTE.

infantil (del lat. *infantilis*) *adj.* Relativo a los niños y propio o parecido a ellos y sus cosas: *medicina infantil; una pregunta infantil. Tiene una voz infantil.* También *s. m.* y *f.* **SIN.** Pueril, aniñado. **ANT.** Senil. **FAM.** Infantilismo, infantilizar, infantiloide. INFANTE.

infantilismo *s. m.* **1.** Permanencia de rasgos infantiles en un individuo adulto. **2.** Falta de madurez.

infantiloide *adj.* Que tiene características propias de un niño sin serlo: *comportamiento infantiloide.* También *s. m.* y *f.*

infanzón, na (del bajo lat. *infantio, -onis*, y éste del lat. *infans, -antis*) *s. m.* y *f.* En la Edad Media, noble de segunda categoría.

infartado, da *adj.* Que ha sufrido un infarto. También *s. m.* y *f.*

infarto (del lat. *infartus*, relleno) *s. m.* Muerte de tejidos de un órgano del cuerpo provocada por la obstrucción de los vasos sanguíneos que les proporcionan oxígeno, p. ej. la que puede producirse en el miocardio. **FAM.** Infartado, infartar.

infatigable (del lat. *infatigabilis*) *adj.* Que no se cansa o desanima nunca. **SIN.** Incansable. **ANT.** Cansino. **FAM.** Infatigablemente. FATIGAR.

infatuar (del lat. *infatuare*) *v. tr.* Volver a alguien fatuo, presumido o vanidoso. También *v. prnl.* ■ En cuanto al acento, se conjuga como *actuar*: *infatúo.* **SIN.** Engreír(se), envanecer(se), ensoberbecer(se). **ANT.** Humillar(se). **FAM.** Infatuación. FATUO.

infausto, ta (del lat. *infaustus*) *adj.* Se aplica a lo que causa o va acompañado de desgracia. **SIN.** Aciago, funesto, desgraciado, infortunado. **ANT.** Feliz. **FAM.** Infaustamente. FAUSTO -TA.

infección (del lat. *infectio, -onis*) *s. f.* **1.** Acción de infectar o infectarse. **2.** Enfermedad causada por un microorganismo y que puede transmitirse de un individuo a otro. **SIN. 1.** Contagio, contaminación. **ANT. 1.** Desinfección; erradicación.

infeccioso, sa *adj.* Que causa infección o es causada por ella: *foco infeccioso, enfermedad infecciosa.*

infectar (del lat. *infectare*) *v. tr.* **1.** Contaminar con gérmenes una herida, lesión, etc., o un objeto. También *v. prnl.* **2.** Transmitir una enfermedad causada por microorganismos. También *v. prnl.* **3.** Hacer que se extiendan sentimientos, actitudes, etc., de carácter negativo. También *v. prnl.* ■ No confundir con *infestar*, 'llevar una plaga'. **SIN. 1.** y **2.** Inficionar. **2.** Contagiar(se). **ANT. 1.** Desinfectar. **FAM.** Infección, infeccioso, infecto, infectocontagioso, inficionar. / Desinfectar.

infecto, ta (del lat. *infectus*, de *inficere*, infectar) *adj.* **1.** Infectado: *una llaga infecta.* **2.** Muy sucio, repugnante. **SIN. 1.** Inficionado. **2.** Asqueroso, nauseabundo. **ANT. 1.** Desinfectado. **2.** Limpio.

infectocontagioso, sa *adj.* Se dice de las patologías infecciosas que se contagian fácilmente; p. ej. la varicela o el sarampión.

infecundo, da (del lat. *infecundus*) *adj.* Que no es fecundo o productivo. **SIN.** Estéril, infértil, improductivo. **ANT.** Fértil. **FAM.** Infecundidad. FECUNDO.

infelicidad (del lat. *infelicitas, -atis*) *s. f.* Falta de felicidad. **SIN.** Desdicha, descontento, adversidad, infortunio. **ANT.** Felicidad, dicha, fortuna.

infeliz (del lat. *infelix, -icis*) *adj.* **1.** Que no es feliz. **2.** Que sufre o está apenado por alguna desgracia. También *s. m.* y *f.* **3.** *fam.* Ingenuo, sin malicia. También *s. m.* y *f.*: *El infeliz se lo cree todo.* **4.** Se dice de la persona de poco carácter o ambición. También *s. m.* y *f.*: *Es un infeliz, nunca llegará a nada.* **SIN. 1.** Desgraciado, desdichado, desventurado; infausto. **3.** Inocente, simple. **4.** Apocado, pusilánime. **ANT. 1.** Dichoso. **3.** Pícaro. **4.** Decidido; ambicioso. **FAM.** Infelicidad, infelizmente. FELIZ.

inferencia *s. f.* Acción de inferir, deducir. **SIN.** Deducción.

inferior (del lat. *inferior, -oris*) *adj.* **1.** Que está más bajo respecto a otra cosa o por debajo de ella dentro de una serie: *Ponlo en el estante inferior. Tiene un número inferior al mío.* **2.** De menor calidad, categoría, cantidad, etc. **3.** Se dice de la persona que está a las órdenes de otra. También *s. m.* y *f.* **SIN. 2.** Peor. **3.** Subordinado, subalterno. **ANT. 2.** Mejor. **3.** Superior. **FAM.** Inferioridad.

inferioridad *s. f.* Situación de una persona o cosa inferior a otra: *Está en inferioridad de condiciones respecto a sus contrincantes.* **ANT.** Superioridad.

inferir (del lat. *inferre*, llevar) *v. tr.* **1.** Deducir, sacar en consecuencia: *De su declaración se infiere que no estuvo en casa a esa hora.* **2.** Traer como consecuencia. **3.** Con palabras que indiquen daños, heridas, etc., causarlos. ■ Es v. irreg. Se conjuga como *sentir.* **SIN. 1.** Colegir. **2.** Ocasionar, causar. **3.** Infligir. **FAM.** Inferencia.

infernal (del lat. *infernalis*) *adj.* **1.** Propio del infierno: *un ser infernal.* **2.** Muy malo o muy desagradable: *un sabor infernal, un calor infernal.* **SIN. 2.** Horrible, horroroso. **ANT. 1.** y **2.** Celestial. **2.** Estupendo, maravilloso.

infernillo *s. m.* Hornillo*. ■ Se dice también *infiernillo.*

infértil *adj.* Que no es fértil. **SIN.** Infecundo, estéril, improductivo. **ANT.** Fértil. **FAM.** Infertilidad. FÉRTIL.

infestar (del lat. *infestare*) *v. tr.* Invadir un lugar una plaga o algo que se considera como tal: *Nos infestó la casa de moscas. Las falsificaciones infestaban el mercado. Los gamberros infestan ese barrio.* También *v. prnl.* ■ No confundir con *infectar*, 'contagiar, contaminar con gérmenes'. **SIN.** Plagar. **FAM.** Infestación.

inficionar (del ant. *infición*, infección, del lat. *infectio, -onis*) *v. tr.* **1.** Infectar*. También *v. prnl.* **2.** Intoxicar, envenenar. También *v. prnl.* **SIN. 2.** Corromper(se), contaminar(se), emponzoñar(se). **ANT. 2.** Purificar(se).

infidelidad (del lat. *infidelitas, -atis*) *s. f.* **1.** Falta de fidelidad o lealtad: *infidelidad a unos ideales.* **2.** Acción o conducta infiel: *Harta de sus infidelidades, pidió el divorcio.* **SIN. 1.** y **2.** Deslealtad, traición.

infiel (del lat. *infidelis*) *adj.* **1.** Que no es fiel: *infiel a sus principios, a su cónyuge.* **2.** De una religión distinta a la que se considera verdadera. También *s. m.* y *f.* **SIN. 1.** Desleal, traidor; adúltero. **2.** Impío, gentil. **ANT. 1.** Leal. **1.** y **2.** Fiel. **FAM.** Infidelidad, infielmente. FIEL[1].

infiernillo *s. m.* Hornillo*. ■ Se dice también *infernillo.*

infierno (del lat. *infernus*) *s. m.* **1.** Según ciertas religiones, lugar donde sufren castigo eterno las almas de los condenados. **2.** En mit., lugar donde iban a parar las almas de los muertos. **3.** Lugar o circunstancias en que hay sufrimiento, malestar, etc. **SIN. 1.** y **2.** Averno, orco. **ANT. 1.** Cielo, paraíso. **FAM.** Infernal, infernillo, infiernillo.

infijo, ja *adj.* Se aplica al afijo que aparece en el interior de una palabra, p. ej. en pel *-ambr -*era. También *s. m.*

infiltración *s. f.* Acción de infiltrar o infiltrarse.

infiltrar *v. tr.* **1.** Introducir un líquido entre los poros de un cuerpo sólido. También *v. prnl.*: *Se infiltra la lluvia en la pared.* **2.** Comunicar a otro u otros ideas, sentimientos, doctrinas, etc. También *v. prnl.* **3.** En med., introducir en el organismo determinadas sustancias por medio de una inyección. También *v. intr.* ‖ **infiltrarse** *v. prnl.* **4.** Introducirse encubiertamente en alguna parte. **SIN. 1.** Empapar(se). **2.** Imbuir, inspirar, inculcar. **3.** Inyectar. **4.** Filtrarse, colarse. **FAM.** Infiltración, infiltrado. FILTRAR.

ínfimo, ma (del lat. *infimus*) *adj.* Con sustantivos como *calidad, cantidad, valor*, etc., muy poco. **SIN.** Mínimo, insignificante. **ANT.** Grande.

infinidad (del lat. *infinitas, -atis*) *s. f.* Gran número de personas o cosas. **SIN.** Multitud, sinnúmero. **ANT.** Escasez.

infinitesimal *adj.* **1.** Se aplica a la cantidad infinitamente pequeña. **2.** Se dice del cálculo que tiene por principal objeto el estudio del comportamiento de una función en el entorno de un punto.

infinitivo (del lat. *infinitivus*) *s. m.* Una de las formas no personales del verbo, y por tanto no conjugable. Tiene una forma simple (*cantar*), que da nombre al verbo, y una compuesta (*haber cantado*).

infinito, ta (del lat. *infinitus*) *adj.* **1.** Que no tiene fin o límite. **2.** Incontable: *En el firmamento hay infinitas estrellas.* ‖ *s. m.* **3.** Valor matemático mayor a cualquier cantidad numerable y signo aritmético (∞) con que se expresa. ‖ *adj.* **4.** Inmenso, enorme. También *adv.*: *Me alegro infinito.* ‖ *s. m.* **5.** Aquello que no tiene límite. **6.** Lugar del espacio indefinido y lejano: *El cometa se perdió en el infinito.* **7.** En las cámaras fotográficas, última graduación de la escala de distancias de un objetivo para enfocar a muy larga distancia. **SIN. 1.** Ilimitado. **2.** Innumerable, incalculable, incontable. **6.** Horizonte, lejanía. **FAM.** Infinidad, infinitamente, infinitesimal, infinitivo, infinitud. FINITO.

inflación (del lat. *inflatio, -onis*) *s. f.* **1.** Proceso de subida persistente y generalizada de los precios. **2.** Aumento desproporcionado de algo: *Hubo una inflación de turistas este verano.* **ANT. 1.** Deflación. **FAM.** Inflacionario, inflacionismo, inflacionista. INFLAR.

inflacionismo *s. m.* Tendencia a la inflación económica.

inflador *s. m. Arg.* y *Urug.* Bomba de aire para hinchar.

inflamable *adj.* **1.** Que se inflama fácilmente. **2.** Que se irrita o altera con facilidad. **SIN. 2.** Irritable, enfadadizo. **FAM.** Inflamabilidad. INFLAMAR.

inflamación (del lat. *inflammatio, -onis*) *s. f.* **1.** Acción de inflamar o inflamarse: *La inflamación del gas provocó la explosión.* **2.** Reacción de una parte del organismo frente a golpes, heridas, infección, etc., caracterizada por trastornos circulatorios, hinchazón, aumento de temperatura, enrojecimiento y dolor. **SIN. 1.** Combustión. **2.** Hinchazón.

inflamar (del lat. *inflammare*) *v. tr.* **1.** Hacer que algo arda bruscamente desprendiendo llamas. También *v. prnl.* **2.** Hacer más vivo un sentimiento, deseo, etc. También *v. prnl.* **3.** Producir hinchazón en alguna parte del cuerpo. Se usa más como *v. prnl.* **SIN. 1.** Incendiar(se), encender(se), prender(se), quemar(se). **2.** Avivar(se), enardecer(se), excitar(se). **3.** Hinchar(se). **ANT. 1.** y **2.** Apagar(se). **2.** Calmar(se). **3.** Deshinchar(se). **FAM.** Inflamable, inflamación, inflamador, inflamamiento, inflamatorio. / Antiinflamatorio, desinflamar. FLAMA.

inflamatorio, ria *adj.* En med., que causa inflamación o es consecuencia de ella: *proceso inflamatorio.*

inflar (del lat. *inflare*, de *in*, en, y *flare*, soplar) *v. tr.* **1.** Hinchar: *inflar la rueda, un suceso.* También *v. prnl.* **2.** *fam.* Con palabras como *golpes, bofetadas*, etc., dárselos abundantemente a alguien: *Le inflaron a tortas.* **SIN. 1.** Henchir, abultar, desorbitar; ahuecar(se), envanecer(se); atiborrar(se). **ANT. 1.** Desinflar(se); humillar(se). **FAM.** Inflación, inflador, inflamiento. / Desinflar.

inflexible (del lat. *inflexibilis*) *adj.* **1.** Que no se deja conmover o convencer. **2.** Aplicado a normas o cosas similares, rígido. **3.** Que no se puede torcer o doblar. **SIN. 1.** y **2.** Firme, duro, severo. **ANT. 1.** Blando. **1.** y **3.** Flexible. **FAM.** Inflexibilidad, inflexiblemente. FLEXIBLE.

inflexión (del lat. *inflexio, -onis*) *s. f.* **1.** Cada uno de los cambios de tono que se producen en la voz al hablar. **2.** Punto de una curva en que ésta cambia de sentido. **SIN. 1.** Modulación. **2.** Desviación.

infligir (del fr. *infliger*, y éste del lat. *infligere*, herir, golpear) *v. tr.* Con palabras que signifiquen castigos, penas, etc., imponerlos, causarlos: *Infligieron una gran derrota al enemigo.* ■ Delante de *a* y *o* se escribe *j* en lugar de *g*: *inflijo*. No confundir con *infringir*, 'quebrantar una ley, prohibición, etc.' SIN. Aplicar.

inflorescencia (del lat. *inflorescens, -entis*) *s. f.* Grupo de flores que se reúnen sobre un mismo eje, como sucede p. ej. en la hortensia.

influencia (del lat. *influens, -entis*, influyente) *s. f.* **1.** Poder, autoridad o efecto sobre alguien o algo: *la influencia del profesor sobre los alumnos, la influencia del clima en la agricultura.* || *s. f. pl.* **2.** Relación beneficiosa con personas que tienen poder o capacidad de decisión: *Movió sus influencias para conseguir el puesto.* SIN. **1.** Influjo, ascendiente. **2.** Agarraderas, amistades.

influenciar *v. tr.* Influir, especialmente una persona en otra u otras.

influenza (ital.) *s. f.* Gripe*.

influir (del lat. *influere*) *v. intr.* Producir una persona o cosa en otra ciertos cambios, efectos, etc.: *La luz influye en el crecimiento de las plantas. Los amigos influyeron en su decisión.* ■ Es v. irreg. Se conjuga como *huir*. SIN. Influenciar. FAM. Influencia, influenciable, influenciar, influjo, influyente. FLUIR.

influjo (del lat. *influxus*) *s. m.* **1.** Acción de influir. **2.** Movimiento de subida de la marea. SIN. **1.** Influencia. **2.** Flujo. ANT. **2.** Reflujo.

influyente *adj.* **1.** Que tiene influencia. **2.** Se dice de la persona importante, que tiene influencia o poder: *Es una persona muy influyente en el gobierno.* SIN. **2.** Poderoso, importante.

infografía *s. f.* Técnica de realizar diseño gráfico y animación por medios informáticos: *La infografía ha revolucionado el mundo de los dibujos animados.* FAM. Infográfico.

infolio *s. m.* Libro en formato o tamaño folio.

infopista *s. f.* Canal de comunicaciones o red informática que conecta una serie de ordenadores situados en lugares remotos.

información (del lat. *informatio, -onis*) *s. f.* **1.** Acción de informar o informarse. **2.** Conjunto de noticias, datos, etc. **3.** Oficina, despacho, etc., donde se informa sobre algo. **4.** Investigación judicial de un hecho o delito. || **5. información genética** Conjunto de rasgos que se transmite de padres a hijos y determina las características del nuevo organismo. FAM. Informática. INFORMAR.

informador, ra *adj.* **1.** Que informa. También *s. m.* y *f.* || *s. m.* y *f.* **2.** Persona que se dedica profesionalmente a la difusión o comunicación de la información. SIN. **2.** Periodista.

informal *adj.* **1.** Que no cumple sus obligaciones o compromisos. También *s. m.* y *f.* **2.** Que no sigue normas estrictas o no tiene seriedad y solemnidad: *Iban vestidos con ropa informal.* SIN. **1.** Incumplidor, malqueda. ANT. **1.** Cumplidor. **1.** y **2.** Formal. FAM. Informalidad, informalmente. FORMAL.

informar (del lat. *informare*) *v. tr.* **1.** Proporcionar a alguien noticias, datos, etc., sobre alguna cosa. También *v. prnl.* **2.** Caracterizar una cosa a otra: *La generosidad informa su carácter.* || *v. intr.* **3.** En un juicio, hablar los fiscales y abogados ante el tribunal. SIN. **1.** Comunicar, enterar(se). **3.** Alegar, exponer. ANT. **1.** Desinformar. FAM. Información, informador, informante, informativo, informe[1]. / Desinformar. FORMAR.

informática (del fr. *informatique*, contr. de *information* y *automatique*) *s. f.* Conjunto de técnicas y conocimientos sobre el tratamiento automático de la información mediante el uso de ordenadores. FAM. Informático, informatización, informatizar. INFORMACIÓN.

informativo, va *adj.* **1.** Que informa o sirve para informar: *nota informativa.* || *s. m.* **2.** Espacio de radio o televisión en el que se ofrecen noticias o información.

informatizar *v. tr.* **1.** Aplicar los procedimientos o métodos de la informática. **2.** Introducir el uso de la informática en una empresa o institución: *informatizar los Juzgados.*

informe[1] *s. m.* **1.** Noticia o conjunto de datos que se da acerca de una persona o cosa. Se usa mucho en *pl.*: *Los informes sobre el nuevo empleado son muy buenos.* **2.** Exposición, generalmente escrita, del estado de una cuestión: *informe sobre la reforma agraria.* **3.** Discurso que pronuncia el abogado defensor o el fiscal ante los tribunales o los jueces. SIN. **1.** Información, referencia. **2.** Memoria.

informe[2] (del lat. *informis*, de *in*, part. priv., y *forma*, figura) *adj.* Que no tiene una forma determinada: *En la oscuridad sólo se percibían unos bultos informes.* SIN. Deforme, impreciso, vago. FAM. Informidad. FORMA.

infortunado, da (del lat. *infortunatus*) *adj.* Desgraciado, desafortunado. SIN. Desdichado, desventurado. ANT. Afortunado. FAM. Infortunadamente, infortunio. FORTUNA.

infortunio (del lat. *infortunium*) *s. m.* Mala suerte, desgracia. SIN. Adversidad, desventura, desdicha. ANT. Fortuna.

infovía *s. f.* Red nacional de comunicaciones entre ordenadores, a la que se accede a través de la línea telefónica, y que permite el intercambio de información entre los usuarios.

infra (lat.) *adv.* Significa 'abajo' y se utiliza en los textos para remitir al lector a un párrafo posterior. ANT. Supra.

infra- (del lat. *infra*) *pref.* Significa 'inferior, debajo de': *infrahumano, infraestructura.*

infracción (del lat. *infractio, -onis*) *s. f.* Acción de infringir o no cumplir una ley, código, norma, etc.: *infracción de tráfico.* SIN. Falta. FAM. Infractor, infringir. FRACCIÓN.

infractor, ra *adj.* Que comete una infracción: *Los agentes tomaron la matrícula del vehículo infractor.* También *s. m.* y *f.* SIN. Transgresor.

infraestructura *s. f.* **1.** Conjunto de medios o instalaciones que se consideran básicos para el desarrollo de una actividad, para que un lugar pueda ser habitado, etc.: *La red de transportes forma parte de la infraestructura de una ciudad.* **2.** En obras y construcciones, estructura, materiales, etc., colocados en la parte inferior de éstas para proporcionarles sostén o firmeza: *la infraestructura de un edificio, de una carretera.* FAM. Infraestructural. ESTRUCTURA.

infraganti *adv. m.* In* fraganti.

infrahumano, na *adj.* Se dice de lo que es impropio de seres humanos por ser injusto, excesivamente duro o humillante. SIN. Inhumano, mísero. ANT. Humano.

infranqueable *adj.* Que es imposible o muy difícil de franquear, atravesar o salvar: *una barrera infranqueable, una dificultad infranqueable.* SIN. Insalvable, invencible. ANT. Franqueable.

infrarrojo, ja *adj.* **1.** Se dice de las radiaciones electromagnéticas, no visibles para el ojo humano, situadas en el espectro por debajo del rojo del espectro visible. También *s. m.* **2.** Se aplica al aparato que suministra esas radiaciones. También *s. m.* SIN. **1.** Ultrarrojo.

infrasonido *s. m.* Vibración que no puede ser escuchada por el oído humano a causa de su baja frecuencia. ANT. Ultrasonido. FAM. Infrasonoro. SONIDO.

infrasonoro, ra *adj.* Relativo a los infrasonidos. ANT. Ultrasonoro.

infrautilizar *v. tr.* Utilizar una cosa por debajo de sus posibilidades: *Deberías aprender informática, porque estás infrautilizando tu ordenador.* ■ Delante de *e* se escribe *c* en lugar de *z*. **FAM.** Infrautilización. UTILIZAR.

infravalorar *v. tr.* Dar a alguien o algo menos valor del que tiene o merece: *Han infravalorado su trabajo.* También *v. prnl.* **SIN.** Subestimar(se), minusvalorar(se). **ANT.** Sobrestimar(se). **FAM.** Infravaloración. VALORAR.

infravivienda *s. f.* Vivienda que no reúne las condiciones mínimas de habitabilidad: *Viven en infraviviendas, sin calefacción ni agua corriente.*

infrecuente (del lat. *infrequens, -entis*) *adj.* No frecuente. **FAM.** Infrecuencia. FRECUENTE.

infringir (del lat. *infringere*) *v. tr.* No cumplir una ley, norma, acuerdo, etc., o actuar en contra de lo dispuesto en ellos: *Infringió el reglamento.* ■ Delante de *a* y *o* se escribe *j* en lugar de *g*: *infrinjo.* No confundir con *infligir*, 'imponer castigo o pena'. **SIN.** Quebrantar, incumplir, transgredir, contravenir, violar. **ANT.** Acatar, obedecer.

infructuoso, sa (del lat. *infructuosus*) *adj.* Que no produce los resultados esperados. **SIN.** Improductivo. **ANT.** Fructífero. **FAM.** Infructuosamente, infructuosidad. FRUCTUOSO.

infrutescencia *s. f.* Conjunto de frutos que se desarrollan a partir de las flores de inflorescencia, como p. ej. la mora o el trigo.

ínfula (del lat. *infula*) *s. f.* **1.** Cada una de las dos cintas anchas que cuelgan de la mitra de los obispos. || *s. f. pl.* **2.** Soberbia, presunción: *darse ínfulas.* **SIN. 2.** Humos, aires.

infumable *adj.* **1.** Se dice del tabaco que por mala calidad o defecto de elaboración no se puede fumar. **2.** *fam.* Que es inaceptable, de mala calidad y nula utilidad: *Tuvimos que tragarnos una americanada infumable.*

infundado, da *adj.* Que carece de fundamento o motivo. **SIN.** Injustificado, inmotivado. **ANT.** Fundado. **FAM.** Infundadamente. FUNDADO.

infundio *s. m.* Noticia o rumor falso, generalmente negativo o difundido con mala intención. **SIN.** Bulo, calumnia. **FAM.** Infundioso.

infundir (del lat. *infundere*) *v. tr.* **1.** Causar cierto sentimiento o estado de ánimo en alguien: *infundir esperanza.* **2.** Comunicar Dios un don o gracia. **SIN. 1.** Inspirar, insuflar. **FAM.** Infusión, infuso. FUNDIR.

infusión (del lat. *infusio, -onis*) *s. f.* **1.** Acción de cocer o introducir en agua muy caliente ciertos frutos, hierbas, etc., para obtener sus partes solubles; y líquido así obtenido. **2.** En el bautismo, acción de verter agua sobre quien se bautiza. **3.** Introducción de un líquido, especialmente una solución salina, en una vena.

infuso, sa (del lat. *infusus*) *adj.* Se aplica a los conocimientos que, según la religión católica, Dios infunde o comunica al hombre.

ingeniar *v. tr.* Inventar o idear algo. || **LOC. ingeniárselas** Arreglárselas, apañárselas. **SIN.** Concebir, trazar.

ingeniería *s. f.* Conjunto de conocimientos y técnicas que permiten aplicar los descubrimientos científicos y los recursos naturales a la industria y al servicio del hombre. **FAM.** Ingeniero. INGENIO.

ingeniero, ra *s. m.* y *f.* **1.** Persona que tiene el título de ingeniería y, en especial, el que se dedica a ella. || *s. m.* **2.** *Méx.* Tratamiento dado a ejecutivos y otros profesionales.

ingenio (del lat. *ingenium*) *s. m.* **1.** Inventiva, inteligencia. **2.** Persona dotada de estas cualidades. **3.** Habilidad, maña: *Le burló con ingenio.* **4.** Sentido del humor agudo y ocurrente. **5.** Artefacto, máquina. **6.** Explotación de caña de azúcar y fábrica donde se elabora. **SIN. 1.** y **2.** Genio. **3.** Astucia. **4.** Agudeza, chispa, gracia. **5.** Artilugio, artificio. **ANT. 1.** y **3.** Torpeza. **FAM.** Ingeniar, ingeniería, ingeniosamente, ingeniosidad, ingenioso. GENIO.

ingenioso, sa (del lat. *ingeniosus*) *adj.* **1.** Que tiene mucho ingenio. **2.** Hecho o dicho con ingenio: *un plan ingenioso, una respuesta ingeniosa.* **SIN. 1.** y **2.** Agudo, inteligente, sutil, ocurrente. **ANT. 1.** y **2.** Torpe, soso.

ingente (del lat. *ingens, -entis*) *adj.* Inmenso, enorme: *cantidades ingentes, una labor ingente.* **SIN.** Colosal, monumental. **ANT.** Insignificante.

ingenuo, nua (del lat. *ingenuus*) *adj.* Falto de picardía. También *s. m.* y *f.* **SIN.** Cándido. **ANT.** Malicioso. **FAM.** Ingenuamente, ingenuidad.

ingerir (del lat. *ingerire*) *v. tr.* Introducir en el organismo, a través de la boca, comida, bebida, etc. ■ No confundir con *injerirse*, 'entromenterse'. Es v. irreg. Se conjuga como *sentir*. **SIN.** Deglutir, tomar, engullir. **FAM.** Ingesta, ingestión.

ingesta (del lat. *ingesta*, y éste de *ingerere*, ingerir) *s. f.* Acción de ingerir. **SIN.** Ingestión.

ingestión (del lat. *ingestio, -onis*) *s. f.* Acción de ingerir. **SIN.** Ingesta.

ingle (del lat. *inguen, -inis*) *s. f.* Parte del cuerpo donde se unen la zona anterior e inferior de la cavidad abdominal con el muslo. **FAM.** Inguinal.

inglés, sa *adj.* **1.** De Inglaterra. También *s. m.* y *f.* **2.** En lenguaje corriente, británico. También *s. m.* y *f.* || *s. m.* **3.** Lengua germánica hablada en el Reino Unido, Estados Unidos, Canadá, Australia y otros países de influencia británica. **FAM.** Espanglish.

inglete (del fr. *anglet*, y éste de *angle*, del lat. *angulus*, ángulo) *s. m.* **1.** Unión en ángulo recto de las piezas de una moldura, de dos azulejos, etc. **2.** Ángulo de 45 grados que forma la hipotenusa de una escuadra con cada uno de sus catetos.

ingobernable *adj.* Que no se puede gobernar. **SIN.** Incontrolable, rebelde, indócil. **ANT.** Gobernable, manejable, controlable.

ingratitud (del lat. *ingratitudo, -inis*) *s. f.* Característica o conducta de la persona ingrata. **SIN.** Desagradecimiento, egoísmo, desconsideración. **ANT.** Gratitud, agradecimiento.

ingrato, ta (del lat. *ingratus*) *adj.* **1.** Desagradecido*. También *s. m.* y *f.* **2.** Desagradable, molesto: *una tarea ingrata.* **SIN. 2.** Molesto, enojoso. **ANT. 2.** Grato. **FAM.** Ingratamente, ingratitud. GRATO.

ingravidez *s. f.* **1.** Cualidad de ingrávido. **2.** Estado de los cuerpos que no están sujetos a la acción de la gravedad. **SIN. 1.** Ligereza, liviandad.

ingrávido, da *adj.* **1.** Se dice del cuerpo que no está sometido a la fuerza de gravedad. **2.** Ligero, vaporoso: *ingrávido como una gasa.* **SIN. 2.** Liviano, etéreo, tenue. **ANT. 1.** Grave. **2.** Pesado. **FAM.** Ingravidez. GRÁVIDO.

ingrediente (del lat. *ingrediens, -entis*, de *ingredi*, entrar en) *s. m.* **1.** Cualquiera de los elementos que se combinan para formar un compuesto: *los ingredientes de un guiso, de una fórmula.* **2.** P. ext., cada uno de los elementos que contribuyen a caracterizar algo o a producir un efecto: *La película tiene todos los ingredientes para ser un éxito.* **SIN. 1.** y **2.** Componente. **2.** Factor. **FAM.** Véase **ingresar**.

ingresar *v. intr.* **1.** Entrar en algún organismo, corporación, etc., y particularmente en un centro sanitario. También *v. tr.*: *Le ingresaron esta mañana para operarle.* || *v. tr.* **2.** Depositar dinero en un banco o establecimiento semejante. También *v. intr.* **3.** Obtener o recibir periódicamente una cantidad de dinero por algún concepto. **SIN. 1.** Incorporar(se); internar. **3.** Percibir, embolsar(se). **ANT. 1.** Salir, abandonar. **2.** Retirar. **3.** Perder. **FAM.** Ingrediente, ingresivo, ingreso. / Reingresar.

ingresivo, va (del lat. *ingressus*, p. de *ingredi*, entrar) *adj.* Se dice del aspecto verbal y de las perífrasis verbales que indican el principio de una acción; como p. ej.: *echarse a* ..., *ponerse a* ..., etc.

ingreso (del lat. *ingressus*) *s. m.* **1.** Acción de ingresar: *Es muy difícil el ingreso en ese club.* **2.** Cantidad de dinero que se ingresa en una cuenta bancaria. **3.** Cantidad de dinero que se gana. Se usa más en *pl.*: *El negocio le deja buenos ingresos.* **SIN. 1.** Entrada, admisión, incorporación. **ANT. 1.** Salida, abandono, expulsión.

íngrimo, ma *adj.* Solitario, solo, abandonado. También *s. m.* y *f.*

inguinal (del lat. *inguinalis*) *adj.* De la ingle.

inhábil (del lat. *inhabilis*) *adj.* **1.** No hábil: *inhábil para los negocios; día inhábil.* **2.** Incapacitado para ciertos cargos, empleos o dignidades. **FAM.** Inhabilidad, inhabilitar. HÁBIL.

inhabilitar *v. tr.* **1.** Declarar a alguien no apto para ciertos cargos, empleos, etc., o para ejercer determinados derechos. **2.** Imposibilitar, impedir: *La artrosis en las manos le inhabilitó para la cirugía.* También *v. prnl.* **SIN. 1.** y **2.** Incapacitar. **ANT. 1.** y **2.** Habilitar. **FAM.** Inhabilitación. INHÁBIL.

inhabitable (del lat. *inhabitabilis*) *adj.* Que no reúne las condiciones necesarias para ser habitado. **ANT.** Habitable.

inhalador *s. m.* Aparato para hacer inhalaciones.

inhalar (del lat. *inhalare*) *v. tr.* Aspirar gases, vapores o líquidos muy pulverizados. **ANT.** Exhalar. **FAM.** Inhalación, inhalador. HÁLITO.

inherente (del lat. *inhaerens, -entis*, de *inhaerere*, estar unido) *adj.* Propio e inseparable de una persona o cosa. **SIN.** Consubstancial, connatural. **ANT.** Accesorio. **FAM.** Inherencia.

inhibición (del lat. *inhibitio, -onis*) *s. f.* **1.** Acción de inhibir o inhibirse. **2.** En psicol., perturbación del curso normal de las actividades corporales o psíquicas (pensamiento, conducta, movimiento, etc.) por diversas causas, como miedo, sentimiento de culpabilidad, de inferioridad, etc. **SIN. 1.** Cohibición, restricción, privación, freno. **ANT. 1.** Estímulo, excitación.

inhibidor, ra *adj.* En medicina, que inhibe o produce suspensión de alguna función orgánica. También *s. m.*

inhibir (del lat. *inhibere*) *v. tr.* **1.** Reprimir las acciones, impulsos, etc., de alguien. También *v. prnl.* **2.** Suspender o frenar la función o actividad de un órgano. También *v. prnl.* **3.** Impedir que un juez continúe ocupándose de una causa o proceso. **SIN. 1.** Cohibir(se), refrenar, coartar. **ANT. 1.** y **2.** Estimular(se). **FAM.** Inhibición, inhibidor, inhibitorio. / Desinhibirse.

inhospitalario, ria *adj.* **1.** No hospitalario. **2.** Inhóspito*. **FAM.** Inhospitalidad, inhóspito. HOSPITALARIO.

inhóspito, ta (del lat. *inhospitus*) *adj.* Se aplica a los lugares, climas, etc., desagradables, que no ofrecen seguridad o abrigo. **SIN.** Inhospitalario, desapacible. **ANT.** Acogedor.

inhumano, na (del lat. *inhumanus*) *adj.* **1.** Cruel, despiadado: *un trato inhumano.* **2.** *Chile* Sucio, desaseado. **SIN. 1.** Desalmado; infrahumano. **2.** Desastrado. **ANT. 1.** Humano. **2.** Aseado. **FAM.** Inhumanamente, inhumanidad. HUMANO.

inhumar (del lat. *inhumare*, de *in*, en, y *humus*, tierra) *v. tr.* Enterrar a un cadáver. **SIN.** Sepultar. **ANT.** Exhumar. **FAM.** Inhumación. HUMUS.

iniciado, da *adj.* Que ha sido introducido en una sociedad secreta o en el conocimiento de una cosa secreta.

inicial (del lat. *initialis*) *adj.* **1.** Que esta al inicio o principio. **2.** Se aplica particularmente a la primera letra de una palabra. También *s. f.*: *Sus iniciales estaban bordadas en las sábanas.* **ANT. 1.** Final.

inicialar *v. tr. Arg.* y *Urug.* Escribir los datos personales en un documento.

inicializar *v. tr.* **1.** En inform., asignar a una variable de un programa un valor inicial que sustituya a los que hubiera podido adoptar en procesos anteriores. **2.** En inform., preparar o configurar un programa o dispositivo para su posterior funcionamiento. ■ Delante de *e* se escribe *c* en lugar de *z*: *inicialice.*

iniciar (del lat. *initiare*, de *initium*, principio) *v. tr.* **1.** Comenzar, empezar. También *v. prnl.* **2.** Dar a alguien los primeros conocimientos sobre algo o introducirle en los secretos de alguna cosa. También *v. prnl.* **SIN. 1.** Principiar, inaugurar. **ANT. 1.** Terminar. **FAM.** Iniciación, iniciado, iniciador, inicial, inicializar, iniciático, iniciativa, iniciativo, inicio.

iniciático, ca *adj.* Que sirve para iniciar a una persona en algún conocimiento o actividad: *ritos iniciáticos.*

iniciativa *s. f.* **1.** Capacidad para emprender o idear cosas. **2.** Idea que propone alguien para hacer alguna cosa: *Toda iniciativa será bien acogida.* **3.** Anticiparse a los demás en alguna acción, generalmente dirigiéndola: *Tomar la iniciativa en el juego.* **SIN. 1.** Decisión. **2.** Proposición, sugerencia.

inicio (del lat. *initium*) *s. m.* Comienzo*.

inicuo, cua (del lat. *iniquus*) *adj.* **1.** No equitativo, injusto: *Fue un reparto inicuo.* **2.** Malvado, cruel. ■ No confundir con *inocuo*, 'que no produce daño'. **SIN. 1.** Arbitrario, parcial. **2.** Perverso. **ANT. 1.** Justo, imparcial. **2.** Bondadoso. **FAM.** Inicuamente, iniquidad.

inigualable *adj.* Que no se puede igualar. **SIN.** Incomparable, impar. **FAM.** Inigualado. IGUALAR.

inimaginable *adj.* Que no se puede imaginar o concebir por su intensidad o magnitud. **SIN.** Impensable, inconcebible.

inimitable *adj.* Que no se puede imitar: *El estilo de ese torero es inimitable.*

ininteligible (del lat. *inintelligibilis*) *adj.* Imposible o muy difícil de entender o interpretar: *una letra ininteligible.* **SIN.** Incomprensible, indescifrable, enrevesado. **ANT.** Inteligible. **FAM.** Ininteligibilidad. INTELIGIBLE.

ininterrumpido, da *adj.* Que no tiene interrupciones o cortes. **SIN.** Continuado, continuo, incesante. **ANT.** Interrumpido. **FAM.** Ininterrumpidamente. INTERRUMPIR.

iniquidad (del lat. *iniquitas, -atis*) *s. f.* Cualidad de inicuo o acción inicua. **SIN.** Parcialidad, injusticia, arbitrariedad; vileza, ignominia. **ANT.** Equidad; bondad.

injerencia *s. f.* Intervención en un negocio o asunto ajeno. **SIN.** Intromisión.

injerirse (del lat. *inserere*) *v. prnl.* Meterse alguien en asuntos que no le interesan o donde no le corresponde. ■ Es v. irreg. Se conjuga como *sentir*. FAM. Injerencia.

injertar (del lat. *insertare*) *v. tr.* **1.** Introducir en la rama o tronco de una planta una rama de otra para que brote. **2.** Aplicar un trozo de tejido vivo a una parte lesionada del cuerpo para que se unan. SIN. **2.** Implantar. FAM. Injerta, injertador, injerto.

injerto (del lat. *insertus*, p. de *insertare*, insertar) *s. m.* **1.** Acción de injertar: *Le hicieron un injerto de piel.* **2.** Planta injertada: *Este naranjo es un injerto de dos variedades.* **3.** Lo que se injerta en otra cosa: *Haz un corte en el tronco e introduce el injerto. Su organismo rechazó el injerto.*

injuria (del lat. *iniuria*) *s. f.* Ofensa o insulto grave y daño causado. SIN. Afrenta, agravio, oprobio, ultraje, improperio. ANT. Alabanza. FAM. Injuriador, injuriante, injuriar, injuriosamente, injurioso.

injuriar (del lat. *injuriare*) *v. tr.* **1.** Ofender o insultar gravemente. **2.** Dañar, perjudicar: *Inventaban calumnias para injuriar su fama.* SIN. **1.** Agraviar, afrentar, ultrajar, denigrar, denostar. **2.** Arruinar, manchar. ANT. **1.** Alabar. **2.** Favorecer.

injusticia *s. f.* **1.** Falta de justicia: *Prometió luchar contra la injusticia.* **2.** Acción o situación injusta: *Lo que han hecho contigo es una injusticia.* SIN. **2.** Abuso, atropello.

injusto, ta (del lat. *iniustus*) *adj.* Que no es justo. También *s. m.* y *f.* SIN. Arbitrario, parcial, inicuo; inmerecido. ANT. Imparcial; merecido. FAM. Injustamente, injusticia. JUSTO.

inmaculado, da (del lat. *immaculatus*) *adj.* **1.** Totalmente limpio, sin manchas. **2.** Puro, sin defectos o aspectos negativos: *un expediente inmaculado.* || *s. f.* **3.** Por antonomasia, la Virgen María. ■ Con este significado se escribe con mayúscula. SIN. **1.** y **2.** Impoluto, impecable. **2.** Intachable. ANT. **1.** Sucio. **2.** Impuro. FAM. Inmaculadamente. MÁCULA.

inmaduro, ra *adj.* Se dice de la persona o cosa que no ha madurado: *un fruto inmaduro; un muchacho inmaduro.* También *s. m.* y *f.* SIN. Verde. FAM. Inmadurez. MADURO.

inmanencia *s. f.* Cualidad de inmanente. ANT. Trascendencia.

inmanente (del lat. *immanens, -entis*, de *in*, dentro, y *manere*, permanecer) *adj.* En fil., inherente a un ser. ANT. Trascendente. FAM. Inmanencia, inmanentismo.

inmarcesible (del lat. *immarcescibilis*) *adj.* Que no se puede marchitar, imperecedero. SIN. Inmarchitable; eterno. ANT. Marchitable, efímero. FAM. Véase **marchitar**.

inmaterial (del lat. *immaterialis*) *adj.* No material. SIN. Incorpóreo, intangible, espiritual. ANT. Corpóreo, físico. FAM. Inmaterialidad. MATERIAL.

inmediaciones *s. f. pl.* Alrededores, proximidades. SIN. Aledaños.

inmediatamente *adv. m.* **1.** De manera inmediata, con inmediatez. || *adv. t.* **2.** Enseguida, al momento: *Para llegar a tiempo tienes que bajar del tren e inmediatamente coger el autobús.*

inmediato, ta (del lat. *immediatus*, de *in*, part. priv., y *medium*, medio) *adj.* **1.** Sin mediar espacio o tiempo: *Su piso está inmediato al mío. El enfermo tuvo una mejoría inmediata.* **2.** Muy cercano, en las proximidades: *El aeropuerto está inmediato a la ciudad.* || *s. f.* **3.** Con el artículo *la*, el resultado o la acción siguiente de lo que se expresa: *Después de lo que dijo, la inmediata fue echarnos a reír.* SIN. **1.** Consecutivo, contiguo, seguido. ANT. **2.** Alejado. FAM. Inmediaciones, inmediatamente, inmediatez. MEDIATO.

inmejorable *adj.* Que es tan bueno que no se puede mejorar. SIN. Insuperable. ANT. Pésimo.

inmemorial o **inmemorable** *adj.* Muy antiguo, remoto: *de tiempos inmemoriales.* SIN. Remoto.

inmenso, sa (del lat. *immensus*) *adj.* **1.** Muy grande o intenso: *el inmenso firmamento; una inmensa alegría.* **2.** Muy oportuno, acertado o inspirado: *Estuvo inmenso en el escenario.* SIN. **1.** Inconmensurable, enorme, tremendo. **2.** Genial. ANT. **1.** Pequeño, limitado. **2.** Pésimo. FAM. Inmensamente, inmensidad. MENSURAR.

inmerecido, da *adj.* No merecido. SIN. Injusto. ANT. Merecido. FAM. Inmerecidamente. MERECER.

inmersión (del lat. *immersio, -onis*) *s. f.* **1.** Acción de sumergir o sumergirse en un líquido. **2.** En astron., paso de un astro por detrás de otro que lo oculta. SIN. **1.** Sumersión, sumergimiento. ANT. **1.** y **2.** Emersión.

inmerso, sa (del lat. *immersus*, de *immergere*, sumergir) *adj.* **1.** Sumergido en un líquido. **2.** Totalmente concentrado, absorto: *inmerso en la lectura.* **3.** Que permanece en cierta situación, estado, etc., del que es difícil salir: *inmersos en la crisis, en la pobreza.* SIN. **2.** Abstraído, ensimismado. **2.** y **3.** Sumido. ANT. **2.** Desconcentrado, distraído. FAM. Inmersión.

inmigración *s. f.* **1.** Acción de inmigrar. **2.** Conjunto de personas que se han establecido en un lugar proveniente de otro: *la inmigración española en Argentina.* **3.** Situación o condición del inmigrante: *los problemas de la inmigración.* SIN. **1.** Asentamiento, establecimiento. ANT. **1.** Emigración.

inmigrante *adj.* **1.** Que inmigra. **2.** Se dice de la persona que se establece en un lugar procedente de otro, generalmente por motivos económicos. También *s. m.* y *f.* ANT. **1.** y **2.** Emigrante.

inmigrar (del lat. *inmigrare*, de *in*, en, y *migrare*, irse, pasar) *v. intr.* Llegar a un país o región para establecerse allí personas o animales procedentes de otro. FAM. Inmigración, inmigrado, inmigrante, inmigratorio. MIGRAR.

inminente (del lat. *imminens, -entis*) *adj.* Que está a punto de suceder. SIN. Inmediato. ANT. Remoto. FAM. Inminencia. EMINENCIA.

inmisario, ria *adj.* Se dice del curso de agua que desemboca en otro o en un lago. También *s. m.*

inmiscuirse (del bajo lat. *immiscuere*) *v. prnl.* Meterse alguien en los asuntos de otros: *No me gusta inmiscuirse en la vida de los demás.* ■ Es v. irreg. Se conjuga como *huir.* SIN. Entrometerse.

inmobiliario, ria *adj.* **1.** De los bienes inmuebles. || *s. f.* **2.** Empresa que se dedica a la construcción, compraventa, alquiler, etc., de viviendas y locales.

inmoderado, da (del lat. *immoderatus*) *adj.* Que no tiene moderación. SIN. Desenfrenado, desmedido, descomedido. ANT. Moderado. FAM. Inmoderadamente. MODERADO.

inmodesto, ta (del lat. *immodestus*) *adj.* Que no es modesto. También *s. m.* y *f.* SIN. Presumido, vanidoso, jactancioso. ANT. Sencillo. FAM. Inmodestamente, inmodestia. MODESTO.

inmolar (del lat. *immolare*) *v. tr.* **1.** Sacrificar una víctima a la divinidad. **2.** Sacrificar alguna cosa por el bien de los demás. También *v. prnl.* SIN. **1.** Ofrendar, ofrecer. **2.** Renunciar. FAM. Inmolación, inmolador.

inmoral *adj.* Que va contra la moral o se aparta de ella. También *s. m.* y *f.* SIN. Amoral, ilícito; deshonesto, indecente. ANT. Moral, decente. FAM. Inmoralidad. MORAL[1].

inmoralidad *s. f.* **1.** Cualidad de inmoral. **2.** Obra o dicho inmoral. ANT. **1.** Moralidad.

inmortal (del lat. *immortalis*) *adj.* **1.** Que no puede morir. **2.** Se aplica a la persona o cosa que siempre será recordada y valorada. SIN. **1.** y **2.** Imperecedero, eterno. ANT. **1.** Mortal. **1.** y **2.** Perecedero. FAM. Inmortalidad, inmortalizar, inmortalmente. MORTAL.

inmortalidad *s. f.* **1.** Cualidad de inmortal: *la religión católica cree en la inmortalidad del alma.* **2.** Duración indefinida de una cosa en la memoria de los hombres: *Cervantes alcanzó la inmortalidad por medio de su obra.* ANT. **1.** Mortalidad.

inmotivado, da *adj.* Sin motivo, injustificado: *una protesta inmotivada.* SIN. Infundado. ANT. Motivado. FAM. Inmotivadamente. MOTIVAR.

inmóvil *adj.* Que no se mueve. SIN. Quieto, estático, parado. ANT. Móvil. FAM. Inmovilidad, inmovilismo, inmovilizar. MÓVIL.

inmovilismo *s. m.* Tendencia a mantener lo establecido sin ninguna innovación, especialmente en el terreno político, social o religioso. SIN. Reaccionarismo. ANT. Progresismo. FAM. Inmovilista. INMÓVIL.

inmovilizado, da **1.** *p.* de **inmovilizar**. También *adj.* || *s. m.* **2.** Parte del activo de una empresa, entidad, etc., formado por bienes permanentes, como maquinaria, inmuebles, etc.

inmovilizar *v. tr.* **1.** Hacer que alguien o algo quede inmóvil o sin posibilidad de movimiento. También *v. prnl.* **2.** Impedir que algo cambie, evolucione, se desarrolle, etc. **3.** Invertir dinero en algo que produce beneficios a muy largo plazo. **4.** En der., impedir la libre enajenación o transmisión de bienes o propiedades. ■ Delante de *e* se escribe *c* en lugar de *z.* SIN. **1.** y **2.** Paralizar(se), parar(se), detener(se), bloquear(se). ANT. **1.** Mover(se). **2.** Activar, estimular. FAM. Inmovilización, inmovilizado. INMÓVIL.

inmueble (del lat. *immobilis*) *adj.* **1.** Se dice de los bienes que no pueden trasladarse de un sitio a otro, como fincas, edificios, etc. También *s. m.* || *s. m.* **2.** Edificio. FAM. Inmobiliario. MUEBLE.

inmundicia (del lat. *immunditia*) *s. f.* **1.** Cualidad de inmundo. **2.** Basura, suciedad. Se usa más en *pl.*: *El suelo está lleno de inmundicias.* SIN. **2.** Porquería, cochambre.

inmundo, da (del lat. *immundus*) *adj.* **1.** Muy sucio: *un bar inmundo.* **2.** Deshonesto, indecente, soez: *un lenguaje inmundo.* SIN. **1.** Cochambroso. ANT. **1.** Limpio. **2.** Honesto. FAM. Inmundicia.

inmune (del lat. *inmunis*) *adj.* Que tiene inmunidad: *Es inmune al sarampión porque ya lo ha tenido. El embajador es inmune respecto a los tribunales locales.* SIN. Invulnerable. ANT. Indefenso, inerme.

inmunidad (del lat. *immunitas, -atis*) *s. f.* **1.** Protección o resistencia ante un daño o perjuicio, particularmente contra una enfermedad activando los mecanismos de defensa del organismo. **2.** Privilegio que disfrutan ciertas personas, lugares u objetos al no encontrarse sometidos a los procedimientos legales normales. SIN. **1.** Invulnerabilidad. ANT. **1.** y **2.** Indefensión. FAM. Inmune, inmunitario, inmunización, inmunizador, inmunizante, inmunizar, inmunodeficiencia, inmunodepresor, inmunoglobulina, inmunología, inmunoterapia.

inmunitario, ria *adj.* En med. y biol., relativo a la inmunidad: *La vacuna es una medida inmunitaria.*

inmunizar *v. tr.* Hacer inmune: *Las vacunas inmunizan contra muchas enfermedades.* También *v. prnl.* ■ Delante de *e* se escribe *c* en lugar de *z*: *inmunice.* SIN. Proteger.

inmunodeficiencia *s. f.* Estado patológico caracterizado por la disminución de las defensas inmunitarias del organismo. FAM. Inmunodeficiente. INMUNIDAD y DEFICIENCIA.

inmunodepresor, ra *adj.* Se aplica al medicamento o método que contrarresta las reacciones de inmunidad del organismo. También *s. m.*

inmunoglobulina *s. f.* Proteína del plasma sanguíneo que presenta propiedades de anticuerpo.

inmunología *s. f.* Parte de la medicina que estudia los fenómenos de inmunidad en el organismo. FAM. Inmunológico, inmunólogo. INMUNIDAD.

inmunológico, ca *adj.* **1.** Relativo a la inmunología o a la inmunidad. || **2. aparato inmunológico** Conjunto de órganos de los animales en los que se producen o se acumulan los linfocitos, que son los encargados de elaborar los anticuerpos.

inmunoterapia *s. f.* Tratamiento de las enfermedades infecciosas mediante la produccion de inmunidad.

inmutable (del lat. *immutabilis*) *adj.* **1.** Que no cambia. **2.** Que no se altera o impresiona. SIN. **1.** y **2.** Inalterable. **2.** Impertérrito. ANT. **1.** y **2.** Alterable. FAM. Inmutabilidad. INMUTAR.

inmutar (del lat. *immutare*) *v. tr.* Alterar, impresionar. Se usa más como *v. prnl.* y en frases neg.: *Ni se inmutó al oírlo.* SIN. Conmover(se), turbar(se). FAM. Inmutable, inmutación. MUTAR.

innato, ta (del lat. *innatus*, de *innasci*, nacer en, producirse) *adj.* Se aplica a aquello que se posee desde que se nace y que no se debe a la educación o la experiencia. SIN. Natural, connatural, congénito. ANT. Adquirido.

innecesario, ria *adj.* No necesario. FAM. Innecesariamente. NECESARIO.

innegable *adj.* Que no se puede negar. ANT. Negable, discutible. FAM. Innegablemente. NEGAR.

innegociable *adj.* Que no se puede negociar: *Mis condiciones son innegociables.*

innoble (del lat. *ignobilis*) *adj.* Que demuestra deslealtad, falsedad o cobardía. SIN. Indigno, infame, vil. ANT. Noble.

innocuo, cua (del lat. *innocuus*) *adj.* Inocuo*. FAM. Innocuidad. INOCUO.

innombrable *adj.* Que no se puede o debe nombrar por producir horror, ser inconveniente, etc.

innominado, da (del lat. *innominatus*) *adj.* Que no tiene un nombre en particular.

innovación (del lat. *innovatio, -onis*) *s. f.* Cambio, novedad. SIN. Transformación, renovación, invención.

innovar (del lat. *innovare*) *v. tr.* Cambiar algo introduciendo cosas nuevas o desconocidas: *innovar una técnica.* SIN. Renovar. ANT. Conservar. FAM. Innovación, innovador. NUEVO.

innumerable (del lat. *innumerabilis*) *adj.* Tan numeroso que no se puede numerar o contar; se usa mucho hiperbólicamente: *Ofrecen innumerables ventajas.* SIN. Incontable. ANT. Escaso. FAM. Innúmero, innumerabilidad. NUMERAR.

innúmero, ra (del lat. *innumerus*) *adj.* Innumerable*.

inobservancia *s. f.* No observancia, incumplimiento. ANT. Obediencia. FAM. Inobservante. OBSERVANCIA.

inocentada *s. f. fam.* Broma que se gasta a alguien, en especial el 28 de diciembre, día de los Santos Inocentes.

inocente (del lat. *innocens, -entis*) *adj.* **1.** Que no tiene culpa. También *s. m.* y *f.* **2.** Ingenuo, crédulo. También *s. m.* y *f.* **3.** Que no produce daño o mal alguno: *una broma inocente.* **SIN. 2.** Cándido, candoroso. **3.** Inofensivo, inocuo. **ANT. 1.** Culpable. **2.** Malicioso. **3.** Dañino, nocivo. **FAM.** Inocencia, inocentada, inocentemente, inocentón.

inocular (del lat. *inoculare*, injertar) *v. tr.* **1.** Introducir en el organismo una sustancia: *El escorpión inocula veneno con su aguijón.* También *v. prnl.* **2.** Comunicar, transferir, especialmente algo negativo: *inocular falsas ideas.* **SIN. 2.** Inculcar. **FAM.** Inoculable, inoculación, inoculador.

inocuo, cua (del lat. *innocuus*) *adj.* **1.** Inofensivo: *un producto inocuo.* **2.** Que no despierta interés o emoción: *una obra inocua.* ■ Se escribe también *innocuo.* No confundir con *inicuo*, 'injusto, malvado'. **SIN. 2.** Insulso, anodino. **ANT. 1.** Nocivo. **2.** Apasionante. **FAM.** Inocuidad. / Innocuo.

inodoro, ra (del lat. *inodorus*) *adj.* **1.** Que no tiene olor. || *s. m.* **2.** Retrete. **SIN. 2.** Wáter.

inofensivo, va *adj.* Que no causa daño o perjuicio: *un animal inofensivo, un comentario inofensivo.* **SIN.** Inocuo. **ANT.** Dañino; ofensivo.

inoficioso, sa *adj. Amér.* Inútil, ocioso, ineficaz.

inolvidable *adj.* Que no se puede olvidar, especialmente por sus aspectos positivos: *Pasamos juntos días inolvidables.*

inoperable *adj. Arg.* y *Urug.* Se dice de las estaciones o aeropuertos que no están en servicio.

inoperante *adj.* Ineficaz, inútil.

inopia (del lat. *inopia*) *s. f.* Pobreza, escasez. || **LOC. estar en la inopia** *fam.* Estar distraído, no enterarse de lo que pasa. **SIN.** Indigencia, miseria. **ANT.** Riqueza.

inopinado, da (del lat. *inopinatus*) *adj.* Inesperado, repentino: *Se marchó de forma inopinada.* **FAM.** Inopinadamente. OPINAR.

inoportuno, na (del lat. *inopportunus*) *adj.* Se aplica a lo que se hace, se dice o sucede en ocasiones o lugares en que no conviene, y a las personas que lo hacen o dicen: *una visita inoportuna.* También *s. m.* y *f.* **SIN.** Inconveniente, intempestivo. **ANT.** Oportuno. **FAM.** Inoportunamente, inoportunidad. OPORTUNO.

inorgánico, ca *adj.* **1.** Que no tiene vida, como los minerales. **2.** Se dice de los compuestos químicos en cuya composición no entra el carbono como elemento fundamental. **3.** Mal organizado. || **4. quimica inorgánica** Véase **química**. **SIN. 3.** Desorganizado.

inoxidable *adj.* Que no se oxida.

input (ingl.) *s. m.* **1.** En econ., elemento que se emplea en un proceso de producción, como p. ej. la materia prima. **2.** En inform., sistema de entrada de información en un ordenador y los datos y programas que se introducen. **SIN. 1.** Insumo.

inquebrantable *adj.* Que no puede quebrantarse. **SIN.** Firme, sólido. **ANT.** Frágil.

inquietar (del lat. *inquietare*) *v. tr.* Poner inquieto, nervioso. También *v. prnl.* **SIN.** Intranquilizar(se), alarmar(se). **ANT.** Tranquilizar(se). **FAM.** Inquietante. INQUIETO.

inquieto, ta (del lat. *inquietus*) *adj.* **1.** Que no puede estarse quieto. **2.** Preocupado. **3.** Agitado, sin tranquilidad ni reposo. **4.** Siempre dispuesto a emprender o conocer cosas nuevas. **SIN. 1.** Bullicioso. **1.** a **3.** Intranquilo. **2.** Alarmado. **ANT. 1.** a **3.** Tranquilo. **FAM.** Inquietamente, inquietar, inquietud. QUIETO.

inquietud (del lat. *inquietudo, -inis*) *s. f.* **1.** Cualidad o estado de inquieto. **2.** Interés de tipo intelectual, social, etc. Se usa más en *pl.* **SIN. 1.** Intranquilidad, agitación, alarma. **1.** y **2.** Preocupación. **ANT. 1.** Tranquilidad.

inquilinismo *s. m.* Asociación biológica de seres vivos en la que una especie busca refugio o provecho en otra, a la que no perjudica.

inquilino, na (del lat. *inquilinus*) *s. m.* y *f.* **1.** Persona que vive en una casa alquilada. **2.** Arrendatario. || *s. m.* **3.** En biol., ser vivo que practica el inquilinismo. **FAM.** Inquilinismo.

inquina *s. f.* Manía, antipatía. **SIN.** Aversión, ojeriza. **ANT.** Simpatía.

inquirir (del lat. *inquirere*) *v. tr.* Preguntar, investigar. ■ Es v. irreg. Se conjuga como *adquirir.* **SIN.** Interrogar, indagar. **FAM.** Inquiridor, inquisición, inquisidor, inquisitivo, inquisitorial, inquisitorio.

inquisición (del lat. *inquisitio, -onis*) *s. f.* **1.** Acción de inquirir. **2.** Antiguo tribunal eclesiástico, conocido también como Santo Oficio, que perseguía y castigaba los delitos contra la fe. ■ En esta acepción se escribe con mayúscula. **SIN. 1.** Indagación, pesquisa.

inquisidor, ra (del lat. *inquisitor, -oris*) *adj.* **1.** Que inquiere: *una pregunta inquisidora.* También *s. m.* y *f.* || *s. m.* **2.** Juez de la Inquisición. **SIN. 1.** Inquiridor, inquisitivo.

inquisitorial *adj.* **1.** Del inquisidor o del tribunal de la Inquisición. **2.** *fam.* Se dice de lo que por su severidad y dureza parece propio de la Inquisición: *métodos inquisitoriales.*

inri *s. m.* Iniciales de las palabras del rótulo latino de la cruz en que murió Jesucristo, que decía: *Iesus Nazarenus Rex Iudaeorum* (Jesús Nazareno, rey de los judíos). || **LOC. para más inri** *adv.* Indica que algo viene a empeorar algo ya dicho anteriormente.

insaciable (del lat. *insatiabilis*) *adj.* Difícil de saciar o satisfacer. **ANT.** Saciable. **FAM.** Insaciabilidad, insaciablemente. SACIAR.

insacular *v. tr.* Colocar papeletas, bolas, etc., en un saco o urna. **FAM.** Insaculación. SACO.

insalivar *v. tr.* Mezclar los alimentos con saliva en la boca. **FAM.** Insalivación. SALIVAR.

insalubre (del lat. *insalubris*) *adj.* Insano*. **FAM.** Insalubridad. SALUBRE.

insalvable *adj.* Imposible o muy difícil de salvar o superar: *una distancia insalvable.* **SIN.** Invencible, insuperable. **ANT.** Salvable.

insania (del lat. *insania*) *s. f.* Demencia*.

insano, na (del lat. *insanus*) *adj.* Perjudicial para la salud. **SIN.** Insalubre, nocivo. **ANT.** Sano. **FAM.** Insania. SANO.

insatisfactorio, ria *adj.* No satisfactorio.

insatisfecho, cha *adj.* No satisfecho. **FAM.** Insatisfacción, insatisfactorio. SATISFECHO.

insaturado, da *adj.* En quím., que tiene como mínimo un enlace múltiple entre dos átomos de carbono.

inscribir (del lat. *inscribere*) *v. tr.* **1.** Anotar en una lista, registro, etc. También *v. prnl.* **2.** Grabar: *inscribir en una placa conmemorativa.* **3.** Trazar una figura geométrica dentro de otra de manera que estén en contacto por varios puntos, pero sin cortarse. También *v. prnl.* ■ Su p. es irreg.: *inscrito.* **SIN. 1.** Apuntar(se), registrar(se). **2.** Labrar. **ANT. 1.** Borrar(se). **3.** Circunscribir(se). **FAM.** Inscribible, inscripción, inscrito. / Preinscripción. ESCRIBIR.

inscripción *s. f.* **1.** Acción de inscribir o inscribirse: *inscripción en el censo.* **2.** Escrito grabado en una superficie: *El anillo tiene una inscripción.* **SIN. 1.** Anotación, registro.

inscrito, ta *p.* irreg. de **inscribir**. También *adj.*

insecticida (de *insecto* y *-cida*) *adj.* Se aplica al producto para matar insectos. También *s. m.*

insectívoro, ra (de *insecto* y *-voro*) *adj.* **1.** Se dice de los animales que se alimentan de insectos. También *s. m.* **2.** Particularmente, se aplica a los mamíferos placentarios de pequeño tamaño, con el cuerpo cubierto de pelaje espeso o espinas, cinco dedos en cada pie, hocico alargado y boca adaptada para atrapar y masticar insectos, como topos, erizos, musarañas, etc. También *s. m.* **3.** Se dice de las plantas que atrapan insectos entre sus hojas y los digieren. || *s. m. pl.* **4.** Orden constituido por los mamíferos mencionados.

insecto (del lat. *insectum*) *adj.* **1.** Se dice de los artrópodos dotados de antenas, mandíbulas y tráqueas, tres pares de patas, uno o dos pares de alas (a veces ninguno) y el cuerpo segmentado y dividido en cabeza, tórax y abdomen. También *s. m.* || *s. m. pl.* **2.** Clase formada por estos animales. **FAM.** Insecticida, insectívoro. / Desinsectar.

inseguro, ra *adj.* Que no tiene o no ofrece seguridad: *un vehículo inseguro, una persona insegura.* **SIN.** Peligroso; inestable, indeciso. **ANT.** Seguro, firme. **FAM.** Inseguramente, inseguridad. SEGURO.

inseminación (de *in-* y el lat. *seminatio*, fecundación) *s. f.* **1.** Fecundación del óvulo femenino por semen del macho. || **2. inseminación artificial** Fecundación* artificial. **FAM.** Inseminar. SEMEN.

inseminar *v. tr.* Hacer llegar el semen del macho al óvulo de la hembra.

insensatez *s. f.* **1.** Cualidad de insensato. **2.** Cosa insensata que se dice o se hace: *Fue una insensatez provocarle. No dices más que insensateces.* **SIN. 1.** Temeridad, imprudencia, ligereza, irresponsabilidad. **2.** Despropósito, locura, majadería, estupidez. **ANT. 1.** Sensatez. **2.** Acierto.

insensato, ta (del lat. *insensatus*) *adj.* Que no es sensato. También *s. m.* y *f.* **SIN.** Imprudente, irresponsable. **FAM.** Insensatamente, insensatez. SENSATO.

insensibilizar *v. tr.* Quitar la sensibilidad. ■ Delante de *e* se escribe *c* en lugar de *z*.

insensible (del lat. *insensibilis*) *adj.* **1.** Que no tiene o ha perdido sensibilidad: *La mano le quedó insensible del accidente. Es insensible al dolor humano.* **2.** Difícil de apreciar o notar: *un aumento insensible de la temperatura.* **3.** Inconsciente, sin conocimiento. **SIN. 1.** Insensibilizado; inconmovible. **2.** Inapreciable, imperceptible. **ANT. 1.** y **2.** Sensible. **2.** Perceptible. **3.** Consciente. **FAM.** Insensibilidad, insensibilización, insensibilizar, insensiblemente. SENSIBLE.

inseparable (del lat. *inseparabilis*) *adj.* **1.** Imposible o difícil de separar. **2.** En ling., se aplica al elemento sin valor por sí mismo, que siempre aparece unido a una palabra, p. ej. los afijos. **FAM.** Inseparabilidad, inseparablemente. SEPARAR.

insepulto, ta (del lat. *insepultus*) *adj.* Se dice del cadáver que no ha recibido sepultura.

insertar (del lat. *insertare*) *v. tr.* **1.** Introducir una cosa en otra o entre otras: *Insertó una moneda en la ranura.* También *v. prnl.* **2.** Publicar un texto en un periódico, revista, etc. **SIN. 1.** y **2.** Incluir, intercalar. **ANT. 1.** Extraer. **FAM.** Inserción, inserto. / Reinsertar.

inserto, ta (del lat. *insertus*, p. de *inserere*, introducir) *adj.* Incluido en algo: *Vio su anuncio inserto en la primera página del periódico.*

inservible *adj.* Que no sirve o no está en condiciones de servir. **SIN.** Inútil. **ANT.** Servible.

insidia (del lat. *insidia*) *s. f.* **1.** Acción o dicho malintencionado. **2.** Asechanza, engaño. **FAM.** Insidiosamente, insidioso.

insidioso, sa *adj.* **1.** Que encierra insidias o que pretende perjudicar, pese a su apariencia inofensiva. **2.** Se dice de las enfermedades graves de apariencia benigna.

insigne (del lat. *insignis*) *adj.* Famoso, ilustre. **FAM.** Insignemente. SEÑA.

insignia (del lat. *insignia*) *s. f.* **1.** Símbolo, emblema: *la insignia de sheriff.* **2.** Bandera que en un buque señala la graduación del que lo manda o de alguien que va en él. **SIN. 1.** Distintivo, divisa, enseña.

insignificancia *s. f.* **1.** Cualidad de insignificante. **2.** Cosa de poca importancia o valor: *No discutamos por una insignificancia.* **SIN. 1.** Ridiculez, pequeñez. **2.** Tontería, nadería, bagatela, minucia.

insignificante *adj.* Muy pequeño, sin importancia: *una cantidad insignificante, un error insignificante.* **SIN.** Inapreciable, ridículo. **ANT.** Importante. **FAM.** Insignificancia. SIGNIFICANTE.

insinuar (del lat. *insinuare*) *v. tr.* **1.** Indicar algo ligera y disimuladamente. || **insinuarse** *v. prnl.* **2.** Dejarse ver algo ligeramente: *Una silueta se insinuaba en la oscuridad.* **3.** Empezar a manifestarse: *El amanecer se insinuaba en la ventana.* **4.** Dar a entender indirectamente a una persona que se quiere mantener con ella relaciones amorosas o sexuales. ■ En cuanto al acento, se conjuga como *actuar*: *insinúo.* **SIN. 1.** Sugerir, apuntar. **2.** Adivinarse. **3.** Principiar, iniciarse. **FAM.** Insinuación, insinuador, insinuante, insinuativo. SINUOSO.

insípido, da (del lat. *insipidus*) *adj.* **1.** Que tiene poco o ningún sabor. **2.** Sin gracia, viveza o interés: *una conversación insípida.* **SIN. 1.** Desabrido. **1.** y **2.** Insulso, soso. **ANT. 1.** Sabroso. **FAM.** Insípidamente, insipidez. SÁPIDO.

insistencia *s. f.* Acción de insistir: *Cedí ante su insistencia.* **SIN.** Perseverancia, constancia, obstinación.

insistir (del lat. *insistere*) *v. intr.* **1.** Repetir una acción, petición, etc., para conseguir lo que se pretende: *Insiste hasta que abran la puerta.* **2.** Mantenerse firme en una idea, opinión, etc.: *Insistió en su postura.* **3.** Poner mayor interés o esfuerzo en algo: *El maestro insistió en las lecciones difíciles.* **SIN. 1.** y **2.** Perseverar, persistir. **ANT. 1.** y **2.** Desistir. **FAM.** Insistencia, insistente, insistentemente.

insobornable *adj.* Que no admite sobornos. **SIN.** Incorruptible. **ANT.** Sobornable. **FAM.** Insobornabilidad. SOBORNAR.

insociable (del lat. *insociabilis*) *adj.* Que evita el trato con otras personas. También *s. m.* y *f.* **SIN.** Huraño. **ANT.** Sociable. **FAM.** Insociabilidad. SOCIABLE.

insolación (del lat. *insolatio, -onis*) *s. f.* **1.** Conjunto de trastornos producidos por una prolongada exposición a los rayos solares. **2.** Número de horas de sol durante un determinado periodo de tiempo. **SIN. 1.** Tabardillo.

insolencia (del lat. *insolentia*) *s. f.* **1.** Cualidad de insolente o actitud insolente: *Me indignó la insolencia de su mirada. Se comporta con insolencia.* **2.** Acto o palabras insolentes: *Otra insolencia más y te echo a patadas.* **SIN. 1.** y **2.** Impertinencia, grosería, atrevimiento, frescura. **ANT. 1.** Comedimiento, respeto.

insolentarse *v. prnl.* Comportarse de forma insolente: *Se insolentó delante de su jefe.*

insolente (del lat. *insolens, -entis*) *adj.* Irrespetuoso, descarado. También *s. m.* y *f.* SIN. Impertinente. ANT. Respetuoso. FAM. Insolencia, insolentarse, insolentemente. SOLER.

insolidario, ria *adj.* Que no tiene solidaridad. También *s. m.* y *f.* ANT. Solidario. FAM. Insolidariamente, insolidaridad. SOLIDARIO.

insólito, ta (del lat. *insolitus*) *adj.* Raro, poco frecuente: *una forma insólita.* SIN. Extraordinario, inaudito. ANT. Corriente.

insoluble (del lat. *insolubilis*) *adj.* **1.** Que no puede disolverse o diluirse. **2.** Imposible o muy difícil de solucionar: *un problema insoluble.* SIN. **1.** Indisoluble. **2.** Irresoluble. ANT. **1.** y **2.** Soluble. FAM. Insolubilidad. SOLUBLE.

insolvente *adj.* **1.** Que no puede hacer frente a una deuda u obligación. También *s. m.* y *f.* **2.** Que no ofrece garantías para confiarle una tarea, puesto, etc. También *s. m.* y *f.* SIN. **2.** Incompetente. ANT. **1.** y **2.** Solvente. FAM. Insolvencia. SOLVENTE.

insomne *adj.* Que padece insomnio, que no tiene sueño. SIN. Desvelado.

insomnio (del lat. *insomnium*, de *in-*, part. priv., y *somnus*, sueño) *s. m.* Dificultad para conciliar el sueño. FAM. Insomne. SUEÑO.

insondable *adj.* **1.** Que no puede calcularse su profundidad. **2.** Imposible o muy difícil de conocer o comprender: *misterios insondables.* SIN. **2.** Impenetrable, inescrutable.

insonorizar *v. tr.* **1.** Aislar de ruidos un recinto. **2.** Debilitar el ruido de una máquina, motor, etc. ■ Delante de *e* se escribe *c* en lugar de *z*. FAM. Insonorización. INSONORO.

insonoro, ra *adj.* Que no produce ni transmite sonido. SIN. Silencioso. ANT. Ruidoso. FAM. Insonoridad, insonorizar. SONORO.

insoportable *adj.* Que no se puede soportar. SIN. Inaguantable. ANT. Soportable.

insoslayable *adj.* Que no se puede soslayar o eludir. SIN. Ineludible. ANT. Soslayable.

insospechado, da *adj.* No sospechado: *La comedia tiene un final insospechado.* SIN. Imprevisto, inesperado, sorprendente. ANT. Previsto. FAM. Insospechable. SOSPECHAR.

insostenible *adj.* **1.** Que no se puede sostener o soportar: *una situación insostenible.* **2.** Que no se puede defender con razones: *un argumento insostenible.* SIN. **1.** Insoportable. **2.** Indefendible. ANT. **1.** Sostenible. **2.** Irrefutable.

inspección (del lat. *inspectio, -onis*) *s. f.* **1.** Acción de inspeccionar: *inspección médica.* **2.** Oficina o dependencia del inspector. SIN. **1.** Reconocimiento, revisión.

inspeccionar *v. tr.* Examinar o reconocer algo atentamente para determinar su estado, en busca de personas o cosas, etc.: *La policía inspeccionó la zona.* SIN. Revisar, supervisar; explorar, registrar. FAM. Inspección, inspector.

inspector, ra (del lat. *inspector, -oris*) *adj.* **1.** Que inspecciona. También *s. m.* y *f.* || *s. m.* y *f.* **2.** Persona encargada de controlar las actividades de otras o el cumplimiento de ciertas normas, reglamentos, etc.: *inspector de hacienda.* SIN. **1.** y **2.** Supervisor, controlador. FAM. Subinspector. INSPECCIONAR.

inspiración (del lat. *inspiratio, -onis*) *s. f.* **1.** Acción de inspirar, tomar aire: *Hizo una inspiración profunda.* **2.** Estado apropiado para idear o crear y estímulo, idea, etc., que favorece este estado: *Busca su inspiración en la naturaleza.* **3.** Influencia: *Pinta cuadros de inspiración romántica.* SIN. **1.** Aspiración, inhalación. **3.** Influjo. ANT. **1.** Espiración.

inspirar (del lat. *inspirare*) *v. tr.* **1.** Tomar aire u otra mezcla gaseosa para hacerla llegar a los pulmones. **2.** Producir cierto sentimiento, idea o propósito en una persona: *inspirar miedo, confianza.* **3.** Sugerir ideas creadoras: *Una leyenda inspiró la obra.* También *v. prnl.* || **inspirarse** *v. prnl.* **4.** Tomar a una persona o cosa como punto de partida para crear algo propio. SIN. **1.** Aspirar, inhalar. **2.** Infundir, provocar. ANT. **1.** Espirar. FAM. Inspiración, inspiradamente, inspirado, inspirador, inspirativo, inspiratorio, inspirómetro. ESPIRAR.

inspiratorio, ria *adj.* De la inspiración respiratoria o relacionado con ella: *músculos inspiratorios.*

inspirómetro *s. m.* Aparato que mide la capacidad pulmonar.

instalación *s. f.* **1.** Acción de instalar o instalarse. **2.** Conjunto de objetos, edificios, etc., instalados para un servicio: *instalación eléctrica.*

instalar (del fr. *installer*, y éste del bajo lat. *installare*) *v. tr.* **1.** Colocar algo en el lugar y forma adecuados para la función o servicio que desempeña: *instalar un enchufe, un teléfono.* **2.** Colocar o acomodar a alguien en un lugar o circunstancia determinados: *Le instaló en el cuarto de los invitados.* También *v. prnl.*: *instalarse en el poder.* SIN. **1.** Montar. **2.** Alojar(se), establecer(se), asentar(se), afincar(se). FAM. Instalación, instalado, instalador. / Reinstalar.

instancia (del lat. *instantia*) *s. f.* **1.** Petición por escrito redactada según determinadas fórmulas. **2.** Acción de instar: *Actuó a instancias mías.* **3.** En der., cada una de las fases en que se encuentra un proceso según establece la ley. || *s. f. pl.* **4.** Grupo o personas influyentes. ■ Suele ir precedido del adjetivo *altas*: *Recurriré a las altas instancias.* || LOC. **en última instancia** *adv.* Como último recurso. SIN. **1.** y **2.** Solicitud. **2.** Ruego, súplica.

instantáneo, a *adj.* **1.** Que dura sólo un instante. **2.** Inmediato. **3.** Se aplica a la placa fotográfica que se impresiona rápidamente y a la fotografía que se obtiene de ella. También *s. f.* **4.** Se aplica al producto alimenticio que se disuelve en un líquido (agua, leche) sin necesidad de cocerlo: *café instantáneo.* SIN. **1.** Momentáneo, fugaz. **2.** Fulminante, rápido. ANT. **1.** Eterno. **2.** Retardado. FAM. Instantáneamente, instantaneidad. INSTANTE.

instante (del lat. *instans, -antis*) *s. m.* **1.** Fracción brevísima de tiempo. ■ Se usa mucho hiperbólicamente: *Comimos en un instante.* **2.** Momento, rato: *No olvidaré aquellos instantes.* SIN. **1.** Segundo, santiamén. ANT. **1.** Eternidad. FAM. Instantáneo. INSTAR.

instar (del lat. *instare*, estar encima) *v. tr.* **1.** Pedir con insistencia o apremio: *Le instaron a que abandonara el local.* || *v. intr.* **2.** Urgir. SIN. **1.** y **2.** Apremiar. FAM. Instancia, instante.

instaurar (del lat. *instaurare*) *v. tr.* Establecer, implantar: *instaurar la república, una moda.* SIN. Instituir, erigir. ANT. Suprimir, derrocar. FAM. Instauración, instaurador.

instigar (del lat. *instigare*) *v. tr.* Inducir a alguien a hacer algo, especialmente si es negativo: *instigar a la revuelta.* ■ Delante de *e* se escribe *gu* en lugar de *g*. SIN. Inducir, provocar. ANT. Disuadir. FAM. Instigación, instigador.

instilar (del lat. *instillare*, y éste de *in*, en, *stilla*, gota) *v. tr.* **1.** Verter un líquido gota a gota. **2.** *fam.* P. ext., infundir ideas, doctrinas o sentimientos de forma imperceptible: *Las lecturas le fueron instilando en el alma el ansia de aventuras.* SIN. **2.** Inculcar, infiltrar, sembrar. ANT. **2.** Eliminar, erradicar. FAM. Instilación.

instintivo, va *adj.* Resultado del instinto y no de la reflexión o la razón: *un gesto instintivo.* FAM. Instintivamente. INSTINTO.

instinto (del lat. *instinctus*) *s. m.* **1.** Conducta innata que se transmite genéticamente entre los individuos de una especie y les hace responder de una determinada forma ante una serie de estímulos. **2.** Inclinación de la conducta de alguien: *instinto maternal.* **3.** Capacidad natural para percibir con rapidez y facilidad las cosas: *Tiene instinto para los negocios.* SIN. **2.** Naturaleza, índole. **3.** Intuición, olfato. FAM. Instintivo.

institución (del lat. *institutio, -onis*) *s. f.* **1.** Acción de instituir. **2.** Establecimiento u organismo que realiza una labor social, cultural, etc.: *institución de enseñanza.* || LOC. **ser una institución** Tener una persona mucho prestigio en un lugar o actividad. SIN. **1.** Fundación, instauración. ANT. **1.** Supresión. FAM. Institucional, institucionalizar. INSTITUIR.

institucional *adj.* **1.** De las instituciones o relacionado con ellas. **2.** De carácter oficial: *una visita institucional.* FAM. Institucionalidad. INSTITUCIÓN.

institucionalizar *v. tr.* **1.** Convertir en institución o darle su mismo carácter. También *v. prnl.* **2.** Reconocer la legalidad de algo: *institucionalizar el divorcio.* **3.** Convertir algo en una costumbre o en una ley. También *v. prnl.* ■ Delante de *e* se escribe *c* en lugar de *z*: *institucionalice.* SIN. **1.** Oficializar. **2.** Legalizar. FAM. Institucionalización. INSTITUCIÓN.

instituir (del lat. *instituere*) *v. tr.* Crear, establecer: *instituir una beca, una costumbre.* ■ Es v. irreg. Se conjuga como *huir.* SIN. Fundar, instaurar. ANT. Suprimir. FAM. Institución, instituidor, instituto, institutor, institutriz, instituyente.

instituto (del lat. *institutum*) *s. m.* **1.** Centro estatal de enseñanza secundaria. **2.** Corporación o institución científica, cultural, económica, etc. **3.** Nombre que reciben algunos organismos oficiales: *Instituto de Conservación de la Naturaleza.* **4.** Nombre de algunos cuerpos militares, congregaciones religiosas, y reglamento por el que se rigen: *el instituto de la guardia civil.* **5.** Nombre de algunos establecimientos comerciales: *un instituto de belleza.*

institutriz (del fr. *institutrice*, maestra, y éste del lat. *instituere*, enseñar) *s. f.* Mujer encargada de la educación de los niños de una familia.

instrucción (del lat. *instructio, -onis*) *s. f.* **1.** Acción de instruir o instruirse. **2.** Conjunto de conocimientos que posee una persona. **3.** Conjunto de ejercicios con que se adiestra a los soldados. **4.** Norma, orden o disposición. Se usa más en *pl.*: *Actuó siguiendo instrucciones de su jefe. No tengo las instrucciones del aparato.* SIN. **1.** Educación, adiestramiento. **1.** y **2.** Formación. **2.** Cultura. **4.** Directrices. FAM. Macroinstrucción. INSTRUIR.

instructor, ra *adj.* Que instruye: *el juez instructor.* También *s. m.* y *f.*: *el instructor del pelotón.*

instruido, da **1.** *p.* de **instruir**. || *adj.* **2.** Que tiene muchos conocimientos. SIN. **2.** Culto, leído, erudito. ANT. **2.** Ignorante.

instruir (del lat. *instruere*) *v. tr.* **1.** Proporcionar conocimientos teóricos o prácticos. También *v. prnl.* **2.** Realizar las actuaciones necesarias para llevar a cabo un proceso o un expediente: *El juez que instruye la causa...* ■ Es v. irreg. Se conjuga como *huir.* SIN. **1.** Enseñar, ilustrar(se), formar(se). FAM. Instrucción, instructivamente, instructivo, instructor, instruido.

instrumental *adj.* **1.** De los instrumentos, especialmente los musicales: *música instrumental.* **2.** Que sirve de instrumento. || *s. m.* **3.** Conjunto de instrumentos: *instrumental quirúrgico.* FAM. Instrumentalizar, instrumentalmente. INSTRUMENTO.

instrumentalizar *v. tr.* Utilizar a alguien o algo como instrumento para lograr un fin. ■ Delante de *e* se escribe *c* en lugar de *z*: *instrumentalice.* SIN. Usar, valerse.

instrumentar *v. tr.* **1.** Escribir las partes de una pieza musical que han de interpretar los diferentes instrumentos. **2.** Organizar: *instrumentar una protesta.* SIN. **1.** y **2.** Orquestar. FAM. Instrumentación. INSTRUMENTO.

instrumentista *s. m.* y *f.* **1.** Músico que toca un instrumento. **2.** Fabricante de instrumentos musicales. **3.** Persona que se encarga del instrumental quirúrgico.

instrumento (del lat. *instrumentum*) *s. m.* **1.** Utensilio utilizado para realizar alguna cosa: *Ha olvidado sus instrumentos de dibujo.* **2.** Objeto empleado para producir sonidos musicales: *Sabe tocar varios instrumentos.* **3.** Máquina, aparato. **4.** Persona o cosa que se utiliza como medio para algún fin. SIN. **1.** Herramienta, útil. **3.** Mecanismo, ingenio. FAM. Instrumental, instrumentar, instrumentista.

insubordinar *v. tr.* **1.** Hacer que alguien desobedezca o se rebele. || **insubordinarse** *v. prnl.* **2.** Negarse a obedecer o a someterse a una disciplina o norma. SIN. **1.** Indisciplinar, amotinar, sublevar. **2.** Indisciplinarse, amotinarse, sublevarse. FAM. Insubordinación, insubordinado. SUBORDINAR.

insubstancial (del lat. *insubstantialis*) *adj.* Insustancial*.

insubstituible *adj.* Insustituible*.

insuficiencia *s. f.* **1.** Cualidad o circunstancia de ser insuficiente. **2.** Disminución de la capacidad de un órgano para cumplir su función: *insuficiencia renal, pulmonar.* SIN. **1.** Falta, escasez, carencia. ANT. **1.** Suficiencia.

insuficiente *adj.* **1.** Que no es suficiente. || *s. m.* **2.** Calificación académica que indica que no se ha alcanzado el nivel mínimo exigido. SIN. **1.** Escaso, corto. **2.** Suspenso. ANT. **1.** Bastante, abundante. FAM. Insuficiencia. SUFICIENTE.

insuflar (del lat. *insufflare*, soplar adentro) *v. tr.* **1.** Introducir gases, vapores o sustancias en polvo dentro de una cavidad o un órgano. **2.** Comunicar a alguien ideas o sentimientos: *insuflar ánimos, valor.* SIN. **2.** Infundir, inspirar, inculcar. FAM. Insuflación.

insufrible *adj.* Que no se puede sufrir o soportar. SIN. Insoportable, inaguantable. ANT. Sufrible. FAM. Insufriblemente. SUFRIR.

ínsula (del lat. *insula*) *s. f.* **1.** Isla. **2.** Territorio pequeño o poco importante. FAM. Insular, insularidad, insulina. / Península. ISLA.

insular (del lat. *insularis*) *adj.* De una isla. También *s. m.* y *f.* SIN. Isleño. FAM. Interinsular. ÍNSULA.

insularidad *s. f.* Conjunto de características propias de una isla.

insulina (del lat. *insula*, isla, por obtenerse de los islotes de Langerhans, en el páncreas) *s. f.* Hormona producida por el páncreas, que actúa regulando el metabolismo de los hidratos de carbono.

insulso, sa (del lat. *insulsus*, sin sal) *adj.* **1.** Que tiene poco sabor: *una comida insulsa.* **2.** Sin gracia o interés: *una novela insulsa.* SIN. **1.** y **2.** Insípido, soso. ANT. **1.** Sabroso. **2.** Interesante. FAM. Insulsamente, insulsez. SOSO.

insultar (del lat. *insultare*, saltar contra, ofender) *v. tr.* Ofender con palabras, gestos o acciones. También *v. prnl.* SIN. Injuriar. ANT. Alabar. FAM. Insultante, insulto.

insulto (del lat. *insultus*) *s. m.* **1.** Palabra o expresión usada para insultar: *Tuve que aguantar sus insultos.* **2.** Acción, conducta o actitud que ofende: *Su indiferencia es un insulto para mí.* **SIN. 1.** Improperio, dicterio. **1.** y **2.** Injuria. **2.** Ofensa, agravio.

insumisión *s. f.* **1.** Falta de obediencia o sumisión. **2.** Movimiento de rechazo al servicio militar obligatorio; también, negativa a prestar este servicio o cualquier otro servicio social en su lugar. **SIN. 1.** Rebeldía, desobediencia, sublevación, insubordinación. **ANT. 1.** Acatamiento.

insumiso, sa *adj.* **1.** Que no obedece o no se somete. También *s. m.* y *f.* **2.** Particularmente, que se niega a hacer el servicio militar obligatorio y a realizar cualquier otro servicio social en su lugar. También *s. m.* y *f.* **SIN. 1.** Rebelde, insubordinado. **ANT. 1.** Sumiso. **FAM.** Insumisión. SUMISO.

insumo *s. m.* Bien empleado en la producción de otros bienes. **SIN.** Input. **FAM.** Véase **sumir**.

insuperable (del lat. *insuperabilis*) *adj.* Imposible o muy difícil de superar. **SIN.** Invencible, insalvable; inmejorable. **ANT.** Superable.

insurgente (del lat. *insurgens, -entis*) *adj.* Insurrecto. También *s. m.* y *f.* **FAM.** Insurrección. SURGIR.

insurrección (del lat. *insurrectio, -onis*) *s. f.* Levantamiento, sublevación, alzamiento. **FAM.** Insurreccional, insurreccionar, insurrecto. INSURGENTE.

insurrecto, ta (del lat. *insurrectus*, de *insurgere*, levantar contra alguien) *adj.* Rebelado contra la autoridad. También *s. m.* y *f.* **SIN.** Insurgente, rebelde. **ANT.** Sometido.

insustancial *adj.* **1.** Sin sustancia o sabor. **2.** Que no tiene importancia o interés: *una conversación insustancial.* ▪ Se escribe también *insubstancial*. **SIN. 1.** Insípido. **1.** y **2.** Insulso, soso. **2.** Trivial, superficial. **ANT. 1.** y **2.** Sustancial. **FAM.** Insustancialidad, insustancialmente. SUSTANCIAL.

insustituible *adj.* Imposible o difícil de sustituir. ▪ Se escribe también *insubstituible*. **SIN.** Irreemplazable. **ANT.** Sustituible.

intachable *adj.* Que no merece desaprobación o reproche: *una conducta intachable.* **SIN.** Irreprochable, impecable. **ANT.** Censurable.

intacto, ta (del lat. *intactus*) *adj.* Que no ha sido tocado, alterado o dañado: *Dejó su comida intacta. La mercancía llegó intacta.* **SIN.** Íntegro, virgen, inalterado; indemne, ileso.

intangible *adj.* **1.** Que no se debe o no se puede tocar. **2.** Que no tiene realidad física: *El alma es intangible.* **SIN. 1.** Intocable, inviolable. **2.** Incorpóreo, inmaterial. **ANT. 1.** y **2.** Tangible. **FAM.** Intangibilidad. TANGIBLE.

integración (del lat. *integratio, -onis*) *s. f.* **1.** Acción de integrar o integrarse: *Trabaja por la integración de los gitanos en la sociedad.* **2.** En mat., acción de calcular una integral. **FAM.** Integracionista. INTEGRAR.

integracionista *adj.* Que defiende o favorece la integración, especialmente de los marginados. También *s. m.* y *f.*

integral (de *íntegro*) *adj.* **1.** Que contiene todas las partes o elementos de la cosa de que se trata: *harina integral.* **2.** P. ext., absoluto, completo: *Es un estúpido integral.* **3.** En mat., se dice del signo (∫) con que se expresa la integración. || *s. f.* **4.** En mat., operación mediante la cual se obtiene una función cuya derivada es la función dada. **SIN. 1.** Global. **1.** y **2.** Total. **ANT. 1.** Parcial. **FAM.** Integralmente. ÍNTEGRO.

integrante *adj.* Que forma parte de un conjunto o de un todo: *los elementos integrantes de un motor.* También *s. m.* y *f.*: *los integrantes de la expedición.* **SIN.** Componente, miembro.

integrar (del lat. *integrare*) *v. tr.* **1.** Formar partes diversas un todo o conjunto: *Doce tomos integran la obra.* **2.** Unir a alguien o algo a un grupo, sociedad, etc., y hacer que participe de ellos. También *v. prnl.* **3.** En mat., calcular una integral. También *v. intr.* **SIN. 1.** Componer, constituir. **2.** Afiliar(se), incorporar(se). **ANT. 1.** Desintegrar. **2.** Desintegrar(se). **FAM.** Integrable, integración, integrador, integrante. / Desintegrar, reintegrar. ÍNTEGRO.

integridad (del lat. *integritas, -atis*) *s. f.* **1.** Cualidad de íntegro. **2.** Salud o vida de una persona. ▪ Suele utilizarse con el adjetivo *física*: *Puso en peligro su integridad física.* **3.** Virginidad. **SIN. 1.** Totalidad; honestidad, rectitud. **ANT. 1.** Parcialidad; deshonestidad.

integrismo *s. m.* Tendencia que defiende la estricta observancia de la tradición frente a cualquier evolución o apertura, especialmente en religión. **SIN.** Fundamentalismo. **FAM.** Integrista. ÍNTEGRO.

íntegro, gra (del lat. *integer, -gri*) *adj.* **1.** Entero, con todas sus partes o capacidades. **2.** Honrado, recto: *un comportamiento íntegro.* **SIN. 1.** Completo, intacto. **2.** Honesto. **ANT. 1.** Incompleto. **2.** Deshonesto. **FAM.** Integral, íntegramente, integrar, integridad, integrismo.

intelectivo, va (del lat. *intellectivus*) *adj.* **1.** Relacionado con el intelecto. **2.** Que tiene capacidad de entender. **SIN. 2.** Inteligente.

intelecto (del lat. *intellectus*) *s. m.* Entendimiento, inteligencia. **FAM.** Intelectivo, intelectual. INTELIGENCIA.

intelectual (del lat. *intellectualis*) *adj.* **1.** De la inteligencia o relacionado con ella: *Tiene una magnífica preparación intelectual.* **2.** Se dice de la persona dedicada a trabajos que requieren especialmente el empleo de la inteligencia, así como de estos trabajos o actividades. También *s. m.* y *f.* **FAM.** Intelectualidad, intelectualismo, intelectualizar, intelectualmente, intelectualoide. INTELECTO.

intelectualidad (del lat. *intellectualitas, -atis*) *s. f.* Conjunto de los intelectuales de un país, lugar, etc.

intelectualismo *s. m.* **1.** Doctrina filosófica que sostiene la primacía del entendimiento sobre la voluntad y la sensibilidad. **2.** *desp.* Actitud de la persona o característica de las obras que conceden una excesiva importancia a los aspectos intelectuales. **FAM.** Intelectualista. INTELECTUAL.

intelectualoide *adj. desp.* Intelectual o que pretende serlo. También *s. m.* y *f.*: *Es un intelectualoide que presume de estar a la última.*

inteligencia (del lat. *intelligentia*) *s. f.* **1.** Capacidad para comprender y conocer las cosas y formar nuevas ideas. **2.** Habilidad, acierto. **3.** Acuerdo, entendimiento. || **4. inteligencia artificial** Programas de ordenador que realizan operaciones simbólicas que recuerdan las de la inteligencia humana. **5. servicio de inteligencia** Organismo de un país encargado de asuntos de información secreta y espionaje. **SIN. 1.** Intelecto, razón. **2.** Destreza, maña. **ANT. 1.** y **2.** Torpeza. **3.** Desacuerdo. **FAM.** Inteligente, inteligible. / Desinteligencia, intelecto.

inteligente (del lat. *intelligens, -entis*) *adj.* **1.** Que tiene o implica inteligencia. **2.** De gran capacidad intelectual. **3.** Muy acertado, ingenioso o agudo: *una pregunta inteligente.* **4.** Se dice del edificio o aparato dotado de un sistema informático o electrónico que controla la mayor parte de sus funciones. **SIN. 2.** Listo, capaz. **3.** Perspicaz. **ANT. 2.** Torpe. **3.** Simple, ingenuo.

inteligible (del lat. *intelligibilis*) *adj.* Que se entiende fácilmente. SIN. Comprensible, claro. ANT. Ininteligible, incomprensible. FAM. Inteligibilidad, inteligiblemente. / Ininteligible. INTELIGENCIA.

intemerata, la (del lat. *intemerata*, no contaminada) *loc. fam.* Se usa para indicar que algo ha llegado al límite, que es el colmo: *Aquello fue ya la intemerata.*

intemperante (del lat. *intemperans, -antis*) *adj.* Intolerante en el trato con los demás. SIN. Intransigente. ANT. Tolerante. FAM. Intemperancia. INTEMPERIE.

intemperie (del lat. *intemperies*) *s. f.* Variaciones e inclemencias del tiempo atmosférico: *resguardarse de la intemperie.* || LOC. **a la intemperie** *adv.* Al aire libre. FAM. Intemperante. TEMPERAR.

intempestivo, va (del lat. *intempestivus*) *adj.* Que no es oportuno o conveniente, fuera de tiempo: *Llamaron a horas intempestivas.* SIN. Inoportuno, inconveniente. ANT. Indicado. FAM. Intempestivamente. TIEMPO.

intemporal (del lat. *intemporalis*) *adj.* Independiente del paso del tiempo. ANT. Temporal. FAM. Intemporalidad. TEMPORAL[1].

intención (del lat. *intentio, -onis*) *s. f.* **1.** Propósito o pensamiento de hacer algo: *Tiene la intención de matricularse.* **2.** Finalidad: *Lo hizo con intención de protegernos.* **3.** Modo de hablar o de actuar, generalmente malicioso, con que se da a entender algo distinto de lo que se dice o se hace. ■ Se usa sobre todo en la expresión **doble** o **segunda intención**. **4.** Referido a animales, malos instintos. || LOC. **de primera intención** *adv.* En el primer momento. SIN. **1.** Decisión, voluntad, empeño. **1.** y **2.** Idea. **2.** Fin, motivo. FAM. Intencionado, intencional. / Bienintencionado.

intencionado, da *adj.* **1.** Hecho a propósito. **2.** Hecho o dicho con cierta intención encubierta o disimulada: *una mirada intencionada.* SIN. **1.** Intencional, deliberado, premeditado. ANT. **1.** Impremeditado. FAM. Intencionadamente. / Malintencionado. INTENCIÓN.

intencional *adj.* **1.** De la intención o la voluntad. **2.** Intencionado, deliberado. FAM. Intencionalidad, intencionalmente. / Preterintencionalidad. INTENCIÓN.

intendencia *s. f.* **1.** Cuerpo del ejército encargado del aprovisionamiento de las tropas. **2.** Administración de alguna cosa. **3.** Cargo y jurisdicción del intendente y oficina del mismo.

intendente, ta (del lat. *intendens, -entis*, de *intendere*, dirigir, encaminar) *s. m.* y *f.* **1.** Jefe de algunos servicios económicos del Estado. || *s. m.* **2.** Jefe superior de los servicios de administración militar. **3.** *Arg., Chile* y *Urug.* Alcalde. **4.** *Chile* Gobernador de una provincia. **5.** *Méx.* Inspector de policía. FAM. Intendencia. / Subintendente, superintendente. TENDER.

intensidad *s. f.* **1.** Grado de energía o fuerza con que se manifiesta un agente natural, una cualidad, sentimiento, etc.: *la intensidad del viento, de la voz.* **2.** Entusiasmo, apasionamiento: *Demostró con intensidad su alegría.* SIN. **1.** Magnitud, potencia. **2.** Pasión, vehemencia. FAM. Intensificar, intensivo, intenso. TENSIÓN.

intensificar *v. tr.* Aumentar la intensidad de algo: *La fábrica intensificó su producción.* También *v. prnl.* ■ Delante de *e* se escribe *qu* en lugar de *c*: *intensifique.* SIN. Acrecentar(se), incrementar(se). ANT. Debilitar(se). FAM. Intensificación, intensificador. INTENSIDAD.

intensivo, va *adj.* **1.** Que intensifica. **2.** Que se realiza concentrándolo en poco tiempo, espacio, etc.: *un curso intensivo.* FAM. Intensivamente. INTENSIDAD.

intenso, sa (del lat. *intensus*) *adj.* De gran intensidad. SIN. Fuerte, potente; vehemente, entusiasmado. ANT. Débil. FAM. Intensamente. INTENSIDAD.

intentar (del lat. *intentare*) *v. tr.* Comenzar algo o hacer lo necesario para realizarlo, sin tener la seguridad de terminarlo o conseguirlo: *Inténtalo, a ver si hay suerte.* SIN. Procurar, tratar. ANT. Desistir. FAM. Intento, intentona.

intento (del lat. *intentus*) *s. m.* Acción de intentar: *un intento de robo.* || LOC. **de intento** *adv.* Intencionadamente, aposta. SIN. Tentativa, tanteo. ANT. Renuncia.

intentona *s. f. fam.* Intento temerario con el que, generalmente, no se consiguen resultados: *una intentona golpista.* SIN. Tentativa.

inter nos (lat.) *loc. adv.* Significa 'entre nosotros', 'en confianza': *Aquí, inter nos, te contaré la verdad.*

inter vivos (lat.) *loc. adv.* Significa 'entre los vivos', y se usa en derecho referido a las donaciones hechas en vida.

inter- (del lat. *inter*) *pref.* Significa 'entre' o 'en medio', 'entre varios': *intercostal, interacción, interestatal.*

inter-raíl *s. m.* Billete de tren para uso exclusivo de personas jóvenes, con el que pueden viajar durante un mes por la mayoría de los países europeos.

interacción *s. f.* Acción o influencia recíproca entre dos o más personas o cosas: *En el aprendizaje es importante la interacción entre el profesor y los alumnos.*

interactividad *s. f.* Posibilidad de relación recíproca entre varias cosas complementarias.

interactivo, va *adj.* **1.** Que actúa o procede por interacción: *Existe una relación interactiva entre el hombre y su medio.* **2.** Se aplica al programa informático que permite el intercambio de información, a modo de diálogo, entre el ordenador y el usuario. SIN. **1.** Recíproco, bilateral. FAM. Interactividad. ACTIVO.

interactuar *v. intr.* Actuar conjuntamente o relacionarse de forma recíproca con otra cosa o persona: *Hacia el año de vida, el niño es capaz de interactuar con su entorno.* ■ En cuanto al acento, se conjuga como *actuar*: *interactúo.*

interbancario, ria *adj.* Que ocurre entre dos o más bancos o que los pone en relación: *préstamo interbancario.*

intercalar[1] (del lat. *intercalare*) *v. tr.* Colocar una cosa entre otras. SIN. Insertar. FAM. Intercalación, intercaladura, intercalar[2].

intercalar[2] (del lat. *intercalaris*) *adj.* Que está intercalado.

intercambiador *s. m.* Estación en la que se puede cambiar de un medio de transporte a otro.

intercambiar *v. tr.* Cambiar entre sí: *intercambiar ideas.* También *v. prnl.*: *Se intercambian cromos.* SIN. Permutar. FAM. Intercambiable, intercambiador, intercambio. CAMBIAR.

intercambio *s. m.* **1.** Acción de intercambiar. **2.** Cambio recíproco de servicios y trato entre organismos o entidades similares: *intercambio cultural.* **3.** Relación económica entre dos países. SIN. **1.** Trueque, canje.

interceder (del lat. *intercedere*) *v. intr.* Mediar en favor de alguien: *Intercedió por nosotros ante el director.* SIN. Abogar, terciar. FAM. Intercesión, intercesor. CEDER.

intercelular *adj.* Que está entre las células.

interceptar (del lat. *interceptus*, de *intercipere*, quitar, interrumpir) *v. tr.* **1.** Detener alguna cosa, apoderarse de ella o destruirla antes de que llegue a su destino: *El defensa interceptó el balón.* **2.** Obstruir, estorbar: *interceptar una carretera.* **SIN. 1.** Interrumpir. **2.** Obstaculizar. **FAM.** Intercepción, interceptación, interceptor.

intercesión (del lat. *intercessio, -onis*) *s. f.* Acción de interceder: *Logró el puesto por intercesión de un amigo.* **SIN.** Mediación, intervención.

intercesor, ra (del lat. *intercessor*) *adj.* Que intercede. También *s. m.* y *f.* **SIN.** Mediador.

intercity *s. m.* Tren rápido de largo recorrido entre dos ciudades.

intercomunicación *s. f.* **1.** Comunicación recíproca. **2.** Comunicación interna, especialmente telefónica. **SIN. 2.** Interrelación. **FAM.** Intercomunicador. COMUNICACIÓN.

interconexión *s. f.* En electricidad, conexión entre dos o más centros de energía.

intercontinental *adj.* Entre dos o más continentes: *un vuelo intercontinental.*

intercostal *adj.* Entre las costillas.

intercurrente (del lat. *intercurrens, -entis*) *adj.* Se dice de la enfermedad que aparece durante el curso de otra.

interdental *adj.* Se aplica al sonido que se articula colocando la punta de la lengua entre los dientes, como el representado por la letra *z.* También *s. f.*

interdependencia *s. f.* Dependencia recíproca. **ANT.** Independencia.

interdicción (del lat. *interdictio, -onis*) *s. f.* Privación de ciertos derechos civiles a una persona por alguna causa prevista por las leyes.

interdicto (del lat. *interdictum,* de *interdicere,* prohibir) *s. m.* **1.** Entredicho. **2.** Juicio breve y de trámites sencillos en que se discute la posesión de una cosa. **FAM.** Interdicción.

interdigital *adj.* Situado entre los dedos.

interdisciplinar o **interdisciplinario, ria** *adj.* Relacionado con varias disciplinas o ciencias. **FAM.** Interdisciplinariedad. DISCIPLINARIO.

interés (del lat. *interesse,* importar) *s. m.* **1.** Valor o utilidad que tiene una persona o cosa en sí misma o para alguien: *un invento de gran interés.* **2.** Curiosidad, afición o inclinación hacia alguien o algo: *Tengo interés por ver el museo.* **3.** Esfuerzo y atención que se pone en algo: *Estudia con mucho interés.* **4.** Cantidad que se ha de pagar por el uso del dinero recibido en préstamo: *Consiguió el crédito a un bajo interés.* **5.** Renta producida por un capital. Se usa mucho en *pl.* **6.** Conveniencia o provecho de alguien y, particularmente, el propio: *Lo hizo en interés de su familia. Se casó por interés.* || *s. m. pl.* **7.** Propiedades y dinero que tiene alguien: *Cuida bien de sus intereses.* **SIN. 1.** Importancia. **2.** y **3.** Empeño, afán, ganas. **5.** Rédito, ganancia. **6.** Lucro; egoísmo. **7.** Bienes, patrimonio. **ANT. 1.** a **3.** Desinterés. **2.** y **3.** Apatía. **FAM.** Interesar. / Desinterés.

interesado, da 1. *p.* de **interesar**. También *adj.* y *s. m.* y *f.* || *adj.* **2.** Se dice de la persona demasiado preocupada en los aspectos económicos o que sólo actúa en su propio interés, así como de su conducta y acciones. También *s. m.* y *f.* **3.** Se aplica al que dirige una solicitud, presenta una demanda, etc. También *s. m.* y *f.* **SIN. 2.** Pesetero; egoísta. **3.** Solicitante. **ANT. 2.** Desinteresado. **FAM.** Interesadamente. INTERESAR.

interesante *adj.* **1.** Que interesa o puede interesar: *un precio interesante, una propuesta interesante.* **2.** Se aplica a la persona y a sus rasgos que, sin ser bellos, resultan atractivos. **SIN. 1.** Atrayente, sugestivo. **1.** y **2.** Seductor. **ANT. 1.** Indiferente.

interesar *v. intr.* **1.** Tener interés para alguien una persona o cosa: *Le interesan mucho las matemáticas.* **2.** Ser algo asunto de alguien. || *v. tr.* **3.** Despertar interés en alguien: *Consiguió interesarles en la lectura.* **4.** Afectar, lesionar: *La bala le interesó el pulmón.* || **interesarse** *v. prnl.* **5.** Mostrar interés: *Se interesó por tu estado de salud.* **SIN. 1.** Atraer, agradar. **2.** Importar, concernir. **5.** Preocuparse. **ANT. 3.** Desinteresar. **5.** Despreocuparse. **FAM.** Interesado, interesante. INTERÉS.

interestatal *adj.* Entre dos o más estados o países: *colaboración interestatal.*

interestelar *adj.* Que está entre las estrellas: *espacio interestelar.* **SIN.** Intersideral.

interface (ingl.) *s. m.* Interfaz*.

interfase *s. f.* **1.** Periodo o intervalo entre dos fases sucesivas. **2.** Etapa de la vida de una célula comprendida entre dos procesos de mitosis. **FAM.** Interfásico. FASE.

interfaz (del ingl. *interface,* superficie de contacto) *s. f.* **1.** En inform., dispositivo que conecta dos aparatos o circuitos. **2.** En inform., zona en la que se realiza una conexión entre circuitos o sistemas. ■ Se dice también *interface.*

interfecto, ta (del lat. *interfectus,* de *interficere,* matar) *adj.* **1.** Se dice de la persona muerta violentamente. También *s. m.* y *f.* || *s. m.* y *f.* **2.** *fam.* Persona de quien se habla: *El interfecto se negó a declarar.* **SIN. 1.** Víctima. **2.** Individuo, tipo, sujeto.

interferencia (de *inter-* y el lat. *ferens, -entis,* de *ferre,* llevar) *s. f.* **1.** Acción de interferir. **2.** Efecto que se produce al coincidir dos o más movimientos ondulatorios en un mismo punto del espacio. **SIN. 1.** Estorbo, interrupción; intromisión, injerencia. **FAM.** Interferencial. INTERFERIR.

interferir *v. tr.* **1.** Cruzar o interponer algo en el camino de otro. También *v. prnl.* **2.** Producir interferencias las ondas o en las ondas. También *v. intr.* || *v. intr.* **3.** Intervenir alguien en un asunto que no le corresponde. ■ Es v. irreg. Se conjuga como *sentir.* **SIN. 1.** Entorpecer(se), interrumpir(se). **3.** Injerir, inmiscuirse. **FAM.** Interferencia, interferente.

interferón *s. m.* Proteína que se produce en muchas células animales al ser atacadas por un virus y cuya función es impedir el crecimiento de los microorganismos.

interfijo *s. m.* Afijo que aparece en el interior de una palabra. **SIN.** Infijo.

interfluvio *s. m.* Sector de tierra situado entre dos ríos.

interfoliar (de *inter-* y el lat. *folium,* hoja) *v. tr.* Intercalar hojas en blanco entre las impresas de un libro. **SIN.** Interpaginar.

interfono (de *inter-* y *-fono*) *s. m.* **1.** Sistema telefónico para las comunicaciones internas de un edificio. **2.** Aparato empleado como emisor y receptor en este sistema.

intergaláctico, ca *adj.* De los espacios existentes entre las galaxias.

interglaciar *s. m.* Periodo de tiempo entre dos glaciaciones.

ínterin (del lat. *interim*) *s. m.* Tiempo transcurrido entre dos acciones o etapas. ■ No varía en *pl.* **SIN.** Intervalo.

interinato *s. m.* **1.** *Arg.* y *Urug.* Tiempo que dura un cargo interino. **2.** *Chile, Guat.* y *Hond.* Cargo o empleo interino.

interino, na *adj.* **1.** Se dice de la persona o cosa que desempeña una función o un trabajo temporalmente. También *s. m.* y *f.* || *s. f.* **2.** Criada de una casa particular que no reside en ella. SIN. **1.** Provisional; eventual. ANT. **1.** Fijo. **2.** Interna. FAM. Ínterin, interinamente, interinato, interinidad.

interior (del lat. *interior, -oris*) *adj.* **1.** Que está, se lleva, ocurre, etc., en la parte de dentro: *una prenda interior.* **2.** Se dice de la vivienda o habitación cuyas ventanas no dan a la calle. También *s. m.*: *Venden un interior.* **3.** Espiritual: *un bienestar interior.* **4.** Íntimo, privado: *su mundo interior.* **5.** Del propio país o del país de que se habla, en oposición al extranjero: *el comercio interior.* || *s. m.* **6.** Parte de dentro de algo: *el interior de un cajón.* **7.** Parte central de un país, por contraste con zonas costeras o fronterizas: *un viaje por el interior.* **8.** *Amér.* Todo lo que no es la capital o las ciudades principales. **9.** Conciencia o fondo moral de una persona: *Me sentía inquieto en mi interior.* **10.** En fútbol, delantero que juega principalmente entre el extremo y el delantero centro. SIN. **1.** Interno. **3.** Anímico. **9.** Ánimo, espíritu. ANT. **1.**, **2.** y **5.** a **7.** Exterior. **1.** y **5.** Externo. **7.** Periferia. FAM. Interioridad, interiorismo, interiorizar, interiormente.

interioridad *s. f.* **1.** Cualidad de interior. || *s. f. pl.* **2.** Asuntos reservados o íntimos de una persona, entidad, etc.: *Conoce todas las interioridades de la empresa.* SIN. **2.** Intimidades, confidencias. ANT. **1.** Exterioridad.

interiorismo *s. m.* Arte de ambientar y decorar los espacios interiores de un edificio. FAM. Interiorista. INTERIOR.

interiorizar *v. tr.* **1.** No manifestar un sentimiento. **2.** Hacer más íntimos y profundos los sentimientos, creencias, ideas, etc.: *interiorizar la fe.* **3.** Reconocer como propios opiniones, criterios, principios, etc., ajenos. ■ Delante de *e* se escribe *c* en lugar de *z*. SIN. **1.** Reservar. ANT. **1.** Exteriorizar. FAM. Interiorización. INTERIOR.

interjección (del lat. *interiectio, -onis*) *s. f.* En ling., voz o expresión exclamativa que manifiesta un estado de ánimo, un aviso, una orden, etc., como p. ej. *¡ay!, ¡anda!, ¡hola!, ¡mi madre!* FAM. Interjectivo.

interlínea *s. f.* **1.** En un escrito, espacio existente entre línea y línea. **2.** En imprenta, tira delgada de metal que se coloca entre dos renglones para determinar su separación. FAM. Interlineal, interlinear. LÍNEA.

interlineado *s. m.* Conjunto de espacios en blanco que quedan entre las líneas de un escrito.

interlinear *v. tr.* **1.** Escribir algo entre dos líneas. **2.** En imprenta, espaciar la composición de un texto, poniendo interlíneas entre los renglones. FAM. Interlineación, interlineado. INTERLÍNEA.

interlocución (del lat. *interlocutio, -onis*) *s. f.* Diálogo*.

interlocutor, ra (del lat. *interloqui*, interrumpir al que habla) *s. m.* y *f.* Cada una de las personas que toman parte en un diálogo. FAM. Interlocución. LOCUTOR.

interludio (del lat. *interludere*, jugar a ratos) *s. m.* En mús., composición breve que sirve de introducción o intermedio. SIN. Intermezzo.

interlunio (del lat. *interlunium*) *s. m.* Tiempo de la conjunción entre el Sol y la Tierra en que no se ve la Luna.

intermediar *v. intr.* Hacer alguien de intermediario. SIN. Mediar, interceder. FAM. Intermediación, intermediario. INTERMEDIO.

intermediario, ria *adj.* **1.** Se aplica a la persona u organismo que media entre otros para ponerlos de acuerdo, negociar algo, etc. También *s. m.* y *f.* **2.** Se dice del comerciante que hace llegar las mercancías del productor al consumidor. También *s. m.* y *f.* SIN. **1.** Árbitro. **1.** y **2.** Mediador. **2.** Agente, proveedor.

intermedio, dia (del lat. *intermedius*) *adj.* **1.** Que está en medio, entre dos puntos extremos de lugar, tiempo, calidad, etc. || *s. m.* **2.** Espacio que hay de un tiempo a otro o de una acción a otra. **3.** Intervalo de tiempo durante el que queda interrumpido un espectáculo para continuar después. **4.** Pieza breve de danza, música, etc., que se representa o ejecuta entre los actos de un espectáculo teatral. SIN. **2.** Intervalo. **3.** Descanso, entreacto. **4.** Interludio. FAM. Intermediar. MEDIO.

intermezzo (ital.) *s. m.* **1.** Composición musical breve, generalmente de carácter cómico, intercalada entre los actos de una representación teatral. **2.** P. ext., cualquier pieza musical, poética, etc., de corta duración. SIN. **2.** Intermedio, interludio.

interminable *adj.* Inacabable*.

interministerial *adj.* Que corresponde a varios ministerios o los relaciona entre sí.

intermisión (del lat. *intermissio, -onis*) *s. f.* Interrupción de una acción o actividad durante un tiempo: *una intermisión en el trabajo.* SIN. Pausa.

intermitencia *s. f.* Cualidad de intermitente.

intermitente (del lat. *intermittens, -entis*) *adj.* **1.** Que se interrumpe y continúa repetidas veces: *un ruido intermitente.* || *s. m.* **2.** En los vehículos, luz que se enciende y apaga rápida y sucesivamente para señalar los cambios de dirección. **3.** Luz semejante para avisar de un peligro, llamar la atención, etc. SIN. **1.** Discontinuo, alterno. ANT. **1.** Continuo. FAM. Intermisión, intermitencia, intermitentemente.

internacional *adj.* **1.** De dos o más naciones o que involucra al conjunto de todas ellas: *política internacional, derecho internacional.* **2.** Se aplica al deportista que representa a su país en una competición entre naciones. También *s. m.* y *f.* || *s. f.* **3.** Nombre de diversas organizaciones supraestatales obreras creadas en los s. XIX y XX y, p. ext., otras de ideología liberal, conservadora, etc. **4.** Himno de los partidos socialistas y comunistas del mundo. ■ En las dos últimas acepciones, se escribe con mayúscula. SIN. **1.** Mundial, universal. ANT. **1.** Nacional. FAM. Internacionalidad, internacionalismo, internacionalización, internacionalizar. NACIONAL.

internacionalismo *s. m.* **1.** Cualidad de internacional. **2.** Doctrina que defiende o afirma los intereses supranacionales o internacionales sobre los puramente nacionales. SIN. **1.** Internacionalidad. ANT. **1.** y **2.** Nacionalismo. FAM. Internacionalista. INTERNACIONAL.

internacionalizar *v. tr.* Hacer internacional: *La intervención extranjera internacionalizó el conflicto.* También *v. prnl.* ■ Delante de *e* se escribe *c* en lugar de *z*: *internacionalice.* ANT. Nacionalizar.

internado, da 1. *p.* de **internar**. También *adj.* y *s. m.* y *f.* || *s. m.* **2.** Establecimiento de enseñanza donde viven los alumnos internos. **3.** Estado y forma de vida de estos alumnos. **4.** Conjunto de alumnos internos en un colegio. || *s. f.* **5.** En dep. como el fútbol o el rugby, entrada rápida de un jugador con el balón en el área contraria. ANT. **2.** y **4.** Externado. FAM. Seminternado. INTERNAR.

internar *v. tr.* **1.** Meter a alguien en un lugar para que viva o permanezca allí: *Fue internado en un* *campo de concentración.* **2.** Hospitalizar. **3.** Conducir a alguien o algo al interior de un país, región, etc. || **internarse** *v. prnl.* **4.** Avanzar hacia el interior: *Se internaron en la selva.* **5.** Profundizar en un tema o materia. **SIN. 1.** Recluir. **1.** y **2.** Ingresar. **4.** Penetrar, adentrarse. **ANT. 1.** Liberar. **FAM.** Internación, internado, internamiento. INTERNO.

internauta (de *inter-* y *nauta*) *s. m.* y *f.* Usuario de internet.

internet (ingl., de *International Network*, red internacional) *s. f.* Red telemática basada en la interrelación entre múltiples centros de conexión, a la que se puede acceder desde un ordenador para intercambiar información con otros usuarios.

internista *adj.* Se dice del médico especializado en el tratamiento de enfermedades de los órganos internos. También *s. m.* y *f.*

interno, na (del lat. *internus*) *adj.* **1.** Se aplica a lo que ocurre o está dentro: *hemorragia interna.* **2.** Se dice de la persona que tiene más o menos fija la residencia en el lugar donde estudia, trabaja, etc.: *alumno interno.* También *s. m.* y *f.* **3.** Se dice del médico o estudiante de medicina que desempeña su jornada o realiza sus prácticas en un hospital. También *s. m.* y *f.* || *s. m.* y *f.* **4.** Persona que cumple prisión en un establecimiento penitenciario. **SIN. 2.** Internado. **4.** Preso, recluso. **ANT. 1.** Exterior. **2.** Externado; interino. **FAM.** Internamente, internar, internista.

interoceánico, ca *adj.* Que pone en comunicación dos océanos: *un canal interoceánico.*

interóseo, a *adj.* En anat., que está situado entre los huesos: *músculos interóseos.*

interparlamentario, ria *adj.* Se aplica a las comunicaciones y relaciones que se establecen entre los órganos parlamentarios de distintos países, y a los organismos que las mantienen.

interpelación *s. f.* **1.** Acción de interpelar. **2.** Planteamiento por parte de un parlamentario de una discusión ajena a los proyectos de ley.

interpelar (del lat. *interpellare*) *v. tr.* Exigir explicaciones a alguien sobre cierta cosa en la que ha intervenido. **FAM.** Interpelación, interpelante. APELAR.

interplanetario, ria *adj.* Que está o sucede entre dos o más planetas: *viaje interplanetario.*

interpolación (del lat. *interpolatio, -onis*) *s. f.* **1.** Acción de interpolar. **2.** En mat., construcción de una progresión aritmética o geométrica conociendo los términos primero y último de la misma, así como el número de términos que se van a interpolar. **SIN. 1.** y **2.** Intercalación.

interpolar[1] (del lat. *interpolare*) *v. tr.* **1.** Poner una cosa entre otras. **2.** Introducir palabras o fragmentos en un texto ajeno para ampliarlo o enriquecerlo. **3.** Averiguar el valor de una variable en un punto situado dentro del intervalo estudiado. **SIN. 1.** y **2.** Intercalar, insertar. **FAM.** Interpolación, interpolador.

interpolar[2] *adj.* Situado entre los dos polos de un generador o de un circuito.

interponer (del lat. *interponere*) *v. tr.* **1.** Poner algo entre dos o más personas o cosas: *Interpuso una pantalla entre la luz y sus ojos.* También *v. prnl.* **2.** Presentar un recurso legal. || **interponerse** *v. prnl.* **3.** Ponerse alguien o algo en el camino de otro o entre otros, impidiendo o dificultando la realización de alguna cosa. ▪ Es v. irreg. Se conjuga como *poner.* **SIN. 1.** Intercalar(se), interpolar(se). **3.** Cruzarse, interferirse. **FAM.** Interposición, interpuesto. PONER.

interpretación (del lat. *interpretatio, -onis*) *s. f.* **1.** Hecho de interpretar o entender algo de una manera: *la interpretación de los hechos.* **2.** Actuación de un actor, cantante o músico: *Su interpretación fue muy aplaudida.* **SIN. 1.** Explicación, desciframiento, comprensión. **2.** Representación; ejecución.

interpretar (del lat. *interpretare*) *v. tr.* **1.** Buscar y explicar el significado de algo. **2.** Dar un determinado significado a algo: *Me interpretó mal.* **3.** Realizar una persona algo según el pensamiento, deseo, etc., de otra: *El decorador ha interpretado mi idea perfectamente.* **4.** Representar los actores una obra teatral, película, etc. **5.** Ejecutar para el público una pieza musical o un baile. **6.** Traducir una lengua. **SIN. 1.** Descifrar. **2.** Comprender. **3.** Plasmar, reflejar. **4.** Actuar, declamar. **FAM.** Interpretable, interpretación, interpretador, interpretativamente, interpretativo, intérprete. / Malinterpretar.

intérprete (del lat. *interpres, -etis*) *s. m.* y *f.* **1.** Persona que interpreta. **2.** Persona, máquina o sistema que traduce de una lengua a otra. **SIN. 2.** Traductor.

interprofesional *adj.* Que afecta a varias profesiones.

interracial *adj.* Que se produce entre distintas razas: *conflicto interracial.*

interregno (del lat. *interregnum*) *s. m.* **1.** Intervalo de tiempo durante el cual un estado está sin soberano. **2.** P. ext., tiempo en el que se suspenden las funciones gubernamentales. **3.** Intervalo. **SIN. 3.** Paréntesis, ínterin.

interrelación *s. f.* Relación o correspondencia que mantienen entre sí personas, cosas o fenómenos. **SIN.** Correlación, interdependencia. **FAM.** Interrelacionar. RELACIÓN.

interrelacionar *v. tr.* Establecer interrelaciones. También *v. prnl.*: *Los aeropuertos se interrelacionan unos con otros.*

interrogación (del lat. *interrogatio, -onis*) *s. f.* **1.** Acción de interrogar. **2.** Palabra o expresión con que se interroga. **3.** Signo ortográfico que se coloca al principio (¿) y al final (?) de una palabra o frase interrogativa. **4.** Interrogante, incógnita. **SIN. 1.** Indagación. **4.** Enigma. **ANT. 1.** y **2.** Respuesta.

interrogante *adj.* **1.** Que interroga. También *s. m.* y *f.* **2.** Se dice del signo de interrogación. También *s. m.* || *s. amb.* **3.** Cosa que se desconoce: *Su futuro es un interrogante.* **SIN. 1.** Interrogador, interrogativo. **1.** a **3.** Interrogación. **3.** Interpelación, incógnita, enigma. **ANT. 3.** Respuesta; evidencia.

interrogar (del lat. *interrogare*) *v. tr.* Preguntar algo a alguien, particularmente la policía: *Interrogaron a los sospechosos.* ▪ Delante de *e* se escribe *gu* en lugar de *g*: *interrogue.* **SIN.** Interpelar, indagar. **FAM.** Interrogación, interrogador, interrogante, interrogativo, interrogatorio. ROGAR.

interrogativo, va (del lat. *interrogativus*) *adj.* **1.** Que interroga o expresa interrogación. **2.** Se dice de la oración gramatical que expresa una pregunta. También *s. f.* **3.** Se dice de los pronombres, adjetivos y adverbios que se utilizan para preguntar. ▪ Siempre van acentuados: *cómo, qué, cuál, quién, dónde...* **SIN. 1.** Interrogante, interrogador. **FAM.** Interrogativamente. INTERROGAR.

interrogatorio (del lat. *interrogatorius*) *s. m.* **1.** Serie de preguntas para aclarar un hecho. **2.** Acto de hacérselas a alguien.

interrumpir (del lat. *interrumpere*) *v. tr.* **1.** Parar o impedir la realización, el desarrollo, etc., de algo: *No me interrumpas.* También *v. prnl.* **2.** Impedir o dificultar el paso. SIN. **1.** Cesar, detener(se). **2.** Entorpecer, obstaculizar, estorbar. ANT. **1.** Continuar. FAM. Interrumpidamente, interrupción, interruptor. / Ininterrumpido.

interrupción (del lat. *interruptio, -onis*) *s. f.* Acción y resultado de interrumpir algo: *El público protestó por la interrupción del espectáculo.* SIN. Cese, detención, corte, paralización. ANT. Continuación.

interruptor, ra (del lat. *interruptor, -oris*) *adj.* **1.** Que interrumpe. También *s. m.* y *f.* || *s. m.* **2.** Dispositivo con que se abre o cierra un circuito eléctrico. SIN. **2.** Llave.

intersección (del lat. *intersectio, -onis*) *s. f.* Encuentro de dos líneas, superficies o sólidos que se cortan. SIN. Cruce.

intersexualidad *s. f.* Presencia en un individuo de caracteres físicos masculinos y femeninos. FAM. Intersexual. SEXUALIDAD.

intersideral *adj.* Del espacio existente entre dos o más astros. SIN. Interestelar.

intersticio (del lat. *interstitium*) *s. m.* Grieta o resquicio. FAM. Intersticial.

intertropical *adj.* Se dice de los países o territorios situados entre los trópicos y de sus habitantes. SIN. Tropical.

interurbano, na *adj.* Que existe o se realiza entre distintas poblaciones.

intervalo (del lat. *intervallum*) *s. m.* **1.** Espacio de tiempo que existe entre dos acciones, hechos, etc. **2.** Pausa, descanso. **3.** Distancia existente entre dos objetos, lugares, etc.: *Las señales se pusieron a intervalos de tres metros.* **4.** Conjunto de valores que toma una magnitud entre dos límites dados: *intervalo de temperaturas.* **5.** En mús., diferencia de tono entre los sonidos de dos notas. SIN. **1.** Ínterin. **1.** y **2.** Intermedio. **2.** Alto.

intervención (del lat. *interventio, -onis*) *s. f.* **1.** Acción de intervenir. **2.** Acción de intervenir activamente un estado u organización internacional en los asuntos internos de otro estado. **3.** Operación quirúrgica. **4.** Cargo y oficina del interventor. SIN. **1.** Participación, actuación; mediación; intromisión. FAM. Intervencionismo, intervencionista. INTERVENIR.

intervencionismo *s. m.* **1.** Doctrina política que defiende la conveniencia de que el Estado intervenga activamente en la economía del país. **2.** Doctrina política que defiende la intervención de un país en los asuntos internos de otro.

intervenir (del lat. *intervenire*) *v. intr.* **1.** Tomar parte en un asunto, actividad, etc. **2.** Mediar: *Intervino para que no nos castigaran.* **3.** Influir: *En su decisión intervinieron diversos factores.* || *v. tr.* **4.** Hacer una operación quirúrgica. **5.** Investigar o inspeccionar algo la autoridad competente. **6.** Inmovilizar la hacienda pública los bienes de una persona. **7.** Leer o escuchar la comunicación privada: *intervenir la correspondencia.* **8.** Dirigir, limitar o impedir una autoridad la libertad y actuación de ciertas entidades. **9.** Dirigir una o más potencias los asuntos internos de otra. ■ Es v. irreg. Se conjuga como *venir.* SIN. **1.** Participar. **2.** Interponerse. **4.** Operar. **5.** Fiscalizar. **6.** Congelar, bloquear. **7.** Interceptar. **8.** Restringir. ANT. **1.** y **2.** Abstenerse. FAM. Intervención, interventor. VENIR.

interventor, ra (del lat. *interventor, -oris*) *adj.* **1.** Que interviene. || *s. m.* y *f.* **2.** Persona que inspecciona y autoriza ciertas operaciones, actividades, etc., para que estén dentro de la legalidad. **3.** Empleado de trenes que comprueba los billetes. SIN. **2.** Inspector. **3.** Revisor.

interviú (del ingl. *interview*) *s. f.* Entrevista periodística. FAM. Interviuvar. ■ Su pl. es *interviús.*

intervocálico, ca *adj.* Se dice de la consonante o grupo de ellas que se encuentra entre vocales.

intestado, da (del lat. *intestatus*) *adj.* **1.** Se dice del que muere sin hacer testamento. También *s. m.* y *f.* || *s. m.* **2.** Herencia que se recibe sin que conste en ningún testamento.

intestino, na (del lat. *intestinus*, de *intus*, dentro, interiormente) *adj.* **1.** Interior, interno, se aplica particularmente a los conflictos surgidos en un mismo país. || *s. m.* **2.** Tubo de gran longitud y dispuesto en pliegues, situado entre el estómago y el ano, y en el que se efectúa la última parte de la digestión. SIN. **1.** Civil. **2.** Tripa. ANT. **1.** Exterior. FAM. Intestinal. / Gastrointestinal.

inti *s. m.* Antigua unidad monetaria de Perú, sustituida por el nuevo sol.

intifada *s. f.* Levantamiento popular de la población palestina de Gaza y Cisjordania contra la ocupación israelí.

intimar (del lat. *intimare*) *v. intr.* **1.** Tener con alguien una relación estrecha: *Luis y yo hemos intimado.* || *v. tr.* **2.** Exigir con autoridad o poder a alguien que haga cierta cosa: *Les intimó a que se rindieran.* SIN. **1.** Congeniar, simpatizar. **2.** Conminar. ANT. **1.** Enemistarse. FAM. Intimación, intimatorio. ÍNTIMO.

intimatorio, ria *adj.* Que intima o exige a alguien que cumpla una orden o decreto.

intimidad *s. f.* **1.** Cualidad de íntimo. **2.** Amistad muy estrecha. **3.** Vida privada de una persona: *Guardaba celosamente su intimidad.* **4.** Círculo formado por las personas que tienen con otra lazos muy estrechos: *Cenamos en la intimidad.* || *s. f. pl.* **5.** Conjunto de pensamientos o sentimientos íntimos de una persona: *contar intimidades.* SIN. **2.** Confianza. **5.** Interioridades.

intimidar (del lat. *intimidare*) *v. tr.* **1.** Acobardar, asustar: *Su seriedad intimidaba a los alumnos.* **2.** Amenazar a alguien para que haga algo: *Le intimidó con una pistola.* SIN. **1.** Atemorizar. **2.** Coaccionar. ANT. **1.** Envalentonar. FAM. Intimidación, intimidante, intimidatorio.

intimismo *s. m.* Tendencia artística a reflejar emociones y sentimientos íntimos o familiares. FAM. Intimista. ÍNTIMO.

intimista *adj.* **1.** Del intimismo. **2.** Se dice de los artistas que reflejan en su obra emociones y sentimientos íntimos. También *s. m.* y *f.*

íntimo, ma (del lat. *intimus*) *adj.* **1.** Se dice de lo más interior, especialmente no material: *en lo íntimo de su corazón.* **2.** Se aplica a la persona con la que se mantiene una relación muy estrecha, y a esta relación. También *s. m.* y *f.*: *Sólo invitó a los íntimos.* **3.** Reservado, familiar o privado: *una cena íntima, una carta íntima.* **4.** Aplicado a palabras como *relación, unión*, etc., muy fuerte o estrecha: *Existe una íntima conexión entre los hechos.* SIN. **1.** Profundo, hondo. **2.** Entrañable. FAM. Íntimamente, intimar, intimidad, intimismo.

intitular (del lat. *intitulare*) *v. tr.* **1.** Poner título a algo. **2.** Dar título o tratamiento particular a una persona o cosa. También *v. prnl.* SIN. **1.** Titular. **2.** Titular(se).

intocable *adj.* **1.** Que no se puede o no se debe tocar; que debe ser respetado. **2.** Miembro de la clase inferior de la sociedad hindú, cuyo contacto se considera deshonroso. También *s. m.* y *f.* SIN. **1.** Intangible. **2.** Paria.

intolerable (del lat. *intolerabilis*) *adj.* Que no se puede tolerar. SIN. Inaguantable. ANT. Tolerable. FAM. Intolerabilidad. INTOLERANCIA.

intolerancia (del lat. *intolerantia*) *s. f.* **1.** Falta de tolerancia. **2.** Imposibilidad o dificultad del organismo para soportar determinadas sustancias: *Tiene intolerancia a la penicilina.* SIN. **1.** Intransigencia. ANT. **1.** Transigencia. FAM. Intolerable, intolerante. TOLERANCIA.

intolerante (del lat. *intolerans, -antis*) *adj.* Que no tiene o no demuestra tolerancia. También *s. m.* y *f.* SIN. Intransigente, intemperante, fanático. ANT. Tolerante, condescendiente, benevolente, transigente.

intonso, sa (del lat. *intonsus*) *adj.* **1.** Que no tiene cortado el pelo. **2.** Se aplica al libro cuyos pliegos no han sido cortados con guillotina, por lo que sus bordes son irregulares.

intoxicar (de *in-* y el lat. *toxicum*, veneno) *v. tr.* **1.** Envenenar. También *v. prnl.*: *Se intoxicó con salsa en mal estado.* **2.** Causar daño en la salud el abuso de drogas, alcohol, etc. También *v. prnl.* **3.** Distribuir información interesada o errónea. ■ Delante de *e* se escribe *qu* en lugar de *c*: *intoxique.* SIN. **1.** Emponzoñar(se). **3.** Desinformar. ANT. **1.** y **2.** Desintoxicar(se). FAM. Intoxicación. / Desintoxicar. TÓXICO.

intra- (del lat. *intra*) *pref.* Significa 'dentro de': *intramuscular, intracelular.*

intradós (del fr. *intrados*, y éste del lat. *intra*, dentro, y *dorsum*, dorso) *s. m.* Superficie interior de un arco o bóveda.

intragable *adj.* **1.** *fam.* Muy pesado o de muy mala calidad. **2.** Imposible o muy difícil de creer. SIN. **1.** Incomible; insoportable. **2.** Increíble. ANT. **2.** Creíble.

intrahistoria *s. f.* Vida cotidiana de los pueblos, marco de los hechos históricos.

intramontano, na *adj.* De dentro de una región montañosa.

intramuros *adv. l.* Dentro de los muros o murallas de una ciudad.

intramuscular *adj.* Que está, se produce, etc., en el interior de los músculos: *inyección intramuscular.*

intranquilizar *v. tr.* Hacer perder la tranquilidad. También *v. prnl.* ■ Delante de *e* se escribe *c* en lugar de *z.* SIN. Inquietar(se), preocupar(se), desasosegar(se). ANT. Tranquilizar(se). FAM. Intranquilizador, intranquilizante. INTRANQUILO.

intranquilo, la *adj.* Que no tiene tranquilidad, calma: *Estaré intranquilo hasta que no me llames. Tiene un sueño intranquilo.* SIN. Inquieto, desasosegado, desazonado. ANT. Tranquilo. FAM. Intranquilidad, intranquilizar. TRANQUILO.

intransferible *adj.* Que no se puede transferir. ■ Se dice también *intrasferible.*

intransigente *adj.* Que no se muestra transigente. SIN. Intolerante, inflexible. FAM. Intransigencia. TRANSIGENTE.

intransitable *adj.* Que no se puede transitar.

intransitivo, va (del lat. *intransitivus*) *adj.* Se dice de los verbos que no necesitan complemento directo, como p. ej. *permanecer, crecer, morir, pestañear*, así como de la oración formada con estos verbos. También *s. m.* y *f.* ANT. Transitivo. FAM. Intransitividad. TRANSITIVO.

intraocular *adj.* De la parte interna del ojo.

intrascendente *adj.* Que no tiene trascendencia. SIN. Intrascendental, irrelevante. ANT. Trascendente. FAM. Intrascendencia, intrascendental. TRASCENDENTE.

intratable (del lat. *intractabilis*) *adj.* Se aplica a las personas difíciles de tratar o manejar por ser antipáticas, maleducadas o tener mal carácter. SIN. Insociable, desagradable. ANT. Tratable. FAM. Intratabilidad. TRATABLE.

intrauterino, na *adj.* Del interior del útero.

intravenoso, sa *adj.* En o para el interior de una vena.

intrépido, da (del lat. *intrepidus*) *adj.* Valiente, audaz. SIN. Valeroso, osado. ANT. Cobarde, pusilánime. FAM. Intrépidamente, intrepidez.

intricar (del lat. *intricare*) *v. tr.* Intrincar*.

intriga *s. f.* **1.** Acción de intrigar. **2.** Gran curiosidad que despierta una cosa: *Tengo intriga por ver cómo viene.* **3.** Conjunto de sucesos que en una novela, obra de teatro, película, etc., atrae y mantiene el interés del lector o espectador. SIN. **1.** Maquinación, confabulación. **2.** Expectación. **3.** Trama.

intrigante *adj.* Que intriga. También *s. m.* y *f.*

intrigar (del ital. *intrigare*, y éste del lat. *intricare*, enredar, de *in*, dentro, y *tricae*, enredos) *v. intr.* **1.** Actuar en secreto y con astucia para beneficiarse uno o perjudicar a alguien. || *v. tr.* **2.** Despertar algo el interés o la curiosidad: *El suceso intrigó a los lectores.* ■ Delante de *e* se escribe *gu* en lugar de *g.* SIN. **1.** Maquinar, conspirar. FAM. Intriga, intrigante.

intrincado, da **1.** *p.* de **intrincar**. || *adj.* **2.** Complicado, confuso: *un asunto intrincado.* **3.** Que tiene numerosos cruces, rodeos, vueltas y revueltas: *un camino intrincado.* SIN. **2.** Enmarañado. **3.** Abrupto. ANT. **3.** Sencillo. FAM. Intrincación, intrincadamente, intrincamiento, intrincar.

intrincar *v. tr.* Complicar, confundir, enredar. También *v. prnl.* ■ Delante de *e* se escribe *qu* en lugar de *c.* Se dice también *intricar.*

intríngulis (del ital. *intingoli*, guisos con salsa, y éste del lat. *intingere*, mojar en una salsa) *s. m.* **1.** *fam.* Dificultad que presenta alguna cosa. **2.** Intención o razón oculta que se supone en una persona o acción. ■ No varía en *pl.* SIN. **1.** Complicación, busilis.

intrínseco, ca (del lat. *intrinsecus*, interiormente) *adj.* Se dice de la cualidad, valor, etc., que tiene una cosa por sí misma y no por causas ajenas. SIN. Propio, natural. ANT. Extrínseco. FAM. Intrínsecamente.

introducción (del lat. *introductio, -onis*) *s. f.* **1.** Acción de introducir o introducirse. **2.** Aquello que sirve de preparación o explicación a un asunto, estudio, etc. **3.** Fragmento musical que va antes de una composición. SIN. **2.** Prolegómeno, preliminar, preámbulo; prefacio. **3.** Preludio. ANT. **2.** Epílogo.

introducir (del lat. *introducere*) *v. tr.* **1.** Meter una cosa en otra. **2.** Acompañar a alguien al interior de un lugar: *La secretaria nos introdujo en el despacho.* **3.** Hacer que una persona tenga acceso a determinado ambiente o círculo social: *Le introdujo en el mundillo teatral.* También *v. prnl.* **4.** Llevar una costumbre, moda, idea, etc., a un lugar donde no se la conoce. También *v. prnl.*: *Hace varios años que se introdujo en España ese refresco.* **5.** Hacer figurar a cierto personaje en una obra de teatro, libro, película, etc.: *La novela introduce un nuevo tipo de pícaro.* **6.** Hacer que aparezca en un lugar un determinado estado o situación: *introducir el desorden.* || **introducirse** *v. prnl.* **7.** Entrar alguien en un sitio: *Se introdujeron en el coche.* ■ Es v. irreg. Se conjuga como *conducir.* SIN. **1.** Insertar, encajar. **3.** Relacionar(se). **4.** Establecer(se), implantar(se). **6.** Causar, provocar. **7.** Penetrar. ANT. **1.** Sacar. **3.** Expulsar. **4.** Desarraigar(se). FAM. Introducción, introductor, introductorio.

introito (del lat. *introitus*) *s. m.* **1.** Prólogo de un escrito, discurso, etc. **2.** Oración que recita el sacerdote en el altar al comenzar la misa. SIN. **1.** Prefacio. ANT. **1.** Epílogo.

intromisión (del lat. *intromissus*) *s. f.* Acción de entrometerse alguien en asuntos ajenos. SIN. Entrometimiento, injerencia.

introspección (del lat. *introspectio, -onis*) *s. f.* Observación y análisis que se hace de la propia conciencia, pensamientos, sentimientos, etc. FAM. Introspectivo.

introspectivo, va *adj.* De los propios pensamientos, sentimientos y actos: *análisis introspectivo.*

introversión *s. f.* Característica de las personas introvertidas. SIN. Timidez, retraimiento. ANT. Extroversión.

introvertido, da *adj.* Se dice de la persona que tiende a concentrarse en su mundo interior, y de su actitud, carácter, etc. También *s. m.* y *f.* SIN. Retraído. ANT. Extravertido, extrovertido. FAM. Introversión. VERTER.

intrusión *s. f.* **1.** Acción de introducirse en un lugar sin derecho o autorización. **2.** Acción de apropiarse de algo indebidamente. **3.** Cosa introducida en otra. SIN. **1.** Intromisión, injerencia.

intrusismo *s. m.* Ejercicio de una actividad profesional por una persona no autorizada legalmente para ello.

intrusivo, va *adj.* Se dice de las rocas que cristalizan en zonas profundas de la corteza terrestre. También *s. f.*

intruso, sa (de *in-* y el lat. *trudere*, empujar) *adj.* **1.** Se dice de la persona que se ha introducido en un lugar sin ningún derecho o disfruta de algo que no le corresponde. También *s. m.* y *f.* **2.** Que ejerce una profesión sin estar autorizado legalmente para ello. También *s. m.* y *f.* **3.** Que está en un ambiente o círculo diferente al suyo. También *s. m.* y *f.* SIN. **1.** y **3.** Extraño. FAM. Intrusión, intrusismo, intrusivo.

intubación *s. f.* Acción de intubar.

intubar *v. tr.* En med., introducir un tubo o sonda en el interior de un órgano. SIN. Entubar. ANT. Desentubar. FAM. Intubación. TUBO.

intuición (del lat. medieval *intuitio, -onis*) *s. f.* **1.** Capacidad para intuir algo: *Tiene intuición para los negocios.* **2.** Hecho de intuir algo: *Tengo la intuición de que no volverá.* SIN. **1.** Instinto, olfato. **2.** Sospecha, presentimiento, impresión, sensación.

intuir (del lat. *intuere*) *v. tr.* **1.** Percibir rápida y claramente una idea, situación, etc., sin que actúe en ello el razonamiento. **2.** Sospechar, presentir. ■ Es v. irreg. Se conjuga como *huir.* SIN. **1.** Captar. **2.** Adivinar, entrever. FAM. Intuición, intuicionismo, intuitivo.

intuitivo, va *adj.* **1.** De la intuición o relacionado con ella. **2.** Se dice de la persona en la que actúa la intuición en mayor grado que el razonamiento. También *s. m.* y *f.* FAM. Intuitivamente. INTUIR.

intumescencia *s. f.* Tumescencia*. FAM. Intumescente. TUMESCENCIA.

intumescente (del lat. *intumescens, -entis*, y éste de *intumescere*, hincharse) *adj.* Tumescente*.

inundación (del lat. *inundatio, -onis*) *s. f.* **1.** Acción de inundar o inundarse. **2.** Crecida de un río que origina el desbordamiento del agua. **3.** Abundancia excesiva de algo. SIN. **2.** Riada. **3.** Invasión, avalancha.

inundar (del lat. *inundare*) *v. tr.* **1.** Cubrir de agua un lugar. También *v. prnl.*: *Se ha inundado el sótano.* **2.** En marina, llenar de agua un tanque, compartimiento o buque. También *v. prnl.* **3.** Llenar un lugar de personas o cosas: *Inundaron la ciudad de anuncios.* También *v. prnl.* SIN. **1.** y **2.** Anegar(se). **3.** Atestar. ANT. **1.** y **2.** Achicar. FAM. Inundación, inundado.

inusitado, da (del lat. *inusitatus*) *adj.* Que no es habitual. SIN. Inusual, insólito. ANT. Normal. FAM. Inusitadamente. USO.

inusual *adj.* No usual. SIN. Desacostumbrado. ANT. Habitual.

inútil (del lat. *inutilis*) *adj.* **1.** Que no sirve para aquello que se expresa. También *s. m.* y *f.*: *Es un inútil para las labores de la casa.* **2.** Se dice de la persona que por algún impedimento físico no puede trabajar o valerse por sí misma. También *s. m.* y *f.* SIN. **1.** Inservible, inepto. **2.** Incapacitado. ANT. **1.** y **2.** Útil. FAM. Inutilidad, inutilizar, inútilmente. ÚTIL[1].

inutilizar *v. tr.* **1.** Hacer que algo ya no sirva para lo que estaba destinado. **2.** Vencer completamente a un adversario en una lucha, discusión, etc. ■ Delante de *e* se escribe *c* en lugar de *z.* SIN. **1.** Invalidar, inhabilitar. **2.** Arrollar. ANT. **1.** Habilitar. FAM. Inutilización. INÚTIL.

invadir (del lat. *invadere*) *v. tr.* **1.** Entrar en un lugar por la fuerza o la violencia. **2.** Llenar un lugar personas o cosas consideradas perjudiciales o hacerlo de forma excesiva: *Las malas hierbas invadieron el trigal.* **3.** Ejercer alguien funciones que corresponden a otro. **4.** Dominar a alguien un estado de ánimo, sensación, etc.: *Lo invadió la tristeza.* SIN. **1.** Asaltar, ocupar. **2.** Inundar, saturar. **4.** Apoderarse. FAM. Invasión, invasivo, invasor.

invaginar (de *in-* y el lat. *vagina*, vaina) *v. tr.* Doblar hacia dentro los bordes de un tubo, conducto, etc. También *v. prnl.* FAM. Invaginación. VAGINA.

invalidar *v. tr.* Quitar validez a algo. SIN. Inutilizar. FAM. Invalidación. INVÁLIDO.

invalidez *s. f.* Cualidad de una persona que tiene alguna deficiencia física o psíquica.

inválido, da (del lat. *invalidus*) *adj.* **1.** Que tiene ciertas deficiencias físicas o mentales para desempeñar cierto trabajo, actividad, etc. También *s. m.* y *f.* **2.** Que carece de valor por no reunir las condiciones que exigen ciertas leyes, reglamentos, etc. **3.** Poco sólido, sin fundamento. SIN. **1.** Minusválido, imposibilitado. **2.** Nulo, anulado. **3.** Endeble, inconsistente. ANT. **2.** Válido. **3.** Consistente. FAM. Invalidar, invalidez. VÁLIDO.

invalorable *adj. Amér. del S.* Inapreciable.

invaluable *adj.* Inestimable, inapreciable.

invariable *adj.* **1.** Que no varía. **2.** En ling., se dice de las palabras que no sufren ninguna variación en su forma, como p. ej. los adverbios y las preposiciones. SIN. **1.** Inalterable, invariante. ANT. **1.** Variable. FAM. Invariabilidad, invariablemente, invariado. VARIABLE.

invariante *adj.* **1.** Que no varía. || *s. f.* **2.** Magnitud, circunstancia, etc., que no varía.

invasión (del lat. *invasio, -onis*) *s. f.* **1.** Acción de invadir. **2.** Penetración masiva de gérmenes causantes de enfermedades en un organismo. SIN. **1.** Asalto, ocupación; plaga.

invectiva (del lat. *invectiva*) *s. f.* Discurso o escrito en que se ataca o critica de forma violenta. SIN. Ataque, diatriba. ANT. Alabanza.

invencible (del lat. *invincibilis*) *adj.* Imposible o muy difícil de vencer o superar: *un rival invencible.* **SIN.** Imbatible; insuperable. **ANT.** Vencible; superable. **FAM.** Invenciblemente. VENCER.

invención (del lat. *inventio, -onis*) *s. f.* **1.** Acción de inventar: *La invención del teléfono.* **2.** Lo que se inventa: *La escritura es una de las mayores invenciones de la humanidad.* **3.** Fingimiento o mentira: *No creas lo que dice, son todo invenciones suyas.* **4.** Selección y disposición de las ideas y argumentos en un discurso. **SIN. 2.** Invento, creación. **3.** Engaño, fantasía. **ANT. 3.** Verdad.

inventar *v. tr.* **1.** Encontrar algo nuevo o una nueva forma de hacer alguna cosa: *Inventaron un nuevo aparato.* **2.** Imaginar, idear: *inventar una historia.* También *v. prnl.* **SIN. 1.** Descubrir, hallar. **2.** Concebir, planear. **FAM.** Invención, inventario, inventiva, invento, inventor.

inventariar *v. tr.* Hacer inventario. ■ En cuanto al acento, se conjuga como *ansiar*: *inventarío.*

inventario (del lat. *inventarium*) *s. m.* **1.** Lista en que se escriben y detallan todas las propiedades, mercancías, etc., de una persona o entidad. **2.** Documento en que se refleja esta lista. **3.** Examen o valoración que hace alguien del estado, desarrollo, importancia, etc., de alguna cosa: *Hizo inventario de su vida.* **SIN. 1.** y **2.** Registro. **3.** Balance. **FAM.** Inventariar. INVENTAR.

inventiva *s. f.* Capacidad o facilidad para inventar. **SIN.** Imaginación, creatividad. **FAM.** Inventivo. INVENTAR.

invento (del lat. *inventum*) *s. m.* **1.** Acción de inventar. **2.** Aquello que se inventa. **SIN. 1.** y **2.** Invención, descubrimiento, hallazgo.

invernáculo (del lat. *hibernaculum*) *s. m.* Invernadero para las plantas.

invernada *s. f.* **1.** *Amér.* Campo destinado al engorde del ganado durante el invierno. **2.** Tiempo que dura este engorde. **3.** *Ven.* Aguacero torrencial.

invernadero *s. m.* **1.** Recinto, generalmente cubierto de cristaleras, con las condiciones ambientales adecuadas para el cultivo de vegetales fuera de su ámbito natural. **2.** Lugar adecuado para pasar el invierno. **SIN. 1.** Invernáculo, estufa.

invernal *adj.* Del invierno o relacionado con él. **SIN.** Hibernal. **ANT.** Estival.

invernar (del lat. *hibernare*) *v. intr.* **1.** Pasar el invierno algunos animales en estado de vida latente, letargo o sueño. **2.** Pasar el invierno en alguna parte. **SIN. 1.** Hibernar.

inverosímil *adj.* Que no tiene apariencia de verdad o resulta imposible de creer. **SIN.** Increíble. **ANT.** Verosímil. **FAM.** Inverosimilitud, inverosímilmente. VEROSÍMIL.

inversión (del lat. *inversio, -onis*) *s. f.* **1.** Acción de invertir. **2.** Dinero que se dedica a una actividad o negocio para obtener luego un beneficio o satisfacer una necesidad pública. **3.** Cambio de sentido en una corriente eléctrica. **SIN. 1.** Alteración, trueque. **FAM.** Inversionista. INVERTIR.

inversionista *adj.* Que hace una inversión de dinero. También *s. m.* y *f.* **SIN.** Inversor.

inverso, sa (del lat. *inversus*) *adj.* Aplicado a dirección, orden, etc., contrario, opuesto: *El camión circulaba en sentido inverso al que indica la señal.* **SIN.** Invertido, alterado. **FAM.** Inversamente. INVERTIR.

inversor, ra (del lat. *inversare*, cambiar) *adj.* **1.** Que invierte. También *s. m.* y *f.* || *s. m.* **2.** Dispositivo que convierte la corriente continua en alterna. **3.** Mecanismo que permite cambiar el sentido de rotación de un eje. **SIN. 1.** Inversionista.

invertebrado, da *adj.* **1.** Se dice de los animales que no tienen columna vertebral. También *s. m.* y *f.* **2.** Que carece de organización o estructura, o es insuficiente: *una nación invertebrada.* || *s. m. pl.* **3.** Antigua clasificación zoológica que incluía a los animales que carecen de columna vertebral.

invertido, da **1.** *p.* de **invertir**. También *adj.* || *s. m.* **2.** *desp.* Homosexual.

invertir (del lat. *invertere*) *v. tr.* **1.** Cambiar las cosas, colocándolas en dirección, posición u orden contrario al que tenían. También *v. prnl.* **2.** Emplear una cantidad determinada de algo en una cosa: *invertir tiempo en un trabajo.* También *v. prnl.* **3.** Dedicar dinero a una cierta actividad con el fin de obtener un beneficio. También *v. intr.* y *v. prnl.* ■ Es v. irreg. Se conjuga como *sentir*. **SIN. 1.** Alterar(se), trastocar(se). **2.** Destinar. **FAM.** Inversión, inverso, inversor, invertido. / Reinvertir. VERTER.

investidura *s. f.* **1.** Acción de investir. **2.** Carácter que da a la persona la toma de posesión de un cargo o dignidad. **3.** Votación parlamentaria para designar al jefe del Estado o del gobierno. **SIN. 1.** Proclamación.

investigador, ra (del lat. *investigator, -oris*) *adj.* Que investiga. También *s. m.* y *f.*

investigar (del lat. *investigare*) *v. tr.* **1.** Hacer lo necesario para enterarse de algo, aclarar un hecho, etc. También *v. intr.*: *La policía investiga acerca del robo.* **2.** Estudiar a fondo una rama del saber, un fenómeno, un caso, etc. También *v. intr.* ■ Delante de *e* se escribe *gu* en lugar de *g*. **SIN. 1.** Buscar, explorar, averiguar. **1.** y **2.** Indagar, examinar. **FAM.** Investigable, investigación, investigador. VESTIGIO.

investir (del lat. *investire*) *v. tr.* Conceder a una persona una dignidad, privilegio, cargo importante, etc. ■ Es v. irreg. Se conjuga como *pedir*. **FAM.** Investidura. VESTIR.

inveterado, da (del lat. *inveteratus*, de *vetus*, viejo) *adj.* Muy antiguo o arraigado. **SIN.** Enraizado. **ANT.** Nuevo. **FAM.** Inveteradamente.

inviable *adj.* Que no puede llevarse a cabo. **SIN.** Imposible, irrealizable. **ANT.** Viable. **FAM.** Inviabilidad. VIABLE.

invicto, ta (del lat. *invictus*) *adj.* Que no ha sido vencido. **SIN.** Victorioso, triunfador. **ANT.** Derrotado.

invidente *adj.* Que no ve. También *s. m.* y *f.* **SIN.** Ciego. **ANT.** Vidente. **FAM.** Invidencia. VIDENTE.

invierno (del ant. *ivierno*, y éste del lat. vulg. *hibernum*, del lat. *[tempus]hibernum*, tiempo invernal) *s. m.* **1.** Estación más fría del año comprendida entre el otoño y la primavera, que en el hemisferio N dura desde el 22 de diciembre hasta el 21 de marzo y en el hemisferio S desde el 22 de junio hasta el 23 de septiembre. **2.** En la zona ecuatorial, temporada de lluvias que dura aproximadamente unos seis meses. **FAM.** Invernáculo, invernada, invernadero, invernal, invernar, invernizo. / Hibernal, hibernar.

inviolable (del lat. *inviolabilis*) *adj.* **1.** Que no se debe o no se puede violar, profanar o quebrantar. **2.** Que disfruta de cierta protección y privilegios con respecto a las leyes, como p. ej. los representantes judiciales, los parlamentarios, etc. **FAM.** Inviolabilidad, inviolablemente, inviolado. VIOLAR.

inviolado, da (del lat. *inviolatus*) *adj.* Íntegro, puro.

invisible (del lat. *invisibilis*) *adj.* Que no se puede ver. **ANT.** Visible. **FAM.** Invisibilidad. VISIBLE.

invitación (del lat. *invitatio, -onis*) *s. f.* **1.** Acción de invitar: *Aceptó con mucho gusto nuestra invitación.* **2.** Tarjeta o escrito con los que se invita: *Ya ha enviado las invitaciones de boda.*

invitar (del lat. *invitare*) *v. tr.* **1.** Comunicar a una persona el deseo de que asista a una celebración, comida, espectáculo, etc.: *Nos han invitado al bautizo de su hijo.* **2.** Ofrecer o dar de manera gratuita a alguien algo que se supone agradable: *Me invitó a café.* **3.** Ofrecer a una persona la posibilidad de hacer algo: *Cuando entramos en su despacho nos invitó a sentarnos.* **4.** Mandar o pedir a alguien que haga algo: *El dueño les invitó a salir del local.* **5.** Animar, incitar: *Este tiempo invita a salir.* SIN. **1.**, **2.** y **5.** Convidar. **5.** Incitar, mover. FAM. Invitación, invitado, invitador, invitante. / Envite.

invocación *s. f.* **1.** Acción de invocar. **2.** Palabras con las que se invoca a un espíritu o divinidad. **3.** Alusión a alguna persona o cosa para apoyarse en ella.

invocar (del lat. *invocare*) *v. tr.* **1.** Rogar a alguien, especialmente a Dios o los santos, pidiendo algo. **2.** Nombrar a cierta persona o cosa para conmover o impresionar a alguien: *Invocó su amistad con mi familia para que le ayudase.* **3.** Acogerse a una ley, costumbre, etc., exponerla, alegarla. **4.** Llamar a un espíritu, divinidad, etc., en algún rito o ceremonia. ■ Delante de *e* se escribe *qu* en lugar de *c*. SIN. **1.** Implorar, suplicar, solicitar. **1.** y **2.** Recurrir. **2.** y **3.** Apelar. **3.** Aducir. FAM. Invocación, invocador, invocatorio.

involución (del lat. *involutio, -onis*, acción de envolver) *s. f.* **1.** Retroceso en la marcha o evolución de algo: *involución política, cultural.* **2.** Fase de un proceso biológico durante la cual disminuye la actividad de un órgano. SIN. **1.** Regresión. ANT. **1.** Progreso. FAM. Involucionar, involucionismo, involutivo.

involucionismo *s. m.* Tendencia que defiende la involución cultural, económica, etc., y particularmente la política. FAM. Involucionista. INVOLUCIÓN.

involucrar (del lat. *involucrum*, cubierta, disfraz) *v. tr.* **1.** Complicar a alguien en un asunto. También *v. prnl.* **2.** Incluir en una cuestión, charla, discurso, etc., algo que no tiene que ver con ellos. SIN. **1.** Implicar(se), comprometer(se). FAM. Involucro.

involucro (del lat. *involucrum*, envoltura) *s. m.* Conjunto de hojas llamadas brácteas que forman la base de algunas inflorescencias, como las umbelas y las cabezuelas.

involuntario, ria (del lat. *involuntarius*) *adj.* Que se hace o sucede sin que intervenga la voluntad o la intención. ANT. Voluntario. FAM. Involuntariamente, involuntariedad. VOLUNTARIO.

invulnerable (del lat. *invulnerabilis*) *adj.* Que no puede ser herido, dañado o vencido. SIN. Invencible, insuperable. ANT. Vulnerable. FAM. Invulnerabilidad. VULNERABLE.

inyección (del lat. *iniectio, -onis*) *s. f.* **1.** Acción de inyectar. **2.** Sustancia que se inyecta. **3.** Introducción de la mezcla explosiva en el cilindro de un motor de combustión interna. **4.** Aportación decisiva: *una inyección de esfuerzo.*

inyectable *adj.* Se dice de la sustancia o medicamento preparados para ser inyectados. También *s. m.*

inyectado, da **1.** *p.* de **inyectar**. También *adj.* || *adj.* **2.** Se aplica a los ojos enrojecidos por una afluencia intensa de sangre.

inyectar (del lat. *iniectare*) *v. tr.* **1.** Introducir a presión un fluido en un cuerpo por medio de un instrumento apropiado. **2.** Administrar un medicamento o una droga por medio de una jeringuilla. También *v. prnl.* **3.** Comunicar un determinado estado de ánimo, sentimiento, etc.: *Su presencia inyectó valor a todos.* SIN. **2.** Pinchar(se). **3.** Transmitir, infundir. FAM. Inyección, inyectable, inyectado, inyector.

inyector *s. m.* **1.** Aparato que pulveriza el combustible en la cámara de combustión de los motores que no tienen carburador. **2.** Especie de bomba de chorro para introducir el agua en las calderas de vapor, tomándola directamente del depósito. **3.** Aparato para poner inyecciones.

iodo *s. m.* Yodo*.

ion o **ión** (del gr. *ion*, que va) *s. m.* Átomo o agrupación atómica que por exceso o defecto de electrones ha adquirido carga eléctrica. FAM. Iónico, ionización, ionizante, ionizar, ionosfera. / Anión, catión, termoiónico.

ionización *s. f.* Proceso de formación de un ion.

ionosfera *s. f.* Capa de la atmósfera comprendida entre los 80 y 600 km de altitud, que recibe este nombre por existir en ella iones que reflejan las ondas de radio. FAM. Ionosférico. ION y ESFERA.

iota (del gr. *iota*) *s. f.* Nombre de la novena letra del alfabeto griego que corresponde a nuestra *i*. ■ La letra mayúscula se escribe *I* y la minúscula *ι*.

ipecacuana *s. f.* **1.** *Amér.* Planta trepadora con tallos sarmentosos, hojas elípticas y pequeñas flores blancas en ramilletes terminales. **2.** Raíz de esta planta, muy usada en medicina como emética, purgante y sudorífica.

ípsilon (del gr. *ypsilon*) *s. f.* Nombre de la vigésima letra del alfabeto griego, cuyo sonido es parecido al de la *u* francesa. ■ La letra mayúscula se escribe *Y* y la minúscula *υ*.

ipso facto (lat.) *loc. adv.* Inmediatamente, en el acto.

ir (del lat. *ire*) *v. intr.* **1.** Moverse o trasladarse de un lugar a otro: *ir a la piscina, ir andando, ir por la derecha.* También *v. prnl.* **2.** Conducir a cierto sitio un vehículo, camino, etc.: *El tren va a la costa.* **3.** Asistir a algún sitio: *Aún no va al colegio.* **4.** Extenderse o comprender algo desde los puntos o límites que se indican: *Lo más interesante del libro va del capítulo III al V.* **5.** Estar colocado en una determinada posición, orden, etc.: *Esa hoja va la última. Cuando anda va muy derecho.* **6.** Marchar, funcionar: *El reloj va estupendamente.* **7.** Cambiar, evolucionar: *La empresa ha ido a mejor.* **8.** Existir o darse una diferencia: *¡Lo que va de un coche a otro!* **9.** Ser algo conveniente o apropiado para alguien o algo: *Ese traje te va muy bien.* **10.** Agradar: *No me van las discotecas.* **11.** Vestir de la forma en que se indica: *Va de uniforme.* **12.** *fam.* Apostar: *Van cien pesetas a que llego antes que tú.* **13.** Encontrarse en la situación, estado, etc., que se expresa: *¡Vamos apañados!* **14.** *fam.* Seguido de expresiones como *de broma, en serio*, etc., indica que algo se dice o hace en la forma que éstas expresan. **15.** Con la preposición *a*, ocuparse o centrarse en aquello que se expresa: *ir a lo suyo.* **16.** Con la preposición *con*, ser partidario de alguien o algo: *¿Con qué equipo vas tú?* **17.** Con las preposiciones *con* o *por*, referirse o aludir a alguien en concreto: *Lo que dijo no iba con ella.* **18.** Con la preposición *con*, acudir a alguien para contarle algo: *ir con cuentos.* **19.** Con la preposición *de*, tratar algo sobre cierto tema: *¿De qué va la película?* **20.** Con la preposición *de*, adoptar cierta actitud: *Va de listo.* **21.** Con sustantivos como *suerte, existencia*, etc., depender ésta de aquello que se expresa: *En esto va tu prestigio.* **22.** Con la preposición *en*, influir, repercutir: *La prisa va en perjuicio*

IR	
GERUNDIO	
yendo	
INDICATIVO	
Presente	**Pretérito imperfecto**
voy	*iba*
vas	*ibas*
va	*iba*
vamos	*íbamos*
vais	*ibais*
van	*iban*
Pretérito perfecto	
fui	*fuimos*
fuiste	*fuisteis*
fue	*fueron*
SUBJUNTIVO	
Presente	**Pretérito imperfecto**
vaya	*fuera, -ese*
vayas	*fueras, -eses*
vaya	*fuera, -ese*
vayamos	*fuéramos, -ésemos*
vayáis	*fuerais, -eseis*
vayan	*fueran, -esen*
Futuro	
fuere	*fuéremos*
fueres	*fuereis*
fuere	*fueren*
IMPERATIVO	
ve	*id*

de la calidad. **23.** Con la preposición *en*, variar o estar en función de algo: *Eso va en caracteres.* **24.** Con la preposición *por*, buscar o traer aquello que se indica: *Iré por leche.* **25.** Con la preposición *por*, haber alcanzado un cierto punto en un estudio, trabajo, acción, etc.: *Va por cuarto de medicina.* **26.** Con la preposición *por*, estar algo dirigido o dedicado a alguien: *Este brindis va por ti.* **27.** Con la preposición *por*, ser algo lógica correspondencia o pago de otra cosa: *Eso va por lo que me hiciste.* **28.** Seguido de la conjunción *y* y de un verbo, destaca el significado de éste, indicando generalmente sorpresa, enfado, etc.: *Después de haberme hecho esperar tanto, va y se marcha.* || **irse** *v. prnl.* **29.** Marcharse. **30.** Salirse un líquido o un gas de su recipiente: *A este mechero se le va el gas.* **31.** Gastarse o consumirse algo: *Cómo se va el dinero.* **32.** Quitarse una mancha, señal, etc. **33.** Borrarse algo de la mente: *No le di tu recado, se me fue por completo.* **34.** Morirse. **35.** Deslizarse, resbalar: *Se le fue un pie al bajar.* **36.** No poder contener o controlar algo: *Se me fue la mano y le di una bofetada.* **37.** *fam.* Hacerse alguien sus necesidades o expulsar gases sin querer. **38.** Seguido de expresiones como *a la porra* o *a paseo*, etc., fracasar algo: *El negocio se fue a hacer gárgaras.* ■ En imperativo se usa para echar o rechazar a alguien. || *v. aux.* **39.** Con un gerundio, presenta una acción que comienza a realizarse o que se produce lenta y gradualmente: *Va amaneciendo.* **40.** Con la preposición *a* y un infinitivo, disponerse o prepararse a hacer lo que éste indica: *Vamos a comer.* ■ Se utiliza también para anunciar algo: *Van a subir los precios.* **41.** Con la preposición *a* y un infinitivo, expresa temor, extrañeza o enfado: *No irás a decirme que no te importa.* || LOC. **¡dónde va a parar!** *excl. fam.* Destaca la diferencia que existe entre dos o más personas o cosas. **el no va más** *fam.* Lo mejor, lo máximo. **ir a por** alguien Perseguirle, no dejarle tranquilo. **ir dado** Irle mal las cosas a alguien; también, no tener nada que hacer con alguien o algo: *Como se lo pidas a él, vas dado.* **ir** algo **para largo** Quedar mucho para que se realice o se termine. **ir** alguien **que arde** (o **chuta** o **se mata**) Tener más que suficiente. **ni irle ni venirle** algo a alguien No importarle o no mostrar interés por ello. **sin ir más lejos** Indica que, con lo que se dice a continuación, ya no es necesario dar más explicaciones. **¡vamos!** *interj. fam.* Se utiliza para ordenar o animar. También, indica la falta de acuerdo con lo que otro dice. **¡vaya!** *interj.* Expresa asombro, admiración, fastidio o protesta; en ocasiones sirve sólo para reforzar lo que se dice: *¡Vaya granuja!* **vete (tú) a saber** o **vaya usted a saber** *fam.* Indica duda. ■ Es *v. irreg.* SIN. **1.** Desplazarse, encaminarse. **3.** Acudir, concurrir, frecuentar. **4.** Abarcar. **5.** Situarse. **6.** Andar. **9.** Sentar. **10.** Gustar, molar. **12.** Jugarse. **21.** Redundar, recaer. **22.** Contribuir, fomentar. **27.** Responder, corresponder. **28.** Coger. **29.** Pirarse, largarse, abrirse. **30.** y **36.** Escaparse. **31.** Agotarse, acabarse. **33.** Olvidarse. **34.** Fallecer, perecer, palmar. **35.** Patinar. **36.** Descontrolarse. **37.** Ensuciar, peerse. ANT. **1.** Volver; quedar(se); venir(se). **9.** Desentonar. **10.** Disgustar, desagradar. **29.** Venirse. **33.** Recordar. FAM. Ida, ido. / Vaivén, ¡vamos!, ¡vaya!, ¡vóytelas!

ira (del lat. *ira*) *s. f.* **1.** Enfado muy violento: *En un arrebato de ira pegó un puñetazo en la mesa.* **2.** Violencia de los elementos de la naturaleza, como el viento, el mar, etc.: *Se desencadenó la ira del huracán.* || *s. f. pl.* **3.** Actos de saña o de venganza: *Desató las iras de los poderosos.* SIN. **1.** Rabia, enojo. **1.** y **2.** Cólera, furor, furia. ANT. **1.** y **2.** Calma. FAM. Iracundo, irascible. / Airar.

iracundo, da (del lat. *iracundus*) *adj.* Que se deja llevar fácilmente por la ira o está dominado por ella. También *s. m.* y *f.* SIN. Irascible, airado, colérico. FAM. Iracundia. IRA.

iraní *adj.* De Irán. También *s. m.* y *f.* ■ Su pl. es *iraníes*, aunque también se utiliza *iranís.* FAM. Iranio. / Indoiranio.

iranio *adj.* **1.** Del Irán antiguo. También *s. m.* y *f.* || *s. m.* **2.** Grupo de lenguas indoeuropeas de la familia indoirania.

iraquí *adj.* De Irak. También *s. m.* y *f.* ■ Su pl. es *iraquíes*, aunque también se utiliza *iraquís.*

irascible (del lat. *irascibilis*) *adj.* Que se enfada fácilmente. SIN. Iracundo. FAM. Irascibilidad. IRA.

iridio (del lat. *iris, -idis*, y éste del gr. *iris*, iris) *s. m.* Elemento químico metálico, de color blanco, muy duro, quebradizo y muy resistente a la corrosión. Su símbolo es *Ir.*

iridiscente (del lat. *iris, -idis*, iris) *adj.* **1.** Que muestra o refleja los colores del arco iris. **2.** Por ext., que brilla o produce destellos.

iris (del lat. *iris*, y éste del gr. *iris*) *s. m.* **1.** Disco de color, situado en el globo ocular, entre la córnea y el cristalino, que constituye el diafragma del ojo y forma la parte anterior de la coroides. || **2. arco iris** Véase **arco.** FAM. Iridio, iridiscente, irisar.

irisación *s. f.* Brillo con los colores del arco iris que presentan ciertos cuerpos.

irisado, da 1. *p.* de **irisar.** || *adj.* **2.** Iridiscente*.

irisar *v. intr.* Presentar un cuerpo franjas o reflejos de luz, con los colores del arco iris. También *v. tr.*: *El sol irisaba las nubes.* FAM. Irisación, irisado. IRIS.

irlandés, sa *adj.* **1.** De Irlanda. También *s. m.* y *f.* **2.** Se aplica al café preparado con whisky y nata. También *s. m.* || *s. m.* **3.** Lengua del grupo gaélico, una de las oficiales en Irlanda.

ironía (del lat. *ironia*, y éste del gr. *eironeia*, disimulo) *s. f.* **1.** Modo de expresarse en el que, mediante la entonación, los gestos, etc., se da a entender algo distinto de lo que se dice; en literatura, constituye una figura retórica. **2.** Tono burlón. **3.** Burla ingeniosa y disimulada. **4.** Contraste que se produce casualmente entre dos cosas y que parece una broma. **SIN.** **2.** Sorna. **3.** Chanza. **FAM.** Irónicamente, irónico, ironista, ironizar.

irónico, ca (del lat. *ironicus*, y éste del gr. *eironikos*) *adj.* Que tiene ironía: *un comentario irónico.* **SIN.** Sarcástico, cáustico, mordaz, punzante.

ironizar *v. intr.* Tratar de algo con ironía: *Le gusta ironizar sobre sí mismo.* Se usa también como *v. tr.*

iroqués, sa *adj.* **1.** De un pueblo indígena de América del Norte que vivía en el actual estado de Nueva York, en el valle de Mohawk y a orillas de los Grandes Lagos. || *s. m.* **2.** Lengua hablada por este pueblo.

IRPF *s. m.* Siglas de **Impuesto* sobre la Renta de las Personas Físicas**.

irracional (del lat. *irrationalis*) *adj.* **1.** Que carece de capacidad para razonar. **2.** Ilógico, insensato. **3.** En mat., se dice del número real que no puede expresarse como cociente de dos números enteros, p. ej. la raíz cuadrada de 5. **SIN.** **2.** Irrazonable. **ANT.** **1.** Racional. **2.** Sensato. **FAM.** Irracionalidad, irracionalismo, irracionalmente. RACIONAL.

irracionalismo *s. m.* En fil., doctrina que niega el valor de la razón como forma de conocimiento. **FAM.** Irracionalista. IRRACIONAL.

irradiar (del lat. *irradiare*) *v. tr.* **1.** Despedir un cuerpo radiaciones de luz, de calor, etc. **2.** Exponer un cuerpo a la acción de determinadas radiaciones. **3.** Transmitir algo, especialmente un estado de ánimo o un sentimiento: *irradiar simpatía.* || **irradiarse** *v. prnl.* **4.** Propagarse, extenderse: *irradiarse un dolor.* **SIN.** **1.** Emitir, radiar. **1.** y **3.** Emanar, difundir. **FAM.** Irradiación, irradiador. RADIAR.

irrazonable (del lat. *irrationabilis*) *adj.* Que no es razonable. **SIN.** Irracional. **ANT.** Sensato.

irreal *adj.* **1.** Que no es real, sino producto de la imaginación, de los sueños, etc. **2.** No realista: *Tiene un concepto irreal de la vida.* **SIN.** **1.** Ficticio, imaginario. **2.** Idealista. **FAM.** Irrealidad. REAL[1].

irrealizable *adj.* Que no se puede realizar. **SIN.** Impracticable, inviable. **ANT.** Realizable.

irrebatible *adj.* Que no se puede rebatir. **SIN.** Indiscutible, irrefutable. **ANT.** Rebatible.

irreconciliable (del lat. *irreconciliabilis*) *adj.* Se dice de la persona o cosa que no puede reconciliarse o armonizar con otra: *Son enemigos irreconciliables. Tienen opiniones irreconciliables.* **SIN.** Incompatible, inconciliable. **ANT.** Conciliable.

irreconocible *adj.* Imposible de reconocer: *Está irreconocible con el pelo teñido.*

irrecuperable (del lat. *irrecuperabilis*) *adj.* Que no se puede recuperar. **ANT.** Recuperable.

irrecusable (del lat. *irrecusabilis*) *adj.* Que no se puede recusar. **ANT.** Recusable.

irredentismo *s. m.* **1.** Doctrina y movimiento político que pretende la incorporación a un país de un territorio que considera suyo y que depende de otra nación. **2.** Condición o estado de irredento. **FAM.** Irredentista. IRREDIMIBLE.

irredento, ta (del lat. *in*, pref. neg., y *redemptus*, de *redimere*, redimir) *adj.* **1.** Que no está redimido. **2.** Se aplica al territorio que un país pretende hacer suyo por motivos históricos, culturales, étnicos, etc.

irredimible *adj.* Que no se puede redimir. **FAM.** Irredentismo, irredento. REDIMIR.

irreducible o **irreductible** *adj.* Que no se puede reducir. **ANT.** Reducible, reductible. **FAM.** Irreductibilidad, irreductiblemente. REDUCIR.

irreemplazable o **irremplazable** *adj.* Que no se puede reemplazar. **SIN.** Insustituible, imprescindible. **ANT.** Reemplazable.

irreflexión *s. f.* Falta de reflexión.

irreflexivo, va *adj.* Que no muestra buen juicio o sensatez. También *s. m.* y *f.* **SIN.** Irracional, insensato, inconsciente. **ANT.** Reflexivo. **FAM.** Irreflexión, irreflexivamente. REFLEXIVO.

irrefrenable (del lat. *irrefrenabilis*) *adj.* Imposible o muy difícil de refrenar. **SIN.** Incontenible, irreprimible. **ANT.** Refrenable.

irrefutable (del lat. *irrefutabilis*) *adj.* Que no se puede refutar. **SIN.** Irrebatible. **ANT.** Refutable.

irregular (del lat. *irregularis*) *adj.* **1.** Se dice de aquello cuya forma, desarrollo, funcionamiento, etc., presenta cambios, fallos o altibajos: *El terreno es irregular. Tiene un pulso irregular.* **2.** Que se aparta de una regla o norma: *un verbo irregular.* **3.** Poco honesto o lícito: *Ese negocio es un tanto irregular.* **4.** En geom., se dice del polígono cuyos lados y ángulos no son iguales entre sí; y del poliedro cuyas caras y ángulos sólidos tampoco lo son. **SIN.** **1.** Desigual, discontinuo, variable. **2.** Anormal, anómalo. **3.** Ilícito, deshonesto, inmoral. **ANT.** **1.**, **2.** y **4.** Regular. **FAM.** Irregularidad, irregularmente. REGULAR[2].

irregularidad *s. f.* **1.** Cualidad de irregular. **2.** Cosa o conducta irregular: *irregularidades en el terreno, en la administración.* **SIN.** **1.** Desigualdad, deshonestidad, inmoralidad. **1.** y **2.** Anormalidad, anomalía. **ANT.** **1.** y **2.** Regularidad.

irrelevante *adj.* Que no tiene relevancia. **SIN.** Intrascendente, insignificante. **ANT.** Relevante. **FAM.** Irrelevancia. RELEVANTE.

irreligioso, sa (del lat. *irreligiosus*) *adj.* Que no tiene creencias religiosas o es contrario a la religión. También *s. m.* y *f.* **FAM.** Irreligiosidad. RELIGIOSO.

irremediable (del lat. *irremediabilis*) *adj.* Que no se puede remediar. **SIN.** Irreparable. **ANT.** Remediable. **FAM.** Irremediablemente. REMEDIAR.

irremisible (del lat. *irremissibilis*) *adj.* Que no se puede remitir o perdonar. **SIN.** Imperdonable. **ANT.** Remisible. **FAM.** Irremisiblemente. REMISIBLE.

irrenunciable *adj.* Que no se puede o no se debe renunciar: *derechos irrenunciables.* **ANT.** Renunciable.

irreparable (del lat. *irreparabilis*) *adj.* Que no se puede reparar. **SIN.** Irremediable. **ANT.** Reparable. **FAM.** Irreparablemente. REPARAR.

irrepetible *adj.* Tan bueno, agradable, etc., que es imposible o muy difícil que se repita. **SIN.** Único.

irreprensible *adj.* Que no merece reprensión. **SIN.** Irreprochable. **ANT.** Reprensible.

irrepresentable *adj.* **1.** Se dice de la obra, teatral o no, que por sus características no puede ser representada en una escena. **2.** Que no se puede representar en la imaginación. **SIN.** **2.** Inimaginable, inconcebible. **ANT.** **1.** Representable. **2.** Imaginable.

irreprimible *adj.* Imposible o muy difícil de reprimir. **SIN.** Incontenible, irrefrenable, irresistible. **ANT.** Reprimible.

irreprochable *adj.* Que no se le puede reprochar nada: *una conducta irreprochable.* **SIN.** Irreprensible, intachable. **ANT.** Reprochable. **FAM.** Irreprochabilidad. REPROCHAR.

irrescindible *adj.* Que no se puede rescindir. **ANT.** Rescindible.

irresistible *adj.* **1.** Que no se puede resistir. **2.** Muy atractivo. **SIN. 1.** Irreprimible, irrefrenable; inaguantable, insufrible. **ANT. 1.** Resistible. **FAM.** Irresistiblemente. RESISTIR.

irresoluble (del lat. *irresolubilis*) *adj.* Imposible o muy difícil de resolver. **SIN.** Insoluble. **ANT.** Resoluble.

irresolución *s. f.* Falta de resolución. **SIN.** Indecisión, vacilación. **FAM.** Irresoluble, irresoluto, irresuelto. SOLUCIÓN.

irresoluto, ta (del lat. *irresolutus*) *adj.* Que no se decide o le cuesta mucho tomar cualquier decisión. También *s. m.* y *f.* **SIN.** Indeciso, vacilante. **ANT.** Resoluto.

irrespetuoso, sa *adj.* Que no demuestra respeto hacia alguien o algo. También *s. m.* y *f.* **SIN.** Irreverente, desconsiderado, descarado, insolente. **ANT.** Respetuoso. **FAM.** Irrespetuosamente, irrespetuosidad. RESPETUOSO.

irrespirable (del lat. *irrespirabilis*) *adj.* **1.** Que no puede respirarse o no es apropiado para hacerlo. **2.** Se dice del ambiente o entorno en que alguien se encuentra a disgusto o por el que siente rechazo. **SIN. 1.** Asfixiante. **2.** Enrarecido. **ANT. 1.** y **2.** Respirable.

irresponsable *adj.* **1.** Que actúa sin pensar en las consecuencias de lo que hace, así como de su actitud, acciones, etc.: *Conducir a esa velocidad me parece irresponsable.* También *s. m.* y *f.* **2.** Que por su condición, está libre de responsabilidad. También *s. m.* y *f.* **SIN. 1.** Irreflexivo, insensato, imprudente. **ANT. 1.** y **2.** Responsable. **FAM.** Irresponsabilidad, irresponsablemente. RESPONSABLE.

irresuelto, ta (de *in-* y *resuelto*) *adj.* Irresoluto*.

irreverente (del lat. *irreverens, -entis*) *adj.* Que no tiene respeto, especialmente en materia religiosa. **SIN.** Irrespetuoso. **ANT.** Reverente. **FAM.** Irreverencia, irreverentemente. REVERENTE.

irreversible *adj.* Que no es reversible. **FAM.** Irreversibilidad. REVERSIBLE.

irrevocable (del lat. *irrevocabilis*) *adj.* Que no se puede revocar. **SIN.** Inapelable, definitivo. **ANT.** Revocable. **FAM.** Irrevocabilidad, irrevocablemente. REVOCAR.

irrigador, ra *adj.* **1.** Que irriga. || *s. m.* **2.** En med., instrumento para irrigar una cavidad del cuerpo.

irrigar (del lat. *irrigare*, regar, rociar) *v. tr.* **1.** Regar una superficie: *irrigar un terreno.* **2.** Llevar la sangre los vasos sanguíneos a las distintas partes y órganos del cuerpo. **3.** En med., rociar con un líquido una superficie o cavidad del organismo, especialmente el intestino a través del ano. ■ Delante de *e* se escribe *gu* en lugar de *g.* **FAM.** Irrigación, irrigador. REGAR.

irrisorio, ria (del lat. *irrisorius*) *adj.* **1.** Que provoca risa o burla. **2.** De muy poca importancia o valor: *Le pagan un sueldo irrisorio.* **SIN. 1.** Irrisible, risible, cómico. **1.** y **2.** Ridículo. **2.** Mínimo, insignificante. **ANT. 1.** Serio. **2.** Importante, valioso. **FAM.** Irrisible, irrisión, irrisoriamente. RISA.

irritable (del lat. *irritabilis*) *adj.* **1.** Que se irrita o enfada con facilidad. **2.** En biol., que tiene la capacidad de reaccionar a los estímulos. **SIN. 1.** Irascible, excitable, colérico. **ANT. 1.** Tranquilo, paciente. **FAM.** Irritabilidad. IRRITAR.

irritación *s. f.* **1.** Enfado, enojo. **2.** Dolor, escozor o enrojecimiento en alguna parte del cuerpo. **SIN. 1.** Exasperación.

irritar (del lat. *irritare*) *v. tr.* **1.** Enfadar a alguien: *Me irrita con sus preguntas.* También *v. prnl.* **2.** Producir dolor, escozor o enrojecimiento en alguna parte del cuerpo. También *v. prnl.*: *Con tanto humo se le han irritado los ojos.* **3.** Provocar ciertos sentimientos o pasiones: *irritar los celos.* También *v. prnl.* **SIN. 1.** Enojar(se), enfurecer(se), exasperar(se). **2.** Escocer(se). **3.** Excitar(se), encender(se), enardecer(se). **ANT. 1.** Tranquilizar(se). **3.** Apagar(se). **FAM.** Irritable, irritación, irritador, irritante.

irrogar (del lat. *irrogare*) *v. tr.* Con palabras que significan daño, inconveniente, etc., causarlo. También *v. prnl.* ■ Delante de *e* se escribe *gu* en lugar de *g.* **SIN.** Acarrear. **FAM.** Irrogación. ROGAR.

irrompible *adj.* Imposible o muy difícil de romper. **ANT.** Rompible.

irrumpir (del lat. *irrumpere*) *v. intr.* **1.** Entrar en un lugar de forma brusca o violenta: *Irrumpieron en la sala dos desconocidos.* **2.** Aparecer algo con fuerza y, por lo general, de repente: *La primavera irrumpió en los campos.* **SIN. 1.** y **2.** Invadir. **FAM.** Irrupción.

irrupción (del lat. *irruptio, -onis*) *s. f.* Acción de irrumpir. **SIN.** Entrada, intrusión.

isa *s. f.* Canto y baile típicos de las islas Canarias.

isabelino, na *adj.* **1.** De cualquiera de las reinas de nombre Isabel y de la época en la que ejercieron su reinado. **2.** En España, partidario de Isabel II. También *s. m.* y *f.* **3.** Se aplica al estilo artístico español que se corresponde con el reinado de Isabel I. También *s. m.* **4.** Se dice del estilo artístico y del mobiliario propio del reinado de Isabel II. También *s. m.* **5.** Se dice del estilo artístico, literario, etc., desarrollado en Inglaterra durante el reinado de Isabel I; así como de sus manifestaciones y artistas. También *s. m.*

isanómalo, la *adj.* Se dice de la curva que en una representación cartográfica une los puntos de la Tierra con la misma anomalía meteorológica en relación con la media de un círculo de latitud. También *s. f.*

isba (del ruso *izbá*) *s. f.* Vivienda de madera, característica del N de Europa y de Asia, especialmente de Rusia.

isidro, dra *s. m.* y *f.* **1.** En Madrid, campesino que acude a la capital durante las fiestas de San Isidro. **2.** P. ext., palurdo, paleto.

isla (del lat. *insula*) *s. f.* **1.** Porción de tierra rodeada de agua por todas partes. **2.** Parte de algo que se diferencia de forma clara de lo que la rodea: *La plaza es una isla de calma en la ciudad.* **3.** Isleta. **SIN. 1.** Ínsula. **FAM.** Islario, isleño, isleta, islote. / Aislar, ínsula.

islam (del ár. *islam*, sumisión a Dios) *s. m.* **1.** Religión musulmana. **2.** Comunidad de los musulmanes. **3.** Conjunto de los países y naciones de cultura y religión musulmana. ■ Se suele escribir con mayúscula. **SIN. 1.** Islamismo, mahometismo. **FAM.** Islámico, islamismo, islamita, islamizar. / Preislámico.

islámico, ca *adj.* Del islam. También *s. m.* y *f.*

islamismo *s. m.* Conjunto de dogmas y normas morales que constituyen la religión fundada por Mahoma. **SIN.** Islam, mahometismo. **FAM.** Panislamismo. ISLAM.

islamizar *v. tr.* **1.** Difundir la religión, costumbres y prácticas del islam. || *v. intr.* **2.** Adoptar la religión islámica. También *v. prnl.*: *Se islamizó antes* *de casarse con una musulmana.* **FAM.** Islamización. ISLAM.

islandés, sa *adj.* **1.** De Islandia. También *s. m.* y *f.* || *s. m.* **2.** Lengua nórdica del grupo germánico hablada en ese país. **SIN. 1.** Islándico. **FAM.** Islándico.

islándico, ca *adj.* Relativo a Islandia. **SIN.** Islandés.

islario *s. m.* **1.** Descripción y estudio de las islas de un mar, continente o país. **2.** Mapa en que figuran estas islas.

isleño, ña *adj.* De una isla. También *s. m.* y *f.*

isleta *s. f.* **1.** *dim.* de **isla**. **2.** Pequeña plataforma o cualquier otro espacio delimitado en el suelo de una plaza, carretera, etc., para facilitar el paso de los peatones, determinar las posibles direcciones, etc.

islote *s. m.* **1.** Isla pequeña y despoblada. **2.** Roca de gran tamaño que sobresale en el mar.

ismaelita (del lat. *Ismaelites*) *adj.* **1.** Descendiente de Ismael. También *s. m.* y *f.* **2.** P. ext., árabe, musulmán. También *s. m.* y *f.* **SIN. 2.** Sarraceno, agareno.

-ismo (del lat. *ismus*) *suf.* **1.** Significa 'doctrina o partido': *calvinismo, comunismo, capitalismo.* **2.** Añade el significado de 'movimiento, tendencia o escuela', especialmente artístico o literario: *cubismo, romanticismo.* También *s. m.*: *los ismos de vanguardia.* **3.** Indica 'modo, cualidad, actitud': *pesimismo, optimismo.* **4.** Expresa 'vocablo o expresión de una lengua incorporados a otra': *arabismo.* **5.** En terminología científica, 'fenómeno': *fototropismo.*

iso- (del gr. *isos*, igual) *pref.* Significa 'igualdad o semejanza': *isobara, isosilábico.*

isobara o **isóbara** (de *-iso*, y el gr. *baros*, pesadez) *s. f.* Línea imaginaria que en un mapa une los puntos de la Tierra que tienen la misma presión atmosférica. **FAM.** Isobárico.

isobárico, ca *adj.* Se aplica a los lugares de igual presión atmosférica y a la línea, también llamada *isobara*, que los une en un mapa meteorológico.

isobato o **isóbato, ta** (de *-iso*, y el gr. *bathos*, profundidad) *adj.* Se dice de la línea imaginaria que en un mapa une los puntos de igual profundidad del subsuelo o del fondo marino. También *s. f.* **FAM.** Isobático.

isoclinal *adj.* Se dice del tipo de plegamiento en el que los estratos rocosos tienen el mismo ángulo de buzamiento. También *s. m.*

isocromático, ca *adj.* **1.** Que tiene el mismo color. **2.** En fotografía, se dice de la emulsión preparada para que sea igualmente sensible a todos los colores.

isócrono, na (del gr. *isokhronos*, de *isos*, igual, y *khronos*, tiempo) *adj.* **1.** Sincrónico*. **2.** Se dice de la línea imaginaria que une puntos de igual distancia horaria con respecto a un centro. También *s. f.* **FAM.** Isocronismo.

isofonía (de *iso-* y el gr. *phone*, sonido) *adj.* Igualdad de sonoridad. **FAM.** Isofónico, isófono.

isoglosa (de *-isos*, y el gr. *glossa*, lengua) *adj.* Se dice de la línea imaginaria que en un mapa lingüístico señala los límites de una determinada peculiaridad fonética, gramatical o léxica. También *s. f.*

isómero, ra (del gr. *isomeres*, de *isos*, igual, y *meros*, parte) *adj.* Se dice del compuesto que tiene la misma composición química y la misma fórmula empírica que otro, pero distinta estructura molecular y, por tanto, distintas propiedades físicas o químicas. También *s. m.* **FAM.** Isomería.

isomorfo, fa (de *-iso*, y el gr. *morphe*, forma) *adj.* Que tiene la misma forma; se aplica, particularmente, a los cuerpos de diferente composición química, pero con la misma estructura molecular e igual forma cristalina. **FAM.** Isomorfismo.

isósceles (del lat. *isosceles*, y éste del gr. *isoskeles*, de *isos*, igual, y *skelos*, pierna) *adj.* Se dice de la figura geométrica que tiene dos lados iguales: *trapecio isósceles.* ■ No varía en *pl.*

isosilábico, ca (de *-iso*, y el gr. *syllabikos*, silábico) *adj.* Que tienen el mismo número de sílabas: *versos isosilábicos.* **FAM.** Isosilabismo. SILABICO.

isotermo, ma (de *-iso*, y el gr. *thermos*, caliente) *adj.* **1.** De igual temperatura o con temperatura constante. **2.** Se dice de la línea que en un mapa une los puntos de la Tierra con la misma temperatura media anual. También *s. f.* **FAM.** Isotérmico. TÉRMICO.

isotónico, ca *adj.* En quím., se dice de las soluciones que, a igual temperatura, tienen la misma presión osmótica.

isótopo (de *-iso*, y *topos*, lugar) *s. m.* Átomo de un elemento químico que posee el mismo número atómico que ese elemento pero distinta masa atómica, es decir, distinto número de neutrones e igual número de protones y electrones. **FAM.** Isotópico. / Radioisótopo, radisótopo.

isoyeta (del fr. *isohyete*, y éste del gr. *hyetos*, lluvia) *s. f.* Línea que en una representación cartográfica une los puntos de la Tierra que han recibido la misma media de lluvia anual.

isquemia (del gr. *iskhano*, contener, y *haima*, sangre) *s. f.* Falta de riego sanguíneo en un órgano o tejido. **FAM.** Isquemico.

isquiático, ca *adj.* Relativo al isquion.

isquion (del gr. *iskhion*) *adj.* Se dice del hueso inferior que, junto al ilion y pubis, forma la pelvis en los mamíferos superiores y en el hombre. **FAM.** Isquiático.

israelí *adj.* Del Estado de Israel. También *s. m.* y *f.* **FAM.** Israelita.

israelita (del lat. *Israelita*) *adj.* **1.** Hebreo. **2.** Del antiguo reino de Israel. También *s. m.* y *f.* **SIN. 1.** Judío.

-ista *suf.* **1.** Significa 'perteneciente a un determinado grupo político, religioso, etc.': *socialista, calvinista, cubista.* **2.** Indica 'con cierto carácter, actitud, etc.': *pesimista.* **3.** Forma nombres de profesionales, artistas o especialistas en alguna actividad: *electricista, acuarelista, hispanista.*

istmo (del lat. *isthmus*, y éste del gr. *isthmos*) *s. m.* Estrecha franja de tierra que une una península al continente o dos continentes entre sí, como p. ej. los de Panamá y Corinto. **FAM.** Istmeño, ístmico.

italianismo *s. m.* Palabra o expresión italiana usada en otra lengua.

italianista *s. m.* y *f.* Especialista en el estudio de la lengua y cultura italianas.

italiano, na *adj.* **1.** De Italia. También *s. m.* y *f.* || *s. m.* **2.** Lengua oficial de Italia. **FAM.** Italianismo, italianista, italianizante, italianizar, itálico, ítalo.

itálico, ca (del lat. *Italicus*) *adj.* **1.** De la Italia antigua: *los pueblos itálicos.* También *s. m.* y *f.* **2.** De Itálica, antigua ciudad romana en Andalucía. También *s. m.* y *f.* **3.** Se aplica a la letra cursiva. También *s. f.* || *s. m.* **4.** Lengua indoeuropea de la que procede el latín. **SIN. 1.** Italiano. **4.** Bastardilla.

ítalo, la (del lat. *Italus*) *adj.* Italiano.

ítem (del lat. *item*, del mismo modo, también) *adv.* **1.** Se emplea para distinguir cada una de las divisiones de un escrito, documento, etc. || *s. m.* **2.** Cada una de estas divisiones. **3.** Cosa que se añade a una serie. **4.** Cada uno de los elementos o partes de que se compone un test, cuestionario, etc. **5.** En inform., cada uno de los elementos o caracteres que pertenecen a un mismo dato. ■ Su pl. es *ítems*.

iterar (del lat. *iterare*) *v. tr.* Repetir. **FAM.** Iteración, iterativo.

iterativo, va (del lat. *iterativus*) *adj.* **1.** Que se repite o tiene la propiedad de repetirse: *un tema iterativo.* **2.** En ling., se aplica al verbo que expresa una repetición de la acción, como la mayoría de los terminados en *-ear.* **SIN. 1.** Repetitivo, reiterativo.

iterbio (de *Ytterby*, población de Suecia) *s. m.* Elemento químico perteneciente al grupo de los lantánidos. Su símbolo es *Yb*.

itinerante *adj.* Ambulante: *una exposición itinerante.* **SIN.** Errante. **ANT.** Permanente. **FAM.** Itinerancia. ITINERARIO.

itinerario, ria (del lat. *itinerarius*, de *iter, itineris*, camino) *s. m.* **1.** Descripción de un recorrido indicando los lugares, las paradas, etc.: *Me explicó el itinerario del viaje.* **2.** Plano o mapa donde se detalla. **3.** Ruta: *Todos los días hace el mismo itinerario.* **SIN. 1.** Circuito. **3.** Trayecto. **FAM.** Itinerante.

-itis (del gr. *itis*, inflamación) *suf.* **1.** Significa 'inflamación': *faringitis, meningitis.* **2.** *fam.* Forma términos que designan actitudes o estados de ánimo presentados humorísticamente como enfermedades: *vaguitis* (vaguería), *mieditis* (miedo).

itrio (de *Ytterby*, población de Suecia) *s. m.* Elemento químico del sistema periódico; es un sólido grisáceo, estable en atmósfera seca, que se emplea en metalurgia, en la construcción de reactores atómicos y para combatir el cáncer. Su símbolo es *Y*. ■ Se escribe también *Ytrio*.

IVA *s. m.* Impuesto* sobre el Valor Añadido.

-ivo, va *suf.* Indica 'propiedad, relación' o 'agente': *deportivo, especificativo.*

izado, da 1. *p.* de **izar**. También *adj.*: *una bandera izada.* || *s. m.* o *f.* **2.** Acción de izar. **SIN. 2.** Izamiento.

izar (del fr. *hisser*) *v. tr.* Hacer subir algo tirando de la cuerda o cable en que está sujeto: *izar una bandera, las velas de un barco.* ■ Delante de *e* se escribe *c* en lugar de *z*: *ice.* **SIN.** Alzar. **ANT.** Arriar. **FAM.** Izado, izamiento.

-izo, za *suf.* **1.** Indica 'aspecto, parecido': *cobrizo, pajizo.* **2.** Da lugar a adjetivos que indican que una actividad puede realizarse o producirse: *arrojadizo, resbaladizo.* **3.** Forma algunos nombres de lugar: *cobertizo.*

izquierdazo *s. m.* Golpe dado con el puño izquierdo.

izquierdista *adj.* Que comparte o manifiesta las ideas de la izquierda política. También *s. m.* y *f.* **ANT.** Derechista.

izquierdo, da *adj.* **1.** Se aplica a partes del cuerpo situadas en el lado del corazón, y a las cosas que quedan en dicho lado: *el ojo izquierdo, la ventanilla izquierda.* **2.** Se dice del lado de un objeto que, con relación a su parte delantera, está situado como en el hombre la parte del cuerpo que está en el lado del corazón: *el ala izquierda del museo.* || *s. f.* **3.** Mano o pierna situada en el lado del corazón: *Escribe con la izquierda.* **4.** Lo que está situado a ese lado: *Al terminar la calle, tuerce a la izquierda.* **5.** Conjunto de las organizaciones políticas y de las personas de tendencias socialistas o marxistas. || **¡izquierda!** *interj.* **6.** Voz militar de mando con que se ordena al soldado que gire hacia el lado izquierdo. **SIN. 3.** Siniestra. **ANT. 3.** Diestra. **FAM.** Izquierdazo, izquierdista, izquierdoso.

izquierdoso, sa *adj. fam.* De tendencias izquierdistas.

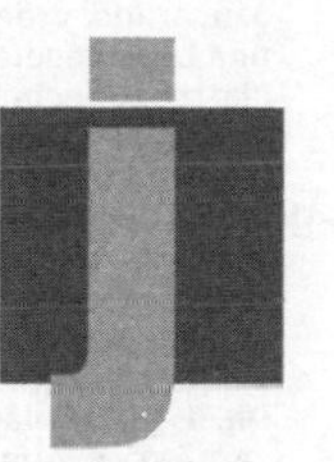

j *s. f.* Décima letra del abecedario español y séptima de sus consonantes. Su articulación es velar fricativa sorda y su nombre es *jota*.

jab (ingl.) *s. m.* En boxeo, golpe directo corto.

jaba (voz caribe) *s. f.* **1.** *Amér.* Recipiente de palma tejida. **2.** *Ven.* Miseria, pobreza.

jabalcón *s. m.* En arq., madero que, unido oblicuamente a otro vertical, sirve de sostén a un tercero horizontal o inclinado. **SIN.** Riostra.

jabalí, lina (del ár. *yabali*, montaraz) *s. m.* y *f.* Mamífero artiodáctilo, especie de cerdo salvaje de color pardo; tiene el morro alargado y de su boca sobresalen los caninos superiores que utiliza como defensa. Su carne es apreciada en gastronomía. ■ El pl. de la forma masculina es *jabalíes*, aunque también se utiliza *jabalís*. **FAM.** Jabato.

jabalina (del fr. *javeline*, y éste del celta *gabalos*, horca) *s. f.* **1.** Antigua arma arrojadiza más corta que la lanza, utilizada en la caza mayor. **2.** Vara semejante utilizada actualmente en ciertas pruebas deportivas: *lanzamiento de jabalina*. **SIN. 1.** Venablo.

jabardillo *s. m.* **1.** Conjunto desordenado y ruidoso de insectos o pájaros. **2.** *fam.* Gentío.

jabardo *s. m.* **1.** Enjambre pequeño. **2.** Gentío.

jabato, ta *s. m.* y *f.* **1.** Cría de jabalí, que tiene el pelo rojizo con rayas amarillas. || *adj.* **2.** *fam.* Atrevido, valiente. También *s. m.* y *f.*: *estar hecho un jabato*. **3.** *Cuba* y *Méx.* Irritable, irascible. También *s. m.* y *f.* **4.** Grosero. También *s. m.* y *f.* **SIN. 2.** Bravo, audaz. **ANT. 2.** Cobarde.

jábega (del ár. *sabaka*, red) *s. f.* Red de pesca muy larga que se recoge desde la costa.

jabeque (del ár. *sabbak*, barco para pescar con red) *s. m.* Embarcación de tres palos con velas latinas y remos.

jabón (del bajo lat. *sapo, -onis*) *s. m.* **1.** Producto utilizado para lavar la piel, la ropa, etc. Químicamente se obtiene tratando un álcali con grasas o aceites. **2.** *Arg., P. Rico* y *Urug.* Miedo, susto. || **3. jabón de sastre** Jaboncillo. || **LOC. dar jabón** *fam.* Adular, dar coba a alguien. **SIN. 1.** Detergente; gel; champú. **FAM.** Jabonar, jaboncillo, jabonería, jabonero, jabonoso. / Enjabonar, saponáceo.

jabonada *s. f. Chile* y *Méx. fam.* Regañina.

jabonadura *s. f.* **1.** Acción de enjabonar. || *s. f. pl.* **2.** Agua que queda mezclada con jabón y espuma: *Aprovecha las jabonaduras para limpiar este plato*.

jabonar *v. tr.* Enjabonar*. **FAM.** Jabonada, jabonado, jabonador, jabonadura. JABÓN.

jaboncillo *s. m.* **1.** *dim.* de **jabón**. **2.** Pequeña barra de esteatita que usan sastres y modistas para marcar las telas. **3.** Árbol de hasta 8 m de altura, hojas divididas y fruto carnoso, que contiene saponina, sustancia utilizada en farmacia como depurativo y sudorífico.

jabonero, ra *adj.* **1.** Del jabón o relacionado con él. **2.** Se dice de la res de pelo blanco sucio. También *s. m.* y *f.* || *s. m.* y *f.* **3.** Persona que fabrica o vende jabón. || *s. f.* **4.** Recipiente para dejar o guardar el jabón.

jabonoso, sa *adj.* Que contiene jabón o que tiene alguna propiedad del jabón: *Puse a remojar la blusa en agua jabonosa*.

jabugo *s. m.* Jamón de Jabugo, Huelva, famoso por su calidad: *un bocadillo de jabugo*.

jaca (del ant. *haca*, y éste del ingl. *hack*, de *Hackney*, pueblo inglés) *s. f.* **1.** Caballo de poca alzada. **2.** Yegua. **FAM.** Jaco.

jacal *s. m. Guat., Méx.* y *Ven.* Choza o casa humilde.

jácara (del ár. *yakkara*, hacer rabiar) *s. f.* **1.** Romance alegre sobre pícaros y rufianes, escrito generalmente en la jerga de los bajos fondos. **2.** Danza popular y música que la acompaña. **FAM.** Jacarandoso, jacarero.

jacarandá (del guaraní *yacarandá*) *s. m.* Árbol procedente de América, de corteza gruesa, hojas compuestas y flores en racimo de color azulado, que se utiliza como planta ornamental. ■ Su pl. es *jacarandás* o *jacarandaes*.

jacarandoso, sa *adj. fam.* Garboso, saleroso. **SIN.** Airoso. **ANT.** Soso.

jacarero, ra *adj. fam.* Amigo de bromas y juergas. También *s. m.* y *f.*

jácena (del ár. *hasina*, que fortalece o defiende) *s. f.* Viga maestra que sostiene otros maderos transversales.

jacetano, na (del lat. *Iacetanus*) *adj.* De Jaca. También *s. m.* y *f.*

jacinto (del lat. *hyacinthus*, y éste del gr. *hyakinthos*) *s. m.* **1.** Planta herbácea y bulbosa de la familia liliáceas, con flores de colores variables, agrupadas en racimo; tiene un uso ornamental. **2.** Mineral variante del circón; es una piedra semipreciosa transparente de color rojo amarillento.

jack (ingl.) *s. m.* Parte de un dispositivo de conexión de un circuito eléctrico, de un sistema de comunicación telefónica, etc., que se introduce en la clavija.

jaco *s. m.* **1.** Caballo pequeño y de mal aspecto. **2.** *argot* Heroína[2]*. **SIN. 1.** Jamelgo, penco, rocín.

jacobeo, a *adj.* Del apóstol Santiago o relacionado con él.

jacobino, na (del fr. *jacobin*) *adj.* **1.** Se aplica a los miembros de una asociación política surgida durante la Revolución Francesa y que defendía los medios revolucionarios violentos y el régimen republicano. También *s. m.* y *f.* **2.** De esta asociación o relacionado con ella. **3.** P. ext., en política, defensor extremista de las libertades democráticas. También *s. m.* y *f.* **4.** Partidario de una revolución violenta y de una organización centralizada que la dirija. También *s. m.* y *f.* **FAM.** Jacobinismo.

jacquard *s. m.* Tipo de punto que se caracteriza por la repetición de motivos geométricos de diferentes colores.

jactancia (del lat. *iactantia*) *s. f.* Excesivo orgullo o presunción acerca de algo que se posee o se disfruta. **SIN.** Engreimiento, arrogancia, vanidad, ostentación. **ANT.** Modestia. **FAM.** Jactanciosamente, jactancioso.

jactarse (del lat. *iactare*) *v. prnl.* Presumir de poseer cierta cualidad, bien, conocimiento, etc.: *Se jactaba de su talento.* **SIN.** Alardear, vanagloriarse, preciarse. **ANT.** Avergonzarse. **FAM.** Jactancioso.

jaculatoria (del lat. *iaculatoria*) *s. f.* Oración breve y fervorosa.

jacuzzi *s. m.* Baño que se utiliza para hidromasajes.

jade (del fr. *jade*) *s. m.* Silicato de aluminio y sodio; constituye un mineral muy duro, de color blanquecino o verdoso y se utiliza en joyería como piedra semipreciosa.

jadear *v. intr.* Respirar con trabajo por causa del cansancio, del sofoco, etc. **SIN.** Resollar. **FAM.** Jadeante, jadeo.

jadeo *s. m.* Respiración trabajosa.

jaez (del ár. *yahaz*, aparejo, equipo) *s. m.* **1.** Adorno que se pone a las caballerías, especialmente el de las crines. Se usa más en *pl.* **2.** *desp.* Clase o género de alguien o algo: *Los dos amigos son del mismo jaez.* **SIN.** **1.** Arreo. **2.** Calaña, ralea. **FAM.** Enjaezar.

jaguar (del guaraní *yaguar*) *s. m.* Mamífero carnívoro de la familia félidos, de color generalmente amarillento con pequeños anillos negros, aunque son frecuentes los ejemplares totalmente negros; de costumbres nocturnas, habita en América del Sur y Central y en la parte meridional de América del Norte. ■ Se escribe también *yaguar*. **FAM.** Yaguar.

jagüey *s. m. Amér.* Balsa, zanja o pozo en que se recoge agua.

jai (voz gitana) *s. f. argot* Mujer, muchacha. **SIN.** Gachí.

jai alai (vasc.) *s. m.* **1.** Juego de pelota vasca. **2.** Frontón en el que se juega a la pelota vasca.

jaiba *s. f. Amér.* Nombre que reciben varios crustáceos, como los cangrejos de río y de mar.

jaibo, ba *adj.* **1.** *Amér. C.* Avispado para los negocios || *s. m.* y *f.* **2.** *Col. fam.* Anciano.

jaima (ár.) *s. f.* Tienda de campaña de los nómadas del desierto.

jaimitada *s. f.* Broma o tontería que se hace para divertir.

jainismo *s. m.* Una de las religiones profesadas en la India. **FAM.** Jainista.

jalapa *s. f.* Planta herbácea trepadora, de tallo delgado, hojas con forma de corazón y pequeñas flores de color rojizo; es originaria de México y su raíz tiene propiedades purgantes.

jalar[1] *v. tr.* Tirar de una cuerda, cable, etc. **SIN.** Halar.

jalar[2] *v. tr.* **1.** *fam.* Comer con ganas. También *v. intr.* y *v. prnl.* || *v. intr.* **2.** *fam.* Correr o huir: *Salió jalando.* **SIN.** **1.** Tragar, jamar, zampar. **FAM.** Jalufa. JAMAR.

jalbegar *v. tr.* Enjalbegar*. ■ Delante de *e* se escribe *gu* en lugar de *g*: *jalbegue.* **FAM.** Jalbegado, jalbegador, jalbegue. ENJALBEGAR.

jalbegue *s. m.* **1.** Blanqueo de las paredes con cal. **2.** Cal preparada para ello.

jalde *adj.* Amarillo intenso.

jalea (del fr. *gelée*, y éste del lat. *gelata*) *s. f.* **1.** Conserva dulce de fruta, de aspecto gelatinoso y transparente. **2.** Medicamento o excipiente muy azucarado y de características semejantes con una base vegetal o animal. || **3. jalea real** Sustancia blanquecina muy rica en vitaminas que segregan las abejas para alimentar a las reinas y a las larvas.

jalear (de *¡hala!*) *v. tr.* **1.** Animar con palmadas, palabras, gritos, etc., a los que bailan, cantan o intervienen en alguna competición. **2.** Alabar con exageración lo que alguien hace. **3.** Incitar a los perros para que persigan o ataquen a la caza. **SIN.** **1.** y **2.** Aplaudir. **2.** Elogiar, lisonjear. **3.** Azuzar. **ANT.** **1.** Abuchear. **FAM.** Jaleador, jaleo. ¡HALA!

jaleo *s. m.* **1.** Situación o asunto en que hay mucho movimiento, complicación, ruido, desorden, etc.: *Los invitados armaron un gran jaleo. Me armé un jaleo para llegar aquí.* **2.** Acción de jalear. **3.** Baile popular andaluz de compás ternario y música y coplas del mismo. **SIN.** **1.** Alboroto, barullo, lío; bullicio, bulla, jolgorio, jarana. **ANT.** **1.** Calma; orden.

jalifa (del ár. *jalifa*) *s. m.* Autoridad suprema que, en el antiguo protectorado español de Marruecos, ejercía las funciones de sultán.

jalón (del fr. *jalon*) *s. m.* **1.** Vara con punta metálica que se clava en tierra para determinar ciertos puntos o cualquier otra señal con este mismo fin. **2.** Hecho importante que constituye un punto de referencia en la vida de alguien o en el desarrollo de algo: *El estreno de esa comedia fue un jalón en su carrera.* **SIN.** **1.** Mojón. **2.** Hito, acontecimiento. **FAM.** Jalonar.

jalonar *v. tr.* **1.** Señalar con jalones. **2.** Marcar un hecho la vida o desarrollo de alguien o algo: *La obra nos descubre los acontecimientos que jalonaron su vida.* **FAM.** Jalonamiento. JALÓN.

jalufa *s. f. fam.* Hambre, apetito.

jam session (ingl.) *expr.* Concierto en el que intervienen músicos que no tocan juntos habitualmente y en el que se suele improvisar.

jamacuco *s. m. fam.* Indisposición repentina de poca gravedad.

jamaicano, na *adj.* De Jamaica. También *s. m.* y *f.*

jamar *v. tr. fam.* Comer. También *v. intr.* y *v. prnl.*: *Se jamó casi toda la tarta.* **SIN.** Jalar(se), zampar(se). **FAM.** Jalar[2], jambar.

jamás (del lat. *iam magis*, ya más) *adv. t.* En ningún momento. ■ A veces se refuerza con *nunca* o sirve de intensificador a *siempre*: *No le vieron nunca jamás. Y fueron felices para siempre jamás.*

jamba (del fr. *jambe*, pierna) *s. f.* Cada una de las piezas laterales que sostienen el dintel o el arco de una puerta o ventana.

jambar *v. tr.* **1.** *Amér. C.* y *Méx.* Comer. **2.** *Méx.* Fastidiar, molestar.

jamelgo (del lat. *famelicus*, hambriento) *s. m. fam.* Caballo flaco y de mal aspecto. **SIN.** Jaco, penco, rocín.

jamón (del fr. *jambon*, de *jambe*, pierna) *s. m.* **1.** Pierna entera de cerdo salada y curada. **2.** Carne de dicha pierna. ■ Se llama también *jamón serrano.* **3.** *fam.* Pierna de una persona, especialmente si es gruesa. || *adj.* **4.** *fam.* Aplicado a personas, muy atractivo: *estar jamón.* || **5. jamón (en) dulce** El cocido que se cubre con una capa de azúcar caramelizada. **6. jamón (de) York** Jamón cocido que se consume como fiambre. || **LOC. y un jamón (con chorreras)** *fam.* Niega algo rotundamente. **FAM.** Jamona, jamonería. GAMBA[1].

jamona *adj. fam.* Se dice de la mujer madura y algo gruesa. También *s. f.* **FAM.** Ajamonarse. JAMÓN.

jamuga (del lat. *sambuca*, del gr. *sambyke*, y éste del caldeo *sabbeka*, primitivamente arpa, luego máquina de guerra y, finalmente, silla para viajar las mujeres) *s. f.* Silla de tijera con las patas curvas y piezas anchas de cuero para apoyar espalda y brazos.

jansenismo (de Corneille *Jansen*, obispo holandés del s. XVII) *s. m.* Doctrina y movimiento religioso según el cual el hombre sólo puede salvar su alma por la intervención de la gracia divina, lo que limita su libertad. **FAM.** Jansenista.

japonés, sa *adj.* **1.** De Japón. También *s. m.* y *f.* || *s. m.* **2.** Lengua hablada en Japón. **SIN. 1.** Nipón.

japuta (del ár. *sabbut*) *s. f.* **1.** Pez teleósteo de hasta 65 cm de longitud y de cuerpo alto, ovalado y comprimido, con el dorso pardo grisáceo y los flancos y vientre plateados. Habita en los mares cálidos de todo el globo y es apreciado como alimento. **2.** Palometa*.

jaque (del persa *sah*, rey) *s. m.* **1.** En ajedrez, jugada en que el rey o la reina están amenazados por una pieza contraria. || **2. jaque mate** En el ajedrez, jugada en que el rey amenazado no puede salvarse, lo que significa la victoria del jugador contrario. || **LOC. tener** (o **traer**) a uno **en jaque** *fam.* Inquietarle o importunarle de forma continua. **FAM.** Jaquear.

jaqueca (del ár. *saqiqa*) *s. f.* Dolor intenso de cabeza, que suele atacar sólo a una parte de ella. **SIN.** Migraña, cefalalgia. **FAM.** Jaquecoso.

jaquetón *s. m.* Tiburón de gran tamaño, puede superar incluso los 10 m de longitud, y color gris y blanco.

jara (del ár. *sa-ra*, mata, breña) *s. f.* Nombre común a varias especies de arbustos de hojas viscosas y flores blancas, rosas o amarillentas, con fruto en cápsula, que crecen en la región mediterránea; algunos son utilizados en ornamentación. **FAM.** Jaral.

jarabe (del ár. *sarab*, bebida) *s. m.* **1.** Bebida que se hace cociendo azúcar en agua y añadiendo zumos o sustancias medicinales o bien obtenida por medios químicos o artificiales: *jarabe de fresa, jarabe para la tos.* **2.** P. ext., bebida muy dulce. **3.** *Méx.* Danza de ritmo lento, derivada del zapateado español, que se considera baile nacional mexicano. || **4. jarabe de palo** *fam.* Golpes dados como castigo a alguien para que aprenda.

jaramago *s. m.* Planta herbácea de la familia de las crucíferas, de flores amarillas y pequeñas, cuyas hojas, grandes y ásperas, se han utilizado en medicina como expectorante.

jarana *s. f.* **1.** Juerga, diversión: *irse de jarana.* **2.** Riña, escándalo: *La discusión acabó en una jarana.* **3.** *Amér. C.* Baile familiar, entre personas de confianza. **4.** Deuda. **SIN. 1.** Parranda, farra. **2.** Altercado, gresca, trifulca. **FAM.** Jaranear, jaranero. / Enjaranarse.

jaranear *v. intr.* Estar de juerga.

jaranero, ra *adj.* Aficionado a las jaranas o juergas. **SIN.** Juerguista.

jarapa *s. f.* Tipo de alfombra de tejido basto.

jarcha (del ár. *jarya*, salida) *s. f.* Estrofa o cancioncilla final, escrita en dialecto mozárabe, de un poema largo, denominado moaxaja y escrito en árabe o en hebreo.

jarcia (del ár. *sarsiya*, cuerda que sujeta el mástil) *s. f.* **1.** Conjunto de aparejos y cabos de un barco. Se usa más en *pl.* **2.** Conjunto de instrumentos y redes para pescar. **SIN. 1.** Cordaje. **FAM.** Enjarciar.

jardín (del fr. *jardin*, de or. germ.) *s. m.* **1.** Terreno en que se cultivan y conservan árboles, plantas y flores. || **2. jardín botánico** El que tiene fines de información o investigación. **3. jardín de infancia** Centro educativo para niños muy pequeños que todavía no van al colegio. **SIN. 1.** Parque, vergel. **3.** Guardería, kindergarten. **FAM.** Jardinería, jardinero. / Ajardinar, enjardinar.

jardinería *s. f.* Actividad de cultivar los jardines.

jardinero, ra *s. m.* y *f.* **1.** Persona que por oficio cuida y cultiva un jardín. || *s. f.* **2.** Mueble o soporte en que pueden cultivarse plantas o colocarse tiestos. **3.** Carruaje descubierto de cuatro ruedas y muy ligero. || **LOC. a la jardinera** *adj.* y *adv.* Modo de guisar algunos alimentos con verduras variadas: *ternera a la jardinera.* **SIN. 1.** Floricultor.

jareta (del ár. *sarit*, cinta, trenza, cuerda) *s. f.* **1.** Dobladillo que se hace en la ropa para meter por él una cinta, goma, etc., y ajustarla. **2.** Adorno que consiste en un pliegue cosido con un pespunte paralelo. **SIN. 2.** Lorza. **FAM.** Jaretón. / Enjaretar.

jaretón *s. m.* Dobladillo muy ancho.

jarra (del ár. *yarra*, vasija de barro para el agua) *s. f.* Vasija de boca ancha con asa y un pico en el borde para echar el líquido con facilidad. || **LOC. en jarras** *adv.* Con los brazos doblados y las manos apoyadas en la cintura. **SIN.** Jarro. **FAM.** Jarrear, jarrero, jarro.

jarrear *v. impers. fam.* Llover mucho y con fuerza. **SIN.** Diluviar.

jarrete (del fr. *jarret*) *s. m.* **1.** Corva de la pierna de las personas y los cuadrúpedos. **2.** Parte alta y carnosa de la pantorrilla. **FAM.** Jarretera. / Desjarretar.

jarretera (del fr. *jarretière*, de *jarret*, jarrete) *s. f.* **1.** Liga con hebilla para sujetar la media o el calzón al jarrete. **2.** Orden militar inglesa, fundada por Eduardo III, cuya insignia es una liga.

jarro *s. m.* **1.** Vasija de boca ancha con asa. || **2. jarro de agua fría** Aquello que sirve de desánimo o decepción a alguien: *Le sentó como un jarro de agua fría.* || **LOC. a jarros** *adv. fam.* Abundantemente: *llover a jarros.* **SIN. 1.** Jarra. **FAM.** Jarrón. JARRA.

jarrón *s. m.* **1.** Vasija de adorno. **2.** Pieza arquitectónica de adorno en forma de jarro. **SIN. 1.** Florero, búcaro.

jaspe (del lat. *iaspis*, y éste del gr. *iaspis*) *s. m.* Variedad de calcedonia, de grano fino y diversos colores, generalmente veteado, que se utiliza en ornamentación. **FAM.** Jaspeado.

jaspeado, da **1.** *p.* de **jaspear**. || *adj.* **2.** Que tiene vetas como el jaspe. **FAM.** Jaspear. JASPE.

jaspear *v. tr.* Pintar imitando las vetas del jaspe.

jato, ta *s. m.* y *f.* Becerro o ternero.

jauja (de *Jauja*, provincia de Perú, célebre por su buen clima y su riqueza) *s. f.* **1.** Lugar o situación ideales: *vivir en jauja.* **2.** *Chile* Mentira.

jaula (del ant. fr. *jaole*, y éste del lat. *caveola*) *s. f.* **1.** Especie de caja hecha con barrotes, listones, etc., utilizada para guardar o transportar animales. **2.** P. ext., embalaje en forma de caja hecha con barras, tablas, etc. **3.** *fam.* Cárcel. **SIN. 3.** Chirona, calabozo, trena, trullo. **FAM.** Enjaular.

jauría *s. f.* **1.** Conjunto de perros que van juntos, especialmente en una cacería. **2.** *desp.* P. ext., grupo de personas que persiguen con saña a alguien: *El ladrón fue perseguido por una jauría enfurecida.*

javanés, sa *adj.* **1.** De Java. También *s. m.* y *f.* || *s. m.* **2.** Lengua del grupo indonesio hablada por los habitantes de Java.

jayán, na (del ant. fr. *jayant*, hoy *géant*, gigante) *s. m.* y *f.* **1.** Persona alta y fuerte. **2.** Persona basta y grosera. SIN. **1.** Bigardo. **2.** Gañán.

jazmín (del ár. persa *yasamin*) *s. m.* Planta de la familia de las oleáceas, generalmente trepadora, de hojas compuestas y flores blancas o amarillas, muy olorosas, que se cultiva en jardinería y para perfumería.

jazz (ingl.) *s. m.* Género musical creado en Estados Unidos por intérpretes negros a fines del s. XIX, que concede gran importancia a la improvisación y se caracteriza por su ritmo cambiante. ■ No varía en *pl.* Se escribe también *yaz.*

jazz-band (ingl.) *s. f.* Banda de jazz.

jeans (ingl.) *s. m. pl.* Pantalones vaqueros.

jebe (del ár. *sabb*) *s. m. Amér.* Árbol del caucho y, p. ext., caucho.

jeep (ingl., marca registrada, de las siglas *GP*, de ***g**eneral **p**urpose*, todo terreno) *s. m.* Vehículo ligero y resistente, apto para todo tipo de terreno.

jefatura *s. f.* **1.** Cargo o dignidad de jefe. **2.** Oficina o edificio donde están instalados ciertos organismos oficiales: *jefatura de policía, de tráfico.* SIN. **1.** y **2.** Dirección.

jefazo *s. m. fam.* Jefe muy importante o superior en una organización.

jefe, fa (del fr. *chef*, y éste del lat. *caput*, cabeza) *s. m.* y *f.* **1.** Persona que manda o dirige a otras: *el jefe de una empresa.* **2.** Líder o cabeza de algo: *el jefe de la oposición.* **3.** *fam.* Tratamiento informal que se da a alguien. || *s. m.* **4.** Categoría militar superior al grado de capitán. || LOC. **en jefe** *adj.* Que tiene el mando más alto, que es la cabeza principal: *general en jefe.* SIN. **1.** Dirigente, patrón. **2.** Cabecilla, guía. ANT. **1.** Subordinado. FAM. Jefatura, jefazo. / Subjefe.

jején (del arawak *xixén*) *s. m.* Insecto díptero, más pequeño que el mosquito, y de picadura muy irritante que abunda en América Central y del Sur.

jemer *adj.* **1.** De un pueblo del SE asiático que habita en Camboya desde principios de la era cristiana. También *s. m.* y *f.* || *s. m.* **2.** Lengua hablada por dicho pueblo. ■ Se escribe también *khmer.*

jengibre (del lat. *zingiber*, y éste del gr. *zingiberis*) *s. m.* Planta herbácea de hojas lanceoladas, flores amarillas y rojas y rizoma carnoso perenne, del que se extrae una sustancia aromática.

jenízaro (del turco *yeni-yerik*, tropa nueva) *s. m.* Soldado de una tropa de infantería turca que actuó del s. XIV al XIX.

jeque (del ár. *saij*, anciano, señor) *s. m.* Entre los musulmanes, jefe de un territorio, lugar, comunidad, etc.

jerarca (del gr. *hierarches*, de *hieros*, santo, y *arkhomai*, mandar) *s. m.* y *f.* Persona de elevada categoría dentro de una organización: *Se reunieron los jerarcas del partido.* SIN. Jefe, gerifalte. ANT. Subordinado.

jerarquía *s. f.* **1.** Organización por orden de importancia de grupos, personas, acciones o cosas. **2.** P. ext., cada categoría de una organización: *El papa es la más alta jerarquía de la Iglesia católica.* **3.** Jerarca*. SIN. **1.** Graduación, escalafón, escala. **3.** Jefe, dirigente. FAM. Jerarca, jerárquicamente, jerárquico, jerarquizar.

jerarquizar *v. tr.* Clasificar en rangos según determinados criterios. ■ Delante de *e* se escribe *c* en lugar de *z*: *jerarquicen.* FAM. Jerarquización. JERARQUÍA.

jerbo (del ár. *yarbu*, a través del fr.) *s. m.* Mamífero roedor de unos 20 cm de tamaño, sin contar la cola; tiene las extremidades posteriores muy desarrolladas y preparadas para el salto y pelaje amarillento o grisáceo. ■ Se escribe también *gerbo.*

jeremiada *s. f.* Lamentación exagerada o expresión ridícula de dolor. SIN. Queja, lloriqueo.

jeremías (del profeta *Jeremías*) *s. m.* y *f.* Persona que se está lamentando continuamente. ■ No varía en *pl.* SIN. Quejica, quejumbroso. ANT. Jubiloso. FAM. Jeremiaco, jeremiada.

jerez (de la región de *Jerez*) *s. m.* Vino blanco, seco, de gran calidad y alta graduación, que se cría y elabora en la provincia de Cádiz.

jerezano, na *adj.* De Jerez de la Frontera. También *s. m.* y *f.* FAM. Jerez.

jerga (del ant. fr. *jargon*) *s. f.* **1.** Lenguaje especial que emplean entre sí los individuos de una misma clase o profesión: *la jerga de los médicos.* **2.** Lenguaje difícil de entender. SIN. **1.** Argot. **2.** Galimatías. FAM. Jergal. / Jerigonza.

jergal *adj.* Propio de una jerga.

jergón *s. m.* Colchón relleno de hierba, paja o esparto y sin bastas.

jerigonza (del prov. *gergons*, y éste del fr. *jargon*) *s. f.* **1.** Jerga, particularmente lenguaje difícil de comprender. **2.** *fam.* Gesto o acción extraños y ridículos. SIN. **1.** Galimatías.

jeringa (del ant. *siringa*, y éste del lat. *syringa*, del gr. *syrinx*, tubo) *s. f.* **1.** Tubo hueco, provisto de un émbolo y con un estrechamiento en un extremo, que se utiliza para aspirar o expulsar líquidos o materias blandas. **2.** *fam.* Fastidio, molestia: *Es una jeringa que nos hagan ir.* **3.** *Arg.* Persona molesta y cargante. SIN. **2.** Pejiguera, engorro, incordio, lata. FAM. Jeringar, jeringuilla. / Siringa.

jeringar *v. tr.* Fastidiar. También *v. prnl.* ■ Delante de *e* se escribe *gu* en lugar de *g.* SIN. Jorobar(se), importunar, molestar(se). ANT. Agradar. FAM. Jeringador. JERINGA.

jeringuilla (dim. de *jeringa*) *s. f.* **1.** Jeringa especial para poner inyecciones. **2.** Celinda*.

jeroglífico, ca (del lat. *hieroglyphicus*, y éste del gr. *hieroglyphikos*, de *hieroglyphos*, de *hieros*, sagrado, y *glypto*, grabar) *adj.* **1.** Se dice de la escritura cuyos signos son dibujos de objetos, como la de los antiguos egipcios. || *s. m.* **2.** Cada signo de esta escritura. **3.** Pasatiempo que consiste en descifrar una frase, respuesta, etc., expresada con símbolos y figuras. **4.** P. ext., situación, problema, etc., de difícil interpretación. SIN. **3.** Acertijo.

jerónimo, ma *adj.* **1.** Se aplica al religioso de la orden de San Jerónimo. También *s. m.* y *f.* **2.** De esta orden o relacionado con ella.

jerosolimitano, na (del lat. *hierosolymitanus*, de *Hierosolyma*, Jerusalén) *adj.* De Jerusalén. También *s. m.* y *f.*

jersey (del ingl. *jersey*, de *Jersey*, isla del canal de La Mancha) *s. m.* Prenda de vestir con mangas, que cubre hasta la cintura y confeccionada generalmente en lana. ■ Su pl. es *jerséis.* SIN. Suéter, pullover.

jesuita *adj.* **1.** Se dice del religioso de la Compañía de Jesús. También *s. m.* **2.** De la Compañía de Jesús o relacionado con ella. **3.** *fam.* Hipócrita, falso. También *s. m.* y *f.* SIN. **3.** Sibilino. ANT. **3.** Franco, sincero. FAM. Jesuítico, jesuitina.

jesuítico, ca *adj.* **1.** De la Compañía de Jesús, orden religiosa católica, o de los jesuitas. **2.** *fam.* Que es hipócrita o poco claro.

jesuitina *adj.* Se dice de la religiosa de las Hijas de María y de lo relacionado con esta congregación. También *s. f.*

jet (ingl.) *s. m.* **1.** Avión a reacción. || *s. f.* **2.** Conjunto de personas famosas y populares de la alta sociedad; reciben también el nombre de *jet set* y *jet society*. **SIN. 1.** Reactor. **FAM.** Hidrojet.

jet-foil *s. m.* Vehículo que se desplaza sobre el agua o la tierra sustentado por una capa de aire a presión producida mediante un conjunto de hélices. **SIN.** Hovercraft.

jeta (del ár. *jatm*, hocico, nariz) *s. f.* **1.** *fam.* Cara de una persona. **2.** Caradura: *tener jeta.* También *adj.* y *s. m.*: *Es un jeta.* **3.** Boca muy abultada o saliente de una persona. **4.** Hocico de cerdo. || **LOC. estirar la jeta** *Arg.*, *Chile* y *Urug. fam.* Morirse. En Argentina, familiarmente, poner mala cara. **SIN. 1.** y **2.** Rostro. **FAM.** Jetón, jetudo.

jetón, na *adj. Amér.* Jetudo*.

jetudo, da *adj.* **1.** Que tiene jeta u hocico. **2.** Descarado, desvergonzado.

ji (del gr. *khi*) *s. f.* Nombre de la vigésima segunda letra del alfabeto griego. ■ La letra mayúscula se escribe *X* y la minúscula χ.

jíbaro, ra *adj.* **1.** De un pueblo amerindio que habita en la cuenca amazónica al N del río Marañón; de índole guerrera, practica el rito de la reducción de cabezas de sus enemigos. **2.** *Amér.* Rústico, salvaje: *una costumbre jíbara.*

jibia (del mozár. *xibia*, del lat. *sepia*, y éste del gr. *sepia*) *s. f.* **1.** Molusco cefalópodo provisto de ocho tentáculos cortos y dos más largos; tiene un hueso calcáreo interno y se desplaza por medio de un sifón, que expulsa chorros de agua. Es apreciado en gastronomía. **2.** Jibión, pieza caliza de este molusco. **SIN. 1.** Sepia. **FAM.** Jibión.

jibión *s. m.* **1.** Pieza caliza de la jibia. **2.** En las costas cantábricas, calamar.

jícara (del azteca *xicalli*, vaso) *s. f.* Taza pequeña, generalmente de loza, para tomar el chocolate.

jicote (del azteca *xicotli*) *s. m.* **1.** *Amér. C.* y *Méx.* Nombre de varios insectos himenópteros de cuerpo negro y amarillo y picadura muy dolorosa. **2.** *Méx.* P. ext., avispa. **FAM.** Jicotera.

jicotera *s. f.* **1.** *Méx.* Nido o panal de jicotes. **2.** Zumbido de las avispas.

jiennense o **jienense** *adj.* De Jaén. También *s. m.* y *f.*

jijona (de la ciudad de *Jijona*, Alicante) *s. m.* Turrón blando, hecho a base de almendras trituradas, miel o azúcar.

jilguero (del ant. *silguero*, del lat. *silybum*, y éste del gr. *silybon*, cardo) *s. m.* Pájaro de pequeño tamaño y plumaje pardo, excepto las alas, negras y amarillas, y la cabeza, blanca, negra y roja. Tiene un bello canto. **SIN.** Colorín.

jilote (del azteca *xilotl*, cabello) *s. m. Méx.* Mazorca de maíz con los granos aún tiernos.

jincho, cha *s. m.* y *f. argot* Drogadicto, yonqui.

jineta[1] (del ár. *yarnait*, variedad del gato de algalia) *s. f.* Mamífero carnívoro de unos 50 cm de longitud, más 40 cm de cola, pelaje gris leonado con manchas negras, cola anillada y patas cortas con garras retráctiles. ■ Se escribe también *gineta*.

jineta[2] *s. f.* **1.** Manera de montar a caballo llevando los estribos cortos y las piernas muy dobladas y pegadas al vientre del animal. **2.** *Amér.* Amazona, mujer que monta a caballo.

jinete (del ár. *zanati* o *zeneti*, individuo de una tribu berberisca, famosa por su destreza a caballo) *s. m.* **1.** Persona que monta un caballo. **2.** Soldado a caballo. **FAM.** Jineta[2], jineteada, jinetear.

jineteada *s. f.* **1.** *Amér. del S.* Doma de caballos. **2.** *Arg.*, *Chile* y *Urug.* Demostración de habilidad de un jinete.

jinetear *v. tr.* **1.** *Amér. del S.* Domar caballos salvajes. **2.** *Méx.* Disponer temporalmente del dinero de otra persona.

jinetera *s. f. Cuba desp.* Prostituta.

jiñar *v. intr.* **1.** *vulg.* Expulsar los excrementos. También *v. prnl.* || **jiñarse** *v. prnl.* **2.** *vulg.* Asustarse, atemorizarse. **SIN. 1.** y **2.** Cagar(se).

jipato, ta *adj. Amér.* Pálido, enfermizo.

jipiar[1] *v. tr. argot* Ver: *Cuidado con lo que haces, que te jipío.* ■ En cuanto al acento, se conjuga como *ansiar*. **SIN.** Guipar, junar.

jipiar[2] (onomat.) *v. intr.* **1.** Hipar al llorar. **2.** Hacer jipíos en el cante flamenco. ■ En cuanto al acento, se conjuga como *ansiar*.

jipijapa (de *Jipijapa*, cantón de Ecuador) *s. f.* **1.** Tira flexible que se obtiene de las hojas de una palma y se emplea para hacer sombreros. || *s. m.* **2.** Sombrero hecho con este material. ■ En esta acepción se dice también *jipi*.

jipío (pronunciación andaluza de *hipido*) *s. m.* Grito o quejido que se intercala en el cante flamenco. **FAM.** Jipiar[2]. HIPO.

jipioso, sa *adj. fam.* De los hippies o parecido a ellos: *¿Cómo quieres parecer una persona seria llevando esa ropa tan jipiosa?* También *s. m.* y *f.* ■ Se escribe también *hippioso*.

jira (del ant. fr. *chiere*, comida de calidad) *s. f.* Comida campestre entre amigos. ■ No confundir con la palabra homófona *gira*, 'viaje'.

jirafa (del ital. *giraffa*, y éste del ár. *zarafa*) *s. f.* **1.** Mamífero artiodáctilo rumiante que alcanza hasta 5 m de altura, tiene el cuello largo y esbelto, color amarillo leonado y en su cabeza aparecen dos cuernecillos. Habita en la sabana africana. **2.** En cine y televisión, brazo articulado y móvil que sostiene un micrófono.

jirón *s. m.* **1.** Trozo desgarrado de una prenda de vestir o de cualquier tela. **2.** Pedazo separado con violencia o injustamente de algo. **3.** Bandera o pendón terminado en punta. **SIN. 1.** Desgarrón, andrajo, harapo.

jitanjáfora (palabra inventada por el escritor mexicano Alfonso Reyes) *s. f.* Texto carente de sentido que se caracteriza por la sonoridad y valor estético de sus palabras, las cuales pueden ser reales o inventadas.

jitomate *s. m. Méx.* Tomate.

jiu-jitsu (japonés, significa 'arte de ceder') *s. m.* Arte marcial de origen japonés en que se efectúan golpes y presas con manos, pies, codos, etc.

¡jo! *interj. fam.* Expresa asombro, fastidio, protesta o rabia: *¡Jo, qué pesado!* ■ Existen numerosas variantes como *¡jobar!*, *¡jolín!*, *¡jolines!*, *¡jopé!*, etc.

¡jobar! *interj. fam.* ¡Jo!*.

jockey (ingl.) *s. m.* Jinete profesional para carreras de caballos. ■ También se escribe *yóquey* y *yoqui*.

joco, ca (del náhuatl *xococ*, agrio) *adj. Amér. C.* y *Méx.* Aplicado a la fruta, pasada.

jocoso, sa (del lat. *iocosus*) *adj.* Muy gracioso y divertido. **SIN.** Cómico, chistoso, burlesco, festivo. **ANT.** Serio, aburrido. **FAM.** Jocosamente, jocosidad. JUEGO.

jocundo, da (del lat. *iucundus*) *adj.* Alegre y agradable. **SIN.** Jovial, festivo. **ANT.** Serio. **FAM.** Jocundidad.

joder (del lat. *futuere*) *v. tr.* **1.** *vulg.* Realizar el acto sexual. También *v. prnl.* **2.** Fastidiar*. También *v.*

prnl. ■ Este verbo se usa también como interj. malsonante. SIN. **1.** Fornicar. **2.** Jeringar(se), jorobar(se); estropear(se); resignarse. FAM. Jodido, jodienda.

jodido, da 1. *p.* de **joder**. También *adj.* || *adj.* **2.** *vulg.* Que sufre molestia o no se encuentra bien física o psicológicamente: *Está jodido del estómago.* **3.** Que es muy malo, desagradable, incómodo o inaceptable: *Este trabajo es muy jodido: se curra mucho y se cobra poco.* **4.** Que es muy difícil o complicado: *El profesor ha puesto un examen jodido.*

jodienda *s. f. vulg.* Cosa que fastidia o incomoda mucho. SIN. Incordio, coñazo.

jofaina (del ár. *yufaina*, platillo hondo, escudilla) *s. f.* Palangana*.

jogging (ingl.) *s. m.* Ejercicio que consiste en correr a ritmo moderado.

joint venture (ingl., significa 'riesgo compartido') *expr.* Asociación de empresas para una determinada operación, en la que los distintos socios comparten capital y beneficios según los porcentajes acordados. ■ Se usa como *s. f.*

jojoba *s. f.* Arbusto americano de semillas comestibles de las que se extrae aceite. ■ También se escribe *yoyoba.*

joker *s. m.* Comodín de la baraja francesa.

jolgorio *s. m.* Diversión o fiesta alegre y ruidosa. SIN. Juerga, jarana, bulla.

¡jolín! o **¡jolines!** *interj. fam.* ¡Jo!*.

jónico, ca (del lat. *Ionicus*, y éste del gr. *Ionikos*) *adj.* **1.** Jonio*. **2.** Se dice de uno de los órdenes de la arquitectura clásica griega y de sus elementos; se caracteriza por una columna más esbelta que la dórica, apoyada sobre basa, fuste acanalado, capitel decorado con volutas, arquitrabe de tres franjas y friso libre de decoración. También *s. m.* || *s. m.* **3.** Uno de los cuatro dialectos principales de la lengua griega. FAM. Jonio.

jonio, nia (del lat. *Ionius*, y éste de *Ionia*) *adj.* De un antiguo pueblo de origen indoeuropeo que se estableció en Grecia hacia el segundo milenio a. C. SIN. Jónico.

¡jopé! *interj. fam.* ¡Jo!*.

jopo *s. m.* Hopo*.

jordano, na *adj.* De Jordania. También *s. m.* y *f.*

jornada *s. f.* **1.** Duración del trabajo diario o semanal de un trabajador: *Tiene una jornada de cuarenta horas semanales.* **2.** Día: *las noticias más destacadas de la jornada.* **3.** Camino recorrido de una vez. **4.** Expedición militar. **5.** En el teatro clásico, acto: *un drama en cinco jornadas.* **6.** Cada capítulo de una novela. **7.** Ocasión, hecho memorable: *la jornada de Waterloo.* || **8. jornada de puertas abiertas** Día en el que se permite el libre acceso a ciertas instituciones o lugares normalmente vedados al público. **9. jornada de reflexión** Día anterior a unas elecciones, en el que no se hace campaña electoral. SIN. **3.** Etapa, trayecto. FAM. Jornal.

jornal (del prov. *jornal*, derivado del lat. *diurnus*) *s. m.* **1.** Dinero que recibe un trabajador por cada día de trabajo. **2.** Este mismo trabajo: *Para terminar el tejado hacen falta unos veinte jornales.* || LOC. **a jornal** *adv.* Cobrando un dinero fijo por cada día trabajado. SIN. **1.** Salario, paga. **2.** Jornada, peonada. FAM. Jornalero. JORNADA.

jornalero, ra *s. m.* y *f.* Persona que cobra un dinero fijado por cada día de trabajo, especialmente en el campo. SIN. Bracero, obrero, peón.

joroba (del ár. *huduba*, giba) *s. f.* **1.** Abultamiento en la espalda, pecho o en ambos a la vez, debido a una desviación de la columna vertebral. **2.** Saliente que ciertos animales, como el camello o el bisonte, tienen en el lomo. **3.** *fam.* Molestia, incomodidad: *Es una joroba tener que esperar tanto.* SIN. **1.** Chepa, corcova. **1.** y **2.** Giba, gibosidad. **3.** Pesadez. FAM. Jorobar, jorobeta.

jorobado, da 1. *p. fam.* de **jorobar**. También *adj.* || *adj.* **2.** *fam.* Que sufre molestia o no se encuentra bien física o psicológicamente: *Los problemas me tiene bastante jorobado.* **3.** *fam.* Difícil, complicado: *Está jorobado conducir por la ciudad.* **4.** Que tiene joroba. También *s. m.* y *f.* SIN. **1.** y **2.** Fastidiado. **1.** a **3.** Jodido. **4.** Cheposo, chepudo. ANT. **3.** Fácil, chupado.

jorobar *v. tr. fam.* Fastidiar o molestar a alguien: *Nos jorobó con su encargo.* También *v. prnl.* SIN. Jeringar(se), incomodar(se), incordiar. FAM. Jorobado. JOROBA.

jorongo *s. m. Méx.* Poncho largo.

joropo *s. m.* Baile y canto típicos de Venezuela.

jota[1] (del lat. *iota*, y éste del gr. *iota*) *s. f.* **1.** Nombre de la letra *j.* **2.** Lo mínimo, la menor cantidad de algo. ■ Se usa en frases negativas: *no ver ni jota.*

jota[2] *s. f.* **1.** Baile popular de Aragón y de otras regiones españolas. **2.** Música y copla propias de este baile. FAM. Jotero.

jote *s. m. Arg., Chile* y *Perú* Ave parecida al buitre, de color negro, sin plumas en cabeza y cuello.

jotero, ra *s. m.* y *f.* Persona que compone, canta o baila la jota.

joto *s. m.* **1.** *Méx. fam. desp.* Hombre homosexual. **2.** *Col. fam.* Conjunto o paquete de cosas atadas.

joven (del lat. *iuvenis*) *adj.* **1.** Que tiene poca edad: *una persona joven, una planta joven.* También *s. m.* y *f.* **2.** Relativo a la juventud: *una moda joven, una música joven.* SIN. **1.** Adolescente, muchacho, mozo. **2.** Nuevo, juvenil, reciente, fresco. ANT. **1.** Viejo. **2.** Anticuado. FAM. Jovenzuelo, juventud. / Rejuvenecer.

jovenzuelo, la *adj. fam.* Se dice de la persona joven o de corta edad. También *s. m.* y *f.*

jovial (del lat. *Iovialis*, de Júpiter) *adj.* Alegre, de buen humor: *un tono jovial.* SIN. Animado, vivaz, festivo, ameno. ANT. Serio, triste. FAM. Jovialidad, jovialmente.

jovialidad *s. f.* Cualidad de jovial, alegría, buen humor.

joya (del ant. fr. *joie*, de *joiel*, y éste del lat. medieval *iocalia*, joyas, de *iocus*, juego) *s. f.* **1.** Objeto de valor, realizado principalmente con metales y piedras preciosas. **2.** Persona o cosa de mucha valía: *Tiene libros que son auténticas joyas.* SIN. **1.** y **2.** Alhaja, tesoro, maravilla. ANT. **1.** Baratija. FAM. Joyel, joyería, joyero. / Enjoyar.

joyel *s. m.* Joya pequeña.

joyería *s. f.* **1.** Taller en que se hacen joyas o tienda donde se venden. **2.** Arte y comercio de joyas.

joyero, ra *s. m.* y *f.* **1.** Persona que hace o vende joyas. || *s. m.* **2.** Caja para guardar joyas.

joystick *s. m.* En inform., palanca omnidireccional de control de movimientos, usada generalmente en los juegos.

juan lanas *expr. fam.* Hombre pusilánime, de poco carácter. ■ Se usa como *s. m.* SIN. Pelele.

juanete *s. m.* **1.** Deformidad del hueso o inflamación crónica de la base en el dedo gordo del pie. **2.** Pómulo abultado.

jubilación (del lat. *iubilatio, -onis*) *s. f.* **1.** Acción de jubilar o jubilarse y situación del que se jubila: *Ha llegado a la jubilación en plenas facultades.* **2.** Cantidad de dinero que cobra un jubilado. SIN. **1.** y **2.** Retiro. **2.** Pensión. FAM. Prejubilación. JUBILAR[1].

jubilado, da **1.** *p.* de *jubilar.* || *adj.* **2.** Que ha llegado a la jubilación. También *s. m.* y *f.* SIN. **1.** y **2.** Retirado.

jubilar[1] (del lat. *iubilare*) *v. tr.* **1.** Retirar a una persona de su trabajo, por haber llegado a la edad fijada o por enfermedad, concediéndole una pensión. También *v. prnl.* **2.** P. ext., apartar a alguien de su trabajo por parecidas razones. **3.** Dejar de usar alguna cosa por vieja, anticuada o inútil: *Tengo que jubilar este abrigo.* SIN. **2.** Eximir, apartar. **3.** Desechar, arrinconar. FAM. Jubilación, jubilado. JÚBILO.

jubilar[2] *adj.* Del jubileo o relacionado con él.

jubileo (del lat. *iubilaeus*, y éste del hebreo *yobel*, júbilo) *s. m.* **1.** Entre los católicos, indulgencia plenaria concedida por el papa en determinadas ocasiones. **2.** *fam.* Entrada y salida de muchas personas en algún sitio: *Cuando regresa al pueblo, su casa es un jubileo.* **3.** Fiesta pública que celebraban los israelitas cada cincuenta años. SIN. **2.** Hormiguero. FAM. Jubilar[2]. JÚBILO.

júbilo (del lat. *iubilum*) *s. m.* Alegría muy intensa. SIN. Alborozo, regocijo, contento, entusiasmo, algazara, exultación. ANT. Tristeza, pena. FAM. Jubilar[2], jubileo, jubilosamente, jubiloso.

jubiloso, sa *adj.* Lleno de júbilo. SIN. Alegre, dichoso. ANT. Triste, aciago.

jubón (del ant. *aljuba* o *juba*, y éste del ár. *yubba*) *s. m.* Vestido ajustado, con o sin mangas, que cubría la parte superior del cuerpo.

judaico, ca (del lat. *Iudaicus*) *adj.* Relativo a los judíos o al judaísmo.

judaísmo (del lat. *iudaismus*) *s. m.* Religión de los judíos.

judaizante *adj.* En España y Portugal, se aplicó a los judíos conversos que seguían observando en secreto la fe judía. También *s. m.* y *f.*

judaizar (del lat. *iudaizare*) *v. intr.* Celebrar los ritos y ceremonias de la religión judía. ■ Delante de *e* se escribe *c* en lugar de *z*: *judaice.*

judas (de *Judas* Iscariote) *s. m.* Traidor. ■ No varía en *pl.* SIN. Falso, delator, desleal. ANT. Leal.

judeocristiano, na *adj.* Se dice de la cultura, moral, etc., herederas de la tradición judía y cristiana.

judeoespañol, la *adj.* **1.** De los judíos españoles o sefardíes. || *s. m.* **2.** Variedad del español hablada por estos judíos. SIN. **2.** Ladino.

judería *s. f.* En una ciudad, barrio que habitaron o habitan los judíos. SIN. Gueto, aljama.

judía (del ár. *yudiya*, alubia) *s. f.* **1.** Planta herbácea de la familia papilionáceas, de tallo delgado y en espiral, hojas compuestas, flores blancas o amarillas en racimo y fruto en vaina. Se cultiva en todo el mundo y su fruto y semillas se usan en alimentación humana. **2.** Fruto y semilla de esta planta: *un plato de judías.* SIN. **1.** y **2.** Alubia, habichuela, fréjol, fríjol, faba. FAM. Judión.

judiada *s. f.* Faena, trastada. SIN. Jugada, jugarreta.

judicatura (del lat. medieval *iudicatura*) *s. f.* **1.** Ejercicio de juzgar. **2.** Cargo de juez y tiempo que dura. **3.** Conjunto de los jueces de un país.

judicial (del lat. *iudicialis*) *adj.* Del juicio, de la administración de justicia o de la propia judicatura: *un error judicial, el poder judicial.* FAM. Judicialmente. / Extrajudicial, extrajudicialmente. JUEZ.

judío, a (del lat. *Iudaeus*, y éste del hebreo *yehudi*, de la tribu de Judá) *adj.* **1.** Hebreo*. También *s. m.* y *f.* **2.** Que profesa el judaísmo. También *s. m.* y *f.* **3.** De Judea. También *s. m.* y *f.* **4.** *desp.* Avaro. SIN. **4.** Tacaño, roñoso, usurero. ANT. **4.** Generoso. FAM. Judaico, judaísmo, judaizante, judaizar, judeocristiano, judeoespañol, judería, judiada. / Hispanojudío.

judión *s. m.* Variedad de judía, de mayor tamaño que la normal.

judo (del japonés *ju*, blando, flexible, y *do*, modo) *s. m.* Tradicional sistema de defensa japonés que se practica sin armas entre dos luchadores y se basa en la utilización de la fuerza del contrario en beneficio propio, por medio de llaves que provocan la pérdida del equilibrio de aquél. ■ También se escribe *yudo.* FAM. Judoka. / Yudo.

judoka *s. m.* y *f.* Que practica el judo. ■ También se escribe *yudoca.*

juego (del lat. *iocus*) *s. m.* **1.** Acción de jugar. **2.** Cualquier entretenimiento que se realiza según ciertas reglas: *juego de billar.* **3.** En sentido genérico, juego de azar en que se apuesta dinero: *Ha perdido mucho dinero en el juego.* **4.** Ejercicio que se hace para divertir o entretener a otros y que está basado generalmente en la habilidad: *juego de manos.* **5.** Lugar donde se juega a alguna cosa. **6.** Articulación con que están unidas dos cosas de manera que puedan tener movimiento y, p. ext., este movimiento: *el juego de la mano. Le duele al hacer el juego de la rodilla.* **7.** Plan o intriga para lograr algo: *Descubrimos su juego para conseguir el cargo.* **8.** Cosa que se toma con poca seriedad o se le da poca importancia: *Para él ese negocio es un juego.* **9.** Conjunto de cosas similares o que sirven para un mismo fin: *un juego de café, un juego de herramientas.* **10.** Conjunto de piezas, fichas, etc., necesarias para jugar a alguna cosa: *Saca el juego de ajedrez.* **11.** Combinación de elementos, generalmente con un fin estético: *juego de luces.* **12.** En tenis y voleibol, cada una de las divisiones de un set. **13.** En juegos de cartas, las que se reparten a cada jugador: *Miró las cartas y vio que tenía buen juego.* || *s. m. pl.* **14.** En Grecia y Roma, fiestas y espectáculos públicos: *los juegos del circo.* **15.** Juegos Olímpicos: *los Juegos de Sydney.* ■ En esta acepción se escribe con mayúscula. || **16. juego de azar** El que depende de la suerte. **17. juego de manos** El basado en la agilidad manual para hacer aparecer y desaparecer cosas. **18. juego de niños** Asunto muy sencillo: *Ganar el partido fue un juego de niños.* **19. juego de palabras** Uso ingenioso del doble sentido de las palabras, de sus distintas acepciones, etc. **20. juegos florales** Concurso poético en que se premia al vencedor con una flor natural. **21. juegos malabares** Espectáculo que consiste en ejercicios de habilidad y equilibrio con objetos. **22. Juegos Olímpicos** Conjunto de competiciones deportivas que se celebran desde 1896, cada cuatro años, en la ciudad elegida para este fin, y que tienen su origen en los que los antiguos griegos celebraban en la ciudad de Olimpia. || LOC. **a juego (con)** *adj.* y *adv.* Que combina con otra cosa: *Estos zapatos van a juego con el bolso.* **dar juego** alguien o algo Ofrecer posibilidades, dar buen resultado; también, dar lugar a muchos comentarios: *Esa noticia dará juego.* **entrar** alguien o algo **en juego** Intervenir, actuar: *Al no conseguir el trabajo, entraron en juego las recomendaciones.* **estar en juego** algo Depender del resultado de otra cosa: *En la función de esta noche está en juego el prestigio de la compañía.* **fuera de juego** En fútbol y otros deportes, posición antirreglamentaria en que se encuentra un jugador, generalmente por estar situado detrás del último defensor del equipo contrario. Se usa también como *s. m.*

hacer el juego a alguien Favorecer sus intereses: *Hizo el juego al enemigo.* **hacer juego** Combinar bien una cosa con otra: *Esta corbata hace juego con la chaqueta.* SIN. **1.** Esparcimiento, entretenimiento. **6.** Movilidad. **7.** Maniobra. **8.** Frivolidad, broma. **15.** Olimpiada. FAM. Jocoso, librojuego, videojuego. JUGAR.

juerga *s. f.* Diversión ruidosa, muy animada o en la que se cometen ciertos excesos: *armar juerga, irse de juerga. Se fue de juerga con los amigos.* SIN. Jolgorio, jarana, parranda, farra, francachela, bureo. FAM. Juerguearse, juerguista.

juerguista *adj.* Se dice de la persona a la que le gustan las juergas. También *s. m.* y *f.* SIN. Jaranero, parrandero, bullanguero, calavera. ANT. Serio, formal.

jueves (del lat. *Iovis dies*, día consagrado a Júpiter) *s. m.* Cuarto día de la semana, comprendido entre el miércoles y el viernes. || LOC. **no ser** algo **nada del otro jueves** *fam.* No ser nada extraordinario. ■ No varía en *pl.*

juez, za (del lat. *iudex, -icis*) *s. m.* y *f.* **1.** Persona con capacidad y autoridad para juzgar y sentenciar en los tribunales de justicia. **2.** Persona que juzga los méritos de los que se presentan a exámenes, oposiciones, etc. **3.** En dep., persona encargada de hacer cumplir el reglamento. ■ En estas acepciones se usa también la forma *juez* para el femenino: *la juez de instrucción.* || *s. m.* **4.** Antiguo magistrado supremo de Israel. || **5. juez de instrucción** El competente para la instrucción de los asuntos penales que le encomienda la ley. **6. juez de línea** En fútbol, árbitro auxiliar que vigila el juego desde las bandas. **7. juez de paz** El existente en municipios donde no hay juzgado de primera instancia e instrucción, competente en asuntos civiles y penales de escasa importancia. **8. juez de primera instancia** El competente en los asuntos civiles que le atribuye la ley. **9. juez de silla** En tenis y voleibol, el que dirige el partido. || LOC. **ser juez y parte** No poder ser alguien neutral en un asunto por ser parte interesada. SIN. **3.** Árbitro. **6.** Linier. FAM. Judicatura, judicial, juzgar. JUICIO.

jugada *s. f.* **1.** Acción de intervenir el jugador cuando le toca su turno: *Ganó al ajedrez en pocas jugadas.* **2.** Lance del juego: *El futbolista hizo una jugada perfecta.* **3.** Intervención o negocio que hace alguien. **4.** Acción mal intencionada o injusta: *El no ayudarle ha sido una jugada.* SIN. **4.** Jugarreta, faena, trastada.

jugador, ra *adj.* **1.** Se dice de la persona que participa en un juego o forma parte de un equipo. También *s. m.* y *f.* **2.** Que tiene gran afición a los juegos de azar o que vive de ellos. También *s. m.* y *f.* SIN. **1.** Competidor, participante. **2.** Tahúr.

jugar (del lat. *iocari*) *v. intr.* **1.** Hacer una cosa por diversión o entretenimiento: *jugar con la arena.* También *v. tr.* **2.** Tomar parte en un juego o competición: *jugar al baloncesto.* **3.** Intervenir uno en un juego cada vez que le llega su turno: *Mueve la ficha, te toca jugar.* **4.** Tomar parte en sorteos o juegos de azar: *jugar a la lotería.* **5.** Participar en algo de lo que se piensa sacar provecho, pero también con riesgo de pérdida: *jugar a la bolsa.* **6.** Tomar parte o intervenir en un asunto: *La amistad juega en su decisión.* **7.** Tomar a broma cosas que son serias: *No juegues con la salud.* **8.** Mover o tocar algo con las manos distraídamente o por entretenimiento: *Mientras esperaba, jugaba con las llaves.* || *v. tr.* **9.** Llevar a cabo partidos o partidas de juego: *Jugarán el partido por la noche.* **10.** Tratándose de cartas, piezas o fichas, utilizarlas en el juego: *Jugó el rey de oros.* **11.** Apostar o arriesgar en el juego algo que se expresa. También *v. prnl.*: *Está preocupado porque se jugó mucho dinero.* **12.** Dar el movimiento que les es natural a los miembros del cuerpo humano: *jugar las rodillas.* **13.** Manejar o utilizar algo, material o inmaterial, para lo que está destinado o con un fin determinado: *Sabe jugar bien sus influencias.* || **jugarse** *v. prnl.* **14.** Exponerse a perder algo: *jugarse la vida.* **15.** Sortearse una lotería, rifa, etc.: *Este premio se juega mañana.* || LOC. **jugar con** alguien Entretenerle, hacerle ir y venir sin resolverle lo que pretende. También utilizar a una persona o no tomarla en serio. **jugar limpio** Jugar sin hacer trampas. También, obrar con honradez y nobleza. **jugar sucio** Hacer trampas en el juego. También, actuar con engaño. **jugarla** (o **jugársela**) a alguien Perjudicarle, engañarle. ■ Delante de *e* se escribe *gu* en lugar de *g*. Es v. irreg. SIN. **1.** Divertirse, entretenerse, distraerse, juguetear. **2.** Competir. **3.** y **4.** Echar. **5.** Aventurar. **6.** Influir. **7.** Bromear. **8.** Enredar. **11.** Poner. **12.** Articular. ANT. **1.** Aburrirse. **3.** Pasar. FAM. Juego, jugada, jugador, jugarreta, juguete, juguetón.

JUGAR		
INDICATIVO	**SUBJUNTIVO**	**IMPERATIVO**
Presente	**Presente**	
juego	*juegue*	
juegas	*juegues*	*juega*
juega	*juegue*	
jugamos	*juguemos*	
jugáis	*juguéis*	*jugad*
juegan	*jueguen*	

jugarreta (de *jugar*) *s. f. fam.* Engaño, mala pasada: *Me hizo varias jugarretas y no quiero tratos con él.* SIN. Jugada, bribonada, faena, trastada.

juglar, resa (del lat. *iocularis*) *s. m.* y *f.* Artista ambulante que en la Edad Media se ganaba la vida recitando poesías, cantando y bailando o haciendo otros juegos y habilidades. FAM. Juglaresco, juglaría.

juglaresco, ca *adj.* Del juglar o de la juglaría.

juglaría *s. f.* Actividad u oficio del juglar.

jugo (del lat. *sucus*) *s. m.* **1.** Líquido de las sustancias animales o vegetales que puede extraerse por presión, cocción o destilación: *jugo de carne, jugo de limón.* **2.** Parte líquida que acompaña a ciertos alimentos después de cocinados: *ternera en su jugo.* **3.** En fisiol., líquido orgánico que segregan ciertas glándulas: *jugo salivar, jugo pancreático.* **4.** Contenido o interés de lo dicho o escrito: *un discurso con mucho jugo.* **5.** *fam.* Provecho que se obtiene de alguien o algo: *Saca jugo a sus conocimientos.* || **6. jugo gástrico** Líquido ácido segregado por diversas glándulas de la pared del estómago, que interviene en la digestión de los alimentos. Se usa mucho en *pl.* SIN. **1.** Zumo, extracto, néctar. **2.** Salsa. **3.** Secreción. **4.** Sustancia, enjundia, miga. **5.** Utilidad, beneficio, ventaja. FAM. Jugosidad, jugoso, juguera. / Enjugar.

jugoso, sa (del lat. *sucosus*) *adj.* **1.** Que tiene jugo o mucho jugo: *una pera jugosa.* **2.** Sabroso, sustancioso. **3.** *fam.* Que tiene mucho interés, valor o contenido: *un negocio jugoso, un comentario jugoso.* SIN. **2.** Suculento. **3.** Valioso, estimable, provechoso, fructífero, enjudioso. ANT. **1.** Seco. **2.** Insulso, desabrido.

juguera *s. f. Arg., Urug.* y *Chile* Electrodoméstico que sirve para licuar y hacer zumos, licuadora.

juguete *s. m.* **1.** Objeto que sirve para que jueguen los niños. **2.** Persona o cosa dominada y manejada a capricho por una fuerza material o moral: *La barca era juguete del temporal.* **3.** Pieza teatral o musical breve y ligera: *un juguete cómico en un acto.* **FAM.** Juguetear, juguetería, juguetero. JUGAR.

juguetear *v. intr.* Entretenerse, jugando y enredando: *Mientras habla por teléfono juguetea con el cordón.* **SIN.** Retozar. **FAM.** Jugueteo. JUGUETE.

juguetería *s. f.* **1.** Tienda donde se venden juguetes: *La víspera de Reyes, las jugueterías están abarrotadas.* **2.** Industria del juguete.

juguetero, ra *adj.* **1.** Del juguete o relacionado con él: *industria juguetera.* || *s. m.* y *f.* **2.** Persona que fabrica juguetes.

juguetón, na *adj.* Se dice de la persona o animal que juega, hace travesuras, etc., con frecuencia. **SIN.** Retozón, travieso, revoltoso, enredador. **ANT.** Tranquilo.

juicio (del lat. *iudicium*) *s. m.* **1.** Capacidad de conocer y valorar a las personas, los hechos y las cosas: *Espero de tu buen juicio que cambies.* **2.** Idea u opinión que uno se forma de alguien o algo: *El profesor tiene un juicio estupendo de ti.* **3.** Manera acertada de juzgar y proceder: *Es hombre de juicio.* **4.** Estado normal del entendimiento por oposición a locura: *Está en su juicio.* **5.** En lóg., relación que se establece entre dos conceptos, afirmando o negando el uno del otro; la expresión del juicio recibe el nombre de proposición. **6.** Procedimiento por el que un juez o un tribunal llega a conocer los hechos ocurridos y puede pronunciar sentencia. **7.** Juicio final de la religión cristiana. || **8. juicio civil** (o **contencioso**) El celebrado ante un juez o tribunal sobre derechos o cosas que se disputan entre sí las partes. **9. juicio de faltas** El que trata sobre delitos leves, de poca importancia. **10. juicio de valor** Opinión con que se valora a alguien o algo. **11. juicio final** (o **universal**) En la teología cristiana, el que llevará a cabo Jesucristo en el final de los tiempos para premiar o castigar públicamente a cada hombre. **12. juicio penal** (o **criminal**) El que tiene por objeto determinar la responsabilidad de una o varias personas en un delito. **SIN. 1.** Razón, discernimiento, criterio. **2.** Parecer, dictamen. **3.** Sensatez, prudencia, discreción. **3.** y **4.** Cordura. **6.** Proceso, causa, pleito, litigio. **ANT. 3.** Insensatez, imprudencia. **4.** Delirio. **FAM.** Juiciosamente, juicioso. / Enjuiciar, juez.

juicioso, sa *adj.* Sensato, prudente, discreto. También *s. m.* y *f.* **SIN.** Formal, cabal, recto. **ANT.** Informal, insensato.

jula o **julandrón** o **julay** *s. m.* **1.** *vulg. desp.* Hombre homosexual. **2.** Persona incauta o fácil de engañar.

julepe (del persa *yullab*, jarabe) *s. m.* **1.** Juego de cartas en que se reparten cinco a cada jugador y se descubre otra que señala el triunfo; gana quien hace dos bazas de las cinco posibles. **2.** *fam.* Trabajo excesivo. **3.** Desgaste, uso excesivo de una cosa: *Le da un buen julepe al coche.* **4.** Castigo o regañina. **5.** Golpe, paliza. **6.** Medicina compuesta de agua destilada, jarabes y otras materias medicinales. **7.** *Arg., Par.* y *Urug.* Susto, miedo. **SIN. 2.** Ajetreo, trajín. **2.** y **3.** Tute. **4.** Riña, reprimenda, bronca. **5.** Tunda, zurra, soba.

juliano, na *adj.* **1.** De Julio César o relacionado con él. || *s. f.* **2.** Modo de cortar las verduras en dados pequeños: *Pica las cebollas y las zanahorias en juliana.*

julio[1] (del lat. *Iulius*) *s. m.* Séptimo mes del año, que consta de treinta y un días.

julio[2] (de *Joule*, físico británico) *s. m.* Unidad de trabajo y de energía que equivale al trabajo producido por una fuerza de un newton cuyo punto de aplicación se desplaza un metro.

juma o **jumera** *s. f. fam.* Embriaguez, borrachera. **SIN.** Curda, mona, melopea, merluza, cogorza. **FAM.** Jumarse, jumo. / Ajumar.

jumbo (del ingl. *Yumbo*) *s. m.* Tipo de avión de pasajeros de grandes dimensiones.

jumear o **jumelar** *v. intr. argot* Oler mal, apestar. **SIN.** Heder, atufar.

jumento, ta (del lat. *iumentum*) *s. m.* y *f.* Asno, burro. **SIN.** Borrico.

jumilla *s. m.* Vino embocado de alta graduación, tinto o rosado, que se produce en la comarca de Jumilla (Murcia).

jumo, ma *adj. Ec., Méx., P. Rico* y *Ven.* Borracho.

jumpear *v. tr.* En inform., cerrar un circuito o hacer una conexión eléctrica por medio de un jumper.

jumper (ingl.) *s. m.* En informática y electrónica, puente de metal para cerrar un circuito o hacer una conexión eléctrica. **FAM.** Jumpear.

junar *v. tr.* **1.** En argot, ver. **2.** *Arg., Par.* y *Urug.* Mirar fijamente a algo, como reflexionando.

juncáceo, a (del lat. *iuncosus*) *adj.* **1.** Se dice de la planta herbácea de la familia de las juncáceas, perenne o anual, con tallos erectos, hojas envainadas y flores pequeñas, generalmente hermafroditas. También *s. f.* || *s. f. pl.* **2.** Familia de estas plantas.

juncal *adj.* **1.** Del junco o relacionado con él. **2.** Esbelto, de figura y movimientos graciosos: *La chica tenía una figura juncal.* || *s. m.* **3.** Terreno poblado de juncos. ■ En esta acepción, se dice también *juncar.* **SIN. 2.** Apuesto, airoso, garboso, gallardo. **3.** Juncar, junqueral.

juncia (del lat. *iuncea*, semejante al junco) *s. f.* Planta herbácea de tallo triangular, hojas alternas, largas y estrechas, flores verdosas en umbela, fruto en granos secos y rizoma grande, que se usa como tónico estomacal. **FAM.** Juncial. JUNCO[1].

junco[1] (del lat. *iuncus*) *s. m.* **1.** Planta herbácea de tallo recto, liso y flexible y hojas reducidas a unas vainas delgadas, que crece en sitios húmedos. Se llama también *junquera.* **2.** Bastón delgado y flexible. **FAM.** Juncáceo, juncal, juncar, juncoso, junquera, junquillo. / Juncia.

junco[2] (del port. *junco*, y éste del malayo *jung*) *s. m.* Embarcación ligera, de pequeño tamaño, dotada de velas rectangulares reforzadas con listones de bambú, característico de los mares de Extremo Oriente.

jungla (del ingl. *jungle*, y éste del hindi *jangal*, bosque) *s. f.* **1.** Bosque tropical donde abunda la vegetación exuberante y la vida animal. Se aplica especialmente a la formación herbácea típica de la India. **2.** Lugar lleno de peligros y dificultades. **SIN. 1.** y **2.** Selva.

junio (del lat. *Iunius*) *s. m.* Sexto mes del año, que consta de treinta días.

júnior (del ingl. *junior*, y éste del lat. *iunior*) *adj.* **1.** Se aplica al nombre del hijo cuando es el mismo del padre, para diferenciarlos. ■ Su abreviatura es *jr.* **2.** Se dice de la categoría que encuadra a los deportistas jóvenes, y que varía según el deporte. También *s. m.* y *f.* ■ Su pl. es *júniors.* **SIN. 2.** Juvenil. **ANT. 2.** Sénior.

júnior, ra (del lat. *iunior*) *s. m.* y *f.* Religioso joven que aún no ha hecho la profesión o los votos definitivos. ■ En masculino se dice también *junior*.

junípero (del lat. *iuniperus*) *s. m.* Enebro*.

junquera *s. f.* Junco*, planta. **FAM.** Junqueral. JUNCO[1].

junquillo *s. m.* **1.** Planta herbácea de aspecto parecido al junco y con flores amarillas de intenso olor; crece en la península Ibérica y se utiliza en perfumería. **2.** Cualquier adorno o moldura redondeada en forma de junco: *Pusieron un junquillo a la puerta.* **3.** Bastón muy delgado.

junta *s. f.* **1.** Reunión de personas para tratar algún asunto: *junta de vecinos, de accionistas.* **2.** Conjunto de personas nombradas para administrar o dirigir los asuntos de una colectividad. **3.** Unión de dos o más cosas. **4.** Parte por donde se unen dos o más cosas; también, pieza que sirve para unirlas o empalmarlas: *La mesa se está abriendo por las juntas. Se ha roto la junta de la manguera y pierde agua.* || **5. junta de dilatación** En la construcción, la que se deja sin rellenar o se rellena de un material blando para permitir la dilatación y la contracción. **SIN. 1.** Asamblea. **2.** Directiva, gerencia. **3.** Ensambladura. **4.** Juntura, empalme.

juntar (de *junto*) *v. tr.* **1.** Unir cosas de manera que se toquen o estén más cerca unas de otras: *Juntaron tres mesas para que todos cupieran.* **2.** Poner a personas o cosas en un sitio o formando parte de un conjunto: *Juntaron todas las tiendas en un supermercado.* También *v. prnl.* **3.** Reunir una cantidad de algo: *juntar dinero, juntar sellos.* **4.** Tener a la vez varias ideas o sentimientos. También *v. prnl.*: *En su recuerdo se juntaron varias emociones.* || **juntarse** *v. prnl.* **5.** Andar en compañía de alguien, mantener amistad: *Pedro se junta con los de su equipo.* **6.** Llevar vida matrimonial dos personas sin estar casadas. **SIN. 1.** Acercar, arrimar, adosar, empalmar. **2.** Agrupar(se), congregar(se), aglutinar(se), fusionar(se), incorporar(se). **3.** Coleccionar, sumar. **6.** Amancebarse, arrejuntarse. **ANT. 1.** Separar, desunir. **2.** Desunir(se), dispersar(se). **3.** Dispersar. **5.** Rehuir. **FAM.** Juntura. / Ajuntar, arrejuntarse, conjuntar. JUNTO.

juntero, ra *s. m.* y *f.* Individuo que forma parte de una junta, especialmente política.

junto, ta (del lat. *iunctus*) *adj.* **1.** Se dice de lo que está cerca, próximo o unido a otra persona o cosa: *En la taquilla pidió dos butacas juntas.* **2.** Que forma un todo reunido en un mismo sitio: *Nunca vio tanta gente junta.* **3.** Que está en compañía de otra u otras personas: *Volvieron juntos del colegio.* || *adv. l.* **4.** Seguido de la preposición *a*, equivale a cerca de: *Junto a mi casa pasa un arroyo.* || *adv. m.* **5.** Seguido de *a* o *con*, significa en compañía de, juntamente, a la vez: *Junto con la carta llegó el giro.* **SIN. 1.** Contiguo, adyacente, inmediato, vecino. **2.** Agrupado, congregado. **FAM.** Junta, juntamente, juntar, juntero. / Adjunto, subjuntivo, tapajuntas, yunta.

juntura (del lat. *iunctura*) *s. f.* **1.** Parte o lugar en que se unen dos o más cosas. **2.** Pieza que se coloca entre dos tubos o partes de un aparato para efectuar la unión: *Se ha roto la juntura del grifo.* **3.** Unión de dos huesos. **SIN. 1.** y **2.** Junta, soldadura, empalme. **3.** Articulación, acoplamiento. **FAM.** Coyuntura. JUNTAR.

jura *s. f.* Acción de jurar un cargo, la fidelidad a un país, institución o persona, etc.: *la jura de la bandera.*

juraco *s. m. Amér. C., Cuba* y *Ven.* Agujero, boquete.

jurado, da 1. *p.* de **jurar**. También *adj.*: *Hizo una declaración jurada de sus bienes.* || *adj.* **2.** Que ha prestado juramento para desempeñar un cargo o función: *guarda jurado, intérprete jurado.* || *s. m.* **3.** Conjunto de personas que forman un tribunal para examinar y calificar en exposiciones, concursos, etc. **4.** Tribunal judicial formado por particulares elegidos mediante sorteo, encargado de declarar al final de un proceso si encuentra o no culpable al reo del delito de que se le acusa. **5.** Cada uno de los miembros de estas dos clases de tribunales. **SIN. 5.** Vocal.

juramentar *v. tr.* **1.** Tomar juramento a una persona: *juramentar a un testigo.* || **juramentarse** *v. prnl.* **2.** Comprometerse varias personas mediante juramento a hacer algo. **SIN. 2.** Conjurarse.

juramento (del lat. *iuramentum*) *s. m.* **1.** Acción de jurar. **2.** Blasfemia o palabrota. **SIN. 1.** Compromiso, promesa. **2.** Maldición, taco, imprecación. **FAM.** Juramentar. JURAR.

jurar (del lat. *iurare*) *v. tr.* **1.** Afirmar o prometer algo, poniendo por testigo a Dios o a personas y cosas muy queridas o respetadas, y, p. ext., afirmar o prometer algo rotundamente: *Te juro que no volveré a hacerlo.* **2.** Reconocer solemnemente la soberanía de un monarca. **3.** Someterse solemnemente a la Constitución de un país, a unos estatutos, a los deberes de un cargo, etc.: *El ministro juró ayer su cargo.* || *v. intr.* **4.** Blasfemar o soltar tacos: *Empezó a jurar al pillarse el dedo.* || **LOC. jurar en arameo** *fam.* Maldecir o decir palabras soeces e insultantes. **jurársela** (o **jurárselas**) una persona a alguien Asegurarle que se vengará de él o le causará daño: *Se la juró por no haberle ayudado.* **SIN. 4.** Maldecir, renegar, blasfemar. **FAM.** Jura, jurado, jurador, juramento. / Abjurar, conjurar, perjurar.

jurásico, ca (de la región fr. de *Jura*) *adj.* Del segundo de los tres periodos de la era mesozoica, en el que proliferaron y se diversificaron los reptiles y aparecieron las aves. Comenzó hace 190 millones de años y terminó hace unos 135 millones de años. También *s. m.*

jurel (del mozár. *surel*, y éste del lat. *saurus*, lagarto) *s. m.* Pez teleósteo de unos 20 cm de longitud que se distingue por la aleta caudal en forma de horquilla y las pectorales estrechas; habita en casi todos los mares y es apreciado como alimento.

jurídico, ca (del lat. *iuridicus*) *adj.* Que se refiere o se ajusta al derecho o a las leyes. **SIN.** Judicial, legal. **FAM.** Jurídicamente, juridicidad, jurisconsulto, jurisdicción, jurisperito, jurisprudencia, jurista.

jurisconsulto, ta (del lat. *iurisconsultus*) *s. m.* y *f.* **1.** Persona que con el debido título se dedica a la ciencia del derecho, especialmente a escribir sobre temas legales o a resolver las consultas legales que se le proponen. **2.** Jurisperito*. **SIN. 1.** Jurista, legista, letrado.

jurisdicción (del lat. *iurisdictio, -onis*) *s. f.* **1.** Poder para gobernar y aplicar las leyes: *El tribunal tiene una amplia jurisdicción.* **2.** Territorio sobre el que se extiende dicho poder: *El juez ha recorrido su jurisdicción.* **3.** Territorio de un lugar o provincia. **4.** Autoridad a que están sometidos ciertas personas o ciertos asuntos: *la jurisdicción militar, la jurisdicción eclesiástica.* **SIN. 1.** Competencia, atribución, potestad. **2.** y **3.** Demarcación, circunscripción. **4.** Mando. **FAM.** Jurisdiccional. JURÍDICO.

jurisdiccional *adj.* De la jurisdicción: *conflicto jurisdiccional, aguas jurisdiccionales.*

jurispericia (del lat. *iuris peritia*) *s. f.* Jurisprudencia*.

jurisperito, ta (del lat. *iuris peritus*, de *ius, iuris*, derecho, y *peritus*, perito) *s. m.* y *f.* Persona entendida en la ciencia del derecho. SIN. Jurisprudente, jurisconsulto, jurista, legista. FAM. Jurispericia. JURÍDICO.

jurisprudencia (del lat. *iuris prudentia*) *s. f.* **1.** Ciencia del derecho. **2.** Toda la legislación sobre determinada materia: *la jurisprudencia sobre el divorcio.* **3.** Conjunto de decisiones de los tribunales que sirven de criterio o fundamento razonable en aquellos casos en que no existe una ley que claramente los regule: *Aquella sentencia sentó jurisprudencia.* SIN. **1.** Jurispericia. FAM. Jurisprudente. JURÍDICO.

jurisprudente *s. m.* y *f.* Persona que conoce la ciencia del derecho. SIN. Jurisperito, jurisconsulto, jurista, legista.

jurista (del lat. *ius, iuris*) *s. m.* y *f.* Persona que se dedica al estudio e interpretación del derecho y de las leyes. SIN. Jurisperito, jurisprudente, jurisconsulto, legista, letrado.

justa *s. f.* **1.** En la Edad Media, combate a caballo y con lanza. **2.** Ejercicios a caballo en que los caballeros mostraban su destreza en el manejo de las armas. **3.** P. ext., competición literaria. FAM. Justador.

justamente *adv. m.* **1.** Con justicia: *Se repartieron justamente los beneficios.* **2.** Con exactitud: *Nosotros dos tenemos justamente la misma edad.* **3.** Ajustadamente, con igual medida: *El armario entra justamente en este hueco.* **4.** Precisamente; se usa para recalcar algo: *Lo hace justamente para llevar la contraria.* || *adv. l.* y *t.* **5.** En el lugar o tiempo exacto que se indica o en el tiempo en que pasa una cosa: *Estaba justamente delante del escaparate. Apareció justamente en el momento en que lo necesitaba.* SIN. **1.** Equitativamente, objetivamente, imparcialmente. **2.** Exactamente. **4.** Ciertamente. ANT. **1.** Injustamente. **3.** Holgadamente.

justedad *s. f.* **1.** Cualidad de justo. **2.** Igualdad de una cosa con otra.

justeza *s. f.* Precisión, exactitud.

justicia (del lat. *iustitia*) *s. f.* **1.** Virtud que consiste en dar a cada uno lo que le pertenece o lo que le corresponde por ser quien es, por sus méritos y actos, etc. **2.** Derecho y su aplicación, cumplimiento de la ley: *El pueblo pide justicia.* **3.** Organización estatal para castigar los delitos y resolver las disputas y conflictos entre los ciudadanos de acuerdo con las leyes: *La justicia de su país le consideró culpable.* **4.** Agentes de la justicia: *Se esconde de la justicia.* **5.** Aplicación de la condena, especialmente la pena de muerte: *Hicieron justicia con los culpables.* **6.** Para el cristiano, virtud cardinal que consiste en acatar la voluntad de Dios. **7.** Atributo de Dios por el cual premia o castiga según el comportamiento de cada persona. || **8. justicia conmutativa** La que regula la proporción entre las cosas que se intercambian. **9. justicia distributiva** La que regula la proporción en la distribución de premios y castigos. SIN. **1.** Ecuanimidad, equidad, rectitud, probidad, imparcialidad, objetividad. **2.** Legalidad. ANT. **1.** Injusticia, arbitrariedad. **2.** Ilegalidad. FAM. Justiciable, justicialismo, justiciero. / Ajusticiar. JUSTO.

justicialismo *s. m.* Movimiento político argentino, de carácter nacionalista y populista, fundado en la década de los cincuenta, por el general Juan Domingo Perón. SIN. Peronismo. FAM. Justicialista. JUSTICIA.

justiciero, ra *adj.* **1.** Que observa y hace observar estrictamente la justicia. **2.** Riguroso en el castigo de las faltas o delitos. SIN. **1.** Imparcial, equitativo, ecuánime. **2.** Severo, implacable. ANT. **1.** Injusto, arbitrario. **2.** Tolerante.

justificado, da **1.** *p.* de **justificar**. También *adj.* || *adj.* **2.** Que tiene un motivo o razón para que ocurra o exista: *Fue una maniobra justificada.* FAM. Justificadamente. / Injustificadamente, injustificado. JUSTIFICAR.

justificante *adj.* **1.** Que justifica o sirve para justificar. || *s. m.* **2.** Documento u otra prueba con que se justifica algo: *Acompañó los justificantes de los gastos realizados.* SIN. **2.** Comprobante.

justificar (del lat. *iustificare*) *v. tr.* **1.** Constituir una cosa el motivo o la razón de que otra no sea o parezca extraña, inadecuada o censurable: *Su enfermedad justifica sus frecuentes faltas de asistencia a clase.* **2.** Probar algo con documentos, testigos o razones: *Justificó su viaje con billetes de avión.* **3.** Defender a alguien o demostrar su inocencia: *Ella justifica a su hermano como puede.* También *v. prnl.*: *Se justificó de no haber asistido por su mucho trabajo.* **4.** En teología, hacer Dios justo a uno. **5.** En imprenta, igualar el largo de las líneas y páginas compuestas, jugando con los espacios. ■ Delante de *e* se escribe *qu* en lugar de *c*. SIN. **1.** Explicar. **2.** Acreditar, demostrar. **3.** Disculpar(se), excusar(se). ANT. **3.** Acusar. FAM. Justificable, justificación, justificado, justificador, justificante, justificativo. / Injustificable. JUSTO.

justillo *s. m.* Prenda interior sin mangas que ciñe el cuerpo y no baja de la cintura.

justipreciar *v. tr.* Determinar el valor de una cosa, ponerle precio: *Los entendidos justipreciaron la casa.* SIN. Estimar, valorar, evaluar, tasar. FAM. Justipreciación, justiprecio. JUSTO y PRECIO.

justiprecio *s. m.* Valor o tasa determinados de forma rigurosa.

justo, ta (del lat. *iustus*) *adj.* **1.** Se dice de quien actúa según la justicia, la ley o la moral: *Es un juez justo.* **2.** Se dice de aquello que está de acuerdo con los principios de la justicia, la ley o la moral: *una sentencia justa.* **3.** Conforme a la verdad, razón o merecimientos: *un premio justo.* **4.** Que es como debe ser, que no se puede censurar: *Es justo que tenga curiosidad.* **5.** Que vive según la ley de Dios. También *s. m.* y *f.* **6.** Exacto en número, peso o medida, que no tiene ni más ni menos de lo que debe tener: *Tengo el dinero justo para pagar la cuenta.* **7.** Insuficiente, escaso: *El postre resultó muy justo.* **8.** Preciso, indicado: *Encontró el adjetivo justo.* **9.** Ajustado, apretado: *Este pantalón me está muy justo.* || *adv. m.* **10.** Justamente: *Entró justo cuando yo salía.* SIN. **1.** Justiciero. **1.** y **2.** Equitativo, recto, ecuánime, objetivo, imparcial. **3.** Merecido. **4.** Legítimo, lógico, explicable, comprensible. **6.** Cabal. **10.** Exactamente. ANT. **1.** y **2.** Injusto, subjetivo. **3.** Inmerecido. **4.** Ilógico. **5.** Pecador. **6.** Inexacto. **7.** Sobrado. **8.** Impreciso. **9.** Amplio. FAM. Justamente, justedad, justeza, justicia, justificar, justillo, justipreciar. / Ajustar, injusto.

juvenil (del lat. *iuvenilis*) *adj.* **1.** De la juventud o relacionado con ella. **2.** En dep., se dice de la categoría a la que pertenecen los deportistas jóvenes, generalmente entre 15 y 18 años. También *s. m.* y *f.* SIN. **1.** Joven. **2.** Júnior. ANT. **1.** Viejo. **2.** Sénior.

juventud (del lat. *iuventus, -utis*) *s. f.* **1.** Edad o etapa de la vida entre la niñez y la edad madura. **2.** Cualidad de joven: *Su juventud es envidiable.* **3.** Conjunto de personas jóvenes: *La juventud aplaudía al campeón.* **4.** Primeros tiempos o etapas del desarrollo de una cosa: *la juventud de un astro.* **5.** Energía, frescura. SIN. **1.** Adolescencia, pubertad. **1.** y **2.** Mocedad. **5.** Lozanía, vigor. ANT. **1.** Vejez. **2.** Ancianidad, senectud. FAM. Juvenil. JOVEN.

juzgado *s. m.* **1.** Local donde se celebran los juicios. **2.** Conjunto de jueces y funcionarios encargados de administrar justicia en una demarcación determinada: *Esa causa no corresponde a este juzgado.* **3.** Territorio a que se extiende su acción. **4.** Tribunal de un solo juez. SIN. **2.** Audiencia.

juzgar (del lat. *iudicare*) *v. tr.* **1.** Decidir como juez o tribunal: *juzgar a un delincuente, juzgar los méritos de los opositores.* **2.** Considerar, creer: *Le juzgo capaz de cualquier cosa.* **3.** Afirmar, después de comparar dos o más ideas, las relaciones que existen entre ellas. || LOC. **a juzgar por (cómo)** Se utiliza para exponer cierta apariencia: *A juzgar por su acento, debe de ser alemán.* ■ Delante de *e* se escribe *gu* en lugar de *g*: *juzgue.* SIN. **1.** Dictaminar, fallar, enjuiciar, sentenciar. **2.** Opinar, conceptuar. FAM. Juzgado, juzgador. / Prejuzgar. JUEZ.

k *s. f.* Undécima letra del abecedario español y octava de sus consonantes. Su articulación es velar, oclusiva y sorda, y su nombre es *ka*.

k. o. (abreviatura del ingl. *knock-out*, dejar inconsciente a alguien) *s. m.* Knock-out*.

ka *s. f.* Nombre de la letra *k*.

kaaba (ár.) *s. f.* Santuario y principal centro de peregrinación musulmán en La Meca donde se encuentra una gran piedra negra, considerada sagrada por ser procedente del cielo.

kabuki (japonés) *s. m.* Género de teatro tradicional japonés, que alterna partes recitadas, canciones y danzas y es interpretado sólo por actores masculinos.

kafir (ár., significa 'ingrato') *adj.* Para los musulmanes, infiel o seguidor de una religión distinta a la suya. También *s. m.* y *f.*

kafkiano, na (de Franz *Kafka*, escritor checo) *adj.* Se aplica a las situaciones absurdas y complicadas, por referencia al universo angustioso y opresivo descrito por este autor.

káiser (del got. *kaisar*) *s. m.* Título que se aplica a los tres emperadores del II Reich alemán.

kamikaze (japonés, significa 'viento divino') *s. m.* **1.** Piloto suicida de la aviación japonesa durante la Segunda Guerra Mundial. **2.** Avión que tripulaba. || *s. m.* y *f.* **3.** P. ext., persona muy temeraria o arriesgada.

kan (del turco *jan*, soberano) *s. m.* Entre los pueblos tártaros, título de soberanía.

kantiano, na *adj.* De Kant o de su sistema filosófico. También *s. m.* y *f.*

kantismo *s. m.* Sistema filosófico de Kant y sus seguidores, basado principalmente en la crítica del conocimiento. FAM. Kantiano.

kappa (gr.) *s. f.* Décima letra del alfabeto griego, que corresponde a nuestra *k*. ■ La letra mayúscula se escribe *K* y la minúscula *κ*.

kaputt (al.) *adj.* Acabado, arruinado.

karaoke (japonés) *s. m.* **1.** Aparato que emite música de videoclips con la letra sobregrabada en un monitor. **2.** Establecimiento donde los clientes pueden cantar en un pequeño escenario acompañados del aparato antes descrito.

karate o **kárate** (japonés, significa 'mano vacía') *s. m.* Arte marcial de origen japonés que consiste fundamentalmente en el combate mediante golpes dados con manos, puños, pies, etc. FAM. Karateca.

karateca (japonés) *s. m.* y *f.* Luchador de karate.

karma (sánscrito) *s. m.* En algunas religiones y filosofías hindúes, creencia según la cual los actos realizados en una vida anterior influyen también en las sucesivas.

karst (del al. *Karst*) *s. m.* Modelado del relieve producido por el fenómeno de la disolución en algunas rocas como la caliza, y que se caracteriza por la presencia de grietas, galerías, cañones y cavernas. ■ Se escribe también *carst*. FAM. Kárstico.

kart (ingl.) *s. m.* Pequeño vehículo monoplaza, equipado con un motor de dos tiempos, sin suspensión ni carrocería, que se usa sólo en competiciones deportivas y como diversión.

karting (ingl.) *s. m.* Competición de carreras de karts.

kasbah (ár.) *s. f.* Barrio antiguo de las ciudades árabes. ■ Se escribe también *kasba*.

kastán *s. m.* Turbante turco.

katiusca *s. f.* Bota de goma impermeable que llega hasta media pierna o hasta la rodilla.

kayak (voz esquimal) *s. m.* **1.** Embarcación individual usada por los esquimales. **2.** Embarcación deportiva ligera, formada por un armazón de madera y recubierta de lona embreada.

kazaco, ca *adj.* **1.** De Kazajstán, país asiático y república de la antigua Unión Soviética. También *s. m.* y *f.* || *s. m.* **2.** Lengua turca oficial en Kazajstán.

kebab *s. m.* Variedad culinaria consistente en pequeños trozos de carnes y verduras ensartados en una varilla y cocinados a la parrilla, a la brasa o en el horno.

kechup *s. m.* Catchup*.

kéfir (voz caucásica) *s. m.* Bebida originaria del Cáucaso que consiste en leche fermentada artificialmente.

kelvin (de William Thomson *Kelvin*, físico británico) *s. m.* Unidad de temperatura en el Sistema Internacional.

kendo (japonés) *s. m.* Arte marcial japonés que se practica con espadas de bambú.

keniano, na o **keniata** *adj.* De Kenia. También *s. m.* y *f.*

kentia *s. f.* Palmera de las islas del Pacífico que se cultiva como planta ornamental.

kepis o **kepí** *s. m.* Quepis*.

kermés (del fr. *kermesse*, y éste del neerl. *kerkmisse*, fiesta de iglesia) *s. f.* **1.** Fiesta popular de los Países Bajos. **2.** Fiesta popular al aire libre, generalmente con fines benéficos. ■ Se escribe también *quermés* o *quermesse*.

kerosén o **kerosene** (del ingl. *kerosene*) *s. m.* *Amér.* Querosén*.

ketchup *s. m.* Catchup*.

kibutz (hebreo) *s. m.* Explotación agrícola israelí organizada según un régimen económico comunitario. ■ Se escribe también *quibús*.

kif (ár.) *s. m.* Estupefaciente elaborado con las hojas del cáñamo índico, que se consume fumado en pipa, mezclado con tabaco. ■ Se escribe también *quif*. SIN. Hachís.

kiko (nombre comercial registrado) *s. m.* Maíz tostado.

kikuyu *adj.* De un pueblo bantú de Kenia que protagonizó la revuelta del Mau-Mau contra el dominio colonial inglés. También *s. m.* y *f.*

kilim *s. m.* **1.** Tela oriental de colores vivos y decorada con motivos geométricos. **2.** Alfombra o tapiz pequeño confeccionado con esta tela.

kilo *s. m.* **1.** *acort.* de **kilogramo**. **2.** *fam.* Gran cantidad de algo: *Lleva kilos de maquillaje.* **3.** *fam.* Millón de pesetas. ■ Se escribe también *quilo.*

kilo- (del gr. *khilioi*) *pref.* Significa 'mil', y multiplica por esta cantidad a la unidad a la que precede: *kilocaloría, kilolitro, kilobyte.*

kilobyte *s. m.* En inform., unidad de capacidad de memoria del ordenador equivalente a 1.024 bytes.

kilocaloría *s. f.* Medida de calor equivalente a mil calorías.

kilogramo *s. m.* Unidad de masa en el Sistema Internacional que equivale a mil gramos. ■ Se escribe también *quilogramo.* **FAM.** Kilo. GRAMO.

kilohertzio *s. m.* Unidad de medida de frecuencia equivalente a mil hertzios.

kilolitro *s. m.* Medida de capacidad equivalente a 1.000 litros o un metro cúbico, que se aplica a líquidos y áridos.

kilometraje *s. m.* **1.** Número de kilómetros recorridos o distancia existente entre dos puntos. **2.** Acción de kilometrar.

kilometrar *v. tr.* Señalar las distancias medidas en kilómetros con postes, mojones, etc.

kilométrico, ca *adj.* **1.** Relativo al kilómetro. **2.** *fam.* Muy largo: *un pasillo kilométrico.* || *s. m.* **3.** Billete de tren que autoriza a su comprador a recorrer un determinado número de kilómetros en un plazo fijado.

kilómetro *s. m.* Medida de longitud que equivale a mil metros. **FAM.** Kilometraje, kilometrar, kilométrico. / Cuentakilómetros. METRO[1].

kilopondio (de *kilo-* y el lat. *pondus, -eris,* peso) *s. m.* Unidad de fuerza que equivale al peso de un kilogramo.

kilotón *s. m.* Unidad de potencia explosiva de una bomba atómica, equivalente a la de mil toneladas de trinitrotolueno o trilita.

kilovatio *s. m.* **1.** Unidad de potencia eléctrica en el Sistema Internacional equivalente a mil vatios || **2. kilovatio hora** Unidad de trabajo cuyo valor es de 3.600.000 julios.

kilovoltio *s. m.* Unidad de fuerza electromotriz equivalente a mil voltios.

kilt (voz escocesa) *s. m.* Falda de cuadros y colores característicos de una familia, corta y plisada, que forma parte del traje masculino nacional escocés.

kimono (japonés) *s. m.* Quimono*.

kindergarten (al.) *s. m.* Guardería, jardín de infancia.

kinésica (del gr. *kinesis,* movimiento) *s. f.* Parte de la ciencia de la comunicación que estudia los gestos y el movimiento del cuerpo como medios de expresión. ■ También se dice *cinésica.*

kinesioterapia o **kinesiterapia** *s. f.* Quinesioterapia*. **FAM.** Kinesioterápico, kinesiterápico.

kiosco *s. m.* Quiosco*.

kiosquero, ra *s. m.* y *f.* Quiosquero*.

kiowa *adj.* **1.** De un pueblo amerindio de América del Norte que actualmente habita en reservas. También *s. m.* y *f.* || *s. m.* **2.** Tipo de mocasín de suela flexible.

kipá (hebreo) *s. f.* Gorro usado por los judíos en las ceremonias religiosas.

kirguiz *adj.* **1.** De un pueblo turco-mongol que habita principalmente Kirguizistán, país asiático y antigua república de la Unión Soviética. También *s. m.* y *f.* || *s. m.* **2.** Dialecto turco hablado en Kirguizistán. ■ Se escribe también *quirguiz.*

kirguizo, za *adj.* Kirguiz*.

kiribatiense *adj.* De las islas Kiribati, en Oceanía. También *s. m.* y *f.*

kirie (del gr. *kyrie,* de *kyrios,* señor) *s. m.* Invocación a Dios que se hace en la primera parte de la misa y, p. ext., esta parte.

kirieleison (de la frase gr. *Kyrie eleison,* Señor, ten piedad) *s. m.* **1.** Kirie*. **2.** *fam.* Canto de entierros y funerales.

kirsch (al., significa 'cereza') *s. m.* Aguardiente elaborado con cerezas que se consume sobre todo en Europa central.

kit *s. m.* **1.** Aparato, mueble, etc., que se sirve por piezas, con un folleto de instrucciones para poder montarlo. **2.** P. ext., conjunto formado por una serie de elementos relacionados entre sí o con una función común.

kitsch (al.) *adj.* Se dice del elemento artístico o decorativo muy ostentoso y de mal gusto. También *s. m.*

kivi *s. m.* Kiwi*.

kiwi *s. m.* **1.** Ave de plumaje marrón, patas fuertes y largo pico curvado; es incapaz de volar, ya que sus alas están prácticamente sin desarrollar. Vive en Nueva Zelanda. **2.** Planta arbustiva de flores blancas y amarillas y fruto comestible de piel rugosa y pulpa verde. **3.** Fruto de esta planta. ■ Se escribe también *kivi* o *quivi.*

kleenex (nombre comercial registrado) *s. m.* Pañuelo de papel. ■ No varía en *pl.*

klistrón *s. m.* Tubo electrónico generador de microondas usado para emitir ondas ultracortas y para amplificar o cambiar frecuencias.

knickers (del ingl. *knickerbockers*) *s. m. pl. Urug.* Pantalones bombachos.

knock-out (ingl., significa 'fuera de combate') *s. m.* **1.** Pérdida del conocimiento producida por un golpe. ■ Se utiliza en boxeo y otros deportes de lucha. || *adj.* **2.** Con el verbo *dejar,* totalmente abrumado o desconcertado. ■ En las dos acepciones, se usa frecuentemente su abreviatura *k. o.*

koala *s. m.* Mamífero marsupial australiano de hocico corto, orejas grandes, pelo grisáceo y cola rudimentaria que habita en los bosques de eucaliptos, de cuyas hojas se alimenta.

kohl *s. m.* Cosmético originalmente negro, utilizado para delinear los párpados en su confluencia con el ojo.

koiné (del gr. *koine,* común) *s. f.* **1.** Lengua griega común, formada en el s. IV a. C. a partir de diversos dialectos. **2.** Cualquier fusión de dialectos que da lugar a una lengua común, p. ej. el español. ■ Se escribe también *coiné.*

koljós o **koljoz** (abreviatura de la expr. rusa *kollektivnoie joziaistvo,* economía colectiva) *s. m.* Cooperativa agrícola de la antigua Unión Soviética.

kopek (del ruso *kopeika*) *s. m.* Moneda rusa equivalente a la centésima parte de un rublo.

koré (gr.) *s. f.* En el primitivo arte griego, representación escultórica de muchachas vestidas.

kraker (neerl.) *s. m.* Okupa*.

krausismo (del apellido del filósofo alemán Friedrich *Krause*) *s. m.* Movimiento filosófico español inspirado en las doctrinas de Krause y de gran influencia en la vida política e intelectual del país en la segunda mitad del s. XIX. **FAM.** Krausista.

kremlin (ruso) *s. m.* **1.** Ciudadela o fortaleza rusa, por antonomasia la de Moscú, residencia de los zares y sede del gobierno. **2.** Gobierno de la antigua Unión Soviética.

kril o **krill** (del ingl. *krill*) *s. m.* Conjunto de pequeños crustáceos que habitan grandes extensiones de los océanos fríos y forman parte del plancton marino.

kriptón (del gr. *kryptos*, oculto) *s. m.* Elemento químico perteneciente a los gases nobles y, por tanto, no reactivo, que se emplea como relleno en los tubos de luz fluorescente y en los flashes fotográficos; se encuentra en muy pequeña proporción en el aire. Su símbolo es *Kr*. ■ Se escribe también *criptón*.

kufia (ár.) *s. f.* Tocado masculino en los países árabes.

kung fu (chino) *s. m.* Arte marcial de origen budista que consiste en la lucha con manos y pies.

kurchatovio *s. m.* Rutherfordio*.

kurdo, da *adj.* **1.** De un pueblo que vive en la región del Kurdistán, de religión musulmana sunnita, costumbres nómadas y economía pastoril. También *s. m.* y *f.* || *s. m.* **2.** Lengua irania hablada principalmente en el Kurdistán.

kurós (gr.) *s. m.* Estatua de un joven desnudo, propia del primitivo arte griego. ■ No varía en *pl.*

kuwaití *adj.* De Kuwait. También *s. m.* y *f.* ■ Su pl. es *kuwaitíes*, aunque también se utiliza *kuwaitís*.

l *s. f.* Duodécima letra del abecedario español y novena de sus consonantes. Su articulación es lateral alveolar sonora y su nombre es *ele.* ▪ Seguida de otra *l*, tiene un sonido lateral palatal sonoro: *llave, hallar.*

la[1] (del lat. *illa*) *art. det. f.* **1.** Acompaña a un sustantivo para designar a una persona o cosa conocida por el hablante y el oyente: *¿Has leído la novela?* **2.** Delante de un adjetivo, una oración de relativo o un sintagma preposicional, les da valor de sustantivo: *Es la mayor. Esa es la que quiero.* || *pron. pers. f.* **3.** Forma de tercera persona que funciona como complemento directo: *Tu repentina respuesta la sorprendió.* **4.** A veces se utiliza sin referirse a ningún sustantivo en concreto, con valor expresivo: *¡La hemos hecho buena!* ▪ En pl., se utiliza con verbos como *arreglarse, apañarse*, etc.: *¡Compóntelas como puedas! ¡Ya me las arreglaré yo solo!* **FAM.** Laísmo.

la[2] (sílaba de la primera estrofa del himno a San Juan Bautista) *s. m.* Sexta nota de la escala musical. ▪ No varía en *pl.*

lábaro (del lat. *labarum*) *s. m.* **1.** Estandarte de los emperadores romanos, especialmente después de Constantino. **2.** Signo formado por la cruz y el monograma de Cristo. **SIN. 2.** Crismón.

laberinto (del lat. *labyrinthus*, y éste del gr. *labyrinthos*) *s. m.* **1.** Lugar lleno de caminos entrecruzados o dispuestos de tal manera que es muy difícil encontrar la salida, especialmente el construido artificialmente en jardines. **2.** Asunto confuso y enredado. **3.** Conjunto de órganos que constituyen el oído interno de los vertebrados. **SIN. 2.** Enredo, embrollo, lío, barullo. **FAM.** Laberíntico.

labia (del lat. *labia*, labios) *s. f.* Facilidad de palabra, especialmente cuando se utiliza con habilidad y gracia para agradar o convencer a alguien: *un vendedor con labia.* **SIN.** Elocuencia, locuacidad, facundia, verborrea, verbosidad. **ANT.** Laconismo.

labiada *adj.* **1.** Se aplica a las plantas herbáceas o arbustivas cuyas flores tienen los pétalos, dos superiores y tres inferiores, unidos en forma de labios. También *s. f.* || *s. f. pl.* **2.** Familia de estas plantas.

labial (del lat. *labialis*) *adj.* **1.** De los labios: *lápiz labial.* **2.** En ling., se aplica a los sonidos que se articulan fundamentalmente con los labios, como las consonantes *p, b, m* y *f.* También *s. f.* **FAM.** Labializar. / Bilabial. LABIO.

labializar *v. tr.* Hacer labial un sonido que no lo era. **FAM.** Labialización. LABIAL.

labiérnago *s. m.* Arbusto oleáceo de unos 3 m de altura, con ramas delgadas, hojas perennes largas y estrechas de color verde oscuro, flores blancas muy pequeñas y agrupadas en ramilletes y fruto en drupa negro azulado.

labihendido, da *adj.* Que tiene hendido o partido el labio superior.

lábil (del lat. *labilis*) *adj.* **1.** Que se desliza o cae fácilmente. **2.** Cambiante, poco seguro: *un político lábil.* **3.** Débil, frágil. **SIN. 1.** y **2.** Vacilante, inseguro. **2.** Inconstante, variable, voluble. **3.** Fino, sutil. **ANT. 1.** y **2.** Firme, estable. **2.** Constante. **3.** Resistente. **FAM.** Labilidad. / Lava, termolábil.

labio (del lat. *labium*) *s. m.* **1.** Cada uno de los bordes carnosos y móviles que limitan la abertura de la boca del hombre y de algunos animales. **2.** Cada uno de los bordes de la vulva. **3.** Borde exterior de una abertura y de algunas cosas. Se usa sobre todo en *pl.*: *los labios de una herida.* **4.** Órgano de la palabra. Se usa más en *pl.*: *Tu secreto no saldrá de mis labios.* || **5. labio leporino** Labio superior partido, debido a una malformación congénita. || **LOC. morderse los labios** Hacer esfuerzos para no decir algo o para no reírse. **no despegar los labios** No hablar. **SIN. 1.** Morro, hocico. **FAM.** Labia, labiada, labial, labihendido, labiodental. / Pintalabios.

labiodental *adj.* En ling., se dice del sonido que se articula entre el labio inferior y los dientes superiores, como la *f.* También *s. f.*

labor (del lat. *labor, -oris*) *s. f.* **1.** Trabajo o actividad que lleva a cabo alguien: *No le distraigas y ocúpate de tu labor.* **2.** Obra realizada por alguien: *Por fin valoraron su labor.* **3.** Cualquier tipo de trabajo de costura, bordado, etc., hecho a mano o a máquina. Se usa mucho en *pl.* **4.** Obra hecha mediante este trabajo: *Terminó su labor de punto.* **5.** Cada una de las operaciones que se realizan en el campo para preparar y cultivar la tierra. Se usa mucho en *pl.*: *las labores agrícolas.* **6.** Operación que consiste en remover la tierra antes de la siembra. **7.** Cada una de las clases de productos confeccionados en las fábricas de tabacos. Se usa más en *pl.* **8.** *Guat., Méx.* y *El Salvador* Pequeña finca agrícola. || **9. día de labor** El laborable. **10. sus labores** Ocupación de la persona que se dedica sólo a las tareas domésticas de su hogar. || **LOC. de labor** *adj.* Se dice de los animales, herramientas, etc., que se utilizan para trabajar los campos: *bueyes de labor.* Aplicado a la tierra, de cultivo. **SIN. 1.** Tarea, faena, quehacer, menester. **5.** Labranza. **ANT. 1.** Ocio. **FAM.** Laborable, laboral, laborar, laboratorio, laborear, laborioso, laborismo, labrar.

laborable *adj.* Se dice del día de trabajo, que no es fiesta. También *s. m.*: *Esta tienda abre laborables y festivos.*

laboral *adj.* Del trabajo, especialmente en su aspecto económico, jurídico y social: *jornada laboral, relaciones laborales.* **FAM.** Laboralista. / Sociolaboral. LABOR.

laboralista *adj.* Se dice del abogado especialista en derecho laboral. También *s. m.* y *f.*

laborar (del lat. *laborare*) *v. tr.* **1.** Labrar la tierra: *laborar los campos.* || *v. intr.* **2.** Esforzarse y luchar para conseguir algo. **SIN. 1.** Laborear. **1.** y **2.** Trabajar. **2.** Emplearse, consagrarse, sudar. **ANT. 2.** Desentenderse. **FAM.** Colaborar, elaborar. LABOR.

laboratorio *s. m.* Lugar provisto de los aparatos, instrumentos y productos necesarios para realizar cualquier tipo de investigaciones científicas, trabajos técnicos, análisis clínicos, elaboración de medicamentos, enseñanza práctica, etc.: *laboratorio farmacéutico, laboratorio fotográfico, laboratorio de idiomas.* || **LOC. de laboratorio** *adj.* Que ha sido creado artificialmente o lo parece: *música de laboratorio.*

laborear *v. tr.* **1.** Trabajar la tierra. **2.** Hacer excavaciones en una mina para extraer el mineral. **SIN. 1.** Laborar, labrar. **FAM.** Laboreo. LABOR.

laborioso, sa (del lat. *laboriosus*) *adj.* **1.** Muy trabajador, que realiza las cosas bien y con cuidado. **2.** Que requiere mucho trabajo y atención: *Le encargaron una tarea muy laboriosa.* **SIN. 1.** Hacendoso, diligente. **2.** Trabajoso, minucioso, difícil, complicado, penoso. **ANT. 1.** Vago, holgazán. **2.** Fácil. **FAM.** Laboriosamente, laboriosidad. LABOR.

laborismo *s. m.* Doctrina y movimiento político de carácter socialista, representado por el Partido Laborista británico y sus homónimos de los países de la Commonwealth. **FAM.** Laborista. LABOR.

labra *s. f.* Acción de labrar un material: *la labra de la madera.* **SIN.** Labrado, talla.

labradío, a *adj.* Labrantío*.

labrado, da 1. *p.* de **labrar**. También *adj.*: *metal labrado.* || *adj.* **2.** Se dice de los tejidos y prendas que tienen dibujos o adornos en relieve: *Conserva un manto labrado en oro.* || *s. m.* **3.** Acción de labrar un material. || *s. f.* **4.** Tierra arada y preparada para sembrar en ella al siguiente año. **SIN. 1.** Tallado, grabado. **3.** Labra.

labrador, ra (del lat. *laborator, -oris*) *adj.* Se dice de la persona que se dedica a las labores agrícolas y especialmente de la que cultiva sus propias tierras. También *s. m.* y *f.* **SIN.** Labriego, campesino, agricultor.

labrantío, a *adj.* Se aplica al campo o tierra de labor. También *s. m.* **SIN.** Labradío.

labranza *s. f.* Conjunto de trabajos que requiere la tierra de cultivo.

labrar (del lat. *laborare*) *v. tr.* **1.** Trabajar un material como la madera, la piedra, el cuero, etc., para darle forma o grabar en él: *Labraron una inscripción en la piedra.* **2.** Cultivar la tierra: *Han empezado a labrar la hacienda.* **3.** Arar la tierra para después sembrar. **4.** Trabajar alguien para conseguir y asegurarse su porvenir, felicidad, etc. También *v. prnl.*: *Estudia para labrarse su futuro.* **SIN. 1.** Tallar, esculpir, repujar, modelar. **2.** Laborear. **2.** y **4.** Laborar. **3.** Cavar. **4.** Forjar(se). **FAM.** Labra, labradío, labrado, labrador, labrantío, labranza, labriego. LABOR.

labriego, ga (del lat. *labor, -oris*) *s. m.* y *f.* Persona que trabaja en el campo, dedicada a las labores agrícolas. **SIN.** Labrador.

laburar (del ital. *lavorare*) *v. intr. Arg.* y *Urug. fam.* Trabajar. **FAM.** Laburo.

laburo *s. m. Arg., Par.* y *Urug. fam.* Trabajo, empleo.

laca (del ár. *lakk*, y éste del sánscrito *laksa*) *s. f.* **1.** Sustancia resinosa obtenida de algunos árboles de Asia meridional. **2.** Barniz duro y brillante que se fabrica con esta u otras sustancias. **3.** Objeto cubierto con este barniz: *Tiene una colección de lacas orientales.* **4.** Cosmético que se aplica sobre el cabello para fijar el peinado. || **5. laca de uñas** Barniz utilizado para dar color o brillo a las uñas. **SIN. 1.** Gomorresina. **FAM.** Lacar, laquear.

lacado, da *adj.* **1.** Cubierto de barniz de laca: *una mesa lacada.* || *s. m.* **2.** Acción de lacar. ■ Se dice también *laqueado.*

lacar *v. tr.* Barnizar o decorar con laca un objeto. ■ Delante de *e* se escribe *qu* en lugar de *c.* **SIN.** Laquear. **FAM.** Lacado. LACA.

lacayo *s. m.* **1.** Antiguamente, criado de librea que acompañaba a un señor y que, generalmente, iba sentado junto al cochero. **2.** *desp.* Persona que obedece de forma servil en todo a otra e intenta agradarla excesivamente. **SIN. 1.** Sirviente. **2.** Esbirro, pelota. **FAM.** Lacayuno.

laceador *s. m. Amér. del S.* Peón que se encarga de echar el lazo al ganado.

lacear *v. tr.* **1.** Cazar un animal con lazo. **2.** Sujetar o inmovilizar un animal con el lazo: *lacear el ganado.* **3.** Adornar algo con lazos y cintas. **SIN. 1.** y **2.** Lazar. **FAM.** Laceador. LAZO.

lacedemonio, nia (del lat. *Lacedaemonius*) *adj.* De Lacedemonia, país de la Antigua Grecia. También *s. m.* y *f.* **SIN.** Espartano.

lacerar (del lat. *lacerare*) *v. tr.* **1.** Producir en el cuerpo un daño o herida: *Los cristales le laceraron las manos.* **2.** Causar una cosa a alguien pena, dolor, perjuicio, etc., intensos: *Tus palabras consiguieron lacerarla.* **SIN. 1.** Magullar. **1.** y **2.** Herir, dañar. **2.** Desprestigiar, desacreditar. **ANT. 1.** Acariciar. **2.** Agradar, prestigiar. **FAM.** Laceración, lacerado, lacerante, laceria. / Dilacerar.

laceria *s. f.* **1.** Pobreza, miseria. **2.** Molestia, padecimiento. Se usa más en *pl.*: *las lacerias de la vida.* **SIN. 1.** Penuria, privación, estrechez. **2.** Sufrimiento, pesar, penalidades. **ANT. 1.** Abundancia. **2.** Satisfacción.

lacería *s. f.* **1.** Conjunto de lazos que adornan algo. **2.** Decoración de líneas, cintas, motivos vegetales, etc., entrelazados, que forman generalmente figuras geométricas.

lacero, ra *s. m.* y *f.* **1.** Persona que maneja hábilmente el lazo para atrapar animales. **2.** Cazador, generalmente furtivo, que captura animales utilizando trampas de lazo. **3.** Empleado municipal que recoge los perros vagabundos atrapándolos con lazo.

lacertilio (del lat. *lacertus*, lagarto) *adj.* Saurio*.

lacetano, na (del lat. *Lacetani*) *adj.* De un pueblo de la España prerromana que habitaba junto a la desembocadura de los ríos Llobregat y Cardoner, en tierras de la actual ciudad de Barcelona. También *s. m.* y *f.*

lacha (voz gitana procedente del sánscrito *lajja*, pudor) *s. f. fam.* Apuro, vergüenza: *Me da lacha preguntar algo tan delicado.* **SIN.** Empacho, bochorno.

lachear *v. tr. Chile* Cortejar a una mujer.

lachiguana *s. f. Amér. del S.* Lechiguana*.

lacho, cha *s. m.* y *f.* **1.** *Chile* y *Perú* Entre el pueblo bajo, amante. || *s. m.* **2.** *Perú* Galán de pueblo que viste con afectación ridícula. **FAM.** Lachear.

lacio, cia (del lat. *flaccidus*) *adj.* **1.** Se aplica al pelo liso, sin ondas ni rizos. **2.** Marchito, mustio: *Estos claveles ya están lacios.* **3.** Débil, sin fuerza, desanimado: *Después de la gripe se encontraba lacia.* **SIN. 1.** Laso. **2.** Ajado. **3.** Flojo, endeble, desmadejado, decaído, alicaído. **ANT. 1.** Rizado, ondulado. **2.** Fresco, lozano. **3.** Vigoroso, animado.

lacón (gall.) *s. m.* Pata delantera del cerdo, especialmente una vez salada y curada.

lacónico, ca (del lat. *Laconicus*, y éste del gr. *Lakonikos*, espartano, por su tendencia a expresarse con brevedad) *adj.* Se aplica a la persona que habla o escribe utilizando pocas palabras y a lo así dicho o escrito: *respuesta lacónica, mensaje lacónico.* **SIN.** Conciso, escueto, parco, sobrio. **ANT.** Locuaz. **FAM.** Lacónicamente, laconismo.

laconio, nia (del lat. *Laconius*) *adj.* **1.** De Laconia, región de la antigua Grecia. También *s. m.* y *f.* || *s. m.* **2.** Dialecto del griego antiguo hablado en esa zona.

lacra *s. f.* **1.** Señal que deja en alguien una enfermedad o cualquier daño físico: *Aún conserva las lacras del accidente.* **2.** Defecto físico o moral de alguien o algo: *El alcoholismo es una lacra social.* **3.** *Amér. del S.* Herida, llaga. **4.** *Arg.* y *P. Rico* Costra que se forma sobre las heridas al cicatrizar. **SIN. 1.** Secuela, cicatriz, marca. **2.** Tara, tacha, mácula. **FAM.** Lacrar[1].

lacrar[1] *v. tr.* Producir lacra o daño en alguien o algo: *La envidia lacra las relaciones entre las personas.* **SIN.** Dañar, perjudicar, deteriorar, afectar.

lacrar[2] *v. tr.* Cerrar algo sellándolo con lacre: *lacrar un sobre, un paquete.*

lacre (del port. *lacre*, de *laca*) *s. m.* Pasta sólida, generalmente de color rojo, hecha de goma laca y trementina, que se utiliza para sellar sobres, paquetes, etc. **FAM.** Lacrar[2].

lacrimal (del lat. *lacrima*) *s. m.* Lagrimal*. **FAM.** Lacrimógeno, lacrimoso. LÁGRIMA.

lacrimógeno, na (del lat. *lacrima*, lágrima, y *-geno*) *adj.* **1.** Que produce lágrimas; se aplica especialmente a los gases, vapores y humos que irritan los ojos. **2.** Se dice de los relatos, películas, escenas, etc., excesivamente sentimentales. **SIN. 2.** Lacrimoso, sensiblero, melodramático. **ANT. 2.** Hilarante.

lacrimoso, sa (del lat. *lacrimosus*) *adj.* **1.** Que llora o tiene lágrimas. **2.** Que provoca o puede provocar el llanto. **3.** Que se lamenta o se entristece: *Siempre le encuentro lacrimoso.* **SIN. 1.** y **2.** Lagrimoso, lloroso. **2.** Lacrimógeno, sentimental, sensiblero, melodramático. **3.** Plañidero, quejica, llorón. **ANT. 2.** Cómico. **FAM.** Lacrimosamente. LACRIMAL.

lact- (del lat. *lac, lactis*, leche) *pref.* Significa 'leche': *lactancia, lactífero.* ■ También existen las variantes *lacti-, lacto-*.

lactancia (del lat. *lactantia*) *s. f.* **1.** Primer periodo de la vida de los mamíferos, durante el que se alimentan con la leche producida por las glándulas mamarias de sus madres. **2.** Dicho sistema de alimentación. **FAM.** Lactante, lactar. LÁCTEO.

lactante (del lat. *lactans, -antis*) *adj.* **1.** Que está en periodo de lactancia; se dice en especial del bebé que se alimenta fundamentalmente de leche. También *s. m.* y *f.* **2.** Que da de mamar: *una madre lactante.* También *s. f.*

lactar *v. tr.* **1.** Amamantar. || *v. intr.* **2.** Mamar.

lacteado, da *adj.* Mezclado con leche: *harina lacteada.*

lácteo, a *adj.* **1.** De la leche. **2.** Hecho con leche o derivado de ella: *productos lácteos.* || *s. m. pl.* **3.** Alimentos derivados de la leche. || **4. Vía Láctea** Véase **vía. SIN. 1.** Láctico. **FAM.** Lactancia, lacteado, láctico, lactosa. / Prolactina. LECHE.

láctico, ca *adj.* De la leche o relacionado con ella.

lactosa (del lat. *lactosa*, lechosa) *s. f.* Azúcar presente en la leche de los mamíferos, que se compone de glucosa y galactosa. **FAM.** Galactosa. LÁCTEO.

lacustre (del lat. *lacus*, lago) *adj.* De los lagos o relacionado con ellos. **SIN.** Palustre.

ladeado, da 1. *p.* de **ladear.** || *adj.* **2.** Inclinado, torcido hacia un lado: *sombrero ladeado.* **3.** *Arg.* Se dice de la persona desgarbada, un poco encorvada.

ladear *v. tr.* **1.** Torcer hacia un lado: *ladear la cabeza.* Se usa también como *v. prnl.*: *Se ha ladeado el cuadro.* **2.** *Chile fam.* Enamorarse. **SIN. 1.** Sesgar, desnivelar, doblar. **ANT. 1.** Enderezar, nivelar. **FAM.** Ladeamiento, ladeado, ladeo. LADO.

ladera *s. f.* Pendiente de una montaña por cualquiera de sus lados. **SIN.** Falda, vertiente.

ladero, ra *adj.* **1.** *Amér. del S.* Se dice del caballo que tira de un vehículo por la derecha. || *s. m.* **2.** *Amér. del S.* Compinche de una persona, especialmente en asuntos ilegales.

ladilla (del lat. *blatella*, de *blattula*) *s. f.* Insecto parásito del hombre, de 2 mm de longitud y color amarillento, que vive en el vello del pubis, donde se reproduce rápidamente.

ladillo *s. m.* En imprenta, subtítulo que se intercala en las columnas del texto; también, texto breve colocado al margen de la plana.

ladino, na (del lat. *latinus*, latino) *adj.* **1.** Se dice de la persona que actúa con astucia y disimulo para conseguir lo que quiere. También *s. m.* y *f.* **2.** *Amér.* Se dice del indio que habla correctamente el español. **3.** *Col.* y *Rep. Dom.* Charlatán, hablador. || *s. m.* **4.** Forma arcaica del castellano, también llamada *judeoespañol*, hablada por los judíos sefardíes de origen español. **SIN. 1.** Astuto, sagaz, taimado. **4.** Sefardí. **ANT. 1.** Inocente, ingenuo.

lado (del lat. *latus*) *s. m.* **1.** Costado del cuerpo humano, que va desde el brazo hasta la cadera. **2.** Cada una de las mitades del cuerpo desde la cabeza hasta los pies: *Siempre duerme del lado derecho.* **3.** Parte de un objeto, lugar, etc., próxima a los extremos, en oposición al centro: *Se colocaron a los lados de la entrada.* **4.** Con respecto a un lugar, cada una de las partes que lo rodean y que pueden distinguirse por alguna circunstancia: *El pueblo se extiende por el lado norte de la sierra.* **5.** Cada una de las superficies de un cuerpo plano: *Esa canción está en el otro lado del disco.* **6.** Sitio, lugar, especialmente con referencia a otro distinto: *Vámonos a otro lado.* **7.** Cada uno de los distintos aspectos o puntos de vista en alguna cosa: *Siempre encuentra el lado cómico de las cosas.* **8.** Medio o camino para conseguir algo: *Si así no lo consigues, inténtalo por otro lado.* **9.** Partido que se toma por alguien o algo: *Pero tú, ¿de qué lado estás?* **10.** En geom., las dos líneas que forman y limitan un polígono, y arista de los poliedros regulares. **11.** Rama de un parentesco: *Es andaluz por el lado de su madre.* || **LOC. al lado** *adv.* Muy cerca: *El colegio está aquí al lado.* En el lugar inmediato al que se expresa o sobrentiende: *Han alquilado el piso de al lado.* **al lado de** (o **a mi**, **tu**, etc., **lado**) *adv.* En comparación con: *A su lado es simpático.* Junto con: *Creció al lado de sus amigos.* **dar de lado** a alguien o algo Rechazarlo. **dejar a un lado** (o **de lado**) a una persona o cosa Prescindir de ella, no tomarla en cuenta. **de (medio) lado** *adj.* y *adv.* Ladeado, torcido: *Se puso el gorro de (medio) lado.* **de lado a lado** *adv.* De un extremo a otro. **de un lado para otro** *adv.* Moviéndose mucho, haciendo muchas gestiones. **ir cada uno por su lado** *fam.* Tener dos o más personas ocupaciones, opiniones, etc., distintas: *Colaboraron juntos, pero aho-*

ra va cada uno por su lado. **ir de lado** Estar equivocado, ir descaminado para obtener algo: *Va de lado si cree que voy a pagar su cena.* **mirar de (medio) lado** *fam.* Mirar con desprecio. SIN. **3.** Flanco, margen, borde, orilla, ala, canto. **5.** Cara, anverso, reverso. **7.** Faceta. **9.** Bando. **FAM.** Ladear, ladera, ladero, ladillo. / Adlátere, lateral, trilátero.

ladrar (del lat. *latrare*) *v. intr.* **1.** Dar ladridos el perro. **2.** Hablar alguien con voz alta y amenazante. **3.** Gritar o insultar a alguien. Se usa también como *v. tr.*: *Se puso a ladrarnos órdenes.* **SIN. 2.** Vocear, aullar. **3.** Gruñir. **FAM.** Ladrador. LADRIDO.

ladrido *s. m.* **1.** Sonido que emite el perro. **2.** Grito, insulto. **SIN. 2.** Gruñido, aullido. **FAM.** Ladrar.

ladrillo *s. m.* **1.** Pieza de barro cocido con forma de prisma rectangular que se utiliza en construcción. **2.** Cosa pesada o aburrida: *Esta novela es un ladrillo.* **SIN. 2.** Plomo, tostón, pesadez, petardo, rollo. **ANT. 2.** Delicia. **FAM.** Ladrillazo. / Enladrillar.

ladrón, na (del lat. *latro, -onis*) *adj.* **1.** Que roba. También *s. m.* y *f.* **2.** Se aplica como apelativo cariñoso a personas y, especialmente a niños, con el sentido de pillo, granuja. También *s. m.* y *f.* || *s. m.* **3.** Dispositivo que colocado en una toma de corriente sirve para que puedan enchufarse en la misma varios aparatos. **SIN. 1.** Caco, ratero, descuidero, atracador. **FAM.** Ladronear, ladronera, ladronesco, ladronzuelo. / Latrocinio.

ladronera *s. f.* **1.** Lugar donde se ocultan los ladrones. **2.** Construcción que sobresale en lo alto de una fortificación con parapeto, para fines defensivos.

ladronzuelo, la *s. m.* y *f.* **1.** *desp.* Ladrón de poca importancia. **2.** *fam.* Apelativo cariñoso para referirse a personas y, sobre todo, a niños.

lady (ingl., significa 'señora') *s. f.* Título que reciben en Inglaterra las damas de la nobleza: *lady Diana Spencer.* ■ Su pl. es *ladies*.

lagaña *s. f.* Legaña*.

lagar *s. m.* Lugar donde se elabora la sidra, se pisa la uva o se prensa la aceituna, y recipiente que se usa para tal fin. **SIN.** Almazara. **FAM.** Véase **lago**.

lagarterano, na *adj.* De Lagartera, pueblo de Toledo. También *s. m.* y *f.*

lagartija *s. f.* Reptil saurio, semejante a un lagarto pero más pequeño, muy vivaz, que vive en muros y huecos expuestos al sol y es capaz de regenerar la cola cuando la pierde.

lagarto, ta (del lat. *lacertum*) *s. m.* y *f.* **1.** Reptil saurio de color verdoso, cuerpo cubierto de escamas, cola larga y cuatro extremidades, que vive en regiones cálidas y templadas. || *s. f.* **2.** *fam.* Mujer taimada, astuta. **SIN. 2.** Lagartona. **FAM.** Lagartija, lagartona. / Alagartado, lacertilio.

lagartona *s. f. fam.* Lagarta*.

lager (ingl.) *adj.* Se dice de un tipo de cerveza suave y con muchas burbujas. También *s. f.*

lago (del lat. *lacus*) *s. m.* Masa de agua, generalmente dulce, que ocupa una depresión del terreno en el interior de los continentes. **FAM.** Lagar, laguna. / Lacustre.

lagomorfo (del gr. *lagos*, liebre, y - *morfo*) *adj.* **1.** Se dice de los mamíferos herbívoros de pequeño y mediano tamaño, cola corta o sin cola y pelaje denso y suave, que se caracterizan por tener un segundo par de incisivos en la mandíbula superior, como los conejos y las liebres. También *s. m.* || *s. m. pl.* **2.** Orden de estos mamíferos.

lágrima (del lat. *lacrima*) *s. f.* **1.** Cada una de las gotas segregadas por las glándulas lacrimales de los ojos, que los humedece y protege, y que brotan en abundancia en momentos de tensión emocional. **2.** Cualquier objeto con forma de gota: *lágrimas de caramelo.* **3.** Pequeña cantidad de licor. || *s. f. pl.* **4.** Sufrimientos, padecimientos: *Aprobar te va a costar lágrimas.* || **5. lágrimas de cocodrilo** Las fingidas, sin verdadero sentimiento. **FAM.** Lagrimal, lagrimear, lagrimón, lagrimoso. / Lacrimal.

lagrimal *adj.* **1.** De las lágrimas: *glándulas lagrimales.* || *s. m.* **2.** Parte del ojo que está más cerca de la nariz. **SIN. 1.** Lacrimal.

lagrimear *v. intr.* **1.** Producir lágrimas los ojos: *Con el humo me lagrimean los ojos.* **2.** Llorar con frecuencia o hacerlo por cualquier cosa. **SIN. 2.** Lloriquear, gimotear. **ANT. 2.** Reír. **FAM.** Lagrimeo. LÁGRIMA.

lagrimoso, sa (del lat. *lacrimosus*) *adj.* **1.** Se dice de los ojos que tienen lágrimas. **2.** Que provoca el llanto. **SIN. 1.** Lloroso. **1.** y **2.** Lacrimoso. **ANT. 2.** Risible, cómico.

laguna (del lat. *lacuna*) *s. f.* **1.** Depósito natural de agua menor que el lago. **2.** Aquello que falta en un escrito, exposición, etc.: *La conferencia tenía muchas lagunas.* **3.** Espacio que aparece sin ocupar en una lista, serie, etc.: *una laguna en el censo.* **4.** Aquello que se desconoce o no se recuerda: *Tiene muchas lagunas en historia medieval.* **SIN. 2.** Ausencia, omisión. **2.** y **3.** Vacío. **4.** Ignorancia. **FAM.** Lagunoso. LAGO.

lai *s. m.* Lay*.

laicado *s. m.* **1.** Situación de los laicos dentro de la Iglesia católica. **2.** Conjunto de los fieles laicos.

laicismo *s. m.* **1.** Tendencia o doctrina que defiende la total independencia de los individuos o del Estado de la influencia religiosa. **2.** Cualidad de laico. **SIN. 2.** Laicidad. **FAM.** Laicista. LAICO.

laicizar *v. tr.* Hacer independiente de toda influencia religiosa, especialmente una institución. ■ Delante de *e* se escribe *c* en lugar de *z*. **FAM.** Laicización. LAICO.

laico, ca (del lat. *laicus*, que no es clérigo, y éste del gr. *laikos*, perteneciente al pueblo, de *laos*, pueblo) *adj.* **1.** Que no es eclesiástico ni religioso. También *s. m.* y *f.* **2.** Independiente de la religión, y especialmente de los organismos religiosos. **FAM.** Laicado, laicidad, laicismo, laicizar. / Lego.

laísmo *s. m.* Empleo de los pronombre femeninos de complemento directo *la, las*, como complemento indirecto cuando debería usarse *le, les*; p. ej.: *La entregó el regalo*, en vez de: *Le entregó el regalo (a ella).* **FAM.** Laísta. LA[1].

laja (del port. *lage* o *laja*) *s. f.* Piedra lisa, plana y de poco grosor. **SIN.** Lancha, lasca, lastra.

lama[1] (del tibetano *blama*) *s. m.* Religioso budista del Tíbet y Asia central. **FAM.** Lamaísmo, lamasería.

lama[2] (del lat. *lama*) *s. f.* **1.** Especie de barro, blando y oscuro, que se deposita en fondos acuáticos. **2.** *Amér.* Musgo. **3.** *Bol., Col.* y *Méx.* Moho. **SIN. 1.** Cieno.

lama[3] (del lat. *lamina*, a través del fr. *lame*) *s. f.* **1.** Plancha de metal, lámina. **2.** Tela hecha con hilos de oro o plata.

lamaísmo *s. m.* Forma particular de la religión budista, con gran implantación en el Tíbet y Asia central. **FAM.** Lamaísta. LAMA[1].

lamasería *s. f.* Monasterio de lamas.

lambada *s. f.* Canción y baile de origen brasileño, en el que las parejas se enlazan estrechamente y siguen el ritmo de la música con movimientos sensuales.

lambda (del gr. *lambda*) *s. f.* Nombre de la undécima letra del alfabeto griego que equivale a nuestra *l*. ■ La letra mayúscula se escribe Λ y la minúscula λ.

lamber *v. tr.* **1.** Lamer. **2.** *Amér.* Adular de forma servil. **FAM.** Lambido, lambiscón, lambón. LAMER.

lambido, da 1. *p.* de **lamber**. ‖ *adj.* **2.** *Amér.* Se dice de la persona afectada y presumida. También *s. m.* y *f.*

lambiscón, na (de *lamber*) *adj.* **1.** Muy goloso. **2.** *Méx.* Adulador, servil.

lambón, na *adj. Col.*, *Méx.* y *Pan.* Adulador, rastrero. También *s. m.* y *f.*

lambrucear *v. intr.* Lambucear*. **FAM.** Lambrucio, lambrusco. LAMBUCEAR.

lambrusco, ca *adj. Chile* y *Méx.* Glotón.

lambucear *v. intr.* Andar alguien picando y comiendo a todas horas. **SIN.** Lambrucear, gulusmear, golosinear, lechucear. **FAM.** Lambucero. / Lambrucear. LAMER.

lamé (fr.) *s. m.* Tejido muy brillante hecho con hilos de oro o plata.

lameculos *s. m.* y *f. vulg.* Persona de conducta servil y aduladora. También *adj.* ■ No varía en *pl.* **SIN.** Tiralevitas, pelota, cobista.

lamelibranquio (del lat. *lamella*, laminilla, y el gr. *branchia*, branquia) *adj.* **1.** Se aplica a los moluscos acuáticos cubiertos por dos conchas articuladas, como el mejillón o la almeja. También *s. m.* ‖ *s. m. pl.* **2.** Clase de estos moluscos, llamados también *bivalvos* y *pelecípodos*.

lamentable (del lat. *lamentabilis*) *adj.* **1.** Digno de ser lamentado. **2.** Que causa muy mala impresión por ser inoportuno, estar mal hecho, estropeado, etc.: *La mercancía llegó en un estado lamentable.* **SIN. 1.** Deplorable, trágico, dramático. **2.** Desastroso, impresentable, lastimoso, penoso. **ANT. 2.** Admirable, inmejorable. **FAM.** Lamentablemente. LAMENTAR.

lamentación (del lat. *lamentatio, -onis*) *s. f.* **1.** Acción de lamentarse. **2.** Palabra, expresión, etc., con que alguien se lamenta. Se usa sobre todo en *pl.* **SIN. 2.** Lamento, quejido, queja. **ANT. 1.** Alegría. **2.** Risa.

lamentar (del lat. *lamentare*) *v. tr.* **1.** Sentir pena o disgusto por alguna cosa: *Lamento que las cosas no vayan bien.* ‖ **lamentarse** *v. prnl.* **2.** Expresar con palabras pena o disgusto por algo: *No te lamentes y arréglalo.* **SIN. 1.** Deplorar. **2.** Quejarse. **ANT. 1.** Celebrar. **2.** Alegrarse. **FAM.** Lamentable, lamentación. LAMENTO.

lamento (del lat. *lamentum*) *s. m.* Manifestación de pena, dolor, disgusto, etc.: *Se quejaba de su suerte con grandes lamentos.* **SIN.** Lamentación, quejido, queja. **ANT.** Alegría, risa. **FAM.** Lamentar, lamentoso.

lamer (del lat. *lambere*) *v. tr.* **1.** Pasar la lengua por algo. También *v. prnl.* **2.** Rozar una cosa, especialmente un líquido, suavemente a otra: *Las olas lamen la orilla.* ‖ **LOC. que no me** (**te**, etc.) **lamo** (**lames**, etc.) *fam.* Expresión con que se destaca el tamaño o importancia de algo: *Tengo un catarro que no me lamo.* **SIN. 1.** Chupar. **2.** Acariciar. **FAM.** Lameculos, lamedor, lamedura, lamerón, lameruzo, lametada, lametazo, lametear, lametón, lamido, laminero. / Lamber, lambucear, relamer.

lamerón, na *adj. fam.* Se aplica a la persona glotona, y especialmente a la que le gusta picar y comer a todas horas. También *s. m.* y *f.* **SIN.** Lameruzo, lambucero, gulusmero, lechuzo.

lameruzo, za *adj. fam.* Lamerón*.

lametear *v. tr.* Lamer algo repetidamente y con ganas. **SIN.** Lengüetear, chupetear. **FAM.** Lameteo. LAMER.

lametón *s. m.* Cada pasada de la lengua al lamer, especialmente si se hace con fuerza. **SIN.** Lametazo, lametada, lengüetazo, lengüetada.

lamia (del lat. *lamia*) *s. f.* En mit. clásica, ser fantástico con cuerpo de mujer, cola de pez o de dragón y garras afiladas.

lamido, da 1. *p.* de **lamer**. También *adj.* ‖ *adj.* **2.** *fam.* Excesivamente delgado. **3.** *desp.* Se aplica a la persona excesivamente limpia y arreglada. **SIN. 2.** Chupado, afilado. **3.** Relamido, atildado. **ANT. 2.** Grueso. **3.** Sucio.

lámina (del lat. *lamina*) *s. f.* **1.** Pieza plana y delgada de cualquier material: *una lámina de metal, de madera.* **2.** Plancha en que está grabado un dibujo para reproducirlo después. **3.** Grabado, ilustración. **4.** Aspecto o figura de una persona y, especialmente, de un animal: *Es un toro de bella lámina.* **SIN. 1.** Placa, chapa, capa. **3.** Santo. **3.** y **4.** Estampa. **4.** Porte, traza, pinta, facha. **FAM.** Lama[3], laminar[1], laminar[2], laminoso.

laminación *s. f.* **1.** Acción de laminar. **2.** Proceso industrial de fabricación de láminas de metal. **3.** Técnica para fabricar materiales laminados uniendo capas con resinas sintéticas.

laminado, da 1. *p.* de **laminar**. También *adj.* ‖ *adj.* **2.** Se dice del material que ha sido reducido a láminas. ‖ *s. m.* **3.** Acción de laminar. **4.** Producto que se obtiene uniendo láminas de un material. **SIN. 3.** Laminación.

laminar[1] *v. tr.* **1.** Reducir a láminas un material. **2.** Recubrir algo con láminas. **FAM.** Laminación, laminado, laminador. LÁMINA.

laminar[2] *adj.* **1.** Que tiene forma de lámina. **2.** Se aplica a la estructura de un cuerpo formado por varias capas superpuestas y a los cuerpos que así la tienen: *una roca laminar.* **SIN. 2.** Laminoso, hojoso.

laminaria *s. f.* Alga parda con forma de cinta o lámina, de hasta varios metros de longitud, que vive fijada a los fondos costeros de mares templados y fríos.

laminero, ra *adj.* Goloso*. **FAM.** Véase **lamer**.

lampa (quechua) *s. f. Amér. del S.* Azada de mineros y agricultores.

lampar *v. intr.* **1.** *fam.* Andar pidiendo dinero. **2.** *fam.* Estar en la miseria, en muy mala situación económica.

lámpara (del lat. *lampada*, de *lampas, -adis*, antorcha, y éste del gr. *lampas*, de *lampo*, resplandecer) *s. f.* **1.** Utensilio que produce luz artificial. **2.** Instrumento que sirve de soporte a una o varias luces: *Compró una lámpara de pie.* **3.** Bombilla eléctrica. **4.** Válvula electrónica. **5.** *fam.* Mancha. **SIN. 5.** Lamparón. **FAM.** Lamparería, lamparero, lamparilla, lamparita, lamparón, lampista. / Portalámpara.

lamparero, ra *s. m.* y *f.* Persona que hace, vende o arregla lámparas. **SIN.** Lampista.

lamparilla *s. f.* **1.** *dim.* de **lámpara**. **2.** Mecha sujeta en un corcho que flota sobre aceite, que se utiliza para iluminar imágenes religiosas. **3.** Recipiente donde se coloca esta mecha. **4.** P. ext., cualquier vela, luz, etc., que se ofrece a una imagen religiosa. **5.** Mechero de alcohol. **SIN. 2.** Mariposa.

lamparita *s. f. Amér. del S.* Bombilla. || LOC. **encendérsele** a uno **la lamparita** *Arg. fam.* Tener una buena idea.

lamparón (aum. de *lámpara*) *s. m.* Mancha en la ropa, especialmente la de grasa.

lampazo (del lat. *lappaceus*) *s. m.* Planta herbácea de la familia de las compuestas, de tallo grueso, hojas rugosas y flores púrpura en capítulo, cuyo involucro presenta brácteas terminadas en espinas pequeñas y ganchudas; su raíz se usa como diurético y depurativo.

lampiño, ña *adj.* **1.** Se aplica al hombre que no tiene barba o al muchacho al que todavía no le ha salido. **2.** Que tiene poco vello o pelo: *un pecho lampiño.* SIN. **1.** Barbilampiño, imberbe. **2.** Pelado, pelón. ANT. **1.** Barbudo. **2.** Peludo. FAM. Barbilampiño.

lampista *s. m.* y *f.* **1.** Lamparero*. **2.** Fontanero*.

lampo (del lat. *lampare*, y éste del gr. *lampa*, brillar) *s. m.* Brillo intenso y breve, fulgor. ■ Se usa en lenguaje culto y literario.

lamprea *s. f.* Nombre común de diversos peces ciclóstomos de cuerpo alargado y cilíndrico, esqueleto cartilaginoso y boca en forma de ventosa con gran número de dientes córneos. Miden entre 40 y 100 cm; viven en las costas y ríos europeos y su carne es muy apreciada.

lana (del lat. *lana*) *s. f.* **1.** Pelo de la oveja, llama, vicuña, etc., y de otros animales que recuerda al de las ovejas: *un perro de lanas.* **2.** *fam.* Pelo de una persona, especialmente si es largo. Se usa más en *pl.*: *Vaya lanas que lleva tu primo.* **3.** Hilo de lana: *una madeja de lana.* **4.** Tejido elaborado con este hilo: *una chaqueta de lana.* **5.** *Amér. C.* Holgazán, sinvergüenza. **6.** *Méx.* Dinero. || **7. lana artificial** Mezcla de fibras artificiales de características parecidas a las de la lana. SIN. **2.** Pelambrera, greñas. FAM. Lanar, lanería, lanero, lanilla, lanolina, lanosidad, lanudo.

lanar (del lat. *lanaris*) *adj.* Se aplica al ganado o res que tiene lana.

lance *s. m.* **1.** Suceso, acontecimiento de la vida real o la ficción, que constituye en sí una acción completa. **2.** Situación difícil: *Y ahora, ¿cómo salimos de este lance?* **3.** Riña, pelea. **4.** En el juego, y especialmente en el de cartas, cada una de las acciones que tienen lugar durante una partida. **5.** Acción de lanzar o arrojar algo. **6.** Acción de echar la red al agua para pescar. **7.** En tauromaquia, suerte realizada con la capa. || LOC. **de lance** *adj.* y *adv.* De segunda mano: *una librería de lance.* SIN. **1.** Episodio, incidente. **2.** Apuro, trance. **3.** Pendencia, querella. **4.** Jugada. **5.** Lanzamiento. **7.** Pase. FAM. Lancear. LANZAR.

lancear *v. tr.* **1.** Herir con lanza. También *v. intr.* **2.** Torear con capa. También *v. intr.*

lanceolado, da *adj.* De forma semejante a la punta de una lanza: *una hoja lanceolada.*

lancero *s. m.* Soldado armado con lanza.

lanceta *s. f.* **1.** Instrumento quirúrgico de hoja triangular y muy aguda que se utiliza para hacer pequeños cortes. **2.** *Chile, Guat., Méx.* y *Perú* Aguijón*.

lancha[1] *s. f.* Piedra lisa, plana y de poco grosor. SIN. Laja, lasca, lastra. FAM. Lanchar.

lancha[2] (del malayo *lancar*, rápido, a través del port.) *s. f.* **1.** Barca grande, generalmente con motor, utilizada para servicios auxiliares de los barcos, puertos y costas. **2.** Barco pequeño y sin cubierta. || **3. lancha rápida** Embarcación de motor muy veloz utilizada para el servicio de los oficiales de un barco de guerra o para vigilar la costa. FAM. Lanchero.

landa (del fr. *lande*, y éste del céltico *landa*, lugar llano y despejado) *s. f.* Gran extensión de terreno, característica de las regiones templadas de clima oceánico, en la que abundan el brezo, la retama y el junco.

landó (del fr. *landau*, de *Landau*, ciudad del Palatinado bávaro) *s. m.* Coche de caballos de cuatro ruedas con capota delantera y trasera.

langosta (del lat. *lacusta*, saltamontes, langosta de mar) *s. f.* **1.** Nombre común de diversos insectos ortópteros de cuerpo alargado, patas posteriores saltadoras y color pardo, verde o rojizo. Cuando escasean los vegetales constituyen manchones y emigran en masa, convirtiéndose en terribles plagas para los cultivos. **2.** Nombre común de diversos crustáceos marinos de hasta 50 cm de longitud, dos largas antenas, ojos compuestos y cinco pares de patas sin pinzas, muy apreciados en gastronomía. FAM. Langostero, langostino.

langostero, ra *adj.* Se dice de la embarcación que se emplea para la pesca de la langosta. También *s. m.*

langostino *s. m.* Nombre común de diversas especies de crustáceos decápodos marinos de hasta 25 cm de longitud, dos antenas largas, una cola prolongada y un caparazón poco consistente, muy apreciados en gastronomía.

languedociano, na *adj.* **1.** Del Languedoc, región del sur de Francia. También *s. m.* y *f.* || *s. m.* **2.** Dialecto de la lengua de oc, hablado en el Languedoc.

langüetear *v. intr. Chile fam.* Lengüetear, lamer.

languidecer *v. intr.* Disminuir la fuerza o intensidad de alguien o algo: *Su salud languidecía.* ■ Es v. irreg. Se conjuga como *agradecer.* SIN. Debilitar, desfallecer.

lánguido, da (del lat. *languidus*) *adj.* **1.** Débil, sin energía. **2.** Desanimado, triste: *Estaba lánguido desde la noticia.* SIN. **1.** Flojo, desmayado. **2.** Decaído, alicaído. ANT. **1.** Fuerte. **2.** Animado, contento. FAM. Lánguidamente, languidecer, languidez.

lanilla *s. f.* **1.** Pelillo que tienen los tejidos de lana por el derecho. **2.** Tela fina de lana.

lanolina (del ingl. *lanoline*) *s. f.* Grasa obtenida de la lana de la oveja y del carnero, que se utiliza en farmacia y cosmética.

lanosidad (del lat. *lanositas, -atis*) *s. f.* **1.** Cualidad de lo que tiene mucha lana o posee sus características. **2.** Pelillo que cubre algunos vegetales, frutos, etc. FAM. Lanoso. LANA.

lansquenete (del fr. *lansquenet*, y éste del al. *landsknecht*) *s. m.* Soldado de infantería de origen alemán que luchó como mercenario al servicio de diversos ejércitos europeos en los s. XVI y XVII, y en España combatió junto a los tercios castellanos durante gran parte del reinado de los Austrias.

lantánido *s. m.* **1.** Nombre dado a ciertos elementos químicos del sistema periódico, como el lantano, el cerio y el praseodimio, que son metales y se utilizan en la fabricación de componentes cerámicos y de instrumentos electrónicos. || *s. m. pl.* **2.** Serie formada por estos elementos.

lantano (del gr. *lanthano*, estoy oculto) *s. m.* Elemento químico, primero en la serie de los lantánidos. Es un metal maleable, con brillo argénteo, atacable por la humedad y muy reactivo. Se emplea para aleaciones y en trabajos de investigación de procesos magnéticos. Su símbolo es *La.* FAM. Lantánido.

lanudo, da *adj.* Que tiene mucha lana o vello: *un perro lanudo.* **SIN.** Lanoso.

lanza (del lat. *lancea*) *s. f.* **1.** Arma formada por una vara larga en cuyo extremo va sujeta una punta de hierro afilada y cortante. **2.** Soldado que usaba esta arma. **3.** Vara de madera que se une a la parte delantera de un carruaje para darle dirección y enganchar en ella las caballerías. **4.** Tubo metálico en el que terminan las mangueras y que dirige el chorro de agua. || **LOC. a punta de lanza** *adv.* Severamente. **(con la) lanza en ristre** *adv.* Preparado para atacar. **romper una lanza** (o **lanzas**) **por** (o **a favor de**) alguien o algo Salir en su defensa: *El director rompió lanzas en nuestro favor.* **SIN. 1.** Asta, pica. **3.** Timón. **FAM.** Lanceolado, lancería, lanceta, lanzada, lanzar, lanzazo. / Alancear.

lanzacargas *s. m.* Instalación de los buques de guerra desde donde se lanzan al mar cargas de profundidad contra submarinos enemigos sumergidos.

lanzacohetes *s. m.* Arma destinada al lanzamiento de cohetes. También *adj.*: *un camión lanzacohetes.* ■ No varía en *pl.* **SIN.** Lanzamisiles.

lanzadera *s. f.* **1.** Instrumento que contiene el carrete de hilo y que los tejedores pasan de un lado a otro de la trama. **2.** Pieza semejante de las máquinas de coser. **3.** Vehículo capaz de transportar una carga al espacio y, una vez cumplida su misión, volver y aterrizar sobre una pista como los aviones, por lo que puede ser nuevamente utilizado. ■ También se llama *lanzadera espacial* o *transbordador espacial.*

lanzado, da 1. *p.* de **lanzar**. También *adj.* || *adj.* **2.** Decidido, que se atreve a todo. También *s. m.* y *f.* **3.** *fam.* Muy rápido: *El coche iba lanzado.* **SIN. 2.** Atrevido, osado, intrépido. **3.** Escopetado, veloz, raudo. **ANT. 2.** Encogido, cortado.

lanzagranadas *s. m.* Arma que lanza granadas, en especial para atacar a corta distancia vehículos blindados. También *adj.* ■ No varía en *pl.*

lanzallamas *s. m.* Arma portátil que lanza a corta distancia un chorro de líquido inflamable. ■ No varía en *pl.*

lanzamiento *s. m.* **1.** Acción de lanzar: *el lanzamiento de una nave espacial, de un libro.* **2.** Prueba atlética que consiste en lanzar aparatos como el disco, el martillo, la jabalina, etc. **3.** Acción judicial que consiste en el desalojo de una casa, local, etc.

lanzamisiles *s. m.* Aparato, plataforma, etc., destinado a lanzar misiles. También *adj.* ■ No varía en *pl.* **SIN.** Lanzacohetes.

lanzaplatos *s. m.* En el deporte de tiro al plato, máquina que lanza los platos. ■ No varía en *pl.*

lanzar (del lat. *lanceare*) *v. tr.* **1.** Arrojar a alguien o algo: *lanzar la jabalina, lanzar un cohete.* **2.** Emitir sonidos o palabras, especialmente cuando son violentos: *lanzar gritos, lanzar un suspiro.* **3.** Dirigir hacia alguien ciertas acciones, palabras, etc.: *lanzar una mirada de ira, lanzar acusaciones.* **4.** Dar a conocer al público una persona o cosa, introducir una costumbre o tendencia: *lanzar a un cantante, lanzar una emisión de bonos, lanzar una moda.* || **lanzarse** *v. prnl.* **5.** Dirigirse rápida o violentamente hacia alguien o algo: *Se lanzaron hacia la salida.* **6.** Comenzar bruscamente una acción: *Se lanzaron a comprar cosas.* **7.** Decidirse a hacer algo: *Se lanzó y la sacó a bailar.* ■ Delante de *e* se escribe *c* en lugar de *z*: *lance.* **SIN. 1.** Proyectar, impulsar. **2.** Exhalar. **2.** y **3.** Soltar. **3.** Largar, proferir. **4.** Promocionar, divulgar, propagar. **5.** Abalanzarse, precipitarse. **6.** Ponerse, liarse. **7.** Atreverse, aventurarse. **ANT. 1.** Retener. **5.** Retirarse, retroceder. **FAM.** Lance, lanzacargas, lanzacohetes, lanzadera, lanzado, lanzador, lanzagranadas, lanzallamas, lanzamiento, lanzamisiles, lanzaplatos, lanzatorpedos. / Relanzar. LANZA.

lanzaroteño, ña *adj.* De Lanzarote, isla de Canarias. También *s. m.* y *f.*

lanzatorpedos *s. m.* Aparato que lanza torpedos y los dirige. También *adj.*: *tubo lanzatorpedos.* ■ No varía en *pl.*

laña (del lat. *lamna, lamina*) *s. f.* **1.** Grapa que se usa, entre otras cosas, para unir piezas de barro o cerámica. **2.** Grapa utilizada para suturar heridas. **FAM.** Lañador, lañar.

laosiano, na *adj.* **1.** De Laos, país del sudeste asiático. También *s. m.* y *f.* || *s. m.* **2.** Lengua hablada en Laos.

lapa (del lat. *lappa*) *s. f.* **1.** Nombre común de diversas especies de moluscos gasterópodos marinos, de concha cónica en forma de escudo. Viven adheridos a las rocas y se alimentan por filtración de las aguas. **2.** *fam.* Persona pegajosa y pesada.

laparoscopia (del gr. *lapara*, abdomen, y *-scopia*) *s. f.* Técnica médica que consiste en el examen del interior del abdomen introduciendo un instrumento óptico a través de una pequeña incisión. **FAM.** Laparoscopio, laparatomía.

laparoscopio *s. m.* Instrumento óptico que se emplea en medicina para realizar laparoscopias.

laparotomía (del gr. *lapara*, abdomen, y *-tomía*) *s. f.* Abertura que se realiza en la pared abdominal como inicio de una operación o con fines exploratorios.

lapicera *s. f.* **1.** Lápiz plano usado en carpintería. **2.** *Amér. del S.* Lapicero. **3.** *Amér. del S.* Pluma estilográfica. **4.** *Amér. del S.* Portaplumas.

lapicero *s. m.* **1.** Pieza cilíndrica de madera, plástico o metal, maciza o hueca con un mecanismo interno, que contiene una barra de grafito u otros materiales y que se utiliza para escribir o dibujar. **2.** *Amér. del S.* Portaplumas. **SIN. 1.** Lápiz, portaminas.

lápida (del lat. *lapis, -idis*) *s. f.* Losa con una inscripción en memoria de alguien o algo. **FAM.** Lapidar, lapidario, lapídeo.

lapidar (del lat. *lapidare*) *v. tr.* Tirar piedras contra alguien o matarle a pedradas. **SIN.** Apedrear. **FAM.** Lapidación. LÁPIDA.

lapidario, ria (del lat. *lapidarius*) *adj.* **1.** Relativo a las piedras preciosas. **2.** Relativo a las lápidas. **3.** Se aplica a la frase, estilo, etc., que merece ser recordado por su solemnidad o perfección. ■ Se usa a veces en sentido irónico. || *s. m.* y *f.* **4.** Persona que talla piedras preciosas o comercia con ellas. **5.** Persona que hace inscripciones en las lápidas. **SIN. 3.** Solemne, conciso, sobrio. **4.** Joyero. **5.** Marmolista.

lapídeo, a (del lat. *lapideus*) *adj.* De piedra.

lapilli (ital.) *s. m.* Pequeños fragmentos de lava arrojados por los volcanes.

lapislázuli (del ital. *lapislazzuli*, y éste del lat. *lapis*, piedra, y el persa *lazward*, azul) *s. m.* Mineral compuesto de silicato de aluminio y sodio con sulfuro sódico, de color azul y gran dureza, que se usa como piedra de adorno. ■ Se llama también *lazurita.*

lápiz (del lat. *lapis*, piedra) *s. m.* **1.** Grafito o cualquier otro mineral utilizado para dibujar o escribir. **2.** Este material dentro de un cilindro de madera, metal, etc. **3.** Dibujo hecho con este instrumento y técnica del mismo: *Voy a enmarcar un óleo, una acuarela y un lápiz.* **4.** Barrita de diversas sustancias utilizada para maquillaje: *lápiz de ojos, de labios.* || **5. lápiz óptico** Dispositivo electrónico en forma de lápiz capaz de captar una señal y transmitirla a un video, un ordenador, etc. SIN. **2.** Lapicero. FAM. Lapicera, lapicero. / Afilalápices.

lapo (del lat. *alapa*) *s. m.* **1.** *fam.* Escupitajo. **2.** Golpe, trastazo. SIN. **1.** Gargajo, salivazo, esputo, flema. **2.** Batacazo, trompazo, bofetada.

lapón, na *adj.* **1.** De Laponia. También *s. m.* y *f.* **2.** De un pueblo de lengua ugrofinesa que habita en las regiones del N de Europa, dedicado tradicionalmente a la ganadería de renos. También *s. m.* y *f.* || *s. m.* **3.** Lengua hablada por este pueblo.

lapso (del lat. *lapsus*) *s. m.* **1.** Periodo de tiempo: *Nos contestará en un lapso de cuatro días.* **2.** Lapsus*. SIN. **1.** Plazo, intervalo. FAM. Lapsus. / Colapso, prolapso, relapso.

lapsus (lat.) *s. m.* **1.** Equivocación cometida por descuido: *Por un lapsus cogí su abrigo en vez del mío.* || **2. lapsus calami** El que se comete al escribir. **3. lapsus linguae** Equivocación que se comete al hablar. **4. lapsus memoriae** Error o fallo de memoria. ■ No varía en *pl.* SIN. **1.** Lapso, error, despiste, desliz, confusión.

laqueado, da *adj.* Lacado*.

laquear *v. tr.* Lacar*. FAM. Laqueado. LACA.

lar (del lat. *lar, laris*) *s. m.* **1.** Cada uno de los dioses romanos del hogar. Se usa más en *pl.* **2.** Fogón bajo. || *s. m. pl.* **3.** Hogar, casa: *Al fin regresó a sus lares.* FAM. Llar.

larga *s. f.* En tauromaquia, suerte de capa a una mano. Se llama *larga cambiada* cuando se hace salir al toro por el lado contrario al de la mano que sujeta el capote. || LOC. **a la larga** *adv.* Después de que haya pasado mucho tiempo o haya ocurrido lo que tenga que ocurrir: *A la larga le vendrá bien el cambio.* **dar largas** Retrasar algo intencionadamente: *Dio largas al asunto.*

largada (de *largar*) *s. f. Amér. del S. fam.* Salida de una carrera de caballos, o de cualquier otra competición deportiva, y la propia competición deportiva.

largamente *adv. m.* **1.** Durante mucho tiempo. **2.** Con abundancia o generosidad: *Le recompensaron largamente.* SIN. **1.** Dilatadamente. **2.** Generosamente. ANT. **1.** Brevemente. **2.** Escasamente.

largar *v. tr.* **1.** En lenguaje marinero, soltar poco a poco: *largar un cabo.* **2.** *fam.* Dar, propinar: *Me ha largado una torta.* **3.** Decir algo poco conveniente o aburrido: *Ha largado nuestro secreto. Les largó un sermón.* **4.** Dar, traspasar, algo a alguien, sobre todo si es incómodo o molesto. **5.** *fam.* Echar a alguien: *Les largaron del trabajo a los dos meses.* || *v. intr.* **6.** *fam.* Hablar mucho: *Se pasa la tarde largando.* || **largarse** *v. prnl.* **7.** *fam.* Irse: *Se largó del país.* SIN. **1.** Aflojar. **2.** Endosar, meter. **2.** y **3.** Encasquetar. **5.** Expulsar, despedir. **6.** Parlotear, cascar, cotorrear, rajar. **7.** Marcharse, pirarse, abrirse. ANT. **1.** Recoger. **5.** Admitir. **7.** Volver. FAM. Largada. LARGO.

largavistas *s. m. Arg.* y *Urug.* Prismáticos, anteojos. ■ No varía en *pl.*

largo, ga (del lat. *largus*) *adj.* **1.** Que tiene mucha longitud o más longitud de lo normal: *una tabla larga. El abrigo te está largo.* **2.** Que es más de lo justo: *Me puso un kilo largo.* **3.** Que dura demasiado: *La película era larga.* **4.** Con sustantivos como *meses, horas*, etc., equivale a muchos: *Pasó largos años fuera de su casa.* **5.** *fam.* Se dice de la persona alta y delgada. También *s. m.* y *f.* **6.** Generoso. **7.** Listo, despierto. **8.** En ling., se dice de la sílaba o vocal de mayor duración en lenguas como el latín o griego. || *s. m.* **9.** La más grande de las tres dimensiones: *Mide el largo de la mesa.* **10.** Trozo de tela de una determinada anchura y longitud: *Para ese vestido necesitas por lo menos tres largos.* **11.** En una piscina, distancia que se nada cruzándola por su parte más grande: *Nos hicimos dos largos.* **12.** Largometraje*. || *s. f.* **13.** Luz de más alcance de un vehículo. Se usa mucho en *pl.*: *Con las largas deslumbras a otros conductores.* || *adv.* **14.** Largamente: *Hablamos largo del problema.* || LOC. **a lo largo** *adv.* En sentido longitudinal: *Corta la tela a lo largo.* **a lo largo de** *adv.* Durante. **de largo** *adv.* Desde hace mucho tiempo: *Sus riñas vienen de largo.* Con traje de fiesta, generalmente hasta los pies: *Fue a la fiesta de largo.* **¡largo!** *interj.* Expresión con que se echa bruscamente de un sitio a alguien. **largo y tendido** *adv.* Durante mucho tiempo: *Hablamos largo y tendido.* **para largo** *adv.* Para mucho tiempo: *Con ese paciente tiene para largo.* SIN. **1.** Prolongado, dilatado, extenso, luengo. **2.** Sobrado, pasado. **5.** Larguirucho. **6.** Espléndido, desprendido, dadivoso. **7.** Ladino, astuto, sagaz. **9.** Largura. **14.** Detenidamente, dilatadamente. ANT. **1.** a **3.** y **12.** Corto. **2.** Escaso. **3.** Breve. **5.** Bajo, rechoncho. **6.** Tacaño. **7.** Simple, lerdo. **11.** Ancho. **14.** Brevemente. FAM. Larga, largamente, largar, largavistas, largometraje, larguero, largueza, larguirucho, largura. / Alargar, patilargo, rabilargo, zanquilargo.

largometraje *s. m.* Película cinematográfica de más de una hora de duración. ■ Se dice también *largo.*

larguero *s. m.* **1.** Cada uno de los palos que en una cama, puerta, ventana, etc., está colocado a lo largo. **2.** Palo horizontal de una portería de fútbol, balonmano, etc. SIN. **1.** y **2.** Travesaño.

largueza *s. f.* Generosidad. SIN. Esplendidez, desprendimiento, dadivosidad. ANT. Tacañería, roñosería.

larguirucho, cha *adj. fam. desp.* Se dice de la persona alta, delgada y desgarbada. También *s. m.* y *f.*

largura *s. f.* Longitud*. SIN. Largo.

laringe (del gr. *laryngx, -yngos*) *s. f.* Órgano del aparato respiratorio situado entre la faringe y la tráquea y cuyas paredes sobresalen en el exterior del cuello formando la nuez o bocado de Adán. Contiene las cuerdas vocales, que al vibrar o hacer vibrar con el aire producen la voz. FAM. Laríngeo, laringitis, laringología, laringoscopio, laringotomía.

laringitis (de *laringe* e *-itis*) *s. f.* Inflamación de la laringe. ■ No varía en *pl.*

laringo- (del gr. *larynx, -yngos*) *pref.* Significa 'laringe': *laringotomía.* ■ Existe también la forma *laring-*: *laringitis.*

laringología (de *laringo* y *-logía*) *s. f.* Parte de la medicina que estudia las enfermedades de la laringe. FAM. Laringólogo. / Otorrinolaringología. LARINGE.

laringoscopio (de *laringo* y *-scopio*) *s. m.* Instrumento que sirve para examinar internamente la laringe.

laringotomía (de *laringo* y *-tomía*) *s. f.* Operación que consiste en abrir la laringe para extirpar un tumor o extraer un cuerpo extraño.

larva (del lat. *larva*, fantasma) *s. f.* Fase en el desarrollo de algunos animales, como insectos, anfibios, gusanos y algunos peces, que alcanzan el estado adulto tras un periodo de metamorfosis. **FAM.** Larvado, larvario, larvicida.

larvado, da (del lat. *larvatus*, enmascarado) *adj.* **1.** Se dice de las enfermedades que presentan síntomas por los que no se puede determinar su verdadera naturaleza. **2.** Oculto, misterioso: *Entre ellos existían sentimientos larvados.*

larvario, ria *adj.* **1.** De la larva. **2.** Se dice de las enfermedades, fenómenos o estados que aún no se han manifestado, pero están en fase de desarrollo.

larvicida *s. m.* Compuesto químico que destruye las larvas.

lasaña (del ital. *lasagna*) *s. f.* Plato típico italiano hecho con pasta y ciertos ingredientes como carne picada, besamel, queso, especias, etc.

lasca (del ant. alto al. *laska*) *s. f.* Fragmento pequeño y delgado, de forma plana, desprendido de una piedra. **SIN.** Laja, lancha, lastra.

lascivia (del lat. *lascivia*) *s. f.* **1.** Cualidad de lascivo. **2.** Actitud o comportamiento lascivo. **SIN. 1.** y **2.** Lujuria, libídine. **ANT. 1.** y **2.** Decencia.

lascivo, va (del lat. *lascivus*, juguetón) *adj.* Que muestra un exagerado deseo o actividad sexual. **SIN.** Lujurioso, libidinoso. **ANT.** Púdico, decente. **FAM.** Lascivamente, lascivia.

láser (siglas de la expresión ingl. *Light Amplification by Stimulated Emission of Radiation*, amplificación de la luz por emisión de radiación estimulada) *s. m.* Dispositivo que produce rayos de luz coherente, es decir, constituida por fotones de igual energía y que oscilan en la misma fase, que se usa como cortador y soldador industrial, en telecomunicaciones, en la industria bélica, en microcirugía, para la obtención de hologramas, etc. **FAM.** Laserterapia.

laserterapia *s. f.* Terapia médica basada en la utilización del láser.

lasitud (del lat. *lassitudo*) *s. f.* Falta de fuerzas, cansancio. **SIN.** Debilidad, flojera. **ANT.** Vigor.

laso, sa *adj.* **1.** Cansado. **2.** Decaído. **3.** Lacio. **SIN. 1.** Débil, flojo, desfallecido. **2.** Apagado, alicaído, deprimido. **3.** Liso. **ANT. 1.** Fuerte, vigoroso. **2.** Animado. **3.** Rizado, ondulado. **FAM.** Lasitud.

lástima *s. f.* **1.** Sentimiento de disgusto, dolor, tristeza o compasión: *Nos dio mucha lástima que lo expulsaran. Lástima que os tengáis que marchar.* **2.** Aquello que produce este sentimiento: *Fue una lástima vender la casa.* || **LOC. hecho una lástima** *adj. fam.* Muy estropeado o dañado: *La mercancía llegó hecha una lástima.* **SIN. 1.** Conmiseración, condolencia. **1.** y **2.** Pena. **2.** Fastidio, rabia, grima. **ANT. 1.** y **2.** Alegría, gusto. **FAM.** Lastimar, lastimero, lastimoso.

lastimar *v. tr.* **1.** Hacer daño físico: *Esos zapatos lastiman los pies.* También *v. prnl.*: *Se lastimó al caer.* **2.** Ofender: *Le lastimarás hablándole así.* **SIN. 1.** Lesionar(se), magullar(se), contusionar(se). dañar(se), herir(se), lacerar(se). **2.** Dañar, herir, lacerar, mortificar, disgustar, incomodar, insultar. **ANT. 2.** Agradar, complacer.

lastimero, ra *adj.* Que produce lástima: *El animal lanzaba aullidos lastimeros.* **SIN.** Quejumbroso, plañidero.

lastimoso, sa *adj.* **1.** Que es digno de lástima o la produce: *Su situación es lastimosa.* **2.** Muy estropeado o dañado: *Dejó la casa en un estado lastimoso.* **SIN. 1.** Trágico, dramático, triste. **1.** y **2.** Penoso, lamentable, deplorable, desastroso. **ANT. 1.** Dichoso. **2.** Excelente. **FAM.** Lastimosamente. LÁSTIMA.

lastra (del ital. *lastra*) *s. f.* Trozo de piedra plano y delgado. **SIN.** Laja, lancha, lasca.

lastrar *v. tr.* **1.** Poner lastre a una embarcación. **2.** Obstaculizar: *El curso se vio lastrado por las huelgas.* **SIN. 2.** Estorbar, embarazar, impedir. **ANT. 2.** Agilizar.

lastre (del neerl. *last*, peso) *s. m.* **1.** Peso que se pone en el fondo de una embarcación para que ésta entre en el agua hasta la profundidad necesaria y tenga estabilidad. **2.** Peso que llevan los globos aerostáticos para ganar o perder altitud. **3.** Estorbo, inconveniente: *La deuda externa es un lastre importante para nuestra economía.* **SIN. 3.** Obstáculo, impedimento, traba, rémora. **ANT. 3.** Véntaja. **FAM.** Lastrar.

lata (del germ. *latta*, tableta) *s. f.* **1.** Hojalata. **2.** Envase hecho de este material: *sardinas en lata.* **3.** Alimento contenido en este envase: *Se mantiene únicamente de latas.* **4.** *fam.* Cosa aburrida o molesta: *Qué lata salir tan temprano.* || **LOC. dar la lata** *fam.* Molestar, fastidiar. **SIN. 4.** Latazo, fastidio, pesadez, tostón, rollo. **ANT. 4.** Gusto, delicia. **FAM.** Latazo, latoso. / Abrelatas, enlatar.

latazo (aum. de *lata*) *s. m.* Fastidio, pesadez.

latencia *s. f.* **1.** Cualidad o estado de latente. **2.** Periodo de incubación de una enfermedad.

latente (del lat. *latens, -entis*) *adj.* Se dice de aquello que, aunque existe, permanece oculto, sin manifestarse: *Entre ellos había rencores latentes.* **SIN.** Escondido, velado, disfrazado. **ANT.** Manifiesto, expreso. **FAM.** Latencia.

lateral (del lat. *lateralis*) *adj.* **1.** Que está situado en un lado: *La catedral tenía dos pórticos laterales.* **2.** Que llega por línea indirecta: *sucesión lateral al trono.* **3.** En ling., se aplica al sonido en cuya articulación el aire pasa por los lados de la lengua, como en la *l* y la *ll*. || *s. m.* **4.** Parte de un objeto, lugar, etc., que está próxima a los extremos: *El camión circula por el lateral de la autopista.* **5.** En fútbol y otros deportes de balón, jugador que cubre una de las bandas del campo, con función principalmente defensiva. **SIN. 4.** Margen, borde, orilla, flanco, ala. **ANT. 1.** Central. **2.** Directo. **4.** Centro. **FAM.** Lateralizar, lateralmente. / Bilateral, colateral, equilátero, multilateral, trilateral, unilateral. LADO.

lateralización *s. f.* Predominio funcional de un lado del cuerpo sobre el otro, adquirido por medios genéticos o a través de un proceso evolutivo.

lateralizar *v. tr.* Convertir en lateral un sonido que no lo es. ■ Delante de *e* se escribe *c* en lugar de *z*. **FAM.** Lateralización. LATERAL.

látex (del lat. *latex, -icis*, sustancia líquida) *s. m.* **1.** Líquido de aspecto lechoso, formado por resinas, alcaloides, gomas, etc., que se obtiene al hacer cortes en el tronco de algunos árboles. **2.** Material industrial elaborado con este líquido: *guantes de látex.* ■ No varía en *pl.*

latido *s. m.* **1.** Movimiento rítmico de contracción y dilatación del corazón y las arterias. **2.** Sensación de golpe que produce este movimiento. **3.** Sensación intermitente de dolor. **SIN. 1.** y **2.** Palpitación. **FAM.** Latir.

latifundio (del lat. *latifundium*, de *latus*, ancho, y *fundus*, finca rústica) *s. m.* Propiedad rústica agrícola de grandes dimensiones, perteneciente a un solo dueño. **ANT.** Minifundio. **FAM.** Latifundismo, latifundista. LATO.

latifundismo *s. m.* Sistema de distribucón de las tierras de un país, región, etc., en el que predominan los latifundios.

latigazo *s. m.* **1.** Golpe dado con un látigo y sonido que produce. **2.** Dolor breve y agudo: *La muela picada me dio un par de latigazos.* **3.** Acción, dicho, etc., inesperado que hiere o estimula a alguien. **4.** *fam.* Trago de vino u otro licor. **SIN. 1.** Azote, cintarazo, correazo. **2.** Pinchazo, punzada. **3.** Impacto, sacudida. **4.** Lingotazo.

látigo *s. m.* **1.** Instrumento que consiste en una cuerda o correa unida al extremo de un mango o vara y sirve para hacer andar a las caballerías o para azotar. **2.** Atracción de feria en la que una serie de vagonetas que recorren un circuito aumentan su velocidad en las curvas, provocando así bruscos movimientos. **SIN. 1.** Azote, fusta, zurriago. **FAM.** Latigazo, latiguear, latiguillo.

latiguillo *s. m.* **1.** Palabra o expresión que se repite constantemente al hablar o al escribir. **2.** Exageración en las palabras o en los gestos de un actor o un orador para buscar el aplauso. **SIN. 1.** Muletilla.

latín (del lat. *latine*, en latín) *s. m.* **1.** Lengua de los antiguos romanos, de la que derivaron las lenguas romances, como el castellano, el gallegoportugués, el catalán, etc. **2.** Palabra o expresión latina usada a lo largo de una conversación, escrito, etc., en otra lengua. Se usa sobre todo en *pl.*: *Soltó algunos latines en su discurso.* || **3. bajo latín** El empleado durante la Edad Media. **4. latín clásico** El que utilizaron grandes escritores latinos como César, Cicerón, Salustio o Lucrecio. **5. latín vulgar** El que hablaba la gente del pueblo y del que parten las lenguas romances. || **LOC. saber latín** *fam.* Ser muy listo y despierto. **SIN. 2.** Latinajo. **FAM.** Latinajo, latinear, latinidad, latiniparla, latinismo, latinista, latinizar, latino.

latin lover (ingl.) *expr.* Amante muy apasionado y muy atractivo. ▪ Se utiliza como *s. m.*

latinado, da *adj.* Se dice del árabe que empleaba la lengua romance durante la época de la dominación árabe de la Península ibérica.

latinajo *s. m.* **1.** *fam. desp.* Palabra, frase o cita en latín. **2.** *fam.* Latín mal utilizado, con incorrecciones.

latinidad (del lat. *latinitas, -atis*) *s. f.* **1.** Cultura latina. **2.** Conjunto de pueblos de origen o lengua latinos.

latiniparla *s. f.* Forma de hablar en que se emplean pedantemente voces y expresiones latinas.

latinismo *s. m.* Palabra o expresión latina empleada en otra lengua.

latinista *s. m.* y *f.* Persona versada en cultura latina.

latinizar (del lat. *latinizare*) *v. tr.* **1.** Llevar la lengua y cultura latinas a otros pueblos. **2.** Dar forma latina a voces o giros de otra lengua. También *v. prnl.* ▪ Delante de *e* se escribe *c* en lugar de *z.* **SIN. 1.** Romanizar. **FAM.** Latinización, latinizador, latinizante. LATÍN.

latino, na (del lat. *latinus*) *adj.* **1.** De la región italiana del Lacio y de las demás regiones que formaron parte del imperio romano. También *s. m.* y *f.* **2.** Se dice de los países cuya lengua deriva del latín, así como de sus hablantes. También *s. m.* y *f.* **3.** Del latín: *las declinaciones latinas.* **4.** Se dice de la Iglesia romana o de Occidente, así como de sus ritos. **5.** Se aplica a un tipo de vela triangular y a la embarcación que la lleva. **FAM.** Latinoamericano. / Grecolatino, neolatino. LATÍN.

latinoamericano, na *adj.* De Latinoamérica. También *s. m.* y *f.*

latir (del lat. *glattire*, dar ladridos agudos) *v. intr.* **1.** Dar latidos el corazón y las arterias. **2.** Producir dolor punzante una parte del cuerpo: *latir una herida.* **3.** Estar algo vivo, pero sin manifestarse de forma clara: *En la conversación latían viejas antipatías.* **SIN. 1.** y **2.** Palpitar.

latitud (del lat. *latitudo, -inis*) *s. f.* **1.** Distancia que hay desde un punto cualquiera de la superficie terrestre al ecuador y que se mide en grados, minutos y segundos a lo largo de una línea imaginaria llamada meridiano. **2.** En astron., distancia en grados a cualquier punto al N y S de la eclíptica. **3.** Lugar considerado en relación con su distancia al ecuador. Se usa sobre todo en *pl.*: *Los esquimales viven en latitudes muy altas.* **4.** Extensión de un territorio. **5.** Anchura de un cuerpo. **SIN. 5.** Ancho. **ANT. 1.** y **5.** Longitud. **FAM.** Latitudinal. LATO.

latitudinal (del lat. *latitudo, -inis*, latitud) *adj.* Que se extiende a lo ancho. **ANT.** Longitudinal.

lato, ta (del lat. *latus*) *adj.* **1.** Extenso, dilatado. **2.** Se dice del sentido más amplio y no literal de una palabra. **SIN. 1.** Extendido, vasto, grande. **2.** General. **ANT. 1.** Reducido, breve. **2.** Específico. **FAM.** Latifundio, latitud. / Dilatar.

latón *s. m.* Aleación de cobre y cinc, empleada en la fabricación de recipientes y estructuras metálicas. **FAM.** Latonería, latonero.

latoso, sa *adj.* Molesto, fastidioso: *¡Qué disco más latoso!* También *s. m.* y *f.* **SIN.** Pesado, plomo, rollo, petardo. **ANT.** Agradable, entretenido, divertido.

latría (del lat. *latria*, y éste del gr. *latreia*) *s. f.* **1.** Adoración y culto a Dios. || *suf.* **2.** Significa 'adoración': *egolatría.* **FAM.** Demonolatría, egolatría, idolatría, necrolatría, pirolatría, zoolatría.

latrocinio (del lat. *latrocinium*) *s. m.* Robo. **SIN.** Hurto, fraude, timo, dolo. **FAM.** Véase **ladrón**.

laucha (de *la* y el quechua *ucucha*, ratón) *s. f.* **1.** *Amér. del S.* Ratoncillo muy común. **2.** *Chile fam.* Vagoneta con capacidad para media tonelada de carbón y esta misma cantidad. **3.** *Chile* y *Arg. fam.* Joven crecido y muy delgado. **4.** *Arg.* y *Urug. fam.* Persona lista. **5.** *Col.* Pez de río bastante pequeño. || **LOC. aguaitar la laucha** *Chile fam.* Apostar sobre seguro.

laúd (del ár. *al-ud*, la madera) *s. m.* Instrumento musical de cuerdas pulsadas que consta de una caja oval de resonancia y de un mástil provisto de trastes móviles. Desempeñó un importante papel en la música instrumental de los s. XVI y XVII.

laudable (del lat. *laudabilis*) *adj.* Que merece ser alabado. **SIN.** Loable, elogiable, plausible, encomiable, meritorio. **ANT.** Censurable, despreciable. **FAM.** Laudatorio, laudes, laudo. LOAR.

láudano (del lat. *laudanum*, goma obtenida de la jara, y éste del gr. *ladanon*) *s. m.* Preparado de opio, azafrán, canela y vino, utilizado antiguamente como calmante.

laudatorio, ria (del lat. *laudatorius*) *adj.* Elogioso: *Le dirigió unas frases laudatorias.* **SIN.** Enaltecedor, encomiástico, ensalzador. **ANT.** Reprobatorio.

laudes (del lat. *laus, laudis*) *s. f. pl.* Una de las partes del oficio divino que se dice después de maitines.

laudo (del lat. *laudare*, alabar, declarar favorablemente) *s. m.* Decisión que dictan los árbitros en un litigio. **FAM.** Véase **laudable**.

lauráceo, a *adj.* **1.** Semejante al laurel. **2.** De las plantas lauráceas o relacionado con ellas. También *s. f.* || *s. f. pl.* **3.** Familia de plantas arbóreas o arbustivas, de hojas alternas, flores en inflorescencias y fruto en drupa o baya, que crecen en regiones tropicales o subtropcales y son útiles al hombre por su fruto (aguacate), hojas (laurel) o madera.

laureado, da 1. *p.* de **laurear**. || *adj.* **2.** Que ha obtenido un premio, condecoración, etc.: *El poeta laureado leyó sus poemas.* **3.** Se aplica al militar que ha obtenido la cruz de San Fernando y a esta condecoración. SIN. **2.** Premiado, condecorado, galardonado.

laurear (del lat. *laureare*) *v. tr.* **1.** Poner una corona de laurel en señal de gloria. **2.** Premiar, galardonar. SIN. **2.** Condecorar, honrar, distinguir. FAM. Laureado. LAUREL.

laurel (del occitano *laurier*, y éste del lat. *laur*, de *laurus*) *s. m.* **1.** Árbol de hasta 12 m de altura, de hojas alternas lanceoladas, que se usan como condimento culinario, flores blancoamarillentas y fruto carnoso de color negro. Su corteza es delgada, lisa y de color pardo verdoso o grisáceo. **2.** Gloria, fama. Se usa sobre todo en *pl.*: *Cosechó los laureles al final de su carrera.* || LOC. **dormirse en** (o **sobre**) **los laureles** Véase **dormir**. FAM. Lauráceo, laurear, lauredal, laureo, laureola, lauro.

laurencio (del físico estadounidense E. O. *Lawrence*) *s. m.* Elemento químico del sistema periódico perteneciente al grupo de los actínidos; es radiactivo y se utiliza para estudiar la fisión espontánea. Su símbolo es *Lr.*

laureo, a (del lat. *laureus*) *adj.* De laurel o de hojas de laurel.

laureola o **lauréola** (del lat. *laureola*) *s. f.* Corona de laurel que se ponía como premio a los héroes o con la que se coronaba a los sacerdotes paganos.

laurisilva *s. f.* Tipo de vegetación propia de las zonas húmedas de Canarias, formada por bosques de árboles de hoja perenne de muy diferentes especies, como el laurel, el viñátigo, el acebiño y el barbusano.

lauro (del lat. *laurus*) *s. m.* **1.** Laurel*, árbol. **2.** Gloria o fama. Se usa sobre todo en *pl.* SIN. **2.** Galardón, honra, honores.

lava (del ital. *lava*, y éste del lat. *labes*, deslizamiento) *s. f.* Material magmático fundido que arrojan los volcanes durante las erupciones.

lavabo (del lat. *lavabo*, lavaré, de *lavare*, lavar) *s. m.* **1.** Pila con grifos que se utiliza principalmente para lavarse la cara y las manos. **2.** Habitación de la casa donde está instalada y que a veces coincide con el cuarto de baño. **3.** P. ext., retrete y servicios de aseo en los locales públicos: *Los lavabos del restaurante estaban limpísimos.* **4.** Palanganero*. SIN. **2.** y **3.** Baño, tocador, toilette, wáter, excusado.

lavacoches *s. m.* y *f.* Persona que en garajes, gasolineras, etc., se encarga de limpiar coches. ■ No varía en *pl.*

lavadero *s. m.* **1.** Lugar o recipiente donde se lava, especialmente la ropa. **2.** Lugar de un río donde se extraen y lavan las arenas que contienen pepitas de oro. **3.** Instalación en las minas donde se lavan los minerales. **4.** *Arg.*, *Par.* y *Urug.* Lavandería.

lavado, da 1. *p.* de **lavar**. También *adj.* || *adj.* **2.** Se dice de los colores, y de las cosas que los tienen, que han perdido intensidad: *un rosa lavado, una foto lavada.* || *s. m.* **3.** Acción de lavar o lavarse. || **4. lavado de cerebro** Acción o técnica efectuada sobre un individuo para anular su personalidad y comunicarle las ideas o mentalidad que se deseen. **5. lavado de estómago** (o **gástrico**) Operación que consiste en vaciar el contenido del estómago haciendo pasar por él una cantidad mayor o menor de agua y medicamentos mediante sondas. SIN. **2.** Deslucido, pálido, tenue, apagado, débil. **3.** Lavadura, lavamiento. ANT. **2.** Intenso, fuerte. FAM. Prelavado. LAVAR.

lavadora *s. f.* Máquina automática para lavar la ropa.

lavafrutas *s. m.* Recipiente con agua que se pone en la mesa para lavar la fruta. ■ No varía en *pl.*

lavaje *s. m.* **1.** Lavado que se da a las lanas. **2.** Lavado de heridas, cavidades corporales, etc., con desinfectantes.

lavamanos *s. m.* **1.** Recipiente con agua que se pone en la mesa para lavarse los dedos. **2.** Depósito de agua con un pequeño grifo y una pila para lavarse las manos. **3.** Palanganero*. ■ No varía en *pl.* SIN. **3.** Lavabo.

lavanda (del fr. *lavande*) *s. f.* **1.** Espliego*. **2.** Perfume obtenido de esta planta. FAM. Lavándula.

lavandería *s. f.* Establecimiento donde se lava y seca la ropa.

lavandero, ra *s. m.* y *f.* **1.** Persona que tiene por oficio lavar ropa. || *s. f.* **2.** Ave paseriforme de unos 18 cm de longitud, pico largo y recto, cola larga y plumaje gris o negro combinado con blanco o amarillo, según las especies. La lavandera blanca, llamada también *aguzanieves*, tiene el dorso grisáceo y el vientre blanco.

lavandina (ital.) *s. f. Amér. del S.* Lejía*.

lavándula *s. f.* Espliego*.

lavaojos *s. m.* Pequeño recipiente que se adapta a la forma del ojo y sirve para lavarlo o aplicarle algún medicamento. ■ No varía en *pl.*

lavaplatos *s. m.* **1.** Lavavajillas*. || *s. m.* y *f.* **2.** Persona encargada de lavar los platos y utensilios utilizados en la cocina de un restaurante, hotel, etc. ■ No varía en *pl.*

lavar (del lat. *lavare*) *v. tr.* **1.** Limpiar a alguien o algo mojándolo con agua y otras sustancias: *Me lavé el pelo con champú. He lavado el coche.* ■ Utilizado como *v. intr.*, se sobrentiende que lo que se lava es la ropa: *Lava todos los sábados.* Y como *v. prnl.* sólo se refiere a personas: *Se lavó antes de acostarse.* **2.** En min., quitar con agua las impurezas de los minerales. **3.** Pasar un trapo mojado por una superficie revestida con yeso para mejorar el acabado. **4.** Dar colores y sombras con aguada a un dibujo. **5.** Purificar, borrar faltas, culpas, etc., o reparar ofensas al honor, a la reputación, etc.: *Con aquellas disculpas lavaron la ofensa que le hicieron.* || *v. intr.* **6.** Ser un tejido, prenda, etc., de fácil lavado o no estropearse durante éste: *Esta blusa lava de maravilla.* SIN. **1.** Fregar, fregotear, bañar. ANT. **1.** Ensuciar, manchar. FAM. Lavable, lavabo, lavacoches, lavada, lavadero, lavado, lavadora, lavadura, lavafrutas, lavaje, lavamanos, lavamiento, lavandería, lavandero, lavaojos, lavaplatos, lavarropas, lavaseco, lavativa, lavatorio, lavavajillas, lavazas, lavotear.

lavarropas *s. m. Arg.*, *Chile* y *Urug.* Lavadora*. ■ No varía en *pl.*

lavaseco *s. m. Chile fam.* Tintorería.

lavativa *s. f.* **1.** Enema*. **2.** Instrumento para administrarlo. SIN. **2.** Irrigador.

lavatorio (del lat. *lavatorium*) *s. m.* **1.** Acción de lavar o lavarse. **2.** Ceremonia del Jueves Santo en que el sacerdote lava los pies a doce personas que representan a los apóstoles. **3.** Acto de la misa en que el sacerdote se lava las manos después de preparar el cáliz. **4.** *Arg.*, *Chile* y *Urug.* Cuarto de aseo de una casa. **5.** Mueble donde se colocan la palangana y otros accesorios para lavarse. **6.** Palangana*. SIN. **1.** Lavado, lavadura, lavamiento. **4.** y **5.** Lavabo.

lavavajillas *s. m.* **1.** Máquina eléctrica que lava platos, vasos, cubiertos, etc. **2.** Detergente especial para lavar la vajilla. ■ No varía en *pl.* SIN. **1.** Lavaplatos.

lavazas *s. f. pl.* Agua con la suciedad, impurezas, etc., que deja lo que se ha lavado en ella.

lavotear *v. tr. fam.* Lavar muy deprisa y generalmente mal. También *v. prnl.* SIN. Fregotear. FAM. Lavoteo. LAVAR.

laxante *adj.* **1.** Que laxa. **2.** Se dice del alimento, medicamento, etc., que provoca o facilita la defecación, produciendo el movimiento de los intestinos. También *s. m.* SIN. **1.** Laxativo, relajante, suavizante. **2.** Purgante.

laxar (del lat. *laxare*) *v. tr.* **1.** Facilitar las evacuaciones intestinales con una alimentación adecuada, medicamentos, etc. **2.** Disminuir la tensión o rigidez de algo. También *v. prnl.* SIN. **1.** Purgar, soltar, aligerar, aflojar. **2.** Aflojar(se), relajar(se), suavizar(se). ANT. **1.** Estreñir. **2.** Tensar(se), atirantar(se). FAM. Laxación, laxamiento, laxante, laxativo, laxo.

laxismo *s. m.* **1.** Doctrina moral según la cual es lícito seguir una opinión ligeramente probable, aunque se oponga a otra más probable. **2.** P. ext., actitud o comportamiento excesivamente libre. FAM. Laxista. LAXO.

laxo, xa (del lat. *laxus*) *adj.* **1.** Que no está firme, tenso o tirante: *músculos laxos.* **2.** Aplicado a personas, conducta, moral, doctrina, etc., demasiado libre, poco estricta: *Llevaba un género de vida bastante laxo.* SIN. **1.** Flojo, flácido, distendido, desmadejado, muelle. **1.** y **2.** Relajado. **2.** Disipado. ANT. **1.** Tieso, recio. **2.** Riguroso. FAM. Laxismo, laxitud. LAXAR.

lay (del fr. *lai*, y éste del irlandés *laid*, canción) *s. m.* Poema narrativo, generalmente en versos octosílabos, frecuente entre los provenzales y franceses durante la Edad Media. ■ Su pl. es *layes.* Se escribe también *lai.*

laya[1] (del vasc. *laia*) *s. f.* Pala fuerte de hierro con mango de madera que sirve para labrar y remover la tierra.

laya[2] (del port. *laia*, y éste del lat. *lana*, lana) *s. f.* Clase o especie de personas o cosas: *Sus amigos son de su misma laya.* SIN. Género, tipo, calaña, jaez, ralea, índole.

layetano, na (del lat. *Laietanus*) *adj.* Del antiguo pueblo ibero que ocupaba la Layetania, región comprendida entre los ríos Tordera y Llobregat. También *s. m.* y *f.*

lazada *s. f.* **1.** Nudo que se deshace con facilidad al tirar de una de sus puntas. **2.** Cada uno de los círculos o anillas que forman dicho nudo: *Se ató los zapatos con doble lazada.* SIN. **1.** Lazo.

lazar (de *lazo*) *v. tr.* Atrapar o sujetar con lazo. ■ Delante de *e* se escribe *c* en lugar de *z.* SIN. Lacear.

lazareto (del ital. *lazzaretto*) *s. m.* **1.** Local sanitario donde se mantiene aisladas y en observación a personas que padecen o pudieran padecer alguna enfermedad contagiosa. **2.** Hospital de leprosos. SIN. **2.** Leprosería.

lazarillo (de *Lázaro*, protagonista del *Lazarillo de Tormes*, que sirvió de guía a un ciego) *s. m.* Persona o animal que acompaña y guía a un ciego. También *adj.*: *perro lazarillo.*

lazo (del lat. *laqueus*) *s. m.* **1.** Nudo hecho con cinta, hilo, cuerda, etc., que sirve para sujetar algo o de adorno y se hace doblándolos en dos o más lazadas y dejando a veces los extremos colgando. **2.** Cualquier cosa de forma parecida: *un lazo de hojaldre.* **3.** Cinta empleada para sujetarse y adornarse el pelo. **4.** Corbata que se anuda con dos lazadas junto al cierre del cuello. **5.** Cuerda con un nudo corredizo en un extremo que se utiliza para atrapar a ciertos animales. **6.** Trampa, engaño: *Jamás caerá en el lazo.* **7.** Vínculo, obligación. Se usa más en *pl.*: *Les acercaban estrechos lazos de amistad.* **8.** En ballet, movimiento realizado al cruzar los pies. **9.** Dibujo o motivo que se repite y forma la decoración de lacería. || LOC. **echar el lazo** a alguien *fam.* Cazarle, ganarse su voluntad. SIN. **6.** Emboscada, encerrona, acechanza, treta, cepo, red. **7.** Vinculación, afinidad, enlace, conexión, atadura, trabazón. ANT. **7.** Separación, desvinculación. FAM. Lacear, lacería, lacero, lazada, lazar. / Enlazar, entrelazar.

lazurita *s. f.* Lapislázuli*.

le (del lat. *illi*) *pron. pers. m.* y *f.* Forma de tercera persona que funciona como complemento indirecto. ■ Hay una tendencia cada vez mayor a usar el pronombre *le* y su forma pl. *les* como complemento directo cuando se refiere a personas en género masculino: *Le pegó. Les vio en la calle.* FAM. Leísmo.

leal (del lat. *legalis*) *adj.* **1.** Se dice de la persona que guarda fidelidad, que no engaña, así como de su comportamiento, actitud, etc.: *Se mantuvo leal a sus amigos. Nos prestó un apoyo leal.* **2.** Se aplica al animal que obedece, sigue, etc., a su amo: *Tiene un perro muy leal.* **3.** Partidario de una persona, grupo, institución, etc. También *s. m.* y *f.*: *los leales del gobierno.* SIN. **1.** Franco. **1.** y **2.** Noble. **1.** a **3.** Fiel. **3.** Seguidor, adepto, simpatizante, incondicional, devoto. ANT. **1.** Infiel, traidor. **1.** y **2.** Traicionero. **1.** a **3.** Desleal. FAM. Lealmente, lealtad.

lealtad *s. f.* Cualidad de leal. SIN. Fidelidad, nobleza, franqueza. ANT. Deslealtad, traición. FAM. Deslealtad. LEAL.

leandra *s. f. fam.* y *ant.* Peseta.

leasing (ingl.) *s. m.* Operación financiera por la cual una empresa arrienda bienes, equipos, inmuebles, etc., con opción a compra al final del contrato.

lebeche (del ár. *labay*, viento entre poniente y ábrego) *s. m.* Viento procedente del sudoeste, cálido y muy seco, que sopla en la costa mediterránea de la península Ibérica.

lebrato *s. m.* Cría de la liebre o liebre de poco tiempo.

lebrel (del fr. *levrier*, y éste del lat. *leporarius*, lebrero) *adj.* Se dice de varias razas de perros de talla alta, figura estilizada, hocico recio y puntiagudo, labio superior y orejas caídas, cuerpo largo y patas retiradas hacia atrás; poseen grandes cualidades para la caza. También *s. m.*

lebrero, ra (del lat. *leporarius*, de *lepor, -oris*, liebre) *adj.* **1.** Se aplica al perro muy apropiado para cazar liebres. **2.** Aficionado a la caza y carreras de liebres. También *s. m.* y *f.*

lebrillo *s. m.* Recipiente de barro o metal de poca altura y boca más ancha que la base. SIN. Barreño.

lección (del lat. *lectio, -onis*) *s. f.* **1.** Exposición y explicación que alguien hace de una materia determinada para enseñarla a otros: *Se perdió la lección de física.* **2.** Cada una de las divisiones de que se compone un libro de texto: *La lección 17 entra en el examen.* **3.** Parte de una materia que se estudia o aprende de una vez: *Hoy me han tomado la lección.* **4.** Enseñanza que se da o se obtiene de cualquier forma: *Extrajo una valiosa lección de aquel suceso.* **5.** Aquello que enseña o escarmienta: *Lo que pasó fue una lección para todos.* **6.** En algunas oposiciones, ejercicio que consiste en exponer durante un tiempo limitado un determinado tema. **7.** Lectura*. || **8. lección magistral** La que realiza el profesor sin participación activa de los alumnos; también, la solemne que tiene lugar con motivo de algún acontecimiento señalado. **SIN. 1.** Clase, disertación, conferencia. **4.** Experiencia. **5.** Escarmiento, aviso. **FAM.** Lectivo. / Aleccionar. LEER.

lecha (de *leche*) *s. f.* **1.** Líquido seminal de los peces. **2.** Cada una de las dos bolsas que lo contienen.

lechada *s. f.* **1.** Masa fina de cal, yeso o cemento mezclados con agua, que se usa como argamasa para unir piedras o hiladas de ladrillos o para blanquear paredes. **2.** Líquido que tiene en suspensión cuerpos insolubles muy divididos. **3.** Masa hecha de trapos molidos usada para fabricar papel. **4.** *Méx.* Rebaba*. **SIN. 2.** Emulsión.

lechal *adj.* Se aplica al animal que todavía mama, especialmente al cordero. También *s. m.* **SIN.** Lechazo.

lechazo *s. m.* Cordero lechal.

leche (del lat. *lac, lactis*) *s. f.* **1.** Líquido blanco y opaco producido por las mamas de las hembras de los mamíferos, con el que éstas alimentan a sus crías. **2.** Sustancia segregada por algunas plantas, como la higuera. **3.** Bebida obtenida ablandando en agua ciertas semillas y machacándolas luego: *leche de almendra.* **4.** Producto cosmético en forma de crema líquida: *leche bronceadora, leche hidratante.* **5.** *vulg.* Golpe o puñetazo: *pegarse una leche.* **6.** Mal humor, carácter o intención. ■ Se usa sobre todo precedido del adjetivo *mala.* **7.** Cosa molesta. || *interj.* **8.** *vulg.* Denota sorpresa, enfado, disgusto, rechazo, etc. Se usa mucho en *pl.* || **9. leche frita** Dulce elaborado con una masa de leche y harina que se fríe rebozada. **10. leche merengada** Bebida preparada con leche, azúcar, canela y clara de huevo, cuya mezcla se calienta y luego se deja enfriar. **11. leche pasteurizada** La sometida al proceso de pasteurización*. **12. leche uperizada** (o **uperisada**) La sometida al proceso de uperización*. || **LOC. a toda leche** (o **echando leches**) *adv. vulg.* A toda prisa, a toda velocidad. **de leche** *adj.* Se dice de las hembras de animales destinadas a producir leche para el consumo humano: *vaca de leche, cabra de leche.* También, se aplica a los animales que todavía no han dejado de mamar: *ternero de leche.* **ser la leche** *vulg.* Ser el colmo, ser alguien o algo asombroso o indignante. **SIN. 2.** Látex. **5.** Torta, tortazo, porrazo, castañazo. **FAM.** Lecha, lechada, lechal, lechazo, lechecillas, lechería, lechero, lechón, lechoso. / Lácteo, sacaleches.

lechecillas *s. f. pl.* **1.** Apéndices carnosos de las reses jóvenes, que se producen por infarto de las glándulas y se consideran un bocado muy apreciado. **2.** Asaduras de res. **SIN. 1.** Mollejas. **2.** Entrañas.

lechero, ra *adj.* **1.** De la leche: *la industria lechera.* **2.** Que contiene leche o alguna de sus propiedades. **3.** Se aplica a los animales hembra que se crían para aprovechar su leche: *vaca lechera.* || *s. m.* y *f.* **4.** Persona que vende leche o la reparte por las casas. || *s. f.* **5.** Recipiente o vasija para guardar, transportar o servir la leche.

lechetrezna *s. f.* Planta herbácea de tallo alto y hojas en forma de espátula, que segrega un líquido lechoso.

lechigada *s. f.* Conjunto de animales que han nacido en el mismo parto y se crían juntos.

lechiguana (del quechua *lachiwána*, panal) *s. f.* **1.** *Amér. del S.* Tipo de abeja. **2.** *Amér. del S.* Miel producida por esta abeja. ■ También se dice *lachiguana.*

lechina *s. f. Ven.* Varicela.

lecho (del lat. *lectum*) *s. m.* **1.** Cama preparada con colchón, sábanas, etc. **2.** Fondo del mar, de un río, de un lago, etc. **3.** Cauce de un río o de un canal. **4.** En geol., estrato. **5.** Capa o conjunto de cosas que se colocan horizontalmente sobre otras. **6.** Superficie plana preparada para que sobre ella se asiente algo. **SIN. 1.** Catre, tálamo. **3.** Madre. **FAM.** Lechigada.

lechón, na *s. m.* y *f.* **1.** Cría de cerdo que todavía mama. || *s. m.* **2.** Cerdo macho. **SIN. 1.** Cochinillo. **2.** Puerco, gorrino, cochino.

lechoso, sa (del lat. *lactosus*) *adj.* **1.** Que tiene aspecto o cualidades de la leche, especialmente su color blancuzco: *Su piel, más que pálida, era lechosa.* **2.** Se dice del fruto o vegetal que contiene látex. **SIN. 1.** Lácteo, blanquecino.

lechucear *v. intr.* **1.** Estar a cada momento comiendo golosinas y cosas semejantes. **2.** *Amér. del S.* Trabajar de noche. || *v. tr.* **3.** *Arg.* y *Urug.* Maldecir a alguien. **SIN. 1.** Golosinear, gulusmear, picar. **FAM.** Lechuzo. LECHUZA.

lechuga (del lat. *lactuca*) *s. f.* Planta herbácea de la familia compuestas; tienen pequeñas inflorescencias blancas y hojas grandes de distintas formas según las variedades, que se comen en ensalada. || **LOC. más fresco que una lechuga** *fam.* Muy desvergonzado, muy caradura. También, muy sano. **FAM.** Lechuguino.

lechuguino *s. m.* **1.** Lechuga pequeña antes de ser transplantada. **2.** *fam.* Joven excesivamente arreglado y presumido. **SIN. 2.** Petimetre, pisaverde, dandi, figurín, gomoso, currutaco.

lechuza *s. f.* **1.** Ave rapaz nocturna, de cara redonda, pico corto y curvo y ojos grandes; la lechuza común tiene el plumaje blanco y dorado claro con manchas pardas y se alimenta principalmente de pequeños roedores. **2.** *fam.* Persona que tiene hábito de trasnochar. **3.** *Cuba* y *Méx.* Prostituta. **4.** *Chile* y *Méx.* Persona albina o muy rubia. **SIN. 2.** Búho, noctámbulo, trasnochador. **FAM.** Lechucear, lechuzo.

lechuzo, za *adj.* **1.** Se dice de la persona que lechucea. También *s. m.* y *f.* **2.** Se aplica a la persona que en su aspecto, costumbres, etc., recuerda a una lechuza. Se usa sobre todo como *s. m.* y *f.* || *s. m.* **3.** *fam.* Tonto, hombre poco espabilado. También *adj.* **SIN. 1.** Goloso, gulusmero. **3.** Memo, pardillo. **ANT. 3.** Listo.

lecitina (del gr. *lekithos*, yema de huevo) *s. f.* Fosfolípido que se halla presente en los tejidos animales y vegetales y tiene uso terapéutico como tónico.

lectivo, va (del lat. *lectum*, de *legere*, leer) *adj.* Se aplica al periodo de tiempo durante el cual se dan clases en los centros de enseñanza: *día lectivo.*

lectoescritura *s. f.* Enseñanza y aprendizaje de las habilidades necesarias para leer y escribir correctamente.

lector, ra (del lat. *lector, -oris*) *adj.* **1.** Que lee; se aplica especialmente al público al que están destinados un libro, revista, etc. También *s. m.* y *f.* **2.** Se dice de cualquier dispositivo que capta señales grabadas en un soporte (cinta, disco, etc.) y las trasforma en sonidos, imágenes u otro medio de reproducción. También *s. m.* || *s. m.* y *f.* **3.** Profesor que enseña su idioma en una universidad extranjera. **4.** Persona encargada de leer los originales de una obra enviados a una editorial para dar un juicio sobre si debe o no publicarse. **FAM.** Lectorado. LEER.

lectorado *s. m.* Cargo y plaza de lector en una universidad.

lectura *s. f.* **1.** Acción de leer. **2.** Aquello que se lee. **3.** Interpretación de una obra, especialmente literaria y, p. ext., de un suceso, acontecimiento, etc.: *Sus declaraciones tenían varias lecturas.* **4.** En algunas oposiciones, acción de leer una persona su ejercicio. **5.** Cultura que posee alguien: *Es una mujer de amplia lectura.* **6.** Acción de leer o interpretar los signos, magnitudes u otros datos que se indican en un instrumento: *Hoy efectúan la lectura de los contadores del gas.* **7.** En electrónica e inform., interpretación de los sonidos, imágenes o cualquier tipo de información almacenada en discos, cintas magnéticas, etc. || *s. f. pl.* **8.** Conjunto de libros que ha leído alguien o que influyen en una obra determinada: *En sus obras se reflejan lecturas clásicas.* **SIN. 1.** Leída. **3.** Versión, exégesis. **4.** Lección. **5.** Instrucción, saber, erudición, ilustración, sabiduría, sapiencia. **ANT. 5.** Ignorancia, incultura.

leer (del lat. *legere*) *v. tr.* **1.** Mirar los signos escritos o impresos en un texto entendiendo lo que significan y reproduciendo o no los sonidos a que equivalen: *Recuerdo haberlo leído en el periódico. Nos leyó su último poema.* **2.** P. ext., comprender el sentido de cualquier tipo de signos: *leer la hora.* **3.** Descifrar y traducir en sonidos, mediante la voz o un instrumento, las notas o signos musicales de una partitura. **4.** En las oposiciones, realizar el opositor ante el tribunal la lectura de su ejercicio. **5.** Adivinar o percibir alguna cosa: *Me leyó el pensamiento.* ■ Es v. irreg. **SIN. 2.** Interpretar. **5.** Captar. **FAM.** Lección, lectoescritura, lector, lectura, legible, leíble, leído, leyenda. / Releer.

LEER	
GERUNDIO	
leyendo	
INDICATIVO	
Pretérito perfecto simple	
leí	*leímos*
leíste	*leísteis*
leyó	*leyeron*
SUBJUNTIVO	
Pretérito imperfecto	**Futuro**
leyera, -ese	*leyere*
leyeras, -eses	*leyeres*
leyera, -ese	*leyere*
leyéramos, -ésemos	*leyéremos*
leyerais, -eseis	*leyereis*
leyeran, -esen	*leyeren*

legación (del lat. *legatio, -onis*) *s. f.* **1.** Empleo o cargo de legado, particularmente facultad que un gobierno concede a una persona para que lo represente en el extranjero: *Fue enviado en legación para negociar el tratado.* **2.** Asunto o mensaje que lleva un legado: *Expuso la legación que se le había confiado.* **3.** Conjunto de personas a las órdenes de un legado: *Una a una fueron llegando las legaciones a la conferencia.* **4.** Sede de una embajada u otra oficina de representación diplomática. **SIN. 1.** a **3.** Comisión. **1.** y **3.** Delegación.

legado (de *legar*) *s. m.* **1.** Lo que se deja a alguien en testamento mediante una disposición especial. **2.** P. ext., todo aquello, espiritual o material, que se deja o transmite a los sucesores: *el legado cultural del mundo clásico.* **3.** Persona que un gobierno, una autoridad, etc., envía a otros como representante suyo en ciertos actos o para tratar una cuestión. **SIN. 1.** Manda. **1.** y **2.** Herencia. **3.** Emisario, embajador, delegado, comisionado.

legajador *s. m. Col.* Carpeta.

legajo (del ant. *legar*, ligar, y éste del lat. *ligare*, atar) *s. m.* Conjunto de papeles, generalmente atados, que tratan de una misma materia. **FAM.** Legajador. LIGAR.

legal (del lat. *legalis*) *adj.* **1.** Establecido por la ley o de acuerdo con ella: *Reunía todos los requisitos legales para abrir el negocio.* **2.** Relativo a la ley o la justicia: *medicina legal.* **3.** *fam.* Leal, digno de confianza: *No nos fallará, es un tío legal.* **SIN. 1.** Legítimo, lícito, reglamentario. **2.** Judicial. **ANT. 1.** Ilegal. **FAM.** Legalidad, legalismo, legalizar, legalmente. / Ilegal. LEY.

legalidad *s. f.* **1.** Cualidad de legal: *Es dudosa la legalidad de ese decreto.* **2.** Conjunto de leyes que rigen en un estado: *la legalidad vigente.* **SIN. 1.** Legitimidad. **ANT. 1.** Ilegalidad.

legalismo *s. m.* **1.** Tendencia a reducir la ley a sus aspectos más externos, atendiendo menos a su contenido y finalidad. **2.** Formalidad o tecnicismo legal que obstaculiza o condiciona alguna cosa: *La apertura del colegio tropezó con numerosos legalismos.* **FAM.** Legalista. LEGAL.

legalizar *v. tr.* **1.** Dar estado de legal a una cosa: *Los extranjeros sin documentación deberán legalizar su situación.* **2.** Confirmar la autenticidad de un documento o una firma: *Legalizó el testamento ante notario.* ■ Delante de *e* se escribe *c* en lugar de *z*: *legalice.* **SIN. 1.** Autorizar, regularizar. **1.** y **2.** Legitimar. **2.** Certificar, autentificar, refrendar. **ANT. 1.** Ilegalizar. **FAM.** Legalizable, legalización. LEGAL.

légamo *s. m.* **1.** Lodo o barro pegajoso. **2.** Parte arcillosa de las tierras de cultivo. **SIN. 1.** Cieno, limo. **FAM.** Legamoso.

legaña (de or. prerromano) *s. f.* Secreción de las glándulas de los párpados que se seca en las comisuras de los ojos, generalmente durante el sueño. **FAM.** Legañoso.

legar (del lat. *legare*) *v. tr.* **1.** Dejar a alguien alguna cosa en testamento: *Legó a cada hijo dinero y otros bienes.* **2.** Transmitir una persona, generación o época anterior a otra posterior tradiciones, ideas, situaciones, etc. **3.** Delegar*. ■ Delante de *e* se escribe *gu* en lugar de *g*. **FAM.** Legación, legado, legatario. / Alegar, delegar, relegar.

legatario, ria (del lat. *legatarius*) *s. m.* y *f.* Persona a la que se deja algo en testamento. **SIN.** Heredero, beneficiario.

legendario, ria *adj.* **1.** Relativo a las leyendas o que sólo existe en ellas: *El poema trataba de un héroe legendario.* **2.** Se dice de la persona, suceso o cosa que ha alcanzado una fama y una popularidad duraderas: *bandido legendario.* **SIN. 1.** Fabuloso, fantástico. **2.** Célebre, famoso, inmortal. **ANT. 1.** Verídico.

leggings (ingl.) *s. m. pl.* Pantalón femenino ajustado y elástico. **SIN.** Mallas.

legible (del lat. *legibilis*) *adj.* Que se puede leer: *La firma es bien legible.* **SIN.** Inteligible. **ANT.** Ilegible, ininteligible. **FAM.** Legibilidad. / Ilegible. LEER.

legión (del lat. *legio, -onis*) *s. f.* **1.** Principal cuerpo de tropas del ejército romano. **2.** Nombre dado en algunos países a ciertas unidades militares de élite compuestas por soldados profesionales. **3.** Gran número de personas o de animales: *Sus seguidores son legión. Nos invadió una legión de hormigas.* **SIN. 3.** Multitud, muchedumbre, enjambre. **FAM.** Legionario.

legionario, ria (del lat. *legionarius*) *adj.* De alguno de los cuerpos militares llamados legión. También *s. m.* y *f.*

legionella *s. f.* Enfermedad contagiosa causada por la bacteria del mismo nombre, que provoca congestión, fiebre, neumonía y, a menudo la muerte del paciente.

legislación (del lat. *legislatio, -onis*) *s. f.* **1.** Acción de legislar: *La legislación es tarea del Parlamento.* **2.** Conjunto de leyes de un Estado o sobre una materia o sector determinados: *Conoce muy bien la legislación mercantil.* **SIN. 2.** Código, normativa.

legislar *v. intr.* Hacer, reformar o establecer leyes. **FAM.** Legislable, legislación, legislador, legislativo, legislatura. LEY.

legislativo, va *adj.* **1.** Se dice del organismo que legisla y de su facultad para hacerlo: *asamblea legislativa, poder legislativo.* También *s. m.* **2.** De la legislación o de los que legislan: *orden legislativa, cuerpo legislativo.* **3.** Autorizado por una ley. **SIN. 1.** Legislador.

legislatura *s. f.* **1.** Periodo de tiempo desde que se constituye un órgano legislativo hasta que se disuelve y durante el cual desarrolla sus actividades. **2.** Periodo de sesiones de cortes en el que siguen constituidas la mesa y las comisiones permanentes elegidas en cada cuerpo legislador. **3.** *Amér.* Parlamento o asamblea legislativa.

legista (del lat. *lex, legis*, ley) *s. m.* y *f.* **1.** Persona entendida en leyes o derecho. **2.** Persona que enseña o estudia leyes o derecho. **SIN. 1.** Jurista, jurisperito, jurisprudente, jurisconsulto, letrado.

legitimar (de *legítimo*) *v. tr.* **1.** Asegurar la autenticidad de un documento o firma: *El visado tiene el sello que lo legitima.* **2.** Dar carácter legal o lícito a una actuación, una situación, etc.: *El juez legitimó para aquel caso el uso de la fuerza.* **3.** Capacitar a una persona para ejercer un cargo o una función: *Su victoria en las urnas le legitima como nuevo presidente.* **4.** Hacer legítimo a un hijo natural. **SIN. 1.** Autentificar, autenticar, garantizar. **1.** y **2.** Legalizar. **2.** Autorizar, justificar, refrendar. **3.** Habilitar, facultar. **4.** Reconocer. **ANT. 1.** Ilegalizar. **2.** Desautorizar. **FAM.** Legitimación, legitimador. LEGÍTIMO.

legitimario, ria *adj.* **1.** En der., relacionado con la legítima. **2.** Que tiene derecho a la legítima: *heredero legitimario.* También *s. m.*

legitimidad *s. f.* **1.** Cualidad de legítimo: *La legitimidad de sus peticiones está fuera de duda.* **2.** Derecho de un poder político a establecer su autoridad: *Todos los partidos reconocieron la legitimidad del nuevo gobierno.* **SIN. 1.** Justicia, licitud. **1.** y **2.** Legalidad.

legitimista *adj.* Se aplica a los partidarios de otra persona o dinastía distinta a la que reina, por considerarla con más derecho a ocupar el trono. También *s. m.* y *f.* **FAM.** Legitimismo. LEGÍTIMO.

legítimo, ma (del lat. *legitimus*) *adj.* **1.** De acuerdo con la ley o la justicia: *Arrebataron las tierras a sus dueños legítimos.* **2.** Justo, razonable: *Estás en tu legítimo derecho de exigir disculpas.* **3.** Auténtico, verdadero: *Es un Picasso legítimo.* || *s. f.* **4.** En der., parte de la herencia de la que la persona que hace testamento no puede disponer libremente por corresponder según la ley a determinados herederos, p. ej. a los hijos. **SIN. 1.** Legal, reglamentario. **2.** Lícito. **3.** Genuino. **ANT. 1.** Ilegítimo, ilegal. **2.** Injusto, ilícito. **3.** Falso. **FAM.** Legítimamente, legitimar, legitimario, legitimidad, legitimista. / Ilegítimo. LEY.

lego, ga (del lat. *laicus*, y éste del gr. *laikos*, popular) *adj.* **1.** Laico, seglar. **2.** Se aplica a la persona que pertenece a una comunidad religiosa, pero no ha recibido las órdenes sagradas: *hermano lego.* También *s. m.* **3.** En los conventos, se dice de la monja dedicada a las faenas domésticas. También *s. f.* **4.** Se aplica al que no tiene conocimientos de cierta materia: *Era un hombre lego en ciencias.* También *s. m.* y *f.* **SIN. 4.** Profano, ignorante, desconocedor. **ANT. 1.** Clérigo, eclesiástico. **4.** Iniciado, experto.

legra (del lat. *ligula*, cucharilla) *s. f.* **1.** Instrumento que se usa para legrar. **2.** Herramienta en forma de cucharilla para tallar ciertos objetos de madera. **FAM.** Legrado.

legrado, da 1. *p.* de **legrar**. También *adj.* || *s. m.* **2.** Acción de legrar o raspar una cavidad del organismo, especialmente la uterina, para obtener material que se desea analizar o para limpiar el órgano, p. ej. después de un aborto. **FAM.** Legrar. LEGRA.

legrar *v. tr.* En cirugía, hacer un legrado.

legua (del lat. tardío *leuga*, de or. céltico) *s. f.* Medida de longitud que equivale a 5.572,7 m. || **LOC. a la legua** (o **a una legua** o **a cien leguas** o **a mil leguas**) *adv.* Claramente, de forma evidente. ■ Se usa con verbos como *ver* o *notar*: *Por su acento, se nota a la legua que es forastero.* **FAM.** Tragaleguas.

leguleyo, ya (del lat. *leguleius*) *s. m.* y *f. desp.* Abogado con escaso conocimiento de las leyes. **SIN.** Picapleitos.

legumbre (del lat. *legumen, -inis*) *s. f.* **1.** Toda clase de frutos o semillas que crecen en vainas. **2.** Hortaliza*. **FAM.** Legúmina, leguminoso.

legúmina *s. f.* Proteína vegetal rica en nitrógeno y azufre que se extrae de las semillas de algunas leguminosas.

leguminoso, sa *adj.* **1.** Se dice de las plantas dicotiledóneas que se caracterizan por tener un único carpelo de varios óvulos que da un fruto en legumbre. También *s. f.* || *s. f. pl.* **2.** Familia de estas plantas.

lehendakari (vasc.) *s. m.* Presidente del gobierno autónomo vasco. ■ Se escribe también *lendakari*.

leído, da 1. *p.* de **leer**. || *adj.* **2.** Con adverbios como *muy, poco, bastante*, etc., se aplica a las obras o publicaciones con muchos o pocos lectores: *Es la revista más leída del país.* **3.** Que tiene una gran cultura y erudición. ■ Se suele usar con el adv. *muy*: *un hombre muy leído.* || *s. f.* **4.** Acción de leer: *Dio otra leída al texto.* **SIN. 3.** Culto, erudito. **4.** Lectura. **ANT. 3.** Ignorante.

leísmo *s. m.* En los pronombres personales de 3.ª persona, empleo de la forma de complemento indirecto *le* como complemento directo, en lugar de los correspondientes *lo* y *la*; p. ej.: *A tu hermano le vi ayer*, en vez de: *A tu hermano lo vi ayer.* ■ Su uso está admitido cuando se refiere a personas del género masculino. **FAM.** Leísta. LE.

leitmotiv (al., significa 'tema conductor') *s. m.* **1.** Tema musical que se repite insistentemente en una composición. **2.** P. ext., motivo o asunto central de una obra literaria, una conferencia, una conversación, etc.

lejanía *s. f.* **1.** Cualidad o situación de lejano: *La lejanía del hogar le ponía triste.* **2.** Lugar o lugares que se ven a lo lejos. **SIN. 2.** Horizonte, lontananza. **ANT. 1.** y **2.** Cercanía.

lejano, na *adj.* **1.** Que está lejos. **2.** Que ocurrió hace mucho tiempo. **3.** Se aplica a la persona o cosa ligada a otra por una débil relación y, también, a esta relación: *un lejano parecido.* **SIN. 1.** Apartado, alejado. **1.** a **3.** Remoto. **3.** Ligero. **ANT. 1.** y **2.** Próximo. **1.** a **3.** Cercano. **3.** Marcado. **FAM.** Lejanía. LEJOS.

lejía (del lat. *lixiva*, agua de lejía) *s. f.* Disolución en agua de sustancias básicas tales como la sosa, potasa y compuestos clorados, que se emplea como desinfectante y para clarear la ropa.

lejos (del lat. *laxius*, más separadamente) *adv. l.* y *t.* **1.** A gran distancia en el espacio o en el tiempo: *Tu casa está muy lejos de la mía. Quedaron lejos los tiempos en que Roma dominaba el mundo.* **2.** Con verbos como *ir, llegar*, etc., más allá de un determinado punto o límite: *Llegará lejos como abogado. Fue demasiado lejos con sus palabras.* || **LOC. a lo lejos** *adv.* Desde una gran distancia: *A lo lejos, vimos aparecer un barco.* **de (desde) lejos** *adv.* A lo lejos. También, de forma clara o evidente: *De lejos parecía un camión. De lejos se aprecia su calidad humana.* **lejos de** *conj. fam.* En lugar de, en vez de. ■ Se construye con infinitivo: *Lejos de obedecer, hizo lo que le parecía.* **SIN. 1.** Atrás. **ANT. 1.** Cerca. **FAM.** Lejano, lejura. / Alejar.

lejura *s. f. Arg.* y *Col.* Lejanía.

lelo, la (onomat.) *adj.* Pasmado, atontado. **SIN.** Alelado, bobo, tonto. **ANT.** Listo, despierto. **FAM.** Alelar.

lema (del lat. *lemma*, y éste del gr. *lemma*, tema, premisa) *s. m.* **1.** Frase que expresa una intención o regla de conducta: *El lema de la casa es: el cliente siempre tiene razón.* **2.** Leyenda o letrero de los emblemas, escudos y estandartes. **3.** Breve texto que se pone a veces al principio de una obra literaria para indicar el argumento de la misma. **4.** En lexicografía, voz que encabeza cada uno de los artículos de un diccionario y es el término que se define. **5.** Palabra o frase que se pone en los escritos presentados a un concurso, a unas oposiciones, etc., para identificar a su autor, cuyo nombre se mantiene oculto hasta que el jurado haya fallado. **6.** En mat., cuestión previa que hay que demostrar antes de plantear un teorema. **SIN. 1.** Máxima. **2.** Divisa. **4.** Entrada. **FAM.** Lematizar. / Dilema.

lematizar *v. tr.* En lexicografía, concentrar en un único lema las formas de una palabra variable. **FAM.** Lematización. LEMA.

lemming *s. m.* Nombre común de diversas especies de mamíferos roedores, de talla pequeña, cola muy corta y pelaje marrón amarillento o gris; habitan en las zonas árticas y subárticas y algunas especies efectúan espectaculares migraciones.

lemosín, na *adj.* **1.** De Limoges o relacionado con esta región francesa. **2.** De una raza de ganado vacuno. **3.** Del dialecto provenzal hablado en Limoges. **4.** Relacionado con la lengua de oc. También *s. m.* y *f.*

lempira (de *Lempira*, jefe indio que luchó contra los españoles) *s. m.* Unidad monetaria oficial de Honduras.

lémur (del lat. *lemures*) *s. m.* Nombre común de diversas especies de mamíferos primates, de unos 40 cm de altura, hocico prominente y larga cola. Habitan en los árboles en las islas de Madagascar y Comores.

lencería (de *lienzo*) *s. f.* **1.** Ropa de cama, mesa, baño y, especialmente, prendas interiores femeninas. **2.** Confección y comercio de esta clase de ropa. **3.** Establecimiento o sección del mismo en que se vende esta ropa. **FAM.** Lencero. LIENZO.

lendakari *s. m.* Lehendakari*.

lengua (del lat. *lingua*) *s. f.* **1.** Órgano muscular situado en el interior de la boca y que en el hombre sirve para percibir los sabores y participa con sus movimientos en la masticación y la deglución de los alimentos, así como en la pronunciación de sonidos. **2.** P. ext., nombre de cosas que tienen la forma alargada y estrecha de este órgano: *una lengua de tierra, una lengua de fuego.* **3.** Medio de comunicación humano basado en un conjunto establecido de sonidos que se seleccionan y combinan para expresar pensamientos, sentimientos, etc. **4.** P. ext., determinada fase o modalidad histórica, social, profesional, etc., de este medio de comunicación: *la lengua de Cervantes, la lengua de la calle.* || **5. lengua afilada** (o **de doble filo**) *fam.* Mala lengua. **6. lengua de gato** Pequeño bizcocho o chocolatina alargados y muy finos. **7. lengua de oc** Conjunto de los dialectos medievales del Mediodía francés. **8. lengua de oil** Conjunto de dialectos que constituían el francés antiguo y que acabaron imponiéndose sobre las lenguas de oc. **9. lengua de trapo** (o **de estropajo** o **estropajosa**) Pronunciación confusa y difícil de comprender: *El borracho empezó a hablar con lengua estropajosa.* **10. lengua de víbora** (o **viperina**) Mala lengua, persona murmuradora y maldiciente. **11. lengua glaciar** Parte del glaciar donde la masa de nieve desciende como un río entre las paredes del valle. **12. lengua muerta** La que no se habla actualmente en la vida diaria, como el latín o el griego antiguo. **13. lengua viva** La que se habla actualmente en alguna parte del mundo. **14. mala lengua** Persona que murmura y habla mal de las personas y las cosas. Se usa más en *pl.*: *Dicen las malas lenguas que hizo su capital con el contrabando.* **15. media lengua** Pronunciación imperfecta y vacilante, como la de los niños pequeños. **16. segunda lengua** La que se adquiere además de la aprendida de los padres. || **LOC. darle a la lengua** *fam.* Hablar en exceso. **hacerse lenguas** de alguien o algo Alabar mucho: *Todo el mundo se hace lenguas de su éxito.* **irse de la lengua** *fam.* Hablar más de lo debido o conveniente: *Alguien se fue de la lengua y el asunto ya está en los periódicos.* **morderse la lengua** Contenerse de decir alguna cosa. **tener** algo **en la punta de la lengua** *fam.* Estar a punto de decir algo que no acaba de venir a la memoria. **tener la lengua muy larga** Hablar de más, decir inconveniencias o cometer indiscreciones. **tirarle** a uno **de la lengua** Intentar que diga algo que quiere o debe callar, provocarle. **SIN. 2.** Punta. **3.** Idioma. **3.** y **4.** Lenguaje. **FAM.** Lenguado, lenguaje, lenguaraz, lengüeta, lengüetada, lengüetazo, lengüetear, lingual, lingüista, lingüística. / Bilingüe, deslenguado, monolingüe, plurilingüe, trabalenguas, trilingüe.

lenguado (de *lengua*) *s. m.* Pez marino teleósteo de cuerpo casi plano y asimétrico, boca lateral y ojos a un mismo lado del cuerpo; su carne es muy apreciada como alimento.

lenguaje (del prov. *lenguatge*, derivado del lat. *lingua*, lengua) *s. m.* **1.** Medio o instrumento de comunicación entre los miembros de una misma especie. **2.** Capacidad que posee el hombre para comunicar ideas, sentimientos, etc., mediante palabras y utilización de la misma: *el desarrollo del lenguaje en los niños.* **3.** Cualquier método de comunicación por medio de signos, señales, gestos, etc.: *el lenguaje de las banderas, lenguaje gestual.* **4.** Idioma, lengua: *El guía conocía el lenguaje de los nativos.* **5.** Manera especial de hablar o de expresarse con palabras: *lenguaje culto, lenguaje poético.* **6.** P. ext., cualquier otro medio de dar a entender algo: *Ellos sólo comprenden el lenguaje de la fuerza.* **7.** En inform., sistema de símbolos o caracteres que, de acuerdo con unas reglas establecidas, se utiliza para programar un ordenador electrónico. || **8. lenguaje corporal** Modo de comunicación no verbal mediante el que se expresa o recibe información a través de manifestaciones físicas, voluntarias o inconscientes del cuerpo, como p. ej. la expresión del rostro. **9. lenguaje de máquina** En inform., lenguaje codificado que una computadora puede ejecutar directamente. **SIN. 2.** Habla. **5.** Estilo. **FAM.** Metalenguaje. LENGUA.

lenguaraz *adj.* Que habla con descaro y desvergüenza. También *s. m.* y *f.* **SIN.** Deslenguado, fresco. **ANT.** Discreto.

lengüeta *s. f.* **1.** Pieza, moldura o instrumento de forma estrecha y alargada, parecido a una lengua. **2.** Lámina fina y pequeña de madera o metal que, instalada en la boquilla de algunos instrumentos musicales de viento, produce al vibrar el sonido de los mismos. **3.** Tira de cuero que suelen tener los zapatos en el empeine. **4.** Epiglotis*. **5.** *Amér. del S.* y *Méx.* Chismoso, charlatán.

lengüetada *s. f.* Cada pasada con la lengua al lamer o tomar algo con ella: *De una lengüetada se zampó medio helado.* **SIN.** Lametada, lengüetazo, lametazo, lametón.

lengüetazo *s. m.* Lengüetada*.

lengüetear *v. intr.* **1.** Sacar la lengua moviéndola repetidamente. **2.** Lamer. **3.** *Amér.* Chismorrear, parlotear. **SIN. 2.** Lametear, chupetear. **FAM.** Lengüeteo. / Langüetear. LENGUA.

lenidad (del lat. *lenitas, -atis*) *s. f.* Blandura en el castigo de las faltas o en exigir el cumplimiento de los deberes. **SIN.** Condescendencia, indulgencia, tolerancia, benevolencia. **ANT.** Inflexibilidad. **FAM.** Lenificar, lenitivo.

lenificar (del lat. *lenis*, suave, y *facere*, hacer) *v. tr.* **1.** Ablandar, suavizar: *lenificar el rigor de la ley.* **2.** Calmar la irritación de un tejido orgánico. **3.** Aliviar un sufrimiento. ■ Delante de *e* se escribe *qu* en lugar de *c.* **SIN. 1.** Aligerar, dulcificar, moderar, atemperar. **1.** a **3.** Mitigar. **ANT. 1.** a **3.** Intensificar. **FAM.** Lenificación. LENIDAD.

leninismo *s. m.* Conjunto de aportaciones realizadas por Lenin al marxismo, que constituyeron la doctrina ortodoxa del comunismo soviético. **FAM.** Leninista.

lenitivo, va (del lat. *lenire*, suavizar, calmar) *adj.* **1.** Que suaviza o ablanda. || *s. m.* **2.** Medicamento que sirve para ablandar un tumor o para calmar el dolor o la irritación en la parte en que se aplica. **3.** Aquello que alivia un sufrimiento espiritual. **SIN. 1.** Mitigador. **2.** Analgésico. **2.** y **3.** Calmante, bálsamo. **3.** Consuelo, alivio. **ANT. 1.** Intensificador.

lenocinio (del lat. *lenocinium*) *s. m.* **1.** Acción de mediar o hacer de alcahuete en las relaciones sexuales entre un hombre y una mujer. || **2. casa de lenocinio** Prostíbulo.

lente (del lat. *lens, lentis*, lenteja) *s. f.* **1.** Cristal u objeto transparente, limitado por dos superficies, una de ellas al menos curva, cóncava o convexa, que refracta la luz consiguiendo un determinado efecto óptico, p. ej. la corrección de un defecto de visión, el aumento de la imagen de un objeto, etc. **2.** Lupa*. || *s. m. pl.* **3.** Anteojos o gafas. || **4. lente de contacto** Pequeño disco de vidrio o material plástico, adaptado a la curva del ojo, que se coloca sobre la córnea para corregir defectos de la visión. Se llama también *lentilla.* **FAM.** Lentilla. LENTEJA.

lenteja (del lat. *lenticula*, de *lens, lentis*, lenteja) *s. f.* **1.** Planta herbácea anual de la familia de las leguminosas, de hojas compuestas alternas, flores blancas y fruto en legumbre, que se cultiva desde la antigüedad como alimento. **2.** Semilla comestible de esta planta. **3.** P. ext., se da este nombre a diversos objetos que se parecen en su forma a este fruto, como las pesas de ciertos relojes de péndulo. **FAM.** Lente, lentejar, lentejuela, lenticular.

lentejar *s. m.* Terreno plantado de lentejas.

lentejuela (dim. de *lenteja*) *s. f.* Cada una de las pequeñas láminas redondas, aproximadamente del tamaño de una lenteja, de metal u otro material brillante, que se emplea para adornar prendas de vestir.

lenticular (del lat. *lenticularis*) *adj.* **1.** De forma biconvexa, como la semilla de la lenteja: *rueda lenticular.* || *s. m.* **2.** Hueso del oído medio que se articula con el yunque y con el estribo.

lentilla *s. f.* Lente* de contacto. **FAM.** Microlentilla. LENTE.

lentisco *s. m.* Planta arbustiva perenne de madera dura, hojas compuestas, flores pequeñas y fruto en drupa de color rojo que luego se vuelve negro. Abunda en los matorrales mediterráneos.

lentitud (del lat. *lentitudo*) *s. f.* Cualidad de lento. **SIN.** Tardanza, calma, demora, pausa, parsimonia. **ANT.** Rapidez, celeridad.

lento (ital.) *adv. m.* En mús., y referido al tiempo, lenta y pausadamente. También *s. m.* **ANT.** Vivo.

lento, ta (del lat. *lentus*, flexible, pegajoso, duradero) *adj.* **1.** Se dice de la persona que emplea mucho tiempo en algo, o de aquello que sucede, se desarrolla, etc., muy despacio: *lento de entendederas, una curación lenta.* También *adv.*: *El fontanero trabaja muy lento.* **2.** Tranquilo: *Tiene unos andares lentos.* **3.** Aplicado a fuego, suave, poco intenso: *Pon el guiso a fuego lento para que no se pegue.* **SIN. 1.** Tardón, despacioso, parsimonioso, moroso. **1.** y **2.** Tardo, pausado. **2.** Calmoso, cachazudo, flemático. **3.** Bajo. **ANT. 1.** Veloz. **1.** y **2.** Rápido. **2.** y **3.** Vivo. **FAM.** Lentamente, lentitud.

leña (del lat. *ligna*, leños, maderas) *s. f.* **1.** Conjunto de troncos, ramas secas o madera en general que se emplea para hacer fuego. **2.** *fam.* Golpes, pelea. || **LOC. añadir** (o **echar**) **leña al fuego** Hacer que aumente el enfado de alguien o que se avive una disputa. **SIN. 2.** Zurra, paliza, bronca. **FAM.** Leñador, leñero, leño, leñoso. / Lignícola, lignito.

leñador, ra (del lat. *lignator, -oris*) *s. m.* y *f.* Persona que tiene por oficio cortar leña en el bosque o en el monte. **SIN.** Talador.

leñazo *s. m.* Golpe dado con un leño y, p. ext., cualquier clase de golpe fuerte: *Se dieron un leñazo con el coche.* **SIN.** Tortazo, trompazo, castaña, castañazo.

¡leñe! *interj. fam.* Expresa fastidio, enfado, contrariedad, sorpresa, etc. **SIN.** ¡Diantre!, ¡demonios!, ¡porras!

leñero, ra (del lat. *lignarius*) *s. m.* y *f.* **1.** Persona que vende leña. **2.** Persona encargada de comprarla. || *s. m.* **3.** *fam.* En ciertos dep., jugador o equipo que realiza un juego excesivamente duro. También *adj.* || *s. f.* **4.** Lugar donde se guarda la leña.

leño (del lat. *lignum*) *s. m.* **1.** Tejido vegetal que conduce la savia bruta de las plantas desde la raíz a las hojas. **2.** Tronco o rama gruesa de árbol, cortado y limpio de ramaje. **3.** Madera de árbol. **4.** *fam.* Persona torpe, de poca inteligencia. || LOC. **como un leño** *adv. fam.* Referido a la forma de dormir, profundamente. SIN. **4.** Zoquete, tarugo, alcornoque, ceporro. ANT. **4.** Lince, águila. FAM. Leñazo. LEÑA.

leñoso, sa (del lat. *lignosus*) *adj.* Se aplica a lo que tiene la dureza y la consistencia de la madera, p. ej. los tallos de ciertas plantas o el hueso de algunos frutos.

Leo (del lat. *leo, leonis*, león) *n. p.* **1.** Constelación zodiacal del hemisferio norte, situada entre Cáncer y Virgo. **2.** Quinto signo del Zodiaco, que el Sol recorre aparentemente entre el 22 de julio y el 22 de agosto. || **leo** *s. m.* y *f.* **3.** Persona nacida bajo este signo. ■ No varia en pl. Se usa mucho en aposición: *Dicen que los chicos leo son dominantes.*

león, na (del lat. *leo, leonis*) *s. m.* y *f.* **1.** Mamífero carnívoro félido de gran tamaño, grandes dientes caninos y pelaje ocre claro. Macho y hembra presentan marcadas diferencias, la leona carece de la tupida melena que adorna la cabeza del macho. Es un gran depredador que habita en los bosques y sabanas africanas. **2.** Persona valiente o de mucho genio. || *s. m.* **3.** *Amér.* Puma*. || *s. f.* **4.** *fam.* Mujer de actitud o aspecto muy provocativos. || **León** *n. p.* **5.** Leo*. || **6. león marino** Mamífero carnívoro marino de gran tamaño, que tiene la piel desnuda y las extremidades transformadas en aletas. SIN. **4.** Tigresa. FAM. Leo, leonado, leonera, leonino, leopardo.

leonado, da *adj.* De color rubio rojizo, como la piel del león: *Tenía el cabello leonado.*

leonera *s. f.* **1.** Lugar donde se encierra a los leones. **2.** *fam.* Habitación o casa en la que hay un gran desorden. **3.** *Arg., Ec.* y *P. Rico fam.* En los cuarteles de policía, celda o habitación donde se encierra a muchos detenidos.

leonés, sa *adj.* **1.** De León, ciudad y provincia de España, y ciudad de México, en el estado de Guanajuato. **2.** Del antiguo reino de León: *cortes leonesas.* || *s. m.* **3.** Antiguo dialecto romance hablado en el reino de León. SIN. **3.** Asturleonés. FAM. Leonesismo. / Asturleonés, castellano-leonés.

leonesismo *s. m.* Palabra, giro, etc., procedente del dialecto leonés.

leonino, na (del lat. *leoninus*) *adj.* **1.** Del león o parecido a él: *melena leonina.* **2.** Se dice del acuerdo, contrato, etc., en que una de las partes ha de cumplir unas condiciones muy duras, y también de estas condiciones. SIN. **2.** Abusivo. ANT. **2.** Equitativo.

leontina (del fr. *leontine*) *s. f.* Cadena corta de reloj de bolsillo.

leopardo (del lat. *leopardus*) *s. m.* Mamífero carnívoro de la familia félidos, de hasta 2,50 m de longitud, cabeza grande, cuello corto, cuerpo esbelto y patas fuertes. Su color es ocre amarillento con manchas negras, aunque existe una variedad de color negro intenso; corrientemente se denomina leopardo únicamente al que tiene manchas negras.

leotardo (del acróbata fr. J. *Léotard*) *s. m.* **1.** Especie de medias que llegan hasta la cintura. Se usa sobre todo en *pl.* **2.** Traje deportivo, generalmente sin mangas y ceñido al cuerpo, que cubre hasta los pies, usado por los gimnastas, trapecistas, etc. SIN. **2.** Malla.

Lepe (de don Pedro de *Lepe*, obispo de Calahorra) *n. p.* Sólo se utiliza en las loc. fam. **saber más que Lepe** o **saber más que Lepe, Lepijo y su hijo**, saber mucho, ser muy astuto.

lépero, ra *adj. Amér. C.* y *Méx.* Se aplica a la persona ordinaria, de clase social baja. También *s. m.* y *f.*

lepidóptero (del gr. *lepis, -idos*, escama, y *-ptero*) *adj.* **1.** Se dice del insecto con dos pares de alas membranosas cubiertas de escamas diminutas, boca chupadora con una prolongación llamada espiritrompa, antenas largas y ojos compuestos. Son lepidópteros las mariposas. También *s. m.* || *s. m. pl.* **2.** Orden de estos insectos.

lepórido (del lat. *lepus, oris*, liebre y el gr, *eidos*, aspecto) *adj.* **1.** De la familia de ciertos mamíferos roedores, como el conejo, caracterizados por tener las patas traseras más desarrolladas que las delanteras, grandes orejas, dos grandes incisivos en la mandíbula superior y el labio superior partido en dos. También s. m. || *s. m. pl.* **2.** Familia de este tipo de mamíferos.

leporino, na (del lat. *leporinus*) *adj.* **1.** De la liebre. **2.** Se aplica al labio superior humano que está partido debido a una malformación congénita, a semejanza del de la liebre.

lepra (del lat. *lepra*, y éste del gr. *lepra*, de *lepis*, escama) *s. f.* Enfermedad infecciosa que produce úlceras y lesiones en la piel y los nervios, lo que provoca insensibilidad e incluso mutilaciones. FAM. Leprosería, leproso.

leprosería *s. f.* Hospital de leprosos. SIN. Lazareto.

lerdo, da *adj.* **1.** Torpe, tonto. **2.** Aplicado generalmente a los animales, lento, torpe de movimientos. SIN. **1.** Zoquete, corto, obtuso. **1.** y **2.** Tardo. ANT. **1.** Listo. **2.** Ágil, ligero.

leridano, na *adj.* De Lérida. También *s. m.* y *f.* SIN. Ilerdense.

lesbianismo *s. m.* Homosexualidad femenina.

lesbiano, na *adj.* **1.** Lesbio*. **2.** Se dice de las mujeres homosexuales. También *s. f.* **3.** Del lesbianismo. SIN. **3.** Lésbico. FAM. Lesbianismo, lésbico. LESBIO.

lésbico, ca (de *Lesbos*) *adj.* Del lesbianismo.

lesbio, bia (del lat. *Lesbius*) *adj.* **1.** De la isla griega de Lesbos. También *s. m.* y *f.* **2.** Lésbico. FAM. Lesbiano.

leseras *s. f. pl. Chile* Tonterías.

lesión (del lat. *laesio, -onis*) *s. f.* **1.** Daño físico producido por una herida, un golpe o una enfermedad. **2.** Daño o perjuicio en general: *Consideró las acusaciones como una lesión a su honradez.* **3.** En der., perjuicio que sufre una de las partes en un contrato, por ser éste desventajoso para la misma o por no cumplirse los términos acordados. || *s. f. pl.* **4.** Delito o falta derivados de los daños ocasionados en el cuerpo o la salud de una persona sin que existiera la intención de matarla. SIN. **2.** Detrimento, menoscabo, ofensa, agravio, ultraje. ANT. **2.** Beneficio. FAM. Lesionador, lesionar, lesivo, leso. / Ileso, lisiar.

lesionar *v. tr.* Producir una lesión. También *v. prnl.*

lesivo, va *adj.* Que causa o puede causar lesión o perjuicio: *El tabaco es lesivo para la salud.* SIN. Dañino, perjudicial, ultrajante. ANT. Beneficioso.

leso, sa (del lat. *laesus*, herido) *adj.* **1.** Se aplica a lo que ha sido lesionado o perjudicado. ■ Se usa sobre todo en derecho: *delito de lesa majestad.* **2.** Con palabras como *mente*, *imaginación*, *juicio* y otras similares, trastornado. **3.** *Bol.*, *Chile* y *Perú* Tonto, torpe. **SIN. 1.** Agraviado, ofendido, dañado, ultrajado. **2.** Perturbado. **ANT. 2.** Cuerdo, equilibrado.

letal (del lat. *letalis*, de *letum*, muerte) *adj.* Que causa o puede causar la muerte. **SIN.** Mortífero, mortal. **ANT.** Vivificador. **FAM.** Letalidad.

letanía (del lat. *litania*, y éste del gr. *litaneia*, súplica) *s. f.* **1.** Oración que se reza a Dios, a la Virgen o a los santos y que consiste en una serie de invocaciones seguidas de sus correspondientes contestaciones. **2.** Serie de alabanzas que se dicen a la Virgen al final del rosario. **3.** Enumeración larga y monótona. **SIN. 3.** Retahíla, sarta.

letargo (del lat. *lethargus*, y éste del gr. *lethargos*, de *lethe*, olvido, y *argos*, inactivo) *s. m.* **1.** Disminución de la actividad del metabolismo que experimentan algunos animales durante determinadas épocas del año, p. ej. los osos durante el invierno. **2.** Sueño profundo o prolongado. **3.** Estancamiento, inactividad: *La industrialización sacó a la región de un letargo de siglos.* **SIN. 1.** a **3.** Aletargamiento, adormecimiento. **3.** Abandono. **ANT. 2.** Insomnio. **3.** Progreso. **FAM.** Letárgico. / Aletargar.

letífico, ca (del lat. *laetificus*) *adj.* Que produce alegría. **SIN.** Alegre, festivo. **ANT.** Triste. **FAM.** Letificar.

letón, na *adj.* **1.** De Letonia, país europeo. También *s. m.* y *f.* || *s. m.* **2.** Lengua báltica hablada en Letonia.

letra (del lat. *littera*) *s. f.* **1.** Cada uno de los signos que representan los sonidos utilizados para hablar. **2.** Cada uno de los sonidos representados por estos signos: *Se come letras al hablar.* **3.** Caligrafía: *Tiene una letra muy bonita.* **4.** Sentido exacto y riguroso de un texto, una ley, etc.: *El árbitro expulsó al jugador ajustándose a la letra del reglamento.* **5.** Sentido primero y más inmediato de un texto, escrito, opinión, etc., por oposición a interpretaciones más profundas: *Tras la letra de su discurso se adivinan otras intenciones.* **6.** Texto de una pieza musical para ser cantado. **7.** Letra de cambio. || *s. f. pl.* **8.** Ciencia, conocimientos en general: *Es un hombre de muchas letras.* **9.** Específicamente, conjunto de conocimientos relativos a las ideas, la civilización y el arte del hombre, como la filosofía, las lenguas, la literatura, la historia, etc. **10.** Actividad de escritor: *Dejó su trabajo para dedicarse a las letras.* **11.** Carta: *Le mandé unas letras felicitándole por su boda.* || **12. letra de cambio** Documento por el cual una persona o entidad (librador) extiende una orden de pago a cargo de otro (librado), en una fecha y lugar determinados. **13. letra de imprenta** La mayúscula cuando se emplea en una palabra o texto completo. **14. letra muerta** Escrito, ley, etc., que expresa algo que no tiene efecto o que no se cumple: *Al violarse lo pactado, el acuerdo se convierte en letra muerta.* **15. letra pequeña** (o **menuda**) Parte de un documento impresa en un tipo menor que el del texto principal. También, parte de un documento o contrato en que figuran cláusulas que pasan inadvertidas y son importantes. **16. primeras letras** La primera educación que reciben los niños, destinada principalmente a enseñarles a leer y escribir. || **LOC. al pie de la letra** *adv.* Exactamente igual al modelo: *Copió el examen de su compañero al pie de la letra.* Con verbos como *interpretar* o *tomar*, en el sentido más literal de lo que se dice, sin fijarse en su intención: *No puedes decirle nada en broma, porque se lo toma al pie de la letra.* Con verbos como *cumplir* o *ejecutar*, siguiendo fielmente las instrucciones: *Cumplió las órdenes al pie de la letra.* **SIN. 2.** Fonema. **8.** Saber. **9.** Humanidades. **11.** Líneas. **ANT. 5.** Espíritu. **9.** Ciencias. **FAM.** Letrado, letrero, letrilla. / Deletrear, literal, literatura, obliterar, transliterar.

letrado, da (del lat. *litteratus*) *adj.* **1.** Culto, instruido. || *s. m.* y *f.* **2.** Abogado o juez. **SIN. 1.** Ilustrado, docto, sabio. **ANT. 1.** Iletrado. **FAM.** Iletrado. LETRA.

letraset (nombre comercial registrado) *s. m.* Sistema para hacer rótulos que consiste en una lámina transparente con letras adhesivas que se trasladan a una superficie presionando sobre ellas; también, la lámina y el conjunto de letras y el rótulo realizado.

letrero (del lat. *litterarius*, relativo a la escritura) *s. m.* Palabra o conjunto de palabras que se colocan en un sitio para indicar algo. **SIN.** Rótulo, cartel.

letrilla *s. f.* **1.** Composición poética de versos cortos a la que se suele poner música. **2.** Composición poética, de tema amoroso, humorístico o satírico, con un estribillo que se repite detrás de cada estrofa.

letrina (del lat. *latrina*) *s. f.* **1.** Dispositivo a ras de suelo o lugar acondicionado para evacuar. **2.** Lugar o cosa sucia y repugnante. **SIN. 2.** Pocilga, cloaca.

leu (rumano, significa 'león') *s. m.* Unidad monetaria oficial de Rumania. ■ Su pl. es *lei*.

leucemia (del gr. *leukos*, blanco, y *haima*, sangre) *s. f.* Enfermedad de la sangre caracterizada por la proliferación maligna de leucocitos en la médula ósea, en los ganglios linfáticos, etc. Sus síntomas más frecuentes son la anemia, las hemorragias y la postración progresiva. **FAM.** Leucémico.

leucocito (del gr. *leukos*, blanco, y *-cito*) *s. m.* Célula de la sangre y la linfa cuya función es la defensa frente a las infecciones. ■ También se llama *glóbulo blanco*.

leucoma *s. f.* Pérdida localizada de la transparencia de la córnea, provocada generalmente por un golpe o por un proceso inflamatorio.

lev *s. m.* Unidad monetaria oficial de Bulgaria. ■ Su pl. es *leva*.

leva *s. f.* **1.** Reclutamiento de gente para un servicio general, especialmente la que antiguamente se hacía para servir en el ejército. **2.** Acción de levar anclas o partir una embarcación del puerto. **3.** En mecánica, pieza giratoria con un perfil especial, en el que se apoya y desliza el extremo de una varilla, de manera que el movimiento continuo de rotación de esa pieza proporcione un movimiento de vaivén a la varilla. **4.** En mecánica, palanca. **SIN. 1.** Enrolamiento, alistamiento. **ANT. 1.** Licenciamiento.

levadizo, za *adj.* Que se levanta o puede levantarse con ayuda de algún dispositivo: *puente levadizo.*

levadura (del lat. *levatura*) *s. f.* **1.** Nombre genérico de ciertos hongos unicelulares que provocan la fermentación alcohólica de los hidratos de carbono. **2.** Sustancia constituida por estos hongos y empleada en panadería, pastelería, en la elaboración de la cerveza, etc. **3.** Porción de masa fermentada que se utiliza para hacer fermentar otra masa.

levantador, ra *adj. Ven. fam.* Se dice de la persona muy atractiva. También *s. m.* y *f.*

levantadora *s. f. Col.* Bata femenina para andar por casa.

levantamiento *s. m.* **1.** Acción de levantar. **2.** Rebelión o revuelta. || **3. levantamiento de pesos** Halterofilia*. SIN. **1.** y **2.** Alzamiento. **2.** Motín, amotinamiento.

levantar (del lat. *levans, -antis*, de *levare*) *v. tr.* **1.** Llevar algo de abajo arriba o ponerlo en un lugar más alto: *Levanta ese papel del suelo. Queremos levantar un poco los techos.* También *v. prnl.* **2.** Poner derecho o en posición vertical: *Levanta la silla que se ha caído.* También *v. prnl.* **3.** Dirigir algo hacia arriba: *levantar la mirada.* También *v. prnl.* **4.** Retirar una cosa que está sobre otra, adherida a ella o cubriéndola: *Después de comer levantaron el mantel.* También *v. prnl.* **5.** Edificar, construir. **6.** Fundar o crear. **7.** Con respecto a la voz u otro sonido, hacer que suene más fuerte. **8.** Desmontar algo instalado sobre una superficie: *Al amanecer levantaron el campamento y partieron.* **9.** Dicho de un asedio, retirarlo. **10.** Rebelar, sublevar. También *v. prnl.*: *El pueblo se levantó en armas contra el tirano.* **11.** Reclutar gente para la guerra. **12.** Dar fuerza, empuje: *levantar la moral, un negocio.* También *v. prnl.* **13.** Referido a calumnias y murmuraciones, difundirlas: *Se le acusó de levantar falsos testimonios.* **14.** Provocar, causar, suscitar: *Sus declaraciones levantaron una fuerte polémica.* También *v. prnl.* **15.** Aplicado a castigos o prohibiciones, suprimirlos: *El sargento me levantó el arresto.* **16.** Referido a planos o mapas, realizarlos. **17.** Recolectar lo sembrado. **18.** Hacer que la caza abandone su escondite. **19.** En los juegos de naipes, cortar. **20.** Dar la vuelta, p. ej. a un naipe que está boca abajo. **21.** *fam.* Robar, quitar. **22.** Refiriéndose a ciertos bultos o protuberancias, producirlos: *El roce del zapato me levantó ampollas.* || **levantarse** *v. prnl.* **23.** Ponerse en pie. **24.** Dejar la cama después de haber dormido o de haber permanecido enfermo en ella. **25.** Sobresalir algo por encima de lo que lo rodea: *El campanario se levanta sobre el pueblo.* **26.** Agitarse el mar o el viento. **27.** Producirse un dolor: *Se me ha levantado dolor de cabeza.* || LOC. **levantar acta** Tomar nota de un hecho la persona competente para ello: *El secretario de la asociación levantó acta de la reunión de la asamblea.* **levantar un cadáver** Realizar un juez una actuación legal en la que, acompañado de un médico, reconoce un cadáver y da orden de trasladarlo al lugar donde se efectuará la autopsia. **levantar(se) el estómago** Revolverlo o revolverse. SIN. **1.** Subir(se), elevar(se). **1.** a **3.** y **10.** Alzar(se). **2.** Enderezar(se), erguir(se). **6.** Instituir. **7.** Alzar, elevar. **8.** Recoger. **10.** Amotinar(se). **12.** Alentar, animar(se), revitalizar(se), impulsar. **15.** Perdonar. **21.** Birlar, chorizar. **25.** Alzarse, elevarse, erguirse; descollar, destacar. **26.** Alterarse, encabritarse. **27.** Ponerse. ANT. **1.** Tirar(se). **1.** a **3.** Bajar(se). **4.** Posar(se). **5.** Tirar, demoler. **7.** y **22.** Bajar. **8.** Posar, montar. **10.** Someter(se). **11.** Licenciar. **12.** Hundir(se). **15.** Imponer. **23.** Sentarse, tumbarse. **23.** y **24.** Acostarse. **26.** Serenarse. **26.** y **27.** Aplacarse, calmarse. FAM. Levantada, levantador, levantadora, levantamiento, levante[1], levante[2], levantisco. LEVAR.

levante[1] (del lat. *levans, antis*) *s. m.* **1.** Este, punto cardinal. **2.** Viento húmedo y cálido que sopla desde esta dirección. **3.** Conjunto de tierras situadas en el E del Mediterráneo. || **Levante** *n. p.* **4.** Conjunto de las comarcas de la costa mediterránea de España, especialmente la Comunidad Valenciana y la región de Murcia. SIN. **1.** Oriente. ANT. **1.** Occidente, oeste. **1.** a **3.** Poniente. FAM. Levantino. LEVANTAR.

levante[2] *s. m.* **1.** *Amér. C.* y *P. Rico fam.* Calumnia. **2.** *Col.* Arrogancia, altanería. || LOC. **armar un levante** *Amér. C.* y *P. Rico* Levantar una calumnia. **dar** (o **pegar**) **un levante** *Arg.* Reprender con dureza. **hacer un levante** *Amér.* Conquistar, seducir.

levantino, na *adj.* Del Levante español. También *s. m.* y *f.*

levantisco, ca *adj.* Que tiende a rebelarse. SIN. Rebelde, indómito. ANT. Sumiso.

levar (del lat. *levare*, levantar) *v. tr.* **1.** Recoger el ancla. || *v. intr.* **2.** Partir un barco del puerto o del fondeadero. SIN. **1.** Izar. **2.** Zarpar. ANT. **2.** Atracar. FAM. Leva, levadizo, levadura, levantar, levitar. / Elevar, sublevar. LEVE.

leve (del lat. *levis*) *adj.* **1.** De poco peso. **2.** Muy fino, de poca consistencia: *un velo de leve gasa.* **3.** Suave, poco fuerte o intenso: *un perfume muy leve.* **4.** De poca importancia o gravedad: *herida leve, falta leve.* **5.** Llevadero, soportable: *La charla me hizo más leve la espera.* SIN. **1.** Ingrávido. **1.** a **5.** Ligero. **1.**, **2.** y **5.** Liviano. **2.** Vaporoso. **2.** y **3.** Sutil. **3.** Tenue. ANT. **1.** y **5.** Pesado. **2.** Basto, denso. **4.** Grave. **5.** Duro. FAM. Levar, levedad, levemente. / Aliviar, liviano, soliviantar.

leviatán (del lat. *Leviathan*, y éste del hebreo *Liwyatan*, monstruo acuático) *s. m.* **1.** Monstruo marino descrito en el *Libro de Job*, que se toma como representación del demonio. **2.** Monstruo marino fantástico. SIN. **1.** Satán, Belcebú, Lucifer.

levita[1] (del lat. *Levita*, y éste del hebreo *lewí*) *adj.* Se dice de los israelitas de la tribu de Leví, dedicados al servicio del templo. También *s. m.* y *f.* FAM. Levítico.

levita[2] (del fr. *lévite*) *s. f.* Prenda de hombre, hoy en desuso, que consiste en una especie de chaqueta larga, ajustada al talle y de faldones rectos que se cruzan por delante. || LOC. **tirar** a alguien **de la levita** Adularle, alabarle para obtener algún beneficio de él. FAM. Tiralevitas.

levitar *v. intr.* Elevarse en el aire una persona o un objeto, sin apoyo alguno y sin que aparentemente intervenga ninguna causa física. FAM. Levitación. LEVAR.

levítico, ca (del lat. *Leviticus*) *adj.* **1.** De los levitas. **2.** Influido por el clero o la Iglesia. || **Levítico** *n. p.* **3.** Tercer libro del *Pentateuco*, del Antiguo Testamento. SIN. **2.** Clerical.

levógiro, ra (del lat. *laevus*, izquierdo, y *gyrare*, girar) *adj.* Se aplica al compuesto orgánico en disolución y al cristal óptico que desvía hacia la izquierda la luz polarizada. ANT. Dextrógiro.

lexema (del gr. *lexis*, palabra) *s. m.* Parte de una palabra que aporta su significado básico, por oposición al morfema que expresa exclusivamente significados gramaticales (género, número, tiempo, etc.); p. ej., en *perro*, *perr-* es el lexema y *-o*, el morfema. SIN. Raíz.

lexía *s. f.* Unidad léxica de la lengua que puede estar constituida por una palabra o más, p. ej. *ojo de buey.*

lexicalizar *v. tr.* Transformar una expresión cualquiera de la lengua en una unidad léxica indivisible que funciona como una sola palabra, p. ej. la loc. *a pies juntillas.* También *v. prnl.* ■ Delante de *e* se escribe *c* en lugar de *z.* FAM. Lexicalización. LÉXICO.

léxico, ca (del gr. *lexikos*, de *lexis*, palabra) *adj.* **1.** De los lexemas o el vocabulario. || *s. m.* **2.** Conjunto de las palabras y giros de una lengua en general o los usados normalmente por una persona, un grupo, etc. **3.** Diccionario o repertorio de las voces y giros de una lengua, de una disciplina determinada, etc. **SIN. 1.** Lexicográfico. **3.** Glosario, tesoro, lexicón, terminología. **FAM.** Lexema, lexicalizar, lexicografía, lexicología, lexicón.

lexicografía (de *léxico* y *-grafía*) *s. f.* Elaboración de diccionarios y conjunto de conocimientos lingüísticos relacionados con ello. **FAM.** Lexicográfico, lexicógrafo. LÉXICO.

lexicología (de *léxico* y *-logía*) *s. f.* Disciplina lingüística que se ocupa del estudio de las características generales del léxico o vocabulario, así como de sus unidades y las relaciones entre las mismas. **FAM.** Lexicológico, lexicólogo. LÉXICO.

lexicón *s. m.* Vocabulario, diccionario, especialmente de las lenguas clásicas. **SIN.** Léxico.

ley (del lat. *lex, legis*) *s. f.* **1.** Relación constante y necesaria que existe entre ciertos fenómenos y regla que se deduce de la misma: *ley de la gravedad, leyes fonéticas.* **2.** Cada una de las normas o conjunto de normas establecidas por una autoridad, que prohíbe, ordena o regula alguna cosa, particularmente las relaciones entre las personas. **3.** Código de conducta, forma correcta de actuar en un ámbito determinado: *En esta casa la hospitalidad es ley.* **4.** Autoridad, poder: *la ley del más fuerte.* **5.** Religión: *Según la ley de los judíos, el sábado es sagrado.* **6.** Justicia, igualdad: *Es de ley que los hermanos compartan las cosas.* **7.** *fam.* Cariño, apego, lealtad. ■ Se construye con verbos como *tener* o *tomar*: *Le he tomado ley a esta tierra.* **8.** Proporción de metal noble que entra en una aleación. || **9. ley del talión** La que castiga condenando a sufrir un daño igual al cometido en el delito; se resume en la frase *Ojo por ojo, diente por diente.* **10. ley natural** La dictada por la razón. **11. ley orgánica** La que se deriva de la Constitución o ley fundamental de un Estado y la desarrolla en todos sus aspectos. **12. ley positiva** La dictada por un legislador, aplicada a cada circunstancia concreta. **13. ley sálica** Véase **sálico**. **14. ley seca** Prohibición de fabricar, transportar, distribuir o consumir alcohol. || **LOC. con todas las de la ley** *adv.* Con toda justicia y claridad; reuniendo o cumpliendo las condiciones que se requieren. **de buena ley** *adj. fam.* Honrado, cabal. **de ley** *adj.* Referido a aleaciones de oro y plata, con la proporción de estos metales establecida por las leyes. De buena ley. **SIN. 2.** Legislación, reglamento. **3.** Pauta. **5.** Credo, fe. **6.** Equidad. **7.** Afecto. **ANT. 6.** Injusticia. **7.** Odio, manía. **FAM.** Legal, legislar, legista, legítimo, leguleyo.

leyenda (del lat. *legenda*, lo que debe leerse, de *legere*, leer) *s. f.* **1.** Narración de hechos fabulosos o imaginarios que se transmite de generación en generación. **2.** P. ext., narración que deforma sucesos históricos o verdaderos: *Se cuentan muchas leyendas acerca de esas misteriosas desapariciones.* **3.** Texto escrito sobre monedas, escudos, estandartes, cuadros, láminas, etc. || **4. leyenda negra** Creencia u opinión generalizada sobre alguna persona o cosa, de carácter negativo y normalmente infundada. **SIN. 2.** Historia, cuento, fábula. **3.** Inscripción. **FAM.** Legendario. LEER.

lezna (del ant. *alena*, y éste del germ. *alisma*) *s. f.* **1.** Instrumento acabado en punta muy fina que utilizan los zapateros para agujerear el cuero. **2.** Punzón para hacer agujeros en la madera con el fin de introducir clavos, tornillos, etc.

lía (del fr. *lie*, y éste del celta *lega*, sedimento) *s. f.* **1.** Poso de un líquido. Se usa más en *pl.*: *las lías del vino.* **2.** Soga de esparto trenzado: *Ata los bultos con esa lía.* **SIN. 1.** Hez, sedimento. **2.** Cuerda, maroma.

liana (del fr. *liane*) *s. f.* **1.** Bejuco, nombre común de varias especies de plantas trepadoras tropicales. **2.** P. ext., cualquier planta de sus características.

liante, ta *adj.* Se dice de la persona que lía a los demás para que hagan algo. También *s. m.* y *f.* ■ La forma *liante* puede emplearse para los dos géneros.

liar (del lat. *ligare*, atar, unir) *v. tr.* **1.** Envolver y atar paquetes o cosas similares. **2.** Envolver o enrollar alguna cosa: *liar un cigarro.* **3.** *fam.* Complicar o enredar un asunto. También *v. prnl.* **4.** Confundir a alguien, hacer que no se aclare: *Explícamelo más despacio, que me estás liando.* También *v. prnl.* **5.** Convencer mediante engaño, insistencia o persuasión: *Yo no quería ir a la fiesta, pero unos amigos me liaron.* || **liarse** *v. prnl.* **6.** *fam.* Meterse en un lío, problema o jaleo. **7.** Ponerse a hacer algo, particularmente si se hace con intensidad o durante mucho tiempo: *Se liaron a puñetazos. Se lían a hablar y no paran.* **8.** Extenderse en explicaciones o detalles innecesarios. **9.** Tener una persona relaciones amorosas o sexuales con otra, especialmente cuando no es su cónyuge o su pareja habitual. ■ En cuanto al acento, se conjuga como *ansiar*: *lío.* **SIN. 1.** Embalar, empaquetar. **2.** Arrollar. **3.** Trastornar(se). **3.** y **4.** Embrollar(se), embarullar(se). **5.** Comprometer, engatusar. **6.** Implicarse, involucrarse. **7.** Enfrascarse, lanzarse. **8.** Divagar. **9.** Amancebarse. **ANT. 1.** Desenvolver. **1.** y **2.** Desliar. **2.** Desenrollar. **FAM.** Liante, lío. / Aliar, desliar.

libación (del lat. *libatio, -onis*) *s. f.* **1.** Acción de libar. **2.** Ceremonia religiosa de los antiguos paganos que consistía en llenar un vaso de un licor y derramarlo tras haberlo probado. **SIN. 1.** Succión, sorbo, cata.

libanés, sa *adj.* Del Líbano, país de Oriente Medio. También *s. m.* y *f.*

libar (del lat. *libare*) *v. tr.* **1.** Chupar los insectos el néctar de las flores. **2.** Absorber suavemente el jugo de algo. **3.** Probar pequeños sorbos de una bebida, especialmente un licor. **SIN. 1.** y **2.** Succionar, sorber. **3.** Catar, gustar, degustar. **FAM.** Libación, libatorio.

libatorio (del lat. *libatorium*) *s. m.* Vaso que usaban los antiguos para hacer libaciones.

libelista *s. m.* y *f.* Autor de libelos.

libelo (del lat. *libellus*, de *liber, libris*, libro) *s. m.* Escrito en que se calumnia o se ofende a personas o instituciones. **FAM.** Libelista.

libélula (del lat. *libellula*, de *libella*, y éste de *libra*, balanza) *s. f.* Nombre común de diversas especies de insectos de cuerpo alargado, ojos muy grandes, adaptados a localizar sus presas en pleno vuelo, y dos pares de grandes alas iguales. Habitan en zonas de aguas estancadas o remansadas.

líber (del lat. *liber*) *s. m.* Tejido de las plantas metafitas encargado de transportar la savia. **FAM.** Liberiano[2].

liberado, da (del lat. *liberatus*) **1.** *p.* de **liberar**. También *adj.*: *un esclavo liberado, sentirse liberado, una mujer liberada.* || *adj.* **2.** Libre de una carga, obligación, etc., o de usos, normas y preceptos. **3.** Se aplica al miembro de un partido o sindicato que se dedica exclusivamente al mismo, recibiendo un sueldo por ello. También *s. m.* y *f.*

liberal (del lat. *liberalis*) *adj.* **1.** Relativo al liberalismo o partidario de él. También *s. m.* y *f.* **2.** Defensor de la tolerancia y la libertad. **3.** De costumbres muy libres, particularmente en el terreno sexual. **4.** Desprendido, generoso. **5.** Se aplica a las profesiones de carácter intelectual o creativo que se ejercen de forma independiente, p. ej. la medicina o la abogacía ejercidas por cuenta propia. **6.** Se aplica también a los profesionales que las ejercen. **SIN.** **2.** Abierto, tolerante. **3.** Liberado. **4.** Espléndido, dadivoso. **ANT.** **1.** Absolutista; dictatorial. **2.** Intolerante. **3.** Reprimido. **4.** Tacaño. **FAM.** Liberalidad, liberalismo, liberalizar, liberalmente. LIBRE.

liberalidad (del lat. *liberalitas, -atis*) *s. f.* Cualidad de liberal o generoso. **SIN.** Generosidad, desprendimiento, esplendidez. **ANT.** Tacañería.

liberalismo *s. m.* **1.** Corriente política, económica y social que defiende la libertad individual y una escasa intervención del Estado en las diferentes actividades de los ciudadanos. **2.** Cualidad o actitud de liberal o tolerante. **SIN.** **1.** Librecambismo. **2.** Tolerancia. **ANT.** **1.** Dictadura; proteccionismo. **2.** Intransigencia. **FAM.** Neoliberalismo. LIBERAL.

liberalizar *v. tr.* Hacer más abierto o libre algo, especialmente un sistema político o una estructura económica: *liberalizar el régimen, liberalizar los créditos.* ■ Delante de *e* se escribe *c* en lugar de *z.* **SIN.** Abrir, democratizar. **FAM.** Liberalización, liberalizador. LIBERAL.

liberar (del lat. *liberare*) *v. tr.* **1.** Dar libertad a aquel o aquello que está privado de ella: *El juez liberó a un detenido. Las tropas liberaron la capital.* **2.** Desprender: *La combustión libera calor.* También *v. prnl.* **3.** Quitar un compromiso, obligación o preocupación: *Le liberó del cumplimiento de su palabra.* También *v. prnl.*: *Se liberó del temor al fracaso.* || **liberarse** *v. prnl.* **4.** Superar alguien imperativos sociales o morales que impiden desarrollar libremente su personalidad. **SIN.** **1.** Libertar, manumitir, emancipar. **2.** Despedir, emitir. **3.** Librar(se), descargar(se), eximir(se), exonerar. **4.** Desinhibirse. **ANT.** **1.** Apresar, esclavizar, invadir. **2.** Captar. **3.** Obligar(se). **4.** Reprimirse. **FAM.** Liberación, liberado, liberador, liberatorio. LIBRE.

liberatorio, ria *adj.* Que libera, particularmente de una obligación: *un examen liberatorio.*

liberiano, na[1] *adj.* De Liberia, país africano. También *s. m.* y *f.*

liberiano, na[2] *adj.* En bot., del líber o relacionado con él.

líbero (del ital. *libero*, libre) *s. m.* En fútbol, jugador que no tiene encomendado un marcaje o una posición fija.

libérrimo, ma (del lat. *liberrimus*) *adj. sup.* irreg. de **libre**.

libertad (del lat. *libertas, -atis*) *s. f.* **1.** Capacidad del hombre de hacer o no una cosa y de hacerla de una manera o de otra. **2.** Condición o estado de la persona, animal o entidad que no está sujeto, preso o sometido a otro. **3.** Confianza en el trato o para hacer confidencias: *Estamos solos, puede hablar con toda libertad.* **4.** Permiso que se concede uno mismo para actuar de un modo determinado: *Me tomé la libertad de concertarte una cita.* **5.** Situación política de los Estados en los que existe soberanía popular e instituciones democráticas. **6.** Desenvoltura, naturalidad: *Habla con libertad sobre asuntos escabrosos.* || *s. f. pl.* **7.** Atrevimiento o excesiva familiaridad. ■ Se usa con el verbo *tomarse*: *Se toma demasiadas libertades con el director.* || **8. libertad condicional** La que se concede a un preso por buena conducta, antes de concluir su condena. **9. libertad provisional** La que se concede a un procesado hasta que se dicte sentencia, bajo ciertas condiciones, como el pago de una fianza. **SIN.** **1.** Voluntad, albedrío. **2.** Independencia. **3.** Franqueza, espontaneidad. **6.** Facilidad, soltura. **7.** Licencia. **ANT.** **1.** Predestinación. **2.** Esclavitud, prisión. **6.** Torpeza, rigidez. **FAM.** Libertar, libertario, libertinaje, libertino, liberto. LIBRE.

libertador, ra *adj.* Que liberta; se aplica especialmente a los dirigentes de algunas revoluciones políticas. También *s. m.* y *f.*

libertar *v. tr.* Dar la libertad, liberar: *Abrió la jaula y libertó a los pájaros.* También *v. prnl.* **SIN.** Manumitir. **ANT.** Esclavizar, encerrar. **FAM.** Libertador. LIBERTAD.

libertario, ria *adj.* Partidario de la libertad política absoluta y la desaparición de cualquier gobierno o ley. **SIN.** Ácrata, anarquista.

libertinaje *s. m.* **1.** Abuso de la propia libertad, sin respetar la ley, la moral o la libertad de los demás. **2.** Conducta viciosa o inmoral, especialmente en el terreno sexual. **SIN.** **2.** Vicio, desenfreno. **ANT.** **2.** Virtud.

libertino, na (del lat. *libertinus*, relativo a los libertos) *adj.* Se aplica a quien sigue una conducta de libertinaje y a sus actos y costumbres. También *s. m.* y *f.* **SIN.** Vicioso, inmoral, disipado, disoluto, crápula. **ANT.** Virtuoso.

liberto, ta (del lat. *libertus*) *s. m.* y *f.* En la antigua Roma, esclavo liberado, que generalmente mantenía vínculos con su antiguo amo.

líbico, ca (del lat. *Libycus*) *adj.* Libio*.

libídine (del lat. *libido, -inis*) *s. f.* Lujuria*.

libidinoso, sa (del lat. *libidinosus*) *adj.* Que muestra o produce un deseo sexual exagerado: *una danza libidinosa.* **SIN.** Lujurioso, lascivo, obsceno, lúbrico. **ANT.** Inocente, puro. **FAM.** Libidinosamente, libidinosidad. LIBIDO.

libido (del lat. *libido, -inis*) *s. f.* **1.** En psicol., término que designa el deseo sexual y, en general, la tendencia al placer y sus distintas manifestaciones. **2.** En lenguaje corriente, libídine, lujuria. ■ No confundir con el adj. *lívido*, 'amoratado' o 'pálido'. **FAM.** Libídine, libidinoso.

libio, bia (del lat. *Libyus*) *adj.* De Libia, antigua región y actual estado de África. También *s. m.* y *f.* **SIN.** Líbico. **FAM.** Líbico.

libra (del lat. *libra*) *s. f.* **1.** Unidad monetaria del Reino Unido y sus antiguas colonias. ■ Su nombre completo es *libra esterlina.* **2.** Antigua unidad de peso que equivalía en Castilla a 16 onzas o 460 g. **3.** Unidad de peso anglosajona que equivale aunos 453,5 g. || *s. m.* y *f.* **4.** Persona nacida bajo el signo zodiacal Libra. ■ No varía en pl. Se usa mucho en aposición: *las personas libra.* || **Libra** *n. p.* **5.** Constelación zodiacal del hemisferio austral, situada entre las de Escorpio y Virgo. **6.** Séptimo signo del Zodiaco, que el sol recorre aparentemente del 22 de septiembre al 23 de octubre.

librado, da **1.** *p.* de **librar**. También *adj.* || *s. m.* y *f.* **2.** Persona contra la que se libra una letra de cambio. || **LOC. salir bien** (o **mal**) **librado** Quedar beneficiado o, por el contrario, perjudicado en un asunto.

librador, ra (del lat. *liberator, -oris*, de *liberare*, liberar, despachar) *adj.* **1.** Que libra o libera. También *s. m.* y *f.* || *s. m.* y *f.* **2.** Persona que libra una letra de cambio. SIN. **1.** Liberador.

libramiento *s. m.* **1.** Escrito que expresa la orden de que se pague cierta cantidad de dinero. **2.** Acción de librar. SIN. **1.** Libranza.

libranza *s. f.* Orden de pago escrita que se da a una persona para que entregue a otra cierta cantidad de los fondos de los que dispone la que da la orden. SIN. Libramiento, giro.

librar (del lat. *liberare*) *v. tr.* **1.** Quitar a alguien un peso, evitarle un peligro, una obligación, una molestia, etc. También *v. prnl.*: *Sus reflejos le libraron del choque.* **2.** Con palabras que significan lucha, sostenerla: *Los ejércitos libraron una dura batalla.* **3.** Dar o comunicar por escrito documentos, órdenes, sentencias, etc. **4.** Emitir letras de cambio, órdenes de pago u otros documentos bancarios o mercantiles. || *v. intr.* **5.** Disfrutar un empleado del tiempo libre que le corresponde: *La asistenta libra los jueves.* **6.** Parir, dar a luz. SIN. **1.** Liberar(se), salvar, rescatar, desembarazar(se). **2.** Entablar. **3.** Cursar. **3.** y **4.** Expedir. **4.** Girar. ANT. **1.** Cargar, imponer. **2.** Rehuir. FAM. Librado, librador, libramiento, libranza. LIBRE.

libre (del lat. *liber, -era, -erum*) *adj.* **1.** Se dice de la persona que tiene la capacidad y posibilidad de obrar o no, o de hacerlo de una forma u otra. **2.** Se aplica a aquel o aquello que carece de restricciones, impedimentos, dependencias, etc.: *Dejó libre al ganado para que pastara. Salió libre después de cumplir la condena.* **3.** Con las preposiciones *de* y *para*, que puede hacer o no cierta cosa sin ninguna obligación: *Eres libre de (o para) irte cuando quieras.* **4.** Se aplica a lo que puede hacerse sin coacción o prohibición alguna: *votación libre y secreta.* **5.** Que no sigue ninguna norma o regla: *Tiene un estilo muy libre.* **6.** Que no tiene lo que se expresa a continuación. ■ Se construye con la prep. *de*: *libre de culpa, libre de impuestos.* **7.** Se dice del lugar, asiento o plaza no ocupados: *un taxi libre.* **8.** Se dice del camino, ruta o trayecto sin obstáculos: *En cuanto dejen libre la carretera podremos pasar.* **9.** Se dice del tiempo en que alguien no tiene que trabajar o realizar cualquier tarea u ocupación. **10.** Se aplica a la traducción o versión que no se ajusta rigurosamente al original. **11.** Soltero y sin compromiso. **12.** Se aplica a un estilo de natación que coincide generalmente con el *crawl*. || **13. libre cambio** Librecambio*. || LOC. **por libre** *adv.* Independientemente, por cuenta propia: *Trabaja por libre.* SIN. **2.** Liberado; soberano; independiente, autónomo; desembarazado. **5.** Rebelde, caprichoso. **6.** Exento. **7.** Desocupado, vacante, vacío, disponible. **8.** Abierto, expedito, transitable. ANT. **2.** Cautivo; oprimido. **5.** Convencional. **7.** Lleno. **8.** Cortado, cerrado. **9.** Hábil. **10.** Literal. **11.** Casado; prometido. FAM. Liberal, liberar, líbero, libérrimo, libertad, librar, librecambio, librepensador.

librea (del fr. *livrée*, lo que es dado, de *livrer*, entrega) *s. f.* **1.** Uniforme de gala que usan porteros, ujieres y conserjes. **2.** Pelaje o plumaje de ciertos animales.

librecambio *s. m.* Sistema económico basado en el principio de libre circulación de mercancías, especialmente mediante la supresión de aduanas y aranceles. ■ Se escribe también *libre cambio.* FAM. Librecambismo. LIBRE y CAMBIO.

librecambismo *s. m.* Doctrina que defiende el librecambio. SIN. Liberalismo ANT. Proteccionismo FAM. Librecambista. LIBRECAMBIO.

librepensador, ra *adj.* Se dice de la persona que defiende la tolerancia y la razón frente a cualquier dogmatismo, especialmente religioso. También *s. m.* y *f.* ANT. Dogmático. FAM. Librepensamiento. LIBRE y PENSADOR.

librería *s. f.* **1.** Tienda donde se venden libros. **2.** Mueble con estanterías donde se colocan los libros. **3.** Oficio o negocio de librero. **4.** Colección de libros. SIN. **2.** y **4.** Biblioteca.

librero, ra *s. m.* y *f.* Persona que vende libros.

libresco, ca *adj.* **1.** *desp.* Que se basa o inspira en los libros y no en la realidad: *Sus conocimientos eran sólo librescos.* **2.** De los libros. SIN. **1.** Literario. ANT. **1.** Real.

libreta *s. f.* **1.** Cuadernillo para escribir anotaciones, direcciones, cuentas, etc. || **2. libreta de ahorros** Documento bancario donde se consignan los apuntes de una cuenta de ahorro. SIN. **1.** Agenda.

libretista *s. m.* y *f.* Persona que escribe libretos.

libreto (del ital. *libretto*) *s. m.* Texto o guión de una obra de teatro musical, como el de las óperas o las zarzuelas. FAM. Libretista. LIBRO.

librillo *s. m.* **1.** *dim.* de **libro**. **2.** Cuadernillo de hojas de papel de fumar.

libro (del lat. *liber, libri*) *s. m.* **1.** Conjunto de hojas escritas o impresas que están cosidas o pegadas, tienen una cubierta y constituyen un volumen adecuado para la lectura. **2.** Cada una de las partes en que se divide una obra literaria, científica o doctrinal muy extensa: *El episodio está en el libro III, capítulo XIX.* **3.** Texto publicado por el gobierno o por un organismo oficial para informar sobre un tema; suele ir acompañado por un adjetivo de color: *el libro blanco de la reforma de la enseñanza.* **4.** Libro de contabilidad. Se usa más en *pl.*: *Un inspector de hacienda revisará los libros de la empresa.* **5.** Conjunto de impresos u hojas en blanco, encuadernados o unidos por otro sistema, destinado a diversos usos: *libro de reclamaciones, libro de registro.* **6.** Tercera cavidad del estómago de los rumiantes. || **7. libro de bolsillo** El de pequeño tamaño destinado al consumo masivo. **8. libro de caballerías** El que trataba sobre caballeros andantes. **9. libro de familia** Libreta en la que se registran los datos de los que contraen matrimonio y de sus hijos. **10. libro de oro** El que tienen algunos ayuntamientos, entidades, organismos, etc., para recoger las firmas de las personalidades que los visitan. **11. libro de texto** El que utilizan los alumnos como base para estudiar una asignatura. || LOC. **colgar los libros** *fam.* Abandonar los estudios. **de libro** *adj.* Que es tal y como se supone que debiera ser: *No hay duda de que tiene varicela, es un caso de libro.* **hablar** (o **explicarse**) **como un libro** (**abierto**) *fam.* Hacerlo con mucha sabiduría o con mucha claridad. **llevar los libros** Ocuparse de la contabilidad de una empresa. FAM. Libracho, libraco, librazo, librería, librero, libresco, libreta, libreto, librillo, librojuego. / Audiolibro, portalibros, sujetalibros, videolibro.

librojuego *s. m.* Libro infantil que contiene elementos sonoros, partes móviles, etc., con las que el niño puede jugar.

licantropía (del gr. *lykanthropia*, de *lykos*, lobo, y *anthropos*, hombre) *s. f.* **1.** Enfermedad mental en que el enfermo se imagina que es un lobo e imita su comportamiento. **2.** Según la superstición, conversión de un hombre en lobo. FAM. Licántropo.

licaón *s. m.* Mamífero carnívoro cánido, de mediano tamaño, patas largas, orejas grandes y pelo corto con manchas de colores; es una especie de perro salvaje que habita en las sabanas africanas al S del Sáhara, formando jaurías.

licencia (del lat. *licentia*) *s. f.* **1.** Permiso para hacer algo: *El rey dio licencia a su ministro para retirarse.* **2.** Permiso legal para hacer o utilizar algo, y documento en que consta: *licencia de armas.* **3.** *Amér.* Permiso de conducir. **4.** Permiso para ausentarse de un empleo civil o militar: *Mi hermano está haciendo la mili; ha venido con licencia.* **5.** Libertad excesiva, especialmente en el terreno sexual. || *s. f. pl.* **6.** Permiso indefinido que reciben los eclesiásticos de sus superiores para ejercer sus funciones pastorales. **7.** Abuso de confianza: *Para ser un desconocido, se toma demasiadas licencias con nosotros.* || **8. licencia poética** Cada una de las incorrecciones de lenguaje, estilo o métrica que en ciertos casos se toleran en poesía, por necesidades expresivas o por permitirlo la tradición poética. **SIN. 1.** Venia, beneplácito. **1.**, **2.** y **4.** Autorización. **5.** Relajación, desenfreno. **ANT. 1.** y **2.** Prohibición. **5.** Austeridad. **FAM.** Licenciar, licencioso.

licenciado, da 1. *p.* de **licenciar**. || *adj.* **2.** Declarado libre de algún servicio u obligación. También *s. m.* y *f.* **3.** Particularmente, se aplica al soldado o reservista que ha recibido la licencia definitiva. También *s. m.* **4.** Se dice de la persona que ha obtenido el título o grado que lo capacita para ejercer una carrera universitaria. También, de este mismo título. También *s. m.* y *f.* || *s. m.* y *f.* **5.** *Amér.* Tratamiento que se da a los abogados. **SIN. 2.** Exento, excluido. **4.** Graduado, titulado. **ANT. 2.** Obligado.

licenciar (del lat. *licentiare*) *v. tr.* **1.** Dar a los soldados la licencia definitiva al terminar el servicio militar: *Al acabar la guerra licenciaron al ejército.* **2.** Conceder la licenciatura universitaria. También *v. prnl.* **3.** Despedir a alguien de un trabajo. || **licenciarse** *v. prnl.* **4.** Terminar el servicio militar. **SIN. 2.** Graduar(se). **FAM.** Licenciado, licenciamiento, licenciatura. LICENCIA.

licenciatura (del lat. *licentiatum*, de *licentiare*, licenciar) *s. f.* Grado o título de licenciado que se obtiene al acabar los estudios universitarios de segundo ciclo, y estos mismos estudios. **SIN.** Titulación, graduación.

licencioso, sa (del lat. *licentiosus*) *adj.* Inmoral, vicioso, especialmente en el terreno sexual. ■ Se aplica tanto a personas como a cosas: *cuentos licenciosos.* **SIN.** Libertino, indecente, lujurioso, lascivo. **ANT.** Virtuoso. **FAM.** Licenciosamente. LICENCIA.

liceo (del lat. *Lyceum*, y éste del gr. *Lykeion*, nombre de la escuela donde enseñaba Aristóteles) *s. m.* **1.** Nombre que reciben algunas instituciones culturales o de actividades recreativas. **2.** En ciertos países, como Italia, Francia y algunos países hispanoamericanos, centro de enseñanza media. **SIN. 2.** Instituto. **FAM.** Liceísta.

licitador, ra *s. m.* y *f.* El que licita.

licitar (del lat. *licitari*) *v. tr.* Ofrecer precio por algo en una subasta. **SIN.** Pujar. **FAM.** Licitación, licitador, licitante. LÍCITO.

lícito, ta (del lat. *licitus*) *adj.* Justo y correcto de acuerdo con la ley, la moral o la razón: *Se hizo rico por medios lícitos.* **SIN.** Legítimo, legal, honrado. **ANT.** Ilícito. **FAM.** Lícitamente, licitar, licitud. / Ilícito.

licor (del lat. *liquor*) *s. m.* **1.** Bebida alcohólica obtenida por destilación de diversos alcoholes, a la que se añaden sustancias aromáticas. **2.** En sentido amplio, líquido. **FAM.** Licorera, licorería, licorista, licoroso. LÍQUIDO.

licorera *s. f.* **1.** Botella especial para servir licores, generalmente decorada, y juego de cristal del que puede formar parte. **2.** Mueble pequeño o compartimento de otro mayor donde se guardan licores. **3.** *Col.* Establecimiento donde se elaboran licores.

licorería *s. f.* Establecimiento donde se hacen o venden licores.

licra *s. f.* Lycra*.

licuado *s. m. Arg.* y *Urug.* Batido de frutas.

licuadora *s. f.* Aparato eléctrico para licuar frutas u otros alimentos.

licuar (del lat. *liquare*) *v. tr.* **1.** Convertir un cuerpo sólido o gaseoso en líquido: *Licuamos unas manzanas para bebernos su jugo.* También *v. prnl.* **2.** Fundir un metal sin descomponerlo. ■ En cuanto al acento, se conjuga como *averiguar*: *licua*, aunque es frecuente conjugarlo como *actuar*: *licúa*. **SIN. 1.** Liquidar. **ANT. 1.** Solidificar; evaporar. **FAM.** Licuable, licuación, licuado, licuadora, licuante, licuefacción. / Delicuescencia. LÍQUIDO.

licuefacción *s. f.* Proceso por el que la materia pasa del estado físico gaseoso al líquido. **SIN.** Licuación. **ANT.** Evaporación, vaporización. **FAM.** Licuefacer, licuefactible, licuefactivo. LICUAR.

lid (del lat. *lis, litis*) *s. f.* **1.** Lucha, combate. **2.** Discusión, controversia. || *s. f. pl.* **3.** Actividades, situaciones: *Es un político experto en lides parlamentarias.* || **LOC. en buena lid** *adv.* Legítimamente, por medios lícitos. **SIN. 1.** Pelea, contienda, batalla. **1.** y **2.** Duelo, liza. **2.** Disputa, debate. **3.** Menesteres. **FAM.** Lidiar.

líder (del ingl. *leader*, guía) *s. m.* y *f.* **1.** Jefe o dirigente de un grupo, partido, movimiento, etc. **2.** En una competición deportiva, deportista o equipo que va el primero en la clasificación: *el líder de la Vuelta a España.* También *adj.* **3.** Persona o entidad que domina en determinado campo. También *adj.*: *Es la empresa líder en el sector turístico.* **SIN. 1.** Cabeza, caudillo, guía. **ANT. 1.** Segundón, subalterno. **FAM.** Liderar, liderato, liderazgo.

liderar *v. tr.* **1.** Dirigir un grupo, partido, movimiento, etc. **2.** Encabezar una clasificación deportiva. **SIN. 1.** Acaudillar, guiar.

liderato o **liderazgo** *s. m.* Condición o actividad de líder y tiempo en que se ejerce: *Mantuvo el liderato veinte jornadas.* **SIN.** Autoridad, jefatura, dirección, dominio.

lidia *s. f.* Toreo*.

lidiar (del lat. *litigare*) *v. intr.* **1.** Luchar para conseguir cierta cosa. || *v. tr.* **2.** Torear*. **SIN. 1.** Combatir, batallar, bregar. **ANT. 1.** Rendirse. **FAM.** Lidia, lidiador. LID.

lido *s. m.* Cordón litoral de arena que separa del mar una albufera o laguna.

liebre (del lat. *lepus, -oris*) *s. f.* Mamífero lagomorfo de pelaje diverso, más claro cuanto más fría es la región que habita, que tiene el labio partido, cuatro incisivos superiores y dos inferiores, patas posteriores muy desarrolladas y largas orejas puntiagudas. Constituye una apreciada pieza de caza. || **LOC. levantar la liebre** *fam.* Atraer la atención sobre alguna cosa que conviene que permanezca oculta. **saltar la liebre** Producirse un suceso de forma imprevisible: *Donde menos se piensa salta la liebre.* **FAM.** Lebrato, lebrel, lebrero. / Lepórido, leporino.

lied (al.) *s. m.* Canción breve de origen alemán y carácter generalmente lírico, característica de los compositores románticos. ■ Su pl. es *lieder.*

liendre (del lat. vulg. *lendis, -inis,* de *lens, lendis*) *s. f.* Huevo del piojo.

lienzo (del lat. *linteum*) *s. m.* **1.** Tela hecha normalmente de lino, cáñamo o algodón. **2.** Tela preparada para pintar sobre ella, y cuadro ya concluido: *un lienzo de Rembrandt.* **3.** Trozo continuo y recto de pared, muro o muralla. SIN. **2.** Pintura, óleo. FAM. Lencería.

liftar (del ingl. *lift*) *v. tr.* En tenis, lanzar una bola rasante y rápida para que cuando toque el suelo adquiera gran velocidad. También *v. intr.* FAM. Liftado.

lifting (ingl.) *s. m.* Operación de cirugía estética que consiste en estirar la piel para hacer desaparecer las arrugas.

liga *s. f.* **1.** Cinta o tira elástica con que se sujetan a la pierna las medias y calcetines. **2.** Cualquier banda o faja: *Le entregaron los billetes unidos con una liga.* **3.** Unión de ciudadanos, grupos, Estados, etc., con un interés común: *liga antitabaco, Liga del Peloponeso.* **4.** Competición deportiva en la que cada participante se enfrenta sucesivamente a todos los demás. **5.** Unión, mezcla, aleación. **6.** Sustancia pegajosa producida por ciertos vegetales, que se usa en las trampas para cazar pájaros. **7.** Cantidad de cobre que se añade al oro o la plata en monedas acuñadas y joyas. SIN. **2.** Venda. **3.** Asociación, alianza, coalición, confederación. FAM. Portaligas. LIGAR.

ligado, da 1. *p.* de **ligar**. También *adj.* || *s. m.* **2.** Enlace de las letras al escribir. **3.** Serie de notas musicales que se ejecutan sin interrumpir el sonido entre unas y otras.

ligadura (del lat. *ligatura*) *s. f.* **1.** Acción de ligar. **2.** Cuerda, correa o cualquier cosa que sirve para atar o sujetar. Se usa más en *pl.*: *Logró desatar sus ligaduras y huyó.* **3.** Unión de dos cables, cuerdas, etc. **4.** Compromiso, obligación moral que impide actuar libremente: *Rompió las ligaduras familiares buscando mayor independencia.* **5.** Signo de notación musical, en forma de línea curva, que indica que dos o más notas deben ejecutarse ligadas. SIN. **1.** Ligación, ligamento, ligamiento. **2.** y **3.** Atadura, lazo. ANT. **1.** Separación.

ligamento (del lat. *ligamentum*) *s. m.* **1.** Acción de ligar. **2.** Cada uno de los cordones o membranas de tejido fibroso que unen huesos y articulaciones o sostienen un órgano del cuerpo. SIN. **1.** Ligación, ligadura, ligamen. **2.** Tendón. ANT. **1.** Separación. FAM. Ligamentoso. LIGAR.

ligar (del lat. *ligare*) *v. tr.* **1.** Atar o sujetar con una cuerda, hilo, venda o cosa semejante: *El doctor ligó los bordes de la herida.* **2.** Unir, relacionar: *Los recuerdos aún le ligan al pasado.* **3.** Comprometer, obligar. También *v. prnl.*: *No deseo ligarme a esa responsabilidad.* **4.** Enlazar las letras al escribir. **5.** Enlazar una serie de notas musicales al ejecutarlas. **6.** Añadir cobre al oro y la plata para rebajar su ley en monedas y joyas. **7.** Alear metales. **8.** Hacer que ciertas sustancias formen una masa homogénea y no se corten: *ligar la mayonesa.* También *v. prnl.* **9.** *fam.* Coger, pillar, conseguir: *Le ligó la policía. Ligamos un par de entradas para el concierto.* **10.** En los juegos de naipes, reunir una buena jugada: *Ligué un póquer de damas.* **11.** *Arg., Chile* y *Urug.* Recibir un castigo o una paliza. **12.** *Cuba* y *Méx.* Curiosear, fisgar. || *v. intr.* **13.** Establecer con alguien una relación amorosa o sexual, normalmente pasajera: *En las vacaciones siempre liga con algún extranjero.* También *v. tr.* y *v. prnl.* || **ligarse** *v. prnl.* **14.** Vincularse a alguien o algo: *El destino me ligó a ti.* || LOC. **ligarla** o **ligársela** En ciertos juegos de chicos, como el escondite, tocarle a uno perseguir, buscar o atrapar a los demás. ■ Delante de *e* se escribe *gu* en lugar de *g*: *liguen.* SIN. **1.** Fijar, amarrar. **1.** y **2.** Encadenar. **2.** Conectar. **8.** Cuajar. **9.** Agenciarse, mercar. **14.** Entregarse, afiliarse. ANT. **1.**, **2.** y **5.** Desligar. **2.** Separar. **3.** Desligar(se), liberar(se). **14.** Desligarse, separarse, independizarse. FAM. Liga, ligación, ligado, ligadura, ligamen, ligamento, ligamiento, ligazón, ligón, ligotear, ligue, liguero, liguilla. / Coaligar, coligarse, desligar, legajo.

ligazón (del lat. *ligatio, -onis*) *s. f.* Estrecha unión o relación entre una cosa y otra. SIN. Conexión, trabazón. ANT. Desconexión.

ligereza *s. f.* **1.** Cualidad de ligero o leve: *Tiene la ligereza de una pluma.* **2.** Rapidez, agilidad: *Subió las escaleras con ligereza.* **3.** Cualidad de irresponsable o irreflexivo: *Actuaste con ligereza al revelarle tus planes.* **4.** Error o imprudencia que se comete por falta de cuidado o reflexión: *Fue una ligereza por tu parte sacar el tema.* SIN. **1.** Levedad. **2.** Prontitud, presteza. **3.** y **4.** Estupidez, insensatez, desacierto. ANT. **1.** y **2.** Pesadez. **2.** Lentitud. **3.** Discreción. **3.** y **4.** Acierto.

ligero, ra (del fr. *léger,* y éste del lat. vulg. *leviarius,* de *levis,* leve) *adj.* **1.** Que se mueve o actúa con rapidez, agilidad o facilidad: *A sus años todavía tiene una mente ligera y lúcida.* **2.** De poco peso: *Los aviones se construyen con materiales ligeros.* **3.** De poca fuerza, dificultad, intensidad, consistencia, importancia o profundidad: *un sueño ligero, una comida ligera, un tejido ligero, unos ligeros rasguños, una comedia ligera.* **4.** Seguido de la preposición *de,* con poco o nada de lo que se expresa: *ligero de equipaje.* **5.** Se dice de una categoría de boxeo constituida por púgiles cuyo peso oscila entre los 58 y los 61 kg. También *s. m.* || LOC. **a la ligera** *adv.* Rápida y descuidadamente, sin reflexionar, o de manera superficial o frívola: *Estos errores surgen por hacer las cosas a la ligera.* **ligera de cascos** *adj. fam.* Se dice de la mujer frívola e inconstante en sus relaciones amorosas. SIN. **1.** Ágil, veloz, rápido. **2.** y **3.** Liviano, leve, flojo, débil, suave, superficial. ANT. **1.** Torpe. **1.** a **3.** Pesado, fuerte, grueso, espeso, grave. FAM. Ligeramente, ligereza. / Aligerar, superligero, ultraligero.

light (ingl.) *adj.* **1.** Con bajo contenido en calorías o en alguno de sus componentes: *queso light, tabaco light.* **2.** *fam. desp.* Ligero, poco importante, intenso o profundo: *En una vida tan light no caben las emociones.*

lignícola (del lat. *lignum,* madero, y *colere,* habitar) *adj.* Que vive en la madera o en los árboles.

lignito (del lat. *lignum,* leño) *s. m.* Carbón mineral de color negro o pardo, menos bituminoso y con menor poder calorífico que la hulla.

ligón, na *adj. fam.* Se dice de la persona que liga mucho, que consigue con facilidad relaciones amorosas o sexuales. También *s. m.* y *f.* SIN. Conquistador, castigador.

ligotear *v. intr. fam.* Intentar establecer una relación amorosa pasajera. FAM. Ligoteo. LIGAR.

ligoteo *s. m. fam.* Intento de establecer relaciones amorosas pasajeras.

ligue *s. m.* **1.** *fam.* Relación pasajera de carácter sexual o amoroso: *Tuvieron un ligue hace tiempo.*

2. Persona con la que se mantiene este tipo de relación: *Nos presentó a su nuevo ligue.* SIN. **1.** Flirt, rollo.

liguero, ra *adj.* **1.** De la liga deportiva. || *s. m.* **2.** Especie de faja estrecha de la que cuelgan dos o más cintas con hebillas para sujetar las medias de las mujeres.

liguilla (dim. de *liga*) *s. f.* **1.** Liga deportiva en la que intervienen pocos equipos. **2.** Cinta o faja muy estrecha.

ligur (del lat. *Ligur*) *adj.* **1.** De un antiguo pueblo de Europa que habitaba la región septentrional de Italia en torno al golfo de Génova. **2.** De Liguria, región donde se asentó este pueblo. También *s. m.* y *f.* || *s. m.* **3.** Lengua de los antiguos ligures.

lija *s. f.* **1.** Pintarroja*. **2.** Piel de la pintarroja o de otro pez, que se utiliza para frotar con ella las cosas que se quieren pulir. **3.** Hoja fuerte de papel o tela que tiene pegados en una de sus caras granitos de polvo de esmeril, vidrio molido, arena de cuarzo, etc., y se usa para pulir y alisar maderas, metales, etc. ■ Se dice también *papel de lija.* FAM. Lijar.

lijado, da 1. *p.* de *lijar.* También *adj.* || *s. m.* **2.** Acción de lijar.

lijadora *s. f.* Máquina para lijar o pulir.

lijar (de *lija*) *v. tr.* Pulir o suavizar una cosa con lija, papel de lija o una lijadora. FAM. Lijado, lijadora. LIJA.

lila[1] (del fr. *lilas,* del ant. *lilac,* y éste del persa *lilak* o *milac,* azulado) *s. f.* **1.** Nombre de diversas especies de arbustos de la familia de las oleáceas, con hojas aovadas o acorazonadas y flores pequeñas y aromáticas de color morado claro o blanco. Se llama también *lilo.* **2.** Flor de este arbusto. **3.** Color morado claro como el de estas flores. SIN. **3.** Malva. FAM. Lilo.

lila[2] *s. m. fam.* Tonto, primo.

liliáceo, a *adj.* **1.** Se dice de las plantas monocotiledóneas, generalmente herbáceas, que se caracterizan por tener bulbos o rizomas enterrados, como el tulipán o el jacinto, el espárrago, el ajo y la cebolla. También *s. f.* || *s. f. pl.* **2.** Familia de estas plantas. FAM. Véase **lirio**.

liliputiense (de *Liliput,* el país imaginario de los enanos creado por Jonathan Swift) *adj.* **1.** Enano. También *s. m.* y *f.* **2.** De estatura muy baja. También *s. m.* y *f.* ANT. **1.** y **2.** Gigante.

lilo *s. m.* Lila, arbusto.

lima[1] (del lat. *lima*) *s. f.* **1.** Herramienta de acero que consiste en una barra con la superficie estriada o granulada, que se utiliza para alisar o desgastar metales, madera, etc. **2.** Lámina delgada de superficie áspera para limar las uñas. **3.** Acción de limar. **4.** *fam.* Persona que come mucho. || LOC. **comer como** (o **más que**) **una lima** *fam.* Comer mucho. SIN. **3.** Limado, pulido. FAM. Limar, limatón.

lima[2] (del ár. *lima*) *s. f.* **1.** Fruto del limero, de forma esferoidal, color amarillo, pulpa jugosa y sabor agridulce. **2.** Bebida que se obtiene de este fruto. **3.** Limero, árbol de la lima. FAM. Limero. LIMÓN.

lima[3] (del lat. *limus,* inclinado) *s. f.* **1.** Ángulo que forman las dos vertientes de un tejado. **2.** Madero que se coloca en este ángulo.

limaco (del lat. *limax, -acis*) *s. m.* Babosa*, molusco gasterópodo. SIN. Limaza. FAM. Limaza.

limado, da 1. *p.* de *limar.* También *adj.* || *s. m.* **2.** Acción de limar.

limadura (del lat. *limatura*) *s. f.* **1.** Acción de limar. **2.** Pequeño trozo que se desprende al limar un metal. Se usa más en *pl.* SIN. **1.** Lima, limado. **2.** Viruta.

limar (del lat. *limare*) *v. tr.* **1.** Pulir o rebajar una cosa con la lima: *limar las uñas.* **2.** Acabar de perfeccionar una obra: *Limó el artículo antes de entregarlo a imprenta.* **3.** Debilitar o disminuir algo no material: *El encuentro contribuyó a limar sus diferencias.* || LOC. **limar asperezas** Suavizar un desacuerdo o enfrentamiento entre dos o más personas. SIN. **1.** Desgastar, debastar. **2.** Retocar. **3.** Reducir, templar. ANT. **3.** Extremar. FAM. Limador, limadura. LIMA[1].

limatón *s. m.* Lima gruesa y redondeada.

limaza (del lat. *limax, -acis*) *s. f.* Babosa*.

limbo (del lat. *limbus*) *s. m.* **1.** En la religión católica, lugar o estado en que, según algunos teólogos, se encuentran las almas de los niños que mueren sin bautizar antes de tener uso de razón. **2.** Lugar donde los patriarcas y santos del Antiguo Testamento esperaban después de su muerte la redención de Cristo. **3.** En bot., parte aplanada de las hojas, pétalos y sépalos de los vegetales. **4.** En astron., cerco de un astro. **5.** Corona o círculo graduado que tienen ciertos instrumentos topográficos y astronómicos para medir ángulos. **6.** Borde, orla, ribete de un vestido. || LOC. **estar en el limbo** *fam.* Estar alguien distraído, no enterarse de lo que pasa.

limeño, ña *adj.* De Lima, capital de Perú. También *s. m.* y *f.*

limero *s. m.* Árbol de flores blancas y olorosas, cuyo fruto es la lima. ■ Se llama también *lima.*

limícola *adj.* **1.** Se aplica a los organismos que viven en el limo. **2.** Se dice de las aves que viven en ríos y zonas pantanosas.

liminal (del ingl. *liminal,* y éste del lat. *limen,* umbral) *adj.* En psicol., que está dentro de los límites de lo que perciben los sentidos. ANT. Subliminal, inconsciente. FAM. Subliminal. LÍMITE.

liminar (del lat. *liminaris, -re*) *adj.* Preliminar*.

limitación (del lat. *limitatio, -onis*) *s. f.* **1.** Acción de limitar: *En esa escuela hay limitación de plazas.* **2.** Circunstancia, factor, etc., que limita o impide: *A pesar de sus limitaciones físicas, llegó a ser un gran atleta.* SIN. **2.** Cortapisa, impedimento.

limitado, da 1. *p.* de **limitar**. || *adj.* **2.** Que tiene límites: *Cada curso admiten un número limitado de alumnos.* **3.** Reducido, pequeño: *Su resistencia física es limitada.* **4.** Se aplica a la persona poco inteligente. SIN. **2.** Delimitado, acotado, restringido. **3.** Escaso. **4.** Retrasado, corto. ANT. **2.** y **3.** Ilimitado. FAM. Limitadamente. / Ilimitado. LIMITAR.

limitar (del lat. *limitare*) *v. tr.* **1.** Poner límites, generalmente a un terreno. **2.** Reducir algo estableciendo unos límites: *Debido a la sequía han limitado el consumo de agua.* También *v. prnl.* || *v. intr.* **3.** Tener un territorio o país fronteras comunes con otro: *España limita al oeste con Portugal.* || **limitarse** *v. prnl.* **4.** Hacer alguien únicamente lo que se expresa: *Me limité a cumplir mi obligación.* SIN. **1.** Delimitar, acotar, separar. **2.** Recortar, restringir. **3.** Lindar. **4.** Ceñirse. ANT. **2.** Aumentar, ampliar. FAM. Limitable, limitación, limitado, limitador, limitativo. / Delimitar, extralimitarse. LÍMITE.

límite (del lat. *limes, -itis*) *s. m.* **1.** Línea real o imaginaria que señala la separación entre dos cosas: *Dio un paseo hasta los límites de la finca.* **2.** Final o grado máximo de algo: *Aguantó hasta el límite de su paciencia.* **3.** Punto, grado, momento, etc., que no se puede o no se debe sobrepasar. También *adj.*: *Tenemos una hora límite de llegada.* || **4. situación límite** Situación o estado de máximo peligro o gravedad. || **LOC. sin límite** (o **límites**) *adj.* y *adv.* Extremadamente grande: *Posee una generosidad sin límites.* **SIN. 1.** Frontera, división, linde, término. **2.** Extremo, colmo. **FAM.** Limitar, limítrofe. / Liminal, linde.

limítrofe (del lat. *limitrophus*, y éste del lat. *limes, -itis*, límite, y el gr. *trepho*, alimentar) *adj.* Se dice del territorio, país, etc., que tiene límites con otro. **SIN.** Colindante, aledaño.

limo (del lat. *limus*) *s. m.* **1.** Lodo, barro. **2.** Material formado por partículas de tamaño intermedio entre las arenas y las arcillas, que es transportado por el agua y depositado en el fondo de los mares y lagos. **SIN. 1.** Légamo. **FAM.** Limícola, limoso.

limón (del ár. *laimun*) *s. m.* **1.** Fruto del limonero, de color amarillo, forma ovalada y sabor ácido. **2.** P. ext., limonada o refresco hecho con este fruto. **3.** Limonero, árbol que da dicho fruto. **4.** Color amarillo brillante, como el del fruto del limonero. A veces se usa en aposición: *un vestido limón.* **FAM.** Lima[2], limonada, limonar, limonero.

limonada *s. f.* **1.** Bebida a base de zumo de limón, agua y azúcar. **2.** P. ext., refresco de limón.

limonar *s. m.* Terreno plantado con limoneros.

limonero, ra *adj.* **1.** Del limón. || *s. m.* y *f.* **2.** Persona que vende limones. || *s. m.* **3.** Árbol perenne de hojas elípticas dentadas, flores blancas y fruto en hesperidio de color amarillo, llamado limón, muy usado en alimentación. El árbol se denomina, asimismo, *limón*.

limonita *s. f.* Mineral de hidróxido de hierro, que se utiliza principalmente como pigmento y para la obtención de hierro.

limosna (del ant. *alimosna*, y éste del lat. *aleemosyna* o *elimosyna*, del gr. *eleemosyne*, compasión) *s. f.* **1.** Dinero u otra cosa que se da a los pobres por caridad. **2.** P. ext., cantidad muy pequeña o insuficiente, generalmente de dinero, que se da como pago o recompensa: *Tanto trabajar para que luego te despachen con una limosna.* **SIN. 2.** Miseria. **FAM.** Limosnear, limosnero.

limosnear *v. intr.* Pedir limosna. **SIN.** Mendigar.

limosnero, ra *adj.* **1.** Se dice de la persona que da limosna a menudo. También *s. m.* y *f.* || *s. f.* **2.** Bolsita de tela que llevan a veces las niñas de primera comunión, para meter el dinero que les regalan.

limoso, sa (del lat. *limosus*) *adj.* Lleno o cubierto de limo. **FAM.** Limosidad. LIMO.

limpia[1] *s. f.* Acción de limpiar: *Tienes que hacer una limpia de ropa en el armario.* **SIN.** Limpieza.

limpia[2] *s. m.* y *f.* **1.** *fam. acort.* de **limpiabotas**. || *s. m.* **2.** *fam. acort.* de **limpiaparabrisas**.

limpiabarros *s. m.* Felpudo*. ▪ No varía en *pl.*

limpiabotas *s. m.* y *f.* El que tiene por oficio limpiar y dar brillo a botas y zapatos. ▪ No varía en *pl.*

limpiabrisas *s. m. Col.* Limpiaparabrisas. ▪ No varía en *pl.*

limpiador, ra *adj.* **1.** Que limpia: *una máquina limpiadora.* También *s. m.* y *f.* || *s. m.* **2.** Producto que se emplea para limpiar: *Compra un limpiador para el baño.*

limpiamente *adv. m.* **1.** Con precisión, soltura y habilidad: *Le robaron la cartera limpiamente.* **2.** Con limpieza o corrección: *El partido se desarrolló limpiamente, sin incidentes.* **3.** Honestamente, honradamente: *Siempre actuó limpiamente en todo lo que hacía.*

limpiaparabrisas *s. m.* Dispositivo formado por una o dos varillas articuladas que se desplazan por el parabrisas de los coches para limpiar el agua, la nieve, etc. y cada una de dichas varillas. ▪ No varía en *pl.*

limpiar (de *limpio*) *v. tr.* **1.** Quitar la suciedad. También *v. prnl.* **2.** Quitar a algo lo que le estorba, perjudica o no le sirve: *limpiar el pescado.* **3.** Reparar alguien el daño o la vergüenza que ha sufrido su reputación, honra, etc.: *Con aquel acto limpió su honor.* **4.** Purificar: *Limpió su alma de pecados.* **5.** Librar un lugar de la presencia de delincuentes, maleantes, etc. **6.** *fam.* Robar, hurtar: *Un navajero le limpió a la salida del metro.* **7.** En el juego, ganarle mucho a otros en las apuestas: *Tuvo una racha de suerte y nos limpió en un momento.* **8.** *Arg.*, *Par.* y *Urug.* Matar. **SIN. 1.** Asear. **3.** Lavar. **4.** Purgar. **ANT. 1.** Ensuciar. **1.**, **3.** y **4.** Manchar. **FAM.** Limpia[1], limpiabarros, limpiabotas, limpiabrisas, limpiador, limpiaparabrisas, limpión. LIMPIO.

limpidez *s. f.* Cualidad de límpido. **SIN.** Limpieza, transparencia, claridad.

límpido, da (del lat. *limpidus*) *adj.* Limpio, transparente, claro: *una mirada límpida.* ▪ Su uso es culto y literario. **SIN.** Puro, cristalino, inmaculado. **ANT.** Turbio. **FAM.** Limpidez. LIMPIO.

limpieza *s. f.* **1.** Cualidad de limpio. **2.** Acción de limpiar: *El lunes toca limpieza general.* **3.** Destreza, soltura o precisión con que se realiza algo: *Hace juegos de manos con la limpieza de un profesional.* **4.** En juegos y deportes, comportamiento correcto de acuerdo con las reglas. **5.** Honradez, nobleza: *Es conocida su limpieza en los negocios.* || **6. limpieza de sangre** Antiguamente, estado o circunstancia de no tener antepasados judíos o moros. **SIN. 1.** Pulcritud. **1.** y **2.** Aseo. **3.** Habilidad, maña. **4.** Corrección, deportividad. **5.** Honestidad. **ANT. 1.** Suciedad. **3.** Torpeza. **5.** Inmoralidad.

limpio, pia (del lat. *limpidus*) *adj.* **1.** Que no tiene manchas ni suciedad. **2.** Que es aseado y cuidadoso con su higiene, su aspecto y sus cosas. **3.** Que no tiene nada que lo altere, cubra u oscurezca: *un cielo limpio.* **4.** Libre de desperdicios, sobras o cosas inútiles: *Ya he dejado limpio el pescado.* **5.** Que no tiene mezcla ni impurezas: *En la montaña se respiraba un aire limpio.* **6.** Noble, honrado: *Su actuación fue limpia en todo momento.* **7.** Que se hace sin trampas, cumpliendo las reglas: *juego limpio.* **8.** *fam.* Que no tiene dinero o lo ha perdido todo. **9.** Inocente, libre de culpa: *Salió limpio de aquel escándalo.* **10.** Se dice del ingreso o la cantidad de dinero que resulta después de descontar gastos, impuestos, etc. **11.** *fam.* Con palabras como *golpe*, *grito*, *disparo*, etc., refuerza dichas palabras: *Se enfrentaron a tiro limpio.* **12.** Que carece de conocimientos sobre cierta materia. || *adv. m.* **13.** Limpiamente: *No juegas limpio.* || **LOC. en limpio** *adv.* Una vez separados los gastos y descuentos o lo que sobra. **poner en limpio** o **pasar a limpio** Redactar un escrito en su forma definitiva, sin tachaduras ni correcciones. **sacar en limpio** Obtener una idea clara o precisa de un problema, una explicación, una discusión, etc. También, obtener algo de provecho: *Y al final, ¿qué hemos sacado en limpio de todo esto?* **SIN. 1.** Impoluto, inmaculado. **1.** y **2.** Pulcro. **3.** Claro, nítido, diáfano. **4.** y **8.** Pelado. **5.** Puro. **6.** Íntegro, honesto. **7.** Correcto, deportivo. **10.** Neto. **ANT. 1.** a **3.** y **7.** Sucio. **5.** Impuro. **6.** Deshonesto. **7.** Incorrecto, marrullero. **8.** Forrado. **9.** Culpable. **10.** Bruto. **FAM.** Limpiamente, limpiar, límpido, limpieza. / Relimpio.

limpión *s. m.* **1.** Limpieza rápida y por encima. **2.** *Col.* Reprimenda. **3.** *C. Rica* y *Ven.* Trapo de limpiar los platos.

limusina (del fr. *limousine*) *s. f.* **1.** Antiguo carruaje o automóvil con carrocería cerrada únicamente para los asientos traseros, quedando al descubierto los del conductor. **2.** Automóvil de lujo de gran tamaño.

lináceo, a *adj.* **1.** De las plantas lináceas o relacionado con ellas. También *s. f.* || *s. f. pl.* **2.** Familia de hierbas, matas o arbustos de hojas alternas y estrechas, flores regulares y fruto seco, como el lino.

linaje (del lat. *linea*, línea, y el suf. *-aticum*) *s. m.* **1.** Conjunto de antepasados y descendientes de una persona, especialmente de las que tienen título de nobleza. **2.** Clase, condición, especie: *En ese local se reúne gente de los más variados linajes.* **SIN.** **1.** Estirpe, abolengo, alcurnia. **2.** Ralea, índole, jaez. **FAM.** Linajudo.

linajudo, da *adj.* Que pertenece a un linaje muy importante o que presume de ello. También *s. m.* y *f.* **SIN.** Aristócrata, esclarecido, encopetado.

linaza (de *lino*) *s. f.* Semilla del lino, con la que se elabora una harina de aplicaciones medicinales y de la que se extrae un aceite usado en la fabricación de barnices y pinturas.

lince (del lat. *lynx*, *lyncis*, y éste del gr. *lynx*, *lynkos*) *s. m.* **1.** Mamífero carnívoro, similar al gato, pero mucho mayor, con las orejas rematadas en un pincel de pelos negros; se le atribuye desde antiguo una vista muy penetrante. **2.** *fam.* Persona astuta y sagaz: *Es un lince para los negocios.*

linchar (del ingl. *lynch*, de *Lynch*, juez norteamericano del s. XVIII) *v. tr.* Castigar una muchedumbre a un sospechoso, generalmente con la muerte, sin que haya habido un juicio previo. **FAM.** Linchamiento.

lindamente *adv. m.* **1.** Primorosamente, con buen gusto y perfección: *Compone lindamente los ramos de flores.* **2.** Fácilmente y sin llamar la atención: *Le robaron lindamente la cartera.*

lindante *adj.* **1.** Que linda con algo o está a su lado: *fincas lindantes.* **2.** *fam.* Que se aproxima a lo que se expresa: *una actitud lindante con el absurdo.* **SIN.** **1.** Limítrofe, colindante, lindero, contiguo. **2.** Rayano.

lindar (del lat. *limitare*) *v. intr.* **1.** Estar contiguos dos terrenos, fincas, etc.: *Mi casa linda con unas oficinas.* **2.** Llegar a ser casi lo que se indica: *Esa escena lindaba con lo terrorífico.* **SIN.** **1.** Limitar, colindar. **2.** Rayar, bordear. **FAM.** Lindante, lindero. / Colindar, deslindar. LINDE.

linde (del lat. *limes*, *-itis*) *s. amb.* Límite, separación, particularmente el que separa propiedades o circunscripciones administrativas. Se usa más como *s. f.* **SIN.** División, frontera, lindero. **FAM.** Lindar. LÍMITE.

lindero, ra *adj.* **1.** Que linda con otra cosa: *un camino lindero con el río.* || *s. m.* **2.** Linde*. Se usa más en *pl.* **SIN.** **1.** Limítrofe, colindante, lindante. **2.** Límite.

lindeza *s. f.* **1.** Cualidad de lindo. **2.** Dicho o detalle galante o agradable. Se usa más en *pl.* **3.** En sentido irónico, insulto, grosería: *Le llamó hipócrita, entre otras muchas lindezas.* **SIN.** **2.** Piropo, requiebro. **3.** Insolencias, frescas. **ANT.** **1.** Fealdad.

lindo, da (del lat. *legitimus*, completo, perfecto) *adj.* **1.** Bonito, que es agradable a la vista. **2.** Exquisito, estupendo. || *adv. m.* **3.** *Amér.* Lindamente, muy bien: *Canta lindo.* || **LOC. de lo lindo** *adv.* Mucho, en exceso: *Le pegó de lo lindo.* **SIN.** **1.** Hermoso, majo, mono. **3.** Primorosamente. **FAM.** Lindamente, lindeza, lindura. / Barbilindo.

línea (del lat. *linea*) *s. f.* **1.** En geom., sucesión continua de puntos en el espacio: *línea curva.* **2.** Trazo o extensión continua que se considera o se percibe sólo en su longitud: *la línea del horizonte, las líneas de la mano.* **3.** Contorno, silueta o perfil: *un mueble de líneas sencillas.* **4.** Figura esbelta: *guardar la línea.* **5.** Raya real o imaginaria que señala el límite o el fin de algo: *Cruzó el primero la línea de meta.* **6.** Serie de personas, animales o cosas colocadas en la misma dirección. **7.** En un escrito, renglón. ■ En pl. y con *unas*, *un par de*, etc., toma el significado de escrito breve, p. ej. una carta: *Le envié unas líneas felicitándole.* **8.** En el juego del bingo, cada una de las series horizontales de números que componen el cartón del jugador. También, premio que se obtiene al coincidir exactamente los números del cartón con los extraídos de un bombo. **9.** Servicio o ruta regular de transporte: *línea férrea. Tomaré la línea tres del metro.* **10.** Sistema de cables, hilos, etc., que conduce la corriente eléctrica o hace posible la comunicación telefónica y telegráfica. **11.** P. ext., comunicación telefónica. **12.** Serie de generaciones de una misma familia: *Felipe II descendía por línea paterna de Fernando el Católico.* **13.** Tendencia o dirección en la conducta, las ideas, etc.: *Debemos seguir la línea del diálogo.* **14.** Estilo, diseño, moda: *Esta primavera predomina la línea deportiva.* **15.** Colección de cosas que ofrece una cierta variedad: *Esta firma lanzará al mercado una nueva línea de productos.* **16.** En dep., conjunto de jugadores de un equipo que desempeñan un mismo cometido: *línea defensiva, línea delantera.* **17.** *argot* Dosis de droga para esnifar. || *s. f. pl.* **18.** Despliegue de posiciones, trincheras, etc., dispuestas frente al enemigo, así como la zona que ocupan: *El ataque ha roto las líneas enemigas.* || **19. línea de fuego** La constituida por las posiciones más avanzadas de un frente de combate. **20. línea de meta** En dep., la que señala el comienzo de la portería. También, línea que en una carrera señala la llegada. **21. línea recta** En geom., la que sigue constantemente una misma dirección, siendo, por tanto, la distancia más corta entre dos puntos. **22. línea recta** (o **directa**) En genealogía, línea de parentesco directo de padres a hijos. **23. línea transversal** (o **colateral**) Línea de parentesco que no va de padres a hijos. **24. líneas aéreas** Compañía de transporte por avión; también, conjunto de compañías aéreas de un país. **25. primera línea** Frente de guerra y, más concretamente, línea de fuego. También, categoría o grupo de los primeros o los mejores: *Se trata de un periodista de primera línea.* || **LOC. en su línea** *adv.* Dentro de la clase o categoría a la que pertenece: *Es el coche más lujoso en su línea.* **en toda la línea** *adv.* Con verbos como *ganar*, *derrotar*, etc., completamente, del todo: *Derrotaron a los visitantes en toda la línea.* **entre líneas** *adv.* Adivinando por lo que se dice aquello que voluntariamente se oculta o no se expresa de forma clara: *Para entender este artículo hay que leer entre líneas.* **SIN.** **5.** Linde, término, demarcación. **6.** Fila, hilera. **13.** Camino, directriz. **15.** Gama. **FAM.** Lineal, lineamiento. / Aerolínea, alinear, aliñar, delinear, entrelínea, interlínea, linier, mixtilíneo, rectilíneo, tiralíneas, translinear.

lineal (del lat. *linealis*) *adj.* **1.** De la línea o relacionado con ella. **2.** Que sigue un desarrollo o progreso constante, sin saltos, retrocesos ni grandes variaciones: *un aumento lineal de los precios.* **3.** En bot. y zool., se dice del órgano de forma alargada y estrecha: *hoja lineal.* || **4. dibujo lineal** Dibujo geométrico que utiliza sólo líneas, p. ej. el del trazado de planos. **SIN. 2.** Progresivo, continuo, uniforme. **ANT. 2.** Discontinuo, variable. **FAM.** Linealidad, linealmente. / Patrilineal, unilineal, yuxtalineal. LÍNEA.

lineamiento (del lat. *lineamentum*) *s. m.* Conjunto de líneas que forman un dibujo o el contorno de algo.

linear *adj.* Se aplica a las hojas vegetales cuya forma es estrecha y alargada. **SIN.** Lanceolada.

linf- (del lat. *lympha*, agua, y éste del gr. *nymphe*, ninfa) *pref.* Significa 'linfa' y, en med., 'linfocito'. ▪ Existe también la variante *linfo-*: *linfocito.*

linfa (del lat. *lympha*, agua, y éste del gr. *nymphe*, ninfa) *s. f.* Líquido compuesto por agua, proteínas, lípidos, urea y células llamadas linfocitos, que circula por el sistema linfático. **FAM.** Linfático, linfocito, linfoma. / Endolinfa, hemolinfa.

linfático, ca (del lat. *lymphaticus*) *adj.* **1.** De la linfa. **2.** Excesivamente pasivo, falto de energía, etc. También *s. m.* y *f.* || **3. sistema linfático** Parte del aparato circulatorio que interviene en la formación y circulación de la linfa.

linfo- *pref.* Véase **linf-**.

linfocito (de *linfo-* y *-cito*) *s. m.* Leucocito de pequeño tamaño, producido por los ganglios linfáticos, que forma anticuerpos.

linfoma (de *linfo-* y *-oma*) *s. m.* Tumor cancerígeno que afecta a los ganglios linfáticos o al bazo.

lingotazo *s. m. fam.* Trago de bebida alcohólica. **SIN.** Latigazo.

lingote (del fr. *lingot*) *s. m.* Pieza, bloque o barra de metal bruto fundido.

lingual (del lat. *lingua*, lengua) *adj.* **1.** De la lengua. **2.** Se dice del sonido consonántico que se pronuncia con intervención del ápice o punta de la lengua, p. ej., el de la *t.* **SIN. 2.** Apical. **FAM.** Sublingual. LENGUA.

lingüista *s. m.* y *f.* Especialista en lingüística.

lingüística *s. f.* **1.** Estudio científico del lenguaje y las lenguas. || **2. lingüística aplicada** Rama de la lingüística que se ocupa de aspectos prácticos del lenguaje, como el aprendizaje o enseñanza de idiomas, la traducción automática, etc. **3. lingüística comparada** La que estudia las semejanzas y diferencias entre las lenguas a fin de establecer familias y orígenes comunes. **4. lingüística diacrónica** (o **histórica**) La que se ocupa del estudio de la evolución de las lenguas y del lenguaje en general. **5. lingüística general** La que estudia aspectos generales del lenguaje y en especial las características comunes a todas las lenguas. **6. lingüística sincrónica** Estudio de la lengua en un determinado estado de la misma, con independencia de su evolución a lo largo del tiempo. **FAM.** Lingüístico. / Metalingüística, psicolingüística, sociolingüística. LENGUA.

lingüístico, ca *adj.* Relativo al lenguaje o a la lingüística.

linier *s. m.* Juez de línea.

linimento (del lat. *linimentum*, de *linere*, untar, embadurnar) *s. m.* Preparado compuesto por aceites y sustancias balsámicas que se aplica en fricciones sobre la piel, para aliviar el dolor producido por contusiones o sobrecargas musculares. **SIN.** Pomada, ungüento.

lino (del lat. *linum*) *s. m.* **1.** Planta herbácea con las hojas muy finas, casi aciculares, y en disposición alterna, flores de diversos colores, grandes y muy vistosas y fruto en cápsula de forma ovoidea. **2.** Fibra textil obtenida de los tallos de dicha planta y tejido de esta fibra. **FAM.** Lináceas, linaza, linografía, linóleo, linóleum.

linografía (del lat. *linum*, lino, y *-grafía*) *s. f.* Impresión de textos o grabados sobre tela.

linóleo o **linóleum** (del lat. *linum*, lino, y *oleum*, aceite) *s. m.* Material de construcción que se usa para cubrir suelos y otros usos, que consiste en un tejido de yute cubierto con una capa de corcho en polvo, amasado con aceite de linaza y resinas.

linotipia (del ingl. *linotype*, contr. de *line of type*, línea de composición tipográfica) *s. f.* **1.** En artes gráficas, máquina para componer textos de la cual sale la línea de una sola pieza. **2.** Técnica de componer con esta máquina. **FAM.** Linotipista. TIPO.

linotipista *s. m.* y *f.* Especialista en el manejo de una linotipia.

linterna (del lat. *lanterna*) *s. f.* **1.** Utensilio provisto de pilas eléctricas y de una bombilla, que sirve para proyectar luz. **2.** Farol portátil con una sola cara de vidrio. **3.** Pequeña torre que remata la cúpula de algunos edificios, con ventanas laterales para iluminar el interior. || **4. linterna mágica** Aparato rudimentario para proyectar imágenes fijas, precursor de los actuales proyectores.

linyera *s. m.* **1.** *Arg.*, *Chile*, *Par.* y *Urug.* Pordiosero, vagabundo. || *s. f.* **2.** *Arg.*, *Par.* y *Urug.* Hatillo de ropa, equipaje de pobre.

lío *s. m.* **1.** Situación, problema, etc., difícil de entender o de resolver: *Se ha metido en un lío del que no sabe salir.* **2.** Jaleo, desorden: *No hay forma de encontrar nada en este lío de papeles.* **3.** Conjunto de cosas envueltas o atadas: *Hizo un lío con su ropa y se fue.* **4.** Chisme, habladuría. **5.** Relación amorosa o sexual fuera del matrimonio o de una pareja reconocida. **SIN. 1.** y **2.** Embrollo. **1.**, **2.**, **4.** y **5.** Enredo. **2.** Follón, caos, maraña. **3.** Envoltorio, atadijo, hato. **4.** Cotilleo. **5.** Aventura, rollo. **FAM.** Lioso.

liofilizar (del gr. *lyein*, soltar) *v. tr.* Separar el agua de un alimento u otra sustancia para su conservación sometiéndolo a una rápida congelación que convierte el agua en hielo, el cual se elimina posteriormente mediante un ligero calentamiento al vacío. ▪ Delante de *e* se escribe *c* en lugar de *z.* **FAM.** Liofilización.

lioso, sa *adj.* **1.** Confuso, difícil de entender o resolver. **2.** Se dice de la persona chismosa e intrigante. También *s. m.* y *f.* **SIN. 1.** Liado, enredado, embrollado, enmarañado. **2.** Enredador, liante. **ANT. 1.** Claro. **2.** Discreto.

lip- (del gr. *lipos*, grasa) *pref.* Significa 'grasa': *lipoma.* ▪ Existe también la variante *lipo-*: *liposoluble.*

lipa *s. f. Ven. fam.* Vientre de una persona.

lipemia (de *lip-* y el gr. *haima*, sangre) *s. f.* Presencia de grasas en la sangre.

lípido (del gr. *lipos*, grasa) *s. m.* Denominación genérica de diversas sustancias orgánicas llamadas comúnmente grasas, que se caracterizan por ser insolubles en agua y solubles en disolventes orgánicos como el benceno. **FAM.** Lipemia, lipoideo, lipoma, liposoluble.

lipoescultura *s. f.* Técnica para hacer disminuir las grasas del cuerpo y darle formas bonitas.

lipoma (de *lip-* y *-oma*) *s. m.* Tumor benigno formado por acumulación de grasa.

liposoluble *adj.* Soluble en las grasas o los aceites.

liposoma *s. f.* Cavidad membranosa donde se acumulan diversos agentes químicos, como proteínas, enzimas o medicamentos.

liposucción *s. f.* Técnica para succionar o extraer la grasa que se acumula bajo la piel.

lipotimia (del gr. *lipothymia*, de *leipo*, dejar, y *thymos*, ánimo) *s. f.* Desmayo pasajero provocado por una repentina falta de riego cerebral.

liquen (del lat. *lichen*, lepra) *s. m.* **1.** Protista formado por la asociación de un alga con un hongo filamentoso que viven en simbiosis. Carece de hojas, flores y raíces, presenta diversos colores y crece en el suelo, tronco de los árboles y muros de regiones húmedas. || *s. m. pl.* **2.** Grupo constituido por estos protistas.

liquidación *s. f.* **1.** Acción de liquidar. **2.** Venta a muy bajo precio por reforma, traslado, cesión del negocio, quiebra, etc. **SIN. 1.** Pago, finiquito. **1.** y **2.** Saldo.

liquidar *v. tr.* **1.** Pagar completamente una deuda, un recibo, una cuenta, etc. **2.** Poner fin a algo. **3.** Gastar algo completamente: *En pocos años liquidó su fortuna.* **4.** *fam.* Matar. **5.** Hacer liquidación de las existencias de un establecimiento. Se usa mucho como *v. intr.*: *Vendemos tan barato porque estamos liquidando.* **6.** Vender un negocio o bienes inmuebles. **7.** Transformar en líquido un cuerpo sólido o un gas. También *v. prnl.* **SIN. 1.** Cancelar, saldar. **2.** Acabar, terminar. **3.** Fundir, malgastar. **4.** Eliminar. **5.** Rematar. **7.** Licuar. **ANT. 1.** Contraer. **2.** Comenzar. **7.** Solidificar. **FAM.** Liquidable, liquidación, liquidador. LÍQUIDO.

liquidez *s. f.* **1.** Cualidad de líquido. **2.** Capacidad de un bien de ser transformado de forma inmediata en dinero. **3.** En econ., capacidad para hacer frente a las obligaciones financieras.

líquido, da (del lat. *liquidus*) *adj.* **1.** Se aplica al estado de la materia cuyas moléculas tienen mayor cohesión que la de los gases y menor que la de los sólidos. También *s. m.* **2.** Se dice de las bebidas y de los alimentos que se pueden beber. También *s. m.*: *Después de la operación sólo podía tomar líquidos.* **3.** En contabilidad, se dice del saldo o cantidad que resulta de comparar el debe con el haber. También *s. m.* **4.** Se aplica a la cantidad que queda después de descontar gastos, deudas, impuestos, etc. También *s. m.*: *En líquido, tú cobras más que yo.* **5.** Se dice del capital de que se dispone. También *s. m.* **6.** En ling., se dice de los sonidos que tienen a la vez carácter vocálico y consonántico. **7.** Se aplica al sonido de la *s* cuando inicia la palabra y va seguido de consonante. **SIN. 1.** Fluido. **4.** Neto, limpio. **ANT. 4.** Bruto. **FAM.** Licuar, liquidar, liquidez. / Licor.

liquiliqui o **liquilique** *s. m. Ven.* Chaqueta de algodón o de dril cerrada hasta el cuello.

lira[1] (del lat. *lyra*, y éste del gr. *lyra*) *s. f.* **1.** Antiguo instrumento de música compuesto por varias cuerdas tensadas en un marco formado por una caja de resonancia de la que parten dos brazos que se unen mediante un travesaño. **2.** Inspiración o genio creador de un poeta. **3.** Estrofa de cinco versos con rima consonante; el primero, el tercero y el cuarto son heptasílabos, y el segundo y el quinto endecasílabos, de los cuales riman el primero con el tercero, y el segundo con el cuarto y el quinto. **SIN. 2.** Numen. **FAM.** Lírica.

lira[2] (del ital. *lira*, y éste del lat. *libra*) *s. f.* Unidad monetaria de Italia (hasta el año 2002, en que fue sustituida por el euro) y de Turquía.

lírica *s. f.* **1.** Género de poesía en que dominan los sentimientos y las emociones del autor. **2.** Conjunto de obras de este género: *la lírica medieval.* **3.** P. ext., la poesía. **FAM.** Lírico, lirismo. LIRA[1].

lírico, ca (del lat. *lyricus*, y éste del gr. *lyrikos*, relativo a la lira) *adj.* **1.** Relativo a la lírica o a la poesía en general. **2.** Se dice del autor que cultiva la poesía lírica. También *s. m.* y *f.* **3.** Se aplica a las obras teatrales cantadas, en parte o en su totalidad, como la ópera o la zarzuela. **4.** Que está lleno de sentimiento y poesía: *Ha logrado una película muy lírica.* **SIN. 1.** y **4.** Poético. **2.** Poeta. **4.** Sensible, emotivo. **ANT. 4.** Prosaico.

lirio (del ant. *lilio*, y éste del lat. *lilium*) *s. m.* **1.** Planta herbácea que alcanza hasta 70 cm de altura, tiene hojas lanceoladas, flores vistosas de color violeta, fruto en cápsula y bulbo en la raíz. Se utiliza en perfumería y como planta ornamental. **2.** Pez parecido a la palometa, mide entre 80 y 90 cm y vive en el Atlántico, aunque en ocasiones penetra en el Mediterráneo. **FAM.** Liliáceo, lis.

lirismo *s. m.* **1.** Cualidad de lírico. **2.** *Amér.* Fantasía, sueño, utopía. **SIN. 1.** Poesía, sensibilidad. **ANT. 1.** Prosaísmo.

lirón (del ant. y dial. *lir*, y éste del lat. *glis, gliris*) *s. m.* **1.** Mamífero roedor de unos 30 cm de longitud, pelaje sedoso de color ocre en el dorso y blanco en el vientre y una larga cola. Habita en los bosques de Europa y N de África, donde hiberna comiendo alimentos que ha almacenado. **2.** *fam.* Persona que duerme demasiado. **SIN. 2.** Marmota, dormilón.

lis (del fr. *lis*, y éste del lat. *lilium*) *s. f.* Flor* de lis. ■ Su pl. es *lises*. **FAM.** Véase **lirio**.

lisa *s. f.* Mújol*.

lisboeta *adj.* De Lisboa. También *s. m.* y *f.*

lisbonés, sa (del lat. *Lisbona*, Lisboa) *adj.* Lisboeta*. También *s. m.* y *f.*

lisérgico, ca *adj.* **1.** Del ácido lisérgico o relacionado con él. || **2. ácido lisérgico** Ácido orgánico de estructura compleja presente en los alcaloides del cornezuelo del centeno. Uno de sus derivados, el LSD, tiene un gran poder alucinógeno, por lo que se ha empleado en psiquiatría y como droga.

lisiado, da 1. *p.* de **lisiar**. || *adj.* **2.** Mutilado, tullido. También *s. m.* y *f.* **3.** *fam.* Agotado, muy cansado: *La mudanza me ha dejado lisiado.* **SIN. 2.** Inválido, impedido. **3.** Destrozado, rendido.

lisiar (del ant. *lisión*, lesión, y éste del lat. *laesio, -onis*, de *laedere*, herir) *v. tr.* Dejar lisiado. **SIN.** Lesionar; destrozar, baldar. **FAM.** Lisiado. LESIÓN.

liso, sa *adj.* **1.** Que no tiene arrugas, desigualdades o salientes en su superficie. **2.** No rizado. **3.** De un solo color: *Tienen camisas lisas y de rayas.* **4.** Libre de obstáculos: *cien metros lisos.* **SIN. 1.** Plano, llano. **2.** Lacio. **4.** Abierto, franco. **ANT. 1.** Arrugado, rugoso. **2.** Ensortijado. **FAM.** Lisamente, lisura. / Alisar.

lisonja (del prov. ant. *lanzenja*) *s. f.* Alabanza hecha con interés e hipocresía para ganar algo a cambio. **SIN.** Halago, adulación. **ANT.** Insulto. **FAM.** Lisonjear, lisonjero.

lisonjear *v. tr.* **1.** Dedicar lisonjas a alguien. **2.** Causar a alguien orgullo o satisfacción. || **lisonjearse** *v. prnl.* **3.** Enorgullecerse, felicitarse: *Se lisonjea de su triunfo.* **SIN. 1.** Adular. **1.** y **2.** Agradar, halagar. **3.** Congratularse. **ANT. 1.** y **2.** Ofender. **FAM.** Lisonjeador. LISONJA.

lisonjero, ra *adj.* **1.** Que lisonjea. También *s. m.* y *f.* **2.** Satisfactorio, favorable. **SIN. 1.** Halagador, adulador. **2.** Halagüeño, prometedor. **ANT. 1.** Ofensivo. **2.** Negativo. **FAM.** Lisonjeramente. LISONJA.

lista (del germ. *lista*) *s. f.* **1.** Tira de cualquier material. **2.** Franja de distinto color o tejido: *un vestido a listas rojas y azules.* **3.** Relación de personas o cosas. || **4. lista de correos** Oficina de correos a la que se envían las cartas y paquetes que deben ir a recoger los propios destinatarios. || **LOC. pasar lista** Leer en voz alta los nombres de las personas incluidas en una relación para saber si están presentes. **SIN. 2.** Banda, faja. **3.** Enumeración, listado, nómina. **FAM.** Listado, listar, listín, listón. / Alistar.

listado, da *adj.* **1.** Que tiene listas o franjas: *el lomo listado del tigre.* || *s. m.* **2.** Lista, relación: *un listado de clientes.* **SIN. 1.** Rayado. **ANT. 1.** Liso.

listar *v. tr.* Elaborar una lista: *Hay que listar los nuevos productos.*

listillo, lla *adj. fam.* y *desp.* Que presume o se las da de saber mucho.

listín (dim. de *lista*) *s. m.* **1.** Agenda para apuntar teléfonos y direcciones. **2.** Guía de teléfonos.

listo, ta *adj.* **1.** Que piensa con facilidad y acierto y comprende las cosas rápidamente. **2.** Hábil, que sabe ver lo que le conviene y sacar provecho de ello. También *s. m.* y *f.* **3.** Preparado para hacer cierta cosa o para ser utilizado, disfrutado, etc.: *El local ha quedado listo para la inauguración.* || *interj.* **4.** Expresa que alguien o algo está preparado o que se ha acabado de hacer cierta cosa: *¡Listo, ya nos podemos marchar!* || *adj.* **5.** En situación difícil, expuesto a una decepción o fracaso: *Si piensas en que te van a subir el sueldo estás lista.* **SIN. 1.** Despierto, inteligente. **1.** y **2.** Espabilado. **2.** Avispado, astuto. **3.** Dispuesto. **5.** Aviado, apañado. **ANT. 1.** Tonto, lerdo. **2.** Primo. **FAM.** Listeza, listillo.

listón (aum. de *lista*) *s. m.* **1.** Pieza larga, delgada y estrecha: *Compré unos listones para hacerle un marco a la puerta.* **2.** En dep., pieza semejante que, colocada horizontalmente a determinada altura, hay que sobrepasar en las pruebas de salto. || **LOC. poner el listón alto** (o **bajo**) *fam.* Exigir mucho (o poco) en una determinada actividad. ■ Esta expresión suele usarse con adverbios como *muy* o *bastante*. **SIN. 1.** Tabla.

lisura *s. f.* **1.** Cualidad de liso. **2.** Claridad, sinceridad: *hablar con lisura.* **3.** *Amér.* Dicho o acción desvergonzados. **SIN. 1.** Tersura. **2.** Llaneza, franqueza. **3.** Frescura. **ANT. 1.** Rugosidad. **2.** Doblez.

litera (del cat. *llitera*, de *llit*, cama, y éste del lat. *lectus*, lecho) *s. f.* **1.** Mueble compuesto por dos camas, una encima de la otra. **2.** Cada una de estas camas. **3.** Cada una de las camas fijas en los barcos o en los trenes. **4.** Vehículo antiguo que consistía en una cabina con varas delante y detrás para ser llevada por hombres o por caballerías.

literal (del lat. *litteralis*) *adj.* **1.** Que repite exactamente, sin omitir, cambiar o añadir nada, lo que dice un texto, una persona, etc. **2.** Se aplica a las traducciones que siguen al máximo el original. **SIN. 1.** Textual. **1.** y **2.** Fiel. **ANT. 1.** y **2.** Libre. **FAM.** Literalidad, literalmente. LETRA.

literario, ria (del lat. *litterarius*) *adj.* **1.** De la literatura. **2.** Propio o característico de la literatura como arte. **FAM.** Literariamente. LITERATURA.

literato, ta (del lat. *litteratus*) *s. m.* y *f.* Autor literario, escritor.

literatura (del lat. *litteratura*) *s. f.* **1.** Arte cuyo medio de expresión es la palabra escrita o hablada. **2.** Conjunto de los conocimientos y teorías acerca de este arte y sus autores, obras, estilos, etc. **3.** Conjunto de las obras literarias de una época, un país, un estilo, etc.: *la literatura medieval.* **4.** Conjunto de libros, estudios, artículos, etc., acerca de una materia. **SIN. 4.** Bibliografía. **FAM.** Literario, literato. LETRA.

litiasis (del gr. *lithiasis*, de *lithiao*, tener mal de piedra, de *lithos*, piedra) *s. f.* Formación de cálculos en una cavidad o conducto de algún órgano. ■ No varía en *pl.*

lítico, ca (del gr. *lithikos*, de *lithos*, piedra) *adj.* **1.** Relativo a la piedra: *industria lítica.* ■ Se utiliza también como *sufijo*: *neolítico.* **2.** De la litiasis. **FAM.** Litiasis, litio, litografía, litología, litosfera, litotricia. / Arqueolítico.

litigante *adj.* Que litiga. También *s. m.* y *f.*

litigar (del lat. *litigare*) *v. tr.* **1.** Disputar algo en un litigio. También *v. intr.*: *Estuvo años litigando por unas tierras.* || *v. intr.* **2.** Reñir, discutir. ■ Delante de *e* se escribe *gu* en lugar de *g.* **SIN. 1.** y **2.** Pleitear. **2.** Pelear, contender. **ANT. 1.** y **2.** Avenirse, conciliarse. **FAM.** Litigación, litigante. LITIGIO.

litigio (del lat. *litigium*) *s. m.* **1.** Disputa que se resuelve en los tribunales. **2.** P. ext., cualquier disputa o enfrentamiento. **SIN. 1.** Pleito. **2.** Pelea, discusión. **ANT. 1.** y **2.** Avenencia, conciliación. **FAM.** Litigar, litigioso.

litio (del gr. *lithion*, piedrecita) *s. m.* Elemento químico del grupo de los alcalinos; es un metal muy ligero, de color blanco, blando y con bajo punto de fusión. Su símbolo es *Li.*

lito- o **-lito** (del gr. *lithos*) *pref.* o *suf.* Significa 'piedra', 'fósil': *litografía, aerolito.*

litófago, ga (de *lito-* y *-fago*) *adj.* Se dice de los invertebrados marinos que perforan las rocas para alojarse en ellas. También *s. m.*

litografía (de *lito-* y *-grafía*) *s. f.* **1.** Procedimiento para reproducir, mediante impresión, textos o imágenes previamente grabados o dibujados sobre una piedra caliza porosa. **2.** Reproducción obtenida por este método. **3.** Taller donde se emplea este sistema de impresión. **FAM.** Litografiar, litográfico. / Cromolitografía, fotolitografía. LÍTICO.

litología (del gr. *lithos*, y *-logía*) *s. f.* Parte de la geología dedicada al estudio de las rocas.

litoral (del lat. *litoralis*) *adj.* **1.** De la costa u orilla del mar. || *s. m.* **2.** Costa u orilla del mar.

litosfera (de *lito-* y el gr. *sphaira*, esfera) *s. f.* Capa exterior sólida de la Tierra, compuesta fundamentalmente por silicatos e integrada por la corteza y parte del manto.

litote, litotes o **lítotes** (del lat. *litotes*, y éste del gr. *litotes*, de *litos*, tenue) *s. f.* Figura retórica con que se modera una opinión o afirmación, negando lo contrario de lo que se desea afirmar, p. ej.: *Esa chica no está nada mal*, por: *Esa chica está bien.* ■ Se llama también *atenuación*. Las formas *litotes* y *lítotes* no varían en *pl.*

litotricia (del gr. *lithos*, piedra y del lat. *tritum*, triturado) *s. f.* Pulverización de las piedras o cálculos existentes en el riñón o la vesícula biliar, para que puedan salir ya trituradas por la uretra o las vías biliares.

litri *adj. fam.* Pedante o extremadamente cursi. También *s. m.* y *f.*

litro (del fr. *litre*, de *litron*, y éste del gr. *litra*, libra) *s. m.* **1.** Unidad de capacidad para líquidos y áridos que equivale prácticamente a 1 dm^3. **2.** Cantidad que cabe en esta medida: *un litro de leche.* **FAM.** Litrona. / Centilitro, decalitro, decilitro, hectolitro, kilolitro, mililitro, mirialitro.

litrona *s. f. fam.* Botella de un litro de cerveza.

lituano, na *adj.* **1.** De Lituania, país europeo. También *s. m.* y *f.* || *s. m.* **2.** Lengua báltica hablada en Lituania.

liturgia (del lat. *liturgia*, y éste del gr. *leiturgia*, servicio público) *s. f.* **1.** En la Iglesia católica, conjunto de prácticas y reglas del culto a Dios. **2.** P. ext., culto público de cualquier religión. **3.** Estudio del culto a Dios. SIN. **2.** Rito, ritual. FAM. Litúrgico. / Paraliturgia.

litúrgico, ca *adj.* De la liturgia: *libros litúrgicos.*

liviandad *s. f.* Cualidad de liviano. SIN. Ligereza. ANT. Pesadez.

liviano, na (del lat. vulg. *levianus*, de *levis*, leve) *adj.* **1.** De poco peso. **2.** Fino, poco espeso. **3.** De poca importancia o seriedad: *Es una comedia liviana que sólo pretende divertir.* **4.** Que supone poco esfuerzo, dificultad o molestia. **5.** Inconstante o poco fiel. **6.** Deshonesto: *Su conducta liviana ha dado mucho que hablar.* SIN. **1.** y **2.** Leve. **1.** a **5.** Ligero. **3.** y **5.** Frívolo. **4.** Llevadero. **5.** Voluble, informal. **6.** Indecoroso, indecente. ANT. **1.** y **3.** Grave. **1.** y **4.** Pesado. **2.** Grueso. **3.** Serio. **5.** Formal. **6.** Decente. FAM. Livianamente, liviandad. LEVE.

lividecer *v. intr.* Ponerse lívido. ■ Es v. irreg. Se conjuga como *agradecer.* SIN. Amoratarse; palidecer.

lívido, da (del lat. *lividus*) *adj.* **1.** De color amoratado, especialmente referido a la cara u otras partes del cuerpo. **2.** Pálido: *Se quedó lívido del susto.* **3.** P. ext., que no puede reaccionar por haber recibido una fuerte impresión. SIN. **1.** Morado, cárdeno. **2.** Blanco. **3.** Estupefacto, aturdido. FAM. Lividecer, lividez.

living (del ingl. 'living room') *s. m. Amér. del S.* Salón, cuarto de estar.

liza (del fr. *lice*) *s. f.* **1.** Campo dispuesto para los combates y torneos de los caballeros antiguos. **2.** P. ext., lucha, disputa o competición. SIN. **2.** Combate, controversia, lid. ANT. **2.** Armonía, acuerdo.

ll *s. f.* Dígrafo considerado tradicionalmente como la decimocuarta letra del alfabeto español y la undécima de sus consonantes y que por lo general se considera englobada en la *l*, siguiendo las normas de alfabetización universal. Corresponde al sonido lateral palatal sonoro de *llama*, *callar*, etc. Su nombre es *elle*.

llaga (del lat. *plaga*) *s. f.* **1.** Herida abierta, úlcera: *Se le formó una llaga en la encía.* **2.** Sufrimiento o dolor. **3.** Sentimiento de enemistad o disgusto que permanece: *Antiguas llagas impiden nuestra reconciliación.* SIN. **1.** Laceración. **2.** Pesadumbre, pesar, tristeza, pena. **3.** Resentimiento, resquemor. FAM. Llagar.

llagar *v. tr.* Causar llagas. También *v. prnl.*: *Se le ha llagado la espalda por estar tanto tiempo inmovilizado en cama.* ■ Delante de *e* se escribe *gu* en lugar de *g*.

llama[1] (del lat. *flamma*) *s. f.* **1.** Masa gaseosa en forma de lengua, desprendida de un cuerpo en combustión, que produce luz y calor: *Apagó la llama de la vela.* **2.** Sentimiento muy fuerte e intenso: *Mantenía viva la llama de la esperanza.* SIN. **2.** Ardor, pasión, vehemencia, emoción. FAM. Llamarada, llameante, llamear. / Flama, lanzallamas.

llama[2] (quechua) *s. f.* Mamífero artiodáctilo de los Andes, con pelaje color marrón claro y orejas largas y erguidas. Domesticado se usa como bestia de carga.

llamada *s. f.* **1.** Acción de llamar: *llamada telefónica.* **2.** Voz, palabra, señal, etc., con que se llama o avisa: *¿No estás oyendo las llamadas de tu madre?* **3.** Signo, número, etc., que se pone en un escrito para remitir a otro lugar donde se amplía, explica o corrige su contenido. **4.** Fuerte atracción que ejerce sobre alguien una persona o cosa: *la llamada de la selva.* **5.** En lenguaje militar, toque para que la tropa tome las armas o se ponga en formación. SIN. **1.** Llamamiento, llamado, convocatoria, requerimiento, cita, emplazamiento, exhortación. **2.** Aviso, advertencia, indicación. **4.** Reclamo.

llamado *s. m. Amér.* Llamada, llamamiento.

llamador (del lat. *clamator, -oris*) *s. m.* **1.** Utensilio con que se llama a las puertas, como una aldaba. **2.** Botón del timbre.

llamamiento *s. m.* **1.** Acción de llamar. **2.** Acción de pedir algo a alguien, especialmente cuando se hace con cierta solemnidad, entusiasmo o emoción: *Hizo un llamamiento a la nación.* **3.** En el ejército, acto de llamar a los jóvenes de una quinta para que cumplan el servicio militar. SIN. **1.** Llamado, convocatoria, cita, requerimiento, emplazamiento. **1.** y **2.** Llamada. **2.** Petición, exhortación.

llamar (del lat. *clamare*) *v. tr.* **1.** Hacer que atienda o venga una persona o animal, diciendo su nombre, gritándole, haciendo gestos, etc.: *Llama al camarero para que nos cobre.* **2.** Telefonear. **3.** Citar, convocar: *Le llamaron de un trabajo.* **4.** Pedir ayuda, reclamar auxilio: *Cuando atracaron la farmacia unos vecinos llamaron a la policía.* **5.** Poner un nombre o apodo a alguien o algo: *Llamaron Raela a la niña.* **6.** Dirigir o aplicar a alguien un calificativo: *¡Me llamó manazas!* **7.** Atraer algo a alguien: *A él lo que le llama es la aventura.* || *v. intr.* **8.** Golpear una puerta, tocar un timbre, etc.: *Pasen sin llamar.* || **llamarse** *v. prnl.* **9.** Tener alguien o algo un determinado nombre: *Se llama igual que tú.* SIN. **1.** Avisar. **3.** Requerir, emplazar, reclamar, reunir, congregar. **4.** Clamar. **5.** Nombrar, denominar, apodar, motejar, bautizar. **6.** Calificar. **7.** Seducir, fascinar, cautivar, hechizar, tirar. ANT. **7.** Repugnar, repeler. FAM. Llamada, llamado, llamador, llamamiento, llamativo. / Clamar.

llamarada (del lat. *flammare*, de *flamma*, llama) *s. f.* **1.** Llama grande que aparece en un fuego bruscamente y luego desaparece. **2.** Enrojecimiento momentáneo de la cara, generalmente de vergüenza. **3.** Manifestación brusca de un sentimiento o estado de ánimo: *una llamarada de indignación.* SIN. **1.** Fogonazo. **2.** Rubor, sonrojo, turbación. **3.** Acceso, arrebato, ataque.

llamativo, va *adj.* Que llama mucho la atención: *Llevaba un collar muy llamativo.* SIN. Vistoso, espectacular, exagerado, aparatoso, chillón, estridente. ANT. Sencillo, corriente.

llamear *v. intr.* Echar llamas.

llana (del lat. *plana*) *s. f.* Herramienta plana de metal provista de un asa, que se utiliza para extender el yeso o la argamasa.

llanada (del lat. *planata*, de *planatus*, allanado) *s. f.* Llanura: *la llanada manchega.*

llaneador, ra *adj.* Se dice de los ciclistas especializados en pruebas de recorrido llano. También *s. m.* y *f.*

llanear *v. intr.* Ir por lo llano, evitando las pendientes y las irregularidades del terreno. FAM. Llaneador. LLANO.

llanero, ra *s. m.* y *f.* **1.** Habitante de las llanuras. || *adj.* **2.** De Los Llanos, región de Venezuela. También *s. m.* y *f.*

llaneza (del lat. *planitia*) *s. f.* Cualidad de llano, sencillo o natural: *Se dirigió a los niños con llaneza.* SIN. Familiaridad, campechanía. ANT. Solemnidad, ceremoniosidad.

llano, na (del lat. *planus*) *adj.* **1.** Que no tiene desniveles o diferencias de altura: *una superficie llana, un terreno llano.* **2.** Que trata a los demás o se expresa con sencillez y naturalidad, y el propio trato o palabra de estas características: *Es muy llano a pesar de su celebridad.* **3.** Que carece de alcurnia o prerrogativas sociales: *pueblo llano, estado llano.* **4.** En ling., se aplica a las palabras que tienen su acento tónico en la penúltima sílaba: *casa, ágil.* || *s. m.* **5.** Extensión de terreno sin desnivel o desigualdades. SIN. **1.** Plano, liso, uniforme, regular, raso. **2.** Natural, familiar, espontáneo, campechano, afable, sencillo. **5.** Llanura, llanada. ANT. **1.** Desigual, accidentado. **2.** Ceremonioso, solemne. FAM. Llana, llanada, llanamente, llanear, llanero, llaneza, llanura. / Allanar, arrellanar, plano, rellano.

llanta (del fr. *jante*) *s. f.* **1.** Aro exterior de metal que rodea la rueda y sobre el que se montan los neumáticos de los coches y otros vehículos. **2.** *Amér.* Neumático, cubierta.

llantén *s. m.* Planta herbácea europea, con hojas en roseta, flores pequeñas y fruto en cápsula, que se toma en infusión como astringente.

llantera o **llantina** *s. f. fam.* Llanto fuerte y prolongado. SIN. Llorera.

llanto (del lat. *planctus*) *s. m.* Acción de llorar, generalmente acompañado de lamentos y sollozos. || LOC. **deshacerse** (o **anegarse**) **en llanto** Llorar abundante y desconsoladamente. SIN. Lloro. ANT. Risa. FAM. Llantera, llantina. / Planto.

llanura *s. f.* Gran extensión de terreno de relieve llano, cuya altitud sobre el nivel del mar es escasa. SIN. Llanada, planicie, pradera, estepa. ANT. Montaña, sierra. FAM. Penillanura. LLANO.

llapa *s. f. Amér. del S.* Yapa*.

llar (del lat. *lar, laris*, hogar) *s. f.* Cadena suspendida en el hogar de la chimenea, de la que se cuelga la caldera y que es típica del N de España. Se usa más en *pl.*

llave (del lat. *clavis*) *s. f.* **1.** Instrumento metálico, alargado y estrecho, que presenta resaltes en un lado o en ambos lados y sirve para cerrar y abrir una cerradura. **2.** Utensilio para dar cuerda a un reloj u otros mecanismos de resorte. **3.** Dispositivo que abre, cierra o regula el paso de un fluido por una cañería: *la llave del agua, del gas.* **4.** Herramienta para apretar o aflojar tuercas. **5.** Interruptor de corriente eléctrica: *la llave de la luz.* **6.** En los instrumentos musicales de viento, pieza que al ser presionada abre o cierra el paso del aire produciendo diferentes sonidos. **7.** Clave para solucionar una cuestión, aclarar un asunto, etc.: *Los contactos son la llave para entrar en esa empresa.* **8.** Cada uno de los signos ortográficos representado como { } o [ ]. **9.** Clave del pentagrama musical. **10.** En dep. como lucha libre, judo, etc., movimiento o conjunto de movimientos para derribar al contrario o inmovilizarlo. || **11. bajo llave** Guardado en un depósito o recinto cerrado con llave. **12. bajo siete llaves** Guardado celosamente. **13. llave de contacto** La que se emplea para poner en marcha el motor de un vehículo. **14. llave de oro** La que entrega la máxima autoridad de una ciudad como honor a un personaje importante. **15. llave inglesa** La que tiene los brazos graduables para que pueda adaptarse a los distintos tamaños de las tuercas. **16. llave maestra** La que permite abrir todas las cerraduras de un mismo grupo, p. ej. las de todas las habitaciones de un hotel. SIN. **3.** Grifo, válvula. **5.** Disyuntor. FAM. Llavero, llavín. / Clave.

llavero *s. m.* Utensilio de diferentes formas y materiales que se utiliza para guardar o llevar juntas las llaves.

llavín *s. m.* Llave que sirve para descorrer el pestillo de la cerradura cuando ésta no está cerrada con llave.

llegada *s. f.* **1.** Acción de llegar: *la llegada de las vacaciones.* **2.** En las carreras deportivas, línea de meta. SIN. **1.** Arribada, advenimiento. ANT. **1.** Ida, marcha.

llegar (del lat. *plicare*, plegar) *v. intr.* **1.** Pasar a un sitio desde otro, alcanzar el final de un camino, recorrido, etc.: *Mañana llegan a Buenos Aires.* **2.** Tener lugar, producirse: *Por fin llegó el verano.* **3.** Avanzar hasta un determinado punto en una acción, trabajo, etc.: *He llegado casi al final del libro.* **4.** Durar alguien o algo hasta el tiempo, momento o situación que se indica: *Esta planta no llega a mañana.* **5.** Conseguir o lograr lo que se expresa: *Le costó, pero llegó a comprenderlo.* **6.** Alcanzar alguien cierto estado, sensación, etc.: *llegar a la ruina, a la locura.* **7.** Tener algo cierta medida o ascender a la cantidad que se expresa: *El presupuesto llegó a dos millones.* **8.** Ser algo suficiente: *Con doce euros me llega.* **9.** Alcanzar algo la suficiente altura, longitud o extensión: *Su hijo ya le llega al hombro. Las instalaciones llegan hasta la autopista.* **10.** Causar en alguien una profunda impresión: *Sus palabras le llegaron muy hondo.* **11.** Seguido de la preposición *a* y un infinitivo, intensifica lo que éste expresa: *Llegó a insultarnos.* || **llegarse** *v. prnl.* **12.** Acercarse a un lugar. || LOC. **estar** alguien o algo **al llegar** Faltar muy poco para que venga una persona o suceda alguna cosa. ■ Delante de *e* se escribe *gu* en lugar de *g*: *llegue.* SIN. **1.** Arribar. **2.** Suceder, ocurrir, sobrevenir. **4.** Resistir, conservarse, mantenerse. **7.** Medir; importar, arrojar. **8.** Bastar. **9.** Alargarse. **10.** Calar, impresionar, conmover. ANT. **1.** Partir, salir. **3.** Retroceder. **8.** Faltar. FAM. Llegada. / Allegar.

llenado 1. *p.* de **llenar**. || *s. m.* **2.** Acción de llenar.

llenar *v. tr.* **1.** Ocupar totalmente o casi por completo un espacio: *Llena la bañera.* También *v. prnl.*: *Los viernes se llena el restaurante.* **2.** Poner en un sitio gran cantidad de cosas: *Llenó la mesa de revistas.* **3.** Rellenar un impreso: *llenar una quiniela.* **4.** Colmar a alguien de aquello que se expresa: *Nos llenó de cumplidos. Su visita le llenó de alegría.* **5.** Satisfacer deseos o aspiraciones: *El trabajo llena su vida.* **6.** Ocupar, emplear: *Llena su ocio leyendo.* **7.** *fam.* Agradar, complacer: *No me llenó el argumento de la película.* || **llenarse** *v. prnl.* **8.** Hartarse de comer o beber. SIN. **1.** Saturar, repletar. **1.** y **2.** Abarrotar, atestar. **3.** Cumplimentar. **6.** Gastar, invertir. **7.** Gustar, llamar, molar. **8.** Atiborrarse, hincharse, inflarse. ANT. **1.** y **2.** Vaciar. **7.** Disgustar. FAM. Llenado, llene. / Rellenar. LLENO.

lleno, na (del lat. *plenus*) *adj.* **1.** Que contiene algo que ocupa todo su interior o completa su capacidad: *El depósito está lleno. El estadio estaba lleno hasta la bandera.* **2.** Que contiene, posee, etc., en gran cantidad aquello que se expresa: *Tiene la cara llena de granos. Me dejó lleno de dudas.* **3.** Saciado: *No quiero postre, estoy lleno.* **4.** Un poco gordo o de forma abultada y redondeada: *Tiene las facciones llenas.* ■ Se usa más en diminutivo: *una chica llenita.* **5.** Se dice de la Luna cuando, por estar situada en oposición al Sol, muestra iluminada toda la cara que mira a la Tierra. || *s. m.* **6.** Aforo o local completo en un espectáculo: *Había lleno en el teatro.* || LOC. **de lleno** *adv.* Totalmente, directamente: *Me da el sol de lleno.* Exactamente, justo: *acertar de lleno.* SIN. **1.** Rebosante, henchido, colmado, atestado, abarrotado. **1.** y **2.** Repleto. **2.** Plagado, sembrado. **3.** Harto, ahíto. **4.** Regordete. ANT. **1.** Desierto, despejado. **1.** y **2.** Vacío. **4.** Flaco, enjuto. FAM. Llenar. / Pleno.

llevadero, ra *adj.* Fácil o cómodo de llevar o soportar. SIN. Soportable. ANT. Insoportable.

llevar (del lat. *levare*) *v. tr.* **1.** Hacer que una persona o cosa pase de un lugar a otro o llegue a un determinado destino: *Llevó nuestro mensaje. Llevaré a los niños al colegio.* **2.** Dirigir o conducir a alguien o algo hacia cierto lugar, estado o circunstancia: *No sé que le llevaría a cambiar de idea.* También *v. intr.*: *Esta carretera lleva a la ciudad.* **3.** Producir cierto estado, sentimiento o situación: *El huracán llevó la destrucción a la zona.* **4.** Traer o contener aquello que se expresa: *Ese bidón lleva gasolina.* **5.** Vestir, lucir: *Llevas un conjunto muy elegante.* **6.** Conducir un vehículo o una cabalgadura: *¿Llevo yo el coche hasta la autopista?* **7.** Dirigir un negocio, desarrollar una actividad o encargarse de algo: *Es ella quien lleva la empresa. ¿Qué abogado lleva este caso?* **8.** Manejar o tratar a alguien: *No es mal tipo, pero hay que saber llevarle.* **9.** Referido a molestias, cargas, sufrimientos, etc., soportarlos de la forma que se indica: *Lleva bastante bien su enfermedad.* **10.** Haber pasado cierto tiempo en el lugar, circunstancia, etc., que se indica: *Lleva tres años trabajando. Llevo aquí media hora.* **11.** Necesitar alguna cosa el tiempo o trabajo que se expresa: *Llevó un mes reparar la avería.* **12.** Cobrar una cantidad por un servicio o producto: *¿Cuánto me llevaría por arreglar el traje?* **13.** Amputar, cortar: *La máquina casi se le lleva un brazo.* **14.** Seguido de algunos participios pasivos, haber realizado lo que éstos expresan: *Llevo leídas treinta páginas.* **15.** Tener aquello que se indica: *Todas las cajas llevan su precinto. Llevas razón al quejarte del precio.* **16.** Mantener o seguir lo que se expresa: *llevar el ritmo.* **17.** Seguir una determinada trayectoria: *Lleva camino de convertirse en presidente.* **18.** Con palabras que expresen un nombre o apodo, tenerlo: *El niño llevará el nombre de Luis.* || **llevarse** *v. prnl.* **19.** Estar de moda: *Esta temporada se llevan los tonos claros.* **20.** Con adverbios como *bien*, *mal*, y semejantes, mantener alguien con otra persona las relaciones que éstos matizan: *Se lleva fatal con todos.* **21.** Quitar, robar: *Se llevaron el dinero de la caja.* **22.** Lograr, obtener: *llevarse un premio.* **23.** Sufrir, recibir: *llevarse un susto.* **24.** Con complementos que indican tiempo, distancia, puntuación, etc., tenerlo en mayor o menor medida con respecto a alguien o algo: *Los dos hermanos se llevan un año.* **25.** En las operaciones aritméticas, reservar la cifra correspondiente a las decenas de una operación parcial para añadírsela a la siguiente: *Seis por cuatro veinticuatro, pongo un cuatro y me llevo dos.* || LOC. **llevar** alguien **las de ganar** (o **las de perder**) Tener, según el caso, clara ventaja o desventaja frente a sus oponentes o competidores. SIN. **1.** Transportar, trasladar. **2.** Guiar, encaminar; impulsar, incitar. **3.** Causar. **7.** Gobernar, regir; ocuparse. **9.** Tolerar, padecer. **11.** Precisar, exigir, requerir, costar. **21.** Afanar, apoderarse. **22.** Conseguir, hacerse. ANT. **1.** Dejar, abandonar. FAM. Llevadero. / Conllevar, sobrellevar.

lloradera *s. f. Col.* y *Ven. fam.* Llorera.

llorar (del lat. *plorare*) *v. intr.* **1.** Derramar lágrimas por algún sentimiento o dolor o por simple irritación del ojo. También *v. tr.*: *Lloró lágrimas muy amargas.* **2.** Pedir algo a alguien con quejas, ruegos o lamentos: *A base de llorarle a su jefe consiguió el aumento de sueldo.* || *v. tr.* **3.** Sentir profundamente alguna cosa, particularmente una desgracia: *Todos sus amigos lloraron su muerte.* También *v. intr.* SIN. **1.** Plañir. **2.** Quejarse, dolerse. **3.** Lamentar. FAM. Lloradera, llorador, llorera, llorica, lloriquear, lloro, llorón, llorosamente, lloroso. / Deplorar, implorar.

llorera *s. f.* Llanto fuerte o continuado.

llorica *s. m.* y *f. fam.* Persona que llora o se queja a menudo y por cualquier motivo. SIN. Llorón, pusilánime, quejica.

lloriquear *v. intr.* Llorar de forma débil y monótona. SIN. Gimotear. FAM. Lloriqueante, lloriqueo. LLORAR.

lloro *s. m.* Acción de llorar. Se usa mucho en *pl.* SIN. Llanto, llantera, llorera, llantina.

llorón, na *adj.* **1.** Que llora a menudo o con facilidad. También *s. m.* y *f.* **2.** Se aplica a la persona que se queja o se lamenta mucho. También *s. m.* y *f.* **3.** Triste o propio del llanto: *una mirada llorona.* **4.** Se aplica a ciertos árboles cuyas ramas cuelgan ostensiblemente: *sauce llorón.* || *s. f.* **5.** *fam.* Borrachera triste. SIN. **1.** y **2.** Llorica. **2.** Quejica. **3.** Lloroso. ANT. **1.** y **3.** Risueño. **2.** y **3.** Alegre.

lloroso, sa *adj.* Que llora, o tiene aspecto de haber llorado o de empezar a llorar: *Tiene los ojos llorosos por la alergia.* SIN. Llorón, lacrimoso. ANT. Risueño.

llovedera *s. f. Col.* y *Ven.* Lluvia que dura largo tiempo.

llovedizo, za *adj.* **1.** Se dice de los techos, cubiertas, etc., que dejan pasar el agua de lluvia. **2.** Se aplica al agua de lluvia.

llover (del lat. vulg. *plovere*, y éste del lat. *pluere*) *v. impers.* **1.** Caer a la tierra agua de las nubes en forma de gotas. || *v. intr.* **2.** Caer, venir o producirse algo en abundancia: *Le llovieron los contratos.* || LOC. **como llovido del cielo** Que sucede o se produce inesperadamente. **como quien oye llover** *adv.* Sin hacer el menor caso. **llover sobre mojado** Ocurrir una cosa desagradable o molesta después de otras de este mismo carácter. ■ Es v. irreg. Se conjuga como *mover.* SIN. **1.** Lloviznar, chispear, diluviar. **2.** Afluir, abundar, manar. ANT. **1.** Escampar, despejar(se). **2.** Faltar, escasear. FAM. Llovedera, llovedizo, lloviznar, lluvia.

lloviznar *v. impers.* Llover ligeramente. SIN. Chispear. FAM. Llovizna. LLOVER.

llueca *adj.* Clueca*.

lluvero *s. m. Urug.* Alcachofa de ducha.

lluvia (del lat. *pluvia*) *s. f.* **1.** Fenómeno atmosférico en forma de gotas de agua que caen de las nubes. **2.** Caída o llegada abundante de algo: *La lotería dejó una lluvia de millones en el barrio.* || **3. lluvia de estrellas** Acumulación de estrellas fugaces en determinado sector del cielo. SIN. **1.** Precipitación, aguacero, chubasco, chaparrón. **2.** Afluencia, abundancia, profusión. ANT. **1.** Sequía. **2.** Carestía, escasez. FAM. Lluvero, lluvioso. / Pluvial[2]. LLOVER.

lluvioso, sa *adj.* Se dice del tiempo, del clima o del lugar en el que llueve mucho: *un día lluvioso.* SIN. Húmedo. ANT. Seco, soleado.

lo (del lat. *illum*) *art. det. n.* **1.** Se usa precediendo a adjetivos a los que sustantiva para expresar una cualidad en sí misma o todo aquello a lo que ésta puede aplicarse: *lo peor, lo mejor.* ■ Sirve también para sustantivar oraciones de relativo y sintagmas preposicionales: *Tráeme lo que te pedí. Recuérdame lo del banco.* **2.** Aplicado a adverbios y seguido de *que*, tiene un valor expresivo: *¡Lo bien que habla!* || *pron. pers. m.* y *n.* **3.** Forma de tercera persona que funciona como complemento directo y como predicado nominal. ■ Como complemento directo referido a persona tiende a ser sustituido en el español peninsular por la forma *le* (*leísmo*). Es incorrecto el uso de *lo* como complemento indirecto (*loísmo*). || LOC. **a lo que** *Arg., C. Rica* y *Méx.* Cuando. FAM. Loísmo.

loa *s. f.* **1.** Alabanza, elogio. **2.** Composición poética en que se alaba a una persona o se celebra un acontecimiento. **3.** *Amér. C.* y *Méx. fam.* Reprimenda, regañina. SIN. **1.** Loor, apología. ANT. **1.** Diatriba.

loable (del lat. *laudabilis*) *adj.* Que merece elogio o alabanza: *Su preocupación por el trabajo es muy loable.* SIN. Laudable, elogiable, encomiable, plausible. ANT. Deplorable.

loar (del lat. *laudare*) *v. tr.* Alabar. SIN. Ensalzar, elogiar. ANT. Maldecir. FAM. Loa, loable, loablemente, loor. / Laudable.

lob (ingl.) *s. m.* En tenis, bola bombeada que pasa por encima del adversario.

loba *s. f.* **1.** *Perú vulg.* Prostituta. **2.** *fam.* Tigresa, leona.

lobanillo *s. m.* Tumor, generalmente de tejido adiposo, que se forma debajo de la piel. SIN. Quiste.

lobato *s. m.* Lobezno*.

lobby (ingl.) *s. m.* Grupo de presión o de personas influyentes que intentan manipular la toma de decisiones importantes, generalmente de carácter político.

lobero, ra (del lat. *luparius*, de *lupus*, lobo) *adj.* **1.** Del lobo. || *s. m.* y *f.* **2.** Persona que se dedica a cazar lobos por dinero. || *s. f.* **3.** Guarida del lobo. SIN. **1.** Lobuno, lupino.

lobezno (del lat. *lupicinus*) *s. m.* Cachorro o cría del lobo. SIN. Lobato.

lobisón (del port. *lobishome*) *s. m.* Hombre, generalmente el séptimo hijo varón, que, según la tradición popular de algunas zonas de la península Ibérica y de América, posee la facultad de transformarse en lobo u otro animal.

lobo, ba (del lat. *lupus*) *s. m.* y *f.* **1.** Mamífero carnívoro de hasta 85 cm de altura y 165 de longitud, orejas erguidas, hocico puntiagudo y mandíbula poderosa. Su pelaje varía en longitud y en color, desde los tonos pardos claros hasta los grises oscuros. Es gran corredor, suele vivir en grupos familiares y, en épocas de clima desfavorable, se reúne en manadas para cazar. || **2. lobo de mar** Marino veterano y con experiencia. **3. lobo marino** Foca*. FAM. Loba, lobanillo, lobato, lobero, lobezno, lobuno. / Espantalobos, lupino, lúpulo.

lobotomía (del gr. *lobos*, lóbulo, y *-tomía*) *s. f.* **1.** En cirugía, sección total o parcial de un lóbulo del cerebro. **2.** Intervención quirúrgica consistente en la separación del lóbulo frontal del resto del cerebro, practicada en otros tiempos en ciertos casos de enfermedad mental y actualmente en desuso.

lóbrego, ga (del lat. *lubricus*, resbaladizo) *adj.* **1.** Oscuro, sombrío. **2.** Triste, melancólico. SIN. **1.** Tenebroso. **1.** y **2.** Lúgubre. ANT. **1.** y **2.** Alegre. FAM. Lobreguez. / Enlobreguecer.

lobulado, da *adj.* **1.** Que tiene o está dividido en lóbulos. **2.** En arq., se aplica al arco cuyo intradós se ondula formando lóbulos. FAM. Trilobulado. LÓBULO.

lobular *adj.* Del lóbulo.

lóbulo (del gr. *lobos*) *s. m.* **1.** Cada una de las partes o formas redondeadas del borde ondulado de algo. **2.** Extremo inferior, blando y redondeado, de la oreja. **3.** Cada una de las partes redondeadas de algunos órganos, separadas entre sí por un pliegue o hendidura. FAM. Lobotomía, lobulado, lobular.

lobuno, na *adj.* Que es propio del lobo o se parece a él en alguna de sus características: *un hambre lobuna, una mirada lobuna.* SIN. Lupino.

locación (del lat. *locatio, -onis*) *s. f.* En der., arrendamiento. FAM. Locatario.

local (del lat. *localis*) *adj.* **1.** Se aplica a lo que está, actúa o se produce sólo en una parte de un todo: *Le pusieron anestesia local.* **2.** De un determinado lugar. **3.** Se aplica a lo referido al municipio, por oposición a lo provincial o nacional: *elecciones locales.* || *s. m.* **4.** Sitio cubierto y cerrado en que se tiene o se puede instalar un negocio, una industria, etc. SIN. **1.** Localizado, tópico. **4.** Nave, recinto. ANT. **1.** y **2.** General. **2.** Foráneo. FAM. Localidad, localismo, localizar, locativo. / Dislocar. LUGAR.

localidad (del lat. *localitas, -atis*) *s. f.* **1.** Lugar poblado: *Esta localidad celebra sus fiestas.* **2.** En los locales de espectáculos, sitio destinado a cada espectador. **3.** Entrada o billete que da derecho a ocupar uno de estos sitios. SIN. **1.** Población. **2.** Plaza, butaca. **3.** Tique.

localismo *s. m.* **1.** Palabra o expresión propia de cierta localidad o región. **2.** Cualidad de local. **3.** Interés único y exagerado por las cosas del propio país, región, etc. SIN. **1.** Dialectalismo. **3.** Chovinismo. FAM. Localista. LOCAL.

localizar *v. tr.* **1.** Averiguar o señalar el lugar exacto donde ha sucedido un hecho, se encuentra alguien o algo, etc. **2.** Reducir algo a unos límites o a un punto o extensión determinados. También *v. prnl.*: *La infección se ha localizado en el abdomen.* ■ Delante de *e* se escribe *c* en lugar de *z.* SIN. **1.** Situar, emplazar. **2.** Limitar, controlar. ANT. **2.** Expandir. FAM. Localización. / Ilocalizable. LOCAL.

locatario, ria (del lat. *locatarius*) *s. m.* y *f.* En der., arrendatario.

locatis *adj. fam.* Chiflado, loco. También *s. m.* y *f.* ■ No varía en *pl.* SIN. Majareta, grillado. ANT. Cuerdo.

locativo, va (del lat. *locativus*, lugar) *adj.* **1.** En algunas lenguas indoeuropeas que poseen declinación, se aplica al caso que expresa relación de lugar: *ablativo locativo.* También *s. m.* **2.** Del arriendo o del contrato de arrendamiento.

loción (del lat. *lotio, -onis*) *s. f.* **1.** Masaje que se da en alguna parte del cuerpo con alguna sustancia medicinal o de higiene. **2.** Líquido o sustancia para dar estos masajes: *loción de afeitar.* SIN. **1.** Friega, fricción.

lock-out (ingl.) *s. m.* Cierre por un tiempo de una o varias empresas, realizado unilateralmente por la patronal y dirigido generalmente a presionar a los trabajadores o para responder a una huelga.

loco citato (lat.) *loc. adv.* Significa 'en el lugar citado'; se emplea en bibliografía para referirse a páginas o textos ya mencionados. ■ Su abreviatura es *loc. cit.*

loco, ca *adj.* **1.** Se dice de la persona que no tiene sanas sus facultades mentales. También *s. m.* y *f.* **2.** Imprudente, insensato. También *s. m.* y *f.* **3.** *fam.* Se aplica a las máquinas que no funcionan bien: *Este reloj está loco; tan pronto adelanta como atrasa.* **4.** Seguido de la preposición *de* y sustantivos que expresan sentimientos, estados de ánimo o sensaciones, se dice de quien los experimenta con gran intensidad: *loco de rabia, loco de alegría.* **5.** Muy enamorado o encariñado con alguien. ■ Se usa con la prep. *por*: *Aún sigue loco por esa chica.* **6.** Seguido de la preposición *por* y de un verbo en infinitivo, ansioso por hacer o porque ocurra lo que el verbo expresa: *Estoy loco por irme de vacaciones.* **7.** Muy aficionado a lo que se expresa. ■ Se construye con la prep. *por*: *loco por la música.* **8.** Ajetreado, movido: *una noche loca.* **9.** Aplicado a ciertos sustantivos, los intensifica: *Tiene una suerte loca.* || *s. f.* **10.** *fam.* Homosexual muy afeminado. || LOC. **hacerse el loco** Disimular, fingir que no se ha advertido algo. **volver loco** a alguien Marearle, aturdirle: *Este niño me está volviendo loco con el tambor.* SIN. **1.** Demente, alienado, desequilibrado. **2.** Temerario, alocado. **3.** Descontrolado. **5.** Colado. **6.** Deseoso, impaciente. **7.** Apasionado, amante. **8.** Febril, agitado. **9.** Extraordinario, tremendo. **10.** Marica. ANT. **1.** y **2.** Cuerdo. **2.** Sensato. **7.** Enemigo. **8.** Tranquilo. **9.** Discreto. FAM. Locamente, locatis, locura, loquear, loquero. / Alocado, enloquecer.

locomoción (del lat. *locus*, lugar, y *motio, -onis*, movimiento) *s. f.* Acción de mover o moverse de un lugar a otro. SIN. Traslado, desplazamiento.

locomotor, ra (del lat. *locus*, lugar, y *motor*, el que mueve) *adj.* **1.** De la locomoción. || *s. f.* **2.** Máquina montada sobre ruedas que sirve para arrastrar los vagones de un tren. FAM. Locomoción, locomotriz. MOTOR.

locomotriz *adj.* Forma femenina de locomotor. SIN. Locomotora.

locomóvil *adj.* Que puede ser trasladado de un lugar a otro. También *s. f.*

locro (del quechua *rokkro*) *s. m. Amér. del S.* Cocido de carnes, choclo, papas, etc.

locuacidad *s. f.* Cualidad de locuaz. SIN. Verborrea, labia, verbosidad, palabrería, charlatanería. ANT. Mutismo, silencio.

locuaz (del lat. *loquax, -acis*) *adj.* Que habla mucho, a veces en exceso. SIN. Hablador, parlanchín. ANT. Silencioso. FAM. Locuacidad. / Grandilocuencia. LOCUCIÓN.

locución (del lat. *locutio, -onis*, de *loqui*, hablar) *s. f.* Combinación estable de dos o más palabras, con un sentido que generalmente no es resultado de la suma de los significados de sus miembros; así, p. ej., *de infarto*, como locución, significa 'muy emocionante'. ■ Equivale con frecuencia a un adverbio, un adjetivo, una preposición, una conjunción o una interjección. FAM. Locuaz, locutor. / Alocución, circunlocución, elocución.

locura *s. f.* **1.** Nombre popularmente aplicado a los trastornos de la mente y en especial a la pérdida de la razón. **2.** Acción imprudente o insensata: *Es una locura arriesgarse así.* **3.** Afecto, entusiasmo o interés muy intenso: *Le quiere con locura. Siente locura por los coches.* **4.** Cosa o situación exagerada, desproporcionada: *Estos precios son una locura.* || LOC. **de locura** *adj.* y *adv.* Extraordinario, muy bien: *Lo pasamos de locura.* SIN. **1.** Demencia, alienación. **1.** y **3.** Delirio. **2.** Disparate, insensatez. **3.** Pasión. **4.** Desmadre. ANT. **1.** Cordura. **2.** Acierto.

locutor, ra (del lat. *locutor, -oris*, de *loqui*, hablar) *s. m.* y *f.* Profesional de radio o televisión que se dirige a la audiencia dando noticias o avisos, presentando programas, etc. FAM. Locutorio. / Interlocutor. LOCUCIÓN.

locutorio (del lat. *locutorium*, de *loqui*, hablar) *s. m.* **1.** En ciertos establecimientos, como cárceles o conventos, habitación dividida por una separación donde se reciben las visitas. **2.** Departamento o cabina en que hay un teléfono público. **3.** En las emisoras de radio, estudio para realizar las audiciones.

lodazal *s. m.* Terreno cubierto de lodo. SIN. Barrizal.

loden (al.) *s. m.* Tejido tupido de lana que impide el paso del agua y prenda de abrigo confeccionada con él. También *adj.*

lodo (del lat. *lutum*) *s. m.* **1.** Barro que se forma en un terreno. **2.** Deshonra, mala reputación: *Los envidiosos arrastran tu nombre por el lodo.* SIN. **1.** Cieno, limo. **1.** y **2.** Fango. FAM. Lodazal, lodoso. / Enlodar.

loes o **loess** (de *Löss*, localidad alemana) *s. m.* Material sedimentario de origen detrítico, procedente de los lodos subglaciares, que está formado por una tierra amarillenta, de grano fino y sin estratificar. Es una tierra de cultivo muy apreciada.

logarítmico, ca *adj.* De los logaritmos.

logaritmo (del gr. *logos*, razón, y *arithmos*, número) *s. m.* Exponente al que hay que elevar un número o base positiva para obtener un número dado. FAM. Logarítmico. / Antilogaritmo.

logia (del ital. *loggia*, galería, y éste del ant. fr. *loge*, glorieta, gabinete) *s. f.* **1.** Agrupación de masones y local donde se reúnen. **2.** Galería exterior con columnas y arcos.

-logía (del gr. *logos*, palabra, razón) *suf.* Significa 'ciencia, doctrina': *biología.*

lógico, ca (del lat. *logicus*, y éste del gr. *logikos*, de *logos*, razón) *adj.* **1.** De la lógica. **2.** Conforme a la razón: *Nos dio un motivo totalmente lógico.* **3.** Normal, natural: *Es lógico que no vaya a clase si no se encuentra bien.* || *s. m.* y *f.* **4.** Experto en lógica. || *s. f.* **5.** Ciencia que estudia la estructura y validez de las argumentaciones. **6.** Relación o disposición de ideas o cosas de forma que no haya contradicciones entre ellas: *Voy a poner un poco de lógica en este asunto.* **7.** Sentido común, razonamiento: *Usa la lógica para resolver el problema.* **8.** Cualidad de lógico o razonable: *Su decisión carece de toda lógica.* SIN. **2.** Racional, coherente. **2.** y **4.** Razonable. **3.** Esperable, comprensible. **6.** Organización, orden. **7.** Razón. **8.** Congruencia, coherencia. ANT. **2.** Absurdo. **2.** y **3.** Ilógico. **3.** Extraño. **8.** Incongruencia. FAM. Lógicamente. / Ilógico. LOGOS.

logística (del fr. *logistique*, de *logis*, colocación) *s. f.* **1.** Parte de la ciencia militar que se ocupa de la disposición, traslado, aprovisionamiento, etc., de las tropas. **2.** Organización: *Falló la logística de la campaña electoral.* **3.** Lógica que emplea el método y los símbolos matemáticos, denominada también *lógica matemática.* FAM. Logístico.

logo *s. m.* Logotipo*.

-logo, ga (del gr. *logos*, palabra, razón) *suf.* Significa 'especialista, entendido': *sociólogo.*

logogrifo (del gr. *logos*, palabra, y *griphos*, red) *s. m.* Juego que consiste en adivinar una palabra partiendo de otras palabras con las que tiene sílabas o letras en común.

logomaquia (del gr. *logomakhia*, de *logos*, palabra, y *makhomai*, luchar) *s. f.* Discusión en la que se atiende meramente a las palabras y no a lo esencial de la cuestión.

logopeda *s. m.* y *f.* Especialista en logopedia.

logopedia (del gr. *logos*, palabra, y *paideia*, educación) *s. f.* Reeducación y tratamiento de los trastornos del lenguaje, especialmente oral. **FAM.** Logopeda.

logos (del gr. *logos*) *s. m.* **1.** En la fil. griega, razón o cualquiera de sus manifestaciones. **2.** Según la teología cristiana, segunda persona de la Santísima Trinidad. **SIN. 2.** Verbo. **FAM.** Lógico.

logotipo (del gr. *logos*, palabra, y *typos*, figura, letra) *s. m.* Símbolo o emblema formado por letras, abreviaturas, imágenes, etc. **FAM.** Logo. TIPO.

logrado, da 1. *p.* de **lograr**. También *adj.* || *adj.* **2.** Bien hecho, que hace buen efecto: *En la película está muy logrado el ambiente de época.* **SIN. 1.** y **2.** Conseguido. **ANT. 2.** Descuidado.

lograr (del lat. *lucrare*, ganar) *v. tr.* **1.** Conseguir, llegar a hacer o a tener lo que se desea o pretende: *lograr una victoria.* || **lograrse** *v. prnl.* **2.** Llegar a desarrollarse plenamente: *Temía que cayera una helada y que la cosecha no se lograse.* **SIN. 1.** Alcanzar, obtener. **2.** Madurar. **ANT. 1.** Perder. **2.** Perderse, frustrarse. **FAM.** Logrado, logrero, logro. / Malograr.

logrero, ra (de *logro*) *s. m.* y *f.* **1.** Persona que obtiene provecho por cualquier medio. **2.** Usurero*. **SIN. 1.** Aprovechado.

logro (del lat. *lucrum*) *s. m.* **1.** Acción de lograr. **2.** Éxito: *Expuso ante la junta directiva los logros del profesorado.* **3.** Lucro, ganancia. **SIN. 1.** Consecución, obtención. **2.** Resultado. **3.** Beneficio, interés. **ANT. 1.** Pérdida. **2.** Fracaso.

logroñés, sa *adj.* De Logroño. También *s. m.* y *f.*

loísmo *s. m.* Uso de los pronombres masculinos de complemento directo *lo*, *los* como complemento indirecto, en vez de *le*, *les*: *Coge el mueble y dalo una capa de pintura*, por: *Dale una capa de pintura.* **FAM.** Loísta. LO.

lolita (potagonista de la novela de Nabokov de este mismo título) *s. f.* Jovencita adolescente que provoca deseo sexual en el hombre adulto.

loma *s. f.* Pequeña elevación del terreno en forma alargada. **SIN.** Colina.

lombardo, da *adj.* **1.** De Lombardía, región de Italia. También *s. m.* y *f.* **2.** De un pueblo germánico que se asentó en el N de Italia en el s. VI. También *s. m.* y *f.* || *s. f.* **3.** Variedad de col, de color morado. **4.** Bombarda*. **SIN. 2.** Longobardo.

lombricida *adj.* Se dice de la sustancia que se emplea para matar a las lombrices. También *s. m.*

lombriz (del lat. vulg. *lumbrix*, *-icis*, por *lumbricus*) *s. f.* **1.** Nombre común de diversos gusanos oligoquetos de cuerpo muy alargado, blando y segmentado, que viven en suelos húmedos y se alimentan de principios orgánicos presentes en la tierra. || **2. lombriz intestinal** Gusano parásito del intestino delgado del hombre y algunos vertebrados. **FAM.** Lombricida.

lomera *s. f.* **1.** Pieza de cuero, tela u otro material que cubre el lomo de los libros encuadernados. **2.** Correa que se pone en el lomo de las caballerías para mantener sujetos los arreos.

lomo (del lat. *lumbus*) *s. m.* **1.** Parte superior del cuerpo de los cuadrúpedos que comprende desde el cuello a las ancas. **2.** Pieza de carne correspondiente a dicha parte del animal; si no se especifica, se entiende de cerdo. **3.** *fam.* Parte inferior central de la espalda del hombre. Se usa mucho en *pl.* **4.** Parte del libro opuesta al corte de las hojas, por donde se cosen o pegan los pliegos. **5.** Parte que sobresale entre dos vertientes de cualquier cosa. **6.** Parte opuesta al filo en los instrumentos cortantes. || **7. cinta de lomo** Pieza de carne larga y redondeada, que se obtiene del espinazo del cerdo y generalmente se adoba. **8. lomo embuchado** El de cerdo embutido en tripa, que se consume como fiambre. **SIN. 1.** y **3.** Dorso. **FAM.** Loma, lomera. / Deslomar, lumbar, solomillo.

lona (de *Olonne*, ciudad de Francia) *s. f.* **1.** Tela gruesa y resistente con que se confeccionan toldos, velas, etc. **2.** En boxeo, lucha libre, etc., piso del cuadrilátero y, p. ext., cuadrilátero. || **LOC. besar la lona** Caer un boxeador fuera de combate y, p. ext., ser derrotado, fracasar. **SIN. 2.** Ring. **FAM.** Loneta.

loncha *s. f.* Trozo largo, ancho y delgado que se separa o corta de alguna cosa: *una loncha de jamón.* **SIN.** Tajada, lonja.

lonche (del ingl. *lunch*) *s. m.* **1.** *Amér.* Almuerzo de mediodía. **2.** Refrigerio. **FAM.** Lonchería. LUNCH.

lonchera *s. f. Col.* y *Ven.* Fiambrera.

lonchería (de *lonche*) *s. f. Amér.* Restaurante, cafetería.

londinense (del lat. *Londinensis*) *adj.* De Londres. También *s. m.* y *f.*

loneta *s. f.* Tejido menos grueso que la lona.

long play (ingl.) *expr.* Disco de larga duración grabado normalmente a 33 revoluciones por minuto. ■ Se usa como *s. m.* Sus siglas son *L. P.* **SIN.** Elepé.

longanimidad (del lat. *longanimitas*, *-atis*) *s. f.* Entereza, firmeza de ánimo. **FAM.** Longánimo. LUENGO.

longaniza (del lat. vulg. *lucanicia*, de *Lucania*, región de Italia) *s. f.* Embutido largo y delgado de carne de cerdo picada y adobada.

longevidad *s. f.* Cualidad de longevo. **SIN.** Ancianidad.

longevo, va (del lat. *longaevus*, de *longus*, largo, y *aevum*, edad) *adj.* **1.** Que vive mucho tiempo: *Las tortugas son una especie longeva.* **2.** Viejo, anciano. **FAM.** Longevidad.

longitud (del lat. *longitudo*) *s. f.* **1.** La mayor de las dimensiones en una superficie o cuerpo plano. **2.** Distancia angular que existe desde un punto cualquiera de la superficie terrestre hasta el meridiano de Greenwich, que representa el valor 0°; junto con la latitud forma el sistema de coordenadas geográficas y se mide en grados, minutos y segundos. || **3. longitud de onda** En el movimiento ondulatorio periódico, mínima distancia que separa dos puntos que se encuentran en el mismo estado de vibración. **FAM.** Longitudinal. / Luengo.

longitudinal *adj.* Relativo a la longitud o hecho o colocado en su mismo sentido: *corte longitudinal.* **FAM.** Longitudinalmente. LONGITUD.

longobardo, da (del lat. *Longobardus*) *adj.* Lombardo*, pueblo germánico. También *s. m.* y *f.*

longui o **longuis, hacerse el** *loc. fam.* Hacerse el distraído, disimular.

lonja[1] (del fr. *longe*, correa) *s. f.* Loncha*.

lonja[2] (del cat. dial. *llonja*, y éste del ant. fr. *longe*, del germ. *laubia*, glorieta) *s. f.* **1.** Edificio público donde se realizan operaciones comerciales, especialmente de venta de mercancías al por mayor. **2.** Atrio, generalmente levantado del suelo, a que suelen dar las puertas de algunos edificios.

lontananza (del ital. *lontananza*, de *lontano*, y éste derivado del lat. *longus*) *s. f.* **1.** Lejanía*. **2.** Fondo de un cuadro, sección más alejada del plano principal. || LOC. **en lontananza** *adv.* A lo lejos.

look (ingl.) *s. m.* Aspecto exterior: *cambiar de look*.

looping (ingl., significa 'rizando') *s. m.* Acrobacia aérea que consiste en dar una vuelta completa en vertical y ejercicio similar realizado con otro vehículo.

loor (de *loar*) *s. m.* En lenguaje culto y literario, alabanza.

lopesco, ca *adj.* Propio del escritor Félix Lope de Vega y Carpio y de su obra, o que tiene alguna de las cualidades de su producción literaria.

loquear *v. intr.* **1.** Cometer locuras. **2.** Divertirse de forma desordenada y bulliciosa.

loquero, ra *s. m.* y *f.* **1.** Persona que cuida de los locos. || *s. m.* **2.** *fam.* Manicomio*. || *s. f.* **3.** *Amér.* Locura.

loquios (del gr. *lokhios*, referente al parto) *s. m. pl.* Líquido que expulsan los órganos genitales femeninos en el puerperio o periodo posterior al parto.

lora *s. f.* **1.** *Amér.* Loro*. **2.** Hembra del loro.

lord (ingl.) *s. m.* En el Reino Unido, título dado a los miembros de la nobleza, los arzobispos y algunos altos cargos. ■ Su pl. es *lores*.

loriga (del lat. *lorica*, de *lorum*, cuero) *s. f.* **1.** Armadura de láminas metálicas a modo de escamas. **2.** Armadura del caballo.

loro (del caribe *roro*) *s. m.* **1.** Papagayo*. **2.** *fam.* Mujer fea. **3.** Persona muy habladora o que repite las cosas de memoria sin entenderlas. **4.** En argot, transistor o radiocasete. || LOC. **al loro** *adv. fam.* Al tanto de lo que ocurre, alerta. FAM. Lora.

lorquiano, na *adj.* Propio del escritor Federico García Lorca y de su obra, o que tiene alguna de las cualidades de su producción literaria.

lorza (del ár. *al-jurza*, la costura) *s. f.* Pliegue o doblez cosido que se hace en una prenda como adorno o para acortarla y poder alargarla si es necesario.

losa (del prerromano *lausa*) *s. f.* **1.** Piedra lisa, plana y de poco grosor, como p. ej. las usadas para pavimentar o para cubrir una tumba; p. ext., la misma tumba. **2.** Aquello que supone una carga o pesadumbre: *Esa culpa es una losa que pesa sobre su conciencia.* SIN. **1.** Baldosa; lápida. **2.** Peso. FAM. Losar, loseta. / Enlosar.

losar *v. tr.* Enlosar*. FAM. Losado. LOSA.

loseta *s. f.* Losa pequeña usada generalmente para pavimentar suelos o alicatar paredes.

lote (del fr. *lot*) *s. m.* **1.** Cada una de las partes en se divide algo para repartirlo. **2.** Conjunto de cosas agrupadas para venderlas, subastarlas, etc. **3.** Cada uno de los premios de un sorteo, lotería, etc. **4.** Cada una de las parcelas edificables en que se divide un terreno para su venta individual. **5.** *Amér. del S.* Parcela de tierra. || LOC. **darse** (o **pegarse**) **el lote** *fam.* Besarse y tocarse insistentemente una pareja. SIN. **1.** Partición. FAM. Lotear, lotería.

lotear *v. tr. Amér. del S.* Dividir en lotes o parcelas un terreno.

lotería *s. f.* **1.** Cualquier juego, rifa, etc., basado en el sistema de sacar números al azar. **2.** Juego de azar que administra el Estado, vendiendo una gran cantidad de billetes numerados, de los cuales se premiarán aquellos cuyos números coincidan con los sacados a la suerte en cada sorteo. ■ Se nombre completo es *lotería nacional*. **3.** Local donde se venden estos billetes. **4.** Juego de salón de características similares al anterior, normalmente sin premios en metálico. **5.** Cosa muy beneficiosa o conveniente: *Ese cargo es una auténtica lotería.* **6.** Aquello que sólo depende de la suerte: *El reparto fue una lotería.* || **7. lotería primitiva** En España, juego estatal en que se sacan a la suerte seis números entre cuarenta y nueve y se premian con diversas cantidades los aciertos que los jugadores tengan en sus boletos. SIN. **5.** Bicoca, chollo. FAM. Lotero, loto[2]. LOTE.

lotero, ra *s. m.* y *f.* Persona que vende lotería.

loto[1] (del lat. *lotos*, y éste del gr. *lotos*) *s. m.* Planta acuática de hojas grandes y brillantes, flores muy olorosas, generalmente blanco-azuladas, y fruto globoso. Se cultiva en lagos y estanques por su uso ornamental.

loto[2] *s. f.* Lotería* primitiva.

loza (del lat. *lautia*, ajuar) *s. f.* **1.** Barro fino, cocido y barnizado, con que se hacen diferentes objetos, especialmente de uso doméstico, como platos, tazas, etc. **2.** Conjunto de objetos hechos con este material. FAM. Enlozar.

lozanía *s. f.* **1.** Cualidad de lozano. **2.** Orgullo, soberbia. SIN. **1.** Frescura, vigor, robustez, exhuberancia. **2.** Altivez. ANT. **1.** Debilidad, agotamiento.

lozano, na (del lat. *lautianus*, de *lautia*, regalo) *adj.* **1.** De aspecto joven, sano y fuerte: *una muchacha lozana, un caballo lozano.* **2.** Se dice de los vegetales que están verdes y frescos. SIN. **1.** Saludable, robusto, lustroso. **2.** Frondoso. ANT. **1.** Débil, enfermizo. **2.** Mustio. FAM. Lozanamente, lozanía.

lubina *s. f.* Pez marino teleósteo, especie de perca de mayor tamaño, con cuerpo estilizado, de hasta 1 m de longitud, color metálico, línea lateral negruzca y aletas con radios espinosos. Habita en las costas del Mediterráneo y en las atlánticas de Europa y África. Es muy apreciado como alimento. SIN. Róbalo.

lubricante *adj.* Que lubrica o sirve para lubricar: *aceite lubricante.* También *s. m.* ■ Se dice también *lubrificante*.

lubricar (del lat. *lubricare*) *v. tr.* Aplicar sobre las superficies que rozan entre sí, p. ej. en un motor, mecanismo, etc., una sustancia que disminuya este roce y, por tanto, el desgaste y el calor, facilitando así su funcionamiento. ■ Delante de *e* se escribe *qu* en lugar de *c.* Se dice también *lubrificar*. FAM. Lubricación, lubricante, lúbrico, lubrificar.

lubricidad (del lat. *lubricitas, -atis*) *s. f.* Cualidad de lúbrico. SIN. Lujuria, lascivia, libídine. ANT. Castidad, decencia.

lúbrico, ca (del lat. *lubricus*) *adj.* **1.** Que se desliza con facilidad. **2.** Que tiene o demuestra lujuria. SIN. **1.** Resbaladizo, deslizante. **2.** Lujurioso, lascivo, libidinoso. FAM. Lúbricamente, lubricidad. LUBRICAR.

lubrificante *adj.* Lubricante*. También *s. m.*

lubrificar *v. tr.* Lubricar*. ■ Delante de *e* se escribe *qu* en lugar de *c*: *lubrifique*. FAM. Lubrificación, lubrificante. LUBRICAR.

luca *s. f. Arg., Col.* y *Urug. fam.* Originalmente, billete de mil pesos; en la actualidad, billete de alto valor. SIN. Lucarda, lucrecia.

lucense (del lat. *Lucensis*) *adj.* De Lugo. También *s. m.* y *f.* SIN. Lugués.

lucerna (del lat. *lucerna*, lámpara) *s. f.* Abertura alta que da ventilación y luz a una habitación. SIN. Lucernario, claraboya, tragaluz. FAM. Lucernario. LUZ.

lucernario *s. m.* Lucerna, abertura alta de una habitación. SIN. Claraboya, tragaluz.

lucero (de *luz*) *s. m.* **1.** Cualquier astro del firmamento que brilla intensamente y, especialmente, el planeta Venus. **2.** Mancha o lunar blanco que tienen algunos cuadrúpedos en la frente. || **3. lucero del alba** (**de la mañana**, **matutino** o **de la tarde**, **vespertino**) Planeta Venus. || LOC. **al lucero del alba** *fam.* A cualquiera: *Le dice las verdades al lucero del alba.*

lucha (del lat. *lucta*) *s. f.* **1.** Acción de luchar. **2.** Batalla, pelea. **3.** Discusión, disputa, competencia. **4.** Confrontación interior, duda íntima. **5.** Deporte que consiste en el combate cuerpo a cuerpo entre dos personas desarmadas y del que existen numerosas modalidades. || **6. lucha grecorromana** Modalidad olímpica en la que se vence derribando al contrario con presas realizadas de cintura para arriba y manteniendo su espalda apoyada en el suelo durante algunos segundos. **7. lucha libre** Modalidad olímpica en la que se permiten golpes y presas por debajo de la cintura, venciendo el que derriba al contrario y lo inmoviliza. También, espectáculo norteamericano de lucha en el que se permiten todo tipo de golpes reales o fingidos. SIN. **1.** y **2.** Contienda, conflicto, refriega, lid. **3.** Polémica, controversia, debate; oposición, contraposición.

luchador, ra *s. m.* y *f.* **1.** Persona que lucha, especialmente la que practica algún deporte de lucha. **2.** Persona que se esfuerza por algo. SIN. **1.** Combatiente, contendiente. **2.** Trabajador, emprendedor, enérgico, tenaz. ANT. **2.** Pusilánime.

luchar (del lat. *luctari*) *v. intr.* **1.** Enfrentarse utilizando la fuerza, las armas o cualquier otro recurso para vencer al contrario: *Los ejércitos lucharon en el campo de batalla.* **2.** Trabajar y esforzarse por algo: *Lucha para mantener a su familia.* **3.** *fam.* Tratar con personas o cosas que requieren gran esfuerzo o paciencia: *Llevo todo el día luchando con estos niños.* **4.** Estar dos personas, ideas, fuerzas, etc., en oposición: *En él luchaban el amor y el odio.* SIN. **1.** y **2.** Combatir. **1.** a **3.** Pelear, batallar. **2.** y **3.** Bregar. **3.** Lidiar. FAM. Lucha, luchador.

lucidez *s. f.* Estado o cualidad de lúcido: *A sus noventa años conserva aún una gran lucidez.* SIN. Sagacidad, perspicacia, agudeza; coherencia, lógica; brillo, resplandor. ANT. Torpeza, simpleza; chochez.

lucido, da 1. *p.* de **lucir**. También *adj.* || *adj.* **2.** Muy bonito, brillante o acertado: *un trabajo muy lucido.* **3.** Que permite lucirse: *Le han dado el papel más lucido.* SIN. **2.** Excelente, destacado.

lúcido, da (del lat. *lucidus*) *adj.* **1.** Se dice de las personas que comprenden o captan las cosas clara y rápidamente, así como de su inteligencia, ideas, etc.: *Tiene una mente lúcida.* **2.** Que está en condiciones de pensar con normalidad: *Aunque es muy mayor, aún se mantiene lúcido.* **3.** Se aplica a los momentos, periodos, etc., en que alguien piensa con lógica y claridad. SIN. **1.** Sagaz, perspicaz. **1.** y **2.** Despierto. **2.** Despejado, coherente. FAM. Lucidez. LUZ.

luciente (del lat. *lucens, -entis*) *adj.* Que luce. SIN. Brillante, resplandeciente.

luciérnaga (del lat. *lucerna*, lámpara) *s. f.* Insecto coleóptero que mide entre 11 y 18 mm y cuya hembra carece de alas y élitros y emite una luz fosforescente; el macho también emite luz, pero de menor intensidad.

Lucifer (del lat. *Lucifer, -eri*) *n. p.* **1.** Nombre que se da al príncipe de los demonios. || **lucifer** *s. m.* **2.** Persona maligna y colérica. SIN. **1.** Satán, Satanás. FAM. Luciferino.

luciferino, na *adj.* De Lucifer o relacionado con él: *un comportamiento luciferino.*

lucífero, ra (del lat. *lucifer*, de *lux, lucis*, luz, y *ferre*, llevar) *adj.* Que da luz.

lucífugo, ga (del lat. *lucifugus*, de *lux, lucis*, luz, y *fugere*, huir) *adj.* Que huye de la luz.

lucimiento *s. m.* Acción de lucir o lucirse: *El guión está pensado para el lucimiento de la protagonista.*

lucio (del lat. *lucius*) *s. m.* Pez teleósteo de agua dulce, que mide unos 40 cm, y tiene el cuerpo alargado y algo aplanado, de color amarillento verdoso, boca grande con centenares de dientes y hocico puntiagudo. Es un gran depredador, muy apreciado en el deporte de la pesca.

lución *s. m.* Reptil saurio de unos 50 cm de longitud, cuerpo cilíndrico y alargado, con el dorso oscuro y una o dos líneas negras longitudinales; carece de patas y sus movimientos son mucho más lentos que los de las serpientes. Al igual que las lagartijas, si pierde la cola, ésta vuelve a regenerarse.

lucir (del lat. *lucere*) *v. intr.* **1.** Dar luz: *Esa bombilla luce poco.* **2.** Brillar: *¡Cómo luce ese cristal!* **3.** Destacar, resaltar: *Donde más luce el cuadro es enfrente de la ventana.* **4.** Dar algo prestigio, importancia, etc.: *Luce mucho decir que has estudiado en el extranjero.* **5.** Producir algo un resultado visible: *Todo el día trabajando para que luego no te luzca.* **6.** *Amér.* Tener alguien o algo un aspecto muy agradable: *Qué lindo luces hoy.* || *v. tr.* **7.** Demostrar alguien sus cualidades, habilidades, etc. También *v. prnl.*: *Espera lucirse en la prueba.* **8.** Exhibir o mostrar una cosa, especialmente si es valiosa o elegante: *Lucía unos magníficos pendientes.* **9.** Dar una capa de cal o yeso a las paredes: *lucir las fachadas.* || **lucirse** *v. prnl.* **10.** Presumir: *Sólo ha venido a lucirse con su cochazo.* **11.** *fam.* Salirle algo mal a alguien: *Nos hemos lucido yendo a la piscina con este tiempo.* ■ Es v. irreg. SIN. **1.** Alumbrar, iluminar. **2.** Resplandecer, relucir, relumbrar. **4.** Fardar, molar. **5.** Cundir. **9.** Enlucir, encalar, blanquear. **10.** Pavonearse, fanfarronear. FAM. Lucido, luciente, lucimiento. / Deslucir, enlucir, relucir, traslucir. LUZ.

LUCIR	
INDICATIVO	SUBJUNTIVO
Presente	**Presente**
luzco	*luzca*
luces	*luzcas*
luce	*luzca*
lucimos	*luzcamos*
lucís	*luzcáis*
lucen	*luzcan*

lucrarse (del lat. *lucrari*, hacer ganancias) *v. prnl.* Sacar provecho de un negocio o de un encargo. SIN. Beneficiarse, aprovecharse, favorecerse. ANT. Desprenderse.

lucrativo, va *adj.* **1.** Que produce lucro. **2.** En der., se aplica a los negocios, cambios de dominio, etc., que sólo producen lucro para una de las partes. SIN. **1.** Beneficioso, provechoso. ANT. **2.** Oneroso.

lucro (del lat. *lucrum*) *s. m.* Beneficio o ganancia que se obtiene de algo, especialmente de un negocio. **SIN.** Provecho. **ANT.** Pérdida. **FAM.** Lucrarse, lucrativo.

luctuoso, sa (del lat. *luctuosus*, de *luctus*, llanto) *adj.* Que causa tristeza o dolor. **SIN.** Triste, doloroso, penoso, lamentable. **ANT.** Alegre, afortunado. **FAM.** Luctuosamente. LUTO.

lucubrar (del lat. *lucubrare*) *v. tr.* Elucubrar*. **FAM.** Lucubración. ELUCUBRAR.

lúcuma (del quechua *rucma*) *s. f. Amér. del S.* Fruto del lúcumo, comestible y semejante a una ciruela. **FAM.** Lúcumo.

lúcumo *s. m. Amér. del S.* Árbol de hojas membranáceas, abundante en Chile y Perú, cuyo fruto es la lúcuma.

ludibrio (del lat. *ludibrium*) *s. m.* Escarnio, desprecio, mofa.

lúdico, ca (del lat. *ludus*, juego) *adj.* Del juego o de la diversión. **FAM.** Ludibrio, ludopatía, ludoteca.

ludópata (del lat. *ludus*, juego, y *-pata*) *s. m.* y *f.* Que padece ludopatía.

ludopatía *s. f.* Adicción patológica al juego. **FAM.** Ludópata. LÚDICO.

ludoteca (del lat. *ludus*, juego, y *-teca*) *s. f.* Lugar donde hay juegos y juguetes a disposición de los usuarios.

luego (del lat. vulg. *loco*) *adv. t.* **1.** Después, más tarde: *Merendamos y luego fuimos al cine.* **2.** *Col., Méx., Par., Perú* y *P. Rico* Algunas veces, de cuando en cuando. **3.** *Chile* y *Ven. fam.* Pronto. || *adv. l.* **4.** Más allá, más adelante: *Primero está la casa y luego el jardín.* || *conj. consec.* **5.** Indica que el significado de la segunda oración es consecuencia o deducción de lo que se dice en la primera: *Pienso, luego existo.* || **LOC. desde luego** *adv.* Indudablemente, sin duda: *Desde luego es el más simpático.* Se utiliza para afirmar de forma rotunda o con cortesía: *¿Puedo sentarme? Desde luego.* Indica igualmente enfado, disgusto o sorpresa ante algo: *Mira que no saludarme. Desde luego...* **hasta luego** Fórmula de despedida. **luego luego** *adv. Méx. fam.* En seguida. **luego que** *conj.* En seguida que, una vez que: *Luego que termine, le acompaño.* **FAM.** Lueguito.

lueguito *adv. t. Amér.* En seguida.

luengo, ga (del lat. *longus*, largo) *adj.* **1.** Largo: *Era un anciano de luengas barbas.* **2.** Lejano: *Llegó de luengas tierras.* ■ Su uso es sobre todo literario o humorístico. **FAM.** Elongación, longanimidad, oblongo, prolongar. LONGITUD.

lugar (del lat. *localis*, de *locus*, lugar) *s. m.* **1.** Espacio ocupado o que se puede ocupar: *Pon cada cosa en su lugar.* **2.** Sitio, paraje: *Vive en algún lugar de la región.* **3.** Pequeña población: *Conozco a todas las gentes del lugar.* **4.** Parte determinada de una superficie o de cualquier otra cosa: *¿En qué lugar del contrato hay que firmar?* **5.** Situación o posición ocupada en una enumeración, orden, jerarquía, etc.: *En el concurso quedó en tercer lugar.* **6.** Puesto, empleo: *Quedan dos lugares vacantes en el departamento.* **7.** Ocasión o momento oportuno: *Se lo diré si ha lugar.* **8.** Motivo, razón: *Tu conducta dio lugar a la expulsión.* || **9. lugar común** Tema, expresión, elemento, etc., muy repetido y, por tanto, nada original: *La película estaba llena de lugares comunes.* || **LOC. en buen** (o **mal**) **lugar** *adv.* En buena situación o consideración, o todo lo contrario: *La tenista dejó a su país en buen lugar.* **en lugar de** *adv.* En vez de: *Tomaré un zumo en lugar del primer plato.* **en primer lugar** *adv.* Primeramente. **en tu** (**su**, **vuestro**, etc.) **lugar** *adv.* En la misma situación, circunstancia, etc., que la persona a la que se refiere: *Yo en tu lugar no hubiera aceptado.* **estar en su lugar** Comportarse o actuar una persona tal como corresponde a su posición, educación, etc.: *No perdió los estribos, supo estar en su lugar.* **fuera de lugar** *adj.* y *adv.* Inoportuno, inconveniente: *Lo que dijo estuvo fuera de lugar.* **no dejar lugar a dudas** Ser algo muy evidente, indudable. **sin lugar a dudas** *adv.* Indudablemente: *Es el mejor sin lugar a dudas.* **tener lugar** Ocurrir, suceder; también, referido a fiestas, ceremonias, actos, etc., celebrarse: *Por la mañana tendrá lugar la sesión de apertura.* **SIN. 3.** Pueblo, poblado, aldea. **6.** Plaza. **7.** Oportunidad. **FAM.** Lugareño, lugarteniente. / Local, unilocular.

lugareño, ña *adj.* **1.** Natural o habitante de un lugar o población pequeña. También *s. m.* y *f.* **2.** De estas pequeñas poblaciones o relacionado con ellas. **SIN. 1.** y **2.** Aldeano, pueblerino.

lugarteniente (de *lugar* y *teniente*, el que tiene el lugar, el puesto) *s. m.* Persona con facultad y poder para sustituir a otra en su cargo o empleo. **FAM.** Lugartenencia. LUGAR y TENIENTE.

lúgubre (del lat. *lugubris*) *adj.* **1.** Muy triste o sombrío: *un porvenir lúgubre.* **2.** Fúnebre, tétrico. **SIN. 1.** Lóbrego, oscuro. **FAM.** Lúgubremente.

lugués, sa *adj.* Lucense*.

luis (del fr. *louis*, de *Louis* XIII) *s. m.* Moneda francesa de oro o plata que se empezó a acuñar durante el reinado de Luis XIII.

luisa (de *María Luisa*, esposa de Carlos IV) *s. f.* Hierba* luisa.

lujar *v. tr.* **1.** *Amér.* Alisar, pulir, especialmente la suela del calzado. **2.** *Amér. C.* y *Ec.* Lustrar los zapatos, darles brillo.

lujo (del lat. *luxus*) *s. m.* **1.** Abundancia de riqueza y comodidad. **2.** Suntuoso, que no es de primera necesidad: *Tener tres televisores es un lujo innecesario.* **3.** Aquello que no está al alcance de la persona de que se trata: *Esa casa para mí es un lujo.* **4.** Abundancia de cosas que enriquecen, adornan, etc., algo, a veces sin ser necesarias: *Entró en todo lujo de detalles al describirnos lo sucedido.* || **5. lujo asiático** *fam.* Lujo muy grande. **6. impuesto de lujo** El que recae sobre artículos o propiedades que no se consideran imprescindibles. || **LOC. permitirse el lujo** Atreverse, osar: *Se permitió el lujo de darme consejos sobre mi vida privada.* **SIN. 1.** Fastuosidad, suntuosidad, pompa, opulencia. **FAM.** Lujosamente, lujoso, lujuria.

lujoso, sa *adj.* Que tiene o manifiesta lujo: *una casa lujosa, una vida lujosa.* **SIN.** Fastuoso, suntuoso, pomposo, ostentoso, opulento. **ANT.** Humilde, pobre, sencillo.

lujuria (del lat. *luxuria*) *s. f.* **1.** Deseo o actividad sexual exagerada. **2.** Abundancia o exceso de algo, especialmente de vegetación. **SIN. 1.** Lascivia, concupiscencia, lubricidad. **2.** Exuberancia. **FAM.** Lujuriante, lujuriosamente, lujurioso. LUJO.

lujuriante (del lat. *luxurians, -antis*) *adj.* Se aplica a la vegetación abundante y frondosa. **SIN.** Exuberante.

lulú (del fr. *loulou*) *adj.* Se dice de una raza de perros de pelo largo y abundante, cabeza triangular, hocico afilado y orejas rectas; su tamaño, generalmente pequeño, varía según los tipos. También *s. m.* y *f.* ■ Su pl. es *lulús*.

lumbago (del lat. *lumbago*, de *lumbus*, lomo) *s. m.* Dolor en la zona lumbar. **SIN.** Lumbalgia.

lumbalgia *s. m.* Lumbago*.

lumbar (del lat. *lumbare*, de *lumbus*, lomo) *adj.* **1.** Se aplica a la zona o región del cuerpo situada entre la última costilla y los glúteos. **2.** De esta región o relacionado con ella. **FAM.** Lumbago. LOMO.

lumbre (del lat. *lumen, -inis*) *s. f.* **1.** Cualquier materia combustible encendida, como leña, carbón, etc.: *Atiza la lumbre para que no se apague.* **2.** Lugar donde se hace fuego en las cocinas: *Puso la olla en la lumbre.* **3.** Cualquier cosa con que se enciende o prende otra: *Necesito lumbre para encender la chimenea.* **4.** Luz o brillo de algo, especialmente referido al de los ojos. **5.** Espacio de ventanas o puertas que deja pasar la luz. **SIN. 2.** Fogón. **4.** Resplandor. **FAM.** Lumbrera. / Alumbrar, deslumbrar, relumbrar, vislumbrar.

lumbrera (del lat. *luminaria*) *s. f.* **1.** Cualquier cuerpo o materia que produce luz. **2.** Persona muy inteligente y culta. **3.** Abertura o escotilla acristalada para proporcionar iluminación. **SIN. 2.** Genio, sabio, sabelotodo. **3.** Lucerna.

lumi *s. f. argot* Prostituta.

luminaria (del lat. *luminaria*) *s. f.* **1.** Luz o conjunto de luces que se ponen en las calles, balcones, etc., durante las fiestas. Se usa mucho en *pl.* **2.** En las iglesias, luz que alumbra permanentemente al Santísimo Sacramento. **SIN. 1.** Iluminación.

lumínico, ca *adj.* **1.** De la luz o relacionado con ella. **2.** Principio de los fenómenos luminosos.

luminiscencia (del lat. *lumen, -inis*, luz) *s. f.* Fenómeno por el cual un cuerpo emite luz tras absorber energía de otra radiación. **FAM.** Luminiscente. / Bioluminiscencia, triboluminiscencia. LUMINOSO.

luminoso, sa (del lat. *luminosus*) *adj.* **1.** De la luz: *haces luminosos.* **2.** Que despide luz: *un cuerpo luminoso.* **3.** Se aplica al cartel o letrero cuyas letras, símbolos, etc., emiten luz. También *s. m.*: *los luminosos de la ciudad.* **4.** Que tiene mucha luz natural: *El apartamento es muy luminoso.* **5.** Se aplica a los colores claros y brillantes, que dan sensación de luz, y a las cosas que los tienen: *un colorido luminoso, una pintura luminosa.* **6.** Alegre, vivo: *Nos recibió con una luminosa sonrisa.* **7.** Aplicado a ideas, explicaciones, etc., muy claras y acertadas: *Tuvo una ocurrencia luminosa.* **SIN. 1.** Lumínico. **4.** Iluminado. **6.** Resplandeciente, deslumbrante. **7.** Atinado, apropiado, certero. **ANT. 4.** Sombrío. **4.** y **5.** Oscuro. **5.** y **6.** Apagado. **FAM.** Luminaria, lumínico, luminiscencia, luminosamente, luminosidad, luminotecnia. / Iluminar.

luminotecnia (del lat. *lumen, -inis*, luz, y *-tecnia*) *s. f.* Técnica de la iluminación con luz artificial y de la aplicación de sus efectos con fines industriales y artísticos. **FAM.** Luminotécnico. LUMINOSO.

lumpen (del al. *Lumpenproletariat*, de *Lumpen*, andrajos, y *Proletariat*, proletariado) *s. m.* **1.** Grupo social formado por los individuos más marginados dentro de una sociedad urbana, como mendigos, delincuentes, prostitutas, etc. || *adj.* **2.** De este grupo social.

Luna (del lat. *Luna*) *n. p.* **1.** Único satélite natural de la Tierra que gira alrededor de ésta y que se ve por reflejar la luz del Sol. || **luna** *s. f.* **2.** Luz nocturna que refleja este satélite: *La luna entraba en la habitación.* **3.** Satélite natural de cualquier planeta: *las lunas de Júpiter.* **4.** Lunación*. **5.** Lámina de cristal, especialmente la de vidrieras y escaparates. **6.** Espejo, sobre todo el de un armario. **7.** Manía pasajera, cambio brusco de humor. || **8. luna de miel** Primeros meses del matrimonio; viaje que suelen hacer los novios después de su boda. También, periodo de total armonía y acuerdo entre dos personas, grupos, países, etc. **9. Luna creciente** Aplicado a las fases de la Luna, la intermedia entre la Luna nueva y la Luna llena. **10. Luna llena** Se dice de la fase de la Luna cuando, por estar situada en oposición al Sol, muestra iluminada toda la cara que mira a la Tierra. **11. Luna menguante** Fase de la Luna intermedia entre la Luna llena y la Luna nueva. **12. Luna nueva** Se dice de la Luna cuando, al estar iluminada su cara oculta, no puede ser vista desde la Tierra. **13. media luna** Figura de Luna creciente o menguante y, p. ext., cualquier objeto, imagen, etc., que tiene esta figura. Es el símbolo del Islam. || **LOC. dejar** (o **quedarse**) **a la luna de Valencia** *fam.* Dejar a alguien o quedarse uno chasqueado. **estar en la Luna** Estar distraído, sin darse cuenta de lo que pasa. **pedir la Luna** Pedir algo imposible. **FAM.** Lunación, lunar, lunario, lunático, luneta, luneto, lúnula. / Alunarse, alunizar, elevalunas, interlunio, medialuna, novilunio, plenilunio.

lunación *s. f.* Tiempo que existe entre una conjunción de la Luna con el Sol y la siguiente. Su duración es de 29 días, 12 horas, 44 minutos y 2,8 segundos.

lunar *adj.* **1.** De la Luna: *eclipse lunar.* || *s. m.* **2.** Pequeña mancha oscura y redondeada que aparece en la piel por acumulación de células de melanina. **3.** Pequeña mancha que presentan algunos animales en la piel, formada por pelos de distinto color que el general. **4.** En las telas, dibujo en forma de círculo de color distinto al del tejido: *una blusa de lunares.* **5.** *fam.* Defecto o falta poco importante: *Los informes sobre él eran buenos, pero tenían algunos lunares.* **FAM.** Semilunar, sublunar. LUNA.

lunario, ria *adj.* **1.** De las lunaciones. || *s. m.* **2.** Calendario de las fases de la Luna.

lunático, ca (del lat. *lunaticus*) *adj.* Loco, maniático, extravagante. También *s. m.* y *f.* **SIN.** Chiflado, majareta, excéntrico. **ANT.** Cuerdo.

lunch (ingl.) *s. m.* Comida ligera, especialmente la que se ofrece a los invitados a una fiesta, celebración, etc. **FAM.** Lonche.

lunes (del lat. *lunae dies*, día consagrado a la Luna) *s. m.* Primer día de la semana. ■ No varía en *pl.*

luneta *s. f.* **1.** Cristal trasero de los automóviles. **2.** Cada uno de los cristales de las gafas. **3.** *Amér.* En los teatros, patio de butacas.

luneto (de *Luna*) *s. m.* Pequeña bóveda semiesférica abierta en otra más grande para iluminar el interior.

lunfardo, da *adj.* **1.** *Arg.* Del mundo de los ladrones o relacionado con él. || *s. m.* **2.** Jerga hablada en los barrios bajos de Buenos Aires; algunas de sus palabras han pasado al lenguaje común de la zona rioplatense. **3.** *Arg.*, *Perú* y *Urug.* Ladrón.

lúnula (del lat. *lunula*, dim. de *Luna*) *s. f.* **1.** Parte de la raíz de la uña, de color blanquecino, con forma de media luna. **2.** Figura de media luna que forman dos arcos al cortarse.

lupa (del fr. *loupe*, y éste del lat. *lupa*, loba) *s. f.* Lente de aumento, generalmente sujeta a un soporte o mango.

lupanar (del lat. *lupanar, -aris*) *s. m.* Prostíbulo, burdel.

lupino, na *adj.* Del lobo. **SIN.** Lobuno.

lúpulo (del lat. *lupulus*, lobito) *s. m.* Planta herbácea trepadora de la familia cannabáceas, de 2 a 5 m de altura, hojas perennes, lobuladas y con disposición opuesta, flores con sexos separados y fruto en forma de estróbilo. Contiene una sustancia resinosa de color amarillento que se usa para dar aroma a la cerveza.

luquear *v. tr. Chile fam.* Observar a alguien o algo con atención.

lusitano, na (del lat. *Lusitanus*) *adj.* **1.** De Lusitania, antigua provincia romana de Hispania, que comprendía todo el Portugal actual al S del Duero y Extremadura. También *s. m.* y *f.* **2.** Portugués. También *s. m.* y *f.* **SIN.** **2.** Luso. **FAM.** Luso.

luso, sa *adj.* Portugués. También *s. m.* y *f.* **SIN.** Lusitano.

lustrabotas o **lustrador** *s. m. Amér.* Limpiabotas. ■ La forma *lustrabotas* no varía en *pl.*

lustrada *s. f. Amér. del S.* Limpieza de una cosa.

lustrar (del lat. *lustrare*) *v. tr.* **1.** Dar brillo a una cosa frotándola con insistencia. **2.** *Amér.* Limpiar los zapatos. **SIN.** **1.** Abrillantar, bruñir, pulir. **FAM.** Lustrabotas, lustrada, lustrador, lustrín. / Deslustrar, ilustrar. LUSTRE.

lustre *s. m.* **1.** Brillo, especialmente el que es resultado de limpiar o abrillantar: *Sacó lustre a los candelabros.* **2.** Prestigio, distinción. **SIN.** **1.** Resplandor. **2.** Esplendor, honra, honor, dignidad, notoriedad, fama, renombre. **ANT.** **2.** Deshonra. **FAM.** Lustrar, lustrear, lustroso. / Ilustre.

lustrear *v. tr. Chile fam.* Lustrar.

lustrín *s. m. Chile* Limpiabotas.

lustro (del lat. *lustrum*) *s. m.* Periodo de tiempo de cinco años. **SIN.** Quinquenio.

lustroso, sa *adj.* **1.** Que tiene lustre o brillo. **2.** De aspecto sano y robusto. **SIN.** **1.** Brillante, resplandeciente, reluciente. **2.** Hermoso, saludable. **ANT.** **1.** Mate, apagado. **2.** Enfermizo. **FAM.** Lustrosamente. LUSTRE.

lutecio (del lat. *Lutetia*, París) *s. m.* Elemento químico metálico que forma diversas sales insolubles, empleado en la industria metalúrgica como captador de impurezas. Su símbolo es *Lu.*

luteranismo (de Martín *Lutero*, reformador religioso alemán) *s. m.* **1.** Doctrina protestante que sostiene que la fe es la única vía de salvación y defiende la libre interpretación de las Sagradas Escrituras. **2.** Comunidad de los seguidores de esa doctrina. **FAM.** Luterano.

luthier (fr.) *s. m.* Artesano que fabrica o repara instrumentos de cuerda, principalmente violines.

luto (del lat. *luctus*) *s. m.* **1.** Situación en la que se manifiesta externamente el dolor por la muerte de una persona: *Guardaron un minuto de silencio en señal de luto.* **2.** Ropa de color negro u otro signo exterior que indica que se está en esa situación: *ir de luto.* **3.** Periodo de tiempo en que se lleva esta ropa o se conservan estos signos: *Llevan dos años de luto.* **4.** Tristeza, pesar. || *s. f. pl.* **5.** Cintas, colgaduras y otros objetos que se ponen como señal de duelo en las ceremonias de los funerales, entierros, etc. || **6. medio luto** El que no es riguroso y se manifiesta en la ropa al utilizar colores más claros. **SIN.** **4.** Desdicha, amargura, disgusto, desconsuelo, desolación. **ANT.** **4.** Alegría. **FAM.** Luctuoso. / Enlutar.

lux *s. m.* Unidad de intensidad de iluminación en el Sistema Internacional. ■ No varía en *pl.*

luxación (del lat. *luxatio, -onis*) *s. f.* Dislocación de un hueso. **FAM.** Luxar.

luxemburgués, sa *adj.* De Luxemburgo. También *s. m.* y *f.*

luz (del lat. *lux, lucis*) *s. f.* **1.** Forma de energía que ilumina las cosas y las hace visibles. Se propaga por medio de partículas llamadas fotones, que llevan asociada una onda. **2.** Punto o dispositivo de donde parte: *Acércame una luz, que no veo.* **3.** Corriente eléctrica: *Nos han cortado la luz.* **4.** Reflejo que despiden algunos cuerpos, como cristales, piedras preciosas, etc. Se usa más en *pl.* **5.** Cualquier abertura hecha en un edificio para iluminarlo. **6.** Anchura interior de una puerta o ventana. **7.** Distancia que existe entre las jambas de un arco o entre dos soportes. **8.** Diámetro de un tubo o de cualquier otro cuerpo hueco y de forma más o menos cilíndrica: *la luz de una cañería.* **9.** Persona o cosa que sirve de ejemplo y guía. **10.** Aclaración, ayuda. ■ Se usa con verbos como *arrojar, echar*, etc.: *Su relato arrojó luz sobre el suceso.* || *s. f. pl.* **11.** *fam.* Inteligencia, sabiduría: *Tiene pocas luces.* || **12. luz de cruce** (o **corta**) Aquella que lleva un vehículo y debe iluminar como mínimo una zona de 40 m por delante de éste. **13. luz de posición** La de un vehículo que permite conocer su posición en lugares poco iluminados. || **LOC. a la luz** Con verbos como *dar* o *salir*, dar a conocer o conocerse algo que permanecía oculto; también, publicar o publicarse una obra. **a la luz de** *adv.* Juzgando a partir de aquello que se expresa: *A la luz de los informes presentados, es una persona muy capacitada.* **a todas luces** *adv.* Se mire como se mire, sin duda: *Su comportamiento fue a todas luces correcto.* **arrojar luz sobre** algo Aclararlo: *La carta arroja luz sobre sus motivos.* **dar a luz** Parir una mujer: *Dio a luz un precioso niño.* **entre dos luces** *adv.* Al amanecer o al anochecer; también, medio borracho. **SIN.** **1.** Claridad, luminosidad. **2.** Foco. **3.** Electricidad. **4.** Destello. **5.** Vano. **9.** Norte. **11.** Perspicacia; conocimientos. **ANT.** **1.** Oscuridad. **1.** y **11.** Tinieblas. **FAM.** Lucerna, lucero, lúcido, luciérnaga, lucífugo, lucir, lux. / Aluzar, contraluz, dilucidar, elucidar, parteluz, tragaluz.

Luzbel *n. p.* Príncipe de los ángeles caídos o demonios. **SIN.** Lucifer.

lycra *s. f.* Tejido sintético, brillante y elástico que se emplea para fabricar bañadores, medias, etc. ■ Se escribe también *licra.*

m *s. f.* Decimotercera letra del abecedario español y décima de sus consonantes. Su articulación es bilabial nasal sonora y su nombre es *eme*.

ma non troppo (ital.) *loc. adv.* Acotación musical complementaria, que significa 'pero no demasiado'.

maca *s. f.* **1.** Señal que presenta la fruta por algún golpe que ha recibido. **2.** Pequeño daño o defecto de algunas cosas, como telas, porcelanas, etc. **SIN. 1.** Magulladura. **2.** Imperfección. **FAM.** Véase **macarse**.

macabro, bra (del ár. *maqabir*, cementerio) *adj.* Relacionado con lo terrorífico de la muerte: *una escena macabra.* **SIN.** Fúnebre, lúgubre, tétrico. **ANT.** Alegre, jocoso.

macaco, ca (port.) *s. m.* y *f.* **1.** Mamífero primate, de 40 a 80 cm de longitud, pelaje generalmente pardo grisáceo, complexión robusta y cola de longitud variable; vive en Asia y África. **2.** Apelativo cariñoso que se da a los niños: *¡Qué poco pesas, macaco!* || *adj.* **3.** *desp.* Se aplica a la persona insignificante, tanto física como moralmente También *s. m.* y *f.* **4.** *Amér. desp.* Se dice de la persona muy fea. También *s. m.* y *f.* **SIN. 2.** Peque, monigote. **3.** Mequetrefe.

macadam o **macadán** (de J. L. *McAdam*, ingeniero escocés) *s. m.* Pavimento formado por piedra machacada y arena, prensado con rodillo. ■ Su pl. es *macadams* o *macadanes*. **SIN.** Empedrado.

macagua (voz caribe) *s. f.* Ave rapaz de mediano tamaño, plumaje oscuro y pico ganchudo y dentado. Habita en los bosques de Sudamérica y se alimenta de pequeños reptiles y otras aves.

macana (voz caribe) *s. f.* **1.** Palo pequeño y grueso. **2.** Arma usada por los indios americanos con forma de machete o de porra. **3.** *Amér.* Tontería, disparate. **FAM.** Macaneador, macanear, macanudo.

macanear *v. intr. Amér.* Decir o hacer tonterías, disparates.

macanudo, da *adj. fam.* Estupendo, extraordinario. **SIN.** Excelente, magnífico. **ANT.** Despreciable.

macarra *s. m.* **1.** Hombre que vive de las ganancias de las prostitutas. || *adj.* **2.** Se aplica a la persona achulada y agresiva, y también a su forma de ser y hablar, su vestimenta, etc. También *s. m.* y *f.* **3.** Hortera, de mal gusto. También *s. m.* y *f.* **SIN. 1.** Chuleta, camorrista. **1.** y **2.** Chulo.

macarrón (del ital. *maccherone*) *s. m.* **1.** Pasta alimenticia de harina de trigo en forma de canutos. Se usa sobre todo en *pl.* **2.** Tubo delgado de plástico o de otro material, flexible y resistente. **FAM.** Macarrónico.

macarrónico, ca *adj.* Se dice del lenguaje, estilo, etc., defectuoso o incorrecto: *un inglés macarrónico.* **FAM.** Macarrónicamente. MACARRÓN.

macarse *v. prnl.* Empezar a pudrirse la fruta por los golpes recibidos. ■ Delante de *e* se escribe *qu* en lugar de *c*: *maquearse.* **FAM.** Maca.

macasar *s. m.* Pieza de tela, encaje o punto que se coloca en los respaldos y brazos de los asientos para protegerlos del roce.

macedonia (de *macedonio*) *s. f.* **1.** Postre preparado con zumo y trozos de diversas frutas. **2.** Guiso preparado con una mezcla de varias legumbres.

macedonio, nia (del lat. *Macedonius*) *adj.* **1.** De Macedonia, región de los Balcanes, o de la República de Macedonia. También *s. m.* y *f.* || *s. m.* **2.** Lengua eslava hablada en la República de Macedonia. **FAM.** Macedonia, macedónico.

macerar (del lat. *macerare*) *v. tr.* **1.** Ablandar una cosa apretándola, golpeándola o poniéndola en remojo: *Puso a macerar guindas en aguardiente.* **2.** Sumergir una sustancia en un líquido, sin calentarlo, para disolver sus elementos solubles. **3.** Castigar físicamente el cuerpo como penitencia. También *v. prnl.* **SIN. 3.** Mortificar(se). **ANT. 3.** Regalar(se). **FAM.** Maceración, maceramiento.

macero *s. m.* Empleado de ciertas corporaciones, como ayuntamientos, diputaciones, etc., que llevando una maza asiste a algunos actos solemnes o va delante de determinados personajes.

maceta[1] (*dim.* de *maza*) *s. f.* Herramienta en forma de maza pequeña que se usa para golpear.

maceta[2] (del ital. *mazzetto*, mazo de flores) *s. f.* **1.** Tiesto, generalmente de barro cocido y más ancho por la boca que por el fondo, donde se cultivan plantas. **2.** Este recipiente junto con la tierra y las plantas: *regar las macetas.* **FAM.** Macetero. MAZO.

macetero *s. m.* Soporte en que se colocan macetas.

macfarlán o **macferlán** (del apellido escocés *Mac Farlane*) *s. m.* Abrigo sin mangas, con aberturas para los brazos y una larga esclavina.

mach (de Ernst *Mach*, físico austríaco) *s. m.* En aeronáutica, unidad de velocidad que equivale a la del sonido.

macha *s. f.* Molusco bivalvo comestible, típico de las costas sudamericanas del océano Pacífico.

machaca *s. m.* **1.** Machacante, soldado. **2.** Soldado que se presta o a quien se obliga a hacer ciertas faenas para los soldados más veteranos y, en general, cualquier persona encargada de trabajos de poca importancia, normalmente serviles o penosos: *Está de machaca en una tienda de comestibles.* || *s. m.* y *f.* **3.** *fam.* Machacón. || *s. f.* **4.** Machacadera.

machacadera *s. f.* Instrumento para machacar.

machacante *s. m.* **1.** *fam.* Duro, moneda de cinco pesetas. **2.** Soldado que está al servicio de un suboficial.

machacar *v. tr.* **1.** Golpear para hacer pedazos, aplastar o cambiar de forma alguna cosa. **2.** Estudiar con esfuerzo y constancia: *machacar una asignatura.* También *v. intr.* **3.** Vencer plenamente: *El equipo de casa machacó al rival.* **4.** *fam.* Cansar, agotar: *Ese trabajo machaca.* También *v. intr.* **5.** Hacer mucho daño: *Estos zapatos machacan los pies.* || *v. intr.* **6.** Insistir hasta hacerse pesado: *Le sacó el dinero a fuerza de machacar.* ■ Delante de *e* se escribe *qu* en lugar de *c*: *machaques.* SIN. **1.** Majar. **2.** Empollar, chapar. **3.** Derrotar. **4.** Fatigar, reventar. **5.** Moler. **6.** Importunar. ANT. **6.** Desistir. FAM. Machaca, machacadera, machacador, machacante, machacón, machaque, machaqueo. MACHO³.

machacón, na *adj.* Que insiste, que se repite: *una música machacona.* También *s. m.* y *f.* SIN. Insistente, cargante. FAM. Machaconamente, machaconería. MACHACAR.

machada *s. f.* **1.** Acción propia del machote o valiente. ■ A veces se usa en sentido irónico: *Hizo la machada de salir sin jersey y se constipó.* **2.** Conjunto de machos cabríos. SIN. **1.** Hombrada, valentía. ANT. **1.** Cobardía.

machadiano, na *adj.* Propio del escritor Antonio Machado y de su obra, o que tiene alguna de las cualidades de su producción literaria.

machamartillo, a *loc. adv.* Firmemente, de forma intensa, con mucha solidez moral o material.

machaque o **machaqueo** *s. m.* **1.** Acción de machacar algo. **2.** *fam.* Insistencia excesiva en una petición o en la realización de algo: *A base de machaqueo, ha conseguido que le preste dinero.* **3.** Victoria o derrota muy clara: *¡Menudo machaque, les hemos ganado por cuatro a cero!* **4.** Agotamiento causado por un ejercicio físico o intelectual intenso: *Todos los días se da un buen machaque corriendo.*

machar (de *macho³*) *v. tr.* Golpear algo, especialmente un fruto, para partirlo en pedazos o aplastarlo.

macheta *s. f.* Cuchilla fuerte y ancha usada para picar carne. SIN. Hacha.

machete *s. m.* **1.** Arma blanca más corta que la espada, ancha y de un solo filo. **2.** Cuchillo grande que sirve para abrirse paso en la espesura, cortar caña de azúcar, etc. SIN. **1.** Bayoneta. FAM. Macheta, machetazo, machetear, machetero.

machetear *v. tr.* **1.** Golpear con el machete. **2.** *Col.* y *Méx.* Porfiar, insistir.

machetero *s. m.* Persona que tiene el oficio de abrir paso con el machete entre la maleza o cortar caña de azúcar en una plantación.

machihembrar o **machimbrar** *v. tr.* **1.** Ensamblar dos piezas de madera por medio de una ranura en una pieza y una lengüeta que encaja en la otra. **2.** Unir una cosa con otra.

machina (del fr. *machine*) *s. f.* Grúa metálica muy potente, en forma de trípode, con un brazo en su vértice.

machismo *s. m.* Actitud y comportamiento de las personas que consideran al hombre superior a la mujer. ANT. Feminismo. FAM. Machista. MACHO¹.

machista *adj.* Del machismo o que piensa o actúa con machismo. También *s. m.*

machito *s. m. dim.* de **macho.**

macho¹ (del lat. *masculus*) *adj.* **1.** Del sexo masculino de cada especie. También *s. m.* **2.** Se dice del hombre que presenta cualidades, comportamientos, etc., tradicionalmente considerados como masculinos. También *s. m.* || *s. m.* **3.** *fam.* En lenguaje coloquial, tratamiento amistoso: *¡Hola, macho!* **4.** Pieza que se introduce en otra. **5.** En arquitectura, machón, pilar que fortalece algo. **6.** Cada una de las borlas que cuelgan del traje de torear y especialmente las que rematan los cordones que sujetan la taleguilla a las corvas. **7.** *Col., Cuba* y *Guat.* Grano de arroz con cáscara. || *interj.* **8.** Expresa asombro o enfado: *¡Macho, qué suerte tengo!* || LOC. **atarse** (o **apretarse**) **los machos** *fam.* Aguantar, resistir firmemente. SIN. **2.** Varonil, viril, machote. ANT. **1.** Hembra. **2.** Afeminado. FAM. Machada, machihembrar, machismo, machona, machota, machote. / Marimacho, maslo, sietemachos. MASCULINO.

macho² (del port. *macho*, de *muacho*, y éste del lat. *mulus*) *s. m.* Mulo*. FAM. Machito.

macho³ (del lat. *marculus*, de *marcus*, martillo) *s. m.* **1.** Mazo grande para forjar el hierro. **2.** Banco en que los herreros tienen el yunque. **3.** Yunque cuadrado. FAM. Machacar, machar, machón, machucar. / Remachar.

machón *s. m.* Pilar adosado en una pared o incrustado en ella para reforzarla. SIN. Contrafuerte.

machona *s. f. Arg., Par.* y *Urug.* Marimacho, mujer hombruna.

machota *s. f.* Mujer hombruna. SIN. Marimacho.

machote *adj. fam.* Que tiene las cualidades que convencionalmente se consideran más propias del hombre. También *s. m.* SIN. Macho, viril, varonil. ANT. Afeminado.

machucar *v. tr.* **1.** Producir daño o herida con golpes: *Le machucaron un brazo en el partido.* **2.** Estropear o deformar algo al apretarlo. ■ Delante de *e* se escribe *qu* en lugar de *c*: *machuque.* SIN. **1.** Magullar. **2.** Aplastar, arrugar, abollar. FAM. Machucador, machucadura, machucamiento. MACHO³.

machucho, cha *adj.* De edad avanzada. SIN. Maduro. ANT. Juvenil.

macilento, ta (del lat. *macilentus*) *adj.* Flaco, descolorido, triste. SIN. Pálido, delgado, lívido. ANT. Vivo.

macillo *s. m.* **1.** *dim.* de **mazo. 2.** Pieza del piano, en forma de mazo con mango que, unida a la tecla por uno de sus lados, golpea las cuerdas haciéndolas sonar. **3.** Palillo para tocar un instrumento de percusión. SIN. **2.** Martinete.

macizar *v. tr.* Rellenar un hueco con cualquier material para darle solidez. ■ Delante de *e* se escribe *c* en lugar de *z*. SIN. Completar, tupir. ANT. Ahuecar.

macizo, za (del lat. *massa*, masa) *adj.* **1.** Que está formado por una masa sólida, sin huecos en su interior. **2.** Bien argumentado, basado en sólidas razones. **3.** Que tiene carnes consistentes, duras. **4.** *fam.* Físicamente atractivo. También *s. m.* y *f.* || *s. m.* **5.** Conjunto de montañas de características muy uniformes y con límites bien definidos. **6.** Masa sólida de algo: *un macizo de mineral.* **7.** En un parque o jardín, trozo separado para cultivar plantas o arbustos. **8.** Conjunto de construcciones agrupadas. **9.** Parte de una pared entre dos vanos o huecos. SIN. **1.** Compacto, amazacotado. **2.** Fundado. **3.** Musculoso, recio. **3.** y **4.** Cachas. **7.** Parterre. ANT. **1.** Huero, vacío. **2.** Inconsistente. **2.** y **3.** Flojo. **3.** Fofo. FAM. Macicez, macizamente, macizar.

macla (del fr. *macle*, y éste del lat. *macula*, mancha) *s. f.* Cuerpo cristalino formado por la asociación regular de dos o más cristales de un mismo mineral, de forma que compartan al menos un elemento de simetría. FAM. Maclado.

macramé (fr.) *s. m.* **1.** Tejido en forma de red hecho a mano con hilos o cuerdas trenzados y anudados. **2.** Hilo o cuerda con que se hace.

macro *s. f. acort.* de **macrofunción** y **macroinstrucción**.

macro- (del gr. *makros*, grande) *pref.* Significa 'grande': *macrocosmos, macroeconómico.*

macrobiótico, ca (de *macro-* y el gr. *biotike, -ikos*, relativo a la vida) *adj.* **1.** Se aplica a un régimen alimenticio compuesto fundamentalmente por cereales, legumbres, hortalizas y algas marinas, y a estos mismos alimentos. || *s. f.* **2.** Modo de prolongar la vida por medio de reglas higiénicas y una sana alimentación.

macrocéfalo, la (de *macro-* y *-céfalo*) *adj.* **1.** Que tiene la cabeza muy grande y desproporcionada con relación al cuerpo. También *s. m.* y *f.* **2.** Se aplica a sociedades, grupos, entidades, etc., en los que la parte dirigente es desproporcionadamente grande: *un Estado macrocéfalo.* **FAM.** Macrocefalia. CEFÁLICO.

macrocosmo o **macrocosmos** *s. m.* El universo, considerado por oposición al hombre o microcosmo.

macroeconomía *s. f.* Estudio de los sistemas económicos en su conjunto, utilizando magnitudes colectivas o globales, como la renta nacional, las inversiones, los precios, las exportaciones e importaciones, etc. **FAM.** Macroeconómico. ECONOMÍA.

macroestructura *s. f.* Estructura general en la que quedan comprendidas otras estructuras menores.

macrofotografía *s. f.* **1.** Sistema fotográfico que permite obtener grandes ampliaciones de objetos de pequeño tamaño. **2.** Fotografía obtenida con esta técnica.

macrofunción *s. f.* En inform., grupo de comandos que pueden ejecutarse de una vez y de forma consecutiva, con una única referencia. **FAM.** Macro. FUNCIÓN.

macroinstrucción *s. f.* En inform., instrucción que origina en el ordenador la ejecución de una secuencia o serie de operaciones. **FAM.** Macro. INSTRUCCIÓN.

macromolécula *s. f.* Nombre genérico dado a cualquier compuesto formado por elevadísimo número de átomos.

macroscópico, ca (de *macro-* y el gr. *skopeo*, examinar) *adj.* Se dice de aquello que puede verse a simple vista, sin la ayuda de un microscopio. **ANT.** Microscópico.

macsura (del ár. *maqsura*, recinto reservado) *s. f.* En una mezquita, lugar reservado para el califa o el imán o para el sepulcro de un santón.

macuco, ca *adj.* **1.** *Amér. del S.* Cuco, astuto. || *s. m.* **2.** *Arg., Bol.* y *Col.* Muchacho grandullón.

mácula (del lat. *macula*) *s. f.* **1.** Mancha, lacra. **2.** Engaño, trampa. **3.** Cada una de las manchas o zonas oscuras que se observan en el Sol. **SIN. 1.** Imperfección, tacha. **ANT. 1.** Perfección. **FAM.** Maculatura. / Inmaculado. MANCHA.

maculatura *s. f.* **1.** Grupo de máculas. **2.** En imprenta, pliego que se desecha por estar manchado o mal impreso.

macutazo *s. m. fam.* Bulo, rumor.

macuto *s. m.* Especie de mochila o saco que se lleva a la espalda. **SIN.** Morral. **FAM.** Macutazo.

madalena *s. f.* Magdalena*.

madam o **madama** (del fr. *madame*, señora) *s. f.* **1.** Tratamiento de cortesía dado a las señoras. **2.** Dueña o encargada de un prostíbulo.

made in (ingl.) *expr.* Significa 'fabricado en': *made in Hong Kong.*

madeira *s. m.* Vino producido en la isla de Madeira.

madeja (del lat. *mataxa*) *s. f.* Hilo de cualquier material recogido, sin soporte, en vueltas iguales: *una madeja de lana.* **SIN.** Ovillo. **FAM.** Desmadejado.

madera (del lat. *materia*) *s. f.* **1.** Parte fibrosa y dura de los árboles y arbustos que se encuentra debajo de la corteza. **2.** Esta misma materia ya preparada y cortada en piezas para hacer objetos. **3.** Facilidad o talento de alguien para realizar una actividad determinada: *Tiene madera de actor.* **4.** Nombre genérico de los instrumentos musicales de viento de una orquesta en los que se sopla directamente o mediante una o dos lengüetas y que se contraponen al metal, aunque no sean necesariamente de madera. **5.** *fam.* En España, cuerpo de policía. || **LOC. tocar madera** Hacerlo para evitar que ocurra algo malo o que algo traiga mala suerte. **SIN. 1.** Palo. **2.** Tablón, listón. **3.** Pasta. **5.** Bofia, pasma. **FAM.** Maderable, maderaje, maderamen, maderero, madero. / Enmaderar.

maderable *adj.* Se dice del árbol o del bosque que puede ser aprovechado como madera.

maderaje *s. m.* Maderamen*.

maderamen *s. m.* Conjunto de maderas que se emplea en la construcción de una obra.

maderero, ra *adj.* **1.** Relativo a la madera. || *s. m.* y *f.* **2.** Persona que comercia con la madera.

madero *s. m.* **1.** Pieza larga de madera cortada de modo que sus caras formen entre sí ángulos rectos. **2.** Árbol cortado y limpio de ramas. **3.** *fam.* En España, policía. **SIN. 1.** Tablón. **FAM.** Picamaderos. MADERA.

madona (del ital. *Madonna*, Nuestra Señora) *s. f.* En el arte italiano, nombre que se da a la imagen de la Virgen.

madrás *s. m.* Tejido fino de algodón.

madrastra *s. f.* **1.** Mujer del padre respecto de los hijos de éste tenidos en un matrimonio anterior. **2.** Se aplica a la madre que trata mal a sus hijos.

madraza *s. f.* Madre muy cariñosa.

madre (del lat. *mater, -tris*) *s. f.* **1.** Mujer que ha tenido uno o más hijos, con respecto a éstos. **2.** Hembra de un animal, con respecto a sus crías. **3.** Causa u origen de algo: *El aburrimiento es madre de muchos males.* ■ Se usa a veces en aposición: *El latín es la lengua madre del castellano.* **4.** Título que se da a determinadas monjas. **5.** Cauce de un río. **6.** Acequia principal de donde parten o donde desaguan otras. **7.** Alcantarilla o cloaca maestra. **8.** Heces o materia más espesa del mosto, vino o vinagre que se deposita en el fondo del recipiente. || **9. madre del cordero** *fam.* El quid o la dificultad de algo. **10. madre de leche** Nodriza. **11. madre política** Suegra. || **LOC. ¡madre mía!** o **¡mi** (o **su**) **madre!** *excl.* Exclamación de asombro, sorpresa o admiración. **sacar de madre** a alguien *fam.* Irritarle, enfurecerle. **salirse de madre** Desbordarse una corriente de agua. Excederse, pasarse. **SIN. 1.** Mamá. **3.** Fuente. **5.** Lecho. **8.** Poso, sedimento. **FAM.** Madrastra, madraza, madreperla, madrépora, madreselva, madriguera, madrina, materno, matriarcado, matricida, matriz, matrona. / Duramadre, comadre, desmadre, enmadrarse, piamadre, piamáter.

madreña *s. f.* Almadreña*.

madreperla *s. f.* Molusco lamelibranquio de concha casi circular, de unos 10 cm de diámetro, color pardo y textura rugosa. Cuando un cuerpo extraño penetra en su interior, lo recubre de capas de nácar hasta formar una perla.

madrépora (del ital. *madrepora*, de *madre* y el gr. *poros*, orificio) *s. f.* Pólipo provisto de un esqueleto exterior calcáreo, que vive en aguas superficiales formando colonias que constituyen las barreras de coral o atolones. **FAM.** Madrepórico. MADRE.

madreselva *s. f.* Planta arbustiva que puede alcanzar hasta 3 m de altura, tiene tallo trepador, hojas enfrentadas, flores blancas, rosadas o rojas y fruto en baya.

madridista *adj.* Del Real Madrid Club de Fútbol o relacionado con esta entidad deportiva: *los seguidores madridistas.* También *s. m.* y *f.*

madrigal (del ital. *madrigale*) *s. m.* **1.** Composición poética, breve y ligera, de carácter amoroso, en endecasílabos y heptasílabos, dispuestos y rimados a gusto del poeta. **2.** Composición musical polifónica, sin acompañamiento, sobre un texto profano. **FAM.** Madrigalesco, madrigalista.

madrigalesco, ca *adj.* **1.** Relativo al madrigal. **2.** Que expresa con elegancia y delicadeza sus afectos.

madrigalista *s. m.* y *f.* Persona que compone o canta madrigales.

madriguera (del lat. *matricaria*) *s. f.* **1.** Cueva pequeña y estrecha en que habitan ciertos animales. **2.** Lugar seguro en que se refugian los malhechores. **SIN.** **1.** Cubil. **1.** y **2.** Guarida. **2.** Escondrijo.

madrileño, ña *adj.* De Madrid. También *s. m.* y *f.* **FAM.** Madridista, madrileñismo, madrileñista, Madriles.

Madriles *n. p. pl. fam.* Madrid: *Se fue a vivir a los Madriles.*

madrina *s. f.* **1.** Mujer que presenta y asiste a alguien que recibe ciertos sacramentos o algún honor, grado, etc. ■ Es femenino de *padrino.* **2.** Mujer que favorece y ayuda a alguien en sus aspiraciones. **3.** Mujer que patrocina o preside ciertos actos. **4.** Yegua que guía a una manada de ganado caballar. **FAM.** Madrinazgo. / Amadrinar. MADRE.

madroño *s. m.* **1.** Árbol o arbusto de 3 ó 4 m de altura, hojas perennes en disposición alterna, flores blancas y frutos en baya de aspecto granuloso, color naranja y sabor dulzón. Su corteza es carnosa y de color pardo rojizo. **2.** Fruto de este arbusto. **3.** Pequeña borla de adorno, de forma semejante a este fruto. **SIN.** **1.** Madroñera. **FAM.** Madroñal, madroñera.

madrugada *s. f.* **1.** Momento del día en que amanece. **2.** Horas que siguen a la medianoche. **3.** Madrugón*. **SIN.** **1.** Alba, aurora.

madrugador, ra *adj.* **1.** Que madruga o tiene por costumbre levantarse temprano. También *s. m.* y *f.* **2.** Que se anticipa a otro en algo: *Los espectadores madrugadores ocuparon las mejores localidades.* **3.** Que llega muy pronto: *Un gol madrugador dio tranquilidad al equipo.* **SIN.** **1.** Mañanero. **2.** Previsor, adelantado. **2.** y **3.** Tempranero. **ANT.** **1.** Trasnochador. **2.** y **3.** Tardío.

madrugar *v. intr.* **1.** Levantarse al amanecer o muy temprano. **2.** Tomar la delantera, anticiparse a otro en la ejecución de algo. ■ Delante de *e* se escribe *gu* en lugar de *g*: *madrugue.* **SIN.** **2.** Adelantarse. **ANT.** **2.** Retrasarse. **FAM.** Madrugada, madrugador, madrugón.

madrugón *s. m.* Acción de levantarse muy temprano.

madurar (del lat. *maturare*) *v. tr.* **1.** Hacer que un fruto alcance el punto conveniente para recolectarlo o comerlo. **2.** Dar forma definitiva a un plan, idea, etc., pensando sobre él: *Tengo que madurar el esquema para la tesis.* || *v. intr.* **3.** Ponerse la fruta en su punto mejor para que pueda recolectarse o comerse. También *v. prnl.* **4.** Crecer en edad y sensatez: *El chico ha madurado en los dos últimos años.* **5.** Echar pus un tumor. También *v. prnl.* **SIN.** **1.** Sazonar. **2.** Desarrollar. **4.** Formarse. **FAM.** Maduración, madurador, madurativo. MADURO.

madurez *s. f.* Cualidad o estado de maduro. **SIN.** Sazón; prudencia, cordura. **ANT.** Inmadurez; irreflexión.

maduro, ra (del lat. *maturus*) *adj.* **1.** Se dice del fruto que está en el momento adecuado de poder ser recolectado o comido. **2.** Que se encuentra en su mejor momento. **3.** Prudente, sensato: *una solución madura.* **4.** Se dice de la persona adulta. **5.** Se aplica al grano o tumor a punto de abrirse. **SIN.** **1.** y **2.** Sazonado. **3.** Reflexivo, juicioso. **ANT.** **1.** Verde. **1.** y **2.** Inmaduro. **3.** Insensato. **4.** Infantil. **FAM.** Maduramente, madurar, madurez. / Inmaduro, prematuro.

maese *s. m.* Tratamiento de respeto que se anteponía al nombre. **SIN.** Maestro.

maestra (de *maestro*) *s. f.* Listón que utilizan los albañiles como guía para construir una pared.

maestranza *s. f.* **1.** Conjunto de talleres y oficinas para la construcción y reparación de armamento y material de guerra: *una maestranza de artillería.* **2.** Conjunto de operarios que trabajan en ellos.

maestrazgo *s. m.* **1.** Dignidad del maestre en cualquiera de las órdenes militares. **2.** Dominio territorial del maestre de una orden militar. **SIN.** **2.** Señorío.

maestre (del lat. *magister, -tri*) *s. m.* **1.** Superior de una orden militar. **2.** Antiguamente, doctor o maestro. **FAM.** Maestranza, maestrazgo, maestresala, maestrescuela. / Burgomaestre, contramaestre. MAESTRO.

maestresala *s. m.* **1.** Criado principal que servía la mesa de un señor. **2.** Maître de un hotel o restaurante.

maestrescuela *s. m.* Antigua dignidad de algunas iglesias catedrales, encargado de la enseñanza de materias eclesiásticas.

maestría *s. f.* **1.** Arte, destreza. **2.** Oficio y título de maestro. **SIN.** **1.** Pericia. **ANT.** **1.** Impericia.

maestro, tra (del lat. *magister, -tri*) *adj.* **1.** Se dice de la obra o del trabajo hecho con gran perfección, que destaca entre los de su clase: *Las Meninas es una obra maestra.* **2.** Se aplica a determinados objetos para señalar su importancia dentro de su clase: *la viga maestra.* || *s. m.* y *f.* **3.** Persona que enseña una ciencia, arte, oficio o la primera enseñanza. **4.** Persona que tiene habilidad o grandes conocimientos en alguna ciencia o arte. **5.** Dueño o jefe de un taller. **6.** Aquello que enseña o alecciona: *La vida es una gran maestra.* || *s. m.* **7.** Persona que ha alcanzado el más alto grado en su oficio. **8.** Compositor de música o director de orquesta. **9.** Matador de toros. || **10. maestro de ceremonias** Persona que dirige una ceremonia o un acto solemne. **SIN.** **1.** Magistral, ejemplar. **2.** Principal. **3.** Profesor, instructor. **4.** Perito, ducho. **9.** Diestro. **ANT.** **1.** Vulgar. **2.** Secundario. **FAM.** Maestre, maestría. / Amaestrar, maese, magisterio, magistrado.

mafia (del ital. *mafia*) *s. f.* **1.** Organización secreta de carácter criminal que impone su ley por la violencia y el chantaje. ■ En esta acepción suele escribirse con mayúscula. **2.** *desp.* Organización o grupo que emplea métodos prohibidos o poco limpios, o no deja participar a otros en alguna actividad: *la mafia de los revendedores de entradas.* FAM. Mafioso.

mafioso, sa (ital.) *adj.* De la mafia. También *s. m.* y *f.*

magacín *s. m.* Magazine*.

magazine (ingl.) *s. m.* **1.** Revista ilustrada. **2.** Programa de televisión o radio en que se mezclan reportajes, entrevistas, actuaciones musicales, humor, etc. ■ Se escribe también *magacín.*

magdalena (de María *Magdalena*, mujer arrepentida del *Evangelio*) *s. f.* **1.** Bollo hecho con harina, aceite, leche y huevo y cocido al horno en moldes metálicos o de papel. ■ En esta acepción se dice también *madalena.* || **Magdalena** *n. p.* **2.** Mujer arrepentida de la vida de prostitución o de excesos sexuales. || LOC. **llorar como una Magdalena** Llorar mucho.

magdaleniense (del fr. *magdalénien*, de *La Madeleine*, yacimiento prehistórico de la región de la Dordoña) *adj.* Se dice del último periodo del paleolítico superior, que se extendió desde el año 14.000 hasta el 9.000 a. C., aproximadamente. También *s. m.*

magenta (ital.) *adj.* Se aplica al color mezcla de rojo y azul y a las cosas que lo tienen. También *s. m.*

magia (del lat. *magia*) *s. f.* **1.** Técnica o arte que pretende producir resultados extraordinarios mediante el uso de fuerzas ocultas de la naturaleza, la invocación de espíritus, la realización de ritos religiosos, etc. **2.** Habilidad para realizar cosas maravillosas, que parecen imposibles, mediante trucos. **3.** Atractivo o encanto de algo que parece irreal: *la magia del cine.* || **4. magia blanca** (o **natural**) La que por medios naturales produce efectos extraordinarios. **5. magia negra** Hechicería*. SIN. **1.** Brujería, ocultismo. **2.** Prestidigitación. **3.** Seducción, fascinación. FAM. Mágico, mago.

magiar *adj.* **1.** Húngaro: *la literatura magiar.* También *s. m.* y *f.* **2.** De un grupo de pueblos cuyo nombre es el de la principal de sus tribus, que procedente de la estepa euroasiática penetró en Europa a fines del siglo IX. También *s. m.* y *f.* || *s. m.* **3.** Lengua hablada por dichos pueblos.

mágico, ca (del lat. *magicus*) *adj.* **1.** Relativo a la magia. **2.** Que sorprende y maravilla. SIN. **2.** Fascinante, fabuloso.

magín *s. m.* Imaginación, inteligencia. SIN. Cacumen, ingenio. FAM. Véase **imaginar**.

magisterio (del lat. *magisterium*) *s. m.* **1.** Profesión o actividad de un maestro o profesor. **2.** Conjunto de los maestros de una nación, provincia, etc.: *el magisterio español.* **3.** Enseñanza e influencia intelectual y moral que alguien ejerce sobre sus discípulos, lectores, etc. SIN. **2.** Profesorado. FAM. Magistral. MAESTRO.

magistrado, da (del lat. *magistratus*) *s. m.* y *f.* **1.** Persona que tiene el cargo o profesión de juez. **2.** Miembro de un tribunal judicial colegiado. SIN. **1.** y **2.** Togado. FAM. Magistratura. MAESTRO.

magistral (del lat. *magistralis*) *adj.* **1.** Realizado con maestría. **2.** Relativo al maestro o profesor en el ejercicio de sus funciones: *una lección magistral.* SIN. **1.** Perfecto, genial, soberbio. **2.** Profesoral. ANT. **1.** Imperfecto, ramplón. FAM. Magistralmente. MAGISTERIO.

magistratura (del lat. *magistratus*) *s. f.* **1.** Oficio y dignidad del magistrado. **2.** Tiempo que dura su ejercicio. **3.** Conjunto de magistrados de una nación: *la magistratura italiana.*

maglia rosa (ital.) *expr.* Camiseta de color rosa que viste el primer clasificado en el Giro de Italia. ■ Se usa como *s. f.*

magma (del gr. *magma*, pasta, ungüento) *s. m.* **1.** Masa formada por las rocas fundidas de las zonas más profundas de la corteza terrestre, a causa de la presión y la temperatura. **2.** Masa viscosa o pastosa. FAM. Magmático.

magnánimo, ma (del lat. *magnanimus*, de *magnus*, grande, y *animus*, ánimo) *adj.* De espíritu generoso, especialmente para perdonar. SIN. Noble, caballeroso. ANT. Ruin. FAM. Magnánimamente, magnanimidad. ÁNIMO.

magnate (del lat. *magnates*) *s. m.* y *f.* Persona que ocupa una elevada posición social en las finanzas, la industria o los negocios. SIN. Potentado, capitalista.

magnesia (del lat. medieval *magnesia*, de *lapis magnes*, piedra imán o piedra de Magnesia, ciudad de Asia Menor) *s. f.* Óxido de magnesio, sustancia blanca y alcalina; es muy resistente al calor y se emplea para fabricar recubrimientos refractarios en los hornos. FAM. Magnesiano. MAGNESIO.

magnesio *s. m.* Elemento químico metálico, de fuerte poder reductor, atacable por los ácidos, pero resistente a las bases. Se encuentra en minerales como la magnesita y la dolomita y en líquidos como la sangre, la leche o el agua de mar. Su símbolo es *Mg.* FAM. Magnesia, magnésico.

magnético, ca (del lat. *magneticus*) *adj.* Del magnetismo o relacionado con él.

magnetismo (del lat. *magnes, -etis*, imán) *s. m.* **1.** Parte de la física que estudia los fenómenos relativos a los imanes y al campo magnético creado por éstos, así como el comportamiento de los diferentes materiales sometidos a la acción de dicho campo. ■ También se llama *magnetostática.* **2.** Fuerza de atracción de un imán. **3.** Atractivo o influencia que una persona posee sobre otra: *el magnetismo de una mirada.* || **4. magnetismo animal** Hipnosis*. FAM. Magnético, magnetita, magnetizar, magneto, magnetófono, magnetoscopio, magnetosfera, magnetrón. / Electromagnetismo, geomagnetismo, paramagnetismo.

magnetita (del lat. *magnes, -etis*, imán) *s. f.* Mineral de color negro, pesado y muy magnético, que cristaliza en el sistema cúbico, se presenta generalmente concentrado en yacimientos y se halla presente en la mayor parte de las rocas magmáticas. Constituye una mena del hierro. ■ También se llama *piedra imán* o *hierro magnético.*

magnetizar (del lat. *magnes, -etis*, imán) *v. tr.* **1.** Comunicar a un cuerpo propiedades semejantes a las de los imanes. **2.** Producir intencionadamente en alguien hipnosis. **3.** Atraer o entusiasmar a alguien. ■ Delante de *e* se escribe *c* en lugar de *z*: *magnetice.* SIN. **1.** Imanar, imantar. **2.** y **3.** Hipnotizar, sugestionar. **3.** Fascinar, deslumbrar. ANT. **1.** Desimantar. FAM. Magnetizable, magnetización, magnetizador. / Desmagnetizar. MAGNETISMO.

magneto (del lat. *magnes, -etis*, imán) *s. f.* Generador de corriente eléctrica formado por un imán permanente giratorio que induce la corriente en una bobina. Se usa a veces como *s. m.*

magnetófono o **magnetofón** (del lat. *magnes, -etis*, imán, y *-fono*) *s. m.* Aparato capaz de grabar sonidos en una cinta magnética y reproducirlos. SIN. Grabadora. FAM. Magnetofónico. MAGNETISMO.

magnetoscopio (del lat. *magnes, -etis*, imán, y *-scopio*) *s. m.* Aparato capaz de grabar y reproducir sonido e imagen de vídeo sobre una cinta magnética.

magnetosfera *s. f.* Zona exterior de la atmósfera donde la actividad solar origina fenómenos magnéticos.

magnetrón *s. m.* Tubo electrónico que produce o amplifica corrientes de frecuencia ultraelevada y en el cual un campo eléctrico y un campo magnético regulan el flujo de electrones. Se emplea en el rádar y en los hornos de microondas.

magnicidio (del lat. *magnus*, grande, y *-cidio*) *s. m.* Muerte que se da a una persona muy importante por su cargo o poder. **FAM.** Magnicida. MAGNO.

magnificar (del lat. *magnificare*) *v. tr.* **1.** Ensalzar, elogiar. También *v. prnl.* **2.** Desorbitar, exagerar: *La prensa magnificó la importancia del acuerdo.* ■ Delante de *e* se escribe *qu* en lugar de *c*: *magnifique.* **SIN. 1.** Alabar(se), loar. **2.** Agrandar, hinchar. **ANT. 1.** Despreciar. **2.** Disminuir. **FAM.** Magnificador, magníficat, magnífico. MAGNO.

magníficat (del lat. *magnificat*, alaba) *s. m.* Himno a Dios que pronunció la Virgen María en su visita a su prima Santa Isabel y que se reza o canta al final de las vísperas.

magnificencia (del lat. *magnificentia*) *s. f.* **1.** Esplendor y grandiosidad. **2.** Generosidad. **SIN. 1.** Grandeza, fastuosidad, suntuosidad. **2.** Esplendidez, liberalidad, largueza. **ANT. 1.** Pobreza. **2.** Tacañería. **FAM.** Magnificente. MAGNÍFICO.

magnífico, ca (del lat. *magnificus*) *adj.* **1.** Muy bueno, estupendo: *una película magnífica.* **2.** Grandioso, suntuoso. **3.** Tratamiento honorífico que se da a los rectores de las universidades. **SIN. 1.** Extraordinario, excelente. **1.** y **2.** Soberbio, espléndido. **2.** Fastuoso. **ANT. 1.** Malo. **2.** Pobre. **FAM.** Magníficamente, magnificencia. MAGNIFICAR.

magnitud (del lat. *magnitudo*) *s. f.* **1.** Propiedad física que puede ser medida como la longitud, el peso, la masa, la temperatura y el tiempo. **2.** Tamaño, importancia, grado en que se manifiesta alguna cosa: *El escándalo ha alcanzado magnitudes insospechadas; la magnitud de un terremoto.* **3.** En mat., cantidad. || **4. magnitud escalar** Aquella que queda definida sólo por su valor numérico, p. ej. la temperatura y el tiempo. **5. magnitud vectorial** Aquella que queda definida por un valor numérico y una orientación, p. ej. la fuerza y la velocidad. **SIN. 2.** Dimensión, proporción.

magno, na (del lat. *magnus*) *adj.* En lenguaje culto o literario, grande, importante. **SIN.** Excelso, soberbio, notable. **ANT.** Ínfimo. **FAM.** Magnate, magnicidio, magnificar, magnitud.

magnoliáceo, a *adj.* **1.** Se aplica a los árboles y arbustos angiospermos dicotiledóneos con hojas alternas y sencillas, casi siempre enteras, flores grandes y aromáticas y frutos con semillas de albumen carnoso, como la magnolia. También *s. f.* || *s. f. pl.* **2.** Familia constituida por estas plantas.

magnolio o **magnolia** (de Pierre *Magnol*, botánico francés) *s. m.* o *f.* **1.** Nombre común de diversas especies de árboles entre los que destaca la magnolia común, de hasta 30 m de altura, hojas alternas perennes y enteras, flores grandes de color blanco y frutos con semillas rojas y corteza coriácea. || *s. f.* **2.** Flor de este árbol. **FAM.** Magnoliáceo.

mago, ga (del lat. *magus*, y éste del gr. *magos*) *s. m.* y *f.* **1.** Persona que practica la magia. || *s. m.* **2.** Astrólogo y sacerdote del mazdeísmo. || *adj.* **3.** Se aplica a los tres reyes de Oriente que adoraron a Jesús en Belén. También *s. m.* ■ En esta acepción suele escribirse con mayúscula. **SIN. 1.** Brujo, hechicero, taumaturgo, encantador; prestidigitador, ilusionista.

magrear *v. tr. vulg.* Sobar, manosear una persona a otra con intención sexual. También *v. prnl.* **SIN.** Toquetear(se). **FAM.** Magreo.

magrebí *adj.* Del Magreb, región del N de África. También *s. m.* y *f.* ■ Se dice también *mogrebí.* Su pl. es *magrebíes* o *mogrebíes*, aunque también se utiliza *magrebís* o *mogrebís.*

magro, gra (del lat. *macer, macra*) *adj.* **1.** Se dice de la carne sin gordo o grasa. || *s. m.* **2.** Carne de cerdo junto al lomo. **FAM.** Magrez, magrura. / Demacrado.

maguey (voz antillana) *s. m.* Pita[1]*.

magulladura *s. f.* Señal o cardenal que deja un golpe o una fuerte presión. **SIN.** Magullón, contusión.

magullar (del lat. *maculare*) *v. tr.* Causar daño o alteración, pero no herida, en un tejido orgánico al comprimirlo o golpearlo violentamente. También *v. prnl.* **FAM.** Magulladura, magullamiento, magullón.

magullón *s. m. Amér.* Magulladura, contusión.

maharajá (del hindi *maha raya*, gran rey) *s. m.* Marajá*. **FAM.** Maharani, marajá.

maharani (hindi) *s. f.* Esposa del maharajá.

mahatma (sánscrito, significa 'gran espíritu') *s. m.* Título dado en la India a personalidades de gran autoridad espiritual, como Gandhi.

mahometano, na *adj.* **1.** De Mahoma o de su religión: *principios mahometanos.* **2.** Seguidor de la religión islámica. También *s. m.* y *f.* **FAM.** Mahomético, mahometismo.

mahón (de la ciudad de *Mahón*) *s. m.* Tela de algodón de diversos colores, muy resistente, que se emplea sobre todo para ropa de trabajo.

mahonés, sa *adj.* De Mahón, ciudad de la isla de Menorca. También *s. m.* y *f.* **FAM.** Mahón, mayonesa.

mahonesa (de *mahonés*) *s. f.* Mayonesa*.

mai *s. m. fam.* Cigarrillo que contiene hachís, marihuana u otra droga. **SIN.** Porro, canuto.

maicena (de *Maizena*, nombre comercial registrado) *s. f.* Harina fina de maíz.

maicero, ra *adj. Amér.* Del maíz o relacionado con él.

mail (ingl., significa 'correo') *s. m.* **1.** Correo* electrónico. **2.** Mensaje enviado por este sistema.

mailing (del ingl. *mailing list*, lista de direcciones postales) *s. m.* Envío de información o publicidad por correo a las personas o direcciones que figuran en una lista, y que pueden estar interesadas.

maillot (fr.) *s. m.* **1.** Camiseta o jersey deportivo, especialmente de ciclistas, cuyo color indica en algunos casos que quien lo lleva va el primero en la clasificación general, de la montaña, etc. **2.** Prenda elástica, ajustada al cuerpo, con o sin mangas y sin perneras, parecida a un bañador, que se usa en ballet, gimnasia, etc. **3.** Bañador de una sola pieza.

mainel *s. m.* Parteluz*.

maitines (del cat. *maitines*, y éste del lat. *matutinus*, hora de la mañana) *s. m. pl.* Primera hora del oficio divino, que se reza al amanecer.

maître (fr.) *s. m.* Jefe de comedor de un restaurante o de un hotel.

maíz (del taíno *mahís*) *s. m.* **1.** Planta herbácea de la familia gramíneas, de altura muy variable (entre 60 cm y 3 m), hojas grandes, alternas y lineares, tallos rectos y flores agrupadas en panículas las masculinas y en espigas las femeninas. Su fruto en mazorca se emplea en alimentación, tanto la semilla como los aceites extraídos de ella. **2.** Grano de esta planta. **SIN. 1.** Borona. **FAM.** Maicena, maicero, maizal.

maizena (nombre comercial registrado) *s. f.* Maicena*.

maja *s. f.* Mazo del almirez. **FAM.** Véase **majar**.

majada (del lat. *maculata*, de *macula*) *s. f.* **1.** Lugar donde se recoge al ganado por la noche y se refugian los pastores. **2.** *Amér. del S.* Rebaño de ganado lanar. **SIN. 1.** Aprisco.

majaderear *v. tr. Amér.* Molestar, incordiar.

majadería *s. f.* **1.** Cualidad de majadero: *Le pierde su majadería.* **2.** Acción o hecho propio de un majadero: *Deja de decir majaderías.* **SIN. 1.** Simpleza. **1.** y **2.** Estupidez, tontería, imbecilidad, necedad, sandez. **2.** Patochada, disparate.

majadero, ra (de *majar*) *adj.* Tonto, molesto, inoportuno. También *s. m.* y *f.* **SIN.** Imbécil, insensato; metepatas. **FAM.** Majaderear, majadería. MAJAR.

majado, da 1. *p.* de **majar**. También *adj.* || *s. m.* **2.** Lo que se ha triturado en el mortero o almirez: *Añade al guiso el majado de ajo y perejil.*

majar (del lat. *malleare*, de *malleus*, mazo) *v. tr.* Golpear una cosa para hacerla pedazos o aplastarla: *Majó una cabeza de ajo en el mortero.* **SIN.** Machacar. **FAM.** Maja, majadero, majado, majador, majadura, majamiento.

majara o **majareta** *adj. fam.* Que está un poco loco. También *s. m.* y *f.* **SIN.** Chiflado, chalado, mochales, perturbado, ido. **ANT.** Cuerdo.

majestad (del lat. *maiestas, -atis*) *s. f.* **1.** Condición o aspecto de las personas y cosas que imponen respeto y admiración: *la majestad de su figura.* **2.** Título que se da a Dios y también a emperadores y reyes. ■ En esta acepción suele escribirse con mayúscula. || **LOC. de lesa majestad** *adv.* En derecho antiguo, se aplicaba al delito que se cometía contra la vida del soberano o sus familiares. **en majestad** *adv.* En arte, representación de Jesús o la Virgen en un trono, típica del arte medieval. También se da este nombre al Cristo que está en la cruz con una túnica y, a veces, coronado. **SIN. 1.** Grandeza, dignidad, magnificencia, solemnidad. **FAM.** Majestuoso. / Mayestático.

majestuoso, sa *adj.* Grandioso, imponente, de solemne elegancia. **SIN.** Señorial, mayestático, esplendoroso, fastuoso. **ANT.** Insignificante, humilde. **FAM.** Majestuosamente, majestuosidad. MAJESTAD.

majo, ja *adj.* **1.** *fam.* Se dice de la persona que por su simpatía, bondad, etc. o aspecto agrada a los demás. También *s. m.* y *f.* **2.** Bueno y bonito sin ser muy lujoso, caro, etc.: *Tiene un coche pequeño, pero muy majo.* || *s. m.* y *f.* **3.** En Madrid, a fines del s. XVIII y principios del XIX, individuo de ciertos barrios que se distinguía por su traje vistoso, su arrogancia y su manera de hablar graciosa y desenfadada: *los majos de Goya.* **SIN. 1.** Simpático, agradable; guapo. **2.** Cuco, coqueto. **ANT. 1.** Desagradable; feo.

majorero, ra *adj.* De la isla de Fuerteventura. También *s. m.* y *f.*

majorette (fr.) *s. f.* Muchacha con uniforme muy vistoso, generalmente con falda corta, que desfila en los festejos, haciendo malabarismos con un bastón.

majuela *s. f.* Fruto del majuelo.

majuelo (del lat. *malleous*, de *malleus*, mazo) *s. m.* Planta espinosa de la familia rosáceas, de hojas cuneiformes, divididas en tres o cinco lóbulos y pequeñas flores blancas en ramilletes. Su fruto, llamado majuela, tiene sabor dulce y forma de pequeña bola roja con un hueso en su interior. **FAM.** Majuela.

maketo, ta (vasc.) *adj.* Maqueto*.

mal[1] *adj.* **1.** *apóc.* de **malo**. ■ Se usa delante de s. m. sing. y de inf.: *mal negocio, un mal paso, un mal despertar.* || *s. m.* **2.** Lo contrario del bien, lo malo: *El diablo es el espíritu del mal.* **3.** Enfermedad, dolencia. **4.** *Amér.* Ataque de epilepsia. || **5. mal de montaña** (o **de las alturas**) Malestar o enfermedad que se produce en las grandes alturas por disminución de la presión atmosférica. **6. mal de ojo** Daño o perjuicio que se atribuye supersticiosamente a una mirada lanzada a propósito por una persona. || **LOC. llevar** uno **a mal** una cosa Soportarla mal, quejarse de ella: *Lleva a mal madrugar tanto.* **ponerse** (o **estar**) **a mal** con alguien Enemistarse, romper las relaciones. **tomar** uno **a mal** una cosa Ofenderse por algo: *No tomes a mal lo que voy a decirte.* **SIN. 2.** Maldad, perversidad. **ANT. 1.** Buen. **2.** Bondad, moralidad; beneficio. **FAM.** Maleficio, malestar. MALO.

mal[2] (del lat. *male*) *adv. m.* **1.** De forma contraria a lo justo, correcto o agradable: *Estos chicos se portan mal. Este pescado sabe mal.* **2.** Difícilmente: *Mal puedes aprobar, si estudias tan poco.* || **LOC. mal que** *conj.* Aunque. ■ Se construye exclusivamente con el verbo *pesar* y un pron.: *Mal que te pese, debes pagar la factura.* **mal que bien** *adv.* No sin dificultades, aunque no demasiado bien: *Mal que bien aprendió a leer.* **SIN. 1.** Injustamente, incorrectamente, deficientemente, erróneamente. **ANT. 1.** Bien. **FAM.** Malamente. MALO.

malabar *adj.* **1.** De Malabar, región de Indostán. También *s. m.* y *f.* || **2. juegos malabares** Ejercicios de destreza que consisten en lanzar objetos al aire y recogerlos o mantenerlos en equilibrio en difíciles combinaciones. **FAM.** Malabarismo, malabarista.

malabarismo *s. m.* **1.** Actividad del que hace juegos malabares: *Se dedica al malabarismo.* || *s. m. pl.* **2.** Juegos malabares. **3.** Acciones complicadas para poder realizar algo difícil: *Hay que hacer malabarismos para aprobar con este profesor.* **4.** Habilidades, recursos, etc., que implican gran dominio del asunto de que se trata: *Es un autor que hace malabarismos con su prosa.* **SIN. 3.** Equilibrios. **4.** Maravillas, virguerías.

malabarista *s. m.* y *f.* Persona que hace juegos malabares.

malacia (del lat. *malacia*, y éste del gr. *malakia*, blandura, debilidad) *s. f.* Trastorno del apetito que se caracteriza por el deseo de ingerir materias extrañas o no nutritivas, como yeso o tierra.

malacitano, na (del lat. *malacitanus*) *adj.* Malagueño*. También *s. m.* y *f.*

malacología (del gr. *malakos*, blando, y *-logía*) *s. f.* Parte de la zoología que tiene por objeto el estudio de los moluscos. **FAM.** Malacológico, malacólogo.

malaconsejado, da *adj.* Se dice de la persona que obra equivocadamente por dejarse llevar de malos consejos. También *s. m.* y *f.* **SIN.** Desacertado.

malacopterigio (del gr. *malakos*, blando, y *pterygion*, aleta) *adj.* **1.** Se aplica a los peces teleósteos caracterizados por tener los radios de las aletas blandos y articulados, lo que los diferencia de los acantopterigios. También *s. m.* || *s. m. pl.* **2.** Grupo constituido por estos peces.

malacostumbrar *v. tr.* **1.** Acostumbrar mal a alguien mimándole y permitiéndole demasiado. **2.** Hacer que alguien adquiera malos hábitos y costumbres. **SIN. 1.** Malcriar. **2.** Viciar, pervertir. **ANT. 1.** Educar. **FAM.** Malacostumbrado. ACOSTUMBRAR.

malacrianza *s. f. Amér.* Descortesía, mala educación.

málaga *s. m.* Vino dulce, de color oscuro y alta graduación, elaborado con uva de la región de Málaga.

malagana *s. f. fam.* Desgana, falta de energía o de ánimo: *Sacúdete la malagana y acompáñanos al cine.* **SIN.** Desánimo, decaimiento, desfallecimiento, desmayo, abatimiento. **ANT.** Entusiasmo.

malagueño, ña *adj.* **1.** De Málaga. También *s. m.* y *f.* || *s. f.* **2.** Cante y baile popular andaluz que consta de coplas de cuatro versos octosílabos. **SIN. 1.** Malacitano. **FAM.** Málaga.

malaisio, sia *adj.* De Malaisia, Estado de Asia. También *s. m.* y *f.*

malaje *s. m.* y *f.* Persona malvada, malintencionada. También *adj.* **SIN.** Malaleche, esquinado. **ANT.** Ángel.

malandanza *s. f.* Desgracia, infortunio. **SIN.** Adversidad, desventura, contratiempo. **ANT.** Fortuna. **FAM.** Malandante. ANDANZA.

malandrín, na (del ital. *malandrino*, salteador) *adj.* Perverso, malintencionado. También *s. m.* y *f.* Se suele emplear en tono jocoso. **SIN.** Bellaco, granuja. **ANT.** Bondadoso.

malaquita (del lat. *malachites*) *s. f.* Mineral constituido por carbonato básico de cobre, de color verde brillante con zonas de diversos tonos. Se usa como piedra ornamental y en joyería.

malar (del lat. *mala*, mejilla) *adj.* **1.** Perteneciente a la mejilla. || *s. m.* **2.** Pómulo.

malaria (del ital. *malaria*, de *mala aria*, mal aire) *s. f.* Paludismo*.

malasombra *s. m.* y *f. fam.* Persona que pretende ser graciosa, sin conseguirlo. **SIN.** Patoso, inoportuno.

malavenido, da *adj.* Disconforme, enfrentado: *dos compañeros malavenidos.*

malaventura *s. f.* Desgracia o desventura. **SIN.** Desdicha, infortunio. **ANT.** Ventura.

malaventurado, da *adj.* Desventurado, desgraciado. También *s. m.* y *f.* **SIN.** Infortunado. **ANT.** Afortunado. **FAM.** Malaventura, malaventuranza. VENTURA.

malawi *adj.* De Malawi. También *s. m.* y *f.*

malayo, ya *adj.* **1.** De la península de Malaca. También *s. m.* y *f.* **2.** Se aplica al individuo de una etnia que habita en Indonesia, Malaisia y Filipinas; es de pequeña estatura, piel morena, nariz aplastada y labios prominentes. También *s. m.* y *f.* || *s. m.* **3.** Lengua del grupo indonesio hablada por esta etnia.

malbaratar *v. tr.* **1.** Malvender*. **2.** Malgastar*. **FAM.** Malbaratador, malbaratamiento. BARATO.

malcarado, da *adj.* Malencarado*. También *s. m.* y *f.*

malcasar *v. tr.* Casar a una persona sin que se den las circunstancias necesarias para que ésta sea feliz. También *v. intr.* y *v. prnl.* **FAM.** Malcasado. CASAR[1].

malcomer *v. tr.* Comer poco y a disgusto.

malcontado *s. m. Chile* Cantidad de dinero de que disponen los cajeros y contables para compensar las diferencias que resultan de los errores en las cuentas.

malcriar *v. tr.* Educar mal a los hijos permitiéndoles hacer lo que quieran, dándoles todos los gustos y caprichos. ■ En cuanto al acento, se conjuga como *ansiar*: *malcrío.* **SIN.** Consentir, mimar. **FAM.** Malcriado. CRIAR.

maldad *s. f.* Cualidad o acción propia de las personas o cosas malas en sentido moral. **SIN.** Malignidad, perversidad, inmoralidad, indignidad. **ANT.** Bondad.

maldecir (del lat. *maledicere*, de *male*, mal, y *dicere*, decir) *v. tr.* Referirse a una persona o cosa mostrando odio, hablando mal de ella, insultándola, etc.: *¡Maldigo el día en que compré esta casa!* También *v. intr.*: *Aquella mujer siempre maldecía de sus vecinas.* ■ Es v. irreg. Se conjuga como *bendecir.* **SIN.** Increpar, despotricar. **ANT.** Bendecir, alabar. **FAM.** Maldiciente, maldición, maldito. DECIR[1].

maldición (del lat. *maledictio, -onis*) *s. f.* **1.** Expresión con que se maldice: *echar maldiciones.* **2.** Castigo que se cree provocado u ordenado por una fuerza o ser sobrenatural: *Sobre esa casa pesa una maldición.* || *interj.* **3.** Expresa enfado o contrariedad repentina: *¡Maldición! Nos han descubierto.* **SIN. 1.** Imprecación, execración. **2.** Hechizo; condena. **ANT. 1.** y **2.** Bendición.

maldispuesto, ta *adj.* **1.** Que no tiene la disposición de ánimo necesaria para hacer una cosa. **2.** Indispuesto, algo enfermo.

maldito, ta (del lat. *maledictus*) **1.** *p.* irreg. de **maldecir**. También *adj.* ■ Se emplea en algunas expr. y junto a sustantivos como forma de maldición: *¡Maldita sea! ¡Apaga la radio, no soporto esa maldita música!* || *adj.* **2.** Se dice de las personas malvadas. También *s. m.* y *f.*: *Hay que atrapar a esos malditos.* **3.** Se aplica al que ha recibido una maldición. También *s. m.* y *f.*: *la descendencia maldita de Caín.* **4.** Delante de un sustantivo con artículo, equivale a *nada* o *ninguno* y expresa desilusión, hastío: *¡Maldita la necesidad que tengo de ir!* || *s. m.* **5.** En una representación teatral, persona que aparece sólo brevemente o en un grupo: *Unos cuantos malditos hacen de rebeldes.* **SIN. 5.** Figurante, comparsa. **ANT. 1.** y **2.** Bendito.

maldivo, va *adj.* De las islas Maldivas, estado de Asia meridional. También *s. m.* y *f.*

maleable (del lat. *malleus*, martillo) *adj.* **1.** Se dice del metal que puede extenderse en láminas o planchas muy finas, como el cobre o el aluminio. **2.** P. ext., que se puede modelar o trabajar fácilmente: *La arcilla es muy maleable.* **3.** Dócil, fácil de educar. **SIN. 2.** y **3.** Dúctil. **3.** Sumiso. **ANT. 2.** Duro, rígido. **3.** Rebelde. **FAM.** Maleabilidad.

maleante *adj.* Delincuente. Se usa más como *s. m.* y *f.* **SIN.** Malhechor.

malear *v. tr.* **1.** Pervertir o corromper a alguien. También *v. prnl.* **2.** Dañar o estropear una cosa: *Se maleó la fruta con las heladas.* También *v. prnl.* **SIN. 2.** Deteriorar(se), arruinar(se). **FAM.** Maleador, maleante. MALO.

malecón *s. m.* Muro o terraplén que se construye en los puertos para defenderse de las aguas y que puede servir para que en él atraquen barcos. **SIN.** Espigón, dique, rompeolas, muelle.

maledicencia (del lat. *maledicentia*) *s. f.* Hecho de murmurar o calumniar.

maleducado, da 1. *p.* de **maleducar**. || *adj.* **2.** Grosero, irrespetuoso. También *s. m.* y *f.* **SIN. 2.** Descortés.

maleducar *v. tr.* Educar mal a un niño dejándole hacer todo lo que quiera. ■ Delante de *e* se escribe *qu* en lugar de *c*: *maleduque.* **SIN.** Malcriar, consentir, mimar. **FAM.** Maleducado. EDUCAR.

maleficio (del lat. *maleficium*) *s. m.* Daño causado por artes de hechicería y hechizo que pretende causarlo. SIN. Embrujo, encantamiento. FAM. Maléfico. MAL[1].

maléfico, ca (del lat. *maleficus*) *adj.* **1.** Que causa o puede causar daño: *Sus amigos ejercen una influencia maléfica sobre él.* **2.** Que ejerce un maleficio. SIN. **1.** Dañino, perjudicial, nocivo. ANT. **1.** Benéfico.

malemplear *v. tr.* Emplear mal, no aprovechar: *Malemplea el tiempo en tonterías.* SIN. Desperdiciar, desaprovechar, malgastar.

malencarado, da *adj.* **1.** Se dice de la persona cuya cara produce desconfianza, temor o repugnancia. También *s. m.* y *f.* **2.** Que tiene cara de enfado o mal humor. También *s. m.* y *f.* **3.** Maleducado, insolente. También *s. m.* y *f.* SIN. **1.** y **2.** Malencarado. **3.** Descarado, desatento. ANT. **3.** Cortés.

malentender *v. tr.* Interpretar o entender equivocadamente una cosa. ■ Es v. irreg. Se conjuga como *tender*. FAM. Malentendido. ENTENDER[1].

malentendido, da **1.** *p.* de **malentender**. También *adj.* || *s. m.* **2.** Mala interpretación. SIN. **2.** Equivocación, error.

maléolo (del lat. *malleolus*, pequeño martillo) *s. m.* **1.** Tobillo*. **2.** También, cada una de las protuberancias que forman en el tobillo las extremidades inferiores de la tibia y el peroné.

malestar *s. m.* Sensación de encontrarse mal o molesto.

maleta (del ant. fr. *malete*, de *malle*, baúl) *s. f.* **1.** Caja de piel, plástico, lona, etc., con asa para poder transportarla a mano, usada para llevar cosas en los viajes. **2.** *Amér.* Atado o lío de ropa. **3.** *Chile* y *Guat.* Alforja. || *s. m.* y *f.* **4.** *fam.* Persona que practica sin acierto un oficio o actividad. También *adj.* FAM. Maletero, maletilla, maletín. / Portamaletas.

maletero, ra *s. m.* y *f.* **1.** En las estaciones de ferrocarriles, empleado que transporta los equipajes. **2.** Persona que fabrica o vende maletas. || *s. m.* **3.** En los automóviles, espacio destinado al equipaje. **4.** En las viviendas, armario, generalmente empotrado entre las paredes y el techo, o parte de un armario, donde se guardan las maletas y otros objetos, especialmente los que no son de uso frecuente. || *s. f.* **5.** *Chile* y *Perú* Maletero de un automóvil.

maletilla *s. m.* Joven que aspira a abrirse camino como torero.

maletín *s. m.* Maleta pequeña de diversas formas y usos, particularmente la rectangular y aplanada para llevar papeles, documentos, etc. SIN. Portafolios.

malevaje *s. m. Arg., Par.* y *Urug.* Gente maleva.

malevo, va *adj. Arg., Par.* y *Urug.* Malvado, matón, malhechor. También *s. m.* y *f.* FAM. Malevaje. MALO.

malevolencia *s. f.* Cualidad de malévolo. SIN. Malicia, maldad. ANT. Benevolencia, bondad, inocencia.

malevolente *adj.* Que muestra mala voluntad.

malévolo, la (del lat. *malevolus*) *adj.* Malvado, que procura hacer mal o tiene mala intención. También *s. m.* y *f.* SIN. Perverso, maligno, pérfido. ANT. Bondadoso. FAM. Malevolencia, malevolente. MALO.

maleza (del lat. *malitia*) *s. f.* **1.** Conjunto de las malas hierbas que crecen en los sembrados. **2.** Vegetación apretada constituida por arbustos, zarzales, etc. SIN. **1.** Yerbajos. **2.** Espesura.

malformación *s. f.* Alteración o deformidad de nacimiento en alguna parte del cuerpo.

malgache *adj.* **1.** De la isla de Madagascar. También *s. m.* y *f.* || *s. m.* **2.** Lengua hablada por los nativos de Madagascar.

malgastar *v. tr.* Usar o gastar inadecuadamente una cosa, no sacar provecho de ella. SIN. Desaprovechar, desperdiciar, despilfarrar, derrochar, dilapidar. ANT. Aprovechar, ahorrar.

malhablado, da *adj.* Se dice del que acostumbra a hablar empleando expresiones vulgares o groseras. También *s. m.* y *f.* ■ Se escribe también *mal hablado.* SIN. Deslenguado, ordinario. ANT. Bienhablado.

malhadado, da *adj.* Desgraciado, desdichado, desafortunado. ANT. Afortunado.

¡malhaya! *interj. Méx.* En ciertas expresiones equivale a *maldito*: *¡Malhaya sea!*

malhechor, ra (del lat. *malefactor, -oris*) *adj.* Se dice de quien comete delitos habitualmente. SIN. Delincuente, maleante, rufián. ANT. Bienhechor.

malherido, da **1.** *p.* de **malherir**. || *adj.* **2.** Herido de gravedad. SIN. **2.** Grave. ANT. **2.** Leve.

malherir *v. tr.* Herir gravemente. FAM. Malherido. HERIR.

malhumor *s. m.* Mal humor, estado de ánimo desagradable o irritable. SIN. Mala leche, enojo, enfado, cabreo. FAM. Malhumorado, malhumorar. HUMOR.

malhumorado, da **1.** *p.* de **malhumorar**. || *adj.* **2.** Que está de mal humor o lo tiene. SIN. **2.** Enfadado, irritado, enojado, airado; gruñón, irritable. ANT. **2.** Contento, simpático.

malí *adj.* De Malí, estado de África occidental. También *s. m.* y *f.* ■ Su pl. es *malíes*, aunque también se usa *malís*.

malicia (del lat. *malitia*) *s. f.* **1.** Picardía. **2.** Tendencia a ver mala intención en los demás. **3.** Maldad, mala intención. || *s. f. pl.* **4.** Recelo, sospecha. SIN. **1.** Vista, astucia. **3.** Malignidad, perversidad. ANT. **1.** Ingenuidad. **3.** Bondad. **4.** Confianza. FAM. Maliciarse, maliciosamente, malicioso. MALO.

maliciar *v. tr.* Sospechar con malicia. También *v. prnl. Se maliciaba que querían engañarle.* SIN. Oler(se), recelar. ANT. Confiar. FAM. Maliciable. MALICIA.

malicioso, sa *adj.* Que actúa con malicia o contiene malicia. También *s. m.* y *f.*

maligno, na (del lat. *malignus*) *adj.* **1.** Se dice de la persona inclinada a causar mal y también de aquello que es propio de estas personas: *Su mirada maligna refleja las peores intenciones.* **2.** Perjudicial, dañino. **3.** Aplicado a enfermedades, grave; se dice particularmente de los tumores cancerosos. || *s. m.* **4.** El demonio. SIN. **1.** Malvado, perverso, malicioso, malo. **2.** Pernicioso, nocivo. ANT. **1.** Bueno, bondadoso. **2.** Beneficioso. **3.** Benigno. FAM. Malignidad. MALO.

malintencionado, da *adj.* Que tiene mala intención. También *s. m.* y *f.* SIN. Malicioso, maligno, malévolo. ANT. Bienintencionado.

malinterpretar *v. tr.* Interpretar erróneamente. SIN. Malentender, confundir. ANT. Comprender.

malla (del fr. *maille*, y éste del lat. *macula*) *s. f.* **1.** Tejido en forma de red hecho con hilo, cuerda, alambre, etc., o con anillas, eslabones o cosas similares unidos entre sí. **2.** Cada uno de los cuadrados, anillas o eslabones que forman una red, una tela metálica, un tejido de punto, etc. **3.** Traje ajustado, de tejido elástico y fino que se emplea, p. ej., en ballet o gimnasia. Se usa sobre todo en *pl.* **4.** *Amér.* Traje de baño femenino de una sola pieza. **5.** Leotardo. **FAM.** Remallar, trasmallo.

mallorquín, na *adj.* **1.** De Mallorca. También *s. m.* y *f.* || *s. m.* **2.** Variedad del catalán hablado en esa isla.

malmandado, da *adj.* Desobediente. También *s. m.* y *f.*

malmeter *v. tr.* **1.** Enemistar: *Anda siempre malmetiendo a la gente con sus chismorreos.* **2.** Inducir a alguien a hacer algo malo. **SIN. 1.** Enfrentar, malquistar, indisponer. **2.** Instigar, pervertir. **ANT. 1.** Unir. **2.** Disuadir.

malnacido, da *adj.* Se dice de la persona mala, miserable. También *s. m.* y *f.* **SIN.** Indeseable. **ANT.** Bueno.

malnutrición *s. f.* Desequilibrio en la nutrición causado por una alimentación deficiente.

malo, la (del lat. *malus*) *adj.* **1.** Que no es o está bueno: *un resultado malo; una mala persona. El hijo pequeño es muy malo.* También *s. m.* y *f.* **2.** Enfermo. Aplicado a mujeres, con el verbo *estar*, puede indicar que se tiene la menstruación. **3.** Con el verbo *ser*, expresa la confianza de que algo positivo va a ocurrir: *Malo será si no hay algún regalillo para nosotros.* ■ En todas estas acepciones, cuando precede a un sustantivo masculino se usa la forma apocopada *mal.* **4.** Se usa como intensificador: *Trabaja como una mala bestia.* || *interj.* **5.** Expresa desaprobación o desconfianza ante algo: *Aún no lo han confirmado, ¡malo!* || **LOC. a las malas** *adv.* En situación de enfrentamiento o enemistad. ■ Se usa mucho con los verbos *andar* y *estar*: *Siempre está a las malas con todo el mundo.* **de malas** *adv.* De mal humor. ■ Se usa con los verbos *estar* y *venir*: *El jefe ha venido hoy de malas.* **por las malas** *adv.* Por la fuerza. ■ Suele usarse en contraposición a *por las buenas*: *Si no salís por las buenas, os sacamos por las malas.* **(ni) un mal** (o **una mala**) *adj.* En oraciones negativas, ni siquiera: *Hoy no he vendido (ni) un mal libro.* **SIN. 1.** Defectuoso, imperfecto; deteriorado; negativo, adverso; dañino; malvado, perverso; revoltoso. **2.** Indispuesto, pachucho. **ANT. 1.** Beneficioso; favorable; bondadoso; formal. **2.** Sano. **FAM.** Mal[1], mal[2], malaje, malasombra, maldad, malear, malevo, malévolo, maleza, malicia, maligno, malón, malucho.

malogrado, da 1. *p.* de **malograr**. También *adj.* || *adj.* **2.** Se dice de la persona que muere joven.

malograr *v. tr.* **1.** Echar a perder, estropear o desaprovechar alguna cosa. También *v. prnl.* || **malograrse** *v. prnl.* **2.** No cumplirse o completarse algo. **SIN. 1.** Arruinar(se), fracasar, frustrar(se). **ANT. 1.** Aprovechar(se). **FAM.** Malogrado, malogramiento, malogro. LOGRAR.

maloliente *adj.* Que despide mal olor. **SIN.** Apestoso, fétido, hediondo. **ANT.** Fragante.

malón (voz mapuche) *s. m. Arg.* Grupo de gamberros.

malparado, da *adj.* Muy perjudicado en cualquier sentido: *Salió malparado del accidente.* **SIN.** Maltrecho. **ANT.** Indemne.

malparido, da *adj. Amér. vulg.* Malo, miserable. También *s. m.* y *f.* **SIN.** Malnacido, indeseable. **ANT.** Bueno.

malpensado, da *adj.* Se dice del que piensa mal de los demás. También *s. m.* y *f.* ■ Se escribe también *mal pensado.* **SIN.** Malicioso, desconfiado, suspicaz. **ANT.** Confiado.

malqueda *s. m.* y *f. fam.* Persona que no cumple sus compromisos: *Tu amigo es un malqueda.* **SIN.** Informal. **ANT.** Cumplidor.

malquerencia *s. f.* Antipatía, odio. **SIN.** Aversión, ojeriza, inquina, enemistad. **ANT.** Amistad, cariño.

malquistar *v. tr.* Enemistar a alguien contra otro u otros. También *v. prnl.* **SIN.** Enfrentar(se), cizañar, malmeter, indisponer(se). **ANT.** Bienquistar, avenir(se).

malquisto, ta *adj.* Mal considerado por las demás personas.

malsano, na *adj.* **1.** Perjudicial para la salud: *Aquí hay una humedad malsana.* **2.** Propio de un enfermo, físico o mental: *Tiene una obsesión malsana por todo lo relacionado con la muerte.* **SIN. 1.** Insalubre, insano. **2.** Enfermizo, morboso. **ANT. 1.** y **2.** Sano, saludable.

malsonante *adj.* Que suena mal; especialmente se aplica a las palabras y expresiones incorrectas o groseras. **SIN.** Disonante; vulgar. **ANT.** Armónico, correcto.

malta (del ingl. *malt*) *s. f.* Cereal, generalmente cebada, germinado artificialmente y tostado, que se emplea en la elaboración de la cerveza o, molido, como sucedáneo del café. **FAM.** Malteado, maltear, maltosa.

malteado, da *adj.* **1.** Mezclado con malta: *leche malteada.* || *s. m.* **2.** Proceso de convertir la cebada en malta. || *s. f.* **3.** *Amér.* Bebida preparda con la mezcla de varios productos.

maltear *v. tr.* Convertir la cebada u otro cereal en malta.

maltés, sa *adj.* **1.** De Malta, isla mediterránea. También *s. m.* y *f.* || *s. m.* **2.** Lengua semítica hablada en el archipiélago maltés.

maltosa *s. f.* Azúcar formado por dos moléculas de glucosa, que se produce en la hidrólisis del almidón. ■ También se llama *azúcar de malta.*

maltraer *v. tr.* Se utiliza exclusivamente en infinitivo con verbos como *llevar*, *tener* o *traer* en expresiones que significan 'molestar, maltratar o hacer sufrir de manera continuada': *Este niño me tiene a maltraer.*

maltratar *v. tr.* Tratar a alguien o algo de forma que le cause algún tipo de daño o desperfecto: *No debes maltratar los libros.* **SIN.** Dañar, estropear, deteriorar, perjudicar, ofender, golpear, castigar. **ANT.** Cuidar, mimar. **FAM.** Maltratamiento, maltrato. TRATAR.

maltrato *s. m.* Acción de maltratar, mal trato: *Se quejó del maltrato recibido en la comisaría.* **SIN.** Daño, ofensa. **ANT.** Cuidado, atención.

maltrecho, cha *adj.* Que está en mal estado a consecuencia del daño o desgaste sufrido: *Quedó maltrecho tras la pelea.* **SIN.** Malparado, deshecho, destrozado, molido. **ANT.** Indemne.

maltusianismo (de T. R. *Malthus*, economista británico) *s. m.* Doctrina política y económica basada en las teorías de Malthus, que defienden el control de la natalidad para que la población se adecue a los recursos existentes.

malva *s. f.* **1.** Nombre común de diversas plantas herbáceas entre las que destaca la malva común, de hasta 1 m de altura, que presenta hojas lobuladas de color verde intenso y flores de color violeta. || *s. m.* **2.** Color violeta pálido, como las flores de esta planta. ■ Se usa mucho en aposición: *una blusa malva.* || **LOC. como una malva** *adj.* Dócil, sumiso: *Le eché una bronca y está como una malva.* **estar criando malvas** *fam.* Estar muerto y enterrado. **FAM.** Malváceo, malvarrosa, malvavisco.

malváceo, a *adj.* **1.** Se aplica a las plantas angiospermas dicotiledóneas, herbáceas, arbustivas y arbóreas, de hojas alternas; sus flores son vistosas, generalmente hermafroditas, con muchos estambres unidos formando un tubo que cubre el ovario, y un fruto dividido en celdas con semillas sin albumen, como la malva. También *s. f.* || *s. f. pl.* **2.** Familia de estas plantas.

malvado, da (del lat. vulg. *malifatius*) *adj.* Se dice de la persona capaz de hacer mal y de las cosas propias de estas personas. SIN. Desalmado, perverso, maligno, depravado. ANT. Bondadoso. FAM. Malvadamente.

malvarrosa *s. f.* Planta de la familia de las malváceas, de tallo recto, de dos a tres metros de altura, hojas vellosas acorazonadas y flores grandes rojas, blancas o rosas que forman una espiga en lo alto del tallo. Se cultiva como planta ornamental.

malvasía (de *Malvasia*, localidad de Grecia) *s. f.* **1.** Tipo de uva dulce y olorosa, de granos grandes, cultivada en los países mediterráneos. **2.** Vino elaborado con esta variedad de uva, caracterizado por un sabor dulce, perfume intenso y alta graduación.

malvavisco (del lat. *malva* e *hibiscum*) *s. m.* Planta herbácea de entre 60 y 150 cm de altura, con el tallo y las hojas aterciopelados y flores grandes de color rosáceo. Crece junto a acequias y en las riberas marinas de la península Ibérica; tiene propiedades emolientes.

malvender *v. tr.* Vender una cosa a muy bajo precio, obteniendo muy poca o ninguna ganancia: *Tuvo que malvender la casa para pagar sus deudas.* SIN. Malbaratar.

malversación *s. f.* Acción de malversar: *Fue encarcelado por malversación de fondos.*

malversar (del lat. *male*, mal, y *versare*, volver) *v. tr.* **1.** Invertir o gastar indebidamente una persona el dinero que administra por cuenta ajena, en especial si son fondos públicos. **2.** Substraer caudales públicos. FAM. Malversación, malversador. VERSAR.

malvivir *v. intr.* Vivir mal, con pobreza o penalidades.

mama (del lat. *mamma*) *s. f.* **1.** Órgano glandular de los mamíferos que en las hembras segrega la leche con que alimentan a sus crías. **2.** *fam.* Mamá. SIN. **1.** Pecho, ubre, teta. FAM. Mamá, mamar, mamario, mamografía. / Mamella, mamífero.

mamá *s. f. fam.* Madre. FAM. Mamitis. / Premamá. MAMA.

mamadera *s. f. Amér.* Biberón y tetilla del mismo.

mamado, da 1. *p.* de **mamar**. || *adj.* **2.** *vulg.* Borracho. SIN. **2.** Ebrio, embriagado, bebido, beodo. ANT. **2.** Sobrio, sereno.

mamar (del lat. *mammare*) *v. tr.* **1.** Chupar la leche de los pechos de la madre: *El niño aún está en edad de mamar.* Se usa más como *v. intr.* **2.** Aprender o adquirir algo desde niño: *Su amor al teatro lo ha mamado desde la cuna.* || **mamarse** *v. prnl.* **3.** *fam.* Emborracharse. SIN. **1.** Succionar. **3.** Embriagarse. FAM. Mamada, mamadera, mamado, mamón. / Amamantar. MAMA.

mamarrachada *s. f.* **1.** Acción ridícula o extravagante: *Sus mamarrachadas nos hacían reír.* **2.** Cosa ridícula, fea o mal hecha: *Esta pintura es una mamarrachada.* SIN. **1.** Tontería, gansada. **2.** Mamarracho.

mamarracho (de *momo*, gesto, y el ant. *moharrache*, y éste del ár. *muharray*) *s. m.* **1.** Persona ridícula en su aspecto o en sus actos: *Con ese traje estás hecho un mamarracho.* **2.** Figura o cosa ridícula, fea o mal hecha: *Lo llaman arte, pero a mí me parece un mamarracho.* **3.** Persona que no merece respeto. SIN. **1.** Espantajo, fantoche. **1.** y **2.** Adefesio. **2.** Birria. **3.** Pelele. ANT. **2.** Maravilla. FAM. Mamarrachada.

mamba *s. f.* Serpiente africana muy venenosa, de gran longitud, color que varía entre el verde y el negro y grandes mandíbulas provistas de dientes en forma de garfio, con los que inyecta el veneno.

mambo *s. m.* Melodía y baile de origen cubano y ritmo sincopado, muy popular en la década de los cincuenta.

mamella (del lat. *mammilla*, de *mamma*, teta) *s. f.* Apéndice largo y ovalado que cuelga del cuello de algunos animales, como la cabra.

mameluco, ca (del ár. *mamluk*, esclavo) *adj.* **1.** De una milicia egipcia que constituyó una dinastía en Egipto entre los s. XIII y XVI. También *s. m.* y *f.* **2.** *fam.* Tonto, torpe. También *s. m.* y *f.* SIN. **2.** Bobo, pánfilo, necio. ANT. **2.** Listo, despierto.

mamerto, ta *adj.* Bobalicón, lelo.

mamífero, ra (del lat. *mamma*, mama, y *fero*, llevar) *adj.* **1.** Se dice de los animales vertebrados superiores, caracterizados por amamantar a sus crías, tener el cuerpo recubierto de pelo, ser en su mayoría vivíparos y tener sangre caliente. También *s. m.* || *s. m. pl.* **2.** Clase constituida por estos animales.

mamitis *s. f. fam.* Apego o inclinación excesivos hacia la madre: *No le pasa nada, llora porque tiene mamitis.* ■ No varía en *pl.*

mamma mia (ital.) *interj. fam.* Indica sorpresa.

mamografía (del lat. *mamma*, teta, y *grafía*, imagen) *s. f.* Radiografía de la mama.

mamón, na *adj.* **1.** Que todavía está mamando. También *s. m.* y *f.* **2.** *fam.* Se dice de la persona despreciable o que obra con mala intención. También *s. m.* y *f.* ■ Se usa a menudo como insulto, aunque también se emplea con intención afectuosa y desenfadada: *¡Qué suerte tienes, mamón!* SIN. **1.** Lactante. **2.** Capullo.

mamotreto (del lat. medieval *mammothreptus*, y éste del gr. *mammothreptos*, criado por su abuela) *s. m.* **1.** *desp.* Libro o legajo muy grueso. **2.** Objeto grande, pesado y poco útil: *Ese armario es un mamotreto.* SIN. **1.** Tocho. **2.** Armatoste, trasto, estafermo.

mampara *s. f.* Plancha o tabique de madera, cristal, plástico, etc., que sirve para dividir una habitación o aislar una parte de la misma: *En los bancos, una mampara protege a los cajeros.* SIN. Biombo. FAM. Mamparo.

mamparo *s. m.* Cada uno de los tabiques que dividen en compartimientos el interior de un barco.

mamporro *s. m.* **1.** Golpe dado a alguien con la mano: *Se liaron a mamporros.* **2.** Golpe poco importante que recibe o se da una persona: *Se dio un mamporro contra la pared.* SIN. **1.** Puñetazo, tortazo. **1.** y **2.** Coscorrón. **2.** Porrazo.

mampostería *s. f.* Obra que se hace con piedras desiguales unidas con argamasa y sin que éstas formen filas o sigan un orden determinado. FAM. Mampostero, mampuesto.

mampuesto *s. m.* Piedra sin tallar o toscamente tallada, que se usa en las construcciones de mampostería.

mamut (ruso) *s. m.* Mamífero proboscídeo fósil, de mayor tamaño que el elefante actual y cubierto de largo pelo, que vivió en el periodo cuaternario.

maná (del lat. *manna*, y éste del hebreo *man*) *s. m.* Alimento milagroso que, según el *Antiguo Testa-*

mento, Dios envió desde el cielo para socorrer al pueblo hebreo en su peregrinación por el desierto.

manada *s. f.* **1.** Grupo de animales de la misma especie, domésticos o salvajes, que marchan juntos o están al cuidado de un pastor: *una manada de búfalos.* **2.** Grupo grande de gente. **SIN. 1.** Rebaño, hato, jauría.

management (ingl.) *s. m.* Técnica de dirección y gestión de empresas.

manager (ingl.) *s. m.* y *f.* **1.** Persona que dirige una empresa o sociedad mercantil. **2.** Persona que se ocupa de los intereses de ciertos profesionales, como artistas o deportistas, o de una entidad deportiva. **SIN. 1.** Gerente, director. **2.** Representante, apoderado. ■ Se usa también la variante acentuada *mánager.*

manantial *adj.* **1.** Se dice del agua que mana o brota. || *s. m.* **2.** Corriente de agua que brota de la tierra o la roca de forma natural. **3.** Origen y fundamento de algo: *Los clásicos son un manantial de inspiración para los autores modernos.* **SIN. 1.** Manante. **2.** Venero, fontanar, alfaguara. **2.** y **3.** Fuente. **3.** Principio, germen.

manar (del lat. *manare*) *v. intr.* **1.** Salir un líquido de alguna parte: *El agua mana de la fuente.* También *v. tr.* **2.** Brotar algo fácil y abundantemente: *Sus pensamientos manaban con fluidez.* **SIN. 1.** y **2.** Fluir, surgir, nacer. **FAM.** Manante, manantial. / Dimanar, emanar, remanar.

manatí (voz caribe) *s. m.* Mamífero acuático de gran tamaño (de 3 a 4 m de longitud), cuerpo en forma de huso, con las extremidades inferiores transformadas en aleta caudal y el labio superior muy desarrollado. Habita en los estuarios de los grandes ríos del Atlántico, en América del Sur y África. ■ Su pl. es *manatíes*, aunque también se utiliza *manatís.*

manaza *s. f.* **1.** *aum. desp.* de **mano.** || **manazas** *s. m.* y *f.* **2.** Persona torpe con las manos. También *adj.* **SIN. 1.** Zarpa. **2.** Patoso. **ANT. 2.** Manitas.

mancar *v. tr.* Dejar manca o inutilizada una mano u otro miembro. También *v. prnl.* ■ Delante de *e* se escribe *qu* en lugar de *c*: *manque.* **SIN.** Tullir, lisiar.

mancebía *s. f.* Casa de prostitución. **SIN.** Prostíbulo, burdel, lupanar.

mancebo, ba (del lat. *mancipium*, esclavo) *s. m.* y *f.* **1.** Muchacho, joven. **2.** Aprendiz o dependiente, sobre todo de farmacia. || *s. f.* **3.** Querida, amante. **SIN. 1.** Adolescente. **1.** y **2.** Chico, mozo. **3.** Barragana, mantenida. **ANT. 1.** Maduro. **FAM.** Mancebía. / Amancebamiento.

mancera (de un derivado del lat. *manus*, mano) *s. f.* Pieza del arado en la que se apoya la mano. **SIN.** Esteva.

mancha (del lat. *macula*) *s. f.* **1.** Marca o sombra que deja la suciedad u otra cosa en una superficie. **2.** Parte de una superficie de distinto color, aspecto, composición, etc., que el resto: *Los leopardos tienen la piel a manchas.* **3.** Deshonra, vergüenza: *La expulsión del colegio es una mancha en su expediente.* **4.** Boceto de un cuadro que se hace para estudiar el efecto de las luces y de las sombras. **SIN. 1.** Manchurrón, borrón, lámpara. **3.** Mancilla, desdoro, tacha, deshonor. **ANT. 3.** Honor. **FAM.** Manchar, manchón, manchurrón. / Mácula, quitamanchas.

manchado, da 1. *p.* de **manchar**. También *adj.* || *adj.* **2.** Con manchas: *La piel manchada del leopardo.* **3.** Se dice del café con muy poca leche. También *s. m.*

manchar (del lat. *maculare*) *v. tr.* **1.** Ensuciar una cosa con manchas. También *v. prnl.*: *Se han manchado de barro los zapatos.* **2.** Perjudicar el honor o la buena fama de algo o alguien. **3.** En pintura, distribuir las manchas de luces y sombras. **SIN. 1.** Motear, salpicar, tiznar. **2.** Mancillar, deshonrar, ultrajar, afrentar. **ANT. 1.** y **2.** Limpiar. **2.** Honrar. **FAM.** Manchado. / Desmanchar. MANCHA.

manchego, ga *adj.* **1.** De La Mancha. También *s. m.* y *f.* **2.** Se dice de una variedad de queso de esta región, caracterizado por su sabor salado y por estar sin cocer. También *s. m.* **FAM.** Castellano-manchego.

mancheta (del fr. *manchette*) *s. f.* Entrefilete que se suele poner en la cabecera de un periódico a continuación del título.

manchú *adj.* **1.** De Manchuria. También *s. m.* y *f.* **2.** De un pueblo mongólico del NE de China, en la región de Manchuria. También *s. m.* y *f.* || *s. m.* **3.** Lengua perteneciente al grupo meridional de las lenguas tunguses, hablada por muchos habitantes de Manchuria. ■ Su *pl.* es *manchúes* o *manchúes.*

-mancia o **-mancía** (del gr. *manteia*) *suf.* Significa 'adivinación': *cartomancia, necromancia.*

mancilla (del lat. *macula*) *s. f.* Mancha o daño en el honor o la buena fama de alguien. **SIN.** Deshonra, deshonor, desdoro. **ANT.** Honra.

mancillar *v. tr.* Dañar el honor, la pureza o la buena fama de alguien o algo: *Mancilló su buen nombre con acciones indignas.* **SIN.** Manchar, deshonrar, baldonar, macular. **ANT.** Honrar. **FAM.** Mancilla.

manco, ca (del lat. *mancus*) *adj.* **1.** Se dice del que ha perdido un brazo o una mano, o los dos, o del que los tiene inutilizados. También *s. m.* y *f.* **2.** Que está incompleto por faltarle algo importante: *La narración queda manca sin un final adecuado.* || **LOC. no ser** alguien **manco** *fam.* Ser hábil o útil para cierta cosa. **SIN. 1.** Tullido, lisiado. **2.** Defectuoso, cojo. **ANT. 2.** Perfecto. **FAM.** Mancar, manquedad, manquera.

mancomún, de *loc. adv.* De común acuerdo entre dos o más personas.

mancomunar *v. tr.* **1.** Unir personas, esfuerzos, intereses, dinero, etc., para un mismo fin. También *v. prnl.*: *Los vecinos se mancomunaron para hacer las obras.* **2.** En der., obligar a dos o más personas a pagar o ejecutar de mancomún cierta cosa. **SIN. 1.** Asociar, federar, agrupar. **ANT. 1.** Separar. **FAM.** Mancomunadamente, mancomunidad. COMÚN.

mancomunidad *s. f.* **1.** Asociación de personas o de entidades con intereses, obligaciones o fines comunes. **2.** Particularmente, en España, agrupación de municipios o provincias para resolver problemas comunes. **SIN. 1.** Agrupación, federación, confederación. **ANT. 1.** Separación.

mancorna *s. f. Amér.* Mancuerna*. Se usa sobre todo en *pl.*

mancuerna *s. f.* **1.** Pesa de mano utilizada en gimnasia. **2.** *Amér. C., Chile, Col., Méx.* y *Ven.* Cada uno de los gemelos de los puños de la camisa. Se usa sobre todo en *pl.* **FAM.** Mancorna. CUERNO.

manda *s. f.* Legado testamentario.

mandado, da 1. *p.* de **mandar**. También *adj.* || *s. m.* y *f.* **2.** Persona que se limita a cumplir las órdenes que ha recibido, sin tener autoridad para decidir por cuenta propia. || *s. m.* **3.** Recado o encargo que se confía a una persona: *Envía al chico con el mandado.* **4.** Mandato, orden de un superior. **SIN. 2.** Enviado, comisionado. **3.** Comisión, cometido. **4.** Mandamiento. **FAM.** Malmandado. MANDAR.

mandala *s. m.* Imagen simbólica circular de carácter estético-religioso, propia del budismo y el tantrismo hindú, que representa el universo así como diversos aspectos de sus creencias y constituye un objeto de meditación.

mandamás *adj. fam.* Se dice de la persona que manda en algún lugar o actividad: *El chico alto parecía el mandamás de la pandilla.* Se usa más como *s. m.* y *f.* ■ No varía en *pl.* **SIN.** Jefe.

mandamiento *s. m.* **1.** Orden o regla de un superior o de una autoridad. **2.** Cada uno de los diez preceptos de la ley de Dios y de los cinco de la Iglesia, que todo católico debe cumplir. **3.** En der., orden por escrito de un juez para que se ejecute cierta cosa. **SIN. 1.** Norma, disposición, mandato, ordenanza.

mandanga *s. f.* **1.** Lentitud, calma excesiva: *¡Anda, hijo, que tienes una mandanga para todo!* **2.** En el lenguaje de la droga, marihuana. || *s. f. pl.* **3.** Cuentos, historias, tonterías: *No me vengas con mandangas y dime la verdad.* **SIN. 1.** Cachaza, pachorra, flema. **2.** Grifa, hierba. **3.** Zarandajas, chorradas, rollos.

mandar (del lat. *mandare*) *v. tr.* **1.** Disponer o decir lo que se tiene que hacer: *El profesor nos mandó deberes para casa.* **2.** Dirigir, gobernar. También *v. intr.*: *El almirante manda en la flota.* **3.** Enviar: *mandar una carta.* **4.** Dar aviso a alguien para que haga cierta cosa: *He mandado llamar al fontanero.* **SIN. 1.** Ordenar, conminar, decretar. **2.** Regir, imperar, guiar, conducir. **3.** Remitir, expedir. **4.** Avisar, encargar. **ANT. 1.** y **2.** Obedecer, cumplir. **2.** Seguir. **3.** Recibir. **FAM.** Manda, mandadero, mandado, mandamás, mandamiento, mandante, mandatario, mandato, ¡mande!, mando, mandón. / Bienmandado, comandar, demandar, marimandona.

mandarín (del port. *mandarim*, del malayo *mantari*, y éste del sánscrito *mantrinah*, consejero, ministro) *s. m.* **1.** Alto funcionario, civil o militar, de la China imperial. **2.** Dialecto chino, hablado en el N del país. También *adj.* **FAM.** Mandarino.

mandarina (de *mandarín*) *s. f.* Fruto del mandarino, parecido a la naranja, aunque más pequeño y dulce y cuya piel se separa con facilidad.

mandarino *s. m.* Árbol frutal cítrico de hojas perennes, flores blancas y perfumadas y fruto anaranjado de sabor dulce, muy apreciado como alimento. **FAM.** Mandarina. MANDARÍN.

mandatario (del lat. *mandatarius*) *s. m.* **1.** Persona a la que, por medio de un mandato, se le encarga una gestión en representación de otra. **2.** Gobernante: *una reunión de altos mandatarios.* || **3. primer mandatario** Presidente, primer ministro, jefe de Estado.

mandato (del lat. *mandatus*) *s. m.* **1.** Orden o disposición de un jefe o de una autoridad: *Le dejaron libre por mandato del juez.* **2.** Desempeño y duración de un cargo. **3.** Encargo o representación que a través de elecciones recibe un diputado, concejal, etc. **4.** Soberanía transitoria de un territorio confiada por la Sociedad de Naciones a un país, y ese mismo territorio. **SIN. 1.** Norma, precepto, mandamiento. **2.** Gobierno, mando.

¡mande! *interj.* Se usa para hacer repetir algo que no se ha oído bien o como contestación a una llamada.

mandíbula (del lat. *mandibula*, de *mandere*, mascar) *s. f.* **1.** Cada una de las piezas de tejido óseo o cartilaginoso que forman la boca de los vertebrados y en las que están implantados los dientes. **2.** Parte del rostro en la que están situadas estas piezas. **3.** Cada una de las dos piezas duras de similares características que presentan otros animales. **SIN. 1.** Maxilar, quijada. **FAM.** Mandibular.

mandil (del ár. *mandil*, y éste del lat. *mantele*, toalla) *s. m.* Prenda de cuero, tela u otro material que cubre y protege por delante desde el pecho o la cintura hasta las rodillas. **SIN.** Delantal. **FAM.** Mandilón. MANTEL.

mandinga o **mandingo** *adj.* **1.** De un grupo étnico africano que habita en la región del golfo de Guinea. También *s. m.* y *f.* || *s. m.* **2.** Lengua nigeriano-senegalesa hablada por este grupo.

mandioca *s. f.* Planta tropical americana de raíces tuberosas que contienen una fécula, la tapioca, utilizada para la alimentación. También se llama *yuca*.

mando *s. m.* **1.** Autoridad para ordenar y disponer que tiene un superior sobre sus subordinados: *Le dieron el mando de un acorazado.* **2.** Desempeño y duración de esa autoridad: *Durante su mando se endureció la disciplina.* **3.** Persona, conjunto de personas u organismo que tiene dicha autoridad: *El general convocó al alto mando.* **4.** Dispositivo o instrumento con que se hace funcionar o se maneja un mecanismo o aparato electrónico: *El piloto está a los mandos del avión.* || **5. mando a distancia** Dispositivo electrónico con que se acciona o se dirige desde otro lugar el funcionamiento de un aparato. **SIN. 1.** y **2.** Mandato, dirección. **3.** Superior. **4.** Control. **ANT. 1.** Obediencia. **3.** Inferior. **FAM.** Servomando, telemando. MANDAR.

mandoble *s. m.* **1.** *fam.* Golpe, bofetada. **2.** Cuchillada o golpe que se da manejando un arma con las dos manos. **3.** Espada grande.

mandolina (del ital. *mandolino*) *s. f.* Instrumento musical de cuerda, similar al laúd, pero de menor tamaño. **SIN.** Bandolina.

mandón, na *adj.* Se dice de la persona que manda en exceso. También *s. m.* y *f.*

mandorla (ital.) *s. f.* En el arte religioso medieval, línea ovalada que sirve de marco a algunas imágenes.

mandrágora (del lat. *mandragora*, y éste del gr. *mandragoras*) *s. f.* Planta solanácea que carece de tallo, tiene grandes hojas ovales, flor única y raíz carnosa de formas caprichosas. Antiguamente fue objeto de diversas supersticiones.

mandria (del ital. *mandria*, rebaño, y éste del gr. *mandra*, redil, establo) *adj.* **1.** De poco ánimo, cobarde. También *s. m.* y *f.* **2.** Tonto, bobo. También *s. m.* y *f.* **SIN. 1.** Apocado, pusilánime, timorato. **2.** Estúpido, mentecato.

mandril[1] (del ingl. *mandrill*) *s. m.* Mono catarrino africano de gran tamaño, cabeza grande, con los arcos superciliares muy desarrollados y el hocico alargado, pelaje pardo oliváceo, nariz roja rodeada de pliegues azul claro brillante y nalgas de estos mismos colores.

mandril[2] (del fr. *mandrin*) *s. m.* **1.** Tubo de cartón u otro material que sirve como soporte para formar rollos o bobinas de papel. **2.** En los tornos, dispositivo con que se sujeta fuertemente la pieza que se va a trabajar. **3.** En ciertas máquinas y herramientas, como las taladradoras portátiles, pieza en que se ajusta la broca u otro útil.

manduca *s. f. fam.* Comida.

manducar (del lat. *manducare*, masticar) *v. tr. fam.* Comer. También *v. intr.* ■ Delante de *e* se escribe *qu* en lugar de *c*: *manduque.* **SIN.** Jalar, zampar, papear. **FAM.** Manduca.

manecilla *s. f.* **1.** *dim.* de **mano**. **2.** Aguja o flechita que señala las divisiones de algunos instrumentos de medición: *manecillas del reloj.* **3.** Broche de algunos objetos. **SIN. 2.** Saeta.

manejable *adj.* Fácil de manejar. **FAM.** Manejabilidad. MANEJAR.

manejar (del ital. *maneggiare*) *v. tr.* **1.** Usar o mover una cosa con las manos: *manejar una herramienta.* **2.** En general, utilizar, servirse de algo: *manejar dinero.* **3.** Dirigir, gobernar o administrar a alguien o algo: *Carlos II fue manejado por sus validos. Maneja su negocio desde el extranjero.* **4.** Guiar vehículos y caballerías o carruajes. También *v. intr.* || **manejarse** *v. prnl.* **5.** Saber actuar en un negocio, situación, circunstancia, etc.: *Se maneja bien en esos ambientes.* **SIN. 1.** Maniobrar. **1.** y **2.** Manipular. **2.** Emplear. **3.** y **4.** Llevar. **5.** Desenvolverse, arreglarse, apañarse. **FAM.** Manejable, manejo. / Inmanejable. MANO[1].

manejo *s. m.* **1.** Acción de manejar o manejarse: *Es un experto en el manejo de ordenadores.* **2.** Trato o actividad que se realiza de forma oculta, con astucia o trampas: *Usa todo tipo de manejos contra sus enemigos.* **3.** Facilidad o práctica para manejar algo. **SIN. 1.** Uso, utilización, empleo. **1.** y **2.** Maniobra. **2.** Chanchullo, tejemaneje. **3.** Soltura, desenvoltura. **ANT. 3.** Torpeza.

manera (del lat. vulg. *manuaria*, de *manuarius*, manejable) *s. f.* **1.** Forma en que se hace o sucede una cosa: *Leer es una manera de aprender.* **2.** Carácter de una persona: *No soporto tu manera de ser.* || *s. f. pl.* **3.** Modales, educación: *Se disculpó con muy buenas maneras.* || **LOC. a manera de** *adv.* Como, haciendo las veces de: *Usa el periódico a manera de abanico.* **de manera que** *conj.* Expresa consecuencia: *Alzó la voz de manera que todos le oyeron.* **de ninguna manera** *adv.* Expresa una negación tajante: *De ninguna manera pienso recibirle.* **de tal manera** *adv.* Tanto: *Corría de tal manera que nadie pudo alcanzarle.* **de todas maneras** (o **de cualquier manera**) *adv.* y *conj.* De todas formas, en cualquier caso: *No creo que venga a cenar, de cualquier manera, guardadme algo.* **en gran manera** (o **sobre manera**) *adv.* Mucho, muy, en exceso: *Me agradó en gran manera (o sobre manera) su discurso.* **SIN. 1.** Medio, sistema, método, procedimiento. **1.** y **3.** Modo(s). **FAM.** Amanerado, sobremanera.

manes (lat.) *s. m. pl.* En la mitología romana, dioses infernales o espíritus de los muertos, considerados benévolos, a los que se rendía culto.

manga[1] (del lat. *manica*) *s. f.* **1.** Parte de una prenda de vestir que cubre el brazo, parcialmente o hasta la muñeca. **2.** Manguera*. **3.** En algunos juegos y deportes, cada una de las series o partes en que se divide una competición. **4.** Embudo de tela empleado para colar líquidos. **5.** En repostería, aparato semejante, terminado en una boquilla, con que se aplica nata, crema, masa, etc. **6.** Anchura máxima de un barco. || **7. manga ancha** Excesiva tolerancia. **8. manga riega** Manguera empleada para regar. || **LOC. corte de mangas** Véase **corte[1]**. **manga por hombro** *adv. fam.* En desorden: *Nos acabamos de mudar y está todo manga por hombro.* **sacarse** algo **de la manga** *fam.* Presentar algo que no es cierto o no tiene fundamento: *Se sacó de la manga una explicación nada convincente.* **tener** (**llevar** o **guardar**) algo **en la manga** Tener preparado algún recurso o artimaña para usarlo llegado el momento oportuno: *Todavía guardaba en la manga la prueba definitiva contra ellos.* **FAM.** Mango[1], manguera, manguito. / Arremangar, bocamanga, remangar.

manga[2] (japonés, significa 'imagen irrisoria') *s. m.* Término que designa al cómic japonés y, por extensión, a las películas de animación y sus productos derivados.

manganeso *s. m.* Elemento químico, metal brillante, gris claro, duro y quebradizo; es muy abundante en la naturaleza, especialmente en forma de óxido, silicato y carbonato, y en el mundo animal. Su símbolo es *Mn.* **FAM.** Permanganato.

manganeta *s. f. Amér.* Engaño o maniobra para lograr lo que se pretende.

mangangá (del guaraní *mamangá*) *adj.* **1.** *Amér. del S.* Que resulta molesto por su insistencia. También *s. m.* y *f.* || *s. m.* **2.** *Amér. del S.* Abejorro.

mangante *adj.* **1.** Que manga o roba. También *s. m.* y *f.* **2.** Sinvergüenza, que vive aprovechándose de los demás. También *s. m.* y *f.* **SIN. 1.** Ladrón, mangui, chorizo. **2.** Caradura, granuja. **ANT. 1.** Honrado. **FAM.** Mangancia. MANGAR.

manganzón, na *adj. Amér.* Holgazán, cachazudo. También *s. m.* y *f.*

mangar (voz gitana) *v. tr.* Hurtar, robar. ■ Delante de *e* se escribe *gu* en lugar de *g*: *mangue.* **SIN.** Birlar, choricear, afanar. **FAM.** Mangante, mangui.

manglar *s. m.* Formación vegetal propia de albuferas y zonas pantanosas de las costas tropicales, en la que crece un bosque denso de plantas adaptadas al medio salino.

mangle *s. m.* Árbol propio de regiones costeras tropicales, cuyas largas ramas llegan al suelo y tiene flores amarillas y raíces aéreas. **FAM.** Manglar.

mango[1] (del lat. *manicus*) *s. m.* **1.** Asidero de forma alargada de herramientas o utensilios: *el mango de la sartén.* **2.** *Arg., Par.* y *Urug. fam.* Moneda de un peso y, p. ext., dinero.

mango[2] *s. m.* **1.** Árbol originario de la India y aclimatado en África y América, que tiene hojas alternas, inflorescencias grandes y fruto carnoso en drupa. **2.** Fruto de esta planta.

mangonear *v. intr.* **1.** Intervenir una persona en asuntos y vidas ajenas, intentando imponer su propio criterio. También *v. tr.* **2.** *Amér.* Explotar un asunto, un cargo o una situación en provecho propio. **3.** *Cuba* y *Méx.* Ejercer una persona su cargo o sus atribuciones de forma arbitraria y abusiva. **SIN. 1.** Entremeterse, inmiscuirse. **FAM.** Mangoneador, mangoneo, mangonero.

mangosta *s. f.* Mamífero carnívoro de pequeño tamaño, pelaje rojizo o gris, cola larga y patas cortas con uñas no retráctiles. Es un animal ágil, que ataca a las serpientes, de las que se alimenta.

manguera *s. f.* Tubo largo de goma u otro material flexible e impermeable, que por un extremo toma un líquido y por el otro lo expulsa. **SIN.** Manga.

mangui *s. m.* y *f.* **1.** *fam.* Ladronzuelo. **2.** Actividad de estas personas. **SIN. 1.** Ratero. **2.** Robo, hurto.

manguito *s. m.* **1.** Prenda de abrigo femenina, en forma de tubo, para proteger las manos del frío. **2.** Media manga de punto que cubre desde el codo hasta la muñeca. **3.** Prenda semejante usada en algunos trabajos para proteger las mangas de la ropa. **4.** Cilindro hueco que sirve para empalmar dos piezas cilíndricas del mismo diámetro.

maní (voz caribe) *s. m.* Cacahuete*. **FAM.** Manisero. ■ Su pl. es *manises.*

manía (del lat. *mania*, y éste del gr. *mania*) *s. f.* **1.** Trastorno mental caracterizado por la obsesión morbosa por una idea fija. **2.** Costumbre o comportamiento poco corriente. **3.** Afición o deseo exagerado por algo: *Ahora le ha entrado la manía de aprender sevillanas.* **4.** Odio, antipatía: *Le cogí manía desde el primer momento.* || **5. manía persecutoria** Preocupación anormal de la persona que cree ser constantemente objeto de persecución o mal trato. SIN. **1.** Psicosis, locura, paranoia. **2.** Extravagancia, fobia, vena. **3.** Vicio, pasión. **4.** Tirria, rabia, ojeriza, hincha, fila. ANT. **1.** Cordura. **3.** Desinterés. **4.** Gusto, simpatía. FAM. Maniaco, maniático, manicomio.

-manía *suf.* Significa 'costumbre, afición o vicio': *videomanía, cleptomanía.*

maniaco o **maníaco, ca** *adj.* Que sufre algún tipo de trastorno mental de carácter obsesivo: *maniaco sexual.* También *s. m.* y *f.* SIN. Obseso, psicópata, paranoico. ANT. Cuerdo.

maniatar *v. tr.* Atar las manos.

maniático, ca *adj.* Que tiene una manía muy marcada o tiene muchas manías. También *s. m.* y *f.*: *Es un maniático de la puntualidad.* SIN. Obseso; caprichoso.

manicomio (del gr. *mania*, locura, y *komeo*, cuidar) *s. m.* Antiguamente, hospital o residencia de enfermos mentales. SIN. Psiquiátrico.

manicura *s. f.* Cuidado y arreglo de las manos y las uñas. FAM. Manicuro. MANO.

manicuro, ra *s. m.* y *f.* **1.** Persona especializada en el cuidado y embellecimiento de las manos y las uñas. || *s. f.* **2.** Oficio de estas personas.

manido, da *adj.* **1.** Se aplica a lo demasiado común, carente de originalidad. **2.** Estropeado por el uso, manoseado. SIN. **1.** Tópico, trillado, socorrido. **1.** y **2.** Sobado, gastado. **2.** Ajado. ANT. **1.** Original, novedoso. **2.** Nuevo.

manierismo (del ital. *maniera*, forma) *s. m.* Movimiento y estilo artístico surgido en Italia a comienzos del s. XVI como reacción al clasicismo del renacimiento y caracterizado por el rechazo de las normas rígidas y por la utilización libre de las formas. FAM. Manierista.

manifestación (del lat. *manifestatio, -onis*) *s. f.* **1.** Acción de manifestar o manifestarse: *Hizo ruidosas manifestaciones de alegría.* **2.** Concentración o desfile de gran número de personas para protestar, pedir o dar a conocer algo públicamente: *Se convocó una manifestación por la paz y el desarme.* SIN. **1.** Declaración, expresión, demostración, exteriorización. ANT. **1.** Ocultación.

manifestante *s. m.* y *f.* Persona que participa en una manifestación pública.

manifestar (del lat. *manifestare*) *v. tr.* **1.** Expresar o dar a conocer un pensamiento, una opinión, etc.: *Manifestó su intención de retirarse.* También *v. prnl.* **2.** Mostrar, dejar ver: *Manifestó su ira con una mirada feroz.* También *v. prnl.* || **manifestarse** *v. prnl.* **3.** Hacer una manifestación o tomar parte en ella: *Los trabajadores se manifestaron ante el ministerio.* ■ Es v. irreg. Se conjuga como *pensar.* SIN. **1.** Declarar, decir, anunciar. **1.** y **2.** Revelar. **2.** Descubrir, exhibir, exteriorizar. ANT. **1.** Callar. **1.** y **2.** Ocultar. **2.** Disimular. FAM. Manifestación, manifestador, manifestante, manifiesto.

manifiesto, ta (del lat. *manifestus*) *adj.* **1.** Claro, evidente, que no se puede ignorar, ocultar o negar: *Nos recibió con manifiesta frialdad.* || *s. m.* **2.** Escrito, generalmente de carácter político o estético, en que una persona o grupo hace pública una doctrina, una teoría, un programa, etc.: *el manifiesto comunista.* SIN. **1.** Patente, cierto, innegable. **2.** Declaración, proclama. ANT. **1.** Oculto. FAM. Manifiestamente. MANIFESTAR.

manigua (voz caribe) *s. f. Ant.* Terreno húmedo y cubierto de maleza.

manija (del lat. *manicula*) *s. f.* Empuñadura o manivela de algunas herramientas e instrumentos. SIN. Mango, agarradera, asa, manubrio.

manilla (del cat. *manilla*) *s. f.* **1.** Asa del picaporte de puertas y ventanas. **2.** Manecilla del reloj. **3.** Grillete o anilla para apresar las muñecas. SIN. **1.** Tirador. **2.** Aguja, saeta. **3.** Grillo, esposas.

manillar *s. m.* Pieza de dirección de bicicletas y motocicletas, consistente en una barra curvada que hace girar la rueda delantera. SIN. Guía.

maniobra *s. f.* **1.** Cualquier clase de operación o manipulación material: *El capataz vigila la maniobra de descarga.* **2.** Operación u operaciones que se ejecutan al manejar una máquina o instrumento: *El avión inició la maniobra de aterrizaje.* **3.** Acción o serie de acciones que, con habilidad y astucia, se llevan a cabo para lograr un fin: *El ministro cayó víctima de una maniobra de la oposición.* **4.** En un barco, conjunto de aparejos y cada una de las operaciones que se hacen con ellos. || *s. f. pl.* **5.** Conjunto de movimientos y operaciones militares que como ejercicio realiza un ejército o unidad militar. SIN. **1.** Proceso, tarea. **3.** Maquinación, manejo. FAM. Maniobrabilidad, maniobrar, maniobrero. MANO[1] y OBRA.

maniobrabilidad *s. f.* Característica de un vehículo que permite maniobrar fácilmente con él: *Los coches pequeños tienen mejor maniobrabilidad.*

maniobrar *v. intr.* Realizar maniobras.

manipulado *s. m.* Acción de manipular una materia o producto: *Cualquier operación de manipulado encarece mucho el precio de los libros.*

manipular (del lat. *manipulus*, manojo, unidad militar) *v. tr.* **1.** Realizar alguna operación con las manos o mediante instrumentos. También *v. intr.*: *Se cortó al manipular con el cuchillo.* **2.** Manejar aparatos científicos, electrónicos o mecánicos: *Manipulando el receptor logré captar una emisora soviética.* **3.** Influir en alguien o algo en provecho propio mediante la astucia o por medios ilícitos: *Ese periódico manipula la opinión pública.* SIN. **1.** Operar, trabajar, maniobrar. **3.** Dirigir, adulterar. FAM. Manipulación, manipulado, manipulador. MANO[1].

manípulo (del lat. *manipulus*, puñado, de *manus*, mano) *s. m.* **1.** Cada una de las 30 secciones en que se dividía una legión del ejército romano. **2.** Banda o tira de tela que en la celebración de la misa llevaba el sacerdote colgando del antebrazo izquierdo.

maniqueísmo *s. m.* **1.** Religión fundada por Manes en Persia a mediados del s. III y basada en la existencia de dos principios creadores contrarios, uno del bien y otro del mal. **2.** P. ext., actitud o visión de la realidad que tiende a calificar a las personas o cosas como buenas o malas, sin matices o términos medios. FAM. Maniqueo.

maniquí (del fr. *mannequin*, y éste del neerl. *mannekijn*, hombrecito, de *mann*, hombre) *s. m.* **1.** Muñeco o armazón con forma de persona que sirve para exhibir vestidos, como modelo de pintores y escultores y como probador para sastres. **2.** Persona muy arreglada y elegante: *Siempre va hecho un maniquí.* || *s. m.* y *f.* **3.** Persona que se dedica profesionalmente a exhibir ropa, especialmente prendas de sastre o modista. ■ Su pl. es *maniquíes*, aunque se usa también la forma *maniquís.* SIN. **2.** Figurín, pincel. **3.** Modelo.

manirroto, ta *adj.* Se dice de quien gasta o da en exceso. También *s. m.* y *f.* SIN. Despilfarrador, derrochador, disipador. ANT. Ahorrador; tacaño.

manisero, ra *s. m.* y *f. Amér.* Persona que vende manís o cacahuetes.

manita *s. f.* **1.** *dim.* de **mano.** || **manitas** *s. m.* y *f.* **2.** *fam.* Persona habilidosa en los trabajos manuales. También *adj.* ■ En esta acepción no varía en *pl.* || LOC. **hacer manitas** *fam.* Acariciarse discretamente las parejas. SIN. **2.** Artista. ANT. **2.** Chapuzas.

manito (afér. de *hermanito*) *s. m.* **1.** *Méx.* Compadre, amigo. ■ Se emplea como fórmula de tratamiento entre gente humilde. || *s. f.* **2.** *Arg., Par.* y *Urug. dim.* de **mano.**

manivela (del fr. *manivelle*) *s. f.* Palanca o pieza doblada en ángulo recto que, unida a un eje, sirve para hacerlo girar y accionar así un mecanismo. SIN. Manubrio, cigüeña.

manjar (del ant. cat. *manjar*, comer, y éste del lat. vulg. *manducare*) *s. m.* Cualquier cosa que se puede comer, particularmente comida exquisita. SIN. Alimento, comestible, vianda, exquisitez, delicia.

mano[1] (del lat. *manus*) *s. f.* **1.** Parte del cuerpo humano situada en el extremo del antebrazo a partir de la muñeca, con cinco apéndices articulados o dedos, que permiten agarrar y manejar cosas. **2.** Parte similar de las extremidades anteriores de algunos animales. **3.** Cada una de las dos patas delanteras de los cuadrúpedos. **4.** En carnicería, cada una de las cuatro patas de una res, cortadas por debajo de la rodilla. **5.** Con *derecha* e *izquierda*, cada uno de los lados respecto del que habla: *A mano derecha encontrará la salida.* **6.** Mazo del mortero. **7.** Cada pasada, capa u operación en una tarea que requiere varias: *Dale otra mano de pintura a esta pared.* **8.** Partida de los juegos de azar y también el jugador que la comienza: *Yo gano esta mano. Tú eres mano.* **9.** Con verbos como *pedir, conceder*, etc., se emplea para referirse a la mujer que se solicita o se otorga en matrimonio: *Vengo a pedir la mano de su hija.* **10.** Intervención: *Aquí se nota la mano de una mujer.* **11.** Habilidad, facilidad, tacto: *Tiene mano para tratar con los niños.* **12.** Poder, influencia o facultad para hacer una cosa: *No está en mi mano ayudarte.* **13.** *fam.* Con palabras como *tortas, bofetadas*, etc., serie de ellos: *Le dieron una mano de palos.* **14.** *Amér.* Aventura, percance desfavorable o inesperado. || *s. f. pl.* **15.** Dominio, autoridad o posesión a la que se somete alguien o algo: *La ciudad cayó en manos del enemigo.* || **16. mano de obra** Conjunto de obreros y fuerza de trabajo que representan: *En esa construcción hace falta mano de obra.* **17. mano de santo** Aquello que resulta muy eficaz para algo, como un remedio o una medicina: *Esta pomada es mano de santo contra las picaduras.* **18. mano derecha** Persona que resulta muy útil a otra como colaborador o ayudante. **19. mano dura** Severidad en el trato con las personas o en la dirección de un asunto: *La oposición pidió mano dura para los delincuentes.* **20. mano izquierda** Habilidad o tacto para resolver situaciones difíciles o manejar un asunto. **21. manos limpias** Inocencia, ausencia de culpa: *Salió del escándalo con las manos limpias.* || LOC. **a mano** *adv.* Manualmente, sin máquinas: *hecho a mano.* También, cerca, a disposición de uno; también, oportunamente: *Deja la linterna a mano por si hay un apagón.* ■ En esta acepción se usa con verbos como *venir* o *pillar*: *Este ejemplo viene a mano para explicar lo que quiero.* **a mano alzada** *adj.* y *adv.* Se aplica al dibujo, trazo, etc., que se hace sin ayuda de reglas u otros instrumentos. Se dice también de la votación que se realiza levantando el brazo y contando las manos en alto. **a mano armada** *adj.* y *adv.* Referido a robos, sirviéndose de armas: *un atraco a mano armada.* **a manos llenas** *adv.* Generosamente, en abundancia: *Repartió dinero a manos llenas.* **abrir la mano** Moderar el rigor o la dureza: *Decidieron abrir la mano y rebajarles la pena.* También, dar o gastar sin medida o disminuir alguna limitación: *Han abierto la mano en la admisión de socios.* **bajo mano** *adv.* Ocultamente, en secreto: *Firmó bajo mano un acuerdo con otra compañía.* **cargar la mano** Excederse: *cargar la mano en un castigo.* **con las manos en la masa** *adv. fam.* En el momento de cometer alguien algo malo o que pretendía mantener oculto: *Atraparon al ladrón con las manos en la masa.* **con una mano detrás** (o **atrás**) **y otra delante** *adv.* Sin dinero, bienes o medios. **dar la mano** a alguien Coger la mano de otra persona en señal de saludo o amistad o para ayudarla: *Los capitanes de equipo se dieron la mano.* ■ En el primer sentido se emplea también el verbo *estrechar.* **de la mano** *adv.* Con la mano cogida por la de otro. También, dirigido o influido por otro: *Aprendió ese difícil arte de la mano de su maestro.* **de mano** *adj.* Apropiado para manejarlo o llevarlo con la mano: *bolso de mano, espejo de mano.* **de primera mano** *adj.* Nuevo, sin estrenar: *un piso de primera mano.* De buena fuente: *noticia de primera mano.* **de segunda mano** *adj.* Usado: *coche de segunda mano.* **dejado de la mano de Dios** *adj.* Desafortunado, sin suerte. También, apartado, olvidado: *un pueblecito dejado de la mano de Dios.* **echar una mano** a alguien Ayudarle: *Después de clase echa una mano a su padre en la tienda.* **en buenas manos** *adv.* A cargo o al cuidado de una persona competente. **en mano** *adv.* Referido a la entrega de algo, personalmente: *Entrégale el mensaje en mano.* **en manos de** *adv.* A cargo o al cuidado de alguien: *Dejó el negocio en manos de su hijo.* **ganar** a alguien **por la mano** Anticiparse a otro en hacer o conseguir algo. **írsele** (o **escapársele**) a uno **la mano** Hacer con ella una acción involuntaria. También, excederse: *Se te ha ido la mano con la sal en este guiso.* **lavarse las manos** Desentenderse de un asunto: *Si el negocio se pone feo, yo me lavo las manos.* **levantar la mano** Hacer gesto de golpear a alguien o golpearle. También, abrir la mano. **llegar** (o **venir**) **a las manos** *fam.* En una disputa, llegar a pegarse. **mano a mano** *adv.* Conjuntamente entre dos o más personas, en colaboración o en competencia. **mano sobre mano** *adv.* Sin trabajar, sin hacer nada. **meter mano** *fam.* Referido a personas, tocar con intención sexual; en cuanto a cosas, intervenir en ellas o abordarlas: *No sé cómo meterle mano a este asunto.* También, investigar y castigar alguna actividad ilegítima: *Hacienda está metiendo mano a los que no pagan impuestos.* **poner la mano en el fuego** Garantizar la honradez de una persona o la veracidad de una cosa. **poner manos a la obra** Comenzar un trabajo o asunto. **tender la mano** (o **una mano**) a alguien Dársela en señal de saludo o amistad. También, ayudarle: *Me tendió la mano en los momentos difíciles.* **tener las manos largas** Tener costumbre de pegar a otros; también, tener hábito de robar. **traer entre manos** *fam.* Estar tramando algo o estar ocupado en ello. SIN. **3.** Remo. **4.** Pie. **5.** Costado, flanco. **6.** Maja. **11.** Maña. **12.** Ascendiente, influjo. **13.** Tunda, somanta. FAM. Manaza, manecilla, manejar, maniatar, manicura, manija, manilla, manillar, maniobra, manipular, manípulo, manirroto, manita, manivela, manojo, manosear, manotada, manotazo, manotear, manotón, manual, manubrio, manufactura, manuscrito. / Amanuense, balonmano, besalamano, besamanos, contramano, cuadrumano, desmano, desmanotado, guardamano, lavamanos, mandoble, pasamano, pasamanos, secamanos, trasmano.

mano[2] (*afér.* de *hermano*) *s. m. Méx.* Compadre, amigo. Suele usarse como fórmula de tratamiento entre la gente humilde. **FAM.** Manito.

manojo (del lat. vulg. *manuculus*) *s. m.* **1.** Conjunto de cosas que se puede abarcar con una mano: *un manojo de hierba.* **2.** P. ext., conjunto de cosas agrupadas: *un manojo de llaves.* **SIN. 1.** Haz. **1.** y **2.** Ramo, mazo, puñado.

manoletina (de *Manolete*, torero creador de esta suerte) *s. f.* **1.** En tauromaquia, pase en que el torero se sitúa de frente y sujeta la muleta por detrás de la espalda. **2.** Calzado plano parecido a la zapatilla de los toreros. Se usa sobre todo en *pl.*

manolo, la (del n. p. *Manolo*) *s. m.* y *f.* Nombre que se daba a los hombres y mujeres de algunos barrios populares de Madrid, caracterizados por su forma de vestir y por su gracia y desparpajo. **SIN.** Chulo, chulapo, chulapón, castizo.

manómetro (del gr. *manos*, ligero, fluido, y *-metro*) *s. m.* Instrumento de medida de la presión en líquidos y gases.

manopla (derivado del lat. vulg. *manupulus*, y éste de *manipulus*, puñado, haz) *s. f.* **1.** Especie de guante sin separaciones para los dedos, excepto para el pulgar. **2.** Pieza de la antigua armadura destinada a proteger la mano. **SIN. 2.** Guantelete.

manoseado, da 1. *p.* de **manosear**. También *adj.* || *adj.* **2.** Se dice de algo de lo que se ha hablado o tratado mucho y que ya no tiene actualidad ni novedad: *un tema muy manoseado.* **SIN. 1.** y **2.** Manido, sobado, usado. **2.** Trillado, socorrido. **ANT. 1.** y **2.** Nuevo. **2.** Original.

manosear *v. tr.* **1.** Tocar o usar mucho una cosa con las manos, llegando incluso a ensuciarla o estropearla. **2.** Tocar repetidamente con las manos a una persona o parte de ella. **SIN. 1.** y **2.** Sobar, toquetear. **FAM.** Manoseado, manoseador, manoseo. MANO[1].

manotada o **manotazo** *s. f.* o *m.* Golpe dado con la mano abierta. **SIN.** Guantada, bofetada.

manotear *v. tr.* **1.** Dar golpes con las manos abiertas. **2.** *Arg.* y *Méx.* Robar, hurtar. || *v. intr.* **3.** Mover mucho las manos. **SIN. 3.** Accionar. **FAM.** Manoteo. MANO[1].

manquedad o **manquera** *s. f.* **1.** Falta o impedimento de la mano o el brazo. **2.** Falta o defecto.

mansalva, a *loc. adv.* **1.** En gran número o cantidad: *Gana dinero a mansalva.* **2.** Sin peligro, sobre seguro.

mansarda (de F. *Mansart*, arquitecto francés) *s. f.* Buhardilla*.

mansedumbre *s. f.* Cualidad de manso. **SIN.** Docilidad, tranquilidad. **ANT.** Rebeldía; fiereza.

mansión (del lat. *mansio, -onis*, permanencia, albergue) *s. f.* Casa grande y señorial. **SIN.** Palacio. **ANT.** Chabola.

manso, sa (del lat. vulg. *mansus*) *adj.* **1.** Se aplica al animal que no es bravo y también al que, aun siéndolo, no se porta como tal. **2.** Se dice de la persona tranquila, pacífica o sumisa. También *s. m.* y *f.* **3.** Se aplica a cosas que se mueven lenta y suavemente: *La barca se deslizaba por aguas mansas.* || *s. m.* **4.** Cabestro que hace de guía en un rebaño de ganado, especialmente ganado bravo. **SIN. 1.** Domesticado, domado, amaestrado. **1.** y **2.** Dócil. **2.** Afable. **2.** y **3.** Dulce, apacible. **4.** Cabestro. **ANT. 1.** Silvestre. **1.** y **2.** Salvaje. **2.** Inquieto. **FAM.** Mansamente, mansedad, mansedumbre, mansurrón. / Amansar.

manta *s. f.* **1.** Pieza grande y rectangular de tejido grueso que sirve para abrigar, especialmente en la cama. || *s. m.* y *f.* **2.** *fam.* Persona torpe, inútil. || **LOC. a manta** (o **a mantas**) *adv.* Abundantemente: *llover a manta, ganar el dinero a mantas.* **liarse** uno **la manta a la cabeza** *fam.* Lanzarse a hacer algo sin medir las consecuencias: *Como me líe la manta a la cabeza, lo vendo todo y me largo.* **tirar de la manta** Descubrir algo que se mantenía oculto. **SIN. 1.** Frazada. **2.** Calamidad, desastre. **FAM.** Mantear. / Portamantas, somanta. MANTO.

mantear *v. tr.* **1.** Lanzar a una persona repetidas veces hacia arriba impulsándola con una manta que está sostenida por varias personas, bien como castigo o como broma. **2.** *Arg.*, *Méx.* y *P. Rico* Dar a alguien una paliza entre varios. **FAM.** Manteador, manteamiento, manteo[1]. MANTA.

manteca *s. f.* **1.** Grasa de los animales, especialmente la del cerdo, y producto elaborado a partir de ella. **2.** Sustancia grasa de la leche. **3.** Sustancia grasa vegetal, como la obtenida de ciertos frutos: *manteca de cacao.* || *s. f. pl.* **4.** Exceso de grasa en las personas gruesas. **SIN. 1.** Gordura, unto. **2.** Nata, mantequilla. **FAM.** Mantecado, mantecoso, mantequilla. / Sacamantecas.

mantecado, da *s. m.* y *f.* **1.** Bollo amasado con manteca de cerdo. || *s. m.* **2.** Especie de polvorón. **3.** Helado dulce que se prepara con leche, azúcar y huevos. También *adj.*

mantecoso, sa *adj.* Que tiene manteca o es blando y suave como la manteca.

mantel (del lat. *mantele*, toalla) *s. m.* **1.** Pieza de tela con que se cubre la mesa durante la comida. **2.** En las iglesias, pieza de tela que cubre el altar. **FAM.** Mantelería. / Mandil, salvamanteles.

mantelería *s. f.* Conjunto de mantel y servilletas a juego.

manteleta *s. f.* Prenda femenina, pequeña capa con largas puntas por delante que, como adorno o abrigo, se lleva sobre los hombros.

mantelete *s. m.* Vestidura de los obispos y prelados, que llega un palmo por debajo de las rodillas y tiene dos aberturas para sacar los brazos.

mantenedor, ra *adj.* **1.** Que mantiene. || *s. m.* y *f.* **2.** Persona que dirige, preside o forma parte del jurado en un torneo, certamen o concurso, sobre todo los literarios.

mantener (del lat. *manu tenere*) *v. tr.* **1.** Sostener una cosa de modo que no se caiga o tuerza: *Mantén la cuerda mientras la anudo.* También *v. prnl.*: *El techo aún se mantiene en pie.* **2.** Conservar a alguien o algo en el estado, situación, condición, etc., que se expresa. También *v. prnl.*: *mantenerse joven.* **3.** Afirmar insistentemente una cosa o defender ciertas ideas o convicciones: *Siempre mantuvo que era inocente.* **4.** Pagar las necesidades o los gastos de alguien o algo: *Trabaja para mantener a su familia.* También *v. prnl.* **5.** Alimentar a un ser vivo. También *v. prnl.* **6.** Con palabras como *promesa* o *palabra*, ser fiel a ella. || **mantenerse** *v. prnl.* **7.** Continuar teniendo una actitud, postura, idea, etc.: *Se mantiene en su fe.* ■ Es v. irreg. Se conjuga como *tener.* **SIN. 1.** Sujetar(se), soportar, aguantar(se). **1.** y **5.** Sustentar(se). **2.** Preservar. **5.** Nutrir. **6.** Cumplir. **7.** Perseverar, persistir, obstinarse, porfiar. **ANT. 1.** Soltar(se). **2.** Cambiar(se). **3.** Negar. **7.** Ceder. **FAM.** Mantenedor, mantenido, mantenimiento. / Manutención. TENER.

mantenido, da 1. *p.* de **mantener**. También *adj.* || *s. f.* **2.** Amante a la que se mantiene económicamente. **SIN. 2.** Querida.

mantenimiento *s. f.* **1.** Acción de mantener o mantenerse. **2.** Conservación y cuidado que necesita algo: *el mantenimiento de un automóvil.* **SIN. 1.** Sostenimiento, manutención.

manteo[1] *s. m.* Acción de mantear.

manteo[2] (del fr. *manteau*, y éste del lat. *mantellum*, manto) *s. m.* Especie de capa larga que llevan los religiosos sobre la sotana, y antiguamente los estudiantes.

mantequería *s. f.* Establecimiento comercial en que se vende mantequilla y otros productos lácteos, embutidos y géneros similares.

mantequilla *s. f.* **1.** Grasa comestible que se obtiene de la nata de la leche de vaca. **2.** Manteca de vaca batida con azúcar. **FAM.** Mantequería, mantequero. MANTECA.

mántica (del gr. *mantike*) *s. f.* Conjunto de prácticas adivinatorias.

mantilla (del lat. *mantellum*, manto) *s. f.* **1.** Prenda femenina de encaje, seda, etc., que se pone sobre la cabeza y cae sobre los hombros. **2.** Prenda con la que se envuelve a los bebés por encima de los pañales para abrigarlos. || **LOC. en mantillas** *adv.* En los comienzos o muy poco adelantado.

mantillo *s. m.* **1.** Capa superior del suelo formada en su mayor parte por la descomposición de materias orgánicas. **2.** Abono que se forma por la descomposición y putrefacción del estiércol. **SIN. 1.** y **2.** Humus.

mantis (del gr. *mantis*, adivino) *s. f.* Insecto ortóptero de cuerpo alargado, estrecho y muy móvil, y color amarillento o verdoso, que se alimenta de otros insectos. La hembra es de mayor tamaño que el macho, al que suele devorar tras la cópula. ■ También se llama *mantis religiosa* o *santateresa*.

mantisa (del lat. *mantissa*, añadidura) *s. f.* En mat., parte decimal, siempre positiva, del logaritmo de un número.

manto (del lat. *mantum*) *s. m.* **1.** Vestidura amplia que cubre, a modo de capa, desde la cabeza o los hombros hasta los pies. **2.** Velo negro que en algunos lugares llevan las mujeres en señal de luto. **3.** Capa intermedia de la Tierra, comprendida entre la corteza y el núcleo. **4.** Repliegue de la piel de los moluscos y algunos crustáceos que segrega la concha o el caparazón. **5.** Lo que cubre, protege u oculta algo. **FAM.** Manta, mantelete, mantelete, manteo[2], mantilla, mantillo, mantón. / Desmantelar.

mantón *s. m.* **1.** Prenda femenina de abrigo o adorno, formada por un rectángulo o cuadrado de tela doblada por la mitad o en diagonal y que se echa sobre los hombros. || **2. mantón de manila** El de seda con bordados de colores brillantes.

mantra (sánscrito, significa 'instrumento de pensamiento') *s. m.* En el budismo y en el hinduismo, fórmula ritual dotada de poder espiritual.

manual (del lat. *manualis*) *adj.* **1.** Que se realiza o maneja con las manos: *trabajo manual.* **2.** Se aplica a la persona que trabaja con las manos: *obrero manual.* || *s. m.* **3.** Libro en el que se recoge lo más importante de una materia: *manual de literatura, manual de instrucciones.* **SIN. 1.** Artesanal. **3.** Texto, compendio, vademécum. **ANT. 1.** Automático, mecánico. **FAM.** Manualidad, manualmente. MANO[1].

manualidad *s. f.* Trabajo realizado con las manos, especialmente los que se hacen en la escuela. Se usa sobre todo en *pl.* **SIN.** Artesanía.

manubrio (del lat. *manubrium*) *s. m.* **1.** Mango de un utensilio o de un instrumento. **2.** Manivela que acciona algunos mecanismos: *El organillo se hace sonar mediante un manubrio.* **3.** *Amér.* Volante del automóvil. **4.** Zona del cuerpo de las medusas en la que se encuentra la boca. **SIN. 1.** Empuñadura. **1.** y **2.** Manija. **2.** Cigüeña.

manufactura (del bajo lat. *manufactura*, y éste de *manus*, mano, y *factura*, hechura) *s. f.* **1.** Cosa elaborada a mano o con la ayuda de máquinas. **2.** Fábrica, taller. **SIN. 1.** Producto. **2.** Industria. **FAM.** Manufacturado, manufacturar, manufacturero. MANO[1].

manufacturar *v. tr.* Fabricar algo industrial o artesanalmente. **SIN.** Elaborar, producir, hacer.

manumisión *s. f.* Acción de manumitir.

manumiso, sa 1. *p.* irreg. de **manumitir**. || *adj.* **2.** Se dice del esclavo al que se ha concedido la libertad. También *s. m.* y *f.*

manumitir (del lat. *manumittere*) *v. tr.* Dar la libertad a un esclavo. ■ Este verbo tiene dos p., uno reg., *manumitido*, que se usa en la formación de los tiempos compuestos, y otro irreg., *manumiso*, que se emplea como adj. **SIN.** Libertar. **ANT.** Esclavizar. **FAM.** Manumisión, manumiso, manumisor.

manuscrito, ta (del lat. *manus*, mano, y *scriptus*, escrito) *adj.* **1.** Se dice de lo que está escrito a mano. || *s. m.* **2.** Documento o libro escrito a mano, especialmente el que tiene valor por su antigüedad o por ser obra de escritor o persona célebre. **3.** Original de un libro.

manutención *s. f.* **1.** Acción de mantener o mantenerse. **2.** Necesidades o gastos de alguien o algo: *Con el sueldo se paga su manutención.* **SIN. 2.** Mantenimiento, sustento.

manyar (del ital. *mangiare*) *v. tr.* **1.** *Arg.* y *Urug. fam.* Comer. También *v. intr.* **2.** *Arg.*, *Perú* y *Urug. fam.* Entender. **3.** *Perú fam.* Mirar.

manzana (del ant. *mazana*, y éste del lat. *mattiana mala*, cierta variedad de manzana) *s. f.* **1.** Fruto del manzano. **2.** Conjunto de casas contiguas limitado por calles. **3.** *Amér.* Nuez de la garganta. **SIN. 2.** Bloque. **FAM.** Manzanal, manzanar, manzanilla, manzanillo, manzano.

manzanilla *s. f.* **1.** Planta herbácea de la familia de las compuestas, de tallo ramificado, hojas divididas en segmentos y flores blancas con el centro amarillo. Crece en Europa. **2.** Flor de esta planta e infusión digestiva que se prepara con ella. **3.** Variedad de vino blanco, seco y aromático, que se elabora en algunos lugares de Andalucía. || *adj.* **4.** Se dice de cierta variedad de aceituna pequeña. También *s. f.*

manzanillo *s. m.* Variedad de olivo que da una aceituna pequeña. También *adj.*

manzano *s. m.* Árbol frutal de la familia de las rosáceas, de tronco agrietado, hojas sencillas, flores en umbela blancas o rosadas y fruto en pomo, la manzana, muy apreciado en alimentación.

maña *s. f.* **1.** Habilidad o facilidad para algo: *Tiene bastante maña para el bricolaje. Se da buena maña para tratar a los niños.* **2.** Astucia o engaño para conseguir alguna cosa: *Emplea todas tus ma-*

ñas para convencerle. **3.** Mala costumbre. Se usa más en *pl.*: *Aunque se ha reformado, todavía le quedan mañas.* SIN. **1.** Destreza, mano, pericia. **2.** Treta, truco, argucia. **3.** Resabio, vicio. ANT. **1.** Torpeza. FAM. Mañosamente, mañoso. / Amañar, artimaña, desmañado.

mañana (del lat. vulg. *maneana*, de *hora maneana*, en hora temprana, y éste del lat. *mane*, por la mañana) *adv. t.* **1.** En el día que seguirá inmediatamente al de hoy: *Vete a casa y lo acabas mañana.* **2.** En un tiempo futuro. También *s. m.*: *Se prepara para el mañana.* || *s. f.* **3.** Espacio de tiempo desde el amanecer hasta el mediodía: *Sólo trabaja por las mañanas.* **4.** Espacio de tiempo desde la medianoche hasta el mediodía: *a las dos de la mañana.* SIN. **4.** Madrugada. ANT. **2.** Ayer. **3.** Tarde. FAM. Mañanero, mañanita.

mañanero, ra *adj.* **1.** Madrugador. **2.** De la mañana: *el paseo mañanero.* SIN. **1.** Tempranero. **2.** Matutino. ANT. **1.** Trasnochador. **2.** Vespertino.

mañanita *s. f.* **1.** *dim.* de **mañana**. **2.** Prenda de vestir, de punto o de tela, que cubre desde los hombros hasta la cintura. || *s. f. pl.* **3.** Canción popular mexicana que se dedica a alguien el día de su cumpleaños o santo y generalmente se canta al alba.

maño, ña (del lat. *germanus*, hermano) *adj.* De Aragón. También *s. m.* y *f.*

mañoso, sa *adj.* Que se da mucha maña haciendo cosas: *Es muy mañoso arreglando averías.* SIN. Habilidoso, diestro. ANT. Torpe.

maoísmo *s. m.* Teoría política de Mao Zedong, que constituye una adaptación de las doctrinas marxistas leninistas a la realidad política y social china. FAM. Maoísta.

maorí *adj.* **1.** De un pueblo polinésico de Nueva Zelanda, que habita en el extremo septentrional de su isla Norte. También *s. m.* y *f.* || *s. m.* **2.** Lengua de la familia malayo-polinesia hablada por este pueblo. ■ Su pl. es *maoríes*, aunque también se utiliza *maorís.*

mapa (del lat. *mappa*, servilleta, por el lienzo en que se dibujaban los mapas) *s. m.* **1.** Representación gráfica, a escala y sobre un plano, de la superficie terrestre o una zona de ella. || **2. mapa celeste** El que representa alguna parte del firmamento. **3. mapa del tiempo** En meteorología, el que refleja por medio de unos signos convencionales el estado de la atmósfera en un lugar y momento determinados. || LOC. **borrar del mapa** *fam.* Matar a alguien o hacer desaparecer algo. FAM. Mapamundi.

mapache *s. m.* Mamífero carnívoro americano de mediano tamaño, color gris, larga cola peluda, en la que alternan anillos blancos y oscuros, y cara blanca con un reborde negro en torno a los ojos, a manera de antifaz.

mapamundi (del lat. *mappa mundi*, mapa del mundo) *s. m.* Mapa que representa la superficie de la Tierra dividida en dos hemisferios.

mapuche *adj.* Araucano*.

maquearse *v. prnl. fam.* Arreglarse una persona.

maqueta (del ital. *macchietta*, de *macchia*, mancha, boceto) *s. f.* **1.** Reproducción o modelo en miniatura de un edificio, un vehículo, etc.: *Se presentó la maqueta de la futura villa olímpica.* **2.** En artes gráficas, boceto de una obra o de los textos compuestos y ajustados. FAM. Maquetación, maquetador, maquetar, maquetista.

maquetación *s. f.* Preparación de la maqueta de un texto que se va a imprimir.

maquetador, ra *adj.* **1.** En inform., se dice del programa que permite escoger la forma que puede adoptar la información. También *s. m.* || *s. m.* y *f.* **2.** En artes gráficas, maquetista*.

maquetar *v. tr.* Preparar o hacer la maqueta de un texto que se va a imprimir.

maquetista *s. m.* y *f.* **1.** Persona que construye maquetas. **2.** En artes gráficas, persona que confecciona las maquetas de los libros, revistas y otros impresos. SIN. **2.** Maquetador.

maqueto, ta (vasc.) *adj. desp.* Se aplica al que no es natural del País Vasco pero vive en él. También *s. m.* y *f.* ■ También se escribe *maketo.*

maqui *s. m.* y *f.* Maquis*.

maquiavélico, ca *adj.* **1.** Relativo a las doctrinas del filósofo italiano Nicolás Maquiavelo. **2.** Se aplica a las personas que actúan con inteligencia, habilidad y engaño para lograr un fin, y a sus actos, actitudes, etc. También *s. m.* y *f.* SIN. **2.** Taimado, pérfido, maquinador. ANT. **2.** Honesto. FAM. Maquiavélicamente, maquiavelismo.

maquiavelismo (de *Maquiavelo*, escritor y político italiano) *s. m.* **1.** Doctrina política de Maquiavelo, que antepone la razón de Estado a cualquier otra razón de caráter ético o moral. **2.** Forma de actuar de las personas que emplean cualquier medio para conseguir un fin, aunque sea ilícito.

maquillaje *s. m.* **1.** Acción de maquillar o maquillarse. **2.** Producto que se utiliza para maquillar el rostro.

maquillar (del fr. *maquiller*) *v. tr.* **1.** Aplicar productos cosméticos a la cara de una persona para embellecerla o caracterizarla. También *v. prnl.* **2.** Alterar el aspecto o la realidad de algo para que ofrezca otra apariencia: *Maquillaron el asunto para que pareciese legal.* SIN. **2.** Disfrazar, falsear. ANT. **1.** Desmaquillar(se). FAM. Maquillador, maquillaje. / Desmaquillar.

máquina (del lat. *machina*) *s. f.* **1.** Conjunto de piezas que se mueven en coordinación para transformar una forma de energía en otra diferente o bien para facilitar la realización de un trabajo: *máquina de escribir, máquina de vapor.* **2.** Locomotora de los trenes. **3.** Motocicleta, bicicleta o automóvil de carreras. **4.** Tramoya del teatro. **5.** Aparato eléctrico o electrónico que se acciona con monedas y permite al usuario jugar u obtener premios. || **6. máquina de coser** Máquina provista de una aguja que se mueve verticalmente, accionada por un pedal o un motor eléctrico, que permite coser telas rápidamente y realizar otras labores de costura. **7. máquina de escribir** La que permite imprimir directamente sobre un papel al pulsar un teclado. **8. máquina de vapor** La que funciona por la fuerza que ejerce sobre un émbolo el vapor de agua al expandirse. **9. máquina fotográfica** (o **de fotos**) Véase **cámara**. || LOC. **a máquina** *adv.* Mediante máquinas y no a mano: *fabricado a máquina.* **a toda máquina** *adv.* Al máximo de velocidad o rendimiento: *El barco se dirigió hacia alta mar a toda máquina.* SIN. **1.** Aparato, artilugio. FAM. Maquinal, maquinar, maquinaria, maquinilla, maquinismo, maquinista, maquinizar. / Machina.

maquinal (del lat. *machinalis*) *adj.* Se aplica a los actos o movimientos involuntarios o automáticos: *el gesto maquinal de bostezar.* SIN. Inconsciente, reflejo. ANT. Voluntario, consciente. FAM. Maquinalmente. MÁQUINA.

maquinar (del lat. *machinari*) *v. tr.* Preparar algo de forma encubierta y artificiosa, generalmente en perjuicio de otros: *Maquinaba la manera de vengarse.* SIN. Intrigar, tramar, conspirar, urdir. FAM. Maquinación, maquinador. MÁQUINA.

maquinaria *s. f.* **1.** Conjunto o clase de máquinas: *la maquinaria de un barco, maquinaria agrícola.* **2.** Mecanismo que hace funcionar un artefacto o aparato: *la maquinaria de un reloj.* **3.** Arte de construir máquinas.

maquinilla *s. f.* **1.** *dim.* de **máquina**. **2.** Pequeño aparato que sirve para afeitar: *maquinilla eléctrica.*

maquinismo *s. m.* Predominio o empleo generalizado de las máquinas en la industria, en sustitución del trabajo del hombre.

maquinista *s. m.* y *f.* **1.** Persona que maneja una máquina, particularmente el encargado de conducir una locomotora. **2.** Persona que inventa o construye máquinas. **3.** En el cine, ayudante del operador de cámara.

maquinizar *v. prnl.* Emplear máquinas para sustituir el trabajo manual o mejorar sus condiciones. ■ Delante de *e* se escribe *c* en lugar de *z*. FAM. Maquinización. MÁQUINA.

maquis (del fr. *maquis*, y éste del ital. *macchia*, campo cubierto de maleza) *s. m.* **1.** Nombre dado en Francia al movimiento guerrillero contra la ocupación alemana durante la Segunda Guerra Mundial. **2.** En España, guerrilla republicana que, tras la victoria de Franco en 1939, continuó la lucha armada contra el franquismo. || *s. m.* y *f.* **3.** Miembro de alguna de estas guerrillas. ■ No varía en *pl.*, aunque en *sing.* se dice también *maqui*. FAM. Maqui.

mar (del lat. *mare*) *s. amb.* **1.** Gran masa de agua salada que cubre la mayor parte de la superficie terrestre. **2.** Particularmente, cada una de las zonas en que se considera dividida esta masa, de menor extensión que los océanos y más o menos delimitada por las tierras continentales: *mar Mediterráneo, mar Caribe.* **3.** Denominación dada a algunos grandes lagos: *mar Caspio, mar Muerto.* **4.** Marejada, fuerte oleaje: *Hay demasiada mar para salir a pescar.* **5.** Gran cantidad, número o extensión de algo: *un mar de dudas, un mar de arena.* || **6. alta mar** Zona del mar situada a gran distancia de la costa. **7. mar de fondo** Oleaje que proviene de alta mar impulsado por vientos lejanos. También, descontento o agitación en una colectividad, país, etc. **8. mar interior** Mar o gran lago totalmente limitado por tierras continentales. || LOC. **a mares** *adv.* Con verbos como *llover*, *sudar* o *llorar*, mucho, en abundancia: *Está cayendo agua a mares.* **hacerse a la mar** Zarpar, partir o salir un barco. **la mar de** *adj.* y *adv. fam.* Mucha cantidad o número: *Tengo la mar de amigos.* SIN. **1.** Piélago. **5.** Montaña, montón. ANT. **5.** Ápice, pizca. FAM. Marea, mareaje, mareal, marear, marejada, maremagno, maremágnum, maremoto, marengo, mareógrafo, marina, marinar, marino, marisco, marisma, marítimo. / Amarar, amerizar, bajamar, pleamar, tajamar, ultramar, verdemar.

marabú (del fr. *marabout*, y éste del ár. *murâbit*, ermitaño) *s. m.* **1.** Ave zancuda de gran tamaño, patas altas y fuertes, alas grandes, cola corta y pico largo. El marabú común es gris con el vientre y los hombros blancos y habita en África; otras especies viven en el sudeste asiático. **2.** Pluma blanca de esta ave y adorno o estola hecho con dichas plumas. ■ Su pl. es *marabúes*, aunque también se utiliza *marabús*.

marabunta *s. f.* **1.** Enorme enjambre de hormigas que se desplaza devorando todo lo que encuentra a su paso. **2.** *fam.* Desorden y destrucción.

maraca (del guaraní *mbaracá*) *s. f.* Instrumento musical de percusión fabricado con una pequeña calabaza seca, a la que se acopla un mango y en cuyo interior hay granos o semillas. Hoy se hace también de metal o plástico. Se usa más como *pl.*

maracuyá *s. m.* Fruto en baya de la pasionaria, de color naranja. Se llama también *fruto de la pasión*.

maragato, ta *adj.* De la Maragatería, comarca de León. También *s. m.* y *f.*

marajá *s. m.* Título del soberano de ciertos estados indios que conservaron su poder hasta su integración en la Unión India. ■ Se escribe también *maharajá*.

maraña *s. f.* **1.** Conjunto de cabellos, hilos o cosas semejantes entrecruzados y revueltos. **2.** Cosa o asunto muy complicado y de difícil solución. **3.** Lugar muy poblado de arbustos. SIN. **1.** Revoltijo. **1.** y **2.** Lío, enredo, embrollo. **2.** Confusión, caos. **3.** Maleza, espesura. FAM. Enmarañar.

marañón *s. m.* Anacardo*, árbol.

marasmo (del gr. *marasmos*, agotamiento) *s. m.* **1.** Paralización de toda actividad, tanto física como mental: *La fiebre le sumió en un marasmo.* **2.** Estado de extrema debilidad o agotamiento debido a una enfermedad. **3.** Gran confusión: *La asamblea se convirtió en un gran marasmo de voces.* SIN. **1.** Suspensión, estancamiento, inmovilidad. **3.** Maraña, caos. ANT. **1.** Agitación, febrilidad.

maratón (del gr. *Marathon*, nombre de un lugar de Grecia) *s. amb.* **1.** Carrera de fondo, especialidad olímpica en que los participantes recorren 42,195 km. **2.** P. ext., cualquier competición de resistencia: *maratón de baile.* **3.** *fam.* Actividad muy larga e intensa que se lleva a cabo en una sola sesión: *una maratón de cine.* SIN. **3.** Panzada. FAM. Maratoniano.

maratoniano, na *adj.* **1.** Relacionado con el maratón. **2.** Agotador, intenso: *Lleva un ritmo de trabajo maratoniano.* || *s. m.* y *f.* **3.** Persona que corre el maratón. SIN. **2.** Extenuante. ANT. **2.** Relajado.

maravedí (del ár. *murabiti*, perteneciente o relativo a los almorávides) *s. m.* Antigua moneda española. ■ Su pl. es *maravedís*, *maravedises* o *maravedíes*.

maravilla (del lat. *marabilia*, cosas extrañas, admirables) *s. f.* **1.** Suceso, persona o cosa extraordinaria que produce admiración: *¡Qué maravilla de paisaje!* **2.** Acción de maravillar o maravillarse: *Causa maravilla lo bien que habla.* **3.** Variedad de caléndula, de flores anaranjadas, cuyo cocimiento se usaba en medicina como antiespasmódico. **4.** Planta herbácea trepadora, parecida a la hiedra, de flores azules y rojas. Originaria de América, se cultiva para uso ornamental. || LOC. **a las mil maravillas** o **de maravilla** *adv.* Muy bien, perfectamente: *Cocina a las mil maravillas.* **contar** (o **hablar**) **maravillas de** alguien o algo Alabarlo, hablar bien de él o ello: *Habla maravillas de su nuevo socio.* **hacer maravillas** Hacer cosas con gran habilidad o que requieren dificultad o complicación: *Con mi sueldo tenemos que hacer maravillas para salir adelante.* SIN. **1.** Fenómeno, prodigio. **2.** Admiración, asombro. ANT. **1.** Birria, mediocridad. **2.** Decepción. FAM. Maravillar, maravilloso.

maravillar *v. tr.* Admirar, asombrar: *A cada descubrimiento, más se maravillaba.* También *v. prnl.* SIN. Sorprender(se). ANT. Decepcionar(se).

maravilloso, sa *adj.* **1.** Muy bueno, magnífico: *Nos hizo un tiempo maravilloso.* **2.** Mágico, prodigioso: *Aladino y su lámpara maravillosa.* **SIN. 1.** Estupendo, espléndido, fantástico. **2.** Portentoso, milagroso. **ANT. 1.** Pésimo. **FAM.** Maravillosamente. MARAVILLA.

marbellí *adj.* De Marbella. También *s. m.* y *f.* ■ Su pl. es *marbellíes*, aunque también se usa *marbellís*.

marbete *s. m.* **1.** Rótulo que se pega a una mercancía y que indica la marca de fábrica, el contenido, precio, etc. **2.** Etiqueta que se pega a los equipajes señalando el destino y el número de registro. **3.** Borde, perfil: *La nota estaba adornada con un marbete negro.* **SIN. 3.** Filete.

marca (del bajo lat. *marca*) *s. f.* **1.** Señal que se hace para distinguir o para indicar pertenencia o alguna otra cualidad: *Las marcas del depósito indican los niveles del agua.* **2.** Señal que deja un golpe, un corte, una presión, etc.: *De la herida le quedó una marca.* **3.** Resultado obtenido por un deportista en tiempo, distancia, longitud, altura, etc., en unas pruebas deportivas. **4.** Hierro de marcar el ganado. **5.** Acción de marcar. **6.** Territorio fronterizo: *Marca Hispánica.* **7.** Sello o estilo característico: *Ambos cuadros tienen la marca de Botticelli.* || **8. marca de fábrica** (o **registrada**) Distintivo, reconocido legalmente, que un fabricante pone a sus productos y cuyo uso le pertenece exclusivamente. ■ Se dice también únicamente *marca.* || **LOC. de marca** *adj.* Se aplica a los productos de una marca prestigiosa: *unos tejanos de marca.* También, que se sale de lo común. ■ En este sentido es más frecuente la expresión *de marca mayor*: *un sinvergüenza de marca mayor.* **SIN. 1.** Signo, indicador. **2.** Huella, rastro. **3.** Récord. **7.** Impronta, firma, marchamo. **FAM.** Marcar. / Comarca, margrave, plusmarca.

marcado, da 1. *p.* de **marcar**. También *adj.* || *adj.* **2.** Que se nota o destaca claramente: *un marcado acento extranjero.* **SIN. 2.** Acusado, pronunciado. **ANT. 2.** Suave, inapreciable. **FAM.** Marcadamente. MARCAR.

marcador, ra *adj.* **1.** Que marca. También *s. m.* y *f.* || *s. m.* **2.** En dep., tablero en que se anotan los tantos conseguidos por un equipo o un jugador.

marcaje *s. m.* Acción de marcar o controlar a un jugador del equipo contrario.

marcapasos *s. m.* Aparato electrónico que, mediante señales eléctricas, estimula y mantiene el ritmo del corazón. ■ No varía en *pl.*

marcar *v. tr.* **1.** Poner una marca o señal en algo para reconocerlo, distinguirlo o destacarlo: *marcar el ganado, marcar la ropa con iniciales.* **2.** Dejar marca un golpe, un corte o algún tipo de contacto o presión: *La caída le marcó la cara.* **3.** Resaltar alguna cosa. También *v. prnl.*: *Esta falda te marca las caderas.* **4.** Señalar la aguja o el indicador de ciertos aparatos las divisiones, variantes o grados de aquello que mide: *El reloj marca las doce.* **5.** Formar con el disco o las teclas del teléfono el número al que se quiere llamar. **6.** Indicar, fijar: *¿Qué precio marca la etiqueta?* **7.** En algunos deportes, conseguir un tanto: *marcar un gol.* **8.** En fútbol y otros deportes, colocarse cerca de un jugador contrario para dificultar su juego. **9.** Significar algo un cambio, una novedad, una variación, etc.: *Este hecho marca el comienzo de una etapa de cooperación.* **10.** Actuar sobre alguien o algo dejando huella o imprimiendo cierto carácter: *Aquel encuentro marcó su vida.* **11.** Hacer que se noten los movimientos del paso o el compás en la marcha, en la danza, etc.: *Los soldados desfilan marcando el paso.* **12.** Peinar y dar forma al cabello: *No me lo corte; sólo lavar y marcar.* Se usa mucho como *v. intr.* || **marcarse** *v. prnl.* **13.** *fam.* Hacer, realizar, decir: *Se marcó unos pasos de baile. Se marca cada rollo.* ■ Delante de *e* se escribe *qu* en lugar de *c*: *marque.* **SIN. 1.** Señalizar. **3.** Recalcar(se), destacar(se), perfilar(se). **7.** Apuntar, anotar. **9.** Suponer, representar. **10.** Determinar. **ANT. 3.** Suavizar(se), disimular(se). **7.** Fallar. **FAM.** Marcado, marcador, marcaje, marcapasos. / Demarcar, desmarcar, remarcar. MARCA.

marcasita (del ár. *marqasita*) *s. f.* Mineral de sulfuro de hierro, de color amarillo broncíneo y brillo metálico, que se emplea en la producción de ácido sulfúrico.

marcear *v. intr.* Hacer el tiempo propio del mes de marzo. ■ Se usa sobre todo en el refrán *Cuando marzo mayea, mayo marcea.*

marceño, ña *adj.* Del mes de marzo.

marcescente (del lat. *marcescens, -entis*, que se deseca) *adj.* Se aplica a las flores y hojas que aún no han caído después de marchitarse.

marcha *s. f.* **1.** Acción de marchar o marcharse: *Las tropas hicieron una marcha nocturna.* **2.** Desplazamiento a pie de personas con un fin común: *una marcha de protesta.* **3.** Manera de marchar o velocidad con que se hace: *una marcha a toda máquina.* **4.** Cada una de las posiciones de cambio de velocidades de un vehículo. **5.** Desarrollo, actividad, funcionamiento: *la marcha de un negocio, de un reloj.* **6.** Pieza musical que acompaña desfiles o cortejos en ciertas solemnidades: *marcha nupcial.* **7.** Carrera deportiva derivada de la forma de andar ordinaria, en la que el atleta debe tener siempre un pie en contacto con el suelo. **8.** *fam.* Animación, diversión: *¡Vaya marcha que tiene la fiesta!* **9.** Gasto o desarrollo rápido de algo: *¡Qué marcha lleva esta botella, está casi vacía!* || **10. marcha atrás** Acción de retroceder un vehículo automóvil y mecanismo con que se hace. También, acción de desistir de hacer algo o ceder en un empeño: *Dieron marcha atrás en sus pretensiones.* || **LOC. a marchas forzadas** *adv.* Esforzándose al máximo, sin parar: *Preparó la boda a marchas forzadas.* **a toda marcha** *adv.* Con mucha rapidez o prisa. **sobre la marcha** *adv.* Improvisando, tal como va sucediendo: *Corregiremos el rumbo sobre la marcha.* **SIN. 1.** Caminata, recorrido, partida. **5.** Desenvolvimiento, curso. **ANT. 1.** Parada, inmovilidad. **FAM.** Marchador. / Contramarcha. MARCHAR.

marchador, ra *s. m.* y *f.* Deportista que practica la marcha.

marchamo (del ár. *marsam*) *s. m.* **1.** Distintivo que se pone a un producto para su reconocimiento. **2.** Sello, estilo, carácter que distingue a alguna cosa: *Aquel chut tenía marchamo de gol.* **3.** Señal que ponen los aduaneros en los bultos que ya han sido revisados. **SIN. 1.** Marbete.

marchante, ta (del fr. *marchand*) *s. m.* y *f.* **1.** Comerciante, especialmente de obras de arte. **2.** *And.* y *Amér.* Cliente habitual de una tienda. **SIN. 2.** Parroquiano.

marchar (del fr. *marcher*, andar) *v. intr.* **1.** Ir de un lado a otro, especialmente a pie: *Los dos marchaban al mismo paso.* **2.** Abandonar un sitio. También *v. prnl.*: *marcharse del país.* **3.** Desenvolverse, desarrollarse, funcionar: *El alumno marcha perfectamente. El coche marcha como una seda.* **4.** Caminar en formación. **SIN. 1.** Desplazarse. **1.** y **3.** Andar. **2.** Partir. **3.** Avanzar, evolucionar. **ANT. 1.** Detenerse. **2.** Volver; permanecer. **FAM.** Marcha, marchoso.

marchitar (del lat. *marcere*) *v. tr.* **1.** Quitar la frescura y lozanía a una planta. También *v. prnl.*: *El rosal se ha marchitado.* **2.** Hacer que alguien o algo pierda fuerza, vitalidad, hermosura, etc. También *v. prnl.*: *El tiempo marchitó su rostro.* SIN. **1.** Secar(se), mustiarse, agostar(se). **1.** y **2.** Ajar(se). ANT. **1.** Florecer. **2.** Rejuvenecer(se). FAM. Marchitable, marchitamiento, marchito. / Inmarcesible, inmarchitable.

marchito, ta *adj.* Se aplica a lo que se ha marchitado. SIN. Ajado, mustio. ANT. Fresco, lozano.

marchoso, sa *adj. fam.* Animado, alegre, juerguista. También *s. m.* y *f.*

marcial (del lat. *martialis*, propio del dios Marte) *adj.* **1.** Relativo a la guerra o al ejército: *ley marcial.* **2.** Firme, erguido: *Camina con porte marcial.* || **3. artes marciales** Denominación que engloba los deportes de combate de origen oriental, como judo, karate, taekwondo, kung fu, etc. SIN. **1.** Guerrero, bélico; castrense. **2.** Gallardo, bizarro. ANT. **1.** Civil. **2.** Desgarbado. FAM. Marcialidad.

marciano, na *adj.* **1.** Del planeta Marte. || *s. m.* y *f.* **2.** Imaginario habitante de este planeta y, p. ext., extraterrestre. SIN. **2.** Alienígena.

marco (del germ. *mark*) *s. m.* **1.** Moldura que rodea o en la que se encaja una cosa: *el marco de un cuadro, de una ventana.* **2.** Entorno, ámbito: *Estos episodios se desarrollaron en el marco de las guerras carlistas.* **3.** En algunos deportes, portería. **4.** Moneda de Alemania y de Finlandia hasta el año 2002, en que fue sustituida por el euro. SIN. **1.** Cerco. **2.** Fondo, escenario, circunstancia. FAM. Enmarcar.

mare mágnum *expr.* Maremágnum*.

marea (del fr. *marée*) *s. f.* **1.** Movimiento periódico y alternativo de ascenso y descenso de las aguas del mar, originado por las atracciones combinadas del Sol y la Luna. **2.** Multitud, cantidad considerable: *Una marea de turistas invade la costa.* **3.** Cantidad de pesca obtenida por una embarcación en una salida. || **4. marea negra** Capa de petróleo vertida en el mar. SIN. **2.** Invasión, oleada.

mareaje *s. m.* **1.** Arte de navegar. **2.** Rumbo de un barco.

mareal *adj.* Relativo a las mareas: *energía mareal.*

marear (de *mar*) *v. tr.* **1.** Producir mareo. También *v. prnl.* **2.** Cansar, fastidiar, aturdir: *Le vas a marear con tantas preguntas.* También *v. intr.* **3.** Llevar a una persona de un lado para otro con gestiones, requisitos, etc. También *v. intr.* **4.** Gobernar una embarcación. || **marearse** *v. prnl.* **5.** Estar a punto de desmayarse. **6.** Encontrarse algo bebido. **7.** Estropearse las mercancías en el mar. SIN. **2.** Molestar, importunar. **3.** Baquetear. FAM. Mareamiento, mareante, mareo, mareoso. MAR.

marejada (del port. *marejada*) *s. f.* **1.** Gran agitación del mar con olas fuertes, pero sin alcanzar el temporal. **2.** Situación de irritación y nerviosismo que precede a un alboroto. FAM. Marejadilla. MAR.

marejadilla *s. f.* Marejada con olas de menor tamaño.

maremágnum o **maremagno** (de la loc. lat. *mare magnum*, mar grande) *s. m.* Multitud desordenada de personas o cosas: *Se formó un maremágnum de voces.* ■ Se escribe también *mare mágnum.* SIN. Barullo.

maremoto (del lat. *mare*, mar, y *motus*, movimiento) *s. m.* Agitación violenta de las aguas del mar producida por un movimiento sísmico, que puede producir una ola gigantesca de efectos catastróficos.

marengo (de *Marengo*, población de Italia) *adj.* Se dice del color gris muy oscuro.

mareo *s. m.* **1.** Trastorno o malestar que se manifiesta con náuseas y vómitos, pérdida del equilibrio, sudor, etc. **2.** Aturdimiento: *Tanto ajetreo me da mareo.* SIN. **1.** Vértigo, vahído.

mareógrafo *s. m.* Aparato para medir y registrar las variaciones de las mareas.

marfil (del ár. *azm al-fil*, hueso de elefante) *s. m.* **1.** Material duro y de color blanco amarillento recubierto de esmalte, que forma los dientes de los vertebrados, y particularmente el de los colmillos de los elefantes, que se emplea en la confección de diversos objetos. **2.** Pieza tallada en esta materia. **3.** Color de esta sustancia. ■ Se usa mucho en aposición. FAM. Marfileño, marfilina.

marfileño, ña *adj.* De Costa de Marfil, Estado de África occidental. También *s. m.* y *f.*

marfilina *s. f.* Pasta del color del marfil, que se emplea para modelar imágenes, fabricar bolas de billar, etc.

marga (del lat. *marga*) *s. f.* Roca sedimentaria compuesta de arcilla y carbonato cálcico que se utiliza para abonar terrenos pobres en estos elementos y para elaborar cemento.

margarina *s. f.* Sustancia fabricada con grasas vegetales y animales y productos lácteos que se utiliza en sustitución de la mantequilla.

margarita (del lat. *margarita*, y éste del gr. *margarites*) *s. f.* **1.** Nombre común de diversas especies de plantas herbáceas de la familia compuestas, de tallo fuerte, hojas basales o dispersas por el tallo y flor en roseta de disco amarillo y pétalos blancos. **2.** Flor de esta planta. **3.** Nombre común de diversas especies de moluscos gasterópodos de concha ovalada y con un largo sifón, que habitan en los fondos marinos arenosos. **4.** Perla de los moluscos. **5.** Disco bordeado de signos para imprimir de una máquina de escribir, una impresora, etc. || *s. m.* **6.** Cóctel preparado a base de tequila, limón y sal.

margen (del lat. *margo, -inis*) *s. amb.* **1.** Borde de una cosa, especialmente cada una de las orillas de un río. ■ En esta acepción se usa más en femenino: *la margen izquierda del Ebro.* || *s. m.* **2.** Espacio en blanco alrededor de una página manuscrita o impresa, especialmente el de la derecha y el de la izquierda. **3.** Límite de tiempo, espacio, posibilidades, etc., de que se dispone: *Me han dado poco margen de tiempo para entregar el trabajo.* **4.** Beneficio que se obtiene en una cosa que se vende, especialmente respecto a su precio de coste. **5.** Diferencia que se admite o prevé entre el cálculo o la estimación de algo y el resultado real: *Acertó en sus predicciones con un escaso margen de error.* **6.** Motivo, pretexto: *No des margen a murmuraciones con tu conducta.* || LOC. **al margen** *adv.* Apartado, sin intervenir: *Prefiero permanecer al margen de vuestros asuntos.* SIN. **1.** Ribera. **4.** Ganancia. **6.** Ocasión, oportunidad. FAM. Marginal, marginar.

marginación *s. f.* **1.** Acción de marginar. **2.** Situación de la persona o grupo social que padece rechazo o discriminación por parte de la sociedad a causa de su raza, conducta, situación económica, etc.

marginado, da 1. *p.* de **marginar**. También *s. m.* y *f.* || *adj.* **2.** Se aplica a la persona o grupo que se haya en condiciones sociales de inferioridad. También *s. m.* y *f.* SIN. **2.** Discriminado, marginal. ANT. **2.** Integrado.

marginador, ra *adj.* **1.** Que margina. También *s. m.* y *f.*: *una política marginadora.* || *s. m.* **2.** En las máquinas de escribir, tope para que el carro se detenga en los puntos deseados.

marginal *adj.* **1.** Relativo al margen: *Puso una nota marginal en el libro.* **2.** Que está al margen. **3.** Secundario, poco importante: *un detalle marginal.* **4.** Se dice de las personas o grupos que no están integrados en la sociedad, así como de sus actividades, modos de vida, etc. **SIN. 3.** Accidental, accesorio. **ANT. 3.** Principal, esencial. **FAM.** Marginalidad. MARGEN.

marginar (de *margen*) *v. tr.* **1.** Dejar de lado a una persona o cosa, apartarla a un segundo plano: *Acabaron marginándole por su mal carácter.* **2.** Poner o dejar a una persona o grupo en condiciones sociales de inferioridad. **3.** Dejar márgenes en un escrito. **4.** Anotar en el margen de un escrito. **SIN. 1.** Separar, excluir, relegar. **2.** Discriminar. **4.** Acotar, apostillar. **ANT. 1.** y **2.** Integrar. **FAM.** Marginación, marginado, marginador. MARGEN.

margrave (del al. *Markgraf*, de *Mark*, marca, frontera, y *Graf*, conde) *s. m.* Título que se daba en el imperio germánico a los que tenían jurisdicción sobre una marca o provincia.

maría[1] (de *María*, nombre de mujer) *s. f.* **1.** *fam.* Mujer sencilla, de poco nivel cultural. **2.** *fam.* Asignatura fácil de aprobar. **3.** Galleta de comer redonda y plana.

maría[2] *s. f. argot* Marihuana*.

mariachi (del fr. *mariage*, matrimonio) *s. m.* **1.** Música popular mexicana, muy alegre y bulliciosa, originaria de Jalisco. **2.** Orquesta que la ejecuta, formada por violines, trompetas, guitarras e instrumentos populares. **3.** Cada uno de los músicos de este conjunto.

marianista *adj.* De la Compañía de María, congregación dedicada a la enseñanza. También *s. m.*

mariano, na *adj.* Relativo a la Virgen María y, particularmente, a su culto. **FAM.** Marianista, mariología.

marica (de *María*, nombre de mujer) *s. m.* **1.** *fam. desp.* Hombre homosexual o afeminado. || *s. f.* **2.** Urraca, ave. **FAM.** Maricón, mariconada, mariconear, mariconera, mariconería.

Maricastaña *n. p.* Personaje proverbial que simboliza una gran antigüedad. ▪ Se emplea, generalmente, en las expresiones *los tiempos, en tiempo* o *en tiempos de Maricastaña.*

maricón, na *s. m.* y *f.* **1.** *vulg. desp.* Marica*. **2.** *vulg.* Persona malintencionada.

mariconada *s. f.* **1.** *vulg. desp.* Acción propia del maricón. **2.** *vulg.* Mala faena, jugada sucia. **3.** *vulg.* Tontería. **SIN. 3.** Pijotería, estupidez.

mariconear *v. intr.* **1.** *vulg. desp.* Comportarse como un marica. **2.** *vulg.* Entretenerse tontamente con algo. **FAM.** Mariconeo. MARICA.

mariconera *s. f. fam.* Bolso de mano masculino.

mariconería *s. f. vulg. desp.* Característica o comportamiento propios de un marica.

maridaje *s. m.* **1.** Unión y convivencia conyugal. **2.** Unión o correspondencia entre dos o más cosas: *En su estilo hay un maridaje de elementos orientales y occidentales.*

maridar (del lat. *maritare*) *v. intr.* **1.** Contraer matrimonio. **2.** Llevar vida matrimonial. || *v. tr.* **3.** Unir, enlazar. También *v. prnl.*: *En su obra se maridaban el progreso y la tradición.* **SIN. 1.** Casar, desposar(se). **3.** Fusionar(se), aunar(se). **ANT. 1.** y **3.** Separar(se), divorciar(se).

marido (del lat. *maritus*) *s. m.* Hombre casado, con respecto a su mujer. **SIN.** Esposo. **FAM.** Maridaje, maridar, marital. / Enmaridar.

marihuana o **mariguana** *s. f.* Droga blanda que se obtiene de las hojas del cáñamo índico y que se fuma mezclada con tabaco.

marimacho *s. m. fam.* Mujer de aspecto y modales masculinos. También *adj.* **SIN.** Virago.

marimandona *s. f.* Mujer dominante y autoritaria. También *adj.* **SIN.** Mandona.

marimba (voz africana) *s. f.* **1.** Especie de xilófono de origen africano que se toca en América. **2.** Especie de tambor usado por algunos pueblos africanos. **3.** *Arg.*, *Par.* y *Urug.* Paliza, zurra.

marimorena *s. f. fam.* Riña, pelea con alboroto: *Se armó la marimorena.* **SIN.** Trifulca, gresca.

marina (del lat. *marina*) *s. f.* **1.** Conjunto de barcos de una nación y personal, medios y organización del mismo: *marina de guerra, oficial de marina mercante.* **2.** Arte y ciencia de navegar. **3.** Zona de la costa junto al mar. **4.** Pintura de paisaje marítimo. **SIN. 1.** Flota, armada. **2.** Náutica. **3.** Litoral, ribera. **FAM.** Marine, marinear, marinería, marinero. / Aguamarina, guardiamarina. MAR.

marinar *v. tr.* Poner a remojo en un líquido aromático un alimento para conservarlo o darle un determinado sabor.

marine (ingl.) *s. m.* Infante de marina de Estados Unidos o del Reino Unido.

marinear (de *marino*) *v. intr.* Trabajar como marinero.

marinería *s. f.* **1.** Conjunto de marineros de un barco. **2.** Profesión de marinero. **SIN. 1.** Tripulación, dotación.

marinero, ra (de *marino*) *adj.* **1.** Relativo a la marina o a los marineros: *un barrio marinero.* **2.** Se dice de la embarcación que navega bien o de fácil manejo: *una goleta muy marinera.* || *s. m.* **3.** Hombre que trabaja en las faenas de un barco o que sirve en el grado inferior de la marina de guerra. || *s. f.* **4.** Blusa con cuello cuadrado por detrás como la que usan los marineros en su uniforme. ▪ También se llama *blusa marinera.* **5.** *Chile*, *Ec.* y *Perú* Cierto baile popular que se acompaña con las palmadas de los espectadores. || **LOC. a la marinera** *adj.* y *adv.* Forma de cocinar algunos alimentos, especialmente pescados, con una salsa hecha básicamente con agua, aceite, ajo, cebolla y perejil.

marino, na (del lat. *marinus*) *adj.* **1.** Relativo al mar: *sal marina.* || *s. m.* **2.** Persona que tiene un grado militar o profesional en la marina. **3.** Experto en navegación: *Colón fue un hábil y destacado marino.* **SIN. 1.** Marítimo. **3.** Navegante, nauta. **FAM.** Submarino. MAR.

mariología *s. f.* Parte de la teología católica que estudia la figura de la Virgen María.

marioneta (del fr. *marionnette*) *s. f.* **1.** Muñeco articulado movido por medio de hilos. **2.** Persona de poco carácter que es fácilmente manejada por otra. || *s. f. pl.* **3.** Representación teatral con estos muñecos. **SIN. 1.** y **2.** Títere. **FAM.** Marionetista.

marionetista *s. m.* y *f.* Persona que mueve los muñecos en un espectáculo de marionetas.

mariposa *s. f.* **1.** Nombre común de la fase adulta de gran número de especies de insectos lepidópteros, que se caracterizan por presentar dos pares de alas membranosas cubiertas de escamas microscópicas y vistosos colores. **2.** Ave paseriforme de América del Norte y Central, de unos 13 cm de longitud, plumaje de colores vivos y un agradable canto. **3.** Lamparilla de mecha. **4.** Tuerca con dos aletas para enroscarla con los dedos. **5.** Llave, generalmente de forma elíptica, que cierra una tubería. **6.** Llave o válvula del carburador de un automóvil que regula la entrada de los gases en los cilindros. **7.** Estilo y modalidad de natación en que los brazos y hombros son proyectados a un mismo tiempo hacia delante, mientras se da un fuerte impulso con las piernas juntas. || *s. m.* **8.** *fam.* Homosexual o afeminado. SIN. **4.** Palomilla. **8.** Marica, mariposón. FAM. Mariposear, mariposón. / Amariposado.

mariposear (de *mariposa*) *v. intr.* **1.** Ir constantemente de un lugar, ocupación, capricho, etc., a otro: *Se dedica a mariposear sin decidirse firmemente por algo.* **2.** Andar insistentemente en torno a alguien o algo: *Siempre tiene admiradores mariposeando a su alrededor.* **3.** Coquetear, flirtear. SIN. **2.** Revolotear. FAM. Mariposeador, mariposeo. MARIPOSA.

mariposón (aum. de *mariposa*) *s. m.* **1.** *fam.* Marica, afeminado. **2.** Hombre inconstante y frívolo, especialmente en sus relaciones sentimentales.

mariquita *s. f.* **1.** Nombre común de numerosos insectos coleópteros de forma ovalada, con dos alas y dos élitros de color rojo o amarillo, manchados de puntos negros. || *s. m.* y *f.* **2.** *fam.* Marica, afeminado. También *adj.*

marisabidilla *s. f. fam.* Mujer que presume de lista y enterada. SIN. Sabihonda.

mariscada *s. f.* Plato a base de mariscos.

mariscador, ra *adj.* Se dice de la persona que tiene por oficio pescar marisco. También *s. m.* y *f.* SIN. Marisquero.

mariscal (del germ. *marhskalk*, de *marh*, caballo, y *skalk*, servidor) *s. m.* **1.** Antiguamente, oficial encargado de las caballerizas; pasó a ser un título de nobleza hereditario. || **2. mariscal de campo** En algunos países, grado superior del ejército, equivalente a general de división. FAM. Mariscalato, mariscalía.

mariscar *v. intr.* Pescar marisco. También *v. tr.* ■ Delante de *e* se escribe *qu* en lugar de *c*: *marisque.* FAM. Marisqueo. MARISCO.

marisco (del ant. *marisco*, marino) *s. m.* Nombre genérico que se aplica a ciertos animales marinos invertebrados y comestibles, especialmente los crustáceos y los moluscos. FAM. Mariscada, mariscador, mariscar, marisquería, marisquero. MAR.

marisma (del lat. *maritima*, de *mare*, mar) *s. f.* Terreno bajo e inundado por aguas empantanadas. SIN. Marjal. FAM. Marismeño. MAR.

marisqueo *s. m.* Acción de mariscar.

marisquería *s. f.* Restaurante especializado en mariscos.

marista *adj.* De las congregaciones religiosas bajo la advocación de la Virgen María, como los Hermanos Maristas o la Sociedad de María. También *s. m.*

marital (del lat. *maritalis*) *adj.* Relativo al marido o a la vida matrimonial. SIN. Conyugal. FAM. Extramarital. MARIDO.

marítimo, ma (del lat. *maritimus*) *adj.* Relativo al mar o junto a él: *línea marítima, paseo marítimo.* SIN. Marino, náutico.

maritornes (por alusión a la criada de la venta de *El Quijote*) *s. f. fam.* Sirvienta fea, hombruna y ordinaria. ■ No varía en *pl.*

marjal (del ár. *mary*, pradera) *s. m.* Terreno bajo y pantanoso. SIN. Marisma.

marketing (ingl.) *s. m.* En econ., conjunto de técnicas de estudio de mercado dirigidas a favorecer la comercialización de un producto o servicio. SIN. Mercadotecnia. FAM. Telemarketing.

marlo *s. m. Amér.* Espiga de maíz desgranada.

marmita (del fr. *marmite*) *s. f.* **1.** Olla de metal con la tapadera ajustada. **2.** Recipiente donde comen los soldados en campaña. **3.** En algunas zonas del litoral cantábrico, plato típico de bonito, pimientos y patatas. FAM. Marmitón.

marmitako (vasc.) *s. m.* Cierto guiso de bonito con patatas.

marmitón (del fr. *marmiton*, de *marmite*, olla) *s. m.* Pinche, ayudante de cocina.

mármol (del lat. *marmor*) *s. m.* **1.** Roca caliza de textura cristalina y compacta, que presenta colores y vetas muy variados y se emplea como material de construcción, ornamentación y escultura. **2.** Obra escultórica de este material. FAM. Marmoleño, marmolería, marmolillo, marmolina, marmolista, marmóreo.

marmolería *s. f.* **1.** Taller donde se trabaja el mármol. **2.** Conjunto de piezas de mármol de un edificio.

marmolillo *s. m.* **1.** Guardacantón, poste de piedra. **2.** *fam.* Torpe, duro de mollera.

marmolina *s. f.* Material que imita al mármol.

marmóreo, a (del lat. *marmoreus*) *adj.* De mármol o parecido a él en algún aspecto: *dureza marmórea.*

marmota (del fr. *marmotte*) *s. f.* **1.** Nombre común de diversas especies de mamíferos roedores de aproximadamente 60 cm de largo, cabeza grande, orejas pequeñas, pelaje espeso y uñas curvas y fuertes, que hiberna en los meses fríos. Su piel es muy apreciada. **2.** *fam.* Persona dormilona. **3.** *desp.* Muchacha de servicio doméstico, criada. SIN. **2.** Lirón.

marojo (del ár. *muluja*, malva viscosa) *s. m.* Planta parásita del olivo, chopo y espino, parecida al muérdago.

maroma (del ár. *mabruma*) *s. f.* **1.** Cuerda muy gruesa. **2.** *Amér.* Espectáculo de acróbatas. Se usa mucho en *pl.* **3.** Cambio de bando o de partido según las conveniencias. FAM. Enmaromar.

maromo *s. m.* **1.** *fam.* Individuo, fulano. **2.** Novio, esposo o amante. SIN. **1.** Tío.

maronita (de San *Marón*, fundador de esta comunidad) *adj.* De una comunidad cristiana católica de Siria y Líbano, que conserva su propia liturgia. También *s. m.* y *f.*

marqués, sa (de *marca*, a través del prov. ant. *marqués*) *s. m.* y *f.* Título de nobleza, inferior al de duque y superior al de conde. FAM. Marquesado.

marquesado *s. m.* Título de marqués y territorio o propiedades pertenecientes a éste.

marquesina *s. f.* Cubierta colocada sobre una entrada, andén, parada de autobús, terraza, etc., para resguardarlos de la lluvia. SIN. Dosel, saledizo.

marquetería (del fr. *marqueterie*) *s. f.* **1.** Trabajo artístico que consiste en incrustar en madera piezas de marfil, nácar, metales u otras maderas. **2.** Arte de realizar dibujos y calados en chapa de madera con una sierra especial. SIN. **1.** Taracea.

marra *s. f.* Falta o hueco en una sucesión de cosas.

marrajo, ja *adj.* **1.** Se dice del toro traicionero, que embiste con malicia. También *s. m.* **2.** Se dice de la persona astuta, malintencionada y difícil de engañar. También *s. m.* y *f.* || *s. m.* **3.** Nombre común de diversas especies de tiburones de gran tamaño, hocico alargado, cuerpo fusiforme y cola en forma de media luna. SIN. **2.** Taimado, ladino. ANT. **1.** Noble.

marranada *s. f.* Cerdada*.

marrano, na (del ár. *muharram*, prohibido, aplicado al cerdo) *s. m.* y *f.* **1.** Cerdo*. **2.** Judío converso que seguía practicando en secreto su religión. **SIN. 1.** Puerco, cochino, guarro. **2.** Judaizante. **ANT. 1.** Limpio; educado; decente. **FAM.** Marranada, marranear, marranería.

marrar *v. tr.* **1.** Fallar, errar. También *v. intr.*: *El delantero marró la ocasión de gol.* **2.** Desviarse de lo recto y justo. **SIN. 2.** Torcerse. **ANT. 1.** Acertar. **FAM.** Marra, marro, marronazo.

marras, de (del ár. *marra*, una vez) *loc. adj.* Se usa para referirse a una persona o cosa ya conocida: *Vimos de nuevo al individuo de marras.*

marrasquino (del ital. *maraschino*) *s. m.* Licor elaborado con cierta variedad de cerezas amargas y mucho azúcar.

marro *s. m.* **1.** Juego en el que, distribuidos los jugadores en dos bandos y dejando suficiente espacio en medio, cada participante trata de atrapar a un jugador contrario que sale al campo. **2.** Juego que consiste en derribar un bolo u otra cosa, lanzando el marrón o piedra. **3.** Movimiento rápido del cuerpo para esquivar a alguien o algo. **4.** Equivocación, falta. **SIN. 3.** Regate, quiebro. **FAM.** Marrón[1]. MARRAR.

marrón[1] *s. m.* Piedra con que se juega al marro.

marrón[2] (del fr. *marron*) *adj.* **1.** Se aplica al color parecido al de la cáscara de la castaña y a las cosas que lo tienen. También *s. m.* || *s. m.* **2.** *argot* Cosa desagradable o molesta: *¡Vaya marrón que nos ha caído!* **3.** *argot* Causa criminal. **4.** *argot* Condena. || **LOC. pillar de marrón** a alguien *argot* Pillarle desprevenido o in fraganti. **SIN. 1.** Pardo, castaño. **2.** Papeleta, engorro.

marron glacé (fr.) *expr.* Dulce de castañas confitadas cubiertas de azúcar. Se usa como *s. m.*

marronazo *s. m.* Acción de marrar o fallar alguna suerte del toreo, principalmente la de varas el picador.

marroquí (del ár. *marrakusi*, de *Marrakus*, Marrakech) *adj.* De Marruecos. También *s. m.* y *f.* ■ Su pl. es *marroquíes*, pero se utiliza también la forma *marroquís*. **FAM.** Marroquinería.

marroquinería (del fr. *maroquinerie*) *s. f.* **1.** Industria de los artículos de piel o de imitación de ésta. **2.** Conjunto de estos artículos. **3.** Taller donde se fabrican o tienda donde se venden. **FAM.** Marroquinero. MARROQUÍ.

marrubio (del lat. *marrubium*) *s. m.* Planta herbácea labiada que alcanza hasta 60 cm de altura, tiene hojas redondeadas, flores blancas en espiga, con un fuerte olor a almizcle, y fruto seco con semillas menudas. Se utiliza en farmacia por sus propiedades expectorantes y beneficiosas para el estómago.

marrullería *s. f.* Astucia, engaño, truco sucio. **SIN.** Artimaña, treta, trampa, argucia. **FAM.** Marrullero.

marrullero, ra *adj.* Tramposo, que emplea marrullerías. También *s. m.* y *f.*

marsala (de *Marsala*, ciudad de Sicilia) *s. m.* Vino dulce italiano, producido en Sicilia.

marsellés, sa *adj.* **1.** De Marsella. También *s. m.* y *f.* || *s. f.* **2.** Himno nacional francés.

marshalés, sa *adj.* De las islas Marshall, estado del océano Pacífico. También *s. m.* y *f.*

marsopa o **marsopla** (del fr. *marsoupe*, y éste del germ. *marisuppa*) *s. f.* Nombre común de diversas especies de mamíferos cetáceos. La marsopa común mide unos 150 cm de longitud, es de color negro en el dorso y rosa pálido en el vientre, tiene la cabeza redondeada, hocico corto y aleta dorsal triangular.

marsupial (del lat. *marsupium*, bolsa) *adj.* **1.** Se dice de los mamíferos metaterios que carecen de placenta, o la tienen muy reducida y poseen marsupio, como el canguro y la zarigüella. También *s. m.* || *s. m. pl.* **2.** Orden formado por estos animales. **FAM.** Marsupio.

marsupio *s. m.* Bolsa exterior delantera del cuerpo de las hembras de los mamíferos marsupiales, en la que las crías completan su desarrollo.

marta (del fr. *marte*) *s. f.* Mamífero carnívoro de unos 50 cm de longitud, cabeza pequeña, cuerpo esbelto, cola larga y pelaje suave y espeso de color castaño, con una mancha amarillenta en la garganta. Habita en los bosques de Europa y Asia y su piel es muy apreciada.

martellina (del ant. fr. *marteline*, de *martel*, y éste del lat. *martellus*, martillo) *s. f.* Martillo de dos bocas con dientes prismáticos, utilizado para picar el mármol o la piedra.

martes (del lat. *Martis dies*, día consagrado a Marte) *s. m.* Segundo día de la semana, entre el lunes y el miércoles. ■ No varía en *pl.*

martillar *v. tr.* Martillear*. **FAM.** Martillado. MARTILLO.

martillear *v. tr.* **1.** Dar golpes con un martillo. También *v. intr.* **2.** Dar golpes algo de forma repetida e insistente. También *v. intr.*: *Le martilleaban las sienes.* **3.** Atormentar. También *v. intr.*: *Aquella idea le martilleaba la cabeza.* ■ Se dice también *martillar.* **SIN. 1.** Amartillar, clavar. **1.** y **2.** Golpear. **3.** Preocupar, abrumar. **ANT. 3.** Tranquilizar. **FAM.** Martilleo. MARTILLO.

martillero, ra *s. m.* y *f. Amér.* Persona que dirige una subasta.

martillo (del lat. tardío *martellus*) *s. m.* **1.** Herramienta que consiste en una cabeza metálica, encajada por su centro en un mango, y que sirve para golpear. **2.** Hueso del oído medio. **3.** Llave para tensar y aflojar las cuerdas de ciertos instrumentos musicales. **4.** En un piano, parte del mecanismo que, al pulsar cada tecla, golpea la cuerda y la pone en vibración. **5.** Establecimiento de subastas. **6.** Esfera metálica unida a un cable de acero con empuñadura, que el deportista lanza en la modalidad atlética denominada *lanzamiento de martillo*. **7.** Pieza del mecanismo de ciertas armas de fuego que golpea la cápsula o el percutor para producir la inflamación de la carga. || **8. martillo neumático** Aparato de percusión que funciona por medio de aire comprimido. **9. martillo pilón** Máquina utilizada para la forja de piezas grandes, consistente en un bloque pesado de acero que se deja caer sobre la pieza situada en el yunque. **FAM.** Martillar, martillazo, martillear, martillero. / Amartillar, martellina.

martín pescador *s. m.* Ave trepadora de unos 16 cm de longitud, brillantes colores, patas cortas y pico largo y puntiagudo, que se alimenta de pequeños animales acuáticos. La especie más común en Europa tiene el plumaje de color verde o azul en el dorso y castaño rojizo en el vientre. Se llama también *alción*.

martineta *s. f. Arg., Bol.* y *Par.* Animal parecido a la perdiz, pero más grande, característico de las pampas.

martinete[1] *s. m.* **1.** Macillo que golpea la cuerda del piano. **2.** Mazo pesado para golpear metales, paños, etc., y darles el grosor que se quiere. **3.** Martillo o mazo movido mecánicamente, menos potente que el martillo pilón. **4.** Máquina utilizada para clavar pilotes o estacas. **5.** Modalidad de cante flamenco que no necesita acompañamiento de guitarra.

martinete[2] *s. m.* **1.** Ave zancuda parecida a la garza, de unos 60 cm de longitud, cuerpo robusto con plumaje negro en el dorso, patas cortas y un penacho de plumas blancas en la cabeza. Vive cerca del agua. **2.** Penacho de plumas de esta ave. FAM. Martineta.

martingala (del fr. *martingale*) *s. f.* **1.** Engaño, treta: *Logró con martingalas el permiso.* **2.** Asunto pesado o incómodo: *Tener que rellenar esos impresos es una martingala.* **3.** Calza que llevaban los guerreros debajo de las piezas de la armadura que cubrían los muslos. Se usa más en *pl.* SIN. **1.** Truco, argucia, artimaña.

martini (nombre comercial registrado) *s. m.* **1.** *fam.* Vermut. **2.** Cóctel elaborado con ginebra y vermut blanco seco.

mártir (del lat. *martyr, -yris*, y éste del gr. *martys, -yros*, testigo) *s. m.* y *f.* **1.** Persona que ha muerto por mantener sus creencias. **2.** Persona que soporta muchas penalidades: *Ella es una mártir de la familia.* SIN. **2.** Víctima. FAM. Martirio, martirizar, martirologio. / Protomártir.

martirio (del lat. *martyrium*) *s. m.* **1.** Muerte o padecimiento sufridos en defensa de una creencia. **2.** Trabajo penoso o sufrimiento grande. SIN. **2.** Tormento.

martirizar (del lat. *martyrizare*) *v. tr.* **1.** Dar martirio a alguien. **2.** Causar pena, molestia, etc. También *v. prnl.*: *Sus palabras me martirizan.* ■ Delante de *e* se escribe *c* en lugar de *z*: *martirices.* SIN. **1.** Torturar, sacrificar. **2.** Atormentar(se), afligir(se), incordiar, atribular(se). ANT. **2.** Agradar. FAM. Martirizador, martirizante. MÁRTIR.

martirologio (del gr. *martys, -yros*, mártir, y *logos*, relación) *s. m.* **1.** Lista de los mártires del cristianismo y, p. ext., de todos los santos. **2.** Lista de víctimas de una causa.

maruja *s. f. desp.* Mujer que sólo se dedica al trabajo del hogar. SIN. María. FAM. Marujear, marujeo.

marujear *v. intr. desp.* Hacer lo que se supone característico de las marujas.

marxismo *s. m.* **1.** Conjunto de teorías económicas, políticas y filosóficas de Karl Marx. **2.** Movimiento teórico y político que sigue las doctrinas de Marx. FAM. Marxista.

marxista *s. m.* y *f.* **1.** Del marxismo o relacionado con él: *ideología marxista.* **2.** Partidario de esta doctrina: *un pensador marxista.* También *s. m.* y *f.*

marzo (del lat. *martius*) *s. m.* Tercer mes del año, que tiene treinta y un días. FAM. Marcear, marceño.

mas *conj. advers.* Pero: *Me dijeron que habías engordado, mas no creía que fuese tanto.*

más (del lat. *magis*) *adv. c.* **1.** Indica un aumento en la cantidad, calidad o intensidad de algo. Suele ser el primer término de una comparación; a veces el segundo no se expresa: *Ahora tengo más tiempo que antes. Corre más.* **2.** Con el artículo determinado señala el grado superlativo: *Es el más cariñoso de la familia.* **3.** Con los verbos *querer, gustar*, etc., indica preferencia: *Me gusta más el otro traje.* **4.** Equivale a *tan*: *¡Qué película más lenta!* || *adv. m.* **5.** Especialmente, sobre todo: *No me fío, y más si viene de él.* || *adv. t.* **6.** En frases negativas intensifica la negación: *Si le prestas el libro no volverás a verlo más.* || *s. m.* **7.** Signo aritmético (+) de la suma. || *adj.* **8.** En frases negativas, delante de un nombre, equivale a *otro*: *No tengo más solución que ésta.* **9.** Mayor, mejor: *Éste es más coche que el nuestro.* || LOC. **a lo más** o **cuando más** *adv.* En el mayor grado, como mucho: *A lo más habrá cien metros.* **a más y mejor** *adv.* Indica abundancia, intensidad: *Disfruta a más y mejor.* **cuanto más** Establece la correspondencia entre dos series de valores: *Cuanto más sabios, más modestos.* **de lo más** *adv.* Muy: *un traje de lo más elegante.* **de más** *adv.* De sobra: *Estoy de más en la fiesta.* **es más** Refuerza una afirmación anterior: *El negocio no mejora, es más, lo veo peor cada día.* **los** (o **las**) **más** La mayoría: *De la junta, los más votaron afirmativamente.* **más aún** *adv.* Equivale a *es más*. También sirve para aumentar el valor de algo que se ha dicho: *No le gusta preguntar, más aún si es en público.* **más bien** *adv.* y *conj.* Por el contrario: *No tiene dinero, sino más bien deudas.* **más que** *conj.* Equivale a *sino*: *Nadie lo puede arreglar más que Antonio.* **sus más y sus menos** Dificultades, problemas: *Entre los herederos hay sus más y sus menos.* FAM. Además, demás.

masa (del lat. *massa*) *s. f.* **1.** Mezcla espesa, blanda y consistente que resulta de añadir un líquido a una sustancia sólida o en polvo. **2.** Mezcla de harina, levadura, agua y otros ingredientes con que se hace pan, repostería, etc. **3.** En la construcción, material utilizado para unir o pegar. **4.** Agrupación numerosa de personas o cosas, generalmente indiferenciada: *Sus partidarios formaban una masa ruidosa.* **5.** La gente en general, el pueblo: *un líder de masas.* **6.** Porción de materia o cosas que componen un cuerpo o un conjunto: *El mar es una enorme masa de agua. El bosque está formado por una gran masa de árboles.* **7.** En fís., cantidad de materia que posee un cuerpo; se mide en kg. **8.** En una instalación eléctrica, conjunto de piezas metálicas que se hallan en comunicación con el suelo. **9.** *Arg.* Pastelillo. || **10. masa atómica** La de un átomo de cualquier elemento. **11. masa encefálica** Encéfalo*. **12. masa molecular** La de una molécula de cualquier sustancia pura, equivalente a la suma de las masas de los átomos que componen dicha molécula. || LOC. **en masa** *adv.* Todo o todos a la vez, en bloque: *Rechazaron en masa la propuesta.* SIN. **1.** Pasta. **3.** Argamasa. **4.** Gentío. **4.** y **5.** Multitud. **5.** Muchedumbre. FAM. Masera, masificar, masilla, masita. / Amasar, biomasa.

masacrar (del lat. *massacrer*) *v. tr.* Matar o asesinar en masa: *El bombardeo masacró a la población civil.* SIN. Aniquilar, exterminar.

masacre (del fr. *massacre*) *s. f.* Matanza colectiva, por lo general de personas indefensas: *El pánico produjo una masacre en el estadio.* SIN. Aniquilamiento, exterminio. FAM. Masacrar.

masai *adj.* De un pueblo de pastores nómadas de raza negra que habita en Kenia y Tanzania. También *s. m.* y *f.* ■ Se escribe también *massai.*

masaje (del fr. *massage*, de *masser*, amasar) *s. m.* **1.** Acción de frotar, apretar o dar ligeros golpes en ciertas partes del cuerpo con fines curativos, deportivos, estéticos, etc.; puede hacerse directamente con las manos o por medio de aparatos especiales. **2.** Producto empleado para esta operación. SIN. **1.** Friega, fricción. FAM. Masajear, masajista. / Hidromasaje, quiromasaje.

masajear *v. tr.* Dar masajes. También *v. intr.*

masajista *s. m.* y *f.* Persona que se dedica profesionalmente a dar masajes.

mascado, da *p.* de **mascar**. También *adj.* || LOC. **dar** a alguien algo **mascado** *fam.* Dárselo o enseñárselo de modo que le sea más fácil hacerlo o comprenderlo: *El profesor nos dio mascada la lección.*

mascar (del lat. tardío *masticare*) *v. tr.* **1.** Partir y deshacer con los dientes: *mascar comida, taba-*

co. **2.** *fam.* Mascullar*. || **mascarse** *v. prnl.* **3.** *fam.* Verse venir, considerarse que algo va a suceder en seguida: *En el campo se mascaba el gol.* ■ Delante de *e* se escribe *qu* en lugar de *c*: *masque.* **SIN. 1.** Masticar. **2.** Farfullar, rezongar, barbotar. **FAM.** Mascada, mascado, mascador, mascadura. / Masticar.

máscara (del ár. *masjara*, bufonada, antifaz) *s. f.* **1.** Pieza con que alguien se cubre la cara o parte de ella para no ser reconocido, protegerse el rostro, defenderse contra los gases tóxicos, etc. **2.** Disfraz: *baile de máscaras.* **3.** Lo que cubre o disimula los sentimientos, la manera de ser o los propósitos de alguien: *Bajo esa máscara de bondad esconde malas intenciones.* **SIN. 1.** Careta, antifaz. **3.** Apariencia. **FAM.** Mascarada, mascarilla, mascarón. / Enmascarar.

mascarada *s. f.* **1.** Fiesta de personas vestidas con máscaras. **2.** Farsa, engaño con que se intenta aparentar o disimular algo: *Esa elección es una mascarada, pues todo estaba ya decidido.*

mascarilla *s. f.* **1.** Máscara que sólo cubre medio rostro, p. ej. la que tapa la boca y nariz del cirujano en las operaciones para evitar la transmisión de gérmenes. **2.** Aparato que se aplica al rostro para inhalar ciertos gases: *mascarilla de oxígeno.* **3.** Molde de yeso del rostro de una persona y escultura hecha con ese molde. **4.** Capa de productos cosméticos que se aplica sobre la piel y el cabello para su cuidado. **SIN. 1.** Antifaz. **3.** Vaciado.

mascarón *s. m.* **1.** En arq., adorno en forma de cara fantástica o deforme. || **2. mascarón de proa** Figura que se coloca como adorno o símbolo en la proa de un barco.

mascletá (valenciano) *s. f.* Conjunto de explosiones de petardos potentes y ruidosos, característica de las fiestas valencianas.

mascota (del fr. *mascotte*, y éste del prov. *masco*, bruja) *s. f.* **1.** Persona, animal o cosa que se supone que atrae la buena suerte sobre su poseedor. **2.** Figura que simboliza un grupo, acontecimiento, etc.: *la mascota de los Juegos Olímpicos.* **3.** Animal de compañía. **SIN. 1.** Amuleto, talismán.

masculinizar *v. tr.* Dar caracteres masculinos. También *v. prnl.* ■ Delante de *e* se escribe *c* en lugar de *z*. **FAM.** Masculinización. MASCULINO.

masculino, na (del lat. *masculinus*) *adj.* **1.** Se dice de la persona, animal o planta dotado de órganos para fecundar, y de todo lo relativo a ellos. **2.** Propio del hombre: *una voz muy masculina.* **3.** Se dice del género gramatical al que pertenecen los sustantivos que representan personas y animales del sexo masculino, así como las cosas a las que por su terminación o por uso se les ha dado este género. También *s. m.* **4.** Relativo a este género: *artículo masculino.* **SIN. 1.** Macho. **2.** Viril, varonil. **ANT. 4.** Femenino. **FAM.** Masculinidad, masculinizar. / Emascular, macho[1].

mascullar *v. tr.* Hablar entre dientes, en voz baja o pronunciando mal. **SIN.** Murmurar, farfullar.

masera *s. f.* **1.** Artesa grande para amasar. **2.** Paño con que se envuelve la masa para su fermentación.

masetero (del gr. *maseter*, masticador) *s. m.* Cada uno de los músculos masticadores que elevan la mandíbula inferior.

masía (del cat. *masia*) *s. f.* Casa de campo, con tierras de labor y establos, característica de Cataluña. **FAM.** Masovero.

masificar (de *masa* y el lat. *facere*, hacer) *v. tr.* Convertir a un grupo en masa sin diferenciar, llenar de masas de gente un lugar, un servicio, etc. También *v. prnl.*: *Las playas se masifican en verano.* ■ Delante de *e* se escribe *qu* en lugar de *c*: *masifique.* **FAM.** Masificación. MASA.

masilla *s. f.* Mezcla pastosa, hecha con diversas sustancias, que se usa para sujetar los cristales a los marcos, tapar juntas, rellenar grietas, etc. **SIN.** Mástique. **FAM.** Enmasillar. MASA.

masita *s. f.* **1.** En el ejército, cantidad de dinero que se retiene de las pagas de los soldados y cabos para suministrarles zapatos, prendas de vestir, etc., o que se les entrega para que los adquieran. **2.** *Amér.* Pasta o dulce de confitería.

masivo, va (del fr. *massif*) *adj.* **1.** Que agrupa a gran número de personas: *El espectáculo tuvo una asistencia masiva de público.* **2.** Que se hace en gran cantidad: *una exportación masiva de aceite de oliva.* **3.** Se dice de la dosis de un medicamento cuando se acerca al límite máximo que tolera el organismo. **SIN. 1.** Enorme. **2.** Fuerte. **3.** Intensivo. **ANT. 1.** Insignificante. **2.** Moderado. **3.** Mínimo. **FAM.** Masivamente.

maslo (del lat. *masculus*) *s. m.* **1.** Tronco de la cola de los cuadrúpedos. **2.** Tallo de una planta.

masoca *s. m.* y *f. fam.* Que practica el masoquismo o disfruta con él. También *adj.* **SIN.** Masoquista.

masón, na (del fr. *maçon*, y éste del ingl. *mason*, albañil) *adj.* Que pertenece a la masonería. También *s. m.* y *f.*

masonería (del fr. *maçonnerie*, y éste de *maçon*, albañil) *s. f.* Sociedad secreta de carácter internacional, cuyos miembros, a los que une un ideal de fraternidad y ayuda mutua, se organizan y reúnen en grupos llamados logias. **SIN.** Francmasonería. **FAM.** Masón, masónico. / Francmasonería.

masoquismo (del novelista austriaco *Sacher-Masoch*) *s. m.* **1.** Perversión sexual del que experimenta placer erótico al ser maltratado o sometido a humillaciones. **2.** P. ext., disfrute con el propio sufrimiento o con cosas desagradables. **FAM.** Masoca, masoquista. / Sadomasoquismo.

masovero (del cat. *masover*) *s. m.* Persona que vive en una masía y cultiva sus tierras sin ser el propietario.

mass media (ingl.) *s. m. pl.* Medios de comunicación de masas: prensa, radio, televisión, cine, etc. ■ A veces se abrevia como *media.* **FAM.** Media[3].

mastaba (del ár. *mastaba*, banco) *s. f.* Tumba del antiguo Egipto faraónico, con forma de pirámide truncada de base rectangular.

mastectomía (del gr. *mastos*, mama, y *-ectomía*) *s. f.* Extirpación quirúrgica de un pecho.

mastelero (del fr. *mastereau*, y éste del germ. *mast*, mástil) *s. m.* Palo menor que en los buques prolonga cada uno de los palos mayores.

máster (del ingl. *master*) *s. m.* Curso especializado, especialmente para licenciados.

masters (ingl., significa 'maestros') *s. m.* Torneo de golf o de tenis en que solamente participan jugadores de la más alta categoría.

masticador, ra *adj.* **1.** Que mastica. **2.** Se dice del aparato bucal de ciertos insectos, como saltamontes y escarabajos, preparado para triturar el alimento. **3.** Se aplica a los insectos que tienen este aparato bucal. También *s. m.*

masticar (del lat. tardío *masticare*) *v. tr.* **1.** Partir y deshacer con los dientes. **2.** Pensar con insistencia sobre algo: *En la soledad masticaba su rabia.* ■ Delante de *e* se escribe *qu* en lugar de *c*: *mastique.* **SIN. 1.** Mascar, triturar. **2.** Rumiar, cavilar. **FAM.** Masticación, masticador, masticatorio. / Mastigador. MASCAR.

mastigador *s. m.* Aparato sujeto al freno del caballo para excitarle la salivación y el apetito.

mástil *s. m.* **1.** Cualquiera de los palos verticales de un barco que sirven para sostener las velas. **2.** Palo o poste para sostener algo: *el mástil de la bandera.* **3.** En algunas máquinas grandes, torre, pieza o estructura vertical de gran altura: *un mástil de perforación.* **4.** Pieza estrecha y larga de los instrumentos de cuerda sobre la que se tensan las mismas. **5.** Parte del astil o eje de la pluma de las aves en cuyos lados nacen las barbas. **6.** Tallo grueso o tronco de las plantas. **SIN. 2.** Asta, puntal. **FAM.** Mastelero.

mastín (del fr. *mastin*, y éste del lat. vulg. *mansuetinus*, domesticado) *s. m.* Perro de una raza caracterizada por gran robustez y fortaleza, cabeza voluminosa, orejas lacias y pegadas por arriba y pelo corto.

mástique (del lat. *mastiche*, y éste del gr. *mastikhe*) *s. m.* Masilla para tapar huecos o igualar las superficies que se van a pintar o decorar.

mastitis (del gr. *mastos*, mama, e *-itis*) *s. f.* Inflamación de la mama. ■ No varía en *pl.*

mastodonte (del gr. *mastos*, pezón, y *odos, odontos*, diente) *s. m.* **1.** Nombre común de diversos mamíferos fósiles parecidos al elefante, que habitaron la Tierra desde fines del terciario hasta el cuaternario. **2.** Persona o cosa de enorme tamaño. **SIN. 2.** Mamotreto, armatoste. **ANT. 2.** Miniatura. **FAM.** Mastodóntico.

mastodóntico, ca *adj.* Enorme, gigantesco: *un edificio mastodóntico.*

mastoides (del gr. *mastoeides*, de *mastos*, mama, y *eidos*, forma) *adj.* Se dice de la apófisis de los huesos temporales del cráneo, situada detrás del oído. También *s. f.* ■ No varía en *pl.* **FAM.** Mastoideo. / Esternocleidomastoideo.

mastranto o **mastranzo** (del lat. *mentastrum*) *s. m.* Planta labiada de hojas ovales, flores en espiga de color blanco y un fuerte olor aromático.

mastuerzo *s. m.* **1.** Berro*. **2.** *fam.* Torpe, necio. También *adj.* **SIN. 2.** Zoquete.

masturbar (del lat. *masturbari*) *v. tr.* Proporcionar placer sexual manipulando o tocando los órganos sexuales. Se usa más como *v. prnl.* **FAM.** Masturbación.

mata (del lat. tardío *matta*, estera) *s. f.* **1.** Planta herbácea o arbusto de poca altura. **2.** Rama o trozo de dicha planta: *Me dieron una mata de perejil.* **3.** Terreno poblado de una misma clase de árboles: *una mata de naranjos.* || **4. mata de pelo** Cabellera larga y abundante de una mujer. **SIN. 1.** Matojo. **FAM.** Matojo, matorral.

matacaballo, a *loc. adv.* A toda prisa: *Hemos visitado la ciudad a matacaballo.*

matacán (de *matar* y *can*, perro) *s. m.* **1.** Construcción que sobresale en lo alto de una torre, muralla o puerta, con parapeto y aberturas para arrojar proyectiles al enemigo. **2.** Veneno para perros.

matacandelas *s. m.* Apagavelas*.

matacandil *s. m.* Planta crucífera, de hojas lobuladas y flores amarillas de pequeño tamaño, que crece en lugares húmedos.

matachín *s. m.* **1.** Matarife*. **2.** *fam.* Hombre que busca pelea. **SIN. 2.** Pendenciero, camorrista.

matadero *s. m.* Sitio donde se matan animales para el consumo.

matador, ra *adj.* **1.** Que mata. También *s. m.* y *f.* **2.** Penoso, cansado: *Este trabajo es matador.* **3.** *fam.* Ridículo, de mal gusto: *Ese traje te está matador.* || *s. m.* y *f.* **4.** Torero*. **SIN. 4.** Espada, diestro.

matadura *s. f.* **1.** Llaga o herida producida a una caballería por el roce del aparejo. **2.** Golpe o herida de poca importancia: *El niño tiene la pierna llena de mataduras.*

matalahúga o **matalahúva** (del ár. *al-habba al-huluwa*, el grano de anís) *s. f.* Anís, planta y semilla.

matalón, na *adj.* Se dice de la caballería flaca y que suele tener mataduras. También *s. m.* y *f.*

matalotaje (del fr. *matalotage*, marinería, salario de los marineros) *s. m.* **1.** Conjunto de provisiones que se lleva en un barco. **2.** *fam.* Conjunto de cosas desordenadas. **SIN. 2.** Revoltijo, batiburrillo.

matambre *s. m.* **1.** *Amér. del S.* Tira de carne de la res que cubre las costillas y la barriga. **2.** Plato que se prepara con esta carne, guisada o en fiambre.

matamoscas *s. m.* **1.** Cualquier sustancia química para matar moscas. **2.** Especie de paleta con rejilla, de mango largo, usada con este mismo fin. ■ No varía en *pl.*

matanza *s. f.* **1.** Acción de matar. **2.** Gran mortandad de personas en una batalla, asalto, atraco, etc. **3.** Faena de matar los cerdos y preparar su carne, hacer embutidos, etc. **4.** Temporada en que suele hacerse. **5.** Conjunto de productos que se obtienen del cerdo para el consumo humano. **SIN. 2.** Masacre, carnicería.

matar (del lat. *mattare*, sacrificar) *v. tr.* **1.** Quitar la vida. También *v. prnl.* **2.** Hacer sufrir o quitar la salud: *Los disgustos me matan.* **3.** Molestar, fastidiar mucho: *Ese ruido me mata.* **4.** Con *hambre* o *sed*, quitarlas. **5.** Destruir algo no material: *matar la ilusión.* **6.** Pasar el tiempo: *Hago crucigramas para matar las horas.* **7.** Limar o redondear esquinas, aristas, puntas, etc. **8.** Apagar, echar agua a la cal viva o al yeso. **9.** Disminuir la intensidad de un color o el brillo de algo. **10.** En juegos de cartas, echar una superior a la jugada por el contrario y llevarse la baza. || **matarse** *v. prnl.* **11.** Perder la vida: *Se mató con el coche.* **12.** Trabajar duramente, esforzarse por conseguir algo: *Se mata a estudiar para sacar buenas notas.* **13.** No armonizar ideas, colores, etc.: *el marrón y el azul se matan.* || **LOC. estar** (o **llevarse**) **a matar** con alguien Estar muy enemistado con él. **matarlas callando** Cometer malas acciones, pero con la apariencia de ser incapaz de ello. **que me maten** (**si**...) *fam.* Se utiliza para reforzar la certeza de algo que se afirma: *Que me maten si entiendo algo de lo que pasa.* **SIN. 1.** Asesinar, liquidar, apiolar. **4.** Calmar, mitigar. **10.** Ganar. **11.** Fallecer. **12.** Deslomarse, desvivirse. **ANT. 1.** Engendrar. **3.** Agradar. **4.** y **5.** Avivar. **9.** Abrillantar. **12.** Despreocuparse. **FAM.** Matacán, matacandil, matachín, matadero, matador, matadura, matalón, matambre, matamoscas, matanza, matarife, matarratas, matasanos, matasellos, matasiete, matasuegras, matón, matungo. / Rematar.

matarife (de *matar*) *s. m.* Persona que tiene por oficio matar y descuartizar las reses.

matarratas *s. m.* **1.** Raticida*. **2.** *fam.* Aguardiente de mala calidad y muy fuerte. ■ No varía en *pl.*

matasanos *s. m.* y *f.* **1.** *fam.* Mal médico. **2.** *fam.* y *desp.* Médico. ■ No varía en *pl.*

matasellos *s. m.* **1.** Estampilla para inutilizar los sellos de las cartas en las oficinas de correos. **2.** Marca o dibujo que se imprime con esta estampilla. ■ No varía en *pl.*

matasiete *s. m. fam.* Hombre que presume de valiente y le gusta buscar pelea. **SIN.** Matón, chulo, bravucón, pendenciero, perdonavidas.

matasuegras *s. m.* Tubo de papel enroscado, con una boquilla en un extremo, por donde se sopla para desenrollarlo bruscamente, al tiempo que se emite un pitido. ■ No varía en *pl.*

match (ingl.) *s. m.* En dep., enfrentamiento entre dos personas o dos equipos. SIN. Encuentro, combate, partida.

match-ball (ingl.) *s. m.* En tenis y otros dep., tanto que da la victoria a un jugador o a un equipo.

mate[1] (del ár. *mat*, desconcertado, asombrado, aplicado al rey del ajedrez) *s. m.* **1.** Jugada definitiva del ajedrez en la que el rey recibe un jaque y no puede salvarse de las piezas que lo amenazan. **2.** En baloncesto, canasta obtenida sin lanzamiento a distancia, introduciendo la pelota de arriba abajo con una o dos manos.

mate[2] (del fr. *mat*, marchito, y éste del lat. vulg. *mattus*, embrutecido) *adj.* **1.** Sin brillo. **2.** Que no tiene color o viveza: *un sonido mate.* SIN. **2.** Apagado. ANT. **1.** Brillante.

mate[3] (del quechua *mati*, vaso o recipiente para beber) *s. m.* **1.** Árbol de hojas alternas, flores blanquecinas y fruto en drupa de color rojo, que se cultiva en América del Sur. **2.** *Amér.* Hojas secas de esta planta. **3.** Infusión que se prepara con ellas. **4.** Calabaza pequeña, seca y vaciada, o vasija para preparar y servir esta infusión. FAM. Matear, matero.

mateada *s. f. Amér.* Acción de matear.

matear *v. intr. Amér.* Tomar mate. FAM. Mateada. MATE[3].

matemática o **matemáticas** (del lat. *mathematica*) *s. f. sing.* o *pl.* Ciencia que, mediante el método deductivo, estudia entes abstractos, tales como números, figuras geométricas, etc., y las relaciones que se establecen entre ellos. FAM. Matemático, matracas.

matemático, ca (del lat. *mathematicus*, y éste del gr. *mathematikos*, de *mathema*, conocimiento) *adj.* **1.** Relativo a las matemáticas. **2.** Exacto: *El autobús sale con puntualidad matemática.* **3.** Que no falla, que suele cumplirse: *Es matemático, cuando llevo paraguas no llueve.* || *s. m.* y *f.* **4.** Persona que se dedica a las matemáticas o tiene especiales conocimientos de esta ciencia. SIN. **2.** Riguroso, cabal. FAM. Matemáticamente. MATEMÁTICA.

materia (del lat. *materia*) *s. f.* **1.** Nombre genérico de todo cuanto existe en el universo, constituido por partículas elementales agrupadas en átomos y moléculas. **2.** Sustancia o material del que está hecha una cosa: *Plástico y madera son las materias empleadas en este mueble.* **3.** Lo contrario al espíritu. **4.** Tema o asunto sobre el que se habla, se escribe, etc.: *El futuro del país fue la materia del diálogo.* **5.** Cada una de las disciplinas científicas o unidades de estudio que se imparten en los centros educativos: *La historia es la materia que más le gusta.* || **6. materia prima** Sustancia natural o poco transformada, básica en una industria para obtener los productos que elabora, como p. ej. la leche para hacer queso. || LOC. **en materia de** *adv.* En asunto de, en cuestión de: *Es un entendido en materia de coches.* **entrar en materia** Empezar a tratar un asunto después de algunos preliminares. SIN. **4.** Cuestión. **5.** Asignatura. FAM. Material. / Antimateria.

material (del lat. *materialis*) *adj.* **1.** Relativo a la materia. **2.** Físico, opuesto a espiritual. **3.** Se aplica al que ejecuta directa y personalmente una acción: *el autor material del crimen.* **4.** Relativo al valor de la materia o sustancia de la que está hecho algo: *El valor material de la alhaja es pequeño.* **5.** Que da mucha importancia a los bienes terrenales. || *s. m.* **6.** Materia que se emplea para hacer algo. Se usa más en *pl.*: *Los materiales empleados son de primera calidad.* **7.** Conjunto de instrumentos, máquinas, etc., necesario para desempeñar un servicio o ejercer una profesión: *el material de oficina.* **8.** Cuero curtido: *un monedero de material.* SIN. **2.** Terrenal, corporal. **5.** Materialista. ANT. **2.** Inmaterial. FAM. Materialidad, materialismo, materializar, materialmente. / Inmaterial. MATERIA.

materialismo *s. m.* **1.** Doctrina filosófica que admite como única realidad la materia y niega la espiritualidad e inmortalidad del alma humana. **2.** Cualidad o actitud de la persona materialista: *Su materialismo le lleva a acumular riquezas.* FAM. Materialista. MATERIAL.

materialista *adj.* **1.** Que valora excesivamente los bienes materiales. También *s. m.* y *f.* **2.** Partidario o defensor del materialismo. También *s. m.* y *f.* **3.** Relativo al materialismo. || *s. m.* **4.** *Méx.* Transportista. **5.** Camión.

materializar *v. tr.* **1.** Realizar un proyecto, idea, promesa, etc.: *Logró materializar sus deseos.* También *v. prnl.* **2.** Presentar o considerar algo espiritual de manera material para que pueda ser percibido por los sentidos. **3.** Hacer a alguien materialista. También *v. prnl.* ■ Delante de *e* se escribe *c* en lugar de *z*: *materialicen.* FAM. Materialización. MATERIAL.

materialmente *adv. m.* **1.** De manera material. **2.** De hecho, realmente: *El nuevo chalé está materialmente terminado.*

maternal *adj.* Materno, propio de la madre. FAM. Maternalmente. MATERNO.

maternidad *s. f.* **1.** Estado o circunstancia de ser madre. **2.** Centro clínico para la asistencia de mujeres que van a dar a luz.

maternizar *v. tr.* Dotar a la leche de vaca de las propiedades que tiene la de mujer. ■ Delante de *e* se escribe *c* en lugar de *z*.

materno, na (del lat. *maternus*) *adj.* Relativo a la madre. FAM. Maternal, maternidad, maternizar. MADRE.

matero, ra *adj.* **1.** *Arg.* y *Urug.* Se dice de la persona a la que le gusta tomar mate. || *s. m.* y *f.* **2.** *Ven.* Tiesto, maceta.

matete *s. m.* **1.** *Amér. del S.* Mezcla de sustancias desechas en un líquido. **2.** *Arg.* y *Urug.* Desorden, lío. SIN. **2.** Follón.

matinal *adj.* **1.** Relativo a la mañana. **2.** Se dice de las sesiones de algunos espectáculos que se celebran por la mañana: *Los niños fueron a una sesión matinal de cine.* También *s. f.* FAM. Matiné. MATUTINO.

matiné (del fr. *matinée*) *s. f.* Sesión de un espectáculo que se celebra en las primeras horas de la tarde.

matiz *s. m.* **1.** Cada uno de los distintos grados o tonos de un color. **2.** Unión de diversos colores debidamente combinados. **3.** Rasgo o detalle que da a una cosa un carácter determinado: *La reunión tiene un matiz político.* **4.** En una obra literaria, aspecto de especial colorido y expresión: *El público supo apreciar los distintos matices de la comedia.* SIN. **1.** Tonalidad, modalidad, gama. **3.** Tinte, cariz. FAM. Matizar.

matizar (del bajo lat. *matizare*) *v. tr.* **1.** Combinar armoniosamente los colores. **2.** Dar un determinado tono a un color. **3.** Señalar las diferencias o matices de algo. **4.** Dar a algo cierto tono o matiz: *Matiza de ironía sus palabras.* ■ Delante de *e* se escribe *c* en lugar de *z*: *matice.* SIN. 1. Graduar. 3. Concretar, puntualizar. FAM. Matización. MATIZ.

matojo *s. m.* 1. *desp.* Mata, planta herbácea o arbusto de poca altura. 2. *Ant., Col.* y *Méx.* Matorral. 3. *Cuba* y *P. Rico* Brote o retoño de un árbol podado.

matón *s. m.* 1. Hombre que presume de valiente y busca pelea. 2. Guardaespaldas*. 3. Persona que emplea medios ilícitos en su propio beneficio o en el de otra persona para quien trabaja. SIN. 1. Bravucón, chulo. 2. Escolta. FAM. Matonería, matonismo. MATAR.

matorral *s. m.* 1. Conjunto de matas. 2. Formación arbustiva baja y más o menos densa.

matraca (del ár. *mitraqa*, martillo) *s. f.* 1. Rueda de tablas en forma de aspa, con mazos o badajos que al girar la rueda producen un ruido fuerte y desagradable; se usa en Semana Santa en lugar de las campanas. 2. Carraca[2]*. 3. *fam.* Molestia que se causa a una persona por la repetición pesada de algo: *Todos los días me da la matraca con que se lo compre.* || *s. m.* y *f.* 4. *fam.* Persona machacona y pesada. SIN. 3. Tabarra, tostón, murga. 4. Pelma, plomo. FAM. Matraquear.

matracas *s. f. pl. fam.* Matemáticas*.

matraquear *v. intr.* 1. Hacer sonar la matraca. 2. *fam.* Fastidiar o molestar a una persona al insistir con pesadez en algo. FAM. Matraqueo. MATRACA.

matraz *s. m.* Vasija esférica de cristal, con el cuello recto y estrecho, muy utilizada en los laboratorios.

matrería *s. f.* 1. Astucia. 2. Desconfianza. SIN. 1. Perspicacia, sagacidad. 2. Recelo, suspicacia.

matrero, ra *adj.* 1. Astuto, experimentado. 2. Desconfiado. 3. *Amér. del S.* Que anda fugitivo de la justicia, como bandolero o malhechor. También *s. m.* y *f.* SIN. 1. Hábil, sagaz, artero. 2. Receloso, suspicaz. FAM. Matrería.

matriarca *s. f.* Mujer que ejerce el matriarcado. ANT. Patriarca.

matriarcado *s. m.* 1. Organización social, atribuida a algunos pueblos primitivos, en la que el poder residía en las mujeres. 2. P. ext., predominio o mayor autoridad de la mujer dentro de una sociedad o grupo social. ANT. 1. Patriarcado. FAM. Matriarca, matriarcal. MADRE.

matricial *adj.* Relativo a las matrices: *cálculo matricial.*

matricida (del lat. *matricida*, de *mater, -tris*, madre, y *caedere*, matar) *s. m.* y *f.* Persona que mata a su madre. También *adj.* FAM. Matricidio. MADRE.

matrícula (del lat. *matricula*) *s. f.* 1. Registro o lista oficial de personas, entidades u objetos, realizada con un fin determinado: *matrícula de alumnos.* 2. Acción de inscribir o inscribirse en una lista de este tipo: *Ayer hice la matrícula en la universidad.* 3. Conjunto de personas o cosas matriculadas: *El puerto ha aumentado su matrícula en cincuenta barcos.* 4. Placa en que figura el número de registro de un vehículo y que se coloca en las partes delantera y trasera del mismo. || 5. **matrícula de honor** Máxima calificación, superior al sobresaliente, concedida en un examen. FAM. Matricular.

matricular *v. tr.* Inscribir o apuntar en una matrícula o registro. También *v. prnl.*: *Se matriculó en derecho.* FAM. Matriculación, matriculado. MATRÍCULA.

matrimonialista *adj.* Se dice del abogado que se encarga de asuntos relacionados con el derecho de familia. También *s. m.* y *f.*

matrimoniar *v. intr.* Casarse. ■ En Chile y México se usa también como *v. prnl.*

matrimonio (del lat. *matrimonium*) *s. m.* 1. Unión de un hombre y una mujer que se comprometen mediante determinados ritos o formalidades legales a vivir juntos. 2. En la religión católica, sacramento que da un carácter sagrado y perpetuo a esta unión. 3. Pareja que forman el marido y la mujer: *Aquí viven un matrimonio y sus hijos.* || 4. **matrimonio canónico** (o **religioso**) El celebrado de acuerdo con los cánones y ceremonias de la Iglesia católica. 5. **matrimonio civil** El que se celebra según la ley civil, sin intervención de la Iglesia. SIN. 1. Casamiento. FAM. Matrimonial, matrimonialista, matrimoniar. / Extramatrimonial, prematrimonial.

matrioska (ruso) *s. f.* Juguete de madera que consiste en una muñeca hueca, dividida por la cintura en dos partes, que se encajan, y que tiene en su interior otra muñeca igual pero más pequeña, y ésta otra, y así sucesivamente otras, hasta llegar a una pequeñísima.

matritense (del lat. *matritum*, nombre latino de Madrid) *adj.* Madrileño. También *s. m.* y *f.*

matriz (del lat. *matrix, -icis*) *s. f.* 1. Órgano de las hembras de los mamíferos en el que se desarrolla el feto. 2. Molde en que se funden objetos de metal idénticos. 3. Molde en que se funden los tipos o letras de imprimir. 4. P. ext., cada una de las letras y espacios en blanco de un texto impreso: *Tiene que ajustarse a un número de matrices por línea.* 5. Original del que se sacan copias, p. ej. de discos gramofónicos. 6. Parte que permanece unida al talonario al arrancar los talones. 7. En mat., cuadro de números distribuidos en filas y columnas. || *adj.* 8. Se aplica a lo que es origen o fundamento de otra cosa: *Esta tienda es la casa matriz de la cadena.* SIN. 1. Útero, seno. 8. Originario, principal, fundador, generador. ANT. 8. Derivado, sucursal. FAM. Matricial. / Metritis. MADRE.

matrona (del lat. *matrona*) *s. f.* 1. Madre de familia noble y respetable, especialmente en la antigua Roma. 2. Mujer autorizada para asistir en los partos. 3. Mujer madura y de cierta corpulencia. 4. Funcionaria de aduanas o de centros penitenciarios que registra a las mujeres. SIN. 2. Comadrona, partera.

matungo, ga *adj. Amér. del S.* Se dice del caballo flaco, viejo y torpe.

maturrango, ga *adj.* 1. *Amér. del S.* Mal jinete. 2. *Chile* Se aplica a la persona pesada y de movimientos torpes. || *s. f.* 3. Trampa, engaño habilidoso. Se usa más en *pl.* SIN. 3. Artimaña, treta, marrullería.

matusalén (de *Matusalén*, patriarca hebreo) *s. m. fam.* Hombre muy viejo.

matute *s. m.* 1. Introducción de contrabando en un lugar. 2. Mercancía introducida de este modo. || LOC. **de matute** *adv.* De contrabando. También, clandestinamente, a escondidas: *Viajaron de matute en el tren.*

matutino, na (del lat. *matutinum*) *adj.* 1. Relativo a las primeras horas de la mañana. 2. Se dice de los diarios que salen a la venta por la mañana. También *s. m.* SIN. 1. Matinal, mañanero. FAM. Matinal. / Maitines.

maula *s. f.* 1. Cosa inútil o vieja. 2. Engaño, treta. || *s. m.* y *f.* 3. *fam.* Persona holgazana e inútil. También *adj.* 4. Persona estafadora, tramposa. También *adj.* 5. *Arg.* y *Urug.* Cobarde. También *adj.* SIN. 1. Trasto, armatoste, cachivache. 3. Vago, haragán, calamidad, inepto. 4. Marrullero, embaucador. ANT. 3. Trabajador, hábil.

maullar *v. intr.* Dar maullidos el gato. ■ En cuanto al acento, se conjuga como *aunar*. Se dice también *mayar*. **FAM.** Maullador. / Mayar. MAULLIDO.

maullido (onomat.) *s. m.* Sonido que emite el gato. ■ Se dice también *mayido*. **FAM.** Maullar.

mauriciano, na *adj.* De Mauricio, Estado insular del sudeste de África. También *s. m.* y *f.*

mauritano, na *adj.* De Mauritania. También *s. m.* y *f.*

máuser (de Guillermo *Mauser*, armero alemán) *s. m.* Fusil de repetición.

mausoleo (del lat. *mausoleum*, y éste del gr. *mausoleion*, sepulcro de *Mausolos*, rey de Caria) *s. m.* Sepulcro monumental.

maxi- *pref.* Significa 'muy grande' o 'muy largo': *maxifalda*.

maxifalda *s. f.* Falda larga, hasta los tobillos. ■ Se utiliza mucho la forma coloquial *maxi*.

maxilar (del lat. *maxillaris*, de *maxilla*, quijada) *s. m.* **1.** Cada uno de los huesos encargados de la masticación que forman el límite óseo de la boca. || *adj.* **2.** Relativo a estos huesos. **FAM.** Maxilofacial. / Submaxilar.

maxilofacial *adj.* Relativo al maxilar y a la cara.

máxima (del lat. medieval *maxima*, sentencia, regla) *s. f.* **1.** Frase que expresa brevemente un pensamiento moral, una enseñanza, etc. **2.** Principio fundamental de una ideología, doctrina o ciencia: *máxima budista*. **3.** Regla de conducta: *Su máxima es ayudar a los demás.* **SIN. 1.** Sentencia. **3.** Norma, lema.

maximalismo *s. m.* Cualidad o actitud de las personas maximalistas.

maximalista *adj.* **1.** Se aplica a las posiciones extremas, especialmente en política, y a quienes las defienden. También *s. m.* y *f.* **2.** En la revolución soviética, partidario de la aplicación inmediata de las reformas más radicales. También *s. m.* y *f.* **SIN. 1.** Extremista. **2.** Bolchevique. **ANT. 1.** Moderado. **FAM.** Maximalismo. MÁXIMO.

máximamente o **máxime** (del lat. *maxime*) *adv. m.* Sobre todo, con mayor motivo: *Deberías ir a la boda, máxime siendo amigo de los novios.*

maximizar *v. tr.* **1.** Hacer más grande: *maximizar la pantalla en un programa informático.* **2.** En mat., encontrar el valor máximo para una función. ■ Delante de *e* se escribe *c* en lugar de *z*.

máximo, ma (del lat. *maximus*) *adj.* **1.** *sup.* de **grande**. El mayor o más importante en su género: *Es el máximo responsable de la sección.* || *s. m.* **2.** Límite o grado superior al que alguien o algo puede llegar: *El depósito está al máximo de su capacidad.* || *s. f.* **3.** Temperatura más alta registrada en la atmósfera durante un periodo determinado. **SIN. 1.** Sumo. **2.** Máximum; cumbre, cima. **ANT. 1.** y **2.** Mínimo. **3.** Mínima. **FAM.** Máxima, maximalista, máximamente, máxime, maximizar, máximum.

máximum (del lat. *maximum*, lo más grande) *s. m.* Límite o grado superior al que puede llegar alguien o algo. **SIN.** Máximo. **ANT.** Mínimo.

maya *adj.* **1.** De un pueblo amerindio que habitaba principalmente en la península de Yucatán (México) y otras regiones adyacentes. También *s. m.* y *f.* **2.** Relativo a dicho pueblo: *arte maya.*

mayar *v. intr.* Maullar*. **FAM.** Mayido. MAULLAR.

mayear *v. intr.* Hacer el tiempo propio del mes de mayo. ■ Se usa sobre todo en el refrán *Cuando marzo mayea, mayo marcea.*

mayestático, ca (del al. *majestätisch*) *adj.* **1.** Propio o característico de la majestad. || **2. plural mayestático** Uso del plural en el pronombre personal, en lugar del singular, por soberanos y otras personas de alta jerarquía, p. ej. *Nos, el rey, concedemos.* **SIN. 1.** Majestuoso, solemne, magnífico.

mayéutica *s. f.* Método filosófico que consiste en conducir a un interlocutor al descubrimiento de la verdad, mediante una serie de preguntas que lo orientan adecuadamente.

mayido *s. m.* Maullido, voz del gato.

mayo (del lat. *maius*) *s. m.* **1.** Quinto mes del año, que tiene treinta y un días. **2.** Árbol o palo alto adornado con flores, cintas, etc., alrededor del cual bailan los jóvenes durante dicho mes en algunos pueblos. **FAM.** Mayear.

mayólica (del ital. *maiolica*, y éste del lat. *Maiorica*, Mallorca) *s. f.* Cerámica común con esmalte metálico.

mayonesa (del fr. *mayonnaise*, y éste de *mahonesa*, de Mahón) *s. f.* Salsa que se prepara batiendo aceite crudo y yema de huevo. ■ Se dice también *mahonesa*.

mayor (del lat. *maior, -oris*) *adj.* **1.** *comp.* de **grande**. Indica que tiene más altura, edad, cantidad, etc., que otra cosa de la misma especie: *Esta camisa es mayor que aquélla.* **2.** Precedido del artículo determinado o del pronombre posesivo, se convierte en superlativo: *Vive en la mayor pobreza.* **3.** Más intenso: *El curso exige un esfuerzo mayor.* **4.** Principal, de más importancia: *plaza mayor.* **5.** Adulto: *Los niños no entienden a menudo a las personas mayores.* También *s. m.* y *f.* **6.** Se dice de la persona de edad avanzada. **7.** Se dice de la vela principal que va sujeta al palo mayor. También *s. f.*: *Izó la mayor del barco.* || *s. m.* **8.** En algunos ejércitos, grado equivalente a comandante. **9.** Libro de contabilidad en que se anotan las partidas importantes o globales. || *s. m. pl.* **10.** Antepasados: *Nuestros mayores nos han dejado una importante herencia cultural.* || **LOC. al por mayor** *adj.* y *adv.* En gran cantidad. **ir** (o **pasar**) **a mayores** Adquirir un asunto más seriedad o gravedad. **SIN. 3.** Superior. **6.** Anciano, viejo. **10.** Antecesores, ascendientes, progenitores. **ANT. 2.** y **3.** Menor. **5.** Pequeño, joven. **10.** Descendientes. **FAM.** Mayoral, mayorazgo, mayordomo, mayoreo, mayoría, mayorista, mayoritario, mayormente. / Mayúsculo.

mayoral (de *mayor*) *s. m.* **1.** Pastor principal de un ganado, especialmente de una ganadería brava. **2.** Capataz o jefe de una cuadrilla de trabajadores del campo. **3.** Cochero de una diligencia o carroza. **SIN. 1.** Rabadán.

mayorazgo, ga (de *mayor*) *s. m.* **1.** Institución que permite transmitir por herencia los bienes familiares al primogénito o hijo mayor. **2.** Conjunto de estos bienes. **3.** Primogenitura. || *s. m.* y *f.* **4.** Hijo mayor, heredero de los bienes familiares. **5.** P. ext., hijo mayor. **SIN. 4.** y **5.** Primogénito.

mayordomía *s. f.* **1.** Cargo de mayordomo o administrador. **2.** Oficina del mayordomo.

mayordomo, ma (del lat. *maior*, mayor, y *domus*, casa) *s. m.* y *f.* **1.** Servidor principal de una casa o máximo responsable del servicio y administración de una hacienda. || *s. m.* **2.** En una cofradía, administrador. **SIN. 1.** Maestresala. **FAM.** Mayordomía. MAYOR.

mayoreo *s. m. Chile, Col.* y *Méx. fam.* Venta de algo al por mayor.

mayoría *s. f.* **1.** La mayor parte de algo. ■ Si no se especifica, se sobrentiende de personas: *La mayoría está de vacaciones.* **2.** En una votación, mayor número de votos iguales: *La ley fue aprobada por mayoría.* || **3. mayoría absoluta** La formada por más de la mitad de los votos en una votación. **4. mayoría de edad** Edad fijada por la ley para que una persona pueda ejercer todos sus derechos civiles. **5. mayoría relativa** (o **simple**) La formada por el mayor número de votos, no con relación al total, sino a los que obtiene cada una de las personas o cuestiones que se votan a la vez. **6. mayoría silenciosa** Conjunto de grandes sectores de la población que no manifiestan públicamente su opinión en cuestiones sociales o políticas. **ANT.** **1.** y **2.** Minoría.

mayorista *s. m.* y *f.* **1.** Persona que compra y vende al por mayor. También *adj.* || *adj.* **2.** Se dice del comercio en que se vende y compra al por mayor. **ANT.** **1.** Minorista, detallista.

mayoritario, ria *adj.* **1.** De la mayoría. **2.** Se aplica al sistema electoral que se basa en el triunfo de la mayoría, sin tener en cuenta los votos conseguidos por las minorías. **ANT.** **1.** Minoritario.

mayormente *adv. m.* Principalmente, especialmente: *Necesito dinero, mayormente si me voy de viaje.* **SIN.** Máxime.

mayúsculo, la (del lat. *maiusculus*, de *maior*) *adj.* **1.** Se dice de la letra de mayor tamaño y distinta figura, por regla general, que la minúscula, y que se emplea como inicial de todo nombre propio, después de punto y en otros casos. También *s. f.* **2.** Muy grande: *Cometió un error mayúsculo.* **SIN.** **1.** Versal. **2.** Tremendo, garrafal. **ANT.** **2.** Minúsculo, mínimo.

maza (del lat. vulg. *mattea*) *s. f.* **1.** Utensilio pesado y con mango que se usa para golpear, machacar o apisonar. **2.** Arma antigua, especie de porra de hierro o de madera recubierta de hierro. **3.** Emblema o insignia que llevan los maceros en las ceremonias. **4.** Pelota forrada de cuero y con mango que sirve para tocar el bombo. **5.** Extremo más grueso de un taco de billar. **6.** *fam.* Persona pesada, insistente y molesta. **SIN.** **1.** Mazo. **2.** Clava. **6.** Plomo, pelma. **FAM.** Macero, maceta[1], mazar, mazazo, mazo.

mazacote (del ital. *marzacotto*, y éste del ár. *mashaqunya*) *s. m.* **1.** *fam.* Cosa que está dura y apretada cuando debería estar suelta o esponjosa: *La tarta es un mazacote que no se puede comer.* **2.** Obra de arte, especialmente en arquitectura y escultura, pesada y sin gracia. **3.** *Amér.* Dulce. **FAM.** Amazacotado.

mazamorra *s. f. Amér.* Dulce de maíz.

mazapán (del ár. *majsaban*) *s. m.* Dulce hecho con almendras molidas y azúcar pulverizado, que a veces se presenta en forma de figuritas tostadas ligeramente al horno.

mazar *v. tr.* Agitar la leche en un recipiente para separar la grasa. ■ Delante de *e* se escribe *c* en lugar de *z*.

mazazo *s. m.* **1.** Golpe dado con la maza o el mazo. **2.** Cosa que causa fuerte impresión.

mazdeísmo (del persa *Mazda*, dios supremo, representación del bien) *s. m.* Religión de los antiguos persas que admite la existencia de dos principios divinos: uno bueno, creador del mundo, y otro malo, destructor. **FAM.** Mazdeísta.

mazmorra (del ár. *matmura*, caverna, sima) *s. f.* **1.** Cárcel o prisión subterránea. **2.** Sitio estrecho y oscuro. **SIN.** **1.** Calabozo. **2.** Tugurio, tabuco.

mazo (de *maza*) *s. m.* **1.** Martillo grande de madera. **2.** P. ext., martillo de metal. **3.** Maza pequeña: *el mazo del mortero.* **4.** Conjunto de cosas agrupadas en la misma posición, atadas o no: *un mazo de cigarros, un mazo de naipes.* **SIN.** **4.** Manojo, fajo, haz. **FAM.** Maceta[1], macillo. MAZA.

mazorca *s. f.* Espiga grande y con los granos muy juntos, como p. ej. la del maíz. **SIN.** Panoja, panocha.

mazorral *adj.* Grosero, basto.

mazurca (del polaco *mazurca*, de *Mazuria*, región de Polonia) *s. f.* **1.** Especie de polca o danza popular polaca, de compás ternario, en que la mujer elige a su acompañante. **2.** Música de este baile.

me (del lat. *me*, acusativo y ablativo de *ego*) *pron. pers.*, *m.* y *f. sing.* Forma átona que realiza las funciones de complemento directo e indirecto: *Me trajo en coche. Me regaló un pañuelo.* También se utiliza para formar verbos pronominales, y a veces tiene un valor enfático o expresivo: *me arrepiento, me tomé un café.* ■ No lleva nunca prep. Se pospone cuando acompaña a un imperativo, infinitivo o gerundio: *¿Quieres darme ya la pelota?*; en los demás casos lo normal es su anteposición: *Luis me dio la pelota.* Si aparecen en la frase otros pron. átonos, se antepone a éstos, excepto con *te* y *se*: *Se me duerme esta pierna.*

mea culpa (lat.) *loc. adv.* Significa 'por mi culpa'. Se usa como *s. m.*: *Entonó públicamente un mea culpa.*

meada *s. f.* **1.** *vulg.* Orina que se expulsa de una vez. **2.** Sitio que moja o señal que deja. **SIN.** **1.** Meado, pis.

meadero *s. m. vulg.* Lugar usado para orinar o destinado a este fin. **SIN.** Retrete, wáter, urinario, excusado, mingitorio.

meado *s. m.* **1.** *vulg.* Meada, orina que se expulsa de una vez. || *s. m. pl.* **2.** *vulg.* Orines.

meandro (del lat. *maeander*, y éste del gr. *Maiandros*, río de Asia Menor) *s. m.* **1.** Cada una de las curvas que va describiendo un río en su recorrido. **2.** P. ext., curva de un camino o carretera. **3.** En arq., adorno formado por líneas ondulantes y repetidas. **SIN.** **1.** y **2.** Recodo.

meapilas *s. m.* y *f. fam.* Beato, santurrón. ■ No varía en *pl.*

mear (del lat. vulg. *meiare*) *v. intr.* **1.** *vulg.* Orinar. También *v. tr.* y *v. prnl.* || **mearse** *v. prnl.* **2.** *vulg.* Reírse mucho y con ganas. **SIN.** **2.** Partirse, mondarse, troncharse. **FAM.** Meada, meadero, meado, meón. / Micción.

meato (del lat. *meatus*) *s. m.* **1.** Orificio de un conducto del cuerpo: *meato urinario.* **2.** En bot., espacio intercelular del tejido vegetal.

meca (del ár. *Makka*, ciudad santa de los musulmanes) *s. f.* Lugar que se convierte en el centro más importante de una actividad: *Hollywood fue la meca del cine.*

¡mecachis! *interj.* Expresa extrañeza, contrariedad o enfado: *Ya se rompió, ¡mecachis!*

mecánica (del lat. *mechanica*, y éste del gr. [*tekhne*] *mekhanike*, arte mecánica) *s. f.* **1.** Parte de la física que estudia el movimiento de los cuerpos (cinemática), las causas que lo producen (dinámica) y las condiciones de equilibrio (estática). **2.** Mecanismo que da movimiento a un artefacto o aparato: *La mecánica de este coche es muy complicada.* **3.** Funcionamiento de algo: *Se sabe perfectamente la mecánica del negocio.* **SIN.** **2.** Maquinaria. **3.** Manejo. **FAM.** Mecánicamente, mecanicismo, mecanismo, mecanizar. / Electromecánica, fotomecánica.

mecanicismo *s. m.* **1.** Explicación de los fenómenos biológicos por las leyes de la mecánica. **2.** Introducción o tendencia a introducir la máquina en todas las actividades. **FAM.** Mecanicista. MECÁNICO.

mecánico, ca (del lat. *mechanicus*, y éste del gr. *mekhanikos*, de *mekhane*, máquina) *adj.* **1.** Relativo a las máquinas. **2.** Hecho con máquina: *el cosido mecánico del calzado.* **3.** Que requiere más habilidad o esfuerzo manual que intelectual: *Se trata de una labor mecánica.* **4.** Se dice del gesto o movimiento automático, que se hace sin reflexionar. || *s. m.* y *f.* **5.** Persona que se dedica al manejo, reparación o mantenimiento de las máquinas. SIN. **4.** Maquinal.

mecanismo (del lat. *mechanisma*) *s. m.* **1.** Conjunto de piezas o elementos organizados entre sí para producir o transformar un movimiento: *el mecanismo de un ascensor.* **2.** Manera de producirse una actividad, una función o un suceso: *el mecanismo de unas elecciones.* SIN. **1.** Dispositivo. **2.** Funcionamiento, desarrollo, marcha. FAM. Servomecanismo. MECÁNICO.

mecanizado, da 1. *p.* de **mecanizar**. También *adj.*: *una fábrica mecanizada.* || *s. m.* **2.** Proceso de mecanizar. SIN. **1.** Automatizado.

mecanizar *v. tr.* **1.** Aplicar el uso de máquinas a una determinada actividad: *Correos mecanizó los servicios postales.* También *v. prnl.* **2.** Someter a elaboración mecánica una materia, un producto, etc.: *mecanizar la producción de pan.* También *v. prnl.* **3.** Convertir en maquinales o automáticas las acciones humanas: *mecanizar el saludo.* ▪ Delante de *e* se escribe *c* en lugar de *z.* SIN. **1.** Automatizar(se). FAM. Mecanización, mecanizado. MECÁNICO.

mecano (del nombre comercial registrado *Meccano*) *s. m.* Juguete que consiste en una serie de piezas y tornillos, con los que pueden componerse construcciones, objetos y hasta mecanismos: *Hizo una grúa con el mecano.*

mecanografía (del gr. *mekhane*, máquina, y *-grafía*) *s. f.* **1.** Técnica de escribir a máquina. **2.** Acción de escribir a máquina: *He acabado la mecanografía del trabajo.* FAM. Mecanografiado, mecanografiar, mecanográfico, mecanógrafo. / Taquimecanografía.

mecanoterapia (del gr. *mekhane*, máquina, y *-terapia*) *s. f.* Empleo de aparatos mecánicos para conseguir movimientos activos o pasivos en el cuerpo humano y con ello curar o aliviar ciertas enfermedades en músculos y articulaciones.

mecapal (del náhuatl *mecapalli*, de *mecatl*, mecate, y *palli*, ancho) *s. m. Guat.*, *Hond.* y *Méx.* Tira de cuero, con dos cuerdas en los extremos, utilizada para llevar una carga a cuestas, poniendo la tira en la frente y pasando las cuerdas por debajo de la carga. FAM. Mecapalero. MECATE.

mecapalero *s. m. Guat.*, *Hond.* y *Méx.* Cargador que usa el mecapal para llevar la carga.

mecate (del náhuatl *mecatl*) *s. m. Amér.* Cuerda de pita o cordel en general. SIN. Bramante. FAM. Mecapal.

mecedor, ra *adj.* **1.** Que mece o sirve para mecer. || *s. m.* **2.** Utensilio de madera que sirve para mover líquidos: *un mecedor de vino.* **3.** Columpio.

mecedora *s. f.* Silla de brazos cuyos pies se apoyan sobre dos arcos o terminan en forma circular, lo que permite balancearse al que se sienta en ella.

mecenas (de Cayo Cilnio *Mecenas*) *s. m.* Persona o institución que protege y favorece económicamente las actividades artísticas o intelectuales. ▪ No varía en *pl.* FAM. Mecenazgo.

mecer (del lat. *miscere*, mezclar) *v. tr.* **1.** Mover una cosa rítmicamente de un lado a otro, de manera que vuelva siempre a la posición inicial: *mecer un columpio.* También *v. prnl.* **2.** Mover rítmicamente a un niño en la cuna o en los brazos para que se duerma o deje de llorar. **3.** Mover de un lado a otro un líquido para que se mezcle mejor: *mecer el vino.* ▪ Delante de *o* y de *a* se escribe *z* en lugar de *c*: *mezo.* SIN. **1.** Balancear(se), columpiar(se). **2.** Acunar. FAM. Mecedor, mecedora, mecedura. / Mejer.

mecha (probablemente del fr. *mèche*) *s. f.* **1.** Cuerda retorcida, generalmente de algodón, que se pone dentro de las velas, candiles, mecheros, etc., para hacerla arder. **2.** Tubo de algodón relleno de pólvora o cuerda preparada para hacer explosionar minas y barrenos. **3.** Trozo de jamón, tocino u otro ingrediente para rellenar la carne o las aves. **4.** Mechón de cabellos. **5.** Coloración distinta en algunos mechones del pelo, conseguida por medio de un tinte: *En la peluquería le dieron unas mechas caoba.* **6.** En argot, procedimiento para robar en las tiendas o puestos que consiste en esconder las cosas robadas entre los vestidos u objetos personales. **7.** *Arg.*, *Chile* y *Perú* Broca de un taladro. **8.** *Col.*, *Ec.* y *Ven.* Broma, burla. || LOC. **a toda mecha** *adv. fam.* Rápidamente, con mucha prisa. **aguantar mecha** *fam.* Soportar con resignación algo penoso. SIN. **1.** Pabilo. FAM. Mechar, mechero, mechón, mechudo.

mechar *v. tr.* Rellenar con tocino, jamón u otro ingrediente una carne o ave.

mechero, ra *s. m.* y *f.* **1.** Ladrón por el procedimiento de la mecha. || *s. m.* **2.** Encendedor de bolsillo, normalmente de gas o gasolina. **3.** Instrumento para dar lumbre, que contiene una mecha y una pequeña rueda dentada que, al girar, roza sobre una piedrecilla que produce chispas. **4.** Quemador de gas, alcohol, petróleo, etc. **5.** Tubo o hueco de un candelero donde se coloca la vela. **6.** *Ven.* Bromista, chistoso. || *adj.* **7.** Se dice de la aguja hueca y grande que se usa para mechar la carne. También *s. f.*

mechinal (del mozár. *mechinar*, y éste del lat. *machina*, andamio) *s. m.* **1.** Agujero que se deja en las paredes para apoyar los tablones que sostienen un andamio. **2.** *fam.* Cuarto o vivienda muy pequeña. SIN. **2.** Cuchitril.

mechón *s. m.* Porción de pelo, fibra, lana, etc., que se corta o separa de un conjunto de la misma clase.

mechudo, da *adj. Amér.* Greñudo, con los cabellos llenos de greñas o mechones.

meco, ca *adj.* **1.** *Amér. C.* y *Méx.* Grosero, salvaje, ignorante. **2.** *Méx.* Se dice del indio salvaje y rebelde. También *s. m.* y *f.*

meconio (del lat. *meconium*, y éste del gr. *meconion*) *s. m.* Primer excremento del recién nacido.

medalla (del ital. *medaglia*) *s. f.* **1.** Placa, generalmente de metal, en la que hay grabada una imagen devota. **2.** Placa circular grabada en honor de un personaje o como recuerdo de un acontecimiento: *una medalla del centenario de las Cortes de Cádiz.* **3.** Premio que se concede en un concurso, competición o exposición. ▪ A veces designa a la persona que lo gana: *Ese corredor fue medalla de oro en Roma.* **4.** Condecoración o recompensa honorífica: *Le dieron la medalla del Mérito Civil.* SIN. **4.** Insignia. FAM. Medallero, medallista, medallón.

medallero *s. m.* En una competición deportiva, clasificación de las medallas conseguidas por los participantes.

medallista *s. m.* y *f.* Deportista que ha obtenido alguna medalla en una competición.

medallón *s. m.* **1.** *aum.* de **medalla**. **2.** Bajorrelieve de forma redonda o elíptica, que decora las paredes y fachadas de algunos edificios. **3.** Joya en forma de cajita, en cuyo interior se guardan objetos de recuerdo. **4.** Rodaja de cualquier alimento, especialmente de pescado.

médano (del lat. *metulum*, de *meta*, montón) *s. m.* **1.** Duna*. **2.** En el mar, banco de arena, generalmente casi a ras de agua.

media[1] (del lat. *media*) *s. f.* **1.** Valor intermedio: *El coche fue a una media de 80 km/h.* **2.** Espacio de tiempo de treinta minutos que sobrepasa a la hora indicada: *las dos y media.* **3.** En fútbol y otros deportes, línea entre la defensa y la delantera. También *adj.* || **4. media aritmética** Cociente que resulta de dividir la suma de varias cantidades por el número de ellas. **SIN. 1.** Promedio.

media[2] (de *media* [*calza*]) *s. f.* **1.** Prenda de nailon, espuma, etc., que cubre la mayor parte de la pierna. **2.** Panty*. **3.** Calcetín alto: *Los jugadores del equipo llevan medias blancas.* **4.** *Amér.* Calcetín. ■ En las cuatro acepciones anteriores se usa más en *pl.* **5.** Cierto tipo de punto de tejer. **FAM.** Pantimedias. MEDIO.

media[3] *s. m. pl.* Mass* media.

mediacaña *s. f.* **1.** Forma de media caña, cortada ésta a lo largo. **2.** Moldura cóncava, cortada a lo largo en forma de caña: *Cubrió las junturas con una mediacaña.* **3.** Listón con esta misma forma para guarnecer frisos, cornisas, etc. **4.** Formón de boca arqueada. **5.** Lima semicilíndrica maciza, terminada en punta. ■ Su pl. es *mediascañas.* **SIN. 2.** y **3.** Junquillo.

mediación *s. f.* Acción de mediar entre varias personas o partes. **SIN.** Intervención, intercesión.

mediado, da 1. *p.* de **mediar**. También *adj.* || *adj.* **2.** Que sólo contiene la mitad, más o menos, de su cabida. **3.** Medio gastado. **4.** Hecho sólo hasta la mitad. || **LOC. a** (o **hacia**) **mediados de mes, de año,** etc. *adv.* Hacia la mitad de ese tiempo.

mediador, ra (del lat. *mediator, -oris*) *adj.* Que media o interviene en una disputa, problema, etc., tratando de encontrar una solución. También *s. m.* y *f.*

mediagua *s. f. Arg., Chile* y *Nic.* Choza.

medialuna *s. f.* **1.** Cualquier cosa en forma de media luna. **2.** Emblema del Islam. **3.** Cruasán*. ■ Su pl. es *mediaslunas.*

mediana (del lat. *mediana*) *s. f.* **1.** En geom., segmento de recta que une cada vértice de un triángulo con el punto medio del lado opuesto. **2.** Espacio de separación entre los dos sentidos de circulación en una autopista o carretera. **3.** Taco de billar algo más largo que el corriente que sirve para jugar las bolas alejadas de las bandas. **FAM.** Mejana. MEDIO.

medianamente *adv. m.* Regularmente, no muy bien. **ANT.** Estupendamente.

medianejo, ja (*dim.* de *mediano*) *adj. desp.* Menos que mediano: *Tiene un sueldo medianejo.*

medianería *s. f.* **1.** Muro, pared, cerca o seto común a dos o más propiedades. **2.** *Amér.* Aparcería.

medianero, ra *adj.* **1.** Que está en medio de dos cosas. **2.** Se dice del muro o pared que separa dos casas o dos propiedades. **3.** *Arg.* Contiguo, colindante. **4.** Se dice de la persona que intercede o media en favor de otra o en un arreglo, trato, etc. También *s. m.* y *f.* || *s. m.* y *f.* **5.** Dueño de una casa o finca que tiene medianería con otra. **SIN. 1.** Central. **2.** Divisorio. **4.** Mediador, intermediario, árbitro. **FAM.** Medianería. MEDIO.

medianía *s. f.* **1.** Término medio entre dos extremos. **2.** Persona vulgar, que carece de cualidades relevantes: *Ese actor ha sido siempre una medianía.* **SIN. 2.** Mediocridad. **ANT. 2.** Eminencia.

mediano, na (del lat. *medianus*, del medio) *adj.* **1.** De tamaño o calidad intermedios. **2.** Mediocre, más bien malo: *un espectáculo mediano.* **FAM.** Medianamente, medianejo. MEDIO.

medianoche *s. f.* **1.** Las doce de la noche, momento en que termina un día y comienza otro. **2.** Horas centrales de la noche: *La sed la despertó a medianoche.* **3.** Bollo pequeño partido en dos mitades entre las cuales se coloca una loncha de jamón, de queso, etc. ■ Su pl. es *mediasnoches.*

mediante (del lat. *medians, -antis*) *adj.* **1.** Que media o intercede. || *adv. m.* **2.** Por medio de. || *s. f.* **3.** En mús., nombre de la nota que ocupa el tercer lugar de la escala diatónica*. || **LOC. Dios mediante** Si Dios quiere, si no pasa nada que lo impida.

mediar (del lat. *mediare*) *v. intr.* **1.** Llegar algo aproximadamente a la mitad: *Mediaba la tarde, cuando empezó a llover.* **2.** Intervenir una persona en una discusión, problema, etc., tratando de encontrar una solución. **3.** Interceder por alguien: *Ha mediado con el jefe para que coloque a su hermano.* **4.** Ocurrir un hecho o existir una circunstancia que influye o debe tenerse en cuenta en aquello de que se trata. **5.** Transcurrir un espacio de tiempo entre dos hechos: *Mediaron dos años entre el encargo del libro y la entrega del original.* **6.** Existir una distancia o una diferencia entre dos cosas o personas: *Media un abismo entre las dos hermanas.* **SIN. 2.** Arbitrar, conciliar, terciar. **3.** Abogar. **FAM.** Mediación, mediado, mediador, mediante. / Demediar. MEDIO.

mediastino (del lat. *mediastinus*, de *medius*, en medio) *s. m.* En anat., espacio comprendido entre las dos pleuras que divide el pecho en dos partes laterales.

mediático, ca *adj.* De los medios de comunicación o relacionado con ellos: *la influencia mediática.*

mediatizar (del lat. *medietas, atis*) *v. tr.* **1.** Influir de forma decisiva en el poder, autoridad, función o negocio que otro ejerce. **2.** Limitar la libertad: *Los últimos acontecimientos mediatizaron su actuación.* ■ Delante de *e* se escribe *c* en lugar de *z*: *mediatice.* **SIN. 1.** Dirigir, mangonear. **2.** Coartar, maniatar. **FAM.** Mediatización. MEDIATO.

mediato, ta (del lat. *mediatus*, de *mediare*, mediar) *adj.* Que está próximo en tiempo, lugar o grado a otra cosa, pero se interpone entre las dos una tercera. **ANT.** Inmediato. **FAM.** Mediatizar. / Inmediato. MEDIO.

mediatriz *s. f.* Recta perpendicular a un segmento rectilíneo trazada por su punto medio.

medicación (del lat. *medicatio, -onis*) *s. f.* **1.** Acción de medicar. **2.** Conjunto de medicamentos y medios curativos, aplicables a una enfermedad. **SIN. 1.** y **2.** Tratamiento.

medicamentar *v. tr.* Medicar*.

medicamento (del lat. *medicamentum*) *s. m.* Sustancia utilizada para prevenir, curar o aliviar una enfermedad. **SIN.** Medicina, fármaco, droga. **FAM.** Medicamentar, medicamentoso, medicar. MEDICINA.

medicamentoso, sa *adj.* Que es útil como medicamento: *una sustancia medicamentosa.*

medicar (del lat. *medicare*) *v. tr.* Recetar o administrar medicinas a un enfermo: *Es peligroso medicarse sin consultar a un médico.* También *v.*

prnl. ■ Delante de *e* se escribe *qu* en lugar de *c*: *medique.* SIN. Medicinar, medicamentar. FAM. Medicación. / Automedicarse. MEDICAMENTO.

medicina (del lat. *medicina*) *s. f.* **1.** Ciencia que trata de las enfermedades y de la prevención y curación de las mismas. **2.** Profesión de médico. **3.** Medicamento. SIN. **3.** Fármaco. FAM. Medicamento, medicinal, medicinar, médico[1].

medicinal (del lat. *medicinalis*) *adj.* **1.** Relativo a la medicina. **2.** Que puede tener propiedades curativas: *aguas medicinales.* SIN. **1.** y **2.** Terapéutico. FAM. Medicinalmente. / Mineromedicinal. MEDICINA.

medicinar (del lat. *medicinare*) *v. tr.* Medicar*.

médico, ca[1] (del lat. *medicus*) *adj.* **1.** Relativo a la medicina: *una consulta médica.* || *s. m.* y *f.* **2.** Persona que tiene como profesión el ejercicio de la medicina. || **3. médico de cabecera** El que atiende habitualmente a un enfermo y no tiene ninguna especialización. **4. médico forense** El oficialmente adscrito a un juzgado de instrucción. SIN. **2.** Doctor, facultativo, galeno.

médico, ca[2] (del gr. *medikos*) *adj.* Medo*.

medida *s. f.* **1.** Acción de medir. **2.** Dimensión de un cuerpo o espacio que se puede medir: *La mesa tiene unas medidas de 50 cm de ancho y 70 de largo.* **3.** Unidad que sirve para medir: *El metro es una medida de longitud.* **4.** Disposición o acción dirigida a conseguir o evitar algo. Se usa más en *pl.*: *El gobierno tomó medidas para impedir nuevos accidentes.* **5.** Prudencia, moderación: *Bebe con medida.* **6.** Intensidad, grado: *No sé en qué medida nos perjudica esta ley.* **7.** Número y distribución de las sílabas en un verso. || LOC. **a (la) medida** *adj.* Hecho con las medidas de la persona o de la cosa a la que se destina: *un traje a medida.* Proporcionado, adaptado a alguien o algo: *un contrato a la medida.* **a medida que** *conj.* Según, conforme. **en cierta medida** *adv.* Hasta cierto punto. SIN. **1.** Medición. **3.** Patrón. **4.** Precaución. **5.** Mesura, discreción, comedimiento.

medidor, ra *adj.* **1.** Que mide o sirve para medir. También *s. m.* y *f.* || *s. m.* **2.** *Amér.* Contador de agua, gas o luz.

mediero, ra *s. m.* y *f.* Persona que va a medias con otra en un negocio, empresa o cultivo de tierras.

medieval *adj.* Relativo a la Edad Media. FAM. Medievalidad, medievalismo, medievalista, medievo.

medievalismo *s. m.* **1.** Cualidad o carácter de medieval. **2.** Estudio de la historia, civilización, costumbres, etc., de la Edad Media.

medievalista *s. m.* y *f.* Persona que se dedica al estudio de la Edad Media y tiene amplios conocimientos sobre esta época.

medievo *s. m.* Edad Media. ■ Se dice también *medioevo.*

medina (del ár. *madinat*, ciudad) *s. f.* En países árabes, parte antigua de una ciudad.

medio, dia (del lat. *medius*) *adj.* **1.** Que es la mitad de algo: *Se comió medio pan.* **2.** Que está entre dos extremos o en el centro de algo: *la clase media; en el punto medio.* **3.** Que representa las características generales de un grupo social, pueblo, etc.: *el español medio.* **4.** Gran parte de lo que se expresa: *Recorrió medio mundo.* **5.** Defectuoso o incompleto: *Habló con medias palabras.* **6.** Se dice del tercer dedo de la mano. También *s. m.* || *s. m.* **7.** Término o punto central de algo: *Las flores lucían en el medio de la mesa.* **8.** La mitad de un entero: *Cuatro medios hacen dos enteros.* **9.** Manera de conseguir algo: *Encontró el medio de hacerle hablar.* **10.** Aquello que sirve para un fin determinado: *El autobús es un medio de transporte.* **11.** Elemento o ambiente en el que vive y se desarrolla una persona, animal o planta. **12.** Ambiente familiar, social, cultural, etc., que rodea a una persona. **13.** Médium*. || *s. m. pl.* **14.** Dinero, bienes, etc., que se poseen: *Tiene medios suficientes para emprender ese negocio.* **15.** En las plazas de toros, terreno del centro del ruedo. || *adv. m.* **16.** Algo, no enteramente: *Está medio loco.* || **17. medios de información** (o **comunicación**) Sistemas de transmisión de informaciones y mensajes visuales o auditivos a un público numeroso y diverso, mediante la prensa, la radio, etc. || LOC. **a medias** *adv.* Una parte cada uno: *En el restaurante pagamos a medias.* Incompletamente: *Te creo a medias.* **de medio a medio** *adv.* Con verbos como *equivocarse*, *errar*, etc., totalmente, de todo punto. **en medio (de)** *adv.* En mitad de: *Se peinó con raya en medio.* Entre otros dos o entre varias personas o cosas: *Se encuentra a disgusto en medio de tanta gente.* En un lugar o sitio donde se estorba: *Si te pones en medio no puedo trabajar.* No obstante, a pesar de: *En medio de su tristeza, se reía.* **por (en) medio** *adv.* Por la mitad o por el interior de algo: *Partió la tarta por medio. La carretera cruza por medio de la finca.* En desorden: *En su casa lo tiene todo por medio.* Constituyendo un obstáculo o algo que considerar: *No reclamó, pues estaba su hermano por medio.* **por medio de** *prep.* Mediante, a través de. SIN. **2.** Intermedio. **3.** Común, normal, corriente. **4.** Mucho. **5.** Imperfecto, inacabado. **6.** Corazón. **7.** Núcleo, centro. **9.** Procedimiento, método, recurso. **11.** Hábitat. **12.** Entorno. **14.** Fortuna, hacienda. ANT. **1.** Entero. **4.** Poco. **5.** Perfecto, completo. FAM. Media[1], media[2], mediana, medianero, medianía, mediano, medianoche, mediar, mediastino, mediático, mediato, mediatriz, mediero, medioambiente, mediocampista, mediocre, mediodía, mediofondista, mediometraje, mediopensionista, mediorrelieve, médium. / Entremedias, intermedio, multimedia, promedio.

medioambiente *s. m.* Conjunto de factores y condiciones que rodean a los seres vivos e influyen en su desarrollo. FAM. Medioambiental. MEDIO y AMBIENTE.

mediocampista *s. m.* y *f.* En algunos deportes, jugador que se sitúa en el centro del campo y tiene como misión enlazar las acciones ofensivas y defensivas de su equipo.

mediocre (del lat. *mediocris*) *adj.* De poca calidad, inteligencia, talento, etc. También *s. m.* y *f.* SIN. Vulgar, anodino, gris. FAM. Mediocridad. MEDIO.

mediodía *s. m.* **1.** Momento del día en que el Sol está en el punto más alto de su elevación sobre el horizonte y corresponde a las doce del día, hora solar. **2.** Tiempo de extensión imprecisa que comprende las horas centrales del día: *La comida fuerte la hago al mediodía.* **3.** Sur, punto cardinal y región situada en este punto.

medioevo *s. m.* Medievo*.

mediofondista *s. m.* y *f.* Deportista que participa en carreras de medio fondo.

mediometraje *s. m.* Filme con una duración aproximada de sesenta minutos.

mediopensionista *adj.* Se dice del alumno que está en un centro de estudio en régimen de media pensión, es decir, que come en él al mediodía. También *s. m.* y *f.*

mediorrelieve *s. m.* Escultura en relieve en la que las figuras sobresalen la mitad de su bulto. ■ Se escribe también *medio relieve*.

medir (del lat. *metiri*) *v. tr.* **1.** Comparar una cantidad con su respectiva unidad para averiguar cuántas veces contiene la primera a la segunda: *Medí la longitud del pasillo.* **2.** Enfrentar o comparar cualidades, habilidades, etc.: *medir las fuerzas.* También *v. prnl.* **3.** Contar las sílabas de un verso para ajustarlo a los de su clase. **4.** En mús., distribuir según el compás. **5.** Reflexionar sobre los distintos aspectos de algo: *Miden las ventajas e inconvenientes del cambio de horario.* **6.** Contener o moderar las palabras o los actos. También *v. prnl.* || *v. intr.* **7.** Tener determinada altura, longitud, volumen, etc. ■ Es v. irreg. Se conjuga como *pedir.* SIN. **1.** Calcular. **2.** Calibrar. **5.** Sopesar, ponderar. FAM. Medición, medida, medidor. / Comedirse, desmedirse, mesura, telemedición.

meditabundo, da (del lat. *meditabundus*) *adj.* Que medita o reflexiona en silencio. También *s. m.* y *f.* SIN. Pensativo, ensimismado, absorto.

meditación (del lat. *meditatio, -onis*) *s. f.* **1.** Acción de meditar. **2.** Forma de oración mental basada en la reflexión.

meditar (del lat. *meditari*) *v. tr.* Pensar con mucha atención sobre algo, concentrándose en ello y abstrayéndose de lo demás. También *v. intr.*: *Medita sobre su porvenir.* SIN. Reflexionar, cavilar. FAM. Meditabundo, meditación, meditativo. / Premeditar.

meditativo, va *adj.* Meditabundo*.

mediterráneo, a (del lat. *mediterraneus*, de *medius*, medio, y *terra*, tierra) *adj.* **1.** Relativo al mar Mediterráneo y a los países o regiones costeros del mismo. **2.** Se aplica al clima suave característico de estos países. FAM. Transmediterráneo.

médium (del lat. *medium*, medio) *s. m.* y *f.* En parapsicología, persona a la que se supone dotada de facultades especiales que le permiten comunicarse con los espíritus o invocar a las fuerzas ocultas. ■ No varía en *pl.*

medo, da *adj.* **1.** De un pueblo indoeuropeo que se asentó en el NO del actual Irán y llegó a constituir un gran poder militar en el s. VII a. C. También *s. m.* y *f.* || *s. m.* **2.** Lengua indoeuropea hablada por este pueblo.

medrar (del lat. *meliorare*, mejorar, acrecentar) *v. intr.* **1.** Mejorar una persona de posición social, laboral o económica. **2.** Crecer bien los animales o las plantas. SIN. **1.** Prosperar, progresar, ascender. FAM. Medro. / Desmedrar.

medroso, sa *adj.* **1.** Temeroso, que tiene miedo de cualquier cosa. **2.** Que causa temor. SIN. **1.** Miedoso, asustadizo. **2.** Inquietante. ANT. **1.** Valiente. FAM. Medrosamente. / Amedrentar. MIEDO.

médula o **medula** (del lat. *medulla*) *s. f.* **1.** Sustancia grasa y blanda que rellena las cavidades de los huesos; se denomina también médula ósea. **2.** Parte central del tallo y raíz de una planta. **3.** Lo más importante de un hecho, asunto, cuestión, etc. || **4. médula espinal** Porción del sistema nervioso central que recorre el cuerpo de los vertebrados por el interior de la columna vertebral y está protegida por las vértebras. SIN. **2.** Pulpa. **3.** Fundamento, núcleo, esencia, meollo. FAM. Medular.

medular (del lat. *medullaris*) *adj.* **1.** Relativo a la médula: *una lesión medular.* **2.** Se dice de lo más importante de una cosa: *cuestión medular.* SIN. **2.** Fundamental, esencial. ANT. **2.** Periférico, secundario.

medusa (de *Medusa*, personaje mitológico que tenía una cabellera de serpientes) *s. f.* Una de las dos fases del ciclo vital de la mayoría de los celentéreos, en la que este animal acuático presenta forma de sombrilla provista de tentáculos, vive aislado y se reproduce sexualmente.

mefistofélico, ca (de *Mefistófeles*, el diablo) *adj.* Diabólico, perverso: *una sonrisa mefistofélica.* SIN. Demoniaco. ANT. Angelical.

mefítico, ca (del lat. *mefiticus*) *adj.* Se dice de lo que causa daño a quien lo respira, especialmente cuando huele mal. SIN. Malsano, insalubre, fétido. ANT. Sano.

mega *s. m. acort.* de **megabyte**.

mega- (del gr. *megas*, grande) *pref.* **1.** Significa 'grande': *megáfono, megalito.* ■ Existe también la variante *megalo-*: *megalomanía.* **2.** Con determinadas unidades de medida significa 'un millón': *megaciclo, megatonelada.*

megabyte (ingl.) *s. m.* En inform., unidad de medida equivalente a 1.024 kilobytes.

megaciclo *s. m.* Medida de frecuencia que equivale a un millón de ciclos o periodos.

megafonía *s. f.* **1.** Técnica que se ocupa de los aparatos e instalaciones necesarios para aumentar el volumen del sonido. **2.** Conjunto de aparatos utilizados por dicha técnica.

megáfono (de *mega-* y *-fono*) *s. m.* Aparato que se utiliza para amplificar el sonido de la voz. FAM. Megafonía.

megahertzio *s. m.* Medida de frecuencia que equivale a un millón de hertzios. ■ Se escribe también *megahercio*.

megalítico, ca *adj.* Relativo a los megalitos y a la cultura que los produjo: *industria megalítica.*

megalito (de *mega-* y *-lito*) *s. m.* Monumento prehistórico, compuesto por uno o varios bloques de grandes piedras, que solía tener carácter funerario o conmemorativo. FAM. Megalítico.

megalomanía (de *megalo-* y *-manía*) *s. f.* **1.** En psiquiatría, trastorno por el cual el individuo cree poseer grandes riquezas o una elevada posición social. **2.** Actitud de la persona que muestra un excesivo deseo de grandeza. FAM. Megalómano.

megalópolis (de *megalo-* y el gr. *polis*, ciudad) *s. f.* Unión de sucesivas áreas metropolitanas que dan lugar a una ciudad de grandes proporciones. ■ No varía en *pl.*

megaterio (de *mega* -, y del gr. *therion*, bestia) *s. m.* Mamífero fósil, de unos seis metros de longitud y dos de altura, que se alimentaba de vegetales y vivía en América del Sur al comenzar el periodo cuaternario.

megatón (del ingl. *megaton*, de *mega* y *ton*, tonelada) *s. m.* Unidad de medida del poder detonante de explosivos potentes, que equivale al poder explosivo de un millón de toneladas de trinitrotolueno.

megatonelada *s. f.* Medida de masa que equivale a un millón de toneladas. FAM. Megatón. TONELADA.

megavatio *s. m.* En electricidad, medida de potencia que equivale a un millón de vatios.

mehari[1] (nombre comercial registrado) *s. m.* Vehículo descapotable, pequeño y poco potente, con carrocería generalmente de plástico.

mehari[2] (ár.) *s. m.* Tipo de dromedario doméstico, de tamaño superior al normal, resistente a la fatiga y apto para la carrera. Es característico del N de África.

meiga (gall.) *s. f.* Bruja*. SIN. Hechicera.

meiosis (del gr. *meiosis*, disminución) *s. f.* Proceso de división celular por el cual, a partir de una célula madre, se originan cuatro células hijas o gametos, reduciéndose el número de cromosomas a la mitad. ■ Se escribe también *meyosis*.

meitnerio (en honor de la física austriaca Lise *Meitner*) *s. m.* Elemento químico radiactivo; es un metal de transición obtenido artificialmente en 1982 al bombardear bismuto 209 con hierro 58. Su símbolo es *Mt*.

mejana (del lat. *mediana*, que está en medio) *s. f.* Islote en un río.

mejer (del lat. *miscere*, mezclar) *v. tr.* Mover un líquido para que se mezcle. **SIN.** Mecer.

mejicanismo *s. m.* Mexicanismo*.

mejicano, na *adj.* Mexicano*. También *s. m.* y *f.* **FAM.** Mejicanismo. MEXICANO.

mejilla (del lat. *maxilla*) *s. f.* Cada una de las dos partes carnosas de la cara humana, debajo de los ojos. **SIN.** Carrillo.

mejillón (del port. *mexilhao*, y éste del lat. vulg. *muscellio, -onis*) *s. m.* Molusco lamelibranquio de concha negroazulada, compuesta por dos valvas reunidas por una charnela y un músculo, llamado ligamento. Vive adherido a las rocas y se alimenta filtrando el agua de mar. Apreciado en alimentación, se cultiva artificialmente. **FAM.** Mejillonero.

mejillonero, ra *adj.* **1.** De la cría de mejillones o relacionado con ella: *industria mejillonera.* **2.** Se dice de la persona dedicada a la cría de mejillones. También *s. m.* y *f.* || *s. f.* **3.** Instalación dedicada a la cría del mejillón.

mejor (del lat. *melior, -oris*) *adj.* **1.** *comp.* de **bueno**. Superior a otra persona o cosa: *Su coche es mejor que el mío.* **2.** Precedido del artículo determinado, superlativo relativo de *bueno*: *Es el mejor profesor del colegio. Pidió el mejor vino.* **3.** Preferible: *Es mejor que no venga.* || *adv. m.* **4.** *comp.* de **bien**. Más bien o menos mal: *Con estas gafas veo mejor.* || **LOC. a lo mejor** *adv. fam.* Expresa posibilidad: *A lo mejor voy al cine.* **mejor que mejor** o **tanto mejor** Indica una mayor satisfacción: *Yo presento el trabajo y, si lo premian, tanto mejor.* **SIN. 1.** Superior. **ANT. 1.** y **4.** Peor. **FAM.** Mejorar.

mejora *s. f.* **1.** Acción y resultado de mejorar: *la mejora del tráfico.* **2.** Obra que se realiza en una finca o casa para mejorarla: *Hizo mejoras en el cuarto de baño.* **3.** Aumento de la última oferta en una subasta o venta. **4.** En una herencia, bienes que deja el testador a un heredero además de los que le corresponden por la ley. **SIN. 1.** Mejoramiento, progreso, incremento, acrecentamiento. **ANT. 1.** Empeoramiento, disminución, merma.

mejorana *s. f.* Planta herbácea de la familia labiadas, de unos 40 cm de altura, hojas redondeadas y opuestas y flores pequeñas y rosadas en espiga. Se utiliza como estomacal y sedante.

mejorar (del lat. *meliorare*) *v. tr.* **1.** Hacer que algo sea mejor de lo que era: *mejorar una casa.* **2.** Devolver la salud a un enfermo. También *v. intr.* y *v. prnl.* **3.** Superar: *Su última novela mejora a la anterior. Mejorar una oferta.* || *v. intr.* **4.** Volverse el tiempo más agradable. También *v. prnl.* **5.** Conseguir una mejor posición social o económica: *mejorar en la vida.* **SIN. 1.** Perfeccionar, acrecentar. **2.** Sanar, aliviar, restablecerse. **3.** Aventajar; sobrepujar, sobrepasar. **5.** Progresar, prosperar. **ANT. 1.** y **2.** Empeorar(se). **2.** Agravar(se). **3.** Desmerecer. **4.** Estropearse. **5.** Descender. **FAM.** Mejora, mejorable, mejoramiento, mejoría. / Desmejorar, inmejorable, inmejorablemente. MEJOR.

mejoría *s. f.* **1.** Mejora: *Se espera una mejoría del tiempo.* **2.** Hecho de mejorar un enfermo: *El abuelo experimentó una gran mejoría.* **3.** Superioridad, ventaja. **SIN. 1.** Mejoramiento, progreso. **2.** Alivio, recuperación, restablecimiento. **ANT. 1.** y **2.** Empeoramiento.

mejunje (del ár. *ma'yun*, amasado) *s. m.* Líquido o sustancia pastosa, formado por la mezcla de diversos ingredientes y de aspecto desagradable. **SIN.** Potingue, brebaje, pócima.

melamina *s. f.* Compuesto que se utiliza para fabricar resinas y curtidos de cuero.

melancolía (del lat. *melancholia*, y éste del gr. *melankholia*, bilis negra) *s. f.* Tendencia a la tristeza y la tristeza misma. **SIN.** Morriña, añoranza, murria. **ANT.** Exaltación, alegría. **FAM.** Melancólico, melancolizar.

melancólico, ca (del lat. *melancholicus*, y éste del gr. *melankholikos*) *adj.* Que tiene melancolía o la produce. También *s. m.* y *f.* **SIN.** Nostálgico. **ANT.** Alegre. **FAM.** Melancólicamente. MELANCOLÍA.

melanésico, ca o **melanesio, sia** *adj.* **1.** De Melanesia, archipiélago del océano Pacífico. También *s. m.* y *f.* **2.** Se dice de las lenguas nativas habladas en esta región. También *s. m.*

melanina (del gr. *melas, melanos*, negro) *s. f.* Pigmento negro o pardo negruzco, al que deben su coloración la piel, el cabello, la coroides, etc. **FAM.** Melanoma.

melanoma *s. m.* Nombre genérico de tumores formados a partir de células que contienen melanina.

melar *v. intr.* **1.** Melificar*. **2.** Cocer por segunda vez el zumo de la caña de azúcar hasta que toma la consistencia de la miel. **FAM.** Véase **miel**.

melatonina *s. f.* Sustancia hormonal que segrega la glándula pineal.

melaza *s. f.* Jarabe líquido y dulce que queda como residuo de la fabricación del azúcar.

melcocha *s. f.* Miel muy concentrada y caliente, que al enfriarse queda muy correosa. **FAM.** Amelcochar. MIEL.

melé (del fr. *melée*) *s. f.* **1.** En rugby, jugada en la que los delanteros de ambos equipos forman dos grupos compactos y se empujan mutuamente, intentando que el balón que se ha introducido entre ellos sea recogido por otro de sus jugadores, que está fuera del grupo. **2.** P. ext., lío o apelotonamiento de personas. **SIN. 2.** Follón, confusión, revoltijo, tumulto.

melena[1] *s. f.* **1.** Cabellera larga y suelta. **2.** Crín de león. || *s. f. pl.* **3.** Cabello largo y despeinado: *A ver si te cortas esas melenas.* **SIN. 3.** Greñas, pelambrera. **FAM.** Melenudo. / Desmelenar.

melena[2] (del gr. *melaina*, negra) *s. f.* Pérdida por el ano de sangre ennegrecida, sola o mezclada con excrementos, debida a hemorragias en el aparato digestivo.

melenudo, da *adj.* De cabello largo y abundante. También *s. m.* y *f.* **SIN.** Peludo. **ANT.** Rapado, calvo.

melero, ra (del lat. *mellarius*, colmenero) *s. m.* y *f.* **1.** Persona que vende miel. || *s. f.* **2.** Lugar donde se guarda la miel.

mélico, ca (del lat. *melicus*, y éste del gr. *melikos*) *adj.* Del canto o de la poesía lírica.

melífero, ra (del lat. *mellifer, -eri*, de *mel, mellis*, miel, y *ferre*, llevar) *adj.* Que tiene miel.

melificar (del lat. *mellificare*, de *mel, mellis*, miel, y *facere*, hacer) *v. tr.* Elaborar las abejas la miel. También *v. intr.* ■ Delante de *e* se escribe *qu* en lugar de *c*. **SIN.** Melar.

melifluo, flua (del lat. *mellifluus*, de *mel*, *mellis*, miel, y *fluere*, destilar) *adj.* Que es excesiva o falsamente amable y suave: *Tiene una sonrisa meliflua.* **SIN.** Afectado, meloso, empalagoso. **ANT.** Sencillo, natural. **FAM.** Melifluamente, melifluidad. MIEL.

melillense *adj.* De Melilla. También *s. m.* y *f.*

melindre *s. m.* **1.** Delicadeza exagerada o falsa en el lenguaje o en los modales. Se usa más en *pl.*: *Hizo muchos melindres antes de tomar el pastel.* **2.** Dulce de miel y harina. **SIN. 1.** Remilgo, dengue. **FAM.** Melindrear, melindrería, melindrosamente, melindroso.

melisa (del gr. *melissa*, abeja, por ser planta que gusta a estos insectos) *s. f.* Planta herbácea de la familia labiadas, de hojas ovales y arrugadas, flores blancas y fruto en cápsula. **SIN.** Toronjil.

mella *s. f.* **1.** Rotura en el borde de una cosa: *la mella de un cuchillo.* **2.** Hueco que deja una cosa en el lugar que ocupaba: *la mella de un diente.* **3.** Daño o disminución que sufre algo: *una mella en su prestigio.* || **LOC. hacer mella** Impresionar, afectar: *Sus palabras hicieron mella en mí.* **SIN. 1.** Desportilladura, melladura. **3.** Pérdida, menoscabo, deterioro. **FAM.** Mellar.

mellado, da 1. *p.* de **mellar**. También *adj.* || *adj.* **2.** *fam.* Que le falta algún diente. También *s. m.* y *f.*

melladura *s. f.* Mella*.

mellar *v. tr.* **1.** Hacer mellas en algo: *mellar una tijera.* También *v. prnl.* **2.** Dañar algo material o no material: *Aquellas palabras mellaron su entusiasmo.* **SIN. 1.** Desportillar(se). **2.** Quebrar, menoscabar. **FAM.** Mellado, melladura. MELLA.

mellizo, za *adj.* Se dice de cada uno de los hermanos nacidos en un mismo parto. También *s. m.* y *f.* **SIN.** Gemelo. **FAM.** Cuatrillizo, quintillizo, trillizo.

melocotón (del lat. *malum cotonium*, membrillo) *s. m.* **1.** Fruto del melocotonero. **2.** Melocotonero. **FAM.** Melocotonar, melocotonero.

melocotonero *s. m.* Árbol de la familia rosáceas, de unos 3 a 5 m de altura, con hojas lanceoladas, flores rosadas y fruto en drupa. Su fruto es el melocotón.

melodía (del lat. *melodia*, y éste del gr. *melodia*, de *melos*, música, y *ode*, canto) *s. f.* **1.** Composición en la que se desarrolla una idea musical, independientemente del acompañamiento. **2.** Parte de la teoría musical que se ocupa de este aspecto. **3.** Cualidad de lo que agrada al oído: *la melodía de su voz.* **SIN. 1.** Motivo, tema. **3.** Dulzura, suavidad. **FAM.** Melódico, melodiosamente, melodioso. / Mélico.

melodioso, sa *adj.* Dulce y agradable al oído: *una voz melodiosa.* **SIN.** Armonioso, musical.

melodrama (del gr. *melos*, canto con música, y *drama*, tragedia) *s. m.* **1.** Obra dramática que pretende conmover al público, destacando la tensión y el sentimentalismo de las situaciones, y género en el que se clasifica. **2.** Obra de teatro en que el texto es apoyado por un fondo musical, originaria del s. XVIII. **3.** Suceso o relato en donde hay una tensión y emoción exagerada o falsa. **SIN. 1.** Dramón. **FAM.** Melodramáticamente, melodramático. DRAMA.

melomanía (del gr. *melos*, canto con música, y *mania*, locura) *s. f.* Pasión o afición exagerada por la música. **SIN.** Musicomanía. **FAM.** Melómano.

melón (del lat. *melo, -onis*) *s. m.* **1.** Planta herbácea anual de la familia cucurbitáceas, con tallos rastreros o trepadores, hojas grandes y dentadas, flores amarillas y fruto de gran tamaño y pulpa muy jugosa, de color amarillo o verde aun en la madurez, muy apreciado como alimento. **2.** Fruto de esta planta. **3.** *fam.* Bobo. **SIN. 3.** Memo, tonto. **FAM.** Melonada, melonar, melonero.

meloncillo *s. m.* Mangosta*.

melopea (del lat. *melopoeia*, y éste del gr. *melopoiia*, de *melopoios*, de *melos*, canto, y *poiein*, hacer) *s. f.* **1.** Borrachera. **2.** Entonación musical con que se recita algo. **3.** Canto monótono. **SIN. 1.** Curda, mona, cogorza. **2.** y **3.** Salmodia.

meloso, sa (del lat. *mellosus*) *adj.* **1.** Referido a personas, demasiado dulce, empalagoso: *Tiene un carácter demasiado meloso.* **2.** Parecido a la miel. **SIN. 1.** Almibarado, delicado, dulzón, empalagoso. **ANT. 1.** Áspero, seco. **FAM.** Melosidad. MIEL.

melva *s. f.* Pez marino teleósteo parecido al bonito, del que se distingue por tener las dos aletas dorsales muy separadas una de otra.

membrana (del lat. *membrana*) *s. f.* **1.** Capa delgada de tejido animal o vegetal, generalmente elástica y resistente, que envuelve algún órgano o separa dos cavidades. **2.** Lámina tensa de pergamino, piel, etc., que se hace vibrar golpeándola, frotándola o de otra forma, como en la pandereta, el bombo o la zambomba. **3.** Chapa delgada que en micrófonos y auriculares telefónicos transforma las vibraciones en modulaciones sonoras, o viceversa. **4.** Cualquier lámina muy fina. **FAM.** Membranoso.

membrete *s. m.* Nombre, título y dirección de una persona o entidad que se imprimen en la parte superior del papel de escribir. **SIN.** Encabezamiento.

membrillero *s. m.* Membrillo*.

membrillo (del lat. *melimelum*, pera dulce, y éste del gr. *melimelon*) *s. m.* **1.** Árbol de la familia rosáceas, de 3 a 4 m de altura, con hojas simples, caducas y ovaladas, flores solitarias blancas o rosadas y fruto en forma de pera irregular de color amarillo. **2.** Fruto de este árbol. **3.** Dulce en forma de jalea que se elabora con dicho fruto. || **4. carne de membrillo** Este dulce. **FAM.** Membrillar, membrillero.

membrudo, da *adj.* Musculoso. **SIN.** Robusto, vigoroso, fornido. **ANT.** Esmirriado, escuálido.

memento (del lat. *memento*, acuérdate) *s. m.* **1.** Cada una de las dos oraciones de la misa en las que se pide por los fieles y por los difuntos. **2.** Recuerdo.

memez *s. f.* Tontería, necedad. **SIN.** Idiotez, majadería, simpleza. **ANT.** Listeza, agudeza.

memo, ma *adj. desp.* Tonto, bobo. También *s. m.* y *f.* **SIN.** Estúpido, imbécil, necio, idiota, majadero, simple, mentecato. **ANT.** Listo. **FAM.** Memez.

memorable (del lat. *memorabilis*) *adj.* Que merece recordarse o que deja un recuerdo imborrable. **SIN.** Memorando, célebre, famoso. **ANT.** Vulgar.

memorándum o **memorando** (del lat. *memorandum*, cosa que debe tenerse en la memoria) *s. m.* **1.** Resumen por escrito de las cuestiones más importantes de un asunto. **2.** Nota diplomática en que se expone algún asunto. **3.** Agenda. **4.** *Chile* Resguardo bancario. ■ Su pl. es *memoranda* o *memorandos*.

memorar (del lat. *memorare*) *v. tr.* Recordar[1]*. **SIN.** Evocar, conmemorar, remembrar. **ANT.** Olvidar. **FAM.** Memorable, memorando, memorándum. / Conmemoración. MEMORIA.

memoria (del lat. *memoria*) *s. f.* **1.** Capacidad de recordar cosas pasadas. **2.** Recuerdo: *Su memoria permanecerá en mí mientras viva.* **3.** Capacidad de retener lo que antes se ha aprendido: *Aprueba gracias a su memoria.* **4.** En inform., dispositivo del ordenador que almacena la información. **5.** Estudio escrito sobre un determinado asunto: *una memoria de licenciatura.* **6.** Resumen de las principales actividades de una empresa durante un cierto periodo de tiempo para conocer así su situación económica. **7.** Inventario, catálogo: *una memoria de los libros adquiridos.* || *s. f. pl.* **8.** Autobiografía. || **9. memoria de elefante** Gran capacidad de recordar. **10. memoria fotográfica** La que recuerda exactamente los rostros o aspectos externos de algo. || LOC. **de memoria** *adv.* Con la información que se tiene en la memoria, sin poder comprobar o consultar: *Esto no es exacto, lo digo de memoria.* Pudiendo repetir algo con exactitud: *Se sabe la lección de memoria.* **flaco de memoria** *adj.* Olvidadizo. SIN. **1.** Evocación. **2.** Rememoración. **3.** Retentiva. **5.** Relación, exposición. **7.** Lista. **8.** Recuerdos. ANT. **3.** Olvido. FAM. Memorar, memorial, memorión, memorioso, memorismo, memorista, memorístico, memorizar. / Desmemoriado, inmemorable, inmemorial, rememorar.

memorial (del lat. *memorialis*) *s. m.* **1.** Escrito en favor de algo o alguien: *Presentó un memorial para conseguir la ayuda solicitada.* **2.** Acto que se hace para honrar la memoria de un personaje. SIN. **1.** Comunicación. **2.** Homenaje. FAM. Memorialesco, memorialista. MEMORIA.

memorión *s. m.* **1.** *aum.* de **memoria**. **2.** Persona que tiene una gran memoria.

memorismo *s. m.* Sistema de aprendizaje que se basa casi exclusivamente en el ejercicio de la memoria.

memorístico, ca *adj.* De la memoria o basado únicamente en la memoria: *aprendizaje memorístico.*

memorizar *v. tr.* Fijar en la memoria: *El actor memorizaba su papel.* ■ Delante de *e* se escribe *c* en lugar de *z*: *memorice.* SIN. Retener, grabar. ANT. Olvidar. FAM. Memorización. MEMORIA.

mena *s. f.* Parte del filón o yacimiento que contiene minerales útiles en mayor proporción que rocas sin valor económico. SIN. Veta. ANT. Ganga.

ménade (del lat. *maenas, -adis*, y éste del gr. *mainas*, furiosa) *s. f.* **1.** Sacerdotisa de Baco. **2.** Mujer furiosa. SIN. **1.** Bacante. **2.** Furia.

ménage à trois (fr.) *expr.* Designa la práctica sexual en la que participan tres personas al mismo tiempo. ■ Se usa como *s. m.*

menaje (del fr. *ménage*) *s. m.* Conjunto de muebles, utensilios y ropas de una casa. SIN. Ajuar, equipo, enseres.

menarquía (del gr. *men, menos*, mes, y *arche*, comienzo) *s. f.* Aparición de la primera menstruación.

mención (del lat. *mentio, -onis*) *s. f.* **1.** Hecho de mencionar: *En su carta hace mención a su viaje.* || **2. mención honorífica** En un concurso, distinción inferior al premio y al accésit. SIN. **1.** Alusión, cita, referencia.

mencionar *v. tr.* Nombrar o citar a alguien o algo: *En su libro menciona a Juan Ramón Jiménez.* SIN. Mentar, aludir, referir(se). ANT. Omitir, silenciar. FAM. Mención. MENTAR.

menda (caló) *s. m.* y *f.* **1.** *fam.* Equivale a *yo.* ■ Se construye con el verbo en 3.ª pers. y frecuentemente precedido del posesivo *mi*: *Mi menda no pasa por eso.* **2.** Una persona cualquiera: *Llegaron unos mendas al bar.* SIN. **1.** Yo. **2.** Tipo, individuo.

mendacidad (del lat. *mendacitas, -atis*) *s. f.* **1.** Cualidad de mendaz. **2.** Costumbre de mentir. SIN. **1.** y **2.** Falsedad. ANT. **1.** y **2.** Veracidad.

mendaz (del lat. *mendax, -acis*) *adj.* Mentiroso. También *s. m.* y *f.* SIN. Falso, embustero. ANT. Verdadero, veraz. FAM. Mendacidad.

mendelevio *s. m.* Elemento químico radiactivo que pertenece al grupo de los actínidos del sistema periódico y se obtiene bombardeando einstenio con partículas alfa. Su símbolo es *Md.*

mendelismo (de Gregor *Mendel*, científico austriaco) *s. m.* Teoría basada en las leyes de Mendel sobre la transmisión hereditaria de los caracteres.

mendicante (del lat. *mendicans, -antis*, de *mendicare*, mendigar) *adj.* **1.** Que mendiga. También *s. m.* y *f.* **2.** Se dice de ciertas órdenes religiosas que viven de la limosna y del trabajo, como los franciscanos y los carmelitas. También *s. m.* y *f.* SIN. **1.** Mendigo, pordiosero, necesitado, indigente.

mendicidad (del lat. *mendicitas, -atis*) *s. f.* **1.** Condición del mendigo. **2.** Acción de mendigar. SIN. **1.** Indigencia.

mendigante *adj.* Mendicante*.

mendigar (del lat. *mendicare*) *v. tr.* **1.** Pedir limosna: *mendigar unas monedas.* También *v. intr.* **2.** Suplicar algo con humillación: *Mendigó a su jefe un aumento de sueldo.* ■ Delante de *e* se escribe *gu* en lugar de *g*: *medigue.* SIN. **1.** Pordiosear. **1.** y **2.** Limosnear. ANT. **1.** Dar, ofrecer. FAM. Mendicante, mendicidad, mendigante, mendigo.

mendigo, ga (del lat. *mendicus*) *s. m.* y *f.* Persona que habitualmente pide limosna. SIN. Pobre, pordiosero, mendicante.

mendrugo *s. m.* **1.** Pedazo de pan duro. || *adj.* **2.** Duro de mollera. También *s. m.* SIN. **1.** Corrusco, coscurro, cuscurro. **2.** Zoquete, tarugo, tonto. ANT. **2.** Listo.

menear (del lat. *minare*, conducir) *v. tr.* **1.** Mover algo de una parte a otra. También *v. prnl.*: *La lámpara se meneaba con el viento.* **2.** Activar un asunto: *Debes menear tu solicitud para que se resuelva.* También *v. prnl.* || **menearse** *v. prnl.* **3.** Darse prisa: *¡Menéate, que se nos va el tren!* || LOC. **de no te menees** *adj. fam.* Impresionante, importante, tremendo: *Es una herencia de no te menees.* SIN. **1.** Sacudir, balancear. **2.** Remover, gestionar. **3.** Moverse, apresurarse. ANT. **2.** Paralizar(se). **3.** Abandonarse, dormirse. FAM. Meneo, menequeo.

meneo *s. m.* **1.** Acción de menear o menearse: *El perro nos saludó con un meneo de rabo.* **2.** *fam.* Riña, bronca: *¡Menudo meneo hubo en la puerta del bar!* SIN. **1.** Balanceo, sacudida. **2.** Vapuleo.

menequeo *s. m. Amér. del S.* Meneo, movimiento de una parte a otra.

menester (del lat. *ministerium*) *s. m.* **1.** Necesidad: *Es menester que vengas mañana.* **2.** Ocupación, trabajo de alguien: *Es ingeniero, pero dedica su vida a otros menesteres.* || *s. m. pl.* **3.** *fam.* Herramientas: *los menesteres para la matanza.* SIN. **2.** Tarea, obligación. **3.** Útiles, instrumentos. FAM. Menesteroso. / Mester. MINISTERIO.

menesteroso, sa *adj.* Pobre, indigente: *Solía ayudar a los menesterosos.* También *s. m.* y *f.*

menestra (del ital. *minestra*) *s. f.* Guiso de verduras variadas al que se suele añadir unos trozos de carne o de jamón.

menestral, la (del lat. *ministerialis*, funcionario imperial, empleado) *s. m.* y *f.* Persona que tiene un oficio manual. SIN. Artesano. FAM. Menestralía. MINISTERIO.

mengano, na (del ár. *man kan*, quien sea, cualquiera) *s. m.* y *f.* Voz con que se designa a una persona cualquiera. SIN. Fulano, zutano, perengano.

mengua *s. f.* **1.** Hecho de menguar: *la mengua del caudal de un río.* **2.** Escasez, pobreza de algo: *mengua de recursos económicos.* **3.** Descrédito, deshonor: *Aquella denuncia iba en mengua de su buen nombre.* SIN. **1.** Disminución, descenso, merma. **2.** Falta, carencia, penuria. **3.** Perjuicio, deshonra, desdoro. ANT. **1.** Aumento, crecimiento. **2.** Abundancia.

menguado, da 1. *p.* de **menguar**. También *adj.* || *adj.* **2.** Tímido, de poco ánimo. También *s. m.* y *f.* **3.** Tonto, de poco juicio. También *s. m.* y *f.* **4.** Tacaño, miserable. También *s. m.* y *f.* || *s. m.* **5.** Cada uno de los puntos que se disminuyen al hacer punto o ganchillo. SIN. **1.** Disminuido, mermado. **2.** Apocado, insignificante. **3.** Bobo, estúpido, imbécil, simple, necio. **4.** Agarrado, avaro, mezquino, ruin. ANT. **1.** Aumentado, crecido. **2.** Decidido. **3.** Listo. **4.** Desprendido. FAM. Menguadamente. MENGUAR.

menguante *adj.* **1.** Que mengua: *una fortuna menguante.* **2.** Aplicado a las fases de la Luna, la intermedia entre la luna llena y la luna nueva: *La Luna estaba en cuarto menguante.* || *s. f.* **3.** Disminución que sufre una corriente de agua. **4.** Descenso del nivel del mar por efecto de la marea. **5.** Decadencia o disminución de algo. SIN. **1.** Decreciente. **3.** Estiaje, sequía. ANT. **1.** Floreciente. **1.**, **2.** y **4.** Creciente. **3.** Crecida.

menguar (del lat. *minuare*) *v. intr.* **1.** Disminuir. También *v. tr.*: *Su salud ha menguado con los años. La enfermedad ha menguado su voluntad.* **2.** Disminuir la parte iluminada de la Luna. **3.** En labores de punto, reducir el número de los mismos por hilera. ■ Se conjuga como *averiguar.* SIN. **1.** Decaer, bajar, reducirse, decrecer, aminorarse; mermar, atenuar. ANT. **1.** Subir, aumentar. **1.** y **2.** Crecer. FAM. Mengua, menguado, menguamiento, menguante.

mengue (voz gitana) *s. m. fam.* Diablo, duende.

menhir (del bretón *maen*, piedra, e *hir*, larga) *s. m.* Monumento megalítico prehistórico que consiste en una piedra de gran tamaño clavada verticalmente en el suelo.

meninge (del gr. *meninx*, *-ingos*, membrana) *s. f.* Cada una de las membranas que envuelven y protegen el encéfalo y la médula espinal. FAM. Meníngeo, meningitis, meningocele, meningococo.

meningitis *s. f.* Inflamación de las meninges, producida normalmente por una infección de diversas bacterias, meningococos, neumococos, etc., o de virus. ■ No varía en *pl.* FAM. Meningítico. MENINGE.

meningocele *s. m.* Tumor que se forma en las meninges y que suele presentarse en ciertos casos de espina bífida.

meningococo (del gr. *meninx*, *-ingos*, membrana, y *kokkos*, grano) *s. m.* Microorganismo de forma redondeada y dispuesto siempre en parejas; causa diversas enfermedades, principalmente la meningitis.

menino, na (del port. *menino*, niño) *s. m.* y *f.* En la corte española, miembro de la nobleza que desde niño entraba a servir a la familia real.

menisco (del gr. *meniskos*, media luna, de *mene*, luna) *s. m.* **1.** Cartílago que existe en algunas articulaciones, como en la rodilla, para facilitar su juego. **2.** Curvatura que aparece en la superficie de un líquido en las proximidades de las paredes del recipiente que lo contiene. **3.** En óptica, lente que es convexa por un lado y cóncava por el otro.

mennonita *adj.* Menonita*. También *s. m.* y *f.*

menonita *adj.* De una secta anabaptista fundada por el reformador holandés Menno Simonsz, a la que pertenecen, p. ej., los amish de EE UU. También *s. m.* y *f.* ■ Se escribe también *mennonita.*

menopausia (del gr. *men*, mes, y *pausis*, cesación) *s. f.* Fin de la menstruación en la mujer y época en que esto ocurre. SIN. Climaterio. FAM. Menopáusico.

menopáusico, ca *adj.* **1.** Relacionado con la menopausia. **2.** Que tiene los síntomas propios del periodo de la menopausia. También *s. f.*

menor (del lat. *minor*, *-oris*) *adj.* **1.** *comp.* de **pequeño**. Indica que tiene menos altura, edad, extensión, etc., que otra persona o cosa con la que se compara: *Mi prima es menor que yo. Ese barco es menor que aquél.* **2.** Precedido del artículo determinado, se hace superlativo: *No tiene la menor idea.* También *s. m.* y *f.*: *Es el menor de mis primos.* **3.** Se dice del menor de edad. También *s. m.* y *f.*: *Los menores necesitan una autorización paterna.* **4.** Se aplica a un modo, un intervalo y un acorde musicales. || *s. m.* **5.** Fraile franciscano. || *s. f.* **6.** En un silogismo, la segunda proposición. || **7. aguas menores** Orines. **8. menor de edad** Se aplica a quien no tiene la edad legal para ejercer todos los derechos civiles. || LOC. **al por menor** *adj.* y *adv.* Se aplica a la venta de mercancías en pequeñas cantidades. ■ Se dice también *por menor.* SIN. **1.** Inferior. **3.** Chico, benjamín. ANT. **1.** Superior. **1.** y **3.** Mayor. FAM. Minorar, minoría, minorista. / Aminorar, pormenor. MENOS.

menorquín, na *adj.* **1.** De Menorca. También *s. m.* y *f.* || *s. m.* **2.** Variedad dialectal del mallorquín hablada en esta isla.

menorragia (del gr. *men*, mes, y *rhegnymi*, romper, brotar) *s. f.* Menstruación excesiva.

menos (del lat. *minus*) *adv. c.* **1.** Indica menor cantidad o cualidad. Suele ser el primer término de una comparación; a veces el segundo no se expresa: *Se ha ido hace menos de una hora. Fuma menos.* **2.** Con el artículo determinado señala el grado superlativo de inferioridad: *Luis es el menos tacaño de su familia.* || *prep.* **3.** Excepto: *Me gusta toda la fruta menos el melón.* ■ A veces tiene función de conj. e introduce oraciones: *Sirve para todo menos para mandar.* || *s. m.* **4.** Signo aritmético (-) de la resta. || LOC. **a menos que** *conj.* A no ser que: *No iré, a menos que me inviten.* **al** (o **por lo**) **menos** *conj.* Introduce una excepción o corrección: *Nadie lo vio, al menos que yo sepa.* **de menos** *adv.* Indica falta de número, peso o medida: *En la vuelta nos han dado dos euros de menos.* **en menos de** *adv.* En menor valor o cantidad: *Vendió el cuadro en menos de lo que le costó.* **hacer de menos** a alguien Menospreciarle. **lo de menos** Introduce una dificultad secundaria: *Lo de menos es la entrevista, lo difícil será convencerle.* **lo menos** Como mínimo: *Comimos lo menos treinta.* **menos mal** Indica alivio: *Menos mal que has llegado.* **nada menos** Resalta a alguien o algo: *Ganó en el juego nada menos que tres mil euros.* **ni mucho menos** Niega rotundamente algo: *El trabajo no está terminado, ni mucho menos.* **no ser para menos** Destaca la importancia de algo: *Está contento con el premio y no es para menos.* SIN. **3.** Salvo. ANT. **2.** y **4.** Más. **3.** Incluso. FAM. Menor, menoscabar, menosprecio, menudo, mínimo, minúsculo.

menoscabar *v. tr.* Disminuir el valor, la importancia o el prestigio de algo: *La nueva novela menoscaba sus méritos.* También *v. prnl.* SIN. Perjudicar, dañar, deteriorar; desprestigiar, desacreditar, difamar; reducir, mutilar, cercenar, menguar. ANT. Beneficiar; prestigiar; aumentar. FAM. Menoscabador, menoscabo. MENOS.

menoscabo *s. m.* Daño, perjuicio o disminución del valor: *A pesar del fracaso, su reputación no sufrió menoscabo.* SIN. Merma, mengua. ANT. Aumento, prestigio.

menospreciar *v. tr.* **1.** Considerar a alguien o algo menos valioso o importante de lo que es: *Menospreció la gravedad de los daños.* **2.** Despreciar. SIN. **1.** Rebajar, subestimar. **2.** Desdeñar, humillar, ultrajar. ANT. **1.** Apreciar. **2.** Alabar. FAM. Menospreciable, menospreciablemente, menospreciador, menospreciante. MENOSPRECIO.

menosprecio *s. m.* **1.** Poco aprecio: *Siente menosprecio por el dinero.* **2.** Desprecio: *Declaró su menosprecio por los traidores.* SIN. **1.** Desdén, despego, desinterés. **2.** Repulsa, rechazo. ANT. **1.** Interés, apego. **2.** Estimación. FAM. Menospreciar, menospreciativo. MENOS y PRECIO.

mensáfono *s. m.* Busca*, dispositivo para localizar a alguien.

mensaje (del prov. *messatge*) *s. m.* **1.** Comunicación de palabra, por escrito o por otro medio: *Le di tu mensaje y no hizo comentario. El mensaje navideño del rey.* **2.** Idea que se pretende transmitir en una obra literaria o artística: *El mensaje de la novela se descubre fácilmente.* **3.** En inform., señal que se incluye en un programa para que el ordenador manifieste el estado de un trabajo o asegure que no existe ningún error. SIN. **1.** Encargo, recado, noticia, carta, comunicado, aviso. **2.** Enseñanza, tesis. FAM. Mensáfono, mensajería, mensajero.

mensajería *s. f.* **1.** Servicio de reparto de avisos, paquetes, etc. **2.** Empresa que se dedica a este servicio.

mensajero, ra *adj.* Que lleva un mensaje, paquete, etc.: *Ha creado una empresa de mensajeros.* También *s. m.* y *f.* SIN. Recadero, heraldo, emisario.

menstruación o **menstruo** *s. f.* o *m.* **1.** Fenómeno periódico por el que la mujer y la hembra de los simios eliminan sangre y material celular, procedente de la matriz. **2.** Dicha sangre y material celular. SIN. **1.** Regla, mes, periodo, ovulación. **1.** y **2.** Menstruo. FAM. Menstrual, menstruante, menstruar.

menstruar *v. intr.* Tener la menstruación. ■ Se conjuga como *actuar.*

mensual (del lat. *mensualis*) *adj.* **1.** Que ocurre cada mes: *una revista mensual.* **2.** Que dura un mes: *Tiene un contrato mensual.* FAM. Mensualidad, mensualmente. / Bimensual, trimensual. MES.

mensualidad *s. f.* **1.** Sueldo de un mes. **2.** Cantidad que se paga mensualmente: *Pagaré el coche en 36 mensualidades.*

ménsula (del lat. *mensula*, mesita) *s. f.* **1.** Repisa. **2.** Elemento arquitectónico que sobresale de un plano vertical y sirve para sustentar balcones, marquesinas, vigas, etc.

mensurable (del lat. *mensurabilis*) *adj.* Que se puede medir. FAM. Mensurabilidad. / Inmensurable. MENSURAR.

mensurar (del lat. *mensurare*) *v. tr.* Medir. FAM. Mensurable. / Conmensurar, dimensión, inmenso. MESURA.

menta (del lat. *menta*) *s. f.* **1.** Planta herbácea de la familia labiadas, que suele alcanzar unos 50 cm de altura, con hojas opuestas de color verde o púrpura y flores de color lila. Se utiliza como antiespasmódico, tónico y estimulante. **2.** Esencia extraída de esta planta: *un chicle de menta.* **3.** Licor e infusión preparados con esta planta. FAM. Mentol.

mental *adj.* Relativo a la mente. SIN. Intelectual, psíquico.

mentalidad *s. f.* Modo de pensar: *En su casa tienen una mentalidad del siglo pasado.* SIN. Mente, pensamiento, ideología.

mentalizar *v. tr.* Convencer a alguien para que adopte una determinada idea o comportamiento: *Se mentalizó para el partido.* También *v. prnl.* ■ Delante de *e* se escribe *c* en lugar de *z*: *mentalices.* FAM. Mentalización. MENTE.

mentar *v. tr.* **1.** Decir el nombre de una persona o cosa cuando se habla con otras: *El conferenciante mentó a los artistas locales.* **2.** *vulg.* Seguido de un complemento se emplea como insulto: *mentarle a la madre.* ■ Es v. irreg. Se conjuga como *pensar.* SIN. **1.** Citar, mencionar, aludir, referirse. **1.** y **2.** Nombrar. FAM. Mentado. / Memento, mencionar. MENTE.

mente (del lat. *mens, mentis*) *s. f.* **1.** Conjunto de capacidades intelectuales humanas. **2.** Pensamiento: *No se me va de la mente aquella escena.* **3.** Mentalidad. || LOC. **tener en mente** Tener la intención que se expresa: *Tiene en mente viajar a Grecia.* SIN. **1.** Intelecto, cerebro. FAM. Mental, mentalidad, mentalizar, mentalmente, mentar, mentecato. / Miente.

-mente *suf.* Forma adverbios, especialmente de modo, añadiéndose a los adjetivos en su forma femenina, si la tiene, y en singular: *buenamente, locamente, hábilmente.* ■ Los adv. acabados en *-mente* sólo se acentúan cuando lleva acento el adj. a partir del cual se forman: *fácilmente.*

mentecato, ta (del lat. *mente captus*, falto de mente) *adj.* **1.** Poco sensato. También *s. m.* y *f.* **2.** Tonto. También *s. m.* y *f.* SIN. **1.** Insensato, majadero. **2.** Bobo, idiota, estúpido, imbécil, necio. ANT. **1.** Sensato. **2.** Listo. FAM. Mentecatería, mentecatez. MENTE.

mentidero *s. m.* Sitio donde se reúne la gente para conversar y hacer tertulia.

mentir (del lat. *mentiri*) *v. intr.* Decir alguien algo distinto de lo que sabe, cree o piensa: *Mintió para encubrirlos.* ■ Es v. irreg. Se conjuga como *sentir.* SIN. Engañar. FAM. Mentidero, mentido, mentira, mentirijillas, mentiroso, mentís. / Desmentir.

mentira *s. f.* **1.** Dicho o manifestación distinta de lo que uno sabe, cree o piensa. **2.** Cosa falsa o equivocada. **3.** *fam.* Manchita blanca que aparece a veces en las uñas. || LOC. **parece mentira** Expresa asombro o tristeza por algo: *Parece mentira que tú digas eso.* SIN. **1.** Engaño, embuste, cuento, bola, bulo, trola, patraña. **2.** Error, equivocación. ANT. **1.** y **2.** Verdad.

mentirijillas *s. f.* Se usa en la locución coloquial **de mentirijillas**, con el significado de 'de mentira o de broma': *Parece que está enfadado pero es de mentirijillas.*

mentiroso, sa *adj.* **1.** Que miente. También *s. m.* y *f.* **2.** Se dice de las acciones o cosas falsas: *una promesa mentirosa.* SIN. **1.** Embustero, farsante. FAM. Mentirosamente. MENTIR.

mentís *s. m.* Acción de desmentir. ■ No varía en *pl.* SIN. Desmentido.

mentol *s. m.* Alcohol que se obtiene de la esencia de menta y que se utiliza como antiséptico y también en perfumes y licores. FAM. Mentolado. MENTA.

mentolado, da *adj.* Aromatizado con mentol.

mentón (del fr. *menton*, y éste del lat. *mentum*, barba) *s. m.* Extremo saliente de la mandíbula inferior. SIN. Barbilla.

mentor (de *Mentor*, que instruyó a Telémaco, hijo de Ulises) *s. m.* **1.** Persona que aconseja, guía, orienta, etc. **2.** Preceptor. SIN. **1.** Consejero, maestro. **2.** Tutor.

menú (del fr. *menu*) *s. m.* **1.** Conjunto de platos que se sirven en una comida. **2.** Lista en que se relacionan las comidas y bebidas de un restaurante. **3.** En inform., presentación de las distintas posibilidades de un programa y el modo de entrar en cada una de ellas. SIN. **1.** Minuta. **2.** Carta. ■ Su pl. es *menús*.

menudear *v. tr.* **1.** Hacer algo repetidas veces: *Menudeó sus llamadas telefónicas.* **2.** *Col.* Vender al por menor. || *v. intr.* **3.** Suceder una cosa con frecuencia: *En verano menudean las excursiones.* **4.** *Arg.*, *Méx.*, *Par.* y *Urug.* Aumentar el número de una cosa. SIN. **1.** Reiterar. **3.** Abundar. ANT. **1.** Omitir. FAM. Menudeo. MENUDO.

menudencia *s. f.* Cosa de poco valor o importancia: *Se enfadó por una menudencia.* SIN. Minucia, insignificancia, bagatela, nadería, fruslería.

menudillos *s. m. pl.* Vísceras de las aves, como molleja, hígado, etc. SIN. Menudos.

menudo, da (del lat. *minutus*) *adj.* **1.** Que es de tamaño muy pequeño: *flores menudas, piedras menudas.* **2.** Se dice de la persona muy delgada y baja: *La abuela es muy menuda.* **3.** Que tiene poca importancia: *Vamos al grano y déjate de cuestiones menudas.* **4.** En frases exclamativas, se usa como intensificador: *¡Menudo artista! ¡Menudo lío has formado!* **5.** Exacto, minucioso. || *s. m. pl.* **6.** Vientre, manos y sangre de las reses. **7.** Vísceras de las aves. || LOC. **a menudo** *adv.* Frecuentemente: *Nos vemos a menudo.* SIN. **1.** y **2.** Chico. **2.** Canijo, esmirriado. **3.** Insignificante, secundario, accesorio. **5.** Puntual, escrupuloso. **6.** y **7.** Despojos, menudillos. ANT. **1.** y **2.** Grande, voluminoso. **2.** Corpulento. **3.** Importante. FAM. Menudamente, menudear, menudencia, menudillos. / Desmenuzar. MENOS.

meñique *s. m.* **1.** Dedo más pequeño de la mano. También *adj.* **2.** P. ext., dedo más pequeño del pie. También *adj.*

meollo (del lat. vulg. *medullum*, y éste del lat. *medulla*, médula) *s. m.* **1.** Contenido o parte esencial de algo: *Llegó hasta el meollo del problema.* **2.** Juicio, entendimiento: *Estrújate el meollo.* **3.** Sesos. **4.** Médula de los huesos. SIN. **1.** Sustancia, fundamento, esencia, núcleo. FAM. Meolludo.

meón, na *adj. fam.* Que mea mucho o con frecuencia.

mequetrefe *s. m.* y *f.* Persona de poco juicio, sin formalidad, inútil. SIN. Botarate, tarambana, chiquilicuatro, chisgarabís.

mercachifle *s. m.* **1.** *desp.* Comerciante de poca importancia. **2.** Vendedor ambulante. **3.** *desp.* Persona que da demasiada importancia a la ganancia en su profesión. SIN. **1.** Quincallero. **2.** Buhonero. **3.** Negociante.

mercadear *v. intr.* Comerciar*. FAM. Mercadeo. MERCADO.

mercader, ra (del cat. *mercader*, de *mercat*, mercado) *s. m.* y *f.* Comerciante. FAM. Mercaderil. MERCADO.

mercadería *s. f.* Mercancía*.

mercadillo *s. m.* Mercado formado por numerosos puestos ambulantes, que se celebra en días fijos.

mercado (del lat. *mercatus*) *s. m.* **1.** Conjunto de operaciones de compra y venta: *Mañana hay en ese pueblo mercado de ganado.* **2.** Lugar o edificio donde se compra y vende, generalmente alimentos y otros productos de primera necesidad: *Fue al mercado para hacer la compra.* **3.** Conjunto de los consumidores y productores de un artículo o línea de artículos. **4.** Lugar importante en un orden comercial cualquiera: *Amberes es el principal mercado de diamantes.* || **5. mercado de abastos** El municipal, donde se centralizan las operaciones de compra y venta al por mayor de productos alimentarios. **6. mercado de cambios** (o **de divisas**) El de intercambio de monedas extranjeras. **7. mercado de trabajo** El que comprende la oferta y la demanda de trabajo como factor productivo. **8. mercado de valores** Bolsa[2]. **9. mercado negro** Compra y venta al margen de la ley. FAM. Mercachifle, mercadear, mercader, mercadería, mercadillo, mercadotecnia, mercancía, mercantil, mercar. / Automercado, hipermercado, supermercado.

mercadotecnia *s. f.* Marketing*. FAM. Mercadotécnico. MERCADO.

mercancía *s. f.* **1.** Cualquier cosa que se puede comprar y vender. || **mercancías** *s. m.* **2.** Tren que transporta solamente géneros o productos. ■ En esta acepción no varía en *pl.* SIN. **1.** Mercadería, género, producto, artículo.

mercante *adj.* **1.** Relativo al comercio marítimo: *la marina mercante.* **2.** Se dice del barco que transporta mercancías. También *s. m.*

mercantil *adj.* Del comercio o relacionado con esta actividad: *derecho mercantil.* SIN. Comercial. FAM. Mercantilismo, mercantilizar, mercantilmente. MERCADO.

mercantilismo *s. m.* Política económica característica de Europa entre los s. XVI y XVIII, dirigida a la adquisición y acumulación de oro y plata, considerados como fundamentales para el afianzamiento y desarrollo económicos. FAM. Mercantilista. MERCANTIL.

mercantilizar *v. tr.* Hacer que predomine el interés por la ganancia en actitudes y acciones que no deberían ser comerciales: *Mercantilizó el trato con sus amistades.* ■ Delante de *e* se escribe *c* en lugar de *z*: *mercantilice.* FAM. Mercantilización. MERCANTIL.

mercar (del lat. *mercari*, comprar) *v. tr.* Comprar. También *v. prnl.*: *Se mercó un traje nuevo.* ■ Delante de *e* se escribe *qu* en lugar de *c.* SIN. Adquirir. FAM. Mercante. MERCADO.

merced (del lat. *merces, -edis*) *s. f.* **1.** Honor o favor concedido por un soberano: *El rey otorgó la merced del indulto al condenado.* **2.** Favor, recompensa, concesión, etc., que hace una persona a otra. **3.** Con *su, vuestra* o *vuesa*, antiguo tratamiento que equivale a *usted*: *No se enfade vuestra merced.* **4.** Orden religiosa y militar, fundada por San Pedro Nolasco en 1218, para la liberación de prisioneros hechos por los musulmanes. ■ En esta acepción se escribe con mayúscula. || LOC. **a merced de** *adv.* Bajo el dominio de alguien o algo: *Está a merced de su familia. El barco está a merced del huracán.* SIN. **1.** Don, dádiva, gracia. **1.** y **2.** Beneficio. FAM. Mercedario, mercenario.

mercedario, ria (del lat. *mercedarius*) *adj.* De la orden de la Merced: *una monja mercedaria.* También *s. m.* y *f.*

mercenario, ria (del lat. *mercenarius*) *adj.* **1.** Se dice del soldado o del ejército que combate por dinero. También *s. m.* y *f.* **2.** Asalariado. También *s. m.* y *f.*

mercería (del cat. *merceria*, y éste del lat. *merx, mercis*, mercancía) *s. f.* **1.** Tienda en que se venden toda clase de artículos para la costura. **2.** Conjunto de estos artículos y comercio que se hace con ellos: *un viajante de mercería.* FAM. Mercero.

merchandising (ingl.) *s. m.* Conjunto de procesos destinados a mejorar la producción y comercialización de un producto.

merchante (del fr. *merchant*, comerciante) *s. m.* y *f.* Persona que se dedica a la venta ambulante.

merchero, ra *s. m.* y *f.* **1.** Merchante*. **2.** Quinqui*.

mercromina (nombre comercial registrado) *s. m.* Líquido desinfectante, de color rojo intenso elaborado con mercurio, alcohol y otros productos. SIN. Mercurocromo.

mercurial (del lat. *mercurialis*) *adj.* **1.** Del mercurio o relacionado con este elemento químico: *una pomada mercurial.* **2.** Del dios Mercurio o del planeta Mercurio: *las fiestas mercuriales.* || *s. f.* **3.** Planta herbácea de 30 a 50 cm de altura, con hojas lanceoladas de color verde amarillento y flores verdosas.

mercurio (del lat. *mercurius*) *s. m.* Elemento químico de carácter metálico, líquido incluso a temperaturas inferiores a 0°, muy denso, de color plateado brillante, que reacciona con los ácidos y es capaz de disolver el oro y la plata. Se obtiene del cinabrio y se usa para la formación de amalgamas, en termómetros y barómetros, como bactericida, en farmacia y en la síntesis de compuestos metálicos. Su símbolo es *Hg*. SIN. Azogue. FAM. Mercromina, mercurial, mercúrico, mercurocromo.

mercurocromo (nombre comercial registrado) *s. m.* Mercromina*.

merecer (del lat. *merere*) *v. tr.* **1.** Ser alguien o algo digno de lo que se expresa: *Cuando termine el trabajo voy a merecer un descanso. Su gesto mereció desprecio.* También *v. prnl.* || *v. intr.* **2.** Realizar ciertas acciones para conseguir algo: *El alumno está intentando merecer.* || LOC. **merecer la pena** algo Compensar: *Merece la pena estudiar inglés.* ■ Es v. irreg. Se conjuga como *agradecer*. FAM. Merecedor, merecidamente, merecido, merecimiento, meretriz, mérito. / Desmerecer, inmerecido.

merecido 1. *p.* de **merecer**. También *adj.* || *s. m.* **2.** Castigo que, en justicia, se impone a alguien: *Afortunadamente, le han dado su merecido.*

merendar (del lat. *merendare*) *v. tr.* **1.** Tomar algo de comer por la tarde. También *v. intr.* || **merendarse** *v. prnl.* **2.** *fam.* Terminar algo rápidamente: *Se merendó la novela en dos tardes.* **3.** *fam.* Saltarse alguna cosa: *merendarse una clase.* **4.** *fam.* Vencer con amplitud a otros en una competición: *El equipo local se merendó a su rival.* ■ Es v. irreg. Se conjuga como *pensar*. SIN. **2.** Tragarse. **3.** Fumarse. FAM. Merendero. MERIENDA.

merendero *s. m.* Establecimiento público, situado en el campo o en la playa, donde se va a merendar o a comer. SIN. Quiosco, chiringuito.

merendola o **merendona** *s. f.* Merienda celebrada como una fiesta entre muchas personas.

merengar *v. tr. fam.* Molestar, estropear: *El muy pelma nos merengó la fiesta.* ■ Delante de *e* se escribe *gu* en lugar de *g*. SIN. Fastidiar, jorobar.

merengue (del fr. *meringue*) *s. m.* **1.** Dulce hecho con claras de huevo y azúcar. **2.** Persona débil y delicada. **3.** Baile de varios países del Caribe, en especial de la República Dominicana. || *adj.* **4.** Del club de fútbol Real Madrid. También *s. m.* y *f.* FAM. Merengado, merengar.

meretriz (del lat. *meretrix, -icis*) *s. f.* En lenguaje culto, prostituta. FAM. Véase **merecer**.

meridiano, na (del lat. *meridianus*, de *meridies*, el mediodía) *adj.* **1.** Clarísimo, muy grande: *una verdad meridiana.* **2.** Del mediodía. o relacionado con este momento del día. || *s. m.* **3.** Cualquier círculo máximo de la esfera terrestre que pasa por los polos, cortando el ecuador perpendicularmente. **4.** En astron., cualquier círculo máximo de la esfera celeste, que pasa por los polos. **5.** En geom., línea de intersección de una esfera u otra superficie de revolución con un plano que pasa por su eje. SIN. **1.** Evidente, manifiesto, patente, explícito, diáfano. ANT. **1.** Oscuro. FAM. Meridional. / Posmeridiano.

meridional (del lat. *meridionalis*) *adj.* Del sur o mediodía: *la Europa meridional.* También *s. m.* y *f.* SIN. Sureño. ANT. Septentrional, norteño.

merienda (del lat. *merenda*, lo que se merece) *s. f.* **1.** Comida ligera que se hace por la tarde. || **2. merienda de negros** *fam.* Jaleo, tumulto. FAM. Merendar, merendola, merendona, meriendacena.

meriendacena *s. f.* Merienda abundante que sirve también de cena.

merindad *s. f.* Territorio gobernado en la Edad Media por un merino o juez.

merino, na (del lat. *maiorinus*, perteneciente al mayor o a lo mayor) *adj.* **1.** Se aplica a una raza de carneros y ovejas de lana fina, rizada y suave y, también, a esta lana. También *s. m.* y *f.* || *s. m.* **2.** Juez que en la baja Edad Media era delegado del rey en un territorio de los reinos de Castilla, León, Galicia y Navarra. FAM. Merindad, merinero.

meristema o **meristemo** (del gr. *meristes*, divisorio) *s. m.* En bot., tejido joven que se halla en los lugares de crecimiento de la planta.

mérito (del lat. *meritum*) *s. m.* **1.** Actuación por la que alguien es digno de recibir alguna cosa: *Recibió el Nobel en reconocimiento de sus méritos.* **2.** Valor de algo por el trabajo o habilidad que se ha puesto en ello. || LOC. **de mérito** *adv.* De gran calidad: *una película de mérito.* **hacer méritos** Realizar ciertas acciones para merecer o conseguir algo. SIN. **1.** Merecimiento, virtud. **2.** Interés, valía. ANT. **1.** Defecto. FAM. Meritísimo, meritorio. / Ameritar, benemérito, demérito, emérito. MERECER.

meritorio, ria (del lat. *meritorius*) *adj.* **1.** Valioso, digno de premio. || *s. m.* y *f.* **2.** Persona que hace las tareas más sencillas para formarse en un oficio: *Entró de meritorio en una compañía de teatro.* SIN. **1.** Estimable, alabable, encomiable. ANT. **1.** Detestable. FAM. Meritoriamente. MÉRITO.

merluza *s. f.* **1.** Pez teleósteo de entre 30 y 80 cm de longitud, cuerpo fusiforme y alargado, barbilla muy corta, dientes finos y dos aletas dorsales y una anal. Es muy apreciado en alimentación. **2.** *fam.* Borrachera. SIN. **2.** Embriaguez, tajada, curda, moña, mona, trompa. FAM. Merluzo.

merluzo, za *adj.* Tonto. También *s. m.* y *f.* SIN. Estúpido, imbécil, bobo, necio, memo. ANT. Listo, lumbrera.

merma *adj.* Disminución, pérdida: *Con los años se nota la merma de su memoria.* ANT. Aumento, incremento.

mermar *v. intr.* **1.** Disminuir una parte de algo: *El agua mermaba con la evaporación.* También *v. prnl.* || *v. tr.* **2.** Quitar una parte de algo: *La poca venta mermó sus ganancias.* SIN. **1.** Decrecer, menguar, menoscabar. **2.** Reducir. ANT. **1.** Crecer. **2.** Aumentar. FAM. Merma.

mermelada (del port. *marmelada*, y éste del lat. *melimela*, manzanas dulces) *s. f.* Dulce elaborado con fruta cocida y azúcar. SIN. Confitura.

mero *s. m.* Pez teleósteo de hasta un metro de longitud, con el cuerpo comprimido, aletas pélvicas, pectorales, anales y dorsales, ojos grandes y boca sobresaliente. Presenta tres aguijones detrás del opérculo. Es muy apreciado en alimentación.

mero, ra (del lat. *merus*) *adj.* **1.** Puro, simple: *Viaja por mero capricho.* **2.** *Amér. C.* y *Méx.* Propio, mismo, verdadero. || *adv.* **3.** *Méx.* Casi. **4.** *Méx.* En punto. FAM. Meramente. / Esmero.

merodear (del fr. dial. *méraude*) *v. intr.* Andar por un sitio para observar, curiosear o con malas intenciones: *Merodeaban por el circo para tratar de colarse.* SIN. Deambular, vagar, vagabundear, rondar, acechar. FAM. Merodeador, merodeo.

merostoma (del gr. *meros*, parte, y *stoma*, boca) *adj.* **1.** Se aplica a ciertos artrópodos marinos que tienen el cuerpo recubierto por una coraza quitinosa y dividido en cefalotórax y abdomen, este último rematado en una larga espina, y presentan dos quelíceros, cinco pares de patas y apéndices abdominales con branquias. También *s. m.* || *s. m. pl.* **2.** Clase constituida por estos animales.

merovingio, gia *adj.* De la dinastía franca que reinó en la Galia desde el final del s. V hasta mediados del s. VIII. También *s. m.* y *f.*

mes (del lat. *mensis*) *s. m.* **1.** Cada una de las doce partes en que se divide el año. **2.** Periodo de tiempo comprendido entre una fecha cualquiera y la misma del mes siguiente. **3.** Mensualidad: *Me han pagado tres meses de golpe.* **4.** Menstruación. SIN. **3.** Sueldo, salario, haber. **4.** Menstruo, periodo, regla. FAM. Mensual, mesada. / Bimestre, cuatrimestre, semestre, sietemesino, trimestre.

mesa (del lat. *mensa*) *s. f.* **1.** Mueble que está formado por un tablero, cristal, etc., sostenido por patas u otro soporte. **2.** Dicho mueble con lo necesario para comer: *una mesa con doce cubiertos.* **3.** Comida: *Le gusta la buena mesa.* **4.** Conjunto de personas sentadas alrededor de este mueble: *Toda la mesa se rió.* **5.** Presidencia de una asamblea, asociación, etc. **6.** En geog., terreno elevado y aislado, de superficie plana y bordes abruptos. || **7. mesa de billar** La recubierta de fieltro verde y rodeada por una moldura, que se emplea para este juego. **8. mesa de noche** Mesilla*. **9. mesa redonda** Reunión de personas para tratar un tema. || LOC. **a mesa puesta** *adv.* Sin tener que trabajar ni preocuparse de nada: *Vive a mesa puesta en casa de Luis.* **poner la mesa** Prepararla con todo lo necesario para comer. **quitar la mesa** Retirar todo lo que se ha puesto sobre ella para comer. **sentarse a la mesa** Ocupar cada persona su asiento para empezar a comer. SIN. **4.** Comensales, convidados. **5.** Dirección. FAM. Mesero, meseta, mesilla. / Comensal, ménsula, sobremesa.

mesada *s. f.* Paga que se entrega al mes.

mesana (del ital. *mezzana*, y éste del lat. *mediana*) *s. f.* **1.** Palo más cercano a la popa en una embarcación de tres mástiles. **2.** Vela atravesada que se coloca en dicho palo.

mesar (del bajo lat. *messare*, de *metere*, segar, cercenar) *v. tr.* Tirar de los cabellos o de la barba en señal de dolor o furia. Se usa más como *v. prnl.* FAM. Mesadura.

mescalero, ra *adj.* De una tribu amerindia, perteneciente al grupo de los apaches, que habitaba en el SE de Nuevo México. También *s. m.* y *f.*

mescalina *s. f.* Alcaloide que se obtiene del peyote y que tiene un alto poder alucinógeno.

mescolanza (ital.) *s. f. fam.* Mezcolanza*.

mesencéfalo (de *meso-* y *-céfalo*) *s. m.* Parte del encéfalo situada entre la protuberancia y el cerebro.

mesenterio (del gr. *mesenterion*, de *mesos*, medio, y *enteron*, intestino) *s. m.* Repliegue membranoso del peritoneo, que une el intestino con la pared posterior del abdomen.

mesero, ra *s. m.* y *f. Amér. C., Col.* y *Méx.* Camarero.

meseta *s. f.* **1.** Llanura de gran extensión, situada a más de 500 m de altitud sobre el nivel del mar. **2.** Descansillo de una escalera. SIN. **1.** Altiplanicie. **2.** Rellano.

mesianismo *s. m.* **1.** En el pueblo judío, creencia en un enviado de Dios, o Mesías, que liberará a Israel. **2.** Confianza absoluta en un futuro mejor y en la solución de problemas por la intervención de un líder.

mesías (del lat. *Messias*, y éste del hebreo *masih*, ungido) *s. m.* **1.** Enviado de Dios, prometido por los profetas al pueblo de Israel. ■ En esta acepción se escribe con mayúscula. **2.** Personaje de cuya intervención se espera el remedio de todos los males. SIN. **1.** Redentor. **1.** y **2.** Salvador, elegido. FAM. Mesiánico, mesianismo.

mesilla (*dim.* de *mesa*) *s. f.* Mueble pequeño, generalmente con uno o más cajones que se coloca junto a la cabecera de la cama. ■ Se llama también *mesilla de noche*.

mesmerismo (de *Franz A. Mesmer*, médico austriaco) *s. m.* Método curativo basado en la utilización de técnicas hipnóticas.

mesnada *s. f.* **1.** En la Edad Media, conjunto de gente armada que estaba al servicio de un jefe. || *s. f. pl.* **2.** Conjunto de los seguidores de una persona: *Las mesnadas esperaban al líder.* SIN. **1.** Tropa, partida, hueste. FAM. Mesnadero.

meso- (del gr. *mesos*, medio) *pref.* Significa 'medio', 'intermedio': *mesocarpio, mesozoico.*

mesoamericano, na *adj.* De Mesoamérica, área geográfica formada por México, América Central y las Antillas. También *s. m.* y *f.*

mesocarpio (de *meso-*, y el gr. *karpos*, fruto) *s. m.* Parte intermedia del pericarpio de los frutos carnosos, situada entre el epicarpio y el endocarpio.

mesocefalia (de *meso-* y *-cefalia*) *s. f.* Forma del cráneo intermedia entre la braquicefalia y la dolicocefalia, con un índice cefálico que varía entre 77 y 82. FAM. Mesocéfalo. CEFÁLICO.

mesocracia (de *meso-* y el gr. *-kratos*, gobierno) *s. f.* **1.** Gobierno de la clase media. **2.** Burguesía o clase media. FAM. Mesocrático.

mesodermo (de *meso-* y *-dermo*) *s. m.* Capa intermedia de las tres en las que se disponen las células del blastodermo en el embrión después de la segmentación del óvulo fecundado.

mesolítico, ca (de *meso-* y el gr. *lithos*, piedra) *adj.* **1.** Se aplica al periodo de la edad de piedra que marca la transición entre el paleolítico y el neolítico. Comenzó hace unos 10.000 años en Mesopotamia, Egipto y la Europa mediterránea, y hace unos 8.000 en Europa del N. También *s. m.* **2.** De este periodo.

mesón[1] (del lat. *mansio, -onis*) *s. m.* **1.** Establecimiento decorado de manera tradicional y rústica, donde se sirven comidas y bebidas. **2.** Posada para viajeros. SIN. **1.** Tasca, taberna. **2.** Hostal, hospedería, hostería, venta. FAM. Mesonero.

mesón[2] (aum. de *mesa*) *s. m. Chile* Mostrador.

mesón[3] (del gr. *meson*, intermedio) *s. m.* Partícula elemental de masa intermedia entre la del electrón y la del protón.

mesonero, ra *s. m.* y *f.* Persona que regenta un mesón o trabaja en él.

mesopotámico, ca *adj.* De Mesopotamia, región histórica de Asia. También *s. m.* y *f.*

mesosfera *s. f.* Capa de la atmósfera situada entre la estratosfera y la termosfera.

mesotórax (de *meso-* y el gr. *thorax*, pecho) *s. m.* Segmento medio del tórax de los insectos.

mesozoico, ca (de *meso-* y el gr. *zoon*, animal) *adj.* **1.** Se aplica a la era geológica comprendida entre la paleozoica y la cenozoica, que comenzó hace unos 225 millones de años y terminó hace unos 65 millones. Se caracteriza por la escasez de actividad orogénica y el desarrollo de los reptiles gigantes y abarca los periodos triásico, jurásico y cretácico. También *s. m.* ■ Se denomina también *era secundaria.* **2.** De esta era.

mesozoo (de *meso-* y el gr. *zoon*, animal) *s. m.* **1.** Animal pluricelular que no posee tejidos diferenciados y es parásito de invertebrados marinos. Su tamaño es inferior a los 7 mm y tiene el cuerpo segmentado y dotado de cilios. || *s. m. pl.* **2.** Tipo constituido por estos animales.

mester (del ant. *menester*) *s. m.* **1.** Antiguamente, arte, oficio. || **2. mester de clerecía** En la Edad Media española, tipo de poesía erudita compuesta por clérigos o personas cultas. **3. mester de juglaría** Poesía de los juglares o poetas populares españoles de la Edad Media.

mestizaje *s. m.* **1.** Mezcla de razas diferentes. **2.** En bot., hibridación*.

mestizo, za (del lat. *mixticius*) *adj.* **1.** Nacido de padre y madre de diferente raza, especialmente blanca e india. También *s. m.* y *f.* **2.** Se aplica al animal o vegetal producto del cruce de distintas razas. **SIN.** **2.** Híbrido. **FAM.** Mestizaje, mestizar. / Amestizado.

mesura (del lat. *mensura*) *s. f.* **1.** Corrección y serenidad en actitudes, gestos y palabras: *Estaba indignado, pero conservó la mesura.* **2.** Moderación: *Come con mesura.* **SIN.** **1.** Compostura, circunspección. **2.** Comedimiento, medida, discreción, sensatez, juicio. **ANT.** **1.** Frivolidad. **2.** Exceso, exageración. **FAM.** Mesuradamente, mesurado, mesurar. / Desmesurar, mensurar. MEDIR.

meta (del lat. *meta*, mojón) *s. f.* **1.** Línea en que termina una carrera deportiva. **2.** Fin que se pretende alcanzar: *Su meta es sacar la oposición.* **3.** En algunos dep., portería. **4.** En los circos romanos, cada uno de los pilares que señalaban los extremos de la espina. || *s. m.* **5.** En algunos dep., portero. **SIN.** **2.** Finalidad, aspiración. **3.** Portal, puerta. **5.** Cancerbero. **FAM.** Guardameta.

meta- (del gr. *meta*) *pref.* **1.** Significa 'más allá', 'además', 'después', 'junto a', 'cambio': *metafísica, metamorfosis.* **2.** Se emplea en la denominación de ciertos compuestos químicos.

metábasis (del gr. *metabasis*, transición) *s. f.* Fenómeno que se produce cuando una palabra de una determinada categoría gramatical pasa a desempeñar una función propia de otra categoría: el adjetivo *azul*, en *el azul del mar*, funciona como sustantivo. ■ No varía en *pl.*

metabolismo (del gr. *metabole*, cambio) *s. m.* Conjunto de reacciones químicas que se dan en las células vivas. **SIN.** Asimilación. **FAM.** Metabólico, metabolizarse.

metabolizarse *v. prnl.* Transformarse una sustancia en el organismo, por medio de cambios biológicos y químicos. **FAM.** Metabolización. METABOLISMO.

metacarpiano, na *adj.* **1.** Se dice de cada uno de los cinco huesos del metacarpo. También *s. m.* **2.** Del metacarpo.

metacarpo (de *meta-*, y el gr. *karpos*, carpo) *s. m.* Esqueleto de la palma de la mano, entre la muñeca y las falanges de los dedos. **FAM.** Metacarpiano. CARPO.

metacentro (de *meta-* y el gr. *kentron*, centro) *s. m.* Punto de intersección de la línea vertical imaginaria que pasa por el centro de flotación de un cuerpo que no está en equilibrio y la recta que une el centro de flotación con el de gravedad cuando el cuerpo está en equilibrio. **FAM.** Metacéntrico. CENTRO.

metacrilato *s. m.* Nombre genérico de los ésteres del ácido metacrílico, usados en la industria del plástico.

metacrílico, ca *adj.* **1.** Se aplica a un ácido sólido cristalino, soluble en agua caliente y cuyos ésteres, los metacrilatos, se usan en la fabricación de plásticos y vidrios. También *s. m.* **2.** De este ácido o relacionado con él. **FAM.** Metacrilato. ACRÍLICO.

metadona *s. f.* Producto farmacéutico de efectos similares a los de la morfina y la heroína, que se utiliza para desintoxicar a los drogadictos.

metafase *s. f.* Fase intermedia de la mitosis celular.

metafísica (del gr. *meta ta physika*, después de la física) *s. f.* **1.** Parte de la filosofía que se ocupa de la esencia del ser, por oposición a sus aspectos particulares, que son estudiados por las ciencias. **2.** Razonamiento profundo y algo abstracto sobre cualquier materia. **FAM.** Metafísicamente, metafísico. FÍSICA.

metafita *s. f.* **1.** Planta, vegetal. || *s. f. pl.* **2.** Reino vegetal.

metáfora (del gr. *metaphora*, traslado) *s. f.* Figura literaria que consiste en usar palabras en un sentido distinto del que tienen propiamente, pero guardando con éste cierta relación de semejanza. **FAM.** Metafóricamente, metafórico, metaforizar.

metagoge (del gr. *metagoge*, traslación) *s. f.* Figura literaria que consiste en aplicar a seres inanimados palabras que significan acciones o sentimientos propios de seres animados, como, p. ej., en *llora la luna.*

metal (del lat. *metallum*) *s. m.* **1.** Elemento químico sólido a la temperatura ambiente (excepto el mercurio), de brillo característico, buen conductor del calor y de la electricidad y cuyos átomos poseen como máximo tres electrones en su capa más externa, que se pierden con facilidad convirtiéndose el metal en un catión. **2.** Latón*. **3.** Timbre de voz o de sonido. **4.** Conjunto de instrumentos de viento de una orquesta o banda, hechos generalmente de latón. || **5. el vil metal** El dinero. **6. metal blanco** Aleación de estaño con plomo, bismuto, cobre, antimonio u otros metales. **7. metal noble** (o **precioso**) La plata, el oro o el platino. **FAM.** Metálico, metalífero, metalizar, metalografía, metaloide, metalurgia. / Semimetal.

metalenguaje *s. m.* Lenguaje empleado para definir y estudiar las propiedades del propio lenguaje o de otro.

metálico, ca (del lat. *metallicus*) *adj.* **1.** De metal o perteneciente a él. || *s. m.* **2.** Dinero en monedas y, p. ext., dinero en efectivo, sean monedas o billetes.

metalífero, ra *adj.* Que contiene metal: *un mineral metalífero.*

metalingüística *s. f.* Estudio de las relaciones e influencias mutuas que se dan entre la lengua y los factores culturales y sociales de un pueblo. **FAM.** Metalingüístico. LINGÜÍSTICA.

metalizado, da *adj.* Se dice de los colores, pinturas, etc. que brillan como el metal.

metalizar *v. tr.* **1.** Hacer que un cuerpo adquiera propiedades metálicas. **2.** Cubrir una sustancia con una capa de metal. **3.** Dar reflejos metálicos a un color: *metalizar la pintura de un coche.* **4.** Volver a alguien excesivamente interesado por el dinero. También *v. prnl.* || **metalizarse** *v. prnl.* **5.** Convertirse una cosa en metal o adquirir sus propiedades. ■ Delante de *e* se escribe *c* en lugar de *z*: *metalice.* **FAM.** Metalización, metalizado, metalizador. METAL.

metalografía (del gr. *metallon*, metal, y *-grafía*) *s. f.* **1.** Parte de la metalurgia que estudia la estructura y propiedades de los metales. **2.** En artes gráficas, procedimiento de impresión mediante una plancha de cinc o de aluminio.

metaloide *s. m.* Antigua denominación de los elementos químicos no metálicos.

metalurgia (del gr. *metallourgos*, minero, de *metallon*, metal, y *ergon*, trabajo) *s. f.* **1.** Técnica de extraer los metales de los minerales que los contienen, de tratarlos y elaborarlos. **2.** Conjunto de estudios sobre la obtención, tratamiento y uso de los metales. **FAM.** Metalúrgico, metalurgista. / Electrometalurgia, siderometalúrgico. METAL.

metámero (del gr. *metameros*, segmento) *s. m.* En biol., cada uno de los segmentos en que se divide el cuerpo de anélidos y artrópodos.

metamórfico, ca *adj.* Se dice de los minerales y rocas que han sufrido metamorfismo. También *s. m.* y *f.*

metamorfismo *s. m.* Conjunto de transformaciones de las rocas en el interior de la corteza terrestre a causa del calor, la presión y diversos factores químicos. **FAM.** Metamórfico, metamorfizar. METAMORFOSIS.

metamorfosis o **metamórfosis** (del gr. *metamorphosis*, de *metamorfoo*, transformar) *s. f.* **1.** Cambio profundo en alguien o algo: *La ciudad ha sufrido una metamorfosis.* **2.** Conjunto de transformaciones de ciertos animales a lo largo de su desarrollo biológico: *la metamorfosis del gusano de seda.* ■ No varía en *pl.* **FAM.** Metamorfismo, metamorfosear.

metano (del al. *methan* y éste del gr. *methy*, bebida fermentada) *s. m.* Hidrocarburo más simple, formado por un solo átomo de carbono. Es un gas que se forma durante la descomposición de la materia orgánica y principal componente del gas natural. Se usa como combustible y como materia prima para la elaboración de numerosos productos químicos. **FAM.** Metanol, metílico.

metanol *s. m.* Alcohol metílico, líquido incoloro muy tóxico que se obtiene de la destilación de la madera o mediante la reacción entre el monóxido de carbono y el hidrógeno. Se emplea como aditivo de combustibles líquidos.

metapsíquica (de *meta-* y el gr. *psykhika*) *s. f.* Parapsicología*.

metástasis (del gr. *metastasis*, cambio de lugar) *s. f.* Reproducción de una enfermedad o tumor en otros puntos distintos del organismo. ■ No varía en *pl.*

metatarsiano, na *adj.* **1.** Se dice de cada uno de los cinco huesos del metatarso. También *s. m.* **2.** Del metatarso.

metatarso (de *meta-* y el gr. *tarsos*, tarso) *s. m.* Esqueleto de la parte intermedia del pie, formado por cinco huesos alargados; se encuentra entre el tarso y las falanges de los dedos. **FAM.** Metatarsiano. TARSO.

metate (del náhuatl *metatl*) *s. m. Amér. C.* y *Méx.* Piedra de moler grano.

metaterio *adj.* **1.** Se aplica a los mamíferos terios que carecen de placenta o la tienen muy reducida. También *s. m.* || *s. m. pl.* **2.** Infraclase formada por estos animales, que incluye el orden único marsupiales.

metátesis (del gr. *metathesis*, trasposición) *s. f.* Cambio de lugar de uno o varios fonemas en el interior de una palabra, como en *perlado* por *prelado.* ■ No varía en *pl.*

metatórax *s. m.* Segmento posterior del tórax de los insectos, entre el mesotórax y el abdomen. ■ No varía en *pl.*

metazoo (de *meta-* y el gr. *zoon*, animal) *adj.* **1.** Se dice del ser vivo perteneciente al reino de los metazoos. También *s. m.* || *s. m. pl.* **2.** Reino formado por seres pluricelulares de nutrición heterótrofa, cuyas células están diferenciadas morfológica y funcionalmente y organizadas en tejidos, agrupándose en órganos, sistemas y aparatos en los grupos más evolucionados para la realización de las tres funciones vitales: nutrición, relación y reproducción. **SIN.** **1.** Animal.

meteco, ca (del gr. *metoikos*, extranjero) *adj.* En la antigua Grecia, extranjero que se establecía en una ciudad y disfrutaba de algunos derechos civiles. También *s. m.* y *f.*

metempsicosis o **metempsícosis** (del gr. *metempsychosis*) *s. f.* Paso del alma de un cuerpo a otro, humano o animal, después de la muerte, y doctrina que lo sostiene. ■ No varía en *pl.* **SIN.** Transmigración.

meteórico, ca *adj.* **1.** De los meteoros. **2.** Que sucede o se realiza con enorme rapidez: *un meteórico ascenso hacia el poder.* **SIN.** **2.** Fulgurante, fulminante, vertiginoso. **ANT.** **2.** Lento.

meteorismo *s. m.* Acumulación de gases en el intestino. **SIN.** Flato, flatulencia, aerofagia.

meteorito *s. m.* Cuerpo sólido de pequeño tamaño procedente del espacio, que se pone incandescente al llegar a la atmósfera terrestre y algunos de cuyos fragmentos pueden caer sobre la Tierra. **SIN.** Aerolito.

meteorización *s. f.* **1.** Acción de los agentes erosivos externos, como el agua, el viento, los cambios de temperatura o el hielo y deshielo, sobre las rocas y minerales de la corteza terrestre. **2.** Acción de meteorizarse la Tierra. **FAM.** Meteorizar.

meteorizar *v. tr.* **1.** Causar meteorización. **2.** Causar meteorismo. || **meteorizarse** *v. prnl.* **3.** Recibir la Tierra la influencia de los meteoros. ■ Delante de *e* se escribe *c* en lugar de *z*: *meteorice.*

meteoro o **metéoro** (del gr. *meteoros*, elevado, en el aire) *s. m.* Cualquiera de los fenómenos naturales que se originan en la atmósfera, como la lluvia, la nieve, el granizo (acuosos), el viento (eólicos), el arco iris (luminosos) o el rayo (eléctricos). **FAM.** Meteórico, meteorismo, meteorito, meteorizar, meteorología.

meteorología *s. f.* Ciencia que estudia y describe los fenómenos naturales que suceden en la atmósfera y que dan lugar al tiempo atmosférico. **FAM.** Meteorológico, meteorologista, meteorólogo. METEORO.

metepatas *s. m.* y *f.* Persona inoportuna, que mete la pata. ■ No varía en *pl.* SIN. Patoso.

meter (del lat. *mittere*, soltar, enviar) *v. tr.* **1.** Poner una cosa dentro de otra, entre otras o en el interior de algún sitio: *meter la ropa en la lavadora, meter un clavo en la pared.* También *v. prnl.* **2.** Poner una persona a otra en algún sitio, colocación, etc., utilizando su influencia, poder o autoridad: *Mi amigo me metió en su empresa.* **3.** Hacer soportar a una persona algo pesado o desagradable: *Nos metió el rollo de siempre.* **4.** Poner a una persona en situación comprometida o desagradable: *No le perdono que nos metiera en este lío.* También *v. prnl.* **5.** Con voces como *miedo, prisa, ruido*, etc., ocasionarlo o causarlo. **6.** Engañar o hacer creer algo falso: *¡Vaya cuento que te metieron!* **7.** Ingresar dinero en una entidad bancaria. **8.** Invertir dinero: *Metió parte del capital en ese negocio.* **9.** *fam.* Con palabras como *puñetazo, bofetada, paliza*, etc., darlo: *Le metió un puñetazo que le tumbó.* **10.** Acortar o estrechar una prenda, cortina, etc., o parte de ella: *meter el bajo de una falda.* También *v. prnl.* **11.** Aplicar con decisión un instrumento o herramienta: *A la hora de cortar el vestido, metió la tijera sin pensárselo.* **12.** Manejar las marchas de un coche: *meter la directa.* **13.** *fam.* Con palabras como *pata, gamba* o *cazo*, equivocarse o decir algo inoportuno. **14.** Inculcar algo en alguien: *No sé quién te ha metido esa idea en la cabeza.* || **meterse** *v. prnl.* **15.** Entrar, introducirse: *Le vieron meterse en el bar.* **16.** Implicarse, intervenir, comprometerse: *Se metió hasta el cuello en ese asunto turbio. Se metió donde no le llamaban.* **17.** Seguir un estado, vocación, profesión, oficio, etc.: *meterse monja.* **18.** Empezar o ponerse a hacer algo sin tener la preparación necesaria: *Se metió a arreglar la tele y la dejó peor que estaba.* **19.** Con la preposición *con*, provocar, molestar, insultar, atacar, etc.: *Si se mete con nosotros le daremos su merecido.* **20.** En frases interrogativas, estar: *¿Dónde se habrá metido ese chico?* **21.** Con palabras como *cabeza, mollera, coco*, etc., empeñarse, obstinarse: *Se le ha metido en la cabeza sacarme a bailar.* ■ En esta acepción, sólo se usa en 3.ª pers. del sing. **22.** *Arg.* Referido a ropa, ponérsela. || LOC. **a todo meter** *adv.* Con gran rapidez o intensidad: *Corrió a todo meter. Puso la radio a todo meter.* **meterse** alguien algo **(por) donde le quepa** *vulg.* Expresa el enfado con que se rechaza una cosa: *Ahora no lo quiero; te lo metes donde te quepa.* **meterse por medio** Intervenir en una disputa o trato: *Estaban discutiendo y Luis se metió por medio.* Obstaculizar o impedir que algo se realice o desarrolle: *Se metió por medio y estropeó el negocio.* SIN. **3.** y **9.** Largar. **7.** Depositar. **9.** Asestar, sacudir. **10.** Coger. **16.** Entrometerse, inmiscuirse. **21.** Empecinarse, emperrarse. ANT. **1.** y **7.** Sacar. **15.** Salirse. FAM. Metedura, metepatas, meterete, meticón, metido, metimiento, metisaca, metomentodo. / Arremeter, cometer, entremeter, entrometer, malmeter, prometer, remeter, someter.

meterete *adj. Arg. fam.* Entrometido. También *s. m.* y *f.*

metete *adj. Amér. C., Chile* y *Perú fam.* Entrometido. También *s. m.* y *f.*

metiche *adj. Chile* y *Méx. fam.* Entrometido. También *s. m.* y *f.*

meticón, na *adj. fam.* Entrometido, que se mete en lo que no le importa. También *s. m.* y *f.* SIN. Metijón, metomentodo.

meticuloso, sa (del lat. *meticulosus*, miedoso) *adj.* Se dice de la persona que hace las cosas con mucho cuidado, exactitud y detalle y de las cosas así hechas. SIN. Minucioso, concienzudo; escrupuloso, puntilloso. ANT. Descuidado. FAM. Meticulosamente, meticulosidad.

metido, da **1.** *p.* de **meter**. También *adj.* || *adj.* **2.** Abundante en cierta cosa: *una señora muy metida en carnes.* **3.** Concentrado, ocupado, comprometido: *Está muy metido en esa labor.* **4.** *Amér.* Que se entromete. También *s. m.* y *f.* || *s. m.* y *f.* **5.** Empuje, impulso, avance: *Quiero darle un metido al trabajo.* || *s. m.* **6.** *fam.* Puñetazo, golpe. **7.** Aquello que se mete, particularmente tela en las costuras.

metijón, na *adj. fam.* Meticón*. También *s. m.* y *f.*

metílico *adj.* Relativo al alcohol llamado metanol.

metilo (del gr. *methy*, vino, e *hyle*, madera) *s. m.* Radical monovalente del metano, componente del alcohol metílico y de otros cuerpos; está constituido por un átomo de carbono y tres de hidrógeno. FAM. Metílico.

metisaca *s. m.* En tauromaquia, estocada sin soltar la espada, en que el torero, después de herir al toro, se lleva el estoque en la mano.

metódico, ca (del lat. *methodicus*) *adj.* **1.** Que se hace con método y detalle: *Lleva un plan metódico de comidas.* **2.** Que actúa o trabaja con método y orden: *Pedro es muy metódico en sus cosas.* SIN. **1.** y **2.** Sistemático, meticuloso, ordenado. ANT. **1.** y **2.** Irregular. FAM. Metódicamente. MÉTODO.

metodismo *s. m.* Movimiento religioso que surgió en Inglaterra en el s. XVIII y que se caracteriza por el rigor en la práctica religiosa, la oración, las obras de caridad y la importancia que da a la experiencia de conversión espiritual sentida personalmente. FAM. Metodista. MÉTODO.

metodizar *v. tr.* Poner método y orden en algo: *metodizar el trabajo.* ■ Delante de *e* se escribe *c* en lugar de *z*: *metodice.*

método (del gr. *methodos*) *s. m.* **1.** Conjunto ordenado de operaciones orientadas a la obtención de un resultado. **2.** Procedimiento o modo de obrar que tiene cada persona: *No apruebo sus métodos.* **3.** Conjunto de reglas, ejercicios, etc., para enseñar o aprender algo: *un método de inglés.* FAM. Metódico, metodismo, metodizar, metodología.

metodología (del gr. *methodos*, método, y *-logía*) *s. f.* **1.** Ciencia del método. **2.** Aplicación de un método: *La metodología seguida es la indicada.* FAM. Metodológico. MÉTODO.

metomentodo *s. m.* y *f.* Persona que se mete en todo lo que no le importa. También *adj.* SIN. Entrometido, meticón.

metonimia (del gr. *metonymia*, y éste de *meta*, cambio, y *onoma*, nombre) *s. f.* Figura retórica que designa una cosa con el nombre de otra, tomando el efecto por la causa, el instrumento por el agente, el signo por la cosa que significa, etc., como p. ej. *las canas* por *la vejez*; representaron *un Shakespeare*; por *una obra de Shakespeare*; beber *un jerez*; por *una copa de jerez.* FAM. Metonímico.

metopa o **métopa** (del lat. *metopa*, y éste del gr. *metope*, de *meta*, entre, y *ope*, agujero) *s. f.* Elemento arquitectónico decorativo situado entre dos triglifos en los frisos dóricos.

metraje (de *metro*[1]) *s. m.* Longitud o extensión en metros de una película cinematográfica; según esta extensión, las películas se dividen en cortometrajes, mediometrajes y largometrajes.

metralla (del fr. *mitraille*) *s. f.* **1.** Trozos pequeños de metal, clavos, tornillos, etc., con que se rellenan determinados tipos de bomba o artefacto explosivo, y esta misma munición hecha pedazos tras la explosión. **2.** Cosas inútiles o desechadas. **3.** *fam.* Conjunto de monedas de poco valor. SIN. **3.** Chatarra, calderilla. FAM. Metrallazo, metralleta. / Ametrallar.

metrallazo *s. m.* **1.** Disparo hecho con metralla por una pieza de artillería. **2.** Herida o daño originado por el mismo.

metralleta (del fr. *mitraillette*) *s. f.* Arma de fuego automática, portátil y capaz de disparar repetidamente en muy poco tiempo.

-metría (del gr. *metron*, medida) *suf.* Significa 'medida': *audiometría.*

métrica (del lat. [*ars*] *metrica*, arte métrica) *s. f.* Arte que trata de la composición y medida de los versos y de sus combinaciones.

métrico, ca (del lat. *metricus*, y éste del gr. *metrikos*, de *metron*, medida) *adj.* **1.** Del metro, o relacionado con esta unidad física: *una tonelada métrica.* **2.** Del metro del verso o relacionado con esta medida: *Ese soneto tiene un defecto métrico.* FAM. Métrica, métricamente. METRO[1].

metrificar (del lat. *metrum*, metro, verso, y *facere*, hacer) *v. intr.* Versificar*. ▪ Delante de *e* se escribe *qu* en lugar de *c*. FAM. Metrificación, metrificador. METRO[1].

metritis (del gr. *metra*, matriz, e *-itis*) *s. f.* Inflamación de la matriz. ▪ No varía en *pl.*

metro[1] (del gr. *metron*, medida) *s. m.* **1.** Unidad fundamental de longitud en el Sistema Internacional, que equivale a la distancia que recorre la luz en 1/299.792 milésimas de segundo. **2.** Utensilio de medida que tiene marcada la longitud de esta unidad y sus divisores, como centímetros y milímetros. **3.** Medida de los versos: *La variedad de metros enriquece la obra.* || **4. metro cuadrado** Unidad de medida de superficie, equivalente al área de un cuadrado que tiene un metro de lado. **5. metro cúbico** Unidad de medida de volumen, equivalente al volumen de un cubo que tiene un metro de arista. FAM. Metraje, métrico, metrificar, metrista, metrología, metrónomo. / Centímetro, decámetro, decímetro, diámetro, hectómetro, heptámetro, hexámetro, holómetro, kilómetro, milímetro, miriámetro, nanómetro, ojímetro, pentámetro.

metro[2] *s. m. acort.* de **metropolitano**, ferrocarril subterráneo.

metro- o **-metro** (del gr. *metron*) *pref.* o *suf.* Significa 'medida': *metrología.* ▪ Como suf. entra en la formación de numerosos nombres de aparatos de medición: *termómetro, cronómetro.*

metrobús *s. m.* Billete de diez viajes para el metro y los autobuses municipales.

metrología (del gr. *métron* y *-logía*) *s. f.* Ciencia que estudia los sistemas de pesas y medidas.

metrónomo (del gr. *métron* y *nómos*, regla) *s. m.* Aparato para medir y regular el compás o tiempo en que se ejecuta una composición musical.

metrópoli o **metrópolis** (del gr. *metrópolis*, de *meter*, madre, y *polis*, ciudad) *s. f.* **1.** Ciudad principal o muy importante de una provincia, región o estado. **2.** Estado o ciudad respecto de sus colonias o territorios exteriores. **3.** Sede arzobispal de la que dependen otras diócesis. SIN. **1.** Capital. FAM. Metropolitano. POLIS.

metropolitano, na (del lat. *metropolitanus*) *adj.* **1.** De la metrópoli o relacionado con ella. **2.** Del arzobispo o relacionado con él: *la diócesis metropolitana.* || *s. m.* **3.** Ferrocarril eléctrico, subterráneo o elevado, utilizado como medio de transporte en las grandes ciudades. **4.** Arzobispo*. SIN. **2.** Arzobispal. **3.** Metro. FAM. Metro[2], metrobús. METRÓPOLI.

metrorragia (del gr. *metra*, matriz, y *regnymi*, romper, brotar) *s. f.* Hemorragia anormal del útero, fuera de la menstruación.

meublé (fr., significa 'amueblado') *adj.* Burdel, casa de citas.

mexica *adj.* Azteca*.

mexicanismo *s. m.* Palabra o giro característico del mexicano. ▪ Se escribe también *mejicanismo*, que es como se pronuncia.

mexicano, na *adj.* De México. También *s. m.* y *f.* ▪ Se escribe también *mejicano*, que es como se pronuncia. SIN. Azteca. FAM. Mexica, mexicanismo. / Chicano, mejicano.

meyosis *s. f.* Meiosis*.

mezanine o **mezzanine** (del ital. *mezzanine*) *s. m. Col.* y *Méx.* Entreplanta.

mezcal (del náhuatl *mexcalli*) *s. m.* **1.** Cierta variedad de pita. **2.** Aguardiente que se elabora con esta planta.

mezcla *s. f.* **1.** Acción y resultado de mezclar o mezclarse: *La mezcla de colores en el cuadro resulta agradable.* **2.** Sustancia que resulta de la combinación de varias. **3.** Argamasa*. **4.** Tela en que hay fibras de diferentes materiales o colores. **5.** En quím., agrupación de varias sustancias sin que exista combinación de las mismas y que pueden separarse por procedimientos físicos. **6.** En los estudios de cine, televisión, grabación, etc., operación de combinar simultáneamente la música, las palabras, los sonidos especiales, etc., procedentes de micrófonos, magnetófonos y tocadiscos. || **7. mezcla detonante** (o **explosiva**) La de sustancias que pueden producir explosión. FAM. Mezclilla. MEZCLAR.

mezclador, ra *adj.* **1.** Que mezcla o sirve para mezclar: *una máquina mezcladora de cemento y agua.* También *s. m.* y *f.* || *s. m.* **2.** En los estudios de cine, radio, televisión y grabación, aparato que sirve para efectuar la mezcla de sonidos, palabras, ruidos, etc. **3.** En metalurgia, depósito donde se conserva la fundición líquida para alimentar con ella los hornos o los convertidores.

mezclar (del lat. vulg. *misculare*, y éste del lat. *miscere*) *v. tr.* **1.** Juntar varias cosas para que sus partes queden unas entre otras. También *v. prnl.* **2.** Juntar, confundir: *mezclar intereses.* También *v. prnl.*: *En el recreo se mezclan los alumnos de varios cursos.* **3.** Desordenar lo que estaba ordenado: *Ha mezclado los libros de la estantería y ahora no se puede encontrar ninguno.* **4.** Meter a alguien en algún asunto que no le importa o que puede traerle malas consecuencias. También *v. prnl.*: *Deseo que no me mezcléis en vuestra discusión.* || **mezclarse** *v. prnl.* **5.** Relacionarse con determinada clase de gente: *Le gusta mezclarse con los artistas.* **6.** Confundirse entre la gente: *Se mezcló con la muchedumbre en la manifestación.* **7.** Referido a familias o linajes, enlazarse unos con otros. SIN. **1.** Combinar. **1.** y **2.** Entremezclar. **3.** Embarullar, liar. **4.** Involucrar(se). ANT. **1.** y **2.** Separar(se), desunir(se). FAM. Mezcla, mezcladamente, mezclador, mezcolanza. / Entremezclar, mescolanza, miscible, mixto.

mezclilla *s. f.* Tejido de mezcla, pero de poco cuerpo.

mezcolanza (del ital. *mescolanza*, de *mescolare*, mezclar) *s. f. fam.* Mezcla extraña y confusa de personas o cosas distintas. ■ Se dice también *mescolanza*. **SIN.** Batiburrillo, popurrí.

mezquinar *v. intr. Amér. del S.* Actuar con mezquindad.

mezquindad *s. f.* **1.** Cualidad de mezquino. **2.** Acción o dicho mezquino. **SIN. 1.** Tacañería. **1.** y **2.** Ruindad, bajeza.

mezquino, na (del ár. *miskin*, pobre, desgraciado) *adj.* **1.** Ruin, despreciable: *Hablar mal de su mejor amigo fue una acción muy mezquina.* También *s. m.* y *f.* **2.** Tacaño, avaro. También *s. m.* y *f.* **3.** Insignificante, excesivamente pequeño: *Le pagan un jornal mezquino.* **SIN. 1.** Vil. **1.** a **3.** Miserable. **2.** Cicatero, roñoso. **2.** y **3.** Rácano. **3.** Raquítico. **ANT. 1.** Noble. **2.** Generoso. **FAM.** Mezquinamente, mezquinar, mezquindad.

mezquita (del ár. *masyid*, templo u oratorio musulmán) *s. f.* Edificio destinado al culto y oración de los musulmanes.

mezzosoprano (ital.) *s. f.* **1.** Voz femenina que está entre soprano y contralto. **2.** Mujer que tiene esta voz.

mi[1] (sílaba de la primera estrofa del himno a San Juan Bautista) *s. m.* Tercera nota de la escala musical. ■ Su pl. es *mis*.

mi[2] *adj. pos.* Forma apocopada de *mío, mía*, usada cuando se antepone al nombre: *mi perro, mis carpetas.*

mí (del lat. *mihi*, dativo de *ego*, yo) *pron. pers. m.* y *f.* Forma de primera persona que se usa siempre con preposición y funciona como complemento: *Nos han invitado a Pedro y a mí.* ■ Unida a la prep. *con* toma la forma *conmigo.* || **LOC. (y) a mí qué** Expresión empleada para manifestar indiferencia o desprecio por algo: *¿Sabes que te critican? Y a mí qué.* **para mí** Equivale a según yo creo, en mi opinión, a mi parecer: *Para mí que no vienen hoy.*

miaja *s. f.* Migaja*.

mialgia (del gr. *mys, myos*, músculo, y *-algia*) *s. f.* Dolor muscular.

miasma (del gr. *miasma*, de *miaino*, manchar) *s. m.* Mal olor, sustancia o gas maloliente que se desprende de cuerpos enfermos, de materias en descomposición o de aguas estancadas; se consideró causa de enfermedades infecciosas, especialmente las epidémicas, antes del descubrimiento de los microbios. Se usa más en *pl.* **FAM.** Miasmático.

miau (onomat.) *s. m.* **1.** Voz que imita el maullido del gato. **2.** Maullido. || *interj.* **3.** Expresa incredulidad, desconfianza o negación: *¿Crees lo que han dicho? ¡Miau!* **FAM.** Marramamiau.

mibor (acrónimo de *Madrid Interbank Offered Rate*) *s. m.* Tipo de interés ofertado en el mercado interbancario de Madrid.

mica (del lat. *mica*, miga) *s. f.* Mineral del grupo de los silicatos con diversas variedades que tienen distinta composición química y color. **FAM.** Micáceo.

micáceo, a *adj.* **1.** Que contiene mica. **2.** Parecido a la mica.

micado *s. m.* Mikado*.

micción (del lat. *mictio, -onis*) *s. f.* Acción de orinar. **FAM.** Mingitorio. MEAR.

micelio (del gr. *myke*, hongo, con la terminación de la voz *epitelio*) *s. m.* Conjunto de células, reunidas formando filamentos, que constituyen el talo vegetativo de un hongo. **FAM.** Véase **micología**.

micénico, ca *adj.* De Micenas, antigua ciudad del Peloponeso. También *s. m.* y *f.*

micetología *s. f.* Micología*.

michelín (del emblema de *Michelin*, marca comercial fr. de neumáticos) *s. m. fam.* Acumulación de grasa que en forma de rollo rodea la cintura. Se usa más en *pl.*

michino, na *s. m.* y *f. fam.* Gato*.

michoacano, na *adj.* De Michoacán, estado de México. También *s. m.* y *f.*

mico, ca *s. m.* y *f.* **1.** Mono de cola larga. **2.** *fam.* Persona muy fea. **3.** *fam.* Apelativo cariñoso para los niños pequeños. || **LOC. volverse mico** alguien *fam.* Resultarle muy difícil y complicado a una persona conseguir o realizar algo: *Se volvió mico para encontrarnos un alojamiento.* **SIN. 2.** Coco. **3.** Enano.

micobacteria *s. f.* Nombre común de diversas especies de bacterias aerobias, caracterizadas por ser resistentes a los ácidos y constituir un importante agente de la tuberculosis y de distintas enfermedades del ganado.

micología (del gr. *myke*, hongo, y *-logía*) *s. f.* Parte de la botánica que se ocupa del estudio de los hongos. **SIN.** Micetología. **FAM.** Micólogo, micorriza, micosis. / Micelio, micetología.

micorriza (del gr. *myke*, hongo, y *rhiza*, raíz) *s. f.* Asociación simbiótica entre un hongo y una raíz o estructura semejante, mediante la cual la planta asimila más fósforo y el hongo obtiene los productos orgánicos producidos por la planta en la fotosíntesis.

micosis (del gr. *myke*, hongo) *s. f.* Infección producida por hongos en alguna parte del organismo. ■ No varía en *pl.*

micra (del gr. *mikros*, pequeño) *s. f.* Medida de longitud equivalente a una millonésima parte del metro. ■ Se usa especialmente en observaciones microscópicas. ■ Se denomina también *micrón* y *micrómetro*. **FAM.** Micrón.

micro *s. m.* **1.** *fam. acort.* de **micrófono**. **2.** *fam. acort.* de **microbús**. **3.** *fam. acort.* de **microprocesador**.

micro- (del gr. *mikros*, pequeño) *pref.* **1.** Significa 'pequeño': *microbús, microfilme.* **2.** En unidades de medida, la millonésima parte de la unidad básica: *microamperio, microhmio.*

microamperio *s. m.* Medida de intensidad eléctrica equivalente a una millonésima parte del amperio.

microbicida *adj.* Que mata los microbios. También *s. m.*

microbio (de *micro-* y el gr. *bios*, vida) *s. m.* Microorganismo*. **FAM.** Microbiano, microbicida, micróbico, microbiología.

microbiología *s. f.* Parte de la biología que estudia los microorganismos o microbios. **FAM.** Microbiológico, microbiólogo. MICROBIO y BIOLOGÍA.

microbús *s. m.* Autobús pequeño, para un reducido grupo de viajeros. **FAM.** Micro. BUS.

microcéfalo, la (de *micro-*, y *-céfalo*) *adj.* Que tiene la cabeza más pequeña de lo normal en su especie o es de cabeza pequeña en proporción con su cuerpo. También *s. m.* y *f.* **ANT.** Macrocéfalo. **FAM.** Microcefalia. CEFÁLICO.

microcentro *s. m. Arg.* y *Urug.* Centro comercial de una ciudad.

microchip (ingl.) *s. m.* En inform., chip de muy pequeño tamaño.

microcirugía *s. f.* Cirugía que se realiza sobre estructuras de tamaño muy pequeño, utilizando un instrumental miniaturizado y bajo control del microscopio.

microclima *s. m.* Conjunto de condiciones atmosféricas de un espacio reducido, aislado del medio general.
micrococo (de *micro-* y el gr. *kokkos*, grano) *s. m.* Bacteria de forma esférica o elíptica.
microcopia *s. f.* Reproducción fotográfica de tamaño muy reducido de los documentos que se han de archivar.
microcosmo o **microcosmos** (de *micro-* y el gr. *kosmos*, mundo) *s. m.* Término utilizado en la filosofía tradicional para referirse al hombre, considerado como un mundo en pequeño, reflejo y resumen del universo o macrocosmo.
microeconomía *s. f.* Estudio de las decisiones de las unidades económicas, ya sean de producción (empresas) o de consumo (comprador, consumidor), y de sus relaciones.
microelectrónica *s. f.* Tecnología que diseña y produce circuitos integrados y otros componentes electrónicos en miniatura.
microfibra *s. f.* Tipo de tejido utilizado en tapicería.
microficha *s. f.* Ficha que contiene en tamaño reducido cierto número de microcopias de páginas de un libro o revista, de hojas o documentos de un expediente, etc.
microfilm (ingl.) *s. m.* Microfilme*.
microfilmadora *s. f.* Máquina fotográfica para microfilmar.
microfilmar *v. tr.* Reproducir en microfilme documentos, impresos, etc. **FAM.** Microfilmación, microfilmador, microfilmadora. MICROFILME.
microfilme (del ingl. *microfilm*) *s. m.* Película de tamaño muy reducido, para reproducir en ella libros, documentos, dibujos, impresos, etc., de modo que permita ampliarlos después en proyección o fotografía. **FAM.** Microfilmar. FILME.
microfísica *s. f.* Parte de la física que trata de las partículas elementales.
micrófono (de *micro-* y el gr. *phoneo*, yo hablo) *s. m.* Aparato que transforma las ondas sonoras en vibraciones de corriente eléctrica, para transmitirlas o registrarlas. **SIN.** Micro. **FAM.** Micro, microfónico.
microfotografía *s. f.* **1.** Técnica fotográfica para reducir el tamaño de la página de un libro, documento, etc. **2.** Imagen fotográfica de tamaño muy pequeño. **3.** Fotografía de un objeto de tamaño microscópico. || **4. microfotografía electrónica** La obtenida mediante un microscopio electrónico. **FAM.** Microfotográfico. FOTOGRAFÍA.
microfútbol *s. m. Col.* Fútbol sala.
micrografía *s. f.* **1.** Técnica que se ocupa de la preparación de los objetos para ser vistos a través del microscopio, así como de su interpretación y descripción después del examen. **2.** Estudio microscópico de los metales y sus aleaciones. **3.** Foto de la estructura detallada de un metal. **FAM.** Micrográfico. / Fotomicrografía.
microhmio *s. m.* Medida eléctrica que equivale a la millonésima parte del ohmio.
microlentilla *s. f.* Lente de contacto. **SIN.** Lentilla.
micrómetro *s. m.* **1.** Instrumento para efectuar medidas de gran precisión, formado por un tornillo de rosca muy fina que gira en una pieza fija o bastidor hasta sujetar con éste el objeto que se quiere medir. **2.** Dispositivo acoplado a ciertos instrumentos ópticos para medir dimensiones en las imágenes visibles en el ocular. **3.** Nombre que recibe la micra en el Sistema Internacional. **FAM.** Micrométrico.
micrón (del gr. *mikron*, pequeño) *s. m.* Micra*.
micronesio, sia *adj.* De Micronesia, conjunto insular de Oceanía. También *s. m.* y *f.*
microonda *s. f.* **1.** Radiación electromagnética cuya longitud de onda está comprendida entre 1 mm y 1 m y su banda del espectro electromagnético tiene frecuencias entre 300 y 300.000 megahercios. || **microondas** *s. m.* **2.** Horno que funciona con radiaciones electromagnéticas del mismo nombre y que se utiliza para cocinar o calentar los alimentos rápidamente. ■ En esta acepción no varía en *pl.*
microordenador *s. m.* Pequeño ordenador formado por un conjunto de circuitos integrados, de los cuales el más esencial es un microprocesador, que actúa como unidad central de tratamiento. **FAM.** Micro. ORDENADOR.
microorganismo *s. m.* Organismo vivo que no puede ser visto sin ayuda del microscopio.
microprocesador *s. m.* Circuito integrado que hace las funciones de la unidad central de un microordenador. **FAM.** Micro. PROCESADOR.
microscopia o **microscopía** *s. f.* **1.** Construcción y empleo del microscopio. **2.** Conjunto de técnicas para la investigación por medio del microscopio.
microscópico, ca *adj.* **1.** Del microscopio o relacionado con él. **2.** Hecho con la ayuda del microscopio: *unas observaciones microscópicas.* **3.** Que sólo puede verse con el microscopio: *una partícula microscópica.* **4.** P. ext., se dice de lo que es muy pequeño. **SIN. 4.** Diminuto, minúsculo.
microscopio (de *micro-* y *skopeo*, examinar) *s. m.* **1.** Instrumento óptico con el que se observan de cerca objetos extremadamente diminutos. || **2. microscopio electrónico** El que utiliza en vez de rayos luminosos un haz de electrones producido por un tubo catódico, y cuyo poder de ampliación es muy superior al del microscopio óptico. **FAM.** Microscopia, microscópico. / Ultramicroscopio.
microsegundo *s. m.* Unidad de medida de tiempo que equivale a una millonésima de segundo.
microsurco *adj.* Se dice del disco fonográfico cuyos surcos o estrías son muy finos y están muy próximos entre sí, y que gira a una velocidad de treinta y tres vueltas por minuto, lo que permite grabar en un disco del mismo diámetro que los antiguos una cantidad mayor de sonido. También *s. m.*
micrótomo (de *micro-* y el gr. *temno*, cortar) *s. m.* Instrumento que sirve para cortar objetos en partes de espesor reducidísimo destinadas a ser observadas con el microscopio.
midriasis (del gr. *mydriasis*) *s. f.* Dilatación de la pupila. ■ No varía en *pl.*
miedica *adj. fam.* Cobarde. También *s. m.* y *f.* **SIN.** Miedoso, gallina. **ANT.** Valiente.
mieditis *s. f. fam.* Miedo. ■ No varía en *pl.*
miedo (del lat. *metus*) *s. m.* **1.** Sentimiento desagradable que se suele experimentar ante un peligro, un dolor, una molestia, etc., y que provoca reacciones de defensa o de huida. **2.** Temor o recelo de que ocurra algo contrario a lo deseado: *Tengo miedo de llegar tarde.* || **LOC. de miedo** *adj.* y *adv. fam.* Muy bueno, grande o intenso: *Se ha comprado un coche de miedo. Cogió un berrinche de miedo.* Muy bien, estupendamente: *Lo pasamos de miedo.* **SIN. 1.** Pavor, pánico, terror. **ANT. 1.** Valor. **FAM.** Miedica, mieditis, miedoso. / Medroso, quitamiedos.
miedoso, sa *adj. fam.* Que tiene miedo o es inclinado a sentirlo. También *s. m.* y *f.* **SIN.** Miedica, medroso, asustadizo, cobarde, temeroso. **ANT.** Valiente, valeroso.

miel (del lat. *mel, mellis*) *s. f.* **1.** Sustancia amarillenta, densa y muy dulce, elaborada por las abejas. **2.** Dulzura, suavidad: *la miel de su trato.* || *s. f. pl.* **3.** Satisfacción o beneficio que se obtiene del éxito, victoria, etc.: *Está saboreando las mieles del triunfo.* || LOC. **dejar** a alguien **con la miel en los labios** Quitarle algo bueno que esperaba o empezaba a disfrutar. **miel sobre hojuelas** Se emplea para expresar que una cosa viene a mejorar algo que ya era bueno. **FAM.** Melado, melar, melaza, melcocha, melero, melífero, melifluo, meloso. / Aguamiel, enmelar, hidromiel.

mielga *s. f.* Pez marino elasmobranquio que no suele sobrepasar el metro de longitud, tiene la piel gruesa y las aletas dorsales armadas con un aguijón. Su carne es comestible, aunque dura y fibrosa.

mielina (del gr. *myelos*, médula) *s. f.* Sustancia grasa que rodea las prolongaciones de las neuronas y facilita la transmisión del impulso nervioso. **FAM.** Mielinización, mielítico, mielitis, mieloma.

mielinización *s. f.* Fenómeno por el cual algunas fibras nerviosas adquieren mielina durante su desarrollo.

mielitis (del gr. *myelos*, médula, e *-itis*) *s. f.* Inflamación de la médula espinal. ■ No varía en *pl.* **FAM.** Osteomielitis, poliomielitis. MIELINA.

mieloma (del gr. *myelos*, médula, y *-oma*) *s. m.* Tumor en la médula espinal o en la médula ósea.

miembro (del lat. *membrum*) *s. m.* **1.** Cualquiera de las extremidades del cuerpo humano y animal, que están articuladas con el tronco. **2.** Persona, grupo o entidad que forma parte de una sociedad, corporación, comunidad, etc. **3.** Parte de un todo o conjunto, unida o separada de él: *los miembros de una frase.* **4.** Cada una de las partes principales de un edificio o de un orden arquitectónico. **5.** En mat., cada una de las dos expresiones algebraicas separadas por los signos = (igual), > (mayor que) o < (menor que). || **6. miembro (viril)** Pene*. **SIN. 2.** Afiliado, socio. **3.** Elemento, componente. **6.** Falo, verga. **FAM.** Membrudo. / Bimembre, desmembrar, trimembre.

miente (del lat. *mens, mentis*) *s. f.* Pensamiento, entendimiento. Se usa más en *pl.*: *No se le pasó por las mientes escribirle.* || LOC. **caer en (las) mientes** Imaginarse una cosa o acordarse de pronto de algo. **ni por mientes** *argot* Expresión con la que se niega rotundamente algo afirmado por otro. **parar** (o **poner**) **mientes** en algo Considerarlo, meditarlo, fijarse en ello.

-miento *suf.* **1.** Forma sustantivos a partir de verbos, con el significado de 'acción' o 'resultado de la acción' expresada por estos verbos: *recibimiento, alejamiento.* **2.** Forma sustantivos que expresan lugar: *acuartelamiento.*

mientras (del ant. *demientras* o *demientre*, y éste del lat. *dum interim*, de *dum*, mientras, e *interim*, entretanto) *adv. t.* **1.** Entretanto: *Tú vete a verle; mientras, yo le llamo por teléfono.* || *conj.* **2.** Une oraciones indicando que las acciones que expresan ocurren al mismo tiempo: *El profesor pasea mientras explica la lección.* || LOC. **mientras más** (o **menos**) *adv.* Cuanto más (o menos): *Mientras más lo pienso, menos lo creo.* **mientras que** *conj.* Indica contraste entre dos acciones, situaciones, etc.: *Yo le ayudaba, mientras que él sólo me criticaba.* **mientras tanto** *adv.* Durante el mismo tiempo.

miércoles (del lat. *dies Mercuri*, día de Mercurio) *s. m.* **1.** Tercer día de la semana, que sigue al martes y precede al jueves. || **2. miércoles de ceniza** Primer día de la Cuaresma; se llama así por la ceremonia en que el sacerdote pone ceniza en la frente de los fieles en las iglesias católicas. ■ No varía en *pl.*

mierda (del lat. *merda*) *s. f.* **1.** Excremento humano y de algunos animales. **2.** *fam.* Cualquier tipo de basura o suciedad: *Lava el coche, que tiene más mierda...* **3.** *fam.* Cosa mal hecha, de poca calidad o de poco valor. **4.** *argot* Borrachera. || *s. m.* y *f.* **5.** *fam.* Persona despreciable. También *adj.* || *s. f.* **6.** *argot* Hachís. || *interj.* **7.** *fam.* Expresa enfado, contrariedad, fastidio o rechazo. || LOC. **¡a la mierda!** *interj. fam.* Expresión de menosprecio, indignación o rechazo. **hecho una mierda** *fam.* Destrozado o en malas condiciones. **irse** algo **a la mierda** *fam.* Estropearse, no lograrse. **mandar** (o **enviar**) a alguien **a la mierda** *fam.* Rechazarle de malos modos. **¡una mierda!** o **¡y una mierda!** *interj. fam.* Se utiliza para expresar negación, rechazo. **¡vete a la mierda!** *interj. fam.* Expresión de desprecio o rechazo. **SIN. 1.** Heces. **1.** y **3.** Caca, cagada. **2.** y **3.** Porquería. **3.** Birria, bodrio, chapuza. **4.** Melopea, cogorza, tajada. **FAM.** Mierdecilla, mierdoso.

mierdecilla *s. f. fam.* Mierda, cosa o persona de poca importancia o valor.

mierdoso, sa *adj. fam.* Despreciable, de poco valor. También *s. m.* y *f.*

mies (del lat. *messis*) *s. f.* **1.** Cereal maduro. Se usa también en *pl.* **2.** Tiempo de la siega y recolección de cereales. || *s. f. pl.* **3.** Campos sembrados.

miga (del lat. *mica*) *s. f.* **1.** Parte blanda del pan, cubierta por la corteza. **2.** Trocito muy pequeño de pan. Se usa más en *pl.* **3.** P. ext., trocito muy pequeño de cualquier otra cosa. Se usa más en *pl.* **4.** Sustancia o contenido de algo: *una obra de mucha miga.* **5.** Intención oculta de alguna acción, escrito, asunto, etc.: *Si la lees despacio, la carta tiene miga.* || *s. f. pl.* **6.** Plato preparado con pan duro, picado muy fino, humedecido con agua y rehogado luego en aceite, con ajo y pimentón. || LOC. **hacer buenas** (o **malas**) **migas** Llevarse bien, o mal, dos personas. **hacer migas** Hacer polvo, destrozar. **SIN. 2.** y **3.** Migaja. **4.** Meollo, enjundia. **5.** Intríngulis. **FAM.** Migaja, migajón, migar. / Desmigar.

migaja *s. f.* **1.** Fragmento muy pequeño de pan, que suele saltar o desmenuzarse al partirlo. Se usa más en *pl.* **2.** Trocito muy pequeño de cualquier cosa. Se usa más en *pl.*: *En el plato quedaban unas migajas de queso.* **3.** Nada o casi nada. || *s. f. pl.* **4.** Restos o sobras de alguien o algo, que son utilizados por otro: *Vive de las migajas de sus parientes.* ■ Se dice también *miaja*, sobre todo en la cuarta acepción: *No te pases ni una miaja.* **SIN. 1.** y **2.** Miga. **3.** Pizca. **4.** Residuo, desecho. **FAM.** Miaja. / Desmigajar. MIGA.

migajón (*aum.* de *migaja*) *s. m.* **1.** Pedazo de miga de pan. || **2. terreno de migajón** *Chile* Campo fértil de tierra vegetal.

migala o **migale** *s. f.* Nombre común de diversas especies de arañas tropicales de gran tamaño, que tienen patas fuertes y peludas, carecen de tráqueas y están dotadas de pulmones. Su picadura puede resultar mortal.

migar *v. tr.* **1.** Desmenuzar o partir el pan en pedazos muy pequeños. **2.** Echar pedazos pequeños de pan dentro de un líquido: *migar la leche.* ■ Delante de *e* se escribe *gu* en lugar de *g*: *migue.*

migración (del lat. *migratio, -onis*) *s. f.* **1.** Movimiento de población humana de un lugar a otro.

2. Viaje periódico que realizan algunas aves, peces y otros animales. SIN. **1.** Emigración. FAM. Migrar, migratorio.

migraña (del lat. *hemicrania*, y éste del gr. *emikrania*, de *emi*, medio, y *kranion*, cráneo) *s. f.* Jaqueca*.

migrar (del lat. *migrare*, cambiar de estancia) *v. intr.* Hacer migraciones. FAM. Emigrar, inmigrar, transmigrar. MIGRACIÓN.

migratorio, ria *adj.* Relativo a la migración: *aves migratorias.*

miguelete (de *Miquelot de Prats*, antiguo jefe de esta tropa) *s. m.* **1.** Guerrillero de la montaña de Cataluña que actuó contra las tropas francesas durante los s. XVII a XIX. **2.** Individuo de la milicia foral de Guipúzcoa.

mihrab (ár., significa 'nicho de oratorio') *s. m.* En las mezquitas, nicho de oración orientado hacia La Meca. ■ Su pl. es *mihrabs.*

mijo (del lat. *milium*) *s. m.* **1.** Planta herbácea de la familia gramíneas, de hasta 1 m de altura, tallo fuerte, hojas planas y alargadas y flores en panícula. Es originaria del continente asiático, pero actualmente se cultiva en Europa y África. **2.** Semilla de esta planta.

mikado (del japonés *mi*, sublime, y *kado*, puerta) *s. m.* Nombre dado en Japón al emperador y a la institución imperial. ■ Se escribe también *micado.*

mil (del lat. *mille*) *adj. num. card.* **1.** Diez veces cien. También *pron.* **2.** Con ciertos sustantivos, indica cantidad grande, sin determinar: *Tengo mil razones para no ir.* || *adj. num. ord.* **3.** Milésimo: *el año mil.* También *pron.* || *s. m.* **4.** Signos con que se representa este número. **5.** Millar, conjunto de diez veces cien unidades. Se usa más en *pl.* || LOC. **las mil y quinientas** *fam.* Hora muy tardía. **las mil y una** Larga serie de dificultades, penalidades, disgustos, etc. FAM. Milenio, milenrama, milésimo, milhojas, miliar, miliario, milla, millar.

milagrear *v. intr.* Hacer milagros.

milagrería *s. f.* **1.** Relato de sucesos a los que se quiere presentar como milagros. **2.** Tendencia a admitir como milagros hechos naturales.

milagrero, ra *adj.* **1.** Se dice de quien tiene por milagros los hechos que suceden naturalmente. También *s. m.* y *f.* **2.** Que finge milagros. También *s. m.* y *f.* **3.** *fam.* Que hace milagros: *un santo milagrero.* SIN. **3.** Milagroso.

milagro (del lat. *miraculum*, hecho admirable) *s. m.* **1.** Hecho que no se puede explicar por las leyes conocidas de la naturaleza y que se considera realizado por intervención sobrenatural o de origen divino. **2.** Cualquier cosa o suceso sorprendente y extraordinario: *Con lo poco que estudió fue un milagro que aprobara.* || *interj.* **3.** Se usa para indicar la extrañeza que causa algo: *Ha llegado puntual, ¡milagro!* || LOC. **de milagro** *adv.* Por casualidad, por poco, de modo poco frecuente: *Lo encontré de milagro.* Indica que se ha conseguido escapar de un gran peligro o calamidad: *Vive de milagro, pues tuvo un grave accidente.* **hacer** uno **milagros** *fam.* Hacer más de lo que parece posible con pocos medios: *Con lo poco que gana hace milagros.* SIN. **1.** y **2.** Prodigio. FAM. Milagrear, milagrería, milagrero, milagroso.

milagroso, sa *adj.* **1.** Que sobrepasa las fuerzas de la naturaleza. **2.** Extraordinario, sorprendente: *Resulta milagroso que ese edificio se salvara del bombardeo.* **3.** Que hace o produce milagros: *una fuente milagrosa.* SIN. **1.** Prodigioso, sobrenatural. **2.** Asombroso, pasmoso, increíble. **3.** Milagrero. FAM. Milagrosamente. MILAGRO.

milanés, sa *adj.* **1.** De Milán. También *s. m.* y *f.* || *s. f.* **2.** *Arg.* Filete de carne empanado. || LOC. **a la milanesa** *adj.* Se dice del filete empanado y frito.

milano (del lat. *milvus*) *s. m.* Nombre común de diversas especies de aves rapaces de una longitud aproximada de 50 a 65 cm, plumaje castaño con tonos rojizos y cola en forma de horquilla. En la península Ibérica se hallan el milano real y el milano negro. FAM. Amilanar.

mildiu (del ingl. *mildew*, moho) *s. m.* Nombre de diversas enfermedades de las plantas causadas por hongos, especialmente la de la vid.

milenario, ria (del lat. *millenarius*) *adj.* **1.** Del milenio, o que dura, tiene o sobrepasa este periodo de tiempo: *una cultura milenaria.* **2.** Del milenarismo o partidario de esta doctrina. También *s. m.* y *f.* || *s. m.* **3.** Periodo de mil años. **4.** Milésimo aniversario de un acontecimiento y fiestas con que se celebra. SIN. **2.** Milenarista.

milenarismo *s. m.* **1.** Doctrina de origen hebreo, ligada a la creencia en la resurrección de los cuerpos y a la idea del fin del mundo, según la cual se afirma la venida de un reino temporal de Jesucristo en la tierra, durante mil años, antes del juicio final. **2.** Antigua creencia de los que sostenían que el fin del mundo y el juicio final iban a tener lugar en el año mil. **3.** Por ext., cualquier creencia que señala una fecha para el acontecimiento del fin del mundo. FAM. Milenarista. MILENIO.

milenio *s. m.* Periodo de mil años. FAM. Milenario, milenarismo. MIL.

milenrama *s. f.* Planta herbácea vivaz de la familia compuestas, cuya altura es de 50 cm aproximadamente; tiene el tallo estriado, hojas largas y estrechas segmentadas y flores blancas o rosadas que están agrupadas en corimbos muy abundantes.

milésimo, ma (del lat. *millesimus*) *adj. num. ord.* **1.** Que ocupa por orden el número mil: *el milésimo aniversario de la fundación de una ciudad.* También *pron.* || *adj. num. part.* **2.** Se dice de cada una de las mil partes iguales en que se divide un todo. También *s. m.* y *f.*: *unas milésimas de segundo.* FAM. Cienmilésimo, diezmilésimo. MIL.

milesio, sia (del lat. *milesius*) *adj.* De Mileto, antigua ciudad griega de Jonia. También *s. m.* y *f.*

milhojas *s. m.* **1.** Pastel de hojaldre relleno de merengue. || *s. f.* **2.** Milenrama*. ■ No varía en *pl.*

mili *s. f. fam. apóc.* de **milicia**, servicio militar.

mili- (del lat. *mille*, mil) *pref.* Colocado delante del nombre de una unidad la convierte en otra mil veces menor: *miligramo, mililitro, milímetro.*

miliamperio *s. m.* Medida de intensidad de una corriente eléctrica equivalente a la milésima parte de un amperio.

miliar (de *miliario*) *adj.* Se aplica a la columna, poste, piedra, etc., que antiguamente indicaba la distancia de mil pasos. ■ Se dice también *miliario.*

miliario, ria (del lat. *miliarium*) *adj.* **1.** De la milla o relacionado con esta medida de longitud. **2.** Miliar*.

milibar *s. m.* Unidad usada en la medida de la presión atmosférica.

milicia (del lat. *militia*) *s. f.* **1.** Profesión cuyo objeto es la actividad militar y preparar a los soldados para ella. **2.** Servicio militar. **3.** Ejército, conjunto de militares y soldados de un país. **4.** Conjunto de gente armada, diferenciado del ejército permanente. **5.** Agrupación de personas que defienden un ideal. SIN. **2.** Mili. FAM. Mili, miliciano. MILITAR[2].

miliciano, na *adj.* **1.** De la milicia o relacionado con ella. || *s. m.* y *f.* **2.** Persona que forma parte de una milicia. **3.** En la guerra civil española, miembro de algún cuerpo de voluntarios formado en la zona republicana y no encuadrado en el ejército regular.

milico *s. m. Amér. del S. desp.* Soldado, militar.

miligramo *s. m.* Medida de masa equivalente a la milésima parte de un gramo.

mililitro *s. m.* Medida de capacidad equivalente a la milésima parte de un litro.

milimetrado, da *adj.* Graduado o dividido en milímetros.

milimétrico, ca *adj.* **1.** Del milímetro o relacionado con él. **2.** Muy exacto o preciso: *un trabajo hecho con exactitud milimétrica.*

milímetro *s. m.* Medida de longitud equivalente a la milésima parte de un metro. || LOC. **al milímetro** *adv.* Con mucha exactitud y precisión. FAM. Milimetrado, milimétrico. / Cienmilímetro. METRO[1].

militancia *s. f.* **1.** Condición de militante: *Está orgulloso de su militancia en el partido.* **2.** Conjunto formado por los militantes de un partido o cualquier organización: *La mayoría de la militancia votó a favor del nuevo candidato.*

militante *adj.* Que milita o participa de forma activa en algo, especialmente en un partido político, asociación o movimiento. También *s. m.* y *f.*

militar[1] (del lat. *militare*) *v. intr.* **1.** Servir en el ejército o en una milicia: *Militó en las filas carlistas.* **2.** Pertenecer a un partido político, grupo artístico, etc. FAM. Militancia, militante, militar[2].

militar[2] (del lat. *militaris*) *adj.* **1.** Relacionado con la milicia o con la guerra: *academia militar, objetivo militar.* || *s. m.* y *f.* **2.** Miembro del ejército. SIN. **1.** Castrense, bélico. **2.** Soldado. ANT. **1.** y **2.** Civil. FAM. Militarada, militarismo, militarización, militarizar, militarmente, militronche. / Desmilitarizar, milicia, milico, paramilitar. MILITAR[1].

militarada *s. f.* Pronunciamiento o golpe de Estado dado por los militares. SIN. Cuartelada, cuartelazo, sublevación, alzamiento.

militarismo *s. m.* **1.** Excesiva importancia o influencia de lo militar. **2.** Actitud y modo de pensar de quien defiende esa importancia. FAM. Militarista. MILITAR[2].

militarizar *v. tr.* **1.** Someter a la autoridad y régimen militar: *militarizar las comunicaciones.* **2.** Comunicar la disciplina y el espíritu militar: *El capitán intentó militarizar a los voluntarios.* ■ Delante de *e* se escribe *c* en lugar de *z*: *militarice.*

militronche o **militroncho** *s. m. argot* Militar, soldado. SIN. Troncho. FAM. Troncho. MILITAR[2].

milla (del lat. *milia passuum*, miles de pasos) *s. f.* **1.** Medida de longitud equivalente a 1.609,3426 m en el Reino Unido y países de la Commonwealth, y a 1.609,3472 m en Estados Unidos. **2.** Medida internacional de navegación marítima o aérea equivalente a 1.852 m, y a 1.853,1824 m para el Reino Unido y países de la Commonwealth. FAM. Tragamillas. MIL.

millar (del lat. *miliare*) *s. m.* Conjunto de mil unidades. FAM. Millarada, millardo, millón. MIL.

millarada *s. f.* Un millar aproximadamente.

millardo *s. m.* Mil millones.

millón (del ital. *milione*, y éste del lat. *mille*, mil) *s. m.* Conjunto de mil veces mil unidades. ■ Si no se especifica, se entiende que se trata de dinero: *Con ese invento ha ganado millones.* FAM. Millonada, millonario, millonésimo, millonetis. / Billón, trillón. MILLAR.

millonada *s. f.* Cantidad muy grande, especialmente de dinero. SIN. Fortuna, dineral.

millonario, ria *adj.* **1.** Que tiene muchos millones, que es muy rico. También *s. m.* y *f.* **2.** De mucho dinero, de muchos millones: *un contrato millonario.* SIN. **1.** Acaudalado, potentado. FAM. Multimillonario. MILLÓN.

millonésimo, ma *adj. num. ord.* **1.** Que ocupa por orden el número un millón. También *pron.* || *adj. num. part.* **2.** Se dice de cada una del millón de partes iguales en que se divide un todo o conjunto. También *s. m.* y *f.* FAM. Cienmillonésimo, milmillonésimo. MILLÓN.

millonetis *s. m.* y *f. fam.* Millonario. ■ No varía en *pl.*

milmillonésimo, ma *adj. num. ord.* **1.** Que ocupa por orden el último lugar en una serie de mil millones. También *pron.* || *adj. num. part.* **2.** Se dice de cada una de las mil millones de partes iguales en que se divide un todo. También *s. m.* y *f.*

milonga *s. f.* **1.** Canción bailable popular del Río de la Plata, de ritmo lento, que se acompaña con guitarra. **2.** Copla andaluza nacida de este baile. **3.** *fam.* Cuento, mentira, excusa: *No me vengas con milongas.* FAM. Milonguear, milonguero.

milonguear *v. intr.* **1.** *Arg., Par.* y *Urug.* Cantar o bailar una milonga. **2.** Bailar.

milonguero, ra *s. m.* y *f.* **1.** *Arg.* y *Urug.* Persona aficionada a la milonga. **2.** Persona aficionada a bailar.

milord (ingl., de *my*, mi, y *lord*, señor) *s. m.* Tratamiento que se da a los nobles británicos.

milpa (del náhuatl *milli*, sementera) *s. f. Amér. C.* y *Méx.* Maíz o plantación de maíz. FAM. Milpear, milpero.

milpear *v. tr.* **1.** *Amér. C.* y *Méx.* Plantar, cultivar, especialmente el maíz. || *v. intr.* **2.** *Méx.* Comenzar a brotar el maíz.

milpiés *s. m.* Cochinilla, crustáceo. ■ No varía en *pl.*

milrayas *s. m.* **1.** Tejido con rayas de color muy finas y apretadas. **2.** Prenda confeccionada con este tejido, especialmente un traje o un pantalón. ■ No varía en *pl.*

miltomate (náhuatl) *s. m.* **1.** *Guat.* y *Méx.* Planta herbácea de fruto parecido al tomate, pero más pequeño y de color blanquecino. **2.** *Guat.* y *Méx.* Fruto de esta planta.

mimar *v. tr.* **1.** Tratar a alguien o algo con esmero, con cariño: *Ella mima su ropa.* **2.** Tratar a alguien con excesivo mimo, consintiéndole demasiado, particularmente a los hijos. SIN. **1.** Cuidar. **2.** Maleducar, malcriar. FAM. Mimado. MIMO.

mimbre *s. amb.* **1.** Vara fina, larga y flexible de la mimbrera, que se utiliza en cestería. **2.** Rama joven y flexible de algunas especies de sauces. **3.** P. ext., sauce con ramas flexibles. ■ Se dice también *vimbre.* FAM. Mimbrear, mimbrera.

mimbrear *v. intr.* Cimbrear, hacer vibrar. También *v. prnl.*

mimbrera *s. f.* **1.** Arbusto de la familia salicáceas cuyo tronco, de 2 a 3 m de altura, echa desde su base ramas con hojas lanceoladas. Las ramas se utilizan en cestería. **2.** P. ext., nombre común de diversas especies de sauces. **3.** Lugar poblado de mimbreras. FAM. Mimbreral. MIMBRE.

mimeógrafo (del fr. *Miméograph*, nombre comercial registrado) *s. m. Perú* Multicopista. FAM. Mimeografiar.

mímesis o **mimesis** (del gr. *mimesis*, imitación) *s. f.* **1.** Imitación de los gestos, manera de hablar, movimientos, etc., de una persona, generalmente como burla. **2.** Imitación de la naturaleza en el arte. ■ No varía en *pl.*

mimético, ca *adj.* Relativo al mimetismo: *Los niños repiten de forma mimética lo que ven hacer a los mayores.*

mimetismo (del gr. *mimetés*, imitador) *s. m.* **1.** Propiedad que poseen algunos animales y plantas de adoptar el color y la forma de objetos del medio en que viven. **2.** Imitación de los gestos, opiniones, actitudes, etc., de otra persona o grupo: *Habla igual que su hermano mayor por puro mimetismo.* ANT. **2.** Originalidad. FAM. Mímesis, mimético, mimetizarse. MIMO.

mimetizarse *v. prnl.* Adoptar una planta o un animal el color y el aspecto de los objetos o seres que se encuentran alrededor.

mímica (del lat. *mimica*) *s. f.* Expresión por medio de gestos, movimientos y posiciones corporales. FAM. Mímico. MIMO.

mimo (del lat. *mimus*, y éste del gr. *mimos*) *s. m.* **1.** Cariño, ternura con que se trata a una persona. **2.** Excesiva consideración o tolerancia con que se trata a alguien, especialmente a los niños. **3.** Cuidado con que se hace o trata algo. **4.** Género teatral basado en la exclusiva utilización de gestos y de movimientos corporales para expresarse ante el público. **5.** Actor de esta especialidad. SIN. **1.** Halago, delicadeza. **2.** Consentimiento. **3.** Esmero. **4.** Pantomima. ANT. **1.** Despego, desdén. **2.** Intolerancia. **3.** Descuido. FAM. Mimar, mimetismo, mímica, mimosa, mimosamente, mimoso. / Pantomima.

mimosa *s. f.* **1.** Nombre común de diversas plantas arbóreas, arbustivas o herbáceas, de hojas compuestas y flores pequeñas que se asemejan a borlas o copos; algunas de ellas experimentan en sus hojas movimientos de contracción cuando se las toca o mueve. **2.** Flor de esta planta. FAM. Mimosáceo. MIMO.

mimosáceo, a *adj.* **1.** Se dice de una familia de plantas arbóreas, arbustivas o trepadoras, con hojas compuestas, flores en forma de esfera y fruto en legumbre, como la mimosa y la acacia. Crecen en regiones cálidas y tropicales y tienen diversos usos. También *s. f.* || *s. f. pl.* **2.** Familia constituida por estas plantas.

mimoso, sa *adj.* Se dice de la persona o animal al que le gusta hacer o recibir mimos, así como de sus gestos, actitudes, etc. También *s. m.* y *f.*

mina[1] (voz celta) *s. f.* **1.** Yacimiento de mineral e instalaciones con las que se explota. **2.** Galería subterránea artificial, abierta para conducir aguas, establecer una comunicación, etc. **3.** Paso subterráneo junto con el explosivo colocado en él para provocar una voladura. **4.** Artefacto explosivo colocado bajo tierra o bajo la superficie del agua destinado a producir su explosión al paso del enemigo. **5.** Barrita cilíndrica de grafito o de diversas sustancias de colores que llevan en su interior los lápices, pinturas, portaminas, etc. **6.** Persona o cosa de la que se puede sacar mucho provecho: *Este negocio es una mina.* SIN. **1.** Criadero, vena, veta; explotación. **6.** Filón. FAM. Minar, mineral, minería, minero. / Bocamina, dragaminas, portaminas, trasminar.

mina[2] (ital.) *s. f.* **1.** *Amér. del S. fam.* Prostituta o concubina. **2.** *Arg. fam.* Muchacha, especialmente la que es guapa.

minador, ra *adj.* **1.** Que mina. **2.** Se aplica al barco preparado para colocar minas submarinas. También *s. m.* || *s. m.* y *f.* **3.** Ingeniero o técnico que construye minas subterráneas. **4.** Soldado especialista en la manipulación y colocación de minas explosivas.

minar *v. tr.* **1.** Colocar minas explosivas. **2.** Debilitar o destruir algo poco a poco: *La bebida está minando su salud.* **3.** Abrir caminos y galerías subterráneas en un terreno. SIN. **2.** Consumir, desgastar, arruinar. **3.** Excavar, socavar. ANT. **2.** Vigorizar, reforzar. FAM. Minado, minador. MINA[1].

minarete *s. m.* Alminar*.

mindungui *s. m.* y *f. fam.* Persona insignificante, don nadie. SIN. Pelado, infeliz, pelanas, pelagatos.

mineral *adj.* **1.** De las sustancias naturales inorgánicas que forman la corteza terrestre o una parte de ella. || *s. m.* **2.** Compuesto natural inorgánico formado por uno o más elementos químicos, que generalmente tiene una misma estructura cristalina fija. **3.** Parte aprovechable de un yacimiento minero. FAM. Mineralizar, mineralogía, mineromedicinal. MINA[1].

mineralizar *v. tr.* **1.** Transformar una sustancia en mineral, generalmente por la intervención de agentes externos. También *v. prnl.*: *Aquellos restos animales se habían mineralizado.* || **mineralizarse** *v. prnl.* **2.** Cargarse las aguas de sustancias minerales. ■ Delante de *e* se escribe *c* en lugar de *z*: *mineralice.* SIN. **1.** Fosilizar(se). FAM. Mineralización. MINERAL.

mineralogía *s. f.* Rama de la geología que estudia los minerales. FAM. Mineralógico, mineralogista. MINERAL.

minería *s. f.* **1.** Explotación de las minas y conjunto de instalaciones y personas dedicadas a ello. **2.** Conjunto de las minas y explotaciones mineras de un país, una región, etc.: *la minería alemana.*

minero, ra *adj.* **1.** De la mina o la minería: *yacimiento minero.* || *s. m.* y *f.* **2.** Trabajador de una mina.

mineromedicinal *adj.* Del agua mineral que se usa para la curación de alguna dolencia.

minerva (de *Minerva*, diosa romana) *s. f.* Máquina de imprimir de presión plana, generalmente de pequeño tamaño. FAM. Minervista.

minestrone (ital.) *s. f.* Sopa cuyos ingredientes básicos son la pasta y las verduras.

minga *s. f. vulg.* Pene*.

mingitorio, ria (del lat. *mingere*, mear) *adj.* **1.** Relacionado con la micción o acción de orinar. || *s. m.* **2.** Urinario*.

mingo *s. m.* Bola del juego de billar que, al comenzar cada partida, se coloca en la cabecera de la mesa.

mini *s. m.* **1.** Vaso de cerveza o de otra bebida alcohólica, que contiene, aproximadamente, un litro. || *s. f.* **2.** *apóc.* de **minifalda**.

mini- (del lat. *minimus*) *pref.* Significa 'pequeño, breve, corto': *minifalda.*

miniar (del ital. *miniare*, pintar con minio) *v. tr.* Pintar miniaturas: *miniar un códice.* FAM. Miniado. MINIATURA.

miniatura (del ital. *miniatura*, de *miniare*, pintar con minio) *s. f.* **1.** Reproducción a tamaño muy pequeño de una cosa: *un tren en miniatura.* **2.** Obra muy pequeña o breve en su clase: *una miniatura musical.* **3.** *fam.* Persona o cosa muy pequeña: *Su casa es una miniatura.* **4.** Arte y técnica de realizar pinturas de pequeñas dimensiones y con mucho detalle, en particular las que se hacían para ilustrar los libros. **5.** Obra realizada según este arte. SIN. **1.** Maqueta. **3.** Pequeñez. FAM. Miniar, miniaturista, miniaturizar. MINIO.

miniaturizar *v. tr.* En tecnol., reducir el tamaño de un elemento o de un conjunto hasta el máximo posible que permita su buen funcionamiento: *miniaturizar los componentes de un circuito eléctrico.* ■ Delante de *e* se escribe *c* en lugar de *z*: *miniaturice.* **FAM.** Miniaturización. MINIATURA.

minibar *s. m.* Bar pequeño, p. ej., el que hay en las habitaciones de algunos hoteles.

minibasket *s. m.* Baloncesto infantil.

minicadena *s. f.* Cadena de música de tamaño reducido, formada por componentes que constituyen un conjunto compacto.

minicine *s. m.* Sala de cine de tamaño reducido.

minidisc (ingl.) *s. m.* **1.** Sistema de reproducción sonora similar al compact disc, pero con capacidad para realizar grabaciones sucesivas. **2.** En inform., disco regrabable mediante un sistema magneto-óptico en el que los datos se registran digitalmente.

minifalda *s. f.* Falda muy corta, por encima de la rodilla. **SIN.** Mini. **FAM.** Mini, minifaldero. FALDA.

minifaldero, ra *adj.* Con las características de la minifalda: *un vestido minifaldero.*

minifundio (del lat. *minimus*, mínimo, y *fundus*, fundo, heredad) *s. m.* Finca rústica que, por sus reducidas dimensiones, no resulta por sí misma económicamente rentable. **ANT.** Latifundio. **FAM.** Minifundismo, minifundista.

minifundismo *s. m.* Sistema de distribución y explotación agraria basado en el minifundio.

minifundista *adj.* **1.** Del minifundio o relacionado con él: *sistema de explotación minifundista.* || *s. m.* y *f.* **2.** Propietario de un minifundio. **ANT. 1.** y **2.** Latifundista.

minigolf *s. m.* Juego parecido al golf, que se practica en un campo de pequeñas dimensiones o en una pequeña pista.

minimalismo *s. m.* Tendencia artística, surgida en Estados Unidos en los años setenta, que trata de representar lo máximo con los mínimos elementos: formas geométricas simples, grandes manchas de colores puros, ausencia de decoración, etc. **FAM.** Minimalista. MÍNIMO.

minimizar *v. tr.* Quitar importancia o valor a una cosa. ■ Delante de *e* se escribe *c* en lugar de *z*: *minimice.* **SIN.** Rebajar, disminuir, empequeñecer. **ANT.** Agigantar, realzar. **FAM.** Minimización. MÍNIMO.

mínimo, ma (del lat. *minimus*) *adj.* **1.** *sup.* de **pequeño**. Se aplica a las cosas que, en cantidad o en grado, son lo más pequeñas posible: *un consumo mínimo de gasolina.* Para número o tamaño, se usa la palabra *menor.* **2.** Se dice del religioso o religiosa de la orden mendicante fundada por San Francisco de Paula. También *s. m.* y *f.* || *s. m.* **3.** Límite inferior a que puede reducirse algo. **4.** En mat., el menor valor que puede tomar una función. || *s. f.* **5.** Temperatura más baja registrada en la atmósfera o en un cuerpo durante un periodo determinado. || **LOC. como mínimo** *adv.* Por lo menos: *Necesito como mínimo una semana para terminar este trabajo.* **lo más mínimo** Refuerza una frase negativa: *No esperó lo más mínimo.* **SIN. 3.** Mínimum. **ANT. 1., 3.** y **4.** Máximo. **FAM.** Minimalismo, minimizar, mínimum. MENOS.

mínimum (del lat. *minimum*) *s. m.* Mínimo, el valor más pequeño: *Pido un mínimum de atención.* ■ No suele usarse en *pl.*

minino, na *s. m.* y *f.* **1.** *fam.* Gato, animal. || *s. f.* **2.** *fam.* En lenguaje infantil, pene.

minio (del lat. *minium*, bermellón) *s. m.* Nombre vulgar del óxido de plomo, polvo de color rojo muy usado en pintura para proteger de la oxidación el hierro y otros metales. **FAM.** Miniatura.

minipímer (nombre comercial registrado) *s. f. fam.* Batidora eléctrica.

ministerial *adj.* **1.** Relativo al ministerio, al ministro o al gobierno del Estado. **2.** Partidario del gobierno en las cámaras, en la prensa, etc. También *s. m.* y *f.* **SIN. 1.** Gubernativo, estatal. **2.** Gubernamental. **FAM.** Ministerialismo. / Interministerial. MINISTERIO.

ministerio (del lat. *ministerium*, servicio) *s. m.* **1.** Cada uno de los departamentos encargados de determinado género de asuntos, en que se divide el gobierno de una nación. **2.** Cargo o empleo de ministro. **3.** Tiempo que dura este cargo. **4.** Edificio donde están instaladas las oficinas de cada uno de los departamentos del gobierno. **5.** Conjunto de los ministros que forman un gobierno: *Dimitió el ministerio en pleno.* **6.** Función, empleo o cargo de alguien, particularmente cuando es elevado: *el ministerio sacerdotal.* || **7. ministerio fiscal** (o **público**) Representación de la ley y defensa del bien público, misión encomendada al fiscal ante los tribunales de justicia; también, el propio fiscal en el ejercicio de su cargo: *El ministerio fiscal interrogó al testigo.* **SIN. 2.** Cartera. **5.** Gabinete. **6.** Misión, ocupación, tarea. **FAM.** Ministerial, ministro. / Menester, menestral.

ministrable *adj.* Se dice del que tiene posibilidades de ser nombrado ministro. También *s. m.* y *f.*

ministro, tra (del lat. *minister, -tri*) *s. m.* y *f.* **1.** Persona que está al frente de alguno de los departamentos generales en que se divide la administración del Estado: *el ministro de Hacienda.* **2.** Persona que ejerce una función o ministerio especial: *un ministro de la justicia.* **3.** Ministro plenipotenciario. **4.** En algunas órdenes religiosas, superior de un convento, y en los jesuitas, el encargado de la administración de una casa o colegio. || **5. ministro plenipotenciario** Representante diplomático que sigue en categoría al embajador. **6. primer ministro** Jefe de gobierno, presidente del consejo de ministros. **SIN. 4.** Prior. **FAM.** Ministrable. / Administrar, suministrar. MINISTERIO.

minoico, ca *adj.* **1.** De Minos o de la Creta antigua. También *s. m.* y *f.* || *s. m.* **2.** Nombre dado a las escrituras y lenguas de la Creta antigua.

minorar (del bajo lat. *minorare*, de *minor, -oris*, menor) *v. tr.* Aminorar*. **FAM.** Minoración, minorativo. MENOR.

minoría (del lat. *minor, -oris*, menor) *s. f.* **1.** En una colectividad o grupo, parte menor o más reducida que el resto: *En el Reino Unido hay una minoría católica.* **2.** Conjunto de votos o votantes contrarios a lo que vota la mayoría: *Sólo una minoría apoyó la propuesta de ley.* **3.** Minoría de edad y tiempo que dura. || **4. minoría de edad** Estado jurídico del menor de edad y tiempo que dura. **SIN. 3.** Minoridad. **FAM.** Minoridad, minoritario. MENOR.

minorista (del lat. *minor, -oris*) *adj.* **1.** Relativo al comercio al por menor. || *s. m.* y *f.* **2.** Comerciante al por menor. **SIN. 2.** Detallista. **ANT. 1.** y **2.** Mayorista.

minucia (del lat. *minutia*, de *minutus*, pequeño) *s. f.* **1.** Cosa de muy poco valor o importancia o muy pequeña: *No te enfades por esa minucia.* **2.** Detalle: *El historiador describe con minucia al personaje.* **SIN. 1.** Pequeñez, menudencia, insignificancia, nimiedad, nadería, futilidad, fruslería. **2.** Pormenor. **ANT. 1.** Enormidad. **2.** Vaguedad. **FAM.** Minuciosamente, minuciosidad, minucioso, minuendo, minuto. / Disminuir.

minué (del fr. *menuet*) *s. m.* **1.** Baile clásico francés para dos personas, lento y de gracioso movimiento, introducido en la corte de Luis XIV a mediados del s. XVII. **2.** Música para este baile.

minuendo (del lat. *minuendus*, de *minuere*, disminuir) *s. m.* En mat., cantidad de la que se resta otra.

minueto *s. m.* Minué*.

minúsculo, la (del lat. *minusculus*) *adj.* **1.** Que es de pequeño tamaño o de poca importancia: *un pueblo minúsculo.* **2.** Se dice de las letras que se distinguen de las mayúsculas por su forma y menor tamaño. También *s. f.* SIN. **1.** Mínimo, diminuto, insignificante. ANT. **1.** Grande, importante.

minusvalía (del lat. *minus*, menos, y *valía*) *s. f.* **1.** Disminución del valor de un objeto. **2.** Pérdida de valor, según la cotización, de determinados títulos entre el momento de su compra y el de su venta. **3.** Disminución en la capacidad de una persona por un defecto físico o psíquico. SIN. **1.** y **2.** Plusvalía. FAM. Minusvalidez, minusválido. VALÍA.

minusválido, da (del lat. *minus*, menos, y *válido*) *adj.* De la persona que por un defecto físico o psíquico tiene menor capacidad que otras para realizar ciertos movimientos, funciones, trabajos, etc. También *s. m.* y *f.* SIN. Inválido, deficiente.

minusvalorar (del lat. *minus*, menos, y *valorar*) *v. tr.* Estimar a una persona o cosa en menos de lo debido. SIN. Subestimar, infravalorar. ANT. Sobrevalorar.

minuta (del lat. medieval *minuta*, borrador) *s. f.* **1.** Cuenta que por su trabajo presenta una persona de carrera, especialmente los abogados y notarios. **2.** Lista de los platos de una comida, restaurante, etc. **3.** Resumen o borrador que se hace de un documento, contrato, etc., antes de escribirlo definitivamente. **4.** Primer dibujo, a modo de boceto, de un mapa. **5.** Anotación que se hace de una cosa para tenerla presente. **6.** *Arg.*, *Par.* y *Urug.* Comida que se prepara en poco tiempo y justo antes de comerla. SIN. **1.** Honorarios, factura. **2.** Menú, carta. **3.** Extracto. **4.** Bosquejo, esbozo. **5.** Apunte, apuntamiento. FAM. Minutar[1].

minutar[1] *v. tr.* **1.** Hacer el resumen o borrador de un escrito, documento, etc.: *minutar un contrato.* **2.** Pasar una minuta o factura de cobro.

minutar[2] *v. tr.* **1.** Medir en minutos la duración de algo, como una composición musical, un filme, etc. **2.** Distribuir los tiempos de los distintos programas y emisiones en radio y televisión. SIN. **1.** Cronometrar.

minutero *s. m.* Aguja o manecilla del reloj que señala los minutos.

minuto (del lat. *minutus*, pequeño) *s. m.* **1.** Medida de tiempo que equivale a la sexagésima parte de una hora. **2.** Sexagésima parte de un grado de circunferencia o círculo. FAM. Minutar[2], minutero. MINUCIA.

mío, a (del lat. *meus*) *adj. pos.* **1.** Forma de primera persona que, detrás de un sustantivo, indica que éste pertenece a la persona que habla o guarda relación con ella: *un amigo mío.* También *pron.*: *Comprendo todas las debilidades, sobre todo las mías.* ■ Delante de un sustantivo se usa la forma apocopada *mi.* ‖ *pron. pos.* **2.** Con *lo*, expresa lo característico o más apropiado de la persona que habla: *Lo mío es el deporte.* ‖ *s. m. pl.* **3.** Precedido del artículo determinado, significa 'familiares, compatriotas, correligionarios, allegados', etc.: *Hago este esfuerzo por los míos.* ‖ *s. f.* **4.** *fam.* Precedido del artículo *la*, indica, para la persona que habla, la ocasión o circunstancia favorable para algo: *Ésta es la mía; ahora le diré lo que pienso.* FAM. Mi[2].

miocardio (del gr. *mys*, *myos*, músculo, y *kardia*, corazón) *s. m.* Capa de fibras musculares del corazón. FAM. Miocarditis. CARDIACO.

miocarditis *s. f.* Proceso inflamatorio del miocardio. ■ No varía en *pl.*

mioceno (del gr. *meion*, menos, y *kainos*, reciente) *adj.* **1.** Se aplica a la cuarta época del periodo terciario, que comenzó hace 23 millones de años y terminó hace seis, y tuvo dos etapas: una primera de intensa actividad orogénica y una segunda caracterizada por la suavización del clima. También *s. m.* **2.** De esta época geológica.

miografía (del gr. *mys*, *myos*, músculo, y *-grafía*) *s. f.* Descripción de los músculos.

miología (del gr. *mys*, *myos*, músculo, y *-logía*) *s. f.* Parte de la anatomía que estudia los músculos. FAM. Miografía, mioma, miopatía. / Mialgia.

mioma (del gr. *mys*, *myos*, músculo, y *-oma*) *s. m.* Tumor formado por elementos musculares.

miopatía (del gr. *mys*, *myos*, músculo, y *-patía*) *s. f.* Término genérico de las enfermedades musculares.

miope (del gr. *myops*, *-opos*, de *myo*, cerrar, y *ops*, ojo) *adj.* **1.** Que sufre miopía. También *s. m.* y *f.* **2.** Se aplica a la persona que no se da cuenta de las cosas que no son muy claras o del todo evidentes. También *s. m.* y *f.* SIN. **1.** y **2.** Cegato.

miopía *s. f.* Defecto de la vista causado por la incapacidad del cristalino de enfocar correctamente los objetos lejanos, cuya imagen se forma delante de la retina, en lugar de sobre ella. FAM. Miope.

miosis (del gr. *myo*, guiñar los ojos) *s. f.* Contracción anormal y permanente de la pupila del ojo. ■ No varía en *pl.*

miosotis *s. m.* Nomeolvides*. ■ No varía en *pl.*

mips (siglas de *Millón de Instrucciones Por Segundo*) *s. m. pl.* En inform., unidad de medida que indica la velocidad de proceso de instrucciones básicas por segundo.

mir (siglas de *Médico Interno Residente*) *s. m.* **1.** Médico que trabaja en un hospital para hacer prácticas y especializarse en alguna rama de la medicina. **2.** Examen para obtener este puesto: *Aprobó el MIR.* ■ En esta acepción se escribe con mayúsculas.

mira *s. f.* **1.** Pieza o dispositivo que en algunos instrumentos sirve para dirigir la vista a un punto determinado. **2.** Intención o propósito que se tiene al hacer una cosa. Se usa más en *pl.*: *Están muy claras sus miras en este negocio.* **3.** Regla graduada que se coloca verticalmente para medidas topográficas. **4.** En la construcción, cada uno de los reglones fijados verticalmente para tender entre ellos la cuerda que sirve de guía en la colocación de las hileras horizontales de ladrillos o piedras. ‖ **5. mira telescópica** La que está provista de un teleobjetivo, que permite distinguir el blanco a mayor distancia. SIN. **2.** Fin, finalidad, idea, objetivo.

mirabel (del fr. *mirabelle*) *s. m.* Planta herbácea de jardín, de forma piramidal, hojas alternas lanceoladas y flores pequeñas de color verdoso.

mirada *s. f.* **1.** Acción de mirar. **2.** Vistazo, ojeada: *Echó una mirada al periódico.* **3.** Modo o forma de mirar: *Tiene una mirada penetrante.* SIN. **1.** Visión. **2.** Ojo.

mirado, da 1. *p.* de **mirar**. ‖ *adj.* **2.** Prudente, cauto o delicado: *Es muy mirado para pedir cualquier* *favor.* **3.** Con los adv. *bien, mal, mejor* o *peor,* merecedor o digno de ser juzgado de la manera que se expresa: *Está bien mirado dentro de la familia.* SIN. **2.** Comedido. **2.** y **3.** Considerado. **3.** Visto. ANT. **2.** Desconsiderado.

mirador, ra *adj.* **1.** Que mira. || *s. m.* **2.** Sitio especialmente situado desde el que se puede contemplar una vista o paisaje. **3.** Balcón cubierto y cerrado con cristales. SIN. **2.** Observatorio, atalaya.

miraguano (taíno) *s. m.* **1.** Palmera de poca altura, con hojas en forma de abanico, que crece en algunas regiones cálidas de América y Oceanía y cuyo fruto es una baya seca, llena de una materia muy parecida al algodón, suave, elástica y ligera. **2.** Esta materia, que se emplea para rellenar almohadas, cojines, edredones, etc.

miramiento *s. m.* **1.** Actitud de la persona que procura no causar molestias o no abusar de otras: *Nos llamó la atención con mucho miramiento.* **2.** Amabilidad o atenciones con que se trata a alguien por respeto o por temor. Se usa más en *pl.*: *No andes con miramientos, que somos de la familia.* **3.** Cuidado y prudencia al hacer o decir algo. SIN. **1.** Consideración, delicadeza, reparo. **2.** Gentileza, cortesía. **3.** Cautela, comedimiento, recato, reserva. ANT. **1.** Desconsideración. **2.** Desatención. **3.** Imprudencia.

mirar (del lat. *mirari,* admirarse) *v. tr.* **1.** Fijar la vista en alguien o algo para verlo. También *v. prnl.*: *mirarse en un espejo.* **2.** Registrar, revisar: *La policía miró las maletas.* **3.** Pasar la vista por algo distraídamente: *Desde el balcón miraba la calle.* **4.** Tener cuidado antes de hacer o decir algo: *Debes mirar bien la decisión que tomas.* También *v. prnl.* **5.** Considerar, tener muy en cuenta algo: *Miran mucho la puntualidad.* **6.** Tener una finalidad: *Sólo mira a su provecho.* También *v. intr.* || *v. intr.* **7.** Buscar: *Mira en el cajón de la mesa.* También *v. prnl.* **8.** Estar una cosa frente a algo u orientada en cierta dirección: *Mi cuarto mira al patio.* || *v. tr.* **9.** En imperativo, se emplea para llamar la atención o para dar mayor expresividad o fuerza a lo que se dice: *Mira, ésta es la foto de la que te hablé. Mira, yo no entiendo nada de lo que pasa.* || LOC. **de mírame y no me toques** *adj. fam.* Se aplica a la persona o cosa débil, poco resistente. **mira** (o **mire**) **tú** (o **usted**) **por donde** *fam.* Introduce un hecho inesperado: *Mira tú por donde vamos a salir ganando.* **mirándolo bien** (o **si bien se mira**) *adv.* Si se piensa detenidamente: *Mirándolo bien, no merece la pena.* **mirar por** una persona o cosa Protegerla, cuidar de ella: *Hace bien en mirar por sus hijos.* **mirarse en** alguien Tenerle admiración o cariño, estar orgulloso de él: *Se mira en sus mayores.* SIN. **1.** Observar(se), contemplar(se). **2.** Examinar. **4.** Reflexionar, meditar. **5.** Valorar. **6.** Atender. **7.** Rebuscar(se). **8.** Dar, caer. FAM. Mira, mirada, mirado, mirador, miramiento, mirasol, mirífico, mirilla, mirón. / Admirar, remirar.

mirasol *s. m.* Girasol*.

miria- (del gr. *myrias,* de *myrioi,* innumerable, diez mil) *pref.* Significa 'diez mil': *miriámetro.*

miríada (del gr. *myrias, -ados*) *s. f.* Cantidad o número muy grande, incalculable: *una miríada de estrellas.* SIN. Infinidad, inmensidad, sinnúmero.

miriagramo *s. m.* Medida de masa equivalente a diez mil gramos.

mirialitro *s. m.* Medida de capacidad equivalente a diez mil litros.

miriámetro *s. m.* Medida de longitud equivalente a diez mil metros.

miriápodo (de *miria-* y *pus,* pie) *adj.* **1.** Se dice de los invertebrados artrópodos terrestres con cabeza, cuerpo segmentado, antenas, mandíbulas, tráquea y gran número de patas articuladas, como el ciempiés. También *s. m.* || *s. m. pl.* **2.** Grupo formado por estos animales. ■ Se dice también *miriópodo.* FAM. Miriópodo.

mirífico, ca *adj.* En lenguaje lit., admirable, maravilloso. SIN. Sorprendente, prodigioso. FAM. Véase **mirar**.

mirilla *s. f.* **1.** Pequeña abertura hecha en una pared, puerta, etc., que permite ver por ella lo que pasa al otro lado. **2.** Pequeña ventanilla que tienen algunos instrumentos topográficos para dirigir visuales. SIN. **1.** Rejilla.

miriñaque (de la voz filipina *medriñaque,* tela rígida) *s. m.* Prenda de tela rígida o almidonada, a veces con aros, que llevaban las mujeres bajo la falda para darle vuelo.

miriópodo *adj.* Miriápodo*.

mirlo (del lat. vulg. *merulus*) *s. m.* **1.** Pájaro de una longitud aproximada de 25 cm, plumaje oscuro y pico amarillo, tiene un canto melodioso, pudiendo imitar los sonidos e incluso la voz humana; habita en Europa, Asia y N de África. || **2. mirlo acuático** Ave de unos 18 cm, cuerpo rechoncho y plumaje pardo con garganta y pecho blancos. Habita junto a los cursos de agua, en los que se sumerge para alimentarse de insectos y larvas acuáticas. **3. mirlo blanco** Persona excepcional, extraordinariamente buena: *Su marido es un mirlo blanco, no piensa más que en darle gusto.*

mirón, na *adj.* **1.** Se dice de quien mira con curiosidad e insistencia. También *s. m.* y *f.* || *s. m.* **2.** Persona que disfruta observando o espiando escenas eróticamente excitantes para ella. SIN. **1.** Curioso. **2.** Voyeur.

mirra (del gr. *myrrha*) *s. f.* Resina aromática muy viscosa, de color rojo; se emplea para obtener incienso y en perfumería.

mirtáceo, a (del lat. *myrtaceus*) *adj.* **1.** Se dice de las plantas dicotiledóneas que tienen flores regulares y fruto en baya o cápsula y que contienen un aceite esencial utilizado en farmacia y perfumería; entre ellas se encuentran el eucalipto, el arrayán y el clavero. También *s. f.* || *s. f. pl.* **2.** Familia de estas plantas.

mirto (del gr. *myrtos*) *s. m.* Planta arbustiva de hojas opuestas, perennes, de un verde intenso, flores blancas olorosas y bayas de color negro azulado. SIN. Arrayán. FAM. Mirtáceo.

misa (del lat. *missa,* de *mittere,* enviar) *s. f.* **1.** Celebración principal de la Iglesia católica, que consiste en el sacrificio del cuerpo y la sangre de Cristo bajo las apariencias de pan y vino. **2.** Composición musical escrita sobre las partes de la misma. || **3. misa concelebrada** La que celebran varios sacerdotes a la vez. **4. misa de campaña** La que se celebra en un altar improvisado al aire libre. **5. misa del gallo** La celebrada en Nochebuena. **6. misa negra** Parodia o burla obscena de la misa católica, celebrada en homenaje al diablo. || LOC. **cantar misa** Celebrar su primera misa un nuevo sacerdote. **como en misa** Con profundo silencio y respeto: *Me escuchó como en misa.* **como si dice** (o **que diga**) **misa** *fam.* Expresa que a uno le importa poco lo que diga u opine otro. **ir a misa** una cosa *fam.* Indica que algo se hará o se cumplirá. **no saber uno de la misa la media** (o **la mitad**) *fam.* No estar enterado de cierta cosa que debería saber, o no entender lo que está diciendo. FAM. Misacantano, misal.

misacantano *s. m.* Sacerdote que celebra su primera misa.

misal (de *misa*) *s. m.* **1.** Libro litúrgico que contiene el texto de las misas de todos los días del año y que el sacerdote lee durante la celebración de éstas. **2.** Libro más pequeño para que los fieles puedan seguir la misa. SIN. **2.** Devocionario.

misántropo, pa (del gr. *misanthropos*, de *miseo*, odiar, y *anthropos*, hombre) *s. m.* y *f.* Persona que aborrece y evita el trato con otras. SIN. Arisco, hurano, esquivo, insociable, retraído. ANT. Sociable. FAM. Misantropía, misantrópico.

miscelánea (del lat. *miscellanea*) *s. f.* **1.** Mezcla de cosas diversas: *La película es una miscelánea de varios géneros.* **2.** Libro, escrito o sección de un periódico en que se tratan asuntos sin relación entre sí o en que se incluyen cosas muy variadas: anécdotas, chistes, pasatiempos, etc. SIN. **1.** Mezcolanza.

misceláneo, a (del lat. *miscellaneus*) *adj.* Compuesto de cosas distintas: *un espectáculo misceláneo.* SIN. Mixto. FAM. Miscelánea. MISCIBLE.

miscible (del lat. *miscere*, mezclar) *adj.* Que se puede mezclar: *líquidos miscibles.* SIN. Mezclable. FAM. Misceláneo. / Inmiscible. MEZCLAR.

miserable (del lat. *miserabilis*) *adj.* **1.** Muy pobre: *Vive en un suburbio miserable.* **2.** Que se encuentra en malas condiciones físicas o morales: *Los náufragos presentaban un estado miserable.* **3.** Desgraciado: *¡Miserable de mí!* **4.** Demasiado escaso: *Le pagan un sueldo miserable.* **5.** Tacaño. También *s. m.* y *f.* **6.** Malvado: *El miserable fue incapaz de ayudarnos.* También *s. m.* y *f.* ■ Se utiliza como insulto. SIN. **1.** Menesteroso, indigente. **2.** Lamentable, lastimoso, maltrecho. **3.** Mísero, infeliz, desdichado, infortunado, desventurado. **4.** Exiguo. **4.** y **5.** Cicatero, mezquino. **5.** Avaro, agarrado, roñoso. **4.** a **6.** Ruin. **6.** Perverso, canalla, infame, abyecto. ANT. **1.** Rico. **1.** y **2.** Boyante. **3.** Afortunado. **4.** y **5.** Generoso. FAM. Miserablemente. MISERIA.

miserere (del lat. *miserere*, ten compasión) *s. m.* **1.** Salmo que comienza con esta palabra, compuesto por el rey David. **2.** Canto solemne compuesto sobre dicho salmo y ceremonia en que se canta. || **3. cólico miserere** Antigua denominación de la obstrucción del intestino.

miseria (del lat. *miseria*) *s. f.* **1.** Pobreza grande: *vivir en la miseria.* **2.** Sufrimiento, desgracia. Se usa más en *pl.*: *En la autobiografía cuenta sus miserias y desdichas.* **3.** Tacañería, roñosería. **4.** *fam.* Pequeña cantidad de algo: *Esta camisa me costó una miseria.* **5.** *fam.* Cosa de poco valor: *El regalo es una miseria.* **6.** Plaga de parásitos, especialmente piojos: *Está comido de miseria.* SIN. **1.** Necesidad, estrechez, penuria, indigencia. **2.** Desventura, infortunio, infelicidad. **3.** Mezquindad, cicatería. **4.** y **5.** Pequeñez. **5.** Nadería, bagatela, minucia. ANT. **1.** Riqueza. **2.** Dicha, ventura. **3.** Generosidad. **4.** Montón. FAM. Miserable, míseramente, misericordia, mísero, misérrimo. / Conmiseración.

misericordia (del lat. *misericordia*) *s. f.* **1.** Sentimiento de compasión que mueve a ayudar y perdonar: *La visión de aquellas desgracias movió su misericordia.* **2.** Atributo de Dios por el que perdona los pecados y debilidades de los hombres. **3.** Pieza en forma de repisa, situada en la parte inferior de los asientos abatibles del coro de las iglesias, para descansar disimuladamente, aun estando de pie. SIN. **1.** Conmiseración, lástima, piedad, clemencia. ANT. **1.** Insensibilidad. FAM. Miserere, misericordiosamente, misericordioso. / Inmisericorde. MISERIA.

mísero, ra (del lat. *miser, -a, -um*) *adj.* **1.** Pobre o escaso: *un barrio mísero, un sueldo mísero.* **2.** Desgraciado, desdichado: *¡Mísero de mí!* SIN. **1.** y **2.** Miserable. **2.** Infeliz, desventurado. ANT. **1.** Rico; abundante.

misia o **misiá** *s. f. Amér. del S. fam.* Tratamiento equivalente a *mi señora.*

misil (del ingl. *missile*, y éste del lat. *missile*, arma arrojadiza) *s. m.* Proyectil guiado automáticamente y provisto de una carga explosiva, utilizado con fines bélicos. FAM. Lanzamisiles.

misión (del lat. *missio, -onis*) *s. f.* **1.** Encargo o poder que se da a una persona, particularmente por un gobierno, para hacer o decir algo. **2.** Labor u obra que una persona o colectividad se siente obligada a realizar: *Estaba convencido de que su misión era enseñar a los niños.* **3.** Representación diplomática de un país en otro, personas que la desempeñan y edificio en el que residen. **4.** Trabajo de evangelización realizado generalmente en países lejanos que no conocen la religión cristiana o de mayoría no cristiana. Se usa más en *pl.*: *las misiones en África.* **5.** Cualquier otra labor de carácter benéfico o de ayuda realizada en un país lejano, atrasado, que ha sufrido una catástrofe, etc. **6.** Expedición que realiza dicha labor y grupo de personas que la forman: *Ayer salió la misión al Chad.* **7.** Expedición científica para la exploración o estudio de lugares, hechos, etc., y grupo de personas que la forman. **8.** Lugar, iglesia, casa, etc., donde viven y trabajan los misioneros. **9.** Campaña o serie de predicaciones y prácticas religiosas, organizada por la Iglesia para la enseñanza de los fieles y renovación de su vida cristiana. SIN. **1.** Comisión, delegación. **1.** y **3.** Embajada. **2.** Cometido, tarea. **4.** Apostolado. FAM. Misional, misionar, misionero, misiva. / Inmisario.

misionero, ra *adj.* **1.** Relativo a las actividades de evangelización: *una orden misionera.* || *s. m.* y *f.* **2.** Persona que enseña y predica la religión cristiana en tierra de no creyentes o en países atrasados. **3.** Eclesiástico que predica una misión en país cristiano. SIN. **1.** Misional. **2.** Apóstol, evangelizador.

misiva (del lat. *mittere*, enviar) *s. f.* Carta que se envía a alguien. SIN. Epístola, esquela. FAM. Misivo. MISIÓN.

misivo, va (del lat. *mittere*, enviar) *adj.* Se dice de lo que constituye un mensaje.

mismidad *s. f.* **1.** Condición de ser uno mismo. **2.** Característica por la cual se es uno mismo. **3.** Identidad personal.

mismo, ma (del lat. vulg. *metipsimus*, de *ipse*, el mismo, con *-met*, forma que se añadía a los pron. pers. para reforzar su sentido) *adj.* **1.** Se dice de la persona, animal o cosa que es una sola en distintas ocasiones o en distintos lugares: *Tenemos los mismos profesores que el año pasado.* **2.** Igual, semejante: *Los dos tenéis los ojos del mismo color.* ■ En estas dos acepciones, se usa también como pron., precedido de art. det.: *Hablaron los mismos de siempre.* **3.** Subraya con énfasis un nombre o un pronombre: *El mismo rey asistió al estreno. Tú mismo me lo has dicho.* || *pron.* **4.** Con artículo determinado, significa que la persona, animal o cosa a que se refiere no ha sufrido cambio: *Sigue siendo el mismo de siempre.* || *adv.* **5.** Detrás de un adverbio o locución adverbial, los refuerza: *Hoy mismo termino el trabajo.* **6.** Detrás de un nombre o de otro adverbio, le da un matiz de indiferencia o duda: *No sé cuándo iré, mañana* *mismo, a lo mejor.* **7.** Equivale a incluso: *Yo mismo me sorprendí con la noticia.* **8.** Equivale a por ejemplo, entre otros: *¿Quién me acompañará? –Antonio mismo.* || LOC. **dar** (o **ser**) **lo mismo** No importar: *Me da lo mismo un color que otro.* **por lo mismo** *conj.* Por esa razón, a causa de ello: *He aprobado y por lo mismo quiero celebrarlo.* SIN. **1.** Idéntico. **2.** Parecido, similar. ANT. **1.** Distinto. **2.** Desigual. FAM. Mismamente, mismidad.

misógino, na (del gr. *misogynes*, de *miseo*, odiar, y *gyne*, mujer) *adj.* Que huye del trato con las mujeres o siente o muestra antipatía hacia ellas. También *s. m.* FAM. Misoginia.

misoneísmo (del gr. *miseo*, odiar, y *neos*, nuevo) *s. m.* Odio o antipatía a cualquier novedad. FAM. Misoneísta.

misquito o **mísquito, ta** *adj.* De un pueblo amerindio que habita en la llamada costa de los Mosquitos o Mosquitia, entre Nicaragua y Honduras. También *s. m.* y *f.*

miss (ingl.) *s. f.* **1.** Tratamiento que en los países anglosajones se da a la mujer soltera. **2.** Título que se da a la ganadora de un concurso de belleza.

mistela *s. f.* **1.** Vino que se hace añadiendo alcohol al mosto de uva, sin que se produzca fermentación. **2.** Bebida hecha con aguardiente, agua, azúcar y canela. ■ Se escribe también *mixtela*.

míster (del ingl. *mister*) *s. m.* **1.** Tratamiento de los países de habla inglesa, equivalente a señor. **2.** Ganador de un concurso de belleza masculina: *míster Universo.* **3.** Entrenador de un equipo deportivo, especialmente de fútbol. SIN. **3.** Preparador.

mistérico, ca *adj.* **1.** Del misterio o relacionado con él. **2.** Se dice especialmente del conjunto y de cada una de las antiguas religiones de origen griego u oriental que tenían como base los misterios o ritos secretos para iniciados, como el culto a Mitra o a Orfeo.

misterio (del gr. *mysterion*, secreto) *s. m.* **1.** Hecho o cosa cuya explicación lógica se desconoce o que resulta incomprensible: *Muchos misterios han sido aclarados por la ciencia. Es un misterio de dónde saca tanto dinero.* **2.** Circunstancia que se da cuando se hace algo y no se quiere decir a los demás: *Llevó con mucho misterio la compra del piso.* **3.** Doctrina o rito secreto de ciertas religiones. Se usa mucho en *pl.* **4.** En la rel. cristiana, verdad revelada por Dios y que se cree por la fe: *el misterio de la Trinidad.* **5.** Cada uno de los pasajes de la vida, pasión, muerte y resurrección de Jesucristo y su misma persona, así como otros pasajes de la Sagrada Escritura. **6.** Cualquiera de estos pasajes representados con imágenes. **7.** Cada parte del rosario que recuerda un misterio de la vida de Cristo y de la Virgen y en la que se reza un padrenuestro, diez avemarías y un gloria. **8.** Representación dramática, propia del teatro de la Edad Media, de escenas de la vida de Cristo, la Virgen, etc.: *el misterio de Elche.* **9.** Género literario y cinematográfico en que los argumentos y ambientes pretenden intrigar y sobrecoger al lector o espectador. SIN. **1.** Arcano, enigma, incógnita, interrogante. **2.** Discreción, reserva, sigilo. FAM. Mistérico, misteriosamente, misterioso, mística.

misterioso, sa *adj.* **1.** Que encierra misterio: *una desaparición misteriosa.* **2.** Se aplica a la persona que está rodeada de misterio y actúa de forma enigmática. SIN. **2.** Hermético. ANT. **1.** Manifiesto, evidente. **2.** Claro.

mística (del lat. *mystica*) *s. f.* **1.** Experiencia íntima que algunas personas tienen con Dios o la divinidad. **2.** Doctrina relativa a esta experiencia. **3.** Literatura o conjunto de obras literarias que tratan de esta experiencia. **4.** Entusiasmo que se pone en ciertas actividades o idealización y carácter absoluto que se da a una ideología, doctrina, actuación, etc.: *la mística de la revolución.* FAM. Místicamente, misticismo, misticón. MISTERIO.

místicamente *adv. m.* De un modo místico.

misticismo *s. m.* **1.** Estado de unión íntima y amorosa de la persona con la divinidad. **2.** Doctrina que trata de esta unión. **3.** Estado de la persona que se dedica mucho a Dios o a las cosas espirituales. SIN. **1.** y **2.** Mística.

místico, ca (del gr. *mystikos*) *adj.* **1.** De la mística o del misticismo. **2.** Que se entrega a la contemplación de Dios y las cosas divinas. También *s. m.* y *f.* **3.** Se aplica al autor de obras que tratan de esa experiencia. También *s. m.* y *f.*: *San Juan de la Cruz es un místico.* **4.** *fam.* Que muestra devoción exagerada. También *s. m.* y *f.* **5.** *fam.* Cursi, excesivamente remilgado. También *s. m.* y *f.* SIN. **2.** Contemplativo. **4.** Misticón, beato, santurrón.

mistificar (del fr. *mystifier*) *v. tr.* Falsear, falsificar: *En ese libro se mistifica la historia.* ■ Delante de *e* se escribe *qu* en lugar de *c*: *mistifique.* Se escribe también *mixtificar.* SIN. Deformar, adulterar. FAM. Mistificación, mistificador. / Mixtificar.

mistral (del occitano *mistral*, de *mestre*, dueño) *s. m.* **1.** Viento frío del NO que sopla en el delta del Ródano. También *adj.* **2.** Viento que en el Mediterráneo viene de la parte intermedia entre el poniente y la tramontana. También *adj.* ■ Se dice también *maestral.*

mita (del quechua *mitta*, turno, semana de trabajo) *s. f.* En la América colonial, repartimiento forzado de indios para todos los trabajos públicos, y especialmente la minería.

mitad (del ant. *meitad*, y éste del lat. *medietas*) *s. f.* **1.** Cada una de las dos partes iguales, o aproximadamente iguales, en que se divide algo: *Dos es la mitad de cuatro. Quiero sólo la mitad del pan.* **2.** Punto o lugar que se encuentra a la misma distancia de los dos extremos u orillas: *El corredor fue en cabeza hasta la mitad del recorrido. Camina por mitad de la calle.* || LOC. **en mitad de** *adv.* Durante el desarrollo de cierta cosa que se expresa: *En mitad de la fiesta, se rompió el altavoz.* **mitad y mitad** *adv.* A medias, en una mezcla de cosas opuestas: *¿Estás contento con el examen? Mitad y mitad.* SIN. **2.** Medio.

mitayo *s. m.* **1.** En la América colonial, indio que estaba obligado a trabajar por la mita. **2.** Indio que llevaba lo recaudado por el impuesto de la mita.

mítico, ca *adj.* Relativo al mito o que constituye un mito. SIN. Mitológico, legendario, fabuloso.

miticultura *s. f.* Mitilicultura*. FAM. Miticultor. MITILICULTURA.

mitificar *v. tr.* **1.** Convertir en mito un hecho natural: *Con el tiempo, mitificó el viaje.* **2.** Hacer de una persona un mito: *Los aztecas mitificaron a Hernán Cortés.* ■ Delante de *e* se escribe *qu* en lugar de *c*: *mitifique.* SIN. **2.** Divinizar, deificar. ANT. **1.** y **2.** Desmitificar. FAM. Mitificación. / Desmitificar. MITO.

mitigar (del lat. *mitigare*, de *mitis*, suave, y *agere*, hacer) *v. tr.* Moderar, disminuir o suavizar algo, hacerlo más soportable: *mitigar el dolor de mue-*

las, mitigar el frío. También *v. prnl.* ■ Delante de *e* se escribe *gu* en lugar de *g*: *mitigue.* **SIN.** Calmar(se), aplacar(se), aminorar(se), atenuar(se), apaciguar(se). **ANT.** Aumentar, exacerbar(se). **FAM.** Mitigación, mitigadamente, mitigado, mitigador, mitigante, mitigativo, mitigatorio.

mitilicultura *s. f.* Cultivo de mejillones. **SIN.** Miticultura. **FAM.** Miticultura.

mitin (del ingl. *meeting*) *s. m.* **1.** Reunión pública donde uno o varios oradores pronuncian discursos de carácter político o social: *un mitin electoral.* **2.** Reunión en la que se celebran diversas pruebas de atletismo. **FAM.** Mitinesco.

mitín *s. m. Amér.* Mitin.

mito (del gr. *mythos*, leyenda) *s. m.* **1.** Relato fabuloso que refiere acciones de dioses o héroes, destinado por lo común a dar una explicación imaginativa y no racional de la realidad: *el mito de Orfeo.* **2.** Persona, acto, cosa, etc., que por su trascendencia o importancia entra a formar parte de la historia o adquiere un valor de prototipo o modelo: *Charlot es un mito del cine.* **3.** Cosa inventada por alguien para que circule como verdad o cosa que existe únicamente en la imaginación de alguien: *Lo que cuenta de la herencia es puro mito.* **SIN. 1.** Leyenda, fábula, alegoría. **2.** Símbolo. **3.** Invención, montaje. **ANT. 1.** Realidad. **3.** Autenticidad. **FAM.** Mítico, mitificar, mitografía, mitología, mitomanía.

mitocondria (del gr. *mitos*, hilo, y *khondros*, cartílago) *s. f.* Pequeño órgano presente en el citoplasma de las células eucariotas; en él se desarrolla el proceso denominado respiración celular, que consiste en la transformación, mediante oxidación, de moléculas orgánicas en inorgánicas con el fin de producir energía.

mitografía *s. f.* Mitología, estudio o tratado de los mitos. **FAM.** Mitógrafo. MITO.

mitología (del gr. *mythologia*, de *mythos*, fábula, y *logos*, tratado) *s. f.* **1.** Conjunto de mitos o leyendas y relatos fabulosos de los dioses, semidioses y héroes de las antiguas Grecia y Roma o de otro pueblo cualquiera: *la mitología maya.* **2.** Estudio o tratado de los mitos. **SIN. 2.** Mitografía. **FAM.** Mitológico, mitologista, mitólogo. MITO.

mitomanía (del gr. *mythos*, fábula, y *mania*, locura) *s. f.* **1.** En psiquiatría, tendencia a la narración de hechos fabulosos, en la que el individuo llega a veces a identificarse con grandes personajes y creerse uno de ellos. **2.** P. ext., tendencia a mitificar. **FAM.** Mitómano. MITO.

mitón (del fr. *miton*) *s. m.* Guante que deja los dedos al descubierto.

mitosis (del gr. *mitos*, filamento) *s. f.* Proceso de reproducción celular en el que mediante la división de la célula madre se originan dos células hijas con el mismo número de cromosomas e igual información genética que ésta. ■ No varía en *pl.* **FAM.** Mitótico. / Amitosis.

mitote (del náhuatl *mitotl*) *s. m.* **1.** Danza antigua de los aztecas, en la que giraban al son del tamboril, formando un gran corro, mientras bebían hasta embriagarse. **2.** *Amér.* Bulla, jaleo. **3.** Fiesta casera. **4.** Remilgo. **FAM.** Mitotero.

mitra (del lat. *mitra*, y éste del gr. *mitra*) *s. f.* **1.** Especie de gorro, formado por dos piezas, una delante y otra detrás, terminadas en punta por su parte superior, que llevan en las ceremonias los arzobispos, obispos y otras dignidades eclesiásticas. **2.** Título de arzobispo u obispo y territorio bajo sus órdenes. **3.** Conjunto de rentas y propiedades de una diócesis. **4.** Gorro alto y puntiagudo que usaban los antiguos persas, de quienes pasó a otros pueblos. **5.** Rabadilla de las aves. **SIN. 2.** Diócesis, sede. **5.** Obispillo. **FAM.** Mitrado, mitral.

mitrado, da *adj.* **1.** Se aplica al eclesiástico que puede utilizar mitra: *un abad mitrado.* || *s. m.* **2.** Obispo u arzobispo. **SIN. 2.** Prelado.

mitral *adj.* **1.** Que tiene forma de mitra. || **2. válvula mitral** La que existe en el corazón entre la aurícula y el ventrículo izquierdos.

miura *s. m.* **1.** Toro de la ganadería de Miura, que se caracteriza por su bravura y fuerza a la hora de embestir, y también por la dificultad que presenta su lidia. **2.** P. ext., toro bravo, fuerte y de difícil lidia. **3.** *fam.* Persona con malas intenciones.

mixomatosis (del gr. *myxa*, moco, *-oma* y *-osis*) *s. f.* Enfermedad infecciosa, de origen vírico, que ataca a los conejos. ■ No varía en *pl.*

mixomicete (del gr. *myxa*, moco, y *mykes, myketos*, hongo) *adj.* **1.** Se dice de los hongos que presentan grandes afinidades con las amebas, por lo que antiguamente fueron clasificados en el reino animal, pero se reproducen por esporas. También *s. m.* || *s. m. pl.* **2.** Clase de estos hongos.

mixteco, ca *adj.* De un pueblo amerindio que en época precolombina habitó en el actual estado de Oaxaca, México, y hoy vive en los estados de Oaxaca, Puebla y Guerrero. También *s. m.* y *f.*

mixtela *s. f.* Mistela*.

mixtificar *v. tr.* Mistificar*. ■ Delante de *e* se escribe *qu* en lugar de *c*. **FAM.** Mixtificación. MISTIFICAR.

mixtilíneo, a *adj.* En geom., se dice de la figura cuyos lados son rectos unos y curvos otros.

mixto, ta (del lat. *mixtus*) *adj.* **1.** Compuesto por personas o por elementos de diferente naturaleza: *un instituto mixto de niños y niñas.* **2.** Referido a un animal o a un vegetal, mestizo: *un perro mixto.* **3.** Se dice del tren compuesto de coches para viajeros y vagones de mercancías. También *s. m.* **4.** Se dice del sandwich de jamón y queso. También *s. m.* **5.** Se aplica a la unidad militar formada por elementos no homogéneos o que pertenecen a armas diferentes: *una brigada mixta.* **6.** En tenis, se dice del equipo de dobles que está formado por un hombre y una mujer, del partido en que juegan estos equipos y de la categoría en la que participan. || *s. m.* **7.** Cerilla, fósforo. **SIN. 1.** Mezclado. **FAM.** Mixtura. / Mistela. MEZCLAR.

mixtura (del lat. *mixtura*) *s. f.* **1.** Mezcla o incorporación de varias cosas: *El libro es una mixtura de realidad y fantasía.* **2.** Mezcla en una masa líquida de dos o más medicamentos. **SIN. 1.** Mezcolanza. **FAM.** Mixturar. MIXTO.

mízcalo *s. m.* Níscalo*.

mnemónica (del gr. *mnemonika*) *s. f.* Mnemotecnia*. ■ Se escribe también *nemónica.* **FAM.** Mnemónico. MNEMOTECNIA.

mnemotecnia o **mnemotécnica** (del gr. *mnemon*, el que se acuerda, y *-tekhne*, arte) *s. f.* Método que permite y favorece el proceso de memorización, por medio de la utilización de diversos recursos y técnicas. ■ Se escribe también *nemotecnia* o *nemotécnica.* **SIN.** Mnemónica. **FAM.** Mnemónica, mnemotécnico. / Nemotecnia.

moabita *adj.* **1.** Del país de Moab, junto al mar Muerto. También *s. m.* y *f.* || *s. m.* **2.** Lengua semítica de la rama cananea, hablada por este pueblo.

moai *s. m.* Estatua con forma de busto humano, característica de la Isla de Pascua.

moaré (del fr. *moiré*) *s. m.* Tela fuerte que forma aguas o reflejos ondulados. ■ Se dice también *muaré.*

moaxaja (del ár. *muwassaha*) *s. f.* Composición o estrofa poética en árabe o en hebreo, con una jarcha o estrofilla final escrita en dialecto mozárabe.

mobiliario, ria (del fr. *mobiliaire*) *adj.* **1.** Se aplica a los efectos o valores públicos negociables en bolsa. **2.** De los muebles o relacionado con ellos: *Se dedica al diseño mobiliario.* || *s. m.* **3.** Conjunto de muebles de una casa, habitación, etc. SIN. **3.** Moblaje, enseres.

moca (de *Moka*, ciudad de Arabia) *s. m.* **1.** Variedad de café muy estimada. **2.** En pastelería, crema de café, mantequilla, vainilla y azúcar con que se hacen pasteles y tartas.

mocárabe *s. m.* Adorno propio de la arquitectura árabe, formado por la combinación geométrica de prismas acoplados y cortados en su parte inferior por superficies cóncavas. FAM. Almocárabe.

mocasín[1] (del ingl. *moccasin*) *s. m.* **1.** Calzado de piel sin curtir, usado por los indios norteamericanos. **2.** Calzado parecido al anterior, plano, ligero, flexible y sin cordones.

mocasín[2] *s. m.* Nombre común de diversos reptiles del grupo de los ofidios. El mocasín común o cabeza de cobre es una serpiente de aproximadamente 1 m de longitud, vivípara, de color cobrizo con anillos oscuros y que habita en América del Norte. El mocasín acuático es algo mayor y vive en América y Asia.

mocear *v. intr.* Comportarse como gente joven.

mocedad *s. f.* Periodo de la vida humana entre la pubertad y la madurez. SIN. Juventud, adolescencia. ANT. Ancianidad.

moceril *adj.* Propio de mozos o gente joven. SIN. Juvenil, adolescente.

mocerío *s. m.* Conjunto de los mozos y mozas de un lugar: *El mocerío baila hasta la madrugada en la plaza del pueblo.*

mocetón, na *s. m.* y *f.* Joven alto y fuerte. SIN. Chicarrón.

mochales *adj.* **1.** *fam.* Loco, chiflado. **2.** Muy enamorado. ■ Se usa mucho con el verbo *estar.* SIN. **1.** Desequilibrado. **1.** y **2.** Trastornado. **2.** Colado. ANT. **1.** Cuerdo, equilibrado.

mocheta (de *mocho*) *s. f.* **1.** Parte gruesa y sin punta de algunas herramientas, opuesta al filo o corte. **2.** Rebajo que se hace en los marcos de puertas y ventanas, donde encaja el renvalso o rebajo semejante de las hojas. **3.** En arq., ángulo entrante que resulta del encuentro de dos muros o del encuentro del plano superior de un elemento arquitectónico con una pared vertical.

mochila (del vasc. *motxil*, muchacho, criado) *s. f.* **1.** Especie de saco o bolsa con tirantes o correas para ir colgado de los hombros. **2.** Saco de cazadores y soldados. **3.** En inform., dispositivo de protección que impide el acceso a un determinado programa al usuario que no lo tenga instalado en su equipo. SIN. **1.** Macuto. **2.** Zurrón, morral. FAM. Mochilero.

mochilero, ra *s. m.* y *f.* **1.** *fam.* Persona que viaja con mochila. || *s. m.* **2.** Soldado que llevaba las mochilas en el ejército.

mocho, cha *adj.* **1.** Se dice de lo que debería acabar en punta pero, por alguna circunstancia, carece de ella: *una torre mocha.* **2.** Se dice del animal que, debiendo tener cuernos, no los tiene: *cabra mocha.* || *s. m.* **3.** Remate grueso y sin punta de un instrumento, de un arma de fuego, etc.: *el mocho de un fusil.* SIN. **1.** Desmochado, despuntado, romo, chato. ANT. **1.** Puntiagudo, afilado. FAM. Mocheta. / Desmochar.

mochuelo *s. m.* **1.** Ave rapaz nocturna, de unos 23 cm de longitud, con cabeza grande y achatada, ojos frontales de color amarillo y pico ganchudo, que se alimenta de insectos y pequeños roedores. **2.** *fam.* Tarea o encargo molesto o difícil: *Nadie quería hacerlo y, al final, me largaron el mochuelo.* **3.** En imprenta, falta, por distracción, de una palabra, frase o parte de un texto: *En la página descubrió un mochuelo de más de cinco líneas.* SIN. **2.** Muerto. **3.** Omisión.

moción (del lat. *motio, -onis*) *s. f.* **1.** Propuesta o petición que se hace en una asamblea, congreso, junta, etc. **2.** Acción de mover, moverse o ser movido. || **3. moción de censura** La que presentan un número determinado de diputados contra algunas personas como el jefe del gobierno del Estado o de una comunidad autónoma y que, si resulta vencedora, trae la destitución de éstos y el nombramiento de otros nuevos. SIN. **1.** Proposición. FAM. Mocionar. MOVER.

mocionar *v. tr. Amér.* Presentar una moción.

mocito, ta *adj.* Que está en el principio de la mocedad o juventud. También *s. m.* y *f.*: *La niña se ha convertido en una mocita.* SIN. Muchacho, jovencito.

moco (del lat. *muccus*) *s. m.* **1.** Líquido viscoso segregado por las membranas mucosas, especialmente el que fluye por la nariz. Se usa mucho en *pl.* **2.** Sustancia fluida, pegajosa y resbaladiza. **3.** Cera derretida de una vela, que corre y se endurece a lo largo de ella. **4.** Punta de un pabilo o de una mecha que se tuerce por ser ya demasiado larga. || **5. moco de pavo** Apéndice carnoso, especie de cresta, que este animal tiene sobre el pico. || LOC. **llorar a moco tendido** *fam.* Llorar mucho y desconsoladamente. **no ser** una cosa **moco de pavo** *fam.* No ser despreciable, valer mucho. **tirarse el moco** *fam.* Fanfarronear, presumir. SIN. **1.** Mucosidad. FAM. Mocoso, moquear, moquero, moquete, moquillo, mucílago, mucolítico, mucoso. / Soplamocos.

mocoso, sa *adj.* **1.** Que tiene mocos en la nariz. || *s. m.* y *f.* **2.** *desp.* Niño o joven, especialmente cuando se las da de mayor o de persona experimentada.

mocosuena, a *loc. adv. fam.* Atendiendo más al sonido o a otra circunstancia que al verdadero significado de las palabras: *traducir a mocosuena, decir a mocosuena.*

mod (ingl., abreviatura de *modern*, moderno) *adj.* Seguidor de un movimiento juvenil cuyos miembros visten según la moda inglesa de los años sesenta y setenta y son aficionados a la música pop y a las motos. También *s. m.* y *f.*

moda (del fr. *mode*, y éste del lat. *modus*, modo, manera) *s. f.* **1.** Conjunto de gustos, costumbres y tendencias propios de una época determinada: *la moda romántica.* **2.** Prendas de vestir, adornos, objetos, etc., que se usan en una época o en una temporada: *un desfile de moda.* **3.** En estadística, magnitud del elemento que más se repite en una serie de datos. || LOC. **a la moda** o **de moda** *adv.* De acuerdo con el gusto del momento. SIN. **1.** Uso, usanza. FAM. Modisto. MODO.

modal *adj.* **1.** Relativo al modo, especialmente al gramatical. || *s. m. pl.* **2.** Gestos, comportamientos, expresiones, etc. habituales de una persona, considerados desde el punto de vista de su corrección o elegancia: *Sus modales son ordinarios.* SIN. **2.** Modos, maneras, formas.

modalidad *s. f.* Modo distinto o variante que presenta una misma cosa. SIN. Forma, manera.

modelado, da **1.** *p.* de **modelar**. También *adj.*: *una figura delicadamente modelada.* || *s. m.* **2.** Acción o arte de modelar: *el modelado de una cabeza en barro.* **3.** En geol., conjunto de formas de relieve originadas por la erosión.

modelar *v. tr.* **1.** Dar forma artística al barro, a la cera o a otra materia blanda. También *v. intr.*: *modelar en arcilla.* **2.** En pintura, dar volumen y relieve: *El claroscuro modela muy bien las figuras.* **3.** Formar a una persona, hacer que adquiera o desarrolle determinadas cualidades morales: *modelar el carácter de un joven.* También *v. prnl.* SIN. **1.** y **3.** Moldear. **3.** Configurar(se), conformar(se), plasmar. ANT. **3.** Deformar(se), corromper(se). FAM. Modelable, modelación, modelado, modelador. / Remodelar. MODO.

modélico, ca *adj.* Que sirve o puede servir como modelo: *un comportamiento modélico.*

modelismo *s. m.* Técnica de construcción de modelos. FAM. Aeromodelismo. MODELO.

modelo (del ital. *modello*, y éste del lat. *modulus*, molde) *s. m.* **1.** Aquello en que alguien se fija para imitarlo o reproducirlo: *un modelo de carta.* **2.** Persona o cosa que, por sus cualidades, sirve de ejemplo para imitar. También *adj.*: *un padre modelo.* **3.** Figura hecha en cera, barro, madera, etc., que después se reproduce en la escultura definitiva. **4.** Reproducción a escala reducida de un edificio, barco, avión, máquina, etc.: *el modelo de un buque escuela.* **5.** En fundición, elemento de cera, yeso, etc., con que se hace el molde que luego servirá para reproducir un objeto por vaciado del metal fundido. **6.** Cada una de las modalidades, tipos o categorías que existen de algo: *Están expuestos los últimos modelos de automóviles.* **7.** Prenda de vestir, zapato, bolso, joya, etc. exclusiva y original: *un modelo de un modisto famoso.* || *s. m.* y *f.* **8.** Persona que posa para ser copiada por pintores, escultores, etc., o para la publicidad de algo en carteles, películas, etc.: *una modelo de Bellas Artes.* **9.** Persona que exhibe, llevándolas puestas, las últimas novedades de la moda: trajes, pieles, joyas, etc.: *Las modelos desfilaron por la pasarela.* SIN. **1.** Muestra, paradigma. **1.** y **2.** Ideal. **2.** Prototipo. **4.** Maqueta, miniatura. **5.** Matriz. **6.** Variedad. **9.** Maniquí. FAM. Modélico, modelismo, modelista. MODO.

modem (ingl., contr. de *modulator demodulator*) *s. m.* En inform., dispositivo que convierte señales digitales en analógicas, para poder ser transmitidas por un canal de comunicación.

moderación (del lat. *moderatio, -onis*) *s. f.* **1.** Acción de moderar o moderarse. **2.** Cualidad del que habla u obra con orden y tranquilidad, sin excesos: *Come y bebe con moderación.* ■ Se dice también *moderamiento.* SIN. **1.** Atenuación. **1.** y **2.** Ponderación. **2.** Sobriedad, mesura, comedimiento, templanza, continencia. ANT. **1.** y **2.** Desenfreno. **2.** Abuso.

moderado, da **1.** *p.* de **moderar**. También *adj.* || *adj.* **2.** Que no es excesivo, que está en medio de los extremos: *un precio moderado.* **3.** En pol., se aplica a los partidos conservadores o a sus miembros. También *s. m.* y *f.* SIN. **1.** Comedido, equilibrado. **2.** Módico, razonable, justo. ANT. **2.** Inmoderado, excesivo. FAM. Moderadamente. / Inmoderado. MODERAR.

moderador, ra (del lat. *moderator, -oris*) *adj.* **1.** Que modera. También *s. m.* y *f.* || *s. m.* y *f.* **2.** Persona que dirige o modera una asamblea, reunión, etc. SIN. **1.** Moderatorio.

moderantismo *s. m.* Ideología moderada.

moderar (del lat. *moderari*) *v. tr.* **1.** Quitar o disminuir la violencia o exageración de algo: *Los baches le hicieron moderar la velocidad.* También *v. prnl.* **2.** Presidir o dirigir una asamblea, reunión, mesa redonda, etc.: *Le encargaron moderar el coloquio.* SIN. **1.** Frenar(se), suavizar(se), refrenar(se), reprimir(se), mitigar(se). **2.** Regular. ANT. **1.** Aumentar, exagerar. FAM. Moderabilidad, moderable, moderación, moderado, moderador, moderamiento, moderantismo, moderativo, moderatorio. MODO.

moderato (ital.) *adj.* En mús., se aplica a un movimiento ni lento ni rápido; si se emplea en combinación con otro término de movimiento musical, indica idea de moderación en éste. También *s. m.*

modernidad *s. f.* **1.** Cualidad de moderno: *Se distingue por la modernidad de sus ideas.* **2.** Conjunto de la gente moderna.

modernismo *s. m.* **1.** Cualidad de moderno o afición por lo moderno: *Su modernismo le llevaba a seguir toda clase de vanguardias artísticas.* **2.** Movimiento literario, desarrollado en Hispanoamérica y en España entre 1880 y 1910, que se caracteriza por una completa renovación del lenguaje, la búsqueda de todas las posibilidades rítmicas y sensoriales de la palabra, el gusto por lo exótico, etc. **3.** Estilo artístico, desarrollado a fines del s. XIX y principios del s. XX, que surge como reacción al racionalismo y al maquinismo. Se caracteriza por la introducción de la línea curva, inspirada en la naturaleza, y tuvo gran importancia en cerámica, mobiliario, artes gráficas, etc. SIN. **1.** Modernidad. FAM. Modernista. MODERNO.

modernizar *v. tr.* Dar aspecto o carácter actual: *modernizar las costumbres.* ■ Delante de *e* se escribe *c* en lugar de *z*: *modernice.* SIN. Actualizar, renovar, remozar, rejuvenecer, innovar. FAM. Modernización. MODERNO.

moderno, na (del lat. *modernus*, y éste de *modo*, hace un momento) *adj.* **1.** De la época presente: *un estilo moderno.* También *s. m.* y *f.* **2.** De la Edad Moderna de la historia (s. XV al XVIII): *un príncipe moderno.* También *s. m.* y *f.* **3.** Muy avanzado, de acuerdo con los conocimientos, gustos y procedimientos más actuales: *una técnica moderna.* **4.** Nuevo, reciente: *los alumnos más modernos.* También *s. m.* y *f.* SIN. **1.** Actual. **3.** Vanguardista, progresista. **4.** Último. ANT. **1.** y **4.** Antiguo. **3.** Pasado, anticuado. **4.** Viejo. FAM. Modernamente, modernidad, modernismo, modernizar. / Posmodernidad. MODO.

modess *s. m. Arg.* Compresa femenina.

modestia (del lat. *modestia*) *s. f.* **1.** Actitud de la persona que no da importancia a sus cualidades o méritos y no presume de ellos. **2.** Sencillez, falta de lujo: *la modestia de su ropa.* **3.** Estrechez, escasez de medios: *la modestia de sus recursos económicos.* **4.** Recato, decencia. SIN. **1.** y **2.** Humildad. **3.** Penuria. **4.** Decoro, pudor. ANT. **1.** Inmodestia, vanidad. **1.** y **2.** Presunción. **3.** Abundancia. **4.** Indecencia. FAM. Modesto. MODO.

modesto, ta (del lat. *modestus*) *adj.* **1.** Que tiene modestia. **2.** Discreto, ordinario: *Sólo consiguió un resultado modesto en las elecciones.* SIN. **1.** Humilde, decente, honesto, sencillo. **1.** y **2.** Decoroso. **2.** Sencillo, escaso, vulgar. ANT. **1.** Inmodesto, vanidoso. **2.** Brillante. FAM. Modestamente. / Inmodesto. MODESTIA.

módico, ca (del lat. *modicus*) *adj.* Moderado o escaso: *Tiene un sueldo módico.* SIN. Limitado, reducido, pequeño, parco. ANT. Excesivo. FAM. Módicamente, modicidad. MODO.

modificador, ra *adj.* **1.** Que modifica. || *s. m.* **2.** En ling., palabra que modifica otra.

modificar (del lat. *modificare*) *v. tr.* **1.** Hacer que alguien o algo sea o aparezca distinto de como era: *Han modificado el plan de estudios.* También *v. prnl.* **2.** Determinar el sentido de una palabra: *El adjetivo modifica al sustantivo.* ■ Delante de *e* se escribe *qu* en lugar de *c*: *modifique.* **SIN.** **1.** Cambiar(se), transformar(se), enmendar(se), alterar(se), reformar(se), rectificar, corregir(se). **ANT.** **1.** Confirmar(se), ratificar(se). **FAM.** Modificable, modificación, modificador, modificante, modificativo, modificatorio. MODO.

modillón (del ital. *modiglione*) *s. m.* Pieza de arquitectura o decoración que sobresale y sostiene, o parece que lo hace, una cornisa o los extremos de un dintel. **SIN.** Ménsula, can.

modismo *s. m.* Frase o expresión de una lengua que el hablante aprende como una estructura fija y cuyo significado se interpreta generalmente en sentido figurado: *a manos llenas, no dar pie con bola, sin ton ni son, etc.* **SIN.** Giro.

modistilla *s. f.* **1.** *fam.* Aprendiza u oficiala de modista. **2.** Modista de poca habilidad.

modisto, ta *s. m.* y *f.* **1.** Persona que crea y diseña prendas de vestir: *Los modistos presentaron sus nuevas creaciones.* **2.** Persona que confecciona prendas de vestir, especialmente de mujer: *Fue a la modista para que le hiciera una blusa.* **SIN.** **2.** Costurera, sastre. **FAM.** Modistilla. MODA.

modo (del lat. *modus*) *s. m.* **1.** Forma de ser o realizarse una cosa. **2.** Cuidado o moderación en las acciones o palabras: *Le gusta comer, pero con modo.* **3.** Accidente gramatical del verbo que expresa el punto de vista de la persona que habla con relación a la acción del verbo. Puede ser indicativo: *Mañana viene Pedro*; subjuntivo: *Espero que llueva*; o imperativo: *Coge el cuaderno.* **4.** En ling., locución: *modo adverbial.* **5.** Disposición de los tonos y semitonos de una escala musical. **6.** En lóg., cada una de las formas posibles de silogismo. || *s. m. pl.* **7.** Forma de comportarse una persona: *Me contestó de malos modos.* || **LOC. al** (o **a**) **modo** *adv.* Como o semejantemente: *Se puso una manta a modo de capa.* **de modo que** *conj.* Indica consecuencia y resultado y equivale a *por tanto*: *No quieres escuchar consejos, de modo que no te quejes.* **de todos modos** *adv.* A pesar de todo, sea como sea. **en modo alguno** *adv.* De ninguna manera: *No quiero perjudicarte en modo alguno.* **SIN.** **1.** Manera, modalidad, variedad, procedimiento, método. **2.** Medida, mesura, templanza. **7.** Modales, estilo, talante. **ANT.** **2.** Desenfreno. **FAM.** Moda, modal, modalidad, modelar, modelo, moderar, moderno, modestia, módico, modificar, modismo, modoso, módulo. / Omnímodo.

modorra *s. f.* **1.** Pesadez y torpeza causadas por el sueño o ganas de dormir: *Después de la comida suele entrar la modorra.* **2.** Sueño muy pesado. **3.** Enfermedad parasitaria del ganado lanar. **SIN.** **1.** Somnolencia. **1.** y **2.** Soñera, sopor, soñarrera. **FAM.** Amodorrar. MODORRO.

modorro, rra (voz emparentada con el vasc. *muturr*, enojado) *adj.* **1.** Que tiene o padece modorra. **2.** Se dice de la fruta que se ablanda como si empezara a pudrirse. **3.** Torpe, ignorante. También *s. m.* y *f.* **FAM.** Modorra.

modoso, sa *adj.* Comedido y recatado. **SIN.** Callado, discreto. **ANT.** Descarado. **FAM.** Modosidad. MODO.

modulación *s. f.* **1.** En mús., cambio armonioso de tonalidad dentro de una composición. **2.** Variación armónica de la voz al hablar o cantar: *la modulación de una frase.* **3.** En fís., operación que consiste en hacer variar, según una ley determinada, alguna característica de una onda, por ej., la amplitud, la fase o la frecuencia. **SIN.** **2.** Inflexión, tono.

modulador, ra (del lat. *modulator, -oris*) *adj.* **1.** Que modula. También *s. m.* y *f.* **2.** En telecomunicaciones, se aplica al dispositivo empleado para modular las corrientes eléctricas. || *s. m.* **3.** En radiotecnia, cualquier aparato o dispositivo que modula la amplitud, la fase o la frecuencia de las ondas.

modular[1] (del lat. *modulari*) *v. intr.* **1.** Pasar melódicamente de un tono a otro dentro del mismo fragmento musical. **2.** Pasar armoniosamente de una tonalidad a otra al hablar o al cantar: *El tenor modula con facilidad.* **3.** En radiotecnia, hacer variar la amplitud, la fase o la frecuencia de la onda portadora según una ley determinada. **SIN.** **1.** y **2.** Entonar. **2.** Vocalizar, articular. **FAM.** Modulación, modulador, modulante. MÓDULO.

modular[2] *adj.* Del módulo o relacionado con él.

módulo (del lat. *modulus*) *s. m.* **1.** Proporción considerada perfecta o artística entre las medidas del cuerpo humano, las de los elementos arquitectónicos o las dimensiones de otra cosa cualquiera. **2.** Unidad que se toma para establecer esta proporción. **3.** Modelo, patrón de una serie: *Ese módulo de vivienda lo han repetido en toda la urbanización.* **4.** Cada una de las piezas de un mismo estilo y función de un mobiliario que pueden utilizarse de forma individual o formando un conjunto: *una estantería por módulos.* **5.** En un edificio, cada pabellón en relación con el conjunto. **6.** Caudal medio anual de un río. **7.** En una nave espacial, parte que puede separarse del cuerpo principal y funcionar independientemente. **SIN.** **2.** Canon. **3.** Tipo. **4.** Elemento. **FAM.** Modular[1], modular[2]. MODO.

modus operandi (lat.) *expr.* Forma de actuar. ■ Se usa como *s. m.*: *Por el modus operandi, la policía sospecha que se trata de los mismos atracadores.*

modus vivendi (lat.) *expr.* **1.** Acuerdo temporal entre dos partes, que se mantiene hasta alcanzar otro definitivo. **2.** Forma de vivir: *Para mantener ese modus vivendi, hay que ganar mucho dinero.* ■ Se usa como *s. m.*

mofa *s. f.* Burla*.

mofarse (onomat.) *v. prnl.* Burlarse de alguien o algo. **SIN.** Pitorrearse. **FAM.** Mofa, mofador.

mofeta (del ital. *mofeta*, exhalación pestilente, y éste del lat. *mefiticus*) *s. f.* **1.** Mamífero carnívoro americano, de tronco corto, hocico breve, ojos y orejas pequeños y larga cola; es de costumbres nocturnas y se caracteriza por poseer unas glándulas próximas al ano que segregan un líquido de olor repugnante, el cual pulveriza para defenderse. **2.** *fam.* Persona que despide mal olor.

moflete (del occitano *moflet*, mullido) *s. m. fam.* Carrillo grueso y carnoso. **SIN.** Cachete, mejilla. **FAM.** Mofletudo.

mogol, la (del turco *mugal*) *adj.* **1.** Mongol*. || **2. gran mogol** Título de los soberanos de una dinastía mahometana que reinó en la India. **FAM.** Mogólico. MONGOL.

mogólico, ca *adj.* **1.** Mongólico*, de Mongolia. También *s. m.* y *f.* **2.** Relativo al gran mogol.

mogollón (del lat. *medulla*, pulpa) *s. m.* **1.** *fam.* Multitud, gran cantidad: *Había un mogollón de invitados.* **2.** *fam.* Alboroto, lío de gente. **SIN.** **1.** y **2.** Muchedumbre. **2.** Barullo, follón, jaleo.

mogón, na *adj.* Se dice del animal vacuno al que le falta un cuerno, o tiene uno o los dos sin punta.

mogote (del vasc. *moko*, punta) *s. m.* **1.** Montículo aislado en forma de cono sin punta. **2.** Mojón, montón de piedras. **3.** Pila de gavillas en forma de pirámide. **4.** Cada una de las dos cuernas de los venados, mientras no alcanza un palmo de larga. **SIN. 1.** Altozano, otero. **FAM.** Mogón.

mogrebí *adj.* Magrebí*.

mohair (ingl.) *s. m.* Pelo de la cabra de Angora y lana o tejido hechos con él.

mohicano, na *adj.* De una tribu amerindia, hoy extinguida, que habitó en el valle central del río Hudson y en el estado actual de Vermont, Estados Unidos, y se dedicaba a la caza y la agricultura. También *s. m.* y *f.*

mohín (del ital. *moine*, gesticulaciones) *s. m.* Gesto, especialmente de los labios, sobre todo cuando expresa enfado o disgusto. **SIN.** Mueca, visaje.

mohíno, na *adj.* **1.** Que está triste o enfadado. || *s. f.* **2.** Enfado, disgusto. **SIN. 1.** Disgustado, mustio. **1.** y **2.** Descontento. **ANT. 1.** Alegre. **2.** Contento. **FAM.** Mohín. / Amohinar.

moho *s. m.* **1.** Hongo que se desarrolla sobre materia orgánica y ayuda a su descomposición, como ocurre en el pan y el queso. **2.** Capa de óxido que se forma en la superficie de algunos metales por la acción de la humedad, como la herrumbre o el cardenillo. **SIN. 2.** Verdín, orín. **FAM.** Mohoso. / Amojosarse, enmohecer.

mohoso, sa *adj.* Cubierto de moho. **SIN.** Enmohecido; oxidado, herrumbroso.

moisés (de *Moisés*, abandonado en el Nilo dentro de un cesto) *s. m.* Cestillo ligero con asas que sirve de cuna portátil para niños muy pequeños. ■ No varía en *pl.*

mojado, da 1. *p.* de **mojar**. También *adj.* || *adj.* **2.** En ling., se dice del tipo de sonido que se pronuncia aplicando más o menos el dorso de la lengua contra el paladar, p. ej. la *ch.* || *s. m.* y *f.* **3.** Mojadura. **SIN. 1.** Humedecido, empapado. **ANT. 1.** Seco.

mojador, ra *adj.* **1.** Que moja. También *s. m.* y *f.* || *s. m.* **2.** Utensilio para mojarse los dedos, p. ej. para humedecer la parte engomada de sellos, etiquetas, etc.

mojama (del ár. *al-musamma*, la carne secada) *s. f.* Tira de carne de atún salada y seca. **FAM.** Amojamar.

mojamé *s. m. fam.* Moro.

mojar (del lat. vulg. *molliare*, ablandar) *v. tr.* **1.** Hacer que el agua u otro líquido toque la superficie de un cuerpo o penetre dentro de él. También *v. intr.* y *v. prnl.*: *Se mojó con la lluvia.* **2.** Meter el pan u otro comestible en una salsa, en la leche, etc. **3.** *fam.* Celebrar algo convidando a beber a los amigos: *El aprobado hay que mojarlo.* || *v. intr.* **4.** Tomar parte en un asunto: *No ha querido mojar en ese negocio.* || **mojarse** *v. prnl.* **5.** Comprometerse, adquirir una responsabilidad: *Para defender a su amigo se vio obligado a mojarse.* **SIN. 1.** Humedecer(se), calar(se), empapar(se). **1.** y **2.** Bañar(se), impregnar(se). **1.** y **3.** Rociar, remojar(se). **2.** Empapar(se), untar. **4.** Participar. **5.** Responsabilizarse, pringarse. **ANT. 1.** Secar(se). **4.** Abstenerse. **5.** Desentenderse. **FAM.** Mojado, mojador, mojadura, moje, mojo. / Remojar.

mojarra (del ár. *muharrab*, afilado, de *harrab*, aguzar) *s. f.* **1.** Pez teleósteo, de unos 40 cm de longitud y color gris plateado con una mancha triangular negra en la nuca, con el cuerpo comprimido, grandes escamas y fuertes dientes; es estimado como alimento. **2.** *vulg.* Lengua: *Tu amigo tiene una mojarra muy larga.*

mojarrita *s. f. Amér.* Persona que está siempre contenta.

moje *s. m.* Salsa o caldo de un guiso: *Empapó pan en el moje de la carne.* **SIN.** Mojo, mojete.

mojicón (de *mojar*) *s. m.* **1.** *fam.* Golpe que se da en la cara con la mano. **2.** Pequeño bizcocho en forma de tronco de cono. **SIN. 1.** Bofetón, cachete, sopapo.

mojiganga *s. f.* **1.** Fiesta pública que se hacía con disfraces grotescos. **2.** Representación muy breve, con figuras extravagantes para hacer reír. **3.** Diversión, jaleo. **4.** Cosa ridícula con la cual parece que alguien se burla de otro: *La despedida fue una mojiganga.* **SIN. 1.** Mascarada. **4.** Farsa, bufonada.

mojigato, ta (del ant. *mojo*, gato, y *gato*) *adj.* **1.** Que tiene o muestra una moralidad o virtud exagerada, que se escandaliza fácilmente. También *s. m.* y *f.* **2.** Que aparenta sumisión o timidez, en espera de que llegue el momento oportuno para lograr lo que pretende. También *s. m.* y *f.* **SIN. 1.** Gazmoño, puritano, beato, santurrón. **2.** Hipócrita. **FAM.** Mojigatería.

mojinete *s. m.* **1.** Caballete* de un tejado. **2.** Tejadillo que remata un muro o una tapia.

mojito *s. m.* Cóctel típico de Cuba, elaborado con ron, azúcar, limón y hierbabuena.

mojo *s. m.* Moje*.

mojón (del lat. *mutulo, -onis*, de *mutulus*) *s. m.* **1.** Piedra o poste que se pone en el terreno para señalar los límites de una propiedad o un territorio. **2.** Señal que se coloca como guía en un lugar despoblado: *Unos mojones marcaban la ruta en la montaña.* **3.** Montón. **SIN. 1.** Hito, jalón. **FAM.** Amojonar.

moka *s. m.* Moca*.

mol (abreviatura de *molécula*) *s. m.* En quím., cantidad de sustancia de un sistema que contiene tantas entidades elementales (átomos, moléculas, iones, etc.) como átomos de carbono existen en 12 gramos de carbono-12. **FAM.** Molalidad, molaridad. MOLÉCULA.

mola (del lat. *mola*) *s. f.* **1.** Masa carnosa que a veces se desarrolla en la matriz. **2.** Montaña de formas redondeadas y macizas. **FAM.** Molleja. MOLE[1].

molalidad *s. f.* En quím., concentración de una disolución, expresada como el número de moles de soluto presentes en cada kilogramo de disolvente.

molar[1] *v. intr.* **1.** *fam.* Gustar, agradar: *Me mola tu camisa.* **2.** *fam.* Lucir, presumir: *Con este coche molas un montón.* || **LOC. no molar** algo *fam.* No ir bien, no marchar: *Ese negocio no mola.* **SIN. 1.** Encantar. **2.** Fardar, chulear. **FAM.** Molón.

molar[2] (del lat. *molaris*) *adj.* **1.** Relativo a las muelas. También *s. m.* **2.** Capaz de moler o triturar. **FAM.** Premolar. MUELA.

molaridad *s. f.* En quím., concentración de una disolución expresada como el número de moles de soluto presentes en cada litro de disolución.

molasa *s. f.* Roca sedimentaria detrítica, perteneciente a las areniscas, que a veces tiene intercalados arcillas y conglomerados.

moldavo, va *adj.* De Moldavia, país del este de Europa. También *s. m.* y *f.*

molde (del lat. *modulus*, medida, módulo) *s. m.* **1.** Pieza o conjunto de piezas acopladas con que se hace en hueco la forma de algo, de modo que, al rellenarlo con materia fundida, fluida o blanda, ésta tome dicha forma: *el molde de una estatua.* **2.** Cualquier instrumento que sirva para estampar o dar forma o cuerpo a una cosa, como las agujas de hacer punto, las letras de imprenta, etc. **3.** En imprenta, conjunto de letras, grabados, etc., dispuesto para imprimirse. **4.** Huella dejada en hueco. **5.** Esquema, norma: *Su actuación rompió con todos los moldes.* || **6. pan de molde** Véase **pan.** || LOC. **de molde** *adj.* y *adv.* Se dice de lo impreso, para distinguirlo de lo escrito a mano: *letras de molde.* Muy adecuado, oportunamente: *Su venida me viene que ni de molde.* **SIN. 1.** Modelo, matriz. **3.** Forma. **4.** Impronta. **5.** Regla. **FAM.** Moldear, moldura. / Amoldar.

moldeado, da 1. *p.* de **moldear**. También *adj.* || *s. m.* **2.** Acción de moldear: *el moldeado de una plancha.* **3.** Peinado que resulta de moldear o rizar el cabello. **SIN. 2.** Moldeamiento.

moldeador *s. m.* Técnica utilizada en peluquería para dar al cabello un ondulado de larga duración. **SIN.** Moldeado.

moldear *v. tr.* **1.** Obtener una figura poniendo en un molde la materia blanda o derretida con que se hace: *moldear juguetes de plástico.* **2.** Sacar un molde de un objeto: *moldear una campana.* **3.** Dar una forma determinada a algo: *El escultor moldeó una figura en barro.* **4.** Ondular o rizar el cabello. **5.** Hacer que alguien adquiera o desarrolle determinados sentimientos, modales, ideas o gustos: *La convivencia con otros chicos moldeó su carácter.* **6.** Moldurar*. **SIN. 1.** Fundir, vaciar. **3.** Modelar, formar, esculpir, tallar. **5.** Educar, configurar, conformar. **FAM.** Moldeable, moldeado, moldeador, moldeamiento, moldeo. MOLDE.

moldura *s. f.* **1.** Adorno arquitectónico que consiste en una banda saliente, con diversos perfiles, que se coloca a lo largo de una fachada, en la unión de las paredes con el techo de una habitación, etc. **2.** Listón de madera, con frente curvo o más o menos tallado, que se emplea como adorno o para tapar juntas. **3.** Marco de un cuadro. **SIN. 2.** y **3.** Junquillo. **FAM.** Molduraje, moldurar. MOLDE.

moldurar *v. tr.* Hacer molduras en una cosa. **SIN.** Moldear.

mole[1] (del lat. *mollis*) *adj.* Mullido, suave. **SIN.** Blando. **FAM.** Mola. MULLIR.

mole[2] (del lat. *moles*) *s. f.* **1.** Cosa muy voluminosa y pesada, de formas macizas: *Sobre el pueblo destacaba la mole del castillo.* **2.** Corpulencia o gran volumen de una persona o animal y persona o animal muy grande: *Era una mole de más de cien kilos.* **SIN. 1.** Masa. **2.** Mamotreto. **FAM.** Molécula. / Demoler.

mole[3] (del náhualt *mulli*) *s. m. Méx.* Guiso de carne aderezada con chile y otras semillas y especias. **FAM.** Guacamole.

molécula (del lat. *moles*, mole) *s. f.* Parte más pequeña de una sustancia pura que conserva íntegramente las propiedades de dicha sustancia. **FAM.** Mol, molecular. / Macromolécula. MOLE[2].

moledura *s. f.* **1.** Molienda*. **2.** *fam.* Molestia, cansancio.

moler (del lat. *molere*) *v. tr.* **1.** Golpear o frotar una cosa hasta dejarla hecha trocitos o polvo: *moler café.* **2.** Cansar mucho. También *v. intr.*: *Este calor me muele.* **3.** Hacer daño: *Estos zapatos me muelen.* **4.** Aburrir o molestar a alguien. ■ Es v. irreg. Se conjuga como *mover.* **SIN. 1.** Triturar, pulverizar, machacar, molturar. **2.** Fatigar, aplanar. **3.** Dañar, lastimar. **4.** Fastidiar, incomodar, incordiar. **FAM.** Moledor, moledura, molido, molienda, moliente, molimiento, molino. / Muela, remoler.

molestar (del lat. *molestare*) *v. tr.* **1.** Producir molestia: *No le molestes, que está trabajando.* **2.** Ofender o disgustar a alguien levemente. También *v. prnl.*: *Le molestó que no le hubiera invitado.* || **molestarse** *v. prnl.* **3.** Tomarse alguien la molestia de algo: *No se molestó ni en abrir la puerta.* **SIN. 1.** Incordiar, importunar, jorobar, jeringar, chinchar. **1.** y **2.** Fastidiar, incomodar(se). **2.** Enfadar(se), doler(se). **ANT. 1.** y **2.** Agradar.

molestia (del lat. *molestia*) *s. f.* **1.** Aquello que impide o disminuye el bienestar, comodidad o tranquilidad de alguien, produciéndole desagrado, obligándole a hacer cosas que no desea, etc.: *Este ruido es una molestia continua.* **2.** Dolor poco intenso o malestar físico leve: *Después de la operación siente algunas molestias.* **SIN. 1.** Fastidio, incordio, engorro, lata, gaita, rollo, petardo. **2.** Trastorno. **ANT. 1.** Agrado, gusto. **FAM.** Molestar, molesto.

molesto, ta (del lat. *molestus*) *adj.* **1.** Que causa o siente molestia: *¡Qué música más molesta!* **2.** Ofendido, disgustado: *Sigue molesto con nosotros.* **SIN. 1.** Fastidioso, enojoso, incómodo, incordiante, engorroso, cargante. **2.** Enfadado, dolido, resentido. **ANT. 1.** Agradable, grato. **FAM.** Molestamente. MOLESTIA.

molibdeno (del gr. *molybdaina*, de *molybdos*, plomo) *s. m.* Elemento químico metálico que destaca por su dureza; tiene un elevado punto de fusión y gran resistencia a la corrosión. Se emplea en la fabricación de aceros especiales y en la construcción de reactores nucleares. Su símbolo es *Mo.*

molicie (del lat. *mollities*, de *mollis*, blando) *s. f.* **1.** Cualidad de blando. **2.** Excesiva comodidad en la forma de vida. **SIN. 1.** Blandura, suavidad. **2.** Pereza, indolencia, flojera, regalo. **ANT. 1.** Dureza. **2.** Sacrificio, trabajo.

molienda (del lat. *molenda*, cosas que se han de moler) *s. f.* **1.** Acción de moler granos o cualquier otra cosa. **2.** Cantidad que se muele de una vez. **3.** Temporada durante la cual se muele el trigo, la aceituna o la caña de azúcar. **SIN. 1.** Molimiento, molturación. **1.** y **3.** Moltura.

molificar (del lat. *mollificare*, de *mollis*, blando) *v. tr.* Ablandar, suavizar. ■ Delante de *e* se escribe *qu* en lugar de *c*: *molifique.* **SIN.** Reblandecer, mullir, esponjar. **ANT.** Endurecer. **FAM.** Molificación. MULLIR.

molinero, ra *adj.* **1.** Relativo al molino y a su actividad. || *s. m.* y *f.* **2.** Persona que posee un molino o trabaja en él.

molinete (dim. de *molino*) *s. m.* **1.** Pequeña rueda de aspas que se pone en un cristal, puerta, etc., para renovar el aire del interior. **2.** Dispositivo giratorio formado por un eje provisto de una serie de brazos o aspas que, colocado en una puerta, entrada, etc., permite pasar a las personas de una en una. **3.** Molinillo, juguete. **4.** Ejercicio de gimnasia que consiste en dar una vuelta alrededor de una barra fija, trapecio, etc. **5.** En tauromaquia, pase de adorno en que el torero gira en dirección contraria a la del toro, barriéndole los costillares con la muleta. **6.** En esgrima, movimiento circular hecho con el arma por encima de la cabeza.

molinillo (dim. de *molino*) *s. m.* **1.** Utensilio doméstico empleado para moler. **2.** Especie de macillo de madera con muescas en los laterales de su cabeza que sirve para batir el chocolate u otras cosas. **3.** Juguete que consiste en un palo o caña con una ruedecilla de aspas en su extremo que gira impulsada por el aire.

molino (del lat. *molinum*) *s. m.* Máquina o instalación utilizada para moler, machacar, triturar, desmenuzar, pulverizar o laminar alguna cosa. **FAM.** Molinería, molinero, molinete, molinillo. / Arremolinarse, remolino. MOLER.

molla (del cat. *molla*, meollo) *s. f.* **1.** Parte carnosa o blanda de un cuerpo orgánico. **2.** Porción más aprovechable y limpia de desperdicio o grasa, especialmente de una pieza de carne. **3.** *fam.* Acumulación de carne o grasa en alguna parte del cuerpo. Se usa sobre todo en *pl.* **SIN. 2.** y **3.** Chicha. **3.** Michelín.

mollar *adj.* Blando, fácil de partir; se aplica especialmente a algunas variedades de frutos: *cereza mollar.*

mollate *s. m. fam.* Vino corriente.

molleja *s. f.* **1.** Estómago muscular de las aves, cuya función es triturar el alimento. **2.** Apéndice carnoso de las reses jóvenes, producido generalmente por infarto de una glándula y que constituye un plato muy apreciado. Se usa más en *pl.* **SIN. 2.** Lechecillas.

mollera (de *muelle*) *s. f.* **1.** Parte más alta del cráneo. **2.** Espacio situado en la parte superior de la frente en el que aún no se ha formado hueso. **3.** *fam.* Inteligencia, entendimiento: *No me cabe en la mollera cómo nos encontró.* || **LOC. cerrado de mollera** *fam.* Poco inteligente. **duro de mollera** *fam.* Cerrado de mollera; también, obcecado, cabezota, poco flexible. **SIN. 2.** Fontanela. **3.** Cacumen, caletre, sesera, coco.

molón, na *adj.* **1.** *fam.* Bonito, vistoso. **2.** *fam.* Muy bien vestido. **3.** Que agrada o gusta: *Una película molona.* **SIN. 1.** Fardón, mono, majo, chulo, cuco, guay. **1.** y **2.** Guapo. **2.** Elegante. **ANT. 1.** y **2.** Feo, hortera.

molturar *v. tr.* Moler, especialmente granos o frutos. **SIN.** Triturar, machacar, pulverizar. **FAM.** Moltura, molturación, molturador.

molusco (del lat. *molluscus*, blando) *adj.* **1.** Se dice de los invertebrados de cuerpo blando, no segmentado y dividido en cabeza, pie y masa visceral rodeada por el manto, cuyas células pueden segregar una concha calcárea. Son moluscos los mejillones, ostras, calamares, pulpos y caracoles. También *s. m.* || *s. m. pl.* **2.** Tipo formado por estos invertebrados.

momentáneo, a (del lat. *momentaneus*) *adj.* **1.** Que dura o permanece muy poco tiempo. **2.** Provisional. **3.** Que ocurre, actúa, etc., al momento: *Es un remedio de efecto momentáneo.* **SIN. 1.** Pasajero, fugaz, transitorio, efímero. **2.** Temporal. **3.** Instantáneo. **ANT. 1.** Eterno. **1.** y **2.** Duradero. **2.** Definitivo. **3.** Retardado. **FAM.** Momentáneamente. MOMENTO.

momento (del lat. *momentum*) *s. m.* **1.** Espacio muy breve de tiempo. **2.** Punto determinado en el tiempo: *Las líneas se cruzarán en un momento dado.* **3.** Tiempo cuya duración no se especifica. Se usa mucho en *pl.*: *Pasamos momentos muy agradables.* **4.** Situación o periodo concreto en la existencia de alguien o algo: *Está pasando por su mejor momento.* **5.** Tiempo presente: *las noticias del momento.* **6.** Ocasión propicia u oportuna para algo: *Le llamaré cuando llegue el momento.* || **LOC. al momento** *adv.* En seguida, inmediatamente. **(a) cada momento** *adv.* Con mucha frecuencia, continuamente. **de momento** *adv.* Por ahora, aunque no sea así más adelante: *De momento nos va muy bien.* Provisionalmente: *Déjalo así de momento.* **desde el momento en que** *conj.* Tan pronto como: *La reconocí desde el momento en que oí su voz.* Introduce una idea de la que se deduce otra: *Desde el momento en que no se ha opuesto, es que está de acuerdo.* **por el momento** *adv.* De momento. **por momentos** *adv.* Rápida y progresivamente: *Su fortuna aumenta por momentos.* **SIN. 1.** Minuto, segundo, santiamén, periquete, tris. **1.** y **3.** Instante. **4.** Fase. **5.** Actualidad. **6.** Oportunidad, coyuntura. **FAM.** Momentáneo.

momia (del ár. *mumiya*, de *mum*, cera) *s. f.* **1.** Cadáver que se ha conservado sin descomponerse, de forma natural o por medios artificiales: *las momias egipcias.* **2.** *fam.* Persona muy delgada y desmejorada. **3.** *fam.* Persona a la que le falta animación, vida. **FAM.** Momificar, momio.

momificar *v. tr.* Convertir un cadáver en momia. También *v. prnl.* ■ Delante de *e* se escribe *qu* en lugar de *c*: *momifique.* **SIN.** Embalsamar. **FAM.** Momificación. MOMIA.

momio (de *momia*) *s. m.* Aquello que resulta muy provechoso y se obtiene con poco esfuerzo: *Tiene un trabajo que es un momio.* **SIN.** Ganga, bicoca, chollo.

momo (del lat. *momus*) *s. m.* Gesto exagerado, afectado o ridículo. **SIN.** Mueca, visaje, jeribeque.

mona[1] *s. f.* **1.** Hembra del mono. **2.** *fam.* Borrachera. **3.** Juego de naipes en que todas las cartas menos una están emparejadas. || **LOC. corrido como una mona** *fam.* Burlado y avergonzado. **dormir la mona** *fam.* Véase **dormir**. **SIN. 2.** Cogorza, merluza, tablón, castaña, curda. **FAM.** Amonarse, enmonarse, pintamonas. MONO.

mona[2] (del ár. *muna*, provisiones) *s. f.* Rosca o bollo típico de pascua, adornado con huevos que se cuecen en el horno al mismo tiempo que la masa. || **LOC. a freír monas** *fam.* Se emplea con el verbo *mandar* o los imperativos de *irse* o *andar*, para despedir o echar a alguien de malos modos. **SIN.** Hornazo.

monacal (del lat. *monachalis*) *adj.* **1.** De los monjes o del monacato. **2.** Que se parece a la vida de los monjes: *austeridad monacal.* **SIN. 1.** Monástico. **2.** Austero, sobrio; retirado.

monacato (del lat. *monachus*, anacoreta) *s. m.* **1.** Estado del monje. **2.** Conjunto de instituciones propias de los monjes y que incluyen formas de vida solitaria, como las de eremitas y anacoretas, y formas de vida comunitaria, como la de los cenobios. **FAM.** Monacal. / Monaquismo. MONJE.

monada *s. f.* **1.** Gesto o acción propia de los monos. **2.** Gesto o acción graciosa de los niños pequeños. **3.** Gesto o acción boba y ridícula. **4.** Carantoña, mimo. **5.** Persona, animal o cosa bonita y graciosa: *Los cachorritos eran una monada.* **SIN. 3.** Gansada, payasada. **4.** Cucamona, zalamería. **5.** Monería, preciosidad, divinidad, ricura, pocholada, chulada. **ANT. 5.** Asco, birria.

mónada (del gr. *monas*, unidad) *s. f.* En la filosofía de Leibniz, sustancia simple, inextensa y, por tanto, indivisible, activa y dotada de percepción y voluntad.

monago (del lat. *monachus*, anacoreta) *s. m. fam.* Monaguillo.

monaguillo (dim. de *monago*) *s. m.* Niño que ayuda al sacerdote en la celebración de la misa. **FAM.** Monago.

monarca (del gr. *monarkhes*, de *monos*, uno, y *arkho*, gobernar) *s. m.* y *f.* Soberano de una monarquía. **SIN.** Rey. **FAM.** Monarquismo. MONARQUÍA.

monarquía (del gr. *monarkhia*) *s. f.* **1.** Sistema de gobierno en que la jefatura del Estado corresponde, con carácter vitalicio, a un rey o príncipe que ha sido designado generalmente según orden hereditario y, en algunos casos, por elección. **2.** Tiempo que dura este sistema de gobierno. **3.** Estado gobernado por este sistema. **FAM.** Monarca, monárquicamente, monárquico.

monasterio (del gr. *monasterion*) *s. m.* **1.** Edificio donde reside una comunidad de monjes. **2.** P. ext., cualquier casa de religiosos o religiosas. **SIN. 1.** Abadía, priorato. **2.** Convento. **FAM.** Monasterial, monásticamente, monástico.

monástico, ca *adj.* De los monjes o de los monasterios. **SIN.** Monacal, conventual.

monda *s. f.* **1.** Acción de mondar. **2.** Piel que se quita de las frutas, hortalizas, etc. Se usa mucho en *pl.* **3.** Temporada durante la cual suelen podarse los árboles. || **LOC. ser** alguien o algo **la monda** *fam.* Ser muy divertido; también, ser el colmo, ser extraordinario o indignante: *Es la monda, ahora nos deja tirados.* **SIN. 1.** y **2.** Mondadura, peladura. **2.** Cáscara, pellejo. **3.** Poda.

mondadientes *s. m.* Varilla delgada y acabada en punta que sirve para sacar los restos de comida que quedan entre los dientes. ■ No varía en *pl.* **SIN.** Palillo, escarbadientes.

mondadura *s. f.* Cáscara de algo que se pela. Se utiliza más en *pl.*: *las mondaduras de la naranja.*

mondar (del lat. *mundare*) *v. tr.* **1.** Quitar la piel, cáscara, etc., de las frutas y hortalizas. **2.** Quitar el cieno o la suciedad del cauce de un río, de un pozo, etc. || **mondarse** *v. prnl.* **3.** *fam.* Reírse mucho: *Nos mondamos con sus chistes.* **SIN. 1.** Pelar. **3.** Partirse, desternillarse, troncharse. **FAM.** Monda, mondadientes, mondadura. / Escamondar. MONDO.

mondo, da (del lat. *mundus*) *adj.* **1.** Que carece de algo, especialmente de pelo o de dinero. **2.** Justo, sin añadiduras ni complementos de ningún tipo: *Vive de la pensión monda.* ■ En las dos acepciones suele reforzarse con la expr. *y lirondo* (*lironda*). **SIN. 1.** Pelón. **1.** y **2.** Pelado. **2.** Limpio. **ANT. 1.** Melenudo. **FAM.** Mondar, morondo.

mondongo *s. m.* **1.** Intestinos de los animales. **2.** *fam.* Intestinos del hombre. **3.** Conjunto de embutidos producto de la matanza de un cerdo. **SIN. 1.** y **2.** Entrañas, tripas.

moneda (del lat. *moneta*) *s. f.* **1.** Pieza metálica acuñada, generalmente en forma de disco, que por su valor real, o por el que se le da, representa cierta medida común de cambio de las cosas. **2.** Cualquier unidad, pieza metálica semejante o papel impreso (billete), que se acepta en una comunidad como medio de pago, medida del valor o instrumento de ahorro y que fabrica y emite una autoridad, generalmente el Estado. **3.** Unidad monetaria de un país: *La moneda francesa es el franco.* || **4. moneda corriente** La legal en el momento de que se trate; también, aquello que ocurre a menudo, por lo que no tiene nada de extraordinario: *Los atascos de tráfico son hoy moneda corriente.* **5. moneda divisionaria** (o **fraccionaria**) La que equivale a una fracción exacta de la unidad monetaria legal. **6. papel moneda** Billetes de banco. || **LOC. pagar con** (o **en**) **la misma moneda** Portarse alguien con una persona de la misma forma que ésta lo hizo con aquélla. **FAM.** Monedar, monedero, monetario, monetarismo, monetizar. / Amonedar, portamonedas, tragamonedas.

monedero *s. m.* Bolsa, cartera u otro objeto de diferentes formas que sirve para llevar o guardar el dinero, y especialmente las monedas. **SIN.** Portamonedas.

monegasco, ca *adj.* De Mónaco. También *s. m.* y *f.*

monema *s. m.* En ling., unidad mínima con significado. Son monemas tanto los lexemas como los morfemas.

mónera *adj.* **1.** Se aplica a los seres vivos unicelulares procariontes, como p. ej. las bacterias. También *s. f.* || *s. f. pl.* **2.** Reino constituido por estos seres vivos.

monería *s. f.* Monada*.

monetario, ria (del lat. *monetarius*) *adj.* **1.** Relativo a la moneda o al dinero en general: *crisis monetaria.* || *s. m.* **2.** Colección ordenada de monedas o medallas.

monetarismo *s. m.* Doctrina económica, propia de las sociedades capitalistas, que concede particular importancia al dinero como elemento para regular la economía. **FAM.** Monetarista. MONEDA.

monetizar *v. tr.* **1.** Dar curso como moneda legal a billetes de banco y otros instrumentos de pago. **2.** Hacer moneda. ■ Delante de *e* se escribe *c* en lugar de *z*. **SIN. 2.** Amonedar, monedar, acuñar, batir. **FAM.** Monetización. MONEDA.

mongol *adj.* De un conjunto de pueblos originarios de las estepas asiáticas que formó un poderoso imperio en el s. XIII. También *s. m.* y *f.* ■ Se dice también *mogol.* **FAM.** Mongólico, mongolismo, mongoloide. / Mogol.

mongólico, ca *adj.* **1.** De Mongolia. También *s. m.* y *f.* **2.** Relativo al mongolismo o que lo padece. También *s. m.* y *f.* **SIN. 1.** Mogólico, mongol, mogol.

mongolismo *s. m.* Enfermedad de origen genético que provoca retraso mental y del crecimiento. ■ Se llama también *síndrome de Down.*

mongoloide *adj.* Se aplica a una raza humana, también llamada amarilla, que se caracteriza, entre otros rasgos, por el color amarillento de la piel, pelo oscuro, liso, y ojos también oscuros y oblicuos. También *s. m.* y *f.*

monicaco, ca *s. m.* y *f.* **1.** *desp.* Persona sin importancia o de poco carácter. **2.** *fam.* Niño pequeño. ■ En esta acepción, se usa a menudo como apelativo cariñoso. **SIN. 1.** Monigote, pelele, marioneta, pelagatos. **2.** Enano.

monición (del lat. *monitio, -onis*) *s. f.* Texto breve que se lee como introducción, explicación, etc., en ciertos momentos de la misa o de otras celebraciones litúrgicas.

monigote *s. m.* **1.** Muñeco o figura ridícula y grotesca. **2.** Pintura mal hecha, caricatura. **3.** *desp.* Persona insignificante, sin importancia. **SIN. 1.** Mono, pintarrajo. **3.** Pelagatos, pelanas. **ANT. 3.** Gerifalte.

monipodio *s. m.* Reunión de personas para tratar de negocios o actividades ilícitos.

monis *s. m. fam.* Dinero. Se usa más en *pl.*: *Tiene muchos monises.*

monismo (del gr. *monos*, solo, único) *s. m.* Doctrina filosófica que reduce la realidad a una sola sustancia. **FAM.** Monista.

monitor, ra *s. m.* y *f.* **1.** Persona que orienta o dirige a otras en ciertas actividades culturales, deportivas, recreativas, etc. || *s. m.* **2.** Dispositivo o conjunto de dispositivos visuales o sonoros que permiten controlar el funcionamiento de un aparato o sistema. **3.** En inform., pantalla. **SIN. 1.** Instructor, entrenador. **FAM.** monitorización, monitorizar.

monitorizar *v. tr.* En med., controlar el estado del paciente mediante el seguimiento de sus constantes vitales a través de un monitor. ■ Delante de *e* se escribe *c* en lugar de *z*.

monitos *s. m. pl. Col.* Dibujos animados o historieta cómica.

monja (del lat. *monacha*) *s. f.* Mujer perteneciente a una orden religiosa. SIN. Madre, hermana, sor. FAM. Monjil. MONJE.

monje (del lat. *monachus*, y éste del gr. *monakhos*, solitario) *s. m.* **1.** Individuo de una orden religiosa que vive sujeto a una regla común en un monasterio. **2.** Anacoreta. SIN. **1.** Fraile, hermano. **2.** Eremita, penitente, ermitaño. FAM. Monja. / Monacato.

monjil *adj.* **1.** De las monjas o propio de ellas. **2.** Excesivamente modesto o que aparenta serlo: *una actitud monjil.* SIN. **2.** Puritano, mojigato, gazmoño. ANT. **2.** Atrevido, impúdico.

mono, na *adj.* **1.** Bonito, gracioso, atractivo: *Está muy mona con su corte de pelo.* **2.** Se utiliza como apelativo cariñoso para dirigirse a las personas, a veces con sentido irónico: *Anda, mono, deja de dar la lata.* || *s. m.* y *f.* **3.** Nombre común dado a los animales pertenecientes al orden primates. || *s. m.* **4.** Traje de una sola pieza compuesto de pantalones y cuerpo, que se utiliza en algunos oficios para no mancharse y, p. ext., prenda semejante de vestir. **5.** *fam.* Dibujo o muñeco humorístico o mal hecho Se usa más en *pl.*: *En vez de atender, pintaba monos en el cuaderno.* **6.** *fam.* Estampa o ilustración de un libro. Se usa más en *pl.*: *No sabe leer, pero se entretiene viendo los monos.* **7.** En los juegos de cartas, comodín. **8.** *argot* Síndrome de abstinencia que padecen los adictos a la heroína; a veces se usa para expresar fuerte dependencia de algo: *mono de tabaco, mono de fútbol.* **9.** *desp.* y *fam.* Individuo de la policía. || **10. el último mono** *fam.* La persona menos importante de un determinado sitio. **11. mono de imitación** Persona que imita en todo a otra. **12. mono sabio** Monosabio*. || LOC. **tener monos en la cara** *fam.* Se emplea para protestar de las miradas impertinentes. ■ Se usa sobre todo en frases interrogativas o negativas: *¿Es que tengo monos en la cara?* SIN. **1.** Lindo, majo, chulo, cuco, vistoso, molón. **1.** y **2.** Guapo. **2.** Rico. **3.** Simio, mico. **5.** Monigote, pintarrajo, garabato. **6.** Santo. **9.** Madero. ANT. **1.** Horrendo, feo. FAM. Mona[1], monada, monería, monitos. / Imitamonas, imitamonos.

mono- (del gr. *monos*, único) *pref.* Significa 'uno', 'único': *monosílabo, monocromo.*

monoambiente *s. m. Arg.* Estudio, alojamiento compuesto por una sola pieza y cuarto de baño.

monobásico, ca *adj.* Se dice de los compuestos químicos que poseen una única función básica. También *s. m.* y *f.*

monobiquini o **monobikini** *s. m.* Traje de baño femenino, que consta únicamente de una pieza inferior. ■ Se usa también *monokini* o *monoquini.*

monobloc o **monobloque** *adj.* Se aplica al objeto o mecanismo formado por una sola pieza.

monocameralismo *s. m.* Sistema parlamentario integrado por una sola cámara. FAM. Monocameral. CÁMARA.

monocarril *adj.* Monorraíl*.

monocasco *s. m.* Estructura interna de ciertos vehículos fabricados de una sola pieza, como el chasis de los automóviles de Fórmula 1.

monociclo *s. m.* Velocípedo de una sola rueda, que se usa sobre todo en números circenses de equilibrio.

monoclinal *adj.* Se aplica a la estructura del relieve en la que todas las capas tienen igual dirección.

monoclonal *adj.* Se dice de las células derivadas del mismo clon.

monocolor *adj.* **1.** De un solo color. **2.** Se aplica al gobierno compuesto por miembros de un solo partido político. SIN. **1.** Monocromo, monocromático. ANT. **1.** Policromo, policromático.

monocorde (de *mono-*, y el gr. *khorde*, cuerda) *adj.* **1.** Se aplica a los instrumentos musicales que sólo tienen una cuerda. **2.** Se dice de los sonidos que repiten una misma nota. **3.** Monótono, sin variaciones: *Hablaba con una voz grave y monocorde.*

monocordio *s. m.* Instrumento musical de la familia del clavicordio, formado por una caja de resonancia sobre la que se dispone una única cuerda que apoya sobre dos clavijas móviles.

monocotiledónea (de *mono-* y del gr. *kotiledon*, cavidad) *adj.* **1.** Se dice de las plantas cuyas semillas tienen un solo cotiledón en el embrión. || *s. f. pl.* **2.** Uno de los dos grupos en que se dividen las plantas angiospermas.

monocromático, ca *adj.* Monocromo*.

monocromía *s. f.* Cualidad de monocromo.

monocromo, ma (de *mono-* y el gr. *khroma*, color) *adj.* De un solo color. SIN. Monocromático, monocolor. ANT. Policromo, policromático. FAM. Monocromático, monocromía.

monocular (de *mono-* y *ocular*) *adj.* Que ve o permite la visión con un solo ojo: *microscopio monocular.* ANT. Binocular.

monóculo (del lat. *monoculus*) *s. m.* Lente para un solo ojo.

monocultivo *s. m.* Sistema de producción agrícola de una comarca o región con un único cultivo.

monodia (de *mono-*, y el gr. *ode*, canto) *s. f.* Composición hecha para una sola voz que tuvo gran desarrollo durante los s. XVI y XVII. ■ Se opone a *polifonía.* FAM. Monódico.

monofásico, ca *adj.* **1.** Se aplica a las corrientes eléctricas alternas que sólo constan de una fase. **2.** Se dice de los generadores que producen estas corrientes y de las máquinas que funcionan con ellas.

monogamia *s. f.* **1.** Estado o condición de monógamo. **2.** Matrimonio de sólo dos cónyuges. ANT. **1.** y **2.** Poligamia.

monógamo, ma (de *mono-*, y el gr. *gamos*, matrimonio) *adj.* **1.** Casado con una sola mujer. También *s. m.* y *f.* **2.** Que sólo se ha casado una vez. También *s. m.* y *f.* **3.** Se dice de las especies animales en que el macho se aparea únicamente con una hembra. SIN. **1.** Monogámico. ANT. **1.** y **2.** Polígamo, poligámico. FAM. Monogamia, monogámico. POLIGAMIA.

monografía (de *mono-* y *-grafía*, escribir) *s. f.* Estudio o tratado que se ocupa de un solo tema. FAM. Monográfico.

monograma (de *mono-*, y el gr. *gramma*, letra) *s. m.* Dibujo o figura formada a partir de dos o más letras del nombre o apellido de una persona, empresa, etc.

monoico, ca (de *mono-* y el gr. *oikos*, casa) *adj.* Se aplica a las plantas que poseen flores masculinas y femeninas diferenciadas, pero ambas sobre el mismo pie de la planta.

monokini *s. m.* Monobiquini*.

monolingüe (de *mono-* y el lat. *lingua*) *adj.* **1.** Que habla una sola lengua. También *s. m.* y *f.* **2.** Escrito en un solo idioma: *un diccionario monolingüe.* ANT. **1.** Políglota. **1.** y **2.** Plurilingüe. **2.** Bilingüe. FAM. Monolingüismo. LENGUA.

monolingüismo *s. m.* **1.** Cualidad de monolingüe. **2.** Empleo habitual de una sola lengua en una región o país.

monolítico, ca *adj.* **1.** Relativo al monolito. **2.** Hecho con una sola piedra: *un monumento monolítico.* **3.** Muy unido, compacto o rígido: *organización monolítica, ideología monolítica.* **SIN. 3.** Macizo, sólido, unitario; inflexible. **ANT. 3.** Desunido, disperso; flexible, dúctil. **FAM.** Monolitismo. MONOLITO.

monolitismo *s. m.* Cualidad de monolítico, compacto, rígido: *El monolitismo impide la evolución de las ideas.* **SIN.** Rigidez. **ANT.** Ductilidad, flexibilidad.

monolito (de *mono-*, y el gr. *lithos*, piedra) *s. m.* Monumento de piedra formado por un solo bloque. **FAM.** Monolítico.

monólogo (de *mono-*, y el gr. *lego*, hablar) *s. m.* **1.** Acción de hablar una persona consigo misma, como si estuviera pensando en voz alta. **2.** Acción de ser una persona entre varias la única que habla. **3.** Obra literaria o parte de ella en que solamente habla un personaje. **SIN. 1.** Soliloquio. **ANT. 1.** y **2.** Diálogo. **2.** Coloquio. **FAM.** Monologar.

monomanía (de *mono-* y el gr. *mania*, locura) *s. f.* Preocupación o afición exagerada y continua que alguien tiene por algo. **SIN.** Manía, monotema, obsesión. **FAM.** Monomaniaco, monomaniático.

monomio (del gr. *monos*, uno, y la terminación de *binomio*) *s. m.* Expresión algebraica en que los términos que intervienen están relacionados por la operación producto.

mononuclear *adj.* Que tiene un solo núcleo. Se dice especialmente de cierto tipo de leucocitos, como los linfocitos y los monocitos.

mononucleosis (de *mono-*, *núcleo* y *-osis*) *s. f.* Enfermedad que consiste en un aumento relativo de los leucocitos mononucleares.

monoparental (de *mono-* y el lat. *parens, -entis*, padre o madre) *adj.* Se aplica al núcleo familiar que cuenta con uno solo de los padres.

monopartidismo *s. m.* Sistema político en que hay o predomina un único partido. **FAM.** Monopartidista. PARTIDISMO.

monopatín *s. m.* **1.** Plancha de madera u otro material provista de ruedas que se utiliza para desplazarse sobre ella. **2.** Juego o deporte practicado sobre esta plancha.

monopétalo, la (de *mono-* y el gr. *petalon*, pétalo) *adj.* Se dice de las flores y de las corolas que sólo tienen un pétalo.

monoplano, na *adj.* Se aplica al avión que tiene un par de alas en un mismo plano. También *s. m.*

monoplaza *adj.* Se aplica al vehículo de una sola plaza o asiento. También *s. m.*

monopolio (del gr. *monopolion*, y éste de *monos*, único, y *poleo*, vender) *s. m.* **1.** Forma de mercado en que una sola empresa, compañía, etc., tiene en exclusiva la fabricación o comercialización de un bien o servicio. **2.** Ejercicio de una actividad o dominio y disfrute de algo excluyendo a otros: *el monopolio del poder político.* **FAM.** Monopolista, monopolístico, monopolizar.

monopolizar *v. tr.* **1.** Tener monopolio sobre algo: *El estado monopolizaba la venta de gasolina.* **2.** Atraer una persona la atención de los demás: *Con ese traje monopolizarás todas las miradas.* ■ Delante de *e* se escribe *c* en lugar de *z*: *monopolice.* **FAM.** Monopolización, monopolizador. MONOPOLIO.

monopoly (nombre comercial registrado) *s. m.* Juego de mesa basado en la compraventa de calles e inmuebles.

monopterigio, gia (de *mono-* y el gr. *pteryx, pterygos*, ala) *adj.* Se aplica a los peces que sólo tienen una aleta.

monoptongar (de *mono-* y el gr. *phthongos*, sonido) *v. tr.* Reducir a una sola vocal los elementos que forman un diptongo. Se usa más como *v. intr.*: *El diptongo latino au monoptonga en o en castellano.* ■ Delante de *e* se escribe *gu* en lugar de *g*: *monoptongue.* **ANT.** Diptongar. **FAM.** Monoptongación. DIPTONGO.

monoquini *s. m.* Monobiquini*.

monorraíl *adj.* Se aplica al ferrocarril que circula sobre un solo raíl. También *s. m.* **SIN.** Monocarril.

monorrimo, ma (de *mono-* y *rhythmos*, ritmo) *adj.* Se aplica a los versos o a la composición de una misma rima.

monosabio *s. m.* Mozo que realiza diversas labores en las plazas de toros, principalmente la de ayudar al picador en la lidia. ■ Se escribe también *mono sabio*.

monosacárido *s. m.* Hidrato de carbono que no se puede descomponer a través de hidrólisis en otros más sencillos.

monosépalo, la *adj.* Se dice de las flores y de los cálices con un solo sépalo.

monosilábico, ca *adj.* Que consta de una sílaba o está compuesto de monosílabos.

monosílabo, ba (de *mono-*, y el gr. *sillabe*, sílaba) *adj.* Se aplica a las palabras formadas por una sola sílaba, como p. ej. *pan, luz* o *sí*. También *s. m.* **ANT.** Polisílabo. **FAM.** Monosilábico. SÍLABA.

monotarea *adj.* En inform., se aplica al sistema que no puede ejecutar varios procesos a la vez.

monoteísmo (de *mono-* y el gr. *theos*, dios) *s. m.* Doctrina religiosa que sostiene la existencia de un solo Dios, como el judaísmo, el cristianismo y el islamismo. **ANT.** Politeísmo. **FAM.** Monoteísta. TEÍSMO.

monotipia (de *mono-* y el gr. *typos*, molde) *s. f.* **1.** En artes gráficas, máquina de componer que funde los tipos de uno en uno. ■ En esta acepción se llama también *monotipo*. **2.** Técnica de composición tipográfica mediante esta máquina. **FAM.** Monotipo. TIPO.

monótono, na (de *mono-*, y el gr. *tonos*, sonido) *adj.* **1.** Se dice de la voz, sonido, etc., que no cambia de tono. **2.** Que es siempre igual, con poca variación, por lo que aburre o cansa: *un trabajo monótono.* **SIN. 1.** y **2.** Uniforme, invariable, regular. **2.** Rutinario. **ANT. 1.** y **2.** Desigual, variable. **2.** Ameno. **FAM.** Monótonamente, monotonía. TONO.

monotrema (de *mono-* y el gr. *trema*, orificio) *adj.* **1.** Se aplica a diversos mamíferos de Oceanía que presentan algunos caracteres de aves y reptiles: tienen cloaca, carecen de útero y su reproducción es ovípara, aunque amamantan a sus crías. Son monotremas el ornitorrinco y el equidna. También *s. m.* || *s. m. pl.* **2.** Orden de estos mamíferos, el único de la subclase prototerios.

monovalente (de *mono-* y el lat. *valens, valentis*, que tiene fuerza) *adj.* Se aplica al elemento químico de una sola valencia. **ANT.** Polivalente.

monovolumen *s. m.* Tipo de automóvil en el que el motor, el maletero y el espacio ocupado por los pasajeros constituyen un solo volumen; suele tener capacidad para más de cinco personas.

monóxido *s. m.* Compuesto químico en cuya molécula existe un átomo de oxígeno.

monseñor (del fr. *monseigneur*) *s. m.* Tratamiento que reciben los prelados eclesiásticos, como obispos, cardenales, nuncios, etc., y en determinados países otros personajes notables y aristócratas. También *adj.*

monserga *s. f. fam.* Palabrería, petición, explicación, etc., fastidiosa o poco convincente. Se usa más en *pl.*: *No vengas con monsergas y haz lo que te piden.* SIN. Historia, cuento.

monstruo (del bajo lat. *monstruum*, y éste del lat. *monstrum*, prodigio) *s. m.* **1.** Ser vivo anormal, diferente a los de su especie: *monstruo de dos cabezas.* **2.** Persona, animal o cosa muy fea, deforme o desproporcionada. **3.** Personaje fantástico y extraño, generalmente espantoso, que aparece en la literatura, el cine, la imaginación, etc. **4.** Cosa enorme, exagerada. **5.** Persona malvada o perversa. **6.** Persona dotada de talento o habilidad extraordinarios: *Es un auténtico monstruo del deporte.* || *adj.* **7.** Colosal, magnífico: *Ayer estuvimos en una fiesta monstruo.* SIN. **1.** y **6.** Fenómeno. **1.**, **2.** y **5.** Engendro. **2.** Adefesio, esperpento. **4.** Mole, exageración. **5.** Criminal. **6.** Genio. **7.** Bárbaro. ANT. **2.** Belleza. **7.** Mediocre. FAM. Monstruosamente, monstruosidad, monstruoso.

monstruoso, sa (del lat. *monstruosus*) *adj.* **1.** Anormal, deforme: *un ser monstruoso.* **2.** Feo, horroroso: *un vestido monstruoso.* **3.** Muy grande, exagerado: *Tengo un hambre monstruosa.* **4.** Cruel, malvado, aborrecible: *un crimen monstruoso.* SIN. **1.** Aberrante, contrahecho. **3.** Enorme, inmenso, desproporcionado. **4.** Brutal, despiadado, infame, depravado. ANT. **2.** Bonito, hermoso. **3.** Pequeño, ridículo.

monta *s. f.* **1.** Acción de montar una cabalgadura: *Crían caballos de tiro y de monta.* **2.** Arte de montar a caballo. **3.** Importancia o valor de algo: *un raterillo de poca monta.* **4.** Monto*. SIN. **2.** Equitación. **4.** Suma, total.

montacargas *s. m.* Ascensor que sirve para subir y bajar cosas pesadas. ■ No varía en *pl.*

montadero *s. m.* Poyo que sirve para subir al caballo. ■ Se llama también *montador.*

montado, da **1.** *p.* de **montar**. También *adj.* || *adj.* **2.** Que va a caballo: *policía montada.* **3.** Se aplica a la cabalgadura ensillada y lista para montar en ella. **4.** Se dice de la nata o la clara de huevo batidas hasta formar una crema esponjosa. || *s. m.* **5.** Bocadillo pequeño: *un montado de lomo.* || LOC. **estar montado (en el dólar)** *fam.* Estar en buena situación económica.

montador, ra *s. m.* y *f.* **1.** Operario que monta las piezas o partes de algo: *Trabaja como montador en una fábrica de coches.* **2.** Técnico encargado del montaje de una película. **3.** En artes gráficas, operario encargado de ajustar las páginas o planas.

montaje *s. m.* **1.** Acción y resultado de montar las distintas piezas o partes de algo: *El montaje de los coches suele hacerse en cadena.* **2.** Técnica cinematográfica que consiste en seleccionar y unir los distintos planos que forman la película. **3.** Organización de los elementos que intervienen en la puesta en escena de un espectáculo o una obra teatral. **4.** Lo que se prepara para que parezca algo que no es en realidad: *Su accidente fue un montaje para cobrar el seguro.* || **5. montaje fotográfico** Fotografía compuesta por otras fotografías, o trozos de las mismas u otros elementos, para producir cierto efecto decorativo o publicitario. SIN. **1.** Ensamblaje, ajuste. **4.** Truco, farsa. ANT. **1.** Desarme. FAM. Fotomontaje. MONTAR.

montanear *v. intr.* Pastar los cerdos en el monte bellotas o hayucos.

montanera *s. f.* **1.** Acción de montanear el ganado porcino. **2.** Pasto de bellotas y hayucos que los cerdos comen en el monte.

montanero, ra *s. m.* y *f.* Guarda de un monte o una dehesa.

montano, na (del lat. *montanus*) *adj.* Del monte o relacionado con él. FAM. Montanear, montanera, montanero. / Intramontano, tramontano, ultramontano. MONTE.

montante *s. m.* **1.** Valor, importe o suma: *El montante de la cuenta asciende a medio millón.* **2.** Poste o elemento vertical que sirve de soporte o refuerzo en una estructura, bastidor o armazón: *El tejado se asienta sobre cuatro montantes.* SIN. **1.** Monto, total.

montaña (del lat. vulg. *montanea*, de *montaneus*, montañoso) *s. f.* **1.** Elevación natural del terreno que destaca claramente de su entorno. **2.** Región o territorio en que abundan estas elevaciones: *En vacaciones va a la montaña.* **3.** Gran número o cantidad de algo: *Tengo montañas de trabajo.* **4.** Obstáculo o dificultad aparentemente insalvable: *La más mínima cosa se le hace una montaña.* || **5. montaña rusa** En ferias y parques de atracciones, diversión consistente en vagonetas que circulan a gran velocidad por una vía con pendientes muy pronunciadas, ondulaciones y vueltas cerradas. SIN. **1.** Monte, pico. **2.** Sierra, cordillera. **3.** Montón. ANT. **2.** Valle, llano. **4.** Insignificancia. FAM. Montañero, montañés, montañismo, montañoso. / Pasamontañas. MONTE.

montañero, ra *adj.* **1.** De la montaña o relacionado con ella. || *s. m.* y *f.* **2.** Persona que practica el montañismo. SIN. **2.** Alpinista.

montañés, sa *adj.* **1.** De una región montañosa. También *s. m.* y *f.* **2.** De La Montaña, zona montañosa de Cantabria y, p. ext., natural de esta comunidad. También *s. m.* y *f.* SIN. **2.** Cántabro, santanderino.

montañismo *s. m.* **1.** Alpinismo*. **2.** Deporte que consiste en realizar marchas a través de la montaña.

montañoso, sa *adj.* Con montañas: *terreno montañoso.*

montaplatos *s. m.* Pequeño montacargas con que se sube la comida desde la cocina al comedor. ■ No varía en *pl.*

montar (del fr. *monter*) *v. tr.* **1.** Colocar una pieza en su lugar o unir las piezas o partes que componen un objeto: *montar la rueda de repuesto.* **2.** Instalar o situar alguna cosa: *Montaron misiles en la costa.* **3.** Colocar una piedra preciosa, una perla, etc., en la montura de una joya. **4.** Hacer el montaje de las escenas y planos de una película, o de las escenas de una obra teatral o espectáculo. **5.** Con negocios, industrias, etc., establecerlos, ponerlos: *Montó una empresa de importación y exportación.* **6.** Organizar o hacer lo que se expresa: *montar un escándalo.* **7.** Referido a la clara del huevo o a la nata de la leche, batirlas hasta formar una crema esponjosa. **8.** Cubrir o fecundar el macho a la hembra. **9.** Sumar o valer algo cierta cantidad: *El total de la venta monta dos millones.* **10.** Con respecto a las armas de fuego, dejar su mecanismo listo para disparar. || *v. intr.* **11.** Ir sobre una cabalgadura: *Monta muy bien.* También *v. tr.*: *Monta una yegua.* **12.** Subir a un vehículo: *montar en el autobús.* También *v. prnl.*: *Se montó en su coche y se fue.* **13.** Subir sobre algo: *montar en los columpios.* También *v. prnl.*: *montarse en la noria.* **14.** Ascender o sumar una cantidad: *¿A cuánto montan las pérdidas?* || LOC. **montárselo** *fam.* Darse maña, desenvolverse, organizarse: *Si te lo montas bien, te lo pasas estupendamente.* SIN. **1.** Ajustar, acoplar, encajar, ensamblar. **2.** Emplazar. **2.** y **6.** Armar. **3.** Engastar, engarzar. **5.** Abrir. **9.** Costar, ascender. **9.** y **14** Importar. **10.** Amartillar. **11.** Cabalgar. **ANT. 2.** Quitar, desmantelar. **3.** Desengastar. **3.** y **11.** Desmontar. **5.** Cerrar. **11.** Descabalgar. **12.** y **13.** Bajar. **FAM.** Monta, montacargas, montadero, montado, montador, montaje, montante, montaplatos, monto, montura. / Desmontar, remontar. MONTE.

montaraz *adj.* **1.** Se aplica a los animales o personas que se han criado o viven salvajes en el monte. **2.** Rudo, tosco, insociable, de modales bruscos. **SIN. 1.** Silvestre. **2.** Agreste, rústico, arisco. **ANT. 1.** Doméstico.

montazgo (del lat. *montaticum*, de *mons*, *montis*, monte) *s. m.* Impuesto medieval sobre el aprovechamiento y la explotación de montes y bosques.

monte (del lat. *mons*, *montis*) *s. m.* **1.** Elevación natural del terreno de altura considerable. **2.** Terreno sin cultivar poblado de árboles, arbustos o matas. **3.** En el juego de naipes, mazo de cartas que sobran de repartir. **4.** Cierto juego de naipes de envite y apuesta. || **5. monte bajo** El poblado por matorrales y arbustos o especies como la encina, que puede reproducirse a partir de sus raíces superficiales. **6. monte de piedad** Establecimiento benéfico en que se hacen préstamos por empeños a bajo interés. **7. monte de Venus** Pubis femenino; también, pequeña carnosidad en la palma de la mano, situada debajo de cada dedo, especialmente el pulgar. || **LOC. echarse** (o **tirarse**) **al monte** Huir de los sitios poblados escapando de la justicia o para hacer guerra de guerrillas. **SIN. 1.** Montaña, cerro. **2.** Bosque, soto, zarzal. **3.** Montón. **ANT. 1.** Llanura. **FAM.** Montano, montaña, montar, montaraz, montazgo, montear, montepío, montera, montería, montés, montículo, montón, montonero, montubio, montuno. / Guardamonte, promontorio, somonte.

montear *v. tr.* Ojear la caza en los montes. **FAM.** Montea, monteador. MONTE.

montepío *s. m.* **1.** Depósito de dinero, creado mediante descuentos en los sueldos de los miembros de un cuerpo u oficio, destinado al socorro de éstos y de sus familiares. **2.** Establecimiento público o particular que tiene esta misma función: *Cobra del montepío de toreros.* **3.** Pensión que se cobra de dicho establecimiento.

montera *s. f.* Gorro o gorra, particularmente el de terciopelo y seda que usan los toreros.

montería *s. f.* **1.** Cacería de caza mayor con perros. **2.** Arte de la caza. **SIN. 2.** Cinegética. **FAM.** Montero. MONTE.

montero, ra *s. m.* y *f.* **1.** Persona que ojea la caza en el monte. || **2. montero mayor** Jefe de los monteros que dirige la batida.

montés *adj.* Se aplica a algunos animales y plantas que habitan o crecen en el monte: *gato montés, cabra montés.* **SIN.** Silvestre. **ANT.** Doméstico.

montevideano, na *adj.* De Montevideo, capital de Uruguay. También *s. m.* y *f.*

montgomery *s. m. Arg.* y *Urug.* Chaquetón, prenda de abrigo.

montículo (del lat. *monticulus*) *s. m.* Monte pequeño natural o hecho por el hombre o los animales: *Esos montículos son hormigueros.*

montilla *s. m.* Vino fino de alta calidad que se cría y elabora en Montilla (Córdoba). **FAM.** Amontillado.

monto *s. m.* Suma final de varias partidas o cantidades de una cuenta: *El monto de la operación se estima en varios millones.* ▪ Se dice también *monta.* **SIN.** Importe, total.

montón *s. m.* **1.** Conjunto de cosas acumuladas unas sobre otras: *un montón de piedras.* **2.** Mazo o conjunto de naipes del que roban o toman los jugadores. **3.** Gran número o cantidad de algo: *Por estas fechas llegan montones de turistas.* || **LOC. a montones** *adv.* En gran cantidad: *Gana dinero a montones.* **ser** alguien o algo **del montón** Ser vulgar y corriente. **SIN. 1.** Montículo, pila. **2.** Monte. **3.** Montaña. **FAM.** Montonera. / Amontonar. MONTE.

montonera *s. f.* **1.** Montón, cantidad grande de cosas. **2.** *Amér. del S.* En la época de las guerras civiles, partida de tiradores a caballo.

montonero, ra *adj.* De un movimiento guerrillero argentino de ideología peronista, que surgió en 1969 y adoptó la táctica de la guerrilla urbana. También *s. m.* y *f.*

montubio, bia *adj.* **1.** *Amér.* Grosero, rústico. **2.** *Col.*, *Ec.* y *Perú* Se aplica al campesino mestizo, especialmente al de la costa.

montuoso, sa *adj.* Que tiene montes.

montura *s. f.* **1.** Animal sobre el que se puede cabalgar, como un caballo, un camello, etc. **2.** Conjunto de arreos de una cabalgadura, especialmente la silla de montar. **3.** Soporte o armazón en el que se monta alguna cosa: *la montura de las gafas.* **SIN. 1.** Caballería. **3.** Armadura.

monumental (del lat. *monumentalis*) *adj.* **1.** Relativo al monumento o que es un monumento en sí mismo: *ciudad monumental.* **2.** Muy grande y espectacular: *el monumental cañón del Colorado.* **3.** *fam.* Excelente, magnífico: *un gol monumental.* **SIN. 2.** Descomunal, gigantesco. **2.** y **3.** Grandioso. **3.** Soberbio. **ANT. 2.** Diminuto. **2.** y **3.** Insignificante, mediocre. **FAM.** Monumentalidad, monumentalismo. MONUMENTO.

monumento (del lat. *monumentum*) *s. m.* **1.** Obra de arquitectura, escultura, etc., que se levanta para recordar a una persona, un suceso, etc.: *Le erigieron un monumento.* **2.** Construcción que se distingue por su valor histórico, arqueológico o artístico: *Visitamos todos los monumentos de la ciudad.* **3.** P. ext., obra literaria, artística o científica de gran importancia: *«El Quijote» es un monumento de la literatura universal.* **4.** Documento de gran valor histórico. **5.** *fam.* Persona de gran belleza: *Esa mujer es un monumento.* **6.** Altar adornado en que se expone el Santísimo Sacramento el día de Jueves Santo. **SIN. 3.** Tesoro. **5.** Bombón. **ANT. 5.** Adefesio. **FAM.** Monumental.

monzón (del port. *monção*, del ant. *moução*, y éste del ár. *mausim*, estación) *s. m.* Cada uno de los vientos que soplan en el SE asiático; el de verano es húmedo y cálido y trae lluvias torrenciales y el de invierno es seco y frío. **FAM.** Monzónico.

moña[1] (de *moño*) *s. f.* **1.** Lazo o adorno femenino hecho con cintas, como el que se pone en el cabello. **2.** Adorno que a veces se pone en lo alto de las divisas de los toros. **3.** Lazo de cintas negras que sujeta la coleta de los toreros. **4.** Moño o rodete de cabello que se hacen las mujeres a los lados de la cabeza. **5.** *fam.* Muñeca.

moña[2] *s. f. fam.* Borrachera, estado del que ha bebido alcohol en exceso. **SIN.** Curda, mona, tablón, cogorza.

moñiga *s. f. fam.* Boñiga*. **FAM.** Moñigo.

moñigo *s. m. fam.* Boñigo*.

moño *s. m.* **1.** Recogido de pelo que se hace enrollándolo y sujetándolo con horquillas o algo similar. **2.** Lazo de cintas. **3.** Penacho de plumas que algunas aves presentan en la cabeza. || **LOC. hasta el moño** *fam.* Harto, cansado, aburrido: *Es-*

toy hasta el moño de oír sus tonterías. **ponérsele** a uno algo **en el moño** *fam.* Empeñarse en ello o antojársele. SIN. **1.** y **2.** Moña. **3.** Copete, airón. FAM. Moña[1]. / Arrancamoños.

mopa (del ingl. *mop*, greñas) *s. f.* Especie de bayeta o utensilio parecido a una fregona que se utiliza en seco para quitar el polvo del suelo.

moquear *v. intr.* Echar mocos. FAM. Moqueo. MOCO.

moquero *s. m.* Pañuelo que se utiliza para limpiarse uno los mocos.

moqueta (del fr. *moquette*) *s. f.* Tela fuerte de diversas clases que se pega o fija al suelo o a las paredes de una habitación. FAM. Enmoquetar.

moquete (de *moco*) *s. m. fam.* Puñetazo. SIN. Mamporro, leche.

moquillo *s. m.* Enfermedad catarral producida por virus que padecen algunos animales, particularmente los perros.

mor (afér. de *amor*) *s. m.* Se emplea exclusivamente en la loc. prep. **por mor de**, por causa de, en consideración a: *Servía a su rey por mor de la lealtad que le debía.*

mora (del lat. vulg. *mora*) *s. f.* **1.** Fruto de la morera, de forma ovalada, compuesto por numerosos globulillos de color blanco o rosado. Es comestible y con sabor enteramente dulce. **2.** Fruto del moral, similar al anterior pero de color violeta oscuro, de sabor agridulce y más apreciado que aquél. **3.** Fruto de la zarzamora, comestible, redondo, también formado por muchos granos pequeños, de color negro cuando está maduro. FAM. Moráceo, morado, moradura, moral[2], morapio, morera, mórula.

morabito (del ár. *murabit*) *s. m.* **1.** Ermitaño musulmán. **2.** Ermita en la que vive.

moráceo, a *adj.* **1.** Se aplica a ciertas plantas arbóreas o arbustivas de hojas alternas, flores diferenciadas masculinas y femeninas y fruto en drupa o aquenio, generalmente rodeado por el periantio u otras estructuras que se vuelven carnosas y dan lugar a fructificaciones complejas; p. ej., la higuera y la morera. También *s. f.* || *s. f. pl.* **2.** Familia constituida por estas plantas.

moraco, ca *adj. desp.* Moro. También *s. m.* y *f.*

morada *s. f.* Lugar donde vive una persona o animal. SIN. Vivienda, hogar.

morado, da (de *mora*) *adj.* Se dice del color que resulta de la mezcla de azul y rojo y de las cosas que lo tienen. También *s. m.* || LOC. **pasarlas moradas** *fam.* Pasarlo muy mal, verse en apuros. SIN. Cárdeno. FAM. Moratón. / Amoratarse. MORA.

moradura *s. f.* Cardenal[2].

moral[1] (del lat. *moralis*) *adj.* **1.** Relativo a la moral. **2.** Bueno o correcto según la moral. **3.** Del espíritu o la mente, por oposición a lo material o corporal. || *s. f.* **4.** Conjunto de principios que dirigen y juzgan el comportamiento de una persona o una colectividad. **5.** Cualidad de lo que se considera bueno o recto: *La moral de su proceder está fuera de toda duda.* **6.** Estado de ánimo bueno o malo con que se emprende o se afronta algo: *La moral del equipo es muy alta.* SIN. **1.** Ético. **3.** Espiritual. **4.** Ética. **4.** y **5.** Moralidad. **5.** Honestidad, decencia. ANT. **2.** Inmoral, amoral. **3.** Físico. **5.** Inmoralidad. FAM. Moraleja, moralidad, moralina, moralismo, moralista, moralizar, moralmente. / Amoral, inmoral.

moral[2] *s. m.* Árbol de la familia moráceas que alcanza 6 m de altura aproximadamente, tiene tronco grueso y recto, hojas ásperas dentadas, flores unisexuales y fruto en drupa, llamado mora. FAM. Moraleda. MORA.

moraleda *s. f.* **1.** Lugar plantado de morales. **2.** Lugar plantado de moreras. SIN. **2.** Moreral.

moraleja *s. f.* Enseñanza que se saca de un cuento, una fábula, una experiencia, etc. SIN. Lección, máxima.

moralidad *s. f.* **1.** Cualidad de moral: *un acto de dudosa moralidad.* **2.** Conducta o proceder moral: *Es de una moralidad intachable.* ANT. **1.** y **2.** Inmoralidad.

moralina *s. f.* **1.** Moralidad superficial o falsa. **2.** Moraleja simplista: *una película con moralina.*

moralismo *s. m.* Actitud que concede gran importancia a la moral: *el moralismo de la época.*

moralista *adj.* **1.** Que tiene un sentido o una intención moral: *Su obra es de carácter moralista.* **2.** Se dice de la persona que pretende moralizar con sus consejos, opiniones, etc. También *s. m.* y *f.* || *s. m.* y *f.* **3.** Persona que enseña o estudia moral o ética. **4.** Persona que escribe obras o tratados sobre moral. SIN. **1.** y **2.** Moralizador. **1.** y **3.** Ético.

moralizar *v. tr.* **1.** Hacer moral el comportamiento, las costumbres, etc., de las personas. || *v. intr.* **2.** Defender determinadas opciones morales explícita o implícitamente en una obra, discurso, etc. ■ Delante de *e* se escribe *c* en lugar de *z*: *moralice.* ANT. **1.** Pervertir. FAM. Moralización, moralizador, moralizante. / Desmoralizar. MORAL[1].

moranco, ca *adj. desp.* Moro. También *s. m.* y *f.*

morapio (del ár. *murabbi*, compota) *s. m. fam.* Vino corriente, especialmente el tinto.

morar (del lat. *morari*) *v. intr.* Vivir habitualmente en un determinado lugar. SIN. Habitar, residir. FAM. Morada, morador, moroso. / Demorar, rémora.

moratón *s. m. fam.* Cardenal[2]*. FAM. Moretón. MORADO.

moratoria (del lat. *moratoria*) *s. f.* Ampliación del plazo concedido para la realización de algo o el cumplimiento de una obligación, especialmente el pago de una deuda. SIN. Aplazamiento, prórroga.

moravo, va *adj.* De Moravia, región checa. También *s. m.* y *f.*

morbididad *s. f.* Morbilidad*.

mórbido, da (del lat. *morbidus*) *adj.* **1.** Blando o delicado, especialmente aplicado a las formas del cuerpo femenino. **2.** Que produce o padece enfermedad. SIN. **1.** Suave. FAM. Morbidez, morbididad. MORBO.

morbilidad *s. f.* Estudio estadístico de las personas que enferman en un lugar y en un determinado periodo de tiempo. ■ Se dice también *morbididad.*

morbo (del lat. *morbus*) *s. m.* **1.** Atractivo que despierta lo desagradable, lo cruel, lo prohibido, etc.: *el morbo de una película de terror.* **2.** Enfermedad. SIN. **2.** Dolencia, padecimiento, afección. FAM. Mórbido, morbilidad, morboso.

morbosidad *s. f.* **1.** Cualidad de morboso. **2.** Estado sanitario de una localidad o país, que se determina por el número de enfermos y los tipos de enfermedades existentes.

morboso, sa (del lat. *morbosus*) *adj.* **1.** Que muestra atracción o gusto por lo desagradable, cruel o prohibido: *Tiene una afición morbosa por la violencia.* **2.** De la enfermedad o relacionado con ella. **3.** Que causa enfermedad o es propicio a ella. SIN. **1.** Retorcido. **1.** y **3.** Malsano, enfermizo. **2.** Patológico. **3.** Insalubre. ANT. **1.** y **3.** Sano. **3.** Saludable. FAM. Morbosidad. MORBO.

morcilla *s. f.* **1.** Embutido hecho con sangre de cerdo cocida, cebolla y especias, al que se añade, a veces, otros ingredientes, como arroz o piñones. **2.** Palabras que un actor improvisa durante la representación, intercalándolas en su papel. || LOC. **que te (le, os,** etc.) **den morcilla** *fam.* Indica desprecio o desinterés hacia alguien o algo. FAM. Morcillero.

morcillo *s. m.* En la carne de los bovinos, parte alta de las patas.

morcillo, lla (del lat. *mauricellus*, de *maurus*, moro, por el color moreno) *adj.* Se aplica al caballo o yegua de color negro con viso o toque rojizo.

morcón *s. m.* **1.** Tripa gruesa de algunos animales que se utiliza para hacer embutidos. **2.** Embutido grueso hecho con dicha tripa.

mordaz (del lat. *mordax, -acis*) *adj.* Se aplica a la persona que critica con ironía aguda o mala intención, así como a su ingenio, a lo que dice, etc. SIN. Satírico, sarcástico, cáustico, incisivo. ANT. Delicado. FAM. Mordacidad, mordazmente. MORDER.

mordaza (del lat. vulg. *mordacia*) *s. f.* **1.** Cualquier cosa, instrumento, pañuelo, esparadrapo, etc., que se pone en la boca de alguien para impedirle hablar. **2.** Cualquier cosa que impide que una persona, entidad, etc., pueda expresarse con entera libertad: *La censura fue una mordaza para muchos escritores.* **3.** Dispositivo de dos piezas que, actuando a modo de tenaza, sujeta un objeto, p. ej. el tornillo del banco de carpintero. FAM. Amordazar. MORDER.

mordedor, ra *adj.* **1.** Que muerde. || *s. m.* **2.** Aparato de goma o plástico para moderlo: *Le compré un mordedor al bebé cuando le empezaron a salir los dientes.*

mordedura *s. f.* Acción de morder y marca o herida dejada al morder. SIN. Mordisco, bocado.

mordente (del ital. *mordente*, de *mordere*, morder) *s. m.* Mordiente químico.

morder (del lat. *mordere*) *v. tr.* **1.** Apretar una cosa entre los dientes. **2.** Realizar una acción similar un utensilio o máquina. **3.** Desgastar, limar o arrancar trozos pequeños de alguna cosa. **4.** Hacer que los ácidos ataquen, o corroer éstos alguna cosa o material; p. ej, en artes gráficas, una plancha que se va a grabar. **5.** *fam.* Estar furioso, de muy mal humor: *Está que muerde.* || LOC. **morder el anzuelo** *fam.* Caer en una trampa. ■ Es v. irreg. Se conjuga como *mover.* SIN. **3.** y **4.** Raer. FAM. Mordaz, mordaza, mordedor, mordedura, mordente, mordido, mordiente, mordiscar, mordisco, mordisquear, muerdo. / Muérdago, remorder.

mordido, da 1. *p.* de **morder**. También *adj.* || *s. m.* **2.** Acción de morder un ácido o con un ácido. **3.** En fotografía, tratamiento de las imágenes con ciertas sustancias para fijar los colorantes básicos que se utilizan en los procedimientos de virajes. || *s. f.* **4.** Forma de morder. **5.** *Amér.* Soborno a un empleado o funcionario, o beneficio que éste obtiene de un particular, abusando de las atribuciones de su cargo. SIN. **2.** Corrosión. **5.** Cohecho.

mordiente *s. m.* **1.** Sustancia química que fija los tintes a las telas; los principales son las sales de cromo. **2.** Agua fuerte con que se muerde o corroe una lámina o plancha para grabarla.

mordiscar *v. tr.* Mordisquear. ■ Delante de *e* se escribe *qu* en lugar de *c*: *mordisquen.*

mordisco *s. m.* **1.** Acción de morder con los dientes y marca que deja. **2.** Trozo que se arranca al morder. **3.** Acción semejante a la de morder, aunque no se haga con los dientes: *El cangrejo le dio un mordisco en el dedo.* SIN. **1.** Mordedura, dentellada. **1.** y **2.** Bocado.

mordisquear *v. tr.* Morder algo repetidamente y con poca fuerza.

morena (del lat. *muraena*) *s. f.* Pez teleósteo marino de uno a dos metros de longitud, con el cuerpo parecido al de una anguila, de color oscuro con vetas amarillas; carece de aletas y posee fuertes dientes. Es un gran depredador de otros peces. Su carne es comestible.

moreno, na (de *moro*) *adj.* **1.** Se dice de la persona de pelo negro u oscuro y de dicho pelo. También *s. m.* y *f.* **2.** De tez y piel oscura. También *s. m.* y *f.* **3.** Tostado por el sol: *estar moreno.* **4.** *fam.* Negro o mulato. También *s. m.* y *f.* **5.** Se aplica a ciertas cosas con una variedad de color más oscuro que el corriente en su especie: *azúcar moreno.* || *s. m.* **6.** Color más oscuro que toma la piel expuesta al sol. SIN. **3.** Atezado. **3** y **6.** Bronceado. FAM. Morenez. / Marimorena. MORO.

morera *s. f.* Árbol de la familia moráceas de entre 4 y 15 m de altura con hojas caducas de forma ovalada y borde dentado; sus frutos, llamados moras, son blancos o rosados. Las hojas de una de sus especies sirven de alimento a los gusanos de seda. Es originario de China. FAM. Moreral. MORA.

morería *s. f.* **1.** En España, barrio donde vivían apartados los mudéjares primero y luego los moriscos. **2.** Territorio o país habitado por moros. SIN. **1.** Aljama.

moretón *s. m.* Cardenal[2]*.

morfema (del gr. *morphe*, forma, y *-ma*, que indica resultado o efecto) *s. m.* Unidad mínima del lenguaje con significado no léxico, que da forma a las palabras y las completa. Pueden ser derivativos o afijos, relacionales (prep. y conj.) y gramaticales, como p. ej. el género y el número. FAM. Morfemático. MORFOLOGÍA.

morfina (de *Morfeo*, dios del sueño) *s. f.* Alcaloide del opio que constituye un potente narcótico; es utilizado en medicina como analgésico y también se emplea como droga. FAM. Morfinismo, morfinomanía.

morfinomanía *s. f.* Toxicomanía en que se consume morfina. FAM. Morfinómano. MORFINA.

morfo- o **-morfo** (del gr. *morphe*, forma) *pref.* o *suf.* Significa 'forma': *morfología, antropomorfo.*

morfología *s. f.* **1.** Parte de la biología que estudia la forma de los seres orgánicos y su evolución. **2.** Parte de la lingüística que estudia la forma de las palabras y su estructura interna. **3.** Objeto estudiado por estas disciplinas. FAM. Morfema, morfológico, morfosintaxis. / Geomorfología.

morfosintaxis *s. f.* Parte de la lingüística que combina el estudio de la morfología y la sintaxis; también, objeto estudiado por ella. ■ No varía en *pl.* FAM. Morfosintáctico. MORFOLOGÍA y SINTAXIS.

morganático, ca (del bajo lat. *morganaticum*, y éste del al. medieval *morgengabe*) *adj.* **1.** Se aplica al matrimonio de un rey, reina, príncipe, etc., con alguien que no tiene estirpe real y, p. ext., al que contraen personas de muy distinta clase social. **2.** Se dice de quien contrae este tipo de matrimonio.

morgue (fr.) *s. f.* En medicina legal, depósito de cadáveres.

moribundo, da (del lat. *moribundus*) *adj.* Que se está muriendo. También *s. m.* y *f.* SIN. Agonizante.

morigerar (del lat. *morigerare*, de *mos, moris*, costumbre, y *gerere*, hacer) *v. tr.* Moderar los sentimientos, deseos, acciones, etc. También *v. prnl.* SIN. Refrenar(se), contener(se). ANT. Extremar(se). FAM. Morigeración.

moriles *s. m.* Vino de fina calidad, transparente y de no mucha graduación alcohólica, que se cría y elabora en la provincia de Córdoba (España). ■ No varía en *pl.*

morillo (de *moro*, por figuras con que suelen adornarse, tiznadas por el fuego) *s. m.* Cada uno de los dos caballetes de hierro que se colocan en el hogar o en la chimenea para apoyar la leña.

morir (del lat. *mori*) *v. intr.* **1.** Llegar a su fin un organismo que tiene vida. También *v. prnl.* **2.** Terminar, extinguirse: *morir el amor.* También *v. prnl.* **3.** Ir a parar o acabar en un punto una línea, tubería, camino, etc.: *Esa ruta muere en el pueblo.* **4.** Experimentar intensamente un deseo, sentimiento, necesidad, etc.: *morir de hambre.* También *v. prnl.*: *Se muere por tener un coche.* ■ Es v. irreg. Se conjuga como *dormir*, excepto en el p., que es *muerto*. SIN. **1.** Fallecer, expirar, perecer, fenecer, palmar. **2.** Concluir, finalizar, consumirse. ANT. **1.** Nacer. **2.** Comenzar, surgir. FAM. Moribundo. / Muerte, muerto.

morisco, ca *adj.* **1.** Se dice de los musulmanes que quedaron en España después de terminada la Reconquista y de sus descendientes. También *s. m.* y *f.* **2.** Moruno.

morisma *s. f.* **1.** Los moros o musulmanes considerados en conjunto. **2.** Multitud de moros.

morisqueta (de *moro*) *s. f.* Mueca, gesto.

morlaco *s. m.* Toro de lidia de gran tamaño.

mormón, na (de *Mormón*, supuesto profeta, autor de una historia del pueblo americano) *adj.* De cierta secta religiosa fundada en Estados Unidos, en la que se da una singular mezcla de elementos judíos y cristianos y cuyos miembros practican un intenso proselitismo. También *s. m.* y *f.* FAM. Mormónico, mormonismo.

moro, ra (del lat. *maurus*) *adj.* **1.** De la zona norte de África. También *s. m.* y *f.* **2.** De al-Ándalus. También *s. m.* y *f.* **3.** *fam.* P. ext., musulmán. También *s. m.* y *f.* **4.** Se dice del hombre muy celoso y machista. También *s. m.* **5.** Se aplica a la caballería de pelo negro con una estrella o mancha blanca en la frente y con una o dos extremidades de distinto color que el resto del cuerpo. || *s. m.* **6.** *argot* Entre los traficantes de hachís, Marruecos: *Han bajado al moro a buscar mercancía.* || LOC. **haber moros en la costa** Haber alguien en cuya presencia resulta peligroso o improcedente hacer algo. SIN. **1.** Moruno. **3.** Árabe. FAM. Moraco, moranco, moreno, morería, morillo, morisco, morisma, morisqueta, moruno.

morocho, cha (del quechua *muruchu*, cosa dura) *adj.* **1.** *Amér.* Se aplica a un tipo de maíz de grano duro usado en alimentación. **2.** *Amér.* Robusto. También *s. m.* y *f.* **3.** *Arg.*, *Perú* y *Urug.* *fam.* De tez y pelo oscuro, moreno. También *s. m.* y *f.* || *s. m. pl.* **4.** *Ven.* Mellizos o gemelos.

morondo, da *adj.* Pelado, que no tiene pelo, hojas, etc. SIN. Mondo, pelón, zapedo. FAM. Véase **mondo**.

moroso, sa (del lat. *mora*, dilación) *adj.* **1.** Que se retrasa en los pagos o en las devoluciones de préstamos. También *s. m.* y *f.* **2.** Que marcha o se desarrolla lentamente. SIN. **2.** Lento, tardo, pausado, calmoso. ANT. **2.** Rápido. FAM. Morosamente, morosidad. MORAR.

morrada *s. f.* Morrazo*.

morral (de *morro*) *s. m.* **1.** Especie de bolsa o mochila que llevan los pastores, cazadores, soldados, etc. **2.** Bolsa que contiene pienso y se cuelga de la cabeza de las caballerías para que coman. SIN. **1.** Zurrón, macuto.

morralla *s. f.* **1.** Conjunto de cosas inútiles o de poco valor. **2.** Conjunto de personas de baja condición. **3.** Pescado menudo y de diferentes clases. **4.** Dinero suelto, calderilla. SIN. **2.** Gentuza, chusma.

morrazo *s. m.* Golpe fuerte, especialmente, el que se recibe o se da en la cara. SIN. Morrada.

morrear *v. intr. vulg.* Besarse en la boca con insistencia. También *v. tr.* y *v. prnl.* FAM. Morreo. MORRO.

morrena (del fr. *moraine*) *s. f.* Depósito de materiales geológicos diversos, como rocas, cantos, gravilla, arcilla, etc., erosionados, transportados y depositados por un glaciar.

morrillo *s. m.* **1.** Parte carnosa y abultada que tienen las reses en la parte superior del cuello. **2.** *fam.* Cogote abultado.

morriña (del port. y gall. *morinha*) *s. f.* Tristeza, especialmente la que siente alguien al estar lejos de su tierra natal o de los suyos. SIN. Nostalgia, añoranza, melancolía. ANT. Alegría. FAM. Morriñoso. / Murrio.

morrión (de *morro*) *s. m.* **1.** Casco de la armadura antigua con los bordes levantados. **2.** Antiguo gorro militar alto y provisto de visera.

morro (de *murr*, onomat. del refunfuño) *s. m.* **1.** Hocico de los animales. **2.** *fam.* Labios de las personas, especialmente cuando son gruesos. **3.** Parte delantera de alguna cosa que sobresale como si se tratara de un hocico: *el morro del coche.* **4.** Roca o monte pequeño y redondeado. **5.** Peñasco en la costa que sirve de referencia a los navegantes. **6.** *fam.* Cara dura, descaro: *Qué morro tiene, siempre nos visita a la hora de comer.* || LOC. **a morro** *adv. fam.* Referido a la forma de beber, directamente del embase. **de morros** *adj. fam.* Enfadado. **poner (o torcer el) morro** *fam.* Poner cara de enfado. **por el morro** *adv. fam.* Gratis, sin pagar o tener que esforzarse por conseguir algo. También, con mucho atrevimiento o descaro: *Le pidió dinero por el morro.* SIN. **6.** Frescura, desvergüenza. FAM. Morrada, morral, morralla, morrazo, morrear, morrillo, morrión, morrón, morrudo.

morrocotudo, da (voz caribe) *adj. fam.* De gran importancia, dificultad o intensidad. SIN. Tremendo, enorme, descomunal. ANT. Insignificante.

morrón (de *morro*, por su forma abultada) *adj.* **1.** Se aplica a una variedad de pimiento rojo, muy grueso y carnoso. || *s. m.* **2.** *fam.* Golpe, caída. SIN. **2.** Porrazo, trompazo.

morsa (del fr. *morse* y éste del lapón o del finlandés) *s. f.* Mamífero pinnípedo que alcanza unos 5 m de longitud, tiene las extremidades incluidas en el tronco hasta más abajo del codo y de la rodilla y acabadas en forma de aleta, piel gruesa y cabeza pequeña con bigotes de grandes cerdas. El macho presenta un par de colmillos rectos y puntiagudos.

morse (de Samuel *Morse*, inventor estadounidense) *s. m.* Código que representa las letras del alfabeto por combinaciones de puntos y rayas.

mortadela (del ital. *mortadella*, y éste del lat. *myrtatum farcimen*, condimentado con mirto) *s. f.* Embutido grueso hecho con carne picada de cerdo o vaca y otros ingredientes.

mortaja[1] (del lat. *mortualia*, de *mortuus*, muerto) *s. f.* **1.** Vestidura en que se envuelve un cadáver para enterrarlo. **2.** *Amér.* Hoja de papel de fumar. SIN. **1.** Sudario. FAM. Amortajar. MUERTO.

mortaja[2] (del fr. *mortaise*) *s. f.* Hueco hecho en una cosa para poder encajar algo. SIN. Muesca, entalladura.

mortal (del lat. *mortalis*) *adj.* **1.** Que ha de morir. **2.** Que produce o puede producir la muerte: *El accidente fue mortal.* **3.** Propio de un muerto o semejante a él: *una palidez mortal.* **4.** Se dice de las pasiones, relaciones, etc., en que se llega a desear la muerte de otro: *un odio mortal.* **5.** Muy fatigoso, angustioso o pesado: *La subida a pie fue mortal.* **6.** Muy fuerte o intenso. || *s. m.* **7.** El hombre. **SIN. 1.** Perecedero, efímero. **2.** Mortífero, letal. **3.** Cadavérico. **5.** Insufrible, agotador. **5.** y **6.** Espantoso, horrible. **6.** Impresionante. **7.** Persona, criatura. **ANT. 1.** Inmortal. **2.** Vital. **5.** Grato. **6.** Ligero. **FAM.** Mortalidad, mortalmente. / Inmortal. MUERTE.

mortalidad (del lat. *mortalitas, -atis*) *s. f.* **1.** Cualidad de mortal. **2.** En demografía, relación entre el número de muertes y la población total en un lugar y tiempo determinados. ■ Se llama también *tasa de mortalidad.* **ANT. 1.** Inmortalidad.

mortandad *s. f.* Gran cantidad de muertes causadas por una catástrofe. **SIN.** Hecatombe, matanza.

mortecino, na (del lat. *morticinus*) *adj.* Que no tiene fuerza, energía o viveza: *una iluminación mortecina.* **SIN.** Apagado, tenue, agonizante.

mortero (del lat. *mortarium*) *s. m.* **1.** Utensilio formado por un recipiente y un mazo para machacar en él semillas, especias, etc. **2.** Mezcla de cemento, arena y agua que se utiliza como material de construcción. **3.** Arma de artillería de gran calibre y corto alcance. **4.** Máquina semejante para lanzar cohetes y otros artificios pirotécnicos. **SIN. 1.** Almirez. **2.** Argamasa. **FAM.** Morterazo.

mortífero, ra (del lat. *mortiferus*, de *mors, mortis*, muerte, y *ferre*, llevar) *adj.* Que ocasiona o puede ocasionar la muerte. **SIN.** Mortal, fatal.

mortificación *s. f.* Acción de mortificar y aquello que mortifica: *Para mí, madrugar es una mortificación.* **SIN.** Tortura, suplicio, sufrimiento. **ANT.** Gusto, placer.

mortificar (del lat. *mortificare*) *v. tr.* **1.** Castigar físicamente el cuerpo como penitencia o sacrificio. Se usa más como *v. prnl.* **2.** Producir dolor, inquietud, remordimiento, etc. También *v. prnl.*: *No te mortifiques, no pudiste evitarlo.* ■ Delante de *e* se escribe *qu* en lugar de *c*: *mortifique.* **SIN. 1.** Disciplinar(se), macerar(se). **2.** Angustiar(se), inquietar(se). **ANT. 2.** Tranquilizar(se). **FAM.** Mortificación, mortificador, mortificante. MUERTE.

mortuorio, ria (del lat. *mortuus*, muerto) *adj.* Relativo a un muerto o a las honras funerarias que por él se hacen. **SIN.** Fúnebre.

morueco *s. m.* Carnero padre o que se ha utilizado para la fecundación de las ovejas.

mórula *s. f.* Estadio del desarrollo del embrión en que éste está formado por una masa esférica de células.

moruno, na *adj.* De los moros: *té moruno.*

mosaico (del ital. *mosaico*, y éste del gr. *museios*, relativo a las musas, artístico) *s. m.* **1.** Técnica artística que consiste en encajar sobre una superficie pequeñas piezas de materiales diversos, cuyo conjunto forma un dibujo. **2.** Obra obtenida mediante esta técnica. **3.** Cualquier cosa formada por elementos diversos: *El país era un mosaico de razas y culturas.*

mosaico, ca (del lat. *mosaicus*, y éste de *Moses*, Moisés) *adj.* Relativo a Moisés. **FAM.** Mosaísmo.

mosaísmo *s. m.* Conjunto de preceptos y enseñanzas que Dios dio al pueblo de Israel a través de Moisés.

mosca (del lat. *musca*) *s. f.* **1.** Insecto díptero del que existen numerosas especies. La más común mide entre 6 y 8 mm de longitud, posee aparato bucal picador chupador, un par de alas y seis patas con capacidad adherente. **2.** Pequeña barba formada por el vello que crece entre el labio inferior y la barbilla. **3.** *fam.* Dinero: *soltar, aflojar la mosca.* **4.** *fam.* Persona pesada y molesta. **5.** En boxeo, categoría en que se incluyen los púgiles cuyo peso no sobrepasa los 51 kg. || *adj.* **6.** *fam.* Que sospecha o está inquieto por alguna cosa: *Tus idas y venidas le tienen mosca.* **7.** *fam.* Enfadado: *Sigue mosca conmigo.* || **8. mosca de la carne** Moscarda*. **9. mosca de la fruta** Drosófila*. **10. mosca muerta** *fam.* Persona que bajo apariencia apocada e inocente se comporta de forma muy diferente. ■ Se usa mucho en diminutivo: *Fíate tú de las mosquitas muertas.* **11. mosca tsé-tsé** Insecto díptero con apariencia de mosca común, que tiene boca chupadora dotada de aparato perforador. Habita en África tropical y con su picadura transmite la enfermedad del sueño. || **LOC. como moscas** *adv. fam.* Con verbos como *caer, morir*, etc., en gran número. **picarle** a uno **la mosca** *fam.* Inquietarse de pronto por algo; también, enfadarse de repente. ■ Con este último significado se usa sobre todo en forma interrogativa: *¿Qué mosca os ha picado?* **por si las moscas (pican)** *adv. fam.* Por si acaso. **tener o (estar con) la mosca detrás de la oreja** *fam.* Tener cierta sospecha o recelo. **SIN. 3.** Pasta, guita. **4.** Moscón, moscardón. **6.** Mosqueado, escamado. **7.** Enojado, irritado. **FAM.** Moscarda, moscardón, mosco, moscón, mosquear, mosquete, mosquito. / Amoscarse, espantamoscas, matamoscas, papamoscas, pegamoscas.

moscarda *s. f.* Insecto díptero de 8 mm de longitud, que tiene piezas bucales chupadoras y se alimenta de líquidos superficiales. **SIN.** Moscardón.

moscardón *s. m.* **1.** Insecto díptero que mide entre 12 y 15 mm de longitud, tiene color pardo oscuro y es muy velloso. **2.** Moscarda. **3.** *fam.* Persona pesada e impertinente. **SIN. 3.** Moscón.

moscatel (del cat. *moscatell*, y éste del ár. *misk*, almizcle) *adj.* **1.** Se aplica a una variedad de uva muy dulce y olorosa. También *s. f.* **2.** Se aplica al viñedo que la produce y al vino que se obtiene de ella. También *s. m.*

mosco *s. m. fam.* Mosquito*.

moscón *s. m.* **1.** Insecto díptero parecido a la mosca, pero de mayor tamaño. **2.** *fam.* Persona molesta y pesada. **SIN. 2.** Moscardón. **FAM.** Mosconear. MOSCA.

mosconear *v. intr.* Andar curioseando y estorbando. **SIN.** Mariposear, revolotear. **FAM.** Mosconeo. MOSCÓN.

moscovita *adj.* **1.** De Moscú. También *s. m.* y *f.* || *s. f.* **2.** Mineral de mica, silicato de color blanco, estructura hojosa y exfoliación perfecta, que se presenta en todo tipo de rocas.

mosén (del cat. *mossèn*, mi señor) *s. m.* Tratamiento que se daba a los clérigos y a los nobles de segunda clase.

mosqueado, da 1. *p.* de **mosquear**. También *adj.* || *adj.* **2.** Lleno de motas o pintas.

mosquear *v. tr.* **1.** *fam.* Hacer que alguien sospeche. También *v. prnl.*: *Me mosqueó ver la luz encendida a esas horas.* **2.** *fam.* Hacer que alguien se moleste o se enfade. También *v. prnl.*: *Se mosquea por cualquier cosa.* **SIN. 1.** Recelar, escamar(se). **2.** Amoscarse, molestarse. **FAM.** Mosqueado, mosqueo. MOSCA.

mosquete (del ital. *moschetto*, y éste del lat. *musca*, mosca) *s. m.* Antigua arma de fuego más larga y de mayor calibre que el fusil. **FAM.** Mosquetazo, mosquetero, mosquetón. MOSCA.

mosquetero *s. m.* Soldado armado de mosquete.

mosquetón *s. m.* **1.** Carabina corta. **2.** Anilla que se abre o se cierra mediante un muelle.

mosquitera o **mosquitero** *s. f.* o *m.* **1.** Tipo de cortina que, colocada alrededor de la cama, impide que pasen mosquitos. **2.** Tela metálica o de otro material que se pone en puertas y ventanas para que no entren insectos. **3.** Objeto con forma de paleta que se utiliza para espantar insectos. **SIN. 3.** Matamoscas.

mosquito *s. m.* Insecto díptero de cuerpo esbelto, de 3 a 4 mm de longitud, patas largas y dos alas transparentes. La hembra presenta un órgano bucal perforador, prolongado por delante de la cabeza, con el que chupa la sangre de los mamíferos. **FAM.** Mosquitera, mosquitero. MOSCA.

mosso d'esquadra (cat.) *s. m.* Miembro del cuerpo de la policía autonómica catalana.

mostacera o **mostacero** *s. f.* o *m.* Recipiente para servir la mostaza en la mesa.

mostacho (del ital. *mostacchio*, y éste del gr. *mystax*, labio superior, bigote) *s. m.* Bigote, especialmente cuando es muy espeso.

mostaza *s. f.* **1.** Planta herbácea crucífera que mide entre 50 cm y 1 m de altura, tiene hojas grandes, alternas y dentadas, flores amarillas en racimo y frutos en silicua. **2.** Semilla de esta planta. **3.** Salsa hecha con estas semillas. **FAM.** Mostacera, mostacero, mostazal. MOSTO.

mosto (del lat. *mustum*) *s. m.* Zumo de uva u otros frutos antes de fermentar. **FAM.** Mostaza.

mostrador (del lat. *monstrator, -oris*) *s. m.* Mesa o tablero en que se despachan las mercancias a los compradores o se sirven consumiciones.

mostrar (del lat. *monstrare*) *v. tr.* **1.** Poner algo a la vista o dejarlo ver de forma involuntaria. **2.** Dar alguien a conocer una determinada cualidad o estado de ánimo. **3.** Dar explicaciones sobre cierta cosa. || **mostrarse** *v. prnl.* **4.** Comportarse de determinada manera: *Se muestra muy amable.* ■ Es v. irreg. Se conjuga como *contar*. **SIN. 1.** Presentar; exhibir. **1.** y **2.** Demostrar, manifestar. **1.** y **3.** Enseñar. **3.** Explicar, indicar. **4.** Portarse, estar. **ANT. 1.** Ocultar. **2.** Disimular. **FAM.** Mostrable, mostrador, muestra. / Demostrar.

mostrenco, ca *adj.* **1.** Se dice de los bienes muebles que por no tener dueño conocido pasan a ser del Estado. **2.** *fam.* Poco inteligente. También *s. m.* y *f.* **3.** Se aplica a la persona gorda y pesada. También *s. m.* y *f.* **SIN. 2.** Zoquete, majadero. **ANT. 2.** Listo. **3.** Delgado, ágil.

mota *s. f.* **1.** Porción muy pequeña de alguna cosa. **2.** Defecto insignificante de algo. **3.** Pequeña elevación en un terreno llano. **SIN. 1.** Brizna, ápice. **2.** Imperfección, tara. **FAM.** Moteado, motear.

mote[1] (del fr. *mot*, palabra) *s. m.* **1.** Sobrenombre. **2.** Antiguamente, frase que adoptaban los caballeros como lema. **SIN. 1.** Apodo. **2.** Divisa. **FAM.** Motejar, motete.

mote[2] (del quechua *mutti*) *s. m. Amér.* Maíz cocido con sal.

moteado, da 1. *p.* de **motear**. También *adj.*: *una blusa moteada.* || *s. m.* **2.** Acción de motear. **3.** Dibujo de motas: *el moteado de la piel del leopardo.*

motear *v. tr.* Poner motas a algo, especialmente a una tela, para embellecerla y darle variedad.

motejar *v. tr.* Aplicar calificativos despectivos. **SIN.** Tachar, tildar. **FAM.** Motejador, motejo. MOTE[1].

motel (del ingl. *motorists' hotel*) *s. m.* Hotel situado al lado de una carretera, destinado a alojar viajeros de paso.

motero, ra *s. m.* y *f.* Persona muy aficionada a montar en moto y a todo lo relacionado con el motociclismo. **SIN.** Motorista.

motete (del occitano *motet*) *s. m.* Breve pieza musical de tema religioso. **FAM.** Véase **mote**[1].

motilidad *s. f.* Capacidad que tienen los seres vivos de moverse como respuesta a determinados estímulos. **FAM.** Véase **motor**.

motilón, na (del dial. *motilar*, cortar el pelo, y éste del lat. *mutilare*, cercenar) *adj.* **1.** Que tiene poco pelo. También *s. m.* y *f.* **2.** Se aplica a una tribu amerindia que habita en Colombia y Venezuela. También *s. m.* y *f.* || *s. m.* **3.** Lego de un convento. **SIN. 1.** Pelón, rapado. **FAM.** Véase **mutilar**.

motín (del ant. fr. *mutin*, de *muete*, rebelión, y éste del bajo lat. *movita*, movimiento) *s. m.* Levantamiento contra la autoridad establecida. **SIN.** Amotinamiento, rebelión. **FAM.** Amotinar.

motivación *s. m.* **1.** Motivo, causa. **2.** Ánimo o estímulo para hacer algo. **SIN. 2.** Acicate.

motivar *v. tr.* **1.** Dar motivo o razón para alguna cosa. **2.** Animar a alguna cosa, hacer que alguien se interese por ella. También *v. prnl.* **SIN. 1.** Causar, originar, fundamentar. **2.** Estimular(se), incitar. **ANT. 2.** Desanimar. **FAM.** Motivación, motivador. / Desmotivar, inmotivado. MOTIVO.

motivo (del lat. tardío *motivus*, de *movere*, mover) *s. m.* **1.** Aquello que hace que alguien actúe de cierta forma o que algo ocurra o sea de una determinada manera. **2.** En mús., melodía principal de una composición. **3.** Dibujo o figura que se repite en una decoración. **SIN. 1.** Motivación, móvil. **FAM.** Motivar. MOTOR.

moto *s. f.* **1.** *acort.* de **motocicleta**. || **2. moto náutica** Vehículo parecido a una moto sin ruedas para desplazarse por el agua. || **LOC. como una moto** *fam.* Muy nervioso, inquieto o rápido, generalmente por tener muchas cosas que hacer. ■ Se usa con verbos como *estar, ir, venir*. **estar como una moto** *fam.* Estar loco. **FAM.** Motero. MOTOCICLETA.

moto- (del lat. *motus*, movido) *pref.* Significa 'movido por motor': *motocicleta, motonave.*

motocarro *s. m.* Vehículo de tres ruedas y motor destinado a transportar mercancía poco pesada.

motocicleta (de *moto-* y el lat. *cyclus*, círculo) *s. f.* Vehículo de dos ruedas movido por motor de explosión. **FAM.** Moto, motociclismo. MOTOCICLO.

motociclismo *s. m.* Deporte que se practica con motocicletas en diversas modalidades y competiciones. ■ Se dice también *motorismo*. **FAM.** Motociclista. MOTOCICLETA.

motociclo *s. m.* Vehículo de dos ruedas con motor. **FAM.** Motocicleta.

motocine *s. m.* Cine al aire libre en el que los espectadores pueden ver películas desde su propio vehículo.

motocross (de *moto* y el ingl. *cross country*, a campo través) *s. m.* Modalidad del motociclismo, que consiste en carreras por un circuito de terreno irregular y accidentado.

motocultivador o **motocultor** *s. m.* Arado de pequeño tamaño provisto de motor y utilizado para labores agrícolas simples.

motoesquí *s. m.* Moto provista de esquís, que se desliza por la nieve. También *s. f.* ■ Su pl. es *motoesquís*, aunque también se utiliza *motoesquíes*.

motonáutica *s. f.* Deporte de navegación con embarcaciones de motor. **FAM.** Motonáutico. MOTONAVE.

motonave *s. f.* Embarcación impulsada por motor. **FAM.** Motonáutica. NAVE.

motopropulsión *s. f.* Impulso que produce un motor.

motor, ra (del lat. *motor, -oris*) *adj.* **1.** Que produce movimiento. También *s. m.* ■ Como adj., el femenino admite también la forma *motriz*: *causa motriz.* **2.** Que hace que algo funcione o se desarrolle. También *s. m.*: *Las exportaciones son el motor de esa empresa.* **3.** En anat., se aplica al nervio que conduce los impulsos desde los centros nerviosos a los efectores. || *s. m.* **4.** Máquina o dispositivo capaz de producir energía mecánica a partir de otro tipo de energía. || *s. f.* **5.** Pequeña embarcación provista de esta máquina o dispositivo. **SIN.** **1.** y **2.** Impulsor, propulsor. **FAM.** Motilidad, motivo, motorismo, motorizar, motriz. / Aeromotor, automotor, bimotor, ciclomotor, cuatrimotor, electromotor, heliomotor, locomotor, servomotor, trimotor, turbomotor, vasomotor, velomotor.

motorismo *s. m.* Motociclismo*. **FAM.** Motorista. MOTOR.

motorista *s. m.* y *f.* **1.** Persona que conduce una motocicleta. **2.** Persona que practica el motorismo. **3.** Agente de tráfico que va sobre una motocicleta. **SIN.** **1.** y **2.** Motociclista.

motorizar *v. tr.* **1.** Dotar de motor a una máquina, vehículo, sistema, servicio, etc. También *v. prnl.* || **motorizarse** *v. prnl.* **2.** Adquirir una persona un automóvil, moto, etc. ■ Delante de *e* se escribe *c* en lugar de *z*: *motorice.* **FAM.** Motorización, motorizado. MOTOR.

motorola (nombre comercial registrado) *s. f.* Teléfono portátil, sobre todo, el que se lleva en el automóvil.

motosierra *s. f.* Sierra con motor, como la que se utiliza para talar árboles.

motovelero *s. m.* Embarcación de vela provista de motor.

motricidad *s. f.* **1.** Capacidad para moverse o producir movimiento. **2.** Propiedad de ciertos centros nerviosos para producir una contracción en un músculo. **3.** Capacidad de los músculos para excitarse o contraerse ante determinados estímulos. **FAM.** Psicomotricidad. MOTRIZ.

motriz *adj.* Que produce movimiento: *fuerzas motrices.* ■ Es el femenino de *motor.* Se dice también *motora.* **FAM.** Motricidad. MOTOR.

motu proprio (lat.) *loc. adv.* **1.** Voluntariamente. || *s. m.* **2.** Documento o acto legislativo que el papa promulga por propia iniciativa.

mountain bike (ingl.) *s. f.* Bicicleta de montaña, con ruedas gruesas especialmente adaptadas para transitar por terrenos no asfaltados.

mousse (fr., significa 'espuma') *s. f.* Crema batida de aspecto esponjoso, elaborada con diversos productos comestibles: *mousse de chocolate.*

mouton (fr., significa 'cordero') *s. m.* Piel de cordero curtida, con la que se fabrican prendas de abrigo.

movedizo, za *adj.* **1.** Fácil de mover. **2.** Poco firme o estable: *arenas movedizas.* **3.** Que se mueve o se agita constantemente. **SIN.** **1.** Movible. **2.** Inestable, inseguro. **ANT.** **1.** Inmóvil.

mover (del lat. *movere*) *v. tr.* **1.** Hacer que un cuerpo o parte de él cambie de lugar o posición. También *v. prnl.*: *La sombra se mueve con el sol.* **2.** Agitar, menear. **3.** Hacer que algo marche o funcione: *El motor mueve la máquina.* **4.** Hacer que algo vaya más rápido o sea más eficaz: *mover un asunto.* **5.** Motivar o impulsar a hacer algo: *Su pobreza me movió a ayudarle.* **6.** Provocar, desencadenar: *Su desgracia mueve a compasión.* **7.** Comunicar a alguien entusiasmo o interés: *Es un cantante que mueve masas.* || **moverse** *v. prnl.* **8.** Preocuparse por hacer lo necesario para conseguir o resolver algo. **9.** Desenvolverse en un determinado ambiente, actividad, etc. ■ Es v. irreg. **SIN.** **1.** Trasladar(se), desplazar(se). **2.** Remover, agitar. **3.** Accionar. **3.** y **4.** Activar. **4.** Acelerar, estimular. **5.** Motivar, incitar. **6.** Promover, desatar. **7.** Enardecer, electrizar. **8.** Trajinar, maniobrar. **9.** Valerse, componérselas. **ANT.** **1.** Inmovilizar. **4.** Retardar. **7.** Aburrir. **FAM.** Movedizo, movible, movido, móvil, movimiento. / Amovible, conmover, inamovible, moción, motor, mueble, promover, remover, semoviente.

MOVER		
INDICATIVO	**SUBJUNTIVO**	**IMPERATIVO**
Presente	**Presente**	
muevo	*mueva*	
mueves	*muevas*	*mueve*
mueve	*mueva*	
movemos	*movamos*	
movéis	*mováis*	*moved*
mueven	*muevan*	

movible *adj.* **1.** Que puede moverse o ser movido. **2.** Variable: *una fiesta movible.* **SIN.** **1.** y **2.** Móvil. **ANT.** **1.** y **2.** Inmóvil, inamovible.

movido, da **1.** *p.* de **mover**. También *adj.* || *adj.* **2.** Activo, ajetreado: *Ha tenido una mañana muy movida.* **3.** Borroso: *la foto salió movida.* || *s. f.* **4.** *fam.* Ambiente de diversión: *la movida madrileña.* **5.** *fam.* Situación que produce puntualmente mucho desorden o animación: *la movida de los exámenes.* **SIN.** **2.** Agitado, dinámico. **5.** Follón, lío. **ANT.** **2.** Sosegado.

móvil (del lat. *mobilis*) *adj.* **1.** Que puede moverse o ser movido. **2.** Se aplica a un tipo de teléfono portátil de reducido tamaño. Se usa mucho como *s. m.* **3.** Que tiene poca estabilidad. || *s. m.* **4.** Motivo o razón: *Nadie conoce el móvil del asesinato.* **5.** Objeto compuesto por diferentes elementos o figuras que se mueven por la acción del viento o mediante algún dispositivo. **SIN.** **1.** Movible. **4.** Causa, motivación. **ANT.** **1.** Inmóvil. **FAM.** Movilidad, movilizar. / Automóvil, inmóvil, locomóvil. MOVER.

movilizar *v. tr.* **1.** Poner en movimiento o actividad a un grupo de personas. También *v. prnl.* **2.** Incorporar a alguien a las filas del ejército. ■ Delante de *e* se escribe *c* en lugar de *z*: *movilice.* **FAM.** Movilización. / Desmovilizar. MÓVIL.

movimiento *s. m.* **1.** Acción de mover o moverse. **2.** Cambio de posición o de lugar en el espacio respecto al observador u otro punto o sistema de referencia. **3.** Circulación de personas, animales o cosas. **4.** Conjunto de operaciones que se realizan en ciertas actividades humanas: *movimiento bursátil.* **5.** Variación u operación que tiene lugar en relaciones numéricas como estadísticas, cuentas, balances, etc. **6.** Conjunto de manifestaciones artísticas, culturales, sociales o políticas que comparten ideas, fines y características comunes. **7.** Rebelión, revolución, alzamiento. **8.** En mús., velocidad del tiempo. **9.** Animación y variedad en el estilo, en una composición literaria, etc. **SIN.** **1.** Meneo, oscilación, sacudida. **2.** Desplazamiento, traslado. **3.** Tráfico, flujo. **6.** Corriente, tendencia. **7.** Revuelta, motín. **ANT.** **3.** Inmovilidad, reposo.

moviola (nombre comercial registrado) *s. f.* Máquina empleada en los estudios cinematográficos y de televisión para proyectar las imágenes, regulando el movimiento de acuerdo con las necesidades del montador o del locutor.

mozalbete (de *mozo* y *albo*, blanco, por la falta de bigote) *s. m.* Joven de pocos años. **SIN.** Muchacho, mozuelo, chaval.

mozambiqueño, ña *adj.* De Mozambique. También *s. m.* y *f.*

mozárabe (del ár. *mustarib*, arabizado) *adj.* **1.** Se dice de los cristianos que vivían en los territorios musulmanes de la península Ibérica y de lo relacionado con ellos: *rito mozárabe.* También *s. m.* y *f.* || *s. m.* **2.** Lengua romance hablada por los mozárabes. **FAM.** Mozarabismo. ÁRABE.

mozarabismo *s. m.* **1.** Palabra, expresión o significado procedente del mozárabe. **2.** Característica propia de los mozárabes.

mozo, za *adj.* **1.** Joven, especialmente si permanece soltero. También *s. m.* y *f.* || *s. m.* y *f.* **2.** Persona que trabaja en tareas modestas, como faenas domésticas, recados, etc., que no necesitan conocimientos especiales. **3.** *fam.* Precedido de adj. como *buen*, *real* o *guapo*, designa a una persona de buena presencia. || *s. m.* **4.** Camarero. **5.** Joven llamado al servicio militar. || **6. mozo de estoques** El que está al servicio de un torero y cuida de sus espadas. **SIN. 1.** Muchacho, mozalbete. **2.** Criado, aprendiz. **5.** Recluta. **ANT. 1.** Adulto. **FAM.** Mocear, mocedad, moceril, mocerío, mocetón, mocito, mozalbete, mozuelo. / Aeromoza, remozar.

mozzarella (ital.) *s. f.* Queso fresco de color blanco y sabor suave que se suele elaborar con leche de búfala.

mu *onomat.* Representa la voz del toro o la vaca. || **LOC. no decir** alguien **ni mu** *fam.* Callar, especialmente cuando se debería hablar.

muaré *s. m.* Moaré*.

mucamo, ma *s. m.* y *f. Amér.* Criado, sirviente.

muceta (del bajo lat. *almucia*) *s. f.* Especie de capa corta, abotonada por delante, usada por los clérigos y por los doctores universitarios.

muchacho, cha *s. m.* y *f.* **1.** Joven o adolescente. **2.** *fam.* Se emplea también para referirse a personas de cualquier edad, especialmente como vocativo: *Bueno, muchacho, me alegro de verte.* || *s. f.* **3.** Criada doméstica. **SIN. 1.** Chaval, mozo, mozuelo. **1.** y **2.** Chico. **3.** Chica, doncella. **ANT. 1.** Adulto, viejo. **FAM.** Muchachada, muchachería. / Chacha, chacho.

muchedumbre (del lat. *multitudo, -inis*) *s. f.* Grupo o conjunto numeroso, especialmente de personas. **SIN.** Multitud, masa, gentío.

mucho, cha (del lat. *multus*) *adj. indef.* **1.** Que es abundante, numeroso, o más numeroso o intenso de lo habitual. También *pron.*: *Pueblos hay muchos, pero ninguno como éste.* ■ Cuando es adjetivo, se antepone siempre al sustantivo: *mucho dinero, mucho calor.* || *adv. c.* **2.** En gran cantidad o en alto grado. ■ Delante de adverbios con idea de comparación, los refuerza: *Vendió mucho más que tú.* **3.** A veces, en la conversación, se usa como afirmación: *¿Te gustó la película? Mucho.* **4.** Con algunos tiempos del verbo *ser*, seguido de *que*, expresa lo raro o infrecuente de lo que se expresa después: *Mucho sería que nos tocara la lotería.* || *adv. t.* **5.** Denota largo tiempo o duración: *¿Hace mucho que esperas?* || **LOC. como mucho** *adv.* A lo sumo, como máximo: *Tendrá, como mucho, veinte años.* **muy mucho** *adv.* Muchísimo: *Te guardarás muy mucho de tocarme.* **ni con mucho** *adv.* Indica la gran diferencia que existe entre dos personas o cosas: *No le llega ni con mucho a la suela del zapato.* **ni mucho menos** *adv.* Niega rotundamente algo que otro afirma o da por supuesto: *Eso no es así, ni mucho menos.* **por mucho que** *conj.* Aunque: *Por mucho que protestes, no te harán caso.* **SIN. 1.** Cuantioso, inmenso, sobrado, demasiado. **1.** y **3.** Bastante. **ANT. 1.** Escaso. **1.**, **3.** y **5.** Poco. **FAM.** Muchedumbre. / Amuchamiento, múltiple, multitud, muy.

mucílago o **mucilago** (del lat. *mucilago*, mucosidad) *s. m.* **1.** Sustancia viscosa que se halla en algunos vegetales. **2.** Sustancia viscosa producto de la disolución de goma en agua. **FAM.** Mucilaginoso. MOCO.

mucolítico, ca (del lat. *mucus*, moco, y el gr. *lysis*, disolución) *adj.* Que sirve para disolver o eliminar el moco: *fármaco mucolítico.* También *s. m.*

mucosidad (del lat. *mucus*) *s. f.* Secreción viscosa, de la misma naturaleza del moco, que es elaborada por las glándulas de alguna mucosa.

mucoso, sa (del lat. *muccosus*) *adj.* **1.** Parecido al moco. **2.** Que tiene o segrega mucosidad. **3.** Se aplica a la capa o membrana de tejido epitelial, que recubre por dentro los conductos y cavidades del cuerpo que comunican de alguna forma con el exterior, y que segrega mucosidad. También *s. f.* **FAM.** Mucosidad.

muda *s. f.* **1.** Acción de mudar o cambiar. **2.** Conjunto de ropa interior que se utiliza y se cambia de una vez. **3.** Proceso y época en que los animales renuevan total o parcialmente el tejido que los recubre. **SIN. 1.** Alteración.

mudable (del lat. *mutabilis*) *adj.* Que cambia o muda con facilidad: *un carácter mudable.* **SIN.** Mudadizo, mutable, cambiante, inconstante, tornadizo, voluble, inestable. **ANT.** Inmutable, estable, constante.

mudanza *s. f.* **1.** Acción de mudar o mudarse, en especial cambiar de domicilio y trasladar los enseres. **2.** Cambio de ideas, actitud, sentimientos, etc. **3.** En los bailes y danzas, conjunto de movimientos que se hacen a compás. **SIN. 2.** Inconstancia.

mudar (del lat. *mutare*) *v. tr.* **1.** Cambiar de aspecto, estado, naturaleza, etc. También *v. intr.* **2.** Renovar los animales la piel, pelo o pluma. También *v. intr.* **3.** Trasladar de lugar. **4.** Variar o modificar algo, especialmente un criterio, una actitud o un sentimiento. También *v. intr.*: *Yo no he mudado de opinión.* || **mudarse** *v. prnl.* **5.** Cambiarse de ropa, generalmente por otra limpia. **6.** Cambiarse de vivienda, habitación, etc. **SIN. 1.** Transformar(se), alterar, mutar(se). **3.** Llevar, mover. **ANT. 1.** Permanecer, quedarse. **3.** Dejar. **FAM.** Muda, mudable, mudadizo, mudamiento, mudanza. / Demudar, mutar.

mudéjar (del ár. *mudeyyen*, aquel a quien se le ha permitido quedarse) *adj.* **1.** Se dice de los musulmanes que vivían en los reinos cristianos de la península Ibérica. También *s. m.* y *f.* **2.** En arq., se aplica a un estilo con influencias árabes que floreció en la península Ibérica entre los s. XIII y XV.

mudez *s. f.* Incapacidad para hablar, que puede ser congénita o adquirida por lesiones cerebrales, trastornos emocionales o psíquicos, etc. **FAM.** Tartamudez. MUDO.

mudo, da (del lat. *mutus*) *adj.* **1.** Que no puede hablar por algún tipo de incapacidad o lesión. También *s. m.* y *f.* **2.** Silencioso, callado: *Permaneció mudo toda la reunión.* **3.** Que no tiene diálogo o sonido: *cine mudo.* **4.** En ling., se aplica a la letra o signo que no se pronuncia, p. ej., en español, la *h.* **5.** Que no tiene nada escrito: *mapa mudo.* **SIN. 2.** Taciturno. **ANT. 1.** Hablante. **2.** Locuaz, hablador, parlanchín. **4.** Sonoro. **FAM.** Mudez. / Enmudecer, mutis, sordomudo.

mueble (del lat. *mobilis*) *adj.* **1.** Se aplica a aquellos bienes que se pueden trasladar. También *s. m.* || *s. m.* **2.** Cada uno de los objetos movibles que equipan y adornan una casa, oficina, etc., como las camas, sillas, mesas, etc. **ANT. 1.** Inmueble, raíz. **FAM.** Mueblista. / Amueblar, guardamuebles, inmueble, mobiliario, moblaje. MOVER.

mueca *s. f.* Gesto del rostro que expresa algún tipo de sentimiento o sensación. ■ Si no aparece matizado, se supone de burla: *Los chicos nos hacían muecas detrás del cristal.* **SIN.** Mohín, visaje.

muecín *s. m.* Almuecín*.

muela (del lat. *mola*) *s. f.* **1.** Cada uno de los dientes de los extremos de la mandíbula, más anchos que el resto, cuya función es triturar el alimento. **2.** En los molinos, rueda de piedra que gira sobre otra que está fija para triturar el grano. **3.** Disco de piedra de asperón que se hace girar para afilar armas y herramientas. **4.** En geog., pequeña llanura elevada y aislada. || **5. muela del juicio** La situada al final de la dentadura, que sale en edad adulta. **FAM.** Molar[2]. / Amolar, sacamuelas. MOLER.

muelle[1] (del lat. *moles*) *s. m.* **1.** En los puertos de mar y de río, construcción a orilla del agua en que se realizan las operaciones de carga y descarga. **2.** En las estaciones de ferrocarril, plataforma alta, situada a la misma altura que el suelo de los vagones, para facilitar la carga y descarga de los trenes. **SIN. 1.** Embarcadero.

muelle[2] (del lat. *mollis*) *adj.* **1.** Blando, cómodo, fácil: *Lleva una vida muelle.* || *s. m.* **2.** Dispositivo elástico, generalmente de metal y de forma helicoidal o espiral, que soporta grandes deformaciones y tiende a recuperar su forma inicial desarrollando una fuerza considerable. **SIN. 1.** Confortable, regalado, placentero, agradable. **2.** Resorte. **ANT. 1.** Duro, sacrificado. **FAM.** Muellemente, mullir.

muérdago (del lat. *mordicus*, mordedor) *s. m.* Arbusto perenne de tallo verde amarillento, hojas coriáceas, flores que brotan en grupos de tres y frutos en forma de baya de color blanco amarillento, que generalmente crece sobre la corteza de un árbol.

muerdo *s. m. fam.* Mordisco, bocado: *Dio un muerdo al bocadillo.*

muermo (del lat. *morbus*, enfermedad) *s. m.* **1.** Enfermedad contagiosa de las caballerías. **2.** *fam.* Estado de aburrimiento, pesadez o somnolencia. **3.** *fam.* Lo que produce este estado: *¡Qué muermo de fiesta!* **SIN. 2.** Sopor, tedio. **3.** Tostón, rollo. **ANT. 2.** Animación. **FAM.** Amuermar.

muerte (del lat. *mors, mortis*) *s. f.* **1.** Final de la vida. **2.** Acto de matar: *Le dieron muerte.* **3.** Figura que personifica la muerte, generalmente un esqueleto con una guadaña. **4.** Destrucción, fin, desaparición: *Esa derrota supuso la muerte del imperio.* || **5. muerte súbita** En tenis, juego excepcional que se disputa cuando existe un empate a seis juegos, con el fin de decidir en el mismo el set y evitar que éste se prolongue. || **LOC. a muerte** *adj.* y *adv.* Se aplica al enfrentamiento que sólo cesa cuando muere uno de los contendientes: *El duelo fue a muerte.* Con odio o antipatía muy intensos: *Se odian a muerte.* **de mala muerte** *adj. fam.* Malo, pobre o de mal aspecto. **de muerte** *adj.* Se usa como intensificador; muy grande, muy bueno: *Hace un frío de muerte. Este pastel está de muerte. Me dieron un susto de muerte.* **SIN. 1.** Defunción, fallecimiento, óbito, deceso. **2.** Homicidio, asesinato. **4.** Ruina, caída. **ANT. 1.** y **4.** Nacimiento. **4.** Surgimiento. **FAM.** Mortal, mortandad, mortecino, mortífero, mortificar, mortuorio. MORIR.

muerto, ta (del lat. *mortuus*) **1.** *p.* irreg. de **morir**. || *adj.* **2.** Que no tiene vida. **3.** Que no tiene actividad, animación, vistosidad, energía o pasión: *En invierno este pueblo está muerto.* **4.** *fam.* Cansado, agotado: *Este ajetreo me ha dejado muerto.* **5.** Seguido de ciertas expresiones como *de risa, de miedo*, etc., intensifica lo que éstas expresan en quien lo experimenta: *Su suerte nos dejó muertos de envidia.* || *s. m.* y *f.* **6.** Persona que ha dejado de vivir. || *s. m.* **7.** *fam.* Encargo, tarea, etc., ingrata, molesta o comprometida: *Me tocó el muerto de decírselo al jefe.* **8.** *fam.* Persona muy pesada y aburrida: *Esa amiga tuya es un muerto.* || *s. m. pl.* **9.** Precedido de un adjetivo posesivo, se refiere a los familiares ya fallecidos de una persona. || **10. muerto de hambre** *desp.* Persona pobre. || **LOC. cargarle** a uno **el muerto** *fam.* Echarle a alguien la culpa de algo: *Le cargó el muerto a su compañero para librarse del castigo.* **hacer el muerto** Dejarse uno flotar boca arriba en el agua. **no tener donde caerse muerto** *fam.* Ser muy pobre. **¡tus muertos!** *excl.* Expresión injuriosa contra alguien. **SIN. 1.** y **2.** Fallecido, extinto. **2.** y **6.** Finado, difunto. **3.** Exangüe, marchito, triste. **4.** Roto, deslomado, reventado. **6.** Cadáver, víctima. **7.** Engorro, mochuelo. **ANT. 3.** Vivo, bullicioso, vital. **4.** Descansado. **FAM.** Mortaja[1]. MORIR.

muesca *s. f.* **1.** Hueco o raja que se hace en una cosa para encajar otra en ella: *Las tablas tienen unas muescas para ensamblarlas.* **2.** Corte hecho en algo como señal. **SIN. 1.** Ranura. **2.** Mella, hendidura, incisión.

muesli (del al. hablado en Suiza, *Müesli*) *s. m.* Alimento compuesto por cereales, frutos secos y frutas deshidratadas, que puede mezclarse con la leche u otros productos. Se suele tomar en el desayuno.

muestra *s. f.* **1.** Parte que se separa de un conjunto y que se considera representativa del mismo. **2.** Pequeña cantidad de un producto o una mercancía que se ofrece gratuitamente para mostrar su calidad o sus propiedades. **3.** Parte de algo que se extrae para analizarla, someterla a pruebas, etc. **4.** En estadística, selección de datos elegidos al azar, considerados representativos del conjunto al que pertenecen. **5.** Modelo que se debe copiar o imitar. **6.** Exposición o feria: *una muestra de maquinaria agrícola.* **7.** Señal, prueba, demostración: *Nos recibió con muestras de afecto.* **8.** Rótulo u objeto que se pone en el exterior de los comercios para indicar la actividad que desarrollan. **9.** En la caza, parada que hace el perro para indicar que ha encontrado la pieza, antes de levantarla. **SIN. 1.** Ejemplar, espécimen. **5.** Ejemplo. **7.** Indicio. **FAM.** Muestrario, muestreo. MOSTRAR.

muestrario *s. m.* **1.** Colección o relación de muestras de un producto comercial. **2.** Conjunto variado dentro de un mismo tipo de personas o cosas: *En el café se reunía todo un muestrario de personajes pintorescos.* **SIN. 2.** Surtido.

muestreo *s. m.* **1.** Selección de las muestras más representativas de un conjunto para observar las características del mismo. **2.** Técnica empleada en dicha selección.

muflón (del fr. *mouflon*) *s. m.* Mamífero bóvido de 1 m de altura aproximadamente, parecido al carnero doméstico pero provisto de pelo largo; el macho es de color castaño con la parte inferior blanca y presenta grandes cuernos curvados hacia atrás. Habita en sierras y montes de países mediterráneos.

muftí (ár.) *s. m.* Doctor del Islam. ■ Su pl. es *muftíes*, aunque también se utiliza *muftís*.

mugido *s. m.* Sonido que hacen el toro, la vaca y otros bóvidos.

mugir *v. intr.* **1.** Producir mugidos el toro o la vaca. **2.** Producir un sonido parecido otros animales, el viento, el mar, etc. ■ Delante de *a* y *o* se escribe *j* en lugar de *g*: *muja*. **SIN. 1.** y **2.** Bramar. **2.** Rugir. **FAM.** Mugido.

mugre (del lat. *mucor, -oris*, moho, de *mucere*, enmohecerse) *s. f.* Suciedad, generalmente grasienta: *La cocina está llena de mugre*. **SIN.** Porquería, cochambre, pringue, roña. **FAM.** Mugriento.

mugriento, ta *adj.* Lleno de mugre. También *s. m.* y *f.*

mujer (del lat. *mulier, -eris*) *s. f.* **1.** Persona de sexo femenino. **2.** Persona de este sexo cuando alcanza la edad adulta: *Tu hija ya está hecha una mujer*. **3.** Esposa: *Nos presentó a su mujer*. || **4. mujer de rompe y rasga** La de carácter fuerte y enérgico. **5. mujer de su casa** La dedicada al cuidado del hogar. **6. mujer objeto** La que, por su comportamiento y su aspecto, se adapta de un modo subordinado al hombre y a la imagen que tradicionalmente se le ha asignado. **7. mujer pública (de vida alegre, de la vida, de mala vida)** Prostituta. || **LOC. tomar mujer** Tomar como esposa, casarse. **SIN. 1.** Fémina. **3.** Señora. **FAM.** Mujeriego, mujeril, mujerío, mujerona, mujeruca, mujerzuela.

mujeriego *adj.* Se dice del hombre aficionado a las mujeres. También *s. m.*

mujerona *s. f.* Mujer alta y corpulenta.

mujerzuela *s. f. desp.* Mujer de mala vida. **SIN.** Prostituta, puta.

mujik (ruso) *s. m.* En la Rusia zarista, campesino pobre.

mújol (del lat. *mugil, -ilis*) *s. m.* Pez teleósteo marino de cuerpo alargado, cabeza aplastada con un opérculo a cada lado, labios muy gruesos, aletas pélvicas y dos aletas dorsales, la anterior con cuatro radios; es muy apreciado en alimentación. **SIN.** Lisa.

muladar *s. m.* **1.** Sitio donde se tira el estiércol o la basura. **2.** Lugar muy sucio: *Esta habitación está hecha un muladar*. **SIN. 1.** Vertedero, albañal, basurero, estercolero. **2.** Pocilga.

muladí (del ár. *muwalladin*, de *muwallad*, adoptado, mestizo) *adj.* Durante la dominación musulmana en España, cristiano que se convertía al islamismo. También *s. m.* y *f.* ■ Su pl. es *muladíes*, aunque también se utiliza *muladís*.

mular *adj.* Del mulo o de la mula.

mulato, ta (de *mulo*, por analogía en la mezcla de razas) *adj.* Hijo de negro y blanca o viceversa. También *s. m.* y *f.* **SIN.** Mestizo. **FAM.** Amulatado. MULO.

muleta (de *mula*, por servir de apoyo al cojo) *s. f.* **1.** Especie de bastón para ayudarse a andar apoyándolo en la axila o el antebrazo. **2.** Lo que sirve de ayuda o apoyo a alguien o algo. **3.** En tauromaquia, paño rojo sujeto a un palo que se utiliza para torear al toro en el último tercio de la lidia. **SIN. 2.** Sostén. **FAM.** Muletilla. MULO.

muletilla *s. f.* **1.** Antigua muleta de toreo, más pequeña que la actual. **2.** Palito o botón alargado que, atado al extremo de un cordón, se pasa por una presilla para abrochar algo. **3.** Palabra o frase innecesaria que se repite a menudo en la conversación por costumbre o como apoyo al hablar. **SIN. 3.** Coletilla, latiguillo.

muleto, ta *s. m.* y *f.* Mulo o mula joven y sin domar.

muletón (del fr. *molleton*, y éste del lat. *mollis*, blando, suave) *s. m.* Tela gruesa de lana o algodón que se utiliza en algunas prendas y especialmente como protección de la mesa debajo del mantel, de la cuna debajo de la sábana, o para planchar sobre ella.

mulillas *s. f. pl.* Tiro de mulas, generalmente engalanadas, que arrastran a los toros y caballos muertos en una corrida de toros.

mulita *s. f.* **1.** *Amér. del S.* Armadillo*. **2.** *Chile fam.* Insecto que se desplaza por la superficie del agua.

mullir (del lat. *mollire*, ablandar) *v. tr.* **1.** Ahuecar una cosa para que quede más blanda y esponjosa. **2.** Cavar la tierra alrededor de las vides para ablandarla y ahuecarla. ■ Es v. irreg. **SIN. 1.** Esponjar. **ANT. 1.** Apelmazar. **FAM.** Mullido. / Emoliente, mole[1], molicie, molificar, molla, mollar, mollera, molusco, muletón. MUELLE[2].

MULLIR	
GERUNDIO	
mullendo	
INDICATIVO	
Pretérito perfecto simple	
mullí	*mullimos*
mulliste	*mullisteis*
mulló	*mulleron*
SUBJUNTIVO	
Pretérito imperfecto	**Futuro**
mullera, -ese	*mullere*
mulleras, -eses	*mulleres*
mullera, -ese	*mullere*
mulléramos, -ésemos	*mulléremos*
mullerais, -eseis	*mullereis,*
mulleran, -esen	*mulleren*

mulo, la (del lat. *mulus*) *s. m.* y *f.* **1.** Mamífero híbrido resultante del cruce de caballo y asno. Es un animal generalmente estéril, de mayor tamaño que el asno, con cabeza amplia y orejas y cuello largos, muy resistente y fuerte, por lo que se utiliza como bestia de carga. **2.** *fam.* Persona muy bruta o muy terca: *No razones con él, es una mula*. ■ La forma femenina se utiliza frecuentemente como genérico. **FAM.** Mulada, mular, mulato, mulero, muleta, muleto, mulillas.

multa (del lat. *multa*) *s. f.* **1.** Castigo que se pone por un delito, falta, infracción, etc., y que consiste en pagar una cantidad de dinero. **2.** Papel o recibo en que consta dicho castigo. **FAM.** Multar.

multar *v. tr.* Poner una multa: *Le multaron por exceso de velocidad*.

multi- (del lat. *multus*, mucho) *pref.* Significa 'varios' o 'mucho': *multiriesgo, multiuso, multipropiedad*.

multicentro *s. m.* Galería comercial formada por un conjunto de tiendas diversas.

multicine *s. m.* Cine que cuenta con varias salas de proyección.

multicolor *adj.* Que tiene muchos colores.

multicopiar *v. tr.* Hacer copias de un documento por medio de multicopista. **FAM.** Multicopiado. COPIAR.

multicopista *adj.* Se dice de la máquina capaz de reproducir una o más copias de un texto, un dibujo, etc. También *s. f.*

multicultural *adj.* Que refleja la coexistencia de varias culturas. **FAM.** Multiculturalismo. CULTURA.

multiculturalismo *s. m.* Coexistencia de varias culturas.

multidisciplinar o **multidisciplinario, ria** *adj.* Relacionado con varias disciplinas.

multifuncional *adj.* Que puede tener diferentes funciones: *mobiliario multifuncional.*

multigrado *adj.* Se aplica al aceite lubricante de motores que no sufre alteración de sus propiedades con los cambios de temperatura.

multimedia (ingl.) *adj.* **1.** Se aplica al sistema de reproducción o difusión de información que integra imágenes, sonido y texto: *ordenador multimedia.* También *s. m.* **2.** Se dice de los grupos empresariales que integran varios medios de comunicación. ■ No varía en *pl.*

multimillonario, ria *adj.* Que posee una fortuna de muchos millones. También *s. m.* y *f.*

multinacional *adj.* **1.** De varias naciones: *tratado multinacional.* **2.** Se aplica a la empresa o grupo de empresas cuyos intereses y actividades se extienden a varios países. También *s. f.*

multípara (de *multi-* y el lat. *parere*, parir) *adj.* **1.** Se aplica a la hembra que tiene varías crías en un mismo parto. **2.** Se dice de la mujer que ha tenido más de un parto.

múltiple (del lat. *multiplex, -icis*) *adj.* Complejo, con distintas unidades, partes o acciones, o que ocurre muchas veces. **SIN.** Plural, variado, diverso, innumerable. **ANT.** Simple, único, contado. **FAM.** Multiplicar, multiplicidad, múltiplo. MUCHO.

multiplicación (del lat. *multiplicatio, -onis*) *s. f.* **1.** Aumento de varias veces la cantidad de algo. **2.** Operación aritmética que consiste en sumar de forma directa y abreviada un número, llamado multiplicando, tantas veces como indica otro número, llamado multiplicador, y cuyo resultado se denomina producto. || **3. multiplicación vegetativa** Forma de reproducción asexual de las plantas que consiste en la producción de nuevos individuos a partir de la zona somática del predecesor. **SIN. 1.** Incremento. **ANT. 1.** Disminución. **2.** División.

multiplicador, ra (del lat. *multiplicator, -oris*) *adj.* **1.** Que multiplica. También *s. m.* y *f.* **2.** Factor matemático que indica las veces que se ha de sumar el multiplicando para obtener el producto de una multiplicación. También *s. m.* || *s. m.* **3.** En los proyectiles, sustancia detonante que, activada por el cebo, prende la carga explosiva. **ANT. 1.** Divisor.

multiplicando (del lat. *multiplicandus*) *adj.* Factor matemático que debe sumarse tantas veces como indica el multiplicador para dar el producto en la multiplicación. También *s. m.*

multiplicar (del lat. *multiplicare*) *v. tr.* **1.** Aumentar varias veces el número o la cantidad de algo: *Con la nueva dirección multiplicaron sus ventas.* También *v. prnl.* **2.** Efectuar la operación matemática de la multiplicación. || **multiplicarse** *v. prnl.* **3.** Reproducirse los seres vivos: *Los roedores se multiplican con gran facilidad.* **4.** Esforzarse alguien en atender muchas ocupaciones o tareas a la vez: *Se multiplica para atender su trabajo, la casa y los niños.* ■ Delante de *e* se escribe *qu* en lugar de *c*: *multiplique.* **SIN. 1.** Incrementar, redoblar, elevar. **4.** Desvivirse. **ANT. 1.** Reducir. **2.** Dividir. **FAM.** Multiplicable, multiplicación, multiplicador, multiplicando, multiplicativo. / Desmultiplicar. MÚLTIPLE.

multiplicativo, va *adj.* Se dice del numeral que indica multiplicación, como *doble* o *triple.*

multiplicidad (del lat. *multiplicitas, -atis*) *s. f.* **1.** Gran variedad: *la multiplicidad de la naturaleza.* **2.** Gran número o cantidad: *la multiplicidad de funciones de un ordenador.* **SIN. 1.** Pluralidad, heterogeneidad. **2.** Multitud, abundancia. **ANT. 1.** Simplicidad, unicidad. **2.** Pobreza, escasez.

múltiplo, pla (del lat. *multiplus*) *adj.* En mat., se dice del número o cantidad que contiene exactamente a otro dos o más veces. **FAM.** Submúltiplo. MÚLTIPLE.

multipropiedad *s. f.* **1.** Sistema de propiedad de un inmueble, según el cual varios propietarios se reparten su disfrute de acuerdo con determinadas condiciones. **2.** Inmueble sometido a este régimen.

multipuesto *adj.* Multiusuario*.

multirracial *adj.* Relacionado con varias razas: *origen multirracial de una población.*

multirriesgo *adj.* Se aplica a la póliza de seguro que cubre muchos accidentes.

multisectorial *adj.* Relacionado con varios sectores, particularmente de una actividad.

multisecular *adj.* De hace varios siglos: *una tradición multisecular.*

multitarea *adj.* Se aplica al sistema informático que puede ejecutar varios procesos simultáneamente.

multitud (del lat. *multitudo, -inis*) *s. f.* **1.** Cantidad muy elevada de personas o cosas: *Has tenido multitud de ocasiones para hablarle.* **2.** Particularmente, conjunto numeroso de personas reunidas en un lugar: *Habló a la multitud desde el balcón.* **3.** La gente en general. **SIN. 1.** Profusión, infinidad, abundancia. **2.** Muchedumbre, gentío. **3.** Masa, vulgo, pueblo, público. **ANT. 1.** Escasez. **FAM.** Multitudinario. MUCHO.

multitudinario, ria *adj.* Que reúne o forma una multitud: *una fiesta multitudinaria.* **SIN.** Concurrido. **ANT.** Desierto.

multiuso *adj.* Que tiene varios usos: *un limpiador multiuso.* **FAM.** Multiusuario. USO.

multiusuario *adj.* Se dice del sistema informático que puede ser utilizado al mismo tiempo por varios usuarios. **SIN.** Multipuesto.

mundanal *adj.* Mundano*.

mundano, na (del lat. *mundanus*) *adj.* **1.** Del mundo como sociedad humana: *Rechazó los honores mundanos para retirarse a un monasterio.* **2.** De la alta sociedad, de su lujo, sus diversiones, etc.: *crónicas mundanas.* **SIN. 1.** Mundanal, terrenal. **2.** Frívolo. **ANT. 1.** Espiritual. **FAM.** Mundanal, mundanamente. MUNDO.

mundial (del lat. *mundialis*) *adj.* **1.** Relativo a todo el mundo: *guerra mundial.* || *s. m.* **2.** Competición deportiva en la que participan representantes de países de todo el mundo: *mundial de fútbol.* **SIN. 1.** Universal. **FAM.** Mundialista. MUNDO.

mundialista *adj.* Se dice del deportista que ha participado en un mundial. También *s. m.* y *f.*

mundillo *s. m.* **1.** Círculo formado por determinada clase social, profesión, etc., en que se desenvuelve normalmente un grupo limitado de personas: *el mundillo de los toros.* **2.** Almohadilla cilíndrica que se emplea para hacer encaje de bolillos. **SIN. 1.** Mundo, ambiente.

mundo (del lat. *mundus*) *s. m.* **1.** Conjunto de todo cuanto existe. **2.** La Tierra y, p. ext., otros planetas y sistemas planetarios: *No sabemos si hay vida en otros mundos.* **3.** Cada una de las partes, reales o imaginarias, en que puede dividirse todo cuanto existe: *el mundo de los sueños.* **4.** La humanidad entera o parte de la misma, caracterizada por un momento histórico determinado o por otra circunstancia o cualidad: *el mundo clásico.* **5.** La sociedad humana, especialmente en cuanto hace referencia a la vida, la actividad y las relaciones de sus miembros: *Es demasiado joven para lanzarse al mundo.* **6.** Vida seglar por oposición a la monástica y religiosa. **7.** Conjunto limitado de personas que comparten una actividad, una posición social, etc. **8.** Experiencia de la vida o desenvoltura en el trato con las personas distinguidas: *un hombre de mundo.* || **9. el fin del mundo** Lugar muy lejano. Se emplea también para referirse a situaciones muy difíciles: *¡Hijo, tampoco es el fin del mundo!* **10. el Mundo Antiguo** o **el Viejo Mundo** El conocido antes del descubrimiento de América, es decir, Europa, Asia y África. **11. el Nuevo Mundo** América. **12. el otro mundo** Lo que se supone que hay tras la muerte. **13. el Tercer Mundo** Conjunto de los países menos desarrollados de la Tierra. **14. medio mundo** Mucha gente: *Medio mundo estaba en la fiesta.* || **LOC. caérsele** (o **venírsele**) a uno **el mundo encima** Desmoralizarse ante las dificultades. **desde que el mundo es mundo** *adv.* Desde siempre. **echar al mundo** Parir, crear. **no ser** algo **nada del otro mundo** Ser vulgar y corriente. **vivir en otro mundo** Andar abstraído, despistado, sin enterarse de nada. **SIN. 1.** Universo. **7.** Mundillo, círculo, ambiente. **8.** Mundología. **FAM.** Mundano, mundial, mundillo, mundología, mundovisión. / Submundo, tercermundista, trasmundo, trotamundos.

mundología *s. f.* En sentido irónico o humorístico, experiencia del mundo y en el trato con personas. **SIN.** Mundo.

mundovisión *s. f.* Red de televisión integrada por numerosos países del mundo.

munición (del lat. *munitio, -onis*) *s. f.* **1.** Conjunto de provisiones y material de guerra de los ejércitos. Se usa más en *pl.* **2.** Cartuchos, proyectiles, etc., de las armas de fuego: *Dispararon hasta agotar las municiones.* **SIN. 1.** Pertrechos. **2.** Bala, carga. **FAM.** Municionamiento, municionar.

municipal (del lat. *municipalis*) *adj.* **1.** Del municipio o dependiente del mismo: *la piscina municipal.* **2.** Se dice del cuerpo de policía que depende de un ayuntamiento, así como de sus miembros. También *s. m.* y *f.*: *Me multó un municipal.*

municipalidad *s. f.* El municipio como organismo administrativo. **SIN.** Ayuntamiento, corporación.

municipalizar *v. tr.* Hacer que un servicio público que estaba en manos privadas pase a depender del municipio. ■ Delante de *e* se escribe *c* en lugar de *z*. **FAM.** Municipalización. MUNICIPIO.

municipio (del lat. *municipium*) *s. m.* **1.** División administrativa menor del Estado regida por un solo organismo, propia de España y de países hispanoamericanos. **2.** Término o territorio que comprende. **3.** Conjunto de vecinos de este término. **4.** Organismo que administra dicho término y la corporación que lo dirige, compuesta por un alcalde y varios concejales. **SIN. 4.** Ayuntamiento. **FAM.** Municipal, municipalidad, municipalizar.

munificencia (del lat. *munificentia*) *s. f.* Generosidad muy espléndida. **SIN.** Liberalidad, prodigalidad. **ANT.** Mezquindad. **FAM.** Munificente, munífico.

muñeca *s. f.* **1.** Parte del brazo humano donde la mano se articula con el antebrazo. **2.** *fam.* Mujer frívola o superficial, generalmente joven y atractiva. || **LOC. tener muñeca** *Arg., Bol., Chile, Par.* y *Urug. fam.* Tener contactos o relaciones influyentes. **FAM.** Muñequear, muñequera, muñequilla. MUÑECO.

muñeco, ca *s. m.* y *f.* **1.** Figura con forma humana o animal, de madera, plástico, etc., usada fundamentalmente como juguete. **2.** Niño muy guapo: *Su hermano pequeño es un muñeco.* || *s. m.* **3.** Hombre que se deja manejar por los demás. **SIN. 3.** Pelele, monigote. **FAM.** Muñeca.

muñeira (del gall. *muiñeira*, molinera) *s. f.* Canto y baile popular gallego que se acompaña con la gaita, el pandero y el tamboril.

muñequear *v. intr.* **1.** En esgrima, hacer juego de muñeca. **2.** *Arg., Par.* y *Urug.* Mover influencias para lograr algo.

muñequera *s. f.* Tira de cuero, venda, banda elástica, etc., con que se aprieta la muñeca, sobre todo en la práctica deportiva.

muñequilla *s. f.* Pieza de trapo que se emplea para estarcir o barnizar.

muñir (del lat. *monere*, avisar, amonestar) *v. tr.* Arreglar o amañar un asunto: *muñir una votación.* ■ Es v. irreg. Se conjuga como *mullir.* **SIN.** Manipular. **FAM.** Muñidor.

muñón *s. m.* Trozo que queda de un miembro o un órgano cuando ha sido amputada o cortada una parte del mismo: *el muñón de un brazo.*

mural (del lat. *muralis*) *adj.* **1.** Del muro: *espesor mural.* **2.** Que se extiende sobre un muro y cubre gran parte del mismo: *pintura mural.* || *s. m.* **3.** Obra pictórica, decorativa, informativa, etc., que se coloca sobre una pared. **FAM.** Muralismo, muralista. MURO.

muralismo *s. m.* Arte o técnica de realizar murales: *Diego Rivera es uno de los principales representantes del muralismo mexicano.*

muralla (del ital. *muraglia* y éste del lat. *muralia*, murales) *s. f.* Muro muy grueso que solía construirse alrededor de una ciudad, una fortaleza, etc., para protegerla de los ataques enemigos. **FAM.** Murallón. / Amurallar. MURO.

murcianismo *s. m.* **1.** Voz o expresión propia del español hablado en la región de Murcia. **2.** Amor o afición a esta región y a lo relacionado con ella.

murciano, na *adj.* De la comunidad de Murcia o de su capital. También *s. m.* y *f.* **FAM.** Murcianismo.

murciélago (de *murciégalo*, y éste del lat. *mus, muris*, ratón, y de *caecus*, ciego) *s. m.* Mamífero volador, que tiene un ala que une los últimos cuatro dedos de las extremidades anteriores, el cuerpo, la base de las patas posteriores y la cola. De costumbres nocturnas, se guía en la oscuridad mediante la emisión de ondas que capta tras rebotar en los objetos. Habita mayoritariamente en los países cálidos y permanece en letargo durante el invierno.

murga *s. f.* **1.** Banda de músicos callejeros y desafinados. **2.** *fam.* P. ext., lata, incordio, cosa pesada o molesta: *¡Vaya murga de discurso!* ■ Se usa sobre todo con el verbo *dar*. SIN. **2.** Tostón, fastidio, peñazo. FAM. Murguista.

murgón *s. m.* Cría de salmón. ■ Se llama también *esguín*.

murmullo (del lat. *murmurium*) *s. m.* Sonido continuo, suave y confuso. SIN. Susurro, rumor, murmureo.

murmuración (del lat. *murmuratio, -onis*) *s. f.* Comentario malintencionado y malicioso sobre algo o alguien que no está presente. SIN. Crítica, calumnia, chisme, maledicencia. ANT. Elogio.

murmurador, ra *adj.* Que murmura en contra de alguien o de algo. También *s. m.* y *f.*

murmurar (del lat. *murmurare*) *v. intr.* **1.** Hablar mal de algo o de alguien que no está presente, generalmente con mala intención: *Las comadres murmuran de todo el barrio.* **2.** Hablar alguien en voz baja y apenas sin vocalizar, generalmente quejándose de algo. También *v. tr.*: *¿Qué andas murmurando?* **3.** Producir un sonido continuo y suave: *El viento murmura entre los árboles.* SIN. **1.** Criticar, calumniar. **2.** Mascullar, farfullar. **3.** Susurrar. ANT. **1.** Elogiar, adular. FAM. Murmullo, murmuración, murmurador, murmurón.

murmurón, na *adj. Amér.* Murmurador, chismoso. También *s. m.* y *f.*

muro (del lat. *murus*) *s. m.* **1.** Pared gruesa. **2.** Muralla. Se usa mucho en *pl.*: *Escalaron los muros del castillo.* FAM. Mural, muralla, murar. / Extramuros, intramuros.

murria *s. f.* **1.** Tristeza, melancolía. **2.** Mal humor. SIN. **1.** Depresión, abatimiento. **2.** Disgusto, enfado. ANT. **1.** y **2.** Alegría. FAM. Murrio.

murrio, rria *adj.* Melancólico o disgustado. SIN. Mustio, mohíno. ANT. Alegre, contento.

mus (del vasc. *mux* o *mus*, y éste del fr. *mouche*, mosca) *s. m.* **1.** Juego de naipes y de envite que se practica entre dos parejas y consta de diversas suertes en las que resulta esencial la compenetración de los compañeros. **2.** Palabra con la que, en este juego, un jugador señala que desea descartarse.

musa (del gr. *musa*) *s. f.* **1.** En la mitología grecolatina, cada una de las diosas que protegían las ciencias y las artes. **2.** Inspiración de un poeta. **3.** P. ext., la poesía lírica. || *s. f. pl.* **4.** Las artes y las ciencias humanísticas. SIN. **2.** Numen. **4.** Letras. FAM. Música.

musaraña (del lat. *musaraneus*, de *mus*, ratón, y *araneus*, araña) *s. f.* Mamífero insectívoro de tamaño muy pequeño, hocico afilado, orejas ocultas, pelaje de tonalidad rojiza y patas anteriores más pequeñas que las posteriores y con garras. Es un carnívoro de gran voracidad, que extermina animales dañinos para los cultivos. || LOC. **pensar** uno **en las musarañas** *fam.* Estar distraído o despistado, sin prestar atención.

musculación *s. f.* Desarrollo de los músculos.

musculatura *s. f.* **1.** Conjunto de los músculos del cuerpo. **2.** Grado de desarrollo de los mismos.

músculo (del lat. *musculus*) *s. m.* **1.** Cada uno de los órganos formados por tejido elástico capaz de contraerse, que junto con los huesos y cartílagos constituyen el aparato locomotor del hombre y los animales. || *s. m. pl.* **2.** Musculatura: *Levanta pesas para hacer músculos.* FAM. Musculación, muscular, musculatura, musculoso. / Intramuscular.

musculoso, sa (del lat. *musculosus*) *adj.* **1.** Formado por tejido muscular: *órgano musculoso.* **2.** Que tiene los músculos muy desarrollados o marcados. ANT. **2.** Esmirriado.

museístico, ca *adj.* Relacionado con los museos.

muselina (del fr. *mousseline*) *s. f.* Tela muy fina y transparente, de algodón, seda u otros materiales.

museo (del lat. *museum*, y éste del gr. *museion*, lugar dedicado a las musas) *s. m.* **1.** Lugar o edificio donde se recogen y ordenan colecciones de objetos científicos o de arte para su estudio y exposición al público, así como la institución que lo dirige. **2.** P. ext., lugar en el que hay numerosas obras de arte: *Esta ciudad medieval es un auténtico museo.* FAM. Museístico, museografía, museología, museológico, museólogo.

museografía *s. f.* Conjunto de conocimientos relacionados con el funcionamiento de los museos. FAM. Museográfico, museógrafo. MUSEO.

museógrafo, fa *s. m.* y *f.* Especialista en museografía.

museología *s. f.* Ciencia que trata de los museos, especialmente, en lo referente a su organización y funcionamiento.

muserola (del ital. *museruola*, de *muso*, hocico) *s. f.* Correa de la brida que rodea el morro del caballo y sirve para sujetar el bocado.

musgo (del lat. *muscus*) *adj.* **1.** Se aplica a las plantas briofitas que poseen células especializadas para el transporte de sustancias, sin llegar a formar tejidos conductores; se reproducen por alternancia de generaciones y crecen sobre los árboles, las rocas y los edificios formando una especie de alfombra. También *s. m.* || *s. m. pl.* **2.** Clase de estas plantas. FAM. Musgoso.

music-hall (ingl.) *s. m.* Teatro de variedades que alterna números musicales con cómicos, ilusionistas, bailarines, acróbatas, etc.

música (del gr. *musike*) *s. f.* **1.** Arte de combinar sonidos para producir un efecto estético o expresivo: *Estudia música.* **2.** Serie o combinación de sonidos según ciertas reglas: *Se oye música en esa casa.* **3.** Composición u obra musical: *Él escribe la música y la letra.* **4.** Conjunto de compositores y obras musicales de una época, estilo, país, etc.: *la música negra.* || **5. música ambiental** Música suave que se utiliza en locales públicos y otros recintos para crear un atmósfera agradable. **6. música clásica** La de tradición culta, especialmente la sinfónica y de cámara, caracterizada por la gran complejidad y riqueza de su forma. **7. música de fondo** La que se utiliza, p. ej., en el cine, acompañando escenas, diálogos, etc., y contribuye a describir situaciones y estados de ánimo. **8. música disco** Música pensada para bailar en las discotecas. **9. música instrumental** La que se compone sólo para instrumentos. **10. música ligera** La creada para el gran público, generalmente de melodía y letra pegadizas. **11. música vocal** La destinada a ser interpretada por voces, solas o acompañadas de instrumentos. || LOC. **con la música a otra parte** *adv. fam.* Se dice para despedir a alguien que molesta o estorba: *Si no ayudas, te puedes marchar con la música a otra parte.* FAM. Musicable, musical, musicar, músico, musicología, musicólogo, musicomanía, musiquero, musiquilla. MUSA.

musical *adj.* **1.** De la música o relacionado con ella: *escala musical.* **2.** Que tiene o produce música: *instrumento musical.* **3.** Particularmente, se dice de la obra teatral o cinematográfica con música, canciones y, a veces, números de baile: *Estrenó un musical en Londres.* También *s. m.* **4.** Se aplica al sonido agradable al oído: *voz musical.* SIN. **1.** Músico. **4.** Melodioso. ANT. **4.** Desafinado. FAM. Musicalidad, musicalmente. MÚSICA.

musicar *v. tr.* Poner música a un texto: *Este intérprete ha musicado varios poemas de García Lorca.* ■ Delante de *e* se escribe con *qu* en lugar de *c*: *musique.*

músico, ca (del lat. *musicus*, y éste del gr. *mousikos*, de las musas) *adj.* **1.** De la música o relacionado con ella: *instrumento músico.* || *s. m.* **2.** Persona que toca un instrumento musical, especialmente si lo hace de manera profesional. **3.** Persona que compone música: *Falla, Granados, Albéniz y otros famosos músicos españoles.* **SIN. 1.** Musical. **2.** Intérprete. **3.** Compositor. **FAM.** Musicastro, musicógrafo. MÚSICA.

musicógrafo, fa (del gr. *musikós*, poético, musical, y *-grafo*) *s. m.* y *f.* Persona que escribe tratados acerca de la música.

musicología *s. f.* Estudio científico de la teoría y la historia de la música.

musicomanía (del gr. *musikós*, musical, poético, y *-manía*) *s. f.* Melomanía*. **FAM.** Musicómano. MÚSICA.

musiquero *s. m.* Mueble especial para guardar partituras o libros de música.

musiquilla (*dim.* de *música*) *s. f.* **1.** Música sencilla y facilona. **2.** Tonillo o deje de la voz.

musitar (del lat. *mussitare*) *v. intr.* Hablar muy bajo, casi sin voz. También *v. tr.*: *musitar una oración.* **SIN.** Susurrar, bisbisar. **ANT.** Vocear, gritar.

muslamen *s. m. fam.* Los muslos de la mujer, especialmente los gruesos o bien formados.

muslera *s. f.* Protección de material elástico para el muslo.

muslo (del lat. *musculus*, músculo) *s. m.* **1.** Parte de la pierna comprendida entre la cadera y la rodilla. **2.** Parte correspondiente en las patas de los animales: *muslo de pollo.* **FAM.** Muslamen, muslera.

mustang (ingl.) *s. m.* Caballo salvaje que vive en praderas de Norteamérica. ■ Se dice también *mustango.*

mustélido (del lat. *mustela*, comadreja) *adj.* **1.** Se aplica a los mamíferos carnívoros de pequeño tamaño, con patas cortas provistas de cinco dedos, cola de longitud diversa y dentadura con tan sólo dos molares en la mandíbula superior, como la nutria, el tejón, la comadreja, etc. También *s. m.* || *s. m. pl.* **2.** Familia de estos mamíferos.

musteriense (de *Moustier*, localidad de Francia) *adj.* De una cultura prehistórica desarrollada por el hombre de neanderthal durante el paleolítico medio, que se caracteriza por su industria lítica tallada mediante percusión con retoque de bordes. También *s. m.* y *f.*

mustio, tia (del lat. vulg. *mustidus*, húmedo, viscoso) *adj.* **1.** Se aplica a las plantas y flores de aspecto flojo y estropeado: *Los geranios están mustios por falta de agua.* **2.** P. ext., se dice de las cosas que han perdido rigidez o dureza. **3.** Triste, melancólico: *Me quedé mustio tras la despedida.* **SIN. 1.** Marchito, ajado. **1.** y **2.** Lacio. **2.** y **3.** Lánguido. **3.** Abatido, deprimido. **ANT. 1.** Lozano. **2.** Tieso. **3.** Animado. **FAM.** Mustiamente, mustiarse.

musulmán, na (del persa *musulman*, y éste del ár. *muslim*) *adj.* **1.** Seguidor de la religión de Mahoma. También *s. m.* y *f.* **2.** De esta religión o relacionado con ella. **SIN. 1.** y **2.** Mahometano. **2.** Islámico. **FAM.** Hispanomusulmán.

mutación (del lat. *mutatio, -onis*) *s. f.* **1.** Acción y resultado de mutar o cambiar. **2.** Alteración genética repentina e irreversible producida en los cromosomas de un ser vivo, que da lugar a un carácter nuevo que se transmite a los descendientes según las leyes normales de la herencia. **3.** Cambio provocado por dicha alteración genética. **4.** Cada uno de los cambios de decoración que se ejecutan en la representación de una obra teatral. **5.** Variación notable de temperatura o del estado del tiempo. **SIN. 1.** Transformación, mudanza.

mutante *adj.* **1.** Que muda. **2.** Cromosoma que ha surgido por mutación de otro preexistente.

mutar (del lat. *mutare*) *v. tr.* Mudar, transformar. También *v. prnl.* ■ Es palabra culta. **FAM.** Mutabilidad, mutable, mutación, mutante. / Conmutar, inmutar, permutar, transmutar. MUDAR.

mutatis mutandis (lat.) *expr.* Cambiando lo que se deba cambiar.

mutilación (del lat. *mutilatio, -onis*) *s. f.* **1.** Acción de mutilar o mutilarse. **2.** Miembro o parte mutilada. **SIN. 1.** y **2.** Amputación.

mutilar (del lat. *mutilare*) *v. tr.* **1.** Cortar, arrancar o quitar una parte del cuerpo a un ser vivo: *La máquina le mutiló la mano.* También *v. prnl.* **2.** Cortar o suprimir a algo una o varias partes importantes: *La censura mutiló su obra.* **SIN. 1.** Amputar, cercenar, lisiar. **FAM.** Mutilación, mutilado. / Motilón.

mutis (del occitano *mutus*, y éste del lat. *mutus*, mudo) *s. m.* **1.** En teatro, acción de salir de la escena un actor. **2.** P. ext., acción de marcharse o retirarse alguien de cualquier otro lugar. || **LOC. hacer mutis por el foro** Marcharse o retirarse discretamente, sin llamar la atención. ■ No varía en *pl.* **SIN. 2.** Salida. **ANT. 1.** y **2.** Entrada, aparición. **FAM.** Mutismo. MUDO.

mutismo (del lat. *mutus*, mudo) *s. m.* **1.** Actitud de permanecer callado: *Los periodistas chocaron con el mutismo de las autoridades.* **2.** Mudez. **SIN. 1.** Silencio, reserva.

mutua *s. f.* Mutualidad*: *mutua benéfica.*

mutualidad *s. f.* **1.** Cualidad de mutuo. **2.** Tipo de asociación en que sus miembros aportan una cantidad de dinero con la que se atienden determinadas necesidades de cualquiera de ellos: *Mutualidad de Ayuda en Carretera.* **SIN. 1.** Reciprocidad. **2.** Mutua. **FAM.** Mutualismo, mutualista. MUTUO.

mutualismo *s. m.* Forma de asociación de dos seres vivos de especies distintas, de la que ambos obtienen beneficio.

mutualista *adj.* **1.** Relativo a una mutualidad. || *s. m.* y *f.* **2.** Accionista o socio de una mutualidad.

mutuo, tua (del lat. *mutuus*) *adj.* Que se hace, se da o se dirige a otro y, a su vez, se recibe de éste: *La simpatía entre ambos era mutua.* **SIN.** Recíproco. **FAM.** Mutua, mutualidad, mutuamente.

muy (del lat. *multum*) *adv. c. apóc.* de **mucho.** ■ Se emplea ante adj., participios, adv. y loc. adv. para expresar un grado mayor de su significado: *muy verde, muy pronto, muy deprisa.* A veces se usa antepuesto a sustantivos, o incluso a pron. si éstos toman valor de adj.: *muy hombre, muy suyo.*

muyahidin (ár.) *s. m. pl.* En el Islam, combatientes de la *yihad* o guerra santa. ■ Su forma sing. es *muyahid.*

my (del gr. *my*) *s. f.* Nombre de la duodécima letra del alfabeto griego, que corresponde a nuestra *m.* ■ La letra mayúscula se escribe *M* y la minúscula μ.

n *s. f.* Decimocuarta letra del abecedario español y undécima de sus consonantes. Su articulación es nasal alveolar sonora y su nombre es *ene*.

naba (del lat. *napa*, nabo) *s. f.* **1.** Planta herbácea de la familia crucíferas, de hojas gruesas y ásperas, flores pequeñas amarillas y raíz carnosa, amarilla o rojiza, usada en alimentación. **2.** Raíz de esta planta.

nabi (fr., deriva del ár. *nabi*, profeta) *adj.* De una escuela pictórica francesa de finales del s. XIX, cuyas obras se caracterizan por la simplificación de la línea, la supresión del modelado, la tendencia al arabesco y el gusto por los temas históricos y mitológicos. También *s. m.*

nabiza *s. f.* Hoja tierna del nabo. Se usa sobre todo en *pl.*

nabo (del lat. *napus*) *s. m.* **1.** Planta herbácea de la familia de las crucíferas, de hojas grandes y lobuladas, raíz carnosa, generalmente blanca, y flores amarillas. **2.** Raíz comestible de esta planta. **3.** *vulg.* Pene. **FAM.** Naba, nabal, nabar, nabiza.

naboría (taíno) *s. f.* **1.** En los primeros tiempos de la conquista de América, sistema por el que se distribuían los indígenas como criados. || *s. m.* y *f.* **2.** Indígena sometido a este sistema. **SIN. 2.** Naborí. **FAM.** Naborí.

nácar *s. m.* Sustancia dura y blanca con irisaciones, presente en la parte interna de la concha de los moluscos, que se utiliza para fabricar objetos de adorno. **FAM.** Nacarado, nacarino. / Anacarado.

nacarado, da *adj.* **1.** Que tiene el color o el brillo del nácar. **2.** Que está adornado con nácar.

nacatamal (del náhuatl *nacatl*, carne, y *tamalli*, tamal) *s. m. Amér. C.* y *Méx.* Tamal relleno de carne de cerdo.

nacer (del lat. *nascere*) *v. intr.* **1.** Salir un ser del vientre de la madre si es vivíparo, de un huevo si es ovíparo o de una semilla si se trata de un vegetal. **2.** Salir al exterior algo formado en el interior de otra cosa, como p. ej. las hojas, los frutos, el pelo, etc. **3.** Brotar una fuente, río, etc. **4.** Descender de cierta familia, linaje, clase social, etc.: *Nació en el seno de una ilustre familia.* **5.** Tener principio: *nacer un movimiento artístico, una amistad.* **6.** Partir una cosa de otra: *Todos sus complejos nacen de su inseguridad.* **7.** Aparecer un astro en el horizonte. **8.** *fam.* Salir alguien de un peligro sin daño alguno. ■ Se usa sobre todo en la locución **volver a nacer**. **9.** Con la preposición *a*, iniciarse en una experiencia, actividad, etc.: *nacer al arte, al mundo de los negocios.* **10.** Seguido de *para*, tener una gran capacidad para algo o estar predestinado a ello: *Naciste para el éxito.* ■ Es v. irreg. Se conjuga como *agradecer*. **SIN. 2., 3.** y **5.** Originarse, aflorar, emerger. **4.** Proceder. **6.** Arrancar, deberse, inferirse. **ANT. 1.** Morir, fallecer. **5.** Declinar. **5.** y **9.** Desaparecer. **FAM.** Nacido, naciente, nacimiento. / Cognación, natal, natividad, nativo, nato, natural, renacer.

nacho *s. m. Méx.* Triángulo de pasta de maíz frita que se toma con diversos alimentos o con salsas.

nacido, da 1. *p.* de **nacer**. También *adj.* y *s. m.* y *f.* || **2. mal nacido** Persona despreciable. **FAM.** Malnacido. NACER.

naciente (del lat. *nascens, -entis*) *adj.* **1.** Que nace o comienza a manifestarse: *Sol naciente.* || *s. m.* **2.** Este, punto cardinal. **SIN. 1.** Incipiente. **2.** Oriente, levante. **ANT. 2.** Poniente, oeste.

nacimiento *s. m.* **1.** Acción de nacer. **2.** Lugar o punto del que nace alguna cosa: *el nacimiento de un río, del cabello.* **3.** Representación de la natividad de Jesucristo, y especialmente el conjunto formado por el portal y las figuras que lo integran. **SIN. 1.** Parto, alumbramiento. **1.** y **2.** Comienzo, arranque, partida, origen. **3.** Belén. **ANT. 1.** Muerte, decadencia. **1.** y **2.** Final, fin.

nación (del lat. *natio, -onis*) *s. f.* **1.** Conjunto de personas que viven en un mismo territorio, tienen una serie de vínculos históricos y poseen una misma estructura política. **2.** Territorio ocupado por esta comunidad. **3.** P. ext., Estado, unidad u organización política superior. **SIN. 1.** Pueblo. **2.** País, patria. **FAM.** Nacional.

nacional *adj.* **1.** De una nación, y particularmente del propio país. **2.** Se aplica al bando franquista durante la guerra civil española. También *s. m.* y *f.* **SIN. 1.** Doméstico, interior. **ANT. 1.** Internacional; exterior. **2.** Republicano, rojo. **FAM.** Nacionalcatolicismo, nacionalidad, nacionalismo, nacionalizar, nacionalmente, nacionalsocialismo. / Internacional, multinacional, supranacional, transnacional. NACIÓN.

nacionalcatolicismo *s. m.* Doctrina y práctica política de la época franquista por la que el catolicismo fue declarado religión oficial del Estado.

nacionalidad *s. f.* Condición o cualidad de pertenecer a una determinada nación.

nacionalismo *s. m.* **1.** Sentimiento político e ideológico de quienes exaltan lo característico de su nación. **2.** Tendencia que manifiesta un pueblo hacia la autonomía o la independencia y movimiento político que lo defiende. **FAM.** Nacionalista. NACIONAL.

nacionalizar *v. tr.* **1.** Conceder la nacionalidad. **2.** Hacer que determinados bienes, servicios o industrias de la empresa privada o dirigidos por extranjeros pasen a manos del Estado: *nacionalizar la banca.* **3.** Adoptar como nacional algo que no lo es: *nacionalizar una voz, una costumbre.* || **nacionalizarse** *v. prnl.* **4.** Adquirir la nacionalidad de un país que no es el propio. ■ Delante de *e* se escribe *c* en lugar de *z*: *nacionalice.* **SIN. 1.** y **4.** Naturalizar(se). **2.** Estatalizar, estatificar. **ANT. 1.** Desnaturalizar. **2.** Desnacionalizar, privatizar. **FAM.** Nacionalización. / Desnacionalizar. NACIONAL.

nacionalsindicalismo *s. m.* Doctrina e ideología política de la Falange Española que fue adoptada por la dictadura franquista, basada en la concepción totalitaria del Estado y en el sindicalismo vertical, que integraba a empresarios y trabajadores. **FAM.** Nacionalsindicalista. NACIONAL y SINDICALISMO.

nacionalsocialismo *s. m.* Nazismo*. **FAM.** Nacionalsocialista. NACIONAL y SOCIALISMO.

naco (del gall. port. *anaco*, pedazo) *s. m.* **1.** *Amér.* Tabaco para mascar. **2.** *Col.* Puré de patatas. **3.** *Amér. C.* y *Méx.* Hombre cobarde. También *adj.* **4.** *Méx.* Hombre ignorante. También *adj.*

nada (del lat. *res nata*, cosa nacida) *s. f.* **1.** El no ser, la ausencia total de cualquier ser o cosa. || *pron. indef.* **2.** Ninguna cosa: *Nada le gusta.* ■ En frases interrogativas puede equivaler a *algo*: *¿Habías visto nada igual?* || *adv. c.* **3.** En absoluto, de ninguna manera: *No está nada contento.* **4.** Poca cantidad o muy poca de cualquier cosa: *No corres nada.* ■ En su uso como adv. va siempre acompañado de la negación. || *adv. neg.* **5.** Se utiliza para rechazar algo o desentenderse de ello: *¡Nada!, a mí no me metáis en líos.* || **LOC. ahí es nada** Expresa la cantidad o la importancia de algo. **como si nada** *adv.* Sin ningún esfuerzo o resultado: *Subió como si nada. Le di cuerda pero como si nada.* También, sin dar a algo la mayor importancia o mostrar ningún interés o emoción. **de nada** *adj.* De poca importancia, tamaño o valor: *un enfado de nada.* Fórmula de cortesía, para responder a alguien que da las gracias. **nada menos** Destaca la importancia de lo que se dice a continuación. ■ Suele reforzarse con *nada más*: *nada más y nada menos.* **ni nada** *fam.* Da énfasis a lo que se dice: *Anda, que no comes ni nada.* **para nada** *adv.* Inútilmente, en vano; a veces se emplea como negación: *¿Te gustó? Para nada.* **ANT. 1.** Ente. **2.** Todo. **FAM.** Nadería, nadie. / Nonada.

nadar (del lat. *natare*) *v. intr.* **1.** Mantenerse y avanzar en el agua una persona o animal, moviendo el cuerpo convenientemente. **2.** Flotar en un líquido: *Las patatas nadaban en aceite.* **3.** Tener algo en abundancia: *nadar en dinero.* **4.** *fam.* Estar alguien o algo demasiado holgado dentro de una cosa. || **LOC. nadar y guardar la ropa** Hacer alguna cosa que reporte beneficio tomando las precauciones necesarias para no salir perjudicado. **SIN. 2.** Sobrenadar. **FAM.** Nadador. / Natación, natatorio, sobrenadar.

nadería *s. f.* Cosa de poco valor o importancia. **SIN.** Insignificancia, pequeñez, bagatela.

nadie (del ant. *nadi*, y éste del lat. *nati*, de *natus*, nacido) *pron. indef.* **1.** Ninguna persona: *Nadie nos lo dijo. No vino nadie a recibirnos.* || **2. don nadie** Véase **don**[2]. || **LOC. no ser nadie** No ser una persona importante. **ANT. 1.** Alguien.

nadir (del ár. *nazir*) *s. m.* Punto de la esfera celeste opuesto diametralmente al cenit.

nado, a *loc. adv.* Nadando.

nafta (del gr. *naphtha*, a través del lat. *naphtha*) *s. f.* **1.** Hidrocarburo líquido que procede de la destilación del petróleo o de la hulla y se utiliza como disolvente industrial. **2.** *Amér.* Gasolina. **FAM.** Naftalina.

naftalina *s. f.* Hidrocarburo aromático sólido, formado por diez átomos de carbono y ocho de hidrógeno, de color blanco, que se obtiene del alquitrán de hulla y se elabora como producto contra la polilla.

nagual *s. m.* **1.** *Amér. C.* y *Méx.* Brujo, hechicero. **2.** *Guat.*, *Hond.* y *Nic.* Animal doméstico que se tiene como mascota. || *s. f.* **3.** *Méx.* Mentira. || *adj.* **4.** *Méx.* Bárbaro, bruto.

nahua o **náhuatl** (voz azteca) *adj.* **1.** Se dice de un antiguo pueblo amerindio que habitó en la meseta de Anáhuac antes de la llegada de los españoles. También *s. m.* y *f.* || *s. m.* **2.** Lengua hablada por dicho pueblo, viva en la actualidad. ■ Se dice también *náhuatle.*

naíf o **naif** (del fr. *naïf*, 'ingenuo') *s. m.* **1.** Estilo pictórico surgido a principios del s. XX, caracterizado por su ingenuidad, vivos colores y falta de academicismo técnico. También *adj.* **2.** Pintor de esta escuela o estilo. || *adj.* **3.** Ingenuo, sin gran preparación técnica.

nailon (del ingl. *nylon*) *s. m.* Material sintético utilizado para fabricar género de punto y diversos tejidos. ■ Se dice también *nilón* y puede escribirse *nylon.*

naipe *s. m.* Cada una de las cartulinas, generalmente rectangulares, que componen una baraja. **SIN.** Carta.

naja, salir de (del ár. *nahà*, encaminarse, dirigirse a un lugar) *loc. fam.* Irse precipitadamente.

najarse (caló) *v. prnl. fam.* Salir de naja. **SIN.** Pirarse, largarse, abrirse.

nalga (del lat. vulg. *natica*, del lat. *nates*) *s. f.* **1.** Cada una de las dos partes carnosas y redondeadas situadas debajo de la espalda del hombre. Se usa más en *pl.* **2.** Cada una de las dos mitades en que se divide la parte posterior de algunos animales. Se usa más en *pl.* **SIN. 1.** Posaderas, culo. **2.** Anca. **FAM.** Nalgamen, nalgudo.

nalgamen *s. f. fam.* Culo, nalgas.

namibiano, na *adj.* De Namibia. También *s. m.* y *f.*

nana[1] *s. f.* **1.** Canción con que se duerme a los niños. **2.** Especie de saco pequeño, cerrado generalmente con cremallera, para abrigar a los bebés. **3.** Nodriza o niñera.

nana[2] (del quechua *nanay*, dolor) *s. f. Arg.*, *Chile*, *Par.* y *Urug.* En lenguaje infantil, daño, dolor. **SIN.** Pupa.

nanay *adv. neg.* Niega algo rotundamente.

nano- *pref.* Expresa la milmillonésima parte de una unidad: *nanómetro.*

nanómetro *s. m.* Milmillonésima parte de un metro.

nanosegundo (de *nano-* y *segundo*) *s. m.* Milmillonésima parte de un segundo.

nansa *s. f.* **1.** Nasa para pescar. **2.** Estanque pequeño en que se tienen peces.

nao (del cat. *nau*, y éste del lat. *navis*) *s. f.* **1.** Nave de gran tonelaje que se destinó al comercio. **2.** P. ext., en lenguaje literario nave. **FAM.** Naos. NAVE.

naos (del gr. *naos*) *s. amb.* Parte principal del templo clásico griego donde se guardaba la imagen del dios. ■ No varía en *pl.* **FAM.** Pronaos. NAO.

napa (del fr. *nappe*) *s. f.* Piel de algunos animales curtida y trabajada con la que se confeccionan, sobre todo, prendas de vestir.

napalm (ingl., abreviatura de *naphtenic and palmitic acids*) *s. m.* Gel inflamable que se utiliza como carga de proyectiles incendiarios.

napia *s. f. fam.* Nariz, especialmente si es grande. Se usa más en *pl.*

napoleón *s. m.* Moneda francesa de oro o plata acuñada por Napoleón Bonaparte, que circuló en España durante algún tiempo.

napoleónico, ca *adj.* De Napoleón o relacionado con él: *imperio napoleónico.* **FAM.** Napoleón.

napolitano, na *adj.* **1.** De Nápoles. También *s. m.* y *f.* || *s. f.* **2.** Cierto bollo generalmente relleno de crema.

naranja (del ár. *naranya*, y éste del persa *narang*) *s. f.* **1.** Fruto del naranjo, de forma esférica, cubierto por una corteza rugosa y cuya pulpa, jugosa y de sabor agridulce, está dividida en gajos. || *adj.* **2.** Se aplica al color semejante al de este fruto y a las cosas que lo tienen. También *s. m.* || **3. media naranja** *fam.* Una persona con respecto a su cónyuge o pareja. También, la persona que se ajusta a otra perfectamente. || LOC. **naranjas (de la China)** *fam.* Rechaza o niega algo rotundamente. FAM. Naranjada, naranjado, naranjal, naranjero, naranjillo, naranjo. / Anaranjado.

naranjada *s. f.* Bebida hecha con zumo de naranja, agua y azúcar, y, p. ext., cualquier refresco con sabor a naranja.

naranjero, ra *adj.* **1.** De la naranja o del naranjo. || *s. m.* y *f.* **2.** Persona que cultiva naranjas o las vende. || *s. m.* **3.** Fusil usado en épocas anteriores.

naranjillo *s. m. Amér. del S.* Planta solanácea de América del Sur parecida al naranjo.

naranjo *s. m.* Árbol perenne de 4 a 6 m, tronco liso, hojas de color verde intenso y flores blancas olorosas, llamadas de azahar, cuyo fruto es la naranja.

narcisismo *s. m.* Admiración exagerada que siente alguien por sí mismo. SIN. Egocentrismo. FAM. Narcisista. NARCISO[2].

narciso[1] (del lat. *narcissus*, y éste del gr. *narkissos*) *s. m.* Planta bulbosa de hojas lineares que nacen en la base del tallo y flor única de color blanco o amarillo que se utiliza en ornamentación.

narciso[2] (de *Narciso*, personaje mitológico) *s. m.* Persona que siente una exagerada admiración por sí mismo, en especial por lo que se refiere a su aspecto físico. SIN. Narcisista. FAM. Narcisismo.

narco *s. m.* y *f. fam.* Narcotraficante*.

narco- (del gr. *narke*, adormecimiento) *pref.* Significa 'sueño, letargo' y 'droga': *narcoterapia, narcotráfico.*

narcoanálisis *s. m.* Técnica de exploración de los fenómenos psíquicos en una persona que se encuentra bajo los efectos de un narcótico. ■ No varía en *pl.*

narcosis (del gr. *narkosis*) *s. f.* Estado de sueño y pérdida de la conciencia producido por narcóticos. ■ No varía en *pl.*

narcoterapia *s. f.* Tratamiento de algunas enfermedades mentales que consiste en mantener al paciente durante cierto tiempo en estado de somnolencia o sueño profundo, mediante la administración de narcóticos.

narcótico, ca (del gr. *narkotikos*, de *narke*, adormecimiento) *adj.* **1.** Se aplica a las sustancias que producen sueño, relajación muscular y cierta pérdida de la sensibilidad. También *s. m.* **2.** Relativo a la narcosis: *efectos narcóticos.* SIN. **1.** Somnífero, soporífero. ANT. **1.** Excitante, estimulante. FAM. Narcoanálisis, narcosis, narcoterapia, narcotismo, narcotización, narcotizante, narcotizar, narcotráfico.

narcotismo *s. m.* **1.** Narcosis*. **2.** Dependencia de los narcóticos.

narcotizar *v. tr.* Producir narcosis. ■ Delante de *e* se escribe *c* en lugar de *z*: *narcotice.*

narcotraficante *s. m.* y *f.* Persona que se dedica a traficar ilegalmente con drogas o narcóticos.

narcotráfico *s. m.* Tráfico de narcóticos o drogas. FAM. Narcotraficante. NARCÓTICO y TRÁFICO.

nardo (del lat. *nardus*, y éste del gr. *nardos*) *s. m.* Planta herbácea de hojas radicales y flores blancas y olorosas dispuestas en espiga.

narguile (del ár. *narayila*, nuez de coco) *s. m.* Pipa usada por los orientales que consiste en un tubo largo y flexible y un recipiente con agua perfumada por el que pasa el humo antes de llegar a la boca.

narigón *s. m. fam.* Nariz muy grande.

narigudo, da *adj.* Que tiene la nariz grande. También *s. m.* y *f.* SIN. Narizotas, narigón. ANT. Chato.

narina (del fr. *narine*) *s. f.* Cada uno de los orificios nasales exteriores. SIN. Ventana, ventanilla, fosa.

nariz (del lat. vulg. *naricae*, y éste de un cruce del lat. *nares* y el lat. *nasica*) *s. f.* **1.** Parte saliente de la cara situada entre los ojos y la boca, en la que reside el sentido del olfato y que está comunicada con el aparato respiratorio. Se usa indistintamente en *sing.* o *pl.* **2.** Nombre dado a algunos objetos o salientes que recuerdan la forma de este órgano. **3.** Sentido del olfato: *No tiene nariz para los perfumes.* || *s. f. pl.* **4.** *fam.* Valor, ánimo: *Para hacer eso se necesitan narices.* **5.** *fam.* Se utiliza para negar rotundamente: *Me volvió a insistir y le dije que narices.* También *interj.* || LOC. **con un palmo de narices** *adv. fam.* Totalmente sorprendido o chasqueado. ■ Se usa con los verbos *dejar* o *quedarse*. **dar** a alguien **con la puerta en las narices** *fam.* Rechazarle o desentenderse de él. **dar** algo **en la nariz** Sospecharlo: *Me da en la nariz que va a venir.* **de (tres pares de) narices** *adj. fam.* De consideración, muy grande. **hasta las narices** *adv. fam.* Harto, aburrido. **hinchar las narices** a alguien *fam.* Hartar o enfadar a alguien. ■ Se usa también con el verbo en forma pronominal. **meter las narices** en algo Entrometerse o curiosear. **no haber** (o **tener**) **más narices** No haber otro remedio. **pasar** (o **restregar**) una cosa a alguien **por las narices** Mostrársela o repetírsela insistentemente. **por narices** *adv. fam.* Obligatoriamente, por fuerza. **salirle** a alguien una cosa **de las narices** *fam.* Darle la gana de algo. **tener narices** alguien o algo Ser el colmo, ser sorprendente o indignante. **tocar las narices** a alguien Hincharle las narices; con verbos pronominales, hacer el vago: *Lleva todo el día tocándose las narices.* SIN. **1.** Napia(s); hocico. **4.** Agallas, coraje, arrojo. FAM. Narigón, narigudo, narizón, narizotas, narizudo. / Desnarigar, nasal.

narración (del lat. *narratio, -onis*) *s. f.* **1.** Acción de narrar. **2.** Aquello que se narra: *libro de narraciones.* SIN. **1.** y **2.** Relato.

narrador, ra *s. m.* y *f.* **1.** Persona o personaje que narra una historia o suceso. || **2. narrador omnisciente** Véase **omnisciente**.

narrar (del lat. *narrare*) *v. tr.* **1.** Contar o referir un acontecimiento, un suceso, etc. **2.** En lit., contar la historia el autor, uno de los personajes, etc. FAM. Narrable, narración, narrador, narrativa, narrativo. / Inenarrable.

narrativa *s. f.* **1.** Género literario en prosa, constituido fundamentalmente por la novela y el cuento. **2.** Facilidad para narrar.

nártex (del gr. *narthex*, arqueta) *s. m.* Pórtico construido a la entrada de las basílicas románicas y bizantinas. ■ No varía en *pl.*

narval (del danés *narhval*) *s. m.* Cetáceo de color gris, de unos 5,5 m de longitud, en cuya cabeza aparecen dos dientes, uno de ellos muy desarrollado en el macho y que sobresale a manera de cuerno, pudiendo llegar a medir hasta 3 m.

nasa (del lat. *nassa*) *s. f.* **1.** Instrumento para pescar que consiste en una especie de cesta cilíndrica en la que quedan atrapados los peces. **2.** Técnica de pesca semejante a la anterior que consiste en una red sostenida por aros de madera o alambre. **3.** Cesta de boca estrecha donde echan los peces los pescadores. **SIN. 1.** y **2.** Nansa. **FAM.** Nansa.

nasal (del lat. *nasalis*, de *nasus*, nariz) *adj.* **1.** De la nariz o relacionado con esta parte de la cara: *fosas nasales.* **2.** En ling., se aplica al sonido en cuya articulación el aire sale total o parcialmente por la nariz y a la letra que lo representa, como p. ej. la *m*, *n* o *ñ*. También *s. f.* **3.** Se aplica a la voz, tono, etc., de sonido semejante. **ANT. 2.** Oral. **FAM.** Nasalidad, nasalizar, nasofaringe. NARIZ.

nasalización *s. f.* Pronunciación nasal de un sonido.

nasalizar *v. tr.* **1.** Pronunciar como nasal un sonido. **2.** Convertir un sonido en nasal. También *v. prnl.* ▪ Delante de *e* se escribe *c* en lugar de *z*: *nasalice.* **FAM.** Nasalización. NASAL.

nasciturus (lat., de *nascere*, nacer) *s. m.* Individuo que ha sido concebido, pero que todavía no ha nacido.

nasofaringe *s. f.* Rinofaringe*. **FAM.** Nasofaríngeo. NASAL y FARINGE.

nasofaríngeo, a *adj.* Situado en la faringe, por encima del velo del paladar y bajo las fosas nasales. **SIN.** Rinofaríngeo.

nasti *adv. neg.* No, de ningún modo, nada. ▪ Se refuerza frecuentemente en la locución **nasti de plasti**.

nata (del lat. *natta*, por alteración de *matta*, manta, estera) *s. f.* **1.** Capa cremosa que se produce en la superficie de la leche. **2.** P. ext., capa semejante formada en la superficie de otros líquidos. **3.** Crema de repostería que se consigue al batir con azúcar la capa formada en la superficie de la leche. **4.** Lo mejor y más escogido de algo. ▪ Se usa sobre todo en la expr. **la flor y nata**: *Vino a la fiesta la flor y nata de la ciudad.* **5.** *Amér.* En min., sustancia que contiene las impurezas después de haber separado dos o más metales en estado líquido. **FAM.** Natillas. / Desnatar.

natación (del lat. *natatio, -onis*) *s. f.* Acción de nadar, ya sea como ejercicio o como deporte.

natal (del lat. *natalis*) *adj.* Se aplica al lugar de nacimiento: *ciudad natal.* **SIN.** Nativo. **FAM.** Natalicio, natalidad. / Prenatal. NACER.

natalicio, cia (del lat. *natalitius*) *adj.* **1.** Del día del nacimiento. ‖ *s. m.* **2.** Día del nacimiento de alguien y fiestas con que se celebra. **3.** Cumpleaños.

natalidad *s. f.* Número de nacimientos que se producen en un lugar y en un periodo de tiempo determinados. **ANT.** Mortalidad.

natatorio, ria (del lat. *natatorius*) *adj.* De la natación o que sirve para ello.

natillas *s. f. pl.* Crema que se hace cociendo leche, huevos y azúcar.

Natividad (del lat. *nativitas, -atis*) *n. p.* **1.** Nacimiento de Jesucristo, la Virgen o San Juan. **2.** Celebración del nacimiento de Jesucristo. **SIN. 2.** Navidad. **FAM.** Navidad. NACER.

nativo, va (del lat. *nativus*) *adj.* **1.** Se aplica al lugar donde ha nacido alguien, y a los pertenecientes a dicho lugar. **2.** Nacido en el lugar de que se trata: *Sólo contratan profesores de inglés nativos.* También *s. m.* y *f.* **3.** Se aplica a las sustancias que se encuentran puras en la naturaleza. **SIN. 1.** Natal. **2.** Oriundo, originario, indígena. **ANT. 1.** y **2.** Extranjero. **2.** Foráneo.

nato, ta (del lat. *natus*) *adj.* **1.** Aplicado a cualidades o defectos, de nacimiento: *un deportista nato.* **2.** Se dice de los cargos, títulos honoríficos, etc., inseparables de la persona que los desempeña. **SIN. 1.** Innato. **ANT. 1.** Adquirido. **FAM.** Innato, neonato, nonato. NACER.

natura (del lat. *natura*) *s. f.* Naturaleza*.

natural (del lat. *naturalis*) *adj.* **1.** De la naturaleza o producido por ella: *ciencias naturales, flores naturales.* **2.** Que no es forzado, disimulado o excesivamente elaborado: *una sonrisa natural.* **3.** Lógico, normal: *Es natural que se enfade.* **4.** Propio de la naturaleza o carácter de una persona o cosa: *Prefiero el color natural del cuero.* **5.** Nacido en el pueblo, ciudad, etc., de que se trate. También *s. m.* y *f.* **6.** En mús., se aplica a la nota o sonido que no han sido modificados por bemol o sostenido. **7.** En tauromaquia, se dice del pase de muleta realizado con la izquierda y sin el estoque. También *s. m.* ‖ *s. m.* **8.** Forma de ser de una persona: *Es de natural tranquilo.* **9.** En arte, objeto, paisaje, etc., del que copia directamente el artista: *copiar del natural.* ‖ **LOC. al natural** *adv.* Con su aspecto normal, tal cual es. **SIN. 2.** Espontáneo, fresco. **3.** Corriente, esperable. **4.** Nato; inherente, consustancial, genuino. **5.** Nativo, oriundo, originario. **8.** Carácter, temperamento, índole. **ANT. 1.** y **2.** Artificial. **2.** Estudiado. **3.** Ilógico, raro. **5.** Extranjero, forastero. **FAM.** Naturaleza, naturalidad, naturalismo, naturalizar, naturalmente. / Antinatural, connatural, preternatural, sobrenatural. NACER.

naturaleza *s. f.* **1.** Conjunto de todos los seres y cosas que forman el universo y en los cuales no ha intervenido el hombre. **2.** Principio considerado como fuerza que ordena y dispone todas las cosas: *La naturaleza le dotó de grandes cualidades.* **3.** Conjunto de propiedades características de un ser vivo o de una cosa: *Desconocen la naturaleza del fenómeno.* **4.** Tipo, clase. **5.** Constitución física de una persona o animal: *Tiene una naturaleza muy fuerte.* **6.** Carácter, temperamento: *Es de naturaleza violenta.* **7.** Circunstancia de haber nacido en un lugar determinado o de pertenecer legalmente a él. ‖ **8. naturaleza muerta** En pintura, representación de objetos, animales muertos, flores, frutas, etc. **SIN. 3.** y **4.** Esencia, índole. **4.** Género, especie. **5.** Complexión. **6.** Natural, genio, talante. **7.** Nacionalidad, naturalidad, ciudadanía. **8.** Bodegón. **FAM.** Natura, naturismo, naturopatía. NATURAL.

naturalidad (del lat. *naturalitas, -atis*) *s. f.* **1.** Cualidad de natural. **2.** Espontaneidad. **3.** Origen o procedencia de una persona. **SIN. 2.** Sencillez, frescura. **3.** Naturaleza, nacionalidad. **ANT. 2.** Artificialidad, artificiosidad.

naturalismo *s. m.* **1.** Tendencia a reflejar la realidad tal como es, sin disimular o evitar sus aspectos más negativos. **2.** Corriente literaria surgida en Francia a finales del s. XIX, caracterizado por presentar la realidad en su mayor crudeza. Su mayor representante es Émile Zola. **3.** Naturismo*. **FAM.** Naturalista. NATURAL.

naturalista *adj.* **1.** Relativo al naturalismo o partidario de él. También *s. m.* y *f.* **2.** Especializado en ciencias naturales. También *s. m.* y *f.*

naturalizar *v. tr.* **1.** Hacer a una persona ciudadana de un determinado país. También *v. prnl.* **2.** Adoptar como propios usos y costumbres de otro país. También *v. prnl.* **3.** Aclimatar una especie animal o vegetal a cierto medio, clima, etc. También *v. prnl.* ▪ Delante de *e* se escribe *c* en lugar de *z*: *naturalice.* **SIN. 1.** y **2.** Nacionalizar(se). **3.** Adaptar(se). **ANT. 1.** Desnaturalizar. **FAM.** Naturalización. / Desnaturalizar. NATURAL.

naturismo *s. m.* Doctrina que propone el empleo de los medios naturales como forma de vida y para mantener la salud. **SIN.** Naturalismo. **FAM.** Naturista. NATURALEZA.

naturópata *adj.* Especialista en naturopatía: *médico naturópata.* También *s. m.* y *f.*

naturopatía (de *natura* y *-patía*) *s. f.* Metódo terapéutico basado en el naturismo. **FAM.** Naturópata. NATURALEZA.

naufragar (del lat. *naufragare*) *v. intr.* **1.** Hundirse una embarcación. ■ Se usa también referido a las personas que viajan en ella: *Ha navegado mucho, pero nunca naufragó.* **2.** Fracasar en algo. ■ Delante de *e* se escribe *gu* en lugar de *g*: *naufrague.* **SIN. 2.** Malograrse, frustrarse. **ANT. 2.** Triunfar. **FAM.** Naufragio, náufrago. NAVE.

naufragio *s. m.* Acción de naufragar.

náufrago, ga *adj.* Que ha sufrido un naufragio en una embarcación. Se usa más como *s. m.* y *f.*

naumaquia (Del lat. *naumachia*, y éste del gr. *naumakhia*) *s. f.* En la antigua Roma, combate naval que se hacía como espectáculo y lugar en el que se representaba.

nauruano, na *adj.* **1.** De Nauru, Estado de Oceanía. También *s. m.* y *f.* || *s. m.* **2.** Lengua polinésica oficial en Nauru.

náusea (del lat. *nausea*, mareo) *s. f.* **1.** Sensación desagradable, acompañada de arcadas, que se produce en el estómago cuando se quiere vomitar. Se usa más en *pl.* **2.** Repugnancia, asco. Se usa más en *pl.*: *Me dan náuseas los traidores.* **SIN. 1.** Basca. **2.** Repulsión. **ANT. 2.** Agrado. **FAM.** Nauseabundo.

nauseabundo, da (del lat. *nauseabundus*) *adj.* Que produce náuseas. **SIN.** Repugnante, repulsivo. **ANT.** Agradable.

nauta (del lat. *nauta*) *s. m.* En lenguaje lit., navegante. **FAM.** Internauta. NAVE.

náutica (del lat. *nautica*) *s. f.* Técnica y arte de la navegación. **FAM.** Náutico, nautilo. NAVE.

náutico, ca *adj.* Relativo a la nevegación: *milla náutica, club náutico.*

nautilo (del lat. *nautilus*, y éste del gr. *nautilos*) *s. m.* Molusco cefalópodo provisto de una concha espiral dividida en numerosas cámaras, en la última de las cuales vive el animal.

nava *s. f.* Terreno bajo, llano y a veces pantanoso, que suele encontrarse entre montañas.

navaja (del lat. *novacula*) *s. f.* **1.** Instrumento cortante parecido al cuchillo, pero cuya hoja puede doblarse o retraerse quedando el filo dentro del mango. **2.** Molusco de cuerpo alargado, encerrado entre dos largas valvas simétricas, cuya carne es apreciada en gastronomía. **3.** Colmillo del jabalí y de otros animales que lo tienen semejante. **4.** *Amér.* Cortaplumas. || **5. navaja de afeitar** La que no tiene punta y es muy afilada, que sirve para afeitar la barba. **SIN. 1.** Chaira, sirla. **FAM.** Navajada, navajazo, navajero.

navajada o **navajazo** *s. f.* o *m.* **1.** Golpe que se da con la navaja: *Los atracadores le dieron dos navajadas y lo dejaron gravemente herido.* **2.** Herida que resulta de ese golpe.

navajero, ra *s. m.* y *f.* **1.** Delincuente armado con navaja. || *s. m.* **2.** Estuche para la navaja de afeitar. **3.** Taza con borde de caucho para limpiar la navaja o el paño de barbero.

navajo *adj.* De un pueblo apache que se asentaba en el sector meridional de las Montañas Rocosas. También *s. m.*

navajudo, da *adj. Méx.* Que se gana a los demás con zalamerías y halagos.

naval (del lat. *navalis*) *adj.* Relativo a los barcos o la navegación. **SIN.** Náutico.

navarca (del bajo gr. *nauarkhes*, de *naus*, nave, y *arkho*, mandar) *s. m.* Jefe de una escuadra griega o de un buque romano. **SIN.** Nearca. **FAM.** Nearca. NAVE.

navarro, rra *adj.* De Navarra. También *s. m.* y *f.* **FAM.** Navarroaragonés.

navarroaragonés, sa *adj.* **1.** De Navarra y Aragón. También *s. m.* y *f.* || *s. m.* **2.** Antiguo dialecto romance nacido en esta zona.

nave (del lat. *navis*) *s. f.* **1.** Cualquier embarcación. **2.** P. ext., vehículo espacial. **3.** En algunos edificios, en especial templos, cada uno de los espacios que quedan limitados por muros, filas de arcos, etc.: *una iglesia de tres naves.* **4.** Construcción grande sin divisiones y de un solo piso usada como fábrica, almacén, etc. || **LOC. quemar las naves** Tomar firmemente una decisión de la que no se puede volver atrás. **FAM.** Naval, navarca, navegar, naveta, navicular, naviero, navío. / Aeronave, astronave, cosmonave, motonave, nao, naufragar, nauta, náutica.

navegable *adj.* Se dice del río, lago, canal, etc. que permite navegar por él. **FAM.** Navegabilidad. NAVEGAR.

navegación (del lat. *navigatio, -onis*) *s. f.* **1.** Acción y técnica de navegar. **2.** Viaje hecho en una nave. **SIN. 1.** Náutica.

navegador (del ingl. *navigator*, navegante) *s. m.* Programa informático que permite acceder a una red de comunicación entre ordenadores y moverse a través de ella.

navegante *adj.* **1.** Que navega. También *s. m.* y *f.* || *s. m.* y *f.* **2.** Miembro de la tripulación encargado de controlar los aparatos de navegación durante la travesía. **3.** Usuario de una red informática. **SIN. 1.** Nauta, marino. **3.** Internauta.

navegar (del lat. *navigare*) *v. intr.* **1.** Viajar en una nave. **2.** Trasladarse o desplazarse la nave: *El buque navegaba por el canal.* **3.** Manejar la nave: *Está aprendiendo a navegar.* **4.** En inform., utilizar un navegador para desplazarse a través de una red de comunicaciones. ■ Delante de *e* se escribe *gu* en lugar de *g*: *navegue.* **FAM.** Navegable, navegación, navegador, navegante. / Cibernauta, circunnavegar. NAVE.

naveta (de *nave*) *s. f.* **1.** Cajón de mesa o escritorio. **2.** Monumento megalítico en forma de nave invertida, típico de la cultura de las Baleares y al que se le supone carácter funerario. **3.** Caja en forma de barquilla que contiene el incienso en las iglesias. **SIN. 1.** Gaveta.

navicular (del lat. *navicularis*) *adj.* Que tiene forma de pequeña nave, de barquilla.

Navidad (del lat. *nativitas, -atis*) *n. p.* **1.** Nacimiento de Jesucristo. **2.** Celebración de este nacimiento y periodo de tiempo que comprende. Se usa mucho en *pl.* **SIN. 1.** Natividad. **FAM.** Navideño. NATIVIDAD.

naviero, ra *adj.* **1.** Relativo a los barcos o a la navegación comerciales: *compañía naviera.* **2.** Propietario de barcos. También *s. m.* y *f.* || *s. f.* **3.** Empresa propietaria de barcos.

navío (del lat. *navigium*) *s. m.* Barco de grandes dimensiones. **SIN.** Nave, buque.

náyade (del lat. *naias, -adis*, y éste del gr. *naias, -ados*) *s. f.* En mit. clásica, cualquiera de las ninfas que vivían en ríos y fuentes.

nazareno, na (del lat. *nazarenus*) *adj.* **1.** De Nazaret. También *s. m.* y *f.* || *s. m.* **2.** Persona que participa como penitente en las procesiones de Semana Santa vestido con una túnica y un capirote. **3.** Árbol de gran tamaño de cuya madera, utilizada en ebanistería, se obtiene un tinte amarillo muy duradero; crece en América. || *s. m. pl.* **4.** Grupo de pintores alemanes de principios del s. XIX, muy influidos por el renacimiento italiano y el sentimiento religioso, cuya obra se considera un precedente del romanticismo.

nazarí o **nazarita** (del ár. *nasri*, de *Nasr*, en español *Názar*) *adj.* De la dinastía musulmana que reinó en Granada desde el s. XIII al XV. También *s. m.* y *f.* ■ Su pl. es *nazaríes*, aunque también se utiliza *nazarís*.

nazi *adj.* **1.** Relativo al nazismo o partidario de esta ideología. También *s. m.* y *f.* **2.** *desp.* De extrema derecha. También *s. m.* y *f.* **SIN. 1.** Nacionalsocialista. **2.** Facha, carca.

nazismo (del al. *nazi*) *s. m.* Doctrina e ideología política elaborada básicamente por Hitler, de carácter ultranacionalista y expansionista, que defendía la superioridad racial del pueblo alemán y la eliminación de otros, como el judío o el gitano, por considerarlos inferiores. **SIN.** Nacionalsocialismo. **FAM.** Nazi, nazista. / Neonazismo.

-ndo, da *suf.* **1.** Con la terminación en *-o* forma el gerundio de los verbos: *corriendo, dibujando.* **2.** Forma adj. y sustantivos procedentes de verbos, que designan a la persona o cosa que recibe la acción que éstos expresan: *educando, doctoranda.*

nearca *s. m.* Navarca*.

nebladura *s. f.* Daño que causa la niebla en las plantas, especialmente en los sembrados.

neblí o **nebí** (del ár. *labli*, de la ciudad de *Labla*, hoy *Niebla*) *s. m.* Ave de rapiña parecida al halcón, usada en cetrería. ■ Su pl. es *neblís* o *nebíes*, aunque también se utiliza *neblís* o *nebís*.

neblina *s. f.* **1.** Niebla ligera. **2.** Atmósfera turbia, cargada de gases, humos, etc. **3.** Cosa que impide ver o comprender algo claramente. **SIN. 1.** Bruma, calima. **3.** Nebulosidad.

neblinoso, sa *adj.* Que tiene neblina: *una mañana neblinosa.*

nebulizador *s. m.* Aparato que sirve para esparcir un líquido en partículas muy finas.

nebulizar (del lat. *nebula*, niebla) *v. tr.* Esparcir un líquido en partículas muy finas que forman una especie de nubecilla. ■ Delante de *e* se escribe *c* en lugar de *z*. **FAM.** Nebulizador. NIEBLA.

nebulosa (del lat. *nebulosa*, de *nebulosus*, nebuloso) *s. f.* Gran masa celeste formada por materia cósmica, que aparece como una nube, a veces luminosa debido a la luz de las estrellas.

nebuloso, sa (del lat. *nebulosus*) *adj.* **1.** Que tiene niebla o está cubierto por ella. **2.** Confuso, poco claro o definido. **SIN. 1.** Neblinoso, brumoso. **2.** Turbio, impreciso, vago; desdibujado. **ANT. 2.** Preciso; transparente. **FAM.** Nebulosa, nebulosidad. NIEBLA.

necedad *s. f.* **1.** Cualidad de necio. **2.** Acción o palabras necias: *Eso que dices es una necedad.* **SIN. 1.** y **2.** Tontería, estupidez. **2.** Bobada, memez.

necesario, ria (del lat. *necessarius*) *adj.* **1.** Se dice de aquello sin lo cual algo no puede existir, llevarse a cabo, etc. **2.** Muy conveniente: *Es necesario que salgas de vez en cuando.* **3.** Que no puede dejar de ser o de ocurrir. **SIN. 1.** Imprescindible, indispensable, preciso, vital. **2.** Beneficioso, recomendable. **3.** Forzoso, obligatorio, inevitable. **ANT. 1.** Innecesario, accesorio. **2.** Perjudicial. **3.** Accidental. **FAM.** Necesariamente, neceser, necesidad, necesitar. / Innecesario.

neceser (del fr. *nécessaire*, y éste del lat. *necessarius*) *s. m.* Caja, estuche o pequeño maletín donde se guardan distintos objetos, especialmente para el aseo personal.

necesidad (del lat. *necessitas, -atis*) *s. f.* **1.** Lo que es necesario para que alguien o algo pueda realizarse: *Para muchos trabajos, disponer de coche es una necesidad.* **2.** Circunstancia de ser necesaria alguna cosa: *Tengo la necesidad de ir al banco.* **3.** Falta, escasez o pobreza. Se usa mucho en *pl.*: *Pasar necesidades.* **4.** Situación difícil en que se encuentra alguien: *estar en una necesidad.* **5.** Evacuación de excrementos u orina. Se usa más en *pl.*: *Tengo que hacer mis necesidades.* **SIN. 1.** Menester. **2.** Urgencia, imperativo. **3.** Carencia, carestía, penuria; privación, penalidad. **4.** Apuro, aprieto. **5.** Excreción; micción. **ANT. 3.** Abundancia; riqueza.

necesitar *v. tr.* **1.** Tener necesidad de aquello que se expresa: *Necesitaron dos días para terminarlo.* Seguido de la prep. *de*, también *v. intr.*: *Necesito de tus servicios.* **2.** *fam.* En construcciones impers. con *se*, intensifica lo que se dice a continuación: *Se necesita ser bobo para hacerle caso.* **SIN. 1.** Precisar, requerir. **ANT. 1.** Prescindir. **FAM.** Necesitado. NECESARIO.

necio, cia (del lat. *nescius*) *adj.* **1.** Tonto o ignorante. También *s. m.* y *f.* **2.** *Arg.* y *P. Rico* Quisquilloso. **SIN. 1.** Imbécil, idiota, zoquete, burro. **ANT. 1.** y **2.** Listo, culto. **FAM.** Necedad.

nécora *s. f.* Crustáceo decápodo marino de cuerpo liso y de unos 10 cm de ancho, con el primer par de patas terminado en pinzas y el último par aplanado para ayudarse en la natación, muy apreciado en alimentación.

necro- (del gr. *nekros*, muerto) *pref.* Significa 'muerto' o 'muerte': *necrología, necrópolis.*

necrofagia (de *necro-* y *-fagia*) *s. f.* Hecho de alimentarse de cadáveres o carroña. **FAM.** Necrófago.

necrofilia (de *necro-* y *-filia*) *s. f.* **1.** Atracción sexual hacia los cadáveres y contacto de este tipo realizado con ellos. **2.** Atracción hacia la muerte y lo relacionado con ella. **FAM.** Necrófilo.

necrofobia (de *necro-* y *-fobia*) *s. f.* Temor patológico a la muerte y a lo relacionado con ella. **ANT.** Necrofilia.

necróforo, ra (de *necro-* y el gr. *phoros*, que lleva) *adj.* Se dice de los insectos coleópteros que entierran los cadáveres de otros animales para depositar en ellos sus huevos. También *s. m.* y *f.*

necrolatría (de *necro-* y *-latría*) *s. f.* Adoración a los muertos.

necrología (de *necro-* y *-logía*) *s. f.* **1.** Noticia o biografía breve sobre una persona que ha muerto recientemente. **2.** Lista de personas muertas. **FAM.** Necrológico.

necrológico, ca *adj.* **1.** Relativo a la necrología. || *s. f.* **2.** Noticia aparecida en la prensa que informa de la muerte de una persona.

necromancia o **necromancía** (del gr. *nekromanteia*, de *nekros*, muerto, y *manteia*, adivinación) *s. f.* Nigromancia*.

necrópolis (del gr. *nekropolis*, de *nekros*, muerto, y *polis*, ciudad) *s. f.* Lugar en el que existen enterramientos, especialmente el muy antiguo. ■ No varía en *pl.*

necropsia o **necroscopia** *s. f.* Autopsia*.

necrosis (del lat. *necrosis*, y éste del gr. *nekrosis*, mortificación) *s. f.* Muerte de células o tejidos del organismo. ■ No varía en *pl.*

néctar (del lat. *nectar*, y éste del gr. *nektar*, bebida de los dioses) *s. m.* **1.** Jugo azucarado que se encuentra en las flores y que chupan algunos insectos. **2.** En mit., licor que bebían los dioses. **3.** P. ext., cualquier licor dulce, suave y gustoso. FAM. Nectarina, nectarino, nectario.

nectarina *s. f.* Híbrido de melocotón y ciruela.

nectario *s. m.* Órgano de la flor que segrega néctar.

neerlandés, sa *adj.* **1.** Holandés*. También *s. m.* y *f.* || *s. m.* **2.** Lengua germánica hablada en los Países Bajos.

nefando, da (del lat. *nefandus*) *adj.* Que merece un total desprecio o condena: *una acción nefanda.* SIN. Abominable, execrable. ANT. Elogiable. FAM. Nefandamente.

nefas (del lat. *nefas*, injusto) Véase **fas**.

nefasto, ta (del lat. *nefastus*) *adj.* **1.** Que causa desgracia o va acompañado de ella: *un día nefasto, unos efectos nefastos.* **2.** De muy mala calidad: *un escritor nefasto.* SIN. **1.** Desgraciado, desdichado, funesto, aciago. **1.** y **2.** Espantoso, desastroso. **2.** Impresentable. ANT. **1.** Dichoso. **1.** y **2.** Excelente.

nefelio (del gr. *nephele*, nube) *s. m.* Pequeña nube que se forma en la córnea del ojo.

nefr- (del gr. *nephros*, riñón) *pref.* Significa 'riñón'. ■ Existe también la variante *nefro-*: *nefrología.*

nefridio *s. m.* Órgano excretor de la mayor parte de los animales invertebrados.

nefrítico, ca (del lat. *nephriticus*, y éste del gr. *nephritikos*) *adj.* **1.** De los riñones o relacionado con estos órganos: *cólico nefrítico.* **2.** Que padece nefritis. También *s. m.* y *f.* SIN. **1.** Renal. FAM. Nefridio, nefritis, nefrología, nefrón, nefrona, nefrosis.

nefritis (del lat. *nephritis*, y éste del gr. *nephritis*) *s. f.* Inflamación de los riñones. ■ No varía en *pl.*

nefro- *pref.* Véase **nefr-**.

nefrología (de *nefro-* y *-logía*) *s. f.* Rama de la medicina que se ocupa del estudio del riñón y de sus enfermedades. FAM. Nefrológico, nefrólogo. NEFRÍTICO.

nefrón o **nefrona** (del gr. *nephros*, riñón) *s. m.* o *f.* Unidad funcional del riñón formada por el glomérulo renal.

nefrosis (de *nefr-* y *-osis*) *s. f.* Enfermedad degenerativa del riñón.

negación (del lat. *negatio, -onis*) *s. f.* **1.** Acción de negar o negarse. **2.** Palabra o partícula utilizada para negar, como p. ej. *no, jamás, nunca, tampoco*, etc. **3.** Ausencia total de alguna cosa: *La muerte es la negación de la vida.* **4.** *fam.* Lo contrario de aquello que se expresa: *Eres la negación de la simpatía.* **5.** Torpeza, incapacidad. SIN. **1.** Negativa, denegación; prohibición. **3.** Falta, carencia, inexistencia. **4.** Antítesis. **5.** Inutilidad, ineptitud. ANT. **1.** Afirmación; concesión. **3.** Presencia, existencia. **4.** Imagen, personificación. **5.** Capacidad, aptitud.

negado, da 1. *p.* de **negar**. También *adj.* || *adj.* **2.** Torpe, incapaz. También *s. m.* y *f.*: *Soy un negado para las matemáticas.* SIN. **2.** Inútil, inepto. ANT. **2.** Hábil, capacitado.

negar (del lat. *negare*) *v. tr.* **1.** Decir que algo no existe, no es verdad o no es correcto: *Negó que hubiera tales pruebas. ¿No negarás que estuvo aquí?* **2.** No conceder algo a alguien o prohibírselo: *Le negaron el pasaporte. Nos negaron la entrada.* **3.** No reconocer alguien la relación, amistad, etc., que le une con alguien o algo: *Es capaz de negar a su propio hermano.* || **negarse** *v. prnl.* **4.** No querer hacer alguna cosa, rechazarla. || LOC. **negar** (o **negarse**) **en redondo** (o **de plano**) Hacerlo rotundamente, de forma total. ■ Delante de *e* se escribe *gu* en lugar de *g*: *niegue.* Es v. irreg. Se conjuga como *pensar.* SIN. **1.** Desmentir. **2.** Denegar; vedar, impedir. **3.** Renegar, abjurar. ANT. **1.** Afirmar. **2.** Otorgar, facilitar; permitir. FAM. Negable, negación, negado, negador, negativa, negativo. / Abnegación, denegar, innegable, renegar.

negativa (del lat. *negativa*) *s. f.* **1.** Acción de negar o negarse. **2.** Respuesta con que se niega. SIN. **1.** Denegación. **1.** y **2.** Negación. ANT. **1.** y **2.** Afirmación.

negativo, va (del lat. *negativus*) *adj.* **1.** Que contiene o expresa negación. ■ Referido a oraciones y proposiciones, también *s. f.* **2.** Perjudicial, desfavorable. **3.** Pesimista. **4.** Aplicado a pruebas, comprobaciones, experimentos, etc., que no muestran rastro de aquello que se busca o se espera: *Los análisis han dado negativo.* **5.** Se dice de la primera imagen fotográfica que se obtiene, en la que aparecen invertidos los colores. También *s. m.* Se usa mucho en *pl.* **6.** En mat., se aplica a los números reales menores de cero, precedidos por el signo menos (-), y a las expresiones matemáticas que tienen este signo. **7.** En fís., se dice de la carga eléctrica que posee el electrón. SIN. **2.** Dañino, nocivo, contrario, adverso. **3.** Cenizo, gafe. **5.** Cliché. ANT. **1.** Afirmativo. **1.**, **2.** y **7.** Positivo. **2.** Favorable. **3.** Optimista. FAM. Negativamente, negatoscopio. / Electronegativo, gramnegativo, seronegativo. NEGAR.

negatoscopio (de *negativo* [*fotográfico*] y *-scopio*) *s. m.* Pantalla luminosa utilizada para observar radiografías u otros clichés.

negligé (fr.) *adj.* **1.** Que presenta cierto descuido, generalmente calculado o estudiado. || *s. m.* **2.** Bata o salto de cama elegante y algo atrevido.

negligencia (del lat. *negligentia*) *s. f.* Falta de cuidado, atención o interés. SIN. Descuido, desinterés, desidia, dejadez, desaplicación. ANT. Diligencia; aplicación. FAM. Negligente, negligentemente.

negligente *adj.* Se dice del que no pone cuidado, atención o interés en lo que hace y de los actos así realizados.

negociación *s. f.* Acción de negociar: *Tras arduas negociaciones, llegaron a un acuerdo.* SIN. Gestión, discusión.

negociado, da 1. *p.* de **negociar**. También *adj.* || *s. m.* **2.** En una organización administrativa, cada una de las dependencias o secciones en que ésta se divide. **3.** *Amér.* Negocio o asunto ilegal. SIN. **2.** Sección, departamento.

negociante (del lat. *negotians, -antis*) *adj.* **1.** Que negocia. También *s. m.* y *f.* **2.** Que tiene facilidad para los negocios. También *s. m.* y *f.* **3.** Excesivamente interesado por los beneficios que pueda obtener en cualquier trato, actividad, etc. También *s. m.* y *f.* SIN. **1.** Negociador. **1.** a **3.** Comerciante. **3.** Mercachifle.

negociar (del lat. *negotiari*) *v. intr.* **1.** Comprar, vender o cambiar mercancías, valores, etc., para obtener una ganancia. || *v. tr.* **2.** Discutir un asunto para llegar a un acuerdo: *Los gobiernos negociaron la paz.* **3.** Operar con valores comerciales, y particularmente descontar una letra de cambio. SIN. **1.** Comerciar, traficar. **1.** y **2.** Tratar. **2.** Acordar, concertar, pactar, ajustar. FAM. Negociabilidad, negociable, negociación, negociado, negociador, negociante. / Innegociable, renegociar. NEGOCIO.

negocio (del lat. *negotium*) *s. m.* **1.** Operación de compra o venta de cosas con que se espera obtener un beneficio. **2.** Beneficio o provecho obtenido: *hacer un buen (o un mal) negocio.* **3.** Establecimiento o local comercial: *montar un negocio.* **4.** Asunto. Se usa mucho en *pl.*: *No sé en qué negocios se ocupa.* SIN. **2.** Ganancia, lucro. **3.** Comercio, establecimiento. **4.** Tema, ocupación. ANT. **2.** Pérdida. FAM. Negociar.

negrear *v. intr.* **1.** Ennegrecer. **2.** Mostrar algo el color negro que posee o toma. SIN. **1.** Oscurecerse. ANT. **1.** Blanquearse.

negrero, ra *adj.* **1.** Que comercia con esclavos negros. También *s. m.* y *f.* **2.** *fam.* Explotador, déspota. También *s. m.* y *f.*

negrillo, lla (dim. de *negro*) *adj.* **1.** Se aplica a la letra negrita. También *s. f.* || *s. m.* **2.** Olmo.

negrito, ta (dim. de *negro*) *adj.* **1.** Se dice de un tipo de letra de trazo más grueso. También *s. f.* **2.** De un grupo étnico semejante a los pigmeos, que vive en las selvas de Filipinas, Nueva Guinea y Malasia. También *s. m.* y *f.* || *s. m.* **3.** Pájaro negro, muy parecido al canario, que vive en América del Sur. SIN. **1.** Negrilla.

negritud (del fr. *négritude*) *s. f.* Conjunto de los valores históricos y culturales del mundo negro.

negro, gra (del lat. *niger, nigri*) *adj.* **1.** Se dice del color totalmente oscuro, que responde en realidad a la ausencia de todo color, y de las cosas que lo tienen. También *s. m.* **2.** De color oscuro o más oscuro que otras cosas de su clase: *cerveza negra.* **3.** *fam.* Sucio: *Tiene las uñas negras.* **4.** Se dice de la raza humana caracterizada por el color oscuro de la piel, y de los individuos de esta raza. También *s. m.* y *f.* **5.** Propio de dicha raza: *música negra.* **6.** *fam.* Poco favorable: *un futuro negro.* **7.** *fam.* Irritado, molesto: *Estoy negro con este horario.* **8.** Se aplica a un tipo de tabaco de sabor y olor fuertes. También *s. m.* **9.** Que no está fiscalmente legalizado: *dinero negro, mercado negro.* **10.** Se aplica a un tipo de género policiaco tratado con realismo y crudeza, y a sus manifestaciones: *novela negra, cine negro.* **11.** Se dice de los ritos, actividades, etc., relacionados con el diablo o con las fuerzas del mal: *magia negra, misa negra.* || *s. m.* y *f.* **12.** Persona que realiza anónimamente el trabajo de otra, generalmente un escritor. **13.** *Amér. fam.* Tratamiento afectuoso utilizado entre personas de mucha confianza. || *s. f.* **14.** En mús., nota cuya duración es la mitad de una blanca. || LOC. **pasarlas negras** *fam.* Estar en una situación muy difícil y comprometida, pasarlo muy mal. **tener la negra** Tener muy mala suerte. **verse** alguien **negro** (o **vérselas negras**) Encontrar muchas dificultades para hacer alguna cosa. SIN. **1.** y **2.** Bruno. **2.** Moreno. **3.** Mugriento, guarro. **6.** Desfavorable, desafortunado, adverso. **7.** Enfadado, indignado. ANT. **1.**, **2.**, **4.** y **5.** Blanco. **2.** y **8.** Rubio. **3.** Limpio. **6.** Prometedor. **7.** Contento. FAM. Negrear, negrero, negrillo, negrito, negritud, negroafricano, negroamericano, negroide, negrón, negror, negrura, negruzco, nigérrimo. / Denegrido, ennegrecer, renegrido, verdinegro.

negroafricano, na *adj.* De los pueblos africanos que viven al sur del desierto del Sahara, cuyo color de piel es negro y su pelo rizado. También *s. m.* y *f.*

negroamericano, na *adj.* Se dice de los negros de origen africano que fueron llevados a América como esclavos a partir del s. XVI, así como de sus descendientes.

negroide *adj.* Que presenta rasgos físicos característicos de la raza negra.

negrón *s. m.* Ave palmípeda de tamaño mediano y color negro en el macho y pardo oscuro en la hembra; según las especies, presenta manchas de color en cabeza o pico.

negus (voz abisinia) *s. m.* Título de los emperadores o soberanos de Etiopía. ■ No varía en *pl.*

neis *s. m.* Gneis*.

nematelminto *adj.* **1.** Se aplica a los gusanos fusiformes o cilíndricos no segmentados. También *s. m.* || *s. m. pl.* **2.** Grupo constituido por estos gusanos.

nematodo (del gr. *nema, -atos*, hilo y *eidos*, aspecto) *adj.* **1.** Se dice de un gusano de cuerpo cilíndrico, no segmentado y provisto de aparato digestivo; muchas de sus especies son parásitas y producen enfermedades, como la triquina o las filarias. También *s. m.* || *s. m. pl.* **2.** Tipo formado por estos gusanos. FAM. Nematelminto, nematomorfo.

nematomorfo (del gr. *nema, -atos*, hilo, y *-morfo*) *adj.* **1.** Se dice de un tipo de gusanos de cuerpo largo, fino y cilíndrico, que carecen de aparatos excretor, circulatorio y respiratorio; cuando son jóvenes parasitan a insectos y crustáceos, pero en estado adulto viven libres en el agua o en suelos húmedos. También *s. m.* || *s. m. pl.* **2.** Tipo formado por estos gusanos.

nemertino (del gr. *Nemertes*, nombre de una ninfa marina) *adj.* **1.** Se dice de un tipo de gusano platelminto marino con forma de cinta o de hilo, unisexual en la mayoría de las especies, algunas de las cuales miden varios metros. También *s. m.* || *s. m. pl.* **2.** Tipo formado por estos gusanos.

nemónica *s. f.* Mnemónica*. FAM. Nemónico. NEMOTECNIA.

nemoroso, sa (del lat. *nemorosus*, de *nemus, -oris*, bosque, selva) *adj.* **1.** Del bosque o relacionado con él. **2.** Cubierto de bosques. ■ Es de uso literario. SIN. **1.** Selvático.

nemotecnia o **nemotécnica** *s. f.* Mnemotecnia*. FAM. Nemónica, nemotécnico. MNEMOTECNIA.

nene, na *s. m.* y *f. fam.* Niño pequeño. ■ Se usa como apelativo cariñoso, aunque en ocasiones es irónico. Precedido del art. det. y con el verbo en tercera persona designa al sujeto que está hablando: *Al nene hoy no le toca fregar los platos.* SIN. Chico, chiquillo, crío.

nenúfar (del ár. persa *nilufar*, loto azulado) *s. m.* Planta acuática provista de un largo rizoma que arraiga en el fondo de los estanques, tiene grandes hojas, verdes y circulares, que flotan en la superficie del agua, y flores blancas, solitarias y olorosas.

neo- (del gr. *neos*, nuevo) *pref.* Significa 'nuevo, reciente': *neoclásico, neologismo.*

neobarroco, ca *s. m.* Se dice del movimiento artístico de carácter historicista surgido a mediados del s. XIX, que propugnaba la recuperación del arte barroco. También *s. m.*

neocapitalismo *s. m.* Sistema económico capitalista posterior a la Segunda Guerra Mundial que se caracteriza por un rápido desarrollo tecnológico y cierta intervención del Estado. FAM. Neocapitalista. CAPITALISMO.

neocelandés, sa *adj.* Neozelandés*. También *s. m.* y *f.*

neoclasicismo *s. m.* Estilo artístico surgido a mediados del s. XVIII como reacción al barroco y al rococó e inspirado en la antigüedad clásica grecolatina. FAM. Neoclásico. CLASICISMO.

neocolonialismo *s. m.* Término que define las modernas formas de dominio practicadas por las grandes potencias en los países subdesarrollados. FAM. Neocolonialista. COLONIALISMO.

neodimio *s. m.* Elemento químico perteneciente al grupo de los lantánidos del sistema periódico; es un metal brillante, atacable por los ácidos. Su símbolo es *Nd.*

neoescolástica o **neoescolasticismo** *s. f.* o *m.* Movimiento filosófico-teológico de los s. XIX y XX, que aspira a restaurar los modelos de pensamiento medieval, confrontándolos con las filosofías modernas.

neofascismo *s. m.* Movimiento político que pretende instaurar un régimen de características similares al fascismo. FAM. Neofascista. FASCISMO.

neófito, ta (del gr. *neophytos*, de *neos*, nuevo, y *phyo*, llegar a ser) *s. m.* y *f.* **1.** Persona recién convertida a una religión. **2.** Persona recién incorporada a una agrupación, colectivo, partido, etc.

neógeno, na *adj.* **1.** Se aplica a la segunda mitad del periodo terciario, que comprende las épocas del mioceno y el plioceno; en ella la configuración de los continentes y los grupos de seres vivos eran prácticamente los actuales. Comenzó hace 23 millones de años y concluyó hace dos millones. También *s. m.* **2.** De esta subdivisión geológica.

neogótico, ca *adj.* Se aplica al estilo arquitectónico desarrollado en la primera mitad del s. XIX bajo la influencia del romanticismo, cuya principal característica es la recuperación del arte gótico medieval. También *s. m.*

neoimpresionismo *s. m.* Puntillismo*. FAM. Neoimpresionista. IMPRESIONISMO.

neolatino, na *adj.* Que procede de los latinos o del latín: *lenguas neolatinas.*

neoliberalismo *s. m.* Corriente de pensamiento económico, que se presenta como continuadora de la tradición liberal clásica y defiende la no intervención del Estado.

neolítico, ca (de *neo-* y *-lítico*) *adj.* **1.** Se aplica al tercer y último periodo de la edad de piedra, caracterizado por la aparición de la agricultura y el desarrollo de nuevas técnicas. Comenzó en Oriente próximo en torno al sexto milenio a. C. También *s. m.* **2.** De este periodo.

neologismo (de *neo-* y el gr. *logos*, palabra) *s. m.* Palabra, expresión o sentido nuevos en una lengua.

neomicina (de *neo-* y el gr. *mykes*, hongo) *s. f.* Antibiótico utilizado para combatir infecciones gastrointestinales.

neón (del gr. *neos*, nuevo) *s. m.* Elemento químico; es un gas noble, químicamente inerte y de gran conductividad eléctrica, que emite una luz brillante rojo anaranjada, por lo que se emplea en tubos fluorescentes. Su símbolo es *Ne.*

neonato, ta (de *neo-* y el lat. *natus*, nacido) *s. m.* y *f.* Niño recién nacido. FAM. Neonatología. NATO.

neonatología (de *neonato* y *-logía*) *s. f.* Parte de la pediatría que se ocupa de los niños recién nacidos. FAM. Neonatólogo. NEONATO.

neonazi *adj.* **1.** Del neonazismo. **2.** Partidario del neonazismo. También *s. m.* y *f.*

neonazismo *s. m.* Movimiento político e ideológico que intenta reimplantar los principios del nazismo. FAM. Neonazi. NAZISMO.

neoplasia (del fr. *néoplasie*) *s. f.* Formación anormal de tejido nuevo que constituye un tumor.

neoplastia (de *neo-* y el gr. *plastos*, modelado) *s. f.* En med., reparación de una parte del cuerpo humano por medio de la aplicación de injertos.

neoplatonismo *s. m.* Conjunto de las diversas renovaciones del pensamiento de Platón producidas en diferentes épocas de la historia de la filosofía. FAM. Neoplatónico. PLATÓNICO.

neopreno (nombre comercial registrado) *s. m.* Caucho sintético incombustible, resistente a los agentes químicos y buen aislante térmico. SIN. Policloropreno.

neorrealismo *s. m.* Movimiento cinematográfico italiano desarrollado después de la Segunda Guerra Mundial, cuya principal característica es el reflejo de la realidad social en sus aspectos más dramáticos. FAM. Neorrealista. REALISMO[1].

neoyorquino, na *adj.* De Nueva York. También *s. m.* y *f.*

neozelandés, sa *adj.* De Nueva Zelanda. También *s. m.* y *f.* ■ Se escribe también *neocelandés.*

neozoico, ca (de *neo-* y el gr. *zoon*, animal) *adj.* Cuaternario*, periodo geológico.

nepalés, sa *adj.* **1.** De Nepal. También *s. m.* y *f.* || *s. m.* **2.** Lengua hablada en este país asiático.

nepente (del gr. *nepenthes*, que quita el dolor) *s. m.* Planta carnívora de flores unisexuales poco vistosas y hojas alternas con limbo en forma de saco, con el que atrapa insectos que posteriormente digiere.

neperiano, na *adj.* Relativo al método de logaritmos desarrollado por John Neper y a estos mismos logaritmos, que se caracterizan por tener como base el número *e* (2,71828).

nepotismo (del lat. *nepos*, *-otis*, sobrino) *s. m.* Tendencia a proporcionar cargos, puestos, premios, etc., a los familiares y, p. ext., a los conocidos, sin tener en cuenta otras consideraciones. SIN. Amiguismo, enchufismo, favoritismo.

neptunio *s. m.* Elemento químico perteneciente al grupo de los actinidos del sistema periódico, de carácter metálico y brillo plateado, que reacciona con los ácidos y los halógenos. Su símbolo es *Np.*

nereida (del lat. *Nereides*, y éste del gr. *Nereis*, hija de Nereo) *s. f.* En mit., cualquiera de las ninfas marinas que solían representarse con cabeza y torso de mujer, y el resto del cuerpo en forma de pez. Las más conocidas son Galatea y Calipso.

nerón (de *Nerón*, emperador romano) *s. m.* Hombre muy cruel. SIN. Bárbaro, herodes.

nervado, da *adj.* Que tiene nervios: *hoja nervada.*

nervadura o **nervatura** (del ital. *nervatura* y éste del lat. *nervus*, nervio) *s. f.* **1.** Línea saliente en una superficie que recuerda la forma de los nervios o de los tendones cuando se marcan bajo la piel. **2.** En arq., nervio de una bóveda, especialmente gótica. **3.** Conjunto de nervios. SIN. **3.** Nerviación.

nerviación *s. f.* Nervadura, especialmente en botánica y zoología.

nervio (del lat. *nervus*) *s. m.* **1.** Cada uno de los haces de fibras blanquecinas que transmiten impulsos nerviosos. **2.** Por ext., tendón o cualquier otro tejido duro y blanquecino, especialmente los que se encuentran en la carne destinada para el consumo. **3.** Conjunto de fibras o pequeños tubos que recorren las hojas de las plantas o forman el esqueleto de las alas membranosas de los insectos. **4.** Cordón que une los diversos cuadernillos de un libro. **5.** En arq., moldura redondeada que sobresale en el intradós de una bóveda o un techo plano. **6.** Nerviosismo. Se usa más en *pl.*: *Los nervios le impidieron hacer bien el examen.* **7.** Energía, tensión: *El caballo es un animal con mucho nervio.* **8.** Carácter, fuerza, empuje: *ejecutivos con nervio, una música con nervio.* **SIN. 5.** Nervadura, nervatura. **6.** Desasosiego, ansiedad. **7.** y **8.** Brío. **8.** Garra. **ANT. 6.** Tranquilidad. **7.** Debilidad. **8.** Pusilanimidad; insulsez. **FAM.** Nervado, nervadura, nervatura, nerviación, nervioso, nervudo, nervura. / Enervar, inervar.

nerviosismo *s. m.* Estado de excitación, inquietud o intranquilidad. **SIN.** Nervios, desasosiego, ansiedad. **ANT.** Tranquilidad, sosiego.

nervioso, sa *adj.* **1.** Relativo a los nervios: *sistema nervioso.* **2.** Que siente o muestra nerviosismo: *Estuvo muy nerviosa durante la entrevista.* **3.** Que tiene nervio, fuerza, energía. **SIN. 2.** Excitado, inquieto, intranquilo. **3.** Brioso, impetuoso. **ANT. 2.** Tranquilo. **3.** Flemático. **FAM.** Nerviosamente, nerviosidad, nerviosismo. NERVIO.

nervudo, da *adj.* **1.** Que tiene nervios fuertes y robustos. **2.** Que tiene muy desarrollados los tendones y los músculos.

nervura (del fr. *nervure*) *s. f.* Conjunto de nervios de un libro encuadernado.

nescafé (nombre comercial registrado) *s. m.* **1.** Preparado soluble de café en polvo. **2.** Bebida elaborada con este preparado disuelto en leche o agua.

nesga (del ár. *nasya*, tejido, pieza entretejida) *s. f.* Pieza triangular de tela que se añade a una prenda para ensancharla, y especialmente a las faldas para darles vuelo.

neto, ta (del lat. *nitidus*, reluciente) *adj.* **1.** Se aplica a una cantidad de dinero después de que le han sido descontados los gastos que le corresponden: *sueldo neto, precio neto.* También *s. m.* **2.** Se dice del peso de un objeto sin contar el del envase, embalaje, etc. También *s. m.* **3.** Claro, bien definido o delimitado: *Me contó la verdad neta.* **SIN. 1.** Líquido. **1.** y **2.** Limpio, pelado. **3.** Preciso, diáfano. **ANT. 1.** y **2.** Bruto. **3.** Indefinido, confuso. **FAM.** Netamente. NÍTIDO.

neuma (del gr. *pneuma*, espíritu, aliento) *s. m.* Signo musical empleado en la escritura del canto gregoriano.

neumático, ca (del gr. *pneumatikos*, relativo a la respiración) *adj.* **1.** Se dice de los aparatos o instrumentos que funcionan o se hinchan con aire u otros gases: *martillo neumático, colchón neumático.* || *s. m.* **2.** Parte de la rueda de ciertos vehículos que contiene aire a presión y rodea la llanta, constituyendo la superficie de rozamiento de los mismos.

neumo- (del gr. *pneumon*) *pref.* Significa 'pulmón': *neumología, neumopatía.*

neumococo (de *neumo-* y el gr. *kokkos*, grano) *s. m.* Microorganismo que causa ciertos tipos de neumonía.

neumología (de *neumo-* y *-logía*) *s. f.* Rama de la medicina que se ocupa de las enfermedades de los pulmones y de las vías respiratorias. **FAM.** Neumológico, neumólogo. NEUMONÍA.

neumonía (del gr. *pneumonia*, de *pneumon*, pulmón) *s. f.* Inflamación de los pulmones, causada generalmente por infección bacteriana o por la presencia de sustancias extrañas a los mismos. **SIN.** Pulmonía. **FAM.** Neumococo, neumología, neumopatía, neumotórax. / Bronconeumonía.

neumotórax (de *neumo-*, y el gr. *thorax*, *-akos*) *s. m.* Presencia o introducción artificial de aire o gas en la cavidad pleural. ■ No varía en *pl.*

neur- (del gr. *neuron*) *pref.* Significa 'nervio': *neuritis.* ■ Existe también la variante *neuro-*: *neurología.*

neura *s. f.* **1.** Alteración o excitación nerviosa. **2.** *fam.* Manía, obsesión: *Le ha dado la neura del coleccionismo.* || *adj.* **3.** *fam.* Excesivamente nervioso: *Todo va bien, no seas neura.* También *s. m.* y *f.* **SIN. 1.** Neurastenia. **2.** Luna, chaladura, paranoia. **3.** Neurasténico, histérico. **ANT. 3.** Tranquilo.

neuralgia (de *neur-* y *-algia*) *s. f.* Dolor agudo a lo largo de un nervio o en la zona sobre la que actúa. Las más frecuentes son las del nervio facial. **FAM.** Neurálgico. NEURONA.

neurálgico, ca *adj.* **1.** Relativo a la neuralgia. **2.** Muy importante, decisivo: *Está en el momento neurálgico de su carrera.* **SIN. 2.** Vital, esencial, crucial, crítico. **ANT. 2.** Intrascendente.

neurastenia (de *neur-* y el gr. *astheneia*, debilidad) *s. f.* **1.** Forma de neurosis caracterizada por síntomas depresivos. **2.** *fam.* Nerviosismo injustificado. **FAM.** Neurasténico. NEURONA y ASTENIA.

neurita (del gr. *neuron*, nervio) *s. f.* Prolongación en forma de hilo que arranca del cuerpo de la neurona. ■ Recibe también el nombre de *neuroeje, cilindroeje* o *axón.*

neuritis *s. f.* Proceso inflamatorio o degenerativo de un nervio o nervios. ■ No varía en *pl.*

neuro- *pref.* Véase **neur-**.

neurocirugía *s. f.* Parte de la cirugía que se ocupa del tratamiento quirúrgico de las enfermedades del sistema nervioso. **FAM.** Neurocirujano. NEURONA y CIRUGÍA.

neuroeje *s. m.* **1.** Conjunto de las estructuras que constituyen el sistema nervioso central: encéfalo y médula espinal. **2.** Neurita*.

neurología (de *neuro-* y *-logía*) *s. f.* Rama de la medicina que se ocupa de las enfermedades del sistema nervioso. **FAM.** Neurológico, neurólogo. NEURONA.

neurólogo, ga *s. m.* y *f.* Médico especializado en neurología.

neurona (del gr. *neuron*, nervio) *s. f.* Célula que produce y transmite el impulso fundamental del sistema nervioso; está formada por un cuerpo celular relativamente pequeño y una serie de prolongaciones. **FAM.** Neura, neuralgia, neurastenia, neurita, neuritis, neurocirugía, neuroeje, neurología, neuronal, neuropatía, neuropsiquiatría, neurosis, neurotransmisor, neurovegetativo.

neuropatía (de *neuro-* y *-patía*) *s. f.* Enfermedad del sistema nervioso.

neuropsiquiatría *s. f.* Rama de la medicina que estudia los problemas metodológicos, de diagnóstico y de tratamiento de las enfermedades mentales.

neurosis (del gr. *neuron*, nervio) *s. f.* Trastornos nerviosos de causa fisiológica desconocida y que alteran principalmente el estado emocional. ■ No varía en *pl.* **FAM.** Neurótico. / Psiconeurosis. NEURONA.

neurótico, ca *adj.* **1.** De la neurosis o propio de ella. **2.** Que padece este trastorno nervioso. También *s. m.* y *f.* **3.** *fam.* Tremendamente maniático. También *s. m.* y *f.* **4.** Muy nervioso o excitado: *Se pone neurótico cuando llegan los exámenes.* **SIN. 3.** Obseso. **3.** y **4.** Neurasténico, paranoico. **ANT. 4.** Tranquilo.

neurotransmisor *s. m.* Sustancia sintetizada por las neuronas del sistema nervioso, que actúa como transmisor químico de la información nerviosa entre las neuronas.

neurovegetativo, va *adj.* **1.** Se aplica a la parte del sistema nervioso que regula las funciones vegetativas, como la nutrición o el desarrollo. **2.** Se dice de la función controlada por este sistema.

neutral (del lat. *neutralis*) *adj.* **1.** Que no favorece ni se inclina por ninguna de las partes que intervienen en un conflicto. También *s. m.* y *f.* **2.** Particularmente, se aplica al país que no interviene en un enfrentamiento armado. También *s. m.* y *f.* **SIN. 1.** Imparcial. **ANT. 1.** y **2.** Parcial. **FAM.** Neutralidad, neutralismo. NEUTRO.

neutralismo *s. m.* Tendencia a mantenerse neutral, particularmente en política. **ANT.** Partidismo, intervencionismo. **FAM.** Neutralista. NEUTRAL.

neutralizar *v. tr.* **1.** Disminuir o anular el efecto de una acción, influencia, etc., oponiéndole otra, generalmente contraria. También *v. prnl.* **2.** Declarar neutral un Estado o territorio. También *v. prnl.* **3.** En dep., especialmente en ciclismo, no contar un tiempo o un tramo determinado en el resultado final. **4.** En quím., verificar un proceso mediante el cual un ácido reacciona con una base para formar una sal y agua. También *v. prnl.* ■ Delante de *e* se escribe *c* en lugar de *z*: *neutralice.* **SIN. 1.** Contrarrestar. **FAM.** Neutralizable, neutralización, neutralizante. NEUTRO.

neutrino *s. m.* Partícula elemental eléctricamente neutra y cuya masa en reposo es nula.

neutro, tra (del lat. *neuter, -tra*, ni uno ni otro) *adj.* **1.** Que no presenta ninguna de dos características opuestas que puede tener: *Me produjo una impresión neutra; ni buena ni mala.* **2.** No definido o determinado: *un color neutro.* **3.** Que no muestra o no comunica ninguna emoción o entusiasmo: *Habla en un tono neutro, inexpresivo.* **4.** Neutral, imparcial. **5.** En quím., se aplica al compuesto químico que no es ni ácido ni básico. **6.** En ling., se dice del género gramatical que no es masculino ni femenino y de las cosas que lo poseen, como p. ej. el artículo *lo*, los demostrativos *esto*, *eso* y *aquello* o los pronombres *nada*, *algo*, etc. También *s. m.* **SIN. 2.** Indefinido, indeterminado, impreciso. **3.** Frío, desapegado; indiferente. **ANT. 2.** Distinto, claro, diferenciado. **3.** Emocionado, entusiasta. **4.** Parcial. **FAM.** Neutral, neutralizar, neutrino, neutrón.

neutrón *s. m.* Partícula atómica de masa ligeramente superior a la del protón y sin carga eléctrica. **FAM.** Neutrónico. NEUTRO.

nevada *s. f.* **1.** Nieve caída sin interrupción. **2.** Cantidad de nieve que queda depositada en el suelo después de nevar: *La nevada ha cubierto el jardín.* **SIN. 1.** Nevisca, nevasca.

nevar *v. impers.* **1.** Caer nieve. || *v. tr.* **2.** Poner blanca una cosa esparciendo sobre ella algo de este color: *Nevó la tarta con azúcar.* ■ Es v. irreg. Se conjuga como *pensar.* **SIN. 1.** Neviscar. **FAM.** Nevada, nevado. NIEVE.

nevasca *s. f.* Tormenta de nieve acompañada normalmente por fuerte viento.

nevazón *s. f. Amér.* Nevasca*.

nevera (del lat. *nivaria*) *s. f.* **1.** Frigorífico*. **2.** Recipiente en forma de caja o bolsa utilizado para conservar fríos alimentos y bebidas. **3.** *fam.* Lugar muy frío: *Esta casa es una nevera.* **SIN. 1.** Refrigerador. **ANT. 3.** Horno.

nevero (del lat. *nivarius*) *s. m.* **1.** Lugar de la alta montaña donde se acumula la nieve formando hielo perpetuo. **2.** Nieve que lo forma. **FAM.** Nevera. NIEVE.

nevisca *s. f.* Nevada corta y poco intensa. **FAM.** Neviscar. NIEVE.

neviscar *v. impers.* Caer una nevisca. ■ Delante de *e* se escribe *qu* en lugar de *c*: *nevisque.*

neviza *s. f.* Acumulación de nieve endurecida, de forma granulosa, formada por las precipitaciones anuales y las alternancias estacionales de fusión (deshielo) y compactación (hielo). Marca el límite con las nieves permanentes.

nevus *s. m.* Malformación de la piel en forma de pequeñas manchas o verrugas.

new age (ingl.) *expr.* **1.** Movimiento partidario de un modo de vida alternativo, basado en la ecología y la naturaleza. **2.** Música suave y relajante producto de la fusión de muchos estilos con la adición de nuevos instrumentos. ■ Se usa como *s. f.*

new look (ingl.) *expr.* Imagen o aspecto nuevo o renovado. ■ Se usa como *s. m.*

new wave (ingl.) *expr.* Nueva ola, lo más nuevo en su género. ■ Se usa como *s. m.*

newton (de *Isaac Newton*, científico inglés) *s. m.* Unidad de fuerza en el Sistema Internacional.

newtoniano, na *adj.* De Newton o relacionado con él o con su teoría. **FAM.** Newton.

nexo (del lat. *nexus*) *s. m.* Unión, enlace. ■ Se usa especialmente en ling. **SIN.** Vínculo, conexión, lazo, nudo. **FAM.** Anexo, conexo.

ni (del lat. *nec*, y no) *conj. cop.* **1.** Une palabras o frases indicando negación: *Ni estudia ni trabaja.* || *adv. neg.* **2.** Refuerza la idea de negación con un valor intensificador: *No quiero ni pensarlo. No tiene ni para comer.* || **LOC. ¡ni que...!** *fam.* Seguida de un verbo en subjuntivo, introduce una exclamación que alude a un supuesto que no es o no puede ser cierto: *No me mires así... ¡ni que hubiera cometido un crimen!* **ni que decir tiene** Indica que algo es evidente o se da por supuesto: *Ni que decir tiene que se os pagará por el trabajo.* **SIN. 2.** Siquiera.

nibelungo, ga *adj.* En la mitología germánica, se dice de una raza de enanos que había acumulado un fabuloso tesoro. También *s. m.* y *f.*

nicaragüense *adj.* De Nicaragua. También *s. m.* y *f.* **FAM.** Nicaragüeñismo.

nicaragüeñismo *s. m.* Vocablo o giro propios del habla de Nicaragua.

nicho (del ant. ital. *nicchio*, nido) *s. m.* **1.** Hueco, generalmente semicircular, hecho en un muro para colocar en él alguna cosa, en especial, los que existen en los cementerios para los cadáveres o sus cenizas. || **2. nicho ecológico** Función que desempeña una especie en un ecosistema. **SIN. 1.** Hornacina.

nicky (ingl.) *s. m.* Niqui*.

nicotina (del fr. *nicotine*, y éste de *Nicot*, embajador francés del s. XVI) *s. f.* Alcaloide de las hojas del tabaco. **FAM.** Nicotinismo, nicotismo.

nicotinismo o **nicotismo** *s. m.* Tabaquismo*.

nicromo (nombre comercial registrado) *s. m.* Aleación de níquel y cromo, muy utilizada para la fabricación de sistemas de calefacción.

nictálope *adj.* Que ve mejor de noche o en la oscuridad que a plena luz: *El búho es un ave nictálope.* También *s. m.* y *f.*

nictalopía (del gr. *nyktalopia*, y éste de *nyx*, noche, y *ops*, vista) *s. f.* Defecto de la vista que consiste en una mejor visión con luz escasa. **FAM.** Nictálope.

nidación *s. f.* En zool., hecho de anidar las aves. **SIN.** Anidación.

nidada *s. f.* Conjunto de los huevos o de las crías que se encuentran en un nido.

nidal *s. m.* Lugar al que acude un ave doméstica para poner sus huevos. **SIN.** Nido, ponedero.

nidícola (del lat. *nidus*, nido, y *-cola*) *adj.* Se aplica a las aves cuyos pollos salen del huevo antes de haber completado el desarrollo.

nidificar (del lat. *nidificare*, de *nidus*, nido, y *facere*, hacer) *v. intr.* Hacer sus nidos las aves. ■ Delante de *e* se escribe *qu* en lugar de *c*: *nidifique*. **FAM.** Nidificación. NIDO.

nidífugo, ga (del lat. *nidus*, nido, y *fugere*, huir) *adj.* Se aplica a las aves que abandonan el nido al poco tiempo de salir del huevo.

nido (del lat. *nidus*) *s. m.* **1.** Especie de cama o refugio de diferentes formas y materiales que construyen las aves para poner huevos y criar a los pollos. **2.** P. ext., lugar donde viven y se reproducen otros animales: *un nido de lagartijas, de ratones.* **3.** Nidal*. **4.** Casa, hogar. **5.** Lugar donde se reúnen o acumulan personas o cosas a las que se da un sentido negativo: *un nido de ladrones.* **6.** Lugar o circunstancia que es origen de algo, generalmente negativo: *Ese trastero es un nido de polvo.* **7.** En los hospitales, lugar donde están los recién nacidos. || **8. cama nido** Véase **cama**[1]. **9. nido de abeja** Tipo de bordado que imita las celdillas de las abejas. || **LOC. caerse** alguien **de un nido** *fam.* Ser muy ingenuo. **patearle el nido** a alguien *Arg.*, *Par.* y *Urug. fam.* Desbaratarle los planes o ponerle impedimentos. **SIN. 2.** Guarida, madriguera. **3.** Ponedero. **4.** Morada. **5.** Cubil, cueva. **6.** Semillero. **FAM.** Nidación, nidada, nidal, nidícola, nidificar, nidífugo. / Anidar.

niebla (del lat. *nebula*) *s. f.* **1.** Nube de color blanquecino o grisáceo formada por gotitas de agua muy pequeñas y que se encuentra en contacto con el suelo. **2.** Aquello que impide o dificulta el conocimiento o comprensión de algo. **SIN. 1.** Neblina, calima. **1.** y **2.** Bruma. **FAM.** Nebladura, neblina, neblinoso, nebulizar, nebuloso. / Antiniebla.

nielado, da 1. *p.* de **nielar**. También *adj.* || *s. m.* **2.** Labor realizada en hueco sobre metales preciosos que se rellena con un esmalte negro. **FAM.** Nielar.

nielar *v. tr.* Grabar un metal precioso rellenando el hueco con un esmalte negro hecho de plata y plomo fundidos con azufre.

nietastro, tra *s. m.* y *f.* Respecto de una persona, hijo o hija de su hijastro o hijastra.

nieto, ta (del lat. vulg. *nepta* y ésta de *neptis*, nieta) *s. m.* y *f.* Se dice de cualquier persona respecto a sus abuelos. **FAM.** Nietastro. / Bisnieto, biznieto, tataranieto.

nieve (del lat. *nix, nivis*) *s. f.* **1.** Agua helada que se desprende de las nubes y llega a la tierra en forma de copos blancos. **2.** Nevada. Se usa mucho en *pl.*: *época de nieves.* **3.** Interferencias en la pantalla de un televisor, monitor, etc. **4.** *argot* Cocaína. **5.** *Cuba*, *Méx.* y *P. Rico* Sorbete helado. **FAM.** Nevar, nevasca, nevazo, nevazón, nevero, nevisca, neviza, nevoso, nivación, nival, níveo, nivopluvial. / Aguanieve, quitanieves.

NIF *s. m.* Siglas de **Número de Identificación Fiscal**, clave identificadora obligatoria que permite realizar actividades mercantiles.

nife (de *ni*, símbolo del níquel y *fe*, símbolo del hierro) *s. m.* Masa de níquel y hierro con una elevada densidad y temperatura. Se cree que estos elementos, junto a pequeñas cantidades de otros metales, son los componentes básicos del núcleo terrestre. **SIN.** Barisfera.

nigeriano, na *adj.* De Nigeria o de Níger. También *s. m.* y *f.*

nigérrimo, ma (del lat. *nigerrimus*) *adj. sup.* irreg. de **negro**.

night-club (ingl.) *s. m.* Sala de fiestas nocturna.

nigromancia o **nigromancía** (del gr. *nekromanteia*) *s. f.* **1.** Práctica que pretende conocer el futuro invocando a los muertos. **2.** *fam.* Magia negra, hechicería. ■ Se dice también *necromancia* o *necromancía*. **FAM.** Nigromante, nigromántico.

nigua (voz caribe) *s. f.* Insecto muy parecido a la pulga, pero mucho más pequeño y con la trompa más larga, que vive en América y África.

nihil obstat (lat.) *expr.* Indica que una autoridad eclesiástica da su conformidad sobre la publicación de una obra o la asignación de un cargo a una persona. ■ Se usa como *s. m.*

nihilismo (del lat. *nihil*, nada) *s. m.* **1.** Doctrina filosófica que rechaza los valores vigentes sobre moralidad, orden y autoridad, y mantiene que no existe ninguna base sólida sobre la que levantar un nuevo orden de cosas. **2.** Actitud a la que da lugar esta doctrina. **FAM.** Nihilista.

nilón *s. m.* Nailon*.

nilótico, ca *adj.* **1.** Relativo al río Nilo. **2.** De un grupo étnico africano que habita en la cuenca del Nilo y en la región de los Grandes Lagos. También *s. m.* y *f.* **3.** Se aplica a una familia de lenguas africanas habladas en esta región. También *s. m.*

nimbo (del lat. *nimbus*) *s. m.* **1.** Círculo luminoso que rodea la cabeza de las imágenes religiosas. **2.** Círculo semejante que rodea algunos astros, especialmente al Sol y a la Luna. **3.** Nimboestrato. **SIN. 1.** Halo. **1.** y **2.** Aureola. **FAM.** Nimbar, nimboestrato.

nimboestrato *s. m.* Capa de nubes bajas, de color gris y aspecto uniforme, que da lugar a lluvias, nieves o granizo.

nimiedad *s. f.* Cosa insignificante, pequeñez. **SIN.** Menudencia, nadería.

nimio, mia (del lat. *nimius*, excesivo, abundante) *adj.* Insignificante, sin importancia: *un problema nimio.* **SIN.** Intrascendente, mínimo. **ANT.** Importante, trascendental. **FAM.** Nimiamente, nimiedad.

ninfa (del gr. *nymphe*) *s. f.* **1.** Cualquiera de las divinidades menores, con forma de muchacha, que habitaban en los bosques, fuentes, ríos, etc. **2.** Muchacha joven y bonita. **3.** Estadio intermedio entre las fases de larva e imago o adulto en los insectos. **FAM.** Ninfea, ninfomanía.

ninfea (del gr. *nymphaia*) *s. f.* Nenúfar*.

ninfomanía *s. f.* Furor uterino, deseo sexual exagerado en la mujer. **FAM.** Ninfómana, ninfomaniaco. NINFA.

ningún *adj. apóc.* de **ninguno**. ■ Se usa preceptivamente ante un sustantivo masculino singular, aunque entre ellos figure un adjetivo: *ningún regalo, ningún otro regalo.* **ANT.** Algún.

ningunear *v. tr. Méx.* y *Ven. fam.* No tener en consideración a alguien. **FAM.** Ninguneo. NINGUNO.

ninguno, na (del lat. *nec unus*, ni uno) *adj. indef.* Ni uno solo de aquello que expresa el sustantivo al que acompaña: *No vino ninguna persona.* También *pron.*: *Ninguno le ayudó. No he visto ninguna de las películas.* ■ Delante de un s. m. se usa la forma *ningún*. **ANT.** Alguno. **FAM.** Ningún, ningunear.

ninja (del japonés *ninya*, de *ninye*, combatir con espada) *s. m.* Mercenario experto en artes marciales.

ninot (cat.) *s. m.* Cada una de las figuras o muñecos de una falla valenciana.

niña (de la voz romance *ninna*) *s. f.* **1.** Pupila del ojo. || **2. la niña de mis (tus, sus, ...) ojos** *fam.* La persona o cosa más apreciada por alguien.

niñato, ta *s. m.* y *f.* **1.** *desp.* Joven presumido y de comportamiento despreocupado. **2.** Joven sin experiencia que cree saberlo todo.

niñera *s. f.* Mujer que cuida niños.

niñería *s. f.* **1.** Cosa de poca importancia. **2.** Dicho o hecho propio de un niño. SIN. **1.** Minucia, tontería. **2.** Chiquillada.

niñero, ra *adj.* Que le gustan mucho los niños. También *s. m.* y *f.*

niñez *s. f.* **1.** Periodo de la vida humana que comprende desde el nacimiento hasta la adolescencia. **2.** P. ext., primera etapa de la existencia de algo. SIN. **1.** y **2.** Infancia. **2.** Principio, comienzo, albor, preliminares. ANT. **1.** y **2.** Vejez, ancianidad. **2.** Final, fin.

niño, ña (de la voz romance *ninno*) *s. m.* y *f.* **1.** Persona que está en el periodo de la niñez o es muy joven. ■ Se usa también como apelativo cariñoso, a veces irónico. **2.** Hijo, especialmente el de pocos años: *Ya tienen cuatro niños.* **3.** Persona de espíritu o comportamiento infantil o que demuestra inexperiencia. También *adj.* **4.** *Amér.* Tratamiento dado a las personas que se consideran socialmente superiores. || **5. la niña bonita** En la lotería y otros juegos parecidos, el número quince. **6. niño burbuja** El que, por padecer una inmunodeficiencia severa, es aislado del mundo exterior mediante una burbuja de plástico. **7. niño probeta** El que ha sido concebido mediante la implantación de un óvulo fecundado en el útero materno. || LOC. **como (un) niño con zapatos nuevos** *adv. fam.* Muy contento. **ni qué niño muerto** *fam.* Refuerza una negación o rechaza algo con desprecio: *¡Coche nuevo! ¿es que te ha tocado la lotería? Qué lotería ni qué niño muerto.* SIN. **1.** Nene, criatura, bebé, pequeño. **1.** y **2.** Crío, chaval. ANT. **1.** Adulto. **1.** y **2.** Viejo. FAM. Niñada, niñato, niñería, niñero, niñez. / Aniñado, nene.

niobio *s. m.* Elemento químico metálico que presenta resistencia ante los ácidos y las bases. Se utiliza en aleaciones. Su símbolo químico es *Nb.*

nipón, na *adj.* De Japón. También *s. m.* y *f.* SIN. Japonés.

níquel (del al. *Nickel*, apodo de *Nikolaus*, Nicolás) *s. m.* **1.** Elemento químico; es un metal de brillo plateado, muy maleable y resistente al ataque químico que se emplea principalmente en la preparación de aleaciones. Su símbolo químico es *Ni.* **2.** *Amér.* Moneda de este metal, y p. ext., moneda de poco valor. FAM. Niquelar. / Cuproníquel.

niquelar *v. tr.* Cubrir con un baño de níquel otro metal. FAM. Niquelado, niquelador, niqueladura. NÍQUEL.

niqui *s. m.* Prenda de tejido ligero, normalmente de punto, con cuello y, por lo general, manga corta. SIN. Polo, camiseta.

nirvana (sánscrito) *s. m.* En el budismo, estado de beatitud o bienaventuranza que constituye la meta final de la vida.

níscalo *s. m.* Hongo comestible de sombrerillo anaranjado o de color arcilla, con zonas claras y oscuras. SIN. Robellón. FAM. Nízcalo. / Mízcalo.

níspero (del bajo lat. *nespirum*) *s. m.* **1.** Árbol de tronco ramificado y espinoso, hojas caducas lanceoladas, grandes flores blancas y pequeño fruto comestible en forma ovalada de sabor ácido. **2.** Fruto de este árbol.

nitidez *s. f.* Cualidad de nítido. SIN. Claridad.

nítido, da (del lat. *nitidus*) *adj.* **1.** Transparente, limpio, claramente perceptible: *Se respiraba un aire nítido.* **2.** Preciso, sin confusión: *una foto nítida, una explicación nítida.* **3.** Honrado o sincero: *una conducta nítida.* SIN. **1.** Límpido, diáfano, cristalino; perceptible. **1.** y **3.** Claro. **2.** Inteligible. **3.** Honesto, legítimo. ANT. **1.** Opaco; borroso. **2.** Confuso. **3.** Deshonesto. FAM. Nítidamente, nitidez. / Neto.

nitrato (del gr. *nitron*) *s. m.* **1.** Nombre que recibe cualquier sal derivada del ácido nítrico. || **2. nitrato de Chile** Sustancia blanca compuesta fundamentalmente por nitrato de sodio, que se utiliza como abono natural y se encuentra en grandes depósitos de las zonas desérticas del N de Chile, procedente de la descomposición de los excrementos de ciertas aves.

nítrico, ca (del gr. *nitron*) *adj.* **1.** Relativo a los compuestos oxigenados del nitrógeno en los que éste actúa con valencia 5. **2.** Se dice del ácido obtenido mediante la acción del ácido sulfúrico sobre el nitrato de sodio y que constituye uno de los ácidos más oxidantes y corrosivos. FAM. Nitrato. NITRÓGENO.

nitrito (del gr. *nitron*) *s. m.* Nombre que recibe cualquier sal derivada del ácido nitroso.

nitro (del gr. *nitron*) *s. m.* Nitrato potásico que se deposita en forma de agujas o polvo blanquecino en zonas húmedas y saladas; se utiliza como abono y, especialmente, para la fabricación de pólvora. ■ Se llama *salitre.*

nitrobenceno *s. m.* Compuesto químico orgánico derivado del benceno, en el que un átomo de hidrógeno se reemplaza por un radical formado por nitrógeno y oxígeno; es un líquido aceitoso, incoloro o amarillento, que se usa en la fabricación de colores sintéticos.

nitrogenado, da *adj.* Que contiene nitrógeno.

nitrógeno (del gr. *nitron* y *-geno*) *s. m.* Elemento químico gaseoso que constituye un alto porcentaje del aire atmosférico; es muy poco reactivo, y licuado tiene una gran importancia en la industria del frío. Su símbolo es *N.* FAM. Nítrico, nitrito, nitro, nitrogenado, nitroglicerina, nitroso.

nitroglicerina *s. f.* Derivado nítrico de la glicerina; es un líquido aceitoso que explota al menor choque.

nitroso *adj.* Relativo a los compuestos oxigenados del nitrógeno en los que éste actúa con valencia 3.

nivación (del lat. vulg. *nivare*, nevar) *s. f.* Conjunto de fenómenos producidos en el relieve por acción de la nieve acumulada.

nival *adj.* De la nieve.

nivel (del cat. *nivell* y éste del lat. *libella*, dim. de *libra*, balanza) *s. m.* **1.** Altura o grado en que está o al que llega una persona o cosa: *Con las últimas lluvias ha subido el nivel de los embalses. Tiene un buen nivel en ortografía.* **2.** Instrumento de diferentes formas y materiales que se utiliza para comprobar la horizontalidad o verticalidad de un plano. **3.** Plano horizontal y, también, superficie superior de una cosa respecto a otras. **4.** Piso o planta de una construcción, de una mina, etc. || **5. nivel de vida** Condiciones económicas de un individuo o grupo. **6. paso a nivel** Véase **paso.** || LOC. **a nivel** *adv.* En un plano horizontal. **a nivel de** *adv.* Tomando como referencia lo que se expresa. ■ Es un galicismo cuyo uso no está aprobado. FAM. Nivelar. / Desnivel.

nivelación *s. f.* Acción de nivelar o nivelarse.

nivelar *v. tr.* **1.** Hacer que una superficie quede llana u horizontal. También *v. prnl.* **2.** Poner dos o más cosas a la misma altura, grado o categoría. También *v. prnl.*: *Las diferencias sociales tienden a nivelarse.* **3.** Determinar con el nivel si existe o no igualdad de altura entre dos o más planos, o comprobar si una superficie es horizontal. SIN. **1.** Allanar, aplanar. **1.** y **2.** Equilibrar(se), igualar(se). ANT. **1.** y **2.** Desnivelar(se), desigualar(se). FAM. Nivelación, nivelador. NIVEL.

níveo, a (del lat. *niveus*) *adj.* De aspecto o características semejantes a los de la nieve.

nivopluvial *adj.* Se aplica a un tipo de régimen fluvial en que el cauce es alimentado por las nieves en mayor medida que por las lluvias.

nixtamal *s. m. Amér. C.* y *Méx. fam.* Maíz cocido en agua de cal, con el que se hacen tortitas después de molido.

nizardo, da *adj.* De Niza, ciudad de Francia. También *s. m.* y *f.*

nízcalo *s. m.* Níscalo*.

no (del lat. *non*) *adv. neg.* **1.** Se emplea para negar, rechazar algo o indicar que no se cumple una determinada acción: *¿Quieres más café? No, gracias. No compré nada.* **2.** En forma interrogativa, se utiliza cuando se espera o se supone una respuesta afirmativa y a veces muestra extrañeza o impaciencia: *¿No vienes conmigo? ¿No te has preparado?* **3.** Se emplea también para pedir el consentimiento o la conformidad de alguien, o simplemente como muletilla: *Puedo ir, ¿no? Es bonito, ¿no?* **4.** Antepuesto a algunos sustantivos y adjetivos, funciona como un prefijo y expresa la carencia de lo que éstos indican: *los no creyentes, nombres no contables.* **5.** Seguido de la preposición *sin*, anula el significado negativo o de privación que tiene ésta: *Se fue, no sin antes despedirse.* || *s. m.* **6.** Negativa: *Me dieron un no por respuesta.* || LOC. **¿cómo no?** o **¡cómo no!** *interr.* y *excl.* Se usa como fórmula de cortesía para contestar afirmativamente. **no bien** *adv.* Tan pronto como, en cuanto: *Se marcharon no bien hubo terminado la cena.* **no más** *adv.* Solamente; se usa mucho en Hispanoamérica. Basta de: *No más discusiones.* ■ Su pl. es *noes.* ANT. **1.** Sí. FAM. Non.

nō (japonés) *s. m.* Tipo de teatro tradicional japonés en el que se entremezclan la poesía, la danza, el mimo y la música.

nobel *s. m.* **1.** Cada uno de los premios que la fundación Alfred Nobel concede anualmente a científicos, literatos, etc. ■ En esta acepción suele escribirse con mayúscula. **2.** Persona galardonada con dicho premio. ■ No varía en *pl.*

nobelio (de *Alfred Nobel*, químico sueco) *s. m.* Elemento químico radiactivo del grupo de los actínidos que se obtiene artificialmente. Su símbolo es *No.*

nobiliario, ria (del lat. *nobilis*, noble) *adj.* Relativo a la nobleza o a los nobles.

nobilísimo, ma (del lat. *nobilissimus*) *adj. sup.* irreg. de **noble**.

noble (del lat. *nobilis*) *adj.* **1.** Se dice de la persona que posee un título que le sitúa en una clase o estatus social privilegiado y de lo relacionado con ella: *linaje noble.* También *s. m.* y *f.* **2.** Generoso, leal, sincero. **3.** Aplicado a los animales, fieles al hombre, no traicioneros. **4.** De gran calidad, valor, categoría, etc.: *maderas nobles, la parte noble de una casa.* **5.** En quím., se dice de ciertos gases químicamente inactivos. SIN. **1.** Aristócrata. **2.** Franco, honrado, honesto, liberal, magnánimo. **4.** Precioso, selecto, refinado. ANT. **1.** Plebeyo. **2.** Falso. **2.** y **3.** Desleal. **4.** Innoble, rastrero. FAM. Nobiliario, nobilísimo, noblemente, nobleza, noblote. / Ennoblecer, innoble.

nobleza *s. f.* **1.** Cualidad de noble: *nobleza de carácter.* **2.** Clase social de los nobles. || LOC. **nobleza obliga** Expresa que la propia estimación mueve a alguien a actuar de manera noble. SIN. **1.** Honradez, honestidad, lealtad, distinción, señorío. **2.** Aristocracia.

nobuk *s. m.* Piel de vaca curtida y de tacto aterciopelado, parecida al ante.

noceda o **nocedal** (del lat. *nucetum*) *s. f.* o *m.* Nogueral*.

noche (del lat. *nox, noctis*) *s. f.* **1.** Espacio de tiempo comprendido entre la puesta y la salida del Sol. **2.** Oscuridad que hay durante este tiempo: *hacerse de noche.* **3.** Horas destinadas a dormir durante este espacio de tiempo. **4.** Tristeza, melancolía. ■ Es de uso culto o literario. || **5. media noche** Las doce de la noche, tiempo cercano a esta hora o en la mitad de la noche. ■ También se dice *medianoche.* **6. noche toledana** *fam.* La que se pasa sin dormir por una preocupación, dolor, etc. || LOC. **buenas noches** Fórmula de saludo utilizada desde la puesta a la salida del Sol o hasta que nos acostamos. **como de la noche al día** *adv.* Completamente distinto. **de la noche a la mañana** *adv.* Repentinamente. SIN. **4.** Nostalgia, pena, aflicción. ANT. **1.** Mañana. **1.** y **2.** Día. **4.** Alegría. FAM. Nochebuena, nocherniego, nochero, nochevieja, noctámbulo, noctiluca, noctívago, nocturno. / Anoche, anochecer[1], medianoche, pernoctar, trasnochar.

nochebuena *s. f.* Noche del 24 de diciembre, en que se celebra el nacimiento de Cristo. ■ Suele escribirse con mayúscula.

nocherniego, ga (del lat. *nocturnus*, de *nox, noctis*, noche) *adj.* Que le gusta vivir la noche, noctámbulo. También *s. m.* y *f.* SIN. Crápula.

nochero, ra *s. m.* y *f.* **1.** *Col.* Persona que está de guardia durante la noche en hospitales y otros establecimientos semejantes. **2.** *Chile* y *Urug.* Vigilante nocturno.

nochevieja *s. f.* Última noche del año. ■ Suele escribirse con mayúscula.

noción (del lat. *notio, -onis*) *s. f.* **1.** Idea o conocimiento que se tiene sobre algo: *No tenía noción de lo ocurrido.* **2.** Conocimiento básico, elemental. Se usa más en *pl.*: *Sólo tiene unas nociones de aritmética.* SIN. **2.** Principios, fundamentos, rudimentos.

nocivo, va (del lat. *nocivus*) *adj.* Dañino, perjudicial: *efectos nocivos, ambiente nocivo.* SIN. Negativo, malo, peligroso, pernicioso. ANT. Beneficioso, positivo. FAM. Nocividad.

noctámbulo, la (del lat. *nox, noctis*, noche, y *ambulare*, andar) *adj.* **1.** Que le gusta divertirse y vivir de noche, así como de sus costumbres y modo de vida. También *s. m.* y *f.* **2.** Se aplica a los animales que desarrollan su vida por la noche, así como a sus costumbres. SIN. **1.** Nocherniego, crápula. **1.** y **2.** Noctívago. FAM. Noctambulismo. NOCHE y AMBULANTE.

noctiluca (del lat. *noctiluca*) *s. f.* **1.** Luciérnaga*. **2.** Protozoo flagelado de tamaño microscópico, que se halla presente en el plancton acumulado sobre la plataforma continental de los mares cálidos y templados, y al que se debe frecuentemente la luminosidad que se observa en sus aguas por la noche.

noctívago, ga (del lat. *noctivagus*) *adj.* Noctámbulo, se aplica en especial a los animales.

nocturnidad *s. f.* **1.** Cualidad o circunstancia de nocturno. **2.** En der., circunstancia agravante de la responsabilidad por algunos delitos.

nocturno, na (del lat. *nocturnus*) *adj.* **1.** De la noche, relacionado con ella o que ocurre en este tiempo: *luz nocturna, horario nocturno.* **2.** Se aplica a las especies animales que desarrollan su actividad durante la noche y a las plantas que abren sus flores únicamente en este tiempo. || *s. m.* **3.** Composición instrumental o vocal del s. XVIII que se ejecutaba al aire libre durante la noche. **4.** Serenata en la que se cantan o tocan composiciones de carácter sentimental. **ANT. 1.** y **3.** Diurno. **FAM.** Nocturnidad. NOCHE.

nodo (del lat. *nodus*) *s. m.* En el movimiento ondulatorio, punto que no experimenta ninguna perturbación. **FAM.** Nodal.

nodriza (del lat. *nutrix, -icis,* alimentadora) *s. f.* **1.** Mujer que amamanta a un niño que no es suyo, ama de cría. **2.** En aposición, se aplica al vehículo preparado para suministrar combustible a otros: *avión nodriza.* || **3. nave nodriza** Nave espacial de la que se desprende otra más pequeña.

nódulo (del lat. *nodulus*) *s. m.* **1.** Pequeña concreción o dureza redondeada de cualquier materia. **2.** Masa globular, que aparece en el interior de algunas rocas, de naturaleza diferente a éstas. **3.** Masa de células o de fibras, en forma de nudo, abultamiento o corpúsculo.

nogal (del lat. *nux, nucis,* nuez) *s. m.* Árbol de gran tamaño, corteza lisa y grisácea, hojas caducas de color verde brillante y fruto en drupa poco carnoso, llamado nuez. **SIN.** Noguera. **FAM.** Nogalina, noguera. NUEZ.

nogalina *s. f.* Colorante obtenido de la cáscara de la nuez y usado para oscurecer maderas.

noguera *s. f.* Nogal*. **FAM.** Nogueral. NOGAL.

nogueral *s. m.* Lugar poblado de nogales. **SIN.** Noceda, nocedal.

nómada (del lat. *nomas, -adis,* y éste del gr. *nomas, -ados,* de *nemo,* apacentar) *adj.* Que va de un lugar a otro, sin tener una residencia fija. También *s. m.* y *f.* *los nómadas del desierto.* **SIN.** Trashumante, ambulante. **FAM.** Nomadismo.

nombradía *s. f.* Celebridad, fama. **SIN.** Renombre, reputación, popularidad, notoriedad. **ANT.** Desprestigio, impopularidad.

nombrar (del lat. *nominare*) *v. tr.* **1.** Decir el nombre de una persona o cosa o hacer referencia a ella: *Nombra las partes de la flor. En su libro nombra a varios científicos.* **2.** Designar o elegir a alguien para cierto cargo, título, etc.: *Le nombraron presidente.* **SIN. 1.** Citar, mencionar. **2.** Nominar, proclamar. **FAM.** Nombrado, nombramiento. / Innombrable. NOMBRE.

nombre (del lat. *nomen, -inis*) *s. m.* **1.** Palabra o palabras con las que nos referimos a algo para designarlo, distinguirlo o representarlo: *He olvidado el nombre de la calle. Conoce los nombres de casi todas las plantas.* **2.** Referido a una persona, conjunto formado por la palabra o palabras por las que se le designa: nombre y apellidos o, simplemente, nombre de pila: *Mi nombre es Julia, Julia Pérez Sánchez.* **3.** Título de una obra. **4.** Sustantivo*: *nombre propio, nombre común.* **5.** Fama, reputación: *Logró hacerse un nombre en la empresa.* || **6. nombre de guerra** El que adopta una persona para realizar una actividad, generalmente artística o clandestina. **7. nombre de pila** El que se le da a una persona cuando es bautizada y, p. ext., el que consta en el registro civil y precede a los apellidos. || **LOC. en nombre de** *adv.* Representando a la persona o cosa que se expresa o apelando a ella: *Un abogado hablará en mi nombre. Actuó en nombre de la ley.* **llamar las cosas por su nombre** Hablar claramente o con franqueza. **no tener nombre** algo *fam.* Ser algo indignante. **SIN. 1.** Apelativo. **FAM.** Nombradía, nombrar. / Nomenclátor, nómina, nominal, nominar, pronombre, renombre, sobrenombre.

nomenclátor (del lat. *nomenclator, -oris*) *s. m.* Catálogo o lista de nombres de pueblos, personas, voces técnicas, etc. **SIN.** Nómina. **FAM.** Nomenclatura. NOMBRE.

nomenclatura (del lat. *nomenclatura*) *s. f.* Conjunto de los términos técnicos de una ciencia o especialidad.

nomeolvides *s. m.* Nombre común de diversas especies de plantas herbáceas con flores de color azul, algunas de las cuales son utilizadas en jardinería y ornamentación. ■ No varía en *pl.*

-nomía (del gr. *-nomia,* de *nomos,* norma, ley) *suf.* Significa 'ciencia', 'disciplina': *astronomía.*

nómico, ca *adj.* Gnómico*.

nómina (del lat. *nomina,* nombres) *s. f.* **1.** Lista de nombres. **2.** Relación de las personas que reciben un sueldo fijo en una empresa, ministerio, etc.: *Colabora con la editorial, pero no está en nómina.* **3.** Este sueldo: *Con su nómina vive desahogadamente.* **4.** Documento en que consta dicho sueldo y en el que se especifican las cantidades brutas, los porcentajes retenidos, etc. **SIN. 1.** Repertorio. **2.** Plantilla. **3.** Paga.

nominación *s. f.* Propuesta para un premio: *El film ha obtenido tres nominaciones para los Goya.*

nominado, da 1. *p.* de **nominar**. || *adj.* **2.** Propuesto para un premio: *Fue nominado para el Oscar.*

nominal (del lat. *nominalis*) *adj.* **1.** Del nombre o relacionado con él: *sintagma nominal.* **2.** Aplicado a algunos documentos bancarios, como cheques, nominativo. **3.** Se aplica al valor de una acción, obligación, etc., que se corresponde con una parte proporcional del capital. **4.** Que sólo es o existe de nombre y no de forma real o efectiva: *un cargo nominal.* **FAM.** Nominalismo, nominalización, nominalmente. / Denominal, posnominal. NOMBRE.

nominalismo *s. m.* Doctrina filosófica surgida en la Edad Media en oposición a la filosofía escolástica; rechaza el conocimiento abstracto en favor del intuitivo y empírico, por considerar que éste es el único que puede captar la realidad individual. **FAM.** Nominalista. NOMINAL.

nominalización *s. f.* Sustantivación*.

nominalmente *adv. m.* **1.** Por su nombre. **2.** De palabra, no de forma efectiva.

nominar (del lat. *nominare*) *v. tr.* **1.** Designar o destinar a alguien para un determinado cargo, función, etc. **2.** Proponer para un premio, especialmente cinematográfico: *Nominaron la película para el Oscar.* **3.** Dar nombre a alguien o algo. **SIN. 1.** Nombrar, asignar, proclamar. **3.** Denominar. **FAM.** Nominación, nominado, nominador, nominativo. / Denominar, innominado. NOMBRE.

nominativo, va (del lat. *nominativus*) *adj.* **1.** Se aplica a ciertos documentos, títulos, etc., que se extienden a favor de alguien y en los que consta el nombre de éste: *un cheque nominativo.* || *s. m.* **2.** En latín, griego y otras lenguas, uno de los casos de la declinación gramatical, al que corresponde la función de sujeto o atributo. **SIN. 1.** Nominal.

nomo *s. m.* Gnomo*.

-nomo, ma (del gr. *nomos,* ley, norma) *suf.* Significa 'especializado, entendido': *astrónomo, agrónomo.*

nomon *s. m.* Gnomon*. FAM. Nomónica. GNOMON.

nomónica *s. f.* Gnomónica*. FAM. Nomónico. NOMON.

non (del lat. *non*) *adj.* **1.** Se aplica al número impar. También *s. m.* || **nones** *s. m. pl.* **2.** *fam.* Palabra que se usa para negar rotundamente: *Me ofrecieron el puesto, pero dije que nones.* || LOC. **de non** *adj.* y *adv.* Desparejado, sin pareja: *estar de non.* ANT. **1.** Par.

nonada *s. f.* Pequeñez, menudencia. SIN. Nadería, bagatela, fruslería. ANT. Enormidad. FAM. Anonadar. NADA.

nonagenario, ria (del lat. *nonagenarius*) *adj.* Que está en la década de los noventa años. También *s. m.* y *f.*

nonagésimo, ma (del lat. *nonagesimus*) *adj. num. ord.* **1.** Que ocupa por orden el número noventa. También *pron.* || *adj. num. part.* **2.** Se dice de cada una de las noventa partes iguales en que se divide un todo. También *s. m.* SIN. **2.** Noventavo.

nonato, ta (del lat. *non natus*, no nacido) *adj.* Que ha nacido mediante cesárea.

noningentésimo, ma (del lat. *noningentesimus*) *adj. num. ord.* **1.** Que ocupa por orden el número novecientos. También *pron.* || *adj. num. part.* **2.** Se dice de cada una de las novecientas partes iguales en que se divide un todo. También *s. m.*

nonio (de *Nonius*, forma latinizada de *Núñez*) *s. m.* Dispositivo que, acoplado a una regla graduada, facilita la medición de objetos muy pequeños. ■ También se llama *nonius.*

nono, na (del lat. *nonus*) *adj. num. ord.* **1.** Noveno*. También *pron.* || *s. f.* **2.** Última de las cuatro partes en que los romanos dividían el día. **3.** Última de las horas menores del oficio divino. FAM. Nonagenario, nonagésimo, noningentésimo. / Decimonono. NUEVE.

nonsense (ingl.) *s. m.* En literatura, frase absurda y paradójica de intención humorística.

nopal (del náhuatl *nopálli*) *s. m.* Chumbera*.

noquear (del ingl. *knock out*, fuera de combate) *v. tr.* En boxeo, dejar fuera de combate.

noray *s. m.* Poste, piedra o cualquier otra cosa a la que se amarran las embarcaciones. SIN. Bolardo.

norcoreano, na *adj.* De Corea del Norte. También *s. m.* y *f.*

nordeste o **noreste** *s. m.* **1.** Punto del horizonte entre el N y el E, a igual distancia de ambos. ■ Su abreviatura es *NE* **2.** Parte de un país, territorio, etc., situada en la dirección de este punto. **3.** Viento que sopla desde dicho punto. ■ En las dos últimas acepciones, se usa mucho en aposición. ANT. **1.** Sudeste, sureste. FAM. Estenordeste, estenoreste, nornordeste. NORTE y ESTE.

nórdico, ca *adj.* **1.** De cualquiera de los países del N de Europa, especialmente los escandinavos. También *s. m.* y *f.* **2.** Se dice de un grupo de lenguas germ. habladas en estos países, como el sueco, el islandés, el noruego o el danés. También *s. m.* SIN. **1.** y **2.** Escandinavo.

nordista *adj.* Se dice del partidario de los estados del Norte en la guerra de Secesión de los Estados Unidos. También *s. m.* y *f.*

noria (del ár. *naura*) *s. f.* **1.** Máquina empleada para sacar agua de un pozo, formada generalmente por dos grandes ruedas, una horizontal, movida por un animal, y otra vertical, engranada en la anterior y provista de una cinta y una serie de cangilones. **2.** En ferias y parques de atracciones, gran rueda que gira verticalmente y está provista de cabinas para la gente.

norma (del lat. *norma*, escuadra) *s. f.* **1.** Aquello que debe cumplirse por estar así establecido, ordenado o convenido: *Todo deporte tiene sus normas.* **2.** Indicación sobre el modo de hacer algo, de comportarse, etc.: *Me dieron algunas normas para realizar el trabajo.* **3.** Modelo, ejemplo. **4.** En ling., conjunto de caracteres lingüísticos que señalan el uso correcto de una lengua. **5.** Regla que determina las medidas, composición y demás características que debe tener un producto industrial. SIN. **1.** Ley, precepto, dictado, principio, orden. **2.** Pauta, directriz, instrucciones. **3.** Canon, patrón, arquetipo, prototipo. **4.** Normativa. FAM. Normal, normativo.

normal (del lat. *normalis*) *adj.* **1.** De características, comportamiento, etc., parecidos a los de la mayoría, por lo que no produce extrañeza ni llama la atención: *una vida normal, un tamaño normal.* **2.** Frecuente, habitual: *Los atascos son algo normal.* **3.** Lógico, natural. **4.** Característico de la persona o cosa a la que se aplica: *La impuntualidad es normal en él.* **5.** En geom., perpendicular. SIN. **1.** y **2.** Corriente, común, ordinario. **2.** y **4.** Usual, acostumbrado. ANT. **1.** y **2.** Anormal. **3.** Extraño, insólito. FAM. Normalidad, normalizar, normalmente. / Anormal, paranormal, subnormal. NORMA.

normalización *s. f.* Acción de normalizar. SIN. Estandarización, tipificación, regularización.

normalizar *v. tr.* **1.** Hacer que algo se ajuste a una norma o regla, p. ej. un producto industrial. **2.** Volver normal. También *v. prnl.*: *normalizarse el tráfico.* ■ Delante de *e* se escribe *c* en lugar de *z*: *normalice.* SIN. **1.** Estandarizar, tipificar. **2.** Regularizar(se). FAM. Normalización. NORMAL.

normando, da *adj.* **1.** De Normandía. También *s. m.* y *f.* **2.** De los pueblos escandinavos que participaron en un movimiento de expansión que afectó a gran parte de Europa en los s. IX y X. También *s. m.* y *f.* FAM. Anglonormando.

normativa *s. f.* Conjunto de normas de una materia o actividad: *normativa de tráfico, normativa lingüística.* SIN. Reglamento.

normativo, va *adj.* Que sirve de norma o la determina. SIN. **1.** Reglamentario, preceptivo.

nornordeste *s. m.* **1.** Punto del horizonte situado entre el N y el NE, a igual distancia de ambos. **2.** Viento que sopla desde dicho punto. ■ Se usa mucho en aposición.

nornoroeste *s. m.* **1.** Punto del horizonte entre el N y el NO, a igual distancia de ambos. **2.** Viento que sopla desde dicho punto. ■ Se usa mucho en aposición.

noroeste *s. m.* **1.** Punto del horizonte entre el N y el O, a igual distancia de ambos. Su abreviatura es *NO.* **2.** Parte de un país, territorio, etc., situada en la dirección de este punto. **3.** Viento que sopla desde dicho punto. ■ En las dos últimas acepciones se usa mucho en aposición. FAM. Nornoroeste, oesnoroeste. NORTE y OESTE.

norte (del anglosajón *north*) *s. m.* **1.** Punto cardinal situado en la dirección del polo ártico y frente a un observador a cuya derecha se encuentra el este. Su abreviatura es *N.* ■ Se usa también como *pref.*: *norteafricano, norteamericano.* **2.** País, territorio, etc., situado en esta dirección. **3.** Viento que sopla desde dicho punto. ■ En las dos últimas acepciones se usa mucho en aposición. **4.** Meta, aspiración: *Tiene como norte dirigir esa empresa.* || **5. norte magnético** Dirección a la que apunta la aguja imantada de una brújula y que corresponde a la del polo ártico. SIN. **1.** a **3.**

Septentrión. **4.** Ideal, objetivo, orientación, rumbo. ANT. **1.** a **3.** Mediodía. FAM. Nordeste, nórdico, noreste, nornordeste, nornoroeste, noroeste, norteamericano, norteño.

norteafricano, na *adj.* Del norte de África. También *s. m.* y *f.*

norteamericano, na *adj.* **1.** Estadounidense*. **2.** De América del Norte. SIN. **1.** Yanqui.

norteño, ña *adj.* **1.** De la parte norte de un país. También *s. m.* y *f.* **2.** Del norte o relacionado con él. SIN. **2.** Nórdico, septentrional. ANT. **1.** y **2.** Sureño, meridional.

noruego, ga *adj.* **1.** De Noruega. También *s. m.* y *f.* || *s. m.* **2.** Idioma hablado en Noruega.

nos (del lat. *nos*, nosotros) *pron. pers. m.* y *f. pl.* **1.** Forma átona de primera persona que realiza la función de complemento directo (*Carlos nos vio*) e indirecto (*Nos han regalado un coche*), que se utiliza para formar verbos pronominales (*Nos arrepentimos, nos lavamos*), y que a veces tiene un valor enfático o expresivo (*Nos tomamos un té*). **2.** En el llamado plural mayestático, es utilizado por jerarquías elevadas como pronombre tónico con función de sujeto, haciéndolo concertar con el verbo en plural: *Nos, el obispo, visitaremos...* FAM. Nosotros, nuestro.

noseología *s. f.* Gnoseología*. FAM. Noseológico. NOSIS.

nosis *s. f.* Gnosis*. FAM. Noseología. GNOSIS.

nosocomio (del gr. *nosos*, enfermedad, y *komeo*, cuidar) *s. m.* Hospital. FAM. Véase **nosología**.

nosología (del gr. *nosos*, enfermedad, y *-logía*) *s. f.* Patología*. FAM. Nosocomio, nosológico.

nosotros, tras *pron. pers. m.* y *f. pl.* Forma de primera persona que funciona como sujeto o como complemento cuando es término de una preposición: *Nosotros iremos mañana. Eso no es para nosotros.*

nostalgia (del gr. *nostos*, regreso, y *-algia*) *s. f.* Sensación de pena o tristeza que siente alguien al estar lejos de su hogar, de los suyos, o al recordar algo querido. SIN. Añoranza, morriña, melancolía. ANT. Alegría. FAM. Nostálgico.

nostálgico, ca *adj.* Que tiene nostalgia o la causa. También *s. m.* y *f.* SIN. Melancolía, morriña.

nosticismo *s. m.* Gnosticismo*. FAM. Nóstico. GNOSTICISMO.

nota (del lat. *nota*, signo, mancha) *s. f.* **1.** Escrito breve en que se recuerda algo o se avisa sobre alguna cosa. **2.** Advertencia, comentario o precisión que se hace, en un texto, sobre una palabra, fragmento, etc.: *notas a pie de página.* **3.** Escrito que resume lo más importante de una clase, lección, conferencia, etc. Se usa sobre todo en *pl.*: *Todos los alumnos tomaban notas.* **4.** Factura, cuenta: *El camarero trajo la nota.* **5.** Puntuación o calificación con que se juzga un examen, ejercicio, etc.: *Tiene aprobado de nota media.* **6.** Cada uno de los siete sonidos de la escala musical. **7.** Detalle o aspecto de algo: *una nota de humor, de color.* || *s. f. pl.* **8.** Impreso, cuaderno, etc., con la calificación de un alumno. || LOC. **dar la nota** *fam.* Llamar mucho la atención, especialmente por algo negativo. **de mala nota** *adj.* De mala fama. **ir para** (o **por**) **nota** *fam.* Esforzarse por conseguir muy buenas calificaciones o resultados. SIN. **1.** Mensaje, misiva, recordatorio. **2.** Llamada, apostilla, acotación, glosa. **3.** Apunte, anotación. **4.** Minuta. **5.** Evaluación. FAM. Notación, notar, notario. / Anotar.

notabilísimo, ma *adj. sup.* irreg. de **notable**.

notable (del lat. *notabilis*) *adj.* **1.** Que destaca entre los demás por sus buenas cualidades, méritos, etc.: *una novela notable.* **2.** Grande, considerable: *Entre ambos existe una diferencia notable.* || *s. m.* **3.** Calificación obtenida por un alumno, que equivale a un siete o un ocho sobre diez. || *s. m. pl.* **4.** Personas más importantes de una localidad. SIN. **1.** Destacado, señalado, distinguido. **1.** y **2.** Relevante, esencial. **2.** Cuantioso. ANT. **1.** Mediocre, gris. **1.** y **2.** Insignificante. **2.** Mínimo. FAM. Notabilidad, notabilísimo, notablemente. NOTAR.

notación (del lat. *notatio*, *-onis*) *s. f.* Conjunto de signos usados en una ciencia o disciplina: *notación musical, química.*

notar (del lat. *notare*, señalar) *v. tr.* **1.** Sentir algo o llegar a tener conocimiento de ello: *¿Notas más calor? No notó que nos habíamos ido.* **2.** Encontrar a alguien en el estado o forma que se expresa: *Te noto cansado.* También *v. prnl.* || **notarse** *v. prnl.* **3.** Ser algo visible o palpable: *Ya no se le nota la cicatriz.* || LOC. **hacerse notar** Llamar la atención. SIN. **1.** Experimentar, reparar, percatarse, captar. **1.** y **3.** Advertir(se), percibir(se). FAM. Notable. / Connotación, denotar. NOTA.

notaría *s. f.* Oficio y despacho de notario. SIN. Notariado.

notariado, da *adj.* **1.** Visto y autorizado por el notario. || *s. m.* **2.** Profesión de notario. **3.** Colectividad de notarios. SIN. **2.** Notaría.

notarial *adj.* **1.** Relacionado con el notario. **2.** Autorizado por este funcionario: *acta notarial.*

notario (del lat. *notarius*, secretario) *s. m.* **1.** Funcionario público autorizado para dar fe o garantía de lo contenido en ciertos documentos. **2.** Persona que presencia o vive ciertos acontecimientos, y deja constancia de ellos: *El periodista es notario de la actualidad.* FAM. Notaría, notariado, notarial. NOTA.

notebook (ingl., significa 'cuaderno de notas') *s. m.* Ordenador portátil de tamaño reducido.

noticia (del lat. *notitia*) *s. f.* **1.** Comunicación de un suceso, generalmente reciente, y, p. ext., este mismo suceso: *Me han dado buenas noticias.* **2.** Conocimiento, noción: *No tenía noticia de tu ascenso.* || *s. f. pl.* **3.** *fam.* Noticiario de radio o televisión. SIN. **1.** Nueva, información, revelación, primicia. **2.** Idea. FAM. Noticiario, noticiero, notición, noticioso.

noticiario *s. m.* Conjunto de noticias de actualidad que se transmiten por varios medios de comunicación, especialmente radio y televisión. SIN. Noticiero, parte, informativo, telediario.

noticiero *s. m. Amér.* Noticiario de radio, televisión o prensa.

notición *s. m. fam.* Noticia muy buena o de gran interés.

noticioso, sa *adj.* **1.** Que tiene noticias o las sabe. || *s. m.* **2.** *Amér.* Espacio en la televisión, en la radio o en prensa dedicado a difundir noticias de actualidad.

notificación *s. f.* Acción de notificar y escrito en que se notifica algo: *Ya he recibido la notificación de la multa.*

notificar (del lat. *notificare*, de *notus*, conocido, y *facere*, hacer) *v. tr.* Comunicar algo a alguien de forma oficial y, p. ext., hacerlo de cualquier forma: *Le notificaron la muerte de su padre.* ■ Delante de *e* se escribe *qu* en lugar de *c*: *notifique.* SIN. Transmitir, enterar, informar. FAM. Notificación, notificado, notificativo.

notocordio (del gr. *notos*, dorso, y *khorde*, cuerda) *s. m.* Cordón de tejido conjuntivo elástico que forma el esqueleto del embrión de los vertebrados y, posteriormente, es sustituido en casi todos ellos por la columna vertebral.

notoriedad *s. f.* Fama, prestigio: *Sus éxitos le proporcionaron una gran notoriedad.* **SIN.** Celebridad, popularidad, renombre.

notorio, ria (del bajo lat. *notorius*) *adj.* **1.** Evidente, manifiesto: *Pone un interés notorio.* **2.** Conocido por todos y, p. ext., célebre, famoso. **SIN. 1.** Claro, patente, visible, incuestionable. **2.** Público. **ANT. 1.** Discutible. **2.** Desconocido. **FAM.** Notoriamente, notoriedad.

nova (del lat. *nova*, nueva) *s. f.* Etapa de la evolución de una estrella en la que desprende una gran cantidad de energía y aumenta considerablemente la magnitud de su luz.

noval (del lat. *novalis*) *adj.* Se aplica a la tierra que se cultiva por primera vez y a las plantas y frutos que crecen en ella.

novatada *s. f.* **1.** Broma que gastan los veteranos a los recién incorporados a una colectividad. **2.** Error cometido por inexperiencia.

novato, ta *adj.* **1.** Recién incorporado a un grupo o colectividad. También *s. m.* y *f.* **2.** Inexperto: *un conductor novato.* También *s. m.* y *f.* **SIN. 1.** Nuevo. **1.** y **2.** Novel. **2.** Bisoño, principiante. **ANT. 1.** y **2.** Veterano. **2.** Experto. **FAM.** Novatada. NUEVO.

novecentismo *s. m.* Nombre de diversos movimientos literarios surgidos en España en el primer tercio del s. XX, que se caracterizaron por el abandono de la estética modernista y el retorno a la sobriedad y al orden clásicos. **FAM.** Novecentista. NOVECIENTOS.

novecientos, tas *adj. num. card.* **1.** Nueve veces ciento. También *pron.* y *s. m.* || *adj. num. ord.* **2.** Que sigue por orden al ochocientos noventa y nueve. También *s. m.* y *f.* || *s. m.* **3.** Signos que representan este número. **FAM.** Novecentismo. NUEVE y CIENTO.

novedad (del lat. *novitas, -atis*) *s. f.* **1.** Cualidad de nuevo. **2.** Cualquier acontecimiento, noticia, producto, moda, etc., que acaba de producirse o aparecer: *En esa tienda tienen las últimas novedades.* **3.** Cambio, transformación: *No se espera novedad en el tiempo, continuarán las lluvias.* **SIN. 2.** Innovación; nueva, primicia. **3.** Modificación, alteración, variación. **ANT. 1.** Antigüedad.

novedoso, sa *adj.* Que implica novedad: *Su obra es tan novedosa que sorprendió a la crítica.*

novel (del cat. *novell*, y éste de *novus*, nuevo) *adj.* **1.** Que acaba de comenzar en una actividad, profesión, etc.: *un escritor novel.* **2.** Novato, inexperto. **SIN. 1.** y **2.** Principiante. **2.** Bisoño. **ANT. 1.** y **2.** Veterano. **2.** Experto, avezado.

novela (del ital. *novella*, noticia, relato novelesco) *s. f.* **1.** Obra literaria en prosa en la que se narra una acción, suceso, etc. **2.** Género formado por estas obras: *Siempre ha cultivado la novela.* **3.** *fam.* Historia o relato poco creíble. || **4. novela de caballerías** Género literario medieval y renacentista donde se narran aventuras fantásticas en lugares y tiempos remotos y donde se retrata el ideal de caballero cristiano. **5. novela rosa** La de argumento y estructura muy simple, que narra las relaciones amorosas entre dos personas, generalmente con final feliz. **SIN. 2.** Novelística. **FAM.** Novelar, novelería, novelero, novelesco, novelista, novelística, novelístico, novelón. / Fotonovela, radionovela, telenovela.

novelar *v. tr.* Dar a una narración, relato, etc., forma y estructura de novela. **FAM.** Novelable, novelado. NOVELA.

novelería *s. f.* **1.** Fantasía producida por la afición a las novelas o que es propia de éstas. **2.** Habladuría, chisme.

novelero, ra *adj.* **1.** Propenso a contar o imaginarse historias ficticias. También *s. m.* y *f.* **2.** Aficionado a leer novelas. También *s. m.* y *f.*

novelesco, ca *adj.* De la novela o propio de las novelas: *Llevó un vida novelesca, llena de aventuras.*

novelista *s. m.* y *f.* Escritor de novelas.

novelística *s. f.* **1.** Género literario constituido por la novela. **2.** Conjunto de novelas de una determinada época, país, asunto, etc.: *la novelística histórica.* **3.** Tratado sobre la novela.

novelón *s. m.* **1.** *desp.* Novela muy extensa, especialmente la de argumento demasiado dramático y complicado. **2.** Novela de gran calidad. **3.** *fam.* Acumulación de sucesos desgraciados. **SIN. 1.** y **3.** Dramón, folletín.

noveno, na (del lat. *novenus*) *adj. num. ord.* **1.** Que ocupa por orden el número nueve. También *pron.* || *adj. num. part.* **2.** Se dice de cada una de las nueve partes en que se divide un todo. También *s. m.* || *s. f.* **3.** Práctica católica consistente en rezos y otras devociones que se hace durante nueve días. **SIN. 1.** y **2.** Nono.

noventa (del lat. *nonaginta*) *adj. num. card.* **1.** Nueve veces diez. También *pron.* y *s. m.* || *adj. num. ord.* **2.** Nonagésimo. También *pron.* || *s. m.* **3.** Signos con que se representa este número. **FAM.** Noventayochista, noventavo, noventón. NUEVE.

noventavo, va *adj. num. part.* Se dice de cada una de las noventa partes iguales en que se divide un todo. También *s. m.* **SIN.** Nonagésimo.

noventayochista *adj.* Del grupo literario español conocido como *generación del 98.* También *s. m.* y *f.*

noventón, na *adj.* Que tiene entre noventa y cien años. También *s. m.* y *f.* **SIN.** Nonagenario.

noviar *v. intr. Arg., Chile, Par.* y *Urug. fam.* Hacerse novio de otra persona, prometerse.

noviazgo *s. m.* Relación que existe entre dos personas que tienen intención de casarse y tiempo que dura esta relación.

noviciado *s. m.* **1.** Tiempo durante el que se prepara a las personas que pretenden ingresar en una orden religiosa. **2.** Casa o lugar donde viven los novicios. **3.** Conjunto de novicios.

novicio, cia (del lat. *novitius*) *s. m.* y *f.* **1.** Persona que se prepara para ingresar en una orden religiosa. **2.** *fam.* Novato, principiante. También *adj.* **SIN. 2.** Novel. **FAM.** Noviciado. NUEVO.

noviembre (del lat. *november, -bris*) *s. m.* Undécimo mes del año, que consta de 30 días.

noviero, ra *adj. fam.* Que en seguida se echa novio o siempre lo está deseando.

novillada *s. f.* **1.** Corrida de novillos. **2.** Conjunto de novillos.

novillero, ra *s. m.* y *f.* **1.** Torero que sólo puede torear novillos. **2.** Persona que cuida novillos. **3.** *fam.* Estudiante que hace novillos. También *adj.* || *s. m.* **4.** Corral de los novillos.

novillo, lla (del lat. *novellus, -lla*, nuevo, joven) *s. m.* y *f.* Toro o vaca de dos o tres años. || **LOC. hacer novillos** *fam.* No asistir un estudiante a clase cuando debería hacerlo. **FAM.** Novillada, novillero. NUEVO.

novilunio (del lat. *novilunium*, de *novus*, nuevo, y *Luna*, Luna) *s. m.* Luna nueva, fase en que la Luna está en conjunción con el Sol y no puede ser vista desde la Tierra.

novio, via (del lat. *novius*, de *novus*, nuevo) *s. m.* y *f.* **1.** Persona que mantiene con otra una relación amorosa y tiene intención de casarse con ella. **2.** P. ext., persona que mantiene con otra cualquier tipo de relación amorosa o sentimental. **3.** Persona que va a casarse o acaba de hacerlo: *Los novios subieron al altar.* SIN. **1.** Pretendiente, prometido. **2.** Ligue, pareja. FAM. Noviar, noviazgo, noviero. NUEVO.

novocaína *s. f.* Derivado de la cocaína que se utiliza como anestésico local y para retardar la acción de la penicilina.

nubarrón *s. m.* **1.** Nube grande, densa y oscura. **2.** *fam.* Problema, complicación. SIN. **2.** Dificultad, tropiezo, contratiempo.

nube (del lat. *nubes*) *s. f.* **1.** Acumulación de pequeñas gotas de agua que se mantienen suspendidas en la atmósfera formando una masa de color blanco o grisáceo. **2.** Acumulación de humo, polvo, insectos, etc., de aspecto semejante a la anterior. **3.** Abundancia de algo, especialmente cuando se considera molesto o negativo: *A la salida le esperaba una nube de periodistas.* **4.** Mancha blanquecina que se forma en la capa exterior de la córnea y que impide o dificulta la visión. **5.** Mancha o zona turbia en algo transparente o brillante. **6.** Aquello que impide o dificulta la visión o comprensión de algo. ‖ LOC. **en las nubes** *fam.* Totalmente distraído, lejos de la realidad. ■ Se usa mucho con el verbo *estar.* **poner** a alguien o algo **por las nubes** Alabarlo mucho. **estar** o **ponerse** algo **por las nubes** Tener un precio excesivo: *El marisco se ha puesto por las nubes.* FAM. Nubarrón, nublar, nubosidad, nuboso. / Anubarrado.

núbil (del lat. *nubilis*) *adj.* Preparado físicamente para tener hijos y época en que se alcanza esa madurez: *una mujer núbil, edad núbil.* FAM. Nubilidad.

nubio, bia *adj.* **1.** De Nubia, región del nordeste de África. También *s. m.* y *f.* ‖ *s. m.* **2.** Lengua hablada en esta región.

nublado, da **1.** *p.* de **nublar**. También *adj.* ‖ *adj.* **2.** Cubierto de nubes: *un cielo muy nublado.* ‖ *s. m.* **3.** Nube que anuncia tormenta. **4.** P. ext., tormenta muy fuerte. SIN. **2.** Nuboso, anubarrado. **3.** Nubarrón. ANT. **2.** Despejado.

nublar (del lat. *nubilare*) *v. tr.* **1.** Ocultar las nubes el cielo o la luz de un astro. Se usa más como *v. prnl.* **2.** Enturbiar, oscurecer la vista. Se usa más como *v. prnl.* **3.** Confundir o turbar el entendimiento. También *v. prnl.*: *nublarse la razón.* SIN. **1.** Encapotar(se). **3.** Perturbar(se), ofuscar(se), obnubilar(se). ANT. **1.** Abrir(se), despejar(se). **2.** Aclarar(se). FAM. Nublado, nublazón. / Obnubilar. NUBE.

nublazón *s. m. Amér.* Nublado.

nubosidad *s. f.* Presencia de nubes en la atmósfera.

nuboso, sa *adj.* Lleno de nubes.

nuca (del bajo lat. *nucha*, y éste del ár. *nuhac*) *s. f.* Parte del cuerpo humano donde se une la espina dorsal con la cabeza. FAM. Desnucar.

nucleado, da *adj.* Que tiene uno o más núcleos.

nuclear *adj.* **1.** Del núcleo, particularmente el del átomo, y de las aplicaciones, experimentos, etc., relacionados con él: *energía nuclear.* ‖ *s. f.* **2.** Se aplica a la central que obtiene energía eléctrica a partir de la energía liberada por la ruptura del núcleo del átomo. FAM. Nuclearizar. / Antinuclear, desnuclearizar, mononuclear, mononucleosis, polinuclear, termonuclear. NÚCLEO.

nuclearización *s. f.* Sustitución de las fuentes de energía tradicionales por la nuclear.

nuclearizar *v. tr.* **1.** Sustituir las fuentes tradicionales de producción de energía eléctrica por centrales nucleares. **2.** Dotar de armas nucleares a un ejército. ■ Delante de *e*, se escribe *c* y no *z*: *nuclearice.* FAM. Nuclearización. NUCLEAR.

nucleico *adj.* Se aplica a un grupo de ácidos constituidos por sustancias orgánicas extremadamente complejas, presentes en las células de todos los seres vivos, que intervienen en la síntesis de las proteínas y la transmisión genética. FAM. Nucleoproteína. / Ribonucleico. NÚCLEO.

núcleo (del lat. *nucleus*) *s. m.* **1.** Parte central o fundamental de alguna cosa. **2.** Lugar o parte de él donde se encuentra en mayor medida una cualidad, característica, etc., y desde donde se extiende a otras partes: *núcleo intelectual, núcleo de miseria.* **3.** Pequeño grupo de personas con una organización y función propias: *Aún quedan algunos núcleos rebeldes.* **4.** En biol., órgano principal de las células eucariotas, en cuyo interior se encuentran los cromosomas. **5.** En fís. y quím., parte central del átomo, formada por protones y neutrones. **6.** En geol., tercera y más profunda de las capas de la Tierra, que está formada fundamentalmente de níquel y hierro y tiene una temperatura superior a los 5.000 °C. **7.** En ling., palabra o palabras más importantes de un sintagma: *El verbo es el núcleo del sintagma verbal.* SIN. **1.** Centro. **1.** y **2.** Médula, entraña, cogollo. **2.** Esencia, quid, intríngulis. **3.** Foco. **4.** Grupúsculo. ANT. **1.** Periferia. **2.** Anécdota, accidente. FAM. Nucleado, nuclear, nucleico, nucleolo, nucleón, nucleótido.

nucleolo o **nucléolo** *s. m.* Órgano muy pequeño en el interior del núcleo de las células constituido principalmente por proteínas y partículas de ácido ribonucleico.

nucleón *s. m.* Denominación genérica de las partículas que componen el núcleo atómico.

nucleoproteína *s. f.* Asociación entre un ácido nucleico y una proteína.

nucleótido *s. m.* Elemento fundamental de los ácidos nucleicos.

nudillo *s. m.* Parte exterior de cada una de las articulaciones de los dedos de la mano. Se usa sobre todo en *pl.*

nudismo *s. m.* Doctrina que defiende la práctica de ir desnudo, en búsqueda de la libertad y del contacto con la naturaleza. FAM. Nudista. DESNUDAR.

nudo (del lat. *nodus*) *s. m.* **1.** Lazo hecho en una cuerda, cinta, etc., o entre dos de ellas, de forma que cuanto más se tira de los extremos más se aprieta. **2.** Fuerte unión o relación: *Le ataban a ella nudos de amistad.* **3.** Parte abultada del tronco o del tallo de un vegetal, de donde salen las ramas, hojas, etc. **4.** P. ext., abultamiento en cualquier superficie. **5.** Lugar donde se unen o cruzan varias carreteras, caminos, cordilleras, etc.: *nudos de comunicación, nudo montañoso.* **6.** Momento en que se desarrolla la acción en una obra literaria, cinematográfica, etc. **7.** Principal dificultad, duda, cuestión, etc., de un asunto o materia. **8.** Unidad marítima de velocidad que equivale a una milla marina por hora. ‖ **9. un nudo en la garganta** Imposibilidad o dificultad para hablar o expresarse, debido a la emoción, el desconcierto, etc. SIN. **1.** Lazada. **1.** y **2.** Atadura. **2.** Vínculo, nexo. FAM. Nudillo, nudosidad, nudoso. / Anudar, entrenudo, nódulo.

nuera (del lat. *nurus*) *s. f.* Con respecto a una persona, mujer de su hijo. ■ Se llama también *hija política.* FAM. Nuero.

nuero *s. m. Amér. fam.* Yerno.

nuestro, tra (del lat. *noster, nostra*) *adj. pos.* **1.** Forma de primera persona que indica que la persona o cosa a la que acompaña pertenece a varios poseedores, entre los que se incluye el hablante. También *pron.*: *Vuestra casa es mejor que la nuestra.* **2.** Con *lo*, expresa lo más característico o apropiado de varias personas entre las que se cuenta el hablante: *Lo nuestro son las matemáticas.* || *s. m. pl.* **3.** Precedido del art. det., familiares, compatriotas, etc., de varias personas y entre ellas el hablante: *Han ganado los nuestros.* || *s. f.* **4.** *fam.* Precedido de *la*, oportunidad o circunstancia favorable: *Ésta es la nuestra.*

nueva (de *nuevo*) *s. f.* Noticia reciente, cosa que no se ha hecho u oído antes: *Te traigo nuevas de tu familia.* || **LOC. de nuevas** *adv. fam.* Desprevenido, sin tener conocimiento de lo que se expresa: *Lo del traslado nos pilló de nuevas.* **hacerse de nuevas** *adv. fam.* Simular no estar informado de algo: *No te hagas de nuevas, que ya sé que estás al tanto de todo.* **SIN.** Primicia.

nuevamente *adv. m.* De nuevo.

nueve (del lat. *novem*) *adj. num. card.* **1.** Ocho más uno. También *pron.* y *s. m.* || *adj. num. ord.* **2.** Noveno. También *pron.* || *s. m.* **3.** Signo con que se representa este número. **FAM.** Novecientos, novena, noveno, noventa. / Diecinueve, decimonoveno, nono, veintinueve.

nuevo, va (del lat. *novus*) *adj.* **1.** Que acaba de aparecer o de ser hecho. **2.** Que se ve o se oye por primera vez: *Este sistema es nuevo para nosotros.* **3.** Que se acaba de adquirir o sustituye a otra persona o cosa: *Tiene una guitarra nueva. Nos presentó a su nuevo jefe.* **4.** Otro, que se repite: *Ha tenido un nuevo accidente.* **5.** Recién incorporado a un lugar, grupo, conjunto, etc.: *Es nuevo en el equipo.* También *s. m.* y *f.* **6.** Que está en perfecto estado de conservación: *Después de usarla, deja la ropa nueva.* **7.** *fam.* Descansado, en forma: *Me di una ducha y me quedé nuevo.* **8.** Se dice de la Luna cuando, al estar iluminada su cara oculta, no puede ser vista desde la Tierra. || **LOC. de nuevo** *adv.* Otra vez: *Ha llamado de nuevo.* **SIN. 1.** Reciente, actual. **2.** Inédito, insólito, desconocido. **5.** Novato, novel. **6.** Impecable, flamante. **ANT. 1.** Anciano. **1.** a **3.** y **5.** Antiguo. **1.**, **2.** y **6.** Viejo. **2.** Conocido. **5.** Veterano. **6.** Estropeado. **FAM.** Nuevamente. / Innovar, nova, noval, novato, novedad, novedoso, novel, novicio, novillo, novio, novísimo, renovar.

nuez (del lat. *nux, nucis*) *s. f.* **1.** Fruto comestible del nogal, que presenta una cáscara dura y rugosa, de forma ovoide, que al partirse muestra en su interior dos partes de color beige separadas por una fina membrana. **2.** Abultamiento que forma la laringe en la parte anterior del cuello. ■ También se llama *bocado de Adán.* **3.** Porción de algo de tamaño parecido al del fruto del nogal. || **4. nuez moscada** Semilla del árbol conocido como moscadero, de forma ovoide y color blanquecino, usado como condimento. **FAM.** Noceda, nocedal, nogal. / Cascanueces, rompenueces.

nulidad *s. f.* **1.** Cualidad o circunstancia de nulo: *nulidad matrimonial.* **2.** Persona muy torpe o incapaz para alguna cosa: *Soy una nulidad en matemáticas.* **SIN. 1.** Invalidez; ineficacia. **2.** Inútil, inepto. **ANT. 1.** Validez. **2.** As, eminencia.

nulo, la (del lat. *nullus*) *adj.* **1.** Que no tiene validez, especialmente por ser contrario a las leyes o por carecer de requisitos de contenido o forma: *voto nulo.* **2.** Ineficaz: *Todos mis esfuerzos resultaron nulos.* **3.** Incapaz para lo que se expresa: *Es nulo para la física.* **SIN. 1.** Invalidado. **2.** Inefectivo. **3.** Inútil, inepto. **ANT. 1.** Válido. **2.** Eficaz. **3.** Apto. **FAM.** Nulamente, nulidad. / Anular[1].

numantino, na (del lat. *numantinus*) *adj.* **1.** De Numancia, antigua ciudad de la península Ibérica. También *s. m.* y *f.* **2.** Muy firme y valeroso, por alusión a la valentía con que los habitantes de Numancia se defendieron de los romanos: *resistencia numantina.*

numen (del lat. *numen*) *s. m.* **1.** Entre los antiguos romanos, espíritu que guía y dirige al hombre y los fenómenos naturales. **2.** Dios pagano. **3.** Inspiración del artista. **SIN. 3.** Musa.

numeración (del lat. *numeratio, -onis*) *s. f.* **1.** Acción de numerar. **2.** En mat., sistema de símbolos y reglas para expresar o representar los números y las cantidades. || **3. numeración arábiga** La que utiliza los números introducidos por los árabes en Europa: *0, 1, 2, 3, 4, 5, 6, 7, 8, 9.* **4. numeración romana** La utilizada por los romanos, que emplea siete letras del alfabeto latino: *I, V, X, L, C, D, M.* **FAM.** Enumeración. NUMERAR.

NUMERACIÓN ROMANA

CIFRAS BÁSICAS

I	uno
V	cinco
X	diez
L	cincuenta
C	cien
D	quinientos
M	mil

II dos
III tres
IV (IIII) cuatro
VI seis
VII siete
VIII ocho
IX (VIIII) nueve

XI once
XII doce
XIII trece
XIV (XIIII) catorce
XV quince
XVI dieciséis
XVII diecisiete
XVIII dieciocho
XIX (XVIIII) diecinueve

XX veinte
XXI veintiuno
XXII veintidós
XXIII veintitrés
XXIV (XXIIII) veinticuatro
XXV veinticinco
XXVI veintiséis
XXVII veintisiete
XXVIII veintiocho
XXIX (XXVIIII) veintinueve

XXX treinta
XL (XXXX) cuarenta
LX sesenta
LXX setenta
LXXX ochenta
XC (LXXXX) noventa

CI ciento uno
CC doscientos
CCC trescientos
CD (CCCC) cuatrocientos
DC seiscientos
DCC setecientos

M (CIↃ) mil
MM ($\overline{\mathrm{II}}$) dos mil
MMM ($\overline{\mathrm{III}}$) tres mil
CCIↃↃ ($\overline{\mathrm{X}}$) diez mil
CCCIↃↃↃ($\overline{\mathrm{C}}$) ($\overline{\mathrm{III}}$) cien mil
CCCCIↃↃↃↃ ($|\overline{\mathrm{X}}|$) un millón

NUMERALES		
CLASE	SIGNIFICADO	NUMERAL
Cardinales	Expresan número	*Dos, veinticinco, mil*
Ordinales	Expresan orden	*Primero, quinto, duodécimo*
Partitivos o Fraccionarios	Expresan una parte de algo	*Tercio, cuarto, doceavo*
Múltiplos o Multiplicativos	Expresan multiplicación	*Doble, triple, cuádruple*
Distributivos	Expresan distribución	*Sendos*

numerador (del lat. *numerator, -oris*, el que cuenta) *s. m.* **1.** En mat., parte de la fracción que representa el número de partes iguales de un todo, o unidad, que se toman en una partición; es la parte de la fracción que se coloca encima de la raya de quebrado o delante del signo (:). **2.** Instrumento para numerar correlativamente.

numeral (del lat. *numeralis*) *adj.* **1.** Del número o relacionado con él. **2.** Se aplica al adjetivo o al pronombre que expresa idea de número, ya sea de cantidad: *dos* (cardinal), de orden: *segundo* (ordinal), de partición: *la octava parte* (partitivo).

numerar (del lat. *numerare*) *v. tr.* **1.** Poner un número a cada elemento de un conjunto para que quede ordenado. **2.** Contar los elementos de un conjunto siguiendo el orden de los números. También *v. prnl.*: *numerarse los soldados.* **FAM.** Numerable, numeración, numerador, numeradora. / Innumerable. NÚMERO.

numerario, ria (del lat. *numerarius*) *adj.* **1.** Que pertenece con carácter fijo al número de personas que forman una empresa, agrupación, etc.: *profesores numerarios.* También *s. m.* y *f.* || *s. m.* **2.** Moneda acuñada o dinero en efectivo. **ANT. 1.** Interino, eventual. **FAM.** Supernumerario. NÚMERO.

numérico, ca (del bajo lat. *numericus*) *adj.* **1.** Relativo a los números. **2.** Hecho con números o compuesto de ellos: *código numérico.* **FAM.** Numéricamente. / Alfanumérico. NÚMERO.

número (del lat. *numerus*) *s. m.* **1.** Concepto matemático que expresa cantidad. **2.** Símbolo o expresión que representa dicho concepto; puede expresar otras ideas, como la de orden, o bien responder a una convención: *el número de teléfono, de una calle.* **3.** Cantidad indeterminada de personas, animales o cosas: *Acudió un gran número de espectadores.* **4.** Puesto que ocupa alguien en una serie ordenada, en una cola, etc., y, p. ext., papeleta con una cifra que representa dicho puesto: *Pidió número para el oculista.* **5.** Cada tirada de una publicación periódica, determinada por la fecha de la edición y la serie cronológica: *Este número de la revista no lo he leído.* **6.** Billete de lotería o participación de un juego de azar. **7.** En ling., accidente gramatical que poseen los sustantivos, adjetivos, determinantes, pronombres y verbos, que indica si un elemento se refiere a una o más unidades, según sea singular o plural respectivamente. **8.** Cada una de las partes en que se divide un espectáculo. **9.** En algunos cuerpos de seguridad, como la Guardia Civil, agente sin graduación. **10.** *fam.* Situación, acto, etc., en que se llama mucho la atención, generalmente por algo negativo: *montar un número.* || **11. número arábigo** El perteneciente a la numeración arábiga. **12. número atómico** Número que expresa la cantidad de protones que hay en el núcleo del átomo de un elemento. **13. número fraccionario** En mat., fracción*. **14. número romano** El perteneciente a la numeración romana. || **LOC. de número** *adj.* Numerario. **en números redondos** *adv.* Redondeando, como cifra aproximada. **en números rojos** *adv.* Con saldo negativo, y p. ext., sin dinero. **hacer números** Calcular, hacer cuentas. **SIN. 2.** Cifra, guarismo. **10.** Show. **FAM.** Numeral, numerar, numerario, numérico, numerología, numeroso. / Sinnúmero.

numerología (de *número* y *-logía*) *s. f.* Práctica adivinatoria a través de los números.

numeroso, sa (del lat. *numerosus*) *adj.* **1.** Que incluye gran cantidad de personas, animales o cosas. **2.** Precediendo a un sustantivo en pl. equivale a 'muchos': *Acudieron a la fiesta numerosos artistas.* **SIN. 1.** Abundante, copioso, cuantioso, nutrido; innumerable, incontable. **ANT. 1.** Escaso. **FAM.** Numerosamente, numerosidad. NÚMERO.

numerus clausus (lat.) *expr.* Significa 'número cerrado' y expresa que en una escuela, facultad, etc., existe un número limitado de plazas. ■ Se usa como *s. m.*

númida (del lat. *numida*) *adj.* De Numidia, antigua región del N de África. También *s. m.* y *f.*

numismática (del lat. *numisma*, y éste del gr. *nomisma*, moneda) *s. f.* **1.** Ciencia que se ocupa de las monedas y medallas, especialmente las antiguas. **2.** Coleccionismo de monedas. **FAM.** Numismático.

nunca (del lat. *nunquam*) *adv. t.* En ningún momento, en ninguna ocasión: *No le vi nunca.* ■ A veces refuerza a otro adv. aportando un valor enfático: *nunca jamás, nunca más.*

nunciatura *s. f.* **1.** Cargo y oficio de nuncio. **2.** Lugar de trabajo del nuncio.

nuncio (del lat. *nuntius*) *s. m.* **1.** Representante del papa en un Estado. **2.** Mensajero. **3.** Señal, anuncio. **SIN. 2.** y **3.** Heraldo. **FAM.** Nunciatura. / Pronuncio.

nupcial (del lat. *nuptialis*) *adj.* Relativo a las nupcias, a la boda: *cermonia nupcial, tarta nupcial.*

nupcias (del lat. *nuptiae* y éste de *nubere*, casarse) *s. f. pl.* Boda, casamiento. **SIN.** Matrimonio, esponsales. **FAM.** Nupcial. / Connubio, prenupcial.

nurse (ingl.) *s. f.* **1.** Mujer que trabaja cuidando niños. **2.** *Urug.* Enfermera de un hospital o de una clínica con tareas de responsabilidad. **SIN. 1.** Niñera.

nutación (del lat. *nutatio, -onis*, balanceo) *s. f.* Movimiento periódico de oscilación, de poca amplitud, del eje de rotación de la Tierra.

nutria (del lat. *lutra*) *s. f.* Mamífero acuático de pelaje denso, rojizo o pardusco, cola larga y patas con cinco dedos y membranas interdigitales; es un gran nadador y se alimenta básicamente de peces. Su piel se utiliza en peletería.

nutricio, cia (del lat. *nutricius*) *adj.* **1.** Capaz de nutrir. **2.** Que alimenta a otro. ■ Es de uso culto o literario.

nutrición (del lat. *nutritio, -onis*) *s. f.* **1.** Acción de nutrir o nutrirse. **2.** Conjunto de funciones que realiza el organismo para recuperar la energía y sustancias necesarias para la vida. **FAM.** Nutricional. NUTRIR.

nutricional *adj.* Relativo a la nutrición: *La leche materna posee un alto valor nutricional.*

nutrido, da 1. *p.* de **nutrir**. También *adj.* || *adj.* **2.** Repleto o numeroso: *una conversación nutrida de anécdotas, un nutrido grupo de escritores.* **SIN. 2.** Rico, rebosante, pletórico; cuantioso, abundante. **ANT. 2.** Pobre, escaso.

nutriente *adj.* Que nutre. También *s. m.* **SIN.** Nutritivo.

nutrir (del lat. *nutrire*) *v. tr.* **1.** Proporcionar a un organismo el alimento que necesita. También *v. prnl.* **2.** Dar nuevas fuerzas a una cosa para que se mantenga y no decaiga. **3.** Abastecer, suministrar: *Esa gasolinera nutre de combustible a la ciudad.* También *v. prnl.* **4.** Llenar: *Famosos actores nutren todas sus fiestas.* También *v. prnl.* **SIN. 1.** y **2.** Alimentar, sustentar. **2.** Fortalecer, robustecer. **3.** Proveer, aprovisionar, surtir. **4.** Atestar, colmar, abarrotar. **ANT. 2.** Debilitar. **FAM.** Nutricio, nutrición, nutrido, nutriente, nutrimento, nutrimiento, nutritivo. / Desnutrición, malnutrición, nodriza.

nutritivo, va *adj.* Que nutre o alimenta. **SIN.** Alimenticio.

nutrólogo, ga *s. m.* y *f.* Especialista en nutrición o alimentación.

ny (del gr. *ny*) *s. f.* Nombre de la decimotercera letra del alfabeto griego que corresponde a nuestra *n*. ■ La letra mayúscula se escribe *N* y la minúscula *ν*.

nylon (ingl.) *s. m.* Nailon*.

ñ *s. f.* Decimoquinta letra del abecedario español y duodécima de sus consonantes. Su nombre es *eñe*.

ñame *s. m.* **1.** Planta trepadora cuyo rizoma, previamente cocido, es un alimento muy importante en los países tropicales. **2.** Rizoma de esta planta. ■ Se dice también *ñamera*.

ñandú (guaraní) *s. m.* Ave corredora de tronco grueso, cuello largo, cabeza pequeña, plumaje pardo en el dorso y blanquecino en el vientre, algo más pequeña que el avestruz y con sólo tres dedos en cada pie. Habita en América del Sur. ■ Su pl. es *ñandúes*, aunque también se utiliza *ñandús*.

ñandutí (del guaraní *ñánduti*, araña blanca) *s. m. Arg.*, *Par.* y *Urug.* Encaje muy fino que imita el tejido de la telaraña. ■ Su pl. es *ñandutíes*, aunque también se utiliza *ñandutís*.

ñanga *s. f. Amér. C.* Terreno pantanoso.

ñaño, ña *s. m.* y *f.* **1.** *Arg.* y *Chile* Hermano, frecuentemente el mayor. **2.** *Perú fam.* Niño pequeño.

ñapa *s. f.* **1.** *Ven. fam.* Gratificación que se le ofrece a alguien por un servicio. **2.** *Col.* y *Ven. fam.* Obsequio de escaso valor que hace un vendedor a un cliente. || LOC. **de ñapa** *adv. Ven. fam.* Por añadidura.

ñapango (del quechua *llapanku*, descalzo) *adj. Col.* Mestizo o mulato.

ñato, ta *adj. Amér.* De nariz chata.

ñeque *adj.* **1.** *Amér.* Fuerte, robusto. **2.** *Amér.* Valiente, valeroso. || *s. m.* **3.** *Amér.* Fuerza, energía.

ñero, ra *s. m.* y *f. Col.*, *Méx.* y *Ven. fam.* Compañero.

ño, ña (afér. de *señor* y *señora*) *s. m.* y *f. Amér.* Tratamiento equivalente a *don*, *doña* que se da generalmente entre personas de clase humilde, antepuesto al nombre.

ñoclo *s. m.* Pastelillo pequeño, hecho con harina, azúcar, manteca, huevo, vino y anís.

ñoñería o **ñoñez** *s. f.* **1.** Cualidad de ñoño. **2.** Actitud o acción propia de la persona ñoña. **SIN. 1.** Cursilería, gazmoñería. **2.** Remilgo, melindres.

ñoño, ña (del lat. *nonnus*, anciano, preceptor) *adj.* **1.** Se dice de la persona ridícula y melindrosa, así como de sus actos, gestos y actitudes. También *s. m.* y *f.* **2.** Puritano, mojigato. También *s. m.* y *f.* **3.** Quejica. También *s. m.* y *f.* **4.** *Amér.* Viejo chocho. **SIN. 1.** Remilgado, cursi. **2.** Gazmoño. **ANT. 1.** Basto; natural. **FAM.** Ñoñería, ñoñez.

ñoqui (del ital. *gnocchi*) *s. m.* Guiso de pasta y patata acompañado de salsa de tomate y carne picada.

ñora (de *Ñora*, pueblo de Murcia) *s. f.* Variedad de pimiento rojo seco.

ñorda o **ñórdiga** *s. f. vulg.* Excremento*.

ñu *s. m.* Mamífero herbívoro de la familia bóvidos, de pezuñas hendidas, cabeza grande con cuernos curvos, cola muy larga y abundante crin, que habita en las grandes llanuras africanas. ■ Su pl. es *ñúes*, aunque también se utiliza *ñus*.

o[1] *s. f.* Decimosexta letra del abecedario español y cuarta de la serie de las vocales. Su articulación es posterior y de abertura media. ■ Su pl. es *oes.*

o[2] (del lat. *aut*) *conj. disyunt.* **1.** Relaciona dos o más posibilidades que no pueden ser verdaderas a la vez o realizarse al mismo tiempo: *¿Vienes o te quedas?* ■ Para dar mayor intensidad a la disyunción puede utilizarse delante de cada término. **2.** Une dos o más términos que tienen un significado equivalente o a los que aplica la misma cualidad, acción, etc.: *Esto se llama lata o bote. Pega cartón o papel.* **3.** Se usa para expresar una cantidad aproximada: *Había 25 ó 30 personas.* || LOC. **no saber hacer la o con un canuto** *fam.* Ser muy ignorante o poco eficiente. **o sea** *conj.* Introduce una explicación a lo anteriormente dicho: *No hay suficientes plazas en el coche, o sea, que yo me quedo aquí.* ■ Esta conj. toma la forma *u* cuando va delante de una palabra que comienza por *o* o por *ho*: *uno u otro, mujer u hombre.* Cuando va escrita entre dos cifras, se puede acentuar para evitar la confusión con el cero. FAM. U[2].

oasis (del lat. *oasis* y éste del gr. *oasis*) *s. m.* **1.** Lugar con agua y vegetación en medio del desierto. **2.** Situación o lugar agradable en oposición a otros que no lo son. ■ No varía en *pl.* SIN. **2.** Remanso.

obcecar (del lat. *obcaecare*, de *caecare*, cegar) *v. tr.* **1.** Tener una idea o sentimiento fijo. Se usa más como *v. prnl.*: *Se obceca con que ha sido culpa suya.* **2.** Confundir totalmente, cegar: *Las dudas le obcecaron.* || **obcecarse** *v. prnl.* **3.** Insistir con firmeza en algo, generalmente sin razón. ■ Delante de *e* se escribe *qu* en lugar de *c*: *obceque.* SIN. **1.** Obsesionar(se). **1.** y **3.** Ofuscar(se). **2.** Obnubilar, aturdir. **3.** Obstinarse, empeñarse. ANT. **1.** y **3.** Despreocupar(se). **2.** Aclarar. FAM. Obcecación, obcecadamente, obcecado. CEGAR.

obedecer (del lat. *oboedire*) *v. tr.* **1.** Hacer lo que manda alguien o lo que establecen las normas, leyes, etc. || *v. intr.* **2.** Reaccionar un animal o una cosa a la acción de alguien o algo: *¡No obedecen los frenos!* **3.** Ser consecuencia de algo: *El desgaste del coche obedece a su mal uso.* ■ Es v. irreg. Se conjuga como *agradecer.* SIN. **1.** Observar, respetar, acatar. **2.** . Responder. **3.** Provenir, proceder. ANT. **1.** Desobedecer, rebelarse. **2.** Rebelarse. FAM. Obediencia, obediente, obedientemente. / Desobedecer.

obediencia (del lat. *oboedientia*) *s. f.* **1.** Acción de obedecer. **2.** Cualidad del que obedece. SIN. **1.** y **2.** Observancia, respeto, acatamiento. ANT. **1.** y **2.** Desobediencia.

obediente *adj.* Que obedece o es inclinado a obedecer. SIN. Dócil. ANT. Desobediente.

obelisco (del gr. *obeliskos*, dim. de *obelos*, asador) *s. m.* Monumento conmemorativo en forma de pilar o poste alto, de base cuadrada, más estrecho en la parte superior, y que acaba en una punta con forma de pirámide.

obenque (del ant. fr. *hobent*, y éste del ant. escandinavo *höfudbentur*) *s. m.* Cuerda gruesa con que se sujeta el extremo más alto de los mástiles de un barco a los costados o a la cofa del mismo.

obertura (del fr. *ouverture*) *s. f.* Parte exclusivamente instrumental con que se inicia una obra musical, especialmente la ópera, el oratorio y la suite.

obesidad *s. f.* Gordura excesiva, especialmente cuando es perjudicial para la salud.

obeso, sa (del lat. *obesus*, de *obedere*, comer) *adj.* Persona demasiado gorda. También *s. m.* y *f.* SIN. Grueso, rollizo, orondo. ANT. Delgado. FAM. Obesidad.

óbice (del lat. *obex, -icis*) *s. m.* Inconveniente, obstáculo. ■ Se usa sobre todo en la locución **no ser óbice para**.

obispado *s. m.* **1.** Dignidad y cargo de obispo. **2.** Territorio bajo la jurisdicción de un obispo. **3.** Edificio en que ejerce su función. SIN. **1.** y **3.** Episcopado. **2.** y **3.** Diócesis.

obispillo *s. m.* **1.** Parte del cuerpo de las aves situada en la base de la cola. **2.** Morcilla grande y gruesa.

obispo (del lat. *episcopus*, y éste del gr. *episkopos*, vigilante) *s. m.* **1.** Clérigo que en la Iglesia cristiana ha recibido el grado más elevado del sacerdocio y está encargado del gobierno de una diócesis. **2.** Obispillo, morcilla. FAM. Obispado, obispal, obispillo. / Arzobispo.

óbito (del lat. *obitus*, de *obire*, morir) *s. m.* Muerte de una persona. ■ Se emplea sobre todo en lenguaje judicial y eclesiástico. SIN. Fallecimiento, defunción. ANT. Nacimiento. FAM. Obituario.

obituario *s. m.* **1.** Libro parroquial en el que se anotan las muertes y entierros. **2.** Sección de una publicación en que se informa de los fallecimientos.

objeción (del lat. *obiectio, -onis*) *s. f.* **1.** Razón o argumento en contra de otro, de una idea, plan, etc.: *No puso objeción a nuestro proyecto.* **2.** Indicación acerca de un fallo o error. || **3. objeción de conciencia** Oposición de alguien a cumplir leyes u ordenanzas que van en contra de sus principios o creencias y, en especial, negativa a hacer el servicio militar. SIN. **1.** Reparo, inconveniente. FAM. Objetar.

objetar (del lat. *obiectare*) *v. tr.* **1.** Manifestar una objeción o argumento en contra de algo. || *v. intr.* **2.** Hacer objeción de conciencia. SIN. **1.** Argüir. ANT. **1.** Aceptar. FAM. Objetable, objetante, objetor. OBJECIÓN.

objetivar *v. tr.* Considerar de manera objetiva. ANT. Subjetivar. FAM. Objetivación. OBJETIVO.

objetividad *s. f.* Cualidad de objetivo, imparcialidad. SIN. Objetivismo. ANT. Subjetivismo, parcialidad.

objetivo, va *adj.* **1.** Se dice de lo que existe como cosa real e independiente fuera de nosotros mismos: *una verdad objetiva.* **2.** Se aplica a las personas que juzgan y obran sin dejarse llevar de sentimientos o consideraciones personales, y a sus pensamientos, palabras, hechos, etc. || *s. m.* **3.** Finalidad, propósito: *El objetivo de su viaje es aprender inglés.* **4.** Punto al que va dirigida alguna cosa, blanco, diana: *El disparo no alcanzó su objetivo.* **5.** En los instrumentos ópticos, lente o sistema de lentes que se encuentran más próximos al objeto, de manera que recibe la luz de éste. **SIN. 2.** Imparcial. **3.** Fin, intención; meta. **ANT. 1.** y **2.** Subjetivo. **FAM.** Objetivamente, objetivar, objetividad, objetivismo. / Teleobjetivo. OBJETO.

objeto (del lat. *obiectus*, lo que está puesto delante) *s. m.* **1.** Cosa, especialmente la de carácter material. **2.** Aquello a lo que va dirigida una acción, pensamiento, estudio, etc.: *Fueron objeto de malos tratos. El objeto de la geografía es la descripción de la Tierra.* **3.** Finalidad, propósito. **4.** En fil., aquello que es pensado o percibido, en oposición al sujeto, ser que piensa o percibe. **5.** En ling., complemento directo o indirecto. **SIN. 1.** Elemento, cuerpo. **2.** y **3.** Objetivo. **3.** Fin, intención. **FAM.** Objetivo, objetual. / Cubreobjetos, portaobjeto.

objetor, ra *s. m.* y *f.* El que hace objeciones; particularmente, objeción de conciencia.

oblación (del lat. *oblatio, -onis*) *s. f.* Ofrenda o sacrificio que se hace a la divinidad. **FAM.** Oblato, oblea.

oblada *s. f.* Pez teleósteo marino de cuerpo ovalado, con los laterales plateados, bandas longitudinales negras y una mancha amarilla en la cabeza y otra en la cola.

oblato, ta *s. m.* y *f.* **1.** Miembro de algunas congregaciones religiosas que se dan a sí mismas este nombre, como p. ej. las religiosas de la orden del Santísimo Redentor. **2.** La hostia y el vino antes de ser consagrados en la misa.

oblea (del fr. *oublée*, y éste del lat. *oblata*, ofrecida) *s. f.* **1.** Hoja muy fina de pan ázimo. **2.** Lámina u hoja similar, como p. ej. con la que se hacen los sellos de farmacia. **3.** *Amér.* Sello de farmacia. **4.** *Chile* Sello de correos.

oblicuángulo, la *adj.* Se dice de la figura geométrica que no tiene ningún ángulo recto. También *s. m.*

oblicuo, cua (del lat. *obliquus*) *adj.* **1.** Que está, respecto a algo, en una posición o dirección intermedia entre paralela y perpendicular. **2.** En anat., se dice de ciertos músculos del hombre y de los animales situados en el abdomen, la nuca y el ojo. También *s. m.* **3.** En ling., se aplica a los casos de la declinación que no son ni el nominativo ni el acusativo. Se opone a *recto.* **SIN. 1.** Inclinado, diagonal, transversal. **FAM.** Oblicuamente, oblicuángulo, oblicuidad.

obligación (del lat. *obligatio, -onis*) *s. f.* **1.** Aquello que hay que hacer o cumplir. **2.** Circunstancia de estar o verse obligado a algo: *Se encontró en la obligación de emigrar.* **3.** Responsabilidad o tarea que una persona tiene que atender. Se usa más en *pl.*: *Tiene demasiadas obligaciones.* **4.** Documento notarial o privado en el que se reconoce una deuda o se promete su pago. **5.** Título con un interés fijo, expedido por una empresa o entidad para obtener crédito en el mercado de valores, y que reconoce una deuda o suma exigible a quien lo emitió: *obligaciones del Estado.* **SIN. 1.** Imposición. **1.** y **3.** Compromiso, deber. **2.** Necesidad. **3.** Faena, quehacer.

obligado, da (del lat. *obligatus*) **1.** *p.* de **obligar**. También *adj.* || *adj.* **2.** Que hay que hacer o cumplir. **3.** Agradecido, reconocido: *Le quedo muy obligado.* **SIN. 2.** Obligatorio, forzoso. **ANT. 2.** Voluntario. **FAM.** Obligadamente. OBLIGAR.

obligar (del lat. *obligare*) *v. tr.* **1.** Hacer que una persona o animal realice cierta cosa o actúe de determinada forma: *Le obligaron a vender.* **2.** Tener fuerza o autoridad una ley, norma, disposición, etc., para imponer lo que ordena a las personas o entidades expresadas: *Esta ley obliga a los mayores de 18 años.* **3.** Forzar algo para producir el efecto que se desea. || **obligarse** *v. prnl.* **4.** Comprometerse a llevar a cabo cierta cosa. ■ Delante de *e* se escribe *gu* en lugar de *g*: *obliguen.* **SIN. 1.** y **3.** Presionar. **2.** Afectar. **ANT. 1.** y **2.** Dispensar. **FAM.** Obligación, obligado, obligatorio.

obligatorio, ria (del lat. *obligatorius*) *adj.* Que tiene que ser hecho o cumplido. **SIN.** Obligado, preceptivo, exigido. **ANT.** Voluntario. **FAM.** Obligatoriamente, obligatoriedad. OBLIGAR.

obliterar (del lat. *oblitterare*, borrar) *v. tr.* En med., obstruir o cerrar una cavidad o conducto del cuerpo. También *v. prnl.* **SIN.** Obturar(se), ocluir(se). **ANT.** Desobstruir(se). **FAM.** Obliteración. LETRA.

oblongo, ga (del lat. *oblongus*) *adj.* De forma más o menos ovalada. **SIN.** Oval, elíptico. **FAM.** Véase **luengo.**

obnubilar (del lat. *obnubilare*, de *nubilare*, nublar) *v. tr.* **1.** Impedir pensar con claridad. También *v. prnl.* **2.** Dejar fascinado o embelesado. También *v. prnl.*: *Se obnubila con la televisión.* **3.** Poner borrosa la visión. También *v. prnl.* **SIN. 1.** Ofuscar(se). **2.** Embelesar(se), embobar(se), fascinar(se), deslumbrar(se). **3.** Nublar(se). **ANT. 1.** Despejar(se). **2.** Desencantar(se). **FAM.** Obnubilación. NUBLAR.

oboe (del fr. *hautbois*, de *haut*, alto, y *bois*, madera) *s. m.* **1.** Instrumento musical de viento construido en madera, con embocadura cónica y orificios regulados por un sistema de llaves. **2.** Persona que toca el oboe.

óbolo (del gr. *obolos*) *s. m.* **1.** Pequeño donativo o limosna. **2.** Antigua moneda y unidad de peso griegas. ■ No confundir con la palabra homófona *óvolo*, 'adorno'.

obra (del lat. *opera*, trabajo, labor) *s. f.* **1.** Cosa producida por alguien o que resulta de una actividad, especialmente de carácter creativo: *obra de arte, obra de teatro.* **2.** Acción o acto: *Júzgame por mis obras.* **3.** Resultado de la persona o cosa que se expresa: *Esta desolación es obra del terremoto.* **4.** Edificio o terreno en construcción. **5.** Conjunto de arreglos o cambios efectuados en un edificio, calle, vivienda, etc.: *hacer obra.* **6.** Trabajo de albañilería o construcción: *una pared de obra.* || **LOC. de obra** *adv.* Material o físicamente: *maltratar de palabra y de obra.* **poner** algo **por obra** Emprender o comenzar lo que se expresa. **SIN. 1.** Creación, producto. **2.** Hecho. **3.** Efecto. **FAM.** Maniobra, ópera, opúsculo. OBRAR.

obrador *s. m.* Taller destinado a la realización de algunas tareas: *obrador de modista.*

obrar (del lat. *operari*, trabajar) *v. intr.* **1.** Realizar acciones o comportarse de una determinada manera: *No obró bien en ese asunto.* **2.** Hacer efecto: *La medicina obró como se esperaba.* **3.** Hacer de vientre, expulsar los excrementos. || *v. tr.* **4.** Con palabras como *milagro* o *prodigio*, hacerlos, producirlos: *La fe obra milagros.* || **LOC. obrar en po-**

der (o **manos**) **de** Estar algo en posesión de alguien. SIN. **1.** Proceder, portarse, conducirse. **3.** Defecar, evacuar, cagar. FAM. Obra, obrador, obrero. / Operar.

obrero, ra *adj.* **1.** Que trabaja manualmente, por lo general para otros y a cambio de un sueldo. Se usa más como *s. m.* y *f.* **2.** Relativo a los trabajadores y a sus reivindicaciones movimientos y organizaciones: *clase obrera, partidos obreros.* **3.** En los insectos sociales, como las abejas o las hormigas, se dice de los individuos no reproductores encargados del abastecimiento de la colonia. También *s. f.* SIN. **1.** Operario, artesano, asalariado, jornalero, menestral. **1.** y **2.** Proletario. FAM. Obrerismo, obrerista. OBRAR.

obscenidad *s. f.* **1.** Cualidad de obsceno. **2.** Acción, dicho o cosa obscenos. SIN. **1.** Inmoralidad. **1.** y **2.** Indecencia, procacidad. ANT. **1.** Decencia, pudor.

obsceno, na (del lat. *obscenus*) *adj.* En lo concerniente al terreno sexual, grosero, presentado de manera demasiado explícita o que va contra la moral establecida: *una palabra, una conducta obscena.* También *s. m.* y *f.* SIN. Indecente, impúdico, inmoral, procaz. ANT. Decente, púdico. FAM. Obscenamente, obscenidad.

obscurantismo *s. m.* Oscurantismo*. FAM. Obscurantista. OBSCURO.

obscurecer *v. tr.* Oscurecer*. ■ Es v. irreg. Se conjuga como *agradecer.* FAM. Obscurecimiento. OBSCURO.

obscuridad *s. f.* Oscuridad*.

obscuro, ra *adj.* Oscuro*. FAM. Obscuramente, obscurantismo, obscurecer, obscuridad. OSCURO.

obsequiar *v. tr.* Dedicar a alguien atenciones o regalos: *Le obsequiaron con una magnífica comida.* SIN. Agasajar, festejar, honrar.

obsequio (del lat. *obsequium*, deferencia) *s. m.* Cosa que se da o se hace a alguien para complacerle. SIN. Regalo, presente, agasajo. FAM. Obsequiar, obsequioso.

obsequioso, sa (del lat. *obsequiosus*) *adj.* Que se esfuerza en agradar a otras personas con atenciones o regalos, generalmente en exceso. SIN. Complaciente, zalamero. FAM. Obsequiosamente, obsequiosidad. OBSEQUIO.

observación (del lat. *observatio, -onis*) *s. f.* **1.** Acción de observar: *Tiene una gran capacidad de observación.* **2.** Comentario, advertencia, indicación: *Me hizo algunas observaciones sobre mi trabajo.* **3.** Anotación que se hace a un texto para comentar alguna cosa. SIN. **1.** Contemplación, percepción, análisis, estudio. **1.** y **2.** Consideración. **3.** Nota.

observador, ra (del lat. *observator, -oris*) *adj.* **1.** Que observa, especialmente que lo hace con mucho detalle. También *s. m.* y *f.* || *s. m.* y *f.* **2.** Persona encargada de seguir el desarrollo de algún acontecimiento, sobre todo político. SIN. **2.** Enviado, comisionado.

observancia (del lat. *observantia*) *s. f.* Cumplimiento de lo dispuesto por la autoridad, la ley o las normas sociales. SIN. Obediencia, acatamiento, respeto. ANT. Inobservancia. FAM. Inobservancia. OBSERVAR.

observar (del lat. *observare*) *v. tr.* **1.** Mirar o examinar atentamente a alguien o algo: *Los zoólogos observan el comportamiento animal.* **2.** Darse cuenta de algo: *He observado que has adelgazado mucho.* **3.** Hacer lo que mandan la autoridad, las leyes, las normas, etc. SIN. **1.** Estudiar, contemplar, analizar. **2.** Notar, advertir, reparar, percatarse. **3.** Obedecer, cumplir, acatar. ANT. **3.** Desobedecer, violar. FAM. Observable, observación, observador, observancia, observante, observatorio. / Inobservable.

observatorio *s. m.* Lugar apropiado para observar algo desde él; en especial, el destinado a observaciones astronómicas o meteorológicas.

obsesión (del lat. *obsessio, -onis*, asedio) *s. f.* Idea, deseo o preocupación que alguien no puede alejar de su mente: *Su obsesión es ganar.* SIN. Manía, obcecación, obstinación. FAM. Obsesionar, obsesivo, obseso.

obsesionar *v. tr.* Causar a alguien una obsesión. También *v. prnl.* SIN. Obcecar(se), preocupar(se). FAM. Obsesionante. OBSESIÓN.

obsesivo, va *adj.* **1.** Que obsesiona: *un pensamiento obsesivo.* **2.** Que se obsesiona con facilidad. También *s. m.* y *f.*

obseso, sa (del lat. *obsessus*) *adj.* Dominado por una obsesión, especialmente sexual. También *s. m.* y *f.* SIN. Maniático.

obsidiana (del lat. *obsidianus lapis*) *s. f.* Roca eruptiva, formada por enfriamiento rápido de la lava, dura y frágil, de estructura vítrea y color negro brillante o verdoso.

obsolescente *adj.* Que se está quedando obsoleto.

obsoleto, ta (del lat. *obsoletus*) *adj.* Anticuado, pasado de moda: *una costumbre obsoleta.* SIN. Desfasado, caduco, desusado. ANT. Actual. FAM. Obsolescencia, obsolescente.

obstaculizar *v. tr.* Poner obstáculos. ■ Delante de *e* se escribe *c* en lugar de *z*: *obstaculice.* SIN. Estorbar, dificultar. ANT. Facilitar. FAM. Obstaculización. OBSTÁCULO.

obstáculo (del lat. *obstaculum*) *s. m.* **1.** Todo aquello que impide o dificulta el paso y, p. ext., el desarrollo de cualquier acción o actividad: *El ciego detectaba los obstáculos con un bastón. No pusieron obstáculos a mi plan.* **2.** En algunos deportes, cada uno de los elementos, generalmente vallas, que hay que salvar en un recorrido. SIN. **1.** Estorbo; dificultad, impedimento, traba. ANT. **1.** Facilidad, ayuda. FAM. Obstaculizar, obstar.

obstante, no *loc. conj.* **1.** Introduce oraciones que indican una dificultad, obstáculo o contradicción que no llega a impedir que se cumpla lo expresado por otra oración: *No estaba de acuerdo; no obstante, nos dejó ir.* || *loc.* y *prep.* **2.** A pesar de: *No obstante su oposición, lo haré.*

obstar (del lat. *obstare*, cerrar el paso) *v. intr.* Ser un obstáculo o inconveniente. ■ Se usa sólo en 3.ª pers. y casi siempre con expr. de negación: *Esto no obsta para que le perdone.* SIN. Estorbar, impedir.

obstetricia (del lat. *obstetrix, -icis*, comadrona) *s. f.* Rama de la medicina que se ocupa del embarazo, el parto y el periodo inmediatamente posterior a éste. FAM. Obstétrico.

obstinación (del lat. *obstinatio, -onis*) *s. f.* Insistencia en mantener una opinión, actitud o decisión a pesar de cualquier razón en contra, generalmente sin fundamento. SIN. Terquedad, tozudez, testarudez, empecinamiento. ANT. Transigencia, docilidad.

obstinado, da **1.** *p.* de **obstinarse**. || *adj.* **2.** Que muestra obstinación o se hace con obstinación: *No seas obstinado y cede de una vez. Intenté sonsacarle, pero mantenía un obstinado silencio.* También *s. m.* y *f.* SIN. **2.** Terco, tozudo, cabezota. ANT. **2.** Docil.

obstinarse (del lat. *obstinari*) *v. prnl.* Mantener una opinión, actitud o decisión a pesar de cualquier razón en contra, y, generalmente, sin fundamento: *Se obstina en llevarme la contraria.* **SIN.** Obcecarse, empeñarse, empecinarse, emperrarse. **ANT.** Condescender. **FAM.** Obstinación, obstinadamente, obstinado.

obstrucción (del lat. *obstructio, -onis*) *s. f.* **1.** Acción de obstruir u obstruirse. **2.** En asambleas políticas, práctica que intenta retrasar o impedir la aprobación de un acuerdo. **SIN. 1.** Obturación, atasco, atascamiento, tapón, oclusión. **ANT. 1.** Desobstrucción. **FAM.** Obstruccionismo. OBSTRUIR.

obstruccionismo *s. m.* Actitud o comportamiento que trata de impedir o dificultar el desarrollo normal de un proceso, especialmente en una asamblea política para retrasar y obstaculizar la aprobación de una ley. **FAM.** Obstruccionista. OBSTRUCCIÓN.

obstruir (del lat. *obstruere*) *v. tr.* **1.** Cerrar o impedir algo el paso por un conducto o camino. También *v. prnl.*: *La cañería se obstruyó con el óxido.* **2.** Impedir o dificultar el desarrollo normal de un proceso, acción, etc.: *Intentaba obstruir nuestros planes.* ■ Es v. irreg. Se conjuga como *huir.* **SIN. 1.** Obturar(se), atascar(se), taponar(se), ocluir(se). **2.** Estorbar, entorpecer. **ANT. 1.** Desobstruir(se). **2.** Contribuir, facilitar. **FAM.** Obstrucción. / Desobstruir.

obtener (del lat. *obtinere*) *v. tr.* **1.** Llegar a tener o disfrutar alguna cosa: *obtener una beca, obtener beneficios.* **2.** Fabricar o extraer un material o producto a partir de otro. También *v. prnl.*: *Los plásticos se obtienen del petróleo.* ■ Es v. irreg. Se conjuga como *tener.* **SIN. 1.** Alcanzar, conseguir, lograr. **2.** Sacar(se), producir(se). **FAM.** Obtención, obtenible. TENER.

obturación *s. f.* Taponamiento u obstrucción de un conducto o abertura.

obturador, ra *adj.* **1.** Que obtura o sirve para obturar. También *s. m.* ‖ *s. m.* **2.** Particularmente, pieza de la máquina fotográfica que regula la entrada de luz por el objetivo.

obturar (del lat. *obturare*) *v. tr.* Colocar algo en un conducto o abertura para taparlo e impedir el paso por él. También *v. prnl.*: *obturarse un desagüe.* **SIN.** Obstruir(se), atascar(se), taponar(se). **ANT.** Desobturar(se), desobstruir(se). **FAM.** Obturación, obturador.

obtusángulo *adj.* Se dice del triángulo que tiene un ángulo mayor de 90º.

obtuso, sa (del lat. *obtusus*) *adj.* **1.** Que no tiene punta. **2.** Torpe, lento de entendimiento: *una mente obtusa.* También *s. m.* y *f.* **3.** Se aplica a los ángulos mayores de 90º y menores de 180º. **SIN. 1.** Despuntado, mocho. **1.** y **2.** Romo. **2.** Tardo, lerdo. **ANT. 1.** Puntiagudo. **1.** y **2.** Agudo. **2.** Inteligente. **FAM.** Obtusángulo.

obús (del fr. *obus*, y éste del al. *Haubitze*) *s. m.* **1.** Pieza de artillería de tiro curvo, con cañón corto, de mayor alcance que un mortero y menor que un cañón de campaña. **2.** Proyectil disparado con esa pieza. **3.** Pieza que cierra la válvula de un neumático.

obviar (del lat. *obviare*) *v. tr.* **1.** Evitar obstáculos o inconvenientes. **2.** No decir o nombrar alguna cosa por considerarla sabida o evidente. **SIN. 1.** Eludir, sortear, soslayar.

obviedad *s. f.* **1.** Cualidad de obvio. **2.** Cosa obvia. **SIN. 1.** Evidencia, claridad.

obvio, via (del lat. *obvius*) *adj.* Claro, evidente. **SIN.** Patente, manifiesto. **ANT.** Oscuro. **FAM.** Obviamente, obviar, obviedad.

oc, lengua de (del prov. *oc*, sí) *expr.* Véase **lengua**.

oca[1] (del lat. vulg. *auca*, y éste de *avis*) *s. f.* **1.** Ganso, ave palmípeda. **2.** Juego de mesa realizado en un tablero de 63 casillas, numeradas y con figuras, en las cuales se reciben distintas bonificaciones o penalizaciones. **FAM.** Ocarina.

oca[2] (del quechua *okka*) *s. f.* **1.** Planta herbácea de hojas compuestas y flores amarillas con estrías rojas, cuya raíz es un tubérculo comestible; crece en América del Sur. **2.** Raíz de esta planta.

ocapi *s. m.* Okapi*.

ocarina (del ital. *ocarina*, de *oca*, por alusión a las flautas de los pastores) *s. f.* Instrumento musical de viento de pequeño tamaño y timbre muy dulce, de barro o metal y forma ovoide.

ocasión (del lat. *occasio, -onis*) *s. f.* **1.** Momento y circunstancias en que se sitúa un hecho: *En aquella ocasión te portaste muy bien.* **2.** Momento o circunstancia oportuna para algo: *Si tengo ocasión, iré a verte mañana.* ‖ **LOC. con ocasión de** *adv.* Con motivo de, en la circunstancia que se expresa. **de ocasión** *adj.* Muy barato: *coches de ocasión.* **la ocasión la pintan calva** *fam.* Anuncia una circunstancia muy favorable o hace hincapié sobre ella. **SIN. 1.** Coyuntura, situación. **1.** y **2.** Oportunidad. **FAM.** Ocasional, ocasionar.

ocasional *adj.* **1.** Que no es regular o habitual: *trabajo ocasional.* **2.** Que ocurre por casualidad: *un encuentro ocasional.* **SIN. 1.** Temporal, eventual, esporádico, irregular. **2.** Casual, incidental. **ANT. 1.** Permanente. **2.** Provocado. **FAM.** Ocasionalmente. OCASIÓN.

ocasionar *v. tr.* Ser causa, motivo u origen de algo: *Las lluvias ocasionaron grandes inundaciones.* **SIN.** Causar, motivar, originar, producir. **ANT.** Impedir; evitar.

ocaso (del lat. *occasus*, de *occidere*, caer) *s. m.* **1.** Puesta del Sol u otro astro y momento en que sucede. **2.** Decadencia, declive. **SIN. 1.** Atardecer, anochecer. **1.** y **2.** Crepúsculo. **2.** Caída. **ANT. 1.** Alba, amanecer, aurora. **2.** Principio; renacimiento.

occidental (del lat. *occidentalis*) *adj.* **1.** Que está situado en el occidente u oeste. **2.** De Occidente. También *s. m.* y *f.*: *No resulta facil para un occidental comprender la mentalidad asiática.* **FAM.** Occidentalismo, occidentalizar. OCCIDENTE.

occidentalismo *s. m.* Defensa del sistema político, social y cultural propio de los países occidentales. **FAM.** Occidentalista. OCCIDENTAL.

occidentalizar *v. tr.* Transmitir características que se consideran propias del mundo occidental. También *v. prnl.* ■ Delante de *e* se escribe *c* en lugar de *z*: *occidentalice.* **FAM.** Occidentalización. OCCIDENTAL.

occidente (del lat. *occidens, -entis*, de *occidere*, caer, ponerse) *s. m.* **1.** Oeste, punto cardinal. **2.** Lugar o territorio más próximo a dicho punto con respecto a otro u otros con que se compara. **3.** Conjunto de los países europeos o de raíces e influencia europea, caracterizados, especialmente en cuanto a su lengua y cultura. **4.** Bloque formado por buena parte de los países europeos y americanos, caracterizado por la economía de mercado y las instituciones democráticas. ■ En estas dos últimas acepciones suele escribirse con mayúscula. **SIN. 1.** Poniente. **ANT. 1.** Este, oriente. **3.** Oriente. **FAM.** Occidental.

occiduo, dua *adj.* Del ocaso o relacionado con él.

occipital (del lat. *occiput, -itis*, nuca) *adj.* **1.** Del occipucio o relacionado con él: *Recibió un golpe en* *la región occipital.* **2.** Se dice del hueso situado en la parte posterior del cráneo, cerca de la nuca. También *s. m.*

occipucio *s. m.* Parte posterior e inferior de la cabeza, por donde ésta se une a las vértebras del cuello. **SIN.** Nuca, cogote. **FAM.** Occipital.

occiso, sa (del lat. *occisus*, de *occidere*, matar) *adj.* En términos jurídicos, muerto por asesinato u homicidio. También *s. m.* y *f.*

occitano, na u **occitánico, ca** *adj.* **1.** De Occitania, conjunto de regiones francesas situadas en el S del país. También *s. m.* y *f.* || *s. m.* **2.** Véase **lengua de oc**.

oceánico, ca *adj.* **1.** Del océano o relacionado con él: *corriente oceánica.* **2.** Se aplica a una variedad de clima templado que se caracteriza por la influencia marítima, que suaviza los inviernos, refresca los veranos y atenúa las amplitudes térmicas anuales. **FAM.** Interoceánico, transoceánico. OCÉANO.

océano (del lat. *oceanus* y éste del gr. *okeanos*) *s. m.* **1.** Masa de agua salada que cubre aproximadamente las tres cuartas partes de la superficie terrestre. **2.** Cada una de las cinco partes en que se divide esta masa: *océano Atlántico.* **3.** Gran cantidad de algo, generalmente no material: *un océano de dificultades.* **SIN. 1.** Mar. **FAM.** Oceánico, oceanografía.

oceanografía *s. f.* Ciencia que estudia los océanos y mares, sus fenómenos y su fauna y flora. **FAM.** Oceanográfico, oceanógrafo. OCÉANO.

ocelo (del lat. *ocellus*, ojito) *s. m.* **1.** Ojo simple de los artrópodos, especialmente de los insectos, que les permite percibir la luz pero no captar la imagen de los objetos. **2.** Dibujo redondeado y de dos colores que se observa en las alas de algunos insectos, en las plumas de ciertas aves y en la piel de otros animales. **FAM.** Ocelado. OJO.

ocelote (del azteca *océlotl*, tigre) *s. m.* Felino de pelaje color ocre claro con manchas oscuras que vive en las regiones selváticas de América Central y del Sur.

ochava *s. f.* **1.** Chaflán de un edificio. **2.** Octava parte de un todo.

ochavo (del lat. *octavus*) *s. m.* **1.** Antigua moneda de cobre. **2.** En frases negativas, dinero: *No me queda un ochavo.* **SIN. 2.** Perra, duro. **FAM.** Ochavón. / Chavo. OCHO.

ochavón, na *adj. Amér.* Se aplica a la persona que es mezcla de cuarterón y blanca o viceversa. También *s. m.* y *f.*

ochenta (del lat. *octoginta*) *adj. num. card.* **1.** Ocho veces diez. También *pron.* y *s. m.* || *adj. num. ord.* **2.** Octogésimo*. || *s. m.* **3.** Signos con que se representa este número. **FAM.** Ochentavo, ochentón. OCHO.

ochentavo, va *adj. num. part.* Se aplica a cada una de las ochenta partes iguales en que se divide algo. También *s. m.* **SIN.** Octogésimo.

ochentón, na *adj.* **1.** Octogenario*. También *s. m.* y *f.* **2.** *fam.* P. ext., anciano. También *s. m.* y *f.*

ocho (del lat. *octo*) *adj. num. card.* **1.** Siete más uno. También *pron.* y *s. m.* || *adj. num. ord.* **2.** Octavo*. || *s. m.* **3.** Signo con que se representa este número. **4.** Naipe o carta con ocho figuras. **FAM.** Ochava, ochavo, ochenta, ochocientos. / Dieciocho, octano, octavo, óctuplo, veintiocho.

ochocientos, tas *adj. num. card.* **1.** Ocho veces cien. También *pron.* y *s. m.* || *adj. num. ord.* **2.** Octingentésimo*. || *s. m.* **3.** Signos con que se representa este número.

ocio (del lat. *otium*, reposo) *s. m.* **1.** Tiempo libre que tiene una persona: *Ocupa su ocio viajando y practicando deporte.* **2.** Descanso o situación de inactividad: *Desde que se jubiló entretiene su ocio cuidando el jardín.* **SIN. 1.** Asueto, holganza. **2.** Ociosidad, inacción, desocupación. **FAM.** Ocioso.

ociosidad (del lat. *otiositas, -atis*) *s. f.* Estado de quien está inactivo. **SIN.** Ocio; vagancia, gandulería, haraganería. **ANT.** Actividad; diligencia.

ocioso, sa (del lat. *otiosus*) *adj.* **1.** Se dice de la persona o cosa que está inactiva permanente o temporalmente: *Durante su ausencia, el teléfono permaneció ocioso.* **2.** Perezoso, holgazán. También *s. m.* y *f.* **3.** Innecesario, inútil: *No quiero perder el tiempo con una discusión ociosa.* **SIN. 1.** Desocupado, parado, quieto. **2.** Vago, gandul, haragán. **3.** Estéril, infructuoso, fútil, vano, vacío. **ANT. 1.** Activo, ocupado. **2.** Trabajador, laborioso. **3.** Necesario, útil, provechoso. **FAM.** Ociosamente, ociosidad. OCIO.

ocluir (del lat. *occludere*) *v. tr.* Cerrar un conducto del cuerpo de modo que no se pueda abrir por medios naturales. También *v. prnl.* ■ Es v. irreg. Se conjuga como *huir.* **SIN.** Obturar(se), obstruir(se). **ANT.** Desobstruir(se). **FAM.** Oclusión, oclusivo.

oclusión (del lat. *occlusio, -onis*) *s. f.* **1.** Acción y resultado de ocluir u ocluirse: *oclusión intestinal, oclusión coronaria.* **2.** Articulación o pronunciación de los sonidos oclusivos. **3.** Fenómeno atmosférico en el que un frente frío alcanza a un frente cálido y lo desplaza hacia arriba. **SIN. 1.** Obstrucción, obliteración, obturación. **ANT. 1.** Desobstrucción.

oclusivo, va *adj.* **1.** Que produce oclusión. **2.** En ling., se aplica a los sonidos consonantes que se pronuncian cerrando totalmente el paso al aire en la boca y dejándolo salir, de golpe, inmediatamente después, como el representado por las letras *p, t, k, b, d, g.* También *s. f.*

ocote (del náhuatl *ocotl*, tea) *s. m. Amér. C.* y *Méx.* Variedad de pino.

ocozoal (del náhuatl *o*, esa, y *coatl*, serpiente) *s. m.* Serpiente de cascabel de color amarillo, pardo o grisáceo con manchas negras, cuya mordedura es venenosa. Habita en México y América Central.

ocre (del gr. *okhra*, de *okhros*, amarillo) *adj.* **1.** Se dice del color que resulta de la mezcla de amarillo y pardo, y de las cosas que lo tienen. También *s. m.* || *s. m.* **2.** Mineral terroso de color amarillo oscuro que se usa principalmente para la fabricación de pinturas.

octacordio (del lat. *octachordos*) *s. m.* **1.** Antiguo instrumento musical griego de ocho cuerdas. **2.** Sistema de escritura musical basado en ocho sonidos.

octaedro (de *octa-* y el gr. *hedra*, superficie) *s. m.* Cuerpo geométrico de ocho caras. **FAM.** Octaédrico. POLIEDRO.

octágono (de *octa-* y *-gono*) *s. m.* Polígono de ocho ángulos y ocho lados. ■ Se dice también *octógono.* **FAM.** Octagonal, octógono. POLÍGONO.

octanaje *s. m.* Porcentaje de octano presente en la gasolina.

octano (del lat. *octo*, ocho) *s. m.* Hidrocarburo saturado cuya molécula consta de ocho átomos de carbono y dieciocho de hidrógeno, y que se obtiene por destilación del petróleo. **FAM.** Octanaje, octanol. OCHO.

octanol *s. m.* Alcohol derivado del octano, de consistencia oleosa, incoloro y de olor aromático, que se usa en perfumería y para fabricar artículos de limpieza.

octante (del lat. *octans, -antis*, la octava parte) *s. m.* **1.** Parte del círculo o de la esfera comprendida respectivamente entre dos radios o planos que forman en el origen un ángulo de 45°. **2.** Instrumento astronómico cuyo sector comprende sólo la octava parte del círculo.

octavilla *s. f.* **1.** Hoja de papel cuyo tamaño es la octava parte de un pliego. **2.** Impreso de propaganda de pequeño tamaño. **3.** Combinación de ocho versos de ocho o menos sílabas cada uno, que riman de diversas maneras según las épocas y los autores.

octavo, va (del lat. *octavus*) *adj. num. ord.* **1.** Que ocupa por orden el número ocho. También *pron.* || *adj. num. part.* **2.** Se aplica a cada una de las ocho partes iguales en que se divide una unidad. También *s. m.* || *s. f.* **3.** Composición poética de ocho versos. **4.** Serie de ocho notas: los siete sonidos de una escala y la repetición del primero de ellos. **5.** Periodo de ocho días en los que la Iglesia celebra una fiesta solemne y también el último día de este periodo. || **6. octava real** (u **octava rima**) Estrofa de ocho versos de once sílabas cada uno, que riman ABABABCC. **7. octavos de final** Fase eliminatoria de un campeonato deportivo en la que se enfrentan dieciséis participantes. FAM. Octante, octavilla, octeto, octingentésimo, octogenario, octogésimo. / Decimoctavo. OCHO.

octeto (del lat. *octo*, ocho) *s. m.* **1.** Composición musical escrita para ocho instrumentos o voces. **2.** Conjunto musical formado por ocho instrumentistas o vocalistas. **3.** Byte*.

octingentésimo, ma (del lat. *octingentesimus*) *adj. num. ord.* **1.** Que ocupa por orden el número ochocientos. También *pron.* || *adj. num. part.* **2.** Se aplica a cada una de las ochocientas partes iguales en que se divide un todo. También *s. m.*

octo- (del lat. *octo*, y éste del gr. *okto*, ocho) *pref.* Significa 'ocho': *octógono, octosílabo.* ■ Existe también la variante *octa-*: *octágono.*

octogenario, ria (del lat. *octogeni*, de ochenta en ochenta) *adj.* Se dice de las personas cuya edad está comprendida entre los ochenta y los noventa años. Tambien *s. m.* y *f.*

octogésimo, ma (del lat. *octogesimus*) *adj. num. ord.* **1.** Que ocupa por orden el número ochenta. También *pron.* || *adj. num. part.* **2.** Se aplica a cada una de las ochenta partes iguales en que se divide una unidad. También *s. m.* SIN. **2.** Ochentavo.

octógono *s. m.* Octágono*. FAM. Octogonal. OCTÁGONO.

octópodo (de *octo-* y el gr. *pus, podos*, pie) *adj.* **1.** Se dice del cefalópodo provisto de ocho brazos con ventosas, como p. ej. el pulpo. También *s. m.* || *s. m. pl.* **2.** Orden formado por estos animales.

octosílabo, ba (del lat. *octosyllabus*) *adj.* Se dice del verso de ocho sílabas. También *s. m.* FAM. Octosilábico. SÍLABA.

octubre (del lat. *october, -bris*) *s. m.* Décimo mes del año, que consta de treinta y un días.

óctuple *adj. num. mult.* Óctuplo*.

octuplicar (del lat. *octus*, ocho, y *plicare*, doblar) *v. tr.* Aumentar ocho veces la cantidad, número o intensidad de algo. También *v. prnl.* ■ Delante de *e* se escribe *qu* en lugar de *c*: *octuplique.*

óctuplo, pla (del lat. *octuplus*) *adj. num. mult.* Que contiene ocho veces una cantidad. También *s. m.* ■ Se dice también *óctuple*. FAM. Óctuple, octuplicar. OCHO.

ocular (del lat. *ocularis*) *adj.* **1.** De los ojos o relacionado con ellos: *nervio ocular, examen ocular.* **2.** Realizado con la vista: *testigo ocular.* || *s. m.* **3.** Lente o sistema de lentes de algunos aparatos ópticos donde el observador aplica el ojo, y que amplía la imagen dada por el objetivo. FAM. Ocularmente, oculista. / Binocular, intraocular, monocular. OJO.

oculista (del lat. *oculus*, ojo) *s. m.* y *f.* Médico especializado en oftalmología. SIN. Oftalmólogo.

ocultar (del lat. *occultare*) *v. tr.* **1.** Impedir que una persona o cosa se vea, se note o se encuentre. También *v. prnl.* **2.** Callar algo de forma voluntaria: *Me ocultó lo del accidente para no preocuparme.* SIN. **1.** Esconder(se); disimular, camuflar(se). **2.** Encubrir; silenciar. ANT. **1.** Descubrir, revelar. **2.** Revelar. FAM. Ocultación, ocultador. OCULTO.

ocultismo *s. m.* **1.** Conjunto de teorías que defienden y estudian fenómenos que carecen de explicación racional y no pueden ser demostrados científicamente. **2.** Conjunto de creencias y prácticas relacionadas con estos fenómenos. ■ Se denomina también *ciencias ocultas*. FAM. Ocultista. OCULTO.

oculto, ta (del lat. *occultus*) *adj.* Que no se ve, no se nota o no se muestra claramente: *El camino está oculto por los árboles. Tiene intenciones ocultas.* SIN. Cubierto; camuflado, disimulado, encubierto. ANT. Visible, patente. FAM. Ocultamente, ocultar, ocultismo.

ocupa *s. m.* y *f.* Okupa*.

ocupación (del lat. *occupatio, -onis*) *s. f.* **1.** Acción de ocupar. **2.** Actividad en que alguien emplea su tiempo. Se usa más en *pl.*: *Debe atender sus muchas ocupaciones.* **3.** Empleo, cargo: *Tiene una buena ocupación.* SIN. **2.** Quehacer, tarea, labor, obligación. **2.** y **3.** Trabajo. **3.** Colocación. ANT. **2.** Ociosidad. FAM. Ocupacional. OCUPAR.

ocupacional *adj.* **1.** Relativo a la ocupación o actividad laboral. || **2. terapia ocupacional** Véase **terapia**.

ocupante *adj.* Que ocupa un lugar y, especialmente, que está instalado en él: *los ocupantes de un vehículo.* También *s. m.* y *f.*

ocupar (del lat. *occupare*) *v. tr.* **1.** Estar en un lugar o utilizar alguna cosa de forma que nadie más pueda hacerlo: *Han ocupado nuestros asientos.* **2.** Apoderarse de un lugar o instalarse en él: *El ejército ocupó la región. Sus padres ocupan la habitación de al lado.* **3.** Tener algo una extensión o dimensiones espaciales o temporales determinadas: *Ese trabajo me ocupará varias horas.* **4.** Desempeñar un empleo, cargo, etc., o tomar posesión de él: *Ocupa el cargo de director.* **5.** Dedicar cierto tiempo a una actividad. **6.** Proporcionar empleo o trabajo. **7.** Tomar posesión la autoridad competente de cierta cosa que pertenece a alguien o está en su poder. || **ocuparse** *v. prnl.* **8.** Encargarse de alguien o algo, dedicarle atención: *Se ocupa mucho de sus hijos.* **9.** Tratar de cierto asunto. SIN. **1.** Llenar. **2.** Invadir; habitar. **4.** Ejercer, ostentar. **5.** y **6.** Emplear. **7.** Incautarse, confiscar, requisar. **8.** Cuidar, atender. ANT. **1.** y **2.** Desocupar. **4.** Cesar. **6.** Desemplear. **8.** Despreocuparse. FAM. Ocupación, ocupado, ocupante. / Desocupar, okupa, preocupar.

ocurrencia *s. f.* Idea inesperada o repentina, pensamiento o dicho original o gracioso: *Tuvo una* *feliz ocurrencia. Sabe hacernos reír con sus ocurrencias.* **SIN.** Salida, golpe, gracia.

ocurrente *adj.* Ingenioso, agudo y original.

ocurrir (del lat. *occurrere*, salir al paso) *v. intr.* **1.** Producirse un suceso: *Ha ocurrido una catástrofe.* || **ocurrirse** *v. prnl.* **2.** Venir una idea al pensamiento. ■ Se usa sólo en 3.ª pers. y cuando es v. prnl. va precedido de un pronombre personal complemento: *Se me ha ocurrido una solución para tu problema.* **SIN. 1.** Suceder, pasar, acontecer, acaecer. **FAM.** Ocurrencia, ocurrente.

oda (del lat. *oda*, y éste del gr. *ode*) *s. f.* Composición poética del género lírico dividida generalmente en estrofas, de muy variados tonos y formas, cuyo contenido suele ser amoroso, histórico o patriótico. **FAM.** Rapsoda.

odalisca (del turco *odalic*, de *oda*, habitación) *s. f.* **1.** Esclava o concubina turca. **2.** Mujer de gran sensualidad.

odeón (del lat. *odeum*, y éste del gr. *odeion*, de *ode*, canto) *s. m.* **1.** En la antigua Grecia, edificio o lugar destinado a las representaciones musicales. **2.** P. ext., nombre de algunos teatros modernos destinados principalmente a la representación de óperas.

odiar *v. tr.* Tener odio a alguien o algo.

odio (del lat. *odium*) *s. m.* Sentimiento muy vivo de antipatía y rechazo hacia alguien o algo. **SIN.** Aversión, animadversión, aborrecimiento; ojeriza, tirria, manía, rabia. **ANT.** Amor, simpatía. **FAM.** Odiar, odioso.

odioso, sa (del lat. *odiosus*) *adj.* **1.** Que merece o provoca odio. **2.** *fam.* Tremendamente antipático o desagradable: *un tiempo odioso.* **SIN. 1.** y **2.** Detestable, abominable. **2.** Fastidioso, repelente. **ANT. 2.** Simpático, agradable. **FAM.** Odiosamente. ODIO.

odisea (de *Odisea*, título de un poema de Homero) *s. f.* **1.** Viaje lleno de aventuras y dificultades: *El regreso, sin dinero ni comida, fue una odisea.* **2.** P. ext., dificultades o trabajos que alguien pasa antes de lograr su propósito: *Conseguir las entradas fue toda una odisea.*

odómetro (del gr. *hodos*, camino, y *-metro*) *s. m.* Aparato con el que se mide la distancia que se recorre a pie, o la que recorre un vehículo. **SIN.** Taxímetro, podómetro.

odonato *adj.* **1.** Se aplica a los insectos de cuerpo estrecho y alargado, provistos de dos pares de alas grandes, aparato bucal masticador y cuyas larvas son acuáticas; insectos odonatos son las libélulas y los caballitos del diablo. También *s. m.* || *s. m. pl.* **2.** Orden formado por estos insectos.

odont- (del gr. *odon*, *odontos*, diente) *pref.* Significa 'diente': *odontalgia.* ■ Existe también la variante *odonto-*: *odontología.*

odontología (de *odonto-* y *-logía*) *s. f.* Rama de la medicina que se ocupa de las enfermedades y trastornos de los dientes, así como de su reparación, extracción y sustitución por prótesis. **FAM.** Odontológico, odontólogo.

odorífero, ra (del lat. *odorifer, -eri*, de *odor*, olor, y *ferre*, llevar) *adj.* Que produce olor, especialmente si es agradable. ■ Se dice también *odorífico.* **SIN.** Fragante, aromático. **ANT.** Pestilente. **FAM.** Desodorante, inodoro. OLOR.

odorífico, ca (del lat. *odor, -oris*, olor, y *facere*, hacer) *adj.* Odorífero*.

odre (del lat. *uter, utris*) *s. m.* Recipiente hecho con la piel de una cabra u otro animal, que sirve para contener líquidos, sobre todo vino o aceite.

oesnoroeste u **oesnorueste** *s. m.* **1.** Punto del horizonte entre el oeste y el noroeste, a igual distancia de ambos. **2.** Viento que sopla de esta parte. ■ En ambas acepciones se usa también en aposición.

oeste (del anglosajón *west*) *s. m.* **1.** Punto cardinal que está hacia donde se pone el Sol. **2.** País, territorio, etc., situado en esta dirección. **3.** Viento que viene de dicha dirección. ■ En las dos últimas acepciones se usa también en aposición. **4.** Nombre dado en el s. XVIII al territorio de los actuales Estados Unidos situado entre los montes Apalaches y el océano Pacífico, cuya conquista en el s. XIX dio lugar a un popular género literario y cinematográfico. ■ En esta acepción se escribe con mayúscula. **SIN. 1.** y **3.** Poniente. **ANT. 1.** Levante. **3.** Este, levante. **FAM.** Oesnoroeste, oesnorueste, oesudoeste, oesudueste, oesuroeste, oesurueste. / Noroeste, sudoeste, suroeste. ESTE.

oesudoeste u **oesudueste** *s. m.* **1.** Punto del horizonte entre el oeste y el suroeste, a igual distancia de ambos. **2.** Viento que sopla de esta parte. ■ En ambas acepciones, se usa también en aposición. Se dice también *oesuroeste* u *oesurueste.*

oesuroeste u **oesurueste** *s. m.* Oesudoeste*.

ofender (del lat. *offendere*) *v. tr.* **1.** Hacer o decir algo que molesta o significa desprecio hacia algo o alguien. **2.** Causar una impresión desagradable a los sentidos: *Ese cuadro ofende a la vista.* || **ofenderse** *v. prnl.* **3.** Enfadarse, sentirse despreciado. **SIN. 1.** Insultar, despreciar, agraviar, afrentar. **1.** y **2.** Herir. **2.** Desagradar. **2.** y **3.** Molestar(se). **3.** Resentirse. **ANT. 1.** Honrar, alabar. **2.** Agradar. **FAM.** Ofendido, ofensa, ofensiva, ofensivo, ofensor.

ofendido, da 1. *p.* de **ofender**. || *adj.* **2.** Que ha recibido una ofensa. También *s. m.* y *f.*

ofensa (del lat. *offensa*) *s. f.* **1.** Acción de ofender y aquello que ofende. **2.** Pecado. **SIN. 1.** Insulto, injuria, afrenta. **ANT. 1.** Honor, alabanza.

ofensiva (de *ofensivo*) *s. f.* Acción de atacar: *emprender una ofensiva, ponerse a la ofensiva.* **SIN.** Ataque. **ANT.** Defensa. **FAM.** Contraofensiva. OFENDER.

ofensivo, va *adj.* **1.** Que ofende o puede ofender. **2.** Que sirve para atacar: *arma ofensiva.* **SIN. 1.** Insultante, agraviante. **2.** Atacante. **ANT. 1.** Elogioso. **2.** Defensivo. **FAM.** Ofensivamente. / Inofensivo. OFENDER.

oferente (del lat. *offerens, -entis*) *adj.* Que ofrece algo. También *s. m.* y *f.*

oferta (del lat. vulg. *offerita*, de *offerre*, ofrecer) *s. f.* **1.** Ofrecimiento o propuesta de hacer, cumplir o dar lo que se expresa: *ofertas de trabajo, oferta cultural.* **2.** Acción de presentar o anunciar algo en venta, particularmente un producto rebajado de precio; también, este mismo producto: *Hay una oferta de pisos muy interesante. Este vestido fue una oferta.* **3.** Cantidad de bienes, mercancías o servicios que son presentados en el mercado en un determinado momento. **4.** Cantidad de dinero que se ofrece para adquirir algo que se vende o se subasta. **SIN. 1.** Proposición. **3.** Ocasión, ganga. **FAM.** Ofertante, ofertar. / Contraoferta. OFRECER.

ofertar *v. tr.* Ofrecer en venta, sobre todo a un precio más bajo.

ofertorio (del lat. *offertorium*) *s. m.* Parte de la misa en la que el sacerdote ofrece a Dios el pan y el vino antes de consagrarlos, y breve oración que reza antes de este momento.

off, en (del ingl. *off*, fuera de, lejos de) *loc. adj.* y *adv.* En cine, teatro o televisión, se aplica a la voz que no procede de los personajes que aparecen en escena o en pantalla, o que no pertenece al momento de su actuación.

off the record *loc. adj.* y *adv.* Hace referencia a aquello que se dice de modo confidencial y extraoficial y no debe ser divulgado por el periodista.

office (fr., a través del ingl.) *s. m.* Cuarto situado al lado de la cocina o espacio dependiente de ella: *Nosotros comemos siempre en el office.*

offset (ingl.) *s. m.* **1.** Procedimiento de impresión en el cual el molde o plancha imprime sobre un rodillo de caucho y éste sobre el papel. **2.** Máquina que emplea este procedimiento.

offside (ingl.) *s. m.* En algunos dep., fuera de juego. **SIN.** Orsay.

oficial (del lat. *officialis*) *adj.* **1.** Que procede o depende de la autoridad legalmente constituida: *información oficial, organismo oficial.* **2.** Reconocido, aceptado y autorizado por quien tiene derecho y capacidad para ello: *enseñanza oficial.* || *s. m.* **3.** Cualquiera de los grados militares desde alférez en adelante, y militar que lo ostenta. En sentido estricto, alcanza hasta el grado de capitán. **4.** En los oficios, grado intermedio entre aprendiz y maestro y persona que lo tiene: *oficial montador, oficial fresador.* || *s. m.* y *f.* **5.** En los cuerpos administrativos del Estado, categoría intermedia entre la de auxiliar y jefe, y persona que la ocupa: *oficial administrativo.* **SIN. 1.** Público. **2.** Formal. **ANT. 1.** Extraoficial. **FAM.** Oficiala, oficialía, oficialidad, oficialismo, oficializar, oficialmente. / Extraoficial, extraoficialmente, paraoficial, suboficial. OFICIO.

oficiala *s. f.* Trabajadora manual que ha aprendido un oficio, pero que aún no ha alcanzado el grado de maestra: *oficiala de peluquería.*

oficialía *s. f.* Categoría, cargo o grado de oficial del ejército o de los cuerpos administrativos del Estado.

oficialidad *s. f.* **1.** Cualidad de oficial. **2.** Conjunto de los oficiales de un ejército o una unidad del mismo: *la oficialidad del regimiento.*

oficialismo *s. m.* Conjunto de personas que forman el gobierno de un país, y tendencias políticas que lo apoyan. **FAM.** Oficialista. OFICIAL.

oficiante *adj.* Se aplica al sacerdote que celebra las ceremonias de un servicio religioso. También *s. m.* **SIN.** Celebrante.

oficiar *v. tr.* **1.** Celebrar o dirigir las ceremonias de un servicio religioso. || *v. intr.* **2.** Actuar haciendo el papel que se expresa: *oficiar de mediador.* **FAM.** Oficiante. OFICIO.

oficina (del lat. *officina*) *s. f.* Lugar donde se llevan a cabo tareas administrativas, burocráticas, de gestión, etc. **SIN.** Despacho, gabinete. **FAM.** Oficinesco, oficinista, ofimática. OFICIO.

oficinista *s. m.* y *f.* Empleado de una oficina.

oficio (del lat. *officium*) *s. m.* **1.** Trabajo que requiere esfuerzo físico o habilidad manual y para el cual no hacen falta estudios teóricos superiores: *oficio de albañil, de electricista.* **2.** P. ext., cualquier profesión. **3.** Función que tiene una cosa: *El oficio de esos pilares es sujetar el techo.* **4.** Comunicación oficial escrita. **5.** Servicio religioso. Se usa más en *pl.*: *los oficios de Semana Santa.* || **6. buenos oficios** Actuación o intervención de una persona en favor de otra. **7. el oficio más viejo del mundo** *fam.* La prostitución. **8. oficio de difuntos** Ceremonia religiosa en la que se ruega por los muertos. **9. oficio divino** Conjunto de rezos a que están obligados los religiosos diariamente. **10. Santo Oficio** Tribunal de la Inquisición. || **LOC. de oficio** *adv.* Se dice de las diligencias judiciales que pueden ser iniciadas sin que lo solicite ninguna de las partes interesadas: *delito perseguible de oficio.* **ser del oficio** *fam.* Dedicarse a la prostitución. **sin oficio ni beneficio** *adv.* Sin profesión ni ocupación. **SIN. 1.** y **2.** Ocupación. **3.** Papel, finalidad. **FAM.** Oficial, oficiar, oficina, oficioso.

oficioso, sa (del lat. *officiosus*) *adj.* **1.** Que, a pesar de proceder de una fuente autorizada, no tiene carácter o confirmación oficial. **2.** Se aplica a la intervención de un país o de un organismo para resolver un problema entre otras naciones. **3.** Excesivamente servicial o solícito. **SIN. 1.** Extraoficial. **2.** Mediador. **FAM.** Oficiosamente, oficiosidad. / Inoficioso. OFICIO.

ofidio (del gr. *ophis*, culebra) *adj.* **1.** Se dice del reptil de cuerpo cilíndrico y escamoso, carente de extremidades y provisto de boca, estómago y tronco dilatables que le permiten engullir grandes presas; algunas especies tienen junto a los colmillos, largos y curvos, una glándula que segrega veneno y que inoculan a sus presas en la mordedura. Reciben también el nombre de *serpientes.* También *s. m.* || *s. m. pl.* **2.** Suborden formado por estos reptiles. **FAM.** Ofiuro.

ofimática *s. f.* Material informático para oficinas.

ofita (del gr. *ophites*, de *ophis*, serpiente) *s. f.* Roca eruptiva compuesta de cristales de piroxeno y plagioclasa, con nódulos de sílice o cal; es de color verde con manchas blancas y se utiliza como piedra de adorno.

ofiuro (del gr. *ophis*, serpiente, y *ura*, cola) *s. m.* Nombre común de numerosos animales ofiuroideos, caracterizados por poseer extremidades sin ramificaciones y el disco central cubierto por placas dispuestas en forma regular. **FAM.** Ofiuroideo. OFIDIO.

ofiuroideo *adj.* **1.** Se dice de los equinodermos que tienen el cuerpo plano en forma de estrella y cinco largos brazos, más finos que el disco central. Habitan en los fondos marinos y se alimentan de plancton. Son ofiuroideos algunos tipos de algas, los ofiuros, etc. También *s. m.* || *s. m. pl.* **2.** Clase formada por estos invertebrados.

ofrecer (del lat. *offerre*, mostrar) *v. tr.* **1.** Presentar voluntariamente algo a alguien, para que éste lo tome o lo use si quiere: *Me ofreció su coche.* **2.** Prometer dar o hacer algo: *ofrecer una recompensa.* **3.** Dar, entregar, dedicar: *Ofreció su vida al servicio de los demás.* **4.** Dedicar a una divinidad o a un santo un sacrificio, una buena obra, etc.: *Ofrecieron misas por su alma.* **5.** Dar una fiesta, banquete, homenaje, etc., en honor de alguien. **6.** Decir la cantidad que se está dispuesto a pagar por algo. **7.** Acercar o poner ante alguien lo que se expresa: *Me ofreció la mano para que se la besara.* **8.** Mostrar alguien o algo determinado aspecto, perspectivas, etc. También *v. prnl.*: *Ante nosotros se ofrece una magnífica panorámica.* **9.** Con palabras como *ocasión* u *oportunidad*, proporcionarlas. || **ofrecerse** *v. prnl.* **10.** Mostrarse alguien dispuesto a hacer algo que se indica: *Se ofreció a acompañarme.* **11.** En ciertas expresiones corteses, querer o necesitar: *¿Qué se le ofrece?* **12.** Suceder, ocurrir: *Tenemos que estar preparados para lo que pueda ofrecerse.* ■ Es v. irreg. Se conjuga como *agradecer.* **SIN. 1.** Ceder, proponer. **1.** y **10.** Brindar(se). **3.** y **4.** Ofrendar, consagrar. **5.** Celebrar. **7.** Tender. **8.** Exhibir(se), descubrir(se); arrojar. **11.** Deparar. **12.** Acontecer, pasar. ANT. **1.**, **2.** y **10.** Negar(se). **1.**, **2.** y **7.** Retirar. FAM. Oferente, oferta, ofertorio, ofrecimiento, ofrenda.

ofrenda (del lat. *offerenda*, cosas que se han de ofrecer) *s. f.* Cosa que se ofrece con amor y devoción, especialmente a la divinidad o a los santos. SIN. Sacrificio. FAM. Ofrendar. OFRECER.

ofrendar *v. tr.* Presentar voluntariamente algo a alguien, para que éste lo tome o lo use si quiere. SIN. Ofrecer.

oftalm- (del gr. *ophtalmos*, ojo) *pref.* Significa 'ojo'. ■ Existe también la variante *oftalmo-*: *oftalmología, oftalmólogo.*

oftalmia (del gr. *ophtalmia*, de *ophtalmos*, ojo) *s. f.* Inflamación del ojo. FAM. Exoftalmia, xeroftalmia. OFTÁLMICO.

oftálmico, ca (del gr. *ophtalmikos*, y éste de *ophtalmos*, ojo) *adj.* Relativo a los ojos o a la oftalmia. FAM. Oftalmia, oftalmología, oftalmoscopio.

oftalmo- *pref.* Véase **oftalm-**.

oftalmología (de *oftalmo-* y *-logía*) *s. f.* Rama de la medicina que se ocupa de la ceguera, las enfermedades de los ojos y los defectos de la visión. FAM. Oftalmológico, oftalmólogo. OFTÁLMICO.

oftalmoscopia (de *oftalmo-* y *-scopia*) *s. f.* Exploración del interior del ojo por medio del oftalmoscopio.

oftalmoscopio (de *oftalmo-* y *-scopio*) *s. m.* Instrumento para reconocer el interior del ojo. FAM. Oftalmoscopia. OFTÁLMICO.

ofuscar (del lat. *offuscare*, oscurecer) *v. tr.* **1.** Impedir a alguien pensar con claridad: *La ira ofuscó su mente.* También *v. prnl.* **2.** Impedir la visión un exceso de luz o de brillo. También *v. prnl.* || **ofuscarse** *v. prnl.* **3.** Obsesionarse con algo. ■ Delante de *e* se escribe *qu* en lugar de *c*: *ofusque.* SIN. **1.** Aturdir(se). **1.** y **2.** Obnubilar(se). **2.** Deslumbrar(se). **3.** Obcecar(se), cegar(se); obstinarse, empeñarse. ANT. **1.** Aclarar(se). FAM. Ofuscación, ofuscamiento. HOSCO.

ogro (del fr. *ogre*) *s. m.* **1.** Ser fantástico de aspecto humano y tamaño gigantesco. ■ Su femenino es irreg.: *ogresa.* **2.** Persona de muy mal carácter o cruel. También *adj.*

¡oh! *interj.* Exclamación de sorpresa, admiración, interés, decepción, pena, etc.

ohmio (de G. S. *Ohm*, físico alemán del s. XIX) *s. m.* Unidad de resistencia eléctrica en el Sistema Internacional; equivale a la resistencia de un conductor cuando, al aplicarle la diferencia de potencial de 1 voltio, la corriente circula con la intensidad de 1 amperio. FAM. Microhmio.

oída *s. f.* Acción de oír. ■ Se usa casi únicamente en la loc. adv. **de oídas**, para expresar que se sabe algo por haber escuchado a otros y no por propia experiencia.

-oide (del gr. *eidos*, forma) *suf.* Significa 'semejante, parecido': *elipsoide, antropoide.* ■ Existen también las variantes *-oideo*, *-oidea* y *-oides*: *tifoidea, deltoides*. Frecuentemente, la forma *-oide* tiene un matiz despectivo: *sentimentaloide.*

-oideo, -oidea u **-oides** *suf.* Véase **-oide**.

oído (del lat. *auditus*) *s. m.* **1.** Sentido mediante el cual se perciben los sonidos. **2.** Órgano que permite percibir los sonidos y que regula también el equilibrio corporal. **3.** Aptitud para percibir y reproducir fielmente los sonidos musicales: *Canta muy mal, no tiene oído.* || LOC. **a palabras necias, oídos sordos** Véase **palabra**. **al oído** *adv.* Confidencialmente, en voz baja. **dar** (o **prestar**) **oído(s)** Hacer caso, creer lo que se dice: *No quiero prestar oído a esas mentiras.* **de oído** *adv.* Sin haber estudiado música de forma regular: *Toca la guitarra de oído.* **duro de oído** *adj.* Que no oye bien. **entrar por un oído y salir por el otro** No hacer caso de lo que dice o pide otra persona. **regalar** a alguien **el oído** (o **los oídos**) Decir a una persona cosas agradables sobre ella misma. **ser todo oídos** Escuchar atentamente.

oidor *s. m.* Antiguo juez que sentenciaba causas y pleitos en las audiencias del reino.

oiga *interj.* Véase **oír**.

oil, lengua de (del ant. fr. *oïl*, sí) *expr.* Véase **lengua**.

oír (del lat. *audire*) *v. tr.* **1.** Percibir sonidos. **2.** Atender a lo que alguien dice: *Te avisé, pero no quisiste oír mis consejos.* **3.** *fam.* Se utiliza en imperativo para llamar la atención de alguien o para reprenderle: *¡Oiga, que yo estaba primero!* Se usa también, para reforzar lo que se dice o para expresar extrañeza, admiración o enfado: *Oye, no sabía que pintases.* **4.** Atender el juez lo que exponen las partes antes de resolver en un caso. || LOC. **como quien oye llover** *fam.* Sin prestar atención ni hacer ningún caso. **oír campanas y no saber dónde** Enterarse mal de algo y confundir la información. ■ Es v. irreg. SIN. **2.** Escuchar. ANT. **2.** Desoír, desatender. FAM. Oíble, oída, oído, oidor, oiga, oye, oyente. / Desoír, entreoír.

OÍR	
GERUNDIO	**PARTICIPIO**
oyendo	*oído*
INDICATIVO	
Presente	**Pretérito perfecto simple**
oigo	*oí*
oyes	*oíste*
oye	*oyó*
oímos	*oímos*
oís	*oísteis*
oyen	*oyeron*
SUBJUNTIVO	
Presente	**Pretérito imperfecto**
oiga	*oyera, -ese*
oigas	*oyeras, -eses*
oiga	*oyera, -ese*
oigamos	*oyéramos, -ésemos*
oigáis	*oyerais, -eseis*
oigan	*oyeran, -esen*
Futuro	
oyere	*oyéremos*
oyeres	*oyereis*
oyere	*oyeren*
IMPERATIVO	
oye	*oíd*

ojal *s. m.* **1.** Corte o raja, reforzada con hilo en sus bordes, que se hace en la tela para pasar por ella un botón y abrocharlo. **2.** Agujero que atraviesa algunas cosas. FAM. Ojaladura. OJO.

¡ojalá! (del ár. *wa-sa Allah*, y quiera Dios) *interj.* Expresa un fuerte deseo de que suceda algo: *¡Ojalá salga sol!*

ojeada *s. f.* Mirada rápida y superficial: *echar, dar una ojeada.* SIN. Vistazo, atisbo.

ojeador, ra *s. m.* y *f.* Persona que espanta la caza con ruidos o voces para levantarla y dirigirla hacia los cazadores o las trampas.

ojear[1] *v. tr.* Dirigir la mirada hacia un sitio o pasarla rápida y superficialmente. ■ No confundir con la palabra homófona *hojear*, 'pasar las hojas'. FAM. Ojeada. OJO.

ojear[2] (del ant. esp. *oxear*) *v. tr.* Espantar a los animales haciendo ruido para que se dirijan al sitio donde están los cazadores o las trampas. ■ No confundir con *hojear*, 'pasar las hojas'. SIN. Batir, acosar, levantar. FAM. Ojeador, ojeo.

ojén (de *Ojén*, localidad de la provincia de Málaga) *s. m.* Aguardiente preparado con anís y azúcar.

ojeo *s. m.* Acción de ojear o espantar la caza.

ojera *s. f.* Mancha o coloración más oscura que aparece en la zona situada bajo el párpado inferior. Se usa más en *pl.* FAM. Ojeroso. OJO.

ojeriza *s. f.* Antipatía que se tiene a alguien. SIN. Manía, tirria, inquina. ANT. Simpatía.

ojete *s. m.* **1.** Pequeño agujero redondo reforzado en su borde, que se hace en un tejido para pasar por él un cordón, una cinta, etc., o como adorno en un bordado. **2.** *fam.* Ano*.

ojímetro *s. m. fam.* Capacidad de calcular con rapidez y sin instrumentos de medida. || LOC. **a ojímetro** *adv. fam.* Con un cálculo aproximado.

ojiva (del fr. *ogive*) *s. f.* **1.** Figura formada por dos arcos de circunferencia que se cortan formando un ángulo agudo. **2.** Arco formado de esta manera. **3.** Punta de un proyectil. FAM. Ojival.

ojival *adj.* **1.** En arq., se dice del arco en forma de ojiva. **2.** Se aplica al estilo arquitectónico, especialmente al gótico, caracterizado por el empleo de este tipo de arcos.

ojo (del lat. *oculus*) *s. m.* **1.** Órgano de la vista del hombre y de los animales. **2.** Parte de este órgano que resulta visible en la cara, y concretamente el iris cuando se refiere al color: *Tiene ojos azules.* **3.** Mirada, ojeada: *Voy a echar un ojo a la comida.* **4.** Abertura o agujero de algunas cosas: *ojo de la aguja, ojo de una cerradura, ojo de un puente.* **5.** Mancha circular de colores que tienen algunos animales, especialmente el pavo real en las plumas de la cola. **6.** Corriente de agua que asoma en un llano: *los ojos del Guadiana.* **7.** Gota de grasa que flota en un líquido. **8.** Habilidad o talento especial para apreciar o captar con rapidez las cualidades de personas y cosas, las circunstancias, etc.: *Tiene mucho ojo para los negocios.* **9.** Atención, cuidado: *Pon mucho ojo en lo que haces.* También *interj.*: *¡Ojo! Está recién pintado.* **10.** Núcleo o centro de un huracán o de una tempestad. || **11. cuatro ojos** *fam. desp.* Persona que usa gafas. **12. ojo clínico** Habilidad para diagnosticar una enfermedad con rapidez y precisión. También, intuición o talento para apreciar y valorar a las personas o las cosas. **13. ojo de buey** Ventana circular, particularmente la de los barcos. **14. ojo de gallo** (o **de pollo**) Callo redondo y algo cóncavo hacia el centro, que sale entre los dedos de los pies. **15. ojo del culo** *vulg.* Ano. **16. ojo** (u **ojito**) **derecho** *fam.* Persona preferida de alguien: *La niña fue siempre su ojito derecho.* || LOC. **a ojo** (**de buen cubero**) *adv.* Sin precisión ni exactitud, aproximadamente: *calcular a ojo.* **a ojos cerrados** *adv.* Sin reflexionar, de forma precipitada. También, sin ninguna duda, con entera confianza. **a ojos vistas** *adv.* De manera notoria y perceptible. **abrir los ojos** (o **el ojo**) Ponerse en actitud vigilante: *Procura abrir bien el ojo.* Darse cuenta de algo a lo que antes no se había prestado atención o no se quería reconocer: *Por fin abrió los ojos a la realidad.* **abrirle** a alguien **los ojos** Hacer que se dé cuenta de que algo no es como cree. **cerrar los ojos** Morirse. También, seguido de la preposición *a* y un complemento, no querer reconocer la existencia o la razón de alguna cosa: *cerrar los ojos a la verdad.* **clavar los ojos en** alguien o algo Mirarle de manera fija y penetrante. **comer con los ojos** *fam.* Pensar alguien, ante la vista de los alimentos, que va a ser capaz de comer más de lo que realmente puede. También, con el verbo en forma pronominal, mirar a alguien o algo con gran deseo. **con los ojos cerrados** *adv.* A ojos cerrados. También, con gran facilidad. **de ojito** *adv. Amér.* Gratis, de balde. **echar** (o **poner**) **el ojo a** (o **en**) alguien o algo *fam.* Fijarse en alguien o algo con la intención o el deseo de conseguirlo. **en un abrir** (**y cerrar**) **de ojos** *adv.* Con mucha rapidez. **entrar** (o **meterse**) algo a alguien **por los ojos** *fam.* Gustar mucho. **írsele** a uno **los ojos detrás de** (o **tras**) alguien o algo *fam.* Mirar algo con deseo. **mirar con buenos** (o **malos**) **ojos** Sentir simpatía o antipatía por alguien o algo. **mirar con ojos de** Mostrar hacia alguien o algo la actitud que se expresa: *mirar con ojos de madre.* **no quitar ojo** *fam.* Mirar a alguien o algo con gran atención e insistencia. **no tener** alguien **adonde** (o **a quien**) **volver los ojos** Estar totalmente desamparado o desvalido. **no tener ojos más que para** alguien o algo Dedicarle toda la atención. **¡ojo al parche!** *interj. fam.* Se emplea como advertencia ante algo. **ojo alerta** (o **avizor**) *adv., fam.* En actitud prevenida y vigilante. **pegar** (**el**) **ojo** (o **los ojos**) *fam.* Dormir. ■ Se usa más en oraciones negativas: *Esta noche no he podido pegar el ojo.* **poner los ojos en** alguien o algo Elegir a alguien o algo: *Ya ha puesto los ojos en otro coche.* **un ojo de la cara** *fam.* Con verbos como *costar, valer*, etc., mucho dinero o esfuerzo. **volver los ojos hacia** (o **a**) alguien Atender o interesarse por él. SIN. **3.** Vistazo. **3.** y **8.** Vista. **4.** Orificio. **5.** Ocelo. **8.** Olfato. FAM. Ojal, ojear[1], ojera, ojeriza, ojete, ojímetro. / Anteojo, bisojo, desojarse, lavaojos, monóculo, ocelo, ocular.

ojota (del quechua *usúta*) *s. f. Amér.* Especie de sandalia rústica hecha de cuero o cáñamo.

OK (ingl. de EE UU) *expr.* Significa 'acuerdo, conformidad': *OK, tú ganas.* Tambien *s. m.*: *Espero tu OK.*

okapi *s. m.* Mamífero rumiante de pelaje marrón oscuro, con líneas claras en cuello y muslos y blanquecino en cabeza y patas, que puede alcanzar hasta unos 2 m de longitud y 1,6 m de altura en la cruz; habita en áreas forestales de África central.

okupa *s. m.* y *f. fam.* Ocupante ilegal de viviendas deshabitadas. ■ Se escribe también *ocupa.*

-ol *suf.* Significa 'alcohol': *etanol, fenol.*

ola *s. f.* **1.** Movimiento de ascenso y descenso del agua producido por el viento o las corrientes en mares, lagos, etc. **2.** Fenómeno atmosférico que produce un cambio repentino en la temperatura de un lugar: *ola de calor.* **3.** Oleada, avalancha: *ola de gripe, de turistas.* || LOC. **en la cresta de la ola** *adv.* En el mejor momento de una persona o cosa. FAM. Oleada, oleaje. / Rompeolas.

¡olé! u **¡ole!** (del ár. *wa-llah*, ¡por Dios!) *interj.* Se utiliza para animar y mostrar aprobación o entusiasmo.

oleácea *adj.* **1.** Se aplica a la planta, generalmente arbórea o arbustiva, de hojas simples o compuestas, flores hermafroditas en racimo y fruto en drupa, baya, cápsula o sámara, propia de climas templados y cálidos, como p. ej. el olivo, el fresno y el jazmín. También *s. f.* || *s. f. pl.* **2.** Familia constituida por estas plantas.

oleada *s. f.* **1.** Movimiento o golpe de una ola. **2.** Aparición repentina de gran cantidad de personas o cosas: *El público llegaba por oleadas. Hubo una oleada de atracos.* **SIN. 2.** Ola, invasión, avalancha. **ANT. 2.** Goteo.

oleaginoso, sa (del lat. *oleago, -inis,* de *olea,* aceituna) *adj.* Que tiene aceite o es semejante a él: *planta oleaginosa, líquido oleaginoso.* **SIN.** Oleoso, aceitoso. **FAM.** Oleaginosidad. ÓLEO.

oleaje *s. m.* Movimiento de las olas que se suceden continuamente unas a otras.

olécranon (del gr. *olekranon,* codo) *s. m.* Apófisis gruesa y curva del extremo superior del hueso cúbito, que forma el codo.

oleico (del lat. *oleum,* aceite) *adj.* Se dice de un ácido incoloro de consistencia oleosa que, combinado con la glicerina, forma parte de numerosas grasas animales y vegetales, especialmente de los aceites.

oleicultura (del lat. *oleum,* aceite, y *-cultura*) *s. f.* Conjunto de técnicas para el cultivo de plantas productoras de aceite y para la obtención de éste. **FAM.** Oleícola, oleicultor. ÓLEO.

oleífero, ra (del lat. *oleum,* aceite, y *-fero*) *adj.* Que contiene o produce aceite. **SIN.** Oleaginoso.

óleo (del lat. *oleum,* aceite) *s. m.* **1.** Pintura que se obtiene disolviendo colorantes en aceites vegetales o animales que actúan como aglutinantes. **2.** Técnica pictórica que utiliza dichas pinturas y obra obtenida: *una exposición de óleos.* **3.** Aceite consagrado que usa la Iglesia en los sacramentos y otras ceremonias religiosas. **FAM.** Oleácea, oleaginoso, oleico, oleicultura, oleífero, oleoducto, oleografía, oleómetro, oleoso. / Petróleo.

oleo-, -óleo (del lat. *oleum,* aceite) *pref.* y *suf.* Significa 'aceite': *oleoducto, petróleo.*

oleoducto (de *oleo-* y el lat. *ducere,* conducir) *s. m.* Tubería destinada a transportar petróleo a lo largo de grandes distancias.

oleografía (de *óleo* y *-grafía*) *s. f.* Procedimiento de impresión que imita la pintura al óleo.

oleómetro (de *oleo-* y *-metro*) *s. m.* Instrumento que mide la densidad de los aceites.

oleoso, sa (del lat. *oleosus*) *adj.* Que tiene aceite o es semejante a él. **SIN.** Oleaginoso. **FAM.** Oleosidad. ÓLEO.

oler (del lat. *olere*) *v. tr.* **1.** Percibir olores o aplicar el olfato para percibirlos. También *v. intr.* **2.** *fam.* Sospechar o deducir algo. También *v. prnl.*: *Creo que Pedro ya se ha olido la broma.* **3.** Curiosear, tratar de enterarse de algo. También *v. intr.*: *Le pillé oliendo en mis cosas.* || *v. intr.* **4.** Producir o despedir un olor: *Esa colonia huele muy bien.* **5.** *fam.* Tener alguien o algo el aspecto o el carácter de lo que se expresa: *Ese asunto huele a estafa.* ■ Es v. irreg. **SIN. 1.** y **2.** Olfatear, olisquear, oliscar. **2.** Intuir, figurarse, barruntar. **3.** Husmear, cotillear, fisgar. **5.** Parecer. **FAM.** Oledor, oliscar, olisquear. / Maloliente. OLOR.

OLER		
INDICATIVO	**SUBJUNTIVO**	**IMPERATIVO**
Presente	**Presente**	
huelo	*huela*	
hueles	*huelas*	*huele*
huele	*huela*	
olemos	*olamos*	
oléis	*oláis*	*oled*
huelen	*huelan*	

olfa *adj. Arg., Par.* y *Urug. fam.* Servil y adulador.

olfatear *v. tr.* **1.** Aplicar el olfato haciendo inspiraciones de aire breves y ruidosas repetida e insistentemente. También *v. prnl.* con valor reflexivo: *Los dos animales se olfatearon.* **2.** Seguir el rastro de un olor, como hacen los perros. También *v. intr.* **3.** *fam.* Curiosear, fisgar. También *v. intr.* **SIN. 1.** y **3.** Oler, olisquear, oliscar, husmear. **3.** Cotillear. **FAM.** Olfa, olfateo. OLFATO.

olfativo, va *adj.* Del olfato: *órgano olfativo.*

olfato (del lat. *olfactus*) *s. m.* **1.** Sentido mediante el cual se perciben los olores. **2.** *fam.* Habilidad o capacidad especial para captar con rapidez las circunstancias y cualidades de las personas o cosas: *Tiene olfato para los negocios.* **SIN. 2.** Ojo, instinto, intuición. **FAM.** Olfatear, olfativo, olfatorio.

olifante *s. m.* Cuerno de marfil que usaban los caballeros medievales para comunicarse entre sí en las guerras o cacerías.

oligarquía (del gr. *oligarkhia,* de *oligoi,* pocos, y *arkho,* gobernar) *s. f.* **1.** Forma de gobierno en la que el poder es ejercido por un grupo reducido de personas, generalmente de una misma familia, estamento o clase social. **2.** Estado con esta forma de gobierno. **3.** Minoría que lo ejerce. **4.** P. ext., cualquier organización, colectividad, etc., controlada por un reducido número de personas, y dicho grupo de personas. **FAM.** Oligarca, oligárquico.

oligisto (del gr. *oligistos,* muy poco) *s. m.* Mineral de óxido de hierro, de color gris negruzco o rojizo opaco, muy duro y pesado. ■ También se llama *hematites.*

oligo- (del gr. *oligo*) *pref.* Significa 'poco': *oligoelemento, oligoceno.*

oligoceno, na (de *oligo-* y el gr. *kainos,* reciente) *adj.* **1.** Se dice de la tercera de las cinco épocas geológicas del periodo terciario, que comenzó hace 34 millones de años y concluyó hace 23 millones. También *s. m.* **2.** De esta época.

oligoclasa (de *oligo-* y el gr. *klasis,* ruptura) *s. f.* Tipo de feldespato de calcio y sodio, utilizado en la fabricación de cerámica.

oligoelemento *s. m.* Elemento químico que se halla en muy pequeña proporción en las células de los seres vivos pero de capital importancia para el normal desarrollo del metabolismo.

oligofrenia (de *oligo-* y el gr. *phren,* inteligencia) *s. f.* Deficiencia mental congénita. **FAM.** Oligofrénico.

oligopolio (de *oligo-* y el gr. *poleo,* vender) *s. m.* Tipo de mercado caracterizado por la existencia de un número muy reducido de vendedores que acaparan y controlan el mercado.

oligoqueto (de *oligo-* y el gr. *khaite,* pelo) *adj.* **1.** Se aplica al gusano anélido, de forma cilíndrica, con el cuerpo cubierto por una cutícula y sin cabeza diferenciada; son hermafroditas y viven en medios húmedos, como p. ej. las lombrices de tierra. También *s. m.* || *s. m. pl.* **2.** Clase formada por estos gusanos.

oligospermia (de *oligo-* y el lat. *sperma,* semilla) *s. f.* Producción insuficiente de espermatozoides en el semen.

oliguria (de *oligo-* y el gr. *uron,* orina) *s. f.* Disminución anormal del volumen de orina que se expulsa. **ANT.** Poliuria.

olimpiada u **olimpíada** (del lat. *olympias, -adis*, y éste del gr. *Olumpias*, de *Olumpia*, juegos olímpicos) *s. f.* **1.** Fiesta que los antiguos griegos celebraban cada cuatro años en la ciudad de Olimpia y que incluía competiciones deportivas y literarias. **2.** Juegos Olímpicos. Véase **juego**. Se usa mucho en *pl.* **3.** Periodo de cuatro años comprendido entre dos celebraciones consecutivas de los Juegos Olímpicos. **FAM.** Olímpico, olimpismo. / Paraolimpiada. OLIMPO.

olímpicamente *adv. m.* **1.** Con altivez y desprecio. **2.** Sin hacer ningún caso de aquello que se expresa: *Se saltó las normas olímpicamente.*

olímpico, ca (del lat. *olympicus*, y éste del gr. *olympikos*) *adj.* **1.** Relativo a las olimpiadas: *deporte olímpico, campeón olímpico.* **2.** Del Olimpo, morada de dioses griegos. **3.** Altanero, soberbio: *un olímpico desdén.* **SIN. 3.** Orgulloso, altivo, arrogante. **ANT. 3.** Humilde; respetuoso. **FAM.** Olímpicamente. / Preolímpico. OLIMPIADA.

olimpismo *s. m.* Conjunto de todo lo concerniente a los Juegos Olímpicos.

Olimpo (del gr. *Olympos*) *n. p.* **1.** Residencia de los dioses de los antiguos griegos, situada, según la mitología, en la cumbre del monte Olimpo. || **olimpo** *s. m.* **2.** El conjunto de estos dioses. **FAM.** Olimpiada.

oliscar *v. tr.* Olisquear*. ■ Delante de *e* se escribe *qu* en lugar de *c*: *olisque.*

olisquear *v. tr.* **1.** Oler algo con inspiraciones cortas y rápidas. **2.** Curiosear, fisgar. También *v. intr.* **SIN. 1.** y **2.** Oliscar, olfatear. **2.** Husmear, cotillear.

oliva (del lat. *oliva*) *s. f.* **1.** Aceituna*. **2.** Olivo. **FAM.** Oliváceo. OLIVO.

oliváceo, a *adj.* Aceitunado*.

olivar *s. m.* Terreno plantado de olivos.

olivarda *s. f.* Planta herbácea de la familia de las compuestas, de aproximadamente 1 m de altura, hojas lanceoladas, flores amarillas en capítulos y consistencia viscosa, que despide un aroma intenso.

olivarero, ra *adj.* **1.** Relativo al cultivo del olivo y a las industrias derivadas de él. || *s. m.* y *f.* **2.** Persona dedicada al cultivo del olivo. **SIN. 1.** Olivícola. **2.** Olivicultor.

olivera (del lat. *olivaria*) *s. f.* Olivo*.

olivero *s. m.* Lugar donde se guarda la cosecha de la aceituna antes de ser molida.

olivicultura *s. f.* Conjunto de técnicas para el cultivo y mejora del olivo. **FAM.** Olivícola, olivicultor. OLIVO.

olivino *s. m.* Silicato de magnesio y hierro; es un mineral verde o amarillo, de brillo vítreo, que se utiliza como piedra semipreciosa. **FAM.** Olivínico. OLIVO.

olivo (del lat. vulg. *olivus* y éste del lat. *oliva*) *s. m.* **1.** Árbol perenne de la familia de las oleáceas, de corteza grisácea, hojas simples, lanceoladas, verdes oscuras en el haz y claras en el envés y flores blancas, pequeñas y agrupadas en racimos. Su fruto, la oliva o aceituna, es una drupa de forma ovalada de la que se extrae aceite y que también se come aliñada. || **2. olivo silvestre** Acebuche, variedad con menos ramas que el cultivado y de hojas más pequeñas. || **LOC. coger** (o **tomar**) **el olivo** *fam.* Huir, escapar. **FAM.** Oliva, olivar, olivarda, olivarero, olivera, olivero, olivicultura, olivino.

olla (del lat. *olla*) *s. f.* **1.** Recipiente de sección circular utilizado para cocinar alimentos. **2.** Guiso de carne, legumbres y hortalizas. **3.** *fam.* Cabeza, cerebro: *A ti hoy la olla no te funciona.* || **4. olla a presión** (o **exprés**) Olla metálica cuyo cierre hermético hace que la presión en su interior aumente, cocinando más rápidamente los alimentos. **5. olla de grillos** *fam.* Lugar en el que hay mucho desorden, confusión y ruido. **6. olla podrida** Guiso en que se mezclan distintos tipos de carnes, embutidos, legumbres y hortalizas. **SIN. 1.** Cacerola. **1.** y **2.** Puchero.

olma *s. f.* Olmo grande y frondoso.

olmeca *adj.* **1.** Se dice de un pueblo que habitó en los actuales estados de Veracruz y Tabasco. También *s. m.* y *f.* || *s. m.* **2.** Lengua hablada por este pueblo.

olmo (del lat. *ulmus*) *s. m.* Árbol de corteza oscura y resquebrajada, hojas simples y aserradas, caedizas, de distribución alterna y con forma acorazonada en la base, tiene flores pequeñas y agrupadas, y su fruto, de color pardo amarillento, está rodeado por una formación membranosa llamada *ala.* **FAM.** Olma, olmeda, olmedo. / Ulmáceo.

ológrafo, fa (del lat. *holographus*) *adj.* Se aplica al testamento escrito de puño y letra por el propio testador. También *s. m.* ■ Se escribe también *hológrafo.*

olor (del lat. vulg. *olor, -oris*) *s. m.* Emanación que producen ciertos cuerpos, percibida por el olfato, y sensación que causa en este sentido. || **LOC. al olor de** algo *adv.* Por la atracción de algo: *Viene al olor de tu dinero.* **en olor de** algo *adv.* Con fama de lo que se expresa: *Murió en olor de santidad.* **FAM.** Oler, oloroso. / Odorífero, odorífico.

oloroso, sa *adj.* **1.** Que despide olor, especialmente si es agradable: *una flor olorosa.* || *s. m.* **2.** Vino de Jerez de color dorado oscuro y fuerte aroma. **SIN. 1.** Aromático, perfumado, fragante. **ANT. 1.** Inodoro.

olote (del náhuatl *olotl*, corazón) *s. m. Amér. C.* y *Méx.* Mazorca de maíz desgranada.

olvidadizo, za *adj.* Que olvida las cosas con facilidad. También *s. m.* y *f.*

olvidar (del lat. vulg. *oblitare*, y éste del lat. *oblitus*, de *oblivisci*) *v. tr.* **1.** Dejar de retener algo en la memoria: *Olvidé tu nombre.* También *v. prnl.* **2.** No acordarse de coger algo de un sitio. También *v. prnl.*: *Me he olvidado los guantes en tu casa.* **3.** No hacer por descuido algo que se debería haber hecho: *Olvidé apagar las luces del coche.* También *v. prnl.* **4.** Dejar de sentir afecto o interés por alguien o algo: *Nunca olvidó a sus maestros.* También *v. prnl.* **5.** Perdonar una ofensa o daño o dar por terminada una disputa, enfrentamiento, etc.: *No olvidaré lo que nos hizo. Decidieron olvidar sus diferencias.* También *v. prnl.* ■ En la mayoría de los casos, como *v. prnl.* suele construirse con la prep. *de*: *Me olvidé de tu nombre. Pese a la distancia, no me olvido de vosotros.* **SIN. 2.** Dejar(se). **4.** Ignorar, despreciar, enterrar. **5.** Disculpar(se). **ANT. 1.** Revivir. **1.** y **3.** Acordarse, recordar. **5.** Revivir(se). **FAM.** Olvidadizo, olvidado, olvido. / Inolvidable, nomeolvides.

olvido *s. m.* **1.** Hecho de olvidar algo: *Al salir, me dejé por olvido las llaves dentro.* **2.** Circunstancia de no ser recordado: *El nombre de ese dramaturgo ha caído en el olvido. Sus sueños de juventud pasaron al olvido.*

-oma (del gr. *-oma*) *suf.* Significa 'tumor': *carcinoma, fibroma, hematoma.*

ombligo (del lat. *umbilicus*) *s. m.* **1.** Pequeño hoyo o botón redondeado que queda como cicatriz permanente en el vientre de los mamíferos al cortar el cordón umbilical y secarse su resto después del parto. **2.** Núcleo, punto más importante de algo: *Se cree que es el ombligo del mundo.* FAM. Ombliguero. / Umbilical.

ombliguero *s. m.* Venda que se pone alrededor de la cintura de los recién nacidos para que cicatrice el resto del cordón umbilical y se forme el ombligo.

ombú (del guaraní *umbú*) *s. m.* Árbol de unos 15 m de altura, tronco grueso, follaje denso, hojas alternas lanceoladas, flores en racimo y fruto en drupa, que crece en América del Sur. ■ Su pl. es *ombúes*, aunque también se utiliza *ombús*.

ombudsman (sueco) *s. m.* Defensor del pueblo.

omega (del gr. *o mega*, o grande) *s. f.* **1.** Última letra del alfabeto griego, equivalente a una *o* larga. ■ La letra mayúscula se escribe *Ω* y la minúscula *ω*. || **2. alfa y omega** Véase **alfa**.

omeya *adj.* De la primera dinastía islámica, fundadora del califato de Damasco. También *s. m.* y *f.*

ómicron (del gr. *o mikron*, o pequeña) *s. f.* Decimoquinta letra del alfabeto griego, equivalente a una *o* breve. ■ La letra mayúscula se escribe *O* y la minúscula *o*.

ominoso, sa (del lat. *ominosus*) *adj.* **1.** Abominable, que merece desprecio o reprobación. **2.** De mal agüero. SIN. **1.** Ruin, abyecto, execrable, vil. ANT. **1.** Noble, honorable.

omiso (del lat. *omissus*, de *omittere*, omitir) *adj.* Se usa sólo en la locución **hacer caso omiso**, no hacer ningún caso.

omitir (del lat. *omittere*) *v. tr.* **1.** Dejar de decir o registrar algo que puede o debe decirse o registrarse: *Omitió los detalles.* **2.** Dejar de hacer algo que puede o debe hacerse. SIN. **1.** Silenciar, suprimir. **1.** y **2.** Prescindir, olvidar. ANT. **1.** Indicar. FAM. Omisible, omisión, omiso.

omni- (del lat. *omnis*) *pref.* Significa 'todo': *omnidireccional, omnipresente.*

ómnibus (del lat. *omnibus*, para todos) *s. m.* Vehículo automóvil para el transporte público con capacidad para muchas personas. ■ No varía en *pl.* SIN. Autobús, autocar. FAM. Véase **bus**.

omnidireccional *adj.* Que se puede orientar o utilizar en cualquier dirección o sentido: *antena omnidireccional.* SIN. Multidireccional. ANT. Unidireccional.

omnímodo, da (del lat. *omnimodus*, de *omnis*, todo, y *modus*, modo) *adj.* Total, completo: *un poder omnímodo.* SIN. Integral. ANT. Parcial. FAM. Omnímodamente. MODO.

omnipotente (del lat. *omnipotens, -entis*, de *omnis*, todo, y *potens, -entis*, poderoso) *adj.* Que lo puede todo; se usa mucho hiperbólicamente: *Como jefe absoluto es omnipotente.* SIN. Todopoderoso. ANT. Impotente. FAM. Omnipotencia, omnipotentemente. POTENTE.

omnipresente *adj.* Que está en todas partes al mismo tiempo o tiene capacidad para hacerlo; se usa mucho hiperbólica y humorísticamente. FAM. Omnipresencia. PRESENTE.

omnisapiente (del lat. *omnis*, todo, y *sapiens, -entis*, sabio) *adj.* Omnisciente*.

omnisciente (del lat. *omnis*, todo, y *sciens, -entis*, que sabe) *adj.* Que conoce todas las cosas reales y posibles; se aplica p. ej., en literatura, al narrador que conoce todos los pensamientos y sentimientos de los personajes. SIN. Omnisapiente. FAM. Omnisciencia.

ómnium *s. m.* **1.** Competición ciclista sobre pista en la que se realizan diversas pruebas. **2.** Carrera de caballos de cualquier edad.

omnívoro, ra (del lat. *omnivorus*, de *omnis*, todo, y *vorare*, comer) *adj.* Se dice del animal que se alimenta con comida de todas clases. También *s. m.*

omóplato u **omoplato** (del gr. *omoplate*, de *omos*, espalda, y *plate*, cosa llana) *s. m.* Cada uno de los dos huesos planos y triangulares que en el hombre forman la parte posterior del hombro y donde se articulan las extremidades superiores. SIN. Escápula, paletilla.

on line (ingl., significa 'en línea') *loc. adj.* Que da respuesta inmediata en cualquier momento, especialmente referido a sistemas o aparatos informáticos o de telecomunicación: *Consulta la ayuda on line para resolver los problemas de impresión de documentos.*

onagra (del gr. *oinagra*, de *oinos*, vino, y *agra*, caza) *s. f.* Planta herbácea de hojas dentadas, flores amarillas y aromáticas y raíz comestible. ■ Se llama también *hierba de asno.*

onagro (del gr. *onagros*, de *onos*, asno, y *agrios*, silvestre) *s. m.* Asno salvaje asiático, de pelo pardo claro en el dorso y blanco en el vientre.

onanismo (de *Onán*, personaje bíblico) *s. m.* **1.** Acción de masturbarse. **2.** Interrupción del acto sexual antes de la eyaculación o emisión del semen para evitar la fecundación. FAM. Onanista.

once (del lat. *undecim*) *adj. num. card.* **1.** Diez más uno. También *pron.* y *s. m.* || *adj. num. ord.* **2.** Undécimo*. || *s. m.* **3.** Signos con que se representa este número. **4.** *fam.* Equipo de fútbol. || *s. f. pl.* **5.** *Col.* y *Ven. fam.* Aperitivo, refrigerio. **6.** *Chile fam.* Merienda. FAM. Onceavo, onceno, onzavo. UNDÉCIMO.

onceavo, va *adj. num. part.* Se aplica a cada una de las once partes iguales en que se divide un todo. También *s. m.*

onceno, na *adj. num. ord.* Undécimo*.

onco- (del gr. *onkos*) *pref.* Significa 'tumor': *oncogén.*

oncogén (de *onco-* y *gen*) *s. m.* Gen que por mutación induce a la formación de cáncer en una célula. FAM. Oncogénico.

oncología (de *onco-* y *-logía*) *s. f.* Parte de la medicina que se ocupa del estudio y tratamiento de los tumores. FAM. Oncológico, oncólogo.

onda (del lat. *unda*) *s. f.* **1.** Cada uno de los círculos concéntricos o de los movimientos de elevación y descenso que se forman en la superficie de una masa líquida al ser ésta agitada. **2.** Curva en forma de S que se forma natural o artificialmente en un cuerpo sólido y flexible. Se usa más en *pl.*: *las ondas del pelo.* **3.** Cada uno de los semicírculos que adornan el borde de una superficie, tela, encaje, etc. **4.** En fís., propagación de una perturbación o vibración a través de un determinado medio o del vacío: *onda sonora, onda luminosa.* || LOC. **captar**, **coger** o **pillar (la) onda** Conseguir entender o enterarse de algo. También, aprender a hacer algo con cierta soltura. **estar en la onda** Conocer y seguir las últimas tendencias de un asunto o materia. ■ No confundir con la palabra homófona *honda*, 'arma manual para arrojar proyectiles'. SIN. **1.** y **2.** Ondulación. **3.** Festón. FAM. Ondear, ondular. / Microonda.

ondear *v. intr.* **1.** Curvarse un cuerpo flexible o una superficie en forma de ondas que se mueven: *La bandera ondeaba al viento.* || *v. tr.* **2.** Agitar un pañuelo, una bandera, etc., de manera que se formen en él ondas móviles. SIN. **1.** Ondular, flamear. **2.** Sacudir. FAM. Ondeante. ONDA.

ondina (del fr. *ondine*) *s. f.* Ser fantástico o divinidad con forma de mujer que, según algunas mitologías, habitaba en las aguas de los ríos, lagos y fuentes.

ondulación *s. f.* **1.** Acción de ondular o de ondularse. **2.** Elevación redondeada de una superficie. **3.** Movimiento en forma de onda que se propaga en un fluido elástico.

ondulante *adj.* **1.** Que se mueve hacia un lado y otro con suavidad y lentitud: *un andar ondulante.* **2.** Se dice de la línea o superficie que presenta ondas o curvas fijas. **SIN. 1.** y **2.** Serpenteante, sinuoso. **2.** Curvo, curvilíneo. **ANT. 1.** y **2.** Rectilíneo. **2.** Recto.

ondular (del lat. *undula*, ola pequeña) *v. tr.* **1.** Formar ondas en algo. También *v. prnl.*: *ondularse el pelo.* || *v. intr.* **2.** Moverse una cosa formando ondas. También *v. prnl.* **SIN. 1.** Rizar(se), ensortijar(se). **2.** Ondear, flamear, serpentear. **ANT. 1.** Alisar(se). **FAM.** Ondulación, ondulado, ondulador, ondulante, ondulatorio. ONDA.

ondulatorio, ria *adj.* Que se propaga en forma de ondas.

oneroso, sa (del lat. *onerosus*) *adj.* **1.** Difícil de soportar: *carga onerosa, obligación onerosa.* **2.** Muy elevado o costoso: *un impuesto oneroso, gastos onerosos.* **3.** En der., se aplica a los servicios, cambios de dominio, etc., que se hacen mediante una prestación recíproca. **SIN. 1.** Pesado, molesto, enojoso. **1.** y **2.** Gravoso. **2.** Caro. **ANT. 1.** y **2.** Leve, ligero. **3.** Lucrativo. **FAM.** Exonerar.

ONG (Siglas de *Organización No Gubernamental*) *s. f.* Organización privada nacional o internacional, constituida por voluntarios, que no depende de ningún estado y que persigue generalmente fines humanitarios.

ónice (del gr. *onyx, ykhos*, uña) *s. m.* Mineral de cuarzo, variedad de ágata, caracterizado por la presencia de bandas listadas de diversos tonos o colores, que se emplea como piedra de adorno o para esculturas. ■ Se dice también *ónix.*

onicofagia (del gr. *onyx, -ykhos*, uña, y *-fagia*) *s. f.* Hábito de morderse y comerse las uñas.

onicóforo (del gr. *onyx, -ykhos*, uña, y *-fero*) *adj.* **1.** Se dice de ciertos invertebrados de cuerpo alargado y anillado, con unas prolongaciones laterales provistas de garras y antenas. Su piel está cubierta por una fina capa de quitina y presenta gran variedad de colores. Son insectívoros y viven en lugares húmedos de las selvas tropicales. También *s. m.* || *s. m. pl.* **2.** Tipo de estos animales.

onírico, ca (del gr. *oneiros*, sueño) *adj.* **1.** Relacionado con los sueños. **2.** P. ext., que parece propio de los sueños: *una atmósfera onírica.* **FAM.** Onirismo, oniromancia.

oniromancia u **oniromancía** (del gr. *oneiros*, sueño, y *-mancia*) *s. f.* Adivinación del porvenir por la interpretación de los sueños.

ónix *s. m.* Ónice*. ■ No varía en *pl.*

onomancia u **onomancía** (del gr. *onoma*, nombre, y *-mancia*) *s. f.* Adivinación del porvenir de una persona a través de su nombre.

onomasiología (del gr. *onomasia*, denominación, y *-logía*) *s. f.* En ling., rama de la semántica que estudia el proceso por el cual un significado ha llegado a estar representado por uno o más significantes. **FAM.** Onomasiológico.

onomástica (de *onomástico*) *s. f.* **1.** Día en que una persona celebra su santo. **2.** Ciencia que estudia y cataloga los nombres propios.

onomástico, ca (del gr. *onomastikos*, de *onoma*, nombre) *adj.* Relacionado con los nombres propios, particularmente con los de persona: *índice onomástico.* **FAM.** Onomástica.

onomatopeya (del gr. *onomatopoiia*, de *onoma*, nombre, y *poieo*, hacer) *s. f.* En ling., imitación del sonido que produce una cosa, animal, etc., en la palabra que la designa y esta misma palabra, como p. ej. *tic-tac, chirriar, tintineo.* **FAM.** Onomatopéyico.

onoquiles (del gr. *onokheiles*, de *onos*, asno, y *kheilos*, labio) *s. f.* Planta herbácea perenne de raíz gruesa, flores azuladas y fruto en aquenio, de la que se extrae un tinte de color rojo usado en perfumería y confitería. ■ No varía en *pl.*

óntico, ca (del gr. *on, ontos*, ser) *adj.* En fil., relativo al ser o ente. **FAM.** Ontología.

onto- (del gr. *on, ontos*, ser) *pref.* Significa 'ser', 'ente': *ontogenia, ontología.*

ontogenia u **ontogénesis** (de *onto-* y *-genia, -génesis*) *s. f.* Formación y desarrollo de un ser vivo considerado individualmente, con independencia de la especie. **FAM.** Ontogénico.

ontología (de *onto-* y *-logía*) *s. f.* Parte de la metafísica que trata del ser en general y de sus propiedades. **FAM.** Ontológico, ontologismo. ÓNTICO.

onubense (del lat. *onubensis*) *adj.* De Huelva. También *s. m.* y *f.* **SIN.** Huelveño.

onza[1] (del lat. *uncia*) *s. f.* **1.** Antigua medida de peso que equivalía a 28,70 g. **2.** Cada una de las partes iguales en que se dividen las tabletas de chocolate al fabricarlas.

onza[2] (del lat. *luncea* y éste del gr. *lynx, lynkos*) *s. f.* Guepardo*.

onzavo, va *adj. num. part.* Onceavo*.

oo- (del gr. *oon*, huevo) *pref.* Significa 'óvulo' o 'huevo': *oosfera, oogénesis.*

oocito (del gr. *oon*, huevo) *s. m.* Ovocito*.

oogamia (de *oo-* y *-gamia*) *s. f.* Tipo de fecundación en la que un gameto inmóvil, llamado *ovocélula*, se une a un gameto móvil, llamado *espermatozoide*, de tamaño mucho menor.

oogénesis (de *oo-* y *-génesis*) *s. f.* Ovogénesis*. **FAM.** Oogonia, oogonio.

oogonia u **oogonio** *s. f.* o *m.* Célula femenina que da lugar a los óvulos tras sucesivas particiones.

oosfera (de *oo-* y el gr. *sphaira*, esfera) *s. f.* Célula germinal de las plantas fanerógamas, que se forma en el saco embrionario.

op-art *s. m.* Movimiento artístico que se desarrolló en EE UU a partir de los años sesenta como reacción al *pop-art* y se extendió por toda América, Europa y Japón. Está basado en experimentos ópticos que producen ilusiones perceptivas e impresiones plásticas de movimiento.

opa[1] (del quechua *upa*, bobo, sordo) *adj. Amér.* Tonto, idiota. También *s. m.* y *f.*

opa[2] (siglas de *Oferta Pública de Adquisición* [de acciones]) *s. f.* **1.** Operación de bolsa consistente en que una persona o entidad hace pública a los accionistas de una sociedad su intención de comprar títulos o acciones de dicha sociedad a un precio superior al del mercado, para así lograr el control de la misma. || **2. opa hostil** La que se lanza sin haberse alcanzado un acuerdo previo entre las partes interesadas.

opacar *v. tr. Amér.* Oscurecer, nublar. También *v. prnl.* ■ Delante de *e* se escribe *qu* en lugar de *c*: *opaque.*

opaco, ca (del lat. *opacus*) *adj.* **1.** Se aplica a los objetos que no permiten el paso de la luz a través de ellos. **2.** Sin brillo: *luz opaca, colores opacos.* **3.** Insignificante, mediocre: *una personalidad opaca.* SIN. **2.** Velado, mate, sombrío, turbio. **2.** y **3.** Gris, apagado. **3.** Anodino. ANT. **1.** Traslúcido. **2.** y **3.** Brillante. FAM. Opacamente, opacar, opacidad.

opal *s. m.* Tejido fino de algodón con algo de brillo, parecido a la batista o al percal.

opalescente *adj.* De color y brillo parecidos a los del ópalo. SIN. Opalino. FAM. Opalescencia. ÓPALO.

opalino, na *adj.* **1.** Del ópalo o que tiene sus características. **2.** De color blanco azulado con reflejos irisados. **3.** Que está fabricado con vidrio de este color.

ópalo (del lat. *opalus*) *s. m.* Óxido de silicio hidratado; es una variedad del cuarzo, más blando que éste, que puede tener color blanco, amarillo, rojizo, verdoso, azulado o ser incoloro. Se emplea para pulimentar, como abrasivo y como piedra preciosa en joyería. FAM. Opalescente, opalino.

opción (del lat. *optio, -onis*) *s. f.* **1.** Posibilidad de elegir entre varias cosas; y, también, cada una de las cosas entre las que se puede elegir: *Tengo la opción de ir al cine o al teatro.* **2.** Posibilidad o derecho que tiene alguien de obtener, conseguir o ejercer aquello que se expresa: *Sólo tres personas tienen opción al puesto. Cada compra da opción a un regalo.* SIN. **1.** Elección, disyuntiva, alternativa. **2.** Acceso. ANT. **1.** y **2.** Imposibilidad. FAM. Opcional. OPTAR.

opcional *adj.* Que se puede hacer, elegir, utilizar, etc., sin estar obligado a ello. SIN. Optativo, voluntario, potestativo, facultativo. ANT. Obligatorio.

-ope (del gr. *ops, opos*, mirada) *suf.* Significa 'mirada': *miope, hipermétrope.*

open (ingl.) *s. m.* Competición deportiva, especialmente de tenis y golf, en la que pueden participar profesionales y aficionados.

ópera (del ital. *òpera* y éste del lat. *opera*, obra) *s. f.* **1.** Obra musical con acción dramática escrita para ser cantada y representada escénicamente con acompañamiento de orquesta. **2.** Género musical constituido por esta clase de obras. **3.** Teatro destinado a la representación de estas obras. FAM. Opereta, operístico. OBRA.

opera prima (lat.) *expr.* Primera de las obras de un autor.

operable *adj.* **1.** Que puede operarse quirúrgicamente. **2.** Que puede hacerse.

operación (del lat. *operatio, -onis*) *s. f.* **1.** Acción de operar: *la operación del envasado.* **2.** Particularmente, intervención quirúrgica: *Se recuperó rápidamente de la operación.* **3.** Compra, venta o intercambio comercial: *operación mercantil.* **4.** En mat., cálculo que se realiza con números y expresiones aritméticas o algebraicas. **5.** Acción o conjunto de acciones militares, ordenadas según unos planes determinados de antemano. FAM. Operacional. OPERAR.

operador, ra (del lat. *operator, -oris*) *adj.* **1.** Que opera. También *s. m.* y *f.* || *s. m.* y *f.* **2.** Técnico de cine o televisión encargado de manejar la cámara, el proyector o el equipo de sonido. **3.** Persona que se encarga de establecer las comunicaciones no automáticas en una central telefónica. **4.** Técnico especializado en el manejo y mantenimiento de ciertas máquinas. || *s. m.* **5.** Símbolo matemático que indica la operación que hay que realizar. FAM. Cableoperador, turoperador. OPERAR.

operando *s. m.* Elemento al que se aplica una operación matemática.

operar (del lat. *operari*) *v. intr.* **1.** Actuar con un fin determinado: *Nuestros vendedores operan en la zona sur.* **2.** Realizar compras, ventas u otras actividades comerciales: *Opera con bancos extranjeros.* **3.** Realizar cálculos con números y expresiones aritméticas o algebraicas. **4.** Realizar acciones, actividades, procesos, etc., con máquinas o aparatos. **5.** En el ejército, llevar a cabo acciones o maniobras militares. || *v. tr.* **6.** Producir, provocar. También *v. prnl.*: *Se ha operado un gran cambio en la sociedad.* **7.** Realizar en el cuerpo de hombres y animales, y sirviéndose de los instrumentos adecuados, las acciones necesarias para restaurar, extirpar, etc., órganos y tejidos. También *v. prnl.* SIN. **1.** y **4.** Trabajar. **2.** Negociar, especular. **5.** Maniobrar. **6.** Obrar, efectuar(se). FAM. Operable, operación, operador, operando, operante, operario, operativo, operatorio. / Cooperar, inoperable, inoperante. OBRAR.

operario, ria (del lat. *operarius*) *s. m.* y *f.* Trabajador manual. SIN. Obrero.

operatividad *s. f.* Cualidad de operativo.

operativo, va *adj.* **1.** Que produce el resultado que se espera o pretende. **2.** Que funciona o está en activo. || *s. m.* **3.** *Arg., Par.* y *Urug.* Acción militar o policial. SIN. **1.** Operante, eficaz. **2.** Operacional. ANT. **1.** Inoperante, ineficaz. **2.** Retirado. FAM. Operatividad. OPERAR.

operatorio, ria *adj.* Relativo a las operaciones quirúrgicas. FAM. Posoperatorio, preoperatorio. OPERAR.

opérculo (del lat. *operculum*, tapadera) *s. m.* Pieza en forma de tapa que sirve para cerrar una abertura en algunos seres vivos; p. ej. la que cubre las agallas de los peces.

opereta (del ital. *operetta*) *s. f.* Espectáculo teatral de tema ligero, a veces satírico, que incluye fragmentos cantados y hablados.

-opía (del gr. *ops, opos*, mirada) *suf.* Significa 'ojo' o 'mirada': *miopía, hipermetropía.*

opilar (del lat. *oppilare*, obturar) *v. tr.* Obstruir, especialmente un conducto o cavidad del cuerpo. También *v. prnl.* SIN. Obliterar(se), ocluir(se). ANT. Desobstruir(se). FAM. Opilación. PILA[2].

opimo, ma (del lat. *opimus*) *adj.* Abundante, fértil. SIN. Copioso, rico, profuso. ANT. Exiguo.

opinar (del lat. *opinare*) *v. tr.* **1.** Formar o tener formada una idea, juicio o concepto sobre alguien o algo: *No sé qué opinará sobre el tema.* **2.** Expresar dicha idea, juicio o concepto. SIN. **1.** y **2.** Pensar, juzgar, estimar. **2.** Declarar. FAM. Opinable, opinión. / Inopinado.

opinión (del lat. *opinio, -onis*) *s. f.* **1.** Idea, juicio o concepto que se tiene sobre alguien o algo. **2.** Reputación, fama: *gozar de buena opinión.* || **3. opinión pública** La que tiene la gente en general. SIN. **1.** Parecer, creencia, pensamiento. **2.** Prestigio, crédito, predicamento.

opio (del lat. *opium*, y éste del gr. *opion*) *s. m.* Sustancia obtenida de la planta llamada adormidera verde, de la que, una vez refinada, se extraen alcaloides narcóticos como la morfina, la heroína y la codeína. FAM. Opiáceo, opiómano.

opiómano, na *adj.* Adicto al opio. También *s. m.* y *f.*

opíparo, ra (del lat. *opiparus*) *adj.* Se aplica a las comidas muy buenas y abundantes. SIN. Espléndido, copioso. ANT. Ligero. FAM. Opíparamente.

opistódomo u **opistodomo** (del gr. *opisthodomos*) *s. m.* Parte posterior del templo griego.

oploteca (del gr. *hoplon*, arma, y *theke*, caja, armario) *s. f.* Colección de armas de interés artístico o arqueológico.

oponente *adj.* Se dice de la persona o grupo que se enfrenta a otra persona u otras en una discusión, competición, etc. También *s. m.* y *f.* SIN. Contrincante, contrario, enemigo, rival.

oponer (del lat. *opponere*) *v. tr.* **1.** Utilizar algo contra una persona o cosa para impedir o contrarrestar su acción o efecto: *Opuso una gran resistencia.* || **oponerse** *v. prnl.* **2.** Sentir o manifestar alguien rechazo, disgusto o contrariedad por algo: *Se opusieron a su boda.* **3.** Ser alguien o algo contrario a lo que se expresa: *La virtud se opone al vicio.* **4.** Estar una cosa situada frente a otra. ■ Es v. irreg. Se conjuga como *poner*. SIN. **1.** Contraponer. **2.** Rechazar. **3.** Enfrentar(se). **3.** y **4.** Contraponerse. ANT. **2.** Facilitar. **3.** Equivaler. FAM. Oponente, oposición, opuesto. PONER.

oporto (de *Oporto*) *s. m.* Vino aromático y licoroso, generalmente de color oscuro, que se elabora en la ciudad portuguesa de Oporto y en su comarca.

oportunidad (del lat. *opportunitas, -atis*) *s. f.* **1.** Cualidad de oportuno. **2.** Posibilidad de hacer algo y circunstancia en que se produce: *En cuanto tenga oportunidad, le daré tu recado.* **3.** En los comercios, venta de productos a bajo precio. Se usa sobre todo en *pl.* SIN. **2.** Coyuntura. **2.** y **3.** Ocasión. **3.** Saldo, rebaja. ANT. **2.** Imposibilidad.

oportunismo *s. m.* Comportamiento del que aprovecha las circunstancias del momento para sacar el máximo beneficio sin tener en cuenta la ética.

oportunista *adj.* Se dice de quien trata de aprovechar al máximo las circunstancias sin tener en cuenta principios ni convicciones, y de su comportamiento, actitud, etc. También *s. m.* y *f.* SIN. Aprovechado. FAM. Oportunismo. OPORTUNO.

oportuno, na (del lat. *opportunus*) *adj.* **1.** Que se hace o sucede en el tiempo, lugar o circunstancia convenientes; se aplica también a este mismo tiempo, lugar o circunstancia: *una llamada oportuna, el momento oportuno.* **2.** Se dice de la persona que hace o dice algo conveniente, en la circunstancia adecuada, así como de sus palabras, acciones, actitudes, etc.: *Fue una contestación muy oportuna.* **3.** Ingenioso, gracioso. SIN. **1.** y **2.** Apropiado. **2.** Correcto. **3.** Ocurrente. ANT. **1.** y **2.** Inoportuno. FAM. Oportunamente, oportunidad, oportunista. / Importuno, inoportuno.

oposición (del lat. *oppositio, -onis*) *s. f.* **1.** Acción de oponer u oponerse: *Se rindieron sin oposición alguna.* **2.** Relación o situación que se da entre personas o cosas enfrentadas o contrarias entre sí. **3.** Rechazo, disgusto o contrariedad que alguien siente por algo: *Manifestó su oposición a los cambios.* **4.** Procedimiento para elegir las personas más adecuadas para ocupar un puesto, cargo, etc., que consiste en una serie de pruebas que se deben superar: *He conseguido la plaza por oposición.* Se usa mucho en *pl.* **5.** Grupo político o social que representa opiniones contrarias a las del gobierno o a las de los dirigentes. **6.** Relación que existe entre dos astros cuando la Tierra está situada entre ambos, sobre la recta imaginaria que los une. SIN. **1.** Resistencia. **2.** Rivalidad, enfrentamiento, antagonismo. **2.** y **3.** Disparidad, discrepancia, desacuerdo. **4.** Concurso. ANT. **2.** y **3.** Acuerdo, conformidad. FAM. Opositar, opositor. OPONER.

opositar *v. intr.* Preparar unas oposiciones para obtener un empleo o cargo, o examinarse en ellas: *opositar a una cátedra.* SIN. Concursar.

opositor, ra *s. m.* y *f.* **1.** Persona que se opone a alguien o algo. **2.** Persona que participa en unas oposiciones: *Es opositor a notarías.* SIN. **1.** Contrario, enemigo. ANT. **1.** Partidario.

oposum *s. m.* Mamífero marsupial de Australia y Estados Unidos, de patas cortas y cola prensil.

opresión (del lat. *oppressio, -onis*) *s. f.* **1.** Acción de oprimir. **2.** Limitación o supresión de la libertad o los derechos de una persona, país, pueblo, etc., mediante la violencia o el abuso de autoridad. **3.** Sensación de ahogo y angustia: *Los espacios cerrados me causan opresión.* SIN. **1.** Presión. **2.** Tiranía. **3.** Agobio, asfixia, sofoco.

opresivo, va *adj.* **1.** Que oprime o abusa de su poder o autoridad: *un gobierno opresivo.* **2.** Que causa sensación de ahogo y angustia. SIN. **1.** Opresor, tiránico, despótico, dictatorial. **2.** Asfixiante, angustioso, agobiante, sofocante. ANT. **1.** y **2.** Liberador. **2.** Relajante. FAM. Opresivamente. OPRIMIR.

opresor, ra (del lat. *oppressor, -oris*) *adj.* Que abusa de su poder o autoridad. También *s. m.* y *f.*: *El pueblo se levantó contra sus opresores.* SIN. Opresivo, tiránico, dictatorial, despótico; tirano, déspota. ANT. Liberador, libertador.

oprimir (del lat. *opprimere*) *v. tr.* **1.** Apretar, hacer uno fuerza sobre algo: *oprimir un botón.* **2.** Apretarle a uno algo: *El cinturón me oprime.* **3.** Someter a una persona, pueblo, país, etc., limitándole o quitándole su libertad o sus derechos mediante la fuerza o el abuso de autoridad. **4.** Causar algo una sensación de angustia: *Me fui al campo porque la ciudad me oprimía.* SIN. **1.** Presionar, empujar, obligar. **2.** Comprimir. **3.** Dominar, tiranizar, esclavizar, sojuzgar. **4.** Asfixiar, angustiar, agobiar, ahogar. ANT. **1.** Soltar, relajar. **2.** Aflojar. **3.** Libertar, liberar. **4.** Liberar, aliviar. FAM. Opresión, opresivo, opresor. PRESIÓN.

oprobio (del lat. *opprobrium*) *s. m.* Vergüenza y deshonra públicas y cosa que lo produce. SIN. Deshonor, infamia, afrenta, ignominia, baldón. ANT. Honra, honor. FAM. Oprobiar, oprobiosamente, oprobioso.

optar (del lat. *optare*) *v. intr.* **1.** Decidirse por una posibilidad entre varias: *Entre ir al campo o quedarme en casa he optado por no salir.* **2.** Intentar lograr o alcanzar algo, especialmente un cargo o empleo: *Su preparación le permite optar a la cátedra.* SIN. **1.** Seleccionar, elegir, escoger. **2.** Pretender, aspirar. ANT. **1.** Rechazar. **2.** Renunciar. FAM. Opción, optativo. / Adoptar.

optativo, va (del lat. *optativus*) *adj.* **1.** Opcional. **2.** Particularmente, se aplica a la asignatura que, en una carrera universitaria y otros estudios, se puede elegir entre varias. También *s. f.* **3.** Se aplica a la oración que expresa deseo. También *s. f.* SIN. **1.** Voluntario, facultativo, potestativo. **3.** Desiderativa. ANT. **1.** Obligado, forzoso, obligatorio. **2.** Obligatorio.

óptica (del gr. *optike*, de *optikos*, óptico) *s. f.* **1.** Parte de la física que estudia la naturaleza de la luz y los fenómenos luminosos. **2.** Conjunto de técnicas y conocimientos para construir y fabricar lentes e instrumentos destinados a corregir o mejorar la visión. **3.** Establecimiento donde se venden estas lentes e instrumentos. **4.** Punto de vista, manera de juzgar un asunto.

óptico, ca (del gr. *optikos*, de *ops*, vista) *adj.* **1.** Relativo al ojo o a la visión: *nervio óptico, impresión* *óptica.* **2.** Relativo a la óptica: *aparato óptico.* || *s. m.* y *f.* **3.** Persona que fabrica o vende lentes e instrumentos de óptica. **FAM.** Óptica. / Optometría, panóptico.

optimación *s. f.* **1.** Optimización. **2.** Método científico que permite calcular y conseguir el máximo rendimiento de un proceso.

optimar *v. tr.* Optimizar*. **FAM.** Optimación. ÓPTIMO.

optimate (del lat. *optimas, atis,* nobles, senadores) *s. m.* Persona noble, ilustre o de elevada posición social. Se usa más en *pl.* **SIN.** Prócer.

optimismo *s. m.* Tendencia o actitud de quien ve y juzga a las demás personas o cosas fijándose en los aspectos más favorables de ellas y espera siempre lo mejor. **ANT.** Pesimismo. **FAM.** Optimista. ÓPTIMO.

optimista *adj.* Relativo al optimismo o que tiene optimismo. También *s. m.* y *f.* **SIN.** Positivo. **ANT.** Pesimista.

optimizar *v. tr.* Hacer que algo o los resultados de algo sean los mejores posibles. ■ Delante de *e* se escribe *c* en lugar de *z*: *optimice.* **SIN.** Mejorar, perfeccionar. **ANT.** Empeorar, desmejorar. **FAM.** Optimización. ÓPTIMO.

óptimo, ma (del lat. *optimus*) *adj. sup.* de **bueno**. Que es lo mejor posible, que no puede ser mejor. **SIN.** Buenísimo, inmejorable, perfecto. **ANT.** Pésimo, malísimo. **FAM.** Óptimamente, optimar, optimate, optimismo, optimizar.

optometría *s. f.* Graduación o medición del índice de percepción visual y de los defectos de la vista y cálculo de las lentes adecuadas para la corrección de dichos defectos. **FAM.** Optómetro. ÓPTICO.

optómetro *s. m.* Instrumento óptico para medir el índice de percepción visual.

opuesto, ta (del lat. *oppositus*) **1.** *p.* de **oponer**. || *adj.* **2.** Se dice de la persona o cosa que es totalmente diferente a otra: *La noche es opuesta al día.* **3.** Se aplica a la persona que opina o está en contra de alguna cosa, así como de las ideas, actitudes, acciones, etc., que se oponen o contradicen a otras: *Soy opuesto a la mentira.* **4.** Que está enfrente o lo más alejado posible de otra cosa: *la acera opuesta, el extremo opuesto de la ciudad.* **5.** Aplicado a sentido, dirección, etc., indica que las cosas de que se habla se mueven la una hacia la otra: *Chocó con el coche que iba en dirección opuesta.* **6.** En bot., se dice de los órganos de un vegetal cuando están colocados a un lado y otro del tallo y al mismo nivel. **7.** En mat., se aplica a aquel elemento que sumado a otro da cero. **SIN. 2.** Dispar, contrapuesto, contradictorio; inverso. **2.** a **5.** Contrario. **3.** Enemigo, adversario. **4.** y **5.** Encontrado, enfrentado. **ANT. 2.** Igual, idéntico. **3.** Favorable, partidario. **FAM.** Opuestamente. OPONER.

opugnar (del lat. *oppugnare*) *v. tr.* **1.** Combatir, hacer frente. **2.** Rebatir o rechazar las razones o argumentos de otro. ■ Es de uso culto. **SIN. 1.** y **2.** Atacar, hostigar. **2.** Refutar, impugnar, contradecir. **ANT. 2.** Aceptar, reconocer. **FAM.** Opugnación, opugnador. PUGNAR.

opulencia (del lat. *opulentia*) *s. f.* Gran abundancia o riqueza. **SIN.** Sobreabundancia. **ANT.** Escasez, carencia, miseria, pobreza.

opulento, ta (del lat. *opulentus*) *adj.* **1.** Que tiene mucha riqueza o lujo. **2.** Se aplica a la persona o cosa que tiene gran abundancia de algo o está muy desarrollada: *una mujer opulenta, una cabellera opulenta.* **SIN. 1.** Rico, lujoso. **2.** Abundante, generoso, exuberante. **ANT. 1.** y **2.** Pobre. **2.** Escaso. **FAM.** Opulencia, opulentamente.

opus (lat., significa 'obra') *s. m.* En mús., indicación con que se designan numeradamente las obras de la producción de un compositor. ■ Suele usarse la forma abreviada *op.* No varía en *pl.*

opúsculo (del lat. *opusculum,* de *opus,* obra) *s. m.* Obra de pocas páginas, generalmente científica o ensayística.

oquedad *s. f.* Espacio vacío en el interior de un cuerpo sólido: *una oquedad del terreno, en una muela.* **SIN.** Hueco, hoyo, agujero, cavidad. **FAM.** Oquedal. HUECO.

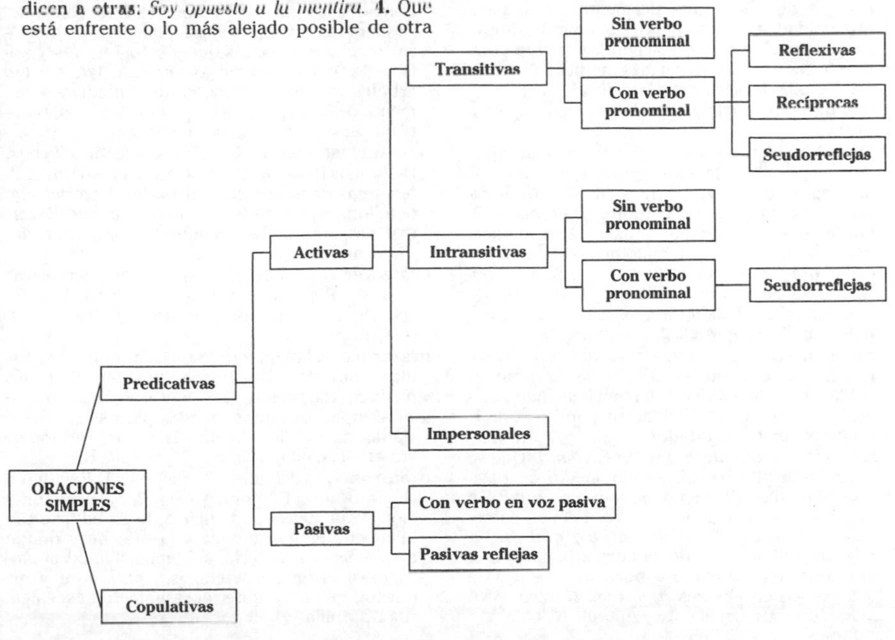

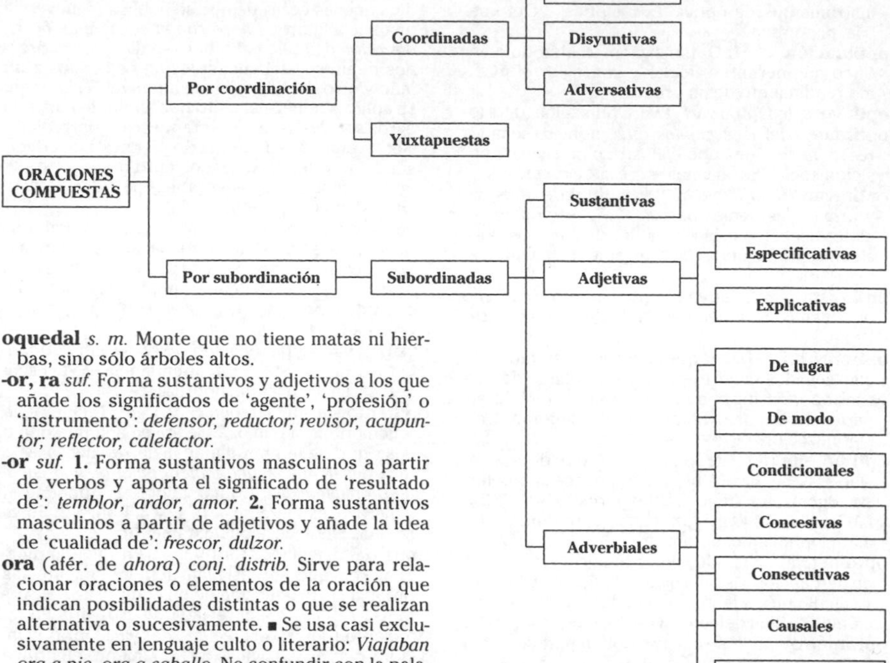

oquedal *s. m.* Monte que no tiene matas ni hierbas, sino sólo árboles altos.

-or, ra *suf.* Forma sustantivos y adjetivos a los que añade los significados de 'agente', 'profesión' o 'instrumento': *defensor, reductor; revisor, acupuntor; reflector, calefactor.*

-or *suf.* **1.** Forma sustantivos masculinos a partir de verbos y aporta el significado de 'resultado de': *temblor, ardor, amor.* **2.** Forma sustantivos masculinos a partir de adjetivos y añade la idea de 'cualidad de': *frescor, dulzor.*

ora (afér. de *ahora*) *conj. distrib.* Sirve para relacionar oraciones o elementos de la oración que indican posibilidades distintas o que se realizan alternativa o sucesivamente. ■ Se usa casi exclusivamente en lenguaje culto o literario: *Viajaban ora a pie, ora a caballo.* No confundir con la palabra homófona *hora.* **SIN.** O, ahora, ya.

oración (del lat. *oratio, -onis*) *s. f.* **1.** Acción de orar: *Los monjes están en oración.* **2.** Palabras que se dirigen a Dios, la Virgen, los santos o a otra divinidad, para alabarlos, pedir o agradecer algo. **3.** En ling., unidad mínima de comunicación que no depende sintácticamente de ninguna otra unidad. **4.** Proposición*. ‖ **5. oración simple** La que tiene un solo predicado. **6. oración compuesta** La que tiene dos o más predicados. **SIN. 1.** y **2.** Rezo. **2.** Plegaria. **FAM.** Oracional. ORAR.

oracional *adj.* Relacionado con la oración gramatical.

oráculo (del lat. *oraculum*) *s. m.* **1.** En la antigüedad, especialmente entre griegos y romanos, mensaje que los dioses transmitían a los hombres a través de sus sacerdotes y pitonisas. **2.** Imagen que representaba al dios al que se hacía la consulta, o lugar o templo donde ésta se hacía: *el oráculo de Delfos.* **3.** P. ext., esta deidad a la que se pedía una respuesta. **4.** Persona de gran autoridad o sabiduría, cuyos juicios se admiten sin discusión. **SIN. 2.** Santuario.

orador, ra (del lat. *orator, -oris*) *s. m.* y *f.* **1.** Persona que da conferencias, pronuncia discursos o habla en público. **2.** Persona que tiene condiciones o facilidad para hablar en público. **SIN. 1.** Conferenciante, disertador.

oral (del lat. *oralis*, de *os, oris*, boca) *adj.* **1.** Que se hace, transmite o expresa por medio de palabras habladas: *examen oral, tradición oral.* **2.** Se dice de lo relacionado con la boca de las personas o animales: *infección oral, vía oral.* **3.** En ling., se aplica al sonido en cuya articulación el aire pasa solamente por la boca, a diferencia de los sonidos nasales. **SIN. 1.** Verbal. **2.** Bucal. **ANT. 1.** Escrito. **FAM.** Oralmente. / Aboral.

orangután (del malayo *orang*, hombre, y *hutan*, bosque) *s. m.* Mamífero antropoide de la familia póngidos, de entre 1,5 y 2 m de altura, con cabeza alargada, tronco robusto, miembros anteriores mucho más largos que los posteriores y pelaje de color marrón o rojizo. Vive en los árboles, donde construye grandes nidos, y se alimenta de hojas, brotes de plantas y frutos. Habita en las selvas de Sumatra y Borneo.

orar (del lat. *orare*) *v. intr.* Dirigir palabras a Dios, la Virgen, los santos o a otra divinidad, mentalmente o en voz alta, para alabarlos, hacerles una petición, agradecerles un don, etc. **SIN.** Rezar. **FAM.** Oración, orador, orante, oratoria, oratorio. / Adorar, perorar.

orate (del cat. *orat*, y éste del lat. *aura*, ventolera) *s. m.* y *f.* Persona loca, que ha perdido el juicio. **SIN.** Demente, majara, chalado, chiflado. **ANT.** Cuerdo.

oratoria (del lat. *oratoria*) *s. f.* **1.** Arte de saber hablar, convenciendo, agradando o emocionando mediante la palabra. **2.** Género literario en que se agrupan las obras creadas para ser pronunciadas en público, como discursos, sermones, etc. **SIN. 1.** Elocuencia.

oratorio, ria (del lat. *oratorius*) *adj.* **1.** Relativo a la oratoria o al orador. ‖ *s. m.* **2.** Sala o habitación de una casa particular o de un edificio público que está destinada a la oración y donde puede celebrarse misa. **3.** Composición dramática musical de tema religioso, para coro y orquesta, que carece de representación escénica. **SIN. 2.** Capilla.

orbe (del lat. *orbis*) *s. m.* **1.** Mundo o universo. **2.** Globo o esfera celeste y terrestre. **FAM.** Orbicular, órbita.

orbicular *adj.* **1.** De forma circular o redondeada. **2.** Que describe una órbita: *un movimiento orbicular.* **3.** Se dice de los músculos situados alrededor de una estructura en forma de anillo, como los de los labios y los párpados, que sirven para cerrar las aberturas que rodean. También *s. m.*

órbita (del lat. *orbita*) *s. f.* **1.** En astron., trayectoria elíptica que siguen los astros en su movimiento de traslación, p. ej. la de la Tierra alrededor del Sol. **2.** En fís., trayectoria imaginaria descrita por un electrón en su movimiento alrededor del núcleo. **3.** En anat., cada uno de los dos huecos situados debajo de la frente en los que están colocados los ojos. **4.** Ámbito o área a que se extiende la actividad o la influencia de alguien o algo: *Es un país neutral, fuera de la órbita de las grandes potencias.* **SIN. 4.** Esfera, campo, terreno. **FAM.** Orbital, orbitar. / Desorbitar, exorbitante. ORBE.

orbitar *v. intr.* Desplazarse describiendo una órbita: *La Luna orbita alrededor de la Tierra.*

orca (del lat. *orca*) *s. f.* Cetáceo de hasta 9 m de longitud, con el dorso negro, una mancha blanca en el vientre y otras dos detrás de los ojos, poderosa mandíbula, dos aletas pectorales y una gran aleta dorsal. Es un gran depredador y se encuentra ampliamente extendido, tanto en mares fríos como cálidos. ■ No confundir con la palabra homófona *horca*, 'patíbulo o bieldo'.

orco (del lat. *orcus*, ultratumba) *s. m.* Entre los antiguos romanos, infierno, lugar al que iban a parar los muertos. ■ Se escribe también *horco*. **SIN.** Averno, hades.

órdago (del vasc. *or dago*, ahí está) *s. m.* Envite del juego del mus por el que se apuesta todo lo que falta para ganar la mano de cartas que se está jugando. || **LOC. de órdago** *adj. fam.* Se aplica a cualquier cosa para expresar que es muy grande, muy fuerte, muy bonita, o darle cualquier otro carácter intensificador: *Le montaron una de órdago.*

ordalía (del anglosajón *ordal*, juicio) *s. f.* En la Edad Media, prueba a la que se sometía a los acusados de algún crimen, basada en la creencia de que sólo si el acusado era inocente, la superaría gracias a la ayuda de Dios. ■ También se llamaba *juicio de Dios*.

orden (del lat. *ordo, -inis*) *s. m.* **1.** Circunstancia de estar colocados o de sucederse personas, cosas, acontecimientos, etc., en el lugar o momento que les corresponde: *La habitación está en orden.* **2.** Modo en que están colocadas o se suceden las personas, cosas, acciones, etc., en el espacio o en el tiempo, siguiendo un determinado criterio, regla o relación: *orden alfabético.* **3.** Forma regular y coordinada de funcionar, marchar o desarrollarse algo: *La salida de los espectadores se realizó con orden.* **4.** Situación normal o habitual, sin alteraciones ni excesos: *mantener el orden.* **5.** Clase, tipo: *Todas sus ideas son del mismo orden.* **6.** Categoría taxonómica que agrupa seres vivos relativamente emparentados entre sí y pertenecientes a una o varias familias: *El pato pertenece al orden de los anseriformes.* **7.** Cada uno de los estilos de la arquitectura clásica: *orden dórico, orden corintio.* **8.** Sacramento por el que reciben su consagración los sacerdotes. **9.** En determinadas épocas históricas, grupo o clase social: *orden ecuestre, orden senatorial.* **10.** En ling., conjunto formado por los fonemas de una lengua que poseen el mismo punto de articulación: *orden labial, orden alveolar.* || *s. f.* **11.** Indicación de hacer o dejar de hacer algo que se da en tono imperativo por alguien que tiene autoridad para obligar a que se cumpla: *El capitán dio la orden de zarpar.* **12.** Cada una de las organizaciones de carácter religioso aprobadas por el Papa y cuyos miembros viven según las reglas establecidas por su fundador o reformador: *la orden del Carmelo.* **13.** Cada una de las organizaciones civiles o militares creadas para premiar por medio de condecoraciones a ciertas personas o instituciones, y condecoración que conceden: *la orden de Carlos III.* **14.** Cada una de las organizaciones de carácter religioso y militar sometidas a una regla y constituidas por caballeros: *la orden del Temple.* **15.** Cada uno de los grados de ministro de la Iglesia que se conceden mediante el sacramento del orden: *la orden de diácono.* ■ También se llaman *órdenes sagradas.* || **16. orden del día** Conjunto de temas o aspectos que deben ser discutidos en una reunión, asamblea, etc., y lista donde se recogen dichos temas. **17. orden establecido** Organización o sistema político, social, ideológico, económico, etc., vigente en un lugar o en una colectividad. **18. orden natural** Manera de estar, existir u ocurrir las cosas según las leyes de la naturaleza. **19. orden público** Situación de normalidad en la vida pública basada fundamentalmente en el respeto de las leyes por parte de los ciudadanos. **20. orden sacerdotal** Sacramento del orden. **21. real orden** En el régimen constitucional monárquico, la firmada por un ministro en nombre del rey. || **LOC. de orden** *adj.* Se aplica a las personas, ideologías, partidos, etc., de carácter conservador y defensores de las instituciones establecidas. **de orden de** *adj.* Por mandato de quien se expresa: *De orden del señor alcalde...* **del orden de** *adv.* Aproximadamente: *Vinieron del orden de trescientas personas.* **en orden a** *prep.* Con el fin de, por lo que se refiere a: *Adoptaron medidas en orden a la profunda crisis.* **estar a la orden del día** Ser muy frecuente o estar de moda. **sin orden ni concierto** *adv.* Desordenadamente. **SIN. 1.** Colocación. **1.** y **2.** Sistema, ordenación. **2.** Método. **3.** Coordinación. **4.** Normalidad. **5.** Género. **9.** Estamento. **11.** Mandato, mandamiento. **14.** Congregación, compañía. **ANT. 1.** Descolocación. **1.** y **4.** Caos, desorden. **FAM.** Ordenada, ordenancismo, ordenanza, ordenar, ordinario. / Contraorden, coordenado, desorden, suborden, subordinar, superorden.

ordenación (del lat. *ordinatio, -onis*) *s. f.* **1.** Acción de ordenar. **2.** Manera de estar dispuestas o colocadas las cosas según un método o sistema, y ese mismo método o sistema. **3.** Ceremonia religiosa en que se administran las órdenes sagradas. || **4. ordenación del suelo** Conjunto de normas legales que regulan la calificación fiscal y las posibilidades de edificar o instalar servicios públicos en suelo urbanizable. **5. ordenación del territorio** (o **territorial**) Estudio de los recursos de una zona geográfica para sacar el máximo rendimiento de ella. **SIN. 1.** y **2.** Organización, disposición. **2.** Orden.

ordenada (del lat. *ordinatae lineae*, líneas paralelas) *s. f.* Coordenada vertical de un punto en un sistema de ejes de coordenadas. Se representa con la letra *y*.

ordenador, ra (del lat. *ordinator, -oris*) *adj.* **1.** Que ordena o sirve para ordenar. También *s. m.* y *f.* ||

s. m. **2.** Máquina capaz de almacenar datos e información, junto con programas de operaciones establecidas de antemano que le sirven para manejar esa información. **SIN.** **2.** Computador, computadora. **FAM.** Microordenador. ORDENAR.

ordenamiento *s. m.* **1.** Acción de ordenar. **2.** Conjunto de normas para regular el funcionamiento de algo: *ordenamiento comercial, ordenamiento jurídico.* **SIN.** **1.** Ordenación. **2.** Reglamento, ordenanza.

ordenancismo *s. m.* Tendencia a cumplir o hacer cumplir las normas de forma estricta. **FAM.** Ordenancista. ORDEN.

ordenando (del lat. *ordinandus*, que ha de ser ordenado) *s. m.* Persona que va a recibir alguna de las órdenes sagradas.

ordenante *adj.* Que ordena o manda, especialmente la ejecución de una operación comercial. También *s. m.* y *f.*

ordenanza *s. f.* **1.** Norma o conjunto de normas dictadas por una autoridad para regular el funcionamiento de un grupo de personas, una comunidad, etc. Se usa más en *pl.*: *ordenanzas municipales, ordenanzas militares.* || *s. m.* **2.** Empleado de oficina que desempeña funciones como hacer recados, llevar órdenes o mensajes, etc.: *El ordenanza acaba de traer el correo.* **3.** Soldado que está a las órdenes de un superior para su servicio personal. **SIN.** **1.** Reglamento, estatuto, ordenamiento. **2.** Bedel, subalterno, auxiliar. **3.** Asistente.

ordenar (del lat. *ordinare*) *v. tr.* **1.** En un conjunto de personas o cosas, poner a cada una en el lugar o posición que le corresponde según un determinado criterio, método o norma: *Voy a ordenar las fichas alfabéticamente.* **2.** Decir con autoridad a alguien lo que debe hacer o dejar de hacer: *La policía le ordenó que no saliera de la ciudad.* **3.** Dirigir algo a un fin determinado: *Ordené todos mis esfuerzos a salir de aquella situación.* **4.** Administrar el sacramento de las órdenes sagradas. || **ordenarse** *v. prnl.* **5.** Recibir este sacramento: *Se ordena sacerdote hoy.* || **LOC.** **ordeno y mando** *fam.* Expresión que se usa para indicar que una persona ejerce su autoridad con demasiada severidad. **SIN.** **1.** Organizar, arreglar. **1.** y **2.** Disponer. **2.** Mandar. **3.** Encaminar, orientar. **ANT.** **1.** Desordenar. **FAM.** Ordenación, ordenadamente, ordenado, ordenador, ordenamiento, ordenando, ordenante. / Coordinar, reordenar. ORDEN.

ordeñadora *s. f.* Máquina que sirve para ordeñar mecánicamente.

ordeñar (del lat. vulg. *ordiniare*, arreglar) *v. tr.* **1.** Extraer la leche de un animal hembra exprimiendo sus ubres. **2.** Coger de los árboles aceitunas y otros frutos, pasando la mano por la rama con un gesto parecido al que se hace para extraer la leche de las ubres de los animales. **3.** *fam.* Sacar el máximo provecho de alguien o algo. **SIN.** **3.** Explotar. **FAM.** Ordeñador, ordeñadora, ordeño.

ordeño *s. m.* Acción de ordeñar.

ordinal (del lat. *ordinalis*) *adj.* **1.** Se aplica a lo que tiene relación con el orden. **2.** Particularmente, se aplica al número y al adjetivo numeral que indican orden de sucesión o colocación, como *primero, segundo, tercero*, etc. También *s. m.*

ordinariez *s. f.* Cualidad de ordinario o grosero y expresión, acción o actitud de mal gusto o de mala educación. **SIN.** Grosería, vulgaridad, zafiedad, chabacanería. **ANT.** Delicadeza, fineza.

ordinario, ria (del lat. *ordinarius*) *adj.* **1.** Habitual, corriente, que no especial o excepcional. **2.** Poco educado o delicado: *Utiliza un lenguaje muy ordinario.* También *s. m.* y *f.* **3.** De mal gusto, poco elegante o refinado: *El estampado me parece ordinario.* También *s. m.* y *f.* **4.** Que está hecho sin cuidado o con materiales de baja calidad: *un papel ordinario.* || **LOC.** **de ordinario** *adv.* Habitualmente: *Lo haremos todo como de ordinario.* **SIN.** **1.** Normal, usual, acostumbrado, regular, común. **2.** Maleducado, incívico, soez, zafio, descortés. **2.** y **3.** Chabacano. **4.** Grosero, basto, tosco, vulgar, burdo. **ANT.** **1.** Desusado, desacostumbrado; extraordinario, excepcional. **2.** Educado, cortés. **2.** y **4.** Fino. **FAM.** Ordinariamente, ordinariez. / Extraordinario. ORDEN.

ordovícico, ca u **ordovicense** (del lat. *Ordovices*, antiguo pueblo del País de Gales) *adj.* **1.** Se aplica al segundo de los periodos de la era paleozoica, que tuvo una duración de 70 millones de años y se inició hace unos 500 millones. Se caracteriza por la actividad orogénica y por la aparición de los primeros vertebrados. También *s. m.* **2.** De este periodo.

oréade *s. f.* Cualquiera de las ninfas de los bosques y montes.

orear (del lat. *aura*, brisa, viento) *v. tr.* **1.** Dejar que el aire entre en un sitio o dé en una cosa para secarla, refrescarla o quitarle un olor: *Abre las ventanas para orear la casa.* También *v. prnl.* || **orearse** *v. prnl.* **2.** Despejarse una persona después de permanecer un tiempo en un sitio cerrado, saliendo al aire libre. **SIN.** **1.** y **2.** Airear(se), ventilar(se), oxigenar(se). **ANT.** **1.** Enrarecer, enturbiar. **FAM.** Oreo.

orégano (del lat. *origanum* y éste del gr. *origanos*) *s. m.* Nombre común de diversas especies de plantas herbáceas de la familia de las labiadas, de tallos vellosos, flores purpúreas o rosadas agrupadas en panículas y fruto seco. Son muy aromáticas y se emplean en perfumería y como condimento. || **LOC.** **no todo el monte es orégano** Expresión que significa que no todas las cosas son fáciles o agradables.

oreja (del lat. *auricula*) *s. f.* **1.** Cada uno de los dos repliegues de la piel, sostenidos por cartílagos, que se encuentran a los lados de la cabeza y cuya función es recoger las ondas sonoras y dirigirlas al interior del oído. ▪ También se denomina *pabellón auditivo.* **2.** Pieza de algunos objetos cuya forma recuerda a esta parte del cuerpo: *sillón de orejas.* || *s. m.* y *f.* **3.** *El Salvador* y *Méx.* Soplón, confidente de la autoridad. || **LOC.** **asomar** (o **enseñar**) uno **la oreja** *fam.* Mostrar alguien involuntariamente su verdadera naturaleza o intenciones. **calentar las orejas** a alguien *fam.* Castigar a alguien a golpes o regañarle con mucha severidad: *Como no dejes de gritar, te voy a calentar las orejas.* **con las orejas gachas** *adv. fam.* Avergonzado o triste, sin haber conseguido lo que deseaba. **de oreja a oreja** *adj.* y *adv. fam.* Se aplica a bocas o sonrisas muy grandes. **mojar la oreja** a alguien *fam.* Provocarlo, buscar pelea con el. También, vencerlo o superarlo en algo: *En el último partido, les mojamos la oreja.* **planchar la oreja** *fam.* Dormir. **poner** a alguien **las orejas coloradas** *fam.* Avergonzarle o humillarle. **ver** uno **las orejas al lobo** Darse cuenta de un peligro o una dificultad próxima que antes no había advertido. **vérsele** a uno **la oreja** *fam.* Descubrirse su verdadera naturaleza o sus intenciones ocultas. **FAM.** Orejear, orejera, orejón, orejudo, orejuela. / Aurícula, desorejar.

orejear *v. intr.* Mover las orejas un animal.

orejera *s. f.* **1.** Cada una de las dos piezas de piel u otro material que sirven para tapar las orejas y protegerlas del frío. **2.** Cada una de las dos piezas semejantes de algunos gorros, cascos, etc., que cubren las orejas.

orejón (aum. de *oreja*) *s. m.* Trozo de melocotón o albaricoque secado al aire y al sol.

orejón, na *adj. Amér. C., Col.* y *Méx.* Tosco, zafio.

orejudo, da *adj.* **1.** Que tiene las orejas grandes o largas. || *s. m.* **2.** Nombre común de algunas especies de murciélagos que se caracterizan por tener las orejas grandes.

orejuela (dim. de *oreja*) *s. f.* Cada una de las dos asas pequeñas que tienen algunas ollas, bandejas, etc.

orensano, na *adj.* De Orense. También *s. m.* y *f.*

oretano, na (del lat. *oretanus*) *adj.* De un pueblo de origen ibero que vivió en las cuencas altas de los ríos Guadalquivir y Segura. También *s. m.* y *f.*

orfanato (del lat. *orphanus* y éste del gr. *orphanos*, huérfano) *s. m.* Institución y edificio que da asilo a niños huérfanos o cuyos padres no quieren o no pueden hacerse cargo de ellos. SIN. Hospicio, inclusa, orfelinato.

orfandad (del lat. *orphanitas, -atis*) *s. f.* **1.** Estado de los niños que han perdido a uno o a ambos padres. **2.** Pensión que reciben algunos huérfanos. **3.** Situación de falta de afecto o ayuda. SIN. **3.** Desamparo, abandono, desvalimiento. ANT. **3.** Amparo. FAM. Orfanato, orfelinato. HUÉRFANO.

orfebre (del fr. *orfèvre*, y éste del lat. *auri faber*, artesano del oro) *s. m.* Persona que trabaja en la fabricación de objetos de orfebrería.

orfebrería *s. f.* **1.** Arte y oficio de fabricar objetos artísticos con metales nobles, como el platino, el oro, la plata, etc. **2.** Conjunto de estos objetos. FAM. Orfebre. ORO.

orfelinato (del fr. *orphelin*) *s. m.* Orfanato*.

orfeón (del fr. *orphéon* y éste de *Orfeo*, nombre de un personaje mitológico) *s. m.* Grupo de personas que cantan en coro. SIN. Coral. FAM. Orfeonista.

orfismo *s. m.* Religión mistérica de la antigua Grecia, difundida a partir del s. VI a. C. y que se atribuía a Orfeo. FAM. Órfico.

organdí (del fr. *organdi*) *s. m.* Tela de algodón fina, transparente y un poco rígida. ■ Su pl. es *organdíes*, aunque también se utiliza *organdís*. SIN. Organza.

organicismo *s. m.* **1.** Teoría que sostiene que las sociedades son organismos análogos o semejantes a los de los seres vivos. **2.** Teoría que sostiene que las enfermedades dependen de lesiones orgánicas. FAM. Organicista. ÓRGANO.

orgánico, ca (del lat. *organicus*) *adj.* **1.** Se aplica al organismo vivo. **2.** P. ext., se dice de todo aquello que está formado por órganos o partes diferenciadas, pero coordinadas entre sí: *una institución orgánica.* **3.** Que pertenece a los órganos o al organismo de los seres vivos, o que está relacionado con ellos: *enfermedad orgánica, lesión orgánica.* **4.** Se aplica a cualquier sustancia o materia que es o ha sido parte de un ser vivo, o que está formada por restos de seres vivos: *roca orgánica.* **5.** Se dice de los compuestos químicos en cuya composición entra el carbono. || **6. ley orgánica** Véase **ley**. **7. química orgánica** Véase **química**. FAM. Orgánicamente. / Inorgánico. ÓRGANO.

organigrama *s. m.* **1.** Esquema gráfico con que se representa la forma en que está organizada una entidad, estructura, sistema, etc. **2.** P. ext., esta misma organización o estructuración.

organillo *s. m.* Instrumento para reproducir música, con forma de piano pequeño y portátil, cuyo mecanismo consiste en un cilindro con púas que, al girar sobre su eje impulsado por una manivela, pulsa unas varillas metálicas templadas y afinadas para dar las notas musicales. FAM. Organillero. ÓRGANO.

organismo (del ingl. *organism*) *s. m.* **1.** Ser vivo, unicelular o pluricelular. **2.** Conjunto de órganos que forman un ser vivo. **3.** Institución o entidad pública o privada que se ocupa de asuntos que pueden ser de interés general: *un organismo internacional.* FAM. Microorganismo. ÓRGANO.

organización *s. f.* **1.** Acción de organizar u organizarse. **2.** Manera de estar organizado algo. **3.** Asociación de personas, instituciones, entidades, etc., que se unen y coordinan con un determinado fin. SIN. **1.** y **2.** Disposición, ordenación, estructuración, colocación. **2.** Orden. **3.** Organismo, agrupación, sociedad. ANT. **1.** y **2.** Desorganización, desorden.

organizar *v. tr.* **1.** Disponer una serie de elementos de modo que cada uno de ellos tenga un lugar o una función dentro del conjunto: *Los romanos organizaron el imperio en provincias.* **2.** Reunir a un conjunto de personas, países, entidades, etc., estableciendo cómo deben actuar conjuntamente para lograr un objetivo. También *v. prnl.*: *Los trabajadores se organizaron en un sindicato.* **3.** Poner algo en orden. **4.** Preparar algo: *organizar una fiesta.* **5.** Hacer o producir lo que se expresa. También *v. prnl.*: *Se organizó un atasco.* || **organizarse** *v. prnl.* **6.** Imponerse uno mismo orden en sus asuntos o actividades: *Si te organizas un poco, trabajarás más rápido.* ■ Delante de *e* se escribe *c* en lugar de *z*: *organice.* SIN. **1.** Estructurar. **1.** y **3.** Ordenar. **2.** Unir, agrupar. **3.** Arreglar. **4.** y **5.** Montar. **5.** Armar(se). ANT. **1.** y **3.** Desorganizar, desordenar. **2.** Disolver. **5.** Parar. FAM. Organización, organizadamente, organizado, organizador, organizativo. / Desorganizar, reorganizar. ÓRGANO.

organizativo, va *adj.* De la organización o relacionado con ella: *deficiencias organizativas, tareas organizativas.*

órgano (del lat. *organum*, y éste del gr. *organon*) *s. m.* **1.** Cada una de las partes diferenciadas del cuerpo de un ser vivo que realizan funciones específicas, p. ej. las hojas de las plantas. **2.** P. ext., parte diferenciada de un conjunto con una función determinada dentro del mismo: *órganos de gobierno de la universidad.* **3.** Medio de difusión que expresa las ideas y opiniones de un partido, Estado, organización, etc. **4.** Instrumento musical de viento y teclado. P. ext., instrumento electrónico de forma y sonido semejante. FAM. Organicismo, orgánico, organigrama, organillo, organismo, organista, organístico, organizar, organogénesis, organografía, organoléptico, organología, organopatía, orgánulo. / Xilórgano.

organogénesis (del gr. *organon*, órgano, y *-génesis*) *s. f.* Proceso de formación y desarrollo de los órganos de un ser vivo. ■ No varía en *pl.* FAM. Organogenia. ÓRGANO.

organogenia (del gr. *organon*, órgano, y *-genia*) *s. f.* Estudio de la formación y desarrollo de los órganos de un ser vivo.

organografía (del gr. *organon*, órgano, y *-grafía*) *s. f.* Parte de la biología que estudia los órganos vegetales o animales. FAM. Organográfico. ÓRGANO.

organoléptico, ca (del gr. *organon*, órgano, y *leptikos*, receptivo) *adj.* Que se puede percibir con los sentidos.

organología (del gr. *organon*, órgano, y *-logía*) *s. f.* **1.** Tratado de los órganos de los animales o los vegetales. **2.** Parte de la musicología que se ocupa de la construcción, modo de ejecución e historia de los instrumentos musicales.

orgánulo (del lat. *organulum*, dim. de *organum*) *s. m.* En biol., parte o estructura de una célula que desempeña en ésta la función de un órgano.

organza *s. f.* Organdí*.

orgasmo (del gr. *orgao*, estar lleno de ardor) *s. m.* Momento de mayor excitación de los órganos sexuales, en que se experimenta un placer intenso.

orgía (del fr. *orgie*, y éste del gr. *orgia*, fiesta dedicada a Baco) *s. f.* **1.** Fiesta en la que se trata de experimentar los placeres más intensos relacionados con la comida, la bebida y el sexo. **2.** Satisfacción desenfrenada de los deseos y las pasiones. **SIN. 1.** y **2.** Bacanal. **2.** Desenfreno. **FAM.** Orgiástico.

orgullo (del cat. *orgull*, y éste del germ. *urgoli*, excelencia) *s. m.* **1.** Satisfacción personal que se siente por algo propio, o relacionado con uno mismo, y que se considera digno de mérito: *La victoria de su equipo le llena de orgullo.* **2.** Sentimiento y actitud del que se considera superior a los demás. **3.** Amor propio, estima y respeto que se tiene uno a sí mismo. **SIN. 1.** y **3.** Honra. **2.** Soberbia, engreimiento, altanería. **3.** Pundonor. **ANT. 1.** Vergüenza. **2.** Humildad. **FAM.** Orgullosamente, orgulloso. / Enorgullecer.

orgulloso, sa *adj.* Que tiene o demuestra orgullo: *Me siento orgulloso de vosotros. No seas orgulloso y reconoce tu error.* **SIN.** Satisfecho, contento; vanidoso, engreído, soberbio. **ANT.** Avergonzado; modesto, humilde.

orientable *adj.* **1.** Que se puede orientar. **2.** Que puede adoptar varias posiciones: *antena orientable.*

orientación *s. f.* **1.** Acción de orientar u orientarse. **2.** Instrucción, consejo, información. **3.** Dirección que lleva la conducta o actitud de las personas: *He dado una orientación correcta a mis estudios.* **4.** Capacidad para orientarse que poseen el hombre y los animales. **SIN. 3.** Rumbo. **ANT. 1.** y **3.** Desorientación.

oriental (del lat. *orientalis*) *adj.* **1.** Que está situado en el oriente o este: *región oriental.* **2.** De Asia o de los países asiáticos. También *s. m.* y *f.* **3.** *Amér.* Uruguayo. **FAM.** Orientalismo, orientalizar. ORIENTE.

orientalismo *s. m.* **1.** Conjunto de estudios y conocimientos sobre la civilización y cultura de los pueblos de Asia. **2.** Afición e interés por dicha civilización y cultura. **3.** Rasgo o carácter oriental. **FAM.** Orientalista. ORIENTAL.

orientalizar *v. tr.* **1.** Introducir o transmitir la cultura oriental. || **orientalizarse** *v. prnl.* **2.** Adquirir esa cultura. ■ Delante de *e* se escribe *c* en lugar de *z*.

orientar *v. tr.* **1.** Situar a alguien o algo en cierta dirección respecto a los puntos cardinales: *Van a orientar la antena hacia el nuevo repetidor.* **2.** Indicar a alguien el lugar en que se encuentra o la dirección que debe seguir para ir a donde desea. **3.** Informar a alguien de algo que ignora sobre determinado asunto o aconsejarle para que lo lleve a cabo de manera acertada. También *v. prnl.* **4.** Dirigir alguien su actitud, conducta o acciones en un sentido determinado: *Ha orientado su vida hacia la enseñanza.* También *v. prnl.* || **orientarse** *v. prnl.* **5.** Conocer una persona o animal la dirección que debe seguir o el lugar en que se encuentra. **SIN. 3.** Instruir. **3.** y **4.** Encauzar. **4.** Guiar, encaminar. **ANT. 5.** Desorientar(se). **FAM.** Orientable, orientación, orientador, orientativo. / Desorientar. ORIENTE.

orientativo, va *adj.* Que sirve para orientar o informar: *Los datos obtenidos de la encuesta son orientativos.*

oriente (del lat. *oriens, -entis*, de *oriri*, aparecer, nacer) *s. m.* **1.** Punto del horizonte por donde sale el Sol. **2.** Lugar o territorio situado en esa dirección. **3.** Región que comprende toda Asia y las partes de Europa y África más próximas a ella. ■ En esta acepción se escribe con mayúscula. **4.** Brillo de una perla por el que se juzga su calidad. **5.** Nombre con que se designa a las logias masónicas de las provincias. || **6. Extremo Oriente** Conjunto de los países de Asia oriental. **7. Oriente Medio** Región geopolítica que comprende el NE de África y el SO de Asia; agrupa a un conjunto de países, fundamentalmente árabes, entre Egipto e Irán. **SIN. 1.** y **2.** Este, levante. **ANT. 1.** y **2.** Occidente, oeste. **FAM.** Oriental, orientar.

orificar (del lat. *aurum*, oro, y *facere*, hacer) *v. tr.* Rellenar de oro el hueco producido por una caries en una muela o diente. ■ Delante de *e* se escribe *qu* en lugar de *c*: *orifique.* **FAM.** Orificación, orífice. ORO.

orífice (del lat. *aurifex, -icis*, de *aurum*, oro, y *facere*, hacer) *s. m.* Artesano o artista que trabaja el oro.

orificio (del lat. *orificium*) *s. m.* **1.** Agujero, especialmente el que ha sido hecho intencionadamente o tiene una función o finalidad y no es de gran tamaño: *el orificio de la cerradura.* **2.** Cada una de las aberturas del cuerpo que comunican los órganos interiores con el exterior: *los orificios de la nariz.* **SIN. 1.** Hueco, boca, ojo.

oriflama (del fr. *oriflamme*, y éste del lat. *aurum*, oro, y *flamma*, llama) *s. f.* Estandarte, bandera, banderola, etc., que flota al viento.

origen (del lat. *origo, -inis*) *s. m.* **1.** Principio de algo o momento en que empieza algo. **2.** Causa, hecho o circunstancia que determina la aparición o la existencia de algo: *El origen de su enfermedad fue un resfriado.* **3.** Clase social y económica a la que pertenece la familia de una persona cuando ésta nace: *Ha llegado lejos, pero es de origen humilde.* **4.** Lugar de procedencia de una persona o de una cosa: *Este licor es de origen francés.* **5.** Punto donde se cortan los ejes de coordenadas. || **LOC. dar origen** a algo Causarlo o provocarlo. **de origen** *adj.* Desde el comienzo de alguien o algo. También se aplica a lo que está en una persona o una cosa desde el momento en que ésta empieza a existir como tal: *Este coche tiene un defecto de origen.* **SIN. 1.** Comienzo, inicio. **1.** y **3.** Nacimiento. **2.** Motivo. **3.** Ascendencia, familia, cuna. **ANT. 1.** Fin. **2.** Efecto, resultado. **3.** Descendencia. **FAM.** Original, originar. / Aborigen.

original (del lat. *originalis*) *adj.* **1.** Se aplica a lo relacionado con el origen o principio. **2.** Se dice de la primera de varias personas o cosas que se suceden una tras otra: *Tapamos la pintura original con otra diferente.* **3.** Se dice del autor, artista o creador cuyas obras no copian a otras de su género, así como de dichas obras. **4.** Se aplica a la obra o película que está en el idioma en que se realizó, así como a este mismo idioma: *un filme en versión original.* **5.** Distinto de la mayoría o que se sale de lo habitual: *Viste de una forma muy original.* **6.** Se dice del ejemplar del que se hacen copias, reproducciones o versiones: *No admiten fotocopias, tienes que presentar el (documento) original.* Se usa mucho como *s. m.* || *s. m.* **7.** Escrito o texto de cualquier clase antes de darlo a imprimir. **8.** Persona u objeto cualquiera que se reproduce en pintura, dibujo, fotografía, escultura, etc. || **9. pecado original** Véase **pecado.** SIN. **1.** Originario, inicial. **2.** Anterior, primitivo. **5.** Novedoso, exótico, extraño. **7.** Manuscrito. **8.** Modelo, natural. ANT. **1.** Derivado. **2.** Reciente. **4.** Doblado. **5.** Corriente, normal. FAM. Originalidad, originalmente. ORIGEN.

originalidad *s. f.* **1.** Cualidad de original. **2.** Acción, comportamiento, actitud, etc., extraña, poco corriente. SIN. **2.** Rareza.

originalmente *adv. m.* **1.** De manera original, extraña, poco corriente. || *adv. t.* **2.** Al principio.

originar *v. tr.* **1.** Ser origen, motivo o causa de algo. || **originarse** *v. prnl.* **2.** Iniciarse, dar comienzo una cosa. SIN. **1.** Causar, producir. **2.** Comenzar, empezar. ANT. **2.** Acabarse, terminarse. FAM. Originario. ORIGEN.

originariamente *adv. t.* Al principio, en origen.

originario, ria (del lat. *originarius*) *adj.* **1.** Nacido o producido en el lugar que se indica o procedente de él. **2.** Se aplica al lugar en que nace o del que procede alguien o algo. **3.** Primero, inicial. **4.** Que es origen o principio de algo. SIN. **1.** Natural, oriundo. **1.** y **3.** Original. **4.** Iniciador. ANT. **3.** Final. FAM. Originariamente. ORIGINAR.

orilla (del lat. *ora*) *s. f.* **1.** Extremo o borde de una superficie y parte que está junto a éste: *la orilla del camino, la orilla del papel.* **2.** Límite entre la tierra y el agua de un río, del mar, de un lago, etc., y franja de tierra o de agua próxima a él: *Si no sabes nadar bien, no te alejes de la orilla.* || *s. f. pl.* **3.** *Arg.* y *Méx.* Arrabales de una población. SIN. **1.** Límite, filo, canto, linde, vera. **1.** y **2.** Margen. **2.** Ribera. FAM. Orillar, orillero, orillo.

orillar *v. tr.* **1.** Esquivar o evitar cualquier clase de obstáculo o dificultad. **2.** Dar a alguien de lado, no contar con él. **3.** Reforzar con puntadas el borde de una tela para que no se deshaga. || *v. intr.* **4.** Llegarse o arrimarse a la orilla. También *v. prnl.* SIN. **1.** Soslayar, sortear, eludir, rehuir, bordear. **2.** Apartar, relegar. **3.** Rematar.

orillero, ra *adj. Arg.* y *Chile* Arrabalero. También *s. m.* y *f.*

orillo *s. m.* Borde de las piezas de tela según salen de la fábrica, el cual es generalmente más basto que el resto de la pieza.

orín (del lat. *aerugo, -inis*) *s. m.* **1.** Óxido de color rojizo anaranjado que se forma en la superficie del hierro por efecto de la humedad. **2.** Orina*. ▪ En esta acepción, se usa más en *pl.* SIN. **1.** Herrumbre, verdín, moho. **2.** Meada, pis.

orina (del lat. *urina*) *s. f.* Líquido de color amarillento que se produce en los riñones de los vertebrados como resultado de filtrar la sangre y purificarla de las sustancias de desecho y que se expulsa al exterior. SIN. Orín, meada, meado, pipí, pis. FAM. Orinal, orinar. / Urea, urinario.

orinal (del lat. *urinalis*) *s. m.* Recipiente para recoger la orina o los excrementos. SIN. Bacín.

orinar (del lat. *urinare*) *v. intr.* **1.** Expulsar la orina del cuerpo. || *v. tr.* **2.** Expulsar otro líquido por la uretra: *orinar sangre.* || **orinarse** *v. prnl.* **3.** Orinar involuntariamente, sin poderlo controlar. SIN. **3.** Mear(se).

oriolano, na *adj.* De Orihuela, localidad de Alicante. También *s. m.* y *f.*

oriundo, da (del lat. *oriundus*, de *oriri*, nacer) *adj.* Que procede de un lugar determinado o tiene sus orígenes allí: *Es oriundo de Asturias.* También *s. m.* y *f.* SIN. Originario. FAM. Oriundez.

órix (del gr. *oryx*) *s. m.* Mamífero artiodáctilo bóvido, que llega a alcanzar una altura entre 100 y 120 cm, de pelaje castaño o blanco, larga cola con mechón terminal y grandes cuernos levemente curvados hacia atrás. Habita en las estepas áridas africanas.

orla (del lat. *orula*, de *ora*, borde) *s. f.* **1.** Franja de adorno que se pone al borde de ciertas cosas como telas, vestidos, hojas de papel, cuadros, etc. **2.** Cuadro que se hace como recuerdo con las fotos de los alumnos de una misma promoción académica y sus profesores. FAM. Orlar.

orlar *v. tr.* Poner o estar una orla alrededor de algo: *orlar un cuadro.*

orlón (nombre comercial registrado) *s. m.* Fibra textil sintética, similar a la lana.

ormesí *s. m.* Tela fuerte de seda, muy tupida, que hace aguas. ▪ Su pl. es *ormesíes*, aunque también se utiliza *ormesís.*

ornamental *adj.* **1.** Que sirve para decorar o adornar un lugar. **2.** Que es inútil, que no tiene una función o un valor o fin prácticos: *El cargo que le han dado es puramente ornamental.* SIN. **1.** y **2.** Decorativo. ANT. **2.** Útil, importante.

ornamentar *v. tr.* Poner ornamentos o adornos. SIN. Adornar, decorar, engalanar, ornar. FAM. Ornamentación. ORNAMENTO.

ornamento (del lat. *ornamentum*) *s. m.* **1.** Cosa que adorna el lugar en que se encuentra. **2.** Conjunto y colocación de las cosas que se ponen para adornar un lugar. **3.** Cualidad que hace mejor o más estimable a quien la posee: *La sinceridad es uno de los muchos ornamentos de su persona.* || *s. m. pl.* **4.** Ropas que se pone el sacerdote para celebrar una ceremonia religiosa y, también, adornos de los altares. SIN. **1.** y **2.** Adorno. **2.** Decoración, ornamentación. **2.** y **3.** Ornato. FAM. Ornamental, ornamentar, ornar.

ornar (del lat. *ornare*) *v. tr.* Adornar*. FAM. Ornato. / Adornar, exornar, sobornar. ORNAMENTO.

ornato (del lat. *ornatus*) *s. m.* Ornamento, adorno.

ornito- (del gr. *ornis, -ithos*, ave) *pref.* Significa 'pájaro, ave': *ornitología, ornitorrinco.*

ornitología (de *ornito-* y *-logía*) *s. f.* Parte de la zoología que estudia las aves. FAM. Ornitológico, ornitólogo.

ornitomancia u **ornitomancía** (de *ornito-* y *-mancia* o *-mancía*) *s. f.* Adivinación del porvenir a través de la interpretación del vuelo o del canto de las aves.

ornitorrinco (de *ornito-* y el gr. *rhynkhos*, pico) *s. m.* Mamífero monotrema australiano de entre 45 y 60 cm de longitud, cuerpo aplanado y cubierto de pelaje gris en el dorso y amarillento en el vientre, cola grande y plana, hocico córneo en forma de pico de pato y patas cortas con pies palmeados. Es ovíparo, vive en los cursos de agua dulce y se alimenta de pequeños animales.

oro (del lat. *aurum*) *s. m.* **1.** Elemento químico metálico de color amarillo, no muy duro, de elevada densidad, muy dúctil y maleable, de gran resistencia a la oxidación y corrosión. Conocido desde la antigüedad, ha sido siempre muy apreciado y buscado. Su símbolo es *Au.* **2.** Conjunto de joyas y objetos de este metal: *Lo primero que* *buscaron los ladrones fue el oro.* **3.** Riqueza o dinero. **4.** En dep., medalla de oro, primer premio o trofeo: *Nuestros atletas se alzaron con el oro.* **5.** Color amarillo semejante al del oro. También *adj.*: *amarillo oro.* || *s. m. pl.* **6.** Uno de los cuatro palos de la baraja española, en cuyas cartas aparecen dibujadas monedas doradas: *Pinta en oros.* || **7. oro batido** Lámina muy fina de oro para dorar. **8. oro blanco** Aleación de oro con níquel o paladio, metales que le dan un color blanquecino. **9. oro molido** Oro en polvo muy fino utilizado para el arte miniado. **10. oro molido** En sentido figurado, persona o cosa excelente. **11. oro negro** Petróleo. **12. oro del que cagó el moro** *vulg.* Cosa de poca calidad o valor. **13. pan de oro** Oro batido. **14. siglo de oro** Época en que algo alcanza su mayor esplendor y, particularmente, la de la literatura española en lengua castellana en los s. XVI y XVII. ■ En esta última acepción se escribe con mayúscula. **15. toisón de oro** Véase **toisón.** || LOC. **a peso de oro** *adv.* A un precio muy elevado. **como los chorros del oro** *adv.* Muy limpio: *Tiene la casa como los chorros del oro.* **como oro en paño** *adv.* Con mucho cuidado, atención y cariño. **de oro** *adv.* Muy bueno, inmejorable, de gran valor: *corazón de oro, manos de oro.* Aplicado a época, edad, etc., la de mayor esplendor de alguna cosa. **el oro y el moro** *fam.* Se emplea para exagerar el valor o la cantidad de algo: *Le prometieron el oro y el moro.* **hacerse de oro** Enriquecerse. SIN. **5.** Dorado. FAM. Orificar, oriflama, oropimente. / Áureo, dorar, orfebrería.

oro- (del gr. *oros*, montaña) *pref.* Significa 'montaña': *orografía, orogénesis.*

orobanca (del gr. *orobankhe*, de *orobos*, algarroba, y *ankho*, ahogar) *s. f.* Nombre común de diversas plantas herbáceas que carecen de clorofila y tienen flores en racimo de color blanco. Crecen sobre otras plantas y constituyen una plaga.

orogénesis (de *oro-* y *-génesis*) *s. f.* Conjunto de fenómenos que determinan la formación de las montañas y cordilleras. ■ No varía en *pl.* FAM. Orogenia.

orogenia (de *oro-* y *-genia*) *s. f.* **1.** Parte de la geología que estudia los procesos de formación de las montañas. **2.** Periodo de tiempo durante el que se forma una montaña o cordillera. FAM. Orogénico. OROGÉNESIS.

orografía (de *oro-* y *-grafía*) *s. f.* **1.** Parte de la geografía física que estudia el relieve terrestre. **2.** Conjunto de montes de un continente, país, región, etc. FAM. Orográfico.

orometría (de *oro-* y *-metría*) *s. f.* Parte de la geografía física que trata de la medición de montañas.

orondo, da *adj.* **1.** Gordo. **2.** Se aplica a la persona que se muestra muy satisfecha de sí misma: *Después de decir esa tontería se quedó tan orondo.* SIN. **1.** Rollizo, obeso. **2.** Ufano, pancho, ancho. ANT. **1.** Delgado. **2.** Avergonzado.

oronimia (de *oro-* y *-nimia*) *s. f.* Parte de la toponimia que estudia el origen y significado de los nombres de los orónimos. FAM. Oronímico, orónimo.

orónimo (del gr. *oros*, montaña y *onoma*, nombre) *s. m.* Nombre de una montaña, sierra, cordillera, etc.

oronja *s. f.* Nombre común de una variedad de hongos del género amanita, con el sombrerillo anaranjado y sedoso, las esporas blancas y un anillo en el pie. Es comestible, aunque puede confundirse con otras especies venenosas, como la *falsa oronja.*

oropel (del ant. fr. *oripel*, y éste del lat. *aurea pellis*, piel de oro) *s. m.* **1.** Lámina de latón muy fina que imita al oro. **2.** Cosa que parece de gran valor, pero que tiene en realidad muy poco o ninguno. **3.** Ostentación de riqueza, generalmente falsa. SIN. **2.** Bisutería, baratija. **2.** y **3.** Relumbrón.

oropéndola (del lat. *aurum*, oro, y *péndola*, pluma) *s. f.* Pájaro de hasta unos 25 cm de longitud, pico grande y curvado hacia abajo y canto muy característico; el macho de la oropéndola común es amarillo con alas y cola negras, mientras que la hembra tiene el dorso verde y el vientre blancuzco con listas pardas. Hace el nido colgándolo de las ramas de los árboles.

oropimente (del lat. *auripigmentum*) *s. m.* Mineral de sulfuro de arsénico, de color amarillo limón, que es venenoso y abunda en yacimientos minerales y rocas eruptivas. Se utiliza para fabricar pintura.

orozuz (del ár. *uruq sus*, raíces de la planta llamada *sus*, regaliz) *s. m.* Regaliz*.

orquesta (del lat. *orchestra*, y éste del gr. *orkhestra*, lugar del teatro griego donde estaban el coro o los músicos) *s. f.* **1.** Conjunto formado por instrumentistas e instrumentos de cuerda, viento y percusión que interpretan obras musicales: *orquesta de jazz, orquesta sinfónica.* **2.** En el teatro, lugar destinado a los músicos, situado generalmente entre el patio de butacas y el escenario. FAM. Orquestal, orquestar, orquestina.

orquestación *s. f.* Acción de orquestar una pieza musical.

orquestar *v. tr.* **1.** Preparar o arreglar una pieza de música para que pueda ser tocada por una orquesta. **2.** Proyectar o dirigir un plan, una actividad, un grupo, etc., coordinando sus distintos elementos. SIN. **1.** y **2.** Instrumentar. **2.** Organizar. FAM. Orquestación. ORQUESTA.

orquestina *s. f.* Agrupación musical de pocos y variados instrumentos que generalmente toca música bailable.

orquídea (del gr. *orkhidion*, dim. de *orkhis*, testículo) *s. f.* Nombre común de diversas plantas herbáceas monocotiledóneas, caracterizadas por las formas y colores vistosos de sus flores, en las que uno de sus pétalos se desarrolla más que los otros. Su uso es fundamentalmente ornamental.

orquitis (del gr. *orkhis*, testículo, e *-itis*) *s. f.* Inflamación del testículo. ■ No varía en *pl.*

órsay (del ingl. *offside*) *s. m.* En algunos dep., fuera de juego. || LOC. **estar en órsay** *fam.* Estar distraído, despistado.

ortega (del lat. *ortyx, -ygis*, codorniz) *s. f.* Ave columbiforme de unos 35 cm de longitud, alas largas, puntiagudas, y vuelo muy rápido; el plumaje del macho es grisáceo y anaranjado, con una franja en el pecho, y el de la hembra, amarillento moteado de negro. Habita en terrenos pedregosos de la península Ibérica.

ortiga (del lat. *urtica*) *s. f.* Nombre común de diversas plantas herbáceas de hasta 80 cm de altura, cuyas hojas, de forma ovalada y borde dentado, tienen pelos que segregan un líquido que produce irritación y picor al contacto. Sus flores, de color verde o blanco, se encuentran agrupadas en racimos. FAM. Ortigal. / Urticaria.

ortigal *s. m.* Terreno donde abundan las ortigas.

orto (del lat. *ortus*) *s. m.* Aparición del Sol o de otro astro por el horizonte.

orto- (del gr. *orthos*, recto) *pref.* **1.** Significa 'recto, correcto': *ortodoxo, ortografía, ortopedia.* **2.** Se emplea en nomenclatura química para indicar que en el núcleo del benceno aparecen dos radicales unidos a carbonos contiguos.

ortocentro (de *orto-* y el gr. *kentron*, centro) *s. m.* Punto en que se cortan las alturas de un triángulo.

ortoclasa (de *orto-* y el gr. *klasis*, ruptura) *s. f.* Ortosa*.

ortocromático, ca (de *orto-* y el gr. *khromatikos*, cromático) *adj.* Se dice de la emulsión de la placa o película fotográfica sensible a todos los colores menos al rojo.

ortodoncia (de *orto-* y el gr. *odon*, *odontos*, diente) *s. f.* **1.** Rama de la odontología que se ocupa del tratamiento y corrección de los dientes malformados o desplazados. **2.** Tratamiento y corrección de las malformaciones y de los desplazamientos dentarios. **FAM.** Ortodoncista.

ortodoncista *s. m.* y *f.* Odontólogo especializado en ortodoncia.

ortodoxia (del lat. *orthodoxia*, y éste del gr. *orthodoxia*, de *orthos*, recto, y *doxa*, opinión) *s. f.* Conformidad con los principios, creencias o ideas fundamentales de una religión, doctrina o teoría. **ANT.** Heterodoxia.

ortodoxo, xa (del lat. *orthodoxus*, y éste del gr. *orthodoxos*) *adj.* **1.** De acuerdo con los dogmas de una fe o los principios de una doctrina o teoría que se considera cierta frente a otras interpretaciones: *Es un marxista ortodoxo.* También *s. m.* y *f.* **2.** Particularmente, que es conforme al dogma católico. **3.** De la religión cristiana de ciertos países de Europa oriental, como Rusia, Rumania o Grecia, que se separaron de la Iglesia católica romana en 1045 y obedecen al patriarca de Constantinopla. **4.** Que se ajusta a las normas, opiniones, prácticas, etc. comúnmente admitidas: *Su actuación fue, si no irregular, muy poco ortodoxa.* También *s. m.* y *f.* **SIN. 4.** Habitual, normal. **ANT. 1., 2.** y **4.** Heterodoxo. **FAM.** Ortodoxia.

ortoedro *s. m.* Prisma* recto de base rectangular.

ortofonía (de *orto-* y *-phone*, sonido) *s. f.* **1.** Pronunciación correcta de los sonidos de una lengua. **2.** Disciplina que se ocupa de la corrección de los defectos en la pronunciación de sonidos de una lengua. **3.** Corrección de dichos defectos. **FAM.** Ortofónico, ortofonista.

ortogonal (de *orto-* y el gr. *gonia*, ángulo) *adj.* Que forma ángulo recto.

ortografía (del gr. *orthographia*, de *orthos*, recto, y *grapho*, escribir) *s. f.* **1.** Manera correcta de escribir las palabras de una lengua y de puntuar un texto. **2.** Parte de la gramática de una lengua que da normas para escribir las palabras y puntuar lo escrito. **FAM.** Ortográfico.

ortología (de *orto-*, y el gr. *logos*, lenguaje) *s. f.* **1.** Manera correcta de pronunciar los sonidos de un lenguaje. **2.** Parte de la gramática que da las normas para esa correcta pronunciación. **FAM.** Ortológico.

ortopeda *s. m.* y *f.* Especialista en ortopedia. **SIN.** Ortopedista, ortopédico.

ortopedia (de *orto-* y el gr. *paideia*, educación) *s. f.* **1.** Prevención, tratamiento y corrección de las deformidades físicas mediante cirugía, fisioterapia o implantación de prótesis o miembros artificiales. **2.** Conjunto de técnicas para el diseño y fabricación de aparatos destinados a corregir y evitar las deformidades físicas. **FAM.** Ortopeda, ortopédico, ortopedista.

ortopédico, ca *adj.* **1.** Relativo a la ortopedia: *cirugía ortopédica, aparato ortopédico.* || *s. m.* y *f.* **2.** Ortopeda*.

ortopedista *s. m.* y *f.* Ortopeda*.

ortóptero (de *orto-* y *-ptero*) *adj.* **1.** Se dice de los insectos que se caracterizan por tener el último par de patas adaptado al salto, generalmente dos pares de alas, el primero coriáceo y el segundo membranoso, aparato bucal masticador y abdomen con diez segmentos, como los saltamontes, las langostas y los grillos. También *s. m.* || *s. m. pl.* **2.** Orden de estos insectos.

ortosa (del gr. *orthos*, recto) *s. f.* Mineral feldespato potásico en estado puro, de color grisáceo o rojizo, muy abundante en los granitos, pórfidos y pegmatitas. Se emplea para la fabricación de porcelanas o materiales refractarios. ■ También se llama *ortoclasa.*

ortotipografía *s. f.* Conjunto de normas para el empleo correcto de la tipografía.

oruga (del lat. vulg. *uruca*, del lat. *eruca*) *s. f.* **1.** Nombre común de las larvas de los insectos lepidópteros, que tienen forma de gusano, el cuerpo dividido en segmentos y un número variable de apéndices con función locomotora. Se alimentan de hojas y experimentan una metamorfosis que da lugar al insecto adulto. **2.** Planta herbácea de la familia de las crucíferas de unos 60 cm de altura, hojas lobuladas y partidas en varios gajos puntiagudos, flores en racimo de pétalos blancos con venas moradas y fruto en silicua. Crece en praderas silvestres. **3.** Especie de llanta continua y articulada que permite avanzar sobre ella por terrenos accidentados a tanques, excavadoras, máquinas quitanieves, etc. || *s. m.* **4.** P. ext., vehículo militar provisto de dichas llantas. **FAM.** Semioruga.

orujo (del ant. *borujo*, y éste del lat. vulg. *voluclum*, del lat. *involucrum*, envoltorio) *s. m.* **1.** Residuo de pieles y pepitas o huesos que queda después de prensar la aceituna, la uva u otros frutos. **2.** Aguardiente que se fabrica por destilación de este residuo de la uva. **FAM.** Burujo.

orvallar *v. impers.* Llover ligeramente, lloviznar.

orvallo (del port. *orvalho*) *s. m.* En algunas regiones, como Asturias, llovizna, lluvia fina y continua. **SIN.** Calabobos, sirimiri. **FAM.** Orvallar.

orza[1] (del lat. *urceus*) *s. f.* Vasija de barro cocido y vidriado con forma de tinaja pequeña, alta y sin asas, particularmente la que se usa para guardar miel.

orza[2] (de *orzar*) *s. f.* En balandros de regata, tablas de windsurf, etc., pieza suplementaria, en forma de aleta más o menos triangular, que se coloca en la quilla y sirve para dar una mayor estabilidad y gobierno a la embarcación.

orzaga (del ár. *ussaqa*, y éste del lat. *oxalica*, de acederas) *s. f.* Planta arbustiva de 1 a 2 m de altura, hojas elípticas blanquecinas y flores en racimo de color verde. Crece en la península Ibérica.

orzar (del lat. vulg. *ortiare*, del lat. *oriri*) *v. intr.* Hacer que la proa del barco se incline hacia la parte de donde viene el viento. ■ Delante de *e* se escribe *c* en lugar de *z*: *orce.*

orzuelo (del lat. *hordeolus*) *s. m.* Pequeño grano o inflamación que aparece al borde de un párpado.

os (del lat. *vos*) *pron. pers. m.* y *f. pl.* Forma átona de segunda persona que funciona como complemento directo e indirecto: *Os veo. Os lo dije*; o como reflexivo con verbo pronominal, a veces con valor enfático o expresivo: *No os arrepentiréis. Os tomasteis un café.* ■ Se coloca delante del verbo, excepto cuando éste es infinitivo, gerundio o imperativo, en cuyo caso va pospuesto y unido a él, perdiendo el imperativo la *-d* final, excepto en el verbo *ir*: *Iros vistiéndoos, sentaos, idos.*

osadía *s. f.* **1.** Imprudencia, audacia. **2.** Insolencia, falta de respeto. **SIN. 1.** Temeridad. **1.** y **2.** Atrevimiento. **2.** Desvergüenza, impertinencia, descaro. **ANT. 1.** Prudencia. **2.** Consideración.

osamenta (del lat. *ossa*, huesos) *s. f.* **1.** Conjunto de huesos del esqueleto de una persona o un animal. **2.** Esqueleto.

osar (del lat. vulg. *ausare*, y éste del lat. *audere*) *v. tr.* **1.** Atreverse a hacer algo con valor o temeridad: *Osó desafiar a un chico más fuerte que él.* También *v. intr.* **2.** Atreverse a hacer algo que requiere cierto descaro o falta de respeto. También *v. intr.* **SIN. 1.** Arriesgarse. **ANT. 1.** Evitar. **FAM.** Osadía, osado.

osario (del lat. *ossarium*) *s. m.* **1.** Lugar donde se entierran o se encuentran enterrados huesos. **2.** Fosa o lugar de un cementerio donde se depositan los huesos que se sacan de las sepulturas temporales.

óscar *s. m.* **1.** Premio cinematográfico que concede anualmente la Academia Americana de Artes y Ciencias Cinematográficas. **2.** Estatuilla dorada que se entrega a los ganadores de este premio.

oscense (del lat. *oscensis*) *adj.* De Huesca. También *s. m.* y *f.*

oscilador *s. m.* **1.** Dispositivo electrónico que convierte la energía eléctrica en ondas de radio. **2.** Sistema con movimiento periódico de vibración en torno a una posición de equilibrio. Un ejemplo de oscilador es el péndulo.

oscilar (del lat. *oscillare*) *v. intr.* **1.** Moverse sucesivamente a un lado y a otro algo que está colgado o que está sujeto o apoyado en un solo punto: *La lámpara oscila con el viento.* **2.** P. ext., vibrar o moverse continuamente una cosa sin llegar a desplazarse: *oscilar la llama de una vela.* **3.** Crecer y disminuir alternativamente dentro de unos límites el valor, la intensidad, el tamaño, etc., de una cosa: *La temperatura oscilará entre 15 y 20º C.* **4.** Vacilar, dudar. **SIN. 1.** Balancearse, bambolearse. **2.** Temblar. **3.** Variar, fluctuar. **4.** Fluctuar, titubear. **ANT. 3.** Estabilizarse. **FAM.** Oscilación, oscilador, oscilante, oscilatorio, oscilógrafo, osciloscopio.

oscilógrafo *s. m.* Aparato diseñado para registrar los distintos tipos de movimientos oscilatorios y trazar una gráfica que los represente.

osciloscopio *s. m.* Instrumento que mediante un haz de electrones registra señales que varían muy rápidamente.

osco, ca (del lat. *oscus*) *adj.* **1.** Se dice de uno de los antiguos pueblos de Italia central. También *s. m.* y *f.* || *s. m.* **2.** Lengua hablada por el mismo. ■ No confundir con la palabra homófona *hosco*, 'hostil, insociable'.

ósculo (del lat. *osculum*) *s. m.* Beso o gesto simbólico que se hace de besar algo en señal de respeto, obediencia, cariño, etc.: *Depositó un ósculo en los pies de la imagen.*

oscuramente *adv. m.* **1.** De manera difícil de entender: *Lo explicó oscuramente y por eso no me enteré.* **2.** De manera oculta y sospechosa. **3.** De manera humilde, con poco lucimiento: *Realiza su labor oscuramente.* ■ Se escribe también *obscuramente.*

oscurantismo (del lat. *obscurans, -antis*, que oscurece) *s. m.* **1.** Oposición a la difusión de la cultura y la educación entre el pueblo. **2.** Ocultamiento de la información. ■ Se escribe también *obscurantismo.* **ANT. 2.** Transparencia. **FAM.** Oscurantista. OSCURO.

oscurantista *adj.* **1.** Del oscurantismo. **2.** Partidario o defensor del oscurantismo. También *s. m.* y *f.* ■ Se escribe también *obscurantista.*

oscurecer *v. tr.* **1.** Disminuir la cantidad de luz de algo o de un sitio o dejarlo sin luz: *oscurecer la sala.* **2.** Hacer que alguien o algo parezca de menos valor o importancia. **3.** Dificultar o impedir la comprensión de algo: *Esas palabras técnicas oscurecen su explicación.* **4.** Dar más sombra a una pintura, fotografía, etc., o a una parte de ella. || *v. impers.* **5.** Anochecer: *En el invierno oscurece antes.* || **oscurecerse** *v. prnl.* **6.** Nublarse el día, el cielo, el sol, etc. ■ Se escribe también *obscurecer.* Es v. irreg. Se conjuga como *agradecer.* **SIN. 1.** Apagar, sombrear, ensombrecer. **2.** Ensombrecer, deslucir, eclipsar. **3.** Complicar, confundir, embrollar, liar. **6.** Encapotarse, cubrirse. **ANT. 1.** Iluminar, alumbrar, aclarar. **2.** Realzar. **3.** Clarificar. **3.** y **5.** Aclarar. **5.** Amanecer. **6.** Aclararse, despejarse. **FAM.** Oscurecida, oscurecimiento. OSCURO.

oscurecida *s. f.* Momento del anochecer. ■ Se escribe también *obscurecida.*

oscuridad (del lat. *obscuritas, -atis*) *s. f.* **1.** Falta de luz o claridad para percibir las cosas. **2.** P. ext., lugar o circunstancia en que hay poca o ninguna luz. **3.** Falta de fama o éxito: *El premio rescató su obra de la oscuridad.* **4.** Confusión, complicación: *La oscuridad de su razonamiento hace difícil seguirle.* **5.** Ignorancia, falta de conocimiento o instrucción. **6.** Falta de noticias o información acerca de algo o estado de lo que no se conoce muy bien. **7.** Estado o situación de la persona o cosa que se oculta a los demás: *Decidieron mantener en la oscuridad este delicado asunto.* ■ Se escribe también *obscuridad.* **SIN. 1.** Lobreguez, tiniebla, sombra. **2.** Sombra. **3.** Anonimato, olvido. **4.** Complejidad, dificultad. **5.** Incultura, barbarie. **6.** Incógnita, incertidumbre, secreto. **7.** Secreto. **ANT. 1.** Luminosidad. **3.** Celebridad. **4.** Sencillez. **5.** Educación. **6.** Certeza.

oscuro, ra (del lat. *obscurus*) *adj.* **1.** Que no tiene luz o claridad. **2.** Se aplica al color que tiende al negro o que está más cerca del negro en comparación con otros: *El azul marino es un color oscuro.* **3.** Se aplica al día o al cielo nublado: *Amaneció un día oscuro.* **4.** Poco conocido, que no llama la atención: *Lleva una vida oscura.* **5.** Complicado, difícil de entender: *un lenguaje oscuro.* **6.** Que no está explicado o no se conoce con certeza. **7.** Oculto o sospechoso: *Creo que hay algo oscuro en este asunto.* **8.** Incierto, inseguro: *un porvenir muy oscuro.* **9.** Aplicado al linaje o la condición social en que nace una persona, humilde, desconocido: *un hombre de oscura procedencia.* || **LOC. a oscuras** *adv.* Sin luz. También, sin comprender algo: *A pesar de tus explicaciones, sigo a oscuras.* ■ Se escribe también *obscuro.* **SIN. 1.** Apagado, sombrío, lóbrego. **1.** y **7.** Tenebroso. **3.** Encapotado, gris. **4.** Discreto, modesto. **5.** Confuso, incomprensible, lioso. **6.** Desconocido, ignorado. **6.** y **7.** Misterioso. **7.** Turbio. **8.** Problemático, azaroso. **ANT. 1.** Iluminado. **1.** a **3.** Luminoso, radiante. **4.** Intenso, llamativo. **5.** Comprensible. **3.**, **5.**, **6.**, **8.** y **9.** Claro. **7.** Inocente. **8.** Seguro. **9.** Esclarecido. **FAM.** Oscuramente, oscurantismo, oscurecer, oscuridad. / Claroscuro, obscuro.

oseína (del lat. *os, ossis*, hueso) *s. f.* Sustancia orgánica que forma el tejido celular de los huesos y cartílagos en los animales. ■ Se dice también *osteína.*

óseo, a (del lat. *osseus*) *adj.* **1.** Relativo al hueso: *reumatismo óseo.* **2.** De materia o naturaleza parecida a la del hueso: *consistencia ósea.* **FAM.** Osamenta, osario, oseína, osificarse, ososo. / Interóseo. HUESO.

osera *s. f.* Cueva o guarida del oso.

osezno *s. m.* Cachorro del oso.

osificarse (del lat. *os, ossis*, hueso, y *facere*, hacer) *v. prnl.* **1.** Convertirse en hueso un tejido del organismo. **2.** Adquirir una materia consistencia o textura de hueso. ■ Delante de *e* se escribe *qu* en lugar de *c.* **FAM.** Osificación. ÓSEO.

-osis *suf.* Significa 'proceso o estado anormal o patológico': *tuberculosis, psicosis, cirrosis.*

osmio (del gr. *osme*, olor) *s. m.* Elemento químico metálico de mayor densidad junto con el iridio, maleable y de gran dureza, que se encuentra en minerales acompañando al platino y se emplea en la elaboración de aleaciones resistentes, en la fabricación de agujas especiales y de circuitos eléctricos. Su símbolo es *Os.*

ósmosis u **osmosis** (del gr. *osmos*, acción de empujar, impulso) *s. f.* **1.** Fenómeno de difusión entre dos soluciones a través de un tabique o membrana semipermeable que los separa, de modo que sólo algunos componentes de dichas soluciones pasan de un lugar a otro. **2.** Influencia mutua entre dos personas, colectividades, etc. ■ No varía en *pl.* **FAM.** Osmótico. / Endósmosis.

oso, sa (del lat. *ursus*) *s. m.* y *f.* **1.** Mamífero plantígrado de cuerpo macizo, altura entre 1 y 3 m, orejas redondas, hocico puntiagudo, extremidades con fuertes garras y pelaje de color variable; es un animal omnívoro, nómada, cuyas principales especies son el oso blanco o polar, el oso pardo de Eurasia y el oso negro de América del Norte. **2.** Se emplea como término de comparación para referirse a personas con ciertas características que recuerdan a las de un oso, como el ser muy velludo o muy fuerte. || **3. oso hormiguero** Mamífero desdentado de cola larga, color gris con pelo fuerte y áspero, cabeza cilíndrica con un largo hocico y larga lengua que utiliza para alimentarse de hormigas, termitas y abejas; habita en las selvas tropicales de América. **4. oso marino** Mamífero pinnípedo de entre 2 y 2,5 m de longitud, pelo sedoso de color oscuro, excepto su parte anterior que es blanca, y bigote de gruesas cerdas. **5. oso panda** Panda[1]*. || **LOC. hacer el oso** *fam.* Hacer o decir tonterías. **FAM.** Osera, osezno, osuno. / Úrsido.

-oso, sa *suf.* Forma adjetivos a los que añade el significado de 'presencia' o 'abundancia', o bien 'cualidad' de lo que expresa el nombre: *canceroso, aceitoso, achacoso; bondadoso, candoroso.*

ososo, sa *adj.* **1.** Relativo al hueso. **2.** Que tiene hueso.

ossobuco (ital., significa 'hueso de caña') *s. m.* Plato de la cocina italiana que consiste en un guiso de tibia de vaca o ternera, con médula y carne, cortada en rodajas.

¡oste! *interj.* ¡Oxte!*.

oste- *pref.* Véase **osteo-**.

ostealgia (de *osteo-* y *-algia*) *s. f.* Dolor de huesos.

osteictio (de *oste-* y el gr. *ikhthys*, pez) *adj.* **1.** Se aplica a los peces que se caracterizan por tener el esqueleto parcial o totalmente osificado y, en la mayor parte de las especies, la piel cubierta de escamas. Por lo general son ovíparos. También *s. m.* || *s. m. pl.* **2.** Clase formada por estos peces.

osteína *s. f.* Oseína*.

osteítis (de *oste-* e *-itis*) *s. f.* Inflamación de los huesos, generalmente de origen infeccioso. ■ No varía en *pl.*

ostensible (del lat. *ostensum*, de *ostendere*, mostrar) *adj.* Que puede ser percibido o notado fácilmente: *Aunque quiso disimularlo, su enfado resultaba ostensible.* **SIN.** Perceptible, manifiesto, patente, evidente, visible, palpable. **ANT.** Imperceptible, inescrutable. **FAM.** Ostensiblemente. OSTENTAR.

ostensivo, va (del lat. *ostensum*, de *ostendere*, mostrar) *adj.* Que muestra algo de forma clara y patente.

ostensorio (del lat. *ostensus*, de *ostendere*, mostrar) *s. m.* Pieza de orfebrería en forma de copa donde se expone el Santísimo Sacramento a la veneración de los fieles. **SIN.** Custodia.

ostentación (del lat. *ostentatio, -onis*) *s. f.* **1.** Acción de ostentar. **2.** Exhibición o alarde de riqueza. **SIN. 1.** Jactancia, petulancia, afectación. **2.** Pompa, boato, fausto. **ANT. 1.** y **2.** Modestia, sencillez.

ostentar (del lat. *ostentare*) *v. tr.* **1.** Mostrar algo propio de manera insistente, con orgullo, presunción o complacencia. **2.** Mostrar o llevar algo de manera bien visible, aunque sea involuntariamente: *Ostentaba una larguísima barba.* **3.** Estar en posesión de algo que da ciertos derechos, cierto poder o ciertos honores: *ostentar un cargo, un título mundial.* **SIN. 1.** Alardear, presumir. **1.** y **2.** Lucir, exhibir. **3.** Poseer, tener, desempeñar, ocupar. **ANT. 1.** y **2.** Esconder, encubrir. **FAM.** Ostensible, ostensivo, ostensorio, ostentación, ostentador, ostentoso.

ostentoso, sa (del lat. *ostentuosus*) *adj.* **1.** Se aplica a aquellos objetos de un lujo exagerado con que se intenta mostrar a los demás la propia riqueza o poder: *coche ostentoso, casa ostentosa.* **2.** Se dice de lo que se muestra o se hace con intención de que sea notado: *Me echó del despacho con un gesto ostentoso.* **SIN. 1.** Suntuoso, fastuoso, rimbombante, pomposo, aparatoso. **2.** Aparatoso, ostensible, patente. **ANT. 1.** Mísero, ruin. **2.** Discreto, disimulado. **FAM.** Ostentosamente. OSTENTAR.

osteo-, -ósteo (del gr. *osteon*, hueso) *pref.* y *suf.* Significa 'hueso': *osteología, teleósteo.*

osteoblasto (de *osteo-* y el gr. *blastos*, germen) *s. m.* Célula del tejido óseo que produce la oseína.

osteocito (de *osteo-* y *-cito*) *s. m.* Célula del tejido óseo.

osteoclastia (de *osteo-* y el gr. *klao*, romper) *s. f.* En med., fractura intencionada de un hueso para corregir una desviación o deformidad.

osteogénesis (de *osteo-* y *-génesis*) *s. f.* Desarrollo de los huesos o tejido óseo. ■ No varía en *pl.*

osteolito (de *osteo-* y *-lito*) *s. m.* Hueso fósil.

osteología (de *osteo-* y *-logía*) *s. f.* Rama de la medicina que estudia la estructura, función y enfermedades de los huesos. **FAM.** Osteológico, osteólogo.

osteoma (de *osteo-* y *-oma*) *s. m.* Tumor de naturaleza semejante a la del tejido óseo.

osteomalacia (de *osteo-* y el gr. *malakos*, blando) *s. f.* Reblandecimiento patológico de los huesos por falta de vitamina D.

osteomielitis (de *osteo-*, del gr. *myelos*, médula, e *-itis*) *s. f.* Proceso inflamatorio del hueso y de la médula ósea. ■ No varía en *pl.*

osteopatía (de *osteo-* y *-patía*) *s. f.* Cualquiera de las enfermedades de los huesos. **FAM.** Osteópata.

osteoporosis (de *osteo-*, del gr. *poros*, conducto, y *-osis*) *s. f.* Formación de huecos o espacios anormales en los huesos, sin que se produzca descalcificación. ■ No varía en *pl.*

osteosarcoma (de *osteo-*, del gr. *sarx*, *sarkos*, carne, y *-oma*) *s. m.* Sarcoma del hueso o que contiene tejido óseo.

osteosíntesis (de *osteo-* y el gr. *synthesis*, unión, composición) *s. f.* Unión por medios quirúrgicos o mecánicos de los extremos de un hueso fracturado. ■ No varía en *pl.*

osteosis (de *osteo-* y *-osis*) *s. f.* Cualquier enfermedad no inflamatoria de los huesos. ■ No varía en *pl.*

osteotomía (de *osteo-* y *-tomía*) *s. f.* Sección de un hueso por procedimientos quirúrgicos.

ostiolo u **ostíolo** *s. m.* Abertura del estoma y, p. ext., cualquier orificio de un órgano vegetal.

ostión (del lat. *ostrea*, ostra) *s. m.* Especie de ostra más grande y basta que la común.

ostra (del port. *ostra* y éste del lat. *ostrea*) *s. f.* Nombre común de diversas especies de moluscos lamelibranquios, de conchas rugosas y no simétricas con el interior nacarado. Forman bancos en las aguas litorales de todos los océanos. La ostra común es muy apreciada en alimentación. || **LOC. aburrirse** uno **como una ostra** *fam.* Aburrirse mucho. **FAM.** Ostracismo, ostrero, ostricultura, ostrífero. / Ostión.

ostracismo (del gr. *ostrakismos*, de *ostrakon*, concha en que los griegos escribían el nombre del desterrado) *s. m.* **1.** En la antigua Atenas y en otras ciudades de Grecia, destierro al que se condenaba a los ciudadanos por razones políticas. **2.** Aislamiento al que una persona es sometida como castigo por alguna de sus acciones, actitudes, ideas, etc. **SIN. 1.** Deportación, exilio, expulsión. **2.** Vacío, boicot, exclusión, apartamiento, alejamiento.

¡ostras! *interj. fam.* Exclamación de sorpresa, disgusto, enfado, etc.

ostrero, ra *adj.* **1.** Relativo a las ostras. || *s. m.* y *f.* **2.** Persona que recoge ostras o las vende. || *s. m.* **3.** Lugar donde se crían y conservan vivas las ostras. **4.** Criadero de perlas. **5.** Nombre de diversas aves zancudas; el ostrero común mide alrededor de 50 cm y tiene el cuerpo blanco y negro, las patas rosadas y el pico largo, con el que abren los moluscos de los que se alimentan.

ostricultura (del lat. *ostrea*, ostra, y *-cultura*) *s. f.* Conjunto de conocimientos y técnicas de la cría de las ostras.

ostrífero, ra (del lat. *ostrifer*, de *ostrea*, ostra, y *ferre*, llevar) *adj.* Se aplica al lugar en el que se crían o abundan las ostras.

ostrogodo, da (del germ. *ost*, el oriente, y *got*, godo) *adj.* De la rama oriental del pueblo germánico de los godos. También *s. m.* y *f.*

osuno, na *adj.* **1.** Relativo al oso. **2.** Parecido al oso.

ot- *pref.* Véase **oto-**.

otalgia (de *ot-* y *-algia*) *s. f.* Dolor de oídos.

otate (del náhuatl *otlatl*) *s. m. Méx.* Junco[1]*.

otear (del ant. *oto*, y éste del lat. *altus*, alto) *v. tr.* **1.** Mirar hacia lo lejos desde un lugar alto. **2.** Mirar atentamente para descubrir algo. **SIN. 1.** Divisar. **1.** y **2.** Observar, atisbar. **2.** Explorar, escudriñar. **FAM.** Oteador. OTERO.

otelo (de *Otelo*, protagonista de una tragedia de Shakespeare) *s. m.* Hombre muy celoso. **SIN.** Moro.

otero (del ant. *oto*, y éste del lat. *altus*, alto) *s. m.* Monte de poca altura aislado en un terreno llano. **SIN.** Cerro, altozano, colina, montículo. **FAM.** Otear.

otitis (de *ot-* e *-itis*) *s. f.* Inflamación del oído. ■ No varía en *pl.*

oto- (del gr. *us*, *otos*, oído) *pref.* Significa 'oído': *otología, otorrinolaringólogo.* ■ Existe también la forma *ot-*: *otalgia.*

otología (de *oto-* y *-logía*) *s. f.* Parte de la medicina que se ocupa del estudio y tratamiento de las enfermedades del oído. **SIN.** Otorrinolaringología. **FAM.** Otológico, otólogo.

otomán *s. m.* Tela cuyo tejido forma cordones en sentido horizontal y que se usa para vestidos, tapicería, etc.

otomana (del fr. *ottomane*) *s. f.* Especie de diván o sofá que sirve para sentarse y tumbarse.

otomano, na (del ár. *Utman*, primer emperador de los turcos) *adj.* **1.** Del antiguo imperio turco. También *s. m.* y *f.* **2.** De Turquía. También *s. m.* y *f.* **SIN. 1.** y **2.** Turco. **FAM.** Otomana.

otoñada *s. f.* **1.** Época del otoño y clima propio de esa estación del año. **2.** Pasto de otoño.

otoñar (del lat. *autumnare*) *v. intr.* **1.** Pasar el otoño en un lugar o de una manera determinados. || *v. impers.* **2.** Brotar la hierba durante el otoño. || **otoñarse** *v. prnl.* **3.** Adquirir la tierra un buen estado con las lluvias de otoño.

otoño (del lat. *autumnus*) *s. m.* **1.** Estación del año comprendida entre el verano y el invierno, que en el hemisferio N comienza aproximadamente el 21 de septiembre y termina el 22 de diciembre y en el hemisferio S se inicia el 21 de marzo y acaba el 21 de junio. **2.** Periodo de la vida humana próximo a la vejez. **FAM.** Otoñada, otoñal, otoñar.

otorgamiento *s. m.* **1.** Acción de otorgar. **2.** Documento en que se recoge una acción de otorgar y mediante el cual ésta adquiere validez legal. **3.** Fórmula final con que los notarios aprueban, cierran y dan validez a un documento. **SIN. 1.** Concesión, donación, consentimiento, licencia.

otorgar (del lat. vulg. *auctoricare*, y éste del lat. *auctor*, garante) *v. tr.* **1.** Dar o conceder a alguien lo que se expresa. También *v. prnl.*: *Me han otorgado la beca que solicité.* **2.** Dar o conceder leyes, reglamentaciones, disposiciones, etc.: *El parlamento tiene el poder de otorgar leyes.* **3.** En der., conceder, disponer, establecer alguna cosa, especialmente si se hace en un documento ante notario: *Ha otorgado testamento a mi favor.* **4.** Reconocer o aceptar algo. ■ Delante de *e* se escribe *gu* en lugar de *g*: *otorgue.* **SIN. 1.** Dispensar, entregar, proporcionar, conferir. **2.** Promulgar. **4.** Admitir, acceder, asentir. **ANT. 1.** y **2.** Retirar. **1.** y **4.** Negar. **FAM.** Otorgador, otorgamiento, otorgante.

otorragia (de *oto-* y el gr. *rhegnymi*, brotar) *s. f.* Salida de sangre por el conducto auditivo externo.

otorrino *s. m.* y *f. acort.* de **otorrinolaringólogo**.

otorrinolaringología (de *oto-*, *rino-*, *laringo-* y *-logía*) *s. f.* Parte de la medicina que se ocupa del estudio y tratamiento de las enfermedades de la nariz, la garganta y los oídos. **FAM.** Otorrino, otorrinolaringólogo. LARINGOLOGÍA.

otoscopia (de *oto-* y *-scopia*) *s. f.* Exploración del interior del oído. **FAM.** Otoscopio.

otoscopio (de *oto-* y *-scopio*) *s. m.* Instrumento que se utiliza para examinar los órganos interiores del aparato auditivo.

otro, tra (del lat. *alterum*, de *alter*) *adj. indef.* **1.** Que es distinto de lo que se expresa o sobrentiende, pero del mismo género o clase: *No tengo otro libro que éste. Yo no quiero ir, que vaya otro.* También *pron.* **2.** En algunos casos significa 'uno más'. También *pron.*: *¿Nos tomamos otro?* **3.** Expresa la gran semejanza entre dos personas, cosas, sucesos, etc., con el sentido de 'un nuevo, un segundo': *Este autor es otro Cervantes.* **4.** Precedido de artículo y ante sustantivos de tiempo como *día*, *semana*, *tarde*, etc., sitúa éstos en un pasado reciente: *El otro día me encontré a tu tío.* **5.** Con estos mismos sustantivos pero precedido de la preposición *a* y el artículo, significa 'próximo, siguiente': *Bebí demasiado y al otro día me sentía fatal.* **6.** Se utiliza en correlaciones del tipo *por una parte... por otra parte*. También *pron.* **7.** Se usa en la enumeración de personas o cosas. También *pron.*: *Tengo dos casas; una en Madrid y otra en Valencia.* **FAM.** Otrora, otrosí.

otrora *adv. t.* En tiempos pasados, en otros tiempos. ■ Su uso es culto y literario: *De esta ciudad, otrora capital de un imperio, sólo quedan ruinas.* **SIN.** Antaño. **ANT.** Hoy, ahora.

otrosí (del lat. *alterum*, de *alter*, otro, y *sic*, así) *adv. c.* **1.** Además. Se emplea en el lenguaje jurídico para iniciar cada uno de los apartados de una exposición. || *s. m.* **2.** Cada uno de estos apartados.

ouija (del fr. *oui*, sí, y el al. *ja*, sí) *s. f.* Tablero con las letras del abecedario, usado en espiritismo, sobre el que se desliza un objeto para componer un mensaje supuestamente inspirado por un espíritu.

out (ingl., significa 'fuera') *s. m.* Voz utilizada en tenis para indicar que la pelota ha sido lanzada fuera de los límites de la pista. || **LOC. estar out** *fam.* Pasado de moda. También, se dice de la persona que desconoce la moda, la actualidad o aquello de lo que se trata.

output (ingl., significa 'salida') *s. m.* **1.** Producción que resulta de un proceso. **2.** En inform., salida de datos de los ordenadores.

ova (del lat. *ulva*) *s. f.* Alga filamentosa y de color verde.

ovación (del lat. *ovatio, -onis*) *s. f.* Aplauso ruidoso y entusiasta que un conjunto de personas dedica a alguien para manifestar satisfacción, agrado o admiración. **SIN.** Palmas. **ANT.** Abucheo. **FAM.** Ovacionar.

ovacionar *v. tr.* Dar una ovación a alguien. **SIN.** Aplaudir. **ANT.** Abuchear.

ovado, da (del lat. *ovum*, huevo) *adj.* Oval*.

oval (del lat. *ovum*, huevo) *adj.* Que tiene forma de óvalo o huevo. **SIN.** Ovalado, ovado, aovado, ahuevado, ovoide, ovoideo.

ovalado, da *adj.* Oval*.

ovalar *v. tr.* Dar forma de óvalo a una cosa. **FAM.** Ovalado. ÓVALO.

óvalo (del lat. *ovum*, huevo) *s. m.* Curva cerrada, de forma parecida a una elipse o a la de la sección más larga del huevo. **FAM.** Oval, ovalar. HUEVO.

ovario (del lat. *ovarius*) *s. m.* Órgano de reproducción femenino que produce óvulos y hormonas. **FAM.** Ovárico. HUEVO.

ovas (del lat. *ova*, huevos) *s. f. pl.* En algunos lugares, hueva*.

oveja (del lat. *ovicula*, de *ovis*) *s. f.* **1.** Hembra del carnero. || **2. oveja negra** (o **descarriada**) Persona que por su mala conducta se diferencia notablemente del resto de los miembros de una familia, grupo, etc. **FAM.** Ovejería, ovejero, ovejuno, óvido, ovino.

ovejería *s. f.* **1.** *Amér. del S.* Ganado ovino y hacienda donde se cría. **2.** Crianza y comercio de este ganado.

ovejero, ra *adj.* **1.** Se dice de la persona que cuida las ovejas. También *s. m.* y *f.* **2.** Se dice del perro que guarda el rebaño.

overa (del lat. *ovum*, huevo) *s. f.* Ovario de las aves.

overbooking (ingl.) *s. m.* Contratación o reserva de plazas de hotel, avión, etc., en número superior al disponible.

overo, ra *adj.* Se aplica a los animales cuyo color es parecido al melocotón, en especial al caballo de pelaje rojizo y blanco. También *s. m.* y *f.*

overol (del ingl. *overall*) *s. m. Amér.* Mono, traje de faena o traje que usan los niños.

ovetense *adj.* De Oviedo. También *s. m.* y *f.*

ovicultura *s. f.* Técnica para la cría y explotación del ganado ovino.

óvido, da (del lat. *ovis*, oveja) *adj.* **1.** Se aplica a los mamíferos rumiantes bóvidos de pequeño tamaño, muchos de ellos cubiertos de lana abundante, como los carneros, ovejas, cabras, etc. También *s. m.* || *s. m. pl.* **2.** Grupo o subfamilia de estos mamíferos. **SIN. 1.** Ovino.

oviducto (del lat. *ovum*, huevo, y *ductus*, conducto) *s. m.* Conducto en forma de tubo por donde salen los óvulos del ovario.

oviforme *adj.* Que tiene forma de huevo. **SIN.** Ovoide, ovado, ovalado.

ovillar *v. tr.* **1.** Hacer ovillos. || **ovillarse** *v. prnl.* **2.** Acurrucarse, enroscarse. **SIN. 2.** Arrebujarse. **ANT. 2.** Estirarse. **FAM.** Ovillado. OVILLO.

ovillo (del lat. *globellus*, dim. de *globus*, bola) *s. m.* Bola que se forma enrollando un hilo de lana, una cuerda, etc. **FAM.** Ovillar.

ovino, na (del lat. *ovis*, oveja) *adj.* **1.** Se dice del ganado formado por ovejas y animales de la misma familia. También *s. m.* || *s. m. pl.* **2.** Óvidos, subfamilia de mamíferos. **SIN. 1.** Lanar. **FAM.** Ovicultura. OVEJA.

ovíparo, ra (del lat. *oviparus*, de *ovum*, huevo, y *parere*, engendrar) *adj.* Se dice de los animales que ponen huevos en los que el embrión completa su desarrollo fuera del cuerpo de la madre. También *s. m.* y *f.*

ovni (siglas de Objeto Volante No Identificado) *s. m.* Nombre que se da a ciertos objetos voladores de origen y naturaleza desconocidos.

ovo- (del lat. *ovum*, huevo) *pref.* Significa 'huevo': *ovogénesis.*

ovocélula (de *ovo-* y *célula*) *s. f.* Célula sexual femenina de algunos vegetales.

ovocito (de *ovo-* y *-cito*) *s. m.* Célula formada durante el proceso de ovogénesis.

ovogénesis (de *ovo-* y *-génesis*) *s. f.* Proceso de formación de óvulos (células sexuales femeninas), a partir de células germinativas, mediante divisiones sucesivas que tienen lugar en los ovarios. ■ No varía en *pl.*

ovoide u **ovoideo, a** (de *ovo-* y *-oide*) *adj.* De forma de huevo. ■ La forma *ovoide* se usa también como *s. m.* **SIN.** Ovado, oviforme, aovado.

óvolo (del ital. *òvolo* y éste del lat. *ovum*, huevo) *s. m.* Cierto adorno arquitectónico con forma de huevo. ■ No confundir con la palabra homófona *óbolo*, 'pequeño donativo'.

ovovivíparo, ra *adj.* Se aplica a las especies de animales que se reproducen mediante huevos, pero que permanecen dentro del cuerpo de la madre hasta después de romperse la cáscara. Es el caso de los tiburones y las víboras.

ovulación *s. f.* Acción de ovular.

ovular[1] *v. intr.* Expulsar un óvulo maduro del ovario. **FAM.** Ovulación, ovulatorio. / Anovulación. ÓVULO.

ovular[2] *adj.* Del óvulo o de la ovulación.

ovulatorio, ria *adj.* Relativo a la ovulación.

óvulo (del lat. *ovum*, huevo) *s. m.* **1.** En los animales, célula reproductora o gameto femenino, que se forma mediante el proceso denominado ovogénesis. **2.** En los vegetales, estructura en forma de saco, contenida en el ovario, que a su vez contiene las oosferas, o gametos femeninos. Cuando el fruto madura, los óvulos se convierten en semillas. **3.** Medicamento con forma oval que se administra por vía vaginal. **FAM.** Ovular[1], ovular[2]. HUEVO.

oxácido u **oxiácido** *s. m.* Oxoácido*.

oxidar *v. tr.* Combinar un elemento con el oxígeno; también, quitar electrones a un átomo o ion. En lenguaje corriente se utiliza sobre todo referido a la formación de una capa de óxido sobre algunos metales. Se usa más como *v. prnl.* **FAM.** Oxidable, oxidación, oxidante. / Antioxidante, desoxidar, inoxidable. ÓXIDO.

óxido (del gr. *oxys*, ácido) *s. m.* **1.** En quím., según la nomenclatura clásica, compuesto binario que resulta de la combinación de un elemento metálico con el oxígeno. Según la nomenclatura actualmente en vigor, también se consideran óxidos las combinaciones binarias de los no metales con el oxígeno, anteriormente conocidas como anhídridos. **2.** En particular, capa rojiza o parduzca de este compuesto que se forma en la superficie de los metales por la acción del aire y la humedad. **SIN. 2.** Orín, herrumbre. **FAM.** Oxidar. / Dióxido, hidróxido, monóxido. OXÍGENO.

oxigenado, da 1. *p.* de **oxigenar**. || *adj.* **2.** Que contiene oxígeno. **3.** P. ext., aireado, lleno de aire puro. **4.** Se aplica al cabello cuyo color se ha aclarado artificialmente y a la persona que lo lleva así. **SIN. 3.** Oreado, ventilado. **ANT. 3.** Enrarecido, cargado.

oxigenar *v. tr.* **1.** Combinar un elemento con el oxígeno. En lenguaje corriente se usa referido a la formación de una capa de óxido sobre algunos metales. También *v. prnl.* **2.** Aclarar el color del pelo enjuagándolo con agua oxigenada. También *v. prnl.* **3.** Hacer que entre aire puro y limpio en un sitio: *oxigenar una habitación.* **4.** Aumentar el número de oxidación de un elemento. || **oxigenarse** *v. prnl.* **5.** Refrescarse, descansar o relajarse al aire libre: *Me voy al campo porque necesito oxigenarme.* **SIN. 3.** Orear(se), ventilar(se). **3.** y **5.** Airear(se). **4.** Respirar. **ANT. 3.** Enrarecer(se), enturbiar(se). **FAM.** Oxigenable, oxigenación, oxigenado. / Desoxigenar. OXÍGENO.

oxígeno (del gr. *oxys*, ácido, y *-geno*) *s. m.* Elemento químico gaseoso que se encuentra libre en el aire en proporción del 20% y que, combinado, forma parte de un gran número de compuestos, particularmente el agua, siendo el elemento más abundante en la Tierra. Es indispensable en la combustión y en la respiración, tiene múltiples aplicaciones. Su símbolo es *O*. **FAM.** Óxido, oxigenar, oxigenoterapia, oxoácido.

oxigenoterapia *s. f.* Tratamiento médico basado en la administración de oxígeno.

oxitocina *s. f.* Hormona secretada por la hipófisis, que excita las contracciones del útero de las mujeres durante el parto.

oxítono, na (del gr. *oxys*, agudo, y *tonos*, intensidad) *adj.* Se dice de la palabra que lleva el acento tónico en la última sílaba. **SIN.** Agudo. **FAM.** Paroxítono. TONO.

oxiuro (del gr. *oxys*, agudo, y *ura*, cola) *s. m.* Gusano nematodo de color blanco, parásito de diversos animales y, especialmente, del hombre. Es conocido vulgarmente como lombriz intestinal.

oxoácido *s. m.* En quím., cualquier sustancia de naturaleza ácida en cuya molécula el oxígeno aparece unido a un elemento no metálico, o que actúe como tal, para formar un ion negativo al que se unen los hidrógenos. Son oxoácidos el ácido sulfuroso, el sulfúrico, el nítrico, etc. ■ Se denomina también *oxácido* y *oxiácido*. **FAM.** Oxácido, oxiácido. OXÍGENO.

¡oxte! *interj.* Voz que se emplea para rechazar a una persona, animal o cosa que resulta molesta. || **LOC. sin decir oxte ni moxte** *fam.* Sin decir nada, sin pronunciar palabra. ■ Se escribe también *¡oste!* **FAM.** ¡Oste!

oye *interj.* Véase **oír**.

oyente *adj.* **1.** Se aplica a la persona que está oyendo o escuchando algo: *los oyentes de un programa.* También *s. m.* y *f.* || *s. m.* y *f.* **2.** Alumno que asiste a un curso académico sin estar matriculado en él. **FAM.** Radioyente. OÍR.

ozono (del gr. *ozo*, tener olor) *s. m.* Gas muy oxidante, de color azulado, cuya molécula está formada por tres átomos de oxígeno y que se produce en las capas bajas de la atmósfera debido a la acción de las descargas eléctricas y, en mayor cantidad, en las capas altas mediante la acción de las radiaciones ultravioleta del Sol sobre el oxígeno. La capa de ozono protege a los organismos vivos de los efectos de dichas radiaciones y su deterioro puede originar catástrofes biológicas imprevisibles. **FAM.** Ozonosfera, ozonoterapia.

ozonosfera *s. f.* Capa de la atmósfera situada entre los 15 y los 40 km de altitud, caracterizada por la presencia de ozono.

ozonoterapia *s. f.* Empleo del ozono con fines terapéuticos.

p *s. f.* Decimoséptima letra del abecedario español y decimotercera de sus consonantes. Su articulación es bilabial oclusiva sorda y su nombre es *pe*.

p. m. *expr.* Abreviatura de **post merídiem**.

pabellón (del ant. fr. *paveillon*, tienda de campaña, y éste del lat. *papilio, -onis*, mariposa) *s. m.* **1.** Edificio o construcción aislada que constituye una dependencia de otro o que forma parte de un conjunto: *el pabellón de enfermos infecciosos de un hospital, el pabellón de oficiales.* **2.** Tienda de campaña en forma de cono, sostenida principalmente por un grueso palo central. **3.** Colgadura de tela que cubre una cama, altar, trono, etc., con forma semejante a la de una tienda de campaña. **4.** Ensanchamiento en forma de cono en que terminan algunos instrumentos de viento. **5.** Bandera de un país. **6.** Nacionalidad de un buque mercante: *El barco hundido era de pabellón panameño.* || **7. pabellón de la oreja** Parte externa del oído. **SIN. 1.** Ala, sección, anexo. **3.** Dosel. **5.** Enseña, estandarte.

pabilo o **pábilo** (del lat. *papyrus*, papiro, y éste del gr. *papyros*) *s. m.* **1.** Mecha de una vela. **2.** Parte incandescente o carbonizada de esa mecha. **FAM.** Despabilar, espabilar.

pábulo (del lat. *pabulum*, pasto) *s. m.* Cosa o materia que sirve para mantener o ejecutar cierta acción: *El barrio era pábulo de las llamas.* || **LOC. dar pábulo** a algo Dar motivo para ello, fomentarlo: *Sus idas y venidas dieron pábulo a muchos chismorreos.* **SIN.** Pasto, estímulo.

paca[1] (del fr. ant. *pacque*) *s. f.* Fardo de lana, algodón, paja, etc., prensado y atado. **SIN.** Bala. **FAM.** Pacotilla, paquete. / Empacar.

paca[2] (del guaraní *paka*) *s. m.* Mamífero roedor del tamaño de una liebre, con cuerpo robusto, orejas pequeñas y pelo lacio de color castaño rojizo. Habita en América, desde México hasta el S de Brasil. **FAM.** Paco[2].

pacato, ta (del lat. *pacatus*, p. de *pacare*, pacificar) *adj.* **1.** Pacífico, tranquilo, apocado. También *s. m.* y *f.* **2.** Que se escandaliza por poco. También *s. m.* y *f.* **SIN. 1.** Modoso. **2.** Remilgado, timorato. **FAM.** Véase **paz**.

pacense (del lat. *Pacensis*) *adj.* De Badajoz. También *s. m.* y *f.*

pacer (del lat. *pascere*) *v. intr.* **1.** Comer el ganado la hierba del campo: *Las ovejas pacían en la ladera de la montaña.* También *v. tr.* || *v. tr.* **2.** Dar pasto al ganado. ■ Es v. irreg. Se conjuga como *agradecer*. **SIN. 1.** Pastar. **2.** Apacentar. **FAM.** Apacentar.

pachá (del turco *padischá*, señor, a través del fr. *pacha*) *s. m.* Bajá*.

pachaco, ca *adj. Amér. C.* Inútil, enclenque, enfermizo. También *s. m.* y *f.*

pachamanca *s. f. Amér. del S.* Carne asada entre piedras caldeadas o en un agujero abierto en la tierra y cubierto con piedras calientes.

pachanga *s. f.* Diversión, fiesta, baile. **FAM.** Pachanguero, pachanguita.

pachanguero, ra *adj.* **1.** De la pachanga. **2.** Se dice de la música pegadiza y movida que suele tocarse en fiestas y bailes populares. **3.** P. ext., se aplica a la música ramplona, de mala calidad.

pachanguita (dim. de *pachanga*) *s. f. fam.* En fútbol, cierto juego de peloteo entre varios jugadores, que se hace como entrenamiento.

pacharán (del vasc. *patxaran*, endrina) *s. m.* Licor obtenido de la endrina, típico de Navarra.

pachas, a *loc. prep. fam.* A medias, entre dos o más personas: *Hicieron el trabajo a pachas.*

pachiche *adj.* **1.** *Amér. fam.* Estropeado, en malas condiciones. **2.** *Méx. fam.* Se aplica a la persona vieja, con arrugas. También *s. m.* y *f.*

pacho, cha (de or. onomat.) *adj. Amér. C.* Rechoncho, aplanado.

pachocha *s. f. Amér. fam.* Pachorra, indolencia.

pachón, na *adj.* **1.** *fam.* Se aplica a la persona tranquila y lenta. También *s. m.* y *f.* **2.** *Chile, Hond., Méx.* y *Nic.* Peludo, lanudo. || **3. perro pachón** El parecido al perdiguero, de patas más cortas y torcidas. **SIN. 1.** Calmoso, cachazudo, flemático. **ANT. 1.** Inquieto, diligente.

pachorra *s. f. fam.* Calma y lentitud para hacer las cosas. **SIN.** Tranquilidad, cachaza, flema. **ANT.** Inquietud, diligencia.

pachotada *s. f. Amér. del S. fam.* Expresión inoportuna o vulgar.

pachucho, cha *adj.* **1.** Aplicado a cosas, plantas, flores, etc., poco tieso o poco fresco. **2.** Aplicado a personas, decaído tanto física como moralmente, un poco enfermo. **SIN. 1.** Pasado. **1.** y **2.** Mustio. **2.** Deprimido, alicaído. **ANT. 1.** Terso. **2.** Sano.

pachuco, ca *s. m.* y *f. Méx. fam.* Persona que viste de forma llamativa y vulgar, con mal gusto.

pachulí (del fr. *patchouli*, de or. indostánico) *s. m.* Planta de la familia labiadas, muy olorosa, de la que se obtiene, por destilación de sus tallos y hojas, un perfume; es oriunda de Asia y Oceanía. ■ Su pl. es *pachulíes*, aunque también se utiliza *pachulís*.

paciencia (del lat. *patientia*) *s. f.* **1.** Calma o tranquilidad en la espera: *Ten paciencia, el tren tardará aún un rato.* **2.** Capacidad para aguantar un sufrimiento o algo pesado o molesto: *Llevaba su enfermedad con paciencia.* **3.** Tranquilidad para hacer cosas minuciosas o difíciles: *Revisa con paciencia lo que escribas.* **4.** Lentitud para hacer las cosas: *Termina rápido, no lo hagas con tanta paciencia.* **SIN. 1.** Serenidad. **2.** Aguante, resignación, conformidad, temple. **3.** Esmero. **4.** Pesadez, flema, cachaza. **ANT. 1.** Impaciencia, nerviosismo. **2.** Desesperación. **4.** Prisa, rapidez. **FAM.** Paciente, pacienzudo. / Impaciencia.

paciente (del lat. *patiens, -entis*) *adj.* **1.** Que tiene paciencia. **2.** Se aplica al sujeto gramatical de una oración cuyo verbo está en voz pasiva. || *s. m.* y *f.* **3.** Enfermo que sigue un tratamiento. **SIN. 2.** Pasivo. **ANT. 1.** Impaciente. **2.** Agente. **FAM.** Pacientemente. PACIENCIA.

pacificar (del lat. *pacificare*) *v. tr.* **1.** Poner paz en un lugar o entre personas que estaban en guerra o enfrentadas. **2.** Imponer la paz al acabar de someter un país: *Tras la ocupación militar los invasores pacificaron la zona.* || **pacificarse** *v. prnl.* **3.** Tranquilizarse, calmarse: *Con el tiempo se pacificaron los ánimos.* ■ Delante de *e* se escribe *qu* en lugar de *c*: *pacifique.* **SIN. 1.** Apaciguar, reconciliar, calmar. **3.** Sosegarse. **ANT. 1.** Soliviantar. **FAM.** Pacificación, pacificador. PAZ.

pacífico, ca (del lat. *pacificus*) *adj.* **1.** Se dice de la persona que ama la paz. También *s. m.* y *f.* **2.** Que está en paz, sin guerras ni enfrentamientos. **3.** Que no encuentra oposición en una situación o estado: *Durante años gozó de la posesión pacífica de la finca.* **SIN. 1.** Sosegado, calmado, tolerante. **2.** Apacible. **ANT. 1.** Irritable. **1.** y **2.** Violento. **FAM.** Pacíficamente. PAZ.

pacifismo *s. m.* **1.** Movimiento e ideas en favor de la paz y en contra de la guerra, la violencia y los factores que las hacen posibles. **2.** P. ext., tendencia a evitar todo tipo de violencia o enfrentamiento. **ANT. 1.** Militarismo, belicismo. **FAM.** Pacifista. PAZ.

pack (ingl.) *s. m.* Caja o embalaje comercial que reúne varias unidades de un mismo producto. ■ Su pl. es *packs.*

paco[1] (de or. onomat.) *s. m.* Francotirador o tirador aislado.

paco[2] (del quechua *p'aqo*, rojizo) *s. m.* **1.** Paca[2]*. || *adj.* **2.** *Amér. del S.* Se dice del color rojizo o bermejo, por el color del citado mamífero, así como de las cosas que lo tienen. También *s. m.* **FAM.** Empacarse. PACA[2].

pacota *s. f.* **1.** *Méx.* Pacotilla. **2.** *Méx.* Don nadie, persona insignificante.

pacotilla (del fr. *pacotille*) *s. f.* Mercancías que pueden cargar por su cuenta los tripulantes de un buque sin pagar por el transporte. || **LOC. de pacotilla** *adj.* Se dice de los objetos de poca calidad o fabricados con poco esmero; p. ext., se aplica a las personas que son de menos calidad o importancia de lo que parecen: *Es un intelectual de pacotilla.* **FAM.** Pacota, pacotillero. PACA[1].

pactar *v. tr.* **1.** Llegar dos o más personas o entidades a un acuerdo que se obligan a cumplir: *Los comerciantes pactaron no subir los precios este mes.* **2.** Ceder una persona que tiene autoridad sobre otras: *Los profesores pactaron con sus alumnos las fechas de los exámenes.* También *v. intr.* **SIN. 1.** Convenir, acordar, concertar, estipular. **2.** Contemporizar, transigir.

pactismo *s. m.* Tendencia a resolver las situaciones políticas o sociales mediante pactos o compromisos. **FAM.** Pactista. PACTO.

pacto (del lat. *pactum*) *s. m.* **1.** Acuerdo entre dos o más personas o entidades. **2.** Obligación establecida por dicho acuerdo: *El pacto consistía en no volver a hablar del asunto.* **3.** Tratado entre dos o más países. || **4. pacto social** Acuerdo entre gobierno, empresarios y sindicatos para llevar a cabo una determinada política económica. **SIN. 1.** Convenio, concierto, trato. **3.** Alianza. **ANT. 1.** Desacuerdo. **FAM.** Pactar, pactismo.

paddle (ingl.) *s. m.* Deporte semejante al tenis que se juega en una pista más corta, con paredes en los fondos donde se puede hacer rebotar la pelota, que se golpea con una pala corta. ■ Se escribe también *pádel.*

paddock (ingl.) *s. m.* **1.** Recinto donde se muestran al público los caballos o los galgos antes de una carrera. **2.** Recinto donde se instalan los participantes de una carrera automovilista antes de la salida.

padecer (del lat. *pati*) *v. tr.* **1.** Sufrir los sentimientos y sensaciones que producen el dolor físico, una necesidad, una pena, etc. También *v. intr.*: *La actitud de su hijo le hace padecer.* **2.** Tener una enfermedad: *Padece una colitis fuerte.* También *v. intr.* **3.** Sentir una necesidad: *Padecen un hambre crónica.* **4.** Ser objeto de una acción perjudicial o dolorosa: *La zona ha padecido varias inundaciones.* **5.** Aguantar la acción o la presencia de alguien o algo molesto o perjudicial: *Le padeció como compañero durante dos años.* **6.** Estar en una equivocación o recibir un desengaño: *Padeció un error cuando confió en ella.* || *v. intr.* **7.** Estar sometida una cosa o una situación a un esfuerzo excesivo que puede estropearla: *El motor del coche padece con esos acelerones.* ■ Es v. irreg. Se conjuga como *agradecer.* **SIN. 4.** y **5.** Soportar. **ANT. 1.** Gozar, disfrutar. **FAM.** Padecimiento. / Compadecer, pasión, patético.

padecimiento *s. m.* **1.** Acción de padecer. **2.** Pena, desgracia, enfermedad, etc., que hace padecer a alguien: *Pasó muchos padecimientos en la guerra.* **SIN. 1.** Sufrimiento, aflicción. **2.** Penalidad. **ANT. 1.** y **2.** Alegría.

pádel *s. m.* Paddle*.

padrastro (del lat. vulg. *patraster, -tri*, de *pater*, padre) *s. m.* **1.** Marido de la madre respecto de los hijos que ella tiene de otra unión anterior. **2.** Padre que se porta mal con sus hijos. **3.** Trozo de la piel alrededor de las uñas que se levanta y causa dolor.

padrazo (aum. de *padre*) *s. m.* Padre muy cariñoso y que trata de complacer a sus hijos.

padre (del lat. *pater, -tris*) *s. m.* **1.** Hombre o animal macho respecto de sus hijos o crías. **2.** Animal macho destinado, como semental, a la reproducción. También *adj.* **3.** Autor de una cosa o idea: *Cervantes es el padre de «El Quijote».* **4.** Cabeza de una descendencia, familia, etc. **5.** Persona que ha influido o adelantado mucho en una ciencia o rama del saber: *Fleming es uno de los padres de la medicina.* **6.** Tratamiento que se da a los religiosos y sacerdotes. **7.** En la religión católica, primera persona de la Santísima Trinidad. ■ En esta acepción se escribe con mayúscula. || *s. m. pl.* **8.** El padre y la madre. **9.** Antepasados. || *adj.* **10.** *fam.* Muy grande, muy importante: *Se armó el lío padre.* || **11. padre de familia** Jefe de la familia, tenga o no hijos. **12. padre de la Iglesia** Se da este nombre a algunos doctores de las Iglesias griega y latina, cuyas obras han sido muy importantes en la fe cristiana. **13. padre de la patria** Personaje público importante por los servicios prestados a la nación. **14. padre espiritual** Sacerdote confesor que dirige la vida espiritual del penitente. **15. padre santo** (o **santo padre**) Tratamiento o nombre con que se designa al papa. || **LOC. de padre y muy señor mío** *adj. fam.* Muy grande, intenso o importante: *Tiene una gripe de padre y muy señor mío.* **SIN. 1.** Progenitor, papá. **3.** Creador, inventor, descubridor. **4.** Patriarca. **FAM.** Padrastro, padrazo, padrear, padrenuestro, padrillo, padrino, padrote, páter, paterno, patrilineal, patrística, patrología. / Compadre, empadrar, parricida.

padrear *v. intr.* Ejercer el macho las funciones de la generación. SIN. Procrear.

padrenuestro *s. m.* Oración cristiana enseñada por Jesucristo, que empieza con las palabras *Padre nuestro.*

padrillo *s. m. Amér. del S.* Caballo padre, semental.

padrinazgo *s. m.* **1.** Acción de apadrinar a alguien. **2.** Protección que se da a una persona. SIN. **1.** Apadrinamiento. **2.** Mecenazgo, apoyo.

padrino (del lat. *patrinus*, de *pater, -tris*) *s. m.* **1.** Hombre que en determinados sacramentos, ceremonias, actos, etc., presenta, acompaña o protege a quien los recibe o realiza: *Su padre fue el padrino de boda.* **2.** Persona que protege a otra y la ayuda en sus aspiraciones: *Búscate un buen padrino para que te admitan en el club.* || *s. m. pl.* **3.** El padrino y la madrina. SIN. **1.** Compadre. **2.** Protector, bienhechor, valedor. FAM. Padrinazgo. / Apadrinar. PADRE.

padrón (del lat. *patronus*) *s. m.* Relación o lista de habitantes de un municipio hecha por orden de la autoridad. SIN. Nómina, censo, catastro. FAM. Empadronar.

padrote *s. m.* **1.** *Amér.* Semental. **2.** *Méx. fam.* Proxeneta, alcahuete.

paella (del valenciano *paella*, sartén, y éste del lat. *patella*) *s. f.* **1.** Plato típico de Valencia que consiste en arroz guisado con azafrán, carne, legumbres, pescado, etc. **2.** Paellera*. FAM. Paellera.

paellera *s. f.* Recipiente de hierro parecido a una sartén grande, con dos asas, para hacer paellas.

paga *s. f.* **1.** Acción de pagar. **2.** Cantidad de dinero que se recibe periódicamente, por lo general como retribución al trabajo. **3.** Correspondencia a algún beneficio: *Le hizo un regalo como paga a sus atenciones.* SIN. **1.** Pago, remuneración, satisfacción. **2.** Sueldo, salario, jornal, estipendio. **3.** Recompensa. FAM. Sobrepaga. PAGAR.

pagadero, ra *adj.* **1.** Se dice de lo que tiene que pagarse en una fecha o a una persona determinadas: *un coche pagadero en dos años.* **2.** Que se puede pagar: *El piso sólo es pagadero a plazos.* **3.** No demasiado caro. SIN. **2.** Pagable. **3.** Asequible. ANT. **2.** Impagable. **3.** Costoso.

pagado, da **1.** *p.* de **pagar**. || *adj.* **2.** No gratuito. **3.** Satisfecho de alguna cosa: *Está muy pagado de sí mismo.* FAM. Impagado. PAGAR.

pagaduría *s. f.* Despacho u oficina, generalmente pública, donde se realizan pagos.

paganini *s. m.* y *f. fam.* Persona que paga los gastos originados entre varios: *¿Quién es hoy el paganini?*

paganismo (del lat. *paganismus*) *s. m.* Nombre dado por los cristianos al conjunto de creencias, generalmente politeístas, ajenas a su religión.

pagano, na[1] (del lat. *paganus*, campesino) *adj.* **1.** Del paganismo. **2.** Se dice de los pueblos o personas que tienen esas creencias. También *s. m.* y *f.* **3.** P. ext., se aplica a las ideas o actividades no cristianas. SIN. **2.** Gentil, idólatra. FAM. Paganismo, paganizar.

pagano, na[2] *adj.* **1.** *fam.* Se aplica al que paga el dinero que cuesta algo, generalmente por abuso de otros. También *s. m.* y *f.* **2.** Se dice de la persona que tiene que cargar con las culpas ajenas. También *s. m.* y *f.* SIN. **1.** Paganini.

pagar (del lat. *pacare*, apaciguar) *v. tr.* **1.** Dar a alguien una cantidad de dinero porque se le debe o por otra causa. **2.** Corresponder a alguien con una acción o actitud: *Le pagó el favor con una sonrisa.* **3.** Cumplir una pena o castigo por un delito o mala acción. **4.** Sufrir las consecuencias de un error, exceso, etc.: *Pagarás con una enfermedad el beber tanto.* || **pagarse** *v. prnl.* **5.** Sentirse orgulloso de algo: *Se paga de ser el más listo.* || LOC. **pagarla** (**pagarlas** o **pagarlas todas juntas**) Sufrir el culpable el castigo o las consecuencias de algo: *Me las pagarás por lo que has dicho.* ■ Delante de *e* se escribe *gu* en lugar de *g*: *pague.* SIN. **1.** Abonar, retribuir, remunerar, costear, sufragar. **3.** Expiar, purgar. **5.** Vanagloriarse, enorgullecerse. ANT. **1.** Deber; cobrar. **5.** Avergonzarse. FAM. Paga, pagable, pagadero, pagado, pagador, pagaduría, paganini, pagano[2], pagaré, pago[1].

pagaré *s. m.* Documento en que alguien se compromete a pagar cierta cantidad en un tiempo determinado.

pagaza *s. f.* Ave marina de plumaje gris y blanco con la parte superior de la cabeza negra, pico puntiagudo, alas estrechas y cola corta en forma de horquilla. Es una de las aves conocidas como *golondrinas de mar.*

pagel (del cat. *pagell*, y éste del lat. *pagellus*) *s. m.* Breca*. ■ Se escribe también *pajel.*

página (del lat. *pagina*) *s. f.* **1.** Cada lado o cara escrita de una hoja de un libro o cuaderno. **2.** P. ext., cara de cualquier hoja de papel. **3.** Lo escrito en dichas caras: *He leído unas cuantas páginas del libro.* **4.** Suceso o etapa de la historia de alguien o algo: *Con su boda comenzó una nueva página de su vida.* **5.** En inform., cada una de las partes en que se organiza la memoria de un ordenador. || **6. página web** En inform., página electrónica de información utilizada en internet. SIN. **1.** Carilla, plana. **4.** Episodio. FAM. Paginar. / Compaginar.

paginación *s. f.* **1.** Acción de paginar: *la paginación del libro.* **2.** Serie de páginas numeradas de un escrito o impreso. **3.** En inform., división de la memoria del ordenador en unidades llamadas páginas. SIN. **1.** Numeración.

paginar *v. tr.* Numerar las páginas de un libro, cuaderno, etc. FAM. Paginación. PÁGINA.

pago[1] *s. m.* Acción pagar. SIN. Paga, abono, liquidación.

pago[2] (del lat. *pagus*) *s. m.* **1.** Cierto tipo de división de la tierra cultivada, especialmente si está plantada de olivos o viñas. **2.** Aldea. || *s. m. pl.* **3.** Lugar en que se ha nacido o se está arraigado. **4.** P. ext., lugar, pueblo o región: *Hace mucho que no te vemos por estos pagos.*

pagoda (del port. *pagode*, ídolo oriental, y éste del dravídico *pagodi*) *s. f.* Construcción religiosa oriental, propia del budismo, con varios pisos superpuestos separados por cornisas y tejadillos.

paidofilia *s. f.* Pedofilia*.

paidología (del gr. *pais, paidos*, niño, y *-logía*) *s. f.* Ciencia que trata de los conocimientos relativos a la infancia y estudia su desarrollo físico e intelectual.

paila (del fr. ant. *paele*, y éste del lat. *patella*) *s. f.* **1.** Vasija grande de metal, poco profunda y de fondo redondeado. **2.** *Amér.* Sartén.

pailebote (del ingl. *pilot's boat*, barco del piloto, a través del fr. *pailebot*) *s. m.* Goleta pequeña, fina y muy baja, sin gavias.

paipay *s. m.* Abanico de forma casi circular, generalmente de palma o tela, y con mango. ■ Su pl. es *paipáis*.

pairo (del occitano ant. *pairar*, tener paciencia) *s. m.* Estado de la nave quieta, pero con las velas extendidas. ‖ LOC. **al pairo** *adv.* Sin obrar o tomar una resolución. ■ En esta acepción se utiliza generalmente con los verbos *estar* o *quedarse*.

país (del fr. *pays*, y éste del lat. *pagensis*, campesino) *s. m.* **1.** Territorio que constituye una unidad geográfica, cultural, etc., con unos límites determinados. **2.** Estado independiente. **3.** Tela, papel o piel que cubre las varillas de un abanico. **SIN. 1.** Patria, tierra. **2.** Nación. **3.** Paisaje. **FAM.** Paisaje, paisano.

paisa *adj.* **1.** *Col. fam.* De Antioquía, departamento de Colombia productor de café. También *s. m.* y *f.* **2.** Dinámico, extrovertido, trabajador. **3.** *Amér.* Del mismo lugar, paisano. También *s. m.* y *f.*

paisaje (del fr. *paysage*) *s. m.* **1.** Extensión de terreno que se ve desde un punto. **2.** Técnica artística para reproducir un lugar natural o urbano, dando a la figura un papel secundario o bien prescindiendo de ella. **3.** Pintura, grabado, fotografía, etc., que lo representa. **4.** País de un abanico. **SIN. 1.** Horizonte, panorama, vista. **FAM.** Paisajismo, paisajista, paisajístico. / Apaisado. PAÍS.

paisajista *adj.* **1.** Se dice del pintor especializado en paisajes. También *s. m.* y *f.* **2.** Especialista en la proyección de parques y jardines, así como en el cuidado del entorno natural. También *s. m.* y *f.*

paisanaje *s. m.* **1.** Circunstancia de ser del mismo país, región o localidad y relación entre personas de un mismo lugar: *Les unía su paisanaje.* **2.** Conjunto de personas que no son militares.

paisano, na (del fr. *paysan*, campesino) *adj.* **1.** Se dice de las personas que son de un mismo país, región o lugar. También *s. m.* y *f.* **2.** Se dice de la tortilla de patata que lleva otros ingredientes como guisantes, pimientos, jamón, chorizo, etc. También *s. f.* ‖ *s. m.* y *f.* **3.** Campesino. ‖ *s. m.* **4.** Persona no militar. **SIN. 1.** Compatriota. **3.** Lugareño, pueblerino. **4.** Civil. **FAM.** Paisanaje. PAÍS.

paja (del lat. *palea*) *s. f.* **1.** Tallo de un cereal, como el trigo o la cebada, cuando está seco y separado del resto. **2.** Conjunto de dichos tallos que se utiliza normalmente como pienso, para hacer sombreros, etc. **3.** Trozo seco o brizna de una hierba o vegetal. **4.** Canuto delgado, generalmente de material plástico, que se utiliza para sorber líquido: *Se tomó el zumo con una paja.* **5.** Cosa poco importante, inútil o de relleno: *No pongáis tanta paja en los exámenes.* **6.** *vulg.* Masturbación. ‖ LOC. **echar pajas** Sortear algo por medio de unas pajas de diferentes tamaños que se esconden en la mano sin que asome más que la punta; pierde el que elige la más corta. **por un quítame allá esas pajas** *fam.* Con verbos como *reñir*, *enfadarse*, etc., por un motivo sin importancia. **SIN. 1.** Bálago, caña. **5.** Desecho, broza. **FAM.** Pajar, pajillero, pajizo, pajolero, pajón, pajoso. / Empajar.

pajar (del lat. *palearium*) *s. m.* Lugar en que se guarda la paja.

pájara *s. f.* **1.** Hembra del pájaro. **2.** Mujer de malas intenciones o costumbres. **3.** Desfallecimiento que sufren los ciclistas en una carrera o prueba después de un esfuerzo grande y, p. ext., en otros dep., notable baja de rendimiento en deportistas o equipos.

pajarera *s. f.* Jaula grande o sitio en el que se guardan o crían pájaros.

pajarería *s. f.* Tienda en la que se venden pájaros y a veces otros animales caseros.

pajarero, ra *adj.* **1.** De los pájaros. **2.** Se dice de la persona que cría o vende pájaros. También *s. m.* y *f.* **3.** *fam.* Se aplica a la persona divertida y bromista. **4.** *fam.* Se dice de los vestidos, adornos, etc., muy vistosos.

pajarita *s. f.* **1.** Figura que resulta al doblar repetidamente una hoja de papel; generalmente tiene forma de pájaro. **2.** Lazo en forma de dos triángulos unidos por el vértice, que se pone al cuello sobre la camisa.

pájaro (del lat. vulg. *passar*, y éste de *passer, -eris*) *s. m.* **1.** Nombre que se da vulgarmente a las aves, sobre todo a las pequeñas. **2.** Nombre con que se denomina en sentido propio a las aves paseriformes. **3.** Hombre astuto, aprovechado o de malas intenciones, dispuesto a utilizar cualquier medio para conseguir lo que se propone. También *adj.* ‖ **4. pájaro bobo** Nombre común de diversas aves adaptadas al medio acuático, llamadas también pingüinos, que se caracterizan por adoptar una posición erguida, tener el plumaje muy espeso y las extremidades anteriores en forma de aletas; son propias de las regiones polares. **5. pájaro carpintero** Nombre común de varias especies de aves, de unos 15 a 45 cm de longitud, con pico largo y potente para picar los troncos de los árboles, fuertes garras curvadas y plumaje de color variado; se alimenta preferentemente de insectos. **6. pájaro de cuenta** Persona en quien no se puede confiar por su comportamiento. **7. pájaro mosca** Colibrí*. ‖ LOC. **tener la cabeza llena de pájaros** (o **a pájaros**) *fam.* Tenerla llena de fantasías. **SIN. 3.** Pajarraco, bicho, granuja. **FAM.** Pájara, pajarería, pajarera, pajarero, pajarita, pajarraco. / Espantapájaros, paseriforme.

pajarraco, ca *s. m.* y *f.* **1.** *desp.* Persona astuta o de mala intención, que actúa de forma ilícita o indeseable. ‖ *s. m.* **2.** *desp.* Pájaro grande, feo y desagradable, especialmente si no se conoce su nombre. **SIN. 1.** Bicho.

paje (del fr. ant. *page*, aprendiz, grumete) *s. m.* Muchacho que antiguamente servía como criado en tareas de la casa o directamente a su amo.

pajel *s. m.* Pagel*.

pajillero, ra *s. m.* y *f.* *vulg.* Persona que masturba o se masturba.

pajizo, za *adj.* **1.** Se aplica al color beige o amarillo claro parecido al de la paja y a las cosas que tienen dicho color. **2.** Semejante a la paja. **3.** Hecho o cubierto de paja.

pajolero, ra *adj.* **1.** Se dice de la persona o cosa molesta o que provoca enfado. También *s. m.* y *f.* **2.** Se usa para reforzar en sentido despectivo, irónico, afectivo, etc., el sustantivo al que acompaña, generalmente en frases negativas: *No tienes ni pajolera idea de lo que dices.*

pajón (aum. de *paja*) *s. m.* Paja alta y gruesa que queda después de la siega. **FAM.** Pajonal. PAJA.

pajonal *s. m.* Terreno cubierto de pajón.

pajuerano, na *adj.* *Arg.*, *Bol.* y *Urug.* Se dice del aldeano que viene del campo a la ciudad. También *s. m.* y *f.*

pakistaní *adj.* De Pakistán. También *s. m.* y *f.* ■ Se escribe también *paquistaní*.

pala (del lat. *pala*) *s. f.* **1.** Herramienta compuesta por una plancha generalmente de hierro o madera, rectangular o redondeada, con un mango, que se emplea sobre todo para cavar o para trasladar algo de un montón a otro. **2.** Utensilio de esa forma, normalmente de tamaño menor, utilizado para cualquier otro fin; p. ej., la pala para servir una tarta. **3.** Cantidad de material que se puede trasladar o coger con esa herramienta de una vez: *Echa una pala de arena.* **4.** Tabla de madera redonda o en forma elíptica, con mango, que sirve para golpear una pelota en algunos juegos: *pala de frontón.* **5.** Parte más ancha de algunos objetos: *la pala del remo, la pala de la hélice, la pala de un diente.* **6.** Especie de cuchillo menos afilado que se utiliza para partir el pescado. **7.** Diente incisivo superior. **8.** Parte superior del calzado que cubre el pie por delante. || **9. pala mecánica** Máquina formada por un tractor o camión con una pieza móvil que sirve para excavar. **SIN. 3.** Palada. **4.** Paleta. **FAM.** Palada, palastro, palazo, paleto, palista. / Apalear², empalar², palustre¹, traspalar.

palabra (del lat. *parabola,* comparación, símil) *s. f.* **1.** Sonido o conjunto de sonidos, o su representación por medio de letras, que forman una unidad de significado. **2.** Capacidad de una persona de expresar su pensamiento con esas unidades: *Con el susto se quedó sin palabra.* **3.** Conjunto de características propias del modo de expresarse de una persona utilizando las mismas unidades: *Esa persona tiene una palabra fácil y clara.* **4.** Derecho o turno para hablar en alguna reunión. ■ Se usa generalmente con verbos como *conceder, dar, tomar, pedir, tener,* etc.: *Le dieron la palabra.* **5.** Compromiso o promesa que una persona hace para cumplir algo. ■ Se usa generalmente con verbos como *cumplir, mantener, dar, dudar, confiar,* etc.: *No dudes de su palabra.* **6.** Afirmación o exposición de un asunto que hace una persona: *No tienes más prueba que tu palabra.* **7.** En la religión cristiana, Jesucristo. ■ En esta acepción se escribe con mayúscula: *La Palabra se hizo hombre.* || *s. f. pl.* **8.** Lo dicho por alguna persona en una exposición oral o escrita: *Según palabras del director...* **9.** Palabrería*: *Eso son sólo palabras.* **10.** *fam.* Expresiones duras u ofensivas que una persona dice a otra: *Tuve que decirle unas palabras para que se callara.* || **11. buenas palabras** Promesas o esperanzas. **12. palabra compuesta** Aquella que está formada por dos o más elementos, que pueden ser palabras independientes (sacapuntas, rascacielos), una o más raíces y una palabra (piscifactoría, anglonormando), etc. **13. palabra de honor** Expresión con la que se asegura la verdad de lo expuesto o prometido. **14. palabras mayores** Aquellas que constituyen insultos u ofensas. También, asunto o cosa de importancia o que necesita mucha atención. **15. última palabra** Exposición o decisión final de un tema o asunto. || **LOC. a medias palabras** *adv.* Manera de decir algo con poca claridad o incompletamente. **a palabras necias, oídos sordos** *desp.* Se usa para desestimar lo dicho por alguien. **coger** (o **tomar**) **la palabra** a alguien Tomar en cuenta lo que alguien ha dicho o prometido para que no se vuelva atrás. **de palabra** *adj.* y *adv.* Se dice de la persona que cumple lo que dice o promete: *un hombre de palabra.* De modo oral: *Lo acordamos de palabra, sin documentos.* Sin que se lleve a efecto realmente: *No te fíes; de palabra mucho, pero de hacer nada.* **dejar** a alguien **con la palabra en la boca** No permitir a alguien que termine lo que pensaba decir. **dirigir la palabra** a alguien Hablarle. ■ Se usa más con negaciones, en el sentido de no hablar con alguien por enfado. **en una palabra** *adv.* Expresión con que se resume o pone fin a lo dicho; a veces se utiliza para señalar que lo que se va a decir es consecuencia de lo expuesto anteriormente. **faltar palabras** No poder expresar un pensamiento o sentimiento. **medir** alguien **sus palabras** Hablar con cuidado para decir exactamente lo que quiere expresar. **quitar la palabra de la boca** Expresar alguien lo que otra persona iba a decir, anticipándose a ella. **SIN. 1.** Vocablo, término, voz. **3.** Lenguaje, estilo, habla. **7.** Verbo. **FAM.** Palabreja, palabrería, palabrero, palabro, palabrota. / Apalabrar.

palabreja (dim. de *palabra*) *s. f. desp.* Palabra rara o que tiene alguna particularidad que llama la atención. **SIN.** Palabro.

palabrería *s. f.* Abundancia de palabras sin mucho contenido ni utilidad. **SIN.** Charlatanería, verborrea.

palabrero, ra *adj.* Que tiende a la palabrería o promete cosas que luego no cumple. También *s. m.* y *f.* **SIN.** Parlanchín; charlatán.

palabro *s. m.* **1.** Palabra rara o mal dicha. **2.** Palabrota. **SIN. 1.** Palabreja.

palabrota *s. f.* Palabra grosera, indecente u ofensiva. **SIN.** Taco, palabro, insulto. **FAM.** Palabrotero. PALABRA.

palacete (dim. de *palacio*) *s. m.* Casa semejante a un palacio, pero más pequeña. **SIN.** Chalé, hotel.

palaciego, ga *adj.* **1.** Del palacio. **2.** Se dice de la persona que sirve en palacio y conoce las costumbres que allí existen. También *s. m.* y *f.* **3.** Se aplica a la persona que formaba parte de la corte de los reyes. También *s. m.* y *f.* **SIN. 1.** Palatino. **3.** Cortesano.

palacio (del lat. *palatium*) *s. m.* **1.** Casa grande y muy lujosa que suele servir como residencia a los reyes, príncipes o grandes personajes. ■ Cuando se usa sin art., designa la residencia del rey: *Ayer hubo cena de gala en palacio.* **2.** Edificio público de grandes dimensiones y que a veces tiene carácter de monumento artístico: *el palacio de congresos, el palacio de deportes, el palacio de justicia.* **SIN. 1.** Mansión. **FAM.** Palacete, palaciego. / Palatino².

palada *s. f.* **1.** Cantidad de algo que se puede coger con una pala de una vez: *una palada de arena.* **2.** Movimiento que se hace al usar la pala. **3.** Cada movimiento o golpe de la pala del remo en el agua.

paladar (del lat. vulg. *palatare* y éste de *palatum*) *s. m.* **1.** Parte interior y superior de la boca, con forma de bóveda. **2.** Sensibilidad o gusto con que se aprecia el sabor de los alimentos: *Tiene buen paladar para el vino.* **3.** Capacidad para valorar y apreciar la calidad de algo. **FAM.** Paladear, paladial. / Palatal, palatino¹.

paladear *v. tr.* **1.** Ir tomando poco a poco una cosa que se tiene en la boca para apreciar su sabor o para recrearse en él. También *v. prnl.* **2.** Disfrutar con algo: *Esa novela es para paladearla despacio.* **SIN. 1.** Saborear, gustar, degustar, regodearse. **ANT. 1.** Repugnar. **FAM.** Paladeo. PALADAR.

paladial *adj.* Palatal*.

paladín (del ital. *paladino* y éste del lat. vulg. *palatinus*) *s. m.* **1.** Caballero que luchaba en la guerra y sobresalía por sus hazañas: *Don Quijote creía ser un antiguo paladín.* **2.** Persona que defiende frente a otros una idea, una actitud, etc.: *Se convirtió en paladín de la libertad.* **SIN. 1.** Adalid. **2.** Campeón.

paladino, na (del lat. vulg. *palatinus,* y éste del lat. *palam,* abiertamente) *adj.* Claro, público, sin reservas. **SIN.** Evidente, patente, manifiesto, explícito. **FAM.** Paladinamente.

paladio (del gr. *Pallas, -ados*, Palas Atenea) *s. m.* Elemento químico metálico parecido al platino, dúctil y maleable; se emplea generalmente aleado con el cobre y la plata en la fabricación de circuitos eléctricos, como catalizador y también en joyería y decoración. Su símbolo es *Pd*.

palafito (del ital. *palafitta*) *s. m.* Casa que se construye sobre pilotes o estacas en un lago, pantano, etc.

palafrén (del cat. *palafrè*, y éste del lat. *paraveredus*) *s. m.* **1.** Caballo manso en que montaban las damas y a veces los reyes y príncipes. **2.** Caballo en que montaba el criado cuando acompañaba a su señor. **FAM.** Palafrenero.

palafrenero *s. m.* **1.** Criado que lleva del freno el caballo o montaba el palafrén junto a su señor. **2.** Mozo que cuida los caballos. **SIN. 2.** Caballerizo.

palanca (del lat. *palanga* y éste del gr. *phalanx, -angos*, garrote) *s. f.* **1.** Barra que se apoya en un punto y sirve para transmitir la fuerza aplicada sobre uno de sus extremos, con el fin de levantar o mover un cuerpo situado en el otro extremo. **2.** Barra utilizada para transportar entre dos personas una carga. **3.** Manecilla empleada para accionar determinados órganos de una máquina. **4.** En natación, plataforma desde la que se realizan saltos al agua. **5.** Influencia o recurso con que una persona puede lograr algo. **SIN. 2.** Pértiga. **4.** Trampolín. **5.** Enchufe. **FAM.** Palancada, palanquero, palanqueta, palanquín[2]. / Apalancar.

palangana o **palancana** *s. f.* **1.** Recipiente con el fondo circular y más pequeño que el borde, que se utiliza para lavarse o para lavar algunas cosas. **2.** *Amér.* Persona charlatana, fanfarrona o pedante. **SIN. 1.** Jofaina, aguamanil. **FAM.** Palanganear, palanganero.

palanganear *v. intr. Amér.* Fanfarronear, presumir.

palanganero *s. m.* Mueble o soporte en que se coloca la palangana para lavarse.

palangre (del cat. *palangre* y éste del gr. *polyankistron*, de *polys*, mucho, y *ankistron*, anzuelo) *s. m.* Aparejo de pesca formado por un cordel largo y grueso del que cuelgan otros ramales que poseen anzuelos en sus extremos. **FAM.** Palangrero.

palangrero *s. m.* **1.** Barco que pesca con palangre. También *adj.* **2.** Pescador que utiliza el palangre. También *adj.*

palanquero, ra *s. m.* y *f.* Ladrón que entra en un edificio, local, etc., sirviéndose de una palanqueta.

palanqueta (dim. de *palanca*) *s. f.* Barra de hierro que se utiliza para forzar las cerraduras de puertas, ventanas, etc.

palanquín[1] (del port. *palanquim*, y éste del indostánico *palaki*) *s. m.* Especie de silla o litera usada en Oriente para transportar a las personas a hombros. **SIN.** Andas, parihuela.

palanquín[2] *s. m.* **1.** Mozo que lleva cargas de un lugar a otro. **2.** Cada uno de los cabos que unen las velas mayores a la cruz de sus vergas respectivas.

palastro (de *pala*) *s. m.* Chapa sobre la que se coloca el pestillo de una cerradura.

palatal (del lat. *palatum*) *adj.* **1.** Del paladar. **2.** En ling., se aplica al sonido que se articula con la lengua en el paladar, como el de la *ñ* y la *i*. **SIN. 2.** Paladial. **FAM.** Palatalización. / Pospalatal, prepalatal. PALADAR.

palatalización *s. f.* En ling., modificación en la realización del sonido de una letra al trasladarse el punto de articulación hacia la zona del paladar duro. Algunos autores denominan *mojadas* a las consonantes palatalizadas. **FAM.** Palatalizar. PALATAL.

palatalizar *v. tr.* En ling., trasladar el punto de articulación en la pronunciación de una letra hacia el paladar duro. También *v. prnl.* ■ Delante de *e* se escribe *c* en lugar de *z*.

palatino, na[1] *adj.* Del paladar.

palatino, na[2] *adj.* **1.** Del palacio: *un cargo palatino*. **2.** En Alemania, Francia y Polonia, se aplicaba a algunos mandatarios de elevada categoría. También *s. m.* **SIN. 1.** Palaciego.

palazo *s. m.* Golpe dado con una pala.

palco (del ital. *balco*, tablado, y éste del lombardo *balko*, viga) *s. m.* **1.** En teatros, plazas de toros, etc., departamento independiente en forma de balcón, con varios asientos. **2.** Entarimado en que se coloca la gente para ver un espectáculo: *El rey contempló el desfile desde el palco de autoridades*. || **3. palco de platea** En el teatro, el que está a la altura del patio de butacas. **4. palco escénico** Escenario*.

palé (del ingl. *pallet*) *s. m.* Plataforma hueca de madera movida de forma mecánica, que se usa para transportar y almacenar mercancías. **FAM.** Paletizar.

paleal (del fr. *palléal*) *adj.* Relativo al manto de los moluscos.

palenque (del cat. *palenc*, empalizada, y éste del lat. *palus*, palo) *s. m.* **1.** Valla de madera para la defensa de un terreno o para otros fines. **2.** Terreno vallado de ese modo. **3.** *Arg.* y *Urug.* Poste clavado en la tierra al que se atan los animales. **SIN. 1.** Estacada, cerca, empalizada. **FAM.** Palenquear. PALO.

palenquear *v. tr.* **1.** *Arg.* y *Urug.* Sujetar animales al palenque. **2.** *Arg.* y *Urug.* Domar animales, atándolos al palenque.

palentino, na *adj.* De Palencia. También *s. m.* y *f.*

paleo- (del gr. *palaios*) *pref.* Significa 'antiguo' o 'primitivo': *paleoceno, paleolítico, paleozoico, paleocristiano*.

paleoantropología (de *paleo-* y *antropología*, tratado del hombre) *s. f.* Rama de la antropología que estudia al hombre prehistórico y su cultura mediante los restos humanos fosilizados.

paleoceno, na (de *paleo-* y el gr. *kainos*, nuevo) *adj.* **1.** Se dice de la primera de las cinco épocas del periodo terciario. Comenzó hace unos 65 millones de años y tuvo una duración de 13 millones. En ella empezó la expansión de los mamíferos, que pasaron a ocupar todos los nichos ecológicos que dejó libres la extinción de los dinosaurios. También *s. m.* **2.** De esta época.

paleocristiano, na *adj.* **1.** De las primeras comunidades cristianas. **2.** Se dice del arte realizado por los primitivos cristianos, que comprende desde la aparición del cristianismo hasta las invasiones bárbaras.

paleógeno, na (de *paleo-* y *-geno*) *adj.* **1.** Se dice de la primera mitad del periodo terciario, que engloba las épocas paleoceno, eoceno y oligoceno. Comenzó hace 65 millones de años y duró unos 42 millones. En ella se produjeron las primeras fases de la orogenia alpina. También *s. m.* **2.** De esta subdivisión geológica.

paleografía (de *paleo-* y *-grafía*) *s. f.* Ciencia que estudia la escritura y los signos contenidos en documentos antiguos. **FAM.** Paleográfico, paleógrafo.

paleolítico, ca (de *paleo-* y *-lítico*) *adj.* **1.** Se aplica al primer periodo de la edad de la piedra, en que el hombre era cazador y recolector. Comenzó hace unos 2 millones de años y concluyó hace 10.000 años. También *s. m.* **2.** De este periodo prehistórico.

paleología (de *paleo-* y *-logía*) *s. f.* Estudio de las lenguas antiguas. **FAM.** Paleólogo.

paleontografía (de *paleo-*, el gr. *on, ontos*, ente, ser, y *-grafía*) *s. f.* Descripción de los animales y vegetales de los que sólo existen restos fósiles. **FAM.** Paleontográfico.

paleontología (de *paleo-*, el gr. *on, ontos*, ente, ser, y *-logía*) *s. f.* Ciencia que estudia los seres vivos de épocas pasadas mediante sus restos fosilizados. **FAM.** Paleontografía, paleontológico, paleontólogo.

paleoterio (de *paleo-* y el gr. *therion*, bestia) *s. m.* Mamífero fósil del orden perisodáctilos, de aspecto semejante al actual tapir. Vivió en el periodo eoceno y constituye un antecedente del caballo.

paleozoico, ca (de *paleo-* y el gr. *zoon*, animal) *adj.* **1.** Se dice de la primera de las tres eras geológicas del eón fanerozoico, en la que los animales y plantas ocuparon la tierra firme y aparecieron los primeros vertebrados. Comenzó hace unos 570 millones de años y terminó hace unos 225 millones. Incluye los periodos cámbrico, ordovícico, silúrico, devónico, carbonífero y pérmico. Se denomina también *era primaria*. También *s. m.* **2.** De esta era.

palestino, na *adj.* De Palestina. También *s. m.* y *f.*

palestra (del lat. *palaestra*, y éste del gr. *palaistra*, lugar donde se lucha) *s. f.* **1.** Lugar en que antiguamente se celebraban torneos y combates. **2.** En lenguaje poético, la misma lucha. **3.** Lugar en que se compite o discute sobre algún asunto. || **LOC. saltar (o salir) a la palestra** Darse a conocer ante el público una persona o cosa. **SIN. 1.** Circo, arena, coliseo. **2.** Liza.

paleta *s. f.* **1.** Pala pequeña para usos muy diversos. **2.** Herramienta de albañil formada por una plancha metálica triangular y un mango perpendicular a ella y doblado luego, que se usa para manejar y extender el mortero o argamasa. **3.** Tabla pequeña, con un agujero por el que se mete el dedo pulgar para agarrarla, en la que tiene el pintor artístico los colores que va a usar. **4.** P. ext., colorido: *un pintor de rica paleta.* **5.** Tabla de madera redondeada y con mango, utilizada para golpear la pelota en algunos juegos, como el pimpón. **6.** Cada uno de los dientes centrales superiores. **7.** Cada una de las piezas, generalmente metálicas, que giran en un ventilador, rueda hidráulica, hélice, etc. **8.** *Amér. C.* y *Méx.* Dulce o caramelo que se sujeta por un palito; también, polo helado. **SIN. 5.** Pala, raqueta. **6.** Incisivo.

paletada *s. f.* **1.** Cantidad de algo que se puede coger de una vez con una paleta o pala: *una paletada de tierra.* **2.** Golpe dado con una paleta. **3.** Movimiento o trabajo hecho con una paleta de una vez, especialmente en el trabajo del albañil. **4.** Acción o actitud propia de una persona paleta. **SIN. 4.** Paletería.

paletilla (dim. de *paleta*) *s. f.* **1.** Cada uno de los dos huesos casi planos y de forma triangular situados en el hombre en la parte superior de la espalda y en algunos animales en la zona superior de las patas delanteras. **2.** P. ext., músculos y carne de la zona cercana a esos huesos: *Comimos paletilla de cordero.* **3.** Ternilla situada al final del esternón, en la zona llamada boca del estómago. **SIN. 1.** Omóplato.

paletizar *v. tr.* Utilizar palés para mover y almacenar mercancías. ■ Delante de *e* se escribe *c* en lugar de *z*.

paletó (del fr. *paletot*) *s. m.* Antigua prenda de abrigo confeccionada con paño grueso, larga, entallada y sin faldas.

paleto, ta *adj.* **1.** Se dice del campesino tosco e ignorante. También *s. m.* y *f.* **2.** Se dice de la persona de poca cultura o que no sabe comportarse en algunos ambientes sociales. También *s. m.* y *f.* **3.** Se dice de las cosas y actitudes poco elegantes o poco refinadas: *Llevaba un vestido muy paleto.* || *s. m.* **4.** Gamo. **SIN. 1.** Aldeano. **1.** y **3.** Palurdo, cateto. **ANT. 2.** y **3.** Fino, distinguido. **FAM.** Paleta, paletada, paletería, paletilla. PALA.

paletón *s. m.* Parte de la llave con los dientes y las guardas. **FAM.** Véase **palo**.

pali (del sánscrito *pali*, serie, colección, por la de los libros del budismo) *s. m.* Lengua indoaria, hermana del sánscrito; se usó en la India y en ella predicó Buda su doctrina. Se conserva como lengua sagrada en Sri Lanka, Tailandia y otros países.

palia (del lat. *pallium*, manto, capa) *s. f.* Pieza de tela que se utiliza para cubrir el cáliz durante la misa.

paliar (del lat. *palliare*, tapar, y éste de *pallium*) *v. tr.* **1.** Hacer menor un dolor físico, una pena o los efectos perjudiciales de algo. **2.** Atenuar, disminuir la importancia de alguna cosa: *Paliaron la noticia con comentarios tranquilizadores.* ■ En cuanto al acento, se conjuga como *ansiar*. **SIN. 1.** Mitigar. **1.** y **2.** Moderar, suavizar, aminorar. **ANT. 1.** y **2.** Agravar, aumentar. **FAM.** Paliación, paliativo, paliatorio.

paliativo, va (del lat. *palliatum*) *adj.* **1.** Que sirve para paliar o suavizar. También *s. m.* **2.** Que sirve para disculpar o justificar algo. También *s. m.*: *Su pésima conducta no admite paliativos.* **SIN. 1.** Calmante. **2.** Disculpa, justificación, excusa.

palidecer *v. intr.* **1.** Ponerse pálido. **2.** Aparecer algo con menor brillantez, importancia, etc., de la que tiene, o perderla: *Su belleza palidece ante la de aquella mujer.* ■ Es v. irreg. Se conjuga como *agradecer*. **SIN. 1.** Empalidecer. **FAM.** Empalidecer. PÁLIDO.

palidez *s. f.* Cualidad de pálido. **SIN.** Blancura, lividez.

pálido, da (del lat. *pallidus*) *adj.* **1.** Se dice de la persona que no tiene o ha perdido el color rosado de la cara. **2.** Se dice de las cosas que han perdido su color natural: *El toldo se quedó pálido por el sol.* **3.** Se aplica a cualquier color poco intenso, con mucha proporción de blanco: *rosa pálido.* **4.** Se dice de las cosas, acciones o dichos poco importantes o poco expresivos: *Lo que contó era un pálido reflejo de lo sucedido.* **SIN. 1.** Demacrado. **2.** Descolorido. **ANT. 1.** Sonrosado. **2.** Vivo. **FAM.** Palidecer, palidez, paliducho.

paliducho, cha *adj. desp.* Se aplica a las personas o cosas que están algo pálidas.

palier (del fr. *palier*) *s. m.* En algunos vehículos automóviles, cada una de las dos mitades en que se divide el eje que transmite el movimiento a las ruedas motrices.

palillero *s. m.* **1.** Recipiente u otro objeto en que se colocan palillos de dientes. **2.** Portaplumas*.

palillo (dim. de *palo*) *s. m.* **1.** Mondadientes*. **2.** Cada una de las varitas, generalmente de madera y redondeadas en la punta, con que se toca el tambor. **3.** Bolillo*. **4.** Palo de madera dura, generalmente de boj, usado por los escultores para modelar la arcilla. **5.** *fam.* Persona muy delgada. || *s. m. pl.* **6.** Par de varitas, generalmente de madera, usadas para tomar los alimentos en algunos países orientales. **7.** Castañuela*. || LOC. **tocar** (o **mover**) **todos los palillos** *fam.* Agotar todos los recursos para conseguir algo. FAM. Palillero. PALO.

palimpsesto (del lat. *palimpsesto*, y éste del gr. *palin*, nuevamente, y *psao*, borrar) *s. m.* **1.** Manuscrito antiguo que conserva huellas de una escritura anterior borrada. **2.** Tablilla utilizada antiguamente en que se podía borrar lo escrito para escribir de nuevo.

palin- (del gr. *palin*, nuevamente) *pref.* Significa 'otra vez', 'de nuevo': *palingenesia.*

palíndromo, ma (de *palin-* y el gr. *dromos*, carrera) *adj.* Se dice de la palabra o grupo de palabras que se lee igual de izquierda a derecha que de derecha a izquierda: *anilina; dábale arroz a la zorra el abad.* También *s. m.*

palingenesia (de *palin-* y el gr. *genesis*, nacimiento) *s. f.* Vuelta a la vida de un ser después de su muerte real o aparente. SIN. Resurrección.

palinodia (de *palin-* y el gr. *aeido*, cantar) *s. f.* Rectificación en público de algo que se había dicho anteriormente: *cantar la palinodia.*

palio (del lat. *pallium*, y éste de *palla*, manto de mujer) *s. m.* Dosel colocado sobre cuatro o más varas largas que se utiliza para cubrir al sacerdote que lleva la eucaristía, a una personalidad, una imagen, etc. || **recibir** a alguien **bajo palio** (o **con palio**) Recibirle con los máximos honores. FAM. Palia.

palique *s. m. fam.* Conversación de poca importancia o de poca trascendencia. SIN. Cháchara, charla, parloteo.

palisandro (del neerl. *palissander*) *s. m.* Madera de color rojizo oscuro con vetas casi negras, procedente de árboles tropicales, como el guayabo, y muy apreciada en ebanistería.

palista *s. m.* y *f.* **1.** Jugador de pelota con pala. **2.** Deportista que practica el remo.

palitroque *s. m.* **1.** Palo pequeño y tosco. **2.** Banderilla de toreo.

paliza *s. f.* **1.** Conjunto de golpes dados a una persona o animal. **2.** Trabajo o esfuerzo físico o mental que deja a una persona muy cansada: *Me di una buena paliza para preparar bien el examen.* **3.** Derrota importante en una competición o disputa. || *s. m.* y *f.* **4.** *fam.* Persona pesada o molesta: *No hay quien aguante al paliza de tu primo.* También *adj.* SIN. **1.** Tunda, zurra, azotaina, somanta. **4.** Plasta, latoso.

palizada *s. f.* **1.** Valla o defensa hecha con estacas o palos, p. ej. para encauzar una corriente de agua. **2.** Lugar vallado de esa manera. SIN. **1.** Empalizada.

pallador (del quechua *pállay*, recolectar) *s. m. Arg., Chile* y *Urug.* Payador*.

pallar[1] *s. m.* **1.** *Perú* Judía de gran tamaño redonda y blanca. **2.** *Perú* Lóbulo de la oreja.

pallar[2] (del quechua *pállay*, recolectar) *v. tr.* **1.** *Amér.* Escoger la parte rica de los minerales. **2.** Payar*.

pallet (ingl.) *s. m.* Palé*.

palloza (gall.) *s. f.* Choza típica de las montañas orientales de Galicia y noroeste de León. Es circular, de piedra, con cubierta de paja y alberga conjuntamente a personas y animales.

palma (del lat. *palma*) *s. f.* **1.** Parte de la mano hacia la que se doblan los dedos. **2.** Parte inferior del casco de las caballerías. **3.** Palmera*, árbol. **4.** Hoja de la palmera, especialmente la amarillenta por haber sido atada y no recibir luz, que se usa en la celebración religiosa del Domingo de Ramos. **5.** Hoja de palmera amarillenta que se utiliza para hacer cestos, escobas, etc. **6.** Triunfo o victoria: *Alcanzó la palma en el campeonato.* || *s. f. pl.* **7.** Aplausos: *Recibieron al equipo con palmas.* **8.** Acompañamiento con que se marca el ritmo en algunas canciones, especialmente en el cante flamenco. || LOC. **batir palmas** Aplaudir, mostrar alegría. **como la palma de la mano** Muy llano; también, muy fácil. **llevar** (o **traer**) **en palmas** a alguien Tratarle muy bien, satisfacer sus caprichos. **llevarse la palma** Ser el mejor o el más alabado de un asunto. SIN. **7.** Palmadas, ovación. FAM. Palmáceo, palmada, palmado, palmar[2], palmear, palmera, palmero[1], palmeta, palmípedo, palmita, palmito[1], palmo, palmotear, palmoteo.

palmáceo, a *adj.* **1.** Se aplica a las plantas de tronco leñoso y erguido, coronado con una roseta de hojas palmeadas grandes y largas, flores unisexuales o hermafroditas en inflorescencia axial y fruto en drupa o baya con semilla oleaginosa. Son plantas tropicales y su uso es generalmente ornamental, aunque se aprovechan sus frutos para alimentación y en la producción de copra. También *s. f.* || *s. f. pl.* **2.** Familia constituida por estas plantas.

palmada *s. f.* **1.** Golpe dado con la palma de la mano: *Le dio una palmada en el hombro para animarle.* **2.** Golpe dado con las palmas de las dos manos al chocar entre sí y que produce un ruido semejante a un chasquido; se realiza para aplaudir, llamar la atención, etc. Se usa más en *pl.*

palmado, da *adj.* Palmeado*.

palmar[1] *v. intr. fam.* Morir. ■ Se dice también *palmarla.* SIN. Diñarla, fenecer. ANT. Vivir.

palmar[2] (del lat. *palmaris*) *adj.* **1.** Hecho de palmas. **2.** Que pertenece a la palma de la mano o a la parte inferior del casco de las caballerías: *una huella palmar.* **3.** Palmario*. || *s. m.* **4.** Palmeral*.

palmarés (del fr. *palmarès*) *s. m.* **1.** Historial o currículum de una persona: *Tiene un palmarés muy brillante.* **2.** Lista de vencedores en una competición.

palmario, ria (del lat. *palmarius*) *adj.* Claro, evidente, sencillo. SIN. Palmar, patente, manifiesto. FAM. Palmariamente.

palmatoria (del lat. *palmatoria*) *s. f.* Soporte en que se coloca una vela, generalmente en forma de platillo con un asa.

palmeado, da **1.** *p.* de **palmear**. || *adj.* **2.** Que tiene forma de palmera. **3.** Que tiene forma de mano abierta: *hoja palmeada.* **4.** Se dice de los dedos de los animales cuando los tienen unidos por una membrana, como p. ej. los patos.

palmear *v. intr.* **1.** Dar palmadas. || *v. tr.* **2.** En baloncesto, impulsar hacia la cesta con la palma de la mano el balón lanzado por otro jugador. También *v. intr.* **3.** Mover una embarcación por el agua tirando con las manos de un cable que está fijo en algún punto exterior. También *v. prnl.* SIN. **1.** Palmotear, aplaudir. FAM. Palmeado, palmeo. PALMA.

palmense *adj.* De las Palmas de Gran Canaria. También *s. m.* y *f.*

palmeo *s. m.* **1.** Medición hecha con palmos. **2.** En baloncesto, acción de palmear el balón hacia la cesta.

palmera *s. f.* **1.** Árbol de tronco en general esbelto, áspero y sin ramificar, y rematado por un penacho de hojas persistentes y de gran tamaño; tiene flores en racimo y frutos en baya o drupa, comestibles en algunas especies. **2.** Cierta pieza de repostería de pasta de hojaldre. **SIN. 1.** Palma. **FAM.** Palmeral. PALMA.

palmeral *s. m.* Lugar poblado de palmeras. **SIN.** Palmar.

palmero, ra[1] *s. m.* y *f.* **1.** Persona que cuida de un palmeral o que vende palmas. **2.** Persona que acompaña tocando palmas un cante o baile flamenco.

palmero, ra[2] *adj.* De La Palma, isla de Canarias. También *s. m.* y *f.*

palmesano, na *adj.* De Palma de Mallorca. También *s. m.* y *f.*

palmeta *s. f.* Listón o regla, generalmente de madera, que usaban los maestros para golpear a los alumnos en las palmas de la mano como castigo. **FAM.** Palmetazo. PALMA.

palmetazo *s. m.* **1.** Golpe dado con una palmeta. **2.** *fam.* Crítica autoritaria de las pretensiones o el razonamiento de alguien. ■ Se usa con el verbo *dar.*

palmípedo, da *adj.* **1.** Se dice de las aves adaptadas a la vida acuática, que poseen membrana entre los dedos de las patas, p. ej. los patos, ánades, ánsares, etc. También *s. m.* y *f.* || *s. f. pl.* **2.** Antiguo orden constituido por estas aves.

palmita (dim. de *palma*) *s. f.* Se usa en la loc, fam. **llevar** (o **tener**) a alguien **en palmitas**, tratarle muy bien o con mucha consideración.

palmito[1] *s. m.* **1.** Palmera de tronco subterráneo o muy corto, de hojas en forma de abanico, con las que se hacen cestos, esteras, escobas, etc. La especie cultivada mide unos 3 m. **2.** Cogollo comestible de esa planta. **FAM.** Véase **palma.**

palmito[2] *s. m.* Figura esbelta o cara agraciada de mujer y, p. ext., atractivo: *tener palmito.* **FAM.** Véase **palmo.**

palmo (del lat. *palmus*) *s. m.* Medida de longitud que equivale aproximadamente a la distancia entre el extremo del dedo meñique y el del pulgar, con la mano abierta (unos 25 cm). || **LOC. quedarse** (o **dejar** a) alguien **con un palmo de narices** *fam.* Llevarse un chasco o hacer que alguien se lo lleve. **SIN.** Cuarta. **FAM.** Palmito[2].

palmotear *v. intr.* Dar palmadas en forma repetida, generalmente como muestra de alegría y contento: *El niño palmoteaba las gracias del hermano.* **SIN.** Palmear, aplaudir.

palmtop (del ingl. *palm*, palma de la mano, y *top*, cima, parte superior) *s. m.* Ordenador portátil de tamaño muy pequeño.

palo (del lat. *palus*) *s. m.* **1.** Trozo de madera alargado, generalmente cilíndrico. **2.** Golpe dado con dicho trozo de madera: *dar de palos.* **3.** Madero vertical que sirve para sostener las velas en los barcos. **4.** Madera: *cuchara de palo.* **5.** *fam.* Daño, perjuicio, pena que se le causa a alguien: *El suspenso fue para mí un palo.* **6.** Trazo recto y generalmente perpendicular, p. ej. el de algunas letras. **7.** Cada uno de los cuatro grupos de cartas en que se divide la baraja española. **8.** En fútbol y otros dep., poste y travesaño de la portería. **9.** *Amér.* Árbol o arbusto. **10.** *argot* Delito, especialmente robo, atraco, etc. || **11. palo (de) Brasil** Árbol de la familia papilionáceas de madera dura y compacta de color rojizo. **12. palo de ciego** Intento, acción, etc., que se realiza sin pensar, sin saber lo que se pretende, o que no obtiene resultados prácticos. Se usa más en *pl.*: *Trabajar sin planificar es dar palos de ciego.* **13. palo dulce** Paloduz*. **14. palo santo** Palosanto*. || **LOC. a palo seco** *adv. fam.* Sin ningún complemento, sin nada que ayude o favorezca. ■ Se utiliza generalmente referido a cosas que se toman o se comen: *No hay pan, tenemos que comernos el queso a palo seco.* **no dar un palo al agua** *fam.* No trabajar. **SIN. 1.** Estaca. **3.** Mástil. **5.** Golpe. **FAM.** Palenque, paletón, palillo, palique, palitroque, paliza, palizada, paloduz, palote. / Apalear[1], empalar[1], empalizada, varapalo.

paloduz (de *palo* y el ant. *duz*, dulce) *s. m.* Rizoma de regaliz que se chupa o mastica como golosina. Se denomina también *palo dulce.*

paloma (del lat. *palumba*) *s. f.* **1.** Nombre común de diversas especies de aves de mediano tamaño, cuerpo rechoncho, cabeza pequeña y cola amplia, y diversos colores según las especies: con dos bandas de color negro sobre las alas (paloma bravía); con una mancha blanca a los lados del cuello y una banda blanca en las alas (paloma torcaz); de color verde metálico a ambos lados de la cabeza (paloma zurita). **2.** Nombre dado a otras aves similares, como la tórtola. **3.** Persona inocente y bondadosa. **FAM.** Palomar, palomero, palomilla, palomina, palomino, palomita, palomo.

palomar *s. m.* Lugar en que se refugian y crían las palomas.

palometa (del gr. *pelamys, -ydos*) *s. f.* **1.** Pez teleósteo marino de cuerpo ovalado y aplastado, aleta dorsal con espinas sobresalientes y color grisáceo. Habita en el Atlántico y en el Mediterráneo y es apreciado en alimentación. **2.** Palomilla, tuerca. **SIN. 1.** Japuta.

palomilla *s. f.* **1.** Tuerca con dos aletas laterales para facilitar su enroscamiento a mano. **2.** Soporte en forma de escuadra o triángulo que sirve para sostener algo apoyándolo en un lado, con el otro sujeto a la pared. **3.** Insecto lepidóptero semejante a una mariposa de color gris, que anida en los graneros y es muy dañino para los cereales. **4.** Insecto parecido a una mariposa de pequeño tamaño. **5.** Ninfa, fase de la metamorfosis de un insecto. **SIN. 1.** Palometa.

palomina *s. f.* **1.** Excremento de las palomas. **2.** Variedad de uva de color oscuro.

palomino (del lat. *palumbinus*) *s. m.* **1.** Cría de la paloma silvestre. **2.** Mancha de excremento de ave. **3.** Mancha de excremento de una persona en sus calzoncillos o bragas. **4.** Persona sosa o atontada. También *adj.* **SIN. 1.** Pichón. **4.** Tonto, ingenuo.

palomita *s. f.* **1.** Grano de maíz que, cuando se pone al fuego, revienta y se convierte en una masa blanca y esponjosa comestible. **2.** Bebida compuesta de un licor anisado y agua. **3.** En fútbol, estirada hacia un lado del portero. **SIN. 1.** Roseta.

palomo (del lat. *palumbus*) *s. m.* **1.** Macho de la paloma. **2.** Paloma torcaz.

palosanto *s. m.* **1.** Árbol de la América tropical, de fruto sabroso y dulce, y madera negruzca muy dura, apreciada en ebanistería. **2.** Fruto de este árbol. ■ Se escribe también *palo santo* y se llama, asimismo, *caqui.*

palote *s. m.* **1.** Palo pequeño. **2.** Trazo pequeño que se hace al aprender a escribir.

palpable (del lat. *palpabilis*) *adj.* **1.** Que se puede tocar con las manos. **2.** Evidente, que se aprecia con claridad. **SIN. 1.** Tangible. **2.** Patente, manifiesto. **ANT. 1.** Intangible. **2.** Dudoso. **FAM.** Palpablemente. / Impalpable. PALPAR.

palpar (del lat. *palpare*) *v. tr.* **1.** Tocar algo con las manos o solamente con los dedos para reconocerlo, examinarlo, etc., particularmente si no se ve. También *v. prnl.* **2.** Percibir claramente: *En la clase se palpaba un ambiente de compañerismo.* SIN. **1.** Tentar, tantear. **2.** Notar, apreciar. FAM. Palpable, palpación, palpamiento, palpo.

palpebral (del lat. *palpebralis*) *adj.* De los párpados.

palpitación *s. f.* Acción de palpitar el corazón, un músculo u otro órgano y, también, cada uno de los latidos o movimientos que éstos experimentan al palpitar: *Cuando corro me dan palpitaciones.* SIN. Pulso, pulsación.

palpitante (del lat. *palpitans, -antis*) *adj.* **1.** Se dice de lo que palpita. **2.** Se aplica al asunto, tema, etc., que está de actualidad y tiene un especial interés. SIN. **2.** Candente, actual.

palpitar (del lat. *palpitare*) *v. intr.* **1.** Latir el corazón. **2.** Aumentar o cambiar de ritmo la palpitación natural del corazón. **3.** Moverse de manera involuntaria un órgano o músculo del cuerpo. **4.** Mostrarse algo de una manera clara o perceptible: *En su voz palpitaba la emoción.* SIN. **1.** y **4.** Latir. FAM. Palpitación, palpitante, pálpito.

pálpito *s. m.* Corazonada, presentimiento. ■ Se usa generalmente con el verbo *dar.*

palpo (del lat. *palpum*) *s. m.* Cada uno de los apéndices articulados y de pequeño tamaño que tienen en las proximidades de la boca algunos invertebrados, como la araña, y con los que palpan los alimentos y los sujetan. FAM. Pedipalpo. PALPAR.

palta *s. f. Amér.* Aguacate*, fruto. FAM. Palto.

palto *s. m. Amér.* Aguacate*, árbol.

paludismo (del lat. *palus, -udis*, laguna) *s. m.* Enfermedad producida por un microbio propio de terrenos pantanosos, que se transmite por la picadura de la hembra del mosquito anofeles. Se caracteriza por la fiebre alta e intermitente. SIN. Malaria. FAM. Palúdico, palustre[2]. PAÚL[1].

palurdo, da (del fr. *balourd*, torpe) *adj.* Se dice de las personas toscas e ignorantes, especialmente de los campesinos, y de sus acciones, actitudes, etc. SIN. Paleto, cateto.

palustre[1] *s. m.* Paleta de albañil.

palustre[2] (del lat. *palustris*, y éste de *palus, -udis*) *adj.* De las lagunas o de los pantanos. SIN. Lacustre.

pamela (de *Pamela*, protagonista de una novela de S. Richardson) *s. f.* Sombrero de mujer, de copa baja y ala ancha y flexible.

pamema (de *pamplina* y *memo*) *s. f.* **1.** Tontería, cosa sin contenido o importancia. **2.** Atención, acto de cortesía o alabanza no sincera. **3.** Demostración exagerada de asco o escándalo. SIN. **1.** Insignificancia, ridiculez. **1.** y **3.** Pamplina. **2.** Cumplido. **3.** Aspaviento, melindre, remilgo.

pampa (del quechua *pámpa*) *s. f.* Llanura extensa sin vegetación arbórea, propia de algunas zonas de América del Sur: *la pampa argentina.* FAM. Pampeano, pampear, pampero, pámpido. / Altipampa, empamparse.

pampaneo *s. m. fam.* Acción de salir y alternar mucho.

pámpano, na (del lat. *pampinus*) *s. m.* o *f.* **1.** Hoja de la vid. || *s. m.* **2.** Brote tierno, verde y delgado de la vid. FAM. Pampanaje, pampanoso. / Despampanante.

pampear *v. intr. Amér. del S.* Recorrer la pampa.

pampero, ra *adj.* **1.** De la pampa. También *s. m.* y *f.* **2.** Se aplica al viento frío procedente de la pampa que suele soplar en el Río de la Plata. También *s. m.* SIN. **1.** Pampeano.

pámpido, da *adj.* Se dice de los pueblos que habitan en la pampa. También *s. m.* y *f.*

pamplina (del lat. *papaver, -eris*, amapola) *s. f.* **1.** Pamema*. **2.** Planta herbácea de hojas divididas, flores de pétalos amarillos desiguales y fruto en cápsula con muchas simientes. Crece en la península Ibérica, invadiendo en primavera los sembrados. FAM. Pamplinero, pamplinoso.

pamplonica o **pamplonés, sa** *adj.* De Pamplona. También *s. m.* y *f.*

pamue *adj.* **1.** De un pueblo indígena perteneciente a la etnia fang, que habita en Guinea Ecuatorial, en el sur de Camerún y en el norte de Gabón. También *s. m.* y *f.* || *s. m.* **2.** Lengua bantú hablada por este pueblo.

pan (del lat. *panis*) *s. m.* **1.** Alimento elaborado con harina, generalmente de trigo, que se amasa con agua y levadura y se cuece al horno después de fermentada. **2.** Pieza de dicho alimento, especialmente la que es de forma redondeada y grande. **3.** Masa de otras sustancias que en su cocción tiene un aspecto esponjoso, semejante al alimento mencionado en primer lugar: *pan de higo.* **4.** El sustento diario: *Se gana el pan con el sudor de su frente.* ■ En esta acepción se usa sólo en singular. **5.** Lámina muy fina de oro o plata que se utiliza para dorar o platear una superficie. || **6. pan de molde** Aquel que tiene forma de prisma cuadrangular, cortado en rebanadas, con corteza fina y uniforme, y que se fabrica en un molde metálico. **7. pan de Viena** El elaborado con harina blanca, de miga esponjosa y corteza crujiente. También, el que se hace con harina, leche y azúcar. **8. pan integral** (o **negro**) El que contiene el salvado de trigo y tiene un color más oscuro que el normal. **9. pan y quesillo** Flor de la acacia. También, planta crucífera de pequeñas flores blancas y frutos triangulares. Se llama, asimismo, *bolsa de pastor.* || LOC. **al pan, pan y al vino, vino** Frase con que se hace referencia a la claridad al decir las cosas. **con su pan se lo coma** *fam.* Expresa el desinterés por lo que pueda ocurrirle a una persona como consecuencia de sus actos. **el pan nuestro de cada día** Cosa que se repite con frecuencia. **ser** algo **pan comido** *fam.* Ser muy fácil de hacer. **ser** alguien **un pedazo de pan** *fam.* Ser una persona muy bondadosa. SIN. **2.** Hogaza. FAM. Panadería, panadero, panecillo, panero, paniaguado, paniego, panificar, panoli. / Empanar.

pan- (del gr. *pan*) *pref.* **1.** Significa 'todo o relativo a todos': *panteísmo.* ■ Existe también la variante *panto-*: *pantógrafo.* **2.** Con nombres de unidades geográficas o razas indica 'tendencia a la unidad': *panafricanismo, paneuropeísmo, pangermanismo.*

pana (del fr. *panne*, y éste del lat. *pinna*, pluma) *s. f.* Tejido grueso semejante al terciopelo, pero de algodón, que forma una especie de surcos de ancho variable.

panacea (del lat. *panacea*, y éste del gr. *panakeia*) *s. f.* Solución o remedio para cualquier tipo de problema o asunto. SIN. Ungüento amarillo.

panaché (fr.) *s. m.* Plato de verduras variadas, cocidas y rehogadas.

panadería *s. f.* **1.** Tienda en la que se vende pan. **2.** Oficio de panadero.

panadero, ra *s. m.* y *f.* Persona que hace o vende pan.

panadizo (del lat. *panaricium*, y éste del gr. *paronykhion*, junto a la uña) *s. m.* Inflamación aguda, a veces con pus, del tejido celular de los dedos alrededor de las uñas.

panafricanismo *s. m.* Doctrina política que defiende la unidad de los pueblos africanos frente al colonialismo e imperialismo de otros países. **FAM.** Panafricano. AFRICANO.

panal *s. m.* **1.** Estructura formada por celdas hexagonales que hacen las abejas y en la que depositan la miel y los huevos para la reproducción. **2.** Estructura de algunas cosas semejante a la que construyen las abejas. **SIN. 1.** Colmena.

panamá *s. m.* **1.** Sombrero masculino de verano, flexible, hecho de pita. **2.** Tela de algodón con hilos gruesos, que se emplea para bordar, para prendas de vestir, etc.

panameño, ña *adj.* De Panamá. También *s. m.* y *f.* **FAM.** Panamá.

panamericanismo *s. m.* Movimiento y doctrina que defiende la unión y el impulso de las relaciones entre los países de toda América. **FAM.** Panamericanista, panamericano. AMERICANISMO.

panarabismo *s. m.* Movimiento y doctrina que defiende la unificación de los pueblos de raza y lengua árabes. **FAM.** Panarabista. ARABISMO.

panateneas *s. f. pl.* Grandes fiestas cívico-religiosas atenienses en honor de Palas Atenea. **FAM.** Panatenaico.

panavisión *s. f.* Técnica cinematográfica de filmación y proyección en que se emplea película de 65 mm y lentes especiales.

pancarta (del lat. *pancharta*, y éste del gr. *pan*, todo, y *khartes*, hoja, papel) *s. f.* Cartel grande de tela, papel u otro material, en que se pintan frases, consignas, etc., y se usa en manifestaciones, protestas o reuniones públicas.

panceta (del ital. *panzetta*, y éste del lat. *pantex, -icis*) *s. f.* Tocino de cerdo con vetas de carne. **SIN.** Bacon.

panchito *s. m.* Cacahuete pelado y frito.

pancho, cha (del lat. *pantex, -icis*, panza) *adj.* **1.** Tranquilo, satisfecho: *Se quedó tan pancho diciendo lo que pensaba.* || *s. m.* **2.** Cría del besugo. **3.** *Arg.* Perrito caliente. **SIN. 1.** Ancho, hueco.

pancista *adj.* Se dice de la persona sin ideas propias y que adopta fácilmente las de quienes mandan para favorecerse de ello. También *s. m.* y *f.* **SIN.** Acomodaticio. **FAM.** Pancismo. PANZA.

páncreas (del gr. *pankreas*, de *pan*, todo, y *kreas*, carne) *s. m.* Glándula asociada al aparato digestivo, situada junto al duodeno y debajo del estómago; segrega el jugo pancreático, que contribuye a la digestión intestinal de los alimentos. ■ No varía en *pl.* **FAM.** Pancreático, pancreatina, pancreatitis.

pancreatina *s. f.* Extracto del jugo pancreático de los animales que contiene las principales enzimas del páncreas.

pancreatitis *s. f.* Inflamación aguda o crónica del páncreas. ■ No varía en *pl.*

pancromático, ca *adj.* Se dice de la placa o película de sensibilidad aproximadamente igual para todos los colores.

panda[1] *s. m.* Nombre de dos especies de mamíferos asiáticos: el panda gigante, que tiene aspecto de oso con el hocico más corto, mide unos 140 cm de longitud y tiene el pelaje dividido en zonas de color blanco y negro, y el panda menor, que mide unos 60 cm de longitud, tiene una larga cola y el pelaje castaño rojizo. Son prácticamente vegetarianos y habitan en los bosques de bambú al S del Himalaya. Se llama también *oso panda.*

panda[2] *s. f.* **1.** *fam.* Grupo habitual de amigos: *Salí con la panda de mi hermano.* **2.** *desp.* Grupo de personas: *una panda de malhechores, de analfabetos.* **SIN. 1.** y **2.** Pandilla. **2.** Banda. **FAM.** Pandilla.

pandear (de *pando*) *v. intr.* Curvarse una superficie, generalmente por la parte central. Se usa más como *v. prnl.*: *Los estantes se pandean por el peso de los libros.* **SIN.** Combar(se), alabear(se). **FAM.** Pandeo. PANDO.

pandemia (de *pan-* y el gr. *demos*, pueblo) *s. f.* Epidemia extendida a varias regiones o países o que ataca a casi todas las personas de un país. **SIN.** Plaga. **FAM.** Pandémico.

pandemónium (de *Pandemónium*, capital imaginaria del infierno, de *pan-* y el gr. *daimonion*, demonio) *s. m. fam.* Griterío, confusión, etc., o lugar donde lo hay.

pandereta *s. f.* Pandero pequeño con sonajas o cascabeles, que se toca especialmente en las fiestas de Navidad. **FAM.** Panderetazo, panderetero. PANDERO.

panderete *s. m.* Tabique delgado de ladrillos puestos de canto o de otros materiales.

panderetero, ra *adj.* **1.** Persona que toca la pandereta o que fabrica panderetas. **2.** Relacionado con la pandereta.

pandero (del lat. *pandorium*) *s. m.* **1.** Instrumento rústico de percusión formado por un aro cubierto con una piel fina y estirada. **2.** *fam.* Culo. **SIN. 2.** Trasero, pompis. **FAM.** Panderazo, pandereta, panderete, panderetear, pandereteo.

pandilla *s. f.* Panda[2]*. **FAM.** Pandillaje. PANDA[2].

pandit *s. m.* En la India, título honorífico que se da a los brahmanes eruditos.

pando, da (del lat. *pandus*, curvado) *adj.* **1.** Que pandea o se pandea. **2.** Se dice de lo que se mueve lentamente. **3.** Poco profundo o con poco fondo. || *s. m.* **4.** Terreno casi llano situado entre montañas. **SIN. 4.** Valle. **FAM.** Pandear.

panecillo (dim. de *pan*) *s. m.* Pieza pequeña de pan. **SIN.** Barrita.

panegírico, ca (del gr. *panegyrikos*, de *pan*, todo, y *agora*, reunión) *adj.* Se dice del discurso, escrito, poema, etc., de alabanza a un santo y, en general, en el que se elogia a alguien o algo. También *s. m.* **SIN.** Apología, loa. **FAM.** Panegirista.

panel[1] (del fr. ant. *panel*) *s. m.* **1.** Cada una de las partes lisas, generalmente de forma cuadrada o rectangular, en que se divide una superficie; suele estar bordeada por molduras. **2.** Plancha prefabricada que se utiliza para dividir un espacio. **3.** Tablero de anuncios. **4.** Cada una de las tablas movibles que forman el suelo de algunas embarcaciones. **5.** Tablero aislante donde se encuentran los aparatos indicadores, los mandos, las conexiones, etc., de un sistema eléctrico, un vehículo, etc. **SIN. 3.** Tablón.

panel[2] (ingl.) *s. m.* **1.** Conjunto de personas que intervienen en una discusión o debate público sobre un tema previamente propuesto. **2.** *Cuba* y *P. Rico* Conjunto de personas que forman el jurado en un concurso. **FAM.** Panelista.

panela *s. f.* **1.** Hoja de álamo que forma parte de algunos escudos. **2.** *Col.*, *Cuba* y *Hond.* Azúcar sin refinar en forma prismática. **3.** *Col.* y *Ven. fam.* Persona zalamera y empalagosa. **4.** *Méx. fam.* Tipo de queso fresco.

panelista *s. m.* y *f.* Persona que forma parte de un panel, mesa redonda o jurado.

panero, ra (del lat. *panarius*, de *panis*, pan) *adj.* **1.** Se dice de la persona que come mucho pan o a la que gusta mucho este alimento. || *s. m.* **2.** Cesto grande en que se va echando el pan que se saca del horno. || *s. f.* **3.** Especie de caja, generalmente con una tapa curvada corrediza, que se utiliza para guardar el pan en las casas. **4.** Cestillo sin asas en que se coloca el pan cortado para ponerlo en la mesa en las comidas. **5.** Cesta grande que se utiliza para transportar pan. **6.** Lugar en que se guarda el pan, la harina o los cereales. **SIN. 1.** Paniego.

paneslavismo *s. m.* Doctrina política que defiende la unidad de los pueblos eslavos.

paneuropeísmo *s. m.* Doctrina que propugna la unidad económica, política y cultural entre los países de Europa, al tiempo que defiende la creación de una entidad única en la que se integren. **FAM.** Paneuropeísta, paneuropeo. EUROPEO.

pánfilo, la (del lat. *Pamphilus*, y éste del gr. *pamphilos*, bondadoso) *adj.* Torpe y parado, tonto. **SIN.** Tardo, lento, bobo. **ANT.** Avispado, lince.

panfletario, ria *adj.* Se dice de las personas, discursos o escritos que se proponen hacer propaganda de algo con un estilo semejante al de los panfletos: *un artículo panfletario.* También *s. m.* y *f.* **SIN.** Propagandístico.

panfleto (del ingl. *pamphlet*) *s. m.* **1.** Folleto o papel de propaganda política. **2.** Discurso o escrito de estilo propagandístico y agresivo. **SIN. 1.** Pasquín. **2.** Libelo. **FAM.** Panfletario, panfletista.

pange lingua (lat.) *loc.* Denominación del himno de la liturgia católica que empieza con estas palabras y se canta en honor y alabanza del Santísimo Sacramento.

pangermanismo *s. m.* Movimiento y doctrina que defiende la unión política, cultural y social de los pueblos germánicos para conseguir su predominio. **FAM.** Pangermánico, pangermanista. GERMANISMO.

pangolín (del malayo *panggoling*, rodillo, a través del ingl. *pangolin*) *s. m.* Mamífero africano y asiático de entre 75 y 150 cm según las especies, con el dorso y la parte lateral de las patas cubiertas de escamas dispuestas en forma de tejas. Tiene una lengua larga y retráctil y sus uñas son fuertes, lo que le permite excavar con facilidad.

panhelenismo *s. m.* Doctrina política que defiende la unificación de todos los pueblos griegos. **FAM.** Panhelénico. HELENISMO.

paniaguado, da *adj.* Se dice de la persona protegida o favorecida por otra. También *s. m.* y *f.* **SIN.** Enchufado.

pánico (del gr. *panikon*, terror causado por el dios *Pan*) *s. m.* Miedo muy grande, y especialmente el de una colectividad: *Cundió el pánico al incendiarse la sala de cine.* **SIN.** Espanto, pavor, terror, horror.

panícula (del lat. *panicula*, dim. de *panus*, mazorca) *s. f.* Conjunto de ramas, flores o frutos que nacen de un mismo eje y se disponen en forma piramidal. **SIN.** Panocha, panoja. **FAM.** Paniculado. / Panocha, panoja.

paniculado, da *adj.* Que tiene forma de panícula.

panículo (del lat. *panniculus*, tela fina) *s. m.* Capa de tejido adiposo situada dentro de la piel de los vertebrados.

paniego, ga *adj.* **1.** Se aplica al terreno sembrado de trigo. **2.** Se dice de la persona que come mucho pan. También *s. m.* y *f.* **SIN. 2.** Panero.

panificadora *s. f.* Establecimiento industrial donde se elabora el pan. **SIN.** Horno.

panificar *v. tr.* **1.** Elaborar pan. **2.** Preparar un terreno para sembrar en él cereales. ■ Delante de *e* se escribe *qu* en lugar de *c*: *panifique.* **FAM.** Panificable, panificación, panificadora. PAN.

panislamismo *s. m.* Doctrina y movimiento político y religioso que defiende la unidad de todos los pueblos islámicos. **FAM.** Panislámico, panislamista. ISLAMISMO.

panizo (del lat. *panicium*) *s. m.* **1.** Planta herbácea de la familia gramíneas de cuya raíz salen varios tallos redondos, aproximadamente de un metro de altura, con hojas planas, largas y estrechas, y flores en panojas grandes. Su semilla se utiliza para la alimentación humana y animal. **2.** Semilla de esta planta.

panocha (del lat. vulg. *panucula*, mazorca) *s. f.* **1.** Espiga del maíz, mijo o panizo, de granos muy juntos entre sí que forman una especie de cono. **2.** Panícula*. **SIN. 1.** Mazorca.

panocho, cha *adj.* **1.** De la huerta de Murcia. También *s. m.* y *f.* || *s. m.* **2.** Dialecto hablado en la huerta murciana.

panoja (del lat. vulg. *panucula*, manojo, espiga) *s. f.* Panocha*.

panoli (del valenciano *pa en oli*, pan con aceite, pastel) *adj. fam.* Pánfilo, bobo, de poco carácter o decisión. **SIN.** Tonto, lerdo. **ANT.** Avispado, lince.

panoplia (del gr. *panoplia*, de *pan*, todo, y *hoplon*, arma) *s. f.* **1.** Armadura de guerrero completa. **2.** Colección de armas. **3.** Tabla, generalmente en forma de escudo, en la que se colocan distintas armas. **4.** Parte de la arqueología que se ocupa del estudio de las armas y armaduras antiguas.

panóptico, ca (de *pan-* y *-óptico*) *adj.* Se dice del edificio o construcción cuyo interior puede verse completamente desde un punto. También *s. m.*

panorama (de *pan-* y el gr. *horama*, vista) *s. m.* **1.** Vista de una amplia zona de terreno. **2.** Aspecto o visión general de un tema, asunto, situación, etc.: *El panorama económico no es bueno.* **3.** Pintura realizada en el interior de una superficie cilíndrica, que puede ser contemplada desde dentro. **SIN. 3.** Cosmorama. **FAM.** Panorámico.

panorámico, ca *adj.* **1.** Del panorama. También *s. f.*: *una panorámica de la historia actual.* **2.** Se aplica a la pantalla cinematográfica de forma alargada y curvada hacia atrás. || *s. f.* **3.** En cinematografía, toma realizada con la cámara que gira en sentido horizontal u oblicuo, apoyada en un punto.

panormitano, na (del lat. *panormitanus*) *adj.* De Palermo, ciudad italiana. También *s. m.* y *f.*

panqué *s. m. Amér. C.* Panqueque*.

panqueque (del ingl. *pan*, sartén, *cake*, pastel) *s. m. Amér.* Torta delgada de harina, leche y huevo, rellena con ingredientes dulces o salados. **SIN.** Crêpe, tortita.

pantagruélico, ca (de *Pantagruel*, personaje de una novela de Rabelais) *adj.* Se dice de las comidas muy abundantes. **SIN.** Opíparo, copioso. **ANT.** Frugal.

pantalán (voz filipina) *s. m.* Embarcadero para barcos pequeños que se adentra algo en el mar.

pantaletas *s. f. pl. Ven.* Bragas.

pantalla *s. f.* **1.** Superficie de color claro para proyectar sobre ella películas, diapositivas, etc., o parte de un televisor, ordenador o aparato similar en la que se ve la imagen. **2.** Lámina de distintos tamaños y formas que, colocada generalmente alrededor del foco luminoso, se utiliza para mitigar la luz o para orientarla en una determinada dirección: *la pantalla de una lámpara.* **3.** Plancha metálica que se pone delante de la lumbre para protegerse del calor directo. **4.** Mampara para filtrar o dirigir diversos tipos de radiaciones u ondas. **5.** Persona o cosa que se pone delante de otra y le hace sombra, la protege, oculta o le impide el paso. **6.** Persona o cosa que atrae sobre ella la atención, desviándola de otra cosa o de algo que está ocurriendo. **7.** *Amér. del S.* y *C. Rica* Paipay, abanico. || **8. la pequeña pantalla** Televisión. SIN. **5.** Parapeto.

pantalón (del fr. *pantalon*, y éste de *Pantalone*, personaje de la Comedia italiana) *s. m.* **1.** Prenda de vestir que se ajusta a la cintura y cubre cada una de las piernas por separado. ■ Se usa también la forma *pl.* con el significado de *sing.* || **2. pantalón abotinado** Aquel que se estrecha en la parte inferior de la pierna para poder ser introducido en el calzado. **3. pantalón bombacho** El que llega a la pantorrilla, a la que se ajusta por medio de un puño o una goma. || LOC. **bajarse** alguien **los pantalones** *fam.* Verse obligado a ceder en algo indigno. **llevar** alguien **los pantalones** *fam.* Mandar, generalmente en una familia. FAM. Pantalonero.

pantalonero, ra *s. m.* y *f.* Persona que confecciona pantalones.

pantano (de *Pantanus*, antiguo lago de Italia) *s. m.* **1.** Terreno cubierto de barro y agua estancada con poca profundidad. **2.** Embalse*. SIN. **1.** Ciénaga, marisma. FAM. Pantanal, pantanoso. / Empantanar.

pantanoso, sa *adj.* **1.** Se dice del terreno cubierto de barro y aguas poco profundas. **2.** Lleno de inconvenientes o dificultades: *No sé cómo salir de esta situación tan pantanosa.* SIN. **1.** Cenagoso. **2.** Peliaguado, espinoso, dificultoso, embarazoso.

panteísmo (del ingl. *pantheism*, y éste del gr. *pan*, todo, y *theos*, dios) *s. m.* Doctrina filosófica según la cual todo cuanto existe se identifica con Dios. FAM. Panteísta, panteístico, panteón. TEÍSMO.

panteón (del lat. *pantheon*, y éste del gr. *pantheion*) *s. m.* **1.** Templo romano antiguo, dedicado a todos los dioses. **2.** Tumba grande para el enterramiento de varias personas. **3.** *And.* y *Amér.* Cementerio.

pantera (del lat. *panthera*, y éste del gr. *panthera*, de *pan*, todo, y *ther*, fiera) *s. f.* **1.** Leopardo*. **2.** *Amér.* Jaguar*.

pantimedias *s. f. pl. Méx.* Pantis*.

pantis *s. m. pl.* Especie de medias finas usadas por las mujeres, que cubren las piernas y llegan hasta la cintura. ■ Se usa también la forma sing. *panti* o *panty*. FAM. Pantimedias.

panto- (del gr. *pas, -antos*) *pref.* Véase **pan-**.

pantocrátor (del gr. *pantokrator*, omnipotente) *s. m.* Representación de Cristo sentado en un trono y en actitud de bendecir, rodeado de los símbolos de los cuatro evangelistas. Es característica del arte bizantino y románico.

pantógrafo (de *panto-* y *-grafo*) *s. m.* Instrumento consistente en cuatro varillas que forman un paralelogramo articulado que sirve para copiar, ampliar o reducir un dibujo.

pantómetro, tra (de *panto-* y *-metro*) *s. m.* o *f.* **1.** Especie de compás cuyos brazos están marcados con escalas y que se emplea para la resolución de algunos problemas de matemáticas. **2.** Aparato utilizado en topografía que sirve para medir ángulos horizontales.

pantomima (del lat. *pantomima*) *s. f.* **1.** Mimo*, género teatral. **2.** Acción o acciones que intentan simular algo: *Ese llanto no es más que una pantomima.* SIN. **2.** Comedia, farsa, ficción. FAM. Pantomímico. MIMO.

pantoque (del gascón *pantòc*) *s. m.* Parte casi plana del casco de una embarcación, que forma el fondo junto a la quilla.

pantorrilla *s. f.* Parte carnosa de la pierna por debajo de la rodilla.

pantufla (del fr. *pantoufle*) *s. f.* Zapatilla de casa sin taló . Se usa más en *pl.* SIN. Chinela.

panty (ingl.) *s. m.* Pantis*.

panza (del lat. *pantex, -icis*) *s. f.* **1.** Vientre de las personas y animales, especialmente cuando es voluminoso. **2.** Parte abultada de algunas cosas, como vasijas, aviones, etc. **3.** Primera de las cuatro cavidades en que se divide el estómago de los rumiantes; almacena los alimentos ingeridos sin masticar, que después serán devueltos a la boca para rumiarlos. || **4. panza de burra** *fam.* Nombre que se da al cielo gris y uniformemente cubierto. SIN. **1.** Tripa, barriga. **2.** Prominencia, abultamiento. FAM. Panceta, pancista, panzada, panzazo, panzudo. / Despanzurrar, pancho, repanchigarse, repanchingarse, repantigarse, repantingarse.

panzada *s. f.* **1.** Golpe dado con la panza o en ella. **2.** *fam.* Exceso en alguna actividad: *Nos dimos una panzada a andar.* SIN. **1.** Tripazo.

panzazo *s. m.* Golpe que se da alguien en el vientre.

panzer (al.) *s. m.* Carro de combate alemán.

pañal *s. m.* **1.** Pieza casi cuadrada de tela, gasa o material absorbente que se pone a los niños pequeños a modo de braga. Se usa mucho en *pl.* || *s. m. pl.* **2.** Conjunto de las ropas de un niño recién nacido. || LOC. **en pañales** En un estado muy poco avanzado. SIN. **2.** Canastilla.

pañería *s. f.* **1.** Establecimiento donde se venden los tejidos de lana que se usan para confeccionar trajes formales. **2.** Conjunto de paños de lana: *sección de pañería.*

pañete (dim. de *paño*) *s. m.* **1.** Paño delgado y generalmente de inferior calidad que el normal. **2.** *Col.* Capa de yeso, estuco, etc., con que se enluce una pared. FAM. Empañetar. PAÑO.

pañito *s. m.* Pieza de tela o tejido que se pone como adorno encima de una mesa, en los brazos de un sillón, etc. SIN. Tapete.

paño (del lat. *pannus*) *s. m.* **1.** Tejido de lana muy compacto. **2.** Trozo de este tejido o de otro similar. **3.** Cada uno de los trozos de tela que se unen para completar el ancho necesario de una prenda. **4.** Trozo continuo de muro. **5.** Plancha de madera que forma parte de la estructura de un mueble, una estantería, etc. **6.** Tapiz o colgadura que se pone en la pared. **7.** Mancha oscura en la piel. **8.** Mancha o suciedad que disminuye la transparencia o brillo de un cristal. || *s. m. pl.* **9.** Vestidura, ropaje. || **10. paños calientes** Palabras, acciones, etc., con que se pretende suavizar una situación o información: *No vengas con paños calientes y dime la verdad.* || LOC. **conocer** alguien **el paño** Saber cómo es cierta persona o cosa. **en paños menores** *adv.* Casi desnudo o en ropa interior. SIN. **3.** Largo. **4.** Lienzo. FAM. Pañal, pañería, pañero, pañete, pañito, pañoleta, pañuelo. / Alzapaño, empañar, entrepaño.

pañol (del cat. *pallol*) *s. m.* Compartimiento de un barco que sirve para guardar alimentos, herramientas, municiones, etc.

pañolería *s. f.* **1.** Conjunto de pañuelos: *una tienda de lencería y pañolería.* **2.** Comercio en el que se venden pañuelos o industria en la que se fabrican.

pañoleta *s. f.* **1.** Prenda de tela de forma triangular y generalmente con flecos que se ponen las mujeres sobre los hombros. **2.** Pañuelo de forma triangular o doblado en pico que se atan algunas mujeres a la cabeza; se usa sobre todo con algunos trajes regionales. **3.** Corbata estrecha que usan los toreros con el traje de luces. **SIN. 1.** Chal, mantón, toquilla.

pañuelo (de *paño*) *s. m.* **1.** Pieza de tela fina de forma cuadrangular que se usa para sonarse la nariz, limpiarse las lágrimas, el sudor, etc. **2.** Pieza de tela semejante a la anterior, pero de mayor tamaño, que se utiliza para ponérsela al cuello, atada a la cabeza, etc. **SIN. 1.** Moquero. **FAM.** Pañolería. PAÑO.

papa[1] (del lat. *papas*, y éste del gr. *pappas*, término de respeto) *s. m.* Autoridad máxima de la Iglesia católica, obispo de Roma y jefe del Estado de la Ciudad del Vaticano. ■ En esta acepción se escribe normalmente con mayúscula. **SIN.** Pontífice. **FAM.** Papable, papado, papal[2], papalina, papisa, papismo, papista. / Antipapa.

papa[2] (quechua) *s. f.* Patata*. **FAM.** Papal[1]. PATATA.

papa[3] (del lat. *pappa*, comida) *s. f.* Papilla de leche y harina, generalmente para niños. || **LOC. echar la papa** *fam.* Vomitar. **no entender** (o **ver**) **ni papa** *fam.* No entender o no ver nada. **FAM.** Papada, papamoscas, papanatas, papar, paparrucha, paparruchada, papear, papera, papilla, papo[1], pápula. / Empapar.

papá (del lat. *papas*, a través del fr.) *s. m.* **1.** *fam.* Padre. ■ A veces se dice también *papa.* || *s. m. pl.* **2.** *fam.* El padre y la madre. **FAM.** Papitis.

papable *adj.* Se dice del cardenal de la Iglesia católica que tiene posibilidades de ser elegido papa.

papachar *v. tr. Méx.* Acariciar, hacer papachos.

papacho (del náhuatl *papatzoa*, ablandar algo a fuerza de tocarlo) *s. m. Méx.* Caricia. **FAM.** Papachar.

papada (de *papo*, y éste del lat. *pappa*, comida) *s. f.* **1.** Abultamiento que se forma debajo de la barbilla. **2.** Pliegue de piel que sobresale del cuello de algunos animales, como el toro o la vaca. **SIN. 1.** Sotabarba. **2.** Papadilla, papo. **FAM.** Papadilla. PAPA[3].

papadilla (dim. de *papada*) *s. f.* Papada de los animales.

papado *s. m.* **1.** Dignidad de papa, institución que él encabeza y tiempo que dura su mandato. **2.** El papa o el conjunto de los papas a lo largo de la historia: *el conflicto entre el papado y el emperador durante la Edad Media.* **SIN. 1.** Pontificado.

papagayo (del ár. *babbaga*, loro) *s. m.* **1.** Ave prensora de pico curvo, lengua fuerte y patas de cuatro dedos, dos hacia adelante y dos hacia atrás, entre cuyas especies destacan el papagayo común, que habita en África central, mide unos 30 cm de longitud y tiene el plumaje gris, excepto la cola, que es roja, y el papagayo del Amazonas, algo mayor, con el plumaje de colores vistosos, en los que predomina el verde. Son populares por su capacidad de imitar el habla humana. **2.** Persona que habla mucho. **3.** Pez teleósteo de unos 25 cm de longitud, con la boca protráctil y escamas de color amarillento. Habita en los fondos rocosos del Mediterráneo y del Atlántico. **4.** Planta herbácea de hojas alargadas de color verde, amarillo y rojo. Es originaria de China y tiene un uso ornamental. **SIN. 2.** Loro, cotorra, cacatúa. **FAM.** Papaína.

papaína *s. f.* Enzima que se encuentra en el fruto y hojas del papayo. Es un polvo blanco, que se prepara comercialmente a partir del látex del papayo y se usa para facilitar la digestión, desinfectar heridas y, también, para clarificar bebidas y como vermicida.

papal[1] *s. m. Amér.* Terreno sembrado de patatas.

papal[2] *adj.* Del papa de la Iglesia católica: *viaje papal, bendición papal.* **SIN.** Pontifical.

papalina (ital.) *s. f.* **1.** Gorro con dos prolongaciones para cubrir las orejas. **2.** Gorro de tela fina empleado antiguamente por las mujeres para dormir o antes de arreglarse. **SIN. 2.** Cofia, toca.

papamoscas (de *papar* y *moscas*) *s. m.* **1.** Ave paseriforme insectívora, frecuente en parques y bosques, cuya especie más común es el papamoscas gris, que tiene el pecho listado, mide unos 13 cm y caza los insectos al vuelo. || *s. m.* y *f.* **2.** Papanatas*. ■ No varía en *pl.*

papanatas (de *papar* y *natas*) *s. m.* y *f. fam.* Persona simple que se lo cree todo, es fácil de engañar o se asombra por cualquier cosa. ■ No varía en *pl.* **SIN.** Tonto, pardillo. **ANT.** Avispado. **FAM.** Papanatismo. PAPA[3].

papanatismo *s. m. fam.* Excesiva credulidad y simpleza.

papar (del lat. vulg. *pappare*) *v. tr.* **1.** Comer cosas blandas o comer sin masticar. **2.** *fam.* Comer con exageración, zampar. || **LOC. ¡pápate esa!** *excl. fam.* Expresión con la que se recalca a una persona algo que le molesta o sorprende: *Lo han ascendido a director general, ¡pápate esa!*

paparazzi (ital.) *s. m. pl.* Fotógrafos de la prensa del corazón que fotografían a los famosos sin ser autorizados por ellos.

paparrucha o **paparruchada** (del lat. *pappa*, comida) *s. f.* **1.** *fam.* Cosa o dicho sin sentido o sin fundamento. **2.** Noticia falsa. **SIN. 1.** Memez, mamarrachada, majadería. **2.** Bulo.

papaveráceo, a (del lat. *papaver*, adormidera) *adj.* **1.** Se aplica a ciertas plantas con jugo lechoso, de hojas esparcidas, flores generalmente grandes y fruto en cápsula o aquenio, entre las que destacan la amapola y la adormidera. También *s. f.* || *s. f. pl.* **2.** Familia constituida por estas plantas.

papaverina (del lat. *papaver*, adormidera) *s. f.* Alcaloide cristalino contenido en el opio que se utiliza en medicina para combatir los espasmos musculares y como vasodilatador. **FAM.** Papaveráceo.

papaya *s. f.* Fruto del papayo, dulce y carnoso como el melón y con semillas en el centro.

papayo *s. m.* Árbol de unos 8 m de altura y tronco recto, con hojas grandes y lobuladas y fruto parecido al melón, de interior carnoso con semillas en el centro y sabor dulce, llamado papaya. Es un árbol tropical, originario de Colombia. **FAM.** Papaya.

papear *v. intr. fam.* Comer, papar. **FAM.** Papeo. PAPA[3].

papel (del cat. *paper*, y éste del lat. *papyrus*) *s. m.* **1.** Lámina delgada hecha con fibra de madera u otros materiales que se utiliza para escribir, dibujar, envolver, etc. **2.** Trozo u hoja de ese material. **3.** Certificado, instancia, documento, etc. Se usa más en *pl.*: *Tengo los papeles en regla.* **4.** Billete de banco o documento que representa un valor en dinero, como una letra de cambio o un pagaré. **5.** Conjunto de valores que se compran y venden en bolsa. **6.** Personaje y texto que corresponde a un actor en una obra teatral, película, etc. **7.** Función que desempeña alguien en un lugar, situación, trabajo, etc.: *Su hermana mayor tuvo que hacer el papel de madre.* || *s. m. pl.* **8.** *fam.* Los periódicos, la prensa: *El caso salió en los papeles.* || **9. papel biblia** El muy fino, pero resistente, que se emplea en libros de muchas páginas. **10. papel carbón** Papel de calco. **11. papel cebolla** El que es fino y casi transparente, que se emplea para calcar. **12. papel charol** El brillante, fino y generalmente de colores. **13. papel de barba** El de bordes sin cortar, fuerte y satinado. **14. papel de calco** (o **de calcar**) El que está entintado por una cara y se utiliza para calcar algo en otra hoja. **15. papel de fumar** El que se emplea para liar los cigarrillos. También, cosa excesivamente fina o frágil. **16. papel de plata** Papel de aluminio o estaño. **17. papel de seda** Aquel que es muy fino, flexible y casi transparente. **18. papel del Estado** Aquel en que el Estado reconoce haber recibido una cantidad de dinero de quien lo posee. **19. papel guarro** El fuerte y granuloso que se utiliza para pintar con acuarela. **20. papel higiénico** Papel destinado al uso en el retrete. **21. papel maché** Cartón o papel machacados y humedecidos para realizar figuras, relieves, etc. **22. papel mojado** Documento, escrito, etc., al que no se da ningún valor. **23. papel moneda** Billete de banco. **24. papel pintado** El que se utiliza para revestir las paredes. **25. papel secante** El que es poroso y se utiliza para secar lo escrito o dibujado. **26. papel vegetal** El transparente y duro, usado para calcar en él un dibujo. || LOC. **perder los papeles** Perder una persona el control de sí misma o de una determinada situación. SIN. **7.** Tarea, labor. FAM. Papela, papeleo, papelería, papelero, papeleta, papelillo, papelina, papelón, papelorio, papelote, papelucho. / Apretapapeles, cortapapeles, empapelar, papiro, papiroflexia, pisapapeles, sujetapapeles, traspapelar.

papela *s. f. argot* Carné de identidad u otro documento de identificación.

papeleo *s. m.* **1.** Conjunto de trámites y documentos necesarios para resolver un asunto. **2.** Acción de remover papeles, generalmente en busca de algo. FAM. Papelear. PAPEL.

papelería *s. f.* Tienda donde se vende papel y material de escritorio, oficina, dibujo, etc.

papelero, ra *adj.* **1.** Del papel: *industria papelera.* **2.** Que hace o vende papel. También *s. m.* y *f.* || *s. f.* **3.** Especie de cubo o recipiente al que se tiran los papeles u otras cosas que no sirven. SIN. **3.** Cesto.

papeleta *s. f.* **1.** Hoja pequeña de papel en que aparece escrito algún dato de interés, como la calificación de un examen, el número para un sorteo, etc. **2.** Situación o asunto molesto, penoso o difícil de resolver: *Menuda papeleta tiene con su hijo enfermo.* SIN. **2.** Engorro.

papelillo (dim. de *papel*) *s. m.* Sobre pequeño que contiene polvos medicinales.

papelina *s. f.* Cantidad de droga que se vende en un sobre pequeño de papel fino.

papelón *s. m.* Papel ridículo que hace alguien.

papelorio *s. m.* Conjunto de muchos papeles o escritos desordenados.

papelote *s. m.* **1.** Papel o escrito que se considera poco importante y, generalmente, demasiado grande o extenso. **2.** Papel usado que se vende para la fabricación de papel nuevo. SIN. **1.** Papelucho.

papeo *s. m. fam.* Comida.

papera *s. f.* **1.** Bocio*. **2.** Tumor que se produce en los caballos jóvenes a la entrada del conducto respiratorio o en los ganglios submaxilares. || *s. f. pl.* **3.** Enfermedad infecciosa producida por un virus, que ataca fundamentalmente a los niños y adolescentes y produce la inflamación de las glándulas parótidas.

papiamento (del ant. *papear*, hablar confusamente) *s. m.* Lengua hablada en la isla de Curaçao, mezcla de portugués, holandés, español y lenguas africanas.

papila (del lat. *papilla*, pezón) *s. f.* Pequeño abultamiento cónico de la piel y las membranas animales o vegetales, y particularmente las gustativas de la lengua, que sirven para apreciar los sabores. FAM. Papilar, papiloma.

papilionáceo, a (del lat. *papilio, -onis*) *adj.* **1.** Se dice de las plantas herbáceas, arbustivas o arbóreas caracterizadas por tener flores irregulares con cinco pétalos y fruto tipo legumbre con varias semillas dentro de una vaina; p. ej., el haba, garbanzo, guisante, judía, etc. También *s. f.* || *s. f. pl.* **2.** Familia constituida por estas plantas.

papilla (de *papa*[3]) *s. f.* **1.** Comida muy triturada para niños pequeños o personas enfermas. **2.** Sustancia opaca a los rayos X, que tiene que tomar la persona a la que se le realiza una exploración radiológica del aparato digestivo. || LOC. **hacer** (o **estar hecho**) **papilla** *fam.* Destrozar a alguien o estar destrozado física o moralmente.

papiloma *s. m.* **1.** Tumor benigno que se forma en la piel o en las mucosas, como verrugas, callos, pólipos, vegetaciones, etc. **2.** Inflamación de las papilas con formación de tejido conjuntivo de naturaleza tumoral.

papión *s. m.* Nombre común de diversos mamíferos primates de mandíbula prominente, pelaje gris o pardo claro y callosidades en las nalgas. Habitan en África y forman grupos jerarquizados.También son llamados *babuinos*.

papiro (del lat. *papyrus*, y éste del gr. *papyros*) *s. m.* **1.** Planta herbácea perenne de 2 a 3 m de altura, cuyo tallo es una caña cilíndrica, lisa y desnuda, rematada con un penacho de flores pequeñas y verdosas y largas brácteas encorvadas hacia abajo. Crece en las orillas de los ríos y otros cursos de agua. En la antigüedad se empleaba para fabricar papel y actualmente como planta ornamental. **2.** Documento realizado en este tipo de papel. FAM. Papirología. PAPEL.

pápiro (del gr. *papyros*, papel) *s. m.* Billete de banco; particularmente, el de mucho valor.

papiroflexia *s. f.* Arte de realizar figuras doblando varias veces una hoja de papel.

papirología *s. f.* Disciplina auxiliar de la historia que se dedica al estudio de los papiros. FAM. Papirólogo. PAPIRO.

papirotazo o **papirotada** *s. m.* o *f.* Capirotazo*.

papisa *s. f.* Femenino de papa. Se usa para designar al personaje legendario llamado *la papisa Juana*.

papista *adj.* **1.** Entre los protestantes, se aplica a los católicos. También *s. m.* y *f.* **2.** Se dice de quien es partidario de una rigurosa fidelidad a la doctrina y ordenanzas del papa. También *s. m.* y *f.* || LOC. **ser** alguien **más papista que el papa** *fam.* Defender alguien algo con exageración o hablar de una cosa o asunto como si fuera el más interesado.

papitis *s. f.* Apego o inclinación excesivos hacia el padre: *Este niño tiene papitis, no se separa de su padre para nada.* ■ No varía en *pl.*

papo[1] *s. m.* **1.** Papada*. **2.** En las aves, buche. **3.** *fam.* Bocio*. **4.** *vulg.* Parte externa del aparato genital femenino. SIN. **4.** Coño. FAM. Papudo. / Empapuzar, sopapo. PAPA[3].

papo[2] (del lat. *pappus*, viejo) *s. m.* Flor del cardo.

paprika (serbocroata) *s. f.* Variedad de pimentón, muy picante y aromático, usado como condimento.

papú o **papúa** (del malayo *papua*, crespo) *adj.* **1.** Se dice de un pueblo melanesio que se extiende por Papúa Nueva Guinea y las islas Fiji. **2.** De este pueblo. También *s. m.* y *f.* || *s. m.* **3.** Lengua hablada por el mismo. ■ El pl. de la primera forma es *papúes*, aunque también se utiliza *papús*.

pápula (del lat. *papula*) *s. f.* Tumor pequeño sin pus que se forma en la piel.

paquebot o **paquebote** (del ingl. *packet-boat*, a través del fr.) *s. m.* Barco que lleva el correo y pasajeros entre dos puertos.

paquete (del fr. *paquet*) *s. m.* **1.** Objeto o conjunto de objetos atados, envueltos o metidos en una bolsa o caja, generalmente para facilitar su transporte. **2.** Conjunto de otras cosas: *un paquete de medidas, un paquete de acciones de bolsa.* **3.** Persona que va como acompañante del que conduce una motocicleta o bicicleta. **4.** *fam.* Castigo, sanción, arresto: *Le metieron un paquete.* **5.** En algunos deportes, pelotón de corredores. **6.** *vulg.* Bulto que forman los genitales masculinos tras la ropa. **7.** *vulg.* Embarazo. || **8. paquete informático** Conjunto de programas de ordenador que se utilizan para un determinado fin. SIN. **1.** Bulto, envoltorio. **4.** Puro. FAM. Paquetería, paquetero. / Empaquetar. PACA[1].

paquete, ta *adj. Amér.* Se dice de la persona que va muy bien vestida o arreglada. También *s. m.* y *f.*

paquetería *s. f.* Conjunto de mercancías que se transportan o se venden en paquetes: *servicio de paquetería.*

paquidermo (del gr. *pakhydermos*, de piel gruesa) *adj.* **1.** Se aplicaba a ciertos mamíferos ungulados no rumiantes, pertenecientes a un grupo taxonómico no utilizado actualmente, caracterizados por tener la piel gruesa, como p. ej. el elefante o el cerdo. También *s. m.* || *s. m. pl.* **2.** Grupo constituido por estos animales. FAM. Paquidérmico. DERMIS.

paquistaní *adj.* Pakistaní*.

par (del lat. *par, -aris*, igual) *adj.* **1.** Se dice del número que es divisible por dos. También *s. m.* **2.** Se aplica a las cosas que en una lista ocupan un número de este tipo: *Yo hago guardia los días pares y Luis los impares.* **3.** Se dice del órgano que corresponde simétricamente a otro igual, p. ej. el ojo o el riñón. || *s. m.* **4.** Conjunto de dos personas o cosas: *un par de botones.* **5.** Conjunto pequeño sin precisar el número: *He estado con un par de amigos.* **6.** En ciertas expresiones, igual, comparación: *Como mecánico no tiene par. Una belleza sin par.* **7.** Madero que forma parte del armazón de un tejado y tiene la inclinación de éste. **8.** En la Edad Media, dignidad concedida por el rey a algunos vasallos, especialmente en Francia. **9.** En el Reino Unido, miembro de la Cámara de los Lores. **10.** En el golf, número de golpes establecido como referencia para completar el recorrido de un campo o cada uno de sus hoyos: *El golfista español ha hecho cinco bajo par.* || **11. par de fuerzas** En fís., conjunto de dos fuerzas paralelas, de igual intensidad, pero de sentidos contrarios. **12. par ordenado** En mat., conjunto de dos elementos colocados en un orden determinado. **13. pares y nones** Juego que consiste en adivinar si el número de elementos que uno esconde en el puño es par o impar. || LOC. **a la par** *adv.* A la vez, al mismo tiempo. También, se aplica a la cotización de las monedas y otros efectos negociables en bolsa, cuando coincide el valor de emisión o cambio con el nominal: *Las acciones del banco se cotizaron ayer a la par.* **a pares** *adv.* De dos en dos. P. ext., en mucha cantidad: *Se comía los caramelos a pares.* **de par en par** *adv.* Referido a puertas o ventanas, completamente abiertas. **ir a la par** Repartir beneficios o pérdidas. SIN. **4.** Pareja, dúo. ANT. **3.** Impar. FAM. Parear, pareja, parejo, parias, paridad, paritario. / Dispar, impar.

para (del lat. *per ad*) *prep.* **1.** Expresa finalidad, utilidad, aptitud: *Ahorra para casarse. Un jarabe para la tos. Este chico vale para estudiar.* **2.** Expresa la opinión de una persona, grupo, entidad, etc.: *Para sus padres era el más listo.* **3.** Con los pronombres personales, puede indicar que la acción se realiza de forma reservada: *Me gusta leer para mí.* **4.** Indica la persona o personas hacia las que se dirige una acción, actitud, etc.: *Tuvo palabras amables para los ancianos.* ■ A veces se refuerza con la prep. *con*: *Es muy generoso para con los suyos.* **5.** Con palabras que indican un periodo de tiempo, expresa la duración de la acción del verbo: *Alquilé un piso para un año.* **6.** Expresa dirección: *Iba para Barcelona cuando tuvo el accidente.* **7.** Indica un momento futuro: *Para la semana que viene llegará el encargo.* **8.** Con el verbo *estar*, expresa proximidad o cercanía de la acción expresada a continuación: *Estoy para irme.* **9.** Expresa inconveniencia o desproporción: *Estoy cansado para estudiar ahora. Es una cama muy grande para un cuarto tan pequeño.* **10.** Indica comparación u oposición: *Para una vez que lo dices tú, yo lo digo cincuenta.* ■ En esta acepción tiene a veces un valor concesivo: *Nada muy bien para ser tan pequeño.* **11.** *fam.* Indica lo que conviene o debería hacerse con alguien o algo, o lo que una persona o cosa se merecen: *Lo que hizo es para no volver a hablarle.* **12.** Expresa desprecio o rechazo de algo: *Para ese resultado no valía la pena tanto esfuerzo.* ■ Se usa a menudo seguido del pronombre *eso*: *Para eso no me hubiera molestado.* **13.** Unida a palabras y loc. como *remate, colmo, mayor desgracia*, etc., indica un hecho o situación que se añade a algo que se ha mencionado: *Para colmo se nos pinchó una rueda del coche.* || LOC. **para con** alguien *prep.* En relación con él. **que para qué** *adj. fam.* Destaca el tamaño, importancia o intensidad de algo: *Tengo un hambre que para qué.*

para- o **pará-** (del gr. *para*) *pref.* Significa 'semejante o próximo' y a la vez 'ajeno': *paramilitar, paratifoidea, paráfrasis.*

parabellum *s. f.* Tipo de munición con calibre de 9 mm que se utiliza en muchas armas cortas.

parabién (de la expresión *para bien sea*) *s. m.* Felicitación. Se usa más en *pl.* SIN. Congratulación, enhorabuena.

parábola (del lat. *parabola*, y éste del gr. *parabole*, comparación) *s. f.* **1.** Narración de un suceso inventado, para enseñar o explicar algo. **2.** En mat., curva plana abierta formada por dos ramas simétricas respecto de un eje. SIN. **1.** Alegoría, fábula. FAM. Parabólico, parabolizar.

parabólico, ca (del lat. *parabolicus*, y éste del gr. *parabolikos*) *adj.* **1.** Relativo a la parábola. **2.** Con forma de parábola. **3.** Se aplica a un tipo de antena con forma de parábola que puede captar, a través de los satélites, emisoras situadas a gran distancia. También *s. f.*

parabolizar *v. tr.* **1.** Expresar o explicar algo utilizando parábolas. También *v. intr.* **2.** Dar forma de parábola a algo, p. ej. a un espejo. ■ Delante de *e* se escribe *c* en lugar de *z*.

parabrisas *s. m.* Cristal de la parte delantera de un vehículo automóvil. ■ No varía en *pl.* FAM. Limpiaparabrisas. PARAR y BRISA.

paraca (del quechua *parakka*) *s. f. Amér.* Viento muy fuerte que sopla del océano Pacífico.

paracaídas *s. m.* **1.** Dispositivo utilizado para disminuir la velocidad de caída de un cuerpo por medio de una gran superficie de lona, seda, fibra, etc., que presenta resistencia al aire. **2.** P. ext., aquello que sirve para evitar o disminuir el golpe en una caída desde un lugar elevado. ■ No varía en *pl.* FAM. Paracaidismo. PARAR y CAÍDO.

paracaidismo *s. m.* Actividad que consiste en la realización de saltos en paracaídas desde gran altura, especialmente desde un avión; suele tener fines militares o deportivos. FAM. Paracaidista. PARACAÍDAS.

paracaidista *adj.* **1.** Relativo al paracaidismo. || *s. m.* y *f.* **2.** Persona que se lanza en paracaídas.

paracentesis (del lat. *paracentesis*, y éste del gr. *parakentesis*) *s. f.* Pinchazo que se realiza en una cavidad natural, como el vientre, para extraer el líquido que contiene a causa de alguna enfermedad. ■ No varía en *pl.*

paracetamol *s. m.* Compuesto químico de algunos medicamentos, que baja la fiebre o disminuye el dolor.

parachoques *s. m.* Pieza que llevan algunos vehículos en la parte delantera y trasera y que sirve para amortiguar los posibles choques. ■ No varía en *pl.*

parada *s. f.* **1.** Acción de parar o pararse. **2.** Sitio donde se para, especialmente lugar en que se detienen vehículos de transporte público para recoger o dejar viajeros. **3.** Desfile: *parada militar.* **4.** Formación de tropas para pasarles revista, para salir a desfilar, etc. **5.** Lugar en que los caballos sementales fecundan a las yeguas. || **6. parada nupcial** Entre algunos animales, comportamiento que tiene el macho durante la época de reproducción hasta conseguir la fecundación de la hembra. SIN. **1.** Alto, detención. **2.** Apeadero. ANT. **1.** Actividad, continuación.

paradero *s. m.* **1.** Lugar en que está, donde vive o al que va a parar una persona o cosa: *Mi vecino está en paradero desconocido.* **2.** Estado o situación a que llega una persona o cosa: *Tendrás mal paradero si sigues sin estudiar.* **3.** *Col.* Parada de autobuses. **4.** *Cuba* Estación de tren. SIN. **1.** Localización, ubicación, destino. **2.** Fin.

paradigma (del gr. *paradeigma, -atos*, de *paradeiknymi*, mostrar) *s. m.* **1.** Modelo o ejemplo de algo: *Es el paradigma de la belleza.* **2.** En ling., conjunto ordenado de las diversas formas en que pueden aparecer ciertas palabras, p. ej. los verbos. **3.** En ling., conjunto de elementos de una clase gramatical que pueden aparecer en un mismo contexto. **4.** Conjunto de ideas o principios filosóficos, científicos, etc., que constituyen la base de una determinada teoría. SIN. **1.** Prototipo, canon. FAM. Paradigmático.

paradigmático, ca *adj.* **1.** Del paradigma. **2.** Ejemplar, modélico: *un cuadro paradigmático del estilo de fin de siglo.* **3.** En ling., se dice de las relaciones que existen entre los elementos de un mismo paradigma.

paradiña (del port. *paradinha*) *s. f.* En fútbol, movimiento falso del lanzador de un penalty que consiste en parar la carrera iniciada y lanzar el balón al punto contrario de la portería hacia donde ha hecho que se dirija el portero.

paradisiaco o **paradisíaco, ca** (del lat. *paradisiacus*) *adj.* **1.** Del Paraíso. **2.** Muy bello o agradable. SIN. **1.** Celestial, divino. **2.** Idílico. ANT. **1.** y **2.** Infernal.

parado, da 1. *p.* de **parar**. También *adj.* || *adj.* **2.** Tímido o con poca iniciativa. También *s. m.* y *f.* **3.** Se dice de quien está sin empleo. También *s. m.* y *f.* **4.** Asombrado, desconcertado: *No lo esperaba y me quedé parado.* **5.** *Amér.* De pie, derecho. || LOC. **salir bien** (o **mal**) **parado** Resultar favorecido o perjudicado en algo. SIN. **2.** Pasivo. **3.** Desempleado, desocupado. ANT. **2.** Vivo, espabilado. **3.** Empleado.

paradoja (del gr. *paradoxa*, de *para*, al lado de, fuera de, y *doxa*, opinión) *s. f.* **1.** Figura retórica en que se relacionan dos ideas o conceptos que parecen opuestos o contradictorios pero que en el fondo no lo son: *el que más tiene es el más pobre.* **2.** En fil., resultado contradictorio al que llega un razonamiento lógico. **3.** Hecho, dicho o situación que se manifiesta o desarrolla de manera diferente a lo esperado: *Es una paradoja que haya leído tanto y hable tan mal.* SIN. **3.** Contrasentido, absurdo. FAM. Paradójico.

paradójico, ca *adj.* Relativo a la paradoja o que constituye una paradoja. SIN. Contradictorio.

parador (nombre comercial registrado) *s. m.* **1.** Hotel situado en lugares de interés turístico. **2.** Particularmente, establecimiento hotelero dependiente de organismos oficiales, por lo general enclavado en algún lugar de valor histórico, artístico, etc. Su nombre completo es *parador nacional de turismo.*

paraestatal *adj.* Que colabora con el Estado, pero no forma parte de la administración pública.

parafernales (del gr. *para*, junto a, y *pherne*, dote) *adj.* Se dice de los bienes que son sólo propiedad de la mujer y no forman parte de los comunes al matrimonio ni de la dote.

parafernalia *s. f. fam.* Aparato ostentoso que rodea a una persona, acto, ceremonia, etc.

parafina (del lat. *parum affinis*, que tiene poca afinidad) *s. f.* Sustancia sólida, blanca, traslúcida, que funde fácilmente y está compuesta por hidrocarburos; se obtiene por destilación del petróleo y se emplea para hacer velas, como aislante y otros usos. FAM. Parafinado, parafinar. AFÍN.

parafinar *v. tr.* Tratar algo con parafina, especialmente, el papel.

parafrasear *v. tr.* Hacer la paráfrasis de un texto o escrito. SIN. Interpretar, explicar.

paráfrasis (del gr. *paraphrasis*) *s. f.* **1.** Interpretación ampliada y más o menos libre de un texto. **2.** Versión libre en verso de un texto. ■ No varía en *pl.* FAM. Parafraseador, parafrasear, parafrástico. FRASE.

paragoge (del gr. *paragoge*, derivación gramatical) *s. f.* En ling., adición de una letra o sonido, generalmente vocálico, al final de una palabra, p. ej. *felice* por *feliz.* FAM. Paragógico.

paragolpes *s. m. Arg., Par.* y *Urug.* Parachoques*.

parágrafo (del lat. *paragraphus*, y éste del gr. *paragraphos*) *s. m.* Párrafo*, parte de un escrito o discurso.

paraguas *s. m.* Utensilio para protegerse de la lluvia, que consta de un bastón con varillas articuladas que pueden plegarse y extenderse, a las que se adapta una tela. ■ No varía en *pl.* FAM. Paragüería, paragüero. PARAR y AGUA.

paraguayismo *s. m.* Palabra, expresión o modo de hablar propios de los paraguayos.

paraguayo, ya *adj.* **1.** De Paraguay. También *s. m.* y *f.* || *s. f.* **2.** Fruta de sabor y aspecto parecido al melocotón, pero más jugosa y de forma más aplastada. **FAM.** Paraguayismo.

paragüería *s. f.* Tienda de paraguas.

paragüero *s. m.* Mueble en que se depositan los paraguas, bastones, etc.

paraíso (del lat. *paradisus*, y éste del gr. *paradeisos*) *s. m.* **1.** Lugar en que, según el *Génesis*, vivían Adán y Eva antes de cometer el primer pecado. ■ En esta acepción se suele escribir con mayúscula. **2.** Cielo, lugar o estado en que los bienaventurados gozan de la presencia de Dios. **3.** Lugar muy bello o muy agradable. **4.** Lugar muy apropiado para cierta actividad o en el que alguien se encuentra a gusto, protegido o impune: *paraíso fiscal. Estas playas son el paraíso del surf.* **5.** Piso alto de un teatro, donde se encuentran las localidades más baratas. **SIN. 1.** Edén. **5.** Gallinero, galería. **FAM.** Paradisiaco.

paraje (de *parar*) *s. m.* Lugar, especialmente si está lejano o aislado.

paralaje (del gr. *parallaxis*, cambio, diferencia) *s. f.* En astron., diferencia entre las posiciones aparentes de un astro al ser observado desde distintos puntos. **FAM.** Paraláctico.

paralalia *s. f.* Trastorno del lenguaje oral que se caracteriza por la sustitución habitual de un fonema por otro.

paralelepípedo (del lat. *parallelepipedus*, y éste del gr. *parallelepipedon*, de *parallelos*, paralelo, y *epipedon*, plano) *s. m.* Prisma cuyas bases son paralelogramos y que tiene seis caras paralelas dos a dos.

paralelismo *s. m.* **1.** Cualidad o circunstancia de ser paralelo. **2.** Figura literaria que consiste en la repetición de una misma oración o sintagma cambiando algún elemento.

paralelo, la (del lat. *parallelus*, y éste del gr. *parallelos*, de *para*, al lado, y *allelus*, uno de otro) *adj.* **1.** En geom., se dice de las líneas rectas o los planos que se mantienen siempre equidistantes entre sí, sin cortarse nunca; también se dice de las cosas que están unas respecto de otras en esa misma posición: *Esta calle es paralela a la calle Mayor.* También *s. m.* y *f.* **2.** Semejante, comparable, correspondiente: *situaciones paralelas, vidas paralelas.* **3.** Se dice de las acciones o hechos que tienen lugar al mismo tiempo: *La novela narra dos historias paralelas.* || *s. m.* **4.** Comparación: *Son tan distintos que no admiten paralelo.* **5.** Cada una de las líneas imaginarias equidistantes entre sí que rodean la Tierra paralelamente al ecuador. || *s. f. pl.* **6.** En gimnasia, barras paralelas sobre las que se realizan diversos ejercicios. **SIN. 2.** Similar. **FAM.** Paralelamente, paralelepípedo, paralelismo, paralelogramo.

paralelogramo (del lat. *parallelogrammus*, y éste del gr. *parallelogrammos*, de *parallelos*, paralelo, y *gramme*, línea) *s. m.* Polígono de cuatro lados paralelos entre sí de dos en dos.

paralimpiada *s. f.* Paraolimpiada*.

paralímpico, ca *adj.* Paraolímpico*.

paralís *s. m. vulg.* Parálisis*.

parálisis (del gr. *paralysis*, de *paralyein*, aflojar) *s. f.* Pérdida total o parcial de la capacidad de movimiento de un miembro o parte del cuerpo. ■ No varía en *pl.* **FAM.** Paralís, paralítico, paralizar.

paralítico, ca *adj.* Se aplica al que sufre parálisis. También *s. m.* y *f.* **SIN.** Impedido, inválido, imposibilitado.

paraliturgia *s. f.* Acto o ceremonia religiosa no litúrgica, sin forma fija o determinada de celebrarse y que se suele realizar como introducción a otra más importante.

paralizar *v. tr.* **1.** Causar parálisis. También *v. prnl.*: *Se le paralizaron las piernas.* **2.** Dejar a alguien inmóvil o sin capacidad para moverse: *El miedo le paralizaba y no podía huir.* **3.** Detener lo que está en acción o movimiento. También *v. prnl.* ■ Delante de *e* se escribe *c* en lugar de *z*: *paralice.* **SIN. 1.** y **2.** Inmovilizar. **2.** Petrificar. **3.** Parar, frenar. **ANT. 2.** Estimular. **3.** Mover(se). **FAM.** Paralización, paralizador, paralizante. PARÁLISIS.

paralogismo (del gr. *paralogismos*, de *para*, fuera de, y *logismos*, razonamiento) *s. m.* Razonamiento incorrecto o falso.

paramagnetismo *s. m.* Propiedad que poseen algunos materiales, como el hierro, el níquel, etc., de magnetizarse al ser sometidos a la acción de un campo magnético. **FAM.** Paramagnético. MAGNETISMO.

paramecio (de *para-* y el gr. *mekos*, largura) *s. m.* Protozoo de forma ovalada y recubierto de cilios que vive en aguas estancadas.

paramento (del lat. *paramentum*) *s. m.* **1.** Prenda o adorno con que se cubre algo. **2.** Cada una de las caras de una pared o de un sillar. **SIN. 1.** Atavío, ornamento. **2.** Lienzo.

parámetro (de *para-* y *-metro*) *s. m.* **1.** En mat., constante de ciertas ecuaciones cuyo valor se fija a voluntad. **2.** Dato o valor que se tiene en cuenta en el planteamiento o análisis de una cuestión. **FAM.** Paramétrico.

paramilitar *adj.* Se dice de las asociaciones civiles que adoptan la organización, disciplina y distintivos de los cuerpos militares.

paramnesia (de *para-* y el gr. *mnesis*, memoria) *s. f.* Alteración mental que consiste en recordar situaciones, personas, etc., que en realidad son nuevas para el sujeto.

páramo (del lat. *paramus*) *s. m.* **1.** Planicie elevada, yerma y desabrigada. **2.** Lugar frío y desprotegido. **3.** *Col.* y *Ec.* Llovizna. **SIN. 1.** Erial, estepa. **FAM.** Paramera.

parangón (del ital. *paragone*, de *paragonare*) *s. m.* Comparación: *Es tan excepcional que no admite parangón con nada.* **SIN.** Paralelismo, equiparación. **ANT.** Distinción. **FAM.** Parangonar.

parangonar (del ital. *paragonare*, y éste del gr. *parakonao*, afilar, aguzar) *v. tr.* **1.** Establecer un parangón, comparar. **2.** En imprenta, ajustar en una línea las letras de diferentes tamaños. **SIN. 1.** Equiparar. **ANT. 1.** Distinguir.

paraninfo (del gr. *paranymphos*, padrino de boda, y éste de *nymphe*, novia) *s. m.* Salón de actos en las universidades y otros centros de enseñanza.

paranoia (del gr. *paranoia*, de *para*, fuera de, y *nus*, mente) *s. f.* Enfermedad mental crónica en que el paciente tiene imaginaciones fijas y obsesivas sistematizadas lógicamente. **SIN.** Monomanía, psicosis. **FAM.** Paranoico.

paranoico, ca *adj.* Característico de la paranoia o que sufre paranoia. También *s. m.* y *f.*

paranomasia *s. f.* Paronomasia*.

paranormal *adj.* Se dice del fenómeno que no puede ser explicado por principios científicos reconocidos, como p. ej. la telepatía.

paraoficial *adj.* De funcionamiento paralelo al oficial, aunque no lo es.

paraolimpiada *s. f.* Olimpiada para deportistas minusválidos. Se usa mucho en *pl.* ■ También se dice *paralimpiada.* **FAM.** Paraolímpico. OLIMPIADA.

paraolímpico, ca *adj.* De la olimpiada en la que intervienen sólo personas minusválidas, o relacionado con ella. ■ También se dice *paralímpico.*

parapente (fr., de *parachute*, paracaídas, y *pente*, pendiente) *s. m.* **1.** Deporte que consiste en tirarse con un paracaídas rectangular y ya desplegado desde una cima, y descender de forma controlada. **2.** Paracaídas con el que se practica este deporte. **FAM.** Parapentista.

parapetar *v. tr.* **1.** Proteger con parapetos. También *v. prnl.* || **parapetarse** *v. prnl.* **2.** Protegerse, refugiarse: *Se parapeta tras cualquier pretexto para no hacer nada.* **SIN. 1.** Atrincherar(se). **2.** Resguardarse, escudarse.

parapeto (del ital. *parapetto*, y éste del lat. *parare*, defender, y *pectus*, pecho) *s. m.* **1.** Defensa formada por sacos de arena, piedras, etc., para proteger a los soldados de los ataques enemigos. **2.** Pretil o barandilla de un puente, escalera, etc. **SIN. 1.** Barricada. **FAM.** Parapetar. PARAR.

paraplejia o **paraplejía** (del lat. *paraplexia*, y éste del gr. *paraplexia*) *s. f.* Parálisis de la mitad inferior del cuerpo. **FAM.** Parapléjico.

parapsicología *s. f.* Estudio de los fenómenos paranormales, como la telepatía, la telequinesia o la clarividencia. **FAM.** Parapsicológico, parapsicólogo. PSICOLOGÍA.

parar (del lat. *parare*, preparar, disponer) *v. intr.* **1.** Dejar de tener movimiento o actividad. También *v. prnl.* **2.** Llegar alguien o algo a un estado determinado después de varios sucesos o fases: *¿En qué pararán todos estos cambios?* **3.** Alojarse, estar en un lugar. || *v. tr.* **4.** Interrumpir el movimiento o actividad de alguien o algo: *Han parado la fábrica.* **5.** En algunos dep., detener o despejar el balón para evitar que entre en la portería. **6.** En esgrima, evitar con la espada el golpe del contrario. **7.** Mostrar o descubrir el perro la caza. **8.** Frenar el torero la embestida del toro, haciendo que fije la atención antes de embestir. **9.** *Amér.* Levantar, poner de pie. También *v. prnl.* || **pararse** *v. prnl.* **10.** Seguido de la preposición *a* y un infinitivo que expresa idea de entendimiento, realizar esa acción con calma y atención: *No se paró a pensar.* **11.** Permanecer quieto el torero, sin cambiar la posición de los pies, mientras ejecuta la suerte. || **LOC. ir** (o **venir**) **a parar** Detenerse en un lugar después de un recorrido: *Hemos ido a parar al lado contrario.* Pasar a pertenecer algo a alguien: *La herencia fue a parar a sus manos.* **SIN. 3.** Hospedarse. **4.** Inmovilizar. **ANT. 1.** Avanzar. **1.** y **4.** Mover(se). **4.** Accionar, movilizar. **FAM.** Parabrisas, paracaídas, parachoques, parada, paradero, parado, parador, paragolpes, paraguas, paraje, paramento, parapeto, pararrayos, parasol, paro. / Amparar, comparar, deparar, disparar, emparar, imparable, malparado, pintiparar, preparar, reparar, separar.

pararrayos *s. m.* Dispositivo de protección contra los rayos, formado por una barra metálica que se coloca sobre una construcción o edificio y se conecta por la parte inferior con la tierra o el agua. ■ No varía en *pl.*

parasimpático, ca *adj.* Se aplica al componente del sistema nervioso vegetativo con funciones antagónicas al simpático, como la contracción de la pupila o la disminución del ritmo cardiaco. También *s. m.*

parasíntesis (del gr. *parasynthesis*) *s. f.* En ling., formación de palabras en que intervienen a la vez la composición y la derivación; p. ej., en *desalmado*, se han unido a *alma* el prefijo *des-* y la terminación *-ado* simultáneamente. ■ No varía en *pl.* **FAM.** Parasintético. SÍNTESIS.

parasintético, ca *adj.* Se dice de la palabra formada por parasíntesis.

parasitar *v. tr.* Vivir como parásito de alguien o algo: *Hay insectos que parasitan mamíferos.* También *v. intr.*

parasitario, ria *adj.* **1.** De los parásitos. **2.** Producido por parásitos: *enfermedad parasitaria.*

parasiticida *adj.* Se dice de la sustancia que mata los parásitos. También *s. m.*

parasitismo *s. m.* **1.** Forma de vida o asociación de organismos en la que uno de ellos se alimenta del otro. **2.** *fam.* Comportamiento de la persona que vive a costa de otra.

parásito, ta (del gr. *parasitos*, comensal, de *para*, junto a, y *sitos*, comida) *adj.* **1.** Se dice del organismo animal o vegetal que se alimenta de otro de diferente especie, al que causa perjuicio. También *s. m.* y *f.* **2.** Se dice de la persona que vive a costa de otra. También *s. m.* y *f.* **3.** Se dice de los ruidos e interferencias que tienen lugar en las transmisiones de radio o televisión. También *s. m.*, sobre todo en *pl.* **SIN. 2.** Gorrón, aprovechado. **FAM.** Parasitar, parasitario, parasiticida, parasitismo, parasitología, parasitosis. / Antiparásito, desparasitar, ectoparásito, endoparásito, exoparásito.

parasitología *s. f.* Parte de la biología que estudia los seres vivos parásitos.

parasitosis *s. f.* Enfermedad causada por parásitos. ■ No varía en *pl.*

parasol *s. m.* **1.** Sombrilla*. **2.** Cada una de las dos piezas móviles situadas sobre la parte interna del parabrisas del automóvil, para impedir que los rayos del sol deslumbren al conductor o a su acompañante. **3.** En fotografía, dispositivo que se adapta al objetivo de una cámara para evitar la entrada de rayos luminosos que no proceden del objeto que se fotografía.

paratáctico, ca *adj.* De la parataxis.

parataxis (del gr. *parataxis*) *s. f.* En ling., coordinación*. ■ No varía en *pl.* **FAM.** Paratáctico.

paratífico, ca *adj.* De la paratifoidea. También *s. f.*, sobre todo en *pl.*

paratifoidea *s. f.* Enfermedad infecciosa semejante al tifus, cuyos principales síntomas son fiebre alta, escalofríos, herpes labial y diarrea. También *adj.* **FAM.** Paratífico. TIFOIDEO.

paratiroides o **paratiroideas** *adj.* Se dice de cada una de las glándulas endocrinas situadas en la parte posterior del tiroides. Tienen forma de lenteja y son de color amarillo rojizo. También *s. f.*

paraxial *adj.* **1.** Cercano a un eje. **2.** Se dice de los rayos luminosos que tienen poca inclinación respecto al eje óptico de un sistema centrado.

parca (de las *Parcas*, diosas infernales de la mit. romana) *s. f.* En poesía, la muerte.

parcasé *s. m. Méx.* Parchís.

parcela (del fr. *parcelle*, y éste del lat. vulg. *particella*, partícula) *s. f.* **1.** Porción pequeña de terreno. **2.** En el catastro, cada una de las tierras de distinto dueño que forman un término legal. **3.** Parte pequeña de una cosa: *Es un experto en su parcela del saber.* **SIN. 1.** Solar. **FAM.** Parcelar, parcelario. PARTE.

parcelar *v. tr.* Dividir en parcelas. **FAM.** Parcelable, parcelación. PARCELA.

parcelario, ria *adj.* **1.** De las parcelas de terreno. || **2. concentración parcelaria** Agrupación de diferentes parcelas rústicas en una sola para efectuar una redistribución de la propiedad y facilitar la explotación agrícola.

parche (del ant. fr. *parche*, cuero, y éste del lat. *parthica pellis*, cuero del país de los partos) *s. m.* **1.** Pieza que se pega, cose o sujeta sobre una cosa, generalmente para tapar un agujero o desperfecto. **2.** Trozo de tela u otro material con alguna sustancia medicinal, que se aplica sobre alguna parte del cuerpo dolorida, herida, etc. **3.** Piel de un tambor, pandereta, etc.; p. ext., tambor. **4.** Retoque o añadido que estropea algo o desentona del resto. **5.** Arreglo o remedio provisional: *El negocio va aguantando a base de parches.* **SIN. 1.** y **5.** Remiendo. **4.** Pegote. **FAM.** Parchear. / Emparchar.

parchear *v. tr.* Poner parches a algo.

parchís (del ingl. *parcheesi*, y éste del indostánico *pacisi*, de *pacis*, veinticinco) *s. m.* Juego que consiste en mover unas fichas sobre un tablero tantos puestos o casillas como indique el dado al tirarlo. Gana el jugador que consigue colocar primero todas sus fichas en la casilla final.

parcial (del lat. *partialis*, de *pars, partis*, parte) *adj.* **1.** Relativo a una parte de un todo. **2.** Incompleto o no acabado: *un eclipse parcial de luna.* **3.** Que favorece injustamente a una persona o cosa o se inclina por ella sin tener razones objetivas. **4.** Se dice del examen de parte de una asignatura. También *s. m.* **SIN. 1.** Fragmentario. **2.** Deficiente. **3.** Arbitrario, injusto. **ANT. 1.** Total. **2.** Completo. **3.** Imparcial. **4.** Final. **FAM.** Parcialidad, parcialmente. / Imparcial. PARTE.

parcialidad *s. f.* **1.** Cualidad o actitud de parcial. **2.** Facción, bando. **SIN. 1.** Arbitrariedad. **ANT. 1.** Imparcialidad.

parco, ca (del lat. *parcus*, de *parcere*, ahorrar) *adj.* **1.** Moderado, sin exceso. **2.** Escaso. **SIN. 1.** Mesurado, sobrio. **2.** Exiguo. **ANT. 1.** Exagerado. **2.** Abundante. **FAM.** Parcamente, parquedad.

pardal (del gr. *pardalos*) *s. m.* **1.** Gorrión*. **2.** Pardillo*, ave.

pardear *v. intr.* Tomar o mostrar color pardo.

¡pardiez! (de *par Dios*) *interj.* Expresa sorpresa o asombro.

pardillo, lla (dim. de *pardo*) *adj.* **1.** Paleto, palurdo. También *s. m.* y *f.* **2.** *fam.* Ingenuo, fácil de engañar. También *s. m.* y *f.* || *s. m.* **3.** Ave de unos 13 cm de longitud, dorso pardo, cabeza grisácea y frente y pecho generalmente rojizos. **SIN. 2.** Tonto, primo. **ANT. 2.** Listo.

pardo, da (del lat. *pardus*) *adj.* **1.** Se aplica al color que resulta de la mezcla del rojo, negro y amarillo y a las cosas que lo tienen. También *s. m.* **2.** Oscuro. **3.** *Amér. desp.* Mulato. **ANT. 2.** Claro. **FAM.** Pardal, pardear, pardillo, pardusco.

pardusco, ca *adj.* De color tendente al pardo.

pareado, da 1. *p.* de **parear**. || *adj.* **2.** Se dice de los dos versos contiguos que riman entre sí. || *s. m.* **3.** Estrofa formada por estos versos.

parear *v. tr.* **1.** Emparejar, unir por pares. **2.** Comparar dos cosas. **3.** En tauromaquia, poner banderillas. **SIN. 2.** Confrontar, contrastar. **3.** Banderillear. **FAM.** Pareado, pareo[1]. / Aparear. PAR.

parecer[1] (del lat. vulg. *parescere*, de *parere*, aparecer, parecer) *v. cop.* **1.** Tener un aspecto determinado o producir cierta impresión: *El coche parece nuevo. El examen me pareció difícil.* **2.** Tener el mismo aspecto, ser parecido. También *v. prnl.*: *Mi hijo se parece a mí.* || *v. impers.* **3.** Haber indicios o señales de lo que se expresa: *Parece que va a llover.* || *v. intr.* **4.** Creer, pensar, opinar: *Me parece que estás equivocado.* ■ Es v. irreg. Se conjuga como *agradecer.* **SIN. 1.** Semejar. **2.** Asemejarse. **4.** Juzgar. **ANT. 2.** Diferenciarse. **FAM.** Parecer[2], parecido. / Aparecer, aparentar, comparecer.

parecer[2] *s. m.* **1.** Opinión: *El profesor nos dio su parecer sobre el trabajo.* **2.** Aspecto físico, generalmente agradable, de una persona: *Es una joven de buen parecer.* **SIN. 1.** Dictamen, juicio. **2.** Presencia.

parecido, da 1. *p.* de **parecer**. || *adj.* **2.** Semejante a otra persona o cosa. **3.** Precedido de *bien* o *mal*, de buen o mal aspecto: *un hombre bien parecido.* || *s. m.* **4.** Similitud, semejanza: *Los primos tienen un parecido.* **SIN. 2.** Similar, análogo. **ANT. 2.** Distinto. **4.** Diferencia.

pared (del lat. *paries, -etis*) *s. f.* **1.** Construcción vertical de albañilería que se utiliza para cerrar o separar un espacio. **2.** Superficie o separación lateral de algo: *las paredes de una caja.* **3.** Corte vertical de una montaña: *Escalaron el monte por su pared sur.* **4.** En fútbol, modo de conducir el balón pasándolo a un compañero que inmediatamente lo devuelve adelantado para superar a un contrario. || **5. pared maestra** Cada una de las principales y más gruesas que soportan la mayor carga de una construcción. || **LOC. las paredes oyen** Aconseja cautela cuando se trata algo secreto o confidencial. **subirse** uno **por las paredes** *fam.* Estar nervioso y de muy mal humor. **SIN. 1.** Muro, tabique. **FAM.** Paredaño, paredón, parietal. / Emparedar.

paredaño, ña *adj.* Se dice del lugar que está pared con pared con otro.

paredón (aum. de *pared*) *s. m.* **1.** Pared que queda en pie en un edificio en ruinas. **2.** Pared o muro de contención. **3.** Muro contra el que se pone a los que se va a fusilar.

pareja (de *parejo*) *s. f.* **1.** Conjunto de dos personas, animales o cosas, especialmente el formado por varón y mujer: *una pareja de bueyes. En el parque había muchas parejas.* **2.** Cada uno de los integrantes de esos conjuntos respecto al otro: *Este calcetín no tiene pareja. Búscate pareja para ir a la fiesta.* **3.** Grupo formado por dos miembros de la guardia civil, policía, etc. **4.** Compañero o compañera en los bailes. **5.** En los juegos de naipes, conjunto de dos cartas del mismo número o figura. **6.** En el juego de dados, los dos puntos o números iguales que salen de una tirada. **SIN. 1.** Dúo, par. **2.** Compañero, partenaire. **FAM.** Desparejar, emparejar. PAR.

parejo, ja (del lat. *pariculus*, de *par, paris*, igual) *adj.* **1.** Igual, semejante. **2.** Liso, llano. **SIN. 1.** Parecido, similar. **2.** Uniforme. **ANT. 1.** y **2.** Desigual. **FAM.** Aparejo, desparejo. PAR.

paremia (del gr. *paroimia*) *s. f.* Refrán, sentencia, proverbio. **FAM.** Paremiología.

paremiología (del gr. *paroimia* y *-logía*) *s. f.* Estudio de los refranes. **FAM.** Paremiológico, paremiólogo. PAREMIA.

parénquima (del gr. *parenkhyma*, sustancia orgánica) *s. m.* **1.** Tejido vegetal esponjoso que realiza funciones de fotosíntesis o de almacenamiento. **2.** En los animales, tejido que forma las glándulas. **FAM.** Parenquimático, parenquimatoso.

parental (del lat. *parens, -entis*, padre o madre) *adj.* Relativo a los padres o progenitores.

parentela (del lat. *parentela*) *s. f.* Conjunto de los parientes de una persona. **SIN.** Familia.

parenteral (de *para-* y el gr. *enteron*, intestino) *adj.* Se dice del modo de alimentación o administración de medicamentos que no se realiza por la vía digestiva normal o intestinal, sino por vía subcutánea, intramuscular o intravenosa.

parentesco (del lat. *parens, -entis*, pariente) *s. m.* **1.** Relación que existe entre los individuos que pertenecen a una misma familia o tienen un origen común. **2.** P. ext., relación o vínculo entre dos cosas. SIN. **1.** Consanguinidad. **2.** Afinidad, conexión. ANT. **2.** Diferencia.

paréntesis (del lat. *parenthesis*, y éste del gr. *parenthesis*, interposición, inserción) *s. m.* **1.** Frase que se intercala en otra interrumpiéndola, pero sin alterar su significado. **2.** Signo ortográfico formado por dos líneas verticales curvadas, una hacia la izquierda y otra hacia la derecha, con que se indica el comienzo y el final de la interrupción de una oración, o en que se encierran otros datos, aclaraciones, operaciones matemáticas, etc.; p. ext., lo encerrado entre esos signos. **3.** Pausa o interrupción: *Hice un paréntesis en el estudio para comer.* || LOC. **entre paréntesis** *adv.* Se utiliza para interrumpir el discurso e introducir una observación o tema aparte. ■ No varía en *pl.* SIN. **1.** Inciso, digresión. **3.** Descanso, alto. FAM. Parentético. TESIS.

parentético, ca *adj.* Del paréntesis.

pareo[1] *s. m.* Acción de parear.

pareo[2] *s. m.* Prenda de mujer que consiste en un pañuelo grande que se enrolla al cuerpo a modo de vestido o falda.

paresia (del gr. *paresis*) *s. f.* Parálisis leve o disminución de la capacidad de movimiento de un músculo o grupo de músculos.

parestesia (de *para-* y el gr. *aisthesis*, sensación) *s. f.* Sensación anormal que consiste en cosquilleo, picor, frío, etc.

parhelio (del gr. *parelios*, de *para*, al lado, y *helios*, Sol) *s. m.* Fenómeno luminoso que consiste en la aparición a la vez de varias imágenes del Sol reflejadas en las nubes.

paria (del port. *pariá* y éste del tamul *pareiyan*, tocador de bombo) *s. m.* y *f.* **1.** Persona que pertenece a la clase social más baja de los hindúes. **2.** Persona considerada despreciable o inferior y a la que se discrimina.

parias (del lat. *paria*, de *par, paris*, igual, par) *s. f. pl.* En la Edad Media, tributo que pagaba un soberano a otro.

parida *adj.* **1.** Se dice de la hembra que ha parido hace poco tiempo. También *s. f.* || *s. f.* **2.** *fam.* Dicho estúpido, sin sentido o fuera de lugar. SIN. **2.** Tontería, sandez, chorrada, idiotez.

paridad (del lat. *paritas, -atis*) *s. f.* **1.** Igualdad o semejanza entre dos cosas. **2.** En econ., relación de valor entre monedas de distintos países o entre una moneda y un patrón monetario. FAM. Escisiparidad. PAR.

paridera *adj.* **1.** Se dice de la hembra fecunda de cualquier especie. || *s. f.* **2.** Época y lugar en que pare el ganado, especialmente el lanar.

pariente, ta (del lat. *parens, -entis*) *adj.* **1.** Se dice de la persona de la misma familia que otra. También *s. m.* y *f.* **2.** Semejante, parecido. || *s. m.* y *f.* **3.** *fam.* El marido respecto de su mujer y a la inversa. SIN. **1.** Familiar. **2.** Afín, análogo. ANT. **2.** Diferente. FAM. Parental, parentela, parentesco. / Emparentar, monoparental. PARIR.

parietal (del lat. *parietalis*, de *paries, -etis*, pared) *s. m.* Cada uno de los dos huesos situados a ambos lados de la cabeza y que forman parte de la bóveda craneal.

parihuela *s. f.* **1.** Utensilio para transportar cosas entre dos personas, formado por dos barras paralelas con varios maderos atravesados. **2.** Utensilio parecido empleado para transportar enfermos o heridos. ■ En las dos acepciones se usa más en *pl.* SIN. **1.** Angarillas, andas. **2.** Camilla.

paripé (caló) *s. m.* Fingimiento, especialmente para guardar las apariencias: *hacer el paripé.* SIN. Comedia.

parir (del lat. *parere*) *v. intr.* **1.** Expulsar la hembra de los mamíferos el feto que había concebido. También *v. tr.* || *v. tr.* **2.** Originar, crear. || LOC. **poner** a alguien **a parir** *fam.* Criticarle. SIN. **1.** Alumbrar. **2.** Idear, producir. FAM. Parida, paridera, pariente, paritorio, parto. / Malparido.

parisién o **parisiense** *adj.* Parisino*.

parisilábico, ca o **parisílabo, ba** *adj.* **1.** Que tiene un número par de sílabas. **2.** Se aplica a cada una de las palabras y versos que tienen el mismo número de sílabas. **3.** En las lenguas en las que existe declinación, se aplica a las palabras que tienen igual número de sílabas en todos sus casos. FAM. Imparisílabo. SÍLABA.

parisino, na *adj.* De París. También *s. m.* y *f.* ■ Se dice también *parisién* o *parisiense*. FAM. Parisién, parisiense.

paritario, ria (del lat. *paritas, -atis*) *adj.* Se dice del organismo de decisión o debate en que cada una de las partes tiene igual número de representantes.

paritorio *s. m.* Sala de un hospital o clínica destinada a atender los partos.

parka (voz esquimal) *s. f.* Especie de chaquetón con capucha, acolchado o forrado con piel.

parking (ingl.) *s. m.* Aparcamiento*.

párkinson (de *Parkinson*, médico inglés) *s. m.* Enfermedad senil causada por una lesión cerebral y caracterizada por lentitud de movimientos y temblores en los miembros.

parla *s. f.* **1.** Acción de parlar. **2.** *fam.* Facilidad de palabra: *Tiene una parla que convence a cualquiera.* SIN. **2.** Labia. FAM. Latiniparla. PARLAR.

parlamentar *v. intr.* Dialogar para alcanzar un acuerdo o solución. SIN. Conferenciar, pactar. FAM. Parlamento. PARLAR.

parlamentario, ria *adj.* **1.** Del parlamento: *sesión parlamentaria.* **2.** Se dice de la persona que es miembro de un parlamento. También *s. m.* y *f.* **3.** Se aplica a la forma de gobierno en que existe un parlamento. FAM. Parlamentariamente. / Extraparlamentario, interparlamentario. PARLAMENTO.

parlamentarismo *s. m.* Sistema político en que un parlamento ejerce el poder legislativo y el control de la actuación del gobierno.

parlamento (del fr. *parlament*) *s. m.* **1.** Órgano político encargado principalmente de elaborar y aprobar las leyes y formado por una o dos cámaras, cuyos miembros son elegidos, en los países democráticos, por los ciudadanos con derecho a voto. **2.** Edificio o sede de esta institución. **3.** Acción de parlamentar. **4.** En el teatro, monólogo extenso de un actor. SIN. **1.** Asamblea, cortes. FAM. Parlamentario, parlamentarismo. PARLAMENTAR.

parlanchín, na *adj. fam.* Que habla mucho o con indiscreción. También *s. m.* y *f.* SIN. Hablador, charlatán. ANT. Callado.

parlante *adj.* **1.** Que habla o es capaz de imitar el habla humana: *máquina parlante.* || *s. m.* **2.** *Amér.* Altavoz*. FAM. Altoparlante. PARLAR.

parlar (del occitano *parlar*, y éste del lat. vulg. *parabolari*, hacer comparaciones) *v. intr.* **1.** Hablar con desenvoltura. También *v. tr.* **2.** Parlotear*. **3.** Emitir algunas aves sonidos semejantes a la voz humana. **SIN. 2.** Charlar. **ANT. 1.** y **2.** Callar. **FAM.** Parla, parlamentar, parlanchín, parlante, parlero, parlotear.

parlero, ra *adj.* **1.** Hablador, parlanchín, chismoso. También *s. m.* y *f.* **2.** Se dice del ave cantora. **SIN. 1.** Cotorra, cotilla. **ANT. 1.** Callado.

parleta *s. f. fam.* Charla.

parlotear *v. intr. fam.* Hablar mucho de cosas sin importancia y por pasar el rato. **SIN.** Parlar, charlar. **FAM.** Parloteo. PARLAR.

parmesano, na *adj.* **1.** De Parma, ciudad de Italia. También *s. m.* y *f.* **2.** Se dice de un queso de leche de vaca, de sabor fuerte, elaborado en la llanura de Lombardía. También *s. m.*

parnasiano, na *adj.* **1.** Se aplica a un movimiento poético desarrollado en Francia en la década de 1866-1876, que defendía la búsqueda de la perfección formal en la poesía. **2.** De este movimiento. También *s. m.* y *f.* **FAM.** Parnasianismo. PARNASO.

parnaso (del lat. *Parnasus*, y éste del gr. *Parnasos*, monte de Grecia, consagrado a las Musas) *s. m.* **1.** Conjunto de todos los poetas de un lugar o época determinados: *el parnaso español.* **2.** Antología poética de varios autores. **FAM.** Parnasiano.

parné (caló) *s. m. fam.* Dinero*.

paro *s. m.* **1.** Acción de parar o pararse: *paro cardiaco.* **2.** Situación de las personas que están sin empleo; también, conjunto de estas personas. **3.** Cantidad de dinero que cobra el desempleado con derecho a subsidio. **4.** Interrupción o cese de una actividad laboral; particularmente, la realizada por los patronos, en contraposición a la huelga de los empleados. **5.** Huelga. **SIN. 1.** Detención, paralización. **2.** Desempleo. **ANT. 1.** Activación. **2.** Ocupación.

parodia (del gr. *parodia*) *s. f.* **1.** Imitación, generalmente burlesca, de una obra, género, autor, etc., exagerando o ridiculizando sus rasgos más característicos. **2.** P. ext., imitación humorística de alguien o algo. **SIN. 2.** Caricatura. **FAM.** Parodiador, parodiar, paródico, parodista.

parodiar *v. tr.* Hacer una parodia de alguien o de algo.

paródico, ca *adj.* De la parodia.

parodista *s. m.* y *f.* Persona que hace parodias.

paronimia (del gr. *paronymia*) *s. f.* Circunstancia de ser parónimas dos o más palabras.

parónimo, ma (del gr. *paronymos*, de *para*, al lado, y *onoma*, nombre) *adj.* Se dice de cada una de las palabras parecidas entre sí por su forma gráfica o por su sonido. **FAM.** Paronimia. / Paronomasia.

paronomasia (del gr. *paronomasia*, de *para*, al lado, y *onoma*, nombre) *s. f.* **1.** Semejanza fonética entre dos o más palabras, p. ej. *lago* y *lego*. **2.** Figura retórica que consiste en explotar intencionadamente esa semejanza: *«Su cuerpo de campana galopa y golpea» (Pablo Neruda).* ■ Se dice también *paranomasia.* **FAM.** Paronomástico. PARÓNIMO.

paronomástico, ca *adj.* De la paronomasia.

parótida (del lat. *parotis*, y éste del gr. *parotis, -idos*, de *para*, junto a, y *us, otos*, oreja) *s. f.* Cada una de las dos glándulas salivales mayores, situadas en la zona más lateral y posterior de la boca. **FAM.** Parotiditis.

parotiditis *s. f.* Inflamación de la parótida, paperas. ■ No varía en *pl.*

paroxismo (del gr. *paroxysmos*, de *paroxyno*, irritar) *s. m.* **1.** Ataque o fase más grave de una enfermedad. **2.** Intensificación extrema de las pasiones o sentimientos: *Su furia llegó al paroxismo.* **SIN. 1.** Crisis. **2.** Exaltación, arrebato. **ANT. 2.** Calma. **FAM.** Paroxístico.

paroxítono, na (del gr. *paroxytonos*, y éste de *para*, al lado, y *oxys*, agudo) *adj.* Se dice de la palabra que lleva su acento tónico en la penúltima sílaba. También *s. f.* **SIN.** Llano, grave. **FAM.** Proparoxítono. OXÍTONO.

parpadear *v. intr.* **1.** Abrir y cerrar los párpados repetidamente y con rapidez. **2.** Apagarse y encenderse una luz, o perder y ganar intensidad, de manera intermitente y rápida. **SIN. 1.** Pestañear. **2.** Titilar, oscilar. **FAM.** Parpadeante, parpadeo. PÁRPADO.

párpado (del lat. vulg. *palpetrum*, de *palpebra*) *s. m.* Cada uno de los repliegues de piel, superior e inferior, que protegen los ojos. **FAM.** Parpadear. / Palpebral.

parpar *v. intr.* Graznar el pato.

parque (del fr. *parc*) *s. m.* **1.** Terreno con árboles, plantas, césped, etc., que sirve generalmente como lugar de recreo. **2.** Corralito*. **3.** Conjunto de medios y material destinados a un determinado servicio público y lugar donde se guardan: *parque de bomberos.* **4.** Lugar en que se almacenan las municiones, víveres, etc., para un servicio militar: *parque de artillería.* || **5. parque automovilístico** Conjunto de los automóviles de un país o área. **6. parque de atracciones** Recinto que reúne en su interior gran variedad de atracciones y aparatos mecánicos para divertirse, como carruseles, norias, etc. **7. parque móvil** Conjunto de vehículos destinados al servicio de algún ministerio, organismo, etc. **8. parque nacional** Terreno salvaje acotado por el Estado para proteger su vegetación, fauna y belleza natural. **9. parque natural** Terreno declarado valioso por el gobierno debido a su belleza natural. **10. parque zoológico** Zoológico*. **SIN. 1.** Jardín. **FAM.** Parquear. / Aparcar.

parqué (del fr. *parquet*) *s. m.* **1.** Cubierta para el suelo hecha con tablas pequeñas y finas de madera que se colocan formando figuras geométricas. **2.** En la bolsa de valores, espacio destinado a realizar las operaciones, compra y venta de títulos, etc. ■ Se escribe también *parquet.* **SIN. 1.** Entarimado, tarima.

parqueadero *s. m. Amér.* Aparcamiento*.

parquear *v. tr. Amér.* Aparcar, estacionar. **FAM.** Parqueadero, parquímetro. PARQUE.

parquedad *s. f.* **1.** Cualidad de parco. **2.** Moderación en el gasto o en el uso de las cosas. **SIN. 1.** Sobriedad. **2.** Parsimonia. **ANT. 1.** Exageración. **2.** Despilfarro.

parquet (fr.) *s. m.* Parqué*.

parquímetro *s. m.* Máquina que sirve para controlar mediante pago el tiempo de estacionamiento de los vehículos.

parra *s. f.* Variedad de la vid cuyo tronco y ramas leñosos se desarrollan en altura, trepando sobre un armazón llamado emparrado. || **LOC. subirse a la parra** *fam.* Enfurecerse, insolentarse; darse importancia o tomarse atribuciones que no le corresponden. También, pedir demasiado, aumentar mucho los precios u otra cosa. **FAM.** Parral. / Emparrado.

parrafada *s. f.* **1.** Conversación pausada y confidencial: *Tengo que echar una parrafada contigo.* **2.** Discurso largo pronunciado sin interrupción. **SIN. 1.** Parlamento. **2.** Sermón.

párrafo (del lat. *paragraphus*, y éste del gr. *paragraphos*) *s. m.* **1.** Cada una de las partes de un escrito o discurso, separadas del resto por un punto y aparte o por una pausa larga. **2.** Signo ortográfico (§) con que se indica cada una de esas partes, especialmente si se numeran. SIN. **1.** Parágrafo. FAM. Parrafada. / Parágrafo.

parral *s. m.* **1.** Lugar en que hay parras. **2.** Parra o conjunto de parras sostenidas por un armazón. **3.** Viña a la que le han brotado muchos vástagos. SIN. **2.** Emparrado.

parranda *s. f. fam.* Juerga, especialmente la que consiste en ir por diferentes lugares. SIN. Francachela, jarana. FAM. Parrandear, parrandeo, parrandero.

parrandear *v. intr.* Ir o andar de parranda. SIN. Farrear, refocilarse.

parricida (del lat. *parricida*, de *pater*, padre, y *caedere*, matar) *s. m.* y *f.* Persona que asesina a uno de sus ascendientes o descendientes o a su cónyuge. También *adj.* FAM. Parricidio. PADRE.

parricidio (del lat. *parricidium*) *s. m.* Muerte dada a un ascendiente, descendiente o cónyuge.

parrilla (de *parra*) *s. f.* **1.** Instrumento de hierro con forma de rejilla, generalmente con mango y patas, que se utiliza para poner al fuego lo que se quiere asar o tostar. **2.** Restaurante en que se sirve carne asada de esta manera. || **3. parrilla de salida** Zona de un circuito en la que se sitúan los vehículos para comenzar una carrera. SIN. **2.** Asador. FAM. Parrillada. / Emparrillado.

parrillada *s. f.* Plato compuesto de alimentos asados a la parrilla, especialmente pescados o mariscos.

párroco (del gr. *parokhos*, anfitrión) *s. m.* Sacerdote que dirige una parroquia: *el cura párroco.* También *adj.*

parroquia (del lat. *parochia*, y éste del gr. *paroikia*, vecindario) *s. f.* **1.** Iglesia que está al cuidado de una determinada zona de la diócesis. **2.** Zona y conjunto de fieles correspondientes a esta iglesia. **3.** Clientela de un establecimiento. SIN. **2.** Feligresía. FAM. Párroco, parroquial, parroquiano.

parroquiano, na *adj.* **1.** Perteneciente a una determinada parroquia. También *s. m.* y *f.* **2.** Cliente habitual. También *s. m.* y *f.* SIN. **1.** Feligrés.

parsec (del ingl. *parallax second*) *s. m.* Unidad de longitud con la que se calculan las distancias en astronomía estelar; equivale a 3,08 x 10^{13} km, es decir 3,2558 años luz.

parsi (persa) *adj.* **1.** Se dice de un pueblo descendiente de los antiguos persas, que habita actualmente en la India y sigue la religión de Zoroastro, y de sus miembros. También *s. m.* y *f.* || *s. m.* **2.** Idioma hablado por este pueblo.

parsimonia (del lat. *parsimonia*, sobriedad) *s. f.* **1.** Lentitud, calma. **2.** Moderación, especialmente en el gasto. SIN. **1.** Cachaza, tranquilidad. **2.** Parquedad. ANT. **1.** Rapidez. **2.** Derroche. FAM. Parsimonioso.

parsimonioso, sa *adj.* Que actúa con parsimonia. SIN. Moderado, circunspecto.

parte (del lat. *pars, partis*) *s. f.* **1.** Persona o cosa que contribuye a formar un todo y puede considerarse por separado. **2.** Cantidad de una cosa que tiene que dar o recibir alguien, generalmente en un reparto. **3.** Cada una de las personas o grupos de personas que tienen un mismo interés en un contrato u obligación: *la parte comprado ra.* **4.** Cada una de las personas o posiciones enfrentadas con otras en una discusión, competición, pleito, etc. **5.** Lugar, sitio. **6.** Aspecto, punto de vista. **7.** Papel que representa un actor en una obra de teatro. || *s. m.* **8.** Comunicación de cualquier tipo: *parte médico, meteorológico.* **9.** *fam.* Noticiario de radio o televisión. || *s. f. pl.* **10.** Órganos genitales. || **11. parte de la oración** Cada una de las clases de palabras que existen en una lengua, p. ej. adjetivo, sustantivo, etc. || LOC. **de parte** de alguien *adv.* Procedente de alguien o en su nombre; también, a favor de alguien. **desde** un tiempo **a esta parte** (o **de** un tiempo **a esta parte**) *adv.* Desde el tiempo indicado hasta el momento presente: *Ha envejecido mucho de unos años a esta parte.* **en parte** *adv.* De manera parcial o incompleta. **llevar** uno **la mejor** (o **la peor**) **parte** Llevar ventaja o desventaja. **no ir** una cosa **a ninguna parte** No merecer que se le dé importancia. **no llevar** (o **conducir**) algo **a ninguna parte** Ser inútil. **poner de su parte** Hacer alguien lo que puede en una situación. **por parte de** alguien *adv.* Con relación a alguien. **tener** (o **tomar**) **parte** en algo Interesarse o participar en ello. SIN. **1.** Trozo, fracción, pieza, porción. **2.** Cuota. **4.** Oponente, contendiente. **5.** Lado. **6.** Perspectiva. **8.** Informe, aviso. **9.** Telediario. ANT. **1.** y **2.** Totalidad. FAM. Participar, partícula, partir. / Aparte, bipartición, departamento, parcela, parcial, tripartito.

parteluz *s. m.* En arq., columna delgada que divide en dos el hueco de una ventana o puerta. SIN. Mainel.

partenaire (fr., y éste del ingl. *partner*) *s. m.* y *f.* Persona que forma pareja con otra en el teatro, en el cine o en otra circunstancia. SIN. Compañero.

partenogénesis (del gr. *parthenos*, virgen, y *genesis*, generación) *s. f.* **1.** Forma de reproducción de algunos animales en la que nace un nuevo individuo de un óvulo no fecundado, sin intervención de un macho. **2.** Reproducción asexual de ciertas plantas. ■ No varía en *pl.* FAM. Partenogenético.

partero, ra *s. m.* y *f.* Persona que asiste a las mujeres en los partos. SIN. Comadrona.

parterre (fr.) *s. m.* Parte de un jardín, generalmente rectangular, con flores y césped. SIN. Arriate, macizo.

partesana (del ital. *partigiana*) *s. f.* Especie de alabarda de hierro ancho, cortante por los dos lados y con la parte inferior en forma de media luna.

partición (del lat. *partitio, -onis*) *s. f.* Acción de partir o de repartir y parte que resulta de ello. SIN. Fraccionamiento; distribución, repartición.

participación (del lat. *participatio, -onis*) *s. f.* **1.** Acción de participar. **2.** Parte o papel que corresponde al que interviene en una cosa, acción o suceso: *El acusado explicó su participación en el robo.* **3.** Aviso o noticia y escrito en que se comunica: *participación de boda.* **4.** Cantidad o parte que se juega de un décimo de lotería. **5.** Cantidad de acciones del capital de una empresa que son propiedad de una persona física o jurídica. SIN. **1.** y **2.** Intervención, contribución. **3.** Notificación, comunicación. ANT. **1.** Abstención.

participar (del lat. *participare*) *v. intr.* **1.** Tomar parte en algo, u obtener algún beneficio o perjuicio en alguna acción, suceso, reparto, etc.: *participar en la preparación de una fiesta, en las ganancias de una venta.* **2.** Invertir dinero en una empresa o negocio. **3.** Seguido de la preposición *de*, tener las mismas ideas, ventajas, características, etc., que otra persona o cosa: *Participo de lo que tú has dicho.* || *v. tr.* **4.** Comunicar, notificar. SIN. **1.** Colaborar, contribuir, intervenir. **3.** Compartir. ANT. **1.** Abstenerse. **3.** Disentir. FAM. Participación, participante, participativo, partícipe, participio. PARTE.

participativo, va *adj. fam.* Que suele participar en actividades colectivas.

partícipe (del lat. *particeps, -ipis*) *adj.* Que participa en algo. También *s. m.* y *f.* || LOC. **hacer partícipe** a alguien de algo Comunicárselo o compartirlo con él. FAM. Copartícipe. PARTICIPAR.

participio (del lat. *participium*) *s. m.* **1.** Forma no personal del verbo que puede realizar la función de adjetivo e incluso de sustantivo: *la persona amada. Dedicó un verso a su amada.* || **2. participio activo** (o **de presente**) El que expresa una acción que transcurre al mismo tiempo que la del verbo de la oración principal. Termina en *-ante*, *-ente* o *-iente*: *El pueblo de Aranjuez, reinante Carlos IV, se amotinó contra Godoy.* **3. participio pasado** (o **pasivo**) El que presenta las terminaciones *-ado* o *-ido*, si es regular, y se utiliza, además de en las funciones de adjetivo y sustantivo, para formar los tiempos compuestos, expresando una acción acabada, y la voz pasiva: *he amado; soy amado.* FAM. Participial. PARTICIPAR.

partícula (del lat. *particula*, dim. de *pars, partis*) *s. f.* **1.** Parte muy pequeña de algo o cuerpo muy pequeño. **2.** En ling., palabra invariable, como el adverbio, la conjunción, etc. También se aplica a veces este término para designar a los prefijos y sufijos. || **3. partícula elemental** Elemento constituyente del átomo; son el protón, el neutrón y el electrón. SIN. **1.** Porción. FAM. Particular. / Antipartícula. PARTE.

particular (del lat. *particularis*) *adj.* **1.** Propio o característico de una persona o cosa. **2.** Concreto, determinado. **3.** Raro, distinto de lo corriente. **4.** Que pertenece a una persona, grupo, entidad, etc., o es utilizado por ellos de manera exclusiva o especial. **5.** No oficial, al margen del cargo o trabajo. **6.** Se dice de una persona cualquiera, sin cargo, título, etc., que la distinga de las demás. También *s. m.* y *f.* || *s. m.* **7.** Tema o asunto concreto del que se trata: *No dijo nada sobre el particular.* || LOC. **de particular** *adj.* Extraordinario, especial. **en particular** *adv.* En concreto, especialmente. También, aparte, de manera reservada. SIN. **1.** Típico. **1.** y **3.** Peculiar. **2.** Específico. **3.** Original, extraordinario. **4.** Individual. **4.** y **5.** Privado. **7.** Cuestión, materia. ANT. **1.** y **2.** General. **3.** Normal. **4.** Común, público. FAM. Particularidad, particularismo, particularizar, particularmente. PARTÍCULA.

particularidad (del lat. *particularitas, -atis*) *s. f.* **1.** Característica que diferencia una cosa de otras del mismo tipo. **2.** Detalle, pormenor. SIN. **1.** Singularidad, peculiaridad. ANT. **2.** Generalidad.

particularismo *s. m.* Preferencia excesiva por lo particular o propio sobre lo general o común. SIN. Individualismo. FAM. Particularista. PARTICULAR.

particularizar *v. tr.* **1.** Hablar de algo señalando sus detalles particulares. **2.** Distinguir, caracterizar. También *v. prnl.* **3.** Referirse expresamente a una persona, cosa o circunstancia concreta. Se usa más como *v. intr.*: *Todos tenemos la culpa, así que no particularices.* ■ Delante de *e* se escribe *c* en lugar de *z*: *particularicéis.* SIN. **1.** Concretar, precisar. **2.** y **3.** Singularizar(se). **3.** Individualizar. ANT. **3.** Generalizar(se). FAM. Particularización. PARTICULAR.

partida *s. f.* **1.** Acción de partir o marcharse. **2.** Cantidad de una mercancía que se entrega, envía o recibe de una vez. **3.** Cada uno de los apartados o cantidades anotadas por separado en una cuenta o presupuesto. **4.** Anotación en un registro de hechos o circunstancias relacionados con una persona, como el matrimonio, el bautismo, etc.; también, copia certificada de alguna de esas anotaciones. **5.** En un juego, serie de jugadas que concluye cuando alguien resulta ganador. **6.** Grupo, cuadrilla: *una partida de cazadores, de bandoleros.* || LOC. **por partida doble** *adv.* Dos veces. SIN. **1.** Marcha, salida. **2.** Remesa. **3.** Concepto, capítulo. **4.** Inscripción; certificado. **6.** Banda. ANT. **1.** Llegada. FAM. Contrapartida. PARTIR.

partidario, ria *adj.* Que apoya o defiende a una persona, idea, movimiento, etc. También *s. m.* y *f.* SIN. Seguidor, adepto, simpatizante. ANT. Opositor, enemigo.

partidismo *s. m.* Actitud o conducta excesivamente favorable a un partido, idea, opinión, etc. SIN. Parcialidad, sectarismo. ANT. Neutralidad. FAM. Partidista. / Bipartidismo, monopartidismo. PARTIDO.

partido, da 1. *p.* de **partir**. También *adj.* || *s. m.* **2.** Agrupación de personas, especialmente la constituida en organización política, que defiende unas ideas e intereses determinados. **3.** Competición deportiva en que se enfrentan dos jugadores o equipos. **4.** *fam.* Persona casadera considerada desde la perspectiva de un matrimonio ventajoso. || **5. partido judicial** División territorial que comprende uno o varios municipios y sobre la que tiene competencia un juzgado de primera instancia e instrucción. || LOC. **sacar partido** Obtener un beneficio o provecho. **tomar partido** Decidirse entre varias posibilidades; también, mostrarse a favor de una de las partes enfrentadas. SIN. **2.** Facción, bando. **3.** Encuentro. FAM. Partidario, partidismo, partitocracia. / Pluripartidismo. PARTIR.

partiquino, na (del ital. *particina*) *s. m.* y *f.* Cantante que ejecuta en las óperas un papel breve o poco importante.

partir (del lat. *partire*) *v. tr.* **1.** Hacer de una cosa varias partes. **2.** Cortar y separar una parte de algo. **3.** Romper, rajar. También *v. prnl.*: *Se ha partido un cristal de la ventana.* **4.** Repartir, distribuir. **5.** *fam.* Causar perjuicio, molestia o contrariedad: *Nos ha partido esta visita inoportuna.* || *v. intr.* **6.** Marcharse. **7.** Provenir, arrancar: *La idea partió de sus amigos.* **8.** Dar por supuesto o tomar como base algo: *Parto de la idea de que lo sabes.* || **partirse** *v. prnl.* **9.** *fam.* Desternillarse, reírse mucho: *Se parte con tus chistes.* || LOC. **a partir de** *prep.* Desde; también, tomando como base algo. SIN. **1.** Fragmentar, dividir, trocear. **2.** Desgajar. **3.** Quebrar(se), cascar(se). **4.** Compartir. **5.** Fastidiar. **6.** Irse, ausentarse, largarse. **7.** Nacer, proceder. **9.** Troncharse. ANT. **3.** Unir, pegar, arreglar. **6.** Llegar. FAM. Partible, partición, partida, partido, partidor, partitivo. / Compartir, departir, impartible, impartir, parteluz, repartir. PARTE.

partisano, na (del fr. *partisan*, partidario) *s. m.* y *f.* Miembro de un grupo armado clandestino que lucha contra un ejército de ocupación, especialmente durante la Segunda Guerra Mundial.

partitivo, va *adj.* **1.** En ling., se dice del sustantivo y del adjetivo numeral que expresan una parte determinada de un todo: *mitad, medio, cuarto*, etc.

También *s. m.* **2.** Que se puede partir o dividir. **SIN. 2.** Divisible, partible. **ANT. 2.** Indivisible.

partitocracia *s. f.* Sistema político basado en el predominio excesivo de los partidos.

partitura (del ital. *partitura*) *s. f.* Texto escrito de una obra musical que contiene el conjunto de todas las partes de los distintos instrumentos y voces.

parto (del lat. *partus*) *s. m.* **1.** Acción de parir. **2.** Cualquier producción física o creación intelectual. **SIN. 1.** Alumbramiento. **2.** Obra, producto. **FAM.** Partero, parturienta. / Posparto, sobreparto. PARIR.

parto, ta (del gr. *parthos*) *adj.* **1.** De un antiguo pueblo asentado en Persia septentrional. También *s. m.* y *f.* || *s. m.* **2.** Lengua de la familia irania, originaria del NO de Irán, que fue sustituida por el persa medio.

parturienta (del lat. *parturiens, -entis*, de *parturire*, estar de parto) *adj.* Se dice de la mujer que está pariendo o acaba de hacerlo. También *s. f.*

party (ingl.) *s. m.* Guateque o fiesta celebrada en un domicilio particular.

party line (ingl.) *expr.* Servicio suplementario de telefonía que permite la comunicación de varios usuarios a la vez. ■ Se usa como *s. m.*

parusía (del gr. *parusia*, presencia, llegada) *s. f.* En la religión cristiana, regreso glorioso de Jesucristo al final de los tiempos.

parva (del lat. *parva*) *s. f.* **1.** Mies extendida en la era. **2.** Cantidad grande de una cosa. **SIN. 2.** Montón. **FAM.** Emparvar.

parvo, va (del lat. *parvus*) *adj.* **1.** Escaso, poco. **2.** De pequeño tamaño. **SIN. 1.** Exiguo. **2.** Menudo, diminuto. **ANT. 1.** Abundante. **2.** Grande. **FAM.** Parvedad, párvulo.

parvulario *s. m.* Centro educativo para párvulos. **SIN.** Guardería.

parvulista *s. m.* y *f.* Persona que se dedica a enseñar a párvulos.

párvulo, la (del lat. *parvulus*, dim. de *parvus*, pequeño) *adj.* **1.** Se dice del niño que asiste a algún centro de educación preescolar. También *s. m.* y *f.* **2.** Se aplica al niño de pocos años. También *s. m.* y *f.* **3.** Se dice de la persona inocente. **SIN. 2.** Pequeño. **3.** Infantil. **ANT. 2.** Mayor. **3.** Resabiado. **FAM.** Parvulario, parvulista. PARVO.

pasa (del lat. *passa*, de *pandere*, tender al aire) *s. f.* Uva que se ha secado natural o artificialmente. También *adj.* || **LOC. estar** (o **quedarse**) una persona o cosa **como una pasa** *fam.* Estar arrugada o envejecida. **FAM.** Paso -sa.

pasable *adj.* Aceptable, que se puede pasar o tolerar. **SIN.** Tolerable, admisible, regular, mediano. **ANT.** Inadmisible.

pasabocas *s. m. Col. fam.* Pequeña ración de comida que se sirve con la bebida. ■ No varía en *pl.*

pasabola *s. f.* Jugada de billar en la que la bola impulsada por el jugador toca lateralmente a otra, da en la banda opuesta y vuelve para tocar a la tercera bola.

pasacalle *s. m.* Música con ritmo de marcha, tocada generalmente por una banda popular.

pasada *s. f.* **1.** Acción de pasar de una parte a otra. **2.** Acción y resultado de realizar una operación sobre una cosa o aplicarle una capa de alguna sustancia: *Dale otra pasada de pintura a la puerta.* **3.** Repaso o retoque de algo. **4.** En costura, puntada larga o cosido hecho con puntadas de ese tipo. **5.** Vuelo realizado por un aparato volador sobre un determinado lugar. **6.** *fam.* Cosa o acción exagerada, muy buena o que se sale de lo normal. || **7. mala pasada** Mala acción o mal comportamiento de una persona con otra. || **LOC. dar una pasada** a alguien *fam.* Regañarle o reprenderle. **SIN. 1.** Paso, recorrido. **2.** Mano.

pasadera *s. f.* Cualquier cosa que se coloca para poder caminar sobre ella y atravesar una corriente de agua, un charco, etc.

pasadero, ra *adj.* **1.** Se dice de lo que se puede admitir, aunque tenga algún defecto. **2.** Que tiene mediana salud, calidad, belleza, etc. **3.** Que se puede atravesar con facilidad. **SIN. 1.** Pasable, admisible. **2.** Mediano, regular. **3.** Atravesable. **ANT. 1.** Rechazable. **FAM.** Pasaderamente. PASAR.

pasadizo *s. m.* **1.** Paso estrecho y corto entre casas, paredes, etc. **2.** Camino estrecho para ir de un lugar a otro. **SIN. 1.** Corredor, pasaje.

pasado, da 1. *p.* de **pasar**. || *adj.* **2.** Se dice del periodo de tiempo anterior al presente. **3.** Que es de un tiempo anterior al presente. **4.** Se dice de lo que está gastado o estropeado. || *s. m.* **5.** Tiempo anterior al actual. **6.** En ling., pretérito. **SIN. 3.** Antiguo. **4.** Ajado; podrido. **5.** Ayer, antigüedad. **ANT. 2.** Actual. **4.** Nuevo; duro. **FAM.** Antepasado. PASAR.

pasador, ra *adj.* **1.** Que pasa de un lugar a otro. También *s. m.* y *f.* || *s. m.* **2.** Broche, alfiler, horquilla. **3.** Gemelo de camisa. **4.** Cerrojo de puertas y ventanas. **5.** Varilla de metal que se coloca pasándola de un lado a otro de una cosa y sirve para sujetar ésta a algo, permitiendo que pueda moverse. **6.** Utensilio agujereado y generalmente con forma de cono o de media esfera, que sirve para colar algo. **SIN. 4.** Pestillo, cierre. **6.** Colador, filtro.

pasaje *s. m.* **1.** Acción de pasar. **2.** Precio que se paga por viajar en barco o en avión. **3.** Conjunto de personas que viaja en un barco o avión. **4.** Calle estrecha y corta, o paso de una calle a otra por debajo de una casa. **5.** Fragmento con contenido completo de una obra literaria o musical. **SIN. 1.** Pasada. **4.** Pasadizo, travesía. **5.** Episodio.

pasajero, ra *adj.* **1.** Que pasa pronto o dura poco. **2.** Se dice de la persona que viaja en un vehículo sin conducirlo ella misma. También *s. m.* y *f.* **3.** Se dice de las aves que no viven durante todo el año en el mismo lugar. También *s. m.* y *f.* **SIN. 1.** Breve, temporal, fugaz. **2.** Viajero. **3.** Migratorio. **ANT. 1.** Duradero. **FAM.** Pasajeramente. PASAR.

pasamanería *s. f.* **1.** Tira de tejido bordado o de hilos o cordones trenzados, que sirve para adornar vestidos, ropajes y otras cosas. **2.** Taller o tienda en que se fabrican estos adornos. **3.** Oficio de la persona que los realiza. **SIN. 1.** Trencilla, galón, pasamano.

pasamano *s. m.* **1.** Pasamanería*. **2.** Pasamanos*. **3.** Cordón grueso que hace la misma función que la barra de una barandilla. **FAM.** Pasamanería. PASAR y MANO[1].

pasamanos *s. m.* Barra o parte superior de una barandilla. ■ No varía en *pl.* **SIN.** Asidero.

pasamontañas *s. m.* Gorro que cubre toda la cabeza hasta el cuello, excepto los ojos y la nariz. ■ No varía en *pl.*

pasante *s. m.* y *f.* Persona que trabaja como auxiliar de un abogado para ayudarle y adquirir práctica en el oficio. **FAM.** Pasantía. PASAR.

pasantía *s. f.* **1.** Trabajo o empleo del pasante. **2.** Tiempo que dura este trabajo.

pasaportar *v. tr.* **1.** Despedir a alguien, echarle de un lugar. **2.** Matar a alguien. **FAM.** Pasaporte. PASAR.

pasaporte (del fr. *passeport*) *s. m.* Documento que identifica a una persona y es necesario para viajar por determinados países. || LOC. **dar pasaporte** (o **dar el pasaporte**) a alguien *fam.* Echar a una persona de un lugar o terminar la relación con ella. También, matar a alguien.

pasapurés *s. m.* Especie de colador para hacer puré. ■ No varía en *pl.* SIN. Triturador.

pasar *v. tr.* **1.** Llevar o mover de un lugar a otro. **2.** Hacer que alguien o algo entre en un lugar. **3.** Cambiar de posición una cosa que está unida a otras iguales que ella y que sólo puede moverse de una determinada manera: *pasar las hojas de un libro.* También *v. prnl.* **4.** Cruzar un río, una calle, una montaña, etc. **5.** Ir más allá de un límite o de un determinado punto. También *v. prnl.* **6.** Superar con éxito una prueba, examen, etc. **7.** Dar una persona a otra una cosa o un derecho determinado: *Le ha pasado la casa a su hijo.* **8.** Padecer una enfermedad, molestia, pena, etc. **9.** Echar un líquido u otra sustancia por un colador o cedazo para que se queden en él las partes más gruesas. **10.** Tragar una cosa. **11.** Tolerar una cosa, acción o actitud a alguien. **12.** Estar durante un tiempo en un lugar, estado, o realizando una acción determinada: *Pasé la tarde estudiando.* También *v. prnl.* **13.** En los deportes y juegos con balón, entregar éste un jugador a otro. **14.** Llevar ilegalmente determinadas mercancías de un país a otro. **15.** Hacer que le llegue a alguien una noticia, comunicación, etc.: *Pasó el recado a su jefe.* **16.** Contagiar o transmitir a una persona una enfermedad, costumbre, etc. **17.** Proyectar una película cinematográfica, unas diapositivas, etc. || *v. intr.* **18.** Ir o trasladarse de un lugar a otro. También *v. prnl.* **19.** Ir a algún lugar o entrar en él. **20.** Con la preposición *por*, experimentar, sufrir: *Yo ya he pasado por esa situación.* **21.** Con la preposición *por* y un adjetivo, ser tenido o considerado como lo que expresa este último: *Tu amigo pasa por tonto.* **22.** Cambiar de una situación o estado a otro. **23.** Cambiar de propietario. **24.** Suceder, ocurrir o producirse un hecho. **25.** Con la preposición *a*, dejar un asunto, tema o acción para empezar otro: *Pasamos a hablar de cine.* **26.** Poder existir o conformarse con una cosa o sin ella: *Pasaremos sin coche.* **27.** Estar algo en condiciones de ser admitido o usado. **28.** Poder atravesar algo por un espacio. **29.** Terminar una situación o un periodo de tiempo. También *v. prnl.* **30.** Extenderse o comunicarse algo de unas personas a otras. **31.** En algunos juegos, no intervenir alguien en una jugada o no apostar en ella cuando le llega su turno. **32.** *fam.* No actuar, no intervenir o no interesarse en algo: *Sobre esas cosas, yo paso.* || **pasarse** *v. prnl.* **33.** Tener las ideas o postura opuestas a las que antes se tenían: *Se pasó al otro bando.* **34.** Pudrirse o estropearse los frutos, carnes, pescados, flores, etc. **35.** Superar un límite que se considera como normal en una actividad, cualidad, etc. **36.** Olvidarse o no darse cuenta de algo: *Se me pasó avisarte.* || LOC. **pasar a mayores** Adquirir algo más gravedad o importancia. **pasar por alto** algo No decir algo o no tratar un tema. **pasarse de listo** Equivocarse por haber tenido malas intenciones. SIN. **1.** Transportar, mudar. **2.** Introducir, meter. **5.** Traspasar. **6.** Aprobar. **7.** Transferir, donar. **8.** Soportar. **9.** Colar, filtrar. **11.** Permitir, consentir. **16.** Pegar. **24.** Acontecer. **26.** Arreglarse, tirar. **28.** Caber. **29.** Finalizar(se). **35.** Excederse, extralimitarse. ANT. **1.** Dejar. **2.** Sacar. **6.** Suspender. **11.** Prohibir. **15.** Ocultar. **18.** Quedarse, permanecer. **19.** Salir. **28.** Atascarse. **29.** Empezar(se). **36.** Acordarse. FAM. Pasable, pasablemente, pasabola, pasacalle, pasada, pasadera, pasadero, pasadizo, pasado, pasador, pasaje, pasajero, pasamano, pasamanos, pasamontañas, pasante, pasaportar, pasapurés, pasarrato, pasatiempo, pasavolante, pase, pasear, paso, pasota. / Propasar, repasar, sobrepasar, traspasar.

pasarela (del ital. *passerella*) *s. f.* **1.** Puente pequeño, hecho de materiales ligeros. **2.** Pasillo estrecho y algo elevado por el que pasan los modelos en un desfile de modas. SIN. **1.** Pasadera.

pasarrato *s. m. Guat.* y *P. Rico* Pasatiempo.

pasatiempo *s. m.* Juego o entretenimiento con que se pasa el rato.

pasavolante *s. m.* Acción hecha con brevedad y sin mucho cuidado.

pascal (de *Pascal*, físico francés) *s. m.* Unidad de presión en el Sistema Internacional que equivale a la fuerza de un newton sobre un metro cuadrado.

pascana (del quechua *paskana*) *s. f.* **1.** *Arg.* Etapa de un viaje que se hace en un día. **2.** *Ec.* y *Chile* Posada en un camino.

Pascua (del lat. *pascha*, y éste del hebreo *pesach*, paso, tránsito) *n. p.* **1.** Fiesta que celebran los hebreos para conmemorar su liberación del cautiverio en Egipto. **2.** En la religión católica, fiesta en que se conmemora la resurrección de Jesucristo. **3.** En la religión católica, fiestas de Navidad, Epifanía y Pentecostés. || *n. p. pl.* **4.** Tiempo comprendido entre las fiestas de Navidad y Epifanía. || LOC. **como unas pascuas** *fam.* Muy contento o animado. **de Pascuas a Ramos** *adv. fam.* De tarde en tarde. **hacer la pascua** a alguien *fam.* Molestarle o perjudicarle. **¡santas pascuas!** *fam.* Expresión con que se termina una discusión o se indica que hay que conformarse con lo dicho o hecho. FAM. Pascual.

pascual *adj.* **1.** De la Pascua: *cirio pascual.* **2.** Se aplica al cordero de más de dos meses.

pascuense *adj.* De la isla de Pascua. También *s. m.* y *f.*

pase *s. m.* **1.** Acción de pasar de un lugar o estado a otro. **2.** En lenguaje taurino, cada una de las veces que el torero deja pasar al toro, después de haberlo llamado con la muleta por delante. **3.** Proyección de una película, generalmente en un cine. **4.** Desfile de modelos. **5.** Documento en que se concede a alguien un privilegio o permiso: *pase de entrada.* **6.** Acción de pasar el balón un jugador a otro en ciertos deportes o juegos. **7.** Movimiento de manos de un mago al realizar un truco, o de un hipnotizador. || LOC. **dar el pase** a alguien *fam.* Echar a alguien o hacerle cesar en un trabajo u otra actividad. **tener** algo **un pase** *fam.* Ser tolerable, de mediana calidad. SIN. **1.** Pasada. **5.** Autorización, salvoconducto. FAM. Autopase. PASAR.

paseandero, ra *adj. Amér. del S.* Que tiene mucha afición a pasear.

paseante *adj.* **1.** Se dice de la persona que pasea por un lugar. También *s. m.* y *f.* **2.** *fam.* Se dice de la persona desocupada o que no tiene nada que hacer. También *s. m.* y *f.* SIN. **1.** Paseador, caminante, viandante. **2.** Vagabundo.

pasear *v. intr.* **1.** Andar despacio para distraerse o descansar. También *v. tr.* y *v. prnl.* **2.** Ir a caballo, en coche, bicicleta, etc., por el mismo motivo.

También *v. prnl.* **3.** Ir el caballo a paso lento. || *v. tr.* **4.** Llevar de paseo a una persona, animal o cosa, para distraerla, airearla o mostrarla en diferentes lugares. || **pasearse** *v. prnl.* **5.** Hablar de algo o estudiarlo sin profundizar en ello. **6.** Andar rondando a alguien cosas no materiales, como las ideas: *Se me pasea por la cabeza una ocurrencia genial.* **7.** Estar una persona sin hacer nada. **SIN.** **1.** Caminar, deambular, callejear. **7.** Vaguear. **FAM.** Paseador, paseandero, paseante, paseíllo, paseo. PASAR.

paseíllo *s. m.* Desfile de los toreros y sus cuadrillas desde un extremo a otro de la plaza antes de comenzar la corrida de toros. ▪ Se usa mucho en la loc. **hacer el paseíllo**.

paseo *s. m.* **1.** Acción de pasear o pasearse. **2.** Lugar adecuado para pasear por él. **3.** Distancia corta que puede recorrerse en poco tiempo andando despacio. **4.** Cosa fácil de hacer: *Ese examen fue un paseo.* || **LOC. a paseo** *fam.* Con verbos como *ir, mandar, echar, enviar,* etc., se usa para despedir a alguien o rechazar algo con enfado. **dar el paseo** a alguien En la guerra civil española, llevar a alguien a las afueras de una población y matarle. **SIN.** **1.** Garbeo.

paseriforme (del lat. *passer, -eris,* pájaro, y *-forme*) *adj.* **1.** Se aplica a aves generalmente de talla pequeña y caracteres muy diversos, que tienen tres dedos dirigidos hacia adelante y otro, el pulgar, hacia atrás, lo que les permite asirse a las ramas, como las golondrinas, mirlos, gorriones, cuervos, etc. También *s. f.* || *s. f. pl.* **2.** Orden de estas aves, llamadas vulgarmente *pájaros.*

pasiego, ga *adj.* Del valle del Pas, en Cantabria. También *s. m.* y *f.*

pasillo *s. m.* Parte larga y estrecha del interior de una casa o edificio, que comunica unas habitaciones con otras. **SIN.** Corredor, galería. **FAM.** Correpasillos. PASO.

pasión (del lat. *passio, -onis*) *s. f.* **1.** Perturbación del ánimo o sentimiento muy intenso que domina el entendimiento o la voluntad de una persona. **2.** Inclinación o preferencia exagerada por alguien o algo: *Siente pasión por su nieta.* **3.** Conjunto de padecimientos que sufrió Jesucristo desde su entrada en Jerusalén hasta su muerte en la cruz, narrados en los *Evangelios.* **4.** Composición musical basada en la narración evangélica de los sufrimientos de Jesucristo. || **5. fruto de la pasión** Maracuyá*. ▪ En las acepciones **3** y **4** suele escribirse con mayúscula. **SIN.** **1.** Emoción, ardor. **2.** Predilección, entusiasmo. **ANT.** **1.** Frialdad. **FAM.** Pasional, pasionaria, pasionista, pasivo. / Apasionar, impasible. PADECER.

pasional *adj.* Relativo a la pasión, especialmente amorosa. **SIN.** Apasionado, ardiente, vehemente. **ANT.** Frío.

pasionaria *s. f.* **1.** Planta herbácea o trepadora de hojas recortadas en 5 foliolos, flores solitarias de color blanco verdoso y fruto en baya de color naranja. **2.** Flor de esta planta.

pasionista *s. m.* **1.** Persona que canta la pasión en las celebraciones religiosas de la Semana Santa. || *adj.* **2.** Se dice de la congregación de religiosos descalzos de la Cruz y Pasión de Cristo, fundada en 1720 por el misionero italiano San Pablo de la Cruz. **3.** Se dice del religioso que pertenece a esta congregación. También *s. m.*

pasito (dim. de *paso*) *adv. m.* **1.** Con cuidado. **2.** En voz baja, sin hacer ruido. **SIN.** **1.** Despacio.

pasitrote *s. m.* Trote a pasos cortos y rápidos que dan los asnos y otras caballerías no amaestradas.

pasivo, va (del lat. *passivus*) *adj.* **1.** Se dice de la persona que deja actuar a otras sin hacer ella nada y de su comportamiento. **2.** Se aplica al sujeto que soporta los efectos de una acción que él no ha realizado. **3.** Se aplica a la remuneración, y al derecho de una persona a su obtención, originados por los trabajos o servicios prestados anteriormente. **4.** En ling., se dice de las oraciones cuyo verbo está en voz pasiva o contienen una construcción de pasiva refleja. También *s. f.* || *s. m.* **5.** En econ., conjunto de las deudas y obligaciones de una persona, empresa, etc.: *Esa industria hace frente a su pasivo.* || **6. pasiva refleja** Construcción verbal de significado pasivo que se forma con *se* y un verbo en voz activa: *Se venden casas.* ▪ No se construye con complemento agente. **7. voz pasiva** Forma del verbo que expresa que la acción la realiza un sujeto distinto del gramatical y éste recibe o soporta los efectos de dicha acción. Se forma con el verbo *ser* como auxiliar, en la forma que corresponda, y el participio pasado del verbo cuya acción se expresa: *El fuego fue apagado por los bomberos.* **SIN.** **1.** Inactivo, apático, indiferente. **ANT.** **1.** y **2.** Activo. **FAM.** Pasivamente, pasividad. PASIÓN.

pasma *s. f. argot* Policía. **SIN.** Madera.

pasmado, da **1.** *p.* de **pasmar**. También *adj.*: *Me deja pasmado con sus prontos.* || *adj.* **2.** Distraído, atontado: *A ver si espabilas, que estás pasmado.* También *s. m.* y *f.* **SIN.** **1.** Helado, asombrado. **2.** Alelado; pasmarote. **ANT.** **2.** Avispado.

pasmar *v. tr.* **1.** Dejar el frío helado a alguien o algo. También *v. prnl.* **2.** Asombrar a alguien o dejar atontado: *Pásmate con lo que te voy a decir.* También *v. prnl.* || **pasmarse** *v. prnl.* **3.** Coger la enfermedad del pasmo. **SIN.** **1.** Congelar(se). **2.** Maravillar(se), embelesar(se). **FAM.** Pasmado, pasmarote. PASMO.

pasmarote *s. m.* y *f. fam.* Persona atontada o ensimismada con alguna cosa. **SIN.** Pasmado, alelado.

pasmo (del lat. *spasmus,* y éste del gr. *spasmos*) *s. m.* **1.** Enfermedad producida por enfriamiento que se manifiesta con dolor de cabeza, de huesos y otras molestias. **2.** Rigidez y contracción involuntaria y violenta de algún músculo. **3.** Tétanos*. **4.** Admiración o asombro excesivos, que dejan a una persona sin poder pensar o hablar. **5.** Cosa que produce esa admiración o asombro. **SIN.** **4.** Extrañeza. **FAM.** Pasmar, pasmosamente, pasmoso. / Espasmo.

pasmoso, sa *adj.* Que produce pasmo o gran asombro en una persona. **SIN.** Asombroso, portentoso, prodigioso. **ANT.** Corriente, vulgar.

paso (del lat. *passus*) *s. m.* **1.** Acción de pasar. **2.** Movimiento que se realiza al andar adelantando una pierna y poniendo el pie en el suelo y espacio que se recorre al realizar ese movimiento. **3.** Manera de andar una persona: *Anda con paso firme y rápido.* **4.** Manera lenta de andar un animal de cuatro patas, especialmente una caballería. **5.** Pisada o huella que deja alguien al andar. Se usa más en *pl.* **6.** Cada una de las variaciones en una danza o baile. **7.** Lugar por el que se pasa o se puede pasar para ir de un sitio a otro o de un extremo a otro. **8.** Gestión, trámite o actuación que hay que realizar para conseguir algo. Se usa más en *pl.*: *Dio los pasos necesarios para que le admitieran en la universidad.* **9.** Progreso conseguido en una ocupación, actividad, etc. **10.** Cada uno de los hechos más importantes de la Pasión de Jesucristo. **11.** Grupo de esculturas que representa esos hechos o situaciones. **12.** Acción, hecho o situación importante en la vida de alguien. **13.** Pieza de teatro corta, generalmente con episodios cómicos. **14.** Cada uno de los avances, generalmente representados por números sucesivos, de un aparato contador: *una llamada telefónica de diez pasos.* **15.** Acción de pasar las aves migratorias en sus desplazamientos anuales. || *s. m. pl.* **16.** En baloncesto y balonmano, falta que hace el jugador que da tres pasos o más llevando la pelota en la mano sin botarla. || *adv. m.* **17.** *ant.* En voz baja. || **18. buen paso** Manera rápida de caminar. **19. mal paso** Error, falta. **20. paso a nivel** Cruce de una vía de tren con un camino o carretera al mismo nivel. **21. paso de la oca** Paso militar de desfile en el que la pierna se levanta estirada y al caer golpea el suelo con la planta del pie. **22. paso del ecuador** Fiesta que se organiza en los barcos al cruzar el ecuador. También, fiesta o viaje organizado por los estudiantes que están en la mitad de su carrera universitaria. **23. paso gimnástico** Paso de carrera lenta. || LOC. **a cada paso** *adv.* Con bastante frecuencia o repetidamente. **abrirse paso** Conseguir una buena posición en la vida. **al paso** *adv.* Sin detenerse al pasar por algún lugar; también, andando sin prisa. **al paso que** *conj.* Al mismo tiempo que algo. **dar paso a** algo Crear las condiciones adecuadas para que algo ocurra. **¡paso!** *interj.* Se emplea para abrirse camino entre la gente. **salir al paso** Salir al encuentro de alguien; o detener a alguien antes de que haga o diga algo. También, negar algo que ha dicho otra persona. **salir del paso** Librarse de una dificultad o superarla. **seguir los pasos a** alguien Observarle, espiarle. **seguir los pasos de** alguien Imitarle. SIN. **1.** Tránsito. **3.** Andares. **7.** Camino, pasillo. **9.** Adelanto. **17.** Pasito, quedo. ANT. **4.** Galope. **9.** Retroceso. FAM. Pasillo, pasito, pasodoble. / Compás, marcapasos. PASAR.

paso, sa (del lat. *passus*, extendido) *adj.* Se dice de la fruta desecada por cualquier procedimiento: *higo paso, uva pasa.*

pasodoble *s. m.* Música, canción y baile españoles de ritmo vivo. ■ Se escribe también *paso doble.*

pasota *adj.* **1.** Se dice de la persona que tiene una actitud pasiva y muestra poco interés por todo. También *s. m.* y *f.* **2.** De este tipo de personas: *una actitud pasota.* SIN. **1.** Indiferente, apático. ANT. **1.** Activista. FAM. Pasotismo. PASAR.

pasotismo *s. m.* Actitud de pasividad, apatía y falta de interés por todo.

paspar (del quechua *paspa*) *v. tr. Amér. del S.* Quemarse la piel por efecto del frío o del roce continuado con una prenda húmeda. También *v. prnl.*

paspartú (del fr. *passe-partout*) *s. m.* Recuadro de cartón, tela u otro material que se coloca entre un dibujo, pintura, etc., y su marco.

pasquín (del ital. *Pasquino*, nombre de una estatua en Roma, en la que solían fijarse los escritos satíricos) *s. m.* **1.** Escrito anónimo colocado en lugares públicos, que contiene una crítica. **2.** Cartel.

pássim (del lat. *passim*) *adv.* Significa 'en diversos lugares' y se usa después de citar un libro u obra para indicar que pueden consultarse distintas referencias a lo largo de dicha obra.

pasta (del lat. *pasta*, y éste del gr. *paste*, harina con salsa) *s. f.* **1.** Resultado de mezclar una sustancia sólida y un líquido, o materia moldeable de cualquier tipo. **2.** Masa de harina, manteca, aceite, etc., que sirve para hacer pasteles, empanadas, etc. **3.** Masa de harina de trigo y agua que se deja secar y de la que se hacen los macarrones, fideos, etc. **4.** Conjunto de los alimentos hechos con esa masa de harina de trigo. **5.** Pieza pequeña dulce o de pastelería, más bien dura y a veces recubierta de chocolate, almendras, etc. **6.** Masa para fabricar papel. **7.** Cubierta de los libros hecha con cartones, generalmente cubiertos de piel, tela o material plástico. **8.** *fam.* Dinero o cantidad grande de él. **9.** *fam.* Modo de ser de una persona: *Hace falta una pasta especial para hacer eso.* SIN. **1.** Mazacote, plasta. **7.** Tapa. **8.** Guita. FAM. Pastaflora, pastel, pastilla, pastoso[1]. / Empastar[1].

pastaflora (del ital. *pasta frolla*) *s. f.* Pasta muy fina, hecha con azúcar, harina y huevos.

pastar *v. intr.* **1.** Comer el ganado hierba en el campo. || *v. tr.* **2.** Llevar el ganado al campo para que coma hierba. SIN. **1.** Pacer. **2.** Apacentar. FAM. Pastenco, pasto, pastor, pastorear, pastoreo.

pastel (del fr. ant. *pastel*) *s. m.* **1.** Pequeña masa dulce y esponjosa que se hace con harina, huevo, manteca y otros ingredientes cocidos al horno. **2.** Masa fina semejante a la anterior y rellena de carne o pescado picados. **3.** Lápiz o barrita de pasta de color, hecha con polvo, agua y otras sustancias, que se utiliza para pintar. **4.** Técnica de pintura que emplea esas barritas de colores sobre un papel rugoso y áspero. **5.** *fam.* Convenio secreto entre varias personas con malos fines. **6.** Chapuza o cosa mal hecha. || LOC. **descubrir** (o **descubrirse**) **el pastel** *fam.* Poner o quedar al descubierto algo que se intentaba ocultar. SIN. **1.** Pastelillo, golosina. **6.** Embrollo, revoltijo. FAM. Pastelear, pastelería, pastelero, pastelillo, pastelón. PASTA.

pastelear *v. intr.* **1.** Ceder en algún asunto en beneficio de los propios intereses. **2.** *fam.* Preparar algo a escondidas o hacer un chanchullo. SIN. **1.** Contemporizar. **2.** Urdir, maquinar. FAM. Pasteleo. PASTEL.

pastelería *s. f.* **1.** Establecimiento en que se hacen o venden pasteles y pastas. **2.** Técnica de hacer pasteles, pastas, tartas, etc. **3.** Conjunto de pasteles, pastas, etc.: *La pastelería española es muy variada.* SIN. **1.** Confitería, dulcería. **2.** Repostería, bollería.

pastelillo *s. m.* Pastel pequeño.

pastelón (aum. de *pastel*) *s. m.* Pastel relleno de carne picada, despojos de aves, etc.

pastenco, ca *adj.* Se dice de la res que es separada de su madre y pasta sola por primera vez. También *s. m.* y *f.*

pasterización *s. f.* Pasteurización*.

pasterizar *v. tr.* Pasteurizar*. ■ Delante de *e* se escribe *c* en lugar de *z*: *pasterice.*

pasteurización (del fr. *pasteurisation*, de Louis *Pasteur*, inventor de este proceso) *s. f.* Proceso para la esterilización de la leche y otros alimentos sin alterar su sabor y composición, por el que se los somete a una temperatura de unos 80 ºC. ■ Se dice también *pasterización.* FAM. Pasterización, pasterizado, pasterizador, pasterizar, pasteurizado, pasteurizador, pasteurizar.

pasteurizar (del fr. *pasteuriser*) *v. tr.* Someter alimentos al proceso de pasteurización: *pasteurizar la leche.* ■ Delante de *e* se escribe *c* en lugar de *z*. Se dice también *pasterizar.*

pastiche (fr.) *s. m.* **1.** Obra artística o literaria hecha a imitación o con préstamos de otras. **2.** P. ext., mezcla de cosas diferentes sin ningún orden. SIN. **1.** Plagio, calco. **2.** Revoltijo. ANT. **1.** Original.

pastilla *s. f.* **1.** Pieza de pasta de diferentes materias, generalmente cuadrangulares o redondas. **2.** Caramelo. **3.** Pieza de pasta de sustancia medicinal, de forma redondeada y pequeña para que se pueda tragar con facilidad. || LOC. **a toda pastilla** *adv. fam.* Muy deprisa o a gran velocidad. SIN. **1.** y **3.** Tableta. **3.** Píldora, comprimido. FAM. Pastillero. PASTA.

pastillero, ra *s. m.* **1.** Estuche o cajita que sirve para guardar pastillas. || *s. m.* y *f.* **2.** *fam.* Consumidor habitual de drogas en forma de pastilla.

pastizal *s. m.* Terreno en que abunda el pasto.

pasto (del lat. *pastus*) *s. m.* **1.** Acción de pastar. **2.** Hierba que come el ganado en el campo. **3.** Cualquier alimento para el ganado. **4.** Lugar en que pasta el ganado. Se usa más en *pl.*: *A la salida del pueblo hay algunos pastos.* **5.** *Amér. del S.* Césped. **6.** Materia o cosa que fomenta una actividad o es consumida en ella: *La madera fue pasto de las llamas.* || LOC. **a todo pasto** *adv. fam.* En mucha cantidad. SIN. **3.** Pienso, forraje, heno. **4.** Pastizal, pradera, prado. FAM. Pastizal, pastoso², pastura, pasturaje. / Empastar². PASTAR.

pastor, ra (del lat. *pastor, -oris*) *s. m.* y *f.* **1.** Persona que cuida el ganado. || *s. m.* **2.** Sacerdote de una iglesia, especialmente de la protestante. || **3. pastor alemán** Raza canina de tamaño medio y gran fortaleza, con un pelaje espeso de color pardo a veces recubierto por un manto negro, caracterizada por su gran capacidad de aprendizaje. **4. perro pastor** Perro adiestrado para auxiliar a los pastores en la custodia y manejo del ganado, sobre todo el lanar. SIN. **2.** Eclesiástico. FAM. Pastoral, pastorela, pastoril. PASTAR.

pastoral (del lat. *pastoralis*) *adj.* **1.** Pastoril*. **2.** De los pastores de una iglesia. **3.** Se dice de la carta o escrito que dirige un obispo a sus feligreses. También *s. f.* || *s. f.* **4.** Composición literaria o musical que tiene como tema la vida de los pastores. SIN. **4.** Pastorela.

pastorear *v. tr.* **1.** Guiar el ganado y cuidarlo mientras pasta en el campo. **2.** *C. Rica* Acechar, vigilar. **3.** *Arg.* y *Urug. fam.* Cortejar un hombre a una mujer. || *v. intr.* **4.** *Amér.* Pacer, pastar el ganado la hierba del campo.

pastorela (del ital. *pastorella*) *s. f.* **1.** Composición poética que describe el encuentro y consiguiente enamoramiento de un caballero y una pastora. **2.** Música y canto de carácter sencillo y alegre, semejante al de los pastores.

pastoril *adj.* **1.** De los pastores. **2.** Se dice del género literario y obras de ese género que tienen como tema las relaciones amorosas entre los pastores: *novela pastoril.* SIN. **1.** Pastoral. **2.** Bucólico. FAM. Pastorilmente. PASTOR.

pastoso, sa¹ *adj.* **1.** Se aplica a las cosas blandas y moldeables. **2.** Se dice de lo que está espeso o pegajoso: *La papilla está muy pastosa. Tengo la boca pastosa.* **3.** Se dice de la voz o del tono agradable y suave. SIN. **2.** Condensado, apelmazado; pringoso. ANT. **2.** Líquido. FAM. Pastosidad. PASTA.

pastoso, sa² *adj. Amér.* Se dice del terreno que tiene buenos pastos.

pastueño *adj.* En el lenguaje taurino, se dice del toro bravo que acude sin dudar a la muleta o a la capa del torero.

pastura (del lat. *pastura*) *s. f.* **1.** Hierba de la que se alimentan los animales. **2.** Cantidad de comida que se da de una vez a los bueyes.

pasturaje *s. m.* **1.** Terreno comunal para pasto. **2.** Cantidad que se paga por utilizar este terreno.

pata *s. f.* **1.** Cada una de las extremidades de los animales. **2.** *fam.* Pierna de una persona. **3.** Cada una de las piezas de un mueble sobre las que se sostiene y con las que se apoya en el suelo. **4.** *fam.* Con los adjetivos *buena* y *mala*, suerte. || **5. pata de banco** *fam.* Dicho tonto o fuera de lugar. **6. pata de gallo** Dibujo de cuadros o rombos pequeños que se usa generalmente para tejidos. **7. patas de gallo** Arrugas que se forman en la piel de la parte exterior del ojo. || LOC. **a la pata (la) llana** *adv.* Con sencillez. **echar** (o **tirar**) **las patas por alto** *fam.* Mostrar enfado sin contenerse. **estirar la pata** *fam.* Morirse. **meter la pata** *fam.* Intervenir en algún asunto de manera inoportuna o equivocándose. **patas arriba** *adj.* y *adv.* Al revés, quedando arriba lo que normalmente debería estar abajo, desordenado. SIN. **1.** Remo. **3.** Apoyo, sostén, pie. FAM. Patada, patalear, pataleta, patán, patear¹, paticojo, paticorto, patidifuso, patilargo, patilla, patitieso, patituerto, patizambo, patojo, patoso, patudo, patulea. / Despatarrar, espatarrar, metepatas.

-pata *suf.* Significa 'enfermo' o 'médico': *psicópata, homeópata.*

patache *s. m.* Antigua embarcación de guerra destinada a llevar avisos, reconocer las costas y guardar las entradas de los puertos. Actualmente se usa en la marina mercante.

patada *s. f.* **1.** Golpe dado con el pie o con la pata. || *s. f. pl.* **2.** *fam.* Paso o gestión que hay que hacer para conseguir algo: *Hay que dar muchas patadas para conseguir un buen trabajo.* || LOC. **a patadas** *adv. fam.* Con excesiva abundancia; también, con verbos como *echar, tratar*, etc., con violencia y sin consideración. **dar la patada** a alguien *fam.* Echarle de algún sitio, especialmente de su trabajo. **darle** a uno **cien patadas** una persona o cosa *fam.* Resultarle muy desagradable o molesta. **en dos patadas** *adv. fam.* En muy poco tiempo. SIN. **1.** Coz, puntapié, patadón. FAM. Patadón. PATA.

patagio *s. m.* Membrana de piel que une las extremidades de algunos animales y les permite realizar grandes saltos, al frenar la caída, o incluso volar, como hacen los murciélagos.

patagón, na *adj.* De los pueblos amerindios que habitan en las pampas de la Patagonia y de Tierra del Fuego. También *s. m.* y *f.*

patalear *v. intr.* **1.** Mover las piernas o las patas con rapidez y con fuerza. **2.** Dar golpes en el suelo con los pies o las patas violentamente. SIN. **2.** Patear. FAM. Pataleo. PATA.

pataleo *s. m.* **1.** Acción de patalear. **2.** Ruido hecho al golpear con las patas o los pies en el suelo. || **3. derecho al pataleo** *fam.* Recurso que le queda a una persona para desahogarse por haber sufrido algún perjuicio, cuando ya no puede hacer otra cosa, y que consiste en protestar con violencia. SIN. **2.** Pateo.

pataleta *s. f. fam.* Demostración exagerada de enfado o nerviosismo. SIN. Patatús, soponcio.

patán *s. m.* **1.** Hombre tosco o de pueblo. **2.** *fam.* Hombre ignorante, mal educado o grosero. También *adj.* SIN. **1.** Aldeano, rústico. **1.** y **2.** Paleto, palurdo. **2.** Zafio, descortés. ANT. **1.** Distinguido. **2.** Educado, cortés. FAM. Patanería. PATA.

patata (de la confusión entre *papa* y *batata*) *s. f.* **1.** Planta herbácea de la familia solanáceas, de unos 50 cm de altura, hojas compuestas con hojuelas ovaladas, flores blancas y fruto esférico, pequeño y verde. **2.** Tubérculo comestible de esta planta. **3.** *fam.* Cosa de mala calidad: *Su nove-*

la era una patata. || **4. patata caliente** *fam.* Asunto muy engorroso o comprometido. || LOC. **ni patata** *fam.* Nada: *No sabía ni patata de alemán.* FAM. Patatal, patatero. / Papa[2].

patatero, ra *adj.* **1.** De la patata. **2.** Que cultiva o vende patatas. También *s. m.* y *f.* **3.** Se dice de la persona que come muchas patatas. **4.** Chusquero.

patatín *expr.* Se utiliza en la locución **que si patatín que si patatán** o **que patatín que patatán**, que resume un discurso considerado poco importante o las disculpas de alguien.

patatús (onomat.) *s. m.* **1.** *fam.* Desmayo o ataque de nervios. **2.** P. ext., susto o impresión muy grande. ■ No varía en *pl.* SIN. **1.** Síncope, soponcio.

patchwork (ingl.) *s. m.* Trabajo de costura que se realiza con telas de distintos colores combinadas para que formen distintas figuras.

paté (fr.) *s. m.* Pasta hecha de carne o hígado picado.

patear[1] *v. tr.* **1.** *fam.* Golpear o pisotear algo con los pies. **2.** *fam.* Tratar a alguien de manera desconsiderada y violenta. **3.** *fam.* Recorrer detenidamente un lugar: *Para conocer una ciudad hay que patearla.* || *v. intr.* **4.** *fam.* Patalear en señal de enfado, dolor o desaprobación. **5.** Estar muy enfadado. **6.** Ir de un lugar a otro haciendo gestiones. SIN. **1.** Cocear. **5.** Rabiar. FAM. Pateadura, pateamiento, pateo. / Repatear. PATA.

patear[2] (del ingl. *putt*) *v. intr.* En golf, golpear la bola que ya está en el green para meterla en el hoyo.

patena (del lat. *patena*) *s. f.* Platillo de oro, plata u otro metal en que se pone la hostia en la misa.

patentar *v. tr.* Obtener o conceder una patente.

patente (del lat. *patens, -entis*, descubierto, abierto) *adj.* **1.** Visible, que puede ser percibido. || *s. f.* **2.** Documento o título emitido por el Estado, a través del registro de la propiedad industrial, por el que se concede a alguien el derecho exclusivo a poner en práctica una determinada invención por un periodo de veinte años. ■ Se denomina también *patente de invención.* **3.** Cualquier documento en que se acredita una cualidad o mérito o se autoriza algo. || **4. patente de corso** Autorización dada al corso para navegar. P. ext., permiso que alguien tiene o se toma para realizar actos que no disfrutan los demás. SIN. **1.** Manifiesto, perceptible. **2.** Licencia, concesión. ANT. **1.** Oculto. FAM. Patentar, patentemente, patentizar.

patentización *s. f.* Procedimiento para estirar un alambre de acero mediante calor.

patentizar *v. tr.* Hacer patente una cosa. ■ Delante de *e* se escribe *c* en lugar de *z*: *patenticéis.* FAM. Patentización. PATENTE.

pateo *s. m. fam.* Acción de patear en señal de enfado o desagrado.

páter (del lat. *pater*) *s. m. fam.* Sacerdote de un regimiento militar.

patera *s. f.* Embarcación muy plana.

paterfamilias (del ingl., y éste del lat. *pater familiae*, padre de familia) *s. m.* Responsable y cabeza visible de la familia, que debe comportarse con la ejemplaridad que corresponde al papel que ocupa en la sociedad. ■ No varía en *pl.*

paternal *adj.* Propio de los sentimientos y del comportamiento de un padre. FAM. Paternalismo, paternalmente. PATERNO.

paternalismo *s. m.* **1.** Cualidad de paternal. **2.** Actitud y proceder que se manifiesta en las relaciones sociales, políticas, laborales, etc., y que consiste en dirigir los comportamientos de las personas y protegerlas de lo que se considera perjudicial, sin dejar que ellas tomen sus propias decisiones. FAM. Paternalista. PATERNAL.

paternidad (del lat. *paternitas, -atis*) *s. f.* **1.** Estado o circunstancia de ser padre. **2.** Precedido de *su* o *vuestra*, tratamiento dado por algunos religiosos a sus superiores.

paterno, na (del lat. *paternus*) *adj.* Del padre. FAM. Paternal, paternidad. PADRE.

patético, ca (del gr. *pathetikos*, y éste de *epathon*, sufrir) *adj.* **1.** Se dice del gesto, actitud, acción, etc., que expresa un dolor, sufrimiento o sentimiento muy intensos. **2.** Que causa un sentimiento de ese tipo. SIN. **1.** Melodramático, dramático, trágico. **2.** Conmovedor, emotivo. FAM. Patéticamente, patetismo. PADECER.

-patía (del gr. *-patheia*) *suf.* Significa 'sentimiento, dolor', 'enfermedad' o 'disciplina médica': *homeopatía, cardiopatía.*

patibulario, ria *adj.* **1.** Del patíbulo. **2.** Se aplica a la persona de aspecto desagradable, semejante al que tenían los condenados al patíbulo, así como a sus gestos, cara, etc.: *una mirada patibularia.* SIN. **2.** Avieso, siniestro.

patíbulo (del lat. *patibulum*) *s. m.* Lugar, generalmente con un tablado elevado, en que se ejecutaba a los condenados a muerte. SIN. Cadalso. FAM. Patibulario.

paticojo, ja *adj.* Cojo, renco. También *s. m.* y *f.*

paticorto, ta *adj. fam.* Que tiene las patas o las piernas más cortas de lo normal. También *s. m.* y *f.* SIN. Piernicorto. ANT. Patilargo, piernilargo

patidifuso, sa *adj. fam.* Asombrado, pasmado. SIN. Boquiabierto, estupefacto.

patilargo, ga *adj. fam.* Que tiene las patas o las piernas más largas de lo normal. También *s. m.* y *f.* SIN. Zanquilargo. ANT. Paticorto, piernicorto.

patilla (dim. de *pata*) *s. f.* **1.** Franja de pelo que crece por delante de las orejas y que en los hombres puede unirse con la barba. **2.** Cada una de las dos varillas del armazón de unas gafas, que están curvadas por sus extremos y se apoyan en las orejas. **3.** Pieza pequeña y delgada que sobresale en algunas cosas y sirve para sujetarlas o encajarlas en otras: *la patilla de una hebilla.* FAM. Patilludo. PATA.

patín (del fr. *patin*, chapín) *s. m.* **1.** Plancha que se adapta a los zapatos o bota, con una especie de cuchilla o dos pares de ruedas, según se utilice para deslizarse sobre el hielo o sobre un pavimento duro y liso. **2.** Patinete*. **3.** Embarcación que se sostiene en el agua con dos flotadores y que avanza a vela o por unas paletas que se mueven con pedales. FAM. Patinar, patinete. / Monopatín.

pátina (del lat. *patina*, cacerola) *s. f.* **1.** Capa fina de óxido, dura y de color verdoso, que se forma en el bronce y en otros metales por acción de la humedad. **2.** Debilitamiento del color de algunos objetos, especialmente pinturas al óleo, por el paso del tiempo. **3.** Este mismo debilitamiento conseguido artificialmente. **4.** Valor y características que adquieren las cosas con el paso del tiempo. FAM. Patinado, patinoso.

patinado *s. m.* Tratamiento dado a un objeto para hacer que parezca antiguo.

patinaje *s. m.* **1.** Acción de patinar. **2.** Deporte que consiste en realizar diversos ejercicios al deslizarse sobre el hielo u otra superficie plana según el tipo de patines que se emplean.

patinar *v. intr.* **1.** Deslizarse una persona con patines sobre el hielo o sobre una superficie dura y lisa. **2.** Deslizarse, resbalar: *El coche patinó en una curva.* **3.** *fam.* Equivocarse o decir algo que se debía omitir. SIN. **2.** Escurrirse; derrapar. FAM. Patinador, patinaje, patinazo. PATÍN.

patinazo *s. m.* **1.** Acción de patinar de manera brusca. **2.** *fam.* Error o equivocación. SIN. **1.** Resbalón. **2.** Planchazo.

patinete *s. m.* Juguete que consiste en una plancha con ruedas y una barra con manillar para conducirlo y que se utiliza poniendo un pie sobre él e impulsándose con el otro, que se apoya a intervalos en el suelo. SIN. Patín.

patio *s. m.* **1.** Espacio sin cubrir o cubierto por cristales en el interior de un edificio, rodeado por paredes o por una galería. **2.** En los teatros, planta baja que ocupan las butacas. ■ Se dice también *patio de butacas.* || **3. patio de armas** Área al descubierto en el interior de un recinto amurallado, destinada al relevo o formación de las tropas. || LOC. **¡cómo está el patio!** Expresión con que se indica el estado anormal, generalmente de enfado o nerviosismo, de un conjunto de personas. FAM. Traspatio.

patisserie (fr.) *s. f.* Pastelería*.

patitieso, sa *adj.* **1.** *fam.* Que no puede moverse o no siente alguna parte del cuerpo. **2.** Que se queda muy asombrado o sorprendido por algo inesperado. **3.** Que camina muy estirado mostrando presunción u orgullo: *No es nadie, pero va muy patitieso.* SIN. **1.** Inmóvil, pasmado. **2.** Patidifuso, estupefacto. **3.** Tieso.

patituerto, ta *adj.* **1.** Que tiene las piernas torcidas. **2.** *fam.* Se aplica a las cosas que están torcidas o mal hechas. También *s. m.* y *f.* SIN. **1.** Pernituerto, chueco.

patizambo, ba *adj.* Que tiene las piernas torcidas hacia afuera y junta las rodillas al andar. También *s. m.* y *f.* SIN. Patojo.

pato, ta *s. m.* y *f.* **1.** Ave palmípeda acuática de pico aplanado y patas pequeñas y palmeadas. || *s. m.* **2.** *fam.* Persona sosa y patosa. También *adj.* || LOC. **pagar el pato** *fam.* Sufrir uno el castigo o las consecuencias de algo sin merecerlo. SIN. **2.** Ganso. ANT. **2.** Gracioso, ágil.

pato- (del gr. *pathos*) *pref.* Significa 'enfermedad': *patogénico, patológico.*

patochada *s. f.* Disparate, tontería o dicho inoportuno.

patofobia (de *pato-* y *-fobia*) *s. f.* Temor exagerado a padecer una enfermedad.

patogenia (de *pato-* y *-genia*) *s. f.* **1.** Parte de la patología que estudia el origen y desarrollo de las enfermedades. **2.** Origen y desarrollo de una enfermedad concreta. FAM. Patogénico. PATÓGENO.

patógeno, na (de *pato-* y *-geno*) *adj.* Se dice de lo que puede producir una enfermedad, especialmente de las bacterias y los virus. SIN. Nocivo. ANT. Inofensivo. FAM. Patogenia.

patojo, ja *adj.* Que tiene las piernas o pies torcidos y anda moviendo el cuerpo de un lado a otro como lo hacen los patos. También *s. m.* y *f.*

patología (de *pato-* y *-logía*) *s. f.* Rama de la medicina que estudia las enfermedades, sus características, su diagnóstico y su tratamiento. SIN. Nosología. FAM. Patológico, patólogo. / Psicopatología.

patoso, sa *adj.* **1.** Se dice de la persona torpe y poco ágil. También *s. m.* y *f.* **2.** Se dice de la persona que quiere hacer gracia, pero no lo consigue. También *s. m.* y *f.* SIN. **1.** Desgarbado. **2.** Soso, tonto. ANT. **1.** Hábil, garboso. **2.** Gracioso.

patota *s. f. Arg. fam.* Pandilla o grupo de jóvenes que se divierten molestando o agrediendo a la gente. FAM. Patotear.

patotear *v. intr. Arg. fam.* Fanfarronear, hacer alarde de fuerza.

patraña (del ant. *pastraña*, conseja de pastor) *s. f.* Cosa o noticia falsa que se presenta como verdadera. SIN. Embuste, engaño. ANT. Verdad. FAM. Patrañero.

patria (del lat. *patria*) *s. f.* **1.** País donde ha nacido o está nacionalizada una persona y al que se siente unida por vínculos culturales, jurídicos o afectivos. || **2. patria celestial** Cielo. **3. patria chica** Lugar en que se ha nacido. **4. patria potestad** Véase **potestad**. SIN. **1.** Nación. FAM. Patrio, patriota. / Apátrida, compatriota, expatriar, repatriar.

patriarca (del gr. *patriarkhes*, de *patria*, linaje, y *arkho*, gobernar) *s. m.* **1.** Nombre con que se designa a algunos personajes del Antiguo Testamento que fueron jefes o cabezas de una numerosa familia o descendencia. **2.** Título de dignidad concedido a algunos obispos, especialmente de la Iglesia oriental. **3.** Título de dignidad concedido a algunos superiores de órdenes religiosas. **4.** Persona más respetada o con mayor autoridad en una familia o grupo de personas. || LOC. **como un patriarca** Con una vida cómoda y descansada. FAM. Patriarcado, patriarcal.

patriarcado *s. m.* **1.** Dignidad de patriarca. **2.** Territorio sobre el que ejerce su autoridad el patriarca y tiempo que dura su ejercicio. **3.** Forma de organización social basada en la autoridad ejercida por el varón cabeza de familia y caracterizada por un sistema de descendencia y herencia por línea paterna. ANT. **3.** Matriarcado.

patriciado (del lat. *patriciatus*) *s. m.* **1.** Cualidad de patricio. **2.** Conjunto o clase de los patricios.

patricio, cia (del lat. *patricius*) *adj.* **1.** Se aplica al orden social del imperio romano cuyos miembros pertenecían a las familias más antiguas, que ostentaban el poder en los primeros tiempos de la república y, posteriormente, gozaron de importantes privilegios. Se usa más como *s. m.* y *f.* **2.** Se dice de la persona que formaba parte del grupo social noble y privilegiado de la sociedad. Se usa más como *s. m.* y *f.* **3.** De los miembros de ese grupo social y de sus características. || *s. m.* **4.** Persona que destaca por su riqueza, cualidades, etc. SIN. **2.** y **3.** Aristócrata. ANT. **3.** Plebeyo. FAM. Patriciado.

patrilineal *adj.* Que se transmite por línea paterna.

patrimonial (del lat. *patrimonialis*) *adj.* **1.** Del patrimonio. **2.** Que pertenece a alguien por ser de su padre, de sus antepasados o de su país. **3.** En ling., se dice de las palabras y construcciones más antiguas de una lengua y que han seguido las normas generales de evolución de ésta. SIN. **2.** Heredado.

patrimonio (del lat. *patrimonium*) *s. m.* **1.** Conjunto de bienes que pertenecen a una determinada persona, institución, etc. **2.** Conjunto de bienes que una persona hereda de sus ascendientes. || **3. patrimonio histórico-artístico** Conjunto de edificios, monumentos, objetos y documentos de interés artístico, histórico, paleontológico, arqueológico, etnográfico, científico o técnico de un país, así como los yacimientos o zonas arqueológicas del mismo. SIN. **1.** Fortuna, propiedad, capital. **2.** Herencia. FAM. Patrimonial.

patrio, tria (del lat. *patrius*, relativo al padre) *adj.* De la patria.

patriota (del gr. *patriotes*, compatriota, de *patria*, raza) *s. m.* y *f.* Persona que ama a su patria, quiere serle útil y busca su bien. También *adj.* **FAM.** Patriotero, patriótico, patriotismo. PATRIA.

patriotero, ra *adj. fam.* Se dice de la persona que presume excesivamente de patriota, o tiene un patriotismo superficial, y de su comportamiento. También *s. m.* y *f.* **SIN.** Chauvinista. **FAM.** Patriotería. PATRIOTA.

patrística (del lat. *patres*, padres) *s. f.* Ciencia que se dedica al estudio de la vida, obra y doctrina de los padres de la Iglesia. ■ Se denomina también *patrología*. **FAM.** Patrístico. PADRE.

patrocinar (del lat. *patrocinari*) *v. tr.* **1.** Proteger o ayudar a alguien o promover una determinada idea, proyecto, etc. **2.** Pagar los gastos que origina la realización de una actividad: *La casa discográfica patrocinó la gira del cantante.* **SIN. 1.** Favorecer, respaldar. **2.** Sufragar. **FAM.** Patrocinador, patrocinante, patrocinio.

patrología (del lat. *pater, patris*, padre, y *-logía*) *s. f.* **1.** Patrística*. **2.** Tratado sobre los padres de la Iglesia. **3.** Colección de sus escritos.

patrón, na (del lat. *patronus*) *s. m.* y *f.* **1.** Defensor, protector de alguien o algo. **2.** Santo del nombre de una persona. **3.** Santo o Virgen a la que se dedica una iglesia o se elige como protector de un lugar o una institución. **4.** Dueño de la casa en que se aloja alguien. **5.** Amo, señor. **6.** Persona que contrata obreros o empleados. || *s. m.* **7.** Persona que dirige una empresa, fábrica. **8.** Persona que manda y dirige un buque mercante pequeño o de recreo: *el patrón de un barco pesquero.* **9.** Aquello que sirve de modelo para hacer otra cosa igual o medir o valorar algo. **10.** En econ., unidad que se toma como referencia para determinar el valor de la moneda de un país. **11.** Árbol o planta en que se realiza un injerto. || **12. patrón oro** Sistema monetario basado en la equivalencia establecida por la ley entre una moneda y una cantidad de oro. **SIN. 1.** Patrocinador. **1.** y **6.** Patrono. **6.** y **7.** Empleador, empresario. **9.** Molde, plantilla. **ANT. 6.** y **7.** Asalariado, trabajador. **FAM.** Patronear, patrono.

patronal *adj.* **1.** Del patrono: *fiestas patronales, política patronal.* || *s. f.* **2.** Conjunto o asociación de patronos o empresarios.

patronato (del lat. *patronatus*) *s. m.* **1.** Poder o facultad que tiene el patrono. **2.** Corporación que forman los patronos. **3.** Institución o asociación dedicada generalmente a fines benéficos. **4.** Grupo de personas que realizan funciones de dirección, asesoramiento y vigilancia en una institución, fundación, etc., para que ésta cumpla debidamente sus fines. **SIN. 1.** Patronazgo. **2.** Patronal. **3.** Fundación. **4.** Consejo, junta, comité.

patronazgo *s. m.* Patronato, poder o facultad del patrono.

patronímico, ca (del gr. *patronymikos*, de *pater*, padre, y *onoma*, nombre) *adj.* **1.** Entre los antiguos griegos y romanos, se decía del nombre de una persona derivado del de algún antecesor, que expresaba la pertenencia de aquélla a una determinada familia. **2.** Se dice del apellido formado a partir de un nombre propio actual o antiguo, p. ej. *Fernández* de *Fernando.* También *s. m.* y *f.* **SIN. 2.** Apelativo.

patrono, na (del lat. *patronus*) *s. m.* y *f.* **1.** Defensor o protector. **2.** Miembro de un patronato. **3.** Santo o Virgen titulares de una iglesia o protectores de un lugar o una institución. **4.** Amo o señor. **5.** Dueño de la casa en la que uno vive. **6.** Persona que contrata obreros o empleados para la realización de un trabajo. **SIN. 6.** Patrón, empresario, empleador. **FAM.** Patronal, patronato, patronazgo. PATRÓN.

patrulla *s. f.* **1.** Grupo de soldados o personas armadas que vigilan un lugar o están encargados de la realización de una determinada misión militar. **2.** Grupo de aviones o barcos que vigilan un lugar. **FAM.** Patrullar. / Radiopatrulla.

patrullar (del fr. *patrouiller*, de *patouiller*, patear, especialmente en un lodazal) *v. intr.* Recorrer un lugar para vigilarlo, mantener el orden o realizar una misión militar. También *v. tr.*: *Varios guardacostas patrullan la zona.* **SIN.** Rondar, custodiar. **FAM.** Patrullero. PATRULLA.

patrullero, ra *adj.* Que patrulla por un lugar: *lancha patrullera.* También *s. m.* y *f.*

patuco *s. m.* Calzado de punto u otro material, generalmente en forma de bota, usado por los niños que aún no saben andar.

patulea *s. f.* **1.** *fam.* Tropa de soldados que no lleva ningún orden. **2.** *fam.* Grupo de maleantes o personas de mala condición. **3.** *fam.* Grupo de niños que arman mucho jaleo o son muy revoltosos. **SIN. 2.** Chusma, caterva.

paúl[1] (del lat. *palus, -udis*, laguna, pantano) *s. m.* Terreno pantanoso y cubierto de hierbas. **FAM.** Paular. / Paludismo.

paúl[2] *adj.* Se dice del religioso perteneciente a la congregación de misioneros fundada en Francia por San Vicente de Paúl. También *s. m.*

paular *s. m.* Pantano, ciénaga.

paulatino, na (del lat. *paulatim*, poco a poco) *adj.* Se aplica a lo que se produce o se realiza con lentitud. **SIN.** Lento, gradual. **ANT.** Rápido. **FAM.** Paulatinamente.

paulino, na *adj.* Del apóstol San Pablo o relacionado con él: *cartas paulinas.*

pauperismo (del lat. *pauper, -eris*) *s. m.* Existencia de gran número de pobres en una zona.

paupérrimo, ma (del lat. *pauperrimus*) *adj. sup.* de **pobre**. **SIN.** Mísero, indigente. **ANT.** Riquísimo. **FAM.** Pauperismo. / Depauperar. POBRE.

pausa (del lat. *pausa*) *s. f.* **1.** Breve interrupción de una acción, un movimiento, etc. **2.** Lentitud al hacer una cosa: *Habla con pausa.* **SIN. 1.** Descanso, intervalo. **2.** Calma, parsimonia. **ANT. 2.** Rapidez. **FAM.** Pausadamente, pausado, pausar.

pausado, da *adj.* Que actúa o se hace de forma lenta y tranquila: *Tiene una forma de hablar pausada.* **SIN.** Lento, calmoso, premioso. **ANT.** Rápido, ágil.

pauta (del lat. *pactum*, ley, regla) *s. f.* **1.** Cualquier cosa que sirve como norma, modelo o dirección para realizar algo. **2.** Raya o conjunto de rayas horizontales y equidistantes realizadas en un papel para no torcerse al escribir en él. **3.** Instrumento con que se realizan esas rayas. **4.** En mús., rayas paralelas y equidistantes sobre las que se escriben los signos musicales. **SIN. 1.** Regla, guía, criterio. **FAM.** Pautado, pautar.

pautado, da 1. *p.* de **pautar**. || *adj.* **2.** Se dice del papel rayado, p. ej., el que se utiliza para escribir música.

pautar *v. tr.* **1.** Trazar una persona o una máquina pautas en el papel. **2.** Dar las normas para la realización de algo.

pavada *s. f.* **1.** Manada de pavos. **2.** *fam.* Sosería. **3.** *Arg.* Tontería, desatino. **SIN. 2.** y **3.** Simpleza.

pavana (del ital. *pavana*, por *padovana*, de Padua) *s. f.* **1.** Danza cortesana de origen incierto, solemne y de movimientos lentos, aparecida en el s. XVI. **2.** Música que acompaña esta danza.

pavear *v. intr.* **1.** *Arg.* y *Chile* Hacer pavadas o tonterías. **2.** *Ec.* y *Pan.* Faltar a clase.

pavero, ra *s. m.* y *f.* **1.** Persona que cuida o vende pavos. ‖ *s. m.* **2.** Sombrero andaluz de ala ancha y recta y copa en forma de cono truncado.

pavés[1] (del ital. *pavese*, de Pavía) *s. m.* **1.** Escudo más largo que ancho que protegía casi todo el cuerpo del combatiente. **2.** Pieza de vidrio moldeado, de forma cuadrada o redonda, usada para la construcción de techos o paredes translúcidos. SIN. **1.** Broquel, blasón, coraza. FAM. Empavesar.

pavés[2] (del fr. *pavé*, adoquín) *s. m.* Pavimento de adoquines en calles o carreteras.

pavesa (del lat. *pulvisia*, de *pulvis, -eris*, polvo) *s. f.* Parte pequeña de una materia encendida que salta y acaba por convertirse en ceniza. SIN. Chispa.

pavía (de *Pavía*, ciudad ital. de donde procede esta fruta) *s. f.* **1.** Variedad de melocotonero. **2.** Fruto de este árbol.

paviano, na *adj.* De Pavía. También *s. m.* y *f.*

pávido, da (del lat. *pavidus*) *adj.* En lenguaje poético, lleno de miedo, asustado. ANT. Impávido. FAM. Impávido. PAVOR.

pavimentar *v. tr.* Recubrir con algún tipo de pavimento. SIN. Solar, asfaltar. FAM. Pavimentación, pavimentador. PAVIMENTO.

pavimento (del lat. *pavimentum*) *s. m.* **1.** Suelo cubierto artificialmente con algún material para hacerlo más resistente y liso. **2.** Material utilizado para cubrir el suelo de esa manera. SIN. **1.** y **2.** Firme. FAM. Pavimentar.

pavipollo *s. m.* **1.** Cría del pavo. **2.** *fam.* Persona atontada y sosa. También *adj.* SIN. **2.** Pavisoso.

pavisoso, sa *adj.* Se dice de la persona atontada, sosa o sin gracia. SIN. Pavo, pavipollo.

pavo, va (del lat. *pavus*) *s. m.* y *f.* **1.** Ave galliforme que puede alcanzar más de 1 m de altura, tiene la cabeza y cuello desprovistos de plumas y presenta en ellos unas carnosidades colgantes de color rojo; es muy apreciado en alimentación. **2.** *fam.* Atontado, soso o sin gracia. También *adj.* ‖ *s. m.* **3.** *fam.* Moneda de cinco pesetas. ‖ *s. f.* **4.** *fam.* Colilla. ‖ **5. pavo real** Ave galliforme que presenta un acusado dimorfismo sexual; mide unos 250 cm de longitud, de los que 130 corresponden a la cola, que en el macho tiene vistosos colores y se despliega como reclamo sexual. ‖ LOC. **estar** alguien **en la edad del pavo** *fam.* Estar en la adolescencia. **pelar la pava** *fam.* Tener conversaciones amorosas los novios; también, hablar por pasar el rato. **subírsele** a alguien **el pavo** *fam.* Ponerse colorada una persona por vergüenza, timidez, etc. SIN. **2.** Pavisoso, pavipollo. **3.** Duro. FAM. Pavada, pavear, pavero, pavipollo, pavisoso, pavón.

pavón (del lat. *pavo, -onis*) *s. m.* **1.** Mariposa de unos 7 cm de longitud cuyas alas presentan pequeñas manchas circulares de vistosos colores. **2.** Pavo* real. **3.** Capa superficial de óxido, de color azulado y brillante, con que se cubren algunos objetos de hierro o acero para mejorar su aspecto o evitar su corrosión. FAM. Pavonear. PAVO.

pavonar *v. tr.* Empavonar, dar pavón. FAM. Pavonado, pavonador. / Empavonar.

pavonear *v. intr.* Presumir alguien de alguna cualidad suya o de algo que posee. Se usa más como *v. prnl.*: *Va pavoneándose por ahí de tener el mejor coche.* FAM. Pavoneo. PAVÓN.

pavor (del lat. *pavor, -oris*) *s. m.* Miedo muy grande. SIN. Pánico, terror. ANT. Valentía. FAM. Pávido, pavorosamente, pavoroso. / Despavorido.

paya *s. f. Arg.*, *Chile* y *Urug.* Composición poética que improvisan dialogando varios payadores, acompañados por algún instrumento musical. FAM. Payada, payador, payar. / Pallador.

payada *s. f. Arg.*, *Chile* y *Urug.* Canto improvisado por un payador.

payador *s. m. Arg.*, *Chile* y *Urug.* Cantor o poeta popular que va de un lugar a otro improvisando sus composiciones. ■ Se escribe también *pallador.*

payar (del quechua *pallai*, cosechar) *v. intr. Arg.*, *Chile* y *Urug.* Cantar un payador. ■ Se escribe también *pallar.*

payasada *s. f.* Acción, hecho o dicho ridículo o inoportunamente gracioso. SIN. Bufonada, tontería, bobada, gansada.

payaso, sa (del ital. *pagliaccio*, saco de paja) *adj.* **1.** Se dice de la persona poco seria en sus acciones o palabras, propensa a hacer reír a los demás. También *s. m.* y *f.* ‖ *s. m.* **2.** Artista de circo que hace de gracioso con una vestimenta y un maquillaje muy llamativos. SIN. **1.** Ganso. **2.** Clown, cómico. FAM. Payasada.

payés, sa (del lat. *pagensis*) *s. m.* y *f.* Campesino de Cataluña o de las islas Baleares.

payo, ya *adj.* **1.** Campesino. También *s. m.* y *f.* ‖ *s. m.* y *f.* **2.** Entre los gitanos, persona que no es de su raza.

paz (del lat. *pax, pacis*) *s. f.* **1.** Situación en que no hay guerra. **2.** Acuerdo por el que las partes enfrentadas en una guerra ponen fin a la misma. **3.** Estado o situación de amistad y entendimiento entre los miembros de un grupo, familia, etc. **4.** Vuelta a la amistad y entendimiento de quienes no estaban en esa situación. **5.** Tranquilidad, calma o silencio. **6.** Ceremonia de la misa, antes de la comunión, en que los sacerdotes y los fieles se dan la mano y se desean la paz como signo de reconciliación. ‖ **7. paz armada** La que existe entre países que están en equilibrio en cuanto a la cantidad de armamento que poseen. **8. paz octaviana** Tranquilidad pública, como la que existía en tiempo del emperador Octavio Augusto. ‖ LOC. **aquí paz y después gloria** Expresión con que se pone fin a una discusión, problema, etc. **dejar en paz** a alguien o algo No molestar a alguien o no mover ni tocar algo. **descansar en paz** Fallecer alguien; también, estar alguien enterrado en un determinado lugar. **ir en paz** (o **con la paz de Dios**) Expresión utilizada para despedir a alguien. **y en paz** Expresión con que se da por terminado un asunto. SIN. **1.** y **3.** Concordia, armonía. **2.** Tratado, tregua. **4.** Reconciliación, avenencia. **5.** Reposo, serenidad. ANT. **1.** Violencia. **1.** y **3.** Enemistad. **5.** Bullicio, intranquilidad, nerviosismo. FAM. Pacificar, pacífico, pacifismo, pazguato. / Apaciguar, pacato.

pazguato, ta *adj.* Simple, que se admira o escandaliza por todo. También *s. m.* y *f.* SIN. Papanatas; pacato, timorato. FAM. Pazguatería. PAZ.

pazo (del lat. *palatium*) *s. m.* En Galicia, casa solariega.

PC (acrónimo del ingl. *personal computer*) *s. m.* En inform., ordenador de uso personal.

¡pche! o **¡pchs!** *interj.* Expresa desinterés o desprecio por algo.

pe *s. f.* Nombre de la letra *p.* || LOC. **de pe a pa** *adv. fam.* De principio a fin.

peaje (del cat. *peatge*, de *pes, pedis*, pie) *s. m.* **1.** Cantidad de dinero que hay que pagar por pasar por una determinada autopista, puente, etc. **2.** Lugar donde se paga esa cantidad.

peal (del lat. *pedalis*, de *pes, pedis*, pie) *s. m.* **1.** Parte de la media que cubre el pie. **2.** Media sin pie que se sujeta a éste por una trabilla. **3.** *Amér.* Lazo que se arroja a las patas delanteras de un animal (caballo, vaca, etc.) para derribarlo en la carrera.

peana (del lat. *pedana*, de *pes, pedis*) *s. f.* Base o plataforma sobre la que se coloca una figura, un jarrón, etc. SIN. Pedestal.

peatón, na (del fr. *piéton*, soldado de a pie) *s. m.* y *f.* **1.** Persona que va a pie por una vía pública. **2.** Cartero encargado de la correspondencia entre pueblos cercanos. SIN. **1.** Transeúnte, viandante. FAM. Peatonal. PIE.

peatonal *adj.* Sólo para peatones: *calle peatonal.*

pebete (del cat. *pevet*, incensario) *s. m.* **1.** Pasta hecha con una sustancia aromática que al ser encendida produce un humo oloroso. **2.** Canutillo con pólvora que sirve para encender los fuegos artificiales. **3.** *fam.* Cualquier cosa que tiene mal olor. FAM. Pebetero.

pebete, ta *s. m.* y *f.* **1.** *Arg.* y *Urug. fam.* Muchacho o niño, pibe. || *s. m.* **2.** *Arg.* Panecillo algo dulce y rico en levadura, medianoche.

pebetero *s. m.* Recipiente donde se queman perfumes.

pebre (del cat. *pebre*, y éste del lat. *piper, -eris*, pimienta) *s. amb.* **1.** Salsa de pimienta, ajo, perejil y vinagre. **2.** En algunas partes, pimienta. **3.** *Chile* Puré de patatas.

peca *s. f.* Mancha pequeña de color pardo que aparece en la piel, especialmente en la cara. FAM. Pecoso.

pecado (del lat. *peccatum*) **1.** *p.* de **pecar**. || *s. m.* **2.** Hecho, palabra, pensamiento, etc., contrario a la ley o voluntad de Dios. **3.** Estado del que ha pecado. **4.** Cualquier acto que se aparta de lo recto y justo. **5.** *fam.* Acto o cosa lamentable, sobre todo cuando se hace un despilfarro: *Es un pecado gastarse tanto dinero en ese capricho.* || **6. pecado capital** Pecado mortal. **7. pecado mortal** El que hace que el hombre se aparte totalmente de Dios. **8. pecado original** El transmitido al hombre en el momento de su nacimiento por la desobediencia de Adán y Eva. **9. pecado venial** El que no aparta al hombre totalmente de Dios. FAM. Pecaminoso. / Empecatado. PECAR.

pecador, ra *adj.* Que peca. También *s. m.* y *f.*

pecaminoso, sa (del lat. *peccamen, -inis*) *adj.* **1.** Relativo al pecado o al pecador. **2.** Inmoral, censurable, particularmente en el aspecto sexual.

pecar (del lat. *peccare*, faltar) *v. intr.* **1.** Realizar una acción contraria a la ley o voluntad de Dios. **2.** Cometer cualquier tipo de falta. **3.** Poseer en grado extremo la cualidad que se expresa: *Peca de tacaño.* ■ Delante de *e* se escribe *qu* en lugar de *c*: *pequen.* SIN. **3.** Pasarse. FAM. Pecado, pecador. / Impecable.

pecarí (del caribe *báquira*) *s. m.* Mamífero artiodáctilo omnívoro y gregario, semejante al jabalí, con una glándula en lo alto del lomo por donde segrega una sustancia de olor fétido. Existen varias especies, que se distinguen desde el S de Estados Unidos hasta el N de Argentina. ■ Su pl. es *pecaríes*, aunque también se utiliza *pecarís*.

pecblenda *s. f.* Pechblenda*.

peccata minuta (lat.) *expr.* Se utiliza para expresar la poca importancia o valor de algo: *Lo que queda por pagar es peccata minuta.*

pecera *s. f.* Recipiente de cristal con agua para tener en él peces vivos. SIN. Acuario.

pechada *s. f.* **1.** *Amér.* Encontronazo o golpe que se dan dos personas con el pecho o los hombros. **2.** *Amér.* Golpe que da el jinete con el pecho del caballo para derribar a otro animal. **3.** *Arg.*, *Chile* y *Urug. fam.* Sablazo, acción de sablear o pedir dinero prestado. FAM. Pechar[2]. PECHO[1].

pechador, ra *s. m.* y *f.* *Amér.* Estafador, persona que da un sablazo a otra. SIN. Sablista.

pechamen *s. m. fam.* Pechos femeninos, especialmente si son grandes.

pechar[1] (del lat. vulg. *pactare*) *v. tr.* **1.** Pagar un tributo. **2.** *Amér.* Sablear, pedir dinero prestado. || *v. intr.* **3.** Con la prep. *con*, asumir la responsabilidad o las consecuencias de algo. SIN. **1.** Tributar. **3.** Apechugar, cargar. FAM. Pechador. PECHO[2].

pechar[2] *v. tr. Amér.* Dar pechadas.

pechblenda (del al. *Pechblende*) *s. f.* Mineral de uranio de composición muy compleja en la que entran generalmente metales raros, como el radio. Se presenta en filones compactos de color oscuro y tiene propiedades radiactivas. ■ Se escribe también *pecblenda*.

pechera *s. f.* **1.** Parte de la camisa o de otras prendas de vestir que cubre el pecho. **2.** Chorrera* de una camisa. **3.** Trozo de tela o paño que se pone en el pecho para abrigarlo. **4.** Correa ancha forrada y acolchada que se pone a los caballos y mulas en el pecho para que se apoye en ella el tiro. **5.** *fam.* Parte exterior del pecho, especialmente de las mujeres cuando está muy desarrollado. SIN. **1.** Peto, pechero. **5.** Pechuga.

pechero *s. m.* **1.** Babero*. **2.** Pieza independiente de una prenda de vestir, que se coloca encima de otra, sobre el pecho. SIN. **2.** Pechera.

pechero, ra *s. m.* y *f.* Persona que estaba obligada a pagar pechos, tributos.

pechina (del lat. *pecten, -inis*, peine, concha) *s. f.* **1.** Concha vacía de un molusco. **2.** En arq., cada uno de los triángulos curvados que forman una cúpula con los arcos torales sobre los que se apoya.

pecho[1] (del lat. *pectus*) *s. m.* **1.** Parte del cuerpo humano comprendida entre el cuello y el vientre y en cuya cavidad están el corazón y los pulmones. **2.** Zona exterior y delantera de esa parte del cuerpo. **3.** *fam.* Aparato respiratorio: *una enfermedad del pecho.* **4.** Parte del cuerpo de los cuadrúpedos entre el cuello y las patas delanteras. **5.** Conjunto de las dos mamas de la mujer o cada una de ellas por separado. **6.** Interior de una persona en donde, de forma simbólica, se sitúan sus sentimientos: *Encierra en su pecho mucho cariño.* || LOC. **a pecho descubierto** *adv.* Sin armas. También, con sinceridad y nobleza. **dar el pecho** Dar de mamar a un niño. **entre pecho y espalda** *adv. fam.* En el estómago. ■ Con los verbos *echarse* o *meterse*, expresa que alguien ha comido o bebido mucho. **tomar** algo **a pecho** Tomar una cosa con mucho empeño. También, ofenderse o tomar demasiado en serio algo. **tomar el pecho** Mamar un bebé. SIN. **1.** y **4.** Tórax. **2.** Torso. **5.** Seno, teta. **6.** Corazón. FAM. Pechada, pechamen, pechera, pechuga, pechugón. / Antepecho, apechar, pectoral, peto, repecho.

pecho² (del lat. *pactum*, pacto) *s. m.* Tributo que se pagaba antiguamente al rey o a un señor feudal por el uso de unas tierras o por otro motivo. **FAM.** Pechar[1], pechero.

pechuga *s. f.* **1.** Pecho de las aves, que está dividido en dos partes. **2.** Cada una de esas partes: *Hemos comido pechuga de pollo.* **3.** *fam.* Pecho de una persona, especialmente de una mujer. **SIN. 3.** Pechera. **FAM.** Apechugar, despechugar. PECHO[1].

pechugón, na *adj.* **1.** Se dice de la mujer que tiene el pecho muy abultado. También *s. f.* **2.** *Amér.* Sinvergüenza, abusón. || *s. m.* **3.** Golpe fuerte dado con la mano en el pecho de otra persona. **4.** Caída o encontronazo de pechos. **5.** Esfuerzo grande.

pecina (del lat. *picina*, de *pix, picis*, la pez) *s. f.* Barro negruzco que se forma en el fondo de los charcos u otras masas de agua en que hay materias orgánicas en descomposición.

pecio (del bajo lat. *pecium*, pedazo) *s. m.* Fragmento de una nave que ha naufragado o parte de lo que contenía.

peciolado, da *adj.* Se aplica a las hojas de las plantas que tienen peciolo.

pecíolo o **peciolo** (del bajo lat. *pecciolus*, dim. de *pes, pedis*, pie) *s. m.* Rabo pequeño de una hoja por el que se une al tallo. **SIN.** Pedúnculo. **FAM.** Peciolado.

pécora (del ital. *pècora*, oveja, y éste del lat. *pecora*, ganado) *s. f.* **1.** Prostituta. **2.** *fam.* Persona, especialmente mujer, astuta y de malas intenciones. **3.** Res de ganado lanar. **SIN. 2.** Bicho.

pecoso, sa *adj.* Que tiene pecas.

pectina (del gr. *pektos*, coagulado) *s. f.* Sustancia química de origen vegetal que se utiliza en alimentación para dar consistencia a las mermeladas y gelatinas.

pectíneo, a (del lat. *pecten, -inis*, peine) *adj.* Se dice del músculo del muslo que hace girar el fémur. También *s. m.*

pectiniforme (del lat. *pecten, -inis*, peine, y *-forme*) *adj.* Con forma de peine o dentado como éste. **FAM.** Pectíneo. PEINE.

pectoral (del lat. *pectoralis*) *adj.* **1.** Relativo al pecho. **2.** Se aplica a los músculos situados en la parte del pecho. También *s. m.* **3.** Se dice de los medicamentos que sirven para curar la tos. También *s. m.* || *s. m.* **4.** Cruz que llevan sobre el pecho los obispos y el papa. **SIN. 1.** Torácico. **FAM.** Expectorar. PECHO[1].

pecuario, ria (del lat. *pecuarius*) *adj.* Relativo al ganado. **SIN.** Ganadero. **FAM.** Agropecuario.

peculiar (del lat. *peculiaris*) *adj.* Propio o característico de una persona o cosa: *Tiene una manera muy peculiar de andar.* **SIN.** Particular, distintivo, singular. **ANT.** General. **FAM.** Peculiaridad. PECULIO.

peculiaridad *s. f.* **1.** Cualidad de peculiar: *Es tal su peculiaridad que no existe nada parecido.* **2.** Característica que hace peculiar a alguien o algo: *Cada persona tiene sus peculiaridades.* **SIN. 1.** Singularidad. **2.** Particularidad.

peculio (del lat. *peculium*) *s. m.* Dinero o bienes que posee una persona. **SIN.** Patrimonio, fortuna. **FAM.** Peculiar.

pecuniario, ria (del lat. *pecuniarius*) *adj.* Relativo al dinero en efectivo. **SIN.** Monetario, crematístico.

pedagogía (del gr. *paidagogia*) *s. f.* **1.** Ciencia que se ocupa de la educación y enseñanza de los niños y jóvenes. **2.** P. ext., cualquier teoría o práctica educativa. **FAM.** Pedagógico, pedagogo. / Psicopedagogía.

pedagógico, ca (del gr. *paidagogikos*) *adj.* **1.** Relativo a la pedagogía. **2.** Que enseña las cosas de manera que se puedan entender o aprender con facilidad. **SIN. 2.** Didáctico, educativo. **FAM.** Pedagógicamente. PEDAGOGÍA.

pedagogo, ga (del gr. *paidagogos*, de *pais, paidos*, niño, y *ago*, conducir) *s. m.* y *f.* **1.** Preceptor, educador de niños. **2.** Especialista en pedagogía.

pedal (del lat. *pedalis*, del pie) *s. m.* **1.** Palanca que se empuja con los pies y sirve para mover un mecanismo: *los pedales de una bicicleta.* **2.** Sistema mecánico de ciertos instrumentos musicales que se acciona con el pie, como p. ej. el del piano, el arpa o el órgano. **3.** En mús., nota mantenida a la vez que se suceden diferentes acordes. **4.** *fam.* Borrachera. **FAM.** Pedalada, pedalear, pedaleo. PIE.

pedalada *s. f.* Impulso dado a un pedal con el pie.

pedalear *v. intr.* Mover los pedales, especialmente de una bicicleta.

pedáneo, a (del lat. *pedaneus*, de *pes, pedis*, pie) *adj.* Se dice de algunos jueces o alcaldes que ejercen sus funciones en localidades pequeñas o en asuntos de poca importancia. **FAM.** Pedanía. PIE.

pedanía *s. f.* **1.** Lugar dependiente de un municipio y regido por un alcalde pedáneo. **2.** Territorio bajo la jurisdicción de un juez pedáneo.

pedante (del ital. *pedante*, maestro de escuela) *adj.* Se aplica al individuo que de manera inoportuna presume de erudición y conocimientos, así como a sus palabras, opiniones, actitud, etc. También *s. m.* y *f.* **SIN.** Sabelotodo, sabidillo. **FAM.** Pedantería, pedantesco.

pedantería *s. f.* **1.** Cualidad de pedante. **2.** Dicho o hecho pedante. **ANT. 1.** Sencillez, humildad, modestia.

pedazo (del lat. *pittacium*, y éste del gr. *pittakion*, trozo de cuero) *s. m.* Parte de una cosa que se ha separado del resto. || **LOC. caerse a pedazos** *fam.* Estar una cosa muy vieja. También, estar una persona muy cansada o decaída. **hacerse pedazos** *fam.* Romperse una cosa. También, poner alguien excesivo empeño en una actividad. **hecho pedazos** *adj. fam.* Destrozado, roto. Muy cansado. También, muy afectado psicológicamente. **ser** alguien **un pedazo de pan** *fam.* Ser muy bondadoso. **SIN.** Porción, trozo, fragmento, cacho. **FAM.** Despedazar.

peder (del lat. *pedere*) *v. intr.* Peer*.

pederasta (del gr. *paiderastes*, y éste de *pais, paidos*, niño, y *erastos*, amante) *s. m.* Persona que practica la pederastia.

pederastia (del gr. *paiderastia*) *s. f.* Relación sexual de un adulto con un niño. **FAM.** Pederasta.

pedernal (del ant. *pedrenal*, éste del lat. *petrinus* y del gr. *petrinos*, pétreo) *s. m.* **1.** Variedad de cuarzo, traslúcida y de color amarillento, que al ser golpeada con un eslabón produce chispas. **2.** Cosa muy dura.

pedestal (del fr. *piédestal*, y éste del ital. *piedistallo*) *s. m.* **1.** Cuerpo que sirve de base para colocar sobre él una estatua, columna, etc. **2.** Aquello en que se fundamenta una cosa o que sirve para lograrla: *Una serie de televisión fue su pedestal para la fama.* || **LOC. en un pedestal** *adv. fam.* Con verbos como *tener, estar, poner, hallarse*, etc., en muy buena opinión. **SIN. 1.** Podio, peana, basamento.

pedestre (del lat. *pedestris*) *adj.* **1.** Que anda a pie. **2.** Se dice de la carrera deportiva que se realiza a pie, andando o corriendo. **3.** Ordinario, vulgar. **FAM.** Pedestrismo. PIE.

pedestrismo *s. m.* Conjunto de deportes pedestres.

pediatra (del gr. *pais, paidos*, niño, e *iatros*, médico) *s. m.* y *f.* Médico especialista en pediatría.

pediatría (del gr. *pais, paidos*, niño, e *iatreia*, curación) *s. f.* Rama de la medicina que se ocupa de las enfermedades del niño. **SIN.** Puericultura. **FAM.** Pediatra, pediátrico.

pedicelo (del lat. *pedicellus*) *s. m.* Pedúnculo*.

pediculado, da *adj.* Que tiene pedículo.

pedículo (del lat. *pediculus*, de *pes, pedis*, pie) *s. m.* **1.** Pedúnculo de una hoja, flor o fruto. **2.** Piojo*, insecto. **FAM.** Pediculado, pediculosis. PIOJO.

pediculosis (del lat. *pediculus*, piojo) *s. f.* Enfermedad de la piel producida por la acción irritante de los piojos. ■ No varía en *pl.*

pedicuro, ra (del lat. *pes, pedis*, pie, y *curare*, curar) *s. m.* y *f.* Persona que se dedica al cuidado de los pies, tratando y extirpando callos, uñeros, etc. **SIN.** Callista.

pedida *s. f.* Acción de pedir la mano de una mujer: *anillo de pedida.*

pedido, da 1. *p.* de **pedir**. También *adj.* || *s. m.* **2.** Encargo de género que se hace a un fabricante o vendedor.

pedigrí (del ingl. *pedigree*) *s. m.* **1.** Genealogía de un animal de raza. ■ A veces se usa metafóricamente referido a personas. **2.** Documento que certifica dicha genealogía. ■ Su pl. es *pedigríes*, aunque también se utiliza *pedigrís*.

pedigüeño, ña *adj.* Que pide con frecuencia e inoportunidad. También *s. m.* y *f.* **FAM.** Pedigüeñería. PEDIR.

pediluvio (del lat. *pes, pedis*, pie, y *luere*, lavar) *s. m.* Baño de pies con fines medicinales.

pedimento *s. m.* **1.** Acción de pedir. **2.** En der., escrito que se presenta ante un juez y peticiones que en él se formulan.

pedipalpo (del lat. *pes, pedis*, pie, y *palpum*, palpo) *s. m.* Cada uno de los dos apéndices, de distinta forma y función, que los arácnidos tienen situados junto a los quelíceros; a veces acaban en una potente pinza, como en el caso de los escorpiones.

pedir (del lat. *petere*) *v. tr.* **1.** Rogar a una persona que dé o haga cierta cosa. **2.** Poner alguien precio a lo que vende: *¿Cuánto pides por la casa?* **3.** Querer o desear una cosa: *Sólo pido que no llueva mañana.* **4.** Necesitar algo: *Esta planta pide sol.* **5.** Exponer alguien ante el juez su derecho o acción contra otra persona. || *v. intr.* **6.** Mendigar. || **7. pedir la mano** Solicitar un hombre a los padres o parientes de una mujer que le permitan casarse con ella. ■ Es v. irreg. **SIN. 1.** y **5.** Solicitar, demandar. **4.** Requerir. **ANT. 1.** Dar, ofrecer. **FAM.** Pedida, pedido, pedigüeño, pedimento, petición, pidón. / Despedir.

pedo (del lat. *peditum*) *s. m.* **1.** *fam.* Expulsión por el ano de gases acumulados en el intestino. **2.** *fam.* Borrachera*. **3.** *fam.* Estado del que se encuentra bajo los efectos de una droga. **SIN. 1.** Flatulencia, ventosidad. **FAM.** Pedorrear, pedorrera, pedorrero, pedorreta, pedorro. / Empedarse, peder, peer, petardo.

pedofilia (del gr. *pais, paidos*, niño, y *-filia*) *s. f.* Atracción sexual que siente un adulto hacia niños de igual o distinto sexo. **FAM.** Paidofilia.

pedorrear *v. intr.* **1.** Tirarse varios pedos seguidos. **2.** Hacer pedorretas con la boca. **SIN. 1.** Peer, peder. **FAM.** Pedorreo. PEDO.

pedorreta *s. f.* Sonido que se hace con la boca imitando el de un pedo.

pedorro, rra *adj.* **1.** *fam.* Que frecuentemente o sin miramientos se tira pedos. También *s. m.* y *f.* **2.** *fam.* Se aplica como insulto a una persona que resulta molesta o desagradable. También *s. m.* y *f.* **3.** Cursi, repipi. También *s. m.* y *f.*

pedrada *s. f.* **1.** Acción de lanzar una piedra. **2.** Golpe que se da con la piedra lanzada. **3.** Señal que deja. **4.** *fam.* Dicho o hecho que molesta a alguien. **SIN. 2.** Cantazo.

pedrea *s. f.* **1.** Lucha o pelea a pedradas. **2.** *fam.* Conjunto de los premios menores en la lotería nacional. **3.** Precipitación de piedras o granizo. **SIN. 3.** Pedrisco, pedrisca, granizada.

pedregal *s. m.* Terreno cubierto casi totalmente de piedras. **SIN.** Peñascal.

pedregoso, sa *adj.* Se dice del terreno en el que hay muchas piedras.

pedregullo *s. m. Arg.*, *Chile* y *Urug.* Grava.

pedrera *s. f.* Lugar del que se sacan las piedras. **SIN.** Cantera.

pedrería *s. f.* Conjunto de piedras preciosas.

pedrisca *s. f.* Pedrisco*.

pedrisco *s. m.* Piedra o granizo gordo que cae de las nubes en abundancia. **SIN.** Pedrisca, pedrea. **FAM.** Pedrisca. PIEDRA.

Pedro *n. p.* **1.** Se usa en la locución familiar **como Pedro por su casa**, que significa 'con total libertad y sin ningún miramiento'. || **2. Pedro Botero** *fam.* El diablo.

pedrusco *s. m. fam.* Piedra sin labrar.

pedunculado, da *adj.* Se dice de las flores y frutos que tienen pedúnculo.

pedúnculo (del lat. *pedunculus*, de *pes, pedis*, pie) *s. m.* **1.** Rabo que une una flor, hoja o fruto al tallo. **2.** Prolongación del cuerpo mediante la que se adhieren a la roca ciertos animales marinos, como los percebes. **3.** Parte alargada que une un órgano terminal al resto del cuerpo. **SIN. 1.** Pedículo, apéndice, rabillo. **FAM.** Pedunculado.

PEDIR	
GERUNDIO	
pidiendo	
INDICATIVO	
Presente	**Pretérito perfecto simple**
pido	*pedí*
pides	*pediste*
pide	*pidió*
pedimos	*pedimos*
pedís	*pedisteis*
piden	*pidieron*
SUBJUNTIVO	
Presente	**Pretérito imperfecto**
pida	*pidiera, -ese*
pidas	*pidieras, -eses*
pida	*pidiera, -ese*
pidamos	*pidiéramos, -ésemos*
pidáis	*pidierais, -eseis*
pidan	*pidieran, -esen*
Futuro	
pidiere	*pidiéremos*
pidieres	*pidiereis*
pidiere	*pidieren*
IMPERATIVO	
pide	*pedid*

peeling (ingl.) *s. m.* Tratamiento cosmético para regenerar la piel desprendiendo las escamas muertas.

peer (del lat. *pedere*) *v. intr.* Expulsar por el ano los gases del intestino. También *v. prnl.* SIN. Pedorrear, peder.

pega *s. f.* **1.** Dificultad u obstáculo que se opone a la realización de algo. **2.** *fam.* Pregunta capciosa o difícil de contestar, hecha con la intención de poner en evidencia al preguntado. || LOC. **de pega** *adj.* Falso, fingido: *Esos brillantes son de pega.* SIN. **1.** Contrariedad, inconveniente. ANT. **1.** Facilidad.

pegadizo, za *adj.* **1.** Que se pega. **2.** Que se queda con facilidad en la memoria: *una música pegadiza.* SIN. **1.** Pegajoso.

pegado, da 1. *p.* de **pegar**. || *adj.* **2.** *fam.* Aturdido, asombrado: *Me has dejado pegado con esa noticia.* || *s. m.* **3.** Parche que tiene en una de sus caras una sustancia, generalmente medicinal, que se pega. || LOC. **estar pegado** *fam.* Entre estudiantes, no tener conocimientos de alguna materia.

pegajoso, sa *adj.* **1.** Se aplica a aquello que se pega de forma natural y sin tener que aplicarle ninguna sustancia. **2.** Se dice de lo que se transmite o se comunica con facilidad. **3.** *fam.* Excesivamente cariñoso o amable: *Tanta atención resulta pegajosa.* SIN. **1.** Pringoso. **2.** Contagioso, pegadizo. **3.** Meloso, empalagoso; sobón. FAM. Pegajosidad. PEGAR.

pegamento *s. m.* Sustancia que aplicada a un objeto sirve para pegarlo a otro.

pegamoide *s. m.* Sustancia compuesta de celulosa disuelta y que se aplica a una tela o papel para obtener una imitación de cuero resistente.

pegamoscas *s. f.* Planta arbustiva de la familia papilionáceas, de hojas trifoliadas y fruto en vaina cuya flor tiene el cáliz cubierto de pelos pegajosos en los que se quedan pegados los insectos. ■ No varía en *pl.*

pegar (del lat. *picare*, de *pix, picis*, la pez) *v. tr.* **1.** Unir una cosa a otra con pegamento, cola, etc., para que no puedan separarse. También *v. prnl.* **2.** Unir una cosa con otra atándola, cosiéndola, etc.: *pegar un botón.* **3.** Acercar una cosa a otra de forma que entren en contacto: *Pega este sofá a la pared.* **4.** *fam.* Contagiar una enfermedad, costumbre, etc., por el contacto o el trato. También *v. prnl.*: *Se me ha pegado tu acento.* **5.** Dar golpes a una persona o animal. **6.** Dar o realizar lo que se expresa: *pegar un susto, saltos, tiros.* || *v. intr.* **7.** Armonizar una cosa con otra. **8.** Estar una cosa próxima a otra: *Mi casa está pegando al conservatorio.* **9.** Dar o chocar con fuerza o intensidad: *¡Cómo pega el sol al mediodía!* También *v. prnl.* **10.** *fam.* Rimar los versos. **11.** *fam.* Hacerse una cosa popular, ponerse de moda: *Esta música está pegando muy fuerte este verano.* || **pegarse** *v. prnl.* **12.** Pelearse dos o más personas. **13.** Quemarse la comida o quedarse fija en el fondo del recipiente donde se está cocinando. **14.** *fam.* Unirse alguien a un grupo o a otra persona, sin que se le haya invitado. **15.** Quedarse una cosa con facilidad en la memoria: *Se me ha pegado esa canción.* || LOC. **hale** (o **dale**) **que te pego** *fam.* Con energía, constancia o insistencia. **pegar fuerte** a algo Dedicarse intensamente a algo. **pegársela** *fam.* Engañar a una persona. También, sufrir una caída o colisión. ■ Delante de *e* se escribe *gu* en lugar de *g*: *pegue.* SIN. **1.** Adherir(se), encolar, engomar. **2.** Sujetar, coser. **3.** Arrimar. **5.** Atizar, golpear. **7.** Casar. ANT. **1.** Despegar(se). **1.** y **2.** Desunir(se). **2.** Descoser. **7.** Desentonar. FAM. Pega, pegadizo, pegado, pegadura, pegajoso, pegamento, pegamiento, pegamoscas, pegatina, pego, pegón, pegote, pegujón, pegullón. / Apegarse, despegar.

pegatina *s. f.* Lámina de papel, plástico, etc., con un dibujo u otra cosa impresa, que tiene en el dorso una sustancia pegajosa que le permite adherirse a una superficie. SIN. Adhesivo.

pegmatita (del gr. *pegma*, conglomerado) *s. f.* Roca magmática, de color claro, con cristales de gran tamaño, que se compone fundamentalmente de cuarzo y feldespato.

pego (de *pegar*) *s. m.* En los juegos de naipes, trampa que consiste en juntar disimuladamente dos cartas, de modo que parezcan una sola. || LOC. **dar el pego** Engañar o aparentar lo que no es: *El abrigo no es de piel, pero da el pego.*

pegón, na *adj. fam.* Que suele dar golpes o castigar con ellos. También *s. m.* y *f.*

pegote (de *pegar*) *s. m.* **1.** Pasta que se hace con pez u otra sustancia pegajosa. **2.** Añadido o intercalación en una obra literaria o artística, que no guarda armonía con el resto. **3.** *fam.* Guiso u otra cosa espesa que se pega. **4.** Persona pesada que no se aparta de otra. **5.** Cosa que se pone sobre otra para tapar algún defecto o por otro motivo. **6.** Cosa mal hecha. **7.** Mentira, generalmente para presumir: *tirarse pegotes.* SIN. **1.** Emplaste. **4.** Plasta. **5.** Parche. **6.** Chapuza. **7.** Bola, trola, farol. FAM. Pegotear, pegotero. PEGAR.

pegotear *v. tr.* **1.** Pegar algo de manera poco pulcra. || *v. intr.* **2.** *fam.* Meterse en alguna parte a comer sin ser convidado. SIN. **2.** Gorronear.

pegotero, ra *adj. fam.* Que cuenta pegotes, mentiras. También *s. m.* y *f.* SIN. Mentiroso, bolero.

pegujal (del lat. *peculiaris*, de *peculium*, peculio) *s. m.* **1.** Bienes de una persona. **2.** Pequeña cantidad de bienes, ganado o terreno para sembrar. **3.** Parte pequeña de un terreno que el dueño cede al encargado para que lo cultive por su cuenta como parte de su remuneración anual. SIN. **1.** Peculio, hacienda, caudal. FAM. Pegujalero.

pegujalero *s. m.* **1.** Labrador que tiene poca tierra para cultivar. **2.** Ganadero que tiene poca cantidad de ganado.

pegujón o **pegullón** (de *pegar*) *s. m.* Especie de pelota formada por lanas o pelos que se aprietan y pegan unos con otros.

peinado, da 1. *p.* de **peinar**. También *adj.* || *s. m.* **2.** Cada una de las distintas formas de peinarse o arreglarse el pelo. **3.** Acción de peinar o rastrear una zona. ANT. **1.** Despeinado.

peinador, ra *adj.* **1.** Que peina. También *s. m.* y *f.* || *s. m.* **2.** Toalla o tela que se ajusta al cuello para cubrir la ropa del que se peina o afeita. **3.** *Amér.* Mueble bajo con cajones y con un espejo en la parte superior. **4.** Máquina que peina las fibras de lana, seda, algodón, etc., al hilar.

peinar (del lat. *pectinare*) *v. tr.* **1.** Desenredar, arreglar o colocar de una forma determinada el cabello. También *v. prnl.* **2.** P. ext., desenredar el pelo de los animales o hacerlo con cualquier tipo de fibra, p. ej. con la lana o el cáñamo. **3.** Rastrear una zona con mucho cuidado, buscando a una persona o cosa: *La policía peinó el barrio en busca de los terroristas.* ANT. **1.** Despeinar(se), enmarañar(se). FAM. Peinado, peinador. / Despeinar, repeinar. PEINE.

peinazo *s. m.* Listón horizontal en una puerta o ventana que forma los cuarterones o divisiones de éstas.

peine (del lat. *pecten, -inis*) *s. m.* **1.** Utensilio formado por una serie de púas o dientes paralelos, que se utiliza para peinar el pelo. **2.** Cualquier objeto semejante por su forma o función. **3.** Instrumento para cardar lana u otros materiales. **4.** Cargador de algunas armas de fuego, especialmente del fusil, que contiene un número variable de proyectiles. || LOC. **¡te vas** (o **se va**) **a enterar de lo que vale un peine!** *fam.* Frase con que se advierte o amenaza a otro sobre las dificultades que puede tener en el futuro o sobre las consecuencias de algo. FAM. Peinar, peinazo, peinecillo, peineta. / Pectiniforme.

peinecillo (dim. de *peine*) *s. m.* Peineta pequeña.

peineta *s. f.* Especie de peine curvado que utilizan las mujeres como adorno o para sujetar el peinado.

peje (del lat. *piscis*) *s. m.* **1.** Pez[1]*. **2.** *fam.* Hombre astuto y hábil o sinvergüenza. FAM. Pejesapo. PEZ[1].

pejerrey *s. m.* Pez teleósteo que mide entre 10 y 15 cm de longitud y tiene el cuerpo gris plateado, con el dorso oscuro, y los ojos grandes. Habita en las costas de la península Ibérica y es apreciado en alimentación.

pejesapo *s. m.* Rape[2]*.

pejiguero, ra (del bajo lat. *persicaria*, de *persicum*, melocotón) *s. m.* y *f.* **1.** *fam.* Persona molesta, que pone defectos a todo. También *adj.* || *s. f.* **2.** *fam.* Cosa que produce fastidio o molestia: *Con la pejiguera de los exámenes apenas puedo salir con mis amigos.* SIN. **1.** Chinche, pijotero. **2.** Engorro, lata, pesadez.

pela *s. f.* **1.** Peladura*. **2.** *fam.* Peseta*.

peladilla *s. f.* **1.** Almendra lisa y con forma redondeada cubierta con un baño de azúcar. **2.** Canto redondeado pequeño.

pelado, da 1. *p.* de **pelar**. También *adj.* || *adj.* **2.** Que carece de las cosas que naturalmente lo cubren, adornan o rodean: *un monte pelado.* **3.** *fam.* Se dice de la persona pobre o sin dinero. También *s. m.* y *f.* **4.** Se dice del número no decimal que termina en cero: *el veinte pelado.* || *s. m.* **5.** Acción de pelar las pieles. || *s. m.* y *f.* **6.** Acción y resultado de cortar el pelo. **7.** *Méx.* Persona sencilla o de las capas sociales bajas. || *s. f.* **8.** *Arg., Chile, Par.* y *Urug. fam.* Cabeza calva o con el pelo cortado al máximo. SIN. **2.** Árido, desértico, desnudo. **3.** Pelagatos.

peladura *s. f.* **1.** Acción de pelar. **2.** Piel o corteza de algo, especialmente de una fruta. SIN. **1.** Pela, pelada.

pelafustán, na *s. m.* y *f. desp.* Pelagatos*.

pelagatos *s. m.* y *f. desp.* y *fam.* Persona poco importante y con escasos recursos económicos. ■ No varía en *pl.* SIN. Pelado, infeliz, pelanas, don nadie, pelafustán.

pelagianismo (de *Pelagio*, monje británico) *s. m.* Doctrina herética que negaba el pecado original y la necesidad de la gracia para la santidad, sostenida por Pelagio y enérgicamente combatida por San Agustín. FAM. Pelagiano.

pelágico, ca (del lat. *pelagicus*) *adj.* **1.** Relativo al piélago. **2.** Se dice de las aguas marinas por encima de los 800 m de profundidad y de los organismos que habitan en ellas.

pelagoscopio *s. m.* Aparato que sirve para estudiar el fondo del mar.

pelagra (del ital. *pellagra*) *s. f.* Enfermedad provocada por deficiencia de la vitamina llamada niacina, que se caracteriza por trastornos digestivos, manchas y erupciones en la piel y alteraciones del sistema nervioso.

pelaire (del cat. *paraire*, y éste del lat. *parare*, preparar) *s. m.* Persona que carda o prepara la lana que se ha de tejer.

pelaje *s. m.* **1.** Características y calidad del pelo o lana de un animal. **2.** *fam.* Características o aspecto externo de una persona o cosa: *un hombre de mal pelaje.* **3.** Gran cantidad de pelo. SIN. **2.** Calaña, traza. **3.** Pelambre, pelambrera.

pelambre (de *pelo*) *s. amb.* **1.** Conjunto de pieles que se han pelado. **2.** Cantidad abundante de pelo revuelto. SIN. **2.** Pelambrera, pelamen, pelaje. FAM. Pelambrera. PELO.

pelambrera *s. f.* Cantidad abundante de pelo tupido y largo o revuelto. SIN. Pelaje, pelambre, pelamen. ANT. Alopecia, calvicie.

pelamen *s. m. fam.* Pelambrera*.

pelanas *s. m.* y *f. desp.* y *fam.* Pelagatos*. ■ No varía en *pl.*

pelandusca (de *pelar*) *s. f.* Prostituta*.

pelar (del lat. *pilare*) *v. tr.* **1.** Cortar o arrancar el pelo. También *v. prnl.* **2.** Quitar las plumas a un ave. **3.** Quitar la piel o la corteza de un árbol, una fruta, etc. **4.** *fam.* Dejar a alguien sin dinero. **5.** *fam.* Criticar a alguien o algo. || **pelarse** *v. prnl.* **6.** Perder el pelo. **7.** Caerse la piel por haber tomado mucho sol, una quemadura, etc. || LOC. **duro** (o **malo**) **de pelar** *adj. fam.* Difícil de conseguir o realizar. Se dice también de la persona difícil de convencer. **pelárselas** *fam.* Desear mucho una cosa: *Se las pela por cambiar de coche.* Realizar algo con rapidez: *Corre que se las pela.* **que pela** *adj. fam.* Se dice de lo que produce mucha impresión o sensación, generalmente del frío. SIN. **1.** Rapar(se), trasquilar(se), afeitar(se). FAM. Pela, peladilla, pelado, pelador, peladura, pelagatos, pelanas. / Repelar. PELO.

pelargonio (del gr. *pelargos*, cigüeña) *s. m.* Geranio*.

peldaño *s. m.* Cada una de las partes de un tramo de escalera. SIN. Escalón, grada.

pelea *s. f.* **1.** Acción de pelear o pelearse. **2.** Esfuerzo o trabajo en la ejecución o consecución de una cosa. SIN. **1.** Batalla, riña, disputa. **1.** y **2.** Combate, pugna. **2.** Afán, denuedo.

peleano, na (de *Mont Pelé*, volcán de Martinica) *adj.* Se dice de un tipo de erupción volcánica caracterizada por una lava muy viscosa, de enfriamiento rápido, y acompañada de fuertes explosiones que originan nubes ardientes.

pelear *v. intr.* **1.** Usar las armas o las propias fuerzas para imponerse o vencer a otros. También *v. prnl.* **2.** Discutir dos o más personas. También *v. prnl.* **3.** Trabajar o esforzarse para conseguir algo: *Ha peleado por tener una buena posición en la vida.* || **pelearse** *v. prnl.* **4.** Terminar una relación entre personas. SIN. **1.** Combatir, luchar, contender. **2.** y **4.** Reñir, regañar. **3.** Batallar, afanarse. **4.** Romper. FAM. Pelea, peleador, peleón.

pelecaniforme (del gr. *pelekan*, pelícano, y *-forme*) *adj.* **1.** Se dice de ciertas aves nadadoras de gran tamaño, patas cortas con cuatro dedos unidos por una membrana, pico alargado y fuerte y alas muy desarrolladas, como el pelícano, el cormorán, el alcatraz, etc. También *s. f.* || *s. f. pl.* **2.** Orden de estas aves.

pelechar *v. intr.* **1.** Echar los animales pelo o pluma. **2.** Cambiar de pluma las aves. **3.** *fam.* Perder el pelo una piel, tela, paño, etc. FAM. Pelecho. PELO.

pelecípodo (del gr. *pelekys*, hacha, y *-podo*) *adj.* Lamelibranquio*.

pelele *s. m.* **1.** Muñeco de trapo o paja con figura de hombre que se utiliza para apalearlo, mantearlo, etc., en algunas fiestas populares. **2.** *fam.* Persona simple y de poco carácter que se deja dominar por los demás. **3.** Traje de punto de una sola pieza que se les pone a los niños pequeños, especialmente para dormir. **SIN. 1.** y **2.** Monigote.

peleón, na *adj.* **1.** Que pelea con frecuencia o le gusta hacerlo. También *s. m.* y *f.* **2.** Se aplica al vino de mala calidad. **SIN. 1.** Camorrista.

peletería *s. f.* **1.** Tienda en que se venden prendas de piel. **2.** Técnica y oficio de preparar y coser pieles de animales para hacer con ellas prendas de vestir o de adorno. **3.** Comercio de pieles finas. **4.** *Cuba* Zapatería. **FAM.** Peletero. PIEL.

peletero, ra (de *piel*) *adj.* **1.** Relativo a la peletería. || *s. m.* y *f.* **2.** Persona que se dedica a preparar, coser o vender prendas de piel.

peliagudo, da *adj. fam.* Difícil de entender o de resolver. **SIN.** Arduo, complicado, enrevesado. **ANT.** Fácil, sencillo.

pelícano (del lat. *pelicanus*, y éste del gr. *pelekan*) *s. m.* Ave acuática palmípeda, de plumaje blanco, pico largo y ancho, con una especie de bolsa debajo de la mandíbula inferior donde deposita los peces, de los que se alimenta. **FAM.** Pelecaniforme.

pelicorto, ta *adj.* Que tiene el pelo corto.

película (del lat. *pellicula*, pielecita) *s. f.* **1.** Capa fina y delgada que cubre algo. **2.** Cinta de celuloide que puede ser impresionada con imágenes fotográficas o cinematográficas. **3.** Cinta de celuloide que contiene una serie de imágenes captadas antes por una cámara, que pueden ser reproducidas proyectándolas sobre una pantalla u otra superficie. **4.** Conjunto de imágenes cinematográficas que componen una historia. || **LOC. allá películas** *fam.* Se usa para expresar que uno se desentiende de un asunto: *Pues si se ofende que se ofenda; allá películas.* **de película** *adj. fam.* Muy bueno o muy lujoso. **SIN. 1.** Lámina, piel. **2.** Rollo. **4.** Filme. **FAM.** Peliculero, peliculón.

peliculero, ra *adj.* **1.** Relativo a las películas. **2.** *fam.* Se dice de la persona a la que le gusta mucho el cine y va a él con frecuencia. También *s. m.* y *f.* **3.** *fam.* Fantasioso, que suele contar cosas imaginadas o fantásticas. También *s. m.* y *f.*

peliculón (aum. de *película*) *s. m. fam.* Película de cine muy buena.

peligrar *v. intr.* Estar en peligro. **SIN.** Arriesgarse, exponerse. **ANT.** Asegurarse.

peligro (del lat. *periculum*) *s. m.* **1.** Situación en la que es posible que ocurra algo malo. **2.** Persona o cosa que puede causar esta situación: *Este conductor es un peligro.* **SIN. 2.** Amenaza. **FAM.** Peligrar, peligroso.

peligroso, sa (del lat. *periculosus*) *adj.* **1.** Que tiene peligro o puede causar un daño. **2.** Se dice de la persona que puede causar un daño o cometer un delito. **SIN. 1.** Inseguro, arriesgado, alarmante, amenazador. **FAM.** Peligrosamente, peligrosidad. PELIGRO.

pelillo (dim. de *pelo*) *s. m. fam.* Causa o motivo poco importante de disgusto o preocupación. Se usa más en *pl.*: *No paremos en pelillos.* || **LOC. (echar) pelillos a la mar** *fam.* Reconciliarse dos o más personas olvidando lo que motivó su enfado.

pelirrojo, ja *adj.* Que tiene el pelo rojizo. También *s. m.* y *f.*

pelita (del gr. *pelos*, arcilla) *s. f.* Roca sedimentaria detrítica formada por la acumulación de partículas muy finas de arcilla.

pelitre (del occitano *pelitre*, y éste del gr. *pyrethron*) *s. m.* Planta herbácea de la familia compuestas, con hojas partidas, flores amarillas en el centro, blancas por el haz y rojas por el envés, que se emplea como insecticida natural y es propia del N de África.

pella (del lat. *pilula*, dim. de *pila*, pelota) *s. f.* **1.** Masa que se aprieta y a la que generalmente se da forma redondeada. **2.** Conjunto de los tallos de la coliflor y otras plantas semejantes, antes de florecer, que constituye su parte más apreciada. **3.** Manteca de cerdo tal como se saca de él. || **LOC. hacer pellas** *fam.* Faltar un alumno a clase sin causa justificada. **FAM.** Pellada.

pellada *s. f.* Cantidad de yeso o argamasa que puede sostener con la pala un peón de albañil.

pelleja (del lat. *pellicula*) *s. f.* **1.** Pellejo, piel del hombre y de los animales. **2.** Mujer de mal carácter o mal intencionada. También *adj.*: *una vieja pelleja.* **SIN. 2.** Bruja, arpía.

pellejería *s. f.* **1.** Lugar en que se curten, preparan o venden pieles de animales. **2.** *Arg.* y *Chile fam.* Dificultad o apuro.

pellejero, ra *s. m.* y *f.* Persona que adoba o vende pieles.

pellejo (de *pelleja*) *s. m.* **1.** Piel de un animal, y especialmente la que ha sido arrancada del cuerpo. **2.** Piel del hombre. **3.** Cuero cosido y untado de pez que se usa para guardar vino. **4.** Piel de algunas frutas. **5.** *fam.* Borracho. || **LOC. estar** (o **hallarse**) **en el pellejo de otro** *fam.* Encontrarse en sus mismas circunstancias. **jugarse el pellejo** *fam.* Arriesgar la vida. **salvar** uno **el pellejo** Salvar la vida. **SIN. 1.** y **2.** Pelleja. **3.** Odre, bota. **FAM.** Pelleja, pellejería, pellejero, pellejudo. / Despellejar. PIEL.

pellejudo, da *adj.* Que le sobra piel y se le forman bolsas o arrugas.

pellica (del lat. *pellis*, piel) *s. f.* Zamarra de pastor hecha con pieles finas. **SIN.** Pelliza.

pellico *s. m.* Pellica*.

pelliza (del lat. *pellicia*, de *pellicius*, hecho de pieles) *s. f.* **1.** Prenda de abrigo hecha o forrada de pieles finas. **2.** Chaqueta o prenda de abrigo reforzada con pieles o con otra tela en el cuello y en el filo de las mangas. **SIN. 1.** Pellica, pellico, zamarra. **FAM.** Sobrepelliz. PIEL.

pellizcar (de *pizcar* y el lat. *vellicare*) *v. tr.* **1.** Coger con dos dedos un trozo de piel y carne, apretándola y a veces retorciéndola. También *v. prnl.* **2.** Pillar o herir levemente una parte del cuerpo al ser apretada entre dos superficies duras. También *v. prnl.* **3.** Coger una pequeña cantidad de una cosa: *No pellizques el pan.* ■ Delante de *e* se escribe *qu* en lugar de *c*: *pellizque.* **SIN. 3.** Picar. **FAM.** Pellizco.

pellizco *s. m.* **1.** Acción de pellizcar. **2.** Señal que queda en la piel al pellizcarla. **3.** Pequeña cantidad que se coge de algo. || **4. un buen pellizco** *fam.* Mucha cantidad de dinero: *Le ha tocado un buen pellizco en la lotería.* **SIN. 3.** Pizca.

pellón (del lat. *pellis*, piel) *s. m. Amér.* Piel de animal curtida que se coloca en la montura del caballo.

pelma *adj.* Pelmazo*.

pelmazo, za *s. m.* y *f.* **1.** *fam.* Persona lenta en sus acciones. También *adj.* **2.** Persona molesta e inoportuna. También *adj.* **SIN. 1.** Calmoso. **1.** y **2.** Pelma. **2.** Latoso, cargante. **FAM.** Pelma. / Apelmazar.

pelo (del lat. *pilus*) *s. m.* **1.** Filamento que nace y crece entre los poros de la piel de los mamíferos. **2.** Conjunto de estos filamentos, especialmente en la parte superior de la cabeza del hombre. **3.** Vello que tienen algunas frutas en la cáscara y algunas plantas en sus hojas y tallos. **4.** En algunos tejidos, hilos muy finos que sobresalen y cubren su superficie. **5.** Sierra muy fina que se utiliza en los trabajos de marquetería. **6.** Raya de color oscuro que tienen las piedras preciosas y disminuye su valor. **7.** Grieta de una piedra, cristal o metal, por la que puede romperse con facilidad. **8.** Enfermedad que padecen las mujeres cuando dan de mamar a un niño y que consiste en la obstrucción de los conductos de la leche. **9.** *fam.* Muy poco o nada. Se usa también en *pl.*: *Aprobó el examen por los pelos.* || **LOC. a pelo** *adv. fam.* Con la cabeza descubierta o sin ninguna protección. También, manera de montar las caballerías, sin silla, albarda, etc. **al pelo** *adv.* Muy bien, en el momento oportuno. **caérsele** a alguien **el pelo** *fam.* Quedar mal una persona si se descubre que ha hecho algo. También, recibir un castigo o reprimenda. **con pelos y señales** *adv. fam.* Con todos los detalles. **de pelo en pecho** *adj. fam.* Se dice de la persona fuerte y valiente. **no tener** alguien **pelos en la lengua** *fam.* Decir sin ningún reparo lo que piensa. **no ver** (o **no vérsele**) **el pelo** Estar una persona ausente de los lugares que suele frecuentar. **poner** a uno **los pelos de punta** Ponerle tiesos los pelos, generalmente por miedo; asustar mucho. **tirarse** uno **de los pelos** Arrepentirse de algo, especialmente por haber perdido o desaprovechado una cosa buena. **tomar el pelo** a alguien Burlarse de alguien. **SIN. 1.** Vello. **2.** Cabello, cabellera. **3.** y **4.** Pelusa. **FAM.** Pelaje, pelambre, pelamen, pelandusca, pelar, pelechar, peliagudo, pelicorto, pelillo, pelirrojo, pelón, pelote, peluca, peludo, pelusa. / Contrapelo, depilar, despeluchar, entrepelado, espeluznante, fijapelo, guardapelo, piloso, repelo, repelón, secapelos, terciopelo.

pelón, na *adj.* **1.** Sin pelo, con poco pelo o con el pelo cortado al rape. También *s. m.* y *f.* **2.** *fam.* De pocos recursos económicos. También *s. m.* y *f.* **SIN. 1.** Calvo; rapado. **2.** Pobre. **ANT. 1.** Peludo. **2.** Forrado, rico.

peloponesio, sia *adj.* Del Peloponeso. También *s. m.* y *f.*

pelota (del fr. ant. *pelote*, y éste del lat. *pila*) *s. f.* **1.** Bola hecha de algún material flexible, especialmente goma elástica, maciza o llena de aire, que sirve para jugar. **2.** Juego que se realiza con esa bola. **3.** Bola que se hace moldeando una materia blanda como barro, nieve, etc. || *s. m.* y *f.* **4.** *fam.* Persona que hace la pelota, adulador. También *adj.* || *s. f. pl.* **5.** *vulg.* Testículos. || **6. pelota vasca** Juego que se practica impulsando una pelota con la mano, o con ciertos instrumentos (cesta, pala, etc.), contra un frontón. || **LOC. dejar** a alguien **en pelotas** *vulg.* Despojarle de todo lo que posee o lleva encima. **devolver la pelota** a alguien *fam.* Responder a una acción o dicho con otros semejantes. **en pelota(s)** *adv. fam.* Desnudo. **hacer la pelota** *fam.* Tratar de agradar a alguien para conseguir un beneficio. **SIN. 1.** Balón, esfera, esférico. **4.** Pelotero, pelotilla, pelotillero, cobista. **FAM.** Pelotari, pelotazo, pelotear, pelotera, pelotero, pelotilla, pelotón. / Despelotarse, empelotarse, recogepelotas.

pelotari (vasc.) *s. m.* y *f.* Persona que se dedica a jugar a la pelota vasca.

pelotazo *s. m.* **1.** Golpe dado con una pelota. **2.** *fam.* Copa o trago de bebida alcohólica.

pelote *s. m.* Pelo de cabra que se utiliza en tapicería, en la industria textil, etc.

pelotear *v. intr.* **1.** Jugar a la pelota sin hacer partido. **2.** Lanzar una cosa de una parte a otra. **3.** Reñir o discutir dos o más personas entre sí. || *v. tr.* **4.** Repasar y señalar las partidas de una cuenta y compararlas con sus justificantes respectivos para ver si son correctas. || **pelotearse** *v. prnl.* **5.** Pasarse un asunto o responsabilidad de una persona, entidad, departamento, etc., a otro. **FAM.** Peloteo. PELOTA.

pelotera *s. f. fam.* Riña o discusión fuerte. **SIN.** Trifulca, pelea.

pelotero, ra *s. m.* y *f.* **1.** *fam.* Persona que hace la pelota a otra. También *adj.* **2.** *Amér.* Persona que juega a la pelota, especialmente al fútbol o al béisbol. **SIN. 1.** Pelotillero, cobista, adulador.

pelotilla (dim. de *pelota*) *s. f.* **1.** *fam.* Bolita que se forma en algunos tejidos, sobre todo en la lana. Se usa más en *pl.* **2.** *fam.* Moco que se saca de la nariz y con el que se hace una bola. || **LOC. hacer la pelotilla** a alguien *fam.* Hacerle la pelota, adularle. **FAM.** Pelotilleo, pelotillero. PELOTA.

pelotilleo *s. m. fam.* Adulación que se hace a alguien para obtener un trato de favor.

pelotillero, ra *adj.* Que hace la pelota. También *s. m.* y *f.* **SIN.** Pelotero, cobista, adulador.

pelotón *s. m.* **1.** Conjunto de personas que avanzan de manera desordenada. **2.** Pequeña unidad militar de infantería que forma parte de una sección y suele estar a las órdenes de un sargento o cabo. **3.** En algunos deportes, y especialmente en ciclismo, grupo numeroso de corredores que marchan agrupados. **FAM.** Apelotonar. PELOTA.

pelotudo, da *adj. Amér. vulg.* Imbécil. También *s. m.* y *f.*

peltre *s. m.* Aleación de cinc, plomo y estaño.

peluca (del fr. *perruque*) *s. f.* Cabellera postiza. **FAM.** Peluquear, peluquería, peluquero, peluquín. PELO.

peluche *s. m.* **1.** Tejido de fibras con pelo largo. **2.** Muñeco realizado con ese tejido. **SIN. 1.** Felpa.

peluco *s. m. fam.* Reloj.

peludo, da *adj.* **1.** Que tiene mucho pelo. También *s. m.* y *f.* **2.** *Amér. del S. fam.* Difícil, costoso. || *s. m.* **3.** *Arg.*, *Bol.*, *Par.* y *Urug.* Borrachera. **ANT. 1.** Calvo, pelón.

peluquear *v. tr. C. Rica*, *Col.*, *Urug.* y *Ven.* Cortar el pelo a una persona. También *v. prnl.*

peluquería *s. f.* Establecimiento donde se corta y arregla el pelo.

peluquero, ra (de *peluca*) *s. m.* y *f.* Persona que tiene como oficio cortar y arreglar el cabello.

peluquín (dim. de *peluca*) *s. m.* Peluca que sólo cubre una parte de la cabeza. **SIN.** Bisoñé.

pelusa (de *pelo*) *s. f.* **1.** Vello fino que cubre algunas frutas, p. ej. el melocotón. **2.** Pelo muy fino y apenas perceptible que cubre la cara y otras zonas del cuerpo de las personas. **3.** Pelo que sueltan algunas telas con el uso. **4.** Polvo y suciedad que se forma en lugares que no se limpian con frecuencia. **5.** *fam.* Envidia o celos propios de los niños.

peluso *s. m.* En argot, recluta, quinto.

pelvis (del lat. *pelvis*, caldero) *s. f.* **1.** Porción ósea del cuerpo de los mamíferos, situada en la parte inferior del tronco, que está formada por los huesos coxales, sacro y cóccix y contiene la terminación del tubo digestivo, la vejiga urinaria y algunos órganos del aparato genital. || **2. pelvis renal** Cavidad del riñón situada en la región donde nace el uréter. **FAM.** Pelviano.

pena[1] (del lat. *poena*, y éste del gr. *poine*, multa) *s. f.* **1.** Castigo señalado en una ley e impuesto por una autoridad al que ha cometido un delito o falta. **2.** Tristeza, dolor causado por un hecho o suceso no deseado. **3.** Dificultad o trabajo. **4.** *Amér.* Vergüenza, timidez. || **5. pena capital** La que condena al reo a morir. **6. penas eternas** Las del infierno. || LOC. **a duras penas** *adv.* Con mucha dificultad o esfuerzo. **ahogar las penas** Olvidarlas. **de pena** *adj.* Muy mal o muy malo. **merecer** (o **valer**) **la pena** una cosa Ser bastante importante. También, estar bien empleado el trabajo o esfuerzo que cuesta algo. **sin pena ni gloria** *adv.* Sin destacar o sin sobresalir. **so pena de** algo *adv.* Bajo el castigo que se indica. También, a menos que suceda algo o exista determinada situación. SIN. **1.** Condena, sanción. **2.** Pesadumbre, pesar. **3.** Incomodidad, esfuerzo, fatiga. ANT. **2.** Alegría, gozo. **3.** Facilidad. FAM. Penal, penalidad, penalizar, penar, penoso. / Apenas, quitapenas.

pena[2] (del lat. *penna*) *s. f.* Cada una de las plumas mayores de un ave, que le sirven principalmente para dirigir el vuelo. FAM. Penacho.

penacho (del ital. *pennacchio*, y éste del lat. *penna*, pluma) *s. m.* **1.** Conjunto de plumas que tienen algunas aves en la cabeza. **2.** Adorno de plumas que se coloca en cascos, sombreros o en la cabeza de las caballerías. **3.** Aquello que tiene la misma forma que ese adorno. SIN. **2.** Plumero. FAM. Empenachar. PENA[2].

penado, da 1. *p.* de **penar**. También *adj.* || *adj.* **2.** Penoso, trabajoso. || *s. m.* y *f.* **3.** Persona que ha sido condenada a cumplir una pena. SIN. **2.** Fatigoso, cansado. **3.** Condenado, prisionero, presidiario. ANT. **2.** Fácil, cómodo.

penal (del lat. *poenalis*) *adj.* **1.** Relativo a las penas o castigos. **2.** Se aplica al derecho que trata de la represión de los delitos por medio de la imposición de penas. || *s. m.* **3.** Lugar donde cumplen las penas de privación de libertad los que han sido condenados. SIN. **1.** y **2.** Criminal. **3.** Cárcel, presidio, prisión. FAM. Penalista. PENA[1].

penalidad *s. f.* **1.** Trabajo o esfuerzo que causa sufrimiento. Se usa más en *pl.* **2.** En der., cualidad de lo que puede ser penado. **3.** En der., sanción o pena prevista por la ley. SIN. **1.** Calamidad, pena, fatiga. **3.** Castigo. ANT. **2.** Impunidad.

penalista *adj.* Se dice de la persona que se especializa en el estudio y la práctica del derecho penal y en lo relacionado con éste. También *s. m.* y *f.* SIN. Criminalista.

penalizar *v. tr.* Imponer una pena, sanción o castigo. ▪ Delante de *e* se escribe *c* en lugar de *z*: *penalice*. SIN. Penar. ANT. Despenalizar. FAM. Penalización. / Despenalizar. PENA[1].

penalti o **penalty** (del ingl. *penalty*) *s. m.* En algunos deportes, máxima sanción que se aplica a la falta cometida por un jugador en su área, que consiste en un lanzamiento desde corta distancia contra la portería del equipo que cometió la falta. || LOC. **casarse de penalti** *fam.* Casarse de manera precipitada por haberse quedado embarazada la novia.

penar *v. tr.* **1.** Castigar o condenar a alguien al cumplimiento de una pena. **2.** En der., señalar la ley el castigo para un acto u omisión. || *v. intr.* **3.** Padecer, sufrir o sentir un dolor o pena: *Penó mucho con su hijo enfermo.* || LOC. **penar por algo** Desearlo mucho. SIN. **1.** Sancionar, penalizar. ANT. **1.** Absolver. **2.** Despenalizar. FAM. Penable, penado. / Apenar, despenar. PENA[1].

penates (del lat. *penates*) *s. m. pl.* Divinidades romanas protectoras del hogar.

penca *s. f.* **1.** Hoja carnosa de ciertas plantas. **2.** Nervio central y grueso que tienen las hojas de algunas plantas como la acelga o la lechuga. FAM. Pencar, penco. / Apencar.

pencar *v. intr.* Apencar*.

penco *s. m.* **1.** Caballo flaco. **2.** *fam.* Persona torpe, holgazana o inútil. SIN. **1.** Jamelgo.

pendejada *s. f. Amér. fam.* Imbecilidad.

pendejo, ja (del lat. vulg. *pectiniculus*, de *pecten, -inis*, pubis) *s. m.* y *f.* **1.** *fam.* Pendón, persona de vida viciosa o desordenada. **2.** *fam.* Persona cobarde o pusilánime. **3.** *Chile, Col., Ec.* y *Méx.* Persona tonta, estúpida. **4.** *Arg.* Chiquillo, pebete. || *s. m.* **5.** Pelo que nace en el pubis y en las ingles. FAM. Pendejada. / Apendejar.

pendencia (del lat. *paenitentia*, pesar) *s. f.* Pelea, riña o discusión entre dos o más personas. SIN. Reyerta, contienda, camorra, trifulca, bronca. FAM. Pendenciar, pendenciero.

pendenciero, ra *adj.* Que siempre anda metido en pendencias. También *s. m.* y *f.* SIN. Camorrista.

pendentif (fr.) *s. m.* Joya o adorno que se lleva colgado del cuello.

pender (del lat. *pendere*) *v. intr.* **1.** Estar colgada o suspendida una cosa. **2.** Estar aún por resolverse o terminarse un pleito o asunto. **3.** Existir una amenaza o peligro sobre alguien. SIN. **1.** Colgar. **3.** Cernerse, gravitar. FAM. Pendiente, péndola, péndulo. / Apéndice, depender, pensil, perpendicular, propender, suspender.

pendiente (del lat. *pendens, -entis*) *adj.* **1.** Que pende o cuelga. **2.** Muy atento a alguien o algo. **3.** Que aún no se ha resuelto o terminado. || *s. m.* **4.** Adorno que se pone en el lóbulo de la oreja. || *s. f.* **5.** Cuesta o declive de una superficie. **6.** Inclinación que tienen los tejados para facilitar el desagüe. SIN. **1.** Colgante. **2.** Vigilante; interesado. **4.** Arete, zarcillo. **5.** Rampa. ANT. **2.** Distraído, desinteresado.

péndola[1] (del lat. *pendulus*, que pende) *s. f.* **1.** Varilla con un círculo metálico u otro adorno en la parte inferior, que con sus oscilaciones regula el movimiento de algunos relojes, especialmente de los de pared. **2.** Cada una de las varillas verticales que sostienen un puente colgante u otra estructura. SIN. **1.** Péndulo.

péndola[2] (del lat. *pennula*, dim. de *penna*, pluma) *s. f.* Pluma de ave usada para escribir. SIN. Péñola. FAM. Pendolista. / Péñola.

pendolista (de *péndola*[2]) *s. m.* y *f.* Persona que escribe con letra muy bien hecha.

pendón (del ant. fr. *penon*, y éste del lat. *pinna*) *s. m.* **1.** Bandera más larga que ancha que se usa como distintivo de una región, grupo militar, cofradía, etc. **2.** *fam.* Mujer de vida licenciosa. **3.** Persona vaga o de vida desordenada. ▪ En las dos acepciones anteriores se dice también *pendona*. SIN. **1.** Estandarte. **2.** Golfa. **3.** Pendejo, pindonga. FAM. Pendonear, pendoneo.

pendular *adj.* Del péndulo o relacionado con él.

péndulo (del lat. *pendulus*, que pende) *s. m.* **1.** Cuerpo sólido que, colgado de un punto fijo situado por encima de su centro de gravedad, oscila libremente por la acción de su propio peso. **2.** Péndola de un reloj. FAM. Pendular. PENDER.

pene (del lat. *penis*) *s. m.* Órgano sexual masculino que permite al macho efectuar la cópula y que constituye la última parte del aparato urinario. SIN. Falo.

penene (de las siglas *PNN*, profesor no numerario) *s. m.* y *f.* Profesor no numerario de instituto o universidad, que ejerce su función por un contrato temporal.

penetración (del lat. *penetratio, -onis*) *s. f.* **1.** Acción de penetrar. **2.** Comprensión de una cosa difícil. **3.** Agudeza o ingenio para entender las cosas. **4.** En algunos deportes, avance de un equipo hacia la portería del contrario. **SIN. 1.** Entrada. **3.** Inteligencia.

penetrante *adj.* **1.** Que penetra o entra mucho en alguna cosa. **2.** Se dice del sonido, la voz, etc., aguda o alta. **3.** Que comprende rápidamente y con facilidad. **4.** Se dice de la ironía, la crítica, el humor, etc., mordaz o incisivo. **SIN. 1.** Profundo. **3.** Sagaz, sutil, perspicaz. **ANT. 1.** Superficial. **2.** Grave. **3.** Tonto, estúpido.

penetrar (del lat. *penetrare*) *v. tr.* **1.** Introducirse un cuerpo en otro. También *v. intr.* **2.** Hacerse sentir muy intensamente el frío, un grito, etc. **3.** Introducir el hombre el pene en la vagina de la mujer para realizar el acto sexual. **4.** Conmover intensamente a alguien un dolor, un sentimiento, etc. **5.** Llegar a comprender bien algo. También *v. intr.* || *v. intr.* **6.** Entrar en un espacio, aunque exista dificultad para hacerlo. También *v. tr.* || **penetrarse** *v. prnl.* **7.** Comprender algo en todos los detalles o en los aspectos más importantes: *Debes penetrarte bien del sentido de esas palabras.* **SIN. 1.** Entrar. **1.** y **2.** Calar. **2.** Atravesar. **5.** Entender. **6.** Meterse, acceder, pasar. **ANT. 6.** Salir. **FAM.** Penetrabilidad, penetrable, penetración, penetrante. / Compenetrarse, impenetrable.

pénfigo (del gr. *pemphix, -igos*, ampolla) *s. m.* Enfermedad de la piel que se caracteriza por la formación de ampollas de diverso tamaño llenas de un líquido seroso.

penibético, ca *adj.* De la cordillera Penibética.

penicilina (del lat. *penicillum*, pincel) *s. f.* Antibiótico extraído de los cultivos del hongo *Penicillum*, que sirve para combatir las enfermedades causadas por ciertos microorganismos.

penillanura (del lat. *paene*, casi, y *llanura*) *s. f.* Superficie ondulada de escaso relieve, producida por una erosión prolongada.

península (del lat. *paeninsula*, de *paene*, casi, e *insula*, isla) *s. f.* Porción de tierra rodeada de agua por todas partes excepto por una, llamada istmo, por donde se une al continente. **FAM.** Peninsular. ÍNSULA.

peninsular *adj.* **1.** De una península. También *s. m.* y *f.* **2.** De la península Ibérica, sobre todo en oposición a las islas o a las tierras españolas de África. También *s. m.* y *f.*

penique (del anglosajón *pennig*, dinero) *s. m.* Moneda fraccionaria británica, que desde 1971 equivale a la centésima parte de una libra esterlina.

penitencia (del lat. *paenitentia*) *s. f.* **1.** Sacramento por el que el sacerdote perdona los pecados en nombre de Cristo. **2.** Oración o acción que el confesor recomienda realizar al penitente para expiar sus pecados. **3.** Arrepentimiento de haber pecado y propósito de no hacerlo más. **4.** Sacrificio o acción no agradable que una persona se impone a sí misma, generalmente para reparar sus pecados. **5.** Cosa molesta que una persona tiene que soportar: *Es una penitencia tener que levantarse temprano todos los días.* **SIN. 1.** Confesión. **4.** Mortificación. **FAM.** Penitencial, penitenciaría, penitenciario, penitente. / Impenitente.

penitenciaría *s. f.* **1.** Cárcel, prisión. **2.** Cargo u oficio de penitenciario. **SIN. 1.** Penal.

penitenciario, ria *adj.* **1.** Se dice de los establecimientos en los que se cumplen penas de privación de libertad y de lo relacionado con ellos: *sistema penitenciario.* **2.** Se aplica al sacerdote que es confesor en una iglesia determinada. También *s. m.* **SIN. 1.** Carcelario.

penitente (del lat. *paenitens, -entis*) *s. m.* y *f.* **1.** Persona que hace penitencia. **2.** Persona que acude a recibir el sacramento de la penitencia. **3.** Persona que en las procesiones religiosas desfila, generalmente con una túnica y a veces descalza, en señal de penitencia. **SIN. 3.** Nazareno. **FAM.** Impenitente. PENITENCIA.

penol (del cat. *penó*, y éste del lat. *pinna*, ala) *s. m.* Extremo de las vergas de un barco.

penoso, sa *adj.* **1.** Que cuesta mucho esfuerzo o trabajo. **2.** Que causa pena: *Es penoso verle en ese estado.* **3.** Muy malo o muy mal hecho: *El resultado de las obras fue penoso.* **SIN. 2.** y **3.** Lamentable. **FAM.** Penosamente. PENA[1].

pensador, ra *adj.* **1.** Que piensa. También *s. m.* y *f.* || *s. m.* y *f.* **2.** Persona que se dedica a estudios muy elevados y profundiza en ellos, especialmente el filósofo. **FAM.** Librepensador. PENSAR.

pensamiento *s. m.* **1.** Capacidad de pensar. **2.** Acción de pensar. **3.** Lo que se piensa: *No conoces mis pensamientos.* **4.** Cada una de las ideas o sentencias más destacadas de un escrito, discurso, etc. **5.** Conjunto de ideas propias o manera de pensar de una persona o colectividad. **6.** Deseo, intención o proyecto: *Tengo el pensamiento de escribir un libro.* **7.** Planta de jardín, con flores de corona irregular, cuatro pétalos montados unos sobre otros y manchas de varios colores. **8.** Flor de esta planta. || **LOC. como el pensamiento** *adv.* Con mucha rapidez. **SIN. 1.** Raciocinio, inteligencia, intelecto. **1.** y **2.** Entendimiento, razonamiento.

pensar (del lat. *pensare*, calcular) *v. tr.* **1.** Formar ideas y conceptos en la mente, relacionándolos unos con otros. También *v. intr.* **2.** Examinar con cuidado un asunto, idea, etc. También *v. intr.* **3.** Decidir algo después de haber examinado la cuestión. **4.** Tener la intención de hacer algo. **5.** Inventar u ocurrírsele a alguien un plan, la manera de hacer algo, etc. **6.** Manifestar alguien una opinión. || **LOC. cuando menos lo pienses** (o **se piense**) *adv.* En cualquier momento. **ni pensarlo** *fam.* De ninguna manera. **sin pensar** *adv.* De repente. También, de manera involuntaria. ■ Es v. irreg. **SIN. 1.** Razonar, discurrir. **2.** Reflexionar. **3.** Resolver, determinar. **4.** Proyectar, planear. **5.** Idear. **6.** Creer, opinar, considerar, juzgar. **FAM.** Pensable, pensado, pensador, pensamiento, pensante, pensativo. / Impensado, malpensado, repensar.

PENSAR		
INDICATIVO	SUBJUNTIVO	IMPERATIVO
Presente	**Presente**	
pienso	*piense*	
piensas	*pienses*	*piensa*
piensa	*piense*	
pensamos	*pensemos*	
pensáis	*penséis*	*pensad*
piensan	*piensen*	

pensativo, va *adj.* Que medita intensamente y está ajeno a todo lo demás. **SIN.** Ensimismado, absorto, meditabundo.

pensil o **pénsil** (del lat. *pensilis*, colgante) *adj.* **1.** Que cuelga o pende de algún sitio. || *s. m.* **2.** Jardín muy bonito y agradable.

pensión (del lat. *pensio, -onis*, pago) *s. f.* **1.** Cantidad de dinero que recibe periódicamente una persona y que no corresponde a un trabajo realizado en la actualidad, p. ej. la que reciben los jubilados, familiares de fallecidos, etc. **2.** Renta que se le asigna a alguien por cualquier razón. **3.** Beca para realizar estudios u otras actividades científicas, literarias o artísticas. **4.** Casa de huéspedes u hotel de categoría inferior. **5.** Precio que se paga por alojarse en esos lugares. **6.** *Amér.* Pena, angustia, dolor. || **7. media pensión** Modo de alojamiento en que se tiene derecho a la habitación y a una comida diaria. También, situación de los que asisten a un colegio en el que reciben, además de la enseñanza, la comida del mediodía. **8. pensión completa** Modo de alojamiento en que se tiene derecho a la habitación y a todas las comidas del día. **SIN. 1.** Retiro, jubilación, subsidio. **4.** Fonda. **FAM.** Pensionado, pensionar, pensionista.

pensionado, da *adj.* **1.** Que cobra o tiene derecho a una pensión. También *s. m.* y *f.* || *s. m.* **2.** Establecimiento de enseñanza en que también pueden residir los alumnos. **SIN. 1.** Pensionista, jubilado, retirado. **2.** Internado. **ANT. 1.** Trabajador.

pensionar *v. tr.* Conceder a alguien una pensión. **SIN.** Subsidiar.

pensionista *s. m.* y *f.* **1.** Persona que cobra o tiene derecho a recibir una pensión. **2.** Persona que paga una cantidad por recibir alojamiento y comida. **3.** Alumno que recibe enseñanza, alojamiento y comida en un colegio u otro establecimiento y paga por ello una determinada cantidad. **SIN. 1.** Pensionado, jubilado. **2.** Huésped. **3.** Interno. **ANT. 1.** Trabajador. **3.** Externo.

penta- (del gr. *pente-*, cinco) *pref.* Significa 'cinco': *pentaedro, pentágono.*

pentadáctilo, la (de *penta-* y el gr. *daktylos*, dedo) *adj.* Que tiene cinco dedos. También *s. m.* y *f.*

pentadecágono, na (de *penta-* y el gr. *deka*, diez, y *gonia*, ángulo) *adj.* Se dice del polígono que tiene quince ángulos y quince lados. También *s. m.*

pentaedro (de *penta-* y el gr. *edra*, cara) *s. m.* Cuerpo sólido que tiene cinco caras.

pentágono, na (de *penta-* y el gr. *gonia*, ángulo) *adj.* Se dice del polígono que tiene cinco ángulos y cinco lados. También *s. m.* **FAM.** Pentagonal.

pentagrama (de *penta-* y *-grama*) *s. m.* En mús., conjunto de cinco líneas horizontales, paralelas y equidistantes, sobre las que se escriben las notas musicales. **SIN.** Pauta.

pentámero, ra (de *penta-* y el gr. *meros*, parte) *adj.* **1.** Se dice de los órganos de las plantas que están formados por cinco piezas. **2.** Se dice de los insectos coleópteros que tienen cinco artejos en cada pata. También *s. m.*

pentámetro (de *penta-* y *-metro*) *adj.* Se dice del verso latino y griego que se compone de cinco pies. También *s. m.*

pentano *s. m.* Hidrocarburo saturado compuesto de cinco átomos de carbono y doce de hidrógeno, muy volátil, que se usa en la industria como disolvente.

pentasílabo, ba (de *penta-* y el gr. *syllabe*, sílaba) *adj.* Se dice del verso que tiene cinco sílabas. También *s. m.* y *f.*

pentastómido (de *penta-* y el gr. *stoma*, boca) *adj.* **1.** Se dice de unos invertebrados afines a los artrópodos y a los anélidos, de uno a varios milímetros de longitud y color blanquecino, que son parásitos de la vías respiratorias de los vertebrados. También *s. m.* || *s. m. pl.* **2.** Tipo de estos animales.

pentatleta *s. m.* y *f.* Atleta de pentatlón.

pentatlón (del gr. *pentathlon*, de *pente*, cinco, y *athlon*, lucha) *s. m.* **1.** En la antigua Grecia, conjunto de cinco pruebas que realizaba un mismo atleta: carrera, salto, lucha, lanzamiento de jabalina y lanzamiento de disco. **2.** En la actualidad, modalidad deportiva olímpica que comprende cinco pruebas: equitación, natación, tiro, esgrima y carrera campo a través. **FAM.** Pentatleta. ATLETA.

Pentecostés (del lat. *Pentecoste*, y éste del gr. *pentekoste*, de *pentekostos*, quincuagésimo) *n. p.* Festividad cristiana en que se conmemora la venida del Espíritu Santo sobre los apóstoles.

pentotal *s. m.* Droga compuesta a base de ácido barbitúrico que se aplica por vía intravenosa y bajo cuya acción el paciente no es consciente de lo que dice, por lo que se emplea para obtener testimonios y confesiones.

penúltimo, ma (del lat. *paenultimus*, y éste de *paene*, casi, y *ultimus*, último) *adj.* Inmediatamente antes del último. También *s. m.* y *f.* **FAM.** Antepenúltimo. ÚLTIMO.

penumbra (del lat. *paene*, casi, y *umbra*, sombra) *s. f.* **1.** Sombra débil entre la luz y la oscuridad. **2.** En los eclipses, zona parcialmente iluminada, entre los espacios con luz plena y los que están totalmente oscuros. **FAM.** Penumbroso. UMBRÍA.

penuria (del lat. *paenuria*) *s. f.* Escasez, especialmente de las cosas más necesarias para vivir. **SIN.** Estrechez, pobreza, indigencia, miseria. **ANT.** Abundancia, riqueza.

peña (del lat. *pinna*, almena) *s. f.* **1.** Piedra grande que se encuentra en la naturaleza. **2.** Monte de terreno pedregoso. **3.** *fam.* Grupo de amigos. **4.** Asociación con fines deportivos o recreativos. **SIN. 1.** Roca, pedrusco, peñasco. **2.** Peñón, risco. **3.** Panda. **FAM.** Peñazo, peñón. / Despeñar, pináculo.

peñascal *s. m.* Terreno cubierto de peñascos. **SIN.** Pedregal.

peñasco *s. m.* **1.** Peña grande y generalmente elevada. **2.** Parte del hueso temporal de los mamíferos en la que se encuentra el oído interno. **FAM.** Peñascal, peñascoso.

peñazo *s. m. fam.* Persona o cosa muy pesada o aburrida. También *adj.*

péñola (del lat. *pennula*, dim. de *penna*, pluma) *s. f.* Péndola[2]*.

peñón *s. m.* Monte peñascoso.

peón (del lat. *pedo, -onis*, de *pes, pedis*, pie) *s. m.* **1.** Obrero no especializado, que suele ocupar la categoría profesional más baja. **2.** Soldado de a pie. **3.** Peonza con la punta de metal. **4.** En el ajedrez, una de las ocho piezas negras o blancas de menor valor, que al comenzar a jugar se colocan en la línea delantera. || **5. peón caminero** Obrero que se encarga de la reparación y conservación de los caminos y carreteras públicas. **6. peón de brega** Torero subalterno que ayuda al matador durante la lidia. **SIN. 1.** Bracero, jornalero. **3.** Trompo. **FAM.** Peonada, peonaje, peonza.

peonada *s. f.* **1.** Trabajo que realiza un peón en un día, especialmente en labores agrícolas. **2.** Conjunto de peones que trabajan en una obra. **SIN. 2.** Peonaje.

peonaje *s. m.* Peonada*, conjunto de peones.

peonía (del lat. *paeonia*, y éste del gr. *paionia*) *s. f.* **1.** Planta herbácea perenne con grandes flores rojas o rosáceas que crece en lugares húmedos y laderas montañosas y se cultiva también como planta ornamental. **2.** Flor de esta planta.

peonza (de *peón*) *s. f.* **1.** Juguete de madera, de forma cónica, al que se arrolla una cuerda para lanzarlo y hacerlo girar. **2.** *fam.* Persona pequeña y bulliciosa. **SIN. 1.** Peón, trompo.

peor (del lat. *peior, -oris*) *adj.* **1.** *comp.* de **malo**. De inferior calidad con respecto a lo que se compara: *Eva es peor bailarina que Luisa.* **2.** Precedido del artículo determinado, es superlativo relativo de *malo* y expresa que una persona o cosa es la de inferior calidad entre las de un grupo. También *s. m.* y *f.*: *Es la peor de la clase.* **3.** Desaconsejable: *Es peor que te quedes.* || *adv. m.* **4.** *comp.* de **mal**. Más mal o menos bien: *Veo peor que antes.* || **LOC. peor que peor** Indica que lo dicho o hecho por alguien empeora aún más la situación. **ponerse en lo peor** Suponer que sucederá lo que se considera más desfavorable o perjudicial. **tanto peor** Mucho peor. **ANT. 1.** a **4.** Mejor. **FAM.** Peyorativo. / Empeorar.

pepe *s. m.* **1.** Melón poco maduro. **2.** *Bol.* y *Ven.* Petimetre. || **LOC. ponerse** uno **como un pepe** *fam.* Comer hasta hartarse.

pepenar *v. tr. Amér. C.* y *Méx.* Recoger cosas del suelo o hurgar entre la basura. **FAM.** Pepenador.

pepinazo *s. m.* **1.** Estallido de un proyectil. **2.** Disparo de un arma pesada y potente. **3.** En fútbol, disparo muy fuerte.

pepinillo (dim. de *pepino*) *s. m.* Variedad de pepino pequeño que se conserva en vinagre.

pepino (del lat. *pepo, -onis*, y éste del gr. *pepon*) *s. m.* **1.** Planta cucurbitácea, con el tallo rastrero, hojas pecioladas, flores amarillas y fruto carnoso. **2.** Fruto de esta planta, de color verde oscuro, forma alargada, que se come en ensaladas o conservado en vinagre. **3.** Melón poco maduro. || **LOC. importar** una cosa a alguien **un pepino** *fam.* Importarle algo muy poco o nada. **FAM.** Pepinar, pepinillo, pepón, pepónida, pepónide.

pepita[1] *s. f.* **1.** Semilla de algunas frutas como el melón, la pera, etc. **2.** Trozo pequeño y redondeado de oro u otro metal. **SIN. 1.** Pipa. **FAM.** Pipa[2].

pepita[2] (del lat. *pituita*) *s. f.* Enfermedad que tienen a veces las gallinas y los pavos en la lengua, que produce adelgazamiento y trastornos respiratorios y es contagiosa e infecciosa. **FAM.** Despepitar.

pepito *s. m.* **1.** Bocadillo que tiene dentro un filete de carne. **2.** Bollo alargado, generalmente relleno de crema o chocolate.

pepitoria (del ant. *petitoria*, y éste del fr. *pepiteoie*, guiso de menudillos de ganso) *s. f.* Guiso que se hace con todas las partes comestibles del ave, o sólo con los despojos, y cuya salsa tiene yema de huevo.

pepla *s. f. fam.* Persona o cosa que se encuentra en malas condiciones: *Tengo gripe y estoy hecha una pepla.* **SIN.** Birria, caca, mierda.

peplo (del gr. *peplon*) *s. m.* Manto usado en la antigua Grecia por las mujeres, amplio y sin mangas, que caía desde los hombros a la cintura, formando dos picos por delante.

pepón *s. m.* Sandía*, fruto.

pepona *s. f.* **1.** Muñeca grande y generalmente de cartón. **2.** Mujer gorda y con la cara sonrosada.

pepónide o **pepónida** (del lat. *pepo, -onis*, melón, y el gr. *eidos*, forma) *s. f.* Fruto carnoso unido al cáliz, con una sola celdilla y muchas semillas dispersas en la pulpa o concentradas en una cavidad central, como la calabaza, el pepino y el melón.

pepsina (del gr. *pesso*, digerir) *s. f.* Fermento que forma parte del jugo gástrico y que interviene en la digestión de las proteínas. **FAM.** Péptido, peptona. / Dispepsia, eupepsia.

péptido (del gr. *peptos*, digerido) *s. m.* Proteína formada por la unión de un reducido número de aminoácidos.

peptona (del gr. *peptos*, cocido, digerido) *s. f.* Compuesto complejo que procede de la digestión de las proteínas.

pequeñez *s. f.* **1.** Cualidad de pequeño. **2.** Cosa sin valor o importancia. **3.** Tacañería, bajeza. **SIN. 1.** Cortedad. **2.** Menudencia, insignificancia. **3.** Ruindad, mezquindad. **ANT. 1.** Grandeza. **3.** Generosidad.

pequeño, ña (del lat. vulg. *pitinnus*) *adj.* **1.** De poco tamaño. **2.** De poca estatura. **3.** De pocos años. **4.** De poca categoría, importancia o poder. **5.** De poca duración. || *s. m.* y *f.* **6.** Niño. **SIN. 1.** Chico, corto. **2.** Bajo, canijo. **3.** Crío. **4.** Humilde. **5.** Breve. **6.** Chiquillo. **ANT. 1.** Grande. **2.** Gigantesco. **3.** Mayor. **4.** Magno. **5.** Largo. **FAM.** Pequeñez, pequeñoburgués. / Empequeñecer.

pequeñoburgués, sa *adj.* **1.** De la pequeña burguesía, clase social intermedia entre la burguesía y el proletariado; se aplica especialmente a su mentalidad y prejuicios. También *s. m.* y *f.* **2.** Se dice de la persona acomodaticia y sin ambiciones. También *s. m.* y *f.*

pequinés, sa *adj.* **1.** De Pekín. También *s. m.* y *f.* **2.** De una raza de perros de origen chino, de pequeño tamaño, cabeza ancha, hocico corto, ojos prominentes, orejas gachas y pelo largo. También *s. m.* y *f.*

per cápita (del lat. *per capita*) *loc. adv.* Por cabeza o por persona, individualmente. ■ Se usa sobre todo en estadística: *renta per cápita.*

per saecula saeculorum (lat.) *loc. adv.* Significa 'por los siglos de los siglos'; siempre o para siempre.

per se (lat.) *loc. adv.* Por sí mismo.

per- (del lat. *per*) *pref.* **1.** Refuerza el significado de la palabra en que aparece: *perdurable, perturbar.* **2.** Se utiliza en la nomenclatura química de ciertos compuestos para indicar alguna particularidad de su estructura: *permanganato, peróxido.*

pera (del lat. *pira*) *s. f.* **1.** Fruto del peral, de piel fina, forma cónica y carne generalmente dulce, con bastante agua. **2.** Objeto de goma que tiene la forma de este fruto y se utiliza para impulsar aire o líquidos. **3.** Interruptor de luz o timbre con forma semejante a la del fruto. **4.** Perilla de la barba. || *adj.* **5.** *fam.* Se dice de la persona presumida y atildada: *pollo pera.* También *s. m.* y *f.* || **LOC. el año de la pera** Tiempo muy antiguo. **pedir peras al olmo** Pedir o pretender algo imposible. **pera en dulce** Persona o cosa de muy buenas cualidades. **poner** a alguien **las peras a cuarto** *fam.* Pedirle cuentas o regañarle con severidad. También, obligarle a hacer lo que no quería. **ser** alguien o algo **la pera** *fam.* Ser muy destacado por algo favorable o desfavorable. **SIN. 5.** Pijo. **FAM.** Perada, peral, periforme, perilla, piriforme.

perada *s. f.* **1.** Mermelada hecha con pera. **2.** Bebida alcohólica que se obtiene de la fermentación del zumo de pera.

peral *s. m.* **1.** Árbol frutal rosáceo, de unos 20 m de altura, con ramas espinosas, hojas ovaladas, flores de pétalos blancos y anteras rojas y fruto en pomo llamado pera. **2.** Madera de este árbol. **FAM.** Peraleda. PERA.

peraleda *s. f.* Terreno con muchos perales.

peraltado, da 1. *p.* de **peraltar**. También *adj.* || *adj.* **2.** Que forma peralte.

peraltar *v. tr.* Dar peralte a una armadura, carretera, vía de tren, etc.

peralte *s. m.* **1.** Altura que supera lo que sería un semicírculo en la curva de un arco, bóveda, o armadura. **2.** En arq., elevación de una armadura sobre el ángulo recto. **3.** En las carreteras, vías de tren, etc., mayor elevación de la parte exterior de las curvas con respecto a la interior. **SIN. 3.** Desnivel, inclinación. **FAM.** Peraltado, peraltar. PERALTO.

peralto (del lat. *peraltus*, muy alto) *s. m.* Altura de una figura geométrica. **FAM.** Peralte. ALTO -TA.

perborato *s. m.* Sal de boro en la que este elemento actúa con valencia 5; contiene sodio y se emplea en farmacia.

perca (del lat. *perca*, y éste del gr. *perke*) *s. f.* Pez teleósteo de agua dulce, de unos 30 cm de largo, color amarillento con bandas transversales oscuras y dos aletas dorsales, la primera espinosa. La perca negra es algo mayor y originaria de América. **FAM.** Percha[2].

percal (del fr. *percale*) *s. m.* **1.** Tejido de algodón que se utiliza para realizar prendas baratas. **2.** *fam.* Dinero. || **LOC. conocer** alguien **el percal** *fam.* Conocer bien a una persona, una actividad, tema, etc. **FAM.** Percalina.

percalina (del fr. *percaline*) *s. f.* Percal ligero y brillante, usado generalmente para forrar prendas de vestir.

percance (del ant. *percanzar*, alcanzar) *s. m.* Accidente o suceso imprevisto que entorpece la marcha o realización de algo. **SIN.** Contratiempo, incidente.

percatarse (del ant. *catar*, mirar, poner atención) *v. prnl.* Con la preposición *de*, darse cuenta de algo o percibirlo: *No se percató de tus intenciones.* **SIN.** Notar, captar, apreciar, observar, reparar. **FAM.** Percatación. CATAR.

percebe (del bajo lat. *pollicipes*, de *pollex*, pulgar, y *pes*, pie) *s. m.* **1.** Crustáceo marino de forma cilíndrica alargada, rematada por un caparazón calcáreo que contiene seis pares de apéndices, con un pedúnculo carnoso con el que se adhiere a las rocas. **2.** *fam.* Persona torpe o ignorante. También *adj.*

percentil *s. m.* Centil*.

percepción (del lat. *perceptio, -onis*) *s. f.* **1.** Acción de percibir. **2.** Acto o proceso por el que una persona, mediante la ordenación de los datos que le proporcionan los sentidos, capta la realidad y sus características. **3.** Representación de una cosa en la mente. || **4. percepción extrasensorial** La que se realiza sin intervención de los sentidos. **SIN. 1.** Apreciación. **2.** Reconocimiento. **3.** Idea.

perceptible (del lat. *perceptibilis*) *adj.* **1.** Que se puede percibir. **2.** Que se puede comprender. **3.** Que se puede cobrar o recibir: *Los atrasos son perceptibles desde hoy.* **SIN. 1.** Apreciable, sensible, captable. **2.** Evidente, comprensible. **3.** Cobrable, cobradero. **ANT. 1.** Imperceptible. **2.** Incomprensible. **3.** Incobrable. **FAM.** Perceptibilidad, perceptiblemente. / Imperceptible. PERCIBIR.

perceptivo, va (del lat. *perceptum*) *adj.* **1.** Que puede percibir. **2.** De la percepción.

percha[1] (del fr. *perche*, y éste del lat. *pertica*) *s. f.* **1.** Gancho para colgar ropa, sombreros u otros objetos. **2.** Colgador para ropa de forma triangular, con un gancho en su parte superior. **3.** Barra larga sostenida sobre un pie, con ganchos en la parte superior para colgar abrigos, sombreros y otros objetos. **4.** Madero delgado y largo que se atraviesa en otro para sostener alguna cosa. **5.** Palo horizontal destinado a que se posen en él las aves. **6.** Acción de perchar el paño. **FAM.** Perchar, perchel, perchero. / Emperchado.

percha[2] (del fr. *perche*, y éste del lat. *perca*) *s. f.* Perca*.

perchar *v. tr.* Colgar el paño y sacarle el pelo con la carda.

perchel (del cat. *perxell*, de *perxa*, y éste del lat. *pertica*) *s. m.* Instrumento de pesca que consiste en uno o varios palos para colgar las redes.

perchero *s. m.* **1.** Mueble con ganchos para colgar prendas de vestir u otros objetos. **2.** Conjunto de perchas o lugar en que las hay. **SIN. 1.** Colgador.

percherón, na (del fr. *percheron*, natural de Perche, antigua provincia de Francia) *adj.* Se dice del caballo o la yegua pertenecientes a una raza francesa de notable fuerza y corpulencia, utilizada para tiro. También *s. m.* y *f.*

percibir (del lat. *percipere*) *v. tr.* **1.** Conocer algo por las sensaciones que se reciben del exterior. **2.** Recibir algo: *No percibe ningún dinero por lo que hace.* **3.** Comprender algo. **SIN. 1.** Advertir, apreciar, notar, captar. **2.** Cobrar, obtener. **3.** Entender. **ANT. 2.** Dar, pagar. **FAM.** Percepción, perceptible, perceptivo, perceptor, percibo. / Apercibir.

percibo *s. m.* Percepción o cobro de algo: *el percibo de beneficios.*

perciforme *adj.* **1.** Se aplica a los peces osteíctios caracterizados por poseer espinas en las aletas. || *s. m. pl.* **2.** Orden de estos peces. También *s. m.*

perclorato *s. m.* Sal de cloro en la que este elemento actúa con valencia 7; se usa en higiene dental.

percudir (del lat. *percutere*, golpear, perforar) *v. tr.* **1.** Maltratar, marchitar. **2.** Penetrar la suciedad en una cosa de modo que ya no sea posible que quede completamente limpia. **SIN. 2.** Manchar. **ANT. 2.** Limpiar.

percusión (del lat. *percussio, -onis*) *s. f.* **1.** Acción de percutir. **2.** Técnica de perforación geológica mediante el movimiento vertical alternativo de una barra metálica que golpea el suelo o la roca. **3.** Familia de instrumentos musicales en que el sonido se produce al ser golpeados con mazas, baquetas, etc., o haciendo que choquen entre sí, como el timbal, tambor, platillos, xilofón, etc. **4.** En med., técnica de exploración que aprecia los cambios de sonoridad producidos al golpear con los dedos una parte del cuerpo. **FAM.** Percusionista. PERCUTIR.

percusionista *adj.* Se dice del músico que toca la percusión. También *s. m.* y *f.*

percusor (del lat. *percussor, -oris*) *s. m.* Percutor*.

percutir (del lat. *percutere*, perforar, herir) *v. tr.* **1.** Golpear. **2.** En med., explorar una parte del cuerpo golpeándola con los dedos. **SIN. 1.** Batir. **FAM.** Percusión, percusor, percutor. / Repercutir.

percutor (del fr. *percuteur*) *s. m.* Pieza que golpea en cualquier máquina, especialmente la que provoca la explosión de la carga en las armas de fuego. **SIN.** Percusor, detonador, martillo.

perder (del lat. *perdere*) *v. tr.* **1.** Dejar de tener o no saber dónde está una cosa que alguien poseía. También *v. prnl.* **2.** Dejar de tener alguien una afición, deseo, ilusión, etc. **3.** Sufrir la separación de una persona querida, generalmente por su muerte. **4.** Emplear algo mal o de manera inútil. **5.** No conseguir realizar u obtener algo que se deseaba: *Ha perdido la ocasión de su vida.* **6.** Producir u ocasionar un perjuicio: *Su mal carácter le pierde.* **7.** Disminuir el contenido de un recipiente: *Este depósito pierde agua.* También *v. intr.* **8.** Resultar vencido en alguna competición, lucha, etc. También *v. intr.* **9.** Dejar de tener lo que se expresa: *Perdió el respeto a su padre.* || *v. intr.* **10.** Disminuir una cualidad o característica con respecto a una situación anterior. **11.** Disminuir el tamaño de ciertas cosas: *Las prendas de lana pierden al lavarlas.* || **perderse** *v. prnl.* **12.** Equivocarse de camino al ir a algún sitio. **13.** Aturdirse o no saber superar una situación: *Se pierde con tantas lecciones que estudiar.* **14.** Olvidarse alguien de lo que iba a decir o no poder seguir un razonamiento. **15.** Dejarse llevar por los vicios. **16.** Dejar de percibirse algo, especialmente por la vista o el oído: *Se perdió cuando dobló la esquina.* **17.** No aprovecharse una cosa que podía ser útil: *Sus palabras se perdieron en el aire.* || LOC. **las de perder** *fam.* Con verbos como *llevar, tener,* etc., situación en que se encuentra alguien con pocas posibilidades de salir airoso de ella. **no habérsele perdido nada** a alguien *fam.* No tener ningún motivo para estar en un lugar o participar en algo. **perder** uno **los estribos** Véase **estribo**. **¡piérdete!** *interj. fam.* ¡Largo!, ¡fuera de aquí! **tener buen** (o **mal**) **perder** Aceptar bien la derrota o no saber hacerlo. ■ Es v. irreg. Se conjuga como *tender.* SIN. **1.** Extraviar(se). **4.** Malgastar, desperdiciar. **6.** Perjudicar. **10.** Deteriorarse, estropearse, decaer, empeorar. **11.** Encoger(se). **12.** Despistarse, desorientarse. **15.** Descarriarse. ANT. **1.** Encontrar, hallar, recuperar. **4.** Aprovechar. **6.** Beneficiar. **8.** Ganar, triunfar. **10.** Mejorar. **11.** Estirar(se), ensanchar(se). **12.** Acertar. **14.** Centrarse. FAM. Perdedor, perdición, pérdida, perdidizo, perdido, perdulario. / Desperdiciar, ganapierde, imperdible.

perdición (del lat. *perditio, -onis*) *s. f.* **1.** Acción de perder o perderse. **2.** Perjuicio grave. **3.** Pasión sin control, especialmente la amorosa. **4.** Condenación eterna. **5.** Aquello que es causa de un daño o perjuicio. SIN. **1.** Pérdida. **2.** Desgracia, ruina. ANT. **2.** Fortuna. **4.** Salvación.

pérdida (del lat. *perdita*) *s. f.* **1.** Acción de perder o perderse. **2.** Daño que se produce en alguna cosa. **3.** Cantidad de dinero o bienes perdidos en un negocio, catástrofe, etc. **4.** Sentimiento que produce la muerte de un ser querido. **5.** Escape de algún líquido o gas contenido en un recipiente. **6.** En las mujeres, flujo de sangre procedente de la matriz. Se usa más en *pl.* || LOC. **no tener pérdida** una cosa o un lugar Ser fácil de encontrar o llegar a él. SIN. **1.** Extravío. **2.** Perjuicio. ANT. **1.** Hallazgo, encuentro. **2.** Beneficio. **3.** Ganancia.

perdidamente *adv. c.* **1.** Con exceso o mucha intensidad: *Está perdidamente enamorado de esa chica.* || *adv. m.* **2.** De manera inútil.

perdido, da 1. *p.* de **perder**. También *adj.* || *adj.* **2.** Se dice de la persona viciosa o de malas costumbres. También *s. m.* y *f.* **3.** *fam.* Con algunos adjetivos peyorativos, indica el alto grado de éstos: *Está loca perdida.* || LOC. **de perdidos al río** *fam.* Expresa que, una vez empezado algo, hay que procurar terminarlo aceptando las consecuencias que pueda tener. **ponerse perdido** Ensuciarse mucho. SIN. **2.** Calavera, tarambana. ANT. **2.** Sensato, juicioso. FAM. Perdidamente. PERDER.

perdigar (del lat. *perdix, -icis*) *v. tr.* **1.** Asar ligeramente la perdiz o cualquier otra ave para que se conserve durante un tiempo. **2.** Preparar la carne con alguna grasa para que esté más sustanciosa. ■ Delante de *e* se escribe *gu* en lugar de *g.*

perdigón (del lat. *perdix, -icis*) *s. m.* **1.** Cría de la perdiz. **2.** Pequeño grano de plomo utilizado como munición en la caza. FAM. Perdigonada. PERDIZ.

perdigonada *s. f.* Disparo de perdigones y herida o señal que produce.

perdiguero, ra *adj.* Que caza perdices; se aplica especialmente a una clase de perros de tamaño medio, hocico saliente, orejas caídas y muy buen olfato. También *s. m.*

perdiz (del lat. *perdix, -icis*) *s. f.* Ave gallinácea de matorral, muy apreciada como pieza de caza; la perdiz común mide unos 34 cm de longitud y tiene dorso pardo, costados con franjas castañas, blancas y negras, pico y patas rojas. FAM. Perdigar, perdigón, perdiguero. / Chochaperdiz.

perdón *s. m.* **1.** Acción de perdonar. || *interj.* **2.** Expresión de disculpa. || LOC. **con perdón** Expresión usada para excusarse por algo que se dice o hace y que puede resultar molesto a los presentes: *Con perdón, estoy harto de que uses mis cosas.* SIN. **1.** Excusa, indulgencia, clemencia.

perdonable *adj.* Que puede ser perdonado o merece perdón; se aplica especialmente a faltas o errores leves. SIN. Venial. FAM. Imperdonable. PERDONAR.

perdonar (del lat. tardío *perdonare*) *v. tr.* **1.** No tomar en cuenta la falta que otro comete. **2.** Librar a alguien de una pena, deuda, castigo, etc. **3.** Perder una oportunidad de algo. ■ En esta acepción, se usa frecuentemente con el adv. *no*: *Después del hambre que ha pasado, no perdona una comida.* SIN. **1.** Disculpar, excusar, dispensar. **2.** Liberar, eximir, absolver, indultar. **3.** Renunciar. ANT. **1.** Vengarse, resarcirse. **2.** Condenar. FAM. Perdón, perdonable, perdonador, perdonavidas. DONAR.

perdonavidas *s. m. fam.* Persona que hace alarde de valentía, fuerza, etc. ■ No varía en *pl.* SIN. Bravucón, valentón, chulo, fanfarrón, baladrón.

perdulario, ria *adj.* **1.** Vicioso incorregible. También *s. m.* y *f.* **2.** *Méx.* y *Col.* Pillo, pícaro.

perdurable (del lat. *perdurabilis*) *adj.* **1.** Que dura siempre. **2.** Que dura mucho tiempo. SIN. **1.** Eterno, perpetuo, perenne, infinito. **2.** Duradero. ANT. **1.** Finito. **2.** Efímero.

perdurar (del lat. *perdurare*) *v. tr.* Continuar o durar algo mucho tiempo o un tiempo indefinido. SIN. Persistir, subsistir, permanecer, mantenerse, conservarse, pervivir. ANT. Morir, perecer, perderse. FAM. Perdurabilidad, perdurable, perdurablemente, perduración. DURAR.

perecedero, ra *adj.* Destinado a perecer o terminarse. SIN. Imperdurable, temporal. ANT. Perdurable, perenne, eterno.

perecer (del lat. *perire*) *v. intr.* **1.** Morir. **2.** Acabar, hundirse una cosa. **3.** No ofrecer resistencia ante alguien o algo. También *v. prnl.*: *Pereció ante sus encantos.* ■ Es v. irreg. Se conjuga como *agradecer.* SIN. **1.** Fallecer, fenecer. **2.** Desmoronarse, derrumbarse, naufragar, desplomarse. ANT. **1.** Vivir. **2.** Conservarse, permanecer. FAM. Perecedero. / Imperecedero.

peregrinación o **peregrinaje** (del lat. *peregrinatio, -onis*) *s. f.* o *m.* **1.** Viaje que se hace, por devoción o por cualquier otro motivo religioso, a un lugar santo. **2.** Viaje por tierras extranjeras. **3.** *fam.* Recorrido por distintos lugares para resolver algún asunto, particularmente burocrático. **SIN. 2.** Migración.

peregrinar (del lat. *peregrinare*) *v. intr.* **1.** Ir a un santuario o lugar sagrado por creencia, devoción u otro motivo religioso. **2.** Andar por tierras extrañas. **3.** Ir de un sitio a otro para resolver un asunto, hacer una gestión, etc. **FAM.** Peregrinación[1], peregrinaje, peregrino.

peregrino, na (del lat. *peregrinus*) *s. m.* y *f.* **1.** Persona que peregrina. También *adj.* || *adj.* **2.** Se aplica a las aves que emigran, que van de un lugar a otro, como p. ej. la cigüeña. **3.** Extraño, raro, que causa sorpresa. **4.** Que carece de lógica, coherencia, etc.: *ideas peregrinas.* **SIN. 1.** Romero, viajante, caminante. **2.** Migratorio. **3.** Singular. **4.** Ilógico, incoherente.

perejil (del occitano *peiressil*, y éste del gr. *petroselinon*) *s. m.* Planta herbácea de hojas trifoliadas aromáticas y flores en umbela, originaria del área mediterránea, que se cultiva para su uso en cocina como condimento. **FAM.** Emperejilar.

perendengue *s. m.* **1.** Pendiente que se pone en la oreja. **2.** *fam.* Adorno superfluo y de poco valor. Se usa más en *pl.*

perengano, na *s. m.* y *f.* Palabra utilizada para designar a una persona indefinida, generalmente en una enumeración con otras voces similares: *Éste se lo cuenta a fulano, a mengano, a perengano... ¡a todo el mundo!*

perenne (del lat. *perennis*) *adj.* **1.** Que permanece, que no muere. **2.** Se dice de la planta que vive más de dos años. **SIN. 1.** Permanente, perpetuo, constante. **ANT. 1.** Perecedero, efímero. **2.** Caduco. **FAM.** Perennidad, perennifolio.

perennifolio, lia *adj.* Se dice de los árboles y plantas que conservan sus hojas todo el año.

perentorio, ria (del lat. *peremptorius*, definitivo) *adj.* **1.** Se aplica al último plazo que se da para hacer algo. **2.** Se aplica a lo que es urgente: *Tiene necesidad perentoria de encontrar trabajo.* **3.** Decisivo, determinante. **SIN. 1.** Improrrogable. **1.** y **2.** Inaplazable. **2.** Apremiante. **3.** Concluyente. **ANT. 1.** Prorrogable. **1.** y **2.** Aplazable. **FAM.** Perentoriamente, perentoriedad.

perestroika (ruso, significa 'reorganización') *s. f.* Reforma iniciada por Gorbachov en la URSS a finales de la década de 1980, caracterizada por la apertura democrática, la liberalización económica y la transparencia informativa.

pereza (del lat. *pigritia*) *s. f.* **1.** Falta de disposición para hacer algo. **2.** Descuido o tardanza en las acciones o movimientos. **SIN. 1.** y **2.** Vaguería, vagancia, haraganería, holgazanería, galbana, desidia. **ANT. 1.** y **2.** Laboriosidad, diligencia. **FAM.** Perezoso. / Desperezarse, emperezar.

perezoso, sa *adj.* **1.** Que tiene pereza o actúa con pereza. También *s. m.* y *f.* || *s. m.* **2.** Mamífero desdentado de Sudamérica, con largas extremidades y manos rematadas en tres o dos dedos, adaptadas a la vida en los árboles. Su pelaje es tupido y sus movimientos muy lentos. **SIN. 1.** Vago, haragán, holgazán, gandul, remolón, desidioso, negligente, descuidado. **ANT. 1.** Laborioso, diligente, trabajador. **FAM.** Perezosamente. PEREZA.

perfección (del lat. *perfectio, -onis*) *s. f.* **1.** Cualidad de perfecto. **2.** Acción de perfeccionar. **3.** Cosa perfecta. || **LOC. a la perfección** *adv.* Perfectamente. **SIN. 2.** Perfeccionamiento. **ANT. 1.** Imperfección. **FAM.** Perfeccionar, perfeccionismo, perfeccionista. PERFECTO.

perfeccionar *v. tr.* Hacer que algo aumente su perfección o adquiera el mayor grado posible de ella. También *v. prnl.*: *Me estoy perfeccionando en inglés.* **FAM.** Perfeccionador, perfeccionamiento. PERFECCIÓN.

perfeccionismo *s. m.* Actitud de la persona que pretende lograr la perfección en todo lo que hace, a veces exageradamente.

perfeccionista *adj.* Que tiende al perfeccionismo. También *s. m.* y *f.*

perfectamente *adv. m.* **1.** De manera perfecta. **2.** De acuerdo, vale, muy bien: *¿Vienes al cine? Por mí, perfectamente.*

perfectible *adj.* Que puede ser mejorado o perfeccionado. **FAM.** Perfectibilidad. PERFECTO.

perfectivo, va *adj.* **1.** En ling., se dice de los verbos que expresan que la acción se acaba cuando se realiza, como *nacer, morir*, etc. **2.** Se dice de los tiempos que expresan acción terminada: el pretérito indefinido (pretérito perfecto simple) y todos los tiempos compuestos. **SIN. 1.** Desinente. **2.** Perfecto. **ANT. 1.** Durativo. **1.** y **2.** Imperfectivo.

perfecto, ta (del lat. *perfectus*) *adj.* **1.** Que tiene el mayor grado posible de bondad dentro de su propia naturaleza o de la cualidad de que se trata. **2.** Que está bien, en buenas condiciones. **3.** Delante de calificativos, indica que lo expresado por dicho calificativo lo posee alguien o algo en su totalidad: *Es un perfecto majadero.* **4.** En ling., se aplica al tiempo verbal que expresa la acción como terminada o acabada, no en su transcurso o realización. **SIN. 1.** Inmejorable, insuperable. **3.** Completo. **ANT. 1.** y **2.** Imperfecto, defectuoso. **FAM.** Perfección, perfectamente, perfectible, perfectivo. / Desperfecto, imperfecto, pluscuamperfecto.

perfidia (del lat. *perfidia*) *s. f.* **1.** Deslealtad, cualidad o acción contraria a la fidelidad. **2.** P. ext., maldad grande. **SIN. 1.** Traición, infidelidad, alevosía. **2.** Perversidad. **ANT. 1.** Lealtad. **2.** Bondad. **FAM.** Pérfidamente, pérfido.

pérfido, da (del lat. *perfidus*, de mala fe) *adj.* Que muestra perfidia o actúa con perfidia. **SIN.** Desleal, traidor, infiel; perverso, malvado.

perfil (del occitano ant. *perfil*, dobladillo) *s. m.* **1.** Línea que marca el contorno de algo. **2.** Postura lateral desde la que es vista una persona o cosa. **3.** En geom., figura formada por la intersección de un cuerpo con un plano vertical. **4.** En metalurgia, barra metálica obtenida por laminación, forja, estampación o estirado. **5.** En pintura y en dibujo, contorno de una figura representado por líneas. **6.** Conjunto de propiedades o características de una persona o cosa: *el perfil de un candidato.* || *s. m. pl.* **7.** Complementos o retoques con que se acaba o perfecciona algo. **SIN. 1.** Silueta. **FAM.** Perfilar. FILO[1].

perfilado, da 1. *p.* de **perfilar**. || *adj.* **2.** Se dice del rostro adelgazado y largo en proporción. **3.** Se aplica a una obra, estudio, etc., muy elaborado y detallado al máximo. **SIN. 3.** Rematado, afinado, perfecto, completo.

perfilador, ra *adj.* **1.** Que perfila. También *s. m.* y *f.* || *s. m.* **2.** Cosmético en forma de lápiz o de rotulador de punta muy fina que se usa para perfilar la forma de los ojos o de los labios.

perfilar *v. tr.* **1.** Sacar o resaltar los perfiles de algo: *perfilar un dibujo.* **2.** Dejar algo muy trabajado y detallado. SIN. 1. Delinear. 2. Retocar, rematar, afinar, perfeccionar. FAM. Perfilado, perfilador. PERFIL.

perforación *s. f.* **1.** Acción y resultado de perforar. **2.** En med., rotura que se produce en las paredes de un órgano.

perforador, ra *adj.* Que perfora o sirve para perforar. También *s. m.* y *f.*

perforar (del lat. *perforare*) *v. tr.* Agujerear algo atravesándolo en su totalidad o en parte. SIN. Horadar, taladrar. FAM. Perforación, perforador. / Imperforación.

perfumador, ra *adj.* **1.** Que elabora perfumes. También *s. m.* y *f.* || *s. m.* **2.** Recipiente o aparato que contiene y esparce perfume.

perfumar (del lat. *per*, por, y *fumare*, producir humo) *v. tr.* Dar buen olor a alguien o algo. También *v. prnl.* FAM. Perfumador. PERFUME.

perfume *s. m.* **1.** Sustancia líquida o sólida que se utiliza para dar buen olor. **2.** Olor agradable: *Las lilas despedían un fresco perfume.* SIN. **2.** Fragancia, esencia, aroma. FAM. Perfumar, perfumería, perfumista. HUMO.

perfumería *s. f.* Tienda en que se venden perfumes y otros productos de cosmética y aseo.

perfumista *s. m.* y *f.* Persona que fabrica o elabora perfumes.

pergamino (del lat. *pergamena*, y éste del gr. *pergamene*, de Pérgamo) *s. m.* **1.** Pieza limpia y seca de piel de res, estirada y tratada para escribir en ella y para otros usos. **2.** Documento escrito en esta piel tratada. FAM. Apergaminado, empergaminar.

pergeñar *v. tr. fam.* Preparar o disponer algo a grandes rasgos o rápidamente: *Pergeñó en un momento el esquema de la conferencia.* SIN. Trazar, esbozar, bosquejar. FAM. Pergeño.

pérgola (del ital. *pèrgola*, y éste del lat. *pergula*, emparrado) *s. f.* Estructura de elementos verticales y horizontales que sostiene un tejadillo o un conjunto de plantas trepadoras.

peri- (del gr. *peri*) *pref.* Significa 'alrededor': *pericardio, pericarpio.*

perianal *adj.* De la zona próxima al ano.

periantio (de *peri-* y el gr. *anthos*, flor) *s. m.* Conjunto de cáliz y corola, hojas modificadas que rodean los órganos sexuales de la flor. SIN. Perigonio.

pericardio (del gr. *perikardion*, de *peri*, alrededor, y *kardia*, corazón) *s. m.* Bolsa de tejido conjuntivo que recubre el corazón. FAM. Pericarditis. CARDIACO.

pericarditis *s. f.* Inflamación del pericardio. ■ No varía en *pl.*

pericarpio (del gr. *perikarpion*, de *peri*, alrededor, y *karpos*, fruto) *s. m.* Parte exterior de los frutos, que rodea a la semilla.

pericia (del lat. *peritia*) *s. f.* Habilidad o destreza para una ciencia, arte, actividad, etc. SIN. Experiencia, maestría, práctica. ANT. Impericia, inexperiencia. FAM. Pericial, pericialmente. / Impericia. PERITO.

pericial *adj.* Del perito o relacionado con él.

periclitar (del lat. *periclitari*) *v. intr.* **1.** Decaer, perder fuerza, intensidad, belleza, etc. **2.** Poner en peligro. SIN. **1.** Declinar, empeorar. **2.** Peligrar. ANT. **1.** Progresar.

perico (dim. del nombre ant. *Pero*, Pedro) *s. m.* **1.** Especie de papagayo. **2.** Pericón, abanico grande. **3.** *fam.* Orinal*. **4.** Pendón*, mujer de vida licenciosa. **5.** *argot* Cocaína. SIN. **1.** Periquito, loro. FAM. Pericón, periquete.

pericón (aum. de *perico*) *s. m.* **1.** Abanico muy grande. **2.** Baile popular de Uruguay y Argentina, de ritmo vivo.

perieco, ca (del gr. *perioikos*, de *peri*, alrededor, y *oikeo*, habitar) *adj.* Se dice del habitante de la Tierra con relación a otro que ocupa un punto diametralmente opuesto del mismo paralelo. También *s. m.* y *f.*

periferia (del lat. *peripheria*, y éste del gr. *periphereia*, circunferencia) *s. f.* Espacio que rodea a otro considerado centro o núcleo. FAM. Periférico.

periférico, ca *adj.* **1.** De la periferia. **2.** En inform., se aplica a las unidades del sistema externas a la unidad y memoria centrales. También *s. m.*

perifollo (del lat. *caerefolium*) *s. m.* **1.** Planta herbácea umbelífera que alcanza entre 50 y 100 cm de altura, tiene hojas aromáticas, flores pequeñas de color blanco y fruto muy estrecho, a veces con espinas. || *s. m. pl.* **2.** *fam.* Adornos superfluos, y generalmente de mal gusto. FAM. Emperifollar.

periforme *adj.* Que tiene forma de pera.

perífrasis (del gr. *periphrasis*) *s. f.* **1.** Circunlocución*. || **2. perífrasis verbal** En gramática, construcción que añade alguna particularidad al verbo que se conjuga y se realiza con éste en infinitivo, gerundio o participio, precedido de un verbo auxiliar: *Voy a salir, están esperándome.* ■ No varía en *pl.* FAM. Perifrasear, perifrástico. FRASE. (Véase cuadro en página siguiente.)

perifrástico, ca *adj.* De la perífrasis o que abunda en esta figura retórica.

perigeo (del gr. *perigeion*, de *peri*, alrededor, y *ge*, la Tierra) *s. m.* Punto más cercano a la Tierra en la órbita de la Luna o de cualquier satélite artificial terrestre.

periglaciar *adj.* Se aplica a la erosión y tipo de relieve producido por la acción del hielo.

perigonio (de *peri-* y el gr. *gonos*, semen) *s. m.* Periantio*.

perihelio (de *peri-* y el gr. *helios*, el Sol) *s. m.* Punto más próximo al Sol en la órbita de un cuerpo celeste. ■ Se opone a *afelio.*

perilla *s. f.* **1.** Adorno en forma de pera. **2.** Barba que cubre sólo la barbilla. || LOC. **de perilla(s)** *adv. fam.* Muy bien, fenomenal, muy oportuno: *Este cuaderno me viene de perillas.* SIN. **2.** Chiva.

perillán, na (de los ant. nombres *Pero*, Pedro, e *Illán*, Julián) *s. m.* y *f.* Persona astuta y pícara, especialmente cuando se trata de un chico listo y travieso. También *adj.* SIN. Granuja, pillo, bribón, tuno.

perímetro (del gr. *perimetros*, de *peri*, alrededor, y *metron*, medida) *s. m.* **1.** Línea o conjunto de líneas que limitan una figura o una superficie. **2.** En geom., suma de las longitudes de estas líneas. FAM. Perimétrico. / Semiperímetro.

perindola o **perinola** *s. f.* Pequeña peonza con un manguito en la parte superior para hacerla bailar.

perineo o **periné** (del gr. *perineos*) *s. m.* Región anatómica comprendida entre el ano y las partes sexuales.

periódico, ca (del gr. *periodikos*) *adj.* **1.** Que se hace o sucede con determinados intervalos o espacios de tiempo. || *s. m.* **2.** Publicación de carácter informativo que se edita diariamente. SIN. **2.** Diario. FAM. Periódicamente, periodicidad, periodicucho, periodismo, periodístico. PERIODO.

periodismo *s. m.* **1.** Carrera en que se forman los futuros periodistas. **2.** Profesión de periodista. **3.**

PERÍFRASIS CON INFINITIVO		
Formas	**Significados**	**Ejemplos**
haber que + infinitivo **haber de** + infinitivo **tener que** + infinitivo	Obligación.	*Hay que ir a trabajar.* *He de marcharme.* *Tenéis que venir.*
deber de + infinitivo	Suposición o probabilidad.	*Deben de ser las doce.*
venir a + infinitivo	Aproximación.	*Vienen a costar lo mismo.*
ir a + infinitivo	Intención. Acción inminente.	*Voy a salir de viaje.* *Va a llover.*
ponerse a + infinitivo **echar a** + infinitivo	Comienzo de la acción.	*Se puso a gritar.* *Echó a correr.*
acabar de + infinitivo **llegar a** + infinitivo	Término o fase final de la acción.	*Acaba de partir el tren.* *Llegó a ser un gran escritor.*
volver a + infinitivo	Reiteración.	*Vuelve a insistir.*
PERÍFRASIS CON GERUNDIO		
Formas	**Significados**	**Ejemplos**
estar + gerundio **andar** + gerundio **ir** + gerundio **seguir** + gerundio **venir** + gerundio	Acción que no ha acabado; que está desarrollándose o se repite.	*Está mirando por la ventana.* *Anda quejándose todo el día.* *Voy preparando la cena.* *Sigue intentándolo.* *Vengo observando su trabajo.*
PERÍFRASIS CON PARTICIPIO		
Formas	**Significados**	**Ejemplos**
llevar + participio **dejar** + participio	Acción terminada.	*Lleva pescadas tres truchas.* *Dejó escritas sus memorias.*
haber + participio	Tiempos compuestos.	*El señor ha salido.*
ser + participio **estar** + participio	Voz pasiva.	*El castillo fue conquistado.* *La firma está dirigida por él.*

Conjunto de actividades relacionadas con la recogida, selección, elaboración y difusión de las noticias que se transmiten a través de los medios de información. ‖ **4. periodismo amarillo** El que informa de manera sensacionalista y exagerada. **FAM.** Peridístico, periodista. PERIÓDICO.

periodista *s. m.* y *f.* Persona que tiene como oficio informar al lector, oyente o espectador y comunicar las noticias de actualidad.

periodístico, ca *adj.* Relacionado con los periódicos y con los periodistas.

periodo o **período** (del gr. *periodos*, de *peri*, alrededor, y *hodos*, camino) *s. m.* **1.** Cada uno de los espacios en que se divide determinado tiempo y durante el cual se desarrolla o evoluciona una cosa. **2.** Tiempo en que una cosa vuelve al estado o posición que tenía al principio, como el de la revolución de los astros. **3.** En cronología, ciclo de tiempo. **4.** Menstruación*. **SIN. 1.** Etapa, fase. **4.** Regla. **FAM.** Periódico, periodización.

periodoncia *s. f.* En med., tratamiento de los tejidos que rodean a los dientes.

periostio (del gr. *periosteon*, de *peri*, alrededor, y *osteon*, hueso) *s. m.* Membrana blanca y fibrosa que rodea el hueso, excepto en los lugares de incrustación de los cartílagos y de inserción de los tendones. **FAM.** Periostitis.

periostitis *s. f.* Inflamación del periostio. ■ No varía en *pl.*

peripatético, ca (del gr. *peripatetikos*) *adj.* **1.** Relativo a la doctrina de Aristóteles y de sus discípulos. **2.** Seguidor de esta doctrina. También *s. m.* y *f.* **SIN. 1.** y **2.** Aristotélico.

peripecia (del gr. *peripeteia*, cambio súbito) *s. f.* **1.** En composiciones de carácter literario, circunstancia o suceso repentino que cambia o altera determinada situación. **2.** Suceso que en la vida real acontece de manera repentina e imprevista. **SIN. 1.** y **2.** Lance, incidente. **2.** Percance.

periplo (del lat. *periplus*, y éste del gr. *periplus*, de *peripleo*, circunnavegar) *s. m.* **1.** *ant.* Navegación en torno a un lugar o alrededor del mundo. **2.** Obra en que se relata esta navegación. **3.** P. ext., viaje muy largo o que recorre varios países. **SIN. 1.** Circunnavegación.

períptero, ra (del gr. *peripteros*, de *peri*, alrededor, y *pteron*, ala) *adj.* Se dice de los edificios rodeados de columnas, como p. ej. el Partenón. También *s. m.*

peripuesto, ta *adj.* Se aplica a la persona que pone mucho esmero y cuidado al vestirse y arreglarse. **SIN.** Emperejilado, acicalado, coquetón, emperifollado, lechuguino. **ANT.** Desaliñado.

periquete *s. m. fam.* Espacio muy breve de tiempo: *En un periquete me arreglo, así que espérame.* **SIN.** Santiamén, instante, segundo.

periquito *s. m.* Ave prensora de unos 20 cm de longitud, con el plumaje ondulado y de colores vistosos, especialmente verde, azul o blanco, alas largas y puntiagudas y cola fina.

periscio, cia (del gr. *periskios*, de *peri*, alrededor, y *skia*, sombra) *adj.* Se aplica a los pobladores de las zonas polares, en torno a los cuales gira su sombra cada día de verano, porque no se pone el Sol. También *s. m.* y *f.*

periscopio (del gr. *periskopeo*, mirar en torno) *s. m.* Instrumento óptico que permite desplazar paralelamente hacia arriba la línea de visión por medio de prismas o espejos; lo utilizan sobre todo los submarinos. **FAM.** Periscópico.

perisodáctilo (del gr. *perissos*, desigual, y *daktylos*, dedo) *adj.* **1.** Se aplica a los mamíferos caracterizados por tener un número impar de dedos en las extremidades, como el caballo y el rinoceronte. También *s. m.* || *s. m. pl.* **2.** Orden de estos mamíferos.

perista *s. m.* y *f.* Persona que comercia con objetos robados.

peristáltico, ca (del gr. *peristaltikos*, que puede contraerse) *adj.* Se aplica a los movimientos musculares de contracción de ciertos órganos, como el estómago y los intestinos.

peristilo (del lat. gr. *peristylos*, de *peri*, alrededor, y *stylos*, columna) *s. m.* **1.** Galería de columnas que rodea un edificio o parte de él. **2.** Patio interior rodeado de columnas.

perístole (del gr. *peristole*, compresión del vientre) *s. f.* Adaptación tónica de la musculatura del estómago a los alimentos ingeridos.

peritaje *s. m.* **1.** Trabajo, estudio o informe que hace un perito. **2.** Carrera de perito.

peritar *v. tr.* Emitir un dictamen sobre algo como perito. También *v. intr.*

perito, ta (del lat. *peritus*) *adj.* **1.** Se aplica al entendido o experto en determinada ciencia o arte. También *s. m.* y *f.* || *s. m.* y *f.* **2.** Ingeniero técnico. **3.** Persona que ha realizado la carrera de comercio: *perito mercantil.* **4.** Persona que por poseer determinados conocimientos sobre ciertos puntos informa al juez. **SIN. 1.** Experimentado, competente, especialista. **ANT. 1.** Inexperto. **FAM.** Peritación, peritaje, peritar. / Pericia.

peritoneo (del gr. *peritonaion*, de *peri*, alrededor, y *teino*, tender) *s. m.* Membrana que recubre los órganos abdominales de los vertebrados y otros animales. **FAM.** Peritoneal, peritonitis.

peritonitis *s. f.* Inflamación del peritoneo. ■ No varía en *pl.*

perjudicar (del lat. *praeiudicare*) *v. tr.* Causar daño. También *v. prnl.* ■ Delante de *e* se escribe *qu* en lugar de *c*: *perjudique.* **SIN.** Dañar(se), lastimar(se), menoscabar(se), vulnerar. **ANT.** Beneficiar(se). **FAM.** Perjudicado, perjudicial, perjudicialmente, perjuicio.

perjudicial *adj.* Que perjudica o puede perjudicar. **SIN.** Dañino, nocivo. **ANT.** Inocuo, beneficioso.

perjuicio (del lat. *praeiudicium*) *s. m.* Efecto de perjudicar o perjudicarse. **SIN.** Daño, pérdida.

perjurar (del lat. *periurare*) *v. intr.* **1.** Jurar en falso. **2.** Jurar mucho para insistir en la certeza del juramento: *Juró y perjuró que no había sido él.* **3.** Incumplir un juramento. **FAM.** Perjurio, perjuro. JURAR.

perjurio (del lat. *periurium*) *s. m.* **1.** Juramento en falso. **2.** Incumplimiento de un juramento.

perjuro, ra (del lat. *periurus*) *adj.* Que jura en falso o incumple un juramento que había hecho. También *s. m.* y *f.* **SIN.** Perjurador, desleal, infiel.

perla *s. f.* **1.** Pequeño cuerpo esférico de nácar que se forma en el interior de determinados moluscos y se utiliza en joyería. **2.** Cuerpo de forma similar. **3.** Persona o cosa muy apreciada por sus buenas cualidades: *Esta chica es la perla de la casa.* **4.** *fam.* Cosa o dicho extraño, que causa asombro o risa. || **LOC. de perlas** *adv.* De maravilla, muy bien o muy oportunamente: *Este pantalón me viene de perlas.* **FAM.** Perlado, perlar, perlero, perlífero. / Madreperla.

perlado, da *adj.* **1.** Que tiene el color, brillo o aspecto de las perlas. **2.** Cubierto de perlas o de cosas que las semejan.

perlar *v. tr.* **1.** En lenguaje poético, cubrir o salpicar de gotas de agua, lágrimas, etc. También *v. prnl.*: *Se le perló la frente de sudor.* || **perlarse** *v. prnl.* **2.** Unirse los electrodos de la bujía impidiendo que salte la chispa.

perlé (fr.) *s. m.* Fibra o hilo de algodón que se usa para bordar, hacer ganchillo, etc.

perlesía (del lat. *paralasia*) *s. f.* Parálisis, especialmente acompañada de temblor.

perlífero, ra *adj.* Que tiene o produce perlas.

permanecer (del lat. *permanere*) *v. intr.* **1.** Mantenerse en un lugar, actividad, etc., sin marcharse ni cambiar durante un tiempo. **2.** Mantenerse en determinado estado, cualidad o condición: *Permanece triste.* ■ Es v. irreg. Se conjuga como *agradecer.* **SIN. 1.** Quedarse. **1.** y **2.** Continuar, perdurar, conservarse, seguir. **ANT. 1.** Ausentarse. **1.** y **2.** Mudarse. **FAM.** Permanencia, permanente.

permanente (del lat. *permanens, -entis*) *adj.* **1.** Que permanece. || *s. f.* **2.** *fam.* Ondas o rizos que se hacen en el pelo y se fijan mediante cosméticos. **SIN. 1.** Continuo, constante, estable, duradero, perenne. **2.** Moldeado. **ANT. 1.** Pasajero, inestable. **FAM.** Permanentemente. PERMANECER.

permanganato *s. m.* **1.** Sal formada por ácido de manganeso con una base. **2.** Permanganato potásico que se usa como desinfectante doméstico.

permeable (del lat. *permeare*, pasar a través) *adj.* Se aplica al cuerpo que puede ser traspasado por agua u otros fluidos. **SIN.** Poroso, penetrable. **ANT.** Impermeable. **FAM.** Permeabilidad. / Impermeable, semipermeable.

pérmico, ca (de la región rusa de *Perm*, en los Urales) *adj.* Se dice del sexto y último periodo de la era paleozoica, que comenzó hace unos 280 millones de años y terminó hace unos 225 millones. En él se formaron grandes yacimientos de petróleo, carbón y otros minerales y tuvieron gran desarrollo los peces, anfibios, reptiles, insectos y helechos.

permisividad *s. f.* Tolerancia, especialmente cuando es excesiva.

permisivo, va (del lat. *permissum*, de *permittere*, permitir) *adj.* Que permite o consiente. **SIN.** Tolerante. **ANT.** Intolerante. **FAM.** Permisivamente, permisividad. PERMITIR.

permiso (del lat. *permissum*) *s. m.* **1.** Acción de permitir. **2.** Posibilidad de dejar temporalmente el trabajo, el servicio militar u otra obligación, y tiempo que dura esa posibilidad. **SIN. 1.** Autorización, consentimiento, venia. **1.** y **2.** Licencia. **2.** Vacación. **ANT. 1.** Prohibición.

permitir (del lat. *permittere*) *v. tr.* **1.** Manifestar, normalmente el que tiene autoridad para ello, que alguien puede hacer o dejar de hacer una cosa determinada. También *v. prnl.* **2.** No oponerse a algo que se podría o debería impedir. **3.** Hacer posible: *Este horno permite cocinar en pocos minutos.* || **permitirse** *v. prnl.* **4.** Atreverse o decidirse a hacer o decir algo: *Me permito pedirte algo de dinero.* SIN. **1.** Autorizar, conceder(se). **2.** Tolerar, consentir, admitir, condescender. **3.** Posibilitar. **4.** Osar. ANT. **1.** Denegar(se). **1.** y **2.** Prohibir(se), vetar. **2.** Denegar. FAM. Permisible, permisión, permisivo, permiso.

permuta o **permutación** *s. f.* Acción de permutar. SIN. Cambio, intercambio, canje.

permutar (del lat. *permutare*) *v. tr.* **1.** Cambiar una cosa por otra, a excepción de dinero: *permutar mercancías, permutar destinos.* **2.** Cambiar el orden: *Permutaron la intervención de los ponentes.* FAM. Permuta, permutabilidad, permutable, permutación. / Impermutable. MUTAR.

pernada *s. f.* **1.** En marina, rama o ramal de cualquier objeto. || **2. derecho de pernada** Derecho feudal de época medieval que obligaba a las doncellas de clase servil a pasar la noche de boda con su señor; era ejercido generalmente de manera simbólica. También, en sentido figurado, abuso de poder.

pernear *v. intr.* Mover con fuerza y repetidas veces las piernas.

pernera *s. f.* Parte del pantalón que cubre la pierna. SIN. Pernil.

pernicioso, sa (del lat. *perniciosus*) *adj.* Muy perjudicial, que causa mucho daño. SIN. Nocivo, malo, dañino. ANT. Beneficioso, bueno.

pernil (del lat. *perna*, pernil de puerco) *s. m.* **1.** Anca y muslo del animal. **2.** Por antonomasia, los del puerco o cerdo. **3.** Pernera*.

pernio (del lat. *perna*, pierna) *s. m.* Pieza articulada de metal con que se fijan las puertas y ventanas al marco para que puedan girar. SIN. Gozne.

perniquebrar *v. tr.* Romper una pierna o pata. También *v. prnl.* ■ Es v. irreg. Se conjuga como *pensar.*

perno (del lat. *perna*, pierna) *s. m.* Pieza cilíndrica de metal que por un extremo tiene cabeza y por el otro se asegura con una chaveta, tuerca o remache, y que se utiliza para afirmar piezas de gran volumen.

pernocta *s. f.* **1.** Acción de pernoctar, especialmente un soldado fuera del cuartel. ■ Se usa sobre todo en las expresiones **pase de pernocta** o **permiso de pernocta**. || *s. m.* **2.** Soldado que tiene permiso de pernocta.

pernoctar (del lat. *pernoctare*) *v. intr.* Pasar la noche en algún lugar que no es el domicilio de uno. FAM. Pernocta. NOCHE.

pero (del lat. *per hoc*) *conj. advers.* **1.** Indica que el significado de la oración o palabra a la que precede se opone y es distinto al significado de otra oración o palabra anterior; también lo limita o amplía: *Quería ir al cine, pero me quedé trabajando. Es inteligente, pero estudia poco.* **2.** En principio de frase, se utiliza para dar más fuerza a la expresión: *¡Pero qué inteligente es este niño!* || *s. m.* **3.** Inconveniente, reparo, dificultad. Se usa más en *pl.*: *Antes de aceptar me puso muchos peros.* || LOC. **pero que** *fam.* Delante de ciertos adjetivos y adverbios, apoya o refuerza lo que éstos expresan: *Estoy pero que muy contento.*

perogrullada *s. f.* Verdad de Perogrullo*.

Perogrullo (de *Pero*, Pedro, y *Grullo*) *n. p.* Se usa en la expresión **verdad de Perogrullo**, que se refiere a una cosa tan sabida o a una verdad tan evidente que es tonto decirla. ■ Se dice también *perogrullada.* FAM. Perogrullada, perogrullesco.

perol (del cat. *perol*) *s. m.* Vasija en forma de media esfera en que se cocinan alimentos. FAM. Perola.

perola *s. f.* Perol pequeño.

peroné (del gr. *perone*, clavija, a través del fr.) *s. m.* Hueso largo y delgado de la pierna, situado detrás de la tibia.

peronismo *s. m.* Justicialismo*. FAM. Peronista.

perorar (del lat. *perorare*) *v. intr.* **1.** Pronunciar un discurso. **2.** *fam.* Soltar una perorata. FAM. Peroración, perorata. ORAR.

perorata *s. f.* Discurso o charla que resulta interminable y aburrido para el oyente. SIN. Tabarra, rollo, tostón, tostonazo.

perpendicular (del lat. *perpendicularis*) *adj.* **1.** Se aplica a la línea o al plano que forma ángulo recto con otra línea u otro plano. || *s. f.* **2.** Línea que forma ángulo recto con otra. FAM. Perpendicularidad, perpendicularmente. PENDER.

perpetrar (del lat. *perpetrare*) *v. tr.* Cometer algún acto que se considera delito. FAM. Perpetración, perpetrador.

perpetua (del lat. *perpetua*) *s. f.* **1.** Nombre dado a diversas plantas cuyas flores conservan el olor y aspecto después de arrancadas. **2.** Flor de estas plantas.

perpetuar (del lat. *perpetuare*) *v. tr.* Hacer que algo se prolongue, dure siempre o mucho tiempo. También *v. prnl.* ■ En cuanto al acento, se conjuga como *actuar*: *perpetúo.* SIN. Perdurar, eternizar(se), inmortalizar(se). ANT. Terminar(se). FAM. Perpetuación. PERPETUIDAD.

perpetuidad *s. f.* Cualidad de lo que dura siempre o mucho tiempo. || LOC. **a perpetuidad** *adj.* y *adv.* De por vida: *un cargo a perpetuidad.* SIN. Perdurabilidad, perennidad, eternidad. ANT. Provisionalidad, fugacidad. FAM. Perpetua, perpetuamente, perpetuar, perpetuo.

perpetuo, tua (del lat. *perpetuus*, sin interrupción) *adj.* **1.** Que dura y permanece para siempre. **2.** Se aplica a los cargos vitalicios. SIN. **1.** Perenne, perdurable, eterno. **2.** Permanente.

perpiaño *adj.* **1.** Se dice del arco resaltado, ceñido a la bóveda, transversal al eje de la nave. || *s. m.* **2.** Piedra, sillar o ladrillo que atraviesa el grosor de la pared y tiene, por tanto, dos caras exteriores. SIN. **1.** Fajón.

perplejidad (del lat. *perplexitas, -atis*) *s. f.* Confusión, indecisión. SIN. Turbación, vacilación, asombro. FAM. Perplejamente, perplejo.

perplejo, ja (del lat. *perplexus*, entrelazado, sinuoso) *adj.* Confuso, indeciso, sin saber qué hacer o decir. SIN. Turbado, vacilante.

perra *s. f.* **1.** Hembra del perro. **2.** *fam.* Llanto fuerte y seguido. **3.** *fam.* Deseo exagerado o idea fija: *¡Tiene una perra con comprarse el collar!* **4.** *desp.* y *vulg.* Prostituta. || *s. f. pl.* **5.** *fam.* Dinero. || LOC. **¡para ti la perra gorda!** *fam.* Se emplea para poner fin a una discusión dando a entender a la persona con la que se discute que es imposible hacerle razonar. SIN. **2.** Rabieta, berrinche, pataleta. **3.** Vena, manía. **5.** Pasta, pelas. FAM. Sacaperras, tragaperras. PERRO.

perrada *s. f.* Perrería*. SIN. Faena, marranada, cochinada, cerdada, guarrada, jugarreta, putada.

perrera *s. f.* **1.** Lugar donde se recogen o encierran los perros callejeros. **2.** Furgoneta municipal que los recoge. **3.** En trenes y aviones, departamento destinado a llevar los perros y, p. ext., otros animales domésticos.

perrería *s. f.* **1.** Conjunto de perros. **2.** *fam.* Mala jugada, faena. SIN. **1.** y **2.** Perrada. **2.** Cochinada, cerdada, guarrada, jugarreta.

perrero, ra *adj.* **1.** Se dice de la persona aficionada a los perros y que sabe cuidarlos y criarlos. También *s. m.* y *f.* || *s. m.* **2.** El que cuida los perros de caza. **3.** Empleado de la perrera; especialmente el encargado de la captura de los animales.

perrito caliente (traducción del ingl. *hot dog*) *expr.* Salchicha cocida o asada y metida en un pan blando y alargado, a la que generalmente se añade mostaza o salsa de tomate. ■ Se usa como *s. m.*

perro, rra *s. m.* y *f.* **1.** Mamífero doméstico de la familia cánidos que presenta gran diversidad de tamaños, formas y pelaje, a causa del gran número de cruces de que ha sido objeto para obtener las distintas razas. Habita, junto al hombre, en todas las regiones de la Tierra, adaptado a las diversas condiciones geográficas. **2.** Persona malvada, miserable, despreciable. También *adj.* **3.** Nombre que se dio como insulto a personas de otras religiones, especialmente moros y judíos. || *adj.* **4.** *fam.* Muy malo, desgraciado: *una vida perra, un año perro.* || **5. perro faldero** El de pequeño tamaño que es apreciado como animal de compañía. También, persona que muestra gran sumisión a otra: *Pareces el perro faldero del jefe.* **6. perro lazarillo** El adiestrado para guiar a los ciegos. **7. perro viejo** Persona a la que una larga experiencia ha hecho muy astuta, hábil, desconfiada y difícil de engañar. || LOC. **a cara de perro** *adv. fam.* Con determinación, sin amabilidad, sin hacer ninguna concesión ni permitir ninguna blandura: *Empresarios y trabajadores discutieron el convenio a cara de perro.* **a otro perro con ese hueso** *fam.* Se emplea para rechazar una proposición desventajosa o para mostrar incredulidad. **atar los perros con longaniza** En sentido exagerado e irónico, disfrutar de gran bienestar y riqueza: *Se vino del pueblo creyendo que en la ciudad atamos los perros con longaniza.* **como el perro y el gato** *adv.* Sirve para expresar que dos personas se llevan muy mal y riñen a menudo. **de perros** *adj. fam.* Muy malo: *un tiempo de perros.* SIN. **1.** Can, chucho. **4.** Fatal, funesto, desdichado, aciago. FAM. Perra, perrada, perramente, perrería, perrero, perrito caliente, perro, perruno. / Aperreado, emperrarse. PERRO.

perruno, na *adj.* De perro o que parece de perro: *obediencia perruna.*

persa *adj.* **1.** De Persia. También *s. m.* y *f.* || *s. m.* **2.** Idioma que se habla en dicho país, perteneciente al grupo iranio de la familia indoirania. FAM. Pérsico.

persecución (del lat. *persecutio, -onis*) *s. f.* **1.** Acción de perseguir con la finalidad de alcanzar o apresar. **2.** Malos tratos o castigos que sufre una persona o colectivo por motivos religiosos, políticos, etc. SIN. **1.** Seguimiento. **2.** Acoso, hostigamiento.

persecutorio, ria (del lat. *persecutus*) *adj.* **1.** Que implica persecución o se refiere a ella. || **2. manía persecutoria** Véase **manía**.

perseguir (del lat. *persequi*) *v. tr.* **1.** Ir tras el que huye para alcanzarlo: *Aunque me persigas, no me cogerás.* **2.** Intentar obtener o poseer algo poniendo todos los medios para ello. **3.** Procurar el sufrimiento de alguien o hacerle todo el daño posible. **4.** Acompañar algo a alguien sin dejarle: *Le persiguen los recuerdos de la guerra.* **5.** En der., proceder judicialmente contra alguien y, p. ext., contra las faltas y delitos. ■ Delante de *a* y *o* se escribe *g* en lugar de *gu*. Es v. irreg. Se conjuga como *pedir*. SIN. **1.** Seguir. **2.** Buscar, pretender. **3.** Molestar, hostigar, importunar, acosar, asediar. **4.** Oprimir, atormentar. ANT. **1.** Huir, escapar. FAM. Persecución, persecutorio, perseguible, perseguidor. SEGUIR.

perseverancia (del lat. *perseverantia*) *s. f.* Constancia en la realización de las cosas. SIN. Tenacidad, empeño, firmeza, insistencia, persistencia, tesón. ANT. Inconstancia.

perseverar (del lat. *perseverare*) *v. intr.* Ser constante en la realización o continuación de algo. SIN. Persistir, empeñarse. ANT. Abandonar, desistir, flaquear. FAM. Perseverancia, perseverante, perseverantemente. SEVERO.

persiana *s. f.* Cierre que se coloca en ventanas, balcones o puertas, formado por tablitas o láminas que se pueden arrollar, extender, girar, etc., para regular el paso de la luz. FAM. Persianista.

persianista *s. m.* y *f.* Persona que fabrica, vende, instala o arregla persianas.

pérsico, ca (del lat. *persicus*) *adj.* De Persia, actual Irán: *golfo Pérsico.* SIN. Persa.

persignar (del lat. *persignare*) *v. tr.* Hacer la señal de la cruz, especialmente hacer una en la frente, otra en la boca y otra en el pecho. Se usa más como *v. prnl.*

persistencia *s. f.* **1.** Constancia en el propósito o realización de algo. **2.** Duración permanente de algo. SIN. **1.** Perseverancia, tenacidad. **2.** Permanencia. ANT. **1.** Inconstancia. **2.** Brevedad.

persistente *adj.* Que persiste. SIN. Constante; duradero, perenne. ANT. Inconstante; caduco.

persistir (del lat. *persistere*) *v. intr.* **1.** Mantenerse firme o constante en algo. **2.** Durar algo o seguir existiendo. SIN. **1.** Insistir, perseverar. **2.** Perdurar, permanecer, continuar. ANT. **1.** Abandonar, cejar. **1.** y **2.** Cesar. FAM. Persistencia, persistente.

persona (del lat. *persona*) *s. f.* **1.** Individuo de la especie humana, ya sea hombre o mujer. **2.** Cualquier individuo a quien el hablante se refiere sin citarle por su nombre. **3.** En ling., accidente gramatical del verbo y del pronombre que se utiliza para referirse al individuo que habla (*primera persona*), a aquel a quien se habla (*segunda persona*) o a aquel o aquello de que se habla (*tercera persona*). || **4. persona física** Individuo capaz de tener derechos y obligaciones. **5. persona jurídica** Entidad a la que se reconoce capacidad para tener derechos u obligaciones. **6. tercera persona** Aquella distinta de las que participan o están interesadas en algo: *Me enteré por terceras personas.* || LOC. **en persona** *adv.* Realizándolo uno mismo: *Iré en persona.* A la persona de que se trate: *Entrégaselo a él en persona, y no a su secretaria.* Estando presente: *Me gustaría decírselo en persona.* SIN. **1.** Ser. **2.** Sujeto, tipo, fulano. FAM. Personaje, personal, personalidad, personalismo, personalizar, personarse, personificar. / Buscapersonas.

personaje *s. m.* **1.** Persona que sobresale o destaca entre otras por algo. **2.** Cada uno de los seres que aparecen en una obra literaria, en una película, etc. **3.** Personalidad, eminencia.

personal (del lat. *personalis*) *adj.* **1.** Relativo a la persona. **2.** Que se dirige, se refiere o interesa sólo a una persona. **3.** Propio o distintivo de alguien: *un estilo muy personal.* || *s. m.* **4.** Conjunto de trabajadores de una empresa, organización, etc. **5.** *fam.*

Gente, grupo de personas. || **6. pronombre personal** Aquel que sirve para señalar a un individuo, animal o cosa concretos, indicando qué persona es en el sentido lingüístico de este término; posee diversas formas según la función que desempeña. SIN. **1.** Individual. **2.** Privado, particular. **3.** Peculiar, subjetivo. **4.** Colectivo. **5.** Colectividad, parroquia. ANT. **1.** y **2.** Colectivo. **2.** y **3.** Común. FAM. Personalmente. / Impersonal, terciopersonal, unipersonal. PERSONA.

personalidad *s. f.* **1.** Conjunto de características, rasgos, etc., que diferencian a una persona de las demás. **2.** Condición de ciertas personas que tienen muy acusado este conjunto de características. **3.** Persona que por sus cualidades, conocimientos, etc., destaca en una determinada actividad o campo. SIN. **3.** Figura.

personalismo *s. m.* Tendencia a seguir las ideas, preferencias o intereses personales. SIN. Egoísmo, egocentrismo. FAM. Personalista. PERSONA.

personalizar *v. tr.* Referirse o dirigirse a una persona en particular: *No personalices, que yo no he sido.* ■ Delante de *e* se escribe *c* en lugar de *z*: *personalice.* FAM. Despersonalizar. PERSONA.

personalmente *adv. m.* **1.** En opinión de quien habla. **2.** En persona.

personarse *v. prnl.* Presentarse uno en persona en determinado lugar. SIN. Comparecer, acudir. ANT. Faltar, ausentarse. FAM. Personación. PERSONA.

personificación *s. f.* **1.** Acción de personificar. **2.** Persona o cosa que personifica lo que se expresa. **3.** Figura retórica que consiste en atribuir a animales o cosas aquello que es propio de los seres humanos. ■ Se llama también *prosopopeya.* SIN. **1.** Representación. **2.** Encarnación, prototipo.

personificar *v. tr.* **1.** Tener una persona una cualidad tan marcada o desempeñar en algo un papel tan señalado que puede servir de ejemplo o muestra representativa de aquello de que se trata. **2.** Hacer un escritor o artista que un personaje de una obra suya sirva de ejemplo o representación de algo: *Shakespeare personifica en Otelo los celos.* **3.** Atribuir a animales o cosas lo que es propio de los seres humanos. ■ Delante de *e* se escribe *qu* en lugar de *c*: *personifique.* SIN. **1.** Encarnar, representar, simbolizar, ejemplificar. FAM. Personificación. PERSONA.

perspectiva (del lat. *perspectiva*) *s. f.* **1.** Método por el cual se reproduce en una superficie plana la tercera dimensión, logrando una sensación de profundidad. **2.** Representación o dibujo que se hace de acuerdo con este método. **3.** Aquello que aparece ante la vista del que lo contempla, especialmente desde lejos. **4.** Punto de vista o manera de considerar las cosas. **5.** Posible evolución futura de algo. Se usa más en *pl.*: *Las perspectivas del negocio son buenas.* **6.** Distancia o alejamiento desde el que uno observa o considera algo para ser objetivo: *No tenemos perspectiva para valorar el presente.* SIN. **3.** Paisaje, panorama. **4.** Ángulo, óptica, prisma. **5.** Expectativa, esperanza. FAM. Perspectivismo.

perspectivismo *s. m.* Doctrina que sostiene que la realidad puede ser considerada desde diversos puntos de vista, todos ellos legítimos. FAM. Perspectivista. PERSPECTIVA.

perspicacia (del lat. *perspicacia*) *s. f.* Cualidad de perspicaz. SIN. Agudeza, sagacidad, penetración. ANT. Torpeza, ceguera.

perspicaz (del lat. *perspicax, -acis*) *adj.* **1.** Se dice de la persona que se da cuenta de las cosas y las entiende con gran facilidad y claridad, aunque sean complicadas y confusas. **2.** Se aplica a la inteligencia, ingenio, etc., que poseen este tipo de personas. **3.** Se aplica a la vista que percibe muy bien aun a gran distancia. SIN. **1.** Sagaz, inteligente, lince. **1.** y **3.** Penetrante, sutil. **1.** a **3.** Agudo. ANT. **1.** y **2.** Torpe, obtuso. **3.** Miope, ciego. FAM. Perspicacia.

persuadir (del lat. *persuadere*) *v. tr.* Conseguir mediante razones que una persona se decida a hacer algo o que crea o acepte cierta cosa. También *v. prnl.* SIN. Convencer(se), inclinar(se), inducir, mover(se). ANT. Disuadir(se). FAM. Persuadidor, persuasión, persuasiva, persuasivo, persuasor, persuasorio. / Suasorio.

persuasión *s. f.* Acción de persuadir.

persuasivo, va (del lat. *persuasum*, de *persuadere*) *adj.* Eficaz para persuadir. SIN. Expeditivo.

persuasorio, ria *adj.* Se dice de los argumentos o acciones que inducen a alguien a creer o a hacer cierta cosa: *La publicidad es persuasoria.* ANT. Disuasorio.

pertenecer (del lat. *pertinere*) *v. intr.* **1.** Ser una cosa propiedad de alguien: *Ese reloj me pertenece.* **2.** Formar parte de algo. **3.** Ser una cosa competencia u obligación de una persona o entidad. ■ Es v. irreg. Se conjuga como *agradecer.* SIN. **2.** Integrar. **3.** Corresponder, atañer, concernir, incumbir. FAM. Perteneciente, pertenencia, pertinente.

pertenencia (del lat. *pertinentia*) *s. f.* **1.** Acción o circunstancia de pertenecer: *No niega su pertenencia a ese partido.* **2.** Cosa que pertenece a una persona o entidad. Se usa más en *pl.*: *Recogió sus pertenencias.* **3.** Cosa que forma parte de otra: *Compró la finca con todas sus pertenencias.* SIN. **1.** Correspondencia, adscripción. **2.** Propiedades, bienes.

pértiga (del lat. *pertica*) *s. f.* Vara larga, especialmente la flexible que se utiliza en atletismo para saltos.

pertinacia (del lat. *pertinacia*) *s. f.* Cualidad de pertinaz. SIN. Obcecación, testarudez, tenacidad, insistencia, persistencia.

pertinaz (del lat. *pertinax, -acis*) *adj.* **1.** Se aplica a la persona que se mantiene con terquedad en algo. **2.** Que dura mucho. ■ Se aplica a cosas perjudiciales: *la pertinaz sequía.* SIN. **1.** Obstinado, obcecado, testarudo, terco, cabezón, tenaz. **1.** y **2.** Persistente. **2.** Prolongado. FAM. Pertinacia, pertinazmente.

pertinente (del lat. *pertinens, -entis*) *adj.* **1.** Que pertenece o se refiere a la persona o cosa que se expresa. **2.** Bueno y positivo para algo: *Es pertinente para este negocio tener don de gentes.* SIN. **1.** Concerniente, referente, relativo. **2.** Conveniente, oportuno, adecuado, idóneo. ANT. **1.** Ajeno. **2.** Inconveniente. FAM. Pertinencia. / Impertinente. PERTENECER.

pertrechar *v. tr.* **1.** Proporcionar pertrechos. **2.** Proporcionar lo necesario para hacer algo. También *v. prnl.*: *Nos pertrechamos de comida para toda la semana.* SIN. **1.** Abastecer, proveer, aprovisionar. **2.** Abastecer(se), proveer(se), aprovisionar(se).

pertrechos (del lat. *pertractus*, acarreado) *s. m. pl.* **1.** Conjunto de cosas que necesita un ejército en campaña. Se usa también en *sing.* **2.** P. ext., instrumentos necesarios para ciertas actividades. SIN. **1.** Provisiones. **2.** Útiles. FAM. Pertrechar.

perturbado, da 1. *p.* de **perturbar**. También *adj.* || *adj.* **2.** Se aplica a la persona que tiene alteradas sus facultades mentales y a estas mismas. También *s. m.* y *f.* **SIN.** **2.** Loco, demente, chalado. **ANT.** **2.** Cuerdo. **FAM.** Perturbadamente. PERTURBAR.

perturbar (del lat. *perturbare*) *v. tr.* **1.** Alterar el orden establecido: *La llegada de los niños perturbó el silencio de la casa.* También *v. prnl.* **2.** Hacer que alguien se ponga inquieto o alterado: *Sus amenazas le perturbaron.* También *v. prnl.* **3.** Volver loco. También *v. prnl.* **SIN.** **1.** Trastocar(se). **1.** y **2.** Trastornar(se). **2.** Turbar(se), inquietar(se), intranquilizar(se). **ANT.** **1.** y **2.** Tranquilizar(se), calmar(se), sosegar(se). **FAM.** Perturbable, perturbación, perturbado, perturbador. / Imperturbable. TURBAR.

peruanismo *s. m.* Vocablo o giro propios del habla de Perú.

peruano, na *adj.* Del Perú. También *s. m.* y *f.* **FAM.** Peruanismo.

perversidad (del lat. *perversitas, -atis*) *s. f.* Cualidad de perverso. **SIN.** Maldad, malignidad. **ANT.** Bondad, virtuosidad.

perversión (del lat. *perversio, -onis*) *s. f.* **1.** Acción de pervertir o pervertirse. || **2. perversión sexual** Conducta sexual patológica caracterizada por una desviación en cuanto al objeto de la sexualidad o a los medios para satisfacerla. **SIN.** **1.** Depravación, corrupción.

perverso, sa (del lat. *perversus*) *adj.* Que tiene gran maldad. **SIN.** Malvado, depravado. **FAM.** Perversamente, perversidad. PERVERTIR.

pervertido, da *adj.* De costumbres sexuales consideradas anormales o inmorales por la colectividad. También *s. m.* y *f.*

pervertir (del lat. *pervertere*) *v. tr.* Hacer que alguien o algo vayan en contra de lo establecido por la moral. También *v. prnl.* ■ Es v. irreg. Se conjuga como *sentir.* **SIN.** Depravar(se), corromper(se), viciar(se). **FAM.** Perversión, perverso, pervertido, pervertidor.

pervivir (del lat. *pervivere*) *v. intr.* Permanecer, durar, seguir viviendo. **SIN.** Perdurar, subsistir, persistir. **ANT.** Desaparecer, morir. **FAM.** Pervivencia. VIVIR.

pesa *s. f.* **1.** Pieza de medida conocida que sirve para determinar el peso de otros objetos a los que equilibra en una balanza o instrumento semejante. **2.** Pieza que cuelga de una cuerda o cadena y hace funcionar el mecanismo de un determinado tipo de reloj. || *s. f. pl.* **3.** Piezas de distintos pesos utilizadas en gimnasia.

pesacartas *s. m.* Balanza pequeña y muy precisa para pesar las cartas. ■ No varía en *pl.*

pesada *s. f.* **1.** Acción de pesar. **2.** Cantidad que se pesa de una vez.

pesadez *s. f.* **1.** Cualidad de pesado, molesto o latoso: *La pesadez de su charla acabó con mi paciencia.* **2.** Cosa que aburre, molesta o cansa: *La película era una pesadez.* **3.** Sensación de cansancio o peso que se experimenta en la cabeza, los ojos, el estómago, etc. **SIN.** **1.** Monotonía. **1.** y **2.** Aburrimiento. **2.** Rollo, pestiño, plomo, tostón, petardo. **3.** Cargazón, malestar.

pesadilla *s. f.* **1.** Sueño que causa angustia, ansiedad, temor, etc. **2.** Preocupación intensa y continua que atormenta a alguien. **SIN.** **2.** Desasosiego, zozobra.

pesado, da *adj.* **1.** Que pesa mucho. **2.** Muy tranquilo o muy lento. También *s. m.* y *f.* **3.** Que causa molestia o enfado. **4.** Latoso, insoportable. También *s. m.* y *f.* **5.** Que requiere mucho tiempo, trabajo o dedicación: *La limpieza de la casa es muy pesada.* **6.** Se dice del sueño intenso y profundo. **7.** Bochornoso: *Hoy el ambiente está muy pesado, puede que haya tormenta.* **8.** Se dice de algunos órganos cuando se siente en ellos cansancio o un peso molesto, y de aquello que lo causa. **9.** Se aplica a la categoría de boxeo constituida por los púgiles cuyo peso supera los 86 kg. También *s. m.* **SIN.** **2.** Calmoso, lerdo. **2.** y **4.** Plasta, pelma. **3.** y **5.** Fastidioso, enojoso. **4.** Cargante. **7.** y **8.** Cargado. **ANT.** **1.**, **6.** y **8.** Ligero. **3.** y **4.** Ameno, divertido. **FAM.** Pesadamente, pesadez, pesadilla. / Semipesado. PESAR[1].

pesador, ra *adj.* Que pesa. También *s. m.* y *f.*

pesadumbre *s. f.* Estado de ánimo de la persona que se encuentra muy triste, apenada y causa que lo produce. **SIN.** Tristeza, pena, pesar, abatimiento. **FAM.** Apesadumbrar. PESAR[1].

pesaje *s. m.* **1.** Acción de pesar. **2.** Operación de pesar a los competidores que participarán en una prueba deportiva, los coches de una competición, la carga de un camión, etc., para comprobar que no pasan del peso permitido. **3.** Lugar donde se realiza esta operación.

pésame (de la 3.ª pers. sing. del presente de *pesar* y el pron. *me*) *s. m.* Expresión con que alguien manifiesta el sentimiento por la muerte de un ser querido a un familiar o amigo del difunto. **SIN.** Condolencia.

pesar[1] (del lat. *pensare*) *v. intr.* **1.** Tener determinado peso. ■ Algunos autores lo consideran *v. tr.*: *Yo peso cincuenta kilos*, donde *cincuenta kilos* es complemento directo. **2.** Tener mucho peso: *Como has hecho tanta compra, el carro pesará.* **3.** Influir, ser tenido en cuenta: *Su ejemplo pesa.* **4.** Experimentar un sentimiento de pesar, pena o dolor. ■ En esta acepción, el verbo va en 3.ª pers., acompañado de los pron. *me*, *te*, etc.: *Me pesa haberle obligado a venir conmigo.* || *v. tr.* **5.** Hallar o calcular el peso de alguien o algo: *Por favor, péseme esta carta.* || **LOC. pese a** *prep.* A pesar* de. ■ Puede introducir una oración encabezada por la conj. *que*, en la cual el verbo esté en forma personal. **SIN.** **4.** Arrepentirse, doler. **FAM.** Pesacartas, pesada, pesado, pesador, pesadumbre, pesaje, pésame, pesar[2], peso. / Sopesar.

pesar[2] *s. m.* **1.** Sentimiento de dolor y pena. **2.** Arrepentimiento: *Le produjo gran pesar haberle hecho tanto daño.* || **LOC. a pesar de** *prep.* En contra de la voluntad, deseo, etc., de alguien o contra la resistencia de algo, aunque exista cierta dificultad: *a pesar de nuestras diferencias.* ■ Puede introducir oraciones encabezadas por la conj. *que.* Con las formas *mío, tuyo*, etc., se omite la prep. *de*: *a pesar suyo.* **a pesar de los pesares** *adv.* Con todos los inconvenientes, obstáculos, etc. **SIN.** **1.** Pesadumbre, congoja. **2.** Remordimiento. **FAM.** Pesaroso. PESAR[1].

pesaroso, sa *adj.* Que siente pesar. **SIN.** Triste, apesadumbrado, afligido, apenado. **ANT.** Alegre, satisfecho.

pesca *s. f.* **1.** Acción de pescar. **2.** Aquello que se pesca o se ha pescado. **3.** Oficio y actividad de pescar. || **4. pesca de altura** La que se efectúa en alta mar. **5. pesca de bajura** La realizada cerca de la costa, también llamada *costera.* || **LOC. y toda la pesca** *fam.* Conjunto de personas o cosas que acompañan a otra. **FAM.** Pescadería, pescadero, pescadilla, pesquería, pesquero. PESCAR.

pescada (de *pescar*) *s. f.* Merluza*, pez.

pescadería *s. f.* Tienda en que se vende pescado.

pescadero, ra *s. m.* y *f.* Vendedor de pescado.

pescadilla *s. f.* Cría de la merluza.

pescado (del lat. *piscatus*) *s. m.* **1.** Pez comestible sacado del agua. || **2. pescado azul** El abundante en grasa, como la sardina. **3. pescado blanco** El poco graso, como la merluza y el lenguado.

pescante (de *pescar*, por semejanza) *s. m.* **1.** Pieza saliente sujeta a una pared, costado de un buque, etc., para sostener o colgar algo. **2.** Asiento exterior desde donde el cochero gobierna las mulas o caballos. **3.** En los teatros, tramoya que sirve para hacer bajar o subir en el escenario personas o figuras. **4.** Brazo de una grúa.

pescar (del lat. *piscari*) *v. tr.* **1.** Sacar del agua peces y otros animales. **2.** *fam.* Sacar a la superficie cualquier cosa sumergida en el agua u otro líquido. **3.** *fam.* Coger, p. ej., una enfermedad, una borrachera: *He pescado un buen catarro.* **4.** *fam.* Conseguir lo que se buscaba o deseaba: *pescar un buen partido.* **5.** *fam.* Sorprender a alguien en una falta o en algo que quería mantener oculto: *Le he pescado revolviendo en mis cosas.* **6.** *fam.* Captar, enterarse o darse cuenta de algo: *A ver si pesco lo que se traen entre manos.* ■ Delante de *e* se escribe *qu* en lugar de *c*: *pesque.* SIN. **2.** Extraer. **3.** y **5.** Agarrar. **3.**, **5.** y **6.** Pillar. **4.** y **6.** Cazar. **6.** Percatarse, enterarse. FAM. Pesca, pescada, pescado, pescador, pescante. / Repescar. PEZ[1].

pescozón *s. m.* Golpe que se da con la mano en el pescuezo o en la cabeza. SIN. Cogotazo, pescozada, mojicón.

pescuezo (del lat. *post*, detrás, y el ant. *cuezo*, cogote) *s. m.* **1.** Parte del cuerpo del animal que va de la nuca hasta el tronco. **2.** *fam.* Cuello de las personas. FAM. Pescozón.

pesebre (del lat. *praesepe*) *s. m.* **1.** Especie de cajón donde comen los animales. **2.** Sitio para éste. **3.** Belén, nacimiento.

pesero, ra *s. m.* **1.** *Méx.* Taxi colectivo con recorrido determinado y precio fijo. || *s. m.* y *f.* **2.** *Amér. C.* Carnicero, vendedor de carne. || *s. f.* **3.** *Méx. vulg.* Prostituta.

peseta (de *peso*, unidad monetaria) *s. f.* **1.** Unidad monetaria de España desde 1868 hasta 2002. **2.** *fam.* Dinero, capital: *No tiene una peseta.* || LOC. **cambiar la peseta** *fam.* Vomitar, especialmente por haberse mareado o emborrachado. **mirar la peseta** Gastar poco o con cuidado, ser ahorrativo. SIN. **1.** y **2.** Pela, cala. FAM. Pesetero. PESO.

pesetada *s. f. Amér. del S.* Chasco, engaño.

pesetero, ra *adj.* **1.** Se aplica a la persona que en todo busca ganar o ahorrar dinero. **2.** Tacaño. SIN. **2.** Ruin, roñoso, mezquino, agarrado, rata. ANT. **2.** Espléndido, generoso.

pesimismo (de *pésimo*) *s. m.* Tendencia de algunas personas a ver siempre el lado negativo o desfavorable de las cosas. ANT. Optimismo. FAM. Pesimista. PÉSIMO.

pesimista *adj.* Se aplica a la persona que se fija siempre en el aspecto negativo de las cosas, así como a sus pensamientos, pronósticos, etc. También *s. m.* y *f.* SIN. Agorero, tétrico, hipocondriaco, gafe, cenizo. ANT. Optimista.

pésimo, ma (del lat. *pessimus*) *adj. sup.* de **malo**. Muy malo: *Tiene un gusto pésimo para la ropa.* SIN. Malísimo. ANT. Óptimo. FAM. Pésimamente, pesimismo.

peso (del lat. *pensum*) *s. m.* **1.** Fuerza de atracción que ejerce la Tierra o cualquier otro cuerpo celeste sobre un cuerpo. **2.** El que corresponde a las cosas por ley o por convenio. **3.** El de las pesas de una balanza. **4.** Cosa que pesa mucho: *No cargues tú con todos los pesos.* **5.** Utensilio que sirve para averiguar lo que pesan las personas o cosas. **6.** El que cada boxeador pesa antes de una competición y que permite clasificarle en determinada categoría, así como cada una de estas categorías. **7.** Unidad monetaria de algunos países americanos, de Filipinas y de Guinea-Bissau. **8.** *fam.* Preocupación, cansancio: *el peso de la responsabilidad.* **9.** Fuerza, influencia: *Su opinión no tiene peso en la junta.* **10.** En dep., bola o esfera metálica que se lanza en determinados ejercicios atléticos. || **11. peso atómico** Masa* atómica. **12. peso bruto** El total, incluyendo la tara. **13. peso específico** En fís., peso de la unidad de volumen de un cuerpo. **14. peso molecular** Masa* molecular. **15. peso neto** El peso sin la tara. || LOC. **caerse** una cosa **de** (o **por**) **su** (**propio**) **peso** *fam.* Expresa que determinada cosa es lógica y razonable. **de peso** *adj.* Se aplica a las personas importantes o influyentes. Se aplica también a las razones o motivos poderosos y decisivos. SIN. **4.** y **8.** Carga. **9.** Valor, importancia. FAM. Pesa, peseta. / Contrapeso, sobrepeso. PESAR[1].

pespunte (del lat. *post*, detrás, y *punctum*, punto) *s. m.* Labor de costura que consiste en realizar una puntada detrás de otra, de manera que cada una de éstas se une con el final de la anterior. FAM. Pespuntear. PUNTO.

pespuntear *v. tr.* Hacer pespuntes.

pesquería *s. f.* **1.** Conjunto de actividades relacionadas con la pesca. **2.** Sitio donde frecuentemente se pesca.

pesquero, ra *adj.* **1.** Relativo a la pesca. **2.** *fam.* Se aplica a los pantalones que quedan por encima de los tobillos. || *s. m.* **3.** Barco de pesca.

pesquis *s. m. fam.* Ingenio, inteligencia. SIN. Perspicacia, agudeza.

pesquisa (del ant. *pesquerir*, investigar, y éste del lat. *perquerire*) *s. f.* Acción encaminada a averiguar la realidad de alguna cosa. Se usa más en *pl.*: *La policía inició las pesquisas para descubrir al ladrón.* SIN. Investigación, indagación. FAM. Pesquis.

pestaña *s. f.* **1.** Cada uno de los pelos que hay en los bordes de los párpados. **2.** Parte saliente y estrecha en el borde de alguna cosa. || LOC. **quemarse las pestañas** *fam.* Esforzar mucho la vista en actividades como leer, escribir, estudiar, normalmente al realizarse éstas de noche. FAM. Pestañear.

pestañear *v. intr.* **1.** Mover los párpados. **2.** Tener vida. || LOC. **sin pestañear** *adv.* Prestando gran atención: *Escuchó las explicaciones sin pestañear.* Sin rechistar, sin quejarse: *Obedeció sin pestañear.* FAM. Pestañeo. PESTAÑA.

pestazo *s. m. fam.* Muy mal olor. SIN. Pestilencia.

peste (del lat. *pestis*) *s. f.* **1.** Enfermedad infecciosa y grave que ocasiona muchas muertes en personas y animales. **2.** P. ext., cualquier enfermedad que ocasiona muchas muertes. **3.** Cualquier cosa mala o que puede ocasionar daño grave. **4.** *fam.* P. ext., persona o cosa molesta: *¡Qué peste de niños, qué ruido arman!* **5.** Mal olor. **6.** *fam.* Gran cantidad o abundancia de algo perjudicial, molesto o desagradable: *una peste de piojos.* || *s. f. pl.* **7.** Con verbos como *decir*, *contar*, *echar*, etc., palabras que descalifican a alguien: *Dijo pestes del profesor.* || **8. peste bubónica** Enfermedad infecciosa producida por un bacilo que se transmite a través de las pulgas de las ratas; provoca inflamación de los nódulos linfáticos (bubones), fiebre, hemorragia interna, coma y la muerte en numerosos casos. SIN. **5.** Hedor, hediondez, tufo. FAM. Pestazo, pesticida, pestífero, pestilencia, pestilente. / Apestar.

pesticida *s. m.* Sustancia química utilizada para eliminar animales o plantas dañinos para el hombre, su agricultura y su ganadería.

pestífero, ra (del lat. *pestifer, -erum*, y éste de *pestis*, peste, y *ferre*, llevar) *adj.* **1.** Que puede producir una peste o es muy malo. **2.** Que huele muy mal. **SIN. 1.** Pernicioso, nocivo. **1.** y **2.** Pestilente. **2.** Hediondo, fétido.

pestilencia (del lat. *pestilentia*) *s. f.* **1.** Epidemia. **2.** Mal olor. **SIN. 1.** y **2.** Peste.

pestilente (del lat. *pestilens, -entis*) *adj.* **1.** Que huele muy mal. **2.** Que puede producir una peste o es muy malo. **SIN. 2.** Pestífero.

pestillo (del lat. vulg. *pestellus*, dim. de *pestulus*, alteración del lat. *pessulus*, cerrojo) *s. m.* **1.** Pasador o cerrojo pequeño para asegurar una puerta, ventana, etc. **2.** Pieza prismática que sale de la cerradura por la acción de la llave o por un muelle y entra en el cerradero o hueco del marco.

pestiño (del occitano ant. *prestinh*, y éste del lat. vulg. *pistrinium*, oficio de pastelero) *s. m.* **1.** Masa de harina y huevo muy frita, con miel por encima. **2.** *fam.* Persona o cosa pesada. También *adj.* **SIN. 2.** Petardo, plasta, plomo, lata, rollo.

pestorejo (del lat. *post auriculum*, detrás de la oreja) *s. m.* Parte exterior de la cerviz, sobre todo la saliente y abultada. **SIN.** Cogote, nuca.

peta *s. m. argot* Apócope de **petardo**, cigarrillo de hachís o marihuana.

petaca (del azteca *petlacálli*, caja de estera o de juncos) *s. f.* **1.** Estuche para el tabaco. **2.** Botella ancha y plana, de pequeño tamaño, que se usa para llevar licor. **3.** *Amér.* Caja o baúl de madera, caña o mimbre, con forro de cuero. **4.** *Amér. C.* Joroba, corcova. || **LOC. hacer la petaca** *fam.* Broma que consiste en preparar a alguien la cama doblando la sábana de arriba de forma que, al acostarse, los pies tropiecen con ella. **SIN. 1.** Pitillera, tabaquera.

pétalo (del gr. *petalon*, hoja) *s. m.* Cada una de las piezas que constituyen la corola de una flor. **FAM.** Apétalo, dipétalo, gamopétalo, monopétalo, tépalo.

petanca *s. f.* Juego que consiste en tirar una serie de bolas y quedarse más cerca de una más pequeña que se ha tirado previamente y sirve como señal.

petar (del cat. *petar*) *v. intr. fam.* Apetecer, gustar: *Esta tarde me peta ir al cine.* **SIN.** Molar.

petardear *v. tr.* **1.** Disparar o tirar petardos. **2.** Hacer un ruido semejante al de éstos.

petardo (del ital. *petardo*, de *peto*, pedo) *s. m.* **1.** Especie de tubo con pólvora u otro explosivo que, cuando se le prende fuego, estalla haciendo mucho ruido. **2.** *fam.* Persona o cosa pesada. También *adj.* ■ En esta acepción, se usa también la forma femenina *petarda*: *¡Qué petarda eres, hija!* **3.** *argot* Cigarrillo que contiene hachís o marihuana. ■ En esta acepción se usa más la forma abreviada *peta*. **SIN. 2.** Pesadez, pestiño, rollo, tostón. **3.** Porro. **FAM.** Peta, petardear. PEDO.

petate (del azteca *pétlatl*, estera) *s. m.* **1.** Lío de ropa, como la que lleva el marinero, el soldado, etc. **2.** *fam.* Especie de bolsa que normalmente se lleva al hombro y contiene ropa y enseres. **3.** Esterilla de palma usada en los países cálidos para dormir sobre ella.

petenera *s. f.* Forma de cante flamenco con coplas de cuatro versos octosílabos, de profunda intensidad dramática. || **LOC. salir(se) por peteneras** *fam.* Hacer o decir algo que no hace al caso, fuera de lugar.

petequia (del ital. *petecchia*, mancha de sarampión, y éste del gr. *pittakia*, emplasto) *s. f.* Pequeña mancha de color rojizo que aparece en la piel por una hemorragia subcutánea.

petición (del lat. *petitio, -onis*) *s. f.* **1.** Acción de pedir. **2.** Cláusula u oración con que se pide. **3.** Escrito en que se pide alguna cosa. **4.** En der., pedimento*. **SIN. 1.** Demanda, súplica, ruego. **FAM.** Peticionar, peticionario, petitorio. PEDIR.

peticionar (del fr. *petitionner*) *v. tr. Amér.* Presentar una petición o súplica, especialmente a las autoridades.

peticionario, ria *adj.* Que pide oficialmente una cosa. También *s. m.* y *f.*

petifoque (del fr. *petit foc*) *s. m.* Vela triangular, más pequeña que el foque principal y que se orienta por fuera de él.

petigrís (del fr. *petit-gris*) *s. m.* En peletería, ardilla común y su piel. ■ No varía en *pl.*

petimetre, tra (del fr. *petit maître*, pequeño señor, señorito) *s. m.* y *f.* Persona que viste o se arregla con afectación o excesivo cuidado y se preocupa demasiado por seguir la moda. **SIN.** Lechuguino, figurín, pisaverde.

petirrojo *s. m.* Pájaro que mide unos 15 cm de longitud, tiene el cuerpo rechoncho, dorso pardo, el cuello corto, garganta y pecho rojo vivo y el vientre blanquecino.

petiso, sa *adj. Amér. del S.* Petizo*.

petisú (del fr. *petit chou*) *s. m.* Cierto dulce de masa, alargado y relleno de crema o nata. ■ Su plural es *petisúes*, aunque también se utiliza *petisús*.

petit comité (fr.) *expr.* Pequeño círculo de personas que toman decisiones sin contar con los demás componentes del grupo. ■ Se usa como *s. m.*

petit point (fr.) *expr.* Tipo de bordado que se realiza generalmente con lana y a puntadas de medio punto de cruz. ■ Se usa como *s. m.*

petitorio, ria (del lat. *petitorius*) *adj.* **1.** De la petición o relacionado con ella. **2.** En der., se dice del juicio que se sigue sobre la propiedad de una cosa. || *s. m.* **3.** Cuaderno con la lista de medicamentos y otras sustancias que debe haber en las farmacias.

petizo, za (del port. *petiço*, caballo de poca alzada) *adj.* **1.** *Amér. del S.* Pequeño, bajo, de poca altura. También *s. m.* y *f.* || *s. m.* **2.** *Amér. del S.* Caballo de poca alzada. **FAM.** Petiso.

peto (del lat. *pectus*, pecho) *s. m.* **1.** Armadura que se colocaba sobre el pecho. **2.** Pieza de algunas prendas de vestir que va sobre el pecho; p. ext., esta misma prenda. **3.** Protección acolchada que cubre el pecho y el lado derecho del caballo del picador en las corridas de toros. **FAM.** Petirrojo. PECHO[1].

petrarquesco, ca *adj.* Propio de Petrarca y de su obra, o que tiene alguna de las cualidades de su estilo literario.

petrarquismo *s. m.* Corriente literaria que imita el estilo de Petrarca o está influida por él. **FAM.** Petrarquesco, petrarquista.

petrarquista *adj.* Que sigue o imita el estilo poético de Petrarca. También *s. m.* y *f.*

petrel *s. m.* Ave marina palmípeda de tamaño variable según las especies, de entre 15 y 90 cm de longitud, que presenta un plumaje generalmente pardo negruzco; se alimenta de peces y moluscos que caza volando y nadando sobre el agua.

pétreo, a (del lat. *petreus*) *adj.* **1.** De piedra, roca o peñasco. **2.** Que tiene las características de la piedra. **3.** Cubierto de piedras. SIN. **2.** Duro, frío, insensible. **3.** Pedregoso, peñascoso, rocoso. ANT. **2.** Sensible, cálido, dulce.

petrificar (del lat. *petra*, piedra, y *facere*, hacer) *v. tr.* **1.** Convertir en piedra o endurecer una cosa de modo que parezca de piedra. También *v. prnl.* **2.** Dejar a uno inmóvil por la sorpresa, el asombro, etc. ■ Delante de *e* se escribe *qu* en lugar de *c*: *petrifique.* FAM. Petrificación, petrificante. PIEDRA.

petro- (del gr. *petra*) *pref.* Significa 'piedra': *petrogénesis, petrología.*

petrodólar *s. m.* Término que designa los dólares obtenidos por los países productores de petróleo, especialmente los árabes, gracias a la venta de crudos.

petrogénesis (de *petro-* y el gr. *genesis*, origen) *s. f.* Proceso geológico de formación de las rocas. ■ No varía en *pl.*

petroglifo (de *petro-* y el gr. *glypho*, cincelar, grabar) *s. m.* Dibujo grabado en una piedra o roca, especialmente del periodo neolítico.

petrografía (del gr. *petra*, piedra, y *-grafía*) *s. f.* Descripción de las rocas. FAM. Petrográfico. PIEDRA.

petrolear *v. tr.* **1.** Pulverizar o bañar con petróleo alguna cosa. || *v. intr.* **2.** Llenar de petróleo el depósito de un buque.

petróleo (del bajo lat. *petroleum*, y éste del lat. *petra*, piedra, y *oleum*, aceite) *s. m.* Mezcla de hidrocarburos que se encuentra en estado líquido en grandes yacimientos subterráneos; arde con facilidad y de su destilación fraccionada se obtienen productos de extraordinaria importancia industrial (gases, éter de petróleo, gasolina, queroseno, etc.). FAM. Petrodólar, petrolear, petrolero, petrolífero, petrología, petroquímica. PIEDRA y ÓLEO.

petrolero, ra *adj.* **1.** Relativo al petróleo. || *s. m.* **2.** Buque que lleva petróleo. FAM. Superpetrolero. PETRÓLEO.

petrolífero, ra *adj.* Que contiene o produce petróleo.

petrología (del gr. *petra*, roca, y *-logía*) *s. f.* Ciencia que estudia las rocas, especialmente su naturaleza y origen. FAM. Petrológico. PETRÓLEO.

petroquímica *s. f.* Ciencia, técnica o industria de los productos químicos derivados del petróleo. FAM. Petroquímico. PETRÓLEO y QUÍMICA.

petulancia *s. f.* Cualidad o actitud de petulante. SIN. Vanidad, engreimiento, arrogancia, presunción. ANT. Humildad, llaneza.

petulante (del lat. *petulans, -antis*) *adj.* Engreído, presuntuoso. SIN. Creído, insolente. FAM. Petulancia, petulantemente.

petunia (del ant. fr. *petun*, tabaco, del tupí *petyn*) *s. f.* **1.** Planta herbácea que alcanza entre 40 y 200 cm de altura, tiene hojas alternas de forma alargada o redondeada y borde entero; las flores, en forma de embudo, están aisladas y presentan una gama extensa de colores obtenidos de la hibridación entre distintas especies. **2.** Flor de esta planta.

peúco (de *pie*) *s. m.* Calcetín o botita de lana para los niños pequeños.

peyorativo, va (del lat. *peior*, peor) *adj.* Se aplica a las palabras, expresiones, etc., que tienen o se les atribuye un significado negativo o despectivo, como p. ej. *interesado*, en el sentido de 'que mira sólo su propio interés'.

peyote (voz azteca) *s. m.* Cactus que mide entre 15 y 20 cm de altura, de forma cilíndrica, con flores rojas y sin espinas y numerosos alcaloides, cuyo extracto se utiliza como droga alucinógena. Crece en México y Texas.

pez[1] (del lat. *piscis*) *s. m.* **1.** Animal vertebrado acuático que respira por branquias, se reproduce por huevos, tiene su piel generalmente cubierta de escamas y sus extremidades en forma de aletas. || *s. m. pl.* **2.** Grupo al que pertenecen estos animales. || **3. pez aguja** Pez teleósteo, largo y delgado, con las mandíbulas afiladas en forma de pico, verdoso por encima y plateado por los lados, que vive en el Atlántico N y en el Mediterráneo. **4. pez ballesta** Nombre de varios peces teleósteos de cuerpo comprimido y cubierto de placas y fuertes radios espinosos en la primera aleta dorsal. Viven en las costas de los mares cálidos. **5. pez de colores** El de pequeño tamaño, forma y colores vistosos y origen generalmente tropical, que se cría en acuarios como animal ornamental. **6. pez espada** (o **emperador**) Pez teleósteo marino de piel áspera, sin escamas, de cuerpo rollizo, cabeza apuntada, con la mandíbula superior en forma de espada de dos cortes. Se alimenta de peces y moluscos y su carne es muy estimada. **7. pez globo** Pez teleósteo de cuerpo rechoncho con filas de tubérculos en los laterales y una gran ventosa en el vientre. Vive en el Atlántico. **8. pez gordo** *fam.* Persona de gran poder e influencia. **9. pez luna** Pez teleósteo de cuerpo comprimido, casi circular y romo por detrás, con las aletas dorsal y anal largas y puntiagudas. Es propio de aguas tropicales. **10. pez martillo** Pez seláceo de cuerpo alargado, con dos características prolongaciones laterales en la cabeza que le dan aspecto de martillo. Vive en los mares templados y cálidos. **11. pez sierra** Nombre común de diversos peces elasmobranquios de gran tamaño que se caracterizan por tener una lámina larga y estrecha en el rostro dotada de dos series de dientes puntiagudos. Habitan en mares cálidos. **12. pez volador** Nombre común de varios peces teleósteos que tienen las aletas dorsales muy desarrolladas, lo que les permiten saltar fuera del agua y planear varios metros. Viven en los mares cálidos. || LOC. **como pez en el agua** *fam.* Se dice de la persona que se desenvuelve bien o está muy a gusto en determinado ambiente. **estar pez** No saber nada de algo: *Está pez en física.* **reírse uno de los peces de colores** No dar importancia a algo. FAM. Pecera. / Peje, pescar, piscicultura, piscifactoría, pisciforme, piscina, piscívoro.

pez[2] (del lat. *pix, picis*) *s. f.* Sustancia resinosa, sólida, de color pardo amarillento, que resulta de echar en agua fría el residuo de la trementina después de sacarle el aguarrás. Se ha empleado para impermeabilizar superficies. FAM. Pecina.

pezón (del lat. vulg. *pecciolus*, piececito, de *pediciolus*, dim. del lat. *pes, pedis*, pie) *s. m.* **1.** Parte puntiaguda que sobresale en los pechos de las hembras de los mamíferos y por el que las crías succionan la leche. **2.** Rabillo que sostiene la hoja, la flor o el fruto en las plantas. **3.** Extremo o parte saliente de algunas cosas. FAM. Pezonera.

pezonera *s. f.* Pieza redonda con un hueco en el centro que protege el pezón y ayuda al bebé a succionar la leche.

pezuña (del lat. *pedis ungula*, uña del pie) *s. f.* **1.** Conjunto de los dedos de una misma pata cubiertos con sus uñas en los animales de pata hendida. **2.** *desp.* y *fam.* Pie humano.

pH *s. m.* Número que indica el grado de acidez de una disolución. Matemáticamente se define co mo el menos logaritmo decimal de la concentración de iones hidronio presentes en dicha disolución. Su valor se gradúa según una escala que va del 1 al 14; siendo el 7 el pH neutro, se consideran disoluciones ácidas aquellas que tienen un pH por debajo de este valor y básicas las que lo sobrepasan.

phi (del gr. *phi*) *s. f.* Vigésima primera letra del alfabeto griego, que corresponde a nuesta *f.* ■ La letra mayúscula se escribe *Φ* y la minúscula *φ*.

photo finish (ingl., significa 'foto de llegada') *expr.* Fotografía que se toma con una cámara especial en la línea de meta de ciertas carreras para acreditar el orden de llegada de los participantes. ■ Se utiliza como *s. f.* Se escribe también *foto-finish*.

pi (del gr. *pi*) *s. f.* **1.** Nombre de la decimosexta letra del alfabeto griego, que corresponde a nuestra *p.* ■ La letra mayúscula se escribe *Π* y la minúscula *π*. || **2.** **(número) pi** En mat., nombre dado al número que equivale a 3,1415926535... y que resulta de la relación entre la longitud de una circunferencia y su diámetro. ■ Su símbolo es *π*.

piada *s. f.* Acción de piar.

piadoso, sa (del ant. *piadad*, piedad) *adj.* **1.** Devoto, fervoroso. **2.** Compasivo. **SIN.** **1.** Pío, religioso. **2.** Clemente. **ANT.** **2.** Despiadado. **FAM.** Piadosamente. PÍO -A[1].

piafar (del fr. *piaffer*) *v. intr.* Levantar el caballo alternativamente una y otra mano dejándolas caer con fuerza y rapidez.

pial *s. m. Amér.* Peal*, lazo.

piamadre o **piamáter** (del lat. *pia mater*, madre piadosa) *s. f.* Membrana fina y semitransparente, la más interna de las tres que constituyen las meninges; está en contacto con el tejido nervioso del encéfalo y de la médula espinal.

pian pian o **pian piano** (del ital. *pian, piano*, despacio) *loc. adv. fam.* Poco a poco, lentamente. ■ Se usa más *pian pianito*.

pianista *s. m.* y *f.* **1.** Persona que fabrica o vende pianos. **2.** Persona que toca profesionalmente el piano.

piano (de *pianoforte*) *s. m.* **1.** Instrumento musical de cuerdas percutidas con martillos, que se toca mediante teclado. P. ext., instrumento electrónico de forma y sonido semejantes. || *adv. m.* **2.** En mús., con débil intensidad. **SIN.** **2.** Suave, flojo. **FAM.** Pianista, pianístico, piano-bar, pianoforte, pianola.

piano-bar *s. m.* Establecimiento donde se toman bebidas y se puede escuchar tocar el piano en directo.

pianoforte (del ital. *pianoforte*, de *piano*, suave, y *forte*, fuerte) *s. m.* Piano*, instrumento.

pianola (nombre comercial registrado) *s. f.* **1.** Piano que puede tocarse mecánicamente por los pedales o por medio de corriente eléctrica. **2.** Aparato que se une al piano y sirve para ejecutar mecánicamente las piezas preparadas al objeto.

piante *adj. fam.* Que protesta o se queja. También *s. m.* y *f.* **SIN.** Quejica, protestón.

piar (onomat.) *v. intr.* **1.** Emitir algunas aves cierto sonido característico. **2.** *fam.* Hablar. || **LOC.** **piarlas** *fam.* Protestar, quejarse, especialmente sin causa justificada. ■ En cuanto al acento, se conjuga como *ansiar*: *pío.* **FAM.** Piada, piador, piante. PÍO.

piara *s. f.* **1.** Manada de cerdos. **2.** P. ext., manada de otros animales.

piastra (ital.) *s. f.* **1.** Moneda de Egipto y Turquía. **2.** Unidad monetaria de Vietnam.

PIB *s. m.* Acrónimo de **Producto* Interior Bruto**.

pibe, ba (del port. *pivete*, niño, mocoso) *s. m.* y *f.* **1.** *Arg.*, *Par.* y *Urug.* Niño, muchacho. **2.** *argot* Chaval. **SIN.** **2.** Tronco, colega. **FAM.** Pebete -ta.

pica *s. f.* **1.** Especie de lanza usada antiguamente por los soldados de infantería y compuesta de un asta con un hierro pequeño y agudo en el extremo superior. **2.** Vara larga para picar los toros desde el caballo. **3.** Uno de los palos de la baraja francesa. Se usa más en *pl.* || **LOC.** **poner una pica en Flandes** Conseguir o realizar algo de mucha dificultad, mérito o importancia. **SIN.** **2.** Garrocha. **FAM.** Picazo. PICO.

picabueyes *s. m.* Ave paseriforme de pequeño tamaño y plumaje marrón, que se posa sobre el lomo de los bueyes y otros rumiantes, de cuyos parásitos se alimenta. Habita en el continente africano. ■ No varía en *pl.*

picacho *s. m.* Punta aguda, que semeja un pico, en que terminan algunos montes y riscos.

picadero *s. m.* **1.** Lugar en que los picadores doman los caballos y las personas aprenden a montar en ellos. **2.** *vulg.* Casa u otro lugar que se utiliza principalmente para tener relaciones sexuales.

picadillo *s. m.* **1.** Lomo de cerdo, picado, que se adoba para hacer chorizos. **2.** Plato preparado con carne picada, tocino, ajos y otros ingredientes. **3.** Alimento picado.

picado, da **1.** *p.* de **picar**. También *adj.* || *adj.* **2.** Que tiene huellas o cicatrices de viruelas. **3.** En baloncesto, se dice del pase que se realiza tirando la pelota de modo que antes de llegar al compañero dé un bote. **4.** Se dice del tabaco preparado para liar cigarrillos o para fumarlo en pipa. **5.** *fam.* Resentido u ofendido por algo. || *s. m.* **6.** Picadillo de alimentos. **7.** Acción de picar la bola de billar. **8.** Descenso rápido de un avión o ave que se realiza de manera prácticamente perpendicular al suelo. **9.** En mús., modo de ejecutar cada nota interrumpiéndola por un tiempo que equivale más o menos a la mitad de su duración. **10.** En cinematografía, toma que la cámara realiza de arriba hacia abajo al filmar un sujeto u objeto. || *s. f.* **11.** *fam.* Aperitivo, comida compuesta de alimentos variados en pequeñas cantidades. || **LOC.** **en picado** *adv.* Refiriéndose al descenso de un avión o ave, de manera prácticamente perpendicular al suelo. También, con verbos como *caer* y *entrar*, disminuyendo de manera rápida: *Las ventas de esta tienda han caído en picado.* **SIN.** **11.** Tentempié, picoteo.

picador, ra *s. m.* y *f.* **1.** Persona que doma y adiestra caballos. || *s. m.* **2.** Hombre que a caballo se encarga de picar con la puya a los toros en las corridas. **3.** En minería, el que arranca el mineral con un pico u otro instrumento semejante.

picadora *s. f.* Cada una de las máquinas que se utilizan para picar diversas sustancias, como tabaco, carne, etc.

picadura *s. f.* **1.** Acción de picar una cosa. **2.** Mordedura de las aves y ciertos reptiles o punzada producida por la trompa o aguijón de los insectos; también, la señal que deja. **3.** Tabaco picado para liar cigarrillos o para fumarlo en pipa. **4.** Principio de caries. **5.** Agujero, grietas, etc., producidos por la herrumbre en una superficie metálica. **6.** El o los agujeros pequeños hechos sobre algo, como los de las polillas sobre la ropa. **7.** Pinchazo.

picaflor *s. m.* Colibrí*.

picajón, na o **picajoso, sa** *adj. fam.* Que fácilmente se pica o enfada. También *s. m.* y *f.* **SIN.** Quisquilloso, picón.

picamaderos *s. m.* Pájaro* carpintero. ■ No varía en *pl.*

picana (de *picar* y el suf. instrumental quechua *-na*) *s. f.* **1.** *Amér.* Vara para aguijar los bueyes. **2.** Porra de alto voltaje y tortura realizada con ésta. **FAM.** Picanear. PICAR.

picanear *v. tr.* **1.** *Amér.* Azuzar a los bueyes con la picana. **2.** Aplicar la tortura de la picana. **3.** *Arg., Chile* y *Urug.* Provocar de palabra a alguien.

picante *adj.* **1.** Que pica, que produce una sensación de quemazón o picor. También *s. m.* **2.** Que tiene cierta intención o gracia maliciosa, normalmente con alguna nota obscena. **3.** *Amér. del S.* Guiso a base de mondongo y otros ingredientes, con mucho ají picante. **SIN. 2.** Verde. **FAM.** Picantería. PICAR.

picantería *s. f. Bol., Chile* y *Perú* Establecimiento donde se sirven comidas picantes y licores.

picapedrero *s. m.* Hombre que pica piedras. **SIN.** Cantero.

picapica (de *picar*) *s. amb.* Polvos o pelusillas, vegetales o artificiales, que provocan una sensación de picor o molestia en la piel de las personas.

picapleitos *s. m.* y *f. desp.* y *fam.* Abogado. ■ No varía en *pl.*

picaporte (del cat. *picaportes*, aldaba) *s. m.* **1.** Dispositivo para cerrar de golpe puertas o ventanas. **2.** Palanca con que se abre este dispositivo. **3.** Llamador, aldaba.

picar (de *pico*) *v. tr.* **1.** Morder las aves y ciertos reptiles o introducir los insectos su aguijón o trompa. También *v. intr.* **2.** Tomar las aves la comida con el pico. **3.** Morder el pez el cebo puesto en el anzuelo. Se usa mucho como *v. intr.* **4.** P. ext., caer en un engaño, broma, etc., o dejarse atraer o convencer por algo. Se usa más como *v. intr.* **5.** Cortar en trozos muy menudos una cosa. **6.** Comer de diversas cosas y en pequeñas cantidades. También *v. intr.* **7.** Golpear con un pico o instrumento semejante una materia dura, como la piedra o la pared. **8.** Golpear con la espuela a la cabalgadura. **9.** Adiestrar o domar el picador al caballo. **10.** Clavar el picador la puya al toro. **11.** En los lugares donde se utilizan entradas, billetes, etc., taladrar o agujerear éstos. **12.** Hacer agujeros en cualquier cosa: *Las palomas picaron el toldo.* **13.** Desgastar algún material. Se usa más como *v. prnl.*: *La goma se ha picado.* **14.** Corroer, agujerear la oxidación un metal. Se usa más como *v. prnl.* **15.** Producir caries: *El azúcar pica los dientes.* También *v. prnl.* **16.** Dar un golpe fuerte y seco a la bola de billar en la parte de abajo para que al chocar con otra retroceda. **17.** *fam.* Mover o animar a alguien a algo, provocarle. También *v. prnl.*: *Se picó y llegó el primero.* **18.** *fam.* Hacer que alguien se enfade, se ofenda o se moleste. También *v. prnl.* **19.** En mús., interrumpir la ejecución de cada nota por un tiempo que equivale más o menos a la mitad de su duración. || *v. intr.* **20.** Calentar mucho el sol. **21.** Causar picor o escozor algo: *La guindilla pica mucho.* **22.** Experimentar picor, escozor o molestia alguna parte del cuerpo: *Me pican los ojos.* **23.** *fam.* Probar o experimentar disciplinas, actividades, etc.: *Picó en muchos trabajos sin asentarse en ninguno.* **24.** Referido a aviones y aves, descender casi perpendicularmente al suelo. || **picarse** *v. prnl.* **25.** Agujerearse la ropa por la polilla. **26.** Empezar a pudrirse algo, normalmente la fruta. **27.** Avinagrarse el vino. **28.** Agitarse el mar. **29.** *argot* Inyectarse droga. || **LOC. picar (muy) alto** *fam.* Pretender o intentar conseguir algo que está muy por encima de las posibilidades de uno. ■ Delante de *e* se escribe *qu* en lugar de *c*. **SIN. 2.** y **6.** Picotear. **5.** Trocear. **8.** Espolear. **11.** y **12.** Perforar. **15.** Cariar(se). **18.** Mosquear(se). **29.** Pincharse, chutarse. **FAM.** Picabueyes, picadero, picadillo, picado, picador, picadora, picadura, picaflor, picajón, picajoso, picamaderos, picana, picante, picapedrero, picapica, picapleitos, picaporte, picazón, picón, picor, pique, piquera, piqueta, piquete. / Repicar. PICO.

picardear *v. tr.* **1.** Enseñar a alguien a hacer o decir picardías. || *v. intr.* **2.** Decir o hacer picardías. || **picardearse** *v. prnl.* **3.** Volverse uno algo pícaro. **SIN. 3.** Resabiarse.

picardía (de *pícaro*) *s. f.* **1.** Astucia y habilidad para disimular aquello que no conviene que se sepa o para sacar provecho de las cosas y situaciones. **2.** Dicho o acción que implica cierta frescura o atrevimiento, normalmente con alguna nota obscena. **3.** *fam.* Travesura de chiquillos. || **picardías** *s. m.* **4.** Camisón muy corto con unas braguitas a juego. ■ En esta acepción, no varía en *pl.* **SIN. 1.** Malicia, sagacidad. **ANT. 1.** Ingenuidad. **FAM.** Picardear. PÍCARO.

picardo, da *adj.* **1.** De Picardía, región de Francia. También *s. m.* y *f.* || *s. m.* **2.** Dialecto de los habitantes de esta región.

picaresca *s. f.* Género literario al que pertenecen las obras que narran la vida de los pícaros.

picaresco, ca *adj.* **1.** Del pícaro. **2.** Se aplica a las obras literarias de carácter autobiográfico donde se narran las peripecias de los pícaros. **FAM.** Picaresca, picarescamente. PÍCARO.

pícaro, ra *adj.* **1.** Astuto, sagaz. También *s. m.* y *f.* **2.** Se aplica a la persona que hace o dice picardías. También *s. m.* y *f.* **3.** Se aplica a los dichos o acciones que implican picardía. || *s. m.* y *f.* **4.** Protagonista de la novela picaresca, definido como antihéroe, que procede de los bajos fondos y se sirve de toda clase de tretas y engaños para sobrevivir. **SIN. 1.** y **3.** Malicioso. **2.** Picarón, pillo, tunante. **ANT. 1.** Ingenuo, simple. **FAM.** Pícaramente, picardía, picaresco, picarón.

picarón, na (aum. de *pícaro*) *adj. fam.* Muy despierto, avispado. También *s. m.* y *f.*

picassiano, na *adj.* Del pintor español Pablo Ruiz Picasso o de su obra.

picatoste (de *picar*, cortar, y *tostar*) *s. m.* Rebanada pequeña de pan frita o tostada con mantequilla.

picaza (del lat. *pica*) *s. f.* Urraca*.

picazo *s. m.* **1.** Golpe dado con una pica o con una cosa puntiaguda y punzante. **2.** Señal que queda.

picazón (de *picar*) *s. f.* **1.** Escozor o picor en alguna parte del cuerpo. **2.** Sentimiento de pesar por haber hecho o dicho algo inconveniente. **SIN. 2.** Remordimiento, desazón, comezón.

piccolo (ital.) *s. m.* Flautín*.

picea (del lat. *picea*) *s. f.* Género de árboles parecidos al abeto, del que se distinguen por tener las piñas más delgadas y colgantes, mientras que en el abeto están situadas en posición erecta.

picha *s. f. vulg.* Pene*.

pichel (del occitano o fr. *pichier*) *s. m.* Vaso alto, generalmente de estaño, más ancho por la base que por la boca y con una tapa articulada en el remate del asa.

pichi *s. m.* Especie de vestido sin mangas y escotado que se lleva sobre una blusa, jersey, etc.
pichí *s. m. Amér. del S. fam.* Pis, orina.
pichichi (apodo del futbolista Rafael Moreno Aranzadi) *s. m.* En el fútbol español, trofeo que premia al futbolista que mete más goles a lo largo de una liga.
pichincha (del port. *pechincha*) *s. f. Arg., Bol.* y *Urug.* Ganga, chollo.
pichiruche *adj. Arg., Chile, Par.* y *Urug. fam.* Se dice de la persona o cosa insignificante, despreciable. También *s. m.*
pichón (del ital. *piccione*, y éste del lat. *pipio, -onis*) *s. m.* **1.** Pollo de la paloma casera. **2.** *fam.* Nombre cariñoso aplicado a las personas. ■ En esta última acepción, se usa también la forma femenina *pichona*.
pichula *s. f. Amér. del S. vulg.* Pene*.
pichulear *v. intr. Amér. C., Arg., Par.* y *Urug.* Hacer negocios de poca monta, de escasos resultados.
piciforme *adj.* **1.** Se dice de ciertas aves trepadoras que se caracterizan por presentar dos dedos dirigidos hacia delante y dos hacia atrás, como los pájaros carpinteros, los tucanes, etc. También *s. f.* || *s. f. pl.* **2.** Orden de estas aves.
Picio *n. p.* Se usa en la locución adjetiva familiar **más feo que Picio**, que se aplica a una persona excesivamente fea.
picnic (ingl.) *s. m.* Comida o merienda en el campo.
pícnico, ca *adj.* Se dice de las personas de pequeña estatura, rechonchas y con tendencia a la obesidad.
pico (del celta *beccus*) *s. m.* **1.** Parte saliente de la cabeza de las aves, compuesta de dos piezas córneas, generalmente puntiagudas, por donde toman el alimento. **2.** Punta acanalada de algunas vasijas, candiles y velones. **3.** Pinza de las patas delanteras de los crustáceos. **4.** Órgano chupador de los hemípteros. **5.** *fam.* Boca: *Cierra el pico, me estás mareando.* **6.** Parte puntiaguda que sobresale en la superficie o en el borde de una cosa: *Me di con el pico de la cómoda.* **7.** Cúspide aguda de una montaña. **8.** Montaña de cumbre puntiaguda. **9.** Herramienta del cantero compuesta por un mango de madera y una parte metálica con dos puntas opuestas. **10.** Instrumento utilizado para cavar, compuesto por un mango de madera y una barra de hierro o acero. **11.** Pañal triangular que se pone a los niños pequeños. **12.** Cantidad indeterminada de dinero, por lo general excesiva: *Me han cobrado un pico por ese bañador.* **13.** Un poco más de la cantidad expresada: *Estuve tres meses y pico de vacaciones...* **14.** *argot* Inyección de droga. || **15. pico de oro** Facilidad de palabra y persona que la tiene. || **LOC. de picos pardos** *adv. fam.* De juerga. **SIN. 6.** Esquina. **7.** Cima. **FAM.** Pica, picacho, picar, picoleto, picotada, picotazo, picotear, picudo, piquituerto.
picoleto *s. m. fam.* Miembro de la Guardia Civil española.
picón, na (de *picar*) *adj.* **1.** Se dice del caballo, mulo o asno cuyos dientes incisivos superiores sobresalen de los inferiores, por lo cual no pueden cortar bien la hierba. **2.** Picajón*. **3.** Se aplica a un queso de olor y sabor fuertes, elaborado con una mezcla de leches y curado en cuevas a baja temperatura. || *s. m.* **4.** Cierto carbón muy menudo, hecho de ramas de encina, jara o pino, y utilizado para los braseros. **5.** Pez teleósteo pequeño, de agua dulce, con la cabeza alargada y el hocico puntiagudo. **6.** Pez elasmobranquio de la familia de las rayas, que tiene el dorso de color gris o pardo con manchas blancas. Habita en el Atlántico NE y el Mediterráneo. **SIN. 2.** Picajoso, quisquilloso.
piconero, ra *s. m.* y *f.* **1.** Persona que fabrica o vende picón, carbón. || *s. m.* **2.** Picador de toros.
picor *s. m.* **1.** Sensación de irritación que se experimenta en alguna parte del cuerpo y que mueve a rascarse. **2.** Ardor o excitación que se siente en el paladar al tomar determinados alimentos, como la guindilla. **SIN. 1.** Picazón, escozor, comezón.
picota *s. f.* **1.** Columna que había en algunos lugares antiguamente, en la que se exponía la cabeza de los ajusticiados. **2.** Variedad de cereza de consistencia carnosa y muy poca unión al pedúnculo. **3.** Parte superior, en punta, de una torre o una montaña muy alta. **4.** *fam.* Nariz. || **LOC. poner** a alguien **en la picota** Ponerle en vergüenza, criticándole o hablando mal de él.
picotada o **picotazo** *s. f.* o *m.* Acción de picar un ave, un reptil o un insecto y herida o señal que deja.
picotear *v. tr.* **1.** Picar repetidamente las aves. || *v. intr.* **2.** Comer de diversas cosas y en pequeñas cantidades. También *v. tr.* **SIN. 2.** Picar, tapear. **FAM.** Picoteo. PICO[1].
picoteo *s. m.* Acción de picotear.
pícrico, ca (del gr. *pikros*, amargo) *adj.* **1.** Del ácido pícrico. || **2. ácido pícrico** Derivado nitrogenado del fenol. Forma cristales amarillos de sabor amargo. Es muy tóxico y se usa, p. ej., en la industria de explosivos.
picto, ta (del lat. *pictum*) *adj.* Se dice de un antiguo pueblo precelta que se estableció en Escocia hacia el año 1000 a. C. También *s. m.* y *f.*
pictografía (del lat. *pictus*, de *pingere*, pintar, y *-grafía*) *s. f.* Escritura ideográfica que consiste en dibujar los objetos que han de explicarse con palabras. **FAM.** Pictográfico. PICTÓRICO.
pictograma (del lat. *pictus*, pintado, y *-grama*) *s. m.* **1.** Signo de la escritura de figuras o símbolos. **2.** En estadística, representación de las frecuencias de la variable objeto de estudio por medio de dibujos. **SIN. 1.** Ideograma.
pictórico, ca (del lat. *pictor, -oris*, pintor) *adj.* **1.** De la pintura. **2.** Adecuado para pintarlo. **FAM.** Pictografía, pictograma.
picudo, da *adj.* Que tiene pico o termina en él. **SIN.** Puntiagudo. **ANT.** Romo.
pidgin (ingl.) *s. m.* **1.** Término para designar cualquier lengua híbrida o criolla. **2.** En sentido estricto, lengua híbrida utilizada como lengua comercial en el Extremo Oriente, basada en el léxico inglés y en la estructura gramatical y sintáctica del chino.
pídola *s. f.* Juego de muchachos en que unos saltan sobre otro que está agachado. **SIN.** Potro.
pidón, na *adj. fam.* Pedigüeño*.
pie (del lat. *pes, pedis*) *s. m.* **1.** Extremidad de cada uno de los dos miembros inferiores del hombre, que sostiene el cuerpo cuando está en posición vertical y ayuda a andar. **2.** Parte semejante de muchos animales. **3.** En las medias, botas, etc., parte que cubre esa extremidad. **4.** Tronco de los árboles y tallo de las plantas. **5.** La planta entera. **6.** Base o parte en que se apoya alguna cosa: *los pies del sofá, el pie de la lámpara.* **7.** Parte final de un escrito y espacio en blanco que queda en el extremo inferior del papel o página:

Puso el sello al pie del documento. **8.** Texto breve que se pone debajo de un grabado, dibujo, etc. **9.** Parte opuesta a la cabecera: *los pies de la cama.* **10.** Ocasión, motivo: *Su conducta dio pie a algunas risitas.* **11.** En poesías como la griega y la latina, cada una de las partes compuestas de varias sílabas que se distinguen dentro de un verso en función de la cantidad; en la castellana, las que se distinguen en función del acento. **12.** Medida de longitud de algunos países. **13.** Poso, sedimento. || *s. m. pl.* **14.** Con adjetivos como *buenos, muchos* y otros semejantes, agilidad, ligereza, rapidez al caminar: *Tiene buenos pies y en cinco minutos estará aquí.* || **15. pie de imprenta** Datos de la empresa editora, lugar y fecha de la edición, etc., que figuran generalmente en la parte inferior de la portada o contraportada de los libros. **16. pie plano** Aquel que no tiene la curvatura normal de la planta. **17. pie quebrado** Verso corto, normalmente de cuatro sílabas, que alterna con otros más largos en las llamadas coplas de pie quebrado. **18. pies negros** Pueblo amerindio del NO del estado de Montana (Estados Unidos) y de la provincia de Alberta (Canadá). || LOC. **a cuatro pies** *adv.* A gatas. **a los pies de** alguien Se usa como señal de respeto o cortesía: *a los pies de su señora.* **a pie** *adv.* Andando. **a pie(s) juntillas** *adv.* Con los pies juntos. También, con toda seguridad, con convicción. **al pie de** *prep.* Junto a la parte baja de algo: *Al pie del armario hay un papel.* **al pie de la letra** *adv.* Literalmente. **al pie del cañón** *adv. fam.* Atendiendo al deber, ocupación, etc., sin abandonarlos. **atar** a alguien **de pies y manos** Impedirle obrar o actuar. **buscarle tres** (o **cinco**) **pies al gato** *fam.* Empeñarse en encontrar algún inconveniente, obstáculo o complicaciones donde no los hay. **caer de pie(s)** uno *fam.* Irle a una persona todo bien, aunque a su lado existan circunstancias adversas. **con buen** (o **mal**) **pie** o **con el pie derecho** (o **izquierdo**) *adv.* Con acierto, con buena suerte, felizmente (o al contrario): *Empezó los estudios con buen pie.* **con los pies** *adv. fam.* Sin utilizar la cabeza, sin razonar: *Piensas con los pies.* **con los pies por delante** *adv. fam.* Con los verbos *salir* o *sacar*, muerto. **con pies de plomo** *adv. fam.* Con mucho cuidado, cautela o prudencia. **con un pie en el hoyo** (**el sepulcro, la sepultura**, etc.) *adv. fam.* A punto de morir. **dar** a uno **el pie y tomarse la mano** *fam.* Se utiliza para reprochar a alguien al que se ha dado cierta confianza el haberla aprovechado para tomarse otras libertades. **de a pie** *adj.* Que no usa caballo o coche. También, se dice de la gente corriente: *un ciudadano de a pie.* **de pie** *adv.* Estando levantado y afirmado sobre los pies. **de (los) pies a (la) cabeza** *adv.* Enteramente, por completo: *Es un caballero de los pies a la cabeza.* **en pie** *adv.* De pie: *Ponte en pie.* Habiéndose levantado de la cama: *Lleva en pie desde las cinco de la mañana.* Firme, vigente: *La invitación continúa en pie.* **en pie de guerra** *adv.* En disposición de combatir. **en pie de igualdad** *adv.* De igual a igual. **hacer pie** Indica que se alcanza el fondo sin sumergirse del todo: *En este lado de la piscina hago pie.* **nacer** uno **de pie(s)** *fam.* Irle a uno muy bien en la vida. **no dar** uno **pie con bola** *fam.* No acertar, hacer algo muy mal. **no poderse tener** uno **en pie** *fam.* Estar agotado, muy cansado. **no tener** una cosa (**ni**) **pies ni cabeza** *fam.* No ser razonable, no tener sentido. **parar los pies** a uno *fam.* Detener o frenar a alguien determinados impulsos, intenciones, acciones, etc., que normalmente implican descaro o frescura. **pies para qué os quiero** *fam.* Indica que alguien huye o se dispone a huir rápidamente de un sitio. **poner los pies en polvorosa** *fam.* Huir, escapar, largarse. **por pies** *adv. fam.* Con verbos como *salir, escapar, irse*, etc., corriendo, alejándose rápidamente de un lugar. **sacar los pies de las alforjas** (o **del plato** o **del tiesto**) *fam.* Empezar a actuar descaradamente alguien que antes no lo hacía así. **ser pies y manos** de uno *fam.* Ser su consuelo, ayudarle mucho. **sin pies ni cabeza** *fam.* No tener pies ni cabeza. SIN. **2.** Pata. FAM. Peaje, peal, peana, peatón, pedal, pedáneo, pedestal, pedestre, pedicuro, pediluvio. / Apear, balompié, buscapiés, calientapiés, ciempiés, contrapear, contrapié, hincapié, milpiés, peúco, pezuña, posapié, puntapié, reposapiés, rodapié, tentempié, traspié, volapié.

piedad (del lat. *pietas, -atis*) *s. f.* **1.** Fervor en las prácticas religiosas. **2.** Sentimiento de lástima hacia alguien que sufre y hacia sus sufrimientos. **3.** Amor y respeto a una persona: *piedad filial.* **4.** Pintura o escultura de la Virgen sosteniendo a su hijo muerto descendido de la cruz. FAM. Apiadarse, despiadado. PÍO-A[1].

piedemonte *s. m.* Terreno de suave pendiente situado al pie de una cadena montañosa o de un macizo elevado y que resulta de la acumulación de elementos producidos por la erosión.

piedra (del lat. vulg. *petra*, roca, y éste del gr. *petra*) *s. f.* **1.** Sustancia mineral dura y compacta. **2.** Trozo de esta sustancia, que puede estar labrado para construir con él. **3.** Piedra preciosa: *la piedra de un anillo.* **4.** Depósito anormal de sustancia sólida que puede formarse espontáneamente en algunos órganos: *Tiene varias piedras en la vesícula.* **5.** Granizo grueso. **6.** Aleación de hierro y cerio empleada en los mecheros para producir la chispa. **7.** Muela de molino. || **8. mal de la piedra** Deterioro que sufre la piedra de edificios, monumentos, etc., debido a los agentes corrosivos presentes en la contaminación. **9. piedra angular** La que hace esquina en un edificio uniendo y sosteniendo dos paredes. También, fundamento de una cosa. **10. piedra de chispa** Pedernal. **11. piedra de escándalo** Origen, motivo o causa de escándalo. **12. piedra de toque** Jaspe granoso empleado por los plateros para toque. También, p. ext., lo que sirve para comprobar o confirmar la cualidad, eficacia, etc., de alguien o algo: *Esa exposición será la piedra de toque de los nuevos artistas.* **13. piedra filosofal** Supuesta materia a la que los alquimistas atribuían la capacidad de convertir cualquier metal en oro. **14. piedra negra** Meteorito que se conserva en el santuario de la Kaaba, en La Meca, y que es sagrado para los musulmanes. **15. piedra pómez** Piedra volcánica, esponjosa, de color grisáceo y textura fibrosa, usada para desgastar y pulir. **16. piedra preciosa** La fina, rara y muy dura que, tallada, se usa para adornos de lujo. || LOC. **ablandar las piedras** Conmover a cualquiera por poco humanitario o sensible que sea. **de piedra** *adj. fam.* Con verbos como *ser, parecer*, etc., se aplica a las personas insensibles, que no se conmueven. Con verbos como *quedarse* y *dejar*, pasmado, atónito, asombrado: *Esa noticia me dejó de piedra.* **menos da una piedra** *fam.* Mejor cualquier cosa, por escasa o de poco valor que sea, que nada. **tirar** uno **la piedra y esconder la mano** *fam.* Hacer daño o mal a alguien, ocultándolo. **tirar** uno **piedras a su propio tejado** *fam.* Perjudicarse a sí mismo. SIN. **1.** Roca. **4.** Cálculo. **5.** Pedrisco. FAM. Pedernal, pedrada, pedrea, pedregal, pedregoso, pedregullo, pedrera, pedrería, pedrisco, pedrusco. / Apedrear, empedernido, empedrar, pétreo, petrificar, petrogénesis, petroglifo, petrografía, petróleo, petrología, picapedrero, vuelvepiedras.

piel (del lat. *pellis*) *s. f.* **1.** Tejido externo que cubre y protege el cuerpo del hombre y los animales. **2.** Cuero curtido. **3.** Cuero curtido que conserva el pelo natural: *un abrigo de pieles.* **4.** Parte exterior que cubre la pulpa de ciertas frutas. **5.** Con verbos como *dejar, perder, salvar,* vida. || **6. piel roja** Nombre dado por los blancos a los indios de Canadá y Estados Unidos. || LOC. **dejarse** uno **la piel en** algo *fam.* Esforzarse mucho. **ser de la piel del diablo** (o **de Barrabás**) Ser muy travieso. FAM. Pelagra, peletería, pellejo, pellica, pellico, pelliza, pellón.

piélago (del lat. *pelagus*, y éste del gr. *pelagos*) *s. m.* **1.** Parte del mar que dista mucho de la tierra. **2.** Mar. FAM. Pelágico, pelagoscopio. / Archipiélago.

pienso (del lat. *pensum*, de *pendere*, pesar) *s. m.* **1.** Alimento, especialmente el seco, para el ganado. **2.** *vulg.* Comida en general.

piercing (ingl., de *to pierce*, perforar) *s. m.* Moda que consiste en perforar diversas partes del cuerpo para colocarse pendientes y otros adornos; p. ext., alguno de estos adornos.

pierna (del lat. *perna*) *s. f.* **1.** Parte del miembro inferior comprendida entre la rodilla y el pie. **2.** P. ext., todo el miembro inferior. **3.** En los cuadrúpedos y aves, muslo. || **piernas** *s. m.* **4.** *desp.* y *fam.* Persona sin autoridad ni importancia. || LOC. **dormir a pierna suelta** (o **tendida**) *fam.* Dormir muy bien, tranquila y profundamente. **estirar las piernas** *fam.* Andar o pasear por gusto, especialmente después de haber estado sentado largo rato. **hacer piernas** Hacer ejercicio andando. SIN. **4.** Pelele, títere, don nadie. FAM. Pernada, pernear, pernera, pernil, pernio, perniquebrar, perno, piernicorto. / Entrepierna, espernada.

piernicorto, ta *adj. fam.* Que tiene las piernas cortas. También *s. m.* y *f.* SIN. Paticorto. ANT. Patilargo, zanquilargo.

pierrot (fr.) *s. m.* **1.** Personaje del teatro francés, inspirado en el Pedrolino de la comedia del arte italiana; viste con camisola blanca muy amplia, con grandes botones, calzón ancho y zapato bajo y abierto. **2.** Persona vestida con el traje de este personaje.

pieza (del celta *pettia*, pedazo) *s. f.* **1.** Cada una de las partes o pedazos de una cosa. **2.** Cada uno de los objetos o cosas que componen un conjunto, o cada unidad. **3.** Sala o cuarto de una casa. **4.** Animal de caza o pesca. **5.** Trozo de tela utilizada como remiendo. **6.** Moneda. **7.** Obra dramática, en particular la que tiene un solo acto. **8.** Composición suelta de música. **9.** Figura de algunos juegos, como el ajedrez y las damas. **10.** Cualquier cosa trabajada con arte: *Este jarrón es una pieza de museo.* **11.** Porción de tela o de papel como sale de fábrica. **12.** *fam.* Persona, normalmente de poca edad, revoltosa, traviesa: *¡Menuda pieza está hecho!* || LOC. **de una pieza** *fam.* Admirado, extrañado, atónito: *Me contaron el suceso y me quedé de una pieza.* SIN. **1.** Fragmento. **1.**, **2.** y **12.** Elemento. **2.** Parte. **3.** Habitación, aposento. **5.** Parche. **12.** Bicho. FAM. Despiece.

piezoelectricidad (del gr. *piezo*, comprimir, y *electricidad*) *s. f.* Conjunto de fenómenos eléctricos que se manifiestan en algunos cuerpos sometidos a presión u otra acción mecánica. FAM. Piezoeléctrico. ELECTRICIDAD.

piezoeléctrico, ca *adj.* De la piezoelectricidad.

piezometría (del gr. *piezo*, comprimir, y *-metría*) *s. f.* **1.** Medida de presiones, especialmente las elevadas. **2.** Parte de la física que estudia la compresibilidad de los líquidos. FAM. Piezómetro.

piezómetro (del gr. *piezo*, comprimir, y *-metro*) *s. m.* Instrumento que mide el grado de compresibilidad de los líquidos.

pífano (del ital. *pìffero*, y éste del al. ant. *Pfîfer*, silbato) *s. m.* **1.** Flautín de tono muy agudo, usado en las bandas militares. **2.** Músico que toca este instrumento.

pifia *s. f.* **1.** Golpe en falso que se da con el taco en la bola de billar. **2.** *fam.* Error llamativo, acción o dicho desacertado. **3.** *Arg.*, *Chile* y *Perú* Burla, escarnio. FAM. Pifiar.

pifiar (del al. ant. *pfîfen*, silbar) *v. intr.* **1.** Hacer una pifia en el billar. **2.** *fam.* Malograr o echar a perder algo: *Intenté arreglarlo, pero lo acabé de pifiar.*

pigargo (del lat. *pygargus*, y éste del gr. *pygargos*, de *pyge*, nalga, y *argos*, blanco) *s. m.* Ave rapaz que mide entre 68 y 91 cm de largo, tiene el plumaje marrón, más claro en la cabeza, y la cola blanca. Habita en árboles altos y acantilados de gran parte de Europa.

pigmentación *s. f.* **1.** Acción de pigmentar. **2.** Presencia en la piel de una sustancia que le da color.

pigmentar *v. tr.* **1.** Colorar, dar color a una cosa. **2.** Producir coloración anormal y prolongada en la piel y otros tejidos por diversas causas. También *v. prnl.* FAM. Pigmentación. PIGMENTO.

pigmento (del lat. *pigmentum*) *s. m.* **1.** Sustancia colorante que se encuentra en muchas células animales y vegetales. **2.** Materia colorante en pintura. FAM. Pigmentar, pigmentario.

pigmeo, a (del lat. *pygmaeus*, y éste del gr. *pygmaios*, de *pygme*, puño) *adj.* **1.** Se dice de un conjunto de pueblos diseminados por África y Asia, caracterizados por su baja estatura, piel oscura y cabello crespo. **2.** De estos pueblos. También *s. m.* y *f.* **3.** Muy pequeño. También *s. m.* y *f.*

pignorar (del lat. *pignorare*) *v. tr.* Empeñar una cosa, dejarla en prenda para recibir un préstamo, de forma que el prestamista se queda con la cosa si el prestatario no le devuelve el importe del préstamo. FAM. Pignoración, pignoraticio.

pigre (del lat. *piger, -gri*) *adj.* Holgazán, perezoso. SIN. Vago, negligente. ANT. Diligente.

pijada *s. f.* **1.** *fam.* Menudencia, tontería. **2.** Cosa que usa, lleva o dice el pijo. **3.** Dicho o hecho molesto, inoportuno o estúpido. SIN. **1.** Insignificancia, fruslería, pequeñez. **1.** y **3.** Pijotería, chorrada, pijotada.

pijama (del ingl. *pyjamas*, del indostánico *paeyama*, pantalón bombacho de los mahometanos) *s. m.* Prenda que se compone de una chaqueta y un pantalón y se utiliza para dormir. ■ Se dice también *piyama.*

pijería *s. f.* **1.** *fam.* Jactancia petulante y presuntuosa de pertenecer a una clase social acomodada. **2.** *fam.* Dicho o acción propio de gente pija.

pijerío *s. m. fam.* Conjunto de gente pija.

pijo, ja *adj.* **1.** *fam.* Se aplica a quien se jacta de pertenecer a una clase social acomodada mediante una manera afectada de vestir, de hablar o de comportarse en general. También *s. m.* y *f.* **2.** *fam.* De esta gente. || *s. m.* o *f.* **3.** *vulg.* Pene*. || LOC. **un pijo** *vulg.* Poca cantidad o nada: *Traga antes de hablar, no se te entiende un pijo.* SIN. **1.** Pera. FAM. Pijada, pijería, pijerío, pijez, pijotada, pijotería.

pijota *s. f.* Pescadilla*.

pijotada *s. f.* **1.** *fam.* Menudencia, cosa sin importancia. **2.** *fam.* Todo aquello propio del pijo. **3.** *fam.* Dicho o hecho molesto e inoportuno. SIN. **1.** Insignificancia. **1.** a **3.** Pijada, pijotería. **1.** y **3.** Chorrada.

pijotería *s. f.* **1.** *fam.* Menudencia. **2.** *fam.* Dicho o hecho molesto. **3.** *fam.* Todo aquello que es propio del pijo o pijotero. **4.** *fam.* Cualidad de pijo o pijotero. **5.** *fam.* Conjunto de pijos. SIN. **1.** Insignificancia, pequeñez. **1.** y **2.** Chorrada. **3.** Pijotada, pijada. **4.** y **5.** Pijerío. FAM. Pijotero. PIJO.

pijotero, ra *adj. fam.* Fastidioso, que pone pegas e inconvenientes a todo, incluso a lo insignificante. También *s. m.* y *f.* SIN. Pejiguero, chinche, puntilloso.

pil-pil, al *loc. adv.* Modo de preparar el bacalao, típico del País Vasco, guisado con guindilla, ajos y aceite.

pila[1] (del lat. *pila*, columna) *s. f.* **1.** Montón de piezas, objetos, etc., unos encima de otros. **2.** *fam.* Acumulación de cosas, tareas, trabajos, etc. **3.** En arq., cada uno de los pilares que sostienen dos arcos contiguos o los tramos metálicos de un puente. SIN. **1.** Cúmulo, rimero. **2.** Multitud, infinidad. FAM. Pilada[1], pilar, pilastra, pilón[1], pilote. / Apilar, empilonar.

pila[2] (del lat. *pila*, mortero) *s. f.* **1.** Pieza cóncava y profunda de diversos materiales donde cae o se echa el agua para varios usos. **2.** En fís., generador de corriente eléctrica continua. || **3. pila atómica** Reactor* nuclear. **4. pila bautismal** La que se utiliza para bautizar. FAM. Pilada[2], pileta, pilón[2]. / Opilar.

pilada[1] (de *pila*[1]) *s. f.* Pila, montón. SIN. Rimero.

pilada[2] (de *pila*[2]) *s. f.* Mezcla de cal y arena que se amasa de una vez.

pilar (de *pila*[1]) *s. m.* **1.** Elemento arquitectónico vertical, generalmente en forma de prisma, que se coloca aislado o sirve para sostener otros elementos o estructuras. **2.** Persona o cosa que sirve de apoyo o protección: *Es uno de los pilares de esa organización.* **3.** Hito que se pone en los caminos. SIN. **2.** Fundamento, soporte. **3.** Mojón.

pilastra (del ital. *pilastro*, y éste del lat. *pila*, pilar) *s. f.* **1.** Columna de sección cuadrangular. **2.** Pilar adosado a una pared.

pilcha (del araucano *pulcha*, arruga) *s. f. Arg., Chile* y *Urug.* Prenda de vestir gastada o pobre; p. ext., cualquier prenda de uso personal. FAM. Empilchar.

pilche *s. m. Ec.* y *Perú* Recipiente o vasija.

píldora (del lat. *pilula*) *s. f.* **1.** Pequeña porción de medicamento en forma generalmente redondeada, como una bolita. **2.** *fam.* Anticonceptivo por vía oral. ■ En esta acepción, se construye siempre con el art. *la.* **3.** *fam.* Mala noticia o cosa desagradable. || LOC. **dorar la píldora** *fam.* Suavizar la mala noticia que se comunica a alguien o una cosa desagradable que se le causa o pide. **tragarse** uno **la píldora** *fam.* Creerse un embuste. SIN. **1.** Comprimido, gragea, pastilla. **3.** Pesar, pesadumbre, disgusto.

pileta (dim. de *pila*[2]) *s. f.* **1.** *And.*, *Can.*, *Arg.*, *Par.* y *Urug.* Pila de cocina o de lavar. **2.** *Can.*, *Arg.* y *Urug.* Abrevadero. **3.** *Arg.*, *Par.* y *Urug.* Piscina. **4.** En minería, sitio en que se recogen las aguas dentro de las minas.

pilila *s. f. fam.* En lenguaje infantil, pene.

pillada *s. f. fam.* Acción propia de un pillo. SIN. Pillería.

pillaje (de *pillar*) *s. m.* **1.** Rapiña, robo. **2.** Robo que hacen los soldados en una invasión. SIN. **1.** Hurto, latrocinio. **2.** Saqueo, despojo.

pillar *v. tr.* **1.** Coger o alcanzar a alguien o algo. **2.** Atropellar: *Por poco te pilla ese autocar.* **3.** Dejar a alguien o algo aprisionado, sujeto, causándole daño. También *v. prnl.*: *Me he pillado con la puerta.* **4.** *fam.* Coger a alguien desprevenido o no preparado: *Me pilló en pijama.* **5.** *fam.* Coger a alguien en una falta o en algo que intenta ocultar, descubrirlo: *Le pilló fisgando en su bolso.* **6.** *fam.* Conseguir algo: *Por fin pillé los apuntes que me faltaban.* **7.** *fam.* Coger, contraer: *Pillé un resfriado.* **8.** *fam.* Entender una cosa: *Ya he pillado el sentido de la frase.* **9.** Robar, saquear. || *v. intr.* **10.** *fam.* Encontrarse algo en determinada situación con respecto a alguien o algo: *El instituto me pilla muy cerca de casa.* SIN. **4.** y **5.** Sorprender. **5.**, **6.** y **8.** Cazar. **7.** Agarrar. **8.** Pescar, comprender. **10.** Hallarse, situarse, quedar. FAM. Pillo.

pillastre *s. m. fam.* Pillo. SIN. Bribón, granuja, pícaro, golfo.

pillería *s. f.* **1.** *fam.* Cualidad de pillo. **2.** *fam.* Dicho o hecho del pillo. **3.** Conjunto de pillos. SIN. **2.** Pillada.

pillín, na (dim. de *pillo*) *adj. fam.* Se aplica cariñosamente a la persona astuta o traviesa, especialmente cuando tiene pocos años. También *s. m.* y *f.*

pillo, lla *adj. fam.* Se dice de la persona, y especialmente del chico, que obra con astucia, que busca su provecho con habilidad o engaño. También *s. m.* y *f.* SIN. Pillastre, pícaro, bribón, granuja, tunante, astuto. FAM. Pillada, pillaje, pillastre, pillería, pillín, pilluelo. PILLAR.

pilón[1] (de *pila*[1]) *s. m.* **1.** En la balanza romana, pesa que cuelga del brazo mayor del astil y puede moverse libremente. **2.** Pilar, columna o poste, para señalar algo o para otro fin. **3.** *fam.* Montón, cantidad grande. FAM. Apilonar. PILA[1].

pilón[2] (de *pila*[2]) *s. m.* Pila grande que se encuentra en algunas fuentes para que al recogerse el agua en ella pueda utilizarse como abrevadero, lavadero, etc.

pilón[3] (del gr. *pylon*, puerta, portal) *s. m.* Pilono*.

pilono (del gr. *pylon*, puerta principal) *s. m.* Estructura arquitectónica del arte egipcio antiguo formada por dos grandes bloques de forma trapezoidal que enmarcan el acceso al primer patio de los templos. FAM. Pilón[3].

píloro (del lat. *pylorus*, y éste del gr. *pyloros*, portero, de *pyle*, puerta, y *ora*, vigilancia) *s. m.* Orificio de comunicación entre el estómago y el duodeno. FAM. Pilórico.

piloso, sa (del lat. *pilosus*) *adj.* **1.** Del pelo. **2.** Peludo, de mucho pelo. FAM. Pilosidad. PELO.

pilotaje *s. m.* **1.** Acción de pilotar. **2.** Ciencia que enseña el oficio de piloto. **3.** Oficio de piloto. **4.** Derecho que pagan las embarcaciones al pasar por puentes y entradas de ríos por los servicios de pilotos prácticos.

pilotar *v. tr.* **1.** Dirigir un barco. **2.** Dirigir un automóvil, avión, globo, etc. FAM. Pilotaje. PILOTO.

pilote (del fr. ant. *pilot*, y éste del lat. *pila*, pilar) *s. m.* Madero que se clava en tierra para asegurar los cimientos.

piloto (del ital. *piloto*, y éste del bajo gr. *pedotes*, timonel) *s. m.* **1.** El que dirige un barco. **2.** El segundo de un buque mercante. **3.** El que dirige un automóvil, avión, etc. **4.** Bombillita o pequeño indicador luminoso que en aparatos eléctricos, interruptores, vehículos, etc., señala su puesta en marcha u otra circunstancia. **5.** En los aparatos de gas, llama permanente que sirve para encenderlos. **6.** Con ciertos sustantivos como *centro*, *piso*, etc., indica que las cosas por ellos designadas funcionan como modelo o con carácter experimental: *instituto piloto.* || **7. piloto automático** Dispositivo que funciona por sí solo, utilizado en algunos medios de transporte, como aviones y barcos, con la finalidad de mantener el rumbo o gobernar el vehículo. **8. piloto de pruebas** El que se encarga de probar prototipos o modelos de coches, aviones, etc. **SIN. 1.** Timonel. **FAM.** Pilotar. / Copiloto.

pilsen (al.) *adj.* De un tipo de cerveza suave y clara. También *s. f.*

piltra *s. f. fam.* Cama[1]*. **FAM.** Empiltrarse.

piltrafa *s. f.* **1.** Parte de carne flaca, que casi sólo es pellejo. **2.** P. ext., residuos menudos de cualquier cosa. Se usa más en *pl.* **3.** *fam.* Cosa muy estropeada o de aspecto desastroso: *Ese vestido está hecho una piltrafa.* **4.** Persona muy deteriorada o enferma, o despreciable moralmente. **SIN. 2.** Desperdicio, desecho. **3.** Porquería. **4.** Ruina.

pimental *s. m.* Terreno sembrado de pimientos.

pimentero (de *pimienta*) *s. m.* **1.** Arbusto tropical de hojas alternas y ovaladas, flores verdosas en espiga y fruto en baya, que se denomina pimienta. **2.** Recipiente en que se pone la pimienta molida para servirse de ella en la mesa.

pimentón *s. m.* Polvo de pimientos rojos secos, que se usa como condimento. **FAM.** Pimentonero. PIMIENTO.

pimentonero, ra *adj.* **1.** Que vende pimentón. También *s. m.* y *f.* **2.** Seguidor del equipo de fútbol de Murcia. También *s. m.* y *f.* || *s. m.* **3.** Pájaro castellano de plumaje negruzco, excepto en su pecho rojo.

pimienta (del lat. *pigmenta*, colorantes) *s. f.* **1.** Fruto del pimentero, baya redonda que contiene una semilla esférica, aromática, ardiente, de gusto picante, muy usada como condimento. || **2. pimienta blanca** Aquella a la que se ha quitado la corteza y queda de color casi blanco. **3. pimienta negra** La que conserva la corteza. **FAM.** Pimentero, pimiento. / Salpimientar.

pimiento (del lat. *pigmentum*, colorante) *s. m.* **1.** Planta herbácea anual, con tallos ramosos, hojas lanceoladas y lampiñas, flores blancas y fruto en baya hueca, muy variable en forma y tamaño, según las variedades, pero generalmente cónico, de punta obtusa, primeramente verde, después rojo o amarillo, y con multitud de semillas. **2.** Fruto de esta planta. **3.** *fam.* Nada: *Me importa un pimiento lo que hagas.* || **4. pimiento morrón** Variedad de pimiento, el más grueso y dulce de todos. || **LOC. como un pimiento** *fam.* Aplicado al rostro, colorado, encendido: *Se puso como un pimiento cuando le dijeron esos piropos.* **¡y un pimiento!** *excl. fam.* Se utiliza para negar o rechazar rotundamente. **SIN. 3.** Pepino, rábano, bledo, comino, pito. **FAM.** Pimental, pimentón. PIMIENTA.

pimpampum (onomat.) *s. m.* Juego de feria que consiste en derribar a pelotazos muñecos puestos en fila sobre una tabla.

pimpante (del fr. *pimpant*) *adj.* **1.** *fam.* Campante, tranquilo. **2.** *fam.* Peripuesto, acicalado. **SIN. 1.** Pancho. **2.** Flamante.

pimpinela (del bajo lat. *pimpinella*) *s. f.* Planta herbácea de la familia rosáceas, que alcanza diversas alturas según la especie, llegando alguna a los 120 cm, tiene hojas compuestas y flores en espiga o en cabezuelas de color generalmente púrpura o verdoso.

pimplar (de or. onomat.) *v. tr. fam.* Beber vino o licores, especialmente con exceso. También *v. prnl.* **FAM.** Pimple. / Apimplarse.

pimpollada o **pimpollar** *s. f.* o *m.* Sitio poblado de pimpollos, árboles jóvenes.

pimpollo (de *pino* y *pollo*) *s. m.* **1.** Pino nuevo. **2.** Árbol nuevo. **3.** Vástago o tallo nuevo de las plantas. **4.** Rosa que no se ha abierto todavía. **5.** *fam.* Niño o joven que llama la atención por su belleza, gracia o atractivo. **6.** *fam.* Persona que se conserva con el aspecto joven. **SIN. 3.** Brote, renuevo. **4.** Capullo, botón. **FAM.** Pimpollada, pimpollar.

pimpón (de *ping-pong*) *s. m.* Juego semejante al tenis, que se realiza sobre una mesa rectangular con una pelota pequeña y ligera y con unas palas pequeñas. ■ Se dice también *ping-pong.*

pin (ingl.) *s. m.* Broche, emblema que se incrusta en una prenda de vestir por medio de un pequeño pasador en el que se mete por el revés de la prenda una pieza a presión.

pinabete (de *pino* y *abeto*) *s. m.* Abeto*.

pinacate *s. m. Amér. C.* Escarabajo negro y hediondo que se cría en lugares húmedos.

pinácea *adj.* **1.** Se dice de las plantas de la clase coníferas que tienen hojas largas en forma de aguja y semillas agrupadas en piñas, como p. ej. los pinos, abetos, etc. También *s. f.* || *s. f. pl.* **2.** Familia de estas plantas.

pinacle (del ingl. *pinochle*) *s. m.* Juego de cartas de origen inglés que consiste fundamentalmente en agrupar cartas correlativas de un mismo palo. Se juega con 52 cartas y 2 comodines.

pinacoteca (del lat. *pinacotheca*, y éste del gr. *pinakotheke*, de *pinax*, cuadro, y *theke*, depósito) *s. f.* Galería o museo de pinturas.

pináculo (del lat. *pinnaculum*) *s. m.* **1.** Parte superior y más alta de un edificio. **2.** Remate ornamental en la arquitectura gótica y, p. ext., en otros estilos, adorno en forma de pirámide o cono. **3.** Lo más sublime o elevado de algo, momento de mayor esplendor. **SIN. 3.** Cima, cumbre, cúspide.

pinada o **pinar** *s. f.* o *m.* Sitio poblado de pinos. **SIN.** Pineda.

pinariego, ga *adj.* Del pino.

pinaza *s. f.* Hojarasca del pino o de otras coníferas.

pincel (del cat. *pinzell*, y éste del lat. *penicillus*, dim. de *penis*) *s. m.* **1.** Instrumento que se utiliza para pintar y que consiste en un manojo de pelos sujetos a un mango largo y delgado. **2.** Modo o estilo de pintar. **FAM.** Pincelada.

pincelada *s. f.* **1.** Toque dado con el pincel y trazo que deja. **2.** Rasgo muy condensado o característico: *El autor recrea el ambiente de la época con un par de pinceladas.* || **LOC. dar la última pincelada** a algo Terminar la confección de algo.

pincha *s. f.* Mujer que trabaja ayudando en la cocina. **SIN.** Pinche.

pinchadiscos *s. m.* y *f. fam.* Persona que pone los discos en una discoteca. ■ No varía en *pl.* SIN. Disc-jockey.

pinchar *v. tr.* **1.** Introducir una cosa aguda o punzante en alguien o algo. También *v. prnl.*: *Me he pinchado al coser.* **2.** *fam.* Poner inyecciones. También *v. prnl.* **3.** *fam.* Mover o animar a alguien a algo. **4.** Molestar, enojar. **5.** Intervenir una línea telefónica con el fin de escuchar las conversaciones de sus usuarios. **6.** *fam.* Poner un disco. || *v. intr.* **7.** Producirse un pinchazo en una rueda del coche que conduce o en que va el sujeto. || **pincharse** *v. prnl.* **8.** Inyectarse droga. || LOC. **ni pincha ni corta** *fam.* Se aplica a alguien o algo que no cuenta ni influye en un asunto, situación, etc. SIN. **2.** Inyectar. **3.** Estimular, incitar. **3.** y **4.** Picar(se). **4.** Fastidiar, chinchar. FAM. Pincha, pinchadiscos, pinchadura, pinchaúvas, pinchazo, pinche, pincho.

pinchaúvas *s. m. fam.* Hombre despreciable o insignificante. ■ No varía en *pl.*

pinchazo *s. m.* **1.** Herida que produce algo que pincha. **2.** Agujero o grieta pequeña que causa en una rueda, balón, etc., la pérdida de aire. **3.** Dolor agudo. **4.** Cada una de las inyecciones.

pinche *s. m.* y *f.* **1.** Persona que trabaja ayudando en la cocina. ■ En esta acepción se usa también la forma *pincha* para el femenino. || *adj.* **2.** *Méx. fam.* Despreciable. También *s. m.* y *f.* FAM. Compinche. PINCHAR.

pincho *s. m.* **1.** Punta aguda de cualquier cosa: *los pinchos de los cardos.* **2.** Varilla metálica o de otro material con punta afilada. **3.** Porción de comida que se toma normalmente como aperitivo y que suele ir atravesada por un palillo. || **4. pincho moruno** Trozos de carne adobada ensartados en un pincho metálico y puestos a la plancha o a la brasa. FAM. Pinchudo. PINCHAR.

pinchudo, da *adj.* Que tiene pinchos o púas.

pindonga *s. f. fam.* Mujer callejera. SIN. Pendón, pingo.

pindonguear *v. intr. fam.* Callejear*. SIN. Pingonear. FAM. Pindonga, pindongueo.

pindongueo *s. m.* **1.** *fam.* Paseo que se da por las calles. **2.** *fam.* Vida desordenada y bulliciosa. SIN. **2.** Pendoneo.

pineal (del lat. *pinea*, piña) *adj.* **1.** De la epífisis. || **2. glándula pineal** Epífisis*.

pineda (del lat. *pineta*, de *pinetum*) *s. f.* Pinar*.

pinedo (del lat. *pinetum*) *s. m. Amér. del S.* Pinar*.

ping-pong (voz ingl., nombre comercial registrado) *s. m.* Pimpón*.

pingajo *s. m.* **1.** *fam.* Trozo roto o desgajado de tela o ropa que cuelga. **2.** *fam.* Persona muy desmejorada físicamente. SIN. **1.** Pingo, andrajo, harapo.

pingar (del lat. *pendicare*, de *pendere*) *v. intr.* **1.** Pender, colgar: *Te pinga esa falda.* **2.** Gotear alguien o algo que está muy mojado: *Llegué a casa pingando.* || LOC. **poner** a uno **pingando** *fam.* Hablar mal de él. ■ Delante de *e* se escribe *gu* en lugar de *g.* FAM. Pingajo, pingo, pingonear.

pingo *s. m.* **1.** *fam.* Pingajo*, harapo. **2.** Mujer de vida licenciosa. || *s. m. pl.* **3.** *fam.* Ropa de mujer, especialmente la barata. || LOC. **poner** a alguien **como un pingo** *fam.* Hablar mal de él, insultarle. SIN. **1.** Andrajo. **2.** Pendón.

pingonear *v. intr. fam.* Callejear. SIN. Pindonguear. FAM. Pingoneo. PINGAR.

pingorota *s. f. fam.* Parte más alta y aguda de una montaña y otras cosas elevadas. FAM. Pingorotudo. / Empingorotado.

pingorotudo, da *adj. fam.* Alto, elevado, empinado.

pingüe (del lat. *pinguis*, gordo) *adj.* Abundante: *un pingüe capital.* SIN. Copioso, fértil, cuantioso, numeroso.

pingüino (del fr. *pingouin*) *s. m.* **1.** Ave extinguida a mediados del s. XIX a causa de la caza a que se la sometió; medía entre 90 y 100 cm de altura, tenía un denso plumaje negro, blanco en el vientre, las patas palmeadas, y sus alas no le servían para volar. Habitaba en costas de acantilados del Atlántico N. **2.** Pájaro* bobo.

pinífero, ra (del lat. *pinifer, -eri*, de *pinus*, pino, y *ferre*, llevar) *adj.* Abundante en pinos.

pinillo (dim. de *pino*) *s. m.* Planta herbácea de la familia labiadas, que mide entre 5 y 30 cm de altura y tiene hojas divididas en tres segmentos y flores de color generalmente amarillo. Crece en la península Ibérica.

pinitos *s. m. pl.* **1.** Primeros pasos inseguros de un niño o una persona convaleciente. **2.** Primeros pasos en un arte, ciencia, actividad, etc.

pinnado, da (del lat. *pinnatus*, de *pinna*, pluma) *adj.* Se dice de la hoja con hojuelas insertas a uno y otro lado del pecíolo, como las barbas de una pluma.

pinnípedo, da (del lat. *pinna*, aleta, pluma, y *pes, pedis*, pie) *adj.* **1.** Se dice de los mamíferos placentarios acuáticos caracterizados por tener las extremidades transformadas en aletas, como p. ej. la foca; habitan en el mar, pero deben salir regularmente a la superficie para respirar, y tienen bajo la piel una gruesa capa de grasa que los protege del frío. También *s. m.* || *s. m. pl.* **2.** Orden de estos mamíferos.

pino (del lat. *pinus*) *s. m.* Nombre común de diversos árboles de la familia pináceas, resinosos, con el tronco rugoso, hojas en forma de aguja, reunidas en grupos de un número fijo de ellas, cada grupo envuelto en su base por escamas, y una inflorescencia o estróbilo leñoso cónico, llamado piña. Entre las especies más conocidas están el *pino común* o *silvestre*, de hasta 45 m de altura, hojas cortas verde azuladas, y ramas y parte alta del tronco de color asalmonado; el *pino carrasco*, con hojas largas y flexibles, y piñas abundantes, unidas a las ramas por un grueso pedúnculo; y el *pino piñonero*, de unos 30 m, copa en forma redondeada o de parasol, piña en forma de globo con gruesos piñones comestibles y placas rojas en la corteza. FAM. Pinabete, pinácea, pinada, pinar, pinariego, pinaza, pineda, pinedo, pinífero, pinillo, pinocha, pinoso, pinsapo. / Piña, piñón[1].

pino, na *adj.* Muy pendiente o empinado. FAM. Pinitos. EMPINAR.

pinocha *s. f.* Hoja del pino.

pinol o **pinole** (del náhuatl *pinolli*) *s. m. Amér.* Harina de maíz tostado disuelta en agua, que lleva a veces otros ingredientes. FAM. Pinolate.

pinolate *s. m. Amér. C.* y *Méx.* Bebida de pinole, agua y azúcar.

pinoso, sa *adj.* Que tiene pinos.

pinrel (del caló *pinré*) *s. m. fam.* Pie de las personas. Se usa más en *pl.*

pinsapar *s. m.* Lugar poblado de pinsapos.

pinsapo (del lat. *pinus*, pino, y *sapinus*, sabino) *s. m.* Árbol de la familia pináceas, de porte cónico, corteza blanquecina, hojas rígidas en forma de agujas y fruto en piña. Crece en las sierras del S de la península Ibérica y se usa como árbol de adorno. FAM. Pinsapar. PINO.

pinta[1] (de *pintar*) *s. f.* **1.** Mancha o señal pequeña. **2.** En algunos juegos de naipes, carta que se descubre una vez repartidas las que corresponden a cada jugador y que señala el palo de triunfos. **3.** Aspecto, apariencia. **4.** *Méx.* y *Nic.* Pintada, letrero. || *s. m.* **5.** *fam.* Golfo, sinvergüenza: *Está hecho un pinta de mucho cuidado.* SIN. **1.** Lunar. **3.** Facha, traza. **5.** Granuja.

pinta[2] *s. f.* Medida de capacidad para líquidos, que varía según los países.

pintada[1] *s. f.* **1.** Acción de pintar letreros o escritos en las paredes, tapias, etc. **2.** Cada uno de estos letreros o conjunto de letreros.

pintada[2] *s. f.* Nombre de diversas aves galliformes; la pintada común tiene cuerpo rechoncho, color pardo, azulado o negruzco, con puntos o lunares blancos, cabeza y cuello pelados y carece de espolón o lo tiene disminuido. Es mala voladora, se alimenta de plantas y vive en grandes bandadas en las sabanas africanas.

pintado, da 1. *p.* de **pintar**. También *adj.* || *adj.* **2.** *fam.* Que presenta un parecido físico con alguien: *Este niño ha salido pintado a su tío Paco.* || LOC. **el más pintado** *fam.* El mejor o más preparado: *Este trabajito acaba con el más pintado.* **que ni pintado** Muy bien, fenomenal: *Este dinero me viene que ni pintado.* SIN. **2.** Clavado.

pintalabios *s. m.* Barra u otro utensilio para pintarse los labios. ■ No varía en *pl.*

pintamonas *s. m.* y *f.* **1.** *fam.* Pintor de poca calidad. **2.** Persona poco importante que pretende destacar. ■ No varía en *pl.*

pintar (del lat. vulg. *pinctare*, de *pinctus*, p. del lat. *pingere*) *v. tr.* **1.** Representar algo en una superficie con las líneas y los colores convenientes. **2.** Cubrir con color la superficie de una cosa. **3.** Escribir o trazar algo, como un signo. **4.** Describir algo con palabras, como reproduciéndolo: *Me pintó la excursión con todo lujo de detalles.* || *v. intr.* **5.** Marcar o dejar señal un lápiz, bolígrafo, etc. **6.** Indicar una carta que el palo al que representa es la pinta o triunfo: *Pinta en oros.* **7.** Ser importante la presencia, participación, etc., de alguien: *Cállate, que en esta conversación no pintas nada.* **8.** Empezar a tomar color y madurar ciertos frutos. También *v. prnl.* || **pintarse** *v. prnl.* **9.** Colorearse ciertas partes de la cara con productos y utensilios adecuados. SIN. **3.** y **4.** Dibujar. **4.** Detallar. **9.** Maquillarse, componerse. FAM. Pinta[1], pintada[1], pintado, pintalabios, pintamonas, pintarrajar, pintarrajear, pintarroja, pintaúñas, pintiparar, pinto, pintor, pintoresco, pintura, pinturero. / Despintar, repintar.

pintarrajear o **pintarrajar** *v. tr.* **1.** *fam.* Pintar mal, con descuido, manchar algo con colores o hacer garabatos. || **pintarrajearse** *v. prnl.* **2.** *fam.* Maquillarse la cara mal o demasiado. SIN. **1.** Emborronar, embadurnar, garabatear, borrajear. FAM. Pintarrajo. PINTAR.

pintarrajo *s. m. fam.* Pintura mal hecha, descuidada.

pintarroja *s. f.* Pez elasmobranquio de cuerpo alargado y relativamente delgado, que mide de 50 a 100 cm de longitud, tiene la cabeza roma y la piel rasposa, la cual se utilizó antiguamente para pulir. Habita en el Atlántico y el Mediterráneo. ■ Se llama también *lija.*

pintaúñas *s. m. fam.* Esmalte para las uñas. ■ No varía en *pl.*

pintiparado, da *adj.* **1.** Muy a propósito o conveniente. **2.** Semejante a otra persona o cosa. SIN. **1.** Adecuado. **2.** Igual.

pintiparar *v. tr. fam.* Comparar una cosa con otra. FAM. Pintiparado. PINTAR y PARAR.

pinto, ta *adj.* **1.** Se dice del animal de varios colores: *caballo pinto.* **2.** Se aplica a una variedad de la semilla de la judía, de color marrón rojizo, que se utiliza en cocina.

pintor, ra (del lat. vulg. *pinctor, -oris*, del lat. *pictor*) *s. m.* y *f.* **1.** Persona que se dedica al arte de la pintura. **2.** Persona que por oficio pinta puertas, ventanas, paredes, techos, etc. ■ Se llama también *pintor de brocha gorda.*

pintoresco, ca *adj.* **1.** Que llama la atención por su peculiaridad o su tipismo: *Es un barrio muy castizo, lleno de personajes pintorescos.* **2.** Se aplica a los paisajes, figuras, etc., de interés pictórico. SIN. **1.** Singular, llamativo, curioso, chocante. ANT. **1.** Corriente. FAM. Pintoresquismo. PINTAR.

pintura (del lat. vulg. *pinctura*, del lat. *pictura*) *s. f.* **1.** Arte de pintar. **2.** Obra pintada. **3.** Producto utilizado para pintar. **4.** Descripción de algo con palabras: *Nos hizo una pintura del personaje.* || LOC. **no poder ver ni en pintura** *fam.* Tener mucha antipatía a alguien o algo. SIN. **2.** Cuadro, lienzo, tabla.

pinturero, ra *adj. fam.* Se dice de la persona que se arregla mucho y presume de ello. También *s. m.* y *f.* SIN. Presumido.

pinyin *s. m.* Sistema de transcripción fonética de la escritura china al alfabeto latino.

pinza (del fr. *pince*, de *pincer*, pellizcar) *s. f.* **1.** Instrumento cuyos extremos se aproximan para sujetar alguna cosa: *una pinza de la ropa.* **2.** Apéndice prensil de ciertos artrópodos. **3.** Pliegue de una tela terminado en punta: *Esos pantalones llevan dos pinzas.* || *s. f. pl.* **4.** Instrumento, normalmente de metal, utilizado para coger, arrancar o sujetar cosas menudas: *unas pinzas para depilar, para el hielo.* **5.** *Amér. del S.* Alicates. Se usa también en *sing.* || LOC. **hacer la pinza** En pol., cercar entre dos partidos antagónicos, y desde posiciones opuestas, a otro que queda en el centro para presionarlo en su toma de decisiones. FAM. Pinzamiento, pinzar.

pinzamiento *s. m.* **1.** Acción de pinzar. **2.** Particularmente, opresión de un órgano, músculo o parte de él entre dos superficies articulares o no. SIN. **2.** Bocadillo.

pinzar *v. tr.* **1.** Sujetar o presionar con pinza: *El cirujano pinzó la arteria para cortar la hemorragia.* **2.** Coger u oprimir algo entre dos superficies, a modo de pinza: *El "pizzicato" se toca pinzando con los dedos las cuerdas del violín.* También *v. prnl.* ■ Delante de *e* se escribe *c* en lugar de *z*: *pince.* SIN. **2.** Pellizcar.

pinzón *s. m.* Ave paseriforme de unos 15 cm de longitud, alas puntiagudas, cola larga, pico ancho en la base y cónico y vistoso plumaje en los machos, que en el pinzón vulgar es castaño, pardo rosado y gris azulado, con franjas blancas en las alas. De canto armonioso, anida en árboles o arbustos de Europa y Asia.

piña (del lat. *pinea*) *s. f.* **1.** Fruto del pino y otras coníferas, que tiene forma de cono y está compuesto de piezas leñosas triangulares, colocadas a modo de escamas, cada una de las cuales lleva dos piñones y rara vez uno. **2.** Ananá*, planta y fruto. **3.** Grupo o conjunto de personas o cosas unidas estrechamente. FAM. Piñata, piño. / Apiñar, pineal. PINO.

piñata (del ital. *pignatta*) *s. f.* Recipiente lleno de golosinas y regalitos que se cuelga para que una persona con los ojos vendados lo rompa golpeándolo con un palo.

piño (del lat. *pinna*, saliente, punta) *s. m. fam.* Diente. Se usa más en *pl.*

piñón[1] *s. m.* **1.** Simiente del pino. **2.** Almendra blanca y comestible de la semilla del pino piñonero. **3.** En las armas de fuego, pieza en que descansa la patilla de la llave cuando está preparada para disparar. || LOC. **estar a partir un piñón** *fam.* Estar muy unidos y en armonía. **FAM.** Empiñonado. PINO.

piñón[2] (como el fr. *pignon*, de un derivado del lat. *pinna*, almena) *s. m.* Rueda pequeña y dentada que engrana con otra mayor en una máquina.

pío (onomat.) *s. m.* Voz que imita el sonido de las crías de las aves. || LOC. **no decir ni pío** *fam.* No hablar nada. **FAM.** Piar.

pío, a[1] (del lat. *pius*) *adj.* Devoto, piadoso. **FAM.** Piadoso, piedad. / Expiar, impío, montepío, piamadre, piamáter.

pío, a[2] (del fr. *pie*, y éste del lat. *pica*, urraca) *adj.* Se dice del caballo, mulo o asno de pelo blanco y manchas de otros colores.

piocha (del fr. *pioche*, de *pic*, pico) *s. f.* Herramienta con boca cortante para desprender los revoques de las paredes o quitar las desigualdades de los ladrillos.

piojo (del lat. vulg. *peduculus*, y éste del lat. *pediculus*) *s. m.* Nombre común de unas 3.000 especies de insectos de pequeño tamaño (hasta 6 mm), de cuerpo aplanado, antenas cortas y sin alas. Son parásitos de aves y mamíferos, de cuya sangre se alimentan, y pueden transmitir enfermedades como el tifus. || LOC. **como piojo** (o **piojos**) **en costura** *adv. fam.* Muy juntos o apretados en un sitio. **FAM.** Piojoso, pipi. / Despiojar, pedículo.

piojoso, sa *adj.* **1.** Que tiene piojos. También *s. m.* y *f.* **2.** *fam.* Miserable, sucio.

piola *s. f.* **1.** Cordel, cuerda fina. **2.** *Arg.*, *Chile* y *Perú* Soga. || *adj.* **3.** *Arg. fam.* Listo, astuto. También *s. m.* y *f.* **4.** *Arg. fam.* Estupendo. **FAM.** Piolín.

piolet (fr.) *s. m.* Pico ligero que utilizan los alpinistas para asegurarse en la nieve o hielo.

piolín *s. m. Amér. fam.* Cuerda pequeña, cabo delgado de cáñamo, algodón u otra fibra.

pión *s. m.* Partícula subatómica que pertenece a la familia de los mesones.

pionero, ra (del fr. *pionnier*, y éste del lat. *pedo, -onis*, peón) *s. m.* y *f.* **1.** Persona que inicia la exploración de un territorio. **2.** Persona que realiza los primeros descubrimientos o trabajos en una disciplina, actividad, etc.

piorrea (del gr. *pyorrhoia*, de *pyon*, pus, y *rhei*, fluir) *s. f.* Enfermedad de la boca caracterizada por la aparición de flujo de pus en las encías. Suele causar la caída de los dientes.

pipa[1] (del lat. vulg. *pipa*, flautita) *s. f.* **1.** Utensilio para fumar que consiste en un tubo unido a una cazoleta o recipiente donde se pone el tabaco picado. **2.** Tonel para líquidos. || *adv. m.* **3.** *fam.* Estupendamente: *Aquí se está pipa.* **SIN.** **1.** Cachimba. **2.** Cuba. **3.** Chachi, chanchi, fetén. **FAM.** Pipeta. / Apiparse, empiparse.

pipa[2] *s. f.* **1.** Semilla de algunas frutas. **2.** Semilla de girasol. **SIN.** **1.** Pepita, pipo. **FAM.** Pipero, pipo. PEPITA[1].

pipermín (del ingl. *pippermint*, nombre comercial registrado) *s. m.* Licor de menta que se obtiene mezclando alcohol, menta y agua azucarada.

pipero, ra *s. m.* y *f.* Persona que vende pipas, caramelos, golosinas, etc., en la calle.

pipeta (dim. de *pipa*[1]) *s. f.* Tubo de vidrio estrecho y alargado que se usa para trasladar pequeños volúmenes de líquido de un recipiente a otro.

pipi *s. m. fam.* Piojo*.

pipí *s. m. fam.* Orina, pis.

pipiolo, la (del lat. *pipio, -onis*, pichón, polluelo) *s. m.* y *f.* **1.** *fam.* Persona muy joven. **2.** Novato. **SIN.** **2.** Principiante. **ANT.** **2.** Veterano.

pipirigallo *s. m.* Planta herbácea de la familia papilionáceas, de flores rojas y tallos hasta 60 cm de altura, que se cultiva para forraje.

pipo *s. m.* Pepita de un fruto.

pipón, na *adj.* **1.** *Amér.* Barrigudo. **2.** *Amér.* Lleno, harto de comida. **3.** *Ec.* Se aplica al que figura en nómina y cobra un sueldo sin trabajar. || *s. m.* y *f.* **4.** *P. Rico* Niño.

pippermint (ingl.) *s. m.* Pipermín*.

pique *s. m.* **1.** Enfado o resentimiento. **2.** Afán que pone uno en hacer algo por amor propio o rivalidad. || LOC. **echar a pique** Hacer que un barco se hunda. También, en sentido figurado, hacer que algo fracase. **irse a pique** Hundirse una embarcación. P. ext., terminar algo mal, fracasar. **SIN.** **1.** Disgusto, enojo.

piqué (fr.) *s. m.* Tejido de algodón con dibujos en relieve.

piquera *s. f.* **1.** Abertura en las colmenas para que las abejas puedan entrar y salir. **2.** Agujero de los toneles para que salga el líquido. **3.** Agujero en los altos hornos por el que sale el metal fundido.

piqueta (dim. de *pica*) *s. f.* Herramienta de albañilería, con mango corto y dos bocas opuestas, una plana como de martillo y otra puntiaguda. **FAM.** Piquetilla. PICAR.

piquete *s. m.* **1.** Pequeño grupo de soldados, especialmente el elegido para fusilar a un condenado a muerte. **2.** Grupo de personas que en una huelga intenta, pacífica o violentamente, que otras le sigan.

piquituerto *s. m.* Pájaro de hasta 18 cm de longitud, cabeza grande, pico con mandíbulas que se cruzan y cola en forma de horquilla; el macho del piquituerto común tiene el dorso y el pecho rojizos y las alas pardas, mientras que la hembra es verdosa. Vive en los bosques europeos.

pira[1] (del gr. *pyra*, de *pyr*, fuego) *s. f.* **1.** Hoguera para quemar los cuerpos de los difuntos y las víctimas de los sacrificios. **2.** Hoguera. **SIN.** **2.** Fogata.

pira[2] (caló) *s. f.* Huida. **SIN.** Fuga, escapada.

pirado, da **1.** *p.* de **pirarse**. || *adj.* **2.** *fam.* Loco. También *s. m.* y *f.* **SIN.** **2.** Demente, perturbado, trastornado, chalado, tocado, majareta. **ANT.** **2.** Cuerdo.

piragua (voz caribe) *s. f.* **1.** Embarcación larga y estrecha, generalmente hecha de una pieza, usada por los indios de América y Oceanía. **2.** Canoa ligera. **FAM.** Piragüero, piragüismo.

piragüismo *s. m.* Deporte náutico que se practica sobre canoas o kayaks. **FAM.** Piragüista. PIRAGUA.

piramidal *adj.* **1.** Que tiene forma de pirámide. **2.** Se dice del tercer hueso de la primera fila del carpo. **3.** Se dice de tres músculos pares del organismo, situados respectivamente en el abdomen, nariz y pelvis. **FAM.** Piramidalmente. PIRÁMIDE.

pirámide (del lat. *pyramis, -idis*, y éste del gr. *pyramis, -idos*) *s. f.* **1.** En geom., poliedro que tiene como base un polígono y como caras laterales triángulos que se juntan en un vértice. **2.** En arq., monumento que tiene esa forma. **FAM.** Piramidal.

piramidón *s. m.* Compuesto orgánico que se emplea en medicina para bajar la fiebre.

piraña (del port. *piranha*) *s. f.* Pez teleósteo de hasta 30 cm de longitud y cuerpo muy comprimido, que posee dientes cónicos y fuertes con los que es capaz de devorar animales de gran tamaño, a los que ataca en grupos muy numerosos. Vive en los grandes ríos de América del Sur, especialmente en las cuencas del Amazonas y del Orinoco.

pirarse (del caló *pirar*, ir) *v. prnl.* **1.** *fam.* Marcharse, irse. ■ Se usa también en la forma *pirárselas*: *Me las piré en cuanto pude.* **2.** Faltar a clase. **SIN. 1.** Escapar, fugarse, largarse, escabullirse. **2.** Fumarse. **FAM.** Pira[2], pirado.

pirata (del lat. *pirata*, y éste del gr. *peirates*, de *peirao*, emprender) *adj.* **1.** Se dice de los individuos que se dedican a asaltar y robar barcos en el mar o las costas y de sus acciones, expediciones, naves, etc. También *s. m.* y *f.* **2.** Ilegal: *emisora pirata.* **SIN. 1.** Corsario, bucanero, filibustero. **FAM.** Piratear, piratería.

piratear *v. intr.* **1.** Dedicarse a la piratería. || *v. tr.* **2.** Hacer copias piratas, por ejemplo de cintas de casete, de vídeo o de programas de ordenador. **FAM.** Pirateo. PIRATA.

piratería *s. f.* Acción o actividad de los piratas. **SIN.** Pillaje.

pirca (quechua) *s. f. Amér. del S.* Pared de lajas de piedra, sin enlucir ni pintar.

pirenaico, ca (del lat. *pyrenaicus*) *adj.* De los Pirineos. También *s. m.* y *f.* **FAM.** Transpirenaico.

pirético, ca (del gr. *pyretos*, fiebre) *adj.* De la fiebre. **SIN.** Febril. **FAM.** Pirexia. / Antipirético.

piretro *s. m.* Pelitre*.

pírex *s. m.* Pyrex*.

pirexia (del gr. *pyr*, fuego, y *hexis*, estado) *s. f.* Fiebre.

piriforme (del lat. *pirum*, pera, y *-forme*) *adj.* Que tiene forma de pera.

piripi *adj. fam.* Que está un poco borracho. **SIN.** Achispado, alegre. **ANT.** Sobrio.

pirita (del gr. *pyrites*, de *pyr*, fuego) *s. f.* Mineral de sulfuro de hierro, duro y pesado, de color amarillo metálico. A veces se encuentra asociado con níquel, cobre, plata y oro. Es una importante mena del hierro y de él se extrae también azufre. **FAM.** Piritoso. / Calcopirita.

piro- (del gr. *pyr, pyros*) *pref.* Significa 'fuego': *pirómano, piromancia.*

piroclástico, ca (de *piro-* y el gr. *klastos*, roto) *adj.* Se dice de los depósitos formados por materiales volcánicos.

piroelectricidad (de *piro-* y *electricidad*) *s. f.* Propiedad de ciertos cristales, como la turmalina o el topacio, de polarizarse eléctricamente a causa de los cambios de temperatura.

piróforo (del gr. *pyrophoros*, de *pyr*, fuego, y *phoros*, que lleva) *s. m.* Materia que se inflama espontáneamente en contacto con el aire. **FAM.** Pirofórico.

pirogénesis (de *piro-* y *-génesis*) *s. f.* Producción de calor. **FAM.** Pirógeno. ■ No varía en *pl.*

pirógeno, na (de *piro-* y *-geno*) *adj.* **1.** Que produce fiebre. También *s. m.* **2.** Se aplica a las rocas y minerales formados por fusión ígnea.

pirograbado (de *piro-* y *grabado*) *s. m.* **1.** Procedimiento para grabar en madera mediante una punta de platino incandescente. **2.** Grabado así obtenido. **FAM.** Pirograbador, pirograbar. GRABADO.

pirolatría (de *piro-* y *-latría*) *s. f.* Adoración del fuego.

pirólisis (de *piro-* y el gr. *lysis*, disolución) *s. f.* Descomposición de una sustancia por la acción del calor. ■ No varía en *pl.*

pirología (de *piro-* y *-logía*) *s. f.* Estudio del fuego y de sus aplicaciones.

pirolusita (de *piro-* y el gr. *lysis*, disolución) *s. f.* Mineral de óxido de manganeso, de color gris o negro y brillo metálico, que constituye la principal mena del manganeso.

piromancia o **piromancía** (del gr. *pyromanteia*, de *pyr*, fuego, y *manteia*, adivinación) *s. f.* Adivinación por medio de la observación de las llamas. **FAM.** Piromántico.

piromanía (de *piro-* y *-manía*) *s. f.* Tendencia patológica a la provocación de incendios.

pirómano, na *adj.* Que tiene una tendencia anormal a provocar incendios. También *s. m.* y *f.* **FAM.** Piromanía.

pirometría (de *pirómetro*) *s. f.* Medición de temperaturas muy altas.

pirómetro (de *piro-* y *-metro*) *s. m.* Termómetro capaz de medir altas temperaturas. **FAM.** Pirometría.

piropear *v. tr.* Decir piropos. **SIN.** Lisonjear, alabar, elogiar, galantear, agasajar. **FAM.** Piropeo. PIROPO.

piropo (del lat. *pyropus*, y éste del gr. *pyropos*, de *pyr*, fuego, y *ops*, vista, aspecto) *s. m.* **1.** Palabra o frase de alabanza, especialmente a una mujer elogiando su belleza. **2.** Variedad de granate, de color rojo vivo. **3.** Rubí. **SIN. 1.** Lisonja, alabanza, requiebro, flor, galantería, cumplido, halago. **FAM.** Piropear.

pirosis (del gr. *pyrosis*, acción de arder) *s. f.* Sensación de ardor en el estómago, esófago o faringe; es síntoma de trastornos gastroesofágicos. ■ No varía en *pl.*

pirotecnia (de *piro-* y *-tecnia*) *s. f.* Técnica del uso de explosivos y del fuego con fines militares o de diversión y espectáculo. **FAM.** Pirotécnico.

piroxeno (de *piro-* y el gr. *xenos*, extraño) *s. m.* Mineral formado por silicatos de hierro y magnesio, de color verde oscuro o negro y brillo vítreo, muy frecuente en las rocas eruptivas.

pirrar *v. intr. fam.* Gustarle a uno mucho alguien o algo. También *v. prnl.*: *Se pirra por el chocolate.* **SIN.** Encantar, entusiasmar(se), chiflar(se). **ANT.** Desagradar.

pírrico, ca (del gr. *pyrrhikos*, de *Pirro*, rey de Epiro) *adj.* Se dice del triunfo en que el vencedor ha sufrido más daños que el vencido.

pirueta (del fr. *pirouette*, cabriola y perinola) *s. f.* **1.** Movimiento difícil que requiere agilidad y equilibrio. **2.** Voltereta. **3.** En equitación, vuelta rápida que da el caballo sosteniéndose sólo con las patas traseras. **4.** Giro entero que realiza el bailarín sobre sí mismo. **5.** *fam.* Acción o palabras con que se resuelve hábilmente una situación difícil. Se usa más en *pl.*: *Hace piruetas para que le llegue la paga hasta fin de mes.* **SIN. 1.** y **3.** Cabriola. **5.** Malabarismos. **FAM.** Piruetear.

pirula *s. f. fam.* Jugarreta, mala faena.

piruleta *s. f.* Caramelo redondo y aplastado, sujeto a un palito que le sirve de mango.

pirulí *s. m.* Caramelo de forma cónica con un palito. ■ Su pl. es *pirulíes*, aunque también se utiliza *pirulís*.

pis *s. m. fam.* Orina. **SIN.** Pipí, micción. **FAM.** Pipí.

pisada *s. f.* **1.** Acción de pisar. **2.** Huella del pie. **SIN. 1.** Paso. **2.** Marca, rastro.

pisano, na (del lat. *pisanus*) *adj.* De Pisa, ciudad de Italia. También *s. m.* y *f.*

pisapapeles *s. m.* Utensilio que se pone sobre los papeles para sujetarlos. ■ No varía en *pl.*

pisar (del lat. vulg. *pinsare*, machacar) *v. tr.* **1.** Poner el pie sobre algo: *Siempre me pisa cuando bailamos.* **2.** Presionar algo con el pie o con un instrumento adecuado: *pisar el freno.* **3.** Presionar las cuerdas o teclas de un instrumento. **4.** Cubrir en parte una cosa a otra: *Ese mueble pisa la alfombra.* **5.** *fam.* Humillar a alguien, tratarle mal. **6.** *fam.* Anticiparse: *Le pisaron el plan esos dos.* **7.** Ir a algún sitio, aparecer por él. **8.** Despreciar y no cumplir una ley. **9.** En las aves, cubrir el macho a la hembra. **SIN.** **1.** Hollar. **4.** Montar. **5.** Pisotear, atropellar, maltratar, ofender, ridiculizar, mofarse, denigrar, desdeñar. **7.** Frecuentar, concurrir. **8.** Conculcar, quebrantar, transgredir, violar, infringir. **FAM.** Pisada, pisador, pisadura, pisapapeles, pisaverde, piso, pisón, pisotear, pisotón. / Apisonar.

pisaverde *s. m. fam.* Hombre presumido, que se preocupa demasiado de su arreglo personal. **SIN.** Petimetre, lechuguino, figurín.

piscícola (del lat. *piscis*, pez, y *colere*, cultivar) *adj.* De la piscicultura.

piscicultura (del lat. *piscis*, pez, y *-cultura*) *s. f.* Conjunto de técnicas para la cría comercial de peces y mariscos. **FAM.** Piscícola, piscicultor. PEZ[1].

piscifactoría (del lat. *piscis*, pez, y *factoría*) *s. f.* Establecimiento de piscicultura.

pisciforme (del lat. *piscis*, pez, y *-forme*) *adj.* Que tiene forma de pez.

piscina (del lat. *piscina*) *s. f.* **1.** Estanque de agua destinado al baño, la natación, etc. **2.** Estanque para peces.

Piscis (lat., significa 'pez') *n. p.* **1.** Constelación zodiacal situada entre Aries, Acuario, Andrómeda, la Ballena y Pegaso. **2.** Duodécimo signo del Zodiaco, que el Sol recorre aparentemente entre el 19 de febrero y el 20 de marzo. || **piscis** *s. m.* y *f.* **3.** Persona nacida bajo este signo. ■ Se usa mucho en aposición: *las mujeres piscis.* No varía en *pl.*

piscívoro, ra (del lat. *piscis*, pez, y *-voro*) *adj.* Que se alimenta de peces. También *s. m.* y *f.* ■ Se dice también *ictiófago.*

pisco *s. m.* **1.** Aguardiente de uva, originario de Pisco, en Perú. **2.** Botija en que se exporta dicho aguardiente.

piscolabis *s. m. fam.* Comida ligera. ■ No varía en *pl.* **SIN.** Tentempié, refrigerio, aperitivo.

piso *s. m.* **1.** Suelo alisado o cubierto de pavimento. **2.** Cada altura que se distingue en un edificio. **3.** Cada vivienda en un edificio de varias alturas. **4.** Capa, estrato. **5.** Suela del calzado. || **6. piso franco** Vivienda que ocupan de incógnito individuos que se hallan en la clandestinidad: *La policía localizó el piso franco usado por los terroristas.* **SIN.** **1.** Firme. **2.** Planta. **3.** Apartamento. **4.** Nivel. **FAM.** Entrepiso, repisa. PISAR.

pisón *s. m.* Utensilio utilizado para apretar la tierra, piedras, etc.

pisotear *v. tr.* **1.** Pisar repetidamente algo: *Los niños pisotearon el césped.* **2.** Humillar, maltratar. **SIN.** **2.** Atropellar, ofender, denigrar, ultrajar, zaherir. **ANT.** **2.** Respetar. **FAM.** Pisoteo. PISAR.

pisotón *s. m.* Pisada fuerte sobre el pie de otro.

pispajo *s. m.* **1.** *fam.* Persona pequeña y vivaracha, especialmente un niño. **2.** Cosa de poco valor. **SIN.** **2.** Bagatela.

pispás o **pispas, en un** *loc. adv. fam.* Enseguida, en un momento: *Si me ayudas, acabamos en un pispás.*

pista (del ital. dial. *pista*, huellas) *s. f.* **1.** Huella que deja una persona o animal por donde pasa. **2.** Conjunto de datos o señales que permiten averiguar algo. **3.** Sitio preparado para deportes u otras actividades: *pista de atletismo, pista de baile.* **4.** Terreno acondicionado para el despegue y aterrizaje de aviones. **5.** Lugar central del circo. **6.** Carretera, autopista. **7.** Surco de un disco o franja de una cinta magnetofónica donde se graba el sonido. **SIN.** **1.** Pisada. **1.** y **2.** Rastro. **2.** Vestigio, indicio. **3.** Cancha. **FAM.** Pistón. / Autopista, despistar, infopista.

pistache *s. m.* Dulce hecho con pistacho.

pistachero *s. m.* Árbol de unos 3 m de altura, con hojas compuestas de color verde oscuro y flores pequeñas en racimos. Su fruto, en drupa, es el pistacho, utilizado en alimentación.

pistacho (del lat. *pistacium*) *s. m.* Fruto del pistachero. **FAM.** Pistache, pistachero.

pistilo (del lat. *pistillum*, mano de almirez) *s. m.* Órgano femenino de las plantas fanerógamas, situado en el centro de la flor y compuesto de ovario, estilo y estigma. **SIN.** Gineceo.

pisto (del lat. *pistum*, p. de *pinsere*, machacar) *s. m.* **1.** Plato preparado con pimientos, tomate, cebolla, etc., que se fríen y luego se mezclan. **2.** *fam.* Desorden, jaleo. **3.** *Amér. C.* y *Perú* Dinero. || **LOC. darse pisto** *fam.* Darse importancia. **SIN.** **2.** Follón, alboroto, lío.

pistola (del al. *pistole*, y éste del checo *pistal*) *s. f.* **1.** Arma de fuego de pequeño calibre y tamaño que se puede utilizar con una sola mano. **2.** Utensilio para proyectar pintura u otros líquidos a presión. **FAM.** Pistolera, pistolero, pistoletazo.

pistolera *s. f.* Estuche para la pistola.

pistolero, ra *s. m.* y *f.* Persona que utiliza la pistola para realizar atracos, asaltos, atentados, etc. **FAM.** Pistolerismo. PISTOLA.

pistoletazo *s. m.* Disparo de pistola.

pistón (del ital. *pistone*) *s. m.* **1.** Émbolo*, pieza móvil. **2.** Pieza central de la cápsula donde está el fulminante. **3.** Llave en forma de émbolo de algunos instrumentos musicales. **FAM.** Pistonudo. PISTA.

pistonudo, da *adj. vulg.* Muy bueno. **SIN.** Superior, estupendo, magnífico, fenomenal, monumental, morrocotudo. **ANT.** Pésimo, desastroso.

pita[1] (taíno) *s. f.* Planta de gran tamaño con hojas o pencas grandes, de hasta 3 m de longitud, terminadas en punta, y con flores amarillentas, sostenidas por un tallo que puede alcanzar hasta 10 m. De sus hojas se extrae una fibra, utilizada para tejidos y cuerdas.

pita[2] *s. f.* **1.** Voz que se usa, repitiéndola, para llamar a las gallinas. **2.** Gallina.

pita[3] *s. f.* Acción de pitar o silbar. **SIN.** Pitada, silbido, abucheo. **ANT.** Ovación.

pitada *s. f.* **1.** Pitido. **2.** Pita, abucheo. **SIN.** **2.** Silbido, silba. **ANT.** **2.** Aplauso, ovación.

pitagórico, ca (del lat. *pythagoricus*) *adj.* De Pitágoras o de su escuela. También *s. m.* y *f.* **FAM.** Pitagorismo.

pitagorín, rina (del nombre de un personaje de tebeo) *s. m.* y *f. fam.* Persona que sabe mucho, especialmente un estudiante.

pitagorismo (de *Pitágoras*, filósofo griego) *s. m.* Conjunto de doctrinas de Pitágoras y sus seguidores.

pitanza (del cat. *pietança*, piedad, caridad) *s. f.* **1.** Distribución de alguna cosa, como la ración de alimento que se repartía a los pobres. **2.** *fam.* Comida cotidiana. **SIN. 2.** Manduca, papeo.

pitaña (del lat. *lippitudo, -inis*) *s. f.* Legaña*. **FAM.** Pitañoso.

pitar *v. intr.* **1.** Tocar o sonar el pito. **2.** *fam.* Producir un ruido o sonido continuado: *Me pitan los oídos.* **3.** *fam.* Marchar o funcionar bien: *El negocio va que pita.* **4.** *fam.* En gerundio, muy deprisa: *Salí pitando del cine.* || *v. tr.* **5.** Silbar o hacer un sonido semejante un grupo de personas para mostrar la desaprobación hacia alguien o algo. **6.** Arbitrar. También *v. intr.* **7.** Señalar algo el árbitro en algunos deportes: *pitar un penalti.* **8.** *Amér.* Fumar cigarrillos. **SIN. 2.** y **4.** Zumbar. **5.** Abuchear. **ANT. 5.** Aplaudir. **FAM.** Pita[3], pitada, pitido. PITO.

pitcher (ingl.) *s. m.* y *f.* Jugador de béisbol que lanza la pelota al bateador.

pitear *v. intr.* **1.** *Amér. del S.* Silbar, protestar por algo. **2.** *Amér.* Fumar.

pitecántropo (del gr. *pithekos*, mono, y *anthropos*, hombre) *s. m.* Mamífero antropoide fósil de la familia homínidos, que vivió durante el pleistoceno, y cuyos primeros restos fueron descubiertos en Java a finales del s. XIX. Se le considera un eslabón en la evolución humana.

pítico, ca (del lat. *pythicus*) *adj.* Del dios Apolo, en cuanto vencedor de la serpiente Pitón: *los juegos píticos.* **SIN.** Pitio. **FAM.** Pitio.

pitido *s. m.* **1.** Sonido o toque de pito. **2.** Ruido o sonido agudo y; normalmente, continuado. **3.** Silbido de protesta. **SIN. 2.** Zumbido. **3.** Pita, pitada, silba, abucheo.

pitillera *s. f.* Petaca para guardar pitillos.

pitillo *s. m.* Cigarrillo*. **FAM.** Pitillera. PITO.

pítima *s. f. fam.* Borrachera.

pitiminí (del fr. *petit*, pequeño, y *menu*, menudo) *s. m.* Variedad de rosal de tallos trepadores y rosas muy pequeñas; también, este tipo de rosa. ■ Su pl. es *pitiminíes*, aunque se usa más *pitiminís.*

pitio, tia (del lat. *pythius*) *adj.* Pítico*.

pito (onomat.) *s. m.* **1.** Especie de silbato de sonido muy agudo. **2.** Sonido o voz muy fuerte o agudo. **3.** Castañeta*, instrumento y sonido. **4.** *fam.* Cigarrillo. **5.** Taba para jugar. **6.** *fam.* Bocina de coche. **7.** *fam.* Pene*. || **LOC. importarle** a uno **un pito** *fam.* No importarle nada. **por pitos o por flautas** *adv. fam.* Por un motivo o por otro. **tomar** a uno **por el pito del sereno** *fam.* No darle ninguna importancia. **SIN. 1.** Silbo. **3.** Castañuela. **4.** Pitillo. **6.** Claxon. **FAM.** Pitar, pitear, pitillo, pitón[1], pitopausia, pitorro.

pitón[1] *s. m.* **1.** Cuerno que empieza a salir a algunos animales y punta del cuerno del toro. **2.** Pitorro*. **3.** Brote que empieza a salir de un árbol. **4.** Bulto pequeño en punta en la superficie de una cosa. **FAM.** Pitonazo, empitonar. PITO.

pitón[2] (del gr. *Python*, dragón monstruoso hijo de la Tierra) *s. m.* Serpiente de tamaño variable, desde 1 a 10 m, según las especies, coloración diversa, cabeza en forma de pera y pupila vertical. Aunque pueden ascender a los árboles, son en su mayoría terrestres. Cazan al acecho, clavando los colmillos a sus víctimas, a las que luego asfixian y tragan enteras. Habitan en zonas ecuatoriales húmedas.

pitonazo *s. m.* Herida de pitón. **SIN.** Cornada.

pitonisa (del lat. *pythonissa*, y éste del gr. *pythonissa*) *s. f.* Mujer que pretende adivinar cosas, especialmente el futuro.

pitopausia *s. f. fam.* Andropausia*. **FAM.** Pitopáusico.

pitorrearse *v. prnl.* Burlarse: *No os pitorreéis de mí.* **SIN.** Cachondearse, guasearse, mofarse, chotearse. **FAM.** Pitorreo. PITORRO.

pitorreo *s. m. fam.* Acción de pitorrearse.

pitorro *s. m.* Tubo cónico de los botijos, porrones, etc., para la salida del líquido. **FAM.** Pitorrearse. PITO.

pitote *s. m. fam.* Barullo, jaleo. **SIN.** Alboroto, follón, escándalo.

pituco, ca *adj.* **1.** *Arg. fam.* Que hace alarde de elegancia. También *s. m.* y *f.* **2.** *Chile fam.* Flacucho, endeble. || *s. f.* **3.** *Bol.* Nombre que se suele dar a las indias.

pitufo,´fa (de unos personajes de cuento infantil, pequeños y de color azul) *s. m.* y *f.* **1.** *fam.* Niño. **2.** *fam.* Guardia municipal.

pituita (del lat. *pituita*) *s. f.* Secreción de las mucosas, especialmente de la nariz. **SIN.** Moco. **FAM.** Pituitario, pituitoso.

pituitario, ria *adj.* **1.** Que contiene o segrega pituita. || **2. glándula pituitaria** Hipófisis*. **3. membrana pituitaria** Membrana que tapiza la cavidad nasal; se divide en pituitaria roja y pituitaria amarilla, que contiene numerosas células olfativas y es el órgano del olfato.

pituso, sa *adj. fam.* Niño pequeño y gracioso. También *s. m.* y *f.*

pívot (del fr. *pivot*, eje, a través del ingl.) *s. m.* **1.** En baloncesto, jugador, generalmente el más alto y corpulento, que juega cerca de los tableros. **2.** En balonmano, jugador de ataque que trata de abrir huecos en la defensa contraria.

pivotar *v. intr.* **1.** Girar apoyándose en un pivote. **2.** En baloncesto, girar sobre el pie para cambiar de posición. **3.** Oscilar, fluctuar: *pivotar en política.* **FAM.** Pivotante. PIVOTE.

pivote (del fr. *pivot*) *s. m.* **1.** Extremo de una pieza, donde se apoya o inserta otra, con carácter fijo o para poder girar u oscilar. **2.** En balonmano, pívot. **FAM.** Pívot, pivotar.

pixel (ingl.) *s. m.* En inform., unidad de representación visual mínima que hay en un monitor o pantalla de ordenador.

piyama *s. m.* Pijama*. ■ Se usa en algunos países de América como *s. f.*

pizarra (del vasc. *lapitz-arri*) *s. f.* **1.** Roca metamórfica de color generalmente grisáceo, que se exfolia fácilmente en láminas y se emplea en construcción para techados o suelos. **2.** Trozo de esta roca cortado y preparado para techar. **3.** Trozo de esta roca en que se escribe con pizarrín, yeso o lápiz blanco. **4.** Tablero pintado generalmente de negro o verde para escribir o dibujar en él. **SIN. 4.** Encerado. **FAM.** Pizarral, pizarrería, pizarrero, pizarrín, pizarrón, pizarroso. / Empizarrar.

pizarral *s. m.* Lugar en que abundan las pizarras.

pizarrería *s. f.* Lugar donde se extrae y se trabaja la pizarra.

pizarrín *s. m.* Barrita, generalmente cilíndrica, que se usa para escribir en las pizarras.

pizarrón *s. m. Amér.* Pizarra, encerado.

pizca *s. f.* Cantidad muy pequeña de una cosa. || **LOC. ni pizca** Nada, en absoluto. **SIN.** Migaja.

pizpireta *adj. fam.* Se aplica a la mujer viva, activa, con cierta gracia y coquetería. **SIN.** Vivaracha, expresiva, coqueta.

pizza (ital.) *s. f.* Masa redonda de harina sobre la que se pone queso, anchoas, aceitunas y otros ingredientes y se cuece al horno. **FAM.** Pizzería, pizzero. / Telepizza.

pizzería *s. f.* Lugar donde se elaboran, venden o consumen pizzas.

pizzero, ra *s. m.* y *f.* Persona que prepara pizzas o las reparte a domicilio.

pizzicato (ital., de *pizzicare*, pellizcar) *s. m.* Sonido que se obtiene pellizcando con los dedos las cuerdas de los instrumentos de arco.

placa (del fr. *plaque*, y éste del ant. neerl. *placken*, remendar) *s. f.* **1.** Lámina dura de poco espesor. **2.** Insignia acreditativa: *El policía mostró su placa.* **3.** Letrero colocado en lugar visible para informar, recordar un hecho, etc. **4.** Matrícula de los automóviles. **5.** Superficie metálica que, mediante electricidad, produce calor en las cocinas. **6.** En fotografía, vidrio en que se obtiene la prueba negativa. **7.** En geol., cada una de las unidades en que se divide la litosfera. **8.** Nombre de diversas estructuras anatómicas en forma de lámina. || **9. placa dental** Acumulación de sarro sobre los dientes. **SIN. 1.** Chapa, costra, película, lancha, lasca. **3.** Rótulo. **FAM.** Plaqué, plaqueta.

placaje (del fr. *placage*) *s. m.* En algunos deportes de equipo, especialmente en rugby, bloqueo del jugador que lleva la pelota por medio de un agarrón de un componente del equipo contrario.

placar *v. tr.* En rugby, agarrar al contrario para que no pueda seguir avanzando. ■ Delante de *e* se escribe *qu* en lugar de *c*. **FAM.** Placaje.

placard (fr.) *s. m. Arg.* y *Urug.* Armario empotrado.

placebo (del lat. *placebo*, de *placere*) *s. m.* Sustancia sin valor medicinal que puede producir efecto curativo si el enfermo la toma creyendo que es un medicamento eficaz.

pláceme *s. m.* Felicitación. ■ Se usa más en *pl.*: *Le he enviado mis plácemes por la boda.* **SIN.** Enhorabuena, congratulación. **ANT.** Pésame.

placenta (del lat. *placenta*, torta) *s. f.* Estructura en forma de disco esponjoso que se forma a partir del útero de los mamíferos placentarios y durante la gestación sirve de intermediaria entre la madre y el embrión. **FAM.** Placentario.

placentario, ria *adj.* **1.** De la placenta. **2.** Se aplica a los mamíferos terios que nacen en avanzado estado de desarrollo, porque los embriones se mantienen en el interior del cuerpo de la madre, unidos a ella a través de la placenta. Comprende la mayor parte de los mamíferos actuales. También *s. m.* || *s. m. pl.* **3.** Infraclase formada por estos mamíferos. **SIN. 2.** Euterio.

placentero, ra (del lat. *placens, -entis*, de *placere*, agradar) *adj.* Agradable. **SIN.** Grato, deleitoso, delicioso, ameno, atractivo, gustoso. **ANT.** Desagradable, molesto. **FAM.** Placenteramente. PLACER[1].

placer[1] (del lat. *placere*) *v. intr.* Agradar. ■ Es v. irreg. Se conjuga como *agradecer.* **SIN.** Gustar, deleitar, contentar, complacer, satisfacer, regocijar. **ANT.** Desagradar, disgustar. **FAM.** Placebo, pláceme, placentero, placer[2], plácet, plácido. / Apacible, beneplácito, complacer, displicencia.

placer[2] (de *placer*[1]) *s. m.* **1.** Goce, satisfacción. **2.** Diversión. **3.** Gusto o agrado con que se hace algo: *Es un placer para mí saludarle.* **SIN. 1.** Gozo, deleite, agrado, dicha, delicia. **2.** Entretenimiento, recreo. **ANT. 1.** y **2.** Sufrimiento, desagrado, disgusto.

placer[3] (del cat. *placel*, de *plaza*) *s. m.* **1.** Banco de arena o piedra en el fondo del mar. **2.** En minería, banco de arena en que las aguas han depositado oro, platino o diamantes. **3.** Banco de ostras perlíferas en América.

placera *s. f.* **1.** *Perú* Mujer que vende víveres en la plaza o mercado. **2.** *Perú fam.* Mujer grosera, verdulera.

plácet (del lat. *placet*, de *placere*, parecer bien) *s. m.* Aprobación, especialmente la que da un gobierno al embajador de otro país.

plácido, da (del lat. *placidus*) *adj.* **1.** Sosegado, tranquilo. **2.** Agradable. **SIN. 1.** Apacible, sereno, suave, calmo. **2.** Grato, placentero. **ANT. 1.** Desapacible. **2.** Desagradable. **FAM.** Plácidamente, placidez. PLACER[1].

placozoo *s. m.* **1.** Metazoo representado por una única especie, que carece de órganos y sistema muscular y nervioso. Filogenéticamente parece estar próximo a los poríferos. || *s. m. pl.* **2.** Tipo constituido por estos metazoos.

pladur (de un nombre comercial registrado) *s. m.* Material de construcción y decoración que se usa principalmente para hacer estanterías, tabiques y techos falsos.

plafón (del fr. *plafond*, y éste del al. *platt*, llano, y del lat. *fundus*, fondo) *s. m.* **1.** Lámpara plana que se coloca pegada al techo. **2.** Adorno en el centro del techo de donde se suele colgar la lámpara. **3.** Tablero o placa de material que cubre alguna cosa. **4.** En arq., plano inferior del saliente de una cornisa.

plaga (del lat. *plaga*, llaga) *s. f.* **1.** Catástrofe que ataca a un conjunto grande de gente. **2.** Abundancia de algo perjudicial, especialmente en agricultura. **3.** *desp.* Gran abundancia de personas o cosas. **SIN. 1.** y **2.** Peste. **3.** Montón, alud. **FAM.** Plagar, plaguicida.

plagar (del lat. *plagare*) *v. tr.* Llenar o cubrir de algo perjudicial o no agradable. También *v. prnl.* ■ Delante de *e* se escribe *gu* en lugar de *g*.

plagiar (del lat. *plagiare*) *v. tr.* **1.** Copiar una obra que ha hecho otro presentándola como propia. **2.** *Amér.* Secuestrar a alguien para obtener rescate. **SIN. 1.** Reproducir, calcar. **FAM.** Plagiario, plagio.

plagiario, ria (del lat. *plagiarius*) *adj.* Que copia una obra y la presenta como propia. También *s. m.* y *f.*

plagio (del lat. *plagium*) *s. m.* Apropiación que hace una persona de las ideas o proyectos ajenos. **SIN.** Copia, reproducción; refrito. **ANT.** Original.

plagioclasa (del gr. *plagios*, oblicuo, y *klasis*, acción de romper) *s. f.* Mineral del grupo de los feldespatos de sodio y calcio, de color blanco o gris y brillo nacarado.

plaguicida *adj.* Que combate las plagas del campo. También *s. m.*

plan *s. m.* **1.** Intención de hacer algo. **2.** Conjunto de cosas que se piensan hacer y forma de realizarlas: *el plan de construcción de una autopista.* **3.** *fam.* Forma de pasar el tiempo. **4.** *fam.* Relación amorosa poco seria y pasajera y persona con la que se intenta. || **LOC. a todo plan** *adv. fam.* Con todo lujo. **en plan de** *adv. fam.* En actitud o con la intención de. **no ser plan** una cosa *fam.* No ser útil, agradable o conveniente. **SIN. 1.** Idea, intento, propósito. **1.** y **2.** Proyecto, programa. **3.** Entretenimiento, diversión. **4.** Ligue, rollo. **FAM.** Planear[2], planificar.

plana (del lat. *plana*, de *planus*, llano) *s. f.* **1.** Cada una de las dos caras de una hoja de papel. **2.** Esta cara escrita o impresa, especialmente de un periódico o revista. **3.** Ejercicio de escritura de los niños. || **4. plana mayor** Conjunto de personas que forman el órgano de mando del jefe superior de un regimiento, flota, etc.; p. ext., directiva. || LOC. **a toda plana** *adv.* Ocupando toda la página de un periódico. **corregir** (o **enmendar**) **la plana** Descubrir defectos en lo que otro ha hecho. **FAM.** Planilla. PLANO.

planaria *s. f.* Gusano platelminto aplanado, de vida acuática, que mide unos 2 cm de longitud y es capaz de regenerar las partes segmentadas de su cuerpo. Es carnívoro y caza sus presas por medio de una faringe que proyecta al exterior.

plancha (del fr. *planche*, y éste del lat. *planca*) *s. f.* **1.** Lámina delgada y llana. **2.** Utensilio, normalmente eléctrico, de base triangular y con asa, que sirve para planchar. **3.** Ropa planchada o para planchar. **4.** Acción de planchar. **5.** Placa de metal para asar o tostar ciertos alimentos. **6.** *fam.* Equivocación que deja en ridículo. **7.** Acción de tumbarse en el agua de espaldas con los brazos extendidos. **8.** En imprenta, reproducción preparada para la impresión. **9.** En fútbol, entrada que se hace al contrario con la planta del pie. || LOC. **a la plancha** *adj.* y *adv.* Asado sobre una placa caliente de metal. **SIN. 1.** Chapa, hoja. **FAM.** Planchar, planchazo, plancheta, planchista.

planchado, da 1. *p.* de **planchar**. También *adj.* || *s. m.* **2.** Acción de planchar. || LOC. **dejar planchado** a alguien *fam.* Dejar a uno atónito, sin saber cómo reaccionar; también, dejarlo impresionado o abatido.

planchar *v. tr.* **1.** Pasar la plancha caliente sobre la ropa para dejarla estirada. **2.** Asolar, destruir por completo. **SIN. 1.** Desarrugar, alisar. **FAM.** Planchado, planchador. PLANCHA.

planchazo (aum. de *plancha*) *s. m.* **1.** Plancha, equivocación. **2.** Golpe que se da alguien en el vientre al tirarse al agua en posición más o menos horizontal. **SIN. 1.** Corte, metedura. **2.** Tripazo.

plancheta *s. f.* Instrumento de topografía formado por un tablero horizontal sobre un trípode, en cuya superficie se trazan las visuales dirigidas a los diferentes puntos del terreno.

planchista *s. m.* y *f.* Persona que trabaja profesionalmente con planchas metálicas.

plancton (del gr. *planktos*, errante) *s. m.* Conjunto de pequeños seres del reino animal (zooplancton) y vegetal (fitoplancton) presentes en zonas marinas y lacustres; se desplazan por las corrientes propias de su hábitat. **FAM.** Planctónico. / Fitoplancton, zooplancton.

planeador *s. m.* Avión sin motor que despega remolcado por otro avión o vehículo y es capaz de aprovechar las corrientes de aire para volar. **FAM.** Aeroplano, biplano, hidroplano, monoplano, triplano. PLANEAR[1].

planeadora *s. f.* Lancha con motor fueraborda, de diseño aerodinámico y muy rápida.

planear[1] *v. intr.* **1.** Volar un avión sin utilizar el motor. **2.** Sostenerse un ave en el aire con las alas extendidas y sin moverlas. **FAM.** Planeador, planeadora, planeamiento, planeo. PLANO.

planear[2] *v. tr.* **1.** Hacer el plan de algo. **2.** Pensar hacer algo. **SIN. 1.** Planificar, organizar, preparar, programar, diseñar, estructurar. **1.** y **2.** Proyectar. **ANT. 1.** Improvisar.

planeo *s. m.* **1.** Movimiento o descenso de un avión en el aire sin la acción del motor. **2.** Vuelo de un ave sin mover las alas.

planeta (del lat. *planeta*, y éste del gr. *planetes*, errante) *s. m.* Cuerpo sólido celeste, sin luz propia, que gira alrededor del Sol o de otra estrella. **FAM.** Planetario, planetoide.

planetario, ria (del lat. *planetarius*) *adj.* **1.** De los planetas. || *s. m.* **2.** Aparato que representa los planetas del Sistema Solar y sus movimientos mediante una proyección que reproduce la bóveda celeste sobre una pantalla con forma de cúpula. **3.** Edificio o sala donde está instalado dicho aparato. **FAM.** Interplanetario. PLANETA.

planetoide *s. m.* Asteroide*.

planicie (del lat. *planities*) *s. f.* Llanura*. **FAM.** Altiplanicie. PLANO.

planificación *s. f.* **1.** Elaboración de un plan preciso y organizado para conseguir un determinado objetivo. || **2. planificación familiar** Regulación por parte de la pareja o del Estado del número de hijos y espacio que debe mediar entre los nacimientos, en función de consideraciones físicas, psicológicas, sociales y económicas.

planificar *v. tr.* Trazar determinado plan, y especialmente un plan preciso y organizado con un objetivo. ■ Delante de *e* se escribe *qu* en lugar de *c*. **SIN.** Planear, proyectar, programar. **ANT.** Improvisar. **FAM.** Planificación. PLAN.

planilla *s. f.* **1.** Estado de cuentas. **2.** Nómina*. **3.** Impreso para rellenar y presentar a la administración pública.

planimetría *s. f.* Técnica y operaciones para representar en una superficie plana una porción de la Tierra. **FAM.** Planímetro. PLANO.

planímetro *s. m.* Instrumento utilizado para medir áreas de figuras planas y cerradas.

planisferio *s. m.* Mapa en que la esfera terrestre o la celeste están representadas en un plano.

planning (ingl.) *s. m.* **1.** Planificación, trazado de un programa de trabajo con un objetivo preciso. Se usa sobre todo en el ámbito de la empresa. **2.** Esquema en el que queda reflejado el proceso que debe seguir este programa.

plano, na (del lat. *planus*) *adj.* **1.** Llano, liso. || *s. m.* **2.** Superficie tal que una recta que tenga dos puntos comunes con ella está contenida totalmente en la misma. **3.** Representación gráfica a escala, sobre una superficie, de la planta, perfil o alzado de un terreno, edificio, ciudad, etc. **4.** En cine y televisión, cada una de las partes que han sido rodadas de una vez. **5.** Cada superficie imaginaria que ocupan las figuras u objetos que están a una misma distancia en una fotografía, cuadro, etc. **6.** Faceta, aspecto. **7.** Punto de vista. || LOC. **de plano** *adv.* Claramente, o por completo. **SIN. 1.** Raso, uniforme, igual. **FAM.** Plana, planear[1], planicie, planimetría, planisferio. / Acuaplano, aeroplano, altiplano, aplanar, explanada, extraplano, semiplano. LLANO.

planta (del lat. *planta*) *s. f.* **1.** Parte inferior del pie, sobre la que se apoya el cuerpo. **2.** Vegetal, ser orgánico vivo que se caracteriza por permanecer fijo en el suelo, realizar la fotosíntesis y tener células muy complicadas que se agrupan formando tejidos, órganos, aparatos y sistemas. **3.** Cada una de las alturas de un edificio. **4.** Aspecto, figura de alguien. **5.** Representación gráfica en dos dimensiones de un objeto, edificio, etc. **6.** Nave, instalación o establecimiento industrial. || **7. planta baja** Piso bajo. || LOC. **de nueva planta** *adj.* y *adv.* Se aplica al edificio que se construye desde los cimientos. **SIN. 2.** Metafita. **3.** Piso. **4.** Porte. **5.** Plano. **FAM.** Plantar, plantear, plantel, plantificar, plantígrado, plantilla, plantón, plántula. / Entreplanta.

plantación (del lat. *plantatio, -onis*) *s. f.* **1.** Acción de plantar. **2.** Conjunto de lo plantado. **3.** Explotación agrícola de grandes dimensiones dedicada a un monocultivo. Es característica de los países tropicales. SIN. 1. y 2. Cultivo. 2. Plantío.

plantado, da 1. *p.* de **plantar**. También *adj.* || **2. bien plantado** Que tiene buena figura.

plantar (del lat. *plantare*) *v. tr.* **1.** Meter en la tierra una planta, tallo, semilla, etc., para que germine. **2.** Poblar de plantas: *Plantaron de pinos el monte.* **3.** Clavar algo en el suelo: *plantar una estaca.* **4.** Colocar algo en un lugar. **5.** *fam.* Refiriéndose a golpes, besos, etc., darlos de manera imprevista. **6.** *fam.* Poner a una persona en alguna parte contra su voluntad: *La plantaron en la calle.* **7.** *fam.* Dejar a una persona, especialmente cuando se ha tenido con ella algún tipo de relación. || **plantarse** *v. prnl.* **8.** *fam.* Ponerse firmes. **9.** *fam.* Colocarse en un sitio y permanecer en él: *Se plantó en la cola del cine.* **10.** *fam.* Llegar pronto a un lugar: *Nos plantamos en el hotel en unos minutos.* **11.** *fam.* Resistir, mantenerse firme. **12.** En algunos juegos de naipes, como las siete y media, no pedir o querer más cartas. || LOC. **plantar cara** Hacer frente a algo: *Plantó cara al enemigo.* SIN. **1.** Sembrar, cultivar. **3.** Hincar, introducir, hundir. **4.** Instalar, asentar. **4.** y **5.** Plantificar. **5.** Propinar, soltar, asestar. **7.** Abandonar. **8.** Erguirse, cuadrarse. **10.** Ponerse. ANT. **1.** Arrancar. **2.** Despoblar. **3.** Sacar, extraer. **4.** Quitar, levantar. FAM. Plantación, plantado, plantador, plante, plantío. / Desplantar, implantar, replantar, suplantar, trasplantar. PLANTA.

plante *s. m.* Protesta colectiva de un grupo de personas que se niegan a hacer su trabajo u otra cosa para exigir o rechazar algo.

planteamiento *s. m.* **1.** Acción de plantear. **2.** En una obra literaria, cinematográfica, etc., momento inicial en que se introduce al lector o espectador en la acción.

plantear *v. tr.* **1.** Tratándose de problemas, temas, dificultades, etc., proponerlos o exponerlos. **2.** Sugerir algo: *Planteó varios cambios en el negocio.* **3.** Enfocar la solución de un problema: *El jugador de ajedrez planteó una buena defensa.* || **plantearse** *v. prnl.* **4.** Empezar a pensar o considerar algo: *Se plantea cambiar de coche.* SIN. **1.** Formular, suscitar. FAM. Planteamiento. / Replantear. PLANTA.

plantel *s. m.* **1.** Conjunto de especialistas o personas con cualidades en un determinado campo o actividad y lugar donde se forman. **2.** Criadero de plantas. SIN. **2.** Vivero.

plantificar (del lat. *planta*, planta, y *facere*, hacer) *v. tr.* **1.** *fam.* Refiriéndose a golpes y otras cosas, darlos. **2.** *fam.* Poner a una persona en alguna parte contra su voluntad. **3.** *fam.* Colocar algo en un lugar donde desentona o no debe estar. || **plantificarse** *v. prnl.* **4.** Llegar pronto a un lugar. ■ Delante de *e* se escribe *qu* en lugar de *c*. SIN. **1.** Propinar, soltar, asestar. **1.** y **4.** Plantar(se). FAM. Plantificación. PLANTA.

plantígrado, da (del lat. *planta*, planta del pie, y *gradus*, marcha) *adj.* Se dice de los cuadrúpedos que, como el oso, apoyan al andar la planta de los pies y las manos. También *s. m.*

plantilla (dim. de *planta*) *s. f.* **1.** Pieza con que se cubre interiormente la planta del calzado. **2.** Suela sobre la cual los zapateros arman el calzado. **3.** Pieza utilizada como guía o modelo para dibujar, cortar o hacer otra u otras de la misma forma. **4.** Lista de empleados de una entidad, y conjunto que forman. **5.** Conjunto de jugadores de un equipo. || LOC. **en** (o **de**) **plantilla** Con contrato fijo. SIN. **2.** Horma. **3.** Patrón, matriz. FAM. Plantillazo. PLANTA.

plantillazo *s. m.* En el fútbol, falta que comete el jugador que adelanta la suela de la bota, generalmente en alto, con riesgo de lesionar a un contrario.

plantío, a *adj.* **1.** De la tierra plantada o que se puede plantar. || *s. m.* **2.** Tierra plantada recientemente de vegetales. **3.** Conjunto de estas plantas. SIN. **1.** y **2.** Sembradío. **2.** Plantel.

planto (del lat. *planctus*, llanto, lamento) *s. m.* Composición literaria de tono elegíaco que lamenta la pérdida de alguien o algo.

plantón *s. m.* **1.** Acción de no acudir uno a un lugar donde se le espera, o de hacerlo con mucho retraso. **2.** Árbol joven que ha de ser trasplantado. **3.** Rama de árbol plantada para que arraigue.

plántula *s. f.* Planta joven, recién germinada de la semilla.

plañidero, ra *adj.* **1.** *fam.* Llorón*. || *s. f.* **2.** Mujer que lloraba en los entierros recibiendo un pago por ello. SIN. **1.** Llorica, quejica.

plañido 1. *p.* de **plañir**. || *s. m.* **2.** Lamento, gemido, llanto. SIN. **2.** Sollozo, lloriqueo.

plañir (del lat. *plangere*) *v. intr.* Llorar*. ■ Es v. irreg. Se conjuga como *mullir*. SIN. Sollozar. FAM. Plañidero, plañido.

plaqué (fr., significa 'chapeado') *s. m.* Chapa fina de oro o plata que cubre otro metal.

plaqueta *s. f.* Célula de la sangre que carece de núcleo y hemoglobina, cuya misión es intervenir en la coagulación. SIN. Trombocito.

plasma (del lat. *plasma*, y éste del gr. *plasma*, formación) *s. m.* **1.** Solución acuosa de sales minerales, glucosa, proteínas y globulinas, que queda en la sangre al separar los glóbulos sanguíneos. **2.** Cuarto estado de la materia, al que pasa cualquier sustancia cuando se somete a temperaturas extremadamente elevadas. Es el estado natural de la materia en las estrellas. FAM. Plasmático. / Cataplasma, citoplasma, ectoplasma, endoplasma, protoplasma. PLASMAR.

plasmar (del lat. *plasmare*) *v. tr.* Reflejar en un escrito, dibujo, escultura, etc., algo que uno piensa o siente. También *v. prnl.* SIN. Expresar(se), estampar, verter, cristalizar(se). FAM. Plasma, plasmación.

plasta *s. f.* **1.** Cosa blanda o aplastada. **2.** Excremento de estas características. || *s. m.* y *f.* **3.** *fam.* Pelma, pesado. También *adj.* SIN. **1.** Pasta, papilla. **3.** Petardo, plomo, paliza.

plaste (del gr. *plaste*, modelada) *s. m.* Masa hecha con yeso y agua para tapar agujeros y grietas.

plastelina *s. f.* Plastilina*.

plastia (del gr. *plastos*, modelado) *s. f.* Operación quirúrgica que tiene como finalidad reconstruir, mejorar o embellecer una parte del cuerpo.

plástica (del lat. *plastica*, y éste del gr. *plastike*, de *plastikos*, plástico) *s. f.* Arte de modelar el barro, la arcilla, el yeso, etc.

plasticidad *s. f.* **1.** Cualidad de plástico. **2.** Expresividad: *Describió con plasticidad a los personajes.*

plástico, ca (del gr. *plastikos*, de *plasso*, modelar) *adj.* **1.** Se dice de todos los compuestos polímeros del carbono, como el linóleo, el celuloide, la baquelita o el nailon, capaces de ser moldeados con poca presión y escasa temperatura, y que por su ligereza, resistencia y bajo coste se emplean en la fabricación de los más variados objetos. También *s. m.* **2.** Relativo al arte de moldear. **3.** Se dice del material que puede cambiar de forma y conservar ésta de modo permanente. **4.** Se aplica a la cirugía que se ocupa de embellecer el cuerpo corrigiendo determinados defectos, así como a sus especialistas. **5.** Que tiene fuerza y relieve expresivos. || *s. m.* **6.** Explosivo de mediana potencia, pero gran poder rompedor, que no se endurece, puede ser dividido con facilidad y se activa con detonador. **SIN. 3.** Flexible. **5.** Gráfico. **FAM.** Plástica, plasticidad, plastificar. / Emplastecer, neoplastia, termoplástico.

plastificar *v. tr.* **1.** Añadir un elemento plástico a un material. **2.** Recubrir con plástico: *plastificar un carné.* ■ Delante de *e* se escribe *qu* en lugar de *c*. **FAM.** Plastificación, plastificado. PLÁSTICO.

plastilina (del ital. *plastilina*, nombre comercial registrado) *s. f.* Material muy moldeable en diferentes colores, que suelen usar los niños para formar figuras. ■ Se dice también *plastelina*.

plasto *s. m.* Orgánulo de la célula vegetal, que contiene los elementos necesarios para la elaboración del alimento de las plantas mediante la fotosíntesis. **FAM.** Cloroplasto.

plastrón (del fr. *plastron*) *s. m.* **1.** Pechera de camisa masculina, especialmente la sobrepuesta. **2.** Corbata muy ancha que cubría el centro de la pechera de la camisa. **3.** Parte del caparazón de los quelonios que cubre el vientre.

plata (del lat. *plattus*, lámina metálica) *s. f.* **1.** Elemento químico metálico de color blanco brillante, muy dúctil y maleable, químicamente poco activo e inalterable al aire; es el mejor conductor del calor y la electricidad. Se emplea en joyería, para acuñar moneda, en circuitos eléctricos y como catalizador, y sus sales se utilizan en fotografía y como fulminante. Su símbolo químico es *Ag*. **2.** Medalla de este metal que corresponde al segundo puesto en una competición. **3.** *fam.* Dinero, riqueza. **4.** Conjunto de utensilios u objetos fabricados en este metal. || *adj.* **5.** Se dice del color plateado. || **LOC. en plata** *adv. fam.* Claramente, sin rodeos. **FAM.** Platal, platear, platero, platino, platudo.

plataforma (del fr. *plate-forme*) *s. f.* **1.** Tablado horizontal u otra construcción plana elevada sobre el suelo. **2.** Vagón o vehículo descubierto, con bordes de poca altura. **3.** Parte anterior y posterior de autobuses, tranvías, etc., en la que no hay asientos. **4.** Medio del que uno se sirve para conseguir algún fin, generalmente interesado. **5.** Organización que agrupa a personas o grupos con ideas e intereses comunes: *una plataforma estudiantil.* **6.** Programa que presenta un grupo político, sindical, profesional, etc. || **7. plataforma continental** Superficie del fondo submarino, de relieve suave, con una profundidad máxima de 200 m y una anchura media de 80 a 100 km. **8. plataforma de lanzamiento** Construcción de acero y hormigón para lanzar proyectiles, cohetes, etc. **9. plataforma espacial** Satélite de grandes dimensiones destinado a observatorio, centro de investigaciones o base para el lanzamiento de sondas espaciales o de astronaves. **10. plataforma petrolífera** Construcción metálica que sobresale por encima del nivel del agua y sirve de asiento para la perforación y explotación de pozos petrolíferos. **SIN. 1.** Tarima, estrado. **4.** Trampolín.

platal *s. m. Amér. fam.* Dineral, gran cantidad de dinero.

platanero, ra *adj.* **1.** Del plátano. || *s. m.* y *f.* **2.** Plátano*, planta.

plátano (del lat. *platanus*, y éste del gr. *platanos*) *s. m.* **1.** Planta herbácea de 3 a 4 m de altura, cuyo tallo está rodeado por las vainas de las hojas, a la manera de un tronco. Sus hojas son grandes, enteras y desflecadas, y de sus flores femeninas crecen racimos de bayas estériles, llamadas también plátanos, que son muy apreciadas en alimentación. Es propia de las regiones tropicales y subtropicales. **2.** Fruto de esta planta. **3.** Árbol de gran altura y corpulencia, de hojas caducas palmeadas y corteza que se desprende fácilmente, con frutos agregados formando unas bolas recubiertas de pelos. Es una planta ornamental que se cultiva en parques y paseos. ■ En esta última acepción se llama también *plátano de sombra*. **SIN. 1.** Banano, platanero. **2.** Banana. **FAM.** Platanal, platanar, platanero. / Aplatanar.

platea *s. f.* **1.** Patio o planta baja de teatros y cines. || **2. palco de platea** Cada uno de los palcos situados en esta planta.

plateado, da *adj.* De color de plata. También *s. m.*

platear *v. tr.* **1.** Cubrir de plata objetos. || *v. intr.* **2.** Volverse blanco el cabello. **SIN. 2.** Blanquear, encanecer. **FAM.** Plateado, plateador, plateadura. / Desplatear. PLATA.

platelminto (del gr. *platys*, ancho, y *helmins, -inthos*, gusano) *adj.* **1.** Se dice de un tipo de gusano de cuerpo plano, que carece de aparato respiratorio y circulatorio y puede ser parásito de otros animales y del hombre, como la duela y la solitaria. También *s. m.* || *s. m. pl.* **2.** Tipo formado por estos gusanos.

platense *adj.* De La Plata y del Río de la Plata, en Argentina. También *s. m.* y *f.*

plateresco, ca *adj.* Se dice del estilo arquitectónico español de fines del s. XV y principios del XVI, caracterizado por el mantenimiento de estructuras góticas y la adopción de la decoración renacentista italiana. También *s. m.*

platería *s. f.* **1.** Técnica para labrar la plata. **2.** Taller donde ésta se labra. **3.** Establecimiento donde se vende. **4.** Calle o barrio donde estaban antiguamente estos locales. **SIN. 1.** a **3.** Orfebrería. **3.** Joyería.

platero, ra *s. m.* y *f.* **1.** El que labra la plata. **2.** El que vende lo labrado con plata u oro, o joyas con pedrería. || *adj.* **3.** En algunas regiones españolas, se dice del asno cuyo color es gris plateado. También *s. m.* **FAM.** Plateresco, platería. PLATA.

plática (del lat. *platica*) *s. f.* **1.** Conversación. **2.** Sermón breve. **SIN. 1.** Tertulia, coloquio, charla, diálogo. **FAM.** Platicar.

platicar *v. intr.* Conversar. ■ Delante de *e* se escribe *qu* en lugar de *c*: *platiquéis*. **SIN.** Dialogar, charlar, departir.

platija (del lat. *platessa*) *s. f.* Pez teleósteo marino de 40 a 50 cm de longitud, que tiene la piel rugosa y el cuerpo aplanado. Pasa la mayor parte de su vida recostado en el fondo del mar sobre el lado izquierdo y sus dos ojos están situados en el lado derecho.

platillo (dim. de *plato*) *s. m.* **1.** Pieza pequeña semejante a un plato. **2.** Cada una de las dos piezas de la balanza, en las que se colocan respectivamente las pesas y lo que se quiere pesar. **3.** *Méx.* Alimento preparado para ser consumido. || *s. m. pl.* **4.** En mús., instrumento formado por dos chapas metálicas en forma de plato que se hacen chocar una contra otra. || **5. platillo volador** (o **volante**) Objeto de esta forma que supuestamente vuela por el espacio y que se considera de origen extraterrestre. **FAM.** Platillero. PLATO.

platina (del fr. *platine*) *s. f.* **1.** Parte del microscopio en que se coloca lo que se quiere observar. **2.** Aparato para grabar y reproducir cintas magnetofónicas de casete. **3.** Disco plano de vidrio o metal sobre el que se ajusta la campana de la máquina neumática. **4.** Superficie plana de la máquina de imprimir, sobre la cual se coloca la forma.

platinar *v. tr.* Cubrir un objeto con un baño de platino.

platinífero, ra (de *platino* y el lat. *ferre*, llevar) *adj.* Se dice del mineral que contiene platino.

platino *s. m.* **1.** Elemento químico metálico de color blanco brillante, dúctil y maleable, de gran dureza, inerte frente a la acción atmosférica y resistente a los ácidos, aunque soluble en agua regia. Se emplea como catalizador en la industria química, para la fabricación de instrumental quirúrgico, empastes dentales, utensilios de laboratorio y componentes eléctricos, y en joyería. Su símbolo químico es *Pt.* || **2. rubio platino** Véase **rubio**. FAM. Platinado, platinar, platinífero. PLATA.

platirrino (del gr. *platys*, achatado, y *rhis, rhinos*, nariz) *adj.* **1.** Se dice de los primates antropoides que tienen un tabique nasal muy ancho, por lo que las ventanas de su nariz se dirigen a los lados. Son monos de reducidas dimensiones y extremidades largas que viven en las selvas suramericanas. También *s. m.* || *s. m. pl.* **2.** Infraorden integrado por estos simios.

plato (del lat. *platus*, plano) *s. m.* **1.** Recipiente de forma redonda, poco profundo y con borde alrededor, que se emplea principalmente para comer. **2.** Comida que se pone en ese recipiente: *Se comió dos platos de callos.* **3.** Alimento preparado para ser consumido. **4.** Nombre dado a otros objetos más o menos planos y redondos. **5.** Platillo de la balanza. **6.** Giradiscos*. || **7. plato combinado** Comida que consiste en varios alimentos servidos en un mismo plato. **8. plato de segunda mesa** Cosa que se desprecia por haber sido de otro. **9. plato fuerte** El principal de una comida. También, en sentido figurado, lo más importante de algo. || LOC. **comer en el mismo plato** Tener gran amistad. **no haber roto uno un plato (en su vida)** No haber hecho nunca nada malo. **no ser plato de gusto** de uno No agradarle una persona o cosa. **pagar** uno **los platos rotos** Ser castigado o regañado injustamente. SIN. **3.** Vianda, manjar, guiso. FAM. Platillo, platina, plató. / Calientaplatos, escurreplatos, friegaplatos, lanzaplatos, lavaplatos, montaplatos.

plató (del fr. *plateau*, de *plat*, llano) *s. m.* Recinto cubierto de un estudio que sirve de escenario para rodar películas, realizar programas de televisión, etc.

platónico, ca (del lat. *platonicus*) *adj.* **1.** De Platón, de su filosofía y escuela. También *s. m.* y *f.* **2.** Desinteresado. **3.** Ideal, irreal. || **4. amor platónico** Véase **amor**. FAM. Platónicamente, platonismo. / Neoplatonismo.

platonismo (de *Platón*, filósofo griego) *s. m.* Doctrina filosófica de Platón y sus seguidores.

platudo, da *adj. Amér. fam.* Adinerado, rico.

plausible (del lat. *plausibilis*) *adj.* **1.** Que merece aplauso. **2.** Que es admisible o está justificado. SIN. **1.** Alabable, laudable, loable. ANT. **1.** Reprobable, censurable. **2.** Inadmisible. FAM. Plausibilidad. APLAUDIR.

play-back (ingl.) *s. m.* Técnica empleada en cine, televisión y espectáculos en directo, que consiste en reproducir música u otro sonido previamente grabado, al que se acomodan con sus gestos y movimientos los cantantes, bailarines o actores.

play-off (ingl.) *s. m.* En una competición deportiva, liguilla o fase final.

playa (del lat. tardío *plagia*, y éste del gr. *plagios*, costado) *s. f.* **1.** Terreno de superficie casi plana y cubierto de arena en la orilla del mar, de un lago o de un río grande. **2.** *Arg.*, *Par.* y *Urug.* Espacio amplio, llano y despejado, destinado a un determinado uso en ciudades, industrias, etc.: *playa de estacionamiento.* FAM. Playera, playero. / Desplayado.

playboy (ingl.) *s. m.* **1.** Hombre atractivo, elegante, seductor y generalmente acomodado, que lleva una vida de ocio y frecuenta la alta sociedad y lugares de moda. **2.** Enamorador, conquistador. SIN. **2.** Ligón, castigador.

playera *s. f.* Zapatilla deportiva.

playero, ra *adj.* Que se utiliza en la playa o es adecuado para ella.

plaza (del lat. *platea*, y éste del gr. *plateia*, calle ancha) *s. f.* **1.** Lugar ancho y espacioso, rodeado de edificios, dentro de una población, en el que suelen desembocar varias calles, y también espacio abierto en un jardín, campamento, etc. **2.** Lugar en que se venden comestibles y otros artículos de consumo ordinario. **3.** Conjunto de compras que se hacen para el consumo diario: *Ya he hecho la plaza de mañana.* **4.** Sitio que puede ocupar alguien o algo. **5.** Puesto de trabajo. **6.** Población, lugar: *La empresa tiene una sucursal en esa plaza.* || **7. plaza de toros** Terreno redondo, adecuado y convenientemente preparado para el toreo. **8. plaza fuerte** (o **de armas**) Población fortificada. Lugar en que acampan tropas en campaña. Lugar de una población o cuartel en que forman las tropas de guardia. **9. plaza mayor** La principal en cualquier población. || LOC. **sentar plaza** Entrar a servir como soldado. **sentar plaza de listo (valiente**, etc.) Adquirir fama o prestigio de tal. SIN. **1.** Plazoleta, glorieta, rotonda. **2.** Mercado. **4.** Asiento. **5.** Empleo, cargo. FAM. Placer[3], placera, plazoleta, plazuela. / Desplazar, emplazar[2], monoplaza.

plazo (del lat. *placitus*, y éste de *dies placitus*, día convenido) *s. m.* **1.** Periodo de tiempo señalado para determinada cosa. **2.** Cada uno de los pagos en que se divide una cantidad que hay que pagar en dos o más veces. SIN. **1.** Término. FAM. Aplazar, emplazar[1].

plazoleta *s. f.* Espacio abierto, más pequeño que una plaza, en una ciudad, jardín, etc.

pleamar *s. f.* Estado más alto de la marea y tiempo que dura. ■ Se dice también *plenamar.* ANT. Bajamar.

plebe (del lat. *plebs, plebis*) *s. f.* **1.** Clase social de personas de baja categoría y posición económica inferior. **2.** En la antigua Roma, clase de los ciudadanos que no eran patricios. SIN. **1.** Pueblo, vulgo, populacho, chusma, masa. FAM. Plebeyo, plebiscito.

plebeyo, ya (del lat. *plebeius*) *adj.* **1.** De la plebe. **2.** Se aplica a la persona que forma parte de la plebe, del pueblo, que no es noble ni hidalga. También *s. m.* y *f.* **3.** *desp.* Vulgar, grosero. SIN. **1.** y **2.** Villano. **3.** Innoble, basto, ordinario, soez. ANT. **3.** Aristocrático, distinguido. FAM. Plebeyez. PLEBE.

plebiscitar *v. tr.* Legitimar una resolución política por medio de un plebiscito.

plebiscito (del lat. *plebiscitum*) *s. m.* Consulta electoral directa que el gobierno hace a todos los ciudadanos para que aprueben o rechacen determinada cuestión importante. FAM. Plebiscitar, plebiscitario. PLEBE.

plectro (del gr. *plektron*, de *plesso*, golpear) *s. m.* Púa usada para pulsar las cuerdas de determinados instrumentos musicales.

plegadera *s. f.* Instrumento, a manera de cuchillo, adecuado para plegar o cortar papel.

plegadizo, za *adj.* Que se pliega o dobla fácilmente.

plegador, ra *adj.* **1.** Que pliega. También *s. m.* y *f.* || *s. m.* **2.** Instrumento para plegar una cosa. || *s. f.* **3.** En imprenta, máquina que realiza la operación de plegar el papel impreso.

plegamiento *s. m.* **1.** Acción de plegar o plegarse. **2.** Proceso geológico por el que los estratos sedimentarios son sometidos a presiones laterales, siendo levantados hasta dar lugar a pliegues, con formas más o menos onduladas, dependiendo de la potencia y velocidad del fenómeno y de la plasticidad de los materiales.

plegar (del lat. *plicare*) *v. tr.* **1.** Doblar, hacer pliegues o dobleces en una cosa: *Pliega el brazo articulado y guárdalo.* También *v. prnl.* **2.** Doblar los pliegos impresos para obtener el formato y disposición deseados de las páginas en un libro, revista, folleto, etc. || **plegarse** *v. prnl.* **3.** Ceder, someterse a alguien o acomodarse a algo. ■ Delante de *e* se escribe *gu* en lugar de *g*. Es v. irreg. Se conjuga como *pensar*. SIN. **3.** Doblegarse, supeditarse, inclinarse. ANT. **1.** Estirar(se). **3.** Rebelarse, sublevarse. FAM. Plegable, plegadera, plegadizo, plegado, plegador, plegadura, plegamiento, pliego, pliegue. / Desplegar, replegar.

plegaria (del bajo lat. *precaria*, de *preces*, súplicas) *s. f.* Petición que se hace a Dios, la Virgen o los santos. SIN. Súplica, ruego, rezo, oración, deprecación.

pleistoceno, na (del gr. *pleistos*, muchísimo, y *kainos*, nuevo) *adj.* **1.** Se dice de la primera de las dos épocas del periodo cuaternario, que comenzó hace unos 2 millones de años y terminó hace 10.000 años. Durante esta época apareció el hombre y tuvieron lugar las glaciaciones. También *s. m.* **2.** De esta época geológica.

pleita (del lat. vulg. *plecta*, entrelazamiento, del gr. *plekte*, cuerda entretejida) *s. f.* Tira de esparto trenzado u otro material semejante que se cose a otras para hacer esteras, sombreros y otras cosas.

pleitear *v. intr.* Iniciar o sostener un pleito ante un juez o tribunal. SIN. Litigar, querellar. FAM. Pleiteador, pleiteante, pleiteo. PLEITO.

pleitesía *s. f.* Muestra reverente de cortesía. SIN. Homenaje.

pleito (del fr. ant. *plait*, y éste del bajo lat. *placitum*, decreto) *s. m.* **1.** Discusión o diferencia entre dos o más partes que se presenta ante un juez o tribunal para que éste dicte sentencia y haga justicia. **2.** Disputa o riña de carácter privado. SIN. **1.** Litigio, querella, causa, proceso. **2.** Pendencia, pugna. FAM. Pleitear, pleitesía, pleitista. / Buscapleitos, picapleitos.

plenamente *adv. c.* Del todo, por completo. SIN. Completamente.

plenario, ria (del lat. *plenarius*) *adj.* **1.** Se dice de la sesión o reunión a la que asisten todos los miembros de la entidad de que se trata. **2.** Entero, completo. || **3. indulgencia plenaria** Remisión completa de la pena que conlleva el pecado. SIN. **2.** Pleno, total, cumplido. ANT. **1.** y **2.** Parcial. **2.** Incompleto.

plenilunio (del lat. *plenilunium*) *s. m.* Fase de luna llena.

plenipotenciario, ria *adj.* Se aplica al enviado o embajador de un rey, gobierno o Estado con plenos poderes para actuar o negociar en otros países, congresos, conferencias, etc. FAM. Plenipotenciado. POTENCIA.

plenitud (del lat. *plenitudo*) *s. f.* **1.** Cualidad de pleno o completo. **2.** Mayor intensidad o perfección de algo. SIN. **1.** Totalidad, integridad. **1.** y **2.** Culminación. **2.** Apogeo, cumbre, cúspide, cima.

pleno, na (del lat. *plenus*) *adj.* **1.** Completo, lleno: *Tuvo una vida plena de experiencias.* **2.** Total, absoluto: *Tienes plena libertad para elegir.* **3.** Que está en el momento central o fundamental, en toda su intensidad: *En pleno temporal salieron a pescar.* || *s. m.* **4.** Reunión o junta general de una corporación, organismo, etc. **5.** Acción de acertar todos los resultados en un juego de azar. || LOC. **en pleno** *adj.* En su totalidad. SIN. **1.** Colmado. FAM. Plenamente, plenario, plenitud. LLENO.

pleon (del gr. *pleo*, nadar) *s. m.* Abdomen de los crustáceos.

pleonasmo (del lat. *pleonasmus*, y éste del gr. *pleonasmos*, sobreabundancia) *s. m.* **1.** Figura que consiste en emplear en la oración vocablos que no son necesarios para su sentido exacto y completo, pero que le dan gracia y fuerza. **2.** Abundancia excesiva o inútil de palabras. SIN. **2.** Redundancia. FAM. Pleonásticamente, pleonástico.

plepa *s. f. fam.* Persona, animal o cosa con muchos defectos físicos o morales.

plesiosauro (del gr. *plesios*, próximo, y *sauros*, lagarto) *s. m.* Reptil fósil del jurásico y cretácico, lagarto marino con las extremidades transformadas en aletas, que medía entre 9 y 15 m de longitud.

pletina (del fr. *platine*, a través del cat.) *s. f.* **1.** Pieza metálica rectangular de poco espesor. **2.** Platina* de casete.

plétora (del gr. *plethore*, de *pletho*, estar lleno) *s. f.* **1.** Exceso de sangre o de otros líquidos en el cuerpo. **2.** Abundancia. FAM. Pletórico.

pletórico, ca (del gr. *plethorikos*) *adj.* **1.** Que tiene plétora de sangre u otros líquidos. **2.** Que está lleno de lo bueno o conveniente que se expresa a continuación: *pletórico de fuerzas, de salud.* SIN. **2.** Pleno, rebosante.

pleura (del gr. *pleura*, costado) *s. f.* Bolsa de tejido conjuntivo que recubre los pulmones. FAM. Pleural, pleuresía, pleurítico, pleuritis, pleuronectiforme.

pleuresía (del fr. *pleurésie*, y éste del gr. *pleura*) *s. f.* Inflamación de la pleura. SIN. Pleuritis.

pleuritis *s. f.* Pleuresía*. ■ No varía en *pl.*

pleuronectiforme (del gr. *pleura*, costado, *nektos*, nadador, y *-forme*) *adj.* **1.** Se aplica a los peces osteictios de cuerpo plano y asimétrico, que viven acostados sobre uno de sus lados, tienen los dos ojos en el otro lado y carecen de espinas en las aletas, como los lenguados, platijas, rodaballos y gallos. También *s. m.* || *s. m. pl.* **2.** Orden de estos peces.

plexiglás (del ingl. *plexiglass*, vidrio flexible) *s. m.* Resina sintética, transparente y flexible, que se obtiene por polimerización del metacrilato de metilo. ■ No varía en *pl.*

plexo (del lat. *plexus*, tejido, entrelazado) *s. m.* **1.** En anat., red formada por entrecruzamiento imbricado de vasos o nervios. || **2. plexo cardiaco** El nervioso situado en la base del corazón. **3. plexo solar** Conjunto de ganglios y nervios situados en la cavidad abdominal, que forman parte del sistema nervioso autónomo.

pléyade (del gr. *Pleiás, -adós*, nombre de un cenáculo de poetas alejandrinos) *s. f.* Grupo de personajes que, siendo contemporáneos, destacan en cualquier actividad, especialmente en el campo de las letras.

plica (del lat. *plica*) *s. f.* Sobre sellado o lacrado en que se guardan ciertos documentos, noticias u ofertas que no se pueden mostrar hasta la fecha u ocasión fijada.

pliego *s. m.* **1.** Porción de papel cuadrangular doblado por el medio. **2.** P. ext., hoja de papel o cartulina que se vende y usa sin doblar. **3.** Hoja de papel que se imprime y luego se dobla un determinado número de veces según el formato y disposición del libro, revista, etc. **4.** Conjunto de páginas que resulta de doblar la hoja impresa, generalmente en número de 16. **5.** Documento que se remite cerrado. || **6. pliego de cargos** Relación de las faltas que aparecen en un expediente contra una persona, a la que se le comunica para que se defienda. **7. pliego de condiciones** Documento en el que constan las cláusulas de un contrato, concesión, subasta, etc. **8. pliego de descargos** Documento en el que se contesta a un cargo, acusación, denuncia, etc.

pliegue *s. m.* **1.** Doblez en una cosa flexible, como papel, ropa, telas, etc. **2.** En geol., curvatura de los estratos, resultado de las deformaciones plásticas de los materiales que los componen.

plin Palabra usada en la locución familiar **a mí plin**, que sirve para manifestar total indiferencia: *Haz lo que quieras; a mí plin.*

plinto (del lat. *plinthus*, y éste del gr. *plinthos*, ladrillo) *s. m.* **1.** En arq., parte cuadrada inferior de la basa. **2.** Aparato que se usa en gimnasia para saltos y otros ejercicios.

plioceno (del gr. *pleion*, más, y *kainos*, reciente) *adj.* **1.** Se dice de la quinta y última de las épocas del periodo terciario, en la que continentes, mares y océanos adquieren casi su configuración actual. Comenzó hace 6 millones de años y terminó hace 2 millones. También *s. m.* **2.** De esta época geológica.

plis-plas, en un *loc. adv. fam.* En un pispás*.

plisar (del fr. *plisser*) *v. tr.* Hacer en una tela pliegues iguales y muy pequeños. **FAM.** Plisado, plisador.

plomada *s. f.* **1.** Pesa de plomo u otro metal colgada o suspendida de una cuerda para señalar la línea vertical. **2.** Cuerda con un peso de plomo para medir la profundidad de las aguas. **3.** Conjunto de plomos que se ponen en las redes. **SIN. 2.** Sonda.

plomazo *s. m.* **1.** *fam.* Persona cargante o pesada. **2.** Golpe o herida del perdigón de un arma de fuego. **SIN. 1.** Plomo, plomífero, plasta, plastoncio, pelma, tostón, petardo.

plomería *s. f.* **1.** Cubierta de plomo que se pone en los edificios. **2.** Almacén de plomos. **3.** Taller del plomero. **4.** Oficio de plomero.

plomero, ra *s. m.* y *f.* **1.** El que trabaja o fabrica objetos de plomo. **2.** *And.* y *Amér.* Fontanero*.

plomífero, ra *adj.* **1.** Que contiene plomo. **2.** *fam.* Que fastidia o aburre. **SIN. 2.** Pesado, soso, aburrido.

plomizo, za *adj.* **1.** Parecido al plomo por el color u otra cualidad: *un cielo plomizo.* **2.** Que tiene plomo.

plomo (del lat. *plumbum*) *s. m.* **1.** Elemento químico metálico, blando, de color blanco grisáceo, con bajo punto de fusión, que se encuentra en minerales como la galena y se utiliza para fabricar acumuladores, tuberías, revestimientos de cables eléctricos, pinturas y pigmentos, como antidetonante en las gasolinas y como material protector. Su símbolo químico es *Pb.* **2.** Pedazo de este metal que se pone en algunas cosas, como en las redes de pescar. **3.** Plomada*, pesa de metal. **4.** Bala, proyectil. **5.** *fam.* Persona cargante o pesada. || *s. m. pl.* **6.** Fusible de una instalación eléctrica. || **LOC. a plomo** *adv.* Verticalmente. **caer a plomo** *fam.* Caer con todo el peso. **con pies de plomo** *adv. fam.* Con cuidado, tanteando el terreno, la situación, etc. **SIN. 5.** Plomazo, plasta, pelma, pelmazo. **FAM.** Plomada, plomazo, plomería, plomero, plomífero, plomizo, plomoso, plúmbeo. / Aplomar, desplomar, emplomar.

plotter (ingl.) *s. m.* En inform., periférico de salida de un ordenador de mayor tamaño que una impresora, que se usa para la impresión de planos, gráficos, dibujos, etc.

plum-cake (ingl., significa 'pastel de ciruela') *s. m.* Bizcocho espeso con pasas y frutas confitadas.

pluma (del lat. *pluma*) *s. f.* **1.** Cada una de las piezas de origen epidérmico de que está cubierto el cuerpo de las aves, formada por un tubito con pequeños filamentos llamados barbas. **2.** Esta pieza de las aves utilizada antiguamente para escribir. **3.** Instrumento de diversos materiales que se utiliza también para escribir, con o sin tintero. **4.** Mástil de una grúa. **5.** Profesión u ocupación del escritor y el propio escritor. **6.** Estilo literario: *una pluma demasiado barroca.* **7.** *fam.* Pedo. **8.** Afeminamiento. || *s. m.* **9.** Categoría del boxeo constituida por los púgiles cuyo peso está comprendido entre 55 y 57 kg aproximadamente. ■ Se usa también en aposición. || **plumas 10.** *fam.* Plumífero*, prenda de vestir. ■ Aunque tiene forma de *pl.*, funciona como *sing.*: *Me compré un plumas.* || **11. pluma estilográfica** La que funciona mediante un depósito o carga de tinta. || **LOC. a vuela pluma** *adv.* Con *escribir* y verbos similares, rápidamente, con espontaneidad y facilidad. **adornarse** uno **con plumas ajenas** *fam.* Atribuirse méritos de otro. **dejar correr la pluma** Escribir sin reflexionar, espontáneamente. **FAM.** Plumada, plumado, plumaje, plumazo, plumero, plumífero, plumilla, plumín, plumón, plumoso, plúmula. / Cortaplumas, desplumar, emplumar, implume, portaplumas, vuelapluma.

plumada *s. f.* **1.** Acción de escribir o dibujar algo sencillo y rápido. **2.** Trazo hecho con un solo movimiento de la pluma. **SIN. 1.** y **2.** Plumazo.

plumaje *s. m.* **1.** Conjunto o clase de plumas de las aves. **2.** Adorno de plumas de un sombrero, casco, etc.

plumazo *s. m.* **1.** Trazo fuerte de pluma, muy pronunciado, especialmente el que se hace para tachar algo. **2.** Plumada*. || **LOC. de un plumazo** *adv. fam.* De una forma brusca, rápida y eficaz, sin pararse a pensarlo y sin respetar nada.

plúmbeo, a (del lat. *plumbeus*) *adj.* **1.** De plomo. **2.** Que pesa como el plomo. **3.** Pesado, aburrido. **SIN. 3.** Fastidioso, cargante, soporífero, plomífero. **ANT. 2.** Ligero. **3.** Entretenido, ameno. **FAM.** Plúmbico. PLOMO.

plúmbico, ca (del lat. *plumbum*, plomo) *adj.* **1.** Del plomo. **2.** Se dice de la sal del plomo en la que este elemento actúa con valencia IV.

plumero *s. m.* **1.** Haz de plumas que sirve para quitar el polvo, normalmente atado a un palo que hace de mango. **2.** Vaso o caja donde se guardan las plumas, lapiceros, etc. **3.** Ramillete de plumas que adorna un sombrero, un casco o morrión, etc. || LOC. **vérsele** a uno **el plumero** *fam.* Descubrírsele los pensamientos, intenciones, etc. SIN. **3.** Penacho.

plumier (fr.) *s. m.* Caja o estuche para guardar lápices, plumas, gomas de borrar, etc. SIN. Plumero.

plumífero, ra (del lat. *pluma*, pluma, y *ferre*, llevar) *adj.* **1.** Que tiene plumas. || *s. m.* **2.** Especie de cazadora o anorak relleno de plumas o acolchado. **3.** *desp.* y *fam.* Escritor o periodista vulgar, de poca calidad. SIN. **1.** Plumoso. **2.** Plumas.

plumilla (dim. de *pluma*) *s. f.* **1.** Punta separable de la pluma de escribir con la que, mojada en tinta, se hacen los trazos. **2.** Plúmula*.

plumín *s. m.* Plumilla de la pluma estilográfica.

plumón *s. m.* Pluma corta de barbas muy finas y esponjadas que tienen las aves debajo del plumaje exterior.

plúmula (del lat. *plumula*, de *pluma*, pluma) *s. f.* En bot., yema pequeña del embrión de las plantas que da lugar al tallo.

plural (del lat. *pluralis*, y éste de *plus, pluris*, más numeroso) *adj.* En ling., se aplica al accidente gramatical llamado número que se caracteriza por hacer referencia a varias personas, animales o cosas, frente al singular, que se refiere a una. También *s. m.* FAM. Pluralidad, pluralismo, pluralizar. PLUS.

pluralidad (del lat. *pluralitas, -atis*) *s. f.* **1.** Gran cantidad o multitud de cosas. **2.** Circunstancia de ser más de uno. **3.** Variedad, diversidad. SIN. **1.** Abundancia, profusión, infinidad. **1.** y **3.** Multiplicidad.

pluralismo *s. m.* Sistema en que se permite la existencia y libre expresión de diversas ideologías, filosofías, religiones e ideas políticas y culturales. FAM. Pluralista. PLURAL.

pluralizar *v. tr.* **1.** Atribuir o aplicar a varios sujetos lo que es peculiar de uno. **2.** En ling., dar número plural a una palabra que normalmente no lo tiene. ■ Delante de *e* se escribe *c* en lugar de *z*. SIN. **1.** Generalizar. ANT. **1.** Individualizar.

pluri- *pref.* Significa 'pluralidad': *pluripartidismo, plurilingüe, plurivalencia.*

pluricelular *adj.* En biol., se dice de la planta o animal cuyo cuerpo tiene muchas células.

pluriempleo *s. m.* Situación de la persona que tiene más de un empleo o trabajo. FAM. Pluriempleado. EMPLEO.

plurilingüe *adj.* **1.** Que habla varias lenguas. **2.** Que está escrito en diversos idiomas. SIN. **1.** y **2.** Políglota.

pluripartidismo *s. m.* Existencia de más de un partido político y sistema en que se da. ANT. Monopartidismo. FAM. Pluripartidista. PARTIDO.

plurivalente *adj.* Que tiene varios valores. SIN. Polivalente. FAM. Plurivalencia. VALER[1].

plus (del lat. *plus, pluris*, más) *s. m.* Cantidad de dinero suplementaria que por diversos motivos se paga o percibe además del sueldo. SIN. Sobresueldo. FAM. Plural.

plus ultra (lat.) *loc. adv.* Significa 'más allá'.

pluscuamperfecto (del lat. *plus quam perfectum*, más que perfecto) *adj.* Véase **pretérito pluscuamperfecto**. También *s. m.*

plusmarca (del lat. *plus*, más, y *marca*) *s. f.* Récord*. FAM. Plusmarquista. MARCA.

plusmarquista *s. m.* y *f.* Deportista con la mejor marca en una especialidad atlética.

plusvalía (del lat. *plus*, más, y *valía*) *s. f.* **1.** Aumento del valor de una cosa por causas exteriores a ella. **2.** Impuesto que se establece sobre el aumento que experimenta el valor de los terrenos, especialmente en fincas urbanas, a lo largo del tiempo.

plutocracia (del gr. *plutos*, riqueza, y *krateo*, dominio) *s. f.* **1.** Sistema político en que el poder es ejercido o controlado por la clase social económicamente más poderosa. **2.** Predominio de esta clase social. **3.** Esta misma clase. FAM. Plutócrata, plutocrático.

plutócrata *s. m.* y *f.* Persona que pertenece a la plutocracia o es partidaria de este sistema político.

plutónico, ca *adj.* Se aplica a las rocas que han cristalizado lentamente a grandes profundidades, como p. ej. el granito.

plutonio (del lat. *Pluto, -onis*) *s. m.* Elemento químico metálico de propiedades similares a las del uranio, altamente tóxico y radiactivo, que se elabora artificialmente en laboratorio. Su símbolo químico es *Pu*.

pluvial[1] *s. m.* Ave trepadora que mide unos 23 cm de longitud y tiene color gris, pardo, negro y blanco; habita en los ríos y lagos de África.

pluvial[2] (del lat. *pluvialis*) *adj.* **1.** Se dice del agua de lluvia. **2.** Se aplica al tipo de régimen de los ríos cuyo caudal proviene fundamentalmente de las lluvias. FAM. Pluviometría, pluviosidad, pluvioso, pluvisilva. / Impluvio, nivopluvial. LLUVIA.

pluviometría (del lat. *pluvia*, lluvia, y *-metría*) *s. f.* Rama de la meteorología que estudia la distribución de las lluvias en el espacio y en el tiempo. FAM. Pluviométrico, pluviómetro. PLUVIAL[2].

pluviómetro (del lat. *pluvia*, lluvia, y *-metro*) *s. m.* Aparato para medir la lluvia.

pluviosidad *s. f.* Cantidad de lluvia que recibe una región o comarca en un periodo determinado de tiempo.

pluvioso, sa (del lat. *pluviosus*) *adj.* Lluvioso*.

pluvisilva *s. f.* Formación vegetal de bosque intertropical húmedo, que permanece verde todo el año, constituido por árboles de tamaño inferior a 30 m y plantas herbáceas.

poblacho *s. m. desp.* Pueblo pequeño, pobre o mal conservado.

población (del lat. *populatio, -onis*) *s. f.* **1.** Conjunto de personas que habitan la Tierra, un país o un lugar determinado. **2.** Lugar edificado en que habita un conjunto de personas y, especialmente, ciudad. **3.** Conjunto de seres vivos de una misma especie en un área determinada. **4.** Conjunto de individuos que constituyen el objeto de estudio de una encuesta y de entre los que se extrae la muestra. **5.** Acción de poblar. || **6. población activa** Parte de la población de un país que trabaja o está buscando empleo. **7. población de derecho** En un censo, conjunto de personas que residen habitualmente en un área geográfica determinada. SIN. **2.** Localidad, pueblo, poblado. **5.** Poblamiento.

poblado, da 1. *p.* de **poblar**. También *adj.* || *s. m.* **2.** Población, lugar edificado en que viven un conjunto de personas normalmente agrupadas.

poblador, ra *adj.* Que puebla un lugar. También *s. m.* y *f.*: *los antiguos pobladores de la Península.* SIN. Habitante, morador.

poblamiento *s. m.* **1.** Acción de poblar. **2.** Proceso de asentamiento humano.

poblano, na[1] *adj. Amér.* Se dice del habitante del campo. También *s. m.* y *f.* SIN. Campesino, rústico, lugareño.

poblano, na[2] *adj.* De Puebla, estado mexicano. También *s. m.* y *f.*

poblar (del lat. *populus*) *v. tr.* **1.** Ocupar un sitio con personas u otros seres vivos que habiten en él: *Castilla poblaba los territorios reconquistados a los musulmanes.* **2.** Habitar o vivir en un lugar las personas, animales o plantas: *Pueblan ese bosque numerosas aves.* **3.** Fundar uno o más pueblos. También *v. intr.* **4.** Llenar: *Seres fantásticos poblaban sus sueños.* || **poblarse** *v. prnl.* **5.** Llenarse un lugar o algo de personas, animales o cosas. ■ Es v. irreg. Se conjuga como *contar.* **SIN. 1.** Repoblar, colonizar. **4.** Atestar, colmar, henchir. **ANT. 1.** Despoblar. **2.** Emigrar. **5.** Vaciarse. **FAM.** Población, poblado, poblador, poblamiento. / Despoblar, repoblar, superpoblar. PUEBLO.

pobre (del lat. *pauper, -eris*) *adj.* **1.** Se dice de las personas a las que les falta lo necesario para vivir o lo tienen con mucha escasez. También *s. m.* y *f.* **2.** De poco valor o calidad. **3.** Escaso, que tiene poco de algo. ■ Se construye con las preposiciones *de* o *en.* **4.** Infeliz, desdichado. También *s. m.* y *f.*: *El pobre tiene muy mala suerte.* **5.** *fam.* Se emplea para compadecer a alguien. También *interj.*: *Pobre, todos los días se levanta a las cinco.* || *s. m.* y *f.* **6.** Mendigo. || **7. pobre de solemnidad** Pobrísimo. || **LOC. ¡pobre de mí!** *excl.* Expresa inocencia o impotencia. **¡pobre de ti (de él,** etc.**)!** *excl.* Se usa para amenazar a alguien. ■ Como adjetivo tiene dos superlativos: *pobrísimo* y *paupérrimo.* **SIN. 1.** Necesitado, indigente, menesteroso. **2.** Humilde, modesto. **3.** Corto, falto. **4.** Desgraciado, desventurado. **6.** Pordiosero. **ANT. 1.** Acaudalado, opulento. **1.** y **2.** Rico. **2.** Valioso. **3.** Lleno. **4.** Afortunado. **FAM.** Pobremente, pobrete, pobretón, pobreza, pobrísimo. / Empobrecer, paupérrimo.

pobrete, ta (dim. de *pobre*) *adj.* **1.** Desdichado, infeliz. También *s. m.* y *f.* **2.** *fam.* Se dice de la persona inútil, de poca habilidad y ánimo. También *s. m.* y *f.* **3.** Se usa para compadecer a alguien. **SIN. 1.** Desgraciado, desventurado. **FAM.** Pobretear, pobretería. POBRE.

pobretería *s. f.* **1.** Conjunto de gente pobre. **2.** Pobreza manifiesta por escasez de recursos o tacañería: *El salón está amueblado con pobretería.*

pobreza *s. f.* **1.** Falta de lo necesario para vivir o posesión de muy pocos bienes e ingresos. **2.** Escasez o falta de algo: *pobreza de lenguaje.* **SIN. 1.** Indigencia, penuria, estrechez, miseria, necesidad. **ANT. 1.** Opulencia, bienestar. **1.** y **2.** Riqueza.

pocero (del lat. *putearius*) *s. m.* **1.** Persona que hace pozos o trabaja en ellos. **2.** Persona que limpia los pozos ciegos o cloacas.

pocha *s. f.* En algunas regiones españolas, judía blanca temprana.

pocho, cha[1] *adj.* **1.** Que está podrido o empieza a pudrirse. **2.** Se dice de la persona que está un poco enferma, o tiene poco color o mal aspecto. **SIN. 1.** Pasado, marchito. **2.** Indispuesto, delicado, pálido, descolorido.

pocho, cha[2] *adj.* **1.** *Méx.* Se aplica al chicano muy asimilado a la cultura norteamericana. También *s. m.* y *f.* || *s. m.* **2.** Forma del idioma español muy mezclado con el inglés, que hablan estas personas.

pocholada *s. f. fam.* Persona o cosa bonita o graciosa.

pocholo, la *adj. fam.* Lindo, bonito. También *s. m.* y *f.* **FAM.** Pocholada.

pocilga *s. f.* **1.** Establo para el ganado de cerda. **2.** *fam.* Cualquier lugar muy sucio o desordenado. **SIN. 1.** Cochiquera, gorrinera, porqueriza. **2.** Tugurio.

pocillo (del lat. *pocillum*, copita) *s. m.* **1.** Jícara*. **2.** *Amér.* Taza pequeña. **3.** Recipiente empotrado en la tierra para recoger un líquido, p. ej. el aceite o el vino en los molinos y lagares.

pócima (del lat. *apozema*, y éste del gr. *apozema*, cocimiento) *s. f.* **1.** Preparado medicinal realizado mediante el cocimiento de materias vegetales. **2.** Cualquier medicina que se pueda beber. **3.** *fam.* Bebida extraña o de sabor desagradable.

poción (del lat. *potio, -onis*, de *potare*, beber) *s. f.* Líquido para beber, especialmente medicinal. **SIN.** Pócima.

poco, ca (del lat. *paucus*) *adj. indef.* **1.** En pequeña cantidad o de baja intensidad: *Hoy hace poco viento.* **2.** Se aplica a personas, animales o cosas de los que hay un número pequeño. También *pron.*: *Han aprobado pocos.* || *s. m.* **3.** Cantidad pequeña de algo: *Dame un poco de agua.* || *adv. c.* **4.** En reducido grado, número o cantidad, menos de lo ordinario o necesario. || *adv. t.* **5.** Denota corta duración o tiempo cercano. || **LOC. a poco de** *adv.* Sin que haya pasado mucho tiempo después de algo: *A poco de casarse encontró trabajo.* **de poco (más o menos)** *adj.* De escaso valor o importancia. **poco a poco** *adv.* Despacio, sin prisa. También, de pequeña en pequeña cantidad. **poco más o menos** *adv.* Cerca de, aproximadamente. **por poco** *adv.* Casi. **tener** uno **en poco** a una persona o cosa No apreciarla o concederle escaso valor o estima. **SIN. 1.** y **2.** Limitado, contado. **3.** Algo. **ANT. 1.** Abundante. **1., 2., 4.** y **5.** Mucho. **FAM.** Poquedad, poquito. / Apocar, tampoco.

poda *s. f.* **1.** Acción de podar. **2.** Tiempo en que se hace.

podadera *s. f.* **1.** Herramienta metálica de corte curvo y mango de madera o hierro con que se poda. **2.** Tijera fuerte para el mismo uso.

podador, ra *adj.* Que poda. También *s. m.* y *f.*

podagra (del gr. *podagra*, de *pus, podos*, pie, y *agreo*, agarrar) *s. f.* Enfermedad de la gota, especialmente la de los pies.

podar (del lat. *putare*, limpiar) *v. tr.* Cortar o quitar ramas superfluas de árboles, vides y otras plantas para que fructifiquen o crezcan con más fuerza. **FAM.** Poda, podadera, podador, podón.

podenco, ca *adj.* Se dice de cierto perro que por su vista y olfato es adecuado para la caza. También *s. m.* y *f.*

poder[1] (del lat. vulg. *potere*) *v. tr.* **1.** Tener la capacidad, tiempo o posibilidad de hacer una cosa. **2.** Tener derecho, permiso o autorización para algo. **3.** En frases negativas, equivale a *deber* en sentido moral: *No podemos portarnos así con él.* **4.** Ser más fuerte que otro, ser capaz de vencerle. || *v. impers.* **5.** Ser posible que suceda una cosa: *Puede que este fin de semana vaya a Madrid.* **6.** En construcciones con *se*, ser lícito o estar permitido algo: *En este río se puede pescar.* || **LOC. a** (o **hasta**) **más no poder** *adv.* En tal grado que ya no puede ser más: *Trabaja a más no poder y no se lo pagan.* **de poder** Con un verbo en infinitivo, equivale a una oración condicional con *si*: *De poder ir, ya te avisaré.* **no poder (por) menos** No poder evitar o dejar de hacer cierta cosa. **no poder tragar** a uno *fam.* Tenerle mucha antipatía. **no poder ver** a uno **ni en pintura** *fam.* Tenerle mucha antipatía. **no poderse tener** *fam.* Estar uno débil, con pocas fuerzas. **poder con** alguien o algo Ser capaz de vencer, levantar o sostener a la persona o cosa que se expresa. También, poder hacer lo que se expresa: *Puedo con las tareas de la casa.* ■ Es v. irreg. SIN. **4.** Ganar, dominar. ANT. **4.** Perder. FAM. Poder[2], poderoso, posible, potencia, potestad, pudiente. / Impotente.

PODER	
GERUNDIO	
pudiendo	
INDICATIVO	
Presente	**Pretérito perfecto simple**
puedo	*pude*
puedes	*pudiste*
puede	*pudo*
podemos	*pudimos*
podéis	*pudisteis*
pueden	*pudieron*
Futuro	**Condicional**
podré	*podría*
podrás	*podrías*
podrá	*podría*
podremos	*podríamos*
podréis	*podríais*
podrán	*podrían*
SUBJUNTIVO	
Presente	**Pretérito imperfecto**
pueda	*pudiera, -ese*
puedas	*pudieras, -eses*
pueda	*pudiera, -ese*
podamos	*pudiéramos, -ésemos*
podáis	*pudierais, -eseis*
puedan	*pudieran, -esen*
Futuro	
pudiere	*pudiéremos*
pudieres	*pudiereis*
pudiere	*pudieren*
IMPERATIVO	
puede	*poded*

poder[2] (de *poder*[1]) *s. m.* **1.** Capacidad o posibilidad para hacer cierta cosa. **2.** Gobierno de un Estado: *El partido demócrata se hizo con el poder.* **3.** Dominio, mando o influencia. **4.** Fuerza, capacidad, eficacia. **5.** Autorización que una persona o entidad da a otra para representarla o ejecutar cierta cosa. Se usa más en *pl.* **6.** Posesión de alguna cosa. || **7. plenos poderes** Libertad completa que se da a un representante para que actúe y decida en nombre del representado. También, atribuciones máximas que adopta un rey, presidente, jefe de gobierno, etc., de acuerdo con la constitución, especialmente en momentos de crisis. **8. poder absoluto** El político que se ejerce sin ninguna limitación, y en especial sin estar regulado por una Constitución. **9. poder adquisitivo** Capacidad de una persona, grupo o moneda de adquirir bienes y servicios. **10. poder ejecutivo** El que ejerce el gobierno del Estado y hace cumplir las leyes. **11. poder judicial** El que ejerce la administración de la justicia. **12. poder legislativo** El que tiene la potestad de elaborar y reformar las leyes. **13. poderes públicos** Conjunto de las autoridades y organismos que gobiernan un territorio. || LOC. **de poder a poder** *adv.* De igual a igual. **por poder** (o **poderes**) *adv.* Con intervención de un apoderado o representante autorizado. SIN. **1.** Potencia, facultad, potestad. **3.** Imperio, jurisdicción, autoridad, predominio, poderío. **4.** Energía, vigor. **6.** Propiedad. ANT. **1.** Incapacidad, impotencia. **3.** Sumisión, subordinación. **4.** Debilidad. FAM. Poderdante, poderhabiente, poderío. / Apoderar. PODER[1].

poderdante *s. m.* y *f.* Persona que da poder o autoridad a otra para que la represente o actúe en su nombre.

poderhabiente *s. m.* y *f.* Persona que tiene el poder o la autoridad de otra para representarla o actuar en su nombre.

poderío *s. m.* **1.** Dominio o influencia. **2.** Fortaleza, fuerza. **3.** Bienes, riqueza. SIN. **1.** Mando. **1.** y **2.** Poder. **2** Energía. **3.** Fortuna, hacienda. ANT. **1.** Sumisión. **2.** Debilidad. **3.** Pobreza.

poderoso, sa *adj.* **1.** Que tiene poder o influencia. También *s. m.* y *f.* **2.** Muy rico, que posee muchos bienes. **3.** Eficaz, capaz de lograr algo. SIN. **1.** Potente, influyente. **2.** Potentado, pudiente. **3.** Eficiente, activo. ANT. **1.** y **3.** Débil. **2.** Pobre. **3.** Ineficaz. FAM. Poderosamente. / Todopoderoso. PODER[1].

podiatra (del gr. *pus, podos*, pie, e *iatros*, médico) *s. m. Amér.* Médico especialista en podología.

podio o **pódium** (del lat. *podium*, y éste del gr. *podion*) *s. m.* **1.** En arq., pedestal largo en que descansan varias columnas. **2.** Plataforma sobre la que se eleva a una persona para honrarla, especialmente a los vencedores de las pruebas deportivas.

podo-, -podo (del gr. *pus, podos*, pie) *pref.* y *suf.* Significa 'pie': *podólogo, cefalópodo.*

podología (del gr. *pus, podos* y *-logía*) *s. f.* Rama de la medicina que trata de las enfermedades y del cuidado de los pies. FAM. Podólogo.

podómetro (del gr. *pus, podos* y *-metro*) *s. m.* Instrumento en forma de reloj de bolsillo que sirve para contar el número de pasos que da la persona que lo lleva y la distancia recorrida por ella.

podón *s. m.* **1.** Podadera grande usada para podar y rozar. **2.** Herramienta para podar con una boca en forma de hacha y otra en forma de cuchillo.

podredumbre *s. f.* **1.** Estado de las cosas podridas. **2.** Cosa, o parte de ella, que está podrida. **3.** Inmoralidad, acción o situación contraria a la moral. SIN. **1.** Pudrimiento, putrefacción. **3.** Corrupción.

podrido, da 1. *p.* de **pudrir**. || *adj.* **2.** Se aplica a aquello que resulta de pudrir o pudrirse: *El viejo barco tiene el casco podrido.* || LOC. **estar podrido** de algo *fam.* Tener en abundancia lo que se expresa: *Se queja mucho, pero está prodrido de dinero.* FAM. Podredumbre. PODRIR.

podrir (del lat. *putrere*) *v. tr.* Pudrir*. FAM. Podrimiento. / Podrido. PUDRIR.

poema (del ital. *poema*, y éste del gr. *poiema*) *s. m.* **1.** Obra, oral o escrita, en verso. **2.** Obra en prosa que, por sus características, se considera del género poético. || **3. poema sinfónico** Composición para orquesta, de forma libre, cuyo tema y desarrollo están inspirados en una idea poética u obra literaria. FAM. Poemario, poemático. POESÍA.

poemario *s. m.* Colección de poemas.

poemático, ca *adj.* Del poema.

poesía (del lat. *poesis*, y éste del gr. *poiesis*) *s. f.* **1.** Arte de expresar la belleza o el sentimiento estético por medio de la palabra, en verso o en prosa, siguiendo diversos procedimientos, en especial el ritmo, la cadencia, la medida, las imágenes y metáforas, etc. **2.** Género al que pertenecen las obras literarias compuestas según este arte. **3.** Cada una de estas obras, especialmente las que están en verso. **4.** Conjunto de la actividad poética y de los poetas en general o de una época, país, etc. **5.** Fuerza expresiva, sensibilidad, gracia y demás cualidades del género poético, particularmente de la lírica, que pueden darse también en otras obras de arte, en personas, paisajes, etc. **SIN. 1.** y **2.** Poética. **3.** Poema. **ANT. 3.** Prosa. **FAM.** Poeta, poética, poético, poetizar. / Poema.

poeta (del lat. *poeta*, y éste del gr. *poietes*, creador) *s. m.* Hombre que compone poesía y está dotado para ello. **FAM.** Poetastro, poetisa. POESÍA.

poetastro *s. m. desp.* Mal poeta.

poética *s. f.* **1.** Arte de componer obras de poesía. **2.** Tratado sobre los principios y reglas de la poesía.

poético, ca (del lat. *poeticus*, y éste del gr. *poietikos*) *adj.* **1.** De la poesía. **2.** Que presenta características de la poesía. **SIN. 1.** y **2.** Lírico. **2.** Idílico. **ANT. 1.** y **2.** Prosaico. **FAM.** Poética, poéticamente. POESÍA.

poetisa (del lat. *poetissa*) *s. f.* Mujer que compone poesía y está dotada para ello.

poetizar *v. tr.* **1.** Dar a algo poesía o considerarlo en su aspecto poético. || *v. intr.* **2.** Componer versos u obras poéticas. ▪ Delante de *e* se escribe *c* en lugar de *z*. **SIN. 1.** Sublimar, idealizar. **2.** Versificar. **FAM.** Poetización. POESÍA.

pogonóforo (del gr. *pogon*, barba, y *phoros*, que lleva) *adj.* **1.** Se dice de unos gusanos marinos de cuerpo largo y delgado, dividido en tres regiones, con tentáculos en la parte anterior. Viven en zonas profundas de las aguas marinas, agrupados en largos cilindros enterrados en la arena. También *s. m.* || *s. m. pl.* **2.** Tipo constituido por estos invertebrados.

pógrom o **pogromo** (voz de or. ruso) *s. m.* **1.** Levantamiento popular violento contra los judíos. **2.** P. ext., matanza y robo de gente indefensa por una multitud. **3.** Matanza en masa de una minoría religiosa, racial o nacional.

pointer (ingl.) *adj.* Se dice de una raza de perros de caza, de mediana alzada, cabeza larga, orejas colgantes, cuerpo proporcionado, pelo corto y color variable. También *s. m.*

poiquilotermia (del gr. *poikilos*, variado, y *therme*, calor) *s. f.* Incapacidad de regular la temperatura del cuerpo de modo independiente de la del ambiente, propia de todos los animales excepto las aves y los mamíferos. **FAM.** Poiquilotérmico, poiquilotermo. TÉRMICO.

poker (ingl.) *s. m.* Póquer*.

polaco, ca *adj.* **1.** De Polonia. También *s. m.* y *f.* || *s. m.* **2.** Lengua de los habitantes de Polonia. **SIN. 1.** Polonés. **FAM.** Polaina, polonés.

polaina (del fr. ant. *polaine*, y éste de *polain*, piel de Polonia) *s. f.* Cierta prenda, normalmente de paño o cuero, que cubre la pierna hasta la rodilla y a veces se abotona o abrocha por la parte de fuera.

polar *adj.* De los polos o propio de ellos: *un frío polar.*

polaridad *s. f.* **1.** En fís., tendencia de una molécula a ser atraída o repelida por cargas eléctricas, positivas o negativas. **2.** Propiedad de los imanes y los cuerpos imantados de orientarse en dirección N-S en un campo magnético.

polarización *s. f.* **1.** Fenómeno característico de las ondas transversales por el que dichas ondas, que inicialmente se propagan en todas las direcciones, pasan a propagarse en un determinado plano al atravesar un medio denominado polarizador, como p. ej. la luz al atravesar el cristal de espato de Islandia. **2.** En electricidad, fenómeno que se da en un cuerpo cuando dos partes determinadas de él adquieren cargas eléctricas opuestas. **3.** Concentración de la atención, o de un asunto, cuestión, etc., en algo. **4.** Concentración de la mayoría de las industrias en determinadas áreas.

polarizar *v. tr.* **1.** Modificar las ondas transversales para producir su polarización. También *v. prnl.* **2.** Producir polarización eléctrica. También *v. prnl.* **3.** Atraer o concentrar la atención de alguien sobre un asunto o aspecto determinado. También *v. prnl.* **4.** Centrar un asunto, cuestión, etc., en un determinado punto. También *v. prnl.* ▪ Delante de *e* se escribe *c* en lugar de *z*: *polaricen.* **FAM.** Polarización. / Despolarizar. POLO[1].

polaroid (nombre comercial registrado) *s. f.* Cámara fotográfica que toma, revela e imprime fotografías instantáneamente.

polca (del eslavo) *s. f.* **1.** Danza bohemia difundida en el s. XIX por toda Europa, de carácter alegre y popular, que se baila por parejas. **2.** Música de esta danza. || **LOC. el año de la polca** *fam.* Un año muy lejano.

pólder (neerl., significa 'tierra contenida por medio de diques') *s. m.* Terreno pantanoso ganado al mar y rodeado de diques para evitar las inundaciones, característico de los Países Bajos. ▪ Su pl. es *pólders.*

pole position (ingl.) *expr.* Posición de salida en grandes premios de automovilismo o motociclismo ocupada por el corredor que ha marcado mejor tiempo en los entrenamientos oficiales. ▪ Se usa como *s. f.*

polea (del fr. *poulie*) *s. f.* **1.** Máquina simple que consiste en una rueda acanalada por la que se hace pasar una cuerda y que se utiliza para elevar cuerpos. **2.** Rueda metálica de llanta plana que se usa en las transmisiones por correas.

polémica *s. f.* Discusión entre personas que sostienen opiniones o ideas distintas y atacan las del otro u otros. **SIN.** Controversia, debate, disputa, querella. **ANT.** Acuerdo, conformidad.

polémico, ca (del gr. *polemikos*, referente a la guerra) *adj.* Que provoca controversia. **FAM.** Polémica, polemista, polemizar.

polemista (del gr. *polemistes*, combatiente) *s. m.* y *f.* **1.** Escritor que sostiene polémicas. **2.** Persona que mantiene una polémica o es aficionada a mantenerlas. También *adj.*

polemizar *v. intr.* Entablar o sostener una polémica. ▪ Delante de *e* se escribe *c* en lugar de *z*. **SIN.** Controvertir, discutir, debatir, disputar. **ANT.** Acordar, convenir.

polen (del lat. *pollen, -inis*, flor de la harina) *s. m.* Conjunto de granos diminutos producidos en los estambres de las plantas con flores, que contienen los gametos masculinos responsables de la reproducción. **FAM.** Polinización.

polenta (ital.) *s. f.* Plato elaborado a base de harina de maíz cocida, a modo de gachas.

poleo (del lat. *puleium*) *s. m.* Planta herbácea labiada, que mide entre 10 y 30 cm de altura, tiene hojas ovales, flores de color violeta y se usa para preparar infusiones.

poli *s. m.* y *f. fam. acort.* de **policía.**

poli- (del gr. *polys*) *pref.* Significa 'muchos', 'varios': *poligamia, polígono.*

poliamida *s. f.* Compuesto químico obtenido por condensación múltiple de ácidos y amidas; tiene un elevado punto de fusión y gran insolubilidad; se utiliza en la industria textil.

poliandria (de *poli-* y el gr. *aner, andros*, varón) *s. f.* **1.** Estado de la mujer casada a la vez con dos o más hombres. **2.** En bot., característica de la flor que tiene un número indefinido de estambres. **3.** En zool., condición de la hembra fecunda que convive con varios machos.

polibán *s. m.* Pequeña bañera, generalmente con un asiento en un lado.

polichinela *s. m.* Personaje de las farsas y pantomimas italianas.

policía (del lat. *politia*, y éste del gr. *politeia*, organización política) *s. f.* **1.** Cuerpo encargado de mantener el orden público y cuidar de la seguridad de los ciudadanos. || *s. m.* y *f.* **2.** Cada uno de sus miembros. || **3. policía judicial** La que tiene como misión averiguar los delitos públicos y perseguir a los delincuentes y está a las órdenes de las autoridades judiciales. **4. policía militar** La que se encarga de vigilar a los miembros del ejército. **5. policía municipal** La que vigila el cumplimiento de las normas municipales y depende de los ayuntamientos y los alcaldes. **6. policía nacional** En España, cuerpo armado bajo la dependencia del ministerio del Interior, encargado del servicio de seguridad en áreas urbanas. **SIN. 2.** Agente. **FAM.** Poli, policiaco, policial, polizonte.

policiaco o **policíaco, ca** *adj.* **1.** De la policía. || **2. género policiaco** Género literario que centra sus argumentos en el mundo del crimen y de la investigación policial y detectivesca. **SIN. 1.** Policial.

policial *adj.* Relativo a la policía. **SIN.** Policiaco.

policlínica *s. f.* Centro médico privado que tiene diferentes especialidades.

policromar *v. tr.* Aplicar diversos colores a algo. **FAM.** Policromado. POLICROMÍA.

policromía *s. f.* Cualidad de policromo: *la policromía de una talla barroca.* **FAM.** Policromar, policromo.

policromo o **polícromo, ma** (del gr. *polykhromos*) *adj.* De varios colores. **SIN.** Multicolor. **ANT.** Monocromo.

policultivo *s. m.* Cultivo simultáneo de diversas especies vegetales en una misma explotación agrícola.

polideportivo, va *adj.* Se aplica a las instalaciones destinadas a la práctica de varios deportes. También *s. m.*

poliedro (del gr. *polys*, mucho, y *hedra*, base) *s. m.* **1.** Cuerpo geométrico limitado por varios polígonos, llamados caras. || **2. poliedro regular** Aquel cuyas caras son polígonos regulares iguales y cuyos ángulos son iguales. **FAM.** Poliédrico. / Decaedro, diedro, dodecaedro, heptaedro, hexaedro, holoedro, icosaedro, octaedro, ortoedro, romboedro, tetraedro, trapezoedro, triedro.

poliéster (del ingl. *polyester*) *s. m.* Denominación genérica de los polímeros cuya cadena está formada por monómeros unidos por funciones éster. Se utilizan fundamentalmente para la producción de fibras artificiales.

polietileno *s. m.* Polímero del etileno que se emplea en la fabricación de materiales plásticos.

polifacético, ca *adj.* **1.** Que presenta varias facetas o aspectos. **2.** Por ext., se aplica a las personas de múltiples capacidades, que realizan actividades muy diversas.

polifagia (del gr. *polyphagia*, voracidad) *s. f.* Excesivas ganas de comer que se presentan en algunas enfermedades. **FAM.** Polífago.

polifásico, ca *adj.* De varias fases; se aplica especialmente a la corriente eléctrica alterna constituida por la combinación de varias corrientes monofásicas de igual periodo y amplitud, desfasadas en fracciones periódicas.

polifonía (del gr. *polyphonia*, mucha voz) *s. f.* Música que combina varias voces o partes articuladas generalmente en contrapunto. **ANT.** Monodia. **FAM.** Polifónico.

poligamia (del gr. *polygamia*) *s. f.* **1.** Estado o condición de polígamo. **2.** Situación en que una persona contrae nuevo matrimonio estando ya casado. En muchos países, consituye delito. **FAM.** Polígamo. / Bigamia, endogamia, exogamia, monógamo.

polígamo, ma (del gr. *polygamos*, de *polys*, mucho, y *gameo*, casarse) *adj.* **1.** Se dice de la persona que tiene a un mismo tiempo varias esposas o esposos. También *s. m.* y *f.* **2.** En bot., se aplica a la planta que presenta a la vez flores hermafroditas y unisexuales. **3.** En zool., se dice del animal que se junta con varias hembras, así como de su especie. **ANT. 1.** Monógamo.

poligenismo (de *poli-* y el gr. *genesis*, generación) *s. m.* Doctrina que admite variedad de orígenes en la especie humana. **ANT.** Monogenismo. **FAM.** Poligenista.

poliginia (de *poli-* y el gr. *gyne*, hembra, pistilo) *s. f.* **1.** Estado del hombre casado a la vez con dos o más mujeres. **2.** En bot., característica de la flor que tiene varios pistilos. **3.** En zool., situación del macho que convive con varias hembras.

políglota o **poligloto, ta** (del gr. *polyglottos*, de *polys*, mucho, y *glotta*, lengua) *adj.* **1.** Escrito en varias lenguas. **2.** Se aplica a la persona que conoce varias lenguas. También *s. m.* y *f.* ■ En esta acepción se prefiere la forma *políglota* tanto para el masculino como para el femenino. || *s. f.* **3.** *Biblia* impresa en varias lenguas. **SIN. 1.** y **2.** Plurilingüe. **FAM.** Poliglotía, poliglotismo.

poligonácea (del gr. *polys*, mucho, y *gonia*, ángulo) *adj.* **1.** Se aplica a las plantas herbáceas que tienen las hojas en forma de vaina, flores en inflorescencia y fruto en nuez. También *s. f.* || *s. f. pl.* **2.** Familia de estas plantas.

polígono (del gr. *polys*, mucho, y *gonia*, ángulo) *s. m.* **1.** En geom., figura plana limitada por una línea poligonal cerrada, que no se corta a sí misma, cuyos segmentos se llaman lados. **2.** Unidad urbanística constituida por una superficie de terreno destinada a diversos fines industriales, comerciales, residenciales, etc. || **3. polígono de tiro** Campo de tiro utilizado por el ejército en sus prácticas. **4. polígono regular** El que tiene sus lados y ángulos iguales. **FAM.** Poligonal. / Decágono, dodecágono, endecágono, eneágono, heptágono, hexágono, octágono, ortogonal, tetrágono.

poligrafía (del gr. *polygraphia*) *s. f.* **1.** Actividad de escribir sobre diversas materias. **2.** Arte de escribir con ciertos procedimientos secretos, de manera que se requiera descifrar lo escrito. **3.** Arte de descifrar estos escritos. **SIN. 2.** Criptografía. **FAM.** Poligráfico, polígrafo.

polígrafo, fa (del gr. *polygraphos*) *s. m.* y *f.* **1.** Autor que escribe o ha escrito sobre diversas materias. **2.** Persona que se dedica a la poligrafía, arte de escribir o descifrar textos secretos.

polilla *s. f.* **1.** Insecto lepidóptero nocturno de cuerpo y alas de color ocre o jaspeado, cuyas larvas se alimentan de tejidos, en los que excavan túneles. **2.** P. ext., cualquier mariposa nocturna, generalmente de cuerpo grueso, amarillento o grisáceo, que vuela atraída por la luz. **FAM.** Apolillar.

polimerización *s. f.* Proceso químico mediante el cual moléculas iguales o diferentes, llamadas monómeros, reaccionan entre sí para formar otras moléculas gigantes, llamadas polímeros.

polímero (del gr. *polymeres*, compuesto de varias partes) *s. m.* Compuesto químico constituido por la repetición indefinida de una determinada cadena de moléculas. **FAM.** Polimerización.

polimetría (de *poli-* y *-metría*) *s. f.* Variedad de metros en una composición poética, p. ej. de versos heptasílabos, eneasílabos y endecasílabos. **FAM.** Polimétrico.

polimorfismo *s. m.* **1.** Propiedad que presentan algunas especies de variar su aspecto morfológico. **2.** Propiedad de ciertos minerales que tienen igual composición química, pero cristalizan en sistemas diferentes y dan distintas formas. **3.** En ling., coexistencia de formas con una misma función. **FAM.** Polimorfo.

polimorfo, fa (del gr. *polymorfos*, de *polys*, numeroso, y *morphe*, forma) *adj.* Que puede tener varias formas.

polinesio, sia *adj.* **1.** De la Polinesia. También *s. m.* y *f.* || *s. m.* **2.** Lengua hablada por los pueblos de Polinesia.

polinización (del lat. *pollen, -inis*) *s. f.* Paso o transporte del polen de las flores al pistilo de la misma flor u otra diferente, para dar lugar a la fecundación. **FAM.** Polinizar. POLEN.

polinizar *v. tr.* Realizar la polinización. ■ Delante de *e* se escribe *c* en lugar de *z*.

polinomio (de *poli-* y el gr. *nomos*, división) *s. m.* Expresión algebraica que constituye la suma o resta ordenada de un número finito de monomios. **FAM.** Binomio, monomio, trinomio.

polinosis (del lat. *pollen, -inis* y *-osis*) *s. f.* Trastorno alérgico debido al polen. ■ No varía en *pl.*

polinuclear *adj.* Que tiene varios núcleos.

polio *s. f. fam.* Poliomielitis*.

poliomielitis (del gr. *polios*, gris, y *mielitis*) *s. f.* Enfermedad producida por un virus que daña la médula espinal y provoca parálisis. ■ No varía en *pl.* **FAM.** Polio, poliomielítico. MIELITIS.

polipasto *s. m.* Polispasto*.

polipétalo, la *adj.* En bot., se dice de la flor o corola que tiene varios pétalos.

pólipo (del lat. *polypus*, y éste del gr. *polypus*, de muchos pies) *s. m.* **1.** Tumor que aparece en ciertas membranas mucosas, como en la nariz y el útero; se sujeta a ellas por medio de un pedúnculo. **2.** Una de las dos formas principales que adoptan los cnidarios; presentan un cuerpo tubular en forma de saco con la abertura hacia arriba, que termina en una hilera de tentáculos urticantes y viven sujetos al fondo o a las rocas por un pedúnculo. Su reproducción es asexual.

polipodio (del gr. *polypodion*, de *polypus*, de muchos pies) *s. m.* Helecho de frondes pinnados que crece en riberas, paredes, rocas y troncos de árboles de las regiones cálidas del hemisferio N.

políptico (del gr. *polyptykhos*, con varios pliegues) *s. m.* Pintura o relieve formado por varios paneles u hojas.

poliptoton (del lat. *polyptoton*, y éste del gr. *polyptoton*, que tiene muchos casos) *s. f.* Figura que consiste en repetir una palabra cambiando su forma o su función sintáctica; p. ej., en el caso del nombre, el singular por el plural, y en el del verbo, una persona por otra.

poliqueto (de *poli-* y el gr. *chaite*, pelo) *adj.* **1.** Se aplica a los gusanos anélidos marinos, con forma cilíndrica o aplanada y cabeza diferenciada que tienen en sus anillos numerosas cerdas, llamadas quetas. También *s. m.* || *s. m. pl.* **2.** Clase de estos gusanos.

polis (del gr. *polis*, ciudad) *s. f.* Ciudad-estado de la antigua Grecia. ■ No varía en *pl.* **FAM.** Acrópolis, cosmopolita, megalópolis, metrópoli, metrópolis, necrópolis.

polisacárido (de *poli-* y el gr. *sakaros*, azúcar) *s. m.* Polímero formado por la condensación de centenares o miles de monosacáridos, como p. ej. el almidón, el glucógeno y la celulosa.

polisario, ria *adj.* De la organización política saharaui que defiende la autonomía territorial del antiguo Sáhara occidental español. También *s. m.* y *f.*

polisemia (de *poli-* y el gr. *sema*, significación) *s. f.* Pluralidad de significados de una palabra. **ANT.** Monosemia. **FAM.** Polisémico. SEMA.

polisépalo, la *adj.* En bot., se dice de la flor o cáliz que tiene varios sépalos.

polisílabo, ba (del gr. *polysyllabos*, de *polys*, mucho, y *syllabe*, sílaba) *adj.* De varias sílabas. **ANT.** Monosílabo.

polisíndeton (del lat. *polysyndeton*, y éste del gr. *polysyndeton*, de *polys*, mucho, y *syndeo*, atar) *s. m.* Figura retórica que consiste en emplear repetidamente conjunciones para dar fuerza a la expresión, para destacar varios términos de una enumeración, etc. **ANT.** Asíndeton.

polisíntesis *s. f.* Sistema de las lenguas polisintéticas. **FAM.** Polisintético. SÍNTESIS. ■ No varía en *pl.*

polisintético, ca (de *poli-* y *sintético*) *adj.* Se aplica a las lenguas, como el alemán o el griego clásico, en las que se forman palabras de muchas sílabas mediante la unión de diversas partes de la oración.

polisón (del fr. *polisson*, niño travieso) *s. m.* Armazón que, atado en la cintura, llevaban las mujeres para abultar los vestidos por detrás.

polispasto (del gr. *polyspastos*, de *polys*, mucho, y *spao*, tirar) *s. m.* Sistema de poleas, unas fijas y otras móviles. ■ Se dice también *polipasto.*

polista *s. m.* y *f.* Jugador de polo. También *adj.*

polistilo, la (del gr. *polystylos*, de *polys*, mucho, y *stylos*, columna) *adj.* **1.** En arq., que tiene muchas columnas. **2.** En bot., flor que tiene muchos estilos.

politburó (ruso) *s. m.* Órgano directivo y de gobierno del partido comunista de la antigua Unión Soviética, cuya estructura y función se extendió a otros países comunistas.

politécnico, ca (de *poli-* y el gr. *tekhnikos*, relacionado con el arte) *adj.* Que incluye varias ciencias, disciplinas, técnicas y artes; se aplica especialmente a centros de enseñanza de estas características.

politeísmo (de *poli-* y el gr. *theos*, dios) *s. m.* Concepción religiosa que admite la existencia de muchos dioses. **ANT.** Monoteísmo. **FAM.** Politeísta. TEÍSMO.

política (del gr. *politike*) *s. f.* **1.** Ciencia, doctrina u opinión acerca del gobierno y organización de las sociedades humanas, y especialmente de los países o Estados. **2.** Conjunto de actividades que se realizan en ese gobierno y organización, o para conseguir el poder político. **3.** P. ext., forma de actuar una persona o entidad en un asunto o campo determinado y conjunto de orientaciones que rigen esa actuación. **4.** Habilidad en asuntos en que hay que tratar con gente. **SIN. 1.** Politología. **2.** Administración. **3.** Estrategia, planificación, maniobra. **4.** Tacto, discreción. **FAM.** Político, politiquear, politología. / Geopolítica.

políticamente *adv. m.* **1.** De acuerdo con las leyes o reglas de la política. **2.** Con política o habilidad. || **LOC. políticamente correcto** *adj.* Se aplica a personas y actitudes que se ajustan a determinadas normas aceptadas socialmente, y al lenguaje que sustituye expresiones que pueden resultar ofensivas por otras más neutras.

politicastro *s. m. desp.* Mal político.

político, ca (del lat. *politicus*, y éste del gr. *politikos*, relativo a la ciudad) *adj.* **1.** De la política. **2.** Que interviene en el gobierno de un país, comunidad autónoma, ciudad, etc. También *s. m.* y *f.* **3.** Hábil para tratar a la gente. **4.** Se aplica a cierto tipo de relaciones de parentesco de cada uno de los cónyuges con respecto a la familia del otro: *padre político* (suegro), *hermano político* (cuñado), *hijo político* (yerno). **FAM.** Políticamente, politicastro, politicón, politizar. / Apolítico, sociopolítico. POLÍTICA.

politicón, na (aum. de *político*) *adj.* Muy inclinado a intervenir en política o muy interesado en los asuntos públicos. También *s. m.* y *f.*

politiquear *v. intr. desp.* Intervenir en política o tratar de ella con ligereza o con intrigas, chanchullos, etc. **FAM.** Politiqueo, politiquería, politiquero. POLÍTICA.

politizar *v. tr.* **1.** Dar sentido o contenido político a acciones, pensamientos, etc., que corrientemente no lo tienen. También *v. prnl.* **2.** Despertar la conciencia o preocupación política en una persona o grupo. También *v. prnl.* ■ Delante de *e* se escribe *c* en lugar de *z*. **FAM.** Politización. / Despolitizar. POLÍTICO.

politología *s. f.* Ciencia de la política. **FAM.** Politólogo. POLÍTICA.

politólogo, ga *adj.* **1.** Especialista en ciencias políticas. También *s. m.* y *f.* **2.** Comentarista político. También *s. m.* y *f.*

politonalidad *s. f.* En mús., coexistencia de distintas tonalidades.

politraumatismo *s. m.* Traumatismo múltiple.

poliuretano *s. m.* Sustancia sintética de laboratorio que se utiliza para la fabricación de espumas con las que se rellenan almohadas o cojines, pintura antioxidante, etc.

poliuria (de *poli-* y el gr. *uron*, orina) *s. f.* Aumento anormal del volumen de orina que se expulsa. **ANT.** Oliguria.

polivalente (de *poli-* y el lat. *valens, -entis*) *adj.* **1.** Que tiene varios valores, que vale para diversos usos. **2.** En med., se aplica a sueros y vacunas que tienen acción contra varios microbios. **3.** En quím., se aplica a los elementos con varias valencias. **SIN. 1.** Plurivalente. **FAM.** Polivalencia. VALER[1].

polivinilo *s. m.* Polímero que resulta de la polimerización de moléculas en que está presente el radical vinilo; se usa como revestimiento, en cables, tubos, mangueras, y para fabricar tejidos.

póliza (del ital. *polizza*, y éste del gr. *apodeixis*, indicación) *s. f.* **1.** Documento justificativo de un contrato en que se recogen sus condiciones o cláusulas. **2.** Sello que se utiliza como forma de impuesto en determinados documentos.

polizón (del fr. *polisson*, niño travieso) *s. m.* Que se embarca clandestinamente, a escondidas.

polizonte *s. m. desp.* y *fam.* Agente de policía.

polla *s. f.* **1.** Gallina joven. **2.** *fam.* Moza, jovencita. ■ Se usa más en diminutivo. **3.** *vulg.* Pene*. || **4. polla de agua** Ave acuática de unos 33 cm de longitud, pico rojo, plumaje oscuro con una franja en el costado y la parte inferior de la cola blancas, patas verdes con una franja roja y dedos largos, adecuados para andar por los lugares pantanosos en que habita. **SIN. 2.** Muchacha, chica. **FAM.** Calientapollas, gilipollas, soplapollas.

pollada *s. f.* Conjunto de pollos de una sola puesta, especialmente de las gallinas.

pollastre *s. m.* **1.** Pollo o polla algo crecidos. **2.** *fam.* Joven que presume de hombre.

pollear *v. intr.* Empezar un muchacho o muchacha a hacer cosas propias de los jóvenes.

pollera *s. f.* **1.** Especie de cesto de mimbre o red, estrecho por arriba y ancho por abajo, utilizado para criar los pollos y tenerlos guardados. **2.** *Amér. del S.* Falda externa del vestido femenino.

pollería *s. f.* Tienda en que se venden pollos, huevos, etc.

pollero, ra (del lat. *pullarius*, de *pullus*, pollo) *s. m.* y *f.* **1.** Persona que se dedica a criar o vender pollos. || *s. f.* **2.** Lugar en que se crían los pollos.

pollino, na (del lat. *pullinus*, de *pullus*, pollo) *s. m.* y *f.* **1.** Asno joven y sin domar. **2.** P. ext., cualquier borrico.

pollo[1] (del lat. *pullus*) *s. m.* **1.** Cría que sale de cada huevo las aves, en particular la de las gallinas. **2.** Gallo o gallina joven destinados al consumo. **3.** *fam.* Jovencito. || **4. pollo pera** *fam.* Joven elegante y presumido. **FAM.** Polla, pollada, pollastre, pollear, pollería, pollera, pollero, pollino, polluelo. / Empollar, repollo.

pollo[2] *s. m. fam.* Gargajo*.

polluelo, la *s. m.* y *f. dim.* de **pollo**, cría de ave.

polo[1] (del lat. *polus*, y éste del gr. *polos*) *s. m.* **1.** Cualquiera de los dos extremos del eje de rotación de una esfera o cuerpo redondeado, especialmente los de la Tierra. **2.** Región inmediata a cada uno de estos puntos en la superficie terrestre. **3.** Marca registrada de un tipo de helado alargado que se chupa cogiéndolo de un palillo hincado en su base. **4.** Con adjetivos como *opuesto* u *otro*, persona o cosa contraria o muy diferente a otra: *Diego es el polo opuesto a Jorge: uno estudioso y otro muy vago.* **5.** Persona o cosa en que se centra la atención o una acción que se expresa: *El tema del desarme fue el polo de las discusiones.* **6.** En electricidad, cada uno de los bornes o extremos de un generador, que sirven para conectar los conductores exteriores. **7.** En fís., cualquiera de los dos puntos opuestos de un cuerpo en los que se acumula una mayor cantidad de energía, como el magnetismo en los extremos de un imán. **8.** En geom., cada uno de los dos puntos de un plano que se toman como referencia para trazar un eje de coordenadas polares. || **9. polo de desarrollo** (o **industrial**) Área geográfica elegida para el asentamiento planificado de industrias. **10. polo magnético** Cada uno de los dos puntos del globo terrestre situados en las regiones polares, hacia los que se dirige naturalmente la aguja imantada. || **LOC. de po-**

lo a polo *adv.* Expresa una gran distancia o diferencia. **FAM.** Polar, polaridad, polarización, polarizar. / Bipolar, interpolar², subpolar, transpolar, unipolar.

polo² *s. m.* Modalidad de cante flamenco.

polo³ (del ingl. *polo*, y éste del tibetano *polo*, pelota) *s. m.* **1.** Juego que se practica a caballo, impulsando una pequeña pelota mediante mazos. **2.** Prenda de punto con cuello abierto, que cubre la parte superior del cuerpo hasta la cintura. || **3. polo acuático** Waterpolo*. **FAM.** Polista.

pololear (de *pololo, -la*, novio o novia) *v. intr. Amér. del S.* Salir de novios: *Anduvo pololeando con una muchacha de acá.*

pololo *s. m.* **1.** Pantalón corto, generalmente bombacho, de niño pequeño. **2.** Antigua prenda femenina, especie de pantalones, normalmente de color blanco, sujetos por encima de la rodilla. Se usa más en *pl.*

pololo, la (voz de origen mapuche) *s. m.* y *f. Amér. del S.* Novio o novia. **FAM.** Pololear.

polonés, sa *adj.* **1.** Polaco*. También *s. m.* y *f.* || *s. f.* **2.** Danza de origen polaco de movimiento moderado y ritmo muy acentuado. **FAM.** Polonio. POLACO.

polonio (de *Polonia*, lugar de nacimiento de Marie Curie) *s. m.* Elemento químico, metal de color plateado, cientos de veces más radiactivo que el uranio, que se utiliza como fuente de neutrones y partículas alfa. Su símbolo es *Po.*

poltergeist (al., significa 'duende') *s. m.* Ser o fenómeno paranormal que se manifiesta desplazando objetos y haciendo ruido.

poltrón, na (del ital. *poltrone*) *adj.* Perezoso. **SIN. 1.** Holgazán, comodón, gandul, haragán, vago. **ANT. 1.** Trabajador, laborioso. **FAM.** Poltrona, poltronería. / Apoltronarse.

poltrona *s. f.* Butaca amplia y cómoda.

polución (del lat. *pollutio, -onis*) *s. f.* **1.** Expulsión del semen que se produce involuntariamente durante el sueño. **2.** Contaminación, especialmente del aire o del agua, producida por los residuos de procesos industriales y otros elementos nocivos. **FAM.** Polucionar. POLUTO.

polucionar *v. tr.* Contaminar el aire, el agua, etc.

poluto, ta (del lat. *pollutus*, de *polluere*, profanar, manchar) *adj.* Sucio. **SIN.** Manchado, contaminado. **ANT.** Impoluto, limpio. **FAM.** Polución. / Impoluto.

polvareda *s. f.* **1.** Gran cantidad de polvo que se levanta del suelo agitado por el viento u otra causa. **2.** Escándalo, agitación en la opinión pública. ■ Suele usarse con verbos como *armar, levantar*: *El cambio de director levantó una gran polvareda.*

polvera *s. f.* Pequeña caja o estuche que contiene los polvos de tocador y generalmente también la borla con que se aplican.

polvillo (dim. de *polvo*) *s. m.* **1.** *Amér. del S.* Hongo que ataca a los cereales. **2.** *Ec.* Salvado de arroz con que se alimentan los animales domésticos. **3.** *Chile* Tierra estéril.

polvo (del lat. vulg. *pulvus*, por *pulvis*) *s. m.* **1.** Conjunto de partículas muy pequeñas de tierra seca que con cualquier movimiento se levantan en el aire. **2.** Partículas de otros sólidos que flotan en el aire y se posan sobre los objetos. **3.** Cualquier sustancia sólida reducida a partículas muy menudas: *pimienta en polvo.* **4.** Porción de ella que se coge entre los dedos. **5.** *vulg.* Coito*. **6.** *argot* En el lenguaje de la droga, heroína. || *s. m. pl.* **7.** Producto cosmético que se ponen las mujeres en la cara. || **LOC. aquellos polvos trajeron estos lodos** Expresa que cierta cosa pasada es la causa de la que actualmente se sufre. **hacer morder el polvo** a alguien *fam.* Derrotarle, derribándole al suelo o matándole. También, confundirle, humillarle. **hacer polvo** *fam.* Cansar, agotar, causar mucho daño, molestia o perjuicio: *Estos zapatos me hacen polvo.* Estropear, destrozar: *Has hecho polvo el reloj.* **limpio de polvo y paja** *adj. fam.* Dado o recibido sin cargas, molestias ni trabajo; también se dice de una cantidad o ganancia neta, descontados los gastos, impuestos, etc.; también, inocente, sin culpa. **morder el polvo** *fam.* Ser derrotado, confundido o humillado en una competición o discusión. **sacudir el polvo** a alguien Pegarle, golpearle. **FAM.** Polvareda, polvera, polvillo, pólvora, polvoriento, polvorón. / Empolvar, espolvorear, guardapolvo, pulverizar, rapapolvo.

pólvora (del lat. *pulvis, -eris*, polvo) *s. f.* **1.** Mezcla inflamable, normalmente de salitre, azufre y carbón. **2.** Conjunto de fuegos artificiales. || **LOC. gastar la pólvora en salvas** Poner mucho esfuerzo o grandes medios en cosas inútiles o de poca importancia. **FAM.** Polvorín. POLVO.

polvoriento, ta *adj.* Que tiene mucho polvo: *camino polvoriento.*

polvorilla *s. m.* y *f. fam.* Persona movida, inquieta, que hace las cosas muy deprisa y sin pensarlas.

polvorín *s. m.* **1.** Lugar o edificio en que se guardan la pólvora y otros explosivos. **2.** Pólvora muy menuda y otros explosivos que sirven para cebar las armas de fuego.

polvorón *s. m.* Dulce hecho de harina, manteca y azúcar, que se deshace fácilmente y es típico de Navidad.

polyester (ingl.) *s. m.* Poliéster*.

poma (del lat. *poma*) *s. f.* Manzana, particularmente la pequeña y chata, de color verdoso y buen gusto. **FAM.** Pomada, pomar, pomarada, pomarrosa. POMO.

pomada (del fr. *pommade*, y éste del lat. *poma*, manzana) *s. f.* Mezcla de una sustancia grasa, como la vaselina, con otros ingredientes, que se utiliza como medicamento de aplicación externa.

pomar *s. m.* Sitio o huerto donde hay árboles frutales, especialmente manzanos.

pomarada *s. f.* Sitio poblado de manzanos.

pomarrosa *s. f.* Fruto del yambo, parecido a la manzana, de sabor dulce y olor a rosa.

pomelo (del ingl. *pommelo*) *s. m.* **1.** Árbol de porte mediano, copa redondeada, formada por hojas ovaladas de color verde oscuro, flores grandes y blancas y fruto amarillo, redondo y con gusto ácido, que se toma como alimento, sobre todo en zumo. **2.** Fruto de este árbol. **SIN. 1.** Toronjo. **2.** Toronja.

pomo (del lat. *pomum*, fruto) *s. m.* **1.** Agarrador de forma redondeada de una puerta, cajón, etc. **2.** Fruto carnoso con abundante pulpa y semillas dispuestas en tantos compartimentos como carpelos tiene el ovario; p. ej., la manzana, la pera, el membrillo, etc. **3.** Extremo redondeado de la guarnición o del puño de la espada. **FAM.** Poma, pómulo.

pompa (del lat. *pompa*, y éste del gr. *pompe*, escolta) *s. f.* **1.** Manifestación llamativa de riqueza e importancia. **2.** Esplendor y solemnidad de ciertas ceremonias. **3.** Esfera llena de aire formada por una fina capa de agua u otro líquido. **4.**

Ahuecamiento que se forma en la ropa al ser hinchada por el aire. || 5. **pompas fúnebres** Ceremonias en honor de un difunto y entierro del mismo; también, empresa que se encarga de ellas. SIN. 1. Ostentación. 2. Suntuosidad, fausto, boato, aparato. ANT. 1. y 2. Sencillez. FAM. Pomposo.

pompeyano, na (del lat. *pompeianus*) *adj.* **1.** De Pompeya, antigua ciudad sepultada por una erupción del Vesubio. También *s. m.* y *f.* **2.** Se dice del estilo que caracteriza las pinturas y otros objetos de arte hallados en Pompeya y los modernos que se han hecho a imitación de ellos.

pompi o **pompis** *s. m. fam.* Trasero, posaderas. SIN. Culo, nalgas.

pompón (del fr. *pompon*) *s. m.* **1.** Bola de lana o de otro género con que se adornan extremos de cordones, gorros de niños, de deportistas, etc. **2.** Esfera metálica o borla que adorna la parte anterior de un casco o gorro militar. FAM. Pomponearse.

pomponearse *v. prnl. fam.* Pavonearse*.

pomposo, sa (del lat. *pomposus*) *adj.* **1.** Hecho con pompa, ostentación y lujo. **2.** Demasiado vistoso, llamativo o adornado. **3.** Se dice del lenguaje, estilo, etc., exageradamente elevado o solemne. SIN. **1.** Lujoso, magnífico, suntuoso. **1.** y **2.** Aparatoso, ostentoso. **3.** Altisonante, grandilocuente, ampuloso, rimbombante. ANT. **3.** Sencillo, sobrio. FAM. Pomposamente, pomposidad. POMPA.

pómulo (del lat. *pomulum*, manzanita) *s. m.* **1.** Hueso de cada una de las mejillas. **2.** Parte saliente del rostro correspondiente a este hueso.

ponchada *s. f. Arg., Chile, Par.* y *Urug.* Cantidad grande de algo.

ponchar (del ingl. *to puncture*) *v. tr. Guat.* y *Méx.* Pinchar. También *v. prnl.*: *Se ponchó una llanta y tuve que cambiarla.*

ponche (del ingl. *punch*) *s. m.* **1.** Bebida caliente que se hace normalmente mezclando ron u otro licor con agua, limón y azúcar. || **2. ponche de huevo** El de ron con leche, clara de huevo y azúcar. FAM. Ponchera.

ponchera *s. f.* Recipiente especial en que se prepara el ponche.

poncho *s. m.* Prenda de vestir que consiste en una manta que tiene en el centro un agujero para introducir la cabeza y cuelga de los hombros. FAM. Ponchada. / Emponcharse.

ponderado, da *adj.* Moderado, comedido, mesurado. SIN. Sensato, prudente, equilibrado. ANT. Inmoderado, desaforado.

ponderar (del lat. *ponderare*, de *pondus, -eris*, peso) *v. tr.* **1.** Alabar con fuerza, destacar a alguien o algo. **2.** Examinar con cuidado un asunto, decisión, actuación, etc., especialmente considerando sus ventajas e inconvenientes. SIN. **1.** Elogiar, encarecer, enaltecer, ensalzar, encomiar. **2.** Sopesar. ANT. **1.** Denigrar. FAM. Ponderable, ponderación, ponderadamente, ponderado, ponderador, ponderativo. / Imponderable, preponderar.

ponderativo, va (del lat. *ponderatum*, de *ponderare*, pesar) *adj.* Que pondera exageradamente.

ponedero, ra *adj.* **1.** Ponedor*. **2.** Que se puede poner. || *s. m.* **3.** Lugar destinado para que las aves pongan huevos en él, especialmente las gallinas. SIN. **3.** Nidal, nido.

ponedor, ra *adj.* Se dice de las aves que ya ponen huevos, especialmente de las gallinas que ponen muchos. SIN. Ponedero.

ponencia *s. f.* **1.** Comunicación o exposición de un tema que alguien hace en un congreso, conferencia, asamblea, etc. **2.** Persona o grupo que la realiza.

ponente (del lat. *ponens, -entis*, de *ponere*, poner) *s. m.* y *f.* Persona o grupo de personas que realiza una ponencia.

poner (del lat. *ponere*) *v. tr.* **1.** Hacer que alguien o algo esté o exista en cierto sitio o de la forma que se expresa: *Puse los libros sobre la mesa.* También *v. prnl.*: *Ponte cómodo.* **2.** Hacer que un aparato u otra cosa funcione: *poner la radio.* **3.** Vestir a alguien, cubrir el cuerpo o parte de él con alguna prenda o calzado, o de la manera que se indica. También *v. prnl.*: *Se puso de etiqueta.* **4.** Soltar el huevo ya formado las aves. También *v. intr.* **5.** Escribir algo o incluir algo en un escrito: *Puse en el examen todo lo que sabía.* **6.** Tratándose de cartas, telegramas, llamadas telefónicas, etc., escribirlos, enviarlos o establecer comunicación. **7.** Dar a alguien o algo un nombre, apodo, etc.: *¿Cómo vais a poner al niño?* **8.** Señalar, fijar. **9.** Suponer, considerar la posibilidad de algo: *Pongamos que llueve, ¿qué hacemos?* **10.** Instalar, montar, abrir: *Ha puesto una tienda de ropa.* **11.** Representar una obra de teatro, proyectar una película, transmitir un programa de radio o televisión. **12.** Dedicar a alguien a un trabajo, tarea, oficio, etc. También *v. prnl.*: *Se puso a servir.* **13.** Exponer a alguien o algo a cierta acción o efecto: *Puso la ropa al sol.* **14.** Apostar una cantidad: *Puse seis euros al 10.* **15.** Dar dinero con otros para cierto fin. **16.** Aplicar: *Puso todo su esfuerzo en la preparación del acto.* **17.** Añadir: *Eso lo pone de su invención.* **18.** Aumentar cierta cantidad en el peso: *El niño ha puesto doscientos gramos en una semana.* **19.** Decir, expresar. También *v. impers.*: *¿Qué pone en ese letrero?* **20.** Disponer, preparar: *poner la mesa.* **21.** Dar una opinión sobre alguien o algo: *La crítica puso muy bien la película.* **22.** Con algunos sustantivos, hacer o causar lo que éstos expresan: *Puso orden en la sala.* **23.** Con palabras que significan obligación, castigo, etc., imponer, mandar: *El guardia le puso una multa.* **24.** Con las preposiciones *en* o *de* y algunos nombres o adjetivos, ejecutar la acción que éstos expresan: *poner en duda, poner de manifiesto.* **25.** Con la preposición *a* y el infinitivo de otro verbo, empezar a realizar lo que éste expresa. También *v. prnl.*: *Me he puesto a estudiar a las cuatro.* **26.** Con *como* o *por* y ciertos sustantivos, utilizar o querer utilizar a alguien o algo como lo que esos sustantivos indican: *Puso como ejemplo una frase del texto. Puso a Dios por testigo de su inocencia.* **27.** Con algunos sustantivos precedidos de *como, cual, de* o *por*, considerar o tratar a uno como expresan esos sustantivos: *Le puso como tonto, cual ignorante, de ladrón, por mentiroso.* || **ponerse** *v. prnl.* **28.** Hablando de los astros, y especialmente del Sol, ocultarse bajo el horizonte. **29.** Llegar a un lugar determinado de la forma o en el tiempo que se expresa: *Se puso en Valladolid en hora y media.* **30.** Con la preposición *de* y otra expresión que completa el sentido, llenarse, mancharse, hartarse: *Se puso morado de natillas.* **31.** Con la preposición *con*, compararse, competir con otro, oponerse a él: *Me pongo con quien sea.* **32.** Con la preposición *con*, comenzar una cosa, dedicarse a alguien o algo: *Después del latín, me pondré con las matemáticas.* ■ Es v. irreg. SIN. **1.** Colocar(se), situar(se), ubicar(se). **2.** Conectar, encender, enchufar. **3.** Vestir(se). **5.** Anotar, consignar. **6.** Remitir, cursar. **7.** Llamar, nombrar, motejar, apodar. **8.** Determinar, establecer. **12.** Destinar. **13.** Someter. **15.** Contribuir, aportar. **16.** Emplear. **18.** Engordar. **19.** Rezar. **20.** Aderezar. **21.** Enjuiciar. **29.** Plantarse, plantificarse. **30.** Ensuciarse, pringarse, saciarse. **31.** Atreverse, enfrentarse. ANT. **1.** Quitar, retirar. **2.** Desconectar, desenchufar, apagar. **3.** Desvestir(se). **5.** Omitir. **10.** Cerrar. **18.** Adelgazar. **28.** Salir. FAM. Ponedero, ponedor, ponencia, ponente, poniente, posición, pósito, postor, postura, puesto. / Anteponer, apósito, apostar, componer, contraponer, deponer, disponer, exponer, imponer, interponer, oponer, posponer, prepósito, proponer, quitapón, reponer, sobreponer, superponer, suponer[1], transponedor, trasponer, yuxtaponer.

PONER	
PARTICIPIO	
puesto	
INDICATIVO	
Presente	**Pretérito perfecto simple**
pongo	*puse*
pones	*pusiste*
pone	*puso*
ponemos	*pusimos*
ponéis	*pusisteis*
ponen	*pusieron*
Futuro	**Condicional**
pondré	*pondría*
pondrás	*pondrías*
pondrá	*pondría*
pondremos	*pondríamos*
pondréis	*pondríais*
pondrán	*pondrían*
SUBJUNTIVO	
Presente	**Pretérito imperfecto**
ponga	*pusiera, -ese*
pongas	*pusieras, -eses*
ponga	*pusiera, -ese*
pongamos	*pusiéramos, -ésemos*
pongáis	*pusierais, -eseis*
pongan	*pusieran, -esen*
Futuro	
pusiere	*pusiéremos*
pusieres	*pusiereis*
pusiere	*pusieren*
IMPERATIVO	
pon	*poned*

poney (fr., del ingl. *pony*) *s. m.* Raza de caballos de poca alzada, de 1 m a 1,40 m, cabeza fina y cuello fuerte, ágiles y muy resistentes. ■ Su pl. es *poneys*. Se escribe también *poni* o *pony*.

pongo (del quechua *punco*, puerta) *s. m.* **1.** *Bol.*, *Chile*, *Ec.* y *Perú* Indio que hace el oficio de criado. **2.** *Bol.*, *Chile*, *Ec.* y *Perú* Indio que trabaja en una hacienda y está obligado a prestar servicios a su patrón a cambio del permiso para cultivar para sí un terreno de la finca. **3.** *Ec.* y *Perú* Cañón estrecho y profundo de un río.

poni *s. m.* Poney*.

poniente (del lat. *ponens, -entis*, de *ponere*) *s. m.* **1.** Oeste, punto cardinal. **2.** Viento que sopla de la parte oeste. SIN. **1.** Occidente. ANT. **1.** Levante, oriente.

pontaje o **pontazgo** (del bajo lat. *pontaticum*) *s. m.* Derechos que se pagan por pasar un puente.

pontevedrés, sa *adj.* De Pontevedra. También *s. m.* y *f.*

póntico, ca (del lat. *ponticus*) *adj.* De la antigua región del Ponto Euxino, hoy mar Negro.

pontificado *s. m.* Dignidad y cargo de pontífice, y tiempo que dura. SIN. Papado.

pontifical (del lat. *pontificalis*) *adj.* **1.** Del papa o sumo pontífice. **2.** De un obispo o arzobispo. || *s. m.* **3.** Conjunto de ornamentos que sirven al obispo para la celebración de los oficios divinos. Se usa más en *pl.* **4.** Libro que contiene las ceremonias pontificias y las de las funciones episcopales. FAM. Pontificalmente. PONTÍFICE.

pontificar *v. intr.* **1.** *fam.* Hablar con mucha autoridad y convencido de la propia sabiduría. **2.** *fam.* Presentar como innegables principios o doctrinas que no lo son. **3.** *Col.* y *Ven.* Celebrar funciones litúrgicas con rito pontifical. ■ Delante de *e* se escribe *qu* en lugar de *c*. SIN. **2.** Dogmatizar.

pontífice (del lat. *pontifex, -icis*) *s. m.* **1.** Por antonomasia, prelado supremo de la Iglesia católica romana. **2.** Obispo o arzobispo de una diócesis. **3.** Magistrado sacerdotal que presidía los ritos y ceremonias religiosas en la antigua Roma. SIN. **1.** Papa. FAM. Pontificado, pontifical, pontificar, pontificio.

ponto (del lat. *pontus*, y éste del gr. *pontos*) *s. m.* En poesía, mar. FAM. Póntico.

pontón (del lat. *ponto, -onis*) *s. m.* **1.** Puente formado de maderos o de una sola tabla. **2.** Barco chato para pasar los ríos o construir puentes y, en los puertos, para limpiar su fondo. FAM. Pontonero. PUENTE.

pontonero *s. m.* **1.** El que maneja un pontón. **2.** Soldado encargado de construir puentes.

pony (ingl.) *s. m.* Poney*.

ponzoña (del ant. *ponzoñar*, y éste del lat. *potionare*, de *potio, -onis*, bebida) *s. f.* **1.** Sustancia nociva, perjudicial para la salud o la vida. **2.** Doctrina o práctica que causa grave daño al espíritu o a la sociedad. SIN. **1.** y **2.** Veneno. FAM. Ponzoñosamente, ponzoñoso. / Emponzoñar.

ponzoñoso, sa *adj.* **1.** Que tiene o encierra ponzoña. **2.** Que es nocivo o atenta contra las buenas costumbres.

pool (ingl.) *s. m.* **1.** Agrupación temporal de empresas independientes, generalmente dentro de la misma industria, para dominar el mercado e imponerse mediante una política común. **2.** Conjunto de personas, instrumentos, vehículos, etc., que prestan servicio a diversas empresas, departamentos de una misma empresa, grupos o individuos: *un pool de secretarias.*

pop (abreviatura del ingl. *popular*) *adj.* **1.** Se dice de un movimiento artístico, surgido en Estados Unidos hacia fines de los años cincuenta del siglo XX, de carácter realista, que consagra como obras de arte imágenes de la vida cotidiana. También *s. m.* **2.** Se dice de la música popular, surgida en los países anglosajones en la década de los cincuenta del siglo XX, bajo la influencia de estilos musicales negros y del folk británico. También *s. m.*

popa (del lat. *puppis*) *s. f.* Parte posterior de la nave. FAM. Empopar.

pope (del ruso *pop*, sacerdote) *s. m.* Sacerdote secular de la mayoría de las iglesias ortodoxas.

popelín (del fr. *popeline*) *s. m.* Tela de algodón y, a veces, de seda, con algo de brillo.

popó *s. m. fam.* En lenguaje infantil, caca.

popote (del náhuatl *popotl*, paja) *s. m. Méx.* Pajita para sorber líquidos.

popper (ingl.) *s. m.* Dosis de un tipo de droga con efectos tonificantes que se toma por inhalación.

populachería *s. f.* Fácil popularidad que se alcanza entre la gente por medio de halagos.

populachero, ra *adj.* **1.** Del populacho. **2.** Que halaga o gusta al populacho.

populacho (del lat. *populus*, pueblo) *s. m. desp.* Chusma, lo más bajo del pueblo. **SIN.** Vulgo, gentuza, plebe, turba. **FAM.** Populachería, populachero. PUEBLO.

popular (del lat. *popularis*) *adj.* **1.** Del pueblo. **2.** Propio de las clases menos acomodadas. **3.** Que gusta al pueblo. **4.** Muy conocido o extendido. **SIN. 1.** Folclórico. **2.** Humilde, barato. **4.** Famoso. **ANT. 2.** Selecto. **3.** y **4.** Impopular. **FAM.** Popularidad, popularismo, popularizar, popularmente, populismo. / Impopular. PUEBLO.

popularidad (del lat. *popularitas, -atis*) *s. f.* Aceptación y fama entre el pueblo. **SIN.** Estimación, celebridad. **ANT.** Impopularidad.

popularismo *s. m.* Tendencia o afición a lo popular. **FAM.** Popularista. POPULAR.

popularizar *v. tr.* **1.** Hacer popular o muy conocido a alguien o algo: *La televisión popularizó el tenis.* También *v. prnl.* **2.** Dar forma o carácter popular y sencillo a una cosa. También *v. prnl.* ■ Delante de *e* se escribe *c* en lugar de *z*. **FAM.** Popularización. / Despopularizar. POPULAR.

populismo *s. m.* Doctrina, movimiento o régimen político que afirma defender los intereses y pretensiones de las clases populares. **FAM.** Populista. POPULAR.

populoso, sa (del lat. *populosus*) *adj.* Se aplica al lugar donde hay o vive una gran cantidad de gente, especialmente de las clases populares. **SIN.** Poblado. **ANT.** Despoblado.

popurrí (del fr. *pot pourri*) *s. m.* **1.** Mezcla de fragmentos de música o canciones de distintas composiciones. **2.** Por ext., mezcla de cosas diversas. ■ Su pl. es *popurrís*. Se escribe también *potpourri*.

poquedad (del lat. *paucitas, -atis*) *s. f.* **1.** Timidez o falta de decisión. **2.** Cosa pequeña o de poco valor. **3.** Escasez, poca cantidad. **SIN. 1.** Pusilanimidad, cortedad. **2.** Menudencia, nimiedad, nadería, insignificancia. **3.** Miseria. **ANT. 1.** Atrevimiento, desenvoltura. **3.** Abundancia.

póquer (del ingl. *poker*) *s. m.* Juego de naipes en que cada jugador recibe cinco cartas, de las cuales puede descartarse hasta un máximo de cuatro, a cambio de otras tantas nuevas; gana el que reúne la combinación superior de las varias establecidas.

por (del lat. *pro*) *prep.* **1.** Forma el complemento agente en las oraciones de pasiva: *El asunto fue estudiado por especialistas.* **2.** Indica paso a través de un lugar o cosa: *Fuimos por la autopista. Me cuesta meter el hilo por el ojo de la aguja.* **3.** Expresa lugar o tiempo aproximado: *Está por ahí. Ocurrió por noviembre.* **4.** Indica fase o etapa en que alguien o algo se encuentra: *Voy por el primer problema.* **5.** Indica parte o lugar concreto: *Le cogió por el brazo.* **6.** Significa que algo se realiza cada determinado espacio de tiempo: *ochenta latidos por minuto.* **7.** Expresa que a cada uno le toca lo mismo en un reparto o distribución: *tres caramelos por niño.* **8.** Denota una serie o sucesión: *caso por caso, día por día.* **9.** Indica la multiplicación de números, y se representa con el símbolo ×: *Dos por dos son cuatro.* **10.** Expresa la proporción: *Subieron los salarios un seis por ciento.* **11.** A cambio o mediante el pago de: *Te doy mi pluma por tu bolígrafo. Lo compré por cuarenta y cinco euros.* **12.** En compensación de o en sustitución de: *Vaya lo uno por lo otro. Juega por mí.* **13.** Indica motivo o razón: *Se quedó en casa por el mal tiempo.* **14.** Expresa finalidad y equivale a *para*: *Vine sólo por verte.* **15.** Denota el medio o instrumento con que se hace algo: *Lo envió por correo.* **16.** Indica el modo de ejecutar algo: *Le echaron por la fuerza.* **17.** Sirve para expresar el término u objeto de la acción de ciertos verbos: *Voto por tal candidato. Brindemos por los novios.* **18.** Equivale a *hacia*: *Siente un gran afecto por su abuela.* **19.** En defensa o beneficio de, para ayudar a: *Sacrifica su tiempo por los enfermos.* **20.** En calidad o condición de: *La tomó por esposa.* **21.** Expresa el juicio u opinión que se tiene: *En el colegio le tienen por estudioso.* **22.** Como si fuera: *Doy este ejercicio por bueno para no suspenderte.* **23.** Con el infinitivo de ciertos verbos denota la acción futura o sin realizar que expresan esos verbos: *Está por llegar.* **24.** En busca de, a comprar o recoger algo: *Fui por pan.* **25.** En cuanto a, en lo que se refiere a: *Por mí, puedes marcharte.* **26.** Con un adjetivo o adverbio y *que*, forma una locución concesiva y equivale a *aunque*: *Por imposible que te parezca todo, es verdad.* || **LOC. por qué** *interr.* Se usa para preguntar la razón o motivo de algo. ■ También se emplea con el mismo sentido la forma *¿por...?* en lenguaje familiar: *Estás enfadado. –No, ¿por...?* **por si** Para estar preparado si ocurre lo que se expresa: *Llevaré el paraguas por si llueve.*

porcelana (del ital. *porcellana*, molusco) *s. f.* **1.** Especie de loza fina, translúcida, clara y con brillo, constituida por una base de caolín, sílice y feldespato. **2.** Vasija o figura hecha con ella. **3.** Material cerámico usado para aislamiento eléctrico. **4.** Color blanco mezclado con azul.

porcentaje (del ingl. *percentage*) *s. m.* Número o cantidad que, con referencia a cien, representa proporcionalmente una parte de un total; p. ej., en una docena de huevos, seis son el 50 por ciento. ■ Se expresa con el signo %. **FAM.** Porcentual. CIENTO.

porcentual *adj.* Se dice de la composición, distribución, etc., calculadas o expresadas en tantos por ciento.

porche (del cat. *porxe*, y éste del lat. *porticus*) *s. m.* **1.** Entrada a un edificio o parte adosada a cualquiera de sus lados, cubierta por un techado sostenido con columnas, arcos, etc. **2.** Cobertizo, soportal. **SIN. 1.** Pórtico, atrio.

porcicultura (del lat. *porcus*, puerco, cerdo, y *-cultura*) *s. f.* Conjunto de técnicas para criar cerdos. **FAM.** Porcicultor. PORCINO.

porcino, na (del lat. *porcinus*) *adj.* **1.** Del puerco. || *s. m.* **2.** Puerco o cerdo pequeño. **FAM.** Porcicultura. PUERCO.

porción (del lat. *portio, -onis*) *s. f.* **1.** Cantidad separada de otra mayor o de una cosa que se puede dividir. **2.** Parte que corresponde a cada uno en un reparto. **3.** Número considerable o indeterminado de personas o cosas. **SIN. 1.** Trozo, fragmento. **2.** Ración. **3.** Montón. **FAM.** Proporción.

pordiosear (de la fórmula *por Dios*, utilizada para pedir) *v. intr.* **1.** Pedir limosna. **2.** Solicitar algo porfiadamente y con humillación. **SIN. 1.** Mendigar. **FAM.** Pordioseo, pordiosería, pordiosero. DIOS.

pordiosero, ra *adj.* Que pide limosna. También *s. m.* y *f.* SIN. Mendigo, vagabundo.

porexpán *s. m.* Material sintético, de textura parecida al corcho, que se utiliza principalmente como aislante y para fabricar embalajes.

porfía (del lat. *perfidia*) *s. f.* **1.** Acción de porfiar. **2.** Disputa o lucha mantenida con insistencia y obstinación. SIN. **1.** Obstinación, empeño, tenacidad, empecinamiento.

porfiado, da 1. *p.* de **porfiar**. || *adj.* **2.** Se dice de la persona que insiste o se mantiene tercamente en una discusión, opinión, petición, etc. También *s. m.* y *f.* SIN. **2.** Obstinado, terco, empecinado. ANT. **2.** Flexible.

porfiar *v. intr.* **1.** Mantener con terquedad una opinión en una discusión. **2.** Pedir algo con pesadez. **3.** Continuar insistentemente una acción para conseguir algo que resulta dificultoso, que ofrece resistencia. ■ En cuanto al acento, se conjuga como *ansiar*: *porfío.* SIN. **1.** Obstinarse, empeñarse, empecinarse. **2.** y **3.** Insistir. **3.** Perseverar. ANT. **1.** Ceder. **3.** Cejar. FAM. Porfía, porfiadamente, porfiado.

pórfido (del gr. *porphyros*, purpúreo) *s. m.* Roca eruptiva que presenta cristales de feldespato y cuarzo dentro de una pasta de color rojo oscuro; se utiliza en construcción y ornamentación. FAM. Porfídico.

porfolio *s. m.* Conjunto de fotografías o grabados que forman un tomo o volumen encuadernable.

porífero (de *poro* y *-fero*) *adj.* **1.** Se dice los animales invertebrados acuáticos, en su mayoría marinos, que se caracterizan por tener el cuerpo perforado por muchos poros y poseer un esqueleto calcáreo, silíceo o córneo. Poríferos son las esponjas. También *s. m.* || *s. m. pl.* **2.** Tipo de estos metazoos.

pormenor *s. m.* **1.** Detalle o circunstancia particular y concreta de algo. Se usa más en *pl.*: *los pormenores de una noticia.* **2.** Punto o aspecto de poca importancia en un asunto. SIN. **1.** Particularidad, menudencia. **2.** Minucia. ANT. **1.** Generalidad. FAM. Pormenorizadamente, pormenorizar. MENOR.

pormenorizar *v. tr.* Describir, enumerar o representar algo con todos los detalles. ■ Delante de *e* se escribe *c* en lugar de *z*.

porno *adj.* **1.** *acort.* de **pornográfico**. || *s. m.* **2.** *acort.* de **pornografía**.

pornografía (del gr. *porne*, prostituta, y *-grafía*) *s. f.* Tipo de obras, películas, fotografías, etc., cuyo objetivo es provocar la excitación sexual mostrando con realismo todo lo relacionado con el sexo. FAM. Porno, pornográfico.

pornográfico, ca *adj.* De la pornografía.

poro (del lat. *porus*, y éste del gr. *poros*, vía, pasaje) *s. m.* **1.** Orificio o agujero muy pequeño e invisible a simple vista que hay en la superficie de animales y vegetales. **2.** Espacio que hay entre las moléculas de los cuerpos. FAM. Porífero, porosidad, poroso.

porongo (del quechua *purunccu*) *s. m.* **1.** *Amér. del S.* Calabaza silvestre que se usa para meter líquidos. **2.** *Chile* y *Perú* Recipiente de barro. **3.** *Chile* Persona despreciable.

pororó (del guaraní *pororog*, sonido de lo que revienta) *s. m. Amér. del S.* Palomitas, granos de maíz que al tostarse se abren en forma de flor.

porosidad *s. f.* Cualidad de poroso: *La porosidad de la tela.*

poroso, sa *adj.* Que tiene poros.

poroto (del quechua *purútu*) *s. m.* **1.** *Amér. del S.* Alubia. **2.** Guiso que se hace con este vegetal.

porque *conj. causal* Introduce la razón o causa de algo: *Se fue conmigo porque sabía que le convidaría.*

porqué *s. m.* Causa, razón o motivo: *¿Me puedes decir el porqué de tu enfado?*

porquería *s. f.* **1.** *fam.* Suciedad, basura. **2.** Cosa vieja, sucia o rota y conjunto de ellas. Se usa mucho en *pl.* **3.** Grosería, faena. **4.** Cosa con poco valor. **5.** Cosa de comer poco alimenticia y hasta perjudicial, pero apetitosa. SIN. **1.** Inmundicia. **2.** Trasto, cacharro, birria. **3.** Cerdada, guarrada. **4.** Chuchería, fruslería, menudencia, bagatela, chorrada. **5.** Golosina.

porqueriza *s. f.* Sitio donde se crían y recogen los cerdos. SIN. Pocilga, cochiquera.

porquerizo, za *s. m.* y *f.* Porquero*.

porquero, ra (del lat. *porcarius*) *s. m.* y *f.* Persona que guarda los puercos.

porra (del lat. *porrum*, puerro) *s. f.* **1.** Palo tosco y fuerte, más grueso por un extremo que por otro. **2.** Cilindro alargado de goma, plástico u otro material usado como arma por policías, guardias, etc. **3.** Masa frita semejante al churro, pero más gruesa. **4.** Juego en que varias personas apuestan una cantidad a cierto número, resultado, etc.; el que acierta se lleva el dinero de todos. **5.** *Arg.*, *Bol.* y *Urug.* Mechón de pelo que cae sobre la frente. || *interj.* **6.** *fam.* Expresa disgusto, enfado, rechazo. Se usa más en *pl.*: *¡Porras, he vuelto a equivocarme!* || LOC. **a la porra** *adv. fam.* Con verbos como *mandar*, *enviar*, etc., echar alguien con enfado de su compañía a otro. También, no querer saber uno nada de alguna cosa. SIN. **1.** Cachiporra, maza, clava. FAM. Porrada, porrazo, porro. / Aporrear, cachiporra, mamporro.

porrada *s. f.* **1.** Porrazo. **2.** *fam.* Conjunto o cantidad grande de cosas. SIN. **2.** Montón, pila, mogollón, tira.

porrazo *s. m.* **1.** Golpe que se da con la porra o con cualquier cosa. **2.** Golpe recibido al caerse o al chocar con algo duro. SIN. **1.** Porrada. **1.** y **2.** Golpetazo, trompazo, golpazo. **2.** Trastazo, batacazo.

porrero, ra *adj.* Que fuma habitualmente porros. También *s. m.* y *f.*

porreta *s. f.* **1.** Hojas verdes del puerro, ajo y cebolla. **2.** Las primeras hojas que brotan de los cereales. || LOC. **en porreta** o **en porretas** *adv. fam.* En cueros, desnudo.

porrillo, a *loc. adv. fam.* En gran cantidad o abundancia: *¡Le salen pecas a porrillo!*

porro *s. m.* Cigarrillo que contiene hachís, marihuana u otra droga. FAM. Emporrarse, porrero. PORRA.

porrón *s. m.* **1.** Vasija de vidrio de forma panzuda, utilizada para beber vino a chorro por medio de un largo pitón que tiene en la panza. **2.** Botijo.

porta *s. f.* Vena gruesa que en el cuerpo humano resulta de la unión de la vena esplénica y las mesentéricas; recibe las venas del estómago y de la vejiga biliar y desemboca en el hígado. También *adj.*

portaaviones *s. m.* Buque de guerra con instalaciones y extensión suficiente para llevar aviones y para que éstos puedan despegar y aterrizar en él. ■ No varía en *pl.*

portabebés *s. m.* Cuna portátil con asas. ■ No varía en *pl.*

portachuelo *s. m.* Pequeño puerto o abertura entre dos montes.

portada *s. f.* **1.** Fachada principal, generalmente decorada, de determinados edificios. **2.** Primera plana de los libros, periódicos y revistas. **3.** P. ext., tapa de un libro, revista, etc. **FAM.** Portadilla. / Anteportada, contraportada. PUERTA.

portadilla *s. f.* Anteportada de un libro.

portador, ra (del lat. *portator, -oris*) *adj.* **1.** Que lleva o trae una cosa de una parte a otra. También *s. m.* y *f.* || *s. m.* y *f.* **2.** Persona que está en posesión de un título o valor. **3.** Persona que lleva en su cuerpo el germen de una enfermedad. || **LOC. al portador** Fórmula utilizada para indicar que se debe efectuar el pago del importe reseñado en un documento a la persona que lleva éste.

portaequipaje o **portaequipajes** *s. m.* **1.** Espacio que, cubierto con una tapa, suelen tener los automóviles para guardar el equipaje, las herramientas, etc. **2.** Baca*. **SIN. 1.** Maletero.

portaesquís *s. m.* Estructura que se coloca sobre el techo de los automóviles para transportar los esquís. ■ No varía en *pl.*

portaestandarte *s. m.* Oficial que lleva el estandarte.

portafolio o **portafolios** (del fr. *portefeuille*) *s. m.* Cartera de mano que se usa para llevar libros, papeles, etc.

portafusil *s. m.* Correa de algunas armas de fuego para llevarlas a la espalda.

portahelicópteros *s. m.* Buque de guerra que transporta helicópteros. ■ No varía en *pl.*

portal *s. m.* **1.** Parte de la casa por donde se entra y donde está la puerta principal. **2.** Soportal, arcada en los lados de una calle o plaza. Se usa más en *pl.* **3.** Nacimiento, belén. **FAM.** Soportal. PUERTA.

portalada *s. f.* Portada, comúnmente monumental, situada en el muro de cerramiento y que da acceso al patio en que tienen su portal las casas señoriales.

portalámpara o **portalámparas** *s. m.* **1.** Pieza metálica en que se introduce el casquillo de la lámpara y que asegura la conexión de ésta con el circuito eléctrico. **2.** Pieza o aparato que sostiene una lámpara.

portalibros *s. m.* Correas usadas por los escolares para llevar libros y cuadernos. ■ No varía en *pl.*

portaligas *s. m. Arg.* y *Chile* Liguero de las mujeres. ■ No varía en *pl.*

portalón *s. m.* **1.** Puerta grande de palacios y otros edificios antiguos que cierra un patio descubierto. **2.** Abertura a modo de puerta hecha en el costado del buque.

portamaletas *s. m.* Espacio de un vehículo reservado al transporte de maletas. ■ No varía en *pl.*

portamantas *s. m.* Par de correas unidas por un asa que se emplea para llevar mantas y otras cosas en los viajes. ■ No varía en *pl.*

portaminas *s. m.* Utensilio generalmente cilíndrico que contiene minas recambiables y que se utiliza como lápiz. ■ No varía en *pl.*

portamonedas *s. m.* Bolsita o cartera para llevar monedas. ■ No varía en *pl.* **SIN.** Monedero.

portante *adj.* Se dice del paso de las caballerías que mueven a un tiempo la mano y el pie del mismo lado. También *s. m.* || **LOC. coger** (o **tomar**) **el portante** Marcharse de un sitio con prisa o brusquedad.

portañuela (dim. del ant. *porta*, puerta, abertura) *s. f.* Tira de tela que tapa la bragueta.

portaobjeto o **portaobjetos** *s. m.* Pieza del microscopio o lámina adicional en que se coloca el objeto para observarlo.

portaplumas *s. m.* Mango en que se coloca la plumilla metálica para escribir o dibujar. ■ No varía en *pl.*

portar (del lat. *portare*) *v. tr.* **1.** Traer o llevar: *Portar unas maletas.* **2.** Traer el perro al cazador la pieza cobrada. || **portarse** *v. prnl.* **3.** Actuar de determinada manera, tener la conducta que se indica: *Los chicos se portan bien en clase.* **4.** Responder alguien a lo que otros desean o esperan: *Marta se ha portado: su ayuda ha sido decisiva para mí.* **SIN. 3.** Comportarse, conducirse. **FAM.** Portaaviones, portabebés, portador, portaequipaje, portaesquís, portaestandarte, portafolio, portafusil, portahelicópteros, portalámpara, portalibros, portaligas, portamaletas, portamantas, portaminas, portamonedas, portante, portaobjeto, portaplumas, portarretrato, portarrollos, portátil, portavoz, porte, portear, portor. / Aportar, comportar, deportar, exportar, importar, reportar[1], soportar, transportar.

portarretrato o **portarretratos** *s. m.* Marco que se usa para colocar retratos en él.

portarrollos *s. m.* Utensilio donde se colocan rollos de papel. ■ No varía en *pl.*

portátil (del lat. *portatum*, de *portare*, llevar) *adj.* Que se puede llevar con cierta facilidad de una parte a otra.

portavoz *s. m.* y *f.* **1.** Persona que, por tener autoridad o prestigio en determinado grupo, suele representarlo o hablar en nombre del mismo. || *s. m.* **2.** Publicación que expresa las opiniones de un partido, institución, agrupación, etc. **SIN. 1.** Representante.

portazgo (de *puerto*) *s. m.* Derechos que se pagan por pasar por un sitio determinado de un camino.

portazo *s. m.* **1.** Golpe que se da con la puerta o que ésta da movida por el viento. **2.** Acción de cerrar la puerta con brusquedad para mostrar disgusto al marcharse de un sitio.

porte (de *portar*) *s. m.* **1.** Acción de portear. **2.** Cantidad que paga alguien para que sea llevado o transportado algo a determinado lugar. Se usa más en *pl.* **3.** Aspecto, generalmente elegante o importante, de una persona por su figura, manera de andar y de vestir, etc., o de una cosa. **4.** Capacidad, tamaño: *un camión de gran porte.* **5.** Clase, categoría, condición: *En problemas de este porte hay que mantener la calma.* **6.** En bot., aspecto de una planta atendiendo a su morfología. **SIN. 3.** Apariencia, presencia, facha, planta; distinción, prestancia.

portear *v. tr.* Llevar o transportar una cosa a algún sitio por un precio acordado. **FAM.** Porteador, porteo. PORTAR.

portento (del lat. *portentum*) *s. m.* **1.** Cualquier cosa, acción o suceso que, por su extrañeza, singularidad o novedad, causa pasmo o admiración. **2.** Persona que sobresale por alguna cualidad extraordinaria. **SIN. 1.** Milagro, maravilla, fenómeno. **1.** y **2.** Prodigio. **FAM.** Portentosamente, portentoso.

portentoso, sa *adj.* Que causa admiración, terror o pasmo por su extrañeza o novedad. **SIN.** Extraordinario, singular.

porteño, ña *adj.* **1.** De Buenos Aires, capital de Argentina. También *s. m.* y *f.* **2.** De Valparaíso, ciudad chilena. También *s. m.* y *f.* **SIN. 1.** Bonaerense.

portería *s. f.* **1.** Parte de un edificio desde la que el portero vigila la entrada y salida de personas. **2.** Vivienda del portero. **3.** En el fútbol y otros deportes, marco rectangular formado por dos postes y un larguero, normalmente con una red al fondo, por el cual ha de entrar el balón o la pelota para marcar tantos.

portero, ra (del lat. *portarius*) *s. m.* y *f.* **1.** Persona que cuida y vigila la puerta de un edificio, público o privado, y tiene a su cargo diversos servicios comunes del mismo. **2.** En algunos deportes, jugador que defiende la portería. || **3. portero automático** Mecanismo para abrir los portales desde el interior de las viviendas, en las que hay también un telefonillo para hablar con la persona que llama. SIN. **1.** Conserje. **2.** Guardameta. FAM. Portería, porteril. PUERTA.

portezuela (dim. de *puerta*) *s. f.* Puerta de un carruaje.

porticado, da *adj.* Se dice de la construcción que tiene pórticos o soportales.

pórtico (del lat. *porticus*) *s. m.* **1.** Sitio cubierto y con columnas delante de los templos y otros edificios. **2.** Galería con arcadas o columnas a lo largo de un muro de fachada o de patio. SIN. **1.** y **2.** Atrio. FAM. Porticado. PUERTA.

portilla (del lat. *portiella*, puertecilla) *s. f.* **1.** Paso en los cercados o vallas de las fincas rústicas. **2.** Cada una de las aberturas pequeñas, cerradas con un cristal grueso, en los costados de los buques.

portillo (del bajo lat. *portellus*, puertecilla) *s. m.* **1.** Abertura o paso en una muralla, tapia, cerca, etc. **2.** Puerta pequeña en otra mayor. **3.** Camino estrecho entre dos alturas. **4.** Hendidura o hueco que queda en diversas cosas, como una pared, el borde de una vasija, etc. **5.** Punto o aspecto por donde puede fracasar algo o encontrarse la solución a algo.

portón (aum. de *puerta*) *s. m.* Puerta que divide el zaguán del resto de la casa.

portor (del lat. *portare*, llevar) *s. m.* Acróbata que sostiene o recibe a sus compañeros en los equilibrios en la pista, o los recoge con las manos o las piernas en los ejercicios aéreos.

portorriqueño, ña *adj.* Puertorriqueño*.

portuario, ria *adj.* De un puerto de mar.

portugués, sa (del port. *português*, y éste del lat. *portucalensis*) *adj.* **1.** De Portugal. También *s. m.* y *f.* || *s. m.* **2.** Lengua que se habla en Portugal, Brasil y antiguas posesiones de Portugal. FAM. Portuguesismo. / Galaicoportugués, gallegoportugués.

portuguesismo *s. m.* Voz o giro propio de la lengua portuguesa.

portulano (del ital. *portolano*, y éste del lat. *portus*, puerto) *s. m.* Colección de planos de puertos encuadernada en forma de atlas.

porvenir *s. m.* **1.** Hecho o tiempo futuro: *Ahorra para el porvenir.* **2.** Lo que le espera a una persona, entidad, empresa, etc.: *labrarse el porvenir.*

pos (del lat. *post*) *prep.* Se usa sólo en la locución adverbial **en pos de**, tras o detrás, siguiendo o persiguiendo a alguien o algo: *Iba en pos de una ilusión.*

pos- (del lat. *post*) *pref.* Significa 'detrás' o 'después de': *posdata, posponer.* ■ Existe la variante *post-*: *Postmodernismo, postoperatorio.*

posada (de *posar*) *s. f.* **1.** Edificio en que se hospedan viajeros o forasteros. **2.** Refugio, alojamiento: *Dar posada al peregrino.* SIN. **1.** Mesón, fonda, hospedería, hostería, venta, parador. **2.** Cobijo, hospedaje. FAM. Posadero. POSAR[1].

posaderas (de *posar*[1]) *s. f. pl.* Nalgas. SIN. Asentaderas, culo, trasero.

posadero, ra *s. m.* y *f.* Persona que tiene una posada o se encarga de ella. SIN. **1.** Mesonero, ventero.

posapié *s. m.* Escalerilla o peldaño que tienen algunos vehículos para subir y bajar de ellos.

posar[1] (del lat. *pausare*) *v. tr.* **1.** Poner suavemente: *Posó su mano sobre mi hombro.* **2.** Dejar la carga para descansar. **3.** Con los sustantivos *vista*, *mirada* u *ojos*, mirar, observar: *Posó la mirada en la lejanía.* || **posarse** *v. prnl.* **4.** Detenerse las aves, insectos, aviones, etc., después de volar: *El pájaro se posó en la rama.* **5.** Depositarse en el fondo las partículas sólidas que están en suspensión en un líquido o caer el polvo o cosas muy pequeñas sobre otras cosas o sobre el suelo. FAM. Posada, posaderas, posavasos, poso. / Aposentar, reposar.

posar[2] (del fr. *poser*) *v. intr.* Permanecer en determinada postura para retratarse o para servir de modelo a un pintor o escultor. FAM. Pose.

posavasos *s. m.* Platito o soporte de diversos materiales, que se coloca debajo de los vasos y copas para proteger las mesas. ■ No varía en *pl.*

posbélico, ca *adj.* Posterior a una guerra.

posdata (del lat. *post* y *data*, fecha) *s. f.* Lo que se añade a una carta ya concluida y firmada. ■ Se escribe también *postdata.*

posdorsal *adj.* Se dice de la articulación realizada con la parte posterior del dorso de la lengua y del sonido que así se emite, como el de la letra *k.* ■ También se escribe *postdorsal.*

pose *s. f.* **1.** Postura estudiada, poco natural, especialmente la que alguien toma para ser retratado. **2.** Actitud fingida o exagerada para producir determinado efecto: *Su gran amabilidad es pura pose.*

poseer (del lat. *possidere*) *v. tr.* **1.** Tener en propiedad: *La empresa posee la mitad de las acciones.* **2.** Disponer de algo, contar con ello: *Posee amplios conocimientos de matemáticas.* **3.** Tener relación carnal con una mujer. ■ Es v. irreg. Se conjuga como *leer.* FAM. Poseedor, poseído, posesión, poseso. / Desposeer.

poseído, da **1.** *p.* de **poseer**. || *adj.* **2.** Se dice de la persona dominada por una idea, pasión o vicio: *Era un hombre poseído por el alcohol.* También *s. m.* y *f.* **3.** Engreído, muy seguro de su superioridad. También *s. m.* y *f.* **4.** Poseso*. SIN. **3.** Envanecido.

poselectoral *adj.* Posterior a unas elecciones: *acuerdos poselectorales.* ANT. Preelectoral.

posesión (del lat. *possessio, -onis*) *s. f.* **1.** Acto de poseer o tener algo: *Los cuadros están en posesión del heredero.* **2.** Cosa poseída: *Ese coche es una de sus posesiones.* **3.** Apoderamiento u ocupación del espíritu del hombre por otro espíritu: *una posesión diabólica.* || LOC. **dar** a alguien **posesión** de un cargo Hacerle oficialmente entrega del mismo. **tomar posesión** Comenzar formalmente a ejercer un cargo o a disponer de lo que se obtiene o recibe en propiedad. SIN. **1.** y **2.** Propiedad. **2.** Pertenencia. FAM. Posesionar, posesivo, posesorio. POSEER.

posesionar *v. tr.* **1.** Poner en posesión de una cosa. || **posesionarse** *v. prnl.* **2.** Apoderarse de algo, en especial con exclusividad o indebidamente.

posesivo, va (del lat. *possessivus*) *adj.* **1.** Que indica o muestra posesión. **2.** En ling., se dice del adjetivo o pronombre que expresa posesión o per-

		POSESIVOS						
		FORMAS PLENAS					FORMAS APOCOPADAS	
		singular			plural			
		masculino	**femenino**	**neutro**	**masculino**	**femenino**	**singular**	**plural**
Un poseedor	**1.ª persona**	*mío*	*mía*	*mío*	*míos*	*mías*	*mi*	*mis*
	2.ª persona	*tuyo*	*tuya*	*tuyo*	*tuyos*	*tuyas*	*tu*	*tus*
	3.ª persona	*suyo*	*suya*	*suyo*	*suyos*	*suyas*	*su*	*sus*
Varios poseedores	**1.ª persona**	*nuestro*	*nuestra*	*nuestro*	*nuestros*	*nuestras*		
	2.ª persona	*vuestro*	*vuestra*	*vuestro*	*vuestros*	*vuestras*		
	3.ª persona	*suyo*	*suya*	*suyo*	*suyos*	*suyas*	*su*	*sus*

tenencia, como *mío, tuyo, suyo, nuestro, vuestro* y *mi, tu* y *su*. También *s. m.* **3.** Se aplica a la persona excesivamente absorbente y al carácter de ésta.

poseso, sa (del lat. *possessus*) *adj.* Según ciertas creencias, se dice de la persona de la que se ha apoderado un espíritu. También *s. m.* y *f.* SIN. Poseído.

posfijo *s. m.* Sufijo*. ■ También se escribe *postfijo*.

posgrado *s. m.* Fase de estudios posterior a la obtención de un grado universitario. ■ Se escribe también *postgrado*. FAM. Posgraduado. GRADO.

posgraduado, da *adj.* Que está realizando estudios de posgrado. También *s. m.* y *f.* ■ Se escribe también *postgraduado*.

posguerra (de *post-* y *guerra*) *s. f.* Tiempo que sigue a la terminación de una guerra. ■ También se escribe *postguerra*.

posibilidad (del lat. *possibilitas, -atis*) *s. f.* **1.** Circunstancia de ser posible una cosa: *Hay posibilidades de que me den el puesto.* **2.** Opción o capacidad que tiene alguien para hacer algo: *Tienes dos posibilidades: venirte conmigo o quedarte en casa.* ‖ *s. f. pl.* **3.** Medios necesarios para algo, especialmente bienes: *Se han creado becas para los que no tienen posibilidades económicas.* SIN. **1.** Probabilidad, aptitud. **1.** y **2.** Ocasión, oportunidad. **3.** Posibles. ANT. **1.** Imposibilidad.

posibilismo *s. m.* Tendencia a aprovechar para la realización de determinados objetivos las posibilidades que ofrecen las instituciones, doctrinas, circunstancias, etc., existentes, aunque no sean favorables a esos fines. FAM. Posibilista. POSIBLE.

posibilitar *v. tr.* Hacer posible o facilitar algo. SIN. Permitir, favorecer, propiciar. ANT. Imposibilitar.

posible (del lat. *possibilis*) *adj.* **1.** Que puede ser o suceder, que se puede realizar o conseguir. ‖ *s. m. pl.* **2.** Posibilidad, medios necesarios para algo. **3.** Bienes, posesiones: *una familia sin posibles.* ‖ LOC. **hacer** uno **lo posible** (o **todo lo posible**) Poner todos los medios a su alcance para conseguir algo. SIN. **1.** Verosímil, factible, viable, ejecutable, realizable, hacedero. ANT. **1.** Imposible, improbable. FAM. Posibilidad, posibilismo, posibilitar, posiblemente. / Imposible. PODER[1].

posición (del lat. *positio, -onis*) *s. f.* **1.** Manera de colocarse o encontrarse: *Pon ese palo en posición vertical.* **2.** Lugar que se ocupa: *Mi equipo está en la primera posición.* **3.** Manera de pensar o actuar: *Mantuvo una posición muy independiente.* **4.** Condición económica o social, y especialmente la buena: *Son gente de posición.* **5.** Sitio fortificado o estratégico en una operación militar. SIN. **1.** Postura. **1.** y **2.** Situación. **2.** Emplazamiento, ubicación. **3.** Actitud, conducta, comportamiento. FAM. Posicional, posicionarse, positivo. / Aposición, depositar, preposición. PONER.

posicional *adj.* De la posición o relacionado con ella.

posicionarse *v. prnl.* Adoptar una posición, postura o actitud: *Un sector de la cámara se posicionó en contra del proyecto de ley.* FAM. Posicionamiento. POSICIÓN.

posimpresionismo *s. m.* Movimiento pictórico surgido a fines del s. XIX como reacción al impresionismo y cuyas características principales eran la reconstrucción de la línea del dibujo y la experimentación de nuevos efectos de luz y color. ■ Se escribe también *postimpresionismo*. FAM. Posimpresionista. / Postimpresionismo. IMPRESIONISMO.

positivamente *adv. m.* **1.** De manera positiva o conveniente. **2.** Sin ninguna duda.

positivar *v. tr.* En fotografía, pasar un negativo a positivo o convertir lo claro en oscuro para que la imagen sea tal como se ve en la realidad.

positivismo *s. m.* **1.** Actitud de tener en cuenta y buscar lo práctico o útil. **2.** En fil., sistema formulado en el s. XIX por Auguste Comte, que no admite otra realidad que los hechos ni otro tipo de investigación que no sea la de las relaciones existentes entre los hechos positivos, es decir, aquellos que pueden captarse directamente por los sentidos y ser verificados por la experiencia. FAM. Positivista. POSITIVO.

positivo, va (del lat. *positivus*) *adj.* **1.** Bueno, útil y conveniente. **2.** Cierto, real: *una mejoría positiva.* **3.** Que indica la existencia de algo y no su falta: *El test de alcoholemia dio positivo.* **4.** Se aplica al derecho o ley promulgados, en contraposición principalmente del natural. **5.** En mat., se aplica al número mayor que cero. **6.** En fís., se aplica al polo, electrodo, etc., en que hay defecto de electrones y hacia el que se produce el flujo de éstos. **7.** Se dice de uno de los tres grados del adj., el que no es comparativo ni superlativo, que presenta la cualidad o modalidad sin matiz de intensidad. ‖ *s. m.* **8.** Copia fotográfica obtenida de un negativo. SIN. **1.** Eficaz, efectivo, provechoso. **2.** Verdadero, auténtico. ANT. **1.** Malo, perjudicial. FAM. Positivamente, positivar, positivismo, positrón. / Diapositiva, electropositivo, grampositivo, seropositivo. POSICIÓN.

pósito (del lat. *positus*, depósito, establecimiento) *s. m.* **1.** Asociación con fines cooperativos o de mutuo auxilio: *pósito de pescadores.* **2.** Depósito de grano.

positrón *s. m.* Partícula elemental idéntica en masa y en muchas otras características a un electrón, pero que posee carga eléctrica positiva.

posma *adj.* **1.** Se dice de la persona lenta o pesada. También *s. m.* y *f.* || *s. f.* **2.** Pesadez, cachaza. SIN. **1.** Plasta, paliza. **2.** Pachorra. ANT. **1.** Diligente. **2.** Ímpetu.

posmeridiano, na *adj.* Del tiempo posterior al mediodía. ■ También se escribe *postmeridiano.*

posmodernidad *s. f.* Nombre dado al carácter adquirido por la cultura occidental tras las transformaciones experimentadas en las primeras décadas del s. XX (rechazo de la concepción racionalista de la cultura). Algunos de sus rasgos principales son la búsqueda de nuevas formas de pensamiento y expresión, el eclecticismo, tanto teórico como artístico, y la ausencia de compromiso. ■ También se escribe *postmodernidad.* FAM. Posmoderno. MODERNO.

posnominal *adj.* Se dice de la palabra que se deriva de un sustantivo o de un adjetivo; p. ej., *marejada,* formada a partir del sustantivo *marea.* También *s. m.* ■ También se escribe *postnominal.*

poso *s. m.* **1.** Conjunto de partículas sólidas de un líquido que se depositan en el fondo del recipiente que lo contiene: *posos de vino, posos de café.* **2.** Huella o repercusión interna de un sufrimiento u otra experiencia desagradable: *Su olvido me dejó un poso de amargura.* SIN. **1.** y **2.** Sedimento.

posología (del gr. *poson,* cuánto, qué cantidad, y *-logía*) *s. f.* Parte de la farmacología que se ocupa del estudio de las dosis en que han de administrarse los medicamentos.

posoperatorio, ria *adj.* Se dice del proceso que sigue a cualquier intervención quirúrgica. También *s. m.* ■ También se escribe *postoperatorio.*

pospalatal *adj.* Se dice de la articulación realizada al chocar la raíz de la lengua contra el velo del paladar y del sonido que así se emite, como el de la letra *k* ante vocal. ■ También se escribe *postpalatal.*

posparto *s. m.* **1.** Tiempo inmediatamente posterior al parto. **2.** Estado de debilidad física que experimenta la mujer en este tiempo. ■ También se escribe *postparto.* SIN. **1.** y **2.** Sobreparto, puerperio.

posponer (del lat. *postponere,* de *post,* después de, y *ponere,* poner) *v. tr.* **1.** Poner o colocar a una persona o cosa después de otra. **2.** Dejar algo para más tarde o más adelante. **3.** Apreciar a una persona o cosa menos que a otra. ■ Es v. irreg. Se conjuga como *poner.* SIN. **2.** Aplazar, retardar, retrasar, diferir. **2.** y **3.** Postergar. ANT. **1.** y **2.** Adelantar. **3.** Preferir. FAM. Posposición, pospositivo. PONER.

post meridiem (lat.) *loc. adj.* Después del mediodía. ■ Su abreviatura es *p. m.* ANT. Ante meridiem.

post mortem (lat.) *loc. adj.* y *adv.* Después de la muerte.

post- *pref.* Véase **pos-**.

post-it (ingl., de un nombre comercial registrado) *s. m.* Pequeña hoja de papel adhesivo donde se pueden escribir notas que se pueden pegar en lugares visibles.

posta (del ital. *posta,* y éste del lat. *posita,* de *positus*) *s. f.* **1.** Conjunto de caballerías que estaban preparadas de trecho en trecho en los caminos para cambiar por ellas las del correo, diligencias, etc., ya cansadas. **2.** Casa o lugar en que estaban esas caballerías. **3.** Bala pequeña de plomo utilizada como munición de ciertas armas de fuego. || LOC. **a posta** *adv.* Aposta*. FAM. Postillón. PUESTO.

postal (de *posta*) *adj.* **1.** Del servicio de correos. **2.** Se dice de la tarjeta para escribir por correo sin necesidad de sobre, que generalmente tiene en una de sus caras una vista, paisaje u otro grabado. Se usa más como *s. f.* || **3. tamaño postal** El de las tarjetas postales. FAM. Aeropostal. PUESTO.

postdata *s. f.* Posdata*.

poste (del lat. *postis*) *s. m.* **1.** Madero, piedra o cualquier objeto alargado que se coloca verticalmente para servir de apoyo o de señal: *un poste del tendido eléctrico.* **2.** Cada uno de los dos palos verticales de la portería de algunos deportes.

postema (del gr. *apostema, -ematos,* absceso) *s. f.* Apostema*.

póster (del ingl. *poster*) *s. m.* Cartel con alguna imagen que se utiliza como elemento decorativo.

postergar (del bajo lat. *postergare,* de *post tergum,* detrás de la espalda) *v. tr.* **1.** Colocar a alguien o algo en un lugar o puesto detrás de otro o por debajo del que debe ocupar. **2.** Dejar algo para más tarde o para después de otra cosa. ■ Delante de *e* se escribe *gu* en lugar de *g.* SIN. **1.** y **2.** Posponer. **2.** Retrasar, retardar, aplazar, diferir. ANT. **1.** y **2.** Adelantar. FAM. Postergación. / Impostergable.

posteridad (del lat. *posteritas, -atis*) *s. f.* **1.** Conjunto de seres humanos que ha vivido, vive o vivirá después de cierto momento o de cierta persona: *La posteridad juzgará el arte de hoy.* **2.** El tiempo futuro. **3.** Fama después de la muerte.

posterior (del lat. *posterior, -oris*) *adj.* **1.** Que sucede o se hace después de otra cosa. **2.** Que está detrás de alguien o algo: *Me senté en la fila posterior a la vuestra.* **3.** Que está en la parte de atrás de algo: *la puerta posterior de la casa.* **4.** Se aplica a las vocales velares. SIN. **1.** Ulterior, subsiguiente. **3.** Trasero. ANT. **1.** y **2.** Anterior. FAM. Posteridad, posterioridad, posteriormente, postrero, póstumo.

posterioridad *s. f.* Circunstancia de ser posterior. ANT. Anterioridad.

postgrado *s. m.* Posgrado*.

postgraduado, da *adj.* Posgraduado*.

postguerra *s. f.* Posguerra*.

postigo (del lat. *posticum*) *s. m.* **1.** Puerta pequeña que se abre en otra mayor. **2.** Puerta menos importante que la principal en un edificio o ciudad. **3.** Contraventana*. **4.** Puerta sencilla, de una hoja.

postilla (del lat. vulg. *pustella,* ampollita) *s. f.* Costra que se forma en las llagas o granos cuando se van secando.

postillón (del ital. *postiglione*) *s. m.* Mozo que iba a caballo delante de la posta o montado en una de las caballerías de delante del tiro de un carruaje, para conducirlo.

postimpresionismo *s. m.* Posimpresionismo*. FAM. Postimpresionista. POSIMPRESIONISMO.

postín *s. m.* **1.** Actitud de la persona que presume de riqueza, elegancia, importancia, etc.: *Desde que se ha comprado el yate, se da mucho postín.* **2.** Género de vida que denota lujo, importancia, etc. || LOC. **de postín** *adj.* Lujoso, distinguido. SIN. **1.** Pote. FAM. Postinear, postinero.

postinero, ra *adj.* **1.** Se dice de la persona que se da postín. **2.** Se aplica a las cosas de postín, excesivamente elegantes o lujosas. **SIN. 1.** Engreído, vanidoso. **2.** Ostentoso, rimbonbante.

postizo, za (del lat. vulg. *appositicius*, de *apponere*, añadir) *adj.* **1.** Que no es natural ni propio, sino artificial, imitado o añadido. || *s. m.* **2.** Añadido o tejido de pelo que sirve para suplir la falta o escasez de éste.

postónico, ca (de *pos-* y *tónico*) *adj.* Que está después de la sílaba tónica.

postoperatorio, ria *adj.* Posoperatorio*. También *s. m.*

postor (del lat. *positor, -oris*) *s. m.* El que ofrece precio por algún objeto en una subasta. **SIN.** Licitador. **FAM.** Impostor. PONER.

postración *s. f.* **1.** Acción de postrar o postrarse. **2.** Abatimiento y decaimiento en que se halla alguien por efecto de una enfermedad, sufrimiento o tristeza.

postrado, da 1. *p.* de **postrar**. || *adj.* **2.** Abatido, debilitado. **3.** Sin fuerzas y adormilado a causa de la fiebre.

postrar (del bajo lat. *postrare*) *v. tr.* **1.** Debilitar, quitar las fuerzas o el ánimo a uno. || **postrarse** *v. prnl.* **2.** Ponerse de rodillas a los pies de otro por respeto, veneración o súplica. **SIN. 1.** Abatir, desgastar, consumir. **2.** Arrodillarse. **ANT. 1.** Fortalecer, animar. **2.** Alzarse. **FAM.** Postración, postrado.

postre (de *postrero*) *s. m.* **1.** Fruta, dulce o cualquier otro plato que se sirve al final de una comida. **2.** En diversos juegos de cartas, último jugador que interviene en la jugada. || **LOC. a la postre** *adv.* En último término, en definitiva.

postrer *adj. apóc.* de **postrero**.

postrero o **postrimero, ra** (del lat. *postremus*, último, y *-ero*) *adj.* Último en una serie. También *s. m.* y *f.* **FAM.** Postre, postrer, postrimería. POSTERIOR.

postrimería *s. f.* **1.** Últimos años de la vida. **2.** Último periodo o etapa. Se usa más en *pl.*: *en las postrimerías de la Reconquista...* **SIN. 1.** Ocaso. **1.** y **2.** Final. **ANT. 1.** Albor. **1.** y **2.** Comienzo. **2.** Inicio. **FAM.** Postrimero. POSTRERO.

postulado, da 1. *p.* de **postular**. || *s. m.* **2.** Proposición que se admite sin demostración y que sirve de base a posteriores razonamientos o deducciones. **3.** Cada una de las ideas, principios, etc., que postula o defiende una persona, ideología o grupo.

postulante, ta *adj.* **1.** Que postula. También *s. m.* y *f.* || *s. m.* y *f.* **2.** Persona que pide ser admitida en una orden religiosa.

postular (del lat. *postulare*) *v. tr.* **1.** Recoger dinero para atender a ciertas necesidades o fines benéficos. **2.** Pedir, colectar. **3.** Defender un grupo, ideología, etc., cierta idea o principio. **4.** *Amér.* Proponer a alguien como candidato a un cargo electivo. **FAM.** Postulación, postulado, postulador, postulante.

póstumo, ma (del lat. *postumus*) *adj.* Que nace, se publica o se realiza después de la muerte del padre o autor.

postura (del lat. *positura*) *s. f.* **1.** Manera de estar o colocarse. **2.** Manera de pensar o de actuar: *Es una postura muy cobarde dejarle solo.* **3.** Conjunto de huevos puestos de una vez. **4.** Acción de ponerlos el ave. **5.** Precio que el comprador ofrece por una cosa que se vende o arrienda. **6.** En ciertos juegos, cantidad de dinero que pone el jugador. **SIN. 1.** Colocación. **1.** y **2.** Posición. **2.** Actitud. **3.** y **6.** Puesta. **FAM.** Impostura. PONER.

posventa o **postventa** *s. f.* **1.** Periodo de tiempo posterior a la venta de un artículo, durante el cual la empresa vendedora o el fabricante ofrece servicios de asistencia, mantenimiento, reparación, etc. || **2. servicio posventa** Organización y conjunto de personas que una firma comercial destina al mantenimiento de sus artículos después de haberlos vendido.

posverbal *adj.* En ling., se dice de la palabra que se deriva de una forma verbal, p. ej. *madrugada*, formada a partir de *madrugar*. También *s. m.* ■ También se escribe *postverbal*.

potabilizar *v. tr.* Hacer potable. ■ Delante de *e* se escribe *c* en lugar de *z*. **FAM.** Potabilizador. POTABLE.

potable (del lat. *potabilis*) *adj.* **1.** Que se puede beber sin que haga daño. **2.** *fam.* Pasable, bueno. **SIN. 1.** Bebible. **2.** Aceptable. **FAM.** Potabilidad, potabilizar.

potaje *s. m.* **1.** Guiso de legumbres secas, generalmente garbanzos. **2.** *fam.* Lío, desorden. **SIN. 2.** Jaleo, follón, cacao.

potasa (del al. *Pottasche*, ceniza de pucheros) *s. f.* **1.** En quím., nombre vulgar con que se designa de forma abreviada la potasa cáustica. || **2. potasa cáustica** Nombre ordinario del hidróxido de potasio, base fuerte que se emplea como tal en las reacciones de neutralización de disoluciones ácidas, con la consecuente formación de sales potásicas. También se usa para la obtención de jabones blandos.

potasio *s. m.* Elemento químico metálico, blando, de bajo punto de fusión, menos denso que el agua, de color brillante cuando está recién cortado, aunque se oscurece rápidamente al oxidarse en contacto con el aire. Es muy reactivo y reacciona violentamente con el agua. Su símbolo químico es *K*. **FAM.** Potasa, potásico.

pote (del cat. *pot*, bote, tarro) *s. m.* **1.** Vasija redonda, generalmente con tres pies y dos asas pequeñas, para cocer comidas. **2.** Vaso de barro para beber o guardar líquidos. **3.** Plato gallego y asturiano equivalente a la olla castellana. || **LOC. darse pote** *fam.* Darse postín, presumir. **FAM.** Potaje, potingue. BOTE[2].

potencia (del lat. *potentia*) *s. f.* **1.** Capacidad para ejecutar una cosa y producir un efecto determinado. **2.** Poder, fuerza, especialmente de un estado o nación. **3.** Nación independiente con gran fuerza militar y económica. **4.** En la filosofía aristotélico-escolástica, posibilidad existente en una cosa de convertirse en otra. **5.** En fís., trabajo realizado en una unidad de tiempo. **6.** En mat., resultado de multiplicar una cantidad *n* veces por sí misma. || **LOC. en potencia** *adj.* y *adv.* Que aún no existe o no es, pero se dan las condiciones para que exista o sea en el futuro. **SIN. 2.** Imperio, dominio. **ANT. 1.** Impotencia. **FAM.** Potencial, potenciar, potenciómetro, potente. / Plenipotenciario, superpotencia. PODER[1].

potencial *adj.* **1.** Relativo a la potencia. **2.** Que puede suceder o existir. || *s. m.* **3.** Poder disponible: *el potencial monetario.* **4.** En ling., condicional*. **5.** En fís., fuerza que hace circular una corriente eléctrica entre dos puntos de un circuito si se unen mediante un conductor. **SIN. 2.** Posible. **3.** Potencia. **FAM.** Potencialidad, potencialmente. POTENCIA.

potenciar *v. tr.* Comunicar potencia a una cosa o aumentar la que tiene. **FAM.** Potenciación, potenciador. POTENCIA.

potenciómetro (de *potencial* y *-metro*) *s. m.* **1.** Aparato que permite medir una diferencia de potencial eléctrico. **2.** Resistencia variable utilizada en los aparatos electrónicos como control de volumen, tono, brillo, etc.

potentado (del lat. *potentatus*) *s. m.* Persona que tiene mucho dinero y poder. **SIN.** Potente, rico, opulento. **ANT.** Pobre.

potente (del lat. *potens, -entis*) *adj.* **1.** Que tiene gran potencia, fuerza o poder. **2.** Que tiene muchas riquezas. **SIN. 1.** Fuerte, intenso, enérgico. **1.** y **2.** Potentado. **2.** Poderoso. **ANT. 1.** Débil, impotente. **2.** Pobre. **FAM.** Potentado, potentemente. / Omnipotente, prepotente. POTENCIA.

poterna (del fr. *poterne*, puerta trasera, y éste del lat. *posterula*) *s. f.* Puerta menor que la principal, especialmente en una fortaleza.

potestad (del lat. *potestas, -atis*) *s. f.* **1.** Capacidad para mandar sobre una persona o para realizar determinadas funciones. || *s. f. pl.* **2.** Uno de los nueve coros de los ángeles. || **3. patria potestad** Autoridad que los padres tienen según la ley sobre los hijos no emancipados. **SIN. 1.** Facultad, dominio, poder. **FAM.** Potestativo. PODER[1].

potestativo, va (del lat. *potestativus*) *adj.* Voluntario, no obligatorio. **SIN.** Facultativo, optativo, opcional. **ANT.** Impuesto, obligado.

potingue *s. m.* **1.** *desp.* y *fam.* Medicamento. **2.** *desp.* y *fam.* Comida o bebida de aspecto o sabor desagradable. **3.** *desp.* y *fam.* Producto cosmético. Se usa más en *pl.* **SIN. 1.** y **2.** Poción, pócima.

potito *s. m.* Alimento preparado para niños pequeños que se vende normalmente en tarros.

poto[1] *s. m.* Planta trepadora con hojas acorazonadas de color verde con vetas blancas o amarillas y pecíolo bien diferenciado. Se cultiva para uso ornamental y es muy resistente.

poto[2] *s. m. Arg.* y *Perú fam.* Trasero, culo.

potosí (de *Potosí*, ciudad de Bolivia) *s. m.* Riqueza extraordinaria. || **LOC. valer** alguien o algo **un potosí** Valer mucho. ■ Su pl. es *potosíes*, aunque también se utiliza *potosís*.

potpourri *s. m.* Popurrí*.

potra *s. f.* **1.** *fam.* Hernia, particularmente en el escroto. **2.** *fam.* Buena suerte. **SIN. 2.** Chiripa, carambola, chamba. **FAM.** Potroso. POTRO.

potrada *s. f.* Conjunto de potros de una yeguada o de un dueño.

potranco, ca *s. m.* y *f.* Caballo o yegua que no tiene más de tres años.

potrero, ra *s. m.* y *f.* **1.** Persona que cuida de los potros. || *s. m.* **2.** Sitio destinado a la cría y pasto de ganado caballar.

potrillo, lla *s. m.* y *f.* Caballo que no tiene más de tres años.

potro, tra *s. m.* y *f.* **1.** Caballo o yegua desde que nace hasta el momento en que cambia los dientes de leche, es decir, hasta los cuatro años y medio aproximadamente. || *s. m.* **2.** Aparato de gimnasia que consiste en un prisma rectangular o redondeado, forrado de cuero u otro material, y que colocado horizontalmente sobre cuatro patas sirve para realizar distintos ejercicios, encima de él o saltándolo. **3.** Antiguo aparato de tortura. **4.** Juego de la pídola. **5.** *fam.* Niño o joven que se comporta de manera alocada. **FAM.** Potra, potrada, potranco, potrero, potrillo. / Empotrar.

poyata *s. f.* Tabla de un mueble, o unida a una pared, que sirve para colocar en ella vasos y otros objetos. **SIN.** Repisa, estante, vasar.

poyato *s. m.* Terreno dispuesto horizontalmente en la ladera de una montaña y preparado para el cultivo. **SIN.** Terraza, bancal, parcela.

poyete *s. m.* Poyo pequeño o bajo.

poyo (del lat. *podium*) *s. m.* Banco de obra de albañilería que se construye arrimado a la pared. **SIN.** Poyete. **FAM.** Poyata, poyato, poyete. / Apoyar, podio, pódium.

poza *s. f.* **1.** Hoyo poco profundo donde hay agua estancada. **2.** Parte del río en que éste es más profundo. **SIN. 1.** Charca, charco. **2.** Pozo.

pozo (del lat. *puteus*) *s. m.* **1.** Hoyo profundo, particularmente el que se hace en el suelo para sacar agua o petróleo de los manantiales subterráneos. **2.** Excavación vertical del terreno por la que se baja a una mina y se sube de ella. **3.** Parte más honda de un río. **4.** Parte hundida del fondo submarino. **5.** *fam.* Con la preposición *de*, persona que posee en gran medida la cualidad o defecto que se expresa: *un pozo de sabiduría.* || **6. pozo negro** Agujero cerrado al que van a parar las aguas fecales cuando no hay alcantarillas. **7. pozo sin fondo** Persona o cosa a la que se da o en la que se invierte mucho dinero y que continuamente pide o necesita más. **SIN. 1.** Agujero, hueco, foso. **3.** Poza. **FAM.** Pocero, poza. / Empozar.

pozol o **pozole** (náhuatl) *s. m.* **1.** *Amér. C.* y *Méx.* Bebida hecha con maíz morado y azúcar. **2.** *Méx.* Guiso caldoso que se prepara con maíz tierno, carne y chile.

práctica (del lat. *practica*, y éste del gr. *praktike*, ciencia activa) *s. f.* **1.** Realización de una actividad de forma continuada y repetida. **2.** Experiencia o habilidad que se obtiene con esa realización. **3.** Costumbre, actuación normal o habitual. **4.** Ejercicio, curso o prueba que, durante cierto tiempo y bajo la dirección de una persona con mayor experiencia y conocimiento, se realiza para adquirir habilidad en un trabajo, profesión, etc. Se usa más en *pl.*: *Aprobó las prácticas de medicina.* **5.** Conjunto de aspectos de un conocimiento que permiten su aplicación a hechos reales y concretos, y esta aplicación. **SIN. 1.** Ejercitación. **1.** y **3.** Hábito. **2.** Destreza, pericia. **3.** Uso, usanza. **ANT. 2.** Inexperiencia. **4.** Teórica. **5.** Teoría. **FAM.** Practicar, práctico. / Pragmático, praxis.

practicable *adj.* **1.** Que puede ser realizado. **2.** Se dice del terreno, camino, etc., por el que se puede andar o pasar sin dificultad. **3.** Que se puede abrir y cerrar: *ventana practicable.* **SIN. 1.** Realizable, posible, factible. **2.** Transitable, despejado, abierto. **ANT. 1.** Irrealizable. **1.** y **2.** Impracticable. **2.** Intransitable. **FAM.** Impracticable. PRACTICAR.

prácticamente *adv. m.* **1.** De manera práctica. **2.** En la realidad, de hecho. || *adv. c.* **3.** Casi: *El trabajo está prácticamente acabado.* **ANT. 1.** y **2.** Teóricamente.

practicante *adj.* **1.** Que practica. También *s. m.* y *f.* **2.** Se dice de la persona que lleva a la práctica las normas y preceptos establecidos por una determinada religión. También *s. m.* y *f.* || *s. m.* y *f.* **3.** Persona con título de auxiliar médico menor, que pone inyecciones o hace pequeñas curas. ■ En esta última acepción, existe también el femenino *practicanta*, aunque es mucho menos usada que la forma *la practicante*.

practicar *v. tr.* **1.** Realizar de forma habitual algo que se ha aprendido y se conoce. **2.** Hacer uso frecuente y repetido de algo que se ha aprendido para perfeccionarlo, adquirir mayor habilidad en ello o para no olvidarlo. También *v. intr.* **3.** Hacer, llevar a cabo. **4.** Actuar conforme a lo que se expresa, especialmente cuando es de modo habitual: *Practica el ahorro.* **5.** Llevar a la práctica las normas y preceptos establecidos por una determinada religión. ■ Delante de *e* se escribe *qu* en lugar de *c*. **SIN. 1.** Ejercer. **2.** Ensayar. **3.** Ejecutar. **ANT. 1.** Esquivar. **1.** y **2.** Omitir. **2.** Olvidar, prescindir. **FAM.** Practicable, practicante. PRÁCTICA.

práctico, ca (del lat. *practicus*, y éste del gr. *praktikos*) *adj.* **1.** Útil, adecuado para un determinado fin o circunstancia. **2.** Relacionado con la acción y los resultados, y no con la teoría o las ideas. **3.** Se dice de la persona que ve y juzga las cosas tal como son y actúa de acuerdo con la realidad, así como de sus palabras, pensamientos, hechos, etc. **4.** Se dice de la persona que tiene experiencia y destreza en algo. || *s. m.* **5.** Persona que dirige las operaciones de entrada y salida de los barcos en un puerto. **6.** Barco que utiliza esta persona para realizar su tarea. **SIN. 1.** Funcional, utilitario, conveniente, apropiado. **2.** Pragmático, utilitarista. **3.** Realista, objetivo. **4.** Diestro, experto. **ANT. 1.** Inútil, inconveniente. **2.** Teórico. **3.** Subjetivo, idealista. **4.** Inexperto. **FAM.** Prácticamente. / Quiropráctico. PRÁCTICA.

pradera *s. f.* **1.** Prado grande. **2.** Conjunto de prados. **SIN. 2.** Pradería.

pradería *s. f.* Conjunto de prados.

prado (del lat. *pratum*) *s. m.* **1.** Terreno llano, típico de zonas húmedas o de regadío, donde se deja crecer o se cultiva hierba para alimentar al ganado. **2.** Lugar agradable, generalmente llano y con hierba, por donde se pasea. **SIN. 1.** Pradera, pastizal. **FAM.** Pradera, pradería. / Praticultura.

pragmática (del lat. *pragmatica*) *s. f.* **1.** Mandato dado por los reyes que tenía fuerza de ley, aunque no hubieran colaborado en él las Cortes u otros órganos de gobierno, y que se ajustaba a unas fórmulas especiales. **2.** Disciplina lingüística que estudia el uso que hacen los hablantes de la lengua, las circunstancias generales y puntuales en que éstos se encuentran, sus intenciones comunicativas y la efectividad de sus enunciados.

pragmático, ca (del lat. *pragmaticus*) *adj.* **1.** Relacionado con la acción, la realidad o la experimentación, frente a la especulación o la teoría. **2.** Del pragmatismo, corriente filosófica. **3.** De la pragmática, disciplina lingüística. **4.** En der., jurista que conoce e interpreta las leyes que están vigentes en un país. También *s. m.* y *f.* **SIN. 1.** Práctico, útil, efectivo, experimental. **1.** y **2.** Pragmatista. **ANT. 1.** Teórico, especulativo. **FAM.** Pragmática, pragmáticamente, pragmatismo. PRÁCTICA.

pragmatismo (del ingl. *pragmatism*) *s. m.* **1.** Manera de pensar y de actuar que se guía por la utilidad o se adapta a las circunstancias. **2.** Corriente filosófica que mantiene como criterio de verdad de las teorías científicas el valor práctico de las mismas. **SIN. 1.** y **2.** Utilitarismo. **ANT. 1.** y **2.** Idealismo. **FAM.** Pragmatista. PRAGMÁTICO.

praguense *adj.* De Praga, capital de la República Checa, o relacionado con ella. También *s. m.* y *f.*

praliné (fr., del duque Plessins-*Praslin*, en cuya casa se sirvieron por primera vez estos dulces) *s. m.* **1.** Chocolate o bombón que tiene trocitos de almendras, avellanas, etc. **2.** Crema de chocolate y almendra o avellana.

praseodimio *s. m.* Elemento químico perteneciente al grupo de los lantánidos. Se emplea en la fabricación de cerámica y vidrios coloreados, y en equipos electrónicos. Su símbolo es *Pr.*

praticultura (del lat. *pratum*, prado, y *-cultura*) *s. f.* Parte de la agricultura que se ocupa del cultivo de los prados.

praxis (del gr. *praxis*, de *prasso*, obrar, ejecutar) *s. f.* Práctica, en oposición a teoría o teórica. ■ No varía en *pl.*

pre- (del lat. *prae*) *pref.* Significa 'antes' o 'delante': *prefijo, presuponer.*

preacuerdo *s. m.* Acuerdo previo, anterior a la toma de una decisión definitiva.

preámbulo (del lat. *praeambulus*, que va delante) *s. m.* **1.** Aquello que se dice antes de un discurso o escrito. **2.** Palabras con que se intenta evitar decir clara y directamente algo. Se usa más en *pl.* **SIN. 1.** Introducción, prefacio, prólogo, prolegómeno. **2.** Rodeo, circunloquio. **ANT. 1.** Colofón, epílogo.

preaviso *s. m.* Aviso previo, anterior al definitivo.

prebenda (del bajo lat. *praebenda*, de *praebere*, proporcionar) *s. f.* **1.** Renta que llevan consigo algunas dignidades u oficios eclesiásticos. **2.** Empleo bien pagado y en el que se trabaja poco. **3.** *fam.* Beneficio, favor o ventaja que se consigue, no mediante el propio esfuerzo, sino porque alguien lo concede.

prebostazgo *s. m.* Oficio de preboste.

preboste (del cat. *prebost*, y éste del lat. *praepositus*, superior) *s. m.* **1.** Persona que preside o gobierna algunas asociaciones o comunidades. **2.** Persona que en un grupo tiene poder o importancia. **SIN. 1.** Presidente, director. **2.** Mandamás, cabecilla. **FAM.** Prebostal, prebostazgo.

precalentamiento *s. m.* **1.** Ejercicios suaves que realiza el deportista como preparación para el esfuerzo principal. **2.** Calentamiento de un aparato, motor, producto, etc., antes de someterlo a la operación o uso principal.

precámbrico, ca *adj.* **1.** Se aplica al periodo geológico que abarca desde el origen de la Tierra, hace unos 4.700 millones de años, hasta la aparición de los primeros seres vivos dotados de partes duras, capaces de dejar fósiles, a los que se calcula una antigüedad de 570 millones de años aproximadamente. También *s. m.* **2.** De este periodo geológico.

precampaña *s. f.* Periodo de tiempo previo al comienzo oficial de una campaña.

precapitalista *adj.* Anterior al capitalismo.

precario, ria (del lat. *precarius*) *adj.* **1.** Inseguro o escaso, de poca estabilidad o duración. **2.** Que no tiene los medios o recursos suficientes: *Su situación económica era precaria.* **3.** En der., aquello que se tiene o disfruta sin título, porque el dueño lo permite o no se ha dado cuenta. **SIN. 1.** Inestable, frágil. **1.** y **2.** Limitado, apurado. **2.** Pobre, insuficiente. **ANT. 1.** Estable. **2.** Suficiente. **FAM.** Precariamente, precariedad.

precaución (del lat. *praecautio, -onis*) *s. f.* Actitud o acción prudente con que se pretende evitar un posible mal, daño o peligro. **SIN.** Cautela, cuidado. **ANT.** Imprudencia. **FAM.** Precautorio, precaver. CAUTO.

precautorio, ria *adj.* Preventivo, que sirve de precaución.

precaver (del lat. *praecavere*) *v. tr.* Tratar de evitar un mal, daño o peligro actuando con prudencia. También *v. prnl.* **SIN.** Prevenir(se), prever. **ANT.** Descuidar(se). **FAM.** Precavidamente, precavido. PRECAUCIÓN.

precavido, da *adj.* Que tiene precaución. **SIN.** Cauteloso, previsor. **ANT.** Imprudente, negligente.

precedente (del lat. *praecedens, -entis*) *adj.* **1.** Que precede. || *s. m.* **2.** Cualquier cosa dicha o hecha en el pasado que sirve como ejemplo, norma o justificación de otras posteriores. **SIN. 1.** Anterior, previo. **1.** y **2.** Antecedente. **ANT. 1.** Posterior.

preceder (del lat. *praecedere*) *v. tr.* **1.** Estar colocada una persona o una cosa delante de otra: *Su nombre precede al mío en la lista.* También *v. intr.* **2.** Ocurrir una cosa justo antes que otra. **3.** Tener una persona o cosa más importancia que otra. **SIN. 1.** Adelantar. **1.** y **3.** Anteceder. **3.** Aventajar, superar. **ANT. 3.** Seguir, suceder. **FAM.** Precedencia, precedente, precesión. CEDER.

preceptista *adj.* **1.** Se aplica a la persona que enseña preceptos, que los cumple o que obliga a otros a cumplirlos. También *s. m.* y *f.* || *s. m.* y *f.* **2.** Tratadista de preceptiva, especialmente de preceptiva literaria.

preceptiva *s. f.* **1.** Conjunto de normas aplicables a determinado tema o asunto. || **2. preceptiva literaria** Tratado didáctico que da normas para crear una obra literaria. **SIN. 1.** Reglamento, reglamentación.

preceptivo, va (del lat. *praeceptivus*) *adj.* Se dice de aquello que tiene que hacerse o cumplirse por estar así establecido o mandado. **SIN.** Normativo, reglamentario, obligatorio. **ANT.** Opcional, optativo. **FAM.** Preceptivamente. PRECEPTO.

precepto (del lat. *praeceptum*) *s. m.* **1.** Aquello que hay que hacer o cumplir porque está establecido o mandado. || **2. día (o fiesta) de precepto** Día en que los católicos tienen que oír misa, porque así lo manda la Iglesia. **SIN. 1.** Norma, regla, orden, mandato, mandamiento. **FAM.** Preceptista, preceptiva, preceptivo, preceptor, preceptuar.

preceptor, ra (del lat. *praeceptor, -oris*) *s. m.* y *f.* Persona que está encargada de la educación privada de un niño en una casa. **SIN.** Tutor, instructor.

preceptuar *v. tr.* Dar o dictar preceptos. ■ En cuanto al acento, se conjuga como *actuar*: *preceptúa.* **SIN.** Regular, reglamentar, ordenar. **ANT.** Derogar, anular. **FAM.** Preceptuado. PRECEPTO.

preces (del lat. *preces*, súplicas) *s. f. pl.* Oraciones o ruegos dirigidos a Dios, la Virgen o los santos. **SIN.** Plegaria, súplica.

precesión (del lat. *praeccessio, -onis*) *s. f.* Movimiento del eje de rotación de un sólido producido por la acción de dos fuerzas externas.

preciado, da *adj.* De mucho valor. **SIN.** Precioso, valioso, caro. **ANT.** Despreciable.

preciarse (del lat. *pretiare*) *v. prnl.* Mostrarse alguien orgulloso, con razón o sin ella, de alguna característica suya o de algo que ha hecho. ■ Se construye generalmente con la prep. *de*: *Aunque él se precia de simpático, a mí no me divierten sus bromas.* **SIN.** Presumir, jactarse, vanagloriarse. **ANT.** Avergonzarse.

precinta (del lat. *praecincta*, de *praecingere*, ceñir) *s. f.* **1.** Papel oficial que se pega en el envoltorio de ciertos productos de importación al pasar éstos por la aduana. **2.** Refuerzo que se pone en las esquinas de baúles, cajas, etc. **3.** En los barcos de madera, tira que sirve para cubrir las junturas de las tablas. **4.** Tira de lona con brea que se enrolla alrededor de un cabo, o cuerda de un barco, antes de forrarlo. **SIN. 1.** Sello. **FAM.** Precintar, precinto. CINTA.

precintar *v. tr.* **1.** Poner precintas o precintos: *En la aduana precintaron la caja de tabaco.* **2.** Clausurar algo por orden judicial. **SIN. 1.** y **2.** Sellar. **2.** Clausurar. **ANT. 2.** Abrir. **FAM.** Precintado. PRECINTA.

precinto (del lat. *praecinctus*, acción de ceñir) *s. m.* **1.** Acción de precintar. **2.** Sello, atadura u otra cosa que se pone sobre un objeto o local para mantenerlo cerrado y asegurarse de que sólo es abierto por la persona autorizada para ello. **SIN. 1.** Precintado.

precio (del lat. *pretium*) *s. m.* **1.** Cantidad de dinero que vale una cosa o que hay que pagar por ella. **2.** Lo que hay que dar o entregar para conseguir algo: *El precio de la libertad es muy elevado.* || **LOC. no tener precio** una persona o cosa Ser de mucho valor. **SIN. 1.** Importe, valía. **1.** y **2.** Valor. **FAM.** Preciado, preciarse, precioso. / Apreciar, depreciar, desprecio, justipreciar, menosprecio, sobreprecio.

preciosidad *s. f.* **1.** Cualidad de precioso, bello. **2.** Persona, animal o cosa preciosa, muy bella: *Tiene una casa que es una preciosidad.* **SIN. 1.** Belleza. **1.** y **2.** Hermosura. **2.** Monada, ricura, delicia. **ANT. 1.** Fealdad. **2.** Horror, espanto, adefesio.

preciosismo *s. m.* **1.** Tendencia a cuidar exageradamente los detalles más insignificantes; se usa frecuentemente referido a obras literarias y artísticas y, a veces, tiene un valor despectivo. **2.** Refinamiento y frivolidad en el lenguaje, comportamiento, etc., de moda en Francia en el s. XVII. **SIN. 1.** Atildamiento, artificiosidad. **ANT. 1.** Sencillez, naturalidad. **FAM.** Preciosista. PRECIOSO.

precioso, sa (del lat. *pretiosus*) *adj.* **1.** Que tiene un gran valor por ser muy escaso o por sus cualidades, belleza, utilidad, etc. **2.** De gran belleza o perfección. **SIN. 1.** Preciado, valioso, excelente. **2.** Hermoso, bello. **ANT. 1.** Insignificante. **2.** Feo, espantoso. **FAM.** Preciosamente, preciosidad, preciosismo, preciosura. / Semiprecioso. PRECIO.

preciosura *s. f.* Persona guapa o cosa bonita: *Esta niña es una preciosura.* **SIN.** Hermosura, belleza.

precipicio (del lat. *praecipitium*) *s. m.* **1.** Corte profundo y vertical del terreno. **2.** Ruina o degradación espiritual o material. || **LOC. al borde del precipicio** *adv.* En una situación muy peligrosa, extremadamente difícil o grave. **SIN. 1.** Barranco, despeñadero. **2.** Perdición, abismo. **ANT. 2.** Salvación.

precipitación (del lat. *praecipitatio, -onis*) *s. f.* **1.** Acción de precipitar o precipitarse. **2.** Agua procedente de la atmósfera que, en forma líquida o sólida, cae sobre la tierra, y cantidad de agua caída. Se usa sobre todo en *pl.*: *Hay riesgo de precipitaciones en toda la península.* **SIN. 2.** Lluvia, nieve, granizo, aguanieve.

precipitado, da 1. *p.* de **precipitar**. También *adj.* || *s. m.* **2.** En quím., producto sólido insoluble que se deposita en el fondo del recipiente al mezclar ciertas disoluciones. **FAM.** Precipitadamente. PRECIPITAR.

precipitar (del lat. *praecipitare*) *v. tr.* **1.** Arrojar, lanzar a alguien o algo desde un lugar alto. También *v. prnl.* **2.** Hacer que algo suceda antes o más rápidamente de lo que se pensaba: *Esa noticia precipitó mi vuelta.* También *v. prnl.* **3.** En quím., producir en una disolución una sustancia sólida insoluble que se deposita en el fondo del recipiente. También *v. intr.* || **precipitarse** *v. prnl.* **4.** Hacer o decir algo apresuradamente, antes de reflexionar o pensar sobre ello. **5.** *fam.* Ir rápidamente hacia un sitio: *Cuando abrieron las puertas, todos se precipitaron al interior.* **SIN. 1.** Tirar(se), despeñar(se). **2.** Acelerar(se), adelantar(se). **2.**, **4.** y **5.** Apresurar(se). **5.** Correr, abalanzarse. **ANT. 2.** Retardar(se). **4.** Contenerse. **5.** Pararse. **FAM.** Precipicio, precipitación, precipitado, precipitoso.

precisado, da **1.** *p.* de **precisar**. También *adj.* || *adj.* **2.** Obligado, forzado: *Se vio precisado a hacerlo.* SIN. **2.** Empujado.

precisamente *adv. m.* **1.** De forma precisa: *Yo no sabría explicarlo tan precisamente como él.* **2.** Se emplea para recalcar lo que se dice: *Precisamente estábamos hablando de ti.* **3.** Se usa para contestar afirmativamente a una pregunta: *–¿Es esto lo que querías? –Precisamente.* SIN. **1.** Exactamente. **2.** Justamente. ANT. **1.** Vagamente, imprecisamente.

precisar *v. tr.* **1.** Necesitar, ser preciso. También *v. intr.* **2.** Describir algo de forma exacta y completa. También *v. intr.* SIN. **1.** Requerir. **2.** Especificar, detallar. ANT. **1.** Prescindir. **2.** Generalizar. FAM. Precisado, precisión, preciso.

precisión *s. f.* **1.** Cualidad de preciso o exacto: *Los relojes suizos son de gran precisión.* **2.** Circunstancia de ser preciso o necesario: *No tengo precisión de cambiarme de casa.* SIN. **1.** Exactitud, puntualidad, rigor. **2.** Necesidad, menester. ANT. **1.** Imprecisión, inexactitud.

preciso, sa (del lat. *praecisus*) *adj.* **1.** Necesario, que hace falta. **2.** Justo, exacto y no aproximado. **3.** Delante de ciertos sustantivos como *instante*, *momento*, etc., mismo: *Le vi en el preciso momento en que salía.* SIN. **1.** Indispensable, imprescindible. **2.** Puntual, cabal. ANT. **1.** Innecesario. **2.** Inexacto. FAM. Precisamente. / Impreciso. PRECISAR.

preclaro, ra (del lat. *praeclarus*) *adj.* Se dice de la persona que sobresale por sus cualidades u obras, así como de dichas cualidades u obras. SIN. Insigne, ilustre, esclarecido. ANT. Desconocido, insignificante. FAM. Preclaramente. CLARO.

precocidad *s. f.* Cualidad de precoz.

precocinado, da *adj.* Se aplica al alimento que tiene la cocción casi lista y tarda muy poco en hacerse.

precognición (del lat. *praecognitio, -onis*) *s. f.* Conocimiento anterior, anticipado. SIN. Intuición, previsión, conjetura.

precolombino, na (de *pre-* y *Colombus*, Colón) *adj.* Se dice de la América anterior a los descubrimientos de Cristóbal Colón y a todo lo relacionado con ella. SIN. Prehispánico.

preconcebir *v. tr.* Pensar o planear algo por anticipado. ■ Es v. irreg. Se conjuga como *pedir*. SIN. Preestablecer, premeditar, prever. FAM. Preconcebidamente, preconcebido. CONCEBIR.

preconizar (del lat. *praeconizare*, de *praeconium*, anuncio) *v. tr.* Aconsejar, apoyar y defender una cosa que se considera buena y de interés general. ■ Delante de *e* se escribe *c* en lugar de *z*. SIN. Recomendar, promover, propugnar. ANT. Combatir. FAM. Preconización, preconizador.

precontrato *s. m.* Acuerdo alcanzado entre dos partes por el que se comprometen a firmar un contrato en un momento determinado.

precordial (del lat. *praecordium*) *adj.* En anat., se aplica a la región o parte del tórax que está delante del corazón.

precordillera *s. f.* En geol., conjunto de montañas externas de una cordillera.

precoz (del lat. *praecox, -ocis*, de *prae* y *coqui*, madurar) *adj.* **1.** Se dice de lo que se produce, sucede o se desarrolla antes de lo acostumbrado o previsto. **2.** Se dice del niño cuyo desarrollo físico, intelectual o moral es mayor que el de los otros niños de su edad, así como de las cualidades que tiene más desarrolladas. **3.** Se dice del descubrimiento de las primeras etapas o estadios de un proceso, especialmente en medicina: *diagnóstico precoz.* SIN. **1.** Prematuro, anticipado. **2.** Aventajado. ANT. **3.** Tardío, retrasado. FAM. Precocidad, precozmente.

precursor, ra (del lat. *praecursor, -oris*) *adj.* Que inicia o anuncia algo que se desarrollará más tarde. También *s. m.* y *f.* SIN. Iniciador, pionero. ANT. Seguidor.

predador, ra *adj.* Se dice del animal que mata a otros de distintas especies para alimentarse con ellos y de lo relacionado con él. SIN. Depredador, cazador.

predatorio, ria (del lat. *praedatorius*) *adj.* **1.** Relativo a los predadores y a la captura de presas por parte de los mismos: *instinto predatorio.* **2.** Relacionado con la rapiña o el saqueo: *incursión predatoria.* SIN. **2.** Saqueador. FAM. Predador.

predecesor, ra (del lat. *praedecessor, -oris*, el que murió antes) *s. m.* y *f.* **1.** Persona que estuvo antes que otra en la misma situación. **2.** Persona de la familia de alguien que ha vivido antes que él. SIN. **1.** y **2.** Antecesor. **2.** Ascendiente, antepasado. ANT. **1.** y **2.** Sucesor. **2.** Descendiente.

predecir (del lat. *praedicere*) *v. tr.* Decir anticipadamente lo que va a ocurrir. ■ Es v. irreg. Se conjuga como *decir*, excepto la forma singular del imperativo (*predice*), y el futuro y condicional simples de indicativo, que son regulares. SIN. Adivinar, vaticinar, pronosticar. FAM. Predecible, predicción, predicho. / Impredecible. DECIR[1].

predela (del ital. *predella*) *s. f.* Parte inferior de un retablo, dividido en diversos paneles pintados o tallados.

predestinar (del lat. *praedestinare*) *v. tr.* **1.** Destinar anticipadamente a alguien o algo para aquello que se expresa. **2.** Decidir y disponer Dios o el destino el futuro de las personas y las cosas. **3.** Destinar y elegir Dios a los que conseguirán la gloria y salvación eternas. FAM. Predestinación, predestinado. DESTINAR.

predeterminar (del lat. *praedeterminare*) *v. tr.* Determinar o decidir algo de forma anticipada y, generalmente, sin posibilidad de cambio. SIN. Predestinar, marcar. FAM. Predeterminación, predeterminado. DETERMINAR.

prédica *s. f.* **1.** Discurso en que se dan consejos morales o de comportamiento. **2.** Discurso apasionado. **3.** *fam.* Acción de hablar en público. SIN. **1.** Predicación, sermón. **2.** Perorata, arenga. **3.** Alocución, charla.

predicable (del lat. *praedicabilis*) *adj.* **1.** Que merece ser predicado. **2.** En lóg., que se puede predicar de un sujeto. SIN. **1.** Aconsejable, recomendable. ANT. **1.** Desaconsejable.

predicado, da **1.** *p.* de **predicar**. También *adj.* || *s. m.* **2.** En ling., palabra o conjunto de palabras (el verbo y sus complementos, si los lleva) que enuncian algo del sujeto, y función que desempeñan dentro de la oración. **3.** En lóg., aquello que se afirma o niega del sujeto en una proposición. || **4. predicado nominal** El que está formado por un verbo copulativo, como *ser* o *estar*, y un atributo. **5. predicado verbal** El constituido por un verbo no copulativo y sus complementos, si los lleva.

predicador, ra *s. m.* y *f.* Persona que predica, especialmente la palabra de Dios.

predicamento (del lat. *praedicamentum*) *s. m.* Prestigio e influencia que tiene una persona entre la gente y que ha merecido por sus obras. SIN. Autoridad, fama, crédito. ANT. Desprestigio.

predicar (del lat. *praedicare*) *v. tr.* **1.** Pronunciar un sermón. Se usa más como *v. intr.* **2.** Propagar o hacer pública cierta doctrina religiosa. También *v. intr.* **3.** Aconsejar a alguien. **4.** *fam.* Regañar a alguien o hacerle ciertas observaciones sobre su conducta, defectos, etc. También *v. intr.* **5.** Dar a conocer algo, hacerlo patente. **6.** En ling. y lóg., enunciar algo de un sujeto. También *v. intr.* ■ Delante de *e* se escribe *qu* en lugar de *c.* **SIN. 1.** y **4.** Sermonear. **2.** y **5.** Anunciar, pregonar, difundir. **3.** Recomendar, sugerir. **4.** Amonestar, reñir. **ANT. 3.** Desaconsejar. **5.** Ocultar, callar. **FAM.** Prédica, predicable, predicación, predicado, predicador, predicamento, predicativo.

predicativo, va (del lat. *praedicativus*) *adj.* **1.** En ling., relativo al predicado. **2.** En ling., se aplica a las oraciones cuyo verbo no es atributivo. **3.** En ling., se dice del adjetivo, complemento o sintagma que modifica a la vez al verbo y a un nombre en función de sujeto o complemento directo; en *Los jugadores corrían cansados*, *cansados* es adjetivo predicativo. También *s. m.*

predicción (del lat. *praedictio, -onis*) *s. f.* **1.** Acción de predecir. **2.** Palabras con que se predice. **SIN. 1.** y **2.** Vaticinio, pronóstico, profecía.

predicho, cha (del lat. *praedictus*) *p.* irreg. de **predecir**.

predilección (de *pre-* y el lat. *dilectio, -onis*) *s. f.* Aprecio o inclinación especial que se tiene por una persona o cosa, a la que se distingue o prefiere entre varias. **SIN.** Preferencia, predisposición. **ANT.** Odio, antipatía. **FAM.** Predilecto. / Dilección.

predilecto, ta (de *pre-* y el lat. *dilecto*, amado) *adj.* Se dice de la persona o cosa más querida o apreciada entre varias. **SIN.** Favorito, preferido, elegido.

predio (del lat. *praedium*) *s. m.* Propiedad que consiste en terrenos, edificios o, en general, bienes inmuebles de cualquier tipo. **SIN.** Finca, heredad, hacienda. **FAM.** Predial.

predisponer (del lat. *praedisponere*) *v. tr.* **1.** Hacer que alguien esté a favor o en contra. También *v. prnl.* **2.** Preparar con antelación a una persona o una cosa para un fin determinado. También *v. prnl.* **3.** Hacer que alguien tenga cierta inclinación o tendencia hacia algo. También *v. intr.* ■ Es v. irreg. Se conjuga como *poner.* **SIN. 1.** Incitar, influir. **2.** Disponer(se), organizar(se). **3.** Inclinar, impulsar. **FAM.** Predisposición, predispuesto. DISPONER.

predisposición *s. f.* **1.** Acción de predisponer o predisponerse. **2.** Inclinación o actitud favorable hacia una persona o cosa: *Hago dieta porque tengo predisposición a engordar.* **SIN. 2.** Tendencia, disposición.

predispuesto, ta 1. *p.* irreg. de **predisponer**. || *adj.* **2.** Que ha sido influido para que piense o actúe de determinada manera: *Estaba predispuesto contra mí.* **3.** Que muestra predisposición hacia alguien o algo: *Lo encuentro poco predispuesto al estudio.* **SIN. 3.** Dispuesto, tendente.

predominante *adj.* Que predomina. **SIN.** Dominante, sobresaliente.

predominar *v. intr.* **1.** Conseguir alguien o algo destacar, triunfar o ser superior al resto. **2.** Ser una cosa más abundante que las demás o la que más claramente se percibe: *En sus libros pre dominan los temas históricos.* **SIN. 1.** Prevalecer, sobresalir. **1.** y **2.** Dominar. **2.** Abundar. **FAM.** Predominante, predominantemente, predominio. DOMINAR.

predominio *s. m.* Circunstancia de predominar sobre los demás: *El predominio de nuestro equipo fue indiscutible. En la decoración se aprecia un predominio de los colores pastel.* **SIN.** Prevalecimiento, superioridad, dominio.

predorsal *adj.* **1.** Que está situado en la parte anterior de la columna vertebral. **2.** Se dice del sonido que se articula principalmente con la parte anterior del dorso de la lengua, como el fonema *ch*.

predorso *s. m.* Parte anterior del dorso de la lengua. **FAM.** Predorsal. DORSO.

preelectoral *adj.* Que es anterior a unas elecciones: *En todo el país se respira un ambiente preelectoral.* **ANT.** Poselectoral.

preeminencia (del lat. *praeminentia*) *s. f.* **1.** Ventaja o superioridad que alguien o algo tiene sobre otras personas o cosas. **2.** Preferencia, prioridad. **SIN. 1.** Predominio, dominio, supremacía. **1.** y **2.** Primacía. **ANT. 2.** Inferioridad. **FAM.** Preeminente. EMINENCIA.

preeminente (del lat. *praeminens, -entis*) *adj.* Que supera a otros en categoría o importancia. **SIN.** Destacado, superior.

preescolar *adj.* Se aplica a la educación de los niños anterior a la primera enseñanza básica y a lo relacionado con la misma. También *s. m.*

preestablecer *v. tr.* Establecer algo con anterioridad a un momento determinado. ■ Es v. irreg. Se conjuga como *agradecer.* **FAM.** Preestablecido. ESTABLECER.

preestablecido, da *adj.* Que está establecido anteriormente por una ley o un reglamento.

preestreno *s. m.* En cine y espectáculos, actuación anterior al estreno al que se suele invitar a los medios de comunicación y a gente relacionada con el medio.

preexistir (del lat. *praexistere*) *v. intr.* Existir una cosa antes del momento, circunstancia, etc., que se considera. **SIN.** Preceder. **FAM.** Preexistencia, preexistente. EXISTIR.

prefabricado, da *adj.* Se dice de las construcciones o manufacturas cuyas partes principales se fabrican por separado para montarlas posteriormente en el lugar de emplazamiento y en el momento de su utilización.

prefabricar *v. tr.* Fabricar por separado los distintos elementos o partes de una construcción o manufactura que serán luego ajustados y montados. ■ Delante de *e* se escribe *qu* en lugar de *c.* **FAM.** Prefabricado. FABRICAR.

prefacio (del lat. *praefatio*) *s. m.* **1.** Introducción de un escrito en la que se explica, comenta, etc., lo que se dice en él. **2.** Parte de la misa inmediatamente anterior al canon. **SIN. 1.** Prólogo, preámbulo. **ANT. 1.** Epílogo.

prefecto (del lat. *praefectus*) *s. m.* **1.** Entre los antiguos romanos, nombre que se daba a diversos jefes militares o civiles. **2.** En Francia, gobernador de un departamento. **3.** El que preside y dirige una junta o comunidad eclesiástica. **4.** Persona que desempeña ciertas funciones: *el prefecto de estudios de un colegio de religiosos.* **FAM.** Prefectura. / Subprefecto.

prefectura *s. f.* **1.** Dignidad, función o cargo de prefecto. **2.** Territorio gobernado por un prefecto. **3.** Oficina o despacho del prefecto. **4.** En Francia, capital de un departamento.

preferencia (del lat. *praeferens, -entis*, de *praeferre*, preferir) *s. f.* **1.** Circunstancia de tener una persona o cosa más derecho que otras a estar o ir delante, a ocupar un lugar mejor, etc. **2.** Hecho de querer alguien más a una persona o cosa que a otras. **3.** *fam.* Favoritismo*. Se usa más en *pl.* **4.** En algunos espectáculos públicos, localidades que se consideran las mejores. **SIN. 1.** Prioridad, primacía. **2.** Predilección, predisposición. **3.** Parcialidad, privilegio. **ANT. 1.** Posterioridad. **2.** Antipatía. **3.** Imparcialidad. **FAM.** Preferencial. PREFERIR.

preferencial *adj.* Que tiene preferencia sobre algo: *trato preferencial.* **SIN.** Preferente. **ANT.** Inferior.

preferente (del lat. *praeferens, -entis*, de *praeferre*, preferir) *adj.* Que es muy bueno, mejor o superior que otra cosa. **SIN.** Preferencial, preeminente, principal. **ANT.** Inferior. **FAM.** Preferentemente. PREFERIR.

preferible *adj.* Más conveniente o apropiado. ■ Se usa con verbos como *ser, parecer*, etc.: *Se ha hecho tarde; es preferible que no vayamos.* **SIN.** Mejor.

preferido, da 1. *p.* de **preferir**. || *adj.* **2.** Que es el más apreciado o mejor considerado entre varios. También *s. m.* y *f.*: *El benjamín es el preferido de sus padres.* **SIN. 2.** Favorito, predilecto.

preferir (del lat. *praeferre*, llevar o poner delante) *v. tr.* **1.** Apreciar más a una persona o cosa que a otra o gustarle a alguien o apetecerle más una cosa que otra: *Normalmente prefiero el café al té.* **2.** Dar preferencia: *Prefieren gente con experiencia para ese puesto.* ■ Es v. irreg. Se conjuga como *sentir.* **SIN. 1.** Inclinarse. **1.** y **2.** Anteponer. **ANT. 1.** Despreciar. **2.** Postergar. **FAM.** Preferencia, preferente, preferible, preferiblemente, preferido.

prefigurar (del lat. *praefigurare*) *v. tr.* **1.** Representar anticipadamente una cosa. || **prefigurarse** *v. prnl.* **2.** Imaginarse por anticipado una cosa. **FAM.** Prefiguración. FIGURA.

prefijación *s. f.* En ling., manera de formar nuevas palabras por medio de prefijos.

prefijar *v. tr.* **1.** Señalar o fijar algo por anticipado. **2.** Añadir prefijos a las palabras para formar otras nuevas. **SIN. 1.** Predeterminar, preestablecer. **ANT. 1.** Improvisar. **FAM.** Prefijación. PREFIJO.

prefijo, ja (del lat. *praefixus*, de *praefigere*, colocar delante) *adj.* **1.** Se dice del afijo que se coloca al principio de la palabra, como en *re*tocar o *psico*análisis. También *s. m.* || *s. m.* **2.** Cifras que indican zona, ciudad o país, que se marcan antes del número de teléfono del abonado para comunicar telefónicamente con una zona geográfica distinta. **FAM.** Prefijar. FIJO.

pregón (del lat. *praeco, -onis*) *s. m.* **1.** Anuncio de alguna noticia que se hace en voz alta por las calles o mediante carteles. **2.** Discurso que se pronuncia inmediatamente antes de que dé comienzo la celebración de unas fiestas. **SIN. 1.** y **2.** Proclama. **FAM.** Pregonar.

pregonar (del bajo lat. *praeconari*) *v. tr.* **1.** Anunciar algo con un pregón. **2.** Hacer público algo que permanecía oculto: *Va por ahí pregonando todos mis secretos.* **3.** Elogiar públicamente las buenas cualidades de una persona o cosa. **SIN. 1.** Vocear. **1.** y **2.** Proclamar. **2.** Divulgar, difundir, publicar, airear. **3.** Alabar. **ANT. 2.** Callar, ocultar. **FAM.** Pregonero. PREGÓN.

pregonero, ra *adj.* **1.** Que pregona. También *s. m.* y *f.* || *s. m.* y *f.* **2.** Persona que pronuncia el pregón de unas fiestas o lee los pregones municipales.

pregunta *s. f.* **1.** Acción de preguntar. **2.** Frase o expresión con que se pregunta. || **LOC. a la cuarta pregunta** *adv. fam.* Muy escaso de dinero. **SIN. 1.** y **2.** Interrogación, interrogante, cuestión, demanda, consulta. **ANT. 1.** y **2.** Respuesta.

preguntar (del lat. *percontari*, tantear, sondear) *v. tr.* Pedir una persona a otra que le dé cierta información, le resuelva una duda o le confirme o niegue algo. También *v. intr.* y *v. prnl.*: *Si no sabes algo, pregunta. Me pregunto si habrá llegado Pedro.* **SIN.** Interrogar, demandar, inquirir, interpelar. **ANT.** Responder, contestar. **FAM.** Pregunta, preguntador, pregunteo, preguntón.

preguntón, na *adj. fam.* Que pregunta mucho. También *s. m.* y *f.*

prehelénico, ca *adj.* Se aplica a las civilizaciones desarrolladas en territorio egeo antes de la llegada de los griegos, como la minoica y la micénica.

prehispánico, ca *adj.* Se dice de la América anterior a la llegada de los españoles. **SIN.** Precolombino.

prehistoria *s. f.* **1.** Periodo de la vida de la humanidad que abarca desde los orígenes del hombre hasta la aparición de los primeros testimonios escritos. **2.** Rama de la historia que estudia dicho periodo. **3.** Orígenes: *Ese motor pertenece a la prehistoria del automóvil.* **SIN. 3.** Inicio, albores. **FAM.** Prehistórico. HISTORIA.

prehistórico, ca *adj.* **1.** De la prehistoria. **2.** Anticuado, atrasado. **SIN. 1.** y **2.** Antediluviano. **2.** Antiguo, arcaico, caduco, obsoleto. **ANT. 2.** Moderno, actual.

prehomínido, da *adj.* Se aplica a varias especies fósiles cercanas al hombre a las que pertenecen los australopitecos. También *s. m.* y *f.*

preinscripción *s. f.* Inscripción previa necesaria para realizar otra posterior: *la preinscripción para matricularse en una carrera universitaria.*

preislámico, ca *adj.* Anterior a la aparición o el establecimiento del Islam.

prejubilación *s. f.* Jubilación realizada con anterioridad a la edad que fija la ley.

prejuicio *s. m.* Juicio que no está basado en la razón ni en el conocimiento, sino en ideas preconcebidas. **SIN.** Prevención, escrúpulo.

prejuzgar (del lat. *praeiudicare*) *v. tr.* Juzgar sin tener datos suficientes para ello. ■ Delante de *e* se escribe *gu* en lugar de *g*: *prejuzgues.* **FAM.** Prejuicio. JUZGAR.

prelacía *s. f.* Prelatura*.

prelación (del lat. *praelatio, -onis*) *s. f.* Preferencia, prioridad, primacía. **SIN.** Precedencia, antelación. **ANT.** Postergación. **FAM.** Prelado.

prelado, da (del lat. *praelatus*, puesto delante, preferido) *s. m.* y *f.* **1.** Superior de un convento o comunidad religiosa. || *s. m.* **2.** Dignidad de la Iglesia, especialmente el arzobispo y el obispo. **FAM.** Prelacía, prelaticio, prelatura. PRELACIÓN.

prelaticio, cia *adj.* Relacionado con el prelado: *vestimenta prelaticia.*

prelatura (del bajo lat. *praelatura*) *s. f.* Oficio del prelado.

prelavado *s. m.* Lavado preparatorio, especialmente en las lavadoras automáticas.

preliminar (de *pre-* y el lat. *liminaris*, del umbral, de la puerta) *adj.* Que se dice o hace como preparación para otra cosa. También *s. m.*, sobre todo *pl.*: *Después de los preliminares, discutieron la cuestión.* **SIN.** Inicial, previo, preparatorio, introductorio; preámbulo, proemio, liminar. **ANT.** Posterior, final. **FAM.** Preliminarmente.

preludiar *v. tr.* **1.** Preceder o dar entrada a algo: *Esta atmósfera tan cargada preludia tormenta.* **2.** En mús., ensayar antes de comenzar a tocar o cantar. También *v. intr.* **SIN. 1.** Anunciar, augurar.

preludio (del lat. *praeludium*, lo que precede a una representación) *s. m.* **1.** Aquello que sucede antes de una cosa y la anuncia, prepara o inicia. **2.** Breve pieza musical que sirve de introducción a otras. SIN. **1.** Anuncio, inicio. FAM. Preludiar.

premamá *adj.* De la mujer embarazada o relacionado con ella. ■ Se usa sobre todo para la ropa.

prematrimonial *adj.* Relativo al matrimonio, pero realizado con anterioridad al mismo: *relaciones prematrimoniales, acuerdo prematrimonial.*

prematuro, ra (del lat. *praematurus*) *adj.* **1.** Que ocurre antes de lo acostumbrado o debido. Referido a niños, también *s. m.* y *f.*: *Ayer nació un prematuro en el hospital.* **2.** Que no está suficientemente maduro. **3.** Aplicado a noticias, datos, etc., aún no confirmado. SIN. **1.** Anticipado, adelantado. **1.** y **2.** Precoz, temprano. **2.** Inmaduro. **3.** Apresurado, precipitado. ANT. **1.** Demorado, retrasado. **1.** y **2.** Atrasado. FAM. Prematuramente. MADURO.

premeditación (del lat. *praemeditatio, -onis*) *s. f.* **1.** Acción de premeditar. **2.** Intención de hacer algún daño. SIN. **1.** Preparación, planificación, reflexión, deliberación. **2.** Malicia. ANT. **1.** Improvisación. FAM. Impremeditado. PREMEDITAR.

premeditado, da 1. *p.* de **premeditar**. También *adj.* || *adj.* **2.** Intencionado, planeado de antemano: *un crimen premeditado.* SIN. **2.** Proyectado, programado, preparado. ANT. **2.** Improvisado, espontáneo.

premeditar (del lat. *praemeditari*) *v. tr.* Pensar algo antes de hacerlo. SIN. Meditar, madurar, proyectar, preparar. ANT. Improvisar. FAM. Premeditación, premeditadamente, premeditado. MEDITAR.

premiar (del lat. *praemiare*) *v. tr.* Dar un premio. SIN. Galardonar, recompensar, laurear. FAM. Premiador. PREMIO.

premier (ingl.) *s. m.* y *f.* Primer ministro en el Reino Unido y en los países de la Commonwealth.

première (fr.) *s. f.* Estreno de una obra de teatro o cine.

premio (del lat. *praemium*, recompensa) *s. m.* **1.** Aquello que se da a alguien como reconocimiento de una buena acción, un servicio o un mérito. **2.** Dinero, objeto, etc., que se sortea en un juego o concurso. **3.** Nombre que se da a ciertas competiciones literarias, deportivas, etc.: *Se presentó al premio de teatro.* **4.** Ganador de estas competiciones: *Asistió el premio Nobel de física.* || **5. premio extraordinario** Máxima calificación que puede obtenerse. SIN. **1.** Recompensa, galardón, compensación, gratificación. ANT. **1.** Castigo. FAM. Premiar.

premioso, sa *adj.* Lento. SIN. Pesado, torpe, tardo, pausado. ANT. Rápido, ágil, fluido. FAM. Premiosamente, premiosidad.

premisa (del lat. *praemissa*, puesta o colocada delante) *s. f.* **1.** Idea que sirve de base para un razonamiento. **2.** En lóg., cada una de las dos primeras proposiciones del silogismo, de donde se deduce la conclusión. SIN. **1.** Supuesto, antecedente, hipótesis.

premolar *adj.* Se dice de los dientes situados entre los caninos y los molares. También *s. m.*

premonición (del lat. *praemonitio, -onis*) *s. f.* Presentimiento. SIN. Presagio, intuición, corazonada, barrunto. FAM. Premonitorio, premonizar.

premonitorio, ria (del lat. *praemonitorius*, que avisa anticipadamente) *adj.* Que presagia o anuncia algo.

premonizar *v. tr.* Anunciar el presentimiento de que va a ocurrir algo. ■ Delante de *e* se escribe *c* en lugar de *z*: *premonice.* SIN. Predecir.

premura (del lat. *premere*, apretar) *s. f.* Prisa, urgencia. SIN. Rapidez, prontitud. FAM. Apremiar.

prenatal *adj.* Que existe, se produce o se usa antes del nacimiento de un niño; se aplica particularmente a la ropa adecuada para las mujeres embarazadas.

prenda (del ant. *pendra*, y éste del lat. *pignora*, de *pignus*) *s. f.* **1.** Cualquier cosa que se deja como garantía de algo. **2.** Cualquier cosa que se hace o se da como prueba de lo que se expresa: *Tu ayuda fue la mejor prenda de tu amistad.* **3.** Ropa: *prenda de abrigo.* **4.** Cualidad o perfección física o moral: *Es un hombre de muchas prendas.* **5.** *Amér.* Joya, alhaja. || *s. f. pl.* **6.** Juego en que el perdedor debe entregar un objeto que le pertenezca o realizar lo que decidan los demás jugadores. || LOC. **no dolerle prendas** a uno No importarle reconocer sus propios errores o la superioridad de otro u otros. También, cumplir alguien escrupulosamente sus obligaciones. **no soltar prenda** *fam.* Guardar un secreto. SIN. **1.** Aval, resguardo, seguro. **4.** Virtud. FAM. Prendar, prendería, prendero.

prendar (del lat. *pignorari*, tomar en prenda) *v. tr.* **1.** Agradar mucho a alguien, ganarse su admiración: *Prendó a todos los asistentes.* || **prendarse** *v. prnl.* **2.** Enamorarse o entusiasmarse: *Me prendé de su voz.* SIN. **1.** Encantar, cautivar, seducir, hechizar. **1.** y **2.** Deleitar(se), embelesar(se), maravillar(se). ANT. **1.** Desagradar.

prendedor, ra *adj.* **1.** Que prende o sujeta. También *s. m.* y *f.* || *s. m.* **2.** Alfiler, broche. SIN. **2.** Pasador, imperdible.

prender (del lat. *prehendere*) *v. tr.* **1.** Agarrar. **2.** Enganchar una cosa en otra: *Prendió un broche en la solapa.* También *v. prnl.* **3.** Capturar, detener a una persona. **4.** Encender fuego, la luz, etc. También *v. prnl.* || *v. intr.* **5.** Arraigar una planta en la tierra. **6.** Empezar a arder una materia: *Estas cerillas no prenden.* **7.** Encontrar algo acogida y apoyo entre la gente: *Su mensaje prendió en el público.* SIN. **1.** Asir, aferrar. **1.** y **3.** Coger, apresar, atrapar. **2.** Fijar; enredar(se). **4.** Quemar(se). **5.** Enraizar. **6.** Inflamarse. **7.** Conectar. ANT. **3.** Soltar(se), liberar. **4.** Apagar, sofocar. FAM. Prendedor, prendido, prendimiento, prensil, prensor. / Aprehender, aprender, comprender, desprender, emprender, inaprensible, presa, presilla, preso, prisión, reprender, sorprender.

prendería *s. f.* Tienda en que se compra y vende ropa, joyas, muebles y otras cosas usadas.

prendido, da 1. *p.* de **prender**. También *adj.* || *s. m.* **2.** Adorno que se pone en la cabeza o se engancha en la ropa. SIN. **2.** Prendedor, broche, pasador.

prensa (del cat. *premsa*) *s. f.* **1.** Máquina que sirve para hacer presión. **2.** Máquina para imprimir o estampar. **3.** Conjunto de publicaciones periódicas impresas. **4.** Conjunto de personas dedicadas al periodismo: *La prensa asistió al acto.* **5.** Periodismo: *Trabaja en la prensa.* || **6. agencia de prensa** Empresa que se encarga de facilitar información a los diarios, revistas, etc. **7. prensa amarilla** La sensacionalista. **8. prensa del corazón** La que cuenta la vida íntima de algunas personas famosas y populares. || LOC. **en prensa** *adv.* En proceso de impresión y publicación. **tener** alguien o algo **buena** (o **mala**) **prensa** Tener buena (o mala) fama. SIN. **1.** Compresora. **2.** Rotativa, estampadora. **FAM.** Prensar, prensista.

prensador, ra *adj.* Que prensa: *máquina prensadora.* También *s. m.* y *f.* **SIN.** Estrujador.

prensar *v. tr.* Comprimir. **SIN.** Presionar, aplastar, estrujar, apretar, apisonar. **FAM.** Prensado, prensador, prensadura. PRENSA.

prensil (del lat. *prehensus*) *adj.* Que sirve para prender, agarrar o agarrarse. **SIN.** Prensor.

prensor, ra (del lat. *prehensus*, de *prehendere*, coger) *adj.* **1.** Que agarra. **2.** Se dice de las aves que tienen un pico robusto y encorvado y las patas con dos de los dedos dirigidos hacia atrás, como el loro. También *s. f.* || *s. f. pl.* **3.** Antiguo orden constituido por estas aves. **SIN. 1.** Prensil.

prenupcial *adj.* Anterior a la boda.

preñar (de *empreñar*, hacer concebir, y éste del lat. *praegnas, -atis*) *v. tr.* **1.** Fecundar a una hembra de cualquier mamífero. **2.** Llenar, cargar. **SIN. 1.** Embarazar, fertilizar. **2.** Colmar, atestar, henchir. **ANT. 2.** Vaciar, aligerar. **FAM.** Preñado, preñez. / Empreñar.

preñez *s. f.* **1.** Embarazo. **2.** Tiempo que dura. **SIN. 1.** y **2.** Gravidez. **2.** Gestación.

preocupación (del lat. *praeoccupatio, -onis*) *s. f.* **1.** Acción de preocupar o preocuparse. **2.** Aquello que preocupa. || *s. f. pl.* **3.** Ocupaciones, responsabilidades. **SIN. 1.** Desasosiego, ansiedad, nerviosismo. **1.** y **2.** Cuidado, inquietud. **2.** Afán, desvelo, interés. **ANT. 1.** Despreocupación, sosiego. **2.** Desinterés.

preocupar (del lat. *praeoccupare*) *v. tr.* **1.** Causar algo intranquilidad, temor, etc. También *v. prnl.* **2.** Importar: *Sólo le preocupa su aspecto.* || **preocuparse** *v. prnl.* **3.** Dedicar atención a alguien o a algo. **SIN. 1.** Intranquilizar(se), inquietar(se), desasosegar(se), angustiar(se), alarmar(se). **2.** Atraer. **2.** y **3.** Interesar(se). **3.** Desvelarse, encargarse, ocuparse, entregarse. **ANT. 1.** Tranquilizar(se). **3.** Despreocuparse. **FAM.** Preocupación, preocupadamente, preocupante. / Despreocuparse. OCUPAR.

preolímpico, ca *adj.* Se dice de las pruebas deportivas que sirven para clasificar a los deportistas para unos Juegos Olímpicos.

preoperatorio, ria *adj.* Se dice del proceso y del tiempo anterior a una intervención quirúrgica. También *s. m.*

prepalatal *adj.* **1.** Se dice del sonido que se pronuncia acercando la lengua a la parte anterior del paladar. **2.** Se dice de la letra que representa dicho sonido, p. ej., la *ch.* También *s. f.*

preparación (del lat. *praeparatio, -onis*) *s. f.* **1.** Acción de preparar o prepararse. **2.** Conocimientos, cultura. **3.** En biol., producto que resulta de aplicar una serie de técnicas o procesos a una sustancia, tejido, etc., que permitirá su posterior observación al microscopio. **SIN. 1.** Disposición, organización, acondicionamiento, arreglo. **2.** Saber. **ANT. 1.** Improvisación. **2.** Incultura, ignorancia.

preparado, da 1. *p.* de **preparar**. También *adj.* || *adj.* **2.** Listo para ser consumido o utilizado. **3.** Experto, entendido. || *s. m.* **4.** Medicamento. **SIN. 3.** Conocedor, especializado, ducho. **ANT. 3.** Inexperto.

preparador, ra (del lat. *praeparator, -oris*) *s. m.* y *f.* **1.** Persona que prepara. **2.** Entrenador*.

preparar (del lat. *praeparare*) *v. tr.* **1.** Poner a alguien o algo en condiciones para cierto fin. También *v. prnl.*: *Prepárate para oír una buena noticia.* **2.** Entrenar*. También *v. prnl.* **3.** Estudiar para un examen o prueba: *Prepara unas oposiciones.* **4.** Amañar: *La pelea estaba preparada.* || **prepararse** *v. prnl.* **5.** Estar algo próximo a suceder: *Se prepara una buena tormenta.* **SIN. 1.** Ordenar, acondicionar(se), aviar(se), habilitar, disponer(se). **2.** Adiestrar(se). **2.** y **4.** Arreglar(se). **4.** Apañar, falsear. **5.** Avecinarse, fraguarse. **ANT. 1.** Desarreglar(se). **FAM.** Preparación, preparado, preparador, preparativo, preparatorio. PARAR.

preparativo, va *adj.* **1.** Que se hace o sirve para preparar. || *s. m. pl.* **2.** Conjunto de cosas que sirven para preparar algo: *los preparativos de la boda.* **SIN. 1.** Preparatorio, preliminar. **2.** Preparación, arreglo, plan, proyecto. **ANT. 1.** Final, último.

preparatorio, ria *adj.* **1.** Que prepara o sirve para preparar: *reuniones preparatorias.* **2.** Se dice de los cursos que se hacen para poder comenzar estudios posteriores. También *s. m.* || *s. m.* **3.** *Arg.* Estudios que deben cursarse inmediatamente antes de ingresar en la universidad.

preponderancia *s. f.* Superioridad*. **SIN.** Primacía, supremacía, predominio, dominio. **ANT.** Inferioridad.

preponderante *adj.* Que domina, que tiene superioridad sobre el resto. **SIN.** Superior, predominante, dominante. **ANT.** Inferior.

preponderar (del lat. *praeponderare*) *v. intr.* Mostrar superioridad sobre el resto, ser más importante, abundante, etc. **SIN.** Predominar, dominar, prevalecer, sobresalir, destacar. **FAM.** Preponderancia, preponderante. PONDERAR.

preposición (del lat. *praepositio, -onis*) *s. f.* Clase invariable de palabras que sirven para relacionar términos, sintagmas o proposiciones que pertenecen a la misma oración. Las más usuales son: *a*, *ante*, *bajo*, *con*, *contra*, *de*, *desde*, *en*, *entre*, *hacia*, *hasta*, *para*, *por*, *según*, *sin*, *sobre* y *tras.* **FAM.** Preposicional, prepositivo. POSICIÓN.

preposicional *adj.* **1.** Relativo a la preposición. **2.** En ling., se aplica al sintagma introducido por una preposición. **SIN. 1.** Prepositivo.

prepositivo, va *adj.* Que funciona como preposición, tiene sus características o equivale a ella: *locución prepositiva.*

prepósito (del lat. *praepositus*) *s. m.* Superior de algunas comunidades u órdenes religiosas. **FAM.** Véase **poner**.

prepotencia (del lat. *praepotentia*) *s. f.* Cualidad de prepotente. **SIN.** Abuso, despotismo.

prepotente (del lat. *praepotens, -entis*) *adj.* Se aplica a quien tiene mucho poder y, particularmente, al que abusa o presume de él, así como a su actitud. También *s. m.* y *f.* **SIN.** Dominante, autoritario, despótico. **FAM.** Prepotencia. POTENTE.

prepucio (del lat. *praeputium*) *s. m.* Piel móvil que recubre el extremo del pene. **FAM.** Prepucial.

prerrafaelismo *s. m.* **1.** Arte y estilo pictóricos anteriores a Rafael de Urbino. **2.** Movimiento artístico surgido en Inglaterra en la segunda mitad del s. XIX, que recuperó la tradición de los pintores anteriores a Rafael. **FAM.** Prerrafaelista.

prerrogativa (del lat. *praerogativa*) *s. f.* **1.** Ventaja que alguien tiene sobre otros debido a su edad, cargo, etc. **2.** Derecho exclusivo que tiene una autoridad. **SIN. 1.** Privilegio, beneficio, favor. **2.** Facultad, competencia, atribución.

prerromance *s. m.* **1.** Anterior a la implantación del latín. **2.** Anterior a la formación de las lenguas romances.

prerrománico, ca *adj.* Se aplica al conjunto de los estilos artísticos medievales europeos anteriores al románico, cultivados entre los s. V y XI y caracterizados por la sencillez y la escasez de muestras escultóricas o pictóricas. También *s. m.*

prerromano, na *adj.* Anterior al dominio o civilización de los antiguos romanos.

prerromanticismo *s. m.* Movimiento literario y artístico de transición entre el neoclásico y el romanticismo. **FAM.** Prerromanticista, prerromántico.

presa (del cat. *presa*, y éste del lat. *praeda*) *s. f.* **1.** Cualquier persona, animal o cosa que puede ser atrapado, cazado, etc. **2.** Persona, animal o cosa que sufre o padece aquello que se expresa: *Fue presa del pánico.* **3.** Muro que se construye para detener una corriente de agua. **4.** Embalse, lago artificial. **5.** Conducto, canal para conducir el agua. **6.** Acción de prender o coger. **7.** En deportes de lucha, movimiento con que se sujeta al contrario. **SIN. 1.** y **2.** Víctima. **3.** Dique. **4.** Estanque, represa. **5.** Acequia, zanja. **7.** Llave.

presagiar (del lat. *praesagiare*) *v. tr.* **1.** Anunciar. **2.** Adivinar: *Presagió su propia muerte.* **SIN. 1.** y **2.** Pronosticar, vaticinar, augurar. **2.** Presentir, predecir.

presagio (del lat. *praesagium*) *s. m.* **1.** Señal que anuncia algo que va a suceder. **2.** Adivinación o presentimiento de lo que va a suceder en el futuro. **SIN. 1.** Anuncio, indicio, síntoma, aviso. **2.** Vaticinio, premonición, corazonada, intuición, sospecha. **FAM.** Presagiar.

presbicia *s. f.* Defecto de la vista en que se perciben borrosamente los objetos próximos y más claramente los lejanos, debido a una disminución de la capacidad de acomodación del cristalino. ■ Se llama también *vista cansada.* **FAM.** Présbita, présbite.

présbita o **présbite** (del fr. *presbyte*, viejo, y éste del gr. *presbys, -ytos*) *adj.* Se dice del ojo o de la persona que padece presbicia. También *s. m.* y *f.*

presbiterianismo *s. m.* Rama del protestantismo ortodoxo, surgida en Escocia a finales del s. XVI, que atribuye toda la autoridad eclesiástica a un sínodo formado por pastores y laicos y no reconoce la jerarquía episcopal. **FAM.** Presbiteriano. PRESBÍTERO.

presbiterio (del lat. *presbyterium*, y éste del gr. *presbyterion*) *s. m.* **1.** Parte de las iglesias donde está el altar mayor. **2.** Reunión de los sacerdotes con el obispo.

presbítero (del lat. *presbyter, -eri*, y éste del gr. *presbyteros*, más viejo) *s. m.* Sacerdote cristiano. **SIN.** Cura, clérigo, pastor. **FAM.** Presbiterado, presbiteral, presbiterianismo, presbiterio.

prescindir (del lat. *praescindere*, cortar por delante) *v. intr.* **1.** Dejar de tener, disfrutar o usar una cosa. **2.** No contar con una persona: *Prescindieron del entrenador.* **3.** No tener en cuenta o no mencionar cierta cosa: *Prescindió de los datos menos importantes.* **SIN. 1.** Privarse, desprenderse, renunciar. **1.** y **3.** Eliminar, descartar, suprimir. **2.** y **3.** Omitir. **3.** Silenciar. **ANT. 1.** y **2.** Emplear. **FAM.** Prescindible. / Imprescindible. ESCINDIR.

prescribir (del lat. *praescribere*) *v. tr.* **1.** Indicar que se use o tome algo, especialmente una medicina. **2.** Mandar, ordenar: *La ley prescribe pena de prisión para ese delito.* || *v. intr.* **3.** Acabar el plazo en que un derecho, responsabilidad u otra cosa son válidos: *El contrato de alquiler prescribe a los dos años.* ■ Su p. es irreg. *prescrito.* **SIN. 1.** Recetar, recomendar. **2.** Disponer, determinar. **3.** Caducar, vencer, terminar, finalizar, extinguirse. **ANT. 3.** Comenzar, empezar. **FAM.** Prescripción, prescriptible, prescriptivo, prescrito. / Imprescriptible. ESCRIBIR.

prescripción (del lat. *praescriptio, -onis*) *s. f.* **1.** Acción de prescribir. **2.** Receta médica. **SIN. 1.** Precepto, mandato, disposición, determinación, recomendación; conclusión, vencimiento, extinción, término.

prescriptivo, va *adj.* Se dice de lo que prescribe algo: *una gramática prescriptiva.*

presea (del lat. *praesidia*, garantías) *s. f.* Objeto de mucho valor. **SIN.** Joya, alhaja. **ANT.** Baratija, bagatela.

preselección *s. f.* Selección que se hace antes de la definitiva. **FAM.** Preseleccionado. SELECCIÓN.

presencia (del lat. *praesentia*) *s. f.* **1.** Circunstancia de estar alguien o algo en un lugar: *Tu presencia animó la reunión.* **2.** Circunstancia de existir o de ocurrir cierta cosa: *Detectaron la presencia de un escape de gas.* **3.** Aspecto, apariencia: *Era un hombre de muy buena presencia.* || **4. presencia de ánimo** Serenidad, entereza. || **LOC. hacer acto de presencia** Acudir a un lugar determinado. **SIN. 1.** Asistencia, comparecencia. **1.** y **2.** Aparición. **2.** Existencia. **3.** Pinta, estampa, facha, figura, traza. **ANT. 1.** y **2.** Ausencia. **2.** Inexistencia. **FAM.** Presencial, presenciar, presente.

presencial (del lat. *praesentialis*) *adj.* **1.** Que presencia algo: *testigo presencial.* **2.** De la presencia: *acto presencial.* **SIN. 1.** Ocular. **FAM.** Presencialmente. PRESENCIA.

presenciar *v. tr.* Ver en persona cierto acontecimiento, espectáculo, etc., estar presente en él. **SIN.** Mirar, observar, contemplar.

presentable *adj.* Que tiene buen aspecto o está en condiciones de presentarse o ser presentado. **SIN.** Curioso, visible, aparente. **ANT.** Impresentable. **FAM.** Impresentable. PRESENTAR.

presentación (del lat. *praesentatio, -onis*) *s. f.* **1.** Acción de presentar o presentarse. **2.** Manera de estar presentada una cosa. **SIN. 1.** Muestra, manifestación, exhibición, exposición, aparición. **2.** Presencia, apariencia, aspecto, traza, pinta.

presentador, ra *s. m.* y *f.* Persona que presenta, especialmente en televisión.

presentar (del lat. *praesentare*) *v. tr.* **1.** Poner algo ante alguien para que lo vea, examine, etc. **2.** Mostrar alguien o algo ciertos rasgos, características, etc.: *El enfermo presenta muy buen aspecto.* **3.** Dar a conocer a otro u otros a una persona o cosa: *Te presento a mi amigo. Ayer presentó el libro a la prensa.* **4.** Comentar o conducir un programa de radio o televisión, un espectáculo, etc. **5.** Proponer a alguien para un cargo, oficio, etc. Se usa más como *v. prnl.*: *Se presentará a las elecciones.* **6.** Con *excusas*, *respetos*, etc., darlos, ofrecerlos. || **presentarse** *v. prnl.* **7.** Aparecer, producirse: *Oportunidades como esa no se presentan todos los días.* **8.** Comparecer, asistir: *¿Vas a presentarte al examen?* **9.** Aparecer en cierto lugar o momento, generalmente de forma inesperada: *Se presentaron en casa varios amigos.* **10.** Ofrecerse para algo. **SIN. 1.** Enseñar, mostrar. **2.** Manifestar. **3.** Introducir. **7.** Surgir, salir, acontecer, ocurrir, suceder. **9.** Personarse, acudir. **10.** Prestarse. **ANT. 1.** y **2.** Ocultar. **8.** Faltar. **FAM.** Presentable, presentación, presentado, presentador. / Representar. PRESENTE.

presente (del lat. *praesens, -entis*) *adj.* **1.** Se aplica a la persona que está en presencia de alguien o algo. También *s. m.* y *f. pl.*: *Me dirijo a todos los* *presentes.* **2.** Se dice del tiempo y de las cosas que ocurren en el momento en que se habla. **3.** En ling., se aplica a la forma verbal que expresa una acción que se realiza en el momento en que se relata. También *s. m.*: *el presente de subjuntivo.* || *s. m.* **4.** Tiempo o periodo actual: *Hay que vivir el presente.* **5.** Regalo, obsequio: *Acepta este presente en señal de mi amistad.* || *s. f.* **6.** Precedido del artículo *la*, fórmula que aparece en una carta, notificación, etc., para referirse a esta misma: *La presente es para comunicarle que...* || **LOC. hacer presente** algo a alguien Decírselo o recordárselo. **mejorando lo presente** Se emplea por cortesía, cuando se alaba a una persona delante de otra u otras: *Es muy guapa, mejorando lo presente.* **tener presente** a una persona o cosa Recordarla o tenerla en cuenta: *Tendré presentes tus palabras.* **SIN. 1.** Asistente, concurrente. **2.** Actual, reciente, contemporáneo, coetáneo. **5.** Ofrenda, dádiva. **ANT. 1.** Ausente. **2.** y **4.** Pasado, pretérito, futuro. **FAM.** Presentar. / Omnipresente. PRESENCIA.

presentimiento *s. m.* Sensación de que va a ocurrir algo o de que va a ocurrir de determinada forma. **SIN.** Premonición, presagio, corazonada, intuición, sospecha, barrunto.

presentir (del lat. *praesentire*) *v. tr.* Tener un presentimiento: *Presiento que voy a aprobar.* ■ Es v. irreg. Se conjuga como *sentir.* **SIN.** Sospechar, barruntar, presagiar. **FAM.** Presentimiento. SENTIR[1].

preservación *s. f.* Protección de algún daño o peligro.

preservar (del bajo lat. *praeservare*) *v. tr.* Proteger a una persona, animal o cosa de algún daño, molestia o peligro. También *v. prnl.* **SIN.** Conservar, defender(se), amparar(se), resguardar(se). **FAM.** Preservación, preservador, preservante, preservativo.

preservativo, va *adj.* **1.** Que preserva. También *s. m.* || *s. m.* **2.** Funda de goma con que se cubre el pene durante la realización del acto sexual para evitar la fecundación o la transmisión de enfermedades. **SIN. 1.** Preservador, conservante. **2.** Condón, profiláctico. **FAM.** Preservativamente. PRESERVAR.

presidencia *s. f.* **1.** Acción de presidir. **2.** Cargo de presidente. **3.** Tiempo que dura este cargo. **4.** Edificio u oficina del presidente. **5.** Persona o conjunto de personas que presiden algo: *La presidencia inauguró el acto.* **FAM.** Presidenciable, presidencial, presidencialismo. PRESIDIR.

presidenciable *adj.* Que tiene posibilidades de ser nombrado presidente de un partido, organización o gobierno.

presidencial *adj.* Del presidente o de la presidencia.

presidencialismo *s. m.* Sistema político en que el presidente de la república ejerce también la jefatura del gobierno. **FAM.** Presidencialista. PRESIDENCIA.

presidente, ta (del lat. *praesidens, -entis*) *s. m.* y *f.* Persona que preside un grupo, comunidad, Estado, etc. **FAM.** Vicepresidente. PRESIDIR.

presidiario, ria *s. m.* y *f.* Persona que está en presidio cumpliendo una condena. **SIN.** Preso, prisionero, recluso, reo, condenado, penado.

presidio (del lat. *praesidium*, puesto militar) *s. m.* Cárcel*. **SIN.** Penal, penitenciaría, chirona. **FAM.** Presidiable, presidiario.

presidir (del lat. *praesidere*) *v. tr.* **1.** Ocupar el puesto más importante en un organismo o función. **2.** Estar una cosa en el lugar principal: *El retrato del abuelo preside la sala.* **3.** Dominar, guiar: *La sinceridad preside sus actos.* **SIN. 1.** Dirigir. **3.** Imperar, conducir. **FAM.** Presidencia, presidente.

presilla (dim. de *presa*) *s. f.* **1.** Tira hecha de tela u otro material, que se cose al borde de una prenda para pasar por ella un botón, broche, corchete, etc., y cerrar dicha prenda. **2.** Costura que se hace para evitar que se deshilache una tela.

presintonía *s. f.* Dispositivo que memoriza la frecuencia de emisión de un aparato de radio o televisión.

presión (del lat. *pressio, -onis*) *s. f.* **1.** Acción de presionar. **2.** Fuerza que ejerce un gas, líquido o sólido sobre cada unidad de superficie de un cuerpo. **3.** Influencia que se ejerce sobre una persona o grupo para que varíe su conducta. || **4. grupo de presión** Conjunto de personas que, en beneficio de sus propios intereses, tratan de influir activamente en la opinión pública y en todas las esferas de la sociedad. **5. presión arterial** Tensión* arterial. **6. presión atmosférica** (o **barométrica**) Fuerza que ejerce la masa de aire de la atmósfera sobre una unidad de superficie de la Tierra. **7. presión fiscal** Nivel de los impuestos exigidos a los ciudadanos de un país por el Estado. **8. presión osmótica** Fuerza que se aplica para evitar la ósmosis de dos líquidos a través de una membrana. **SIN. 1.** Opresión, compresión, empuje. **3.** Coacción, coerción, intimidación. **FAM.** Presionar, presurizar. / Comprimir, deprimir, expresar, exprimir, imprimir, oprimir, reprimir, suprimir.

presionar *v. tr.* **1.** Ejercer fuerza sobre algo. **2.** Obligar o intentar obligar a una persona o grupo a que varíen su conducta. **SIN. 1.** Apretar, oprimir, comprimir, empujar. **2.** Coaccionar, intimidar, forzar, conminar. **ANT. 1.** Soltar.

preso, sa (del lat. *prensus*) **1.** *p.* irreg. de **prender**. También *adj.* || *adj.* **2.** Que ha sido encarcelado. También *s. m.* y *f.* **3.** Totalmente dominado por un sentimiento: *La gente corría presa del pánico.* **SIN. 2.** Recluso, presidiario, prisionero. **3.** Cautivo, esclavo. **ANT. 2.** Libre. **3.** Liberado. **FAM.** Apresar. PRENDER.

presocrático, ca *adj.* Se dice de los filósofos griegos anteriores a Sócrates y de su filosofía. También *s. m.*

presoterapia *s. f.* Tratamiento de algunas enfermedades del aparato circulatorio.

pressing (ingl.) *s. m.* En ciertos deportes como el fútbol y el baloncesto, presión que ejerce un equipo para impedir o dificultar las jugadas del contrario.

prestación (del lat. *praestatio, -onis*) *s. f.* **1.** Acción de prestar un servicio, ayuda, etc. **2.** Servicio prestado: *Ese coche ofrece muy buenas prestaciones.* **SIN. 2.** Rendimiento. **FAM.** Contraprestación. PRESTAR.

prestado, da *p.* de **prestar**. También *adj.* || **LOC. de prestado** *adv.* Con cosas prestadas o por préstamo de alguien: *Viste de prestado.* De forma provisional o poco segura: *Vive de prestado en mi casa.*

prestamista *s. m.* y *f.* Persona que se dedica a prestar dinero con interés.

préstamo *s. m.* **1.** Cantidad de dinero o cosa que se presta a alguien. **2.** En ling., palabra que una lengua toma de otra, como p. ej. *hobby*, préstamo del inglés; *entrecot*, del francés; *vendetta*, del italiano, etc.

prestancia (del lat. *praestantia*) *s. f.* Aspecto distinguido, elegante. **SIN.** Distinción, elegancia, refinamiento, empaque. **ANT.** Vulgaridad.

prestar (del lat. *praestare*) *v. tr.* **1.** Dar a alguien dinero u otra cosa con la condición de que lo devuelva: *El banco presta dinero a interés.* **2.** Con algunos sustantivos, locución que equivale al verbo de la misma raíz: *prestar atención* (atender), *prestar juramento* (jurar). **3.** Con sustantivos como *auxilio, ayuda, colaboración*, etc., darlos: *Prestó auxilio al herido.* **4.** *Amér.* Pedir prestado. || **prestarse** *v. prnl.* **5.** Ofrecerse voluntariamente a hacer algo. **6.** Acceder: *No me prestaré a esa petición.* **7.** Dar motivo para que ocurra lo que se expresa: *Tus palabras se prestan a confusión.* SIN. **1.** Dejar. **1.** y **5.** Brindar(se). **3.** Conceder. **6.** Avenirse, aceptar, plegarse, condescender, transigir. **7.** Inducir, mover. ANT. **3.** Negar. **5.** Negar(se). FAM. Prestación, prestado, prestador, prestamista, préstamo, prestancia, prestatario, presto. / Aprestar, empréstito, imprestable.

prestatario, ria *adj.* Que toma algo prestado, especialmente dinero. También *s. m.* y *f.*

preste (del ant. fr. *prestre*, y éste del lat. *presbyter, -eri*) *s. m.* Sacerdote que celebra la misa asistido del diácono y el subdiácono. FAM. Arcipreste.

presteza *s. f.* Diligencia, rapidez: *Acudió con presteza en mi ayuda.* SIN. Prontitud, velocidad, celeridad. ANT. Lentitud.

prestidigitación *s. f.* Técnica de producir efectos en apariencia imposibles por medio de juegos de manos y otros trucos. SIN. Ilusionismo, magia. FAM. Prestidigitador.

prestidigitador, ra (del fr. *prestidigitateur*, y éste del lat. *praestigiator*) *s. m.* y *f.* Persona que practica la prestidigitación. SIN. Mago, ilusionista.

prestigiar *v. tr.* Dar prestigio. SIN. Acreditar, ennoblecer, honrar. ANT. Desprestigiar. FAM. Prestigiador. / Desprestigiar. PRESTIGIO.

prestigio (del lat. tardío *praestigium*) *s. m.* Buena fama, influencia. SIN. Crédito, renombre, autoridad, estimación, consideración. ANT. Desprestigio, descrédito. FAM. Prestigiar, prestigioso.

prestigioso, sa (del lat. *praestigiosus*) *adj.* Que goza de prestigio: *un prestigioso escritor.* SIN. Célebre, afamado, renombrado. ANT. Desprestigiado, desacreditado; desconocido.

presto (ital.) *s. m.* **1.** Movimiento musical rápido; p. ext., la composición o parte de ella que se ha de ejecutar con este movimiento. || *adv. m.* **2.** Con este movimiento.

presto, ta (del lat. tardío *praestus*, pronto, dispuesto) *adj.* **1.** Preparado para hacer lo que se expresa: *¿Estás presto para la marcha?* **2.** Rápido: *Es muy presto en sus contestaciones.* También *adv.* SIN. **1.** Listo, dispuesto. **2.** Veloz, raudo; prontamente, rápidamente, velozmente. ANT. **2.** Tardo, lento; lentamente. FAM. Prestamente, presteza. PRESTAR.

presumible *adj.* Probable. SIN. Posible, conjeturable. ANT. Insospechable, imposible. FAM. Presumiblemente. PRESUMIR.

presumido, da 1. *p.* de **presumir**. También *adj.* || *adj.* **2.** Que presume, vanidoso. También *s. m.* y *f.* **3.** Que se ocupa demasiado de su aspecto. También *s. m.* y *f.* SIN. **2.** Fanfarrón, creído, presuntuoso, petulante, engreído. **3.** Coqueto. ANT. **2.** Modesto. **2.** y **3.** Sencillo.

presumir (del lat. *praesumere*) *v. tr.* **1.** Tener la sospecha de algo. || *v. intr.* **2.** Mostrarse demasiado satisfecho de sí mismo o de sus cosas. **3.** Cuidar alguien excesivamente su aspecto externo. ■ Tiene dos p.: uno regular, *presumido*, para la formación de los tiempos compuestos, y otro irregular, *presunto*, utilizado como adjetivo. SIN. **1.** Sospechar, suponer, conjeturar, figurarse, imaginarse, creer. **2.** Alardear, vanagloriarse, jactarse. FAM. Presumible, presumido, presunción, presunto, presuntuoso. SUMIR.

presunción *s. f.* **1.** Acción de presumir. **2.** Idea u opinión que se considera verdadera mientras no exista una prueba en contra: *presunción de inocencia.* **3.** Cualidad de presumido. SIN. **1.** Conjetura, figuración, imaginación, suposición. **3.** Vanidad, jactancia, alarde, chulería. ANT. **3.** Sencillez, modestia.

presunto, ta (del lat. *praesumptus*) **1.** *p.* irreg. de **presumir**. También *adj.* || *adj.* **2.** Supuesto, aunque no seguro: *presunto homicida.* FAM. Presuntamente. PRESUMIR.

presuntuoso, sa (del lat. *praesumptuosus*) *adj.* **1.** Presumido, excesivamente satisfecho de sus cualidades. También *s. m.* y *f.* **2.** Que intenta aparentar elegancia o lujo. SIN. **1.** Vanidoso, engreído, creído, petulante. **1.** y **2.** Pretencioso. **2.** Rimbombante, ostentoso, aparatoso. ANT. **1.** y **2.** Modesto, sencillo. **2.** Natural. FAM. Presuntuosamente, presuntuosidad. PRESUMIR.

presuponer *v. tr.* **1.** Dar por conocida o cierta una cosa antes de tener datos suficientes para ello. **2.** Necesitar como condición previa: *Entender esta lección presupone que se ha estudiado la anterior.* ■ Es v. irreg. Se conjuga como *poner.* SIN. **1.** y **2.** Suponer. **2.** Significar, implicar, entrañar. FAM. Presuposición, presupuesto. SUPONER[1].

presuposición *s. f.* **1.** Cosa que se presupone. **2.** Proposición que sirve como premisa o base a otra. SIN. **1.** Suposición. **1.** y **2.** Supuesto. **2.** Presupuesto, postulado.

presupuestar *v. tr.* Hacer un presupuesto. SIN. Calcular, estimar, valorar.

presupuesto, ta 1. *p.* irreg. de **presuponer**. También *adj.* || *s. m.* **2.** Cálculo anticipado del coste de algo o de los gastos e ingresos para un periodo de tiempo determinado. **3.** Cantidad de dinero de la que se dispone o que se destina a algo. **4.** Presuposición, supuesto. Se usa más en *pl.*: *Su investigación se basa en unos presupuestos muy discutibles.* SIN. **2.** Estimación, cómputo. **3.** Partida, fondos. **4.** Premisa, postulado, principio, supuesto. FAM. Presupuestar, presupuestario. PRESUPONER.

presura (del lat. *pressura*, acción de apretar) *s. f.* **1.** Apresuramiento, prisa. **2.** Opresión. FAM. Presuroso. / Apresurar. PRISA.

presurizar *v. tr.* Hacer que la presión de aire en la cabina de un avión, nave espacial, etc., sea apropiada para un ser humano. ■ Delante de *e* se escribe *c* en lugar de *z*: *presurice.* FAM. Presurización. PRESIÓN.

presuroso, sa *adj.* Rápido, ligero. SIN. Apresurado, veloz, raudo, ágil, vivo. ANT. Lento. FAM. Presurosamente. PRESURA.

prêt-à-porter (fr., significa 'listo para llevar') *adj.* Se dice de la ropa que se vende confeccionada según unas medidas o tallas fijas. También *s. m.*: *Es un modisto dedicado al prêt-à-porter.*

pretemporada *s. f.* Espacio de tiempo inmediatamente anterior a la temporada.

pretencioso, sa (del fr. *prétentieux*) *adj.* Que pretende ser o valer más de lo que es o vale en realidad. También *s. m.* y *f.* SIN. Engreído, presuntuoso, creído, petulante, ostentoso, aparatoso, rimbombante. ANT. Modesto. FAM. Pretenciosamente, pretenciosidad. PRETENDER.

pretender (del lat. *praetendere*) *v. tr.* **1.** Intentar conseguir algo que se expresa: *Pretende un puesto mejor pagado.* **2.** Intentar aparentar una cosa que se expresa y que en realidad no es cierta: *Pretende estar estudiando, pero está leyendo una revista.* **3.** Intentar conquistar a una mujer. **SIN. 1.** Buscar, querer, desear, aspirar, ambicionar, perseguir, procurar. **2.** Simular, fingir. **3.** Cortejar. **ANT. 1.** Renunciar, desistir. **FAM.** Pretencioso, pretendido, pretendiente, pretensión. TENDER.

pretendido, da 1. *p.* de **pretender**. También *adj.* || *adj.* **2.** Que parece, pero no es lo que se expresa: *Su pretendida riqueza no era sino apariencia.* **SIN. 2.** Falso, aparente, fingido, supuesto. **ANT. 2.** Real.

pretendiente, ta *adj.* **1.** Que pretende conseguir algo. También *s. m.* y *f.* || *s. m.* **2.** Hombre que pretende a una mujer. **3.** Persona que reclama para sí un trono vacante. **SIN. 1.** Aspirante, solicitante, candidato. **2.** Cortejador, galanteador.

pretensión (del lat. *praetensio, -onis*) *s. f.* **1.** Intención, propósito. **2.** Derecho que uno cree tener sobre algo. **3.** Cualidad de pretencioso. Se usa más en *pl.*: *Su primera obra tenía demasiadas pretensiones.* **SIN. 1.** Finalidad, voluntad, meta, objetivo. **2.** Reclamación, demanda. **3.** Pretenciosidad, presuntuosidad, presunción, alarde. **ANT. 2.** Renuncia. **3.** Sencillez, modestia.

preter- (del lat. *praeter*) *pref.* Significa 'más allá', 'fuera de': *preterintencionalidad, preternatural.*

preterintencionalidad *s. f.* En der., circunstancia atenuante de responsabilidad criminal cuando se causa un mal superior al querido o planeado.

preterir (del lat. *praeterire*) *v. tr.* **1.** No tener en cuenta intencionadamente a una persona o cosa. **2.** En der., no mencionar en un testamento a un heredero forzoso sin desheredarlo expresamente. ■ Es v. irreg. Se conjuga como *sentir.* **SIN. 1.** Prescindir, excluir, olvidar. **ANT. 1.** Recordar. **FAM.** Preterición. PRETÉRITO.

pretérito, ta (del lat. *praeteritus*, de *praeterire*, dejar atrás) *adj.* **1.** Se dice de lo que ya ha sucedido. **2.** En ling., se aplica a la forma verbal que expresa una acción que ya ha ocurrido o pertenece al pasado. También *s. m.* || *s. m.* **3.** Periodo de tiempo que ya ha pasado. || **4. participio pretérito** Participio* pasado. **5. pretérito anterior** Tiempo compuesto del modo indicativo (*hube cantado*) que presenta una acción como acabada inmediatamente antes que otra también pasada. Actualmente apenas se usa en la lengua hablada: *Tan pronto como se hubo vestido salió corriendo.* **6. pretérito imperfecto** Tiempo simple del modo indicativo (*cantaba*) o del modo subjuntivo (*cantara* o *cantase*); el primero presenta una acción pasada, pero no acabada o completa en ese momento del pasado: *Cuando bajaba las escaleras, me lo encontré*; el segundo puede indicar además una acción presente o futura y expresa la intención del hablante: *Me encantaría que hiciera sol mañana.* **7. pretérito indefinido** Pretérito perfecto simple. **8. pretérito perfecto** Tiempo compuesto del modo indicativo (*he cantado*) o del modo subjuntivo (*haya cantado*); el primero expresa una acción realizada recientemente, o bien una acción pasada cuyas circunstancias o consecuencias tienen alguna relación con el presente: *Ha llovido tanto que está todo encharcado*; el segundo indica acciones acabadas en el presente o en el futuro que pueden tener cierto carácter de duda o irrealidad: *¡Ojalá haya venido Pedro!*. **9. pretérito perfecto simple** Tiempo simple del modo indicativo (*canté*) que expresa una acción pasada, acabada y completada en ese momento del pasado: *Le vimos ayer.* **10. pretérito pluscuamperfecto** Tiempo compuesto del modo indicativo (*había cantado*) o del modo subjuntivo (*hubiera cantado* o *hubiese cantado*); el primero expresa una acción pasada cuya terminación es anterior a la de otra acción también pasada y completa: *Cuando llegó el director, ya había acabado la función*; el segundo añade además la opinión, intención o manera de ver las cosas del hablante: *Esperé a que todos se hubieran ido para marcharme.* **SIN. 1.** Remoto. **1.** y **3.** Pasado. **3.** Ayer. **ANT. 1.** y **3.** Futuro, presente. **FAM.** Preterir.

preternatural *adj.* Se dice de las cosas que están o suceden fuera o más allá del orden natural. **SIN.** Sobrenatural.

pretextar *v. tr.* Poner un pretexto. **SIN.** Alegar, aducir, argüir, simular, fingir.

pretexto (del lat. *praetextus*) *s. m.* Razón falsa que se da para hacer o dejar de hacer algo o para esconder las verdaderas intenciones: *Siempre busca algún pretexto para no venir.* **SIN.** Excusa, disculpa, justificación, evasiva. **FAM.** Pretextar. TEXTO.

pretil (del lat. *pectorile*, de *pectus, -oris*, pecho) *s. m.* Muro o barandilla que se pone a los lados de un puente o de otro sitio alto para evitar caídas. **SIN.** Antepecho, baranda.

pretina (del lat. *pectorina*, de *pectus, -oris*, pecho) *s. f.* Tira o correa con una hebilla o broche que sirve para sujetar o ajustar en la cintura una prenda de vestir.

pretónico, ca *adj.* Protónico*.

pretor (del lat. *praetor, -oris*) *s. m.* Antiguo magistrado romano con jurisdicción en Roma o en una provincia. **FAM.** Pretoría, pretorial, pretorialismo, pretoriano, pretorio.

pretorianismo *s. m.* Influencia política ejercida por los militares en el gobierno.

pretoriano, na (del lat. *praetorianus*) *adj.* **1.** Del pretor. **2.** Se aplica a la guardia de los emperadores romanos y a los soldados que la componían. También *s. m.* **SIN. 1.** Pretorio.

pretorio, ria (del lat. *praetorius*) *adj.* **1.** Del pretor. || *s. m.* **2.** Palacio donde habitaban y donde juzgaban las causas los pretores o los presidentes de una provincia. **SIN. 1.** Pretoriano.

prevalecer (del lat. *praevalescere*) *v. intr.* **1.** Lograr una persona o cosa imponerse o triunfar sobre otra u otras. **2.** Continuar existiendo. ■ Es v. irreg. Se conjuga como *agradecer.* **SIN. 1.** Prevaler, predominar, dominar. **1.** y **2.** Imperar. **2.** Perdurar, permanecer. **ANT. 1.** Perder. **2.** Morir, decaer. **FAM.** Prevaleciente.

prevaler (del lat. *praevalere*) *v. intr.* **1.** Prevalecer, imponerse. || **prevalerse** *v. prnl.* **2.** Aprovecharse de algo para lograr una ventaja, un beneficio, etc. ■ Es v. irreg. Se conjuga como *valer.* **SIN. 1.** Predominar, dominar, vencer. **2.** Valerse, servirse. **ANT. 1.** Perder. **FAM.** Prevalecer. VALER[1].

prevaricación (del lat. *praevaricatio, -onis*) *s. f.* En der., delito que consiste en el incumplimiento por parte de jueces, funcionarios, abogados o procuradores de sus obligaciones específicas, quebrantando la fe, palabra o juramento propios de su cargo. **FAM.** Prevaricador, prevaricar.

prevaricar (del lat. *praevaricari*, andar mal) *v. intr.* Cometer prevaricación. ■ Delante de *e* se escribe *qu* en lugar de *c*: *prevarique.*

prevención (del lat. *praeventio, -onis*) *s. f.* **1.** Acción de prevenir. **2.** Medida tomada con anticipación para evitar un mal, un peligro, etc. **3.** Idea preconcebida o concepto, generalmente desfavorable, que se tiene de alguien o algo. **4.** Puesto de policía o vigilancia de un distrito donde se lleva preventivamente a los detenidos. **SIN. 1.** y **2.** Previsión. **2.** Precaución. **3.** Predisposición, prejuicio, desconfianza, suspicacia. **ANT. 1.** Imprevisión. **FAM.** Desprevenido. PREVENIR.

prevenido, da 1. *p.* de **prevenir**. || *adj.* **2.** Precavido: *Hombre prevenido vale por dos.* **3.** Dispuesto, preparado: *Hay que estar prevenido para lo que pueda pasar.* **SIN. 2.** Previsor. **3.** Listo, presto. **ANT. 2.** y **3.** Desprevenido, descuidado.

prevenir (del lat. *praevenire*) *v. tr.* **1.** Tratar de evitar un daño, peligro, molestia, etc. **2.** Avisar, informar a alguien de algo que puede causarle un daño, molestia o peligro. **3.** Influir en alguien inclinándole a favor o, especialmente, en contra de una persona o cosa: *Su aspecto me previno contra él.* **4.** Preparar con anticipación lo necesario para un determinado fin. También *v. prnl.* || **prevenirse** *v. prnl.* **5.** Tomar las medidas necesarias para tratar de evitar un daño, peligro, molestia, etc.: *Se previno contra el frío.* **6.** Adoptar una actitud contraria hacia alguien o algo. ■ Es v. irreg. Se conjuga como *venir.* **SIN. 1.** Precaver, prever, impedir. **2.** Advertir, apercibir, notificar. **3.** y **4.** Predisponer(se). **4.** Disponer(se), aprestar(se), arreglar(se), organizar(se), proveer(se). **5.** Protegerse, defenderse, guardarse. **ANT. 1.** Impulsar, favorecer. **4.** Desorganizar(se). **FAM.** Prevención, prevenido, preventivo. VENIR.

preventivo, va (del lat. *praeventum*, de *praevenire*, prevenir) *adj.* Se dice de aquello que trata de evitar un daño, peligro, molestia, etc. **SIN.** Precautorio, protector. **FAM.** Preventivamente. PREVENIR.

prever (del lat. *praevidere*) *v. tr.* **1.** Conocer o creer conocer por anticipado lo que va a suceder. **2.** Preparar lo necesario para un determinado fin o para hacer frente a un posible daño, peligro, molestia, etc. ■ No confundir la conjugación de este verbo con la de *proveer.* Es v. irreg. Se conjuga como *ver.* **SIN. 1.** Presentir, predecir, pronosticar, adivinar, sospechar, barruntar. **2.** Prevenir, disponer, aprestar, aparejar. **ANT. 1.** Ignorar. **2.** Descuidar. **FAM.** Previsible, previsión, previsor, previsto. VER[1].

previo, via (del lat. *praevius*) *adj.* Que sucede o se realiza antes que otra cosa a la que sirve, generalmente, de preparación: *Necesitas experiencia previa para este trabajo.* **SIN.** Anterior, precedente. **ANT.** Posterior. **FAM.** Previamente.

previsible *adj.* Que se puede prever. **SIN.** Predecible, presumible. **ANT.** Imprevisible.

previsión (del lat. *praevisio, -onis*) *s. f.* **1.** Acción de prever. **2.** Cosa planeada, programada. **3.** Cálculo anticipado: *Hizo una previsión de gastos bastante ajustada.* **4.** Precaución, cautela, cuidado. **SIN. 1.** Predicción, pronóstico. **2.** Proyecto. **3.** Presupuesto. **4.** Prudencia. **ANT. 4.** Imprevisión.

previsor, ra *adj.* Que prevé o prepara las cosas. También *s. m.* y *f.* **SIN.** Prevenido.

previsto, ta 1. *p.* irreg. de **prever**. También *adj.* || *adj.* **2.** Dispuesto, planeado de antemano. **3.** Sabido o sospechado antes de ocurrir. **SIN. 2.** Proyectado, programado. **3.** Pronosticado. **FAM.** Imprevisto. PREVER.

prez (del prov. *pretz*, y éste del lat. *pretium*) *s. amb.* Prestigio o fama que proporciona una acción meritoria. **SIN.** Honra, honor, nobleza, estima, renombre. **ANT.** Deshonra, deshonor.

priapismo (del gr. *priapismos*, de *Príapos*, dios de la fecundación) *s. m.* Erección continua y dolorosa del pene que no va acompañada de deseo sexual.

priapúlido (del lat. *priapulus*, pene pequeño) *adj.* **1.** Se dice de ciertos gusanos marinos de cuerpo cilíndrico ligeramente anillado, con una pequeña trompa retráctil en cuyo extremo se encuentra la boca. Viven en los mares fríos. También *s. m.* || *s. m. pl.* **2.** Tipo formado por estos invertebrados.

prieto, ta *adj.* **1.** Apretado, ajustado, duro. **2.** Se dice del color muy oscuro, casi negro. **SIN. 1.** Comprimido, ceñido. **ANT. 1.** Flojo, suelto. **FAM.** Apretar.

prima[1] (del lat. *prima*, primera) *s. f.* **1.** Primera de las cuatro partes iguales en que dividían los romanos el día. **2.** Una de las siete horas canónicas que se reza a primera hora de la mañana, después de laudes. **3.** En algunos instrumentos musicales de cuerda, la primera y más delgada, que produce un sonido muy agudo.

prima[2] *s. f.* **1.** Cantidad extra de dinero que se da a alguien como estímulo, recompensa, etc. **2.** Cantidad de dinero que paga un asegurado al asegurador. **SIN. 1.** Gratificación, plus. **ANT. 1.** Descuento. **FAM.** Primar[2].

prima donna (ital.) *s. f.* Cantante femenina que interpreta el papel principal en una ópera. ■ Se escribe también *primadona.*

prima facie (lat.) *expr.* A primera vista.

primacía (del lat. *primas, -atis*, de *primus*, primero) *s. f.* **1.** Cualidad o circunstancia de ser una persona o cosa superior o más importante que el resto. **2.** Circunstancia de ir o tener que ir una cosa delante de otra en tiempo o lugar. **3.** Cargo o dignidad de primado. **SIN. 1.** Superioridad, preponderancia, preeminencia. **1.** y **2.** Supremacía. **2.** Prioridad. **ANT. 1.** Inferioridad. **2.** Posterioridad.

primada *s. f. fam.* Acción propia del primo, persona ingenua. **SIN.** Simpleza, necedad, bobería, tontería, estupidez, idiotez. **ANT.** Agudeza.

primado (del lat. *primatus*) *s. m.* En la religión católica, el primero y de más categoría de los arzobispos y obispos de una región o país.

primal, la *adj.* Se aplica a la oveja o cabra que tiene más de un año de edad y no llega a dos. También *s. m.* y *f.*

primar[1] (del fr. *primer*) *v. tr.* **1.** Dar primacía o prioridad a alguien o algo. || *v. intr.* **2.** Tener primacía una persona o cosa sobre otra u otras. **SIN. 1.** Anteponer. **2.** Predominar, dominar, prevalecer. **ANT. 1.** Posponer.

primar[2] *v. tr.* Dar una prima o premio. **SIN.** Premiar, gratificar. **ANT.** Castigar.

primario, ria (del lat. *primarius*) *adj.* **1.** Que es más importante o necesario que cualquier otra cosa. **2.** Primero, que sucede o está antes o delante. **3.** Básico, fundamental. **4.** Primitivo, poco civilizado. **5.** Se aplica a la primera enseñanza básica. También *s. f.*: *Mi hijo ya ha empezado la primaria.* **6.** Se dice de la era paleozoica. También *s. f.* || *s. f.* **7.** En el sistema de sufragio indirecto, elecciones en que los votantes eligen a los representantes que, a su vez, elegirán al presidente del país. || **8. colores primarios** Aquellos de cuya combinación proceden todos los demás; son el rojo, amarillo y azul. **9. sector primario** Área de la economía dedicada a la obtención de bienes naturales no transformados, que abarca la agricultura, ganadería, pesca, caza, extracción minera y explotación forestal. **SIN. 1.** Vital, capital. **1.** y **3.** Primordial, principal. **2.** Inicial. **3.** Primigenio, rudimentario. **3.** y **4.** Elemental. **4.** Tosco, rudo, atrasado. **ANT. 1.** Innecesario. **1.** y **3.** Secundario. **2.** Posterior. **4.** Sofisticado.

primate (del lat. *primas, -atis*) *adj.* **1.** Se aplica a los mamíferos antropoides caracterizados por tener manos y pies con cinco dedos, el pulgar oponible, cerebro lobulado de gran desarrollo, ojos de visión frontal y dentición no especializada. También *s. m.* || *s. m. pl.* **2.** Orden de estos mamíferos.

primavera (del lat. vulg. *prima vera*, al principio de la primavera) *s. f.* **1.** Estación del año que comprende en el hemisferio N desde el 21 de marzo hasta el 21 de junio, y en el hemisferio S desde el 23 de septiembre hasta el 21 de diciembre. **2.** Época durante la cual una persona o cosa alcanza su plenitud y la mantiene: *Está en la primavera de su vida.* **3.** Edad, años que tiene una persona joven. Se usa más en *pl.*: *Tiene quince primaveras.* **4.** Planta herbácea de pequeño tamaño, con hojas de variada forma y textura y flores generalmente de color rojo o malva. || *s. m.* **5.** Primo, persona ingenua. También *adj.* **SIN. 5.** Simple, incauto. **ANT. 5.** Astuto, listo. **FAM.** Primaveral.

primazgo *s. m.* Relación de parentesco que existe entre primos.

prime time (ingl.) *expr.* Horario de máxima audiencia de un programa de radio o televisión. ■ Se usa como *s. m.*

primer *adj. apóc.* de **primero**. Se utiliza siempre delante de un sustantivo masculino: *el primer domingo del mes.*

primerizo, za *adj.* **1.** Se aplica a la persona que hace algo por primera vez o que tiene poca práctica en ello. También *s. m.* y *f.* **2.** Se aplica a la mujer o a la hembra de mamífero que va a tener su primer hijo. También *s. f.* **SIN. 1.** Principiante, novato, novel. **2.** Primípara. **ANT. 1.** Veterano.

primero, ra (del lat. *primarius*) *adj. num. ord.* **1.** Que ocupa en una serie ordenada el lugar número uno: *Vivo en el piso primero.* También *s. m.* y *f.* || *adj.* **2.** Se dice de la persona o cosa que es mejor o más importante que el resto. También *s. m.* y *f.*: *el primero de a bordo.* || *adv. t.* **3.** Antes que otra cosa: *Primero nos duchamos y después salimos.* || *adv. m.* **4.** Denota prioridad o preferencia y equivale a *antes, mejor*: *Primero morir que rendirnos.* || **LOC. a la primera** (o **las primeras**) **de cambio** *adv.* De repente y con cualquier excusa. **a primera vista** Véase **vista**. **a primeros** *adv.* En los primeros días del periodo de tiempo que se expresa o sobrentiende: *El curso empieza a primeros de octubre.* **de buenas a primeras** *adv.* De repente, inesperadamente y sin que exista un motivo o razón. **de primera** *adj.* y *adv. fam.* Muy bueno o muy bien: *Nos dieron una cena de primera.* **de primera necesidad** *adj.* Se aplica a aquello de lo que no se puede prescindir: *El pan es un artículo de primera necesidad.* **no ser el primero** Expresión con que se disculpa o se quita valor o importancia a una cosa que alguien ha hecho o que le ha ocurrido: *No he sido el primero que ha suspendido.* **venir** algo **de primera** *fam.* Ser una cosa muy conveniente u oportuna en un determinado momento o circunstancia. **SIN. 2.** Principal, superior, excelente. **3.** Primeramente, previamente. **ANT. 1.** Último. **2.** Peor, secundario. **3.** Posteriormente. **FAM.** Prima[1], primacía, primado, primal, primar[1], primario, primer, primeramente, primerizo, primicia, primigenio, primitivo, primo, primogénito, primordial.

primicia (del lat. *primitiae*) *s. f.* **1.** Primer fruto o producto de cualquier cosa. Se usa más en *pl.*: *las primicias de la huerta.* **2.** Referido a noticias, aquella que alguien da antes que ningún otro: *primicia informativa.* **SIN. 2.** Novedad.

primigenio, nia (del lat. *primus*, primero, y *genere*, engendrar) *adj.* Primitivo, originario: *Volvió a su estado primigenio.* **SIN.** Primario, original. **ANT.** Posterior.

primípara (del lat. *primus*, primero, y *parere*, parir) *adj.* Se dice de la mujer o de la hembra de mamífero que pare por primera vez. También *s. f.* **SIN.** Primeriza.

primitivismo *s. m.* **1.** Cualidad de primitivo: *el primitivismo de ciertas tribus.* **2.** Cualidad de tosco. **3.** Corriente artística que imita el arte popular.

primitivo, va (del lat. *primitivus*) *adj.* **1.** Que pertenece al periodo inicial o al estado original de alguna cosa. **2.** Que pertenece a las primeras épocas de la historia. **3.** Se dice de los pueblos de cultura y civilización poco desarrolladas y de lo relacionado con ellos: *tribu primitiva.* **4.** Se dice de la persona poco civilizada o maleducada, así como de su actitud, acciones, etc. También *s. m.* y *f.* **5.** Rudimentario, poco avanzado. **6.** Se dice de un tipo de lotería. También *s. f.* **7.** Se dice de los artistas anteriores al periodo clásico de un estilo, así como de sus obras, estilo, etc. También *s. m.* **SIN. 1.** Primario, originario, primigenio. **2.** Prehistórico, antiguo. **4.** Tosco, rudo, grosero. **ANT. 1.** Nuevo. **2.** Contemporáneo. **3.** Moderno. **5.** Refinado, sofisticado. **FAM.** Primitivamente, primitivismo. PRIMERO.

primo, ma (del lat. *primus*) *s. m.* y *f.* **1.** Respecto a una persona, hijo de su tío o tía; si lo es de un tío carnal se llama *primo hermano* o *carnal* y si lo es de un tío segundo, *primo segundo.* **2.** *fam.* Persona ingenua, sin malicia, que se deja engañar con facilidad. También *adj.* || *adj.* **3.** Primero, adjetivo numeral. || **4. número primo** Número entero que sólo es divisible por sí mismo y por la unidad. **SIN. 2.** Primavera, pringado, simple, bobalicón. **ANT. 2.** Listo, astuto. **FAM.** Primada, primazgo. PRIMERO.

primogénito, ta (del lat. *primogenitus*) *adj.* Se dice del primer hijo de una pareja. También *s. m.* y *f.* **SIN.** Mayor. **ANT.** Menor. **FAM.** Primogenitura. PRIMERO.

primogenitura *s. f.* **1.** Cualidad de primogénito. **2.** Derechos que corresponden al primogénito.

primor (del lat. *primores*, cosas de primer orden) *s. m.* **1.** Cuidado y delicadeza con que se hace una cosa. **2.** Cosa hecha de esta forma: *Esa tarta es un primor.* **3.** Persona muy educada, simpática o de buenas cualidades. **4.** Persona, especialmente un niño, animal o cosa bonitos o graciosos. **SIN. 1.** Esmero, celo. **1.** y **2.** Perfección. **2.** Exquisitez. **3.** Encanto. **4.** Monada, ricura, preciosidad. **ANT. 1.** Descuido. **1.** y **2.** Imperfección. **2.** Chapuza. **4.** Horror. **FAM.** Primoroso.

primordial (del lat. *primordialis*) *adj.* Fundamental; muy importante o necesario. **SIN.** Principal, básico, esencial, capital, decisivo, crucial. **ANT.** Accesorio, secundario.

primoroso, sa *adj.* **1.** Se dice de lo que está hecho con primor. **2.** Se dice de la persona que hace las cosas con primor. **SIN. 1.** Atractivo, delicioso, bello. **1.** y **2.** Pulcro, cuidadoso, delicado, esmerado. **ANT. 1.** y **2.** Descuidado. **FAM.** Primorosamente. PRIMOR.

prímula (del lat. *primula*) *s. f.* Primavera*, planta.

princeps (lat.) *adj.* Se dice de la primera edición de un libro. También *s. f.* ■ No varía en *pl.* **SIN.** Príncipe.

princesa (del fr. *princesse*, de *prince*, príncipe, y éste del lat. *princeps*) *s. f.* **1.** Femenino de príncipe. **2.** Mujer del príncipe.

principado (del lat. *principatus*) *s. m.* **1.** Dignidad o título de príncipe. **2.** Territorio que es o ha sido gobernado por un príncipe. **3.** En rel., séptimo coro o jerarquía de espíritus celestes, superior al de los arcángeles y los ángeles.

principal (del lat. *principalis*) *adj.* **1.** Que destaca sobre el resto por ser más importante, más grande, más abundante, etc. **2.** Se dice del piso que en algunos edificios está encima del entresuelo. También *s. m.* **3.** En ling., se aplica a la oración o proposición de la que dependen sintácticamente una o más proposiciones subordinadas. || *s. m.* **4.** Jefe de un comercio, fábrica, almacén, etc. **5.** Capital de una deuda o préstamo, por oposición a los intereses. SIN. **1.** Primordial, fundamental, básico, esencial, decisivo, crucial. **4.** Encargado, gerente. ANT. **1.** Secundario, accesorio. FAM. Principalmente, príncipe. PRINCIPIO.

príncipe (del lat. *princeps, -cipis*) *s. m.* **1.** Título que corresponde a algunos miembros de una familia real o imperial, particularmente al hijo del rey y heredero de la corona. **2.** Título que corresponde al soberano de los principados. **3.** Título nobiliario que se mantiene con carácter honorífico para los miembros de antiguas casas imperiales, reales o principescas. || *adj.* **4.** Se dice de la primera edición de un libro. || **5. príncipe azul** El que aparece en los cuentos de hadas. También, hombre ideal soñado por una mujer. **6. príncipe consorte** Título que corresponde en algunos países, como el Reino Unido, al marido de la soberana. **7. príncipe de Gales** Tejido con un estampado a cuadros de tonos suaves. **8. príncipe de la Iglesia** Cardenal. **9. príncipe de las tinieblas** Satanás. FAM. Princeps, princesa, principado, principesco. PRINCIPAL.

principesco, ca *adj.* **1.** Propio de un príncipe o princesa: *un palacio principesco.* **2.** Hecho con esplendor, con gran lujo o riqueza: *una boda principesca.* SIN. **2.** Soberano, espléndido.

principiante, ta *adj.* Se dice de la persona que comienza a ejercer un oficio, actividad, etc. También *s. m.* y *f.* SIN. Aprendiz, novato, novel, primerizo. ANT. Veterano.

principiar (del lat. *principiare*) *v. tr.* Empezar, dar comienzo a una cosa. También *v. intr.* SIN. Comenzar, iniciar, inaugurar. ANT. Acabar, finalizar. FAM. Principiador, principiante. PRINCIPIO.

principio (del lat. *principium*) *s. m.* **1.** Primer momento de la existencia de una persona o cosa. **2.** Primera parte de algo. **3.** Causa, origen. **4.** Concepto o idea fundamental en que se basa una disciplina, una obra, un razonamiento o una investigación: *el principio de Arquímedes.* **5.** Noción, rudimento. Se usa sobre todo en *pl.*: *principios de matemáticas.* **6.** Elemento básico de moral que guía el propio pensamiento o la propia conducta. Se usa más en *pl.*: *Un hombre sin principios hace cualquier cosa por dinero.* **7.** Ley que dirige el funcionamiento de una máquina, aparato, etc.: *Los alicates, las pinzas y los cascanueces funcionan por el principio de la palanca.* **8.** Cada uno de los componentes de un cuerpo o sustancia: *La nicotina es uno de los principios nocivos del tabaco.* **9.** En fil., causa primitiva o primera de una cosa o aquello de lo que procede algo. || LOC. **a principios de** *adv.* En los primeros días del periodo de tiempo que se expresa: *La reunión se celebrará a principios de mes.* **al principio** *adv.* En el primer momento, inicialmente. **en principio** *adv.* En un primer momento, de una forma general, provisional y sin un análisis profundo: *En principio están de acuerdo, aunque deben discutir los detalles.* **por principio** *adv.* Siguiendo ciertas consideraciones o ideas personales e invariables. SIN. **1.** Iniciación, nacimiento, génesis, albor. **1.** y **2.** Inicio, comienzo. **3.** Razón, motivo, porqué. **4.** Presupuesto. **4.** y **5.** Fundamento. **8.** Constituyente, integrante. ANT. **1.** y **2.** Fin, final. FAM. Principal, principiar.

pringado, da 1. *p.* de **pringar**. También *adj.*: *Tiene las manos pringadas de chocolate.* || *adj.* **2.** *fam.* Se aplica a la persona que hace los trabajos más duros o que paga por las culpas de los demás. También *s. m.* y *f.* **3.** Complicado en un asunto sucio. También *s. m.* y *f.* **4.** Se dice de la persona que se deja engañar fácilmente. También *s. m.* y *f.* SIN. **2.** y **4.** Pardillo. **3.** Implicado, involucrado. **4.** Primo, primavera. ANT. **2.** y **4.** Listillo. **4.** Astuto.

pringar *v. tr.* **1.** Manchar con pringue o cualquier otra sustancia grasienta o pegajosa. También *v. prnl.*: *Se pringó de mermelada.* **2.** Mojar pan en pringue u otra salsa cualquiera. También *v. intr.* **3.** Complicar, comprometer a alguien en un asunto sucio o dudoso. También *v. prnl.*: *Se pringó hasta el fondo en el robo.* || *v. intr.* **4.** *fam.* Pagar uno por las culpas de otro. **5.** Hacer los trabajos o las tareas más duras sin recibir compensación. **6.** P. ext., trabajar, en especial duramente. || **pringarse** *v. prnl.* **7.** *fam.* Beneficiarse indebidamente en un negocio. || LOC. **pringarla** *fam.* En el juego, perder o tener que realizar el peor papel. ■ Delante de *e* se escribe *gu* en lugar de *g*. SIN. **1.** Engrasar. **1.** y **3.** Ensuciar. **2.** Untar. **3.** Implicar, involucrar, enredar. **6.** Currar, currelar, chapar. ANT. **1.** Limpiar. **5.** y **6.** Vaguear. FAM. Pringado, pringoso. PRINGUE.

pringoso, sa *adj.* Que pringa o mancha. SIN. Mugriento, sucio. ANT. Limpio.

pringue (del lat. *pingue*, grasa) *s. amb.* **1.** Suciedad grasienta o pegajosa. **2.** Particularmente, grasa que suelta el tocino u otros alimentos grasos cuando se fríen o asan. SIN. **1.** Mugre, porquería, guarrería. **2.** Unto, sebo. ANT. **1.** Limpieza. FAM. Pringar.

prior, ra (del lat. *prior, -oris*, primero entre dos) *s. m.* y *f.* En las órdenes religiosas, superior o superiora del convento, o segundo prelado después del abad. FAM. Priorato, priorazgo, prioridad.

priorato (del lat. *prioratus*, preeminencia) *s. m.* **1.** Cargo o dignidad de prior o priora. **2.** Territorio y comunidad que tiene bajo su jurisdicción. SIN. **1.** Priorazgo.

priorazgo *s. m.* Priorato*.

prioridad (del lat. *prior, -oris*, primero entre dos) *s. f.* **1.** Circunstancia de tener alguien o algo más derecho que otra persona o cosa a estar o ir delante en tiempo o lugar. **2.** Aquello que debe ser atendido, considerado o hecho antes que otras cosas. Se usa sobre todo en *pl.*: *Abaratar la vivienda es una de las prioridades del nuevo gobierno.* **3.** Mayor importancia, superioridad: *En la empresa, mi jefe tiene prioridad sobre mí.* SIN. **1.** Precedencia, antelación. **1.** y **3.** Primacía, preferencia. ANT. **1.** Postergación. **3.** Subordinación. FAM. Prioritariamente, prioritario, priorizar. PRIOR.

prioritario, ria *adj.* Que tiene prioridad sobre todo lo demás: *La tarea prioritaria es atender a los heridos.* SIN. Preferente, principal. ANT. Secundario.

priorizar *v. tr.* Dar trato de prioridad o preferencia: *El ministerio ha priorizado la enseñanza pública sobre la privada.* ■ Delante de *e* se escribe *c* en lugar de *z*: *priorice.* **ANT.** Subordinar.

prisa (del ant. *priessa*, y éste del lat. *pressa*, de *premere*, apretar) *s. f.* **1.** Rapidez con que se hace una cosa. **2.** Necesidad o deseo de hacer algo o de que alguien haga algo con rapidez: *Acaba pronto, tengo prisa.* || **LOC. a prisa** *adv.* Aprisa*. **correr prisa** Ser urgente. **dar prisa** a alguien Meter prisa. **darse** uno **prisa** Hacer algo rápidamente. **de prisa** *adv.* Deprisa*. **meter prisa** Intentar que alguien haga algo con rapidez: *Si me metes prisa, me pongo nervioso.* **SIN. 1.** Apresuramiento, prontitud, presteza, celeridad. **1.** y **2.** Urgencia. **ANT. 1.** Lentitud, parsimonia. **1.** y **2.** Tranquilidad. **FAM.** Aprisa, cagaprisas, deprisa, presura.

prisión (del lat. *prehensio, -onis*, acción de coger) *s. f.* **1.** Establecimiento en que se encierra a los detenidos, procesados o condenados por un delito, privándoles de libertad. **2.** Estado del que se encuentra privado de libertad en dicho establecimiento: *Pasó varios años en prisión.* **3.** Pena de privación de libertad: *Le han condenado a seis años de prisión.* **4.** Cualquier lugar o situación en que alguien se siente encerrado física o moralmente, sin libertad: *El orfanato fue una prisión para él.* || *s. f. pl.* **5.** Grilletes, cadenas que se usaban antiguamente para sujetar a los presos. **SIN. 1.** Presidio, penal, penitenciaría. **1.** y **4.** Cárcel. **ANT. 4.** Liberación. **FAM.** Prisionero. / Aprisionar. PRENDER.

prisionero, ra *s. m.* y *f.* **1.** Persona que está privada de libertad, especialmente aquella que ha sido capturada durante una guerra o encarcelada por motivos ideológicos. También *adj.* **2.** Persona que está totalmente dominada por un sentimiento, pasión, etc. También *adj.* **SIN. 1.** y **2.** Preso, cautivo. **2.** Esclavo.

prisma (del gr. *prisma, -atos*, de *prio*, aserrar) *s. m.* **1.** Poliedro formado por dos polígonos iguales y paralelos entre sí, llamados bases, y por tantos paralelogramos, o caras laterales, como lados tienen las bases. **2.** Cuerpo transparente, generalmente de cristal, con caras triangulares planas, que desvía y descompone la luz en diferentes colores. **3.** Punto de vista, perspectiva. **FAM.** Prismático.

prismático, ca *adj.* **1.** Que tiene forma de prisma. **2.** Que tiene prismas: *anteojo prismático.* || *s. m. pl.* **3.** Instrumento óptico que permite ver ampliados los objetos lejanos. **SIN. 3.** Gemelos.

prístino, na (del lat. *pristinus*) *adj.* Que permanece inalterable, tal como era en un principio. **SIN.** Original, originario, primigenio, primitivo, primero. **ANT.** Alterado, degradado.

priva *s. f. fam.* Bebida alcohólica.

privacidad *s. f.* Cualidad o circunstancia de privado, íntimo. **SIN.** Intimidad.

privación (del lat. *privatio, -onis*) *s. f.* **1.** Acción de privar o privarse: *Le condenaron a una pena de privación de libertad.* **2.** Pobreza, escasez o falta de lo necesario para vivir. Se usa sobre todo en *pl.* **3.** Ausencia de alguna característica que, por naturaleza, sería normal tener: *privación de la vista.* **SIN. 1.** Despojo, desposeimiento. **1.** y **3.** Carencia. **2.** Necesidad, apuro, fatiga. **ANT. 1.** y **3.** Posesión, dotación. **2.** Riqueza.

privado, da (del lat. *privatus*) **1.** *p.* de **privar**. También *adj.* || *adj.* **2.** Que no tiene cierta cosa: *Está privada del oído.* **3.** Particular y personal de cada uno: *No te metas en su vida privada.* **4.** Que pertenece o está reservado a una sola persona o a un número limitado y escogido de personas: *club privado.* **5.** Se dice de los bienes, servicios, instituciones, etc., que no pertenecen al Estado, sino a particulares. **6.** Independiente de los negocios, trabajos, cargos, etc., que una persona desempeña: *El presidente está en Francia en visita privada.* || *s. m.* **7.** Hombre que tiene la confianza de un soberano, gobernante o alto personaje y al que éste consulta a la hora de tomar decisiones. || **LOC. en privado** *adv.* En la intimidad. **SIN. 2.** Falto, carente, desprovisto. **3.** Íntimo, secreto, individual. **7.** Valido, favorito. **ANT. 2.** Dotado. **3.** y **5.** Público. **5.** Estatal. **6.** Oficial, laboral. **FAM.** Privacidad, privadamente, privanza, privatizar. PRIVAR.

privanza *s. f.* Condición o situación del privado de un soberano, gobernante o alto personaje. **SIN.** Valimiento.

privar (del lat. *privare*) *v. tr.* **1.** Quitar a una persona o cosa algo que poseía o disfrutaba. **2.** Impedir a una persona que haga algo, prohibírselo. **3.** Apartar a alguien de un empleo, cargo, etc. **4.** Hacer que alguien pierda el sentido. Se usa más como *v. prnl.*: *De repente, se privó y cayó al suelo.* || *v. intr.* **5.** Gustarle a alguien mucho una cosa. **6.** Estar de moda: *Esta temporada priva el color verde.* **7.** *vulg.* Tomar bebidas alcohólicas. || **privarse** *v. prnl.* **8.** Renunciar voluntariamente a algo. **9.** *fam.* Desear algo intensamente: *Se priva por las motos de carreras.* **SIN. 1.** Despojar, desposeer, arrebatar, usurpar, expoliar. **2.** Vedar, denegar. **3.** Destituir. **4.** Marear, aturdir, atontar. **5.** Encantar, fascinar, alucinar, molar. **6.** Llevarse. **7.** Beber. **8.** Abstenerse. **9.** Pirrarse, enloquecer, morirse. **ANT. 1.** Dar, dotar. **2.** Permitir, conceder. **3.** Restituir. **5.** Disgustar. **FAM.** Priva, privación, privado, privativo.

privativo, va (del lat. *privativus*) *adj.* **1.** Propio de la persona o cosa que se expresa y de ninguna otra: *Conceder ese permiso es privativo del director.* **2.** Que produce o supone privación: *pena privativa de libertad.* **SIN. 1.** Exclusivo, particular. **ANT. 1.** Público, general.

privatizar *v. tr.* Hacer que determinados bienes, servicios, empresas, instituciones, actividades, etc., del Estado pasen a poder de particulares o a ser desempeñados por éstos. ■ Delante de *e* se escribe *c* en lugar de *z*. **SIN.** Desnacionalizar. **ANT.** Nacionalizar. **FAM.** Privatización. / Reprivatizar. PRIVADO.

privilegiado, da 1. *p.* de **privilegiar**. También *adj.* || *adj.* **2.** Se dice de quien disfruta de algún privilegio o ventaja. También *s. m.* y *f.* **3.** Particularmente, se dice de las personas adineradas, así como de la clase social y económica a que pertenecen. También *s. m.* y *f.* **4.** Extraordinario, superior en algo: *Esta casa tiene una vista privilegiada.* **SIN. 2.** Favorecido, aventajado. **3.** Acomodado, pudiente. **4.** Excepcional, sobresaliente. **ANT. 2.** y **3.** Desfavorecido. **3.** Humilde. **4.** Normal; pésimo. **FAM.** Privilegiadamente. PRIVILEGIAR.

privilegiar *v. tr.* Conceder privilegios, favores o ventajas a alguien o algo. **SIN.** Favorecer, beneficiar, apoyar. **ANT.** Perjudicar. **FAM.** Privilegiado. PRIVILEGIO.

privilegio (del lat. *privilegium*) *s. m.* **1.** Derechos, beneficios o ventajas especiales de los que disfruta solamente una persona, grupo o entidad. **2.** Circunstancia especial que produce agrado o satisfacción a alguien: *Es un privilegio ser invitado a su casa.* **3.** Documento en que consta la concesión de un derecho, beneficio o ventaja. **SIN. 1.** Prerrogativa, prebenda. **2.** Honor, placer. **ANT. 1.** Desventaja. **FAM.** Privilegiar.

pro *prep.* **1.** En favor o ayuda de: *asociación pro disminuidos físicos.* || *s. amb.* **2.** Antiguamente, provecho, utilidad, ventaja. En la actualidad, se usa sólo en las locuciones que figuran a continuación. || **LOC. de pro** *adj.* Se aplica a la persona importante, honrada y útil a la sociedad: *un hombre de pro.* **el pro y el contra** (o **los pros y los contras**) Ventajas y desventajas de una cosa. **en pro de** *prep.* En favor o defensa de.

pro forma (del ingl., y éste del lat.) *loc. adj.* Se dice de la factura previa a la definitiva y sin valor fiscal.

pro indiviso (lat.) *loc. adj.* En der., se aplica al bien que no ha sido aún dividido entre aquellos a los que les corresponde.

pro- (del lat. *pro*) *pref.* **1.** Significa 'en vez de', 'en sustitución de': *pronombre, procónsul.* **2.** Indica continuidad hacia adelante de una acción o movimiento: *proseguir, progresar, promover.* **3.** Expresa el significado de ante o delante de otra u otras personas o cosas: *proclamar, proponer, prolegómeno.* **4.** Aporta el significado de multiplicación: *procrear, proliferar, propagar.* **5.** Expresa origen: *provenir, proceder.* **6.** Tiene el significado de contradicción o negación: *proscribir.*

proa (del ant. *proda*, y éste del lat. *prora*) *s. f.* Parte delantera de una embarcación y, p. ext., de otros medios de navegación, como los aviones. || **LOC. poner la proa a** alguien o algo Ponerse en su contra. **poner proa a** algún sitio Dirigirse hacia el mismo. **ANT.** Popa. **FAM.** Proel. / Aproar.

probabilidad (del lat. *probabilitas, -atis*) *s. f.* **1.** Cualidad o circunstancia de probable o posible. **2.** En mat., cálculo de la posibilidad de que se verifique un suceso aleatorio. **ANT. 1.** Improbabilidad. **FAM.** Probabilístico. PROBABLE.

probabilismo *s. m.* Postura y doctrina filosófica que mantiene que sólo nos es dado un conocimiento aproximado de las cosas y que excluye la posibilidad de conseguir un saber absolutamente cierto y seguro.

probabilístico, ca *adj.* Basado en el estudio y medición de las probabilidades de un suceso: *cálculo probabilístico.*

probable (del lat. *probabilis*) *adj.* **1.** Se dice de aquello que es fácil que llegue a ser verdad o a suceder. **2.** Que se puede probar, demostrar. **SIN. 1.** Posible, previsible, viable, factible, presumible. **2.** Demostrable. **ANT. 1.** Imposible. **1.** y **2.** Improbable. **2.** Indemostrable. **FAM.** Probabilidad, probabilismo, probablemente. / Improbable. PROBAR.

probado, da 1. *p.* de **probar**. También *adj.* || *adj.* **2.** Demostrado por la experiencia y garantizado por ella. **3.** Particularmente, en derecho, se dice de aquello cuya verdad se hace patente por estar documentada mediante pruebas. **SIN. 2.** Comprobado, corroborado, confirmado, acreditado. **ANT. 2.** Dudoso, indemostrable.

probador, ra (del lat. *probator, -oris*) *adj.* **1.** Que prueba. También *s. m.* y *f.*: *un probador de coches.* || *s. m.* **2.** En las tiendas en que se vende o confecciona prendas de vestir, lugar donde los clientes se prueban la ropa.

probar (del lat. *probare*) *v. tr.* **1.** Dejar clara la verdad o existencia de algo con razones, hechos o testigos. **2.** Mostrar que se posee una determinada aptitud, cualidad o característica. También *v. prnl.* **3.** Examinar a una persona para ver si sus características o cualidades son las adecuadas para un determinado fin: *Probaron a muchos actores para el papel de protagonista.* **4.** Examinar o utilizar una cosa para ver si funciona correctamente o es adecuada para lo que se pretende de ella. También *v. prnl.*: *Pruébate una talla más grande.* **5.** Tomar cierta comida o bebida para comprobar su sabor, o hacerlo de vez en cuando. || *v. intr.* **6.** Intentar hacer lo que se expresa. ■ Se utiliza mucho seguido de la prep. *a* y un infinitivo: *Probó a arreglarlo y no pudo.* Es v. irreg. Se conjuga como *contar.* **SIN. 1.** Justificar, atestiguar. **1.** y **2.** Evidenciar, demostrar. **3.** y **4.** Comprobar, ensayar, tantear. **5.** Catar. **6.** Tratar, procurar. **FAM.** Probable, probado, probador, probativo, probatorio, probo. / Aprobar, comprobar, prueba, reprobar.

probativo, va *adj.* Probatorio*.

probatorio, ria (del lat. *probatorius*) *adj.* Que sirve para probar la verdad o la existencia de una cosa: *Encontraron unos documentos probatorios de su culpabilidad.* **SIN.** Probativo.

probeta *s. f.* **1.** Vaso cilíndrico y alargado, generalmente graduado, que se emplea en laboratorios como tubo de ensayo o para medir volúmenes. || **2. niño probeta** Véase **niño**.

probidad (del lat. *probitas, -atis*) *s. f.* Integridad, honradez. **SIN.** Rectitud, honestidad, decencia, moralidad. **ANT.** Deshonestidad.

problema (del lat. *problema*, y éste del gr. *problema*) *s. m.* **1.** Cuestión que se intenta resolver o en la que hay algo que averiguar, particularmente aquella en que se conocen ciertos datos a partir de los cuales debe obtenerse la respuesta o el resultado que se pide: *un problema de matemáticas.* **2.** Situación negativa o perjudicial que tiene difícil solución: *el problema del paro.* **3.** Hecho o circunstancia que impide o dificulta alguna cosa. **4.** Disgusto, preocupación: *Sus hijos le crean muchos problemas.* **SIN. 1.** Pregunta, enigma, duda, incógnita, ejercicio. **2.** Adversidad, trastorno. **2.** y **3.** Complicación, contrariedad, contratiempo, inconveniente, dificultad. **3.** Obstáculo, impedimento, traba. **4.** Pena, pesar, pesadumbre, apuro, aprieto. **ANT. 1.** Resolución. **2.** y **3.** Facilidad. **4.** Satisfacción. **FAM.** Problemático, problematizar.

problemático, ca (del gr. *problematikos*) *adj.* **1.** Que plantea dificultades, dudas: *Esa es una cuestión problemática.* **2.** Que causa problemas: *Es un chico muy problemático.* || *s. f.* **3.** Conjunto de cuestiones relativas a una determinada disciplina: *En este curso analizaremos a fondo la problemática económica.* **SIN. 1.** Dudoso, discutible, incierto. **1.** y **2.** Dificultoso, complicado, difícil. **ANT. 1.** Claro. **1.** y **2.** Fácil. **FAM.** Problemáticamente. PROBLEMA.

problematizar *v. tr.* Poner en cuestión un determinado hecho, asunto, concepto, etc., analizar y discutir sus aspectos más complicados o que plantean más dificultades. ■ Delante de *e* se escribe *c* en lugar de *z*. **SIN.** Cuestionar, debatir. **FAM.** Problematización. PROBLEMA.

probo, ba (del lat. *probus*) *adj.* Íntegro, honrado. **SIN.** Honesto, decente, irreprochable, intachable. **ANT.** Deshonesto, indecente. **FAM.** Probidad. / Ímprobo. PROBAR.

probóscide (del lat. *proboscis, -idis*, trompa) *s. f.* Prolongación en forma de tubo de la nariz o de la boca de algunos animales, como los elefantes o ciertos insectos. **SIN.** Trompa. **FAM.** Proboscídeo.

proboscídeo o **proboscidio** (del lat. *proboscis, -idis*, trompa) *adj.* **1.** Se aplica a los mamíferos ungulados de gran tamaño, piel gruesa, que tienen una probóscide o trompa e incisivos largos y curvados que sobresalen de la boca, como los elefantes. También *s. m.* || *s. m. pl.* **2.** Orden de estos mamíferos.

procacidad (del lat. *procacitas, -atis*) *s. f.* **1.** Cualidad de procaz. **2.** Dicho o acción procaz. **SIN. 1.** Desvergüenza, atrevimiento. **1.** y **2.** Indecencia, obscenidad, grosería. **ANT. 1.** Decencia, recato.

procaína *s. f.* Nombre común de un alcaloide sintético, sucedáneo de la cocaína, que se utiliza como analgésico. Es un polvo blanco soluble en disolventes orgánicos.

procarionte *adj.* Se dice del organismo formado por células procariotas. Se opone a *eucarionte*.

procariota (del gr. *pro*, antes, y *karyon*, núcleo) *adj.* Se aplica a la forma de organización celular que se caracteriza por la ausencia de un verdadero núcleo, por lo que su material genético está más o menos disperso por el citoplasma. Procariotas son, p. ej., las bacterias. Se opone a *eucariota*.

procaz (del lat. *procax, -acis*) *adj.* Atrevido, desvergonzado. ■ Se usa casi exclusivamente aplicado a personas, acciones, palabras, etc., contrarias a la moralidad o decencia sexual. **SIN.** Grosero, indecente, indecoroso, deshonesto, obsceno. **ANT.** Decente, recatado. **FAM.** Procacidad, procazmente.

procedencia (del lat. *procedens, -entis*, procedente) *s. f.* **1.** Hecho de proceder alguien o algo de un determinado lugar, persona, grupo, etc.: *Es una mujer de procedencia humilde.* **2.** Lugar, persona, grupo, etc., del que procede alguien o algo: *Volvió a su país, a sus raíces.* **3.** Oportunidad o conveniencia, especialmente en el terreno moral o legal: *La procedencia de sus argumentos es discutible.* **SIN. 1.** y **2.** Origen. **2.** Ascendencia. **ANT. 1.** Destino. **3.** Inoportunidad, inconveniencia.

procedente *adj.* **1.** Que procede del lugar que se expresa: *El tren procedente de Barcelona está realizando su entrada.* **2.** Que se ajusta al derecho, a la razón o al fin que se persigue. **SIN. 1.** Originario, proveniente. **2.** Justo, oportuno, razonable.

proceder[1] (del lat. *procedere*) *v. intr.* **1.** Tener alguien o algo su origen en determinado lugar, persona, grupo o cosa que se expresa: *Esa luz procede de la lámpara.* **2.** Obtenerse una cosa de otra: *El vino procede de las uvas.* **3.** Ser una cosa efecto o resultado de otra: *Esa enfermedad procede de una mala alimentación.* **4.** Actuar, comportarse de una manera determinada: *Procedió correctamente en ese asunto.* **5.** Seguido de la preposición *a*, empezar a hacer lo que se expresa: *En unos instantes procederemos a la entrega de premios.* **6.** Estar una cosa que se expresa justificada por la razón, el derecho o la ley, o ser apropiada, justa o natural: *Como no estamos de acuerdo, procede realizar una votación.* **7.** Con la prep. *contra*, iniciar un procedimiento o juicio contra alguien. **SIN. 1.** Descender, arrancar, dimanar, emanar, surgir. **1.** y **3.** Venir, provenir. **2.** Salir. **2.** y **3.** Derivarse, producirse. **3.** Deberse, resultar. **4.** Portarse, conducirse, obrar. **5.** Iniciar, comenzar, principiar. **6.** Corresponder, convenir. **ANT. 3.** Causar. **5.** Acabar, finalizar. **FAM.** Procedencia, procedente, proceder[2], procedimiento, procesión, proceso. / Improcedente. CEDER.

proceder[2] *s. m.* Manera de actuar o comportarse: *No me gusta su proceder conmigo.* **SIN.** Comportamiento, actitud, conducta, modos, actuación.

procedimental *adj.* Relacionado con un procedimiento.

procedimiento *s. m.* **1.** Acción de proceder. **2.** Método o sistema que se sigue para hacer algo. **3.** Conjunto de trámites o normas que se siguen para la actuación ante organismos civiles, administrativos, laborales, etc.: *Esta reclamación no se ajusta a procedimiento.* **SIN. 2.** Medio, técnica, recurso. **FAM.** Procedimental. PROCEDER.

procelariforme *adj.* **1.** Se dice de ciertas aves marinas de cuerpo robusto, alas largas y estrechas, patas palmeadas, plumaje denso y pico recto terminado en gancho, como el albatros y el petrel. También *s. f.* || *s. f. pl.* **2.** Orden de estas aves.

proceloso, sa (del lat. *procellosus*) *adj.* Tempestuoso, borrascoso, tormentoso: *mar proceloso.* ■ Es de uso culto o literario. **FAM.** Procela.

prócer (del lat. *procer, -eris*) *adj.* **1.** Se dice de la persona ilustre, famosa y respetada por sus méritos. También *s. m.* y *f.* **2.** En lenguaje literario, noble, majestuoso. **SIN. 1.** Insigne, eminente, preeminente, esclarecido, eximio. **ANT. 1.** y **2.** Vulgar, insignificante.

procesado, da 1. *p.* de **procesar**. También *adj.* || *adj.* **2.** Se dice de la persona contra la que existen indicios de criminalidad y que está sometida a proceso judicial. También *s. m.* y *f.*

procesador *s. m.* En inform., programa o dispositivo electrónico que controla y regula la sucesión de las tareas básicas y necesarias para obtener un resultado determinado. **FAM.** Microprocesador. PROCESAR.

procesal *adj.* Relativo al proceso judicial: *El caso se halla en fase procesal.*

procesamiento *s. m.* **1.** Acción o acto de procesar. **2.** En inform., ejecución de programas con los datos apropiados. || **3. auto de procesamiento** En der., resolución que se adopta cuando aparecen en el sumario indicios racionales de criminalidad respecto de una persona. **SIN. 1.** Enjuiciamiento, encausamiento; elaboración.

procesar *v. tr.* **1.** En der., formar un proceso contra alguien, someterle a juicio. **2.** Someter una cosa a un proceso de transformación, elaboración, etc. **3.** En inform., someter un conjunto de datos a un programa específico, o ejecutar instrucciones o un programa de aplicación. **SIN. 1.** Encausar, enjuiciar, empapelar. **2.** y **3.** Tratar. **FAM.** Procesado, procesador, procesamiento. PROCESO.

procesión (del lat. *processio, -onis*) *s. f.* **1.** Sucesión ordenada de personas que van desfilando por las calles, particularmente con un motivo religioso y llevando imágenes, velas, etc. **2.** Fila de personas, animales, vehículos, etc., que van de un lugar a otro, en especial cuando lo hacen lentamente. || **LOC. la procesión por dentro** *fam.* Con verbos como *andar, ir, llevar*, etc., tener o mostrar alguien un aspecto tranquilo cuando internamente está alterado por la tristeza, el miedo, el enfado, el dolor, etc. **SIN. 2.** Hilera, desfile, caravana. **FAM.** Procesional, procesionalmente, procesionaria. PROCEDER[1].

procesionaria *s. f.* Insecto lepidóptero cuya oruga se desplaza en grupos organizados en fila, como en una procesión; es muy piloso y vive sobre los pinos y otras plantas gimnospermas, y su contacto produce urticaria.

proceso (del lat. *processus*) *s. m.* **1.** Sucesión de las diferentes fases o etapas de un fenómeno o actividad natural: *el proceso de crecimiento.* **2.** Conjunto de acciones sucesivas realizadas con la intención de conseguir un resultado: *el proce-*

so de elaboración de un libro. **3.** Desarrollo o transcurso del tiempo. **4.** Método o sistema que se sigue para conseguir un resultado o producto: *Los científicos ensayan nuevos procesos experimentales.* **5.** En der., conjunto de actuaciones, debidamente documentadas, de una causa civil o penal. **6.** En inform., conjunto de transformaciones a que se someten ciertos datos mediante un ordenador, o cualquier secuencia de instrucciones que puede ejecutarse. **SIN. 1.** Marcha, evolución. **1.** y **3.** Curso. **2.** y **4.** Procedimiento. **4.** Técnica, medio, recurso. **5.** Juicio, causa. **6.** Procesamiento, tratamiento. **FAM.** Procesal, procesar. / Teleproceso. PROCEDER[1].

prociónido *adj.* **1.** Se dice de los mamíferos carnívoros que se caracterizan por tener únicamente dos molares a cada lado de la mandíbula. Algunas especies son parecidas a los osos, como los pandas, y otras tienen el cuerpo más esbelto, las patas cortas y el hocico más o menos alargado, como los mapaches, coatíes, etc. También *s. m.* || *s. m. pl.* **2.** Familia de estos mamíferos.

proclama *s. f.* **1.** Discurso o comunicación escrita, generalmente de carácter político o militar, que se expone públicamente. **2.** Anuncio público y oficial. **SIN. 1.** Arenga, pregón. **1.** y **2.** Bando. **2.** Comunicado.

proclamación (del lat. *proclamatio, -onis*) *s. f.* **1.** Acción de proclamar. **2.** Conjunto de los distintos actos públicos y ceremonias con que se celebra el comienzo de un nuevo reinado, periodo legislativo, etc. **SIN. 1.** Publicación, divulgación, anuncio; aclamación; nombramiento, elección, designación. **ANT. 1.** Ocultación; destitución.

proclamar (del lat. *proclamare*) *v. tr.* **1.** Decir una cosa públicamente. **2.** Declarar de forma pública y solemne el comienzo de un reinado, periodo legislativo, etc. **3.** Otorgar, generalmente una mayoría, un título, cargo, privilegio, etc. También *v. prnl.* **4.** Mostrar claramente lo que se expresa: *Sus canas proclaman su edad.* **SIN. 1.** Publicar, divulgar, anunciar. **1.** y **4.** Pregonar, revelar. **3.** Nombrar, elegir, designar, aclamar. **ANT. 1.** Callar, silenciar. **1.** y **4.** Ocultar. **3.** Destituir. **FAM.** Proclama, proclamación. CLAMAR.

proclisis (de *pro-* y el gr. *klisis*, inclinación) *s. f.* En ling., fenómeno que consiste en unir en la pronunciación una palabra sin acento prosódico a la siguiente, formando así un solo grupo fónico, p. ej., *mi casa, el ojo.* ■ No varía en *pl.* **FAM.** Proclítico.

proclítico, ca (del gr. *proklino*, inclinarse hacia delante) *adj.* Se dice de las partículas y partes de la oración que, por no tener acento prosódico, se unen en la pronunciación a la palabra siguiente, aunque en la escritura se mantengan separadas, p. ej., preposiciones de una sílaba, artículos y pronombres posesivos, etc.

proclive (del lat. *proclivis*) *adj.* **1.** Que tiene tendencia o inclinación hacia una cosa, generalmente negativa. **2.** Inclinado hacia adelante o hacia abajo. **SIN. 1.** Propenso, tendente, dado. **ANT. 1.** Reacio. **FAM.** Proclividad.

procomún *s. m.* Bien público, utilidad pública. **FAM.** Procomunal. COMÚN.

procomunal *adj.* **1.** Del procomún: *servicios procomunales.* || *s. m.* **2.** Procomún*.

procónsul *s. m.* Magistrado de la antigua Roma que ejercía funciones propias del cónsul en determinadas provincias.

procordado *adj.* **1.** Se dice de los metazoos marinos del tipo cordados que están provistos de notocordio, pero que carecen de cráneo y encéfalo. Habitan en los mares tropicales, subtropicales y templados. Procordados son, p. ej., las ascidias y los anfioxos. También *s. m.* || *s. m. pl.* **2.** Grupo de estos animales, que incluye los subtipos tunicados y cefalocordados.

procrear (del lat. *procreare*) *v. tr.* Producir el hombre y la mujer, o el macho y la hembra de cualquier especie animal, otros individuos de su misma especie. **SIN.** Engendrar, reproducirse, multiplicarse, concebir. **FAM.** Procreación, procreador. CREAR.

proctología (del gr. *proktos*, ano, y *-logía*) *s. f.* Rama de la medicina que se encarga del diagnóstico y tratamiento de las enfermedades del recto y del ano. **FAM.** Proctológico, proctólogo.

procurador, ra (del lat. *procurator, -oris*) *adj.* **1.** Que procura. También *s. m.* y *f.* || *s. m.* y *f.* **2.** Persona legalmente autorizada que, en ciertas circunstancias, se encarga de representar a otra ante los tribunales de justicia. **FAM.** Procuraduría. PROCURAR.

procuraduría *s. f.* **1.** Cargo u oficio de procurador. **2.** Despacho u oficina del procurador.

procurar (del lat. *procurare*) *v. tr.* **1.** Hacer todo lo posible para conseguir o para que suceda aquello que se expresa: *Procura llegar pronto.* **2.** Proporcionar algo a alguien. También *v. prnl.* **SIN. 1.** Intentar, pretender, esforzarse, tratar. **2.** Facilitar(se), suministrar(se), deparar. **ANT. 2.** Quitar, negar(se). **FAM.** Procurador. CURAR.

prodigalidad (del lat. *prodigalitas, -atis*) *s. f.* **1.** Cualidad o comportamiento del que es pródigo. **2.** Abundancia, gran cantidad de algo. **SIN. 1.** Generosidad, liberalidad, largueza; despilfarro, derroche. **1.** y **2.** Profusión. **2.** Multitud, exceso, exuberancia. **ANT. 1.** Tacañería. **2.** Escasez.

prodigar *v. tr.* **1.** Dar algo en gran cantidad o repetidamente: *Prodiga a sus hijos toda clase de mimos.* También *v. prnl.* **2.** Gastar con exceso. || **prodigarse** *v. prnl.* **3.** Dejarse ver alguien muy a menudo en ciertos sitios, generalmente con intención de exhibirse. ■ Delante de *e* se escribe *gu* en lugar de *g.* **SIN. 1.** Dispensar(se), otorgar(se), conceder(se). **2.** Derrochar, despilfarrar. **3.** Lucirse. **ANT. 1.** Escatimar, negar(se). **3.** Esconderse. **FAM.** Pródigo.

prodigio (del lat. *prodigium*) *s. m.* **1.** Fenómeno o suceso que produce gran admiración o sorpresa y que no puede explicarse por causas naturales. **2.** P. ext., cualquier fenómeno o suceso que produce admiración. **3.** Persona, animal o cosa extraordinaria, que destaca por sus cualidades, por ser excelente en su género. **SIN. 1.** y **2.** Milagro. **3.** Portento, maravilla. **ANT. 1.** y **2.** Insignificancia. **3.** Vulgaridad. **FAM.** Prodigiosamente, prodigiosidad, prodigioso.

prodigioso, sa (del lat. *prodigiosus*) *adj.* **1.** Relativo al prodigio o que es un prodigio: *Es prodigioso lo que se puede hacer con organización.* **2.** Excelente, muy bueno: *Tiene una memoria prodigiosa.* **SIN. 1.** y **2.** Maravilloso, increíble, portentoso. **ANT. 1.** Normal, corriente. **2.** Pésimo.

pródigo, ga (del lat. *prodigus*, de *prodigere*, gastar profusamente) *adj.* **1.** Que produce mucho: *un autor pródigo.* **2.** Generoso, desprendido. También *s. m.* y *f.* **3.** Derrochador, despilfarrador. También *s. m.* y *f.* **SIN. 1.** Productivo, fértil. **2.** Dadivoso, espléndido, liberal. **3.** Manirroto. **ANT. 1.** Estéril. **2.** y **3.** Tacaño. **3.** Ahorrador. **FAM.** Prodigalidad, pródigamente. PRODIGAR.

pródromo (del gr. *prodromos*, que corre por delante) *s. m.* Conjunto de síntomas que preceden a una enfermedad. **FAM.** Prodrómico.

producción (del lat. *productio, -onis*) *s. f.* **1.** Acción de producir. **2.** Cosa o conjunto de cosas producidas. || **3. producción en serie** Proceso de fabricación automatizada de un gran número de unidades del mismo artículo. **SIN. 2.** Producto, obra. **FAM.** Coproducción, sobreproducción, superproducción. PRODUCIR.

producir (del lat. *producere*) *v. tr.* **1.** Dar algo las cosas naturales: *Los árboles producen frutos.* **2.** Obtener de la naturaleza determinados bienes: *Kuwait produce gran cantidad de petróleo.* **3.** Crear un cosa a partir de otra por medio del trabajo: *producir coches.* **4.** Rentar, dar beneficios económicos: *En este banco el dinero produce más.* **5.** Causar, tener algo un efecto: *Esa luz me produce dolor de cabeza.* **6.** Crear obras literarias o artísticas. **7.** Proporcionar el dinero necesario para una obra cinematográfica, discográfica, televisiva, etc., y organizar y controlar la realización de la misma. || **producirse** *v. prnl.* **8.** Ocurrir, tener lugar. ■ Es v. irreg. Se conjuga como *conducir.* **SIN. 5.** Ocasionar, provocar. **FAM.** Producción, producible, productividad, productivismo, productivo, producto, productor. / Contraproducente, improductivo, reproducir.

productividad *s. f.* Capacidad o grado de producción: *La productividad ha descendido en la fábrica.*

productivismo *s. m.* Política empresarial tendente a aumentar excesivamente la producción.

productivo, va (del lat. *productivus*) *adj.* **1.** Que produce, sobre todo cuando es mucho: *Estas tierras son muy productivas.* **2.** Que proporciona mucha utilidad o ganancia: *una colaboración muy productiva.* **SIN. 1.** Fecundo, fértil. **1.** y **2.** Fructífero. **2.** Provechosa, rentable. **ANT. 1.** y **2.** Estéril, improductivo.

producto (del lat. *productus*) *s. m.* **1.** Cosa producida, especialmente por la agricultura o la industria. **2.** Resultado, consecuencia: *Esa casa es el producto de su trabajo y esfuerzo.* **3.** Beneficio, ganancia: *Con esa venta ha obtenido un buen producto.* **4.** En mat., resultado de una multiplicación. || **5. producto interior bruto** Suma del valor de todos los bienes y servicios producidos en un país durante un año. **6. producto nacional bruto** El producto interior bruto al que se le resta la parte debida a factores productivos extranjeros y se le añade el valor de lo producido fuera del país por factores productivos nacionales. **SIN. 1.** Fruto, artículo. **2.** Obra. **3.** Provecho. **ANT. 3.** Pérdida. **FAM.** Semiproducto, subproducto, teleproducto. PRODUCIR.

productor, ra (del lat. *productor, -oris*) *adj.* **1.** Que produce. También *s. m.* y *f.* || *s. m.* y *f.* **2.** Persona o empresa que produce obras cinematográficas, televisivas, discográficas, etc. **SIN. 1.** Fabricante, elaborador.

proel (del cat. *proer*) *adj.* **1.** De la proa o situado cerca de ella. || *s. m.* **2.** Marinero que en una embarcación pequeña hace su trabajo en la proa.

proemio (del lat. *proemium*, y éste del gr. *prooimion*) *s. m.* Introducción a un escrito o discurso. **SIN.** Prólogo, preámbulo, prefacio. **ANT.** Epílogo. **FAM.** Proemial.

proeza (de *pro*, provecho) *s. f.* Acción que requiere mucho valor y esfuerzo. **SIN.** Hazaña, heroicidad, gesta.

profanar (del lat. *profanare*) *v. tr.* **1.** Entrar en un lugar, tocar algo, hacer uso de una cosa, sin que esté permitido hacerlo o sin el debido respeto, por tratarse de lugares o cosas que se consideran sagradas. **2.** Con palabras como *memoria, recuerdo*, etc., no respetar o deshonrar a alguien que ha muerto. **SIN. 1.** Violar. **2.** Manchar, mancillar, empañar. **ANT. 2.** Honrar. **FAM.** Profanación, profanador, profanamiento. PROFANO.

profano, na (del lat. *profanus*, que está fuera del templo) *adj.* **1.** No religioso. **2.** No experto. También *s. m.* y *f.* **SIN. 1.** Laico, secular, seglar. **2.** Lego. **ANT. 1.** Sacro. **2.** Entendido. **FAM.** Profanamente, profanar.

profase *s. f.* Primera fase de la mitosis, en la que aparecen transformaciones en el centrosoma y los cromosomas, se duplican los centriolos y comienza el hinchamiento del núcleo.

profe *s. m.* y *f. apóc.* de *profesor* usado por los niños en edad escolar. ■ El femenino también puede ser *profa.*

profecía (del gr. *propheteia*, de *prophemi*, predecir) *s. f.* Predicción de algo que pasará en el futuro, especialmente la realizada gracias a un don sobrenatural. **SIN.** Oráculo, vaticinio, augurio.

proferir (del lat. *proferre*) *v. tr.* Pronunciar alguien palabras o emitir sonidos, especialmente cuando muestran un fuerte sentimiento de enfado, alegría, temor, etc.: *La multitud profería vivas en su honor.* ■ Es v. irreg. Se conjuga como *sentir.* **SIN.** Prorrumpir, lanzar, clamar.

profesante *adj.* Que profesa. También *s. m.* y *f.* **SIN.** Practicante, seguidor, partidario, creyente.

profesar (del lat. *profiteri*, declarar abiertamente) *v. tr.* **1.** Aceptar y seguir voluntariamente una doctrina, creencia, religión, etc. **2.** Tener una persona ciertos sentimientos o inclinaciones: *Profesa un gran amor a sus padres.* **3.** Ejercer una profesión. || *v. intr.* **4.** Hacer en una orden religiosa los votos solemnes. **SIN. 1.** Abrazar. **1.** y **3.** Cultivar, practicar. **2.** Sentir, experimentar, abrigar. **3.** Dedicarse. **ANT. 1.** Rechazar, renegar. **FAM.** Profesante, profesión, profeso, profesor.

profesión (del lat. *professio, -onis*) *s. f.* **1.** Trabajo u oficio a cambio de una remuneración, particularmente el que requiere estudios especiales. **2.** Ingreso en una orden religiosa obligándose a cumplir los votos correspondientes. **3.** Aceptación pública y voluntaria de una idea o creencia. ■ Se construye con la prep. *de*: *profesión de fe en los dogmas de la Iglesia.* **SIN. 1.** Ocupación, empleo. **FAM.** Profesional, profesionista. PROFESAR.

profesional *adj.* **1.** De la profesión. **2.** Se dice de la persona que ejerce habitualmente una profesión, deporte, etc., como medio de vida y no por afición, y de lo relativo a dicha persona: *tenis profesional.* También *s. m.* y *f.* ■ A veces se usa en expresiones ponderativas: *Es un verdadero profesional del ciclismo.* **SIN. 1.** Laboral. **ANT. 2.** Amateur. **FAM.** Profesionalidad, profesionalismo, profesionalización, profesionalizar, profesionalmente. / Interprofesional. PROFESIÓN.

profesionalidad *s. f.* Cualidad y actitud de la persona que ejerce habitualmente una profesión, arte, deporte u otra actividad cualquiera con competencia y eficacia. **SIN.** Profesionalismo.

profesionalismo *s. m.* Práctica de una actividad de forma profesional, especialmente un deporte.

profesionalizar *v. tr.* **1.** Hacer que una actividad que se realiza por afición pase a convertirse en una profesión: *Hay que profesionalizar el deporte.* También *v. prnl.* **2.** Hacer que una persona pase de ejercer una actividad por afición a ejercerla habitualmente a cambio de una remuneración. Se utiliza más como *v. prnl.*: *Debes profesionalizarte si quieres vivir de la música.* ■ Delante de *e* se escribe *c* en lugar de *z*: *profesionalice.*

profesionista *s. m.* y *f. Méx.* Profesional*.

profeso, sa (del lat. *professus*, de *profiteri*, declarar) *adj.* Se dice de la persona que ha profesado en una orden religiosa. También *s. m.* y *f.*

profesor, ra (del lat. *professor, -oris*) *s. m.* y *f.* **1.** Persona que enseña, en particular si lo hace profesionalmente. **2.** Instrumentista de una orquesta. SIN. **1.** Maestro, educador, instructor, monitor. FAM. Profe, profesorado, profesoral. PROFESAR.

profesorado *s. m.* Conjunto de profesores.

profeta, tisa (del gr. *prophetes*, de *prophemi*, predecir) *s. m.* y *f.* **1.** Persona que habla en nombre de Dios y por inspiración suya para anunciar su voluntad, y particularmente cosas futuras. **2.** Persona que hace predicciones. || LOC. **nadie es profeta en su tierra** Expresión con que se alude al hecho de que es más fácil triunfar fuera que dentro del propio país o lugar de origen. FAM. Profecía, proféticamente, profético, profetizar.

profético, ca (del lat. *propheticus*, y éste del gr. *prophetikos*) *adj.* Propio de las profecías o de los profetas: *Sus advertencias resultaron proféticas.* SIN. Premonitorio.

profetizar (del lat. *prophetizare*) *v. tr.* Hacer profecías. ■ Delante de *e* se escribe *c* en lugar de *z*. SIN. Vaticinar, predecir. FAM. Profetizador. PROFETA.

proficiente (del lat. *proficiens, -entis*) *adj.* Se dice de la persona que aprovecha o progresa en algo. SIN. Aplicado, aventajado. ANT. Retrasado.

profiláctica *s. f.* Parte de la medicina que se ocupa de la prevención de las enfermedades.

profiláctico, ca (del gr. *prophylattikos*, de *prophylasso*, prevenir) *adj.* **1.** Que sirve para proteger de la enfermedad o evitar que se extienda: *La higiene es una buena medida profiláctica.* || *s. m.* **2.** Preservativo*. SIN. **1.** Preventivo. ANT. **1.** Contaminante, infeccioso. FAM. Profiláctica. PROFILAXIS.

profilaxis (del gr. *prophylaxis*) *s. f.* Conjunto de medidas que sirven para proteger de una enfermedad y para evitar que se extienda. ■ No varía en *pl.* SIN. Prevención. FAM. Profiláctico.

profiterol (del fr. *profiterole*) *s. m.* Pequeño pastel en forma de bola, relleno de helado o de crema pastelera y recubierto de crema de chocolate caliente.

prófugo, ga (del lat. *profugus*) *adj.* **1.** Se dice de la persona que huye de la justicia o de cualquier otra autoridad. También *s. m.* y *f.* || *s. m.* **2.** Joven que escapa o se oculta para evitar hacer el servicio militar. SIN. **1.** Fugitivo.

profundamente *adv. m.* **1.** De manera profunda. **2.** Aplicado a estados de ánimo, en gran medida, en alto grado.

profundidad (del lat. *profunditas, -atis*) *s. f.* **1.** Distancia entre la superficie y el fondo de ciertas cosas. **2.** Distancia a que se encuentra alguien o algo de la superficie: *Bucean a gran profundidad.* **3.** En un cuerpo de tres dimensiones, distancia que hay desde la superficie que miramos hasta la opuesta: *El armario tiene medio metro de profundidad.* **4.** Referido a ideas, sentimientos, etc., cualidad de profundo. || *s. f. pl.* **5.** Lugar profundo: *las profundidades marinas.* **6.** Cosa abstracta, demasiado complicada o difícil de entender. || **7. profundidad de campo** Distancia máxima sobre el eje central del campo óptico en la que las imágenes se ven con nitidez. || LOC. **en profundidad** *adv.* De manera completa y con rigor. SIN. **1.** y **3.** Fondo. **1.**, **4.** y **6.** Hondura(s). **6.** Complicaciones. ANT. **1.** Superficialidad. **4.** y **6.** Trivialidad(es), frivolidad(es).

profundizar *v. tr.* **1.** Hacer algo más profundo: *Para encontrar agua, tienes que profundizar el hoyo.* **2.** Investigar, reflexionar, etc., sobre un asunto detenidamente para llegar al mayor conocimiento posible de él. Se usa más como *v. intr.*: *profundizar en el tema.* ■ Delante de *e* se escribe *c* en lugar de *z*. SIN. **1.** y **2.** Ahondar. **2.** Penetrar.

profundo, da (del lat. *profundus*) *adj.* **1.** Que está a mucha profundidad, la tiene o la alcanza: *recipiente profundo, herida profunda.* **2.** Que llega o va hasta muy abajo: *Hizo una profunda inclinación de cabeza.* **3.** Fuerte, intenso, muy grande: *una profunda tristeza.* **4.** Se dice de la persona que trata, habla o piensa sobre temas serios intentando llegar a conocerlos de forma completa, así como de sus conocimientos, pensamientos, etc., y de las cosas relacionadas con éstos. **5.** Se dice de la voz, sonido, etc., potente y de tono muy grave. SIN. **1.**, **3.** y **4.** Hondo. **4.** Reflexivo, trascendente. ANT. **1.**, **3.** y **4.** Superficial. **3.** Ligero, leve. **4.** Trivial, frívolo. FAM. Profundamente, profundidad, profundizar.

profusión (del lat. *profusio, -onis*) *s. f.* Gran abundancia de algo: *Nos lo contó con profusión de detalles.* SIN. Cantidad, multitud, riqueza. ANT. Escasez, pobreza.

profuso, sa (del lat. *profusus*, de *profundere*, derramar) *adj.* Muy abundante. SIN. Copioso. ANT. Escaso. FAM. Profusamente, profusión.

progenie (del lat. *progenies*) *s. f.* **1.** Linaje, familia de la que desciende o a la que pertenece una persona. **2.** Conjunto de hijos de una persona. SIN. **1.** Progenitura, prosapia, ascendencia, estirpe. **2.** Prole, descendencia.

progenitor, ra (del lat. *progenitor, oris*) *s. m.* y *f.* Antepasado en línea directa de una persona, especialmente su padre o su madre. SIN. Ascendiente, antecesor. ANT. Descendiente, hijo. FAM. Progenie, progenitura.

progenitura *s. f.* Progenie, familia de la que uno procede.

progesterona *s. f.* Hormona segregada por el ovario femenino cuya función es preparar la mucosa del útero para recibir el óvulo fecundado.

prognatismo *s. m.* Cualidad de la persona que tiene la mandíbula inferior saliente, un poco caída y más grande que la superior.

prognato, ta (de *pro-* y el gr. *gnathos*, mandíbula) *adj.* Se dice de la persona que tiene la mandíbula inferior saliente, un poco caída y más grande que la superior. También *s. m.* y *f.* FAM. Prognatismo.

programa (del gr. *programma*, de *prographo*, anunciar por escrito) *s. m.* **1.** Exposición resumida y ordenada de los distintos puntos o partes que componen algo que se va a realizar o desarrollar más adelante, p. ej. un curso escolar, los espectáculos de un lugar, las propuestas de un partido político, etc. **2.** Cada una de las unidades temáticas, como películas, espacios musicales o deportivos, etc., que se retransmiten por radio o televisión. **3.** Conjunto de instrucciones que se dan a una máquina, particularmente a un ordenador, para que realice un trabajo específico. SIN. **1.** Plan. FAM. Programar, programático.

programable *adj.* Que se puede programar: *calculadora programable.*

programación *s. f.* **1.** Acción de programar. **2.** Conjunto de los programas de radio o de televisión, o de las distintas obras y espectáculos de una sesión o temporada de teatro, cine, etc. **3.** En inform., elaboración de programas de ordenador.

programador, ra *adj.* **1.** Que programa. También *s. m.* y *f.* || *s. m.* y *f.* **2.** Persona que prepara programas de ordenador. || *s. m.* **3.** Dispositivo que ejecuta automáticamente un programa de funciones, p. ej. en una máquina.

programar *v. tr.* **1.** Elaborar el programa de una actividad. También *v. prnl.* con valor reflexivo: *Si no te programas, no te da tiempo a hacer nada.* **2.** Preparar ciertas máquinas por anticipado para que realicen cierto trabajo: *He programado el vídeo para grabar la película.* || *v. intr.* **3.** Elaborar programas informáticos. **SIN. 1.** Proyectar, planear, planificar(se). **ANT. 1.** Improvisar. **FAM.** Programable, programación, programador. / Contraprogramación, desprogramar. PROGRAMA.

programático, ca *adj.* Relativo al programa o declaración de lo que se piensa hacer en alguna materia.

progre *adj. fam. apóc.* de **progresista**. También *s. m.* y *f.*

progresar *v. intr.* Hacer progresos, mejorar alguien o algo. **SIN.** Prosperar, avanzar, adelantar. **ANT.** Empeorar; estancarse. **FAM.** Progresión, progresivamente, progresividad, progresivo. PROGRESO.

progresía *s. f. fam.* Conjunto de progres.

progresión (del lat. *progressio, -onis*) *s. f.* **1.** Acción de progresar o de proseguir: *La progresión del país es lenta, pero continua.* **2.** En mat., serie de números o términos algebraicos ordenada según una constante. || **3. progresión aritmética** Aquella en que cada término es igual al anterior más una cantidad constante. **4. progresión geométrica** Aquella en que cada término es igual al anterior multiplicado por una cantidad constante. **SIN. 1.** Progreso, mejora, avance, perfeccionamiento. **ANT. 1.** Empeoramiento, involución.

progresista *adj.* Se dice de la persona, partido político, idea, actitud, etc., que defiende la evolución de las sociedades y está a favor de los cambios sociales, políticos, económicos, etc. También *s. m.* y *f.* **SIN.** Reformista, renovador. **ANT.** Conservador. **FAM.** Progresismo. PROGRESO.

progresivo, va *adj.* **1.** Que avanza o aumenta poco a poco y de forma continua: *Las temperaturas irán en progresivo ascenso.* **2.** Progresista, que favorece el progreso: *política progresiva.* **SIN. 1.** Paulatino, constante, escalonado. **ANT. 1.** Brusco, repentino. **2.** Conservador.

progreso (del lat. *progressus*) *s. m.* Desarrollo favorable, mejora de un determinado aspecto de alguien o algo; si no se especifica, se refiere particularmente a lo social, cultural, científico o tecnológico. **SIN.** Adelanto, avance. **ANT.** Retroceso, involución. **FAM.** Progre, progresar, progresía, progresista.

prohibición (del lat. *prohibitio, -onis*) *s. f.* Acción y resultado de prohibir. **SIN.** Veto.

prohibir (del lat. *prohibere*) *v. tr.* No permitir alguna cosa. ■ La *i* de la raíz no forma diptongo y se acentúa en algunas formas del presente y del imperativo: *prohíbo.* **SIN.** Impedir, vedar, vetar. **ANT.** Dejar. **FAM.** Prohibición, prohibitivo, prohibitorio.

prohibitivo, va *adj.* **1.** Se dice de los precios demasiado altos para alguna persona, así como de las cosas que tienen estos precios. **2.** Que prohíbe. **SIN. 1.** Inasequible. **2.** Prohibitorio. **ANT. 1.** Asequible.

prohibitorio, ria (del lat. *prohibitorius*) *adj.* Que prohíbe o sirve para prohibir.

prohijar (del ant. *porfijar*, tomar por hijo) *v. tr.* **1.** Adoptar a alguien como hijo. **2.** Aceptar y defender como propias ideas o doctrinas ajenas. **SIN. 1.** Apadrinar. **2.** Acoger, abrazar. **ANT. 2.** Rechazar. **FAM.** Prohijamiento. HIJO.

prohombre (de *pro*, provecho, y *hombre*) *s. m.* Hombre ilustre y respetado por sus méritos y cualidades. **SIN.** Prócer, eminencia.

prójimo, ma (del lat. *proximus*) *s. m.* y *f.* **1.** *desp.* Hombre o mujer cualquiera. || *s. m.* **2.** Con respecto a una persona, todas o cada una de las demás personas que forman parte de la comunidad humana. || *s. f.* **3.** *fam.* Prostituta*. **4.** *fam.* Esposa de alguien. **SIN. 1.** Tipo, tío, fulano. **2.** Semejantes. **4.** Parienta.

prolactina *s. f.* Hormona producida por la hipófisis que desencadena la secreción de la progesterona y estimula la actividad de las glándulas mamarias.

prolapso (del lat. *prolapsus*, de *prolabi*, deslizarse, caer) *s. m.* Salida de un órgano a través de un orificio del cuerpo cuando no está bien fijado en su ubicación natural; p. ej. el útero o el recto.

prole (del lat. *proles*) *s. f.* **1.** Conjunto, generalmente numeroso, de los hijos de una persona, particularmente cuando son pequeños o jóvenes. **2.** *fam.* Conjunto numeroso de personas. **SIN. 1.** Descendencia, progenie. **2.** Panda, pandilla. **FAM.** Proletariado, proliferar.

prolegómeno (del gr. *prolegomena*, cosas dichas primero) *s. m.* **1.** Introducción de un escrito en la que se exponen los fundamentos del tema que se va a tratar. Se usa más en *pl.* **2.** Tratado sobre los aspectos básicos o más elementales de cierta materia. Se usa más en *pl.* || *s. m. pl.* **3.** Preparación o introducción excesiva a algo. **SIN. 1.** Preámbulo, preliminares.

prolepsis (del gr. *prolepsis*) *s. f.* Anticipación*, figura retórica. ■ No varía en *pl.*

proletariado *s. m.* Clase social formada por aquellos que no poseen los medios de producción y sólo pueden ofrecer su fuerza de trabajo a cambio de un salario. **FAM.** Proletario. / Subproletariado. PROLE.

proletario, ria (del lat. *proletarius*) *adj.* **1.** Del proletariado. || *s. m.* y *f.* **2.** Persona que pertenece a la clase social del proletariado. **SIN. 2.** Obrero, asalariado.

proliferar *v. intr.* **1.** Aumentar mucho y rápidamente el número o la cantidad de algo. **2.** Reproducirse mediante división. Es propio de las células y organismos inferiores. **SIN. 1.** Incrementarse, multiplicarse, crecer. **ANT. 1.** Disminuir. **FAM.** Proliferación, proliferante, prolífico. PROLE.

prolífero, ra *adj.* Prolífico*.

prolífico, ca (del lat. *proles*, prole, y *facere*, hacer) *adj.* **1.** Que se reproduce abundantemente. **2.** Se dice del artista, escritor, etc., que produce mucho. **SIN. 1.** y **2.** Fértil, fecundo. **2.** Productivo. **ANT. 1.** y **2.** Estéril.

PROHIBIR		
INDICATIVO	**SUBJUNTIVO**	**IMPERATIVO**
Presente	**Presente**	
prohíbo	*prohíba*	
prohíbes	*prohíbas*	*prohíbe*
prohíbe	*prohíba*	
prohibimos	*prohibamos*	
prohibís	*prohibáis*	*prohibid*
prohíben	*prohíban*	

prolijo, ja (del lat. *prolixus*, fluyente) *adj.* **1.** Se dice de las explicaciones, descripciones, etc., demasiado largas y detalladas y de las personas que las dan o hacen. **2.** *Arg.* Pulcro. **FAM.** Prolijamente, prolijidad.

prologar *v. tr.* Escribir el prólogo de un libro. ■ Delante de *e* se escribe *gu* en lugar de *g*.

prólogo (del gr. *prologos*, de *pro*, antes, y *lego*, hablar) *s. m.* **1.** Introducción a un escrito en la que se explica, comenta, etc., alguna cosa sobre él o para presentar al autor. **2.** Cosa que se hace antes que otra para presentarla o prepararla. **SIN. 1.** Prefacio, preámbulo, proemio, exordio, prolegómenos. **ANT. 1.** Epílogo. **FAM.** Prologal, prologar, prologuista.

prologuista *s. m.* y *f.* Autor del prólogo de un escrito.

prolongación *s. f.* **1.** Acción de prolongar o prolongarse. **2.** Parte alargada de una cosa que sobresale de ella. **3.** Cosa que se añade a otra del mismo tipo para hacerla más larga. **SIN. 1.** Alargamiento. **1.** y **3.** Continuación, ampliación. **ANT. 1.** Acortamiento, abreviación.

prolongado, da 1. *p.* de **prolongar**. || *adj.* **2.** Largo en tiempo o en espacio: *una temporada prolongada, una nariz prolongada.* **SIN. 2.** Dilatado; alargado. **ANT. 2.** Corto, breve.

prolongador, ra *adj.* Que prolonga o sirve para prolongar. También *s. m.*: *Necesitamos un prolongador para enchufar el equipo de música en la habitación de arriba.* **SIN.** Alargador.

prolongar (del lat. *prolongare*) *v. tr.* **1.** Hacer más largo en el tiempo o en el espacio. También *v. prnl.* || **prolongarse** *v. prnl.* **2.** Durar: *La reunión se prolongó por espacio de dos horas.* **3.** Pasar por un lugar o llegar hasta él: *Esta vereda se prolonga hasta la falda de la montaña.* ■ Delante de *e* se escribe *gu* en lugar de *g*. **SIN. 1.** Alargar, dilatar. **ANT. 1.** Abreviar. **1.** y **2.** Acortar. **FAM.** Prolongable, prolongación, prolongadamente, prolongado, prolongador, prolongamiento. / Improlongable. LUENGO.

promecio *s. m.* Prometio*.

promediar *v. tr.* **1.** Calcular el promedio. **2.** Dividir una cosa en dos partes más o menos iguales o hacer que dos partes de una cosa sean aproximadamente iguales en número y cantidad. || *v. intr.* **3.** Llegar hasta más o menos su mitad un espacio de tiempo determinado: *Promediaba el mes de julio.* **SIN. 2.** Nivelar, equilibrar, repartir. **3.** Mediar. **ANT. 2.** Desnivelar.

promedio (del lat. *pro medio*, como término medio) *s. m.* En un conjunto de varias cantidades, número que se obtiene sumando sus valores y dividiendo el resultado por el número de cantidades que forman el conjunto. **SIN.** Media. **FAM.** Promediar. MEDIO.

promesa (ant. p. de *prometer*) *s. f.* **1.** Acción de prometer: *Nos dio su promesa de llegar a tiempo.* **2.** Persona de la que se espera que llegue a triunfar en una determinada actividad. **SIN. 1.** Compromiso, palabra; signo, indicio. **FAM.** Promesar. PROMETER.

promesar *v. tr. Arg.* y *Chile* Hacer promesas, por lo general piadosas. **FAM.** Promesante. PROMESA.

prometedor, ra *adj.* Se dice de la persona o cosa que por sus características o por ciertos indicios permite pensar que llegará a ser muy importante o muy buena.

prometer (del lat. *promittere*) *v. tr.* **1.** Afirmar una persona con seguridad que realizará cierta cosa. **2.** Asegurar alguien que es cierto lo que expresa: *Te prometo que no estoy enfadado contigo.* **3.** Declarar una persona que se compromete a cumplir fielmente los deberes de un cargo. **4.** Dar muestras una persona o cosa de algo futuro que se expresa, generalmente positivo: *Esta película promete ser divertida.* || *v. intr.* **5.** Existir muestras o indicios en una persona o cosa de que va a ser muy importante o muy buena: *Esa chica promete mucho como cantante.* || **prometerse** *v. prnl.* **6.** Convertirse en prometidos un hombre y una mujer. **7.** Confiar en que sucederá cierta cosa o en que ocurrirá de cierta manera, sin que exista un verdadero motivo para ello: *Nos prometíamos una tarde divertida, pero nos aburrimos como ostras.* || **LOC. prometérselas** uno **(muy) felices** *fam.* Tener esperanzas de que algo bueno ocurra o de que algo salga bien. ■ Se utiliza mucho en pasado cuando se ha sufrido un fracaso o una decepción. **SIN. 1.** y **2.** Garantizar. **1.** y **3.** Jurar. **4.** Augurar. **7.** Esperar. **ANT. 7.** Desconfiar. **FAM.** Promesa, prometedor, prometido, promisión. / Comprometer. METER.

prometido, da 1. *p.* de **prometer**. También *adj.* || *s. m.* y *f.* **2.** Novio o novia de una persona cuando tiene intención de casarse. **SIN. 2.** Futuro.

prometio *s. m.* Elemento químico perteneciente al grupo de los lantánidos. Es un metal que se usa en pinturas luminiscentes y en baterías especiales. Su símbolo químico es *Pm* y se llama también *promecio*.

prominencia (del lat. *prominentia*) *s. f.* **1.** Cualidad de prominente. **2.** Abultamiento, elevación, especialmente del terreno. **SIN. 1.** Eminencia, prestigio. **1.** y **2.** Realce. **2.** Abombamiento, montículo, relieve. **ANT. 1.** Inferioridad. **2.** Llanura.

prominente (del lat. *prominens, -entis*, de *prominere*, elevarse, sobresalir) *adj.* **1.** Que se eleva sobre el resto o sobresale más de lo normal: *nariz prominente.* **2.** Ilustre, famoso, destacado. **SIN. 1.** Elevado, saliente, abultado. **1.** y **2.** Eminente. **2.** Prestigioso. **ANT. 1.** Plano. **2.** Mediocre. **FAM.** Prominencia. EMINENCIA.

promiscuo, cua (del lat. *promiscuus*) *adj.* **1.** Se dice de la persona que mantiene relaciones sexuales con muchas otras, así como de su comportamiento, modo de vida, etc. **2.** Mezclado desordenadamente, compuesto por personas o cosas muy diferentes. **SIN. 2.** Revuelto, heterogéneo, misceláneo. **ANT. 2.** Homogéneo. **FAM.** Promiscuamente, promiscuidad.

promisión (del lat. *promissio, -onis*) *s. f.* Promesa, acción de prometer. Sólo se usa en **Tierra de promisión**, haciendo referencia a la que Dios prometió al pueblo de Israel; también, escrito con minúscula, tierra muy fértil y rica. **FAM.** Promisorio. PROMETER.

promisorio, ria (del lat. *promissum*, de *promittere*, prometer) *adj.* Que incluye una promesa.

promoción (del lat. *promotio, -onis*) *s. f.* **1.** Acción de promocionar o promover. **2.** Grupo de personas que obtienen al mismo tiempo un título de estudios o una plaza para determinado cargo, trabajo, etc. || **LOC. en promoción** *adj.* y *adv.* Se dice de lo que está siendo promocionado. **SIN. 1.** Impulso, fomento; ascenso. **2.** Curso. **FAM.** Promocionar. PROMOVER.

promocionar *v. tr.* **1.** Hacer que alguien alcance en un trabajo una categoría más alta. También *v. prnl.* **2.** Realizar distintas acciones, generalmente de tipo publicitario, destinadas a dar a conocer un producto o servicio, o a hacer famosa a una persona, ciudad, etc. **SIN. 1.** Promover, ascender, medrar. **2.** Lanzar. **ANT. 1.** Degradar.

promontorio (del lat. *promontorium*) *s. m.* **1.** Elevación del terreno de poca altura. **2.** Particularmente, elevación rocosa del terreno que se introduce en el mar. **3.** Cosa abultada o montón de cosas. **SIN. 1.** Montículo, cerro, colina. **3.** Bulto, pila.

promotor, ra (del lat. *promotor, -oris*) *adj.* **1.** Que promueve algo. También *s. m.* y *f.* **2.** Que promociona a alguien o algo. También *s. m.* y *f.* **SIN. 1.** Impulsor.

promover (del lat. *promovere*) *v. tr.* **1.** Apoyar o impulsar la realización de una cosa. **2.** Ascender a una persona a un cargo o categoría superior. **3.** Dar lugar, causar: *Su comportamiento promovió fuertes polémicas.* **4.** Iniciar ciertas acciones: *promover un expediente.* ■ Es v. irreg. Se conjuga como *mover.* **SIN. 1.** Fomentar, favorecer. **2.** Promocionar, elevar. **3.** Provocar. **4.** Incoar. **ANT. 1.** Entorpecer, impedir. **2.** Degradar. **3.** Evitar. **FAM.** Promoción, promotor, promovedor. MOVER.

promulgar (del lat. *promulgare*) *v. tr.* Anunciar algo de forma oficial, particularmente una ley o disposición para que entre en vigor. ■ Delante de *e* se escribe *gu* en lugar de *g.* **FAM.** Promulgación, promulgador.

pronador *adj.* Se dice del músculo que hace posible que el antebrazo gire de tal forma que la palma de la mano que estaba hacia arriba quede hacia abajo.

pronaos (del gr. *pronaos*, de *pro*, delante, y *naos*, templo) *s. amb.* En los antiguos templos griegos, egipcios, etc., pórtico que precedía al santuario. ■ No varía en *pl.*

prono (del lat. *pronus*) *adj.* Véase **decúbito prono**. **FAM.** Pronador, pronogradismo.

pronogradismo *s. m.* Forma de andar con el dorso o la espalda en posición horizontal, propia de la mayoría de los animales de cuatro patas.

pronombre (del lat. *pronomen, -inis*) *s. m.* Clase de palabras que desempeñan las funciones gramaticales propias de un sustantivo o sintagma nominal y cuyo significado es ocasional: puede referirse de formas diversas a cualquier persona, animal o cosa según el contexto o la situación, pero no da nombre a ninguno; p. ej. *nosotros, éste, quien*, etc. **FAM.** Pronominal. NOMBRE.

pronominal (del lat. *pronominalis*) *adj.* **1.** Del pronombre o que participa de su naturaleza. **2.** Se aplica al verbo que se conjuga en todas sus formas con los pronombres *me, te, se, nos, os*, de tal manera que el sujeto del verbo y dicho pronombre hagan referencia a la misma persona o cosa; p. ej., *irse, acordarse*, etc.

pronosticar *v. tr.* Hacer pronósticos: *Pronosticó lluvias en la región.* ■ Delante de *e* se escribe *qu* en lugar de *c*: *pronostique.* **SIN.** Predecir, anunciar, vaticinar.

pronóstico (del gr. *prognostikon*) *s. m.* **1.** Anuncio anticipado, basado en ciertos indicios o señales, de algo que va a suceder o de cómo va a suceder cierta cosa: *El pronóstico del tiempo dice que subirán las temperaturas.* **2.** Juicio médico sobre la evolución de un enfermo o el estado de una enfermedad. || **3. pronóstico reservado** Aquel en que los indicios o síntomas no son suficientes para que los médicos formen un juicio seguro o en que es probable que haya un resultado negativo. **SIN. 1.** Predicción. **FAM.** Pronosticar. GNOSIS.

prontitud (del lat. *promptitudo, -inis*) *s. f.* Rapidez en hacer algo: *actuar con prontitud.* **SIN.** Celeridad, diligencia, presteza. **ANT.** Lentitud.

pronto, ta (del lat. *promptus*) *adj.* **1.** Rápido, diligente. **2.** Que ocurre sin pasar mucho tiempo: *Espero tu pronto regreso.* **3.** Preparado, dispuesto. || *s. m.* **4.** *fam.* Reacción repentina muy decidida o violenta: *Tiene a veces unos prontos muy fuertes.* || *adv. t.* **5.** En seguida, sin que transcurra mucho tiempo: *Pronto estará aquí.* **6.** Temprano: *Me he levantado pronto.* || **LOC. al pronto** *adv.* A primera vista, en el primer momento: *Al pronto, no recordaba su cara.* **de pronto** *adv.* De manera repentina, brusca o inesperada. **más pronto o más tarde** *adv.* Expresa que algo ocurrirá inevitablemente, aunque no se sepa cuándo. **por de** (o **lo**) **pronto** *adv.* Por ahora, por el momento. **tan pronto como** *conj.* En cuanto, en el mismo momento en que. **SIN. 1.** Ligero, veloz, raudo, presuroso. **1.** y **3.** Presto. **4.** Arranque, arrebato, rapto, impulso. **5.** Rápidamente. **ANT. 1.** Lento. **6.** Tarde. **FAM.** Prontamente, prontitud, prontuario. / Botepronto.

prontuario (del lat. *promptuarium*, despensa, de *promptus*, pronto) *s. m.* Manual breve de consul-

			PRONOMBRES PERSONALES TÓNICOS			PRONOMBRES PERSONALES ÁTONOS	
			sujeto	**complemento**		**compl. directo**	**compl. indirecto**
PRIMERA PERSONA	**singular**	**masculino y femenino**	*yo*	*mí, conmigo*		*me*	
	plural	**masculino**	*nosotros*			*nos*	
		femenino	*nosotras*				
SEGUNDA PERSONA	**singular**	**masculino y femenino**	*tú*	*ti, contigo*		*te*	
	plural	**masculino**	*vosotros*			*os*	
		femenino	*vosotras*				
TERCERA PERSONA	**singular**	**masculino**	*él*	*él*	*sí, consigo*	*lo (le)*, se*	*le, se*
		femenino	*ella*	*ella*		*la, se*	*le, se*
		neutro	*ello*	*ello*		*lo*	....
	plural	**masculino**	*ellos*	*ellos*	*sí, consigo*	*los (les)*, se*	*les, se*
		femenino	*ellas*	*ellas*		*las, se*	*les, se*

* Caso de uso leísta.

ta que contiene las reglas básicas de una materia o una serie de datos, fórmulas, etc. SIN. Breviario, síntesis.

pronunciado, da **1.** *p.* de **pronunciar**. También *adj.* || *adj.* **2.** Muy marcado o perceptible: *Tiene unas ojeras muy pronunciadas.* SIN. **2.** Acentuado, acusado, señalado. ANT. **2.** Leve, suave.

pronunciamiento *s. m.* **1.** Rebelión militar cuyo fin es derribar o presionar al gobierno. **2.** Declaración pública y formal a favor o en contra de algo: *Se aprobó la propuesta sin ningún pronunciamiento en contra.* **3.** Sentencia o decisión de un juez. SIN. **1.** Alzamiento, levantamiento, sublevación, golpe. **3.** Fallo, resolución.

pronunciar (del lat. *pronuntiare*) *v. tr.* **1.** Emitir y articular los sonidos de una lengua. También *v. intr.*: *Ahora pronuncias mejor.* **2.** Decir algo en voz alta y, generalmente, en público: *pronunciar un discurso.* **3.** Dictar un juez o tribunal una sentencia u otra resolución. **4.** Hacer que algo se note o destaque más. También *v. prnl.* || **pronunciarse** *v. prnl.* **5.** Expresar alguien públicamente su opinión a favor o en contra de una persona o cosa. **6.** Rebelarse los militares contra el gobierno para derribarlo o presionarlo. SIN. **1.** Vocalizar. **3.** Dictaminar, juzgar. **4.** Marcar(se), acentuar(se), señalar(se), intensificar(se). **5.** Declararse. **6.** Alzarse, levantarse, sublevarse. ANT. **2.** y **5.** Callar(se). **4.** Suavizar(se), disimular(se). **6.** Someterse. FAM. Pronunciable, pronunciación, pronunciado, pronunciamiento. / Impronunciable.

pronuncio *s. m.* Eclesiástico que de forma provisional ejerce las funciones del nuncio apostólico.

propaganda (del lat. *propaganda*, que ha de ser propagada) *s. f.* **1.** Actividad destinada a dar a conocer al público una persona o cosa intentando convencerle de sus cualidades, ventajas, etc. **2.** Cualquier medio o material usado para llevar a cabo dicha actividad, como anuncios, carteles, impresos, etc. SIN. **1.** y **2.** Publicidad. FAM. Propagandismo, propagandista, propagandístico. PROPAGAR.

propagandismo *s. m.* Tendencia a convertir las cosas en materia de propaganda o a realizar propaganda de personas, grupos, etc.

propagar (del lat. *propagare*) *v. tr.* Extender, hacer que algo llegue a muchos lugares o a muchas personas: *El viento propagó el fuego.* También *v. prnl.* ■ Delante de *e* se escribe *gu* en lugar de *g*. SIN. Difundir(se), transmitir(se). ANT. Contener. FAM. Propagación, propagador, propaganda.

propalar (del lat. tardío *propalare*) *v. tr.* Dar a conocer a la gente algo que se mantenía oculto o cuya verdad no está demostrada. SIN. Publicar, divulgar, difundir. ANT. Ocultar. FAM. Propalador.

propano *s. m.* Hidrocarburo saturado compuesto por tres átomos de carbono y ocho de hidrógeno; es gaseoso y se emplea como combustible industrial y doméstico.

proparoxítono, na (del gr. *proparoxytonos*) *adj.* En ling., esdrújulo*.

propasar *v. tr.* **1.** Ir más allá de lo debido, de lo razonable o conveniente: *Su actitud propasa los límites de lo aceptable.* Se usa más como *v. prnl.* || **propasarse** *v. prnl.* **2.** Cometer una falta de respeto o un atrevimiento, particularmente un hombre con una mujer. SIN. **1.** Exceder(se), extralimitar(se), sobrepasar(se). **2.** Excederse, extralimitarse. ANT. **1.** Moderar(se), contener(se).

propedéutica (del gr. *pro*, antes, y *paideutikos*, referente a la enseñanza) *s. f.* Enseñanza preparatoria para el estudio de una determinada disciplina. FAM. Propedéutico.

propedéutico, ca *adj.* Relativo a la propedéutica.

propender (del lat. *propendere*) *v. intr.* Tender alguien o algo a cierta cosa. SIN. Inclinarse. FAM. Propensión, propenso. PENDER.

propenso, sa (del lat. *propensus*) *adj.* Que propende a cierta cosa o es fácil que ésta le ocurra: *Es muy propenso a los catarros.* SIN. Predispuesto, proclive. ANT. Reacio.

propergol *s. m.* Combustible empleado en las naves espaciales que no necesita oxígeno atmosférico para realizar la combustión.

propiamente *adv. m.* Con propiedad, correctamente o con exactitud, en sentido estricto.

propiciación *s. f.* **1.** Acción de propiciar, particularmente a Dios o a los dioses. **2.** Sacrificio hecho a Dios o a los dioses para que se muestren propicios o favorables.

propiciar (del lat. *propitiare*) *v. tr.* **1.** Favorecer la realización, el cumplimiento o la existencia de algo: *Los desórdenes propiciaron la intervención de la policía.* **2.** Hacer que alguien o algo sea o se vuelva favorable. También *v. prnl.* **3.** *Arg.* Patrocinar. SIN. **1.** Coadyuvar, ayudar. **2.** Conquistar, ganarse, granjearse. ANT. **1.** Dificultar, impedir. FAM. Propiciación, propiciador. PROPICIO.

propiciatorio, ria *adj.* Que tiene la virtud de hacer propicio o favorable.

propicio, cia (del lat. *propitius*) *adj.* Favorable. SIN. Adecuado, conveniente, apropiado, indicado; benigno, benéfico. ANT. Desfavorable; contrario. FAM. Propiciamente, propiciar, propiciatorio.

propiedad (del ant. *propriedad*, y éste del lat. *proprietas, -atis*) *s. f.* **1.** Derecho o circunstancia de poseer alguien una cosa. **2.** Cosa poseída, especialmente si es un bien inmueble, como edificios, terrenos, etc. Se usa sobre todo en *pl.* **3.** Cualidad esencial y permanente de una persona o cosa. **4.** Adecuación de las palabras o frases utilizadas al significado que se quiere expresar. **5.** Semejanza muy grande, casi perfecta, entre una cosa y su imitación o reproducción: *La grabación reproduce con gran propiedad el sonido de la lluvia.* || **6. propiedad horizontal** Propiedad de una parte de un inmueble que pertenece a varios propietarios; también, la propiedad conjunta de los elementos comunes de dicho inmueble. **7. propiedad industrial** Derecho que posee el inventor o fabricante de un producto sobre la explotación económica del mismo, siempre que lo haya registrado oficialmente. **8. propiedad intelectual** Derecho que posee el escritor, pensador o artista sobre sus creaciones, siempre que las registre oficialmente. **9. propiedad privada** La que, por oposición a la estatal, corresponde a personas individuales, grupos o empresas no públicas. || LOC. **en propiedad** *adv.* En calidad de propietario o dueño: *Tiene casa en propiedad.* También, manera de ocupar alguien un cargo o empleo cuando no es como interino o sustituto, sino como titular del mismo: *Oposita para obtener una plaza en propiedad.* SIN. **1.** y **2.** Posesión, pertenencia. **2.** Hacienda. **3.** Característica, atributo. **5.** Fidelidad. ANT. **4.** Impropiedad. FAM. Propietario. / Multipropiedad. PROPIO.

propietario, ria (del lat. *propietarius*) *adj.* **1.** Que tiene derecho de propiedad sobre algo, especialmente sobre bienes inmuebles, como edificios, terrenos, etc. También *s. m.* y *f.* **2.** Que ocupa un cargo o empleo que le pertenece permanentemente, a diferencia del que lo ocupa transitoriamente como sustituto. SIN. **1.** Dueño, amo, poseedor. **2.** Titular. ANT. **2.** Interino. FAM. Copropietario. PROPIEDAD.

propileo (del gr. *propylaion*, pórtico, de *pro*, delante, y *pyle*, puerta) *s. m.* Pórtico con columnas de un templo clásico. SIN. Peristilo, atrio, columnata.

propina (del bajo lat. *propina*, dádiva) *s. f.* **1.** Cantidad de dinero que se da voluntariamente a alguien, y particularmente la que se da de más al pagar una cosa, p. ej. al camarero en un bar. **2.** Pieza interpretada por un artista, una orquesta, etc., a petición del público y que no estaba prevista en el programa. FAM. Propinar.

propinar (del lat. *propinare*, convidar a beber, y éste del gr. *propino*) *v. tr.* **1.** Con palabras como *golpe, paliza*, etc., dárselos a alguien. **2.** P. ext., dar u ocasionar otras cosas negativas o desagradables, como una derrota, una regañina, etc. SIN. **1.** Atizar, pegar, sacudir, meter. **2.** Infligir.

propincuo, cua (del lat. *propinquus*) *adj.* Próximo, cercano. SIN. Anejo, inmediato. ANT. Lejano. FAM. Propincuidad.

propio, pia (del lat. *proprius*) *adj.* **1.** Que pertenece a una persona, que es poseído por alguien: *Tiene casa propia.* **2.** De la persona de que se trata y no de otra: *Debes hacerlo por tu propio bien.* **3.** Se aplica al nombre cuya función es referirse a una entidad o individuo en concreto y a ningún otro dentro de su clase; p. ej. *Pedro, América.* **4.** Característico de una persona: *Esas respuestas son propias de él.* **5.** Apropiado, adecuado o conveniente. **6.** Que es natural, no añadido ni artificial: *La permanente le ha quedado muy bien: los rizos parecen propios.* **7.** Antepuesto al sustantivo, se usa como refuerzo de éste: *El propio compositor dirigió el concierto.* **8.** Por oposición a *figurado*, se dice del significado o uso original de las palabras. **9.** Reproducido, representado o imitado con gran precisión o exactitud: *En esa fotografía has salido muy propio.* || *adv. afirm.* **10.** *Méx.* Claro. SIN. **2.** Personal, particular. **4.** Peculiar, típico. **7.** Mismo. **8.** Recto. ANT. **1.**, **2.** y **4.** Ajeno. **3.** Común. **4.** y **5.** Impropio. **6.** Postizo. **8.** Traslaticio. FAM. Propiamente, propiedad. / Apropiarse, expropiar, impropio.

proponer (del lat. *proponere*) *v. tr.* **1.** Manifestar alguien un plan, proyecto, idea, etc., con intención de que sea aceptado por otros. **2.** Recomendar o presentar a alguien para un cargo, empleo, premio, etc.: *Le han propuesto para presidente.* **3.** Enunciar un problema o ejercicio escolar para que alguien lo resuelva. || **proponerse** *v. prnl.* **4.** Tomar la decisión de hacer o conseguir una cosa. ■ Es v. irreg. Se conjuga como *poner.* SIN. **1.** Sugerir, plantear. **4.** Empeñarse, pretender. FAM. Proponente, proposición, propósito, propuesta. PONER.

proporción (del lat. *proportio, -onis*) *s. f.* **1.** Relación justa y equilibrada entre varias cosas: *Las medidas del mueble no guardan proporción entre sí.* **2.** Relación entre dos cosas: *La proporción de hombres y mujeres ha cambiado en los últimos años.* **3.** Tamaño, medidas. Se usa más en *pl.*: *Las proporciones de esta foto son 6 por 9 cm.* **4.** Intensidad o importancia de algo. Se usa más en *pl.*: *un incendio de grandes proporciones.* **5.** Expresión matemática en que aparecen dos cocientes separados por el signo igual. SIN. **1.** Armonía, conformidad. **4.** Trascendencia, envergadura, repercusión, alcance. ANT. **1.** Desproporción. FAM. Proporcional, proporcionar. / Desproporción. PORCIÓN.

proporcionado, da (del lat. *proportionatus*) **1.** *p.* de **proporcionar**. || *adj.* **2.** De dimensiones justas o adecuadas. **3.** Que guarda la debida proporción. SIN. **3.** Adecuado. ANT. **2.** y **3.** Desproporcionado. FAM. Proporcionadamente. PROPORCIONAR.

proporcional (del lat. *proportionalis*) *adj.* **1.** Según una proporción, en una relación justa y equilibrada. **2.** En mat., se dice de las cantidades que están relacionadas de tal manera que, si una aumenta o disminuye, la otra lo hace en la misma medida (directamente proporcionales) o al contrario (inversamente proporcionales). SIN. **1.** Proporcionado, equitativo, adecuado, ajustado. ANT. **1.** Desproporcionado. FAM. Proporcionalidad, proporcionalmente. PROPORCIÓN.

proporcionar *v. tr.* **1.** Dar o conseguir a alguien aquello que necesita o desea. **2.** Producir, causar: *Su llegada nos proporcionó una gran alegría.* **3.** Hacer que algo tenga la debida proporción. SIN. **1.** Facilitar, suministrar, proveer. **1.** y **2.** Procurar. **2.** Ocasionar, deparar. ANT. **1.** Negar, quitar. FAM. Proporcionable, proporcionado. PROPORCIÓN.

proposición (del lat. *propositio, -onis*) *s. f.* **1.** Acción de proponer. **2.** En ling., unidad de estructura oracional, formada por sujeto y predicado, que se une a otra u otras para formar una oración compuesta. **3.** En lóg. y mat., enunciación de una verdad demostrada o que se quiere demostrar. SIN. **1.** Propuesta. **3.** Enunciado. FAM. Contraproposición. PROPONER.

propósito (del lat. *propositum*) *s. m.* **1.** Deseo o voluntad de hacer algo. **2.** Objetivo, finalidad. || LOC. **a propósito** *adj.* y *adv.* Adecuado, oportuno. De forma deliberada. También, expresa que una cosa que se oye sugiere o recuerda algo que se menciona a continuación: *¡A propósito!, tenemos que comprar las entradas.* **a propósito de** *prep.* En relación con. **fuera de propósito** *adj.* Inoportuno, fuera de lugar. SIN. **1.** Determinación, proyecto. **1.** y **2.** Intención. **2.** Objeto, fin. FAM. Despropósito. PROPONER.

propuesta (del lat. *proposita*, de *propositus*, propuesto) *s. f.* **1.** Aquello que se propone. **2.** Proyecto que se presenta a una autoridad, consejo, etc., para que decida o no su aprobación. **3.** Recomendación de cierta persona para un empleo, cargo, etc.: *La propuesta de Carlos como candidato ha sido bien acogida.* SIN. **1.** Proposición, oferta.

propugnar (del lat. *propugnare*) *v. tr.* Defender y apoyar algo que se juzga conveniente: *Propugnan la reforma de las viejas leyes.* SIN. Sostener, respaldar, promover. ANT. Rechazar, refutar, impugnar. FAM. Propugnación, propugnador. PUGNAR.

propulsar (del lat. *propulsare*) *v. tr.* Impulsar hacia adelante. SIN. Impeler, lanzar. ANT. Frenar. FAM. Propulsión, propulsor. / Autopropulsarse, turbopropulsor. PULSAR.

propulsión *s. f.* **1.** Acción de propulsar: *Los barcos se mueven por propulsión.* || **2. propulsión a chorro** Reacción producida por la descarga de un fluido expulsado a gran velocidad, que hace que un avión, cohete, etc., avance en el espacio. FAM. Motopropulsión, retropropulsión. PROPULSAR.

propulsor, ra *adj.* Que propulsa o sirve para propulsar. También *s. m.* y *f.* SIN. Impulsor, activador, promotor.

prorrata (del lat. *pro rata parte*, a parte o porción fija) *s. f.* Parte proporcional que toca a cada uno pagar o percibir en un reparto entre varios. SIN. Cuota. FAM. Prorratear. RATA[2].

prorratear *v. tr.* Repartir una cantidad entre varios según la prorrata correspondiente. FAM. Prorrateo. PRORRATA.

prorrateo *s. m.* Reparto proporcional de una cantidad entre varias personas o entidades que tienen un derecho o una obligación común en ella. SIN. Distribución, división, partición.

prórroga *s. f.* **1.** Acción de prorrogar. **2.** Plazo por el cual se prorroga una cosa: *Durante la prórroga del partido nos metieron un gol.* **3.** Aplazamiento del servicio militar obligatorio que se concede a los llamados a ese servicio. SIN. **1.** Moratoria.

prorrogar (del lat. *prorogare*) *v. tr.* **1.** Prolongar más tiempo la duración de algo: *Han prorrogado el plazo de inscripción unos días más.* **2.** Aplazar, retrasar: *No puedes prorrogar indefinidamente tu decisión.* ■ Delante de *e* se escribe *gu* en lugar de *g.* SIN. **2.** Dilatar. FAM. Prórroga, prorrogable, prorrogación. / Improrrogable. ROGAR.

prorrumpir (del lat. *prorrumpere*) *v. intr.* Producir de pronto y con fuerza un sonido, una voz o la demostración de un sentimiento: *prorrumpir en aplausos.* SIN. Proferir, estallar.

prosa (del lat. *prosa*) *s. f.* **1.** Forma natural del lenguaje para expresar los conceptos e ideas y que, frente al verso, no está sujeta a rima, medida, etc. **2.** Parte o aspecto más vulgar o prosaico de algo. SIN. **2.** Prosaísmo, vulgaridad. FAM. Prosado, prosaico, prosaísmo, prosificar, prosista, prosístico.

prosaico, ca (del lat. *prosaicus*) *adj.* **1.** De la prosa o escrito en prosa. **2.** Vulgar, sin emoción, grandeza o interés. **3.** Se dice de la obra escrita en verso que muestra falta de armonía, entonación o contenido poéticos. SIN. **2.** Insulso, ramplón. ANT. **2.** Elevado, grandioso. **3.** Lírico. FAM. Prosaicamente. PROSA.

prosapia (del lat. *prosapia*) *s. f.* Ascendencia de una persona, especialmente si es ilustre o aristocrática. SIN. Alcurnia, abolengo, linaje.

proscenio (del gr. *proskenion*, de *pro*, delante, y *skene*, escenario) *s. m.* **1.** En el teatro, parte del escenario más cercana al público, entre el borde del mismo y los bastidores. **2.** En el antiguo teatro griego y romano, lugar situado entre la escena y la orquesta. FAM. Proscénico. ESCENA.

proscribir (del lat. *proscribere*) *v. tr.* **1.** Expulsar, desterrar, generalmente por causas políticas. **2.** Prohibir: *Quieren proscribir las corridas de toros.* ■ Su p. es irreg.: *proscrito.* SIN. **1.** Expatriar, deportar. **2.** Vetar, suprimir. ANT. **2.** Autorizar. FAM. Proscripción, proscriptor, proscrito. ESCRIBIR.

proscripción *s. f.* Acción de proscribir. SIN. Destierro; prohibición.

proscrito, ta 1. *p.* irreg. de **proscribir**. ‖ *adj.* **2.** Expulsado, desterrado. También *s. m.* y *f.* **3.** Prohibido: *una obra proscrita.* SIN. **3.** Vetado, condenado. ANT. **3.** Permitido, autorizado.

prosecución (del lat. *prosecutio, -onis*) *s. f.* Acción de proseguir. SIN. Proseguimiento, continuación, reanudación. ANT. Interrupción, cese.

proseguir (del lat. *prosequi*) *v. tr.* **1.** Continuar lo empezado. También *v. intr.* ‖ *v. intr.* **2.** Seguir en un mismo estado, actitud, etc.: *Mañana proseguirán las lluvias.* ■ Delante de *a* y *o* se escribe *g* en lugar de *gu.* Es v. irreg. Se conjuga como *pedir.* SIN. **1.** Reanudar. **2.** Persistir. ANT. **1.** y **2.** Cesar. FAM. Prosecución, proseguible, proseguimiento. SEGUIR.

proselitismo *s. m.* Empeño, propaganda, etc., encaminados a ganar prosélitos. FAM. Proselitista. PROSÉLITO.

prosélito (del gr. *proselytos*, convertido) *s. m.* Partidario o seguidor de una causa, doctrina, secta, partido, etc. SIN. Adepto. FAM. Proselitismo.

prosificar *v. tr.* Poner en prosa una composición poética. ■ Delante de *e* se escribe *qu* en lugar de *c: prosifique.* ANT. Versificar. FAM. Prosificación, prosificador. PROSA.

prosimio *adj.* **1.** Se dice de los mamíferos primates que presentan largos hocicos, grandes colas y, en las especies más primitivas, una cierta disposición lateral de sus ojos, de formas redondeadas. Prosimios son p. ej. los lemures. También *s. m.* ‖ *s. m. pl.* **2.** Suborden formado por estos primates.

prosista *s. m.* y *f.* Escritor de obras en prosa.

prosístico, ca *adj.* Relativo a la prosa literaria. ANT. Poético.

prosodia (del gr. *prosodia*) *s. f.* **1.** Parte de la gramática que da normas sobre la correcta pronunciación y acentuación. **2.** Parte de la fonología que estudia los rasgos fónicos de las unidades inferiores o superiores al fonema o de otras partes de la palabra o de la oración, como el acento, la entonación, etc. **3.** Estudio de los rasgos fónicos que se tienen en cuenta en la métrica. FAM. Prosódico.

prosódico, ca *adj.* De la prosodia o la pronunciación. SIN. Fónico, fonético.

prosopopeya (del gr. *prosopopoiia*, de *prosopon*, aspecto de una persona, y *poieo*, hacer) *s. f.* **1.** Figura retórica que consiste en atribuir a las cosas inanimadas o abstractas acciones y cualidades propias de los seres animados, o a los seres irracionales las del hombre. **2.** Solemnidad afectada en la manera de ser o hablar. SIN. **1.** Personificación. **2.** Pomposidad, engolamiento, empaque, ampulosidad. ANT. **2.** Naturalidad.

prospección (del ingl. *prospect*, explorar) *s. f.* **1.** Exploración del subsuelo para descubrir yacimientos minerales, petrolíferos, aguas subterráneas, etc. **2.** Estudio de las posibilidades o condiciones futuras de algo a partir de datos, tendencias, etc., actuales: *Antes de lanzar el producto hay que hacer una prospección de mercados.* FAM. Prospectiva, prospectivo, prospecto.

prospectiva (de *prospectivo*) *s. f.* Estudio que se hace de las condiciones técnicas, científicas, económicas, etc., de la sociedad futura, con el fin de anticiparse a las mismas en el presente.

prospectivo, va (del ingl. *prospective*, y éste del lat. *prospectus*) *adj.* **1.** Que se refiere al futuro: *estudios prospectivos.* **2.** De la prospectiva. ANT. **1.** Retrospectivo.

prospecto (del lat. *prospectus*, de *prospicere*, examinar) *s. m.* **1.** Papel o folleto que acompaña a ciertos productos, especialmente los farmacéuticos, en que se informa sobre su composición, efectos, modo de empleo, etc. **2.** Impreso de pequeño tamaño en que se anuncia o promociona algo. SIN. **2.** Panfleto.

prosperar (del lat. *prosperare*) *v. intr.* **1.** Mejorar alguien o algo. **2.** Tener éxito o aceptación: *No ha prosperado nuestra propuesta.* SIN. **1.** Avanzar, medrar. **1.** y **2.** Progresar. **2.** Triunfar, prevalecer. ANT. **1.** y **2.** Decaer.

prosperidad (del lat. *prosperitas, -atis*) *s. f.* **1.** Bienestar, progreso, especialmente económico. **2.** Buena suerte, éxito. SIN. **1.** Expansión, auge. **2.** Fortuna. ANT. **1.** Decadencia. **2.** Desgracia.

próspero, ra (del lat. *prosperus*, feliz, afortunado) *adj.* **1.** Que se desarrolla favorablemente, haciéndose cada vez más rico o poderoso. **2.** Favorable, feliz. SIN. **1.** Floreciente, pujante. **2.** Venturoso. ANT. **1.** Decadente. **2.** Desgraciado. FAM. Prósperamente, prosperar, prosperidad.

próstata (del gr. *prostates*, que está delante) *s. f.* Glándula sexual masculina, situada en la base de la vejiga, alrededor de la uretra. Segrega un líquido que, al mezclarse con los espermatozoides generados en los testículos, forma el semen. **FAM.** Prostático, prostatitis.

prostático, ca *adj.* **1.** De la próstata o relacionado con ella. **2.** Se dice del hombre que padece una enfermedad de la próstata. También *s. m.*

prostatitis *s. f.* Inflamación de la próstata. ■ No varía en *pl.*

prosternarse (del fr. *prosterner*, y éste del lat. *prosternere*, echar al suelo) *v. prnl.* Arrodillarse o inclinarse en señal de respeto, adoración o ruego. **SIN.** Postrarse. **FAM.** Prosternación.

prostibulario, ria *adj.* Del prostíbulo o relacionado con él.

prostíbulo (del lat. *prostibulum*) *s. m.* Local donde se ejerce la prostitución. **SIN.** Burdel, lupanar, mancebía. **FAM.** Prostibulario. PROSTITUIR.

próstilo (del gr. *prostylos*, de *pro*, delante, y *stylos*, columna) *adj.* Se dice de los templos u otros edificios griegos que tenían sólo columnas en su frente. También *s. m.*

prostitución (del lat. *prostitutio, -onis*) *s. f.* **1.** Acción de prostituir o prostituirse. **2.** Actividad de quien se prostituye. **SIN. 2.** Lenocinio, puterío.

prostituir (del lat. *prostituere*, poner en venta) *v. tr.* **1.** Hacer que una persona se dedique a mantener con otras relaciones sexuales por dinero. También *v. prnl.* **2.** Envilecer, deshonrar, generalmente por interés. También *v. prnl.*: *Se prostituyó aceptando ese soborno.* ■ Es v. irreg. Se conjuga como *huir.* **SIN. 1.** Putear. **1.** y **2.** Pervertir(se), corromper(se). **ANT. 2.** Honrar. **FAM.** Prostíbulo, prostitución, prostituto.

prostituto, ta (del lat. *prostitutus*) *s. m.* y *f.* Persona que ejerce la prostitución. ■ Es mucho más frecuente en femenino. **SIN.** Puto, ramera, fulana, furcia.

protactinio (de *proto-* y *actinio*) *s. m.* Elemento químico perteneciente al grupo de los actínidos del sistema periódico; es un metal de color blanco grisáceo, de interés por sus aplicaciones en física. Su símbolo químico es *Pa.* Se denomina también *protoactinio.*

protagonismo *s. m.* **1.** Condición de protagonista: *Su protagonismo en la clase es indiscutible.* **2.** Actitud de quien pretende a toda costa aparecer en el primer plano de una actividad o situación. **SIN. 1.** Importancia, relevancia.

protagonista (del gr. *protos*, primero, y *agonistes*, actor) *s. m.* y *f.* **1.** Personaje principal de una obra literaria, teatral, cinematográfica, etc. **2.** Persona que representa dicho personaje en el teatro o el cine. **3.** P. ext., persona o cosa que desempeña el papel más importante en un asunto, suceso o hecho cualquiera: *El nuevo jugador fue el protagonista del partido.* **SIN. 1.** Héroe, heroína. **2.** y **3.** Estrella. **3.** Figura. **ANT. 1.** Antagonista. **FAM.** Protagonismo, protagonizar.

protagonizar *v. tr.* **1.** Representar el papel de protagonista en una obra de teatro, una película, etc. **2.** P. ext., ser protagonista de un asunto o suceso: *Las huelgas han protagonizado el día de hoy.* ■ Delante de *e* se escribe *c* en lugar de *z*: *protagonicen.*

prótalo o **protalo** *s. m.* Órgano que aparece en una determinada fase del proceso reproductor de las plantas pteridofitas, como los helechos; es una laminilla verde de unos milímetros de espesor en la que se forman los órganos reproductores.

prótasis (del gr. *protasis*, de *proteino*, proponer) *s. f.* En ling., primera parte de la oración compuesta, cuyo sentido se completa en la segunda, llamada *apódosis*; se refiere principalmente a los periodos condicionales, en que la prótasis expresa la condición: *Si lo haces* (prótasis), *me enfado* (apódosis). ■ No varía en *pl.*

protección (del lat. *protectio, -onis*) *s. f.* **1.** Acción de proteger. **2.** Persona, utensilio, medida, etc., destinado a proteger. **3.** En algunos dep., pieza u objeto que cubre y protege las partes del cuerpo más expuestas a los golpes. || **4. protección civil** Servicio de defensa pasiva que actúa en casos de guerra o catástrofes. **SIN. 1.** y **2.** Seguridad. **3.** Protector. **ANT. 1.** Indefensión. **FAM.** Proteccionismo. PROTEGER.

proteccionismo *s. m.* Sistema de política económica que se caracteriza por la defensa de la producción y el comercio nacional frente a la competencia exterior, mediante un control estricto de las importaciones extranjeras. ■ Se opone a *librecambismo.* **FAM.** Proteccionista. PROTECCIÓN.

protector, ra (del lat. *protector, -oris*) *adj.* **1.** Que protege. También *s. m.* y *f.* || *s. m.* **2.** En dep., protección, especialmente la de los dientes. **SIN. 1.** Defensor, preservador, valedor. **ANT. 1.** Atacante. **FAM.** Protectorado. / Dermoprotector, fotoprotector. PROTEGER.

protectorado *s. m.* **1.** Soberanía parcial que un estado ejerce sobre otro territorio no incorporado plenamente a sus dominios, el cual conserva autoridades propias. **2.** Dicho territorio.

proteger (del lat. *protegere*) *v. tr.* **1.** Evitar un peligro o daño a una persona, ser vivo o cosa, poniéndole algo delante o encima, rodeándolo, etc. También *v. prnl.* **2.** Ayudar, apoyar, defender. ■ Delante de *a* y *o* se escribe *j* en lugar de *g*: *protejo.* **SIN. 1.** Resguardar, guarecer. **1.** y **2.** Preservar, amparar. **ANT. 1.** Desproteger, descuidar. **2.** Atacar. **FAM.** Protección, protector, protegido. / Desproteger.

protegido, da 1. *p.* de **proteger**. También *adj.* || *adj.* **2.** Se dice de las especies animales amparadas por disposiciones legales que impiden su caza, captura, etc., p. ej. la ballena. || *s. m.* y *f.* **3.** Persona a la que otra protege, favorece o apoya. También *adj.* || *s. f.* **4.** *argot* Prostituta respecto a su chulo. **SIN. 3.** Favorito, recomendado, pupilo.

proteico, ca[1] (de *Proteo*, personaje mitológico) *adj.* Cambiante, mudable. **ANT.** Inmutable.

proteico, ca[2] (del gr. *protos*, primero) *adj.* Relacionado con las proteínas. **SIN.** Proteínico.

proteína (del gr. *protos*, primero) *s. f.* Nombre genérico de ciertos compuestos químicos orgánicos que resultan de la unión de aminoácidos y son uno de los constituyentes fundamentales de la materia viva. **SIN.** Prótido. **FAM.** Proteico[2], proteínico, prótido. / Nucleoproteína.

proteínico, ca *adj.* De las proteínas o relacionado con ellas. **SIN.** Proteico.

proterozoico, ca (del gr. *proteros*, el primero, y *zoon*, animal) *adj.* **1.** Se dice del eón, o cada uno de los tres periodos en que los paleontólogos dividen la historia de la tierra, que abarca desde hace 1.900 millones de años hasta 570 millones de años e incluye las eras inferior (1.900 a 1.300 millones de años) y superior (1.300 a 570 millones de años). En él aparecieron los protozoos, esponjas, pólipos y medusas. También *s. m.* **2.** Relativo a este eón.

protervo, va (del lat. *protervus*) *adj.* En lenguaje culto y literario, malvado. También *s. m.* y *f.*

protésico, ca *adj.* **1.** De la prótesis, pieza artificial. || *s. m.* y *f.* **2.** Especialista que prepara y ajusta prótesis dentales. SIN. **1.** Ortopédico.

prótesis (del gr. *prothesis*, anteposición) *s. f.* **1.** Pieza artificial que sustituye total o parcialmente un órgano o parte del cuerpo humano que falta o está dañado. **2.** Procedimiento mediante el cual se coloca una de esas piezas. **3.** En ling., adición de algún sonido al principio de una palabra, como p. ej. decir *la amoto* por *la moto.* ■ No varía en *pl.* SIN. **2.** Ortopedia. FAM. Protésico, protético. / Bioprótesis. TESIS.

protesta *s. f.* **1.** Acción de protestar. **2.** Acto, documento, etc., con que se protesta, critica o condena. SIN. **1.** Desaprobación, disgusto, disconformidad. ANT. **1.** Aprobación.

protestante *adj.* Del protestantismo o que profesa dicha religión. También *s. m.* y *f.*

protestantismo *s. m.* **1.** Conjunto de comunidades religiosas o Iglesias surgidas de la Reforma protestante del s. XVI, que tienen en común la creencia de que la fe es el único medio de salvación, procede sólo de la gracia y se funda únicamente en la lectura de las Sagradas Escrituras. **2.** Doctrina religiosa de estas Iglesias. FAM. Protestante. PROTESTA.

protestar (del lat. *protestari*, declarar en voz alta) *v. intr.* **1.** Mostrar alguien claramente su desacuerdo o descontento. **2.** Quejarse: *Mientras le curaban no dejaba de protestar.* || *v. tr.* **3.** Hacer el protesto de una letra o un cheque. SIN. **1.** Criticar, reclamar. **1.** y **2.** Lamentarse. ANT. **1.** Aprobar, aplaudir. **1.** y **2.** Resignarse. FAM. Protesta, protestable, protestantismo, protesto, protestón. TESTAR[1].

protesto *s. m.* Declaración formal, generalmente hecha por un notario, en que se hace constar la negativa de aceptar o pagar una letra de cambio o un cheque.

protestón, na *adj. fam.* Que protesta siempre por todo. También *s. m.* y *f.*

protético, ca *adj.* De la prótesis, adición de un sonido al principio de una palabra, o relacionado con ella: *La «e» de «espíritu», añadida a la palabra latina «spiritus», se denomina «e protética».*

prótido *s. m.* Proteína*.

protista (del gr. *protos*, primero) *adj.* **1.** Se dice de los seres vivos constituidos por células eucariotas, unicelulares o pluricelulares, que no presentan tejidos diferenciados ni órganos, como las algas y los protozoos. También *s. m.* || *s. m. pl.* **2.** Reino constituido por estos seres vivos, denominados también *protoctistas*.

proto- (del gr. *protos*, primero) *pref.* Significa 'primero, principal': *protohistoria.*

protoactinio *s. m.* Protactinio*.

protocolar[1] *v. tr.* Protocolizar*.

protocolar[2] *adj.* Relativo al protocolo.

protocolario, ria *adj.* **1.** Que se ajusta al protocolo. **2.** Que se hace solamente para cumplir las reglas de cortesía. SIN. **1.** Protocolar, ceremonial. **2.** Formulario, formal. ANT. **1.** Informal.

protocolizar *v. tr.* En der., incorporar al protocolo una escritura o documento que requiera esta formalidad. ■ Delante de *e* se escribe *c* en lugar de *z.* FAM. Protocolización. PROTOCOLO.

protocolo (del bajo gr. *protokollon*, la primera hoja encolada o pegada) *s. m.* **1.** Conjunto de reglas o ceremonias establecidas para actos oficiales o solemnes. **2.** P. ext., conjunto de reglas de cortesía o usos que establece la costumbre entre personas distinguidas o en ocasiones determinadas. **3.** En der., conjunto de escrituras y otros documentos que un notario guarda y autoriza con ciertas formalidades. **4.** Acta o cuaderno de actas relativas a un acuerdo, conferencia o congreso diplomático. **5.** En inform., conjunto de procedimientos que deben seguir el emisor y el receptor en la transmisión de datos. SIN. **1.** Ceremonial. **1.** y **2.** Etiqueta. FAM. Protocolar[1], protocolar[2], protocolario, protocolizar.

protoctista *adj.* Protista*.

protohistoria (de *proto-* e *historia*) *s. f.* **1.** Periodo inmediatamente posterior a la prehistoria, del que no se poseen documentos escritos. **2.** Estudio de dicho periodo. FAM. Protohistórico. HISTORIA.

protomártir (de *proto-* y *mártir*) *s. m.* El primero de los mártires; específicamente se da este nombre a San Esteban.

protón (del gr. *protos*, primero) *s. m.* Partícula fundamental del núcleo de los átomos, de carga eléctrica igual a la del electrón, pero de signo positivo. FAM. Protónico[2].

protónico, ca[1] (de *pro-*, delante, y *tónico*) *adj.* Se dice del sonido o la sílaba átonos que en una palabra preceden a la sílaba tónica.

protónico, ca[2] *adj.* Relativo al protón.

protoplasma (de *proto-* y el gr. *plasma*, formación) *s. m.* Sustancia contenida dentro de la membrana de una célula. FAM. Protoplasmático. PLASMA.

protórax *s. m.* Primera de las tres partes en que se divide el tórax de los insectos. ■ No varía en *pl.*

prototerio *adj.* **1.** Se aplica ciertos mamíferos de Oceanía que carecen de útero y son ovíparos, como p. ej. el ornitorrinco. También *s. m.* || *s. m. pl.* **2.** Subclase de estos mamíferos, que incluye el orden único monotremas.

prototipo (del gr. *protos*, primero, y *typos*, modelo) *s. m.* **1.** Primer ejemplar que sirve de modelo para hacer otros de la misma clase. **2.** Persona o cosa que reúne en alto grado las características propias de una clase y puede por ello representarla: *Es el prototipo de la mujer moderna.* SIN. **1.** y **2.** Arquetipo, tipo, patrón. **2.** Paradigma. FAM. Prototípico. TIPO.

protozoo (de *proto-* y el gr. *zoon*, animal) *s. m.* **1.** Ser unicelular, perteneciente al reino protistas, que vive en medios acuosos o en líquidos internos de organismos superiores. Son protozoos las amebas, los paramecios o los tripanosomas. || *s. m. pl.* **2.** Grupo constituido por estos seres.

protráctil (del lat. *protractum*, de *protrahere*, llevar hacia delante) *adj.* Se aplica a los órganos que pueden proyectarse hacia afuera, especialmente de la lengua de ciertos animales, como el camaleón. ANT. Retráctil.

protuberancia (del lat. *protuberantia*, de *protuberare*, sobresalir) *s. f.* **1.** Abultamiento más o menos redondeado. || *s. f. pl.* **2.** Grandes masas de vapores incandescentes que salen del Sol. || **3. protuberancia cerebral** (o **anular**) Órgano del tronco cerebral, constituido por importantes núcleos y vías nerviosas, que conecta el cerebro, el cerebelo y la médula. SIN. **1.** Bulto, prominencia. FAM. Protuberante.

protuberante *adj.* Que sobresale más de lo normal. SIN. Prominente, abultado.

provecho (del lat. *profectus*, progreso) *s. m.* **1.** Beneficio, utilidad: *Sus consejos fueron de gran provecho para mí.* **2.** Efecto alimenticio que produce una comida o bebida en el organismo. **3.** Avance, buen rendimiento: *trabajar con provecho.* || LOC. **buen provecho** Expresión de cortesía para desear a otros que les siente bien lo que están comiendo o bebiendo. SIN. **1.** Conveniencia; valor, fruto. **1.** y **3.** Aprovechamiento. ANT. **1.** y **3.** Inutilidad. FAM. Provechosamente, provechoso. / Aprovechar.

provechoso, sa *adj.* Que proporciona provecho o es de provecho o utilidad: *un negocio provechoso, un trabajo provechoso.* SIN. Beneficioso, útil, fructífero. ANT. Inútil.

provecto, ta (del lat. *provectus*, de *provehere*, llevar adelante) *adj.* Se dice de la edad avanzada y de quien la tiene. SIN. Viejo, anciano.

proveedor, ra *s. m.* y *f.* Persona o empresa que provee a otras empresas, grupos, etc., de lo necesario para un fin. También *adj.* SIN. Provisor.

proveer (del lat. *providere*) *v. tr.* **1.** Facilitar a alguien lo que necesita o le conviene para un fin, dándoselo o vendiéndoselo. También *v. prnl.* ■ Se construye con la prep. *de*: *proveer de alimentos.* **2.** Disponer o hacer lo necesario para un fin: *Provee lo más imprescindible, que nos vamos mañana.* También *v. prnl.* **3.** Cubrir un empleo o cargo: *Sólo van a proveer algunas vacantes.* También *v. prnl.* **4.** En der., dictar un juez o tribunal una resolución, que a veces es sentencia definitiva. ■ Es v. irreg. Se conjuga como *leer.* Tiene dos p.: uno reg., *proveído*, que se utiliza para la formación de los tiempos compuestos, y otro irreg., *provisto*, utilizado también como adj. SIN. **1.** Suministrar, abastecer(se), dotar. **2.** Preparar(se), prevenir. ANT. **1.** Desproveer(se). FAM. Proveedor, proveimiento, providencia, providente, próvido, provisión, provisor, provisto. / Desproveer. VER[1].

provenir (del lat. *provenire*, crecer, desenvolverse) *v. intr.* Tener alguien o algo su origen, principio o causa en lo que se expresa: *Esta discusión proviene de un malentendido.* ■ Es v. irreg. Se conjuga como *venir.* SIN. Proceder, venir, resultar, derivar. FAM. Proveniencia, proveniente, provinente, proviniente. VENIR.

provenzal *adj.* **1.** De Provenza, región de Francia. También *s. m.* y *f.* || *s. m.* **2.** Dialecto de la lengua de oc, que se hablaba antiguamente en el S de Francia y fue cultivado por los trovadores. **3.** Lengua hablada actualmente en Provenza. SIN. **2.** Lemosín, occitano. FAM. Provenzalismo.

provenzalismo *s. m.* Palabra, giro o modo de hablar propio del provenzal.

proverbial (del lat. *proverbialis*) *adj.* **1.** Del proverbio o que lo incluye. **2.** Conocido desde siempre o por todos: *Dio un nuevo ejemplo de su proverbial generosidad.* SIN. **1.** Aforístico. **2.** Habitual, tradicional. ANT. **2.** Inusual. FAM. Proverbialmente. PROVERBIO.

proverbio (del lat. *proverbium*) *s. m.* Sentencia de origen popular que expresa una enseñanza, un consejo, una crítica, etc. SIN. Dicho, refrán. FAM. Proverbial. VERBO.

providencia (del lat. *providentia*) *s. f.* **1.** Medida que se toma para evitar o remediar un posible daño o peligro. Se usa más en *pl.* **2.** Cuidado que tiene Dios de sus criaturas. ■ En esta acepción suele ir precedida del adj. *Divina* y se escribe con mayúscula: *la Divina Providencia* **3.** En der., cada una de las resoluciones dictadas por el juez en la tramitación de un procedimiento. SIN. **1.** Previsión, precaución, remedio. FAM. Providencial. PROVEER.

providencial (del lat. *providentialis*) *adj.* **1.** De la providencia de Dios. **2.** Se dice de aquello que de forma casual o inesperada evita un daño o perjuicio: *Las providenciales lluvias salvaron la cosecha.* FAM. Providencialismo, providencialmente. PROVIDENCIA.

providencialismo *s. m.* Doctrina según la cual todo lo que sucede se debe a la Divina Providencia. FAM. Providencialista. PROVIDENCIAL.

providente (del lat. *providens, -entis*) *adj.* Próvido*.

próvido, da (del lat. *providus*) *adj.* Dispuesto para proveer de lo necesario: *la próvida naturaleza.* SIN. Providente, propicio. ANT. Desfavorable. FAM. Próvidamente. PROVEER.

provincia (del lat. *provincia*) *s. f.* **1.** División territorial y administrativa cuya entidad varía según los países. **2.** Cada uno de los distritos o áreas en que dividen un territorio las órdenes religiosas y que comprende un número de casas o conventos unidos bajo un mismo provincial. || *s. m. pl.* **3.** Por oposición a capital, el resto de las ciudades del país: *La compañía sale de gira por provincias.* FAM. Provincial, provincial -la, provincialismo, provinciano.

provincial (del lat. *provincialis*) *adj.* De la provincia.

provincial, la (del lat. *provincialis*) *s. m.* y *f.* Religioso o religiosa que gobierna todas las casas y conventos de su orden en una provincia. FAM. Provincialato.

provincialismo *s. m.* **1.** Preferencia exagerada por todo lo de la propia provincia. **2.** Palabra, giro o uso exclusivo de una provincia o región de un país.

provinciano, na *adj.* **1.** Que ha nacido o vive en una provincia, por oposición al habitante u originario de una capital. También *s. m.* y *f.* **2.** Se dice de la persona poco acostumbrada a la vida de la capital o de una ciudad. También *s. m.* y *f.* **3.** *fam.* Poco elegante o refinado. **4.** Atrasado, poco desarrollado o civilizado: *mentalidad provinciana.* SIN. **2.** y **3.** Pueblerino. **3.** Paleto, palurdo, hortera. FAM. Provincianismo. PROVINCIA.

provisión (del lat. *provisio, -onis*) *s. f.* **1.** Acción de proveer. **2.** Conjunto de cosas, especialmente alimentos, que se acumulan para disponer de ellas en caso necesario. Se usa más en *pl.* SIN. **1.** y **2.** Abastecimiento, suministro, avituallamiento. **2.** Víveres, vituallas. ANT. **1.** Desabastecimiento. FAM. Provisional. / Aprovisionar, improvisar. PROVEER.

provisional *adj.* Temporal, no definitivo o permanente. SIN. Provisorio, transitorio, eventual. FAM. Provisionalmente, provisorio. PROVISIÓN.

provisor, ra (del lat. *provisor, -oris*) *s. m.* y *f.* **1.** Proveedor*. || *s. m.* **2.** Juez diocesano nombrado por el obispo, con potestad para entender en las causas eclesiásticas. || *s. f.* **3.** En los conventos, religiosa encargada de administrar la casa.

provisorio, ria *adj.* Provisional*.

provisto, ta 1. *p.* irreg. de **proveer**. También *adj.* ■ Se construye con la prep. *de*: *provisto de lo necesario.* || *s. f.* **2.** *Arg.*, *Par.* y *Urug.* Conjunto de comestibles, ropa y todo lo necesario para hacer un viaje. SIN. **2.** Equipo, equipaje.

provocación (del lat. *provocatio, -onis*) *s. f.* Acción, palabras, etc., con que se provoca. SIN. Incitación.

provocador, ra *adj.* Que provoca. También *s. m.* y *f.* SIN. Incitador, desafiante. ANT. Apaciguador.

provocar (del lat. *provocare*) *v. tr.* **1.** Molestar a alguien con palabras o actos para enfadarle o para obligarle a reñir o pelear. **2.** Influir sobre alguien para que haga lo que se expresa: *Provoca-*

ba a los marineros a la rebelión. **3.** Producir, causar: *Las lluvias provocaron grandes inundaciones.* También *v. intr.* **4.** Tratar de despertar deseo sexual en alguien mediante comportamientos, actitudes, indumentaria, etc., atrevidas. **5.** *Amér. fam.* Apetecer: *Me provoca comer pescado hoy.* ■ Delante de *e* se escribe *qu* en lugar de *c.* **SIN. 1.** Irritar, enojar, retar. **1., 2.** y **4.** Incitar. **2.** Inducir. **2.** y **3.** Mover. **3.** Ocasionar, desencadenar. **4.** Excitar, insinuarse. **ANT. 1.** Apaciguar. **FAM.** Provocación, provocador, provocante, provocativamente, provocativo.

provocativo, va *adj.* Que provoca, especialmente el deseo sexual: *Ese vestido es demasiado provocativo para ir a trabajar.* También *s. m.* y *f.* **SIN.** Provocador, insinuante, seductor.

proxeneta (del lat. *proxeneta,* y éste del gr. *proxeneo,* hacer de protector) *s. m.* y *f.* Persona que induce a otra a prostituirse o que vive de las ganancias obtenidas por una prostituta. **SIN.** Alcahuete, chulo. **FAM.** Proxenético, proxenetismo.

próximamente *adv. t.* Pronto, dentro de poco tiempo.

proximidad (del lat. *proximitas, -atis*) *s. f.* **1.** Cualidad de próximo. **2.** Lugar próximo a otro. Se usa más en *pl.*: *Han visto lobos en las proximidades del pueblo.* **SIN. 1.** Inmediación, cercanía. **2.** Inmediaciones, cercanías, alrededores, aledaños. **ANT. 1.** Lejanía.

próximo, ma (del lat. *proximus*) *adj.* **1.** Que está cerca. **2.** Que sigue o está inmediatamente después. **SIN. 1.** Cercano, inmediato, contiguo, vecino. **2.** Siguiente. **ANT. 1.** Lejano. **2.** Anterior. **FAM.** Próximamente, proximidad. / Aproximar.

proyección (del lat. *projectio, -onis*) *s. f.* **1.** Acción de proyectar. **2.** Acción de proyectar una película, diapositiva, dibujo, etc., sobre una pantalla o una superficie plana y, p. ext., aquello que es proyectado. **3.** En geom., figura que resulta de proyectar un cuerpo u otra figura sobre un plano. **4.** Alcance, trascendencia, importancia: *Es una figura de proyección internacional.* **5.** En psicol., mecanismo por el cual un individuo atribuye a otras personas, o a objetos exteriores, impulsos o sentimientos propios, que él mismo o la sociedad considera negativos o inaceptables. **SIN. 1.** Lanzamiento, propulsión, empuje. **4.** Envergadura, relieve.

proyectar (del lat. *projectare,* de *projicere,* lanzar) *v. tr.* **1.** Lanzar hacia delante o a distancia: *Esa fuente proyecta un potente chorro de agua.* **2.** Hacer proyectos, planes. **3.** Hacer un proyecto de arquitectura, ingeniería, etc. **4.** Hacer visible la figura o silueta de alguien o algo sobre una superficie: *El árbol proyectaba su sombra sobre nosotros.* También *v. prnl.* **5.** Reflejar sobre una pantalla o superficie, con la ayuda de un foco de luz, la imagen óptica ampliada de una película, diapositiva, etc.; particularmente, exhibir una película en un cine. **6.** En geom., trazar líneas rectas desde todos los puntos de un cuerpo, figura o línea hasta una superficie o espacio para obtener su representación. **7.** En psicol., localizar o centrar un individuo impulsos o sentimientos propios en otros objetos o personas: *Algunos niños proyectan su agresividad en el juego.* **SIN. 1.** Arrojar, echar, despedir. **2.** Planear, idear. **3.** Diseñar. **ANT. 1.** Retener. **FAM.** Proyección, proyectil, proyectivo, proyector. PROYECTO.

proyectil (del lat. *projectum,* de *projicere,* lanzar) *s. m.* Cualquier cuerpo que se lanza con fuerza contra alguien o algo, particularmente el disparado con un arma de fuego.

proyectista *s. m.* y *f.* **1.** Persona que se dedica profesionalmente a hacer proyectos. **2.** Dibujante de proyectos de arquitectura, ingeniería, etc. **SIN. 1.** Diseñador, planificador. **2.** Delineante.

proyectivo, va *adj.* En geom., se dice de las propiedades que conservan las figuras cuando se proyectan sobre un plano.

proyecto (del lat. *projectus*) *s. m.* **1.** Pensamiento o propósito de hacer algo e idea de cómo hacerlo. **2.** Conjunto de estudios, análisis, investigaciones, etc., necesarios para llevar a cabo un determinado trabajo o actividad. **3.** Especialmente, conjunto de planos, cálculos e instrucciones relacionados con la realización y coste de una obra o edificación, la construcción de una máquina, etc. || **4. proyecto de ley** Propuesta de una ley hecha a la cámara legislativa por el gobierno o el jefe del Estado. **SIN. 1.** Plan, intención. **FAM.** Proyectar, proyectista. / Anteproyecto, contraproyecto.

proyector *s. m.* **1.** Aparato que proyecta imágenes ópticas sobre una pantalla o superficie. **2.** Aparato que proyecta una luz de gran intensidad en una dirección determinada. **SIN. 2.** Foco, reflector. **FAM.** Retroproyector. PROYECTAR.

prudencia (del lat. *prudentia*) *s. f.* **1.** Cuidado y reflexión al hacer o considerar las cosas, evitando así cualquier posible daño o peligro. **2.** Moderación, comedimiento: *Hay que divertirse, pero con prudencia.* **SIN. 1.** Sensatez, cautela, precaución. **2.** Mesura, discreción. **ANT. 1.** y **2.** Imprudencia. **2.** Exceso. **FAM.** Prudencial, prudencialmente, prudente. / Imprudencia.

prudencial *adj.* **1.** Prudente, sensato: *Se mantuvo a una distancia prudencial del perro.* **2.** Moderado, no excesivo: *una cantidal prudencial.*

prudente (del lat. *prudens, -entis*) *adj.* Que tiene prudencia o actúa con prudencia. **SIN.** Sensato, responsable, cauto, precavido. **ANT.** Imprudente. **FAM.** Prudentemente. PRUDENCIA.

prueba *s. f.* **1.** Acción de probar. **2.** Aquello con que se pretende demostrar la verdad o falsedad de algo. **3.** Muestra o señal de lo que se expresa: *Este anillo es una prueba de amor.* **4.** Circunstancia, condición o acción difícil o penosa: *Su enfermedad fue una dura prueba para él y para los suyos.* **5.** Examen para demostrar unos conocimientos o capacidades: *Hoy tengo la prueba escrita y mañana la oral.* **6.** En algunos dep., competición: *Van a empezar las pruebas de gimnasia.* **7.** Experimento o estudio para ver cómo funciona algo o cómo resultará una cosa en su forma definitiva: *Es piloto de pruebas.* **8.** Análisis médico. **9.** Cantidad pequeña de algo que sirve para probarlo, analizarlo, etc. **10.** En mat., operación con que se comprueba si está bien hecha otra operación anterior. **11.** En der., todo aquello que, basado en los medios que autoriza y reconoce la ley, sirve para atestiguar la verdad de un hecho. **12.** En artes gráficas, muestra de un texto impreso sobre la que se hacen las correcciones tipográficas antes de la impresión definitiva. Se usa más en *pl.* **13.** Muestra del grabado y de la fotografía o reproducción en papel de una imagen fotográfica. || **14. prueba de fuego** La más decisiva: *La noche del estreno será la prueba de fuego para su carrera.* || **LOC. a prueba** *adv.* En situación de poder comprobar la valía, capacidad, buen funcionamiento, etc., de alguien o algo. **a prueba de** *adj.* y *adv.* Muy resistente, capaz de resistir y soportar lo que se expresa: *a prueba de golpes, a prueba de agua.* **en prueba de** *adv.* Como muestra o señal de lo que se expresa: *Acepta este regalo en prueba de amistad.* **poner a prueba** Probar. SIN. **1.** Demostración. **2.** y **3.** Testimonio. **3.** Manifestación, prenda. **4.** Penalidad, dificultad. **5.** Ejercicio, test. **6.** Certamen, torneo, campeonato. **7.** Comprobación, ensayo, verificación. FAM. Contraprueba. PROBAR.

pruna (del lat. *pruna*, de *prunum*) *s. f.* En algunas partes, ciruela*. FAM. Pruno.

pruno (del lat. *prunus*) *s. m.* En algunas partes, ciruelo*, árbol.

pruriginoso, sa *adj.* **1.** De la naturaleza o características del prurigo. **2.** Que produce prurigo.

prurigo (del lat. *prurigo*, picor) *s. m.* Nombre genérico de diversas enfermedades de la piel, a veces de origen alérgico, que se caracterizan por la presencia de pequeños granos que producen picor o escozor. FAM. Pruriginoso. PRURITO.

prurito (del lat. *pruritus*) *s. m.* **1.** Sensación de picor o escozor, causada generalmente por una enfermedad. **2.** Deseo excesivo de hacer una cosa lo mejor posible, generalmente por virtuosismo o amor propio. SIN. **1.** Comezón, desazón, picazón. **2.** Perfeccionismo, afán, manía. FAM. Prurigo.

prusiano, na *adj.* **1.** De Prusia. También *s. m.* y *f.* **2.** Se dice de lo que se caracteriza por un exagerado sentido de la disciplina. SIN. **2.** Severo, disciplinario, recto, estricto. ANT. **2.** Flexible, suave.

pseudo- *pref.* Véase **seudo-**.

pseudópodo *s. m.* Seudópodo*.

psi (del gr. *psí*) *s. f.* Nombre de la vigésima tercera letra del alfabeto griego, que equivale al sonido *ps*. ■ La letra mayúscula se escribe Ψ y la minúscula ψ.

psic- *pref.* Ver **psico-**.

psicastenia (de *psico-* y el gr. *astheneia*, debilidad) *s. f.* Variedad de neurastenia en la que predominan las manifestaciones de depresión psíquica. FAM. Psicasténico. PSIQUE y ASTENIA.

psico- (del gr. *psykhe*, alma) *pref.* Significa 'alma' o 'actividad mental': *psicología, psicosomático.* ■ En todas las palabras encabezadas con este pref., y sus variantes *psic-* y *psiqui-*, es corriente omitir la *p* inicial en la pronunciación. En la escritura puede también omitirse, aunque el uso culto, en general, sigue prefiriendo la grafía *ps*.

psicoanálisis (de *psico-* y *análisis*) *s. m.* Teoría psicológica y método desarrollados por el psiquiatra austriaco Sigmund Freud para el diagnóstico y tratamiento de ciertas enfermedades mentales, basados en la investigación de los procesos mentales inconscientes. ■ No varía en *pl.* FAM. Psicoanalista, psicoanalítico, psicoanalizar. PSIQUE y ANÁLISIS.

psicoanalizar *v. tr.* Diagnosticar o tratar por medio del psicoanálisis. También *v. prnl.* ■ Delante de *e* se escribe *c* en lugar de *z*.

psicocinesia *s. f.* Psicokinesis*.

psicodelia *s. f.* Movimiento cultural de vanguardia surgido en la década de los setenta del siglo XX, cuyas principales manifestaciones se dieron en el terreno de la música.

psicodélico, ca (del ingl. *psychodelic*) *adj.* **1.** Relativo a los estados psíquicos caracterizados por una alteración de la sensibilidad que se manifiesta con alucinaciones, euforia, depresión, etc. **2.** Se dice de lo que causa este estado psíquico, particularmente de ciertas drogas alucinógenas. **3.** *fam.* Raro, extravagante, de vivos colores: *Se ha comprado una lámpara muy psicodélica.* FAM. Psicodelia.

psicodrama (de *psico-* y *drama*) *s. m.* Técnica psicoanalítica empleada en la psicoterapia de grupos, que consiste en hacer que los pacientes representen como actores situaciones dramáticas relacionadas con sus conflictos patológicos.

psicofármaco *s. m.* Sustancia, orgánica o inorgánica, que se usa como medicamento corrector de trastornos psíquicos.

psicofísica *s. f.* Ciencia que trata de las manifestaciones físicas o fisiológicas de los fenómenos psíquicos.

psicofisiología (de *psico-* y *fisiología*) *s. f.* Disciplina fisiológica que estudia la interrelación entre las funciones corporales y el comportamiento humano.

psicofonía (de *psico-* y el gr. *phone*, sonido) *s. f.* Sonido del más allá que puede escucharse en la realidad.

psicogénico, ca o **psicógeno, na** (de *psico-* y el gr. *gennao*, engendrar) *adj.* De origen psíquico.

psicokinesis (de *psico-* y el gr. *kinesis*, movimiento) *s. f.* Actuación a distancia de una persona sobre un objeto, a través únicamente de su fuerza psíquica y mental, produciendo en éste un desplazamiento, deformación, etc. ■ No varía en *pl.* Se dice también *psicocinesia*, *psicoquinesia*, *psicoquinesis*. SIN. Telekinesis. FAM. Psicocinesia, psicoquinesia, psicoquinesis. PSIQUE.

psicolingüística (de *psico-* y *lingüística*) *s. f.* Ciencia que estudia el lenguaje y el comportamiento verbal en relación con los mecanismos psicológicos que lo hacen posible. FAM. Psicolingüista, psicolingüístico. PSIQUE y LINGÜÍSTICA.

psicología (de *psico-* y *-logía*) *s. f.* **1.** Ciencia que estudia el comportamiento humano y que formó parte de la filosofía hasta el s. XIX. **2.** Manera de sentir o pensar propia de un individuo, nación, etc. **3.** P. ext., todo lo que se refiere a la conducta de los animales. **4.** Capacidad especial para conocer el carácter o las reacciones de los demás. SIN. **2.** Temperamento, carácter, idiosincrasia. **4.** Perspicacia. FAM. Psicológico, psicólogo. / Parapsicología. PSIQUE.

psicometría (de *psico-* y *-metría*) *s. f.* Rama de la psicología experimental que trata de la medida de los fenómenos psíquicos mediante métodos estadísticos e interviene en la elaboración de los tests. FAM. Psicómetra. PSIQUE.

psicomotor, ra (de *psico-* y el lat. *motor*, que mueve) *adj.* De la psicomotricidad. ■ Su femenino es también *psicomotriz.*

psicomotricidad *s. f.* En psicol., relación mutua que se establece entre la actividad psíquica y la función motriz o capacidad de movimiento del cuerpo humano. FAM. Psicomotor, psicomotriz. MOTRICIDAD.

psicomotriz *adj.* Forma femenina de psicomotor*.

psiconeurosis *s. f.* Neurosis*.

psicópata *s. m.* y *f.* Persona que sufre alguna psicopatía. SIN. Loco, perturbado.

psicopatía (de *psico-* y *-patía*) *s. f.* Trastorno psíquico en el cual, a pesar de la integridad de las funciones perceptivas y mentales, existe una alteración patológica de la personalidad y conducta social del individuo. FAM. Psicópata, psicopático. PSIQUE.

psicopatología *s. f.* Ciencia que estudia las enfermedades mentales. FAM. Psicopatológico. PATOLOGÍA.

psicopedagogía *s. f.* Ciencia que estudia los fenómenos psicológicos para llegar a una formulación más adecuada de los métodos didácticos y pedagógicos. **FAM.** Psicopedagógico. PEDAGOGÍA.

psicoquinesia o **psicoquinesis** *s. f.* Psicokinesis*.

psicosis (de *psico-* y *-osis*) *s. f.* **1.** Nombre genérico de diversas enfermedades mentales de orden severo, con graves alteraciones de la vida psíquica. **2.** Miedo obsesivo a algo, angustia colectiva: *Los atracos han provocado una auténtica psicosis en la ciudad.* || **3. psicosis maniacodepresiva** Perturbación mental que se caracteriza por fases alternativas de euforia y depresión. ■ No varía en *pl.* **FAM.** Metempsicosis, psicótico. PSIQUE.

psicosocial *adj.* Relacionado con la conducta humana en su aspecto social.

psicosomático, ca (de *psico-* y el gr. *soma*, cuerpo) *adj.* Relativo a la mente y al cuerpo simultáneamente, que tiene su origen o influye en ambos, o que implica una acción de la psique sobre el cuerpo o viceversa.

psicotecnia (de *psico -* y *-tecnia*) *s. f.* Rama de la psicología que, con fines de orientación y selección, tiene por objeto examinar y clasificar las aptitudes de los individuos mediante pruebas adecuadas. **FAM.** Psicotécnico. PSIQUE.

psicoterapia (de *psico-* y *terapia*) *s. f.* Tratamiento de ciertas enfermedades o alteraciones de conducta por medio de técnicas psicológicas, como la sugestión, la hipnosis, el psicoanálisis, técnicas conductuales, etc. **FAM.** Psicoterapeuta, psicoterapéutico, psicoterápico. PSIQUE y TERAPIA.

psicótico, ca *adj.* En psiquiatría, se dice de la persona que padece psicosis.

psicotrópico, ca *adj.* Psicótropo*. También *s. m.* y *f.*

psicótropo o **psicotropo, pa** (de *psico-* y el gr. *tropos*, vuelta, cambio) *adj.* Se dice del fármaco o sustancia que actúa sobre el organismo modificando sus condiciones y funciones psicológicas, como p. ej. los antidepresivos. También *s. m.*.

psique (del gr. *psykhe*) *s. f.* **1.** Alma humana, principio vital incorpóreo. **2.** En psicol., conjunto de actos y funciones mentales en oposición a los aspectos puramente orgánicos. **SIN. 1.** y **2.** Psiquis. **2.** Psiquismo. **FAM.** Psicastenia, psicoanálisis, psicodrama, psicofisiología, psicogénico, psicógeno, psicokinesis, psicolingüística, psicología, psicometría, psicomotricidad, psiconeurosis, psicopatía, psicosis, psicosomático, psicotecnia, psicoterapia, psicótropo, psiquiatría, psíquico, psiquis, psiquismo.

psiqui- *pref.* Véase **psico-**.

psiquiatra *s. m.* y *f.* Médico especializado en psiquiatría.

psiquiatría (de *psico-* y el gr. *iatreia*, curación) *s. f.* Parte de la medicina que se ocupa del estudio, tratamiento y prevención de las enfermedades mentales. **FAM.** Psiquiatra, psiquiátrico. / Neuropsiquiatría. PSIQUE.

psiquiátrico, ca *adj.* **1.** Relativo a la psiquiatría. **2.** Se aplica al hospital o clínica donde se trata a enfermos mentales. También *s. m.* **SIN. 2.** Manicomio.

psíquico, ca (del gr. *psykhikos*) *adj.* Relativo a la psique o al psiquismo. **FAM.** Metapsíquica. PSIQUE.

psiquis *s. f.* Psique*. ■ No varía en *pl.*

psiquismo *s. m.* Conjunto de los caracteres y funciones de la mente humana y de los fenómenos relacionados con ella. **SIN.** Psique, psiquis.

psitaciforme (del gr. *psittakos*, papagayo, y *-forme*) *adj.* **1.** Se dice de las aves prensoras que tienen cuatro dedos en las patas, dos hacia adelante y dos hacia atrás, plumaje de variados y vistosos colores y pico ganchudo, como los loros, papagayos y cacatúas. También *s. f.* || *s. f. pl.* **2.** Orden de estas aves.

psitacismo (del gr. *psittakos*, papagayo) *s. m.* **1.** Trastorno del habla en que el enfermo repite de forma mecánica las últimas sílabas pronunciadas por otro individuo o las suyas propias, sin comprender su significado. **2.** Método de enseñanza basado exclusivamente en el ejercicio de la memoria. ■ Se escribe también *sitacismo*.

psitacosis (del gr. *psittakos*, papagayo) *s. f.* Enfermedad del aparato respiratorio, parecida a la neumonía, que ataca a las aves y al hombre. ■ No varía en *pl.*

psoriasis (del gr. *psora*, sarna) *s. f.* Soriasis*.

pteridofito, ta (del gr. *pteris, -idos*, helecho, y *phyton*, planta) *adj.* **1.** Se dice de las plantas criptógamas, entre las que se encuentran los helechos, que viven en ambientes húmedos, no producen semillas y sus tallos tienen tejidos conductores. También *s. f.* || *s. f. pl.* **2.** Tipo de estas plantas.

pterigógeno (del gr. *pteron*, ala, y *-geno*) *adj.* **1.** Se dice de los insectos provistos de alas. También *s. m.* || *s. m. pl.* **2.** Subclase de estos insectos.

ptero- o **-ptero** (del gr. *pteron*) *pref.* o *suf.* Significa 'ala': *pterodáctilo, lepidóptero.*

pterodáctilo (de *ptero-* y el gr. *daktylos*, dedo) *s. m.* Especie de reptil volador, de gran tamaño, del cual se han encontrado restos fósiles pertenecientes al periodo jurásico, en la era secundaria o mesozoica.

pterosaurio (de *ptero-* y el gr. *sauros*, lagarto) *s. m.* **1.** Nombre de diversos reptiles fósiles de la era secundaria, adaptados al vuelo gracias a una membrana llamada *patagio* que tenían en las extremidades anteriores, como p. ej. el pterodáctilo. || *s. m. pl.* **2.** Orden de estos reptiles.

ptialina (del gr. *ptyalon*, saliva) *s. f.* Fermento contenido en la saliva y en el jugo pancreático, que descompone el almidón transformándolo en maltosa. ■ Se escribe también *tialina*. **FAM.** Tialina.

púa *s. f.* **1.** Cuerpo delgado y rígido que acaba en una punta más o menos afilada, como las espinas de algunas plantas, los dientes de un peine, las espinas del erizo, etc. **2.** Chapa triangular de carey, u otro material, que se emplea para tocar ciertos instrumentos de cuerda, como la guitarra, la bandurria, etc. **3.** Trozo de un árbol o planta que se introduce en otro para hacer un injerto. **4.** *fam.* Peseta, moneda. Se usa sobre todo en *pl.* **SIN. 1.** Pincho.

pub (ingl.) *s. m.* Establecimiento donde se pueden tomar bebidas y escuchar música, que tiene una decoración más cuidada y un mobiliario más cómodo que el bar. ■ Aunque se ha propuesto el plural *pubes*, es más frecuente *pubs*.

púber (del lat. *puber*) *adj.* Que ha llegado a la pubertad. También *s. m.* y *f.* **SIN.** Adolescente, pubescente. **FAM.** Impúber. PUBERTAD.

pubertad (del lat. *pubertas, -atis*) *s. f.* Primera fase de la adolescencia, durante la que se desarrollan los caracteres sexuales secundarios, como la aparición de vello, cambio de voz, etc., y se adquiere la capacidad de reproducción. **FAM.** Púber. PUBIS.

pubescente (del lat. *pubescens, -entis*) *adj.* **1.** Que tiene vello; especialmente referido a las partes del vegetal que están cubiertas de pelos muy finos. **2.** Púber*. **SIN. 1.** Velloso, velludo, piloso. **2.** Adolescente. **ANT. 1.** Lampiño.

pubis (del lat. *pubes*) *s. m.* **1.** Parte inferior del vientre que en la especie humana se cubre de vello en la pubertad. **2.** Porción del hueso coxal que con el ilión y el isquión forma la pelvis. ■ No varía en *pl.* **FAM.** Pubescente, pubiano. / Pubertad.

publicación (del lat. *publicatio, -onis*) *s. f.* **1.** Acción de publicar. **2.** Obra publicada. **SIN. 1.** Edición, divulgación, difusión.

publicano (del lat. *publicanus*) *s. m.* Entre los antiguos romanos, recaudador de los impuestos o rentas públicas del Estado.

publicar (del lat. *publicare*) *v. tr.* **1.** Difundir, poner algo en conocimiento del público. **2.** Revelar algo que se debía callar. **3.** Imprimir y sacar a la venta una obra. **4.** Escribir alguien una obra y conseguir que se edite. ■ Delante de *e* se escribe *qu* en lugar de *c*. **SIN. 1.** y **2.** Divulgar. **2.** Pregonar, airear. **3.** Editar. **ANT. 1.** y **2.** Callar, ocultar. **FAM.** Publicable, publicación, publicidad. / Impublicable. PÚBLICO.

publicidad *s. f.* **1.** Cualidad o circunstancia de ser público o conocido por todos: *La publicidad de ese asunto le ha perjudicado.* **2.** Conjunto de técnicas y actividades destinadas a promocionar un producto, servicio, etc., generalmente a través de los medios de comunicación. **3.** Cualquier medio utilizado para llevar a cabo dicha actividad, como anuncios, carteles, etc. **SIN. 1.** Difusión, divulgación. **1.** y **3.** Propaganda. **FAM.** Publicista, publicitario, publirreportaje. PUBLICAR.

publicista *s. m.* y *f.* **1.** Persona que se dedica profesionalmente a la publicidad. **2.** Persona que escribe artículos, columnas de opinión, etc., en publicaciones periódicas. **SIN. 1.** Publicitario. **2.** Articulista, columnista.

publicitario, ria *adj.* **1.** Relativo a la publicidad. || *s. m.* y *f.* **2.** Profesional de la publicidad. **SIN. 1.** Propagandístico. **2.** Publicista.

público, ca (del lat. *publicus*) *adj.* **1.** Relativo a la comunidad como conjunto de ciudadanos: *bien público.* **2.** Que puede ser usado o frecuentado por todos los ciudadanos: *parque público.* **3.** Sabido o conocido por todos. **4.** Que está bajo la administración o el control del Estado. || *s. m.* **5.** Conjunto de personas que forman una colectividad: *La tienda se cerrará al público por vacaciones.* **6.** Conjunto de personas que asisten a un acto, espectáculo, etc. **7.** Conjunto de personas con características o aficiones comunes: *el público infantil.* || **8. el gran público** La gente en general, especialmente la que no conoce a fondo un determinado tema. **9. hombre público** Personalidad, especialmente la que participa en la vida política. || **LOC. dar al público** Publicar una obra. **en público** *adv.* A la vista de todos. **SIN. 1.** Común. **4.** Estatal. **6.** Auditorio, audiencia, espectadores. **ANT. 1.** y **2.** Particular. **3.** Íntimo, secreto. **4.** Privado. **FAM.** Públicamente, publicano, publicar.

publirreportaje *s. m.* Anuncio publicitario extenso que se inserta sobre todo en televisión y tiene la forma de un reportaje.

pucelano, na (de *Pucela*, Valladolid) *adj.* De Valladolid o relacionado con esta ciudad o provincia.

¡pucha! *interj. Amér.* Expresa sorpresa, disgusto, rabia.

pucherazo *s. m.* **1.** Golpe dado con un puchero. **2.** Fraude electoral que consiste en falsear el resultado del recuento de votos.

puchero (del lat. *pultarius*, olla para puches) *s. m.* **1.** Recipiente para guisar de barro u otro material, alto, algo abombado y con una o dos asas. **2.** P. ext., cualquier otro recipiente para cocinar. **3.** Guiso, particularmente el que se hace cociendo hortalizas o legumbres con carne, tocino, etc. **4.** *fam.* Alimento diario necesario para mantenerse: *Con lo que gano no llega ni para el puchero.* **5.** Gesto de la cara que precede al llanto. Se usa más en *pl.*: *En cuanto le regañas, se pone a hacer pucheros.* **SIN. 2.** Cacerola, cazuela, cazo. **2.** y **3.** Olla. **FAM.** Pucherazo. PUCHES.

puches (del lat. *puls, pultis*) *s. amb. pl.* Gachas*. **FAM.** Puchero.

pucho (del quechua *púchu*, sobrante) *s. m.* **1.** *Amér. del S.* Resto, pequeña cantidad que sobra de una cosa. **2.** *Amér. del S.* Colilla del cigarro. || **LOC. a puchos** *adv. Amér. del S. fam.* En pequeñas cantidades, poco a poco. **no valer un pucho** *Amér. del S. fam.* No valer nada. **sobre el pucho** *adv. Arg., Bol.* y *Urug. fam.* Inmediatamente, en seguida.

pudding (ingl.) *s. m.* Pudín*.

pudendo, da (del lat. *pudendus*) *adj.* **1.** Se dice de lo que causa o debe causar pudor o vergüenza. || **2. partes pudendas** Genitales externos del hombre o la mujer. **SIN. 1.** Vergonzoso, indecente, obsceno.

pudibundo, da (del lat. *pudibundus*) *adj.* De un pudor fingido o exagerado. **SIN.** Mojigato, pudoroso. **ANT.** Impúdico, desvergonzado. **FAM.** Pudibundez. PUDOR.

pudicia *s. f.* Honestidad, modestia, recato. **ANT.** Impudicia.

púdico, ca (del lat. *pudicus*) *adj.* Que tiene o muestra pudor. **SIN.** Pudoroso, recatado, casto, decente. **ANT.** Impúdico, desvergonzado. **FAM.** Pudicia. PUDOR.

pudiente (del lat. *potens, -entis*) *adj.* Que tiene mucho dinero, de buena posición económica. También *s. m.* y *f.* **SIN.** Rico, adinerado, acaudalado, hacendado, opulento. **ANT.** Pobre.

pudín o **pudin** *s. m.* **1.** Plato dulce que se prepara con pan, bizcocho o bollo reblandecidos en leche, y frutas, de consistencia compacta y pastosa. **2.** P. ext., cualquier plato, no dulce, que se hace en molde. **SIN. 1.** y **2.** Budín. **FAM.** Pudding, pudinga. / Budín.

pudinga (del ingl. *pudding*) *s. f.* Tipo de roca sedimentaria que consiste en un conglomerado de cantos redondeados unidos entre sí por un cemento calcáreo o cuarzoso.

pudor (del lat. *pudor, -oris*) *s. m.* **1.** Sentimiento de vergüenza, especialmente en lo relacionado con el sexo. **2.** Timidez o modestia. **3.** Honestidad, honradez. **SIN. 1.** Recato, castidad, decencia. **2.** Reparo, embarazo. **3.** Conciencia, integridad. **ANT. 1.** Impudicia. **1.** y **2.** Desvergüenza. **FAM.** Pudendo, pudibundo, púdico, pudoroso. / Impudor.

pudoroso, sa (del lat. *pudorosus*) *adj.* Que tiene o demuestra pudor: *Llevaba un bañador muy pudoroso.* **SIN.** Recatado, decente, casto, púdico. **ANT.** Impúdico.

pudridero *s. m.* **1.** Sitio o lugar donde se ponen los desperdicios para que se pudran o corrompan. **2.** Cámara donde se colocan los cadáveres antes de colocarlos en el panteón.

pudrir (del lat. *putrere*) *v. tr.* **1.** Hacer que una materia orgánica se altere y descomponga. También *v. prnl.* **2.** *fam.* Consumir, causar impaciencia o fastidio a alguien. También *v. prnl.*: *Mientras él sale por ahí, ella está en casa pudriéndose.* || **pudrirse** *v. prnl.* **3.** *fam.* Se utiliza en diversas expresiones para desear mal a alguien: *¡Así te pu-*

dras! ¡Ojalá te pudras tú y tus ideas! ■ Es v. irreg. El inf. puede ser *pudrir* o *podrir*, este último menos frecuente. El p. es *podrido*. Todas las demás formas se conjugan regularmente con la raíz *pudr-*: *pudro, pudrí, pudría*. SIN. **1.** Corromper(se). **2.** Exasperar(se), impacientar(se). FAM. Pudrición, pudridero, pudrimiento, putrefacción. / Podrir, repudrir.

pueblerino, na *adj.* **1.** Que vive o ha nacido en un pueblo. También *s. m.* y *f.* **2.** Propio o característico de un pueblo o de sus gentes. **3.** *desp.* Paleto, que no sabe comportarse en ciertos ambientes o se escandaliza con las cosas de la vida moderna. También *s. m.* y *f.* **4.** Se dice del comportamiento, actitud, etc., de estas personas. SIN. **1.** y **2.** Aldeano, lugareño. **3.** y **4.** Cateto, palurdo, provinciano. ANT. **3.** y **4.** Mundano, refinado.

pueblero, ra *adj.* **1.** *Amér. del S.* Se aplica al habitante de una ciudad o un pueblo, por oposición a campesino. También *s. m.* y *f.* **2.** *Amér. del S.* De las ciudades o pueblos, por oposición al campo.

pueblo (del lat. *populus*) *s. m.* **1.** Población pequeña, especialmente la que vive de actividades relacionadas con el sector primario. **2.** Conjunto de los habitantes de un país: *el pueblo alemán.* **3.** Conjunto de personas que por su origen, religión, etc., forman una comunidad, aunque no residan en el mismo país o sean errantes: *el pueblo palestino.* **4.** Conjunto de los ciudadanos de un país en relación con sus gobernantes: *la soberanía del pueblo.* **5.** Conjunto de personas de las clases sociales más humildes. **6.** País con gobierno independiente: *Son pueblos enemigos desde hace siglos.* SIN. **1.** Villa, aldea. **2.** Nación. **5.** Proletariado, plebe, vulgo. **6.** Estado. FAM. Poblacho, poblano[1], poblar, pueblerino, pueblero. / Populacho, popular, populoso.

puelche (voz mapuche) *adj. Arg.* y *Chile* De cierto pueblo indígena que habitaba en La Pampa argentina y fue exterminado en el s. XIX. También *s. m.* y *f.*

puente (del lat. *pons, pontis*) *s. m.* **1.** Construcción de piedra, hierro, madera u otro material que, colocada sobre ríos, precipicios, etc., permite pasar de un lado a otro. **2.** Plataforma con barandilla, colocada a cierta altura sobre la cubierta de un barco, desde la que el oficial de guardia comunica las órdenes. **3.** Pieza central de la montura de las gafas que une los dos cristales. **4.** En instrumentos musicales de cuerda, cordal[1]*. **5.** En los instrumentos musicales de arco, pieza de madera sobre la tapa que mantiene levantadas las cuerdas. **6.** Conexión realizada entre dos cables para permitir el paso de la corriente eléctrica. **7.** Pieza metálica que usan los dentistas para sujetar los dientes artificiales en los naturales. **8.** *fam.* Día o días que entre dos festivos, y sumándose a éstos, se aprovechan para vacación. **9.** Persona o cosa que sirve para acercar o aproximar a otras: *Su obra es un puente entre diversas culturas.* **10.** Cada una de las cubiertas de un barco y, en los antiguos barcos de guerra, cada una de las cubiertas con batería de artillería. || **11. puente aéreo** Comunicación entre dos ciudades mediante vuelos frecuentes y continuos. **12. puente colgante** El sostenido por cables o cadenas. **13. puente de mando** (o **de navegación**) El situado en la parte alta y delantera del buque desde donde el oficial mantiene la guardia durante la navegación. **14. puente levadizo** El que en los antiguos castillos se ponía sobre el foso y podía levantarse por medio de poleas y cuerdas o cadenas para impedir el paso a la fortaleza. || LOC. **tender un puente** Hacer alguien lo posible para que desaparezca la tirantez o frialdad de sus relaciones con otro. FAM. Pontaje, pontazgo, pontón, puentear, puenting. / Entrepuente.

puentear *v. tr.* Hacer un puente en un circuito eléctrico. FAM. Puenteo. PUENTE.

puenting (de *puente* y la terminación ingl. *-ing*) *s. m.* Deporte en el que una persona se arroja al vacío desde un puente al que está sujeto por medio de un largo y resistente cabo.

puerco, ca (del lat. *porcus*) *s. m.* y *f.* **1.** Cerdo*, mamífero doméstico. **2.** *fam.* Persona sucia y sin educación. También *adj.* **3.** Persona sin escrúpulos, despreciable. También *adj.* ■ En las acepciones **2** y **3**, y utilizado como adj., puede aplicarse también a cosas: *Esta casa está muy puerca. Fue un detalle muy puerco.* **4.** Persona o cosa obscena, atrevida o descarada. **5.** Jabalí*. || **6. puerco espín** (o **espino**) Mamífero roedor de unos 70 cm de longitud, cuerpo rechoncho, patas cortas y uñas fuertes, que tiene la cabeza cubierta de pelos largos y el dorso y la cola de púas agudas, con las que se defiende de sus enemigos. SIN. **1.**, **2.** y **4.** Gorrino, guarro, cochino, marrano. **2.** Desaseado, grosero. **3.** Innoble, vil, miserable. **4.** Indecente, inmoral, impúdico. ANT. **2.** Limpio, educado. **3.** Noble. **4.** Decente. FAM. Porcino, porquería, porqueriza, porquerizo, porquero, puercada, puercamente, puercoespín. / Emporcar, pocilga.

puercoespín *s. m.* Puerco* espín.

pueri- (del lat. *puer, -eri*, niño) *pref.* Significa 'niño': *puericultura, puerilidad.*

puericultor, ra *s. m.* y *f.* Especialista en puericultura. SIN. Pediatra.

puericultura (del lat. *puer, -eri*, niño, y *-cultura*) *s. f.* Ciencia que se ocupa de los cuidados que deben darse a los niños durante los primeros años de su desarrollo. SIN. Pediatría. FAM. Puericultor. PUERIL.

pueril (del lat. *puerilis*) *adj.* **1.** Del niño o con algunas de las características que se atribuyen a éste. **2.** De poca entidad o importancia, sin fundamento: *un argumento pueril.* SIN. **1.** Ingenuo, infantil. **2.** Trivial, fútil, insustancial. ANT. **1.** Maduro. **2.** Serio. FAM. Puericultura, puerilidad, puerilmente.

puérpera (del lat. *puerpera*) *s. f.* Mujer que acaba de parir. SIN. Parturienta.

puerperal *adj.* **1.** Del puerperio. || **2. fiebre puerperal** Infección del útero que ataca a las mujeres poco después del parto.

puerperio (del lat. *puerperium*) *s. m.* **1.** Tiempo que media entre el momento del parto y el momento en que los órganos genitales y el estado general de la mujer vuelven al estado normal anterior al parto. **2.** Estado de debilidad en que se encuentra la mujer durante este periodo. FAM. Puérpera, puerperal.

puerro (del lat. *porrum*) *s. m.* **1.** Planta herbácea liliácea que mide entre 60 y 120 cm de altura, tiene un bulbo comestible estrecho y alargado, hojas planas, de color blanco en la base y verde en las zonas altas, y flores rosas. **2.** Bulbo comestible de esta planta. FAM. Porreta.

puerta (del lat. *porta*) *s. f.* **1.** Abertura de forma regular que se hace en una pared, valla, etc., desde el suelo hasta una altura conveniente para entrar y salir por ella. **2.** Abertura útil para entrar y salir de vehículos, para acceder a armarios o frigoríficos, etc. **3.** Armazón o plancha movible de madera, hierro u otro material resistente que se instala mediante goznes, raíles u otro sistema en el marco de una de estas aberturas para poder abrirla o cerrarla: *Le han montado una puerta blindada.* **4.** Entrada monumental a una población, que antiguamente se hallaba en la muralla. **5.** En ocasiones, equivale a casa, edificio: *Vive en la puerta de al lado.* **6.** En el fútbol y otros deportes, portería: *Marcó un gol en propia puerta.* **7.** Camino, medio para alcanzar algo. || **8. puerta de servicio** (o **accesoria**) En una casa o edificio de viviendas, la que no es principal y se usa para que pasen por ella criados, proveedores, etc. **9. puerta excusada** La que está disimulada de algún modo y da acceso a un lugar oculto o secreto. **10. puerta giratoria** La compuesta de dos o cuatro hojas montadas sobre un eje común que giran sobre él. || **LOC. a las puertas** *adv.* Muy próximo o cerca. **a puerta cerrada** *adv.* En privado, en secreto o de manera no pública. **abrir la puerta a** algo Hacerlo posible. **cerrársele** a uno **todas las puertas** Quedarse uno sin recursos, ayudas, amistades, etc. **coger** (o **tomar**) uno **la puerta** (o **el portante**) *fam.* Marcharse de un lugar de manera brusca y repentina. **dar** a uno **con la puerta en las narices** *fam.* Véase **nariz**. **de puerta a puerta** *adv.* Directamente del remitente al destinatario. **de puerta en puerta** *adv.* Acudiendo a muchos lugares o personas: *Siempre va de puerta en puerta a ver si le dan algo.* **de puertas adentro** *adv.* En la intimidad, en privado. **de puertas afuera** *adv.* En público, en presencia de extraños. **en puertas** *adv.* A punto de llegar u ocurrir: *Las vacaciones ya están en puertas.* Con los verbos *estar* o *quedar*, a punto de lograr o alcanzar aquello que se expresa: *Está en puertas de ganar el campeonato.* **franquear las puertas** a alguien Eliminar los obstáculos o dificultades que pueda encontrar. **llamar a la puerta** Surgir, aparecer: *Si la oportunidad llama a tu puerta, no la dejes escapar.* **poner** a uno **en la puerta de la calle** Echar bruscamente a alguien de un sitio. **por la puerta grande** *adv.* Triunfalmente, con dignidad, honor y orgullo. **SIN. 6.** Meta. **7.** Procedimiento, instrumento, recurso. **FAM.** Porta, portada, portal, portalada, portalón, portañuela, portazgo, portazo, portero, portezuela, pórtico, portilla, portillo, portón. / Compuerta, contrapuerta, gilipuertas, picaporte, porche.

puerto (del lat. *portus*) *s. m.* **1.** Lugar natural o construido en la costa o en las orillas de un río y protegido de los vientos, donde pueden refugiarse y detenerse las embarcaciones y realizarse las operaciones de carga y descarga de mercancías, embarque y desembarco de pasajeros, etc. **2.** Localidad en que existe dicho lugar o instalaciones. **3.** Barrio de una localidad en que está situado. **4.** Lugar de paso entre montañas por el que se atraviesa una cordillera: *Cerraron el puerto a causa de las nevadas.* **5.** Punto más elevado de dicho paso. **6.** Situación, persona o lugar que sirve de refugio. || **LOC. llegar a (buen) puerto** Superar una situación difícil y conseguir lo que se pretende. **SIN. 1.** Malecón, embarcadero, fondeadero, muelle, dársena, atracadero. **FAM.** Portachuelo, portuario, portulano. / Aeropuerto, helipuerto.

puertorriqueñismo *s. m.* Palabra, locución o giro propio del habla de los puertorriqueños.

puertorriqueño, ña *adj.* De Puerto Rico. También *s. m.* y *f.* ■ Se dice también *portorriqueño*. **FAM.** Puertorriqueñismo.

pues (del lat. *post*, después, detrás) *conj.* **1.** Introduce una proposición subordinada que expresa la causa, razón o motivo de la principal: *Tienes que repetir el ejercicio, pues está lleno de errores.* **2.** En algunos casos, toma carácter de condicional: *Pues tanto te gusta, cómpratelo.* **3.** Como consecutiva, expresa una conclusión o una sugerencia respecto a lo que se ha dicho anteriormente: *¿Que no quieres comer? Pues no comas.* **4.** Al principio de la frase, refuerza o enfatiza lo que se dice, o toma valor exclamativo: *¡Pues estamos apañados!* **5.** Puede tener función intermedia entre el adverbio y la conjunción, expresando la consecuencia de lo que se ha dicho anteriormente o la conclusión a la que se ha llegado. ■ En esta acepción va aislado del resto de la frase por una o dos pausas, y equivale a *por tanto, así, así que*: *Se saltó un semáforo: el accidente, pues, fue culpa suya.* **FAM.** Después.

puesta (del lat. *posita*, de *ponere*) *s. f.* **1.** Acción de poner o ponerse. **2.** Acción de ponerse un astro: *la puesta del Sol.* **3.** Acción de poner los huevos un ave. **4.** Cantidad de huevos que pone un ave en un periodo de tiempo determinado. **5.** Periodo de tiempo en que un ave está poniendo huevos. || **6. puesta a punto** Operación que consiste en revisar y ajustar un mecanismo, dispositivo, etc.: *Este coche necesita una puesta a punto.* **7. puesta de largo** Presentación de una joven en sociedad y fiesta con que se celebra. **8. puesta en antena** Emisión de un programa de radio o televisión. **9. puesta en escena** Representación de una obra teatral. También, montaje, forma en que se representa una obra de teatro y, p. ext., se rueda una película. **10. puesta en marcha** Mecanismo de arranque del automóvil. **SIN. 2.** Crepúsculo, atardecer, ocaso. **ANT. 2.** Salida, amanecer.

puestero, ra *s. m.* y *f.* **1.** Propietario o encargado de un puesto de venta. **2.** *Arg.*, *Chile*, *Par.* y *Urug.* Peón que vive en una zona de la estancia y cuida del ganado establecido en ese lugar.

puesto, ta (del lat. *positus*, de *ponere*) **1.** *p.* irreg. de **poner**. También *adj.*: *Deja la mesa bien puesta.* || *adj.* **2.** Se dice de la persona que va bien vestida o arreglada. **3.** *fam.* Con la preposición *en*, que tiene grandes conocimientos sobre la materia que se expresa: *Está muy puesto en matemáticas.* || *s. m.* **4.** Sitio o espacio que corresponde a una persona o cosa: *¡Todo el mundo a sus puestos!* **5.** Posición o lugar en una serie ordenada: *Llegó en el puesto tercero.* **6.** Colocación, trabajo: *Tiene un puesto de electricista en la empresa.* **7.** Cargo, categoría: *un puesto directivo.* **8.** Instalación de comercio al por menor en un mercado o galería; instalación similar, generalmente desmontable, que se pone en la calle: *He comprado los dulces en un puesto de la plaza.* **9.** Establecimiento o instalación de pequeño tamaño con la función o destino que se expresa: *puesto de socorro.* **10.** Sitio preparado para ocultarse el cazador y disparar desde allí a la caza. **11.** Lugar donde uno o más soldados, policías, etc., están haciendo un servicio o están preparado para él: *puesto de guardia.* **12.** *Arg.*, *Chile*, *Par.* y *Urug.* Rancho o lugar, dentro de una estancia, donde está establecido el puestero. **13.** Precedido de *lo*, conjunto de cosas que uno lleva encima, especialmente cuando resultan insuficientes: *Como tenía tanta prisa, salió de viaje con lo puesto.* || **14. puesto de mando** Lugar en que normalmente se encuentra la persona que ejerce el mando de una unidad militar. || **LOC. en el puesto de** alguien *adv.* En la situación de la persona que se expresa o sustituyéndola. **puesto que** *conj.* Introduce una proposición subordinada que expresa la causa, razón o motivo de la principal: *Puesto que tú no lo quieres, se lo daré a mi hermano.* **SIN. 2.** Compuesto, peripuesto. **3.** Experto, ducho, impuesto, versado. **6.** Empleo, ocupación. **7.** Nivel, grado. **8.** Quiosco, tenderete. **ANT. 2.** Desastrado, desaseado. **3.** Inculto, ignorante. **FAM.** Posta, postal, postizo, puesta, puestero. / Multipuesto, peripuesto. PONER.

puf (del fr. *pouf*) *s. m.* Asiento bajo y sin respaldo, generalmente muy blando. **FAM.** Pufo.

¡puf! *interj.* Expresa molestia, repugnancia, desprecio.

pufo (del fr. *pouf*) *s. m. fam.* Estafa, timo, engaño.

púgil (del lat. *pugil, -ilis*) *s. m.* **1.** Boxeador. **2.** Entre los antiguos romanos, gladiador que luchaba con los puños. **SIN. 1.** Pugilista. **FAM.** Pugilato, pugilismo, pugilista, pugilístico.

pugilato (del lat. *pugillus*, puño) *s. m.* **1.** Boxeo*. **2.** Entre los romanos, combate de púgiles. **3.** Pelea a puñetazos. **4.** Enfrentamiento o lucha entre personas, entidades, etc. **SIN. 3.** Riña, altercado, reyerta, contienda. **4.** Pugna, rivalidad, disputa. **ANT. 4.** Apoyo, amistad.

pugilismo *s. m.* Técnica y organización de los combates entre púgiles.

pugilista *s. m.* Púgil*.

pugna (del lat. *pugna*) *s. f.* **1.** Lucha, pelea. **2.** Particularmente, lucha u oposición no material entre personas, cosas, naciones, etc.: *la pugna de liberales y conservadores.* **SIN. 1.** Batalla, combate, riña. **2.** Pugilato, enfrentamiento, disputa, rivalidad. **ANT. 2.** Acuerdo.

pugnar (del lat. *pugnare*) *v. intr.* **1.** Luchar, pelear, particularmente de forma no material: *Pugnaban entre sí para conseguir el premio.* **2.** Intentar conseguir una cosa haciendo grandes esfuerzos para ello: *Pugnaba por lograr un puesto mejor.* **SIN. 1.** Contender. **1.** y **2.** Batallar. **2.** Pujar, porfiar. **FAM.** Pugna, pugnante, pugnaz. / Expugnar, impugnar, opugnar, propugnar, repugnar.

pugnaz (del lat. *pugnax, -acis*) *adj.* Que muestra una gran agresividad al luchar, discutir, etc. ■ Es de uso culto. **SIN.** Agresivo, belicoso, pendenciero. **ANT.** Pacífico. **FAM.** Pugnacidad. PUGNAR.

puja[1] *s. f.* Acción de pujar[1]. **SIN.** Pugna, lucha, batalla, combate, enfrentamiento.

puja[2] *s. f.* **1.** Acción de pujar[2]. **2.** Cantidad ofrecida en este acto. **SIN. 2.** Oferta.

pujante *adj.* Que crece o se desarrolla con mucha fuerza: *un negocio pujante.* **SIN.** Fuerte, vigoroso. **ANT.** Débil.

pujanza (del fr. *puissance*) *s. f.* Fuerza con que crece o se desarrolla algo, o con que se ejecuta una acción. **SIN.** Vigor, potencia, empuje, brío. **ANT.** Debilidad. **FAM.** Pujante, pujantemente. PUJAR[1].

pujar[1] (del lat. *pulsare*, empujar) *v. intr.* Hacer esfuerzos para realizar algo, intentando superar los obstáculos que se oponen: *Pujaba por salir de la miseria.* **SIN.** Pugnar, luchar. **ANT.** Rendirse. **FAM.** Puja[1], pujanza, pujo. / Sobrepujar.

pujar[2] (del cat. *pujar*, y éste del lat. vulg. *podiare*) *v. intr.* Ofrecer una cantidad de dinero por algo que se subasta. **SIN.** Ofertar, licitar. **FAM.** Puja[2].

pujo *s. m.* **1.** Falsa necesidad de orinar o de defecar, acompañada de dolores o prurito intenso en la región anal. **2.** *fam.* Deseo repentino e incontenible de exteriorizar un sentimiento, dolor, etc. **3.** *fam.* Aspiración o pretensiones de ser alguna cosa sin serlo realmente. Se usa más en *pl.*

pulchinela *s. m.* Polichinela*.

pulcro, cra (del lat. *pulcher*, hermoso) *adj.* **1.** Que está aseado, limpio y cuidado. **2.** Se aplica a quien hace las cosas con cuidado, delicadeza y esmero, y a las cosas así hechas. **SIN. 1.** Impecable, inmaculado. **2.** Cuidadoso, esmerado. **ANT. 1.** Sucio. **2.** Chapucero. **FAM.** Pulcritud, pulquérrimo.

pulga (del lat. *pulex, -icis*) *s. f.* **1.** Insecto parásito del hombre y de otros mamíferos y aves, de 1 a 3 mm de longitud, con boca chupadora con la que absorbe la sangre de su huésped y puede transmitir enfermedades contagiosas. || **2. malas pulgas** *fam.* Mal humor. También, mala intención. || **LOC. buscar las pulgas** a alguien *fam.* Molestarle, provocarle. **FAM.** Pulgón, pulgoso, pulguero, pulguillas. / Espulgar.

pulgada (del lat. vulg. *pollicata*) *s. f.* Medida de longitud igual a la doceava parte de un pie y equivalente a algo más de 23 mm. En el Reino Unido corresponde a 25,4 mm.

pulgar (del lat. *pollicaris*, del dedo gordo) *s. m.* **1.** Dedo más grueso y corto de la mano que está separado de los otros cuatro, a los que se opone. También *adj.* **2.** P. ext., dedo más grueso del pie. También *adj.* **FAM.** Pulgada, pulgarada.

pulgarada *s. f.* Pequeña cantidad de algo que puede tomarse con dos dedos.

pulgón *s. m.* Insecto hemíptero que mide entre 1 y 3 mm de longitud, tiene cuatro alas, boca chupadora y elabora una sustancia azucarada muy apreciada por las hormigas.

pulgoso, sa *adj.* Que tiene pulgas. También *s. m.* y *f.* **SIN.** Pulguero.

pulguero, ra *adj.* **1.** Que tiene pulgas. También *s. m.* y *f.* || *s. m.* y *f.* **2.** Lugar donde hay muchas pulgas. || *s. m.* **3.** *Amér. fam.* Calabozo. **SIN. 1.** Pulgoso.

pulguillas *s. m.* y *f. fam.* Persona que se enfada fácilmente. ■ No varía en *pl.* **SIN.** Quisquilloso, picajoso, susceptible, suspicaz.

pulidamente *adv. m.* **1.** Con cuidado, delicadeza y esmero. **2.** Educadamente, cortésmente.

pulido, da (del lat. *politus*) **1.** *p.* de **pulir**. También *adj.*: *un lenguaje pulido.* || *s. m.* **2.** Acción de pulir o pulimentar: *A esta madera le hace falta un buen pulido.* **FAM.** Pulidamente. PULIR.

pulimentar *v. tr.* Dejar lisa y suave una superficie. **SIN.** Pulir, bruñir, lustrar. **ANT.** Deslustrar. **FAM.** Pulimentación, pulimentado, pulimentador, pulimento. PULIR.

pulimento *s. m.* **1.** Acción de pulimentar. **2.** Sustancia que sirve para pulimentar. **SIN. 1.** Pulimentado, pulido. **2.** Pulimentador.

pulir (del lat. *polire*) *v. tr.* **1.** Hacer que una superficie esté lisa y suave frotándola, aplicándole un líquido o instrumento especial, etc. **2.** Perfeccionar una cosa revisando y corrigiendo sus defectos o errores: *Tienes que pulir tu estilo.* **3.** Educar a alguien para que adquiera maneras refinadas y elegantes. **4.** *fam.* Derrochar, malgastar el dinero: *Pulió la herencia de sus padres en unos meses.* **5.** *fam.* Hurtar, robar. **SIN. 1.** Pulimentar, bruñir, lustrar. **2.** Depurar, mejorar, madurar. **3.** Refinar, instruir, ilustrar. **4.** Dilapidar. **ANT. 1.** Deslustrar. **2.** Empeorar, deslucir. **4.** Ahorrar. **FAM.** Pulido, pulidor, pulimentar. / Repulir.

pulla *s. f.* Palabras con que indirectamente una persona se burla de otra, la critica o la regaña. **SIN.** Puya, puyazo, alfilerazo, indirecta.

pullman (ingl.) *s. m. Arg.* y *Méx.* Autocar moderno provisto de aire acondicionado y otras comodidades. **FAM.** Autopullman.

pullover (ingl.) *s. m.* Jersey cerrado que se mete por la cabeza. ■ Se escribe también *pulóver*.

pulmón (del lat. *pulmo, -onis*) *s. m.* **1.** Cada uno de los dos órganos de la respiración del hombre y de los vertebrados, donde se realiza el intercambio gaseoso entre el aire y la sangre. **2.** Órgano de la respiración de algunos arácnidos y moluscos. ‖ *s. m. pl.* **3.** *fam.* Capacidad para emitir la voz fuerte y potente: *¡Vaya pulmones que tiene el niño!* **4.** Capacidad para resistir un esfuerzo físico grande: *Hay que tener buenos pulmones para correr el maratón.* ‖ **5. pulmón de acero** (o **artificial**) Cámara donde se introduce a un enfermo para provocar en él los movimientos respiratorios mediante cambios alternativos de la presión del aire regulados automáticamente. SIN. **3.** y **4.** Fuelle. **4.** Resistencia, fondo. FAM. Pulmonado, pulmonar, pulmonaria, pulmonía.

pulmonado, da *adj.* **1.** Se aplica a los moluscos gasterópodos que respiran mediante una cavidad pulmonar, como el caracol. También *s. m.* ‖ *s. m. pl.* **2.** Subclase de estos moluscos.

pulmonaria *s. f.* **1.** Planta herbácea que mide entre 20 y 30 cm de altura, tiene hojas con manchas blancas y flores rojas o violetas. **2.** Liquen de color pardo y textura coriácea que crece sobre los troncos de diversos árboles.

pulmonía *s. f.* Neumonía*.

pulóver *s. m.* Pullover*.

pulpa (del lat. *pulpa*) *s. f.* **1.** Parte interior blanda y comestible de la mayor parte de las frutas. **2.** Carne de los animales sin huesos ni ternilla. **3.** Masa blanda a que se reduce una materia vegetal y que tiene distintos usos industriales. ‖ **4. pulpa dentaria** Tejido interior de los dientes en los vertebrados. SIN. **1.** y **2.** Molla. **3.** Pasta, papilla. FAM. Pulpación, pulpejo, pulpería, pulpeta, pulposo.

pulpación *s. f.* Desintegración mecánica de las partes blandas de los vegetales hasta reducirlos a pulpa.

pulpejo *s. m.* **1.** Parte carnosa de algunos miembros del cuerpo humano, como p. ej. la parte de la mano de la que sale el dedo pulgar o el lóbulo de la oreja. **2.** Parte blanda y flexible que tienen los cascos de las caballerías por detrás y debajo.

pulpería *s. f. Amér.* Tienda donde se venden bebidas, comestibles y artículos muy diversos. FAM. Pulpero. PULPA.

pulpeta *s. f.* **1.** Tajada que se saca de la pulpa de la carne. **2.** Trozo largo, ancho y fino de carne con que se enrolla y recubre un relleno cualquiera.

púlpito (del lat. *pulpitum*) *s. m.* Plataforma con antepecho que hay en algunas iglesias desde donde se predica, lee, canta, etc.

pulpo (del lat. *polypus*, y éste del gr. *polypus*, animal de muchos pies) *s. m.* **1.** Molusco cefalópodo que mide entre 20 y 100 cm, tiene el cuerpo en forma de saco, color variable según el ambiente que lo rodea, ocho largos brazos con ventosas y ojos muy desarrollados. **2.** *fam.* Sobón*. SIN. **2.** Moscón, tocón.

pulposo, sa *adj.* **1.** Que tiene una pulpa abundante. **2.** Con aspecto de pulpa. SIN. **1.** Carnoso. **2.** Pastoso, blando.

pulque (náhuatl) *s. m.* Bebida alcohólica elaborada en México y otros países hispanoamericanos. FAM. Pulquear, pulquería, pulquero.

pulquería *s. f. Amér. C.* y *Méx.* Establecimiento donde se elabora o vende pulque.

pulquérrimo, ma *adj. sup.* irreg. de **pulcro**.

pulsación (del lat. *pulsatio, -onis*) *s. f.* **1.** Acción de pulsar. **2.** Cada uno de los golpes o latidos que produce la circulación de la sangre en las arterias. Se usa mucho en *pl.* **3.** Cada uno de los golpes o toques que se dan en el teclado de una máquina de escribir o de un ordenador. Se usa mucho en *pl.* **4.** Acción de pulsar las teclas o las cuerdas de los instrumentos musicales. **5.** Precisión con que se realiza esta acción. **6.** Cada impulso en el movimiento rítmico y periódico de un fluido. SIN. **2.** Palpitación.

pulsador, ra (del lat. *pulsator, -oris*) *adj.* **1.** Que pulsa. También *s. m.* y *f.* ‖ *s. m.* **2.** Botón que se aprieta para poner en marcha o desconectar un aparato o mecanismo. SIN. **2.** Interruptor.

pulsar (del lat. *pulsare*, empujar) *v. tr.* **1.** Apretar, ejercer presión sobre un pulsador. **2.** Dar un toque o golpe con la yema de los dedos a teclas o cuerdas de un instrumento musical, al teclado de una máquina de escribir, de un ordenador, etc. **3.** Tratar de conocer cómo marcha un asunto, la opinión de alguien, etc. SIN. **1.** Oprimir, presionar. **2.** Tocar, rasguear, tañer; teclear. **3.** Tantear, comprobar, examinar. ANT. **1.** Soltar. FAM. Pulsación, pulsador, pulsante, pulsátil, pulsatila, pulsativo, pulsión, pulso. / Compulsar, expulsar, impulsar, propulsar.

púlsar *s. m.* Estrella que emite impulsos radioeléctricos de forma periódica.

pulsátil *adj.* Que pulsa o golpea. ■ Se dice también *pulsativo*.

pulsatila (del lat. científico *pulsatilla*, y éste del lat. *pulsus*, impulso) *s. f.* Planta herbácea que mide entre 3 y 50 cm, tiene hojas divididas en tres segmentos y una flor terminal violeta. ■ También es llamada *flor del viento*.

pulsativo, va *adj.* Pulsátil*.

pulseada *s. f. Arg.*, *Par.*, *Perú* y *Urug.* Acción de echar un pulso dos personas.

pulsear *v. intr.* Echar un pulso dos personas.

pulsera *s. f.* **1.** Aro, cadena, etc., que se lleva como adorno, generalmente alrededor de la muñeca o el brazo. **2.** Correa o cadena con la que se sujeta el reloj a la muñeca. SIN. **1.** Brazalete.

pulsímetro *s. m.* Instrumento que sirve para medir el ritmo del pulso humano.

pulsión (del lat. *pulsio, -onis*) *s. f.* Impulso, estímulo.

pulso (del lat. *pulsus*, impulso) *s. m.* **1.** Sucesión de las pulsaciones que produce la circulación de la sangre en las arterias, que se percibe en diversas partes del cuerpo, especialmente en la muñeca. **2.** Parte de la muñeca donde se perciben dichas pulsaciones. **3.** Seguridad o firmeza en la mano cuando se realiza algo que requiere cierta precisión. **4.** Prudencia o cuidado con que se trata un asunto o se lleva algo a cabo. **5.** Oposición que existe entre dos personas, grupos, etc., que están más o menos igualadas en cuanto a su fuerza o poder. **6.** *Col.* y *Cuba* Pulsera, brazalete. ‖ LOC. **a pulso** *adv.* Haciendo fuerza con la muñeca y la mano sin apoyar el brazo en ninguna parte para levantar o sostener una cosa o para levantarse o sostenerse alguien. También, sólo mediante el propio esfuerzo, sin ayuda de nadie y sin ventajas ni facilidades. **echar un pulso** Probar dos personas, cogiéndose mutuamente la mano derecha y apoyando los codos en lugar firme, cuál de las dos tiene más fuerza y logra derribar el brazo de la otra. También, medir alguien sus fuerzas con otro o mantener con él una situación de enfrentamiento y oposición. **tomar el pulso** Reconocer la frecuencia, ritmo, etc., de las pulsaciones de alguien. También, tantear, tratar de conocer la marcha de un asunto, una opinión, etc.: *Tomó el pulso a la situación antes de decidir.* SIN. **3.** Tino, tiento. **4.** Tacto, discreción, delicadeza. **5.** Pugilato, pugna. **ANT. 3.** Temblor, inseguridad. **4.** Imprudencia, indiscreción. **5.** Amistad. **FAM.** Pulseada, pulsear, pulsera, pulsímetro. PULSAR.

pulular (del lat. *pullulare*) *v. intr.* **1.** Abundar y bullir en un sitio personas, animales o cosas. **2.** Multiplicarse en un sitio con gran rapidez los insectos, gusanos, etc. **SIN. 1.** Rebullir. **2.** Proliferar. **ANT. 2.** Escasear. **FAM.** Pululación, pululante.

pulverizador *s. m.* Utensilio que sirve para pulverizar o esparcir un líquido en gotas muy pequeñas. **SIN.** Spray.

pulverizar (del lat. *pulverizare*) *v. tr.* **1.** Convertir algo en polvo: *Pulverizaron la roca con dinamita.* También *v. prnl.* **2.** Esparcir un líquido en forma de gotas muy pequeñas como si se tratara de polvo. **3.** Vencer por completo a alguien en una pelea, juego, competición, etc. **4.** Destruir, deshacer por completo una cosa: *Con sus críticas pulverizó todo mi razonamiento.* ■ Delante de *e* se escribe *c* en lugar de *z*: *pulverice.* **SIN. 1.** Desmenuzar(se). **2.** Rociar, diseminar. **3.** y **4.** Aniquilar, machacar. **4.** Destrozar, despedazar, triturar. **FAM.** Pulverizable, pulverización, pulverizador. POLVO.

¡pum! *expr.* **1.** Voz onomatopéyica que se usa para expresar un ruido, explosión o golpe. || *s. m.* **2.** *fam.* En el lenguaje infantil, ventosidad, pedo. || **LOC. hacer pum** En el lenguaje infantil, hacer caca. **ni pum** *adv. fam.* Nada en absoluto.

puma (quechua) *s. m.* Mamífero felino americano que mide unos 200 cm de longitud, incluida la cola, y tiene color pardo rojizo con manchas blancas en la cara y los bigotes. Es solitario y se alimenta de pájaros y mamíferos de pequeño y gran tamaño.

pumita (del lat. *pumex*) *s. f.* Piedra* pómez.

puna (quechua) *s. f.* **1.** Nombre dado a los terrenos altos en la cordillera de los Andes. **2.** *Amér. del S.* Mal* de las alturas. **SIN. 2.** Soroche.

punch (ingl.) *s. m.* **1.** En el boxeo, puñetazo. **2.** Potencia, fuerza de los golpes de un boxeador. **3.** *fam.* Fuerza y atractivo que tiene una persona o cosa. **SIN. 3.** Gancho.

punching-ball (ingl.) *s. m.* Balón resistente que, colgado del techo o sujeto al suelo por un resorte, sirve al boxeador para entrenarse.

punción (del lat. *punctio, -onis*) *s. f.* **1.** Acción y resultado de punzar o puncionar. **2.** Operación que consiste en introducir un instrumento punzante y cortante en alguna cavidad, órgano o conducto del cuerpo, generalmente para obtener muestras de tejidos. **SIN. 1.** Punzada, pinchazo. **1.** y **2.** Incisión. **FAM.** Puncionar. PUNZAR.

pundonor (del cat. *punt d'honor*) *s. m.* Sentimiento que mueve a una persona a cuidar su prestigio y buena fama y a intentar quedar bien ante sí mismo y los demás. **SIN.** Orgullo, autoestima, pudor, dignidad, honra, honorabilidad, puntillo. **ANT.** Indignidad. **FAM.** Pundonorosamente, pundonoroso. HONOR.

punible *adj.* Que merece castigo.

punición (del lat. *punitio, -onis*) *s. f.* Acción de punir. **SIN.** Castigo, pena, sanción.

púnico, ca (del lat. *punicus*) *adj.* **1.** De la antigua Cartago. También *s. m.* y *f.* || *s. m.* **2.** Lengua fenicia hablada por los cartagineses.

punir (del lat. *punire*) *v. tr.* Castigar, imponer castigo. **FAM.** Punible, punición, punitivo. / Impune.

punitivo, va (de *punir*) *adj.* Del castigo, especialmente el impuesto por alguna autoridad, o relacionado con él. **SIN.** Correctivo, disciplinario.

punk o **punki** (del ingl. *punk*, desastrado, sucio) *adj.* De un movimiento musical de origen británico, surgido a finales de los años setenta del s. XX, y de sus manifestaciones en la moda y las costumbres. También *s. m.* y *f.* **FAM.** Ciberpunk.

punta (del lat. tardío *puncta*, de *pungere*, picar, punzar) *s. f.* **1.** Extremo agudo de un arma o de un instrumento afilado y cortante. **2.** Extremo de cualquier cosa. **3.** Saliente, más o menos angular, en el borde de algo. **4.** Clavo pequeño. **5.** Cuerno del toro y cada una de las ramificaciones de la cornamenta de los ciervos. **6.** Porción de tierra alargada, baja y de poca extensión que penetra en el mar. **7.** Colilla, resto de un cigarro. **8.** Pequeña cantidad de algo: *A la comida le falta una punta de sal.* **9.** En fútbol, posición avanzada o de ataque y jugador que la ocupa. **10.** Grupo pequeño de ganado que se separa del rebaño. || *s. f. pl.* **11.** Puntilla, encaje. **12.** Técnica de ballet en que el bailarín se apoya únicamente sobre el extremo de los dedos de los pies. **13.** Zapatillas especiales, que tienen un pequeño círculo de material duro en su extremo, con que los bailarines ejecutan esta técnica. || **14. punta de diamante** Diamante pequeño que, encajado en una pieza de acero, sirve para cortar vidrio y labrar cosas muy duras. || **LOC. a punta de lanza** *adv.* Véase **lanza**. **a punta pala** *adv. fam.* En gran cantidad, en abundancia. **de punta** *adv.* En posición vertical, recto o tieso. También, muy alterado, revuelto, etc.: *Le puso los nervios de punta.* **de punta a punta** (o **a cabo**) *adv.* De principio a fin o de un extremo a otro. **de punta en blanco** *adv. fam.* Muy bien vestido y arreglado. **estar hasta la punta de los pelos** *fam.* Estar harto. **la otra punta** Precedida de verbos como *ir* o *estar* y de preposiciones como *a, en, desde, hasta*, se usa para significar el extremo más alejado con respecto a un espacio que se expresa o sobrentiende: *Su casa está en la otra punta de la ciudad.* **por la otra punta** *adv. fam.* Expresa que algo es justamente lo contrario de lo que se dice: *Es muy guapo por la otra punta.* **sacar punta a** algo *fam.* Encontrar a una cosa un sentido malicioso o un significado que no tiene. También, encontrarle a algo el más mínimo defecto, inconveniente, etc. **tener** algo **en la punta de la lengua** Véase **lengua**. **SIN. 2.** Extremidad, vértice, remate, tope. **2.** y **3.** Pico. **3.** Ángulo, esquina. **5.** Asta. **6.** Cabo, espolón. **7.** Toba. **8.** Pizca, pellizco, ápice, chispa. **9.** Ariete. **11.** Puñeta. **ANT. 3.** Entrante. **6.** Golfo. **FAM.** Puntal, puntapié, puntazo[1], puntería, puntero, puntiagudo, puntiforme, puntilla. / Apuntar, despuntar, empuntar, repuntar, sacapuntas. PUNTO.

puntada (de *punto*) *s. f.* **1.** Cada una de las pasadas que se hacen con aguja e hilo por un tejido u otra materia que se va cosiendo. **2.** Espacio que ocupa cada una de estas pasadas. **3.** Porción de hilo que ocupa este espacio. **4.** Alusión o insinuación que se hace en una conversación, generalmente malintencionada. **5.** *Méx.* Agudeza, dicho ingenioso. **6.** Dolor penetrante, punzada. **7.** Pinchazo producido por asta de toro. || **LOC. no dar puntada** *fam.* No hacer nada, no trabajar. **SIN. 3.** Punto, cosido. **4.** Pulla, indirecta. **6.** y **7.** Puntazo. **7.** Cornada.

puntal (de *punta*) *s. m.* **1.** Madero o barra de material resistente que se fija en un lugar para sostener provisionalmente una estructura o parte de ella. **2.** Persona o cosa que sirve de apoyo o ayuda a alguien o algo. **3.** *Amér.* Refrigerio, comida ligera. **SIN. 1.** Viga, poste. **1.** y **2.** Sostén, soporte. **3.** Tentempié. **FAM.** Apuntalar. PUNTA.

puntapié *s. m.* Golpe que se da con la punta del pie. || LOC. **a puntapiés** *adv. fam.* Desconsideradamente, muy mal o con violencia. SIN. Patada, coz.

puntazo[1] (de *punta*) *s. m.* **1.** Herida producida por el cuerno de una res vacuna. **2.** Herida hecha con la punta de un arma o de otro instrumento punzante. **3.** Dicho con que indirectamente una persona se burla de otra o la critica. SIN. **1.** Puntada. **2.** Corte. **3.** Pulla, sarcasmo, indirecta.

puntazo[2] (aum. de *punto*) *s. m. fam.* Hecho muy bueno o favorable: *Sería un puntazo que me tocara la lotería.*

punteador *s. m.* Instrumento de dibujo que facilita el trazado de líneas punteadas.

puntear *v. tr.* **1.** Marcar o señalar puntos en una superficie. **2.** Dibujar, pintar o grabar con puntos. **3.** Tocar la guitarra u otro instrumento semejante pulsando cada cuerda alternativamente con un dedo o una púa. **4.** Comprobar las distintas partes de una cuenta o los distintos nombres de una lista uno por uno. || *v. intr.* **5.** *Amér. del S.* Marchar a la cabeza de un grupo de personas o animales. FAM. Punteado, punteador, punteo. PUNTO.

puntera *s. f.* Parte del calzado o de las medias, calcetines, etc., que cubre la punta del pie.

puntería *s. f.* **1.** Acción de colocar un objeto arrojadizo o un arma de tal forma que al lanzarlo o dispararla alcance su objetivo. **2.** Destreza o habilidad para dar en el blanco. **3.** Dirección en que se apunta: *Corrige un poco la puntería hacia la izquierda.* **4.** *fam.* Habilidad o capacidad para acertar o alcanzar un objetivo: *A ver si la próxima vez tienes más puntería en la quiniela.* SIN. **2.** y **4.** Tino. **4.** Ojo.

puntero, ra (del lat. *punctarius*) *adj.* **1.** Que aventaja a los de su misma clase. También *s. m.* y *f.* || *s. m.* **2.** Palo largo y fino con que se señala una cosa para llamar la atención sobre ella. **3.** Cincel de forma puntiaguda y cabeza plana. **4.** *Arg.* y *Urug.* Persona o animal que va delante de los demás componentes de un grupo. SIN. **1.** Destacado, sobresaliente, avanzado. ANT. **1.** Atrasado.

puntiagudo, da *adj.* Que acaba en una punta aguda. SIN. Aguzado, afilado.

puntiforme *adj.* Que tiene la forma o el tamaño de un punto.

puntilla *s. f.* **1.** Encaje estrecho con el borde en forma de puntas u ondas que se pone como adorno en las orillas de la ropa, los pañuelos, los manteles, etc. **2.** Especie de puñal corto que se emplea para matar reses, particularmente el que se usa en las corridas para rematar los toros. || LOC. **dar la puntilla** Clavar una especie de puñal corto en una res para matarla. También, en lenguaje familiar, rematar, completar un daño grave: *El que sus amigos no le ayudaran, le dio la puntilla.* **de puntillas** *adv.* Levantando los talones y pisando sólo con los dedos de los pies. SIN. **1.** Puntas, puñeta. FAM. Puntillero. / Apuntillar. PUNTA.

puntillero *s. m.* Hombre encargado de rematar el toro con la puntilla.

puntillismo *s. m.* Movimiento pictórico posimpresionista, cuya técnica se caracteriza por la pincelada corta en pequeños puntos de color puro. SIN. Divisionismo. FAM. Puntillista. PUNTILLO.

puntillo *s. m.* Orgullo o amor propio exagerado. SIN. Pundonor. FAM. Puntillismo, puntilloso. PUNTO.

puntilloso, sa *adj.* **1.** Se aplica a la persona que se enfada fácilmente por cosas sin importancia. **2.** Que tiene mucho puntillo o amor propio y pone gran cuidado en lo que hace. SIN. **1.** Quisquilloso, picajoso, susceptible, receloso. **2.** Orgulloso, detallista, concienzudo.

punto (del lat. *punctum*) *s. m.* **1.** Dibujo o señal de pequeño tamaño y forma redondeada que destaca sobre una superficie. **2.** Signo ortográfico (.) que señala una pausa y sirve para indicar el final de una o más oraciones que forman un periodo con sentido gramatical y lógico completo. **3.** Signo ortográfico que se pone sobre la *i* y la *j*, sirve para formar la diéresis (¨), se emplea detrás de las abreviaturas (*Sra.*) y, en ocasiones, detrás de las letras que forman una sigla (*O.N.U.*). **4.** En mat., uno de los signos de multiplicar. **5.** En geom., lugar de la recta, plano o espacio al que es posible asignar una posición, pero que no posee dimensiones. **6.** Sitio o lugar determinado: *punto de encuentro.* **7.** Momento, instante: *Justo en el punto en que íbamos a salir, se puso a llover.* **8.** Grado de perfección que debe alcanzar un alimento: *El arroz no está todavía en su punto.* **9.** Grado de intensidad que alcanza algo: *La protesta alcanzó hoy su punto máximo.* **10.** Grado de temperatura necesario para que se produzca el fenómeno que se expresa: *punto de fusión.* **11.** Aspecto, cuestión: *Hay algunos puntos de tu teoría que son discutibles.* **12.** Cada uno de los apartados en que se organiza y divide un discurso o escrito: *Si no hay más preguntas, pasaré al siguiente punto.* **13.** Unidad con que se cuentan resultados o se valoran exámenes, ciertas pruebas deportivas, concursos, juegos, etc.: *Cada pregunta vale medio punto.* **14.** Jugador que marca el nivel de las apuestas en ciertos juegos de cartas. **15.** Baza o suerte del mus. **16.** Puntada que se da al coser algo, especialmente una herida. **17.** Cada una de las maneras de enlazar y pasar el hilo al coser, bordar, etc.: *punto de cruz.* **18.** Clase de tejido que se hace enlazando y anudando un hilo de lana, de algodón, etc.: *una falda de punto.* **19.** Rotura en esta clase de tejido por soltarse uno de los nudos que entrelazan los hilos: *Tengo un punto en la media.* **20.** Cada una de las partes en que se divide la punta de la pluma estilográfica. **21.** Antiguamente, parada de coches de alquiler: *Se fue a casa en un coche de punto.* **22.** Punzada de dolor muy agudo: *Tiene un punto de dolor en la espalda.* **23.** *fam.* Hecho muy bueno o favorable: *Sería un punto que aprobáramos todos.* || **24. dos puntos** Signo ortográfico (:) que precede a una enumeración o introduce una cita textual. En mat., se emplea para indicar la división. **25. punto cardinal** Cada uno de los cuatro fundamentales que dividen el horizonte en otras tantas partes iguales y sirven de orientación: *norte, sur, este, oeste.* **26. punto crítico** Momento o situación muy difícil e importante en el desarrollo de algo. **27. punto de caramelo** Véase **caramelo**. **28. punto de ebullición** Temperatura a la que se produce el cambio de estado líquido a gaseoso. **29. punto de fusión** Temperatura a la que se produce el cambio de estado sólido a líquido. **30. punto de mira** Pieza que sobresale del cañón de un arma y sirve para orientarla hacia el blanco. También, objetivo sobre el que se quiere disparar y, p. ext., persona o cosa hacia la que se dirige la atención o una acción: *Está en el punto de mira de todos los fotógrafos.* **31. punto de nieve** Aquel en que la clara de huevo batida adquiere espesor, consistencia y homogeneidad. **32. punto de referencia** Dato, información, etc., que es importante para iniciar o completar el conocimiento de algo. **33. punto de solidificación** Temperatura a la que un cuerpo pasa del estado líquido al sólido. **34. punto de vista** Manera de considerar o juzgar a alguien o algo. **35. punto débil** El más vulnerable de una persona o cosa. **36. punto filipino** Persona malintencionada e inmoral. **37. punto final** Finalización de algo: *El discurso puso punto final al banquete.* **38. punto flaco** Punto débil. **39. punto fuerte** Cualidad o aptitud más destacada. **40. punto muerto** En los vehículos, posición de la palanca de cambios en que el motor no engrana ninguna marcha. También, estancamiento de un asunto: *Las negociaciones llegaron a un punto muerto.* **41. punto negro** Lugar especialmente peligroso o conflictivo, referido especialmente al tráfico. **42. punto neurálgico** Aspecto más importante o delicado de algo. También, lugar muy concurrido, donde hay gran actividad. **43. punto y aparte** El que se pone cuando acaba un párrafo y el texto continúa en otro renglón. **44. punto y coma** Signo ortográfico (;) que señala una pausa mayor que la coma y menor que el punto. **45. punto y seguido** El que se pone cuando acaba un periodo y el texto continúa luego en el mismo renglón. **46. puntos suspensivos** Signo ortográfico (...) con que se indica que queda incompleto el sentido de una oración o se suprime alguna parte de ella. || LOC. **a punto** *adv.* Preparado, en condiciones. También, a tiempo, oportunamente. **a punto de** Seguido de un infinitivo, expresa la proximidad de la acción indicada por éste: *El avión está a punto de salir.* **a punto fijo** *adv.* Con certeza. **al punto** *adv.* En seguida, rápidamente. **con puntos y comas** *adv.* Con todo detalle. **de medio punto** *adj.* En arq., se dice del arco o bóveda cuya curva está formada por un semicírculo. **de todo punto** *adv.* Enteramente. **en punto** *adv.* Exactamente, sin sobrar ni faltar nada. **perder** (o **ganar**) **puntos** Disminuir o aumentar en prestigio o importancia. **poner los puntos sobre las íes** Puntualizar, precisar. **punto en boca** Se usa para ordenar callar a alguien o para pedirle que guarde algún secreto. **punto por punto** *adv.* Sin olvidar detalle. **y punto** Se usa para zanjar un asunto de forma brusca: *Tú, lo único que tienes que hacer es obedecerme, y punto.* SIN. **1.** Pinta, mota. **6.** Zona, emplazamiento. **8.** Sazón. **9.** Nivel. **13.** Tanto. **22.** Pinchazo. FAM. Punta, puntada, puntazo[2], puntear, puntillo, puntual, puntualizar, puntuar. / Contrapunto, pespunte, traspunte.

puntuable *adj.* Que se tiene en cuenta para la clasificación final en un conjunto de pruebas: *Esta carrera es puntuable para el campeonato del mundo.*

puntuación *s. f.* **1.** Acción de puntuar. **2.** Conjunto de los signos ortográficos que sirven para puntuar un escrito. **3.** Número de puntos conseguidos. SIN. **2.** Notación. **3.** Calificación, nota, evaluación; tanteo.

puntual (del lat. *punctum*, punto) *adj.* **1.** Que llega a tiempo o hace las cosas a su tiempo. **2.** Exacto, detallado: *Presentó sobre el asunto un estudio puntual.* **3.** Concreto, circunstancial: *Se limitó a hacer una intervención muy puntual en el debate.* **4.** Conveniente, adecuado. SIN. **2.** Preciso, minucioso, pormenorizado. ANT. **1.** Impuntual, tardón. **2.** Inexacto. **4.** Inconveniente. FAM. Puntualidad, puntualmente. / Impuntual. PUNTO.

puntualidad *s. f.* Cualidad de puntualidad: *Siempre llega con puntualidad.* ANT. Impuntualidad.

puntualización *s. f.* Acción de puntualizar. SIN. Precisión, especificación, concreción, matización.

puntualizar *v. tr.* Precisar algo con lo que no se está de acuerdo, parece incompleto o impreciso, etc.: *Tuve que puntualizar las declaraciones que me atribuyeron.* ■ Delante de *e* se escribe *c* en lugar de *z.* SIN. Concretar, especificar, matizar, explicar. FAM. Puntualización. PUNTO.

puntualmente *adv. m.* **1.** Con puntualidad, en el momento convenido: *Simpre llega puntualmente.* **2.** Con exactitud, con detalle: *Infórmeme puntualmente de la situación.* **3.** En algún punto o momento determinado o de forma esporádica: *Podrían producirse puntualmente chubascos durante la tarde.*

puntuar (del lat. *punctum*) *v. tr.* **1.** Colocar en un escrito los signos ortográficos de puntuación. **2.** Calificar con puntos un ejercicio, prueba, etc. También *v. intr.* **3.** Obtener puntos o tantos en un juego. Se usa más como *v. intr.*: *Ese atleta ha puntuado poco.* || *v. intr.* **4.** Entrar un ejercicio o prueba en la puntuación de una competición, examen, etc. ■ En cuanto al acento, se conjuga como *actuar*: *puntúa.* SIN. **2.** Evaluar. **3.** Marcar, anotar. **4.** Contar, valer. FAM. Puntuable, puntuación. PUNTO.

punzada *s. f.* **1.** Herida pequeña y poco profunda. **2.** Dolor intenso y breve, que generalmente suele repetirse cada poco tiempo. **3.** Sentimiento causado por algo triste o angustioso. SIN. **1.** Punzadura, incisión, corte, pinchazo. **3.** Angustia, tristeza, congoja.

punzadura *s. f.* Punzada*, herida.

punzante *adj.* **1.** Que punza: *un dolor punzante.* **2.** Con punta: *un objeto punzante.* **3.** Se aplica a la herida producida por un arma u otro objeto agudo y delgado. **4.** Mordaz, irónico. SIN. **1.** y **4.** Afilado. **2.** Penetrante. **4.** Lacerante, hiriente, incisivo, sarcástico. ANT. **1.** Suave, débil. **2.** Romo. **4.** Ingenuo.

punzar (del lat. *punctiare*, de *punctus*, punta) *v. tr.* **1.** Hacer una herida con un objeto agudo. **2.** Producir daño, molestia, dolor. También *v. intr.* || *v. intr.* **3.** Pinchar. ■ Delante de *e* se escribe *c* en lugar de *z.* SIN. **1.** y **2.** Lacerar, herir. **2.** Molestar, fastidiar, incordiar, zaherir, chinchar, doler. **3.** Picar. ANT. **2.** Agradar. FAM. Punción, punzada, punzador, punzadura, punzante, punzón.

punzón (del lat. *punctio, -onis*) *s. m.* **1.** Instrumento alargado y fino, acabado en punta, que se usa para hacer agujeros en una tela, grabar metales, etc. **2.** Instrumento alargado que tiene en un extremo una figura, la cual se imprime por presión en el molde de monedas, medallas, botones, etc. **3.** Cuerno que empieza a salir a los animales. SIN. **1.** Pincho, punta, buril.

puñada *s. f.* Puñetazo*.

puñado *s. m.* **1.** Cantidad de cualquier cosa que cabe en un puño. **2.** Pequeña cantidad: *Sólo había un puñado de gente.* **3.** *fam.* Mucho, gran cantidad de algo que se expresa o sobrentiende: *Ese coche cuesta un puñado (de dinero).* || LOC. **a puñados** *adv.* En gran cantidad. SIN. **1.** Puño, manojo. **3.** Montón, mogollón.

puñal *s. m.* Arma de acero, corta y puntiaguda, que sólo hiere con la punta. || LOC. **poner un puñal en el pecho** a alguien Ponerle en una situación en que no tenga más remedio que aceptar lo que se le propone. SIN. Daga. FAM. Puñalada. / Apuñalar. PUÑO.

puñalada *s. f.* **1.** Golpe dado con el puñal u otra arma semejante y herida así causada. **2.** Pena o tristeza muy grande: *Su muerte fue una puñalada para mí.* **3.** Acción hipócrita y traicionera: *Acusarnos a todos fue una puñalada.* || **4. puñalada trapera** Puñalada grande, dada generalmente a traición. P. ext., traición, mala pasada. || LOC. **coser a puñaladas** Dar muchas puñaladas. **no ser** algo **puñalada de pícaro** No ser urgente. SIN. **1.** Navajazo, cuchillada. **2.** Desgracia, desventura, palo. ANT. **2.** Alegría.

puñeta *s. f.* **1.** Adorno de bordados y puntillas que se pone en el borde de las mangas de algunas prendas de vestir. **2.** *fam.* Cualquier cosa que causa molestia: *Este viento es una puñeta.* || *interj.* **3.** *fam.* Expresa enfado, desagrado, rechazo, etc. Se usa más en *pl.*: *¡Puñetas! ¿Dónde te habías metido?* || **LOC. a hacer puñetas** *adv. fam.* Expresa que algo termina, fracasa o se rechaza de forma brusca: *Los planes se fueron a hacer puñetas. Mandó al taxista a hacer puñetas.* **de la puñeta** *adj. fam.* Muy grande, fuerte o intenso: *Hoy hace un frío de la puñeta.* **hacer la puñeta** *fam.* Fastidiar. **SIN. 1.** Puntas, encaje. **2.** Incordio, engorro, lata, gaita, rollo. **FAM.** Puñetero, puñetita. PUÑO.

puñetazo *s. m.* Golpe dado con el puño.

puñetería *s. f.* **1.** *fam.* Cualidad de puñetero. **2.** *fam.* Cosa de poca importancia. Se usa más en *pl.* **3.** *fam.* Molestia, fastidio. **SIN. 2.** Bobada, tontería, estupidez. **3.** Puñeta, incordio, lata.

puñetero, ra *adj.* **1.** *fam.* Que molesta o fastidia: *Estoy harto de estas puñeteras obras.* También *s. m.* y *f.* **2.** *fam.* Complicado, difícil: *un examen muy puñetero.* **3.** *fam.* Difícil de tratar o contentar. También *s. m.* y *f.* **4.** *fam.* Astuto, pícaro. También *s. m.* y *f.* **5.** *fam.* Que tiene mala intención. También *s. m.* y *f.* **SIN. 1.** Molesto, fastidioso, hartante. **2.** Jorobado, dificultoso, engorroso. **3.** Pejiguero, puntilloso, quisquilloso. **4.** Sagaz, zorro, lince. **5.** Malintencionado. **ANT. 1.** Agradable, placentero. **2.** Fácil. **2.** y **4.** Simple. **4.** Bobalicón. **5.** Ingenuo. **FAM.** Puñetería. PUÑETA.

puño (del lat. *pugnus*) *s. m.* **1.** Mano cerrada. **2.** Parte de la manga de las prendas de vestir que rodea la muñeca. **3.** Adorno de encaje, tela, etc., que se pone en esta parte de la manga. **4.** Pieza por donde se agarran algunas armas, herramientas, utensilios, etc. || **LOC. como un puño** (o **como puños**) *adj. fam.* Muy grande: *verdades como puños.* **tener** a alguien **en un puño** Tenerlo oprimido, dominado. **SIN. 4.** Empuñadura, mango. **FAM.** Puñada, puñado, puñal, puñeta, puñetazo. / Empuñar.

pupa *s. f.* **1.** Especie de llaga, especialmente en los labios. **2.** Postilla*. **3.** En lenguaje infantil, daño, herida. **4.** Crisálida de la mariposa. **SIN. 1.** Calentura, buba, pústula.

pupila (del lat. *pupilla*) *s. f.* **1.** Parte negra y redonda del ojo, situada en el centro del iris, a través de la cual pasa la luz. **2.** *fam.* Prostituta, respecto a su chulo. **SIN. 1.** Niña.

pupilaje *s. m.* Estado o condición del pupilo.

pupilo, la (del lat. *pupillus*, de *pupus*, niño) *s. m.* y *f.* **1.** Huérfano menor de edad, respecto de su tutor. **2.** Alumno, respecto de la persona encargada de su educación. **SIN. 2.** Discípulo. **FAM.** Pupila, pupilaje, pupilar.

pupitre (del fr. *pupitre*, y éste del lat. *pulpitum*, atril) *s. m.* Mesa que tiene en la parte superior una tapa inclinada sobre la que se escribe. **SIN.** Escritorio.

pupo (del quechua *pupu*) *s. m. Amér. del S.* Ombligo.

puquio (del quechua *puiyu*) *s. m. Amér. del S.* Fuente, manantial.

puramente *adv. m.* **1.** Solamente, exclusivamente. **2.** De manera pura, inocente. **SIN. 1.** Únicamente, meramente. **2.** Castamente.

purasangre *s. m.* Caballo de una raza que es producto del cruce entre yeguas inglesas de carrera y sementales árabes. También *adj.*

puré (del fr. *purée*) *s. m.* Comida que se hace cociendo y triturando legumbres, verduras, patatas, etc., hasta obtener una crema más o menos espesa. || **LOC. hacer puré** *adj. fam.* Destrozar: *El viaje nos dejó hechos puré.* **SIN.** Papilla. **FAM.** Pasapurés.

purera *s. f.* Estuche o caja para puros. **SIN.** Cigarrera, petaca.

pureza *s. f.* Cualidad de puro. **SIN.** Limpieza, transparencia; castidad, virginidad; honestidad, honradez, rectitud, integridad; perfección. **ANT.** Impureza.

purga *s. f.* **1.** Acción de purgar o purgarse. **2.** Medicina que se usa para hacer de vientre y limpiar así el estómago. **3.** Expulsión de funcionarios, miembros de una organización, etc., por razones generalmente políticas. **SIN. 1.** Purgación. **2.** Purgante, laxante. **3.** Depuración, persecución.

purgación (del lat. *purgatio, -onis*) *s. f.* **1.** Acción de purgar o purgarse. **2.** Blenorragia*. Se usa más en *pl.* **SIN. 1.** Purga.

purgante (del lat. *purgans, -antis*) *adj.* **1.** Que purga. **2.** Medicina que sirve para purgar. También *s. m.* **SIN. 2.** Laxante.

purgar (del lat. *purgare*, purificar) *v. tr.* **1.** Limpiar o purificar una cosa eliminando todo lo que se considera malo o perjudicial: *purgar un escrito.* También *v. prnl.* **2.** Dar a alguien un purgante. También *v. prnl.* **3.** Sufrir una pena o castigo por un delito: *Purga sus crímenes en la cárcel.* ■ Delante de *e* se escribe *gu* en lugar de *g*: *purgue.* **SIN. 1.** Depurar(se), cribar, filtrar(se). **2.** Laxar(se). **3.** Expiar. **FAM.** Purga, purgable, purgación, purgante, purgativo, purgatorio. / Expurgar.

purgatorio (del lat. *purgatorius*, que purifica) *s. m.* **1.** En la religión católica, estado de purificación de las almas de los creyentes que mueren en gracia, pero sin haber hecho en la tierra penitencia completa por sus pecados. **2.** Lugar donde se padecen penalidades. **3.** Esta misma penalidad.

puridad, en (del lat. *puritas, -atis*) *loc. adv.* Claramente y sin rodeos: *Hablando en puridad, te diré que no me gustas.*

purificación (del lat. *purificatio, -onis*) *s. f.* **1.** Acción de purificar o purificarse. **2.** Fiesta católica en recuerdo del día en que Jesucristo fue presentado en el templo por su madre. ■ En esta acepción se escribe con mayúscula. **SIN. 1.** Limpieza, depuración, desinfección, saneamiento, lavado, purga. **ANT. 1.** Contaminación.

purificar (del lat. *purificare*, de *purus*, puro, y *facere*, hacer) *v. tr.* Eliminar toda impureza: *La lluvia ha purificado el ambiente.* También *v. prnl.* ■ Delante de *e* se escribe *qu* en lugar de *c*. **SIN.** Purgar(se), expurgar, limpiar(se), depurar(se), desinfectar(se), sanear(se). **ANT.** Contaminar(se). **FAM.** Purificación, purificador, purificante, purificatorio. PURO.

purista *adj.* **1.** Que se preocupa de la pureza del lenguaje. También *s. m.* y *f.* **2.** Particularmente, se dice de quien evita exageradamente el uso de extranjerismos y neologismos que considera innecesarios, así como de su actitud. También *s. m.* y *f.* **3.** Que defiende el mantenimiento de un arte o una doctrina dentro de la más pura ortodoxia. También *s. m.* y *f.* **FAM.** Purismo. PURO.

puritanismo (de *puritano*) *s. m.* **1.** Doctrina surgida del anglicanismo en los s. XVI y XVII que defendía la eliminación de cualquier residuo del catolicismo en la liturgia y una forma de vida de moralidad estricta y rigurosa. **2.** Conjunto de los seguidores de esta doctrina. **3.** Excesivo rigor y austeridad en lo referente a la moral y el comportamiento, sobre todo en el terreno sexual. **SIN. 3.** Inflexibilidad, serenidad; mojigatería, gazmoñería. **ANT. 3.** Flexibilidad, liberalidad. **FAM.** Puritano. PURO.

puritano, na (del ingl. *puritan*, y éste del lat. *purus*, puro) *adj.* **1.** Del puritanismo. **2.** Seguidor de esta doctrina. También *s. m.* y *f.* **3.** Excesivamente riguroso y austero en lo referente a la moral y a la conducta. También *s. m.* y *f.*

puro, ra (del lat. *purus*) *adj.* **1.** Que no tiene mezcla o impureza. **2.** Casto. **3.** Que no traiciona sus ideas ni se deja corromper por interés. **4.** Que es sólo y exclusivamente lo que se expresa: *Esa es la pura verdad.* **5.** Se aplica al lenguaje ajustado a las normas gramaticales, sin palabras o expresiones incorrectas o innecesarias. **6.** Se dice de la parte de algunas ciencias que se dedica a la investigación teórica sin buscar una aplicación práctica inmediata. **7.** *Méx.* y *Ven.* Idéntico, igual: *Ese muchacho es puro su padre.* || *s. m.* **8.** Cigarro, rollo de hojas de tabaco que se enciende por un extremo y se fuma. ▪ Se dice también *cigarro puro* **9.** *fam.* Castigo, sanción: *Le ha caído un puro de tres años.* SIN. **1.** Neto, limpio, inmaculado, incontaminado, impoluto. **2.** Virginal. **2.** y **3.** Honesto. **3.** Honrado, recto, íntegro. **4.** Mero, simple, sencillo. **5.** Correcto. **6.** Teórico. **8.** Habano, veguero. ANT. **1.** Mezclado, impuro, contaminado. **2.** Lujurioso. **3.** Corrompido, corrupto. **6.** Práctico. **9.** Premio. FAM. Puramente, purasangre, purera, pureza, puridad, purificar, purista, puritanismo. / Apurar, cortapuros, depurar, empurar, impuro.

púrpura (del lat. *purpura*, y éste del gr. *porphyra*) *adj.* **1.** Se dice del color que resulta al mezclar el rojo con una pequeña cantidad de azul y de las cosas que lo tienen. También *s. m.* || *s. f.* **2.** Molusco gasterópodo marino que segrega un líquido que fue utilizado como colorante desde la antigüedad por los fenicios de Tiro. **3.** Cargo o dignidad de emperador, rey, cardenal, etc., por ser éste el color propio de sus vestiduras: *Le otorgaron la púrpura imperial.* FAM. Purpurado, purpúreo, purpurina.

purpurado *s. m.* Cardenal de la Iglesia católica. SIN. Prelado.

purpúreo, a *adj.* De color púrpura.

purpurina (del lat. *purpurina*) *s. f.* **1.** Polvo muy fino que se obtiene del bronce o de un metal blanco y con el que se preparan pinturas doradas o plateadas. **2.** Pintura dorada o plateada preparada con estos polvos.

purrela o **purriela** *s. f.* **1.** Lo que queda de alguna cosa después de haberse gastado o elegido lo mejor. **2.** *fam.* Gente despreciable. **3.** Vino de ínfima calidad. ▪ Se dice también *purria*. SIN. **1.** Desperdicio, calderilla. **2.** Morralla, chusma, gentuza, gentualla, gentecilla.

purrete *adj. Arg. fam.* Chiquillo, niño pequeño. SIN. Pebete.

purria *s. f. fam.* Purrela*. FAM. Purrela, purriela.

purrusalda (del vasc. *porrusalda*) *s. f.* Guiso de puerros, patatas y bacalao.

purulencia *s. f.* **1.** Cualidad de purulento. **2.** Secreción de pus. SIN. **2.** Supuración.

purulento, ta (del lat. *purulentus*) *adj.* Que tiene pus o lo segrega. SIN. Supurante. FAM. Purulencia. PUS.

pus (del lat. *pus*) *s. m.* Líquido espeso y amarillento, compuesto de suero y restos de glóbulos blancos y bacterias, que segregan a veces los tejidos o heridas inflamados e infectados. FAM. Purulento. / Supurar.

pusilánime (del lat. *pusillanimis*) *adj.* Apocado, temeroso. También *s. m.* y *f.* SIN. Parado, corto. ANT. Valiente, atrevido. FAM. Pusilanimidad. ÁNIMO.

pústula (del lat. *pustula*) *s. f.* Ampolla en la piel llena de pus. SIN. Calentura. FAM. Pustuloso. / Postilla.

putada *s. f. vulg.* Acción malintencionada. SIN. Guarrada, cerdada, marranada.

putañear *v. intr. vulg.* Putear, tener con frecuencia relaciones sexuales con prostitutas. FAM. Putañero. PUTO.

putañero *adj. vulg.* Putero*.

putativo, va (del lat. *putativus*, que se calcula) *adj.* Que se considera como padre, hermano, etc., o hace las veces de tal sin serlo.

puteada *s. m. Amér.* Insulto, ofensa de palabra a una persona.

putear *v. intr.* **1.** *vulg.* Tener con frecuencia relaciones sexuales con prostitutas. **2.** *vulg.* Ejercer la prostitución. || *v. tr.* **3.** *vulg.* Fastidiar o perjudicar a alguien. SIN. **1.** Putañear. **3.** Jorobar, jeringar, molestar. FAM. Puteo. PUTO.

puterío *s. m.* **1.** *vulg.* Prostitución*. **2.** *vulg.* Conjunto de prostitutas.

putero *adj. vulg.* Se dice del hombre aficionado a las prostitutas. SIN. Putañero.

puticlub *s. m. vulg.* Bar de alterne.

puto, ta *s. m.* y *f.* **1.** *vulg.* Persona que ejerce la prostitución. || *adj.* **2.** *vulg.* Fastidioso o molesto. **3.** *vulg.* Despreciable, miserable: *Me quedé otra vez en la puta calle.* **4.** *vulg.* Difícil: *Fue un examen bastante puto.* **5.** *vulg.* En frases negativas, resalta la ausencia de lo que se expresa: *No me queda un puto duro.* || LOC. **como puta por rastrojo** *adv. vulg.* En una situación difícil y apurada. **de puta madre** *adj.* y *adv. vulg.* Estupendo. **de puta pena** *adj.* y *adv. vulg.* Fatal. SIN. **1.** Ramera, fulana, buscona, perdida; chapero. **2.** y **3.** Maldito. **2.** y **4.** Puñetero. **3.** Asqueroso. ANT. **2.** Agradable. **4.** Fácil, chupado. FAM. Putada, putañear, puteada, putear, puterío, putero, puticlub, putilla, putón. / Hijaputa, hijoputa.

putón, na (aum. de *puta*) *s. m.* y *f. desp.* y *vulg.* Mujer a la que le gusta mantener relaciones sexuales con diferentes personas.

putrefacción (del lat. *putrefactio, -onis*) *s. f.* Acción de pudrir o pudrirse. SIN. Corrupción, descomposición, fermentación. FAM. Putrefacto, putrescencia, putrescente, putrescible, pútrido. PUDRIR.

putrefacto, ta (del lat. *putrefactus*, de *putrefacere*, pudrir) *adj.* Podrido*.

putrescencia (del lat. *putrescere*, corromperse) *s. f.* Estado de un cuerpo que está pudriéndose. SIN. Putridez.

putrescente *adj.* Que se está pudriendo.

putrescible *adj.* Que se pudre.

putridez *s. f.* Putrescencia*.

pútrido, da (del lat. *putridus*) *adj.* Podrido*. SIN. Putrefacto, descompuesto, fermentado. FAM. Putridez. PUTREFACCIÓN.

putsch (al.) *s. m.* Golpe de fuerza ejecutado con rapidez para hacerse con el poder de un Estado.

puya *s. f.* **1.** Punta de la garrocha. **2.** Vara que acaba en una punta semejante. **3.** *fam.* Palabras que se dicen con intención de herir a alguien o burlarse de él. SIN. **1.** Pica. **3.** Pulla, puyazo, sarcasmo. FAM. Puyazo.

puyazo *s. m.* **1.** Golpe dado con la puya. **2.** Herida que se hace con la puya. **3.** *fam.* Frase o dicho irónico y malintencionado. **4.** *fam.* Sentimiento de dolor o tristeza causado por una de estas frases. SIN. **3.** Puya.

puzzle (ingl.) *s. m.* Juego que consiste en formar una determinada figura juntando las distintas piezas en que está dividida. SIN. Rompecabezas.

pyme *s. f.* Acrónimo de **Pequeña y Mediana Empresa**. Se usa más en *pl.*

pyrex (nombre comercial registrado) *s. m.* Clase de vidrio capaz de soportar altas temperaturas. ▪ Se escribe también *pírex*.

q *s. f.* Decimoctava letra del abecedario español y decimocuarta de sus consonantes. ▪ Su nombre es *cu* y representa el mismo sonido que la *c* ante *a, o, u* y que la *k* ante cualquier vocal. En palabras españolas forma sílaba solamente con la *e* y la *i* mediante interposición de una *u*, que pierde su sonido: *queso, quitar.*

qasba (ár.) *s. f.* Kasbah*.

qasida (ár.) *s. f.* Composición poética árabe y persa, de una sola rima, número indeterminado de versos y tema amoroso, filosófico o moral. ▪ Se escribe también *casida.*

qatarí *adj.* De Qatar, estado del SO asiático. También *s. m.* y *f.* ▪ Su pl. es *qataríes*, aunque también se utiliza *qatarís.*

quanto *s. m.* En fís., cuanto*.

quark *s. m.* Cada una de las subpartículas que constituyen las partículas elementales conocidas con el nombre de hadrones, que están sometidas a las fuerzas nucleares fuertes.

quasar o **quásar** (abreviatura del ingl. *quasi stellar radiosource*) *s. m.* Cuerpo celeste que constituye una poderosa fuente de radiación, varios millones de veces más intensa que la del Sol. ▪ También se denomina *cuasar* o *radiofuente.*

quattrocento (ital.) *s. m.* Siglo XV en Italia, desde el punto de vista artístico y cultural.

que (del lat. *quid*) *pron. relat.* **1.** Introduce proposiciones subordinadas adjetivas, explicativas o especificativas y tiene como antecedente un nombre o un pronombre. Es invariable en género y número, se refiere a personas o cosas y a veces va precedido de un artículo determinado o de una preposición: *El día en que consiga hacerlo seré feliz.* Si no tiene antecedente, tiene que ir obligatoriamente precedido del artículo determinado: *El que vino era mi jefe.* Cuando forma parte de una proposición subordinada adjetiva explicativa, equivale a *el cual, la cual,* etc.: *Mi coche, que no funciona, está en el garaje.* || *pron. interr.* **2.** Introduce oraciones interrogativas y puede ir agrupado o no con un sustantivo: *¿Qué quieres?* También *adj.*: *¿En qué calle vives?* || *pron. excl.* **3.** Introduce oraciones o expresiones excl. y puede ir seguido de la preposición *de*: *¡Qué de pobres hay aquí!* También *adj.*: *¡Qué niño tan tonto!* || *adv. excl.* **4.** Agrupado con adjetivos, adverbios y locuciones adverbiales, expresa intensificación: *¡Qué tonto eres! ¡Qué bien lo has hecho!* ▪ En estas tres últimas acepciones es tónico y lleva acento gráfico. || *conj.* **5.** Introduce proposiciones subordinadas sustantivas: *Dijo que vendría esta tarde.* **6.** Enlaza proposiciones o sintagmas entre los que se establece una comparación: *Prefiero comer un bocadillo que no comer.* **7.** Equivale a la conjunción copulativa *y* con un matiz adversativo: *Pido lo necesario, que no riquezas.* **8.** Se usa como conjunción causal y equivale a *porque* o *pues*: *Vendrá, que me lo prometió.* **9.** Equivale a la conjunción disyuntiva *o*: *Que quiera, que no quiera, vendrá.* **10.** Introduce proposiciones en las que se expresa la consecuencia de lo que se ha dicho anteriormente: *Tenía una pinta tan mala que no le reconocí.* **11.** Se usa a veces con el significado de finalidad y equivale a *para que*: *Llamó a la criada, que le limpiase la habitación.* **12.** Se emplea después de sintagmas con los que se expresa un juramento como *por mi padre, por mi honra*: *Por mi honra, que no lo hice.* **13.** Seguido de la negación *no*, equivale a *sin que*: *No he salido un día a la calle que no lloviera.* **14.** En ocasiones, equivale a *de manera que*: *Corre que no hay quien le gane.* **15.** Precedido y seguido de la 3.ª pers. del presente de indicativo o de la forma de singular del imperativo, indica progresión o frecuencia de la acción que expresa el verbo: *Dale que dale.* **16.** Se emplea después de los adverbios *sí* y *no* para expresar con mayor fuerza lo que se afirma o niega: *Sí que iré.* || LOC. **a la que** *conj.* Expresa un significado temporal y equivale a *cuando* o *en cuanto*: *A la que se descuida uno, le roban el monedero.* **en lo que** *conj.* Tiene un significado temporal y equivale a *mientras*: *En lo que salimos, vete preparando el coche.* **no haber de qué** *fam.* No existir motivo para algo. ▪ Se emplea mucho como contestación a una expresión de gratitud. **¿qué tal?** *interr.* Equivale a *cómo.* ▪ Se utiliza frecuentemente como fórmula de saludo: *¿Qué tal está usted? ¿Qué tal estás?* **sin qué ni para qué** (o **sin qué ni por qué**) *fam.* Sin ningún motivo, causa o razón. **¿y qué?** Expresa que lo dicho o hecho no importa o no convence a alguien: *Tú has sacado sobresaliente en latín, ¿y qué?*

quebrada *s. f.* **1.** Paso o abertura estrecha entre montañas. **2.** Cortadura o hundimiento grande en un terreno, generalmente elevado. SIN. **1.** Garganta, cañón, desfiladero. **2.** Barranco.

quebradero *s. m.* Se emplea en la loc. fam. **quebradero de cabeza**, preocupación o motivo de preocupación: *La compra del piso me dio muchos quebraderos de cabeza.*

quebradizo, za *adj.* **1.** Que se quiebra con facilidad: *La cristalería es bastante quebradiza.* **2.** Se dice de la persona débil y enfermiza y de su salud. **3.** Se aplica a la voz ágil para realizar quiebros en el canto. **4.** De poca fortaleza moral. SIN. **1.** Frágil, endeble. **2.** Enclenque. **4.** Pusilánime. ANT. **1.** Fuerte. **2.** Fornido. **4.** Entero.

quebrado, da **1.** *p.* de **quebrar**. También *adj.*: *un terreno quebrado, una empresa quebrada.* || *adj.* **2.** Quebrantado, debilitado. **3.** Se dice de la línea formada por varias rectas o segmentos, uno a continuación de otro, con distinta dirección. También *s. f.* **4.** En mat., se dice del número que indica que de las *n* partes de un todo se toman *m*. Se simboliza por *m/n*, p. ej. *1/4*. También *s. m.*

quebrantado, da 1. *p.* de **quebrantar**. También *adj.* || *adj.* **2.** Dolorido: *Tiene la espalda quebrantada.* SIN. **1.** Roto. ANT. **1.** Entero.

quebrantahuesos *s. m.* Ave rapaz carroñera que mide unos 100 cm de longitud, tiene plumaje negro en el dorso, alas y cola, blanco amarillento en la cabeza y naranja en el vientre, alas angulosas de gran envergadura y cola de forma romboide. ■ No varía en *pl.*

quebrantamiento *s. m.* **1.** Acción de quebrantar o quebrantarse. **2.** En der., infracción o incumplimiento de una ley o contrato, que implica la nulidad de lo realizado. SIN. **2.** Transgresión. ANT. **2.** Cumplimiento.

quebrantar *v. tr.* **1.** Romper una cosa dura con violencia, especialmente si no llegan a separarse todas sus partes. **2.** Poner una cosa en situación de que se rompa más fácilmente: *El temporal ha quebrantado las ramas del árbol.* También *v. prnl.* **3.** No cumplir una ley, una obligación, un compromiso, etc.: *Ha quebrantado su palabra de honor.* **4.** Debilitar la fortaleza de una persona o cosa. También *v. prnl.* SIN. **1.** Rajar. **2.** Deteriorar(se). **3.** Transgredir. ANT. **2.** Consolidar(se). **3.** Acatar. FAM. Quebrantable, quebrantado, quebrantador, quebrantahuesos, quebrantamiento, quebranto. / Inquebrantable. QUEBRAR.

quebranto *s. m.* **1.** Acción de quebrantar o quebrantarse. **2.** Falta de fuerza o decaimiento físico o moral de una persona. **3.** Pérdida o daño importante en alguna cosa: *El edificio ha sufrido un considerable quebranto en su estructura.* **4.** Pena o dolor muy grande. SIN. **1.** Quebrantamiento, fraccionamiento. **2.** Debilitamiento. **3.** Deterioro. ANT. **2.** Ánimo, vigor.

quebrar (del lat. *crepare*, estallar, romper con estrépito) *v. tr.* **1.** Romper o rajar una cosa dura con violencia: *Has conseguido quebrar la madera de la puerta.* También *v. prnl.* **2.** Doblar o torcer: *Esquivó el golpe quebrando la cintura.* También *v. prnl.* **3.** Interrumpir el desarrollo de algo: *Ese fracaso quebró sus planes.* **4.** Disminuir la fuerza o el rigor de algo: *El esfuerzo quebró su resistencia. Nada podía quebrar su fe.* **5.** Estropear el color natural de la cara de una persona: *La enfermedad le quebró el color de la cara.* También *v. prnl.* || *v. intr.* **6.** Cesar en la realización de una actividad comercial o industrial por no poder cumplir las obligaciones contraídas, al ser el pasivo o las deudas mayores que el activo o las ganancias: *Su empresa ha quebrado.* || **quebrarse** *v. prnl.* **7.** Interrumpirse la continuidad de un terreno, una cordillera, etc. **8.** Formársele una hernia a una persona. || LOC. **quebrársele** a uno **la voz** Ponérsele la voz aguda a una persona mientras está hablando o cantando de modo que, sin quererlo, emita un chillido: *Al final del discurso se le quebró la voz por la emoción.* ■ Es v. irreg. Se conjuga como *pensar*. SIN. **1.** Quebrantar(se), resquebrajar(se). **2.** Tronchar(se). **3.** Frustrar. **5.** Ajar. **6.** Hundirse, arruinarse. **8.** Herniarse. ANT. **1.** Unir(se), consolidar(se). **4.** Fortalecer. FAM. Quebrada, quebradero, quebradizo, quebrado, quebradura, quebrantar, quebrazón, quiebra, quiebro. / Perniquebrar, requebrar, resquebrar.

quebrazón *s. m. Amér. C., Chile, Col.* y *Méx.* Destrozo de objetos de loza o de cristal.

queche (del ingl. *ketch*) *s. m.* Embarcación a vela de dos palos, con el de mesana situado a proa de la mecha del timón. FAM. Quechemarín.

quechemarín (de *queche* y *marino*) *s. m.* Pequeña embarcación de construcción sólida y dos palos, provista generalmente de cubierta, típica de las costas bretonas y del N de España.

quechua (voz quechua, significa 'tierra templada') *adj.* **1.** De un conjunto de pueblos amerindios del área andina. También *s. m.* y *f.* || *s. m.* **2.** Lengua hablada por los miembros de estos pueblos, que se extendió por todo el imperio inca y por otras zonas de América del Sur. ■ Se denomina también *quichua*. FAM. Quechuismo, quichua.

queco *s. m. Arg.* y *Urug. fam.* Prostíbulo*.

queda (del lat. *quieta*, de *quiere*, descansar) *s. f.* Hora de la noche o de la tarde en que los habitantes de un lugar deben recogerse en sus casas, especialmente en tiempo de guerra o estado de excepción, y el propio acto de recogerse la población bajo estas circunstancias. ■ Se usa especialmente en la expresión **toque de queda**: *El ejército de ocupación impuso el toque de queda.*

quedada *s. f.* **1.** Acción de quedarse en un lugar. **2.** *fam.* Acción de quedarse con alguien, tomarle el pelo.

quedar (del lat. *quietare*, sosegar, descansar) *v. intr.* **1.** Estar o permanecer en un lugar. También *v. prnl.*: *Se ha quedado en casa.* **2.** Permanecer una persona o cosa en un estado o pasar a otro: *Mi pregunta quedó sin contestar. Quedó herido.* También *v. prnl.*: *Se quedó cojo por un accidente.* **3.** Seguir existiendo en un lugar o situación una parte de una cosa o algunos elementos de un conjunto o grupo: *Del mueble sólo quedan las patas. Nos quedan mil pesetas.* **4.** Seguido de la preposición *por*, encontrarse una persona en una determinada situación por los actos que ha realizado: *Quedó por tonto.* **5.** Con la preposición *por* seguida de un infinitivo, faltar algo para acabar una cosa o acción: *Nos queda mucho por hacer.* **6.** Terminar, resultar: *Tanto esfuerzo quedó en nada.* **7.** Con la preposición *en*, manifestar una decisión o llegar a un acuerdo: *Quedó en venir. Hemos quedado en no llamar hasta el lunes.* **8.** Citarse dos o más personas: *Hemos quedado el lunes en una cafetería.* **9.** Con la preposición *para*, faltar lo que se expresa para llegar a un lugar, situación, etc.: *Quedan tres kilómetros para Barcelona.* **10.** Estar situado algo en un lugar: *Mi casa queda muy lejos de aquí.* **11.** Seguido de *bien*, *mal* u otros adverbios equivalentes, o de una expresión precedida de *como*, dar alguien lugar a que se le considere de la manera que se expresa: *Quedó estupendamente con el regalo que le hizo.* || **quedarse** *v. prnl.* **12.** Con la preposición *con*, apoderarse alguien de una cosa o conservarla en su poder: *Mi hermano se quedó con el coche de mi padre.* También *v. tr.*: *Se lo quedó.* **13.** Seguido de la preposición *con*, retener algo en la memoria: *Tiene mucha facilidad para quedarse con los números.* **14.** Morirse: *Se quedó en la operación de corazón.* **15.** *fam.* Con la preposición *con*, engañar a alguien o tomarle el pelo: *¿No te das cuenta de que se ha quedado contigo?* || LOC. **¿en qué quedamos?** *fam.* Incita a alguien a aclarar algo o a acabar con una indecisión. **no quedar por** alguien o algo *fam.* Haber contribuido a que se realice una cosa, aunque ésta no llegue a hacerse: *Yo haré cuanto esté en mi mano, que por mí no quede.* **quedar atrás** Estar algo pasado o superado. **quedarse** alguien **pajarito** *fam.* Quedarse helado, pasar mucho frío. SIN. **1.** y **2.** Mantenerse, continuar. **3.** Subsistir, restar. **6.** Acabar, finalizar. **7.** Acordar, decidir, convenir, pactar. **12.** Apropiarse. **13.** Memorizar. **15.** Burlarse, guasearse. **ANT. 1.** Irse. **6.** Empezar. **12.** Desprenderse. **FAM.** Quedada, quedón. QUEDO.

quedo, da (del lat. *quietus*) *adj.* **1.** Silencioso, que produce poco ruido. || *adv. m.* **2.** En voz baja: *Habló quedo.* **SIN. 1.** Callado, bajo, quieto. **ANT. 1.** y **2.** Alto. **FAM.** Queda, quedamente, quedar. QUIETO.

quedón, na *adj. fam.* Bromista, guasón. También *s. m.* y *f.*

quehacer *s. m.* Ocupación o trabajo que tiene que realizar alguien. Se usa más en *pl.*: *Cada uno tiene que atender a sus quehaceres.*

queimada (gall., significa 'quemada') *s. f.* Bebida típica de Galicia, que se prepara quemando orujo al que se ha añadido azúcar, granos de café y corteza de limón.

queja *s. f.* **1.** Manifestación de dolor, pena, descontento o disgusto: *No soporto oír tus quejas.* **2.** Aquello que motiva que alguien se queje: *No tengo ninguna queja de ti.* **3.** Acusación ante un juez u otra autoridad: *Voy a exponer una queja ante tus superiores.* **SIN. 1.** Quejido, lamento, gemido, clamor. **3.** Protesta. **ANT. 1.** Risa. **2.** Satisfacción; alabanza.

quejarse (del lat. *quassare*, golpear violentamente, quebrantar) *v. prnl.* Expresar o exponer quejas. ■ Se usa con las prep. *de* o *por*: *Se quejaron del retraso del avión. Te quejas por todo.* || **LOC. quejarse de vicio** *fam.* Quejarse sin motivo. **SIN.** Lamentarse, gemir, protestar. **ANT.** Reír, alegrarse. **FAM.** Queja, quejica, quejicoso, quejido, quejoso, quejumbrar. / Aquejar.

quejica *adj. fam.* Que se queja con frecuencia por poca cosa, o de manera exagerada. También *s. m.* y *f.* **SIN.** Quejumbroso, quejicoso, llorón. **ANT.** Fuerte, valiente.

quejicoso, sa *adj.* Que se queja mucho o lo hace sin motivo. **SIN.** Quejica.

quejido *s. m.* Voz o sonido con que se manifiesta pena o dolor. **SIN.** Queja, lamento, gemido.

quejigo *s. m.* Árbol fagáceo que alcanza hasta unos 15 m de altura, tiene el tronco grueso y ramas con numerosas agallas, hojas lobuladas y coriáceas de envés blanquecino y velloso, y fruto en aquenio con forma de bellota.

quejoso, sa *adj.* Que tiene queja de alguien o de algo: *Se muestra muy quejoso de mi actitud.* **SIN.** Descontento, disgustado, enfadado. **ANT.** Contento, satisfecho. **FAM.** Quejosamente. QUEJARSE.

quejumbrar *v. intr.* Quejarse con frecuencia y sin motivo importante. **FAM.** Quejumbre. QUEJARSE.

quejumbroso, sa *adj.* **1.** Que se queja frecuentemente y con poco motivo. **2.** Se dice de la voz o el sonido que se emplean para quejarse: *Se oía un llanto quejumbroso.* **SIN. 2.** Lastimero, llorón.

quelato *s. m.* **1.** Molécula o ion que se coordina más de una vez con un ion metálico. **2.** Compuesto, generalmente orgánico, que presenta esta agrupación.

queli *s. f. argot* Casa: *Se fueron a su queli.*

quelícero (del gr. *khele*, pinza, y *keras*, cuerno) *s. m.* Apéndice de defensa y ataque propio de ciertos artrópodos, formado por dos artejos, que se encuentra delante de la boca.

quelonio (del gr. *khelone*, tortuga) *adj.* **1.** Se dice de los reptiles acuáticos o terrestres caracterizados por tener el cuerpo protegido por una concha ósea y córnea, con seis aberturas por donde sacan cabeza, extremidades y cola. También *s. m.* || *s. m. pl.* **2.** Orden de estos reptiles.

queltehue *s. m. Chile* Ave zancuda muy común en los valles centrales de Chile, cuyo grito anuncia las lluvias.

quema *s. f.* **1.** Acción de quemar o quemarse. **2.** Incendio, fuego: *No quedó nada después de la quema.* || **LOC. huir** alguien **de la quema** *fam.* Apartarse o alejarse de un peligro; también, esquivar con astucia aquello que puede comprometer o perjudicar. **SIN. 1.** Combustión.

quemadero, ra *adj.* **1.** Que tiene que ser quemado. || *s. m.* **2.** Lugar destinado a la quema de basuras, animales muertos, etc.

quemado, da 1. *p.* de **quemar**. También *adj.* || *adj.* **2.** Se dice de la persona que sufre quemaduras, o de las cosas que han sufrido el efecto del fuego, el calor, los ácidos, etc. También *s. m.* y *f.* **3.** Se dice de la persona que está muy enfadada, descontenta o resentida: *Está muy quemado con los estudios.* **SIN. 3.** Harto, agotado.

quemador, ra (del lat. *cremator, -oris*) *adj.* **1.** Que quema. También *s. m.* y *f.* || *s. m.* **2.** Aparato que regula la salida de combustible de un depósito para que arda de modo controlado, como en las cocinas de gas.

quemadura *s. f.* Herida, señal o destrucción producida por el fuego, el calor, la electricidad, la radiación o ciertas sustancias químicas.

quemar (del lat. *cremare*) *v. tr.* **1.** Consumir o destruir una cosa con fuego: *He quemado unos papeles.* **2.** Calentar algo excesivamente. **3.** Secar una planta el calor o frío excesivos: *La helada ha quemado los naranjos.* **4.** Estropear la comida por cocinarla con demasiado calor: *Has quemado la carne.* También *v. prnl.* **5.** Destruir una cosa un ácido u otra sustancia corrosiva: *Ese líquido quitamanchas quema la ropa.* **6.** Producir una cosa muy caliente o picante una sensación de dolor o picor, especialmente en la boca: *Este licor quema la garganta.* También *v. intr.* **7.** Poner el sol muy morena la piel o producir heridas en ella. También *v. prnl.* **8.** Derrochar o malgastar una cantidad de dinero u otra cosa: *Ha quemado todos sus bienes en el juego.* **9.** *fam.* Molestar a alguien, hacer que se enfade o harte poniéndole en una situación extrema. También *v. prnl.*: *Se quemó por trabajar demasiado.* || *v. intr.* **10.** Estar demasiado caliente una cosa: *No toques el radiador, que quema.* || **quemarse** *v. prnl.* **11.** Sentir mucho calor. **12.** Sentir mucha pasión o afecto por algo. **13.** *fam.* Estar cerca de acertar algo o de encontrar una cosa. **SIN. 1.** Incendiar, abrasar, calcinar, carbonizar. **3.** Agostar; helar. **8.** Liquidar. **10.** Arder. **ANT. 1.** Apagar. **8.** Ahorrar. **FAM.** Quema, quemadero, quemado, quemador, quemadura, quemazón. / Requemar, resquemor.

quemarropa, a *loc. adv.* **1.** Muy cerca de aquello a lo que se dispara con un arma de fuego. **2.** De manera brusca, sin rodeos: *Le hizo la pregunta a quemarropa.*

quemazón (del lat. *crematio, -onis*) *s. f.* **1.** Sensación de calor excesivo, picor, ardor, etc. **2.** Sentimiento de molestia o incomodidad ante críticas, burlas o invectivas de otros. **SIN. 1.** Comezón, hormigueo, cosquilleo.

quemo *s. m. Arg.* y *Urug. fam.* Situación ridícula o vergonzante.

quena (quechua) *s. f.* Flauta, generalmente de caña, utilizada por algunos indios de América del Sur.

quenopodiáceo, a *adj.* **1.** Se dice de las plantas herbáceas, dicotiledóneas, de raíces profundas, hojas simples esparcidas y flores pequeñas, que tienen importantes usos alimenticios: *La espinaca y la acelga son plantas quenopodiáceas.* También *s. f.* || *s. f. pl.* **2.** Familia de estas plantas.

queo, dar el *loc. argot* Avisar a alguien para que no lo sorprendan: *Él se quedaba fuera para dar el queo si venía la policía.*

quepis (del fr. *képi*, y éste del suizoalemán *käppi*, de *kappe*) *s. m.* Gorra militar de copa cilíndrica baja y visera. ■ No varía en *pl.* También se escribe *kepis* y *kepí*. **SIN.** Ros.

queratina (del gr. *keratine*, de *keras*, cuerno) *s. f.* Proteína que forma parte de tejidos córneos, como las uñas, pelo, plumas, cuernos y pezuñas de muchos animales. **FAM.** Queratitis.

queratitis *s. f.* Inflamación de la córnea transparente. ■ No varía en *pl.*

querella (del lat. *querella*) *s. f.* **1.** Discordia, conflicto. **2.** Documento por el que una persona promueve la persecución de un delito, constituyéndose como parte en el procedimiento. **FAM.** Querellarse.

querellante *adj.* Se dice de la persona que presenta una querella contra otra. También *s. m.* y *f.*

querellarse (del lat. *querellare*) *v. prnl.* Presentar una persona querella contra otra ante el juez o tribunal. **SIN.** Litigar, pleitear. **FAM.** Querellado, querellador, querellante. QUERELLA.

querencia *s. f.* **1.** Inclinación o afecto hacia alguien o algo. **2.** Inclinación o tendencia del hombre y de algunos animales a volver al lugar en que se han criado o en que les gustaba estar: *Siente querencia por el pueblo en que nació.* **3.** En el lenguaje taurino, inclinación del toro que le lleva a preferir determinados terrenos de la plaza. **FAM.** Querencioso. / Malquerencia. QUERER[1].

querer[1] (del lat. *quaerere*, tratar de obtener) *v. tr.* **1.** Tender a la posesión de algo o a la realización de una acción: *Quiere un coche nuevo.* **2.** Sentir amor o cariño por alguien o algo: *¡Te quiero con toda mi alma!* **3.** Tomar la decisión de realizar una acción: *Mientras él no quiera, no entraremos en el club.* **4.** Pretender o intentar algo: *Quiere ser actriz.* **5.** Pedir una cantidad por algo: *Quieren diez millones por ese piso.* **6.** Ser conveniente una cosa para otra o necesitar un complemento adecuado: *Este vestido tan elegante quiere unos buenos pendientes.* **7.** Dar alguien motivo con sus acciones o palabras a que suceda algo que puede perjudicarle: *Esa señora que cruza la autopista quiere que le atropelle un coche.* **8.** Aceptar o conformarse una persona con lo que otra desea: *Tal vez él quiera acompañarte.* **9.** En el juego, aceptar una apuesta. || *v. impers.* **10.** Estar muy cercano o próximo un suceso o la realización de algo: *Está nublado, parece que quiere llover.* || **LOC. como quiera que** *conj.* De cualquier modo o de un modo determinado: *Como quiera que te vistas estarás bien.* **está como quiere** *fam.* Se utiliza para expresar que una persona es muy guapa, muy atractiva, etc. **¡que si quieres!** Expresa impaciencia o enfado al no conseguir algo. **querer decir** Significar; también, indicar o dar a entender algo. **quieras que no** A la fuerza o contra la voluntad de una persona. **sin querer** *adv.* De manera involuntaria; también, por casualidad. ■ Es v. irreg. **SIN. 1.** Desear, apetecer, anhelar, ambicionar. **2.** Amar. **3.** Determinar. **6.** Pedir. **7.** Exponerse, arriesgarse. **ANT. 1.** y **2.** Odiar. **FAM.** Querencia, querer[2], querido, querindongo. / Comoquiera, cualesquier, cualesquiera, quienesquiera, quienquiera, quisto, siquiera.

querer[2] *s. m.* Amor, cariño.

querido, da 1. *p.* de **querer**. También *adj.* || *s. m.* y *f.* **2.** Amante. **SIN. 2.** Amado.

querindongo, ga *s. m.* y *f. desp.* y *fam.* Querido, amante.

quermes *s. m.* Insecto parecido a la cochinilla, que vive en la coscoja, y que produce un pigmento rojo que se utiliza como colorante. ■ No varía en *pl.*

quermés *s. f.* Kermés*.

querosén o **queroseno** (del gr. *keros*, cera) *s. m.* Mezcla líquida de hidrocarburos obtenida de la destilación del petróleo después de la fracción de la gasolina y antes de la fracción del gasóleo.

querube *s. m.* En lenguaje poético, querubín.

querúbico, ca *adj.* Del querubín o relacionado con él.

querubín (del hebreo *kerubin*, los próximos, de *kerub*) *s. m.* **1.** Ángel de rango inferior a los serafines. **2.** Persona muy bella, especialmente un niño pequeño. **FAM.** Querube, querúbico.

quesada *s. f.* Pastel de queso y masa. **FAM.** Quesadilla. QUESO.

quesadilla *s. f.* **1.** Quesada*. **2.** Pastelillo relleno de almíbar, fruta en conserva, etc.

quesero, ra (del lat. *casearius*) *adj.* **1.** Relativo al queso. **2.** Se dice de la persona a la que le gusta mucho el queso. || *s. m.* y *f.* **3.** Persona que hace o vende queso. || *s. f.* **4.** Lugar en que se fabrican quesos. **5.** Plato con una cubierta de cristal en forma de campana, que se utiliza para guardar queso o servirlo. **SIN. 4.** Quesería.

quesito *s. m.* Cada una de las unidades, envueltas separadamente, de un queso que se envasa dividido en porciones.

QUERER	
INDICATIVO	
Presente	**Pretérito perfecto simple**
quiero	*quise*
quieres	*quisiste*
quiere	*quiso*
queremos	*quisimos*
queréis	*quisisteis*
quieren	*quisieron*
Futuro	**Condicional**
querré	*querría*
querrás	*querrías*
querrá	*querría*
querremos	*querríamos*
querréis	*querríais*
querrán	*querrían*
SUBJUNTIVO	
Presente	**Pretérito imperfecto**
quiera	*quisiera, -ese*
quieras	*quisieras, -eses*
quiera	*quisiera, -ese*
queramos	*quisiéramos, -ésemos*
queráis	*quisierais, -eseis*
quieran	*quisieran, -esen*
Futuro	
quisiere	*quisiéremos*
quisieres	*quisiereis*
quisiere	*quisieren*
IMPERATIVO	
quiere	*quered*

queso (del lat. *caseus*) *s. m.* **1.** Producto alimenticio que se obtiene cuajando la leche de oveja, cabra, vaca u otros animales. **2.** *fam.* Pie de una persona. || LOC. **dársela** a uno **con queso** *fam.* Engañarle o burlarse de él. **FAM.** Quesada, quesería, quesero, quesito. / Caseína, requesón.

quetognato (del gr. *khaite*, cabello, y *gnathos*, mandíbula) *adj.* **1.** Se dice de ciertos gusanos marinos que están provistos de una espinas móviles con las que cazan a sus presas. También *s. m.* || *s. m. pl.* **2.** Filo formado por estos invertebrados.

quetzal (del náhuatl *quetzalli*, hermosa pluma) *s. m.* **1.** Ave trepadora de las regiones cálidas de América, que mide unos 35 cm de longitud, tiene plumaje color esmeralda, alas cortas verde azuladas y pecho escarlata, un penacho en la cabeza, pico rechoncho y fuerte y larga cola. **2.** Moneda de Guatemala.

quevedesco, ca *adj.* Propio de la obra o del estilo literario de Francisco de Quevedo. **FAM.** Quevedos.

quevedos *s. m. pl.* Lentes de forma circular, con una armadura a propósito para que se sujeten en la nariz. **SIN.** Anteojos.

¡quia! *interj. fam.* Se usa para expresar incredulidad o negación.

quianti *s. m.* Chianti*.

quiasma (del gr. *khiasma*, disposición en forma de *x*) *s. m.* Entrecruzamiento en forma de equis de dos estructuras anatómicas, p. ej. de fibras nerviosas.

quiasmo (del gr. *khiasmos*, disposición cruzada como la de la letra griega ji) *s. m.* Figura retórica que consiste en la ordenación cruzada de los elementos de dos secuencias bimembres, de modo que en la segunda se repiten los de la primera u otros de la misma clase, pero invirtiéndose el orden; p. ej., *Marta vive en Madrid, en Barcelona vive Luisa.* **FAM.** Quiasma.

quibebe *s. m. Arg.* y *Urug. fam.* Situación confusa o liosa, follón.

quibús *s. m.* Kibutz*.

quiche (fr.) *s. f.* **1.** Pastel caliente salado, y de textura cremosa, relleno de ingredientes variados. || **2. quiche lorraine** Pastel caliente relleno de beicon, huevo, queso y otros ingredientes.

quiché *adj.* **1.** De un pueblo amerindio del O de Guatemala. También *s. m.* y *f.* || *s. m.* **2.** Lengua de la familia maya, hablada por este pueblo.

quichua *adj.* Quechua*.

quicio *s. m.* **1.** Parte de las puertas y ventanas en que están los goznes o bisagras. **2.** Ángulo o rincón que forman la puerta o la ventana y el muro por la parte en que aquéllas giran. || LOC. **fuera de quicio** *adv.* Sin orden o en un estado diferente al regular, normal o habitual. **sacar de quicio** Exagerar o deformar una cosa; también, hacer que alguien pierda la paciencia. **FAM.** Desquiciar, enquiciar, resquicio.

quico *s. m.* Kiko*.

Quico *n. p.* Se utiliza en la locución familiar **ponerse como el Quico**, atiborrarse de comida.

quid (lat.) *s. m.* Esencia, punto más importante o razón de una cosa o asunto: *En eso está el quid de la cuestión.* **SIN.** Porqué, clave, meollo, miga, busilis.

quid pro quo (lat., significa 'una cosa por otra') *expr.* Error que consiste en tomar a una persona o cosa por otra. ■ Se usa como *s. m.* **SIN.** Equívoco, confusión, malentendido.

quídam (del lat. *quidam*, uno, alguno) *s. m.* **1.** *fam.* Persona a la que se designa de manera indeterminada. **2.** Persona que se considera de poca importancia, cuyo nombre se ignora o se quiere omitir. **SIN. 1.** Sujeto, individuo, tipo.

quiebra *s. f.* **1.** Grieta, rotura o abertura de una cosa por alguna parte. **2.** Hendedura o abertura de la tierra en un monte o en un valle, p. ej. la causada por las lluvias excesivas. **3.** Pérdida o deterioro en alguna cosa: *la quiebra de los valores morales.* **4.** Fallo o posibilidad de fracaso en algún asunto. **5.** Situación económica, declarada por el juez, de una empresa o comerciante que no puede pagar sus deudas vencidas. **6.** En der., procedimiento que se sigue para liquidar las deudas de un comerciante con los bienes que éste posee. **SIN. 4.** Riesgo. **5.** Ruina, bancarrota.

quiebro *s. m.* **1.** Movimiento que se hace con el cuerpo hacia un lado doblando la cintura. **2.** Gorgorito hecho con la voz. **3.** En el lenguaje taurino, lance en que el torero hurta su cuerpo al toro con un rápido movimiento de cintura sin mover los pies. **SIN. 1.** Finta.

quien (del lat. *quem*, de *qui*) *pron. relat.* **1.** Se utiliza para aludir a personas y no varía de género. Equivale al pronombre *que* o a *la que*, *el que*, etc. Puede ir precedido de preposición; realiza la función de sujeto en la proposición subordinada adjetiva o de relativo, sólo cuando ésta es explicativa: *Me encontré a tu vecina, quien me contó lo del accidente.* **2.** Se puede usar sin el antecedente expreso y equivale a *la persona que*: *Quien venga que espere.* **3.** Cuando se utiliza con un verbo con negación equivale a *nadie que*: *No hay quien pueda comer eso.* || *pron. interr.* **4.** Introduce oraciones o proposiciones interrogativas: *¿A quién has visto?* || *pron. excl.* **5.** Introduce oraciones exclamativas: *¡Quién lo diría!* ■ En estas dos últimas acepciones lleva acento ortográfico. || *pron. indef.* **6.** Equivale a *cualquiera que*: *Quien diga eso no conoce el problema.* || LOC. **no ser** una persona **quien para** algo No tener capacidad o habilidad para realizar una cosa o no ser el más adecuado para ello. **quien más y quien menos** Indica que aquello de lo que se habla es aplicable a todas las personas. **FAM.** Quienesquiera, quienquiera.

quienesquiera *pron. indef. pl.* Véase **quienquiera**.

quienquiera *pron. indef.* Se utiliza para referirse a una persona indeterminada. Sólo se usa como antecedente del pron. rel. *que* y puede ir antepuesto o pospuesto al verbo: *Quienquiera que lo diga. Que lo diga quienquiera.* ■ Su pl. es *quienesquiera*.

quietismo *s. m.* **1.** Falta de actividad o movimiento. **2.** Doctrina religiosa heterodoxa, enunciada por Miguel de Molinos en el s. XVII, que recomienda un estado de contemplación pasiva de Dios y de abandono e indiferencia ante cualquier suceso. **FAM.** Quietista. QUIETO.

quieto, ta (del lat. *quietus*) *adj.* **1.** Que no hace ningún movimiento o no tiene capacidad para ello: *Estaos quietos mientras os hago la foto.* **2.** Que no cambia de posición, no va de un lugar a otro o no avanza en su desarrollo: *No puede estar quieto en un sitio. Deja quieto el tema.* **3.** Pacífico, tranquilo: *Es una niña muy quieta.* **SIN. 1.** Parado, inmóvil, estático. **2.** Detenido. **ANT. 1.** Inquieto. **3.** Nervioso. **FAM.** Quietamente, quietismo, quietud. / Aquietar, inquieto, quedo.

quietud (del lat. *quietudo*) *s. f.* **1.** Falta de movimiento. **2.** Calma, tranquilidad, sosiego. SIN. **1.** Quietismo, inmovilidad. **2.** Paz. ANT. **1.** Actividad. **2.** Nerviosismo.

quif *s. m.* Kif*.

quijada *s. f.* Cada una de las dos mandíbulas de los vertebrados que tienen dientes, especialmente las de gran tamaño. SIN. Maxilar.

quijotada *s. f.* Acción noble y desinteresada propia de un quijote. SIN. Quijotería.

quijote[1] (del lat. *coxa*, cadera, muslo) *s. m.* **1.** Pieza de la armadura destinada a cubrir el muslo. **2.** Parte superior del cuarto trasero de una caballería. Se usa más en *pl.*

quijote[2] *s. m.* **1.** Hombre soñador y con altos ideales, que se compromete de forma desinteresada a luchar por lo que considera justo. **2.** Hombre excesivamente serio o puntilloso. SIN. **1.** Altruista, idealista. ANT. **1.** Realista. FAM. Quijotada, quijotería, quijotescamente, quijotesco, quijotismo.

quijotesco, ca *adj.* Que es propio o característico del personaje Don Quijote de la Mancha.

quijotismo *s. m.* Exceso de caballerosidad, de idealismo, de hidalguía o de alguna otra de las características que se consideran propias de Don Quijote.

quilada *s. f. Arg.* y *Urug. fam.* Gran cantidad o abundancia.

quilar *v. tr. vulg.* Realizar el acto sexual. También *v. intr.* SIN. Follar, fornicar.

quilate (del ár. *qirat*, y éste del gr. *keration*, peso de cuatro granos) *s. m.* **1.** Unidad de peso utilizada para piedras preciosas y perlas, que equivale a 0,2 gramos. **2.** Cada una de las veinticuatroavas partes en peso de oro puro que contiene cualquier aleación de este metal. || *s. m. pl.* **3.** Grado de perfección o valor de algo no material: *una bondad de muchos quilates.* FAM. Aquilatar.

quilífero, ra *adj.* Se dice de cada uno de los vasos linfáticos que absorben el quilo durante la quilificación y lo conducen al canal torácico.

quilificar *v. tr.* Convertir el alimento en quilo[1]. Se usa más como *v. prnl.* ■ Delante de *e* se escribe *qu* en lugar de *c.* FAM. Quilificación. QUILO[1].

quilla (del fr. *quille*, y éste del germ. *kiel*) *s. f.* **1.** Pieza de madera, hierro u otro material que va de popa a proa por la parte inferior del barco y en la que se asienta toda su armazón. **2.** Saliente que forma esta pieza: *La quilla rozó con una roca.* **3.** Parte saliente y afilada del esternón de las aves y murciélagos, en la que se insertan los músculos de las alas. **4.** Parte saliente y afilada que tienen en la cola algunos peces.

quillango *s. m. Arg.*, *Chile* y *Urug.* Manta de pieles cosidas que usaban los indígenas.

quillay *s. m. Arg.* y *Chile* Árbol rosáceo de gran tamaño, muy frondoso, de tronco alto y derecho, cuya corteza interior hervida se usa como detergente. ■ Su *pl.* es *quilláis.*

quilo[1] (del lat. *chylon*, y éste del gr. *khylos*) *s. m.* Líquido alcalino, blancuzco y graso, que resulta de la digestión de los alimentos en el intestino delgado. || LOC. **sudar** uno **el quilo** *adj. fam.* Trabajar mucho y con gran fatiga. FAM. Quilífero, quilificar, quiloso.

quilo[2] *s. m.* Kilo*.

quilogramo *s. m.* Kilogramo*.

quilombera *s. f. Arg. fam.* Prostituta.

quilombo *s. m. Arg.*, *Chile* y *Perú* Burdel. FAM. Quilombera.

quilométrico, ca *adj.* Kilométrico*.

quilómetro *s. m.* Kilómetro*. FAM. Quilométrico.

quilópodo *adj.* **1.** Se dice de los miriápodos que tienen el cuerpo segmentado y poseen entre 15 y 177 pares de patas, un par por cada segmento, con el primer par modificado en forma de tenazas venenosas. Quilópodos son los ciempiés y las escolopendras. También *s. m.* || *s. m. pl.* **2.** Clase de estos animales artrópodos.

quimbambas *s. f. pl.* Lugar lejano e indeterminado: *Su casa está en las quimbambas.*

quimera (del lat. *chimaera*, y éste del gr. *khimaira*, animal fantástico) *s. f.* **1.** Monstruo imaginario que, según la mitología griega, tenía cabeza de león, vientre de cabra y cola de dragón. **2.** Aquello que se imagina como posible o verdadero, pero no lo es: *Pensar que va a aprobar es una quimera.* **3.** Pez holocéfalo de grandes ojos y cabeza, hocico blando y larguísima cola. Vive en el Atlántico y el Mediterráneo, a gran profundidad. SIN. **2.** Mito, fábula, ilusión, fantasía, utopía. ANT. **2.** Realidad. FAM. Quimérico.

quimérico, ca *adj.* Ilusorio, imaginado, que no es real ni tiene fundamento. SIN. Utópico, fabuloso.

química (del gr. *khymike*, de *khymikos*) *s. f.* **1.** Ciencia que se ocupa del estudio de la composición y propiedades de las sustancias y del efecto de unas sobre otras, esto es, de los fenómenos mediante los cuales unas sustancias se transforman en otras de distinta naturaleza. || **2. química inorgánica** Parte de la química que estudia los elementos simples y los compuestos que no contienen carbono. **3. química orgánica** Parte de la química que estudia los compuestos que contienen carbono. FAM. Químicamente, químico, quimioterapia. / Bioquímica, electroquímica, fisicoquímica, fotoquímica, geoquímica, petroquímica, termoquímica.

químico, ca *adj.* **1.** De la química. **2.** Experto en química. También *s. m.* y *f.*

quimificar *v. tr.* Convertir el quimo en alimento. Se usa más como *v. prnl.* ■ Delante de *e* se escribe *qu* en lugar de *c.* FAM. Quimificación. QUIMO.

quimioterapia *s. f.* Conjunto de métodos terapéuticos basados en el empleo de sustancias químicas.

quimo (del lat. *chymus*, y éste del gr. *khymos*, jugo) *s. m.* Líquido ácido en que se transforman los alimentos en el estómago por la digestión. FAM. Quimificar.

quimono *s. m.* Prenda de vestir japonesa, con forma de túnica cruzada por delante y ceñida y con mangas largas y anchas. ■ Se escribe también *kimono.*

quina[1] (del quechua *quinaquina*, corteza) *s. f.* **1.** Corteza del quino, que contiene la quinina. **2.** Quinina*. || LOC. **ser** alguien o algo **más malo que la quina** *fam.* Ser muy malo. **tragar quina** *fam.* Soportar algo a disgusto. FAM. Quinado, quinina. QUINO.

quina[2] (del lat. *quina*) *s. f.* Acierto de cinco números en el juego de la lotería.

quinado, da *adj.* Se dice del vino u otra bebida que se prepara con quina y se usa como tónico.

quinario, ria (del lat. *quinarius*) *adj.* **1.** De cinco elementos o unidades. || **2. sistema quinario** Sistema de numeración de base 5.

quincalla (del fr. *quincaille*, y éste del neerl. *klinken*, sonar) *s. f.* Conjunto de objetos metálicos de poco valor. SIN. Baratija. FAM. Quincallería, quincallero, quinqui.

quincallería *s. f.* **1.** Lugar en que se fabrica o vende quincalla. **2.** Conjunto de quincalla. **3.** Actividad comercial con esos objetos.

quincallero, ra *s. m.* y *f.* Persona que fabrica o vende quincalla. **SIN.** Buhonero.

quince (del lat. *quindecim*, de *quinque*, cinco, y *decem*, diez) *adj. num. card.* **1.** Diez y cinco. También *pron.* y *s. m.* || *adj. num. ord.* **2.** Decimoquinto: *Voy al piso quince.* También *pron.* || *s. m.* **3.** Signos con que se representa este número. **FAM.** Quinceañero, quinceavo, quincena, quindécimo, quinzavo. CINCO.

quinceañero, ra *adj.* Se dice del adolescente que tiene alrededor de quince años. También *s. m.* y *f.*

quinceavo, va *adj. num. part.* Se dice de cada una de las quince partes iguales en que se divide un todo. También *s. m.* **SIN.** Quindécimo, quinzavo.

quincena *s. f.* **1.** Periodo de tiempo de quince días seguidos: *Tenemos una quincena de vacaciones.* **2.** Paga o cantidad de dinero que se recibe cada quince días. **FAM.** Quincenal. QUINCE.

quincenal *adj.* **1.** Que sucede o se repite cada quincena: *una publicación quincenal.* **2.** Que dura una quincena. **SIN. 1.** Bisemanal.

quincha (quechua) *s. f.* **1.** *Amér. del S.* Entramado de juncos con que se refuerza un techo o pared de paja, cañas, etc. **2.** *Amér. del S.* Pared hecha de cañas u otro material semejante, que suele cubrirse de barro. **FAM.** Quincho.

quincho *s. m. Arg.* Construcción usada en comidas al aire libre, consistente en un techo de paja sostenido por columnas de madera.

quincuagena (del lat. *quinquagena*) *s. f.* Conjunto de cincuenta elementos de la misma clase. **FAM.** Quincuagenario. CINCUENTA.

quincuagenario, ria (del lat. *quinquagenarius*) *adj.* **1.** Que tiene cincuenta elementos o unidades. **2.** Cincuentón*. También *s. m.* y *f.*

quincuagésimo, ma (del lat. *quinquagesimus*) *adj. num. ord.* **1.** Que ocupa por orden el número cincuenta. También *pron.* || *adj. num. part.* **2.** Se dice de cada una de las cincuenta partes iguales en que se divide un todo. También *s. m.*

quindécimo, ma *adj. num. part.* Quinceavo.

quinesiología *s. f.* Conjunto de procedimientos terapéuticos para restablecer la normalidad de los movimientos del cuerpo humano.

quinesioterapia o **quinesiterapia** *s. f.* Método terapéutico basado en movimientos activos o pasivos del cuerpo; gimnasia correctora. ■ Se escribe también *kinesioterapia* y *kinesiterapia.* **FAM.** Quinesioterápico, quinesiterápico. TERAPIA.

quingentésimo, ma (del lat. *quingentesimus*) *adj. num. ord.* **1.** Que ocupa por orden el número quinientos. También *pron.* || *adj. num. part.* **2.** Se dice de cada una de las quinientas partes iguales en que se divide un todo. También *s. m.*

quiniela *s. f.* **1.** Juego de apuestas en que se pronostican los resultados de fútbol, hípica, etc. **2.** Boleto en que se realiza la apuesta. **3.** P. ext., premio ganado en esa apuesta. **FAM.** Quinielista, quinielístico, quinielón.

quinielista *s. m.* y *f.* Persona aficionada a jugar a la quiniela.

quinielístico, ca *adj.* Relacionado con la quiniela.

quinielón (aum. de *quiniela*) *s. m.* Quiniela futbolística de quince pronósticos.

quinientos, tas (del lat. *quingenti*) *adj. num. card.* **1.** Cinco veces cien. También *pron.* y *s. m.* || *adj. num. ord.* **2.** Quingentésimo. También *pron.* || *s. m.* **3.** Signo o grupo de signos que representan este número. ■ No varía en *pl.* **FAM.** Quingentésimo. CINCO.

quinina *s. f.* Alcaloide presente en la quina, que tiene propiedades terapéuticas y se emplea en el tratamiento de enfermedades infecciosas, especialmente la malaria.

quino *s. m.* Árbol de hojas perennes y de textura coriácea, flores en espiga de color rosado y fruto en cápsula de numerosas semillas. De su corteza se extrae la quina. **FAM.** Quina[1].

quinqué (del fr. *Quinquet*, primer fabricante de este tipo de lámparas) *s. m.* Pequeña lámpara con un tubo o pantalla de cristal, alimentada antiguamente con petróleo o aceite y hoy con electricidad.

quinquenal (del lat. *quinquennalis*) *adj.* **1.** Que sucede o se repite cada quinquenio. **2.** Que dura un quinquenio: *plan quinquenal.*

quinquenio (del lat. *quinquennium*, de *quinque*, cinco, y *annus*, año) *s. m.* **1.** Periodo de tiempo de cinco años. **2.** Subida salarial que se produce cada cinco años de trabajo. **SIN. 1.** Lustro. **FAM.** Quinquenal. CINCO y AÑO.

quinqui *s. m.* y *f.* Persona que pertenece a un grupo social marginal y que normalmente se dedica al robo u otras actividades delictivas.

quinta (de *quinto*) *s. f.* **1.** Finca en el campo con una casa para sus propietarios. **2.** Conjunto de hombres que entran cada año en el ejército para cumplir el servicio militar. **3.** P. ext., conjunto de personas que tienen la misma edad: *Esa señora es de la quinta de mi madre.* **4.** En mús., intervalo que consta de tres tonos y un semitono mayor. **SIN. 1.** Quintana. **2.** Reemplazo.

quintacolumnista *s. m.* y *f.* Persona que forma parte de una quinta columna*.

quintaesencia *s. f.* Quinta esencia*. **FAM.** Quintaesenciar. QUINTO y ESENCIA.

quintal (del ár. *quintar*) *s. m.* **1.** Unidad de peso que equivalía en Castilla a 46 kg. **2.** Pesa de 46 kg. || **3. quintal métrico** Unidad de masa que equivale a 100 kg.

quintana (del lat. *quintana*) *s. f.* Quinta*, finca de campo.

quintar *v. tr.* **1.** Sacar por sorteo un elemento de un grupo de cinco. **2.** Sacar por sorteo el nombre de los que tienen que realizar el servicio militar. **SIN. 2.** Sortear.

quintero, ra *s. m.* y *f.* Persona que arrienda una quinta y cultiva los terrenos de la misma.

quinteto (del ital. *quintetto*) *s. m.* **1.** Estrofa de cinco versos de arte mayor aconsonantados y ordenados como los de la quintilla. **2.** Composición musical con cinco voces o cinco instrumentos. **3.** Grupo musical en que hay cinco voces o cinco instrumentos.

quintilla *s. f.* **1.** Estrofa de cinco versos octosílabos o de arte menor aconsonantados, ordenados de manera que no riman tres versos seguidos, los dos últimos no forman un pareado y no queda ninguno libre. **2.** Estrofa de cinco versos con dos rimas distintas.

quintillizo, za *adj.* Se dice de cada uno de los niños nacidos de un parto quíntuple. También *s. m.* y *f.*

Quintín, la de San (por alusión a la batalla del mismo nombre) *loc. fam.* Jaleo, riña o desorden grande: *Todo comenzó como una discusión de muchachos, pero al final se armó la de San Quintín.*

quinto, ta (del lat. *quintus*) *adj. num. ord.* **1.** Que ocupa por orden el número cinco. También *pron.* **2.** Con palabras como *pino, infierno, porra*, etc., lugar muy alejado. || *adj. num. part.* **3.** Se dice de cada una de las cinco partes iguales en que se divide un todo. También *s. m.* || *s. m.* **4.** Hombre al que le toca por sorteo ir a cumplir el servicio militar. **5.** Parte de un terreno, aunque no sea uno de los cinco trozos iguales en que puede dividirse. **6.** Botellín de cerveza. **SIN. 4.** Recluta. **FAM.** Quinta, quintacolumnista, quintaesencia, quintana, quintar, quintero. / Decimoquinto. CINCO.

quíntuple *adj. num. mult.* Quíntuplo*.

quintuplicar (del lat. *quintuplicare*) *v. tr.* Hacer cinco veces mayor una cantidad. También *v. prnl.* ▪ Delante de *e* se escribe *qu* en lugar de *c*: *quintuplique*.

quíntuplo, pla *adj. num. mult.* Que contiene un número o una cantidad cinco veces exactamente: *Cincuenta es quíntuplo de diez.* También *s. m.* ▪ Se dice también *quíntuple*. **FAM.** Quíntuple, quintuplicar. CINCO.

quinzavo, va *adj. num. part.* Quinceavo*.

quiñazo *s. m. Chile* y *Perú* Encontronazo, empujón, empellón.

quiñón (del lat. *quinio, -onis*) *s. m.* Porción de tierra de cultivo.

quiosco (del ár. *kusk*, palacio, pabellón) *s. m.* **1.** Construcción pequeña que se instala en la calle o lugares públicos para vender en ella periódicos, flores, etc. **2.** Pequeña construcción oriental, generalmente abierta por todos los lados, que se instala en jardines y parques. || **3. quiosco de la música** El construido en paseos, jardines, etc., para que las bandas de música interpreten en él conciertos públicos. ▪ Se escribe también *kiosco*. **SIN. 1.** Puesto, caseta, tenderete. **3.** Templete. **FAM.** Quiosquero.

quiosquero, ra *s. m.* y *f.* Persona propietaria de un quiosco o que trabaja en él.

quiqui *s. m. fam.* Quiquiriquí*, mechón de pelo.

quiquiriquí *s. m.* **1.** Voz onomatopéyica que imita el canto del gallo. **2.** *fam.* Mechón de pelo atado, rizado o que se queda de punta.

quiragra (del lat. *chiragra*, y éste del gr. *kheiragra*, de *kheir*, mano, y *agra*, presa) *s. f.* Enfermedad de gota que afecta a las manos.

quirguiz (del turco *kirgiz*) *adj.* Kirguiz*.

quirite (del lat. *quirites*) *s. m.* Ciudadano de la antigua Roma y, más tarde, miembro del orden ecuestre, de menor categoría que el senatorial.

quiro- (del gr. *kheir*) *pref.* Significa 'mano': *quiromasaje*.

quirófano (de *quiro-* y el gr. *phaino*, mostrar) *s. m.* Sala o local debidamente acondicionado para realizar operaciones quirúrgicas.

quirógrafo (de *quiro-* y *-grafo*) *adj.* Relativo al documento en que se refleja una obligación contractual y no está autorizado por un notario ni lleva otro signo oficial. También *s. m.*

quiromancia o **quiromancía** (del gr. *kheiromanteia*, de *kheir*, mano, y *manteia*, adivinación) *s. f.* Adivinación mediante la interpretación de las rayas de la mano. **FAM.** Quiromántico.

quiromántico, ca *adj.* **1.** De la quiromancia. || *s. m.* y *f.* **2.** Persona que adivina mediante la interpretación de las rayas de la mano.

quiromasaje (de *quiro-* y *masaje*) *s. m.* Masaje corporal que se efectúa únicamente con las manos: *Me recomendaron el quiromasaje para aliviar mis dolores de espalda.* **FAM.** Quiromasajista. MASAJE.

quiromasajista *s. m.* y *f.* Persona que se dedica al quiromasaje.

quiropráctico, ca (de *quiro-* y *práctico*) *s. m.* y *f.* **1.** Persona que cura enfermedades óseas o musculares por medio de masajes. || *s. f.* **2.** Técnica de curar estas enfermedades por medio de masajes.

quiróptero (del gr. *kheir*, mano, y *pteron*, ala) *adj.* **1.** Se aplica a los mamíferos voladores cuyas extremidades anteriores tienen el pulgar libre y los restantes dedos incluidos en una membrana llamada patagio, que se extiende hasta las extremidades posteriores; vuelan en la oscuridad mediante un sistema parecido al radar. Son quirópteros los murciélagos y los vampiros. También *s. m.* || *s. m. pl.* **2.** Orden de estos mamíferos.

quirquincho (del quechua *quirquinchu*, armadillo) *s. m. Amér. del S.* Mamífero, especie de armadillo, de cuya concha protectora se sirven los indios para hacer charangos.

quirúrgico, ca (del lat. *chirurgicus*, y éste del gr. *kheirurgikos*) *adj.* De la cirugía: *Los cirujanos procedieron a la extracción quirúrgica del apéndice.*

quisicosa *s. f.* **1.** *fam.* Acertijo, cosa dudosa o difícil de averiguar: *No vengas con quisicosas y habla claro.* **2.** *fam.* Cosa extraña o rara. **SIN. 1.** y **2.** Enigma.

quisque o **quisqui** (del lat. *quisque*, cada uno) Se emplea en las loc. fam. **cada quisque** (o **quisqui**), cada cual, cada uno, y **todo quisque** (o **quisqui**), cualquiera.

quisquilla (del lat. *quisquiliae*, menudencias) *s. f.* **1.** Camarón*. **2.** Cosa o dificultad de poca importancia. || *adj.* **3.** Quisquilloso. También *s. m.* y *f.*

quisquilloso, sa *adj.* **1.** Se dice de la persona que se ofende por cualquier cosa. También *s. m.* y *f.* **2.** Se aplica a la persona que da importancia a pequeñeces. También *s. m.* y *f.* **SIN. 1.** Susceptible. **2.** Chinchorrero, chinche. **FAM.** Quisquilla, quisquillosidad.

quiste (del gr. *kystis*, vejiga) *s. m.* **1.** Cavidad en forma de saco que contiene un parásito o alguna sustancia gaseosa, líquida o semisólida, y está cubierta de tejido conjuntivo o epitelial que aísla su contenido como reacción de defensa del organismo. **2.** Saco duro en cuyo interior se esconde un ser vivo para protegerse del medio ambiente desfavorable. || **3. quiste hidatídico** El producido por una tenia y localizado en el hígado o los pulmones. **4. quiste sebáceo** Tumor benigno de la piel, producido por la obstrucción de una glándula sebácea y la acumulación de la grasa que ésta segrega. **FAM.** Quístico. / Enquistarse.

quístico, ca *adj.* Relativo a los quistes.

quisto (del lat. *quaesitus*) *adj.* Antiguo p. irreg. de **querer**. Se usa con los adverbios *bien* o *mal*, con los significados de 'con buena fama' o 'mal considerado'. ▪ En el segundo caso se escribe también *malquisto*. **FAM.** Malquisto. QUERER[1].

quita *s. f.* Liberación o perdón de una deuda o de parte de ella que realiza el acreedor.

quitación *s. f.* Quita*.

quitaesmalte *s. m.* Líquido con acetona que se usa para retirar el esmalte de las uñas.

quitaipón (o **quitapón**), **de** *loc. adj. fam.* De quita y pon. Véase **quitar**.

quitamanchas *s. m.* Producto que sirve para quitar las manchas, generalmente de la ropa, sin tener que lavarla. ▪ No varía en *pl.*

quitamiedos *s. m.* Barra o cuerda que se coloca en algunos lugares peligrosos para dar seguridad al que pasa o está en ellos: *El coche chocó con el quitamiedos.* ■ No varía en *pl.*

quitanieves *s. f.* Máquina que se utiliza para apartar la nieve de las carreteras, vías de tren, etc. ■ No varía en *pl.*

quitanza *s. f.* Carta de pago o recibo que se da al deudor cuando paga su deuda. SIN. Finiquito.

quitapenas *s. m. fam.* Variedad de vino dulce. ■ No varía en *pl.*

quitapón *s. m.* Adorno de lana de colores que se pone en el testuz de mulos y otras caballerías.

quitar (del lat. *quietare*) *v. tr.* **1.** Separar o apartar una cosa de otra o de un lugar en el que está o del que forma parte: *La grúa ha quitado varios coches de la acera.* **2.** Hacer desaparecer una cosa de un sitio: *quitar una mancha.* **3.** Dejar a una persona sin aquello que tenía: *Le han quitado la ilusión.* **4.** Con la preposición *de*, impedir que alguien haga algo o estorbarle para ello: *Fue ella quien me quitó de fumar.* **5.** Ser obstáculo o impedimento para algo: *Lo cortés no quita lo valiente.* **6.** Suprimir un empleo, oficio o servicio: *Han quitado esta línea de autobús.* || **quitarse** *v. prnl.* **7.** Irse o apartarse de un lugar: *Quítate de aquí.* **8.** Abandonar una cosa, costumbre, vicio, etc.: *Me he quitado de beber.* || LOC. **de quita y pon** *adj. fam.* Se aplica a dos prendas de vestir que se alternan para usar una de ellas cuando la otra está sucia. También, se dice de las cosas que se pueden poner y quitar: *Este anorak tiene las mangas de quita y pon.* ■ Se escribe también *de quitaipón* y *de quitapón.* **¡quita!** o **¡quita allá!** *excl.* Expresa rechazo o disgusto por algo. **quitando** algo *prep.* Excepto, menos: *Quitando uno o dos, los demás están de acuerdo.* **quitar(se) de delante (de encima** o **de en medio)** a alguien o algo *fam.* Librarse de una persona o cosa que molesta. **quitarse** uno **de en medio** *fam.* Apartarse de un sitio o asunto; también, suicidarse. **sin quitar ni poner** *adv.* Al pie de la letra; también, sin exagerar ni omitir nada. SIN. **1.** Retirar, arrancar, erradicar. **2.** Eliminar. **3.** Robar, arrebatar, usurpar, sustraer. **4.** Evitar, dificultar. **7.** Marcharse, alejarse. ANT. **1.** Poner. **3.** Dar, devolver. **5.** Ayudar. **7.** Permanecer. FAM. Quita, quitación, quitaesmalte, quitamanchas, quitamiedos, quitanieves, quitanza, quitapenas, quitapón, quitasol, quite, quito. / Desquitar.

quitasol *s. m.* Sombrilla grande que se utiliza para resguardarse del sol. SIN. Parasol.

quite *s. m.* **1.** Movimiento defensivo con que se evita o detiene un golpe o ataque: *Con un quite se libró del puñetazo.* **2.** En lenguaje taurino, acción de acudir un torero, con capote o sin él, para librar a otro del peligro atrayéndose al toro. **3.** Acción de quitar o estorbar. || LOC. **andar** (o **estar**) **al quite** Estar preparado para acudir en defensa de alguien. SIN. **1.** Finta.

quiteño, ña *adj.* De Quito, capital de Ecuador. También *s. m.* y *f.*

quitina (del gr. *khiton*, túnica) *s. f.* Polisacárido semejante a la celulosa que forma el caparazón de los artrópodos. FAM. Quitinoso.

quitinoso, sa *adj.* Que está constituido por quitina.

quito, ta (del lat. *quitus*) *adj.* Exento, libre, especialmente de una obligación o responsabilidad.

quitón (del gr. *khiton*, concha) *s. m.* Molusco de unos 3 cm de longitud, con la concha ovalada y formada por ocho piezas puestas en fila, que vive adherido a las rocas del litoral.

quivi *s. m.* Kiwi*.

quizá o **quizás** (del lat. *qui sapit*, quién sabe) *adv.* Indica duda o la posibilidad de algo que se expresa: *Quizá podamos llegar a tiempo.* SIN. Acaso.

quórum (del lat. *quorum*) *s. m.* **1.** Número de personas que tienen que estar presentes para que puedan celebrarse determinadas reuniones o asambleas. **2.** Número de votos favorables necesarios para que pueda aprobarse algo o lograrse un acuerdo. ■ No varía en *pl.*

r *s. f.* Decimonovena letra del abecedario español y decimoquinta de sus consonantes. Su articulación es apicoalveolar vibrante sonora, simple o múltiple. Su nombre es *erre*. ■ El sonido vibrante múltiple se representa como *rr* en todos los casos salvo en comienzo de palabra y detrás de las consonantes *n*, *l* o *s*, en que se representa como *r*: *rico, Enrique, alrededor, Israel.* El sonido vibrante simple siempre se escribe *r*.

raba (del fr. *rabes*) *s. f.* Cebo usado por los pescadores que se prepara con huevas de bacalao.

rabada (de *rabo*) *s. f.* Cuarto trasero de las reses sacrificadas y preparadas para su consumo.

rabadán (del ár. *rabb ad-da'n*) *s. m.* **1.** Pastor que está al mando de una cabaña entera de ganado. **2.** Pastor que, a las órdenes de un mayoral, es jefe de uno o más rebaños.

rabadilla *s. f.* **1.** Extremo del espinazo o columna vertebral formado por la última pieza del hueso sacro y el cóccix completo. **2.** Extremo móvil de la columna vertebral de las aves, sobre el que están las plumas de la cola.

rabanero, ra *adj.* **1.** *fam.* Se dice de los gestos y del modo de hablar ordinarios o desvergonzados. || *s. f.* **2.** *fam.* Mujer descarada y ordinaria. También *adj.* **SIN. 1.** Vulgar. **2.** Verdulera. **ANT. 1.** Educado, cortés.

rabanillo *s. m.* **1.** Planta arbustiva crucífera de una altura que oscila entre 15 y 45 cm, hojas carnosas, simples o pinnadas, y flores pequeñas lilas o rosas. Crece en costas arenosas y pedregosas de la Europa meridional y atlántica. **2.** Rábano* silvestre.

rabaniza *s. f.* **1.** Simiente del rábano. **2.** Planta herbácea crucífera de tallo ramoso, hojas divididas en lóbulos agudos, flores blancas y fruto seco con muchas semillas muy pequeñas.

rábano *s. m.* **1.** Planta herbácea crucífera que mide entre 60 y 80 cm de altura, tiene el tallo ramoso, hojas ásperas y grandes, flores blancas, amarillas o de color púrpura y raíz carnosa, muy apreciada en alimentación. Es originario de Asia central y se cultiva en todo el mundo. **2.** Raíz de esta planta. || **3. rábano silvestre** Planta herbácea crucífera que mide entre 20 y 60 cm y tiene flores amarillas o blancas. Es una mala hierba que crece en campos y cunetas. || **LOC. coger** (o **tomar**) **el rábano por las hojas** *fam.* Interpretar equivocadamente algo, atribuirle un sentido o mala intención que no tiene. **importar un rábano** algo a alguien No importarle nada. **¡(y) un rábano!** *excl.* Expresa negación o rechazo. **SIN. 3.** Rabanillo. **FAM.** Rabanal, rabanero, rabanillo, rabaniza.

rabdomancia o **rabdomancía** (del gr. *rabdos*, varilla, y *-mancia*) *s. f.* Búsqueda de objetos ocultos (p. ej., yacimientos metálicos, aguas) por medio de varillas, péndulos, etc., a los cuales se atribuye propiedades detectoras.

rabear *v. intr.* Menear el rabo.

rabel (del ár. *rabab*, especie de viola) *s. m.* Instrumento antiguo, parecido al laúd, con tres cuerdas, que se toca con arco corto y curvo.

rabí (del hebreo *rabbi*, mi señor, mi superior) *s. m.* Rabino*. ■ Su *pl.* es *rabíes*, aunque se usa también la forma *rabís*.

rabia (del lat. *rabies*) *s. f.* **1.** Enfermedad contagiosa de algunos animales, especialmente el perro, uno de cuyos síntomas más característicos es el horror al agua. **2.** Enfado, furia, violencia. **3.** Sentimiento de antipatía hacia una persona o cosa: *Dice que el maestro le tiene rabia.* **SIN. 1.** Hidrofobia. **2.** Ira, irritación, cólera. **3.** Manía, tirria. **ANT. 2.** Tranquilidad, serenidad. **3.** Aprecio, cariño. **FAM.** Rabiar, rábico, rabieta, rabioso. / Cascarrabias.

rabiar *v. intr.* **1.** Tener la enfermedad de la rabia. **2.** Sentir un violento enfado, disgusto o impotencia: *Está que rabia por el suspenso.* **3.** Sufrir un fuerte dolor: *Rabiaba del dolor de muelas.* **4.** Con la preposición *por*, desear intensamente algo: *Rabia por ir a París.* || **LOC. a rabiar** *adv. fam.* Con el verbo *gustar*, mucho o con exceso: *Me gustan los plátanos a rabiar.* También, en enemistad con alguien: *Jorge está a rabiar con sus compañeros.* **SIN. 2.** Irritarse, encolerizarse. **4.** Ambicionar, anslar. **FAM.** Enrabiar. RABIA.

rabiatar *v. tr.* Atar a un animal por el rabo.

rábico, ca *adj.* De la enfermedad de la rabia.

rabicorto, ta *adj.* Se dice del animal que tiene el rabo corto. **ANT.** Rabilargo.

rábida (del ár. *rabita*, convento de monjes guerreros) *s. f.* Monasterio-fortaleza musulmán, situado en la frontera de los reinos hispanocristianos.

rabieta *s. f.* Enfado grande o llanto violento, generalmente de corta duración y por un motivo poco justificado. **SIN.** Berrinche, perra, pataleta. **ANT.** Tranquilidad, sosiego. **FAM.** Enrabietar. RABIA.

rabihorcado *s. m.* Ave palmípeda de unos 100 cm de longitud, con el tronco alargado, alas de gran envergadura y puntiagudas, pico largo y ganchudo y cola en forma de horquilla. Su plumaje escasea en el cuello y cubre las patas, rematadas en pies con pequeña membrana interdigital y poderosas garras.

rabilargo, ga *adj.* **1.** Se dice del animal que tiene el rabo largo. || *s. m.* **2.** Ave paseriforme de unos 34 cm de longitud, cola muy larga, plumaje pardo con la cabeza negra y las alas y cola azules. Vive en la península Ibérica y en el E de Asia. **ANT. 1.** Rabicorto.

rabillo (dim. de *rabo*) *s. m.* **1.** Ramita que sostiene la hoja o el fruto. **2.** Prolongación alargada de cualquier cosa. **3.** Cizaña*, planta. **4.** Mancha negra que aparece en los granos de los cereales cuando están atacados por la plaga denominada tizón. **5.** Tira pequeña de tela que sirve para ajustar determinadas prendas: *los rabillos del chaleco.* || **6. rabillo del ojo** Ángulo externo del ojo. || LOC. **mirar con el rabillo del ojo** Hacerlo de lado, disimuladamente. SIN. **1.** Pecíolo, pedúnculo. **2.** Alargamiento, estrechamiento.

rabino (de *rabí*) *s. m.* **1.** Doctor de la ley judía. **2.** Jefe espiritual de una comunidad de judíos. SIN. **1.** y **2.** Rabí. FAM. Rabí, rabínico.

rabión (del lat. *rapidus*) *s. m.* Corriente muy impetuosa de un río, debida al estrechamiento o inclinación de su cauce. SIN. Rápido.

rabioso, sa (del lat. *rabiosus*) *adj.* **1.** Que padece la rabia. También *s. m.* y *f.* **2.** Que tiene un enfado muy grande. **3.** Excesivo, violento, enorme: *ganas rabiosas, rabiosa actualidad.* SIN. **2.** Colérico, airado, furioso. **3.** Tremendo, intenso, fuerte. ANT. **2.** Tranquilo. **3.** Escaso. FAM. Rabiosamente. RABIA.

rabisalsera *adj. fam.* Se dice de la mujer que tiene mucha desenvoltura o descaro. SIN. Descarada, rabanera, verdulera. ANT. Apocada.

rabiza *s. f.* **1.** Punta de la caña de pescar en la que se pone el sedal. **2.** Entre marineros, cuerda corta atada al extremo de un objeto para manejarlo fácilmente o para sujetarlo donde convenga. **3.** *vulg.* Ramera, prostituta. SIN. **1.** Puntal.

rabo (del lat. *rapum*, nabo) *s. m.* **1.** Cola o extremidad de la columna vertebral de algunos animales. **2.** Ramita que sostiene la hoja o el fruto de una planta. **3.** Cualquier cosa que se parece a la cola de un animal. **4.** *vulg.* Miembro viril. || LOC. **con el rabo entre las piernas** *adv. fam.* Con verbos como *irse*, *marcharse*, etc., humillado y sin saber qué decir: *Al descubrirse su mentira, se marchó con el rabo entre las piernas.* **de cabo a rabo** *adv.* Por completo, del principio hasta el final: *Hemos limpiado la casa de cabo a rabo.* SIN. **2.** Rabillo, pedúnculo, pecíolo. **3.** Prolongación, alargamiento. FAM. Rabada, rabadilla, rabiatar, rabihorcado, rabilargo, rabillo, rabisalsera, rabiza, rabón, rabotada, rabudo. / Derrabar, taparrabo.

rabón, na *adj.* Se dice del animal que no tiene rabo y debería tenerlo o que lo tiene más corto de lo normal. ANT. Rabilargo, rabudo.

rabona, hacer *loc. fam.* Hacer novillos.

rabonearse *v. prnl. Arg.* y *Urug. fam.* Faltar un estudiante a clase cuando debería asistir.

rabotada *s. f. fam.* Expresión grosera, brusca o injuriosa contra una persona. SIN. Insolencia, grosería, descortesía. ANT. Piropo, elogio.

rabudo, da *adj.* Que tiene el rabo grande. SIN. Rabilargo. ANT. Rabicorto, rabón.

rábula (del lat. *rabula*) *s. m.* Abogado ignorante y charlatán.

racanear *v. intr.* **1.** Actuar como un rácano, especialmente en relación con el dinero. **2.** Trabajar lo menos posible. SIN. **1.** Tacañear. **2.** Holgazanear, vaguear. ANT. **1.** Derrochar. **2.** Atarearse. FAM. Racaneo. RÁCANO.

racaneo *s. m.* Acción de racanear.

racanería *s. f.* Cualidad de rácano. SIN. Tacañería, roñosería; holgazanería. ANT. Generosidad; diligencia, laboriosidad.

rácano, na *adj.* **1.** Tacaño, avaro. También *s. m.* y *f.* **2.** Vago, poco trabajador. También *s. m.* y *f.* SIN. **1.** Agarrado, roñoso, roña. **2.** Holgazán, gandul. ANT. **1.** Generoso. **2.** Diligente. FAM. Racanear, racanería.

raccord (fr.) *s. m.* Rácor*.

racha *s. f.* **1.** Golpe de viento: *Vienen rachas del norte.* **2.** Periodo de tiempo en que suceden cosas buenas o malas: *Tuvo una racha de buena suerte.* || LOC. **a rachas** *adv.* Referido al viento, soplando y calmándose de manera intermitente. También, a veces, en determinados periodos de tiempo. SIN. **1.** Ráfaga. FAM. Racheado, rachear.

racheado, da *adj.* Se dice del viento que sopla a rachas.

racial *adj.* **1.** Relativo a la raza. **2.** Que tiene los rasgos de carácter más tópicos de un pueblo: *Es una cantante muy racial.* SIN. **1.** Étnico.

racimado, da *adj.* Que forma un racimo.

racimar (del lat. *racemari*) *v. tr.* **1.** Recoger los racimos caídos en la vendimia. || **racimarse** *v. prnl.* **2.** Formar racimo un fruto. SIN. **2.** Arracimarse.

racimo (del lat. *racemus*) *s. m.* **1.** Conjunto de frutos que cuelgan de un tallo común, especialmente las uvas. **2.** Conjunto de cosas pequeñas colocadas de forma similar a como lo hacen las uvas en su tallo. **3.** Conjunto de personas. **4.** Conjunto de flores sostenidas por un eje común a intervalos regulares y con pedúnculos simples de longitud variable. SIN. **2.** Rosario. **3.** Grupo. FAM. Racimado, racimar, racimoso. / Arracimarse, enracimarse.

raciocinar *v. intr.* Razonar*.

raciocinio (del lat. *ratiocinium*) *s. m.* **1.** Capacidad de pensar. **2.** Acción de razonar. SIN. **1.** Inteligencia, intelecto, razón. **1.** y **2.** Pensamiento. **2.** Reflexión, juicio. FAM. Raciocinar. RAZÓN.

ración (del lat. *ratio, -onis*, medida) *s. f.* **1.** Parte de comida que le corresponde a una persona o animal. **2.** Cantidad de algo que se distribuye, se fija con algún fin, se vende por unidades, etc.: *Compré una tarta de ocho raciones. Hoy ya he tomado mi ración de sol.* **3.** Cierta cantidad de comida que se sirve en bares, cafeterías, etc.: *He pedido una ración de pulpo.* || **4. ración de hambre** *fam.* Sueldo insuficiente. || LOC. **a media ración** *adv.* Con escasa comida o medios insuficientes. SIN. **1.** Porción. **3.** Tapa. FAM. Racionado, racionar. / Rata[2]. RAZÓN.

racional (del lat. *rationalis*) *adj.* **1.** Relativo a la razón: *pensamiento racional.* **2.** Que está dotado de razón: *El hombre es un animal racional.* **3.** Se dice del número fraccionario. SIN. **1.** Lógico, intelectual. **2.** Inteligente. ANT. **1.** y **2.** Irracional. FAM. Racionalidad, racionalismo, racionalizar, racionalmente. / Irracional. RAZÓN.

racionalidad *s. f.* Cualidad de racional. SIN. Lógica, sensatez. ANT. Irracionalidad.

racionalismo *s. m.* **1.** Cualquier sistema filosófico que considera a la razón como única fuente de conocimiento, especialmente la corriente de pensamiento originada en la filosofía de Descartes. **2.** Sistema filosófico que funda solamente sobre la razón las creencias religiosas y rechaza las verdades reveladas. **3.** En arq., corriente, vigente en Europa en los años treinta, que trata de conjugar lo funcional con lo estético. **4.** Tendencia a dar primacía o superioridad a la razón sobre los sentimientos, las intuiciones, etc. ANT. **1.** Irracionalismo; empirismo. FAM. Racionalista. RACIONAL.

racionalización *s. f.* **1.** Acción de racionalizar: *La racionalización de los gastos hará rentable el negocio.* **2.** En psicoanálisis, mecanismo de defensa por el que el individuo intenta dar una explicación intelectual a un acto o idea cuyo verdadero significado le resultaría inaceptable o perturbador.

racionalizar *v. tr.* **1.** Pensar o expresar algo con conceptos racionales. **2.** Organizar algo de tal modo que se se obtengan los mejores resultados posibles con los menores costos o esfuerzos: *racionalizar el trabajo en una empresa, racionalizar gastos.* **3.** En mat., eliminar radicales del denominador de una expresión algebraica. ■ Delante de *e* se escribe *c* en lugar de *z*: *racionalice.* **FAM.** Racionalización. RACIONAL.

racionamiento *s. m.* Acción de racionar: *La sequía motivó el racionamiento del agua.* **SIN.** Dosificación, restricción.

racionar *v. tr.* **1.** Repartir o distribuir de forma ordenada algo, generalmente escaso. **2.** Controlar y limitar el Estado la distribución de los artículos de primera necesidad. **3.** Distribuir una cosa en raciones o suministrar raciones, especialmente a las tropas. **FAM.** Racionamiento. RACIÓN.

racismo *s. m.* **1.** Sentimiento de desprecio o rechazo hacia los individuos de razas diferentes a la propia. **2.** Doctrina que sostiene la superioridad de la propia raza sobre las demás. **FAM.** Racista. RAZA.

racista *adj.* **1.** Del racismo: *actitud racista.* || *s. m.* y *f.* **2.** Persona que siente desprecio o rechazo hacia las razas distintas a la suya.

rácor o **racor** (del fr. *raccord*) *s. m.* **1.** Pieza metálica con dos roscas internas para unir dos tubos. **2.** P. ext., cualquier pieza que sirve para unir dos tubos.

rad (apóc. de *radiación*) *s. m.* Unidad que mide el efecto producido por la radiación en términos de energía absorbida.

rada (del ant. ingl. *rade*) *s. f.* Bahía o lugar donde las naves pueden estar ancladas y protegidas de los vientos. **SIN.** Ensenada.

radar (de las siglas de las palabras inglesas *Radio Detection and Ranging*, detección y localización por radio) *s. m.* **1.** Sistema que permite descubrir la presencia, posición en el espacio y otras características de un objeto cualquiera mediante la emisión de ondas radioeléctricas o hertzianas que se reflejan en ese cuerpo y vuelven a su punto de origen. **2.** Aparato que funciona mediante este sistema. **FAM.** Radárico, radarista.

radarista *s. m.* y *f.* Operador de aparatos de radar.

radiación (del lat. *radiatio, -onis*) *s. f.* **1.** Emisión de luz, calor u otro tipo de energía. **2.** En geom., conjunto de todas las rectas y planos que pasan por un mismo punto. || **3. radiación cósmica** Flujo de partículas cargadas de una altísima energía que recorren el espacio en todas las direcciones y proceden del Sol o de fuera del sistema solar e incluso de nuestra galaxia. ■ Se denomina también *ultrarradiación.* **SIN.** **1.** Irradiación, proyección. **FAM.** Rad. / Ultrarradiación. RADIAR.

radiactividad *s. f.* Propiedad de emitir radiaciones que presentan los núcleos de ciertos elementos químicos cuando se desintegran, llamados por ello radiactivos o radioisótopos. **FAM.** Radiactivo. ACTIVIDAD.

radiactivo, va *adj.* **1.** De la radiactividad. **2.** Que emite radiaciones atómicas: *El uranio es un mineral radiactivo.*

radiado, da 1. *p.* de **radiar**. También *adj.* || *adj.* **2.** Se dice de aquellas cosas que tienen una disposición semejante a los radios de una rueda o circunferencia. **3.** En bot., se dice de los órganos vegetales cuyos elementos se disponen alrededor de un punto o eje como los radios de una circunferencia. **4.** Se aplica a las plantas compuestas cuyas inflorescencias en cabezuela presentan flores en forma de tubo en el centro y numerosas flores con la corola prolongada en láminas o lengüetas en la periferia. **5.** En zool., se dice de los animales invertebrados cuyas partes interiores o exteriores están dispuestas como radios alrededor de un eje o punto central. También *s. m.* **SIN.** **2.** Radial.

radiador *s. m.* **1.** Aparato de calefacción formado por tubos huecos por los que circula agua caliente o vapor. **2.** Conjunto de tubos por los que circula agua para refrigerar ciertos motores de explosión. **3.** P. ext., aparato de calefacción eléctrico.

radial *adj.* **1.** Se aplica a aquello que tiene una forma similar al conjunto de radios de una circunferencia: *aletas radiales de un pez.* **2.** En geom., perteneciente o relativo al radio: *longitud radial.* **3.** Se dice de la carretera que sale del eje central de las vías de comunicación de un país.

radián (del ingl. *radian*, y éste del lat. *radius*) *s. m.* Unidad de medida de ángulos que se define como el ángulo central de una circunferencia en el que la longitud del arco es igual a la longitud del radio.

radiante (del lat. *radians, -antis*, de *radiare*, centellear) *adj.* **1.** Que radia. **2.** Que brilla mucho. **3.** Que siente y manifiesta una gran alegría. **SIN.** **2.** Centelleante. **2.** y **3.** Resplandeciente, reluciente. **ANT.** **2.** Apagado.

radiar (del lat. *radiare*) *v. tr.* **1.** Difundir por medio de la radio noticias, música, etc. **2.** Irradiar, emitir radiaciones. **3.** Tratar una lesión con rayos X. **SIN.** **1.** Transmitir, retransmitir. **2.** Proyectar, emanar. **FAM.** Radiación, radiado, radiador, radiante. / Irradiar.

radicación *s. f.* **1.** Acción de radicar. **2.** Operación matemática que consiste en calcular un número que elevado al índice de la raíz da como resultado el radicando.

radical (del lat. *radix, -icis*, raíz) *adj.* **1.** Relativo a la raíz. **2.** Fundamental, de raíz: *cambios radicales.* **3.** Extremoso, poco flexible o tolerante. También *s. m.* y *f.* **4.** Relativo al radicalismo. También *s. m.* y *f.* **5.** En ling., se aplica a la letra o conjunto de letras que pertenecen a la raíz de una palabra: *vocal radical.* **6.** En bot., se dice de cualquier parte de una planta que nace inmediatamente de la raíz. || *s. m.* **7.** Signo de la raíz cuadrada y expresión que lo lleva. **8.** En ling., raíz de una palabra. **9.** En quím., átomo o agrupación de átomos en que existe algún enlace libre sin saturar. **SIN.** **2.** Básico, profundo. **3.** Extremista, intolerante. **8.** Base, lexema. **ANT.** **3.** Moderado. **FAM.** Radicalismo, radicalizar, radicalmente. RAÍZ.

radicalismo *s. m.* **1.** Conjunto de ideas que pretenden un cambio profundo en los distintos aspectos de la vida social (moral, político, económico, etc.). **2.** Manera de ser y de pensar que no admite términos medios, poco flexible y tolerante. **SIN.** **2.** Extremismo, fanatismo. **ANT.** **2.** Moderación, tolerancia.

radicalizar *v. tr.* Hacer que una persona o una actitud, opinión, teoría, etc., tome carácter radical, extremista o inflexible. También *v. prnl.* ■ Delante de *e* se escribe *c* en lugar de *z*: *radicalice.* **SIN.** Extremar(se), exasperar(se). **ANT.** Moderar(se), suavizar(se). **FAM.** Radicalización. RADICAL.

radicando *s. m.* En mat., expresión que se sitúa bajo el signo radical.

radicar (del lat. *radicare*) *v. intr.* **1.** Echar raíces. **2.** Estar ciertas cosas o vivir las personas en un lugar determinado: *La finca radica en la provincia de Madrid.* **3.** Tener su origen o consistir:

El problema radica en las dificultades para comprenderse. || **radicarse** *v. prnl.* **4.** Establecerse. ■ Delante de *e* se escribe *qu* en lugar de *c*: *radique.* SIN. **1.** Arraigar. **2.** Situarse, localizarse. **2.** y **3.** Residir. FAM. Radicación. RAÍZ.

radicícola (del lat. *radix, -icis*, raíz, y *-cola*) *adj.* Que vive parásito sobre las raíces de una planta.

radícula (del lat. *radicula*, raicilla) *s. f.* Parte del embrión de las plantas que origina la raíz. FAM. Radicular. RAÍZ.

radicular *adj.* De la raíz.

radiestesia (de *radio-* y el gr. *aisthesis*, sensibilidad) *s. f.* Sensibilidad especial que se supone en ciertas personas para captar radiaciones y descubrir manantiales subterráneos, yacimientos de metales, etc. FAM. Radiestesista.

radio[1] (del lat. *radius*) *s. m.* **1.** En geom., línea recta trazada desde el centro de una circunferencia a alguno de sus puntos o, en la esfera, a alguno de los puntos de su superficie exterior. **2.** Espacio circular cuya extensión está determinada por dicha línea: *En un radio de 5 km no hay ninguna casa.* **3.** Cada una de las varillas o piezas que unen el eje con la llanta de una rueda. **4.** En anat., hueso situado al lado del cúbito, con el que forma el antebrazo. **5.** Cada una de las varillas finas y delgadas que dan consistencia a las aletas de los peces. || **6. radio de acción** Alcance de algo. FAM. Radial, radián, radio[2], radio[3]. / Extrarradio, rayo.

radio[2] (de *radium*, nombre que dieron a este elemento sus descubridores) *s. m.* Elemento químico metálico de color blanco brillante que presenta una elevada radiactividad y se empaña rápidamente al exponerlo al aire. Su símbolo es *Ra.* FAM. Radón. RADIO[1].

radio[3] *s. f.* **1.** *apóc.* de **radiodifusión**. **2.** Emisora de radiodifusión. **3.** *apóc.* de **radiorreceptor**. ■ En algunos países hispanoamericanos se usa esta voz como *s. m.* || *s. m.* **4.** *apóc.* de **radiotelegrama**. || *s. m.* y *f.* **5.** *apóc.* de **radiotelegrafista**. || **6. radio macuto** *fam.* Difusión de bulos o rumores. SIN. **3.** Transistor. FAM. Autorradio, radioyente. RADIO[1].

radio- *pref.* Significa 'radiación' o 'radiactividad': *radiotelegrama, radiodifusión.* ■ Ante la vocal *a* se suele simplificar en la forma *radi-*: *radiactivo.*

radioaficionado, da *s. m.* y *f.* Persona que, a través de un aparato radioemisor, se dedica por afición a establecer comunicación con otras.

radioastronomía *s. f.* Parte de la astronomía que estudia las ondas radioeléctricas emitidas por los cuerpos celestes.

radiobaliza *s. f.* Instalación que permite por procedimientos radioeléctricos orientar a los pilotos de aviones o barcos. FAM. Radiobalizar. BALIZA.

radiobalizar *v. tr.* Señalar con radiobalizas una ruta aérea o marítima. ■ Delante de *e* se escribe *c* en lugar de *z*: *radiobalice.*

radiocasete *s. m.* Aparato formado por una radio y un magnetófono.

radiocomunicación *s. f.* Comunicación por medio de ondas radioeléctricas.

radiodiagnóstico *s. m.* Diagnóstico que se hace por medio de técnicas radiológicas.

radiodifundir *v. tr.* Emitir noticias, música, etc., a través de ondas radioeléctricas. SIN. Radiar, transmitir, retransmitir. FAM. Radiodifusión. DIFUNDIR.

radiodifusión *s. f.* **1.** Emisión de noticias, música y otros programas por medio de ondas radioeléctricas con destino al público en general. **2.** Conjunto de medios y procedimientos para llevar a cabo esa emisión. ■ Su apóc. es *radio.*

radioelectricidad *s. f.* **1.** Producción, propagación y recepción de ondas de radio o hertzianas mediante corrientes eléctricas. **2.** Ciencia que estudia estos fenómenos. FAM. Radioeléctrico. ELECTRICIDAD.

radioemisor, ra *adj.* **1.** Se aplica al aparato transmisor de comunicaciones por medio de ondas radioeléctricas. || *s. f.* **2.** Estación transmisora de comunicaciones por medio de estas ondas.

radioescucha *s. m.* y *f.* Persona que recibe las emisiones radiofónicas o radiotelegráficas. SIN. Radioyente.

radiofaro *s. m.* Estación radioeléctrica que emite señales que permiten a los barcos y aviones establecer su posición.

radiofonía *s. f.* Sistema de comunicación que utiliza las ondas radioeléctricas o hertzianas como vehículo. SIN. Radiotelefonía. FAM. Radiofónico, radiofonista.

radiofónico, ca *adj.* De la radiofonía: *programa radiofónico.*

radiofonista *s. m.* y *f.* Radiotelefonista*.

radiofrecuencia *s. f.* Frecuencia de las ondas electromagnéticas empleadas en radiocomunicación.

radiofuente *s. f.* Quasar*.

radiogoniometría *s. f.* En fís., determinación de la distancia y posición de una estación emisora de telecomunicación. FAM. Radiogoniómetro. GONIÓMETRO.

radiografía *s. f.* **1.** Procedimiento para hacer fotografías por medio de rayos X. **2.** Negativo fotográfico que se obtiene por este procedimiento: *El médico estudió detenidamente las radiografías.* FAM. Radiografiar, radiográfico.

radiografiar *v. tr.* **1.** Hacer fotografías por medio de los rayos X. **2.** Transmitir por medio de la telegrafía o telefonía sin hilos. ■ En cuanto al acento, se conjuga como *ansiar*: *radiografío.*

radioisótopo *s. m.* Isótopo que emite radiaciones, que se emplea en medicina para el diagnóstico y tratamiento de ciertas enfermedades.

radiolario *adj.* **1.** Se dice de protozoos rizópodos microscópicos cuyo esqueleto está formado por espículas de sílice y que tienen seudópodos filamentosos. Habitan en los mares. También *s. m.* || *s. m. pl.* **2.** Orden de estos protozoos.

radiología *s. f.* Estudio y uso de las radiaciones con fines médicos, industriales y de investigación. FAM. Radiológico, radiólogo.

radiólogo, ga *s. m.* y *f.* Médico especialista en radiología.

radiometría *s. f.* **1.** Parte de la física que se ocupa de medir la intensidad de las radiaciones. **2.** Técnica médica para determinar por medio de procedimientos radiológicos las dimensiones de estructuras y órganos del cuerpo. FAM. Radiómetro.

radiómetro *s. m.* Aparato que se utiliza para medir la intensidad de las radiaciones.

radionovela *s. f.* Narración, generalmente de carácter melodramático, que se emite por la radio en capítulos.

radiopatrulla *s. f.* **1.** *Ven.* Automóvil de vigilancia de un cuerpo de policía. **2.** *Arg.* Conjunto de automóviles de la policía conectados a una emisora central.

radiorreceptor *s. m.* Aparato que recibe las ondas hertzianas y las transforma en señales o sonidos. ■ Su apóc. es *radio.*

radioscopia *s. f.* Visión del interior del cuerpo humano y de otros cuerpos opacos por medio de rayos X. Se utiliza para el diagnóstico médico. **FAM.** Radioscópico.

radiosonda *s. f.* Instrumento elevado en pequeños globos que, conectado a una emisora de radio, informa sobre las condiciones meteorológicas de la atmósfera.

radiotaxi *s. m.* Taxi provisto de un aparato receptor-emisor conectado con una centralita, la cual recibe las llamadas de los clientes y comunica al conductor del taxi la dirección del cliente para que acuda a prestar servicio.

radiotecnia *s. f.* Técnica de telecomunicación por medio de las ondas radioeléctricas. **FAM.** Radiotécnico.

radiotelecomunicación *s. f.* Conjunto de sistemas y procedimientos para comunicarse a larga distancia por medio de las ondas radioeléctricas.

radiotelefonía *s. f.* Sistema de comunicación telefónica por medio de ondas radioeléctricas. **SIN.** Radiofonía. **FAM.** Radiotelefónico, radiotelefonista, radioteléfono. TELEFONÍA.

radiotelefonista *s. m.* y *f.* Técnico u operador de radiotelefonía. **SIN.** Radiofonista.

radioteléfono *s. m.* Teléfono sin hilos que utiliza las ondas radioeléctricas.

radiotelegrafía *s. f.* Sistema de comunicación telegráfica por medio de ondas radioeléctricas. **FAM.** Radiotelegráfico, radiotelegrafista, radiotelégrafo. TELEGRAFÍA.

radiotelegrafista *s. m.* y *f.* Persona que se ocupa de las instalaciones de radiotelegrafía. ■ Su apóc. es *radio*.

radiotelégrafo *s. m.* Aparato que transmite y recibe mensajes por medio de señales radioeléctricas.

radiotelegrama *s. m.* Telegrama transmitido por radio. ■ Su apóc. es *radio*.

radiotelescopio *s. m.* Instrumento que detecta las señales de radio emitidas por ciertos astros.

radiotelevisión *s. f.* **1.** Transmisión de imágenes a distancia por medio de ondas electromagnéticas. **2.** Organismo que engloba servicios de radio y televisión.

radioterapeuta *s. m.* y *f.* Especialista en radioterapia.

radioterapia *s. f.* Empleo de las radiaciones con fines curativos, p. ej. en el tratamiento de tumores, para lo que se emplean diversos isótopos del radón, del radio y del cobalto. **FAM.** Radioterapeuta, radioterapéutico. TERAPIA.

radiotransmisor *s. m.* Aparato para enviar mensajes radiotelefónicos o radiotelegráficos.

radioyente *s. m.* y *f.* Persona que escucha las emisiones radiofónicas. **SIN.** Radioescucha.

radisótopo *s. m.* Cuerpo simple que, por inestable, emite radiaciones.

radón (de *radio*[2]) *s. m.* Elemento químico, gas noble de elevada toxicidad, incoloro, que al licuarse a –61,8 °C adquiere diversas coloraciones que van desde el verde al violeta. Su símbolo es *Rn*.

rádula *s. f.* En zool., órgano que tienen en la boca algunos moluscos, parecido a una lima, que les sirve para desmenuzar los alimentos.

raedera *s. f.* **1.** Instrumento que se utiliza para raer o raspar. **2.** Tabla semicircular de unos 10 cm de diámetro que utilizan los albañiles para rebañar la masa que se queda pegada en el recipiente. **3.** Azada pequeña que utilizan los mineros para diversos fines.

raedura *s. f.* **1.** Acción de raer. **2.** Trozo pequeño que se desprende al raer algo. Se usa más en *pl.* **SIN. 1.** y **2.** Raspadura. **2.** Limadura.

raer (del lat. *radere*) *v. tr.* **1.** Raspar una superficie con un instrumento áspero o cortante. **2.** Igualar las medidas de los áridos, como el trigo, la cebada, etc. **3.** Eliminar completamente, hacer desaparecer. ■ Es v. irreg. Se conjuga como *caer*, salvo la 1.ª pers. del sing. del presente de indicativo que es *raigo* o *rayo*. **SIN. 2.** Rasar. **3.** Erradicar, extirpar, suprimir. **FAM.** Raedera, raedizo, raedura, raíble, raído.

ráfaga (onomat.) *s. f.* **1.** Golpe de viento, fuerte y de poca duración. **2.** Golpe de luz fuerte e instantáneo: *Dio una ráfaga con las luces largas del coche.* **3.** Conjunto de disparos que lanza un arma ametralladora de una sola vez. **4.** *Arg.* y *Perú* En el juego, repetición constante de un mismo resultado. **SIN. 1.** Racha. **2.** Fogonazo.

rafia (voz de Madagascar) *s. f.* **1.** Palmera de estípite recto, hojas largas y grandes y fruto en racimo. **2.** Fibra obtenida de esta planta.

rafting (ingl.) *s. m.* Deporte que consiste en descender por aguas bravas con una balsa neumática.

raglan o **raglán** (de lord *Raglan*, almirante de la flota británica en Guinea) *adj.* **1.** Se aplica a un tipo de abrigo cuyas mangas arrancan del cuello. **2.** Se dice de este tipo de mangas. ■ Se dice también *ranglan* o *ranglán*.

ragtime (ingl.) *s. m.* Género musical de origen afroamericano que, junto con el blues, es la base del jazz.

ragú (del fr. *ragout*) *s. m.* Guiso de carne con patatas, zanahorias, guisantes, etc. ■ Su *pl.* es *ragúes*, aunque tambien se utiliza *ragús*.

rahez (del ár. *rajis*, barato) *adj.* En lenguaje lit., bajo, vil, despreciable.

raicilla (dim. de *raíz*) *s. f.* Cada uno de los filamentos que nacen de la raíz principal de una planta.

raid (ingl.) *s. m.* Expedición militar ejecutada de forma rápida en territorio enemigo.

raído, da 1. *p.* de **raer**. También *adj.* || *adj.* **2.** Se dice de la tela o traje muy gastado por el uso. **SIN. 1.** Limado, raspado. **2.** Desgastado.

raigambre *s. f.* **1.** Conjunto de las raíces entrelazadas de un vegetal. **2.** Circunstancia de estar algo muy arraigado, especialmente hábitos, ideas, etc. **3.** Conjunto de antecedentes o tradiciones de alguien o algo: *una familia de raigambre monárquica.* **SIN. 2.** Arraigo.

raigón (aum. de *raíz*) *s. m.* Raíz de las muelas y los dientes.

raíl (del ingl. *rail*) *s. m.* **1.** Cada una de las guías o carriles de las vías férreas. **2.** P. ext., cualquier guía o carril sobre los que se desplaza algo: *Montaron la puerta sobre raíles.* **SIN. 1.** y **2.** Riel. **FAM.** Guardarraíl, monorraíl.

raíz (del lat. *radix, -icis*) *s. f.* **1.** Parte de los vegetales que crece en sentido contrario al tallo y sirve a la planta para fijarla al suelo y absorber los alimentos que le son necesarios. **2.** Parte de algo que queda oculta y es la procedencia de lo que se aprecia o le sirve de sujeción: *la raíz del pelo.* **3.** Parte inferior de cualquier cosa. **4.** Origen o causa: *La raíz del problema es la falta de recursos económicos.* **5.** En álgebra, cada uno de los valores que tiene la incógnita de una ecuación. **6.** Número que, multiplicado por sí mismo tantas veces como se indica, da como resultado un número determinado. **7.** En ling., parte de una palabra que aporta lo fundamental de su significado y a la que se añaden las desinencias y los prefijos y sufijos si los tiene; p. ej., la raíz de la palabra *perrito* es *perr-*. **8.** En zool., parte de los dientes y muelas de los vertebrados que se incrusta en los alveolos. || **9. raíz cuadrada** Cantidad que multiplicada por sí misma da el número del que es raíz. **10. raíz cúbica** Número que multiplicado dos veces por sí mismo da el número del que es raíz. || LOC. **a raíz de** *prep.* Inmediatamente después de, como consecuencia de: *A raíz de la aprobación de la ley hubo muchas protestas.* **de raíz** *adv.* Completamente, desde su origen: *El profesor intentó cortar de raíz la indisciplina de la clase.* **echar raíces** Establecerse en un lugar. SIN. **3.** Pie, base. **4.** Motivo, fundamento. **7.** Radical, lexema. ANT. **3.** Cabeza. FAM. Raicilla. / Arraigar, desraizar, enraizar, erradicar, radical, radicando, radicar, radicícola, radícula, raigambre, raigón.

raja *s. f.* **1.** Abertura larga y fina en algo. **2.** Porción de un alimento plana, ancha y relativamente delgada: *una raja de merluza.* SIN. **1.** Rajadura, corte, grieta. **2.** Rodaja. FAM. Rajar[1], rajuela.

rajá *s. m.* **1.** Soberano de la India. **2.** *fam.* Se utiliza como término de comparación para referirse a una persona que se da la gran vida: *Vive como un rajá.*

rajado, da 1. *p.* de **rajar**. || *adj.* **2.** *fam.* Cobarde. También *s. m.* y *f.* SIN. **2.** Gallina. ANT. **2.** Valiente.

rajadura *s. f.* **1.** Acción de rajar o rajarse algo. **2.** Raja que hay en alguna cosa.

rajar[1] (del lat. *radiare*) *v. tr.* **1.** Dividir en rajas. **2.** Hacer rajas: *Rajó el pellejo de vino con la navaja.* También *v. prnl.* **3.** *vulg.* Herir con arma blanca. **4.** *Arg.* Echar a alguien, despedirle. || **rajarse** *v. prnl.* **5.** *fam.* Acobardarse, echarse atrás: *Contábamos con él, pero al final se rajó.* **6.** *Amér.* Salir precipitadamente, huir. También *v. intr.* SIN. **1.** Partir, trocear. **2.** Cortar(se), hendir. **3.** Pinchar. ANT. **5.** Lanzarse. FAM. Rajadizo, rajado, rajadura. RAJA.

rajar[2] *v. intr.* **1.** *fam.* Hablar mucho. **2.** Contar mentiras, especialmente para vanagloriarse de valiente. SIN. **1.** Cascar, charlar, conversar.

rajatabla, a *loc. adv. fam.* Rigurosamente, sin concesiones: *Hizo cumplir las normas a rajatabla.*

rajón, na *adj. Amér. C.* y *Méx.* Fanfarrón, presumido.

rajuela (dim. de *raja*) *s. f.* Piedra delgada y sin labrar que se emplea para obras de poca importancia.

ralea *s. f.* **1.** Clase, tipo, etc., generalmente malo. **2.** *desp.* Referido a personas, raza, familia o casta: *Es hombre de mala ralea.* SIN. **1.** y **2.** Condición. **2.** Calaña, estofa.

ralear *v. intr.* **1.** Perder una cosa su consistencia, hacerse más clara: *Este chocolate ralea.* **2.** No desarrollarse enteramente los racimos de vid. **3.** Manifestar uno su mala condición. SIN. **1.** Clarear.

ralentí (del fr. *ralenti*) *s. m.* **1.** En un automóvil, motocicleta, etc., régimen más débil del motor, con el vehículo parado y sin velocidad engranada. **2.** P. ext., actividad de una persona o máquina al mínimo rendimiento. FAM. Ralentizar.

ralentizar *v. tr.* Hacer más lenta la actividad o el proceso de algo. También *v. prnl.* ■ Delante de *e* se escribe *c* en lugar de *z.* SIN. Retrasar(se), retardar(se). ANT. Acelerar(se). FAM. Ralentización. RALENTÍ.

rallador *s. m.* Utensilio de cocina que sirve para desmenuzar y consta generalmente de una chapa de metal curvada con agujeritos de borde saliente. SIN. Rallo.

ralladura *s. f.* **1.** Conjunto de pequeños trozos que quedan después de rallar algo. **2.** Surco pequeño: *La mesa está llena de ralladuras.*

rallar *v. tr.* Deshacer en trocitos muy pequeños una cosa, especialmente un alimento, con el rallador: *rallar pan.* FAM. Rallador, ralladura, rallo.

rallo (del lat. *rallum*, de *radere*, raer) *s. m.* Rallador*.

rally (ingl.) *s. m.* **1.** Carrera, generalmente automovilística, en terreno dificultoso y fuera de circuito cerrado. **2.** Otro tipo de carreras, p. ej. de coches antiguos. ■ Su *pl. ingl.* es *rallies*, aunque en español también se utiliza *rallys.*

ralo, la (del lat. *rarus*) *adj.* Se dice de las cosas cuyos componentes están más separados de lo normal y que, por tanto, dan sensación de poco espesos. SIN. Claro, disperso. ANT. Poblado, tupido. FAM. Ralear, raleza.

RAM (siglas de la expresión ingl. *Random Access Memory*) *s. f.* En inform., memoria de acceso directo y rápido para lectura y escritura.

rama[1] *s. f.* **1.** Cada una de las partes que nacen del tronco o tallo de las plantas, tienen la misma estructura que éste, y en las que brotan las hojas, flores y frutos si los tienen. **2.** Conjunto de personas que tienen su origen en un tronco familiar. **3.** Cada una de las diferentes partes de una ciencia o de una disciplina académica. **4.** Parte secundaria de algo, que deriva de una cosa principal. || LOC. **andarse** (o **irse**) **por las ramas** *fam.* Detenerse en lo secundario y no tratar lo principal de un asunto. **de rama en rama** *adv. fam.* Cambiando constantemente, sin un fin determinado. SIN. **2.** Linaje, familia. **3.** Especialidad, sección. FAM. Ramada, ramaje, ramal, ramificarse, ramonear, ramoso. / Derramar, enramar. RAMO.

rama[2] (del al. *Rahmen*) *s. f.* En artes gráficas, marco o cerco metálico cuadrangular con que se ciñe el molde que se ha de imprimir.

rama, en (del fr. *rame*, del ant. fr. *rasme*, y éste del cast. *resma*, del ár. *rizma*, paquete) *loc. adv.* **1.** Designa el estado de ciertas materias o sustancias antes de haber recibido su última aplicación o manufactura: *algodón en rama.* **2.** Se refiere también a los ejemplares de una obra impresa que todavía no han sido encuadernados.

ramada *s. f. Arg.*, *Col.*, *Urug.* y *Ven.* Enramada, cobertizo.

ramadán (del ár. *ramadan*, mes de ayuno) *s. m.* Noveno mes del año lunar de los musulmanes, dedicado al ayuno.

ramaje *s. m.* Conjunto de ramas de un árbol.

ramal *s. m.* **1.** Cada una de las cuerdas finas de que se componen trenzas, sogas, etc. **2.** Cuerda sujeta a la cabeza de las caballerías. **3.** Vía de comunicación que se aparta de otra principal. **4.** Parte que arranca de la línea principal de algo: *ramal de una cordillera.* **5.** Cada tramo de escalera que concurre en un mismo rellano. SIN. **1.** Cabo. **2.** Cabestro. **3.** Desviación. **4.** Derivación. FAM. Ramalazo. RAMA[1].

ramalazo *s. m.* **1.** Dolor repentino y fuerte en alguna parte del cuerpo. **2.** Leve locura. **3.** *fam.* Amaneramiento, afeminamiento. **4.** Golpe que se da con el ramal. SIN. **1.** Pinchazo, punzada. **2.** Vena, venada. **3.** Pluma.

rambla (del ár. *ramla*, arenal) *s. f.* **1.** Lecho o cauce natural que forman las corrientes de aguas de lluvia cuando caen abundantemente. **2.** Avenida ancha, generalmente con la acera en el centro. SIN. 2. Paseo, bulevar. FAM. Arramblar, arramplar.

rameado, da *adj.* Se dice del tejido o papel que representa ramos.

ramera *s. f.* Prostituta*.

ramificación *s. f.* **1.** Acción de ramificarse. **2.** Consecuencia de algún hecho: *La sequía tuvo ramificaciones económicas.* **3.** En anat., división de las arterias, venas o nervios. SIN. **2.** Derivación, efecto, secuela.

ramificarse (del lat. *ramus*, rama, y *facere*, hacer) *v. prnl.* **1.** Dividirse en ramas. **2.** Extenderse alguna cosa, propagarse sus consecuencias. ■ Delante de *e* se escribe *qu* en lugar de *c.* SIN. **1.** Bifurcarse, separarse. **2.** Ampliarse, difundirse. ANT. **2.** Reducirse, restringirse. FAM. Ramificación. RAMA[1].

ramillete *s. m.* **1.** Ramo pequeño de flores o hierbas. **2.** Conjunto o colección de personas o cosas selectas. SIN. **1.** Manojo. **2.** Selección.

ramio (del malayo *ramí*) *s. m.* Planta herbácea que mide entre 1 y 3 m de altura, tiene la raíz gruesa, los tallos tomentosos, hojas dentadas y puntiagudas y flores unisexuales. De su tallo se extrae una fibra apreciada en la industria textil.

ramirense *adj.* Se dice de la fase de maduración del arte asturiano: *Santa María del Naranco es una muestra de arte ramirense.* También *s. m.*

ramo (del lat. *ramus*) *s. m.* **1.** Rama de segundo orden que sale de una principal. **2.** Rama cortada de un árbol. **3.** Conjunto natural o artificial de flores, hierbas o ramas, etc.: *ramo de rosas.* **4.** Ristra de ajos o cebollas. **5.** Parte en que se divide una industria, una ciencia, un arte, etc. SIN. **1.** Ramificación. **3.** Manojo, ramillete. **5.** Sección, sector, especialidad. FAM. Rama[1], rameado, ramera, ramillete, ramón.

ramón (aum. de *ramo*) *s. m.* **1.** Conjunto de ramas de árbol que los pastores cortan para dar de comer al rebaño. **2.** Ramaje que resulta al podar los árboles.

ramonear *v. intr.* **1.** Cortar las puntas de las ramas de los árboles. **2.** Comerse los animales las hojas o puntas de las ramas de los árboles o arbustos. FAM. Ramoneo. RAMA[1].

ramoso, sa *adj.* Que tiene muchas ramas.

rampa (del germ. *rampa*) *s. f.* **1.** Plano inclinado, formado p. ej. por una tabla, para subir o bajar por él. **2.** Terreno en pendiente. SIN. **2.** Cuesta. FAM. Rampante.

rampante (del fr. *rampant*, y éste del germ. *rampa*, garra) *adj.* **1.** Se aplica al león de los escudos de armas que tiene las manos con gesto de agarrar. **2.** En arq., se dice de los arcos, bóvedas, etc., que tienen sus puntos de apoyo oblicuos o a distinto nivel.

ramplón, na (del germ. *kramp*, encorvado) *adj.* Vulgar o excesivamente sencillo. SIN. Simplón, pedestre. ANT. Sofisticado, fino. FAM. Ramplonería.

ramplonería *s. f.* **1.** Cualidad de la persona ramplona. **2.** Dicho o hecho propios de una persona ramplona. SIN. **1.** Vulgaridad, simpleza.

rana (del lat. *rana*) *s. f.* **1.** Anfibio anuro de tronco rechoncho, extremidades posteriores muy desarrolladas y adaptadas al salto, cabeza con ojos prominentes y lengua incisa con la que atrapa insectos. En su desarrollo experimenta una metamorfosis por la que evoluciona desde el estado de renacuajo, en que presenta una larga cola, al de adulto, perdiendo la cola y desarrollando las extremidades. **2.** Juego que consiste en tirar monedas u otros objetos e introducirlos en la boca de una rana de metal que está sujeta a un soporte o en otras ranuras, obteniendo una determinada puntuación. **3.** Prenda para bebés de una sola pieza. || *s. f. pl.* **4.** Tumor blando debajo de la lengua. || **5. hombre rana** Submarinista que va vestido con traje de goma y lleva aletas, gafas, botellas de aire, etc., para poder bucear. || LOC. **salir rana** alguien o algo *fam.* Decepcionar, no resultar como se esperaba. SIN. **4.** Ránula. FAM. Ranilla, ranita, ránula. / Renacuajo.

ranchera (de *rancho*) *s. f.* **1.** Canción popular mexicana. **2.** Automóvil con más espacio en la parte trasera para pasajeros o carga.

ranchero, ra *s. m.* y *f.* **1.** Persona que administra o dirige un rancho. **2.** Persona que trabaja o vive en un rancho. **3.** Persona que guisa el rancho: *Estuvo de ranchero en la mili.* || *adj.* **4.** Relativo a un rancho.

rancho (del ant. alto al. *hring*, círculo, asamblea) *s. m.* **1.** Comida hecha para un grupo numeroso de personas y que suele limitarse a un solo guisado. **2.** *fam.* Comida mal hecha o de muy mala calidad. **3.** En América, granja donde se crían caballos, vacas y otros cuadrúpedos. **4.** *And.* Finca de menor extensión que un cortijo. **5.** Lugar fuera de un centro de población donde se albergan personas: *un rancho de gitanos.* **6.** *Méx.* Propiedad rural. **7.** *Arg.*, *Par.* y *Urug.* Vivienda de campesinos. || LOC. **hacer** (o **formar**) **rancho aparte** *fam.* Formar un grupo aparte de personas dentro de otro mayor. FAM. Ranchera, ranchero.

ranciar *v. tr.* Poner rancio. Se usa más como *v. prnl.* ■ Se dice también *enranciar.*

rancio, cia (del lat. *rancidus*) *adj.* **1.** Se dice del vino y de algunos comestibles que adquieren con el tiempo un sabor y un olor más fuerte o se echan a perder. **2.** Se dice de las cosas antiguas y de las personas apegadas a ellas. **3.** *fam.* Antipático, seco. || *s. m.* **4.** Cualidad de rancio. SIN. **1.** Anejo, curado, pasado. **2.** Anticuado, trasnochado. **4.** Ranciedad. ANT. **1.** Fresco. **3.** Simpático. FAM. Ranciar, ranciedad. / Enranciar.

rand *s. m.* Unidad monetaria oficial de la República Sudafricana.

randa (del al. *Rand*, borde) *s. f.* **1.** Adorno de encaje para vestidos, ropa blanca, etc. **2.** Encaje de bolillos. || *s. m.* **3.** *fam.* Pillo, ladrón. SIN. **3.** Truhán, golfo, granuja.

ranger (ingl., significa 'batidor') *s. m.* Individuo de unidades especiales del ejército de Estados Unidos y algunos países hispanoamericanos, preparadas para combatir las guerrillas.

ranglan o **ranglán** *adj.* Raglan*.

rango (del germ. *hring*, círculo) *s. m.* Clase o categoría de una persona en cuanto a su situación profesional, social, etc. SIN. Estatus, jerarquía.

ranilla (dim. de *rana*) *s. f.* En el casco de las caballerías, parte más blanda que el resto, situada entre los dos pulpejos.

ranita *s. f.* **1.** *dim.* de **rana.** || **2. ranita de San Antón** Anfibio parecido a la rana, de color verde intenso, que vive en charcas hasta que hace la puesta y emigra a los árboles.

ranking (ingl.) *s. m.* Clasificación por grados, de mayor a menor.

ránula (del lat. *ranula*, ranita) *s. f.* Tumor blando que se forma debajo de la lengua. SIN. Ranas.

ranunculáceo, a *adj.* **1.** Se dice de las plantas herbáceas, anuales o vivaces, con flores muy vistosas y fruto en folículo o baya, como el acónito o la peonía. También *s. f.* || *s. f. pl.* **2.** Familia de estas plantas.

ranúnculo *s. m.* Planta herbácea anual, de dos a seis centímetros, con flores amarillas y jugo muy venenoso. **FAM.** Ranunculáceo.

ranura (del fr. *rainure*) *s. f.* Hendidura estrecha que tienen algunos objetos y sirve para distintos fines, p. ej. para encajar una pieza en un lugar determinado. **SIN.** Acanaladura, guía, surco. **FAM.** Ranurar.

raño (del lat. *araneus*) *s. m.* Escorpena*.

rap *s. m.* **1.** Composición musical moderna de ritmo muy marcado cuya letra se recita al compás de la música. **2.** Baile que se ejecuta al ritmo de esta música. **FAM.** Rapero.

rapa (del cat. *rapa*) *s. f.* Flor del olivo.

rapacería *s. f.* **1.** Rapacidad*. **2.** Robo, rapiña.

rapacidad (del lat. *rapacitas, -atis*) *s. f.* Cualidad de las personas que roban o tienden a ello. **SIN.** Rapacería.

rapado, da 1. *p.* de **rapar**. También *adj.* || *s. m.* **2.** Corte de pelo en el que se deja el cabello muy corto. || **3. cabeza rapada** Miembro de un grupo urbano de jóvenes que se caracterizan por su pelo rapado, su conducta violenta y su simpatía hacia posturas ultranacionalistas, racistas y de extrema derecha.

rapador, ra *adj.* **1.** Que rapa. También *s. m.* y *f.* || *s. m.* **2.** *fam.* Barbero.

rapapolvo *s. m. fam.* Regañina fuerte. **SIN.** Bronca, reprimenda.

rapar (del germ. *rapon*, tirar del cabello) *v. tr.* **1.** Afeitar la barba. **2.** Cortar mucho el pelo. **SIN. 1.** Rasurar. **2.** Pelar, esquilar. **FAM.** Rapado, rapador, rapadura, rapapolvo, rape[1].

rapaz (del lat. *rapax, -acis*) *adj.* **1.** Se dice del ave carnívora con alas fuertes, plumaje de colores discretos, cabeza con pico curvo, corto y fuerte, y patas cuyas últimas falanges son muy grandes y están provistas de garras afiladas y arqueadas. También *s. f.* **2.** Se dice de la persona inclinada al robo. || *s. m.* **3.** Muchacho. || *s. f. pl.* **4.** Denominación común que se da a las aves mencionadas. **SIN. 3.** Chaval, chico, mozo. **FAM.** Rapacería, rapacidad, rapaza.

rapaza *s. f.* Muchacha de corta edad. **SIN.** Chavala, chica, moza.

rape[1] *s. m.* **1.** Afeitado de la barba hecho deprisa y sin cuidado. **2.** Corte de pelo dejándolo muy corto. || **LOC. al rape** *adv.* Refiriéndose al corte de pelo, a ras de cabeza.

rape[2] (del cat. *rap*) *s. m.* Pez teleósteo que mide entre 90 cm y 2 m de longitud y tiene color pardo, la parte anterior del cuerpo comprimida y plana, ojos salientes, boca grande con dientes cónicos y un primer radio de la aleta dorsal que se prolonga de la mandíbula superior y con el que atrae a sus presas. Se llama también *pejesapo*.

rapé (del fr. *rapé*, rallado) *s. m.* Tabaco en polvo que se aspira por la nariz.

rápel *s. m.* Rappel*.

rapero, ra *s. m.* y *f.* Persona que canta o baila rap.

rapidez *s. f.* Cualidad de rápido. **SIN.** Celeridad, prontitud. **ANT.** Lentitud.

rápido, da (del lat. *rapidus*) *adj.* **1.** Que se mueve u ocurre a gran velocidad, muy deprisa: *Es un coche muy rápido. La mañana se ha pasado muy rápida.* **2.** Que emplea poco tiempo en hacer algo: *Es rápida trabajando.* **3.** Que dura poco tiempo: *La entrevista fue muy rápida.* || *adv. t.* **4.** Muy deprisa, a gran velocidad: *Habla tan rápido que no le entiendo.* || *s. m.* **5.** Parte de un río en que las aguas corren con gran fuerza. **6.** Tren de viajeros que sólo para en las principales estaciones del recorrido. **SIN. 1.** y **2.** Veloz. **2.** Ágil. **3.** Corto, breve. **4.** Rápidamente, aceleradamente. **ANT. 1.** y **2.** Lento. **3.** Largo. **4.** Pausadamente. **FAM.** Rápidamente, rapidez. / Rabión, raudo.

rapiña (del lat. *rapina*) *s. f.* **1.** Robo o saqueo. || **2. ave de rapiña** Ave rapaz. **SIN. 1.** Pillaje, hurto. **FAM.** Rapiñar.

rapiñar *v. tr. fam.* Quitar a alguien algo. **SIN.** Robar, hurtar.

raposear *v. intr.* Hacer uso de astucias y trucos.

raposería *s. f.* Conjunto de astucias y mañas del zorro y, p. ext., las del hombre.

raposo, sa *s. m.* y *f.* **1.** Zorro*. **2.** *fam.* Persona muy astuta. **FAM.** Raposear, raposería.

rappel (fr.) *s. m.* **1.** En alpinismo, técnica de descenso rápido que consiste en el deslizamiento por una cuerda colgante de una pared vertical. **2.** En el comercio, descuento especial, aparte del ordinario, que se hace a los clientes importantes, según las compras efectuadas durante un tiempo determinado, generalmente un año. ■ Se escribe también *rápel*.

rapport (fr.) *s. m.* Informe, de palabra o por escrito, sobre un asunto o tema determinado.

rapsoda (del gr. *rhapsodos*, de *rhapto*, coser, y *ode*, canto) *s. m.* **1.** En la antigua Grecia, hombre que iba de pueblo en pueblo cantando fragmentos de los poemas de Homero. **2.** P. ext., poeta. || *s. m.* y *f.* **3.** Recitador de versos. **SIN. 2.** Vate, lírico. **FAM.** Rapsodia, rapsódico. ODA.

rapsodia (del lat. *rhapsodia*, y éste del gr. *rhapsodia*) *s. f.* **1.** Fragmento de un poema, y especialmente de alguno de los de Homero. **2.** Pieza musical compuesta de fragmentos de otras obras, o de melodías nacionales o regionales.

raptar (del lat. *raptare*) *v. tr.* **1.** Capturar y retener a una persona, generalmente con el objeto de pedir un rescate. **2.** Llevarse a una persona, especialmente a una mujer, con engaños o por la fuerza, en general para abusar sexualmente de ella. **SIN. 1.** Secuestrar. **FAM.** Rapto, raptor.

rapto (del lat. *raptus*) *s. m.* **1.** Acción de raptar. **2.** Impulso violento y repentino producido en alguien por una fuerte emoción: *Le abofeteó en un rapto de ira.* **3.** Estado de la persona que, llevada por una fuerte emoción o sentimiento, pierde el contacto con lo que le rodea. **SIN. 1.** Secuestro. **2.** Arrebato, ataque. **3.** Éxtasis, arrobamiento.

raptor, ra *s. m.* y *f.* Persona que rapta o secuestra a otra: *La policía ha detenido a los raptores del hijo del empresario.* **SIN.** Secuestrador.

raque (del al. *Wrack*, barco naufragado, restos de un naufragio) *s. m.* Acción de recoger en las costas los restos de los naufragios. **FAM.** Raquear.

raqueta (del ital. *rachetta*, de *retichetta*, y éste del lat. *rete*, red) *s. f.* **1.** Especie de pala utilizada para jugar a la pelota, especialmente al tenis, formada por un bastidor con mango, que sujeta un enrejado de cuerdas. **2.** P. ext., jugador de tenis: *Al torneo acuden las mejores raquetas del país.* **3.** Objeto similar a dicha pala, que se sujeta el calzado para andar por la nieve. **4.** Especie de rastrillo sin púas, que se utiliza en las mesas de juego para mover el dinero o las fichas. **5.** Desvío lateral de forma semicircular en una carretera para realizar un cambio de sentido o dirección. **FAM.** Raquetazo.

raquetazo *s. m.* Golpe dado con una raqueta.

raquialgia (del gr. *rhakhis* y *-algia*) *s. f.* Dolor a lo largo del raquis o columna vertebral.

raquídeo, a *adj.* **1.** Del raquis o columna vertebral. || **2. bulbo raquídeo** Véase **bulbo**.

raquis (del gr. *rhakhis*) *s. m.* **1.** Columna vertebral. **2.** Eje de una pluma de ave. **3.** En bot., eje de un racimo o una espiga. ■ No varía en *pl.* **FAM.** Raquialgia, raquídeo, raquitismo. / Cefalorraquídeo.

raquítico, ca *adj.* **1.** Que padece raquitismo. También *s. m.* y *f.* **2.** Muy delgado o débil. **3.** *fam.* Muy pequeño o escaso: *Nos pusieron unas raciones raquíticas.* **SIN. 2.** Escuálido, flaco, esmirriado; enclenque, endeble. **3.** Miserable, ridículo. **ANT. 2.** Fuerte, robusto. **3.** Abundante.

raquitismo *s. m.* Enfermedad propia de la infancia, producida por la carencia de vitamina D; se caracteriza porque los huesos están mal calcificados, son blandos y se doblan con facilidad. **FAM.** Raquítico. RAQUIS.

rara avis (lat.) *expr.* Excepción dentro de la regla, caso poco frecuente. ■ Se usa como *s. f.*

raramente *adv. t.* Muy pocas veces.

rarefacción *s. f.* Acción de rarificar o rarificarse.

rareza *s. f.* **1.** Cualidad de raro. **2.** Cosa rara: *Le gusta coleccionar rarezas.* **3.** Acción o característica de una persona rara: *Este chico tiene muchas rarezas.* **SIN. 1.** y **2.** Singularidad, extravagancia, excentricidad. **3.** Manía. **ANT. 1.** Normalidad.

rarificar *v. tr.* Hacer menos denso un cuerpo gaseoso. También *v. prnl.* ■ Delante de *e* se escribe *qu* en lugar de *c*: *rarifique.* **SIN.** Enrarecer. **FAM.** Rarefacción. RARO.

raro, ra (del lat. *rarus*) *adj.* **1.** Distinto de lo normal o habitual, por lo que extraña o sorprende: *Tiene una mirada rara. Es raro que no haya venido.* **2.** Poco frecuente: *Rara vez veo a Luisa.* **3.** Escaso en su clase: *una edición muy rara.* **4.** Se aplica a la persona de comportamiento o carácter poco comunes, así como a su conducta, forma de ser, etc. También *s. m.* y *f.* **5.** Se dice del gas enrarecido. **SIN. 1.** Extraño, insólito, inusitado, inusual. **1.** y **2.** Infrecuente. **ANT. 1.** a **3.** Corriente. **3.** Abundante. **FAM.** Raramente, rareza, rarificar. / Enrarecer.

ras (de *raso*) *s. m.* Igualdad en la altura de la superficie de las cosas. ■ Se usa únicamente en las locuciones que se definen a continuación. || **LOC. a (o al) ras** *adv.* A la misma altura que el borde o extremo de aquello de que se trata: *He cortado la hierba al ras.* **a ras de** *prep.* Al mismo nivel que aquello que se expresa: *El cable va a ras del suelo.* **FAM.** Rasear. RASO.

rasante *adj.* **1.** Que rasa o que se mueve rasando el suelo u otra superficie: *un avión en vuelo rasante.* || *s. f.* **2.** Línea del perfil de un camino, calle, etc., considerada, en cuanto a su inclinación o paralelismo, respecto a la horizontal: *cambio de rasante.* || **3. tiro rasante** En lenguaje militar, el que es más o menos horizontal.

rasar *v. tr.* **1.** Igualar las medidas de los áridos, como el trigo, la cebada, los garbanzos, etc. **2.** Rozar ligeramente un cuerpo a otro: *La bala rasó la pierna del soldado.* **FAM.** Rasado, rasadura, rasante. / Arrasar, enrasar. RASO.

rasca *adj.* **1.** *fam.* Tacaño, avaro. También *s. m.* y *f.* **2.** *Arg.* Pobre, harapiento, astroso. También *s. m.* y *f.* || *s. amb.* **3.** *fam.* Frío: *Hace un rasca por las mañanas...* || *s. f.* **4.** *Amér.* Borrachera. **SIN. 1.** Rata, agarrado, mezquino. **3.** Fresco, gris. **ANT. 1.** Generoso. **3.** Calor.

rascacielos *s. m.* Edificio de gran altura y muchos pisos. ■ No varía en *pl.*

rascado, da 1. *p.* de **rascar**. También *adj.* || *adj.* **2.** *Amér.* Borracho. También *s. m.* y *f.* **3.** *Amér. C.* De mal genio, irritable. **4.** Audaz, atrevido. || *s. m.* **5.** Operación de rascar o desprender la pintura vieja de la superficie que se va a pintar.

rascador *s. m.* Instrumento para rascar.

rascar (del lat. vulg. *rasicare*, de *radere*, afeitar, raer) *v. tr.* **1.** Pasar por la piel algo áspero o afilado, generalmente las uñas. También *v. prnl.* **2.** Raspar una cosa con un objeto áspero o cortante, para alisar su superficie o arrancar algo de ella: *Rascó la mesa con la lija.* **3.** Producir un contacto desagradable en la piel un objeto, tejido, etc. Se usa más como *v. intr.*: *Este jersey rasca.* **4.** Tocar mal un instrumento musical de cuerda. **5.** Obtener un beneficio de algo: *No sé qué esperas rascar en este negocio.* || **rascarse** *v. prnl.* **6.** *Amér.* Emborracharse. ■ Delante de *e* se escribe *qu* en lugar de *c*: *rasque.* **SIN. 2.** Raer. **3.** Picar. **FAM.** Rasca, rascacielos, rascado, rascador, rascadura, rascamiento, rascatripas, rascón, rasqueta. / Arrascar.

rascatripas *s. m.* y *f. fam.* Persona que toca mal un instrumento de cuerda. ■ No varía en *pl.*

rascón, na *adj.* **1.** Áspero o picante al paladar. || *s. m.* **2.** Ave de unos 30 cm de longitud, cuerpo robusto, pico largo, plumaje pardo con cara, garganta y pecho grises y bandas blancas y negras en los flancos; habita en regiones pantanosas.

rasear *v. tr.* En fútbol, jugar el balón a ras del suelo.

rasera *s. f.* **1.** Rasero*. **2.** Espumadera*.

rasero (del lat. *rasorium*) *s. m.* Palo o tabla que se utiliza para nivelar las medidas de los áridos, como el trigo, la cebada, los garbanzos, etc. || **LOC. por el mismo rasero** *adv.* Sin diferencia alguna, especialmente a la hora de juzgar a las personas: *Mido por el mismo rasero a todo el mundo.* **SIN.** Rasera.

rasgado, da 1. *p.* de **rasgar**. También *adj.* || *adj.* **2.** De forma más ancha o alargada de lo normal: *ventana rasgada.* || *s. m.* **3.** Rotura en una tela. **SIN. 3.** Rasgadura, rasgón, siete.

rasgadura *s. f.* **1.** Acción de rasgar o rasgarse. **2.** Parte rasgada de alguna cosa.

rasgar (del lat. *resecare*, hacer pedazos) *v. tr.* **1.** Romper cosas de consistencia semejante a la del papel, la tela, etc., tirando de una parte o de dos, pero en opuestas direcciones. También *v. prnl.*: *Se rasgó la falda.* **2.** Rasguear la guitarra. ■ Delante de *e* se escribe *gu* en lugar de *g*: *rasgue.* **FAM.** Rasgado, rasgadura, rasgo, rasgón, rasguear, rasguñar.

rasgo (de *rasgar*) *s. m.* **1.** Línea trazada al escribir: *Su letra tiene unos rasgos muy bonitos.* **2.** Línea característica del rostro: *Es una cara de rasgos enérgicos.* **3.** Característica de la personalidad de una persona: *La valentía es uno de sus principales rasgos.* **4.** Nota distintiva o peculiaridad de una cosa. **5.** Acción que merece aprobación y alabanza: *un rasgo heroico.* || **LOC. a grandes rasgos** *adv.* De manera general, sin entrar en detalles. **SIN. 1.** Trazo. **2.** Facción. **3.** Atributo, peculiaridad, cualidad. **4.** Característica. **5.** Gesto.

rasgón *s. m.* Desgarrón, rotura de una tela. **SIN.** Rasgado, rasgadura.

rasguear *v. tr.* **1.** Tocar la guitarra u otro instrumento similar rozando varias cuerdas a la vez con la punta de los dedos. || *v. intr.* **2.** Hacer los rasgos al escribir. SIN. **1.** Rasgar. FAM. Rasgueado. RASGAR.

rasguñar (de *rasgar*) *v. tr.* Arañar algo con las uñas o con algún instrumento cortante. FAM. Rasguño. RASGAR.

rasguño *s. m.* Arañazo. SIN. Rasponazo.

rasilla (de *raso*) *s. f.* **1.** Cierto tipo de tela delgada de lana. **2.** Ladrillo hueco y más delgado que el corriente. FAM. Enrasillar. RASO.

raso, sa (del lat. *rasus*, de *radere*, raer) *adj.* **1.** Llano y liso: *una explanada rasa.* **2.** Aplicado al cielo, sin nubes. **3.** Que se mueve a poca altura del suelo: *El avión pasó muy raso.* **4.** Lleno hasta los bordes: *una cucharada rasa.* **5.** Que no tiene un título o categoría que lo distinga: *soldado raso.* || *s. m.* **6.** Cierto tipo de tejido, generalmente de seda, liso y brillante. || *s. f.* **7.** Llano alto y despejado de un monte. || LOC. **al raso** *adv.* A cielo descubierto: *Tuvimos que pasar la noche al raso.* SIN. **1.** Suave; plano. **2.** Claro, despejado. ANT. **2.** Nublado. **3.** Alto. FAM. Ras, rasar, rasera, rasero, rasilla, rasurar.

raspa (de *raspar*) *s. f.* **1.** Espina del pescado. **2.** Filamento áspero de la cáscara de los granos de trigo y de otras gramíneas. **3.** Lo que queda después de desgranar una mazorca de maíz. **4.** En bot., eje de una espiga o racimo. **5.** *Amér.* Reproche, reprimenda. **6.** *Méx.* Gente juerguista, a la que le gustan las bromas groseras. || *s. m.* y *f.* **7.** *fam.* Persona antipática y desagradable. También *adj.*: *Qué raspa eres.* **8.** *Arg.*, *Par.* y *Urug.* Ladrón, ratero. SIN. **2.** Arista. **3.** Zuro. **4.** Raquis. **7.** Cardo, seco. ANT. **7.** Encanto. FAM. Desraspar. RASPAR.

raspado, da 1. *p.* de **raspar**. También *adj.* || *s. m.* **2.** Acción de raspar o rasparse. **3.** En cirugía, operación que consiste en raspar la superficie de un órgano, especialmente el útero. SIN. **2.** Raspadura, raspamiento.

raspadura *s. f.* **1.** Acción de raspar o rasparse. **2.** Lo que se quita al raspar una superficie. **3.** Señal que queda en una superficie al rasparla o rozarla: *Tiene una raspadura en la rodilla.* SIN. **1.** Raspado, raspamiento. **2.** Limadura. **3.** Raspón, rasponazo.

raspar (del germ. *raspon*) *v. tr.* **1.** Pasar por una superficie algo áspero o cortante de manera que se levante parte de ella: *He raspado el papel con una cuchilla para quitar la mancha de tinta.* También *v. prnl.* **2.** Producir algo un contacto áspero y desagradable. Se usa mucho como *v. intr.*: *Esta lana raspa.* **3.** Picar el vino u otro licor al paladar. **4.** Pasar rozando un objeto a otro. **5.** *Amér.* Reprender, amonestar. SIN. **1.** Rozar(se), rallar(se), arañar(se). **1.** y **2.** Rascar. **4.** Rasar. FAM. Raspa, raspado, raspadura, raspón, rasponazo, rasposo.

raspón o **rasponazo** *s. m.* Señal o herida superficial hecha por algo que raspa o roza.

rasposo, sa *adj.* **1.** Áspero al tacto o al paladar: *un tejido rasposo.* **2.** Que tiene abundantes raspas: *Este pescado es demasiado rasposo.* **3.** De trato desagradable. **4.** *Arg.* y *Urug.* Se dice de la prenda de vestir en mal estado y de la persona que la lleva: *un traje rasposo, ir todo rasposo.* **5.** Tacaño. También *s. m.* y *f.*

rasqueta *s. f.* **1.** Plancha pequeña de hierro con cantos afilados y mango, que sirve para rascar y limpiar superficies. **2.** *Amér. del S.*, *Cuba* y *P. Rico* Plancha de hierro con dientecillos que sirve para limpiar el pelo de las caballerías. FAM. Rasquetear. RASCAR.

rasquetear *v. tr. Amér. del S.* Pasar una esponja de material duro sobre el suelo para quitarle la suciedad.

rasta *adj.* Rastafari*. También *s. m.* y *f.*

rastacuero (del fr. *rastaquouère*) *s. m. Amér.* Nuevo rico inculto y vulgar que lleva una vida ostentosa.

rastafari (ingl.) *adj.* De un movimiento religioso y político jamaicano, que preconiza la vuelta de los negros jamaicanos a África. También *s. m.* y *f.* ■ Se dice también *rasta.*

rastra (de *rastro*) *s. f.* **1.** Rastrillo para recoger hierba, paja, etc. **2.** Grada, utensilio agrícola. **3.** Cualquier cosa que se utiliza para arrastrar o mover objetos de peso colocados sobre ella. **4.** Cualquier cosa que va arrastrando o colgando: *El vestido acababa en una rastra de encajes.* **5.** Ristra de frutos secos. **6.** Instrumento para buscar o recoger objetos sumergidos en el fondo del mar o de un río. || LOC. **a la rastra** o **a rastras** *adv.* Arrastrando: *Trajo la silla a rastras.* También, a la fuerza: *Tuvimos que llevarle a rastras al dentista.* SIN. **1.** Rastro.

rastrear *v. tr.* **1.** Seguir el rastro, buscar alguna cosa por él: *La policía rastreó las huellas que habían dejado los ladrones.* **2.** Investigar, estudiar: *Rastreó las fuentes del «Quijote» en la literatura clásica.* **3.** Llevar por el fondo del agua una rastra, un aparejo de pesca u otra cosa. || *v. intr.* **4.** Trabajar con el rastro: *Estuvo rastreando en el jardín.* **5.** Ir por el aire, pero casi tocando el suelo: *Las gaviotas rastreaban en la playa.* SIN. **2.** Indagar, escudriñar. **5.** Rasar. FAM. Rastreador, rastreo. RASTRO.

rastrel *s. m.* Ristrel*.

rastreo *s. m.* Acción de rastrear.

rastrero, ra *adj.* **1.** Bajo, vil y despreciable: *Abandonarle así fue de lo más rastrero.* **2.** Ramplón, vulgar: *Presentó un trabajo de lo más rastrero.* **3.** Que vuela o se desplaza por el aire, pero casi tocando el suelo. **4.** Se dice de aquello que va arrastrando. **5.** En bot., se dice del tallo que va creciendo a ras de tierra. SIN. **1.** Infame, indigno, miserable, abyecto. **2.** Ratonero, ratonil. **3.** Rasante. ANT. **1.** Noble. FAM. Rastreramente. RASTRO.

rastrillada *s. f.* **1.** Lo que se recoge de una vez con el rastrillo o rastro. **2.** *Arg.*, *Bol.* y *Urug.* Rastro dejado en el campo por el paso de un grupo de animales o de jinetes.

rastrilladora *s. f.* Máquina agrícola que se usa para recoger el heno o la paja segados.

rastrillar *v. tr.* **1.** Recoger, amontonar o limpiar algo con el rastrillo: *rastrillar la hierba.* **2.** Allanar la tierra con el rastrillo. **3.** Limpiar el lino o el cáñamo de la arista y la estopa. SIN. **2.** Arrellanar. FAM. Rastrillado, rastrillador, rastrilladora. RASTRILLO.

rastrillo (de *rastro*) *s. m.* **1.** Instrumento formado por un mango largo y un travesaño con púas para recoger hierba, hojas, paja, etc. **2.** Tabla con muchos dientes de alambre grueso sobre la que se pasa el lino o cáñamo para limpiarlo. **3.** Reja utilizada como puerta de una fortaleza, plaza de armas, etc.: *Levantaron el rastrillo para que entraran los soldados.* **4.** Reja que se coloca en una corriente de agua para retener cosas que ésta arrastra. **5.** Pequeño mercado callejero. FAM. Rastrillada, rastrillar. RASTRO.

rastro (del lat. *rastrum*) *s. m.* **1.** Señal, indicio que deja una persona o animal al pasar por un sitio y por el que puede ser seguido o perseguido: *La policía siguió el rastro de los traficantes. El perro* *olió el rastro del conejo.* **2.** Lo que deja tras sí un hecho o acontecimiento: *Encontraron rastros de antiguas civilizaciones.* **3.** Mercado callejero donde se venden todo tipo de objetos antiguos y nuevos. **4.** Rastrillo, instrumento de labranza. || LOC. **ni rastro** Nada en absoluto: *Del jamón no ha quedado ni rastro.* **SIN. 1.** y **2.** Huella, pista, vestigio. **2.** Estela. **FAM.** Rastra, rastrear, rastrero, rastrillo. / Arrastrar.

rastrojar *v. tr.* Arrancar los rastrojos.

rastrojo (del ant. *restrojo*, y éste del lat. vulg. *restuculu*) *s. m.* **1.** Residuo de los tallos de la mies que queda en la tierra después de haber segado. **2.** Campo en que han quedado estos restos. || *s. m. pl.* **3.** *Amér.* Sobras. **SIN. 2.** Rastrojera, rastrojal. **FAM.** Rastrojal, rastrojar, rastrojera.

rasurador, ra *adj.* Que sirve para rasurar. También *s. m.* y *f.* **SIN.** Afeitadora.

rasurar (del lat. *rasura*) *v. tr.* Afeitar el pelo de la cara o de otra parte del cuerpo: *Le han rasurado la pierna antes de operarle.* También *v. prnl.* **SIN.** Rapar, pelar. **FAM.** Rasuración, rasurador. RASO.

rata[1] (del ant. alto al. *ratta*) *s. f.* **1.** Mamífero roedor de pelaje gris oscuro o pardo y de unos 50 cm, de los que más de la mitad corresponden a la cola; tiene cabeza pequeña, orejas tiesas y patas cortas; vive en el campo y en las ciudades y puede transmitir enfermedades infecciosas. **2.** Hembra del ratón. **3.** Persona vil y despreciable. || *s. m.* y *f.* **4.** Persona muy tacaña. También *adj.*: *No has dejado propina, qué rata eres.* || *s. m.* **5.** Ladrón de poca monta. || **6. pelo** (o **pelos**) **de rata** *fam.* Cabello muy fino y poco abundante. **7. rata de biblioteca** Ratón* de biblioteca. **SIN. 2.** Ratona. **4.** Agarrado, roña, avaro. **5.** Ratero, caco, chorizo. **FAM.** Ratear[1], ratero, raticida, ratón. / Desratizar, matarratas.

rata[2] (del lat. *rata*) *s. f.* **1.** Parte proporcional. **2.** *Col.* y *Pan.* Porcentaje. **SIN. 1.** Prorrata. **FAM.** Ratear[2]. / Prorrata. RACIÓN.

ratear[1] (de *rata*) *v. tr.* **1.** Robar con habilidad cosas de poco valor. **2.** Avanzar arrastrando el cuerpo por el suelo: *Hay que ir rateando por debajo del alambre.* **SIN. 1.** Rapiñar, hurtar. **2.** Serpentear.

ratear[2] (del lat. *ratus*, proporcionado) *v. tr.* **1.** Repartir proporcionalmente algo. **2.** Disminuir proporcionalmente algo. **SIN. 1.** Prorratear, distribuir. **FAM.** Rateo.

ratear[3] (del fr. *rater*, fallar) *v. intr.* Fallar la marcha regular de un motor de combustión interna al no producirse la explosión de algún cilindro o producirse a destiempo.

ratería *s. f.* **1.** Hurto de cosas de poco valor. **2.** Acción de robar con habilidad cosas de poco valor. **3.** Tacañería, roñosería.

ratero, ra *adj.* Se dice del ladrón que roba con habilidad cosas de poco valor. También *s. m.* y *f.* **SIN.** Rata, caco, chorizo, mangante. **FAM.** Ratería. RATA[1].

raticida *s. m.* Producto que se utiliza para matar ratas y ratones.

ratificar (del lat. *ratus*, confirmado, y *facere*, hacer) *v. tr.* Confirmar y mantener la validez o verdad de actos, palabras, escritos, etc. También *v. prnl.*: *Se ratificó en sus opiniones de ayer.* ■ Delante de *e* se escribe *qu* en lugar de *c*: *ratifique.* **SIN.** Corroborar, sancionar. **ANT.** Invalidar. **FAM.** Ratificación.

rating (ingl.) *s. m.* **1.** Evaluación financiera que tiene en cuenta especialmente la solvencia. **2.** Porcentaje de personas que sintonizan un programa determinado de televisión o de radio en un momento dado. **3.** En navegación deportiva, índice que refleja diversos factores técnicos de la nave.

ratio (del lat. *ratio, -onis*, a través del ingl.) *s. f.* Relación que existe entre dos magnitudes; se utiliza mucho en econ., en estudios comparativos.

rato (del lat. *raptus*, de *rapere*, arrebatar) *s. m.* Espacio de tiempo, especialmente cuando es corto: *Espera un rato a que acabe de barrer.* || LOC. **a ratos** *adv.* De cuando en cuando, unas veces sí y otras no: *Me duele la pierna a ratos.* **a ratos perdidos** *adv.* Cuando se está libre del trabajo normal u obligatorio: *Estoy haciendo la traducción de esta novela a ratos perdidos.* **para rato** *adv.* Para mucho tiempo: *Tenemos espera para rato.* **pasar el rato** Ocuparse en algo para distraerse. **un buen rato** *adv.* Bastante tiempo: *Estuvo lloviendo un buen rato.* **un rato** *adv. fam.* Mucho o muy: *Ese coche es un rato bonito.* **un rato largo** *adv.* Mucho: *Sabe un rato largo de física.* **SIN.** Momento. **FAM.** Pasarrato.

ratón, na (de *rata*) *s. m.* y *f.* **1.** Pequeño mamífero roedor parecido a la rata, de pelaje gris pardusco; es muy prolífico y vive en campos, parques y ciudades. || *s. m.* **2.** En inform., mando separado del teclado de un ordenador que se maneja haciéndolo rodar por medio de una bola que tiene por debajo. || **3. ratón** (o **rata**) **de biblioteca** *fam.* Con tono desp., persona que siempre está leyendo, estudiando o entre libros y que tiene una cultura libresca. **FAM.** Ratonera, ratonero, ratonil. RATA[1].

ratonera *s. f.* **1.** Agujero que hacen los ratones en paredes y otros lugares para entrar o salir por él. **2.** Madriguera de ratones. **3.** Trampa para cazar ratones. **4.** *fam.* Trampa para engañar o atrapar a alguien. **5.** *fam.* Casa o habitación muy pequeña o miserable: *Paga un alquiler muy alto por una ratonera.* **SIN. 2.** Nido. **4.** Celada, emboscada. **5.** Covacha, cuchitril.

ratonero, ra *adj.* **1.** Relativo a los ratones. **2.** Se dice del animal que caza ratones o es hábil en ello: *águila ratonera.* **3.** Ramplón, de poca calidad; se aplica especialmente a la música. **SIN. 1.** Ratonil. **3.** Vulgar.

ratonil *adj.* Propio del ratón o que se parece a él en algún aspecto. **SIN.** Ratonero.

raudal *s. m.* **1.** Masa abundante de agua que corre rápidamente. **2.** Gran cantidad de algo que sale o aparece de repente: *Sus palabras nos proporcionaron un raudal de sugerencias.* || LOC. **a raudales** *adv.* En mucha cantidad: *Gana el dinero a raudales.* **SIN. 1.** Torrente. **2.** Abundancia, copia, montón, avalancha. **ANT. 2.** Escasez.

raudo, da (del lat. *rapidus*) *adj.* Rápido, veloz: *Partió raudo a su nuevo destino.* **SIN.** Presto, precipitado, presuroso, vertiginoso. **ANT.** Lento, tardo. **FAM.** Raudal, raudamente. RÁPIDO.

raviolis o **ravioles** (del ital. *ravioli*) *s. m. pl.* Pequeños trozos cuadrados de pasta rellenos de carne, verdura, etc., que se sirven cocidos y generalmente acompañados con salsas y mantequilla.

raya[1] (del bajo lat. *radia*, y éste del lat. *radius*, rayo) *s. f.* **1.** Señal larga y estrecha que se hace o está marcada en un cuerpo cualquiera: *Traza una raya en el cuaderno. Las rayas de la mano.* **2.** Línea que queda en la cabeza al separar con el peine los cabellos. **3.** Doblez vertical que se marca al planchar los pantalones y otras prendas de vestir. **4.** Línea que marca una división territorial. **5.** Zanja que se hace en el campo para evitar que se extienda el fuego. **6.** Límite, aquello que señala el término de algo no material. **7.** Signo ortográfico, un poco más largo que el guión (–), que se usa para separar oraciones, señalar el diálogo en un texto, etc. **8.** En las armas de fuego, cada una de las estrías grabadas en el interior del cañón. **9.** En fís., cada una de las bandas estrechas en que se divide un espectro. **10.** *argot* Dosis de droga en polvo, particularmente de cocaína para inhalar. **11.** *Méx.* Paga, jornal. || **12. tres en raya** Juego que consiste en poner tres fichas, objetos, etc., en línea dentro de un tablero o cuadrícula; el participante que antes lo consiga será el ganador. || **LOC. a rayas** *adj.* Rayado, con dibujo de rayas: *una camisa a rayas.* **pasar(se) de la raya** *fam.* Excederse, traspasar un límite: *Se pasó de la raya con sus insultos.* **tener** (o **mantener**) **a raya** No dejar que alguien se exceda o se pase, mantenerle dentro de unos límites rigurosos. **SIN. 4.** Linde, lindero, confín, frontera. **5.** Cortafuego. **FAM.** Rayadillo, rayano, rayar, rayuela. / Guardarraya, milrayas.

raya[2] (del lat. *raia*) *s. f.* Pez elasmobranquio, de cuerpo aplanado y en forma de rombo, aletas pectorales muy desarrolladas, que forman los lados del cuerpo, y cola larga y delgada; suele presentar espinas en el dorso y vientre.

rayadillo *s. m.* Milrayas, tela fresca de algodón, con rayas finas de color muy apretadas.

rayado, da 1. *p.* de **rayar**. También *adj.* || *adj.* **2.** Que tiene dibujo de rayas: *una camisa rayada.*

rayador *s. m. Amér. del S.* Ave con el pico aplanado y delgado que al volar roza el agua del mar.

rayadura *s. f. Arg.* y *Urug. fam.* Chifladura, chaladura.

rayano, na (de *rayar*) *adj.* **1.** Que linda o limita con una cosa: *Tu casa está rayana con la mía.* **2.** Que está en la unión de dos territorios. **3.** Muy parecido, casi igual: *La genialidad de aquel pintor era rayana con la locura.* **SIN. 1.** Lindante, colindante, anejo. **1.** y **2.** Fronterizo, limítrofe. **3.** Cercano, similar. **ANT. 1.** y **3.** Lejano.

rayar (del lat. *radiare*) *v. tr.* **1.** Hacer o trazar rayas: *Raya el papel para escribir mejor.* **2.** Tachar un escrito o parte de él: *El profesor rayó las respuestas incorrectas.* **3.** Hacer rayas o cortes sobre una superficie lisa: *Vas a rayar el parqué con esos zapatones.* También *v. prnl.*: *Se ha rayado el cristal.* **4.** Estropear un disco fonográfico haciendo una raya que corta la línea de los surcos. También *v. prnl.* || *v. intr.* **5.** Tener dos cosas límites o fronteras comunes: *Su finca raya con la nuestra.* **6.** Llegar una cosa a parecerse mucho a otra o a nivelarse con ella: *Su valentía rayaba en la imprudencia.* **7.** Con palabras como *alba, día, luz, sol*, amanecer: *Al rayar el alba cantaron los gallos.* **8.** Sobresalir sobre el resto en cualidades, acciones, etc. Se utiliza sobre todo en la expr. *rayar a gran altura.* **SIN. 3.** Raer, marcar. **5.** Limitar, colindar, confinar. **5.** y **6.** Lindar. **6.** Rozar, asemejarse. **7.** Alborear. **8.** Destacar, descollar, apuntar. **ANT. 6.** Diferenciarse. **7.** Anochecer. **FAM.** Rayado, rayador. / Subrayar. RAYA[1].

rayista *adj.* Del Rayo Vallecano, equipo de fútbol de Madrid. También *s. m.* y *f.*

rayo (del lat. *radius*) *s. m.* **1.** Línea generalmente recta que parte de un punto de energía. **2.** Línea o franja de luz que procede de un cuerpo luminoso, especialmente del Sol. **3.** Chispa eléctrica de gran intensidad producida por descarga entre dos nubes o entre una nube y la tierra. **4.** Cualquier cosa de efecto rápido y fulminante. **5.** Persona muy lista y despierta: *Es un rayo con las matemáticas.* **6.** Persona rápida y eficaz: *Es un rayo limpiando la casa.* **7.** Desgracia o castigo fuerte y repentino. || **8. rayos catódicos** Haz de electrones emitido por el cátodo y atraído por el ánodo en un tubo de vacío. **9. rayos cósmicos** Radiación* cósmica. **10. rayos X** Radiaciones electromagnéticas que se caracterizan por atravesar los cuerpos blandos y se utilizan fundamentalmente en exploraciones médicas. || **LOC. a rayos** *fam.* Con verbos como *saber, sonar* u *oler*, muy mal: *Esa sopa sabe a rayos.* **echar rayos** Manifestar gran enfado. **SIN. 1.** Radiación. **3.** y **6.** Exhalación. **6.** Bala, cohete. **ANT. 6.** Tortuga. **FAM.** Pararrayos. RADIO[1].

rayón[1] (del ingl. *rayon*) *s. m.* **1.** Fibra textil artificial obtenida a partir de la celulosa y que imita la seda. **2.** Tela fabricada con esta fibra. ■ Se denomina también *seda artificial.*

rayón[2] *s. m.* Cría del jabalí. **SIN.** Jabato.

rayuela (dim. de *raya*) *s. f.* **1.** Juego en que hay que ir pasando una piedra u otro objeto de unas casillas a otras dibujadas en el suelo, yendo a la pata coja y sin pisar ninguna de las líneas pintadas. **2.** Juego que consiste en tirar monedas o piedrecillas a una raya pintada en el suelo y en que gana el jugador que más se acerca a ella.

raza *s. f.* **1.** Cada uno de los grandes grupos en que se divide la especie humana en función de determinados caracteres externos, como el color de la piel, los rasgos faciales, el cabello, la conformación física, etc. Se suelen distinguir tres razas: caucásica (raza blanca), mongoloide (raza amarilla) y negroide (raza negra). **2.** Cada uno de los grupos en que se dividen algunas especies de animales atendiendo generalmente a su aspecto: *Compraron ovejas de raza merina.* **3.** Origen o linaje de una persona. **4.** Categoría de personas, animales o cosas en relación con ciertas características que los definen: *Es de una raza de aventureros.* || **LOC. de raza** *adj.* Se aplica a ciertos animales, como el caballo o el perro, que pertenecen a un tipo de raza muy apreciada o cotizada. **SIN. 1.** Etnia. **3.** Ascendencia, clan, familia. **3.** y **4.** Casta. **FAM.** Racial, racismo. / Interracial, multirracial.

razia (del fr. *razzia*, y éste del ár. argelino *gaziya*) *s. f.* **1.** Incursión rápida en terreno enemigo. **2.** Redada hecha por la policía. ■ Se escribe también *razzia.* **SIN. 1.** Algarada. **2.** Batida.

razón (del lat. *ratio, -onis*) *s. f.* **1.** Capacidad de pensar del hombre, gracias a la cual elabora conceptos, juicios y razonamientos. **2.** Palabras con que se expresa un pensamiento. Se usa mucho en *pl.*: *Sus razones eran claras.* **3.** Verdad o acierto que hay en lo que alguien dice o hace: *Tienes razón, yo estaba equivocado.* **4.** Causa o motivo: *No hay razón para que te enfades.* **5.** Argumento con que se intenta demostrar algo: *Las razones del fiscal convencieron al jurado.* **6.** Explicación o información: *La razón de la venta del piso se la darán en la portería.* **7.** En mat., cociente de dos números y, en general, de dos magnitudes comparables entre sí. || **8. razón de Estado** Regla de actuación política que se rige por el interés o utilidad del Estado como suprema institución pública; también, motivo de interés superior que invoca un gobierno para hacer algo contrario a la ley o al derecho. **9. razón social** Nombre con que se conoce legalmente una sociedad mercantil. || LOC. **a razón de** *prep.* Introduce la cantidad que toca a cada parte en un reparto: *Tocamos a razón de 1.000 pesetas cada uno.* **asistirle** a alguien **la razón** Tener razón. **atender a razones** Dejarse convencer por alguien o escuchar la opinión de los demás. ■ Se usa más en forma de negación: *No atendía a razones, hacía lo que quería.* **dar razón** Informar de algo. **entrar en razón** Convencerse de algo que es razonable. **perder** uno **la razón** Volverse loco; también, actuar de manera insensata o alocada. SIN. **1.** Raciocinio, inteligencia, intelecto. **4.** Móvil, porqué. FAM. Raciocinio, ración, racional, razonable, razonar. / Sinrazón.

razonable (del lat. *rationabilis*) *adj.* **1.** Conforme a la razón: *Sus ideas son muy razonables.* **2.** Bastante, suficiente: *Tiene un sueldo razonable.* SIN. **1.** Lógico, mesurado, justo, certero, prudente, sensato. **2.** Discreto, apreciable. ANT. **1.** Ilógico. **2.** Escaso. FAM. Razonablemente. / Irrazonable. RAZÓN.

razonamiento *s. m.* **1.** Acción de razonar. **2.** Conjunto de ideas encaminadas a demostrar algo: *El razonamiento del abogado no fue muy convincente.* **3.** En fil., proceso mediante el cual el pensamiento, relacionando dos o más enunciados conocidos, denominados premisas, deduce un enunciado nuevo llamado conclusión.

razonar *v. intr.* **1.** Usar la razón: *Hay que razonar para resolver el problema de matemáticas.* **2.** Exponer algo dando argumentos que permitan demostrarlo o justificarlo. También *v. tr.*: *Razonaba sus respuestas para que no le consideraran culpable.* SIN. **1.** Pensar, meditar, especular. FAM. Razonadamente, razonado, razonador, razonamiento. RAZÓN.

razzia *s. f.* Razia*.

re (sílaba de la primera estrofa del himno a San Juan Bautista) *s. m.* Segunda nota de la escala musical. ■ No varía en *pl.*

re- (del lat. *re*) *pref.* **1.** Significa 'repetición': *rearmar, reaparecer*; 'movimiento hacia atrás': *reacción, rebobinar*; 'oposición o resistencia': *rechazar, refutar*; o 'aumento': *recargar, repintarse.* **2.** Se usa en lenguaje familiar para intensificar el significado de una palabra: *rebonito, resalada.*

reabrir *v. tr.* Volver a abrir. También *v. prnl.* ■ Este verbo tiene el p. irreg.: *reabierto.*

reabsorber *v. tr.* **1.** Volver a absorber. **2.** Eliminar el organismo un cuerpo o una sustancia del lugar del mismo en que había aparecido. Se usa más como *v. prnl.*: *Le salió un abceso que acabó reabsorbiéndose.* FAM. Reabsorción. ABSORBER.

reacción *s. f.* **1.** Acción que se opone a otra o le ofrece resistencia, actuando en sentido contrario a ella. **2.** Forma en que alguien o algo actúa o se comporta ante un determinado estímulo: *Esperaron a darle la noticia, porque temían una reacción violenta.* **3.** Cambio o estado anormal que experimenta un organismo como respuesta a un estímulo: *Espero que la vacuna no le haga reacción.* **4.** Tendencia o movimiento político de carácter conservador opuesto a cualquier innovación. **5.** Conjunto de personas, instituciones, sectores, etc., partidarios de dicha tendencia o movimiento: *Los más innovadores del partido deberán enfrentarse con la reacción.* **6.** En quím., proceso mediante el cual una sustancia o sustancias, llamadas reactivos, se transforman en otra sustancia o sustancias distintas, denominadas productos de la reacción. **7.** En aeronáutica y astronáutica, sistema de propulsión en que el movimiento se origina al despedir un chorro de gases, producidos a gran presión por el motor y en dirección contraria a la marcha: *motor de reacción, avión de reacción.* || **8. reacción en cadena** Reacción nuclear que se produce cuando la desintegración del primer átomo origina la desintegración de otro u otros átomos, como en la fusión de los núcleos de uranio. También, conjunto de acontecimientos que desencadenan otros como consecuencia. **9. reacción nuclear** La que supone una transformación en el núcleo de los átomos. SIN. **1.** Oposición, rechazo, enfrentamiento. **4.** Conservadurismo, tradicionalismo. ANT. **4.** Progresismo. FAM. Reaccionar, reaccionario, reactivo, reactor. ACCIÓN.

reaccionar *v. intr.* **1.** Actuar o comportarse un ser, organismo, etc., de una determinada manera ante un estímulo: *Reaccionó ante las dificultades con inteligencia y logró vencerlas.* **2.** Volver a la normalidad las funciones vitales de una persona: *Tardó en reaccionar de la anestesia.* **3.** Volver a tener algo la actividad que parecía haber perdido: *La industria ha reaccionado con las nuevas medidas económicas.* **4.** Defenderse: *La artillería reaccionó frente a la fuerza enemiga.* **5.** Oponerse a algo: *Todo el pueblo reaccionó contra la orden del alcalde.* **6.** Producir un cuerpo fuerza igual y contraria a la que sobre él actúa. **7.** En quím., actuar una sustancia en combinación con otra produciendo una nueva. SIN. **1.** Responder. **2.** y **3.** Recobrarse. **3.** Restablecerse, reactivarse, revitalizarse, resurgir. **5.** Enfrentarse. ANT. **3.** Decaer.

reaccionario, ria *adj.* Se dice de la persona, ideología, etc., contraria a cualquier tipo de innovación o progreso. También *s. m.* y *f.* SIN. Conservador, retrógrado, tradicionalista. ANT. Innovador, progresista.

reacio, cia (del lat. *reactum*, de *reagere*, reaccionar) *adj.* Contrario o poco decidido a alguna cosa: *Soy reacio a ese tipo de fiestas. El caballo estaba reacio a saltar la valla.* SIN. Refractario, opuesto, reticente; remolón. ANT. Partidario, dispuesto.

reactancia (del fr. *réactance*) *s. f.* En electricidad, oposición que muestran ciertos elementos de un circuito de corriente alterna al paso de la misma.

reactivación *s. f.* Acción de reactivar.

reactivar *v. tr.* Volver a activar algo o darle mayor actividad: *reactivar un negocio.* También *v. prnl.* SIN. Revitalizar(se), reanimar(se), desarrollar(se), renacer, resurgir. ANT. Decaer. FAM. Reactivación. ACTIVAR.

reactividad *s. f.* Capacidad de un cuerpo para reaccionar químicamente con otro.

reactivo, va *adj.* **1.** Que produce reacción. También *s. m.* || *s. m.* **2.** En quím., sustancia empleada para reconocer o detectar algún componente de una mezcla o algún átomo o grupo de átomos en un compuesto. FAM. Reactividad. REACCIÓN.

reactor *s. m.* **1.** Motor de reacción. **2.** Avión que funciona con un motor de reacción. **3.** Aparato cerrado donde se produce cualquier reacción. || **4. reactor nuclear** Dispositivo donde se realiza de forma controlada y estable una reacción de fisión nuclear de uranio^{235} o de plutonio. FAM. Turborreactor. REACCIÓN.

reacuñar *v. tr.* Volver a acuñar la moneda. SIN. Resellar. FAM. Reacuñación. ACUÑAR[2].

readaptación *s. f.* **1.** Acción de readaptar o readaptarse. **2.** Acomodación de un ser vivo a un medio distinto del suyo habitual.

readaptar *v. tr.* Volver a adaptar. También *v. prnl.*: *El elefante se readaptó pronto a la vida en el zoológico.* **FAM.** Readaptación. ADAPTAR.

readmisión *s. f.* Acción de readmitir.

readmitir *v. tr.* Volver a admitir: *Después del juicio tuvieron que readmitirle.* **FAM.** Readmisión. ADMITIR.

readquirir *v. tr.* Volver a adquirir algo. ■ Es v. irreg. Se conjuga como *adquirir.* **FAM.** Readquisición. ADQUIRIR.

reafirmar *v. tr.* Afirmar de nuevo. También *v. prnl.*: *Se reafirmó en sus opiniones.* **SIN.** Ratificar, confirmar. **ANT.** Invalidar, abandonar.

reagravar *v. tr.* Volver a agravar o agravar más. También *v. prnl.* **SIN.** Reagudizar(se). **ANT.** Suavizar(se). **FAM.** Reagravamiento. AGRAVAR.

reagrupar *v. tr.* Agrupar nuevamente, o de forma distinta, lo que ya estaba agrupado. También *v. prnl.* **FAM.** Reagrupación, reagrupamiento. AGRUPAR.

reagudizar *v. tr.* Volver a hacer agudo o intenso algo que ya empezaba a suavizarse. También *v. prnl.* ■ Delante de *e* se escribe *c* en lugar de *z.* **SIN.** Reagravar(se), empeorar(se). **FAM.** Reagudización. AGUDIZAR.

reajustar *v. tr.* **1.** Volver a ajustar: *Habrá que reajustar las piezas del motor.* **2.** Hablando de precios, salarios, impuestos, etc., aumentarlos o disminuirlos según las necesidades o circunstancias del momento. **SIN. 1.** Readaptar. **FAM.** Reajuste. AJUSTAR.

reajuste *s. m.* **1.** Acción de reajustar: *Hubo un reajuste en el precio de la gasolina.* **2.** Reorganización: *En la empresa efectuaron un reajuste de plantilla.* **SIN. 1.** y **2.** Readaptación.

real[1] (del lat. *res, rei,* cosa) *adj.* **1.** Que tiene existencia verdadera y efectiva: *La pobreza es un problema real.* || **2. derecho real** El que tienen las personas sobre las cosas, que les atribuye un dominio pleno o limitado sobre ellas; p. ej., el derecho de propiedad, el de usufructo, etc. **SIN. 1.** Existente, auténtico, verídico, cierto, concreto. **ANT. 1.** Irreal. **FAM.** Realidad, realismo[1], realizar, realmente. / Irreal.

real[2] (del lat. *regalis*) *adj.* **1.** Relativo al rey o a la realeza: *el poder real, el séquito real.* **2.** *fam.* Con algunos sustantivos, muy grande, enorme: *Lo que has dicho es una real tontería.* **3.** Muy bueno: *Este es un real libro.* || *s. m.* **4.** Moneda española que valía la cuarta parte de una peseta, 25 céntimos. **5.** Unidad monetaria de Brasil. **6.** *fam.* P. ext., se utiliza en algunas expr. para significar muy poco dinero: *Nunca ha tenido un real. ¿Qué te crees, que me ha costado tres reales?* || **7. real de minas** *Méx.* Pueblo en que hay minas de plata. **8. real de vellón** Antigua moneda española equivalente a treinta y cuatro maravedís. **SIN. 1.** Regio. **1.** y **2.** Soberano. **2.** Monumental, colosal, total. **3.** Magnífico, excelente, estupendo. **6.** Duro. **ANT. 2.** Mínimo. **3.** Horrendo, espantoso. **FAM.** Realengo, realeza, realismo[2]. REY.

real[3] (del ár. *rahal,* campamento, majada) *s. m.* **1.** Lugar de un campamento donde acampa el rey o el general; p. ext., donde acampa todo el ejército. **2.** Campo donde se celebra una feria. || **LOC. asentar** (o **sentar**) **los** (o **sus**) **reales** Acampar un ejército; p. ext., instalarse una persona en un lugar, generalmente de manera injusta o abusiva.

realce *s. m.* **1.** Acción de realzar. **2.** Adorno o labor que sobresale de la superficie de una cosa: *Esa pared tiene un realce muy bonito.* **3.** Importancia: *La presencia del premio Nobel dio realce al programa de televisión.* **4.** En pintura, parte del objeto representado donde más directamente tocan los rayos de luz. **SIN. 1.** Acentuación. **3.** Relieve, interés, repercusión, resonancia, trascendencia, esplendor.

realengo, ga *adj.* **1.** En la Edad Media y Moderna, se decía de aquellas tierras y villas cuyo señorío jurisdiccional correspondía a la corona, en contraste con las que pertenecían a la Iglesia (abadengo) o a la nobleza. **2.** Se dice de los terrenos que pertenecen al Estado. **3.** *Col., P. Rico* y *Ven.* Vago, holgazán. **4.** *Méx.* y *P. Rico* Que no tiene dueño; se aplica especialmente a los animales.

realero *s. m. Arg., Par.* y *Urug.* Taxista.

realeza *s. f.* **1.** Dignidad real: *los atributos de la realeza.* **2.** Grandiosidad como la que rodea a un rey o es propia de él. **3.** Conjunto de personas emparentadas con el rey. **4.** Conjunto de las familias reales en una época o lugar determinados: *la realeza europea.*

realidad *s. f.* **1.** Existencia real y efectiva de algo. **2.** Todo aquello que existe, el mundo real: *La realidad se percibe por medio de los sentidos.* **3.** En oposición a apariencia, aquello que verdaderamente sucede: *La realidad es que las cosas no marchan bien.* **4.** En oposición a fantasía o ilusión, aquello que es efectivo y tiene un valor práctico: *Déjate de sueños y vive la realidad.* || **LOC. en realidad** *adv.* Realmente, efectivamente: *Aunque nos asustáramos, en realidad el accidente no fue grave.*

realimentación *s. f.* **1.** En electrónica, utilización de la respuesta o salida de un dispositivo electrónico para controlar automáticamente su funcionamiento. Se emplea en los servomecanismos y en el control automático de volumen de los receptores de radio y televisión. **2.** Retroalimentación*.

realismo[1] (de *real*[1]) *s. m.* **1.** Forma de considerar o presentar las cosas tal como son en realidad: *Contó lo ocurrido con gran realismo.* **2.** Sentido práctico a la hora de actuar o juzgar. **3.** Tendencia literaria o artística que pretende imitar lo más fielmente posible la realidad. **4.** Doctrina filosófica que admite que la realidad existe independientemente del sujeto que la percibe. **FAM.** Realista. / Hiperrealismo, neorrealismo, superrealismo, surrealismo. REAL[1].

realismo[2] (de *real*[2]) *s. m.* Doctrina o movimiento político partidario de la monarquía, especialmente de la absoluta. **FAM.** Realista. REAL[2].

realista *adj.* **1.** Que se ciñe a la realidad: *Ha hecho una análisis realista de los hechos.* **2.** Que muestra sentido práctico. **3.** Del realismo artístico, literario o filosófico. **4.** Que es partidario del realismo artístico o literario o que lo practica: *un escritor realista.* También *s. m.* y *f.* **SIN. 1.** Objetivo **2.** Pragmático. **ANT. 2.** Idealista.

reality show (ingl.) *expr.* Programa de televisión que trata sucesos reales como un espectáculo. ■ Se usa como *s. m.*

realización *s. f.* **1.** Acción de realizar. **2.** Dirección y organización de las tareas previas a la filmación o grabación. **3.** Satisfacción personal producida por la consecución de las aspiraciones propias. **4.** *Col.* Rebajas. **SIN. 1.** Ejecución.

realizador, ra *s. m.* y *f.* **1.** Persona que realiza una obra o acción. **2.** Director de la ejecución de una obra cinematográfica o un programa de televisión.

realizar (de *real*[1]) *v. tr.* **1.** Hacer una cosa, llevarla a cabo: *realizar un trabajo.* **2.** Convertir en realidad proyectos, ideas, deseos, etc.: *Realizó su sueño dorado de ser actor.* También *v. prnl.* **3.** Conseguir dinero a cambio de una mercancía, especialmente si se vende a bajo precio: *Pudo realizar todas las existencias del almacén rápidamente.* **4.** Dirigir una película, un programa de televisión, un documental, etc. || **realizarse** *v. prnl.* **5.** Sentirse alguien satisfecho en cierta actividad, condición, etc., por haber cumplido ésta sus aspiraciones: *Para ella es muy importante realizarse como profesional.* ■ Delante de *e* se escribe *c* en lugar de *z*: *realice.* **SIN. 1.** Efectuar, ejecutar, elaborar, producir. **2.** Materializar(se). **FAM.** Realizable, realización, realizador. / Irrealizable. REAL[1].

realmente *adv.* **1.** Se usa para asegurar que lo que se dice es verdad: *José no quiso cenar, realmente no tenía hambre.* **2.** Sirve a veces como refuerzo: *La bici que se ha comprado es realmente bonita.*

realojar *v. tr.* Alojar en un nuevo lugar: *El Ayuntamiento realojó a los chabolistas en viviendas de protección oficial.* **FAM.** Realojamiento, realojo. ALOJAR.

realquilado, da 1. *p.* de **realquilar**. || *adj.* **2.** Que vive de alquiler en una vivienda alquilada por otra persona. También *s. m.* y *f.*

realquilar *v. tr.* Alquilar a alguien un piso, local, etc., una persona que lo tenía ya en alquiler. **SIN.** Subarrendar. **FAM.** Realquilado. ALQUILAR.

realzar *v. tr.* **1.** Poner de relieve las cualidades o importancia de alguien o algo: *Se dio un poco de sombra para realzar la mirada.* También *v. prnl.* **2.** Levantar una cosa más de lo que estaba. **3.** En pintura, destacar una figura, objeto, etc., por medio del claroscuro y otras técnicas semejantes. ■ Delante de *e* se escribe *c* en lugar de *z*: *realce.* **SIN. 1.** Resaltar, marcar, acentuar(se), engrandecer(se). **2.** Alzar, elevar. **ANT. 1.** Ocultar, disimular(se). **2.** Bajar. **3.** Rebajar. **FAM.** Realce. ALZAR.

reanimación *s. f.* **1.** Acción de reanimar. **2.** Conjunto de las medidas terapéuticas que se aplican para devolver las constantes vitales y la conciencia a una persona.

reanimar (del lat. *redanimare*) *v. tr.* **1.** Dar nuevas fuerzas a alguien: *Está muy débil, pero esta inyección le reanimará.* También *v. prnl.* **2.** Dar ánimos a una persona triste o abatida: *Le reanimó mucho tu visita.* También *v. prnl.* **3.** Hacer recuperar el conocimiento al que lo ha perdido. También *v. prnl.* **SIN. 1.** Revitalizar(se), restablecer(se), reavivar(se), fortalecer(se). **2.** Animar(se), confortar(se), consolar(se). **3.** Revivir. **ANT. 1.** Debilitar(se). **2.** Desanimar(se), deprimir(se). **FAM.** Reanimación. ANIMAR.

reanudación *s. f.* Acción de reanudar.

reanudar *v. tr.* Continuar una cosa que se había interrumpido: *Reanudó el trabajo después de unas largas vacaciones.* También *v. prnl.* **SIN.** Reiniciar(se), reemprender(se). **ANT.** Parar(se). **FAM.** Reanudación. ANUDAR.

reaparecer *v. intr.* Volver a aparecer o mostrarse alguien o algo que había desaparecido o había dejado de verse: *Al cabo de algunos años reapareció en los escenarios.* ■ Es v. irreg. Se conjuga como *agradecer.* **SIN.** Retornar, resurgir, regresar. **FAM.** Reaparición. APARECER.

reaparición *s. f.* Acción de reaparecer. **SIN.** Resurgimiento, regreso. **ANT.** Desaparición.

reapertura *s. f.* Acción de volver a abrir un comercio, local, etc., que había estado cerrado durante un tiempo.

reargüir (del lat. *redarguere*) *v. tr.* **1.** Responder a un argumento u objeción. También *v. intr.* **2.** Redargüir*. ■ Es v. irreg. Se conjuga como *huir.*

rearmar (del lat. *redarmare, rearmare*) *v. tr.* Equipar nuevamente de armamento o reforzar y mejorar el que se tenía. También *v. prnl.*: *El país se rearmó ante la amenaza de guerra.* **ANT.** Desarmar(se). **FAM.** Rearme. ARMAR.

rearme *s. m.* Acción de rearmar o rearmarse.

reasegurar *v. tr.* Asegurar un riesgo ya cubierto por otro asegurador, sin alterar lo convenido entre éste y el asegurado.

reaseguro *s. m.* Operación por la cual un asegurador toma a su cargo, total o parcialmente, un riesgo ya cubierto por otro asegurador, sin alterar lo convenido entre éste y el asegurado. **FAM.** Reasegurar. SEGURO.

reasumir *v. tr.* **1.** Tomar de nuevo una actitud, función, responsabilidad, etc.: *Reasumió las tareas de inspección.* **2.** Tomar en casos extraordinarios una autoridad superior las facultades o poderes que tienen otras inferiores: *Reasumí las tareas administrativas hasta que contrataron a un nuevo secretario.* **FAM.** Reasunción. ASUMIR.

reasunción *s. f.* Acción de reasumir.

reata (de *re-* y *atar*) *s. f.* **1.** Cuerda o correa que une dos o más caballos, mulas, etc., para que vayan en hilera. **2.** P. ext., hilera de caballos, mulas, etc., unidos por esa cuerda o correa. **3.** Tercera mula que se añade al carro o al coche para tirar delante. || **LOC. de** (o **en**) **reata** *adv.* En hilera, formando reata; también, uno detrás de otro.

reavivar *v. tr.* Volver a avivar algo, hacerlo más fuerte o intenso. También *v. prnl.*: *Se reavivó el fuego en el monte.* **SIN.** Vivificar(se), vitalizar(se), estimular(se), reforzar(se), fortalecer(se). **ANT.** Debilitar(se), atenuar(se). **FAM.** Reavivación. AVIVAR.

rebaba *s. f.* Porción de materia sobrante en los bordes o en la superficie de algún objeto, o bien en una juntura: *Al colocar los ladrillos hay que quitar la rebaba de la argamasa.*

rebaja *s. f.* **1.** Disminución, especialmente del precio de una cosa: *Me hizo una rebaja porque compré cuatro libros.* || *s. f. pl.* **2.** Hecho de vender un establecimiento sus géneros a precios más bajos durante un periodo de tiempo, y este mismo periodo: *La tienda de la esquina está de rebajas.* **SIN. 1.** Descuento, bajada, reducción.

rebajado, da 1. *p.* de **rebajar**. También *adj.* || *adj.* **2.** En arq., se aplica al arco o bóveda cuya altura es menos de una semicircunferencia.

rebajar *v. tr.* **1.** Hacer más bajo el nivel o superficie horizontal de algo: *Rebajaron el terreno para dejarlo a la altura de la carretera.* También *v. prnl.* **2.** Bajar el precio o la cantidad de algo: *Han rebajado un 20 % todos sus productos.* **3.** Quitar fuerza, intensidad o brillo a algo: *rebajar un castigo, un color.* **4.** Añadir una sustancia neutra como el agua a una mezcla, o aumentar la cantidad de algunos de sus componentes menos activos: *rebajar la leche, la pintura.* **5.** Disminuir la importancia, categoría, etc., de alguien: *Ella piensa que algunas tareas rebajan a las personas.* **6.** Humillar a alguien. También *v. prnl.*: *Tuvo que rebajarse y pedirle perdón.* **7.** En arq., disminuir la altura de un arco o bóveda hasta menos de una semicircunferencia. **8.** En el ejército, dispensar a un militar de cierto servicio, actividad, etc.: *Le han rebajado de guardia este mes.* También *v. prnl.* **SIN. 1.** Rehundir(se), cavar, excavar. **2.** Descontar. **3.** Suavizar, debilitar, ablandar, atenuar, apagar. **4.** Aguar. **5.** Desprestigiar, deshonrar. **5.** y **6.** Degradar(se). ANT. **1.** Levantar(se), elevar(se). **2.** Aumentar. **3.** Reforzar, avivar. **5.** Encumbrar. **6.** Ensoberbecer(se). FAM. Rebaja, rebajado, rebajamiento, rebaje, rebajo. BAJAR.

rebaje *s. m.* **1.** Parte del canto de un madero u otra cosa donde se ha disminuido el espesor, generalmente cortándolo o limándolo. **2.** Acción de rebajar a un militar o rebajarse él. SIN. **1.** Rebajo.

rebajo *s. m.* Rebaje de un madero, pieza, etc.

rebalaje *s. m.* **1.** Remolino que forman las aguas al chocar contra algo. **2.** Reflujo del agua del mar en las playas o costas y zona donde ocurre. **3.** Escalón que forma el reflujo en la arena de una playa.

rebalsar *v. tr.* **1.** Detener el agua u otro líquido para formar una balsa. También *v. prnl.* **2.** Desbordar el agua embalsada las paredes que la contienen. También *v. prnl.* SIN. **1.** Embalsar(se), remansar(se). FAM. Rebalse. BALSA[1].

rebalse *s. m.* **1.** Acción de rebalsar o rebalsarse. **2.** Estancamiento artificial de aguas corrientes: *el rebalse del río.*

rebanada *s. f.* Trozo ancho, plano y delgado que se saca de alguna cosa, especialmente del pan, cortándolo a lo ancho. FAM. Rebanar.

rebanar (del lat. *rapinare*, quitar) *v. tr.* **1.** Hacer rebanadas una cosa: *rebanar una barra de pan.* **2.** Cortar una cosa de parte a parte. También *v. prnl.* con valor reflexivo: *Casi me rebano un dedo.*

rebañar *v. tr.* **1.** Recoger y comer los últimos restos de comida que quedan en un plato o recipiente: *Estuvo rebañando la cazuela.* **2.** Apoderarse de algo sin dejar nada. ■ Se dice también *arrebañar.* FAM. Rebañadura. / Arrebañar. REBAÑO.

rebaño *s. m.* **1.** Grupo de cabezas de ganado, especialmente lanar. **2.** Conjunto de fieles con respecto a su pastor espiritual. SIN. **1.** Hato. FAM. Rebañar.

rebasar (del lat. *reversare*) *v. tr.* **1.** Pasar cierto límite, marca o señal: *Hemos rebasado la velocidad permitida.* **2.** Pasar a alguien o algo en una carrera, marcha, camino, etc.: *El ciclista rebasó al pelotón.* **3.** Superar alguien o algo a una persona: *Ese problema rebasa mis posibilidades.* SIN. **1.** Exceder, traspasar, sobrepasar. **2.** Adelantar. **3.** Desbordar.

rebatible *adj.* Que puede ser rebatido. SIN. Refutable. ANT. Irrebatible.

rebatiña *s. f.* Arrebatiña*.

rebatir *v. tr.* Contradecir con argumentos o razones la opinión, decisión, parecer, etc., de alguien: *Rebatió la tesis de su oponente.* SIN. Refutar, rechazar, impugnar, replicar, objetar. ANT. Corroborar, ratificar. FAM. Rebatible. / Irrebatible. BATIR.

rebato (del ár. *ribat*, ataque repentino) *s. m.* Llamamiento dirigido a la gente por medio de campana o cualquier otra señal, avisando de una catástrofe o peligro. ‖ LOC. **tocar a rebato** Dar la alarma ante un peligro: *La campana de la iglesia tocaba a rebato por el incendio.* FAM. Rebatiña. / Arrebatar.

rebeca (de *Rebeca*, título de un filme de Alfred Hitchcock, cuya protagonista usaba prendas de este tipo) *s. f.* Chaqueta de punto sin cuello, abierta por delante y con botones.

rebeco *s. m.* Gamuza*, mamífero.

rebelarse (del lat. *rebellare*) *v. prnl.* **1.** Negarse alguien a obedecer a una persona o a cumplir ciertas órdenes, normas, etc.: *Se rebeló contra el director.* **2.** Oponerse totalmente a algo: *Se rebeló contra la injusticia.* **3.** *fam.* Resultar algo difícil de manejar o controlar: *Esta camisa se rebela al plancharla.* SIN. **1.** Insubordinarse, sublevarse, levantarse, alzarse, amotinarse. **2.** Enfrentarse, discrepar. **3.** Resistirse. ANT. **1.** Subordinarse. **2.** Someterse. FAM. Rebelde, rebelión. BÉLICO.

rebelde (del lat. *rebellis*) *adj.* **1.** Que se rebela contra alguien o algo. También *s. m.* y *f.*: *Los rebeldes fueron sometidos.* **2.** Se dice de las personas o animales difíciles de educar o controlar: *Ese niño es muy rebelde.* **3.** *fam.* Difícil de trabajar o manejar: *un pelo rebelde, una tela rebelde.* **4.** Que muestra gran resistencia u oposición a algo: *Su espíritu rebelde no acepta la rutina.* **5.** Se aplica a ciertas enfermedades, dolencias, etc., que se resisten a los remedios: *una tos rebelde.* **6.** En der., se dice de la persona que ha sido declarada en rebeldía. También *s. m.* y *f.* SIN. **1.** Insubordinado, insurrecto, sublevado, levantisco. **1.** y **2.** Desobediente. **2.** y **3.** Indócil, indómito, indomable, indomeñable. **4.** Inconformista, contestatario. **6.** Contumaz. ANT. **1.** y **2.** Sumiso. **2.** y **3.** Dócil. **4.** Conformista. FAM. Rebeldía. REBELARSE.

rebeldía *s. f.* **1.** Cualidad o estado de rebelde: *Su rebeldía le trajo bastantes problemas.* **2.** Acción propia de la persona rebelde. **3.** Estado procesal de quien no acude al llamamiento formal a un juicio o no sigue las indicaciones hechas por un juez: *Fue declarado en rebeldía.* SIN. **1.** Indocilidad, indomabilidad. **1.** y **2.** Desobediencia, insubordinación. ANT. **1.** y **2.** Sumisión, obediencia.

rebelión *s. f.* Acción de rebelarse. SIN. Levantamiento, insurrección, sublevación, alzamiento, revuelta.

rebenque (del fr. *raban*, cabo que afirma la vela a la verga) *s. m.* **1.** Látigo, generalmente de cuero, con el cual se castigaba a los galeotes. **2.** En un barco, cabo corto. **3.** *Amér.* Fusta de jinete. FAM. Rebencazo.

reblandecer *v. tr.* Poner blanda una cosa. También *v. prnl.*: *La madera se reblandeció con la lluvia.* ■ Es v. irreg. Se conjuga como *agradecer.* SIN. Ablandar(se). FAM. Reblandecedor, reblandecimiento. BLANDO.

rebobinar *v. tr.* Enrollar hacia atrás una cinta magnética, un carrete fotográfico, etc.: *rebobinar una casete.* FAM. Rebobinado. BOBINA.

rebollo (del lat. vulg. *repullus*, retoño) *s. m.* **1.** Nombre que reciben varias especies de robles. **2.** Brote de las raíces de los robles. FAM. Rebollar, rebolledo.

reborde *s. m.* Saliente a lo largo del borde de una cosa. FAM. Rebordear. BORDE[1].

rebosadero *s. m.* Lugar u orificio por donde rebosa un líquido. SIN. Desagüe.

rebosante *adj.* Lleno: *Sirvieron jarras rebosantes de cerveza. Estoy rebosante de alegría.* SIN. Repleto, desbordante, colmado; pletórico. ANT. Escaso, falto.

rebosar (del lat. *reversare*) *v. intr.* **1.** Salirse un líquido por encima de los bordes del recipiente que lo contiene. También *v. prnl.* ■ Puede referirse también al mismo recipiente: *La jarra está rebosando.* **2.** Haber mucho de aquello que se expresa. También *v. tr.*: *Esa familia rebosa dinero.* **3.** Experimentar un sentimiento, estado de ánimo, generalmente positivo, con tal intensidad que se manifiesta de forma clara: *Rebosaba de satisfacción cuando recibió el premio.* También *v. tr.* SIN.

1. Desbordarse, derramarse. 2. Abundar. ANT. 2. Carecer. FAM. Rebosadero, rebosante.

rebotado, da 1. *p.* de **rebotar**. También *adj.* || *adj.* **2.** *fam.* Se aplica a la persona que ha dejado su anterior profesión o actividad, y especialmente al sacerdote o religioso que ha abandonado los hábitos. También *s. m.* y *f.* **3.** Se dice de la persona que se encuentra desplazada en un ambiente determinado.

rebotar *v. intr.* **1.** Cambiar de dirección un objeto en movimiento a consecuencia del choque con algo: *La pelota rebotó en un jugador y entró en la portería.* **2.** Botar un cuerpo elástico repetidamente al chocar contra otro cuerpo. || *v. tr.* **3.** Rechazar un cuerpo otro que ha chocado contra él: *El blindaje rebotó la bala.* **4.** *fam.* Enfadar o disgustar a alguien. También *v. prnl.* SIN. **3.** Escupir. **4.** Enojar(se), indignar(se), irritar(se), cabrear(se). ANT. **4.** Contentar(se). FAM. Rebotado, rebotador, rebote. BOTAR.

rebote *s. m.* **1.** Acción de rebotar: *La pelota ha dado un rebote en la pared.* **2.** Cada uno de los botes que después del primero da el cuerpo que rebota: *A ver si coges la pelota al segundo rebote.* **3.** En baloncesto, pelota que, al lanzarla hacia la canasta, rebota contra ésta o contra el tablero, cayendo nuevamente hacia el terreno de juego: *El pivot cogió el rebote.* **4.** *fam.* Enfado, disgusto: *Se ha pillado un buen rebote.* || LOC. **de rebote** *adv.* De rechazo: *Su ascenso nos favoreció de rebote a todos.* SIN. **4.** Enojo, cabreo. FAM. Reboteador, rebotear. REBOTAR.

reboteador, ra *adj.* En baloncesto, jugador que está preparado debajo de la canasta para recoger los rebotes. También *s. m.* y *f.*

rebotear *v. intr.* En baloncesto, saltar para atrapar el rebote después de un lanzamiento a canasta.

rebotica *s. f.* Habitación interior de la farmacia y, p. ext., de otras tiendas. SIN. Trastienda.

rebozado, da 1. *p.* de **rebozar**. También *adj.* || *s. m.* **2.** Acción de rebozar un alimento y capa que lo recubre.

rebozar (de *re-* y *bozo*) *v. tr.* **1.** Cubrir un alimento con huevo batido, harina, pan rallado, etc., para freírlo: *rebozar el pescado.* **2.** Bañar o cubrir un alimento con miel, huevo batido, etc. **3.** Manchar mucho a una persona o cosa. También *v. prnl.*: *Se cayó en una charca y se rebozó de barro.* **4.** Cubrir la cara hasta los ojos con una capa, manto, etc. También *v. prnl.* ■ Delante de *e* se escribe *c* en lugar de *z*: *reboce.* SIN. **1.** Empanar. **2.** Envolver, recubrir. **3.** Embadurnar(se), pringar(se). **4.** Embozar(se). FAM. Rebozado. REBOZO.

rebozo *s. m.* **1.** Parte de la capa, manto, etc., con que se cubre la cara hasta los ojos: *Se tapó el rostro con el rebozo.* **2.** Simulación, pretexto. **3.** *Amér.* Manto amplio y cuadrangular que usan las mujeres del pueblo para cubrirse la cabeza y los hombros. || LOC. **sin rebozo(s)** *adv.* Abiertamente, con toda franqueza: *Dímelo sin rebozo.* FAM. Rebozar. BOZO.

rebrincar *v. intr.* **1.** Brincar repetidamente, en especial por alegría o entusiasmo: *Los niños rebrincaban en el patio.* **2.** Embestir el toro de forma descompuesta, dando saltos y cabezadas. ■ Delante de *e* se escribe *qu* en lugar de *c.*

rebrotar *v. intr.* **1.** Volver a brotar las plantas. **2.** Volver a surgir o manifestarse lo que había desaparecido o se había reducido: *Le ha rebrotado el sarampión.* SIN. **1.** Retoñar. FAM. Rebrote. BROTAR.

rebrote *s. m.* Nuevo brote.

rebudiar *v. intr.* Roncar el jabalí amenazadoramente cuando huele o siente la proximidad de gente. FAM. Rebudio.

rebufe *s. m.* Bufido del toro.

rebufo *s. m.* **1.** Expansión de gases en torno a la boca de un arma de fuego al salir el disparo. **2.** Succión que produce tras de sí un cuerpo en movimiento, debida al desplazamiento del aire. || LOC. **a** (o **al**) **rebufo de** *adv.* En una carrera, siguiendo muy de cerca al que va delante, a fin de que éste actúe de pantalla y reducir así la resistencia del aire: *Se mantuvo a rebufo de otro corredor para ahorrar fuerzas.* P. ext., aprovechando una circunstancia o acontecimiento previos: *Al rebufo de las protestas surgió todo un movimiento de oposición.*

rebujar *v. tr.* Arrebujar*.

rebujo *s. m.* **1.** Paquete o envoltorio hecho de cualquier manera: *Hizo un rebujo y se llevó sus cosas.* **2.** Revoltijo de papeles, trapos, hilos, etc. **3.** Cualquier cosa revuelta o arrugada: *Tienes tu ropa hecha un rebujo en la cama.* FAM. Rebujar. / Arrebujar.

rebullir (del lat. *rebullire*) *v. intr.* Empezar a moverse alguien o algo. También *v. prnl.*: *Los cachorros se rebullían en su cesta.* ■ Es v. irreg. Se conjuga como *mullir.* SIN. Agitarse.

rebusca *s. f.* **1.** Acción de rebuscar. **2.** Restos o frutos que quedan en los campos después de haber cosechado. **3.** Desecho de alguna cosa, lo de peor calidad. SIN. **1.** Rebuscamiento.

rebuscado, da 1. *p.* de **rebuscar**. También *adj.* || *adj.* **2.** Afectado, que no tiene naturalidad o espontaneidad: *un estilo rebuscado.* **3.** Complicado, lioso: *El argumento de la película era muy rebuscado.* SIN. **2.** Atildado, engolado, amanerado. **3.** Retorcido, sinuoso. ANT. **2.** Natural. **2.** y **3.** Sencillo.

rebuscamiento *s. m.* **1.** Acción de rebuscar. **2.** Cualidad de rebuscado: *La novela peca de cierto rebuscamiento.* SIN. **1.** Rebusca. **2.** Afectación, atildamiento, engolamiento, amaneramiento; complicación, sinuosidad. ANT. **2.** Naturalidad.

rebuscar *v. tr.* **1.** Buscar una cosa mucho y con cuidado. También *v. intr.*: *Rebuscando entre los papeles encontré los apuntes.* **2.** Revolver en algún lugar para sacar algo o para curiosear. También *v. intr.*: *No dejes que el gato rebusque en la basura.* **3.** Recoger los restos o frutos que quedan en los campos después de la cosecha. ■ Delante de *e* se escribe *qu* en lugar de *c*: *rebusque.* FAM. Rebusca, rebuscado, rebuscamiento, rebusque. BUSCAR.

rebusque *s. m.* **1.** *Arg.* y *Urug. fam.* Trabajo temporal y parcial. **2.** Lío amoroso.

rebuznar *v. intr.* **1.** Emitir el asno su voz característica. || **rebuznarse** *v. prnl.* **2.** *Arg.* y *Urug. fam.* Llevarse bien por interés.

rebuzno (de *re-* y el lat. *bucinare*, tocar la trompeta) *s. m.* Voz del asno y otros animales semejantes. FAM. Rebuznar.

recabar (de *re-* y *cabo*) *v. tr.* **1.** Pedir o reclamar una persona, país, etc., algo a lo que cree tener derecho: *Varios estados recabaron la independencia.* **2.** Conseguir con ruegos o insistiendo mucho lo que se desea. SIN. **1.** Solicitar, demandar. **2.** Lograr, obtener.

recadería *s. f. Méx. fam.* Tienda donde se venden frutas, verduras y especias.

recadero, ra *s. m.* y *f.* Persona que se dedica a hacer o llevar recados de un lugar a otro.

recado (del ant. *recadar*, y éste del lat. *recapitare*, recoger) *s. m.* **1.** Mensaje que da, envía o lleva una persona a otra: *Le di tu recado por teléfono.* **2.** Paquete, envío, etc., que manda una persona a otra: *Hay un recado para usted en su despacho.* **3.** Compra, encargo, gestión, etc., que tiene que hacer una persona: *Ha ido a hacer un recado, pero volverá en seguida.* **4.** Conjunto de objetos necesarios para cierta cosa, particularmente de escritorio: *recado de escribir.* **5.** *Amér.* Conjunto de elementos que componen los arreos de la montura: *recado de montar.* || *s. m. pl.* **6.** Compras que se hacen de las cosas necesarias para una casa, especialmente la comida: *Ha ido a hacer los recados con su madre.* **SIN. 1.** Aviso, nota, información, misiva. **FAM.** Recadería, recadero.

recaer *v. intr.* **1.** Empeorar una persona que estaba convaleciente o que había superado una enfermedad: *Seguía en vigilancia por miedo a que recayera.* **2.** Caer de nuevo en un error, vicio, etc.: *Recayó en la bebida después de varios meses sin probarla.* **3.** Ir a parar o corresponder a alguien aquello que se expresa: *El galardón ha recaído en el actor británico.* **4.** Tratar una conversación, discusión, etc., sobre un determinado tema o asunto: *El debate recayó sobre política internacional.* **5.** Cargar el acento de una palabra. ■ Es v. irreg. Se conjuga como *caer.* **SIN. 1.** Reagravarse, agravarse. **2.** Reincidir, incurrir. **4.** Versar, centrarse, girar. **ANT. 1.** Mejorar. **2.** Vencer. **FAM.** Recaída. CAER.

recaída *s. f.* Acción de recaer: *Las recaídas en las enfermedades pueden ser peligrosas.* **SIN.** Empeoramiento. **ANT.** Mejoría.

recalada *s. f.* Acción de recalar un barco.

recalar *v. tr.* **1.** Empapar un líquido un cuerpo, metiéndose por sus poros: *La lluvia recaló la ropa.* También *v. prnl.* || *v. intr.* **2.** Acercarse un buque a un lugar o a un puerto para atracar en él o simplemente para reconocerlo. **3.** Aparecer una persona por algún sitio: *En Navidad recaló por su pueblo.* **4.** Llegar el viento o el mar a un punto determinado. **5.** *Amér.* Ir a parar. **SIN. 1.** Calar(se), mojar(se), humedecer(se). **ANT. 1.** Secar(se). **FAM.** Recalada. CALAR[2].

recalcadura *s. f. Arg.* Dislocación de un hueso.

recalcar (del lat. *recalcare*) *v. tr.* **1.** Pronunciar con lentitud y fuerza las palabras para que no haya duda de lo que se dice con ellas. **2.** Destacar o repetir algo, dejar claro lo que se dice: *Recalcó en la última reunión la necesidad de una campaña publicitaria.* **3.** Apretar mucho una cosa contra otra. **4.** Llenar por completo un recipiente apretando su contenido para que quepa más. ■ Delante de *e* se escribe *qu* en lugar de *c*: *recalque.* **SIN. 1.** y **2.** Acentuar, subrayar. **2.** Resaltar, reiterar, señalar, remachar. **4.** Atiborrar, henchir. **FAM.** Recalcadura. CALCAR.

recalcificar *v. tr.* Aumentar el contenido en calcio del organismo. ■ Delante de *e* se escribe *qu* en lugar de *c.* **SIN.** Calcificar. **ANT.** Descalcificar. **FAM.** Recalcificación. CALCIFICAR.

recalcitrante (del lat. *recalcitrans, -antis*) *adj.* **1.** Terco, obstinado. **2.** Que vuelve a caer repetidamente en faltas o errores. **SIN. 1.** Reacio. **2.** Reincidente, incorregible. **ANT. 1.** Condescendiente.

recalentar *v. tr.* **1.** Volver a calentar. **2.** Calentar demasiado: *Un viaje tan largo ha recalentado el motor.* También *v. prnl.* || **recalentarse** *v. prnl.* **3.** Echarse a perder por exceso de calor ciertos productos, como el trigo, las aceitunas, etc. ■ Es v. irreg. Se conjuga como *pensar.* **SIN. 2.** Quemar(se), achicharrar(se), cocer(se), escaldar(se). **ANT. 1.** y **2.** Enfriar(se). **FAM.** Recalentador, recalentamiento, recalentón. CALENTAR.

recalentón *s. m.* Calentamiento rápido y fuerte. **SIN.** Calentón.

recalificar *v. tr.* Otorgar a un terreno una calificación distinta de la que tenía. ■ Delante de *e* se escribe *qu* en lugar de *c*: *recalifique.* **FAM.** Recalificación. CALIFICAR.

recalmón *s. m.* Repentina y considerable pérdida de fuerza del viento o de la marejada.

recalzar *v. tr.* **1.** En agricultura, arrimar tierra alrededor de plantas o árboles. **2.** En arq., hacer un recalzo. ■ Delante de *e* se escribe *c* en lugar de *z.* **FAM.** Recalce. RECALZO.

recalzo *s. m.* En arq., reforzamiento de los cimientos de un edificio. **FAM.** Recalzar. CALZAR.

recamado *s. m.* Bordado de realce.

recamar (del ár. *raqama*, bordar) *v. tr.* Bordar de realce. **FAM.** Recamado.

recámara *s. f.* **1.** Habitación próxima a la principal que cumple cierto servicio complementario: *El equipaje está en la recámara.* **2.** En las armas de fuego, lugar del cañón opuesto a la boca en el que se coloca la bala que se va a disparar: *El cartucho quedó atascado en la recámara.* **3.** En las minas, lugar donde se almacenan los explosivos. **4.** Cautela, segunda intención con la que alguien habla o actúa. **5.** *Amér.* Alcoba, dormitorio. **SIN. 4.** Reserva, doblez, trastienda. **FAM.** Recamarera. CÁMARA.

recamarera *s. f. Méx.* Empleada encargada de la limpieza de las habitaciones.

recambiar *v. tr.* **1.** Cambiar por segunda vez. **2.** Sustituir una pieza por otra de la misma clase: *Tuvieron que recambiar la correa del ventilador.* **3.** En comercio, volver a mandar una letra que no ha sido pagada. **FAM.** Recambiable, recambio. CAMBIAR.

recambio *s. m.* **1.** Acción de recambiar. **2.** Pieza con que se sustituye otra de la misma clase que se ha roto, se ha gastado, etc.: *He comprado algunos recambios para el coche.* **SIN. 2.** Repuesto.

recapacitar (de *re-* y el lat. *capacitas, -atis*, inteligencia) *v. tr.* Reflexionar, pensar con atención y detenimiento. También *v. intr.*: *Recapacita antes de tomar esa decisión.* **SIN.** Considerar, meditar.

recapitular (del lat. *recapitulare*) *v. tr.* Exponer de manera resumida y ordenada lo dicho o escrito anteriormente con mayor amplitud: *Recapituló las ideas fundamentales de la conferencia.* **SIN.** Sintetizar, compendiar, condensar. **FAM.** Recapitulación. CAPÍTULO.

recargable *adj.* Que se puede recargar: *La batería del teléfono móvil es recargable.*

recargamiento *s. m.* Acumulación excesiva de elementos en alguna cosa: *Es preferible evitar el recargamiento en la decoración.* **SIN.** Abigarramiento, complicación, hacinamiento.

recargar *v. tr.* **1.** Volver a cargar: *Tengo que recargar el mechero, porque se ha acabado el gas.* **2.** Aumentar la carga o cargar demasiado: *Habéis recargado mucho la furgoneta.* **3.** Poner mucho de una cosa en otra o en un sitio: *Has recargado la leche de azúcar.* **4.** Adornar excesivamente. También *v. prnl.*: *Se ha recargado la habitación con tantos cuadros.* **5.** Aumentar la cantidad que hay que pagar por una deuda, impuesto, etc. **6.** Hacer menos puro o respirable el aire de un sitio cerrado: *El humo de los fumadores recarga la atmósfera.* También *v. prnl.* || **recargarse** *v. prnl.*

7. Sufrir un aumento de la fiebre: *Esta mañana estaba mejor, pero me he recargado por la tarde.* **8.** *Méx.* Apoyarse, recostarse. ■ Delante de *e* se escribe *gu* en lugar de *g*: *recargue.* **FAM.** Recarga, recargable, recargamiento, recargo. CARGAR.

recargo *s. m.* Aumento de la cantidad que se ha de pagar, generalmente a causa del retraso en el pago: *Tendré que pagar la multa con recargo por abonarla fuera de plazo.*

recatado, da *adj.* Honesto, decente, especialmente aplicado a las mujeres. **SIN.** Pudoroso, casto, decoroso.

recatar (de *re-* y el lat. *captare*, coger) *v. tr.* **1.** Ocultar o disimular lo que no se quiere que se vea o se sepa. También *v. prnl.* || **recatarse** *v. prnl.* **2.** Comportarse o actuar con recato, pudorosamente. **FAM.** Recatadamente, recatado, recato. CATAR.

recato *s. m.* **1.** Pudor, modestia. **2.** Cautela, prudencia o miramiento con que alguien habla o actúa: *Trataron el asunto con gran recato.* **SIN. 1.** Honestidad, decoro, decencia. **2.** Precaución, reserva. **ANT. 1.** Impudor. **2.** Imprudencia.

recauchar *v. tr.* Recauchutar*.

recauchutado, da 1. *p.* de **recauchutar**. También *adj.* || *s. m.* **2.** Acción de recauchutar.

recauchutar *v. tr.* Cubrir nuevamente de caucho alguna superficie que ya lo tenía, especialmente las cubiertas. ■ Se dice también *recauchar.* **FAM.** Recauchar, recauchutado. CAUCHO.

recaudación *s. f.* **1.** Acción de recaudar. **2.** Cantidad de dinero recaudada: *Ayer consiguieron una recaudación bastante grande.* **3.** Oficina en que se recauda. **SIN. 1.** Recaudamiento, recaudo, recolecta.

recaudador, ra *adj.* **1.** De la recaudación: *oficina recaudadora de Hacienda.* || *s. m.* y *f.* **2.** Persona que tiene por oficio recaudar dinero.

recaudar *v. tr.* Reunir una determinada cantidad de dinero procedente de impuestos, pagos, donativos, etc. **SIN.** Recolectar, ingresar. **FAM.** Recaudación, recaudador, recaudamiento, recaudatorio, recaudo.

recaudo *s. m.* Acción de recaudar. || **LOC. a (buen) recaudo** *adv.* Seguro, bien guardado o vigilado: *Todos los prisioneros están ya a recaudo. Puso las joyas a buen recaudo.*

recazo *s. m.* **1.** Cazoleta de la espada. **2.** En un cuchillo, parte de la hoja opuesta al filo.

rección *s. f.* En ling., acción de regir una palabra a otra u otras.

recebar *v. tr.* Echar recebo.

recebo *s. m.* **1.** Arena o piedra menuda que se extiende sobre el firme de una carretera. **2.** Cantidad de líquido que se echa en los toneles que han sufrido alguna disminución. **FAM.** Recebar. CEBO.

recelar (de *re-* y *celar*) *v. tr.* Desconfiar, sospechar. También *v. intr.* y *v. prnl.*: *Es tan suspicaz que recela de todo el mundo.* **ANT.** Confiar(se). **FAM.** Recelo, receloso. CELO[1].

recelo *s. m.* Sentimiento o actitud del que recela: *Miró con recelo a los que le adulaban.* **SIN.** Desconfianza, temor, sospecha. **ANT.** Confianza.

receloso, sa *adj.* **1.** Que tiene o tiende a tener recelo o desconfianza. **2.** Se dice del toro que retrasa sus embestidas y acude con precauciones defensivas a la cita. **SIN. 1.** Suspicaz, malicioso. **ANT. 1.** Confiado.

recensión (del lat. *recensio, -onis*) *s. f.* Comentario o juicio que se hace de una obra literaria, científica, etc. **SIN.** Reseña, crítica.

recental (del lat. *recens, -entis*, reciente) *adj.* Se dice del cordero o ternero que todavía no ha pastado y se alimenta de leche. También *s. m.* **SIN.** Lechal.

recentísimo, ma *adj. sup.* de **reciente**.

recepción (del lat. *receptio, -onis*) *s. f.* **1.** Acción de recibir: *La tormenta dificultó la recepción de las emisoras de radio.* **2.** Admisión en un empleo, oficio o sociedad. **3.** Fiesta o ceremonia que se celebra para recibir a un personaje importante: *Hubo una recepción para el nuevo embajador.* **4.** P. ext., fiesta particular. **5.** En hoteles, oficinas, etc., lugar donde se recibe al público, se le da algún tipo de información, etc. **SIN. 1.** Recibimiento, recogida, acogida. **FAM.** Recepcionista. RECIBIR.

recepcionar *v. tr. Arg.* y *Urug.* Recibir un aparato las ondas de radio o de televisión.

recepcionista *s. m.* y *f.* Persona encargada de atender al público en la recepción de hoteles, oficinas, etc.

receptáculo (del lat. *receptaculum*) *s. m.* **1.** Cavidad en que se contiene o puede contenerse algo. **2.** En bot., tálamo*. **SIN. 1.** Recipiente.

receptividad *s. f.* **1.** Capacidad de recibir. **2.** En psicol., capacidad del sujeto para recibir estímulos exteriores: *Este niño tiene una gran receptividad.* **3.** En med., predisposición del organismo a sufrir ciertas enfermedades. **SIN. 2.** Sensibilidad. **3.** Propensión. **ANT. 2.** Insensibilidad.

receptivo, va (del lat. *receptum*, de *recipere*, recibir) *adj.* Que recibe o es capaz de recibir, especialmente sensaciones, conocimientos, influencias, etc.: *Es muy receptivo a cualquier consejo.* **FAM.** Receptividad. RECIBIR.

receptor, ra (del lat. *receptor, -oris*) *adj.* **1.** Que recibe. También *s. m.* y *f.* **2.** Se dice del motor que recibe energía de un generador instalado a distancia. También *s. m.* **3.** Se dice del aparato preparado para recibir señales eléctricas, telegráficas o telefónicas. También *s. m.* || *s. m.* **4.** Aparato que recibe las ondas del radiotransmisor: *He comprado un receptor de radio.* **5.** En el acto de la comunicación, la persona que recibe el mensaje. **ANT. 4.** y **5.** Emisor. **FAM.** Fotorreceptor, radiorreceptor. RECIBIR.

recesar *v. intr.* **1.** *Amér.* Cesar temporalmente en sus actividades una empresa, organismo, etc. || *v. tr.* **2.** *Perú* Clausurar el parlamento o cámara legislativa.

recesión (del lat. *recessio, -onis*) *s. f.* **1.** Acción de retroceder, ceder o disminuir: *Esperan una recesión de la fiebre.* **2.** Disminución general de la actividad económica: *Europa ha vivido épocas de profunda recesión.* **3.** En astron., alejamiento de las galaxias y nebulosas con respecto a un hipotético centro del universo. **SIN. 1.** Retroceso, cesión. **2.** Depresión. **ANT. 1.** Aumento. **2.** Desarrollo. **FAM.** Recesivo, receso. CESIÓN.

recesivo, va *adj.* **1.** En econ., que tiende a la recesión o la provoca: *periodo recesivo.* **2.** En biol., se dice del carácter hereditario que no aparece en el individuo que lo posee, pero sí puede hacerlo en sus descendientes. **ANT. 2.** Dominante.

receso (del lat. *recessus*) *s. m.* **1.** Alejamiento, separación. **2.** Interrupción o pausa en una actividad, espectáculo, etc. **3.** *Amér.* Vacación, parada temporal en un trabajo y tiempo que dura.

receta (del lat. *recepta*) *s. f.* **1.** Nota en que el médico indica los medicamentos que debe tomar el enfermo: *Se necesita receta para comprar esta medicina.* **2.** Fórmula de un preparado. **3.** Nota en que se indican los ingredientes de un plato de cocina y la forma en que se prepara. **4.** *fam.* Procedimiento para hacer o conseguir algo: *Tienes que darme la receta de tu éxito.* **SIN. 1.** Prescripción. **FAM.** Recetar, recetario.

recetar *v. tr.* Indicar el médico al paciente el medicamento que debe tomar y el tratamiento que debe seguir. **SIN.** Prescribir.

recetario *s. m.* Cuaderno o conjunto de recetas.

rechace *s. m.* **1.** Rechazo*. **2.** En dep., acción de rechazar el balón. **SIN. 2.** Despeje.

rechazar (del fr. ant. *rechacier*, de *chacier*, perseguir, dar caza) *v. tr.* **1.** Mostrar oposición hacia alguien o algo, no admitir o aceptar: *rechazar una propuesta, unas acusaciones.* **2.** Resistir un cuerpo a la fuerza que otro ejerce sobre él y hacerle retroceder en su movimiento: *La pared rechazó la pelota.* **3.** En dep., despejar. **4.** Resistir el ataque del enemigo obligándole a retroceder. ▪ Delante de *e* se escribe *c* en lugar de *z*: *rechace.* **SIN. 1.** Oponerse, negar, denegar. **2.** Repeler, devolver. **ANT. 1.** Acceder. **4.** Claudicar. **FAM.** Rechace, rechazo.

rechazo *s. m.* **1.** Acción de rechazar. **2.** Fenómeno inmunológico por el que un organismo no admite un órgano o tejido procedente de otro individuo e intenta expulsarlo. || **LOC. de rechazo** *adv.* Después de haber chocado antes con otra cosa. También, como consecuencia indirecta de algo: *Sus enfrentamientos nos perjudican de rechazo a todos.* **SIN. 1.** Oposición, negación, denegación. **1.** y **2.** Rechace. **ANT. 1.** Aceptación.

rechifla *s. f.* **1.** Burla de un grupo de personas ante lo que alguien dice o hace. **2.** Pita[3]*. **SIN. 1.** Pitorreo.

rechiflar *v. tr.* **1.** Silbar con fuerza e insistencia, especialmente para mostrar descontento o desaprobación por algo. || **rechiflarse** *v. prnl.* **2.** Burlarse de alguien para dejarlo en ridículo. **SIN. 1.** Abuchear, pitar. **2.** Pitorrearse, mofarse. **FAM.** Rechifla. CHIFLAR.

rechinar *v. intr.* Producir cierto ruido el roce de algunos objetos, particularmente el de los dientes de una mandíbula contra los de la otra al frotarlos fuertemente. También *v. tr.* **FAM.** Rechinamiento.

rechistar *v. intr.* Emitir un sonido como para empezar a hablar, particularmente para replicar. ▪ Se usa sobre todo en frases negativas: *Su madre no le deja ni rechistar. Obedece sin rechistar.* **ANT.** Callar.

rechoncho, cha *adj.* Grueso y de poca altura. **SIN.** Achaparrado, chaparro, retaco. **ANT.** Esbelto.

rechupete, de *loc. adj.* y *adv. fam.* Muy bueno, muy agradable: *Ese pastel está de rechupete.*

reciario (del lat. *retiarius*, de *rete*, red) *s. m.* Antiguo gladiador del circo romano que utilizaba una red como arma principal y solía llevar además un tridente y un puñal.

recibí *s. m.* En ciertos documentos o facturas, fórmula que aparece delante de la firma y que expresa que se ha recibido lo que se indica: *Ya he firmado el recibí.*

recibidor, ra *adj.* **1.** Que recibe. También *s. m.* y *f.* || *s. m.* **2.** Vestíbulo, antesala. **SIN. 2.** Recibimiento, recepción.

recibimiento *s. m.* **1.** Acción de recibir. **2.** Acogida que se hace a alguien que llega: *El atleta español tuvo un extraordinario recibimiento.* **3.** Recibidor, vestíbulo. **4.** Sala principal de una casa. **SIN. 1.** Recepción. **2.** Bienvenida. **3.** Antesala, hall. **4.** Salón.

recibir (del lat. *recipere*) *v. tr.* **1.** Llegar a alguien algo que se le da, envía, presenta o transmite: *He recibido tu regalo. Recibieron nuestro mensaje.* **2.** Llegar a cierta cosa, lugar, etc., algo que se le incorpora: *Aquel lago recibe las aguas del deshielo de las montañas.* **3.** Experimentar o sufrir aquello que se expresa o ser objeto de ello: *recibir un susto, recibir una bofetada.* **4.** Salir al encuentro de alguien que llega: *Fuimos a recibirle al aeropuerto.* **5.** Tratar de cierta forma a alguien que llega: *Nos recibieron estupendamente.* **6.** Admitir visitas una persona. También *v. intr.*: *El alcalde no recibe hoy.* **7.** Admitir a una persona dentro de una comunidad, grupo, familia, etc. **8.** Percibir dinero por un pago u otra causa. **9.** Tomar o aceptar de cierta manera una noticia, opinión, etc.: *Sus propuestas fueron mal recibidas.* **10.** Hacerse cargo de una persona o cosa, aceptarla: *Recibió con humildad el castigo.* **11.** En radiodifusión y telecomunicaciones, captar un aparato las distintas ondas o frecuencias: *No recibimos bien la señal de la segunda cadena.* **12.** Asegurar con yeso u otro material un cuerpo que se introduce en la pared o en otra obra de albañilería. **13.** Esperar o hacer frente a cierto ataque, peligro, etc., para resistirlo o rechazarlo. **14.** En tauromaquia, en la suerte de matar, citar el torero al toro sin moverse esperando su embestida para clavarle la espada. || **recibirse** *v. prnl.* **15.** Conseguir alguien cierto título o investidura: *Se recibió de académico en 1970.* **SIN. 1.** y **2.** Recoger. **3.** Padecer. **5.**, **7.** y **9.** Acoger. **10.** Asumir, contraer. **15.** Titularse, investirse, graduarse, licenciarse. **ANT. 1.** Remitir. **2.** Expulsar. **11.** Emitir. **13.** Evitar, huir. **FAM.** Recepción, recepcionar, receptáculo, receptivo, receptor, recibí, recibidor, recibimiento, recibo, recipiendario, recipiente.

recibo *s. m.* **1.** Acción de recibir: *Al recibo de esta carta sabrás que...* **2.** Escrito o documento en que se declara haber recibido dinero, cierta mercancía, etc., o en que consta que se ha efectuado un pago: *Guarda el recibo del gas.* || **LOC. acusar recibo** Comunicar a la persona que envía una carta o algo similar que se ha recibido. **ser** (o **estar**) algo **de recibo** Ser aceptable, estar en buenas condiciones. **SIN. 1.** Recepción, recibimiento. **2.** Factura.

reciclado, da 1. *p.* de **reciclar**. También *adj.* || *adj.* **2.** Se dice del material que ha sido fabricado a partir de desechos o desperdicios: *papel reciclado.* || *s. m.* **3.** Acción de reciclar: *el reciclado de materiales de desecho.* **SIN. 3.** Reciclaje, reciclamiento.

reciclaje *s. m.* Acción de reciclar: *El reciclaje de las basuras es importante para salvaguardar los recursos naturales.*

reciclar (de *re-* y *ciclo*) *v. tr.* **1.** Someter una materia, objeto, etc., a un proceso para que vuelva a ser utilizable: *reciclar los residuos, el vidrio.* **2.** Someter una materia repetidas veces a un mismo ciclo para que éste resulte más efectivo. **3.** Modernizar, poner al día a una persona, actividad, etc.: *reciclar la enseñanza.* **4.** Hacer que un alumno pase de un ciclo de estudios a otro para el que se le considera más apto. **FAM.** Reciclado, reciclaje, reciclamiento. CICLO.

recidiva *s. f.* Reaparición de una enfermedad que se consideraba curada.

reciedumbre *s. f.* Cualidad de recio: *Admiro la reciedumbre de su carácter.* **SIN.** Robustez, corpulencia; solidez, fuerza, fortaleza, vigor, brío, potencia, energía. **ANT.** Debilidad, endeblez.

recién (apóc. de *reciente*) *adv. t.* Acabado de hacer, sucedido poco antes. ■ En España, se usa sólo delante de participios: *recién estrenado, recién nacido.* En América, sin embargo, tiene un uso más general: *Recién lo vi. Recién me fui, comenzó a llover; recién ahora, recién aquí.*

reciente (del lat. *recens, -entis*) *adj.* **1.** Hecho hace muy poco: *Los bollos están recientes.* **2.** Que ha sucedido hace poco tiempo: *Es reciente su último catarro.* SIN. **1.** y **2.** Fresco, nuevo. **2.** Inmediato, próximo. ANT. **1.** Atrasado. **2.** Antiguo. FAM. Recental, recentísimo, recién, recientemente.

recientemente *adv. t.* Hace muy poco tiempo.

recinto (de *re-* y el lat. *cinctus*, cercado, rodeado) *s. m.* Espacio generalmente cerrado y comprendido dentro de unos límites: *Visitaron el recinto del parque zoológico.*

recio, cia *adj.* **1.** Robusto, fuerte: *recios brazos, una viga recia, una voz recia.* **2.** Duro, difícil de soportar: *Pasó por una recia situación.* || *adv. m.* **3.** Reciamente: *Tendremos que trabajar recio.* SIN. **1.** Vigoroso, firme, potente, sólido. **2.** Crudo, cruel. ANT. **1.** Débil. **2.** Liviano. FAM. Reciamente, reciedumbre, reciura. / Arreciar.

recipiendario, ria (del lat. *recipiendus*, que debe ser recibido) *s. m.* y *f.* Persona que es recibida solemnemente en una sociedad o corporación para integrarse en ella.

recipiente (del lat. *recipiens, -entis*, de *recipere*, recibir) *s. m.* Objeto o cavidad que contiene o puede contener algo en su interior.

reciprocidad *s. f.* **1.** Correspondencia mutua entre dos cosas o personas. **2.** En gramática, intercambio de la acción entre dos o más sujetos que la ejecutan. SIN. **1.** Correlación.

recíproco, ca (del lat. *reciprocus*) *adj.* **1.** Se dice de aquello que una persona, animal o cosa da, hace o dirige a otro y que a su vez recibe de éste: *Existía una admiración recíproca entre los dos artistas.* **2.** En ling., se aplica a los verbos, a las construcciones verbales y a los pronombres que expresan una misma acción que recae simultáneamente sobre dos sujetos, como p. ej. en la oración *Los dos amigos se dieron la mano.* **3.** En mat., se dice del número que al multiplicarlo por uno dado resulta la unidad. También *s. m.* || LOC. **a la recíproca** *adv.* De manera recíproca: *Yo te ayudaré cuando tengas mucho trabajo, y a la recíproca.* SIN. **1.** Mutuo. ANT. **1.** Unilateral. FAM. Recíprocamente, reciprocidad.

recitado *s. m.* **1.** Acción de recitar. **2.** Fragmento o composición que se recita. **3.** Composición musical intermedia entre la recitación y el canto, que se usa en las poesías narrativas y en los diálogos.

recital *s. m.* **1.** Concierto dado por un solista, sea instrumentista o cantante. **2.** Lectura o recitación de poemas, generalmente de un mismo autor o realizada por un único recitador. SIN. **1.** Gala. **1.** y **2.** Audición.

recitar (del lat. *recitare*) *v. tr.* Decir en voz alta, y generalmente de memoria, un texto literario, un poema, etc., y, p. ext., cualquier cosa que se sabe muy bien de memoria. FAM. Recitación, recitado, recitador, recital, recitativo. CITAR.

recitativo, va *adj.* Se dice de la forma o composición musical que es un término medio entre la recitación y el canto. También *s. m.*

reciura *s. f.* Cualidad de recio. SIN. Firmeza. ANT. Debilidad.

reclamación (del lat. *reclamatio, -onis*) *s. f.* **1.** Acción de reclamar. **2.** Queja con que se expresa la oposición o descontento ante algo, y especialmente la que se hace por escrito siguiendo ciertas formalidades. || **3. hoja** (o **libro**) **de reclamaciones** Impreso que en los establecimientos públicos está a disposición del cliente para protestar por un mal servicio. SIN. **1.** Petición, demanda, solicitación. **2.** Protesta.

reclamar (del lat. *reclamare*, de *re* y *clamare*, gritar, llamar) *v. tr.* **1.** Pedir alguien una cosa por considerar que tiene derecho a ella. **2.** Llamar con autoridad o insistencia a una persona para que vaya a algún lugar o realice alguna acción: *Te reclaman en tu empresa.* **3.** Mostrar alguien o algo necesidad de una cosa: *El problema reclama nuestra atención.* **4.** En der., pedir el juez la presencia de una persona que ha huido, o que sea puesto a su disposición un acusado o una causa. **5.** Llamar a las aves con el reclamo. || *v. intr.* **6.** Protestar contra algo u oponerse a ello: *Si crees que la comida no está en buen estado, puedes reclamar.* SIN. **1.** Exigir, demandar, solicitar. **2.** y **3.** Requerir. **6.** Quejarse. ANT. **1.** y **6.** Conformarse. FAM. Reclamación, reclamante, reclame, reclamo. CLAMAR.

reclame *s. f. Amér.* Publicidad. ■ En Arg. y Urug. se usa como *s. m.*

reclamo *s. m.* **1.** Cualquier procedimiento que se utiliza para atraer a las aves de caza, p. ej. una amaestrada o enjaulada, un silbato que imita su sonido, etc. **2.** Sonido con que un ave llama a otra de su especie. **3.** Cualquier cosa con que se trata de atraer a las personas o incitarlas a hacer algo: *Ese anuncio será un excelente reclamo para captar clientes.* **4.** Fuerte atracción que ejerce alguien o algo sobre una persona: *Acudió al reclamo de su tierra.* **5.** *Arg., Chile* y *Ec.* Reclamación, queja. SIN. **1.** y **3.** Señuelo. **3.** Espejuelo. **4.** Llamada.

reclinar (del lat. *reclinare*) *v. tr.* **1.** Inclinar el cuerpo o parte de él apoyándolo en algún sitio. También *v. prnl.* **2.** Inclinar una cosa apoyándola sobre otra. También *v. prnl.* SIN. **1.** y **2.** Recostar(se). ANT. **1.** y **2.** Alzar(se), enderezar(se). FAM. Reclinación, reclinatorio.

reclinatorio (del lat. *reclinatorium*) *s. m.* **1.** Mueble propio de las iglesias, en forma de silla o banco muy bajo, que sirve para arrodillarse sobre él. **2.** Cualquier mueble que sirve para reclinarse sobre él.

recluir (del lat. *recludere*) *v. tr.* Encerrar o hacer que una persona o animal permanezca en un lugar. También *v. prnl.* ■ Es v. irreg. Se conjuga como *huir.* SIN. Retener, confinar(se); encarcelar. ANT. Liberar. FAM. Reclusión, recluso.

reclusión (del lat. *reclusio, -onis*) *s. f.* Acción de recluir, p. ej. a un delincuente en una prisión. SIN. Internamiento, encarcelamiento. ANT. Liberación.

recluso, sa (del lat. *reclusus*) *s. m.* y *f.* Persona que se encuentra recluida en un establecimiento penitenciario. SIN. Preso, presidiario, interno.

recluta *s. m.* **1.** Mozo alistado para el servicio militar hasta que va a su destino definitivo. || *s. f.* **2.** Acción de reclutar. SIN. **2.** Reclutamiento, alistamiento. ANT. **1.** Veterano.

reclutar (del fr. *recruter*, de *recroître*, y éste del lat. *recrescere*, aumentar) *v. tr.* **1.** Llamar a una persona para que se incorpore al ejército, generalmente para el cumplimiento del servicio militar. **2.** P. ext., reunir gente para algún fin: *Reclutaron voluntarios para apagar el incendio.* SIN. **1.** Alistar, enrolar. FAM. Recluta, reclutador, reclutamiento.

recobrar (del lat. *recuperare*) *v. tr.* **1.** Volver a tener lo que se había perdido. || **recobrarse** *v. prnl.* **2.** Volver alguien a su estado normal después de haber sufrido una enfermedad, impresión, etc., y particularmente después de haber perdido el conocimiento. **3.** Recuperarse de alguna pérdida económica. **SIN. 1.** Rescatar. **2.** Restablecerse, mejorar(se), reanimarse. **3.** Resarcirse. **ANT. 2.** Empeorar(se). **FAM.** Recobro. RECUPERAR.

recocer (del lat. *recoquere*) *v. tr.* **1.** Volver a cocer. **2.** Cocer demasiado una cosa: *Si recueces el arroz se pasará.* También *v. prnl.* **3.** Calentar los metales para que vuelvan a tener la ductilidad o flexibilidad que perdieron al trabajarlos. ■ Es v. irreg. Se conjuga como *cocer.* **FAM.** Recocido. COCER.

recochinearse *v. prnl. fam.* Hacer o decir algo con burla o ironía añadidas.

recochineo *s. m. fam.* Burla que se añade a una acción o dicho para molestar a alguien, aunque a veces se hace como broma. **SIN.** Cachondeo, guasa. **FAM.** Recochinearse.

recodar *v. intr.* Recostarse o descansar apoyándose sobre los codos. Se usa más como *v. prnl.*

recodo *s. m.* Ángulo o curva muy cerrados que forman las calles, caminos, ríos, etc. **SIN.** Revuelta, esquina.

recogedor *s. m.* **1.** Cogedor*. **2.** Instrumento de labranza que consiste en una tabla inclinada que, arrastrada por una caballería, se utiliza para recoger la parva.

recogepelotas *s. m.* y *f.* Persona, generalmente joven, encargada de recoger las pelotas que se quedan en la pista durante un partido de tenis y entregárselas a los jugadores. ■ No varía en *pl.*

recoger (del lat. *recolligere*) *v. tr.* **1.** Coger algo que se ha caído: *recoger un papel del suelo.* **2.** Coger cosas y guardarlas o colocarlas en su sitio, particularmente después de haber terminado un trabajo. También *v. intr.* **3.** Coger y reunir cosas dispersas o distantes unas de otras: *Recogió bastante dinero de los donativos. Aún no han recogido los carteros las cartas; recoger la cosecha.* **4.** Ir a buscar a una persona o cosa al lugar en que se encuentra: *Te recojo a las seis. Fuimos a recoger los análisis.* **5.** Recibir alguien los efectos o consecuencias de algo realizado anteriormente: *Ahora recogerá los frutos de su trabajo.* **6.** Acoger a una persona o animal proporcionándole alojamiento, comida, etc. **7.** Recibir y retener una persona o cosa aquello que se expresa: *Esta pared recoge mucha humedad.* **8.** Sujetar, ceñir, enrollar, etc., ciertas cosas para reducir su tamaño, dejar algo despejado, etc. También *v. prnl.* con valor reflexivo: *recogerse el pelo.* **9.** Tomar en cuenta una persona lo expresado por otra: *He recogido tu idea, pero no la comparto.* **10.** Retirar una autoridad de la circulación un libro, impreso, etc. **11.** En tauromaquia, obligar el torero al toro a que se vuelva para embestir de nuevo la capa o la muleta. || **recogerse** *v. prnl.* **12.** Irse una persona o animal a su casa, corral, guarida, particularmente para descansar o dormir: *Mis padres se recogen muy temprano.* **13.** Irse una persona a un lugar tranquilo o aislarse de lo que la rodea para meditar, reflexionar, etc. ■ Delante de *a* y *o* se escribe *j* en lugar de *g*: *recoja.* **SIN. 1.** Alzar, levantar. **2.** Ordenar. **3.** Recaudar, recolectar, agrupar. **6.** Asilar, albergar. **9.** Considerar. **10.** Secuestrar. **12.** y **13.** Retirarse. **ANT. 1.** Tirar. **2.** Sacar; desordenar. **3.** Dispersar. **6.** Abandonar, echar. **9.** Desechar. **12.** Salir. **FAM.** Recogedor, recogepelotas, recogida, recogido, recogimiento. COGER.

recogido, da 1. *p.* de **recoger**. También *adj.* || *adj.* **2.** Que ocupa poco espacio, que no estorba. **3.** Resguardado, acogedor: *Ése es un rincón muy recogido.* || *s. m.* **4.** Parte de una cosa como tela, papel, pelo, etc., que se recoge o se junta: *La blusa tenía unos recogidos muy bonitos en las mangas.* **SIN. 3.** Protegido. **ANT. 3.** Destartalado. **FAM.** Recogidamente. RECOGER.

recogimiento *s. m.* **1.** Acción de recoger o recogerse. **2.** Estado y actitud de la persona que se aísla para concentrarse en sí misma, en sus meditaciones, etc. **SIN. 1.** Recogida. **2.** Ensimismamiento, concentración. **ANT. 1.** y **2.** Dispersión. **2.** Distracción.

recolección *s. f.* Acción de recolectar: *la recolección de la remolacha.*

recolectar (del lat. *recollectum*, de *recolligere*, reunir, recoger) *v. tr.* **1.** Recoger los frutos de la tierra. **2.** Juntar personas o cosas que estaban dispersas o procedían de distintos lugares: *Recolectó mucho dinero para el viaje.* **SIN. 1.** Cosechar. **2.** Reunir, recopilar, agrupar; recaudar. **ANT. 2.** Dispersar, disgregar. **FAM.** Recolección, recolector. COLECCIÓN.

recolector, ra *adj.* Que recolecta, sobre todo los frutos de los campos. También *s. m.* y *f.*

recoleto, ta (del lat. *recollectus*, recogido) *adj.* **1.** Se dice del lugar apartado, solitario y acogedor. **2.** Se aplica al religioso que vive con gran recogimiento y del convento o lugar religioso en que se vive de esa manera. También *s. m.* y *f.* **SIN. 1.** Retirado; tranquilo. **ANT. 1.** Transitado, bullicioso.

recombinación *s. f.* En genética, aparición en la descendencia de combinaciones de genes que no existían en los padres.

recomendable *adj.* Que es bueno, y por eso se recomienda o se da como consejo: *Es recomendable hacer algo de ejercicio.* **SIN.** Aconsejable.

recomendación *s. f.* **1.** Acción de recomendar: *Viene a hacerme una recomendación para su hija. Mi madre me hizo muchas recomendaciones al salir.* **2.** Situación de la persona que es favorecida por otra para conseguir un empleo, cargo, etc.: *Casi todos los aspirantes a ese puesto tenían recomendación.* **SIN. 2.** Enchufe, influencia.

recomendado, da[1] **1.** *p.* de **recomendar**. También *adj.* || *s. m.* y *f.* **2.** Persona que tiene recomendación: *Tu recomendado no aprobó el examen.* **SIN. 2.** Enchufado.

recomendado, da[2] (del fr. *recommandé*) *adj. Perú* Aplicado a paquetes, envíos, certificado.

recomendar (de *re-* y el ant. *comendar*, del lat. *comendare*, confiar una cosa) *v. tr.* **1.** Aconsejar, sugerir: *El médico le recomendó tranquilidad.* **2.** Hablar de una persona para que alguien tenga una opinión favorable de ella y la ayude en algo, particularmente a que sea elegida para un trabajo o apruebe un examen: *Te he recomendado al director.* ■ Es v. irreg. Se conjuga como *pensar.* **SIN. 2.** Mediar, enchufar. **ANT. 1.** Desaconsejar. **FAM.** Recomendable, recomendablemente, recomendación, recomendado[1], recomendante, recomendatorio. ENCOMENDAR.

recomenzar *v. tr.* Volver a empezar: *Han tenido que recomenzar las obras.* ■ Delante de *e* se escribe *c* en lugar de *z*. Es v. irreg. Se conjuga como *pensar.* **SIN.** Reanudar. **ANT.** Finalizar; interrumpir.

recomerse *v. prnl.* Reconcomerse*.

recompensa *s. f.* **1.** Acción de recompensar. **2.** Aquello que sirve para recompensar algo: *Ofrecen una recompensa a quien encuentre el perro.* **SIN. 2.** Premio, gratificación.

recompensar (de *re-* y *compensar*) *v. tr.* **1.** Dar algo a alguien como premio por una acción, mérito, etc. **2.** Compensar, valer la pena una cosa. **SIN. 1.** Gratificar, premiar. **FAM.** Recompensa, recompensable. COMPENSAR.

recomponer (del lat. *recomponere*) *v. tr.* Componer de nuevo una cosa, arreglarla. ■ Es v. irreg. Se conjuga como *poner.* **SIN.** Rehacer, restaurar, reparar, reconstruir. **ANT.** Destrozar, desbaratar.

recompra *s. f.* Operación comercial que consiste en comprar alguien algo que él mismo había vendido anteriormente.

reconcentrar *v. tr.* **1.** Hacer más concentradas ciertas cosas, p. ej. una disolución. **2.** Hacer más intenso un sentimiento, pasión, etc. También *v. prnl.* **3.** Reunir en un punto a las personas o cosas que estaban esparcidas. También *v. prnl.* || **reconcentrarse** *v. prnl.* **4.** Dedicarse intensamente a una actividad, pensamiento, etc., sin prestar atención a otra cosa. **SIN. 1., 3.** y **4.** Concentrar(se). **3.** Agrupar(se). **4.** Abstraerse, ensimismarse. **ANT. 1.** Diluir. **3.** Dispersar(se). **4.** Distraerse. **FAM.** Reconcentración, reconcentramiento. CONCENTRAR.

reconciliación *s. f.* Acción de reconciliar o reconciliarse: *El sacerdote reunió a los cónyuges para ver si era posible su reconciliación.*

reconciliar (del lat. *reconciliare*) *v. tr.* Hacer que vuelvan a estar en armonía o tener buenas relaciones dos o más personas, grupos, entidades, etc. También *v. prnl.*: *Se reconcilió con su novia.* **ANT.** Enemistar(se). **FAM.** Reconciliable, reconciliación, reconciliador. / Irreconciliable. CONCILIAR[1].

reconcomer *v. tr.* Producir ciertas cosas desazón o disgusto contenido. Se usa mucho como *v. prnl.*: *Se reconcome de envidia.* **SIN.** Consumir; recomerse. **FAM.** Reconcomio. CONCOMERSE.

reconcomio *s. m.* Sensación del que se reconcome. **SIN.** Desasosiego, desazón. **ANT.** Tranquilidad.

recóndito, ta (del lat. *reconditus*, de *recondere*, ocultar, esconder) *adj.* Se dice de aquello que está muy escondido u oculto: *un lugar recóndito.* **ANT.** Visible. **FAM.** Reconditez.

reconducir (del lat. *reconducere*) *v. tr.* **1.** Dirigir de nuevo una cosa al sitio donde estaba. **2.** Hacer que vuelva a centrarse una conversación, debate, etc., en un determinado tema o punto. ■ Es v. irreg. Se conjuga como *conducir.* **ANT. 1.** y **2.** Desviar. **FAM.** Reconducción. CONDUCIR.

reconfortante *adj.* Que reconforta: *Es muy reconfortante hablar con un amigo.* También *s. m.*

reconfortar *v. tr.* Dar ánimos a alguien o devolverle el sosiego, las fuerzas o el bienestar perdido: *Tus palabras lograron reconfortarle. Tomar algo caliente te reconfortará.* **SIN.** Confortar, consolar, alentar. **ANT.** Desanimar. **FAM.** Reconfortante. CONFORTAR.

reconocer (del lat. *recognoscere*) *v. tr.* **1.** Identificar o distinguir a alguien o algo por unos rasgos o características ya conocidos: *Le reconocí a pesar del tiempo transcurrido.* **2.** Examinar con cuidado a una persona o cosa, particularmente el médico para comprobar el estado de salud de alguien. **3.** Examinar de cerca un lugar, especialmente con fines militares. **4.** Admitir, aceptar: *Reconozco mi error. La comunidad internacional reconoció al nuevo estado.* También *v. prnl.* con valor reflexivo: *Se reconoció autor del crimen.* **5.** Mostrar gratitud por algún beneficio recibido. **6.** Declarar alguien que tiene con otro una relación de parentesco y que acepta los derechos y deberes que de ello se derivan: *Ha reconocido a los hijos que tuvo fuera de su matrimonio.* **7.** Dar fe una persona de que su firma o los documentos en que aparece son auténticos. **8.** En construcciones impers. con el pron. *se*, conocerse o demostrarse algo a través de ciertas acciones, señales, etc.: *En estas situaciones se reconoce a los amigos.* || **reconocerse** *v. prnl.* **9.** Tenerse una persona a sí misma por lo que es en realidad: *Me reconozco algo inconstante.* **10.** Identificarse o encontrar alguien un gran parecido en otra persona: *Me reconozco en mi hijo.* ■ Es v. irreg. Se conjuga como *agradecer.* **SIN. 2.** y **3.** Explorar. **4.** Conceder. **5.** Agradecer. **8.** Ver. **9.** Confesarse. **ANT. 4.** Rechazar. **6.** Repudiar. **FAM.** Reconocedor, reconocible, reconocido, reconocimiento. / Irreconocible. CONOCER.

reconocidamente *adv. m.* **1.** Con reconocimiento o gratitud: *tratar a una persona reconocidamente.* **2.** En opinión de la mayoría: *Su teoría es reconocidamente valiosa.*

reconocido, da 1. *p.* de **reconocer**. También *adj.* || *adj.* **2.** Agradecido: *Le quedo muy reconocido por su ayuda.* **FAM.** Reconocidamente. RECONOCER.

reconocimiento *s. m.* **1.** Acción de reconocer o reconocerse. **2.** Gratitud, agradecimiento. **SIN. 1.** Identificación, inspección. **ANT. 1.** Desconocimiento. **2.** Ingratitud.

reconquista *s. f.* Acción de reconquistar, particularmente la que se llevó a cabo en España tras la invasión musulmana.

reconquistar *v. tr.* **1.** Volver a conquistar los territorios perdidos. **2.** Recuperar la opinión, el afecto, los bienes, la confianza, etc., que se tenían. **SIN. 1.** y **2.** Recobrar. **FAM.** Reconquista, reconquistador. CONQUISTAR.

reconsiderar *v. tr.* Volver a considerar algo: *Reconsideró su decisión y se volvió atrás.*

reconstituir *v. tr.* **1.** Volver a constituir o formar una cosa. También *v. prnl.* **2.** En med., hacer que un organismo vuelva a estar en sus condiciones normales o fortalecerlo, generalmente mediante la administración de medicamentos. También *v. prnl.* ■ Es v. irreg. Se conjuga como *huir.* **SIN. 1.** Restablecer(se), restaurar(se). **2.** Reconfortar(se). **ANT. 1.** Destruir(se), disolver(se). **2.** Debilitar(se). **FAM.** Reconstitución, reconstituyente. CONSTITUIR.

reconstituyente *adj.* Se dice del medicamento que sirve para reconstituir o fortalecer el organismo. También *s. m.* **SIN.** Tónico.

reconstrucción *s. f.* Acción de reconstruir. **SIN.** Restauración, reedificación. **ANT.** Destrucción.

reconstruir (del lat. *reconstruere*) *v. tr.* **1.** Rehacer o completar un edificio o monumento en ruinas. **2.** Volver a hacer algo que se ha deshecho o roto. **3.** Reproducir o presentar de manera completa el desarrollo de unos acontecimientos a través de ciertos indicios, recuerdos o declaraciones: *Le pidieron al testigo que reconstruyera lo que pasó aquel día.* ■ Es v. irreg. Se conjuga como *huir.* **SIN. 1.** Restaurar. **2.** Recomponer. **ANT. 1.** Destruir. **2.** Destrozar. **FAM.** Reconstrucción. CONSTRUIR.

recontar *v. tr.* Volver a contar para conocer el número de personas, cosas o elementos que hay en un lugar, grupo, etc. ▪ Es v. irreg. Se conjuga como *contar*. **FAM.** Recuento. CONTAR.

reconvención *s. f.* **1.** Acción de reconvenir. **2.** Aquello con que se reconviene a una persona. **SIN. 1.** y **2.** Reprensión, recriminación, censura, reprobación. **ANT. 1.** y **2.** Alabanza, aprobación.

reconvenir *v. tr.* Decir a alguien que ha obrado mal, haciéndoselo ver con razones, argumentos, etc. ▪ Es v. irreg. Se conjuga como *venir*. **SIN.** Reprender, reñir, recriminar, reprobar. **ANT.** Alabar, aprobar. **FAM.** Reconvención. CONVENIR.

reconversión *s. f.* Acción de reconvertir; especialmente, transformación del sistema productivo en determinadas áreas económicas en crisis, con el fin de adaptarlas a las distintas necesidades del mercado, modernizarlas, mejorar sus rendimientos, etc.

reconvertir *v. tr.* Reestructurar, reformar y, particularmente, aplicar en un determinado sector una reconversión económica. ▪ Es v. irreg. Se conjuga como *sentir*. **FAM.** Reconversión, reconversor. CONVERTIR.

recopilación *s. f.* **1.** Acción de recopilar. **2.** Compendio o resumen de una obra o un discurso. **3.** Colección de escritos diversos: *Han publicado una recopilación de poesía del 27.* **SIN. 1.** Compilación.

recopilar (de *re-* y el lat. *compilare*) *v. tr.* Recoger y juntar diversas cosas que estaban dispersas, p. ej. escritos diversos en una obra. **SIN.** Reunir, compilar. **ANT.** Dispersar. **FAM.** Recopilación, recopilado, recopilador, recopilatorio. / Compilar.

recopilatorio, ria *adj.* Que recopila: *disco recopilatorio.*

¡recórcholis! *interj.* Indica sorpresa, susto o enfado.

récord (del ingl. *record*) *s. m.* **1.** En dep., marca máxima conseguida en una competición. **2.** Cualquier hecho o cosa que supera a los anteriores: *Han conseguido un récord de ventas.* **3.** En aposición, se dice de aquello que representa el nivel máximo conseguido en cualquier actividad: *una recaudación récord.* || **LOC. en un tiempo récord** *adv.* En muy poco tiempo.

recordar[1] (del lat. *recordare*) *v. tr.* **1.** Traer a la memoria o retener en ella una cosa. También *v. intr.* **2.** Hacer que alguien tenga presente una cosa: *Te recuerdo que mañana tienes que madrugar.* **3.** Hacer que alguien relacione dos o más personas o cosas por tener algún parecido, relación, etc.: *Tu sonrisa me recuerda a tu madre.* || *v. intr.* **4.** *ant.* Despertar. También *v. prnl.* ▪ Esta acepción se usa todavía en algunas partes de América. ▪ Es v. irreg. Se conjuga como *contar*. **SIN. 1.** Rememorar, acordarse, evocar; quedarse. **ANT. 1.** Olvidar. **FAM.** Recordable, recordativo, recordatorio, recuerdo. / Irrecordable.

recordar[2] (del ingl. *to record*) *v. tr. Amér.* Grabar discos fonográficos.

recordatorio, ria *adj.* **1.** Se dice de lo que sirve para recordar. También *s. m.* || *s. m.* **2.** Tarjeta o impreso con que se conmemora algún acontecimiento, p. ej. la primera comunión.

recordman (ingl.) *s. m.* Hombre que ha conseguido un récord. ▪ Referido a mujeres se dice *recordwoman*. **SIN.** Plusmarquista.

recordwoman (ingl.) *s. f.* Mujer que ha conseguido un récord.

recorrer (del lat. *recurrere*) *v. tr.* **1.** Realizar un trayecto o itinerario, pasando sucesivamente por todas sus partes: *Durante el verano recorrimos media Europa. La manecilla corta tarda una hora en recorrer la esfera del reloj.* **2.** Leer algo por encima. **3.** En imprenta, ajustar la composición pasando letras de una línea a otra, debido a correcciones realizadas o a la variación en la medida de la página. **SIN. 1.** Atravesar. **FAM.** Recorrida, recorrido. CORRER.

recorrida *s. f.* **1.** *Arg.* y *Urug.* Recorrido, gira. **2.** *Arg.* Patrulla de policías en una zona.

recorrido *s. m.* **1.** Acción de recorrer. **2.** Espacio que se recorre o se ha de recorrer. **3.** *fam.* Riña, reprimenda. ▪ En esta acepción, se usa especialmente con el verbo *dar*. **SIN. 2.** Trayecto, itinerario. **3.** Regañina, rapapolvo.

recortable *adj.* Hoja de papel o cartulina con figuras que se pueden recortar, p. ej. las que traen dibujos de muñecas con vestidos, que utilizan las niñas para jugar.

recortado, da 1. *p.* de **recortar**. También *adj.* || *adj.* **2.** Se dice de aquello cuyo borde tiene muchos entrantes y salientes: *una costa recortada, una planta de hojas recortadas.* || *s. m.* **3.** Acción de recortar. **4.** Figura que se recorta de un papel. **SIN. 2.** Abrupto, accidentado.

recortadura *s. f.* Recorte*.

recortar *v. tr.* **1.** Cortar lo que sobra de una cosa. **2.** Cortar un papel u otra cosa para obtener determinadas figuras o para separar un trozo del resto: *Recortamos un muñeco de fieltro. Recortó una foto de la revista.* **3.** En pintura, señalar los perfiles de una figura. **4.** Hacer más pequeño algo o quitar una parte de ello: *recortar los gastos.* || **recortarse** *v. prnl.* **5.** Dibujarse el perfil de una cosa sobre otra: *Las montañas se recortaban en el horizonte.* **SIN. 4.** Reducir, disminuir, aminorar. **ANT. 4.** Aumentar. **FAM.** Recortable, recortado, recortadura, recorte. CORTAR.

recorte *s. m.* **1.** Acción de recortar: *el recorte en el presupuesto.* **2.** Trozo de papel u otro material que se recorta, p. ej. una figura, un artículo de un periódico, etc. **3.** Trozo que sobra al recortar. Se usa sobre todo en *pl.* **4.** Regate, quiebro. **SIN. 2.** Recortadura. **4.** Finta.

recoser *v. tr.* **1.** Coser encima de lo cosido. **2.** Arreglar o zurcir la ropa, especialmente cuando se hace sin mucho cuidado. **FAM.** Recosido. COSER.

recostar *v. tr.* **1.** Inclinar y apoyar en algún lugar la parte superior del cuerpo una persona que está de pie o sentada: *Recostó la cabeza en (sobre) el cojín.* También *v. prnl.* **2.** Inclinar y apoyar una cosa sobre otra. También *v. prnl.* ▪ Es v. irreg. Se conjuga como *contar*. **SIN. 1.** y **2.** Reclinar(se). **ANT. 1.** y **2.** Levantar(se).

recova *s. f. Arg.* Soportal.

recoveco *s. m.* **1.** Curva o vuelta pronunciada de una calle, río, etc. **2.** Rincón escondido. **3.** Aspectos difíciles y oscuros de la manera de ser de una persona. Se usa sobre todo en *pl.* **4.** Rodeos que da alguien al hablar. Se usa sobre todo en *pl.* **SIN. 1.** Revuelta, recodo. **4.** Ambages.

recreación *s. f.* **1.** Acción de recrear o recrearse. **2.** Diversión con que una persona descansa del trabajo.

recrear (del lat. *recreare*) *v. tr.* **1.** Reproducir un ambiente, época, etc., en una película, novela u otro tipo de obra. **2.** Divertir, entretener. **3.** Volver a crear. || **recrearse** *v. prnl.* **4.** Disfrutar con algo, generalmente deteniéndose mucho en ello, a veces con malignidad: *Se recrea hablando de sus éxitos. Se recrea viendo escenas violentas.* **SIN. 1.** Pintar. **2.** y **4.** Deleitar(se). **4.** Regodearse, gozar, complacerse. ANT. **2.** y **4.** Atormentar(se). FAM. Recreación, recreativo, recreo. CREAR.

recreativo, va *adj.* Que recrea, divierte o entretiene: *juegos recreativos.*

recremento (del lat. *recrementum*) *s. m.* Líquido que, después de ser segregado por un organismo, es absorbido por él.

recreo *s. m.* **1.** Diversión, entretenimiento, descanso. **2.** En el lenguaje de los escolares, interrupción de la clase para que descansen o se distraigan los alumnos. **3.** Lugar adecuado para descansar. SIN. **1.** Recreación, distracción, ocio.

recriar *v. tr.* **1.** Hacer que se desarrollen animales domésticos que han nacido en otros lugares. **2.** Criar a una persona en un lugar distinto de donde ha nacido. **3.** Dar a un ser mayor fuerza y vigor para su completo desarrollo. ■ En cuanto al acento, se conjuga como *ansiar*: *recrío.* FAM. Recría. CRIAR.

recriminación *s. f.* Acción de recriminar. SIN. Reproche, reconvención, crítica.

recriminar *v. tr.* **1.** Desaprobar la conducta, acciones, etc., de alguien, o echárselas en cara: *Me recriminó que no le hubiera ayudado.* **2.** Responder a una acusación con otra semejante. También *v. prnl.* con valor recípr. SIN. **1.** Reprochar, censurar, increpar. ANT. **1.** Aprobar. FAM. Recriminación, recriminador, recriminatorio. CRIMEN.

recristalización *s. f.* Proceso de transformación de los cristales de una roca que da por resultado la formación de nuevos cristales con distinta composición y estructura.

recrudecer (del lat. *recrudescere*) *v. tr.* Aumentar la intensidad o los efectos de algo perjudicial o desagradable que había empezado a disminuir. Se usa más como *v. prnl.*: *Se ha recrudecido el temporal.* ■ Es v. irreg. Se conjuga como *agradecer.* SIN. Intensificar(se), empeorar, acentuar(se), arreciar, agravar(se). ANT. Suavizar(se). FAM. Recrudecimiento. CRUDO.

rectal *adj.* Relativo al intestino recto.

rectangular *adj.* **1.** Se dice de la figura geométrica con uno o más ángulos rectos. **2.** Que tiene forma de rectángulo: *mesa rectangular.*

rectángulo, la (del lat. *rectangulus*) *adj.* **1.** Que tiene uno o más ángulos rectos: *un triángulo rectángulo.* || *s. m.* **2.** Cuadrilátero que tiene los cuatro ángulos rectos y los lados iguales dos a dos. FAM. Rectangular. RECTO y ÁNGULO.

rectificación *s. f.* **1.** Acción de rectificar. **2.** En electricidad, proceso que permite obtener una corriente continua a partir de otra alterna. **3.** En quím., proceso que permite purificar un líquido o separar sus componentes mediante destilación.

rectificador, ra *adj.* **1.** Se dice del dispositivo eléctrico o electrónico que convierte una corriente alterna en continua. También *s. m.* || *s. f.* **2.** Máquina provista de una muela que se utiliza para realizar el rectificado de piezas metálicas.

rectificar (del lat. *rectificare*, de *rectus*, recto, y *facere*, hacer) *v. tr.* **1.** Corregir las imperfecciones, errores o defectos de algo. **2.** Decir algo en oposición a lo manifestado por una persona, medio de comunicación, etc. También *v. prnl.* **3.** Modificar o corregir alguien su propia conducta, palabras, etc. También *v. prnl.* **4.** Poner recta una cosa. **5.** Corregir las deformaciones o desviaciones de una pieza mecánica. **6.** Convertir una corriente eléctrica alterna en continua. **7.** En geom., hallar una recta cuya longitud sea igual a la de una curva. **8.** En quím., purificar un líquido. ■ Delante de *e* se escribe *qu* en lugar de *c*: *rectifique.* SIN. **1.** a **3.** Enmendar(se). **3.** Cambiar. **4.** Enderezar. ANT. **2.** Ratificar(se). **4.** Curvar. FAM. Rectificable, rectificación, rectificador. RECTO.

rectilíneo, a (del lat. *rectilineus*) *adj.* **1.** Que se compone de líneas rectas o se desarrolla en línea recta: *movimiento rectilíneo.* **2.** Se dice del carácter o del comportamiento de una persona excesivamente firme o justo. SIN. **2.** Recto, estricto, riguroso, rígido. ANT. **1.** Curvo. **2.** Flexible; voluble.

rectitud (del lat. *rectitudo*) *s. f.* Cualidad de recto en sentido moral. SIN. Integridad, honestidad. ANT. Inmoralidad.

recto, ta (del lat. *rectus*) *adj.* **1.** Se dice de la línea formada por una serie de puntos en una misma dirección. Se aplica asimismo a las cosas que tienen más o menos esta forma. También *s. f.*: *Hay una recta de 5 km hasta llegar al pueblo* **2.** Que no está inclinado o torcido: *Pon la espalda recta.* **3.** Se aplica al ángulo de 90°. **4.** Se aplica a la persona justa, severa y firme en lo que dice y hace, así como a su conducta, actitud, etc. **5.** Honrado, honesto. **6.** Referido al significado de palabras o expresiones, literal, por oposición a figurado. **7.** Se dice de la página que en un libro o cuaderno abierto queda en el lado derecho con relación al que lee: *folio recto.* **8.** Se dice de la última parte del intestino del hombre y de algunos animales. En los mamíferos forma parte del intestino grueso. Se usa más como *s. m.* **9.** Se aplica a los casos nominativo y acusativo de la declinación. Se opone a *oblicuo.* || **10. recta final** Última parte o tramo de algo. SIN. **1.** Rectilíneo. **1.** y **2.** Derecho. **2.** Tieso. **4.** Riguroso. **5.** Íntegro. **6.** Propio. ANT. **1.** Curvo. **2.** Tumbado. **4.** Voluble. **5.** Deshonesto. **6.** Traslaticio. **7.** Verso, vuelto. FAM. Rectal, rectamente, rectángulo, rectificar, rectilíneo, rectitud, rectoscopia. / Semirrecta.

rector, ra (del lat. *rector, -oris*) *adj.* **1.** Que señala o marca la orientación o el sentido de algo: *Es uno de los principios rectores de su pensamiento.* || *s. m.* y *f.* **2.** Persona que dirige ciertas organizaciones o comunidades, particularmente una universidad. || *s. m.* **3.** Párroco. FAM. Rectorado, rectoral, rectoría, rectriz. / Vicerrector. REGIR.

rectorado *s. m.* **1.** Cargo y oficina del rector. **2.** Tiempo en que se ejerce ese cargo.

rectoral *adj.* Relativo al rector.

rectoría *s. f.* **1.** Rectorado*. **2.** Casa del párroco.

rectoscopia *s. f.* Examen visual del intestino efectuado a través del recto. FAM. Rectoscopio. RECTO.

rectoscopio *s. m.* Instrumento con lentes e iluminación para realizar rectoscopias.

rectriz *adj.* Timonera, pluma grande de la cola de las aves.

recua (del ár. *rakuba*, caravana) *s. f.* **1.** Conjunto de animales de carga que se utilizan para transportar mercancías. **2.** *fam.* Grupo de personas o cosas que van o siguen unas detrás de otras. FAM. Recuero.

recuadrar *v. tr.* Poner en un recuadro, hacer recuadros.

recuadro *s. m.* **1.** Línea en forma de cuadrado o rectángulo que sirve para enmarcar algo; también, superficie que queda enmarcada por esta línea. **2.** División en forma de cuadrado en un muro u otra superficie. FAM. Recuadrar. CUADRO.

recubrimiento *s. m.* Acción de recubrir. SIN. Revestimiento.

recubrir *v. tr.* **1.** Cubrir una cosa del todo: *Recubrieron la pared con una capa de yeso.* **2.** Volver a cubrir una cosa. ■ Su p. es irreg.: *recubierto.* SIN. **1.** Tapar. FAM. Recubrimiento. CUBRIR.

recuelo *s. m.* Café que se hace con los posos de otro que se ha hecho anteriormente.

recuento *s. m.* Acción de contar el número de personas o cosas que forman un conjunto: *recuento de votos.* SIN. Cómputo, escrutinio.

recuerdo *s. m.* **1.** Acción de recordar y aquello que se recuerda. **2.** Cosa que alguien regala a otro o que se trae para recordar a una persona, un hecho, unas vacaciones, etc. || *s. m. pl.* **3.** Saludo dirigido a alguien que está ausente transmitido a través de otra persona: *Dale recuerdos de mi parte.* SIN. **1.** Evocación, rememoración. **2.** Souvenir.

recuero *s. m.* Hombre que se encargaba de la recua.

recular *v. intr.* **1.** Andar o marchar hacia atrás. **2.** *fam.* Ceder una persona en una opinión o actitud que antes defendía. SIN. **1.** y **2.** Retroceder. **2.** Cejar, renunciar. ANT. **1.** Avanzar. **2.** Insistir. FAM. Reculón. CULO.

reculón, na *adj.* En tauromaquia, se dice de la res que anda hacia atrás por falta de bravura o para preparar su embestida.

reculones, a *loc. adv. fam.* Reculando con movimientos bruscos.

recuñar *v. tr.* Arrancar piedra o mineral por medio de cuñas que se introducen a golpes en las grietas abiertas en la cantera o mina.

recuperación *s. f.* **1.** Acción de recuperar: *Tras la crisis, se produjo una recuperación económica.* **2.** Convocatoria de examen para los alumnos que han suspendido una asignatura.

recuperar (del lat. *recuperare*) *v. tr.* **1.** Volver a tener alguien o algo lo que había perdido: *recuperar una cartera, las fuerzas, el tiempo.* **2.** Devolver a alguien o algo el estado, valor, actualidad, etc., que merecía o tenía anteriormente: *Recuperaron varios monumentos; recuperar a un escritor olvidado.* **3.** Volver a poner en servicio una cosa que había quedado inutilizable: *recuperar el hierro, el papel.* **4.** Aprobar un examen o una asignatura después de haberlo suspendido anteriormente. || **recuperarse** *v. prnl.* **5.** Volver alguien o algo a su estado de normalidad después de haber pasado por una situación desfavorable o perjudicial: *recuperarse de una operación, de las pérdidas económicas.* SIN. **1.** y **5.** Recobrar(se). **3.** Reciclar. **5.** Restablecerse, reanimarse. ANT. **2.** Olvidar. **5.** Empeorar(se). FAM. Recuperable, recuperación, recuperador. / Irrecuperable, recobrar.

recurrencia *s. f.* **1.** Acción de recurrir. **2.** Repetición, reiteración.

recurrente (del lat. *recurrens, -entis*) *adj.* **1.** Se dice de aquello que se repite: *La novela tiene un solo tema recurrente.* **2.** En der., se aplica a la persona que entabla un recurso. También *s. m.* y *f.* **3.** En anat., se dice de los vasos y nervios que en algún punto de su recorrido vuelven al lugar de origen. SIN. **1.** Repetitivo, reiterativo.

recurrir (del lat. *recurrere*) *v. intr.* **1.** Acudir a una persona o cosa buscando ayuda para lograr algo. **2.** En der., entablar un recurso: *Se le pasó el plazo para recurrir la sentencia.* **3.** En med., reaparecer una enfermedad o sus síntomas después de un periodo de mejoría. FAM. Recurrencia, recurrente, recurrible, recursivo, recurso.

recursividad *s. f.* Propiedad de lo que puede repetirse indefinidamente.

recursivo, va *adj.* Se dice de lo que puede repetirse indefinidamente. FAM. Recursividad. RECURRIR.

recurso (del lat. *recursus*) *s. m.* **1.** Medio, solución, etc., de que dispone alguien para conseguir algo o resolver determinada situación. También, procedimiento de ciertas cosas para lograr un fin: *los recursos expresivos de un poema.* **2.** En der., reclamación contra determinadas resoluciones o actos ante la autoridad que los realizó o ante otra jerárquicamente superior. || *s. m. pl.* **3.** Bienes, riquezas, medios: *recursos económicos, recursos energéticos; los recursos humanos de una empresa.* || **4. recurso contencioso administrativo** En der., el que se interpone contra ciertos actos y resoluciones de la administración que reúnen determinadas condiciones. **5. recurso de amparo** Aquel por el que un ciudadano puede pedir del Tribunal Constitucional la protección de los derechos y libertades reconocidos en la Constitución. **6. recurso de apelación** Aquel en que se pretende que una resolución sea modificada total o parcialmente por un tribunal superior al que la dictó. **7. recurso de casación** El que se interpone ante el Tribunal Supremo. SIN. **1.** Manera, modo, salida. **3.** Fondos, fortuna.

recusar (del lat. *recusare*) *v. tr.* **1.** Rechazar*. **2.** En der., poner un impedimento legítimo para la actuación de un juez, perito, etc., en un procedimiento. SIN. **1.** Rehusar. ANT. **1.** Aceptar. FAM. Recusable, recusación, recusante. / Irrecusable. ACUSAR.

red (del lat. *rete*) *s. f.* **1.** Especie de tejido formado por cuerdas, hilos, alambres, etc., entrelazados de manera que quedan huecos más o menos grandes entre ellos. También, nombre de diversas cosas que se hacen con este tejido, p. ej. la usada por los pescadores o la empleada en ciertos deportes como el tenis y el balonmano. **2.** Engaño, trampa: *caer en la red.* **3.** Conjunto organizado de personas, cosas, establecimientos, emisoras, etc.: *red de colaboradores, de supermercados.* **4.** Conjunto sistemático de hilos conductores, cañerías, vías de comunicación, etc.: *la red eléctrica, red ferroviaria.* **5.** En cristalografía, disposición ordenada en tres dimensiones de los átomos, iones o moléculas que constituyen un cristal, formando figuras geométricas regulares y con elementos de simetría. || *s. f. pl.* **6.** Fuerte poder o atracción que ejerce una persona o cosa sobre alguien, generalmente de modo engañoso, dominándole o perjudicándole: *Cayó en las redes de sus encantos.* SIN. **1.** Malla. **2.** Celada, estratagema, treta. FAM. Redada, redaño, redecilla, redil. / Enredar, reciario, retículo.

redacción (del lat. *redactio, -onis*) *s. f.* **1.** Acción de redactar. **2.** Composición escrita sobre un determinado tema, realizada generalmente como ejercicio escolar. **3.** Lugar u oficina donde se redacta: *la redacción del periódico.* **4.** Conjunto formado por los redactores de una editorial, un periódico, etc.

redactar (del lat. *redactum*, de *redigere*, poner en orden, compilar) *v. tr.* Expresar por escrito una idea o pensamiento, hacer la narración de unos hechos, etc. También *v. intr.* SIN. Escribir. FAM. Redacción, redactor.

redactor, ra *s. m.* y *f.* Persona que redacta, especialmente el que lo hace como trabajo en un periódico, editorial, emisora de radio, etc.

redada *s. f.* **1.** Acción de lanzar la red, generalmente para pescar. **2.** Conjunto de peces u otros animales que se capturan de una vez con la red. **3.** Operación realizada por la policía que consiste en detener en un determinado lugar a un grupo, generalmente numeroso, de personas sospechosas. **SIN. 3.** Batida.

redaño (de *red*) *s. m.* **1.** Mesenterio*. || *s. m. pl.* **2.** Fuerzas, coraje, valor. **SIN. 2.** Energía, arrojo, agallas. **ANT. 2.** Debilidad, cobardía.

redargüir (del lat. *redarguere*) *v. tr.* Utilizar el argumento de una persona para expresar lo contrario de lo que ella dijo. ■ Es v. irreg. Se conjuga como *huir*. **SIN.** Reargüir.

redecilla *s. f.* **1.** *dim.* de **red**. **2.** Segunda de las cuatro cavidades en que se divide el estómago de los rumiantes.

rededor, al (o **en**) *loc. adv.* Alrededor*.

redefinir *v. tr.* Volver a definir o determinar.

redención (del lat. *redemptio, -onis*) *s. f.* Acción de redimir o redimirse, particularmente en sentido religioso. **SIN.** Salvación. **ANT.** Condenación.

redentor, ra (del lat. *redemptor, -oris*) *adj.* **1.** Que redime. También *s. m.* y *f.* || *s. m.* **2.** Jesucristo. ■ En esta acepción se escribe con mayúscula y se emplea con el art. *el* antepuesto. **SIN. 1.** Liberador, salvador, libertador. **FAM.** Redentorista. REDIMIR.

redentorista *adj.* **1.** De la congregación de religiosos del Santísimo Redentor fundada por San Alfonso María de Ligorio en 1732 y dedicada a la predicación. También *s. m.* || *s. m. pl.* **2.** Esta misma congregación.

redescuento *s. m.* Operación financiera que consiste en descontar el banco central del país ciertos efectos comerciales, generalmente letras de cambio, que ya habían sido descontados por otro banco.

redicho, cha *adj. fam.* Se dice de la persona que intenta ser demasiado precisa o perfecta al hablar o expresarse en situaciones en que esto no es necesario, así como de las expresiones, actitudes, características, etc., propias de ella. También *s. m.* y *f.* **SIN.** Repipi, cursi, pedante. **ANT.** Sencillo, llano.

¡rediez! *interj.* Expresa enfado o sorpresa.

redil (de *red*) *s. m.* Terreno vallado en que se guarda o recoge el ganado. || **LOC. volver** alguien **al redil** Volver a tener buenas costumbres; también, regresar al grupo, comunidad, etc., que había abandonado. **SIN.** Aprisco, majada.

redimir (del lat. *redimere*) *v. tr.* **1.** Liberar, sacar a alguien de una situación desfavorable y, particularmente, en la rel. católica, realizar Jesucristo la salvación de todos los hombres. También *v. prnl.* **2.** Conseguir la libertad de alguien pagando una determinada cantidad por ella: *redimir a un esclavo.* También *v. prnl.* **3.** Dejar libre una cosa de la carga que pesa sobre ella: *Redimió la finca de la hipoteca.* **4.** Volver a comprar una cosa que se había vendido o que se había poseído antes. **SIN. 1.** Libertar. **ANT. 1.** Condenar(se). **2.** Esclavizar. **3.** Gravar. **FAM.** Redención, redentor, redimible. / Irredimible.

redingote (del fr. *redingote*, y éste del ingl. *riding-coat*, traje para montar) *s. m.* Prenda de abrigo usada antiguamente en forma de capa y con mangas ajustadas.

¡rediós! *interj. vulg.* ¡Rediez!*.

redistribuir *v. tr.* Distribuir algo de nuevo y, particularmente, hacerlo de forma distinta. ■ Es v. irreg. Se conjuga como *huir*. **FAM.** Redistribución. DISTRIBUIR.

rédito (del lat. *reditus*) *s. m.* Interés, renta. Se usa más en *pl.* **FAM.** Redituar.

redituar (del lat. *reditus*) *v. tr.* Producir réditos o intereses un capital. ■ En cuanto al acento, se conjuga como *actuar*: *reditúo*. **SIN.** Rendir.

redivivo, va (del lat. *redivivus*) *adj.* Resucitado. Se emplea para destacar el parecido de una persona con otra ya fallecida: *Esa niña es su abuela rediviva.*

redoblado, da 1. *p.* de **redoblar**. También *adj.* || *adj.* **2.** Se dice de aquello que es más grueso, fuerte o resistente de lo normal.

redoblar *v. tr.* **1.** Aumentar algo el doble de lo que era antes. También *v. prnl.* **2.** Aumentar el esfuerzo, atención, intensidad, etc., con los que se realiza una actividad. **3.** Doblar una cosa haciendo que se vuelva sobre sí misma. || *v. intr.* **4.** Tocar redobles de tambor; también, tocar alguien el tambor o las palmas con ritmo diferente al que lleva el otro, pero acompasado con él. **SIN. 1.** Duplicar(se), doblar(se), reduplicar(se). **2.** Intensificar, incrementar, potenciar. **ANT. 2.** Disminuir, rebajar. **FAM.** Redoblado, redoblamiento, redoble. DOBLAR.

redoble *s. m.* **1.** Acción de redoblar. **2.** Toque de tambor que se realiza haciendo rebotar rápidamente los palillos sobre éste.

redoma (del ár. *ruduma*, botella de cristal, frasco) *s. f.* Vasija de vidrio ancha en la base que se va estrechando hacia la boca. **SIN.** Matraz.

redomado, da *adj.* **1.** Que tiene en alto grado la cualidad negativa que se expresa: *Es un mentiroso redomado.* **2.** Muy astuto o cauteloso. **SIN. 1.** Perfecto, consumado. **2.** Taimado, ladino. **FAM.** Redomadamente, redomón. DOMAR.

redomón, na *adj. Amér.* Se aplica a la caballería no domada por completo.

redonda (de *redondo*) *s. f.* En mús., nota cuya duración equivale a cuatro negras. || **LOC. a la redonda** *adv.* Alrededor, en el radio de la distancia que se expresa: *No hay ninguna gasolinera en dos kilómetros a la redonda.*

redondeado, da 1. *p.* de **redondear**. || *adj.* **2.** De forma similar a la redonda, curvado.

redondear *v. tr.* **1.** Dar forma redonda o curvada a una cosa. También *v. prnl.* **2.** Añadir o restar una pequeña cantidad a otra para que resulte una cifra redonda. **3.** Rematar un trabajo. **SIN. 1.** Curvar(se). **FAM.** Redondeado, redondeo. REDONDO.

redondel *s. m.* **1.** *fam.* Círculo o circunferencia. **2.** En el lenguaje taurino, ruedo de una plaza de toros. **SIN. 1.** Anillo.

redondilla *s. f.* **1.** Estrofa formada por cuatro versos de arte menor en la que riman el primero con el cuarto y el segundo con el tercero. || *adj.* **2.** Se dice de un tipo de letra vertical y de forma redondeada. También *s. f.*

redondo, da (del lat. *rotundus*) *adj.* **1.** De forma esférica o circular. **2.** Perfecto, completo o muy ventajoso: *Te ha salido un trabajo redondo. Montaron un negocio redondo.* **3.** Se dice de la cantidad o número que se considera más sencillo en relación con los que son algo mayores o menores, p. ej. 300 en relación con 299. **4.** Claro, que no ofrece duda: *Nos dio una respuesta redonda.* **5.** En tipografía, se dice del tipo de letra corriente, por oposición a cursiva, negrita, etc. También *s. f.* **6.** En el lenguaje taurino, se dice del pase que da el torero girando sobre sus pies, obligando a la res a dar la vuelta alrededor de él. También *s. m.* || *s. m.* **7.** Pieza de carne de las reses de forma casi cilíndrica. || LOC. **en redondo** *adv.* Dando una vuelta completa: *Giró en redondo.* También, de manera clara y definitiva: *Se negó en redondo.* SIN. **1.** Redondeado. **4.** Categórico, terminante, rotundo. FAM. Redonda, redondamente, redondear, redondel, redondez, redondilla.

redor, en (del vulg. *redol*, de *redolar*, dar vueltas, del lat. *rotulare*) *loc. adv.* Alrededor. ■ Se usa en lenguaje literario.

redorar *v. tr.* Volver a dorar.

reducción (del lat. *reductio, -onis*) *s. f.* **1.** Acción de reducir o reducirse. **2.** En la época de la colonización española de América, pueblo de indios americanos convertidos al cristianismo y organizados en un régimen de vida comunitaria. FAM. Reduccionismo. REDUCIR.

reduccionismo *s. m.* Tendencia a reducir fenómenos o elementos complejos en otros más simples.

reducidor, ra *s. m.* y *f. Arg.* y *Urug.* Persona que comercia con objetos robados, perista.

reducir (del lat. *reducere*) *v. tr.* **1.** Disminuir el volumen, tamaño, intensidad, fuerza, etc., de algo. También *v. prnl.* **2.** Convertir una cosa en otra, particularmente si es más pequeña o de menos valor: *La casa fue reducida a cenizas.* **3.** Consistir una cosa en otra, que se considera poco valiosa o importante. También *v. prnl.*: *Su apoyo se redujo a una simple llamada.* **4.** Someter, dominar: *Consiguieron reducir a las tropas enemigas.* **5.** En mat., expresar el valor de una cantidad en medidas de distinto tipo de la dada: *reducir kilolitros a litros.* **6.** Transformar una expresión matemática en otra más sencilla. **7.** Hacer que un cuerpo pase del estado sólido al líquido o gaseoso o a la inversa. También *v. prnl.* **8.** En quím., descomponer una sustancia en sus elementos. **9.** En quím., hacer que un átomo o ion gane electrones. **10.** En med., colocar en su sitio una parte del cuerpo que se ha desplazado, especialmente un hueso o una hernia. || *v. intr.* **11.** En un vehículo, cambiar de una marcha más larga a otra más corta. || **reducirse** *v. prnl.* **12.** Limitarse o amoldarse a algo. ■ Es v. irreg. Se conjuga como *conducir.* SIN. **1.** Aminorar(se), achicar(se). **4.** Sojuzgar. **12.** Ceñirse. ANT. **1.** Aumentar(se). FAM. Reducción, reducible, reducidor, reductible, reducto, reductor. / Irreducible.

reductible *adj.* Que se puede reducir.

reducto (del lat. *reductus*, apartado, retirado) *s. m.* **1.** Lugar, grupo, etc., donde permanecen costumbres, ideologías, culturas, etc., ya pasadas o en vías de extinción: *Granada fue el último reducto del islamismo en la Península.* **2.** Lugar que una persona o grupo considera exclusivo o donde se encuentra protegido. **3.** Fortificación o lugar que tiene buenas condiciones para ser defendido. SIN. **3.** Fortaleza.

reductor, ra *adj.* **1.** Que reduce o sirve para reducir. También *s. m.* y *f.* || *s. m.* **2.** Átomo, ion o grupo de átomos capaz de reducir a un elemento químico, al mismo tiempo que él se oxida.

redundancia (del lat. *redundantia*) *s. f.* **1.** Repetición innecesaria de una palabra, expr. o idea, p. ej. *subir arriba* o *cantar canciones.* **2.** Repetición de la información contenida en un mensaje, que permite reconstruir lo que en él se dice, aunque se haya perdido una parte del mismo.

redundante *adj.* Que contiene redundancia. SIN. Repetitivo, pleonástico.

redundar (del lat. *redundare*) *v. intr.* Resultar una cosa en beneficio o perjuicio de alguien o algo: *Ese acuerdo redundará en bien de todos.* SIN. Repercutir. FAM. Redundancia, redundante, redundantemente.

reduplicación *s. f.* **1.** Acción y resultado de reduplicar. **2.** Figura retórica que consiste en la repetición de una palabra, sílaba o sonido. SIN. **1.** Redoblamiento.

reduplicar (del lat. *reduplicare*) *v. tr.* **1.** Duplicar*. También *v. prnl.* **2.** P. ext., incrementar, intensificar. ■ Delante de *e* se escribe *qu* en lugar de *c*: *reduplique.* SIN. **1.** Redoblar, doblar. **2.** Multiplicar. FAM. Reduplicación. DUPLICAR.

reedición *s. f.* **1.** Acción de reeditar. **2.** Edición segunda o posterior de una publicación.

reedificar *v. tr.* Volver a construir un edificio derruido o edificar de nuevo en un lugar que ya estuvo edificado. ■ Delante de *e* se escribe *qu* en lugar de *c*: *reedifique.* SIN. Reconstruir. FAM. Reedificación. EDIFICAR.

reeditar *v. tr.* Volver a editar. FAM. Reedición. EDITAR.

reeducar *v. tr.* Volver a enseñar ciertos actos, movimientos, etc., a una persona que se encuentra incapacitada para ello después de haber sufrido un accidente, enfermedad, etc. ■ Delante de *e* se escribe *qu* en lugar de *c*: *reeduque.* FAM. Reeducación. EDUCAR.

reelaborar *v. tr.* Volver a elaborar.

reelección *s. f.* Acción de reelegir: *La reelección del presidente fue muy celebrada por los miembros de su partido.*

reelegir *v. tr.* Volver a elegir. ■ Delante de *a* y *o* se escribe *j* en lugar de *g*. Es v. irreg. Se conjuga como *pedir.* FAM. Reelección, reelecto, reelegible. ELEGIR.

reembarcar *v. tr.* Volver a embarcar después de haber desembarcado. También *v. prnl.* ■ Delante de *e* se escribe *qu* en lugar de *c*: *reembarque.* FAM. Reembarque. EMBARCAR.

reembolsar *v. tr.* Devolver una cantidad al que la había desembolsado. También *v. prnl.* ■ Se dice también *rembolsar.* SIN. Reintegrar, restituir. FAM. Reembolsable, reembolso, rembolsar. EMBOLSAR.

reembolso *s. m.* **1.** Acción de reembolsar o reembolsarse. **2.** Pago del importe de un objeto enviado por correo o por una agencia de transportes que el destinatario hace en el momento de recibirlo: *Hay que pagar el libro contra reembolso.* ■ Se dice también *rembolso.* SIN. **1.** Devolución, reintegro, restitución.

reemplazar *v. tr.* Sustituir: *Tuvimos que reemplazar varias piezas. Un profesor ha reemplazado al jefe de estudios.* ■ Delante de *e* se escribe *c* en lugar de *z*: *reemplace.* Se dice también *remplazar.* SIN. Reponer, cambiar, suplir. FAM. Reemplazable, reemplazante, reemplazo, remplazar. / Irreemplazable. EMPLAZAR[2].

reemplazo *s. m.* **1.** Acción de reemplazar. **2.** Conjunto de mozos que entran en el ejército para prestar el servicio militar en un determinado año: *un soldado de reemplazo, no profesional.* ■ Se dice también *remplazo.* SIN. **1.** Sustitución, cambio. **2.** Quinta.

reemprender *v. tr.* Volver a emprender algo que se había interrumpido. SIN. Reanudar.

reencarnación *s. f.* Acción de reencarnar o reencarnarse. SIN. Metempsicosis, transmigración.

reencarnar *v. intr.* Según ciertas creencias, tomar de nuevo un alma un cuerpo diferente. Se usa más como *v. prnl.*: *reencarnarse en león.* FAM. Reencarnación. ENCARNAR.

reencontrar *v. tr.* Encontrar de nuevo a una persona o cosa. También *v. prnl.* ■ Es v. irreg. Se conjuga como *contar.* FAM. Reencuentro. ENCONTRAR.

reencuentro *s. m.* Acción de reencontrar o reencontrarse: *En Navidad se producen muchos reencuentros familiares.*

reenganchar *v. tr.* Mantener en el ejército a una persona después de cumplir el servicio militar, ofreciéndole un sueldo. Se usa más como *v. prnl.* FAM. Reenganchado, reenganchamiento, reenganche. ENGANCHAR.

reenganche *s. m.* **1.** Acción de reenganchar o reengancharse. **2.** *Ven. fam.* Empleo que una empresa o un empresario le da otra vez a una persona despedida.

reenviar *v. tr.* Enviar al lugar de origen o a otro lugar a alguien o algo que se recibe. FAM. Reenvío. ENVIAR. ■ En cuanto al acento, se conjuga como *ansiar.*

reescribir *v. tr.* Volver a escribir un texto para corregir los errores: *reescribir un informe.* FAM. Reescritura. ESCRIBIR. ■ Su p. es irreg.: *reescrito.*

reescritura *s. f.* Versión que corrige lo que estaba escrito.

reestrenar *v. tr.* Volver a estrenar, especialmente una obra de teatro, una película, un espectáculo, etc. SIN. Reponer. FAM. Reestreno. ESTRENAR.

reestreno *s. m.* Acción de reestrenar: *el reestreno de una película.*

reestructuración *s. f.* Acción de reestructurar. SIN. Reorganización, reconversión.

reestructurar *v. tr.* Modificar la estructura o la organización de algo. SIN. Reorganizar, remodelar. ANT. Conservar, consolidar. FAM. Reestructuración. ESTRUCTURAR.

reexpedir *v. tr.* Enviar una cosa que se ha recibido. ■ Es v. irreg. Se conjuga como *pedir.* SIN. Reenviar, remitir. FAM. Reexpedición. EXPEDIR.

reexportar *v. tr.* Exportar mercancías que se han importado. FAM. Reexportación. EXPORTAR.

refacción (del lat. *refectio, -onis*) *s. f.* **1.** Pequeña cantidad de comida que se toma para reponer fuerzas. **2.** *Amér.* Acción de refaccionar. **3.** *Méx.* Pieza de repuesto. SIN. **1.** Refrigerio, tentempié. FAM. Véase **refectorio.**

refaccionar *v. tr. Amér.* Reparar, arreglar o restaurar un edificio.

refajo *s. m.* Falda corta, generalmente de paño, que usaban las mujeres debajo de los vestidos para abrigarse.

refanfinflar *v. tr. vulg.* No importar en absoluto; traer sin cuidado. ■ Se usa más en la expresión *refanfinflársela*, con el mismo significado: *Lo que le ocurra a mi ex marido me la refanfinfla.*

refectorio (del bajo lat. *refectorius*, y éste del lat. *refectus*, alimento) *s. m.* Comedor de los conventos o casas de comunidades religiosas. FAM. Refacción.

referee (ingl.) *s. m. Arg.* y *Urug.* Referí*.

referencia (del lat. *referens, -entis*, referente, de *referre*, volver a llevar) *s. f.* **1.** Acción de referirse o aludir a algo: *Ni siquiera hizo referencia a ese asunto.* **2.** Relato: *Escribió una breve referencia de lo sucedido.* **3.** Información, noticia: *No supieron darme referencia acerca de su paradero.* **4.** En un catálogo, libro, etc., nota con que se refiere o remite a otro lugar o texto. **5.** Informe sobre las cualidades de una persona o cosa. Se usa sobre todo en *pl.*: *Me dieron muy buenas referencias sobre la nueva profesora.* SIN. **1.** Alusión, mención. **2.** Relación. FAM. Referencial, referenciar. REFERIR.

referencial *adj.* Que describe algo de modo objetivo, sin dejarse llevar por las emociones.

referenciar *v. tr.* Mencionar, hacer referencia o dar información.

referéndum o **referendo** (del lat. *referendum*, de *referre*, volver a llevar) *s. m.* Mecanismo político por el que se somete a votación pública una ley o asunto de especial trascendencia. ■ Su pl. es *referéndums* o *referendos.*

referente (del lat. *referens, -entis*) *adj.* **1.** Que se refiere a otra persona o cosa: *No dijo nada referente a eso.* || *s. m.* **2.** En ling., aquello a lo que se refiere una palabra o signo. SIN. **1.** Relativo, concerniente.

referí (del ingl. *referee*) *s. m.* Árbitro de fútbol. ■ Se usa especialmente en América.

referir (del lat. *referre*) *v. tr.* **1.** Relatar, contar: *Nos refirió algunas anécdotas.* **2.** Atribuir o aplicar algo a una determinada persona, idea, tiempo, etc.: *Algunos autores refieren el hecho a una época anterior.* También *v. prnl.* **3.** Enviar al lector a otro lugar de un catálogo, libro, etc., en el que puede encontrar información sobre lo que busca o cualquier otro dato relacionado con ello: *Las llamadas en el texto refieren al apéndice.* || **referirse** *v. prnl.* **4.** Mencionar a una persona o cosa de forma expresa o implícita: *Al decir aquello se refería a su padre.* ■ Es v. irreg. Se conjuga como *sentir.* SIN. **1.** Narrar. **2.** Achacar, relacionar. **3.** Remitir. **4.** Aludir, citar. FAM. Referencia, referendo, referéndum, referente, referible.

refilón, de (de *re-* y *filo*) *loc. adv.* **1.** De lado o de manera oblicua: *El sol da en la casa de refilón.* **2.** De pasada, sin detenerse o profundizar: *Lo vi de refilón al pasar por allí.*

refinado, da 1. *p.* de **refinar.** También *adj.* || *adj.* **2.** Fino, elegante, de buen gusto: *modales refinados.* **3.** Agudo, sutil: *Tiene una inteligencia refinada.* **4.** Muy perfeccionado, con detalle y recreamiento: *crueldad refinada.* || *s. m.* **5.** Acción de refinar. SIN. **2.** Selecto, distinguido. **2.** y **4.** Exquisito. **5.** Refinación. ANT. **2.** Grosero. **3.** Torpe.

refinamiento *s. m.* Característica de las personas o cosas refinadas. SIN. Delicadeza, elegancia. ANT. Vulgaridad.

refinanciar *v. tr.* Cambiar el acuerdo sobre el modo de financiación de una deuda. FAM. Refinanciación. FINANCIAR.

refinar (de *re-* y *fino*) *v. tr.* **1.** Hacer más fina o pura una cosa quitándole impurezas: *refinar el azúcar, el petróleo.* **2.** Perfeccionar, hacer más refinado: *refinar los modales.* También *v. prnl.* SIN. **1.** Purificar, depurar. **2.** Cultivar(se), pulir(se). ANT. **2.** Embrutecer(se). FAM. Refinación, refinado, refinador, refinamiento, refinería, refino. FINO.

refinería *s. f.* Instalación industrial en que se realiza el proceso de refinación de un producto: *refinería de petróleo.*

refino *s. m.* Acción de refinar, especialmente el petróleo. SIN. Refinado.

refitolear *v. tr.* Curiosear, cotillear. También *v. intr.*

refitolero, ra *adj.* **1.** Cursi, rebuscado. También *s. m.* y *f.* **2.** Curioso, entremetido. También *s. m.* y *f.* **3.** Que atiende el refectorio de una comunidad religiosa. También *s. m.* y *f.* FAM. Refitolear.

reflectante *adj.* Que reflecta. También *s. m.*: *La bicicleta lleva reflectantes en la parte trasera para ser vista en la oscuridad.*

reflectar (del lat. *reflectere*, volver hacia atrás) *v. intr.* Reflejar la luz, el calor, etc. **FAM.** Reflectante, reflector. REFLEJAR.

reflector, ra *adj.* **1.** Que reflecta. También *s. m.* || *s. m.* **2.** Aparato que refleja las radiaciones de luz o de calor. **3.** Aparato que lanza un foco luminoso en determinada dirección: *La policía apuntó a los evadidos con los reflectores.* **SIN. 1.** Reflectante.

reflejar *v. tr.* **1.** Rechazar una superficie la luz, el calor, el sonido o cualquier radiación que llega hasta ella: *El cristal reflejaba los rayos del sol.* También *v. intr.* y *v. prnl.* **2.** Particularmente, devolver una superficie lisa y brillante, como un espejo, el agua, etc., la imagen de una persona o cosa. También *v. prnl.*: *Los árboles se reflejan en el río.* **3.** Manifestar, mostrar, reproducir: *Su rostro reflejaba cansancio. Esa novela refleja la sociedad contemporánea.* También *v. prnl.* || **reflejarse** *v. prnl.* **4.** Aparecer una cosa en otra o en un lugar diferente del que se originó: *El dolor del cuello se me refleja en el hombro.* **SIN. 1.** Reflectar. **3.** Revelar(se), evidenciar(se), plasmar(se). **ANT. 1.** Absorber(se). **3.** Ocultar(se). **FAM.** Reflejo. / Reflectar. REFLEXIÓN.

reflejo, ja (del lat. *reflexus*, de *reflectere*, volver hacia atrás) *adj.* **1.** Que ha sido reflejado: *luz refleja, ondas reflejas.* **2.** Se dice del movimiento, acto, etc., ejecutado de manera involuntaria como respuesta a un estímulo externo. También *s. m.* **3.** Se aplica a aquello, especialmente un dolor, que aparece o se manifiesta en un lugar distinto a aquel en que se origina. || *s. m.* **4.** Luz reflejada: *Le daban en la cara los reflejos del sol.* **5.** Imagen reflejada: *Veía su reflejo en el cristal.* **6.** Aquello que manifiesta, muestra o reproduce lo que se expresa: *La obra es un fiel reflejo del pensamiento medieval.* || *s. m. pl.* **7.** Capacidad para reaccionar con rapidez: *Para esquivar un golpe hay que tener buenos reflejos.* **SIN. 2.** Espontáneo, maquinal, inconsciente. **4.** Destello, brillo. **ANT. 2.** Voluntario. **FAM.** Reflexología, reflexoterapia. REFLEJAR.

réflex *adj.* Se dice de la cámara fotográfica que refleja la luz que entra por el objetivo y la dirige hacia el visor, de modo que se vea a través de él exactamente la imagen que se imprimirá en la película. También *s. f.* ■ No varía en *pl.*

reflexión (del lat. *reflexio, -onis*) *s. f.* **1.** Acción de reflejar o reflejarse. **2.** Acción de reflexionar. **3.** Advertencia, consejo: *Tienes que hacerle algunas reflexiones a tu hijo.* **4.** En ling., manera de funcionar un verbo reflex. **5.** En fís., cambio en la dirección o en el sentido de propagación de una onda, como la luz o el sonido, cuando encuentra un obstáculo que no puede atravesar. **SIN. 2.** Meditación, cavilación, pensamiento. **3.** Recomendación, sugerencia. **FAM.** Reflexionar, reflexivo. / Reflejar. FLEXIÓN.

reflexionar *v. intr.* Pensar o considerar algo detenidamente: *He reflexionado sobre tu proposición.* También *v. tr.* **SIN.** Meditar, cavilar.

reflexivo, va (del lat. *reflexum*, de *reflectere*, volver hacia atrás) *adj.* **1.** Que refleja o reflecta. **2.** Se dice del que habla o actúa con reflexión, así como de su actitud, acciones, etc. **3.** En ling., se aplica al pronombre personal que realiza la función de complemento directo o indirecto y se refiere a la misma persona o personas que el sujeto, como p. ej. el pronombre *se* en *Marta se peina todas las mañanas.* Las formas de los pronombres reflexivos son: *me, te, se, nos* y *os.* También *s. m.* **4.** Se dice del v. prnl. que se construye con estos pron. También *s. m.* **5.** Se aplica a la oración construida con dicho verbo. También *s. f.* **SIN. 2.** Pensativo, prudente. **ANT. 2.** Irreflexivo, atolondrado. **FAM.** Reflexivamente. / Irreflexivo. REFLEXIÓN.

reflexología *s. f.* **1.** Estudio de los reflejos e interpretación del comportamiento por medio de los mismos. **2.** Corriente psicológica rusa centrada en el estudio de los reflejos para la explicación de una serie de procesos psíquicos.

reflexoterapia *s. f.* Tratamiento de las enfermedades por medio de excitaciones realizadas en zonas distantes del lugar afectado.

reflorecer *v. intr.* **1.** Volver a florecer: *En primavera reflorecen los campos.* **2.** Recobrar una cosa inmaterial la importancia, consideración, etc., que había perdido: *Hechas las paces, refloreció la amistad que les unía.* ■ Es v. irreg. Se conjuga como *agradecer.* **FAM.** Reflorecimiento, reflorescente. FLORECER.

reflotar *v. tr.* **1.** Volver a poner a flote una embarcación hundida o encallada. **2.** Lograr que una empresa, negocio, etc., vuelva a producir beneficios. **FAM.** Reflotación, reflotamiento. FLOTAR.

refluir (del lat. *refluere*) *v. intr.* Retroceder una corriente líquida: *refluir la marea.* ■ Es v. irreg. Se conjuga como *huir.* **FAM.** Refluente, reflujo. FLUIR.

reflujo (de *refluir*) *s. m.* **1.** Retroceso de un fluido, particularmente de la marea. **2.** Retroceso en una actividad: *Ha habido un reflujo en las ventas.* **SIN. 1.** Bajamar. **1.** y **2.** Bajada. **2.** Descenso, caída. **ANT. 1.** Flujo, pleamar. **2.** Aumento.

refocilar (del lat. *refocillare*) *v. tr.* **1.** Divertir con cosas groseras. También *v. prnl.* || **refocilarse** *v. prnl.* **2.** Regodearse, complacerse maliciosamente: *refocilarse en el mal ajeno.* **SIN. 2.** Recrearse. **FAM.** Refocilación, refocilo.

refocilo *s. m. Arg.* Relámpago.

reforestación *s. f.* Acción de reforestar. **SIN.** Repoblación.

reforestar *v. tr.* Repoblar un terreno con plantas forestales. **FAM.** Reforestación. FORESTAR.

reforma *s. f.* **1.** Acción de reformar o reformarse: *Han vuelto a hacer reformas en el local.* **2.** Movimiento religioso surgido en Europa en el s. XVI que dio origen al protestantismo. ■ En esta acepción se escribe con mayúscula. **SIN. 1.** Transformación, cambio, renovación. **ANT. 1.** Conservación. **FAM.** Contrarreforma. REFORMAR.

reformado, da 1. *p.* de **reformar**. También *adj.* || *adj.* **2.** Se dice de las Iglesias protestantes de tradición calvinista, frente a las luteranas, así como de sus seguidores. También *s. m.* y *f.* **3.** Se aplica a la orden religiosa que ha experimentado una reforma en la regla, así como a sus miembros. También *s. m.* y *f.*

reformar (del lat. *reformare*) *v. tr.* **1.** Modificar algo con la intención de mejorarlo: *Van a reformar el método de enseñanza.* **2.** Cambiar el comportamiento de una persona, haciendo que abandone conductas, hábitos, etc., censurables o perjudiciales. También *v. prnl.*: *Era un bebedor, pero se ha reformado por completo.* **SIN. 1.** Variar, transformar. **2.** Corregir, enmendar. **FAM.** Reforma, reformable, reformado, reformador, reformatorio, reformismo. / Irreformable. FORMAR.

reformatorio, ria *adj.* **1.** Que reforma. || *s. m.* **2.** Establecimiento al que se envía a los menores de edad que cometen un delito, para tratar de corregir su conducta. **SIN. 1.** Reformador, reformista. **2.** Correccional.

reformismo *s. m.* Movimiento o doctrina que defiende el cambio político, social, religioso, etc., mediante transformaciones y mejoras graduales y fragmentarias, sin sustituir radicalmente el sistema existente. **FAM.** Reformista. REFORMAR.

reformista *adj.* **1.** Relativo a la reforma o al reformismo. **2.** Partidario de hacer reformas. También *s. m.* y *f.* **ANT. 2.** Conservador.

reforzador, ra *adj.* **1.** Que refuerza. || *s. m.* **2.** Líquido utilizado en fotografía para reforzar la imagen débil de un cliché. **SIN. 1.** Reforzante. **ANT. 1.** Debilitador.

reforzar *v. tr.* **1.** Hacer más fuerte o sólida una cosa o ponerle un refuerzo: *Reforzaron la puerta con una plancha metálica.* **2.** Aumentar la intensidad, eficacia, etc., de algo: *La policía ha reforzado la vigilancia.* **3.** En fotografía, dar un baño con un líquido especial a los clichés para aumentar el contraste de las imágenes. ■ Delante de *e* se escribe *c* en lugar de *z*: *refuerce.* Es v. irreg. Se conjuga como *contar.* **SIN. 1.** Robustecer, fortalecer, asegurar. **2.** Intensificar, extremar. **ANT. 1.** y **2.** Debilitar. **FAM.** Reforzado, reforzador, reforzante, refuerzo. FORZAR.

refracción (del lat. *refractio, -onis*, de *frangere*, romper) *s. f.* Variación de dirección y velocidad que experimenta una onda al cambiar el medio de propagación. **FAM.** Refractar, refrangible. / Refringir. FRACCIÓN.

refractante *adj.* Que refracta la luz.

refractar *v. tr.* Producir refracción. También *v. prnl.* **SIN.** Refringir. **FAM.** Refractante, refractario. REFRACCIÓN.

refractario, ria (del lat. *refractarius*, obstinado) *adj.* **1.** Se dice del material que resiste la acción del fuego sin cambiar de estado ni descomponerse, como el amianto. También *s. m.* **2.** Que muestra oposición a una idea, cambio, etc.: *Es refractario a las nuevas costumbres.* **3.** Inmune a una enfermedad. **SIN. 1.** Ignífugo, incombustible. **2.** Opuesto, reacio, enemigo. **ANT. 2.** Defensor, amigo. **3.** Propenso.

refrán (del fr. *refrain*) *s. m.* Dicho de tradición popular que contiene una enseñanza moral o un consejo. **SIN.** Proverbio, adagio. **FAM.** Refranero, refranesco.

refranero *s. m.* **1.** Colección de refranes. **2.** Conjunto de los refranes de una lengua.

refrangible *adj.* Que puede refractarse. **FAM.** Refrangibilidad. REFRACCIÓN.

refregar (del lat. *refricare*) *v. tr.* Restregar*. ■ Delante de *e* se escribe *gu* en lugar de *g*. Es v. irreg. Se conjuga como *pensar*: *refriegue.* **FAM.** Refregón, refriega. FREGAR.

refregón *s. m.* **1.** Acción de refregar. **2.** Señal que queda al refregar. **SIN. 1.** y **2.** Restregón.

refreír *v. tr.* Volver a freír o freír demasiado una cosa. ■ Es v. irreg. Se conjuga como *reír.* Tiene dos p.: uno reg., *refreído*, que se utiliza para la formación de los tiempos compuestos, y otro irreg., *refrito*, utilizado también como adj. **FAM.** Refrito. FREÍR.

refrenar (del lat. *refrenare*) *v. tr.* **1.** Contener, reprimir: *Debes refrenar tus ansias.* También *v. prnl.* **2.** Sujetar y dominar a una caballería con el freno. **SIN. 1.** Moderar(se). **1.** y **2.** Frenar(se), controlar(se). **ANT. 1.** Liberar(se). **2.** Hostigar. **FAM.** Refrenable, refrenada, refrenamiento. / Irrefrenable. FRENAR.

refrendar (de *referéndum*) *v. tr.* **1.** Dar una persona autorizada validez con su firma a un documento, acta, etc., responsabilizándose de éstos. **2.** Aceptar algo, confirmándolo: *En la votación el pueblo refrendó la decisión del gobierno.* **SIN. 2.** Ratificar, respaldar. **ANT. 1.** Invalidar. **2.** Denegar. **FAM.** Refrendario, refrendo.

refrendario *s. m.* Persona autorizada para refrendar un documento, orden, etc.

refrendo *s. m.* **1.** Acción de refrendar. **2.** Testimonio o firma que acredita que ha sido refrendado un documento. **SIN. 1.** Ratificación. **ANT. 1.** Invalidación.

refrescada *s. f. Arg.* y *Urug. fam.* Chapuzón, remojón.

refrescante *adj.* **1.** Que refresca: *bebida refrescante.* **2.** Que resulta intelectualmente relajante o renovador: *una película refrescante.*

refrescar *v. tr.* **1.** Poner fresco, disminuir el calor de algo. También *v. intr.* y *v. prnl.*: *Puso las botellas a refrescar. Deja la fruta en la ventana para que se refresque.* **2.** Hacer que se recuerden cosas olvidadas: *Tendré que refrescar mis conocimientos de informática.* || *v. intr.* **3.** Descender la temperatura del ambiente. También *v. impers.* y *v. prnl.*: *Menos mal que (se) ha refrescado la tarde.* **4.** Quitarse alguien el calor tomando una bebida fría, mojándose, etc. También *v. prnl.* con valor reflexivo: *Se dio una ducha para refrescarse.* **5.** Recuperar las fuerzas. También *v. prnl.*: *Hicieron un alto para que se refrescaran los caballos.* ■ Delante de *e* se escribe *qu* en lugar de *c*: *refresque.* **SIN. 1.** Enfriar(se), refrigerar. **2.** Desempolvar. **5.** Reponerse. **ANT. 1.** Calentar(se), templar(se). **5.** Cansarse. **FAM.** Refrescada, refrescador, refrescamiento, refrescante, refresco. FRESCO.

refresco *s. m.* **1.** Bebida que se toma para refrescarse. **2.** Bebidas, aperitivos, dulces, etc., que se ofrecen a alguien: *Sirvieron un refresco en el jardín.* || **LOC. de refresco** *adj.* Que sustituye o refuerza a otro: *caballos de refresco, tropas de refresco.* **FAM.** Refresquería. REFRESCAR.

refresquería *s. f. Amér. C.* y *Méx.* Tienda o lugar donde se venden helados y refrescos.

refriega (de *refregar*) *s. f.* **1.** Combate poco importante. **2.** Riña o pelea violenta. **SIN. 1.** Escaramuza.

refrigeración (del lat. *refrigeratio, -onis*) *s. f.* **1.** Acción de refrigerar. **2.** Sistema con que se refrigera: *Este edificio tiene muy buena refrigeración.*

refrigerador, ra *adj.* **1.** Que refrigera o sirve para refrigerar. || *s. m.* **2.** Frigorífico*. **SIN. 1.** Refrigerante. **2.** Nevera.

refrigerante *adj.* **1.** Que refrigera. También *s. m.*: *Compró refrigerante para el radiador del coche.* || *s. m.* **2.** En quím., recipiente con agua que se utiliza para rebajar la temperatura de un fluido.

refrigerar (del lat. *refrigerare*) *v. tr.* Disminuir la temperatura de un lugar o de una cosa por medios artificiales. **SIN.** Refrescar, enfriar, congelar. **ANT.** Calentar. **FAM.** Refrigeración, refrigerador, refrigerante, refrigerativo, refrigerio. FRÍO.

refrigerio (del lat. *refrigerium*) *s. m.* Comida ligera que se toma para reponer fuerzas. **SIN.** Piscolabis, tentempié.

refringencia *s. f.* Propiedad de refringir la luz.

refringente *adj.* Refractante*.

refringir (del lat. *refringere*, de *re-* y *frangere*, quebrar) *v. tr.* Refractar*. ■ Delante de *a* y *o* se escribe *j* en lugar de *g*: *refrinja.* **FAM.** Refringencia, refringente. / Birrefringencia. REFRACCIÓN.

refrito, ta 1. *p.* irreg. de **refreír**. También *adj.* || *s. m.* **2.** Condimento compuesto de ajo, cebolla y otros ingredientes fritos en aceite. **3.** *desp.* Cosa rehecha o refundida con trozos de otra o mezclando distintos elementos: *Su trabajo es un refrito de varios autores.* SIN. **3.** Revoltillo, refundición.

refucilo *s. m. Arg.* y *Ec.* Refusilo*.

refuerzo *s. m.* **1.** Acción de reforzar. **2.** Aquello que refuerza o hace más resistente o sólida una cosa: *Han puesto un refuerzo en la parte que se agrietó.* **3.** Ayuda, complemento: *Tu dieta necesita un refuerzo de vitaminas.* || *s. m. pl.* **4.** Conjunto de hombres que se unen a otros para incrementar su fuerza y eficacia: *Los bomberos necesitaron refuerzos para apagar el fuego.* SIN. **1.** Reforzamiento. **3.** Apoyo, auxilio.

refugiado, da 1. *p.* de **refugiar**. También *adj.* || *s. m.* y *f.* **2.** Persona que por algún motivo se ve obligada a buscar refugio fuera de su país.

refugiar (del lat. *refugere*, de *re-*, hacia atrás, y *fugere*, huir) *v. tr.* Acoger, proteger, amparar: *Refugió en su casa a los perseguidos.* También *v. prnl.*: *Ella se refugia en la mentira para no dar la cara.* SIN. Cobijar(se), asilar(se), resguardar(se), escudar(se). FAM. Refugiado, refugio. FUGARSE.

refugio (del lat. *refugium*) *s. m.* **1.** Acogida, amparo: *En ese centro dan refugio a muchos necesitados.* **2.** Lugar o construcción donde poder refugiarse de algún peligro, ataque, de las inclemencias del tiempo, etc.: *refugio antiaéreo, de montaña.* **3.** Aquello que sirve de protección o consuelo: *La familia es su refugio.* || **4. refugio atómico** o **nuclear** Espacio habitable protegido contra los efectos de las explosiones nucleares y de las radiaciones que en éstas se producen. SIN. **1.** Asilo, cobijo. **2.** Abrigo, guarida, albergue. ANT. **1.** Desamparo.

refulgente *adj.* Que brilla o resplandece. SIN. Brillante, resplandeciente.

refulgir (del lat. *refulgere*) *v. intr.* Resplandecer, brillar: *Las estrellas refulgen en el cielo.* ■ Delante de *a* y *o* se escribe *j* en lugar de *g*: *refulja.* SIN. Fulgurar, destellar. FAM. Refulgencia, refulgente. FULGOR.

refundir (del lat. *refundere*) *v. tr.* **1.** Volver a fundir los metales. **2.** Reunir varias cosas en una sola: *En esa película refundieron las ideas de varios guionistas.* También *v. prnl.* **3.** Dar nueva forma o estructura a un escrito, obra literaria, etc. **4.** *Amér. C.* y *Méx.* Perder, extraviar. También *v. prnl.* FAM. Refundición, refundidor. FUNDIR.

refunfuñar (onomat.) *v. intr.* Manifestar enfado o disgusto con sonidos confusos o murmurando entre dientes: *Al principio refunfuñó un poco, pero luego se conformó.* También *v. tr.* SIN. Gruñir, rezongar, mascullar. FAM. Refunfuñador, refunfuño, refunfuñón.

refunfuño *s. m.* Manifestación de enfado o disgusto que se hace murmurando entre dientes. SIN. Gruñido.

refunfuñón, na *adj.* Que refunfuña mucho. También *s. m.* y *f.*

refusilo (del lat. *focile*, de fuego) *s. m. Arg.* y *Ec.* Relámpago. ■ Se escribe también *refucilo.*

refutable *adj.* Que puede refutarse o es fácil de refutar. SIN. Rebatible. ANT. Irrefutable.

refutación *s. f.* **1.** Acción de refutar. **2.** Argumento o prueba cuyo objeto es destruir las razones del contrario. **3.** Razonamiento que tiene como conclusión una proposición que niega otra conclusión.

refutar (del lat. *refutare*) *v. tr.* Contradecir con argumentos o razones lo que otra persona dice. SIN. Rebatir, contestar, impugnar. ANT. Ratificar, confirmar. FAM. Refutable, refutación, refutatorio. / Irrefutable.

regadera *s. f.* **1.** Utensilio para regar formado por un recipiente del que sale un tubo, generalmente terminado en un ensanchamiento con orificios. **2.** *Méx.* Ducha*. || LOC. **estar** alguien **como una regadera** *fam.* Estar loco.

regadío, a *adj.* Se aplica al terreno dedicado a cultivos que necesitan riego abundante para desarrollarse. También *s. m.* ANT. Secano.

regador *s. m. Arg.* y *Urug.* Aspersor para el riego.

regala *s. f.* Tablón que forma el borde de las embarcaciones.

regalado, da 1. *p.* de **regalar**. También *adj.* || *adj.* **2.** Muy cómodo y agradable: *Lleva una vida regalada.* **3.** *fam.* Muy barato: *a precio regalado.* SIN. **2.** Muelle, placentero. **3.** Tirado. ANT. **2.** Duro, espartano. **3.** Caro. FAM. Regaladamente. REGALAR.

regalar (del fr. *regaler*, agasajar) *v. tr.* **1.** Dar una cosa a alguien sin recibir nada a cambio, como muestra de afecto, agradecimiento, etc. **2.** Mostrar a alguien aprecio con caricias, halagos u otras expresiones de afecto. **3.** Agradar o divertir a alguien: *Regaló al público con una de sus últimas piezas musicales.* También *v. prnl.* **4.** *fam.* Vender muy barato: *En esa tienda regalan la ropa.* || **regalarse** *v. prnl.* **5.** Proporcionarse uno comodidades y caprichos. SIN. **1.** Obsequiar. **2.** y **3.** Festejar, agasajar. **3.** Deleitar(se). ANT. **3.** Desagradar. FAM. Regalado, regalamiento, regalo, regalón, regalonear.

regalía (del lat. *regalis*, regio) *s. f.* **1.** Derecho o privilegio exclusivo del soberano de un país. **2.** Privilegio de cualquier clase. **3.** En econ., participación en los ingresos o cantidad fija que se paga al propietario de un derecho a cambio del permiso de usarlo. SIN. **1.** y **2.** Prebenda, prerrogativa. ANT. **2.** Obligación, carga. FAM. Regalismo. REGIO.

regalismo *s. m.* Política religiosa que concedía a los reyes prerrogativas o privilegios en asuntos eclesiásticos. FAM. Regalista. REGALÍA.

regaliz (del lat. *liquiritia*, y éste del gr. *glykyrrhiza*, de *glykys*, dulce, y *rhiza*, raíz) *s. m.* **1.** Planta papilionácea de hojas compuestas, flores azuladas en racimos, fruto en legumbre y un rizoma grueso que se usa para fabricar dulces. **2.** Trozo seco de ese rizoma que se chupa o masca como golosina. **3.** Pasta hecha con el jugo de ese rizoma y que se toma como golosina en barritas o pastillas. SIN. **2.** Paloduz.

regalo *s. m.* **1.** Cosa que se regala: *Te he traído un regalo de París.* **2.** Gusto, agrado, placer: *Este paisaje es un regalo para la vista.* **3.** Comodidad o bienestar que una persona se procura o que otros le proporcionan: *Se ha criado con excesivo mimo y regalo.* **4.** *fam.* Cosa muy barata: *Por ese precio, el piso es un regalo.* SIN. **1.** Obsequio, presente. **2.** Deleite. **3.** Holganza. **4.** Ganga.

regalón, na *adj. Arg.* y *Chile fam.* Que se cría o se trata con excesivo mimo o regalo. También *s. m.* y *f.*

regalonear *v. tr.* **1.** *Arg.* y *Chile* Mimar. || *v. intr.* **2.** *Chile* Aprovecharse una persona del cariño que se le tiene.

regante *s. m.* y *f.* **1.** Persona que tiene derecho a regar con un agua determinada por pertenecerle o haber pagado por ella. **2.** Empleado u obrero encargado del riego de los campos.

regañadientes, a *loc. adv.* De mala gana, protestando: *Aceptó a regañadientes.*

regañar *v. tr.* **1.** Decir con desaprobación una persona a otra, generalmente sobre la que tiene cierta autoridad, que ha hecho algo mal: *Mi madre me regaña si no estudio.* || *v. intr.* **2.** Pelear o discutir: *Siempre que los veo están regañando.* **3.** Dejar de tener trato o relación: *Ha regañado con su novio.* **4.** Dar muestras de enfado o mal humor con palabras y gestos: *Estuvo regañando toda la mañana.* SIN. **1.** Reprender. **1.** a **3.** Reñir. **2.** Disputar. **3.** Romper, enfadarse. **4.** Refunfuñar. ANT. **1.** Alabar. **2.** y **3.** Reconciliarse. FAM. Regañado, regañina, regaño, regañón.

regañina *s. f. fam.* Acción de regañar a alguien: *Le echó una buena regañina por llegar tarde.* SIN. Regaño, reprimenda. ANT. Alabanza.

regaño *s. m.* Regañina*.

regañón, na *adj.* **1.** Que regaña mucho. También *s. m.* y *f.* **2.** Se dice del viento del noroeste. También *s. m.*

regar (del lat. *rigare*) *v. tr.* **1.** Echar agua a una planta para que crezca y se alimente, o sobre un terreno para hacerlo fértil. **2.** Esparcir agua sobre una superficie para limpiarla o refrescarla: *Van a regar las calles.* **3.** Esparcir o derramar alguna otra cosa: *Han regado la habitación con recortes de papel.* **4.** Atravesar una corriente de agua un determinado territorio: *El Ebro riega las tierras de Aragón.* ■ Delante de *e* se escribe *gu* en lugar de *g*. Es v. irreg. Se conjuga como *pensar. reguéis.* SIN. **1.** Irrigar. **2.** Rociar, empapar. **3.** Desparramar. FAM. Regable, regadera, regadío, regador, regante, regata[1], regato, reguera, reguero, riego. / Irrigar.

regata[1] (del ant. y dial. *riego*, arroyo) *s. f.* Surco pequeño que conduce el agua de riego en huertas y jardines. SIN. Reguera, acequia.

regata[2] (del ital. *regata*, disputa) *s. f.* Carrera deportiva entre embarcaciones. FAM. Regatista.

regate *s. m.* **1.** Movimiento brusco y rápido que se hace con el cuerpo para evitar un golpe, choque, etc., o en el fútbol y otros dep. para esquivar al contrario y evitar que le quite a uno el balón. **2.** *fam.* Habilidad con que se elude una dificultad. SIN. **1.** Finta. FAM. Regatear[1].

regatear[1] *v. tr.* **1.** Discutir el comprador y el vendedor el precio de lo que se vende. También *v. intr.* **2.** *fam.* Escatimar, eludir. ■ Se usa especialmente en frases negativas: *No regateó esfuerzos para conseguir lo que quería.* **3.** Realizar regates. También *v. intr.* SIN. **2.** Ahorrar. **3.** Esquivar, sortear. FAM. Regateador, regateo. REGATE.

regatear[2] (de *regata*[2]) *v. intr.* Competir en regatas.

regateo *s. m.* Discusión entre el comprador y el vendedor sobre el precio de la mercancía.

regatista *s. m.* y *f.* Deportista que participa en regatas náuticas.

regato (del ant. y dial. *riego*, arroyo) *s. m.* Arroyo pequeño.

regatón *s. m.* **1.** Pieza que protege el extremo en contacto con el suelo de algunas cosas, como bastones, paraguas, etc. **2.** Hierro con forma de ancla o gancho que tienen los bicheros en la punta. SIN. **1.** Contera.

regazo (del ant. *regazar*, remangar las faldas, del lat. vulg. *recapitiare*, recoger) *s. m.* **1.** Hueco formado por la falda de una mujer entre la cintura y la rodilla cuando está sentada. **2.** Parte del cuerpo en que se forma ese hueco. **3.** Lugar en que se encuentra apoyo, protección o consuelo. SIN. **3.** Cobijo, amparo, refugio.

regencia (del bajo lat. *regentia*, y éste del lat. *regens, -entis*, regente) *s. f.* **1.** Acción de regir o gobernar: *Se encargó de la regencia del local.* **2.** En las monarquías, mecanismo por el que una persona u órgano colegiado ejerce la jefatura del Estado mientras dura la minoría de edad, incapacidad o inhabilitación del rey. **3.** Desempeño y duración de dicha jefatura.

regeneración *s. f.* **1.** Acción de regenerar o de regenerarse. **2.** Recuperación autónoma por un ser vivo de un órgano o tejido perdido o dañado.

regeneracionismo *s. m.* Movimiento ideológico surgido en España a fines del s. XIX y comienzos del XX, que defendía la urgente renovación de la vida política para poder solucionar los problemas reales del país. Estuvo motivado fundamentalmente por la pérdida de las colonias en 1898. FAM. Regeneracionista. REGENERAR.

regenerar (del lat. *regenerare*) *v. tr.* **1.** Volver a poner en buen estado una cosa gastada, estropeada o destruida: *Este producto regenera el cutis.* También *v. prnl.* **2.** Hacer que una persona abandone conductas, hábitos, etc., censurables o perjudiciales: *El cariño de sus amigos le ha regenerado.* También *v. prnl.* **3.** En industria, reciclar*. SIN. **1.** Renovar(se), recuperar(se). **1.** y **2.** Rehabilitar(se), reformar(se). ANT. **1.** Estropear(se). **2.** Perder(se). FAM. Regeneración, regeneracionismo, regenerado, regenerador, regenerativo. GENERAR.

regenta *s. f.* Mujer del regente.

regentar (de *regir*) *v. tr.* **1.** Dirigir un negocio: *Mi padre regenta una cafetería.* **2.** Desempeñar temporalmente un empleo o cargo.

regente (del lat. *regens, -entis*) *adj.* **1.** Que rige o gobierna. También *s. m.* y *f.* || *s. m.* y *f.* **2.** Persona que ejerce la regencia durante la minoría de edad, incapacidad o inhabilitación de un rey. **3.** Encargado de ciertos establecimientos o negocios, p. ej. de una imprenta. **4.** *Méx.* Alcalde. SIN. **1.** Regidor, gobernante. **3.** Gerente. FAM. Regenta. / Corregente. REGIR.

reggae (del ingl. de Jamaica *reg*, y éste del ingl. *rag*, girón) *s. m.* Estilo musical popular jamaicano, de ritmo simple y repetitivo, que alcanzó su máxima difusión en los años setenta.

regicida (del lat. *rex, regis*, rey, y *-cida*) *adj.* Se dice de la persona que atenta contra la vida de un soberano, su consorte, la del príncipe heredero o la del regente. También *s. m.* y *f.* FAM. Regicidio. REY.

regicidio *s. m.* Muerte violenta dada al monarca, a su consorte, al príncipe heredero o al regente.

regidor, ra *adj.* **1.** Que rige o gobierna. También *s. m.* y *f.* || *s. m.* y *f.* **2.** Persona que en el teatro, el cine o la televisión se encarga del orden y realización de los movimientos y efectos escénicos dispuestos por el director. **3.** Concejal*. SIN. **1.** Regente, gobernante. FAM. Regidoría, regiduría. REGIR.

regiduría *s. f.* Cargo o empleo de regidor.

régimen (del lat. *regimen*) *s. m.* **1.** Plan o sistema por el que se rige o regula una cosa o actividad: *el régimen de enseñanza de un colegio.* **2.** Particularmente, sistema político por el que se gobierna un país. **3.** Modo regular o habitual de producirse algo: *el régimen de lluvias de una región.* **4.** Conjunto de prescripciones sobre la alimentación que ha de seguir una persona por motivos de salud, para adelgazar, etc. **5.** Velocidad de funcionamiento o de rotación de un motor: *Ha descendido el régimen de vueltas de la turbina.* **6.** En ling., hecho de regir un verbo, sustantivo, etc., un determinado complemento y, p.

ext., este mismo complemento. ■ Su pl. es *regímenes*. SIN. **1.** Normativa, programa, dirección. **4.** Dieta.

regimiento (del lat. *regimentum*) *s. m.* **1.** Unidad del ejército al mando de un coronel. **2.** *fam.* Conjunto muy numeroso de personas: *Mi madre ha preparado comida para un regimiento.*

regio, gia (del lat. *regius*) *adj.* **1.** Relativo al rey o a la realeza. **2.** Grandioso, espléndido: *Le dieron un recibimiento regio.* SIN. **1.** Real. **2.** Magnífico, soberbio. FAM. Regiamente. / Regalía. REY.

región (del lat. *regio, -onis*) *s. f.* **1.** Parte de un territorio definido por unas determinadas características: *la región levantina.* **2.** Cada una de las circunscripciones militares en que se divide el territorio nacional: *región aérea.* **3.** En general, territorio extenso: *La sequía continuó en varias regiones.* **4.** Cada una de las partes en que se considera dividido el cuerpo de una persona o animal: *Recibió un golpe en la región frontal.* SIN. **1.** Comarca. **1.** y **4.** Zona. FAM. Regional, regionalismo. / Subregión.

regional *adj.* De una región.

regionalismo *s. m.* **1.** Doctrina y movimiento políticos que fundan la estructura y desarrollo de una colectividad en la autonomía y los valores propios de las regiones que la constituyen. **2.** Inclinación hacia una determinada región y a lo referente a ella: *Su regionalismo se refleja en todas sus obras.* **3.** Palabra o expresión peculiar de una región determinada. SIN. **2.** Localismo. **3.** Modismo. FAM. Regionalista. REGIÓN.

regir (del lat. *regere*) *v. tr.* **1.** Dirigir, gobernar, guiar: *regir los destinos de una nación.* También *v. prnl.* **2.** En ling., exigir una palabra la presencia de otra u otras o tenerlas bajo su dependencia. P. ej., *tender* rige la prep. *a*: *Tiende a la melancolía.* || *v. intr.* **3.** Estar vigente, ser válido: *En este país no rige esa ley.* **4.** Funcionar bien un mecanismo u organismo. **5.** Tener bien una persona sus facultades mentales: *A pesar de los años rige estupendamente.* ■ Delante de *a* y *o* se escribe *j* en lugar de *g*. Es v. irreg. Se conjuga como *pedir*. SIN. **1.** Regentar, administrar(se), conducir(se). **4.** Marchar, ir. FAM. Regencia, regentar, regente, regidor, régimen, regimiento. / Corregir, dirigir, rección, rector, teledirigir.

registrado, da 1. *p.* de **registrar**. También *adj.* || *adj.* **2.** Se dice de la marca o modelo que ha sido inscrito en un registro como propiedad de una persona o entidad, para evitar posibles imitaciones, falsificaciones, etc.

registrador, ra *adj.* **1.** Que registra. **2.** Se dice del aparato que anota de manera automática determinados datos, fenómenos, operaciones, etc. También *s. m.* y *f.* || *s. m.* y *f.* **3.** Funcionario encargado de un registro público, especialmente el de la propiedad.

registrar (de *registro*) *v. tr.* **1.** Examinar una persona, cosa o un lugar con cuidado y detenimiento en busca de alguien o algo: *La policía registró la casa del sospechoso.* **2.** Inscribir en un registro una firma, un nombre comercial, una propiedad, etc. También *v. prnl.*: *registrarse en un hotel.* **3.** Incluir algo en una lista, catálogo, relación, etc.: *Los diccionarios registran muchas palabras de argot.* **4.** Anotar o señalar cierto fenómeno, acción, etc., o el número de veces que se produce: *El sismógrafo registró la hora e intensidad del terremoto.* **5.** Grabar la imagen y el sonido: *Han registrado todas nuestras conversaciones.* || **registrarse** *v. prnl.* **6.** Producirse o suceder algo que puede ser observado o medido: *Se ha registrado un notable descenso de la temperatura.* || LOC. **¡a mí que me registren!** *excl. fam.* Expresión con que una persona se declara inocente o libre de una responsabilidad. SIN. **1.** Inspeccionar, reconocer, cachear. **2.** y **3.** Apuntar(se), asentar(se). **3.** y **4.** Recoger. **4.** Contabilizar. **6.** Apreciarse, advertirse, percibirse, notarse. FAM. Registrado, registrador, registro.

registro (del lat. *regestrum*) *s. m.* **1.** Acción de registrar: *La policía tenía una orden de registro.* **2.** Libro o cuaderno en que se anotan hechos y datos: *Apuntaron su nombre en el registro.* **3.** Lugar u oficina pública donde se anotan ciertos hechos, propiedades, patentes, etc., de los que legalmente queda constancia: *registro de la propiedad inmobiliaria.* **4.** Anotación o asiento que queda al registrarlos. **5.** Relación de habitantes de un lugar. **6.** Pieza de un reloj o de otra máquina que sirve para regular o modificar su movimiento. **7.** Abertura cubierta con una tapa que sirve para examinar, reparar o conservar lo que está bajo tierra o empotrado. **8.** Señal que se pone entre las hojas de los libros. **9.** Cada una de las tres grandes partes en que se puede dividir la escala musical: *registro grave, medio y agudo.* **10.** En los pianos, órganos, etc., mecanismo para hacer más o menos fuertes los sonidos. **11.** Aspecto, faceta: *No conocía ese registro de tu carácter.* **12.** En ling., uso de una lengua por el hablante en función de la situación comunicativa en que se encuentra: *registro coloquial, registro formal.* **13.** En inform., unidad de almacenamiento de información y soporte físico de dicha unidad. || LOC. **tocar** uno **muchos** (o **todos los**) **registros** *fam.* Emplear muchos medios o todos los posibles para conseguir algo.

regla (del lat. *regula*) *s. f.* **1.** Instrumento rectangular y alargado que sirve para trazar líneas rectas apoyándose sobre él o para medir la distancia entre dos puntos. **2.** Utensilio para trazar líneas paralelas en un papel. **3.** Aquello que debe cumplirse por estar así establecido: *Hay que seguir las reglas del juego.* **4.** Conjunto de normas fundamentales que sigue una orden religiosa: *la regla franciscana.* **5.** Aquello que indica cómo hacer algo, cómo comportarse, etc.: *Si no me das unas reglas, no podré hacerlo.* **6.** Modo regular de producirse un hecho o un fenómeno: *La excepción confirma la regla.* **7.** Moderación: *beber con regla.* **8.** *fam.* Menstruación*. **9.** En mat., método para realizar una operación. || **10. las cuatro reglas** La suma, la resta, la multiplicación y la división; también, principios básicos de una ciencia, actividad, etc. **11. regla de oro** La más importante de una actividad. **12. regla de tres** En mat., procedimiento para hallar una cantidad por comparación con otras tres con las que guarda proporción: *Es un problema sencillo que se resuelve con una regla de tres.* || LOC. **en** (**toda**) **regla** *adv.* En la forma debida, según cierta norma. **por regla general** *adv.* Casi siempre o normalmente: *Comemos aquí, por regla general.* SIN. **2.** y **5.** Pauta. **3.** Reglamento. **3.** y **5.** Precepto. **5.** Indicación, directriz. **6.** Ley. **8.** Periodo, mes. FAM. Reglamento, reglar, regleta, reglón, regular[1], regular[2]. / Arreglar.

reglado, da 1. *p.* de **reglar**. || *adj.* **2.** Sujeto a una regla, ley o norma: *enseñanza reglada.*

reglaje (del fr. *réglage*) *s. m.* **1.** Reajuste hecho en las piezas de un mecanismo para que siga funcionando con normalidad: *Este coche necesita un* *reglaje de faros.* **2.** Conjunto de rayas o cuadrículas impresas en un papel. SIN. **1.** Ajuste.

reglamentación *s. f.* **1.** Acción de reglamentar. **2.** Conjunto de reglas: *la reglamentación del colegio.* SIN. **1.** Ordenación, normalización. **2.** Ordenamiento, legislación.

reglamentar *v. tr.* Sujetar algo a un reglamento: *reglamentar la práctica de un deporte.* SIN. Regular, normalizar. FAM. Reglamentación. REGLAMENTO.

reglamentario, ria *adj.* Relativo a un reglamento o establecido por él: *Se le aplicó la sanción reglamentaria.* SIN. Preceptuado, perceptivo. FAM. Reglamentariamente. REGLAMENTO.

reglamentista *adj.* Se dice de quien cumple y hace cumplir escrupulosamente los reglamentos. También *s. m.* y *f.*

reglamento *s. m.* **1.** Conjunto de normas jurídicas de importancia inferior a la ley, que la desarrollan o regulan su aplicación. **2.** Colección de normas o reglas para la realización de una actividad, servicio, deporte, etc. SIN. **1.** Ordenanza, estatuto. FAM. Reglamentar, reglamentario, reglamentista. / Antirreglamentario. REGLA.

reglar (del lat. *regulare*) *v. tr.* **1.** Reglamentar*. **2.** Trazar líneas rectas o rayas utilizando una regla u otro instrumento. **3.** Regular o ajustar un mecanismo. SIN. **2.** Rayar, pautar. FAM. Reglado, reglaje. REGLA.

regleta (de *regla*) *s. f.* **1.** Plancha de metal que se utiliza para espaciar o separar algo, especialmente en imprenta. **2.** Soporte aislante sobre el que se colocan los componentes de un circuito eléctrico.

reglón *s. m.* Regla grande que usan los albañiles y soladores.

regocijante *adj.* Que causa regocijo.

regocijar (de *re-* y *gozo*) *v. tr.* **1.** Causar regocijo: *Sus payasadas regocijaban a los niños.* || **regocijarse** *v. prnl.* **2.** Alegrarse: *Se regocijaba pensando que no tenía que trabajar más.* SIN. **1.** Entusiasmar, deleitar. **2.** Recrearse, regodearse. ANT. **1.** y **2.** Entristecer(se). FAM. Regocijador, regocijante. REGOCIJO.

regocijo *s. m.* Sentimiento intenso de alegría o satisfacción, que suele manifestarse exteriormente: *Les recibieron con gran regocijo.* SIN. Júbilo, alborozo. ANT. Pesar. FAM. Regocijadamente, regocijar. GOZO.

regodearse (de *re-* y el lat. *gaudere*, alegrarse) *v. prnl.* **1.** Sentir placer con algo muy agradable, recreándose en ello: *Se regodea saboreando el chocolate.* **2.** Divertirse con mala intención por un mal o percance que le ocurre a otro: *Se regodea cada vez que alguien se equivoca.* **3.** *Amér. del S.* Mostrarse demasiado remilgado o melindroso. SIN. **1.** Regocijarse, deleitarse, complacerse. **1.** y **2.** Refocilarse. ANT. **1.** Apenarse. **2.** Compadecerse. FAM. Regodeo.

regodeo *s. m.* **1.** Complacencia que se siente ante un mal ajeno. **2.** Alegría, diversión, placer.

regoldar *v. intr.* Eructar*. ■ Es v. irreg. Se conjuga como *contar.* FAM. Regüeldo.

regolfar *v. intr.* **1.** Formar un remanso una corriente de agua. También *v. prnl.* **2.** Cambiar de dirección el viento por encontrar algún obstáculo. También *v. prnl.* SIN. **1.** Remansarse.

regolfo *s. m.* **1.** Golfo pequeño comprendido entre dos cabos. **2.** Vuelta o retroceso de una corriente de agua o de viento. FAM. Regolfar. GOLFO.

regordete, ta *adj. fam.* Pequeño y gordo: *manos regordetas.* SIN. Rollizo, rechoncho. ANT. Flaco.

regresar *v. intr.* **1.** Ir de nuevo al lugar de donde se salió: *Los emigrantes regresaron a su patria.* ■ En América se usa también como *v. prnl.* **2.** *Méx.* Devolver, restituir: *Regréseme el libro que le presté.* SIN. **1.** Retornar, volver. FAM. Regresión, regresivo, regreso.

regresión (del lat. *regressio, -onis*) *s. f.* Retroceso, especialmente referido a un desarrollo, proceso, etc.: *Se ha notado la regresión de las ventas.* SIN. Receso.

regresivo, va *adj.* Que retrocede o hace retroceder.

regreso (del lat. *regressus*) *s. m.* Acción de regresar. SIN. Retorno, vuelta. ANT. Marcha, ida.

regüeldo *s. m.* Acción de regoldar, eructo.

reguera *s. f.* Canal o surco en la tierra para conducir el agua de riego. SIN. Reguero.

reguero *s. m.* **1.** Chorro o arroyo pequeño. **2.** Línea o señal que deja un líquido u otra cosa que se va derramando: *un reguero de sangre.* **3.** Reguera*. || LOC. **como un reguero de pólvora** *adv.* Con mucha rapidez: *El rumor se extendió como un reguero de pólvora.* SIN. **1.** Regato.

regulable *adj.* Que puede ser regulado: *El asiento del conductor es regulable.* SIN. Graduable.

regulación *s. f.* Acción de regular. SIN. Graduación. FAM. Autorregulación, termorregulación. REGULAR[1].

regulador, ra *adj.* **1.** Que regula. || *s. m.* **2.** Mecanismo que sirve para ordenar o ajustar un proceso, el movimiento o los efectos de una máquina, el paso de un fluido, etc.

regular[1] (del lat. *regulare*) *v. tr.* **1.** Poner en orden o en un estado de normalidad: *Un guardia regula la circulación en el cruce.* **2.** Determinar las normas a las que debe someterse una persona o cosa: *Esa ley regula los salarios de los trabajadores.* **3.** Ajustar el funcionamiento de un sistema, máquina, etc. SIN. **1.** Regularizar, organizar. **2.** Reglamentar, normalizar. ANT. **1.** Desordenar. FAM. Regulable, regulación, regulador, regulativo. REGLA.

regular[2] (del lat. *regularis*) *adj.* **1.** Sujeto a una regla o conforme a ella. **2.** De acuerdo con ciertas normas morales comúnmente aceptadas: *Su ascenso ha sido poco regular.* **3.** Se dice de la forma de vida y de los comportamientos ordenados y sin excesos: *Lleva una vida regular.* **4.** Sin cambios o variaciones importantes o que sucede a intervalos iguales: *Es un niño muy regular en sus notas.* **5.** Mediano, intermedio, ni bueno ni malo: *tamaño regular, un libro regular.* **6.** Sometido a la regla de una orden o instituto religiosos: *clero regular.* También *s. m.* y *f.* **7.** En geom., se dice de la figura cuyos lados, ángulos o caras son iguales entre sí. **8.** En ling., se aplica a las palabras formadas según la regla general de su clase, y especialmente a los verbos cuya conjugación se ajusta a la de aquellos que se toman como modelo (*cantar, temer, partir*). **9.** Se dice de las unidades militares estables que constituyen el ejército de un país, así como de sus miembros. || *s. m. pl.* **10.** Unidades de tropas indígenas del antiguo protectorado de España en Marruecos; posteriormente, unidades de infantería situadas en Ceuta y Melilla. || *adv. m.* **11.** Medianamente, no muy bien: *Mi madre lleva unos días regular.* || LOC. **por lo regular** *adv.* Normalmente, comúnmente. SIN. **1.** Reglado, reglamentado. **3.** Moderado, comedido. **4.** Uniforme, invariable, homogéneo. **5.** Mediocre. ANT. **1.** a **4.**, **7.** y **8.** Irregular. **3.** Desenfrenado. **4.** Inestable. **5.** Excepcional. FAM. Regularidad, regularizar, regularmente. / Irregular. REGLA.

regularidad *s. f.* **1.** Cualidad de regular. **2.** Circunstancia de ajustarse alguien o algo a cierta regla, o de suceder sin cambios o a intervalos regulares: *Viene a vernos con regularidad.* **SIN. 2.** Uniformidad, estabilidad, periodicidad. **ANT. 1.** y **2.** Irregularidad.

regularizar *v. tr.* Poner algo en un estado de normalidad. También *v. prnl.* ■ Delante de *e* se escribe *c* en lugar de *z*: *regularice.* **SIN.** Regular, normalizar(se). **FAM.** Regularización, regularizador. REGULAR².

régulo (del lat. *regulus*, de *rex, regis*, rey) *s. m.* **1.** Parte más pura de los minerales, después de separadas las impurezas. **2.** Señor de un pequeño estado. **3.** Reyezuelo*, pájaro.

regurgitación *s. f.* Acción de regurgitar.

regurgitar (del bajo lat. *regurgitare*) *v. intr.* Echar por la boca, sin vómito, el contenido del esófago o el estómago, como los rumiantes o algunas aves para alimentar a sus crías. **FAM.** Regurgitación.

regusto *s. m.* **1.** Sabor que deja un alimento o bebida: *Esa salsa deja un regusto picante.* **2.** Sensación o recuerdo impreciso, generalmente triste o desagradable, que queda después de cierta experiencia: *Aquel encuentro nos dejó un regusto amargo.* **3.** Impresión de semejanza o relación que produce una cosa respecto a otra: *Esa obra tiene un regusto barroco.*

rehabilitación *s. f.* **1.** Acción de rehabilitar o rehabilitarse. **2.** Conjunto de técnicas y métodos dirigidos a la recuperación de las funciones o capacidades perdidas por alguien a causa de un accidente o enfermedad. **SIN. 1.** Restablecimiento.

rehabilitar *v. tr.* Volver a habilitar, devolver a una persona o cosa su antiguo estado o situación: *rehabilitar un edifico en ruinas, la buena fama de alguien.* También *v. prnl.* **SIN.** Restaurar, reparar, restablecer(se). **ANT.** Inhabilitar(se). **FAM.** Rehabilitación. HABILITAR.

rehacer (del lat. *refacere*) *v. tr.* **1.** Volver a hacer o restaurar algo: *Rehice el vestido porque me sentaba mal. Rehizo su vida después del accidente.* También *v. prnl.* || **rehacerse** *v. prnl.* **2.** Recuperar una persona la salud, las fuerzas, el ánimo, la tranquilidad, etc.: *Le costó rehacerse después de la desgracia.* ■ Es v. irreg. Se conjuga como *hacer.* **SIN. 1.** Reconstruir. **1.** y **2.** Restablecer(se). **2.** Recobrarse. **ANT. 1.** Deshacer(se). **2.** Hundirse.

rehala (del ár. *rahala*, hato) *s. f.* **1.** Rebaño de ganado lanar formado por animales de diferentes dueños. **2.** Jauría de perros de caza mayor.

rehén (del ár. *rahn*, prenda) *s. m.* **1.** Persona que alguien retiene para obligar a otra o a un grupo, gobierno, etc., a cumplir determinadas condiciones: *Los secuestradores del avión tomaron como rehenes a varios pasajeros.* **2.** Cosa que queda como garantía del cumplimiento de algo. **SIN. 2.** Fianza, señal.

rehilado, da 1. *p.* de **rehilar.** || *adj.* **2.** Rehilante*.

rehilamiento *s. m.* En ling., vibración que se produce en el punto de articulación de algunas consonantes, como p. ej. en la pronunciación de la *y* por los hablantes argentinos.

rehilante *adj.* Se dice de las consonantes sonoras articuladas con rehilamiento. **SIN.** Rehilado.

rehilar *v. intr.* **1.** En ling., pronunciar con rehilamiento algunas consonantes sonoras. **2.** Zumbar algunas armas arrojadizas, como la flecha, cuando van por el aire. ■ En cuanto al acento, se conjuga como *aislar*: *rehílo.* **FAM.** Rehilado, rehilamiento, rehilante, rehilete.

rehilete (de *rehilar*) *s. m.* **1.** Dardo de algunos juegos. **2.** En tauromaquia, banderilla*. **3.** Especie de pelota con un penacho de plumas para jugar al bádminton.

rehogar (de *re-* y el lat. *focus*, fuego) *v. tr.* Freír ligeramente un alimento en aceite, mantequilla o grasa. ■ Delante de *e* se escribe *gu* en lugar de *g*: *rehogue.* **SIN.** Dorar, sofreír.

rehuir (del lat. *refugere*) *v. tr.* Eludir, evitar, esquivar: *Rehuyó contestar a la pregunta. Siempre que me ve, me rehúye.* También *v. intr.* y *v. prnl.* ■ Es v. irreg. Se conjuga como *huir.* **SIN.** Evadir. **FAM.** Rehuida. HUIR.

rehundir *v. tr.* **1.** Hundir profundamente una cosa en otra: *Rehundió bien la sombrilla en la arena para que no se volase.* También *v. prnl.* **2.** Producir una cavidad o depresión. También *v. prnl.*: *A medida que las vigas iban cediendo, el tejado se rehundía y acababa desplomándose.*

rehusar *v. tr.* No querer aceptar o realizar algo: *Rehusó nuestro ofrecimiento.* ■ En cuanto al acento, se conjuga como *aunar.* **SIN.** Rechazar, desdeñar, denegar. **ANT.** Admitir.

reidor, ra *adj.* Que se ríe mucho y con frecuencia. **SIN.** Risueño. **ANT.** Serio.

reiforme *adj.* **1.** Se dice de ciertas aves corredoras de gran tamaño, parecidas al avestruz, que carecen de plumas en la cola y tienen tres dedos en las patas. Habitan en América del S. Son reiformes los ñandúes. También *s. m.* || *s. m. pl.* **2.** Orden de estas aves.

reilón, na *adj. Ven. fam.* Risueño.

reimplantar *v. tr.* **1.** Volver a implantar. **2.** En cirugía, volver a colocar en su lugar correspondiente un órgano que había sido cortado o separado del cuerpo. **FAM.** Reimplantación. IMPLANTAR.

reimportar *v. tr.* Importar mercancías que se habían exportado. **FAM.** Reimportación. IMPORTAR.

reimpresión *s. f.* **1.** Acción de reimprimir. **2.** Conjunto de ejemplares de una obra o escrito reimpresos de una vez.

reimprimir *v. tr.* Volver a imprimir un libro o escrito. ■ Este verbo tiene dos p.: uno reg., *reimprimido*, que se utiliza para la formación de los tiempos compuestos, y otro irreg., *reimpreso*, utilizado también como adj. **FAM.** Reimpresión. IMPRIMIR.

reina (del lat. *regina*) *s. f.* **1.** Mujer que reina por derecho propio; también, esposa del rey. **2.** Pieza de ajedrez, segunda en importancia después del rey, que puede moverse como todas las demás, excepto como el caballo. **3.** Mujer, animal o cosa del género femenino que sobresale del resto de las de su clase: *La rosa es la reina de las flores.* **4.** Mujer que, por su belleza u otra circunstancia, preside honoríficamente ciertos actos, festejos, etc.: *reina de las fiestas.* **5.** En algunas comunidades de insectos, como las abejas, hembra cuya finalidad es casi exclusivamente reproductora. **SIN. 1.** Soberana. **FAM.** Reinona. REY.

reinado *s. m.* **1.** Ejercicio de las funciones de un rey o una reina y tiempo que éste dura. **2.** P. ext., tiempo durante el cual predomina o está en auge alguna cosa. **SIN. 2.** Imperio, apogeo.

reinante *adj.* **1.** Que reina: *la dinastía reinante.* **2.** Que domina o predomina: *el mal tiempo reinante en la región.*

reinar (del lat. *regnare*) *v. intr.* **1.** Ejercer un rey, reina, príncipe o princesa sus funciones en un Estado. **2.** Tener una persona o cosa dominio o superioridad sobre otra. **3.** Predominar, prevalecer: *En esa casa reina la armonía.* SIN. **1.** Gobernar. **2.** y **3.** Imperar, dominar. FAM. Reinado, reinante, reino. REY.

reincidencia *s. f.* Repetición de una misma falta o error.

reincidente *adj.* Que reincide. También *s. m.* y *f.* SIN. Relapso.

reincidir *v. intr.* Volver a caer en una falta, error, delito, etc.: *Ha reincidido en su mal comportamiento.* SIN. Incurrir, recaer. ANT. Corregirse, enmendarse. FAM. Reincidencia, reincidente. INCIDIR[1].

reincorporar *v. tr.* Volver a incorporar. También *v. prnl.*: *Se reincorporó a su puesto.* SIN. Reintegrar(se), restituir. ANT. Expulsar, apartar. FAM. Reincorporación. INCORPORAR.

reineta (del fr. *reinette*, de *raine*, rana) *adj.* Se dice de una variedad de manzana de forma achatada, sabor ligeramente ácido y muy aromática. También *s. f.*

reingresar *v. intr.* Volver a ingresar, especialmente en un organismo de funcionarios. También *v. tr.*: *Reingresó el dinero en la cuenta.* FAM. Reingreso. INGRESAR.

reinicializar o **reiniciar** *v. tr.* En inform., volver a iniciar: *Se bloqueó el ordenador y tuve que reiniciarlo.* También *v. intr.* ■ En *reinicializar*, delante de *e* se escribe *c* en lugar de *z*.

reino (del lat. *regnum*) *s. m.* **1.** Territorio o estado sobre el que reina un monarca. **2.** Espacio, momento, etc., en que predomina o se desarrolla algo: *Las últimas décadas han sido el reino de la informática.* **3.** Ámbito, campo: *el reino de las letras.* **4.** Cada uno de los tres grandes grupos en que se consideran divididos los seres y los elementos de la naturaleza: animal, vegetal y mineral. En biol., grupo superior de la clasificación taxonómica de los seres vivos. SIN. **1.** y **2.** Reinado. **2.** Imperio. **3.** Dominio, mundo. FAM. Interregno, subreino. REINAR.

reinona *s. f. fam. desp.* Hombre homosexual que se viste de mujer.

reinserción *s. f.* Acción de reinsertar.

reinsertado, da 1. *p.* de **reinsertar**. También *adj.* || *s. m.* y *f.* **2.** Persona que vuelve a integrarse en la sociedad después de haber vivido en la marginación.

reinsertar *v. tr.* Integrar de nuevo en la sociedad a un individuo que vive al margen de ella. También *v. prnl.* SIN. Reintegrar(se). FAM. Reinserción, reinsertado. INSERTAR.

reinstalar *v. tr.* Volver a instalar. También *v. prnl.* FAM. Reinstalación. INSTALAR.

reintegrar (del lat. *redintegrare*) *v. tr.* **1.** Devolver a una persona completamente una cosa: *Le han reintegrado el dinero que tuvo que pagar.* **2.** Volver a incorporar a alguien a un trabajo, empleo, medio, etc. Se usa más como *v. prnl.*: *Se reintegró a su puesto después de las vacacio-nes.* **3.** Poner una póliza o estampilla en un documento oficial. SIN. **1.** Restituir. **2.** Reincorporar(se). **3.** Sellar, timbrar. ANT. **2.** Expulsar, cesar. FAM. Reintegrable, reintegración, reintegro. INTEGRAR.

reintegro *s. m.* **1.** Acción de reintegrar o reintegrarse. **2.** Pago de una cantidad que se debe a alguien. **3.** En la lotería, premio equivalente a la cantidad jugada. **4.** Póliza o timbre de un documento.

reinversión *s. f.* En econ., inversión de los beneficios obtenidos de una actividad productiva en el aumento del capital de la misma.

reinvertir *v. tr.* Invertir los beneficios obtenidos de una actividad productiva en financiar esta misma actividad. ■ Es v. irreg. Se conjuga como *sentir*. FAM. Reinversión. INVERTIR.

reír (del lat. *ridere*) *v. intr.* **1.** Exteriorizar alegría y regocijo mediante la expresión del rostro y ciertos sonidos característicos. También *v. prnl.*: *Se ríe por nada.* **2.** Expresar alegría algunas cosas, como los ojos, el agua de una fuente, etc. || *v. tr.* **3.** Mostrar con risas que algo resulta gracioso: *Su padre le ríe todas las gracias.* || **reírse** *v. prnl.* **4.** Burlarse o no hacer caso de alguien o algo: *No te rías de lo que te digo, el problema es grave.* **5.** *fam.* Empezar a romperse una tela u otras cosas por estar muy usadas o ser de mala calidad. || LOC. **reír a mandíbula batiente** Reír a carcajadas. ■ Es v. irreg. SIN. **1.** Carcajearse, desternillarse. **2.** Sonreír. **3.** Aplaudir. **4.** Mofarse, regodearse, cachondearse. ANT. **1.** Llorar. FAM. Reidor, reilón, riente, risa. / Hazmerreír, sonreír.

REÍR	
GERUNDIO	
riendo	
INDICATIVO	
Presente	**Pretérito perfecto simple**
río	*reí*
ríes	*reíste*
ríe	*rió*
reímos	*reímos*
reís	*reísteis*
ríen	*rieron*
SUBJUNTIVO	
Presente	**Pretérito imperfecto**
ría	*riera, -ese*
rías	*rieras, -eses*
ría	*riera, -ese*
riamos	*riéramos, -ésemos*
riáis	*rierais, -eseis*
rían	*rieran, -esen*
Futuro	
riere	*riéremos*
rieres	*riereis*
riere	*rieren*
IMPERATIVO	
ríe	*reíd*

reiteración *s. f.* Acción de reiterar o reiterarse. SIN. Repetición.

reiterar (del lat. *reiterare*) *v. tr.* Volver a decir o realizar algo: *Te reitero mi enhorabuena.* También *v. prnl.* SIN. Repetir(se), insistir, confirmar(se), ratificar(se). ANT. Desdecir(se). FAM. Reiteración, reiteradamente, reiterante, reiterativo.

reiterativo, va *adj.* **1.** Que tiene la propiedad de reiterarse: *un proceso reiterativo.* **2.** Que denota reiteración: *una música reiterativa.* SIN. **1.** y **2.** Repetitivo.

reivindicación *s. f.* Acción de reivindicar. SIN. Reclamación, exigencia, pretensión.

reivindicar (del lat. *res, rei*, cosa, interés, hacienda, y *vindicare*, reclamar) *v. tr.* **1.** Reclamar una persona algo a lo que tiene derecho: *Reivindica el salario que le deben.* **2.** Reclamar la responsabilidad o autoría de un hecho: *Un grupo terrorista reivindicó el secuestro.* **3.** Tratar alguien de recuperar su buena fama o reputación o la de otra persona: *Reivindicaron la memoria de sus antepasados.* ■ Delante de *e* se escribe *qu* en lugar de *c*: *reivindique.* **SIN. 1.** Exigir, pretender. **2.** Atribuirse. **3.** Rehabilitar. **ANT. 1.** Desistir, renunciar. **2.** Negar. **FAM.** Reivindicable, reivindicación, reivindicativo, reivindicatorio. / Irreivindicable. VINDICAR.

reivindicativo, va *adj.* Que reivindica.

reivindicatorio, ria *adj.* **1.** Que reivindica algo: *un escrito reivindicatorio.* **2.** Relacionado con la reivindicación.

reja[1] (del lat. *regula*) *s. f.* **1.** Pieza de hierro que forma parte del arado y se introduce en la tierra para removerla. **2.** Acción de labrar la tierra con el arado. **FAM.** Rejo, rejón.

reja[2] (del ital. *reggia*, y éste del lat. *porta reggia*) *s. f.* Estructura formada por barras, generalmente de hierro, colocadas paralelas unas a otras o entrelazadas formando diversas figuras, que cubre y protege las ventanas de un edificio, aísla un lugar, etc.: *No pudimos entrar al jardín porque había una reja.* || **LOC. entre rejas** *adv. fam.* Preso, en la cárcel. **SIN.** Verja, cancela, valla, enrejado. **FAM.** Rejería, rejilla. / Enrejar.

rejalgar (del ár. *rahy al-gar*, polvo de la cueva) *s. m.* Mineral de color rojo y aspecto resinoso, formado por una combinación muy venenosa de arsénico y azufre, que se emplea mucho en pirotecnia.

rejego, ga *adj. Amér. C.* y *Méx.* Rebelde; terco. **SIN.** Levantisco; obstinado, tozudo.

rejería *s. f.* **1.** Técnica de construir rejas o verjas. **2.** Conjunto de obras realizadas con esta técnica.

rejilla *s. f.* **1.** Red de alambre, tela metálica u otro material que se utiliza para cubrir una abertura, poder ver sin ser visto, etc.; p. ej. la que se pone en la ventanilla de un confesonario o en las puertas exteriores de una casa. **2.** Tejido hecho con los tallos duros y flexibles de algunas plantas como el bejuco, que se emplea, entre otros usos, para respaldos y asientos de sillas. **3.** Estructura de barras de hierro que sostiene el combustible en los hornos, máquinas de vapor, etc. **4.** Redecilla situada en la parte alta de algunos automóviles, autocares, etc., para sujetar cosas pequeñas y de poco peso durante el viaje. **SIN. 1.** Enrejado, celosía.

rejo (de *reja*[1]) *s. m.* **1.** Punta de hierro. **2.** P. ext., punta o aguijón de cualquier clase, como el de la abeja. **3.** Parte del embrión de una planta de la que se forma la raíz. **4.** *Ec.* Acción de ordeñar. **5.** Conjunto de vacas de ordeño.

rejón *s. m.* **1.** Barra de hierro cortante que termina en punta. **2.** Palo de madera, de 1,50 m de largo aproximadamente, con una cuchilla de acero en la punta, que sirve para rejonear. **FAM.** Rejonazo, rejonear. REJA[1].

rejonazo *s. m.* Golpe y herida de rejón.

rejoneador, ra *s. m.* y *f.* Persona que torea a caballo: *El rejoneador cortó una oreja y dio la vuelta al ruedo.*

rejonear *v. tr.* **1.** En el toreo a caballo, herir al toro con un rejón que se rompe, quedándose la punta clavada en el animal. **2.** P. ext., torear a caballo. **FAM.** Rejoneador, rejoneo. REJÓN.

rejoneo *s. m.* **1.** Acción de rejonear. **2.** Modalidad de toreo que se hace a caballo.

rejuvenecer (de *re-* y el lat. *iuvenescere*) *v. tr.* **1.** Dar a una persona las fuerzas o el aspecto propios de la juventud. También *v. intr.* y *v. prnl.* **2.** Dar cabida a un gran número de jóvenes dentro de un colectivo: *Quieren rejuvenecer la plantilla de la empresa.* **3.** Renovar, dar apariencia moderna o actual a lo que estaba anticuado, olvidado, etc. ■ Es v. irreg. Se conjuga como *agradecer.* **SIN. 3.** Modernizar, actualizar. **ANT. 1.** Envejecer, avejentar. **FAM.** Rejuvenecimiento. JOVEN.

relación (del lat. *relatio, -onis*) *s. f.* **1.** Situación que se da entre dos ideas, cosas, etc., cuando existe alguna circunstancia que las une: *No hay ninguna relación entre su último libro y el primero.* **2.** Trato o comunicación entre dos o más personas: *¿Tienes relación con tus vecinos?* **3.** Con respecto a una persona, aquellas otras con las que tiene amistad o trato social, particularmente las que son influyentes o importantes. Se usa sobre todo en *pl.*: *Tiene relaciones en el ministerio.* **4.** Relato o exposición de un hecho o situación: *Hizo una relación de lo sucedido.* **5.** Lista de nombres o elementos de cualquier clase. **6.** Informe, generalmente por escrito, que se presenta ante una autoridad: *Explicó en una relación la situación de la empresa.* **7.** En ling., conexión o enlace entre dos o más términos de una misma oración: *relación de dependencia.* || *s. f. pl.* **8.** Trato amoroso o sexual entre dos personas: *Hace años que mantienen relaciones.* || **9. relaciones públicas** Actividad profesional basada fundamentalmente en el trato personal, cuya finalidad es difundir y promover la imagen pública de una persona, empresa, etc., y, p. ext., la persona que desempeña dicha actividad: *Es el relaciones públicas de la discoteca.* **SIN. 1.** Correlación, correspondencia, ligazón, vínculo, nexo. **1.** a **3.** Contacto. **4.** Narración, explicación, descripción. **5.** Enumeración. **ANT. 1.** Desconexión, independencia. **2.** Enemistad. **FAM.** Relacional, relacionar, relacionista, relativo. / Correlación, interrelación.

relacional *adj.* De la relación o que establece relación: *Las conjunciones son elementos relacionales.*

relacionar *v. tr.* **1.** Poner en relación personas o cosas: *Relacioné tu ausencia con el mal tiempo.* También *v. prnl.* **2.** Narrar, hacer relación de un hecho. **3.** Hacer una lista de varios elementos. || **relacionarse** *v. prnl.* **4.** Iniciar o mantener relaciones de amistad, comerciales, etc.: *Tiene ese empleo porque ha sabido relacionarse.* **SIN. 1.** Enlazar(se), vincular(se), conectar(se). **2.** Describir, contar, relatar. **3.** Enumerar. **4.** Alternar, tratarse. **ANT. 1.** Desunir(se), desconectar(se), separar(se).

relacionista *s. m.* y *f.* Persona que trabaja o es experta en relaciones públicas.

relajación (del lat. *relaxatio, -onis*) *s. f.* **1.** Acción de relajar o relajarse. **2.** Técnica que consiste en una serie de ejercicios físicos o mentales encaminados a conseguir el reposo muscular o psíquico.

relajado, da 1. *p.* de **relajar**. También *adj.* || *adj.* **2.** En ling., se aplica a los sonidos que, en determinadas posiciones, se realizan con una tensión muscular menor de la habitual, como p. ej. la *d* intervocálica en los participios. **FAM.** Relajadamente. RELAJAR.

relajante *adj.* **1.** Que relaja: *música relajante.* **2.** *Arg. fam.* Empalagoso.

relajar (del lat. *relaxare*) *v. tr.* **1.** Hacer que algo esté flojo o menos tenso, especialmente un músculo o parte del cuerpo. También *v. prnl.* **2.** Tranquilizar o distraer a alguien de una preocupación, trabajo, etc.: *Hacer yoga me relaja.* También *v. prnl.* y *v. intr.* **3.** Hacer menos severa o rigurosa una ley, norma, etc. También *v. prnl.*: *Piensa que las costumbres se están relajando.* || **relajarse** *v. prnl.* **4.** Caer una persona en malas costumbres, vicios, etc. **SIN. 1.** Distender(se), aflojar(se). **2.** Serenar(se), sosegar(se). **3.** Suavizar(se). **4.** Descarriarse. **ANT. 1.** Tensar(se). **2.** Estresar(se). **3.** Endurecer(se). **4.** Corregirse. **FAM.** Relajación, relajado, relajador, relajamiento, relajante, relajo.

relajo *s. m.* **1.** Desorden, falta de seriedad. **2.** Falta de rigor en el cumplimiento de las normas: *No se puede tomar la ley con tanto relajo.* **3.** Degradación de las costumbres de un individuo, sociedad, etc. **4.** *fam.* Relax*. **5.** *Arg., Cuba, Méx., P. Rico* y *Urug.* Broma pesada, burla. **SIN. 4.** Relajación.

relamer (del lat. *relambere*) *v. tr.* **1.** Volver a lamer: *Mira cómo lame y relame su helado.* || **relamerse** *v. prnl.* **2.** Pasar la lengua por los labios una o más veces. **3.** *fam.* Encontrar mucho gusto o satisfacción en algo: *Se relame pensando en el premio.* **SIN. 3.** Recrearse, deleitarse, regodearse. **FAM.** Relamido. LAMER.

relamido, da 1. *p.* de **relamer**. También *adj.* || *adj.* **2.** Excesivamente pulcro, de modales cursis y poco naturales. También *s. m.* y *f.* **SIN. 2.** Afectado, peripuesto.

relámpago *s. m.* **1.** Resplandor intenso e instantáneo que se produce en las nubes por una descarga eléctrica. **2.** Cualquier resplandor repentino. **3.** Persona o cosa muy rápida: *Esa moto es un relámpago.* **4.** En aposición, denota la brevedad o rapidez con que se desarrolla algo: *un viaje relámpago.* **SIN. 2.** Destello, fulgor. **2.** y **3.** Centella. **3.** Exhalación. **FAM.** Relampaguear.

relampaguear *v. impers.* **1.** Haber relámpagos. || *v. intr.* **2.** Emitir luz o brillar algo de forma intermitente: *Sus ojos relampagueaban de ira.* **SIN. 2.** Resplandecer, centellear, fulgurar. **FAM.** Relampagueante, relampagueo. RELÁMPAGO.

relanzar *v. tr.* Volver a lanzar algo, o promocionarlo dándole un nuevo impulso: *Desde que han relanzado a ese escritor, sus libros se venden mucho.* ■ Delante de *e* se escribe *c* en lugar de *z*: *relance.* **FAM.** Relanzamiento. LANZAR.

relapso, sa (del lat. *relapsus*, de *relabi*, volver a caer) *adj.* **1.** Se dice del que reincide en un pecado del que ya había hecho penitencia o en una herejía que ya había abandonado. También *s. m.* y *f.* || *s. m.* **2.** Recaída de una enfermedad.

relatar (de *relato*) *v. tr.* **1.** Contar, narrar una historia, suceso, etc. **2.** Hacer relación de un proceso o pleito. **SIN. 1.** Referir. **FAM.** Relato, relator.

relatividad *s. f.* **1.** Cualidad de relativo. || **2. teoría de la relatividad** Teoría propuesta por Einstein en 1905 según la cual no es posible encontrar un sistema de referencia absoluto, por lo cual el tiempo y el espacio son conceptos relativos. **FAM.** Relativista. RELATIVO.

relativismo *s. m.* Postura que sostiene la relatividad del conocimiento humano y cuestiona la existencia de verdades absolutas y universalmente válidas. **FAM.** Relativista. RELATIVO.

relativista *adj.* **1.** Del relativismo o de la teoría de la relatividad. **2.** Seguidor o partidario de alguna de estas doctrinas o teorías. También *s. m.* y *f.*

relativizar *v. tr.* Considerar un asunto teniendo en cuenta determinadas circunstancias que, en general, disminuyen su importancia o valor. ■ Delante de *e* se escribe *c* en lugar de *z*: *relativice.*

relativo, va (del lat. *relativus*) *adj.* **1.** Que hace relación o referencia a una persona o cosa: *una conferencia relativa al medio ambiente.* **2.** Que no es absoluto y depende de su relación o comparación con otras cosas: *una verdad relativa.* **3.** Más bien poco: *Ese tema tiene un interés muy relativo.* **4.** De cierta consideración: *un problema de relativa importancia.* **5.** En ling., se dice del pron. (*que, quien*, etc.) o del adv. (*como, cuando*, etc.) con antecedente expreso o no, que introduce una proposición subordinada y a la vez realiza una función sintáctica en dicha proposición. También *s. m.* **6.** Se dice de la proposición u oración subordinada introducida por dicho pron. o adv. También *s. f.* **SIN. 1.** Concerniente, referente. **FAM.** Relativamente, relatividad, relativismo, relativizar. RELACIÓN.

relato (del lat. *relatus*) *s. m.* **1.** Acción de relatar o exponer algo, generalmente de manera detallada. **2.** Narración breve, cuento: *un libro de relatos.* **SIN. 1.** Relación, exposición, informe.

relator, ra (del lat. *relator, -oris*) *adj.* Que relata. También *s. m.* y *f.* **SIN.** Cronista, narrador.

relax (ingl.) *s. m.* **1.** Relajamiento muscular. **2.** P. ext., el producido por una situación de tranquilidad, bienestar, etc. ■ No varía en *pl.* **SIN. 1.** y **2.** Relajación. **2.** Calma, descanso. **ANT. 1.** Tensión. **2.** Estrés.

relé (del fr. *relais*, relevo) *s. m.* Aparato que produce una modificación en un circuito eléctrico, al cumplirse determinadas condiciones en el mismo circuito o en otro distinto conectado con él.

releer (del lat. *relegere*) *v. tr.* Volver a leer una cosa. ■ Es v. irreg. Se conjuga como *leer.*

relegar (del lat. *relegare*) *v. tr.* **1.** Apartar a alguien o algo, dejarlos de lado: *Le han relegado a funciones secundarias.* **2.** Desterrar. ■ Delante de *e* se escribe *gu* en lugar de *g*: *relegue.* **SIN. 1.** Postergar, arrinconar. **2.** Expulsar, extrañar. **ANT. 1.** Atender, promover. **FAM.** Relegación. LEGAR.

relente (del fr. *relent*, de *reler*, y éste del lat. *regelare*, helar) *s. m.* Humedad fría que en las noches calmadas se nota en la atmósfera.

relevación (del lat. *relevatio, -onis*) *s. f.* **1.** Acción de relevar. **2.** Liberación de una carga o de una obligación que hay que cumplir: *Ha pedido la relevación del servicio.* **3.** En der., liberación de una obligación o de un requisito: *relevación de fianza.* **SIN. 1.** Sustitución. **2.** Exención, dispensa.

relevancia *s. f.* Importancia. **SIN.** Significación. **ANT.** Irrelevancia.

relevante (del lat. *relevans, -antis*, de *relevare*, levantar, alzar) *adj.* **1.** Importante, significativo: *No hay ninguna información relevante en el periódico.* **2.** Sobresaliente, excelente. **SIN. 2.** Destacado, notable. **ANT. 1.** Irrelevante. **2.** Vulgar, corriente. **FAM.** Relevancia. / Irrelevante. RELEVAR.

relevar (del lat. *relevare*) *v. tr.* **1.** Liberar a alguien de una carga u obligación: *Quiere que la releven de los trabajos más duros.* **2.** Apartar a alguien de un trabajo, empleo, puesto, etc.: *Le han relevado del cargo de delegado.* **3.** Sustituir una persona a otra en cualquier empleo o función: *Ha relevado a su compañero en las tareas de limpieza.* **4.** En dep., sustituir una persona a otra de su mismo equipo en el transcurso de la prueba. **SIN. 1.** Eximir, descargar, excusar. **2.** Destituir, expulsar, echar. **3.** y **4.** Suplir, reemplazar. **ANT. 1.** Cargar. **FAM.** Relevación, relevante, relevo, relieve.

relevista *adj.* Se dice del deportista que participa en pruebas de relevos. También *s. m.* y *f.*

relevo *s. m.* **1.** Acción de relevar o sustituir a alguien: *Aún no se ha producido el relevo de las tropas.* **2.** Persona o conjunto de personas que relevan a otra u otras. **3.** Competición deportiva entre varios equipos que se van relevando después de recorrer una determinada distancia. Se usa sobre todo en *pl.* SIN. **1.** Relevación, sustitución. **1.** y **2.** Reemplazo. FAM. Relevista. RELEVAR.

relicario *s. m.* **1.** Lugar, cofre, etc., en que se guardan las reliquias. **2.** Estuche, generalmente en forma de medallón, donde se guarda un recuerdo de alguien.

relicto (del lat. *relictus*, de *relinquere*, dejar) *adj.* **1.** Se dice del caudal o conjunto de bienes que deja una persona a su fallecimiento. **2.** Se aplica a la especie o comunidad de seres vivos que se encuentran aislados en una parte reducida de su antigua área de distribución.

relieve *s. m.* **1.** Cualquier parte que sobresale en una superficie plana. **2.** Elevación de esa parte: *La figura tiene un centímetro de relieve.* **3.** Conjunto de accidentes geográficos, como montañas, valles, mesetas, etc., existentes en la superficie de la Tierra o en una parte de ésta. **4.** Importancia o valor de una persona o cosa: *Es un científico de mucho relieve.* **5.** Escultura en la que las figuras sobresalen del fondo. || **6. alto relieve** Altorrelieve*. **7. bajo relieve** Bajorrelieve*. **8. medio relieve** Mediorrelieve*. || LOC. **dar relieve a algo** Darle importancia. **poner de relieve** una cosa Destacarla. SIN. **1.** Resalte, prominencia, realce. **4.** Categoría, prestigio, significación. FAM. Altorrelieve, bajorrelieve, huecorrelieve, mediorrelieve. RELEVAR.

religión (del lat. *religio, -onis*) *s. f.* **1.** Conjunto de creencias y prácticas relativas a lo que un individuo o grupo considera divino o sagrado. **2.** Cada una de las distintas doctrinas surgidas a partir de dichas creencias y prácticas: *la religión cristiana, mahometana.* **3.** Aquello que se practica o cumple con mucha exactitud y rigor: *Su religión es decir siempre la verdad.* **4.** Orden o congregación religiosa. || LOC. **entrar en religión** Entrar en una orden o congregación religiosa. SIN. **2.** Confesión. FAM. Religioso. / Correligionario.

religiosamente *adv. m.* **1.** Con religiosidad, según lo establecido por la religión. **2.** Con puntualidad o exactitud: *Cumple religiosamente sus obligaciones. Me pagó religiosamente.*

religiosidad (del lat. *religiositas, -atis*) *s. f.* **1.** Práctica y cumplimiento de las obligaciones marcadas por una religión. **2.** Cualidad de religioso. **3.** Puntualidad o exactitud al realizar o cumplir algo: *En el trabajo cumple con religiosidad.* SIN. **1.** Observancia. **2.** Piedad, fervor, devoción.

religioso, sa (del lat. *religiosus*) *adj.* **1.** Relativo a una religión y a sus seguidores: *ideas religiosas.* **2.** Se dice de la persona que practica una religión y cumple sus preceptos: *Es un hombre muy religioso.* **3.** Se aplica a la persona que ha ingresado en una orden regular y ha hecho en ella los votos. También *s. m.* y *f.* **4.** Fiel y exacto en el cumplimiento del deber: *Cumple sus obligaciones de manera religiosa.* SIN. **2.** Devoto, fiel, creyente. **3.** Monje, profeso, hermano. ANT. **1.** Pagano. **2.** Ateo, impío. **3.** Laico, seglar. FAM. Religiosamente, religiosidad. / Irreligioso. RELIGIÓN.

relimpio, pia *adj. fam.* Muy limpio.

relinchar *v. intr.* Emitir su voz el caballo. FAM. Relinchador, relincho.

relincho *s. m.* Voz del caballo.

relinga (del neerl. *ra*, verga, y *lijk*, relinga) *s. f.* **1.** Cada una de las cuerdas o sogas en que van colocados los plomos y corchos con los que se sostienen las redes en el agua. **2.** Cuerda con que se refuerzan las orillas de las velas.

reliquia (del lat. *reliquiae*, restos, residuos) *s. f.* **1.** Parte del cuerpo de un santo o de algo que ha estado en contacto con él, que es objeto de veneración. **2.** Secuela que queda después de una enfermedad o accidente. **3.** Huella o resto de cosas pasadas: *Algunas costumbres son reliquias del pasado.* **4.** *fam.* Persona o cosa muy vieja o antigua: *Tiene un coche que es una reliquia.* **5.** Objeto al que se tiene un gran aprecio, generalmente por haber pertenecido a una persona querida: *Este mantón es la única reliquia que me quedó de mi abuela.* SIN. **3.** Vestigio. FAM. Relicario.

rellano *s. m.* **1.** Espacio llano entre dos tramos de una escalera. **2.** Parte llana que interrumpe la pendiente de un terreno. SIN. **1.** Descansillo. **2.** Plataforma.

rellena *s. f. Col.* y *Méx.* Morcilla, embutido de cerdo.

rellenar *v. tr.* **1.** Volver a llenar una cosa. También *v. prnl.* **2.** Llenar por completo una cosa. También *v. prnl.* **3.** Llenar el interior de un alimento, de un ave, etc., con carne picada u otros ingredientes. **4.** Llenar un hueco con alguna cosa: *Hay que rellenar de yeso los agujeros.* **5.** Escribir en los espacios en blanco de un impreso los datos que se piden. SIN. **2.** Atestar(se), abarrotar(se), henchir(se), colmar(se). **5.** Cumplimentar. ANT. **1.** y **2.** Vaciar(se). FAM. Relleno. LLENAR.

relleno, na *adj.* **1.** *fam.* Algo grueso o de formas redondeadas. ▪ Se usa más en diminutivo: *Está rellenita.* || *s. m.* **2.** Conjunto de ingredientes con que se rellena un alimento. **3.** Cualquier material con que se rellena algo: *Se le ha salido el relleno a los cojines.* **4.** Acción de rellenar. **5.** *fam.* Parte innecesaria con la que se alarga un discurso, escrito, etc. || LOC. **de relleno** *adj.* Que sirve únicamente para rellenar huecos, o para alargar lo que se dice o escribe. SIN. **1.** Lleno, regordete. **5.** Paja. ANT. **5.** Enjundia.

reloj (del cat. y prov. *relotge*, y éste del lat. *horologium*) *s. m.* **1.** Dispositivo o máquina que sirve para medir el tiempo o dividir el día en horas, minutos y segundos. || **2. reloj de agua** Instrumento utilizado para medir el tiempo, basado en lo que tarda en caer el agua de un tubo a otro. **3. reloj de arena** Instrumento formado por dos ampollas de material transparente unidas por el cuello y que mide el tiempo por el que tarda en caer la arena de una a otra. **4. reloj de sol** Instrumento que señala las horas según la sombra que proyecta un gnomon o barrita de hierro sobre una superficie. **5. reloj digital** El que indica el tiempo a través de números reflejados en una pantalla de cristal líquido. || LOC. **contra reloj** Modalidad de carrera ciclista en que los corredores, de uno en uno, intentan llegar a la meta en el menor tiempo posible; también, muy rápidamente, en un plazo de tiempo muy corto: *Trabaja contra reloj.* **ir** (o **marchar**) algo **como un reloj** *fam.* Ir o marchar muy bien, o ser muy preciso. **ser** uno **un reloj** Ser muy puntual y exacto. FAM. Relojear, relojería, relojero. / Contrarreloj.

relojear *v. tr. Arg.* y *Urug. fam.* Espiar, examinar con mucha atención.

relojería *s. f.* **1.** Técnica de hacer y reparar relojes. **2.** Taller en que se hacen o arreglan relojes.

3. Tienda en que se venden relojes. || LOC. **de relojería** *adj.* Se aplica al mecanismo dotado de un reloj que acciona o detiene algún dispositivo en un determinado momento: *una bomba de relojería.*

relojero, ra *s. m.* y *f.* **1.** Persona que hace, arregla o vende relojes. || *s. f.* **2.** Caja o bolsa para guardar el reloj de bolsillo.

reluciente *adj.* Que reluce o brilla. SIN. Resplandeciente, brillante.

relucir (del lat. *relucere*) *v. intr.* **1.** Despedir o reflejar luz una cosa. **2.** Sobresalir una persona o cosa por una determinada cualidad, circunstancia, etc.: *Relucía por su ingenio.* || LOC. **sacar** (o **salir**) **a relucir** *fam.* Decir o revelar algo de manera inesperada o inoportuna. ■ Es v. irreg. Se conjuga como *lucir.* SIN. **1.** Resplandecer, refulgir, relumbrar, brillar. **2.** Destacar. FAM. Reluciente. LUCIR.

reluctancia *s. f.* En fís., resistencia que ofrece un circuito a la fuerza magnética. FAM. Reluctante.

reluctante (del lat. *reluctans, -antis*) *adj.* Reacio u opuesto a algo. SIN. Renuente, rebelde. ANT. Favorable.

relumbrar (del lat. *reluminare*) *v. intr.* Brillar un cuerpo, resplandecer. SIN. Relucir. FAM. Relumbrante, relumbrón. LUMBRE.

relumbrón *s. m.* **1.** Golpe de luz viva y pasajera: *Al encender la lámpara dio un relumbrón y se apagó.* **2.** Lujo aparente que no se corresponde con una riqueza real. || LOC. **de relumbrón** *adj.* De aspecto lujoso o de calidad, sin que lo sea realmente: *Es un coche de relumbrón.* SIN. **1.** Destello. **2.** Oropel.

rem (siglas de *Röntgen equivalent man*) *s. m.* En fís., unidad que mide el daño causado por radiación en el hombre.

remachar (de *re-* y *machar*, golpear) *v. tr.* **1.** Machacar la cabeza o la punta de un clavo introducido en algún lugar, para darle mayor firmeza. **2.** Golpear la cabeza de un remache o roblón introducido en un agujero para que quede bien sujeto. **3.** Sujetar o adornar con remaches: *Remacharon la correa del cinturón.* **4.** Insistir sobre algo: *Su última frase remachaba lo anterior.* SIN. **4.** Recalcar, subrayar. FAM. Remachado, remachador, remache. MACHO[3].

remache *s. m.* **1.** Acción de remachar. **2.** Clavo o pieza de metal cuya punta, una vez clavada, se remacha por el extremo opuesto. SIN. **1.** Remachado. **2.** Roblón.

remake (ingl.) *s. m.* Versión nueva de una obra anterior, especialmente referido a películas.

remallar *v. tr.* Reforzar una malla o tejido semejante.

remanente (del lat. *remanens, -entis*, de *remanere*, quedar, detenerse) *s. m.* Parte que queda de una cosa o que se reserva de ella: *Tenemos algún remanente de dinero.* También *adj.* SIN. Sobrante, resto.

remangar *v. tr.* **1.** Recoger hacia arriba las mangas u otra parte de una prenda de vestir. También *v. prnl.*: *Se remangó para fregar.* || **remangarse** *v. prnl.* **2.** *fam.* Tomar una resolución de manera enérgica. ■ Delante de *e* se escribe *gu* en lugar de *g*: *remangue.* Se dice también *arremangar.* SIN. **1.** Subir(se). FAM. Remango. MANGA[1].

remango *s. m. fam.* Capacidad para realizar algo con habilidad y eficacia: *Tiene remango para dirigir.* SIN. Disposición, valía.

remanguillé, a la *loc. adv.* **1.** *fam.* Sin poner ningún cuidado. **2.** En completo desorden: *Me encontré la casa a la remanguillé.* **3.** En mal estado, estropeado.

remansarse *v. prnl.* Detenerse o hacerse más lenta una corriente de agua. SIN. Estancarse.

remanso (del lat. *remansum*, de *remanere*, quedar, detenerse) *s. m.* **1.** Lugar en que se detiene o se hace más lenta una corriente de agua: *Los niños se bañaron en un remanso del arroyo.* || **2. remanso de paz** Lugar tranquilo: *Esa aldea es un remanso de paz.* FAM. Remansarse.

remar *v. intr.* Mover los remos de una embarcación para hacerla avanzar por el agua. SIN. Bogar.

remarcable *adj.* Notable, señalado, destacable: *Aquella cantante tuvo una remarcable actuación.*

remarcar *v. tr.* **1.** Volver a marcar. **2.** Insistir en algo que se ha dicho o escrito: *No dejó de remarcarnos lo que quería.* ■ Delante de *e* se escribe *qu* en lugar de *c*: *remarque.* SIN. **2.** Recalcar, remachar, señalar. FAM. Remarcable. MARCAR.

remasterizar *v. tr.* Volver a realizar una grabación, tratando de recuperar el sonido original. ■ Delante de *e* se escribe *c* en lugar de *z*.

rematadamente *adv. m.* Totalmente, sin remedio.

rematado, da 1. *p.* de **rematar**. También *adj.* || *adj.* **2.** *fam.* Con los adj. *tonto* o *loco*, total, sin remedio: *Es un loco rematado.* SIN. **2.** Redomado, completo, incurable. FAM. Rematadamente. REMATAR.

rematador, ra *adj.* **1.** Que remata. || *s. m.* y *f.* **2.** Persona que subasta. SIN. **2.** Subastador.

rematante *s. m.* y *f.* Persona a la que se adjudica la cosa subastada.

rematar (de *re-* y *matar*) *v. tr.* **1.** Acabar de matar a una persona o animal herido. **2.** *fam.* Acabar de estropear o agravar lo que ya estaba mal: *Iba mal en esa asignatura, pero el suspenso lo acabó de rematar.* **3.** Acabar algo dándole los últimos retoques: *Ya sólo le queda rematar su tesis.* **4.** En fútbol y otros dep., poner fin a una serie de jugadas lanzando el balón contra la portería contraria. También *v. intr.*: *El delantero remató de cabeza.* **5.** Constituir algo el final o la extremidad de otra cosa: *Dos agujas remataban la catedral.* **6.** En las labores de costura, asegurar la última puntada dando otras sobre ella o haciendo un nudo especial en el hilo. **7.** Dar por terminada una subasta adjudicando un objeto, lote, etc., al que realizó la mejor oferta. **8.** Vender lo último que queda de una mercancía a un precio más bajo. **9.** Gastar o consumir algo por completo. SIN. **3.** Concluir, finalizar. **8.** Liquidar. **9.** Agotar. ANT. **3.** Comenzar. FAM. Rematado, rematador, rematante, remate. MATAR.

remate *s. m.* **1.** Acción de rematar. **2.** Aquello que constituye el final o extremidad de algo: *Ese capítulo era un magnífico remate.* **3.** Cualquier elemento que se pone en la parte superior de un edificio, mueble, etc., generalmente como adorno. **4.** En las subastas, la oferta que se acepta. || LOC. **de remate** *adv.* Completamente, sin remedio: *Está loco de remate.* SIN. **1.** Fin, término, conclusión. **2.** Colofón. ANT. **1.** Comienzo.

rembolsar *v. tr.* Reembolsar*. FAM. Rembolsable, rembolso. REEMBOLSAR.

rembolso *s. m.* Reembolso*.

remecer *v. tr.* Mover una cosa de un lado a otro de manera continuada. También *v. prnl.* ■ Delante de *a* y *o* se escribe *z* en lugar de *c*: *remeza.*

remedar (de *re-* y el lat. *imitari*) *v. tr.* **1.** Imitar una cosa a otra. **2.** Burlarse de una persona haciendo sus mismos gestos y ademanes: *Siempre está remedando a su hermana.* **3.** Seguir una persona el ejemplo de otra, utilizar su mismo método, etc. SIN. **2.** Parodiar. **3.** Emular. FAM. Remedable, remedador, remedo.

remediar (del lat. *remediare*) *v. tr.* **1.** Poner remedio a un daño, perjuicio, mal, etc.: *Pidió un crédito para remediar las pérdidas del negocio.* **2.** Ayudar a alguien en una necesidad o urgencia. **3.** Evitar un riesgo, peligro, molestia, etc.: *Si lo puedes remediar, no cojas el coche a las horas puntas.* || LOC. **no poder remediar** algo *fam.* No poder evitarlo: *Tu primo me cae fatal, no lo puedo remediar.* SIN. **1.** Reparar, compensar, subsanar. **2.** Auxiliar, socorrer, amparar. FAM. Remediable, remediador, remedio. / Irremediable.

remedio (del lat. *remedium*) *s. m.* **1.** Acción de remediar: *Confiaba en el remedio de sus males.* **2.** Aquello con que se remedia o evita un daño, problema, etc. **3.** Medicina o procedimiento para curar o aliviar una enfermedad: *Los antibióticos son el remedio más eficaz contra las infecciones.* **4.** Ayuda, consuelo: *Buscaba remedio en sus amigos.* || **5. remedio casero** El que se aplica tradicionalmente a un enfermo, como cataplasmas, tisanas, etc., sin necesidad de llamar al médico; también, solución sencilla para algún problema. || LOC. **no haber** (o **no tener**) **más remedio** Ser lo que se expresa la única solución para algo; también, ser algo obligatorio: *No hay más remedio que ir.* **no tener remedio** alguien *fam.* Ser incorregible; también, ser una calamidad. **¡qué remedio!** *excl.* Expresa resignación ante algo que no se puede evitar o solucionar. SIN. **1.** Arreglo, reparación. **2.** Medio, solución. **4.** Auxilio, amparo, alivio.

remedo *s. m.* **1.** Acción de remedar. **2.** Imitación de algo, especialmente cuando está mal hecha o resulta ridícula. SIN. **2.** Copia, parodia.

remembranza *s. f.* Recuerdo de una cosa pasada. SIN. Rememoración, memoria, evocación.

rememoración *s. f.* Acción de rememorar.

rememorar (del lat. *rememorare*) *v. tr.* Recordar, traer algo a la memoria: *Aquel encuentro le hizo rememorar su juventud.* SIN. Evocar. ANT. Olvidar. FAM. Rememoración, rememorativo. / Remembranza. MEMORIA.

remendado, da 1. *p.* de **remendar**. También *adj.* || *adj.* **2.** Que tiene manchas como recortadas, como las que aparecen en la piel de algunos animales. || *s. m.* **3.** Acción de remendar. **4.** Remiendo, parche.

remendar (de *re-* y el lat. *emendare*, enmendar, corregir) *v. tr.* **1.** Reparar con un parche o trozo de tela nuevo algo que está viejo o gastado, especialmente una prenda de vestir. **2.** Dar puntadas entrelazadas para reforzar una parte gastada de un tejido o para tapar un agujero. ■ Es v. irreg. Se conjuga como *pensar.* SIN. **2.** Zurcir. FAM. Remendado, remendón, remiendo.

remendón, na *adj.* Que tiene por oficio remendar; se dice especialmente de los zapateros. También *s. m.* y *f.*

remera *adj.* **1.** Se dice de cada una de las plumas grandes en que terminan las alas de las aves. También *s. f.* || *s. f.* **2.** *Arg.* y *Urug.* Camiseta. SIN. **1.** Rémige.

remero, ra *s. m.* y *f.* Persona que rema.

remesa (del lat. *remissa*, remitida) *s. f.* **1.** Envío que se hace de una cosa de una parte a otra. **2.** Aquello que se envía de una vez: *Llegó al hospital una remesa de productos lácteos.* SIN. **2.** Partida.

remeter *v. tr.* **1.** Volver a meter algo o meterlo más adentro: *Tienes que remeter bien el clavo en la pared.* **2.** Empujar algo para meterlo en un sitio; se dice especialmente de los bordes de una cosa: *Me gusta remeter bien las sábanas.*

remezón *s. m. Amér.* Terremoto poco intenso.

remiendo *s. m.* **1.** Acción de remendar. **2.** Pedazo de tela, cuero, etc., que sirve para remendar algo, especialmente una prenda de vestir. **3.** P. ext., añadido que se pone a algo: *Puso un remiendo a la caldera.* **4.** *fam.* Arreglo provisional que se hace para reparar un desperfecto: *Con un remiendo el motor aguantará hasta mañana.* SIN. **2.** Remendado, parche. **4.** Apaño.

rémige (del lat. *remex, -igis*, remero) *adj.* Remera, pluma grande del ala de las aves.

remilgado, da *adj.* Excesivamente delicado, escrupuloso: *No seas tan remilgado comiendo.* También *s. m.* y *f.* SIN. Melindroso, ñoño. FAM. Remilgadamente, remilgarse. REMILGO.

remilgo (de *re-* y el bajo lat. *mellicus*, y éste del lat. *mellitus*, meloso) *s. m.* Gesto o acción con que se muestra excesiva delicadeza, escrúpulo o asco. FAM. Remilgado.

reminiscencia (del lat. *reminiscentia*) *s. f.* **1.** Recuerdo vago o impreciso de alguna cosa. **2.** En una obra artística, aquello que recuerda un fragmento anterior, otra obra, etc., o muestra influencia de los mismos. Se usa sobre todo en *pl.*: *La construcción tenía reminiscencias árabes.* SIN. **1.** Remembranza, evocación.

remirado, da 1. *p.* de **remirar**. También *adj.* || *adj.* **2.** Se dice de la persona que reflexiona mucho sobre sus acciones. **3.** Remilgado, melindroso. SIN. **2.** Cauto, prudente, reflexivo.

remirar *v. tr.* Volver a mirar o hacerlo intensamente. ■ Se usa especialmente como intensificativo del verbo *mirar*: *Por más que miro y remiro no lo encuentro.* FAM. Remirado. MIRAR.

remise *s. m. Arg.* y *Urug.* Automóvil de alquiler con conductor.

remisible (del lat. *remissibilis*) *adj.* Que se puede remitir o perdonar: *una condena remisible.* ANT. Irremisible. FAM. Irremisible. REMITIR.

remisión (del lat. *remissio, -onis*) *s. f.* **1.** Acción de remitir o remitirse. **2.** En un escrito, nota o indicación que remite al lector a otra parte del mismo o a otro diferente. || **3. remisión condicional de una pena** En der., suspensión de la pena privativa de libertad impuesta a un condenado, bajo ciertas condiciones. || LOC. **sin remisión** *adv. fam.* Sin remedio.

remiso, sa (del lat. *remissus*, de *remittere*, aflojar) *adj.* Que muestra resistencia o poco interés hacia aquello que se expresa: *Es una persona remisa para todo tipo de cambios.* SIN. Reacio, renuente, contrario, enemigo. ANT. Dispuesto, favorable. FAM. Remisamente. REMITIR.

remisorio, ria (del lat. *remissum*, de *remittere*, soltar, desatar) *adj.* Que tiene la facultad de remitir o perdonar.

remite *s. m.* Nota escrita en un sobre, paquete, etc., que se envía por correo, para que consten el nombre y las señas de la persona que realiza el envío.

remitente (del lat. *remittens, -entis*) *adj.* **1.** Que remite o envía algo. También *s. m.* y *f.*: *No se sabe quién es el remitente de ese paquete.* **2.** Remite*.

remitido, da 1. *p.* de **remitir**. También *adj.* || *s. m.* **2.** Artículo o noticia que un particular envía a un periódico para que sea publicado en el mismo mediante pago.

remitir (del lat. *remittere*) *v. tr.* **1.** Enviar: *Le remitimos su pedido por correo.* **2.** En una obra escrita, hacer una remisión. También *v. intr.*: *En la nota el autor remite a la bibliografía final.* **3.** Trasladar la solución o tramitación de un asunto a otra persona, departamento, etc. **4.** Perdonar una pena, librar de una obligación: *La condena le fue remitida.* || *v. intr.* **5.** Perder intensidad o fuerza una cosa: *El temporal está remitiendo.* **6.** En particular, desaparecer parcial o totalmente los síntomas de una enfermedad. || **remitirse** *v. prnl.* **7.** Atenerse alguien a lo que se menciona: *Al afirmar esto no invento nada, sino que me remito a la ley.* **SIN.** **1.** Mandar, expedir. **3.** Traspasar. **4.** Condonar; eximir. **5.** Disminuir, aminorar, ceder. **ANT.** **4.** Imponer. **5.** Aumentar, arreciar. **FAM.** Remisible, remisión, remisivo, remiso, remisorio, remite, remitente, remitido.

remo (del lat. *remus*) *s. m.* **1.** Especie de pala larga y estrecha que sirve para mover algunas embarcaciones haciendo fuerza en el agua. **2.** Brazo o pierna, en el hombre y en los animales cuadrúpedos. Se usa más en *pl.* **3.** Cada una de las alas de un ave. Se usa más en *pl.* **4.** Deporte olímpico que consiste en recorrer una determinada distancia en una embarcación impulsada con remos. || **LOC. a remo** *adv.* Remando. **meter el remo** *fam.* Meter la pata. **SIN.** **2.** Extremidad, pata. **FAM.** Remar, remera, remero. / Birreme, trirreme.

remoción (del lat. *remotio, -onis*) *s. f.* **1.** Acción de remover o removerse. **2.** En der., privación de empleo o cargo.

remodelación *s. f.* Modificación de una forma, de una estructura o de una organización.

remodelar *v. tr.* **1.** Modificar la forma o estructura de una obra arquitectónica o de urbanismo. **2.** Reorganizar, modificar la composición de algo: *remodelar el gabinete de gobierno.* **FAM.** Remodelación. MODELAR.

remojar *v. tr.* **1.** Empapar una cosa, generalmente sumergiéndola en agua. También *v. prnl.* **2.** Celebrar algo invitando a los amigos a beber. **SIN.** **1.** Humedecer(se), mojar(se), bañar(se). **ANT.** **1.** Secar(se), resecar(se). **FAM.** Remojo, remojón. MOJAR.

remojo *s. m.* Acción de remojar o remojarse. || **LOC. en remojo** (o **a remojo**) *adv.* Dentro del agua u otro líquido para que se ablande, disuelva, etc.: *Puso en remojo los garbanzos.*

remojón *s. m.* **1.** Acción de mojar o mojarse. **2.** Particularmente, baño, chapuzón: *Nos dimos un remojón en la piscina.*

remolacha (del lat. *armoracia*, rábano silvestre) *s. f.* **1.** Planta herbácea, con el tallo erecto, hojas grandes, flores pequeñas verdosas en espiga y raíz grande, carnosa, generalmente de color rojo, que es comestible y de la cual se extrae azúcar. **2.** Raíz de esta planta. **FAM.** Remolachero.

remolcador, ra *adj.* **1.** Que sirve para remolcar: *grúa remolcadora.* || *s. m.* **2.** Embarcación pequeña y potente que se utiliza para ayudar a los barcos en sus maniobras dentro del puerto, para trasladarlos cuando están averiados, etc.

remolcar (del lat. *remulcare*, y éste del gr. *rhymulkeo*, de *rhyma*, cuerda de remolcar, y *olkos*, tracción) *v. tr.* **1.** Llevar una embarcación u otra cosa sobre el agua, tirando de ella por medio de cuerdas o cables. **2.** P. ext., llevar por tierra un vehículo tirando de él: *Se nos averió el coche y tuvieron que remolcarlo.* **3.** Obligar a alguien a hacer algo que no desea. ■ Delante de *e* se escribe *qu* en lugar de *c*: *remolque.* **SIN.** **1.** y **3.** Arrastrar. **3.** Forzar. **FAM.** Remolcador, remolque.

remoler *v. tr.* **1.** Moler mucho una cosa. || *v. intr.* **2.** *Guat.* y *Perú* Molestar, fastidiar. **3.** *Chile* y *Perú* Salir de juerga. ■ Es v. irreg. Se conjuga como *mover.*

remolienda *s. f. Chile* y *Perú* Juerga.

remolinear *v. intr. Arg.* y *Urug. fam.* Deliberar larga y variadamente antes de tomar una decisión.

remolino *s. m.* **1.** Movimiento giratorio y rápido de aire, polvo, agua, etc. **2.** Conjunto de pelos que salen en diferentes direcciones y son difíciles de alisar. **3.** Reunión numerosa y desordenada de personas que se mueven: *Un remolino de gente se agolpaba en la entrada.* **4.** Confusión, jaleo, alteración: *Se vio envuelta en el remolino de las rebajas.* **5.** Persona inquieta o muy activa: *Este niño es un remolino.* **SIN.** **1.** y **3.** a **5.** Torbellino. **1.**, **3.** y **4.** Vorágine. **3.** Aglomeración, hormiguero. **4.** Revuelo, ajetreo. **FAM.** Remolinear. MOLINO.

remolón, na *adj.* Que huye del trabajo o se hace el distraído para evitar algo. También *s. m.* y *f.*: *Se hace el remolón cuando le mandan algo.* **ANT.** Diligente, activo. **FAM.** Remolonear.

remolonear *v. intr. fam.* Resistirse a hacer o admitir alguna cosa por pereza: *No remolonees y ponte a hacer los deberes.* También *v. prnl.*

remolque *s. m.* **1.** Acción de remolcar o ser remolcado. **2.** Vehículo sin motor, que es remolcado por otro. **3.** Cosa que se lleva remolcada por agua o por tierra. **4.** Cabo o cuerda con que se remolca una embarcación. || **LOC. a remolque** *adv.* Remolcando o siendo remolcado: *La grúa lleva a remolque un coche averiado.* También, a la fuerza, por presión o insistencia de otra persona: *Viene un poco a remolque, porque no le gustan estas fiestas.* **SIN.** **1.** Arrastre. **2.** Roulotte.

remonta *s. f.* **1.** Actividades que consisten en la compra, cría y cuidado de los caballos para el ejército. **2.** Establecimiento en que se realizan estas actividades.

remontada *s. f.* Avance en las posiciones de una clasificación: *El corredor, después de una impresionante remontada, llegó a meta en segundo puesto.*

remontar *v. tr.* **1.** Subir una pendiente: *Al remontar la cuesta verás el pueblo.* **2.** Navegar o nadar aguas arriba en una corriente: *Los salmones remontan los ríos para criar.* **3.** Elevar algo en el aire: *remontar una cometa.* También *v. prnl.* **4.** Superar un obstáculo o dificultad: *Logró remontar el bache en que se encontraba.* **5.** Avanzar puestos, posiciones, etc.: *El corredor remontó posiciones hasta colocarse en cabeza.* || **remontarse** *v. prnl.* **6.** Subir, ir hacia arriba, particularmente las aves, los aviones, etc.: *El caza se remontó a 3.000 pies de altura.* **7.** Retroceder con el recuerdo a una época pasada. **8.** Pertenecer algo a una época bastante lejana: *Las noticias de la ciudad se remontan al siglo* III *a. C.* **9.** Elevarse una cantidad, especialmente de dinero, a la cifra que se indica: *Los gastos se remontan a un millón de pesetas.* || **LOC. remontar el vuelo** Elevarse volando un pájaro, una aeronave, etc. **SIN.** **1.** y **5.** Escalar. **1.**, **5.**, **6.** y **9.** Ascender. **4.** Vencer. **5.** Ganar, recuperar. **7.** Retrotraerse. **9.** Alcanzar. **ANT.** **1.** a **3.**, **5.**, **6.** y **9.** Bajar. **1.**, **2.**, **5.**, **6.** y **9.** Descender. **FAM.** Remonta, remontada, remonte. MONTAR.

remonte *s. m.* **1.** Acción de remontar o remontarse. **2.** Aparato utilizado para remontar una pista de esquí, como el telesilla o el telesquí. **3.** Variedad del juego de pelota en la que se usa una cesta más corta y abierta que la normal. **4.** Esta misma cesta. SIN. **1.** Subida, ascenso. ANT. **1.** Bajada, descenso.

remoquete *s. m.* Apodo, sobrenombre. SIN. Alias, mote.

rémora (del lat. *remora*) *s. f.* **1.** Pez teleósteo marino, de color ceniciento, con una especie de ventosa en la cara superior de la cabeza mediante la cual se adhiere a otros peces mayores con los que convive en régimen de comensalismo. **2.** Cosa que dificulta o impide el progreso o la realización de alguien o algo: *Su ceguera no es ninguna rémora para él.* SIN. **2.** Obstáculo, freno, impedimento, lastre. ANT. **2.** Ayuda, apoyo.

remorder (del lat. *remordere*) *v. intr.* **1.** Causar remordimientos: *Me remuerde haberme portado tan mal con él.* ■ Se usa mucho con la palabra *conciencia* como sujeto: *Fui muy brusco con ella y ahora me remuerde la conciencia.* **2.** Producir en alguien cierta perturbación o malestar interior un sentimiento intenso y contenido, como la rabia, la envidia, los celos, etc.: *La envidia le remuerde y no le deja vivir.* ■ Es v. irreg. Se conjuga como *mover.* SIN. **1.** Pesar. **1.** y **2.** Atormentar. **2.** Roer, corroer. FAM. Remordimiento. MORDER.

remordimiento *s. m.* Inquietud o pesar que siente una persona por haber hecho algo que ha resultado malo, injusto o perjudicial para alguien: *No debes sentir remordimientos, porque no fue culpa tuya.*

remotamente *adv. m.* **1.** De manera imprecisa, confusa, vaga. || *adv. t.* **2.** En un tiempo pasado, lejano, distante: *Aquello sucedió remotamente.* || LOC. **ni remotamente** *adv.* En absoluto, de ningún modo: *No pensaba ni remotamente que eso pudiera ocurrir.*

remotidad *s. f. Amér. C.* Lejanía o lugar distante. ANT. Cercanía.

remoto, ta (del lat. *remotus*, de *removere*, retirar, apartar) *adj.* **1.** Muy alejado en el tiempo o en el espacio: *hechos remotos, un pueblo remoto.* **2.** Que es difícil que suceda o llegue a ser verdad: *La posibilidad de enfrentamiento es muy remota.* || LOC. **no tener ni la más remota idea** Desconocer algo totalmente. SIN. **1.** y **2.** Lejano. **2.** Improbable. ANT. **1.** Cercano, próximo. **2.** Probable. FAM. Remotamente, remotidad.

remover (del lat. *removere*) *v. tr.* **1.** Mover una cosa o varias agitándolas o dándoles vueltas: *Remueve el agua para que se disuelva la aspirina.* **2.** Cambiar una cosa de sitio o quitar un obstáculo o inconveniente: *Removió las piedras que estaban en el camino.* **3.** Volver a pensar, examinar, etc., un asunto que estaba olvidado o detenido: *No remuevas más ese desagradable tema.* || *v. intr.* **4.** Investigar en un asunto para poner al descubierto algo: *Removiendo en sus negocios encontramos varias actividades ilegales.* || **removerse** *v. prnl.* **5.** Moverse o darse la vuelta en un sitio: *Se removía nervioso en la cama.* ■ Es v. irreg. Se conjuga como *mover.* SIN. **1.**, **3.** y **4.** Revolver. **2.** Desplazar, apartar. **3.** Tocar, resucitar. **4.** Indagar. FAM. Remoción, removible, removimiento. MOVER.

removible *adj.* En inform., que está diseñado para ser extraído con facilidad: *disco removible.*

remozar (de *re-* y *mozo*) *v. tr.* Dar un aspecto más nuevo o moderno a algo: *Hay que remozar las paredes del piso.* ■ Delante de *e* se escribe *c* en lugar de *z*: *remoce.* SIN. Renovar, modernizar, revocar, reformar. FAM. Remozamiento. MOZO.

remplazar *v. tr.* Reemplazar*. FAM. Remplazable, remplazante, remplazo. / Irremplazable. REEMPLAZAR.

remplazo *s. m.* Reemplazo*.

remuneración (del lat. *remuneratio, -onis*) *s. f.* **1.** Acción de remunerar. **2.** Dinero o cosa que se da o sirve para remunerar: *Cobra una remuneración muy alta por su trabajo.* SIN. **2.** Paga, sueldo, salario, honorarios.

remunerado, da *p.* de **remunerar**. También *adj.*: *He trabajado como voluntario, pero no he tenido un trabajo remunerado hasta ahora.*

remunerar (del lat. *remunerare*) *v. tr.* **1.** Pagar un trabajo. **2.** Dar una recompensa o premio por un servicio o favor: *Se remunerará a quien encuentre y devuelva el perro.* **3.** Producir ganancia o provecho un trabajo: *Este negocio no me remunera lo suficiente.* SIN. **1.** Retribuir. **1.** a **3.** Compensar. **2.** Recompensar, gratificar, premiar. **3.** Rendir, rentar. FAM. Remuneración, remunerado, remunerador, remunerativo, remuneratorio.

remuneratorio, ria *adj.* Se aplica a aquello que se da como remuneración: *privilegio remuneratorio.*

renacentista *adj.* **1.** Relativo al renacimiento: *arte renacentista.* **2.** Se dice del que cultiva el arte o los estudios propios del renacimiento. También *s. m.* y *f.*

renacer (del lat. *renasci*) *v. intr.* **1.** Volver a nacer o brotar. **2.** Tomar nuevas fuerzas o energías: *Después de estos días de descanso me siento renacer.* ■ Es v. irreg. Se conjuga como *agradecer.* SIN. **1.** Rebrotar, retoñar, reverdecer. **1.** y **2.** Revivir, resurgir. ANT. **1.** y **2.** Morir, decaer. FAM. Renaciente, renacimiento. NACER.

renacimiento *s. m.* **1.** Acción de renacer: *el renacimiento de una planta.* **2.** Movimiento renovador de la cultura, el arte y las letras de Occidente en los s. XV y XVI, inspirado en la antigüedad clásica grecolatina, que se inició en Italia y se extendió al resto de Europa. ■ En esta acepción, se escribe frecuentemente en mayúscula. SIN. **1.** Resurgimiento, resurrección. ANT. **1.** Decadencia. FAM. Renacentista. RENACER.

renacuajo (derivado del ant. *ranueco*, y éste del lat. *rana*) *s. m.* **1.** Larva de la rana en la fase de desarrollo que supone una etapa de transición hacia la vida terrestre. **2.** Larva de cualquier batracio. **3.** Calificativo cariñoso que se da a los niños pequeños, particularmente a los que son vivarachos e inquietos.

renal (del lat. *renalis*) *adj.* Relativo a los riñones: *insuficiencia renal.* SIN. Nefrítico. FAM. Adrenalina, suprarrenal. RIÑÓN.

renano, na (del lat. *rhenanus*) *adj.* De los territorios situados a las orillas del Rhin, río de Europa central. FAM. Renio.

rencilla (del ant. *rencir*, y éste del lat. *ringi*, gruñir, refunfuñar) *s. f.* Riña o discusión de la que se deriva un resentimiento o enemistad. Se usa más en *pl.*: *No quiero intervenir en más rencillas familiares.* SIN. Pelea, disputa, altercado, discordia. ANT. Concordia. FAM. Rencilloso.

renco, ca *adj.* Que está cojo, especialmente por lesión de la cadera: *caballo renco.* También *s. m.* y *f.* FAM. Renquear. / Rengo.

rencor (del ant. *rancor*, del lat. *rancor, -oris*) *s. m.* Sentimiento persistente de odio o antipatía hacia otra persona por un daño, ofensa, etc., que ésta ha hecho voluntaria o involuntariamente:

No le guardes rencor, porque lo hizo sin intención. SIN. Resentimiento, inquina, encono. FAM. Rencorosamente, rencoroso.

rencoroso, sa *adj.* Que siente o tiende a sentir o guardar rencor: *Debes perdonarle y no ser rencoroso.* También *s. m.* y *f.* SIN. Resentido, vengativo. ANT. Magnánimo.

rendajo *s. m.* Arrendajo*.

rendibú (del fr. *rendez-vous*, cita) *s. m.* Manifestación de respeto, sumisión o atención que se hace a una persona, generalmente por adulación. ■ Se usa sobre todo con el verbo *hacer*: *Siempre está haciendo el rendibú a su jefe.*

rendición (del lat. *redditio, -onis*) *s. f.* Acción de rendir o rendirse.

rendidamente *adv. m.* Con total sumisión o entrega: *Está rendidamente enamorado de ella.*

rendido, da **1.** *p.* de **rendir**. ‖ *adj.* **2.** Muy cansado. **3.** Totalmente sometido a otra persona por la admiración, el amor, etc.: *Todos caen rendidos ante su hermosura. Soy un rendido admirador de su música.* SIN. **2.** Agotado, fatigado, reventado. **3.** Sumiso, apasionado, enamorado. ANT. **2.** Descansado. FAM. Rendidamente. RENDIR.

rendija (del ant. *rehendija*, de *hendija*, y éste del lat. *findicula*, de *findere*, hender) *s. f.* Abertura estrecha y alargada que se produce en un cuerpo sólido, o que existe entre dos cosas muy próximas entre sí: *Nos espiaba por la rendija de la puerta.* SIN. Hendidura, fisura, resquicio, ranura.

rendimiento *s. m.* **1.** Producto o utilidad que proporciona una persona o cosa, en relación con lo que trabaja, gasta, cuesta, etc.: *Este coche tiene un alto rendimiento.* **2.** Amabilidad excesiva con que una persona trata a otra para complacerla o servirla: *Tanta solicitud y rendimiento me aburren.* **3.** Sumisión, humildad. SIN. **1.** Rentabilidad, provecho, productividad. **2.** Consideración, deferencia. **3.** Sometimiento, subordinación.

rendir (del lat. vulg. *rendere*, y éste del lat. *reddere*) *v. tr.* **1.** Vencer y obligar a las tropas, plazas enemigas, etc., a que se entreguen. **2.** Someter a alguien a la voluntad o dominio de uno: *Poco a poco fue rindiéndola a base de halagos.* También *v. prnl.* **3.** Dar, entregar: *rendir el alma a Dios.* **4.** Con ciertos sustantivos, dar, ofrecer o presentar lo que estos expresan: *rendir culto a los dioses, rendir pleitesía al rey.* **5.** Cansar, dejar agotado: *Estos niños rinden a cualquiera.* También *v. prnl.* **6.** Producir un rendimiento, utilidad o resultados una persona o cosa. Se usa más como *v. intr.*: *Tienes que rendir más en tus estudios.* **7.** En el ejército, realizar con las armas, la bandera, etc., ciertos actos en señal de homenaje o respeto: *Rindieron armas al rey.* ‖ **rendirse** *v. prnl.* **8.** Dejar de oponer resistencia, entregarse: *Los asaltantes se rindieron a la policía.* **9.** Verse obligado a admitir algo: *Se rindió ante la evidencia.* **10.** Desanimarse, flaquear: *No te rindas ahora que estás tan cerca de lograrlo.* ■ Es v. irreg. Se conjuga como *pedir*. SIN. **2.** Conquistar, doblegar. **5.** Agotar, baldar, moler. **6.** Rentar. **9.** y **10.** Ceder, claudicar. **10.** Rajarse, desfallecer. ANT. **1.**, **2.**, **8.** y **10.** Resistir, aguantar. **9.** Obstinarse. FAM. Rendibú, rendición, rendido, rendimiento. / Renta.

renegado, da **1.** *p.* de **renegar**. ‖ *adj.* **2.** Que reniega de su raza, patria, creencias, etc. También *s. m.* y *f.* **3.** Renegón*.

renegar *v. tr.* **1.** Negar con insistencia una cosa: *Niega y reniega su culpabilidad.* ‖ *v. intr.* **2.** Rechazar alguien su religión, raza, patria o creencias, generalmente para adoptar otras. **3.** Rechazar con desprecio una persona a otra con la que tiene alguna relación, o rechazar dicha relación: *Renegó de su hija, porque se casó sin su permiso.* **4.** *fam.* Refunfuñar, protestar una persona murmurando cosas en voz baja: *No reniegues tanto y haz lo que te mandan.* ■ Delante de *e* se escribe *gu* en lugar de *g*. Es v. irreg. Se conjuga como *pensar*. SIN. **2.** Abjurar, apostatar. **2.** y **3.** Repudiar, renunciar. **3.** Abominar, maldecir. **4.** Gruñir, rezongar. ANT. **1.** y **2.** Reafirmar(se). FAM. Renegado, renegón, reniego. NEGAR.

renegón, na *adj. fam.* Que tiene tendencia a renegar, protestar o quejarse. También *s. m.* y *f.* SIN. Renegado, gruñón, refunfuñón, protestón.

renegrido, da (de *re-* y *negro*) *adj.* **1.** Se dice de lo que está ennegrecido por el humo o la suciedad. **2.** Que tiene un color muy oscuro, en especial hablando de contusiones o de la piel. SIN. **1.** y **2.** Negruzco.

renglón *s. m.* **1.** Serie de palabras o caracteres escritos en línea recta. **2.** Cada una de las líneas horizontales que tienen algunos papeles, cuadernos, etc., para escribir sin torcerse. ‖ *s. m. pl.* **3.** Cualquier escrito o impreso: *Leyó aquellos renglones emocionado.* ‖ LOC. **a renglón seguido** A continuación, inmediatamente después de algo, especialmente cuando no hay una consecuencia lógica con lo anterior: *Estaba llorando y, a renglón seguido, se puso a cantar.* **leer entre renglones** Leer entre líneas.

rengo, ga *adj.* Que anda con dificultad por una lesión de cadera. También *s. m.* y *f.* FAM. Renguear. RENCO.

renguear *v. intr. Amér.* Renquear.

reniego *s. m. fam.* Cosa que se hace o se dice renegando, protestando. Se usa más en *pl.*: *¡Déjate de reniegos y ponte a trabajar!* SIN. Protesta, queja, rezongo.

renio (del lat. *Rhenus*, el Rhin) *s. m.* Elemento químico metálico, de color blanco, brillante, de difícil fusión, cuyo comportamiento químico es similar al del manganeso. Su símbolo es *Re*.

reno (del fr. *renne*) *s. m.* Especie de ciervo con el pelaje de color pardo grisáceo, de amplia cornamenta, generalmente de menor tamaño en la hembra, que habita en las regiones frías del hemisferio N y se domestica para animal de tiro.

renombrado, da *adj.* Célebre, muy famoso y conocido: *Acudió a un renombrado cirujano.* SIN. Afamado, prestigioso, reputado, importante.

renombre (del lat. *renomen, -inis*) *s. m.* Celebridad, fama: *una persona de renombre.* SIN. Prestigio, reputación, notoriedad. FAM. Renombrado. NOMBRE.

renovación *s. f.* Acción de renovar o renovarse: *Rellene este impreso para la renovación de su carné de identidad.* SIN. Modernización, actualización, innovación.

renovador, ra *adj.* Que renueva. También *s. m.* y *f.* SIN. Innovador.

renovar (del lat. *renovare*) *v. tr.* **1.** Hacer que alguien o algo vuelva a tener vitalidad, energía, etc. **2.** Realizar de nuevo, después de una interrupción, la acción que se expresa: *Por la mañana, el enemigo renovó sus ataques.* **3.** Cambiar una cosa vieja o anticuada por otra nueva o moderna de la misma clase: *Tienes que renovar tu vestuario, porque está pasado de moda.* **4.** Cambiar una cosa cuyo plazo de validez o efectividad ha terminado por otra nueva de la misma clase: *Tienes que renovar el carné de la biblioteca.* **5.** Transformar, modernizar: *Fue un escritor que* *renovó la literatura de su época.* También *v. prnl.* **6.** Arreglar, reparar una cosa que está vieja o en mal estado: *Han renovado ese viejo armario y parece nuevo.* ■ Es v. irreg. Se conjuga como *contar.* SIN. **1.** Reanimar, revitalizar, reponer, restablecer. **1.** y **2.** Reavivar. **2.** Reanudar, repetir, reiterar. **2.** a **5.** Actualizar. **5.** Revolucionar, innovar. **6.** Restaurar, remozar, rehabilitar, reformar. ANT. **1.** Debilitar. **2.** Interrumpir. **6.** Estropear. FAM. Renovable, renovación, renovador, renuevo. NUEVO.

renquear (de *renco*) *v. intr.* **1.** Andar defectuosamente de un lado para otro, como renco o cojo. **2.** *fam.* Seguir viviendo alguien o funcionando un asunto, aunque con dificultades y trabajosamente: *Vamos renqueando.* SIN. **1.** Cojear. **2.** Trampear, tirar. FAM. Renqueante, renqueo, renquera. RENCO.

renquera *s. f. Amér.* Cojera especial del renco.

renta (del lat. vulg. *rendita,* y éste del lat. *reddita,* de *reddere,* devolver) *s. f.* **1.** Beneficio o cantidad de dinero que proporciona periódicamente una cosa: *Su finca le produce una renta anual muy elevada.* **2.** Cantidad de dinero que alguien recibe periódicamente por algo. **3.** Cantidad de dinero que hay que pagar periódicamente por el uso o arrendamiento de una cosa a su propietario: *Acuérdate de pagar la renta del piso.* || **4. renta per cápita** Renta nacional dividida por el número de habitantes de un país; es un indicador que mide el nivel económico de un país. || LOC. **vivir de las rentas** Aprovecharse de lo que se ha conseguido en el pasado: *Ese cantante lleva bastantes años viviendo de las rentas.* SIN. **1.** Rédito, provecho, rendimiento, utilidad. **1.** y **2.** Ganancia. **2.** Paga, retiro, pensión, subsidio, jubilación. **3.** Alquiler, arriendo. FAM. Rentado, rentar, rentero, rentista. RENDIR.

rentabilidad *s. f.* **1.** Cualidad de rentable o productivo. **2.** Capacidad de rentar o producir beneficio. SIN. **1.** y **2.** Productividad, rendimiento.

rentabilizar *v. tr.* Hacer que la producción o los beneficios de una empresa, industria, etc., sean superiores a los costes y gastos que éstas ocasionan. ■ Delante de *e* se escribe *c* en lugar de *z*: *rentabilice.* FAM. Rentabilización. RENTABLE.

rentable *adj.* Que renta, que produce ganancias o utilidad, que merece la pena. FAM. Rentabilidad, rentabilizar. RENTAR.

rentado, da *adj. Arg.* y *Urug.* Que se hace o que trabaja a cambio de un sueldo, retribuido.

rentar *v. tr.* Producir una cosa periódicamente riquezas, beneficios, ganancias o utilidad. También *v. intr.* SIN. Rendir, remunerar. FAM. Rentable. RENTA.

rentero, ra *s. m.* y *f.* Persona que tiene arrendada o alquilada una posesión o finca rural. SIN. Colono, arrendatario, tributario.

rentista *s. m.* y *f.* Persona que tiene propiedades por las que percibe una renta, beneficio o ganancia, particularmente aquella que vive de éstos. SIN. Propietario, casero, arrendador, terrateniente, latifundista. ANT. Arrendatario, alquilado, rentero.

renuencia (del lat. *renuens, -entis,* renuente) *s. f.* **1.** Resistencia u oposición a hacer una cosa. **2.** Cualidad de las cosas trabajosas y difíciles. SIN. **1.** Repugnancia, aversión. **2.** Dificultad. ANT. **1.** Disposición. **2.** Facilidad. FAM. Renuente. ANUENCIA.

renuente (del lat. *renuens, -entis,* de *renuere,* hacer una señal con la cabeza) *adj.* **1.** Se dice del que se muestra remiso o reacio a hacer cierta cosa: *Se mostró renuente a aceptar nuestras proposiciones.* **2.** Trabajoso, dificultoso. ANT. **1.** Dispuesto.

renuevo *s. m.* Brote de una planta o de un árbol después de podado o cortado. SIN. Vástago, retoño, yema, tallo.

renuncia *s. f.* **1.** Acción de renunciar. **2.** Escrito o documento donde se recoge o expresa dicha acción: *Mañana tendrá mi renuncia encima de la mesa.*

renunciar (del lat. *renuntiare*) *v. intr.* **1.** Dejar o abandonar voluntariamente algo que se posee o a lo que se tiene derecho: *Renunció a su cargo en el ministerio. Renunció a la corona.* **2.** Dejar de hacer una cosa por necesidad, obligación o sacrificio: *Tras su enfermedad tuvo que renunciar al tabaco.* **3.** No querer admitir o aceptar cierta cosa: *Renuncio a cualquier ayuda.* ■ Se construye con la prep. *a* en todas las acepciones. SIN. **1.** Dimitir, abdicar. **1.** y **2.** Desistir, prescindir. **1.** y **3.** Rechazar, declinar. **2.** Abstenerse, privarse, quitarse. ANT. **1.** y **3.** Aceptar, admitir. **2.** Persistir, seguir. FAM. Renuncia, renunciable, renunciación, renunciamiento, renunciante, renuncio. / Irrenunciable.

renuncio *s. m.* **1.** En algunos juegos de cartas, falta que comete un jugador cuando no sigue el palo pudiendo hacerlo, o cuando pudiendo subir una carta echa otra más baja. **2.** *fam.* Mentira o contradicción en que se coge a uno: *Le pillé en un renuncio.*

renvalso *s. m.* Rebaje o corte que se hace en los cantos de las hojas de puertas y ventanas para que encajen en sus marcos o unas con otras.

reñidero *s. m.* Sitio destinado a la riña o pelea de algunos animales, principalmente de gallos.

reñido, da 1. *p.* de **reñir.** || *adj.* **2.** Se dice de la persona que se ha peleado o enemistado con otra: *No se hablan porque están reñidos.* **3.** Se dice de los concursos, pruebas, competiciones deportivas, etc., en los que existe mucha rivalidad por tener todos los participantes parecidos méritos. || LOC. **estar** una cosa **reñida** con otra Ser una cosa incompatible con otra, opuesta o contraria a ella: *La nobleza está reñida con la mentira.* SIN. **1.** y **2.** Enfadado, disgustado. **3.** Disputado, igualado. FAM. Reñidamente. REÑIR.

reñir (del lat. *ringere,* regañar) *v. tr.* **1.** Reprender o regañar una persona a otra. **2.** Con palabras como *combate, desafío,* etc., ejecutarlos, llevarlos a cabo: *Tuvo que reñir una verdadera batalla para conseguir lo que quería.* || *v. intr.* **3.** Discutir, pelear: *Sus hermanos siempre están riñendo.* **4.** Enemistarse, dejar de mantener trato o relaciones dos o más personas: *Ha reñido con su novio.* ■ Es v. irreg. Se conjuga como *ceñir.* SIN. **1.** Amonestar, reconvenir. **2.** Librar. **2.** y **3.** Disputar. **4.** Enfadarse, disgustarse, indisponerse, romper. ANT. **1.** Alabar, aprobar. **4.** Reconciliarse. FAM. Reñidero, reñido, riña.

reo *s. m.* Variedad de la trucha común, de color asalmonado, que habita en la desembocadura de los ríos.

reo, a (del lat. *reus*) *s. m.* y *f.* Persona acusada de un delito en un proceso penal.

reoca *s. f. fam.* Persona o cosa extraordinaria, que se sale de lo corriente. ■ Se usa con el verbo *ser*: *Tienes un hermano que es la reoca.*

reojo, de *loc. adv.* **1.** Usada generalmente con el verbo *mirar,* hacerlo disimuladamente dirigiendo la vista por encima del hombro o hacia un lado sin volver la cabeza: *Cree que no lo veo, pero sé* *que me está mirando de reojo.* **2.** También, hacerlo mostrando enfado, desconfianza o desprecio hacia alguien: *Sé que no le caigo bien; siempre me mira de reojo.*

reordenar *v. tr.* Ordenar de nuevo. **FAM.** Reordenación. ORDENAR.

reorganizar *v. tr.* Organizar de nuevo una cosa de manera distinta y más eficaz: *Debido a los problemas que surgieron, tuvieron que reorganizar el campeonato.* ■ Delante de *e* se escribe *c* en lugar de *z*: *reorganice.* **SIN.** Reordenar, reestructurar. **FAM.** Reorganización, reorganizador. ORGANIZAR.

reóstato (del gr. *rheos*, corriente, y *statos*, estable) *s. m.* Resistencia variable colocada en un circuito con el fin de poder modificar la intensidad que circula por él, o por alguna de sus ramas.

repajolero, ra *adj. fam.* Gracioso, salado. Se usa a menudo en sentido irónico para significar lo contrario: *Eso no tiene repajolera gracia.* También *s. m.* y *f.*: *¡Vaya guasa se trae el repajolero!*

¡repámpanos! *interj.* Denota sorpresa, enfado o disgusto.

repanchigarse o **repanchingarse** *v. prnl.* Repantigarse*. **FAM.** Arrepanchigarse. PANZA.

repanocha, ser la *loc. fam.* Ser una persona o cosa fuera de lo normal, por buena, mala, absurda, etc.: *Ese tío es la repanocha; tan pronto te dice una cosa como la contraria.*

repantigarse o **repantingarse** (del bajo lat. *repanticare*, derivado de *pantex, -icis*, panza) *v. prnl.* Sentarse en un asiento recostándose y extendiendo todo el cuerpo para mayor comodidad. ■ Delante de *e* se escribe *gu* en lugar de *g*. **SIN.** Repanchigarse, arrellanarse, acomodarse.

reparación (del lat. *reparatio, -onis*) *s. f.* **1.** Acción de reparar una cosa rota o estropeada: *La reparación del coche me ha costado muy cara.* **2.** Compensación por un daño o satisfacción dada por una ofensa, insulto, etc.: *Exijo una reparación inmediata.* **SIN. 1.** Arreglo, restauración. **2.** Desagravio, explicación; indemnización. **ANT. 1.** Desarreglo.

reparador, ra (del lat. *reparator, -oris*) *adj.* **1.** Que repara o arregla alguna cosa. También *s. m.* y *f.* **2.** Que restablece las fuerzas: *un descanso reparador.* **3.** Que sirve como compensación o satisfacción por un daño u ofensa: *una indemnización reparadora.* **SIN. 2.** Reconfortante, tonificante, vigorizante. **ANT. 2.** Debilitador.

reparar (del lat. *reparare*) *v. tr.* **1.** Arreglar algo que está roto o estropeado. **2.** Remediar o corregir una falta, error o daño que se ha causado a alguien: *¿Cómo podría reparar la ofensa que le he hecho?* **3.** Con palabras como *fuerzas*, *energías*, etc., recuperarlas: *Voy a comer algo, porque necesito reparar fuerzas.* || *v. intr.* **4.** Considerar o reflexionar una acción antes de ejecutarla: *Antes de hacerlo, repara en las consecuencias. Para arreglar la casa, no reparó en gastos.* **5.** Fijarse, darse cuenta una persona de lo que hay o sucede a su alrededor: *Ni siquiera reparó en mí. No reparé en que la silla estaba rota.* **SIN. 1.** Recomponer, restaurar. **2.** Rectificar, enmendar, subsanar, desagraviar. **3.** Restablecer. **4.** Ponderar. **5.** Percatarse, percibir. **ANT. 1.** Estropear, deteriorar. **2.** Ofender, agraviar. **3.** Perder, gastar. **4.** Ignorar, despreciar. **FAM.** Reparable, reparación, reparador, reparo. / Irreparable. PARAR.

reparo *s. m.* **1.** Observación que se hace a algo para señalar una falta, defecto o inconveniente: *No pongas tantos reparos a lo que hago.* **2.** Dificultad para hacer algo, debida a vergüenza, timidez, etc.: *Me da reparo decírselo a mis padres.* **SIN. 1.** Pega, traba, objeción. **2.** Embarazo, apuro, sonrojo, bochorno, corte.

repartición *s. f.* **1.** Acción de repartir: *Hicieron una repartición de bienes.* **2.** *Amér.* Cada una de las secciones o dependencias de un organismo administrativo. **SIN. 1.** Reparto, partición, distribución, división.

repartidor, ra *adj.* Que reparte o distribuye. Se usa más como *s. m.* y *f.*: *Trabaja como repartidor de periódicos.*

repartimiento *s. m.* **1.** Acción de repartir: *el repartimiento de las propiedades.* **2.** Documento en que consta lo que se ha repartido a cada uno. **3.** Cada una de las partes en que se divide una contribución o carga extraordinaria. **4.** Sistema de repoblación utilizado en España en el s. XIII, que consistía en la distribución de las tierras conquistadas a los musulmanes entre los caballeros que habían participado en la conquista. **SIN. 1.** Reparto, repartición, partición, distribución, división. **ANT. 1.** Concentración, acumulación, unión.

repartir (de *re-* y *partir*) *v. tr.* **1.** Distribuir una cosa que se ha dividido en partes: *Repartió la herencia entre sus hijos.* También *v. prnl.*: *Los vencedores se repartieron el botín.* **2.** Entregar algo en distintos lugares o a personas diferentes: *repartir el correo.* **3.** Proporcionar o administrar lo que se expresa: *repartir justicia. Que Dios reparta suerte.* **4.** Asignar a cada persona la función, colocación, destino, etc., que le corresponde o conviene: *Nos repartimos los papeles de la obra. Repartieron las órdenes del día.* **5.** *fam.* Dar golpes a distintas personas: *Se hizo el amo del barrio repartiendo puñetazos.* **6.** Esparcir o extender cierta cosa sobre una superficie: *repartir la mantequilla sobre el pan.* También *v. prnl.* **7.** Colocar a cierto número de personas o cosas por varios sitios. También *v. prnl.*: *Los invitados se repartieron por el jardín.* **SIN. 1.** Dividir, partir. **4.** Adjudicar. **6.** y **7.** Diseminar(se). **ANT. 1.** y **7.** Reunir(se), concentrar(se), acumular(se). **5.** Recibir. **7.** Congregar(se). **FAM.** Repartición, repartidor, repartimiento, reparto. PARTIR.

reparto *s. m.* **1.** Acción de repartir: *el reparto de premios.* **2.** Relación de los actores que intervienen en una obra teatral, cinematográfica, etc., y de los personajes que representan: *Esa película cuenta con un reparto de excepción.* **SIN. 1.** Repartición, repartimiento, partición, distribución. **2.** Elenco.

repasador *s. m. Arg.*, *Par.* y *Urug.* Paño de cocina.

repasar *v. tr.* **1.** Volver a mirar una cosa para comprobar si está bien y corregir sus posibles faltas: *Hay que repasar las cuentas. Repasen el examen antes de entregarlo.* **2.** Leer de nuevo algo que ya se ha estudiado para fijarlo en la memoria: *Voy a repasar esta lección para el examen.* **3.** Volver a explicar el profesor una lección ya estudiada. **4.** Coser de nuevo algo que lo necesita: *repasar unos botones.* **5.** Volver a pasar o pasar repetidamente algo por el mismo sitio: *Pasaba y repasaba el trapo por los muebles.* **6.** Leer muy por encima un escrito. **7.** Limpiar o arreglar superficialmente una cosa: *Vamos a repasar un poco la habitación.* || *v. intr.* **8.** Volver a pasar una o más veces por el mismo lugar: *Pasaba y repasaba por delante de la casa sin atreverse a entrar.* **SIN. 1.** a **3.** Revisar. **FAM.** Repasador, repaso. PASAR.

repaso *s. m.* Acción de repasar. || **LOC. dar un repaso** a alguien *fam.* Regañar, reñir a alguien: *El* *profesor le ha dado un buen repaso.* También, demostrar a otra persona la propia superioridad en conocimientos, habilidad, etc.: *Le voy a dar un repaso a ese listillo.*

repatear *v. intr. fam.* Fastidiar, desagradar mucho: *Esas bromitas me repatean.* **SIN.** Molestar, incomodar, hartar, cargar. **ANT.** Agradar.

repatriado, da 1. *p.* de **repatriar**. || *adj.* **2.** Se dice de la persona que vuelve o es devuelta a su país de origen: *inmigrantes repatriados.*

repatriar (del lat. *repatriare*) *v. tr.* Hacer que una persona vuelva a su patria, facilitando los medios para ello. También *v. prnl.* ■ En cuanto al acento, se conjuga como *ansiar*: *repatrío.* Sin embargo, es frecuente el uso inacentuado: *repatrio.* **ANT.** Expatriarse, desterrar. **FAM.** Repatriación, repatriado. PATRIA.

repe *adj. fam. apóc.* de **repetido**: *Los niños cambian los cromos repes.*

repecho (de *re-*, en sentido de oposición, y *pecho*) *s. m.* Pendiente bastante empinada y no muy larga: *Adelantó a los demás ciclistas en un repecho de la carretera.* **SIN.** Cuesta, rampa, subida. **ANT.** Bajada, declive.

repeinado, da 1. *p.* de **repeinar**. || *adj.* **2.** Se dice de la persona arreglada en exceso, especialmente en lo que se refiere a su peinado: *¿Dónde vas tan repeinado?* **SIN. 2.** Acicalado, peripuesto. **ANT. 2.** Desastrado.

repeinar *v. tr.* **1.** Volver a peinar o peinar repetidamente: *Se pasa el día peinando y repeinando las muñecas.* También *v. prnl.* **2.** Peinar con mucho cuidado o esmero. También *v. prnl.* **FAM.** Repeinado. PEINAR.

repelar *v. tr.* **1.** Pelar mucho o completamente una cosa: *Le han repelado el cogote.* **2.** *Méx.* Poner objeciones o reparos a algo. **3.** Reprender, regañar. **SIN. 1.** Rapar, trasquilar. **FAM.** Repelado. PELAR.

repelente (del lat. *repellens, -entis*) *adj.* **1.** Que repele, especialmente a ciertos animales. También *s. m.*: *un repelente para cucarachas.* **2.** Repugnante, repulsivo: *¡Qué olor tan repelente!* **3.** *fam.* Redicho, sabelotodo. También *s. m.* y *f.* **SIN. 2.** Asqueroso, desagradable. **3.** Pedante, sabihondo, petulante.

repeler (del lat. *repellere*) *v. tr.* **1.** Arrojar o apartar de sí a una persona o cosa con impulso o violencia: *Nuestros soldados repelieron al enemigo.* También *v. prnl.* con valor recípr. **2.** No admitir una cosa a otra en su masa o composición: *Esta tela impermeable repele el agua.* **3.** Causar repugnancia o asco: *Su aspecto me repele.* **SIN. 1.** Rechazar, ahuyentar, alejar. **3.** Desagradar, repugnar. **ANT. 1.** Atraer. **3.** Agradar. **FAM.** Repelencia, repelente, repulsión.

repelo *s. m.* **1.** Parte pequeña de cualquier cosa que queda levantada y arrancada parcialmente: *repelo de la uña, repelo de la madera.* **2.** Repugnancia que se muestra al hacer algo. **SIN. 2.** Repelús, repeluzno.

repelón *s. m.* **1.** Tirón que se da del pelo. **2.** *fam.* En algunas partes, reprimenda, regañina muy severa: *Le dio un repelón tremendo por lo que hizo.*

repelús, repeluzno o **repeluco** *s. m.* **1.** Sensación indefinida de temor, repugnancia o asco: *Las tormentas me dan repelús.* **2.** Escalofrío producido por esa sensación.

repensar *v. tr.* Volver a pensar detenidamente o pensar muchas veces una cosa: *No hace más que pensar y repensar sobre ello.* ■ Es v. irreg. Se conjuga como *pensar.*

repente (del lat. *repens, -entis*, súbito, imprevisto) *s. m. fam.* Impulso brusco e inesperado que mueve a hacer o decir una cosa: *Le dio un repente y se puso a chillar como una loca.* || **LOC. de repente** *adv.* De manera repentina e inesperada: *Estábamos hablando y, de repente, se dio la vuelta y se fue.* **SIN.** Pronto, arranque, arrebato. **FAM.** Repentino, repentista, repentizar.

repentino, na (del lat. *repentinus*) *adj.* Que se produce de manera rápida e inesperada, sin aviso, anuncio o preparación. **SIN.** Imprevisto, brusco, súbito, inopinado. **ANT.** Esperado, previsto. **FAM.** Repentinamente. REPENTE.

repentista *s. m.* y *f.* Persona que repentiza o improvisa, especialmente en canto o música. **SIN.** Improvisador.

repentizar (de *repente*) *v. tr.* Hacer o decir una cosa sin haberla preparado y, especialmente, leer una partitura sin haberla estudiado previamente. También *v. intr.* ■ Delante de *e* se escribe *c* en lugar de *z*: *repentice.* **SIN.** Improvisar. **FAM.** Repentización. REPENTE.

repera, ser la *loc. fam.* Ser una persona o una cosa sorprendente, fuera de lo normal, en buen o mal sentido: *Esa película es la repera; en ella pasa de todo.*

repercusión (del lat. *repercussio, -onis*) *s. f.* **1.** Acción de repercutir: *El accidente no tuvo repercusiones graves.* **2.** Circunstancia de tener algo mucha resonancia: *Fue un descubrimiento de repercusión internacional.* **SIN. 2.** Eco, trascendencia, difusión.

repercutir (del lat. *repercutere*) *v. intr.* **1.** Producir eco o rebotar el sonido: *Sus pisadas repercutían por toda la habitación.* **2.** Causar una cosa un efecto secundario en otra: *Aquello repercutió en su salud.* **SIN. 1.** Resonar, retumbar. **2.** Influir, afectar. **FAM.** Repercusión. PERCUTIR.

reperpero *s. m. P. Rico* y *Rep. Dom.* Desorden, jaleo, confusión.

repertorio (del lat. *repertorium*) *s. m.* **1.** Libro o catálogo que contiene datos o informaciones ordenados de tal forma que se puedan encontrar fácilmente: *Busca el nombre del autor en un repertorio bibliográfico.* **2.** Conjunto de obras, textos o noticias de una misma clase: *En su casa tiene un gran repertorio musical.* **3.** Conjunto de obras, espectáculos o números que un actor, compañía, etc., tienen preparados para representarlos o ejecutarlos ante el público: *Tiene un escaso repertorio, siempre canta las mismas canciones.* **SIN. 1.** Prontuario. **2.** Colección, selección.

repesca *s. f.* **1.** Acción de repescar. **2.** *fam.* Examen especial al que pueden presentarse los estudiantes que han suspendido una asignatura o parte de ella.

repescar *v. tr.* **1.** Admitir nuevamente al que ha sido eliminado en un examen, competición, etc.: *Esa prueba especial servirá para repescar a varios atletas.* **2.** Recuperar a alguien o algo que había sido desechado, olvidado, utilizado anteriormente, etc.: *Ante la falta de programas, están repescando viejos éxitos.* ■ Delante de *e* se escribe *qu* en lugar de *c*: *repesque.* **SIN. 1.** y **2.** Readmitir. **2.** Rescatar, desempolvar. **FAM.** Repesca. PESCAR.

repetición *s. f.* **1.** Acción de repetir o repetirse. **2.** Cosa que se repite o que se hace repitiendo. **3.** Figura retórica que consiste en repetir palabras o conceptos. || **LOC. de repetición** *adj.* Se dice del aparato o mecanismo que, una vez puesto en funcionamiento, repite su acción mecánicamente; en particular, se aplica a las armas de fuego: *un fusil de repetición.* SIN. **1.** y **2.** Reproducción, reiteración.

repetidamente *adv. c.* Varias veces, con frecuencia: *Este motivo aparece repetidamente en la pintura de la época.* SIN. Frecuentemente, continuamente, insistentemente. ANT. Raramente.

repetido, da 1. *p.* de **repetir**. || *adj.* **2.** Se dice de aquello de lo que hay dos o más ejemplares iguales: *Tengo varios discos repetidos.* FAM. Repetidamente. REPETIR.

repetidor, ra (del lat. *repetitor, -oris*) *adj.* **1.** Que repite. **2.** Particularmente, se dice del alumno que repite un curso o una asignatura. También *s. m.* y *f.* || *s. m.* **3.** Aparato electrónico que recibe una señal electromagnética y la vuelve a transmitir amplificada: *un repetidor de televisión.* SIN. **3.** Retransmisor.

repetir (del lat. *repetere*) *v. tr.* **1.** Volver a hacer o decir lo que ya se había hecho o dicho: *Tienes que repetir la redacción.* También *v. prnl.* **2.** Hacer o decir varias veces la misma cosa con insistencia excesiva: *Siempre repite la misma canción.* También *v. prnl.* **3.** Volver a hacer un estudiante un curso o asignatura por no haberlo aprobado. También *v. intr.* || *v. intr.* **4.** Volver a servirse o tomar de una misma comida. **5.** Venir a la boca el sabor de lo que se ha comido o bebido: *Me repite el chorizo.* **6.** Volver a ocurrir o suceder una misma cosa: *Temía que le repitiera el ataque.* También *v. prnl.* ■ Es v. irreg. Se conjuga como *pedir.* SIN. **1.** Rehacer. **1.** y **2.** Reiterar. FAM. Repe, repetición, repetido, repetidor, repetitividad, repetitivo. / Irrepetible.

repetitivo, va *adj.* Que se repite. SIN. Reiterativo, redundante.

repicar *v. tr.* Tocar las campanas repetidamente en señal de fiesta o alegría, o, p. ext., otro instrumento de percusión. También *v. intr.*: *Las campanas repicaban anunciando su boda.* ■ Delante de *e* se escribe *qu* en lugar de *c*: *repique.* SIN. Repiquetear, resonar. FAM. Repique, repiquetear. PICAR.

repintar *v. tr.* **1.** Pintar nuevamente una cosa. || **repintarse** *v. prnl.* **2.** Arreglarse o maquillarse con cuidado o exageradamente: *No te repintes tanto que te hace mayor.* **3.** Marcarse las letras de una página en otra por estar reciente la impresión. SIN. **2.** Pintarrajearse, acicalarse, emperifollarse. FAM. Repinte. PINTAR.

repipi *adj.* Se dice de la persona, especialmente del niño, muy redicho y sabelotodo. También *s. m.* y *f.* SIN. Pedante, resabido, sabihondo, marisabidilla.

repiquetear *v. tr.* **1.** Repicar con fuerza las campanas u otro instrumento. También *v. intr.* **2.** Golpear repetidamente sobre algo haciendo ruido. También *v. intr.*: *repiquetear en la pared.* SIN. **1.** Resonar, tabletear. **2.** Golpetear, tamborilear. FAM. Repiqueteante, repiqueteo. REPICAR.

repisa *s. f.* **1.** Placa colocada horizontalmente contra la pared, que sirve para poner en ella objetos. **2.** Elemento arquitectónico que sobresale de un muro y sirve para sostener una estatua, un balcón, etc. SIN. **1.** Estante, soporte, anaquel, vasar.

replantar *v. tr.* **1.** Volver a plantar en un sitio que ha estado plantado anteriormente. **2.** Trasplantar una planta. SIN. **1.** Repoblar. FAM. Replantación. PLANTAR.

replantear *v. tr.* **1.** Volver a plantear una cuestión: *Tenemos que replantear el asunto de manera diferente.* También *v. prnl.* **2.** Trazar de nuevo la planta de una obra ya proyectada. SIN. **1.** Reconsiderar, revisar. FAM. Replanteamiento, replanteo. PLANTEAR.

replay (ingl.) *s. m.* En televisión, repetición de ciertos fragmentos de un programa y dispositivo con que se realizan estas repeticiones: *Dale al replay del vídeo para ver otra vez las jugadas.*

replegar (del lat. *replicare*) *v. tr.* **1.** Retirar ordenadamente las tropas. Se usa más como *v. prnl.*: *Los soldados se replegaron a sus posiciones.* **2.** Plegar repetidas veces una cosa. También *v. prnl.* || LOC. **replegarse** uno **en sí mismo** Encerrarse en sí mismo, no comunicar lo que siente. ■ Delante de *e* se escribe *gu* en lugar de *g.* Es v. irreg. Se conjuga como *pensar.* SIN. **1.** Retroceder. **2.** Redoblar, plisar. ANT. **1.** Avanzar. **1.** y **2.** Desplegar. **2.** Desdoblar. FAM. Repliegue. PLEGAR.

repleto, ta (del lat. *repletus*) *adj.* **1.** Muy lleno: *una calle repleta de coches.* **2.** Tan lleno que no puede contener más: *El aforo del teatro estaba repleto.* SIN. **1.** Rebosante, desbordante. **1.** y **2.** Atestado, abarrotado. **2.** Saturado, completo. ANT. **1.** y **2.** Vacío.

réplica *s. f.* **1.** Acción de replicar. **2.** Palabras, escrito, etc., con que se replica. **3.** Reproducción exacta de una obra de arte. **4.** Escrito presentado por el actor o demandante en un jucio, contestando a la respuesta del demandado a la demanda y fijando definitivamente su posición. **5.** En teatro, última frase del diálogo de un actor, que sirve de apoyo al que habla después. SIN. **1.** y **2.** Contestación, reposición, alegación, declaración, protesta. **3.** Copia, duplicado. FAM. Contrarréplica. REPLICAR.

replicar (del lat. *replicare*) *v. tr.* **1.** Afirmar algo en contra de lo que otro ha dicho: *Me dijo que estudiara más y yo le repliqué que ya estudiaba bastante.* También *v. intr.* **2.** Poner objeciones a lo que se dice o manda. También *v. intr.*: *Haz lo que te digo y no repliques.* ■ Delante de *e* se escribe *qu* en lugar de *c*: *replique.* SIN. **1.** Alegar, declarar. **1.** y **2.** Contestar, responder, objetar. **2.** Discutir. FAM. Réplica, replicón.

replicón, na *adj. fam.* Que replica frecuentemente. También *s. m.* y *f.*

repliegue *s. m.* **1.** Acción de replegar o replegarse las tropas: *El general ordenó el repliegue de los soldados.* **2.** Pliegue doble o irregular. SIN. **1.** Retirada, retroceso. **2.** Plegadura, doblez, arruga.

repoblación *s. f.* **1.** Acción de repoblar o repoblarse: *la repoblación forestal.* **2.** En la Edad Media española, acción de poblar de nuevo los territorios conquistados por los reinos cristianos a los musulmanes. **3.** Conjunto de especies vegetales de un terreno que ha sido repoblado: *una repoblación de pinos.*

repoblado, da *p.* de **repoblar**. También *adj.*

repoblar *v. tr.* **1.** Poblar de nuevo un lugar. También *v. prnl.*: *Tras la Reconquista se repoblaron las tierras de Castilla.* **2.** Volver a plantar árboles y otras especies vegetales. ■ Es v. irreg. Se conjuga como *contar.* SIN. **1.** Colonizar. **2.** Replantar. ANT. **1.** Despoblar(se). **2.** Talar. FAM. Repoblación, repoblado, repoblador. POBLAR.

repollo *s. m.* **1.** Variedad de col de hojas grandes y apretadas. **2.** Conjunto de hojas que en algunas plantas, como la lombarda o la col, se aprietan unas sobre otras en forma redondeada. SIN. **2.** Cogollo. FAM. Repolludo. POLLO[1].

repolludo, da *adj.* Retaco, achaparrado. SIN. Bajito, rechoncho. ANT. Espigado.

reponer (del lat. *reponere*) *v. tr.* **1.** Poner en un sitio una cosa igual a otra que falta: *Coge el dinero,* *pero repónlo luego.* **2.** Volver a poner a una persona o cosa en el mismo lugar o estado que antes tenía: *Repusieron al entrenador destituido en su cargo.* **3.** Responder a lo que otro dice: *Cuando se lo conté, repuso que le daba igual.* ■ Sólo en las formas del pretérito perfecto simple y del pretérito imperfecto de subjuntivo. **4.** Volver a poner una obra, película o programa de radio o televisión. || **reponerse** *v. prnl.* **5.** Recuperarse tras una enfermedad, un fracaso económico o cualquier otro daño: *Se repone lentamente del accidente. Tardó en reponerse del susto.* ■ Es v. irreg. Se conjuga como *poner.* **SIN. 1.** Devolver, reintegrar. **1.** y **2.** Restituir. **3.** Replicar, contestar, argüir. **5.** Aliviarse, mejorarse, restablecerse, recobrarse, reanimarse. **ANT. 1.** y **2.** Quitar. **2.** Apartar. **3.** Asentir. **5.** Empeorar; desanimarse. **FAM.** Reposición, repuesto. PONER.

repóquer *s. m.* En el póquer, jugada que consiste en tener cinco cartas iguales, valiéndose de los comodines.

reportaje (del fr. *reportage*) *s. m.* **1.** Trabajo periodístico, cinematográfico, etc., de carácter informativo, referente a un personaje, un suceso de actualidad o cualquier otro tema: *Hoy van a poner un reportaje sobre moda en la televisión.* || **2. reportaje gráfico** Conjunto de fotografías sobre un suceso o tema: *un reportaje gráfico de la boda del príncipe.* **SIN. 1.** Informe, documental, crónica. **FAM.** Reportear, reportero. / Publirreportaje. REPORTAR[1].

reportar[1] (del lat. *reportare*) *v. tr.* **1.** Reprimir o moderar un sentimiento o a la persona que lo tiene: *Reporta tus impulsos.* Se usa más como *v. prnl.*: *Repórtate y no hables así.* **2.** Proporcionar: *Ese negocio le ha reportado mucho dinero.* **SIN. 1.** Contener, refrenar, frenar, calmar, sosegar, apaciguar, aplacar, templar. **2.** Producir, procurar, traer, acarrear. **ANT. 1.** Liberar. **2.** Quitar. **FAM.** Reportaje. PORTAR.

reportar[2] (del ingl. *report*) *v. tr. Amér.* Dar a conocer una información: *Todos los periódicos han reportado la noticia.*

reporte *s. m.* Noticia, informe.

reportear *v. tr.* **1.** *Amér.* Realizar una entrevista periodística o un interrogatorio exhaustivo. **2.** Hacer fotos para un reportaje gráfico.

reportero, ra (del ingl. *reporter*) *s. m.* y *f.* Periodista que se dedica a recoger y redactar noticias, y particularmente el especializado en la elaboración de reportajes. También *adj.* **FAM.** Reporte, reporteril, reporterismo. REPORTAJE.

reposabrazos *s. m.* En un vehículo, pieza saliente que sirve para apoyar el brazo. ■ No varía en *pl.*

reposacabezas *s. m.* Parte superior de un sillón o de un asiento de automóvil que sirve para apoyar la cabeza. ■ No varía en *pl.*

reposado, da 1. *p.* de **reposar**. || *adj.* **2.** Sosegado, tranquilo. **SIN. 2.** Calmado, sereno. **ANT. 2.** Intranquilo. **FAM.** Reposadamente. REPOSAR.

reposapiés *s. m.* Cada una de las piezas situadas en la parte inferior de una motocicleta que sirven para que el conductor y el acompañante apoyen en ellas los pies. ■ No varía en *pl.*

reposar (del lat. *repausare*) *v. intr.* **1.** Descansar. **2.** Dormir, especialmente la siesta: *No hagáis ruido, que papá está reposando.* **3.** Permanecer quieta una persona o cosa sin moverse ni alterarse: *El polvo reposa sobre la mesa.* También *v. tr.*: *Reposó su cabeza en mi hombro.* **4.** Estar enterrado: *Antonio Machado reposa en Colliure.* **5.** Posarse un líquido: *Deja reposar el agua y se le irá la turbiedad.* También *v. prnl.* **6.** Permanecer inmóvil una mezcla, una masa, un guiso, etc., para que se trabe, espese o consuma el líquido que contiene: *Conviene que repose un poco la paella.* También *v. prnl.* || **LOC. reposar la comida** *fam.* Descansar después de comer para hacer mejor la digestión. **SIN. 1.** Relajarse, sosegarse. **2.** Echarse. **3.** Reclinarse, depositarse. **3.** y **4.** Yacer. **ANT. 1.** Cansarse. **2.** Despertarse. **3.** Moverse. **5.** y **6.** Agitarse, removerse. **FAM.** Reposabrazos, reposacabezas, reposado, reposapiés, reposera, reposo. POSAR[1].

reposera *s. f. Arg., Par.* y *Urug.* Tumbona.

reposición *s. f.* **1.** Acción de reponer o reponerse. **2.** Película, obra teatral, etc., que se repone: *Esa película es una reposición.* **SIN. 2.** Reestreno.

reposo *s. m.* **1.** Acción de reposar o reposarse: *El médico le dijo que hiciera reposo.* **2.** Tranquilidad: *Su alma no encuentra reposo.* **3.** En fís., inmovilidad de un cuerpo respecto a un sistema de referencia. **SIN. 1.** y **2.** Descanso. **2.** Calma, sosiego, paz. **ANT. 1.** Actividad. **2.** Intranquilidad, desasosiego.

repostar *v. tr.* Reponer provisiones y, particularmente, combustible. También *v. intr.*

repostería *s. f.* **1.** Técnica y oficio de hacer tartas, pasteles, dulces, etc.: *Estudia repostería.* **2.** Productos de esta técnica: *Es un restaurante con buena repostería.* **3.** Tienda donde se venden. **SIN. 1.** a **3.** Confitería, pastelería. **FAM.** Repostero.

repostero, ra (del lat. *repositorius*, que sirve para reponer) *s. m.* y *f.* Persona que se dedica a la repostería. **SIN.** Confitero, pastelero.

reprender (del lat. *reprehendere*, coger) *v. tr.* Regañar, reñir: *Su madre la reprendió por gritar a su hermano.* **SIN.** Amonestar, reconvenir, censurar, reprobar, increpar. **ANT.** Felicitar. **FAM.** Reprensible, reprensión, reprensor. / Irreprensible. PRENDER.

reprensión *s. f.* **1.** Acción de reprender. **2.** Palabras con que se reprende.

represa (del lat. *repressus*, contenido) *s. f.* **1.** Construcción, generalmente de cemento armado, que sirve para contener o regular el curso de las aguas. **2.** Lugar donde las aguas están detenidas, natural o artificialmente: *Nos bañamos en la represa.* **SIN. 1.** Dique. **1.** y **2.** Presa. **2.** Embalse, estanque, balsa. **FAM.** Represar. REPRIMIR.

represalia (del bajo lat. *repraesaliae*) *s. f.* **1.** Daño que se causa a otro para vengar o responder a otro daño recibido. **2.** Medida o trato de rigor que adopta un estado contra otro. **SIN. 1.** Venganza, revancha, desquite.

represar *v. tr.* **1.** Detener el curso del agua corriente: *represar el río.* También *v. prnl.* **2.** Reprimir, contener: *represar una emoción.* **SIN. 1.** Embalsar(se), estancar(se). **2.** Refrenar, frenar, aplacar. **ANT. 2.** Liberar.

representación (del lat. *repraesentatio, -onis*) *s. f.* **1.** Acción de representar: *Esta obra ha llegado a las cien representaciones.* **2.** Obra, espectáculo, etc., que se representa: *Vimos una representación de ópera.* **3.** Persona o personas que representan a un grupo más amplio: *Una representación del ayuntamiento asistió al acto.* **4.** Condición de ser el representante de alguien o algo: *Ha conseguido la representación de una marca de coches.* **5.** Idea de la realidad que se tiene en la mente: *Tu representación de los hechos es confusa.* **6.** Dibujo o gráfico de una cosa, p. ej. de una función matemática. **7.** Autoridad, importancia de una persona. || **LOC. en representación de** *adv.* Representando a la persona o entidad que se expresa: *Vino en representación de su empresa.* **SIN. 1.** y **2.** Exhibición. **2.** Función. **3.** Delegación, comisión, comité, consejo, embajada. **5.** Imagen. **6.** Gráfica.

representante *adj.* **1.** Que representa. También *s. m.* y *f.*: *Es el representante de su generación.* || *s. m.* y *f.* **2.** Persona que representa a otra o a una entidad, colectividad, etc.: *el representante de la actriz, el representante de una firma de coches, el representante de la clase.* **SIN. 1.** Representativo, representador. **2.** Delegado, comisionado, agente, mánager, apoderado.

representar (del lat. *repraesentare*) *v. tr.* **1.** Ser una cosa imagen o símbolo de otra: *La estatua representa a Venus. El color verde representa la esperanza.* **2.** Ser ejemplo o modelo de lo que se expresa: *Góngora representa al escritor barroco.* **3.** Actuar oficialmente en nombre de otra persona o entidad: *El presidente representa a la compañía en los actos oficiales.* **4.** Interpretar una obra de teatro, un espectáculo, etc. **5.** Aparentar cierta edad: *No representa los años que tiene.* **6.** Hacer presente a alguien o algo en la imaginación: *No puedo representármelo vestido de etiqueta.* **7.** Importar en el grado que se expresa: *Ese chico no representa nada para mí.* **8.** Significar: *Tu visita representó una gran alegría para mí.* **SIN. 1.** Figurar, mostrar. **1.** y **2.** Simbolizar. **2.** Ejemplificar, encarnar. **6.** Imaginar. **8.** Suponer. **FAM.** Representable, representación, representador, representante, representativo. / Irrepresentable. PRESENTAR.

representatividad *s. f.* **1.** Capacidad de una persona o cosa de representar a otra. **2.** Cualidad de lo que es propio o característico de una persona o de una cosa.

representativo, va *adj.* **1.** Que representa: *La balanza es un símbolo representativo de la justicia.* **2.** Característico: *La paciencia es un rasgo representativo de su personalidad.* **3.** Relevante, importante: *Estos datos son poco representativos.* **SIN. 2.** Típico. **3.** Significativo, trascendente. **ANT. 2.** Atípico. **3.** Insignificante, irrelevante. **FAM.** Representatividad. REPRESENTAR.

represión (del lat. *repressio, -onis*) *s. f.* **1.** Acción de reprimir o reprimirse. **2.** En particular, acción destinada a contener o castigar por la fuerza actividades políticas o sociales: *Abandonó su país huyendo de la represión.*

represivo, va (del lat. *repressum*) *adj.* Que reprime la libertad u otra actuación cualquiera: *educación represiva, gobierno represivo.* **SIN.** Inhibidor; represor, abusivo. **ANT.** Liberador.

represor, ra *adj.* Represivo*.

reprimenda (del lat. *reprimenda*, que debe reprimirse) *s. f.* Regañina fuerte. **SIN.** Recriminación, rapapolvo, bronca. **ANT.** Felicitación.

reprimido, da 1. *p.* de **reprimir**: *un pueblo reprimido.* También *adj.* || *adj.* **2.** Que no expresa sus sentimientos o emociones, especialmente en materia sexual. También *s. m.* y *f.*

reprimir (del lat. *reprimere*) *v. tr.* **1.** Impedir que se manifieste un impulso, un sentimiento: *reprimir las emociones.* También *v. prnl.* **2.** Impedir por la fuerza una rebelión, una protesta, la expresión de unas ideas, etc.: *La policía reprimió con dureza la manifestación.* **SIN. 1.** Contener, refrenar, dominar, moderar. **ANT. 1.** Exteriorizar. **2.** Fomentar, apoyar. **FAM.** Represa, represión, represivo, represor, reprimenda, reprimido. / Irreprimible. PRESIÓN.

reprise (fr.) *s. m.* **1.** En los coches, capacidad para pasar rápidamente de un régimen bajo de revoluciones del motor a otro superior. **2.** Potencia de arranque de un vehículo. **SIN. 1.** Aceleración.

reprivatizar *v. tr.* Devolver al sector privado empresas, propiedades, etc., que el Estado había nacionalizado anteriormente. ■ Delante de *e* se escribe *c* en lugar de *z*: *reprivatice.* **ANT.** Estatalizar, nacionalizar. **FAM.** Reprivatización. PRIVATIZAR.

reprobar (del lat. *reprobare*) *v. tr.* Censurar o no aprobar algo o la conducta de alguien. ■ Es v. irreg. Se conjuga como *contar.* **SIN.** Desaprobar, condenar, criticar, reprochar. **ANT.** Alabar, aplaudir. **FAM.** Reprobable, reprobación, reprobador, reprobatorio, réprobo. PROBAR.

réprobo, ba (del lat. *reprobus*) *adj.* **1.** En la rel. católica, apartado de la Iglesia o condenado al infierno. También *s. m.* y *f.* **2.** Apartado de la convivencia en comunidad. También *s. m.* y *f.* **SIN. 1.** Hereje. **2.** Proscrito.

reprochar (del port. *reprochar*) *v. tr.* Dirigir quejas a alguien desaprobando su conducta: *Le reprocharon su ausencia.* También *v. prnl.* con valor reflexivo: *No tengo nada que reprocharme.* **SIN.** Recriminar, reprobar, reprender, criticar, condenar, censurar, afear. **ANT.** Disculpar, alabar. **FAM.** Reprochable, reproche. / Irreprochable.

reproche *s. m.* **1.** Acción de reprochar. **2.** Expresión o palabras con que se reprocha. **SIN. 1.** y **2.** Recriminación, amonestación, reconvención, crítica, queja. **ANT. 1.** y **2.** Felicitación.

reproducción *s. f.* **1.** Acción de reproducir o reproducirse: *la reproducción del sonido.* **2.** Cosa hecha al reproducir, copiar o imitar a otra: *Compró una reproducción de Goya.* **3.** Proceso por el que uno o dos organismos vivos dan lugar a la aparición de un individuo nuevo de la misma especie. || **4. reproducción asexual** La que suele tener lugar a partir de un solo individuo, sin intervención de células haploides especializadas o gametos, y que es característica de protozoos, plantas, celentéreos, etc. **5. reproducción sexual** La que normalmente necesita de la participación de dos individuos, cada uno de los cuales genera células con la mitad del número de cromosomas (células haploides o gametos) que se unen para formar un cigoto. **SIN. 2.** Copia, imitación, calco, remedo, réplica, duplicado, repetición. **3.** Generación, procreación.

reproducir *v. tr.* **1.** Volver a producir. También *v. prnl.*: *Ayer se reprodujeron los desórdenes.* **2.** Volver a decir lo que ya se ha dicho: *No puedo reproducir fielmente sus palabras.* **3.** Sacar copia de algo, usando o no procedimientos mecánicos. **4.** Ser copia de un original: *Esta fotografía reproduce un cuadro famoso.* || **reproducirse** *v. prnl.* **5.** Producir individuos de una especie animal o vegetal otros seres de su misma especie: *La mayoría de las plantas se reproducen mediante semillas.* ■ Es v. irreg. Se conjuga como *conducir.* **SIN. 1.** Reaparecer. **1.** a **4.** Repetir. **3.** y **4.** Copiar, imitar, calcar. **5.** Procrear, propagarse, engendrar, multiplicarse. **FAM.** Reproducción, reproductivo, reproductor. PRODUCIR.

reproductor, ra *adj.* **1.** Que reproduce o sirve para reproducir. También *s. m.* y *f.* **2.** Particularmente, se dice del animal que se destina especialmente a la reproducción con el fin de mejorar la raza. También *s. m.* y *f.* || **3. aparato reproductor** Conjunto de órganos que intervienen de forma más o menos directa en la reproducción de los organismos vivos.

reprografía *s. f.* Reproducción de documentos por medios mecánicos, como la fotografía, la fotocopia, el microfilme, etc. FAM. Reprográfico, reprógrafo.

reps (fr.) *s. m.* Tela que se usa en tapicería. ■ No varía en *pl.*

reptación *s. f.* Desplazamiento del cuerpo sobre una superficie sin ayuda de ningún miembro. Es característico de muchos reptiles.

reptar (del lat. *reptare*) *v. intr.* Desplazarse con el cuerpo tocando el suelo y, en el caso de muchos reptiles y otros animales, sin ayuda de ningún miembro: *Las culebras reptan. Los soldados reptaban para avanzar.* SIN. Arrastrarse, deslizarse, culebrear, serpentear. FAM. Reptación, reptador, reptante, reptil.

reptil *adj.* **1.** Se dice de los animales vertebrados cuyo cuerpo está cubierto de escamas, que en algunos casos forman caparazón, tienen sangre fría y respiran por medio de pulmones. Mudan periódicamente la piel, tienen circulación doble, fecundación interna y se reproducen por huevos. Son reptiles las tortugas, los cocodrilos, los lagartos y las serpientes. También *s. m.* || *s. m. pl.* **2.** Clase a la que pertenecen estos animales. || **3. fondo de reptiles** Dinero que tienen organismos oficiales y privados para gastos que no se desea hacer públicos.

república (del lat. *res publica*, cosa pública) *s. f.* **1.** Forma de gobierno representativa en la que el poder del jefe de Estado o presidente procede del voto de todos o parte de los ciudadanos. **2.** Nación o estado que tiene esta forma de gobierno: *Francia es una república.* || **3. república de las letras** (o **literaria**) Conjunto de los hombres sabios y cultos de un país. FAM. Republicanismo, republicano.

republicanismo *s. m.* **1.** Sistema político que defiende la república como forma de gobierno. **2.** Preferencia por esta forma de gobierno.

republicano, na *adj.* **1.** De la república: *constitución republicana.* **2.** Partidario de la república: *partido republicano.* También *s. m.* y *f.*

repudiar (del lat. *repudiare*) *v. tr.* **1.** Rechazar o condenar algo: *Repudio la violencia.* **2.** Rechazar legalmente el marido a su mujer. SIN. **1.** Censurar, reprobar. ANT. **1.** Aprobar, apoyar. FAM. Repudiable, repudio.

repudio *s. m.* Acción de repudiar: *Su crueldad merece nuestro repudio.* SIN. Rechazo, condena, censura. ANT. Aprobación.

repudrir *v. tr.* **1.** Pudrir mucho. También *v. prnl.*: *Con este calor, la comida se repudre.* || **repudrirse** *v. prnl.* **2.** *fam.* Sufrir por algo que se calla o disimula: *Aunque no quiera confesarlo, se repudre de tristeza.* ■ Es v. irreg. Se conjuga como *pudrir.* SIN. **1.** Corromper(se), descomponer(se). **2.** Consumirse, concomerse.

repuesto, ta (del lat. *repositus*) **1.** *p.* irreg. de **reponer**. También *adj.* || *adj.* **2.** Que se ha recuperado después de una enfermedad, un disgusto, etc.: *Ya está repuesto del accidente.* || *s. m.* **3.** Pieza de un mecanismo que se puede conseguir suelta para sustituir a otra: *repuestos para el coche.* **4.** Conjunto de comestibles u otras cosas que se tienen para caso de necesidad. || LOC. **de repuesto** *adj.* Como reserva: *Llévate un bolígrafo de repuesto al examen.* SIN. **2.** Restablecido. **3.** Recambio. **4.** Provisión.

repugnancia (del lat. *repugnantia*) *s. f.* **1.** Malestar físico provocado por aquello que resulta desagradable: *Las cucarachas le producen repugnancia.* **2.** Odio o antipatía hacia personas o cosas: *Su comportamiento me causa repugnancia.* **3.** Disgusto o desagrado con que se hace algo, o resistencia a hacerlo. **4.** En fil., incompatibilidad entre dos atributos de una misma cosa. SIN. **1.** y **2.** Repulsión. **1.** a **3.** Asco. **2.** Animosidad, animadversión, aborrecimiento. **2.** y **3.** Repulsa, rechazo. ANT. **1.** a **3.** Agrado. **1.** y **3.** Gusto. **3.** Ganas. **4.** Compatibilidad.

repugnante *adj.* Que produce repugnancia, asco o aversión: *Este estanque despide un olor repugnante.* SIN. Repulsivo, asqueroso, nauseabundo. ANT. Agradable.

repugnar (del lat. *repugnare*) *v. intr.* **1.** Causar repugnancia: *Ese olor me repugna. La mentira me repugna. Me repugna tener que pedirle perdón.* || **repugnarse** *v. prnl.* **2.** Repelerse dos cosas: *La virtud y el vicio se repugnan.* También *v. tr.* SIN. **1.** Asquear; disgustar, violentar, fastidiar. **2.** Oponerse, contradecirse. ANT. **1.** Agradar, gustar. **1.** y **2.** Atraer(se). FAM. Repugnancia, repugnante, repugnantemente. PUGNAR.

repujado, da 1. *p.* de **repujar**. || *s. m.* **2.** Acción de repujar. **3.** Objeto que tiene este trabajo.

repujar (del cat. *repujar*) *v. tr.* Trabajar con martillo, punzón y cincel chapas de metal, cuero, etc., de modo que en una de sus caras resulten figuras en relieve. SIN. Labrar. FAM. Repujado, repujador.

repulgo *s. m.* **1.** Dobladillo hecho en una tela y punto apretado con que se cose. **2.** Pliegue de masa con que se adorna el borde de empanadas y pasteles. **3.** Costra que se forma en el borde de una herida o en el corte de un árbol. || *s. m. pl.* **4.** *fam.* Melindres, escrúpulos.

repulir (del lat. *repolire*) *v. tr.* **1.** Pulir de nuevo o con insistencia una cosa: *Se pasa el día repuliendo los muebles.* **2.** Acicalar con demasiado cuidado la figura y el rostro. También *v. prnl.* SIN. **2.** Atildar(se), engalanar(se), emperifollar(se). ANT. **2.** Descuidar(se). FAM. Repulido. PULIR.

repulsa (del lat. *repulsa*) *s. f.* **1.** Condena enérgica: *Todos expresaron su repulsa ante ese crimen.* **2.** Reprimenda severa: *La repulsa del profesor le dejó muy preocupado.* SIN. **1.** Rechazo, repulsión, reprobación, repudio. **2.** Bronca, rapapolvo. ANT. **1.** Aprobación. **2.** Felicitación.

repulsión (del lat. *repulsio, -onis*) *s. f.* **1.** Acción de repeler. **2.** Repugnancia: *Su aspecto me produce repulsión.* **3.** Repulsa, condena. **4.** En fís., fuerza que tiende a separar los cuerpos de igual polaridad eléctrica. SIN. **1.** a **3.** Rechazo. **2.** Aversión, aborrecimiento. **3.** Censura, reprobación, repudio. ANT. **1.** y **2.** Atracción. **2.** Gusto. **3.** Aprobación, apoyo. FAM. Repulsa, repulsivo. REPELER.

repulsivo, va *adj.* Que causa repulsión: *un sabor repulsivo, un carácter repulsivo.* SIN. Repugnante, repelente, asqueroso, nauseabundo, desagradable. ANT. Agradable, atractivo.

repuntar *v. intr.* **1.** Empezar a manifestarse alguna cosa, como una enfermedad, un cambio de tiempo, etc.: *La gripe ya vuelve a repuntar.* **2.** *Amér.* Aparecer alguien de improviso. **3.** Comenzar a subir o bajar la marea. || **repuntarse** *v. prnl.* **4.** Enfadarse ligeramente una persona con otra. **5.** Empezar a avinagrarse el vino. FAM. Repunta, repunte. PUNTA.

repunte *s. m.* Acción de repuntar.

reputación (del lat. *reputatio, -onis*) *s. f.* **1.** Opinión que se tiene sobre alguien o algo: *Es un local de mala reputación.* **2.** Prestigio: *Ese médico tiene mucha reputación.* SIN. **1.** y **2.** Fama. **2.** Renombre, celebridad, notoriedad.

reputado, da 1. *p.* de **reputar.** || *adj.* **2.** Famoso por su gran calidad: *un reputado hombre de ciencia.* SIN. **2.** Renombrado, prestigioso, célebre, notorio. ANT. **2.** Desconocido.

reputar (del lat. *reputare*) *v. tr.* Juzgar la calidad de alguien o algo: *La crítica reputa de excelente el cuadro.* También *v. prnl.* SIN. Estimar, calificar, conceptuar, considerar. FAM. Reputación, reputado.

requebrar (del lat. *recrepare*, hacer resonar) *v. tr.* Piropear: *Le gusta requebrar a las chicas.* ■ Es v. irreg. Se conjuga como *pensar.* SIN. Galantear, lisonjear. FAM. Requiebro. QUEBRAR.

requemar (del lat. *recremare*) *v. tr.* **1.** Quemar o tostar de nuevo o en exceso una cosa. También *v. prnl.*: *El pollo se ha requemado en el horno.* **2.** Causar picor o ardor una comida o bebida: *Ese licor requema la garganta.* También *v. prnl.* **3.** Secar las plantas: *El sol ha requemado las flores del jardín.* También *v. prnl.* **4.** Causar sufrimiento interno algo que se calla o disimula: *Ese desengaño le requemaba por dentro.* También *v. intr.* y *v. prnl.* **5.** Impacientar: *Su lentitud me requema la sangre.* También *v. prnl.* SIN. **1.** y **3.** Calcinar(se). **2.** Resquemar(se). **3.** Resecar(se). **4.** Reconcomer(se), atormentar(se). **5.** Calentar(se), encender(se). ANT. **2.** y **4.** Aliviar(se). **3.** Reverdecer. **5.** Calmar(se). FAM. Requemado. QUEMAR.

requerimiento *s. m.* **1.** Acción de requerir. **2.** En der., acto judicial por el que se obliga a que se haga o se deje de hacer algo.

requerir (del lat. *requerire*) *v. tr.* **1.** Pedir algo la autoridad: *El juez requirió su presencia.* **2.** Necesitar: *Los niños requieren muchos cuidados.* **3.** Solicitar: *La requirió en matrimonio.* || LOC. **requerir de amores** Solicitar el amor de alguien. ■ Es v. irreg. Se conjuga como *sentir.* SIN. **2.** Precisar. **3.** Pretender. FAM. Requerimiento, requirente. / Requilorio, requisar, requisito.

requesón *s. m.* **1.** Masa blanca y mantecosa que se obtiene cuajando la leche. **2.** Cuajada que se saca de los residuos de la leche después de hecho el queso.

requete- *pref. fam.* Equivale a *muy* e intensifica el significado de las palabras a las que se une: *requetebueno, requetebién, requeteguapo.*

requeté *s. m.* Cuerpo de voluntarios carlistas que luchó en las guerras civiles de los s. XIX y XX e individuo de este cuerpo.

requetebién *adv.* Muy bien. SIN. Fenomenal, estupendo. ANT. Fatal.

requiebro *s. m.* Piropo, galantería.

réquiem (del lat. *requies, -etis*, descanso) *s. m.* **1.** Oración que se reza en la iglesia por los difuntos. **2.** Composición musical escrita sobre el texto de la misa que se dedica a los difuntos. ■ Su pl. es *réquiems.*

requiescat in pace (lat.) *expr.* Significa 'descanse en paz' y se emplea para despedir a los difuntos, tanto en la liturgia como en esquelas e inscripciones. ■ Se usa mucho su forma abreviada *RIP.*

requilorio *s. m.* **1.** *fam.* Formalidad o rodeo innecesario. Se usa más en *pl.*: *Déjate de requilorios y ve al grano.* **2.** Adorno innecesario o excesivo. Se usa más en *pl.* SIN. **1.** Zarandaja. **2.** Perifollo. FAM. Véase **requerir.**

requinto *s. m. Ven.* Instrumento musical de diez cuerdas, más pequeño que la guitarra, que se toca con púa.

requisa (adaptación del fr. *réquisition*) *s. f.* **1.** Acción de requisar: *requisa de bienes.* **2.** Inspección. SIN. **1.** Embargo, confiscación, expropiación, encautamiento, decomiso. **2.** Revista, examen. ANT. **1.** Devolución.

requisar *v. tr.* Incautar algo la autoridad, generalmente a cambio de una indemnización y, particularmente, apoderarse el ejército de vehículos, alimentos y otras cosas necesarias en tiempo de guerra. SIN. Expropiar, confiscar. FAM. Requisa. REQUERIR.

requisito *s. m.* Condición necesaria o exigida para una cosa: *Hay que cumplir el requisito de ser mayor de edad.* FAM. Requisitorio. REQUERIR.

requisitorio, ria *adj.* En der., se dice de la orden dada por un juez para la busca y captura de un delincuente. También *s. f.* y, a veces, *s. m.*

res (del lat. *res*, cosa) *s. f.* Animal cuadrúpedo de las especies de ganado vacuno, lanar y cabrío y de algunas especies salvajes, como el jabalí y el venado. SIN. Cabeza.

resabiado, da 1. *p.* de **resabiar.** || *adj.* **2.** Maleado: *Ese caballo está muy resabiado; en cuanto te descuidas te tira al suelo.*

resabiar *v. tr.* Hacer que una persona o animal adquieran un vicio o mala costumbre o que alguien pierda su ingenuidad. También *v. prnl.* SIN. Malear(se), viciar(se). FAM. Resabiado, resabio. SABER[1].

resabido, da *adj.* Que presume de saber mucho. También *s. m.* y *f.* SIN. Sabihondo, sabelotodo.

resabio (del lat. *resapere*, tener sabor) *s. m.* **1.** Sabor desagradable: *El limón me dejó un resabio ácido en la boca.* **2.** Vicio o mala costumbre que proviene de experiencias anteriores: *Tiene resabios de niño rico.* SIN. **1.** Regusto, rastro. **2.** Maña.

resaca *s. f.* **1.** Movimiento de retroceso de las olas tras romper en la orilla: *Hoy no nos podemos bañar porque hay mucha resaca.* **2.** Malestar físico que se siente al día siguiente de haber bebido alcohol en exceso.

resalado, da *adj. fam.* Que es muy gracioso en sus gestos, palabras, etc.: *¡Qué chaval más resalado!* SIN. Simpático, saleroso, garboso, majo, divertido. ANT. Soso.

resaltar *v. intr.* **1.** Distinguirse mucho una persona o cosa entre otras: *Resalta en la clase por su inteligencia.* También *v. tr.*: *Resaltó las palabras subrayándolas.* **2.** Sobresalir un cuerpo o parte de él en edificios, superficies, etc.: *La cornisa resalta mucho de la fachada.* SIN. **1.** Destacar, descollar, brillar. **2.** Proyectarse. ANT. **1.** y **2.** Igualarse. FAM. Resalte, resalto. SALTAR.

resalte o **resalto** *s. m.* **1.** Acción de resaltar. **2.** Parte que sobresale de la superficie de una cosa: *Se agarró al resalte del muro.* SIN. **2.** Saliente, pico, saledizo. ANT. **2.** Entrante.

resarcir (del lat. *resarcire*) *v. tr.* Compensar a alguien por algún daño o pérdida que se le ha causado: *El seguro le resarció por el accidente.* También *v. prnl.*: *El equipo se resarció de su última derrota.* ■ Delante de *a* y *o* se escribe *z* en lugar de *c*: *resarza.* SIN. Reparar, indemnizar, satisfacer. FAM. Resarcible, resarcimiento.

resbalada *s. f. Arg., Par., Chile,* y *Urug.* Resbalón, caída.

resbaladizo, za *adj.* **1.** Que hace resbalar fácilmente: *La carretera está muy resbaladiza por el hielo.* **2.** Difícil, comprometido, que puede llevar a error: *Es una cuestión muy resbaladiza en la que no hay que descuidarse.* SIN. **1.** Deslizante, resbaloso. **1.** y **2.** Escurridizo. **2.** Peliagudo.

resbaladura *s. f.* Huella que deja un resbalón.

resbalar *v. intr.* **1.** Desplazarse alguien o algo sobre una superficie cayendo, perdiendo su dirección o posición, o el control de sus movimientos: *Resbalé con una piel de plátano.* También *v. prnl.*: *Se resbaló por culpa del hielo.* **2.** Provocar algo este mismo efecto: *Este suelo resbala.* **3.** Caer algo lentamente por una superficie: *Una lágrima resbaló por su mejilla.* **4.** Equivocarse. También *v. prnl.*: *El periódico se resbaló con esa noticia.* || LOC. **resbalarle** a uno algo *fam.* Dejarle indiferente: *Tus razones me resbalan.* SIN. **1.** a **3.** Deslizar, escurrir. **1.**, **2.** y **4.** Patinar. **4.** Colarse, columpiarse. ANT. **4.** Acertar. FAM. Resbalada, resbaladizo, resbaladura, resbalamiento, resbalante, resbalón, resbaloso.

resbalón *s. m.* **1.** Acción de resbalar o resbalarse: *Cayó al suelo por un resbalón.* **2.** Pestillo de algunas cerraduras que retrocede al resbalar por el borde del cajetín y queda encajado en éste por la presión de un resorte. **3.** *fam.* Indiscreción, metedura de pata. SIN. **3.** Patinazo, chasco, desliz. ANT. **3.** Acierto.

rescatar (del lat. *captare*, intentar coger) *v. tr.* **1.** Recuperar por la fuerza o a cambio de dinero a las personas o cosas de las que alguien se ha apoderado: *La policía ha rescatado a los rehenes.* **2.** Librar de un peligro, molestia, daño, etc.: *La rescataron del incendio.* **3.** Recuperar algo que se había olvidado, perdido, etc.: *La radio rescata viejas canciones.* SIN. **1.** y **2.** Liberar. **3.** Revivir, recobrar. FAM. Rescatado, rescate. CATAR.

rescate *s. m.* **1.** Acción de rescatar: *El rescate fue un éxito.* **2.** Dinero que se pide o se paga para liberar a alguien o algo: *Los secuestradores piden un rescate muy alto.* **3.** Juego infantil en que unos niños persiguen a otros, pudiendo los atrapados ser rescatados por los compañeros de su propio equipo. SIN. **1.** Liberación.

rescindir (del lat. *rescindere*) *v. tr.* Dejar sin validez un contrato, obligación, etc. SIN. Anular, invalidar, cancelar. ANT. Confirmar, prorrogar. FAM. Rescindible. / Irrescindible. ESCINDIR.

rescisión (del lat. *rescissio, -onis*) *s. f.* Acción de rescindir: *Estoy negociando la rescisión de mi contrato.* SIN. Anulación, invalidación, cancelación. ANT. Confirmación.

rescisorio, ria *adj.* Que rescinde, sirve para rescindir o es consecuencia de una rescisión.

rescoldo *s. m.* **1.** Resto de brasa que queda bajo las cenizas. **2.** Resto que permanece de un sentimiento, pasión, etc.

resecar[1] *v. tr.* Hacer que algo se seque mucho: *El sol reseca la piel.* También *v. prnl.* ■ Delante de *e* se escribe *qu* en lugar de *c*: *reseque.* SIN. Secar(se), deshidratar(se). ANT. Humedecer(se), mojar(se). FAM. Resecación, resecamiento. RESECO.

resecar[2] (del lat. *resecare*, cortar) *v. tr.* Hacer una resección. ■ Delante de *e* se escribe *qu* en lugar de *c*: *reseque.* SIN. Extirpar.

resección (del lat. *resectio, -onis*, acción de cortar) *s. f.* Operación que consiste en cortar y separar total o parcialmente un órgano, un tejido, etc. SIN. Extirpación. FAM. Resecar[2]. SECCIÓN.

reseco, ca *adj.* **1.** Demasiado seco: *una tierra reseca, una piel reseca.* **2.** Flaco: *Una vieja reseca nos indicó el camino.* SIN. **1.** Deshidratado, árido. **2.** Esquelético, chupado, consumido, descarnado. ANT. **1.** Húmedo. **2.** Gordo. FAM. Resecar[1]. SECO.

resembrar *v. tr.* Volver a sembrar. ■ Es v. irreg. Se conjuga como *pensar.*

resentido, da 1. *p.* de **resentirse**. También *adj.*: *Desde que me caí, tengo la pierna resentida.* || *adj.* **2.** Que muestra o tiene resentimiento hacia alguien: *No estés resentida con él; lo hizo sin intención de ofenderte.* También *s. m.* y *f.* SIN. **2.** Molesto, ofendido, disgustado, apenado, enojado; rencoroso, amargado. ANT. **2.** Agradecido.

resentimiento *s. m.* Rencor: *Olvida tus resentimientos y ayúdale.* SIN. Animosidad, animadversión, resquemor, antipatía. ANT. Simpatía.

resentirse *v. prnl.* **1.** Debilitarse: *Con la edad, la salud se resiente.* **2.** Sentir dolor o molestia a causa de alguna enfermedad o dolencia pasada: *Aún se resiente de la operación de cadera.* **3.** Sentir alguien disgusto por algo que le han hecho o dicho: *Se resintió porque te burlaste de él.* ■ Es v. irreg. Se conjuga como *sentir.* SIN. **1.** Desgastarse, consumirse, flaquear, decaer. **2.** y **3.** Dolerse. **3.** Disgustarse, molestarse, ofenderse. ANT. **1.** Fortalecerse. **3.** Contentarse, alegrarse. FAM. Resentido, resentimiento. SENTIR[1].

reseña *s. f.* **1.** Escrito que comenta y critica brevemente una obra literaria o científica, o un tema o acontecimiento determinado: *una reseña de su primer libro, una reseña del partido de baloncesto, una reseña de los mejores hoteles.* **2.** Descripción de los rasgos distintivos de alguien o algo: *Detuvieron al ladrón gracias a la reseña que de él hizo un testigo.* **3.** Relato breve: *Hizo una rápida reseña del viaje.* SIN. **1.** Recensión, nota, crítica, comentario. FAM. Reseñar. SEÑA.

reseñar (del lat. *resignare*, tomar nota) *v. tr.* Hacer una reseña. SIN. Criticar, comentar, anotar, resumir; explicar, describir, referir. FAM. Reseñador. RESEÑA.

reserva *s. f.* **1.** Acción de pedir con antelación una plaza en un avión, tren, hotel, etc., y documento que lo acredita: *Hizo la reserva del hotel por teléfono.* **2.** Conjunto de cosas que se tienen guardadas para cuando sea necesario: *Necesitamos una buena reserva de leña para el invierno.* **3.** Prudencia, discreción: *Confío en tu reserva para que nadie más se entere de esto.* **4.** Duda, objeción o desacuerdo, y especialmente las que se hacen constar al emitir un voto, en un trato, promesa, acuerdo, etc.: *Mostró muchas reservas sobre mi teoría. Dos de los países aceptaron con reservas el pacto.* **5.** Fondo de recursos económicos de una empresa que se crea para hacer frente a una situación de crisis o para financiar su expansión. **6.** Parte del ejército que no está en servicio activo y situación de los militares que pertenecen a la misma: *Varios oficiales han pasado por su edad a la reserva.* **7.** En Estados Unidos y Canadá, territorio que se concede a una comunidad indígena: *Visitó una reserva sioux.* || *s. f. pl.* **8.** Sustancias que se almacenan en determinadas células de las plantas o de los animales y que son utilizadas por el organismo para su nutrición en caso necesario. || *s. m.* y *f.* **9.** Persona que sustituye a otra en ciertas competiciones deportivas en caso necesario: *El portero se lesionó y sacaron al reserva.* || *s. m.* **10.** Vino que posee una crianza mínima de tres años: *Bebimos un buen reserva en la cena.* || **11. reserva mental** En der., salvedad o restricción que se hace mentalmente al jurar, prometer o declarar algo. **12. reserva nacional** Parque* nacional. || LOC. **a reserva de** *adv.* Condicionado a: *A reserva de un análisis más profundo, tu plan me gusta.* SIN. **1.** Reservación. **2.** Provisión. **3.** Cautela. **4.** Prevención, inconveniente. ANT. **4.** Confianza.

reservación *s. f. Amér.* Reserva de habitaciones, localidades para un espectáculo, etc.

reservado, da 1. *p.* de **reservar**. También *adj.*: *Tiene mesa reservada en el restaurante.* || *adj.* **2.** Introvertido, muy callado: *Como es tan reservado, nunca sé lo que piensa.* **3.** Secreto, que no se debe conocer: *Consideran el asunto materia reservada.* || *s. m.* **4.** Habitación de un establecimiento destinada sólo a personas o usos determinados: *Celebraron la fiesta en un reservado del hotel.* **SIN. 2.** Discreto, comedido, cerrado, silencioso. **3.** Confidencial. **ANT. 2.** Indiscreto, hablador. **3.** Público. **FAM.** Reservadamente. RESERVAR.

reservar (del lat. *reservare*) *v. tr.* **1.** Hacer una reserva: *Ha reservado habitación en el mejor hotel. Reserva algo de dinero para el fin de semana.* **2.** Dejar para más adelante: *Reserva tus comentarios para mejor ocasión.* **3.** Hacer que algo se destine para el uso exclusivo de una persona o personas determinadas: *Reserva ese cuarto para su futuro hijo.* || **reservarse** *v. prnl.* **4.** No actuar alguien para hacerlo en mejor ocasión: *Me reservo para un torneo más importante.* **SIN. 1.** Apartar. **FAM.** Reserva, reservable, reservación, reservado, reservista, reservón, reservorio.

reservista *adj.* Se dice del militar perteneciente a la reserva. También *s. m.*

reservón, na *adj. fam.* Excesivamente reservado por prudencia o por malicia.

reservorio *s. m.* **1.** Parte o cavidad de un organismo donde se acumulan sustancias nutritivas o de desecho. **2.** *Amér.* Depósito, estanque.

resfriado, da 1. *p.* de **resfriar**. || *adj.* **2.** Que tiene un resfriado: *El abuelo está resfriado.* || *s. m.* **3.** Enfermedad de las vías respiratorias de poca gravedad, causada por virus, que se caracteriza por abundante mucosidad acuosa, tos, estornudos, dolor de cabeza y, a veces, fiebre moderada. **SIN. 2.** Acatarrado. **2.** y **3.** Constipado. **3.** Catarro, enfriamiento, resfriamiento.

resfriar *v. intr.* **1.** Comenzar a hacer frío: *Llévate una chaqueta, porque por las noches ya resfría un poco.* || **resfriarse** *v. prnl.* **2.** Coger un resfriado: *Con estos cambios de temperatura, me he resfriado.* ■ En cuanto al acento, se conjuga como *ansiar*: *resfría.* **SIN. 1.** Refrescar. **2.** Acatarrarse, constiparse, enfriarse. **FAM.** Resfriado, resfriamiento, resfrío. FRÍO.

resguardar *v. tr.* **1.** Proteger, poner a cubierto: *Hay que resguardar las plantas del frío.* También *v. intr.* y *v. prnl.*: *Ese muro resguarda del viento. Me resguardé de la lluvia bajo un soportal.* || **resguardarse** *v. prnl.* **2.** Prevenirse para evitar un posible daño: *Resguárdate bien antes de negociar con él.* **SIN. 1.** Guarecer(se), preservar, amparar(se), refugiar(se), defender(se), abrigar. **2.** Precaverse. **ANT. 1.** Desproteger. **2.** Confiarse. **FAM.** Resguardo. GUARDAR.

resguardo *s. m.* **1.** Acción de resguardar. **2.** Cosa que sirve para resguardar. **3.** Documento escrito que acredita que alguien ha hecho un pago, una entrega, una gestión, etc. **SIN. 1.** y **2.** Protección, amparo, refugio, abrigo. **3.** Recibo, justificante, comprobante, talón, garantía. **ANT. 1.** Desprotección.

residencia (del lat. *residens, -entis*) *s. f.* **1.** Acción de residir: *Conservo buenos recuerdos de mi residencia en París.* **2.** Lugar en que uno reside: *Su residencia habitual es Madrid.* **3.** Casa lujosa: *Mañana hay una fiesta en la residencia del embajador.* **4.** Casa o conjunto de casas donde viven personas de la misma ocupación, sexo, edad, estado, etc., y que tiene una cierta reglamentación: *residencia de ancianos, residencia de estudiantes.* **5.** Establecimiento público donde se alojan viajeros o huéspedes, generalmente de categoría intermedia entre el hotel y la pensión. **6.** Casa de ciertas comunidades religiosas: *la residencia de los jesuitas.* **7.** Centro hospitalario. **SIN. 1.** Estancia. **2.** Domicilio. **3.** Mansión. **FAM.** Residencial. RESIDIR.

residencial *adj.* Se dice de la parte de una localidad donde se encuentran las viviendas más lujosas, generalmente con jardín, y también de estas mismas viviendas: *barrio residencial, edificio residencial.*

residente *adj.* Que reside o vive en un lugar. También *s. m.* y *f.*: *Han construido un aparcamiento para los residentes.*

residir (del lat. *residere*) *v. intr.* **1.** Vivir habitualmente en el lugar que se expresa: *Es español, pero reside en Oregón desde hace años.* **2.** Tener algo su causa o explicación en lo que se indica: *El problema reside en la falta de organización.* **3.** Corresponder a alguien o algo una responsabilidad, un derecho, etc.: *El poder legislativo reside en las Cortes.* **SIN. 1.** Habitar, morar. **2.** Consistir, estribar. **2.** y **3.** Radicar. **3.** Incumbir, competer, descansar. **FAM.** Residencia, residente.

residual *adj.* **1.** Relativo al residuo. **2.** Se dice de lo que sobra o queda como residuo: *aguas residuales.*

residuo (del lat. *residuum*) *s. m.* **1.** Parte que queda o sobra de un todo: *El fuego casi se ha apagado, sólo queda un pequeño residuo.* **2.** Aquello que resulta de la descomposición o destrucción de una cosa: *El orujo es el residuo de la uva exprimida.* **3.** Resultado de la operación de restar. || *s. m. pl.* **4.** Materiales que quedan como inservibles en cualquier proceso u operación: *Tira esos residuos a la basura.* **SIN. 1.** Remanente, restante, sobrante. **1.** a **4.** Resto(s). **4.** Sobras, despojos, desechos. **FAM.** Residual.

resignación *s. f.* **1.** Acción de resignarse: *No le quedó otra salida que la resignación.* **2.** Capacidad para soportar las situaciones adversas: *Ante el fracaso, debes tener resignación.* **SIN. 1.** Sumisión, entrega; renuncia, dimisión. **2.** Conformidad, paciencia. **ANT. 2.** Rebeldía.

resignar (del lat. *resignare*, entregar) *v. tr.* **1.** Renunciar en circunstancias especiales a un beneficio o autoridad y entregarlo a otro: *Debido a la enfermedad, resignó su cargo en el vicepresidente.* || **resignarse** *v. prnl.* **2.** Aceptar las situaciones desfavorables, conformarse: *Se resignó a no hacer el viaje.* **SIN. 1.** Dimitir, abandonar. **2.** Someterse, condescender. **ANT. 2.** Rebelarse. **FAM.** Resignación, resignadamente. SIGNAR.

resina (del lat. *resina*) *s. f.* Sustancia sólida o de consistencia pastosa, que suele ser muy pegajosa y que se obtiene naturalmente de algunas plantas, como el pino, o artificialmente mediante reacciones de polimerización. Estas últimas son muy utilizadas en la fabricación de plásticos, colas y lacas. **FAM.** Resinar, resinero, resinífero, resinoso. / Gomorresina.

resinar *v. tr.* Obtener la resina de los árboles que la producen, haciendo cortes en su tronco para que fluya: *Resinaron los pinos.* **FAM.** Resinación. RESINA.

resinífero, ra *adj.* Que tiene mucha resina. **SIN.** Resinoso.

resistencia (del lat. *resistentia*) *s. f.* **1.** Acción de resistir o resistirse. **2.** Capacidad para resistir:

Tiene una enorme resistencia física. **3.** Causa que se opone a la acción de una fuerza. **4.** Fuerza que se opone al movimiento de una máquina y ha de ser vencida por la potencia. **5.** Capacidad de los materiales para soportar fuerzas o esfuerzos de distinta naturaleza. **6.** Dificultad que opone un conductor al paso de la corriente eléctrica. **7.** Elemento que se intercala en un circuito eléctrico para dificultar el paso de la corriente o hacer que ésta se transforme en calor: *Se ha quemado la resistencia del hornillo.* **8.** Movimiento y organización de los habitantes de un país invadido para luchar contra el invasor, especialmente los surgidos en la Segunda Guerra Mundial contra las tropas alemanas. **SIN. 1.** Oposición, obstinación, negativa. **2.** Vigor, vitalidad, energía, fortaleza, aguante. **5.** Firmeza, dureza. **6.** Conductividad. **ANT. 1.** Abandono, renuncia, resignación. **2.** Debilidad. **5.** Fragilidad. **8.** Colaboracionismo. **FAM.** Fotorresistencia. RESISTIR.

resistente (del lat. *resistens, -entis*) *adj.* **1.** Que resiste: *un calzado resistente, una planta resistente a los virus, un corredor muy resistente.* || *s. m.* **2.** Persona que forma parte de la resistencia de un país ocupado militarmente. **SIN. 1.** Fuerte, duro; incansable, infatigable, robusto, vigoroso. **ANT. 1.** Frágil, débil. **2.** Colaboracionista.

resistir (del lat. *resistere*) *v. tr.* **1.** Aguantar, soportar: *Este puente resiste mucho peso. Resisto bien el calor.* También *v. intr.*: *Esa casa ya no resiste en pie. No resisto más.* **2.** Combatir las pasiones, deseos, etc.: *resistir la tentación.* También *v. prnl.*: *Si te apetece, no te resistas.* || **resistirse** *v. prnl.* **3.** Oponerse con fuerza a hacer lo que se expresa: *Se resiste a marcharse de aquí.* **4.** *fam.* Resultar algo para alguien difícil de conseguir, resolver, manejar, etc.: *Este problema se me resiste. Es buen vendedor, no se le resiste un cliente.* **SIN. 1.** Sostener, tolerar, sufrir. **2.** Vencer, dominar. **3.** Rehusar, negarse. **ANT. 1.** Ceder. **2.** Sucumbir. **3.** Aceptar. **FAM.** Resistencia, resistente, resistible, resistividad. / Irresistible.

resistividad *s. f.* Resistencia de un conductor al paso de la corriente por unidad de longitud y sección.

resma (del ár. *rizma*, paquete) *s. f.* En artes gráficas, conjunto de quinientos pliegos de papel.

resobar *v. tr.* Sobar o manosear mucho a una persona o una cosa: *¡Deja de resobar las fotos!* **SIN.** Toquetear. **FAM.** Resobado. SOBAR.

resol *s. m.* **1.** Reflejo del sol: *Baja la persiana que entra mucho resol.* **2.** Luz y calor producidos por este reflejo.

resoli o **resolí** (del fr. *rossolis*, y éste del lat. *ros solis*, rocío del sol, planta) *s. m.* Licor compuesto de aguardiente mezclado con azúcar, canela, anís u otros ingredientes aromáticos. ■ El pl. de la forma *resolí* es *resolíes*, aunque también se utiliza *resolís*.

resollar (de *re-* y el lat. *sufflare*, soplar) *v. intr.* Jadear, respirar entrecortadamente: *Después de la carrera estaba tan agotado que no paraba de resollar.* ■ Es v. irreg. Se conjuga como *contar.* **SIN.** Resoplar, bufar, soplar. **FAM.** Resuello.

resoluble *adj.* Que se puede resolver. **SIN.** Solucionable. **ANT.** Irresoluble.

resolución (del lat. *resolutio, -onis*) *s. f.* **1.** Acción de resolver o resolverse: *Esa pista contribuyó a la resolución del caso.* **2.** Capacidad de decisión, firmeza: *una persona de mucha resolución.* **3.** En der., decisión de una autoridad gubernativa o judicial: *Todavía esperamos la resolución de los tribunales.* **SIN. 2.** Determinación, valor, audacia. **ANT. 2.** Cobardía, indecisión.

resolutivo, va (del lat. *resolutum*, de *resolvere*, resolver) *adj.* **1.** Que resuelve con rapidez y eficacia: *Quieren para el puesto a alguien muy resolutivo.* **2.** Se dice del medicamento que favorece la rápida curación de un proceso patológico. También *s. m.* **SIN. 1.** Eficiente. **1.** y **2.** Eficaz. **ANT. 1.** Inoperante. **FAM.** Resolutivamente. RESOLVER.

resoluto, ta (del lat. *resolutus*) *adj.* **1.** Resuelto, decidido: *Ésta es tarea para gente resoluta y esforzada.* **2.** Diestro, experto. **SIN. 1.** Audaz, valiente, determinado. **2.** Hábil, avezado. **ANT. 1.** Irresoluto, indeciso. **2.** Inexperto.

resolutorio, ria *adj.* Que resuelve o decide. **FAM.** Resolutoriamente. RESOLVER.

resolver (del lat. *resolvere*) *v. tr.* **1.** Hallar la solución a algo: *El detective ha resuelto el caso.* También *v. prnl.* **2.** Tomar una determinación: *Resolvió quedarse en casa estudiando.* También *v. prnl.*: *No me resuelvo a aceptar la oferta.* **3.** Hacer que algo acabe o se solucione: *Ese gol resolvió el partido a nuestro favor.* También *v. prnl.* **4.** Llevar a cabo un asunto, negocio, etc.: *Aún tengo gestiones por resolver antes del viaje.* || **resolverse** *v. prnl.* **5.** Convertirse una cosa en otra más pequeña o de menor importancia: *La tormenta que amenazaba se resolvió en cuatro gotas.* ■ Es v. irreg. Se conjuga como *volver.* **SIN. 1.** Solucionar(se), aclarar(se), averiguar, descifrar. **2.** Optar. **2.** y **3.** Determinar, sentenciar, fallar. **4.** Despachar, tramitar, solventar, zanjar. **5.** Reducirse, limitarse. **ANT. 1.** Complicar(se). **2.** Dudar, vacilar. **FAM.** Resoluble, resolución, resolutivo, resoluto, resolutorio, resuelto. SOLUCIÓN.

resonador, ra *adj.* **1.** Que resuena. || *s. m.* **2.** En fís., cuerpo sonoro que vibra cuando recibe ondas acústicas de determinada frecuencia y amplitud.

resonancia (del lat. *resonantia*) *s. f.* **1.** Sonido producido por repercusión de otro. **2.** Prolongación de un sonido que se repite y va disminuyendo gradualmente. **3.** Cualidad de resonante: *Su voz tiene mucha resonancia.* **4.** Cada uno de los sonidos elementales que acompañan al principal en una nota musical. **5.** Difusión e importancia que adquiere algo: *Su invento tuvo resonancia internacional.* **6.** En fís., fenómeno que se produce cuando se ejerce sobre un sistema en oscilación un movimiento periódico de la misma frecuencia. **SIN. 2.** Reverberación. **2.** y **5.** Eco. **3.** Sonoridad. **5.** Expansión, publicidad, divulgación, bombo. **ANT. 5.** Olvido.

resonar (del lat. *resonare*) *v. intr.* **1.** Sonar fuerte y claramente. **2.** Llenarse un sitio con un sonido que se reproduce o rebota en él: *La casa resuena con sus pisadas.* **3.** Reproducirse un sonido, palabras, etc., en la memoria: *Su voz resuena aún en mis oídos* ■ Es v. irreg. Se conjuga como *contar.* **SIN. 1.** Atronar. **1.** a **3.** Retumbar. **FAM.** Resonación, resonador, resonancia, resonante. SONAR.

resondrar *v. tr. Perú* Amonestar, reñir verbalmente.

resoplar *v. intr.* Dar resoplidos. **SIN.** Resollar, jadear; bufar, gruñir. **FAM.** Resoplido. SOPLAR.

resoplido *s. m.* Sonido que se hace al expulsar con fuerza el aire por la nariz o la boca, debido al cansancio, el enfado, etc.: *Llegó corriendo, agotado y dando resoplidos.* **SIN.** Resuello, jadeo; bufido, gruñido.

resorte (del fr. *ressort*) *s. m.* **1.** Muelle que soporta importantes deformaciones y recupera luego su posición y forma iniciales, desarrollando una fuerza utilizable: *Este resorte sirve para dar cuerda* *al reloj.* **2.** Medio de que uno se vale para lograr un fin: *Me han fallado todos los resortes para conseguir el contrato.* SIN. **2.** Recurso, tecla.

resortera *s. f.* Tirachinas.

respaldar *v. tr.* **1.** Apoyar o proteger a alguien o algo: *Varios bancos respaldan la construcción de la autopista.* También *v. prnl.*: *Siempre se respalda en su familia.* || **respaldarse** *v. prnl.* **2.** Apoyar y descansar la espalda en el respaldo de un asiento o en otra superficie: *Se respaldó cómodamente en la butaca.* SIN. **1.** Ayudar, amparar, avalar, favorecer, alentar. **2.** Recostarse, reclinarse. ANT. **1.** Desaprobar, atacar. FAM. Respaldo. ESPALDA.

respaldo *s. m.* **1.** Parte de un asiento en que se apoya la espalda. **2.** Acción de respaldar: *Necesita nuestro respaldo moral.* SIN. **2.** Apoyo, protección, ayuda.

respe, résped o **réspede** *s. m.* **1.** Lengua de la culebra o de la víbora. **2.** Aguijón de la avispa o de la abeja.

respectar (del lat. *respectare*, mirar, considerar) *v. intr.* Referirse a alguien o algo. ■ Sólo es frecuente en la loc. **por** (o **en**) **lo que respecta a** alguien o algo: *Por lo que a mí respecta, puedes hacer lo que quieras.* SIN. Atañer, concernir, tocar.

respectivamente *adv.* De manera que las cosas que se dicen se refieren a cada una de las personas o cosas mencionadas o presentes según su orden.

respectivo, va *adj.* Correspondiente: *Por favor, diríjanse a sus respectivos asientos.* FAM. Respectivamente. RESPECTO.

respecto (del lat. *respectus*) *s. m.* Razón, relación o proporción de una cosa con otra. ■ Sólo es frecuente en las loc. adv.: **al respecto**, en relación con la cosa de que se trata: *No tengo ninguna información al respecto*; y **(con) respecto a** (o **de**), por lo que se refiere a: *Con respecto a lo hablado, no hay ningún cambio.* FAM. Respectar, respectivo.

respetable *adj.* **1.** Que merece respeto: *una opinión muy respetable.* **2.** Que cumple las normas éticas o morales de una sociedad, mentalidad, etc.: *conducta respetable.* **3.** Bastante grande o cuantioso: *un salario respetable, una altura respetable.* || *s. m.* **4.** *fam.* Público que asiste a un espectáculo: *El torero brindó el toro al respetable.* SIN. **1.** Digno. **2.** Decente, honesto. **3.** Considerable. ANT. **1.** Ridículo. **2.** Indecente. **3.** Insignificante. FAM. Respetabilidad. RESPETAR.

respetar *v. tr.* **1.** Tratar a alguien con la debida consideración: *respetar a los profesores.* **2.** Obedecer una orden, cumplir una norma: *Siempre respeta las normas de circulación.* **3.** Conservar una cosa, no destruirla: *Por favor, respeten las plantas.* SIN. **1.** Honrar. **2.** Acatar, observar, someterse. **3.** Cuidar, preservar. ANT. **1.** Ultrajar, insultar. **2.** Desobedecer. **3.** Romper, maltratar. FAM. Respetable, respeto, respetuoso.

respeto (del lat. *respectus*, atención) *s. m.* **1.** Acción o actitud de respetar: *Trata con respeto a todo el mundo. Sus opiniones merecen mi respeto.* **2.** Miedo, temor: *Los aviones me dan mucho respeto.* || *s. m. pl.* **3.** Expresiones o manifestaciones de cortesía, saludos, etc.: *Presente mis respetos al director.* || LOC. **campar** uno **por sus respetos** Hacer alguien lo que le apetece, sin atender consejos o recomendaciones. SIN. **1.** Consideración, deferencia, cortesía, atención, miramiento, tolerancia, acatamiento. **2.** Aprensión, recelo, prevención. ANT. **1.** Desconsideración.

respetuoso, sa *adj.* Que se porta con respeto o lo demuestra: *Es muy respetuoso con sus padres. Mantuvo una actitud respetuosa.* SIN. Considerado, atento, cortés, mirado, tolerante. ANT. Irrespetuoso. FAM. Respetuosamente, respetuosidad. / Irrespetuoso. RESPETAR.

réspice *s. m.* **1.** Respuesta brusca y seca. **2.** Reprimenda breve, pero fuerte.

respingado, da *adj.* Respingón*.

respingar *v. intr.* **1.** *fam.* Sacudirse y gruñir un animal, generalmente para tirar la carga. **2.** Levantarse o quedar más corta por un lado que por otro una prenda de vestir: *La falda te respinga un poco por detrás.* También *v. prnl.* ■ Delante de *e* se escribe *gu* en lugar de *g*: *respingue.* FAM. Respingado, respingo, respingón.

respingo *s. m.* **1.** Sacudida brusca del cuerpo debido a un susto, sorpresa, etc.: *Dio un respingo al enterarse del precio.* **2.** Acción de respingar: *La chaqueta te hace un respingo.* SIN. **1.** Bote, salto, sobresalto.

respingón, na *adj.* **1.** Que se levanta por el borde. **2.** Particularmente, se dice de la nariz con la punta hacia arriba.

respiración (del lat. *respiratio, -onis*) *s. f.* **1.** Acción de respirar. **2.** Proceso por el cual los seres vivos intercambian gases con el ambiente que los rodea, absorbiendo oxígeno y desprendiendo dióxido de carbono. **3.** Proceso por el cual cada una de las células de un ser vivo pluricelular adquiere energía al romper las moléculas orgánicas, con desprendimiento de dióxido de carbono. **4.** Entrada y salida de aire en un lugar cerrado: *Esta habitación tiene muy mala respiración.* || **5.** **respiración artificial** Conjunto de técnicas empleadas para mantener o restablecer el ritmo respiratorio, cuando fallan los movimientos espontáneos para la respiración. **6.** **respiración asistida** La que está ayudada por aparatos mecánicos. || LOC. **sin respiración** *adv. fam.* Muy asombrado, impresionado o asustado: *Esa noticia me dejó sin respiración.* SIN. **4.** Ventilación, aireación.

respiradero *s. m.* **1.** Abertura de algunos lugares cerrados por donde entra y sale el aire. **2.** Abertura de las cañerías para dar salida al aire. **3.** Pozo de una mina que sirve para dar salida a los gases nocivos.

respirador, ra *adj.* **1.** Se dice de los músculos que sirven para la respiración. || *s. m.* **2.** Aparato utilizado en la práctica de la respiración asistida.

respirar (del lat. *respirare*) *v. intr.* **1.** Realizar los seres vivos el proceso de absorber y expulsar el aire: *Los hombres respiran por medio de los pulmones.* También *v. tr.*: *Vamos a la montaña a respirar aire puro.* **2.** Sentirse alguien aliviado o tranquilo después de una situación difícil: *Por fin podré respirar después de los exámenes.* **3.** Descansar o despejarse después de un trabajo: *Voy a dar una vuelta, porque necesito respirar un poco.* **4.** En construcciones impersonales, refrescar un poco el tiempo: *Durante el día hace mucho calor, pero por las noches se respira un poco.* **5.** *fam.* Generalmente en frases negativas, hablar, manifestar algo: *Los niños se han debido quedar dormidos, porque ya no se les oye respirar.* **6.** Estar vivo: *Aún respira.* || *v. tr.* **7.** Tener o mostrar alguien la cualidad o estado que se expresa: *Respira alegría por todo su cuerpo.* || LOC. **no dejar respirar** a alguien *fam.* No dejarle tranquilo, molestarle, presionarle. **no poder respirar** (o **ni respirar**) Tener mucho trabajo: *No puedo ni res-*

pirar, estoy ocupadísima. SIN. **2.** y **3.** Relajarse. **3.** Oxigenarse. **5.** Resollar, rebullir. **6.** Vivir. **7.** Manifestar, exteriorizar, revelar. FAM. Respirable, respiración, respiradero, respirador, respiratorio, respiro. / Irrespirable. ESPIRAR.

respiratorio, ria *adj.* **1.** Relativo a la respiración: *enfermedades respiratorias, órgano respiratorio, vías respiratorias.* || **2. aparato respiratorio** Conjunto de órganos que permiten a un ser vivo absorber oxígeno del ambiente que lo rodea y expulsar dióxido de carbono. En los vegetales superiores, las hojas desempeñan el papel de órgano respiratorio; en los animales existen diversos tipos de aparatos respiratorios, como las branquias de los animales acuáticos, las tráqueas de los insectos y los pulmones de los vertebrados.

respiro *s. m.* **1.** Momento de descanso en un trabajo o actividad: *Has estado estudiando demasiado tiempo, necesitas un respiro.* **2.** Alivio en una pena, preocupación, enfermedad, etc.: *El dolor de espalda no me da un respiro.* SIN. **1.** Reposo, desahogo, pausa. **1.** y **2.** Tregua.

resplandecer (del lat. *resplendescere*) *v. intr.* **1.** Brillar: *Las estrellas resplandecen en la noche.* **2.** Sobresalir, destacar: *Su belleza resplandecía entre la multitud.* **3.** Reflejar la cualidad que se expresa, especialmente alegría: *Su cara resplandecía de felicidad.* ■ Es v. irreg. Se conjuga como *agradecer.* SIN. **1.** Iluminar, alumbrar, destellar, rutilar, relucir, relumbrar, refulgir. **2.** Resaltar. FAM. Resplandeciente, resplandecimiento. RESPLANDOR.

resplandor *s. m.* **1.** Luz muy clara: *el resplandor del sol, el resplandor de las llamas.* **2.** Brillo muy intenso: *el resplandor del oro.* SIN. **1.** Luminosidad, fulgor. **2.** Brillantez, lustre. ANT. **1.** Oscuridad. **2.** Opacidad. FAM. Resplandecer. ESPLENDOR.

responder (del lat. *respondere*) *v. tr.* **1.** Expresar algo para satisfacer una pregunta, duda, etc.: *Responderé con gusto a lo que quieran saber.* También *v. intr.* **2.** Hacer saber de alguna forma que se ha oído una llamada. También *v. intr.*: *He telefoneado varias veces, pero no responden.* **3.** Corresponder a un saludo, una carta, etc.: *Todavía no han respondido a mi felicitación.* También *v. intr.* **4.** Atacar o contradecir las afirmaciones de otro: *Si no respondes a las acusaciones, te creerán culpable.* También *v. intr.* ■ En esta acepción, además de su pretérito perfecto simple regular *respondí*, puede usarse *repuse.* **5.** Corresponder a una acción realizada por otros: *El público respondió a su actuación con aplausos.* También *v. intr.* || *v. intr.* **6.** Experimentar el resultado o efecto de algo: *El enfermo responde al tratamiento. Los mandos del coche no responden.* **7.** Dar fruto o beneficio: *Si el negocio responde me compraré una casa.* **8.** Sufrir un castigo por algo que se ha cometido: *Respondió de sus muchos crímenes con la cárcel.* **9.** Garantizar: *Yo respondo de su honradez.* **10.** Hacerse responsable de algo: *Cada cual responde de sus actos.* SIN. **1.** a **5.** Contestar. **4.** Replicar. **6.** Reaccionar, obedecer. **7.** Fructificar, rendir. **8.** Purgar, expiar. **9.** Avalar. **10.** Responsabilizarse, asumir. ANT. **1.**, **2.**, **4.** y **5.** Callar. **10.** Inhibirse, desentenderse. FAM. Respondón, responsable, responsorio, respuesta. / Corresponder.

respondón, na *adj. fam.* Que acostumbra a responder de forma irrespetuosa. También *s. m.* y *f.* SIN. Contestón, replicón. ANT. Obediente.

responsabilidad *s. f.* **1.** Cualidad o circunstancia de responsable. || **2. responsabilidad civil** Obligación de indemnizar los daños y perjuicios causados a otros. **3. responsabilidad penal** La originada por un acto que puede constituir delito o falta. SIN. **1.** Culpabilidad. ANT. **1.** Inocencia; irresponsabilidad.

responsabilizar *v. tr.* **1.** Hacer a una persona, institución, etc., responsable de alguna cosa: *Responsabilizó a la empresa de su accidente.* || **responsabilizarse** *v. prnl.* **2.** Asumir la responsabilidad de algo que se expresa: *No me responsabilizo de lo que pueda ocurrir.* ■ Delante de *e* se escribe *c* en lugar de *z*: *responsabilice.* SIN. **1.** Culpar, culpabilizar. **2.** Responder, garantizar, asegurar. ANT. **1.** Exculpar. **2.** Desentenderse, inhibirse.

responsable (del lat. *responsum*) *adj.* **1.** Que puede y debe responder o dar cuenta de sus propios actos o de los de otras personas, del desarrollo o funcionamiento de algo, etc. También *s. m.* y *f.*: *El catedrático es el responsable del curso.* **2.** Culpable de algo. También *s. m.* y *f.* **3.** Se dice de la persona que conoce y se esfuerza por cumplir sus deberes y obligaciones, que pone cuidado y atención en lo que hace o decide. SIN. **1.** Encargado. **3.** Cumplidor. ANT. **1.** y **3.** Irresponsable. **2.** Inocente. FAM. Responsabilidad, responsabilizar, responsablemente. / Irresponsable. RESPONDER.

responso (del lat. *responsum*) *s. m.* **1.** Oración por los difuntos. **2.** *fam.* Regañina, reprimenda: *Me echaron un buen responso por llegar tarde a casa.* SIN. **2.** Bronca, filípica, sermón, riña.

responsorio (del lat. *responsorium*) *s. m.* Serie de versículos y oraciones que se dicen después de las lecciones en los maitines, y en otros rezos. FAM. Responso, responsorial. RESPONDER.

respuesta *s. f.* **1.** Acción de responder: *Estoy esperando su respuesta a mis preguntas. La respuesta del enemigo no se hizo esperar. Señale la respuesta adecuada.* **2.** Reacción de un organismo a un estímulo: *La respuesta al medicamento ha sido buena.* SIN. **1.** Contestación, solución, réplica.

resquebrajadura *s. f.* Grieta, raja: *Ha salido una resquebrajadura en la pared.*

resquebrajar *v. tr.* Hacer o causar resquebrajaduras en un cuerpo sólido. Se usa más como *v. prnl.*: *El plato de porcelana se resquebrajó un poco.* SIN. Agrietar(se), rajar(se), cuartear(se), hendir(se), resquebrar(se). FAM. Resquebrajadizo, resquebrajadura, resquebrajamiento. RESQUEBRAR.

resquebrar *v. intr.* Empezar a quebrarse una cosa. También *v. prnl.* ■ Es v. irreg. Se conjuga como *pensar.* SIN. Resquebrajar(se), agrietar(se), rajar(se). FAM. Resquebrajar. QUEBRAR.

resquemor *s. m.* Resentimiento: *Aquel rechazo le dejó un profundo resquemor.* SIN. Desazón, amargura, pesar, pesadumbre, desasosiego. ANT. Satisfacción.

resquicio (del ant. *rescriezo*, grieta, y éste del lat. *excrepitiare*, resquebrajarse, de *crepitus*, *crepare*, reventar) *s. m.* **1.** Abertura estrecha entre el quicio y la puerta. **2.** P. ext., cualquier abertura pequeña o estrecha: *Entraba el aire por un resquicio que había en la pared.* **3.** Posibilidad, generalmente pequeña, para salir de un aprieto o para otro fin. SIN. **1.** y **2.** Ranura. **2.** Grieta, hendidura. **3.** Coyuntura, ocasión.

resta *s. f.* **1.** Operación aritmética que consiste en hallar la diferencia entre dos cantidades. **2.** Resultado de esta operación. SIN. **1.** Sustracción. **2.** Resto.

restablecer *v. tr.* **1.** Volver a establecer, devolver a alguien o algo al estado en que estaba antes: *restablecer la calma.* || **restablecerse** *v. prnl.* **2.**

Volver a encontrarse bien después de una enfermedad o un contratiempo: *Por fin se restableció del accidente.* ■ Es v. irreg. Se conjuga como *agradecer.* **SIN. 1.** Restaurar. **1.** y **2.** Reponer(se), recuperar(se), recobrar(se). **2.** Curarse, sanar. **FAM.** Restablecido, restablecimiento. ESTABLECER.

restablecimiento *s. m.* Acción de restablecer o restablecerse: *Todos nos alegramos de tu rápido restablecimiento.*

restallar *v. tr.* **1.** Hacer que el látigo, honda, etc., produzcan un ruido seco al sacudirlos en el aire con violencia. || *v. intr.* **2.** Producir dicho sonido el látigo, honda, etc.: *El cinturón restalló en el aire.* **SIN. 1.** y **2.** Chasquear. **2.** Estallar. **FAM.** Restallante, restallido. ESTALLAR.

restallido *s. m.* Ruido que produce una cosa al restallar.

restante (del lat. *restans, -antis*) *adj.* Se dice de lo que resta, falta o queda de algo: *Pasaremos los restantes días en el campo.* **SIN.** Sobrante.

restañar (del lat. *stagnare*, inmovilizar, estancar) *v. tr.* **1.** Detener la salida de un líquido, en especial la sangre por una herida: *El médico restañó la herida.* También *v. intr.* y *v. prnl.* **2.** Usado generalmente con el sustantivo *herida*, aliviar una pena: *Sólo el tiempo podrá restañar mis heridas.* También *v. prnl.*

restar (del lat. *restare*) *v. tr.* **1.** Hacer que una cosa sea menor que antes: *Ese asunto le ha restado autoridad.* **2.** En mat., hallar la diferencia entre dos cantidades: *Si restas 5 de 7, el resultado es 2.* **3.** En juegos de pelota, devolver el saque contrario. || *v. intr.* **4.** Faltar, quedar: *Aún me restan días de vacaciones. Me resta limpiar la cocina.* **SIN. 1.** Quitar, aminorar, menoscabar, reducir, disminuir, rebajar. **1.** y **2.** Sustraer. **4.** Sobrar. **ANT. 1.** Aumentar. **2.** Sumar. **FAM.** Resta, restante, resto. / Arrestar, contrarrestar.

restauración (del lat. *restauratio, -onis*) *s. f.* **1.** Acción de restaurar: *la restauración de muebles antiguos; la restauración de la monarquía.* **2.** Periodo histórico que comienza con el restablecimiento de un régimen político, de un rey destronado o del representante de una monarquía derrocada. ■ En esta acepción se escribe con mayúscula. **3.** Rama y actividad de la hostelería que comprende los restaurantes y establecimientos de comidas. **SIN. 1.** Reparación, renovación, recuperación; reposición. **ANT. 1.** Destrucción; derrocamiento.

restaurador, ra (del lat. *restaurator, -oris*) *adj.* **1.** Que restaura. También *s. m.* y *f.*: *el restaurador de la paz.* || *s. m.* y *f.* **2.** Persona que tiene por oficio restaurar objetos artísticos y valiosos. **3.** Persona que tiene o dirige un restaurante. También *adj.* **SIN. 2.** Reparador.

restaurante (del fr. *restaurant*) *s. m.* Establecimiento público donde se sirven comidas y bebidas que son consumidas en el mismo local.

restaurar (del lat. *restaurare*) *v. tr.* **1.** Reparar o arreglar una obra de arte: *Han restaurado varias pinturas del museo.* **2.** Devolver una cosa a su estado anterior: *restaurar la ley y el orden.* **3.** Particularmente, volver a instaurar el régimen político que existía en un país: *restaurar la monarquía.* **4.** Recuperar energías tomando alimento: *Paramos a restaurar fuerzas antes de continuar el camino.* **SIN. 1.** Recomponer, reconstruir. **2.** y **3.** Restablecer, reinstaurar. **4.** Recobrar, reponer. **ANT. 1.** Estropear. **1.** y **2.** Destruir. **2.** y **3.** Deponer, abolir. **4.** Gastar. **FAM.** Restauración, restaurador, restaurante, restaurativo.

restinga *s. f.* Lengua o punta de arena o rocas que se encuentra debajo del agua a poca profundidad.

restitución *s. f.* Acción de restituir. **SIN.** Reintegro, devolución.

restituir (del lat. *restituere*) *v. tr.* **1.** Devolver una cosa a quien la tenía antes o a su dueño: *Restituyeron la finca a su legítimo propietario.* **2.** Hacer que alguien recupere algo inmaterial que tenía antes: *El aire de la montaña le restituirá la salud.* **3.** Volver una cosa al estado que antes tenía: *Me gustaría restituir la casa a su forma original.* ■ Es v. irreg. Se conjuga como *huir.* **SIN. 1.** y **2.** Reintegrar, reponer. **2.** y **3.** Restablecer, restaurar. **ANT. 1.** y **2.** Quitar. **2.** Restar. **FAM.** Restitución, restituible, restitutorio.

restitutorio, ria *adj.* Que restituye o se da o recibe mediante restitución.

resto *s. m.* **1.** Parte que queda de un todo: *Tengo que leer el resto del libro.* **2.** Resultado de la operación de restar. **3.** En una división, diferencia entre el dividendo y el producto del divisor por el cociente. **4.** Cantidad que en algunos juegos de cartas se señala para jugar y apostar: *Se jugó el resto a una sola carta.* **5.** En el tenis y juego de pelota, acción de restar y jugador que resta: *El punto fue para el resto.* || *s. m. pl.* **6.** Desperdicios: *Echa los restos de comida a la basura.* **7.** Cuerpo o parte del cuerpo de una persona o animal después de muertos: *Encontraron los restos del cordero devorado por los lobos.* **8.** En arqueol., rastros o ruinas: *Todavía quedan restos romanos en la ciudadela.* || **9. restos mortales** Cadáver de una persona. || **LOC. echar el resto** Hacer todo lo posible para conseguir una cosa: *El ciclista echó el resto para ganar la carrera.* **SIN. 1.** Remanente. **5.** Devolución. **6.** Residuo(s), sobras, migajas, rebañaduras. **7.** Despojos. **8.** Vestigios, huellas.

restregar *v. tr.* Pasar con fuerza, repetida e insistentemente, una cosa sobre otra para calentarla, limpiarla, etc.: *Restriega la alfombra con un cepillo para quitar una mancha.* También *v. prnl.*: *Se restregaba las manos para entrar en calor.* ■ Delante de *e* se escribe *gu* en lugar de *g*. Es v. irreg. Se conjuga como *pensar.* **SIN.** Frotar(se), refregar. **FAM.** Restregadura, restregamiento, restregón. ESTREGAR.

restregón *s. m.* **1.** Acción de restregar. **2.** Señal que queda de restregar.

restricción (del lat. *restrictio, -onis*) *s. f.* **1.** Acción de restringir. **2.** En especial, limitación impuesta en el suministro de productos de consumo. Se usa más en *pl.*: *Hay restricciones de agua debido a la sequía.* **SIN. 1.** Disminución, acortamiento, acotamiento. **ANT. 1.** Ampliación.

restrictivo, va (del lat. *restrictum*) *adj.* Se dice de lo que restringe: *cláusula restrictiva de un contrato.* **SIN.** Limitativo, restringente. **FAM.** Restrictivamente. RESTRINGIR.

restringir (del lat. *restringere*) *v. tr.* Reducir, limitar: *Hay que restringir el consumo de agua.* ■ Delante de *a* y *o* se escribe *j* en lugar de *g*: *restrinja.* **SIN.** Disminuir, acortar, acotar, ceñir, circunscribir, coartar. **ANT.** Ampliar. **FAM.** Restricción, restrictivo, restringible.

resucitado, da **1.** *p.* de **resucitar**. También *adj.* || *adj.* **2.** Se dice de Jesucristo. También *s. m.* ■ Cuando se usa como sustantivo, va precedido del artículo *el* y se escribe con mayúscula.

resucitar (del lat. *resucitare*) *v. tr.* **1.** Hacer que un muerto vuelva a la vida. También *v. intr.* **2.** Renovar algo pasado: *Quieren resucitar antiguas tradi-*

ciones. **3.** *fam.* Reanimar: *Este licor te resucita.* **SIN. 1.** Renacer, revivir. **2.** Restaurar. **2.** y **3.** Reavivar. **3.** Vivificar, animar, reconfortar, tonificar, estimular. **ANT. 2.** Destruir. **3.** Deprimir. **FAM.** Resucitado, resucitador. SUSCITAR.

resuello *s. m.* **1.** Respiración fuerte, entrecortada y ruidosa. **2.** *fam.* Fuerza, energía: *Llegamos al décimo piso sin resuello.* **SIN. 1.** Resoplido, jadeo. **2.** Aliento, fuelle, pulmones. **FAM.** Véase **resollar**.

resuelto, ta 1. *p.* irreg. de **resolver**. También *adj.*: *Este problema está mal resuelto.* || *adj.* **2.** Decidido, valiente: *Ésta es una misión para gente resuelta.* **SIN. 2.** Audaz, atrevido, intrépido, resoluto. **ANT. 2.** Irresoluto. **FAM.** Resueltamente. RESOLVER.

resulta *s. f.* **1.** Resultado. **2.** Vacante que se produce en un puesto de trabajo: *Sacaron a concurso unas plazas para cubrir las resultas.* || *s. f. pl.* **3.** Apartados de un presupuesto que, por no haberse pagado en su ejercicio correspondiente, pasan al siguiente. || **LOC. de resultas** *adv.* A consecuencia de lo que se indica: *Le ha quedado una cicatriz de resultas del accidente.* **SIN. 1.** Consecuencia, efecto.

resultado 1. *p.* de **resultar**. || *s. m.* **2.** Efecto de algo: *Éste es el resultado de años de trabajo.* **3.** Rendimiento: *El coche ha dado un buen resultado.* **4.** Dato que se obtiene tras efectuar una operación, investigación, etc.: *El resultado de la suma está mal. Hay que estudiar los resultados de la encuesta.* **5.** Tanteo final en un juego, una competición, etc.: *El resultado del partido fue un empate.* **SIN. 2.** Fruto, impacto, secuela. **3.** Servicio.

resultando *s. m.* Cada uno de los fundamentos de hecho enumerados en sentencias o autos judiciales o en decisiones gubernativas.

resultante *adj.* **1.** Se dice de aquello que resulta: *la mezcla resultante.* También *s. f.* **2.** En mat., se dice de la fuerza o vector que por sí produce los mismos efectos que un conjunto de otras fuerzas o vectores. También *s. f.*

resultar (del lat. *resultare*, rebotar) *v. intr.* **1.** Producirse una cosa como consecuencia o efecto de otra: *No sé qué resultará de todo esto.* **2.** Tener una cosa el resultado o efecto que se señala: *La exposición resultó un éxito.* **3.** Ser alguien o algo lo que se expresa: *Resulto bajo para el baloncesto. Esta casa resulta pequeña para tantos.* **4.** Quedar una persona o cosa en un determinado estado, como consecuencia de algo: *Resultó ileso en el choque. La ciudad resultó destruida por el bombardeo.* **5.** Tener alguien o algo el rendimiento o efecto que se expresa: *Estos zapatos han resultado muy buenos.* ■ Si no se especifica, se entiende que el efecto es bueno: *El nuevo fichaje ha resultado.* **6.** Ser una persona atractiva, sin ser especialmente guapa: *Aunque no es una belleza, resulta.* **7.** Suceder o descubrirse algo que no se esperaba o preveía: *Al final resultó que era un timador.* **SIN. 1.** Surgir, derivar, seguirse. **2.**, **4.** y **5.** Salir. **5.** Rendir, rentar, convenir. **7.** Ocurrir. **FAM.** Resulta, resultado, resultando, resultante, resultón.

resultón, na *adj. fam.* Atractivo: *Es un chico muy resultón. Tienen un piso muy resultón.*

resumen *s. m.* **1.** Acción de resumir o resumirse. **2.** Exposición breve de algo: *Tenemos que entregar el resumen del libro mañana.* **SIN. 2.** Síntesis, sinopsis, sumario, esquema. **ANT. 1.** y **2.** Ampliación.

resumir (del lat. *resumere*, volver a tomar) *v. tr.* **1.** Exponer algo de forma breve, considerando sólo las ideas o rasgos más importantes. || **resumirse** *v. prnl.* **2.** Convertirse, resultar: *Todo se resumió en un susto sin consecuencias.* **SIN. 1.** Sintetizar, condensar, compendiar. **2.** Resolverse. **ANT. 1.** Ampliar. **FAM.** Resumen, resumidamente, resumido. SUMIR.

resurgencia *s. f.* Reaparición en forma de manantial de las aguas de ríos o arroyos absorbidos en terrenos calcáreos.

resurgir (del lat. *resurgere*) *v. intr.* **1.** Surgir de nuevo: *Tras un periodo de calma, resurgieron los combates.* **2.** Mejorar, volver a tener fuerza: *La industria ha resurgido con fuerza.* ■ Delante de *a* y *o* se escribe *j* en lugar de *g*: *resurja.* **SIN. 1.** Renacer, reaparecer, reanudarse, restaurarse. **1.** y **2.** Restablecer(se). **2.** Recuperarse, recobrarse. **ANT. 1.** Cesar. **2.** Decaer, recaer. **FAM.** Resurgencia, resurgente, resurgimiento, resurrección. SURGIR.

resurrección (del lat. *resurrectio, -onis*) *s. f.* Acción de resucitar.

retablo (del cat. *retaule*, y éste del lat. medieval *retrotabulum*, de *retro*, detrás, y *tabula*, tabla) *s. m.* **1.** Obra de arquitectura con representaciones talladas o pintadas, que decora un altar. **2.** Conjunto o colección de figuras pintadas o talladas, que representan en serie una historia o suceso, especialmente de la historia sagrada. **3.** Pequeño escenario en que se representa una acción con figurillas o títeres: *el retablo de maese Pedro.* **4.** Representación de teatro con tema religioso: *La compañía escenificó un retablo de la Adoración de los Reyes Magos.* **5.** *fam.* Persona muy vieja.

retaco, ca *adj.* **1.** Se dice de la persona de baja estatura y, en general, rechoncha. También *s. m.* y *f.* || *s. m.* **2.** Escopeta corta muy reforzada en la recámara. **3.** En el billar, taco más corto y grueso que el normal. **SIN. 1.** Achaparrado, chaparro, enano. **ANT. 1.** Espigado.

retaguardia *s. f.* **1.** Parte de un ejército que se mantiene o avanza en último lugar. **2.** Parte más alejada del frente de batalla: *Evacuaron a los heridos a retaguardia.* **3.** Parte de atrás de algo: *El favorito corrió la etapa en la retaguardia del pelotón.* **ANT. 1.** a **3.** Vanguardia.

retahíla *s. f.* Serie de muchas cosas que se suceden monótonamente: *Me citó una retahíla interminable de nombres.* **SIN.** Sarta, tira, ristra, rosario.

retal (del cat. *retall*) *s. m.* Pedazo que sobra de una tela, piel, chapa, etc.: *Hizo una colcha con retales de distintos colores.* **SIN.** Recorte, retazo, recortadura.

retama (del ár. *ratama*) *s. f.* Planta arbustiva de la familia papilionáceas, que crece en praderas y pastizales y puede medir desde 30 hasta 200 cm de altura. La retama común tiene numerosas ramillas delgadas, flores amarillas pequeñas y abundantes y fruto en legumbre de forma globosa y color amarillento. Es propia de climas mediterráneos. **SIN.** Hiniesta. **FAM.** Retamal, retamar, retamo.

retamal o **retamar** *s. m.* Lugar poblado de retamas.

retamo *s. m. Arg., Chile* y *Col.* Retama.

retar (del lat. *reputare*) *v. tr.* **1.** Desafiar: *Le retó a un combate a muerte. Te reto a una carrera.* **2.** *Arg.* y *Chile* Insultar, injuriar. **FAM.** Retador, reto.

retardado, da *p.* de **retardar**. También *adj.*

retardar (del lat. *retardare*) *v. tr.* **1.** Retrasar: *Debido a su enfermedad, tuvo que retardar el viaje.* También *v. prnl.* **2.** Hacer que algo vaya o suceda más lento: *La lluvia retardaba nuestra marcha.*

También *v. prnl.* **SIN. 1.** Atrasar(se), posponer(se), aplazar(se), postergar(se), diferir(se). **1.** y **2.** Demorar(se). **2.** Frenar(se), detener(se). **ANT. 1.** Adelantar(se). **2.** Acelerar(se). **FAM.** Retardación, retardado, retardador, retardamiento, retardatorio, retardo. TARDAR.

retardatorio, ria *adj.* Que produce retraso. **SIN.** Dilatorio, entorpecedor. **ANT.** Activador.

retardo *s. m.* Retraso. **SIN.** Atraso, demora, tardanza, aplazamiento. **ANT.** Adelanto.

retazar *v. tr.* Dividir algo en piezas o trozos. ■ Delante de *e* se escribe *c* en lugar de *z.*

retazo *s. m.* **1.** Retal o pedazo de una tela: *Se ha hecho una falda larga con retazos de otras ropas.* **2.** P. ext., parte o fragmento de cualquier cosa: *Solamente recordaba retazos de su pasado. Leyó unos retazos de su libro.* **SIN. 1.** Recorte, recortadura. **1.** y **2.** Trozo. **2.** Porción, pasaje. **FAM.** Retazar.

retejar *v. tr.* Arreglar los tejados poniendo en orden las tejas que se han descolocado o reponiendo las que faltan. **FAM.** Retejado, retejador, retejo. TEJAR[1].

retel (del cat. *retel*) *s. m.* Instrumento de pesca que consiste en un aro con una red que forma una bolsa.

retemblar *v. intr.* Temblar repetidamente o con fuerza: *El trueno hizo retemblar los cristales.* ■ Es v. irreg. Se conjuga como *pensar.* **SIN.** Vibrar, trepidar, estremecerse. **FAM.** Retemblante. TEMBLAR.

retén (de *retener*) *s. m.* **1.** Conjunto de personas, especialmente de gente armada, que están preparadas para actuar en caso de necesidad: *un retén de soldados, un retén de bomberos.* **2.** Conjunto de cosas que se tienen guardadas para usarlas cuando sea necesario: *un retén de víveres.* **3.** *Col.* Puesto fijo o móvil que sirve para controlar o vigilar cualquier actividad. **SIN. 2.** Provisión, reserva.

retención (del lat. *retentio, -onis*) *s. f.* **1.** Acción de retener. **2.** Cantidad de dinero que se retiene de un sueldo, un capital, etc., especialmente para el pago de impuestos. **3.** Detención o marcha muy lenta de los vehículos. Se usa más en *pl.*: *Ha habido retenciones en todas las carreteras principales.* **4.** Detención dentro del organismo de una materia o líquido que debiera expulsarse: *retención de orina.* **SIN. 1.** Sujeción, parada, freno. **3.** Atasco, embotellamiento, aglomeración.

retener (del lat. *retinere*) *v. tr.* **1.** Conservar, guardar en sí: *Está casi seco, pero aún retiene humedad. No retengas tanto tiempo los apuntes que te han prestado.* **2.** Impedir que alguien se aleje de un lugar o que se separe de otros: *No pretendía retenerla junto a él contra su voluntad.* **3.** Particularmente, arrestar o imponer prisión preventiva. **4.** Conservar en la memoria: *Intentaré retener tu dirección.* **5.** Impedir o dificultar el curso o proceso normal de algo: *Retuvieron la circulación para efectuar un control.* **6.** Contener un sentimiento, deseo, pasión, etc.: *Tienes que aprender a retener tus impulsos.* También *v. prnl.* **7.** Descontar de un pago o un cobro una cantidad de dinero para destinarla a otro fin: *Me retienen una parte del sueldo para pagar el seguro médico.* **8.** Suspender, en todo o en parte, el pago del sueldo u otro haber, por disposición judicial, gubernativa o administrativa. ■ Es v. irreg. Se conjuga como *tener.* **SIN. 2.** Atar, sujetar. **3.** Detener. **4.** Memorizar, recordar. **5.** Parar, frenar. **6.** Refrenar(se), dominar(se). **ANT. 1.** a **3.** Soltar. **1.** a **3.** y **6.** Liberar(se). **4.** Olvidar(se). **5.** Agilizar. **FAM.** Retén, retención, retenedor, retenido, retentiva, retentivo. TENER.

retentiva (de *retentivo*) *s. f.* Capacidad para recordar las cosas de forma clara durante bastante tiempo. **SIN.** Memoria.

retentivo, va (del lat. *retentum,* de *retinere,* retener) *adj.* **1.** Que tiene capacidad para retener. **2.** Particularmente, que tiene facilidad para retener cosas en la memoria.

reteñir (del lat. *retingere*) *v. tr.* Volver a teñir del mismo o de otro color alguna cosa. ■ Es v. irreg. Se conjuga como *ceñir.* **FAM.** Retinte, retinto. TEÑIR.

reticencia (del lat. *reticentia,* de *reticere,* callar) *s. f.* **1.** Reserva, desconfianza, duda: *Ha mostrado alguna reticencia a conceder ese permiso.* **2.** Acción de decir una cosa sólo en parte o de dar a entender, generalmente con malicia, que se oculta algo que debiera o pudiera decirse: *No te andes con reticencias; cuéntamelo si quieres y, si no, cállate.* **3.** Figura retórica que consiste en dejar incompleta una frase dando a entender o insinuando el sentido de lo que se calla. **SIN. 1.** Recelo, suspicacia. **2.** Insinuación, indirecta. **FAM.** Reticente, reticentemente.

reticente *adj.* **1.** Que actúa con reticencia, reserva o desconfianza. **2.** Que contiene o expresa reticencia. **SIN. 1.** Receloso, suspicaz.

rético, ca (del lat. *rhaeticus*) *adj.* **1.** De la Retia, antigua región de Europa. || *s. m.* **2.** Lengua de origen latino que se habla actualmente en la región de los Alpes centrales que fue la Retia.

retícula *s. f.* **1.** Conjunto de hilos o líneas cruzadas que se ponen en el foco de algunos instrumentos ópticos para precisar la visión o para calcular distancias o medidas. **2.** Placa de cristal dividida en pequeños cuadrados que se usa en topografía para determinar el área de una figura. **3.** En artes gráficas, trama.

reticular *adj.* Que tiene forma o estructura de red: *membrana reticular.*

retículo (del lat. *reticulum*) *s. m.* **1.** Tejido en forma de red, particularmente el constituido por filamentos vegetales. **2.** Retícula de los instrumentos ópticos. **FAM.** Retícula, reticular, reticuloendotelial. RED.

reticuloendotelial *adj.* Se dice del sistema de defensa del organismo formado por las células endoteliales del bazo, hígado, médula ósea y vasos linfáticos.

retina (del bajo lat. *retina,* y éste del lat. *rete,* red) *s. f.* Capa interna del ojo, sensible a la luz, que convierte los estímulos luminosos en impulsos nerviosos que se dirigen al cerebro a través del nervio óptico. **FAM.** Retiniano.

retinol *s. m.* Vitamina A.

retinte *s. m.* Acción de reteñir.

retintín (onomat.) *s. m.* **1.** Entonación al hablar, generalmente irónica y maliciosa, con que se pretende molestar a alguien. **2.** Sonido que deja en los oídos una campana u otro cuerpo sonoro semejante.

retinto, ta (del lat. *retintus*) *adj.* Se dice de algunos animales de color castaño muy oscuro.

retirada *s. f.* **1.** Acción de retirarse. **2.** Particularmente, acción de retroceder ordenadamente los soldados alejándose del enemigo. **SIN. 1.** Retroceso. **2.** Repliegue. **ANT. 1.** y **2.** Avance.

retirado, da 1. *p.* de **retirar**. También *adj.* y *s. m.* y *f.* || *adj.* **2.** Se dice de lo que está lejos o apartado de un lugar: *Esa calle cae muy retirada de* *aquí.* SIN. **1.** Aislado, solitario; jubilado. **2.** Alejado, distante. ANT. **2.** Cercano, próximo. FAM. Retirada, retiradamente. RETIRAR.

retirar (de *re-* y *tirar*) *v. tr.* **1.** Quitar o separar a una persona o cosa de otra o de un sitio: *Hay que retirar la nieve del camino.* También *v. prnl.*: *Retírate un poco de la ventana, que me quitas la luz.* **2.** Hacer que alguien deje de trabajar en su oficio o profesión, por razón de su edad, por imposibilidad, etc., pasando a recibir la correspondiente pensión. Se usa más como *v. prnl.* **3.** Hacer que alguien abandone una competición, actividad, juego, etc.: *Una lesión le retiró del deporte.* Se usa más como *v. prnl.*: *Fue descalificado y tuvo que retirarse de la prueba.* **4.** Declarar alguien que no mantiene algo que ha dicho: *¡Retira ahora mismo tus palabras!* || **retirarse** *v. prnl.* **5.** Aislarse del trato con la gente o irse a vivir a un sitio poco frecuentado: *Cuando me jubile, me retiraré al campo.* **6.** Irse a dormir: *Voy a retirarme, estoy cansadísima.* **7.** Irse a casa: *Él se retiró pronto, los demás seguimos la juerga.* **8.** Retroceder un ejército en orden, abandonando el lugar de la lucha. SIN. **1.** Alejar(se). **1.**, **3.** y **5.** Apartar(se). **2.** Jubilar(se). **4.** Desdecirse, retractarse. **6.** Acostarse. **6.** y **7.** Recogerse. ANT. **1.** Acercar(se). **4.** Confirmar, ratificar. **8.** Avanzar. FAM. Retirado, retiro. TIRAR.

retiro *s. m.* **1.** Acción de retirarse o de ser retirado alguien de su oficio o profesión. **2.** Situación de la persona retirada, que ya no está en servicio activo. **3.** Pensión que reciben estas personas. **4.** Lugar tranquilo y apartado del bullicio de la gente: *Durante las vacaciones, me iré a mi retiro de la montaña.* **5.** Alejamiento de la gente o del ruido. **6.** Alejamiento total o parcial de las ocupaciones cotidianas para dedicarse a la meditación y a la práctica de ciertos ejercicios espirituales. SIN. **1.** a **3.** Jubilación. **4.** Refugio. **5.** Aislamiento, apartamiento, recogimiento.

reto *s. m.* **1.** Acción de retar. **2.** Palabras o acto con que se reta a alguien. **3.** Objetivo o tarea costosa, difícil, peligrosa, etc., que estimula a alguien a esforzarse por realizarla o superarla: *Escalar montañas es un reto para él.* **4.** *Chile* Insulto, injuria. SIN. **1.** Provocación, incitación. **1.** a **3.** Desafío.

retobado, da **1.** *p.* de **retobar** o **retobarse**. || *adj.* **2.** *Amér. C.*, *Ec.* y *Méx.* Protestón, respondón. **3.** *Amér.* Obstinado, rebelde, indómito. **4.** *Arg.*, *Chile*, *Col.*, *Perú* y *Urug.* Rencoroso, malicioso, astuto.

retobar *v. tr.* **1.** *Amér.* Forrar o cubrir algo con cuero. **2.** *Chile* y *Perú* Envolver o forrar fardos o mercadería con cuero, arpillera, etc. || *v. intr.* **3.** *Amér.* Encapricharse. También *v. prnl.* || **retobarse** *v. prnl.* **4.** *Arg.* Ponerse displicente y en actitud de reserva excesiva. FAM. Retobado, retobo.

retobo *s. m.* **1.** *Amér.* Acción de retobar. **2.** *Col.* y *Hond.* Desecho, desperdicio, cosa inútil. **3.** *Chile* Material con que se retoba.

retocar *v. tr.* **1.** Hacer ligeras correcciones o añadidos en una cosa ya acabada para quitar sus imperfecciones o arreglar sus desperfectos: *Tengo que retocar un poco el dibujo.* **2.** Restaurar las pinturas deterioradas. **3.** Arreglar o completar un maquillaje, peinado, etc., para perfeccionarlos o quitar desperfectos. También *v. prnl.*: *Retócate los ojos, que se te ha corrido un poco el rímel.* **4.** Dar la última mano a cualquier obra. **5.** Tocar una cosa repetidamente: *Está todo el rato tocándose y retocándose la herida y se le va a infectar.* ■ Delante de *e* se escribe *qu* en lugar de *c*: *retoque.* FAM. Retocado, retocador, retoque. TOCAR.

retomar *v. tr.* Continuar una conversación, asunto, actividad, etc., que se había interrumpido. SIN. Reanudar.

retoñar (de *re-* y *otoñar*, brotar la hierba en el otoño) *v. intr.* **1.** Volver a echar tallos o brotes una planta. **2.** Resurgir lo que había dejado de existir o se había debilitado: *Al verla, retoñó en él el recuerdo de su amor.* SIN. **1.** y **2.** Reverdecer, renacer.

retoño *s. m.* **1.** Tallo o brote que echa de nuevo una planta o un árbol. **2.** *fam.* Referido a personas, hijo de corta edad. SIN. **1.** Renuevo. **1.** y **2.** Vástago. FAM. Retoñar.

retoque *s. m.* Corrección o añadido que se hace a una cosa ya acabada para quitar sus imperfecciones o para arreglar sus desperfectos.

retor (del fr. *retors*, retorcido) *s. m.* Tela de algodón fuerte y ordinaria, en que la urdimbre y trama están muy torcidas.

retorcer (del lat. *retorquere*) *v. tr.* **1.** Torcer mucho una cosa deformándola o dándole vueltas alrededor de sí misma: *Retuerce la ropa mojada para escurrirla.* También *v. prnl.* **2.** Interpretar intencionadamente una cosa de forma equivocada, dándole un sentido diferente del que tiene: *Mis adversarios han retorcido mis palabras.* **3.** Volver un argumento o raciocinio contra el mismo que lo hace. || **retorcerse** *v. prnl.* **4.** Hacer gestos o movimientos bruscos e irregulares con el cuerpo o parte de él, a consecuencia de un dolor agudo, una risa incontenible, etc. ■ Es v. irreg. Se conjuga como *cocer.* SIN. **2.** Tergiversar. **3.** Redargüir. **4.** Doblarse; partirse. FAM. Retorcedura, retorcido, retorcimiento, retorsión, retortijón. TORCER.

retorcido, da **1.** *p.* de **retorcer**. También *adj.* || *adj.* **2.** *fam.* Se dice de la persona falsa y malintencionada, y también de sus actos, palabras, pensamientos, etc. **3.** Se dice de la persona de trato difícil y carácter extraño y complicado, así como de su comportamiento, actitud, etc. **4.** Se aplica a la persona maliciosa y desconfiada, así como a su carácter, sus opiniones, etc. **5.** Se dice del lenguaje y modo de hablar o escribir confuso o difícil de entender, y de la persona que lo emplea. SIN. **2.** Sinuoso. **2.** y **3.** Esquinado. **4.** Malpensado. **5.** Rebuscado, oscuro, complejo.

retorcimiento *s. m.* **1.** Acción de retorcer o retorcerse. **2.** Cualidad o actitud de retorcido. SIN. **1.** Retorcedura. **2.** Sinuosidad, malicia; desconfianza, recelo; rebuscamiento.

retórica (del lat. *rhetorica*, y éste del gr. *rhetorike*) *s. f.* **1.** Arte de saber expresarse correcta y elegantemente mediante la palabra, con la finalidad de convencer, conmover, agradar o entretener a los oyentes. **2.** Tratado de este arte. **3.** *desp.* Modo de expresarse excesivamente culto, afectado o artificioso. || *s. f. pl.* **4.** *fam.* Exceso de palabras o razones inútiles o que no vienen al caso. SIN. **3.** Grandilocuencia, pomposidad. **4.** Palabrería, monserga. FAM. Retóricamente, retórico.

retórico, ca *adj.* **1.** De la retórica: *figuras retóricas.* **2.** Experto en retórica. También *s. m.* y *f.* **3.** Se dice de la forma de expresarse excesivamente artificiosa, así como de la persona, obra, etc., que la emplea: *Su discurso fue demasiado retórico pero carente de contenido.*

retornable *adj.* Que se puede volver a utilizar: *Utilizar envases retornables es más ecológico.* SIN. Recuperable.

retornar *v. intr.* **1.** Volver alguien o algo al lugar o situación en que estaba: *Retornó a su patria después de largo tiempo en el extranjero.* **2.** Volver algo a estar en poder o posesión de quien lo tenía: *Las tierras retornaron a sus legítimos dueños.* || *v. tr.* **3.** Devolver algo a alguien o al lugar o situación en que se encontraba: *Retornó a su pueblo la libertad y la independencia perdidas.* SIN. **1.** y **2.** Regresar, tornar. **3.** Restituir, reintegrar. FAM. Retornable, retorno. TORNAR.

retornelo (del ital. *ritornello*) *s. m.* Repetición de la primera parte del aria y de algunas otras composiciones musicales.

retorno *s. m.* Acción de retornar: *El retorno de las vacaciones estivales provocará retenciones en las carreteras.* SIN. Regreso, vuelta.

retorrománico, ca o **retorromano, na** *adj.* **1.** Rético*. || *s. m.* **2.** Lengua rética.

retorsión (del lat. *retorsus*, por *retortus*, por influencia de *retorsi*) *s. f.* **1.** Acción de retorcer. **2.** Acción de devolver a una persona el daño u ofensa que de ella se ha recibido. SIN. **1.** Retorcimiento, retorcedura.

retorta (del lat. *retorta*, retorcida) *s. f.* Vasija con cuello largo y curvado hacia abajo que se utiliza en los laboratorios para realizar diversas operaciones químicas.

retortero, al (del lat. vulg. *retortorium*) *loc. adv.* **1.** *fam.* En desorden: *Con las obras, toda la casa está al retortero.* **2.** Con los verbos *andar* e *ir*, de un lado para otro sin parar, estar muy ocupado: *Con tanto trabajo, ando todo el día al retortero.* **3.** Con los verbos *llevar* y *traer*, tener a alguien muy ocupado, dándole mucho trabajo: *Me trae todo el día al retortero con sus dichosos encargos.* **4.** Con esos mismos verbos, coquetear con unos y otros: *Trae a los de su clase al retortero llevando cada día un modelito.*

retortijón *s. m.* Dolor agudo e intermitente en el estómago o en el abdomen.

retostado, da 1. *p.* de **retostar**. También *adj.* || *adj.* **2.** De color oscuro, moreno.

retostar *v. tr.* Volver a tostar una cosa o tostarla mucho. ■ Es v. irreg. Se conjuga como *contar*. FAM. Retostado. TOSTAR.

retozar (del ant. *tozo*, burla) *v. intr.* **1.** Jugar las personas o animales, en especial cuando son jóvenes, saltando y corriendo alegremente. **2.** Entregarse una pareja a juegos amorosos. ■ Delante de *e* se escribe *c* en lugar de *z*: *retoce*. SIN. **1.** Juguetear, travesear. **2.** Solazarse. FAM. Retozante, retozo, retozón.

retozón, na *adj.* Inclinado a retozar o que retoza con frecuencia. SIN. Juguetón, travieso.

retracción (del lat. *retractio, -onis*) *s. f.* **1.** Acción de retraer. **2.** En med., reducción de volumen en ciertos tejidos orgánicos.

retractar (del lat. *retractare*, revisar, corregir) *v. tr.* Declarar expresamente que uno no mantiene lo que antes había dicho o prometido. Se usa más como *v. prnl.* SIN. Desdecirse, retirar(se). ANT. Confirmar(se), ratificar(se). FAM. Retractación, retracto. TRACTO.

retráctil *adj.* Se dice de aquello que puede retraerse o esconderse por sí mismo: *Los gatos tienen uñas retráctiles.* FAM. Retractilidad. RETRAER.

retractilar *v. tr.* Envolver con plástico un objeto para protegerlo.

retracto (del lat. *retractum*, de *retractare*, corregir, rectificar) *s. m.* En der., opción del vendedor a recuperar el bien vendido, bajo ciertas condiciones.

retraer (del lat. *retrahere*) *v. tr.* **1.** Ocultar o retirar una cosa que forma parte de otra doblándola o encogiéndola: *El gato retrajo las uñas.* También *v. prnl.* **2.** Apartar o disuadir de un intento: *La lluvia me retrajo de salir a pasear.* También *v. prnl.* || **retraerse** *v. prnl.* **3.** Apartarse voluntariamente del trato con la gente: *Ha decidido retraerse del mundo y de sus problemas.* **4.** Retirarse, retroceder: *Esperando nuevas órdenes, los soldados se retrajeron a sus posiciones.* ■ Es v. irreg. Se conjuga como *traer*. SIN. **3.** Aislarse, incomunicarse. FAM. Retracción, retráctil, retraído, retraimiento. / Retrechero. TRAER.

retraído, da 1. *p.* de **retraer**. || *adj.* **2.** Que gusta de la soledad. **3.** Tímido, poco comunicativo. SIN. **2.** Solitario. **3.** Reservado, introvertido, insociable. ANT. **3.** Extrovertido, sociable, abierto.

retraimiento *s. m.* **1.** Acción de retraerse. **2.** Condición o carácter de la persona tímida y poco comunicativa: *Su retraimiento le impide hablar en público.* SIN. **2.** Timidez, introversión. ANT. **2.** Extroversión.

retranca (de *redro-tranca*, compuesto de *tranca* y *redro-*, detrás) *s. f.* **1.** Correa ancha que rodea las ancas de las caballerías de tiro y que sirve para frenar el carruaje o hacerlo retroceder. **2.** Intención maliciosa, disimulada y oculta. FAM. Retranquear. TRANCA.

retranquear *v. tr.* Construir una parte de un edificio más hacia dentro respecto al plano de la fachada, o también un edificio más metido que los que tiene al lado.

retransmisor *s. m.* Repetidor de telecomunicaciones.

retransmitir *v. tr.* **1.** Volver a transmitir algo. **2.** Difundir una estación de radio o televisión diversos programas, espacios, noticias, espectáculos, etc., desde el lugar donde se producen: *Retransmitieron el concierto de arpa.* **3.** Difundir una estación de radio o televisión emisiones procedentes de otra estación o lugar. SIN. **2.** Emitir, televisar, radiar. FAM. Retransmisión, retransmisor. TRANSMITIR.

retrasado, da 1. *p.* de **retrasar**. También *adj.* || *adj.* **2.** Se dice de la persona que sufre un retraso mental. También *s. m.* y *f.* **3.** Se dice de la persona, planta o animal que no ha llegado al desarrollo normal de su edad. También *s. m.* y *f.* SIN. **2.** Deficiente, subnormal.

retrasar (de *re-* y *tras*) *v. tr.* **1.** Hacer que algo suceda, se realice, etc., más tarde, dejarlo para después: *Las lluvias han retrasado las obras. Tuvo que retrasar su viaje.* También *v. prnl.* **2.** Dar marcha atrás o volver hacia atrás las agujas de un reloj. **3.** Hacer que alguien o algo vaya más lento de lo debido: *Ese camión retrasa la circulación.* También *v. intr.* y *v. prnl.*: *En esa asignatura me he retrasado.* || *v. intr.* **4.** Marchar un reloj a menos velocidad de la debida señalando una hora anterior a la que realmente es. También *v. prnl.* || **retrasarse** *v. prnl.* **5.** Llegar más tarde de lo convenido: *Se retrasaron unos minutos.* SIN. **1.** Aplazar, diferir, retardar. **1.** a **5.** Atrasar(se). **1.** y **5.** Demorar(se). ANT. **1.** a **5.** Adelantar(se). FAM. Retrasado, retraso. TRAS.

retraso *s. m.* **1.** Acción de retrasar o retrasarse: *Su tren sufrió un retraso. Llegué a la cita con cinco minutos de retraso.* || **2. retraso mental** Disminución de las facultades intelectuales normales de una persona debida a un desarrollo defectuoso del cerebro o del sistema nervioso. SIN. **1.** Atraso, demora, dilación, retardo. ANT. **1.** Adelanto, avance.

retratar (del ital. *ritrattare*) *v. tr.* **1.** Reproducir la figura de una persona, animal o cosa en dibujo, pintura, fotografía, etc. **2.** Describir con detalles: *Este artículo retrata fielmente la situación económica del país.* También *v. prnl.* || **retratarse** *v. prnl.* **3.** Hacer alguien que reproduzcan su imagen en pintura, fotografía, etc.: *Se puso el vestido nuevo para retratarse.* **4.** *fam.* Invitar, pagar las consumiciones: *A ver si te retratas hoy para celebrar tu ascenso.* **SIN. 1.** y **2.** Dibujar, pintar. **1.** y **3.** Fotografiar(se). **FAM.** Retratista, retrato. TRATAR.

retratista *s. m.* y *f.* Persona que pinta o hace retratos.

retrato (del ital. *ritratto*) *s. m.* **1.** Representación de una persona, animal o cosa mediante un dibujo, pintura, fotografía, etc. **2.** Arte y técnica de hacer esa representación: *Este pintor cultiva especialmente el retrato.* **3.** Descripción completa y detallada: *un retrato de la sociedad.* || **LOC. ser** uno **el vivo retrato de** otro Parecerse una persona mucho a otra en el aspecto físico. **FAM.** Autorretrato, portarretrato. RETRATAR.

retrechero, ra (del ant. *retrecha*, vituperio, falta) *adj.* **1.** *fam.* Que tiene mucho atractivo, encanto o simpatía: *un niño retrechero, una mujer de ojos retrecheros.* **2.** Se aplica a la persona hábil que con artificios disimulados y mañosos trata de eludir el hacer o decir algo. **3.** *P. Rico* y *Ven.* Tacaño. **SIN. 1.** Encantador, fascinador, simpático. **FAM.** Retrechería. RETRAER.

retreparse *v. prnl.* **1.** Echar hacia atrás la parte superior del cuerpo. **2.** Apoyarse en el respaldo de un asiento, echándose hacia atrás, de modo que éste se incline a su vez.

retreta (del fr. *retraite*, y éste del lat. *retractus*, de *retrahere*, hacer retirar) *s. f.* **1.** Toque militar que se utiliza para indicar a las tropas la retirada o para avisarlas por la noche de que acudan a recogerse al cuartel. **2.** *Amér.* Concierto dado en un parque o paseo público por una banda militar. **3.** *Bol.*, *Cuba*, *Ec.*, *Perú* y *P. Rico fam.* Serie de cosas que están, suceden o se mencionan una tras otra.

retrete (del cat. *retret*, cuarto pequeño e íntimo) *s. m.* **1.** Recipiente comunicado con una tubería de desagüe y provisto de una cisterna con agua para que una persona haga sus necesidades. **2.** Cuarto con esas instalaciones. **SIN. 1.** Inodoro. **1.** y **2.** Wáter. **2.** Aseo, servicio, baño, excusado.

retribución (del lat. *retributio, -onis*) *s. f.* **1.** Acción de retribuir. **2.** Dinero o cosa que se da como pago o recompensa por un trabajo o servicio realizado. **SIN. 1.** y **2.** Remuneración. **2.** Paga, salario, sueldo, asignación, estipendio, premio.

retribuir (del lat. *retribuere*) *v. tr.* **1.** Dar a alguien dinero u otra cosa como pago o recompensa por un trabajo, servicio o favor realizado. **2.** *Amér.* Corresponder al favor o al obsequio que uno recibe. ■ Es v. irreg. Se conjuga como *huir.* **SIN. 1.** Pagar, remunerar, recompensar. **FAM.** Retribución, retribuidamente, retributivo, retribuyente. TRIBUTO.

retributivo, va *adj.* **1.** Relativo a la retribución: *nivel retributivo.* **2.** Que retribuye o puede retribuir, que produce ganancia o beneficio: *un negocio muy retributivo.* **SIN. 1.** y **2.** Remunerativo. **2.** Remunerador, lucrativo, rentable, provechoso, beneficioso.

retro *adj. fam.* Que pertenece a un tiempo pasado, lo evoca o imita: *moda retro, música retro.*

retro- (del lat. *retro*) *pref.* Significa 'hacia atrás': *retropropulsión, retrotraer, retrovisor.*

retroacción *s. f.* **1.** Regresión, retroceso. **2.** Cualidad de retroactivo. **3.** Retroalimentación. **ANT. 1.** Adelanto.

retroactivo, va (del lat. *retroactum*, de *retroagere*, hacer retroceder) *adj.* Que tiene fuerza, aplicación o validez sobre cosas, hechos, etc., que han pasado: *Este decreto tiene efectos retroactivos.* **FAM.** Retroactividad. ACTIVO.

retroalimentación *s. f.* Método empleado en diversos campos, como la informática y la cibernética, que consiste en mantener la acción o eficacia de un sistema mediante una revisión continua de los elementos del proceso y de sus resultados, a fin de introducir en dicho sistema las modificaciones necesarias. **SIN.** Feed-back.

retrocarga *s. f.* Hecho de cargarse un arma de fuego por la parte inferior de su mecanismo. ■ Se usa precedido de la preposición *de*: *de retrocarga.*

retroceder (del lat. *retrocedere*) *v. intr.* **1.** Volver hacia atrás: *Retrocede, que nos hemos pasado la desviación. Ha retrocedido en la clasificación general.* **2.** Detenerse alguien ante un peligro, obstáculo o dificultad, o abandonar una idea, proyecto, propósito, etc. ■ En esta acepción se usa sobre todo en construcciones negativas: *No retrocederé ante nada.* **SIN. 1.** Retornar, regresar, recular. **1.** y **2.** Retirarse. **ANT. 1.** Progresar. **1.** y **2.** Avanzar. **FAM.** Retroceso. CEDER.

retroceso (del lat. *retrocessus*) *s. m.* **1.** Acción de retroceder: *El conflicto supuso un nuevo retroceso en las negociaciones.* **2.** Empeoramiento del estado de un paciente o recrudecimiento de una enfermedad que empezaba a curarse. **3.** Impulso hacia atrás que causa en un arma de fuego la expansión de los gases producida por el disparo. **4.** Jugada de billar que consiste en picar una bola en su parte baja para que vuelva hacia el punto de partida después de chocar con otra bola. **SIN. 1.** Regresión, retorno. **2.** Agravamiento. **ANT. 1.** Avance. **2.** Mejoría.

retrógrado, da (del lat. *retrogradus*) *adj. desp.* Apegado excesivamente al pasado y contrario a las innovaciones y cambios. También *s. m.* y *f.* **SIN.** Carca. **ANT.** Progresista.

retronar *v. intr.* Retumbar con gran estruendo. ■ Es v. irreg. Se conjuga como *contar.*

retropropulsión *s. f.* Procedimiento de propulsión de un vehículo u otro móvil en que la fuerza que causa el movimiento se produce por reacción a la expulsión hacia atrás de un chorro, generalmente de gas, lanzado por el propio vehículo o móvil.

retroproyector *s. m.* Aparato que permite proyectar transparencias o diapositivas en una pantalla situada detrás de la persona que lo maneja, sin necesidad de que la sala esté a oscuras.

retrospección *s. f.* Mirada o examen retrospectivo.

retrospectivo, va (del lat. *retrospicere*, mirar hacia atrás) *adj.* Se dice de aquello que se refiere a un tiempo pasado o que lo evoca y recuerda. **FAM.** Retrospección.

retrotraer *v. tr.* Retroceder con la memoria a un tiempo o hecho pasados, generalmente para tomarlos como punto de partida de una narración, relato, etc. También *v. prnl.* ■ Es v. irreg. Se conjuga como *traer.* **SIN.** Remontarse.

retroventa *s. f.* En der., cláusula que se puede incluir en un contrato de venta, por la que el vendedor se reserva la posibilidad de volver a comprar la cosa vendida por la cantidad en que la vendió.

retroversión (del lat. *retroversus*) *s. f.* En med., desviación hacia atrás de algún órgano del cuerpo.

retrovertido, da *adj.* Que se encuentra en estado de retroversión. **FAM.** Retroversión. VERTER.

retrovirus *s. m.* Virus que contiene una molécula de ARN (ácido ribonucleico). ■ No varía en *pl.*

retrovisor *s. m.* En un vehículo, espejo situado frente al conductor o al lado de él, mediante el cual éste puede ver lo que viene o está detrás de él.

retrucar *v. intr.* **1.** En el juego de billar, chocar una bola impulsada por otra en la banda de modo que vuelva y golpee después a la que le causó el movimiento. **2.** Volverse contra uno mismo el argumento que había usado. **3.** *Arg., Par.* y *Urug.* Responder con acierto y energía. En esta última acepción, se usa también en algunas provincias españolas. ■ Delante de *e* se escribe *qu* en lugar de *c*: *retruque.* **FAM.** Retruque. TROCAR[1].

retruécano *s. m.* **1.** Figura retórica que consiste en poner a continuación de una proposición otra con los mismos términos, u otros semejantes, pero invertidos, para que su sentido contraste con el de la anterior proposición; p. ej.: *Comer para vivir, no vivir para comer.* **2.** Se denomina así también a otros juegos de palabras.

retruque *s. m.* Acción de retrucar.

retumbar (onomat.) *v. intr.* **1.** Hacer mucho ruido una cosa: *El trueno retumbó por toda la casa.* **2.** Sonar una cosa muy fuerte y repetidamente, disminuyendo poco a poco su intensidad: *Su grito retumbó en la cueva.* **3.** Estar un sitio lleno de un ruido o sonido muy fuerte que se produce, repercute o choca en él: *Las paredes retumbaron con la tormenta.* **4.** Reproducirse con fuerza un sonido en la memoria: *Sus gritos de terror retumban aún en mis oídos.* **SIN. 1.** Retronar. **1.** a **4.** Resonar. **FAM.** Retumbante, retumbo.

reubicar *v. tr. Amér.* Volver a ubicar, situar en un lugar distinto. ■ Delante de *e* se escribe *qu* en lugar de *c*: *reubique.*

reúma o **reuma** (del lat. *rheuma*, y éste del gr. *rheuma*, flujo) *s. amb.* Reumatismo*. ■ Se usa como *s. f.* sólo en la lengua popular.

reumático, ca *adj.* **1.** Que padece reumatismo. También *s. m.* y *f.* **2.** Del reumatismo: *dolores reumáticos.*

reumatismo (del lat. *rheumatismus*, y éste del gr. *rheumatismos*) *s. m.* Término con que se designa toda una serie de afecciones que se manifiestan con dolores en las articulaciones o en las partes musculares y fibrosas del cuerpo. **FAM.** Reúma, reumático, reumatoide, reumatología.

reumatoide (del gr. *rheuma, -atos*, reúma, y *-oide*) *adj.* Se dice de los trastornos articulares.

reumatología (del gr. *rheuma, -atos*, flujo, y *-logía*) *s. f.* Parte de la medicina que se dedica al estudio y tratamiento del reumatismo. **FAM.** Reumatológico, reumatólogo. REUMATISMO.

reunificación *s. f.* Acción de reunificar o reunificarse.

reunificar *v. tr.* Volver a unir personas, cosas, y especialmente grupos o estados, que estuvieron unidos. ■ Delante de *e* se escribe *qu* en lugar de *c*: *reunifique.* **FAM.** Reunificación. UNIFICAR.

reunión *s. f.* **1.** Acción de reunir o reunirse. **2.** Conjunto de personas, animales o cosas reunidas. **3.** Particularmente, conjunto de personas que se reúnen para tratar sobre un determinado asunto: *Tengo que presidir hoy una reunión.*

reunir *v. tr.* **1.** Juntar algo: *reunir papeles, reunir dinero.* **2.** Juntar a varias personas, congregarlas: *El director reunió a profesores y alumnos.* También *v. prnl.*: *Nos reuniremos mañana.* **3.** Volver a unir. También *v. prnl.* **4.** Poseer ciertas cualidades, características o condiciones: *Este local no reúne los requisitos sanitarios mínimos.* ■ La *u* de la raíz no forma diptongo y se acentúa en algunas formas del presente y del imperativo. **SIN. 1.** Agrupar, recoger. **2.** Convocar. **4.** Cumplir, tener. **ANT. 1.** Separar. **FAM.** Reunión. UNIR.

REUNIR		
INDICATIVO	**SUBJUNTIVO**	**IMPERATIVO**
Presente	**Presente**	
reúno	*reúna*	
reúnes	*reúnas*	*reúne*
reúne	*reúna*	
reunimos	*reunamos*	
reunís	*reunáis*	*reunid*
reúnen	*reúnan*	

reutilizar *v. tr.* Volver a utilizar. ■ Delante de *e* se escribe *c* en lugar de *z*: *reutilice.* **FAM.** Reutilización. UTILIZAR.

reválida *s. f.* **1.** Examen que se hacía al acabar algunos estudios, como el bachillerato. **2.** Acción de revalidar.

revalidar *v. tr.* Dar nuevamente validez o firmeza a algo: *Revalidó su título con una nueva victoria.* **SIN.** Ratificar, reafirmar, confirmar. **FAM.** Reválida, revalidación.

revalorización *s. f.* **1.** Acción de revalorizar o revalorizarse. **2.** En contabilidad, actualización de los elementos de un balance para compensar la inflación que sufre una moneda. || **3. revalorización de divisas** Aumento del valor de una moneda en relación con otra. **SIN. 1.** Revaluación. **ANT. 1.** Devaluación, depreciación.

revalorizar *v. tr.* **1.** Aumentar el valor de una cosa: *La fuerte demanda ha revalorizado los pisos.* También *v. prnl.*: *El oro se ha revalorizado.* **2.** Devolver a una cosa el valor o la estimación que había perdido: *Los críticos han revalorizado su obra literaria.* También *v. prnl.* ■ Delante de *e* se escribe *c* en lugar de *z*: *revalorice.* **SIN. 1.** Revaluar(se). **ANT. 1.** Devaluar(se), depreciar(se). **FAM.** Revalorización, revalorizador. VALOR.

revaluación *s. f.* **1.** Acción de revaluar. **2.** Aumento del valor de la moneda de un país respecto al valor de la de otro u otros, o respecto al oro: *la revaluación del dólar.* **SIN. 1.** y **2.** Revalorización. **ANT. 1.** y **2.** Devaluación, depreciación.

revaluar (de *re-* y *evaluar*) *v. tr.* **1.** Elevar el valor de una moneda o de cualquier otra cosa. **2.** Volver a evaluar una cosa: *Hay que revaluar esos datos.* ■ En cuanto al acento, se conjuga como *actuar*: *revalúo.* **SIN. 1.** Revalorizar. **2.** Reconsiderar. **ANT. 1.** Devaluar, depreciar. **FAM.** Revaluación. VALUAR.

revancha (del fr. *revanche*) *s. f.* Desquite, venganza, represalia: *No descansó hasta tomarse la revancha.* **FAM.** Revanchismo.

revanchismo *s. m.* Actitud de la persona que procura tomarse la revancha: *El espíritu de revanchismo hacía imposible cualquier reconciliación.* **FAM.** Revanchista. REVANCHA.

revascularizar *v. tr.* Restablecer el riego sanguíneo en una zona mediante una intervención quirúrgica. ■ Delante de *e* se escribe *c* en lugar de *z.*

revejido, da *adj. Perú* Se dice de un niño que adopta ciertas actitudes de adulto.

revelación (del lat. *revelatio, -onis*) *s. f.* **1.** Acción de revelar o revelarse: *Hizo a la prensa revela-*

ciones sorprendentes; revelación de un secreto. **2.** Por antonomasia, acto por el que Dios se da a conocer a los hombres y les descubre su plan de salvación, y conjunto de las verdades y hechos revelados por Dios, especialmente en la *Biblia.* **3.** Intuición o inspiración por la que se llega a conocer o imaginar algo: *Una súbita revelación me previno de sus auténticas intenciones.* **4.** Persona, animal o cosa que empieza a conocerse y destacar por sus cualidades o méritos: *Esa película ha sido la revelación de la temporada.* ■ En esta acepción se usa mucho en aposición: *Ha sido el jugador revelación del año.* **SIN. 1.** Revelamiento. **1.** y **4.** Descubrimiento. **3.** Presentimiento. **ANT. 1.** Ocultamiento.

revelado, da 1. *p.* de **revelar**. También *adj.* || *s. m.* **2.** Operación de revelar las fotografías y resultado que se obtiene: *Quiero obtener un buen revelado.*

revelador, ra (del lat. *revelator, -oris*) *adj.* **1.** Que revela o sirve para revelar algo: *un detalle revelador, un gesto revelador.* || *s. m.* **2.** Líquido que sirve para revelar la placa o película fotográfica.

revelar (del lat. *revelare*) *v. tr.* **1.** Descubrir o manifestar algo desconocido, ignorado o secreto: *No consiguieron que revelara la identidad de sus cómplices.* También *v. prnl.*: *Se ha revelado como un gran científico.* **2.** Poner de manifiesto, evidenciar cierta cosa: *Sus canas revelaban su edad. Su actitud revela que pretende ayudarme.* **3.** Dar a conocer Dios a los hombres su propio ser y existencia y el plan de salvación que tiene respecto a ellos. **4.** Hacer visible la imagen impresa en la placa fotográfica. || **revelarse** *v. prnl.* **5.** Resultar de determinada manera una acción: *Todos los esfuerzos se han revelado inútiles.* ■ No confundir con la palabra homófona *rebelar.* **SIN. 2.** Reflejar, mostrar, indicar. **ANT. 1.** Ocultar(se). **FAM.** Revelable, revelación, revelado, revelador, revelamiento. VELAR[2].

revendedor, ra *s. m.* y *f. Col.* Persona que vende víveres en los mercados públicos.

revender (del lat. *revendere*) *v. tr.* Volver a vender algo que se ha comprado hace poco tiempo o, particularmente, lo que se ha comprado con el objeto de volverlo a vender para obtener un beneficio. **FAM.** Revendedor, reventa. VENDER.

revenirse (del lat. *revenire*) *v. prnl.* **1.** Ponerse ciertos alimentos, como el pan, blandos y correosos con la humedad o el calor. **2.** Hablando de conservas o licores, avinagrarse: *El vino se ha revenido.* **3.** Soltar ciertas cosas la humedad que tienen: *La pintura ya se ha revenido.* ■ Es v. irreg. Se conjuga como *venir.* También es defect.; se usa sólo en tercera persona. **SIN. 2.** Agriarse. **3.** Secarse. **FAM.** Revenido, revenimiento. VENIR.

reventa *s. f.* **1.** Acción de revender. **2.** Centro oficialmente autorizado para vender con recargo sobre su precio original entradas y localidades para espectáculos públicos. **3.** Conjunto de personas que sin autorización oficial se ocupan de revender entradas y localidades para un espectáculo público, así como la actividad de las mismas. || *s. m.* y *f.* **4.** *fam.* Persona que realiza la actividad ilegal citada anteriormente: *Los reventas actuaban cerca de las taquillas.*

reventado, da 1. *p.* de **reventar**. También *adj.* || *adj.* **2.** *fam.* Rendido, muy cansado. **SIN. 2.** Roto, molido.

reventador, ra *s. m.* y *f. fam.* Persona que asiste a espectáculos o a reuniones públicas con la intención de mostrar su desagrado de un modo ruidoso para provocar el fracaso de dichos actos.

reventar *v. intr.* **1.** Romperse o abrirse una cosa bruscamente, en especial por no poder soportar la presión interior: *Si pinchas el globo reventará.* También *v. tr.* y *v. prnl.*: *Está tan gordo que revienta los pantalones. Se ha reventado una rueda.* **2.** Deshacerse, aplastarse o destruirse una cosa con violencia: *El huevo reventó contra el suelo.* También *v. tr.* y *v. prnl.*: *La bomba reventó el puente. Se me cayó un vaso y se reventó.* **3.** Deshacerse en espuma las olas del mar: *Las olas reventaban contra las rocas.* **4.** Estropearse o romperse una cosa por apurarla o forzarla mucho: *El motor reventará con tanto acelerón.* También *v. tr.* y *v. prnl.* **5.** Dicho del caballo y otros animales, cansarse mucho corriendo hasta el punto de enfermar o, incluso, morir. También *v. tr.* y *v. prnl.* **6.** *fam.* Cansarse mucho una persona sometida a un esfuerzo o a un exceso de trabajo. También *v. tr.* y *v. prnl.*: *Se revienta a trabajar para que sus hijos estudien.* **7.** Sentir alguien deseos incontenibles de decir o hacer algo: *Reventaba de ganas de contarlo.* **8.** Mostrar violenta y bruscamente algo que se tenía contenido: *No pude sufrir tanta injusticia y reventé.* **9.** Terminar algo no material de forma brusca, violenta y, generalmente, desastrosa: *Esta situación tiene que reventar algún día.* **10.** Tener y manifestar determinada cualidad, sentimiento o estado: *reventar de satisfacción, de alegría.* **11.** Molestar, fastidiar: *Me revientan los listillos.* **12.** Estar muy lleno de comida hasta el punto de no poder tomar más: *No puedo más, estoy que reviento.* ■ En esta acepción, se usa hiperbólicamente. **13.** Estar una cosa muy llena o cubierta de algo: *El rosal reventaba de flores.* **14.** Morir: *¡Así revientes, canalla!* || *v. tr.* **15.** *fam.* Causar un daño grave o hacer fracasar a alguien o algo: *Los gamberros reventaron el espectáculo.* **16.** Maltratar a una persona o animal pegándolos mucho y con fuerza hasta hacerlos enfermar o, incluso, morir: *¡Te voy a reventar a palos!* ■ Es v. irreg. Se conjuga como *pensar.* **SIN. 1.** a **10.** Explotar, estallar. **6.** Fatigarse. **11.** Irritar, jorobar. **13.** Rebosar. **16.** Matar(se), moler. **ANT. 11.** Agradar, encantar. **FAM.** Reventado, reventador, reventón.

reventón, na *adj.* **1.** Se dice de ciertas cosas que revientan o parece que van a reventar: *clavel reventón.* || *s. m.* **2.** Acción y resultado de reventar o reventarse: *Hay que arreglar el reventón de la cañería. Se dio un reventón para terminar el trabajo.* **3.** Particularmente, rotura o desgarramiento de la cubierta y la cámara de aire del neumático de cualquier vehículo, o de esta última solamente: *Tuve un reventón y paré a cambiar la rueda.* || **LOC. dar** (o **pegar**) **un reventón** *fam.* Morir, especialmente por excesos en la comida o bebida.

rever (del lat. *revidere*) *v. tr.* **1.** Ver o mirar de nuevo. **2.** Ver un tribunal un pleito visto y sentenciado por otro. ■ Es v. irreg. Se conjuga como *ver.*

reverberación *s. f.* Acción de reverberar. **SIN.** Reverbero.

reverberar (del lat. *reverberare*) *v. intr.* **1.** Reflejarse la luz intensamente en la superficie de algo: *Los rayos de sol reverberan sobre las aguas del lago.* **2.** Brillar mucho una cosa al recibir la luz. **3.** Persistir un sonido en el interior de un sitio cuando cesa su fuente de emisión, al rebotar repetidamente aquél en las distintas superficies del recinto. **FAM.** Reverberación, reverberante, reverbero.

reverbero *s. m.* **1.** Acción de reverberar. **2.** Objeto de cristal, metal, etc., sobre cuya superficie reverbera la luz, y que suele usarse de adorno. **3.** *Amér.* Cocinilla, infiernillo. SIN. **1.** Reverberación.

reverdecer *v. intr.* **1.** Volver a ponerse verdes y vigorosos los campos, los árboles y las plantas que estaban mustios y secos. También *v. tr.* **2.** Renovarse, tomar algo nuevo vigor o fuerza: *Al volver a verla, reverdeció su amor.* También *v. tr.*: *Con este nuevo triunfo, ha reverdecido sus viejas glorias.* ■ Es v. irreg. Se conjuga como *agradecer.* SIN. **1.** y **2.** Retoñar. **2.** Renacer. ANT. **1.** y **2.** Agostarse. FAM. Reverdeciente, reverdecimiento. VERDE.

reverencia (del lat. *reverentia*) *s. f.* **1.** Respeto muy grande que se tiene a una persona o cosa por sus cualidades o por lo que representa. **2.** Inclinación del cuerpo que se hace en señal de respeto, devoción o cortesía. **3.** Tratamiento que se da a los religiosos que tienen el título de *reverendo* o *reverendísimo.* ■ En esta acepción, siempre aparece precedido de *su* o *vuestra.* FAM. Reverencial, reverencialmente, reverenciar, reverencioso, reverendo, reverente.

reverencial *adj.* Que incluye reverencia o respeto.

reverenciar *v. tr.* Sentir o mostrar reverencia y respeto hacia alguien o algo: *Los fieles reverenciaban la imagen de la Virgen.* SIN. Venerar, respetar. FAM. Reverenciador. REVERENCIA.

reverencioso, sa *adj.* Se dice del que hace muchas reverencias o inclinaciones.

reverendísimo, ma (sup. de *reverendo*) *adj.* Se aplica como tratamiento a los cardenales, arzobispos y otras altas dignidades eclesiásticas.

reverendo, da (del lat. *reverendus*) *adj.* **1.** Que merece reverencia o respeto. **2.** Se aplica como tratamiento a sacerdotes y religiosos: *reverenda madre.* También *s. m.* y *f.* FAM. Reverendísimo. REVERENCIA.

reverente (del lat. *reverens, -entis*) *adj.* Que demuestra o supone reverencia o respeto: *Tiene una actitud reverente hacia las cosas sagradas.* SIN. Respetuoso, reverencial. ANT. Irreverente. FAM. Reverentemente. / Irreverente. REVERENCIA.

reversa *s. f. Amér.* Marcha atrás de un vehículo.

reverse (ingl.) *s. m.* En un aparato reproductor de vídeo o sonido, dispositivo de cambio de dirección o posición.

reversible (del lat. *reversus*, de *reverti*, volver) *adj.* **1.** Que puede alterarse o cambiarse para volver a un estado o condición anterior. **2.** Se dice de la prenda de vestir o tela que se puede usar por el derecho y por el revés. ANT. **1.** Irreversible. FAM. Reversibilidad. / Irreversible. REVERTIR.

reversión (del lat. *reversio, -onis*) *s. f.* Acción de revertir. SIN. Regreso, retorno; devolución, restitución, reembolso.

reverso (del lat. *reversus*, vuelto) *s. m.* **1.** Parte o lado posterior u opuesto a aquel que se considera como principal en una cosa: *el reverso de la hoja.* **2.** En las monedas y medallas, parte opuesta a la principal o anverso. SIN. **1.** y **2.** Revés, envés, dorso. **2.** Cruz. ANT. **1.** y **2.** Cara, haz.

reverter (del lat. *revertere*) *v. intr.* Rebosar, salirse algo de sus límites. ■ Es v. irreg. Se conjuga como *tender.* No confundir con *revertir.*

revertir (del lat. *reverti*, volverse) *v. intr.* **1.** Volver algo al estado o condición que tuvo antes. **2.** Venir a parar una cosa en la consecuencia o efecto que se indica: *Todo esfuerzo que hagas revertirá en tu propio beneficio.* **3.** Volver una cosa a su antiguo propietario o pasar a un nuevo dueño. ■ Es v. irreg. Se conjuga como *sentir.* No confundir con *reverter.* SIN. **2.** Redundar, repercutir. FAM. Reversa, reversible, reversión, reverso, revés.

revés (del lat. *reversus*, vuelto) *s. m.* **1.** Lado o parte posterior u opuesta a aquella que se considera como principal de una cosa de dos dimensiones, como una tela, un papel, etc. **2.** Golpe que se da a alguien con el dorso de la mano abierta: *Como sigas chillando, te voy a dar un revés.* **3.** En el tenis y otros deportes o juegos similares, golpe que se da a la pelota cuando ésta viene por el lado contrario a la mano que empuña la raqueta. **4.** Desgracia o contratiempo: *Ha aprendido a aceptar los reveses de la vida.* || LOC. **al revés** *adv.* De manera opuesta a la normal o debida, o en posición o dirección contraria: *Te has puesto el jersey al revés. Colócate al revés de como estás ahora.* También, al contrario: *Sucedió al revés de lo que nos dijeron.* ■ Con el primero de estos dos sentidos, se usa también la loc. *del revés.* SIN. **1.** Reverso, dorso, envés, cruz. **4.** Percance, infortunio. ANT. **1.** Cara, anverso. FAM. Enrevesado, envés.

revestido, da **1.** *p.* de **revestir**. También *adj.* || *s. m.* **2.** Revestimiento*.

revestimiento *s. m.* **1.** Acción de revestir. **2.** Capa de cualquier material que recubre la superficie de algo para protegerlo o adornarlo: *Las paredes de la cocina tienen un revestimiento de azulejos.* SIN. **1.** y **2.** Recubrimiento, revestido. **2.** Cobertura.

revestir (del lat. *revestire*) *v. tr.* **1.** Cubrir con una capa protectora o de adorno: *Van a revestir de cemento el suelo del patio.* **2.** Presentar una cosa determinado aspecto, cualidad o carácter: *El acto revistió gran esplendor.* También *v. prnl.* **3.** Disfrazar una cosa adornándola o presentándola diferente de lo que es: *Revistió los hechos de una importancia que no tenían.* **4.** Vestir una ropa sobre otra, particularmente cuando se habla de vestiduras sacerdotales. Se usa más como *v. prnl.* || **revestirse** *v. prnl.* **5.** Llenarse, cubrirse: *En primavera los árboles se revisten de hojas.* **6.** Tomar la actitud que se expresa, especialmente de energía o resignación ante las dificultades: *Frente a las adversidades, hay que revestirse de valor.* **7.** Mostrarse alguien con el carácter o los atributos que se indican: *Se revistió de la dignidad que le confería su cargo.* ■ Es v. irreg. Se conjuga como *pedir.* SIN. **1.** Recubrir. **6.** Armarse. FAM. Revestido, revestimiento. VESTIR.

reviejo, ja *adj.* **1.** Muy viejo: *Es una vieja revieja.* || *s. m.* **2.** Rama reseca e inútil de un árbol.

revigorizar *v. tr.* Dar nuevo vigor o fuerza. ■ Delante de *e* se escribe *c* en lugar de *z*: *revigorice.*

revirado, da *adj. Arg.* y *Urug. fam.* Que tiene las facultades mentales perturbadas. También *s. m.* y *f.*

revirar *v. tr.* **1.** Torcer o desviar una cosa de su posición o dirección inicial, haciéndola girar. **2.** *Col.* y *Méx.* En ciertos juegos, doblar la apuesta del contrario. || *v. intr.* **3.** En marina, volver a virar. || **revirarse** *v. prnl.* **4.** *Arg.*, *Cuba* y *Urug. fam.* Rebelarse, protestar o faltar a la disciplina. **5.** *Arg. fam.* Volverse loco. FAM. Revirado, revirón. VIRAR.

revirón, na *adj.* **1.** *Cuba fam.* Propenso a revirarse, rebelarse. || *s. m.* **2.** *Cuba fam.* Acción de revirarse, rebelarse.

revisación *s. f. Arg.*, *Par.* y *Urug.* Revisión*.

revisada *s. f. Amér.* Revisión*.

revisar (de *re-* y *visar*) *v. tr.* **1.** Examinar con atención y cuidado una cosa. **2.** Particularmente, examinar de nuevo una cosa para corregir sus posibles errores o imperfecciones: *Revisa el examen antes de entregarlo.* **3.** Comprobar o hacer comprobar una cosa para asegurarse de que funciona correctamente: *Revisa el coche antes del viaje. Tengo que ir al oculista a revisarme la vista.* **SIN. 2.** Repasar. **FAM.** Revisable, revisación, revisada, revisión, revisionismo, revisor, revista. VISAR.

revisión (del lat. *revisio, -onis*) *s. f.* **1.** Acción de revisar. **2.** Examen o reconocimiento médico: *Después de salir del hospital ha estado yendo a revisión tres meses.*

revisionismo *s. m.* Tendencia a revisar ideas, doctrinas, prácticas o métodos establecidos para actualizarlos o reformarlos. **FAM.** Revisionista. REVISAR.

revisor, ra *adj.* **1.** Que revisa o examina con cuidado una cosa. || *s. m.* y *f.* **2.** Persona que tiene por oficio revisar o comprobar algo, particularmente aquella que en ciertos medios de transporte público está encargada de comprobar los billetes de los viajeros. **SIN. 2.** Inspector, interventor.

revista (de *revistar*) *s. f.* **1.** Publicación periódica, por lo general ilustrada, que contiene escritos sobre diversas materias o sobre una sola especialmente. **2.** Examen y crítica de espectáculos, obras literarias, exposiciones, etc., que se hace y publica en un periódico o que se retransmite por televisión o radio. **3.** Espectáculo teatral de carácter ligero en que se combinan el humor, la vistosidad y el erotismo, en números dialogados y otros de canto y baile, a veces enlazados por un argumento. ■ Se llama también *revista musical.* **4.** Formación de las tropas para que un general o jefe las inspeccione. **5.** Inspección o examen que alguien hace de las personas o cosas que están bajo su cargo. || **LOC. pasar revista** Ejercer un jefe las funciones de inspección que le corresponden. También, presentarse las personas obligadas a ello en un determinado lugar o ante determinada persona para que se compruebe su estado, condición, número o cualquier otra cosa: *Mañana tengo que ir a pasar revista.* Pasar una autoridad ante las tropas que le rinden honores. Examinar cuidadosa y detenidamente una serie de cosas: *Vamos a pasar revista a los acontecimientos de actualidad.* **FAM.** Revistar, revistero. REVISAR.

revistar (del lat. *revisitare*) *v. tr.* Pasar revista un jefe o autoridad.

revistero *s. m.* Mueble para colocar revistas.

revitalizar *v. tr.* Dar más fuerza o vitalidad: *Esas medidas intentan revitalizar la industria.* ■ Delante de *e* se escribe *c* en lugar de *z*: *revitalice.* **SIN.** Fortalecer, robustecer, reanimar, reavivar. **ANT.** Debilitar. **FAM.** Revitalización. VITALIZAR.

revival (ingl.) *s. m.* Revalorización o reactualización de estilos, modas, etc., del pasado.

revivificar *v. tr.* Dar nuevas fuerzas, energías o ánimos. ■ Delante de *e* se escribe *qu* en lugar de *c*: *reivindique.* **SIN.** Vivificar, reavivar, revitalizar, reanimar. **ANT.** Debilitar, desanimar. **FAM.** Revivificación. VIVIFICAR.

revivir (del lat. *revivere*) *v. intr.* **1.** Resucitar, volver a la vida. **2.** Recobrar sus funciones vitales normales un ser vivo que parecía muerto: *Eché el pez al agua y revivió. Las plantas han revivido.* **3.** Resurgir, reaparecer: *Al volver a verle, su antiguo amor revivió con fuerza.* || *v. tr.* **4.** Recordar, traer a la memoria o a la imaginación: *En su casa natal revivió sus días de niño.* **SIN. 3.** Reavivarse. **4.** Evocar, rememorar.

revocación (del lat. *revocatio, -onis*) *s. f.* **1.** Acción de revocar. **2.** En der., anulación, sustitución o enmienda de una orden o un fallo por una autoridad distinta de la que había resuelto o decidido. **3.** En der., acto jurídico que deja sin efecto otro anterior por la voluntad del que lo otorgó.

revocadura *s. f.* Revoque, acción de revocar una casa.

revocar (del lat. *revocare*) *v. tr.* **1.** Dejar sin efecto o validez un mandato, una norma, una resolución, etc., especialmente cuando lo hace una autoridad. **2.** Enlucir o pintar de nuevo las paredes exteriores de un edificio y, p. ext., cualquier pared: *revocar la fachada.* **3.** Hacer una corriente de aire que retrocedan ciertas cosas. También *v. intr.* ■ Delante de *e* se escribe *qu* en lugar de *c*: *revoque.* **SIN. 1.** Invalidar, anular. **2.** Remozar, repintar, enjalbegar, blanquear. **FAM.** Revocabilidad, revocable, revocación, revocador, revocadura, revocante, revocatorio, revoco, revoque. / Irrevocable.

revocatorio, ria *adj.* **1.** Se dice de lo que revoca o anula. || *s. f.* **2.** *Amér.* Anulación de una ley, edicto, etc., por un juez o autoridad competente. **SIN. 1.** Revocador, revocante.

revoco *s. m.* Revoque de las casas y paredes.

revolcar (de *re-* y *volcar*) *v. tr.* **1.** Tirar a alguien al suelo y pisotearle o hacerle dar vueltas, especialmente el toro al torero. **2.** *fam.* Suspender en un examen. || **revolcarse** *v. prnl.* **3.** Echarse sobre una cosa y dar vueltas o restregarse sobre ella: *Los niños se revolcaban en la arena.* **4.** *vulg.* Magrearse. ■ Delante de *e* se escribe *qu* en lugar de *c*. Es v. irreg. Se conjuga como *contar.* **FAM.** Revolcón. VOLCAR.

revolcón *s. m.* **1.** Acción de revolcar o revolcarse. **2.** Acción de vencer al adversario dejándolo humillado: *Le dimos un buen revolcón jugando al mus.*

revolotear *v. intr.* **1.** Volar dando vueltas y haciendo giros en un pequeño espacio: *El jilguero revoloteaba alrededor del nido.* **2.** Moverse una cosa dando vueltas por el aire: *Las hojas revoloteaban en el parque.* **FAM.** Revoloteo. VOLAR.

revoltijo o **revoltillo** (de *revuelto*) *s. m.* **1.** Conjunto desordenado de muchas cosas: *un revoltijo de ropa.* **2.** Confusión, enredo: *¡Vaya un revoltijo que han organizado los niños!* **SIN. 1.** Batiburrillo, mezcolanza. **1.** y **2.** Lío. **2.** Follón, jaleo.

revoltoso, sa (de *revuelta*, alboroto) *adj.* **1.** Se dice del niño travieso y enredador. También *s. m.* y *f.* **2.** Se dice de quien promueve alborotos, peleas, disturbios, sublevaciones, etc. También *s. m.* y *f.* **SIN. 1.** Trasto, inquieto, guerrero. **2.** Provocador, alborotador, rebelde.

revolución (del lat. *revolutio, -onis*) *s. f.* **1.** Cambio violento en las instituciones políticas, sociales y económicas de un país. **2.** P. ext., cambio profundo o brusco en cualquier cosa: *La música ha sufrido una verdadera revolución en los últimos años.* **3.** También, p. ext., perturbación del orden, la tranquilidad, etc., en una persona, entidad o país. **4.** En astron., cada vuelta que da un astro alrededor de su órbita. **5.** En mecánica, giro o vuelta de 360° que da una pieza sobre su eje: *Este motor puede alcanzar las 7.000 revoluciones por minuto.* **6.** En geom., rotación de 360° de una figura en torno a su eje. || **LOC. de revolución** *adj.* Se aplica a las figuras geométricas generadas por la rotación de una línea en torno a otra línea recta que constituye su eje, como p. ej. el cono, la esfera o el cilindro. **SIN. 2.** Transformación. **2.** y **3.** Conmoción, alteración. **3.** Revuelta, alboroto, rebelión. **ANT. 2.** y **3.** Estabilidad. **FAM.** Revolucionar, revolucionario. / Contrarrevolución, cuentarrevoluciones. REVOLVER.

revolucionar *v. tr.* **1.** Perturbar el orden, la tranquilidad o la normalidad de una persona, entidad, país, etc.: *La subida de los precios revolucionó el país. Su visita ha revolucionado a toda la familia.* **2.** Provocar un cambio profundo o brusco en cualquier cosa: *Revolucionó la literatura de su época.* **3.** En mecánica, imprimir más o menos revoluciones en un tiempo determinado a un cuerpo que gira o al mecanismo que produce el movimiento. También *v. prnl.* **SIN. 1.** Alterar, alborotar, agitar. **2.** Transformar.

revolucionario, ria *adj.* **1.** Relativo a la revolución, cambio violento en las instituciones: *movimiento revolucionario.* **2.** Que realiza o apoya una revolución de este tipo o toma parte en ella. También *s. m.* y *f.* **3.** Que introduce una novedad o cambio grande: *un producto revolucionario.* **SIN. 2.** Rebelde, agitador, alborotador. **3.** Innovador, renovador.

revolver (del lat. *revolvere*) *v. tr.* **1.** Remover una o varias cosas dándoles vueltas: *Revuelve bien el café, que tienes el azúcar en el fondo.* **2.** Mover y separar algunas cosas desordenándolas: *He revuelto todos los cajones. No revuelvas la cocina.* **3.** Alterar, indignar: *Estas tonterías me revuelven.* ■ En esta acepción, se usa también con palabras como *tripas, estómago, sangre*, etc.: *Su falsa modestia me revuelve las tripas.* **4.** Producir alteración o malestar en el estómago: *El viaje en autobús me ha revuelto.* **5.** Pensar o reflexionar mucho sobre algo: *Se pasa el día revolviendo ese asunto en la cabeza.* **6.** Volver a pensar, tratar, indagar, etc., algo que estaba olvidado o parado: *Hay asuntos que no conviene revolver.* || *v. intr.* **7.** Enredar moviéndose mucho, especialmente los niños: *Estáte quieto y no revuelvas.* **8.** Investigar en un asunto para sacar a la luz cosas que están ocultas u olvidadas: *Alguien estuvo revolviendo en su pasado.* **9.** Inquietar, causar disturbios. || **revolverse** *v. prnl.* **10.** Darse la vuelta o moverse agitadamente en un sitio: *Se revolvía nervioso en el sillón.* ■ En esta acepción se usa también con neg. para resaltar la pequeñez o estrechez del espacio que se tiene: *Hay tanta gente que no puede uno ni revolverse.* **11.** Volverse rápidamente para atacar o defenderse: *El toro se revolvió e intentó embestir al banderillero.* **12.** Volverse contra alguien o algo, enfrentarse a él o a ello: *No intentes revolverte contra mí.* **13.** Cambiar el tiempo poniéndose borrascoso: *Parece que se ha revuelto el día.* **14.** Agitarse el sedimento o poso de un líquido, o ponerse turbio dicho líquido por esta causa. ■ En estas dos últimas acepciones sólo se usa en 3.ª pers. Es v. irreg. Se conjuga como *volver.* **SIN. 1.** y **6.** Menear. **3.** Encorajinar, enojar. **7.** Trastear, zascandilear. **8.** Escarbar, husmear. **12.** Encararse, rebelarse. **FAM.** Revoltijo, revoltillo, revoltoso, revolución, revuelta, revuelto. VOLVER.

revólver (del ingl. *revolver*, de *to revolve*, y éste del lat. *revolvere*, revolver) *s. m.* Arma corta de fuego, con varias recámaras dispuestas en un cilindro giratorio llamado tambor.

revoque *s. m.* **1.** Acción de revocar las casas y las paredes. **2.** Capa o mezcla de cal y arena u otros materiales similares con que se revoca una superficie. **SIN. 1.** Revocadura.

revuelo *s. m.* **1.** Confusión, agitación: *¡Vaya un revuelo que has organizado con la noticia!* **2.** Acción de revolotear: *el revuelo de los pájaros.* **3.** Movimiento de muchas aves o de muchas cosas volando. **SIN. 1.** Jaleo, alboroto. **2.** y **3.** Revoloteo.

revuelta (del lat. *revoluta*, de *revolutus*, revuelto) *s. f.* **1.** Alteración del orden público. **2.** Riña o pelea entre muchas personas: *Se organizó una revuelta callejera.* **3.** Punto en que una cosa empieza a cambiar su dirección y toma otra diferente: *Te espero en aquella revuelta del camino.* **4.** Este mismo cambio de dirección: *Esta carretera tiene muchas vueltas y revueltas.* **SIN. 1.** Alboroto, disturbio. **2.** Disputa, bronca, pendencia. **3.** y **4.** Curva.

revuelto, ta (del lat. *revolutus*, de *revolvere*, revolver) **1.** *p.* irreg. de **revolver**. || *adj.* **2.** Desordenado, mezclado: *Ha dejado toda la casa revuelta.* **3.** Intranquilo, excitado, agitado: *El país está muy revuelto a causa de la subida de los precios.* **4.** Se dice del tiempo cuando está muy variable. **5.** Se dice del líquido en que el sedimento se ha levantado del fondo: *Este río tiene las aguas revueltas.* **6.** Se dice del estómago cuando está alterado o de la persona que lo tiene de este modo: *No quiero comer hoy, porque tengo el estómago un poco revuelto.* || *s. m.* **7.** Seguido de la prep. *de*, plato que se hace revolviendo huevos con el alimento que se expresa: *un revuelto de gambas.* **SIN. 2.** Desarreglado. **3.** Alterado, trastornado, picado. **4.** Inestable, turbulento. **4.** y **5.** Movido. **5.** Turbio, sucio. **6.** Descompuesto. **ANT. 2.** Ordenado. **3.** Tranquilo, calmado. **4.** Estable. **5.** Limpio, transparente. **6.** Asentado. **FAM.** Revueltamente. REVOLVER.

revulsión *s. f.* Inflamación de la piel que se provoca artificialmente para conseguir una dilatación de los vasos sanguíneos y aliviar una lesión más profunda.

revulsivo, va (del lat. *revulsum*, de *revello*, arrebatar, arrancar) *adj.* **1.** Se dice de los medicamentos o sustancias que sirven para purgar el estómago o para provocar el vómito. También *s. m.* **2.** Que provoca un cambio o reacción brusca y, generalmente, favorable. También *s. m.*: *Ese grave problema le sirvió de revulsivo para cambiar de vida.* **SIN. 1.** Purgante. **2.** Estímulo. **FAM.** Revulsión.

rewind (ingl.) *s. m.* Dispositivo que permite rebobinar una cinta magnética.

rey (del lat. *rex, regis*) *s. m.* **1.** Jefe de Estado de una monarquía. **2.** Pieza principal en el juego de ajedrez. **3.** Carta de la baraja que tiene pintada la figura de un rey. **4.** Hombre, animal o cosa del género masculino que sobresale por sus cualidades o importancia entre los demás de su clase o especie: *Es el rey de las finanzas.* **5.** *fam.* Apelativo cariñoso, aplicado especialmente a los niños. || *s. m. pl.* **6.** Reyes Magos y regalo típico de esta festividad. || **7. Reyes Magos** Véase **mago**. **8. Reyes Magos** También, Epifanía*. ■ Su femenino es *reina.* **SIN. 1.** Monarca, soberano. **1.** y **4.** Príncipe. **4.** As. **FAM.** Reina, reinar, reyezuelo. / Real[2], regicida, regio, régulo, virrey.

reyerta *s. f.* Enfrentamiento, discusión o riña violenta. **SIN.** Altercado, contienda, disputa.

reyezuelo *s. m.* **1.** *dim.* de **rey**. **2.** *desp.* Jefe tribal. **3.** Ave paseriforme de unos 9 cm de longitud, con plumaje amarillo y anaranjado en la cabeza los machos y sólo amarillo las hembras, cuerpo de color verdoso y las alas con franjas blancas y negras. Se llama también *régulo.*

rezagado, da **1.** *p.* de **rezagarse**. || *adj.* **2.** Retrasado, que se ha quedado atrás. También *s. m.* y *f.*:

Los excursionistas se detuvieron a esperar a los rezagados.

rezagarse *v. prnl.* Retrasarse o quedarse atrás en algo: *Estábamos cansados y nos rezagamos.* ■ Delante de *e* se escribe *gu* en lugar de *g*. **SIN.** Atrasarse. **ANT.** Adelantarse. **FAM.** Rezagado. ZAGA.

rezar (del lat. *recitare*, recitar) *v. tr.* **1.** Decir una oración. **2.** Recitar o decir hablando la misa, una oración, etc., en contraposición a cantarla. **3.** *fam.* Decir o expresar un escrito una cosa. También *v. intr.*: *El letrero reza como sigue...* || *v. intr.* **4.** Dirigir, oral o mentalmente, alabanzas o peticiones a Dios, la Virgen o los santos. **5.** Refunfuñar, rezongar. ■ Delante de *e* se escribe *c* en lugar de *z*: *recen.* **SIN. 4.** Orar, rogar, implorar. **FAM.** Rezado, rezador, rezo.

rezo *s. m.* **1.** Acción de rezar. **2.** Cosa que se reza. **3.** Oficio eclesiástico que se reza diariamente. **SIN. 2.** Oración, plegaria, prez.

rezón *s. m.* Ancla pequeña de cuatro puntas que se emplea en las embarcaciones menores.

rezongar *v. intr.* Protestar alguien mostrando su disgusto con palabras dichas en voz baja. ■ Delante de *e* se escribe *gu* en lugar de *g*: *rezongue.* **SIN.** Gruñir, refunfuñar. **FAM.** Rezongador, rezongo, rezongón.

rezongón, na *adj. fam.* Que rezonga o tiene tendencia a rezongar. **SIN.** Rezongador, protestón, gruñón, refunfuñador, renegón.

rezumar *v. tr.* **1.** Dejar pasar un cuerpo a través de sus poros gotitas de algún líquido. También *v. prnl.* **2.** Tener una cualidad, sentimiento, etc., en alto grado: *Su madre rezuma bondad.* || *v. intr.* **3.** Salir un líquido al exterior, en forma de pequeñas gotas, a través de los poros de un cuerpo: *El vino rezumaba de la vasija.* También *v. prnl.* **SIN. 1.** Transpirar, exudar. **3.** Filtrar(se), brotar. **FAM.** Rezumante. ZUMO.

rho (del gr. *rho*) *s. f.* Nombre de la decimoséptima letra del alfabeto griego, que corresponde a nuestra *r*. ■ Se escribe también *ro*. En griego, la letra mayúscula se representa Π, y la minúscula ρ.

rhythm and blues (ingl.) *expr.* Estilo musical de los años cincuenta y sesenta del siglo XX, derivado del blues, que utiliza instrumentos eléctricos. ■ Se usa como *s. m.*

ría *s. f.* **1.** Penetración del mar en la costa por la desembocadura de un río. **2.** Ensanchamiento de un río en su desembocadura, donde las aguas son profundas. **3.** Hoyo lleno de agua que, tras una valla, hace de obstáculo en ciertos ejercicios o concursos hípicos.

riachuelo *s. m.* Río pequeño y de poco caudal.

riada *s. f.* **1.** Crecida muy grande de las aguas de un río o un arroyo. **2.** Inundación que provoca esta crecida: *A causa de la riada se ha perdido la cosecha.* **SIN. 1.** Avenida, desbordamiento.

rial *s. m.* Unidad monetaria de Irán.

ribazo *s. m.* **1.** Terreno con una pendiente pronunciada entre dos campos a distinto nivel, a los lados de un camino, etc. **2.** Franja prominente de terreno que separa dos fincas o cultivos o que permite dirigir el riego y andar sin pisar la tierra de labor. **SIN. 1.** Talud, terraplén. **FAM.** Ribera.

ribeiro *s. m.* Vino, blanco o tinto, elaborado en la comarca española del mismo nombre, en la provincia de Orense; es ácido y tiene poca graduación.

ribera *s. f.* **1.** Orilla del mar o de un río. **2.** P. ext., franja de tierra cercana a un río. **3.** Tierra que se cultiva y que está cercana a un río o se riega con agua del río: *la ribera del Tajo.* **SIN. 1.** Borde. **2.** Margen. **3.** Vega, huerta. **FAM.** Ribereño, ribero. RIBAZO.

ribereño, ña *adj.* **1.** De la ribera o propio de ella. **2.** Se dice de la persona que vive en una ribera. También *s. m.* y *f.*

ribero *s. m.* Vallado de estacas, hierbas, etc., que se hace a la orilla de las presas para que no se salga ni derrame el agua.

ribete (del fr. *rivet*, y éste del lat. *ripa*, ribera) *s. m.* **1.** Cinta o cosa parecida que se pone en los bordes de la ropa, el calzado, etc., como adorno o refuerzo. **2.** Cualquier adorno o remate que bordea una cosa. **3.** Comentario o reflexión que se añade a la conversación o a un escrito para darle amenidad o interés. || *s. m. pl.* **4.** Rasgos o detalles de la cualidad o actividad que se expresa: *Tiene sus ribetes de pintor.* **SIN. 1.** Galón, festón. **2.** Orla, filete. **4.** Atisbo, asomo, indicio. **FAM.** Ribeteado, ribetear.

ribetear *v. tr.* Poner ribetes para adornar o reforzar.

riboflavina *s. f.* Vitamina B_2, que interviene en la respiración celular.

ribonucleico *adj.* Se dice del ácido nucleico formado por cadenas de nucleótidos que está presente en los seres vivos en diversas formas, realizando funciones de mensajero de la información genética y participando en la síntesis de las proteínas. ■ Se suele denominar con sus siglas ARN. **FAM.** Desoxirribonucleico.

ribosoma *s. m.* Corpúsculo diminuto que forma parte de las células vivas y en cuyo interior se lleva a cabo la síntesis de las proteínas, verificada por los ácidos nucleicos. **FAM.** Ribosómico.

ricacho, cha o **ricachón, na** *s. m.* y *f. fam.* y *desp.* Persona rica, especialmente la que se comporta de manera vulgar.

ricamente *adv. m.* **1.** Con abundancia y riqueza: *Va vestida ricamente.* **2.** Muy a gusto, con toda comodidad: *Estábamos a la sombra tan ricamente.*

ricino (del lat. *ricinus*) *s. m.* Planta arbustiva o arborescente de grandes hojas alternas, palmeadas y con los bordes dentados, e inflorescencias en panículas terminales de flores separadas, las superiores femeninas y las inferiores masculinas. Sus semillas se utilizan como purgante.

rico, ca (del gót. *reiks*, poderoso) *adj.* **1.** Que tiene mucho dinero, propiedades, bienes, etc. También *s. m.* y *f.* **2.** Que posee muchos recursos económicos o naturales: *una región rica.* **3.** Que tiene mucho de lo que se expresa: *El mar es rico en yodo.* **4.** Se aplica al terreno muy fértil. **5.** Se aplica a lo que posee muchos elementos, cualidades, etc., que lo embellecen o lo hacen más perfecto, variado o estimable. **6.** Particularmente, hecho o adornado con lujo, o con cosas o materiales valiosos o de gran calidad. **7.** Que agrada por su buen sabor. **8.** *fam.* Cariñoso, simpático, agradable. **9.** Bonito, gracioso, guapo: *¡Mira qué cachorro tan rico!* **10.** Se aplica a personas como apelativo cariñoso, aunque a veces se usa con sentido irónico: *Anda, rico, deja ya de dar la lata.* **SIN. 1.** Adinerado, acaudalado. **2.** Próspero, floreciente. **3.** Abundante, copioso. **4.** Productivo. **5.** Florido. **6.** Opulento, lujoso. **7.** Sabroso, exquisito. **8.** Majo, encantador. **9.** Mono, precioso. **ANT. 1.** a **6.** Pobre. **3.** Escaso. **4.** Estéril. **7.** Malo. **8.** Odioso. **9.** Feo. **FAM.** Ricacho, ricachón, ricamente, ricura, riqueza. / Enriquecer.

rictus (del lat. *rictus*, boca entreabierta, y éste de *ringi*, retraer los labios y enseñar los dientes) *s. m.* **1.** Contracción de los labios que deja al descubierto los dientes y da a la boca el aspecto que toma cuando alguien se ríe. **2.** Gesto del rostro que manifiesta un sentimiento o sensación, generalmente penosos o desagradables. ■ No varía en *pl.* **SIN. 2.** Mueca.

ricura *s. f.* **1.** *fam.* Belleza, simpatía o gracia que hace agradable a una persona. **2.** Persona o cosa agradable o simpática.

ridiculez *s. f.* **1.** Cualidad de ridículo. **2.** Cosa ridícula.

ridiculizar *v. tr.* Burlarse de una persona o cosa por las rarezas o defectos que tiene o se le atribuyen. ■ Delante de *e* se escribe *c* en lugar de *z*: *ridiculice.* **SIN.** Escarnecer, mofarse.

ridículo, la (del lat. *ridiculus*) *adj.* **1.** Que provoca o puede provocar la risa o la burla de los demás, por resultar raro, cómico, extravagante, etc. **2.** Ilógico, absurdo, estúpido. **3.** Muy pequeño o escaso: *una cantidad ridícula.* || *s. m.* **4.** Actuación o situación que provoca o puede provocar la burla de los demás: *Quedamos los últimos e hicimos un ridículo espantoso.* **SIN. 1.** Estrafalario, grotesco. **1.** y **3.** Irrisorio. **2.** Demencial, descabellado. **3.** Mísero, insignificante. **ANT. 2.** Acertado. **3.** Grande. **FAM.** Ridículamente, ridiculez, ridiculizar.

riego *s. m.* **1.** Acción de regar. **2.** Cantidad de agua disponible para regar. || **3. riego sanguíneo** Cantidad de sangre que llega a los órganos, tejidos y partes del cuerpo. ■ A veces se dice únicamente *riego.* **SIN. 1.** Irrigación.

riel (del cat. *riell*, y éste del lat. *regella*) *s. m.* **1.** Pieza alargada, hueca o maciza, generalmente metálica, a la que se acopla otra pieza, un armazón, máquina, etc., que corre o se desliza a lo largo de ella. **2.** Carril de una vía férrea. **3.** Pequeña barra de metal en bruto. **SIN. 1.** y **2.** Raíl. **FAM.** Rielera. / Desrielar.

rielar *v. intr.* Reflejarse temblorosamente la luz sobre una superficie, en especial, en el agua: *La luna riela en el mar.*

rielera *s. f.* Molde de hierro donde se ponen los metales y otros cuerpos para reducirlos a rieles o barras.

rienda *s. f.* **1.** Cada una de las dos correas o cintas sujetas a las anillas del bocado con las que se conduce o guía una caballería. Se usa más en *pl.* **2.** Moderación en palabras o acciones. ■ Se usa más en frases negativas: *Habló sin rienda de todo lo ocurrido.* || *s. f. pl.* **3.** Gobierno o dirección de algo. || **LOC. a rienda suelta** *adv.* Con violencia, bruscamente. También, sin freno o medida. **aflojar las riendas** Disminuir el trabajo, esfuerzo o vigilancia. **dar rienda suelta** (o **soltar las riendas**) Dejar en entera libertad a alguien o algo. **SIN. 2.** Contención, mesura. **3.** Mando.

riesgo (del ant. *resgar*, cortar, y éste del lat. *resecare*) *s. m.* **1.** Proximidad o posibilidad de un daño, peligro, etc. **2.** Cada uno de los imprevistos, hechos desafortunados, etc., que puede cubrir un seguro. || **LOC. a todo riesgo** *adj.* y *adv.* Se aplica al seguro que intenta cubrir cualquier daño, contratiempo, etc. **correr (un) riesgo** Estar expuesto a él: *Corres un gran riesgo pasándote el semáforo en rojo.* **SIN. 1.** Amenaza, contingencia, emergencia. **FAM.** Riesgoso. / Arriesgar, multirriesgo.

riesgoso, sa *adj. Amér.* Arriesgado, peligroso.

rifa *s. f.* **1.** Sorteo de una o más cosas entre varias personas que se hace dando o vendiendo papeletas numeradas. **2.** Lugar donde se hace este sorteo: *una rifa de feria.* **FAM.** Rifar.

rifar *v. tr.* **1.** Sortear algo mediante una rifa. || **rifarse** *v. prnl.* **2.** *fam.* Ser una persona o cosa muy deseada o codiciada por otras: *Al ser tan guapa, los chicos se la rifan.*

rifirrafe (onomat.) *s. m. fam.* Riña o pelea sin importancia.

rifle (del ingl. *rifle*, de *to rifle*, estriar, acanalar) *s. m.* Fusil cuyo cañón tiene estrías interiores talladas en espiral.

rígido, da (del lat. *rigidus*) *adj.* **1.** Que no se puede o resulta difícil doblar o torcer. **2.** Que no es articulado: *Todas las piezas son rígidas, no se pueden girar.* **3.** Que sigue o hace seguir las normas ajustándose exactamente a lo que éstas disponen; también, que no tolera faltas o debilidades ajenas. **4.** Que no admite ninguna variación o no se adapta a ciertas circunstancias, necesidades, etc.: *Tiene un horario demasiado rígido.* **5.** Inexpresivo, frío. **SIN. 1.** Duro, tieso. **1.** y **4.** Inflexible. **2.** Inarticulado. **3.** Recto, severo, riguroso. **5.** Imperturbable, impertérrito. **ANT. 1.** Blando. **1.** y **4.** Flexible. **2.** Movible. **4.** Adaptable. **FAM.** Rígidamente, rigidez.

rigodón (del fr. *rigaudon* y *rigodon*, de *Rigaud*, nombre del inventor de este baile) *s. m.* Danza de origen provenzal, de compás dos por cuatro y carácter alegre.

rigor (del lat. *rigor, -oris*) *s. m.* **1.** Excesiva severidad o dureza: *el rigor de un castigo, el rigor de un clima.* **2.** Precisión, exactitud: *Su tesis carecía de rigor científico.* **3.** Falta de flexibilidad de los músculos. || **LOC. ser** alguien **el rigor de las desdichas** *fam.* Sufrir alguien muchas desgracias o contratiempos. **SIN. 1.** Inflexibilidad, inclemencia. **1.** y **2.** Rigurosidad. **2.** Propiedad, puntualidad. **ANT. 1.** Blandura, clemencia. **2.** Imprecisión, inexactitud. **FAM.** Rigorismo, rigorista, riguroso.

rigor mortis (lat.) *expr.* Rigidez y endurecimiento del cadáver que aparece en las horas posteriores a la muerte. ■ Se usa como *s. m.*

rigorismo *s. m.* Severidad excesiva, especialmente en cuestiones morales o de disciplina. **SIN.** Rigor, rigurosidad. **ANT.** Transigencia.

rigorista *adj.* Excesivamente riguroso o estricto, especialmente en materia moral o de disciplina. También *s. m.* y *f.*

riguroso, sa (del ant. *rigoroso*, y éste del lat. *rigorosus*) *adj.* **1.** Que cumple o hace cumplir con exactitud lo que está establecido y se muestra poco comprensivo ante las faltas, debilidades, etc. **2.** Duro, extremado. **3.** Que no admite variaciones o no se adapta a las distintas circunstancias, necesidades, etc. **4.** Hecho con gran precisión, teniendo en cuenta todos los detalles: *un estudio riguroso.* **SIN. 1.** Severo, estricto. **1.** y **2.** Inclemente. **1.** a **3.** Rígido. **1.** y **3.** Inflexible. **4.** Preciso, minucioso. **ANT. 1.** y **2.** Clemente. **1.** y **3.** Flexible. **2.** Suave. **4.** Impreciso. **FAM.** Rigurosamente, rigurosidad. RIGOR.

rija[1] *s. f.* Fístula que se forma debajo del lagrimal.

rija[2] (del lat. *rixa*) *s. f.* Pelea, riña. **SIN.** Pendencia, altercado. **FAM.** Rijoso.

rijoso, sa (del lat. *rixosus*) *adj.* **1.** Se dice del animal excitado ante la presencia de la hembra. **2.** Lascivo, lujurioso. También *s. m.* y *f.* **3.** Inclinado a peleas y riñas. También *s. m.* y *f.* **SIN. 1.** y **2.** Cachondo. **2.** Libidinoso, sensual. **3.** Pendenciero. **ANT. 2.** Casto. **FAM.** Rijosidad.

rilar *v. intr.* **1.** Temblar, tiritar. || **rilarse** *v. prnl.* **2.** *fam.* Echarse atrás, abandonar algo que se tenía intención de hacer, que se había prometido, etc. **SIN. 2.** Rajarse, acobardarse.

rima *s. f.* **1.** Igualdad entre los fonemas de dos o más palabras a partir de la última vocal acentuada. **2.** Hecho de producirse dicha igualdad. **3.** Composición poética de tono lírico. || **4. rima interna** La que se produce entre dos o más palabras en el interior de un mismo verso. **FAM.** Rimador, rimar. / Monorrimo.

rimar *v. intr.* **1.** Existir rima entre dos o más palabras: *Cacería rima con jauría.* **2.** Componer en verso. || *v. tr.* **3.** Hacer que exista rima entre dos o más palabras.

rimbombante *adj.* **1.** Llamativo, que se hace para aparentar riqueza, lujo, etc. **2.** Se aplica al lenguaje, estilo, etc., muy artificioso y sonoro, que resulta exagerado y poco natural: *Nos aburrió con un largo y rimbombante discurso.* **SIN. 1.** Ostentoso, aparatoso. **2.** Altisonante, grandilocuente. **FAM.** Rimbombancia. BOMBO.

rímel (del nombre comercial registrado *Rimmel*) *s. m.* Cosmético que se utiliza para dar color y consistencia a las pestañas.

rimero *s. m.* Montón de cosas puestas unas encima de otras. **SIN.** Pila, pilón, cúmulo.

rin- *pref.* Véase **rino-**.

rincocéfalo (del gr. *rhynkos*, pico, y *-céfalo*) *adj.* **1.** Se dice del reptil del orden rincocéfalos, al que pertenece una única especie viviente en la actualidad, el tuátara de Nueva Zelanda, que se caracteriza por tener un tercer ojo bien desarrollado. También *s. m.* || *s. m. pl.* **2.** Orden de estos reptiles.

rincón *s. m.* **1.** Ángulo entrante que se forma entre dos o tres superficies o planos. **2.** Lugar oculto o difícil de encontrar. **3.** Lugar, generalmente apartado o retirado, donde alguien pasa gran parte de su tiempo. **4.** Espacio pequeño: *Te dejaré un rincón en el armario para tus cosas.* **SIN. 1.** Esquina. **2.** Escondrijo. **3.** Cubil, refugio. **4.** Hueco. **FAM.** Rinconada, rinconera. / Arrinconar.

rinconada *s. f.* Ángulo entrante que se forma en la unión de dos casas, calles, caminos, etc.

rinconera *s. f.* **1.** Mueble de forma adecuada para adaptarse a un rincón, como una mesita, un estante, etc. **2.** En arq., parte de un muro comprendido entre un ángulo de la fachada y el hueco más próximo.

ring (ingl.) *s. m.* Cuadrilátero rodeado por cuatro filas de cuerdas superpuestas y con el suelo recubierto de lona en que se celebran los combates de boxeo o de lucha.

ringla o **ringle** (del germ. *hring*, círculo) *s. f.* o *m.* Ringlera*. **FAM.** Ringlera, ringlero.

ringlera *s. f.* Fila de cosas puestas en orden, unas tras otras. ■ Se dice también *ringla* o *ringle.* **SIN.** Hilera, línea.

ringlero *s. m.* Cada una de las líneas impresas en un papel que hacen más fácil el aprendizaje de la escritura.

ringorrango *s. m. fam.* Adorno exagerado y generalmente de mal gusto. Se usa mucho en *pl.* **SIN.** Perifollo, abalorio.

rinitis (de *rino-* e *-itis*) *s. f.* Inflamación de la mucosa de la nariz. ■ No varía en *pl.*

rino- (del gr. *rhis, rhinos*, nariz) *pref.* Significa 'nariz': *rinofaringe, rinología.* ■ Existe también la variante *rin-*: *rinitis.*

rinoceronte (del lat. *rhinoceron*, y éste del gr. *rhinokeros*, de *rhis, rhinos*, nariz, y *keras*, cuerno) *s. m.* Mamífero perisodáctilo de gran tamaño, con uno o dos cuernos sobre la nariz, piel gruesa, generalmente desprovista de pelo, y extremidades rematadas en tres dedos. Se alimenta de vegetales y es pacífico si no se le provoca.

rinofaringe *s. f.* Porción de la faringe que se encuentra encima del velo del paladar. **SIN.** Nasofaringe. **FAM.** Rinofaríngeo. FARINGE.

rinología (de *rino-* y *-logía*) *s. f.* Especialidad de la otorrinolaringología dedicada al estudio de las fosas nasales, de sus enfermedades y tratamiento. **FAM.** Rinólogo.

rinoplastia (de *rino-* y el gr. *plasso*, formar) *s. f.* Cirugía plástica de la nariz.

rinoscopia (de *rino-* y *-scopia*) *s. f.* Exploración de las cavidades nasales.

riña *s. f.* **1.** Pelea, disputa. **2.** Acción de reñir y regañar a alguien. **SIN. 1.** Pendencia, gresca, reyerta. **1.** y **2.** Bronca. **2.** Reprimenda.

riñón (del lat. vulg. *renio, -onis*, y éste del lat. *ren, renis*) *s. m.* **1.** Cada uno de los dos órganos encargados en los vertebrados de filtrar la sangre y eliminar sus impurezas. **2.** En min., trozo redondeado de mineral, contenido en otro de distinta naturaleza. || *s. m. pl.* **3.** Parte del cuerpo situada debajo de la espalda, que corresponde a la pelvis. **4.** *fam.* Valor, ánimo, decisión: *Hay que tener riñones para hacer lo que él hizo.* || **LOC. costar** algo **un riñón** *fam.* Costar muy caro. **FAM.** Riñonada, riñonera. / Desriñonar, renal.

riñonada *s. f.* **1.** Tejido adiposo que envuelve los riñones. **2.** Lugar del cuerpo en que están situados los riñones. **3.** Guiso de riñones.

riñonera *s. f.* **1.** Faja para protección de los riñones. **2.** En cirugía, pequeña cubeta en forma de riñón, usada para renovar las curas. **3.** Pequeña bolsa provista de una correa para llevarla sujeta a la cintura.

río (del lat. *rius, rivus*, arroyo) *s. m.* **1.** Corriente continua de agua que desemboca en otra, en un lago o en el mar. **2.** Abundancia de las personas o cosas que se expresan: *Se abalanzó sobre el cantante un río de admiradoras.* || **3. río revuelto** Situación de gran confusión o desorden. **FAM.** Ría, riachuelo, riada. / Andarríos.

rioja *s. m.* Vino español de gran calidad que se cría y elabora en la zona de La Rioja.

riojano, na *adj.* De La Rioja, comunidad autónoma y provincia española y ciudad y provincia de Argentina. También *s. m.* y *f.* **FAM.** Rioja.

rioplatense *adj.* Del Río de la Plata. También *s. m.* y *f.*

riostra (del prov. *riosta*, de *riostar*, y éste del lat. *re* y *obstare*) *s. f.* En construcción, pieza oblicua que asegura una estructura, un ángulo, un armazón, etc.

RIP (siglas de la expresión lat. *requiescat in pace*) *expr.* Requiescat* in pace.

ripio (del lat. *replere*, rellenar) *s. m.* **1.** Palabra o frase innecesaria que se emplea únicamente para completar un verso o para lograr la rima. **2.** Conjunto de palabras inútiles que se usan de relleno: *Es un artículo con mucho ripio y muy poca sustancia.* **3.** Trozos de ladrillos, piedras o de otros materiales de albañilería desechados, que se usan para rellenar huecos. || **LOC. no perder ripio** *fam.* Observar o escuchar algo muy atentamente para enterarse de todo. **SIN. 2.** Palabrería, paja. **3.** Escombro, cascote. **FAM.** Ripioso.

riqueza *s. f.* **1.** Cualidad de rico. **2.** Cosa rica o valiosa. Se usa mucho en *pl.* **3.** Abundancia de algo, en especial de dinero, bienes, recursos económicos o naturales, etc.: *La riqueza de ese millonario es incalculable.* **4.** Abundancia de cualidades apreciadas o excepcionales: *riqueza espiritual.* SIN. **1.** Prosperidad, suntuosidad. **1.** y **3.** Opulencia, profusión. **3.** Fortuna. ANT. **1.** a **4.** Miseria. **1.**, **3.** y **4.** Pobreza, escasez.

risa (del lat. *risus*, de *ridere*, reír) *s. f.* **1.** Acción de reír. **2.** Aquello que hace reír: *Iba el pobre que era una risa.* || LOC. **muerto de risa** *adj. fam.* Inactivo, olvidado o esperando ser usado, aprovechado, etc. **tomar** a alguien o algo **a risa** Burlarse de una persona o cosa, o no darle el menor crédito o importancia. SIN. **1.** Carcajada, risotada. **2.** Gracia. ANT. **2.** Pena. FAM. Risibilidad, risible, risión, risorio, risotada, risueño. / Irrisorio. REÍR.

riscal *s. m.* Sitio con muchos riscos.

risco *s. m.* Roca alta y escarpada. SIN. Peñasco. FAM. Riscal, riscoso. / Arriscado, arriscar, treparriscos.

risible (del lat. *risibilis*) *adj.* Que provoca risa o merece tomarse a risa. SIN. Irrisorio, cómico, ridículo.

risión *s. f.* Persona o cosa que es objeto de burla y risa: *Así vestido, serás la risión de la fiesta.* SIN. Hazmerreír.

risorio *adj.* Se dice del pequeño músculo superficial de la cara cuya contracción separa la comisura de los labios y produce el gesto de la risa. También *s. m.*

risotada *s. f.* Risa muy ruidosa. SIN. Carcajada. FAM. Risotear. RISA.

risotear *v. intr.* **1.** Dar risotadas. || **risotearse** *v. prnl.* **2.** *fam.* Burlarse de alguien. ■ En esta acepción se construye con la prep. *de.* FAM. Risoteo. RISOTADA.

ríspido, da *adj.* De carácter áspero, violento e intratable.

ristra (del lat. *restula*, de *restis*, cuerda) *s. f.* **1.** Especie de trenza formada con los tallos de ajos o cebollas. **2.** Conjunto de ciertas cosas colocadas unas tras otras. SIN. **2.** Rosario, retahíla, sarta. FAM. Enristrar[2].

ristre *s. m.* Hierro situado en la parte derecha del peto de la armadura antigua, donde se encajaba o sujetaba la lanza. || LOC. **en ristre** *adj.* Aplicado a algunos objetos, bien sujetos o dispuestos para realizar algo con ellos: *Llegó con el cuaderno en ristre para hacer la entrevista.* FAM. Enristrar[1].

ristrel *s. m.* Listón grueso de madera. ■ Se dice también *rastrel.*

risueño, ña (del lat. *risus*, risa) *adj.* **1.** Que muestra risa en el semblante: *Estuvo muy risueño en clase.* **2.** Que se ríe con facilidad. **3.** Que produce cierta complacencia, gusto y alegría. **4.** Que promete ser agradable o conveniente: *Les espera un risueño porvenir.* SIN. **1.** y **2.** Alegre. **3.** Deleitable, placentero. **3.** y **4.** Grato. ANT. **1.** y **2.** Serio, triste. **3.** Desagradable.

Rita *n. p.* Se usa en la locución familiar **que lo haga Rita**, con la que alguien declara su negativa a hacer una cosa.

ritmar *v. tr.* Sujetar a ritmo.

rítmico, ca *adj.* **1.** Que está sujeto a un ritmo. **2.** Del ritmo o relacionado con él.

ritmo (del lat. *rhythmus*, y éste del gr. *rhythmos*, de *rheo*, fluir) *s. m.* **1.** Orden a que se somete la sucesión de los sonidos en la música. **2.** Ordenación en forma de divisiones regulares que puede establecerse en una secuencia lingüística. Se basa en la combinación de los acentos y el número de sílabas. **3.** Orden en la sucesión de algo: *El latido del corazón sigue un ritmo de dos tiempos.* **4.** Velocidad mayor o menor con que ocurre o se hace algo: *Hoy llevo un buen ritmo de trabajo.* SIN. **2.** Cadencia. **3.** Ciclo, regularidad. **4.** Marcha. FAM. Ritmar, rítmico. / Arritmia, biorritmo, euritmia, monorrítmico.

rito (del lat. *ritus*) *s. m.* **1.** Ceremonia religiosa tradicional. **2.** Conjunto de las reglas establecidas para el culto y ceremonias religiosas. **3.** Costumbre muy arraigada que siempre se repite de la misma manera: *Su forma de encender los puros es un verdadero rito.* SIN. **2.** Liturgia. FAM. Ritual, ritualidad, ritualismo.

ritornelo (del ital. *ritornello*) *s. m.* **1.** Fragmento musical que sirve de introducción o final a un trozo cantado. **2.** Repetición, estribillo.

ritual (del lat. *ritualis*) *adj.* **1.** Relativo al rito. || *s. m.* **2.** Conjunto de los ritos o ceremonias de una religión. SIN. **2.** Liturgia.

ritualismo *s. m.* **1.** Tendencia a aumentar la importancia de los ritos en el culto. **2.** Exagerado predominio de las formalidades y trámites reglamentarios, especialmente en actos jurídicos u oficiales. FAM. Ritualista. RITO.

rival (del lat. *rivalis*, de *rivus*, río) *s. m.* y *f.* Quien rivaliza con otro por una misma cosa. También *adj.* SIN. Competidor, adversario. ANT. Aliado. FAM. Rivalidad, rivalizar.

rivalidad *s. f.* Hecho de ser alguien rival de otro. SIN. Competencia, enfrentamiento, antagonismo.

rivalizar *v. intr.* **1.** Competir, enfrentarse. **2.** Poseer una cualidad en grado muy similar: *Ambos países rivalizan en prosperidad.* ■ Delante de *e* se escribe *c* en lugar de *z*: *rivalicen.*

rivera (del lat. *rivus*, riachuelo) *s. f.* **1.** Pequeño caudal de agua continua que corre por la tierra. **2.** Cauce por donde corre. SIN. **1.** Arroyo, regato.

riyal *s. m.* Unidad monetaria de Arabia Saudí y Qatar.

rizado, da **1.** *p.* de **rizar**. || *adj.* **2.** Que tiene rizos. || *s. m.* **3.** Acción de rizar. SIN. **2.** Ensortijado, ondulado. ANT. **2.** Liso.

rizador, ra *adj.* Se aplica al producto o mecanismo empleado para rizar, especialmente el pelo o las pestañas. También *s. m.*

rizar *v. tr.* **1.** Formar en el pelo una especie de sortijas u ondas. También *v. prnl.* **2.** Mover el viento el mar, formando olas pequeñas. También *v. prnl.* **3.** Hacer en las telas, papeles, etc., cierto tipo de dobleces menudos. ■ Delante de *e* se escribe *c* en lugar de *z*: *rice.* SIN. **1.** Ondular(se), ensortijar(se). **2.** Encresparse. ANT. **1.** Alisar(se). FAM. Rizado, rizador, rizo. / Desrizar.

rizo (del lat. *ericius*, erizo) *s. m.* **1.** Mechón de pelo rizado. || *adj.* **2.** Rizado, ensortijado. || LOC. **rizar el rizo** Afinar o complicar excesivamente algo. SIN. **1.** Bucle, onda. **2.** Crespo, ondulado. ANT. **2.** Liso. FAM. Rizoso. RIZAR.

rizo- (del gr. *rhiza*, raíz) *pref.* Significa 'raíz': *rizófago, rizofito, rizópodo.*

rizófago, ga (de *rizo-* y *-fago*) *adj.* Se dice de los animales que se alimentan de raíces. También *s. m.*

rizofito o **rizófito, ta** (de *rizo-* y *-fito*) *adj.* Se dice del vegetal provisto de raíces. También *s. m.*

rizoma (del gr. *rhizoma*, raíz) *s. m.* Tallo subterráneo, generalmente horizontal, que contiene yemas y se engruesa almacenando sustancias de reserva.

rizópodo (de *rizo-* y *-podo*) *adj.* **1.** Se dice de los protozoos que se caracterizan por su aparato locomotor provisto de seudópodos y su alimentación mediante fagocitosis, como las amebas. También *s. m.* || *s. m. pl.* **2.** Subtipo de estos protozoos.

ro *s. f.* Rho*.

road movie (ingl.) *expr.* Película en que la acción transcurre en un viaje por carretera en automóvil. ▪ Se usa como *s. f.*

roano, na *adj.* Se aplica al caballo o yegua cuyo pelo es una mezcla de blanco, gris y bayo. ▪ Se dice también *ruano.*

roastbeef (ingl.) *s. m.* Rosbif*.

robaliza *s. f.* Hembra del róbalo, de mayor tamaño y de color más claro que el macho.

róbalo o **robalo** (del lat. *lupus*, lobo) *s. m.* Lubina*. FAM. Robaliza.

robar (del ant. alto al. *roubōn*) *v. tr.* **1.** Quitar a otro contra su voluntad algo que le pertenece. **2.** Apropiarse de algo no material. **3.** Quitar de una cosa algo que forma parte de ella: *Hemos robado unos metros a la cocina para agrandar el salón.* **4.** Coger cartas del montón de la baraja, fichas del dominó, etc., cuando corresponde por las reglas del juego. **5.** Arrastrar un río u otra corriente de agua tierra de las orillas. SIN. **1.** Hurtar, sustraer. **3.** Sacar. **5.** Erosionar. ANT. **1.** Entregar. **3.** Añadir. FAM. Robo. / Arrobar.

robellón (del lat. *rubello, -onis*, rojizo) *s. m.* Níscalo*.

robinsón (por alusión a *Robinson* Crusoe, protagonista de una novela de Daniel Defoe) *s. m.* Hombre que en la soledad y sin ayuda ajena llega a bastarse por sí mismo. FAM. Robinsoniano, robinsonismo.

roble *s. m.* **1.** Árbol de la familia fagáceas, robusto, de copa ancha, hojas caducas lobuladas o dentadas, con flores unisexuales, muy poco vistosas y agrupadas en inflorescencias las masculinas, y fruto en bellota. Puede medir entre 25 y 45 m según las especies. Forma bosques en regiones de climas cálidos del hemisferio N, su madera se utiliza en construcción y su fruto para la alimentación de animales. **2.** Persona o cosa fuerte y de gran resistencia: *Cuando le conocí estaba hecho un roble.* FAM. Robleda, robledal, robledo.

robleda o **robledal** *s. f.* o *m.* Robledo de gran extensión.

robledo *s. m.* Sitio poblado de robles.

roblón *s. m.* **1.** Clavo o clavija con cabeza en un extremo que, una vez introducido, se remacha por el extremo opuesto. **2.** Lomo que en el tejado forman las tejas por su parte convexa. FAM. Roblonado, roblonar.

roblonar *v. tr.* Sujetar con roblones remachados.

robo *s. m.* **1.** Acción de robar. **2.** Cosa robada. **3.** En der., delito que alguien comete al apoderarse de algo ajeno, empleando violencia o intimidación sobre las personas, o fuerza en las cosas. SIN. **1.** Hurto, sustracción. FAM. Antirrobo. ROBAR.

robot (del ingl. *robot*, y éste del checo *robota*, trabajo) *s. m.* **1.** Máquina electrónica que puede ejecutar automáticamente operaciones o movimientos varios, para los que previamente ha sido programada. **2.** Persona que actúa maquinalmente o dirigida por otra. ▪ Su pl. es *robots.* SIN. **1.** y **2.** Autómata. FAM. Robótica, robotizar.

robótica *s. f.* Rama de la ingeniería que se ocupa del diseño, construcción y control de los robots.

robotizar *v. tr.* Aplicar máquinas automáticas a un proceso o a una industria. ▪ Delante de *e* se escribe *c* en lugar de *z.* FAM. Robotización. ROBOT.

robustecer *v. tr.* Hacer a alguien o algo robusto o más robusto. También *v. prnl.* ▪ Es v. irreg. Se conjuga como *agradecer.* SIN. Fortalecer(se), reforzar. ANT. Debilitar(se). FAM. Robustecimiento. ROBUSTO.

robusto, ta (del lat. *robustus*) *adj.* **1.** Aplicado a cosas, fuerte. **2.** Aplicado a personas, de cuerpo y miembros fuertes y de buena salud. SIN. **1.** Duro, sólido. **2.** Fornido, vigoroso. ANT. **1.** y **2.** Débil. **2.** Enfermizo. FAM. Robustamente, robustecer, robustez.

roca *s. f.* **1.** Conjunto consolidado o no de minerales definidos que forman parte de la corteza y manto terrestre. **2.** Porción de este material tomada como una unidad: *He llevado unas rocas a casa para estudiarlas.* **3.** Peñasco que se levanta en la tierra o en el mar. **4.** Persona, animal o cosa duro, resistente o inamovible. **5.** Persona fría, insensible. SIN. **2.** Piedra. **5.** Témpano. FAM. Rocalla, rocoso, roqueda, roquedal, roquedo, roqueño, roquero[1]. / Derrocar.

rocalla *s. f.* **1.** Conjunto de piedrecillas desprendidas de las rocas por la erosión o bien al labrar las piedras. **2.** Decoración no simétrica inspirada en el arte chino, que imita contornos de piedras y de conchas y se utilizó como motivo característico en el arte rococó.

rocambolesco, ca (de *Rocambole*, personaje de una serie de novelas de Ponson du Terrail) *adj.* Exagerado, extraordinario e increíble. SIN. Inaudito, extraño, inverosímil.

rocanrolero, ra *adj.* **1.** Del rock and roll o relacionado con él. **2.** Aficionado al rock and roll. También *s. m.* y *f.*

roce *s. m.* **1.** Acción de rozar o rozarse. **2.** Señal que deja esa acción. **3.** Trato frecuente y continuado: *el roce entre vecinos.* **4.** *fam.* Pequeña discusión. SIN. **1.** y **2.** Rozamiento, raspadura. **3.** Contacto, comunicación. **4.** Pique.

rochela *s. f. Amér. del S., P. Rico* y *Ven.* Algazara, bullicio.

rociada *s. f.* **1.** Acción de rociar. **2.** Rocío de la tierra y de las plantas. **3.** Conjunto de cosas que se esparcen al arrojarlas. **4.** Reprimenda muy severa: *Les echó una buena rociada por pegarse.* SIN. **2.** Roción. **3.** Lluvia. **4.** Regañina, bronca.

rociado, da 1. *p.* de **rociar**. También *adj.* || *adj.* **2.** Mojado por el rocío: *Amanecieron las rosas rociadas.*

rociar *v. intr.* **1.** Caer sobre la tierra el rocío o la lluvia menuda. || *v. tr.* **2.** Esparcir o derramar en gotas muy pequeñas el agua u otro líquido. **3.** Arrojar algunas cosas de modo que caigan esparcidas. ▪ En cuanto al acento, se conjuga como *ansiar: rocío.* SIN. **2.** Salpicar. **3.** Desparramar, diseminar. FAM. Rociada, rociado, roción. ROCÍO.

rociero, ra *adj.* **1.** De la Virgen del Rocío o relacionado con ella: *salve rociera.* || *s. m.* y *f.* **2.** Persona que acude a la romería de la Virgen del Rocío, en Huelva.

rocín *s. m.* **1.** Caballo de mal aspecto y poca altura. **2.** Caballo de trabajo. **3.** *fam.* Hombre tosco, ignorante y mal educado. SIN. **1.** Jamelgo. **3.** Burro, tarugo. FAM. Rocinante.

rocinante *s. m.* Por alusión al caballo de Don Quijote, rocín flaco y generalmente con mataduras o llagas.

rocío *s. m.* **1.** Vapor que con la frialdad de la noche se condensa en la atmósfera en gotas muy pequeñas, que pueden depositarse sobre la superficie de la tierra, de las plantas, etc. **2.** Lluvia corta y pasajera, llovizna. **3.** Conjunto de gotas menudas esparcidas sobre una cosa para humedecerla. SIN. **1.** Rociada, roción. FAM. Rociar.

roción *s. m.* **1.** Salpicadura de agua del mar al chocar las olas contra un obstáculo. **2.** Rocío de la tierra y de las plantas. **3.** Reprimenda: *Me esperaba un buen roción en casa por llegar tarde.* SIN. **2.** y **3.** Rociada. **3.** Regañina.

rock (ingl.) *s. m.* **1.** Rock* and roll. **2.** En forma genérica, se da este nombre a diversos estilos musicales ligeros desarrollados desde los años cincuenta del s. XX en adelante y derivados en mayor o menor medida del rock and roll. FAM. Rock and roll, rockabilly, rocker, rockero, rockódromo. / Rocanrolero, roquero².

rock and roll (ingl.) *espr.* **1.** Estilo musical estadounidense, de compás sencillo y ritmo binario, derivado del swing y del blues, que alcanzó gran popularidad en los años cincuenta del s. XX y se extendió a la mayoría de los países occidentales. **2.** Baile que se practica con esta música. ■ En ambas acepciones se usa como *s. m.*

rockabilly *s. m.* Variante del rock and roll con influencias de la música tradicional de los montañeses del sur de Estados Unidos.

rocker (ingl.) *s. m.* **1.** Intérprete de música de rock and roll. **2.** Seguidor de esta tendencia musical, que se viste y peina imitando la moda vigente entre los jóvenes estadounidenses de los años cincuenta del s. XX. ■ Su pl. es *rockers.*

rockero, ra *s. m.* y *f.* Roquero²*.

rockódromo *s. m.* Rocódromo*.

rococó (del fr. *rococo,* forma jocosa de *rocaille*) *adj.* Se dice del estilo artístico, fundamentalmente decorativo, característico del s. XVIII europeo. También *s. m.*

rocódromo *s. m.* Auditorio al aire libre en el que se celebran conciertos de rock.

rocola *s. f. Perú* y *Ven.* Máquina de discos de un local público que funciona con monedas.

rocoso, sa *adj.* Que está formado por rocas o lleno de rocas.

rocote o **rocoto** *s. m. Amér.* Pimiento poco picante.

roda (del gall. o del port. *roda,* y éste del lat. *rota,* rueda) *s. f.* Pieza gruesa y curva que forma la proa de la nave.

rodaballo (del lat. *rotabulum,* rodillo, rollo) *s. m.* Pez teleósteo que mide hasta 1 m de longitud, tiene el cuerpo casi circular, tubérculos óseos en el flanco dorsal y ambos ojos en su lado izquierdo. Vive sobre fondos marinos arenosos o pedregosos y se alimenta de otros peces.

rodada *s. f.* Señal que deja marcada la rueda de un vehículo en el suelo. ■ Se llama también *rodal.*

rodado, da¹ (de *rueda*) *adj.* **1.** Se dice del caballo o yegua con manchas, generalmente redondas, más oscuras que el color general de su pelo. || *s. m.* **2.** *Arg.* y *Chile* Cualquier vehículo de ruedas.

rodado, da² (de *rodar*) **1.** *p.* de **rodar**. También *adj.* || *adj.* **2.** Se dice del tránsito de vehículos de ruedas y del transporte que se realiza valiéndose de ellos. **3.** En minería, se dice de los pedazos de mineral desprendidos de la veta y esparcidos naturalmente por el suelo. También *s. m.* || LOC. **venir** algo **rodado** *fam.* Presentarse o desarrollarse algo, generalmente favorable, con gran facilidad o sin haberlo preparado.

rodador, ra (del lat. *rotator, -oris*) *adj.* **1.** Que rueda o cae rodando. || *s. m.* **2.** Ciclista que corre bien en un terreno llano, en oposición al escalador.

rodadura *s. f.* Acción de rodar.

rodaja *s. f.* **1.** Pieza circular y plana. **2.** Trozo partido en forma circular: *unas rodajas de piña.* **3.** Estrella de la espuela.

rodaje *s. m.* **1.** Acción de impresionar películas cinematográficas. **2.** Acción de rodar un automóvil: *hacer el rodaje.* **3.** Experiencia que tiene una persona en un determinado asunto. SIN. **1.** Filmación. **3.** Madurez.

rodal *s. m.* **1.** Lugar o mancha redondeada que se distingue de lo que lo rodea: *El vaso de vino ha dejado un rodal sobre la mesa.* **2.** Rodada*.

rodamiento *s. m.* Pieza de formas diversas que permite o facilita que un determinado dispositivo gire.

rodapié *s. m.* **1.** Banda de poca altura, de madera, cerámica, plástico, etc., que se coloca en la pared, a ras de suelo, como decoración y protección. **2.** Adorno o resguardo colocado alrededor de las patas de las mesas, camas y otros muebles. **3.** Tabla o enrejado que se pone en la parte inferior de la barandilla de los balcones. SIN. **1.** Zócalo, friso.

rodar (del lat. *rotare*) *v. intr.* **1.** Moverse una cosa de un lugar a otro dando vueltas. **2.** Caer una cosa por una pendiente, especialmente si lo hace dando vueltas: *El esquiador rodó por la ladera.* **3.** Moverse una cosa por medio de ruedas. **4.** Girar una cosa alrededor de un eje: *rodar unas aspas.* **5.** Ir una cosa de un lado a otro, pasar de unas personas a otras: *Mis apuntes han rodado por toda la clase.* **6.** Ir de un sitio a otro, sin quedar parado. || *v. tr.* **7.** Impresionar en una película cinematográfica un cierto asunto. **8.** Hacer funcionar un vehículo nuevo o recién reparado sin forzar el motor hasta el momento en que esté a punto para rendir al máximo. || LOC. **echar** algo **a rodar** *fam.* Estropearlo, malograrlo. **rodar cabezas** Ser destituido alguien de un puesto o cargo de dirección, o sufrir un castigo: *Si el equipo no gana el próximo partido, van a rodar cabezas.* ■ Es v. irreg. Se conjuga como *contar.* SIN. **3.** Circular. **6.** Vagar, deambular. **7.** Filmar. FAM. Rodado², rodador, rodadura, rodaje, rodamiento, rodante, rodillo. RUEDA.

rodear *v. tr.* **1.** Poner algo alrededor de una persona o cosa. **2.** Estar o colocarse una o más personas o cosas alrededor de alguien o algo. **3.** Seguir un camino indirecto para llegar a algún sitio. También *v. intr.*: *Rodearemos por el bosque.* **4.** Evitar o esquivar un tema, asunto, etc. **5.** *Amér.* Reunir el ganado disperso en un lugar determinado. || **rodearse** *v. prnl.* **6.** Reunir alguien a su alrededor a ciertas personas o cosas: *Siempre le ha gustado rodearse de lujos.* SIN. **1.** Ceñir. **1.** y **2.** Cercar, bordear. **2.** Circunvalar, circundar. **4.** Eludir, rehuir. **6.** Acompañarse, procurarse. FAM. Rodeo. RUEDA.

rodela (del prov. *rodella,* y éste del lat. *rotella,* de *rotula*) *s. f.* Escudo redondo y delgado con que se protegía el pecho.

rodeno, na (del lat. *ravidus,* de *ravus,* grisáceo) *adj.* Se aplica al color rojizo y a las cosas que lo tienen. También *s. m.*

rodeo *s. m.* **1.** Acción de rodear. **2.** Camino más largo que el habitual o desviación que se hace del directo. **3.** Manera indirecta de hacer o conseguir algo, tratando de evitar cualquier dificultad, compromiso, etc. Se usa sobre todo en *pl.* **4.** Manera de hablar o decir algo poco clara. Se usa sobre todo en *pl.*: *Déjate de rodeos y dime lo que ha pasado.* **5.** Acción de reunir el ganado mayor para contar el número de reses, reconocerlas, venderlas, etc.; y lugar donde se reúne. **6.** En algunos países de América, deporte y espectáculo que consiste en montar caballos y toros salvajes, arrojar el lazo, etc. SIN. **1.** Circunvalación. **2.** Vuelta, desvío. **4.** Circunloquio, divagación.

rodera *s. f.* Surco o marca que dejan en un camino las ruedas de un vehículo.

rodete *s. m.* **1.** Objeto con forma de rueda o rosca utilizado para muy distintos usos, como p. ej. el que se coloca sobre la cabeza para transportar algo. **2.** Moño con forma de rosca, como los que se hacen las mujeres, generalmente trenzados, a ambos lados de la cabeza. **3.** Pieza en el interior de una cerradura que permite pasar a la llave. **4.** Rueda hidráulica de disposición horizontal provista de paletas planas.

rodilla (del lat. *rotella*, de *rota*, rueda) *s. f.* **1.** Región de las extremidades inferiores del hombre, formada por la articulación que une el fémur y la tibia y las partes blandas que la rodean. **2.** En los cuadrúpedos, unión del antebrazo con la caña. **3.** Paño ordinario para limpiar. ‖ LOC. **de rodillas** *adv.* Con las rodillas en el suelo; también, suplicando a alguien, con humildad o rebajándose. **doblar** (o **hincar**) uno **la rodilla** Arrodillarse, apoyando una sola rodilla. FAM. Rodillada, rodillazo, rodillera. / Arrodillarse.

rodillera *s. f.* **1.** Banda o cualquier cosa que se pone en la rodilla para su comodidad, protección, adorno, etc., p. ej. las que usan los jugadores de fútbol o las de las antiguas armaduras. **2.** Pieza o remiendo que llevan los pantalones en la parte que cubre la rodilla. **3.** Especie de bolsa que se forma por el uso en el pantalón en la parte que toca la rodilla.

rodillo (del lat. *rotella*) *s. m.* **1.** Cilindro de madera con un mango a cada lado que se utiliza para trabajar las masas en panadería o repostería. **2.** Cilindro recubierto de un material que empapa, que se utiliza para pintar. **3.** El de mucho peso, que se emplea para apretar y allanar la tierra. **4.** Barra, tubo, madero, etc., cilíndrico que se coloca debajo de cosas pesadas y que al rodar permite moverlas. **5.** En general, cualquier pieza cilíndrica giratoria de un mecanismo. **6.** Modo de actuación de un partido político, de un ejército, etc., que con su superioridad aplasta al adversario sin darle ninguna oportunidad.

rodio (del gr. *rhodon*, rosa, por el color de las sales del metal) *s. m.* Elemento químico metálico, dúctil y maleable, de brillo plateado, que ofrece gran resistencia a la oxidación y a la acción de los reactivos. Se emplea en la industria de vidrios especiales, en joyería, en decoración, como catalizador en procesos químicos y en aleaciones, junto con el platino. Su símbolo es *Rh*.

rododendro (del lat. *rhododendron*, y éste del gr. *rhododendron*, de *rhodon*, rosa, y *dendron*, árbol) *s. m.* Arbusto ornamental de hojas perennes, lanceoladas, de textura coriácea y color verde intenso, y flores grandes, de forma tubular o acampanada y colores diversos.

rodofícea *adj.* Se dice de las algas pluricelulares de color rojo que habitan en mares tropicales. También *s. f.*

rodrigón (del ant. *rodriga*, y éste del lat. *ridicula*, de *ridica*) *s. m.* Palo que se clava al pie de una planta y sirve para sostener sus tallos y ramas.

rodríguez *s. m. fam.* Marido que se queda en casa trabajando mientras su familia se va de vacaciones. P. ext., puede referirse a una persona que no sea el marido. ‖ LOC. **de rodríguez** *adv. fam.* Con verbos como *estar*, *dejar*, *quedarse*, etc., en esa situación. ■ No varía en *pl.*

roedor, ra *adj.* **1.** Que roe. **2.** Se dice de los mamíferos caracterizados por poseer un único par de dientes incisivos de gran tamaño, de crecimiento continuo. Son animales generalmente pequeños, de pelaje corto, que tienen en sus extremidades tres o cinco dedos. Se alimentan de vegetales, aunque hay especies omnívoras; son muy prolíficos, tienen costumbres diurnas o nocturnas y muchas especies entran en letargo invernal. También *s. m.* ‖ *s. m. pl.* **3.** Orden de estos mamíferos.

roedura *s. f.* **1.** Acción de roer. **2.** Porción que se desprende al roer. **3.** Señal que queda en el objeto roído.

roel (del fr. *roelle*, disco) *s. m.* Pieza redonda en los escudos de armas. FAM. Roela.

roela (del fr. *roelle*, y éste del lat. *rotella*) *s. f.* Disco de oro o de plata en bruto.

roentgen o **roentgenio** (de *Roentgen*, físico alemán descubridor de los rayos X) *s. m.* Unidad de dosis radiactiva en el Sistema Internacional.

roer (del lat. *rodere*) *v. tr.* **1.** Cortar con los dientes partes pequeñas y superficiales de una cosa dura. **2.** Quitar con los dientes la carne de un hueso. **3.** Gastar o quitar poco a poco: *Le están royendo la pensión.* **4.** Afligir o atormentar interiormente a alguien con continuidad: *Le roía la mala conciencia.* ■ Es v. irreg. SIN. **1.** Ratonar. **3.** Desgastar, carcomer. **4.** Corroer, concomer, recomer, desazonar. FAM. Roedor, roedura. / Corroer, erosión.

ROER	
GERUNDIO	
royendo	
INDICATIVO	
Presente	**Pretérito perfecto simple**
roo (o roigo o royo)[1]	*roí*
roes	*roíste*
roe	*royó*
roemos	*roímos*
roéis	*roísteis*
roen	*royeron*
SUBJUNTIVO	
Presente	
roa (o roiga o roya)[1]	
roas (o roigas o royas)[1]	
roa (o roiga o roya)[1]	
roamos (o roigamos o royamos)[1]	
roáis (o roigáis o royáis)[1]	
roan (o roigan o royan)[1]	
Pretérito imperfecto	**Futuro**
royera, -ese	*royere*
royeras, -eses	*royeres*
royera, -ese	*royere*
royéramos, -ésemos	*royéremos*
royerais, -eseis	*royereis*
royeran, -esen	*royeren*

(1) Formas poco usuales.

rogar (del lat. *rogare*) *v. tr.* **1.** Pedir con súplicas o humildad una cosa: *Te ruego que me perdones.* **2.** En lenguaje formal, solicitar algo de alguien. ‖ LOC. **hacerse (de) rogar** *fam.* Proponerse uno que los demás le dediquen atención haciendo que le repitan una y otra vez lo que quieren de él. ■ Delante de *e* se escribe *gu* en lugar de *g*. Es

v. irreg. Se conjuga como *contar*. **SIN.** **1.** Suplicar, implorar, impetrar. **FAM.** Rogativa, rogativo, rogatorio, ruego. / Abrogar, arrogarse, derogar, erogar, interrogar, irrogar, prerrogativa, prorrogar, subrogar.

rogativa (de *rogativo*) *s. f.* Rezo público y procesión en que se pide a Dios, la Virgen o los santos remedio a una grave necesidad: *Hicieron rogativas pidiendo la lluvia.* Se usa más en *pl.*

rogativo, va (del lat. *rogatum*, de *rogare*, rogar) *adj.* Que implica ruego.

rogatorio, ria *adj.* **1.** Que implica ruego. || *s. f.* **2.** *Amér.* Rogativa*. Se usa más en *pl.*

rojear *v. intr.* **1.** Mostrar una cosa el color rojo que en sí tiene: *Ya rojean las fresas en el huerto.* **2.** Tirar a rojo.

rojeras *adj. fam.* De ideología de izquierdas. También *s. m.* y *f.* ■ No varía en *pl.*

rojerío *s. m. fam.* Conjunto de rojos, izquierdistas.

rojez *s. f.* **1.** Cualidad de rojo. **2.** Zona enrojecida de la piel.

rojiblanco, ca *adj.* De uno de los equipos deportivos que lleva los colores rojo y blanco en su uniforme: *Los hinchas rojiblancos animaron a su equipo.* También *s. m.* y *f.*

rojizo, za *adj.* Que tira a rojo.

rojo, ja (del lat. *russus*) *adj.* **1.** Se dice del primer color del espectro solar, semejante al de las amapolas, y de las cosas que tienen dicho color. También *s. m.*: *El rojo te sienta bien.* **2.** Se dice de un rubio tirando a colorado. **3.** De ideología de izquierdas, en particular si es revolucionario. Se aplicó especialmente a una de las facciones que participaron en la Revolución Rusa y a los partidarios de la república durante la guerra civil española. También *s. m.* y *f.* || **LOC.** **al rojo (vivo)** *adj.* y *adv.* Se dice de la materia que toma un color rojizo por la acción del calor; p. ext., se aplica a lo que está muy caliente: *No toques el cazo, que está al rojo vivo.* También, referido a situaciones, estados de ánimo, etc., muy acalorado o excitado: *La discusión estaba al rojo vivo.* **poner** (o **ponerse**) **rojo** Hacer que alguien se ruborice o ruborizarse; también, avergonzar a alguien o avergonzarse. **SIN.** **1.** Encarnado, bermejo, bermellón. **2.** Pelirrojo, rojizo, rubicundo. **3.** Izquierdista, marxista. **ANT.** **3.** Facha. **FAM.** Rojear, rojeras, rojerío, rojez, rojiblanco, rojizo. / Enrojecer, infrarrojo, pelirrojo, petirrojo, sonrojar.

rol (del fr. *rôle*, y éste del lat. *rotulus*, cilindro) *s. m.* **1.** Papel o función que desempeña una persona, grupo o entidad. **2.** Lista de nombres. **3.** Licencia que lleva el capitán de un barco, en la que consta la lista de la tripulación. **4.** Conjunto de comportamientos que caracteriza a las personas que ocupan una determinada posición social o que se espera de ellas. || **5. juego de rol** Juego en el que cada participante desempeña el papel de un personaje inventado y actúa en función de la historia y de las reglas particulares de cada aventura. **SIN.** **2.** Nómina, catálogo. **FAM.** Rolar. / Enrolar.

rolar *v. intr.* **1.** En marina, dar vueltas en círculo. **2.** Ir variando de dirección el viento. **3.** *Arg., Bol., Chile* y *Perú* Tratar un tema en una conversación. **4.** *Chile* y *Perú* Alternar, tener relaciones.

roldana *s. f.* Pieza circular de una polea por la que corre la cuerda.

rollazo (aum. de *rollo*) *s. m. fam.* Persona o cosa aburrida o pesada: *¡Qué rollazo de película nos hemos tragado!* **SIN.** Rollo, lata, peñazo, plomo.

rollista *adj.* Se dice de la persona pesada y molesta, que suele dar el rollo. **SIN.** Pelma, latoso, cargante, plomo, posma, plasta, paliza.

rollizo, za *adj.* **1.** Aplicado a una persona, robusta y gruesa. || *s. m.* **2.** Tronco en bruto utilizado para fabricar ciertas cosas, como balsas, cercas, etc. **SIN.** **1.** Gordo, hermoso. **ANT.** **1.** Flaco, delgado.

rollo (del lat. *rotulus*, cilindro) *s. m.* **1.** Objeto de contorno redondo que se forma al dar vueltas cuerdas, cables, papel, tela, etc., y especialmente una película fotográfica o de cine alrededor de un eje o sobre sí mismas. **2.** Cualquier materia que toma forma cilíndrica al rodar o por otra causa. **3.** Cilindro de materia dura que se emplea para ciertos usos, p. ej. en la cocina o en pastelería. **4.** Manuscrito enrollado de papiro o pergamino. Se utilizó hasta el s. XV. **5.** *fam.* Persona o cosa pesada, aburrida. También *adj.* **6.** Charla, discurso, etc., largo y aburrido, o tendencia a hablar demasiado: *En la inauguración soltó el rollo de costumbre. Al teléfono tiene mucho rollo.* **7.** Asunto: *Es un rollo interesante.* **8.** Ambiente: *Había buen rollo en aquella fiesta.* **9.** Sensación, sentimiento: *Me dio mal rollo lo que dijiste.* **10.** Cuento, patraña: *No pretenderás que me trague ese rollo.* **11.** Relación sentimental o sexual, especialmente la que es corta o poco intensa: *Tuvo un rollo con una amiga, pero volvió con su novia.* **12.** Canto rodado de forma más o menos cilíndrica. **13.** Columna de piedra, generalmente rematada por una cruz, que era antiguo signo de jurisdicción y que también servía de picota. **SIN.** **1.** Carrete, bobina. **3.** Rodillo, rulo. **5.** Pesadez, aburrimiento, muermo; pelma, plomo, plasta. **7.** Tema. **FAM.** Rollazo, rollista, rollizo. / Arrollar, enrollar, portarrollos.

rolo *s. m. Col.* y *Ven.* Rodillo de imprenta. || **LOC.** **pasar el rolo** a algo *fam.* Rechazarlo: *Pasaron el rolo a su propuesta.*

ROM (siglas de la expr. ingl. *Read Only Memory*) *s. f.* En inform., memoria de lectura únicamente, en la que sólo se puede introducir información una vez, tras lo cual su contenido permanece fijo e inalterable.

romadizo (del gr. *rheumatizo*, de *rheuma, -atos*, flujo) *s. m.* Catarro de la membrana pituitaria.

romaico, ca (del gr. *rhomaikos*, romano) *adj.* Se aplica a la lengua griega moderna. También *s. m.*

romana (de *romano*) *s. f.* Balanza de dos brazos desiguales, lo cual permite, según la ley de la palanca, equilibrar el peso suspendido del brazo más corto, haciendo correr un peso a lo largo del brazo mayor, que está graduado.

romance (del lat. *romanice*, en románico) *adj.* **1.** Se aplica a cada una de las lenguas modernas derivadas del latín, como el español, el italiano, etc. También *s. m.* || *s. m.* **2.** Composición poética formada por una serie indefinida de versos, casi siempre octosílabos, que riman en asonante los pares y quedan libres los impares. **3.** Relación o aventura amorosa. **SIN.** **1.** Románico. **3.** Amorío. **FAM.** Romancear, romancero, romancista, romanza. / Prerromance. ROMANO.

romancear *v. tr.* **1.** Traducir al romance: *Biblia romanceada.* **2.** *Chile* Perder el tiempo hablando. **3.** Cortejar. **FAM.** Romanceador. ROMANCE.

romancero, ra *s. m.* y *f.* **1.** Persona que canta romances. || *s. m.* **2.** Colección de romances.

romanche *adj.* Rético*.

romancillo *s. m.* Romance compuesto por versos de menos de siete sílabas.

romancista *adj.* **1.** Se dice de la persona que escribía en lengua romance, por contraposición a la que escribía en latín. También *s. m.* y *f.* || *s. m.* y *f.* **2.** Persona que hace romances.

románico, ca (del lat. *romanicus*, romano) *adj.* **1.** Se aplica al estilo artístico que se difundió por la Europa cristiana desde fines del s. X hasta el s. XIII y que se distingue en arquitectura por el empleo del arco de medio punto y la bóveda de cañón; la escultura y la pintura huyen del naturalismo y se caracterizan por la rigidez, la simetría y un fuerte carácter simbólico. También *s. m.* **2.** Se aplica a cada una de las lenguas modernas derivadas del latín. ■ Se llaman también *romances.* **3.** Relativo a estas lenguas: *voces románicas.* **FAM.** Retorrománico. ROMANO.

romanismo *s. m.* Conjunto de instituciones, cultura, tendencias políticas, etc., de la antigua Roma.

romanista *s. m.* y *f.* **1.** Especialista en derecho romano. También *adj.* **2.** Especialista en lenguas románicas. También *adj.*

romanística *s. f.* **1.** Estudio del derecho romano. **2.** Ciencia que estudia las lenguas y literaturas románicas.

romanizar *v. tr.* Difundir la civilización de la antigua Roma. También *v. prnl.* ■ Delante de *e* se escribe *c* en lugar de *z.* **FAM.** Romanización. ROMANO.

romano, na (del lat. *romanus*) *adj.* **1.** Natural de Roma, la ciudad actual y la antigua, así como de los estados e imperio que fundó. También *s. m.* y *f.* **2.** Se aplica a la religión católica y a lo perteneciente a ella. || **LOC. a la romana** *adj.* y *adv.* Como en Roma; se dice especialmente del modo de preparar ciertos alimentos, como calamares o pescados, que se rebozan con huevo y harina y luego se fríen. **SIN. 1.** y **2.** Latino. **FAM.** Romaico, romana, romance, románico, romanismo, romanista, romanística, romanizar. / Galorromano, grecorromano, hispanorromano, prerromano, retorromano.

romanó *s. m.* Lengua indoeuropea hablada por los gitanos.

romanticismo *s. m.* **1.** Movimiento intelectual y artístico surgido en la cultura occidental entre fines del s. XVIII y mediados del XIX contra el neoclasicismo y en defensa de las formas libres y la individualidad del artista. Supuso la victoria del sentimiento y la fantasía sobre la razón. **2.** Época en la que prevaleció este movimiento. **3.** Cualidad de sentimental, idealista y fantástico. **SIN. 3.** Sentimentalismo. **FAM.** Romántico. / Prerromanticismo.

romántico, ca (del fr. *romantique*) *adj.* **1.** Relativo al romanticismo, o que participa de las características de este movimiento. **2.** Seguidor o partidario del romanticismo. También *s. m.* y *f.* **3.** Se aplica a las personas sentimentales, idealistas, fantásticas y desinteresadas y a las cosas que les son propias: *Es un editor romántico que no busca ganar dinero.* También *s. m.* y *f.* **SIN. 3.** Soñador, sensible, apasionado.

romanza (del ital. *romanza*) *s. f.* **1.** Aria, generalmente de carácter sencillo y tierno. **2.** Composición musical instrumental del mismo carácter.

rombal *adj.* De figura de rombo.

rómbico, ca *adj.* **1.** Que tiene forma de rombo. **2.** Se dice de uno de los siete sistemas de cristalización. ■ También se llama *ortorrómbico.*

rombo (del lat. *rhombus*, y éste del gr. *rhombos*) *s. m.* Figura geométrica que constituye un cuadrilátero de lados iguales, paralelos dos a dos, y ángulos no rectos iguales dos a dos. **FAM.** Rombal, rómbico, romboedro, romboide.

romboédrico, ca *adj.* Del romboedro o relacionado con él.

romboedro (del lat. *rombos*, rombo, y *edra*, cara) *s. m.* Paralelepípedo cuyas seis caras son rombos iguales. **FAM.** Romboédrico. ROMBO y POLIEDRO.

romboidal *adj.* Que tiene forma de romboide.

romboide (del gr. *rhomoeides*, de *rhombos*, rombo, y *eidos*, forma) *s. m.* Cuadrilátero de lados desiguales y paralelos dos a dos. **FAM.** Romboidal. ROMBO.

romeo (de *Romeo*, personaje lit. que inmortalizó Shakespeare en su obra *Romeo y Julieta*) *s. m.* Joven enamorado.

romeral *s. m.* Terreno plantado de romero.

romería (de *Roma*, porque a esta ciudad fueron las primeras peregrinaciones) *s. f.* **1.** Marcha hacia un santuario que realizan normalmente un grupo de personas por devoción o fervor. **2.** Fiesta popular que se hace junto a una ermita o santuario el día de la festividad religiosa del lugar. **3.** Gran número de gente que llega a un sitio o pasa por él: *A su despacho acude una romería de gente para solicitar favores.* **SIN. 1.** y **3.** Peregrinación. **2.** Verbena. **FAM.** Romero -ra.

romero (del lat. *ros maris*) *s. m.* Arbusto de la familia labiadas, que tiene hojas lineares verdes por el haz y blancas por el envés y flores pequeñas de color azul lila. Es muy aromático y se utiliza en cocina, perfumería y medicina. **FAM.** Romeral.

romero, ra *s. m.* y *f.* Persona que va o participa en una romería. También *adj.* **SIN.** Peregrino.

romo, ma *adj.* **1.** Que no tiene filo o punta. **2.** Que carece de agudeza intelectual: *Es un estudiante romo que no acabará sus estudios.* **3.** Que tiene la nariz pequeña y aplastada. **SIN. 1.** y **2.** Obtuso. **2.** Torpe, tonto, lerdo, tardo. **3.** Chato. **ANT. 1.** Afilado. **2.** Agudo. **3.** Narigudo.

rompecabezas *s. m.* **1.** Juego infantil en que hay que componer determinado dibujo colocando adecuadamente unos cubos o piezas. **2.** *fam.* Acertijo o entretenimiento de difícil solución. **3.** P. ext., cualquier asunto o problema complicado, difícil de entender o de resolver. **4.** Arma antigua compuesta de dos bolas pesadas sujetas a los extremos de un mango corto y flexible. ■ No varía en *pl.*

rompecorazones *s. m.* y *f.* Persona atractiva y seductora que enamora con facilidad. ■ No varía en *pl.*

rompedizo *adj.* Que se rompe fácilmente.

rompedor, ra *adj.* Que rompe o destroza mucho, en especial ropa. También *s. m.* y *f.*

rompehielos *s. m.* Buque preparado para abrirse camino en los mares helados. ■ No varía en *pl.*

rompenueces *s. m. Amér.* Cascanueces*. ■ No varía en *pl.*

rompeolas *s. m.* Dique avanzado en el mar para proteger un puerto o una bahía. ■ No varia en *pl.*

romper (del lat. *rumpere*) *v. tr.* **1.** Hacer dos o más trozos irregulares de una cosa, tirando de ella, mediante un golpe, etc. También *v. prnl.* **2.** Hacer un agujero o raja en materiales como la tela o el papel. También *v. prnl.* **3.** Estropear algo. También *v. prnl.*: *Se ha roto la radio.* **4.** Deshacer la unión o interrumpir la continuidad de algo: *La proyección de filminas rompió la monotonía de la* *clase.* También *v. prnl.* **5.** No cumplir un compromiso, una ley, una obligación. También *v. intr.* y *v. prnl.*: *Los novios han roto. Se rompió el acuerdo.* || *v. intr.* **6.** Abrirse camino por algún sitio: *El agua rompió por la parte baja del muro.* **7.** Empezar, iniciarse aquello que se expresa: *romper el alba, romper a llorar.* **8.** Deshacerse las olas en espuma al chocar contra las rocas u otra cosa. **9.** Abrirse las flores. || LOC. **de rompe y rasga** *adj.* De gran decisión y muy desenvuelto: *una mujer de rompe y rasga.* **romper filas** Deshacer una formación de soldados. ■ Su p. es irreg.: *roto.* SIN. **1.** Partir, fracturar, despedazar, cascar, quebrar. **1.** y **2.** Destrozar. **2.** Rajar, rasgar. **3.** Averiar, descomponer, descacharrar. **4.** Cortar. **5.** Incumplir, quebrantar, infringir, violar. **6.** Irrumpir. **7.** Despuntar, prorrumpir. **8.** Reventar, estallar. ANT. **1.** Unir. **3.** Arreglar. **4.** Continuar. FAM. Rompecabezas, rompecorazones, rompedizo, rompedor, rompehielos, rompenueces, rompeolas, rompetechos, rompible, rompiente, rompimiento. / Corromper, irrompible, roto, rotura, ruptura.

rompetechos (del nombre de un personaje de tebeo) *s. m.* y *f. fam.* Persona que ve mal. ■ No varía en *pl.* SIN. Cegato, topo.

rompiente *s. m.* Bajo, escollo o costa donde, cortando el curso de la corriente de un río o de las olas, rompe y se levanta el agua.

rompope o **rompopo** *s. m. Amér. C.* y *Méx.* Bebida elaborada con aguardiente, huevos, leche, azúcar y canela.

ron (del ingl. *rum*) *s. m.* Bebida alcohólica de olor y sabor fuertes, obtenida por la destilación de una mezcla fermentada de melazas y zumo de caña de azúcar.

ronca (de *roncar*) *s. f.* **1.** Grito que da el gamo cuando está en celo. **2.** Tiempo en que está en celo el gamo. SIN. **1.** y **2.** Brama.

roncar (del lat. *rhonchare*, y éste del gr. *rhonkhos*, ronquido) *v. intr.* **1.** Emitir un ruido ronco al respirar, cuando se duerme. **2.** Llamar el gamo a la hembra, cuando está en celo. ■ Delante de *e* se escribe *qu* en lugar de *c*: *ronque.* FAM. Ronca, roncador, ronquido.

roncear *v. tr. Arg., Chile* y *Méx.* Mover una cosa pesada con las manos o usando palancas.

roncha[1] *s. f.* **1.** Lesión de la piel que consiste en un bultito enrojecido producido por una enfermedad, el picotazo de un insecto, etc. **2.** Cardenal, moradura. || LOC. **levantar ronchas** Mortificar, causar pesadumbre: *Sus críticas levantaron ronchas entre los aludidos.* SIN. **1.** Ronchón, habón. **2.** Moretón. FAM. Ronchar[1], ronchón.

roncha[2] *s. f.* Trozo delgado de cualquier cosa cortado en redondo: *una roncha de chorizo.* SIN. Rodaja, raja, loncha.

ronchar[1] *v. intr.* Causar ronchas en el cuerpo.

ronchar[2] *v. tr.* **1.** Ronzar*. || *v. intr.* **2.** Crujir un alimento cuando se masca.

ronchón *s. m.* Roncha[1]*.

ronco, ca (del lat. *raucus*) *adj.* **1.** Que tiene ronquera. **2.** Se aplica a la voz o sonido áspero y bronco. SIN. **1.** Afónico. FAM. Ronquear, ronquedad, ronquera. / Enronquecer.

ronda (del ár. *rubt*, pl. de *rabita*, patrulla de jinetes) *s. f.* **1.** Acción de rondar. **2.** Patrulla encargada de vigilar de noche. **3.** Rondalla*. **4.** Cada conjunto de sucesivas consumiciones que hace un grupo de personas: *Yo pago la siguiente ronda.* **5.** Vuelta*, carrera ciclista por etapas. **6.** Paseo, calle, carretera, etc., que rodea total o parcialmente una ciudad. **7.** En algunos juegos de naipes, vuelta o suerte de todos los jugadores. **8.** *Arg.* y *Chile* Juego del corro. SIN. **3.** Estudiantina, tuna. FAM. Rondalla. RONDAR.

rondalla *s. f.* Grupo de jóvenes que, acompañados por instrumentos de cuerda, cantan a las jóvenes en la calle o en actuaciones. SIN. Ronda, tuna, estudiantina.

rondar *v. intr.* **1.** Recorrer de noche una población u otro lugar vigilando para impedir desórdenes. También *v. tr.* **2.** Salir los jóvenes a la calle cantando y tocando para cortejar a las muchachas. También *v. tr.* **3.** Pasear por la noche. También *v. tr.* **4.** Dar vueltas por algún lugar o frecuentarlo: *Le vi rondando por aquí anoche.* También *v. tr.* **5.** Pasar reiteradamente una idea por la cabeza: *Me ronda que este negocio no marcha bien.* || *v. tr.* **6.** Cortejar los jóvenes a las muchachas. **7.** Ir detrás de alguien, acosarle para conseguir algo de él: *Lleva rondándome tres días; algo querrá.* **8.** Estar a punto de entrarle a alguien el sueño, o de atacarle ciertas enfermedades, como la gripe, un resfriado, etc.: *Me está rondando un catarro.* SIN. **1.** Patrullar. **4.** Merodear, acechar. **6.** Galantear. **7.** Asediar. **8.** Amagar. FAM. Ronda, rondador.

rondel (del fr. *rondel*) *s. m.* Composición poética originaria de Francia, que suele estar escrita en tercetos hexasílabos.

rondeño, ña *adj.* **1.** De Ronda, ciudad de Málaga. También *s. m.* y *f.* || *s. f.* **2.** Baile y copla parecidos al fandango, típicos de Ronda.

rondín *s. m.* **1.** *Arg., Bol.* y *Chile* Vigilante nocturno. **2.** *Bol., Ec.* y *Perú* Instrumento de viento hecho de madera y con lengüetas metálicas para producir el sonido.

rondó (del fr. *rondeau*) *s. m.* En mús., forma instrumental procedente de la Edad Media, cuyo tema principal se repite varias veces.

rondón, de (del fr. *raudon*, de *randir*, correr con ímpetu) *loc. adv.* Con verbos como *entrar, colarse*, etc., sin permiso, sin llamar o sin decir nada a nadie: *Se coló de rondón en la fiesta.*

rondpoint (del fr. *rond-point*) *s. m. Col.* Plaza circular, rotonda.

ronquear *v. intr.* Estar ronco.

ronquera *s. f.* Cambio del timbre de la voz en otro bronco y poco sonoro, que se produce por afección de la laringe.

ronquido *s. m.* Ruido o sonido que se hace roncando.

ronronear (onomat.) *v. intr.* **1.** Producir el gato una especie de ronquido continuo para manifestar que está satisfecho o a gusto. **2.** Producir ruido la trepidación de un motor, una hélice de avión, etc. **3.** *fam.* Rondarle a alguien una idea por la cabeza. FAM. Ronroneo.

ronroneo *s. m.* Acción de ronronear: *el ronroneo del gato.*

ronzal (del ár. *rasan*) *s. m.* Cuerda que se ata al cuello o a la cabeza de las caballerías para sujetarlas o conducirlas. SIN. Ramal, cabestro.

ronzar *v. tr.* Mascar una cosa dura partiéndola ruidosamente con los dientes. ■ Se dice también *ronchar.* Delante de *e* se escribe *c* en lugar de *z*: *ronce.*

roña (del lat. *aerugo, -inis*, óxido) *s. f.* **1.** Suciedad pegada fuertemente. **2.** Orín de los metales. **3.** *fam.* Tacañería. **4.** Sarna del ganado lanar. || *s. m.* y *f.* **5.** *fam.* Persona roñosa, tacaña. También *adj.*: *No he visto persona más roña que tú.* SIN. **1.** Mugre. **2.** Herrumbre, verdín. **3.** Roñería, roñosería, tacañez, cicatería, avaricia. **ANT. 1.** Limpieza. **3.** Generosidad. **FAM.** Roñería, roñica, roñoso.

roñería *s. f.* Roñosería*.

roñica *adj. fam.* Roñoso, tacaño. También *s. m.* y *f.*

roñosería *s. f.* Tacañería, cicatería. ■ Se dice también *roñería*. **SIN.** Mezquindad. **ANT.** Generosidad.

roñoso, sa (del lat. *aeruginosus*, oxidado) *adj.* **1.** Que tiene roña, suciedad. **2.** Oxidado. **3.** *fam.* Tacaño. **SIN. 1.** Mugriento, sucio, guarro. **3.** Roñica, agarrado, cicatero. **ANT. 1.** Limpio. **3.** Generoso. **FAM.** Roñosería. ROÑA.

ropa (del ant. alto al. *rouba*) *s. f.* **1.** Cualquier prenda de vestir o conjunto de ellas y de otras cosas hechas con tela, como sábanas, colchas, etc. || **2. ropa blanca** La de uso doméstico, como sábanas, toallas, manteles, etc., y la ropa interior de tonos claros. **3. ropa vieja** Guisado que se hace aprovechando la carne sobrante de otros guisos. || **LOC. a quema ropa** *adv.* Con verbos como *disparar*, desde muy cerca. También, cuando se dice o se pregunta algo sin rodeos. **haber ropa tendida** *fam.* Expresión que recomienda cautela, por hallarse presentes personas ante las cuales hay que ser discreto: *A ver lo que decís, que hay ropa tendida.* **no tocar** a alguien **(ni) un pelo de la ropa** No causarle el más mínimo daño o perjuicio. **tentarse** uno **la ropa** Considerar las cosas despacio o reflexionar antes de hacer algo para evitar malas consecuencias: *Tiéntate la ropa antes de decir lo que piensas.* **SIN. 1.** Ropaje, vestimenta, indumentaria; lencería. **FAM.** Ropaje, ropavejero, ropavieja, ropero, ropón. / Arropar, guardarropa, lavarropas.

ropaje *s. m.* **1.** Vestidura, especialmente si es lujosa. **2.** Excesiva ropa. **SIN. 1.** Indumentaria, vestimenta, atavío, atuendo.

ropavejero, ra *s. m.* y *f.* Persona que compra y vende ropa vieja.

ropavieja *s. f. Cuba* y *Méx. fam.* Guiso de carne de res con verduras.

ropero *s. m.* **1.** Armario o cuarto donde se guarda ropa. **2.** Conjunto de vestidos de una persona. **3.** Asociación benéfica que se encarga de proporcionar ropa a los necesitados.

ropón *s. m.* Ropa larga que regularmente se pone suelta sobre los demás vestidos.

roque[1] (del ár. *rujj*) *s. m.* Torre del ajedrez. **FAM.** Enrocar.

roque[2] *adj. fam.* Dormido: *Me quedé roque en el teatro.* **SIN.** Traspuesto. **ANT.** Despierto.

roqueda o **roquedal** *s. f.* o *m.* Lugar abundante en rocas. **SIN.** Pedregal.

roquedo *s. m.* Peñasco o roca.

roquefort (de las cuevas de *Roquefort*-sur-Soulzon, en Francia) *s. m.* Tipo de queso de leche de oveja, de sabor fuerte y partes de color verdoso, a causa de un moho que se desarrolla durante su elaboración.

roqueño, ña *adj.* **1.** Se dice del sitio lleno de rocas. **2.** Duro como una roca. **SIN. 1.** Rocoso, peñascoso. **2.** Pétreo.

roquero, ra[1] *adj.* Relativo a las rocas o edificado sobre ellas: *un castillo roquero.*

roquero, ra[2] *s. m.* y *f.* Persona que se dedica al rock o a quien gusta mucho este tipo de música y baile. También *adj.*

roquete (del ant. fr. *roquet*, y éste del germ. *rock*, vestido) *s. m.* Sobrepelliz*.

rorcual (del noruego *roirkual*, ballena) *s. m.* Mamífero cetáceo semejante a la ballena, de la que se diferencia por poseer unos surcos en la garganta, con los que pueden dilatar la boca. Mide entre 10 y 30 m de longitud y tiene generalmente el vientre claro y el dorso azul o gris según las especies, y una pequeña aleta dorsal.

rorro *s. m. fam.* Bebé. **SIN.** Pequeñín, angelito.

ros (del general *Ros* de Olano) *s. m.* Gorro militar con visera, duro y cilíndrico, más alto por delante que por detrás.

rosa (del lat. *rosa*) *s. f.* **1.** Flor del rosal, con numerosos pétalos, de gran belleza, colorido y aroma. Existen numerosas variedades, producto de cientos de hibridaciones. **2.** *Amér.* Rosal. **3.** Mancha redonda de color rojo muy pálido que sale a veces en el cuerpo. || *adj.* **4.** Se dice del color que resulta de mezclar el rojo y el blanco y de las cosas que tienen dicho color. También *s. m.* || **5. rosa de los vientos** (o **rosa náutica**) Círculo que tiene marcados alrededor los 32 rumbos en que se divide la vuelta del horizonte (N, S, E, O y sus derivados) o bien los nombres de los diferentes vientos, como siroco, mistral, levante, poniente, tramontana, etc. **6. rosa del azafrán** Flor de azafrán. || **LOC. como una rosa** *adv. fam.* Con buen aspecto, en estado saludable, fresco o a gusto. **de color de rosa** *adj.* y *adv.* Muy optimista: *Nos pintó la situación de color de rosa.* **FAM.** Rosáceo, rosado, rosal, rosario, rosedal, roseola, roseta, rosita. / Malvarrosa, pomarrosa.

rosáceo, a *adj.* **1.** Se aplica al color semejante al rosa y a las cosas que tienen dicho color. **2.** Se dice de ciertas plantas herbáceas, arbustivas o arbóreas, que presentan flores hermafroditas, generalmente reunidas en inflorescencias, cáliz con sépalos y corola de cinco pétalos. Sus hojas pueden ser simples o compuestas y tienen siempre el borde dentado. Producen frutos en pomo, folículo, aquenio o drupa, muchos de ellos comestibles, como el peral, el manzano o el almendro; otras especies son apreciadas en jardinería y ornamentación, como el rosal. También *s. f.* || *s. f. pl.* **3.** Familia constituida por estas plantas.

rosada *s. f.* Escarcha*.

rosado, da (del lat. *rosatus*) *adj.* **1.** Se aplica al color rosa y a las cosas que tienen dicho color. **2.** Se dice del vino de color claro, procedente del mosto de uvas tintas o de la mezcla de uvas tintas y blancas, fermentado sin orujos. También *s. m.* **FAM.** Sonrosado. ROSA.

rosal *s. m.* Planta arbustiva de la familia rosáceas, con tallos espinosos, cuya flor es la rosa. **FAM.** Rosaleda. ROSA.

rosaleda *s. f.* Lugar plantado de rosales o muy abundante en ellos.

rosario (del lat. *rosarium*, de *rosa*, rosa) *s. m.* **1.** Rezo de los católicos en que se conmemoran los quince misterios principales de la vida de Jesucristo y de la Virgen, recitando después de cada uno un padrenuestro, diez avemarías y un gloria. **2.** Conjunto de cuentas ensartadas en un hilo que se utiliza para hacer ese rezo o una de sus partes. **3.** Objeto similar que usan los creyentes de otras religiones, como musulmanes, budistas o hindúes, para llevar la cuenta de sus oraciones. **4.** Serie, sarta. || **LOC. acabar** una cosa **como el rosario de la aurora** *fam.* Acabar mal un asunto, una reunión, etc., con desacuerdo o pelea de los participantes. **SIN. 4.** Retahíla, ristra, lista.

rosbif (del ingl. *roastbeef*, de *roast*, asado, y *beef*, carne de vaca) *s. m.* Carne de vaca medio asada. ■ Su pl. es *rosbifs*.

rosca *s. f.* **1.** Cualquier cosa cilíndrica que se cierra en forma de aro dejando en medio un espacio vacío, p. ej. un pan o bollo. **2.** Conjunto de los resaltos y canales de los tornillos y tuercas y, también, cada uno de ellos. **3.** Abultamiento en forma de aro alrededor de un objeto. **4.** Carnosidad que tienen las personas gruesas alrededor del cuello, las muñecas o las piernas. || LOC. **hacer la rosca** a alguien *fam.* Adular, hacer la pelota. **no comerse una rosca** No conseguir lo que uno quiere, especialmente en asuntos amorosos. **pasarse de rosca** No agarrar la tuerca en el tornillo; también, exagerar o ir uno más allá de lo debido en las palabras o en los hechos; familiarmente, volverse un poco loco. **FAM.** Roscar, rosco, roscón, rosquete, rosquilla. / Enroscar.

roscar *v. tr.* Hacer las espiras de un tornillo o tuerca. ■ Delante de *e* se escribe *qu* en lugar de *c*. **FAM.** Roscado. ROSCA.

rosco *s. m.* **1.** Roscón o rosca de pan o de bollo. **2.** *fam.* Entre estudiantes, calificación o nota de cero. **SIN. 2.** Cerapio.

roscón *s. m.* Bollo grande en forma de rosca, particularmente el que se come con ocasión del día de Reyes.

rosedal *s. m. Arg.* y *Urug.* Rosaleda.

rosellonés *adj.* Del Rosellón, comarca de Francia.

roseola o **roséola** (del lat. *roseus*, rosado) *s. f.* Rubeola*.

roseta *s. f.* **1.** Mancha rosada en las mejillas. **2.** Pieza de la regadera provista de agujeros pequeños que sirve para dispersar el agua. **3.** Anillo o pendiente adornado con una piedra preciosa a la que rodean otras pequeñas. **4.** Palomita de maíz. Se usa más en *pl.* **SIN. 1.** Chapeta, arrebol. **2.** Alcachofa. **FAM.** Rosetón. ROSA.

rosetón (aum. de *roseta*) *s. m.* **1.** En arq., ventana circular calada, con adornos, característica de las iglesias góticas. **2.** Adorno circular, generalmente parecido a una flor, en especial el que se coloca en los techos.

rosicler (del cat. *rogicler*, rojo y claro, deformación del ár. *sahy al-gar*, rejalgar, piedra de la cueva) *s. m.* Color rosado, claro y suave de la aurora.

rosita (dim. de *rosa*) *s. f.* Roseta, palomita de maíz. Se usa más en *pl.* || LOC. **de rositas** *adv.* Sin ninguna molestia o esfuerzo: *irse de rositas.*

rosoli o **rosolí** *s. m.* Resoli*.

rosquete *adj. Perú fam. desp.* Homosexual. También *s. m.* **FAM.** Rosquetón. ROSCA.

rosquetón, na *adj. Perú fam. desp.* Propio de homosexuales.

rosquilla *s. f.* Pieza de repostería de forma redondeada con un agujero en el centro. **FAM.** Rosquillero. ROSCA.

rosticería *s. f. Chile* y *Méx.* Tienda de pollos asados.

rostizado, da *adj. Chile* y *Méx.* Asado: *pollo rostizado.* **FAM.** Rosticería.

rostrado, da o **rostral** (del lat. *rostratus*) *adj.* Que remata en una punta semejante al pico del pájaro o al espolón de la nave.

rostro (del lat. *rostrum*) *s. m.* **1.** Cara de las personas. **2.** *fam.* Cara dura, descaro. **3.** Pico del ave. **4.** Espolón de la nave. **SIN. 1.** Semblante, faz. **2.** Jeta. **FAM.** Rostrado, rostral. / Arrostrar, enrostrar.

rotación (del lat. *rotatio, -onis*) *s. f.* **1.** Acción de rotar y, particularmente, giro sobre su eje de los cuerpos celestes. || **2. rotación de cultivos** Técnica agrícola que consiste en alternar distintos cultivos y barbecho a fin de no agotar la tierra. **SIN. 1.** Alternancia.

rotacismo *s. m.* En ling., conversión de la *s* en *r* en posición intervocálica.

rotar (del lat. *rotare*) *v. intr.* **1.** Rodar, girar. **2.** Encargarse varias personas sucesivamente y de manera cíclica de un trabajo o función. **SIN. 2.** Turnarse, alternar. **FAM.** Rotación, rotativo, rotatorio. RUEDA.

rotativo, va *adj.* **1.** Que rota. **2.** Se dice de la máquina de imprimir que con movimiento seguido y a gran velocidad imprime periódicos, revistas, etc. También *s. f.* || *s. m.* **3.** P. ext., periódico impreso en estas máquinas. **SIN. 1.** Giratorio, cíclico.

rotatorio, ria *adj.* Que rota o gira.

rotífero (del lat. *rota*, rueda, y *-fero*) *adj.* **1.** Se dice de un tipo de invertebrados acuáticos muy pequeños; tienen el cuerpo ovalado y terminado en una pinza con la que se fijan a los objetos y presentan una doble corona de cilios vibrátiles. También *s. m.* || *s. m. pl.* **2.** Filo formado por estos animales.

rotisería *s. f. Arg.* y *Chile* Tienda de fiambres.

roto, ta (del lat. *ruptus*, de *rumpere*) **1.** *p.* irreg. de **romper**. También *adj.* || *adj.* **2.** Que va con la ropa rota. **3.** Muy cansado. || *s. m.* **4.** Rotura, raja, agujero. **5.** *Arg.* y *Chile* Obrero, individuo de la clase baja. **6.** *Arg.* y *Perú desp.* Chileno. **SIN. 3.** Reventado, destrozado. **FAM.** Rotoso. / Derrotar, manirroto. ROMPER.

rotograbado *s. m.* Sistema de huecograbado rotativo.

rotonda (del ital. *rotonda*, y éste del lat. *rotunda*, redonda) *s. f.* **1.** Plaza con forma circular. **2.** Templo, edificio o sala de planta circular. **3.** Galería en forma de arco de círculo con cristalera o ventanal.

rotor *s. m.* Parte giratoria de una máquina electromagnética o de una turbina.

rotoso *adj. Amér.* Desharrapado, harapiento.

rotring *s. m.* Rotulador de trazo preciso y regular ■ Su pl. es *rotrings.*

rottweiler (de *Rottweil*, ciudad alemana) *s. m.* y *f.* Raza de perros de defensa, de estatura media, cuerpo robusto y musculoso, cabeza grande y pelo oscuro y corto. ■ Su pl. es *rottweilers.*

rótula (del lat. *rotula*, ruedecilla) *s. f.* **1.** Hueso en forma de disco, situado en la articulación de la rodilla, entre el fémur y la tibia, cuya misión es impedir que la pierna se doble hacia adelante. **2.** En mecánica, unión entre dos piezas que permite el movimiento de ambas. **FAM.** Rotular², rotuliano.

rotulación *s. f.* Acción de rotular¹.

rotulador, ra *adj.* **1.** Que rotula o sirve para rotular. También *s. m.* y *f.* || *s. m.* **2.** Utensilio que sirve para escribir, pintar, etc., formado por un cilindro con una carga de tinta y una punta de material absorbente. || *s. f.* **3.** Máquina que sirve para rotular¹.

rotular¹ *v. tr.* **1.** Poner un rótulo. **2.** Colocar dentro de un dibujo o esquema las palabras que sirven como título o para hacer determinadas indicaciones. **FAM.** Rotulación, rotulado, rotulador. RÓTULO.

rotular² *adj.* Relativo a la rótula.

rotulista *s. m.* y *f.* Persona que se dedica a hacer o poner rótulos.

rótulo (del lat. *rotulus*) *s. m.* **1.** Título de un escrito o de una parte suya. **2.** Letrero, cartel. **SIN. 1.** Encabezamiento. **FAM.** Rotular¹, rotulista.

rotundo, da (del lat. *rotundus*, redondo) *adj.* **1.** Que no admite duda o discusión: *Dio un no rotundo a la propuesta.* **2.** Se aplica al lenguaje claro y preciso en el contenido y sonoro en la forma. **3.** Redondeado: *mujer de rotundas formas.* **SIN. 1.** Terminante, contundente, concluyente, tajante, categórico. **3.** Redondo. **FAM.** Rotundamente, rotundidad, rotundidez.

rotura (del lat. *ruptura*) *s. f.* **1.** Acción de romper o romperse. **2.** Raja, agujero, etc., que resulta al romperse un cuerpo: *La rotura del hueso puede verse en la radiografía.* **SIN. 1.** Rompimiento. **1.** y **2.** Fractura. **2.** Roto. **FAM.** Roturar.

roturar *v. tr.* Arar por primera vez las tierras para ponerlas en cultivo. **FAM.** Roturación, roturador. ROTURA.

roulotte (fr.) *s. f.* Remolque que se engancha a los turismos y cuyo interior es una pequeña vivienda. **SIN.** Caravana. ■ Su pl. es *roulottes.*

round (ingl.) *s. m.* En boxeo, asalto*. ■ Su pl. es *rounds.*

rover *s. m.* (ingl.) Vehículo para la exploración de las superficies de otros planetas. ■ Su pl. es *rovers.*

roya (del lat. *rubea*, rubia) *s. f.* Hongo parásito de plantas como el trigo y otros cereales y enfermedad que en ellas provoca.

royalty (ingl.) *s. m.* Pago que una persona o empresa debe hacer al titular de una obra, patente, invento, proceso de producción, etc., como derecho por explotarlos comercialmente. ■ Su pl. es *royalties.* **SIN.** Regalía.

roza *s. f.* **1.** Surco o canal que se abre en una pared o techo para meter tuberías, cables, etc. **2.** Técnica agrícola primitiva que se basa en la roturación de tierras en el interior de la selva. **3.** Acción de rozar.

rozadura *s. f.* **1.** Acción de rozar o rozarse una cosa con otra. **2.** Señal que queda en las cosas después de haberse rozado. **3.** Herida superficial de la piel producida por rozamiento. **SIN. 1.** a **3.** Roce.

rozagante (del cat. o prov. *rossagar, róssegar*, arrastrar) *adj.* **1.** Orgulloso y satisfecho. **2.** Que tiene buen aspecto, vistoso. **SIN. 1.** Ufano. **ANT. 1.** Insatisfecho. **2.** Feo.

rozamiento *s. m.* **1.** Acción de rozar o rozarse. **2.** En fís., fuerza que se produce entre dos superficies en contacto y que se opone al movimiento de una sobre otra. **SIN. 1.** Rozadura, roce.

rozar *v. intr.* **1.** Tocar ligeramente una persona o cosa a otra: *Las ramas del árbol rozan con el balcón.* También *v. tr.*: *El balón rozó el poste.* **2.** Referido a cosas inmateriales, aproximarse mucho a algo: *Su manera de hablar roza en la pedantería.* También *v. tr.*: *Roza la genialidad.* || *v. tr.* **3.** Hacer una raspadura, herida, mancha, producir desgaste, etc., el contacto de una cosa con otra: *Estos zapatos me rozan. He rozado el pantalón con el bote de pintura.* También *v. prnl.* **4.** Abrir rozas en la pared, suelo, etc. **5.** Limpiar un terreno de hierbas y plantas para labrarlo. || **rozarse** *v. prnl.* **6.** Tener trato: *No me rozo con los vecinos.* ■ Delante de *e* se escribe *c* en lugar de *z*: *roce.* **SIN. 2.** Lindar, rayar. **3.** Raspar; tiznar(se); raer. **5.** Desbrozar. **FAM.** Roce, roza, rozadura, rozamiento.

-rragia (del gr. *rhegnumi*, brotar) *suf.* Significa 'flujo o brote': *blenorragia, menorragia.*

rúa (del lat. *ruga*, camino) *s. f.* Calle de cualquier población.

ruana *s. f. Col.* y *Ven.* Capote de lana, un poco más ancho que largo, con una abertura en el centro por donde se mete la cabeza, y cuyas orillas llegan hasta las muñecas. **SIN.** Poncho.

ruandés, sa *adj.* De Ruanda, estado de África central. También *s. m.* y *f.*

ruano, na *adj.* Roano*.

rubefacción (del lat. *rubefacere*, poner rojo) *s. f.* **1.** Enrojecimiento de la piel. **2.** Enrojecimiento de determinados suelos por la presencia de ácido férrico. **FAM.** Rubefaciente. RUBIO.

rubeola o **rubéola** *s. f.* Infección vírica que produce una erupción semejante a la del sarampión y que suele contraerse durante la infancia. **FAM.** Rubeólico. RUBIO.

rubescente (del p. del lat. *rubescere*, enrojecer) *adj.* Rojizo.

rubí *s. m.* Variedad del corindón, de color rojo, brillo intenso y gran dureza, muy apreciado en joyería. ■ Su pl. es *rubíes*, aunque también se utiliza *rubís.*

rubiáceo, a *adj.* **1.** Se dice de las plantas dicotiledóneas, con hojas simples y fruto en baya o drupa con semillas de albumen duro o carnoso, como el café. || *s. f. pl.* **2.** Familia de estas plantas.

rubial *adj.* De color similar al del pelo rubio.

rubiales *adj.* Aplicado al pelo o a las personas, rubio. También *s. m.* y *f.* ■ No varía en *pl.*

rubicán, na (de *rubio* y *cano*) *adj.* Se dice del caballo que tiene el pelo mezcla de blanco y rojizo.

rubicundo, da (del lat. *rubicundus*) *adj.* **1.** Rubio rojizo: *pelo rubicundo.* **2.** Se aplica a la persona de buen color y que parece gozar de perfecta salud. **SIN. 1.** Pelirrojo, rojal. **FAM.** Rubicundez. RUBIO.

rubidio (del lat. *rubidus*, rojizo) *s. m.* Elemento químico del grupo de los alcalinos, de bajo punto de fusión, que reacciona fácilmente con ácidos y bases y violentamente con el agua. Se encuentra en minerales como la biotita y la lepidolita, así como en rocas graníticas y en las cenizas del tabaco, el té y el café. Se emplea en células fotoeléctricas, en válvulas de vacío, en la fabricación de vidrios especiales, y algunos de sus compuestos se toman como sedantes. Su símbolo es *Rb.*

rubiera *s. f.* **1.** *P. Rico* Juerga, fiesta. **2.** *Ven.* Fechoría, gamberrada.

rubio, bia (del lat. *rubeus*) *adj.* **1.** De color entre amarillo y dorado; se aplica especialmente al pelo de este color y a la persona que lo tiene. También *s. m.* y *f.*: *Dile a la rubia que venga.* **2.** Se aplica a un tipo de tabaco de color más claro y sabor más suave que el negro. También *s. m.* || *s. m.* **3.** Pez teleósteo marino de unos 40 cm de longitud, de color rosáceo, con escamas prolongadas en estrías. Habita en el Atlántico y el Mediterráneo y su carne es muy apreciada. || *s. f.* **4.** *fam.* Antigua moneda de una peseta, de color dorado. || **5. rubio platino** El muy claro y brillante. **ANT. 1.** Moreno. **FAM.** Rubeola, rubí, rubial, rubiales, rubicán, rubicundo, rubidio, rubión. / Rubefacción, rubescente.

rubión *adj.* Se dice de una variedad de trigo de grano dorado. También *s. m.*

rublo (del ruso *rubl*, de *rubitj*, cortar) *s. m.* Unidad monetaria de la CEI.

rubor (del lat. *rubor, -oris*) *s. m.* **1.** Color encarnado que aparece en el rostro a causa de un sentimiento de vergüenza. **2.** Sentimiento de vergüenza: *Esos chistes verdes le causaron rubor.* **3.** Color encarnado o rojo muy encendido. **SIN. 1.** y **2.** Sonrojo, bochorno. **2.** Turbación, apuro, embarazo, azaro, corrimiento, corte. **FAM.** Ruborizar, ruboroso.

ruborizar *v. tr.* **1.** Hacer que le suba el rubor a la cara a alguien. También *v. prnl.* **2.** Avergonzar a alguien. También *v. prnl.*: *Se ruborizó al ver la escena.* ■ Delante de *e* se escribe *c* en lugar de *z*: *ruborice.* **SIN. 1.** y **2.** Sonrojar(se), abochornar(se). **2.** Turbar(se), correr(se), intimidar(se), azarar(se), cortar(se).

ruboroso, sa *adj.* Que tiene rubor.

rúbrica (del lat. *rubrica*) *s. f.* Rasgo o garabato que acompaña a la firma de alguien. **FAM.** Rubricar.

rubricar (del lat. *rubricare*) *v. tr.* **1.** Poner la rúbrica. **2.** Confirmar: *Rubrico lo que has dicho.* ■ Delante de *e* se escribe *qu* en lugar de *c*: *rubrique.* **SIN. 1.** Firmar. **2.** Suscribir, apoyar, reafirmar.

rubro (del lat. *rubrus*) *s. m. Amér.* Título, rótulo.

ruca (de or. araucano) *s. f.* **1.** *Arg.* y *Chile* Choza, cabaña. **2.** *Perú vulg.* Muchacha de comportamiento excesivamente libertino.

rucio, cia (del lat. *roscidus*, de *ros*, rocío) *adj.* **1.** De color pardo claro, blanquecino o canoso; se aplica a las bestias. También *s. m.* y *f.* ‖ *s. m.* **2.** Asno, pollino.

rudeza *s. f.* Cualidad de rudo: *Trata a la gente con demasiada rudeza.* **SIN.** Ordinariez, tosquedad, brusquedad, acritud, rigor. **ANT.** Finura, delicadeza, suavidad.

rudimentario, ria *adj.* Simple, tosco: *Su estilo de juego es muy rudimentario.* **SIN.** Elemental; embrionario.

rudimento (del lat. *rudimentum*) *s. m.* **1.** Embrión de un ser orgánico. ‖ *s. m. pl.* **2.** Conocimientos básicos sobre una materia: *Tiene ya algunos rudimentos de informática.* **SIN. 2.** Fundamentos, principios. **FAM.** Rudimentario. RUDO.

rudo, da (del lat. *rudis*) *adj.* **1.** Grosero, sin educación: *rudos modales.* **2.** Duro, fuerte, violento: *un rudo golpe, rudas palabras.* **3.** Basto, tosco: *un material rudo.* **4.** Difícil, costoso: *un rudo trabajo.* **SIN. 1.** Burdo, primitivo. **1.** y **3.** Ordinario. **2.** Cruel, brutal, brusco. **4.** Arduo. **ANT. 1.** Refinado. **1.** y **3.** Fino. **2.** y **4.** Suave. **FAM.** Rudamente, rudeza, rudimento. / Enrudecer.

rúe (del fr. *rue*) *s. f. fam.* Calle: *Me voy a la rúe a tomar el fresco.*

rueca (del gót. *rukka*) *s. f.* Utensilio que se empleaba para hilar, formado básicamente por una vara con una pieza en su parte superior, donde se pone la materia textil o copo, un huso accionado con una rueda y una serie de poleas.

rueda (del lat. *rota*) *s. f.* **1.** Objeto o mecanismo de forma circular que puede girar sobre un eje: *unos patines con ruedas.* **2.** Círculo formado por personas o cosas. **3.** Rodaja, trozo partido en círculo: *una rueda de piña.* **4.** Fuego de artificio en forma de círculo que, al quemarse, gira alrededor de un eje. ‖ **5. rueda de la fortuna** La sucesión de los acontecimientos de la vida considerados como inconstantes o impredecibles. **6. rueda de prensa** Conferencia* de prensa. ‖ **LOC. chupar rueda** *fam.* En ciclismo, ir un corredor justamente detrás de otro para protegerse del viento; también, aprovecharse del esfuerzo de alguien. **comulgar** uno **con ruedas de molino** o **tragárselas como ruedas de molino** Creer las cosas más inverosímiles o exageradas. También, soportar alguna ofensa o agravio. **SIN. 2.** Ruedo, corro. **3.** Rebanada, loncha. **FAM.** Roda, rodada, rodado[1], rodaja, rodal, rodar, rodear, rodela, rodero, rodete, ruedo. / Guardarruedas, rotar.

ruedo *s. m.* **1.** Círculo cubierto de arena de la plaza de toros en el que se realiza la lidia. **2.** Borde de una cosa redonda, p. ej. de una falda. **3.** Cosa que se pone alrededor de otra bordeándola. **4.** Corro de personas: *Se formó un ruedo alrededor de la señora que se cayó.* **5.** Estera pequeña, generalmente redonda. **SIN. 1.** Redondel. **2.** Contorno. **3.** Cerco.

ruego *s. m.* Acción de rogar y palabras con que se ruega. **SIN.** Petición, demanda, súplica, solicitud, plegaria.

rufián (del fr. *rufian*, y éste del ital. *ruffiano*) *s. m.* **1.** Hombre que vive de la estafa y del engaño. **2.** Proxeneta*. **SIN. 1.** Bribón, sinvergüenza, granuja. **2.** Chulo. **FAM.** Rufianería, rufianesca, rufianesco, rufo.

rufo, fa (del lat. *rufus*) *adj.* **1.** *fam.* Satisfecho, contento. **2.** Fanfarrón. **3.** Rubio o pelirrojo. **4.** De pelo rizado. **SIN. 1.** Ufano, orgulloso. **2.** Creído, arrogante, petulante, chulo. **3.** Rubicundo. **ANT. 1.** Descontento. **2.** Humilde.

rugby (ingl.) *s. m.* Deporte entre dos equipos cuyos 15 jugadores se disputan un balón ovalado para depositarlo tras la línea de fondo del campo contrario (ensayo), o introducirlo de un puntapié por encima del travesaño horizontal de la portería opuesta (transformación).

rugido *s. m.* **1.** Voz del león, del tigre y de otros animales. **2.** Ruido muy fuerte, estruendo. **3.** Grito de una persona colérica o furiosa. **4.** Ruido que hacen las tripas.

rugir (del lat. *rugire*) *v. intr.* **1.** Emitir el león la voz que le es característica y otros animales salvajes la suya, que es parecida a ésta. **2.** Producir ciertas cosas un sonido fuerte y ronco: *El mar rugía embravecido.* **3.** Sonar las tripas, especialmente por estar vacías. **4.** Gritar con furia: *El entrenador rugía a sus jugadores.* **5.** *fam.* Oler mal, apestar: *Te rugen los pies.* ■ Delante de *a* y *o* se escribe *j* en lugar de *g*: *ruja.* **SIN. 2.** y **4.** Bramar. **4.** Chillar, vocear. **FAM.** Rugido, rugidor.

rugosidad (del lat. *rugositas, -atis*) *s. f.* **1.** Cualidad de rugoso. **2.** Arruga.

rugoso, sa (del lat. *rugosus*) *adj.* Que tiene arrugas. **SIN.** Arrugado. **ANT.** Liso. **FAM.** Rugosidad. ARRUGA.

ruibarbo (del lat. *rheubarbarum*) *s. m.* Planta herbácea con hojas grandes de borde recortado, ásperas en el haz y con pelos y nervios en el envés, flores amarillas o verdosas en espiga, fruto seco que contiene una sola semilla y rizoma grueso que se utiliza como purgante.

ruido (del lat. *rugitus*, rugido) *s. m.* **1.** Sonido desagradable y confuso más o menos fuerte. **2.** Follón, alboroto. **3.** Admiración, extrañeza, comentarios, etc., que provoca algo: *Su noviazgo armó mucho ruido.* **4.** En electrónica, cualquier señal o alteración que se mezcla con un mensaje. ‖ **LOC. mucho ruido y pocas nueces** (o **ser más el ruido que las nueces**) *fam.* Resultar insignificante o de poca importancia algo que se había presentado como todo lo contrario. **SIN. 1.** Estruendo. **2.** Jaleo, bulla, bullicio. **ANT. 1.** y **2.** Silencio. **2.** Tranquilidad, calma. **FAM.** Ruidosamente, ruidoso.

ruidoso, sa *adj.* **1.** Que produce mucho ruido. **2.** Que es muy comentado o da mucho que hablar.

ruin *adj.* **1.** Se dice de quien es falso y cobarde y actúa con mala intención, así como de sus hechos, palabras, etc. **2.** Tacaño. **SIN. 1.** Vil, perverso, pérfido, infame, despreciable, abyecto, indigno, innoble, rastrero. **1.** y **2.** Mezquino, miserable. **2.** Roñica, roñoso, roña, agarrado, cicatero. **ANT. 1.** Noble. **2.** Generoso.

ruina (del lat. *ruina*, de *ruere*, caer) *s. f.* **1.** Destrucción o daño muy grande: *un edificio en ruina, la ruina de la salud.* **2.** Pérdida completa o casi completa de los bienes y propiedades: *La empresa está en la ruina.* **3.** Persona o cosa en muy mal estado: *Tu tío está hecho una ruina.* || *s. f. pl.* **4.** Restos de edificios destruidos: *Visitamos las ruinas romanas de Mérida.* || **LOC. buscar la ruina** a alguien Perjudicarle mucho: *me buscas la ruina.* **SIN. 1.** Derrumbamiento, hundimiento, caída, perdición, destrozo. **2.** Quiebra, bancarrota. **3.** Desastre. **ANT. 2.** Riqueza, prosperidad, opulencia. **FAM.** Ruin, ruindad, ruinoso. / Arruinar.

ruindad *s. f.* **1.** Cualidad de ruin. **2.** Acción ruin: *Fue una ruindad negarles la ayuda.* **SIN. 1.** Vileza, perversidad. **ANT. 1.** Nobleza.

ruinoso, sa *adj.* **1.** Que amenaza ruina o está parcialmente derruido: *edificio ruinoso.* **2.** Que causa o puede causar la ruina económica, o que produce grandes pérdidas: *negocio ruinoso.* **ANT. 2.** Próspero.

ruiseñor (del lat. *lusciniola*, confundido con *Ruy señor*, señor Rodrigo) *s. m.* Ave paserifome de cuerpo rechoncho, de unos 16 cm de longitud, con el dorso y la cabeza pardos, el vientre claro y la cola rojiza. Es ave solitaria, de canto melodioso, que habita en regiones de vegetación espesa próximas al agua.

rular (del fr. *rouler*) *v. intr.* Rodar: *Este tren rula muy bien.* También *v. tr.* **FAM.** Ruleta, rulo. / Enrular.

rulero *s. m. Perú* Rulo para el pelo.

ruleta (del fr. *roulette*, y éste de *rouler*) *s. f.* **1.** Juego de azar en que se emplea una rueda dividida en casillas numeradas y pintadas alternativamente en negro y rojo, sobre la que se lanza una bola; la casilla en que se detiene la bola indica el número o la combinación ganadora. **2.** Juego parecido al anterior en que la bola es sustituida por una lengüeta que detiene la rueda. **3.** Rueda utilizada en estos juegos. || **4. ruleta rusa** Juego de azar suicida que consiste en dispararse alternativamente a la sien uno o varios jugadores con un revólver en cuyo tambor se ha puesto una sola bala. **FAM.** Ruletear. RULAR.

ruletear *v. intr.* **1.** *Amér. C.* y *Méx.* Conducir un taxi. || *v. tr.* **2.** *Ven.* Trasladar de un sitio a otro innecesariamente a una persona o cosa. También *v. intr.* **FAM.** Ruletero. RULETA.

ruletero, ra *s. m.* y *f. Amér. C.* y *Méx.* Taxista.

rulo *s. m.* **1.** Pequeño cilindro hueco en que se enrolla el cabello para rizarlo. **2.** Rizo del cabello. **3.** Rodillo para aplastar y triturar. **SIN. 1.** Chicho, chufo, bigudí. **FAM.** Rulero. RULAR.

ruma *s. f. Amér. del S.* Montón de cosas.

rumano, na *adj.* **1.** De Rumania. También *s. m.* y *f.* || *s. m.* **2.** Lengua románica hablada en Rumania y en algunas regiones limítrofes.

rumba *s. f.* **1.** Baile popular antillano y música que lo acompaña. **2.** Modalidad de música y baile extendida por grupos gitanos andaluces y catalanes, en la que se mezclan elementos del folclor andaluz con los afrocubanos. **FAM.** Rumbero.

rumbar *v. intr.* **1.** *Chile* Tomar el rumbo, rumbear. || *v. tr.* **2.** *Col.* y *Hond.* Echar, tirar, arrojar.

rumbear *v. intr. Amér.* Orientarse, encaminarse hacia un lugar.

rumbero, ra *adj.* **1.** Que baila la rumba o es aficionado a este baile. También *s. m.* y *f.* **2.** Relativo a dicho baile.

rumbo (del lat. *rhombus*, rombo) *s. m.* **1.** Dirección trazada en el plano del horizonte, que se sigue al caminar o navegar: *La nave llevaba rumbo nordeste.* **2.** Orientación, conducta: *el rumbo de los acontecimientos.* **3.** Generosidad: *Se comporta con rumbo.* **4.** Gran gasto y lujo: *Fue una fiesta de mucho rumbo.* **SIN. 1.** Derrotero, itinerario, ruta. **2.** Marcha, sesgo, cariz. **3.** Desprendimiento, dadivosidad, esplendidez, liberalidad. **4.** Pompa, boato, ostentación, aparato. **ANT. 3.** Tacañería. **4.** Moderación. **FAM.** Rumbar, rumbear, rumboso.

rumboso, sa *adj.* **1.** *fam.* Espléndido, generoso. **2.** Suntuoso. **SIN. 1.** Desprendido, dadivoso. **2.** Ostentoso. **ANT. 1.** Tacaño. **2.** Mesurado.

rumiante *adj.* **1.** Se dice de los mamíferos artiodáctilos que tienen un estómago dividido en tres o cuatro partes, adaptado a la alimentación herbívora. Muchas de sus especies poseen cuernos o astas. Son rumiantes el ciervo, el alce, el antílope, el búfalo y la jirafa. También *s. m.* || *s. m. pl.* **2.** Suborden de estos mamíferos.

rumiar (del lat. *rumigare*) *v. tr.* **1.** Masticar por segunda vez los rumiantes, volviendo a la boca el alimento que ya estuvo en la panza. **2.** *fam.* Reflexionar, pensar despacio algo: *Está rumiando algún plan.* **3.** Refunfuñar. **SIN. 2.** Meditar, cavilar. **3.** Gruñir, rezongar, mascullar. **FAM.** Rumia, rumiador, rumiante.

rumor (del lat. *rumor, -oris*) *s. m.* **1.** Noticia o comentario que circula entre la gente sin que se sepa el origen ni la veracidad: *Hay rumores de que subirá la gasolina.* **2.** Ruido confuso de voces: *No hay quien se entienda con este rumor.* **3.** Ruido sordo y continuado, como el del viento o el del mar en calma. **SIN. 1.** Chisme, habladuría, hablilla. **1.** a **3.** Runrún. **3.** Zumbido. **FAM.** Rumorear, rumoroso.

rumorear *v. tr.* Correr un rumor entre la gente. ▪ Sólo se usa en construcciones impersonales y de pasiva refleja: *Se rumorea que van a cambiar de director. Se rumorean muchas cosas, pero no se sabe nada todavía.*

rumoroso, sa *adj.* Que causa rumor.

runa[1] (del ant. nórdico *run*, pl. *rûnar*, letras, ciencia) *s. f.* Cada uno de los caracteres de la escritura de los antiguos escandinavos. **FAM.** Rúnico.

runa[2] *s. m. Arg.*, *Ec.* y *Perú* Indio.

runrún (onomat.) *s. m.* **1.** Zumbido. **2.** Ruido confuso de voces. **3.** *fam.* Noticia vaga y sin confirmar que corre entre la gente. **SIN. 1.** a **3.** Rumor. **3.** Runruneo. **FAM.** Runrunear, runruneo.

rupestre (del lat. *rupes*, roca) *adj.* Relativo a las rocas; particularmente, se aplica a pinturas, dibujos, etc., prehistóricos encontrados en rocas y cavernas.

rupia (del sánscrito *rupya* o *rupaka*, moneda de plata) *s. f.* **1.** Moneda de la India, Sri Lanka, Indonesia, Pakistán, Nepal, Maldivas, Mauricio y Seychelles. **2.** *fam.* Peseta, moneda.

rupícola (del lat. *rupes* y *-cola*) *adj.* Que vive entre las rocas: *planta rupícola.*

ruptor (del lat. *ruptor, -oris*, quebrantador) *s. m.* **1.** Dispositivo electromagnético o mecánico que cierra y abre sucesivamente un circuito eléctrico. **2.** Dispositivo que, al funcionar, produce la chispa en la bujía de un motor de explosión. **SIN. 1.** Interruptor.

ruptura (del lat. *ruptura*) *s. f.* Acción de romper o romperse, especialmente las relaciones entre personas o países. SIN. Rompimiento. FAM. Ruptor.

rural (del lat. *ruralis*, de *rus*, *ruris*, campo) *adj.* Relativo al campo por oposición a la ciudad. ANT. Urbano. FAM. Ruralismo.

ruralismo *s. m.* **1.** Cualidad de rural. **2.** Palabra o expresión propia de la gente del campo.

rusiente *adj.* Que se pone rojo o candente por el fuego. SIN. Incandescente.

rusificar *v. tr.* Asimilar a lo ruso. También *v. prnl.* ■ Delante de *e* se escribe *qu* en lugar de *c*.

ruso, sa *adj.* **1.** De Rusia o de la Federación Rusa. También *s. m.* y *f.* **2.** *ant.* Soviético*. || *s. m.* **3.** Lengua eslava, oficial en la Federación Rusa y hablada también en otros estados que pertenecieron a la Unión Soviética. FAM. Rusificar. / Bieloruso.

rústico, ca (del lat. *rusticus*, de *rus*, campo) *adj.* **1.** Del campo o de sus gentes: *finca rústica.* **2.** Basto, tosco: *modales rústicos.* || *s. m.* y *f.* **3.** Persona del campo. || LOC. **en rústica** *adj.* y *adv.* Tratándose de encuadernaciones de libros, con cubierta de papel o cartulina. SIN. **1.** Rural. **1.** y **3.** Campesino, aldeano. **2.** Ordinario, rudo. ANT. **1.** Urbano. **2.** Refinado. FAM. Rústicamente, rusticidad.

ruta (del lat. *rupta*, rota) *s. f.* **1.** Camino que se sigue o se proyecta seguir en un viaje. **2.** Conducta o línea de acción dirigidas a un fin: *Nada le aparta de la ruta que se ha marcado.* SIN. **1.** Itinerario, recorrido, trayecto. **1.** y **2.** Derrotero, rumbo. **2.** Trayectoria. FAM. Rutero, rutina. / Telerruta.

rutáceo, a (del lat. *ruta*) *adj.* **1.** Se dice de ciertas plantas, generalmente leñosas, con hojas simples o trifoliadas, glándulas secretoras de esencias, flores de cinco o cuatro pétalos y fruto en cápsula, baya o drupa, que crecen en regiones templadas y tropicales, como el naranjo. También *s. f.* || *s. f. pl.* **2.** Familia formada por dichas plantas.

rutenio (de *Ruthenia*, nombre de Rusia en lat. medieval) *s. m.* Elemento metálico de gran dureza y resistencia a los ácidos, que se emplea en joyería y decoración, en aleaciones duras, en la industria química, en aparatos eléctricos y como material en la elaboración de prótesis dentales. Su símbolo es *Ru*.

rutero, ra *adj.* Relacionado con la ruta: *Viajo mucho y necesito un coche rutero y cómodo.*

rutherfordio (en honor de Ernest *Rutherford*, físico-químico británico) *s. m.* Elemento químico radiactivo obtenido artificialmente mediante el bombardeo de plutonio con iones de neón acelerados. Es un metal de transición que presenta propiedades químicas similares a las del hafnio. Su símbolo es *Rf*. Se llama también *kurchatovio*.

rutilancia *s. f.* Brillo resplandeciente.

rutilante *adj.* **1.** Que brilla o resplandece. **2.** Que destaca: *Ha hecho una carrera rutilante.* SIN. **1.** Brillante, relumbrante.

rutilar (del lat. *rutilare*) *v. intr.* Brillar mucho o despedir rayos de luz. SIN. Resplandecer, relumbrar. FAM. Rutilancia, rutilante, rutilo.

rutilo *s. m.* Mineral de óxido de titanio, de color rojo sangre y brillo diamantino, que constituye la principal mena de dicho metal. Se utiliza en aleaciones para fabricar electrodos, colorear porcelana y los dientes postizos de un ligero color amarillo.

rutina (del fr. *routine*, de *route*, ruta) *s. f.* **1.** Costumbre de hacer algo de forma mecánica y habitual, sin una razón especial: *Ceno tarde por rutina.* **2.** En inform., serie de instrucciones que permiten a un ordenador controlar una función o realizar una operación de uso frecuente. SIN. **1.** Hábito, repetición. FAM. Rutinario. / Subrutina. RUTA.

rutinario, ria *adj.* Que se hace o practica por rutina o que actúa por rutina: *preguntas rutinarias. Se ha vuelto muy rutinario en sus costumbres.* También *s. m.* y *f.* SIN. Habitual, acostumbrado. FAM. Rutinariamente. RUTINA.

s *s. f.* Vigésima letra del abecedario español y decimosexta de sus consonantes. Su articulación es apicoalveolar fricativa sorda y su nombre es *ese*.

S. A. *expr.* **1.** Siglas de **Sociedad Anónima**. **2.** Abreviatura de **Su Alteza**.

S. L. *expr.* Siglas de **Sociedad Limitada**.

sabadellense *adj.* De Sabadell. También *s. m.* y *f.*

sábado (del lat. *sabbatum*, y éste del hebreo *sabath*, descansar) *s. m.* Día de la semana que sigue al viernes. **FAM.** Sabático, sabatina, sabatino, sábbat.

sábalo *s. m.* Pez marino teleósteo con el cuerpo en forma de lanzadera, de color azulado verdoso en el dorso y plateado el resto, que en primavera penetra en los ríos hasta muy arriba para depositar los huevos.

sabana (voz caribe) *s. f.* **1.** Formación vegetal compuesta fundamentalmente por plantas herbáceas, con arbustos y árboles aislados, como los baobabs y, sobre todo, acacias. Se extiende por grandes llanuras y mesetas intertropicales de América del Sur, África y el NO de Australia. **2.** Llanura o meseta en que se da esta vegetación. **FAM.** Sabanear, sabanero.

sábana (del lat. *sabana*, de *sabanum*) *s. f.* **1.** Cada una de las dos piezas de tela que se utilizan como ropa de cama y entre las que se coloca la persona que se acuesta. **2.** *fam.* Billete grande, de mil, cinco mil o diez mil pesetas. || **3. sábana bajera** La que se pone directamente sobre el colchón. **4. sábana encimera** La que queda encima del cuerpo y forma el embozo en el borde más cercano a la cabecera. || **LOC. pegársele las sábanas** a alguien *fam.* Levantarse más tarde de lo debido; también, costarle mucho salir de la cama cuando se tiene que levantar. **FAM.** Sabanilla.

sabandija *s. f.* **1.** Cualquier pequeño reptil o insecto. **2.** *fam.* Persona despreciable, de malas intenciones. **SIN. 1.** Bicho, bicharraco. **2.** Granuja, malvado, canalla, miserable.

sabanear *v. intr. Amér.* Recorrer la sabana.

sabanero, ra *adj.* De la sabana. También *s. m.* y *f.*

sabanilla *s. f.* **1.** *dim.* de **sábana**. **2.** Pieza pequeña de tela, como pañuelo, toalla, etc.

sabañón *s. m.* Abultamiento y enrojecimiento causado por el frío, que aparece en manos, pies y orejas y produce un picor muy intenso.

sabático, ca (del lat. *sabbaticus*) *adj.* **1.** Relativo al sábado. || **2. año sabático** Véase **año**.

sabatina (de *sabatino*) *s. f.* **1.** Oficio religioso del sábado. **2.** *Chile* Zurra, paliza.

sabatino, na (del bajo lat. *sabbatinus*, y éste del lat. *sabbatum*, sábado) *adj.* Del sábado o realizado en este día.

sabbat *s. m.* Aquelarre*.

sábbat o **sabbat** (del hebreo *sabbatti*) *s. m.* Sábado judío, su día de fiesta religiosa.

sabedor, ra *adj.* Enterado, conocedor.

sabelotodo *s. m.* y *f. desp.* Persona que cree saberlo todo o presume de tener más conocimientos de los que en realidad tiene. También *adj.* **SIN.** Sabihondo, sabidillo, listillo.

saber[1] (del lat. *sapere*) *v. tr.* **1.** Conocer alguna cosa o estar informado de ella: *No sabía que estuviera casado.* **2.** Tener conocimientos sobre cierta materia o, en general, sobre muchas distintas: *Sabe un montón de matemáticas.* También *v. intr.*: *Es el que más sabe de toda la clase.* **3.** Tener noticias de una persona, de un asunto, etc. También *v. intr.*: *No sé de él desde hace un mes.* **4.** Tener capacidad o habilidad para hacer algo: *Ya sabe nadar.* **5.** Ser capaz de comportarse o reaccionar de la forma que se expresa: *No sabe perder.* **6.** Estar seguro de algo: *Sé que me mintió.* **7.** Conocer el camino: *Creo que sabré llegar a tu casa.* || *v. intr.* **8.** Ser muy listo o astuto: *Sabe mucho para ser tan pequeño.* **9.** Tener algo un determinado sabor: *¡Qué bien sabe esta sopa!* **10.** Seguido de los adverbios *mal* o *bien* o de otras locuciones adverbiales, agradar o desagradar: *Me supo muy mal (a rayos) que no me saludara.* **11.** *Arg.*, *Ec.* y *Perú* Acostumbrar, soler. || **LOC. a saber** Introduce una explicación o una enumeración: *Los continentes son cinco, a saber: Europa, América, Asia,*

SABER	
INDICATIVO	
Presente	**Pretérito perfecto simple**
sé	*supe*
sabes	*supiste*
sabe	*supo*
sabemos	*supimos*
sabéis	*supisteis*
saben	*supieron*
Futuro	**Condicional**
sabré	*sabría*
sabrás	*sabrías*
sabrá	*sabría*
sabremos	*sabríamos*
sabréis	*sabríais*
sabrán	*sabrían*
SUBJUNTIVO	
Presente	**Pretérito imperfecto**
sepa	*supiera, -ese*
sepas	*supieras, -eses*
sepa	*supiera, -ese*
sepamos	*supiéramos, -ésemos*
sepáis	*supierais, -eseis*
sepan	*supieran, -esen*
Futuro	
supiere	*supiéremos*
supieres	*supiereis*
supiere	*supieren*

África y Oceanía. También expresa duda, incredulidad, etc.: *A saber dónde lo habrá guardado.* **no saber dónde meterse** *fam.* Sentir mucha vergüenza: *Cuando empezó a decir tonterías, yo no sabía dónde meterme.* **no saber hacer la o con un canuto** Ser muy ignorante o torpe. **no saber** alguien **por dónde se anda** (o **lo que se pesca**) Estar muy despistado o desacertado en algún asunto: *En contabilidad no sabe por dónde se anda.* **no sé cuántos** Se utiliza en sustitución de un nombre propio o un apellido que no se conoce o no se recuerda: *Vino con Ramiro no sé cuántos.* **quién sabe** Expresa duda: *Quién sabe si lo que dice es cierto.* **saber a poco** algo Tener la sensación de que algo ha sido escaso o de que se le ha sacado poco provecho: *Las vacaciones me han sabido a poco.* **saber lo que es bueno** *fam.* Sufrir situaciones, castigos, etc., que sirvan de escarmiento. ■ Se usa mucho como amenaza: *Si te pillo vas a saber lo que es bueno.* **sabérselas todas** Ser muy astuto o muy experimentado. **vete tú** (o **vaya usted**) **a saber** Indica duda o desconfianza: *Vaya usted a saber qué material es éste.* ■ Es v. irreg. SIN. **1.** Enterarse. **2.** Entender. **4.** Poder. ANT. **1.** y **2.** Ignorar, desconocer. FAM. Sabedor, sabelotodo, saber[2], sabidillo, sabido, sabiduría, sabihondo, sabio, sabiondo, sabor. / Bienmesabe, resabiar, sapiencia.

saber[2] *s. m.* Conocimiento, sabiduría: *El saber de ese hombre es amplísimo.* SIN. Cultura, erudición, ciencia. ANT. Incultura, ignorancia.

sabidillo, lla *adj. desp.* Sabelotodo*. También *s. m.* y *f.* SIN. Sabiondo, listillo.

sabido, da 1. *p.* de **saber**. También *adj.* || *adj.* **2.** Que sabe bastante de algún tema. **3.** Conocido, habitual: *Dijo las sabidas vulgaridades y se marchó.* SIN. **2.** Leído. **3.** Consabido, notorio, público. FAM. Consabido. SABER[1].

sabiduría *s. f.* **1.** Conjunto de conocimientos adquiridos a través del estudio o la experiencia: *Era un hombre de gran sabiduría.* **2.** Cualidad de sabio: *Alabaron la sabiduría de sus palabras.* SIN. **1.** Saber, sapiencia, cultura, ciencia, erudición, ilustración. **2.** Inteligencia, sensatez, profundidad. ANT. **1.** Ignorancia, incultura. **2.** Estupidez.

sabiendas, a *loc. adv.* Con intención: *Lo has dicho a sabiendas de que me perjudicaba.*

sabihondo, da *adj. fam.* Sabiondo*. También *s. m.* y *f.* FAM. Sabihondez. SABER[1].

sabina *s. f.* Arbusto de la clase de las coníferas de unos 2 m de altura, de hojas pequeñas, escamosas y superpuestas y bayas globulares de color negro o rojizo. Crece en las regiones mediterráneas.

sabino, na *adj.* De cierto pueblo de la Italia antigua establecido entre el Tíber y los Apeninos. También *s. m.* y *f.*

sabio, bia (del bajo lat. *sapidus*, prudente) *adj.* **1.** Que tiene grandes conocimientos sobre varias materias o sobre alguna en concreto. También *s. m.* y *f.*: *El profesor de matemáticas es un auténtico sabio.* **2.** Que tiene o muestra inteligencia, sensatez o acierto: *Me pareció una sabia decisión.* **3.** Se aplica a los animales que han sido amaestrados para realizar trabajos y obedecer órdenes muy complicadas: *En el circo presentaron a los perros sabios.* SIN. **1.** Culto, docto, erudito, ilustrado, versado. **2.** Inteligente, prudente, sensato, reflexivo. ANT. **1.** Ignorante. **2.** Imprudente; necio. FAM. Sabiamente. / Marisabidilla. SABER[1].

sabiondo, da (del lat. vulg. *sapibundus*) *adj.* Se dice del que cree saberlo todo o presume de tener más conocimientos de los que en realidad tiene. También *s. m.* y *f.* ■ Se escribe también *sabihondo.* SIN. Sabelotodo, listillo, enteradillo.

sablazo *s. m.* **1.** Golpe dado con un sable. **2.** Herida causada con él. **3.** *fam.* Acción de sablear: *Cada vez que tiene problemas viene aquí a darme un sablazo.* SIN. **1.** Mandoble, espadazo. **2.** Tajo.

sable[1] (del al. *Sabel*) *s. m.* **1.** Arma blanca más larga que la espada, algo curva y de un solo filo. || **2. ruido de sables** Indicios o rumores de que se prepara un golpe militar. FAM. Sablazo, sablear, sablista. / Tragasables.

sable[2] (del fr. *sable*, y éste del eslavo *sable*, marta negra) *adj.* En heráldica, se dice del color negro. También *s. m.*

sablear *v. tr. fam.* Obtener dinero de alguien, pidiéndoselo con habilidad o insistencia y sin tener intención de devolvérselo: *Ten cuidado con ése, que te sablea.* FAM. Sableador. SABLE[1].

saboneta (del ital. *savonetta*, de *Savona*, ciudad de Italia en que se fabricaron estos relojes por primera vez) *s. f.* Reloj de bolsillo que tiene la esfera cubierta por una tapa que se levanta apretando un resorte.

sabor (del lat. *sapor, -oris*) *s. m.* **1.** Sensación que produce en el gusto una sustancia: *El guiso deja un sabor picante.* **2.** Cualidad de una sustancia que se percibe a través del sentido del gusto: *En este horno no se mezclan los sabores de los alimentos.* **3.** Cada una de las posibles maneras en que se presenta esta cualidad: *Compró chicles con sabor a menta.* **4.** Impresión que deja alguna cosa: *Esa película deja un sabor triste.* **5.** Parecido que tiene una cosa con otra a la que recuerda en algo: *Sus novelas tienen un claro sabor romántico.* || LOC. **dejar** algo **mal sabor de boca** Dejar algo un mal recuerdo. SIN. **1.**, **2.** y **4.** Gustillo. **1.** y **4.** Regusto. **5.** Aire. ANT. **1.** Insipidez. FAM. Saborear, saborizante, sabroso. / Desabor, desaborido, esaborío, sápido, sinsabor. SABER[1].

saborear *v. tr.* **1.** Comer o beber con agrado para así apreciar el sabor de una cosa: *Ayer saboreé un gazpacho excelente.* **2.** Disfrutar o gozar de algo con tranquilidad y detenimiento: *Deja que saboree esta música.* SIN. **1.** Gustar, degustar, catar. **1.** y **2.** Paladear, recrearse, deleitarse, complacerse. FAM. Saboreador, saboreo. SABOR.

saborizante *adj.* Se aplica a la sustancia empleada para dar sabor. También *s. m.*

sabotaje (del fr. *sabotage*) *s. m.* **1.** Daño producido intencionadamente en instalaciones, servicios, productos, etc., que pertenecen o representan a una persona o entidad contra la que se pretende luchar. **2.** Oposición o entorpecimiento disimulado contra proyectos, órdenes, decisiones, etc. SIN. **2.** Boicot, boicoteo. FAM. Sabotear.

saboteador, ra *adj.* Se dice del que hace sabotaje. También *s. m.* y *f.*

sabotear (del fr. *saboter*, trabajar chapuceramente) *v. tr.* Hacer sabotaje. SIN. Boicotear. FAM. Saboteador. SABOTAJE.

saboyano, na *adj.* De Saboya, región de Francia. También *s. m.* y *f.*

sabroso, sa *adj.* **1.** De sabor agradable e intenso: *Hace unos platos muy sabrosos.* **2.** *fam.* Algo salado: *El guiso te ha salido un poco sabroso.* **3.** Importante, interesante: *Le dieron una sabrosa suma. El debate estuvo bastante sabroso.* SIN. **1.** Gustoso, apetitoso, suculento, rico, delicioso. **2.** Fuerte. **3.** Sustancioso, enjundioso. ANT. **1.** Insípido. **1.** y **2.** Soso. **3.** Insustancial. FAM. Sabrosamente, sabrosón. SABOR.

sabrosón, na *adj. Cuba, Perú, P. Rico* y *Ven.* Agradable, ameno, simpático.

sabueso, sa (del bajo lat. *segusius canis*) *adj.* **1.** Se dice de un tipo de perro podenco de mayor tamaño que el común y de oído y olfato muy finos, por lo que es muy utilizado para cazar. También *s. m.* y *f.* || *s. m.* y *f.* **2.** Persona que tiene una especial habilidad para investigar y descubrir algo: *Los sabuesos del FBI detuvieron al criminal.*

saburra (del lat. *saburra*, lastre) *s. f.* **1.** Secreción mucosa que se acumula en las paredes del estómago en ciertos trastornos gástricos. **2.** Capa blanquecina o amarillenta que cubre la parte posterior de la lengua cuando se dice que está sucia. **SIN. 2.** Sarro. **FAM.** Saburroso.

saca[1] *s. f.* **1.** Acción de sacar. **2.** Copia autentificada de un documento.

saca[2] *s. f.* Saco grande de tela fuerte, como el que se emplea en correos para guardar y transportar la correspondencia. **SIN.** Costal, fardo.

sacable *adj.* **1.** *Urug. fam.* Se dice del crucigrama o problema que se puede resolver. **2.** Que puede ser separado.

sacabocados o **sacabocado** *s. m.* Instrumento parecido a unas tenazas utilizado para taladrar. ■ La forma *sacabocados* no varía en *pl.*

sacacorchos *s. m.* Instrumento utilizado para quitar los tapones de corcho de las botellas. || **LOC. sacar** algo a alguien **con sacacorchos** *fam.* Conseguir con mucho esfuerzo que alguien diga alguna cosa: *Le saqué su opinión con sacacorchos.* ■ No varía en *pl.* **SIN.** Tirabuzón, descorchador.

sacacuartos *s. m.* **1.** *fam.* Espectáculo, objeto, etc., de poco valor o interés, en que la gente malgasta su dinero: *La novillada fue un auténtico sacacuartos.* || *s. m.* y *f.* **2.** *fam.* Persona que tiene habilidad para conseguir dinero de otra. ■ No varía en *pl.* **SIN. 1.** Sacadineros, sacaperras.

sacadineros *s. m. fam.* Sacacuartos*.

sacaleches *s. m.* Instrumento utilizado para sacar la leche del pecho de una mujer. ■ No varía en *pl.*

sacamantecas *s. m.* y *f. fam.* Criminal legendario que abría el cuerpo de sus víctimas y les sacaba las vísceras. ■ No varía en *pl.*

sacamuelas *s. m.* y *f.* **1.** *desp.* Dentista. **2.** Charlatán. ■ No varía en *pl.* **SIN. 2.** Hablador, parlanchín, cotorra.

sacaperras *s. m. fam.* Sacacuartos*. ■ No varía en *pl.*

sacapuntas *s. m.* Instrumento utilizado para sacar punta a los lápices. ■ No varía en *pl.* **SIN.** Afilalápices.

sacar (del lat. *saccare*, de *saccus*, saco) *v. tr.* **1.** Poner o llevar a alguien o algo fuera del lugar en que estaba o hacer que salga de él: *Sacó la carne del congelador. Saca al perro a pasear.* **2.** Conseguir, obtener: *En esa empresa saca un buen sueldo. Sacó un sobresaliente en lengua.* **3.** Pasar o superar algo con éxito: *Sacó todos sus estudios.* **4.** Ganar un premio o conseguir cierto resultado en un sorteo: *Sacó el gordo en la lotería.* **5.** Extraer una cosa de otra que se expresa: *El vino se saca de la uva.* **6.** Descubrir, resolver: *En seguida le sacaron el parecido. No consigo sacar esta ecuación.* **7.** Adquirir una entrada, billete, etc., gestionar u obtener un documento: *sacar un pasaje, sacar el carné de conducir.* **8.** Librar a alguien de una mala situación: *sacar de apuros, sacar de pobre.* **9.** Producir una cierta cantidad de trabajo: *Saca más de veinte folios diarios.* **10.** Poner algo en uso o en circulación: *Van a sacar un nuevo billete. Pronto sacarán un nuevo disco.* **11.** Hacer que algo aparezca o se descubra: *Le vas a sacar los colores con tanto elogio. Siempre saca faltas a los demás.* **12.** Retratar o fotografiar a alguien o algo: *Le sacó muy bien en el cuadro.* **13.** *fam.* Hacer que aparezca alguien o algo en un medio de comunicación: *Le sacaron por la tele.* **14.** En algunos juegos, echar una carta o poner una ficha: *Al final sacó el as de oros.* **15.** En algunos dep., lanzar la pelota al comienzo del juego o después de haber estado éste detenido. También *v. intr.*: *Saca el equipo visitante.* **16.** *fam.* En un baile, invitar una persona a otra a ser su pareja: *La saqué a bailar.* **17.** Referido a manchas, quitarlas. **18.** Ensanchar o alargar algo: *El recluta sacó pecho. Tuvo que sacar el bajo a la falda.* **19.** Aventajar a otro en lo que se expresa: *Ya le saca la cabeza a su padre.* || **LOC. sacar** a alguien **adelante** Mantenerle, darle lo necesario para vivir: *Ella sola está sacando adelante a toda su familia.* **sacar** algo **adelante** Hacer que salga de una mala situación o conseguir que progrese: *Está sacando adelante el negocio.* **sacar** a alguien **de sí** (o **de sus casillas**) Enfadarle o indignarle. **sacar en claro** (o **en limpio**) Obtener una idea o conclusión clara y válida de algo: *Sólo conseguí sacar en limpio que no querían ir.* ■ Delante de *e* se escribe *qu* en lugar de *c*. **SIN. 1.** Retirar. **2.** Lograr. **6.** Solucionar. **7.** Comprar. **9.** Generar, crear. **11.** Mostrar, airear. **13.** Dar, poner. **17.** Limpiar. **18.** Estirar. **ANT. 1.** Guardar, meter. **8.** Hundir. **10.** y **14.** Retener. **18.** Acortar. **FAM.** Saca[1], sacabocados, sacacorchos, sacacuartos, sacadineros, sacaleches, sacamantecas, sacamuelas, sacaperras, sacapuntas, saque. / Entresacar, metisaca, resaca, sonsacar.

sacárido *s. m.* Hidrato* de carbono. **FAM.** Sacarífero, sacarificar, sacarina, sacarino, sacarosa. / Monosacárido, polisacárido.

sacarífero, ra *adj.* Que contiene o produce azúcar: *planta sacarífera.* **SIN.** Sacarino.

sacarificar (del lat. *saccharum*, azúcar, y *facere*, hacer) *v. tr.* Convertir mediante hidratación sustancias en azúcar. ■ Delante de *e* se escribe *qu* en lugar de *c*. **FAM.** Sacarificación. SACÁRIDO.

sacarina (del lat. *saccharum*, azúcar) *s. f.* Compuesto del carbono de color blanco, sabor dulce y gran poder edulcorante. Se emplea como sustitutivo de la sacarosa, especialmente en casos de obesidad y diabetes.

sacarino, na (del lat. *saccharum*, azúcar) *adj.* **1.** Que contiene azúcar. **2.** Semejante al azúcar. **SIN. 1.** Sacarífero.

sacarosa (del lat. *saccharum*, azúcar) *s. f.* Hidrato de carbono formado por la condensación de una molécula de glucosa y una molécula de fructosa, que vulgarmente recibe el nombre de azúcar de caña, por extraerse de esta planta, y azúcar común, por ser la que ordinariamente se emplea para endulzar los alimentos. También se encuentra presente en la remolacha.

sacerdocio (del lat. *sacerdotium*) *s. m.* **1.** Dignidad y función del sacerdote: *Ejerció el sacerdocio en una parroquia.* **2.** Dedicación plena y sacrificada a algo: *Para él, su trabajo en el hospital es un sacerdocio.* **SIN. 1.** Curato.

sacerdotal (del lat. *sacerdotalis*) *adj.* **1.** Del sacerdote o relacionado con él. || **2. orden sacerdotal** Véase **orden**. **SIN. 1.** Eclesiástico, clerical. **ANT. 1.** Seglar.

sacerdote (del lat. *sacerdos, -otis*, de *sacer*, sagrado) *s. m.* En las distintas religiones, hombre que ofrece los sacrificios a la divinidad y dirige los servicios religiosos, actos de culto y oraciones de la comunidad. **SIN.** Cura, presbítero. **FAM.** Sacerdocio, sacerdotal, sacerdotisa.

sacerdotisa (del lat. *sacerdotissa*) *s. f.* Mujer dedicada a ciertos oficios religiosos en algunas religiones.

sachar (del lat. *sarculare*) *v. tr.* Escardar la tierra para quitar las malas hierbas. **FAM.** Sachadura.

sachet (del fr. *sachette*) *s. m. Arg.* y *Urug.* Envase de material sintético usado para envasar líquidos, como la leche, la mahonesa o el detergente. ▪ También se utiliza *sachette*.

saciar (del lat. *satiare*, de *satis*, bastante) *v. tr.* Satisfacer totalmente una necesidad o un deseo, especialmente el hambre y la sed: *Sólo pensaba en saciar su afán de saber.* También *v. prnl.*: *Comió hasta saciarse.* **SIN.** Hartar(se), llenar(se), atiborrar(se), hinchar(se), colmar(se). **FAM.** Saciable, saciedad. / Insaciable.

saciedad (del lat. *satietas, -atis*) *s. f.* Estado de harto o satisfecho. || **LOC. hasta la saciedad** *adv.* Hasta no poder más; también, muchísimas veces: *Os repetí hasta la saciedad que no fuerais.* **SIN.** Hartura, atracón, empacho.

saco (del lat. *saccus*) *s. m.* **1.** Bolsa grande, de forma generalmente cilíndrica, que está abierta sólo por uno de sus extremos y sirve para meter cosas dentro: *Guardó la fruta en sacos.* **2.** Lo que está contenido en una bolsa de ese tipo: *Compró cuatro sacos de arena.* **3.** Nombre dado a cualquier órgano o estructura orgánica que tiene esta forma: *saco vitelino.* **4.** Saqueo: *el saco de Roma.* **5.** *fam.* Prenda de vestir muy holgada. **6.** *Amér.* Chaqueta. || **7. saco de dormir** Especie de bolsa de tejido impermeable relleno de plumas, guata, etc., donde se mete una persona para dormir al aire libre o en tiendas de campaña. || **LOC. entrar a saco** Saquear: *Entraron a saco en la ciudad.* **meter en el mismo saco** *fam.* Juntar en una misma clasificación a personas o cosas muy diferentes entre sí. **no echar** algo **en saco roto** No olvidarlo, tenerlo en cuenta: *Espero que no eches mis consejos en saco roto.* **SIN. 1.** Saca, costal, talego. **4.** Pillaje. **6.** Americana. **FAM.** Saca[2], sáculo, saquear, saquero. / Ensacar, insacular.

sacón *s. m. Arg.* y *Urug.* Chaquetón.

sacralización *s. f.* Acción de sacralizar: *la sacralización del pan durante la misa.*

sacralizar (del fr. *sacraliser*) *v. tr.* Dar carácter sagrado a algo que no lo tenía. ▪ Delante de *e* se escribe *c* en lugar de *z*. **FAM.** Sacralización. / Desacralizar. SAGRADO.

sacramentado, da 1. *p.* de **sacramentar**. || *adj.* **2.** Se dice de la persona que ha recibido la extremaunción. **3.** En la religión católica, Jesucristo en la eucaristía.

sacramental *adj.* **1.** Relativo a los sacramentos. **2.** Que tiene carácter de sacramento. **3.** Que se hace o se dice así por la ley o la costumbre, en algún acto o ceremonia. || *s. f.* **4.** Cofradía dedicada al culto del Santísimo Sacramento. **FAM.** Sacramentalmente. SACRAMENTO.

sacramentar *v. tr.* **1.** Administrar los últimos sacramentos. **2.** En la religión católica, convertir el pan y el vino en el cuerpo y la sangre de Cristo en la eucaristía. **FAM.** Sacramentación, sacramentado. SACRAMENTO.

sacramento (del lat. *sacramentum*) *s. m.* **1.** En la religión cristiana, signo sagrado que expresa y realiza el encuentro del creyente con Jesucristo. || **2. Santísimo Sacramento** o **sacramento del altar** Jesucristo en la eucaristía. **3. Últimos sacramentos** Los de la penitencia, eucaristía y extremaunción que se administran a alguien en peligro de muerte. **FAM.** Sacramental, sacramentar. SAGRADO.

sacratísimo, ma (del lat. *sacratissimus*) *adj. sup.* de **sagrado**.

sacrificar (del lat. *sacrificare*) *v. tr.* **1.** Ofrecer una víctima a los dioses para pedirles algo, darles gracias, etc. **2.** Matar reses para el consumo. **3.** P. ext., matar a cualquier animal enfermo o herido: *Sacrificaron los caballos atacados por la peste.* **4.** Poner a una persona o cosa en situación desfavorable con el fin de conseguir algo ventajoso: *No estaba dispuesto a sacrificar a los empleados en bien de la empresa.* **5.** Renunciar a algo apetecible en beneficio de otra cosa que se considera superior: *Sacrificó sus vacaciones para cuidar a su hermana.* || **sacrificarse** *v. prnl.* **6.** Realizar algo que disgusta, aceptar dificultades, etc., para beneficiar a alguien o algo: *Se ha sacrificado por su familia.* ▪ Delante de *e* se escribe *qu* en lugar de *c*. **SIN. 1.** Ofrendar. **4.** Arriesgar. **FAM.** Sacrificador, sacrificio.

sacrificio (del lat. *sacrificium*) *s. m.* **1.** Acción de sacrificar. **2.** Renuncia, privación: *Hizo grandes sacrificios para adelgazar.* **SIN. 1.** Inmolación. **2.** Mortificación, penitencia.

sacrilegio (del lat. *sacrilegium*) *s. m.* Dicho o acto contra una persona, cosa o lugar sagrados o grave falta de respeto hacia ellos; también, p. ext., falta de respeto grave contra personas o instituciones elevadas. **SIN.** Profanación, violación, blasfemia, irreverencia, impiedad. **FAM.** Sacrílegamente, sacrílego. SAGRADO.

sacrílego, ga *adj.* **1.** Que comete sacrilegio. También *s. m.* y *f.* **2.** También, de lo que conlleva sacrilegio. **SIN. 2.** Impío. **ANT. 2.** Devoto, fiel.

sacristán (del bajo lat. *sacrista*) *s. m.* Hombre que ayuda al sacerdote en el altar y se encarga del cuidado de la iglesia. **FAM.** Sacristana, sacristanía. SACRISTÍA.

sacristana *s. f.* **1.** Mujer del sacristán. **2.** Mujer, generalmente monja, que se encarga en un convento del cuidado de la iglesia y la sacristía.

sacristanía *s. f.* Empleo de sacristán.

sacristía *s. f.* Lugar en las iglesias donde se guardan las ropas y objetos necesarios para el culto y los adornos del altar, y donde los sacerdotes se revisten. **FAM.** Sacristán. SAGRADO.

sacro, cra (del lat. *sacer, sacra*) *adj.* **1.** Sagrado: *música sacra.* **2.** Se aplica al hueso situado en la parte inferior de la columna vertebral, que tiene forma de pirámide invertida y está formado por vértebras soldadas entre sí. También *s. m.* **3.** Se aplica a la región del cuerpo donde está situado este hueso. **FAM.** Sacrosanto. SAGRADO.

sacrosanto, ta (del lat. *sacrosanctus*) *adj.* Que es a la vez sagrado y santo.

sacudida *s. f.* **1.** Movimiento brusco de cualquier cosa: *El barco sufrió varias sacudidas a causa de la tempestad.* **2.** Fuerte impresión que deja algo en una persona: *La enfermedad de su amigo fue para él una sacudida.* **SIN. 1.** Sacudimiento, meneo, agitación, zarandeo, bandazo. **2.** Golpe, conmoción, impacto.

sacudidor, ra *adj.* **1.** Que sacude. También *s. m.* y *f.* || *s. m.* **2.** Utensilio empleado para sacudir y limpiar felpudos, alfombras, etc.

sacudir (del lat. *succutere*) *v. tr.* **1.** Mover bruscamente una cosa de un lado a otro: *El viento sacudía las persianas.* **2.** Golpear una cosa o agitarla en el aire para limpiarla: *Sacude el mantel en la terraza.* También *v. prnl.*: *Sacúdete, tienes la chaqueta llena de polvo.* **3.** Pegar a alguien: *Acabó sacudiéndole.* **4.** Apartar de sí con brusquedad algo que molesta: *Las vacas sacudían las moscas* *con el rabo.* **5.** Deshacerse de una persona o cosa que se considera molesta, pesada, etc.: *Se sacudió la pereza y se fue a pasear.* **6.** Impresionar. **SIN. 1.** Menear, zarandear, remover. **3.** Asestar, propinar, meter, encajar, arrear, atizar, zurrar, cascar, calentar. **4.** Espantar, ahuyentar. **5.** Desembarazarse, librarse. **6.** Conmocionar, alterar, convulsionar. **ANT. 4.** Atraer. **FAM.** Sacudida, sacudidor, sacudimiento.

sáculo (del lat. *sacculum*, saquito) *s. m.* Órgano membranoso del oído, que comunica con el vestíbulo del caracol.

sádico, ca *adj.* **1.** Relativo al sadismo: *actividades sádicas.* **2.** Cruel: *un crimen sádico.* También *s. m.* y *f.* **SIN. 2.** Despiadado, brutal, inhumano, bárbaro, salvaje, desalmado. **ANT. 2.** Piadoso, bondadoso.

sadismo (del marqués de *Sade*) *s. m.* **1.** Desviación sexual de quien encuentra placer causando dolor físico o sufrimiento a otra persona. **2.** Crueldad excesiva. **SIN. 2.** Brutalidad, inhumanidad, barbarie, salvajismo. **ANT. 2.** Piedad. **FAM.** Sádico, sadomasoquismo.

sado *s. m.* **1.** *fam. apóc.* de **sadomasoquismo**. || *adj.* **2.** *fam. apóc.* de **sadomasoquista**.

sadomasoquismo *s. m.* Desviación sexual que consiste en encontrar placer produciendo dolor a la pareja y, a la vez, recibiéndolo de ella. **FAM.** Sado, sadomasoquista. SADISMO y MASOQUISMO.

sadomasoquista *adj.* **1.** Del sadomasoquismo o relacionado con él. **2.** Que practica el sadomasoquismo. También *s. m.* y *f.*

saduceo, a (del lat. *sadducaeus*, y éste del hebreo *sadduq*, justo) *adj.* Se aplica a los miembros de una secta judía que se caracterizaban por ser oportunistas en el trato con el poder romano, helenizantes en los aspectos culturales y muy conservadores en lo religioso, terreno en el que negaban la inmortalidad del alma. También *s. m.* y *f.*

saeta (del lat. *sagitta*) *s. f.* **1.** Flecha. **2.** Manecilla del reloj o de la brújula. **3.** Copla de cante flamenco de carácter religioso que se canta especialmente en las procesiones de Semana Santa. **FAM.** Saetera, saetero. / Asaetar, sagita, sagitado, sagital.

saetera *s. f.* Ventana muy estrecha abierta en el muro de una fortificación, por la que se disparaban las flechas. **SIN.** Aspillera.

saetero, ra (del lat. *sagittarius*) *adj.* **1.** Relativo a las saetas. || *s. m.* y *f.* **2.** Cantaor de saetas. || *s. m.* **3.** Soldado que luchaba con arco y saetas.

safari (del ár. *safara*, viajar) *s. m.* **1.** Expedición de caza mayor realizada en territorios africanos. **2.** Expedición o excursión por lugares naturales con diferentes fines: *safari fotográfico.* **3.** Conjunto de personas, animales, etc., que la forman: *El safari llegó al poblado.*

safena (del ár. *safin*) *adj.* Se aplica a cada una de las dos venas que van a lo largo de la pierna y llevan la sangre desde el pie hasta la vena femoral. También *s. f.*

sáfico, ca (del lat. *sapphicus*, y éste del gr. *sapphikos*, de *Sappho*, Safo, poetisa griega) *adj.* **1.** Se aplica al verso griego o latino de once sílabas y a la estrofa en que se empleaba. También *s. m.* **2.** P. ext., en la poesía castellana, se dice del verso endecasílabo acentuado en las sílabas cuarta y octava. También *s. m.*

saga (del al. *Sage*, leyenda) *s. f.* **1.** Leyenda poética, sobre todo las de los pueblos escandinavos. **2.** Relato de la historia de dos o más generaciones de una familia. **3.** Dinastía familiar: *la saga de los Kennedy.* **SIN. 3.** Clan.

sagacidad (del lat. *sagacitas, -atis*) *s. f.* Astucia. **SIN.** Perspicacia, agudeza, listeza, olfato, intuición. **ANT.** Torpeza, simpleza.

sagaz (del lat. *sagax, -acis*) *adj.* **1.** Astuto, inteligente. **2.** Se aplica al perro de caza capaz de localizar una presa siguiendo su rastro. **SIN. 1.** Perspicaz, agudo, listo, avispado, despierto, vivo, espabilado. **ANT. 1.** Torpe. **FAM.** Sagacidad, sagazmente.

sagita (del lat. *sagitta*, saeta) *s. f.* Segmento determinado por el punto medio de un arco de circunferencia y el punto medio de su cuerda. **FAM.** Sagitario. SAETA.

sagitado, da *adj.* En forma de flecha o saeta.

sagital (del lat. *sagitta*, saeta) *adj.* **1.** Que tiene forma de saeta o flecha. **2.** Se dice de la línea superior de unión de los huesos parietales.

Sagitario (del lat. *sagittarius*) *n. p.* **1.** Constelación zodiacal del hemisferio austral, situada entre Escorpio y Capricornio. **2.** Noveno signo del Zodiaco que el Sol recorre aparentemente entre el 22 de noviembre y el 21 de diciembre. || **sagitario** *s. m.* y *f.* **3.** Persona nacida bajo este signo. ■ En esta acepción, no varía en pl. Se usa mucho en aposición: *los hombres sagitario.*

sagrado, da (del lat. *sacratus*) *adj.* **1.** Relativo a la divinidad o a su culto: *lugar sagrado, historia sagrada.* **2.** Que merece mucho respeto: *La familia es para muchos algo sagrado.* || **LOC. acogerse** alguien **a** (o **al**) **sagrado** Refugiarse en un lugar sagrado una persona acusada de algún delito. **SIN. 1.** Santo. **1.** y **2.** Sacro. **2.** Venerable, solemne, noble, intocable. **ANT. 1.** Profano. **FAM.** Sacratísimo, sagrario. / Consagrar, sacralizar, sacramento, sacrilegio, sacristía, sacro.

sagrario (del lat. *sacrarium*) *s. m.* **1.** Pequeño recinto en forma de armario o templete donde se guardan el copón y las sagradas formas. **2.** Parte de la iglesia donde se guardan los objetos sagrados. **3.** En algunas catedrales, capilla que sirve de parroquia. **SIN. 1.** Tabernáculo.

saguntino, na (del lat. *saguntinus*) *adj.* De Sagunto, ciudad valenciana. También *s. m.* y *f.*

sah (persa) *s. m.* Sha*.

saharaui (del ár. *sahrawi*) *adj.* Del Sáhara. También *s. m.* y *f.* **SIN.** Sahariano. **FAM.** Sahariano.

sahariana (de *sahariano*) *s. f.* Chaqueta amplia de tejido ligero, tonos claros y grandes bolsillos, que suele ajustarse con un cinturón.

sahariano, na *adj.* Del Sáhara. También *s. m.* y *f.* **SIN.** Saharaui. **FAM.** Sahariana.

sahib (hindi) *s. m.* En la India, tratamiento que usaban los criados para dirigirse a sus amos.

sahumador *s. m.* Recipiente utilizado para quemar perfumes.

sahumar (del lat. *suffumare*, de *sub*, bajo, y *fumus*, humo) *v. tr.* Echar sobre algo humo aromático. También *v. prnl.* ■ En cuanto al acento, se conjuga como *aunar*: *sahúmo.* **FAM.** Sahumador, sahumerio. HUMO.

sahumerio *s. m.* **1.** Acción de sahumar o sahumarse. **2.** Humo producido por una sustancia aromática. **3.** Esta sustancia.

saiga (ruso) *s. m.* Mamífero artiodáctilo semejante a un antílope, con el hocico en forma de trompa y cuernos cortos. Vive en las estepas asiáticas.

saín (del prov. *sain*, y éste del lat. *sagina*) *s. m.* Grasa de algunos animales. **FAM.** Sainete.

sainete *s. m.* **1.** Obra teatral de poca extensión, cómica y de carácter popular o costumbrista. **2.** Cosa o situación cómica o grotesca. **SIN. 1.** Entremés. **FAM.** Sainetero, sainetesco, sainetista. SAÍN.

sainetero, ra o **sainetista** *s. m.* y *f.* Escritor de sainetes.

saja o **sajadura** *s. f.* Corte hecho en la carne: *Le hicieron una sajadura para que le saliera el pus.* **SIN.** Cortadura, raja, tajo, incisión.

sajar *v. tr.* Hacer un corte en la carne como método curativo, especialmente en un grano, quiste, etc., para limpiarlo. **SIN.** Abrir, seccionar. **FAM.** Saja, sajadura.

sajón, na (del lat. *saxones*) *adj.* **1.** De un pueblo germánico que, a mediados del s. V, invadió Gran Bretaña junto a anglos y jutos. También *s. m.* y *f.* **2.** De Baja Sajonia, estado de Alemania. También *s. m.* y *f.* || *s. m.* **3.** Nombre que recibe el bajo alemán. **FAM.** Anglosajón.

sake o **saki** (japonés) *s. m.* Bebida alcohólica japonesa que se obtiene por fermentación del arroz.

sal (del lat. *sal*) *s. f.* **1.** Nombre común del cloruro de sodio, sustancia generalmente cristalina, de color blanco y sabor muy característico, que se utiliza para condimentar y conservar los alimentos, así como en la industria química. Se denomina también *sal común.* **2.** Compuesto obtenido al reaccionar un ácido con una base. **3.** Gracia, ingenio, desenfado: *No le encuentro la sal al asunto.* || *s. f. pl.* **4.** Sustancia salina que generalmente contiene amoniaco y se utiliza para reanimar a una persona. **5.** Sustancia perfumada, en forma de pequeños cristales, que se disuelve en el agua del baño. ■ Se dice también *sales de baño.* || **6. sal gema** Sal común. **7. sal gorda** Sal común de cristales gruesos. También, humor basto. **8. sal y pimienta** *fam.* Gracia picante o maliciosa que tiene alguien o algo. **SIN. 3.** Agudeza, ingeniosidad, gracejo, chispa, salero, garbo, donaire, desenvoltura, palmito. **ANT. 3.** Sosería. **FAM.** Saladar, salar[1], salar[2], salero, salicultura, salífero, salificar, salina, salino, salitre, salmuera, salobre, salpimentar, salsa. / Ensalada.

sala (del ant. alto al. *sal*, casa, morada) *s. f.* **1.** Habitación principal de la casa, y también, conjunto de su mobiliario: *Estuvimos viendo la televisión en la sala. Sus padres le compraron la sala como regalo de bodas.* ■ Se denomina también *sala de estar.* **2.** Dependencia grande de un edificio, barco, etc., que puede tener diversos usos: *la sala de juntas, la sala de máquinas.* **3.** Local que se destina a un espectáculo, recepción, etc., y público que acude a él: *Recibió un caluroso aplauso de la sala.* **4.** Espacio amplio dentro de una cueva. **5.** Cada una de las divisiones de un tribunal que conoce de los asuntos de una materia o jurisdicción determinada: *la sala de lo civil del Tribunal Supremo.* **6.** Conjunto de magistrados que la forman y local donde se reúnen: *La sala dictó sentencia.* || **7. sala de fiestas** Local público donde se baila, se consumen bebidas y a veces se ofrecen cenas y espectáculos. **SIN. 1.** Salón. **3.** Recinto. **FAM.** Saleta, salón. / Antesala, fútbol-sala.

salabre *s. m.* Instrumento de pesca formado por una bolsa de red unida a un aro, que se introduce en el agua mediante un mango o un cordel.

salacidad (del lat. *salacitas, -atis*) *s. f.* Lujuria*.

salacot (del tagalo *salacsac*) *s. m.* Sombrero de copa redondeada, rígido y fabricado en materiales ligeros, que se usa en países cálidos. ■ Su pl. es *salacots.*

saladamente *adv. m. fam.* Con sal o con gracia.

saladar *s. m.* Salar[2]*.

saladero *s. m.* Lugar donde se salan carnes o pescados. **SIN.** Salador.

saladillo, lla *adj.* **1.** *dim.* de **salado**. **2.** Se aplica al tocino fresco poco salado. También *s. m.* **3.** Se dice de algunos frutos secos o semillas saladas. También *s. m.* y *f.*

salado, da 1. *p.* de **salar**. También *adj.* || *adj.* **2.** Que tiene demasiada sal: *La tortilla está salada.* **3.** Que tiene salero, gracia o desenfado: *Tiene una cara salada. Contó una historia salada.* **4.** *Amér.* Desgraciado, desafortunado. **5.** *Arg., Chile* y *Urug.* Caro, costoso. **SIN. 2.** Sabroso. **3.** Gracioso, saleroso, sandunguero, resalado, divertido, chispeante; mono, majo. **ANT. 2.** Insípido. **2.** y **3.** Soso. **FAM.** Saladamente, saladillo. / Resalado. SALAR[1].

salador, ra *adj.* **1.** Que sala. También *s. m.* y *f.* || *s. m.* **2.** Saladero*.

salamandra (del lat. *salamandra*, y éste del gr. *salamandra*) *s. f.* **1.** Anfibio urodelo de cuerpo alargado y cola redondeada, de 15 a 20 cm de longitud, de color negruzco, con grandes manchas o franjas amarillas en el dorso y glándulas venenosas en su piel para desalentar a los depredadores. Vive en lugares húmedos, generalmente montañosos, de Europa, Asia y NO de África. **2.** Estufa de combustión lenta que utiliza antracita como combustible. **FAM.** Salamanquesa.

salamanquesa *s. f.* Reptil saurio de cuerpo aplastado, color gris, amarillo, marrón o blanquecino, y extremidades de dedos planos con laminillas que actúan como ventosas. Mide de 12 a 18 cm, según las especies, se alimenta principalmente de insectos y vive en paredes y muros de la región mediterránea.

salami (ital.) *s. m.* Embutido parecido al salchichón, de mayor tamaño.

salar[1] *v. tr.* **1.** Poner en sal carne y pescados para conservarlos: *salar un bacalao.* **2.** Echar sal en las comidas: *Todavía no he salado el guiso.* **3.** Echar demasiada sal a un alimento: *Espero que no sale la paella como la otra vez.* **4.** *Amér.* Estropear, echar a perder. También *v. prnl.* **SIN. 1.** Curar. **2.** Sazonar. **FAM.** Saladero, salado, salador, saladura, salazón. / Desalar. SAL.

salar[2] *s. m.* **1.** En las marismas, terreno donde se acumula y sedimenta la sal. **2.** Terreno estéril debido al exceso de sal, situado en marismas y albuferas. **SIN. 1.** Salina.

salariado *s. m.* Sistema de pago del trabajo exclusivamente mediante salario.

salarial *adj.* Del salario o relacionado con él: *revisión salarial.*

salario (del lat. *salarium*, de *sal*, sal) *s. m.* **1.** Paga, generalmente mensual, que recibe un trabajador por los servicios que presta en una institución, empresa, etc. || **2. salario base** El sueldo sin tener en cuenta gratificaciones o cualquier otra cantidad, como primas, antigüedad, etc. **3. salario mínimo** Cantidad fijada por ley, que debe ser pagada como mínimo a todo trabajador en activo. **SIN. 1.** Retribución, remuneración, jornal, emolumentos. **FAM.** Salariado, salarial. / Asalariar.

salaz (del lat. *salax, -acis*) *adj.* Lascivo, lujurioso. **SIN.** Lúbrico, libidinoso. **FAM.** Salacidad.

salazón *s. f.* **1.** Acción de salar carnes y pescados. **2.** Conjunto de carnes y pescados salados. Se usa más en *pl.*: *Le han prohibido comer salazones.* **3.** Industria de estos productos. **SIN. 1.** Saladura. **FAM.** Salazonero. SALAR[1].

salce (del lat. *salix, -icis*) *s. m.* Sauce*.

salchicha (del ital. *salciccia*) *s. f.* **1.** Embutido de forma alargada hecho con carne, generalmente de cerdo, sazonada con sal, pimienta y otras especias. || *adj.* **2.** *fam.* Teckel*. **FAM.** Salchichería, salchichero, salchichón.

salchichería *s. f.* Establecimiento donde se venden salchichas y otros embutidos.

salchichón *s. m.* Embutido de jamón, tocino y pimienta en grano prensado y curado, que se come crudo.

saldar *v. tr.* **1.** Pagar completamente una deuda: *Saldó todas las facturas pendientes.* **2.** Dar por terminado un asunto, situación, enfrentamiento, etc.: *Saldaron la cuestión con un acuerdo.* **3.** Vender una mercancía a muy bajo precio para terminarla: *En esos almacenes están saldando la ropa de la temporada anterior.* **SIN. 1.** Finiquitar, abonar. **1.** a **3.** Liquidar. **3.** Rematar. **FAM.** Saldista, saldo.

saldista *s. m.* y *f.* **1.** Comerciante que salda la mercancía. **2.** Persona que compra y vende géneros procedentes de saldos.

saldo (del ital. *saldo*, y éste del lat. *solidus*, sólido) *s. m.* **1.** Pago de una deuda, obligación, etc. **2.** Diferencia entre el debe y el haber de una cuenta: *Tengo saldo positivo en la cuenta.* **3.** Resultado final: *El partido terminó con un saldo positivo para los visitantes.* **4.** Conjunto de artículos que se venden a muy bajo precio, generalmente por ser los últimos que quedan de una clase determinada. Se usa mucho en *pl.*: *Los saldos están en la penúltima planta.* **5.** Venta de estos artículos o mercancías: *En esa tienda están de saldo.* **SIN. 1.** y **5.** Liquidación. **3.** Balance. **4.** Restos.

saledizo, za *adj.* **1.** Que sale o sobresale: *un techo saledizo.* || *s. m.* **2.** Cualquier elemento que sobresale de la fachada de un edificio: *Se refugiaron del chaparrón bajo el saledizo del portal.* **SIN. 1.** Saliente. **2.** Salidizo.

salero *s. m.* **1.** Recipiente para guardar y servir la sal. **2.** Gracia que tiene alguien para hablar, desenvolverse, etc.: *Baila con salero.* **SIN. 2.** Sal, garbo, sandunga, soltura, donaire. **ANT. 2.** Sosería. **FAM.** Saleroso. SAL.

saleroso, sa *adj. fam.* Que tiene salero, gracia. También *s. m.* y *f.*

salesa *adj.* Se aplica a la religiosa de la orden que fundaron en Francia, en el s. XVIII, San Francisco de Sales y Santa Juana Francisca Fremiot de Chantal. También *s. f.*

salesiano, na *adj.* De las congregaciones fundadas por San Juan Bosco bajo el patrocinio de San Francisco de Sales. También *s. m.* y *f.* **FAM.** Salesa.

saleta (dim. de *sala*) *s. f.* Habitación anterior a la antecámara de un rey o persona real y, p. ext., estancia que precede a otra principal.

salfumán *s. m.* En quím., solución acuosa de ácido clorhídrico.

salicáceo, a *adj.* **1.** Se dice de una planta arbustiva o arbórea, de porte diverso, con hojas simples, flores unisexuales y dioicas dispuestas en amento y fruto en cápsula, como el sauce y el álamo. También *s. f.* || *s. f. pl.* **2.** Familia a la que pertenecen estas plantas.

salicilato *s. m.* Sal o éster del ácido salicílico. Se usa como analgésico.

salicílico, ca *adj.* Relativo al ácido salicílico, compuesto que se utiliza en la fabricación de la aspirina.

sálico, ca *adj.* **1.** Relativo a los salios, rama de los francos. || **2. ley sálica** La que no permitía a las mujeres ocupar el trono.

salicultura *s. f.* **1.** Explotación de las salinas. **2.** Industria salinera.

salida *s. f.* **1.** Acción de salir o salirse: *Su salida del equipo no sentó bien.* **2.** Lugar por donde se sale: *El local tiene dos salidas.* **3.** Punto desde donde se sale en una carrera y momento en que ésta se inicia. **4.** Paseo, excursión, viaje: *He hecho varias salidas al extranjero.* **5.** Solución: *Seguro que hay una salida a tu problema.* **6.** Pretexto, réplica, argumento: *Siempre encuentra alguna salida para no hacerlo.* **7.** Acción o dicho ocurrente y gracioso: *Tiene cada salida que te partes de risa.* **8.** Posibilidad de venta de un producto: *Este artículo no va a tener salida en el mercado.* || *s. f. pl.* **9.** Posibilidades favorables que ofrece o promete alguna cosa, especialmente unos estudios: *Esa carrera tiene muchas salidas.* || **10. salida de tono** Acción o dicho inoportuno o inconveniente. **11. salida falsa** En algunos dep., falta cometida por el participante que se adelanta a la orden de iniciar la carrera. **SIN. 1.** Partida, marcha. **2.** Puerta. **5.** Recurso, remedio, arreglo. **6.** Excusa, disculpa, escapatoria. **7.** Ocurrencia, agudeza, ingeniosidad, golpe, gracia. **9.** Expectativas, horizontes, futuro, panorama. **ANT. 1.** y **2.** Entrada. **3.** Meta.

salidizo *s. m.* Elemento que sobresale de una construcción. **SIN.** Saledizo, saliente.

salido, da 1. *p.* de **salir**. También *adj.* || *adj.* **2.** Que sobresale más de lo normal. **3.** Se aplica a ciertos animales cuando están en celo. **4.** *vulg.* P. ext., se aplica a la persona que siente un gran deseo sexual. También *s. m.* y *f.* **SIN. 2.** Saliente, saledizo. **3.** y **4.** Cachondo.

salidor, ra *adj.* **1.** *Arg.* y *Urug. fam.* Se dice de la persona que es muy amiga de salir de noche. **2.** *Ven.* Se dice del número que sale mucho en un juego de azar.

saliente *adj.* **1.** Que sale. **2.** Que sobresale, ya sea materialmente o por su importancia o interés. || *s. m.* **3.** Parte que sobresale de una cosa. **4.** Punto del horizonte por donde sale el Sol. **SIN. 1.** Salido. **1.** y **3.** Saledizo. **3.** Salidizo. **4.** Levante, naciente. **ANT. 4.** Poniente.

salífero, ra (del lat. *sal*, sal, y *-fero*) *adj.* Que contiene sal: *aguas salíferas.* **SIN.** Salino.

salificar *v. tr.* Convertir en sal una sustancia. También *v. prnl.* ■ Delante de *e* se escribe *qu* en lugar de *c.* **FAM.** Salificable, salificación. SAL.

salina (del lat. *salinae*) *s. f.* **1.** Mina o yacimiento de sal. **2.** Laguna de aguas saladas con poca profundidad. **FAM.** Salinero. SAL.

salinero, ra *adj.* **1.** Relativo a la salina: *industria salinera.* **2.** Se aplica al toro de pelaje con mezcla de rojizo y blanco. También *s. m.* || *s. m.* y *f.* **3.** Persona que trabaja en una salina o comercia con sal.

salinidad *s. f.* **1.** Cualidad de salino. **2.** Proporción de sal contenida en una solución.

salino, na *adj.* **1.** Que contiene sal: *solución salina.* **2.** De características semejantes a las de la sal. **SIN. 1.** Salífero. **FAM.** Salinidad. / Desalinizar. SAL.

salio, lia (del río *Sala*, hoy *Yssel*) *adj.* De una de las ramas en que estaban divididos los francos antes de la unificación llevada a cabo por Clodoveo. También *s. m.* y *f.* **FAM.** Sálico.

salir (del lat. *salire*, saltar, brotar) *v. intr.* **1.** Pasar de la parte de dentro a la de fuera; también, sacar una cosa del lugar en que está encajada o dispuesta: *Salió a recibirnos. He engordado y este anillo no sale.* También *v. prnl.*: *Ese tornillo se sale.* **2.** Partir de un lugar: *El viernes salen de vacaciones. ¿Cuándo sale el tren?* **3.** Ir a la calle o a otro lugar a pasear, divertirse, etc.: *Sólo salgo los fines de semana.* **4.** Dejar de pertenecer a un

SALIR		
INDICATIVO		
Presente	**Futuro**	**Condicional**
salgo	*saldré*	*saldría*
sales	*saldrás*	*saldrías*
sale	*saldrá*	*saldría*
salimos	*saldremos*	*saldríamos*
salís	*saldréis*	*saldríais*
salen	*saldrán*	*saldrían*
SUBJUNTIVO		
Presente		
salga	*salgamos*	
salgas	*salgáis*	
salga	*salgan*	

grupo, sociedad, etc., o cesar en un cargo: *El gerente ha salido de la empresa.* También *v. prnl.* **5.** Mantener con una persona una relación sentimental: *Esos dos llevan varios meses saliendo.* **6.** Superar con éxito una situación difícil o apartarse de ella: *Creíamos que no iba a salir de la operación. Por fin salió de la droga.* **7.** Brotar, nacer: *Ya le han salido los dientes.* **8.** Referido a manchas, desaparecer: *No hay forma de que salga la mancha de rotulador.* **9.** Estar una cosa más alta o más afuera que otra: *No te des con ese pico, que sale mucho.* **10.** Aparecer, surgir, mostrarse, ser encontrado o descubierto: *El Sol salió en el horizonte. Ha salido una nueva moda. Le ha salido otro trabajo.* **11.** Aparecer en un libro, imagen, medio de comunicación, etc.: *Qué bien sales en las fotos. En esa película sale Clark Gable.* **12.** Publicarse algo de forma periódica: *Esta revista sale los miércoles.* **13.** Tener una cosa su origen en otra que se expresa: *Los plásticos salen del petróleo.* **14.** Costar cierta cantidad: *El viaje nos salió por cien mil pesetas.* **15.** Resultar alguien o algo de la forma en que se expresa: *Sus hijos han salido muy estudiosos. La fiesta salió bien.* **16.** Hablando de una cuenta, un problema aritmético, etc., dar el resultado correcto u otro determinado: *En la división me sale lo mismo que a ti.* **17.** Conseguir hacer algo de la forma correcta o adecuada: *No le salen bien las natillas.* **18.** Ser elegido por suerte o votación: *Salió su número en la lotería. Ha salido como diputado.* **19.** Comenzar un juego: *Salió con el as de copas.* **20.** Tener salida a un punto determinado o comenzar en él: *Esta calle sale a la plaza.* **21.** Ir de un lugar a otro donde se va a realizar una determinada actividad: *Los actores salieron a escena.* **22.** Corresponder a cada uno cierta cantidad en un pago, reparto, etc.: *En la cena salimos a dos mil por persona.* **23.** Parecerse una persona a otra: *Este niño ha salido a su abuelo.* **24.** Decir o hacer alguien algo que sorprende: *Ahora me sale con que no quiere ir.* **25.** Intervenir en defensa de alguien o algo: *Menos mal que mamá salió por nosotros.* **26.** Sobrepasar un límite: *El balón salió del campo.* También *v. prnl.*: *Su actitud se sale de lo normal.* || **salirse** *v. prnl.* **27.** Dejar escapar un recipiente el líquido o gas que contiene: *Esta botella se sale.* || LOC. **a lo que salga** (o **salga lo que salga**) *adv.* Con descuido, sin preocuparse de cómo resultará algo: *Todo lo hace a lo que salga, sin preparar ni planear nada.* **salir adelante** Vencer una situación grave, una dificultad, etc. También, llegar algo a feliz término: *El negocio salió adelante.* **salir** algo **de alguien** *fam.* Hacerlo voluntariamente: *Salió de él estudiar música.* **salir de dudas** Solucionarlas. **salir pitando (arreando** o **zumbando)** *fam.* Marcharse muy rápido. **salirle cara** una cosa a alguien Tener consecuencias desfavorables para una persona. **salirse** alguien **con la suya** *fam.* Conseguir lo que se propone, pese a quien pese. ■ Es v. irreg. SIN. **1.** y **4.** Marchar(se), largarse, pirarse. **4.** Abandonar. **6.** Vencer, escapar. **7.** Despuntar, romper, emerger. **8.** Quitarse. **9.** Sobresalir. **13.** Proceder, extraer, sacar, derivarse. **14.** Importar, ascender, montar, subir. **19.** Abrir. **20.** Desembocar; nacer. **22.** Tocar. **23.** Semejarse. **24.** Venir. **25.** Interceder. **26.** Traspasar. ANT. **1.** y **4.** Entrar. **2.** Regresar, llegar. **4.** Ingresar. **6.** Caer. **10.** Ocultarse. **19.** Cerrar. FAM. Saledizo, salida, salidizo, salido, salidor, saliente. / Sobresalir.

salitral *adj.* **1.** Que tiene salitre. || *s. m.* **2.** Lugar donde hay salitre.

salitre (del cat. *salnitre*, y éste del lat. *sal nitrum*) *s. m.* **1.** Nombre utilizado para referirse a ciertas sales, especialmente al nitrato potásico. **2.** Cualquier sustancia salina, especialmente la que aparece en suelos y paredes. FAM. Salitrado, salitral, salitrero, salitroso. SAL.

salitrero, ra *adj.* **1.** Relativo al salitre. || *s. m.* **2.** Persona que trabaja con salitre o lo vende.

saliva (del lat. *saliva*) *s. f.* Líquido acuoso y alcalino, algo viscoso, segregado por las glándulas salivales, que lo vierten en la boca, y que sirve para reblandecer los alimentos, facilitar el tragarlos y ayudar a su digestión. || LOC. **gastar saliva** *fam.* Hablar inútilmente, generalmente intentando convencer a alguien. **tragar saliva** Soportar sin decir nada algo que molesta: *Le hubiera dicho cuatro cosas, pero tragué saliva.* SIN. Baba. FAM. Salivadera, salivajo, salival, salivar, salivazo, salivoso.

salivación (del lat. *salivatio, -onis*) *s. f.* Segregación de saliva.

salivadera *s. f. Amér.* Escupidera.

salivajo *s. m.* Salivazo*.

salival *adj.* **1.** Relativo a la saliva. **2.** Se aplica a cada una de las glándulas que segregan saliva.

salivar (del lat. *salivare*) *v. intr.* Segregar saliva. FAM. Salivación. / Ensalivar, insalivar. SALIVA.

salivazo *s. m.* Porción de saliva que se escupe de una vez. SIN. Salivajo, escupitajo, lapo, esputo.

salmantino, na *adj.* De Salamanca. También *s. m.* y *f.*

salmer (del lat. *sagmarius*, mulo de carga, de *sagma*, albarda) *s. m.* Piedra inclinada en un muro de la que arranca un arco.

salmista (del lat. *psalmista*) *s. m.* y *f.* Persona que compone o canta salmos.

salmo (del lat. *psalmus*, y éste del gr. *psalmos*, de *psallo*, tocar las cuerdas de un instrumento) *s. m.* **1.** En las religiones hebrea y cristiana, canto de alabanza a Dios. **2.** Cada uno de los que compuso David y que se encuentran en la Biblia. FAM. Salmista, salmodia, salmodiar. / Ensalmo.

salmodia (del lat. *psalmodia*, y éste del gr. *psalmodia*, de *psalmos*, música tocada con la lira, y *aeido*, yo canto) *s. f.* **1.** Música con que se acompañan los salmos. **2.** Salmo cantado. **3.** *fam.* Canto monótono y aburrido. **4.** Petición repetida y molesta: *Siempre me viene con la misma salmodia.* SIN. **4.** Cantinela.

salmodiar *v. tr.* **1.** Cantar algo con tono monótono. || *v. intr.* **2.** Cantar o rezar salmos.

salmón (del lat. *salmo, -onis*) *s. m.* **1.** Pez teleósteo de entre 100 y 150 cm, color gris azulado, con puntos negros en los costados y carne rosa anaranjada, que pasa la primera fase de su vida en los cursos altos de los ríos, al llegar a adulto emigra al mar y posteriormente regresa a los ríos para desovar. Su carne es muy apreciada como alimento. **2.** Color entre rosa y anaranjado, característico de la carne de este pez. ■ En esta última acepción, se usa mucho en aposición: *unas cortinas salmón.* **FAM.** Salmonete, salmónido. / Asalmonado.

salmonella (del lat. científico *salmonella*, y éste del apellido de su descubridor, D. E. *Salmon*) *s. f.* Género de bacterias con forma de bacilo, generalmente gramnegativas y móviles, que provocan numerosas infecciones intestinales. **FAM.** Salmonelosis.

salmonelosis *s. f.* Intoxicación producida por la salmonella. ■ No varía en *pl.*

salmonete *s. m.* Nombre común de diversos peces teleósteos marinos, de 20 a 45 cm de longitud, color rosado, con dos barbillas largas en la mandíbula. Habitan en el Atlántico y el Mediterráneo y su carne es apreciada en alimentación.

salmónido, da *adj.* **1.** Se dice del pez caracterizado por tener una segunda aleta dorsal adiposa. Tiene el cuerpo alargado, con las aletas pectorales en posición muy inferior y las mandíbulas dentadas. Habita generalmente en aguas dulces, aunque muchas especies pasan parte de su vida en el mar. También *s. m.* || *s. m. pl.* **2.** Familia formada por estos peces, a la que pertenecen el salmón y la trucha.

salmorejo *s. m.* Salsa realizada con aceite, vinagre, agua, sal y pimienta.

salmuera (del lat. *sal*, sal, y *muria*) *s. f.* **1.** Agua con la mayor concentración de sal posible. **2.** En particular, agua o líquido con sal que se utiliza para conservar carnes y pescados. **3.** Líquido que sueltan algunas sustancias saladas, generalmente alimentos. **FAM.** Salmorejo. SAL.

salobre *adj.* **1.** Que contiene sal: *aguas salobres.* **2.** Que sabe a sal. **SIN. 1.** Salino. **1.** y **2.** Salado. **ANT. 1.** y **2.** Dulce. **FAM.** Salobridad. SAL.

saloma (del lat. *celeusma*, canto de marineros) *s. f.* Canto o voz rítmica de que se valen los que realizan juntos un trabajo o esfuerzo físico para coordinar sus fuerzas y movimientos.

salomonés, nesa *adj.* De las islas Salomón, estado insular del océano Pacífico. También *s. m.* y *f.*

salomónico, ca *adj.* **1.** Relativo al rey Salomón. **2.** Se dice del juicio, decisión, etc., justo, sabio y equilibrado. **3.** Se dice de un tipo de columna en que el fuste forma espiral en torno a su eje vertical.

salón *s. m.* **1.** Local grande donde se celebran reuniones, actos públicos, fiestas, bailes, etc.: *Celebró la boda en uno de los salones del hotel.* **2.** En una casa, habitación grande que se usa para recibir a las visitas, hacer reuniones, comidas, etc. **3.** Conjunto de muebles de esta habitación: *Le regalaron un salón en nogal.* **4.** Nombre de ciertos establecimientos o negocios: *salón de belleza, salón de masajes.* **5.** Exposición: *salón del automóvil.* **6.** Antiguamente, reunión de intelectuales, artistas y personalidades en la casa de una dama de la alta sociedad. || **LOC. de salón** *adj.* Se dice de un tipo de zapatos de mujer, muy abiertos, con tacón y sin ningún adorno; también, de ciertos bailes por parejas, como el tango; asimismo se aplica a la persona o cosa frívola y mundana: *escritor de salón.*

salpicadera *s. f. Méx.* Guardabarros.

salpicadero *s. m.* **1.** En los automóviles, tablero frente al conductor, con mandos, indicadores, etc. **2.** En el pescante de algunos carruajes, tablero colocado en la parte delantera para proteger de salpicaduras al conductor.

salpicadura *s. f.* **1.** Acción de salpicar. **2.** Mancha producida al salpicar algo. Se usa más en *pl.*: *Tienes salpicaduras de barro.*

salpicar *v. tr.* **1.** Hacer que salten gotas de un líquido sobre alguien o algo: *Me has salpicado al tirarte al agua.* También *v. intr.*: *Cuidado con el aceite, que salpica.* **2.** Mojar o manchar con esas gotas: *Me he salpicado de tomate.* También *v. prnl.*: *Mira, ya te has salpicado.* **3.** Esparcir o distribuir algo: *He salpicado la sopa con perejil.* ■ Delante de *e* se escribe *qu* en lugar de *c*. **SIN. 1.** Rociar. **3.** Espolvorear, repartir. **FAM.** Salpicadera, salpicadero, salpicadura, salpicón.

salpicón *s. m.* **1.** Plato que consiste en trozos de pescado o marisco condimentados con cebolla, sal y otros ingredientes. **2.** Acción de salpicar. **SIN. 2.** Salpicadura.

salpimentar *v. tr.* **1.** Condimentar una cosa con sal y pimienta: *salpimentar un guiso.* **2.** Animar algo con humor, picardía, etc.: *Salpimenta sus discursos con ironía.* ■ Es v. irreg. Se conjuga como *pensar*. A veces se conjuga como verbo reg. **SIN. 1.** y **2.** Sazonar. **2.** Amenizar.

salpullido *s. m.* Sarpullido*.

salsa (del lat. *salsa*, de *salsus*, salado) *s. f.* **1.** Sustancia líquida o pastosa, formada de varios componentes comestibles deshechos o triturados, que se hace para condimentar las comidas y hacerlas más sabrosas. **2.** P. ext., jugo de un guiso o de un alimento cocinado: *Le gusta mojar en la salsa de los filetes.* **3.** *fam.* Lo que da gracia o animación a algo, o lo hace más atractivo, agradable o excitante: *Viajar es la salsa de la vida.* **4.** Cierto tipo de música, mezcla de ritmos africanos y latinos, originaria del Caribe y baile que la acompaña. || **5. salsa rosa** Mayonesa a la que se añade salsa de tomate y, a veces, también mostaza, vino, etc. **6. salsa verde** La elaborada a base de perejil. || **LOC. en su (propia) salsa** *adv. fam.* En su propio ambiente, a gusto: *Entre los amigos se encuentra en su propia salsa.* **FAM.** Salsería, salsera, salsero. SAL.

salsera *s. f.* Recipiente en que se sirve la salsa.

salsería *s. f.* Bar especializado en salsas, que se suelen consumir con patatas fritas.

salsero, ra *adj.* **1.** En gastronomía, relativo a la salsa. **2.** Relativo a la salsa, música y baile, o aficionado a ellos. También *s. m.* y *f.*

saltadizo, za *adj.* Frágil. **SIN.** Quebradizo. **ANT.** Firme, duro.

saltador, ra (del lat. *saltator, -oris*) *adj.* **1.** Que salta. || *s. m.* y *f.* **2.** Persona que se dedica a algún deporte de salto: *Es uno de los mejores saltadores del mundo.* || *s. m.* **3.** Cuerda que se usa para jugar a saltar. **SIN. 1.** Saltarín. **3.** Comba.

saltamontes *s. m.* **1.** Insecto ortóptero de cuerpo cilíndrico, color negro, pardo o verde, antenas largas, dos pares de alas, el primero coriáceo, y poderosas patas posteriores, adaptadas al salto. Habita en praderas y pastizales de todos los climas cálidos y constituye una plaga para la vegetación y los cultivos. **2.** Langosta*, insecto. ■ No varía en *pl.* **SIN. 1.** Cigarrón.

saltar (del lat. *saltare*) *v. intr.* **1.** Elevarse con impulso del suelo o del lugar en que se está: *Saltó para coger la manzana.* También *v. tr.*: *Saltó ocho metros.* **2.** Lanzarse desde donde se está para caer fuera o más abajo: *saltar en paracaídas.* **3.** Levantarse de repente del sitio en que se está sentado o tumbado: *Salta siempre de la cama al oír el despertador.* **4.** Lanzarse sobre otro para atacarle: *El león saltó sobre la gacela.* **5.** Salpicar o salir disparada una cosa: *Saltó el aceite y me quemé.* **6.** Soltarse, dispararse o desprenderse algo: *saltar una alarma, saltar el tapón de la botella.* También *v. tr.* y *v. prnl.*: *Se me ha saltado un empaste.* **7.** Hacer explosión. ■ Se suele usar en las loc. **saltar por los aires** y **saltar en pedazos**: *El puente saltó por los aires durante un bombardeo.* **8.** Seguido de sustantivos como *campo, pista, palestra,* etc., salir: *Los futbolistas saltaron al terreno de juego.* **9.** Mostrar repentinamente enfado, indignación o desacuerdo: *Tu amigo salta por cualquier cosa.* **10.** Decir algo de forma repentina, inesperada o inoportuna: *Nos saltó con que se iba del país.* **11.** Destacar o sobresalir mucho una cosa. ■ Se usa generalmente en las loc. **saltar a la vista** o **saltar a los ojos**. **12.** Venir algo a la imaginación o la memoria. || *v. tr.* **13.** Superar algo pasando por encima de ello: *saltar el potro, saltar una tapia.* **14.** Pasar de una cosa a otra sin detenerse en las intermedias. ■ Se construye con los pron. pers. *me, te, se, nos* y *os*: *Al copiar el texto se han saltado tres líneas. Te saltaste mi nombre al leer la lista.* **15.** No cumplir o no respetar una ley, un orden, etc. ■ Se usa con los mismos pron. pers.: *El conductor se saltó un stop.* || LOC. **estar** (o **andar**) alguien **a la que salta** *fam.* Estar uno preparado para aprovechar las ocasiones. También, señalar en seguida cualquier error de otro. SIN. **1.** Botar. **1.** y **3.** Brincar. **2.** Arrojarse, tirarse. **4.** Abalanzarse. **6.** Activarse; caerse. **7.** Volar. **7.** y **9.** Estallar, explotar. **12.** Asaltar. **13.** Salvar. **14.** Comerse, omitir. **15.** Incumplir, infringir. ANT. **6.** Engancharse, atascarse, fallar. **9.** Refrenarse. **10.** Callar. **15.** Observar, guardar. FAM. Saltable, saltadizo, saltado, saltador, saltamontes, saltarín, saltear, saltimbanqui, salto, saltón. / Asaltar, resaltar, sobresaltar.

saltarín, na *adj.* **1.** Que salta o se mueve mucho. También *s. m.* y *f.* **2.** Inquieto. También *s. m.* y *f.*

salteador, ra *s. m.* y *f.* Persona que robaba en los caminos y sitios despoblados. SIN. Bandido, bandolero, forajido.

saltear *v. tr.* **1.** Asaltar, robar, especialmente en lugares despoblados. **2.** Hacer algo de forma discontinua: *Sólo hojeé el informe, salteándolo aquí y allá.* **3.** Freír ligeramente un alimento: *Saltea un poco la cebolla antes de añadir la carne.* SIN. **1.** Atracar. **3.** Sofreír, dorar. FAM. Salteador. SALTAR.

salterio (del lat. *psalterium*, y éste del gr. *psalterion*, especie de cítara) *s. m.* **1.** Libro de los *Salmos*, del Antiguo Testamento. ■ En esta acepción se escribe con mayúscula. **2.** Libro de coro que sólo contiene salmos. **3.** Instrumento musical de cuerda, de forma triangular o trapezoidal.

saltimbanqui (del ital. *saltimbanco*) *s. m.* y *f. fam.* Persona que realiza saltos y ejercicios de acrobacia, generalmente en espectáculos populares al aire libre. SIN. Titiritero, acróbata, equilibrista.

salto (del lat. *saltus*) *s. m.* **1.** Acción de saltar: *De un gran salto se plantó en la otra orilla.* **2.** Cada una de las modalidades deportivas o de los ejercicios de acrobacia que consiste en saltar: *salto de altura, longitud, obstáculos, mortal.* **3.** Distancia o espacio que existe entre el punto desde el que se salta y el lugar en que se cae o el punto máximo al que se llega: *un salto de 8,10 m.* **4.** Obstáculo para ser saltado. **5.** Salto de agua. **6.** Despeñadero muy profundo. **7.** Parte del terreno en que hay un brusco desnivel o escalón que sólo se puede salvar saltando. **8.** P. ext., cualquier discontinuidad, cambio brusco o diferencia notable de una cosa a otra: *En el discurso hubo muchos saltos de un tema a otro.* **9.** Violenta palpitación del corazón: *El corazón me daba saltos antes del examen.* **10.** En una acción, proceso, sucesión, etc., paso de una posición a otra o de una cosa a otra directamente, evitando las etapas, grados o elementos intermedios: *Los primeros puntos no interesan, así que damos un salto y tratamos los siguientes.* **11.** Omisión o falta de un elemento en una sucesión o de una parte en un escrito, discurso, etc.: *En esa página hay un salto de dos líneas.* **12.** Avance o progreso notable: *El premio supone un gran salto en su carrera.* || **13. salto atrás** Retroceso, vuelta a una situación anterior: *Este fracaso es un salto atrás en nuestros planes.* **14. salto de agua** Caída de una masa de agua, que se produce por la existencia de un brusco desnivel, natural o artificial, y que generalmente se aprovecha para obtener energía eléctrica. **15. salto de cama** Especie de bata amplia que las mujeres se ponen al levantarse. **16. salto del ángel** En el dep. de salto de trampolín, el que se ejecuta extendiendo los brazos como si fueran alas, volviéndolos a juntar para zambullirse en el agua. **17. salto mortal** El que realizan los acróbatas, trapecistas, saltadores de trampolín, etc., lanzándose de cabeza y dando una vuelta en el aire. **18. triple salto** Salto de longitud en que el atleta se impulsa tres veces, cada una de ellas con una pierna distinta. || LOC. **a salto de mata** *adv. fam.* Corriendo rápidamente: *Le vi largarse a salto de mata.* También, sin un orden o plan, según lo que vaya pasando: *Se cansó de vivir a salto de mata y se buscó un empleo fijo.* **a saltos** *adv.* Dando saltos; también, con interrupciones o sin continuidad. **de un salto** (o **en un salto**) *adv.* En seguida: *En un salto nos plantamos allí.* SIN. **1.** Bote, brinco. **5.** Cascada. **6.** Corte, precipicio. **8.** Interrupción, variación. ANT. **12.** Retroceso, rémora.

saltón, na *adj.* **1.** Se aplica a algunas cosas que sobresalen más de lo normal: *ojos saltones.* **2.** *Chile, Col.* y *Ven.* Se dice de los alimentos poco hechos o medio crudos. SIN. **1.** Saliente, prominente, protuberante. ANT. **1.** Hundido.

salubre (del lat. *saluber, -ubris*) *adj.* Saludable. SIN. Sano. ANT. Insalubre, insano. FAM. Salubridad. / Insalubre. SALUD.

salubridad *s. f.* Cualidad de salubre. SIN. Sanidad. ANT. Insalubridad.

salud (del lat. *salus, -utis*) *s. f.* **1.** Estado en que se encuentra el organismo de un ser vivo en relación con su buen funcionamiento: *¿Qué tal andas de salud?* **2.** Buen estado del organismo vivo, completo estado de bienestar físico, mental y social: *A Dios gracias, tenemos salud.* **3.** Buen estado, marcha o funcionamiento de una institución, una colectividad, un país, una actividad, etc.: *Son medidas dolorosas, pero necesarias para la salud de la empresa.* **4.** Estado de gracia espiritual. || *interj.* **5.** Exclamación que se usa para brindar o como fórmula de saludo para desear un bien a alguien: *Salud, hermano.* || **6. casa de salud** Clínica psiquiátrica privada en la que se tratan crisis nerviosas y otras enfermedades mentales transitorias. || LOC. **curarse** uno **en salud** *fam.* Prevenirse de un posible daño o amenaza. ■ No suele emplearse en *pl.* ANT. **2.** Enfermedad. FAM. Salubre, saludable, saludar, salutífero.

saluda *s. m.* Impreso que se utiliza para enviar a alguien una comunicación breve o formularia y no lleva firma. **SIN.** Besalamano.

saludable *adj.* **1.** Bueno para la salud, que la conserva o la restablece: *un clima saludable. La fruta es muy saludable.* **2.** Que refleja buena salud: *Tiene un color de cara muy saludable.* **3.** Bueno o provechoso para alguien o algo: *Déjale que juegue, es saludable para el desarrollo de su personalidad.* **SIN. 1.** Salubre, salutífero. **1.** a **3.** Sano. **3.** Beneficioso. **ANT. 1.** Insalubre. **1.** a **3.** Insano, nocivo. **2.** Enfermizo. **3.** Perjudicial. **FAM.** Saludablemente. SALUD.

saludar (del lat. *salutare*) *v. tr.* **1.** Dirigir a alguien palabras o gestos de cortesía al encontrarse con él o al despedirse, p. ej.: *hola, hasta luego, buenos días*, etc. También *v. prnl.*: *Nos saludamos cada vez que nos vemos.* **2.** Mandar palabras de cortesía, afecto o respeto a alguien mediante otra persona, una carta, etc.: *Salúdala de mi parte.* **3.** En el ejército, la policía, etc., realizar un gesto de respeto dirigido a un superior, a la bandera, etc., poniéndose firme y llevándose la mano estirada y con los dedos juntos hasta la sien. **4.** En el ejército y la marina, realizar ciertos actos en honor de alguien o algo, como p. ej. presentar armas, disparar salvas, etc. **5.** P. ext., recibir la llegada de algo, un acontecimiento, etc., de la manera que se expresa o, en general, positivamente. || **LOC. no saludar** a alguien *fam.* Estar enemistado con él: *Antes eran inseparables, pero ahora no se saludan.* **FAM.** Saluda, saludador, saludo, salutación. SALUD.

saludo *s. m.* **1.** Acción de saludar. **2.** Palabra, gesto o cualquier acto con que se saluda. || *s. m. pl.* **3.** Expresión de cortesía que se transmite a alguien por carta o por medio de otro.

salutación (del lat. *salutatio, -onis*) *s. f.* Saludo*.

salutífero, ra *adj.* Saludable*.

salva *s. f.* **1.** En el ejército, disparo o serie de disparos de armas de fuego; también, esta misma serie de disparos hecha como saludo o en honor a alguien. Se usa mucho en *pl.*: *Recibieron al rey con salvas de cañón.* || **2. salva de aplausos** Aplausos abundantes y generalizados: *Una salva de aplausos acogió al triunfador.* **SIN. 1.** Andanada, descarga. **FAM.** Véase **salve**.

salvabarros *s. m.* Guardabarros*.

salvación (del lat. *salvatio, -onis*) *s. f.* **1.** Acción de salvar o salvarse: *Pensábamos que ya no tenía salvación, pero se recuperó.* **2.** En lenguaje religioso, liberación de aquello que se considera malo o aparta al hombre de Dios, especialmente el pecado, y consecución de la plenitud de la vida eterna. **SIN. 1.** Rescate. **2.** Redención, bienaventuranza. **ANT. 1.** y **2.** Perdición. **2.** Condenación.

salvado, da 1. *p.* de **salvar**. También *adj.*: *Vio a varios niños salvados del incendio.* || *s. m.* **2.** Cáscara que se separa del trigo y otros cereales al molerlos y pasarlos por el cernedor o criba. **SIN. 2.** Cascarilla.

salvador, ra (del lat. *salvator, -oris*) *adj.* **1.** Que salva. También *s. m.* y *f.* **2.** Por antonomasia, Jesucristo. ■ En esta acepción se escribe generalmente con mayúscula. **SIN. 1.** Liberador. **1.** y **2.** Redentor.

salvadoreñismo *s. m.* Vocablo o giro propios del habla de El Salvador.

salvadoreño, ña *adj.* De El Salvador. También *s. m.* y *f.* **FAM.** Salvadoreñismo.

salvaguarda *s. f.* Salvaguardia*.

salvaguardar *v. tr.* Proteger, garantizar: *La Constitución salvaguarda nuestros derechos.* **SIN.** Amparar, defender. **ANT.** Desamparar, amenazar. **FAM.** Salvaguarda, salvaguardia. SALVAR y GUARDAR.

salvaguardia *s. f.* **1.** Custodia, protección: *Dejaron un destacamento para salvaguardia del orden público.* **2.** Salvoconducto, documento para circular libremente. ■ Se dice también *salvaguarda*. **SIN. 1.** Defensa, garantía, amparo. **ANT. 1.** Amenaza.

salvajada *s. f.* **1.** Acción o palabras propias de un salvaje: *Algunos ritos de aquella tribu eran salvajadas.* **2.** Acción irresponsable y destructiva: *Hicieron la salvajada de quemar el bosque.* **SIN. 1.** Barbaridad, brutalidad. **2.** Atrocidad, bestialidad, burrada.

salvaje (del prov. y cat. *salvatge*, y éste del lat. *silvaticus*, propio del bosque) *adj.* **1.** Se dice de los pueblos que viven en estado primitivo y que aún no se han incorporado a la civilización, así como de sus individuos, costumbres, etc. También *s. m.* y *f.* **2.** Se aplica a los animales y plantas que nacen, viven y crecen libremente en la naturaleza: *Atraparon caballos salvajes para domesticarlos.* **3.** Se aplica al terreno sin cultivar ni edificar: *monte salvaje.* **4.** *fam.* Se dice de la persona sin educación, que se comporta de forma insociable o rebelde: *Ha crecido libre y salvaje en el campo.* También *s. m.* y *f.* **5.** Cruel, inhumano. También *s. m.* y *f.*: *Unos salvajes disfrutaban maltratando a los perros.* **6.** Incontrolado, violento, irrefrenable: *una huelga salvaje.* También *s. m.* y *f.* **7.** Que demuestra poca inteligencia o sentido común. También *s. m.* y *f.* **SIN. 2.** y **3.** Silvestre. **2.** y **4.** Montaraz. **3.** Agreste. **5.** Bárbaro. **5.** y **7.** Bruto, bestia. **ANT. 1.** Civilizado. **2.** Doméstico. **2.** y **3.** Cultivado. **3.** Edificado. **4.** Instruido, educado. **FAM.** Salvajada, salvajismo.

salvajismo *s. m.* **1.** Forma de ser o actuar propia de los salvajes. **2.** Cualidad de salvaje. **SIN. 1.** Barbarie, brutalidad. **ANT. 1.** y **2.** Civismo.

salvamanteles *s. m.* Pieza de metal, madera u otro material que se pone en la mesa, debajo de la sopera, fuente u otros objetos de servicio, para proteger el mantel. ■ No varía en *pl.*

salvamento *s. m.* **1.** Acción de salvar o salvarse, especialmente el organizado para ayudar a las personas afectadas en un siniestro. **2.** Lugar donde alguien se asegura de un peligro.

salvar (del bajo lat. *salvare*) *v. tr.* **1.** Librar a alguien o algo de un peligro, amenaza o situación apurada: *Sus reflejos le salvaron de la muerte.* También *v. prnl.* **2.** En lenguaje religioso, librar al hombre del pecado y otros males que le apartan de Dios y darle la vida eterna. También *v. prnl.* **3.** Evitar que algo se pierda, se destruya o se dañe en un accidente, catástrofe, etc.: *Salvó la cosecha, pese a la riada.* También *v. prnl.* **4.** Superar un obstáculo o impedimento: *salvar una dificultad.* **5.** Atravesar algo o sobrepasar una altura: *salvar el río. El atleta salvó el listón y consiguió un nuevo récord.* **6.** Recorrer una distancia: *Hay que salvar 70 km antes de llegar.* **7.** Excluir a alguien o algo de lo que se dice o disculparlo de algún modo. También *v. prnl.*: *Toda su familia es horrible; él es el único que se salva.* **8.** En algunos documentos o escritos, indicar mediante una nota que vale una corrección que se ha realizado, que no vale lo que se ha tachado, etc. **SIN. 1.** Auxiliar, defender(se), liberar(se). **1.** y **3.** Rescatar. **2.** Redimir(se). **4.** Soslayar, vencer. **5.** Cruzar; rebasar, pasar. **6.** Hacer. **7.** Exceptuar(se). **ANT. 1.** y **2.** Condenar(se). **FAM.** Salvabarros, salvable, salvación, salvado, salvador, salvaguardar, salvamanteles, salvamento, salvavidas, salvedad, salvo, salvoconducto. / Insalvable.

salvavidas *adj.* **1.** Se dice de cualquier objeto, como chaleco, bote, etc., utilizado para mantener a flote a las personas que han caído al agua y evitar que mueran ahogadas. || *s. m.* **2.** Flotador, generalmente en forma de rueda, que mantiene en la superficie del agua a las personas que no saben nadar. ■ No varía en *pl.*

salve (del lat. *salve*, te saludo, de *salvere*, tener salud) *interj.* **1.** Fórmula latina de saludo. Su uso es culto y literario: *¡Salve, César!* || *s. f.* **2.** Oración que se reza a la Virgen María y que comienza con las palabras: *Dios te salve, Reina y Madre...* FAM. Salva.

salvedad *s. f.* Limitación, excepción, condición o advertencia que se expresa sobre algo que se ha dicho o hecho, o que se va a decir o hacer: *Éste me parece el mejor sistema, con la salvedad de que es costoso. Todos trabajarán, con la salvedad de los enfermos.* SIN. Restricción, reserva, exclusión. ANT. Inclusión.

salvia (del lat. *salvia*) *s. f.* Planta herbácea aromática de la familia labiadas, propia de terrenos áridos, con flores amarillas, violáceas o blancas; sus hojas se usan como condimento y en medicina como digestivo.

salvilla (del lat. *servilia*, de *servilis*, servil) *s. f.* **1.** Bandeja con una o varias partes rehundidas en las que encajan los vasos, tazas, etc. **2.** *Chile* Vinagreras.

salvo, va (del lat. *salvus*) *adj.* **1.** Que no ha sufrido daño. ■ Se usa casi exclusivamente en la loc. adj. **sano y salvo**: *El ciclón ha causado destrozos, pero todos estamos sanos y salvos.* **2.** Exceptuado, omitido. || *prep.* **3.** Excepto, menos. ■ En esta acepción la única forma que se emplea es *salvo*: *Todos irán salvo mi hermano.* || LOC. **a salvo** *adv.* Seguro, protegido o libre de peligros o ataques: *Se pusieron a salvo en una lancha. Su honor está a salvo de esos rumores.* **salva sea la parte** Eufemismo que se emplea para referirse a ciertas partes del cuerpo que, por pudor o vergüenza, se evita llamar por su nombre, p. ej. el culo: *Me picó una avispa en salva sea la parte y no puedo sentarme.* SIN. **1.** Ileso, indemne. ANT. **3.** Incluso. FAM. Salve. SALVAR.

salvoconducto *s. m.* **1.** Documento que se entrega a alguien para que pueda circular o viajar libremente por un lugar, un país, etc., en determinadas situaciones: *Con este salvoconducto, las patrullas les dejarán camino libre.* **2.** Privilegio o libertad de hacer algo o moverse en ciertos ambientes, lugares, etc., sin limitación alguna: *Su importante cargo es un salvoconducto que le abre todas las puertas.* SIN. **1.** Salvaguardia. **1.** y **2.** Pasaporte. **2.** Llave.

sámara (del lat. *samara*) *s. f.* Tipo de fruto seco indehiscente, que presenta una única semilla y un pericarpio prolongado en un ala membranosa; es propio de árboles como el arce, el olmo o el fresno.

samario (de *Samarsky*, oficial de minas ruso) *s. m.* Elemento químico del grupo de los lantánidos, sólido blanco grisáceo, muy duro, cuyo óxido se emplea en la fabricación de vidrios especiales y como catalizador. Su símbolo químico es *Sm*.

samaritano, na (del lat. *samaritanus*) *adj.* **1.** De Samaria, antigua región y ciudad de Palestina, citada en la *Biblia*. También *s. m.* y *f.* || *s. m.* y *f.* **2.** Persona que ayuda a otra. Suele ir acompañado del adj. *buen*, *buena*: *Hacemos autoestop confiando en que un buen samaritano nos lleve.*

samba *s. f.* Música y baile popular brasileño de influencia africana, similar a la rumba, pero de ritmo más rápido.

sambenito *s. m.* **1.** Calificativo deshonroso que se aplica a alguien o mala fama que pesa sobre él. ■ Se usa mucho con los verbos *colgar* y *poner*: *Porque una sola vez se emborrachó, le colgaron el sambenito de bebedor.* **2.** Distintivo que consistía en una esclavina o un escapulario y que se ponía a los penitentes de la Inquisición. SIN. **1.** Descalificación, deshonra, mancha, descrédito, estigma.

sambo (ingl.) *adj.* Se dice de cierto tipo de lucha de autodefensa que se realiza sin utilizar armas. También *s. m.*

samnita *adj.* De un antiguo pueblo itálico establecido en Samnio en el s. V a. C. Sostuvo guerras contra los romanos, por quienes fue sometido. También *s. m.* y *f.*

samoano, na *adj.* De Samoa, estado insular del océano Pacífico. También *s. m.* y *f.*

samotana *s. f. Amér. C.* Bulla, jaleo.

samovar (ruso, a través del fr.) *s. m.* Utensilio usado en Rusia para preparar el té, que consiste en un recipiente de cobre con un infiernillo de carbón colocado en un tubo interior.

samoyedo, da *adj.* **1.** De cierto pueblo del N de la Federación Rusa, que habita en Siberia y en la costa del mar Blanco. También *s. m.* y *f.* **2.** Se dice de una raza de perros de constitución física fuerte y de pelaje espeso, generalmente blanco, que se utiliza en las regiones árticas para tirar de los trineos. || *s. m.* **3.** Lengua hablada por el pueblo antes citado.

sampán *s. m.* Embarcación ligera, a remo o a vela, usada en Extremo Oriente para la pesca y la navegación fluvial y costera; a veces se usa también como casa flotante.

sampler (ingl.) *s. m.* Dispositivo electrónico que permite aislar un sonido grabado previamente para modificarlo y reproducirlo nuevamente.

samurái o **samuray** (japonés) *s. m.* En la antigua sociedad feudal del Japón, miembro de una clase inferior de la nobleza, compuesta por guerreros que servían a algún señor feudal. ■ Su pl. es *samuráis*.

san *adj. apóc.* de **santo**: *San Ciprián.* ■ Se emplea delante de los nombres propios de varón, excepto con *Tomás* o *Tomé*, *Domingo* y *Toribio*, con los que sólo se usa *santo*.

san bernardo *s. m.* Raza de perros, robustos y de gran tamaño, de pelaje rojizo con hocico, pecho y patas blancos, que durante siglos se empleó en el paso de San Bernardo (que une Suiza e Italia a través de los Alpes Peninos) para socorrer a los viajeros perdidos en la nieve.

sanador, ra (del lat. *sanator, -oris*) *adj.* **1.** Que sana o cura. También *s. m.* y *f.* || *s. m.* **2.** Curandero.

sanano *adj. Cuba* y *P. Rico* Tonto, corto de entendimiento.

sanar (del lat. *sanare*) *v. tr.* **1.** Curar a alguien, devolverle la salud: *El reposo le sanó en poco tiempo.* || *v. intr.* **2.** Recuperar la salud un enfermo: *Con este remedio sanarás del todo.* SIN. **1.** y **2.** Restablecer(se). **2.** Reponerse, recobrarse, mejorar(se). ANT. **1.** y **2.** Enfermar(se). FAM. Sanable, sanador, sanatorio. / Subsanar. SANO.

sanatorio *s. m.* Establecimiento hospitalario preparado para que residan en él enfermos que requieren un tratamiento. SIN. Clínica.

sanchopancesco, ca (de *Sancho Panza*, famoso personaje de *El Quijote*) *adj.* Conformista y perezoso, sin ideales ni inquietudes.

sanción (del lat. *sanctio, -onis*) *s. f.* **1.** Pena establecida para el que incumple una ley u otra norma: *El juez firmará la sanción adecuada a este delito.* **2.** Castigo que se impone como consecuencia de un acto, de una falta, etc., aunque no lo disponga la ley: *El director decidió levantar la sanción a los alumnos.* **3.** Aprobación o legitimación que se concede a algo: *La Real Academia dio su sanción a tres anglicismos.* **4.** Particularmente, confirmación de una ley por el jefe del Estado. SIN. **2.** Correctivo, punición. **3.** Beneplácito, consentimiento, pláceme, plácet. **3.** y **4.** Ratificación. ANT. **2.** Premio, recompensa. **3.** Desautorización, rechazo. FAM. Sancionar.

sancionar *v. tr.* **1.** Imponer un castigo: *El árbitro sancionó al jugador con expulsión del campo.* **2.** Autorizar o confirmar una ley, un acto, una práctica, etc. FAM. Sancionable, sancionador. SANCIÓN.

sanco (del quechua *sancu*) *s. m.* **1.** *Arg.* Guiso hecho con harina, sangre de res, grasa y cebolla. **2.** *Chile* Gachas de harina tostada. **3.** Barro muy espeso.

sancocho (del lat. *semicoctus*, mal cocido) *s. m.* **1.** Guiso a medio cocer. **2.** *Amér.* Guiso de carne, yuca, plátano y otros ingredientes. **3.** *Amér. C., P. Rico* y *Ven.* Lío, jaleo, confusión.

sanctasanctórum (del lat. *sancta sanctorum*, lugar más santo entre los santos) *s. m.* **1.** Parte más reservada, respetada o secreta de un lugar: *Su despacho es el sanctasanctórum de la casa.* **2.** Aquello que para alguien tiene mayor valor. **3.** Parte interior y más sagrada del tabernáculo de los judíos. ■ No varía en *pl.* SIN. **1.** Santuario.

sanctus (lat.) *s. m.* Parte de la misa, entre el prefacio y el canon, en que el sacerdote repite tres veces la aclamación *santo.* ■ No varía en *pl.*

sandalia (del lat. *sandalia*, de *sandalium*, y éste del gr. *sandalion*) *s. f.* **1.** Calzado compuesto de una suela que se sujeta al pie mediante correas o cintas. **2.** P. ext., zapato ligero muy abierto, usado en la época de más calor.

sándalo (del gr. *santalon*) *s. m.* **1.** Árbol de gran tamaño, parecido al nogal, de hojas simples, elípticas y opuestas, flores pequeñas, fruto semejante a la cereza y madera compacta y olorosa de color amarillo; crece en Asia tropical y Oceanía y su madera se usa en perfumería y medicina. **2.** En perfumería, esencia que se obtiene por destilación de la madera de este árbol.

sandez *s. f.* **1.** Cualidad de sandio. **2.** Acción o dicho propio de un sandio: *Nadie le toma en serio, sólo dice sandeces.* SIN. **1.** y **2.** Necedad, estupidez, tontería, simpleza, idiotez, majadería. ANT. **1.** Inteligencia. **1.** y **2.** Genialidad.

sandía (del ár. *sindiyya*, del país de Sind, en Pakistán) *s. f.* **1.** Planta herbácea de la familia cucurbitáceas, que tiene tallo tendido y flexible, hojas lobuladas, flores amarillas y un fruto con gruesa cáscara de color verde oscuro muy apreciado en alimentación. **2.** Fruto de esta planta, grande, casi esférico, y con pulpa muy jugosa y dulce, de color encarnado. FAM. Sandial, sandiar.

sandial o **sandiar** *s. m.* Campo sembrado de sandías.

sandinismo (del político Augusto César *Sandino*) *s. m.* Movimiento político nicaragüense, representado por el Frente Sandinista de Liberación Nacional, que funde en su ideología elementos cristianos y marxistas. FAM. Sandinista.

sandinista *adj.* **1.** Del sandinismo o relacionado con él. **2.** Se dice de los partidarios del sandinismo. También *s. m.* y *f.*

sandio, dia (del ant. *sandío*) *adj.* Tonto, simple. También *s. m.* y *f.* SIN. Necio, bobo, estúpido, idiota, majadero. FAM. Sandez.

sánduche *s. m. Col.* y *Ven.* Sándwich, bocadillo.

sandunga *s. f.* **1.** *fam.* Gracia o salero: *El gitanillo se ganó a todos con mucha sandunga.* **2.** *Amér.* Juerga. SIN. **1.** Sal, donaire. ANT. **1.** Malaje. FAM. Sandunguero.

sandunguero, ra *adj. fam.* Se dice del que tiene sandunga o gracia. SIN. Saleroso, ocurrente. ANT. Insulso, soso.

sándwich (del ingl. *sandwich*) *s. m.* **1.** Bocadillo de cualquier alimento, preparado con dos rebanadas de pan de molde. **2.** *Amér.* Bocadillo. ■ Su pl. es *sándwiches.* SIN. **1.** Emparedado. FAM. Sánduche, sandwiche, sandwichera, sandwichería.

sandwiche *s. m. Arg.* y *Urug.* Sándwich, bocadillo.

sandwichera *s. f.* Electrodoméstico usado para elaborar sándwiches calientes.

sandwichería *s. f.* Establecimiento donde se venden sándwiches o bocadillos. ■ Se usa más en algunas zonas de América que en España.

saneado, da **1.** *p.* de **sanear**. También *adj.* || *adj.* **2.** Se aplica a los bienes, rentas, etc., que están libres de cargas o descuentos, o que producen buenos beneficios: *Tras la cancelación de la deuda, su cuenta está totalmente saneada.*

saneamiento *s. m.* **1.** Mejora de las condiciones higiénicas de un lugar. **2.** Recuperación de la economía de una entidad. SIN. **1.** Limpieza, higienización. **2.** Fomento.

sanear *v. tr.* **1.** Establecer o mejorar las condiciones de salubridad o higiene de una población, un edificio, etc.: *sanear una zona pantanosa.* **2.** Hacer que la economía, los bienes, las rentas, etc., dejen de producir pérdidas y comiencen a prosperar y a dar beneficios: *Saneó el negocio familiar.* SIN. **1.** Higienizar, limpiar. **2.** Reparar, equilibrar. ANT. **2.** Arruinar. FAM. Saneado, saneamiento. SANO.

sanedrín (del hebreo *sanhedrin*, y éste del gr. *synedrion*, de *syn*, con, y *edra*, asiento) *s. m.* **1.** Antiguo consejo y tribunal supremo de los judíos durante la dominación romana. **2.** Lugar donde se reunía este consejo. **3.** Reunión de personas para tratar un asunto que se quiere mantener en secreto o solucionar en privado.

sanfermines *s. m. pl.* Festejos que se celebran en Pamplona en torno al 7 de julio, festividad de San Fermín, y que son famosos por sus encierros de toros.

sanfrancisco *s. m.* Bebida sin alcohol que consiste en una mezcla de zumos de diferentes frutas.

sangradera *s. f.* **1.** Caz o acequia secundaria de riego. **2.** Compuerta para dar salida al agua sobrante de un caz. **3.** Lanceta*. **4.** Recipiente para recoger la sangre al practicar una sangría. SIN. **1.** Cacera.

sangrado, da **1.** *p.* de **sangrar**. También *adj.* || *s. m.* **2.** En imprenta, acción y resultado de sangrar un renglón o párrafo: *Hay que modificar el sangrado de los párrafos.* SIN. **2.** Sangría.

sangrador, ra *s. m.* y *f.* Antiguamente, persona que sangraba a los enfermos.

sangradura *s. f.* **1.** Salida que se da a las aguas de una acequia, un río o un canal. **2.** Corte realizado en una vena para que ésta sangre. SIN. **1.** Desagüe. **2.** Sangría.

sangrante *adj.* **1.** Que sangra: *una herida sangrante.* **2.** Que produce un daño fácil de percibir o que provoca gran indignación: *Lo que le hicieron fue una injusticia sangrante.*

sangrar *v. intr.* **1.** Echar sangre: *La herida ha dejado de sangrar.* **2.** Aplicado a algún daño o perjuicio moral, doler: *Aún le sangra la humillación que le causaste.* || *v. tr.* **3.** Antiguamente, sacar sangre a un enfermo con fines curativos, haciéndole un corte en una vena o por otro procedimiento. **4.** Por analogía, dar salida a un líquido, abriendo un agujero o conducto en el recipiente o depósito que lo contiene. **5.** Sacar resina u otra sustancia de los árboles mediante incisiones realizadas en su corteza. **6.** *fam.* Sacar provecho de alguien, generalmente dinero, con frecuencia y de forma abusiva: *En lugar de trabajar se dedica a sangrar a sus padres.* **7.** Sisar o robar algo con disimulo: *Algún pícaro se dedica a sangrarme la hucha.* **8.** En imprenta, iniciar un renglón o un párrafo más a la derecha que los demás o de lo que es habitual. **9.** En imprenta, cortar a sangre un grabado. SIN. **2.** Escocer. **3.**, **4.** y **6.** Desangrar. **5.** Resinar, destilar. **6.** Exprimir. **7.** Rapiñar, hurtar, ratear. ANT. **1.** Cortarse, coagularse. **1.** y **2.** Cicatrizar. FAM. Sangrado, sangrador, sangradura, sangrante, sangría. / Desangrar. SANGRE.

sangre (del lat. *sanguis, -inis*) *s. f.* **1.** Líquido rojo compuesto por plasma y diversos tipos de células, que circula por las venas y arterias de los animales vertebrados, transportando oxígeno, alimentos y hormonas a los tejidos, y productos de secreción a los órganos encargados de ésta. **2.** Por analogía, se llama así a líquidos similares de los invertebrados, generalmente de color blanquecino. **3.** Parentesco, familia: *Aunque son de la misma sangre, los dos hermanos se odian.* **4.** Matanza, muerte: *Hubo mucha sangre en la contienda. Le condenaron por un delito de sangre.* || **5. buena** (o **mala**) **sangre** Carácter bueno y noble o, por el contrario, retorcido y rencoroso. **6. sangre azul** Linaje o familia noble. **7. sangre de horchata** *fam.* Carácter o condición de la persona excesivamente tranquila que no se altera por nada: *No se emociona con nada, tiene la sangre de horchata.* **8. sangre fría** Serenidad, calma: *Gracias a su sangre fría logró salvarse.* || LOC. **a sangre** *adj.* y *adv.* En artes gráficas, indica que una ilustración o un fondo superan los márgenes de la página y llegan al límite del corte del papel. **a sangre fría** *adj.* y *adv.* Conscientemente, con calma y premeditación: *asesinato a sangre fría.* **a sangre y fuego** *adv.* Con gran violencia y sin respetar o perdonar nada ni a nadie: *Arrasaron la ciudad a sangre y fuego.* **arderle** (**bullirle** o **hervirle**) a uno **la sangre** Acalorarse o apasionarse por algún motivo: *Cuando le hierve la sangre, es capaz de cualquier barbaridad.* **chupar la sangre** a alguien *fam.* Abusar de uno, explotarle, especialmente aprovechándose de sus bienes. **correr la sangre** Haber víctimas o heridos en una pelea o enfrentamiento: *Se dieron fuerte, pero no llegó a correr la sangre.* **encenderle** (**quemarle**, **pudrirle** o **revolverle**) a uno **la sangre** *fam.* Enfadarle o irritarle mucho: *No puedo soportar su orgullo, es que me quema la sangre.* **hacerse** uno **mala sangre** Pensar continuamente en algo que produce envidia, celos, rabia, etc.: *No te hagas mala sangre por tan poca cosa, ya les ganaremos.* **hacerse** uno **sangre** Sangrar por haberse herido: *Me he pinchado y me he hecho sangre.* **helársele** a uno **la sangre** (**en las venas**) *fam.* Quedarse fuertemente impresionado por el miedo o la sorpresa: *Al oír el grito se me heló la sangre.* **llevar** (o **tener**) algo **en la sangre** Tener una cualidad, facultad, vocación, etc., de nacimiento o de forma hereditaria: *Hijo y nieto de marinos, lleva la mar en la sangre.* **no llegar la sangre al río** No tener una pelea o disputa las consecuencias graves que se podían temer: *Discutieron acaloradamente, pero no llegó la sangre al río.* **no tener sangre en las venas** Ser demasiado calmoso o indolente. **pedir sangre** Exigir venganza: *Esta ofensa pide sangre.* **subírsele** a alguien **la sangre a la cabeza** *fam.* Perder la serenidad, enfadarse mucho. **sudar sangre** Costar muchísimo trabajo o esfuerzo: *Tuvimos que sudar sangre para aprobar este año.* SIN. **4.** Mortandad, crimen. FAM. Sangradera, sangrar, sangriento, sangrón, sanguijuela, sanguina, sanguinaria, sanguinario, sanguíneo, sanguino, sanguinolento. / Consanguinidad, ensangrentar, purasangre.

sangría *s. f.* **1.** Acción de sangrar o sacar sangre a alguien. **2.** Pérdida, gasto o robo de una cosa por pequeñas partes, poco a poco y sin que se note demasiado: *Los créditos son una sangría para su sueldo.* **3.** Bebida refrescante que se prepara mezclando agua, vino, limón, azúcar, canela, trozos de frutas y otros ingredientes. **4.** Corte que se hace en un árbol para facilitar la salida de la resina. **5.** Salida que se le da al agua de un río o canal. **6.** En imprenta, sangrado*. SIN. **1.** y **5.** Sangradura. **2.** Ruina. **5.** Desagüe.

sangriento, ta (del lat. *sanguilentus*) *adj.* **1.** Que echa sangre: *una herida sangrienta.* **2.** Manchado o mezclado con sangre. **3.** Se aplica a la acción violenta en que se producen muertos o heridos graves: *Hubo un choque sangriento entre tropas del gobierno y la guerrilla.* **4.** Sanguinario, despiadado: *Pasó a la historia como uno de los más sangrientos asesinos.* **5.** Que ofende gravemente, por su crueldad, su injusticia o su mala intención: *una broma sangrienta.* **6.** Del color de la sangre: *el cielo sangriento del atardecer.* SIN. **1.** Sangrante. **1.** y **2.** Sanguinolento. **2.** Ensangrentado. **3.** Encarnizado, cruento. **4.** Brutal, criminal, implacable. **4.** y **5.** Cruel, inhumano, feroz. **5.** Hiriente. **6.** Sanguíneo, rojo, escarlata. ANT. **3.** Incruento. **4.** Bondadoso, piadoso. **5.** Inocente, amable. FAM. Sangrientamente. SANGRE.

sangrón, na *adj. Cuba* y *Méx. fam.* Se dice de la persona impertinente, molesta y antipática. También *s. m.* y *f.*

sanguaraña *s. f.* **1.** *Perú* Baile popular por parejas, de ritmo muy vivo. **2.** *Arg.*, *Ec.* y *Perú* Rodeo de palabras. Se usa más en *pl.*

sanguijuela (del lat. vulg. *sanguisugiola*, de *sanguisugia*, y éste del lat. clásico *sanguisuga*) *s. f.* **1.** Gusano hirudíneo de boca chupadora, que se alimenta de la sangre de otros organismos; se empleaba en medicina para extraer sangre del cuerpo a los enfermos. **2.** *fam.* Persona que se aprovecha de otras, las explota o les saca dinero, bienes, etc., poco a poco: *El prestamista fue una sanguijuela para esa familia.* SIN. **2.** Explotador, aprovechado.

sanguina (del lat. *sanguis*, sangre) *s. f.* **1.** Lápiz de color rojo oscuro fabricado con hematites. **2.** Dibujo al pastel realizado con ese lápiz.

sanguinaria (del lat. *sanguinaria*) *s. f.* Piedra parecida al ágata, del color de la sangre, a la que antiguamente se atribuía la propiedad de detener las hemorragias.

sanguinario, ria (del lat. *sanguinarius*) *adj.* Se dice de la persona cruel, despiadada, que disfruta matando o hiriendo a otras, y de las acciones, comportamientos, etc., que manifiestan estas tendencias o características. SIN. Sangriento, feroz. ANT. Bondadoso.

sanguíneo, a (del lat. *sanguineus*) *adj.* **1.** Relativo a la sangre: *circulación sanguínea.* **2.** Que contiene sangre: *tumor sanguíneo, vasos sanguíneos.* **3.** Del color de la sangre. **4.** Se aplica a un temperamento humano caracterizado por el aspecto congestivo y la facilidad para irritarse, y a las personas que lo poseen. También *s. m.* y *f.* SIN. **1.** a **3.** Sanguino. **3.** Rojo, escarlata.

sanguino, na (del lat. *sanguineus*) *adj.* **1.** Sanguíneo*. **2.** Se aplica a cierta variedad de naranja, con la pulpa de color rojizo. También *s. f.*

sanguinolencia (del lat. *sanguinolentia*) *s. f.* Estado de sanguinolento.

sanguinolento, ta (del lat. *sanguinolentus*) *adj.* **1.** Que echa sangre: *herida sanguinolenta.* **2.** Manchado o mezclado con sangre: *venda sanguinolenta.* **3.** Se dice del ojo cubierto de venillas rojas. SIN. **1.** y **2.** Sangriento. **3.** Inyectado. FAM. Sanguinolencia. SANGRE.

sanidad (del lat. *sanitas, -atis*) *s. f.* **1.** Cualidad de sano. **2.** Cualidad de saludable. **3.** Conjunto de servicios, personal e instalaciones destinados a cuidar de la salud pública de un país, región, etc. SIN. **1.** Salud. **2.** Salubridad. ANT. **1.** Enfermedad. **2.** Insalubridad.

sanitario, ria (del lat. *sanitas, -atis*, sanidad) *adj.* **1.** Relativo a los servicios de sanidad o a la sanidad misma: *reforma sanitaria, deficiencias sanitarias.* **2.** Se dice de los aparatos e instalaciones de higiene colocados en los cuartos de baño, como lavabos, bañeras, duchas, etc., y particularmente los inodoros. También *s. m.* || *s. m.* y *f.* **3.** Miembro de los servicios de sanidad civiles o militares: *Los sanitarios atendían a los heridos en el accidente.*

sanjacobo *s. m.* Comida consistente en una loncha de queso recubierta por dos capas de jamón, rebozadas en huevo y pan rallado y fritas.

sanjuanada *s. f.* **1.** Fiesta que se celebra por San Juan Bautista (24 de junio). **2.** Días próximos al de San Juan.

sanmartín *s. m.* **1.** Época en que se realiza la matanza del cerdo, cercana a la festividad de San Martín, el 11 de noviembre. **2.** Esta matanza. || LOC. **llegarle** (o **venirle**) a uno **su sanmartín** *fam.* Se emplea para expresar que ya le tocará sufrir al que vive satisfecho y despreocupado.

sano, na (del lat. *sanus*) *adj.* **1.** Se aplica a la persona o animal que disfruta de buena salud y no tiene ninguna lesión o defecto, así como a su organismo o parte de él: *Es un chico fuerte y sano. Tengo los dientes sanos porque me los cuido.* **2.** Bueno para la salud: *Andar es muy sano.* **3.** Que no está roto ni estropeado o podrido: *Sólo quedan dos platos sanos. Guardó el plátano sano y tiró el resto.* **4.** Que no tiene vicios, costumbres o pasiones reprochables: *una juventud sana.* **5.** Que influye favorablemente en una persona, especialmente en la formación de su personalidad: *educación sana, ambiente familiar sano.* **6.** Noble, sincero: *Mira con sana envidia a los que son mejores que él.* || LOC. **sano y salvo** *adj.* Que no ha sufrido ningún daño: *Los rescataron a todos sanos y salvos.* SIN. **1.**, **2.** y **5.** Saludable. **2.** Salubre. **3.** Entero, intacto. **4.** Virtuoso, ejemplar. **5.** Positivo, beneficioso. **6.** Franco, llano, cordial. ANT. **1.** Enfermo. **1.** a **6.** Insano. **2.** Nocivo. **3.** Ajado. **4.** Vicioso. **5.** Negativo, perjudicial. **6.** Malicioso. FAM. Sanamente, sanar, sanear, sanidad, sanitario. / Insano, malsano, matasanos.

sánscrito o **sanscrito, ta** (del sánscrito *sanskrita*, perfecto) *adj.* Se dice de la antigua lengua de los brahmanes, que en la India sigue siendo considerada lengua sagrada, y de lo relativo a ella. También *s. m.*

sanseacabó *expr. fam.* Expresión con que se da por terminado un asunto o discusión: *Hoy te quedas en casa y sanseacabó.* ■ Se escribe también *san se acabó.*

sansón (de *Sansón*, personaje bíblico) *s. m.* Hombre muy fuerte. SIN. Hércules.

santabárbara (de *Santa Bárbara*, patrona de artillería) *s. f.* **1.** Compartimiento de las embarcaciones donde se guardan las municiones. **2.** Cámara que conduce a este compartimiento.

santacruceño, ña o **santacrucero, ra** *adj.* De alguna de las poblaciones denominadas Santa Cruz. También *s. m.* y *f.*

santanderino, na *adj.* De la ciudad española de Santander. También *s. m.* y *f.*

santateresa *s. f.* Mantis* religiosa.

santelmo *s. m.* Fuego* de Santelmo.

santería *s. f.* **1.** Beatería, santurronería. **2.** *Amér.* Tienda de imágenes sagradas y otros objetos religiosos.

santero, ra *adj.* **1.** Que muestra una devoción exagerada o supersticiosa a los santos. También *s. m.* y *f.* || *s. m.* y *f.* **2.** Persona que cuida de un santuario o de una ermita. **3.** Persona que pide limosna llevando de casa en casa la imagen de un santo. **4.** Persona que vende, hace o pinta imágenes de santos. **5.** Curandero que invoca el poder de los santos para realizar sus curaciones. SIN. **1.** Beato.

santiagués, sa *adj.* De Santiago de Compostela. También *s. m.* y *f.*

santiaguino, na *adj.* De Santiago de Chile. También *s. m.* y *f.*

santiamén, en un (de la expr. lat. *Spiritus Sancti, Amen*, con las que terminan algunas oraciones de la Iglesia católica) *loc. adv. fam.* Rápidamente, al momento: *Me arreglo en un santiamén y nos vamos.*

santidad (del lat. *sanctitas, -atis*) *s. f.* **1.** Cualidad o estado de santo. **2.** Tratamiento honorífico que se da al papa. ■ En este caso, se escribe con mayúscula y va precedido de *Su* o *Vuestra.*

santificación *s. f.* Acción de santificar. SIN. Canonización; glorificación.

santificar (del lat. *sanctificare*) *v. tr.* **1.** Hacer santo. **2.** Celebrar las festividades religiosas. **3.** Honrar o rendir culto a un santo o a las cosas sagradas: *santificar el nombre de Dios.* ■ Delante de *e* se escribe *qu* en lugar de *c.* SIN. **1.** Consagrar. **2.** Guardar. FAM. Santificable, santificación, santificador, santificante. SANTO.

santiguar (del lat. *sanctificare*) *v. tr.* **1.** Hacer la señal de la cruz. Se usa más como *v. prnl.* || **santiguarse** *v. prnl.* **2.** *fam.* Hacerse cruces, escandalizarse. ■ La *u* de la raíz lleva diéresis delante de *e*: *santigüe.* En cuanto al acento, se conjuga como *averiguar*: *santigua.* SIN. **1.** Persignar(se).

santísimo, ma *adj.* **1.** *sup.* de **santo**. Particularmente, se usa antepuesto a *Virgen* o a *Trinidad*; también se aplica a *Padre* como forma de tratamiento para referirse al papa. ■ En estos tres casos se escribe con mayúscula. || *s. m.* **2.** Jesucristo en la eucaristía. ■ En esta acepción se emplea con artículo determinado y se escribe con mayúscula. || LOC. **hacerle** a uno **la santísima** *fam.* Fastidiarle.

santo, ta (del lat. *sanctus*) *adj.* **1.** Se dice de Dios y de las personas o cosas a él consagradas o relacionadas con la religión: *los santos apóstoles, tierra santa.* **2.** Se aplica a las personas que por su vida, obras y virtudes participan de la perfección y propiedades de Dios y, particularmente, a las canonizadas por la Iglesia católica, así como a su vida y acciones. También *s. m.* y *f.* **3.** Se dice de la persona muy virtuosa, buena y resignada. También *s. m.* y *f.*: *Mi madre, que era una santa, luchó mucho para sacarnos adelante.* **4.** Se aplica a la semana que va desde el domingo de Ramos al domingo de Resurrección y que conmemora los últimos días de la vida de Jesucristo, y a cada uno de sus días. ■ En esta acepción se escriben ambas palabras con mayúscula: *Semana Santa.* **5.** *fam.* Que produce especial provecho o efecto: *santo remedio.* **6.** Acompañando a ciertos sustantivos, tiene un valor expresivo, generalmente negativo: *Siempre hace su santa voluntad.* || *s. m.* **7.** Día del año dedicado a un santo determinado cuya festividad celebran particularmente las personas que llevan su mismo nombre: *Me regalaron un libro por mi santo.* **8.** *fam.* Grabado o fotografía en las páginas de un libro, revista, etc.: *No le gusta leer, sólo mira los santos.* || *s. m.* y *f.* **9.** Imagen de una persona canonizada o beatificada por la Iglesia. || **10. santo y seña** Contraseña que permite a los que la conocen pasar por un puesto de guardia o de control. **11. Todos los Santos** Fiesta que la Iglesia celebra el día 1 de noviembre y conmemora a los santos que no tienen asignada una festividad particular. || LOC. **¿a santo de qué...?** *adv.* Sirve para preguntar con un matiz de desaprobación el motivo, la razón o la finalidad de algo: *¿A santo de qué tengo que ir tan lejos?* **alzarse** (o **cargar**) uno **con el santo y la limosna** *fam.* Apropiarse alguien no sólo de lo que no le corresponde, sino también de lo que corresponde a otros, o bien de la ganancia de otros más lo que la produce. **desnudar a un santo para vestir a otro** Quitar algo a alguien para dárselo a otro, o quitar algo de un sitio para ponerlo en otro. **írsele** a uno **el santo al cielo** Olvidarse de pronto de lo que tenía que decir o hacer. **llegar y besar el santo** Lograr a la primera lo que se pretende. **no ser** una persona **santo de la devoción** de otra Serle antipática o no inspirarle confianza. **quedarse** alguien **para vestir santos** Quedarse soltera una persona, especialmente una mujer. **tener el santo de cara** (o **de espaldas**) Tener mucha suerte o no tenerla. SIN. **1.** Sagrado. **3.** Bendito. **6.** Dichoso, maldito. ANT. **1.** Profano. **2.** Pecador. FAM. San, sanctasanctórum, santamente, santería, santero, santidad, santificar, santiguar, santísimo, santón, santoral, santuario, santurrón. / Sacrosanto.

santón *s. m.* **1.** Anacoreta de algunas religiones no cristianas. **2.** Hombre hipócrita que aparenta religiosidad. **3.** Persona con una gran influencia moral, intelectual o ideológica en un grupo o comunidad: *los santones de la cultura oficial.* SIN. **2.** Santurrón. **3.** Gurú.

santoral *s. m.* **1.** Libro que contiene la vida y obras de los santos. **2.** Lista de los santos que se conmemoran en cada día del año. **3.** Libro litúrgico que contiene los oficios de los distintos santos. SIN. **1.** Hagiografía.

santuario (del lat. *santuarium*) *s. m.* **1.** Lugar sagrado: *un santuario celta.* **2.** En particular, templo en que se venera la imagen o las reliquias de un santo, o una imagen de Cristo o de la Virgen: *el santuario de Covadonga.* **3.** P. ext., lugar destacado por alguna circunstancia que hace que merezca especial consideración o respeto: *El museo del Louvre es un santuario del arte.* **4.** Lugar donde una persona o animal tiene sus dominios o encuentra refugio y protección: *Los animales salvajes tienen en el bosque su santuario.* SIN. **4.** Sanctasanctórum.

santurrón, na *adj.* Se dice de quien muestra una devoción exagerada o falsa. También *s. m.* y *f.* SIN. Beato, fariseo, santón. FAM. Santurronería. SANTO.

santurronería *s. f.* Devoción exagerada o falsa. SIN. Gazmoñería, fariseísmo.

saña *s. f.* **1.** Insistencia cruel, malintencionada o rencorosa en el daño que se causa: *Le pegaron con saña.* **2.** Furia, rabia: *Sabiendo que defendían sus vidas, luchaban con más saña.* SIN. **1.** Crueldad, ensañamiento. **1.** y **2.** Encarnizamiento. ANT. **1.** Piedad, clemencia. FAM. Sañudo. / Ensañarse.

sañudo, da *adj.* Que actúa con saña. SIN. Cruel, rencoroso; furioso, rabioso. ANT. Clemente. FAM. Sañudamente. SAÑA.

sapear *v. tr.* **1.** *Col. fam.* Delatar. **2.** *Chile* Observar o vigilar disimuladamente.

sapelli *s. m.* **1.** Árbol tropical que alcanza hasta 30 m de altura y cuya madera se usa en ebanistería. **2.** Madera de este árbol: *una mesa de sapelli.*

sápido, da (del lat. *sapidus*) *adj.* Que tiene sabor. SIN. Sabroso. ANT. Insípido. FAM. Sapidez. / Insípido. SABOR.

sapiencia (del lat. *sapientia*) *s. f.* Sabiduría*. ■ Es palabra de uso culto o irónico. SIN. Saber, erudición. ANT. Ignorancia. FAM. Sapiencial, sapiente, sapientísimo. / Omnisapiente. SABER[1].

sapiencial (del lat. *sapientalis*) *adj.* De la sabiduría: *libro sapiencial.*

sapientísimo, ma *adj. sup.* de **sabio.** ■ Se usa en el cuento infantil o con carácter humorístico.

sapindáceo, a *adj.* **1.** Se dice de ciertas plantas dicotiledóneas leñosas de hojas compuestas, flores en racimo y fruto en cápsula, baya, carpo o drupa, que crecen en los países de clima cálido. También *s. f.* || *s. f. pl.* **2.** Familia constituida por dichas plantas.

sapo *s. m.* **1.** Nombre común de diversos anfibios anuros parecidos a la rana, de cuerpo rechoncho, piel coriácea y llena de verrugas, ojos saltones y extremidades posteriores adaptadas al salto y la natación. || **2. sapos y culebras** *fam.* Maldiciones, palabrotas: *Se enfadó mucho y empezó a soltar sapos y culebras.* FAM. Pejesapo.

saponáceo, a (del lat. *sapo, -onis,* jabón) *adj.* En lenguaje técnico y científico, jabonoso. FAM. Saponificar. JABÓN.

saponificación *s. f.* Reacción de aceites o grasas con disoluciones de hidróxidos metálicos, de la que se producen jabones y glicerina.

saponificar (del lat. *sapo, -onis,* jabón, y *facere,* hacer) *v. tr.* Convertir en jabón una grasa al tratarla con hidróxidos metálicos. También *v. prnl.* ■ Delante de *e* se escribe *qu* en lugar de *c.* FAM. Saponificable, saponificación. SAPONÁCEO.

saprófago, ga (del gr. *sapros,* podrido, y *-fago*) *adj.* Se dice de los seres vivos que se alimentan de materias orgánicas en descomposición. También *s. m.* y *f.* FAM. Saprofito.

saprofito o **saprófito, ta** (del gr. *sapros,* podrido, y *-fito*) *adj.* **1.** Se dice de la planta u otro organismo que vive sobre materia orgánica en descomposición. También *s. m.* y *f.* **2.** Se aplica a los microorganismos que viven en el tubo digestivo de otros organismos, alimentándose de sustancias en descomposición.

sapropel (del gr. *sapros*, podrido, y *pelos*, fango) *s. m.* Lodo gris o negruzco, de alto contenido orgánico, que se acumula en el fondo de lagos o mares poco profundos. Se le considera el estadio previo a la formación de petróleo y gas natural.

saque *s. m.* **1.** Acción de sacar, particularmente en los juegos de pelota. **2.** Sitio desde donde se saca la pelota. **3.** *fam.* Capacidad para comer mucho: *tener buen saque.* || **4. saque de banda** El que se realiza desde la banda o línea lateral en el fútbol y otros deportes. **5. saque de esquina** Córner*.

saqueador, ra *adj.* Que saquea. También *s. m.* y *f.*

saquear (del ital. *saccheggiare*, de *sacco*, saqueo) *v. tr.* **1.** Apoderarse violentamente una tropa, grupo de gente, etc., de todo lo que encuentran en un lugar: *Los soldados saquearon la ciudad.* **2.** *fam.* Robar o coger todo o casi todo lo que hay guardado en un sitio: *saquear la nevera.* **SIN. 1.** y **2.** Expoliar. **2.** Desvalijar. **ANT. 1.** y **2.** Respetar. **FAM.** Saqueador, saqueo. SACO.

saqueo *s. m.* Acción de saquear. **SIN.** Expolio, saco; latrocinio.

saquero, ra *adj.* **1.** Relativo a los sacos. || *s. m.* y *f.* **2.** Persona que hace o vende sacos.

sarampión (del lat. hispánico *sirimpio, -onis*, grano del sarampión) *s. m.* Enfermedad infecciosa y muy contagiosa, caracterizada por la aparición de multitud de manchitas o granitos rojos en la piel.

sarao (del lat. *sero*, tarde) *s. m.* **1.** Reunión o fiesta nocturna en que hay baile o música. **2.** *fam.* Jaleo, follón. **SIN. 1.** Juerga. **2.** Bronca.

sarape *s. m. Guat.* y *Méx.* Manta de vivos colores, generalmente con una abertura para la cabeza, que se emplea como capote.

sarasa *s. m. fam.* Hombre homosexual o afeminado.

sarazo, za *adj. And.* y *Amér.* Se dice del maíz y de otros frutos cuando empiezan a madurar.

sarcasmo (del lat. *sarcasmus*, y éste del gr. *sarkasmos*) *s. m.* **1.** Burla o ironía mordaz con la que se humilla o se hiere a alguien. **2.** Ironía amarga y pesimista: *Cuando se deprime, le da por hablar de todo con sarcasmo.* **SIN. 1.** Mordacidad, escarnio. **FAM.** Sarcásticamente, sarcástico.

sarcástico, ca *adj.* Que contiene o emplea sarcasmos. También *s. m.* y *f.*

sarcófago (del lat. *sarcophagus*, y éste del gr. *sarkophagos*, de *sarx, sarkos*, carne, y *phagein*, comer) *s. m.* Sepulcro o caja, generalmente de piedra, que contiene el cadáver de una persona. **SIN.** Urna.

sarcoma (del lat. *sarcoma*, y éste del gr. *sarx, sarkos*, carne, y *-oma*, tumor) *s. m.* Tumor maligno del tejido conjuntivo. **FAM.** Osteosarcoma.

sardana (cat., de *cerdana*, propio de Cerdaña, comarca catalana) *s. f.* **1.** Danza popular de Cataluña, que bailan varias personas tomadas de las manos y formando corro. **2.** Música de este baile.

sardina (del lat. *sardina*) *s. f.* Pez teleósteo de hasta 25 cm de longitud, cuerpo alargado y comprimido, dorso azulado y flancos plateados, mandíbula inferior saliente y el opérculo estriado. Habita en el Atlántico y el Mediterráneo y es muy utilizado como alimento, sobre todo en conserva. **FAM.** Sardinada, sardinero, sardineta.

sardinada *s. f.* Comida en la que el plato principal lo constituyen las sardinas.

sardinel (del cat. *sardinell*, sardina) *s. m.* **1.** Obra hecha con ladrillos colocados de canto y uno al lado de otro unidos por su cara mayor: *escalón a sardinel.* **2.** *Ven.* Bordillo de la acera.

sardinero, ra *adj.* **1.** Relativo a las sardinas. || *s. m.* y *f.* **2.** Persona que vende sardinas.

sardineta *s. f.* **1.** *dim.* de **sardina**. **2.** Golpe a modo de latigazo que se da con los dedos índice y medio de la mano extendidos y juntos.

sardo, da (del lat. *sardus*) *adj.* **1.** De Cerdeña, isla de Italia. También *s. m.* y *f.* || *s. m.* **2.** Lengua de origen latino hablada en Cerdeña.

sardónico, ca (del gr. *sardonikos*, convulsivo) *adj.* Irónico, sarcástico; se dice especialmente de la risa.

sarga[1] (del lat. *serica*, de seda) *s. f.* Tela cuyo tejido forma líneas diagonales.

sarga[2] *s. f.* Arbusto salicáceo de hojas estrechas y ramas semejantes a los mimbres, que crece a orillas de los ríos.

sargazo (del port. *sargaço*) *s. m.* Nombre común de diversos géneros de algas que tienen el talo ramificado y estructura laminar, una de cuyas especies forma grandes colonias en el mar de los Sargazos, del Atlántico N.

sargenta *s. f. desp.* y *fam.* Sargentona*.

sargento (del fr. *sergeant*, sirviente, y éste del lat. *serviens, -entis*) *s. m.* y *f.* **1.** Suboficial de grado inferior en la escala de mandos. **2.** *desp.* Persona mandona y autoritaria. || **3. sargento primero** Suboficial de grado superior al de sargento e inferior al de brigada. **SIN. 2.** Mangonero, dominante. **FAM.** Sargenta, sargentona.

sargentona *s. f. desp.* y *fam.* Mujer mandona. **SIN.** Sargenta.

sargo (del lat. *sargus*) *s. m.* Pez teleósteo marino de unos 20 cm de largo, con el cuerpo comprimido lateralmente, de color plateado con franjas transversales negras.

sari (hindi) *s. m.* **1.** Traje femenino típico de la India, hecho con una sola pieza de tela. **2.** Tela de seda o algodón con que se confeccionan dichos trajes.

sármata (del lat. *sarmata*) *adj.* De Sarmacia, región de la Europa antigua. También *s. m.* y *f.*

sarmentera *s. f.* Lugar donde se guardan los sarmientos para la leña.

sarmentoso, sa (del lat. *sarmentosus*) *adj.* Que se parece a los sarmientos.

sarmiento (del lat. *sarmentum*) *s. m.* **1.** Vástago o tallo de la vid, largo, delgado, flexible y nudoso, del que nacen las hojas y los racimos. **2.** P. ext., tallo leñoso de parecidas características. **FAM.** Sarmentera, sarmentoso.

sarna (del lat. tardío *sarna*) *s. f.* Enfermedad de la piel causada por el arador de la sarna, caracterizada por la aparición de gran cantidad de vesículas y pústulas que producen un intenso picor. **FAM.** Sarnoso.

sarnoso, sa *adj.* Que tiene sarna. También *s. m.* y *f.*

sarong (malayo) *s. m.* Vestido malayo, masculino y femenino, que consiste en una pieza de tela con que se envuelve el cuerpo.

sarpullido (del ant. *sarpullo*, y éste del lat. vulg. *serpuculus*, del lat. *serpere*, propagarse) *s. m.* **1.** Erupción de la piel, leve y pasajera. **2.** Señales que dejan las picaduras de las pulgas en la piel. ■ Se dice también *salpullido.*

sarraceno, na (del ár. *sharqiyyin*, de *sharqi*, oriental) *adj.* **1.** De una tribu que habitaba en el N de Arabia. También *s. m.* y *f.* **2.** Moro, musulmán. **SIN. 2.** Mahometano, árabe.

sarracina (de *sarraceno*) *s. f.* **1.** Riña o pelea, especialmente la que es confusa y entre muchas personas. **2.** P. ext., lucha en que hay muertos o heridos. **3.** Destrozo grande. **4.** *fam.* Castigo o suspenso generalizado. SIN. **1.** Tumulto, bronca, pendencia. **2.** Hecatombe, matanza. **3.** Estrago, degollina. **4.** Escabechina.

sarro *s. m.* **1.** Sedimento que dejan en las paredes de los recipientes algunos líquidos con sustancias en suspensión o disueltas. **2.** Sustancia amarillenta de naturaleza calcárea que se adhiere al esmalte de los dientes. **3.** Capa blanquecina que recubre la lengua cuando se dice que está sucia. SIN. **3.** Saburra. FAM. Sarroso.

sarta (del lat. vulg. *sarta*, y éste del lat. *serta*, entrelazada) *s. f.* **1.** Conjunto de cosas enlazadas una detrás de otra mediante un hilo, una cadena, una cuerda, etc.: *una sarta de perlas.* **2.** Retahíla, sucesión: *Todo su discurso no fue más que una sarta de disparates.* SIN. **1.** Ristra, hilera. **1.** y **2.** Rosario. FAM. Ensartar.

sartén (del lat. *sartago, -inis*) *s. f.* **1.** Utensilio de cocina que consiste en un recipiente redondo y de poco fondo, provisto de mango, y que se usa para freír. **2.** Sartenada*. || LOC. **tener** alguien **la sartén por el mango** *fam.* Dominar la situación, con autoridad sobre los demás o poder para tomar decisiones. FAM. Sartenada, sartenazo.

sartenada *s. f.* Cantidad de comida que cabe o se fríe de una vez en la sartén: *Llevo fritas dos sartenadas de migas.*

sartorio (del lat. *sartor, -oris*, sastre) *adj.* Se dice del músculo que se extiende oblicuamente a lo largo de las caras anterior e interna del muslo. También *s. m.*

sasánida *adj.* De la dinastía que gobernó en Persia desde el año 224 hasta su destrucción por el Islam en el 651, y del imperio que constituyó. También *s. m.* y *f.*

sastre, tra (del lat. *sartor, -oris*) *s. m.* y *f.* **1.** Persona que confecciona trajes, generalmente de hombre. || *s. f.* **2.** En un teatro, mujer que cuida y arregla el vestuario de los actores y les ayuda a vestirse. || *s. m.* **3.** En aposición, se aplica a prendas de mujer, como chaquetas, trajes, etc., de línea masculina. FAM. Sastrería.

sastrería *s. f.* **1.** Taller del sastre. **2.** Oficio de sastre.

satanás o **satán** *s. m.* Lucifer, príncipe de los demonios. ■ Suele escribirse con mayúscula. FAM. Satánico.

satánico, ca *adj.* **1.** Relativo a Satanás: *ritos satánicos.* **2.** Muy malvado, a la vez que astuto e inteligente: *una mente satánica.* SIN. **1.** Demoniaco. **1.** y **2.** Diabólico. ANT. **1.** y **2.** Angelical. FAM. Satanismo, satanizar. SATANÁS.

satanismo *s. m.* **1.** Conjunto de creencias, prácticas y ritos relacionados con Satanás o consagrados a su culto. **2.** Perversidad, maldad satánicas.

satanizar *v. tr.* Dar o atribuir carácter satánico. ■ Delante de *e* se escribe *c* en lugar de *z*.

satélite (del lat. *satelles, -itis*) *s. m.* **1.** Cuerpo celeste que gira alrededor de un planeta, p. ej. la Luna respecto de la Tierra. **2.** Persona que sigue o acompaña a otra a todas partes o depende de ella: *Apareció el cacique del pueblo rodeado de sus satélites y aduladores.* **3.** Estado independiente que, sin embargo, está sometido económica, política o militarmente a otro más poderoso. ■ Se usa mucho en aposición: *los países satélites de Estados Unidos.* || **4. ciudad satélite** Población próxima a una gran ciudad, con administración propia, pero vinculada a aquélla por una serie de intereses. **5. satélite artificial** Vehículo espacial que se pone en órbita alrededor de un planeta o satélite natural con diversos fines: científicos (meteorológicos o de exploración), militares o de telecomunicaciones. || LOC. **vía satélite** *adj.* y *adv.* Se dice de las comunicaciones o transmisiones realizadas de una parte a otra del mundo a través de un satélite de telecomunicaciones en órbita alrededor de la Tierra. SIN. **2.** Adlátere, comparsa.

satén (del fr. *satin*, y éste del ár. vulg. *zaituni*, de *Zaitum*, nombre ár. de la ciudad china de Tseuthung) *s. m.* Tela de seda o algodón parecida al raso, pero de menor calidad que éste, que se emplea mucho para hacer forros. FAM. Satín, satinar.

satín *s. m. Amér.* Satén*.

satinado, da 1. *p.* de **satinar**. || *adj.* **2.** Con el brillo de la seda; se aplica sobre todo al papel. SIN. **2.** Lustroso, terso, pulido.

satinadora *s. f.* Calandria utilizada para satinar papel.

satinar (del fr. *satiner*, de *satin*, satén) *v. tr.* Dar brillo al papel o a la tela, prensándolos. FAM. Satinado, satinador, satinadora. SATÉN.

sátira (del lat. *satura*, olla podrida de diversos alimentos) *s. f.* **1.** Composición literaria, en prosa o verso, que ridiculiza o censura a alguien o algo. **2.** P. ext., comentario, discurso, burla, obra, etc., ingenioso y agudo, con ese mismo fin: *Su película es una sátira contra la burguesía.* SIN. **1.** y **2.** Diatriba, invectiva, crítica. ANT. **1.** y **2.** Apología. **2.** Elogio. FAM. Satíricamente, satírico, satirizar.

satírico, ca *adj.* **1.** De la sátira: *poemilla satírico.* **2.** Que ridiculiza o censura a alguien o algo. También *s. m.* y *f.* **3.** Del sátiro o relacionado con él. SIN. **1.** Epigramático. **2.** Cáustico, sarcástico, mordaz. ANT. **1.** Panegírico, apologético. **2.** Ensalzador, ponderador.

satirizar *v. tr.* Hacer a alguien o algo objeto de una sátira. ■ Delante de *e* se escribe *c* en lugar de *z*. SIN. Criticar, ridiculizar. ANT. Elogiar. FAM. Satirizante. SÁTIRA.

sátiro (del lat. *satyrus*, y éste del gr. *satyros*) *s. m.* **1.** En la mitología griega, genio de la naturaleza, mitad hombre, mitad macho cabrío, que habitaba en los bosques y se caracterizaba por su lujuria. **2.** Hombre lujurioso, especialmente el que molesta a las mujeres.

satisfacción (del lat. *satisfactio, -onis*) *s. f.* **1.** Acción de satisfacer o satisfacerse. **2.** Gusto, placer, contento: *Por su cara de satisfacción debe de estar pasándolo muy bien.* **3.** Realización de un deseo o gusto: *Me di la satisfacción de decirle lo que pensaba de él.* **4.** Disculpa, explicación o acto con que alguien pretende remediar un daño, ofensa, etc., causado a otro: *Si no me dan una satisfacción, no volveré jamás.* SIN. **2.** Regocijo, complacencia, gozo. **3.** Gustazo. **4.** Excusa, reparación. ANT. **2.** y **3.** Disgusto.

satisfacer (del lat. *satisfacere*, de *satis*, bastante, y *facere*, hacer) *v. tr.* **1.** Hacer que cese una necesidad, deseo o pasión proporcionando lo que se necesita, desea, etc.: *satisfacer la sed bebiendo.* **2.** Realizar una aspiración o deseo: *Ha satisfecho el sueño de su vida.* **3.** Dar respuesta o solución a una pregunta, duda, problema, etc.: *Tu explicación satisface mi curiosidad.* **4.** Tener alguien o algo las condiciones o exigencias que se piden o necesitan: *El candidato satisface todos los requisitos.* **5.** Pagar, abonar: *satisfacer una deuda.* **6.** Compensar a alguien por una pérdida, daño, ofensa o agravio, cumplir la pena impuesta, etc.: *¿Ahora quién va a satisfacerme de todo este destrozo? Sus disculpas me han satisfecho.* || *v. intr.* **7.** Gustar, complacer: *Me satisface poder ayudarles.* **8.** Convencer, dejar conforme: *Ninguna oferta le satisfizo plenamente.* || **satisfacerse** *v. prnl.* **9.** Conformarse o contentarse con algo: *Es muy exigente y no se satisface con cualquier cosa.* **10.** Vengarse de una ofensa o agravio: *Meditaba el modo de satisfacerse de esa humillación.* ■ Es v. irreg. Se conjuga como *hacer*, salvo la 2.ª pers. del sing. del imperativo, que es *satisfaz* o *satisface*. SIN. **1.** Calmar, apagar, mitigar, aplacar. **3.** Contestar, responder, explicar. **4.** Reunir, cubrir. **5.** Saldar. **6.** Indemnizar, reparar, desagraviar. **6.** y **10.** Resarcir(se). **7.** Agradar, encantar, entusiasmar. ANT. **1.** Excitar, avivar. **2.** Frustrar. **4.** Carecer. **5.** Deber. **7.** Disgustar. FAM. Satisfacción, satisfactorio, satisfecho.

satisfactorio, ria (del lat. *satisfactorius*) *adj.* **1.** Que satisface: *Los resultados han sido satisfactorios. Fue una experiencia muy satisfactoria.* **2.** Bueno, positivo, favorable: *El estado del enfermo es satisfactorio.* SIN. **1.** Correcto, adecuado; agradable. ANT. **1.** Insuficiente. **2.** Desfavorable. FAM. Satisfactoriamente. SATISFACER.

satisfecho, cha (del lat. *satisfactus*) **1.** *p.* irreg. de **satisfacer.** || *adj.* **2.** Conforme, complacido, contento: *Estoy satisfecho con la vida que llevo.* **3.** Que ha calmado alguna necesidad o deseo: *No quiero comer más, me he quedado satisfecho.* **4.** Orgulloso, ufano: *Mira qué satisfecho va en su cochazo.* SIN. **3.** Harto, saciado, lleno. **4.** Engreído, hinchado. ANT. **2.** y **3.** Insatisfecho. FAM. Insatisfecho. SATISFACER.

sátrapa (del lat. *satrapa*, éste del gr. *satrapes*, y éste del ant. persa *sahrabh*, oficial del emperador) *s. m.* **1.** En la antigua Persia, gobernador de una provincia. **2.** *fam.* Persona que lleva una vida de lujos. **3.** Persona que gobierna o manda abusando de su autoridad o poder.

saturación (del lat. *saturatio, -onis*) *s. f.* **1.** Acción de saturar o saturarse. **2.** Exceso de existencias de una mercancía en el mercado. **3.** En la televisión en colores, proporción en que cada uno de éstos está mezclado con el blanco. **4.** En quím., estado de una disolución cuando no puede admitir más soluto.

saturar (del lat. *saturare*) *v. tr.* **1.** Llenar, ocupar o utilizar algo hasta el límite de su capacidad: *saturar el mercado con un producto, saturar las líneas telefónicas, saturar de trabajo a los empleados.* También *v. prnl.* **2.** Empapar o disolver una cosa en otra hasta agotar la capacidad de asimilación de ésta. También *v. prnl.* **3.** En quím., combinar dos sustancias o elementos en las proporciones atómicas máximas en que pueden unirse. También *v. prnl.* SIN. **1.** Colmar(se), abarrotar(se), cargar(se). ANT. **1.** Vaciar(se), aligerar(se). FAM. Saturable, saturación, saturado. / Insaturado.

saturnal (del lat. *saturnalis*) *adj.* **1.** Relativo a Saturno. || *s. f.* **2.** Orgía*. || *s. f. pl.* **3.** En la antigua Roma, fiestas dedicadas al dios Saturno, que se celebraban durante los últimos días del año. SIN. **2.** Bacanal. FAM. Saturnismo.

saturnismo *s. m.* Enfermedad crónica producida por intoxicación con plomo.

sauce (del lat. *salix, -icis*) *s. m.* Nombre común de diversas especies de árboles o arbustos de la familia salicáceas que crecen en las orillas de los ríos y terrenos húmedos. Los más conocidos son: el sauce blanco, que tiene ramitas jóvenes de color amarillo que al madurar se vuelven oliváceas, hojas lanceoladas, cubiertas de vello blanquecino en su envés, y tronco grisáceo; el sauce enano, un arbusto de hojas verde azuladas que crece en praderas de clima frío del hemisferio N, y el sauce llorón, que se caracteriza por sus ramas largas, flexibles y colgantes y se emplea como planta ornamental. FAM. Sauceda, saucedal. / Salce, salicáceo, salicilato, salicílico.

saucedal o **sauceda** *s. m.* o *f.* Lugar poblado de sauces. SIN. Salceda, salcedo.

saúco (del lat. *sabucus*) *s. m.* **1.** Arbusto que mide entre 3 y 10 m de altura, tiene inflorescencias aplanadas, blancas o amarillentas, y frutos en forma de pequeñas bayas. Crece en zonas montañosas del N y centro de Europa. **2.** Segunda tapa de las que se componen los cascos de los caballos. SIN. **1.** Sabuco.

saudade (gallegoportugués) *s. f.* Nostalgia, añoranza, morriña.

saudí o **saudita** *adj.* De Arabia Saudí. También *s. m.* y *f.* ■ El pl. de *saudí* es *saudíes*, aunque también se utiliza *saudís*.

sauna (finlandés) *s. f.* **1.** Baño de vapor a altas temperaturas que se toma para provocar abundante sudor y así eliminar impurezas y refrescar la piel. **2.** Local donde se toma.

saurio (del lat. *saurus*, y éste del gr. *sauros*, lagarto) *adj.* **1.** Se dice de los reptiles que tienen generalmente cuatro patas y cola larga, con el cuerpo cubierto de escamas epidérmicas, ojos con párpados, sangre fría y respiración pulmonar, como lagartos, lagartijas, dragones, etc. También *s. m.* || *s. m. pl.* **2.** Suborden formado por dichos reptiles, denominados también *lacertilios*. FAM. Branquiosaurio, brontosaurio, dinosaurio, estegosaurio, plesiosauro, pterosaurio, tiranosaurio.

savia (del lat. *sapa*, mosto) *s. f.* **1.** Sustancia líquida que circula por los vasos o conductos de las plantas superiores, compuesta por una disolución en agua de diversas materias de las que se nutre la planta. **2.** Persona o elemento que da vitalidad o energía a algo.

savoir faire (fr., significa 'saber hacer') *loc.* Comportarse con habilidad y tacto.

savoir vivre (fr., significa 'saber vivir') *loc.* Disfrutar de los placeres exquisitos de la vida.

saxo *s. m. apóc.* de **saxofón**.

saxofón o **saxófono** (del ingl. *saxophone*, y éste de *Sax*, nombre de su inventor, y el gr. *phone*, sonido) *s. m.* **1.** Instrumento musical de viento de la familia del metal, de embocadura sencilla y tubo cónico, en forma curvada sinuosa, muy utilizado en la música de jazz. **2.** Persona que toca dicho instrumento. ■ A veces se emplea la forma apocopada *saxo*. SIN. **2.** Saxofonista. FAM. Saxo, saxofonista.

saya (del lat. vulg. *sagia*, y éste del lat. *sagum*, manto o casaca militar) *s. f.* Falda o enagua. FAM. Sayal, sayo.

sayagués *s. m.* En el teatro y la literatura del Siglo de Oro, lenguaje de carácter rústico que pretendía imitar el habla de la comarca de Sayago, en la provincia de Zamora, y que caracterizaba a personajes de aldeanos toscos.

sayal *s. m.* **1.** Tela de lana basta. **2.** Prenda de vestir confeccionada con esta tela. SIN. **1.** Estameña.

sayo (del lat. *sagum*, manto, casaca militar) *s. m.* **1.** Especie de casaca antigua, larga y sin botones. **2.** *fam.* Cualquier vestido excesivamente amplio.

sayón (del gót. *sagjis*, y éste del germ. *sagjan*, comunicar) *s. m.* **1.** Verdugo que ejecutaba los castigos corporales a los reos. **2.** Cofrade que en las procesiones de Semana Santa va vestido con una túnica larga. **3.** *fam.* Hombre de aspecto fiero. **4.** En la Edad Media, oficial de justicia que hacía las citaciones y ejecutaba los embargos. **SIN. 2.** Penitente.

sazón (del lat. *satio*, *-onis*, siembra o tiempo de siembra) *s. f.* **1.** Estado de madurez o perfección de algo que se desarrolla o cambia: *En esta época las vides están en sazón.* **2.** Sabor que se da a las comidas con los diversos ingredientes para hacerlas más sabrosas: *Añadir sal y pimienta hasta darle el punto de sazón.* **3.** Ocasión o momento oportuno para algo. || **LOC. a la sazón** *adv.* Por entonces, en ese momento o época. **SIN. 1.** Punto, plenitud. **FAM.** Sazonar. / Desazón.

sazonador, ra *adj.* Se dice de lo que sazona. También *s. m.*: *El orégano es un buen sazonador para el tomate.*

sazonar *v. tr.* **1.** Condimentar o dar sazón a una comida. **2.** Poner algo en su punto o estado de madurez o perfección. También *v. prnl.* **SIN. 1.** Aderezar. **2.** Madurar. **FAM.** Sazonado, sazonador. SAZÓN.

scalextric (nombre comercial registrado) *s. m.* Escaléxtric*.

scanner (ingl.) *s. m.* Escáner*.

scay *s. m.* Skay*.

scherzo (ital., significa 'juego') *s. m.* Pieza musical de ritmo vivo y carácter alegre.

schnauzer (al.) *s. m.* y *f.* Raza de perros parecidos al terrier, de tamaño considerable y pelo lanoso.

scooter (ingl.) *s. m.* Motocicleta de pequeño tamaño y poca cilindrada, con el motor cubierto, en la cual el conductor va sentado en un asiento en lugar de ir montado como en una motocicleta normal.

-scopia (del gr. *skopea*, examinar) *suf.* Significa 'observar, examinar': *radioscopia.*

-scopio (del gr. *skopeo*, ver) *suf.* Significa 'instrumento para observar o examinar': *microscopio.* ■ Existe también la variante *-scopo*: *giróscopo.*

score (ingl.) *s. m. Arg.* En deportes de competición, tanteo, marcador.

scotch (ingl.) *s. m.* Escocés, whisky escocés.

scout (ingl.) *s. m.* **1.** Miembro de una organización fundada en Inglaterra cuyas actividades buscan la práctica en común de ejercicios al aire libre que fomenten el compañerismo y la disciplina. **2.** En pl., designa a la propia organización. **SIN. 1.** Boy scout, girl scout. **2.** Boy scouts.

scratch *s. m.* Técnica de pinchadiscos, que consiste en hacer girar manualmente el plato hacia delante o hacia atrás.

script (ingl.) *s. m.* y *f.* En un rodaje cinematográfico, persona que se encarga de anotar todos los datos y detalles de las escenas filmadas.

scruchante *s. m. Arg.* Ladrón.

se[1] (del lat. *se*) *pron. pers.*, *reflex.*, *recípr.*, *m.* y *f.* **1.** Forma de tercera persona singular y plural que funciona como complemento directo e indirecto: *Se peina a raya. Se está lavando las manos.* || *pron. pers.* **2.** Forma parte de algunos verbos pronominales, como p. ej. *arrepentirse*, *acordarse*, etc. **3.** Aparece con algunos verbos como elemento enfático o expresivo: *Se comió un pastel.* ■ En las tres acepciones anteriores, aunque puede usarse como enclítico en lenguaje arcaizante o literario, su posición habitual es antepuesto al verbo, excepto con el infinitivo, el gerundio y el imperativo: *Cuidado, no vaya a caerse. Está lavándose. Váyanse, por favor.* **4.** Se usa también para formar construcciones impersonales y de pasiva refleja: *Se dice que va a haber cambio de gobierno. Se cerraron todas las tiendas.*

se[2] (del lat. *illi*, dativo de *ille*) *pron. pers.*, *m.* y *f.* Forma de tercera persona singular y plural que funciona como complemento indirecto cuando aparece combinado con los pronombres de complemento directo *lo*, *la* y sus plurales. ■ Va siempre antepuesto a dichos pronombres: *Se lo dije ayer. Dáselos.*

seaborgio (del apellido del premio Nobel estadounidense Glenn *Seaborg*) *s. m.* Elemento químico perteneciente al grupo VI B de la tabla periódica. Es un elemento radiactivo obtenido artificialmente mediante el bombardeo de átomos de californio con oxígeno. Su símbolo es *Sg.*

sebáceo, a *adj.* **1.** De sebo o que tiene sus características. **2.** Se aplica a la glándula que segrega la grasa que lubrica el pelo y la piel. **SIN. 1.** Graso, grasiento, seboso.

sebo (del lat. *sebum*) *s. m.* **1.** Grasa sólida que se saca de los animales y que se destina a diversos usos, p. ej. para hacer velas y jabón. **2.** Cualquier tipo de gordura o exceso de grasa en las personas o en los animales. **3.** Sustancia grasienta que segregan las glándulas sebáceas. **4.** Suciedad grasienta. **SIN. 2.** Adiposidad. **FAM.** Sebáceo, seborragia, seborrea, seboso.

seborrea o **seborragia** (del lat. *sebum*, sebo, y del gr. *rheo*, fluir) *s. f.* Aumento anormal de la secreción de las glándulas sebáceas de la piel o del cuero cabelludo. **FAM.** Seborreico. SEBO.

seborreico, ca *adj.* De la seborrea o que la padece.

seboso, sa *adj.* **1.** Que contiene sebo. **2.** Que está sucio de grasa. **SIN. 2.** Mugriento.

seca (del lat. *sicca*, de *siccus*, seco) *s. f.* **1.** Sequía*. **2.** Periodo durante el cual se secan las pústulas de una enfermedad. **3.** Infarto de una glándula.

secadero (del lat. *siccatorium*) *s. m.* **1.** Lugar en que se secan natural o artificialmente frutos u otros productos. **2.** Aparato o instalación para el secado de cuerpos sólidos.

secado, da 1. *p.* de **secar**. También *adj.* || *s. m.* **2.** Acción de secar.

secador, ra *adj.* Que seca; se aplica particularmente a los diversos aparatos y máquinas que sirven para secar. Se usa más como *s. m.* y *f.*: *secador de pelo, secador de manos, secadora de ropa.*

secafirmas *s. m.* Útil de escritorio provisto de papel secante, para secar lo que se escribe. ■ No varía en *pl.*

secamanos *s. m.* Aparato eléctrico que expulsa aire y sirve para secarse las manos. ■ No varía en *pl.*

secano (del lat. *siccanus*) *s. m.* Tierra de cultivo que no tiene riego y sólo recibe el agua de la lluvia. **ANT.** Regadío.

secante[1] (del lat. *siccans*, *-antis*) *adj.* **1.** Que seca o sirve para secar: *unos polvos secantes.* **2.** En particular, se aplica a cierto papel poroso que se utiliza para secar la tinta fresca de un escrito. También *s. m.* || *s. m.* **3.** Sustancia que se añade a la pintura para hacer que ésta se seque más rápidamente. **4.** En fútbol, jugador encargado de marcar a un contrario e interceptar su juego.

secante[2] (del lat. *secans*, *-antis*) *adj.* Se aplica a las líneas o superficies que cortan a otras: *recta secante de una circunferencia, de un ángulo, de un arco.* También *s. f.* **FAM.** Sección. / Cosecante, disecar. SEGAR.

secapelos *s. m. fam.* Secador* del pelo. ■ No varía en *pl.*

secar (del lat. *siccare*) *v. tr.* Hacer que alguien o algo quede seco: *secar la ropa, un pantano.* También *v. prnl.*: *secarse una fuente, una planta.* ■ Delante de *e* se escribe *qu* en lugar de *c.* **SIN.** Resecar(se), enjugar, desecar(se); marchitar(se), agostar(se), cicatrizar(se); embotar(se). **ANT.** Humedecer(se), mojar(se); avivar(se). **FAM.** Secado, secador, secafirmas, secamanos, secamiento, secante[1], secapelos. / Desecar. SECO.

secarral *s. m.* Terreno muy seco. **SIN.** Erial.

sección (del lat. *sectio, -onis*) *s. f.* **1.** Cada una de las partes o grupos en que se divide, o se considera dividido, un todo o un conjunto de personas o cosas, p. ej. una empresa, unos grandes almacenes, etc. **2.** En el ejército, cada una de las tres unidades de que se compone una compañía, un escuadrón o una escuadrilla, mandada generalmente por un teniente o un alférez. **3.** Dibujo o representación de algo como si estuviese cortado por un plano, para mostrar su interior, su funcionamiento, su composición, etc. **4.** En geom., figura que resulta de la intersección de una superficie o un cuerpo con otra superficie. **5.** Corte o separación hecha en un cuerpo sólido mediante un instrumento cortante. **SIN. 1.** Departamento, sector. **FAM.** Seccional, seccionar. / Disección, intersección, resección, sector, vivisección. SECANTE[2].

seccional *s. f. Col.* Oficina administrativa que depende de una entidad superior; delegación.

seccionar *v. tr.* **1.** Cortar, separar: *La máquina le seccionó un dedo.* **2.** Dividir algo en secciones. **SIN. 1.** Amputar, cercenar. **2.** Fraccionar, segmentar. **ANT. 2.** Unir. **FAM.** Seccionador. SECCIÓN.

secesión (del lat. *secessio, -onis*) *s. f.* **1.** Separación política de parte de la población y el territorio de un país para independizarse o unirse a otro. **2.** P. ext., separación de un grupo de personas del todo o conjunto del que formaban parte. **SIN. 1.** Independencia, emancipación. **1.** y **2.** Escisión. **ANT. 1.** y **2.** Unión. **FAM.** Secesionismo. CESIÓN.

secesionismo *s. m.* Tendencia u opinión favorable a la secesión. **FAM.** Secesionista. SECESIÓN.

secesionista *adj.* **1.** De la secesión. **2.** Partidario de la secesión. **SIN. 2.** Separatista. **ANT. 2.** Unionista.

seco, ca (del lat. *siccus*) *adj.* **1.** Que no está húmedo o mojado. **2.** Aplicado a fuentes, ríos, lagos, etc., sin agua. **3.** Se dice del tiempo meteorológico, el clima, la zona, la época del año, etc., caracterizados por la falta de lluvias o por la escasa humedad en la atmósfera. **4.** Se dice de los frutos que de por sí no tienen jugo o de aquellos a los que se les ha quitado o se ha dejado que se consuma: *Las avellanas y las pipas son frutos secos. Compré higos secos.* **5.** Se aplica a las plantas o a las partes de éstas que están muertas por haberse quedado sin savia. **6.** Aplicado a la piel o al pelo, con muy poca grasa. **7.** Se dice de la tos que no va acompañada de expectoraciones. **8.** Se aplica a los vinos, y a otras bebidas o combinados alcohólicos, que tienen un sabor poco dulce. **9.** *fam.* Muerto: *Lo dejó seco de un disparo.* **10.** Muy impresionado: *La noticia me dejó seco.* **11.** Poco expresivo, poco amable o afectuoso. **12.** Que ha perdido capacidad de sentir o pensar: *Tiene el cerebro seco de tanto estudiar.* **13.** Se dice del golpe fuerte y rápido que apenas retumba. **14.** Flaco, de pocas carnes. **15.** Solo, sin acompañamiento ni añadidos: *Estaba comiendo pan seco.* **16.** Estéril: *un vientre de mujer seco.* **17.** Que se hace sin explicación o sin que pueda ser discutido: *una negativa seca.* || *s. m.* **18.** *Chile* Golpe, coscorrón, puñetazo. || **LOC. a secas** *adv.* Sólo, sin más cosas: *Se llama José, a secas.* **en seco** *adj.* y *adv.* Referido a la interrupción de una acción, bruscamente: *parar en seco.* **estar** uno **seco** *fam.* Tener mucha sed. **SIN. 1.** Reseco. **3.** Árido. **5.** Marchito, mustio, agostado. **11.** Frío, brusco, adusto. **12.** Embotado. **14.** Amojamado. **17.** Categórico, tajante. **ANT. 1.** Empapado, calado. **3.** Lluvioso. **5.** Verde. **6.** Graso. **11.** Cálido, cordial. **14.** Gordo. **16.** Fértil. **FAM.** Seca, secadero, secamente, secano, secar, secarral, sequedad, sequedal, sequía, sequillo. / Lavaseco, reseco.

secoya *s. f.* Secuoya*.

secreción (del lat. *secretio, -onis*, separación) *s. f.* **1.** Acción de secretar o segregar. **2.** Sustancia que se segrega. **SIN. 1.** Segregación. **2.** Humor.

secretar (del lat. *secretum*, de *secernere*, segregar) *v. tr.* Segregar una glándula cierta sustancia. **FAM.** Secreción, secretor, secretorio.

secretaría *s. f.* **1.** Cargo y oficina del secretario. **2.** Sección de un organismo, institución o empresa que se ocupa fundamentalmente de tareas administrativas. || **3. secretaría de Estado** Cargo del secretario de Estado y lugar donde dicho secretario despacha sus asuntos. **4. secretaría general** Cargo del máximo dirigente de un partido político, sindicato, etc. **SIN. 1.** Secretariado.

secretariado *s. m.* **1.** Conjunto de estudios necesarios para ser secretario, como mecanografía, taquigrafía, tratamiento de correspondencia y documentos, etc. **2.** Puesto o cargo de secretario. **3.** Conjunto de personas que desempeñan este puesto o cargo. **4.** Organismo central de carácter cultural, social, político, etc., que dirige y coordina la actividad de diversas entidades dependientes del mismo: *secretariado del medio ambiente.* **SIN. 2.** Secretaría.

secretario, ria (del lat. *secretarius*) *s. m.* y *f.* **1.** Persona encargada de diversas tareas organizativas y de ayuda que puede trabajar en una empresa u organismo o para una sola persona. || **2. secretario de Estado** En España, persona que ocupa un cargo de categoría intermedia entre el ministro y el subsecretario y está encargada de dirigir una unidad o sección concreta del ministerio al que está adscrito. En otros países, cargo equivalente al de ministro: *el secretario de Estado para el Deporte.* **3. secretario general** Máximo dirigente de algunos partidos políticos, sindicatos, etc. **FAM.** Secretaría, secretariado. / Subsecretario, vicesecretario.

secretear *v. intr. fam.* Hablar dos o más personas en secreto o en voz baja para que las demás no se enteren. **SIN.** Chismorrear. **FAM.** Secreteo. SECRETO.

secreter (del fr. *secrétaire*) *s. m.* Mueble con un tablero para escribir y varios cajoncitos para guardar papeles. **SIN.** Escritorio, buró, bufete.

secretismo *s. m.* Tendencia a actuar en secreto o a escondidas.

secreto, ta (del lat. *secretum*) *adj.* **1.** Se dice de lo que sólo conocen unos pocos y no se muestra ni comunica a los demás. También *s. m.*: *guardar un secreto.* || *s. m.* **2.** Cosa oculta o escondida, imposible o difícil de conocer o que aún no se conoce: *los secretos del universo.* **3.** Reserva, discreción: *Han llevado el asunto con gran secreto.* **4.** Escondite o departamento oculto que tienen algunos muebles. **5.** En algunas cerraduras, mecanismo cuyo manejo es imprescindible conocer de antemano para poder abrirlas. || **6. secreto a voces** *fam.* El que se pretende considerar como tal cuando en realidad ya lo conoce mucha gente. **7. secreto profesional** El que ciertos profesionales, como médicos, abogados, periodistas, etc., tienen el derecho y el deber de mantener, referido a diversos aspectos de su actividad. **SIN. 1.** Confidencial, reservado; confidencia. **2.** Enigma, misterio, arcano. **3.** Sigilo. **ANT. 1.** Manifiesto, conocido. **FAM.** Secretamente, secretear, secretismo.

secretor, ra o **secretorio, ria** *adj.* Se aplica al órgano o glándula del cuerpo que segrega una sustancia.

secta (del lat. *secta*) *s. f.* **1.** Comunidad religiosa que, en sus creencias, ritos, etc., se aparta de otra en la que estaba integrada. **2.** P. ext., conjunto de seguidores de una doctrina, filosofía o religión considerada falsa o peligrosa por el que habla. **3.** *desp.* Sociedad secreta o partido político minoritario y extremista. **SIN. 3.** Facción. **FAM.** Sectario.

sectario, ria (del lat. *sectarius*) *adj.* **1.** Seguidor de una secta. También *s. m.* y *f.* **2.** Que defiende fanáticamente una doctrina, idea, partido, etc.: *actitud sectaria, política sectaria.* También *s. m.* y *f.* **SIN. 2.** Partidista. **FAM.** Sectarismo. SECTA.

sectarismo *s. m.* Cualidad o actitud de sectario. **SIN.** Partidismo.

sector (del lat. *sector, -oris*) *s. m.* **1.** Cada una de las distintas partes de una ciudad, un local o cualquier otro lugar. **2.** Cada parte que se aprecia como distinta en una colectividad, conjunto, grupo, actividad, etc. **3.** En econ., cada uno de los campos o unidades diferenciados en que se divide la actividad productiva de un país, región, etc. **4.** En geom., porción de círculo comprendida entre un arco y los dos radios que pasan por sus extremos. También, porción de una esfera comprendida entre un casquete y la superficie cónica formada por los radios que terminan en su borde. || **5. sector cuaternario** Sector económico que abarca las actividades destinadas a satisfacer las necesidades relacionadas con el ocio, como los espectáculos, la información, la gastronomía, el turismo, etc. **6. sector primario** Sector económico que incluye las actividades productivas que apenas realizan transformaciones: agricultura, ganadería, pesca, minería y recursos forestales. **7. sector secundario** Sector económico que comprende las actividades productivas relacionadas con la industria (transformación de los productos y las materias primas) y la construcción. **8. sector terciario** Sector económico que incluye las actividades de servicios: transporte, comercio, sanidad, cultura, administración, etc. **SIN. 1.** Zona. **2.** División. **FAM.** Sectorial, sectorizar. / Bisector, multisectorial. SECCIÓN.

sectorial *adj.* **1.** Relativo a un sector. **2.** Organizado o dividido en sectores.

sectorizar *v. tr.* **1.** *Ven.* Organizar algo dividiéndolo en sectores. **2.** *Arg.* y *Urug.* Hacer que se divida un grupo de personas. También *v. prnl.* ■ Delante de *e* se escribe *c* en lugar de *z*.

secuaz (del lat. *sequax, -acis*) *s. m.* y *f. desp.* Seguidor de alguien, de sus ideas, etc. **SIN.** Esbirro, acólito. **ANT.** Enemigo.

secuela (del lat. *sequela*) *s. f.* Consecuencia o resultado, generalmente negativo, de un hecho, particularmente de una enfermedad o accidente.

secuencia (del lat. *sequentia*, continuación, de *sequi*, seguir) *s. f.* **1.** Sucesión de cosas o elementos que siguen un orden o guardan relación entre sí. **2.** Sucesión ininterrumpida de planos o escenas de una película o filmación que forman un conjunto y poseen una unidad temática o estructural. **SIN. 1.** Serie, continuo. **FAM.** Secuencial, secuenciar. SEGUIR.

secuencial *adj.* **1.** Relativo a la secuencia. **2.** Se aplica al sistema de televisión en que las tres imágenes de colores fundamentales se transmiten sucesivamente y no a la vez.

secuenciar *v. tr.* Establecer una secuencia o sucesión de cosas que tienen relación entre sí.

secuestrado, da 1. *p.* de **secuestrar**. || *adj.* **2.** Aprehendido y retenido por la fuerza. También *s. m.* y *f.*

secuestrador, ra *s. m.* y *f.* Se dice de quien secuestra. También *s. m.* y *f.* **SIN.** Raptor.

secuestrar (del lat. *sequestrare*) *v. tr.* **1.** Coger y retener por la fuerza a alguien para pedir dinero u otra cosa por dejarle en libertad. **2.** Tomar por las armas el mando de un vehículo, generalmente un avión, reteniendo como rehenes a la tripulación y los pasajeros para pedir un rescate o exigir que se cumplan ciertas condiciones. **3.** Retirar de la circulación o retener la autoridad alguna cosa por orden judicial: *El juez ordenó secuestrar la edición de ese periódico.* **SIN. 1.** Raptar. **3.** Embargar. **ANT. 1.** Liberar. **FAM.** Secuestrado, secuestrador, secuestro.

secuestro (del lat. *sequestrum*) *s. m.* Acción de secuestrar. **SIN.** Embargo, rapto.

secular (del lat. *saecularis*, de *saeculum*, siglo) *adj.* **1.** No eclesiástico ni monacal o religioso: *brazo secular, tribunal secular.* **2.** Se aplica a los sacerdotes que no viven en conventos o sujetos a una regla: *clero secular.* **3.** Que dura un siglo o existe desde hace siglos: *una tradición secular.* **SIN. 1.** Seglar, laico, civil. **3.** Centenario. **ANT. 2.** Regular. **3.** Reciente. **FAM.** Secularidad, secularizar, secularmente. / Finisecular, multisecular, seglar. SIGLO.

secularización *s. f.* **1.** Acción de secularizar. **2.** Proceso sociocultural caracterizado por el abandono de ciertos comportamientos y valores religiosos tradicionales.

secularizado, da 1. *p.* de **secularizar**. || *adj.* **2.** Se dice de los bienes que pertenecieron a la Iglesia y que fueron desamortizados o expropiados.

secularizar *v. tr.* **1.** Hacer que algo deje de ser eclesiástico, particularmente los bienes. **2.** Autorizar a un monje o a un religioso a abandonar su orden o congregación y pasar al clero secular o al estado de laico. También *v. prnl.* **3.** Hacer que se abandonen ciertos comportamientos y valores religiosos tradicionales. También *v. prnl.* ■ Delante de *e* se escribe *c* en lugar de *z*. **FAM.** Secularización, secularizado. SECULAR.

secundar (del lat. *secundare*) *v. tr.* Apoyar, ayudar, seguir a otro o colaborar con él en sus acciones, ideas, propósitos, etc. **SIN.** Respaldar. **ANT.** Oponerse. **FAM.** Secundario. SEGUNDO.

secundario, ria (del lat. *secundarius*) *adj.* **1.** Que ocupa el segundo lugar dentro de un orden: *enseñanza secundaria.* **2.** De menor importancia que algo que se considera fundamental. **3.** Se aplica a la era mesozoica. También *s. m.* **SIN. 2.** Accesorio, complementario, circunstancial. **ANT. 2.** Principal. **FAM.** Secundariamente. SECUNDAR.

secuoya (del ingl. *sequoia*) *s. f.* Árbol conífero de copa estrecha, hojas persistentes y tronco muy lignificado. Vive muchos años y alcanza grandes alturas, llegando a superar algunos ejemplares los 100 m. ■ Se dice también *secoya*.

sed (del lat. *sitis*) *s. f.* **1.** Necesidad o ganas de beber. **2.** Necesidad de agua que tienen algunas cosas, p. ej. una planta. **3.** Deseo intenso de alguna cosa: *sed de libertad.* **FAM.** Sediento.

seda *s. f.* **1.** Sustancia viscosa que, en forma de hebras, segregan algunas larvas de insectos para elaborar sus capullos. **2.** Hilo fino, suave y brillante, formado con varias de dichas hebras producidas por el gusano de seda. También, tejido confeccionado con estos hilos. || **3. seda artificial** Rayón[2]*. || **LOC. como una** (o **la**) **seda** *adv. fam.* En actitud dócil y sumisa: *Le eché una buena bronca y lo dejé como una seda.* También, funcionando o marchando sin tropiezos ni dificultades: *Desde que él se encarga, todo va como una seda.* **de seda** *adj. fam.* Muy suave al tacto. **hacer seda** *fam.* Dormir: *En vacaciones me paso las mañanas haciendo seda.* **FAM.** Sedal, sedería, sedero, sedoso.

sedación *s. f.* Acción de sedar: *Ante el estado del moribundo el médico propuso la sedación.*

sedal *s. m.* **1.** Hilo de la caña de pescar, a cuyo extremo está sujeto el anzuelo. || *adj.* **2.** Se dice de ciertos hilos de seda.

sedán (del ingl. *sedan*, berlina) *s. m.* Automóvil de carrocería cerrada.

sedante *adj.* Que seda o calma; se aplica particularmente a los medicamentos que se utilizan para sedar. También *s. m.* **SIN.** Sedativo, calmante.

sedar (del lat. *sedare*) *v. tr.* Calmar, tranquilizar, particularmente suministrando ciertos medicamentos. **SIN.** Serenar, relajar, sosegar. **ANT.** Excitar. **FAM.** Sedación, sedante, sedativo. SEDE.

sede (del lat. *sedes*, silla, asiento) *s. f.* **1.** Lugar donde está situado o tiene su domicilio un organismo, organización, entidad, etc., o en que se desarrolla algún acontecimiento: *la sede de un partido político, de las Olimpiadas.* **2.** Diócesis y capital de la misma: *sede episcopal.* **3.** Trono o asiento de ceremonia del papa o de un prelado. || **4. Santa Sede** El Vaticano. P. ext., gobierno y jurisdicción del papa: *Se ha firmado un concordato con la Santa Sede.* **SIN. 1.** Emplazamiento. **FAM.** Sedar, sedentario, sedente, sedimento.

sedentario, ria (del lat. *sedentarius*, de *sedere*, estar sentado) *adj.* **1.** Se aplica a la colectividad humana o a la especie animal cuyos individuos están establecidos en un lugar y viven siempre en él. **2.** Que realiza una actividad o tipo de vida de poco movimiento, y también de esta misma clase de actividad y vida. **SIN. 2.** Tranquilo. **ANT. 1.** Nómada. **2.** Activo, inquieto.

sedente (del lat. *sedens, -entis*) *adj.* Que está sentado; se aplica sobre todo a representaciones artísticas: *una escultura sedente.*

sedería *s. f.* **1.** Fábrica o tienda de tejidos de seda. **2.** Industria y comercio de la seda. **3.** Conjunto de géneros o mercancías de seda.

sedero, ra *adj.* **1.** Relativo a la seda. || *s. m.* y *f.* **2.** Persona que trabaja la seda o comercia con ella.

sedicente (del fr. *soi-disant*) *adj.* Se aplica a nombres, títulos o tratamientos que se refieren a personas que se los atribuyen a sí mismas sin tener ningún derecho a ellos ni merecerlos. ■ Se usa precediendo al sustantivo: *El sedicente conde resultó ser un estafador.* **SIN.** Pretendido, falso.

sedición (del lat. *seditio, -onis*) *s. f.* Levantamiento contra la autoridad establecida y, especialmente, sublevación militar. **SIN.** Rebelión, insurrección, alzamiento. **FAM.** Sedicioso.

sedicioso, sa (del lat. *seditiosus*) *adj.* Que toma parte en una sedición, la provoca o incita a ella, y de sus actos, palabras, etc. También *s. m.* y *f.* **SIN.** Sublevado, amotinado, rebelde, insurrecto. **FAM.** Sediciosamente. SEDICIÓN.

sediento, ta *adj.* **1.** Que tiene sed. También *s. m.* y *f.* **2.** Que necesita agua o humedad: *Con la sequía, los campos están sedientos.* **3.** Que necesita o desea intensamente algo. **SIN. 1.** y **2.** Seco. **3.** Hambriento, ansioso. **ANT. 2.** Encharcado, anegado. **3.** Harto.

sedimentación *s. f.* **1.** Acción de sedimentar o sedimentarse. **2.** En geol., proceso por el que se depositan y acumulan materiales rocosos, restos biológicos y sustancias químicas en un lugar, generalmente en el fondo del mar, como resultado de la erosión y el arrastre producido por diversos agentes. **SIN. 1.** Asentamiento, depósito.

sedimentar *v. tr.* **1.** Depositar sedimento un líquido. También *v. intr.* y *v. prnl.* || **sedimentarse** *v. prnl.* **2.** Formar sedimento las partículas suspendidas en un líquido: *El limo se sedimenta en el fondo del lago.* **3.** Acumularse y afianzarse cosas no materiales, p. ej. los conocimientos, los sentimientos, etc. **SIN. 1.** y **3.** Precipitar(se), posar(se). **3.** Consolidarse, madurar. **FAM.** Sedimentación. SEDIMENTO.

sedimentario, ria *adj.* **1.** Relativo al sedimento: *proceso sedimentario.* **2.** Producido por sedimentación: *lecho sedimentario.* **3.** Se aplica a la roca formada a partir de la disgregación de rocas preexistentes.

sedimento (del lat. *sedimentum*) *s. m.* **1.** Sustancia que, habiendo estado en suspensión en un líquido, se posa por la acción de la gravedad en el fondo del recipiente o lugar en que ese líquido se encuentra. **2.** En particular, depósito de partículas transportados por el viento, el hielo, los ríos o el mar y que se acumulan en un lugar, principalmente el fondo marino. **3.** Recuerdo o consecuencia que deja algún acontecimiento: *La guerra terminó dejando un sedimento de miseria.* **SIN. 1.** Precipitado. **1.** y **3.** Poso. **3.** Rastro, huella, resto. **FAM.** Sedimentar, sedimentario. SEDE.

sedoso, sa *adj.* Parecido a la seda, en especial por su suavidad: *pelo sedoso.* **SIN.** Suave. **ANT.** Áspero.

seducción *s. f.* **1.** Acción de seducir. **2.** Cualidad del que o de lo que seduce. **SIN. 1.** Atracción, embrujo, embelecamiento. **2.** Fascinación, atractivo. **ANT. 1.** Repulsión.

seducir (del lat. *seducere*) *v. tr.* **1.** Ejercer sobre alguien una gran atracción por su aspecto físico, comportamiento, etc. **2.** Conseguir una persona por su atractivo o mediante engaños que otra tenga relaciones sexuales con ella. **3.** Convencer a alguien hábilmente con promesas, halagos, mentiras, etc., en especial para que haga algo malo o perjudicial. ■ Es v. irreg. Se conjuga como *conducir.* **SIN. 1.** Fascinar, hechizar, embrujar, atraer. **3.** Embaucar, arrastrar. **ANT. 1.** Repeler. **3.** Disuadir. **FAM.** Seducción, seductor.

seductor, ra *adj.* Que seduce: *propuesta seductora.* También *s. m.* y *f.*: *Casanova fue un gran seductor.* **SIN.** Cautivador; tenorio. **ANT.** Repelente.

sefardí o **sefardita** (del hebreo *sefardí*, de *Sefarad*, la península Ibérica) *adj.* **1.** Se aplica a los judíos descendientes de judíos españoles que viven en distintas partes del mundo, o aquellos que, sin serlo, practican los ritos religiosos judeoespañoles. También *s. m.* y *f.* || *s. m.* **2.** Dialecto romance que hablaban los judíos españoles y que conservan sus descendientes. ■ El pl. de *sefardí* es *sefardíes*, aunque se usa también *sefardís.*

segador, ra *s. m.* y *f.* **1.** Persona que realiza las labores de siega. || *s. m.* **2.** Arácnido pequeño de patas muy largas, cuerpo redondeado y vientre abombado. || *adj.* **3.** Se dice de la máquina empleada para segar. También *s. f.*

segar (del lat. *secare*, cortar) *v. tr.* **1.** Referido a las mieses o a la hierba, cortarlas. **2.** Cortar cualquier otra cosa, especialmente si está en la parte alta de algo y sobresale: *Le segó la pluma del sombrero con la espada.* **3.** Interrumpir algo de manera brusca y violenta: *La guerra segó muchas vidas jóvenes.* ■ Delante de *e* se escribe *gu* en lugar de *g*. Es v. irreg., se conjuga como *pensar*. **SIN.** **3.** Truncar. **FAM.** Segador, segueta, segur, siega. / Secante[2].

seglar (del lat. *saecularis*, de *saeculum*, siglo) *adj.* No eclesiástico o religioso. También *s. m.* y *f.* **SIN.** Laico, secular. **ANT.** Clerical; clérigo. **FAM.** Seglarmente. SECULAR.

segmentar *v. tr.* Cortar o dividir algo en segmentos: *segmentar una recta.* También *v. prnl.* **SIN.** Fraccionar(se), fragmentar(se), partir(se), seccionar. **ANT.** Unir(se), fundir(se). **FAM.** Segmentación, segmentado. SEGMENTO.

segmento (del lat. *segmentum*) *s. m.* **1.** Cada una de las partes en que se divide o está cortada una cosa. **2.** En geom., parte de una recta comprendida entre dos puntos: *segmento rectilíneo.* **3.** Parte de un círculo comprendida entre un arco y su cuerda: *segmento circular.* **4.** Cada una de las partes colocadas en línea de las que está formado el cuerpo o los miembros de algunos animales, como crustáceos e insectos, o ciertos órganos, p. ej. las vértebras de la columna vertebral. **5.** En mecánica, especie de anillo de acero que se introduce en una ranura del émbolo para que sirva de ajuste entre éste y el cilindro. **SIN.** **1.** Trozo, tramo. **FAM.** Segmentar.

segoviano, na *adj.* De Segovia. También *s. m.* y *f.*

segregacionismo *s. m.* Doctrina y régimen político o práctica social basados en la segregación de un grupo de personas por razones raciales, religiosas, culturales, etc. **SIN.** Discriminación. **FAM.** Segregacionista. SEGREGAR.

segregacionista *adj.* **1.** Del segregacionismo o relacionado con él. **2.** Partidario de la segregación racial. También *s. m.* y *f.*

segregar (del lat. *segregare*) *v. tr.* **1.** Separar una cosa de otra de la que forma parte. También *v. prnl.*: *El barrio se segregó de la ciudad y formó un municipio independiente.* **2.** Apartar de la convivencia común a cierto grupo social por razones de raza, religión, sexo, cultura, etc. También *v. prnl.* **3.** Producir y expulsar ciertos órganos y glándulas determinadas sustancias, como el sudor, los jugos gástricos o la saliva en los animales, o la resina en algunos árboles. ■ Delante de *e* se escribe *gu* en lugar de *g*. **SIN.** **1.** Escindir(se), independizar(se). **2.** Discriminar. **3.** Secretar, excretar. **ANT.** **1.** Unir(se), sumar(se). **1.** y **2.** Integrar(se). **2.** Acoger. **FAM.** Segregación, segregacionismo. GREY.

segueta (del ital. *seghetta*, de *sega*, sierra, y éste del lat. *secare*, cortar) *s. f.* Sierra pequeña utilizada en marquetería. **FAM.** Seguetear. SEGAR.

seguetear *v. intr.* Trabajar con la segueta.

seguida, en *loc. adv.* **1.** Inmediatamente después, o poco despues, en el tiempo o en el espacio: *Cargamos el coche y en seguida nos vamos. Después del cruce, en seguida está la casa.* **2.** Pronto, dentro de poco tiempo: *Enseguida nos atendieron.* ■ Se escribe también *enseguida*.

seguidamente *adv. m.* Inmediatamente, a continuación.

seguidilla *s. f.* **1.** Canción y baile popular español que tiene un aire vivo y en cuyo desarrollo alternan compases de 3/4 y 3/8. Hay numerosas variantes: manchegas, flamencas, murcianas, etc. **2.** Estrofa de cuatro o siete versos, heptasílabos y pentasílabos, usada sobre todo en canciones populares. ■ No confundir con *seguiriya*.

seguido, da **1.** *p.* de **seguir**. También *adj.* || *adj.* **2.** Continuo, sin interrupción: *una tapia seguida.* **3.** Uno detrás de otro sin interrupción: *Se comió quince pasteles seguidos.* || *adv. m.* **4.** En línea recta, sin cambiar de dirección: *Al pueblo se va por esa carretera, todo seguido.* **SIN.** **2.** Ininterrumpido. **3.** Sucesivo. **4.** Recto, derecho. **ANT.** **2.** Discontinuo. **FAM.** Seguidamente. SEGUIR.

seguidor, ra *adj.* **1.** Que sigue a alguien o algo. También *s. m.* y *f.*: *Logró despistar a sus seguidores.* **2.** Partidario, aficionado o admirador de alguien o algo. También *s. m.* y *f.*: *Ese cantante tiene muchos seguidores.* **SIN.** **1.** Perseguidor. **2.** Adepto, incondicional, simpatizante, fan. **ANT.** **2.** Enemigo.

seguimiento *s. m.* **1.** Observación atenta del desarrollo, evolución o movimiento de algo: *seguimiento de una noticia, de una enfermedad, de la moda, etc.* **2.** Persecución de alguien o de algo: *Los agentes procedieron al seguimiento de los sospechosos.*

seguir (del lat. *sequi*) *v. tr.* **1.** Ir o estar detrás o después de alguien o algo. También *v. intr.*: *Haga pasar al que sigue en la lista.* **2.** Fijar la vista sobre alguien o algo que se mueve, sin apartarla en ningún momento. **3.** Acompañar, ir con alguien: *Sigue a su amo allá donde vaya.* **4.** Tomar un camino o dirección. También *v. intr.* **5.** Estudiar una ciencia, arte, profesión, etc., o dedicarse a ella: *Siguió la carrera militar.* **6.** Estar atento al desarrollo de una situación, proceso, una serie de radio o televisión, etc. **7.** Comprender una explicación, un razonamiento, etc. **8.** Con palabras como *huellas, rastro*, etc., observarlas para saber qué dirección o camino lleva alguien o algo e ir detrás. **9.** Mostrar predilección por una persona, tendencia, doctrina, estilo, moda, etc., apoyarlos o tomarlos como modelo: *Le gusta seguir la última moda. En sus primeras obras sigue a los maestros barrocos.* ■ Se emplea mucho con sustantivos como *pasos, camino*, etc. **10.** Ver o escuchar habitualmente un programa de televisión o radio, una sección periodística, etc. **11.** Actuar conforme a consejos, recomendaciones, órdenes, o impulsos y sentimientos, etc.: *Seguí tus instrucciones. Seguí mi intuición y veo que no me había equivocado.* **12.** Acomodar uno sus movimientos, acciones, actitudes, etc., a aquello que se expresa. **13.** Tomar el camino, vía o procedimiento adecuado o establecido para algo: *Las solicitudes deben seguir ciertos trámites.* **14.** Dejarse llevar por un sentimiento, impulso, instinto, intuición, etc. **15.** Continuar algo que estaba haciendo otra persona o que había sido interrumpido. || *v. intr.* **16.** Continuar en cierto estado o haciendo determinada cosa: *Sigue deprimido. Sigue estudiando.* **17.** Extenderse o llegar hasta un lugar: *La finca sigue hasta la arboleda.* **18.** En construcciones impersonales o de pasiva refleja, deducirse o ser algo consecuencia de otra cosa: *De lo que pasó se sigue que nosotros teníamos razón.* || **LOC.** **a seguir bien** Expresión de despedida. ■ Delante de *a* y *o* se escribe *g* en lugar de *gu*.

Es v. irreg. Se conjuga como *pedir*. SIN. **5.** Profesar. **7.** Entender. **8.** Rastrear. **9.** Secundar, respaldar. **14.** Proseguir, persistir. **16.** Inferirse, derivarse. ANT. **1.** Preceder. **3.** y **4.** Abandonar. **7.** Perderse. **9.** Rechazar. **10.** Desobedecer. FAM. Seguidilla, seguido, seguidor, seguimiento, seguiriya, segundo, siguiente. / Conseguir, consiguiente, enseguida, exequible, perseguir, proseguir, secuaz, secuela, secuencia, séquito, subseguir.

seguiriya *s. f.* Cante flamenco de contenido triste, con copla de cuatro versos, el tercero de los cuales es de once sílabas. ■ Se dice también *siguiriya*. No confundir con *seguidilla*.

según (del lat. *secundum*) *prep.* **1.** De acuerdo con lo que expresa el término al que precede: *Todo sucedió según mis cálculos.* También *conj.*: *Te lo cuento según me lo contaron.* **2.** En la opinión de una persona, grupo, movimiento, doctrina, etc.: *Según ese autor, el cuadro es falso.* ■ Se emplea con las formas *yo* o *tú* de los pron. pers., en lugar de con *mí* o *ti*. **3.** Indica que cierta cosa se hace depender de lo que se dice a continuación: *Iremos a la playa según el tiempo que haga.* También *adv. relat.*: *Mañana me levantaré o me quedaré en la cama, según me encuentre.* ■ En ocasiones aparece sin estar seguido de ninguna proposición: *Me levantaré o me quedaré en la cama, según.* || *adv. m.* **4.** Por el modo en que: *Según habla, parece el profesor.* || *adv. relat. t.* **5.** Expresa que una acción tiene lugar al mismo tiempo o inmediatamente después que otra: *Según sacaba la ropa de la lavadora la iba tendiendo.* || *adv. relat. m.* **6.** Como, de la misma manera: *La habitación está según la dejaste.* || LOC. **según (y) como** (o **según y conforme**) *adv.* Como, de la misma manera: *Todo se hará según como ordenas.* También, dependiendo de lo que se dice a continuación: *Según como me traten, aceptaré o no.*

segundero *s. m.* Manecilla del reloj que señala los segundos.

segundo, da (del lat. *secundus*) *adj. num. ord.* **1.** Que ocupa por orden el número dos. También *s. m.* y *f.* || *s. m.* **2.** Persona más importante después del jefe principal. ■ Suele emplearse en la loc. **segundo de a bordo**. **3.** Cada una de las sesenta partes iguales en que se divide un minuto. **4.** P. ext., espacio breve de tiempo: *Espere un segundo, ahora le atiendo.* || *s. f. pl.* **5.** Intención oculta o no evidente en algo que se dice: *Su pregunta iba con segundas.* || **6. primo segundo** Hijo de los tíos segundos de una persona. **7. sobrino segundo** Hijo de sus primos. **8. tío segundo** Primo de los padres de alguien. SIN. **2.** Lugarteniente. **4.** Instante, momento. FAM. Según, segundero, segundogénito, segundón. / Secundar, microsegundo, nanosegundo. SEGUIR.

segundogénito, ta (del lat. *secundus*, segundo, y *genitus*, engendrado) *adj.* Se aplica al hijo nacido en segundo lugar. También *s. m.* y *f.* SIN. Segundón.

segundón *s. m.* **1.** *desp.* Hombre que en un determinado ámbito ocupa el siguiente puesto al más importante o de mayor categoría. **2.** Segundo hijo de una familia, especialmente de aquellas en que existe el mayorazgo. **3.** P. ext., cualquier hijo que no es el primero o primogénito.

segur (del lat. *securis*, de *secare*, cortar) *s. f.* **1.** Hacha grande. **2.** Hacha que formaba parte de las fasces, símbolo de la autoridad de los lictores romanos.

seguramente *adv. m.* Con bastante pero no absoluta seguridad. SIN. Probablemente, posiblemente.

seguridad (del lat. *securitas, -atis*) *s. f.* **1.** Cualidad o estado de seguro: *Es una persona con gran seguridad en sí misma. Es una autopista de gran seguridad.* **2.** Garantía que se da a alguien sobre el cumplimiento de algo, p. ej. de una obligación: *Quiere que le den alguna seguridad de que van a comprar su piso.* || **3. Seguridad Social** Conjunto de organismos, medios, etc., de la administración estatal para prevenir o remediar los posibles problemas y necesidades individuales de los ciudadanos, como enfermedad, paro, jubilación. SIN. **1.** Protección; firmeza; certeza; fiabilidad. ANT. **1.** Inseguridad.

seguro, ra (del lat. *securus*, tranquilo, sin peligro) *adj.* **1.** Que no está en peligro o evita el peligro. También *s. m.*: *Al otro lado de la frontera estaremos en seguro.* **2.** Que no tiene o admite dudas: *Tu nombramiento es seguro, se hará público mañana. Estoy seguro de que no me defraudarás.* **3.** Firme, estable, que no falla: *un negocio muy seguro, remedio seguro, un seguro servidor.* || *s. m.* **4.** Tipo de contrato por el que una persona o entidad (asegurador) se compromete a pagar a otra (asegurado) una determinada cantidad por cierta pérdida o daño, p. ej. un accidente, una enfermedad, etc. **5.** Dispositivo que impide que un objeto, utensilio o máquina se abra o se ponga en funcionamiento: *el seguro de la pistola.* **6.** Seguridad, garantía: *Tu palabra es para mí un seguro.* **7.** Salvoconducto, permiso especial. **8.** En ciertos juegos de tablero, casilla o lugar donde la ficha de un jugador no puede ser eliminada por las de otro. **9.** *fam.* La Seguridad Social. ■ En esta acepción se escribe con mayúscula. **10.** *Amér. C.* y *Méx.* Imperdible. || *adv. m.* **11.** Con certeza, sin duda: *Seguro que has vuelto a hacer de las tuyas.* || LOC. **a buen seguro** (o **de seguro**) *adv.* Ciertamente, seguramente. **sobre seguro** *adv.* Sin correr riesgos: *Sólo juega sobre seguro.* **tener** algo **por seguro** No dudar de que ocurrirá o se realizará: *Ten por seguro que esto no va a quedar así.* SIN. **1.** Resguardado, protegido. **2.** Cierto, indudable. **3.** Fiable, infalible, fiel. ANT. **1.** Peligroso. **1.** a **3.** Inseguro. **2.** y **3.** Dudoso. FAM. Seguramente, seguridad. / Asegurar, inseguro, reaseguro.

seis (del lat. *sex*) *adj. num. card.* **1.** Cinco más uno. También *pron.* y *s. m.* || *adj. num. ord.* **2.** Sexto, que sigue en orden al quinto: *Estamos a día seis.* También *pron.* || *s. m.* **3.** Signo que representa este número. FAM. Seisavo, seiscientos, seise, seisillo. / Decimosexto, dieciséis, senario, sesenta, sexenio, sextante, sexteto, sextilla, sextillizo, sextina, sexto, séxtuplo, veintiséis.

seisavo, va *adj.* Cada una de las seis partes en que se divide un todo. También *s. m.*

seiscientos, tas *adj. num. card.* **1.** Seis veces cien. También *pron.* y *s. m.* || *adj. num. ord.* **2.** Que sigue en orden al quinientos noventa y nueve. También *pron.* || *s. m.* **3.** Signos que representan este número. **4.** En arte, lit., hist. y cultura en general, el s. XVII: *los pintores del seiscientos.* FAM. Sexcentésimo. SEIS y CIENTO.

seise *s. m.* Cada uno de los niños que, generalmente en número de seis, bailan y cantan en algunas catedrales, como en la de Sevilla, en determinadas festividades religiosas, p. ej. en la del Corpus.

seisillo *s. m.* En mús., conjunto de seis notas iguales que deben cantarse o tocarse en el tiempo correspondiente a cuatro de ellas.

seísmo (del gr. *seismos*, sacudida) *s. m.* Sismo*. FAM. Sismo.

seláceo (del gr. *selakhion*) *adj.* **1.** Se aplica a ciertos peces pertenecientes a la clase condrictios, con el cuerpo en forma de huso o aplastado y hendiduras branquiales a ambos lados de la cabeza; son muy buenos nadadores y la mayor parte depredadores, p. ej. el tiburón y la pintarroja. También *s. m.* || *s. m. pl.* **2.** Subclase constituida por estos peces.

selección (del lat. *selectio, -onis*) *s. f.* **1.** Acción de seleccionar. **2.** Conjunto de personas o cosas seleccionadas. **3.** Particularmente, equipo de jugadores o deportistas seleccionados para participar en un encuentro, liga, competición, torneo, etc. || **4. selección artificial** Elección de los mejores reproductores, o las mejores semillas en el caso de las plantas, como medio de mejorar las especies de generación en generación. **5. selección natural** Según la teoría evolucionista, proceso por el que unos seres vivos desaparecen y otros prosperan, al estar éstos mejor adaptados al medio que aquéllos y transmitir por herencia los caracteres que los capacitan para la supervivencia. SIN. **1.** Clasificación. ANT. **1.** Mezcla. FAM. Seleccionado. / Preselección. SELECCIONAR.

seleccionado *s. m. Arg.* y *Urug.* Conjunto de jugadores que representa a un país en una competición internacional. SIN. Selección.

seleccionador, ra *adj.* **1.** Que selecciona: *un proceso seleccionador.* También *s. m.* y *f.* || *s. m.* y *f.* **2.** Persona encargada de elegir y preparar a los deportistas que han de intervenir en una competición, generalmente internacional.

seleccionar *v. tr.* Escoger o separar de un conjunto las personas o cosas que se consideran mejores o más adecuadas para algo. SIN. Elegir, apartar. ANT. Mezclar. FAM. Selección, seleccionador, selectivo, selecto, selector. ELECCIÓN.

selectividad *s. f.* **1.** Cualidad de selectivo. **2.** En España, conjunto de pruebas o exámenes necesarios para el ingreso en la universidad.

selectivo, va *adj.* Que selecciona o implica selección: *Tiene una memoria muy selectiva, siempre se acuerda del mismo tipo de cosas.* SIN. Selector. FAM. Selectividad. SELECCIONAR.

selecto, ta (del lat. *selectus*, de *seligere*, elegir, escoger) *adj.* **1.** Que es o se considera mejor, de mejores cualidades en su especie. **2.** Que posee gran capacidad para apreciar y seleccionar lo mejor: *un espíritu selecto.* SIN. **1.** Escogido, destacado, notable, exquisito. ANT. **1.** Corriente.

selector, ra *adj.* **1.** Que selecciona. || *s. m.* **2.** Dispositivo que en aparatos, máquinas, etc., sirve para seleccionar la función u operación que se desea: *el selector de velocidades de una batidora, el selector de canales de un televisor.* **3.** En las motocicletas, pieza que transmite la acción del pedal de cambio a la caja de cambios. SIN. **1.** Selectivo, seleccionador.

selénico, ca *adj.* Relativo a la Luna. FAM. Selenio, selenita, selenitoso, selenografía, selenosis.

selenio (del gr. *selenion*, resplandor de la Luna) *s. m.* Elemento químico de características similares a las del azufre, brillo metálico, color que varía del gris negro al rojo, que se presenta en compuestos de plomo y cobre y es utilizado en la industria del vidrio y la cerámica y, por su carácter semiconductor, en instalaciones electrónicas. Su símbolo es *Se*.

selenita (del gr. *selenites*, perteneciente a la Luna) *s. m.* y *f.* **1.** Habitante imaginario de la Luna. **2.** Yeso cristalizado en láminas brillantes. SIN. **2.** Espejuelo.

selenitoso, sa *adj.* Que contiene yeso.

selenografía (del gr. *Selene*, la Luna, y *-grafía*) *s. f.* Rama de la astronomía que se ocupa del estudio y descripción de la Luna. FAM. Selenógrafo. SELÉNICO.

selenosis (del gr. *Selene*, la Luna) *s. f.* Manchita blanca en las uñas. ■ No varía en *pl.* SIN. Mentira.

seléucida *adj.* **1.** Se aplica a una dinastía helenística establecida en Siria del 312 al 64 a. C. **2.** De esta dinastía. También *s. m.* y *f.*

self-service (ingl.) *s. m.* Autoservicio*.

sellar (del lat. *sigillare*) *v. tr.* **1.** Estampar uno o más sellos en una carta, documento, etc. **2.** Cerrar algo herméticamente o de forma que no se abra. **3.** Concluir, dar por terminada una cosa. **4.** Dejar huella en algo o comunicarle cierto carácter. || LOC. **sellar los labios** Callar, guardar un secreto. SIN. **1.** Timbrar. **2.** Lacrar, precintar. **3.** Consumar, terminar. **4.** Imprimir. ANT. **3.** Comenzar. FAM. Sellado, sellador. SELLO.

sello (del lat. *sigillum*) *s. m.* **1.** Utensilio de goma, metal, etc., generalmente provisto de mango, que sirve para estampar o imprimir sobre una superficie lo que está grabado en él. **2.** Lo que queda estampado o impreso con este utensilio: *El documento tenía el sello del ministerio.* **3.** Trozo de lacre, o cualquier otro sistema utilizado para cerrar una carta, paquete, etc., y asegurar que no sea abierto. **4.** Pequeño trozo de papel, con alguna señal o dibujo impreso y generalmente cuadrado o rectangular, que se pega a las cartas o paquetes para enviarlos por correo, o sobre ciertos documentos oficiales. **5.** Sortija que lleva grabadas en su parte superior las iniciales de una persona, el escudo de su apellido, etc. **6.** Conjunto formado por dos obleas que encierran un medicamento para poderlo tragar sin notar su sabor. **7.** Carácter o aspecto peculiar de una persona o cosa y por lo que se diferencia de las demás: *Aquella novela tenía un sello personal.* SIN. **1.** Tampón. **4.** Timbre. **7.** Impronta, huella. FAM. Sellar. / Matasellos.

seltz (del al. *Seltz*, agua mineral de *Selters*, Alemania) *s. m.* Agua carbónica obtenida artificialmente. ■ Se dice también *agua de Seltz*.

selva (del lat. *silva*) *s. f.* **1.** Bosque ecuatorial y tropical caracterizado por la abundancia y variedad de vegetación de árboles y matorrales; también, región o zona que posee dicha vegetación. **2.** Lugar, situación, etc., donde existe un gran desorden. **3.** Lugar, ambiente, etc., lleno de peligros y dificultades y donde dominan los más fuertes, capaces, etc.: *Esta ciudad es una selva.* SIN. **1.** Jungla. FAM. Selvático, silva, silvano, silvestre, silvícola, silvicultura. / Laurisilva, madreselva, pluvisilva.

selvático, ca (del lat. *selvaticus*) *adj.* **1.** De la selva o relacionado con ella. **2.** De los habitantes de la selva y de lo relacionado con ellos. También *s. m.* y *f.* **3.** *fam.* Sin educación ni cultura. También *s. m.* y *f.* SIN. **1.** Nemoroso. **2.** Salvaje. **3.** Agreste, rudo.

selyúcida *adj.* De una dinastía turca musulmana que dominó el Próximo Oriente y Asia Menor en los s. XII y XIII. También *s. m.* y *f.*

sema (del gr. *sema*, señal) *s. m.* En semántica, cada uno de los rasgos diferenciadores en el significado de una palabra. P. ej., en los términos *taburete* y *silla*, que son dos tipos de asiento, el sema es *tener* o *no tener respaldo.* FAM. Semáforo, semantema, semántico, semasiología. / Polisemia, semema, semiología, semiótica.

semáforo (del gr. *sema*, señal, y *phoros*, que lleva) *s. m.* **1.** Aparato eléctrico que sirve para regular la circulación por medio de un juego de tres luces: roja, que significa alto; ámbar, precaución, y verde, paso. **2.** Aparato instalado en las costas para comunicarse con los barcos por medio de señales ópticas. **3.** Sistema de brazos articulados que se coloca en las vías de ferrocarril para indicar a los trenes si su paso está o no permitido. SIN. **1.** Disco.

semana (del lat. *septimana*) *s. f.* **1.** Serie de siete días consecutivos que comúnmente empieza con el lunes y termina con el domingo. **2.** Periodo de siete días consecutivos: *Hoy hace una semana que se marchó.* **3.** Salario o sueldo cuando se paga de siete en siete días: *Ya me deben dos semanas.* || LOC. **entre semana** *adv.* En cualquier día de lunes a viernes, sin contar sábado y domingo. FAM. Semanal, semanario.

semanal *adj.* **1.** Que ocurre o se repite cada semana: *un suplemento semanal.* **2.** Que dura una semana o se corresponde con ella. FAM. Semanalmente. / Bisemanal, trisemanal. SEMANA.

semanalmente *adv. t.* Cada semana o por semanas.

semanario *s. m.* **1.** Publicación que aparece cada semana. **2.** Conjunto de siete cosas iguales o que guardan relación entre sí.

semantema *s. m.* Lexema*.

semántica *s. f.* Parte de la lingüística que estudia el significado de las palabras.

semántico, ca (del gr. *semantikos*, significativo) *adj.* **1.** Relativo al significado de las palabras. || **2. campo semántico** Conjunto de palabras cuyos significados están relacionados entre sí por hacer referencia todas ellas a un mismo aspecto de la realidad, como p. ej. el del vestido, la alimentación, etc. FAM. Semántica, semantista. SEMA.

semantista *s. m.* y *f.* Lingüista especializado en semántica.

semasiología (del gr. *semasía*, significado, y *logos*, tratado) *s. f.* **1.** Semántica, estudio del significado. **2.** Estudio semántico que parte del signo y sus relaciones para llegar a la determinación del concepto. FAM. Semasiológico. SEMA.

semblante (del lat. *similans, -antis*, de *similare*, semejar) *s. m.* **1.** Cara del hombre, especialmente cuando se la considera como expresión o reflejo de los distintos estados de ánimo o sentimientos. **2.** Apariencia favorable o desfavorable que toma una cosa. || LOC. **componer el semblante** Adoptar una expresión de tranquilidad o serenidad después de haber recibido una fuerte emoción. **mudar el semblante** Alterarlo, reflejar en él una impresión de susto, dolor, etc. SIN. **1.** Rostro. **2.** Aspecto, cariz. FAM. Semblanza.

semblanza (del cat. *semblança*, parecido) *s. f.* Descripción física o moral de una persona, o breve biografía. SIN. Apunte, reseña.

sembradío, a *adj.* Se dice de la tierra destinada a la siembra. Se usa más como *s. m.*

sembrado, da 1. *p.* de **sembrar**. También *adj.* || *s. m.* **2.** Terreno donde se ha realizado la siembra. SIN. **2.** Sementera.

sembrador, ra (del lat. *seminator, -oris*) *adj.* Que siembra. También *s. m.* y *f.*

sembradora *s. f.* Máquina para sembrar.

sembrar (del lat. *seminare*) *v. tr.* **1.** Distribuir semillas en un terreno preparado para ello, con el fin de que germinen. **2.** Esparcir algo por cierto sitio: *Ha sembrado el escritorio de papeles.* **3.** Dar origen o motivo a algo con una determinada acción, comportamiento, etc.: *Con esa postura sólo conseguirás sembrar el desconcierto.* **4.** Hacer lo necesario para que algo quede listo y pueda producir algún fruto o beneficio: *Sembraba en sus alumnos el respeto a los demás.* ■ Es v. irreg. Se conjuga como *pensar.* SIN. **1.** Plantar. **2.** Desparramar, diseminar. **3.** Causar, provocar. ANT. **1.** Cosechar. FAM. Sembradío, sembrado, sembrador, sembradora, siembra. / Resembrar.

semejante *adj.* **1.** Que tiene aspectos o características más o menos iguales a los de otra persona o cosa. **2.** Se utiliza para dar intensidad a lo que se dice. ■ Se usa sobre todo en frases neg.: *Nunca vi un coche semejante.* **3.** A veces funciona como demostrativo y equivale a *tal.* Tiene generalmente un sentido despectivo: *Jamás aceptaría semejante invitación.* **4.** En geom., se aplica a las figuras entre las que únicamente existe una diferencia de tamaño y cuyas partes mantienen respectivamente la misma proporción. || *s. m.* **5.** Cualquier persona con respecto a las demás. SIN. **1.** Parecido, similar, afín. **5.** Prójimo. ANT. **1.** Diferente, desigual. FAM. Semejanza, semejar. / Desemejante.

semejanza *s. f.* **1.** Cualidad de semejante. **2.** Símil*, comparación retórica. SIN. **1.** Igualdad, afinidad. ANT. **1.** Diferencia.

semejar (del lat. vulg. *similiare*, y éste del lat. *similis*, semejante) *v. intr.* Ser semejantes dos personas o cosas. También *v. prnl.* SIN. Asemejar(se), parecerse. ANT. Diferenciarse. FAM. Asemejar. SEMEJANTE.

semema *s. f.* En algunas escuelas lingüísticas, significado que corresponde a cada morfema en una lengua determinada.

semen (del lat. *semen*) *s. m.* Líquido espeso y blanquecino segregado por las glándulas genitales masculinas, que contiene los espermatozoides. SIN. Esperma. FAM. Seminal, seminífero. / Inseminación.

semental (del lat. *sementis*, simiente) *adj.* Se aplica al animal macho que se destina a la reproducción. También *s. m.* SIN. Garañón.

sementera *s. f.* **1.** Acción de sembrar. **2.** Terreno sembrado. **3.** Lo que se ha sembrado. **4.** Tiempo durante el que se suele sembrar: *Ya pasó la sementera.* **5.** Lo que es origen o motivo de muchas cosas. SIN. **1.**, **2.** y **4.** Siembra. **5.** Semillero, germen.

semestral (del lat. *semestralis*) *adj.* **1.** Que ocurre o se repite cada semestre. **2.** Que dura un semestre. FAM. Semestralmente. SEMESTRE.

semestre (del lat. *semestris*) *s. m.* **1.** Periodo de seis meses. **2.** Conjunto formado por los números de un periódico o revista publicados durante seis meses. **3.** Sueldo, pensión, etc., cuando se paga cada seis meses. FAM. Semestral. MES.

semi- (del lat. *semi*) *pref.* Significa 'medio': *semicírculo, semiesfera,* o 'casi': *semitransparente.*

semicilindro *s. m.* Cada una de las dos mitades del cilindro separadas por un plano que pasa por el eje. FAM. Semicilíndrico. CILINDRO.

semicircular *adj.* Del semicírculo o con la forma de esta figura.

semicírculo *s. m.* Cada una de las dos mitades en que un círculo queda dividido por uno de sus diámetros. FAM. Semicircular. CÍRCULO.

semicircunferencia *s. f.* Cada uno de los dos arcos iguales en que queda dividida una circunferencia por uno de sus diámetros.

semiconductor, ra *adj.* Se dice de los materiales cuya resistividad disminuye al aumentar la temperatura. También, de aquellos cuerpos cuya resistividad es intermedia entre la de los metales y la de los aislantes. También *s. m.*

semiconserva *s. f.* Alimento de origen animal o vegetal envasado en recipientes cerrados, pero sin esterilizar.

semiconsonante *adj.* En ling., se aplica a las vocales *i, u* cuando van al principio de un diptongo o triptongo, como en *miedo* o *puerta*; y principalmente, cuando su pronunciación se acerca más a la de una consonante que a la de una vocal, como p. ej. en *hielo* o *huevo*. También *s. f.* **FAM.** Semiconsonántico. CONSONANTE.

semicorchea *s. f.* Nota musical cuyo valor es la mitad de una corchea.

semicultismo *s. m.* Palabra procedente del latín que, por haberse incorporado tarde a la lengua o por cualquier otra causa, no ha completado su evolución fonética normal, como *seglar* o *tilde*. **FAM.** Semiculto. CULTISMO.

semidesértico, ca *adj.* Que está medio desierto o casi desierto.

semidesnatado, da *adj.* Se dice del producto, especialmente lácteo, al que se le ha quitado parte de su grasa. También *s. m.* y *f.*

semidiámetro (del lat. *semidiametrus*) *s. m.* Cada una de las mitades de un diámetro, radio.

semidiós, sa *s. m.* y *f.* En la mitología griega y romana, héroe que por sus hazañas ha pasado a estar entre los dioses; también, personaje hijo de dios y de humano.

semieje *s. m.* Cada una de las dos mitades de un eje separadas por el centro.

semiesfera *s. f.* Cada una de las dos mitades en que queda dividida una esfera por un plano que pase por su centro. **SIN.** Hemisferio. **FAM.** Semiesférico. ESFERA.

semiesférico, ca *adj.* De la semiesfera o con la forma de esta figura.

semiespacio *s. m.* Cada una de las dos mitades en que un plano divide el espacio.

semifinal *s. f.* Cada una de las dos penúltimas fases o competiciones de un campeonato o concurso, que se gana por eliminación del contrario y no por puntos. Se usa mucho en *pl.*: *Lo descalificaron en las semifinales.* **FAM.** Semifinalista. FINAL.

semifinalista *adj.* Que participa en la semifinal de un campeonato. También *s. m.* y *f.*

semifondo *s. m.* Carrera deportiva de media distancia, con las especialidades de 800 m, 1.500 m, 2.000 m o una milla.

semifusa *s. f.* Nota musical cuyo valor es la mitad de una fusa.

semigrupo *s. m.* Estructura que toma un conjunto cuando en él se cumple la propiedad asociativa.

semihilo *s. m.* Tela de hilo mezclada con otra fibra textil.

semilla (del lat. *seminia*, de *seminium*) *s. f.* **1.** Parte del fruto de los vegetales en que está contenido el óvulo fecundado y maduro que, cuando germine, dará lugar a una nueva planta. **2.** Aquello que es origen o causa de alguna cosa: *Ese castigo fue la semilla del descontento.* || *s. f. pl.* **3.** Granos que se siembran, excepto los de trigo y cebada. **SIN. 1.** Simiente. **2.** Germen, motivo, raíz. **FAM.** Semental, sementera, semillero, seminívoro. / Simiente.

semillero *s. m.* **1.** Lugar donde se siembran y crían plantas para trasplantarlas más tarde. **2.** Lugar donde se conservan semillas. **3.** Hecho, situación o circunstancia que es origen o causa de cierta cosa, generalmente negativa: *El negocio ha resultado ser un semillero de disgustos.* **SIN. 3.** Semilla, fuente.

semilunar *adj.* **1.** Que tiene forma de media luna. **2.** Se aplica al segundo hueso situado en la primera fila del carpo. También *s. m.*

semimetal *s. m.* Nombre que reciben los elementos químicos que tienen propiedades comunes con los del grupo de los metales y los de los no metales.

seminal (del lat. *seminalis*) *adj.* **1.** Relativo al semen: *líquido seminal.* **2.** Relacionado con la semilla.

seminario (del lat. *seminarius*) *s. m.* **1.** Centro donde estudian y se forman los que van a ser sacerdotes. **2.** Conjunto de actividades en que, mediante el trabajo en común de profesores y alumnos, éstos se adiestran en la investigación, especialización en alguna disciplina, etc. **3.** Clase o lugar en que se realizan estas actividades. **FAM.** Seminarista.

seminarista *s. m.* Alumno de un seminario para futuros sacerdotes.

seminífero, ra (del lat. *semen, -inis*, semen, y *-fero*) *adj.* **1.** Que contiene o segrega semen: *glándula seminífera.* **2.** Se aplica a los órganos vegetales que contienen la semilla.

seminívoro, ra (del lat. *semen, -inis*, semilla, y *-voro*) *adj.* Que se alimenta de semillas: *aves seminívoras.* También *s. m.* y *f.*

seminola *adj.* De un grupo amerindio que habitaba en la península de Florida. También *s. m.* y *f.*

seminternado 1. *p.* de **seminternar**. || *s. m.* **2.** Sistema de escolarización en el que los alumnos pasan el día y comen en el centro, pero no duermen en él. **FAM.** Seminterno. INTERNADO.

semiología (del gr. *semeion*, signo, y *-logía*) *s. f.* Semiótica*. **FAM.** Semiológico, semiólogo. SEMA.

semiológico, ca *adj.* De la semiología o relacionado con ella. **SIN.** Semiótico; sintomatológico.

semiólogo, ga *s. m.* y *f.* Persona dedicada al estudio de la semiología.

semioruga *s. m.* Vehículo militar provisto de ruedas y orugas o cadenas.

semiótica (del gr. *semeiotike*) *s. f.* **1.** Ciencia que estudia los signos en general; una rama de esta ciencia es la lingüística, que estudia el lenguaje como sistema de signos lingüísticos. **2.** En med., estudio de los síntomas que presentan las enfermedades. **FAM.** Semiótico. SEMA.

semipermeable *adj.* **1.** Se aplica a aquellos objetos o cuerpos que son parcialmente permeables. **2.** En biol., se dice de las membranas que sólo permiten el paso de cierto tipo de solutos, por lo que ejercen una función selectiva en el interior de los organismos.

semipesado *adj.* Se aplica a la categoría de boxeo constituida por los púgiles cuyo peso está comprendido entre 72,574 y 79,378 kg. También *s. m.*

semiplano *s. m.* Cada una de las dos partes en que una recta divide a un plano.

semiprecioso, sa *adj.* Que comparte características de las cosas preciosas, pero no alcanza el valor de éstas: *El lapislázuli es una piedra semipreciosa.*

semiproducto *s. m.* Mitad del producto de dos números.

semirrecta *s. f.* Cada una de las dos porciones en que un punto divide a una recta.

semisótano *s. m.* Piso, local, etc., situado en parte por debajo del nivel de la calle.

semisuma *s. f.* Mitad de la suma de dos números.

semita *adj.* **1.** De una familia de pueblos que se establecieron en Mesopotamia y el Próximo Oriente entre el V y I milenio a. C. y que tenían características comunes en cuanto a su lengua, procedente de un mismo tronco, su religión, etc. También *s. m.* y *f.* **2.** *fam.* Judío, hebreo. También *s. m.* y *f.* **SIN. 1.** Semítico. **FAM.** Semítico, semitismo, semitista.

semítico, ca *adj.* **1.** Relativo a los semitas. **2.** Se dice de un grupo lingüístico hablado en una extensa región de África del N y Asia suroccidental, al que pertenecen el arameo, el hebreo y el árabe. También *s. m.*

semitismo *s. m.* **1.** Conjunto de caracteres, costumbres, etc., de los pueblos semíticos. **2.** Término o giro propio de las lenguas semíticas utilizado en otras.

semitista *s. m.* y *f.* Persona dedicada al estudio de la cultura de los pueblos semíticos, especialmente de su lengua y literatura.

semitono *s. m.* En mús., cada una de las dos partes en que se divide el intervalo de un tono.

semitransparente *adj.* Casi transparente.

semivocal (del lat. *semivocalis*) *adj.* Se aplica a las vocales *i, u* cuando van al final de un diptongo o triptongo, como en *aire, auto* y *averiguáis.* También *s. f.* **FAM.** Semivocálico. VOCAL.

sémola (del ital. *semola*, y éste del lat. *simila*, flor de la harina) *s. f.* Trigo u otro cereal reducido a granos muy pequeños que se utiliza como pasta para sopa.

semoviente (del lat. *se movens, -entis*, que se mueve a sí mismo o por sí) *adj.* Se dice de los bienes o propiedades que consisten en cualquier tipo de ganado. También *s. m.*

sempiterno, na (del lat. *sempiternus*) *adj.* **1.** Que dura siempre, que no tiene fin. **2.** Que siempre se cumple o sucede así: *Llevaba su sempiterno cigarro en la boca.* **SIN. 1.** Perenne, infinito. **1.** y **2.** Eterno, perpetuo. **2.** Indefectible, obligado. **ANT. 1.** Efímero. **2.** Inusual.

senado (del lat. *senatus*) *s. m.* **1.** En países que tienen un cuerpo legislativo bicameral, cámara alta, órgano de representación territorial cuya función básica es la de confirmar, modificar o rechazar las resoluciones aprobadas en el Congreso de los Diputados. ■ Con este significado suele escribirse con mayúscula. **2.** En la república romana, asamblea de los patricios que constituía el consejo supremo del Estado. **3.** Edificio donde celebran los senadores sus sesiones. **4.** Reunión de personas entendidas o con gran experiencia en que se trata o se decide algún asunto. **FAM.** Senadoconsulto, senador, senaduría, senatorial. SENECTUD.

senadoconsulto (del lat. *senatusconsultum*) *s. m.* Decisión o determinación tomada por el antiguo senado romano.

senador, ra (del lat. *senator, -oris*) *s. m.* y *f.* Persona miembro del senado.

senaduría *s. f.* Dignidad o cargo de senador.

senario, ria (del lat. *senarius*) *adj.* Que está compuesto por seis elementos o cifras.

senatorial *adj.* **1.** Relativo al senado o a los senadores. **2.** En la antigua Roma, se aplicaba a la clase compuesta por las familias patricias pertenecientes al senado.

sencillez *s. f.* Cualidad de sencillo. **SIN.** Naturalidad, simplicidad, facilidad. **ANT.** Sofisticación, complejidad.

sencillo, lla (del lat. vulg. *singellus*, por *singulus*, uno solo) *adj.* **1.** Que no tiene dificultad o complicación. **2.** Compuesto por un solo elemento o por pocos elementos. **3.** Destinado para una sola persona, un solo uso, etc.: *Sacamos un billete sencillo.* **4.** De menos espesor o grosor que el resto de su especie: *tela sencilla.* **5.** Que no está excesivamente adornado o carece de lujo o refinamiento: *Son gentes sencillas.* **6.** Se dice del estilo que no utiliza excesivas figuras retóricas u otros recursos y expresa las ideas con claridad. **7.** Se aplica a la persona que mantiene con las demás un trato de igualdad, sin presumir de su posición o cualidades, aunque sean superiores, así como de su actitud, comportamiento, etc. ‖ *s. m.* **8.** Disco fonográfico de corta duración con una o dos canciones o piezas en cada cara. **9.** *Amér.* Dinero suelto. **SIN. 1.** Fácil, asequible. **1.** y **2.** Simple. **2.** Unitario. **3.** Individual. **4.** Fino, delgado. **5.** Sobrio, discreto. **6.** Directo, claro. **6.** y **7.** Llano. **7.** Franco, campechano. **8.** Single. **9.** Calderilla. **ANT. 1.** Difícil. **1.** y **2.** Complejo. **3.** Múltiple. **4.** Doble, grueso. **5.** Recargado. **6.** Artificioso. **7.** Presuntuoso. **FAM.** Sencillamente, sencillez.

senda (del lat. *semita*) *s. f.* **1.** Camino estrecho, formado generalmente por el paso de personas o animales. **2.** P. ext., cualquier camino. **3.** Medio que sigue alguien para cierta cosa o como forma de vida. **SIN. 1.** Vereda. **1.** a **3.** Sendero. **2.** Vía, calzada. **3.** Derrotero. **FAM.** Sendero.

senderismo *s. m.* Actividad deportiva que consiste en hacer recorridos a pie por senderos marcados. **FAM.** Senderista. SENDERO.

senderista *s. m.* y *f.* Persona que practica el senderismo.

sendero *s. m.* Senda*. **FAM.** Senderismo. SENDA.

sendos, das (del lat. *singulos*) *adj. distrib. pl.* Se aplica a dos o más cosas, cada una de las cuales se destina o corresponde a cada una de otras tantas personas o cosas: *El rey y la reina llevaban sendas coronas.*

séneca (del nombre de Lucio Anneo *Séneca*, filósofo latino) *s. m.* Hombre muy sabio.

senectud (del lat. *senectus, -utis*) *s. f.* Vejez, periodo de la vida del hombre que comienza comúnmente a los sesenta años. **SIN.** Ancianidad, senilidad. **ANT.** Infancia, juventud. **FAM.** Senado, senescente, senil.

senegalés, sa *adj.* De Senegal. También *s. m.* y *f.*

senequismo (de Lucio Anneo *Séneca*, filósofo latino) *s. m.* **1.** Doctrina filosófica y moral desarrollada por Séneca. **2.** Norma de vida ajustada a esta doctrina. **FAM.** Senequista.

senequista *adj.* **1.** Del senequismo o relacionado con esta doctrina filosófica. **2.** Partidario de esta teoría o de sus normas de vida. También *s. m.* y *f.*

senescal (del germ. *siniskalk*, criado antiguo) *s. m.* En el reino franco, Cataluña y otras monarquías y señoríos medievales, oficial de la corte del rey o mayordomo de palacio que, según las épocas y países, tuvo también la función de dirigir las campañas guerreras y de administrar los dominios reales. **FAM.** Senescalado, senescalía.

senescalado *s. m.* **1.** Territorio sujeto a la jurisdicción del senescal. **2.** Senescalía*.

senescalía *s. f.* Cargo o dignidad de senescal. **SIN.** Senescalado.

senescente (del lat. *senescens, -entis*) *adj.* Que empieza a envejecer. **FAM.** Senescencia. SENECTUD.

senil (del lat. *senilis*) *adj.*. **1.** Relativo a la vejez o a los viejos. **2.** Que muestra señales de decadencia física o debilidad mental. **SIN. 1.** Anciano. **2.** Caduco, vetusto, decrépito. **ANT. 1.** Infantil, juvenil. **FAM.** Senilidad. SENECTUD.

senilidad *s. f.* **1.** Cualidad de senil: *Su senilidad le impide salir de casa solo.* **2.** Edad avanzada, correspondiente al periodo final de la vida del hombre. ■ Es palabra de uso culto. **SIN. 1.** Vetustez. **2.** Senectud, ancianidad, vejez.

sénior (del lat. *senior*, viejo) *adj.* **1.** Se aplica a la mayor de dos personas que tienen el mismo nombre. **2.** Se dice de la categoría que encuadra a los deportistas que han sobrepasado el límite de edad de los júniors, generalmente sobre los 20 o 21 años. También *s. m.* y *f.* ■ Su pl. es *séniors*.

seno (del lat. *sinus*) *s. m.* **1.** Mama de la mujer. **2.** Espacio que queda entre el pecho y la ropa; se refiere únicamente a las mujeres: *Se guardó el dinero en el seno.* **3.** Matriz de la mujer, especialmente cuando está embarazada, o la de las hembras de los mamíferos. **4.** Concavidad, hueco, especialmente en el interior del cuerpo de los animales. **5.** Cavidad de algunos huesos: *seno maxilar.* **6.** Cada uno de los conductos venosos que se encuentran localizados en el interior de la cavidad craneal. **7.** Concavidad que forma una cosa curva. **8.** Parte de mar entre dos puntas o cabos de tierra. **9.** Porción de mar que entra en la tierra. **10.** Aquello que recibe en sí a una persona o cosa para darle refugio, consuelo, etc.: *Se amparó en el seno de la religión.* **11.** Parte interna de alguna cosa, ya sea material o inmaterial. **12.** En mat., una de las razones trigonométricas; en un triángulo rectángulo, el seno del ángulo agudo es el cociente entre las longitudes del cateto opuesto al ángulo y la hipotenusa. **13.** En arq., espacio comprendido entre los trasdoses de arcos o bóvedas contiguas. **SIN. 1.** Teta, busto. **3.** Vientre, útero. **4.** Oquedad, abertura. **5.** Fosa. **9.** Golfo, ensenada. **10.** Regazo, cobijo, amparo. **11.** Núcleo, meollo. **ANT. 4.** Saliente. **10.** Desamparo. **11.** Periferia. **FAM.** Sinuoso, sinusitis. / Coseno, ensenada.

sensación (del lat. *sensatio, -onis*) *s. f.* **1.** Impresión que producen las cosas a través de los sentidos y que es conducida hasta el cerebro por medio del sistema nervioso. **2.** Efecto que produce algo en una persona. ■ Si no se especifica, se entiende que es grande o fuerte: *Con ese peinado causarás sensación.* **3.** Presentimiento, corazonada: *Me da la sensación de que no le va a gustar nada el color elegido.* || **LOC. de sensación** *adj.* y *adv.* Sensacional o estupendamente. **SIN. 2.** Emoción. **3.** Premonición. **FAM.** Sensacional, sensible, sensitivo, sensual. SENTIR[1].

sensacional *adj.* **1.** Que produce una sensación muy fuerte. **2.** Estupendo, magnífico. **SIN. 1.** Impresionante. **2.** Fantástico, maravilloso, extraordinario. **ANT. 1.** Indiferente. **2.** Horrible. **FAM.** Sensacionalismo. SENSACIÓN.

sensacionalismo *s. m.* Tendencia en determinados medios de comunicación a presentar las noticias destacando sus aspectos más llamativos para producir una fuerte impresión. **FAM.** Sensacionalista. SENSACIONAL.

sensacionalista *adj.* Que tiene o muestra sensacionalismo: *noticia sensacionalista.*

sensatez *s. f.* Cualidad de sensato. **SIN.** Cordura, prudencia, responsabilidad. **ANT.** Insensatez, necedad, imprudencia.

sensato, ta (del lat. *sensatus*) *adj.* Se aplica a la persona que piensa y actúa de manera prudente y acertada, así como a sus acciones, comportamiento, etc. **SIN.** Juicioso, consciente, formal. **ANT.** Insensato, imprudente. **FAM.** Sensatamente, sensatez. / Insensato.

sensibilidad (del lat. *sensibilitas, -atis*) *s. f.* **1.** Cualidad de sensible. **2.** Capacidad que tienen los seres vivos para percibir sensaciones: *Ha perdido la sensibilidad en la mano derecha.* **3.** Grado o medida de la eficacia de ciertos aparatos científicos, ópticos, etc. **SIN. 1.** Impresionabilidad, emocionabilidad. **2.** Perceptibilidad. **ANT. 1.** y **2.** Insensibilidad. **2.** Imperceptibilidad.

sensibilizado, da 1. *p.* de **sensibilizar**. También *adj.* || *adj.* **2.** Se dice de lo que ha sido sometido a sensibilización y reacciona positivamente. **SIN. 1.** Concienciado.

sensibilizar (del lat. *sensibilis*, sensible) *v. tr.* **1.** Hacer sensible o más sensible. También *v. prnl.*: *Se sensibilizó con los años.* **2.** Hacer que alguien se dé cuenta de la importancia, valor, etc., de algo o se vuelva más comprensivo con alguna cosa. También *v. prnl.* **3.** En fotografía, hacer sensibles a la luz ciertas materias: *sensibilizar una placa fotográfica.* ■ Delante de *e* se escribe *c* en lugar de *z*. **SIN. 1.** Humanizar(se), enternecer(se). **2.** Concienciar(se). **ANT. 1.** Insensibilizar(se). **1.** y **2.** Endurecer(se). **FAM.** Sensibilización, sensibilizado, sensibilizador. SENSIBLE.

sensible (del lat. *sensibilis*) *adj.* **1.** Que tiene capacidad para experimentar sensaciones. **2.** Que siente con mayor o menor intensidad la acción de un agente físico: *Es más sensible al calor que al frío.* **3.** Que puede percibirse a través de los sentidos. **4.** Se aplica a los instrumentos muy precisos, con gran capacidad para apreciar y registrar el más pequeño cambio en cualquier fenómeno de temperatura, luz, sonido, etc. **5.** Que reacciona fácilmente ante la acción de ciertos agentes naturales: *Las películas fotográficas son sensibles a la luz.* **6.** Se dice de la persona que se impresiona o emociona con facilidad y a la que fácilmente se hiere en sus sentimientos. **7.** Que tiene gran capacidad para percibir y distinguir la belleza, el valor o la importancia de las cosas. **8.** Muy claro o evidente: *Se prevé un sensible aumento de las temperaturas.* **9.** En mús., se aplica a la séptima nota de la escala diatónica cuando está a un semitono de la tónica. También *s. f.* **SIN. 1.** y **8.** Perceptible. **4.** Exacto. **6.** Impresionable, emocionable, susceptible. **8.** Apreciable, manifiesto. **ANT. 1.** a **8.** Insensible. **1.** y **8.** Imperceptible. **6.** Impasible. **FAM.** Sensibilidad, sensibilizar, sensiblemente, sensiblería, sensor, sensorial. / Hipersensibilidad, insensible. SENSACIÓN.

sensiblería *s. f.* Sensibilidad exagerada o falsa: *la sensiblería de las novelas rosas.* **FAM.** Sensiblero. SENSIBLE.

sensiblero, ra *adj.* Que tiene o manifiesta una sensibilidad exagerada, afectada o falsa. También *s. m.* y *f.*

sensitiva *s. f.* Arbusto de hojas compuestas y flores en espiga de color rosa, cuyas hojas tienen la propiedad de que, si alguien las toca o sacude, parece como si estuvieran marchitas por algún tiempo. Es originaria de América del Sur y se cultiva como planta ornamental.

sensitivo, va (del lat. *sensus*, sentido) *adj.* **1.** Relativo a las sensaciones producidas en los sentidos. **2.** Capaz de experimentar sensaciones. **3.** Que excita o estimula la sensibilidad. **4.** Se aplica a la persona muy sensible. **SIN. 1.** Sensual. **2.** Receptivo. **3.** y **4.** Emotivo. **4.** Emocionable, impresionable. **ANT. 2.** y **4.** Insensible. **FAM.** Sensitiva. SENSACIÓN.

sensor *s. m.* Dispositivo compuesto por células sensibles, que sirve para captar o detectar determinados fenómenos o alteraciones que se producen en su entorno, incluso a gran distancia.

sensorial *adj.* Relativo a los sentidos. **SIN.** Sensorio. **FAM.** Sensorio. / Extrasensorial. SENSIBLE.

sensorio, ria (del lat. *sensorius*) *adj.* Sensorial*.

sensu lato (lat.) *loc. adv.* En sentido amplio. ■ Se opone a *sensu stricto*.

sensu stricto (lat.) *loc. adv.* En sentido estricto. ■ Se opone a *sensu lato*.

sensual (del lat. *sensualis*) *adj.* **1.** Relativo a las sensaciones. **2.** Que al ser percibido a través de los sentidos, produce placer o satisfacción. **3.** Que despierta el deseo sexual: *Movía las caderas de una forma muy sensual.* **SIN. 1.** Sensitivo. **2.** y **3.** Voluptuoso. **3.** Erótico. **ANT. 2.** Intelectual, cerebral. **FAM.** Sensualidad, sensualismo, sensualmente. SENSACIÓN.

sensualidad (del lat. *sensualitas, -atis*) *s. f.* **1.** Cualidad de sensual. **2.** Inclinación exagerada a los placeres que se experimentan a través de los sentidos. **SIN. 1.** Voluptuosidad, atractivo. **1.** y **2.** Sensualismo.

sensualismo *s. m.* **1.** Sensualidad*. **2.** Doctrina filosófica que sólo admite como fuente de conocimiento las sensaciones recibidas del exterior.

sentada *s. f.* **1.** Tiempo durante el cual alguien permanece sentado. **2.** Acción de permanecer sentadas en el suelo un grupo de personas durante un largo periodo de tiempo, para manifestar una protesta, apoyar una petición, etc. || **LOC. de una sentada** *adv. fam.* De una vez: *Se comió la tarta de una sentada.*

sentado, da 1. *p.* de **sentar**. También *adj.* || *adj.* **2.** Prudente, juicioso: *Es un muchacho muy sentado para sus años.* || **LOC. dar** algo **por sentado** Considerarlo como seguro, fuera de toda duda. **SIN. 2.** Sensato, reflexivo. **ANT. 2.** Insensato, irreflexivo.

sentador, ra *adj. Arg.* y *Chile* Se aplica a las prendas de vestir que sientan bien, que favorecen.

sentar (del lat. *sedere*, estar sentado) *v. tr.* **1.** Colocar a alguien en una silla, banco, etc., de forma que quede apoyado y descansando sobre las nalgas y la cara posterior de los muslos. Se usa sobre todo como *v. prnl.*: *Se sentó en la hierba.* **2.** Colocar una cosa de forma que quede perfectamente ajustada o apoyada en otra. **3.** Establecer, fundamentar: *Sentaron las bases del acuerdo.* || *v. intr.* **4.** *fam.* Referido a comidas y bebidas, ser bien o mal digeridas por el estómago: *No le sienta bien el picante.* **5.** Producir beneficio o daño en alguien. **6.** Resultar bien o mal en una persona una prenda de vestir, un color, etc.: *Qué mal te sienta la blusa.* **7.** Producir algo una buena o mala impresión en alguien: *Me sentó fatal que no contaran con nosotros.* **8.** Estar una cosa bien asegurada: *Para que sentara la mesa tuvimos que calzarla.* **9.** Volver algo a su estado normal después de haber sufrido cambios o alteraciones: *A ver cuándo sienta este tiempo.* También *v. prnl.* **10.** Posarse en el fondo las partículas o materias que estaban suspendidas en un líquido. También *v. prnl.* ■ Es v. irreg. Se conjuga como *pensar*. **SIN. 2.** Afirmar, afianzar. **2., 3., 8.** y **10.** Asentar(se). **3.** Basar. **3.** a **7.** Caer. **6.** Quedar, ir, venir. **9.** Estabilizarse, normalizarse, regularizarse. **10.** Sedimentarse. **ANT. 1.** Levantar(se), alzar(se). **9.** Desestabilizarse. **FAM.** Sentada, sentado, sentador. / Asentar.

sentencia (del lat. *sententia*) *s. f.* **1.** Dicho o expresión breve que contiene una opinión, juicio, etc., sobre alguna cosa. **2.** Decisión o resolución de un juez con la que se pone fin a un juicio o proceso: *El juez aún no ha dictado sentencia.* **3.** *fam.* Decisión que da alguien acerca de una discusión, disputa, etc., con la que ésta se considera terminada o resuelta. **4.** Oración gramatical. **SIN. 1.** Aforismo, proverbio. **2.** Fallo. **2.** y **3.** Dictamen. **FAM.** Sentenciar, sentencioso.

sentenciador, ra *adj.* Que dicta sentencia o está capacitado para ello.

sentenciar *v. tr.* **1.** Decir o pronunciar una sentencia o máxima. **2.** Dictar el juez sentencia contra alguien. **3.** Condenar, culpar: *Tú ya me has sentenciado, sin dejar siquiera que te lo explique.* **4.** Destinar algo al fracaso: *Aquella obra estaba sentenciada desde el mismo día de su presentación.* **SIN. 2.** Dictaminar. **FAM.** Sentenciador. SENTENCIA.

sentencioso, sa (del lat. *sententiosus*) *adj.* **1.** Que contiene sentencia o máxima. **2.** Se aplica a la persona y al tono en que habla, cuando lo hace de forma grave, dando gran importancia a lo que dice, como si se tratara de sentencias o máximas. **3.** Aficionado a hacer o utilizar sentencias. **FAM.** Sentenciosamente. SENTENCIA.

sentidamente *adv. m.* Demostrando un sentimiento intenso o verdadero: *Le dieron el pésame muy sentidamente.*

sentido, da 1. *p.* de **sentir**. También *adj.* || *adj.* **2.** Que demuestra un sentimiento muy intenso o sincero. **3.** Se aplica a la persona a la que se ofende o molesta con mucha facilidad: *No seas tan sentido, nadie quiso herirte.* || *s. m.* **4.** Cada una de las funciones que poseen el hombre y los animales por las que perciben, a través de ciertos órganos corporales, impresiones externas, como el sonido o la temperatura, o internas, como el equilibrio. **5.** Conocimiento del mundo exterior: *Tardó bastante en recobrar el sentido.* **6.** Entendimiento, inteligencia: *Pon algo más de sentido en lo que haces.* **7.** Lógica, razón de ser: *¿Qué sentido tiene el que nos enfademos?* **8.** Capacidad que tiene alguien para aquello que se expresa: *Tiene un gran sentido del ritmo.* **9.** Manera particular en que alguien entiende o aprecia algo: *Tienes un sentido del deber bastante extraño.* **10.** Aquello hacia lo que está dirigida la existencia de alguien. **11.** Valor, importancia: *Para él la vida ya no tenía sentido.* **12.** Acepción o significado de las palabras: *Siempre juega con los posibles sentidos de las palabras.* **13.** Cada una de las distintas interpretaciones que puede tener una frase, texto, etc. **14.** Cada una de las dos formas opuestas en que puede orientarse una línea o dirección desde un punto a otro: *Esta calle es de sentido único.* || **15. doble sentido** El de algunas palabras o frases que da lugar a interpretaciones muy distintas. **16. sentido común** Capacidad que tiene alguien para actuar y decidir acertada y razonablemente. || **LOC. con los** (o **mis**, **tus**, **sus**, etc.) **cinco sentidos** *adv. fam.* Con mucha atención y cuidado. **de sentido común** *adv.* Lógico, esperable. **hacer perder** (o **quitar**) **el sentido** *fam.* Gustar enormemente a alguien una persona o cosa. **poner** (o **tener puestos**) uno **sus cinco sentidos en** una persona o cosa Dedicarle extraordinaria atención. **SIN. 3.** Sensible, susceptible. **5.** Conciencia. **7.** Motivo, causa. **9.** Idea, noción. **10.** Meta, objetivo. **11.** Alcance, interés. **11.** y **12.** Significación. **13.** Lectura. **FAM.** Sentidamente. / Contrasentido, sinsentido. SENTIR[1].

sentimental *adj.* **1.** Relativo a los sentimientos. **2.** Se aplica a las personas que se emocionan con facilidad o que tienden a actuar por impulsos afectivos, así como a estos mismos impulsos, acciones, etc. También *s. m.* y *f.* **3.** Que expresa o produce sentimientos de compasión, ternura, etc. **4.** Relativo al amor: *relaciones sentimentales.* **SIN. 1.** a **3.** Emotivo. **2.** Sensible, emocionable. **2.** y **3.** Romántico. **4.** Amoroso. **FAM.** Sentimentalismo, sentimentalmente, sentimentaloide. SENTIMIENTO.

sentimentalismo *s. m.* Cualidad de sentimental.

sentimentaloide *adj.* Afectadamente sentimental. También *s. m.* y *f.* ■ Tiene un matiz despectivo o humorístico.

sentimiento *s. m.* **1.** Acción de sentir. **2.** Estado de ánimo o disposición afectiva hacia personas, objetos, opiniones, etc.: *La película me produjo un sentimiento de tristeza.* **3.** Parte afectiva del ser humano, que se contrapone a razón o intelecto: *Procura no dejarte llevar por los sentimientos.* **4.** Capacidad que tiene alguien para querer, comprender y compadecer a los demás. **5.** Amor que siente una persona hacia otra. Se usa sobre todo en *pl.*: *No se atrevía a revelarle sus sentimientos.* **6.** Pena, disgusto. ■ Se usa sobre todo como fórmula de condolencia en la frase *acompañar a alguien en el sentimiento.* **SIN. 2.** Afecto, emoción, sensación. **3.** Ternura, sensibilidad. **5.** Atracción. **6.** Aflicción, dolor, sufrimiento. **ANT. 4.** Incomprensión. **5.** Repulsión. **6.** Alegría, contento. **FAM.** Sentimental. SENTIR[1].

sentina (del lat. *sentina*) *s. f.* **1.** Parte más baja de la bodega de un barco donde se reúnen las aguas procedentes de filtraciones residuales y desde donde son expulsadas al exterior mediante bombas. **2.** Lugar lleno de suciedad y mal olor. **3.** Lugar considerado foco de vicios e inmoralidad. **SIN. 2.** Cloaca, albañal.

sentir[1] (del lat. *sentire*) *v. tr.* **1.** Percibir una sensación a través de los sentidos. **2.** Oír, percibir a través del oído: *No le sentí entrar.* **3.** Recibir sensaciones producidas por causas externas o internas: *Sentíamos un hambre atroz.* **4.** Experimentar una impresión de tipo afectivo, un sentimiento. **5.** Tener sensibilidad en la parte del cuerpo que se expresa: *Se me ha dormido la pierna y no la siento.* **6.** Tener pena o disgusto por alguna cosa: *Todos sintieron su marcha.* **7.** Captar o percibir la emoción, el entusiasmo o la fuerza que comunica algo: *No siento lo que recita.* **8.** Creer, opinar: *Dijo lo que sentía.* **9.** Tener la impresión de que algo va a ocurrir: *Siento que esta tarde habrá discusiones.* || **sentirse** *v. prnl.* **10.** Encontrarse en el estado o situación que se expresa: *Se siente algo mareada.* **11.** Considerarse alguien de una determinada manera: *Se siente más importante que los demás.* **12.** Sufrir un dolor, enfermedad, etc.: *Aún se siente de la operación.* ■ Es v. irreg. **SIN. 1.** Apreciar, advertir. **1.** y **3.** Notar. **6.** Lamentar. **7.** Vivir. **8.** Pensar, estimar, juzgar. **9.** Presentir, sospechar. **10.** Hallarse. **12.** Dolerse, resentirse. **ANT. 6.** Celebrar. **FAM.** Sensación, sentido, sentimiento, sentir[2]. / Asentir, consentir, disentir, presentir, resentirse.

SENTIR	
GERUNDIO	
sintiendo	
INDICATIVO	
Presente	**Pretérito perfecto simple**
siento	*sentí*
sientes	*sentiste*
siente	*sintió*
sentimos	*sentimos*
sentís	*sentisteis*
sienten	*sintieron*
SUBJUNTIVO	
Presente	**Pretérito imperfecto**
sienta	*sintiera, -ese*
sientas	*sintieras, -eses*
sienta	*sintiera, -ese*
sintamos	*sintiéramos, -ésemos*
sintáis	*sintierais, -eseis*
sientan	*sintieran, -esen*
Futuro	
sintiere	*sintiéremos*
sintieres	*sintiereis*
sintiere	*sintieren*
IMPERATIVO	
siente	*sentid*

sentir[2] (de *sentir*[1]) *s. m.* **1.** Opinión que se tiene sobre alguna cosa: *Quiero que me des tu sentir sobre la novela.* **2.** Sentimiento*. **SIN. 1.** Parecer, juicio. **2.** Afecto, emoción.

senyera (cat.) *s. f.* Señera*.

seña (del lat. *signa*, de *signum*) *s. f.* **1.** Detalle o característica que tiene una persona o cosa, por la que se la reconoce y distingue. Se usa sobre todo en *pl.* **2.** Gesto o ademán con que se da a entender algo o se establece comunicación con alguien. Se usa mucho en *pl.* **3.** Aquello que está convenido o acordado entre dos o más personas para entenderse entre sí: *La seña era dar tres golpes en la puerta.* **4.** Señal, huella. || *s. f. pl.* **5.** Conjunto de datos que constituyen la dirección de una persona, establecimiento, etc.: *Dame las señas de la casa.* || **LOC. para** (o **por**) **más señas** *adv.* Para ser aún más exacto o preciso. **SIN. 1.** Particularidad, singularidad. **3.** Contraseña. **4.** Vestigio, rastro. **FAM.** Señal, señuelo. / Contraseña, diseño, enseña, enseñar, insigne, insignia, reseña. SIGNO.

señal (del lat. *signalis*, de *signum*, seña) *s. f.* **1.** Aquello que tiene una persona o cosa o se pone en ella para reconocerla y distinguirla de otras. **2.** Aquello que indica la existencia de algo o demuestra alguna cosa: *Si no se ha ido, es señal de que está a gusto.* **3.** Lo que queda de alguna cosa y gracias a lo cual se tiene conocimiento de ella. **4.** Dibujo, desperfecto, etc., que deja en la piel una herida, golpe, etc. **5.** P. ext., cualquier marca en una superficie. **6.** Símbolo, medio, etc., convenido entre varias personas para hacer o conocer algo: *La señal será encender la luz dos veces.* **7.** Aviso que se da, de la forma que sea, para que alguien haga algo, acuda a cierto lugar, etc. **8.** Gesto, ademán, etc., con que se avisa o se comunica algo: *Nos hicieron señales desde el barco.* **9.** Cualquier objeto, medio, etc., utilizado para indicar alguna cosa: *Se guiaba por las señales de la pared.* **10.** Señal de tráfico. **11.** Sonido que producen algunos aparatos para avisar o informar de alguna cosa, y particularmente el teléfono: *Marca al oír la señal.* **12.** Cantidad de dinero que se paga como anticipo del coste total de algo. || **13. señal de la cruz** La que se hace con los dedos índice y pulgar o moviendo toda la mano para representar la cruz en que murió Jesús. **14. señal de tráfico** (o **de circulación**) Cada una de las indicaciones que sirven para regular la circulación en calles y carreteras. **SIN. 1.** Signo, distintivo. **2.** Síntoma. **2.** y **3.** Prueba, muestra. **3.** Vestigio, testimonio. **4.** Cicatriz. **6.** Contraseña. **7.** y **9.** Indicación. **12.** Adelanto. **FAM.** Señalar, señalero, señalizar. SEÑA.

señalado, da 1. *p.* de **señalar**. También *adj.* || *adj.* **2.** Importante, notable: *Éste es un día muy señalado.* **SIN. 2.** Señero, destacado, relevante. **ANT. 2.** Insignificante, nimio. **FAM.** Señaladamente. SEÑALAR.

señalamiento *s. m.* Acción de señalar, especialmente el día de un juicio oral o de una vista.

señalar *v. tr.* **1.** Hacer o poner señales en una cosa para reconocerla o distinguirla de las demás. **2.** Mostrar a alguien o algo, dirigiendo el dedo hacia él o por otros medios. **3.** Constituir una cosa la señal o el indicio de otra: *La aurora señala el comienzo del día.* **4.** Indicar, dar a conocer: *Me señaló los errores del ejercicio.* **5.** Indicar ciertos datos algunos instrumentos, dispositivos, etc.: *El termómetro señalaba 20 grados.* **6.** Destacar, resaltar. **7.** Determinar la persona, momento, lugar, etc., para cierto fin: *Aún no han señalado el día de la inauguración.* **8.** Fijar el precio de cierta cosa: *Señalaron su valor en mil euros.* **9.** Hacer heridas o dejar cicatrices en alguna parte del cuerpo. **10.** Dejar una señal en cualquier superficie. **11.** Deshonrar, desprestigiar: *Aquella acción le señaló para siempre.* **12.** Decidir, predestinar. || **señalarse** *v. prnl.* **13.** Distinguirse entre los demás: *En aquella campaña se señaló por su valor.* **SIN. 1.** Signar, rotular. **1.** a **12.** Marcar. **2.** Apuntar. **2.** y **4.** Enseñar. **4.** Revelar, advertir. **6.** Recalcar, subrayar. **7.** Asignar, designar. **11.** Mancillar, manchar. **13.** Sobresalir, descollar. **FAM.** Señalado, señalador, señalamiento. SEÑAL.

señalero *s. m.* **1.** *Arg. fam.* Encargado de hacer las señales indicadoras de que las vías del tren están libres. **2.** *Urug. fam.* Intermitente de un automóvil.

señalización *s. f.* **1.** Acción de señalizar. **2.** Sistema de señales situadas en las vías de comunicación: *señalización vertical.*

señalizar *v. tr.* **1.** Poner señales de tráfico en calles y carreteras. **2.** Poner cualquier tipo de indicaciones en vías de comunicación, caminos, etc. ■ Delante de *e* se escribe *c* en lugar de *z*. **FAM.** Señalización. SEÑAL.

señera (del cat. *senyera*) *s. f.* Bandera de Cataluña.

señero, ra (del bajo lat. *singularius*, de *singulus*, uno solo) *adj.* **1.** Destacado del resto por sus grandes cualidades. **2.** Separado, aislado: *El cerro se alzaba señero en la meseta.* **SIN. 1.** Señalado, ilustre, notable. **2.** Solitario, solo. **ANT. 1.** Mediocre. **2.** Acompañado. **FAM.** Señeramente.

señor, ra (del lat. *senior, -oris*) *s. m.* y *f.* **1.** Tratamiento de respeto utilizado para referirse a cualquier persona adulta. ■ Cuando se trata de mujeres, se aplica a las casadas o viudas, frente a *señorita.* Se antepone al apellido del marido, precedido por *de*, con el significado de esposa: *señora de Lozano.* **2.** Persona madura. **3.** Propietario de algo, especialmente de tierras. **4.** Con respecto a los criados, persona o personas para las que trabajan: *Está muy contenta con su señora.* **5.** Antiguo propietario de un feudo. **6.** Título nobiliario. **7.** Persona distinguida y elegante o de comportamiento noble, digno. || *s. m.* **8.** Dios. ■ En esta acepción se escribe con mayúscula. **9.** Hombre, en contraposición a mujer. || *s. f.* **10.** Esposa: *Vendrá con su señora.* **11.** Mujer, en contraposición a hombre. || *adj.* **12.** *fam.* Señorial: *Tiene unos gustos muy señores.* **13.** Antepuesto a un sustantivo, intensifica o resalta su significado: *Se fumaba un señor puro.* **SIN. 3.** y **4.** Amo. **7.** y **9.** Caballero. **9.** Varón. **11.** Dama. **12.** Aristocrático, refinado. **FAM.** Señorear, señoría, señorial, señorío, señorito, señorón. / Enseñorearse, misia, monseñor, ño, sénior, so[1].

señorear *v. tr.* **1.** Dominar, mandar en una cosa como dueño de ella. También *v. prnl.* **2.** Sobresalir una cosa de otra, por ser más alta o estar en una posición más elevada: *La ermita señoreaba toda la llanura.* **3.** Contener alguien sus sentimientos, impulsos, etc. **SIN. 3.** Controlar, refrenar. **ANT. 3.** Desatar.

señoría *s. f.* **1.** Tratamiento que se da a las personas que poseen cierta dignidad, especialmente jueces y parlamentarios. **2.** Persona que recibe este tratamiento. **3.** Forma de gobierno de algunas ciudades italianas de la baja Edad Media, en que el poder era entregado a una familia que establecía una forma de principado. **4.** Ciudad gobernada de esta manera. **FAM.** Usía. SEÑOR.

señorial *adj.* **1.** Relativo al señorío. **2.** Noble, majestuoso. **SIN. 2.** Aristocrático, refinado. **ANT. 2.** Vulgar.

señorío *s. m.* **1.** Dominio que se tiene sobre alguna cosa. **2.** Territorio perteneciente a un señor. **3.** Dignidad de señor. **4.** Conjunto de señores o personas distinguidas: *Ahí se reúne todo el señorío.* **5.** Aspecto, comportamiento, etc., propio de un señor. **SIN. 1.** Mando, potestad. **5.** Distinción, elegancia.

señoritingo, ga (desp. de *señorito*) *s. m.* y *f.* **1.** Joven excesivamente arreglado. **2.** Joven presuntuoso, que alardea de su posición económica y social. **SIN. 1.** y **2.** Petimetre.

señoritismo *s. m. desp.* Actitud y comportamiento de señorito, ocioso y presumido.

señorito, ta *s. m.* y *f.* **1.** Hijo de un señor o de una persona distinguida e importante. **2.** Tratamiento que dan los criados a la persona para quien trabajan, especialmente si es joven, o a los hijos de ésta. **3.** Joven de buena posición económica y social que presume de ello y que generalmente no trabaja. **4.** *desp.* Persona excesivamente refinada, escrupulosa o ñoña. También *adj.*: *Tiene unos gustos muy señoritos.* || *s. f.* **5.** Tratamiento dado a la mujer soltera. **6.** Tratamiento que se da a las maestras. **7.** Tratamiento dado a mujeres que desempeñan ciertos trabajos, como el de secretaria, dependienta, etc. **SIN. 3.** Señoritingo, lechuguino. **FAM.** Señoritingo. SEÑOR.

señorón, na *adj.* Se aplica al señor rico o importante, o que lo parece por su aspecto, conducta, etc. También *s. m.* y *f.*

señuelo *s. m.* **1.** Cualquier objeto utilizado para atraer a las aves. **2.** Ave que se usa para atraer a otra. **3.** Cualquier cosa que sirve para atraer a alguien o convencerle de algo, generalmente de forma engañosa. **SIN. 1.** y **3.** Reclamo. **3.** Cebo.

seo (del cat. y arag. *seu*, y éste del lat. *sedes*) *s. f.* Iglesia catedral.

sépalo (del lat. *separ, -aris*, separado) *s. m.* Cada una de las piezas que forman el cáliz de la flor. **FAM.** Asépalo, disépalo, gamosépalo, monosépalo, polisépalo.

separación (del lat. *separatio, -onis*) *s. f.* **1.** Acción de separar o separarse. **2.** Espacio que queda entre cosas separadas. **3.** Distancia que existe entre dos cosas, ya sea en el espacio o en el tiempo. **4.** Interrupción de la vida común de los cónyuges, por propia decisión o por fallo de los jueces, sin que se produzca una ruptura del vínculo matrimonial. || **5. separación de bienes** Reparto de las propiedades de los cónyuges hecho por vía jurídica.

separado, da 1. *p.* de **separar**. También *adj.* || *adj.* **2.** Se aplica a la persona que tiene la separación matrimonial. También *s. m.* y *f.* || **LOC. por separado** *adv.* Separadamente, considerando aparte las cosas de que se trata. **FAM.** Separadamente. SEPARAR.

separador, ra *adj.* Que separa. También *s. m.* y *f.*: *separador de páginas.*

separar (del lat. *separare*) *v. tr.* **1.** Establecer distancia o aumentarla entre dos personas, animales o cosas que estaban juntos o cercanos. También *v. prnl.*: *Sepárate de la ventana.* **2.** Poner aparte del resto a una persona, animal o cosa. **3.** Reservar algo: *Le pedí al panadero que me separase tres barras.* **4.** Formar grupos con cosas semejantes que estaban mezcladas con otras distintas: *Separa las fichas por colores.* **5.** Considerar como distintas cosas que aparecen mezcladas o fundidas: *En ese asunto hay que separar varios aspectos.* **6.** Hacer que alguien abandone el cargo, actividad, etc., que desempeñaba: *Le separaron de su puesto por problemas de salud.* También *v. prnl.* || **separarse** *v. prnl.* **7.** Irse por distinto lugar o camino personas, animales o cosas que marchaban juntas. **8.** Dejar de vivir juntos los esposos. **9.** Terminar la relación que se mantenía con alguna persona, grupo, etc. **10.** Abandonar una creencia, postura, etc.: *Se separó de la fe.* **11.** Hacerse independiente una comunidad política que pertenecía a otra. **SIN. 1.** Distanciar(se), desunir(se). **1.** a **3.** Apartar(se). **2.** Aislar. **3.** Guardar. **4.** Agrupar. **5.** Distinguir, diferenciar. **6.** Destituir, retirar(se). **11.** Independizarse, emanciparse. **ANT. 1.** Acercar(se). **1.**, **2.** y **7.** Unir(se). **5.** Confundir. **6.** Nombrar. **10.** Abrazar. **FAM.** Separable, separación, separado, separador, separata, separatismo, separatista. / Inseparable. PARAR.

separata (del lat. *separata*, de *separatum*, separado) *s. f.* Publicación independiente de un artículo, texto, etc., que había aparecido incluido en un libro o revista.

separatismo *s. m.* Doctrina o tendencia política que defiende la separación o independencia de una región, provincia o nación del estado al que pertenece.

separatista *adj.* **1.** Del separatismo o relacionado con él. **2.** Partidario de esta doctrina política. También *s. m.* y *f.* **3.** *fam.* Se dice de la persona que evita relacionarse con quienes están a su alrededor. También *s. m.* y *f.* **SIN. 2.** Secesionista. **ANT. 2.** Centralista.

sepelio (del lat. *sepelire*, enterrar) *s. m.* Entierro de una persona con las correspondientes ceremonias, ya sean religiosas o civiles. **SIN.** Exequias. **FAM.** Véase **sepultar**.

sepia (del lat. *sepia*, y éste del gr. *sepia*) *s. f.* **1.** Jibia*, molusco. **2.** Colorante que se extrae de este molusco. || *s. m.* **3.** Color ocre rojizo. ■ Se usa mucho en aposición: *un papel sepia.* **SIN. 1.** Choco.

sepiolita *s. f.* Mineral de silicato hidratado de magnesio, muy poroso, de color blanco y poca densidad. ■ También es llamado *espuma de mar.*

sepsis (del gr. *sepsis*, putrefacción) *s. f.* Enfermedad infecciosa provocada por un agente patógeno que penetra en el torrente sanguíneo. ■ No varía en *pl.* Se llama también *septicemia.* **FAM.** Septicemia, séptico. / Antisepsia, asepsia.

septembrino, na *adj.* **1.** Relativo al mes de septiembre. **2.** Ocurrido durante este mes; se aplica especialmente a ciertos movimientos revolucionarios.

septenario, ria (del lat. *septenarius*) *adj.* **1.** Que consta de siete partes o elementos. || *s. m.* **2.** Conjunto de siete días. **3.** Conjunto de prácticas religiosas realizadas durante siete días.

septenio (del lat. *septennium*) *s. m.* Periodo de siete años.

septeno, na (del lat. *septenus*) *adj. num. ord.* y *adj. num. part.* Séptimo*.

septentrión (del lat. *septentrio, -onis*, de *septem*, siete, y *trio, -onis*, buey de labor) *s. m.* **1.** Norte, punto cardinal. **2.** Región situada en este punto. **3.** Viento del norte. **FAM.** Septentrional.

septentrional *adj.* Del norte o relacionado con él. **SIN.** Boreal, ártico, nórdico. **ANT.** Meridional.

septeto (del lat. *septem*, siete) *s. m.* **1.** Composición musical para siete instrumentos o voces. **2.** Conjunto de estos instrumentos o voces.

septicemia (del gr. *septikos*, que corrompe, y *haima*, sangre) *s. f.* Sepsis*. **FAM.** Septicémico. SEPSIS.

séptico, ca (del gr. *septikos*) *adj.* **1.** Que produce putrefacción o es causado por ella. **2.** Que tiene gérmenes patógenos o infecciosos. **ANT. 2.** Aséptico.

septiembre (del lat. *september, -bris*) *s. m.* Noveno mes del año, que tiene treinta días. ■ Se escribe también *setiembre.* **FAM.** Septembrino, setembrista.

septillizo, za *adj.* Se dice de cada uno de los hermanos nacidos en un parto séptuplo. También *s. m.* y *f.*

séptimo, ma (del lat. *septimus*) *adj. num. ord.* **1.** Que ocupa por orden el número siete. También *s. m.* y *f.* || *adj. num. part.* **2.** Se aplica a cada una de las siete partes iguales en que se divide un todo. También *s. m.* || *s. f.* **3.** Intervalo musical que comprende siete sonidos de la escala. || **4. séptimo arte** El cine. ■ Se dice también *sétimo.*

septingentésimo, ma (del lat. *septingentesimus*) *adj. num. ord.* **1.** Que ocupa por orden el número setecientos. También *s. m.* y *f.* || *adj. num. part.* **2.** Se aplica a cada una de las setecientas partes iguales en que se divide un todo. También *s. m.*

septo (del lat. *septum*, de *saepio*, cercar, cerrar) *s. m.* En anat., pared delgada que separa dos cavidades, como p. ej. el tabique nasal.

septuagenario, ria (del lat. *septuagenarius*) *adj.* Setentón*.

septuagésimo, ma (del lat. *septuagesimus*) *adj. num. ord.* **1.** Que ocupa por orden el número setenta. También *s. m.* y *f.* || *adj. num. part.* **2.** Se aplica a cada una de las setenta partes iguales en que se divide un todo. También *s. m.*

septuplicar (del lat. *septem*, siete, y *plicare*, doblar) *v. tr.* Aumentar siete veces la cantidad, número, tamaño o intensidad de algo. También *v. prnl.* ■ Delante de *e* se escribe *qu* en lugar de *c.*

séptuplo, pla (del lat. *septuplus*) *adj. num. mult.* Se dice del número o de la cantidad que contiene a otra siete veces. También *s. m.* **FAM.** Septuplicar. SIETE.

sepulcral (del lat. *sepulcralis*) *adj.* **1.** Relativo al sepulcro: *inscripciones sepulcrales.* **2.** Propio de un sepulcro: *silencio sepulcral, frío sepulcral.*

sepulcro (del lat. *sepulcrum*) *s. m.* **1.** Construcción funeraria levantada del suelo para dar sepultura a un cadáver. **2.** En el altar, hueco donde se depositan las reliquias y que permanece cubierto y sellado. **3.** Urna con una imagen o representación de Jesucristo difunto. **FAM.** Sepulcral. SEPULTAR.

sepultar (del lat. *sepultare*, de *sepelire*) *v. tr.* **1.** Enterrar a un cadáver. **2.** Cubrir totalmente a alguien o algo una masa de cierta cosa: *La avalan-*

cha de agua sepultó el vehículo. **3.** Hacer que algo quede totalmente olvidado. **4.** Entristecer u obsesionar a alguien un pensamiento, idea, etc.: *Los recuerdos acabarán sepultándote.* También *v. prnl.* SIN. **1.** Inhumar. **2.** Soterrar. **4.** Angustiar(se), mortificar(se). ANT. **1.** Exhumar. **1.** y **2.** Desenterrar. **3.** Reavivar. **4.** Reconfortar(se). FAM. Sepultador, sepultura, sepulturero. / Insepulto, sepelio, sepulcro.

sepultura (del lat. *sepultura*) *s. f.* **1.** Acción de sepultar. **2.** Hoyo hecho en la tierra para enterrar uno o más cadáveres. **3.** Lugar donde está enterrado alguien. || LOC. **cavar** alguien **su (propia) sepultura (fosa** o **tumba)** *fam.* Hacer una persona de forma continua y habitual algo que resulta muy perjudicial para ella misma. **dar sepultura** Enterrar un cadáver. SIN. **1.** Enterramiento, inhumación. **2.** Fosa. ANT. **1.** Exhumación.

sepulturero, ra *s. m.* y *f.* Persona que tiene como oficio cavar las sepulturas y enterrar los cadáveres. SIN. Sepultador, enterrador.

sequedad (del lat. *siccitas, -atis*) *s. f.* Cualidad de seco. SIN. Aridez, agostamiento; aspereza. ANT. Humedad, amabilidad.

sequedal *s. m.* Terreno seco y sin vegetación.

sequía *s. f.* Periodo prolongado de tiempo seco, falta de lluvias.

sequillo *s. m.* Dulce de masa frita cubierta de azúcar, con forma de rosquilla, galleta, etc.

séquito (del lat. *sequi*, seguir) *s. m.* **1.** Conjunto de personas que acompañan y siguen a un personaje importante o famoso: *Entraron en el palacio los príncipes y su séquito.* **2.** Grupo de personas partidarias o seguidoras de un personaje, idea, etc.: *La actriz se encontró a la entrada un séquito de admiradores.* **3.** Conjunto de efectos o consecuencias ocasionado por una acción, suceso, etc. SIN. **1.** Escolta, compañía. **1.** y **2.** Cortejo, comitiva. **3.** Secuela, derivación, fruto.

ser[1] (del lat. *sedere*, estar sentado; aunque algunas formas proceden de *esse*, existir) *v. cop.* **1.** Atribuye al sujeto la cualidad o circunstancia que se expresa: *Este remedio es muy eficaz.* ■ El verbo *ser* atribuye una cualidad que puede entenderse como permanente y que corresponde al sujeto debido a su propia naturaleza: *Es una chica muy simpática.* Sin embargo, la cualidad que atribuye *estar*, como v. cop., hace referencia generalmente a un estado pasajero o accidental: *Estuvo muy simpática con nosotros.* **2.** Se utiliza para indicar el día que corre: *Mañana es jueves.* **3.** Se utiliza para expresar el resultado de una operación aritmética: *Tres y cuatro son siete.* **4.** En construcciones impersonales, introduce expresiones de tiempo: *Es muy tarde para telefonearle.* **5.** Constituir la causa o razón de lo que se expresa: *El juego fue su perdición.* **6.** Tener el oficio, cargo, etc., que se expresa: *Su hermano es abogado.* **7.** Pertenecer a la persona o cosa que se indica: *Ese libro era nuestro.* ■ Cuando no se trata de un posesivo, el atributo va precedido de la prep. *de*: *Es el bolso de Elena.* **8.** Formar parte de una comunidad, sociedad, etc.: *Es del partido.* **9.** Haber nacido o proceder del lugar que se especifica. **10.** Se utiliza para indicar el material con que está hecho algo: *La estructura es metálica.* ■ Obsérvese que de la acepción **8** a la **10**, el atributo puede expresarse con la prep. *de* o mediante el adj. correspondiente. **11.** Con la prep. *de*, corresponder o parecer propio de la persona o cosa que se expresa: *Es de bobos gastarse tanto en eso.* || *v. intr.* **12.** Haber, existir: *Se contaba entre los muchos filósofos que han sido en la historia.* **13.** Suceder, ocurrir: *Cuéntame cómo fue.* **14.** Tener lugar en el momento, sitio, etc., que se expresa: *¿Cuándo es tu cumpleaños?* **15.** Valer, costar: *La entrada son cinco euros.* **16.** Consistir en, tratarse de: *No es más que intentarlo.* **17.** Sirve para afirmar o negar algo: *Cierto, así es.* **18.** Se utiliza para indicar la hora: *Ya es la una.* **19.** Junto con la prep. *con*, estar de acuerdo con la persona que se expresa: *Soy con usted en todo lo que ha dicho.* **20.** Junto con la prep. *con*, atender o dedicarse a la persona que se especifica: *Un momentito y soy con usted.* **21.** Seguido de una oración con *que*, expresa disculpa o excusa: *¿Por qué has llegado tarde? Es que me he dormido.* **22.** Seguido de la prep. *para*, servir, constituir la utilidad de algo en aquello que se expresa: *Esa jarra es para llevar la leche.* **23.** Seguido de la prep. *para*, estar destinado o resultar adecuado para la persona o cosa que se especifica: *Ese trabajo no es para ti.* || *v. aux.* **24.** Sirve para formar la voz pasiva de los verbos, seguido del participio de éstos: *Es querido por todos sus alumnos.* **25.** Seguido de la prep. *de* y un infinitivo, forma perífrasis verbales que indican disposición, suposición o proximidad de una acción: *Aquella reacción era de esperar.* || LOC. **érase una vez** (o **érase que se era**) Frase con que comienzan algunos cuentos infantiles. **esto es** Sirve para introducir una aclaración sobre algo y suele ir entre comas. **ser de lo que no hay** Ser una persona o cosa muy singular o extraordinaria, ya sea por sus cualidades o por sus defectos. **ser** alguien **muy suyo** Ser alguien muy independiente; también, tener muchas rarezas. **un sí es no es** Muy poco, apenas o de forma poco definida: *Tiene los ojos claros, un sí es no es verdes.* ■ Es v. irreg. SIN. **3.** Dar. **5.** Causar, producir, originar. **13.** Acontecer, acaecer. **14.** Celebrarse. **15.** Importar. **22.** Emplearse. **23.** Convenir. FAM. Ser[2]. / Enseres, esencia.

SER	
GERUNDIO	**PARTICIPIO**
siendo	*sido*
INDICATIVO	
Presente	**Pretérito imperfecto**
soy	*era*
eres	*eras*
es	*era*
somos	*éramos*
sois	*erais*
son	*eran*
Pretérito perfecto simple	
fui	*fuimos*
fuiste	*fuisteis*
fue	*fueron*
SUBJUNTIVO	
Pretérito imperfecto	**Futuro**
fuera, -ese	*fuere*
fueras, -eses	*fueres*
fuera, -ese	*fuere*
fuéramos, -ésemos	*fuéremos*
fuerais, -eseis	*fuereis*
fueran, -esen	*fueren*
IMPERATIVO	
sé	*sed*

ser[2] (de *ser*[1]) *s. m.* **1.** Cualquier persona, animal o cosa. **2.** *desp.* y *fam.* Persona rara, extraña o despreciable. **3.** Esencia, aquello por lo que alguien o algo es como es. **4.** Vida, existencia: *Tus padres te dieron el ser.* || **5. Ser Supremo** Dios. **SIN. 1.** y **2.** Ente. **2.** Engendro.

sera *s. f.* Capacho grande, generalmente de esparto y sin asas, que sirve para llevar carbón y otras cosas. **SIN.** Serón, capazo, espuerta. **FAM.** Serón.

seráfico, ca *adj.* **1.** Relativo a los serafines y, p. ext., a los ángeles. **2.** Se aplica como calificativo a San Francisco de Asís y a la orden religiosa fundada por él. **3.** *fam.* Bonachón, de aspecto tranquilo y complaciente. **SIN. 1.** Angelical. **3.** Plácido, cándido, bondadoso. **ANT. 1.** y **3.** Demoniaco. **FAM.** Seráficamente. SERAFÍN.

serafín (del lat. bíblico *seraphim*, y éste del hebr. *serafim*, nobles príncipes) *s. m.* **1.** Cada uno de los espíritus celestes que, según el Antiguo Testamento, pertenecían al más alto grado de la jerarquía de los ángeles. **2.** P. ext., ángel. **3.** Persona, y especialmente niño, de gran belleza. **SIN. 3.** Hermosura, beldad. **ANT. 1.** y **2.** Demonio. **3.** Coco, feto. **FAM.** Seráfico.

serba *s. f.* Fruto del serbal.

serbal *s. m.* Árbol de la familia rosáceas de entre 10 y 20 m de altura, hojas pinnadas, flores con cinco estilos y fruto comestible en forma de pera, de color verde y rojizo. **FAM.** Serba.

serbio, bia *adj.* **1.** De Serbia. También *s. m.* y *f.* || *s. m.* **2.** Variedad del serbocroata hablada en esta región. ■ Se escribe también *servio.* **FAM.** Serbobosnio, serbocroata.

serbobosnio, nia *adj.* De los serbios de Bosnia-Herzegovina (república de la antigua Yugoslavia) o relacionado con ellos. También *s. m.* y *f.*

serbocroata *adj.* **1.** De Serbia y Croacia. || *s. m.* **2.** Lengua eslava meridional que se habla en Serbia, Croacia y otras regiones balcánicas.

serenar (del lat. *serenare*) *v. tr.* **1.** Tranquilizar a alguien. También *v. prnl.*: *Estuvo llorando un buen rato, pero después se serenó.* **2.** Volver el tiempo, las aguas, etc., a su estado de calma o normalidad. Se usa más como *v. prnl.*: *Saldremos cuando se serene la mar.* **3.** Hacer que alguien se comporte de una forma más sensata, menos alocada. También *v. prnl.*: *Espero que se serene con los años.* **SIN. 1.** a **3.** Sosegar(se), calmar(se). **2.** Aquietar(se), estabilizar(se). **3.** Moderar(se), refrenar(se). **ANT. 1.** Intranquilizar(se), inquietar(se).

serenata (ital.) *s. f.* **1.** Música que se interpreta por la noche y al aire libre en honor de alguien. **2.** Composición poética o musical que tiene este mismo fin. || **LOC. dar la serenata** *fam.* Molestar o aburrir, generalmente al insistir mucho sobre alguna cosa.

serenidad (del lat. *serenitas, -atis*) *s. f.* **1.** Cualidad de sereno. **2.** Título de honor de algunos príncipes. **SIN. 1.** Calma, sosiego; entereza. **ANT. 1.** Intranquilidad, nerviosismo.

serenísimo, ma *adj.* **1.** *sup.* de **sereno**. **2.** Se aplicaba en España como tratamiento a los príncipes hijos de reyes. || *s. f.* **3.** Durante los s. XV y XVI, título dado a la República de Venecia. ■ En esta acepción se escribe con mayúscula.

sereno, na (del lat. *serenus*) *adj.* **1.** Tranquilo, calmado. **2.** Aplicado a la atmósfera, clara, sin nubes o niebla. **3.** Se dice del mar cuando no está agitado o revuelto. **4.** Se aplica a la persona que no se encuentra bajo los efectos del alcohol. || *s. m.* **5.** Persona encargada de vigilar las calles durante la noche. **6.** Humedad que hay en la atmósfera durante la noche. || **LOC. al sereno** *adv.* Al aire libre durante la noche: *Ha dormido al sereno.* **SIN. 1.** Sosegado, entero. **1.** a **3.** Apacible. **2.** Despejado. **4.** Sobrio. **ANT. 1.** Intranquilo. **2.** Nublado, encapotado. **3.** Picado. **4.** Ebrio, borracho. **FAM.** Serenidad, serenísimo.

serial *adj.* **1.** De una serie. **2.** Relativo a la serie musical: *música serial.* || *s. m.* **3.** Obra televisiva o radiofónica que se emite por episodios, especialmente la que tiene un carácter sensiblero o rebuscado para hacer llorar. **4.** *fam.* Cualquier relato, película, etc., que tiene este mismo carácter.

seriar *v. tr.* Formar series o dividir en series.

sericicultor, ra o **sericultor, ra** *s. m.* y *f.* Persona que se dedica a la cría de gusanos de seda para obtener ésta.

sericicultura o **sericultura** (del lat. *serica*, paños de seda, y *-cultura*) *s. f.* Industria dedicada a la cría de gusanos de seda para la obtención de ésta. ■ Se dice también *sericultura.* **FAM.** Sericicultor, sericultor.

sérico, ca *adj.* En fisiol. y med., de los sueros o provocado por ellos.

serie (del lat. *series*) *s. f.* **1.** Conjunto de cosas relacionadas entre sí que ocurren o se suceden una detrás de otra. **2.** Conjunto de personas o cosas que guardan relación entre sí, pero no se suceden ordenadamente. **3.** Conjunto de sellos, billetes, etc., que pertenecen a una misma emisión. **4.** P. ext., esta misma emisión. **5.** Obra de radio o televisión dividida en capítulos que se emiten separadamente. **6.** Conjunto de cosas que, con respecto a un modelo general, presentan ciertas variantes. **7.** En mat., sucesión de cantidades que se derivan unas de otras según cierta ley. **8.** En quím., conjunto de sustancias que por su composición están relacionadas entre sí. **9.** En ling., conjunto de fonemas de una lengua caracterizados por tener un mismo modo de articulación. **10.** En la mús. dodecafónica, disposición de los doce sonidos de la escala cromática en un orden determinado por el autor, que sirve de base estructural a la obra musical. || **11. serie B** En cine, películas realizadas con bajo presupuesto, especialmente durante la época de los grandes estudios estadounidenses. También, se usa para hacer referencia a alguien o algo de poca calidad, de segunda fila: *Pagaron demasiado por un jugador de serie B.* ■ Se emplea mucho en aposición: *una película serie B.* || **LOC. en serie** *adj.* y *adv.* Se dice del tipo de fabricación en que se obtienen muchos objetos iguales, siguiendo un mismo patrón. También, se aplica al sistema de conexión de dos o más elementos de un circuito eléctrico, de modo que circule la misma corriente por todos ellos. **fuera de serie** *adj.* Extraordinario, muy destacado o importante por sus características, cualidades, etc. ■ A menudo se sustantiva con el art. *un*: *Es un fuera de serie en natación.* **SIN. 1.** Sucesión, progresión. **2.** Grupo. **5.** Serial. **6.** Gama. **FAM.** Serial, seriar. / Teleserie.

seriedad *s. f.* **1.** Aspecto de personalidad de quien es poco propenso al regocijo. **2.** Situación de la persona preocupada o disgustada. **3.** Característica de lo que necesita un comportamiento responsable o adecuado. **4.** Actitud de la persona que cumple con sus obligaciones o compromisos. **SIN. 1.** Circunspección, severidad, sobriedad. **2.** Reserva. **3.** Gravedad, solemnidad. **3.** y **4.** Formalidad. **4.** Responsabilidad, sensatez. **ANT. 1.** Alegría. **3.** Frivolidad. **3.** y **4.** Informalidad. **4.** Irresponsabilidad.

serigrafía *s. f.* Procedimiento de impresión que consiste en trasladar el dibujo que se desea reproducir sobre una matriz constituida por tejido muy fino, seda, hilos de metal, etc., mediante un barniz especial, de manera que las mallas de la tela estén obturadas en las zonas que no deben imprimirse y abiertas en las partes del dibujo que deben reproducirse.

serio, ria (del lat. *serius*) *adj.* **1.** Se aplica a la persona que no se ríe o se muestra poco divertida, así como a su actitud, rasgos, etc. **2.** Que muestra preocupación, disgusto, severidad, etc. **3.** Se dice de la persona que medita lo que hace y cumple con su palabra y compromisos. **4.** Que inspira confianza: *un periódico serio.* **5.** Referido a la ropa, colores, etc., de corte clásico, poco llamativo. **6.** Solemne, que sigue ciertas normas sociales: *Lo celebraron con una cena muy seria.* **7.** Grave, importante: *Afortunadamente, no resultó ser nada serio.* **8.** Que por su tema, tratamiento, etc., pretende hacer que la gente aprenda o reflexione y no divertirla o entretenerla. || **LOC. en serio** *adv.* Sin engaño ni broma. También, a fondo, con mucho interés y dedicación: *Para acabarlo tendremos que trabajar en serio.* **ser** algo **(una) cosa seria** *fam.* Se utiliza para intensificar o ponderar lo que se dice: *Pinta que es cosa seria.* **SIN. 1.** Seco, circunspecto, taciturno. **3.** Responsable, reflexivo, cumplidor. **3.** a **6.** Formal. **5.** Sobrio. **6.** Ceremonioso. **7.** Considerable, significativo. **7.** y **8.** Trascendental. **ANT. 1.** Alegre. **2.** Contento. **3.** Irresponsable. **3.** a **6.** Informal. **5.** y **6.** Desenfadado. **7.** Insignificante. **8.** Trivial. **FAM.** Seriamente, seriedad.

sermón (del lat. *sermo, -onis*) *s. m.* **1.** Discurso de tema religioso o moral, pronunciado generalmente por el sacerdote ante los fieles. **2.** *fam.* Conjunto de consejos o reprimenda que se dirige a alguien y que resultan largos y pesados. **SIN. 1.** Homilía. **2.** Monserga, rollo. **FAM.** Sermonario, sermonear.

sermonario, ria *adj.* **1.** Relativo al sermón. || *s. m.* **2.** Colección de sermones.

sermonear *v. tr.* **1.** Dirigir un sermón a alguien. || *v. intr.* **2.** Predicar, echar sermones. **FAM.** Sermoneador, sermoneo. SERMÓN.

sero- (del lat. *serum*) *pref.* Significa 'suero': *seróﬁlo, serología.*

serodiagnóstico o **serodiagnosis** *s. m.* o *f.* Diagnóstico por medio de reacciones provocadas en el suero sanguíneo o por el suero sanguíneo de los enfermos. Se utiliza en la detección de algunas enfermedades infecciosas, como el sida. ■ La forma *serodiagnosis* no varía en *pl.*

serófilo, la (de *sero-* y *-filo*) *adj.* Se dice de las plantas adaptadas a los arenales o los terrenos de muy escasa humedad.

seroja *s. f.* **1.** Hojarasca seca caída de los árboles. **2.** Restos o desperdicios de la leña. ■ Se dice también *serojo.* **FAM.** Serojo.

serojo (del lat. *seruculus*, de *serus*, tardío) *s. m.* Seroja*.

serología (de *sero-* y *-logía*) *s. f.* Rama de la medicina que estudia los sueros, sus propiedades y sus reacciones inmunológicas. **FAM.** Serológico. SUERO.

serológico, ca *adj.* De la serología.

serón *s. m.* Especie de sera más larga que ancha, utilizada para transportar la carga en las caballerías.

seronegativo, va *adj.* Se dice del paciente en quien no se detectan anticuerpos de una enfermedad infecciosa, especialmente del sida. También *s. m.* y *f.*

seropositivo, va *adj.* Se dice del paciente en quien se detectan anticuerpos de una enfermedad infecciosa, especialmente del sida. También *s. m.* y *f.*

serosidad *s. f.* **1.** Líquido que segregan ciertas membranas en estado normal y que puede formar hidropesías cuando se acumula debido a alguna enfermedad. **2.** Líquido que se acumula en las ampollas formadas en la piel por quemaduras, rozaduras, etc.

seroso, sa (del lat. *serum*, suero) *adj.* **1.** Relativo al suero o la serosidad. **2.** Que tiene aspecto de suero. **3.** Que produce serosidad. **4.** Se aplica a las membranas que cubren las cavidades de algunas vísceras del organismo. **FAM.** Serosidad. SUERO.

seroterapia (de *sero-* y *-terapia*) *s. f.* Tratamiento de algunas enfermedades y procesos patológicos basado en la aplicación de sueros medicinales. ■ Se dice también *sueroterapia.*

serotonina *s. f.* Sustancia derivada del triptófano, que se encuentra en las neuronas, donde ejerce funciones de neurotransmisor.

serpear (del lat. *serpere*) *v. intr.* Serpentear*.

serpentear *v. intr.* Moverse, deslizarse o extenderse formando vueltas y ondulaciones como lo hacen las serpientes. **SIN.** Serpear. **FAM.** Serpenteante, serpenteo. SERPIENTE.

serpentín *s. m.* Tubo largo en espiral, con forma de hélice, etc., que en alambiques y otros aparatos sirve para enfriar o calentar el líquido que pasa por él.

serpentina (del lat. *serpentina*, de *serpentinus*) *s. f.* **1.** Tira de papel muy larga y estrecha que está enrollada formando un disco y que en ciertas fiestas se la lanzan unas personas a otras, sujetándola por uno de sus extremos para que se desenrolle. **2.** Mineral de silicato de magnesio que tiene forma laminar, fibrosa en hojas o masiva, y color verde, aunque también puede ser gris, amarillo, rojo o pardo.

serpiente (del lat. *serpens*, *-entis*, de *serpere*, arrastrarse) *s. f.* **1.** Reptil del suborden de los ofidios, de cuerpo muy alargado y sin extremidades. **2.** El demonio, por ser ésta la forma que tomó para tentar a Eva en el paraíso. || **3. serpiente de cascabel** Crótalo*, serpiente. **SIN. 1.** Sierpe. **FAM.** Serpear, serpentear, serpentín, serpentina, sierpe.

serrado, da 1. *p.* de **serrar**. También *adj.* || *adj.* **2.** Que tiene dientes pequeños como los de una sierra. **SIN. 2.** Dentado. **ANT. 2.** Liso, romo.

serraduras *s. f. pl.* Partículas que se desprenden de un material al serrarlo. **SIN.** Serrín, aserraduras.

serrallo (del ital. *serraglio*, y éste del turco *serai*, alojamiento, palacio) *s. m.* Parte de la casa de los musulmanes en que tienen a sus mujeres. **SIN.** Harén.

serrana *s. f.* Cierta variedad del cante jondo o flamenco, propia de la serranía de Ronda.

serranía *s. f.* Terreno alto formado por montañas y sierras.

serranilla *s. f.* Composición poética, generalmente en versos de arte menor, en que se describe el encuentro entre un caballero y una serrana; son famosas las del marqués de Santillana.

serrano, na *adj.* **1.** De la sierra: *pueblo serrano.* También *s. m.* y *f.* **2.** *fam.* Hermoso, lozano: *cuerpo serrano, cara serrana.* **FAM.** Serrana, serranilla. SIERRA.

serrar (del lat. *serrare*) *v. tr.* Cortar con la sierra madera u otro material. ■ Se dice también *ase-*

rrar. Es v. irreg. Se conjuga como *pensar*. **FAM.** Serrado, serrador, serraduras, serrería, serrín. / Aserrar. SIERRA.

serrato (del lat. *serratus*) *s. m.* Nombre de tres músculos del tronco humano, situados en el tórax y el dorso y que, por tener varias inserciones en los huesos, presentan aspecto serrado.

serrería *s. f.* Taller donde se sierra la madera. **SIN.** Aserradero.

serreta *s. f.* Nombre común de diversas especies de patos con cresta en la cabeza, cuello delgado de diversos colores, que son aves migradoras parciales y se alimentan de peces.

serrín (del lat. *serrago, -inis*) *s. m.* Conjunto de partículas que se desprenden de la madera, o de otro material semejante, al serrarlos. ■ Se dice también *aserrín*. **SIN.** Aserraduras.

serruchar *v. tr. Amér.* Cortar algo con el serrucho. || **LOC. serrucharle** a alguien **el piso** *Amér.* Actuar astutamente para quedarse con el trabajo o cargo de una persona.

serrucho *s. m.* Sierra de hoja ancha con mango. **FAM.** Serruchar. SIERRA.

serventesio (del prov. *sirventes*) *s. m.* **1.** Cierta composición poética provenzal de tema moral, político o satírico. ■ En esta acepción, se llama también *sirventés*. **2.** Cuarteto en el que riman el primer verso con el tercero y el segundo con el cuarto. **FAM.** Sirventés.

servible *adj.* Que puede servir. **FAM.** Inservible. SERVIR.

servicial *adj.* **1.** Que está siempre dispuesto a prestar servicios o hacer favores a los demás: *Es un chico muy servicial que se desvive por atendernos.* **2.** Que sirve con cuidado y prontitud: *un camarero muy servicial.* **SIN. 1.** Solícito, cumplido, atento. **2.** Diligente. **FAM.** Servicialmente. SERVICIO.

servicio (del lat. *servitium*) *s. m.* **1.** Acción de servir: *Lleva cinco años de servicio en la empresa.* **2.** Servicio doméstico: *El mayordomo distribuyó las tareas al servicio.* **3.** Organización, personal y medios destinados a satisfacer necesidades del público o de alguna entidad oficial o privada: *servicio contra incendios, de seguridad, de urgencias.* **4.** Función o prestación desempeñada por dicha organización y su personal: *Por avería se suspende el servicio en la línea 6.* **5.** Favor, beneficio o provecho que recibe uno de lo que otro realiza: *Le estoy agradecido; me ha hecho valiosos servicios.* **6.** Utilidad que se obtiene de una cosa: *Aunque el coche es muy viejo, me hace un buen servicio.* **7.** Seguido de la prep. *de*, conjunto de objetos o utensilios con una misma utilidad, particularmente para servir algún tipo de comida: *servicio de té.* **8.** Cubierto que se pone a cada comensal. **9.** Retrete, cuarto de baño: *Por favor, ¿los servicios?* **10.** En algunos dep., como el tenis, saque de pelota. || **11. sector servicios** Sector* terciario. **12. servicio activo** Ejercicio de un empleo: *El año que viene se retira del servicio activo.* **13. servicio de mesa** Conjunto de cubiertos, piezas de vajilla, etc., que se ponen en la mesa para comer. **14. servicio doméstico** Conjunto de personas que trabajan en una casa realizando las tareas domésticas, y actividad que desempeñan. **15. servicio militar** El que presta un ciudadano a su país sirviendo como soldado en el ejército durante un periodo de tiempo. || **LOC. (tener** o **estar) a su (tu, vuestro) servicio** *adv.* A disposición de otro: *Aquí me tiene a su servicio para lo que mande.* **al servicio de** alguien o algo *adj.* y *adv.* Trabajando para la persona o entidad que se expresa: *al servicio de su majestad.* **de servicio** *adj.* y *adv.* Con verbos como *entrar, salir, estar*, etc., hace referencia al desempeño activo de un trabajo durante un turno determinado: *El soldado no puede abandonar su puesto estando de servicio.* **hacer el servicio** Cumplir el servicio militar. **hacer** a uno **un flaco servicio** Causar a alguien un perjuicio, generalmente de forma involuntaria. **SIN. 9.** Excusado. **FAM.** Servicial. / Autoservicio. SERVIR.

servidor, ra (del lat. *servitor, -oris*) *s. m.* y *f.* **1.** Persona que sirve como criado. **2.** Persona encargada del manejo de un arma, una maquinaria, etc.: *La batería de cañones fue capturada y sus servidores hechos prisioneros.* **3.** Expresión que se usa a veces como fórmula cortés para referirse a uno mismo, generalmente ofreciéndose a otra persona: *servidor de usted.* ■ El uso de esta acepción se ha quedado anticuado. **SIN. 1.** Mozo, lacayo. **1.** y **2.** Sirviente. **2.** Operario.

servidumbre (del lat. *servitudo, -inis*) *s. f.* **1.** Conjunto de criados que sirven en una casa. **2.** Condición del siervo y trabajo que realiza: *Los campesinos estaban sometidos a servidumbre en el sistema feudal.* **3.** Carga pesada o dependencia excesiva que para alguien supone otra persona, un trabajo o una responsabilidad: *No paro un momento, es la servidumbre del cargo.* **4.** Dependencia excesiva de una pasión, vicio, afecto, etc.: *Su afición por el juego se convirtió en una auténtica servidumbre.* **5.** Derecho real que grava una propiedad, finca, etc., con la obligación de prestar determinados servicios en provecho exclusivo de una persona o de otra finca de distinto propietario. **SIN. 1.** Servicio. **3.** Sujeción. **4.** Esclavitud.

servil (del lat. *servilis*) *adj.* **1.** Se dice de la persona excesivamente sumisa que se humilla ante los superiores o los poderosos, generalmente para obtener un beneficio, así como de su conducta, actitud, etc.: *Al paso del emperador, los cortesanos se deshacían en serviles reverencias.* **2.** Propio de los siervos: *condición servil.* **3.** Se dice de la ocupación humilde y poco estimada: *Desempeñó los trabajos más serviles antes de triunfar.* **SIN. 1.** Rastrero. **3.** Indigno. **FAM.** Servilismo, servilmente. SIERVO.

servilismo *s. m.* Cualidad de servil.

servilleta (del fr. *serviette*) *s. f.* Pieza de tela o papel que se usa en la mesa para limpiarse la boca. **FAM.** Servilletero.

servilletero *s. m.* Aro u otro utensilio que sirve para recoger la servilleta enrollada o de otra forma.

servio, via *adj.* Serbio*.

servir (del lat. *servire*) *v. tr.* **1.** Atender a alguien como criado o sirviente, realizando ciertas tareas domésticas. También *v. intr.* **2.** Trabajar o desempeñar una tarea para la persona o entidad de que se trata. Se usa más como *v. intr.*: *Sirvió en la administración durante treinta años.* **3.** Obrar con lealtad o entrega al servicio de alguien o de algo: *Cada uno desde su puesto sirve a la causa. Acometió grandes hazañas por servir a su dama.* **4.** Adorar a Dios y cumplir su voluntad y sus mandatos. **5.** Atender un camarero, sirviente u otra persona a un cliente o a una mesa trayendo la comida o las bebidas: *Mozo, sírvanos dos cervezas.* **6.** Poner comida o bebida en el plato o vaso de alguien: *Sírvele un whisky a tu invitado.* También *v. prnl.* **7.** Atender a los clientes en un comercio o suministrarles mercancías: *¿Le sirven ya, señor?* **8.** Hacer a alguien un favor, atención, beneficio, etc. ■ Se usa sobre todo en frases corteses: *Aquí me tiene para servirle.* || *v. intr.* **9.** Ser útil o valer para algo: *Este muchacho sirve para estudiar. Pasear le sirve de entretenimiento.* **10.** En ciertos dep., como el tenis, realizar el saque de pelota. **11.** En los juegos de naipes, seguir al que ha echado primero echando otra carta del mismo palo. || **servirse** *v. prnl.* **12.** Utilizar a alguien o algo como medio o instrumento para un fin: *Se sirvió de sus influencias para lograr el puesto.* **13.** Seguido de infinitivo, hacer cierta cosa por amabilidad o condescendencia: *Se sirvió venir él mismo en persona.* ■ Se usa también en imperativo, para expresar una orden de forma atenuada: *Sírvase usted abandonar mi casa.* || LOC. **ir** uno **servido** *fam.* Expresión irónica para indicar a alguien que no va a lograr lo que pretende: *Vas servido si crees que te van a hacer caso.* **no servir de nada** Ser o resultar inútil. **para servirte** (**servirle** o **servir a usted**) Frase de cortesía con que uno se pone a disposición de otro. ■ Es v. irreg. Se conjuga como *pedir.* SIN. **2.** Ejercer. **3.** Apoyar. **10.** Sacar. **12.** Usar, emplear. **13.** Dignarse, condescender, avenirse. FAM. Servible, servicio, servidor, servidumbre, sirviente. SIERVO.

servo *s. m.* **1.** *apóc.* de **servomecanismo**. **2.** *apóc.* de **servomotor**.

servo- (del lat. *servus*, siervo) *pref.* Significa 'auxiliar': *servodirección, servosistema.*

servoasistido, da *adj.* Accionado mediante un servosistema.

servodirección *s. f.* Mecanismo auxiliar qûe facilita el manejo de la dirección de un vehículo al multiplicar su acción.

servofreno *s. m.* Mecanismo auxiliar que facilita el manejo del freno de un vehículo al multiplicar su acción.

servomecanismo *s. m.* Mecanismo que regula automáticamente su propia acción para corregir las deficiencias o variaciones que pudieran producirse en el funcionamiento de otro mecanismo controlado por él. ■ Su apóc. es *servo.* FAM. Servo. MECANISMO.

servomotor *s. m.* **1.** Motor auxiliar para aumentar la potencia o energía disponible cuando es necesario. **2.** Mecanismo que mueve el timón de un barco. ■ Su apóc. es *servo.* FAM. Servo. MOTOR.

sesada *s. f.* **1.** Sesos fritos. **2.** Sesos de un animal. SIN. **2.** Sesera.

sésamo (del lat. *sesamum*, y éste del gr. *sesamon*) *s. m.* **1.** Ajonjolí*. **2.** Semilla de esta planta. **3.** Pasta de almendras, nueces o piñones con ajonjolí.

sesear *v. intr.* Pronunciar la *c* ante *e*, *i*, o la *z*, como *s*; es común en el español de Andalucía, Canarias e Hispanoamérica. FAM. Seseo. CE.

sesenta (del lat. *sexaginta*) *adj. num. card.* **1.** Seis veces diez. También *pron.* y *s. m.*: *El número premiado es el sesenta.* || *adj. num. ord.* **2.** Sexagésimo, que sigue en orden al cincuenta y nueve. También *pron.*: *Este accidente hace el sesenta en lo que va de vacaciones.* || *s. m.* **3.** Signos que representan este número. FAM. Sesentavo, sesentón. / Sexagenario, sexagésimo. SEIS.

sesentavo, va *adj. num. part.* Se dice de cada una de las sesenta partes iguales en que se divide un todo. También *s. m.* SIN. Sexagésimo.

sesentón, na *adj. fam.* Que tiene entre sesenta y setenta años. También *s. m.* y *f.* SIN. Sexagenario.

seseo *s. m.* Acción de sesear.

sesera *s. f.* **1.** Parte de la cabeza de los animales en que están los sesos. **2.** Conjunto de los sesos. **3.** *fam.* Cabeza: *Como te caigas te vas a abrir la sesera.* **4.** Inteligencia: *Tiene poca sesera.* SIN. **2.** y **4.** Cerebro. **3.** Coco, cráneo. **4.** Mollera, caletre, cacumen.

sesgado, da **1.** *p.* de **sesgar**. || *adj.* **2.** Colocado o cortado en diagonal. **3.** Excesivamente parcial y sin objetividad: *Le acusaron de dar una información sesgada del problema.* SIN. **2.** Oblicuo, atravesado. **3.** Tendencioso. ANT. **2.** Recto, derecho. **3.** Objetivo, imparcial. FAM. Sesgadamente. SESGAR.

sesgar (del lat. *sesecare*, de *secare*, cortar) *v. tr.* Cortar o colocar algo al sesgo o de través: *sesgar una pieza de tela, de papel.* ■ Delante de *e* se escribe *gu* en lugar de *g.* SIN. Atravesar. FAM. Sesgado, sesgo.

sesgo, ga *adj.* **1.** Sesgado, cortado o colocado oblicuamente o torcido. || *s. m.* **2.** Orientación o curso que toma un asunto: *La situación tomó un sesgo inesperado que nos dejó sorprendidos.* || LOC. **al sesgo** *adv.* En diagonal o de través. SIN. **1.** Oblicuo, atravesado. **2.** Rumbo, cariz. ANT. **1.** Recto, derecho.

sesión (del lat. *sessio, -onis*) *s. f.* **1.** Cada una de las reuniones que celebra una corporación o asamblea para tratar sus asuntos: *Los señores diputados están en sesión.* **2.** Acto o representación que se realiza ante el público en un espacio de tiempo determinado y, particularmente, cada proyección completa de un programa de cine: *Tengo entradas para la sesión de las siete.* **3.** Cada uno de los espacios de tiempo en los que se desarrollan ciertas actividades, como posar ante un fotógrafo, un tratamiento, etc.: *una sesión de vídeo, una sesión de radioterapia.* || **4. sesión continua** Aquella en que se repite sucesivamente el mismo programa de una o más películas, de manera que los espectadores pueden permanecer en la sala por tiempo indefinido y sin pagar por ello más de una vez. **5. sesión numerada** La que no es continua, es decir, aquella en que el espectador tiene derecho a ver una sola vez la película por la que ha pagado. || LOC. **abrir la sesión** Comenzar la sesión de una asamblea o corporación. **levantar la sesión** Terminarla: *A las ocho, el presidente levantó la sesión.* SIN. **1.** Junta. **2.** Función, pase.

seso (del lat. *sensus*, sentido, percepción) *s. m.* **1.** Cerebro, masa encefálica contenida en el cráneo. Se usa también en *pl.* **2.** Cerebro de una vaca u otro animal cuando se destina al consumo. Se usa más en *pl.*: *tortilla de sesos.* **3.** Sensatez, juicio: *Si tuvieras más seso, no harías tantas locuras.* || LOC. **calentarse** (o **devanarse**) uno **los sesos** *fam.* Meditar mucho sobre una cosa: *Se calentaba los sesos buscando una solución.* **perder el seso** Volverse loco. **tener** a alguien **sorbido el seso** o **sorberle el seso** Tenerle muy enamorado o muy obsesionado hasta llegar a dominarle: *Esa mujer te tiene sorbido el seso.* SIN. **1.** Sesera. **2.** Sesada. **3.** Cordura, cabeza. FAM. Sesada, sesera, sesudo.

sesteadero *s. m.* Lugar donde sestea el ganado.

sestear *v. intr.* **1.** Dormir la siesta o descansar después de la comida. **2.** Resguardarse el ganado durante el día en una zona de sombra para descansar y evitar el calor. FAM. Sesteadero, sesteo. SIESTA.

sesteo *s. m.* **1.** Acción de sestear. **2.** Sesteadero*.

sestercio (del lat. *sestertius*) *s. m.* Antigua moneda romana, que equivalía a dos ases y medio.

sesudo, da *adj.* **1.** Que tiene seso, prudente, sensato: *Nos dio unas recomendaciones muy sesudas y paternales.* **2.** Inteligente, listo: *Parece un chico muy despierto y sesudo.* ■ En sentido irónico se usa con el significado de 'sabihondo'. **SIN. 1.** Maduro. **2.** Cerebral. **FAM.** Sesudamente, sesudez. SESO.

set (ingl.) *s. m.* **1.** Cada una de las partes en que se divide un partido de tenis, voleibol, pimpón, etc. **2.** Plató cinematográfico. **3.** Conjunto formado por una serie de elementos relacionados entre sí o con una función común: *set de herramientas.* ■ Su pl. es *sets.* **SIN. 3.** Equipo, servicio, juego.

seta *s. f.* Nombre aplicado a cualquier especie de hongo con forma de sombrero sostenido por un pie.

setecientos, tas *adj. num. card.* **1.** Siete veces cien. También *pron.* y *s. m.* || *adj. num. ord.* **2.** Septingentésimo, que sigue en orden al seiscientos noventa y nueve. También *pron.* || *s. m.* **3.** Signos que representan este número. **FAM.** Septingentésimo. SIETE y CIENTO.

setenta (del lat. *septuaginta*) *adj. num. card.* **1.** Siete veces diez. También *pron.* y *s. m.* || *adj. num. ord.* **2.** Septuagésimo, que sigue en orden al sesenta y nueve. También *pron.* || *s. m.* **3.** Signos que representan este número. **FAM.** Setentavo, setentón. / Septuagenario, septuagésimo. SIETE.

setentavo, va *adj.* Se dice de cada una de las setenta partes en que se divide un todo. También *s. m.*

setentón, na *adj. fam.* Se dice de la persona que tiene entre setenta y ochenta años. También *s. m.* y *f.* **SIN.** Septuagenario.

setiembre *s. m.* Septiembre*.

sétimo, ma *adj. num. ord.* y *part.* Séptimo*.

seto (del lat. *saeptum*, cerca, barrera) *s. m.* **1.** Pared o cerca formada por palos o ramas entretejidas o bien con plantas frondosas. || **2. seto vivo** El formado por arbustos o plantas vivas. **SIN. 1.** Cercado, cerco.

setter (ingl.) *s. m.* y *f.* **1.** Raza inglesa de perros de caza, de pelo largo, suave y ondulado. || **2. setter inglés** El de color blanco con manchas. **3. setter irlandés** El de pelaje rojizo. ■ Su pl. es *setters.*

seudo- (del gr. *pseudo-*, de *pseudes*, falso) *pref.* Significa 'falso o supuesto', tanto ante sustantivos corrientes, en cuyo caso puede escribirse separado: *seudoescritor* (o *seudo escritor*), como formando parte de voces técnicas compuestas: *seudópodo.* ■ La forma etimológica *pseudo-* es mucho menos frecuente.

seudohermafrodita *adj.* Se aplica al individuo que presenta caracteres sexuales del sexo contrario, pero tiene la gónada o glándula sexual de su sexo verdadero. También *s. m.* y *f.* **FAM.** Seudohermafroditismo. HERMAFRODITA.

seudónimo, ma (del gr. *pseudonumos*, de *pseudes*, falso, y *onoma*, nombre) *adj.* **1.** Se dice de la persona que emplea otro nombre en vez del suyo verdadero y, especialmente, se dice del autor que oculta el suyo auténtico bajo un nombre falso. **2.** Se aplica a la obra de dicho autor. || *s. m.* **3.** Nombre falso o supuesto que alguien, especialmente un autor, emplea en vez del suyo verdadero: *"Clarín" es el seudónimo del escritor Leopoldo Alas.* ■ Se escribe también *pseudónimo.*

seudópodo (de *seudo-* y *-podo*) *s. m.* Prolongación del protoplasma de algunas células y seres unicelulares, que les sirve para desplazarse y para apresar sus alimentos. ■ Se escribe también *pseudópodo.*

severo, ra (del lat. *severus*) *adj.* **1.** Que no es tolerante o comprensivo con las faltas o debilidades de los demás: *Este profesor es muy severo con sus alumnos.* **2.** Que cumple o hace cumplir una ley o norma, ajustándose exactamente a lo que ésta dispone: *No esperes favoritismos de un jurado tan severo.* **3.** Aplicado al tiempo, expresa que el frío y el calor son muy extremados: *un invierno severo.* **4.** Serio, poco expresivo: *un gesto severo.* **SIN. 1.** y **2.** Estricto, intransigente, inflexible. **1.** y **3.** Riguroso. **2.** Exigente, escrupuloso. **3.** Extremo. **4.** Grave. **ANT. 1.** y **2.** Transigente. **3.** Suave. **FAM.** Severamente, severidad. / Aseverar, perseverar.

sevicia (del lat. *saevitia*) *s. f.* Crueldad excesiva. ■ Es palabra de uso culto. **SIN.** Saña, ensañamiento, encarnizamiento. **ANT.** Piedad.

sevillano, na *adj.* **1.** De Sevilla. También *s. m.* y *f.* || *s. f.* **2.** Cierto baile típico sevillano y canción con que se acompaña, compuesta de seguidillas. **SIN. 1.** Hispalense. **FAM.** Sevillista.

sevillista *adj.* Del Sevilla Fútbol Club o relacionado con él. También *s. m.* y *f.*

sex appeal (ingl.) *expr.* Atractivo físico y sexual de una persona. ■ Se usa como *s. m.* Se escribe también *sex-appeal.*

sex shop (ingl.) *expr.* Tienda en que se venden todo tipo de artículos relacionados con la búsqueda de la excitación sexual. ■ Se usa como *s. m.*

sex symbol (ingl.) *expr.* Persona a la que se considera representación del sex appeal o atractivo erótico. ■ Se usa como *s. m.*

sexagenario, ria (del lat. *sexagenarius*) *adj.* Sesentón*. También *s. m.* y *f.*

sexagesimal *adj.* Se aplica al sistema de numeración de base sesenta, usado fundamentalmente para unidades de medida de ángulos.

sexagésimo, ma (del lat. *sexagesimus*) *adj. num. ord.* **1.** Que ocupa por orden el número sesenta: *Cruzó la meta en sexagésima posición.* También *pron.* || *adj. num. part.* **2.** Se dice de cada una de las sesenta partes iguales en que se divide un todo. También *s. m.* y *f.* **FAM.** Sexagesimal. SESENTA.

sexcentésimo, ma (del lat. *sexcentesimus*) *adj. num. ord.* **1.** Que ocupa por orden el número seiscientos. También *s. m.* y *f.* || *adj. num. part.* **2.** Se dice de cada una de las seiscientas partes iguales en que se divide un todo. También *s. m.* y *f.*

sexenio (del lat. *sexennium*) *s. m.* Periodo de seis años.

sexi *adj.* Sexy*.

sexismo *s. m.* Tendencia, actitud o práctica que valora o discrimina a las personas por razón de su sexo. **FAM.** Sexista. SEXO.

sexista *adj.* **1.** Del sexismo o relacionado con él. **2.** Que es partidario del sexismo o lo practica. También *s. m.* y *f.*

sexo (del lat. *sexus*) *s. m.* **1.** Constitución orgánica de los seres vivos que distingue al macho de la hembra. **2.** Conjunto de los individuos de una especie que tienen una de esas dos constituciones orgánicas. **3.** Órganos sexuales. **4.** Sexualidad, todo lo relativo a la atracción y el placer sexual. || **5. sexo débil** (o **bello**) El sexo femenino, las mujeres. **6. sexo fuerte** El sexo masculino, los hombres. **FAM.** Sexismo, sexología, sexuado, sexual, sexy. / Asexuado.

sexología *s. f.* Ciencia que estudia fisiológica y psicológicamente la conducta sexual humana. **FAM.** Sexólogo. SEXO.

sexólogo, ga *s. m.* y *f.* Especialista en sexología.

sextante (del lat. *sextans*, *-antis*, la sexta parte) *s. m.* Instrumento dotado de una varilla móvil, un sector graduado en 60° y un juego óptico de lentes y espejos, que permite calcular la altura de los astros y, así, determinar el rumbo en la navegación marina.

sexteto (del lat. *sextum*, sexto) *s. m.* **1.** Conjunto musical de seis instrumentos o seis voces. **2.** Composición musical para dicho conjunto. **3.** Composición poética de seis versos de arte mayor.

sextilla *s. f.* Composición poética formada por seis versos de arte menor.

sextillizo *adj.* Se dice de cada uno de los hermanos nacidos en un parto séxtuplo. También *s. m.* y *f.*

sextina *s. f.* **1.** Composición poética formada por seis estrofas de seis versos endecasílabos cada una y otra de tres versos. **2.** Cada una de estas estrofas de seis versos endecasílabos.

sexto, ta (del lat. *sextus*) *adj. num. ord.* **1.** Que sigue en orden al quinto. También *s. m.* y *f.* || *adj. num. part.* **2.** Se aplica a cada una de las seis partes iguales en que se divide un todo. También *s. m.* || *s. f.* **3.** Tercera de las cuatro partes en que los antiguos romanos dividían el día. **4.** En las oraciones de la Iglesia, una de las horas menores, que se reza después de la tercia. || **5. sexta rima** Estrofa formada por seis versos endecasílabos que riman el primero con el tercero, el segundo con el cuarto, y los dos últimos forman un pareado; puede tener algunas variaciones en su esquema. SIN. **2.** Seisavo.

sextuplicar (del lat. *sextus*, sexto, y *plicare*, doblar) *v. tr.* Aumentar seis veces la cantidad, número, tamaño o intensidad de algo. También *v. prnl.* ■ Delante de *e* se escribe *qu* en lugar de *c*.

séxtuplo, pla (del lat. *sextuplus*) *adj. num. mult.* Que incluye en sí seis veces una cantidad o número. También *s. m.* FAM. Sextuplicar. SEIS.

sexuado, da *adj.* Se dice de la planta o animal que tiene órganos sexuales desarrollados y aptos para su funcionamiento. ANT. Asexuado.

sexual (del lat. *sexualis*) *adj.* **1.** Relativo al sexo o la sexualidad: *caracteres sexuales.* || **2. acto sexual** Véase **coito**. FAM. Sexualidad, sexualmente. / Bisexual, heterosexual, homosexual, transexual, unisexual. SEXO.

sexualidad *s. f.* **1.** Conjunto de características anatómicas y fisiológicas de cada sexo. **2.** Conjunto de comportamientos, actos, manifestaciones, etc., relacionados con la atracción entre los sexos, con la reproducción y con el placer obtenido a través de los órganos genitales y otras zonas del cuerpo. FAM. Intersexualidad. SEXUAL.

sexy (ingl.) *adj.* Que tiene mucho atractivo sexual o lo provoca: *chica sexy, ropa sexy.* ■ Se escribe también *sexi.* SIN. Erótico, seductor.

seychellés, esa *adj.* De Seychelles, estado insular del océano Índico. También *s. m.* y *f.*

sfumato (ital.) *s. m.* Técnica pictórica creada por Leonardo da Vinci, que consiste en suavizar el contorno de las figuras mediante el uso de tonos vagos y los juegos de sombras. SIN. Esfumado.

sha (del persa *shahinshah*, rey de reyes) *s. m.* Título otorgado a los soberanos de Persia o Irán. ■ Se escribe también *sah.*

shakespeariano, na *adj.* Relativo al poeta y dramaturgo William Shakespeare o a su obra: *Es una obra muy shakespeariana.*

shantung (ingl.) *s. m.* **1.** Cierto tipo de tejido basto de seda, originario de la provincia china de Shantung (Shandong). **2.** Tela de algodón o rayón de similares características.

share (ingl.) *s. m.* Cuota o porcentaje de audiencia de un programa de radio o de televisión.

sharia (ár.) *s. f.* En el Islam, ley sagrada formada por las enseñanzas recogidas en el Corán y las interpretaciones y comentarios de los expertos.

shérif o **shériff** (del ingl. *sheriff*) *s. m.* **1.** En algunas circunscripciones y condados de Estados Unidos, persona encargada de mantener el orden y hacer cumplir la ley. **2.** En el Reino Unido, representante de la corona o poder central en un condado, con funciones administrativas y judiciales. ■ Su pl. es *shériffs.*

sherpa (tibetano, significa 'habitante del este') *adj.* De cierto pueblo que habita en el Nepal, algunos de cuyos individuos actúan como guías y porteadores en las expediciones de alta montaña en el Himalaya. También *s. m.* y *f.*

sherry (ingl.) *s. m.* Vino de Jerez.

shetland (ingl.) *s. m.* **1.** Tejido fabricado con lana escocesa. **2.** P. ext., jersey hecho con este tejido.

shiatsu *s. m.* Técnica curativa de origen oriental que consiste en presionar con los dedos sobre determinados puntos del cuerpo humano.

shock (ingl.) *s. m.* **1.** Choque o fuerte depresión nerviosa y circulatoria, generalmente producida por una impresión. **2.** Alteración semejante a la anterior provocada por procedimientos eléctricos con fines curativos.

shogun (japonés) *s. m.* Título dado a los jefes militares japoneses nombrados por el emperador en la Edad Media, que llegaron a constituirse en verdaderos señores feudales. ■ Se escribe también *sogún.*

short (ingl.) *s. m.* Pantalón corto que no pasa de la mitad del muslo. ■ Se usa indistintamente en *sing.* o en *pl.*: *Vestía un short* (o *unos shorts*).

shot *s. m. Arg.* y *Urug.* En fútbol, chut, tiro.

show (ingl.) *s. m.* **1.** Espectáculo o parte del mismo: *Este humorista presenta mañana su nuevo show.* **2.** *fam.* Acto, situación, etc., en que se llama la atención, generalmente por lo ridículo o escandaloso: *No vuelvas a montarme el show delante de todos.*

show-bussiness (ingl.) *s. m.* Negocio del mundo del espectáculo.

showman (ingl.) *s. m.* Hombre que es a la vez primera estrella, presentador y animador de un show o espectáculo.

showoman (ingl.) *s. f.* Mujer que es a la vez primera estrella, presentadora y animadora de un show o espectáculo.

si[1] (sílaba de la primera estrofa del himno a San Juan Bautista) *s. m.* Séptima nota de la escala musical. ■ No varía en *pl.*

si[2] (del lat. *si*) *conj.* **1.** Con valor condicional, introduce una proposición subordinada que expresa la condición o suposición necesaria para que se cumpla lo indicado por la principal: *Si aprueba el curso, sus padres le regalarán una bici.* ■ En algunas ocasiones puede tener un cierto matiz causal: *Si ayer lo sabías, no puedes haberlo olvidado hoy.* **2.** Seguida del adv. *no*, forma una loc. cond. que equivale a *de lo contrario, de otra forma*: *Pórtate bien, si no, te quedarás sin televisión.* ■ No confundir con la conj. advers. *sino.* **3.** Se emplea, repetida, con valor distributivo, conservando el matiz condicional, para contraponer un término a otro: *Si le regaño, mal, si no le regaño, peor.* **4.** Se usa para introducir oraciones con matiz de deseo: *¡Si el jefe quisiera ayudarnos!* **5.** Precedida del adverbio *como* o de la conjunción *que*, forma una locución comparativa: *Habla co-*

mo si estuviera borracho. Está más oscuro que si fuese de noche. **6.** Con valor de conjunción completiva, introduce oraciones interrogativas indirectas, a veces con matiz de duda: *Ignoro si ha aprobado o no.* **7.** En ciertos contextos, se usa para enfatizar lo que se expresa a continuación: *Mira si será listo. ¡Si es que yo no he dicho eso!* **FAM.** Sino[1].

sí[1] (del lat. *sibi*, pron. reflex. de 3.ª pers. en caso dativo) *pron. pers.* Forma de tercera persona que se usa siempre con preposición y funciona como complemento: *Habla para sí.* ■ Unida a la prep. *con* adopta la forma *consigo*: *Siempre lleva la agenda consigo.* || **LOC. de por sí** *adv.* Separadamente de las cosas o circunstancias que pueden acompañar a algo: *El asunto ya es de por sí bastante grave.* **en sí** *adv.* Con el verbo *volver*, recobrando el conocimiento: *Se desmayó, pero ya vuelve en sí.* **en sí (mismo)** *adv.* De por sí. **fuera de sí** *adv.* Alterado por la ira o la pasión. ■ Se usa generalmente con los verbos *estar* o *poner*: *Oír estas barbaridades le pone fuera de sí.* **para sí (mismo)** *adv.* Con verbos como *pensar*, *decir*, etc., mentalmente, sin decirlo en voz alta o comunicárselo a otros. También, para uno mismo: *Lo quiere todo para sí.* **por sí mismo** (o **por sí solo**) *adv.* Sin la ayuda de nadie: *Le gusta hacer las cosas por sí mismo.* También, espontáneamente, sin que nadie lo mueva, accione, obligue, etc.: *La solución llegó por sí sola.* **FAM.** Ensimismarse.

sí[2] (del lat. *sic*, así, de este modo) *adv. afirm.* **1.** Se emplea para responder afirmativamente a una pregunta. **2.** Se usa para dar mayor énfasis a la afirmación expresada por el verbo: *Iré, sí, pero deja ya de insistir.* **3.** A veces tiene la función de intensificar un juicio o una afirmación: *Esto sí que es vida.* || *s. m.* **4.** Consentimiento, permiso: *La pedí en matrimonio y me ha dado el sí.* || **LOC. ¡a que sí!** En una discusión o disputa, frase con que se busca el apoyo de otra persona: *¡A que sí! ¡A que he dicho la verdad!* También se usa para responder a un reto o apuesta: *¿A que no eres capaz? ¡A que sí!* **porque sí** Sin motivo o razón, por simple voluntad o capricho. **pues sí...** o **pues sí que** Expresión irónica con que se da a entender fastidio o disgusto: *Se ha acabado el dinero. ¡Pues sí que estamos buenos!* ■ Su pl. es *síes*. **ANT. 1.** y **4.** No.

sial *s. m.* Capa exterior de la corteza de la Tierra, cuyos componentes fundamentales son la sílice y el aluminio, que está situada sobre el sima.

siamés, sa *adj.* **1.** De Siam, antiguo nombre de Tailandia. También *s. m.* y *f.* **2.** Se dice de los hermanos que nacen unidos por alguna parte del cuerpo. También *s. m.* y *f.* **3.** Se dice de cierta raza de gatos procedentes de Siam, de cuerpo estilizado y color marrón claro, con la cabeza, la cola y las patas más oscuras. También *s. m.* || *s. m.* **4.** Lengua del grupo tai, hablada en Tailandia.

sibarita (del lat. *sybarita*, y éste del gr. *sybarites*, de Síbaris, antigua ciudad de Italia) *adj.* Que es aficionado a los lujos y placeres refinados. También *s. m.* y *f.* **SIN.** Exquisito. **FAM.** Sibarítico, sibaritismo.

sibaritismo *s. m.* Vida entregada a los lujos y placeres refinados.

siberiano, na *adj.* De Siberia. También *s. m.* y *f.* **FAM.** Transiberiano.

sibila (del lat. *sibylla*, y éste del gr. *sibylla*) *s. f.* Mujer a la que los antiguos griegos y romanos atribuían la facultad de profetizar o predecir el futuro. **SIN.** Profetisa, pitonisa. **FAM.** Sibilino, sibilítico.

sibilante (del lat. *sibilans, -antis*, de *sibilare*, silbar) *adj.* **1.** Que suena como una especie de silbido: *El viento hacía un ruido sibilante al pasar entre las peñas.* **2.** En ling., se aplica al sonido que se pronuncia haciendo pasar el aire por un estrecho canal formado por la lengua y los alveolos superiores, como el de la letra *s*. **3.** Se dice de la letra que representa este sonido. También *s. f.* **SIN. 1.** Silbante.

sibilino, na (del lat. *sibyllinus*) *adj.* **1.** Relativo a la sibila: *oráculo sibilino.* **2.** Que tiene un sentido o una intención profética: *un vaticinio sibilino.* **3.** Oscuro, misterioso, ambiguo: *Eludió nuestras preguntas con respuestas vagas y sibilinas.* **SIN. 3.** Confuso, incomprensible, hermético. **ANT. 3.** Claro, preciso.

sibilítico, ca *adj.* Sibilino*.

siboney *adj.* De un pueblo precolombino considerado el más antiguo de los que habitaron las Antillas. También *s. m.* y *f.*

sic (lat.) *adv.* Significa 'así, de este modo'; se usa en impresos y manuscritos, para indicar que una frase, expresión o palabra es textual, aunque pueda parecer incorrecta o inexacta.

sicalipsis (del gr. *sykon*, vulva, y *aleipsis*, acción de frotar) *s. f.* Erotismo, picardía erótica o sexual. ■ Actualmente, esta palabra está en desuso. No varía en *pl.* **FAM.** Sicalíptico.

sicalíptico, ca (del gr. *sykon*, vulva, y *aleiptikos*, lo que frota) *adj.* De la sicalipsis o relacionado con ella. **SIN.** Lascivo, pornográfico.

sicario (del lat. *sicarius*, de *sica*, puñal) *s. m.* Asesino a sueldo. **SIN.** Matón.

siciliano, na *adj.* **1.** De Sicilia. También *s. m.* y *f.* || *s. m.* **2.** Dialecto del italiano hablado en Sicilia.

sico- *pref.* Véase **psico-**.

sicoanálisis *s. m.* Psicoanálisis*.

sicodelia *s. f.* Psicodelia*.

sicodélico, ca *adj.* Psicodélico*.

sicofanta o **sicofante** (del lat. *sycophanta*, y éste del gr. *sykophantes*, denunciador de los exportadores de higos) *s. m.* Calumniador, delator.

sicofísica *s. f.* Psicofísica*.

sicología *s. f.* Psicología*.

sicomoro o **sicómoro** (del lat. *sycomorus*, y éste del gr. *sykomoros*, de *sykon*, higo, y *moron*, moral) *s. m.* Árbol de la familia moráceas, originario de Egipto, con el tronco de color amarillento, hojas ovales y ásperas, fruto pequeño blanquecino en forma de higo y madera muy resistente.

sicono (del lat. *syconus*, y éste del gr. *sykon*, higo) *s. m.* Tipo de fruto formado por un receptáculo carnoso en forma de saco cónico con numerosas semillas en su interior, p. ej. el higo.

sicópata *s. m.* y *f.* Psicópata*.

sicopatía *s. f.* Psicopatía*.

sicosis *s. f.* Psicosis*.

sicosomático, ca *adj.* Psicosomático*.

sicoterapia *s. f.* Psicoterapia*.

sida (sigla de *Síndrome de Inmunodeficiencia Adquirida*) *s. m.* Enfermedad contagiosa, producida por un virus, que se transmite sexualmente y a través de la sangre y destruye los mecanismos de inmunidad del cuerpo humano, lo que facilita la aparición de infecciones graves. **FAM.** Sidoso.

sidecar (ingl., de *side*, lado, y *car*, coche) *s. m.* Especie de cochecito de un solo asiento y dotado de una rueda lateral, que se acopla lateralmente a una motocicleta. ■ Su pl. es *sidecares*.

sideral (del lat. *sideralis*) *adj.* Relativo a los astros y las estrellas. **SIN.** Sidéreo, estelar. **FAM.** Sidéreo. / Intersideral.

sidéreo, a (del lat. *sidereus*) *adj.* Sideral*.

siderita (del lat. *sideritis*, y éste del gr. *sideritis*, de *sideros*, hierro) *s. f.* Mineral de carbonato de hierro, del que se extrae este metal, de color grisáceo y brillo vítreo. FAM. Siderolito, siderurgia.

siderolito (del gr. *sideros*, hierro, y *-lito*) *s. m.* Tipo de meteorito compuesto fundamentalmente por una aleación de hierro y níquel.

siderometalúrgico, ca *adj.* De la siderurgia y la metalurgia en conjunto, o relacionado con esta técnica.

siderurgia (del gr. *siderurgia*, de *sideros*, hierro, y *ergon*, obra) *s. f.* Sector de la metalurgia dedicado a la producción y transformación industrial del hierro. FAM. Siderometalúrgico, siderúrgico. SIDERITA.

siderúrgico, ca *adj.* De la siderurgia o relacionado con ella.

sidoso, sa *adj. fam.* Se dice de la persona que padece el sida. También *s. m.* y *f.*

sidra (del lat. *sicera*, y éste del hebreo *shekat*, bebida alcohólica) *s. f.* Bebida alcohólica que se obtiene por la fermentación del zumo de las manzanas. FAM. Sidrería, sidrero.

sidrería *s. f.* Establecimiento donde se vende sidra.

sidrero, ra *adj.* **1.** Relativo a la sidra. **2.** Se dice de la persona a la que le gusta mucho la sidra. También *s. m.* y *f.* || *s. m.* y *f.* **3.** Persona que vende sidra o trabaja en su fabricación.

siega *s. f.* **1.** Acción de segar las mieses. **2.** Tiempo en que se siegan. **3.** Mieses segadas: *recoger la siega.*

siembra *s. f.* **1.** Acción de sembrar. **2.** Tiempo en que se siembra. **3.** Tierra sembrada. **4.** Técnica de laboratorio que consiste en colocar microorganismos en un medio de cultivo y en un ambiente adecuados para su desarrollo. SIN. **1.** a **3.** Sementera. **3.** Sembrado.

siemens *s. m.* Unidad de conductancia eléctrica en el Sistema Internacional, que equivale a la conductancia de un conductor cuya resistencia es de un ohmio.

siempre (del lat. *semper*) *adv. t.* **1.** Todo el tiempo, en cualquier momento: *En mi casa siempre serás bien recibido.* ■ Suele usarse de modo hiperbólico o exagerado con el significado de frecuentemente, a menudo: *Aquí siempre hace buen tiempo. Siempre estás de mal humor.* **2.** Cada vez que se produce una determinada situación: *Cuando viene, siempre pasa a saludarnos.* || *adv. m.* **3.** Cuando menos, en cualquier caso: *Quizá no lo logre, pero siempre es mejor intentarlo.* **4.** *Amér.* Así y todo. || LOC. **de siempre** *adj.* y *adv.* Habitual o de costumbre: *Sírveme lo de siempre.* También, como loc. adv., desde siempre: *De siempre, esto ha sido igual.* **desde siempre** *adv.* Desde que se recuerda o se tiene noticia: *Desde siempre ha vivido en la misma calle.* **siempre que** *adv.* Cada vez que: *Siempre que vengo por aquí voy a visitarle.* **siempre que** o **siempre y cuando** *adv.* Introduce una proposición condicional que equivale a *con tal que* o *a condición de que*: *Te traeré un regalo, siempre y cuando* (o *siempre que*) *seas bueno.* ANT. **1.** y **2.** Nunca. FAM. Siempretieso, siempreviva. / Sempiterno.

siempretieso *s. m.* Muñeco que, gracias a un contrapeso, recupera la posición vertical cuando se le tumba. SIN. Tentetieso.

siempreviva *s. f.* Nombre común de diversas plantas herbáceas, que pueden medir entre 5 y 25 cm de altura, según las especies; la más común presenta hojas en rosetas, rodeadas de pelos glandulosos y flores de color rojo vivo.

sien *s. f.* Cada una de las dos partes laterales de la cabeza comprendidas entre la frente, la oreja y la mejilla.

siena *s. m.* Color marrón claro amarillento. ■ Se usa mucho en aposición. FAM. Sienita.

sienita (de la ciudad de *Siena*) *s. f.* Roca ígnea, de color grisáceo o rojizo, que está compuesta de feldespato potásico, algo de cuarzo y otros componentes.

sierpe (del lat. *serpens*) *s. f.* **1.** Serpiente, culebra. **2.** Persona que está siempre irritada o enfadada, o se pone así en cierta ocasión: *Estaba hecho una sierpe.* **3.** Cosa que se mueve ondulándose, como las serpientes. SIN. **2.** Basilisco.

sierra (del lat. *serra*) *s. f.* **1.** Herramienta para cortar madera u otro material duro, que consiste en una hoja de acero con un filo dentado, sujeta a un mango o armazón apto para agarrarlo. **2.** Cordillera de montañas, especialmente si son picudas y abruptas; p. ext., región montañosa: *Este verano pasaré las vacaciones en la sierra.* || **3. sierra circular** Sierra mecánica cuya hoja es un disco dentado giratorio. **4. sierra continua** La mecánica cuya hoja es una correa sin fin dentada. SIN. **2.** Serranía. FAM. Serranía, serrano, serrar, serrato, serreta, serrucho. / Motosierra.

sierraleonense o **sierraleonés, sa** *adj.* De Sierra Leona, estado africano en la costa del océano Atlántico. También *s. m.* y *f.*

siervo, va (del lat. *servus*) *s. m.* y *f.* **1.** Esclavo, en especial el que antiguamente pertenecía al señor de las tierras en que vivía. **2.** Persona totalmente sometida a otra o tiranizada por ésta. **3.** Nombre que reciben los miembros de ciertas congregaciones religiosas que por humildad se denominan así: *las siervas de María.* || **4. siervo de Dios** Persona muy devota que sirve a Dios y cumple sus preceptos; p. ext., cualquier cristiano. **5. siervo de la gleba** En la Edad Media, aquel que estaba, tanto él como sus descendientes, sometido a trabajo servil y vinculado a la tierra. FAM. Servil, servir.

sieso, sa (del lat. *sessus*, asiento) *adj.* **1.** Antipático, seco, desabrido. También *s. m.* y *f.*: *No le invité a la fiesta porque es un sieso.* || *s. m.* **2.** Parte inferior del intestino recto, que termina en el ano.

siesta (del lat. *sexta hora*) *s. f.* **1.** Hecho de dormir después del almuerzo o, p. ext., a cualquier hora del día: *Echarse la siesta.* **2.** Tiempo después del mediodía, en que aprieta más el calor, que suele destinarse a dormir o descansar. FAM. Sestear.

siete (del lat. *septem*) *adj. num. card.* **1.** Seis más uno. También *pron.* y *s. m.* || *adj. num. ord.* **2.** Séptimo*. También *pron.*: *Usted es el siete en la lista de espera.* || *s. m.* **3.** Cifra o signo con que se representa este número. **4.** Roto o rasgón en una tela con forma de ángulo: *Me enganché la camisa y me hice un siete.* FAM. Setecientos, setenta, sietecolores, sietemachos. / Decimoséptimo, diecisiete, matasiete, septenario, septenio, septeno, septeto, septillizo, séptimo, séptuplo, veintisiete.

sietecolores *s. m. Arg.* y *Chile* Pájaro de pequeño tamaño y gran colorido que habita a las orillas de las lagunas. ■ No varía en *pl.*

sietemachos *s. m. fam.* Matón, bravucón, chulo. ■ No varía en *pl.*

sietemesino, na *adj.* Se aplica al niño que nace a los siete meses de embarazo, en vez de a los nueve. También *s. m.* y *f.*

sífilis (de *Syphilus*, protagonista de un poema de G. Fracastoro, que contrae esta enfermedad) *s. f.* Enfermedad venérea infecciosa, producida por una bacteria, que se adquiere generalmente con el contacto sexual o se transmite de las madres enfermas a sus hijos durante el embarazo. ■ No varía en *pl.* FAM. Sifilítico.

sifilítico, ca *adj.* **1.** De la sífilis. **2.** Que padece esta enfermedad. También *s. m.* y *f.*

sifón (del lat. *sipho, -onis*, y éste del gr. *siphon*) *s. m.* **1.** Tubo encorvado que sirve para trasvasar líquidos haciéndolos pasar por un punto superior a su nivel. **2.** Botella, generalmente de vidrio, cerrada herméticamente y que contiene agua con ácido carbónico, la cual, empujada por la presión del gas, sale por un tubo acodado cuando se abre una llave. **3.** Agua carbónica contenida en esa botella. **4.** Tubería, o parte de ella, doblada en forma de *U* con alguna finalidad, p. ej. para que el líquido salve un desnivel o para que se retenga el agua a fin de que obstruya la salida de gases de las cañerías en retretes y lavabos. **5.** Tubo largo que tienen ciertos moluscos. FAM. Sifonado, sifónico. / Termosifón.

sifonado, da *adj.* Se dice de ciertos moluscos bivalvos que poseen uno o más sifones. También *s. m.*

sifonáptero *adj.* **1.** Se dice de ciertos insectos de pequeño tamaño, sin alas ni ojos, con el cuerpo aplastado lateralmente y las patas adaptadas al salto. Son ectoparásitos de aves y mamíferos y se les conoce vulgarmente como *pulgas*. También *s. m.* || *s. m. pl.* **2.** Orden de estos insectos, denominados también *afanípteros*.

sifónico, ca *adj.* Véase **bote* sifónico**.

sifonier *s. m.* Chifonier*.

sigilo (del lat. *sigillum*) *s. m.* **1.** Secreto con que se hace o trata una cosa: *Llevaron el caso con mucho sigilo para que no se enterase la prensa.* **2.** Silencio: *Andaba con sigilo para no despertar a nadie.* SIN. **1.** Reserva, discreción. ANT. **1.** y **2.** Escándalo. FAM. Sigiloso.

sigilografía *s. f.* Ciencia auxiliar de la historia que estudia los sellos antiguos usados para cerrar pliegos, autorizar documentos, etc.

sigiloso, sa *adj.* Que guarda sigilo o se hace con sigilo. SIN. Discreto, silencioso. ANT. Ruidoso, escandaloso. FAM. Sigilosamente. SIGILO.

sigla (del lat. *sigla*, cifras, abreviaturas) *s. f.* **1.** Letra inicial de una palabra que se emplea como abreviatura; p. ej., SA son las siglas de Sociedad Anónima. **2.** Rótulo o denominación que se forma con varias de estas letras.

siglo (del lat. *saeculum*) *s. m.* **1.** Cada uno de los periodos de cien años en que convencionalmente se divide el tiempo histórico: *el siglo XX.* **2.** Seguido de la prep. *de* y un sustantivo, época en que sucedió, surgió o se inventó algo que la caracteriza: *el siglo del vapor, el siglo de Augusto.* **3.** Suma o periodo de cien años sucesivos: *El abuelo ronda el siglo.* **4.** Tiempo largo e indefinido: *Hacía un siglo que no te veía.* Se usa también en pl. con un matiz intensificador: *Llevo siglos esperándote.* **5.** La sociedad humana, vida y actividades de sus miembros, en contraposición a la vida monástica o religiosa: *Se hizo monje para huir del siglo.* || LOC. **del siglo** *adj.* Que destaca notablemente sobre otras cosas de la misma especie: *el robo del siglo.* **por los siglos de los siglos** *adv.* Eternamente. SIN. **1.** Centuria. **2.** Edad. **5.** Mundo. FAM. Secular.

sigma (del gr. *sigma*) *s. f.* Nombre de la decimoctava letra del alfabeto griego, que corresponde a nuestra *s.* ■ La letra mayúscula se escribe Σ y la minúscula σ, si va acompañada al comienzo o en el interior de la palabra, y ς si va al final.

signar (del lat. *signare*) *v. tr.* **1.** Poner un signo o un sello en una cosa: *signar unos documentos.* **2.** Firmar. **3.** Hacer la señal de la cruz. También *v. prnl.* SIN. **1.** Señalar, sellar. **2.** Rubricar. **3.** Persignar(se). FAM. Signatario, signatura. / Asignar, consignar, designar, persignar, resignar. SIGNO.

signatario, ria *adj.* Se dice del que firma. También *s. m.* y *f.* SIN. Firmante.

signatura (del lat. *signatura*) *s. f.* **1.** Acción de signar. **2.** Señal de números y letras que se pone en un libro o documento para indicar su colocación en una biblioteca o archivo. **3.** En imprenta, letra o número que se pone al pie de la primera página de cada pliego para guía del encuadernador.

significación (del lat. *significatio, -onis*) *s. f.* **1.** Acción de significar. **2.** En particular, significado de una palabra, frase, etc. **3.** Valor, importancia: *un hecho de gran significación histórica.* SIN. **2.** Sentido. **3.** Trascendencia.

significado, da 1. *p.* de **significar**. También *adj.* || *adj.* **2.** Muy conocido, importante o considerado: *un significado líder político.* || *s. m.* **3.** Idea, concepto o representación mental expresada por una palabra, símbolo, etc.: *En la autoescuela aprendemos el significado de las señales de tráfico.* **4.** En ling., concepto representado por un significante, junto con el cual constituye el signo lingüístico.

significante (del lat. *significans, -antis*) *s. m.* En ling., fonema o serie de fonemas que se asocian a un significado para formar un signo lingüístico. FAM. Insignificante. SIGNIFICAR.

significar (del lat. *significare*, de *signum*, señal, y *facere*, hacer) *v. tr.* **1.** Representar un signo, sonido, imagen, etc., a otra cosa: *La luz verde significa paso libre a los peatones.* **2.** En especial, expresar una palabra o serie de palabras una idea, concepto o representación de una realidad: *Busca en el diccionario lo que significa esta palabra.* **3.** Provocar cierta cosa o equivaler a ella: *Ese incidente puede significar la guerra. ¿Significa esto que estoy despedido?* **4.** Expresar alguien manifiestamente un criterio, opinión, etc.: *En varias ocasiones ya signifiqué mi oposición a esa norma.* || *v. intr.* **5.** Tener valor o importancia: *Este premio significa mucho para mí.* || **significarse** *v. prnl.* **6.** Hacerse notar o distinguirse por alguna cualidad o circunstancia: *Pronto se significó por sus muchas aptitudes.* **7.** Mostrarse alguien abiertamente, en sus actos y palabras, partidario de unas determinadas ideas: *Se significó como un convencido pacifista.* ■ Delante de *e* se escribe *qu* en lugar de *c.* SIN. **1.** Simbolizar, indicar. **1.** y **3.** Implicar, suponer. **4.** Exponer, manifestar. **5.** Valer, importar. **6.** Descollar, destacar, señalarse. FAM. Significación, significado, significante, significativo. SIGNO.

significativo, va (del lat. *significativus*) *adj.* **1.** Que significa o da a entender cierta cosa: *Nos mostró su disgusto con un significativo gesto.* **2.** Que tiene importancia por significar o representar algún valor: *Ha sido muy significativo el que todos los alumnos colaboraran.* SIN. **1.** Expresivo. **1.** y **2.** Representativo. **2.** Relevante. ANT. **2.** Insignificante. FAM. Significativamente. SIGNIFICAR.

signo (del lat. *signum*) *s. m.* **1.** Cualquier cosa que, por una relación natural o convencional, representa o da a entender otra: *La cruz es el signo del cristianismo.* **2.** Cada uno de los caracteres o figuras empleados en la escritura, en imprenta y en música. **3.** Particularmente, en mat., cada figura usada para expresar la naturaleza de las cantidades o las operaciones que se realizan con ellas. **4.** Cada una de las doce partes en que se divide el Zodiaco y figura que las representa. **5.** P. ext., hado o destino de una persona: *Nació bajo el signo de la fortuna.* **6.** Todo aquello por lo que se conoce, supone, deduce o adivina algo: *El yate es un signo de riqueza.* **7.** Gesto que se hace para significar o indicar algo: *Hizo con la mano el signo de la cruz a modo de bendición.* **8.** Cada una de las manifestaciones de una enfermedad que se detectan objetivamente mediante una exploración médica, a diferencia del síntoma, que es de carácter subjetivo. || **9. signo lingüístico** Unidad mínima de la oración, constituida por una parte física, el significante, y otra conceptual, el significado. **SIN. 1.** y **6.** Símbolo. **1.**, **6.** y **7.** Señal. **5.** Sino. **6.** Indicio. **FAM.** Signar, significar. / Seña.

siguiente (del lat. *sequens, -entis*) *adj.* **1.** Que sigue a otro en orden, espacio, tiempo, etc.: *Se casará al año siguiente.* También *s. m.* y *f.*: *Serás el siguiente en examinarte.* **2.** Que va a expresarse a continuación: *Le propuse el siguiente plan: ir de excursión.* **SIN. 1.** Próximo. **ANT. 1.** Anterior.

siguiriya *s. f.* Seguiriya*.

sij o **sikh** *adj.* **1.** De una religión nacida del islamismo y el hinduismo, o relacionado con ella. **2.** Partidario de esta religión. También *s. m.* y *f.* ■ Su pl. es *sijs* o *sikhs*.

sil (del lat. *sil*) *s. m.* Ocre*, mineral.

sílaba (del lat. *syllaba*, y éste del gr. *syllabe*) *s. f.* **1.** Sonido o grupo de sonidos articulados que se pronuncia de una vez entre dos depresiones sucesivas de la emisión de voz; así, la palabra *campana* tiene tres sílabas: *cam-pa-na.* || **2. sílaba abierta** (o **libre**) La que termina en vocal. **3. sílaba átona** La que no lleva acento prosódico, como *de-* en *deporte*. **4. sílaba breve** En las lenguas en que hay cantidad vocálica, como el latín, la de menos duración. **5. sílaba cerrada** (o **trabada**) La que termina en consonante. **6. sílaba larga** Por oposición a la breve, la de más duración. **7. sílaba postónica** La átona que sigue a una tónica. **8. sílaba pretónica** o **protónica** La átona que precede a una tónica. **9. sílaba tónica** La que lleva acento prosódico, p. ej. *-ti-* en *castigo*. **FAM.** Silabación, silabario, silabear, silábico. / Bisílabo, decasílabo, dodecasílabo, endecasílabo, eneasílabo, heptasílabo, hexasílabo, monosílabo, octosílabo, parisilábico, parisílabo, pentasílabo, polisílabo, tetrasílabo, trisílabo.

silabación *s. f.* **1.** División en sílabas, tanto en la pronunciación como en la escritura. **2.** Pronunciación clara y lenta de una palabra, con pausas entre las sílabas. **SIN. 2.** Silabeo.

silabario *s. m.* Libro o lámina con sílabas o palabras divididas en sílabas, que sirve para enseñar a leer.

silabear *v. tr.* Pronunciar palabras separándolas en sílabas. También *v. intr.* **FAM.** Silabeo. SÍLABA.

silabeo *s. m.* Pronunciación de las palabras separando las sílabas. **SIN.** Silabación.

silábico, ca *adj.* **1.** Relativo a la sílaba. **2.** Que puede formar sílaba o ser núcleo de ella: *grupo silábico.* **FAM.** Isosilábico. SÍLABA.

silba *s. f.* Acción de silbar a alguien en señal de rechazo o desaprobación: *La mala actuación del árbitro fue acogida con una silba.* **SIN.** Pita, pitada, abucheo. **ANT.** Ovación, aplauso.

silbante *adj.* **1.** Que silba o suena como un silbido. **2.** En ling., sibilante.

silbar (del lat. *sibilare*) *v. intr.* **1.** Dar silbidos o reproducir alguna música mediante el silbido. También *v. tr.* **2.** Producir algo un sonido parecido al cortar o agitar el aire: *Las balas silbaban sobre su cabeza.* **3.** Mostrar el público o un grupo de personas su rechazo o desaprobación mediante silbidos. También *v. tr.*: *Le silbaron tanto que no se atrevió a volver al escenario.* **SIN. 3.** Pitar, abuchear. **ANT. 3.** Aplaudir. **FAM.** Sibilante, silba, silbador, silbante, silbatina, silbato, silbido, silbo. / Chiflar.

silbatina *s. f. Arg.*, *Chile*, *Ec.*, *Perú* y *Urug.* Silba.

silbato *s. m.* Instrumento pequeño y hueco con el que se produce un silbido haciendo pasar aire a través de él. **SIN.** Pito.

silbido o **silbo** *s. m.* **1.** Sonido agudo que se logra haciendo pasar con fuerza el aire a través de los labios fruncidos o colocando los dedos en la boca de cierta manera: *Dio un silbido que se oyó a un kilómetro.* **2.** Sonido semejante que se produce al hacer pasar con fuerza aire a través de un cuerpo o instrumento hueco, como un silbato. **3.** Sonido agudo que hace el aire: *el silbido del viento entre los árboles.* **4.** Voz aguda y penetrante de algunos animales, como la de la serpiente.

silenciador *s. m.* **1.** Aparato o dispositivo que se acopla a ciertos mecanismos, p. ej. al tubo de escape de los automóviles o al cañón de las armas de fuego, para disminuir el ruido. **2.** Circuito usado en los receptores de radio para eliminar los ruidos parásitos que perturban la recepción.

silenciar *v. tr.* **1.** Guardar silencio sobre algo o no comunicar una cosa intencionadamente: *Las autoridades silenciaron la catástrofe para no alarmar a la población.* **2.** Hacer callar, imponer silencio: *Han silenciado a los testigos.* **3.** Hacer que cese el fuego de las armas del enemigo: *La artillería silenció las posiciones enemigas.* **SIN. 1.** Ocultar. **2.** Acallar. **ANT. 1.** Revelar. **FAM.** Silenciador. SILENCIO.

silencio (del lat. *silentium*) *s. m.* **1.** Hecho de no estar hablando las personas: *Consiguió que los alumnos guardaran silencio y escuchasen.* **2.** Falta total o parcial de ruidos: *el silencio del monasterio.* **3.** Efecto de no manifestarse de palabra, ya sea hablando o por escrito: *El dictador impuso silencio a la prensa.* **4.** Reserva, secreto: *El silencio que envuelve este asunto lo hace muy sospechoso.* **5.** En mús., pausa con una duración determinada y signo que la representa. || *interj.* **6.** Exclamación con que se manda callar o dejar de hacer ruido: *¡Silencio! ¡Ni una palabra más!* || **7. silencio administrativo** Falta de respuesta o de solución por parte de la administración a una petición o recurso en el plazo establecido, lo que se interpreta generalmente como negativa o rechazo. || **LOC. en silencio** *adv.* Guardando silencio; también, sin quejarse ni protestar: *sufrir en silencio.* **imponer silencio** Hacer callar a alguien; también, impedir a alguien que se exprese o diga algo: *El secreto profesional me impone silencio respecto a mis clientes.* **reducir al silencio** Hacer callar por completo a alguien o algo. **romper el silencio** Decir o escribir algo después de haber estado mucho tiempo sin hacerlo: *Después de tantos años, decidió romper su silencio y contar la verdad.* **SIN. 2.** Paz, sosiego. **4.** Sigilo, misterio. **ANT. 1.** y **2.** Alboroto. **1.**, **2.** y **4.** Escándalo. **FAM.** Silenciar, silencioso, silente.

silencioso, sa (del lat. *silentiosus*) *adj.* **1.** Que calla: *Permaneció silencioso toda la tarde.* **2.** Que no hace ruido o hace poco: *un motor silencioso.* **3.** Se aplica al lugar o tiempo en que hay silencio: *Las aulas quedan silenciosas en vacaciones.* **SIN. 1.** Callado. **2.** Sordo. **ANT. 1.** Hablador. **2.** y **3.** Ruidoso. **FAM.** Silenciosamente. SILENCIO.

silente (del lat. *silens, -entis*) *adj.* Silencioso, tranquilo: *el silente claustro.* ■ Su uso es culto y literario. **SIN.** Sosegado.

silepsis (del lat. *syllepsis*, y éste del gr. *syllepsis*, de *syllambano*, juntar, comprimir) *s. f.* **1.** Figura de construcción que consiste en una falta de concordancia gramatical entre las palabras, por atender a la concordancia de los significados, p. ej.: *La mayor parte* (singular colectivo) *nadarán* (plural). **2.** Figura retórica que consiste en emplear una palabra a la vez en sentido propio y figurado; p. ej.: *Es más fresco que una lechuga.* ■ No varía en *pl.*

silesiano, na o **silesio, sia** *adj.* De Silesia, región natural del centro de Europa. También *s. m.* y *f.*

sílex (del lat. *silex, -icis*) *s. m.* **1.** Piedra muy dura constituida esencialmente por sílice. **2.** Utensilio prehistórico fabricado con este material. ■ No varía en *pl.*

sílfide (del fr. *sylphide*) *s. f.* **1.** Ninfa del aire. **2.** Mujer guapa y esbelta. **FAM.** Silfo.

silfo (del fr. *sylphe*) *s. m.* Ser fantástico o espíritu del aire.

silicato (del lat. *silex, -icis*) *s. m.* **1.** Familia de sales del ácido silícico, entre las que destacan el talco, la mica, etc. **2.** Grupo de minerales que contienen sílice asociada a otros elementos y que forman parte de la composición de casi todas las rocas.

sílice (del lat. *silex, -icis*) *s. f.* Macromolécula formada por dióxido de silicio. **FAM.** Sílex, silicato, silíceo, silícico, silicio, silicona, silicosis.

silíceo, a (del lat. *siliceus*) *adj.* De sílice o semejante a ella.

silícico, ca *adj.* **1.** Relativo al silicio y a la sílice. || **2. ácido silícico** Ácido compuesto de silicio, oxígeno e hidrógeno.

silicio *s. m.* Elemento químico muy abundante en la corteza terrestre, en la que no existe libre, sino que aparece en forma de sílice y silicatos, presentes en la mayoría de las rocas corrientes. Su estructura cristalina es similar a la del diamante y posee una gran dureza y un elevado punto de fusión. Sus principales aplicaciones se derivan de su carácter semiconductor. Su símbolo químico es *Si.*

silicona *s. f.* Polímero sintético compuesto básicamente por silicio y oxígeno. Tiene variada aplicación industrial.

silicosis *s. f.* Enfermedad respiratoria producida por el polvo de sílice, que ataca especialmente a los mineros y picapedreros. ■ No varía en *pl.* **FAM.** Silicótico. SÍLICE.

silicótico, ca *adj.* De la silicosis o que padece esta enfermedad. También *s. m.* y *f.*

silicua (del lat. *siliqua*) *s. f.* Tipo de fruto capsular que se abre en dos valvas donde se hallan las semillas. Es característico de las plantas crucíferas.

silla (del lat. *sella*) *s. f.* **1.** Asiento individual con respaldo y generalmente con cuatro patas. **2.** Silla de niño. **3.** Silla de montar. **4.** Trono del papa u otra dignidad y, p. ext., cargo de éstos: *la silla de Pedro.* || **5. silla de la reina** La que forman dos personas con sus brazos, agarrando cada uno su muñeca y la del otro. **6. silla de manos** Vehículo con forma de caja de coche y asiento para una persona, sostenido por dos varas que llevan dos hombres. **7. silla de montar** Aparejo sobre el que se sienta el jinete para montar a caballo. **8. silla de niño** Silla baja, generalmente reclinable y plegable, provista de cuatro ruedas y usada para llevar a un niño pequeño. **9. silla de posta** Carruaje que llevaba viajeros por el sistema de posta. **10. silla de ruedas** La provista de dos ruedas laterales y otras dos más pequeñas, que sirve para llevar a personas que no pueden andar. **11. silla de tijera** La que tiene normalmente el asiento de lona y las patas cruzadas en aspa, de forma que pueda plegarse. **12. silla eléctrica** La preparada para ejecutar a los condenados a muerte mediante una fuerte descarga eléctrica. **SIN. 4.** Sede. **FAM.** Sillar, sillazo, sillería, sillero, silletazo, sillín, sillón. / Ensillar, telesilla.

sillar *s. m.* Cada una de las piedras labradas de una construcción.

sillería *s. f.* **1.** Conjunto de sillas, sillones, etc., iguales o de una misma clase con que se amuebla una habitación. **2.** Conjunto de asientos unidos unos a otros, como los del coro de una iglesia. **3.** Taller o tienda de sillas. **4.** Oficio de sillero. **5.** Construcción hecha con sillares.

sillero, ra *s. m.* y *f.* Persona que fabrica, vende o arregla sillas.

silletazo *s. m.* Golpe dado con una silla. ■ Se dice también *sillazo.*

sillín *s. m.* Asiento que tienen las bicicletas y otros vehículos similares para montar en ellos.

sillón *s. m.* Asiento de brazos, grande y generalmente mullido.

silo (del lat. *sirus*) *s. m.* **1.** Construcción, lugar o depósito en donde se almacena el trigo u otras semillas o forrajes. **2.** Cualquier lugar subterráneo y profundo. **3.** En particular, base subterránea en que se almacenan misiles balísticos. **SIN. 1.** Granero.

silogismo (del lat. *syllogismus*, y éste del gr. *syllogismos*) *s. m.* En lógica, argumento que consta de tres proposiciones: dos premisas y una conclusión, que se deduce necesariamente de las otras dos. **FAM.** Silogística, silogístico, silogizar.

silogística *s. f.* Teoría de la consecuencia lógica, descrita y analizada por primera vez por Aristóteles.

silogístico, ca (del lat. *syllogisticus*, y éste del gr. *syllogistikos*) *adj.* Relativo al silogismo.

silogizar (del lat. *syllogizare*, y éste del gr. *syllogizo*) *v. intr.* Argüir, probar o poner argumentos con silogismos, o hacerlos. ■ Delante de *e* se escribe *c* en lugar de *z.*

silueta (del fr. *silhouette*) *s. f.* **1.** Línea exterior que forma el conjunto de un objeto. **2.** Dibujo de un objeto que se hace siguiendo dicha línea. **3.** Sombra de un objeto o forma oscura que presenta su masa al superponerse sobre un fondo más claro o un foco de luz: *Su robusta silueta se recortaba en el hueco de la puerta.* **4.** Tipo o figura de una persona: *Conserva la silueta esbelta de su juventud.* **SIN. 1.** Perfil, contorno. **FAM.** Siluetar, siluetear.

siluetear o **siluetar** *v. tr.* Dibujar o recorrer un objeto, figura, etc., siguiendo su silueta o perfil. También *v. prnl.*

silúrico, ca (del lat. *Silures*, pueblo celta que habitó en el País de Gales) *adj.* **1.** Se dice del tercero de los periodos de la era paleozoica, caracterizado por el final de la orogenia caledoniana, la frecuencia de fenómenos de vulcanismo y la aparición de las primeras plantas terrestres; en cuanto a la vida animal, se desarrolló fundamentalmente en el mar. También *s. m.* **2.** De este periodo.

siluro (del lat. *silurus*, y éste del gr. *siluros*) *s. m.* Nombre común de diversos peces teleósteos, que tienen cuerpo cilindrocónico y cabeza deprimida; la principal especie es el glano, que llega a medir hasta 4 m de longitud, tiene una aleta anal muy larga, es depredador de otros peces y habita en aguas dulces de Europa.

silva (del lat. *silva*, selva) *s. f.* **1.** Combinación métrica en que alternan versos endecasílabos con heptasílabos. **2.** Composición poética escrita en esta combinación. **3.** Colección de escritos diversos sin relación entre sí.

silvano (del lat. *silvanus*) *s. m.* En la mitología clásica, semidiós de las selvas.

silvestre (del lat. *silvestris*) *adj.* **1.** Que nace y crece sin cultivar en campos o bosques: *planta silvestre.* **2.** Agreste, rústico: *Estas tierras aún permanecen silvestres, sin trabajar por el hombre.* **SIN. 1.** y **2.** Salvaje, natural. **2.** Inculto. **FAM.** Asilvestrado. SELVA.

silvícola *adj.* Que habita en la selva. También *s. m.* y *f.*

silvicultura (del lat. *silva*, selva, y *-cultura*) *s. f.* **1.** Cuidado y explotación de los bosques o montes. **2.** Conjunto de conocimientos y técnicas que tratan de estas actividades. **FAM.** Silvicultor. SELVA.

silvina *s. f.* Mineral de cloruro potásico perteneciente al grupo de los haluros, de color rojizo, azulado o incoloro, soluble en agua y de sabor salado. Se utiliza como fertilizante agrícola por su alto contenido de potasa.

sima[1] *s. f.* Cavidad o grieta grande y muy profunda en la tierra.

sima[2] (de las iniciales de *sílice* y *magnesio*) *s. m.* Capa profunda de la corteza de la Tierra, que se encuentra situada bajo el sial y cuyos principales componentes son la sílice y el magnesio.

simbionte *adj.* Se aplica al ser vivo asociado a otro en simbiosis. También *s. m.*

simbiosis (del gr. *syn*, con, y *biosis*, medios de subsistencia) *s. f.* **1.** Asociación estrecha entre dos seres vivos de diferentes especies, en la que ambos se benefician mutuamente. **2.** Asociación de personas, entidades, etc., que se apoyan o benefician mutuamente. **3.** Mezcla, fusión, unión: *Su teoría es una simbiosis de conceptos muy diversos.* ■ No varía en *pl.* **SIN. 3.** Sincretismo, combinación. **FAM.** Simbionte, simbiótico.

simbólico, ca (del lat. *symbolicus*, y éste del gr. *symbolikos*) *adj.* **1.** Relativo al símbolo o representado por medio de símbolos: *El poema refleja una realidad simbólica.* **2.** Que en sí mismo constituye un símbolo: *dibujo simbólico.* **3.** Que tiene un valor meramente representativo: *Recibió por su trabajo una cantidad simbólica.* **FAM.** Simbólicamente. SÍMBOLO.

simbolismo *s. m.* **1.** Cualidad de simbólico: *el simbolismo de los colores.* **2.** Conjunto de símbolos: *La novela posee un abundante simbolismo.* **3.** Sistema de símbolos con que se representa una cosa: *simbolismo químico.* **4.** Toda tendencia artística que se expresa mediante símbolos. **5.** Particularmente, movimiento literario y pictórico surgido en Francia a fines del s. XIX y propagado a otros países, que pretende evocar o sugerir los objetos mediante símbolos o imágenes creados por el artista. **SIN. 2.** y **3.** Simbología. **FAM.** Simbolista. SÍMBOLO.

simbolista *adj.* **1.** Del simbolismo o relacionado con él. **2.** Se dice del partidario de este movimiento literario y pictórico, o del artista que realiza sus obras conforme a sus normas. También *s. m.* y *f.*

simbolizar *v. tr.* Servir una cosa como símbolo de otra: *La paloma simboliza la paz.* ■ Delante de *e* se escribe *c* en lugar de *z*. **FAM.** Simbolizable, simbolización. SÍMBOLO.

símbolo (del lat. *symbolum*, y éste del gr. *symbolon*) *s. m.* **1.** Realidad material que representa a otra inmaterial por la analogía o relación que se establece entre ambas: *La balanza es el símbolo de la justicia.* **2.** En las artes, cualquier elemento, imagen, etc., con que el artista expresa otra realidad distinta de la que refleja su significado normal: *El cisne es un símbolo modernista.* **3.** En quím., letra o grupo de letras con que se representa un elemento simple. **SIN. 1.** Emblema, signo. **1.** y **2.** Alegoría. **FAM.** Simbólico, simbolismo, simbolizar, simbología.

simbología *s. f.* **1.** Conjunto o sistema de símbolos. **2.** Estudio de los símbolos. **SIN. 1.** Simbolismo.

simetría (del gr. *symmetria*, de *syn*, con, y *metron*, medida) *s. f.* Disposición de las cosas de un conjunto o las partes de algo, de modo que dos o más de ellas se corresponden en posición, forma y dimensiones a uno y otro lado de un punto, de un eje o de un plano. **FAM.** Simétricamente, simétrico. / Asimetría.

simétrico, ca (del gr. *symmetrikos*) *adj.* **1.** De la simetría o que la contiene. || **2. propiedad simétrica** Propiedad de algunas relaciones matemáticas mediante la que, si un elemento de un conjunto está relacionado con otro, el segundo lo está con el primero.

simiente (del lat. *sementis*) *s. f.* Semilla*.

simiesco, ca *adj.* Semejante al simio o propio de él.

símil (del lat. *similis*) *s. m.* **1.** Semejanza entre dos cosas. **2.** Figura retórica que consiste en comparar dos cosas o conceptos para dar una idea más expresiva y caracterizada de uno de ellos; p. ej., *blanco como la nieve.* **FAM.** Similicadencia. / Asimilar, facsímil, verosímil. SIMILAR.

similar (imitado del ingl. *similar* y el fr. *similaire*) *adj.* Que tiene semejanza o analogía con una cosa: *Mi situación es similar a la tuya: los dos estamos sin trabajo.* **SIN.** Semejante, análogo. **ANT.** Distinto, diferente. **FAM.** Símil, similitud.

similicadencia (del lat. *similis*, semejante, y de *cadencia*) *s. f.* Figura retórica que consiste en utilizar al final de dos o más oraciones, cláusulas o versos, palabras de sonido semejante o en el mismo accidente gramatical; p. ej., "*Con asombro de* mirarte, /*con admiración de* oírte, /*no sé qué pueda* decirte, /*ni qué pueda* preguntarte" (Calderón de la Barca).

similitud (del lat. *similitudo*) *s. f.* Cualidad de similar o semejante. **SIN.** Semejanza, parecido. **ANT.** Diferencia. **FAM.** Disimilitud. SIMILAR.

similor (del fr. *similior*, del lat. *similis*, parecido, y el fr. *or*, oro) *s. m.* Aleación de cinc y cobre que presenta el color y el brillo del oro.

simio, mia (del lat. *simius*) *s. m.* y *f.* **1.** Mono, nombre común dado a los mamíferos del orden primates y, especialmente, a los del suborden antropoides. || *s. m. pl.* **2.** Suborden antropoides. **FAM.** Simiesco. / Prosimio.

simón (de *Simón*, nombre de un alquilador de coches en Madrid) *s. m.* Antiguo coche de caballos de alquiler. También *adj.*

simonía (del bajo lat. *simonia*, de Simón el Mago, que trató de comprar a los apóstoles el poder de otorgar el Espíritu Santo) *s. f.* Acción o intención de negociar con las cosas de la religión, como los sacramentos o los cargos eclesiásticos. **FAM.** Simoniaco, simoníaco, simoniático.

simoniaco o **simoníaco, ca** (del bajo lat. *simoniacus*) *adj.* Relativo a la simonía o que la comete. También *s. m.* y *f.* ■ Se dice también *simoniático*.

simoniático, ca *adj.* Simoniaco*. También *s. m.* y *f.*

simpa *s. f. Arg.* y *Perú* Trenza. **FAM.** Simpar.

simpar *v. tr. Arg.* y *Perú* Trenzar.

simpatía (del gr. *sympatheia*, acción de sentir igual que otro) *s. f.* **1.** Actitud o sentimiento de afecto, atracción o agrado hacia personas, animales o cosas: *Recuerdo con simpatía mi primera estancia aquí.* Se usa mucho en *pl.*: *Este chico despierta las simpatías de los que le conocen.* **2.** Modo de ser o actuar de una persona que la hace más atractiva y agradable: *Su simpatía le proporciona muchos amigos.* **3.** En fís., fenómeno por el que una onda sonora causada por la vibración de un cuerpo o por una explosión llega a provocar otra vibración o explosión de características semejantes. **4.** En med., relación patológica o fisiológica que se produce entre la actividad de algunos órganos que no están conectados entre sí directamente. || *s. f. pl.* **5.** Apoyo, adhesión: *Este partido tiene todas mis simpatías.* **SIN.** **1.** Cariño, apego. **2.** Encanto, gancho. **ANT.** **1.**, **2.** y **5.** Antipatía(s). **FAM.** Simpático, simpaticón, simpatizar.

simpático, ca *adj.* **1.** Que tiene o inspira simpatía: *una anécdota muy simpática, un niño muy simpático.* También *s. m.* y *f.* **2.** Gracioso, divertido: *Contó una anécdota muy simpática.* **3.** Se dice de uno de los sistemas en que se divide el sistema nervioso de la vida vegetativa, que tiene funciones antagónicas a las del parasimpático, como p. ej. la dilatación de la pupila y la aceleración del ritmo cardiaco. También *s. m.* **SIN.** **1.** Agradable, encantador, majo. **ANT.** **1.** Antipático. **FAM.** Parasimpático. SIMPATÍA.

simpaticón, na *adj.* Se dice de la persona que provoca una simpatía superficial. También *s. m.* y *f.*

simpatizante *adj.* Que simpatiza; especialmente que se siente atraído o inclinado hacia una tendencia, movimiento, partido, etc., sin pertenecer a él. También *s. m.* y *f.* **SIN.** Adepto, partidario. **ANT.** Detractor.

simpatizar *v. intr.* Sentir o mostrar simpatía hacia alguien o algo. ■ Se usa con la prep. *con*: *Son tan agradables que en seguida simpaticé con ellos.* Tiene también valor recípr.: *Al principio no simpatizábamos.* Delante de *e* se escribe *c* en lugar de *z*. **SIN.** Congeniar, entenderse. **ANT.** Detestar. **FAM.** Simpatizante. SIMPATÍA.

simple (del bajo lat. *simplus*) *adj.* **1.** Sencillo, que no tiene complicación: *Practicamos unos ejercicios de gimnasia muy simples.* **2.** Precediendo al sustantivo equivale a *solo*, *único*, en el sentido de que es suficiente para lo que se pretende: *Dame una simple razón para que te comprenda.* **3.** Inocente, sin malicia: *Es tan simple que todo se lo cree.* También *s. m.* y *f.* **4.** Necio, torpe. También *s. m.* y *f.* **5.** Formado por uno o pocos componentes o por menos que otra cosa de la misma clase: *¿Cómo quiere la maquinilla, simple o de doble hoja?* **6.** En quím., se dice de la sustancia formada por un solo tipo de átomos: *El hidrógeno es una sustancia simple.* **7.** En ling., se dice de la palabra que no se compone de otras de la misma lengua. **8.** En ling., se dice de las formas verbales no compuestas. **9.** En ling., se aplica a la oración formada por una sola proposición. **10.** En fil., se dice de lo que no está compuesto de elementos diversos y que, en consecuencia, es indivisible. **SIN.** **3.** Ingenuo. **4.** Lerdo, mentecato, tonto. **ANT.** **1.** Complicado. **3.** Malicioso. **3.** y **4.** Listo. **FAM.** Simplemente, simpleza, simplicidad, simplicísimo, simplificar, simplismo, simplista, simplón.

simplemente *adv. m.* **1.** De manera simple o sencilla: *Resolvió el problema simplemente.* **2.** Solamente*: *Haz simplemente lo que te diga.*

simpleza *s. f.* **1.** Cualidad de simple o bobo. **2.** Cosa poco inteligente que se dice o se hace. **3.** *fam.* Cosa de poco valor o importancia: *No vamos a discutir por esa simpleza.* **SIN.** **1.** y **2.** Necedad, sandez. **1.** a **3.** Tontería, bobería. **2.** Bobada. **3.** Insignificancia, nadería. **ANT.** **1.** y **2.** Agudeza.

simplicidad *s. f.* **1.** Falta de complicación o composición. **2.** Ingenuidad. **SIN.** **1.** Sencillez. **ANT.** **1.** Complejidad. **2.** Malicia.

simplicísimo, ma *adj. sup.* de **simple**.

simplificar (del lat. *simplex*, simple, sencillo, y *facere*, hacer) *v. tr.* **1.** Hacer más fácil, más sencilla o menos complicada una cosa: *Simplificaría las cosas que colaborases.* **2.** Convertir una expresión matemática en otra más sencilla; p. ej., un quebrado al dividir numerador y denominador por un mismo número. ■ Delante de *e* se escribe *qu* en lugar de *c*. **SIN.** **1.** Facilitar, allanar. **ANT.** **1.** Complicar, dificultar. **FAM.** Simplificable, simplificación, simplificador. SIMPLE.

simplista *adj.* Que simplifica o tiende a simplificar excesivamente las cosas. También *s. m.* y *f.*

simplón, na *adj. fam.* y *aum.* de **simple**. Ingenuo o bobo. **SIN.** Inocentón, tontorrón.

simposio (del gr. *symposion*, festín) *s. m.* Reunión de especialistas en que se examinan y discuten diversos temas sobre una determinada cuestión de su competencia o profesión. **SIN.** Convención, congreso.

simulación (del lat. *simulatio, -onis*) *s. f.* **1.** Acción de simular: *Nos engañó totalmente hasta que descubrimos la simulación.* **2.** Reproducción de un fenómeno, proceso, etc., mediante otro más simplificado o manejable en que se repiten condiciones similares a las de aquél, a fin de observar su desarrollo.

simulacro (del lat. *simulacrum*) *s. m.* **1.** Aquello que se hace o se presenta como si fuera de verdad, pero sin serlo realmente: *un simulacro de salvamento.* **2.** Particularmente, acción de guerra simulada como adiestramiento: *un simulacro de desembarco.* **3.** Cosa falsa o fingida: *Con la tregua se vivía un simulacro de paz.*

simulado, da **1.** *p.* de **simular**. || *adj.* **2.** Fingido o falso: *Preparó un accidente simulado para cobrar el seguro.* **SIN.** **2.** Ficticio. **ANT.** **2.** Real, auténtico.

simulador, ra (del lat. *simulator, -oris*) *adj.* **1.** Que simula. También *s. m.* y *f.* || *s. m.* **2.** Aparato o sistema que reproduce el funcionamiento de otro de verdad, como p. ej. el simulador de vuelo, que reproduce la cabina de mando de un avión y el funcionamiento de éste para la instrucción de los pilotos.

simular (del lat. *simulare*) *v. tr.* Presentar o reproducir algo bajo un aspecto falso o como si fuera real no siéndolo: *Simuló que no me había visto para no saludarme. Los decorados simulan una ciudad medieval.* **SIN.** Fingir, aparentar. **FAM.** Simulación, simulacro, simuladamente, simulado, simulador. / Disimular.

simultanear *v. tr.* Hacer al mismo tiempo dos actividades: *simultanear el trabajo y el estudio.* **SIN.** Conciliar, compaginar.

simultaneidad *s. f.* Circunstancia de que dos cosas se den al mismo tiempo. **SIN.** Concomitancia, sincronía.

simultáneo, a (del lat. *simultas, -atis*, influido por *simul*, juntamente) *adj.* Se dice de lo que se hace, existe, se produce o sucede al mismo tiempo que otra u otras cosas: *Su llegada y mi marcha fueron simultáneas.* SIN. Coincidente, sincrónico. FAM. Simultáneamente, simultanear, simultaneidad.

simún (del fr. *simoun*, y éste del ár. *semum*) *s. m.* Viento muy caliente que sopla en los desiertos de África y de Arabia, por lo general acompañado de tempestades de arena.

sin (del lat. *sine*) *prep.* **1.** Indica falta o carencia: *Este encendedor está sin gas.* **2.** A veces equivale a *no incluido* o *aparte de*: *El piso, sin los muebles, lo han valorado muy alto.* **3.** Delante de un infinitivo, actúa como negación: *Tuve que marcharme sin desayunar.* **4.** Precedido del adv. *no*, equivale a una afirmación atenuada: *Me fui no sin cierta pena.* ANT. **1.** y **2.** Con.

sin-[1] (de *sin*) *pref.* Significa 'falta' o 'carencia': *sinfín, sinsentido.*

sin-[2] (del gr. *syn*, con) *pref.* Significa 'unión' o 'simultaneidad': *sincronía, sinestesia.*

sinagoga (del lat. *synagoga*, y éste del gr. *synagoge*, de *synago*, reunir) *s. f.* **1.** Edificio o local en que se reúnen los judíos para la oración, el culto divino y la enseñanza de la ley de Moisés. **2.** Reunión de los judíos en dicho lugar con tales fines.

sinalefa (del lat. *synaloepha*, y éste del gr. *synaloiphe*, de *synaleipho*, mezclar) *s. f.* Pronunciación en una sola unidad de la sílaba final de una palabra, cuando ésta acaba en vocal, y la inicial de la siguiente, si empieza por vocal, esté o no precedida de *h* muda; p. ej.: *"Es(tá un) marinero pensan(do en) las playas"* (Rubén Darío).

sinalgia (de *sin-*[2] y *-algia*) *s. f.* Dolor en un punto alejado del lugar en que se encuentra la lesión o causa que lo provoca.

sinapismo (del lat. *sinapismus*, y éste del gr. *sinapismos*, de *sinapi*, mostaza) *s. m.* **1.** Emplasto o cataplasma de mostaza. **2.** *fam.* Persona o cosa que exaspera o molesta.

sinapsis (del gr. *synapsis*, enlace) *s. f.* Relación de contacto entre las terminaciones de las células nerviosas, que no es anatómica sino funcional. ■ No varía en *pl.*

sinarca *s. m.* y *f.* Gobernante o miembro de una sinarquía.

sinarquía (de *sin-*[2] y el gr. *arkhe*, autoridad, poder) *s. f.* **1.** Gobierno constituido por varios príncipes que se reparten el poder administrando cada uno una parte del Estado. **2.** P. ext., control o influencia política o económica que ejerce un grupo de personas o entidades poderosas. SIN. **2.** Oligarquía. FAM. Sinarca, sinárquico.

sinartrosis (del gr. *synarthrosis*, de *synarthroo*, articular) *s. f.* Articulación no móvil, como la de los huesos del cráneo. ■ No varía en *pl.*

sincerarse (del lat. *sincerare*, purificar) *v. prnl.* Hablar con alguien para confiarle o revelarle sus verdaderos pensamientos, sentimientos, etc.: *Se sinceró conmigo contándome sus preocupaciones.* SIN. Abrirse, desahogarse, confiarse, franquearse. ANT. Cerrarse.

sinceridad *s. f.* **1.** Cualidad de sincero o franco. **2.** Actitud sincera o veraz. SIN. **1.** Franqueza, llaneza. **2.** Veracidad. ANT. **1.** Hipocresía, doblez. **2.** Falsedad.

sincero, ra (del lat. *sincerus*) *adj.* Se dice del que habla o actúa mostrando sin fingimiento lo que piensa o siente, así como de sus palabras, acciones, sentimientos, etc.: *Yo creo que es sincero cuando dice que no lo sabía.* SIN. Franco, verdadero. ANT. Hipócrita, falso. FAM. Sinceramente, sincerarse, sinceridad. / Insinceridad, insincero.

sinclinal (del gr. *synklinein*, inclinar conjuntamente) *adj.* Se dice del pliegue de la superficie terrestre de forma cóncava en que los estratos más antiguos envuelven a los más modernos. Se usa más como *s. m.* ANT. Anticlinal. FAM. Geosinclinal.

síncopa (del lat. *syncopa*, y éste del gr. *synkope*, de *synkopto*, cortar, reducir) *s. f.* **1.** En ling., fenómeno de dicción que consiste en suprimir una o más letras en medio de una palabra; p. ej., *Navidad* por *Natividad.* **2.** En mús., alteración deliberada en la acentuación normal de un compás. Se consigue, p. ej., ligando el tiempo débil de un compás al fuerte del siguiente. FAM. Sincopar. SÍNCOPE.

sincopado, da **1.** *p.* de **sincopar**. || *adj.* **2.** Se dice de la nota que forma síncopa, o del ritmo, canto, música, etc., que tiene estas notas. FAM. Sincopadamente. SINCOPAR.

sincopar *v. tr.* **1.** Hacer sincopada una palabra o nota musical. **2.** Abreviar. SIN. **2.** Acortar. ANT. **2.** Alargar. FAM. Sincopado. SÍNCOPA.

síncope (del lat. *syncope*, y éste del gr. *synkope*, desvanecimiento) *s. m.* **1.** En med., detención repentina y momentánea de los latidos del corazón y de la respiración, con pérdida del conocimiento. **2.** En ling., síncopa. FAM. Síncopa.

sincrético, ca *adj.* Del sincretismo o formado por él. SIN. Ecléctico.

sincretismo (del gr. *synkretismos*, coalición entre dos adversarios contra un tercero) *s. m.* **1.** Doctrina o sistema que trata de conciliar o armonizar ideas o teorías diferentes u opuestas. **2.** P. ext., unión o mezcla de cosas, aspectos o elementos diversos: *un sincretismo de culturas.* **3.** En ling., concentración de dos o más funciones gramaticales en una sola forma; p. ej., en *-mos*, de *cantábamos*, se da un sincretismo de los morfemas de persona (1.ª) y de número (plural). SIN. **2.** Fusión. ANT. **2.** Diversificación. FAM. Sincrético.

sincronía (del gr. *syn*, con, y *khronos*, tiempo) *s. f.* **1.** Sincronismo, coincidencia en el tiempo: *Hubo sincronía entre ambos hechos históricos.* **2.** En ling., método de análisis que estudia una lengua en su aspecto estático, en un momento determinado de su historia. ANT. **2.** Diacronía.

sincrónico, ca (del gr. *synkhronos*, de *syn*, con, y *khronos*, tiempo) *adj.* **1.** Se dice del proceso, efecto, hecho, etc., que ocurre o se desarrolla a la vez que otro u otros: *dos acontecimientos sincrónicos.* **2.** Se aplica a aquello que se mueve o realiza su función al mismo tiempo que otra u otras cosas: *un mecanismo sincrónico a otro.* **3.** En ling., relativo a la sincronía; particularmente, se dice de las leyes y relaciones internas y del funcionamiento de una lengua o dialecto en un momento dado de su historia. SIN. **1.** Contemporáneo, simultáneo, coincidente. **2.** Sincronizado, coordinado. ANT. **1.** y **2.** Asincrónico. **3.** Diacrónico.

sincronismo (del gr. *synkhronismos*) *s. m.* Cualidad o circunstancia de moverse, funcionar o ser realizadas dos o más cosas al mismo tiempo. SIN. Simultaneidad, sincronía, sincronización, coordinación. FAM. Sincronía, sincrónico, sincronizar.

sincronización *s. f.* Realización simultánea de dos o más fenómenos o movimientos. SIN. Coordinación, concordancia.

sincronizar *v. tr.* Hacer que coincidan en un momento dado dos o más fenómenos o movimientos: *Los soldados sincronizan su paso al desfilar.* ■ Delante de *e* se escribe *c* en lugar de *z*. SIN. Coordinar, simultanear. FAM. Sincronización, sincronizador. SINCRONISMO.

sindéresis (del gr. *synteresis*, y éste de *syntereo*, observar, examinar) *s. f.* Aptitud o capacidad natural para juzgar acertadamente. ■ No varía en *pl.*

sindicado, da 1. *p.* de **sindicar**. || *adj.* **2.** Que está afiliado a un sindicato. También *s. m.* y *f.*

sindical *adj.* **1.** Relativo al sindicato. **2.** Relativo al síndico. FAM. Sindicalismo. SINDICATO.

sindicalismo *s. m.* Movimiento o sistema de organización obrera o social por medio de sindicatos, que se ocupa de los intereses de los obreros. FAM. Sindicalista. / Anarcosindicalismo, nacionalsindicalismo. SINDICAL.

sindicalista *adj.* **1.** Del sindicalismo o relacionado con él. **2.** Partidario del sindicalismo o miembro activo de un sindicato o central sindical. También *s. m.* y *f.*

sindicar *v. tr.* **1.** Organizar en un sindicato a un grupo de trabajadores o de personas que pertenecen a una misma profesión o tienen intereses comunes. También *v. prnl.* || **sindicarse** *v. prnl.* **2.** Entrar a formar parte de un sindicato. ■ Delante de *e* se escribe *qu* en lugar de *c*. FAM. Sindicación, sindicado. SINDICATO.

sindicato *s. m.* Asociación de trabajadores formada con el fin de promover y desarrollar la defensa de los intereses económicos y profesionales de sus asociados. FAM. Sindical, sindicar. SÍNDICO.

sindicatura *s. f.* **1.** Profesión o cargo de síndico. **2.** Oficina del síndico.

síndico (del lat. *syndicus*, y éste del gr. *syndikos*, de *syn*, con, y *dike*, justicia) *s. m.* **1.** Persona elegida por una corporación para defender sus intereses y representarla: *el síndico de la Bolsa.* **2.** El que en un concurso de acreedores o en una quiebra es el encargado de liquidar el activo y el pasivo del deudor. FAM. Sindicato, sindicatura.

sindiós *adj. fam.* Ateo*. También *s. m.* y *f.* ■ No varía en *pl.*

síndrome (del gr. *syndrome*, concurso) *s. m.* **1.** Conjunto de signos y síntomas característicos de una enfermedad. || **2. síndrome de Estocolmo** Progresiva aceptación por la persona secuestrada de rasgos, conductas y puntos de vista del secuestrador. **3. síndrome de inmunodeficiencia adquirida** Sida*.

sine die (lat.) *loc. adv.* Sin plazo fijo, sin fecha: *Aplazaron la decisión sine die.*

sine qua non (lat., significa 'sin la cual no') *loc. adj.* Se usa referida a una condición indispensable para algo, sin la que esto no es posible: *Para entrar en la piscina es condición sine qua non ser socio.*

sinécdoque (del lat. *synecdoche*, y éste del gr. *synekdokhe*, de *synekdekhomai*, recibir juntamente) *s. f.* Figura retórica que consiste en emplear una palabra en lugar de otra, extendiendo, restringiendo o alterando su significado al tomar, p. ej., el todo por la parte, el género por la especie, la materia por el objeto, etc., o viceversa: *un pueblo de mil almas* (por *mil personas*), *tañer el bronce* (por *la campana*).

sinecura (del lat. *sine cura*, sin cuidado) *s. f.* Empleo o cargo retribuido que requiere poco o ningún esfuerzo. SIN. Momio, chollo, enchufe.

sinéresis (del gr. *synairesis*, contracción, de *synaireo*, juntar, contraer) *s. f.* **1.** Reducción a una sola sílaba, en una misma palabra, de dos vocales que normalmente se pronuncian en sílabas distintas, p. ej. *aho-ra* por *a-ho-ra*. **2.** En poesía, este mismo fenómeno usado como licencia poética. ■ No varía en *pl.*

sinergia (del gr. *synergia*, cooperación) *s. f.* **1.** Acción coordinada de dos o más causas que juntas producen un efecto mayor que la suma de sus efectos individuales. **2.** Aumento o incremento de la acción de diversas sustancias, cuando actúan conjuntamente. **3.** Acción coordinada de varios órganos del cuerpo para realizar una función.

sinestesia (de *sin-*[2] y el gr. *aisthesis*, sensación) *s. f.* **1.** Sensación secundaria o asociada que se produce en una parte del cuerpo a consecuencia de un estímulo aplicado en otra parte del mismo. **2.** En psicol., fenómeno de percepción que consiste en que un mismo estímulo puede producir simultáneamente dos sensaciones distintas; p. ej., un determinado color se asocia a un olor específico o un sonido se asocia con cierto color. **3.** Figura retórica basada en dicho efecto, p. ej., *voces blancas*. FAM. Sinestésico.

sinfín *s. m.* Infinidad, sinnúmero. ■ No se usa en *pl.*

sinfonía (del lat. *symphonia*, y éste del gr. *symphonia*) *s. f.* **1.** Composición musical para orquesta que consta de varios movimientos. **2.** Pieza exclusivamente instrumental que precede a algunas óperas y otras obras teatrales. **3.** Conjunto de voces, de instrumentos o de ambas cosas que suenan acordes a un tiempo. **4.** Combinación agradable de varios elementos: *El sol y la campiña componían una sinfonía de luz y color.* SIN. **2.** Obertura, preludio. **4.** Armonía. FAM. Sinfónico, sinfonola.

sinfónico, ca *adj.* De la sinfonía o relacionado con ella.

sinfonier *s. m.* Chifonier*.

sinfonola *s. f. Méx.* Máquina tocadiscos que funciona con monedas.

singalés, sa *adj.* Cingalés*.

singladura *s. f.* **1.** Distancia recorrida por una nave en 24 horas y, también, cada uno de estos intervalos de 24 horas, contados generalmente a partir de las doce del mediodía. **2.** P. ext., rumbo o navegación de una nave: *Después de la escala, el barco continuó su singladura.* **3.** Desarrollo: *Iniciamos la singladura de un nuevo curso.* SIN. **2.** Derrota. **3.** Recorrido, camino. FAM. Singlar.

singlar (del fr. *cingler*) *v. intr.* Navegar el barco con un rumbo determinado.

single (ingl., significa 'simple') *s. m.* Sencillo*, disco.

singular (del lat. *singularis*) *adj.* **1.** Extraordinario o raro: *Los nativos de la isla tienen costumbres realmente singulares.* **2.** En ling., se aplica al número de las palabras que se refieren a un solo individuo o ejemplar, o bien a varios considerados como un conjunto. También *s. m.* **3.** Único, solo, distinto. SIN. **1.** Excepcional, notable, peculiar, extraño. ANT. **1.** Vulgar, corriente. **2.** Plural. FAM. Singularidad, singularizar, singularmente.

singularidad (del lat. *singularitas, -atis*) *s. f.* **1.** Cualidad de singular. **2.** Característica o cualidad que hace a alguien o algo distinto del resto: *Este vestido tiene la singularidad de que es modelo exclusivo.* SIN. **1.** Rareza. **1.** y **2.** Excepcionalidad. **2.** Particularidad.

singularizar *v. tr.* **1.** Distinguir a alguien o algo entre otros, destacando lo que tiene de singular o característico: *Tiene un modo de hacer las cosas que la singulariza.* También *v. prnl.* **2.** En ling., dar número singular a palabras que generalmente están en plural, p. ej. *vacación* por *vacaciones.*

|| *v. intr.* **3.** Referirse a alguien o algo en particular: *No singularices, porque no sólo yo tengo la culpa.* ■ Delante de *e* se escribe *c* en lugar de *z*. SIN. **1.** Diferenciar(se), individualizar(se). **1.** y **3.** Particularizar(se). ANT. **2.** y **3.** Pluralizar. **3.** Generalizar.

singularmente *adv. m.* **1.** Separadamente, aisladamente: *Debemos tratar este aspecto singularmente.* **2.** De manera notable o más destacada que el resto: *Ese estudio es singularmente profundo.* SIN. **1.** y **2.** Particularmente. **2.** Especialmente.

sinhueso *s. f. fam.* Lengua, órgano. ■ Se usa siempre precedido del art. *la*.

siniestrado, da *adj.* Que ha sufrido un siniestro: *La grúa retiró el coche siniestrado.* También *s. m.* y *f.*: *Los siniestrados fueron evacuados.* SIN. Accidentado. ANT. Indemne.

siniestralidad *s. f.* Índice de siniestros: *La siniestralidad en carretera aumenta los fines de semana.*

siniestro, tra (del lat. *sinister, -tra, -trum*) *adj.* **1.** Malvado, perverso, amenazador: *mirada siniestra, planes siniestros.* **2.** Desgraciado, funesto: *Fue un viaje siniestro.* **3.** Se aplica a lo que queda a mano izquierda: *el lado siniestro.* || *s. m.* **4.** Pérdida o daño grave sufrido por personas o propiedades, como accidentes, incendios, muertes, etc.; generalmente se da este nombre a los daños que pueden ser indemnizados por las compañías de seguros. || *s. f.* **5.** La mano izquierda: *Maneja la espada con la siniestra.* SIN. **1.** Pérfido, maligno, inicuo. **2.** Aciago. **5.** Zurda. ANT. **1.** Inocente, bondadoso. **2.** Afortunado, feliz. **3.** Diestro, derecho. **5.** Diestra. FAM. Siniestrado, siniestralidad, siniestramente.

sinnúmero *s. m.* Número o cantidad muy elevada de personas, cosas, sucesos, etc.: *Contó un sinnúmero de anécdotas.* ■ No se usa en *pl.* SIN. Sinfín, infinidad, multitud.

sino[1] (del lat. *signum*) *s. m.* Destino o supuesto poder o fuerza que dirige desde el principio la vida de una persona, el desarrollo de unos sucesos, etc.: *El día que nació el príncipe, el astrólogo predijo su sino.* SIN. Hado, fatalidad.

sino[2] (de *si*-[2] y *no*) *conj. advers.* **1.** Sirve para contraponer a una cosa que se niega otra que se afirma: *No es martes, sino miércoles.* **2.** Expresa también idea de excepción: *¿Quién sino tú haría algo así?* **3.** A veces, junto con la negación que lo precede, equivale a *tan sólo* o *solamente*: *No quiero sino que se me haga justicia.* **4.** En correlación con la loc. adv. *no sólo*, se usa para añadir otro u otros miembros a la frase. ■ En este último caso suele ir acompañado del adv. *también*: *No sólo es listo, sino también muy trabajador.* ■ No confundir con *si no*, conj. condicional más negación: *Si no abres el paraguas, te mojarás.* SIN. **2.** Excepto, salvo.

sinodal (del lat. *synodalis*) *adj.* Relativo al sínodo. Se aplica generalmente a las decisiones de los sínodos. También *s. f.*

sinódico, ca (del lat. *synodicus*, y éste del gr. *synodikos*) *adj.* **1.** Relativo al sínodo. || **2. revolución sinódica** En astron., periodo de tiempo que un planeta o satélite invierte entre dos conjunciones u oposiciones con el Sol.

sínodo (del lat. *synodus*, y éste del gr. *synodos*, de *syn*, con, y *odos*, camino) *s. m.* **1.** Concilio de obispos. **2.** Reunión de ministros o pastores protestantes para tratar de asuntos eclesiásticos. **3.** Conjunción de dos planetas en el mismo grado de la eclíptica o en el mismo círculo de posición. || **4. sínodo diocesano** Junta del clero de una diócesis, convocada y presidida por el obispo, para decidir sobre asuntos eclesiásticos. FAM. Sinodal, sinódico.

sinología (del gr. *Sina*, la China, y *-logía*) *s. f.* Estudio de la lengua, literatura y cultura de China. FAM. Sinólogo.

sinonimia (del lat. *synonymia*, y éste del gr. *synonymia*) *s. f.* **1.** Circunstancia de ser sinónimas dos o más palabras o expresiones. **2.** Figura retórica que consiste en utilizar términos sinónimos o de significado parecido para reforzar la expresión de un concepto: "... *cuando se toca / con las dos manos el* vacío, *el* hueco." (Blas de Otero) ANT. **1.** Antonimia.

sinonímico, ca *adj.* De la sinonimia o de los sinónimos, o relacionado con ellos.

sinónimo, ma (del lat. *synonymus*, y éste del gr. *synonymos*, de *syn*, con, y *onoma*, nombre) *adj.* Se dice de las palabras y expresiones que tienen un significado equivalente o muy parecido, pero distinto significante, p. ej. *bajada* es sinónimo de *descenso*. También *s. m.* ANT. Antónimo. FAM. Sinonimia, sinonímico.

sinopsis (del gr. *synopsis*, de *syn*, con, y *ops*, vista) *s. f.* **1.** Expresión gráfica y esquemática de una materia de forma que pueda abarcarse de una ojeada: *Este cuadro representa una sinopsis de la organización de la empresa.* **2.** Exposición general de un tema presentando sus líneas generales: *Nos hizo una breve sinopsis de la situación.* ■ No varía en *pl.* SIN. **1.** Esquema. **2.** Resumen, síntesis. FAM. Sinóptico.

sinóptico, ca (del gr. *synoptikos*) *adj.* Hecho en forma de sinopsis: *cuadro sinóptico.* SIN. Esquemático.

sinovia (del lat. moderno *synovia*) *s. f.* Líquido transparente y viscoso que actúa como lubricante de las articulaciones de los huesos. FAM. Sinovial, sinovitis.

sinovial *adj.* **1.** Relativo a la sinovia: *líquido sinovial.* **2.** Que segrega sinovia: *membrana sinovial.*

sinovitis *s. f.* Inflamación de la membrana sinovial de las articulaciones. ■ No varía en *pl.*

sinrazón *s. f.* Acción injusta o que no es razonable: *Cometió toda clase de abusos y sinrazones.*

sinsabor *s. m.* **1.** Pesar, disgusto. Se usa más en *pl.*: *Este chico sólo nos da sinsabores.* **2.** Aquello que lo produce. Se usa más en *pl.*: *Aguantó muchos sinsabores en esta vida.* SIN. **1.** Pena, pesadumbre. **1.** y **2.** Penalidad. ANT. **1.** y **2.** Satisfacción, alegría.

sinsentido *s. m.* Cosa absurda, que carece de toda lógica: *Lo que me propones es un sinsentido.* ■ Se escribe también *sin sentido*.

sinsonte (del azteca *zenzóntli*, abreviación de *zenzontlatólli*, cuatrocientas lenguas) *s. m.* Ave paseriforme, de cuerpo esbelto, cola larga, pico fino y curvado, y plumaje gris oscuro en el dorso y blanquecino en el vientre. Emite un canto melodioso e imita las voces de otros pájaros. Habita en las regiones tropicales de América del Norte y Central.

sintáctico, ca (del gr. *syntaktikos*) *adj.* Relativo a la sintaxis.

sintagma (del gr. *syntagma*, cosa ordenada con otra, de *syntasso*, ordenar) *s. m.* En ling., sucesión de elementos que constituyen una unidad aislable dentro de la oración; así, p. ej., en la oración *Mi perro ladra a los extraños*, se aprecian los sintagmas *Mi perro* y *ladra a los extraños*; y dentro de este último, *ladra* y *a los extraños*. Hay varios tipos de sintagmas: *nominal*, *adjetival*, *ad-*

verbial o *verbal*. Algunos lingüistas consideran que la oración misma es un sintagma. FAM. Sintagmático.

sintagmático, ca *adj.* **1.** Relativo al sintagma. **2.** Se dice de las relaciones que se establecen entre dos o más unidades que aparecen en la oración. ANT. **2.** Paradigmático.

sintasol (nombre comercial registrado) *s. m.* Material plástico usado para recubrir suelos.

sintaxis (del lat. *syntaxis*, y éste del gr. *syntaxis*, de *syntasso*, ordenar) *s. f.* **1.** Parte de la gramática que se ocupa de la manera en que se ordenan y relacionan las palabras para constituir oraciones y cómo se enlazan unas oraciones con otras. **2.** Ordenación y conexión de las palabras y las oraciones en el discurso. **3.** En inform., conjunto de reglas que se utilizan en la construcción de expresiones o sentencias correctas para operar con un ordenador. ■ No varía en *pl.* FAM. Sintáctico. / Morfosintaxis.

sinterizar (del al. *Sinter*, escoria, ceniza) *v. tr.* Producir piezas de gran resistencia y dureza calentando, sin llegar a la temperatura de fusión, conglomerados de polvo, generalmente metálicos. ■ Delante de *e* se escribe *c* en lugar de *z*. FAM. Sinterización.

síntesis (del lat. *synthesis*, y éste del gr. *synthesis*) *s. f.* **1.** Composición de un todo por la fusión o reunión de sus componentes: *La terminación verbal constituye la síntesis de los morfemas de número, persona, tiempo, modo y voz.* **2.** Resumen de un asunto, materia, etc., cuyas partes estaban dispersas: *Hizo una rápida síntesis de los acontecimientos de los últimos años.* **3.** Operación mental que consiste en reunir datos diversos para llegar a un resultado de tipo intelectual, como una conclusión, una ley o la idea de una cosa. **4.** En fil., operación intelectual mediante la que se realiza la unión de sujeto y predicado en un juicio. **5.** En fil., paso de lo más simple a lo más complejo. **6.** En quím., formación de una sustancia compuesta mediante la combinación de elementos químicos o sustancias más simples. **7.** En biol., proceso por el que se producen conjuntos y materias más complejas a partir de moléculas simples. **8.** En cirugía, unión quirúrgica de los fragmentos de una estructura lesionada. || LOC. **en síntesis** *adv.* En resumen. ■ No varía en *pl.* SIN. **2.** Compendio, sumario, sinopsis. FAM. Sintético, sintetizar. / Fotosíntesis, parasíntesis, polisíntesis. TESIS.

sintético, ca (del gr. *synthetikos*) *adj.* **1.** Relativo a la síntesis u obtenido mediante síntesis. **2.** Se aplica a los productos industriales obtenidos por síntesis química, que reproducen o imitan las propiedades y composición de algunos productos naturales: *cuero sintético, tejidos sintéticos.* **3.** Se aplica a las lenguas en que buena parte de los elementos que expresan las relaciones gramaticales aparecen unidos a la raíz, p. ej. el latín. SIN. **2.** Artificial. FAM. Sintéticamente. SÍNTESIS.

sintetizador, ra *adj.* **1.** Que sintetiza: *proceso sintetizador.* || *s. m.* **2.** Instrumento electrónico capaz de producir simultáneamente sonidos de cualquier frecuencia e intensidad y combinarlos con armónicos para reproducir, mediante síntesis, los sonidos complejos de los instrumentos musicales convencionales, o bien crear sonidos que no corresponden a ninguno de éstos.

sintetizar (del gr. *synthetizomai*) *v. tr.* **1.** Fundir o reunir en una síntesis. **2.** Resumir: *Sintetizó su pensamiento en una breve obra.* ■ Delante de *e* se escribe *c* en lugar de *z*. SIN. **1.** Unir, concentrar. **2.** Condensar, compendiar, extractar. ANT. **1.** Disgregar. **2.** Extender, desarrollar. FAM. Sintetizable, sintetizador. SÍNTESIS.

sintoísmo (del japonés *shinto*, camino de dioses) *s. m.* Religión tradicional de Japón, originalmente constituida por un conjunto de cultos animistas, a los que se incorporaron, en el s. XVIII, muchos aspectos del confucianismo. FAM. Sintoísta.

sintoísta *adj.* **1.** Del sintoísmo o relacionado con él. **2.** Que profesa esta religión. También *s. m.* y *f.*

síntoma (del lat. *symptoma*, y éste del gr. *symptoma*) *s. m.* **1.** Fenómeno subjetivo que revela una enfermedad y sirve para determinar su naturaleza: *Tiene todos los síntomas de una gripe.* **2.** Aquello que indica que una cosa está sucediendo o va a suceder: *Hay síntomas de recuperación económica.* SIN. **2.** Indicio, señal, signo. FAM. Sintomático, sintomatología. / Asintomático.

sintomático, ca *adj.* **1.** Del síntoma. **2.** Que es síntoma o indicio de algo. ■ Se construye con la preposición *de*: *Esa decisión es sintomática de un carácter fuerte.*

sintomatología *s. f.* Conjunto de síntomas. FAM. Sintomatológico. SÍNTOMA.

sintonía (de *sin-*[2] y el gr. *tonos*, tono) *s. f.* **1.** En lenguaje televisivo y radiofónico, melodía que actúa como señal sonora para indicar el comienzo y el fin de un programa o de la emisión. **2.** Circunstancia de estar un aparato receptor de oscilaciones eléctricas sintonizado en la misma frecuencia que un aparato emisor de dichas oscilaciones, como ocurre p. ej. entre un receptor de radio y la emisora. **3.** En fís., igualdad de frecuencia o de tono entre dos sistemas de vibraciones. **4.** Adaptación de una persona o cosa a las características de otra o a las del medio que la rodea: *En seguida se produjo una perfecta sintonía entre ambos.* SIN. **2.** Sintonización. **4.** Armonía, entendimiento, compenetración. FAM. Sintónico, sintonizar. / Presintonía. TONO.

sintónico, ca *adj.* Que está sintonizado.

sintonización *s. f.* **1.** Ajuste de la frecuencia de un circuito a una frecuencia determinada. **2.** Coincidencia de dos o más personas en ideas, aficiones, etc.

sintonizador, ra *adj.* **1.** Que sintoniza. || *s. m.* **2.** Sistema de los receptores de oscilaciones eléctricas que permite a estos aparatos aumentar o disminuir su longitud de onda para poder sintonizar con un aparato o sistema emisor, como p. ej. el mecanismo de los receptores de radio que permite seleccionar la emisora que se desea escuchar.

sintonizar *v. tr.* **1.** En electrónica, ajustar la frecuencia propia de un circuito a una frecuencia determinada. **2.** Especialmente, en telecomunicaciones, poner el aparato receptor en la misma frecuencia que un aparato emisor o una estación emisora para captar su señal. También *v. intr.*: *Sintoniza con la emisora local.* || *v. intr.* **3.** Coincidir con otra u otras personas en ideas, aficiones, carácter, etc.: *A poco que hablamos me di cuenta de que sintonizábamos en muchas cosas.* ■ Delante de *e* se escribe *c* en lugar de *z*. SIN. **3.** Conectar, armonizar, compenetrarse. FAM. Sintonización, sintonizador. SINTONÍA.

sinuoso, sa (del lat. *sinuosus*) *adj.* **1.** Que tiene o hace ondulaciones, curvas o concavidades: *un camino sinuoso, un movimiento sinuoso.* **2.** Se aplica a la persona que trata de ocultar o disimular sus verdaderas intenciones, generalmente sirviéndose de medios indirectos o posturas ambiguas, así como a sus actitudes, acciones, palabras, etc.: *Poco a poco, de forma disimulada y sinuosa, se fue haciendo con el control.* SIN. **1.** Curvo, ondulado. **1.** y **2.** Tortuoso. **2.** Retorcido. ANT. **1.** Recto, liso. FAM. Sinuosidad. / Insinuar. SENO.

sinusitis (del lat. *sinus*, seno, e *-itis*) *s. f.* Inflamación de la mucosa de los senos de la cara que comunican con la nariz. ■ No varía en *pl.*

sinusoide (del lat. *sinus*, seno, y *-oide*) *s. f.* En geom., curva cuyas coordenadas son proporcionales a los senos de las abscisas correspondientes.

sinvergonzón, na *adj. fam.* y *aum.* de **sinvergüenza**. También *s. m.* y *f.* ■ Suele usarse en tono benévolo o afectuoso. SIN. Picarón, pillo, pillastre.

sinvergonzonería *s. f.* Falta de vergüenza o de moralidad.

sinvergüenza *adj.* **1.** Se dice de la persona que realiza actos ilegales o censurables en provecho propio, o que comete inmoralidades. También *s. m.* y *f.*: *El sinvergüenza de su socio se fugó con todo el capital.* **2.** Con tono afectuoso, pillo, granuja. También *s. m.* y *f.* **3.** Desvergonzado, fresco, descarado. También *s. m.* y *f.* SIN. **1.** y **3.** Caradura. **2.** Tunante, pícaro. FAM. Sinvergonzón, sinvergonzonada, sinvergonzonería, sinvergüencería, sinvergüenzada. VERGÜENZA.

sinvergüenzada *s. f. Arg.* y *Urug. fam.* Sinvergonzonería.

sinvivir *s. m. fam.* Estado de intranquilidad y angustia en que se encuentra alguien. SIN. Agobio, estrés, tensión. ANT. Sosiego.

sionismo *s. m.* Movimiento surgido a fines del s. XIX con el objetivo de crear un estado israelí independiente en Palestina. FAM. Sionista.

sionista *adj.* **1.** Del sionismo o relacionado con él. **2.** Seguidor de este movimiento. También *s. m.* y *f.*

sioux *adj.* **1.** De un conjunto de pueblos amerindios del mismo grupo lingüístico, que habitaron en las llanuras centrales de los actuales Estados Unidos y opusieron resistencia a la colonización blanca; actualmente viven en reservas en Minnesota, Montana, Nebraska y Dakota. También *s. m.* y *f.* || *s. m.* **2.** Lengua hablada por dichos pueblos. ■ No varía en *pl.* Se escribe también *siux*.

sipunculoideo *adj.* **1.** Se dice de unos gusanos marinos que tienen el cuerpo sin segmentar y la boca rodeada de tentáculos ciliados para atrapar el alimento. Viven en fondos arenosos y fangosos de los mares y océanos. También *s. m.* || *s. m. pl.* **2.** Filo constituido por estos invertebrados.

siqui- *pref.* Véase **psico-**.

siquiatra *s. m.* y *f.* Psiquiatra*.

siquiatría *s. f.* Psiquiatría*.

síquico, ca *adj.* Psíquico*.

siquiera (de *sí*[2] y *quiera*, de *querer*) *conj. conces.* **1.** Equivale a *aunque*: *Deja tu habitación recogida, siquiera sea por no disgustar a tu madre.* || *adv.* **2.** Por lo menos, tan sólo: *Dime su nombre siquiera.* **3.** En oraciones negativas sirve para reforzar la idea de negación: *No tiene siquiera para comer.* ■ En este caso equivale al adverbio *ni*, con el cual también se puede construir, y a veces se refuerza con *tan*: *No quiero (ni) siquiera pensarlo. Ni tan siquiera le pidieron disculpas.*

sir (ingl., significa 'señor') *s. m.* **1.** Tratamiento honorífico que se da en el Reino Unido a los hombres que tienen el título de caballero. **2.** Este mismo título.

sire (fr.) *s. m.* Título que se daba a los reyes en algunos países.

sirena (del lat. tardío *sirena*, del lat. *siren, -enis*, y éste del gr. *seiren, -enos*) *s. f.* **1.** En mit., ninfa marina con el torso de mujer y la parte inferior de pez o de ave, que dirigía a los navegantes hacia las rocas atrayéndoles con su canto. **2.** Instrumento o aparato que produce un sonido potente y agudo que se oye a gran distancia, como los empleados en vehículos, barcos, fábricas, etc., como señal de alarma o para avisar. FAM. Sirénido, sirenio.

sirénido o **sirenio** *adj.* **1.** Se aplica a unos robustos mamíferos vegetarianos y acuáticos que tienen las extremidades transformadas en aletas (dos anteriores y una caudal) y el labio superior muy desarrollado y dirigido hacia abajo, como el manatí. Habitan en los estuarios de los ríos y en las costas orientales del Atlántico norte, el Pacífico occidental y el Índico. || *s. m. pl.* **2.** Orden de estos mamíferos.

sirga *s. f.* Cuerda gruesa empleada para tirar las redes, remolcar embarcaciones desde tierra, principalmente en la navegación fluvial, y para otros usos. FAM. Sirgar.

sirgar *v. tr.* Remolcar una embarcación desde la orilla tirando de una sirga. ■ Delante de *e* se escribe *gu* en lugar de *g*.

siriaco o **siríaco, ca** (del lat. *siryacus*) *adj.* **1.** De Siria. También *s. m.* y *f.* **2.** Antigua lengua semítica conservada como lengua litúrgica y literaria por algunas iglesias cristianas orientales. SIN. **1.** Sirio.

sirimiri *s. m.* Chirimiri*.

siringa (del lat. *syringa*, y éste del gr. *syrinx, -ingos*) *s. f.* Especie de zampoña compuesta de varios tubos unidos formando escala musical. ■ Se llama también *flauta de Pan*. FAM. Siringe. JERINGA.

siringe (del gr. *syrinx, -ingos*, siringa) *s. f.* Órgano de la voz de las aves situado en el extremo inferior de la tráquea.

sirio, ria (del lat. *syrius*) *adj.* **1.** De Siria. También *s. m.* y *f.* || *s. m.* **2.** Variante del árabe que se habla en este país. FAM. Siriaco.

sirla *s. f.* **1.** En el argot de los delincuentes, atraco con navaja o con un objeto contundente. **2.** *fam.* Navaja. SIN. **2.** Chaira. FAM. Sirlar, sirlero. / Chirlero.

sirlar *v. tr. argot* Atracar con sirla o navaja.

sirle *s. m.* Excremento del ganado lanar y cabrío. SIN. Chirle.

sirlero, ra *s. m.* y *f. fam.* Navajero. También *s. m.* y *f.*

siroco (del ital. *sirocco*) *s. m.* Viento cálido y seco procedente del Sáhara.

sirope (del fr. *sirop*) *s. m.* Jarabe o concentrado de azúcar, jugo de fruta, etc., que se emplea para endulzar algunos postres o para elaborar refrescos.

sirtaki (gr.) *s. m.* Baile popular griego, que compagina momentos lentos con otros de ritmo frenético, en el que el paso básico consiste en cruzar un pie por delante y apoyarse consecutivamente en el de atrás y luego en el de delante.

sirte (del gr. *syrtis*, de *syro*, arrastrar tras de sí) *s. f.* Bajo de arena en el fondo marino.

sirventés (del prov. *sirventes*) *s. m.* Serventesio, composición poética provenzal.

sirviente, ta (del lat. *serviens, -entis*, de *servire*, servir) *s. m.* y *f.* **1.** Persona que sirve a otra, especialmente en las tareas domésticas. || *s. m.* **2.** Persona que maneja una máquina o ciertas armas, particularmente piezas de artillería. SIN. **1.** Criado. **1.** y **2.** Servidor.

sisa (del ant. fr. *assise*, tributo que se imponía al pueblo, de *asseoir*, colocar) *s. f.* **1.** Pequeña cantidad que alguien roba del dinero o los bienes que maneja por cuenta ajena, especialmente en la compra diaria de alimentos y otras cosas. **2.** Corte hecho en una prenda de vestir para ajustarla al cuerpo; especialmente, abertura a la que se cose la manga y que se corresponde con la axila: *Este vestido me tira de la sisa.* **FAM.** Sisar.

sisal *s. m.* Fibra que se obtiene de la pita y se emplea para la fabricación de cuerdas, sacos, etc.

sisar *v. tr.* **1.** Hacer sisa, sustraer pequeñas cantidades: *sisar en la compra.* **2.** Hacer las sisas en una prenda de vestir. **SIN. 1.** Hurtar. **FAM.** Sisador, sisón. SISA.

sisear (onomat.) *v. intr.* Emitir un sonido inarticulado y continuo, semejante a *chsss*..., para llamar la atención de alguien, exigirle silencio o bien manifestar desagrado. También *v. tr.* **SIN.** Chistar. **FAM.** Siseo.

sisebuta *adj. Arg.* y *Urug. fam.* Se dice de la mujer a quien le gusta mucho mandar. También *s. f.*

siseo *s. m.* Acción de sisear.

sismicidad *s. f.* Actividad sísmica.

sísmico, ca (del gr. *seismos*, agitación) *adj.* Relativo al sismo o seísmo: *movimiento sísmico.* **FAM.** Sismicidad. SISMO.

sismo *s. m.* En lenguaje científico, temblor o sacudida de la tierra debida a causas internas. ■ Se dice también *seísmo.* **FAM.** Sísmico, sismógrafo, sismología, sismómetro. SEÍSMO.

sismógrafo (del gr. *seismos*, agitación, y *-grafo*) *s. m.* Instrumento que registra la intensidad, duración y otros datos de los seísmos.

sismología (del gr. *seismos*, agitación, y *-logía*) *s. f.* Parte de la geología que se ocupa de los sismos o seísmos. **FAM.** Sismológico, sismólogo. SISMO.

sismómetro (del gr. *seismos*, agitación, y *-metro*) *s. m.* Instrumento que mide la fuerza de las oscilaciones y sacudidas producidas durante un seísmo.

sisón *s. m.* Ave zancuda que mide unos 40 cm de longitud y presenta plumaje pardo en el dorso y blanco en el vientre, con el cuello de color blanco y negro en el macho. Es migrante parcial y anida en grandes bandadas en estepas y llanuras de Europa, Asia y N de África.

sisón, na *adj. fam.* Que sisa mucho. También *s. m.* y *f.*

sistema (del lat. *systema*, y éste del gr. *systema*, conjunto, de *synistemi*, reunir, componer) *s. m.* **1.** Conjunto de elementos relacionados entre sí de modo que constituyen un todo estructurado o una unidad: *sistema de tuberías, sistema solar.* **2.** En biol., conjunto de órganos conectados entre sí, que contribuyen a realizar una determinada función: *sistema circulatorio.* **3.** Conjunto organizado de principios, reglas, instituciones, etc., que rigen u ordenan una cosa: *sistema económico, sistema jurídico.* **4.** En fil., doctrina o teoría que constituye un todo con coherencia interna: *el sistema hegeliano.* **5.** En ling., la lengua, o cada uno de sus aspectos (fonológico, léxico, gramatical), considerados como un conjunto organizado de elementos relacionados entre sí. **6.** Manera organizada de hacer algo: *Ideó un sistema para ganar en las apuestas.* **7.** Modo en que está constituido un aparato, mecanismo o utensilio: *El sistema de esa lavadora es nuevo.* || **8. sistema de coordenadas** Correspondencia que asigna a cada punto de una recta, plano o espacio un conjunto de números. En especial, el formado por dos rectas perpendiculares entre sí (coordenadas cartesianas), llamadas eje de ordenadas (el vertical o de las *íes*) y eje de abscisas (el horizontal o de las *equis*). **9. Sistema Internacional** Sistema de unidades internacionalmente admitidas, que se utilizan como patrón de medida de las distintas magnitudes físicas. **10. sistema métrico** El de pesas y medidas que tiene por base el metro. **11. sistema montañoso** (o **de montañas**) Conjunto de montañas que forman una unidad geográfica. **12. sistema operativo** En inform., programa o conjunto de programas que realizan la gestión de los procesos básicos de un sistema informático, permitiendo la normal ejecución del resto de las operaciones. **13. sistema periódico** Disposición de los elementos químicos en orden creciente de su número atómico, de tal manera que queden agrupados los elementos con un comportamiento químico similar. **14. sistema planetario** (o **solar**) El formado por una estrella (en nuestro sistema, el Sol) y los planetas, satélites y cometas sometidos a su atracción. || **LOC. por sistema** *adv.* Obstinándose siempre en hacer lo mismo sin razón alguna: *Me lleva la contraria por sistema.* **SIN. 1.** Organización, estructura. **2.** Aparato. **3.** Modelo. **6.** Procedimiento, método. **6.** y **7.** Técnica. **FAM.** Sistemático, sistematizar, sistémico. / Ecosistema.

sistemática (de *sistemático*) *s. f.* **1.** Ciencia de la clasificación. **2.** Método o sistema de clasificación: *En la organización de la obra se ha seguido una sistemática muy sencilla.* **SIN. 1.** Taxonomía. **2.** Ordenación.

sistemático, ca (del lat. *systematicus*, y éste del gr. *systematikos*) *adj.* **1.** Que constituye un sistema o se ajusta a él: *estructura sistemática.* **2.** Que obra siguiendo un método u orden. **SIN. 1.** Sistematizado, ordenado. **1.** y **2.** Organizado, metódico. **ANT. 1.** y **2.** Asistemático, desorganizado. **FAM.** Sistemática, sistemáticamente. / Asistemático. SISTEMA.

sistematización *s. f.* Organización de una cosa con sistema. **SIN.** Estructuración, organización.

sistematizar *v. tr.* Organizar como sistema o de acuerdo con un sistema. ■ Delante de *e* se escribe *c* en lugar de *z*. **SIN.** Estructurar, ordenar. **ANT.** Desorganizar. **FAM.** Sistematización. SISTEMA.

sistémico, ca *adj.* **1.** Relativo a la totalidad de un sistema. **2.** En med., relativo a la circulación general de la sangre o al organismo en su conjunto. **SIN. 1.** General. **ANT. 1.** Local.

sístole (del lat. *systole*, y éste del gr. *systole*, contracción) *s. f.* **1.** Movimiento de contracción del corazón y las arterias, que alterna con la diástole para impulsar la sangre por el sistema circulatorio. **2.** Licencia poética que usa una sílaba larga como breve. **ANT. 1.** y **2.** Diástole. **FAM.** Sistólico. / Extrasístole.

sistro (del lat. *sistrum*, y éste del gr. *seistron*) *s. m.* Antiguo instrumento musical consistente en un aro o herradura de metal atravesado por varillas, que se hacía sonar agitándolo.

sitacismo *s. m.* Psitacismo*.

sitacosis *s. f.* Psitacosis*.

sitar (hindi) *s. m.* Instrumento de cuerda originario de la India, de forma parecida al laúd y mango muy largo, que se pulsa con un plectro.

site (ingl.) *s. m.* En internet, sitio*.

sitial *s. m.* Asiento de ceremonia.

sitiar (del bajo lat. *situare*) *v. tr.* **1.** Rodear una posición, una fortaleza, etc., para atacarla y apoderarse de ella. **2.** Acorralar, acosar: *Me sitiaron de tal forma que tuve que ceder.* **SIN. 1.** Asediar, cercar. **2.** Presionar. **FAM.** Sitiado, sitiador, sitio². SITIO¹.

sitio¹ (del lat. *situs*) *s. m.* **1.** Espacio o lugar que está o puede ser ocupado por alguien o algo: *Queda sitio para uno más.* **2.** Espacio concreto dentro de otro más o menos delimitado: *El salón es el sitio más alegre de la casa.* **3.** Presencia o existencia de una persona o cosa en determinada circunstancia: *Mi sitio está entre los míos.* **4.** En internet, conjunto de páginas web conectadas unas con otras mediante enlaces de hipertexto. || **5. real sitio** (o **sitio real**) Residencia de recreo o descanso propiedad de los reyes. || **LOC. dejar** a uno (o **quedarse** alguien) **en el sitio** *fam.* Respectivamente, matarle o morirse en el acto: *Le cayó una cornisa y le dejó (o se quedó) en el sitio.* **poner** a alguien **en su sitio** Mostrarle cuál es su importancia o posición, sin permitirle familiaridades ni extralimitaciones: *Se me insolentó y tuve que ponerle en su sitio.* **SIN. 1.** Hueco. **2.** Rincón, zona, parte. **3.** Puesto. **FAM.** Sitial, sitiar, sito, situar.

sitio² *s. m.* Acción de sitiar. || **LOC. poner sitio** Sitiar. **SIN.** Asedio, cerco.

sito, ta (del lat. *situs*, de *sinere*, dejar) *adj.* Situado, emplazado: *Nació en un caserón sito en la calle principal.* **SIN.** Localizado, ubicado.

situación *s. f.* **1.** Acción de situar o situarse: *El general ordenó la situación de las ametralladoras en la colina.* **2.** Lugar, localización: *La situación de la casa nos animó a comprarla.* **3.** Estado o disposición en que se halla una persona o cosa: *No estás en situación de levantarte todavía.* **4.** Conjunto de realidades o circunstancias que se dan en un momento determinado: *El país atraviesa una difícil situación.* **5.** Circunstancia social o económica en que vive una persona; si no se especifica, se suele entender que ésta es buena: *Ahora que ha logrado una situación se da aires de importancia.* **SIN. 1.** Colocación. **2.** Emplazamiento, ubicación. **3.** Condición. **4.** Coyuntura, trance. **5.** Posición.

situado, da 1. *p.* de **situar**. También *adj.* || *adj.* **2.** Que tiene una situación económica o social estable y próspera: *Su marido está bien situado.* **SIN. 2.** Boyante, acomodado.

situar (del bajo lat. *situare*, y éste del lat. *situs*, sitio) *v. tr.* **1.** Poner en un sitio, estado o circunstancia. También *v. prnl.*: *La policía se situó alrededor de la casa.* **2.** Localizar algo en un determinado lugar: *Sitúame Dinamarca en el mapa.* **3.** Hacer un depósito de dinero para algún pago o inversión: *Situé parte de los ahorros a plazo fijo.* || **situarse** *v. prnl.* **4.** Conseguir una buena posición económica, social, etc. ■ En cuanto al acento, se conjuga como *actuar*: *sitúo.* **SIN. 1.** Disponer(se), instalar(se). **1.** y **2.** Emplazar(se). **1.** y **3.** Colocar(se). **4.** Prosperar, triunfar. **ANT. 4.** Fracasar. **FAM.** Situación, situado. SITIO¹.

siútico, ca *adj. Chile fam.* Presumido, afectado.

siux *adj.* Sioux*. También *s. m.* y *f.*

skateboard (ingl., significa 'tabla de patinar') *s. m.* Monopatín*.

skater (ingl.) *s. m.* y *f.* Persona aficionada a patinar, especialmente si usa monopatín.

skay (ingl.) *s. m.* Materia sintética que imita piel o cuero. ■ Se escribe también *scay* y *escay.*

sketch (ingl.) *s. m.* Escena breve, generalmente humorística o satírica, que se intercala como una unidad independiente en un espectáculo más amplio.

ski *s. m.* Esquí*.

skijama *s. m.* Esquijama*.

skin, skin head o **skinhead** (ingl.) *s. m.* y *f.* Cabeza* rapada.

skylab (ingl.) *s. m.* Laboratorio de investigación espacial instalado en el espacio.

slalom (del noruego *slalam*) *s. m.* Carrera de esquí contra reloj en que los deportistas se deslizan por una pendiente sorteando una serie de banderas situadas alternativamente a izquierda y derecha del recorrido. ■ Se escribe también *eslalon.*

slip (ingl.) *s. m.* Cierto tipo de calzoncillos o bañador ajustados y sin perneras. ■ Se escribe también *eslip.*

slogan *s. m.* Eslogan*.

smash (ingl.) *s. m.* En tenis, golpe fuerte de arriba abajo que se da a la pelota. **FAM.** Esmachar.

smithsonita (de J. *Smithson*, químico británico) *s. f.* Mineral de carbonato de cinc, de color amarillo o gris y brillo vítreo. Se emplea para la fabricación de latón y otras aleaciones y de elementos galvanizados.

smog (ingl.) *s. m.* Nube o masa atmosférica de dióxido de carbono y otras sustancias contaminantes en suspensión, que se forma sobre los grandes núcleos urbanos o industriales.

smoking *s. m.* Esmoquin*.

snack (ingl.) *s. m.* Comida servida como aperitivo. **SIN.** Aperitivo.

snack-bar (ingl.) *s. m.* Bar restaurante en que se sirven comidas rápidas. ■ Se escribe también *snack bar.*

snob *adj.* Esnob*.

snorkel (ingl.) *s. m. Amér.* Tubo mediante el que se respira al bucear.

snowboard (ingl.) *s. m.* Especialidad deportiva que consiste en deslizarse por la nieve sobre una tabla.

snuff movie (ingl. de argot, de *snuff*, morir, y *movie*, película) *expr.* Película de carácter ilegal en la que se muestran torturas, violaciones o asesinatos reales. ■ Se utiliza como *s. f.*

so¹ (contr. popular de *señor*) *s. m. fam.* Se emplea para reforzar calificativos de insulto: *¡Pero qué estás haciendo, so animal!*

so² (del lat. *sub*) *prep.* Bajo, debajo de. ■ Actualmente se emplea casi exclusivamente en las loc.: **so pena de** Véase **pena**; **so pretexto de** Con el pretexto o excusa que se expresa: *So pretexto de telefonear, se nos coló en casa*; y con el mismo significado, aunque menos frecuentes: **so capa de** y **so color de. FAM.** Sota, sótano.

¡so! *interj.* Se usa para detener a las caballerías.

so- (del lat. *sub*) *pref.* Significa 'bajo, debajo' y, también, 'ligeramente, superficialmente': *socavar, soterrar*; *sofreír.*

soasar *v. tr.* Asar ligeramente un alimento.

soba *s. f.* **1.** Acción de sobar. **2.** *fam.* Paliza, derrota. **SIN. 1.** Sobo, sobe. **2.** Zurra, tunda.

sobaco *s. m.* Axila*, parte del cuerpo. **FAM.** Sobaquera, sobaquillo, sobaquina.

sobadera *s. f. Col. fam.* Molestia, fastidio.

sobado, da 1. *p.* de **sobar**. También *adj.* || *adj.* **2.** Muy usado o muy tratado. || *s. m.* **3.** Cierto bollo o torta hecho con abundante aceite o manteca. **SIN. 2.** Ajado, manido.

sobadora *s. f. Arg.* y *Urug.* Máquina de panadería para ablandar la masa.

sobajar *v. tr.* **1.** Manosear, sobar. **2.** *Amér.* Humillar.

sobaquera *s. f.* **1.** Pieza con que se refuerza o impermeabiliza una prenda de vestir por la parte del sobaco. **2.** Abertura que se deja en algunas prendas en la parte del sobaco.

sobaquillo *s. m. dim.* de **sobaco.** || LOC. **de sobaquillo** *adv.* Modo de lanzar piedras por debajo del sobaco. En tauromaquia, forma de poner banderillas dejando pasar la cabeza del toro y clavándolas el torero hacia atrás.

sobaquina *s. f.* Olor desagradable procedente del sudor de los sobacos.

sobar *v. tr.* **1.** Tocar o apretar con insistencia una cosa, de modo que ésta se ablanda o corre el riesgo de estropearse, ensuciarse, etc. **2.** Tocar o acariciar insistentemente a una persona. **3.** Golpear a alguien: *Como te pille te voy a sobar las costillas.* **4.** Derrotar de forma aplastante. **5.** *Amér.* Colocar los huesos dislocados. **6.** Dar fricciones o masajes. También *v. prnl.* **7.** Adular. || *v. intr.* **8.** *fam.* Dormir. SIN. **1.** y **2.** Manosear, toquetear, sobetear. **2.** Magrear. **3.** Sacudir, moler. FAM. Soba, sobado, sobadora, sobajar, sobe, sobeo, sobetear, sobo, sobón. / Resobar.

sobe o **sobeo** *s. m.* Soba*.

soberanía *s. f.* **1.** Autoridad suprema del poder público: *La soberanía reside en el pueblo.* **2.** Autoridad de un estado sobre un territorio y sus pobladores: *El imperio británico mantenía su soberanía en estas islas.* **3.** Condición de soberano o independiente: *La colonia obtuvo su soberanía.* **4.** Cualidad de excelente o supremo: *Todos elogian la soberanía y elegancia de su estilo.* SIN. **3.** Independencia. **4.** Excelencia. ANT. **3.** Dependencia. **4.** Vulgaridad.

soberano, na (del lat. vulg. *superianus*, y éste del lat. *superius*, más arriba) *adj.* **1.** Que ejerce la máxima autoridad del poder público: *El pueblo soberano elige a sus representantes.* También *s. m.* y *f.* **2.** Se dice del país o territorio que se gobierna por sí mismo sin estar sometido a otro: *una nación soberana.* **3.** Excelente, supremo, insuperable: *Hizo una soberana interpretación de Hamlet.* **4.** Con ciertos sustantivos, grande, enorme: *Le dieron una soberana paliza.* || *s. m.* y *f.* **5.** Rey o reina. || *s. m.* **6.** Moneda inglesa de oro. SIN. **2.** Independiente. **3.** y **4.** Soberbio. **5.** Monarca. ANT. **1.** y **2.** Súbdito. **2.** Dependiente. **3.** Mediocre. FAM. Soberanamente, soberanía.

soberbia (del lat. *superbia*) *s. f.* **1.** Actitud y cualidad de la persona que se cree superior a las demás por alguna circunstancia y se muestra arrogante y despreciativa: *Su soberbia le impide disculparse.* **2.** Suntuosidad, magnificencia: *La soberbia del palacio contrasta con el modesto entorno.* SIN. **1.** Altivez, orgullo. **2.** Majestad, fastuosidad. ANT. **1.** Humildad. **2.** Sobriedad. FAM. Soberbio. / Ensoberbecer.

soberbio, bia (del lat. *superbus*) *adj.* **1.** Que tiene soberbia o se deja llevar por ella. También *s. m.* y *f.*: *Es un soberbio que ni se digna a saludar.* **2.** Arrogante, gallardo: *Iba soberbio en su corcel.* **3.** Con algunos sustantivos, muy grande, enorme: *Se fumó un soberbio habano.* **4.** Grandioso, magnífico, superior: *La película tiene una escena soberbia.* || **¡soberbio!** *interj.* **5.** Expresión de admiración o entusiasmo. SIN. **1.** Orgulloso, altivo. **2.** Bizarro. **3.** y **4.** Soberano. **5.** ¡Bravo! ANT. **1.** Humilde. **2.** Ridículo. **3.** Insignificante. **4.** Mediocre. FAM. Soberbiamente. SOBERBIA.

sobetear *v. tr.* Sobar repetida o insistentemente. SIN. Manosear, toquetear. FAM. Sobeteo. SOBAR.

sobeteo *s. m.* Acción de sobetear. SIN. Manoseo, toqueteo.

sobo *s. m.* Soba*.

sobón, na *adj. fam.* Aficionado a sobar o manosear a otros, resultando molesto. También *s. m.* y *f.*

sobornar (del lat. *subornare*) *v. tr.* Dar a alguien dinero u otro tipo de recompensa para que haga algo ilícito o injusto: *Sobornó al jurado para que le eligieran ganador.* SIN. Comprar, cohechar, untar. FAM. Sobornable, sobornador, soborno. / Insobornable. ORNAR.

soborno *s. m.* **1.** Acción de sobornar. **2.** Dinero o cualquier otra cosa con que se soborna: *aceptar sobornos.* SIN. **1.** Cohecho.

sobra *s. f.* **1.** Exceso de una cosa: *Están de rebajas para dar salida a la sobra de género.* **2.** Parte que queda después de utilizar o consumir algo, particularmente alimentos. Se usa sobre todo en *pl.*: *No ha dejado ni las sobras.* || LOC. **de sobra** *adj.* y *adv.* Más que suficiente, más de lo necesario: *Coge otro, tengo de sobra.* También, de más, sin ser necesario: *Aquí estás de sobra.* SIN. **1.** Excedente. **2.** Desperdicio, desecho. ANT. **1.** Escasez.

sobradillo *s. m.* Tejadillo sobre un balcón o ventana.

sobrado, da 1. *p.* de **sobrar.** || *adj.* **2.** De sobra: *Tienes tiempo sobrado para llegar.* **3.** Que tiene abundancia de dinero o bienes: *No puedo prestarte nada, pues no ando muy sobrado.* || *s. m.* **4.** Desván*. SIN. **2.** Abundante, sobrante. **3.** Desahogado. **4.** Buhardilla, altillo. ANT. **2.** y **3.** Escaso. FAM. Sobradamente, sobradillo. SOBRAR.

sobrante *adj.* Que sobra: *Retiraron las sillas sobrantes.* También *s. m.*: *Los sobrantes del papel se pueden tirar.* SIN. Innecesario; excedente. ANT. Contado, escaso.

sobrar (del lat. *superare*) *v. intr.* **1.** Quedar algo después de usar o consumir lo necesario: *Con la carne que sobre haré croquetas.* **2.** Haber o disponer de alguna cosa más de lo necesario: *Nos sobra dinero para ir al cine.* **3.** Estar de más, ser innecesario o indeseable: *Tú te callas, porque aquí sobras.* SIN. **2.** Abundar. ANT. **1.** a **3.** Faltar. FAM. Sobra, sobrado, sobrante, sobrero. SOBRE[2].

sobrasada (del cat. *sobrassada*, y éste del lat. *sale pressata*, curada con sal) *s. f.* Embutido típico de las islas Baleares, compuesto de carne de cerdo muy triturada, sal, pimienta y pimentón molido.

sobre[1] *s. m.* **1.** Envoltorio, plano y rectangular, por lo general de papel, en que se introducen cartas, tarjetas, documentos, etc., para enviarlos por correo o guardarlos. **2.** Envoltorio parecido para diversos usos: *un sobre de té, de azúcar.* **3.** *fam.* Cama, mueble para dormir.

sobre[2] (del lat. *super*) *prep.* **1.** Encima de lo que se expresa, tocándolo o no, o viniendo de arriba: *El libro está sobre la mesa. Llueve sobre la tierra.* **2.** Próximo u orientado a cierta cosa o lugar, superándolo en altura: *El campanario se alza sobre los tejados. La ventana da sobre la plaza.* **3.** Expresa dominio o superioridad: *Es el jefe; no tiene a nadie sobre él.* **4.** Indica control o vigilancia: *Hay que estar continuamente sobre él para que estudie.* **5.** Acerca de: *Hablemos sobre tus notas.* **6.** Expresa idea de aproximación respecto a una cantidad o número: *Vendré sobre las nueve.* **7.** Además de: *Me dio mil pesetas sobre lo acordado.* **8.** Hacia, contra: *Marcharon sobre la ciudad.* **9.** Siguiendo de cerca a alguien o algo: *Ya están sobre nuestra pista.* **10.** Introduce aquello en lo que se realiza una acción o se produce un efecto: *Este medicamento actúa directamente sobre el virus* *que causa la enfermedad.* **11.** En prenda o garantía de lo que se indica: *Pidió un crédito sobre la casa.* **12.** Sometido a carga o gravamen: *impuesto sobre la renta. Sobre la casa pesa una hipoteca.* **13.** Precedido y seguido del mismo sustantivo, expresa reiteración o acumulación: *Recibió golpe sobre golpe.* **14.** Con posterioridad a: *El tren llegó con cuarenta minutos de retraso sobre la hora prevista.* SIN. **1.** En. **5.** De. **6.** Hacia, por. **9.** Tras. FAM. Sobrar, sobre[1]. / Súper.

sobre- (del lat. *super*) *pref.* **1.** Expresa aumento o intensificación: *sobrecarga.* **2.** Añade algunos significados de la prep. *sobre*: *sobrecubierta.*

sobreabundancia *s. f.* Superabundancia*.

sobreabundar *v. intr.* Superabundar*. FAM. Sobreabundancia, sobreabundante. ABUNDAR.

sobreagudo, da *adj.* En mús., se dice de los sonidos más agudos del sistema musical. También *s. m.*

sobrealimentación *s. f.* Acción de sobrealimentar o sobrealimentarse mediante un consumo de alimentos superior al necesario.

sobrealimentar *v. tr.* **1.** Dar a una persona o animal más alimento del que necesita. También *v. prnl.* **2.** En mecánica, aumentar la presión del combustible en un motor de explosión para incrementar su potencia. FAM. Sobrealimentación. SOBREALIMENTO.

sobrealimento *s. m.* Alimento o dieta para sobrealimentar o sobrealimentarse. SIN. Sobrealimentación. FAM. Sobrealimentar. ALIMENTO.

sobreañadir *v. tr.* Añadir nuevamente.

sobreasar *v. tr.* Volver a poner al fuego un alimento ya asado o cocido para que se tueste.

sobrecarga *s. f.* **1.** Exceso de carga: *El barco se hundió por sobrecarga.* **2.** Saturación de líneas eléctricas o de comunicación, de la capacidad de un aparato, etc. **3.** Nueva carga o motivo de preocupación, sufrimiento, etc. **4.** Impresión tipográfica hecha oficialmente sobre un sello para alterar su valor, conmemorar un suceso, etc. FAM. Sobrecargar, sobrecargo. CARGA.

sobrecargar *v. tr.* Cargar demasiado en cualquier sentido: *sobrecargar la decoración, las líneas telefónicas, un vehículo.* ■ Delante de *e* se escribe *gu* en lugar de *g*. SIN. Recargar, saturar. ANT. Aligerar.

sobrecargo *s. m.* **1.** En los buques mercantes y de línea, oficial al cuidado del cargamento y del pasaje. **2.** En los aviones comerciales, miembro de la tripulación encargado de supervisar ciertas funciones auxiliares.

sobrecogedor, ra *adj.* Que asusta o impresiona. SIN. Aterrador, inquietante. ANT. Tranquilizador.

sobrecoger *v. tr.* Asustar, impresionar: *Me sobrecoge mirar hacia abajo desde tanta altura.* También *v. prnl.* ■ Delante de *a* y *o* se escribe *j* en lugar de *g*: *sobrecoja.* SIN. Aterrar(se), espantar(se). ANT. Tranquilizar(se). FAM. Sobrecogedor, sobrecogimiento. COGER.

sobrecubierta *s. f.* **1.** Segunda cubierta que se pone a una cosa para protegerla, especialmente la que se pone sobre las tapas de un libro. **2.** En un barco, cubierta situada sobre la principal.

sobrecuello *s. m.* **1.** Cuello superpuesto al de una prenda de vestir. **2.** Alzacuello*.

sobredicho, cha *adj.* Mencionado anteriormente en el mismo texto. SIN. Antedicho, susodicho.

sobredimensionar *v. tr.* Hacer que algo tenga mayor tamaño o importancia de la que en principio debería tener: *La prensa ha sobredimensionado el asunto.* SIN. Exagerar, magnificar. ANT. Minimizar.

sobredorar *v. tr.* Dorar un objeto metálico.

sobredosificar *v. tr.* Administrar un medicamento en dosis superior a la normal. ■ Delante de *e* se escribe *qu* en lugar de *c*.

sobredosis *s. f.* **1.** Dosis excesiva de un medicamento u otra sustancia. **2.** En particular, dosis muy fuerte de una droga, que puede llegar a producir una grave intoxicación e incluso la muerte. ■ No varía en *pl.* FAM. Sobredosificar. DOSIS.

sobreentender *v. tr.* Sobrentender*. FAM. Sobreentendido. SOBRENTENDER.

sobreentendido, da **1.** *p.* de **sobreentender.** || *s. m.* **2.** Sobrentendido*.

sobreesdrújulo, la *adj.* Sobresdrújulo*.

sobreestimar *v. tr.* Estimar a alguien o algo en más de lo que se merece o vale. ■ Se dice también *sobrestimar.* ANT. Subestimar. FAM. Sobreestimación, sobrestimar. ESTIMAR.

sobreexceder *v. tr.* Sobrexceder*.

sobreexcitación *s. f.* Aumento excesivo de la actividad de un organismo vivo o de una de sus partes. ■ Se dice también *sobrexcitación.*

sobreexcitar *v. tr.* Aumentar en exceso la actividad de un organismo vivo o de una de sus partes. También *v. prnl.* ■ Se dice también *sobrexcitar.* FAM. Sobreexcitación, sobrexcitar. EXCITAR.

sobreexplotación *s. f.* Explotación excesiva de algo, especialmente de los recursos naturales.

sobrefalda *s. f.* Falda corta que se coloca sobre otra como adorno.

sobrefusión *s. f.* Permanencia de un cuerpo en estado líquido a temperatura inferior a la de fusión.

sobrehilar *v. tr.* Dar puntadas al borde de una tela cortada para que no se deshilache. ■ En cuanto al acento, se conjuga como *aislar*: *sobrehílo.* FAM. Sobrehilado. HILO.

sobrehumano, na *adj.* **1.** Superior a lo humano, que supera las posibilidades de un hombre normal. **2.** P. ext., se aplica a un enorme esfuerzo: *Haciendo un esfuerzo sobrehumano logró vencer su miedo.* SIN. **1.** Sobrenatural. **2.** Titánico.

sobreimpresión *s. f.* Impresión de algo sobre un texto o sobre una imagen gráfica.

sobreimprimir *v. tr.* Imprimir algo sobre un texto o sobre una imagen gráfica. ■ Tiene dos p.: uno reg., *sobreimprimido*, para la formación de los tiempos compuestos, y otro irreg., *sobreimpreso*, utilizado casi exclusivamente como adj. FAM. Sobreimpresión. IMPRIMIR.

sobrellevar *v. tr.* Soportar con valor o resignación una carga, una desgracia o cualquier otro mal. SIN. Aguantar, sufrir, tolerar.

sobremanera *adv. c.* En extremo, mucho: *Este tema me interesa sobremanera.* SIN. Especialmente. ANT. Poco.

sobremesa *s. f.* Espacio de tiempo que sigue inmediatamente a la comida, en el que se suele permanecer aún en la mesa conversando, tomando café, etc.

sobrenadar *v. intr.* Mantenerse sobre la superficie de un líquido sin hundirse o mezclarse con él: *El aceite sobrenada en el agua.* SIN. Flotar, nadar. ANT. Sumergirse.

sobrenatural (del lat. *supernaturalis*) *adj.* **1.** Que sobrepasa los límites y las leyes de la naturaleza: *fenómenos sobrenaturales.* **2.** En particular, relativo a la divinidad, las creencias religiosas y la vida después de la muerte: *el mundo sobrenatural.* SIN. **2.** Divino, celestial. ANT. **1.** Natural. **2.** Terrenal. FAM. Sobrenaturalmente. NATURAL.

sobrenombre *s. m.* Nombre que se añade al nombre auténtico de una persona, o que se le da en lugar de éste, y que sirve para distinguirla especialmente, p. ej., Manuel Rodríguez *"Manolete"*. **SIN.** Apodo, alias, seudónimo.

sobrentender *v. tr.* Entender o percibir algo que no está explícito, pero que puede deducirse o suponerse de lo expuesto. También *v. prnl.*: *En sus palabras se sobrentendía una velada amenaza.* ■ Se dice también *sobreentender.* Es v. irreg. Se conjuga como *tender.* **SIN.** Adivinar(se), intuir(se). **FAM.** Sobreentender, sobrentendido. ENTENDER[1].

sobrentendido, da 1. *p.* de **sobrentender**. ‖ *s. m.* **2.** Deducción de algo que no aparece expresamente en un discurso. ■ Se dice también *sobreentendido.*

sobrepaga *s. f.* Cantidad añadida a la paga normal: *Nos dan una sobrepaga por trabajar los sábados.* **SIN.** Extra, plus, sobresueldo.

sobreparto *s. m.* Posparto*.

sobrepasar *v. tr.* **1.** Pasar de un límite, cantidad o medida: *Sus ingresos sobrepasan el sueldo mínimo. No sobrepase la línea fronteriza.* **2.** Adelantar o aventajar a otro: *Tu hermano me sobrepasa en altura.* **SIN. 1.** Exceder. **1.** y **2.** Superar, rebasar.

sobrepelliz (del ant. *sobrepelliza*, de *sobre-* y *pelliza*) *s. f.* Vestimenta de tela blanca y fina, con mangas holgadas, que se colocan sobre la sotana los sacerdotes y que usan también algunos legos, como sacristanes, miembros del coro, etc.

sobrepeso *s. m.* Exceso de peso: *Pagué un plus por sobrepeso de equipaje. El campeón tenía un sobrepeso de seis kilos.* **SIN.** Sobrecarga.

sobreponer (del lat. *superponere*) *v. tr.* **1.** Superponer*. **2.** Anteponer*. ‖ **sobreponerse** *v. prnl.* **3.** Recobrarse de una fuerte impresión o superar el desánimo, las adversidades, etc.: *Logró sobreponerse al miedo y siguió adelante.* ■ Es v. irreg. Se conjuga como *poner.* **SIN. 3.** Dominar. **ANT. 3.** Abandonarse, rendirse.

sobreprecio *s. m.* Recargo sobre el precio normal: *Lleva un sobreprecio por gastos de transporte.*

sobreproducción *s. f.* Superproducción, exceso de producción.

sobrepujar *v. tr.* Superar una persona o cosa a otra en algún aspecto: *Sobrepuja a todos en inteligencia.* **SIN.** Sobrepasar, aventajar.

sobrero (de *sobrar*) *adj.* Se dice del toro que se tiene de reserva por si no puede lidiarse alguno de los destinados a una corrida. También *s. m.*

sobresaliente *adj.* **1.** Que sobresale: *Llevó a cabo una actuación sobresaliente.* ‖ *s. m.* **2.** En los exámenes, máxima calificación después de la matrícula de honor. ‖ *s. m.* y *f.* **3.** Sustituto de alguien que falta o está ausente, especialmente entre toreros o actores de teatro. ■ En femenino se dice también *sobresalienta.* **SIN. 1.** Destacado, descollante. **ANT. 1.** Mediocre, mediano.

sobresalir *v. intr.* **1.** Ser más alto o estar más hacia afuera: *La cornisa sobresale de la fachada.* **2.** Distinguirse alguien o algo por cualidades que posee en gran medida o en mayor grado que los demás: *Pronto sobresalió entre sus compañeros por su talento.* ■ Es v. irreg. Se conjuga como *salir.* **SIN. 1.** Salir. **1.** y **2.** Destacar, resaltar, descollar. **ANT. 1.** Entrar. **FAM.** Sobresaliente. SALIR.

sobresaltar *v. tr.* **1.** Causar sobresalto a alguien: *Me sobresaltó una explosión.* ‖ **sobresaltarse** *v. prnl.* **2.** Experimentar sobresalto: *No te oí entrar y me sobresalté al verte.* **SIN. 1.** y **2.** Asustar(se), alarmar(se), inquietar(se). **ANT. 1.** y **2.** Calmar(se). **FAM.** Sobresalto. SALTAR.

sobresalto *s. m.* Susto, alteración o inquietud que un suceso brusco o repentino provoca en alguien: *Con tanta sorpresa estoy en continuo sobresalto.* **SIN.** Impresión, alarma.

sobresdrújulo, la *adj.* Se dice de la palabra que se acentúa en la sílaba anterior a la antepenúltima, p. ej.: *resuélvemelo.* También *s. m.* y *f.* ■ En castellano, las palabras sobresdrújulas se escriben siempre con tilde sobre la vocal acentuada. Se dice también *sobreesdrújulo.*

sobreseer (del lat. *supersedere*, cesar, desistir, de *super*, sobre, y *sedere*, sentarse) *v. tr.* Suspender la tramitación de una causa o dejar sin curso posterior una acción legal, por considerar el tribunal que no hay motivo para continuarla o por no existir pruebas suficientes. ■ Es v. irreg. Se conjuga como *leer.* **FAM.** Sobreseimiento.

sobreseimiento *s. m.* Suspensión de la tramitación de una causa por falta de motivo para continuarla.

sobrestante (del lat. *superstans, -antis*) *s. m.* Persona que dirige un grupo de trabajadores, bajo las órdenes de un técnico.

sobrestimar *v. tr.* Sobreestimar*. **FAM.** Sobrestimación. SOBREESTIMAR.

sobresueldo *s. m.* Salario o retribución que se añade al sueldo fijo o habitual: *Por las tardes hace unas chapuzas para sacar un sobresueldo.* **SIN.** Sobrepaga, plus, gratificación.

sobretensión *s. f.* Sobrecarga eléctrica de un circuito.

sobretodo *s. m.* Prenda de vestir holgada y larga que se lleva sobre el traje normal para protegerlo o para abrigarse.

sobrevalorar *v. tr.* Dar a alguien o algo más valor del que tiene en realidad. **SIN.** Sobrestimar, supervalorar. **ANT.** Infravalorar, subestimar, subvalorar. **FAM.** Sobrevaloración. VALORAR.

sobrevenir (del lat. *supervenire*) *v. intr.* **1.** Suceder algo, especialmente de forma repentina o imprevista: *Le sobrevino otro de sus ataques.* **2.** Ocurrir una cosa después o además de otra: *Tras la tormenta sobreviene la calma.* ■ Es v. irreg. Se conjuga como *venir.* **SIN. 1.** Acontecer, acaecer. **2.** Seguir. **ANT. 2.** Preceder.

sobrevirar *v. intr.* Tender un automóvil a salirse por el exterior de una curva al empezar a tomarla. **FAM.** Sobrevirador, sobreviraje. VIRAR.

sobreviviente *adj.* Superviviente*.

sobrevivir (del lat. *supervivere*) *v. intr.* **1.** Seguir viviendo tras la muerte de otro o después de determinada fecha, suceso o situación, especialmente cuando ha habido peligro de morir: *La abuela ha sobrevivido a nuestros padres. Sobrevivió al accidente.* **2.** Durar alguien o algo más que otro en determinada circunstancia o superar con éxito cierta situación difícil: *Los que sobrevivan a la eliminatoria irán a la final.* **SIN. 1.** y **2.** Subsistir. **2.** Perdurar, pasar. **ANT. 1.** Fallecer. **1.** y **2.** Caer. **FAM.** Sobreviviente. VIVIR.

sobrevolar *v. tr.* Volar por encima: *El avión sobrevoló la zona antes de aterrizar.* ■ Es v. irreg. Se conjuga como *contar.*

sobrexceder *v. tr.* Exceder, superar, rebasar. ■ Se dice también *sobreexceder.*

sobrexcitar *v. tr.* Sobreexcitar*. **FAM.** Sobrexcitación. SOBREEXCITAR.

sobriedad (del lat. *sobrietas, -atis*) *s. f.* **1.** Moderación en las costumbres y manifestaciones. **2.** Falta de adornos. **3.** En cantidad no excesiva: *Su sobriedad en el comer es proverbial.* **SIN. 1.** Mesura. **2.** Austeridad. **3.** Frugalidad. **ANT. 1.** Incontinencia. **2.** Exuberancia. **3.** Desmesura.

sobrino, na (del lat. *sobrinus*) *s. m.* y *f.* **1.** Con respecto a una persona, hijo o hija de su hermano o hermana. || **2. sobrino segundo** El que es hijo o hija de un primo o una prima.

sobrio, bria (del lat. *sobrius*) *adj.* **1.** Se aplica al que actúa, habla, se comporta, etc., con moderación, así como a sus actos, palabras, hábitos, etc.: *Es hombre sobrio en la comida.* **2.** Que no es excesivo, exagerado o llamativo: *decoración sobria. El gris es un color sobrio.* **3.** Directo, sencillo, por oposición a recargado o ampuloso: *poesía sobria, estilo sobrio.* **4.** Que no está borracho. **5.** Que conserva la calma o la lucidez ante ciertas situaciones: *Aunque estés asustado, mantente sobrio y alerta.* **SIN. 1.** Frugal, parco, morigerado. **1.** y **2.** Austero, moderado. **1.** y **5.** Templado. **3.** Llano, conciso. **4.** y **5.** Sereno. **ANT. 1.** y **2.** Inmoderado, desmedido. **2.** Chillón. **2.** y **3.** Exuberante. **3.** Barroco, retórico. **4.** Ebrio. **5.** Nervioso. **FAM.** Sobriamente, sobriedad.

socaire (del cat. *socaire*) *s. m.* En lenguaje marinero, resguardo que proporciona una cosa en el lado opuesto al viento. || **LOC. al socaire** *adv.* Con la ayuda o apoyo de alguien o algo, o tomándolo como pretexto: *Al socaire de su cargo hacía lo que quería.*

socaliña (del ant. *sacaliña*, de *sacar* y *liña*, línea) *s. f.* Astucia o petición insistente con que se obtiene de alguien algo que no tiene por qué dar: *Con socaliñas y zalamerías le sacas una invitación.* **SIN.** Artimaña, argucia. **FAM.** Socaliñero.

socapar (de *so-* y *capa*) *v. tr. Bol.*, *Ec.* y *Méx.* Encubrir faltas ajenas.

socarrar (del vasc. ant. *sukarra*, de *su*, fuego, y *karra*, llama) *v. tr.* Quemar o tostar superficialmente. También *v. prnl.* **SIN.** Chamuscar(se). **FAM.** Socarrón.

socarrén *s. m.* Parte del alero del tejado que sobresale de la pared.

socarrón, na (de *socarrar*) *adj.* **1.** Se aplica al que se burla disimuladamente de alguien o algo, así como a sus palabras, actitud, etc. También *s. m.* y *f.* **2.** Pícaro, astuto, ladino. **SIN. 1.** Burlón, guasón. **FAM.** Socarronamente, socarronería. / Chocarrería. SOCARRAR.

socarronería *s. f.* **1.** Habilidad para burlarse de las personas manteniendo una actitud aparentemente ingenua o seria. **2.** Burla encubierta. **SIN. 1.** Guasa, sorna. **2.** Chanza.

socavar *v. tr.* **1.** Excavar por debajo alguna cosa, dejándola sin apoyo y expuesta a hundirse: *socavar los cimientos de un edificio.* **2.** Debilitar: *Esa propaganda socava su prestigio.* **SIN. 2.** Minar, destruir. **ANT. 1.** y **2.** Consolidar. **2.** Fortalecer. **FAM.** Socavación, socavón.

socavón (de *socavar*) *s. m.* **1.** Hoyo o bache grande producido por hundimiento del suelo. **2.** Cueva excavada en la ladera de un cerro, monte, etc.

soccer (ingl., formada sobre la expr. *Association Football*) *s. m.* En Estados Unidos, nombre dado al fútbol europeo.

sochantre *s. m.* Chantre*.

sociabilidad *s. f.* Facilidad para relacionarse con los demás miembros de la sociedad. **SIN.** Civilidad, cortesía.

sociabilizar *v. tr.* Hacer sociable a alguien, acostumbrarlo a vivir en sociedad y seguir sus normas sociales. ■ Delante de *e* se escribe *c* en lugar de *z*. **SIN.** Educar.

sociable (del lat. *sociabilis*) *adj.* **1.** Inclinado por naturaleza a vivir en sociedad: *El hombre es un ser sociable.* **2.** Que tiene facilidad para relacionarse con los demás y disfruta con ello: *Es una persona muy sociable y conoce a mucha gente.* **3.** Se aplica a los animales que conviven con el hombre o no rehúyen su compañía. **SIN. 1.** Social. **2.** Comunicativo, abierto. **ANT. 1.** y **2.** Insociable. **2.** y **3.** Arisco. **FAM.** Sociabilidad, sociabilizar. / Insociable. SOCIEDAD.

social (del lat. *socialis*) *adj.* **1.** Relativo a la sociedad humana y a las relaciones entre sus miembros y estamentos: *vida social, clases sociales.* **2.** Que muestra preocupación por los problemas de la sociedad, y en especial de los grupos más desfavorecidos, e intenta resolverlos: *Esa organización desarrolla una loable labor social.* **3.** Se dice de los animales que forman grupos o colonias organizados, como las hormigas o las abejas, y de lo referente a los mismos. **4.** Relativo a una sociedad o compañía y a sus miembros: *domicilio social, capital social.* **SIN. 1.** Comunitario. **ANT. 1.** Individual. **FAM.** Socialdemocracia, socialismo, socializar, sociolecto. / Asocial, psicosocial. SOCIEDAD.

social- (del lat. *socialis*) *pref.* **1.** Equivale a socialista: *socialdemocracia.* **2.** Expresa preocupación por los problemas de la sociedad: *socialcristiano.*

socialdemocracia *s. f.* Conjunto de teorías, movimientos y partidos políticos de carácter socialista que defienden la transformación de la sociedad mediante reformas progresistas en una democracia parlamentaria. **FAM.** Socialdemócrata. SOCIAL y DEMOCRACIA.

socialdemócrata *adj.* **1.** De la socialdemocracia o relacionado con ella. **2.** Partidario de esta tendencia política. También *s. m.* y *f.*

socialismo (de *social*) *s. m.* Conjunto de teorías y movimientos políticos y económicos que defienden una organización de la sociedad en que los intereses colectivos prevalezcan sobre los individuales, y que, en general, respaldan los derechos de la clase obrera. **FAM.** Socialista, sociata. / Nacionalsocialismo. SOCIAL.

socialista *adj.* **1.** Del socialismo o relacionado con él. **2.** Partidario o seguidor del socialismo. También *s. m.* y *f.*

socialización *s. f.* **1.** Transferencia al Estado, u otro organismo colectivo, de la explotación de los bienes de producción o de cualquier otra fuente de riqueza. **2.** Creación de condiciones que favorezcan el desarrollo integral de las personas. **SIN. 1.** Nacionalización. **ANT. 1.** Privatización.

socializador, ra *adj.* Que socializa: *medida socializadora.*

socializar (de *social*) *v. tr.* **1.** Transferir al Estado u otro organismo colectivo propiedades, bienes de producción y otras fuentes de riqueza en manos de particulares. **2.** Crear las condiciones sociales que favorezcan en los seres humanos el desarrollo integral de su persona. ■ Delante de *e* se escribe *c* en lugar de *z*. **SIN. 1.** Nacionalizar. **ANT. 1.** Privatizar. **FAM.** Socialización, socializador, socializante. SOCIAL.

sociata *adj. fam.* Socialista. También *s. m.* y *f.* ■ Tiene un matiz despectivo o humorístico.

sociedad (del lat. *societas, -atis*) *s. f.* **1.** El conjunto de los seres humanos: *La guerra es uno de los males de la sociedad.* **2.** Conjunto de personas que, de forma permanente y con una estructura determinada, se relacionan en un momento o espacio concreto y manifiestan unos comportamientos y características comunes: *la sociedad medieval.* **3.** Trato o relación entre estas personas: *Mucha gente no sabe vivir en sociedad.* **4.**

Agrupación, generalmente natural, de personas o animales que cooperan para conseguir todos o algunos de los fines de la vida: *La colmena constituye una sociedad de abejas.* **5.** Asociación de personas, entidades, países, etc., que cooperan en actividades comunes y tratan de conseguir unos mismos fines: *la sociedad protectora de animales.* **6.** Alta sociedad: *ecos de sociedad.* **7.** En der., contrato por el que dos o más personas físicas o jurídicas se comprometen a poner en común dinero, bienes o trabajo, con la finalidad de repartir entre sí las ganancias. || **8. alta** (o **buena**) **sociedad** Conjunto de personas, generalmente de posición económica elevada, que se distinguen por la elegancia y refinamiento de sus costumbres y modos de vida. **9. sociedad anónima** Sociedad mercantil que tiene el capital dividido en acciones cuyo importe es entregado por los socios que las suscriben, y que no responden personalmente de las deudas sociales. Se representa con las siglas *SA.* **10. sociedad de consumo** Tipo de sociedad humana en que se fomenta la adquisición y el consumo excesivo de bienes. **11. sociedad** (**de responsabilidad**) **limitada** Sociedad mercantil formada por un número reducido de socios que no responden personalmente de las deudas sociales, y cuyo capital se divide en participaciones de igual valor. Se representa con las siglas *SL.* || LOC. **presentar en sociedad** Introducir a alguien en la alta sociedad o en otro grupo selecto, por medio de un acontecimiento social, p. ej. un baile o una fiesta. SIN. **1.** Mundo, humanidad. **1.** a **4.** Comunidad. **2.** y **4.** Colectividad. **5.** Colectivo, círculo; empresa, compañía. FAM. Sociable, social, societario, sociología. SOCIO.

societario, ria (del lat. *societas, -atis*) *adj.* Relativo a las asociaciones, particularmente las obreras.

socio, cia (del lat. *socius*) *s. m.* y *f.* **1.** Miembro de una sociedad o asociación: *El club ha aumentado el número de socios.* **2.** Persona asociada con otra u otras para algún fin, especialmente comercial: *He buscado un socio para el negocio.* **3.** *fam.* Amigo, compañero, compinche. || **4. socio capitalista** El que aporta dinero en una empresa. **5. socio industrial** El que aporta su trabajo o conocimientos. SIN. **1.** Asociado. **3.** Colega. FAM. Sociedad. / Asociar, consocio, disociar.

socio- *pref.* Significa 'social': *socioeconómico, sociología.*

sociobiología *s. f.* Ciencia que estudia la base biológica de las formas de conducta social en todo tipo de seres, incluido el hombre.

sociocultural *adj.* Relativo al estado cultural de una sociedad o grupo social.

socioeconómico, ca *adj.* Relativo a las condiciones, relaciones, etc., sociales y económicas de una colectividad.

sociolaboral *adj.* Se aplica a los diversos aspectos del mundo laboral en relación con la sociedad: *Las medidas pretenden mejorar la situación sociolaboral de los inmigrantes.*

sociolecto *s. m.* En ling., dialecto o conjunto de usos lingüísticos peculiares de un grupo social de hablantes.

sociolingüística *s. f.* Rama de la lingüística que estudia las relaciones entre la lengua y la sociedad. FAM. Sociolingüístico. LINGÜÍSTICA.

sociología (de *socio-* y *-logía*) *s. f.* Ciencia que estudia todo lo relativo a las sociedades humanas y a las relaciones sociales y sus leyes. FAM. Sociológico, sociólogo. SOCIEDAD.

sociológico, ca *adj.* De la sociología o de su objeto de estudio.

sociopolítico, ca *adj.* De la política en relación con la sociedad: *Las medidas impopulares implican un alto coste sociopolítico para el gobierno.*

soconusco *s. m. Amér.* Chocolate refinado al que se añadían unos polvos que le daban muy buen aroma y sabor.

socorrer (del lat. *succurrere*) *v. tr.* Ayudar a alguien para que salga de un peligro o necesidad: *Enviaron víveres para socorrer a los damnificados.* SIN. Auxiliar, amparar, salvar. ANT. Desamparar, abandonar. FAM. Socorredor, socorrido, socorrismo, socorro. CORRER.

socorrido, da 1. *p.* de **socorrer**. También *adj.* || *adj.* **2.** Se dice del recurso que se usa fácilmente y con frecuencia: *Si tienes prisa, la comida congelada es muy socorrida.* SIN. **2.** Útil, práctico.

socorrismo *s. m.* Conjunto de actividades y técnicas destinadas a prestar ayuda a personas accidentadas o en peligro, especialmente en el agua. FAM. Socorrista. SOCORRER.

socorrista *s. m.* y *f.* Persona que practica el socorrismo.

socorro *s. m.* **1.** Acción de socorrer: *prestar socorro.* **2.** Aquello con que se socorre, como medicinas, alimentos, dinero, etc.: *Enviaron socorros a la zona siniestrada.* || *interj.* **3.** Se usa para pedir ayuda. SIN. **1.** a **3.** Auxilio, ayuda.

socrático, ca (del lat. *socraticus*) *adj.* **1.** Relativo a la filosofía de Sócrates. **2.** Que sigue las ideas o el método de este filósofo griego. También *s. m.* y *f.* FAM. Presocrático.

soda (del ital. *soda*, y éste del ár. vulg. *sauda*, sosa) *s. f.* Bebida gaseosa compuesta por agua, ácido carbónico y, generalmente, alguna esencia, p. ej. limón.

sódico, ca *adj.* **1.** De sodio o relacionado con él. || **2. cloruro sódico** Sal marina o sal gema.

sodio (de *soda*) *s. m.* Metal alcalino, blando, de color y brillo argentinos, que se oxida rápidamente en contacto con el aire y descompone el agua a temperatura ordinaria. Es muy abundante en la naturaleza. Su símbolo químico es *Na.* FAM. Sódico.

sodomía (de *Sodoma*, antigua ciudad de Palestina) *s. f.* **1.** Cópula anal entre personas. **2.** P. ext., homosexualidad masculina. SIN. **2.** Pederastia. FAM. Sodomita, sodomítico, sodomizar.

sodomita *adj.* **1.** De Sodoma, antigua ciudad de Palestina. También *s. m.* y *f.* **2.** Se dice de quien practica la cópula anal. También *s. m.* SIN.

sodomizar *v. tr.* Someter a sodomía a una persona. ■ Delante de *e* se escribe *c* en lugar de *z.*

soez *adj.* Grosero, vulgar, de mal gusto. SIN. Ordinario, chabacano. ANT. Refinado.

sofá (del fr. *sofa*, y éste del ár. *suffa*) *s. m.* **1.** Asiento mullido y cómodo, con respaldo y brazos, para dos o más personas. || **2. sofá-cama** Sofá que puede convertirse en cama. ■ Se escribe también *sofá cama.*

sofión (del ital. *soffione*, de *soffiare*, y éste del lat. *sufflare*, soplar) *s. m.* **1.** Reprensión o contestación brusca en que se demuestra enfado. **2.** En geol., emisión natural de vapor de agua y otros gases, a alta temperatura y presión. SIN. **1.** Bufido.

sofisma (del lat. *sophisma*, y éste del gr. *sophisma*) *s. m.* Argumento aparentemente lógico o correcto mediante el cual se quiere defender algo falso o confundir al interlocutor. FAM. Sofista, sofística, sofisticar, sofístico.

sofista (del lat. *sophista*, y éste del gr. *sophistes*) *adj.* **1.** Que contiene sofismas o argumenta con sofismas. También *s. m.* y *f.* || *s. m.* **2.** En la antigua Grecia, nombre dado a ciertos filósofos pertenecientes a un movimiento intelectual de carácter escéptico y relativista que floreció a mediados del s. V a. C. SIN. **1.** Sofístico.

sofística (de *sofístico*) *s. f.* Movimiento intelectual constituido por los sofistas.

sofisticado, da 1. *p.* de **sofisticar**. || *adj.* **2.** Refinado, exquisito, elegante: *una mujer sofisticada.* **3.** Poco natural, demasiado estudiado: *Tiene una forma de hablar y moverse demasiado sofisticada.* **4.** Muy complicado o perfeccionado en cuanto a su estructura o manejo: *un sofisticado mecanismo.* SIN. **3.** Afectado, artificial. **4.** Complejo, acabado. ANT. **2.** Vulgar. **3.** Espontáneo. **4.** Sencillo.

sofisticar (de *sofisma*) *v. tr.* **1.** Dar excesivo artificio o refinamiento a alguien o algo, restándole naturalidad o sencillez: *Tanta modernidad sofistica su aspecto.* **2.** Complicar o perfeccionar algo utilizando criterios, métodos, tecnología, etc., muy avanzados: *Han sofisticado tanto el proceso que ahora se precisa un especialista.* **3.** Falsificar, alterar, especialmente un razonamiento. ■ Delante de *e* se escribe *qu* en lugar de *c*. SIN. **1.** Amanerar, afectar. **2.** Desarrollar. ANT. **2.** Simplificar. FAM. Sofisticación, sofisticado. SOFISMA.

sofístico, ca *adj.* **1.** Relativo al sofisma o que lo contiene: *argumento sofístico.* **2.** Relativo a los sofistas o a la sofística.

soflama (de *so-* y el lat. *flamma*, llama) *s. f.* Discurso apasionado con que se intenta arrastrar a un grupo de personas para que hagan algo: *Enardecidos por las soflamas de su líder, se echaron a la calle.* SIN. Arenga.

soflamar (de *soflama*) *v. tr.* Requemar o chamuscar algo en la llama. También *v. prnl.* FAM. Soflama. FLAMA.

sofocante *adj.* Se dice del calor o de la situación embarazosa que produce sensación de ahogo. SIN. Asfixiante, abrumador.

sofocar (del lat. *suffocare*) *v. tr.* **1.** Producir ahogo. También *v. prnl.*: *El abuelo se sofoca subiendo escaleras.* **2.** Dominar o impedir que algo continúe: *sofocar un incendio, una rebelión.* También *v. prnl.* **3.** Avergonzar, sonrojar. También *v. prnl.*: *Es tímido y se sofoca con cualquier cosa.* **4.** Molestar, agobiar: *Me sofocas con tus interminables quejas.* || **sofocarse** *v. prnl.* **5.** Irritarse, excitarse: *No menciones el tema, si no quieres que se sofoque.* **6.** Llevarse un sofoco o disgusto: *No te sofoques, todo se arreglará.* ■ Delante de *e* se escribe *qu* en lugar de *c*. SIN. **1.** Ahogar(se), asfixiar(se). **2.** Apagar(se), extinguir(se), aplastar. **3.** Abochornar(se). **4.** Incordiar, acosar. **5.** Alterarse, encolerizarse. **6.** Disgustarse. ANT. **2.** Avivar(se). **5.** y **6.** Alegrarse. FAM. Sofocación, sofocador, sofocante. SOFOCO.

sofoco *s. m.* **1.** Sensación de ahogo: *Subir cuestas me produce sofoco.* **2.** Sensación de calor, acompañada generalmente de enrojecimiento de la piel y sudor. **3.** Disgusto grande: *Menudo sofoco se va a llevar cuando se entere.* SIN. **1.** Asfixia. **1.** a **3.** Sofoquina, sofocación. **2.** Bochorno. **3.** Sofocón, enfado. ANT. **1.** Alivio. **3.** Alegría. FAM. Sofocar, sofocón, sofoquina.

sofocón (aum. de *sofoco*) *s. m.* Disgusto muy grande: *Se llevó un sofocón cuando la rechazaron.* SIN. Sofoquina, sofocación. ANT. Alegrón.

sofoquina *s. f. fam.* Sofoco intenso. SIN. Sofocón, sofocación.

sófora (del lat. moderno *Sophora*, y éste del ár. *sufaira*) *s. f.* Árbol papilionáceo de hojas pinnadas y flores pequeñas, blancas o amarillas, en panojas o racimos colgantes. Originario de Extremo Oriente, crece también en Europa. Es muy resistente a la sequía.

sofreír *v. tr.* Freír ligeramente. ■ Es v. irreg. Se conjuga como *freír*. SIN. Rehogar. FAM. Sofrito. FREÍR.

sofrenar *v. tr.* **1.** Retener al caballo tirando firmemente de las riendas. **2.** Dominar una pasión, alteración o impulso: *Sofrena tu ira.* SIN. **1.** y **2.** Refrenar. ANT. **1.** y **2.** Espolear. FAM. Sofrenada. FRENAR.

sofrito, ta 1. *p.* irreg. de **sofreír**. También *adj.* || *s. m.* **2.** Condimento compuesto de diversos ingredientes que se sofríen en aceite, especialmente tomate y cebolla.

sofrología (del gr. *sophron*, calmado, y *-logía*) *s. f.* Rama de la psiquiatría que estudia los cambios de conciencia en el hombre, así como sus posibilidades y aplicaciones terapéuticas.

software (ingl.) *s. m.* En inform., conjunto de programas, instrucciones, reglas, etc., que permiten al ordenador ejecutar ciertas tareas.

soga (del lat. *soca*) *s. f.* Cuerda gruesa de esparto, trenzada o retorcida. || LOC. **a soga** *adv.* Manera de construir colocando el lado más largo de la piedra, ladrillo, etc., paralelo a la dirección del muro. **con la soga al cuello** *adv. fam.* En situación apurada. SIN. Maroma. FAM. Soguería.

sogún *s. m.* Shogun*.

soirée (fr.) *s. f.* Espectáculo, fiesta o reunión que tiene lugar por la noche.

soja (del japonés *shoy*) *s. f.* Planta herbácea de la familia papilionáceas, de 1 m de altura aproximadamente, que tiene tallo recto, hojas compuestas, flores pequeñas en racimo, violetas o blancas, y fruto en legumbre, con vainas que contienen de 2 a 5 semillas. Se cultiva por el contenido en grasas y proteínas de su semilla, de la que se extrae aceite, piensos y materiales para la industria textil.

sojuzgar (del lat. *subiugare*, con influjo de *juzgar*) *v. tr.* Dominar con violencia a una persona, país, etc.: *El dictador sojuzga al pueblo.* ■ Delante de *e* se escribe *gu* en lugar de *g*. SIN. Someter, oprimir, subyugar. ANT. Liberar. FAM. Sojuzgador. SUBYUGAR.

soka-tira *s. m.* En el País Vasco, deporte en que dos equipos separados por una línea tiran de los extremos de una soga intentando arrastrar al contrario hasta el campo propio.

sol (sílaba de la primera estrofa del himno a San Juan Bautista) *s. m.* Quinta nota de la escala musical. ■ No varía en *pl.* FAM. Solfa.

Sol (del lat. *sol, solis*) *n. p.* **1.** Estrella que constituye el centro del Sistema Solar, formada por materiales sometidos a elevadísimas temperaturas y presiones, y que proporciona energía lumínica y calorífica a la Tierra y al resto de planetas y satélites del sistema. || **sol** *s. m.* **2.** P. ext., cualquier estrella alrededor de la que gravita un sistema planetario. **3.** Luz y calor que irradia el Sol sobre la Tierra: *Aquí da el sol por la mañana. Hoy hace sol.* **4.** Lugar soleado: *No te pongas en el sol, que te vas a quemar.* **5.** *fam.* Tratamiento cariñoso: *Este niño es un sol.* **6.** Antigua moneda del Perú, que fue sustituida por el inti, y éste, a su vez, por el nuevo sol. || **7. nuevo sol** Unidad monetaria del Perú. **8. sol de justicia** *fam.* Sol muy intenso. **9. sol y sombra** Mezcla de anís y coñac: *Se tomó un café y un sol y sombra.* || LOC. **arrimarse** uno **al**

sol que más calienta *fam.* Procurar alguien estar a bien con las personas que más le puedan favorecer. **de sol a sol** *adv.* Todo el día, desde el amanecer hasta el anochecer: *Trabaja de sol a sol.* **no dejar** a alguien **ni a sol ni a sombra** *fam.* Acompañarle o perseguirle continuamente: *Su guardaespaldas no le deja ni a sol ni a sombra.* **pegar** (o **picar**) **el sol** Calentar mucho el sol. SIN. **5.** Encanto, cielo. FAM. Solana, solanáceo, solanera, solano, solar[3], solario, solazo, solear, solera[2], solsticio. / Asolar[2], girasol, insolación, mirasol, parasol, quitasol, resol, tornasol.

solado, da 1. *p.* de **solar**. También *adj.* || *s. m.* **2.** Acción de solar. **3.** Revestimiento del suelo con losetas, baldosas u otro material semejante. SIN. **2.** Soladura.

solador *s. m.* Albañil especializado en colocar baldosas, losetas, etc., en el suelo.

soladura *s. f.* **1.** Acción de solar pisos. **2.** Material para solar.

solamente *adv. m.* Con exclusión de cualquier otra persona, cosa, acción, etc.: *Solamente le quiero a él.* ■ Se usa también la forma *sólo.*

solana (del lat. *solana*) *s. f.* **1.** Lugar donde el sol da de lleno. **2.** En una casa, terraza o galería donde da el sol. SIN. **1.** Solanera.

solanáceo, a (del lat. *solanum*) *adj.* **1.** Se dice de una serie de plantas herbáceas, arbustivas o arbóreas, con flores de corola acampanada cuyo androceo tiene cinco estambres, frutos en baya o cápsula y, en muchas especies, órganos subterráneos comestibles. Entre ellas destacan la patata, el tomate, la berenjena, la belladona y el tabaco, muchas originarias de América. Crecen en países de clima cálido y templado. También *s. f.* || *s. f. pl.* **2.** Familia a la que pertenecen estas plantas.

solanera *s. f.* **1.** Exceso de sol: *Vaya solanera que hace hoy.* **2.** Lugar en que da mucho el sol: *Se sentó en plena solanera.* **3.** Exposición prolongada a un sol intenso y efecto perjudicial que suele producir: *Llegó a casa con una solanera terrible.* SIN. **1.** Solazo. **2.** Solana.

solano (del lat. *solanus*) *s. m.* **1.** Viento del E. **2.** En algunas regiones, viento cálido y sofocante, cualquiera que sea su procedencia.

solapa (de *so-* y el lat. *lapis*, losa) *s. f.* **1.** Doblez que ciertas prendas de vestir, como chaquetas y abrigos, tienen en la parte superior del pecho. **2.** Parte del sobre que se dobla y se pega para cerrarlo. **3.** Prolongación lateral de la cubierta o la sobrecubierta de algunos libros, que se dobla hacia dentro. FAM. Solapar.

solapado, da 1. *p.* de **solapar**. También *adj.* || *adj.* **2.** Se aplica a los propósitos, pensamientos, acciones, etc., maliciosos o con intención oculta, así como a la persona que los tiene o realiza. SIN. **2.** Taimado, ladino, hipócrita. ANT. **2.** Manifiesto, franco. FAM. Solapadamente. SOLAPAR.

solapar *v. tr.* **1.** Montar, tapar una cosa a otra total o parcialmente. También *v. prnl.*: *Las escamas de un pez se solapan unas a otras.* **2.** Ocultar engañosamente un propósito, una actuación, la verdad, etc.: *Solapaba sus perversas intenciones con amables palabras.* || *v. intr.* **3.** Montar uno sobre otro los delanteros u otras partes de una prenda de vestir: *Como has engordado, no solapa bien la chaqueta.* || **solaparse** *v. prnl.* **4.** Superponerse, coincidir: *Eso se solapa con lo que dije antes.* SIN. **1.** Sobreponer(se), cubrir(se). **2.** Esconder, disimular. ANT. **1.** y **2.** Descubrir. FAM. Solapado. SOLAPA.

solar[1] (del lat. *solum*, suelo) *v. tr.* **1.** Cubrir el suelo con ladrillos, baldosas, etc. También *v. intr.* **2.** Ponerle suelas al calzado. ■ Es v. irreg. Se conjuga como *contar.* SIN. **1.** Pavimentar. FAM. Solado, solador, soladura. SUELO.

solar[2] (del lat. *solum*, suelo) *adj.* **1.** Se aplica a la heredad o casa más antigua y noble de una familia. También *s. m.* || *s. m.* **2.** Terreno destinado a la edificación. **3.** Linaje o familia noble: *Procede de un prestigioso solar castellano.* SIN. **1.** Solariego. **3.** Estirpe. FAM. Solariego, solera. SUELO.

solar[3] (del lat. *solaris*) *adj.* Del Sol o relacionado con él: *luz solar, energía solar, sistema solar.*

solariego, ga *adj.* **1.** Relativo a un solar noble: *Está arruinado, pero conserva su caserón solariego.* También *s. m.* y *f.* **2.** P. ext., noble y antiguo: *villa solariega.* || **3. casa solariega** Aquella vinculada a una familia por haber vivido en ella varias generaciones.

solárium o **solario** (del lat. *solarium*) *s. m.* Lugar reservado para tomar el sol. ■ El pl. de *solárium* es *soláriums.*

solaz (del prov. ant. *solatz*, y éste del lat. *solacium*, consuelo) *s. m.* Placer, distracción: *La música es su único solaz.* SIN. Recreo, diversión, entretenimiento, esparcimiento. ANT. Aburrimiento, desagrado, fastidio. FAM. Solazar.

solazar *v. tr.* Proporcionar solaz o distracción: *Nos solazaba con su charla.* También *v. prnl.* ■ Delante de *e* se escribe *c* en lugar de *z.* SIN. Recrear(se), distraer(se), entretener(se). ANT. Aburrir(se).

solazo (aum. de *sol*) *s. m.* Sol fuerte y caluroso. SIN. Solanera.

soldada *s. f.* Sueldo, particularmente el de los soldados. SIN. Paga, estipendio, haber, jornal.

soldadesca *s. f.* **1.** *desp.* Conjunto de soldados, especialmente los que cometen abusos. **2.** Ejercicio o profesión de soldado. SIN. **2.** Milicia.

soldadesco, ca *adj.* Propio de los soldados.

soldado (del ital. *soldato*) *s. m.* **1.** Persona que sirve con el grado más bajo en el ejército o la milicia. **2.** P. ext., militar de cualquier graduación: *El coronel es un gran soldado.* **3.** Defensor o partidario de algo: *soldados de la libertad.* FAM. Soldada, soldadesca, soldadesco.

soldador, ra *s. m.* y *f.* **1.** Persona que tiene por oficio soldar. || *s. m.* **2.** Instrumento empleado para soldar.

soldadura *s. f.* **1.** Acción de soldar: *Termina la soldadura de la cañería.* **2.** Lugar de unión entre dos cosas soldadas: *Ha cedido la soldadura.* **3.** Material que se usa para unir las cosas que se sueldan, p. ej. el estaño. || **4. soldadura autógena** La que se hace fundiendo únicamente los bordes de las dos partes que se sueldan.

soldar (del lat. *solidare*, consolidar, afirmar) *v. tr.* Unir fuertemente dos o más cosas fundiendo sus bordes u otro material igual o semejante que se aplica sobre éstos. También *v. prnl.* ■ Es v. irreg. Se conjuga como *contar.* FAM. Soldador, soldadura. SÓLIDO.

soleá *s. f.* Copla y danza flamencas de carácter melancólico y compás de tres por ocho.

soleado, da 1. *p.* de **solear**. || *adj.* **2.** Se dice del tiempo atmosférico en el que no hay nubes en la atmósfera y prevalece el sol.

solear *v. tr.* Tener por algún tiempo algo al sol. Se usa más como *v. prnl.*: *Se está soleando la colada.* FAM. Soleado, soleamiento. SOL.

solecismo (del lat. *soloecismus*, y éste del gr. *soloikismos*, de *soloikos*, que habla incorrectamente) *s. m.* Falta que consiste en emplear habitualmente al hablar una palabra o expresión incorrecta o sintácticamente mal construida, p. ej. *me se olvidó* por *se me olvidó*.

soledad (del lat. *solitas, -atis*) *s. f.* **1.** Circunstancia de no estar o no vivir acompañado: *Para escribir prefiere la soledad.* **2.** Tristeza que se siente por la ausencia o pérdida de alguien: *Al faltar su amo, el perro murió de soledad.* **3.** Circunstancia de estar desierto o no habitado un lugar y, también, este mismo lugar: *El viajero recorrió la inmensa soledad del páramo.* **SIN. 1.** Aislamiento. **2.** Melancolía, nostalgia. **ANT. 1.** Compañía.

solemne (del lat. *solemnis*) *adj.* **1.** Se aplica a los actos celebrados públicamente con gran esplendor: *misa solemne, audiencia solemne.* **2.** Se dice de aquello que tiene un carácter oficial, serio, firme: *Hizo la solemne promesa de volver.* **3.** Majestuoso, impresionante: *El palacio tiene un aspecto solemne.* **SIN. 1.** Protocolario, ceremonioso. **1.** y **2.** Grave, digno. **3.** Imponente. **ANT. 1.** y **2.** Informal. **3.** Insignificante. **FAM.** Solemnemente, solemnidad, solemnizar.

solemnidad (del lat. *solemnitas, -atis*) *s. f.* **1.** Cualidad de solemne: *Nos impresionó la solemnidad de sus palabras.* **2.** Acto solemne. **3.** Festividad religiosa: *la solemnidad del Corpus Christi.* **SIN. 1.** Aparatosidad, majestad.

solemnizar (del lat. *solemnizare*) *v. tr.* **1.** Celebrar algo de manera solemne. **2.** Dar solemnidad o importancia a algo: *La presencia de las autoridades solemnizaba el acto.* ■ Delante de *e* se escribe *c* en lugar de *z*. **SIN. 2.** Realzar. **ANT. 2.** Deslucir.

solenoide (del gr. *solen, -enos*, tubo, y *eidos*, forma) *s. m.* Hilo conductor arrollado en espiral por el que circula una determinada intensidad de corriente, creando en su interior un campo magnético inducido muy homogéneo e intenso. Se utiliza para fabricar electroimanes.

sóleo (del lat. *solea*, suela) *s. m.* Músculo de la pantorrilla, que se une a los gemelos para formar el tendón de Aquiles y sirve para elevar el talón y extender el pie.

soler (del lat. *solere*) *v. intr.* **1.** Tener por costumbre lo que se expresa: *No suelo desayunar café.* **2.** Ser frecuente o habitual: *Estos melones suelen salir buenos.* ■ Es v. irreg. defect. Se conjuga como *mover*, pero sólo se usan los tiempos presente, pretérito imperfecto, pretérito perfecto simple y pretérito perfecto de indicativo y el presente de subjuntivo, además de las formas no personales. **SIN. 1.** y **2.** Acostumbrar. **FAM.** Insolente, insólito, obsoleto.

solera[1] (del lat. *solaria*, de *solum*, suelo) *s. f.* **1.** Carácter que, por herencia o tradición, posee una persona, colectividad, lugar, etc.: *Es uno de los barrios con más solera de la ciudad.* **2.** Vejez o antigüedad del vino. **3.** Piedra fija del molino. **4.** Madre del vino. **5.** *Méx.* Baldosa, ladrillo.

solera[2] (de *Sol*) *s. f. Arg.* y *Urug.* Vestido escotado con tirantes.

soletilla *s. f.* Bizcocho estrecho y alargado, con forma de suela.

solfa (de las notas musicales *sol* y *fa*) *s. f.* **1.** Arte de solfear. **2.** Conjunto de signos con que se escribe la música. **3.** Música. **4.** *fam.* Paliza. || **LOC. poner en solfa** una cosa *fam.* Ridiculizarla o ponerla en duda. **FAM.** Solfear. SOL.

solfatara (ital.) *s. f.* Emisión de gases sulfurosos que se produce en grietas de zonas volcánicas.

solfear *v. tr.* Cantar un fragmento musical marcando el compás y pronunciando los nombres de las notas. También *v. intr.* **FAM.** Solfeador, solfeo, solfista. SOLFA.

solfeo (del ital. *solfeggio*) *s. m.* Técnica para leer correctamente un texto musical y estudios de música dedicados a su aprendizaje.

solfista *s. m.* y *f.* **1.** Persona que solfea. **2.** Persona que sabe solfeo y lee y entona con facilidad una partitura musical.

solicitante *adj.* Que solicita o pide algo siguiendo los pasos establecidos por la normativa legal o social. También *s. m.* y *f.* **SIN.** Pretendiente, aspirante, postulante. **ANT.** Ofertante.

solicitar (del lat. *sollicitare*) *v. tr.* **1.** Pedir algo de manera respetuosa o siguiendo los trámites necesarios: *Solicité permiso para salir un momento. Solicité una beca.* **2.** Intentar conseguir la presencia, compañía, amistad, atención, etc., de una persona: *Le solicitan los grandes teatros del mundo.* **3.** Tratar de enamorar o conquistar a alguien: *La solicitan todos los solteros de la ciudad.* **SIN. 1.** Demandar, rogar, instar. **1.** a **3.** Requerir. **3.** Pretender, cortejar. **ANT. 1.** a **3.** Rechazar, rehusar. **FAM.** Solicitación, solicitador, solicitante, solícito. CITAR.

solícito, ta (del lat. *sollicitus*) *adj.* **1.** Se dice de la persona servicial y atenta, así como de su actitud, comportamiento, etc.: *El camarero estuvo muy solícito con nosotros.* **2.** P. ext., cariñoso, afectuoso: *una madre muy solícita para con sus hijos.* **SIN. 1.** Complaciente, diligente, cortés. **1.** y **2.** Amable. **2.** Entrañable, caluroso. **ANT. 1.** y **2.** Desagradable, seco. **2.** Frío. **FAM.** Solícitamente, solicitud. SOLICITAR.

solicitud (del lat. *sollicitudo, -inis*) *s. f.* **1.** Cualidad de solícito: *Nos recibió con gran solicitud.* **2.** Acción de solicitar o pedir: *En este momento no podemos atender su solicitud.* **3.** Documento en que se pide algo: *Entregué mi solicitud en la ventanilla.* **SIN. 1.** Amabilidad, diligencia, cortesía; ternura, calor. **2.** Petición, demanda, ruego. **3.** Instancia. **ANT. 1.** Sequedad; frialdad.

solidaridad *s. f.* Actitud de participación y apoyo que se muestra hacia los problemas, actividades o inquietudes de otro u otros, por razones morales, ideológicas, etc.: *Firmó la protesta por solidaridad con sus compañeros.* **SIN.** Compañerismo, camaradería, fraternidad, adhesión, respaldo. **ANT.** Insolidaridad. **FAM.** Solidario. SÓLIDO.

solidario, ria *adj.* **1.** Que actúa con solidaridad o la demuestra. **2.** En der., se aplica a la facultad u obligación común a varias personas que puede ejercitarse o cumplirse totalmente por cada una de ellas. **SIN. 1.** Fraternal, amistoso. **ANT. 1.** Insolidario. **FAM.** Solidariamente, solidarizar. / Insolidario. SOLIDARIDAD.

solidarizar *v. tr.* Hacer solidario a alguien. Se usa más como *v. prnl.*: *Algunos profesores se solidarizaron con las protestas de los alumnos.* ■ Delante de *e* se escribe *c* en lugar de *z*. **SIN.** Unirse, respaldar, apoyar. **ANT.** Desunir(se).

solideo (del lat. *soli Deo*, a Dios sólo) *s. m.* Casquete de tela que llevan algunos eclesiásticos, de color negro los sacerdotes, violeta los obispos, rojo los cardenales y blanco el papa.

solidez *s. f.* Cualidad de sólido. **SIN.** Cohesión, consistencia, firmeza. **ANT.** Fragilidad, debilidad.

solidificar (del lat. *solidus*, sólido, y *facere*, hacer) *v. tr.* Hacer que un cuerpo pase del estado líquido al sólido. También *v. prnl.*: *El agua se solidifica por la acción del frío.* ■ Delante de *e* se escribe *qu* en lugar de *c*. **FAM.** Solidificación. SÓLIDO.

sólido, da (del lat. *solidus*) *adj.* **1.** Se aplica al estado de la materia cuyas moléculas poseen el mayor grado de cohesión o atracción recíproca, así como a los cuerpos que presentan dicho estado: *El hielo es agua sólida.* También *s. m.* **2.** Firme, seguro, resistente: *Construyeron la caja con materiales sólidos. Tiene una sólida cultura. Goza de una sólida posición.* **3.** Apoyado en razones bien fundamentadas: *Sus argumentos eran muy sólidos.* || *s. m.* **4.** Cuerpo geométrico: *el área de un sólido.* SIN. **2.** Fuerte, compacto, macizo; estable, consistente; consolidado, arraigado, asentado. **3.** Concluyente. ANT. **1.** Líquido; gaseoso. **2.** y **3.** Frágil. FAM. Sólidamente, solidaridad, solidez, solidificar. / Consolidar, soldar..

soliloquio (del lat. *soliloquium*, de *solus*, solo, y *loqui*, hablar) *s. m.* Monólogo*. ANT. Diálogo, coloquio.

solio (del lat. *solium*) *s. m.* **1.** Trono con dosel. || **2. solio pontificio** Dignidad de papa.

solípedo (del lat. *solidipes, -edis*, de pies macizos) *adj.* Se dice del cuadrúpedo con un solo dedo y una gruesa uña, que constituye una funda protectora muy fuerte denominada casco, como el caballo, el asno o la cebra.

solipsismo (del lat. *solus ipse*, uno mismo solo) *s. m.* Posición filosófica de carácter radical que mantiene que sólo existe el propio yo y que el resto del mundo no es más que una simple representación en la mente del sujeto. FAM. Solipsista. SOLO.

solista *s. m.* y *f.* **1.** En mús., persona que interpreta un solo de una pieza vocal o instrumental. **2.** Cantante de un grupo musical.

solitaria (del lat. *solitaria*) *s. f.* Tenia*.

solitario, ria (del lat. *solitarius*) *adj.* **1.** Se dice del lugar en que no habita nadie o viven muy pocas personas, o por el que pasa poca gente: *Su casa está en una calle muy solitaria.* **2.** No acompañado: *¿Qué haces aquí tan solitario?* También *s. m.* y *f.* **3.** Se aplica a la persona que vive en soledad o la busca, así como a su carácter, forma de vida, etc. También *s. m.* y *f.* || *s. m.* **4.** Brillante que se engarza como única piedra en una joya. **5.** Juego de cartas para una sola persona. SIN. **1.** Desierto, deshabitado, despoblado, desolado. **2.** Solo. **3.** Insociable, huraño. ANT. **1.** Transitado, populoso. **3.** Sociable. FAM. Solitariamente. SOLO.

soliviantar *v. tr.* **1.** Animar a alguien a la rebelión: *Soliviantó a todas las tribus contra el invasor.* También *v. prnl.*: *El pueblo se soliviantó contra la autoridad.* **2.** Alterar, inquietar: *Su llegada soliviantó los ánimos.* También *v. prnl.* **3.** Enfadar o irritar mucho a una persona: *Me solivianta que sea tan tacaño.* También *v. prnl.* **4.** Hacer que alguien conciba esperanzas infundadas, proyectos irrealizables, etc.: *Deja de soliviantarle con planes absurdos.* SIN. **1.** Hostigar, instigar, alzar(se), amotinar(se), insurreccionar(se), levantar(se). **1.** y **3.** Sublevar(se). **2.** Agitar(se), perturbar(se), conmocionar(se), intranquilizar(se). **3.** Indignar(se), enojar(se), exasperar(se), cabrear(se). **4.** Encandilar, deslumbrar. ANT. **1.** y **2.** Apaciguar(se). **1.** y **4.** Disuadir. **2.** Tranquilizar(se). **3.** Agradar. **4.** Desengañar.

solla (del gall. *solla*, y éste del lat. *solea*) *s. f.* Pez teleósteo marino de entre 50 y 90 cm de longitud, forma aplanada, piel suave, color gris oscuro con ocelos anaranjados y ambos ojos en el lado derecho. Vive en el Atlántico y Mediterráneo y es apreciado por su carne.

sollado (del port. *solhado*, piso, suelo, de *soalho*, y éste del lat. *solum*) *s. m.* Cubierta interior de un barco donde están instalados los alojamientos, camarotes y almacenes.

sollozar (del lat. vulg. *suggluttiare*, de *singultiare*) *v. intr.* Llorar con respiración entrecortada y movimientos bruscos y temblorosos. ■ Delante de *e* se escribe *c* en lugar de *z*. SIN. Gimotear, hipar. FAM. Sollozante, sollozo.

sollozo (del lat. vulg. *suggluttium*, de *singultus*) *s. m.* Acción de sollozar. Se usa más en *pl.*: *Los sollozos no le dejaban hablar.* SIN. Gemido, gimoteo. ANT. Risa.

solo, la (del lat. *solus*) *adj.* **1.** Que no está acompañado: *No le gusta quedarse sola. ¿Qué hace ahí ese libro solo?* **2.** Que no tiene otros añadidos: *Tomaré leche sola.* **3.** Que no tiene familia, apoyo o protección: *Está solo en la vida.* **4.** Desierto, deshabitado: *La calle se ha quedado sola.* **5.** Único: *Nos presenta una sola duda.* **6.** Se aplica al café servido sin leche. También *s. m.* || *s. m.* **7.** Composición musical o parte de ella interpretada por una única voz o instrumento: *un solo de violín.* **8.** En la danza, parte que se baila sin pareja. || *adv. m.* **9.** Solamente. ■ Se emplea normalmente con tilde para no confundirlo con *solo*, adjetivo. || LOC. **a solas** *adv.* Sin compañía o apoyo: *Quiso que le dejaran a solas.* **quedarse** uno **solo** *fam.* No tener alguien oposición, competidores para cierta cosa: *Como alguien se pase de listo, me lío a dar bofetadas y me quedo solo.* SIN. **1.** Solitario. **4.** Vacío. ANT. **4.** Lleno, poblado. FAM. Solamente, soledad, soliloquio, solipsismo, solista, solitaria, solitario.

solomillo *s. m.* En las reses que se despiezan para el consumo, carne situada entre las costillas y el lomo; p. ext., filete que se obtiene de esta pieza.

solsticio (del lat. *solstitium*) *s. m.* Nombre de los dos momentos del año en que es máxima la desigualdad entre el día y la noche. El solsticio de verano se produce el 21 o 22 de junio, y el de invierno el 21 o 22 de diciembre.

soltar *v. tr.* **1.** Hacer que lo que estaba atado, sujeto o unido deje de estarlo: *Suelta la correa del collar.* También *v. prnl.*: *Se soltó la correa del ventilador.* **2.** Dejar libre: *Soltaron a varios presos. Soltó a los pichones de la jaula. Van a soltar el agua de la presa.* También *v. prnl.* **3.** Despedir o echar fuera aquello que se expresa: *¡Qué peste suelta la basura! La carne ha soltado mucho jugo.* **4.** Desenrollar: *Suelta cable.* **5.** Aflojar: *Si te molesta, suéltate el cinturón.* También *v. prnl.* **6.** *fam.* Dar: *Nunca suelta una peseta. El caballo soltó una coz.* **7.** Dejar salir alguien de sí una manifestación fisiológica, la expresión de un sentimiento, etc.: *soltar un estornudo, un grito.* **8.** *fam.* Contar algo, decir: *Espero que no nos suelte otro discurso. Ya le soltó nuestro secreto.* **9.** Referido al vientre, provocar o facilitar la evacuación frecuente: *Toma mucha fruta para soltar el vientre.* También *v. prnl.* || **soltarse** *v. prnl.* **10.** Comenzar a hacer algunas cosas como hablar, andar, etc.: *El niño se soltó a andar a los pocos meses.* **11.** Conseguir hacer algo con soltura: *Ya se suelta con el inglés.* **12.** Perder la timidez o el apuro en el trato con los demás: *Al principio es vergonzoso, pero se suelta en seguida.* || LOC. **soltar** alguien **la lengua**, **soltarse de la lengua** o **soltársele la lengua** a alguien *fam.* Hablar una persona en exceso o inoportunamente. ■ Tiene dos participios, uno regular, *soltado*, para la formación de los tiempos compuestos, y otro irregular, *suelto*, utilizado como adj. Es v. irreg. Se conjuga como *contar*. SIN. **1.** Desatar(se), desamarrar(se), desenganchar(se), desunir(se), desligar(se), desabrochar(se), desasir(se). **2.** Liberar, libertar, excarcelar. **3.** Expeler, emitir, expulsar, arrojar, destilar. **4.** Extender, estirar, alargar. **6.** Asestar, propinar, pegar. **7.** Lanzar. **8.** Largar, meter, encajar, encasquetar. **9.** Aligerar(se). **10.** Romper, empezar. **11.** Manejarse, desenvolverse. **ANT. 1.** Juntar(se), fijar(se); asir(se), prender(se). **2.** Encarcelar. **2.** y **7.** Contener. **3.** Absorber. **4.** Arrollar. **5.** Apretar(se), ajustar(se). **7.** Reprimir. **8.** Callar. **9.** Retener. **12.** Cortarse, apurarse. **FAM.** Soltero, soltura, suelta, suelto.

soltería *s. f.* Estado de soltero. **SIN.** Celibato.

soltero, ra (del lat. *solitarius*) *adj.* Que no se ha casado. También *s. m.* y *f.*: *una reunión de solteros.* **SIN.** Célibe. **ANT.** Casado. **FAM.** Soltería, solterón. SOLTAR.

solterón, na *adj. desp.* Persona de cierta edad que permanece soltera. También *s. m.* y *f.*

soltura *s. f.* Habilidad: *Tiene ya mucha soltura con el piano.* **SIN.** Desenvoltura, destreza, pericia, desparpajo. **ANT.** Torpeza.

solubilidad *s. f.* **1.** Cualidad de soluble. **2.** Cantidad de soluto que, a una determinada temperatura, puede disolverse en cierta cantidad de disolvente para formar una disolución saturada. **ANT. 1.** Insolubilidad, indisolubilidad.

soluble (del lat. *solubilis*) *adj.* **1.** Que se puede disolver: *una sustancia soluble en agua.* **2.** Que se puede solucionar o resolver: *un problema soluble.* **SIN. 1.** Disoluble. **2.** Solucionable, resoluble. **ANT. 1.** Indisoluble. **1.** y **2.** Insoluble. **2.** Irresoluble. **FAM.** Solubilidad. / Hidrosoluble, insoluble, liposoluble. SOLUCIÓN.

solución (del lat. *solutio, -onis*) *s. f.* **1.** Acción de solucionar o solucionarse: *Confía en la solución de todos sus problemas.* **2.** Lo que soluciona algo: *Ayúdame a encontrar una solución.* **3.** Resultado de una operación aritmética, un problema matemático, etc., que cumple las condiciones que en ellos se plantean: *Dime la solución de la ecuación.* **4.** Desenlace de una obra literaria, cinematográfica, etc. **5.** Acción de disolver o diluir: *Se procedió a la solución de las partículas en agua.* **6.** Mezcla homogénea obtenida al disolver una o más sustancias en un disolvente. || **7. solución de continuidad** Interrupción, falta de continuidad: *Pasó de una opinión a otra sin solución de continuidad.* **SIN. 1.** Resolución, reparación. **1.** y **2.** Arreglo. **2.** Remedio, recurso, medida, medio, salida. **4.** Final. **5.** Disolución. **FAM.** Soluble, soluto. / Absolver, disolver, irresolución, resolver. SOLUCIONAR.

solucionar *v. tr.* Poner fin de manera adecuada a una duda, dificultad, etc., o hacer que algo se desarrolle y finalice favorablemente utilizando los medios necesarios para ello: *Vino para solucionar un asunto pendiente.* También *v. prnl.*: *Se solucionó mi problema.* **SIN.** Solventar, resolver(se), reparar(se), arreglar(se), componer(se), remediar(se). **ANT.** Empeorar(se). **FAM.** Solución, solucionable.

soluto (del lat. *solutus*, de *solvere*, disolver) *s. m.* En una disolución, componente que se encuentra en menor proporción.

solvencia (del lat. *solvens, -entis*, solvente) *s. f.* Cualidad de solvente: *No tenía solvencia para satisfacer sus deudas.* **SIN.** Crédito; capacidad, responsabilidad, formalidad, profesionalidad. **ANT.** Insolvencia; incompetencia.

solventar *v. tr.* **1.** Solucionar, resolver una dificultad: *No consiguieron solventar el asunto.* También *v. prnl.* **2.** Pagar algo pendiente: *Solventó sus deudas.* **SIN. 1.** Arreglar(se), remediar. **2.** Satisfacer, liquidar. **ANT. 1.** Empeorar. **2.** Deber.

solvente (del lat. *solvens, -entis*) *adj.* **1.** Que tiene recursos suficientes para pagar sus deudas: *Le concedieron el préstamo porque era solvente.* **2.** P. ext., de buena posición económica: *una familia solvente.* **3.** En quím., disolvente de una solución. **SIN. 2.** Adinerado, acomodado, pudiente, hacendado. **ANT. 1.** Endeudado. **1.** y **2.** Insolvente. **2.** Pobre. **FAM.** Solvencia, solventar. / Insolvente.

soma (del gr. *soma*, cuerpo) *s. m.* Conjunto de las células de un organismo vivo, excepto las reproductoras. **FAM.** Somático. / Centrosoma, cromosoma, lisosoma.

somalí *adj.* **1.** De Somalia. También *s. m.* y *f.* || *s. m.* **2.** Lengua que se habla en dicho estado africano. ■ Su pl. es *somalíes*, pero se usa también *somalís.*

somanta *s. f. fam.* Paliza: *Le dieron una buena somanta.* **SIN.** Tunda, zurra.

somatén (del cat. *sometent*, de *so*, ruido, y *metent*, metiendo) *s. m.* **1.** En Cataluña, grupo de vecinos armados que se movilizan en caso de emergencia. **2.** Cada uno de los miembros de este grupo.

somático, ca (del gr. *somatikos*, corporal) *adj.* **1.** Relativo al cuerpo, por oposición a psíquico: *alteración somática.* **2.** Relativo al soma. **FAM.** Somatización, somatizar, somatología. / Psicosomático. SOMA.

somatizar *v. tr.* Convertir de forma inconsciente un trastorno psíquico en una dolencia física. ■ Delante de *e* se escribe *c* en lugar de *z.*

somatología (del gr. *soma*, cuerpo, y *-logía*) *s. f.* Estudio del cuerpo de los seres vivos, que comprende la anatomía y la fisiología.

sombra *s. f.* **1.** Falta o disminución de claridad producida por un cuerpo opaco situado ante un foco de luz: *Ese toldo da poca sombra.* **2.** Espacio que por esta razón está más oscuro y fresco: *Busca una mesa en la sombra.* **3.** Imagen oscura que proyecta sobre una superficie un cuerpo opaco colocado entre el foco luminoso y dicha superficie: *Le divertía ver su sombra en la pared.* **4.** En dibujo, pintura, etc., representación mediante tonos oscuros de las partes que tienen menos luz. Se usa mucho en *pl.*: *En el cuadro están muy conseguidas las sombras.* **5.** Oscuridad más o menos completa. Se usa sobre todo en *pl.*: *Se perdió en las sombras de la noche.* **6.** Parte de una plaza de toros en que no da el sol al empezar la corrida: *una entrada de sombra.* **7.** Sombra de ojos: *Se dio un toque de sombra y colorete.* **8.** En telecomunicaciones, lugar o zona a la que no llega una señal transmitida por un aparato o estación. **9.** Recuerdo vago o imagen que se conserva de alguien o algo: *Le perseguía la sombra de su pasado.* **10.** Espíritu o aparición de una persona muerta o ausente. **11.** Persona que sigue a otra a todas partes: *Ahí va el jefe seguido de su sombra.* **12.** Lugar o circunstancia desde la que alguien puede actuar ocultamente: *Dirigió el periódico desde la sombra.* **13.** Falta de conocimientos o información. **14.** Aspecto o cuestión que permanece sin resolver. Se usa más en *pl.*: *Pretendía aclarar las sombras que envolvían el asunto.* **15.** Defecto o imperfección: *Tiene un expediente sin sombra.* **16.** Mínima señal o muestra de algo: *Noté una sombra de preocupación en su voz.* || **17. buena sombra** Buena suerte; también, amabilidad. **18. mala sombra** Mala suerte; también, mala intención. **19. sombra de ojos** Producto de cosmética, generalmente en polvos, utilizado para dar color a los párpados. **20. sombras chinescas** Espectáculo y técnica teatral que consiste en proyectar sobre una superficie sombras de títeres o de figuras hechas con las manos, el cuerpo, etc. || LOC. **a la sombra** *adv. fam.* En la cárcel: *Se pasó unos años a la sombra.* **a la sombra de** alguien o algo *adv.* Bajo su protección: *Actúa a la sombra del presidente.* **hacer sombra** En boxeo, entrenarse un púgil dando golpes al aire como si peleara con un contrincante imaginario. **hacer sombra** a alguien Disminuir una persona o cosa con sus cualidades la importancia o consideración de otra: *No soporta que le hagan sombra.* **no haber ni sombra** *fam.* No haber ni rastro de una persona o cosa: *Aquí no hay ni sombra de lo que buscas.* **no ser** alguien o algo **ni sombra de lo que era** Haber cambiado totalmente para empeorar: *Este restaurante ya no es ni sombra de lo que era.* SIN. **3.** Silueta. **4.** Sombreado. **5.** Penumbra, negrura, tinieblas. **9.** Memoria. **9.** y **10.** Fantasma. **10.** Visión. **12.** Clandestinidad. **13.** Ignorancia, desconocimiento, desinformación. **14.** Laguna, misterio, enigma, incógnita. **15.** Mancha, mácula, tacha. **16.** Indicio, pista, síntoma, asomo. ANT. **13.** Saber, instrucción. FAM. Sombrajo, sombrear, sombrero, sombrilla, sombrío. / Asombrar, ensombrecer, malasombra.

sombrajo (del lat. *umbraculum*) *s. m.* Cobertizo construido con ramas, mimbres, etc., para que dé sombra. SIN. Entoldado.

sombrear *v. tr.* **1.** Representar las sombras en un dibujo, pintura, etc. **2.** Poner sombra en los párpados de los ojos. También *v. prnl.* **3.** Dar o proporcionar sombra en un lugar. SIN. **3.** Ensombrecer, entenebrecer. ANT. **3.** Iluminar. FAM. Sombreado. SOMBRA.

sombrerazo *s. m. fam.* Gesto de saludo exagerado que se hace quitándose el sombrero.

sombrerera *s. f.* Caja para guardar o transportar sombreros.

sombrerero, ra *s. m.* y *f.* Persona que hace o vende sombreros.

sombrerete *s. m.* **1.** Pieza de forma semejante a un sombrero que protege o tapa algunas cosas: *el sombrerete de una chimenea.* **2.** Sombrerillo de los hongos.

sombrerillo *s. m.* Parte superior, ancha y abombada de los hongos. SIN. Sombrerete.

sombrero *s. m.* **1.** Prenda de vestir que cubre la cabeza y que generalmente está compuesta por copa y ala. **2.** Cualquier otra cosa de forma semejante, utilizada para cubrir o rematar algo. **3.** Parte superior de los hongos. **4.** Cubierta del púlpito. || **5. sombrero calañés** El de ala estrecha y vuelta hacia arriba y copa generalmente baja, que usaban muchos campesinos. **6. sombrero cordobés** El de fieltro, de ala ancha y plana y copa baja, prácticamente cilíndrica. **7. sombrero de copa** El de ala estrecha y copa alta, casi cilíndrica y plana por arriba, usado en ceremonias y solemnidades. ■ Se denomina también *chistera.* **8. sombrero de teja** El que tiene levantadas y abarquilladas las dos mitades de su ala hasta la altura de la copa y que usaban ciertos eclesiásticos. **9. sombrero de tres picos** El que tiene el ala levantada y abarquillada por tres puntos de modo que su base forma un triángulo. || LOC. **quitarse el sombrero** Demostrar gran admiración o respeto por alguien o algo: *Hay que quitarse el sombrero ante su última película.* SIN. **1.** Güito. **3.** Sombrerillo. FAM. Sombrerazo, sombrerera, sombrerería, sombrerero, sombrerete, sombrerillo. SOMBRA.

sombrilla *s. f.* Objeto semejante a un paraguas, de diferentes tamaños, utilizado para protegerse del sol. SIN. Quitasol, parasol.

sombrío, a *adj.* **1.** Oscuro, con muy poca luz: *La casa es bonita, pero sombría.* **2.** Triste, melancólico: *Guarda un recuerdo sombrío de aquella tarde.* **3.** Negativo: *un porvenir sombrío.* SIN. **1.** Umbrío, tenebroso. **1.** y **2.** Lúgubre, lóbrego. **2.** Taciturno, pesimista, abatido, decaído, afligido. **3.** Negro. ANT. **1.** Luminoso. **2.** Alegre. **3.** Brillante, esperanzador.

somero, ra (del lat. *summarius*, de *summum*) *adj.* **1.** Hecho sin profundizar, sin entrar en detalles: *Nos dio unas indicaciones muy someras.* **2.** Muy próximo a la superficie: *Esa clase de peces vive en aguas someras.* SIN. **1.** Sucinto, ligero, breve, leve, insustancial. **1.** y **2.** Superficial. ANT. **1.** Detallado, prolijo. **1.** y **2.** Profundo. FAM. Someramente. / Asomar.

someter (del lat. *submittere*) *v. tr.* **1.** Imponer alguien su dominio o autoridad a una o más personas por la fuerza o la violencia: *Conquistaron la ciudad y sometieron a sus pobladores.* **2.** Mostrar algo a alguien para que dé su opinión o actúe en consecuencia: *Sometió su conclusión al parecer de los expertos. Debes someter tu caso a las autoridades.* **3.** Exponer a alguien o algo a la acción de otra persona o cosa: *Sometieron el aparato a duras pruebas.* También *v. prnl.*: *Se sometió a un régimen de comidas muy severo.* || **someterse** *v. prnl.* **4.** Rendirse a una autoridad o dominio ajenos: *Se sometieron a los conquistadores.* SIN. **1.** Dominar, sujetar, sojuzgar, subyugar. **2.** Ofrecer, brindar; encomendar, delegar. **4.** Doblegarse, entregarse, capitular. ANT. **1.** Liberar. **4.** Rebelarse, levantarse. FAM. Sometimiento, sumisión, sumiso. METER.

somier (del fr. *sommier*) *s. m.* Soporte de muelles, láminas de madera, etc., sobre el que se coloca el colchón.

somnífero, ra (del lat. *somnifer, -eri*, de *somnus*, sueño, y *ferre*, llevar, producir) *adj.* Se aplica a la sustancia, preparado, etc., que produce sueño. También *s. m.*: *El médico recetó al enfermo un somnífero.* SIN. Narcótico.

somnolencia (del lat. *somnolentia*) *s. f.* **1.** Estado entre el sueño y la vigilia. **2.** Estado de pesadez del que tiene sueño: *Algunos medicamentos provocan somnolencia.* ■ Se dice también *soñolencia.* SIN. **1.** y **2.** Sopor, adormecimiento, modorra, letargo. FAM. Somnolientamente, somnoliento. / Soñolencia. SUEÑO.

somnoliento, ta (del lat. *somnolentus*) *adj.* **1.** Que tiene sueño. **2.** Que produce sueño. ■ Se dice también *soñoliento.* SIN. **1.** Adormilado, amodorrado. **2.** Soporífero. ANT. **1.** Despabilado.

somontano, na *adj.* Se dice del terreno o región situados en la ladera de una montaña. También *s. m.* y *f.*

somonte *s. m.* Terreno situado en la ladera de una montaña. FAM. Somontano. MONTE.

somormujo *s. m.* Nombre común de diversas aves acuáticas de entre 43 y 48 cm de longitud, cuello largo, pico puntiagudo, dedos lobulados y cabeza con un moño de plumas en algunas especies. Habitan en todos los continentes y anidan en plataformas flotantes de lagos y embalses.

son (del lat. *sonus*) *s. m.* **1.** Sonido agradable y armonioso: *Se oía a lo lejos el son de la flauta.* **2.** Modo, manera. || LOC. **¿a son de qué?** ¿Por qué, con qué motivo? **al son de** *adv.* Siguiendo las indicaciones o el modelo de alguien o algo: *Escribe al son de la moda.* **bailar** alguien **al son que le tocan** *fam.* Acomodar alguien su conducta, actitud, etc., a la opinión ajena. **en son de** *adv.* Con ánimo de, en actitud de: *Venían en son de paz.* **sin ton ni son** *adv. fam.* Sin ninguna razón o fundamento: *Se enfadó conmigo sin ton ni son.* También, alocadamente, sin reflexionar: *Hace las cosas sin ton ni son.* **SIN. 1.** Sonoridad, resonancia, eco. **2.** Estilo, tenor. **FAM.** Unísono. SONIDO.

sonado, da 1. *p.* de **sonar**. || *adj.* **2.** Célebre, famoso: *Aquel hecho fue sonado. Fue un actor muy sonado en su tiempo.* **3.** Se aplica al boxeador que ha perdido facultades mentales a consecuencia de los golpes recibidos en la cabeza. **4.** *fam.* Loco, chiflado: *Pero tú estás sonado, ¿ir a la piscina con este tiempo?* **SIN. 2.** Popular, nombrado. **4.** Pirado, chalado, majareta, guillado, tocado, mochales. **ANT. 2.** Desconocido, ignorado. **4.** Cuerdo, sensato.

sonaja *s. f.* **1.** Par de chapas de metal atravesadas por un alambre y sujetas a un soporte que al agitarlo hace que se muevan y suenen, p. ej. las de una pandereta. || *s. f. pl.* **2.** Instrumento musical en forma de aro con varias chapas como las anteriores. **FAM.** Sonajero. SONAR.

sonajero *s. m.* Juguete para bebés que tiene en uno de sus extremos cascabeles u otros elementos que al agitarlos producen ruido.

sonambulismo *s. m.* Trastorno del sueño que consiste en la realización por una persona de diversos actos (incorporarse, andar, etc.) mientras está dormida y que luego no recuerda al despertar. **FAM.** Sonámbulo. SUEÑO y AMBULANTE.

sonámbulo, la *adj.* Que padece sonambulismo. También *s. m.* y *f.*

sonante (del lat. *sonans, -antis*) *adj.* Que suena. ■ Se usa casi exclusivamente en la loc. adj. **contante y sonante**, que se dice del dinero en efectivo. **SIN.** Sonoro. **FAM.** Malsonante. SONAR.

sonar (del lat. *sonare*) *v. intr.* **1.** Producir sonido o ruido una cosa: *Este timbre suena demasiado fuerte.* **2.** Tener una letra un determinado valor fónico: *La* d *entre vocales suena fricativa.* **3.** Dar el reloj sus campanadas: *Acaban de sonar las nueve en el reloj.* **4.** *fam.* Resultar alguien o algo vagamente conocido para una persona: *Me suena esa cara.* **5.** Resultar algo tal como se expresa: *Esa excusa me sonó a cuento.* **6.** Ser citado o mencionado: *Ese apellido suena mucho en el campo de la ciencia.* **7.** Correr el rumor: *Suena por ahí que va a dimitir.* **8.** *Arg.* y *Urug.* Morir o padecer una enfermedad mortal. **9.** *Arg.*, *Chile* y *Par.* Fracasar. **10.** *Arg.* y *Chile* Sufrir las consecuencias negativas de algo. || *v. tr.* **11.** Hacer que algo produzca un sonido o ruido. **12.** Limpiar la nariz de mocos, expulsándolos mediante una espiración. Se usa mucho como *v. prnl.*: *Le escuece la nariz de tanto sonarse.* || **LOC. (tal** o **así) como suena** *adv.* Como lo oyes, literalmente: *Nos dijo que no le daba la gana, así como suena.* **lo que sea sonará** *fam.* Indica que ya se verá el fin de algo que está aún poco claro o se comprobarán sus consecuencias. ■ Es v. irreg. Se conjuga como *contar.* **SIN. 1.** Resonar, retumbar, zumbar. **2.** Pronunciarse. **3.** y **11.** Tocar. **5.** Parecer, oler. **6.** Nombrarse. **7.** Rumorearse. **FAM.** Sonado, sonaja, sonante, sonata, sonería, sonoro. / Asonante, consonancia, disonar, resonar. SONIDO.

sónar o **sonar** (siglas de *Sound Navigation And Ranging*) *s. m.* Aparato utilizado en la navegación para detectar por medio de ondas ultrasonoras la presencia debajo del agua de un objeto u obstáculo.

sonata (del ital. *sonata*, y éste del lat. *sonare*, resonar) *s. f.* Composición musical compuesta generalmente de cuatro movimientos, para ser interpretada por uno o más instrumentos. **FAM.** Sonatina. SONAR.

sonatina (del ital. *sonatina*) *s. f.* Sonata breve y, generalmente, fácil de interpretar.

sonda *s. f.* **1.** Instrumento y técnica utilizados para explorar ciertas zonas. **2.** Cuerda con un peso en uno de sus extremos, que se utiliza para averiguar la profundidad de las aguas y el estado del fondo. **3.** Tubo delgado que se introduce a un paciente para suministrar alimentos y otras sustancias, extraer líquidos o como método de exploración. **4.** Globo, cohete, etc., provisto de los instrumentos de medida necesarios para explorar las condiciones atmosféricas. **5.** Acción de sondar. || **6. sonda espacial** (o **astronáutica**) Nave espacial sin tripulación que se envía para explorar el espacio. **SIN. 2.** Plomada. **3.** Catéter. **5.** Sondaje, sondeo, cala. **FAM.** Sondar, sondear. / Ecosonda, radiosonda.

sondar (del lat. *subundare*) *v. tr.* **1.** Introducir una sonda en el organismo. **2.** Medir la profundidad de las aguas utilizando una sonda: *sondar un lago.* **3.** Estudiar el subsuelo mediante una sonda. **SIN. 2.** Sondear. **FAM.** Sondable, sondaje. / Insondable. SONDA.

sondear *v. tr.* **1.** Sondar las aguas o el subsuelo. **2.** Procurar enterarse de algo con prudencia y disimulo: *Sondéale, a ver si averiguas qué le gustaría que le regaláramos.* **3.** Hacer averiguaciones sobre el estado, circunstancias, etc., de alguien o algo: *Decidieron sondear a la opinión pública.* **SIN. 2.** Sonsacar. **2.** y **3.** Tantear, indagar, rastrear. **3.** Pulsar. **FAM.** Sondeo. SONDA.

sondeo *s. m.* **1.** Perforación realizada para extraer muestras de un terreno y analizarlas. **2.** Investigación de la atmósfera o el espacio por medio de globos, cohetes, etc. **3.** Método de investigación del estado de la opinión pública por medio de encuestas realizadas sobre un grupo representativo de la población, a fin de poner en práctica algún plan de actuación.

sonería (del fr. *sonnerie*) *s. f.* Mecanismo que hace sonar un reloj.

sonetillo *s. m.* Soneto compuesto en versos de arte menor, generalmente octosílabos.

soneto (del ital. *sonetto*, y éste del lat. *sonus*, sonido) *s. m.* Composición poética de catorce versos, generalmente endecasílabos, que están distribuidos en cuatro estrofas, dos cuartetos y dos tercetos. El esquema del soneto clásico es ABBA ABBA CDC DCD. **FAM.** Sonetillo, sonetista.

songa *s. f. Amér.* Chunga, burla.

songo, ga *adj. Méx.* Tonto.

sónico, ca *adj.* **1.** Relativo a la velocidad del sonido. **2.** Se aplica a la vibración producida en un objeto con frecuencia comprendida entre 20 y 20.000 Hz. **FAM.** Hipersónico, supersónico. SONIDO.

sonidista *s. m.* y *f. Arg.* y *Urug.* Técnico de sonido.

sonido (del lat. *sonus*) *s. m.* **1.** Sensación producida en el órgano del oído por las vibraciones de los cuerpos, transmitidas a través de un medio como el aire. **2.** En fís., conjunto de ondas producidas por un cuerpo al vibrar, creando una variación de presión en el medio que lo rodea. **3.** Pronunciación particular de cada letra. **4.** Conjunto de aparatos y sistemas que sirven para producir, grabar y reproducir voces, música, ruidos, etc.: *Antes de comprar el tocadiscos visitamos muchas tiendas de sonido.* **5.** Banda sonora de una película. **SIN. 1.** Sonoridad, resonancia, ruido. **3.** Articulación. **FAM.** Son, sonar, sónico, sonidista, soniquete, sonómetro, sonsonete. / Infrasonido, ultrasonido.

soniquete *s. m.* Sonido repetitivo y monótono que resulta desagradable. **SIN.** Sonsonete, runrún.

sonómetro (del lat. *sonus*, sonido, y *-metro*) *s. m.* Instrumento que sirve para medir la intensidad de los sonidos.

sonoridad (del lat. *sonoritas, -atis*) *s. f.* **1.** Cualidad de sonoro. **2.** Intensidad con que se perciben los sonidos en el oído humano.

sonorización *s. f.* **1.** En fonética, conversión de una consonante sorda en sonora. **2.** En cine, procedimiento por el que se incorpora el sonido a una cinta cinematográfica. ANT. **1.** Ensordecimiento.

sonorizar *v. tr.* **1.** Instalar en un lugar los aparatos, sistemas, etc., necesarios para producir sonido, aumentarlo o mejorar su calidad. **2.** Incorporar sonido a una cinta cinematográfica. **3.** En ling., convertir en sonora una consonante sorda. También *v. prnl.* ■ Delante de *e* se escribe *c* en lugar de *z*. ANT. **1.** Insonorizar. **3.** Ensordecer(se). FAM. Sonorización, sonorizador, sonorizante. SONORO.

sonoro, ra (del lat. *sonorus*) *adj.* **1.** Que suena o puede sonar: *un instrumento sonoro, un beso sonoro.* **2.** Que produce un sonido agradable, fuerte o intenso: *el sonoro murmullo de la fuente, los aullidos sonoros de los perros.* **3.** Que tiene buenas condiciones acústicas. **4.** Se dice del cine dotado de sonido. También *s. m.* **5.** Se aplica al lenguaje, el estilo, etc., armonioso y a la vez elevado o solemne: *un discurso sonoro.* **6.** En ling., se dice del sonido que se articula con vibración de las cuerdas vocales, como las consonantes *m, b, d* y *g*. También *s. f.* || *s. m.* **7.** Sistema que produce el sonido en una película cinematográfica. SIN. **1.** Sonante. **2.** Ruidoso. **2.** y **3.** Resonante. **5.** Rotundo. ANT. **2.** Imperceptible, inaudible. **2.** y **6.** Sordo. **4.** Mudo. **5.** Natural, espontáneo. FAM. Sonoramente, sonoridad, sonorizar. / Altisonante, insonoro. SONAR.

sonotone (nombre comercial registrado) *s. m.* Audífono*.

sonreír (del lat. *subridere*) *v. intr.* **1.** Reír con suavidad, sin producir ningún sonido. También *v. prnl.*: *Se sonrió al ver la escena.* **2.** Ser favorable y prometedor para alguien cierto momento, circunstancia, etc.: *Hoy el día nos sonríe. La suerte le sonrió.* ■ Es v. irreg. Se conjuga como *reír.* FAM. Sonriente, sonrisa. REÍR.

sonriente *adj.* Se dice de la persona que sonríe o del gesto que tiene. SIN. Risueño. ANT. Cabizbajo.

sonrisa *s. f.* Expresión de la boca que se produce al sonreír y que consiste en una curvatura suave de los labios: *Tiene una bonita sonrisa.*

sonrojar *v. tr.* Hacer que a alguien se le ponga la cara roja de vergüenza: *Sus alabanzas consiguieron sonrojarle.* También *v. prnl.* SIN. Ruborizar(se), enrojecer(se), avergonzar(se), abochornar(se), turbar(se), sofocar(se). FAM. Sonrojo. ROJO.

sonrojo *s. m.* **1.** Acción de sonrojar o sonrojarse. **2.** Color rojo de la cara producido por la vergüenza. SIN. **1.** Rubor. **2.** Vergüenza, bochorno.

sonrosado, da *adj.* De color rosado: *unas mejillas sonrosadas.* ANT. Pálido. FAM. Sonrosar. ROSADO.

sonrosar *v. tr.* Poner sonrosado.

sonsacar *v. tr.* Obtener algo de alguien con mucha habilidad, insistencia, etc.: *Siempre sonsaca dinero a sus abuelos. ¿Por qué no le sonsacas dónde van a ir?* ■ Delante de *e* se escribe *qu* en lugar de *c*. FAM. Sonsacador, sonsacamiento, sonsaque. SACAR.

sonsear *v. intr. Arg., Chile* y *Urug.* Hacer tonterías, tontear.

sonsera *s. f. Amér.* Tontería.

sonso, sa *adj. Amér. del S.* Tonto, zonzo. FAM. Sonsear, sonsera.

sonsonete *s. m.* **1.** Soniquete*. **2.** Tono desagradable y monótono con que alguien habla o lee. **3.** Cosa que se repite con pesadez e insistencia, generalmente una petición o una queja: *Deja ya ese sonsonete, porque no pienso ir.* SIN. **3.** Tabarra, matraca, monserga, cantinela.

soñación, ni por *loc. adv. fam.* Ni soñarlo.

soñador, ra (del lat. *somniator, -oris*) *adj.* Que sueña, idealista. También *s. m.* y *f.* SIN. Fantaseador, iluso, romántico. ANT. Realista.

soñar (del lat. *somniare*) *v. tr.* **1.** Representarse en la imaginación sucesos, imágenes, etc., mientras se está dormido. También *v. intr.*: *Este niño sueña en voz alta.* **2.** Imaginar las cosas muy distintas de como son en la realidad. También *v. intr.*: *Deja de soñar, nunca llegaremos a tiempo.* **3.** Desear algo intensamente. Se usa más como *v. intr.*: *Sueña con ser el mejor.* || LOC. **ni soñarlo** *fam.* Indica la seguridad de que algo no es como se cree, que no existe, no va a suceder, etc. ■ También se utiliza para negar o rechazar algo rotundamente: *¿Me dejas el coche? Ni soñarlo.* **soñar despierto** Imaginar la realidad distinta de como es. ■ Es v. irreg. Se conjuga como *contar.* SIN. **2.** Idealizar, fantasear. **3.** Anhelar, ansiar, codiciar. FAM. Soñador, soñarrera, soñera. SUEÑO.

soñarrera *s. f.* **1.** Ganas muy fuertes de dormir. **2.** Sueño muy profundo. SIN. **1.** Soñera, somnolencia, sopor, modorra, amodorramiento, adormecimiento.

soñera *s. f.* Ganas muy fuertes de dormir. SIN. Soñarrera.

soñolencia (del lat. *somnolentia*) *s. f.* Somnolencia*. FAM. Soñolientamente, soñoliento. SOMNOLENCIA.

soñoliento, ta *adj.* Somnoliento*.

sopa (del germ. *suppa*) *s. f.* **1.** Caldo con pasta, verdura, arroz, etc., generalmente cocidos en él: *sopa de fideos, sopa de pescado.* **2.** Pedazo de pan mojado en una salsa o en otra sustancia alimenticia. Se usa sobre todo en *pl.*: *Come la carne y deja de mojar sopas en el jugo.* || *s. f. pl.* **3.** Plato que consiste en rebanadas o trozos de pan mojados o cocidos en algún líquido alimenticio: *sopas de leche, sopas de vino.* **4.** Rebanadas o trozos de pan cortados para preparar este plato. || **5. sopa boba** La que se daba a los pobres en los conventos. || LOC. **a la sopa boba** *adv. fam.* A costa de otro: *Está en su casa a la sopa boba.* **dar sopas con honda** *fam.* Demostrar gran superioridad sobre una persona o cosa: *Esquiando me da sopas con honda.* **estar sopa** *fam.* Estar dormido; también, estar muy borracho. **hasta en la sopa** *adv. fam.* En todas partes: *Hay anuncios hasta en la sopa.* **ponerse sopa (hecho una sopa o como una sopa)** *fam.* Mojarse mucho: *Con lo que llueve te vas a poner hecho una sopa.* SIN. **1.** Sopicaldo. FAM. Sopaipilla, sopar, sopear, sopera, sopero, sopicaldo. / Ensopar.

sopaipilla *s. m. Chile fam.* Especie de buñuelo hecho con harina, manteca o aceite y zapallo, empapado en almíbar.

sopapa *s. f. Arg.* y *Urug.* Desatascador de cañerías.

sopapina *s. f. fam.* Tunda de sopapos.

sopapo *s. m. fam.* Bofetada, cachete. SIN. Soplamocos, torta, tortazo, mamporro, castaña. FAM. Sopapina. PAPO[1].

sopar o **sopear** *v. tr.* Mojar trozos de pan en una salsa o en otra sustancia alimenticia.

sopera *s. f.* Recipiente hondo para servir la sopa en la mesa.

sopero, ra *adj.* **1.** Se dice del plato hondo. También *s. m.* **2.** Se aplica al cubierto que tiene más capacidad y está especialmente pensado para tomar o servir sopa: *cuchara sopera, cucharón sopero.* **3.** Se dice de la persona a la que le gusta mucho la sopa. También *s. m.* y *f.*

sopesar *v. tr.* **1.** Calcular aproximadamente el peso de algo, levantándolo o cogiéndolo en la mano. **2.** Calcular las ventajas e inconvenientes de un asunto, decisión, etc.: *Sopesó los pros y los contras del negocio.*

sopetón (del lat. *subitus*, súbito) *s. m.* Golpe fuerte y repentino dado con la mano. || LOC. **de sopetón** *adv.* Brusca e inesperadamente: *Se presentaron de sopetón.*

sopicaldo *s. m.* **1.** Caldo al que se ha echado algunas sopas, trozos o rebanadas de pan. **2.** *fam.* Sopa, especialmente cuando es muy caldosa.

soplado, da 1. *p.* de **soplar**. También *adj.* || *s. m.* **2.** Operación que consiste en moldear una materia fundida, p. ej. el vidrio, inyectando aire en su masa. SIN. **2.** Sopladura.

sopladura *s. f.* Acción de soplar. SIN. Soplado.

soplagaitas *adj. fam.* Tonto, estúpido. También *s. m.* y *f.* ■ No varía en *pl.*

soplamocos *s. m. fam.* Sopapo*. ■ No varía en *pl.*

soplapollas *adj. vulg.* Gilipollas*. ■ No varía en *pl.* FAM. Soplapollez.

soplar (del lat. *sufflare*) *v. intr.* **1.** Echar aire por la boca, dejando entre los labios una pequeña abertura. También *v. tr.*: *Sopla la comida porque está caliente.* **2.** Expulsar aire un instrumento o hacer que lo expulse. También *v. tr.*: *Soplaba el carbón con el fuelle.* **3.** Moverse o correr el viento: *Hoy sopla el poniente.* **4.** *fam.* Tomar en exceso bebidas alcohólicas. También *v. prnl.*: *Se sopló media botella de vino.* || *v. tr.* **5.** Apartar algo expulsando aire por la boca: *No soples la ceniza hacia aquí.* **6.** Hinchar algo: *soplar un globo.* **7.** Inyectar aire en una masa fundida, especialmente vidrio, para darle forma. **8.** *fam.* Decir a alguien disimuladamente algo que necesita saber: *Menos mal que me soplaste la pregunta.* También *v. intr.* **9.** Acusar a alguien. **10.** Inspirar o sugerir algo a alguien. **11.** *fam.* Robar, quitar: *¡Me han soplado la cartera!* **12.** En el juego de las damas y otros semejantes, quitar al contrario una ficha con la que debería haberse comido otra y no lo ha hecho. || LOC. **¡sopla!** *interj.* Expresa sorpresa o admiración: *¡Sopla, lo que has crecido!* SIN. **1.** Espirar, bufar. **4.** Beber(se). **6.** Inflar, llenar, henchir. **7.** Insuflar. **8.** Apuntar. **9.** Delatar, denunciar, chivarse. **11.** Birlar, afanar, apañar, hurtar, sustraer. ANT. **1.** y **2.** Absorber. **5.** Atraer, aspirar. **6.** Deshinchar, desinflar. **9.** Encubrir. **11.** Devolver, reponer. FAM. Soplado, soplador, sopladura, soplagaitas, soplamocos, soplapollas, soplete, soplido, soplillo, soplo, soplón. / Resoplar.

soplete *s. m.* Instrumento utilizado para soldar y fundir metales que expulsa un chorro gaseoso que se inflama al estar en contacto con una llama.

soplido *s. m.* Acción de soplar, expulsar aire por la boca: *Apagó las velas de un soplido.* SIN. Soplo.

soplillo *s. m.* **1.** Instrumento utilizado para avivar el fuego, generalmente de esparto, con forma circular y provisto de mango. || **2. orejas de soplillo** Las que están muy separadas de la cabeza.

soplo *s. m.* **1.** Acción de soplar: *Un soplo de viento se llevó la sombrilla.* **2.** Espacio de tiempo muy breve, o que lo parece: *Se preparó en un soplo. Las vacaciones pasaron en un soplo.* **3.** *fam.* Información que se da en secreto a otra persona: *La policía recibió un soplo sobre el robo.* **4.** Ruido anormal producido en un órgano o sistema, especialmente en el corazón, que se percibe al auscultarlo. SIN. **1.** Soplido. **2.** Instante, momento, minuto, segundo, periquete, tris. **3.** Chivatazo, confidencia. ANT. **2.** Eternidad.

soplón, na *adj.* **1.** *fam.* Se aplica a la persona que secretamente pasa información a otra u otras. También *s. m.* y *f.* **2.** Que delata a otros. También *s. m.* y *f.* SIN. **1.** Confidente. **1.** y **2.** Chivato. **2.** Acusica. ANT. **2.** Encubridor.

soponcio *s. m.* **1.** *fam.* Desmayo. **2.** Ataque de nervios: *Como no hagas lo que te dice, le va a dar un soponcio.* SIN. **1.** y **2.** Síncope, patatús, telele.

sopor (del lat. *sopor, -oris*) *s. m.* **1.** Adormecimiento, somnolencia. **2.** Estado de sueño profundo, previo al coma, causado por una enfermedad. SIN. **1.** Amodorramiento, modorra, letargo. FAM. Soporífero.

soporífero, ra (del lat. *soporifer, -eri*, de *sopor*, sopor, y *ferre*, llevar) *adj.* **1.** Que produce sueño. También *s. m.* **2.** Muy aburrido: *La película era soporífera.* SIN. **1.** Somnoliento.

soportable *adj.* Que se puede soportar o aguantar: *Este dolor es molesto, pero soportable.* SIN. Tolerable. ANT. Insoportable.

soportal *s. m.* **1.** Espacio cubierto alrededor de algunas plazas o a lo largo de las fachadas de ciertos edificios o manzanas de casas, con arcos o columnas que, generalmente, sostienen la parte delantera de dichos edificios: *Los niños jugaban en los soportales de la plaza.* **2.** En algunas casas, espacio cubierto que está inmediatamente antes de la entrada. SIN. **1.** Pórtico. **2.** Atrio.

soportar (del lat. *supportare*) *v. tr.* **1.** Tener sobre sí un peso o una carga: *Cuatro postes soportaban el toldo.* **2.** Aguantar un dolor, dificultad, molestia, etc., con resignación: *Soportó todas sus penas sin rechistar. El camello soporta varios días sin comer ni beber.* SIN. **1.** Sostener, sujetar, sustentar. **1.** y **2.** Resistir, tolerar. FAM. Soportable, soporte. / Insoportable. PORTAR.

soporte *s. m.* **1.** Cualquier material, instrumento, etc., que sirve para que algo se apoye sobre él: *Los puentes necesitan soportes muy sólidos.* **2.** Persona o cosa que mantiene, protege, ayuda, etc., a otra u otras, o les sirve de fundamento: *Es el soporte de su familia. Esa teoría es el principal soporte de su pensamiento.* **3.** En pintura, superficie sobre la que se pinta. **4.** En fotografía, material sobre el que se aplican las emulsiones sensibles. **5.** En inform., medio material (cinta, disco, etc.) en que está almacenada la información. **6.** En heráldica, cada una de las figuras que sostienen el escudo. SIN. **1.** Sustentáculo. **1.** y **2.** Apoyo, sostén, base, cimiento, respaldo. **2.** Amparo, pilar.

soprano (del ital. *soprano*) *s. m.* **1.** Voz más aguda de las humanas, característica de mujeres y niños. || *s. m.* y *f.* **2.** Mujer o niño cantor que posee esta voz. SIN. **1.** y **2.** Tiple.

soquet *s. m. Méx.* Casquillo, portalámparas.

sor (del lat. *soror*, hermana) *s. f.* Tratamiento que se da a algunas religiosas, antepuesto a sus nombres: *sor Teresa.*

sorber (del lat. *sorbere*) *v. tr.* **1.** Beber algo aspirándolo con los labios: *Sorbía lentamente su granizado.* También *v. intr.*: *sorber de la cuchara.* **2.** Atraer hacia su interior una cosa a otra: *El desagüe sorbió rápidamente toda el agua de la bañera.* **3.** Recibir o contener una cosa esponjosa, hueca, etc., a otra líquida o gaseosa en su interior: *El papel secante sorbe la tinta.* **4.** Aspirar con fuerza por la nariz para retener los mocos. También *v. intr.* y *v. prnl.*: *Como estaba resfriado no dejaba de sorber.* **SIN. 1.** Libar. **1.** a **3.** Chupar, absorber, succionar. **3.** Empapar, embeber. **ANT. 2.** y **3.** Expulsar, escupir. **4.** Sonar(se). **FAM.** Sorbedor, sorbido, sorbo. / Absorber, adsorber.

sorbete (del ital. *sorbetto*, éste del turco *serbet*, y éste del ár. *sarbat*) *s. m.* **1.** Refresco helado de consistencia pastosa, compuesto generalmente de fruta, agua y azúcar: *un sorbete de limón.* **2.** *Amér.* Paja para sorber líquidos.

sorbitol *s. m.* En bioquímica, polialcohol presente en algunos frutos.

sorbo *s. m.* **1.** Acción de sorber: *Se lo bebió de un sorbo.* **2.** Cantidad de líquido que se sorbe de una vez. **3.** Cantidad pequeña de un líquido: *Sólo tomé un sorbo de cerveza.* **SIN. 1.** Sorbido. **2.** Trago, buche. **3.** Pizca, gota.

sorche o **sorchi** *s. m. argot* Recluta. **SIN.** Quinto.

sordera *s. f.* **1.** Pérdida o disminución considerable de la capacidad de oír. || **sorderas** *s. m.* y *f.* **2.** *fam.* Persona sorda: *Seguro que no te ha oído, porque es un sorderas.* ■ En esta acepción, no varía en *pl.*

sordez (del lat. *surdities*) *s. f.* Cualidad de sordo, especialmente referida a sonidos lingüísticos. **ANT.** Sonoridad.

sórdido, da (del lat. *sordidus*) *adj.* **1.** Muy pobre, mísero, sucio: *Vivía en una pensión sórdida. Creció en ambientes sórdidos.* **2.** Tacaño, avaro. **SIN. 1.** Manchado, nauseabundo. **1.** y **2.** Miserable, ruin. **2.** Mezquino, rácano, rata, roñoso. **ANT. 1.** Rico, lujoso. **2.** Generoso, espléndido. **FAM.** Sórdidamente, sordidez.

sordina *s. f.* **1.** Pieza que se coloca en un instrumento musical para disminuir la intensidad del sonido o variar su timbre. **2.** En los relojes, muelle que impide que suene la campana o el timbre. || **LOC. con** (o **en**) **sordina** *adv.* Silenciosa o disimuladamente: *Actúa con sordina para que no se entere nadie.*

sordo, da (del lat. *surdus*) *adj.* **1.** Que está privado del sentido del oído total o parcialmente: *Es sordo de nacimiento.* También *s. m.* y *f.* **2.** Que no hace ruido o se oye muy poco: *A lo lejos se oía el murmullo sordo del mar.* **3.** De sonido grave o apagado: *El libro, al caer, hizo un ruido sordo.* **4.** En ling., se aplica al sonido que se articula sin vibración de las cuerdas vocales, como los de las letras *p, t, k, f.* **5.** Se dice de la persona que no hace ningún caso a los ruegos, peticiones, etc., que se le hacen: *Permanecía sordo a nuestras protestas.* **6.** Que no se ha declarado abiertamente, soterrado: *Mantienen una lucha sorda por el poder.* **7.** Aplicado a dolor, persistente y difícil de localizar. || **8. diálogo de sordos** El que mantienen dos o más personas sin atender ninguna a los argumentos o razones de la otra u otras. **SIN. 1.** Teniente. **2.** Callado, sigiloso. **3.** Ronco, amortiguado, ahogado. **5.** Insensible, inamovible, inmutable. **ANT. 2.** Ruidoso. **2.** y **4.** Sonoro. **3.** Agudo, estridente. **5.** Atento. **6.** Manifiesto. **FAM.** Sordamente, sordera, sordez, sordina, sordomudo. / Ensordecer.

sordomudo, da *adj.* Se aplica a la persona que es sorda y muda, debido generalmente a problemas en la audición. También *s. m.* y *f.* **FAM.** Sordomudez. SORDO y MUDO.

sorgo (del ital. *sorgo*) *s. m.* Planta herbácea de la familia gramíneas, de entre 1 y 4 m de altura, que tiene la raíz fibrosa, hojas planas y grandes y fruto en espiga. Da un grano blanco, amarillento o rojizo y se cultiva como planta forrajera y por sus cualidades medicinales como astringente.

soriano, na *adj.* De Soria. También *s. m.* y *f.*

soriasis *s. f.* Enfermedad de la piel, generalmente crónica, caracterizada por enrojecimiento y aparición de escamas. ■ No varía en *pl.* Se escribe también *psoriasis.*

sorna (del lat. *surnia*, mochuelo) *s. f.* Tono irónico o burlón con que se hace o dice algo. **SIN.** Socarronería, ironía, burla, retintín, guasa. **ANT.** Llaneza.

soro (del gr. *soros*, montón, cúmulo) *s. m.* Agrupación de esporangios en el envés de los frondes del helecho.

soroche (del quechua *suruchi*) *s. m. Amér.* Mal de las alturas o de montaña. **FAM.** Asorocharse.

sorprendente *adj.* **1.** Que sorprende o causa admiración: *Tuvo una mejora sorprendente.* **2.** Raro, extraordinario. **SIN. 1.** Sorpresivo, asombroso, admirable, pasmoso, increíble, impresionante, portentoso. **2.** Extraño, chocante, insólito. **ANT. 1.** y **2.** Normal. **2.** Acostumbrado. **FAM.** Sorprendentemente. SORPRENDER.

sorprender *v. tr.* **1.** Causar sorpresa: *Me sorprende que no haya llegado todavía.* También *v. prnl.*: *No sé por qué te sorprendes, ya te lo advertí.* **2.** Coger desprevenido: *La noche nos sorprendió en pleno campo. Sorprendimos a mamá envolviendo nuestros regalos.* **3.** Descubrir algo que una persona trataba de ocultar o disimular: *Sorprendimos el escondite de su dinero.* **SIN. 1.** Asombrar, admirar, pasmar, extrañar, chocar, fascinar, maravillar. **2.** y **3.** Pillar, pescar. **FAM.** Sorprendente, sorpresa, sorpresivo. PRENDER.

sorpresa *s. f.* **1.** Impresión que causa algo inesperado, extraño o incomprensible: *Imagínate nuestra sorpresa cuando vimos que el coche había desaparecido.* **2.** Aquello que da motivo para que alguien se sorprenda: *Queremos que su fiesta de cumpleaños sea una sorpresa.* **3.** Pequeño regalo que se esconde en el interior de algo: *Los huevos de Pascua tienen una sorpresa.* **4.** Operación militar realizada con rapidez para encontrar desprevenido al enemigo. || **LOC. de** (o **por**) **sorpresa** *adv.* Sin avisar, inesperadamente: *Mis primos llegaron por sorpresa.* **SIN. 1.** Asombro.

sorpresivo, va *adj.* Que sorprende o se produce por sorpresa, sorprendente.

sortear (del lat. *sors, sortis*, suerte) *v. tr.* **1.** Hacer que la suerte decida algo: *Sortean varias bicicletas en la rifa.* **2.** Evitar con habilidad un obstáculo, peligro, problema, etc.: *Tuvimos que sortear el río. Intentaremos sortear todas las dificultades.* **3.** Lidiar un toro o esquivar su embestida. || *v. intr.* **4.** Entrar una persona en un sorteo para un destino, un puesto, etc.: *Antonio ya ha sorteado y le ha tocado Melilla.* **SIN. 1.** Rifar. **2.** Eludir, soslayar, rehuir, rodear, salvar. **3.** Torear. **ANT. 2.** Encarar, arrostrar. **FAM.** Sorteable, sorteo. SUERTE.

sorteo *s. m.* Acción de sortear, particularmente la lotería: *El sorteo de los mozos se celebra hoy. Compró un décimo para el sorteo de Navidad.* **SIN.** Rifa.

sortija (del lat. *sorticula*, de *sors, sortis*, suerte) *s. f.* **1.** Anillo para los dedos, especialmente el que tiene piedras preciosas o cualquier otro adorno. **2.** Rizo que se forma en el cabello. **FAM.** Ensortijar.

sortilegio (del lat. *sortilegus*, adivino, de *sors, sortis*, suerte, y *legere*, leer) *s. m.* **1.** Adivinación por medio de la magia: *El brujo hacía sortilegios.* **2.** Encantamiento, embrujo: *Nadie podía resistirse al sortilegio de su belleza.* **SIN. 1.** Hechichería. **2.** Hechizo; atractivo, encanto. **ANT. 2.** Repugnancia, repulsión.

SOS *s. m.* **1.** Señal internacional de socorro: *El barco transmitió un SOS.* **2.** Llamada de auxilio: *Antes de quebrar, la empresa lanzó un SOS.*

sosa (del lat. *salsa*, salada) *s. f.* **1.** Nombre industrial del carbonato de sodio. También se emplea esta denominación para referirse abreviadamente a la sosa cáustica. || **2. sosa cáustica** Nombre ordinario del hidróxido de sodio. Sus disoluciones acuosas se emplean en la neutralización de ácidos y en valoraciones volumétricas, así como en la saponificación de grasas para la obtención de jabones duros.

sosaina *adj.* Se aplica a la persona sosa. También *s. m.* y *f.* SIN. Soseras, malaje, malasombra, sonso, zonzo, patoso. ANT. Salado, gracioso.

sosegado, da 1. *p.* de **sosegar**. También *adj.* || *adj.* **2.** Tranquilo, apacible: *Es de temperamento sosegado.* SIN. **2.** Pacífico, reposado, plácido, pausado. ANT. **2.** Intranquilo, nervioso, alterable. FAM. Sosegadamente. SOSEGAR.

sosegar (del ant. *sesegar*, del lat. vulg. *sessicare*, y éste del lat. clásico *sessum*, sentado) *v. tr.* **1.** Tranquilizar, apaciguar: *Después de aquel disgusto era imposible sosegarlo.* También *v. prnl.*: *Las aguas se sosegaron al atardecer.* || *v. intr.* **2.** Descansar. También *v. prnl.*: *Tanto trabajo no le dejaba sosegarse.* ■ Delante de *e* se escribe *gu* en lugar de *g*. Es v. irreg. Se conjuga como *pensar.* SIN. **1.** Serenar(se), relajar(se), calmar(se), aplacar(se), amansar(se), pacificar(se). ANT. **1.** Intranquilizar(se). **2.** Agitarse. FAM. Sosegado, sosegador, sosiego.

sosera *s. f.* **1.** Falta de gracia o salero: *Hay que ver con qué sosera canta.* **2.** Cosa sin gracia o poco atractiva. ■ Se dice también *sosería.* SIN. **1.** y **2.** Sosedad, insulsez. ANT. **1.** Sal.

soseras *adj. fam.* Sosaina*. ■ No varía en *pl.*

sosería *s. f.* Sosera*.

sosia o **sosias** (de *Sosia*, personaje de la comedia *Anfitrión*, de Plauto) *s. m.* Persona que guarda con otra un parecido físico extraordinario. SIN. Doble. ■ La forma *sosias* no varía en *pl.*

sosiego *s. m.* Tranquilidad, quietud: *Últimamente no tiene ni un momento de sosiego.* SIN. Calma, serenidad, paz, placidez, reposo. ANT. Intranquilidad. FAM. Desasosiego. SOSEGAR.

soslayar *v. tr.* **1.** Evitar, esquivar: *Soslayaba todas las preguntas que pudieran relacionarle con el caso.* **2.** Poner algo de lado para que pueda pasar por un sitio estrecho. SIN. **1.** Sortear, rehuir, eludir. **2.** Ladear, torcer. ANT. **1.** Arrostrar. **2.** Enderezar. FAM. Soslayable. / Insoslayable.

soslayo, de *loc. adv.* **1.** Oblicuamente: *Colocó el cuadro de soslayo.* ■ También, aunque menos frecuente, *al soslayo.* **2.** Poniéndose uno o poniendo algo de forma que pueda entrar por un lugar estrecho. **3.** Sin enfrentarse directamente con una dificultad, compromiso, etc.: *Trató la cuestión de soslayo.*

soso, sa (del lat. *insulsus*) *adj.* **1.** Se aplica al alimento, guiso, etc., que tiene poca sal o poco sabor. **2.** Que tiene poca gracia o salero: *Es muy soso contando chistes.* También *s. m.* y *f.* **3.** Aburrido, poco animado: *una fiesta muy sosa.* También *s. m.* y *f.* SIN. **1.** Insípido. **1.** y **2.** Insulso. **2.** Sosaina, soseras, malaje, malasombra, sonso, zonzo. **3.** Monótono, apagado. ANT. **1.** Sabroso. **1.** y **2.** Salado. **2.** Gracioso. **3.** Divertido. FAM. Sosaina, sosamente, sosedad, sosera, soseras, sosería. / Insulso.

sospecha *s. f.* Acción de sospechar: *Las sospechas de la policía se centran en él.* SIN. Creencia, suposición, conjetura, presentimiento, presagio; desconfianza, recelo. ANT. Confianza, fe.

sospechar (del lat. *suspectare*) *v. tr.* **1.** Creer o imaginar algo a partir de ciertos indicios o apariencias: *Sospecho que detrás de eso hay un motivo más importante.* || *v. intr.* **2.** Desconfiar de alguien, creer que es él quien ha cometido algún delito o acción censurable: *Sospechan de un drogadicto como autor del robo.* SIN. **1.** Intuir, suponer, conjeturar, presentir, presumir, presagiar. **2.** Recelar. ANT. **2.** Confiar. FAM. Sospecha, sospechable, sospechoso. / Insospechado.

sospechoso, sa *adj.* **1.** Que da motivos para sospechar: *Me parece muy sospechoso que no haya llegado todavía.* También *s. m.* y *f.* **2.** Se aplica a la persona que produce desconfianza por su comportamiento, aspecto, antecedentes, etc.: *Rondaban por ese bar unos tipos muy sospechosos.* También *s. m.* y *f.* SIN. **1.** Dudoso, raro, extraño. ANT. **1.** Claro. FAM. Sospechosamente. SOSPECHAR.

sostén *s. m.* **1.** Acción de sostener. **2.** Persona o cosa que mantiene, protege o ayuda a otra u otras o les sirve de fundamento: *Ahora que tus padres no están debes ser el sostén de tus hermanos.* **3.** Prenda interior femenina que sirve para sujetar y levantar el pecho. SIN. **1.** Sostenimiento. **1.** y **2.** Mantenimiento, amparo, protección, respaldo, manutención, sustento, soporte. **3.** Sujetador.

sostener (del lat. *sustinere*) *v. tr.* **1.** Sujetar: *Sostenían la bóveda gruesos pilares.* También *v. prnl.*: *No hay forma de que se me sostenga la trenza.* **2.** Afirmar, defender ciertas ideas, opiniones, etc.: *Yo siempre he sostenido que ésa no era la solución.* **3.** Tener la intención de cumplir algo que se ha prometido, pactado, etc.: *Dice que sostiene su invitación.* **4.** Proporcionar a alguien lo necesario para vivir: *Él solo sostiene a toda la familia.* También *v. prnl.* **5.** Ayudar a alguien para que siga en determinada situación: *Sigue en el puesto porque le sostiene su amigo.* **6.** Hacer que alguien siga conservando el ánimo o las fuerzas. También *v. prnl.*: *No sé cómo puedes sostenerte todo el día con un sandwich.* **7.** Realizar algo de forma continuada: *Sostuve con él una conversación provechosa.* || **sostenerse** *v. prnl.* **8.** Estar de pie, o guardar un cuerpo el equilibrio: *Está tan mareado que no se sostiene.* **9.** Permanecer en la situación que se expresa: *Debes sostenerte en el cargo.* ■ Es v. irreg. Se conjuga como *tener.* SIN. **1.** Soportar, agarrar(se). **1.** a **9.** Mantener(se). **1.** y **4.** Sustentar(se). **1.** y **6.** Aguantar(se). **2.** Asegurar, declarar, manifestar. **4.** Costear(se). **5.** Amparar, proteger, respaldar, favorecer, secundar. ANT. **2.** Negar. **3.** Anular. **5.** Perjudicar. **7.** Evitar. **8.** Caerse. FAM. Sostén, sostenedor, sostenible, sostenido, sostenimiento. / Insostenible. TENER.

sostenido, da 1. *p.* de **sostener**. También *adj.* || *adj.* **2.** Se aplica a la nota musical cuya entonación es un semitono más alta que la de su sonido natural: *do sostenido.* || *s. m.* **3.** Signo que lo representa.

sota (del lat. *subtus*, debajo) *s. f.* **1.** Décima carta de cada palo de la baraja española, que representa la figura de un paje sosteniendo el símbolo del palo a que pertenece: *la sota de bastos.* **2.** *fam.* Persona, especialmente mujer, antipática y de mal carácter.

sotabanco *s. m.* **1.** Piso habitable situado encima de la cornisa de un edificio. **2.** En arq., hilada que se coloca encima de la cornisa de un edificio desde la que arranca un arco o una bóveda. SIN. **1.** Ático, buhardilla.

sotabarba *s. f.* **1.** Papada*. **2.** Barba que se deja crecer debajo de la barbilla. SIN. **1.** Papo.
sotana (del ital. *sottana*, de *sotto*, debajo) *s. f.* Vestidura negra y larga, abotonada de arriba abajo, que llevan algunos eclesiásticos.
sótano *s. m.* Piso de un edificio situado bajo el nivel de la calle. FAM. Semisótano. SO².
sotavento (del lat. *subtus*, debajo, y *ventus*, viento) *s. m.* **1.** Entre marinos, costado del barco opuesto a la parte desde donde viene el viento. **2.** P. ext., ladera de una montaña opuesta a la que recibe el viento. ANT. **1.** Barlovento.
sotechado *s. m.* Lugar cubierto o resguardado. SIN. Cobertizo, techado.
soterrado, da 1. *p.* de **soterrar**. También *adj.* || *adj.* **2.** Oculto: *Notó en el país soterrados deseos de cambio.*
soterrar (de *so-* y el lat. *terra*, tierra) *v. tr.* **1.** Poner algo debajo de tierra: *soterrar un tesoro.* **2.** Esconder algo de forma que no sea encontrado. **3.** Olvidar totalmente alguna cosa: *Debes soterrar los recuerdos amargos.* SIN. **1.** y **3.** Enterrar. **2.** Ocultar. **3.** Desterrar, arrinconar, apartar. ANT. **1.** Desenterrar. **2.** Hallar. **3.** Conservar. FAM. Soterrado. TIERRA.
soto (del lat. *saltus*, bosque, selva) *s. m.* **1.** Lugar poblado de árboles y arbustos a orillas de un río. **2.** P. ext., lugar poblado de árboles, arbustos, matas y malezas.
sotobosque *s. m.* Vegetación formada por matas y arbustos que crecen bajo los árboles de un bosque.
sotto voce (ital.) *loc. adv.* Significa 'en voz baja' y se emplea en música para indicar que una composición debe interpretarse a media voz. También se utiliza con su significado literal: *hablar sotto voce.*
soufflé (fr.) *s. m.* Cualquier plato preparado con claras de huevo a punto de nieve y cocido en el horno: *Pedí un soufflé de espinacas.* También *adj.*
soul (ingl.) *s. m.* Estilo musical estadounidense surgido en los años sesenta del siglo XX, derivado del *rhythm'and'blues*, espiritual, blues y otras formas de la música negra, y caracterizado por su ritmo sincopado y la importancia que en su ejecución tienen los instrumentos de viento.
soutien (fr.) *s. m. Arg.* y *Urug.* Prenda interior que usan las mujeres para ceñir el pecho, sostén.
souvenir (fr.) *s. m.* Cualquier cosa que se trae como recuerdo de un viaje, y especialmente las que se venden a los turistas.
soviet (ruso, significa 'consejo') *s. m.* **1.** Durante la Revolución Rusa, consejo obrero que se convirtió en la institución fundamental del sistema bolchevique. **2.** Máximo órgano político de la antigua Unión Soviética integrado por dos cámaras, el Soviet de la Unión y el Soviet de las Nacionalidades.
soviético, ca *adj.* De la Unión Soviética, antiguo estado euroasiático. También *s. m.* y *f.* FAM. Soviet, sovietizar.
sovietizar *v. tr.* Organizar un Estado de acuerdo con los principios políticos y económicos del régimen soviético. ■ Delante de *e* se escribe *c* en lugar de *z*. FAM. Sovietización. SOVIÉTICO.
sovjós o **sovjoz** (abreviatura del ruso *sovietskoie josiaistvo*, granja soviética) *s. m.* Estructura agraria soviética.
spaghetti (ital.) *s. m. pl.* Espagueti*.
spanglish (ingl. americano, formado con *spanish*, español, y *english*, inglés) *s. m.* Lengua o jerga construida a partir de elementos de los idiomas español e inglés; se habla en sectores de la población hispana en Estados Unidos.
spaniel *adj.* Se dice de una raza inglesa de perros de orejas caídas y pelo largo, utilizados generalmente para la caza. También *s. m.*
sparring (ingl.) *s. m.* Púgil con el que se entrena otro boxeador.
speaker (ingl.) *s. m.* y *f.* Persona que habla en público. SIN. Locutor, conferenciante.
speech (ingl.) *s. m.* Discurso breve.
speed (ingl.) *s. m. fam.* Tipo de droga sintética que estimula el sistema nervioso central.
spi *s. m. apóc.* de **spinnaker**.
spin *s. m.* Número cuántico que indica el giro del electrón sobre su eje. Puede tomar los valores ± 1/2.
spinnaker (ingl.) *s. m.* Vela suplementaria, de forma triangular, utilizada sobre todo en yates de regata.
spleen (ingl.) *s. m.* Esplín*.
spoiler (ingl.) *s. m.* Alerón situado en la parte trasera de algunos automóviles, especialmente cuando son deportivos.
sponsor (ingl.) *s. m.* Persona o entidad que ayuda con fines promocionales a otra a realizar cierta actividad en algún campo. ■ Se escribe también *espónsor.* SIN. Promotor, patrocinador, mecenas. FAM. Sponsorizar.
sponsorizar *v. tr.* Patrocinar. ■ Delante de *e* se escribe *c* en lugar de *z*. Se escribe también *esponsorizar.*
spontex (nombre comercial registrado) *s. f.* Tipo de bayeta de material sintético que se usa para absorber líquidos. ■ No varía en *pl.*
sport (ingl.) *adj.* **1.** Se aplica a las prendas de vestir más cómodas o informales que suelen reservarse para el tiempo libre: *traje sport.* ■ Se utiliza mucho con la prep. *de*: *Llevaba una americana de sport.* || *s. m.* **2.** Deporte.
spot (ingl.) *s. m.* Anuncio publicitario de radio o televisión.
spray (ingl.) *s. m.* Envase o aparato que contiene un líquido mezclado con gas a presión, de forma que al apretar una válvula sale el líquido pulverizado: *Usa el desodorante en spray.* ■ Se escribe también *espray.*
sprint (ingl.) *s. m.* **1.** Esfuerzo momentáneo que hace un deportista durante una carrera, especialmente al final, para conseguir la máxima velocidad: *Los corredores, cerca ya de la meta, iniciaron el sprint.* **2.** Esfuerzo máximo y de corta duración que se hace para terminar cualquier actividad: *Realizaron un pequeño sprint para que pudiera estar listo el trabajo.* ■ Se escribe también *esprint.* FAM. Sprinter. / Esprint.
sprinter (ingl.) *s. m.* y *f.* Deportista especializado en sprints: *Ese ciclista es el mejor sprinter de su equipo.*
sputnik (ruso) *s. m.* Nombre dado a los primeros satélites artificiales que lanzaron los rusos al espacio.
squash (ingl.) *s. m.* Deporte que se practica entre dos jugadores que han de lanzar una pelota de goma contra una pared sirviéndose de raquetas. El terreno de juego es un pequeño frontón cerrado y los partidos se disputan a tres o cinco sets, que constan cada uno de ellos de quince tantos.
squatter (ingl.) *s. m.* y *f.* Okupa*.
srilankés, esa *adj.* De Sri Lanka, estado insular del S de Asia. También *s. m.* y *f.*

stabat (lat.) *s. m.* Himno dedicado a los dolores de la Virgen al pie de la cruz, que empieza con las palabras latinas *stabat mater.*

stablishment (ingl.) *s. m.* Conjunto de los dirigentes de un lugar.

staccato (ital.) *s. m.* En mús., indicación para que una serie de notas rápidas sean tocadas con una marcada separación.

staff (ingl.) *s. m.* Conjunto de personas que pertenecen a la dirección de una empresa o entidad. SIN. Directiva, jefatura.

stand (ingl.) *s. m.* Caseta, mostrador o instalación semejante en que se exponen o venden los artículos y productos en una feria, mercado, etc.: *Paramos en el stand de microinformática.*

stand by (ingl.) *expr.* En economía, créditos abiertos por las compañías y bancos de un país en otros países. ■ Se usa como *s. m.*

standard (ingl.) *adj.* Estándar*.

standing (ingl.) *s. m.* Posición económica y social de una persona; se utiliza especialmente para designar a las clases altas y a su forma de vida, actividades, objetos que las rodean, etc.: *un ejecutivo de alto standing, un deporte de standing.*

star (ingl., significa 'estrella') *s. f.* Persona que ha alcanzado un gran éxito y popularidad en el mundo del espectáculo. SIN. Estrella, astro, divo.

starlet (ingl., del fr. *starlette*) *s. f.* Joven actriz que puede llegar a convertirse en una gran estrella de cine.

starter (ingl.) *s. m.* En vehículos con motor de explosión, dispositivo que regula el aire que entra en el carburador, permitiendo un rápido arranque en frío. ■ Se escribe también *estárter.* SIN. Estrangulador, cebador.

statu quo (lat., significa 'en el estado en que') *expr.* Designa el estado o situación en que se encuentran las cosas en un determinado momento. ■ Se usa como *s. m.*: *Es necesario mantener el statu quo de las negociaciones.*

status (lat., a través del ingl.) *s. m.* Posición social que ocupa una persona dentro de un grupo o sociedad. ■ No varía en *pl.* Se escribe también *estatus.*

step (ingl.) *s. m.* **1.** Tipo de gimnasia que consiste en subir y bajar repetidamente una especie de escalón y se practica con acompañamiento musical. **2.** Este mismo escalón.

sterilet (ingl.) *s. m.* Diu*.

stick (ingl.) *s. m.* **1.** Palillo con un extremo dentado que se utiliza para modelar el barro. **2.** Palo de hockey o de golf.

stock (ingl.) *s. m.* Conjunto de productos o materiales que almacena una empresa, un comercio, etc., a la espera de su utilización o venta, o para hacer frente a futuras demandas. SIN. Provisión, surtido, existencias, reservas.

stop (ingl.) *s. m.* **1.** Señal de tráfico que indica la obligación de detener el vehículo y ceder el paso, generalmente en un cruce: *Le multaron por no respetar el stop.* **2.** En los telegramas, equivale a punto: *Llegamos bien stop saludos stop.* FAM. Autoestop.

stradivarius *s. m.* Instrumento de cuerda, y particularmente violín, fabricado por la familia Stradivarius, de Cremona (Italia), en los s. XVI y XVII. ■ No varía en *pl.*

streaking (ingl.) *s. m.* Manifestación de protesta de una persona, o de un colectivo de ellas, consistente en presentarse desnudo en público.

stress (ingl., significa 'violencia', 'tensión') *s. m.* Estrés*.

stricto sensu (lat.) *loc. adv.* Sensu stricto*.

strike (ingl.) *s. m.* **1.** En el juego de bolos americano, tirada en la que caen todos los bolos con la primera bola. **2.** En béisbol, lanzamiento de la pelota al bateador, que éste no puede devolver o devuelve en forma incorrecta.

strip-tease o **striptease** (ingl., de *to strip*, desnudarse, y *to tease*, despedazar) *s. m.* **1.** Espectáculo en que una persona, generalmente una mujer, se va quitando la ropa poco a poco. **2.** Local en que se realiza este tipo de espectáculos. ■ Se escribe también *estriptís.*

strudel (al.) *s. m.* Pastel de origen austriaco realizado con una pasta fina de hojaldre rellena de manzana y frutos secos, que suele servirse acompañado de crema de vainilla. ■ Se dice también *apfelstrudel.*

stuka (al., abreviatura de *Sturzkampfflugzeug*) *s. m.* Nombre dado popularmente al Junkers-87, tipo de bombardero alemán de ataque en picado, utilizado en la Segunda Guerra Mundial (1939-1945).

stupa (sánscrito) *s. m.* Monumento funerario budista de origen indio; tiene base cilíndrica o cuadrangular, está cubierto por una cúpula y suele rodearlo un cerco amurallado.

su *adj. pos.* **1.** *apóc.* de **suyo, suya.** ■ Se usa antepuesta al sustantivo: *su familia, sus tijeras.* || *adj. pos. pl.* **2.** Tiene un valor cercano al adv. con el significado de 'aproximadamente', 'poco más o menos': *El chico tendrá sus diez años.*

suahili (del ár. *sawahil*, orillas del mar) *s. m.* Lengua bantú, con influencias árabes y persas, que se habla en toda África oriental. ■ Se escribe también *swahili.*

suasorio, ria (del lat. *suasorius*) *adj.* Utilizado para persuadir: *Se negaba a acompañarnos, pero mis argumentos suasorios lo convencieron.* ■ Es de uso culto. SIN. Persuasivo. ANT. Disuasivo, disuasorio.

suave (del lat. *suavis*, dulce) *adj.* **1.** Liso y agradable al tacto: *Cepilla la madera para que te quede suave. Una piel suave.* **2.** Que no está rígido o apelmazado: *Qué toalla más suave.* **3.** Que no es fuerte, brusco o violento: *Le dio una palmada suave. El bollo tenía un suave sabor a azahar.* **4.** Que no ofrece resistencia o no exige mucho esfuerzo: *La dirección de este coche es bastante suave. Subiremos por esa cuesta, que parece más suave.* **5.** Tranquilo y reposado: *Tiene un temperamento suave.* **6.** Dócil, obediente: *Después de la regañina está más suave.* SIN. **1.** Fino, terso, uniforme. **2.** Esponjoso. **2.** y **3.** Blando. **3.** Delicado, sutil. **3.** y **4.** Flojo. **4.** Manejable, flexible, fácil. **5.** Plácido, sosegado, dulce. **6.** Sumiso, manso. ANT. **1.** Rugoso. **1.** y **2.** Áspero, rasposo. **3.** Rudo, tosco. **4.** Duro. **5.** Irritable. **6.** Rebelde. FAM. Suavemente, suavidad, suavizar.

suavidad (del lat. *suavitas, -atis*) *s. f.* Cualidad de suave. SIN. Delicadeza, dulzura; moderación. ANT. Aspereza, brusquedad.

suavizador, ra *adj.* **1.** Que suaviza. || *s. m.* **2.** Instrumento en forma de correa con que se suaviza o pule el filo de las navajas de afeitar. SIN. **1.** Suavizante.

suavizante *adj.* **1.** Que suaviza. || *s. m.* **2.** Producto que se añade a la ropa en el último aclarado para que quede suave y esponjosa. **3.** Producto que se aplica sobre el pelo mojado, después de lavarlo, para hacerlo más suave y fácil de peinar. SIN. **1.** Suavizador.

suavizar *v. tr.* **1.** Hacer suave: *Date crema para suavizar la piel.* También *v. prnl.*: *Las tensiones entre los dos países acabaron por suavizarse.* **2.** Quitar contrastes: *Extendió el color con el difumino para suavizar los contornos.* ■ Delante de *e* se escribe *c* en lugar de *z*. **SIN. 1.** Alisar(se), afinar(se), pulir(se); dulcificar(se); apaciguar(se), sosegar(se). **2.** Desvanecer(se), difuminar(se), desdibujar(se). **ANT. 1.** Apelmazar(se); recrudecer(se); exasperar(se). **2.** Marcar. **FAM.** Suavización, suavizador, suavizante. SUAVE.

sub- (del lat. *sub*) *pref.* **1.** Significa 'debajo': *subterráneo, suburbano.* **2.** Aporta también la idea de 'acción secundaria', 'inferioridad' o 'posterioridad': *subarrendar, subdirector, subsiguiente.*

sub iudice (lat., significa 'bajo el juez') *loc. adv.* En der., se refiere al juicio que está pendiente de una resolución definitiva.

suba *s. f. Arg., Par.* y *Urug.* Alza de los precios.

subacuático, ca *adj.* Que se encuentra o se desarrolla debajo del agua: *plantas subacuáticas.*

subafluente *s. m.* Corriente de agua que desemboca en un afluente.

subalimentación *s. f.* Falta de proteínas o calorías en un régimen alimenticio. **ANT.** Sobrealimentación.

subalpino, na *adj.* Que está situado al pie de los Alpes.

subalterno, na (del lat. *subalternus*) *adj.* **1.** Se dice de la persona que trabaja a las órdenes de otra. También *s. m.* y *f.*: *Es muy comprensivo con sus subalternos.* **2.** Se aplica al personal que en una empresa, establecimiento, etc., realiza trabajos que no necesitan conocimientos técnicos, como limpiar, llevar mensajes, etc. También *s. m.* y *f.* **3.** Aplicado a ciertos sustantivos, secundario, accesorio: *importancia subalterna.* || *s. m.* **4.** Torero que forma parte de la cuadrilla de un matador. **SIN. 1.** Subordinado, inferior. **ANT. 1.** Superior. **FAM.** Subalterneidad. ALTERNO.

subálveo, a (de *sub-* y el lat. *alveus*, álveo) *adj.* Que está situado debajo del lecho de un río o arroyo: *corrientes subálveas.* También *s. m.*

subarrendador, ra *adj.* Se aplica a la persona que da en subarriendo alguna cosa. También *s. m.* y *f.*

subarrendamiento *s. m.* **1.** Acción de subarrendar. **2.** Contrato por el cual se subarrienda una cosa. **3.** Precio en que se subarrienda. ■ Se dice también *subarriendo.*

subarrendar *v. tr.* Dar o tomar en arriendo una cosa a una persona que no es su propietario ni administrador, sino arrendatario de la misma. ■ Es v. irreg. Se conjuga como *pensar.* **SIN.** Realquilar. **FAM.** Subarrendador, subarrendamiento, subarrendatario, subarriendo. ARRENDAR.

subarrendatario, ria *s. m.* y *f.* Persona que toma en subarriendo alguna cosa.

subarriendo *s. m.* Subarrendamiento*.

subasta *s. f.* **1.** Forma de venta en que se adjudica aquello que se vende a la persona que más dinero haya ofrecido por ello: *Consiguió el cuadro en una subasta de antigüedades.* **2.** Venta pública de las propiedades embargadas a una persona, ejecutada por decisión judicial. **3.** Sistema utilizado por la administración para adjudicar cualquier contrata, obra o servicio público a aquellos particulares que ofrezcan las condiciones más ventajosas. **SIN. 3.** Concurso. **FAM.** Subastado, subastar, subastero.

subastado *adj.* Se dice de una variedad del juego del tute. También *s. m.*

subastar (del lat. *subhastare*, de *sub hasta vendere*, vender bajo el palo de la lanza) *v. tr.* Vender una cosa o contratar servicios, arriendos, etc., en pública subasta: *Subastaron varios cuadros impresionistas.* **FAM.** Subastador. SUBASTA.

subastero, ra *s. m.* y *f.* Persona que puja con ventaja en algunas subastas, especialmente de pisos desahuciados, que compra a precios muy bajos y luego vende a precios de mercado.

subatómico, ca *adj.* Se dice de las partículas que componen el átomo y de los fenómenos relacionados con ellas.

subcampeón, na *s. m.* y *f.* Deportista o equipo que consigue el segundo puesto en una competición.

subcelular *adj.* Que posee una estructura más elemental que la de la célula.

subclase *s. f.* Grupo taxonómico que está situado entre la clase y el orden.

subclavio, via (de *sub-* y el lat. *clavis*) *adj.* Que está situado debajo de la clavícula: *vena subclavia, arteria subclavia.*

subcomisión *s. f.* Grupo de individuos dentro de una comisión que tiene una determinada función.

subconjunto *s. m.* En mat., conjunto cuyos elementos pertenecen a otro conjunto.

subconsciencia *s. f.* Estado de la conciencia en que, debido a la poca intensidad o duración de las percepciones, emociones, etc., el sujeto no se da cuenta plenamente de ellas. **FAM.** Subconsciente. CONSCIENCIA.

subconsciente *adj.* **1.** De la subconsciencia o que no llega a ser consciente: *deseos subconscientes, imágenes subconscientes.* || *s. m.* **2.** Conjunto de contenidos psíquicos que no están presentes en la conciencia, pero pueden aflorar en ciertos momentos sin que el yo oponga resistencia. **3.** En un sentido más amplio, inconsciente. **SIN. 1.** Subliminal.

subconsumo *s. m.* En econ., situación en que la demanda de artículos de consumo es inferior a su producción, lo que da lugar a excedentes de dichos artículos.

subcontinente *s. m.* Parte extensa de un continente que tiene características propias y se considera como una entidad diferenciada, p. ej. en Asia la India.

subcontrata *s. f.* Contrata que una empresa hace para determinados servicios, obras, trabajos, etc., que forman parte de otra más general para la que dicha entidad ha sido contratada.

subcontratación *s. f.* Acción de subcontratar.

subcontratar *v. tr.* Concertar una subcontrata. **FAM.** Subcontrata, subcontratación, subcontratista. CONTRATAR.

subcontratista *s. m.* y *f.* Persona con la que se hace una subcontrata.

subcortical *adj.* Que está situado debajo de la corteza cerebral.

subcostal *adj.* Que está situado debajo de las costillas.

subcultura *s. f.* **1.** Conjunto de manifestaciones culturales que, derivadas de una cultura general, se diferencian de ésta en ciertos aspectos como el lenguaje, las normas sociales, etc., y nacen dentro de clases o grupos minoritarios, a veces marginados. **2.** Tipo de cultura dirigida a los sectores populares de una sociedad, cuyas manifestaciones están caracterizadas por una gran simplicidad de forma y contenido.

subcutáneo, a (del lat. *subcutaneus*) *adj.* **1.** Que está situado inmediatamente debajo de la piel: *tejido subcutáneo.* **2.** Se aplica a la inyección que se pone debajo de la piel. SIN. **1.** y **2.** Hipodérmico.

subdelegación *s. f.* **1.** Acción de subdelegar. **2.** Distrito, oficina y empleo del subdelegado.

subdelegado, da *adj.* Se dice de la persona que sirve inmediatamente a las órdenes del delegado o le sustituye en sus funciones. Se usa más como *s. m.* y *f.*

subdelegar (del lat. *subdelegare*, de *sub*, bajo, y *delegare*, delegar) *v. tr.* Transmitir o ceder un delegado sus funciones a otra persona. ■ Delante de *e* se escribe *gu* en lugar de *g.* **FAM.** Subdelegación, subdelegado. DELEGAR.

subdesarrollado, da *adj.* Que se encuentra en situación de subdesarrollo.

subdesarrollo *s. m.* **1.** Falta o insuficiencia de desarrollo en cualquier aspecto. **2.** Situación en que se encuentran grandes áreas económicas del mundo, caracterizada por un atraso en los medios de producción, con la consiguiente pobreza y sus repercusiones en los aspectos políticos, sociales, culturales, etc. **FAM.** Subdesarrollado. DESARROLLO.

subdirección *s. f.* Cargo, oficina o despacho del subdirector.

subdirector, ra *s. m.* y *f.* Persona que sustituye al director o trabaja inmediatamente bajo sus órdenes. **FAM.** Subdirección. DIRIGIR.

subdistinguir (del lat. *subdistinguere*) *v. tr.* Hacer una distinción dentro de otra: *Dentro de una primera clasificación, subdistinguieron varios puntos.* ■ Delante de *a* y *o* se escribe *g* en lugar de *gu.* **FAM.** Subdistinción. DISTINGUIR.

súbdito, ta (del lat. *subditus*, de *subdere*, someter) *adj.* **1.** Se aplica a la persona sujeta a la autoridad de otra, a quien debe obedecer. También *s. m.* y *f.*: *El rey fue vitoreado por sus súbditos.* || *s. m.* y *f.* **2.** Ciudadano de un determinado país que, como tal, está sujeto a sus autoridades políticas: *súbdito español.* SIN. **1.** Subordinado, dependiente, vasallo.

subdividir (del lat. *subdividere*) *v. tr.* Hacer una división en algo que ha sido dividido anteriormente. También *v. prnl.*: *La novela está dividida en tres partes que se subdividen a su vez en capítulos.* **ANT.** Unificar(se), unir(se), reunir(se). **FAM.** Subdivisión. DIVIDIR.

subdivisión (del lat. *subdivisio, -onis*) *s. f.* **1.** Acción de subdividir o subdividirse. **2.** Cada una de las partes que resultan de subdividir algo. **3.** Tabique, mampara o cualquier otro elemento que divide un espacio o separa parte del mismo. SIN. **3.** División. **ANT. 1.** Unión.

subdominante *s. f.* En mús., nombre de la cuarta nota de la escala diatónica.

subduplo, pla (del lat. *subduplus*) *adj.* Se aplica al número o cantidad que es la mitad exacta de otro u otra.

subempleo *s. m.* Situación de una economía en que no está plenamente aprovechada la fuerza de trabajo o ésta es utilizada por debajo de su cualificación profesional, o bien el trabajo se presta en jornada laboral inferior a la normal.

súber (del lat. *suber, -eris*) *s. m.* Corcho, tejido vegetal epidérmico formado por células muertas. **FAM.** Suberificarse, suberosis, suberoso.

suberificarse (del lat. *suber, -eris*, corcho, y *facere*, hacer) *v. prnl.* Convertirse en corcho la parte externa de la corteza de los árboles. ■ Delante de *e* se escribe *qu* en lugar de *c.* **FAM.** Suberificación. SÚBER.

suberosis (del lat. *suber, -eris*, corcho, y *-osis*) *s. f.* **1.** Conjunto de trastornos respiratorios producidos por alergia al polvo de madera. **2.** En una planta, alteración de los tejidos epidérmicos por un proceso de suberificación. ■ No varía en *pl.*

suberoso, sa (del lat. *suber, -eris*) *adj.* De naturaleza o consistencia parecida al corcho.

subespecie *s. f.* Cada uno de los grupos que dentro de una especie reúnen a los individuos que presentan características comunes.

subestación *s. f.* Conjunto de instalaciones y aparatos destinados a la distribución y transformación de la corriente en una red de suministro eléctrico.

subestimar *v. tr.* Dar a alguien o algo menos importancia o valor del que tiene en realidad. También *v. prnl.*: *No te subestimes, eres capaz de hacerlo.* SIN. Subvalorar(se), infravalorar(se), desestimar(se), menospreciar(se). **ANT.** Sobrestimar(se).

subfamilia *s. f.* En biol., categoría inferior a la familia que abarca un determinado número de géneros.

subfilo *s. m.* En biol., cada uno de los grupos en que se dividen algunos filos.

subfusil *s. m.* Arma automática individual, portátil y de gran velocidad de disparo.

subgénero *s. m.* **1.** Cada uno de los tipos en que se divide un género artístico. **2.** Género artístico considerado de calidad inferior. **3.** Categoría taxonómica inferior al género y que abarca un determinado número de especies.

subgrupo *s. m.* **1.** Cada una de las divisiones establecidas en un grupo o conjunto. **2.** En mat., subconjunto de un grupo, que con las operaciones en él definidas adquiere estructura de grupo.

subida *s. f.* **1.** Acción de subir o subirse: *La subida al monte es dura, pero muy bonita. Se produjo una importante subida en el nivel de los embalses.* **2.** Camino o terreno que va ascendiendo: *La ermita la verás al final de la subida.* SIN. **1.** Ascenso, escalada, remonte; elevación, incremento, desarrollo. **2.** Cuesta. **ANT. 1.** y **2.** Bajada. **2.** Cuesta.

subido, da 1. *p.* de **subir**. También *adj.* || *adj.* **2.** Se aplica al olor, sabor o color muy fuerte o intenso: *Vino con un jersey rojo subido.* **3.** *fam.* Se utiliza para intensificar aquello que expresa el adjetivo o sustantivo que lo precede: *Hoy tiene el guapo subido.* **4.** Aplicado a cosas que se dicen, fuerte o atrevido, p. ej. en temas sexuales: *Hizo un comentario muy subido.* ■ Se utiliza frecuentemente en la loc. **subido de tono**. SIN. **2.** Vivo, chillón, acentuado, pronunciado. **4.** Osado. **ANT. 2.** Débil, imperceptible. **4.** Comedido.

subíndice *s. m.* Letra o número que se coloca en la parte inferior y generalmente a la derecha de un signo matemático, una palabra, letra, etc.

subinspección *s. f.* **1.** Cargo de subinspector. **2.** Oficina o despacho del subinspector.

subinspector, ra *s. m.* y *f.* Persona que sustituye al inspector o trabaja inmediatamente bajo sus órdenes. **FAM.** Subinspección. INSPECTOR.

subintendencia *s. f.* **1.** Cargo de subintendente. **2.** Oficina o despacho del subintendente.

subintendente *s. m.* y *f.* Persona que sustituye al intendente o se encuentra inmediatamente bajo sus órdenes. **FAM.** Subintendencia. INTENDENTE.

subir (del lat. *subire*, llegar, avanzar) *v. intr.* **1.** Pasar de un lugar a otro superior o más alto: *Ha subido a la azotea a recoger la ropa.* **2.** Crecer la altura o el volumen de algo: *Ya verás cómo sube la masa con la levadura.* **3.** Alcanzar cierta cantidad una cuenta, factura, etc.: *¿A cuánto sube el recibo?* || *v. tr.* **4.** Recorrer una distancia yendo hacia arriba: *Suba la calle y luego gire a la izquierda.* **5.** Poner a alguien o algo en un lugar más alto que el que ocupaba: *Sube el libro a la estantería.* También *v. prnl.*: *Se subieron a un árbol.* **6.** Poner derecho algo que estaba inclinado: *Sube la cabeza.* **7.** Levantar o llevar hacia arriba: *Subimos las persianas para que entrara la luz.* También *v. prnl.* **8.** Colocar a alguien o algo en un vehículo o sobre una caballería: *Subió las maletas al tren.* Se usa mucho como *v. intr.* y *v. prnl.*: *Los pasajeros se subieron al barco. Se subió de un salto al caballo.* **9.** Aumentar la cantidad, intensidad, precio, valor, etc., de una cosa: *Quieren subir las pensiones.* Se usa mucho como *v. intr.*: *Las temperaturas subirán.* **10.** Mejorar la situación profesional, económica, etc., de alguien: *Le han vuelto a subir de categoría.* También *v. intr.*: *Lo único que le importa es subir en la empresa.* **11.** Hacer más alto el tono de la voz o de un instrumento musical: *subir una nota.* También *v. intr.* || **subirse** *v. prnl.* **12.** *fam.* Emborrachar una bebida alcohólica: *Cuidado con ese vino, que se sube.* ■ Se usa mucho en la loc. **subirse a la cabeza**. **13.** Volver engreído, envanecer: *El cargo se le ha subido.* **14.** *fam.* Perder el respeto a alguien: *Ya estoy harto de que se me suba todo el mundo.* **SIN. 1.** Escalar, trepar. **1.** a **4.**, **9.** y **10.** Ascender. **3.** Importar, costar. **4.** Remontar. **4.**, **5.** y **9.** Elevar(se). **5.** Encaramar(se), aupar(se), alzar(se), empinar(se). **6.** Enderezar, erguir, estirar. **8.** Montar(se). **9.** Incrementar(se), desarrollar(se). **10.** Progresar, prosperar, medrar. **12.** Achispar, marear, embriagar. **ANT. 1.**, **2.** y **4.** a **11.** Bajar(se). **1.**, **2.**, **4.**, **9.** y **10.** Descender. **6.** Agachar, humillar. **9.** Disminuir. **FAM.** Suba, subido.

subitáneo, a (del lat. *subitaneus*) *adj.* Que sucede súbitamente: *El enfermo tuvo una mejoría subitánea.* **SIN.** Súbito, repentino, imprevisto, inesperado. **ANT.** Lento.

súbito (del lat. *subitus*) *adj.* **1.** Que ocurre rápidamente, sin esperarlo o preverlo: *Se produjo un súbito descenso de temperaturas.* **2.** Se aplica al que actúa sin reflexionar, dejándose llevar por sus impulsos, así como a sus acciones, conducta, etc.: *Tiene un carácter súbito.* || *adv. m.* **3.** Súbitamente, de repente. || **LOC. de súbito** *adv.* De repente, de pronto. **SIN. 1.** Subitáneo, repentino, rápido, imprevisto, inesperado. **2.** Impulsivo, espontáneo, irreflexivo. **3.** Repentinamente, rápidamente. **ANT. 1.** Lento, progresivo. **2.** Reflexivo. **3.** Lentamente. **FAM.** Súbitamente, subitáneo.

subjefe, fa *s. m.* y *f.* Persona que realiza las funciones de jefe durante la ausencia de éste o que está directamente a sus órdenes.

subjetividad *s. f.* Cualidad de subjetivo. **SIN.** Parcialidad. **ANT.** Objetividad.

subjetivismo *s. m.* **1.** Predominio o superioridad de lo subjetivo sobre cualquier otra consideración. **2.** Tesis que no admite otra realidad que la conciencia individual de cada sujeto como principio de explicación del mundo y da, por tanto, primacía al sujeto frente al objeto, a lo interior frente a lo exterior y objetivo.

subjetivo, va (del lat. *subiectivus*) *adj.* **1.** Se aplica a la persona que actúa y juzga llevado de sus propias consideraciones, forma de pensar, etc., y también a sus mismos actos, juicios y actitudes: *Creo que tu interpretación es demasiado subjetiva.* **2.** Referido al propio sujeto o individuo, en oposición al mundo que le rodea. **SIN. 1.** Personal, parcial. **ANT. 1.** Imparcial. **1.** y **2.** Objetivo. **FAM.** Subjetividad, subjetivismo. SUJETO.

subjuntivo, va (del lat. *subiunctivus*) *adj.* Se aplica al modo verbal que se utiliza para expresar idea de duda, posibilidad, deseo, temor, necesidad, etc., y se usa especialmente en oraciones subordinadas. También *s. m.*

sublevación *s. f.* Desobediencia a las órdenes dadas por un superior, que puede derivar tanto en la resistencia activa como en el ataque. **SIN.** Insurrección, pronunciamiento, amotinamiento. **ANT.** Sumisión, sometimiento, subordinación.

sublevar (del lat. *sublevare*) *v. tr.* **1.** Hacer que alguien se niegue a obedecer a una autoridad, resistiéndose por la fuerza. También *v. prnl.*: *Se sublevaron contra el tirano.* **2.** Irritar o enfadar mucho a alguien: *Me subleva que le feliciten a él, siendo tú el que hizo el trabajo.* También *v. prnl.* **SIN. 1.** Alzar(se), levantar(se), rebelar(se), amotinar(se), insubordinar(se). **2.** Indignar(se), enojar(se), enfurecer(se), encolerizar(se), sulfurar(se), encocorar(se), cabrear(se). **ANT. 1.** Someter(se). **2.** Agradar. **FAM.** Sublevación, sublevamiento. LEVAR.

sublimación *s. f.* **1.** Ensalzamiento de las cualidades de alguien o de algo. **2.** En fís., proceso de cambio de la materia de sólido a gaseoso, y viceversa, sin pasar por el estado líquido. **3.** En psicoanálisis, proceso mediante el que el objeto original de un impulso (especialmente de tipo sexual) es sustituido por otro más fácilmente accesible o de mayor aceptación social.

sublimado, da 1. *p.* de **sublimar**. También *adj.* || *s. m.* **2.** En fís., sustancia obtenida al sublimar un cuerpo: *Hay sublimados que se emplean para desinfectar.*

sublimar (del lat. *sublimare*) *v. tr.* **1.** Alabar en gran manera las cualidades, virtudes, etc., de alguien o algo: *La crítica sublimó el estreno.* **2.** En fís., hacer pasar un cuerpo directamente del estado sólido al gaseoso y viceversa. También *v. intr.* y *v. prnl.* **3.** En la terminología psicoanalítica, transformar los impulsos reprimidos, especialmente los sexuales, en actos que se consideran superiores o más aceptables desde el punto de vista intelectual o moral. También *v. prnl.* **SIN. 1.** Exaltar, enaltecer, engrandecer, ponderar, elogiar, encomiar. **ANT. 1.** Criticar, denigrar. **FAM.** Sublimable, sublimación, sublimado, sublimatorio. SUBLIME.

sublimatorio, ria *adj.* En fís., relacionado con la sublimación.

sublime (del lat. *sublimis*) *adj.* **1.** De extraordinaria belleza, calidad, etc.: *Escribió una obra sublime.* **2.** De gran valor moral: *una hazaña sublime.* **SIN. 1.** Excelente, excelso, eminente, excepcional, espléndido, soberbio, admirable. **2.** Noble. **ANT. 1.** Pésimo, bajo. **2.** Ruin, abominable. **FAM.** Sublimar, sublimemente, sublimidad.

subliminal (de *sub-* y el lat. *limen, -inis*, umbral) *adj.* Se dice de las percepciones sensoriales y de otras actividades psíquicas de las que el sujeto no llega a tener conciencia: *condicionamiento subliminal, propaganda subliminal.* **SIN.** Subconsciente. **ANT.** Liminal, consciente.

sublimizar *v. tr.* Sublimar, alabar, engrandecer. ■ Delante de *e* se escribe *c* en lugar de *z*.

sublingual (del lat. *sublingua*, parte inferior de la lengua) *adj.* **1.** Relativo a la región inferior de la lengua. **2.** Que está situado debajo de la lengua.

sublunar (del lat. *sublunaris*) *adj.* Que está situado debajo de la Luna.

submarinismo *s. m.* Conjunto de técnicas y actividades que se desarrollan debajo del agua con fines científicos, deportivos, militares, etc.: *Hacían prácticas de submarinismo en la piscina.* **FAM.** Submarinista. SUBMARINO.

submarinista *adj.* **1.** Del submarinismo. || *s. m.* y *f.* **2.** Persona que practica el submarinismo: *Unos submarinistas descubrieron un antiguo galeón.* **3.** Miembro de la tripulación de un submarino.

submarino, na *adj.* **1.** Que está o se realiza bajo la superficie del mar: *fauna submarina, pesca submarina.* || *s. m.* **2.** Barco capacitado para navegar bajo el agua, generalmente con fines militares. **3.** Individuo que se introduce en una organización política, siendo realmente militante de otra, para tratar de aplicar en dicha organización la misma línea o ideología de su partido. **SIN.** **1.** Subacuático. **FAM.** Submarinismo. / Antisubmarino, cazasubmarino. MARINO.

submaxilar *adj.* En anat., se dice de lo que está situado debajo del maxilar inferior: *arteria submaxilar, ganglio submaxilar.*

submúltiplo, pla (del lat. *submultiplus*) *adj.* Se dice del número o cantidad contenido en otro un número exacto de veces. También *s. m.*

submundo *s. m.* Porción marginal de la sociedad: *el submundo de la droga.*

subnormal *adj.* Se aplica a la persona deficiente mental. También *s. m.* y *f.* ■ En lenguaje coloquial se emplea como insulto. **SIN.** Retrasado, anormal. **FAM.** Subnormalidad. NORMAL.

subnormalidad *s. f.* Deficiencia mental.

suboficial *s. m.* Categoría militar comprendida entre la de tropa y la de oficial.

suborden *s. m.* En biol., cada uno de los grupos taxonómicos en el que se subdividen algunos órdenes.

subordinación (del lat. *subordinatio, -onis*) *s. f.* **1.** Acción de subordinar. **2.** En ling., relación de dependencia que existe entre dos elementos de distinta categoría gramatical y particularmente la que mantienen, dentro de una oración compuesta, una o más proposiciones (llamadas subordinadas) con respecto a otra proposición (llamada principal). **SIN.** **1.** Sometimiento, supeditación.

subordinado, da **1.** *p.* de **subordinar**. También *adj.* || *adj.* **2.** En ling., se aplica al elemento gramatical que depende de otro, particularmente a la proposición u oración unida a otra mediante subordinación. También *s. f.* **3.** Se dice de la persona que está a las órdenes de otra. Se usa más como *s. m.* y *f.*: *Convocó una reunión con sus subordinados.* **SIN.** **3.** Subalterno. **FAM.** Subordinadamente. SUBORDINAR.

subordinante *adj.* **1.** Que subordina. **2.** En ling., se dice del elemento gramatical que introduce oraciones subordinadas: *conjunción subordinante.* También *s. m.* **3.** En ling., se aplica a la palabra o sintagma que rige a otro de distinta categoría. || *s. f.* **4.** En ling., oración o proposición principal.

subordinar (de *sub-* y el lat. *ordinare*, ordenar) *v. tr.* **1.** Poner a una persona o cosa bajo la dependencia de otra u otras. También *v. prnl.*: *subordinarse a la autoridad de alguien.* **2.** Considerar algo como inferior o menos importante con respecto a otra cosa: *Siempre subordinó su bienestar al de su familia.* También *v. prnl.* **3.** En ling., hacer dependiente un elemento lingüístico con respecto a otro, especialmente una proposición (subordinada) con relación a otra (principal). Así, en *Quiero que vengas mañana*, la proposición *que vengas mañana* se subordina a *quiero* por medio de la conj. *que*. **SIN.** **1.** Sujetar(se), someter(se). **2.** Supeditar(se), relegar, posponer, postergar. **ANT.** **1.** Rebelar(se). **2.** Anteponer. **FAM.** Subordinación, subordinado, subordinante. / Insubordinar. ORDEN.

subpolar *adj.* Que está situado o se produce en los límites de las zonas polares.

subprefecto (del lat. *subpraefectus*) *s. m.* Funcionario inmediatamente inferior al prefecto o que administra una subdivisión de alguna prefectura. **FAM.** Subprefectura. PREFECTO.

subprefectura *s. f.* **1.** Cargo del subprefecto. **2.** Oficina del subprefecto.

subproducto *s. m.* Producto secundario obtenido del proceso de elaboración, fabricación, confección o extracción de otro principal; p. ej., el alquitrán es un subproducto de la obtención de coque a partir de la hulla.

subproletariado *s. m.* Lumpen*.

subranquial *adj.* Que está situado debajo de las branquias: *región subranquial.*

subrayado, da **1.** *p.* de **subrayar**. || *adj.* **2.** Destacado o recalcado de algún modo. || *s. m.* **3.** Palabra, frase o fragmento destacados o realzados en un texto o discurso.

subrayar *v. tr.* **1.** Hacer una raya horizontal debajo de una letra, palabra o frase para llamar la atención sobre ella o distinguirla: *Subrayo los párrafos más interesantes.* **2.** Destacar, recalcar: *Se encargó de subrayar la importancia de la reunión.* **SIN.** **2.** Acentuar, resaltar, señalar, enfatizar. **ANT.** **2.** Atenuar. **FAM.** Subrayable, subrayado. RAYAR.

subregión *s. f.* Zona geográfica que presenta características propias dentro de un área más amplia.

subreino *s. m.* Cada uno de los dos grupos taxonómicos en que quedan divididos los reinos vegetal y animal.

subrepción (del lat. *subreptio, -onis*) *s. f.* **1.** Ocultación de datos o de hechos. **2.** Acción realizada de manera subrepticia.

subrepticio, cia (del lat. *subreptitius*) *adj.* Que se hace ocultamente, a escondidas: *Consiguió aquella información de forma subrepticia.* **SIN.** Oculto, solapado, subterráneo, furtivo. **ANT.** Ostensible, abierto. **FAM.** Subrepción, subrepticiamente.

subrogación (del lat. *subrogatio, -onis*) *s. f.* En der., sustitución de una persona o cosa por otra.

subrogar (del lat. *subrogare*) *v. tr.* En der., poner a una persona o cosa en el lugar o situación de otra: *Subrogó el contrato del alquiler en favor de su hijo.* También *v. prnl.* ■ Delante de *e* se escribe *gu* en lugar de *g*. **FAM.** Subrogación. ROGAR.

subrutina *s. f.* En inform., parte de un programa de ordenador que ejecuta una secuencia del programa.

subsanar *v. tr.* **1.** Resolver una dificultad: *Tuvieron que subsanar ciertos problemas técnicos para continuar el vuelo.* **2.** Disculpar una falta, desacierto, etc.: *Buscaba una excusa que pudiera subsanar su descuido.* **3.** Reparar un daño o corregir un error, defecto, etc.: *En la última edición del libro subsanaron olvidos y errores.* **SIN.** **1.** Solucionar. **1.** y **3.** Remediar. **2.** Excusar, justificar, perdonar. **3.** Enmendar, arreglar, resarcir. **ANT.** **1.** a **3.** Empeorar. **FAM.** Subsanable, subsanación. SANAR.

subscribir *v. tr.* Suscribir*.

subscripción *s. f.* Suscripción*.

subscriptor, ra *s. m.* y *f.* Suscriptor*.

subscrito, ta **1.** *p.* irreg. de **subscribir**. || *adj.* **2.** Suscrito*.

subsecretaría *s. f.* **1.** Cargo del subsecretario. **2.** Oficina o despacho del subsecretario.

subsecretario, ria *s. m.* y *f.* **1.** Persona que ayuda o sustituye al secretario en sus funciones. **2.** Secretario general de un ministerio, cargo máximo después del ministro: *subsecretario de Defensa.* **FAM.** Subsecretaría. SECRETARIO.

subsecuente (del lat. *subsequens, -entis*) *adj.* Subsiguiente*.

subseguir *v. intr.* **1.** Seguir una cosa inmediatamente a otra. También *v. prnl.* **2.** Deducirse una cosa de otra. También *v. prnl.* ■ Delante de *a* y *o* se escribe *g* en lugar de *gu*. Es v. irreg. Se conjuga como *pedir.* **SIN.** **2.** Inferirse, colegirse. **FAM.** Subsecuente, subsiguiente. SEGUIR.

subsidiar *v. tr.* Conceder un subsidio: *subsidiar programas educativos.* **SIN.** Subvencionar.

subsidiario, ria (del lat. *subsidiarius*) *adj.* **1.** Que se da como subsidio: *una pensión subsidiaria.* **2.** Se dice de la acción, disposición, etc., destinada a reforzar a otra principal o, en su caso, a suplirla: *Si los resultados no son satisfactorios, se tomarán medidas subsidiarias.* **SIN.** **2.** Sustitutorio, suplementario, complementario. **FAM.** Subsidiariamente. SUBSIDIO.

subsidio (del lat. *subsidium*) *s. m.* Ayuda extraordinaria, concedida generalmente por un organismo oficial, con el fin de cubrir o satisfacer ciertas necesidades sociales o económicas: *Está cobrando un subsidio de invalidez. Ha solicitado un subsidio agrícola.* **SIN.** Subvención. **FAM.** Subsidiar, subsidiario.

subsiguiente *adj.* Que sigue inmediatamente a aquello que se expresa o sobrentiende: *No pensaron en los riesgos subsiguientes a su decisión.* ■ Se dice también *subsecuente.*

subsistencia (del lat. *subsistentia*) *s. f.* **1.** Permanencia y conservación de algo: *La subsistencia de la institución está asegurada.* **2.** Hecho de subsistir o vivir: *En algunas regiones la subsistencia del hombre es muy dura.* **3.** Conjunto de alimentos y medios necesarios para poder vivir. Se usa mucho en *pl.*: *Se le agotaron todas las subsistencias.* **SIN.** **1.** Continuidad, continuación. **1.** y **3.** Mantenimiento, sostenimiento. **2.** Existencia, vida. **3.** Sustento, manutención. **ANT.** **1.** y **2.** Desaparición.

subsistir (del lat. *subsistere*) *v. intr.* **1.** Durar algo, conservarse: *Aún subsisten viejas leyendas en la comarca.* **2.** Vivir: *En este bosque subsisten muy diversas especies de aves.* **SIN.** **1.** Perdurar, persistir, continuar, mantenerse. **1.** y **2.** Sobrevivir. **ANT.** **1.** y **2.** Desaparecer. **FAM.** Subsistencia, subsistente.

substancia *s. f.* Sustancia*.

substancial *adj.* Sustancial*.

substanciar *v. tr.* Sustanciar*.

substancioso, sa *adj.* Sustancioso*.

substantivación *s. f.* Sustantivación*.

substantivar *v. tr.* Sustantivar*.

substantivo, va *adj.* Sustantivo*. También *s. m.*

substitución *s. f.* Sustitución*.

substituible *adj.* Sustituible*.

substituir *v. tr.* Sustituir*.

substitutivo, va *adj.* Sustitutivo*.

substitutorio, ria *adj.* Sustitutorio*.

substracción *s. f.* Sustracción*.

substraendo *s. m.* Sustraendo*.

substraer *v. tr.* Sustraer*.

substrato *s. m.* Sustrato*.

subsuelo *s. m.* Conjunto de capas profundas del terreno situadas por debajo de la superficie terrestre.

subsumir (de *sub-* y el lat. *sumere*, tomar) *v. tr.* Incluir o considerar algo como parte de una síntesis, apreciación, conjunto, etc., más amplio, o como caso particular sujeto a una regla o principio general: *Su error fue subsumir los distintos aspectos dentro del enfoque general.* **SIN.** Englobar. **ANT.** Separar, aislar.

subte *s. m. Arg.* y *Urug. fam.* Abreviación de subterráneo, metropolitano.

subtender (del lat. *subtendere*) *v. tr.* En geom., unir una línea recta los extremos de un arco o de una línea quebrada. ■ Es v. irreg. Se conjuga como *tender.* **FAM.** Subtensa. TENDER.

subteniente *s. m.* Empleo superior del cuerpo de suboficiales, por encima del brigada. **FAM.** Subtenencia. TENIENTE.

subtensa (del lat. *subtensa*, extendida) *s. f.* En geom., cuerda de un arco.

subterfugio (del bajo lat. *subterfugium*) *s. m.* Excusa o pretexto con que se intenta evitar un compromiso, salir de una situación difícil, etc.: *Espero que te enfrentes con el problema y no te inventes ningún subterfugio.* **SIN.** Evasiva, escapatoria, disculpa.

subterráneo, a (del lat. *subterraneus*) *adj.* **1.** Que está debajo de tierra: *En la gruta había un lago subterráneo.* **2.** Oculto, profundo: *sentimientos subterráneos.* || *s. m.* **3.** Conducto, pasadizo, etc., situado bajo tierra: *Construyeron un subterráneo para cruzar la carretera.* **4.** *Arg.* y *Urug.* Metropolitano, ferrocarril que circula bajo tierra. **SIN.** **2.** Hondo, íntimo, subjetivo. **ANT.** **1.** y **2.** Superficial. **FAM.** Subte, subterráneamente. TIERRA.

subtipo *s. m.* Cada uno de los grupos taxonómicos en que se divide un tipo.

subtitular *v. tr.* **1.** Poner subtítulo. || **subtitularse** *v. prnl.* **2.** Tener como subtítulo.

subtítulo *s. m.* **1.** Título secundario o complementario que se añade al principal. **2.** En películas en versión original, rótulo con la traducción de los diálogos que aparece en la parte inferior de la pantalla. Se usa más en *pl.* **FAM.** Subtitular. TÍTULO.

subtropical *adj.* Situado cerca de los trópicos, pero en una latitud más elevada: *regiones subtropicales.*

suburbano, na (del lat. *suburbanus*) *adj.* **1.** Próximo a una ciudad: *área suburbana.* **2.** Relativo al suburbio: *ambientes suburbanos.* **3.** Se dice del tren que comunica el centro de las grandes ciudades con la periferia. También *s. m.* **SIN.** **2.** Suburbial.

suburbial *adj.* Del suburbio o relacionado con él. **SIN.** Arrabalero.

suburbio (del lat. *suburbium*) *s. m.* **1.** Barrio situado en las afueras o alrededores de una ciudad. **2.** Barrio alejado del centro urbano, donde normalmente reside una población de bajo nivel económico. Se usa mucho en *pl.*: *Creció en los suburbios.* **SIN.** **1.** Periferia, extrarradio, arrabal. **FAM.** Suburbano, suburbial. URBE.

subvalorar *v. tr.* Infravalorar*. También *v. prnl.*

subvención (del lat. *subventio, -onis*) *s. f.* **1.** Ayuda económica concedida generalmente por un organismo oficial para fomentar una determinada actividad, industria, etc., o contribuir a su mantenimiento: *La enseñanza básica cuenta con la subvención del Estado.* **2.** Acción de subvenir. **SIN.** **1.** Subsidio, socorro. **FAM.** Subvencionar. SUBVENIR.

subvencionar *v. tr.* Conceder una subvención a alguien o algo: *El Estado subvencionará las nuevas industrias.*

subvenir (del lat. *subvenire*) *v. intr.* Pagar el coste de algo. ■ Se construye con la prep. *a*: *La herencia le ayudó a subvenir a la educación de sus hijos.* Es v. irreg. Se conjuga como *venir.* **SIN.** Sufragar, costear. **FAM.** Subvención. VENIR.

subversión (del lat. *subversio, -onis*) *s. f.* **1.** Acción de subvertir: *subversión de valores.* **2.** Actuación o actividad dirigida contra un orden político-social o las autoridades de un país; p. ext., movimiento revolucionario: *El presidente recurrió al ejército para acabar con la subversión.* **SIN. 1.** y **2.** Perturbación, alteración. **2.** Revolución, rebelión, guerrilla. **ANT. 1.** Restablecimiento.

subversivo, va *adj.* **1.** Que subvierte o es capaz de subvertir, especialmente en el terreno ideológico y moral: *Prohibieron sus libros por considerarlos subversivos.* **2.** Se aplica a los movimientos, organizaciones, personas, etc., así como a las actuaciones y actividades, que intentan subvertir o alterar la situación político-social de un país: *propaganda subversiva.* También *s. m.* y *f.* **SIN. 1.** Subversor, perturbador. **2.** Revolucionario, agitador.

subvertir (del lat. *subvertere*) *v. tr.* Alterar, trastornar o destruir algo, como un orden social o unos principios establecidos: *Le acusaron de subvertir los valores morales.* ■ Es v. irreg. Se conjuga como *sentir.* **SIN.** Perturbar, trastocar, pervertir. **ANT.** Restablecer, defender. **FAM.** Subversión, subversivo, subversor.

subyacente (del lat. *subiacens, -entis*) *adj.* Que subyace: *estratos subyacentes, intenciones subyacentes.* **SIN.** Oculto, soterrado. **ANT.** Superficial, manifiesto.

subyacer (del lat. *subiacere*) *v. intr.* **1.** Estar algo debajo de otra cosa. **2.** Estar algo oculto tras otra cosa, por lo que no se aprecia fácilmente: *Tras su apariencia tosca subyacía una gran sensibilidad.* ■ Es v. irreg. Se conjuga como *yacer.* **SIN. 2.** Ocultarse, esconderse. **ANT. 2.** Transparentarse. **FAM.** Subyacente. YACER.

subyugador, ra (del lat. *subiugator, -oris*) *adj.* Que somete a la propia voluntad. También *s. m.* y *f.* **SIN.** Cautivador, conquistador, dominador.

subyugar (del lat. *subiugare*, de *sub*, bajo, y *iugum*, yugo) *v. tr.* **1.** Someter, dominar: *Subyugaron al país por las armas.* **2.** Dominar a alguien una sensación, un sentimiento, una pasión, etc.: *Esa música me subyuga.* ■ Delante de *e* se escribe *gu* en lugar de *g.* **SIN. 1.** Sojuzgar, domeñar. **2.** Cautivar. **ANT. 1.** Liberar, libertar. **FAM.** Subyugable, subyugación, subyugador. / Sojuzgar. YUGO.

succión *s. f.* Acción de succionar. **SIN.** Sorbo, aspiración.

succionar *v. tr.* **1.** Chupar, extraer líquido con los labios: *El bebé succionaba la leche del biberón.* **2.** Absorber aire, líquido u otra cosa un órgano, un mecanismo, etc.: *La aspiradora succiona el polvo. Las raíces succionan el agua.* **SIN. 1.** Sorber. **2.** Aspirar. **ANT. 1.** y **2.** Expulsar. **FAM.** Succión. / Liposucción.

sucedáneo, a (del lat. *succedaneus*, sucesor, sustituto) *adj.* **1.** Se aplica a la sustancia que, por tener características y efectos semejantes a otra, puede sustituirla. También *s. m.*: *La malta es un sucedáneo del café.* **2.** Se dice de aquello que, aun careciendo de las cualidades de otra cosa, puede ocupar su lugar. También *s. m.*: *Encontró en la radio un sucedáneo de la lectura.* **SIN. 1.** y **2.** Sustituto. **ANT. 1.** Original, auténtico.

suceder (del lat. *succedere*) *v. intr.* **1.** Producirse o desarrollarse un hecho. ■ Se usa siempre en 3.ª pers.: *¿En qué año sucedieron esos acontecimientos? Contigo sucederá lo mismo que con tu hermano.* **2.** Ir alguien o algo después de otra persona o cosa, ya sea en el tiempo o en el espacio: *A la guerra civil sucedieron años muy tristes. A esta sala sucede otra más lujosa.* || *v. tr.* **3.** Pasar a ocupar una persona el cargo, puesto, etc., que tenía otra: *Le sucedió en el trono su hijo.* **4.** Heredar a alguien: *Como no tiene hijos le sucederán sus sobrinos.* **SIN. 1.** Ocurrir, acontecer, acaecer, sobrevenir, efectuarse. **2.** Seguir. **ANT. 2.** Preceder, anteceder. **FAM.** Sucedáneo, sucedido, sucesión, sucesivo, suceso, sucesor, sucesorio. CEDER.

sucedido, da 1. *p.* de **suceder**. También *adj.* || *s. m.* **2.** *fam.* Cosa que sucede u ocurre: *Recordó en su conferencia un sucedido muy gracioso.* **SIN. 2.** Suceso, hecho, acontecimiento, episodio.

sucesión (del lat. *successio, -onis*) *s. f.* **1.** Acción de suceder: *la sucesión al trono.* **2.** Conjunto de personas, cosas, hechos, etc., que se suceden unos a otros: *Lo que dijo era una sucesión de disparates.* **3.** Descendencia directa de una persona: *Permaneció soltero y no tuvo sucesión.* **4.** Hecho de heredar a un difunto. **5.** Conjunto de bienes, propiedades, etc., que al morir una persona pasan a quienes los heredan. **6.** En mat., conjunto de números que siguen una ley dada; p. ej., la sucesión de término general $n^2 + 1$ sería 2, 5, 10, 17..., números que se obtienen al dar a *n* los valores 1, 2, 3, 4... **SIN. 2.** Serie, relación, encadenamiento. **3.** Prole. **5.** Herencia, legado, patrimonio.

sucesivo, va (del lat. *successivus*) *adj.* Que sucede o sigue a otra cosa: *Espero que no ocurra lo mismo en días sucesivos.* || **LOC. en lo sucesivo** *adv.* De ahora en adelante: *En lo sucesivo, cambiaremos nuestra forma de actuar.* **SIN.** Siguiente, subsiguiente, ulterior, subsecuente. **FAM.** Sucesivamente. SUCEDER.

suceso (del lat. *successus*) *s. m.* **1.** Aquello que sucede, especialmente cuando es de alguna importancia o interés: *Ese suceso conmovió a la opinión pública.* **2.** Delito, accidente o algún otro hecho dramático o desafortunado. Se usa más en *pl.*: *El crimen aparece en la crónica de sucesos.* **3.** En estadística, cada uno de los resultados posibles de un experimento aleatorio, juego de azar, etc. || *s. m. pl.* **4.** Sección de un periódico donde se informa sobre delitos, accidentes, etc.: *Leí esa noticia en sucesos.* **SIN. 1.** Sucedido, acontecimiento, acaecimiento, evento.

sucesor, ra (del lat. *successor, -oris*) *adj.* **1.** Que sucede a otra persona en un cargo, dignidad, etc. También *s. m.* y *f.* **2.** Heredero*. También *s. m.* y *f.* **SIN. 1.** Sustituto. **2.** Beneficiario. **ANT. 1.** Predecesor.

sucesorio, ria *adj.* De la sucesión o relacionado con ella: *bienes sucesorios.*

suciedad *s. f.* **1.** Cualidad de sucio: *La suciedad del agua no deja ver el fondo.* **2.** Porquería, inmundicia: *La alfombra está llena de suciedad.* **3.** Dicho o hecho sucio, inmoral, obsceno. **SIN. 1.** Descuido, desaseo; turbiedad. **2.** Mugre, guarrería. **3.** Indecencia, inmoralidad. **ANT. 1.** Pulcritud, nobleza. **1.** y **2.** Limpieza.

sucinto, ta (del lat. *succintus*, de *succingere*, ceñir) *adj.* **1.** Breve, resumido: *Presentó un informe demasiado sucinto.* **2.** Aplicado a prendas de vestir, que cubren muy poco: *Llevaba un sucinto biquini.* **SIN. 1.** Conciso, corto, parco, lacónico, somero. **ANT. 1.** Extenso. **FAM.** Sucintamente. CINTO.

sucio, cia (del lat. *succidus*, jugoso, húmedo) *adj.* **1.** Que tiene manchas, polvo, impurezas, etc.: *Llevas la camisa sucia. El agua está sucia.* **2.** Que se ensucia fácilmente: *Las tapicerías claras son más sucias que las oscuras.* **3.** Que ensucia o produce suciedad: *Qué sucio eres comiendo, has manchado todo el mantel.* **4.** Se dice de quien descuida su aseo personal: *No seas sucio y lávate las manos.* **5.** Se aplica al color que tiene mezcla de gris o negro: *un blanco sucio.* **6.** Indecente, obsceno. **7.** Contrario a la moral o la legalidad: *Siempre está metido en asuntos sucios.* **8.** Que demuestra traición, falsedad, falta de escrúpulos: *una forma de actuar sucia.* También *adv.* **9.** Tramposo: *un jugador sucio.* También *adv.* **10.** Que tiene pecados o culpas: *conciencia, alma sucia.* || **LOC. en sucio** *adv.* Utilizando un borrador: *Primero hizo la redacción en sucio.* **SIN. 1.** Manchado, mugriento, asqueroso. **1.** y **7.** Turbio. **3.** y **6.** Guarro, puerco, cochino. **4.** Descuidado, desaseado, astroso, adán. **6.** Deshonesto, impuro, libidinoso. **6.** y **7.** Inmoral. **7.** Ilegal, ilícito. **8.** Innoble, falso, hipócrita, traicionero. **9.** Marrullero, fullero. **ANT. 1.** Impoluto. **1.** a **10.** Limpio. **4.** Aseado. **5.** y **6.** Puro. **6.** y **7.** Decente, honesto. **7.** Legal. **8.** Leal, noble. **FAM.** Suciamente, suciedad. / Ensuciar.

sucre *s. m.* Unidad monetaria de Ecuador.

súcubo (del lat. *succubus*, de *cubare*, yacer) *adj.* Se dice del diablo que, con la apariencia de una mujer, tiene relaciones sexuales con un hombre. También *s. m.*

sucucho *s. m. Amér. del S.* Cuchitril o pequeño habitáculo, por lo general desordenado y sucio.

suculento, ta (del lat. *succulentus*) *adj.* Sabroso, jugoso, muy nutritivo: *Nos preparó un suculento entrecot.* **SIN.** Sustancioso, rico, gustoso. **ANT.** Insípido. **FAM.** Suculentamente.

sucumbir (del lat. *succumbere*) *v. intr.* **1.** Rendirse un ejército, una plaza, etc.: *La ciudad sucumbió a los ataques del enemigo.* **2.** Ceder alguien en cierta actitud, resistencia, etc.: *Sucumbió a la tentación.* **3.** Morir: *Los viajeros sucumbieron en el accidente.* **4.** Desaparecer una institución, entidad, etc.: *La democracia sucumbió ante el golpe de Estado.* **SIN. 1.** Someterse. **1.** y **2.** Claudicar, entregarse. **2.** Desistir, declinar. **3.** Fallecer, perecer, expirar, fenecer. **4.** Derrumbarse, hundirse. **ANT. 1.** y **2.** Resistir. **3.** y **4.** Nacer. **4.** Resurgir.

sucursal (del lat. *succursus*, socorro, auxilio) *adj.* Se dice del establecimiento comercial, bancario, etc., que depende de otro principal. También *s. f.* **SIN.** Filial. **ANT.** Central.

sud- (del anglosajón *suth*) *pref.* Significa 'sur': *sudamericano, sudeste.* ■ Se usa también la forma *sur-*.

sudaca *adj. desp.* Sudamericano*. También *s. m.* y *f.*

sudación (del lat. *sudatio, -onis*) *s. f.* **1.** Acción de rezumar o salir un líquido por las paredes de un cuerpo. **2.** Acción de provocar abundante sudor, generalmente con fines terapéuticos.

sudadera *s. f.* **1.** *fam.* Sudor abundante: *Menuda sudadera me ha entrado con este sol.* **2.** Prenda de vestir amplia que cubre hasta la cintura, utilizada para hacer deporte; a veces está confeccionada con tejidos plásticos y provista de capucha para provocar el sudor.

sudadero *s. m.* Manta pequeña que se pone a las caballerías debajo de la silla de montar.

sudafricano, na *adj.* Del S de África o de la República Sudafricana. También *s. m.* y *f.* ■ Se dice también *surafricano.*

sudamericano, na *adj.* De América del Sur. También *s. m.* y *f.* ■ Se dice también *suramericano.* **FAM.** Sudaca. AMERICANO.

sudanés, sa *adj.* De Sudán. También *s. m.* y *f.*

sudar (del lat. *sudare*) *v. intr.* **1.** Expulsar el sudor a través de los poros de la piel: *No dejo de sudar con este calor.* También *v. tr.* **2.** Expulsar los vegetales a través de sus poros algún líquido o jugo. También *v. tr.* **3.** Producirse pequeñas gotas de agua en la superficie de un objeto por contener demasiada humedad: *sudar la pared.* También *v. tr.* **4.** *fam.* Trabajar, esforzarse mucho para conseguir alguna cosa. También *v. tr.*: *Si quieres obtener ese puesto, tendrás que sudarlo.* || *v. tr.* **5.** Empapar algo en sudor: *Has sudado la camiseta.* **SIN. 1.** a **3.** Transpirar. **2.** Segregar. **2.** y **3.** Exudar, destilar, rezumar. **4.** Currar, currelar, bregar, afanarse, desvelarse. **ANT. 2.** y **3.** Absorber, chupar. **FAM.** Sudación, sudadera, sudadero, sudario, sudón. / Exudar, trasudar. SUDOR.

sudario (del lat. *sudarium*) *s. m.* Tela con que se envuelve a los cadáveres o con la que se les cubre la cara. **SIN.** Mortaja.

sudeste *s. m.* **1.** Punto del horizonte entre el S y el E. ■ Su abreviatura es *SE.* **2.** Parte de un país, región, etc., situada en la dirección de este punto. **3.** Viento que sopla desde dicho punto. ■ En las dos últimas acepciones se usa mucho en aposición. Se escribe también *sureste.* **ANT. 1.** Nordeste, noreste. **FAM.** Estesudeste, estesureste, sudsudeste, sursureste. SUR y ESTE.

sudista *adj.* Se aplica al partidario de los estados del S en la guerra de Secesión de Estados Unidos. También *s. m.* y *f.*

sudoeste *s. m.* **1.** Punto del horizonte entre el S y el O. ■ Su abreviatura es *SO.* **2.** Parte de un país, región, etc., situada en la dirección de este punto. **3.** Viento que sopla desde dicho punto. ■ En las dos últimas acepciones se usa mucho en aposición. Se escribe también *suroeste.* **ANT. 1.** Noroeste. **FAM.** Oesudoeste, oesuroeste, sudsudoeste, sursuroeste. SUR y OESTE.

sudor (del lat. *sudor, -oris*) *s. m.* **1.** Líquido transparente que segregan las glándulas sudoríparas de la piel. **2.** Gotas que aparecen en la superficie de algo que tiene humedad. **3.** Jugo que segregan las plantas. **4.** *fam.* Gran esfuerzo o trabajo que se necesita para conseguir alguna cosa. Se usa sobre todo en *pl.*: *Aprobó, pero le costó muchos sudores.* **5.** Sensación de angustia o nerviosismo. Se usa sobre todo en *pl.*: *Me entran sudores sólo de pensarlo.* || **6. sudor frío** El que se produce en estados febriles o de gran nerviosismo. || **LOC. con el sudor de mi (tu, su) frente** *adv. fam.* Con gran trabajo o esfuerzo: *Se ganó el premio con el sudor de su frente.* **SIN. 1.** Transpiración. **2.** Exudación. **FAM.** Sudar, sudoración, sudoral, sudoriento, sudorífero, sudorífico, sudoríparo, sudoroso.

sudoración *s. f.* Sudación*.

sudoral *adj.* Del sudor.

sudoriento, ta *adj.* Humedecido por el sudor. **SIN.** Sudoroso, sudoso.

sudorífero, ra (del lat. *sudorifer, -eri*, de *sudor*, sudor, y *ferre*, llevar, producir) *adj.* Sudorífico*.

sudorífico, ca (del lat. *sudor, -oris*, y *facere*, hacer) *adj.* Se dice de la sustancia que provoca la secreción de sudor. También *s. m.* ■ Se dice también *sudorífero.*

sudoríparo, ra (del lat. *sudor, -oris*, sudor, y *parere*, parir, producir) *adj.* **1.** Que produce sudor. **2.** Se dice de las glándulas que segregan el sudor. **SIN. 1.** Sudorífero, sudorífico.

sudoroso, sa *adj.* **1.** Lleno de sudor. **2.** Que suda con facilidad. **SIN. 1.** Sudoriento, sudoso.

sudsudeste *s. m.* **1.** Punto del horizonte situado entre el S y el SE. **2.** Viento que sopla desde dicho punto. ■ Se usa también en aposición. Se escribe también *sursureste*.

sudsudoeste *s. m.* **1.** Punto del horizonte situado entre el S y el SO. **2.** Viento que sopla desde dicho punto. ■ Se usa también en aposición. Se escribe también *sursuroeste*.

sueco, ca[1] (del lat. *suecus*) *adj.* **1.** De Suecia. También *s. m.* y *f.* || *s. m.* **2.** Idioma hablado en Suecia.

sueco, ca[2] (del lat. *soccus*, tronco) *s. m.* y *f.* Sólo se utiliza en la locución **hacerse el sueco(-a)**, que significa desentenderse de alguien o algo, disimular que no se le oye, se le ve, etc.

suegro, gra (del lat. *socrus*) *s. m.* y *f.* Padre o madre de uno de los cónyuges con respecto al otro. ■ Se dice también *padre político* o *madre política*. **FAM.** Consuegro, matasuegras.

suela (del lat. *solea*) *s. f.* **1.** Parte del calzado que está en contacto con el suelo, exceptuando el tacón. **2.** Cuero con que se confeccionan dichas piezas: *Estos zapatos son de suela.* **3.** P. ext., cuero o material semejante utilizado para otras cosas. **4.** *fam.* Trozo de carne muy fino y demasiado frito. ■ Se usa mucho como término de comparación: *El filete está como una suela.* || **5. media suela** Pieza de cuero u otro material con que se remienda el calzado desde la punta hasta un poco antes del tacón. Se usa más en *pl.* || **LOC. de siete suelas** *adj. fam.* Se utiliza para intensificar el significado de un calificativo: *Es un caradura de siete suelas.* **FAM.** Soleo, soletilla. SUELO.

suelazo *s. m. Amér. del S.* y *Ec. fam.* Golpe que se da contra el suelo al caer.

sueldo (del lat. *solidus*) *s. m.* **1.** Cantidad de dinero que se recibe regularmente por un trabajo. **2.** Antigua moneda cuyo valor varió según la época y el país en que se acuñaba. || **LOC. a sueldo** *adj.* y *adv.* Con cualquier tipo de pago, aunque no sea de forma fija: *un asesino a sueldo.* **SIN. 1.** Paga, salario, remuneración. **FAM.** Sobresueldo.

suelo (del lat. *solum*) *s. m.* **1.** Superficie de la corteza terrestre. **2.** Piso o pavimento: *el suelo del salón.* **3.** Terreno sobre el que se cultivan plantas: *No es un suelo apropiado para los cereales.* **4.** Terreno destinado a la construcción: *El suelo en las grandes ciudades es cada vez más caro.* **5.** Territorio de un país: *Llegamos a suelo argentino.* **6.** Base o superficie inferior sobre la que se apoyan ciertas cosas: *el suelo de una vasija.* || **LOC. besar el suelo** *fam.* Caerse de bruces. **besar el suelo por donde pisa** alguien Mostrar por una persona una gran admiración o respeto: *En vez de criticarle, deberías besar el suelo por donde pisa.* **dar** alguien **consigo en el suelo** Caerse. **dar en el suelo con** algo Dejarlo caer; también, perderlo o estropearlo: *Dio en el suelo con todas sus esperanzas.* **por el suelo** o **por los suelos** *adv. fam.* Muy barato o depreciado. Con el verbo *poner*, criticar a alguien o algo duramente: *Nos puso por los suelos.* También, en muy mala situación o estado: *Tenía la moral por los suelos.* **SIN. 2.** Solado, firme. **6.** Asiento, culo, pie. **FAM.** Suela, suelazo. / Asolar[1], entresuelo, solar[1], solar[2].

suelta *s. f.* Acción de soltar: *la suelta del ganado.*

suelto, ta (del lat. *solutus*) **1.** *p.* irreg. de **soltar**. También *adj.* || *adj.* **2.** No compacto o pegado con otras cosas: *El arroz debe quedar suelto.* **3.** Se dice de lo que no forma parte de un conjunto o que, pudiendo hacerlo, se considera solo o separado de él: *La chaqueta y la falda se venden sueltas.* **4.** No envasado o empaquetado: *Venden café suelto o por paquetes.* **5.** Amplio, holgado. **6.** Se dice del lenguaje, estilo, etc., de fácil lectura, fluido: *Es un escritor de prosa suelta.* **7.** Se dice de la persona que tiene diarrea; se aplica también al vientre. **8.** Se dice del dinero en monedas fraccionarias, así como de cada una de estas monedas. También *s. m.*: *No me queda suelto.* **9.** Se dice del toro de lidia que al salir a la plaza no acude a las llamadas de los toreros o abandona la suerte, especialmente la de picar, sin atender al engaño. || *s. m.* **10.** Escrito breve y sin firma que se incluye en un periódico: *Lo leí en un suelto del diario.* **SIN. 2.** Disgregado. **3.** Separado. **5.** Flojo, ancho. **6.** Ágil. **7.** Descompuesto. **8.** Cambio, calderilla. **ANT. 2.** Aglomerado. **3.** Junto. **5.** Ajustado, estrecho. **6.** Farragoso. **7.** Estreñido. **FAM.** Sueltamente. SOLTAR.

sueño (del lat. *somnus*) *s. m.* **1.** Ganas de dormir: *tener sueño; caerse de sueño.* **2.** Estado del que duerme: *conciliar el sueño.* **3.** Conjunto de escenas, imágenes, sucesos, etc., que se presentan a la mente mientras se duerme. **4.** Aquello que supone la meta u objetivo de alguien: *Su sueño es quedar campeón.* **5.** *fam.* Cosa muy bonita, maravillosa: *Vive en un chalé que es un sueño.* **6.** Proyecto, deseo, etc., que carece de realidad o fundamentos, por lo que no tiene posibilidad de realizarse: *Eso es sólo un sueño, jamás se cumplirá.* || **7. sueño dorado** El mayor deseo o ilusión de una persona. **8. sueño eterno** La muerte. **9. sueño pesado** Aquel del que cuesta trabajo despertarse por ser muy profundo. || **LOC. coger el sueño** *fam.* Comenzar alguien a dormirse. **echar un sueño** Dormir un rato. **entre sueños** *adv.* Medio dormido. **ni en sueños** *adv. fam.* Nunca, de ninguna manera: *Vamos, ni en sueños le hubiera dicho eso.* **perder el sueño por** alguien o algo *fam.* Estar muy preocupado por una persona o cosa; también, sentir por ella una gran atracción o deseo: *Pierde el sueño por ocupar este puesto.* **quitar el sueño** a alguien Preocuparle mucho: *El dinero es lo único que le quita el sueño.* **SIN. 1.** Soñarrera. **4.** Ideal, aspiración, ambición, anhelo. **5.** Maravilla, preciosidad, divinidad. **6.** Fantasía, utopía, quimera. **ANT. 2.** Vigilia. **5.** Porquería. **6.** Realidad. **FAM.** Soñar, sueñera. / Ensueño, insomnio, somnífero, somnolencia, sonambulismo.

suero (del lat. *serum*) *s. m.* **1.** Parte acuosa de un líquido orgánico, como la sangre, que queda después de haberse coagulado éste: *suero sanguíneo.* **2.** Parte acuosa que se separa al coagularse la leche. **3.** Disolución salina o de otras sustancias que se inyecta en el organismo para evitar la deshidratación de tejidos o como alimento. **4.** Sustancia preparada con suero sanguíneo animal utilizada para prevenir y curar enfermedades. || **5. suero de la verdad** Pentotal*. **6. suero fisiológico** Solución salina normal. **FAM.** Sueroterapia. / Sérico, serófilo, serología, seronegativo, seropositivo, seroso, seroterapia.

sueroterapia *s. f.* Seroterapia*.

suerte (del lat. *sors, sortis*) *s. f.* **1.** Combinación de hechos favorables o desfavorables que no se pueden prever ni evitar: *El resultado dependerá de la suerte.* **2.** Hecho o conjunto de hechos que se consideran positivos o negativos: *Fue una suerte encontrar a tu hermano. Con mi suerte nunca me tocará la lotería.* **3.** Aquello que le ocurrirá a alguien o algo en el futuro: *Nadie sabe cuál será su suerte.* **4.** Estado o situación de alguien o algo: *Intentan mejorar la suerte de los marginados.* **5.** Clase, tipo: *Conoce toda suerte de aparatos elec-*

trónicos. **6.** Modo de hacer una cosa: *Si le hablas de esa suerte, no te entenderá.* **7.** En tauromaquia, cada uno de los tercios en que se divide la lidia: *suerte de varas, de matar*, etc., y, también, cada una de las acciones que se ejecutan en cada tercio, como lances de capa o pases de muleta. **8.** Cada una de las partes que resultan de dividir una tierra de labor. || LOC. **a suerte(s)** *adv.* Empleando algún procedimiento en que decida la casualidad: *Echaron a suerte quién sería el primero.* **caer** (o **tocar**) algo a alguien **en suerte** Corresponderle por sorteo; también, corresponderle alguna cosa, generalmente desagradable o molesta: *Vaya encarguito que me cayó en suerte.* **de (tal) suerte que** *conj.* De forma que, de manera que: *Trata a la gente de tal suerte que todos le temen.* **por suerte** *adv.* Afortunadamente. **probar suerte** Participar en un sorteo, rifa, etc. También, intentar alguna cosa: *Hay que probar suerte, voy a llamar a Rosa por si quiere dar una vuelta.* **tentar la suerte** Correr un riesgo para lograr alguna cosa. **SIN. 1.** Azar, fortuna, casualidad. **2.** Potra, chorra. **3.** Destino, sino, porvenir. **ANT. 1.** y **2.** Desgracia, infortunio. **FAM.** Suertudo. / Consorte, sortear, sortilegio.

suertudo, da *adj.* Se aplica a la persona que tiene buena suerte. También *s. m.* y *f.* **SIN.** Afortunado, agraciado. **ANT.** Desafortunado.

sueste *s. m.* **1.** Sudeste*. **2.** Gorro impermeable que utilizan los pescadores.

suesudoeste *s. m.* Oesudoeste*.

suéter (del ingl. *sweater*) *s. m.* Jersey.

suevo, va (del lat. *suevus*) *adj.* De un grupo de pueblos germánicos originarios de Escandinavia que penetraron en la península Ibérica en el s. V y fundaron un reino independiente en el NO. También *s. m.* y *f.*

sufí (del ár. *sufi*, de *suf*, lana, por alusión al hábito de lana que llevaban) *adj.* **1.** Partidario o seguidor del sufismo. También *s. m.* y *f.* **2.** Relativo al sufismo. ▪ Su pl. es *sufíes*, aunque también se usa la forma *sufís*.

suficiencia (del lat. *sufficientia*) *s. f.* **1.** Cualidad de suficiente. **2.** Capacidad o aptitud para alguna cosa: *examen de suficiencia.* **3.** Presunción, soberbia: *No soporto que me hable con esa suficiencia.* **SIN. 2.** Competencia, capacitación, habilidad, pericia. **3.** Engreimiento, petulancia. **ANT. 1.** Escasez, precariedad. **1.** y **2.** Insuficiencia. **2.** Incapacidad, ineptitud. **3.** Inferioridad, modestia.

suficiente (del lat. *sufficiens, -entis*) *adj.* **1.** Que alcanza la cantidad, número, grado, etc., justo o necesario. **2.** Capacitado, apto: *Necesitamos personal suficiente y enérgico.* **3.** Presumido, soberbio. || *s. m.* **4.** Calificación de aprobado. **SIN. 1.** Bastante. **2.** Competente, hábil. **3.** Engreído, altivo. **ANT. 1.** Precario. **1.** y **4.** Insuficiente. **2.** Incapaz, inepto. **3.** Modesto. **4.** Suspenso. **FAM.** Suficientemente. / Autosuficiencia, insuficiente.

sufijación *s. f.* Procedimiento por el que se forman palabras con ayuda de sufijos.

sufijo, ja (del lat. *suffixus*, de *suffigere*, fijar) *adj.* **1.** Se dice del afijo que se coloca al final de la palabra, p. ej. en *jardin-ero*. También *s. m.* **2.** Se aplica al pron. que se coloca detrás del verbo, formando con él una sola palabra, como p. ej. *lo* o *se* en *romperlo, irse*. También *s. m.* **FAM.** Sufijación. FIJO.

sufismo *s. m.* Doctrina mística del islamismo que tuvo una gran expansión hasta el s. XII. **FAM.** Sufí.

sufragáneo, a (del bajo lat. *suffraganeus*) *adj.* Que depende de la jurisdicción o autoridad de otro: *una diócesis sufragánea de otra.*

sufragar (del lat. *suffragari*) *v. tr.* **1.** Pagar los gastos que ocasiona una cosa. **2.** *Amér.* Votar a un determinado candidato, propuesta, dictamen, etc. ▪ Delante de *e* se escribe *gu* en lugar de *g*. **SIN. 1.** Subvencionar, subvenir, costear. **FAM.** Sufragáneo, sufragante, sufragio.

sufragio (del lat. *suffragium*) *s. m.* **1.** Sistema por el cual una persona emite su voto dentro de una colectividad para elegir cargos públicos o decidir sobre algún asunto de interés común, especialmente político. **2.** Voto: *recuento de sufragios.* **3.** Ayuda, subsidio. **4.** Oración o acto religioso que se hace por las almas de los difuntos. || **5. sufragio censitario** (o **restringido**) Aquel en que sólo participan los ciudadanos que reúnen determinadas condiciones, particularmente económicas. **6. sufragio universal** Aquel en que participan todos los ciudadanos mayores de edad, sea cual fuere su condición, sexo, etc. **SIN. 1.** Elección. **3.** Auxilio, socorro. **FAM.** Sufragismo. SUFRAGAR.

sufragismo *s. m.* Movimiento surgido en Inglaterra en la segunda mitad del s. XIX, que defendía la concesión del voto a la mujer. **FAM.** Sufragista. SUFRAGIO.

sufragista *adj.* **1.** Del sufragismo o relacionado con este movimiento. **2.** Partidario del voto femenino. También *s. m.* y *f.*

sufrido, da 1. *p.* de **sufrir**. También *adj.* || *adj.* **2.** Que sufre o soporta algo pacientemente, sin protestar. **3.** Se aplica al color, tejido, etc., en que se nota poco la suciedad o resiste limpio más tiempo. **SIN. 2.** Resignado, paciente, estoico, duro. **ANT. 2.** Quejica, protestón. **3.** Sucio.

sufrimiento *s. m.* Padecimiento, dolor, pena. **ANT.** Alegría, gozo.

sufrir (del lat. *sufferre*) *v. tr.* **1.** Experimentar un daño o perjuicio: *Sufrió heridas de consideración.* También *v. intr.*: *Sufro del estómago. Las discusiones de sus padres le han hecho sufrir mucho.* **2.** Tolerar, soportar: *Tenemos que sufrir sus aburridas historias.* **3.** Experimentar cierta acción, fenómeno, cambio, etc.: *Las temperaturas sufrirán un descenso.* **SIN. 1.** Padecer. **2.** Aguantar, tragarse. **ANT. 1.** Gozar, disfrutar. **FAM.** Sufrible, sufrido, sufridor, sufrimiento. / Insufrible.

sugerencia *s. f.* Idea que se sugiere, insinuación. **SIN.** Consejo, inspiración. **ANT.** Disuasión.

sugerente *adj.* Sugestivo*.

sugerir (del lat. *suggerere*) *v. tr.* **1.** Dar una idea, solución, etc., a una persona sobre lo que debe hacer o decir, o simplemente para que piense en ella. **2.** Traer alguien o algo a la memoria o al pensamiento cierta idea, recuerdo, sensación, etc., con la que guarda cierto parecido o relación: *Esa lectura me ha sugerido muchas cosas.* **3.** Guardar parecido una persona o cosa con otra. ▪ Es v. irreg. Se conjuga como *sentir*. **SIN. 1.** Proponer, insinuar, recomendar. **2.** Evocar. **2.** y **3.** Recordar. **3.** Parecer, semejar. **FAM.** Sugerencia, sugerente, sugeridor, sugestivo.

sugestión (del lat. *suggestio, -onis*) *s. f.* **1.** Acción de sugestionar o sugestionarse: *Le duele la cabeza por pura sugestión.* **2.** Sugerencia. **SIN. 2.** Recomendación, insinuación. **FAM.** Autosugestión. SUGESTIONAR.

sugestionable *adj.* Fácil de ser sugestionado o de sugestionarse. **SIN.** Impresionable.

sugestionar *v. tr.* **1.** Influir sobre la forma de pensar, opinar, etc., de alguien haciéndole actuar o comportarse en un determinado sentido: *Tiene un gran poder para sugestionar a la gente.* **2.** Hacer que alguien se obsesione con ciertas ideas o sensaciones: *Como sigas hablando de muertes, le vas a sugestionar y no va a querer operarse.* || **sugestionarse** *v. prnl.* **3.** Dejarse llevar por una idea o sensación, generalmente obsesiva: *Cuando piensa en los análisis de sangre se sugestiona y empieza a marearse.* SIN. **1.** Persuadir, coaccionar. FAM. Sugestión, sugestionable, sugestionador. SUGESTIVO.

sugestivo, va (del lat. *suggestus*, acción de sugerir) *adj.* **1.** Que sugiere. **2.** Muy atractivo o prometedor: *Es un viaje muy sugestivo.* SIN. **1.** Sugeridor. **1.** y **2.** Sugerente. FAM. Sugestionar. SUGERIR.

sui generis (lat., significa 'de su género', 'de su especie') *loc. adj.* Se utiliza para indicar que algo es muy peculiar o singular.

suich (del ingl. *switch*) *s. m. Méx.* Botón de encendido de un aparato.

suicida (del lat. *sui*, de sí mismo, y *-cida*) *s. m.* y *f.* **1.** Persona que se ha suicidado o ha intentado suicidarse. || *adj.* **2.** Relativo al suicidio: *intenciones suicidas.* **3.** Muy arriesgado o imprudente. También *s. m.* y *f.* **4.** Que no tiene prácticamente ninguna posibilidad de éxito: *una misión suicida.* SIN. **3.** Temerario, peligroso, expuesto, insensato. ANT. **3.** Prudente.

suicidarse *v. prnl.* Quitarse alguien la vida voluntariamente. SIN. Matarse.

suicidio *s. m.* **1.** Acción de suicidarse. **2.** Acción muy arriesgada e imprudente que puede perjudicar gravemente a quien la realiza: *En tu situación, dejar la empresa ahora sería un suicidio.* FAM. Suicida, suicidarse.

suido (del lat. *sus, suis*, cerdo, y el gr. *eidos*, forma) *adj.* **1.** Se dice de los mamíferos artiodáctilos de cuerpo rechoncho, generalmente cubierto de cerdas, cabeza acabada en un morro prominente, colmillos curvos que sobresalen de los belfos y alimentación omnívora, como el cerdo, el jabalí, el facócero, etc. También *s. m.* || *s. m. pl.* **2.** Familia de estos mamíferos.

suite[1] (fr.) *s. f.* **1.** Sucesión de danzas o piezas instrumentales escritas en la misma tonalidad, pero de carácter y ritmo distinto. **2.** Composición musical formada por una selección de fragmentos de una obra extensa, para ser ejecutada en concierto.

suite[2] (ingl.) *s. f.* Conjunto de dos o más habitaciones de un hotel de lujo comunicadas entre sí.

suizo, za *adj.* **1.** De Suiza. También *s. m.* y *f.* || *s. m.* **2.** Bollo muy esponjoso hecho con harina, huevo y azúcar. SIN. **1.** Helvético.

sujeción (del lat. *subiectio, -onis*) *s. f.* **1.** Acción de sujetar o sujetarse. **2.** Cosa o medio que sujeta: *Ponle a la caja una sujeción más fuerte.* **3.** Estado de la persona, entidad, etc., que se encuentra sujeta o sometida a otra: *la sujeción de un empleado a una empresa.* SIN. **1.** Sostenimiento. ANT. **1.** Suelta; liberación.

sujetabuelos *s. m.* Prendedor para el pelo. ■ No varía en *pl.*

sujetador, ra *adj.* **1.** Que sujeta. También *s. m.* y *f.* || *s. m.* **2.** Prenda interior femenina que sujeta y levanta el pecho. SIN. **2.** Sostén.

sujetalibros *s. m.* Objeto que se apoya contra los libros para mantenerlos de pie en las estanterías. ■ No varía en *pl.*

sujetapapeles *s. m.* Pinza u otro objeto utilizado para sujetar papeles. ■ No varía en *pl.*

sujetar (del lat. *subiectare*, poner debajo) *v. tr.* **1.** Coger o agarrar a alguien o algo con las manos o cualquier otra cosa de forma que no se caiga, se suelte o se escape. También *v. prnl.* **2.** Someter a alguien a cierto dominio, disciplina, etc.: *Ella sola no puede sujetar a sus hermanos pequeños.* También *v. prnl.*: *Debes sujetarte a las reglas.* **3.** Ajustar o acomodar a una persona o cosa a aquello que se expresa. También *v. prnl.*: *Eso no se sujeta a lo que dijo anteriormente.* ■ Este verbo tiene dos p., uno reg., *sujetado*, que se utiliza para la formación de los tiempos compuestos, y otro irreg., *sujeto*, utilizado como adj. SIN. **1.** Sostener(se), asegurar(se). **2.** Dominar(se). **3.** Ceñir(se). ANT. **1.** Soltar(se), desasir(se). **2.** Rebelar(se); liberar(se). FAM. Sujeción, sujetabuelos, sujetador, sujetalibros, sujetapapeles, sujeto.

sujeto, ta (del lat. *subiectus*) **1.** *p.* irreg. de **sujetar**. También *adj.* || *adj.* **2.** Expuesto a experimentar aquello que se indica: *El itinerario está sujeto a posibles variaciones.* || *s. m.* **3.** Persona, sin especificar; tiene en ocasiones un tono despectivo: *No conozco a ese sujeto.* **4.** Asunto o tema sobre el que trata algo: *¿Cuál es el sujeto de la encuesta?* **5.** En ling., palabra o conjunto de palabras que concuerdan con el verbo en número y persona, sobre las que el predicado enuncia algo; también, función que desempeñan éstas en la oración. **6.** En lóg. tradicional, término del cual se predica o enuncia algo. **7.** En fil., entidad, por excelencia el ser humano, que siente y conoce el mundo exterior (objeto), al cual se contrapone. || **8. sujeto agente** El de un verbo en voz activa y que realiza la acción de éste. **9. sujeto paciente** El de un verbo en voz pasiva. SIN. **3.** Individuo, tipo, tío, fulano. **4.** Materia, motivo. **7.** Yo. FAM. Subjetivo. SUJETAR.

sulf- (del lat. *sulphur*, azufre) *pref.* Significa 'azufre': *sulfhídrico, sulfuro.*

sulfamida *s. f.* Denominación genérica de diversas sustancias empleadas en quimioterapia por su acción bacteriostática.

sulfatar *v. tr.* **1.** Pulverizar o bañar con sulfato de cobre una cosa, especialmente las vides para preservarlas de ciertas enfermedades. || **sulfatarse** *v. prnl.* **2.** Ser atacada la cubierta de plomo que rodea las pilas por el ácido sulfúrico que hay en su interior. Se produce este fenómeno cuando las pilas están gastadas. FAM. Sulfatación, sulfatado, sulfatador. SULFATO.

sulfato *s. m.* Sal de ácido sulfúrico. FAM. Sulfatar, sulfito. SULFURO.

sulfhídrico *adj.* Se aplica al ácido compuesto por dos volúmenes de hidrógeno y uno de azufre. Es un ácido débil, venenoso, que tiene un olor semejante al de los huevos podridos. También *s. m.*

sulfito *s. m.* Sal de ácido sulfuroso.

sulfurado, da *adj.* **1.** En quím., se aplica al elemento que se encuentra en estado de sulfuro: *hidrógeno sulfurado.* **2.** Enfadado, irritado: *Un jefe sulfurado resulta muy incómodo.* SIN. **2.** Encolerizado, furioso.

sulfurar (del lat. *sulphur*, azufre) *v. tr.* **1.** Combinar un cuerpo con el azufre. **2.** Enfadar, irritar: *Me sulfura su tranquilidad.* También *v. prnl.* SIN. **2.** Enojar(se), enfurecer(se), cabrear(se). ANT. **2.** Calmar(se). FAM. Sulfuración, sulfurado. SULFURO.

sulfúreo, a (del lat. *sulphureus*) *adj.* Relativo al azufre o que lo contiene.

sulfúrico, ca *adj.* Se aplica a los compuestos del azufre cuando actúa con valencia 6, y particularmente al ácido, líquido incoloro de consistencia aceitosa, altamente corrosivo, muy empleado en la industria.

sulfuro (del lat. *sulphur*, azufre) *s. m.* Sal del ácido sulfhídrico. FAM. Solfatara, sulfato, sulfhídrico, sulfurar, sulfúreo, sulfúrico, sulfuroso.

sulfuroso, sa *adj.* Se aplica a los compuestos en que el azufre actúa con valencia 4, y particularmente al ácido.

sultán (del ár. *sultan*, soberano) *s. m.* **1.** Emperador de los turcos. **2.** Príncipe o gobernador de otros países islámicos. **3.** *fam.* Persona que vive rodeada de lujos y comodidades; suele usarse como término de comparación: *Vive como un sultán.* **FAM.** Sultana, sultanato.

sultana *s. f.* **1.** Mujer del sultán o aquella que sin serlo tenía su misma consideración. **2.** Antigua embarcación utilizada por los turcos en la guerra.

sultanato *s. m.* **1.** Dignidad de sultán. **2.** Territorio bajo la autoridad de un sultán y tiempo que dura su gobierno.

suma (del lat. *summa*) *s. f.* **1.** Operación aritmética que consiste en reunir varias cantidades en una sola, y que se indica con el signo +. También, resultado de esta operación. **2.** Conjunto de muchas cosas, especialmente de dinero. **3.** Resumen o recopilación de las distintas partes de una ciencia. || **LOC. en suma** *adv.* En resumen, resumiendo. **suma y sigue** Indica que una suma continúa en la página siguiente; también expresa que algo, generalmente molesto o pesado, se repite continua e insistentemente: *Ya te dijeron mil veces que no, pero tú suma y sigue, lo vuelves a pedir.* **SIN. 1.** Adición. **2.** Monta. **ANT. 1.** Resta, sustracción. **FAM.** Semisuma. SUMAR.

sumaca (del neerl. *smak*) *s. f.* Pequeña embarcación plana, de dos palos, usada en América del Sur para cabotaje.

sumadora *s. f.* Máquina para sumar.

sumamente *adv. m.* Equivale a 'muy, en grado sumo': *Fue sumamente amable con nosotros.*

sumando (del lat. *summandus*) *s. m.* Cada una de las cantidades que se suman.

sumar (del lat. *summare*, de *summa*, suma) *v. tr.* **1.** Realizar la operación aritmética de la suma; también, tener como resultado dicha operación: *5 más 5 suman diez.* **2.** Reunir, juntar. También *v. prnl.* **3.** Importar una cuenta, factura, etc., aquello que se expresa: *La factura suma 12.000 pesetas.* || **sumarse** *v. prnl.* **4.** Incorporarse a un determinado grupo o participar en algo. **SIN. 1.** Hacer. **2.** Agregar(se). **3.** Ascender, subir, costar, montar. **4.** Adherirse. **ANT. 1.** Restar. **4.** Abandonar. **FAM.** Suma, sumadora, sumando, sumo -ma. / Consumar.

sumariar *v. tr.* En der., instruir un sumario contra alguien.

sumario, ria (del lat. *summarius*) *adj.* **1.** Breve, conciso: *Hizo una exposición sumaria de los hechos.* **2.** Se dice de ciertos juicios civiles en que se prescinde de algunas formalidades o trámites para hacerlos más rápidos. || *s. m.* **3.** Conjunto de actuaciones preparatorias de un juicio criminal en que se presentan los datos, hechos, etc. **4.** Índice temático de una obra, publicación, etc. **5.** Resumen, recopilación. **SIN. 1.** Sucinto, resumido, escueto, condensado, sintetizado. **5.** Compendio, síntesis. **ANT. 1.** Extenso. **5.** Ampliación. **FAM.** Sumarial, sumariamente, sumariar, sumarísimo. SUMO -MA.

sumarísimo, ma *adj.* Se aplica a ciertos juicios civiles o criminales para los que la ley señala una tramitación muy breve, por ser urgentes, claros o especialmente graves o importantes.

sumergible *adj.* **1.** Que se puede sumergir; se aplica especialmente a ciertas máquinas, aparatos, etc., que funcionan bajo el agua sin sufrir ningún daño: *un reloj sumergible, una cámara sumergible.* || *s. m.* **2.** Submarino*. **ANT. 1.** Insumergible. **FAM.** Insumergible. SUMERGIR.

sumergir (del lat. *submergere*) *v. tr.* **1.** Introducir por completo en un líquido. También *v. prnl.*: *Los submarinistas se sumergieron en alta mar.* || **sumergirse** *v. prnl.* **2.** Concentrarse totalmente en algo: *Se sumergió en sus pensamientos.* ■ Delante de *a* y *o* se escribe *j* en lugar de *g*: *sumerjas.* **SIN. 1.** Hundir(se), zambullir(se). **2.** Ensimismarse, abismarse, sumirse. **ANT. 1.** Emerger. **2.** Distraerse. **FAM.** Sumergible, sumergimiento, sumersión.

sumerio, ria *adj.* **1.** De Sumer, antigua región mesopotámica, que desarrolló una importante cultura. También *s. m.* y *f.* || *s. m.* **2.** Lengua hablada por los habitantes de esta región.

sumersión (del lat. *submersio, -onis*) *s. f.* Acción de sumergir o sumergirse. **SIN.** Sumergimiento, inmersión. **ANT.** Emersión.

sumidero *s. m.* **1.** Abertura, conducto o canal que sirve de desagüe. **2.** Boca de una alcantarilla. **SIN. 1.** y **2.** Cloaca.

sumiller (del fr. *sommelier*) *s. m.* **1.** Jefe o superior en varias dependencias de palacio. **2.** En hostelería, persona encargada de los vinos y licores.

suministrador, ra (del lat. *subministrator, -oris*) *adj.* Que abastece de una cosa, tanto por medio de la venta como del regalo. También *s. m.* y *f.* **SIN.** Abastecedor, proveedor. **ANT.** Desmantelador.

suministrar (del lat. *subministrare*) *v. tr.* Proporcionar lo necesario a una persona o entidad: *Esa empresa nos suministra el material.* **SIN.** Abastecer, proveer, aprovisionar, surtir. **FAM.** Suministrable, suministración, suministrador, suministro. MINISTRO.

suministro *s. m.* **1.** Acción de suministrar. **2.** Aquello que se suministra. **SIN. 1.** Abastecimiento, avituallamiento, aprovisionamiento. **1.** y **2.** Provisión, entrega. **2.** Remesa.

sumir (del lat. *sumere*) *v. tr.* **1.** Hundir algo bajo el agua o la tierra: *El remolino sumió la balsa en el fondo del mar.* También *v. prnl.* **2.** Hacer caer en cierto estado negativo: *sumir en la pobreza, en la desesperación.* También *v. prnl.* **3.** Centrar por completo la atención, pensamientos, etc., en alguna cosa. También *v. prnl.*: *Se sumió en hondas reflexiones.* **SIN. 1.** Enterrar(se). **1.** y **3.** Sumergir(se). **2.** Arrastrar. **3.** Abismar(se), ensimismar(se). **ANT. 1.** y **2.** Sacar. **3.** Distraer(se). **FAM.** Sumidero. / Asumir, consumir, insumo, presumir, resumir, subsumir.

sumisión (del lat. *submissio, -onis*) *s. f.* **1.** Acción de someter o someterse. **2.** Cualidad de sumiso. **SIN. 1.** Sometimiento. **2.** Docilidad, mansedumbre. **ANT. 1.** Rebelión. **2.** Rebeldía.

sumiso, sa (del lat. *submissus*, de *submittere*, someter) *adj.* **1.** Dócil, manso: *una persona, una actitud sumisa.* **2.** Humilde, que no muestra soberbia: *Fue, sumiso, a pedirle perdón.* **SIN. 1.** Doblegable, manejable. **ANT. 1.** Rebelde. **2.** Soberbio, altanero. **FAM.** Insumiso. SOMETER.

súmmum (del lat. *summum*) *s. m.* El colmo, punto máximo o límite al que llega algo.

sumo (japonés) *s. m.* Modalidad de lucha japonesa que se efectúa en el interior de un círculo trazado en el suelo y en la que el vencedor es aquel que consigue derribar a su contrincante o echarle fuera del círculo.

sumo, ma (del lat. *summus*) *adj.* **1.** Superior a todo o a todos: *el sumo sacerdote.* **2.** Muy grande, enorme: *Actuó con suma prudencia.* || **LOC. a lo sumo** *adv.* Indica el límite o grado máximo a que puede llegar alguna cosa. **SIN. 1.** Supremo. **2.** Tremendo, increíble, impresionante. ANT. **1.** Inferior. **1.** y **2.** Mínimo. FAM. Sumamente, sumario. SUMAR.

sunita *adj.* Sunnita*.

sunna (ár., significa 'costumbres') *s. f.* Libro que contiene una colección de hechos y enseñanzas de Mahoma y que constituye una de las principales fuentes de la religión islámica. ■ Se dice también *zuna.*

sunnita *adj.* **1.** Se aplica a la rama ortodoxa del Islam, mayoritaria frente a otras como la chiita. También *s. m.* y *f.* **2.** Relativo a esta rama. ■ Se dice también *sunita* y *sunní.*

suntuario, ria (del lat. *sumptuarius*) *adj.* Relativo al lujo: *impuesto suntuario.*

suntuoso, sa (del lat. *sumptuosus*) *adj.* Muy lujoso, espléndido. SIN. Fastuoso, opulento, soberbio, rico. ANT. Modesto, humilde. FAM. Suntuario, suntuosamente, suntuosidad.

supeditar (del lat. *suppeditare*) *v. tr.* **1.** Hacer depender una cosa de otra: *Supeditó su interés al de sus hijos.* También *v. prnl.* || **supeditarse** *v. prnl.* **2.** Ajustarse o acomodarse a aquello que se expresa: *Es incapaz de supeditarse a un horario.* SIN. **1.** Subordinar(se), relegar(se), posponer(se). **1.** y **2.** Someter(se). **2.** Sujetarse, atenerse, ceñirse. ANT. **1.** Anteponer(se). FAM. Supeditación.

super- (del lat. *super*) *pref.* Significa 'superioridad': *superintendente*; 'exceso, abundancia': *superabundar, superpoblar*; 'grado o cualidad máxima': *superdotado*, y 'sobre, por encima de': *superíndice.*

súper *adj.* **1.** *fam.* Muy bueno, estupendo. También *adv. m.*: *Nos lo pasamos súper.* **2.** Se aplica a la gasolina de 96 octanos. También *s. f.* || *s. m.* **3.** *apóc.* de **supermercado**. SIN. **1.** Magnífico, excelente, fantástico, guay, genial. ANT. **1.** Horrible, pésimo. FAM. Superar, superficie, superior. / Supremo. SOBRE².

superabundancia *s. f.* Enorme cantidad de algo. ■ Se dice también *sobreabundancia.* SIN. Exceso, demasía. ANT. Escasez, carencia.

superabundar (del lat. *superabundare*) *v. intr.* Abundar en exceso. ■ Se dice también *sobreabundar.* SIN. Sobrar. ANT. Carecer, faltar. FAM. Superabundancia, superabundante. ABUNDAR.

superación *s. f.* **1.** Mejora de las cualidades de una cosa o de una persona: *superación de sí mismo.* **2.** Vencimiento de dificultades u obstáculos: *superación de la prueba.* **3.** Establecimiento de una marca mejor que las registradas anteriormente. **4.** Llegada a una meta. SIN. **1.** Aventajamiento. **3.** Rebasamiento.

superaleación *s. f.* Aleación muy resistente al calor y la corrosión.

superalimentar *v. tr.* Sobrealimentar*.

superar (del lat. *superare*) *v. tr.* **1.** Ser superior a alguien o algo: *Supera a sus colegas en inteligencia.* **2.** Pasar más allá de cierto límite, marca, etc.: *superar la meta.* **3.** Pasar con éxito una prueba, dificultad, etc.: *superar un examen, un complejo.* || **superarse** *v. prnl.* **4.** Conseguir alguien ser aún mejor en cierta actividad, habilidad, etc.: *Con su último libro se superó.* SIN. **1.** Aventajar, adelantar. **1.** y **2.** Sobrepasar, rebasar. **3.** Vencer, salvar. FAM. Superable, superación, superador, superávit. / Insuperable. SÚPER.

superávit (del lat. *superavit*, sobró, de *superare*, sobrar) *s. m.* **1.** Situación económica en que los ingresos superan a los gastos. **2.** P. ext., abundancia o exceso de algo necesario o beneficioso. ■ Su pl. es *superávit* o *superávits.* ANT. **1.** y **2.** Déficit.

supercarburante *s. m.* Gasolina de alto octanaje.

supercherίa (del ital. *superchieria*) *s. f.* **1.** Engaño, treta. **2.** Superstición, especialmente referida a ciertos ritos religiosos, demasiado externos o superficiales. FAM. Superchero.

superciliar (del lat. *supercilium*) *adj.* Se aplica a la región situada por encima de las cejas.

supercomputador *s. m.* Ordenador de alta velocidad y gran capacidad de proceso, destinado a aplicaciones científicas o de administración pública que exigen la realización de un enorme número de operaciones en tiempo reducido.

superconductividad *s. f.* Propiedad característica de los metales y aleaciones metálicas que pierden su resistencia eléctrica al ser enfriados a temperaturas próximas al cero absoluto. FAM. Superconductor. CONDUCTIVIDAD.

superconductor, ra *adj.* Que tiene superconductividad. También *s. m.*

superdominante *s. f.* En mús., nombre de la sexta nota de la escala diatónica.

superdotado, da *adj.* De cualidades, especialmente intelectuales, muy superiores a las normales. También *s. m.* y *f.*

superego (de *super-* y el lat. *ego*, yo) *s. m.* Superyó*.

superestrato *s. m.* En ling., fenómeno que se produce cuando una lengua se extiende por el territorio de otra, generalmente en el caso de una invasión, adoptando los invasores la lengua de dicho territorio, a la que transmitirán algunos rasgos lingüísticos; en español han tenido especial importancia el superestrato germánico y el árabe.

superestructura *s. f.* **1.** Parte de una construcción que queda por encima del nivel del suelo o de la línea de apoyo. **2.** Parte del barco que está sobre la cubierta. **3.** Conjunto de instituciones legales y políticas de una sociedad (Estado, derecho, etc.) a las que corresponden ciertas formas de conciencia social (ideologías, religión, arte, etc.).

superfamilia *s. f.* En biol., grupo taxonómico inmediatamente superior a la familia.

superferolítico, ca *adj. fam.* Excesivamente delicado, fino o sutil. SIN. Afectado, cursi. ANT. Basto, ordinario.

superficial (del lat. *superficialis*) *adj.* **1.** Relativo a la superficie. **2.** Poco profundo: *un rasguño superficial, una conversación superficial.* **3.** Frívolo, insustancial: *una persona superficial.* SIN. **1.** y **2.** Exterior, externo. **3.** Trivial, vacío, vacuo. ANT. **1.** y **2.** Interior, interno. **2.** y **3.** Hondo. **3.** Trascendental. FAM. Superficialidad, superficialmente. SUPERFICIE.

superficie (del lat. *superficies*) *s. f.* **1.** Parte más externa de algo: *Los troncos flotaban en la superficie del agua.* **2.** Extensión de tierra: *La finca abarca enormes superficies.* **3.** Espacio geométrico cuya extensión se expresa en dos dimensiones: *la superficie de un cuadrado.* **4.** Lo que se ve o aprecia de alguna cosa, sin profundizar en ella. || LOC. **a la superficie** *adv.* Con verbos como *salir, aflorar*, etc., manifestarse o mostrarse algo que permanecía oculto. FAM. Superficial. SÚPER.

superfluo, flua (del lat. *superfluus*) *adj.* Innecesario, insignificante. SIN. Inútil, ocioso; baladí, nimio. ANT. Necesario, imprescindible. FAM. Superfluamente, superfluidad.

superhombre *s. m.* Hombre de cualidades extraordinarias. SIN. Supermán.

superíndice *s. m.* Letra, número, etc., colocado en el extremo superior, generalmente el derecho, de una palabra, símbolo matemático, etc.

superintendente *s. m.* y *f.* Persona a cuyo cargo está la dirección superior de algo, siendo su máximo responsable. **FAM.** Superintendencia. INTENDENTE.

superior (del lat. *superior, -oris*) *adj.* **1.** Que está más alto que otra cosa o por encima de ella dentro de una serie: *Vive en el piso superior al nuestro.* **2.** De más calidad, cantidad, categoría, etc., que otra persona o cosa: *Sus notas fueron superiores a las mías.* **3.** Excelente, magnífico: *Fue un espectáculo superior.* También *adv.* **4.** Se dice de la persona que tiene a otras bajo su mando o dirección. También *s. m.*: *Se reunió con sus superiores.* **5.** Aplicado a enseñanza, estudios, etc., posterior al bachillerato. **SIN.** **2.** Mejor. **3.** Supremo, estupendo, extraordinario, genial. **4.** Jefe. **5.** Universitario. **ANT.** **1.** a **4.** Inferior. **2.** Peor. **3.** Pésimo. **4.** Subordinado. **FAM.** Superior, superioridad, superiormente. SÚPER.

superior, ra *adj.* Se aplica a la persona que dirige una comunidad religiosa: *madre superiora.* También *s. m.* y *f.*

superioridad *s. f.* **1.** Cualidad de superior: *Demostró su superioridad en la prueba.* **2.** Ventaja: *Siempre juega con superioridad.* **3.** Persona o conjunto de personas de autoridad superior: *Recibe órdenes de la superioridad.* **SIN.** **1.** Supremacía. **ANT.** **1.** y **2.** Inferioridad.

superlativo, va (del lat. *superlativus*) *adj.* **1.** Muy grande y bueno en su clase. **2.** Se dice del grado del adjetivo y del adverbio que expresa el significado de éstos en su mayor intensidad. También *s. m.* || **3. superlativo absoluto** El que califica sin establecer comparación: *Es una chica listísima.* **4. superlativo relativo** El que califica mediante una comparación: *Es la chica más lista de la clase.* **SIN.** **1.** Superior, supremo. **ANT.** **1.** Inferior. **FAM.** Superlativamente.

superligero *adj.* Se aplica a la categoría de boxeo constituida por los púgiles cuyo peso oscila entre los 61 y los 63 kg. También *s. m.*

supermán (de *Superman*, personaje de cómic) *s. m.* Hombre de capacidad y cualidades físicas extraordinarias. **SIN.** Superhombre.

supermercado *s. m.* Establecimiento comercial de grandes dimensiones donde se venden productos alimenticios y otros artículos, que se sirve el cliente y los paga a la salida.

supernova *s. f.* Estrella en explosión, que libera una cantidad inmensa de energía y se manifiesta por un gran aumento de brillo en una estrella visible, o por su aparición en un punto del espacio aparentemente vacío; se trata de la fase terminal de la vida de una estrella.

supernumerario, ria (del lat. *supernumerarius*) *adj.* **1.** Que sobrepasa o está fuera del número ya existente, señalado o establecido. **2.** Se aplica al funcionario que ha pedido la excedencia. **3.** Que trabaja en un centro oficial sin figurar en plantilla. También *s. m.* y *f.*

superorden *s. m.* En biol., división taxonómica inferior a la clase o a la subclase y que comprende varios órdenes.

superpetrolero *s. m.* Petrolero de gran capacidad.

superpoblación *s. f.* Desequilibrio producido en un ecosistema al existir más individuos de una determinada especie de los que el medio puede albergar.

superpoblar *v. tr.* Aumentar en exceso la densidad de población de una zona, país, región, etc. También *v. prnl.* ■ Es v. irreg. Se conjuga como *contar.* **FAM.** Superpoblación, superpoblado. POBLAR.

superponer (del lat. *superponere*) *v. tr.* **1.** Poner una cosa encima de otra. También *v. prnl.* **2.** Considerar una cosa más importante que otra que se expresa: *Nunca superpuso sus intereses a los de su familia.* ■ Es v. irreg. Se conjuga como *poner.* **SIN.** **1.** Sobreponer. **2.** Anteponer. **ANT.** **2.** Subordinar, posponer. **FAM.** Superponible, superposición, superpuesto. PONER.

superposición *s. f.* Acción de superponer o superponerse. **SIN.** Anteposición. **ANT.** Subordinación.

superpotencia *s. f.* Potencia o nación de gran poder económico y militar.

superproducción *s. f.* **1.** Exceso en la producción de algo. **2.** Película cinematográfica de gran presupuesto y espectacularidad.

superpuesto, ta *p.* irreg. de **superponer**. También *adj.*

superrealismo *s. m.* Surrealismo*. **FAM.** Superrealista. REALISMO[1].

supersónico, ca (de *super-* y el lat. *sonus*, sonido) *adj.* **1.** Se dice de la velocidad que sobrepasa a la del sonido en el aire, y del avión que alcanza dicha velocidad. **2.** *fam.* Muy rápido. **SIN.** **2.** Meteórico, vertiginoso. **ANT.** **2.** Lento.

superstición (del lat. *superstitio, -onis*) *s. f.* **1.** Creencia que tiene su fundamento en causas sobrenaturales o desconocidas. **2.** Miedo o respeto injustificado a ciertos hechos, objetos, coincidencias, etc. **SIN.** **1.** Superchería. **FAM.** Supersticiosamente, supersticioso.

supersticioso, sa *adj.* **1.** De la superstición o relacionado con ella. **2.** Se dice de la persona que cree en el poder de lo sobrenatural. **SIN.** **2.** Crédulo, fetichista. **ANT.** **2.** Incrédulo, racional.

supervalorar *v. tr.* Sobrevalorar*. **FAM.** Supervaloración. VALORAR.

superventas *s. m.* Disco, libro, o cualquier artículo de estas características que ha alcanzado un elevado número de ventas en el mercado. ■ No varía en *pl.*

supervisar *v. tr.* Examinar una cosa la persona a quien corresponde hacerlo: *El inspector supervisó las cuentas.* **SIN.** Revisar. **FAM.** Supervisión, supervisor. VISAR.

supervisión *s. f.* Acción de supervisar: *El aparejador se encarga de la supervisión de la obra.*

supervisor, ra *adj.* Que ejerce la vigilancia de una cosa. También *s. m.* y *f.* **SIN.** Revisor.

supervivencia (del lat. *supervivens, -entis*, que sobrevive) *s. f.* Acción de sobrevivir: *la lucha por la supervivencia.* **FAM.** Superviviente. VIVENCIA.

superviviente (del lat. *supervivens, -entis*) *adj.* Que sobrevive. También *s. m.* y *f.*: *los supervivientes del terremoto.* **SIN.** Sobreviviente.

superwelter *adj.* Se aplica a la categoría de boxeo constituida por los púgiles cuyo peso oscila entre los 66 y los 69 kg. También *s. m.*

superwoman (ingl.) *s. f.* Mujer de gran capacidad y cualidades excepcionales.

superyó *s. m.* En el psicoanálisis, conjunto de valores, actitudes e ideas que, extraídos del mundo exterior, son interiorizados por el sujeto, que los convierte en su modelo de conducta. ■ Se llama también *superego.*

supinación (del lat. *supinatio, -onis*) *s. f.* **1.** Posición de una persona tumbada sobre la espalda. **2.** Movimiento del antebrazo que permite girar la mano desde dentro hacia afuera, mostrando la palma.

supinador *adj.* Se aplica a cada uno de los músculos externos del antebrazo, que efectúan la supinación. También *s. m.*

supino, na (del lat. *supinus*) *adj.* **1.** Tumbado sobre la espalda. ■ Se emplea en la expr. *decúbito supino* y se opone a *decúbito prono.* **2.** Aplicado a palabras como *ignorancia, estupidez,* etc., muy grande, en grado superlativo. || *s. m.* **3.** En la gramática latina, una de las formas no personales del verbo. **FAM.** Supinación, supinador.

suplantar (del lat. *supplantare*) *v. tr.* Sustituir ilegítimamente o contra su voluntad a otra persona: *Aprendió a falsificar su firma para suplantarle.* **SIN.** Usurpar, reemplazar, desbancar. **FAM.** Suplantable, suplantación. PLANTAR.

suplementario, ria *adj.* Que sirve para suplir o sustituir una cosa, o bien para completarla: *Necesito ingresos suplementarios para pagar el piso.* **SIN.** Suplente; complementario.

suplemento (del lat. *supplementum*) *s. m.* **1.** Aquello que suple, completa o amplía otra cosa: *El sueldo tenía un suplemento.* **2.** Hoja, cuaderno o publicación independiente que se vende junto con un periódico o revista: *suplemento dominical.* **3.** Nombre dado por algunos lingüistas al sintagma preposicional regido o exigido por el verbo. **SIN. 1.** Complemento, supletorio. **FAM.** Suplementario. SUPLIR.

suplencia *s. f.* Acción de suplir o sustituir una persona a otra, y tiempo que dura esta acción. **SIN.** Sustitución.

suplente *adj.* Que suple a otra persona: *médico suplente.* También *s. m.* y *f.*: *Jugaron los suplentes.* **SIN.** Sustituto. **ANT.** Titular.

supletorio, ria *adj.* **1.** Que suple a otra cosa de la misma naturaleza o la complementa: *Sacaron una cama supletoria.* **2.** Se aplica al teléfono que depende de otro principal. También *s. m.* || *s. m.* **3.** Aquello que se añade a una cosa para ampliarla o complementarla: *La mesa del ordenador tenía un supletorio para la impresora.* **SIN. 1.** Suplementario, complementario. **3.** Suplemento, complemento.

súplica *s. f.* **1.** Acción de suplicar: *Tus súplicas no me conmueven.* **2.** Escrito o palabras con que se suplica algo. **3.** Cláusula que aparece al final de un escrito jurídico o administrativo donde se solicita algo. **SIN. 1.** Suplicación, imploración, impetración, ruego. **1.** y **2.** Petición, solicitud, instancia. **ANT. 1.** y **2.** Orden, mandato.

suplicante (del lat. *supplicans, -antis*) *adj.* **1.** Que suplica: *Acudieron suplicantes al santo patrón.* También *s. m.* y *f.* **2.** Que contiene o muestra súplica: *actitud suplicante.* **SIN. 1.** y **2.** Implorante. **2.** Suplicatorio, exhortativo.

suplicar (del lat. *supplicare*, de *sub*, bajo, y *plicare*, plegar) *v. tr.* **1.** Pedir algo con respeto, humildad o sumisión: *Nos suplicó que le perdonáramos.* **2.** En der., recurrir ante un tribunal superior el auto o sentencia dictado por él mismo. ■ Delante de *e* se escribe *qu* en lugar de *c.* **SIN. 1.** Rogar, implorar, instar, solicitar, exhortar. **FAM.** Súplica, suplicación, suplicante, suplicatorio, suplicio.

suplicatorio, ria *adj.* **1.** Que contiene o muestra súplica. || *s. m.* y *f.* **2.** Carta o despacho que envía un tribunal o juez a otro superior. || *s. m.* **3.** Instancia que un tribunal o juez envía a un organismo legislativo para proceder contra una persona que tiene inmunidad parlamentaria. **SIN. 1.** Suplicante, implorante, exhortativo.

suplicio (del lat. *supplicium*, súplica, ofrenda, tormento) *s. m.* **1.** Sufrimiento físico, duro y prolongado que se aplica a una persona como castigo: *La Inquisición sometía a suplicio a los herejes.* **2.** Estado de sufrimiento físico o moral intenso y prolongado: *La enfermedad convirtió su vida en un suplicio.* **3.** *fam.* Cosa muy molesta, pesada o engorrosa: *Comer todos los días con él es un suplicio.* **SIN. 1.** a **3.** Tormento, tortura, martirio. **2.** Padecimiento. **ANT. 2.** y **3.** Delicia, goce, gozada.

suplido, da 1. *p.* de **suplir**. También *adj.* || *s. m.* **2.** Anticipo por cuenta de una persona para pagar ciertos gastos, con motivo de un encargo o en ciertos trabajos profesionales. Se usa sobre todo en *pl.*

suplir (del lat. *supplere*) *v. tr.* **1.** Completar o remediar la falta de algo: *Tuvieron que suplir el dinero robado con el de su bolsillo.* **2.** Sustituir a una persona o cosa en su función o tarea: *Un ayudante suple al catedrático en sus clases.* **SIN. 1.** y **2.** Reemplazar. **FAM.** Suplemento, suplencia, suplente, supletorio, suplido.

suponer[1] (del lat. *supponere*) *v. tr.* **1.** Considerar algo como cierto o posible: *Supongo que ya habrán llegado.* **2.** Implicar, llevar consigo: *El cambio de trabajo le supondrá un aumento de sueldo.* **3.** Importar, costar: *Cambiar de coche supone demasiado dinero.* **4.** Tener alguien o algo cierto valor, importancia o significación: *Esa amistad supone mucho para él.* **5.** Calcular algo a partir de ciertos datos o indicios: *Se les supone más de mil años a los restos encontrados.* || **LOC. ser** algo **de suponer** Ser lógico, natural o probable: *Después de lo que le dijiste, es de suponer que se haya enfadado.* ■ Es v. irreg. Se conjuga como *poner.* **SIN. 1.** Imaginar, presuponer, creer, presumir, figurarse. **2.** Conllevar, entrañar, comportar. **2.** a **4.** Significar. **5.** Atribuir. **FAM.** Suponer[2], suposición, supositorio, supuesto. / Presuponer. PONER.

suponer[2] *s. m.* Suposición: *Yo no lo he afirmado, es sólo un suponer.* **SIN.** Conjetura, hipótesis.

suposición (del lat. *suppositio, -onis*) *s. f.* Acción de suponer: *Prefiero informarme antes de hacer suposiciones.* **SIN.** Presunción, conjetura, hipótesis, suponer.

supositorio (del lat. *suppositorium*) *s. m.* Preparado farmacéutico en pasta, de forma ovoidal o cónica, que se introduce en el recto o en la vagina y se disuelve con el calor del cuerpo, liberando el medicamento que contiene.

supporter (ingl.) *s. m.* y *f.* Hincha de un equipo de fútbol.

supra (lat.) *adv.* Significa 'arriba' y se utiliza en los textos para remitir al lector a un fragmento o párrafo anterior.

supra- (del lat. *supra*) *pref.* Significa 'sobre, arriba, más allá': *suprarrenal, supranacional.*

supraclavicular *adj.* Se aplica a la región del cuerpo situada encima de las clavículas.

supranacional *adj.* **1.** Se aplica al organismo o poder que está por encima del gobierno de una nación. **2.** Relativo a más de una nación. **SIN. 2.** Internacional.

suprarrealismo *s. m.* Surrealismo*.

suprarrenal *adj.* Que está situado encima de los riñones: *glándulas suprarrenales.*

supremacía (del ingl. *supremacy*) *s. f.* **1.** Superioridad sobre los demás en una actividad, cualidad, etc.: *Demostró su supremacía en la competición.* **2.** Puesto más alto dentro de una jerarquía: *El papa ostenta la supremacía de la Iglesia.* **3.** Prioridad*: *Sus órdenes tienen supremacía sobre las demás.* **SIN. 1.** a **3.** Preeminencia, primacía. **ANT. 1.** Inferioridad.

supremo, ma (del lat. *supremus*) *adj.* **1.** Que ocupa la más alta categoría entre los de su clase: *jefe supremo, director supremo.* **2.** Que posee un grado muy alto de la cualidad que se expresa: *belleza suprema.* **3.** Aplicado a palabras como *situación, instante*, etc., de extrema importancia, decisivo: *el momento supremo de las negociaciones.* SIN. **1.** Soberano, puntero. **1.** y **2.** Superior, máximo, sumo. **2.** Superlativo, eminente, preeminente, sobresaliente, extraordinario. **3.** Capital, crucial. ANT. **1.** y **2.** Ínfimo, mínimo. **2.** Mediocre. **2.** y **3.** Nimio, insignificante. **3.** Intrascendente. FAM. Supremacía. SÚPER.

supresión (del lat. *suppresio, -onis*) *s. f.* Acción de suprimir: *Los estudiantes pidieron la supresión del examen.* SIN. Eliminación, anulación, erradicación, omisión. ANT. Reposición, instauración.

suprimir (del lat. *supprimere*) *v. tr.* **1.** Hacer que algo desaparezca o deje de hacerse: *Han suprimido el suministro.* **2.** Pasar algo por alto, no decirlo o escribirlo: *Cuéntanos lo que pasó, pero suprimiendo los detalles.* SIN. **1.** Quitar, eliminar, anular, erradicar. **2.** Ahorrar, callar, omitir. ANT. **1.** Reponer, instaurar. FAM. Supresión, supresor. PRESIÓN.

supuesto, ta (del lat. *suppositus*) **1.** *p.* irreg. de **suponer**. También *adj.* || *adj.* **2.** Pretendido, falso: *un nombre supuesto.* **3.** Que se supone o cree, pero no está demostrado: *el supuesto asesino.* **4.** Hipotético, posible: *Sólo en el supuesto caso de que ocurra.* || *s. m.* **5.** Hipótesis, suposición: *En el supuesto de que se haya ido, nos avisas.* || LOC. **dar** algo **por supuesto** Tener una cosa por cierta o real: *Yo daba por supuesto que todos lo sabíais.* **por supuesto** *adv.* Expresa asentimiento: *¿Puedo sentarme? Por supuesto.* SIN. **2.** Fingido, sedicente. **3.** Presumible, presunto. **5.** Conjetura. ANT. **2.** Verdadero, auténtico. **4.** Improbable.

supurar (del lat. *suppurare*) *v. intr.* Formarse pus en una herida, grano, etc., y expulsarlo. FAM. Supuración, supurante, supurativo. PUS.

suquet (cat., significa 'cazuela') *s. m.* Plato elaborado con distintos pescados en salsa que se sirve en una cazuela.

sur (del anglosajón *suth*) *s. m.* **1.** Punto cardinal opuesto diametralmente al N, que queda detrás del observador a cuya derecha está el E. **2.** País, región, etc., o parte de él que está situado en la dirección de este punto cardinal. **3.** Viento que sopla desde dicho punto. ■ En las dos últimas acepciones se usa mucho en aposición. SIN. **1.** y **2.** Mediodía. **2.** Meridional. ANT. **1.** Septentrión. **2.** Septentrional. FAM. Sureño, sureste, suroeste, sursureste, sursuroeste. / Sudeste, sudista, sudoeste, sudsudeste, sudsudoeste, ultrasur.

sur- *pref.* Véase **sud-**.

sura (ár.) *s. f.* Cada uno de los capítulos en que se divide el *Corán*. FAM. Sural.

surafricano, na *adj.* Sudafricano*. También *s. m.* y *f.*

suramericano, na *adj.* Sudamericano*. También *s. m.* y *f.*

surcar *v. tr.* **1.** Recorrer una embarcación una extensión de agua: *El velero surca la mar.* **2.** Cruzar volando el espacio: *Las cigüeñas surcan el cielo.* **3.** Hacer surcos en la tierra. **4.** Hacer o tener rayas, estrías, hendiduras, etc.: *Profundas arrugas surcan sus mejillas.* ■ Delante de *e* se escribe *qu* en lugar de *c*. FAM. Surcador. SURCO.

surco (del lat. *sulcus*) *s. m.* **1.** Hendidura que deja el arado en la tierra. **2.** Señal o huella semejante que deja una cosa al pasar sobre otra: *Las ruedas dejaron profundos surcos en el barro.* **3.** Arruga en la cara o en otra parte del cuerpo. **4.** En un disco fonográfico, cada una de las ranuras por donde se desliza la aguja. SIN. **1.** Zanja. **2.** Marca. **3.** Estría. FAM. Surcar. / Microsurco.

surcoreano, na *adj.* De la República de Corea, o Corea del Sur. También *s. m.* y *f.*

sureño, ña *adj.* **1.** Situado en la parte sur de un país. **2.** Aplicado a personas, natural de esta parte. También *s. m.* y *f.* **3.** Propio del sur: *acento sureño.* ANT. **1.** a **3.** Norteño.

sureste *s. m.* Sudeste*.

surf o **surfing** (ingl.) *s. m.* Deporte acuático que consiste en deslizarse sobre las olas montando una tabla especial. FAM. Surfista.

surfista *s. m.* y *f.* Deportista que practica el surf. También *adj.*

surgidero *s. m.* Fondeadero*.

surgimiento *s. m.* Acción de surgir. SIN. Aparición, presentación, brote.

surgir (del lat. *surgere*) *v. intr.* **1.** Brotar agua u otro líquido: *Surgieron varios manantiales.* **2.** Salir del interior de algo: *El humo surgía de la chimenea.* **3.** Alcanzar algo cierta altura, destacándose de lo que lo rodea: *Las agujas de la catedral surgían del conjunto.* **4.** Aparecer algo, producirse, manifestarse: *Me surgió un imprevisto.* ■ Delante de *a* y *o* se escribe *j* en lugar de *g*: *surja.* SIN. **1.** Surtir, manar. **2.** Emanar. **3.** Elevarse, alzarse, descollar. **4.** Presentarse, suceder, sobrevenir, nacer, florecer, aflorar. ANT. **4.** Desaparecer; decaer. FAM. Surgente, surgidero, surgimiento. / Insurgente, resurgir, surto.

surinamés, esa *adj.* De Surinam, estado de Amér. del S. También *s. m.* y *f.*

surmenage (fr.) *s. m.* Agotamiento físico, especialmente el debido a un exceso de trabajo.

suroeste *s. m.* Sudoeste*.

surrealismo (del fr. *surréalisme*) *s. m.* Movimiento artístico europeo, surgido en Francia en 1920, que pretendía comprender el sentido último de la realidad y el funcionamiento auténtico del pensamiento, más allá de la razón y de lo percibido por los sentidos, mediante el automatismo psíquico como vehículo inconsciente del sueño, la alucinación, el delirio o el azar. ■ Se dice también *superrealismo* y *suprarrealismo*. FAM. Surrealista. REALISMO[1].

surrealista *adj.* Relacionado con el surrealismo o conforme a su estilo o características. También *s. m.* y *f.* ■ Se dice también *superrealista* y *suprarrealista*.

sursuncorda (del lat. *sursum corda*, arriba los corazones) *s. m. fam.* Persona indeterminada a la que se atribuye mucha importancia o autoridad: *Yo no voy, aunque lo mande el sursuncorda.*

sursureste *s. m.* Sudsudeste*.

sursuroeste *s. m.* Sudsudoeste*.

surtidero *s. m.* **1.** Canal de desagüe de un estanque. **2.** Surtidor de agua.

surtido, da 1. *p.* de **surtir**. También *adj.* || *s. m.* **2.** Conjunto de cosas distintas, pero de una misma especie: *Tienen un gran surtido de prendas deportivas.* **3.** Acción de surtir. **4.** Aquello de que se surte o provee: *Aún no ha llegado el surtido de material.* SIN. **1.** Vario, diverso, heterogéneo. **2.** Muestrario, colección, variedad, diversidad. **3.** Abastecimiento, aprovisionamiento. **3.** y **4.** Suministro, provisión. **4.** Entrega, remesa. FAM. Desurtido. SURTIR.

surtidor, ra *adj.* **1.** Que surte o provee. También *s. m.* y *f.* || *s. m.* **2.** Chorro de agua u otro líquido, especialmente cuando fluye hacia arriba: *Bebió de uno de los surtidores de la fuente.* **3.** Aparato que extrae un líquido de un depósito, particularmente gasolina para abastecer de ella a los vehículos. SIN. **1.** Proveedor, suministrador.

surtir *v. tr.* **1.** Proveer a una persona o entidad de algo que necesita: *Esa distribuidora surte a muchas empresas.* || *v. intr.* **2.** Fluir un líquido, brotar, especialmente cuando lo hace hacia arriba. || LOC. **surtir efecto** Producirlo: *El medicamento que le han recetado aún no ha surtido efecto.* **SIN. 1.** Suministrar, abastecer, aprovisionar, avituallar. **2.** Surgir. **FAM.** Surtidero, surtido, surtidor.

surto, ta (del lat. *surrectus*, de *surgere*, surgir) *adj.* Se aplica a la embarcación que está fondeada o anclada en un puerto o bahía.

surucucú *s. m.* Serpiente muy venenosa de entre 2 y 3,5 m de longitud, cabeza grande, tronco de sección triangular y color pardo rojizo con grandes manchas. Habita cerca de cursos de agua en los bosques de América Central y del Sur. ■ Su pl. es *surucucúes,* aunque también se utiliza *surucucús.*

susceptibilidad *s. f.* **1.** Propensión de una persona a sentirse ofendida y a interpretar lo que se dice o hace como una ofensa o falta de estima. || **2. susceptibilidad magnética** En fís., capacidad de los cuerpos de ser magnetizados.

susceptible (del lat. *susceptibilis*) *adj.* **1.** Capaz de modificarse o recibir la acción o el efecto que se expresa: *Es una obra susceptible de mejorar.* **2.** Se aplica a la persona que se ofende fácilmente. **FAM.** Susceptibilidad.

suscitar (del lat. *suscitare*) *v. tr.* Causar, provocar, especialmente sentimientos o ciertas reacciones, como comentarios, discusiones, etc.: *Su dimisión va a suscitar polémica.* **SIN.** Producir, promover, originar, crear, motivar. **FAM.** Suscitación. / Resucitar. CITAR.

suscribir *v. tr.* **1.** Firmar al pie de un escrito: *El director suscribió la petición.* **2.** Aceptar las opiniones, propuestas, etc., de otro, estar totalmente conforme con ellas: *Suscribo todo lo dicho por mi compañero.* **3.** Abonar a alguien a una publicación periódica. También *v. prnl.*: *Se suscribió a varias revistas científicas.* **4.** Inscribir a alguien en una asociación u organismo para que colabore económicamente a su sostenimiento y actividades mediante el pago de una cuota. También *v. prnl.*: *suscribirse a una asociación benéfica.* **5.** Adquirir acciones u obligaciones de una sociedad mercantil o emitidas por el Estado. Se usa mucho como *v. prnl.*: *Se ha suscrito a la nueva emisión de bonos del Tesoro.* ■ Su p. es irreg.: *suscrito.* Se dice también *subscribir.* **SIN. 2.** Apoyar, respaldar, ratificar, aprobar, adherirse, solidarizarse. **3.** Apuntar(se). **ANT. 2.** Rebatir, rechazar, refutar. **3.** Borrar(se). **FAM.** Suscripción, suscriptor, suscrito. ESCRIBIR.

suscripción *s. f.* Acción de suscribir o suscribirse. ■ Se dice también *subscripción.* **SIN.** Abono.

suscriptor, ra *s. m.* y *f.* **1.** Persona que firma un compromiso u obligación: *suscriptor de bonos del Estado.* **2.** Persona que se abona a una publicación, institución, etc.: *los suscriptores de la revista.* También *s. m.* y *f.* ■ Se dice también *subscriptor.*

suscrito, ta 1. *p.* irreg. de **suscribir**. || *adj.* **2.** Se dice del carácter o letra que se coloca inmediatamente debajo de la línea de escritura. ■ Se dice también *subscrito.*

sushi (japonés) *s. m.* Plato típico de la cocina japonesa a base de arroz, pescado crudo y algas.

susodicho, cha *adj.* Citado o mencionado con anterioridad. También *s. m.* y *f.*

suspender (del lat. *suspendere*) *v. tr.* **1.** Levantar o sostener una cosa en alto de manera que queda colgando: *Suspendió la carga de una polea.* **2.** Parar, diferir, interrumpir durante cierto tiempo el desarrollo de algo, o dejarlo sin efecto temporal o definitivamente: *suspender un castigo, una prohibición, una función, una actividad.* **3.** Apartar temporalmente a alguien de su trabajo, funciones, etc.: *Le suspendieron de empleo y sueldo.* **4.** No obtener la puntuación necesaria para pasar un examen: *Suspendió tres asignaturas.* También *v. intr.* **5.** Encantar, embelesar: *El auditorio escuchaba suspendido al pianista.* ■ Tiene dos p.: uno reg., *suspendido,* que se utiliza para la formación de los tiempos compuestos, y otro irreg., *suspenso,* que se usa casi exclusivamente como adj. **SIN. 2.** Detener, aplazar, suprimir, anular, revocar, abolir, derogar. **4.** Catear. **5.** Fascinar, pasmar, maravillar, enajenar. **ANT. 1.** Descolgar. **2.** Reanudar, restablecer. **4.** Aprobar. **FAM.** Suspendedor, suspense, suspensión, suspensivo, suspenso, suspensorio. PENDER.

suspense (ingl.) *s. m.* **1.** Emoción, misterio, incertidumbre: *Cuando relata algo le da mucho suspense.* **2.** Género literario o cinematográfico que busca mantener constantemente vivos el interés y la emoción del lector o espectador, sirviéndose de sorpresas y desenlaces inciertos e imprevisibles. **SIN. 1.** y **2.** Intriga.

suspensión (del lat. *suspensio, -onis*) *s. f.* **1.** Acción de suspender: *Decidieron la suspensión de las clases.* **2.** Conjunto de piezas y dispositivos que, en un vehículo, hacen más suave y flexible el apoyo de la carrocería sobre el eje de las ruedas. **3.** Mezcla constituida por un sólido en polvo o en pequeñas partículas y un líquido en el que no es soluble. **4.** Transporte de partículas en un medio como el agua o el aire sin que lleguen a posarse. **5.** En baloncesto y otros dep., posición del jugador en el momento del salto, cuando va a lanzar la pelota: *una canasta en suspensión.* **SIN. 1.** Paro, detención, interrupción, aplazamiento; anulación, supresión, revocación, abolición, derogación; embelesamiento, fascinación, enajenación. **2.** Amortiguación. **ANT. 1.** Reanudación, reposición, incorporación.

suspensivo, va *adj.* **1.** Que puede suspender o interrumpir algo: *efecto suspensivo.* || **2. puntos suspensivos** Véase **punto.**

suspenso, sa (del lat. *suspensus*) **1.** *p.* irreg. de **suspender**. También *adj.* || *adj.* **2.** Desconcertado, sin saber qué hacer o qué decir: *Cuando se enteró, se quedó suspenso.* || *s. m.* **3.** Calificación que indica que no se ha aprobado un examen: *Ya ha recuperado el suspenso en física.* **SIN. 2.** Perplejo, admirado, sorprendido, pasmado; indeciso. **3.** Insuficiente. **ANT. 2.** Decidido. **3.** Aprobado, suficiente.

suspensores *s. m. pl. Amér.* Tirantes para sostener de los hombros los pantalones.

suspensorio, ria (del lat. *suspensum*, de *suspendere*, suspender) *adj.* **1.** Que sirve para suspender o levantar en alto. **2.** Se dice de algunos ligamentos que sostienen un determinado órgano o zona del cuerpo. También *s. m.* || *s. m.* **3.** Especie de vendaje o bolsa que sostiene un órgano o parte del cuerpo, particularmente el escroto, en determinadas afecciones.

suspicacia *s. f.* Cualidad de suspicaz. **SIN.** Desconfianza, recelo, aprensión. **ANT.** Confianza.

suspicaz (del lat. *suspicax, -acis*) *adj.* Se aplica a la persona que tiende a desconfiar o pensar mal de lo que dicen o hacen los demás, así como a su actitud, conducta, etc.: *No lo dijo con mala intención, eres demasiado suspicaz.* **SIN.** Desconfiado, receloso. **ANT.** Confiado. **FAM.** Suspicacia, suspicazmente.

suspirar (del lat. *suspirare*) *v. intr.* **1.** Dar suspiros. **2.** Con la prep. *por*, desear algo intensamente, querer mucho a una persona o sentirse muy atraído por ella: *Suspiraba por un viaje al Caribe.* **SIN. 2.** Desvivirse, morir. **FAM.** Suspirado, suspirante. SUSPIRO.

suspiro (del lat. *suspirium*) *s. m.* **1.** Aspiración fuerte y prolongada seguida de una espiración, a la que a veces acompaña un gemido; puede expresar pena, cansancio, deseo, alivio, etc. **2.** Cosa que apenas se percibe. **3.** *fam.* Persona muy delgada: *Se quedó hecho un suspiro después de la operación.* **4.** Espacio muy breve de tiempo: *Lo hizo en un suspiro.* || **5. último suspiro** Con verbos como *exhalar* o *dar*, morir; también, final de alguna cosa. **FAM.** Suspirar. ESPIRAR.

sustancia (del lat. *substantia*) *s. f.* **1.** Aquello de lo que está constituida una cosa o que puede constituirla: *Es una mezcla de sustancias diversas.* **2.** Esencia o naturaleza de las cosas. **3.** Parte nutritiva de un alimento o jugo que se extrae de él: *Echó al caldo una punta de jamón para que diera sustancia.* **4.** Contenido fundamental de un escrito, discurso, doctrina, etc. **5.** Importancia o valor de una cosa. **6.** *fam.* Juicio, sensatez: *Es una chica frívola y sin sustancia.* || **7. sustancia blanca** En el sistema nervioso central, conjunto de fibras nerviosas agrupadas en forma de haces. **8. sustancia gris** Porción del sistema nervioso central situada en la corteza cerebral, y en la que se realizan las funciones principales del cerebro. ■ Se dice también *substancia.* **SIN. 1.** Materia. **4.** Fondo, idea. **4.** y **5.** Enjundia, meollo, quid. **6.** Madurez, seriedad. **ANT. 4.** Paja, palabrería. **6.** Insensatez. **FAM.** Sustancial, sustanciar, sustancioso, sustantivo. / Desustanciar.

sustancial (del lat. *substantialis*) *adj.* **1.** Relativo a la sustancia. **2.** Muy importante, fundamental: *Esas medidas son sustanciales para el desarrollo de la empresa.* ■ Se dice también *substancial.* **SIN. 2.** Sustantivo, esencial, trascendental, primordial, capital. **ANT. 2.** Insustancial, intrascendental. **FAM.** Consustancial, insustancial. SUSTANCIA.

sustanciar *v. tr.* **1.** Hacer un extracto o resumen de algo: *sustanciar una conferencia.* **2.** Llevar un asunto o juicio por la vía procesal adecuada hasta que se encuentre en estado de sentencia. ■ Se dice también *substanciar.* **SIN. 1.** Resumir, extractar, compendiar, sintetizar. **ANT. 1.** Ampliar. **FAM.** Sustanciación. / Transustanciar. SUSTANCIA.

sustancioso, sa *adj.* **1.** De mucha importancia o valor: *Obtuvo beneficios muy sustanciosos.* **2.** De gran valor nutritivo: *alimentos sustanciosos.* ■ Se dice también *substancioso.* **SIN. 1.** Importante, valioso, interesante. **2.** Alimenticio. **ANT. 1.** Insignificante.

sustantivación *s. f.* Modificación de la categoría lingüística de una palabra, sintagma u oración para que desempeñe las funciones propias de un sustantivo, generalmente mediante la adición del artículo antepuesto u otro determinante: *lo mejor, el de allí, lo que te dije.* ■ Se dice también *substantivación.*

sustantivar *v. tr.* Hacer que una palabra, sintagma u oración no sustantivos desempeñen la función de éste, generalmente mediante el artículo antepuesto u otro determinante, p. ej.: *lo esencial, el más pequeño, lo que tú no sabes.* ■ Se dice también *substantivar.* **FAM.** Sustantivación. SUSTANTIVO.

sustantivo, va (del lat. *substantivus*) *adj.* **1.** Muy importante, fundamental: *un problema sustantivo.* **2.** Relativo a la sustancia de una cosa: *cualidad sustantiva.* **3.** Relativo al nombre o sustantivo o a su naturaleza o función: *oración subordinada sustantiva.* || *s. m.* **4.** En ling., parte de la oración que nombra a los seres materiales (personas, objetos) o inmateriales (cualidades, acciones, etc.) y desempeña fundamentalmente las funciones de sujeto y complemento. Por su significado se agrupan en: comunes y propios, concretos y abstractos, individuales y colectivos, contables y no contables. ■ Se dice también *substantivo.* **SIN. 1.** y **2.** Sustancial. **2.** Esencial, trascendental, capital, decisivo. **3.** Nominal. **ANT. 2.** Insustancial, intrascendente. **FAM.** Sustantivar, sustantividad. SUSTANCIA.

sustentación (del lat. *sustentatio, -onis*) *s. f.* **1.** Acción de sustentar. **2.** Cosa que sustenta. **SIN. 1.** Sustentamiento. **1.** y **2.** Sostén, sujeción. **2.** Sustentáculo, soporte.

sustentáculo (del lat. *sustentaculum*) *s. m.* Apoyo, cosa que sostiene a otra. **SIN.** Sustentación, soporte, sostén, sujeción.

sustentar (del lat. *sustentare*, de *sustinere*) *v. tr.* **1.** Sostener una cosa, estar debajo de ella para que no se caiga o se tuerza: *Cuatro maderos sustentaban el toldo.* También *v. prnl.* **2.** Conservar algo, no dejar que se acabe o desaparezca: *La esperanza sustenta sus intenciones.* También *v. prnl.* **3.** Proporcionar a alguien todo lo necesario para vivir: *Desde muy joven ha sustentado a su familia.* También *v. prnl.* **4.** Basar, fundar: *Sustentó sus afirmaciones en una antigua teoría.* También *v. prnl.* **5.** Sostener o defender una opinión: *Sustenta una nueva teoría sobre la nacionalidad de Colón.* **SIN. 1.** Sujetar(se), soportar, aguantar. **2.** Amparar(se), preservar(se). **2.** y **3.** Mantener(se), alimentar(se). **4.** Fundamentar(se), apoyar(se), justificar(se), motivar(se). **ANT. 1.** Tirar. **2.** Destruir(se). **FAM.** Sustentable, sustentación, sustentáculo, sustentador, sustentamiento, sustentante, sustento.

sustento *s. m.* **1.** Alimento y conjunto de cosas necesarias para vivir. **2.** Persona o cosa que sirve de apoyo o fundamento a alguien o algo. **SIN. 1.** Mantenimiento, manutención. **1.** y **2.** Sostén. **2.** Soporte, base.

sustitución *s. f.* **1.** Acción de sustituir. **2.** Disposición testamentaria por la que se nombra a un legatario o heredero en lugar de los que estaban designados. **3.** En mat., uno de los métodos para resolver sistemas de ecuaciones, que consiste en despejar una incógnita de la ecuación y sustituir el resultado que se obtenga por dicha incógnita en las demás ecuaciones. ■ Se dice también *substitución.* **SIN. 1.** Reemplazo, cambio.

sustituible *adj.* Que se puede sustituir. ■ Se dice también *substituible.* **SIN.** Reemplazable. **ANT.** Insustituible.

sustituir (del lat. *substituere*) *v. tr.* Poner a alguien o algo en lugar de otro. ■ Se dice también *substituir.* Es v. irreg. Se conjuga como *huir.* **SIN.** Reemplazar, cambiar. **FAM.** Sustitución, sustituible, sustituidor, sustitutivo, sustituto, sustitutorio. / Insustituible.

sustitutivo, va *adj.* Se dice del producto, objeto, etc., que puede sustituir a otro en el uso. También *s. m.*: *La sacarina es un sustitutivo del azúcar.* ■ Se dice también *substitutivo.* **SIN.** Sustitutorio, sucedáneo.

sustituto, ta *s. m.* y *f.* Persona que sustituye a otra en sus funciones. También *adj.*: *Nos atendió un médico sustituto.* ■ Se dice también *substituto.* **SIN.** Suplente. **ANT.** Titular.

sustitutorio, ria *adj.* Sustitutivo*. ■ Se dice también *substitutorio.*

susto *s. m.* **1.** Impresión brusca y momentánea causada en una persona por el miedo o la sorpresa. **2.** Preocupación muy grande y obsesiva por algo que se teme que va a ocurrir. **3.** *fam.* Miedo*: *Qué susto pasamos.* || LOC. **caerse** uno **del susto** *fam.* Llevarse un susto muy grande. **no ganar** alguien **para sustos** Asustarse con mucha frecuencia. FAM. Asustar.

sustracción *s. f.* **1.** Acción de sustraer o sustraerse. **2.** En mat., resta*. ■ Se dice también *substracción.* SIN. **1.** Robo, hurto; separación, extracción. ANT. **2.** Adición, suma.

sustraendo *s. m.* En mat., cantidad que se resta de otra, llamada minuendo. ■ Se dice también *substraendo.*

sustraer (del lat. *subtrahere*) *v. tr.* **1.** Robar, hurtar. **2.** Apartar o separar una parte de un conjunto: *Sustrajeron varias papeletas del montón.* **3.** En mat., efectuar una resta. || **sustraerse** *v. prnl.* **4.** Apartarse alguien de una obligación, idea, etc.; evitarla: *Siempre procura sustraerse de todos los problemas.* ■ Se dice también *substraer.* Es v. irreg. Se conjuga como *traer.* SIN. **1.** Quitar, mangar, birlar, soplar, afanar. **2.** Extraer. **3.** Restar. **4.** Escabullirse, escaquearse, desentenderse. ANT. **2.** Devolver. **3.** Sumar. **4.** Enfrentarse, encarar. FAM. Sustracción, sustraendo. TRAER.

sustrato (del lat. *substratum*, de *substerno*) *s. m.* **1.** Terreno situado por debajo del que se considera. **2.** En ling., influencia fonética, sintáctica, léxica, etc., que ejerce una lengua sobre otra que se ha impuesto sobre ella. **3.** P. ext., esta lengua que influye sobre la dominante y conjunto de rasgos lingüísticos que le transmite. **4.** Influencia de una cultura sometida sobre la que se ha impuesto. **5.** Fondo o carácter de una cosa que se aprecia en un estado superficial, o procede de una fase pasada y se manifiesta en otra actual: *el sustrato de su personalidad.* **6.** Terreno o lugar que sirve de asiento a una planta o a un animal fijo. **7.** Sustancia sobre la que actúa un fermento o enzima. ■ Se dice también *substrato.*

susurrar (del lat. *susurrare*) *v. intr.* **1.** Hablar en voz muy baja. También *v. tr.*: *Me susurró algo al oído.* **2.** Producir un ruido suave el viento, el agua, etc. SIN. **1.** Musitar. **2.** Runrunear. FAM. Susurrador, susurrante, susurro.

susurro (del lat. *susurrus*) *s. m.* Sonido suave y remiso que resulta al musitar o hablar en voz baja. SIN. Murmullo, bisbiseo. ANT. Vocinglería.

sutil (del lat. *subtilis*) *adj.* **1.** Fino, delicado: *gasa, velo sutil.* **2.** Poco intenso o perceptible, pero penetrante: *Utiliza un perfume muy sutil.* **3.** Agudo, ingenioso: *Le dio una respuesta muy sutil.* SIN. **1.** Leve, liviano, tenue, frágil, vaporoso. **3.** Perspicaz, inteligente, hábil. ANT. **1.** Grueso, tosco, basto. **2.** Fuerte. **3.** Simple. FAM. Sutileza, sutilidad, sutilizar, sutilmente.

sutileza *s. f.* **1.** Cualidad de sutil. **2.** Dicho, palabra, etc., muy ingenioso, pero que carece de exactitud o verdad. **3.** Habilidad, ingenio: *Rehuyó el asunto con mucha sutileza.* SIN. **1.** Levedad, fragilidad. **1.** a **3.** Sutilidad. **3.** Astucia, perspicacia. ANT. **1.** Tosquedad. **2.** y **3.** Simpleza.

sutilidad (del lat. *subtilitas, -atis*) *s. f.* Sutileza*.

sutilizar *v. tr.* **1.** Hacer algo más suave o delicado. También *v. prnl.* **2.** Perfeccionar algo no material. **3.** Hablar o pensar con mucho ingenio y agudeza. ■ Delante de *e* se escribe *c* en lugar de *z.* SIN. **1.** Atenuar(se), suavizar(se). **2.** Pulir, limar. ANT. **1.** Embastecer(se). **2.** Empeorar. FAM. Sutilizador. SUTIL.

sutra (sánscrito) *s. m.* Texto sánscrito que recoge los preceptos de la doctrina budista en aforismos o máximas, acompañados de comentarios explicativos.

sutura (del lat. *sutura*, de *sutum*, de *suere*, coser) *s. f.* **1.** Cosido quirúrgico que se hace para cerrar una herida, unir dos órganos, etc. **2.** Unión entre dos huesos, especialmente del cráneo. **3.** En bot., línea de unión de la cáscara de un fruto. FAM. Suturar.

suturar *v. tr.* Coser una herida.

suyo, ya (del lat. *suus*) *adj. pos.* **1.** Forma de tercera persona que indica que el sustantivo al que acompaña pertenece a la persona o cosa de que se habla o guarda relación con ella: *el coche suyo, dos amigas suyas.* También *pron.*: *Todos los cuadernos tienen forro, menos el suyo.* ■ Delante de un sustantivo se usa la forma apocopada *su.* || *pron. pos.* y *n.* **2.** La forma *suyo*, precedida de *lo*, expresa lo más característico o apropiado de la persona de la que se habla: *Lo suyo es el deporte.* **3.** Con *lo* y verbos como *costar, llevar*, etc., mucho trabajo, esfuerzo, tiempo, etc.: *Nos costará lo suyo encontrar ese libro.* **4.** Con *lo* y seguido del verbo *ser*, lo más apropiado o conveniente para aquello que se expresa: *Lo suyo sería hacerle un buen regalo.* || *s. m. pl.* **5.** Precedido del artículo determinado, familiares, compatriotas, etc., de la persona de que se trata: *Hace cualquier cosa por los suyos.* || *s. f.* **6.** *fam.* Precedido de *la*, oportunidad o circunstancia muy favorable para alguna cosa: *Ésta es la suya, ahora atacará.* || LOC. **darle** a alguien **lo suyo** *fam.* Darle su merecido. **de las suyas** Acciones propias de la persona de que se trata, generalmente en sentido negativo: *El niño volvió a hacer de las suyas.* **de suyo** *adv.* Por sí mismo, por su propia naturaleza: *Esto ya es de suyo difícil como para que quieras complicarlo más.* **ser** alguien **muy suyo** *fam.* Ser una persona muy reservada; también, tener una personalidad muy peculiar, ser algo raro. FAM. Su.

svástica o **swástica** *s. f.* Esvástica*.

swahili *s. m.* Suahili*.

swazi *adj.* De un pueblo bantú que habita en Swazilandia y en la República Sudafricana. También *s. m.* y *f.*

swing (ingl., significa 'balanceo') *s. m.* **1.** En boxeo, golpe circular que se da al contrario para evitar su guardia. **2.** Estilo musical del jazz, caracterizado por su ritmo bailable, interpretado por grandes bandas y vocalistas, que estuvo en boga en Estados Unidos durante los años treinta del siglo XX. **3.** En mús., particular tensión emocional en la interpretación, propia de los músicos y cantantes negros.

switch (ingl.) *s. m. Amér.* Conmutador eléctrico.

t *s. f.* Vigesimoprimera letra del abecedario español y decimoséptima de sus consonantes. Su articulación es dental oclusiva sorda y su nombre es *te*.

taba *s. f.* **1.** Astrágalo*, hueso. **2.** Juego, del que existen diversas modalidades según las regiones, que consiste en tirar al aire este hueso u otra pieza semejante; se gana o se pierde dependiendo del lado en que caiga.

tabacalero, ra *adj.* **1.** Relativo al cultivo, fabricación y venta de tabaco. || *s. m.* y *f.* **2.** Persona que cultiva, fabrica o vende tabaco. SIN. **1.** y **2.** Tabaquero.

tabaco (voz caribe) *s. m.* **1.** Planta herbácea de numerosas ramas, flores en trompeta y hojas grandes, lanceoladas, que se emplean para fabricar cigarros, cigarrillos, rapé, etc.; contiene un alcaloide especial llamado nicotina y es oriunda de la América tropical. **2.** Hoja de esta planta. **3.** Productos elaborados con la misma: *Le han prohibido el tabaco.* **4.** Color semejante al de dicha hoja curada. ■ Se usa mucho en aposición. **5.** Enfermedad de algunos árboles por la que se descompone el interior del tronco convirtiéndose en un polvo rojo pardusco o negro. FAM. Tabacal, tabacalero, tabaquera, tabaquero, tabaquismo.

tabal (del ár. *tabal*, tímpano) *s. m.* **1.** Atabal*. **2.** Barril en que se conservan pescados en salazón, como sardinas, arenques, etc. SIN. **1.** Tamboril. FAM. Tabalear. ATABAL.

tabalear *v. tr.* **1.** Mover o balancear una cosa. También *v. prnl.* || *v. intr.* **2.** Golpear con los dedos en una superficie produciendo un ruido rítmico y constante. SIN. **1.** Tambalear(se), menear(se). **2.** Tamborilear, tamborear. FAM. Tabaleo. TABAL.

tabanco *s. m.* **1.** Puesto o tenderete para la venta de comestibles en la calle o en el mercado. **2.** *Amér.* Buhardilla*.

tábano (del lat. *tabanus*) *s. m.* **1.** Insecto díptero de alas transparentes, abdomen con puntos claros en el dorso y boca picadora-chupadora, que se alimenta de la sangre que chupa a animales domésticos como vacas, caballos, etc. **2.** *fam.* Persona pesada y molesta. FAM. Tabarra, tabarro.

tabanque *s. m.* Rueda de madera que hacen girar con el pie los alfareros para mover el torno.

tabaquera *s. f.* Caja o bote para guardar el tabaco. SIN. Pitillera; petaca.

tabaquero, ra *adj.* **1.** Relativo al cultivo, fabricación o comercialización del tabaco. || *s. m.* y *f.* **2.** Persona que cultiva, elabora o comercializa el tabaco. SIN. **1.** y **2.** Tabacalero.

tabaquismo *s. m.* Intoxicación aguda o crónica producida por el abuso del tabaco. SIN. Nicotinismo, nicotismo.

tabardillo *s. m.* **1.** *fam.* Insolación*. **2.** Persona alocada, bulliciosa y molesta.

tabardo (del ant. fr. *tabard*) *s. m.* **1.** Abrigo ancho y largo de paño ordinario que usan los labriegos. **2.** Especie de abrigo sin mangas. FAM. Tabardillo.

tabarra *s. f. fam.* Molestia, pesadez. ■ Se usa sobre todo en la locución **dar la tabarra**, molestar. SIN. Lata, tostón. ANT. Delicia.

tabarro *s. m.* En algunas regiones, tábano*.

tabasco (del estado de *Tabasco*) *s. m.* **1.** Cierta salsa mexicana muy picante. **2.** Pimienta con que se elabora esta salsa.

tabasqueño, ña *adj.* De Tabasco, estado mexicano. FAM. Tabasco.

taberna (del lat. *taberna*) *s. f.* Establecimiento en que se venden y sirven vinos y bebidas y a veces también comidas. SIN. Tasca, bodega, cantina. FAM. Tabernáculo, tabernario, tabernero.

tabernáculo (del lat. *tabernaculum*, tienda de campaña) *s. m.* **1.** Tienda donde los antiguos hebreos colocaban el arca de la Alianza. **2.** Tienda donde habitaban. **3.** Sagrario, pequeño recinto para guardar el copón y las sagradas formas.

tabernario, ria (del lat. *tabernarius*) *adj.* **1.** Propio de las tabernas y de las personas que las frecuentan. **2.** P. ext., bajo, grosero. SIN. **2.** Mezquino, ordinario. ANT. **2.** Refinado.

tabernero, ra *s. m.* y *f.* **1.** Persona que trabaja en una taberna. **2.** Dueño o encargado de una taberna. SIN. **1.** y **2.** Bodeguero, cantinero, tasquero.

tabica (del ár. *tabiqa*, adaptada, ajustada) *s. f.* En arq., tablilla con que se cubre un hueco.

tabicado, da 1. *p.* de **tabicar**. También *adj.* || *adj.* **2.** Se dice de los órganos vegetales provistos de tabiques que separan sus partes.

tabicar *v. tr.* **1.** Cerrar un acceso, puerta, ventana, etc., con un tabique. **2.** Tapar, obstruir. También *v. prnl.*: *tabicarse la nariz.* ■ Delante de *e* se escribe *qu* en lugar de *c*. SIN. **1.** Tapiar. **2.** Taponar(se).

tabique (del ár. *tasbik*) *s. m.* **1.** Pared delgada con que se dividen las distintas habitaciones de una casa. **2.** División plana y delgada que separa dos huecos o espacios, y especialmente membrana que separa dos partes o cavidades de un órgano: *tabique nasal.* FAM. Tabicado, tabicar.

tabla (del lat. *tabula*) *s. f.* **1.** Trozo de madera plano y de poco grosor. **2.** Pieza semejante de cualquier otro material rígido. **3.** Cara más ancha de un madero y, p. ext., de cualquier otra pieza. **4.** Nombre de distintas planchas, alargadas y de diversos tamaños, que sirven para deslizarse sobre ellas en algunos deportes: *tabla de surf, tablas de esquí.* **5.** Especie de tapa con un hueco en el centro para sentarse sobre ella en los retretes. **6.** Pliegue ancho y plano de una prenda, especialmente de una falda. **7.** Lista de términos, nombres, números, etc., que siguen un determinado orden o clasificación: *Lo consultó en una tabla de alimentos.* **8.** Pintura hecha sobre una madera plana. **9.** Extensión de tierra cultivada que está limitada por dos filas de árboles, dos surcos, etc. **10.** Cada una de las divisiones que se hacen en un campo de labor para distribuir el riego. **11.** Parte de un río donde éste se ensancha y las aguas fluyen lentamente. **12.** Plato, fuente, etc., de alimentos variados, especialmente de quesos, patés o ahumados. || *s. f. pl.* **13.** Resultado del juego del ajedrez o de las damas cuando ninguno de los dos jugadores puede ganar la partida. **14.** P. ext., situación final de un enfrentamiento, competición, etc., en que no hay vencedor ni perdedor. **15.** Escenario de un teatro. **16.** En tauromaquia, valla que delimita el ruedo y, p. ext., zona del mismo cercana a dicha valla. **17.** En geog., zona de topografía llana. || **18. tabla de planchar** Tabla de forma ovalada, forrada y provista de patas, usada para planchar sobre ella. **19. tabla de salvación** Último recurso que le queda a alguien para salir de un apuro. **20. tabla periódica** Sistema* periódico. **21. tabla rasa** La que está preparada para pintar. También, la inteligencia sin cultivar, en que la experiencia va dejando huellas. || **LOC. a raja tabla** *adv.* A rajatabla*. **hacer tabla** Practicar deportes acuáticos con tabla, como el surf, el windsurf, etc. **hacer tabla rasa de** algo Prescindir de alguna cosa, no hacer caso de ella. **tener tablas** Tener un actor gran experiencia; p. ext., se utiliza referido a cualquier actividad. **SIN. 1.** Listón. **FAM.** Tablado, tablajería, tablao, tablazón, tablear, tablero, tableta, tablilla, tablón, tabular[1], tabular[2]. / Entablar, retablo.

tablado (del lat. *tabulatum*) *s. m.* **1.** Suelo plano formado por tablas unidas por el canto. **2.** Superficie de tablas que queda elevada del suelo por un armazón. **3.** Suelo del escenario de un teatro y, p. ext., el mismo escenario. **4.** Tablao*. **SIN. 2.** Tarima.

tablao *s. m.* Escenario usado para espectáculos de cante y baile flamencos; p. ext., lugar donde tienen lugar dichos espectáculos. **SIN.** Tablado.

tablazón *s. f.* **1.** Conjunto de tablas unidas. **2.** Conjunto de tablas que forman las cubiertas de las embarcaciones o sus costados.

tableado, da 1. *p.* de **tablear**. También *adj.*: *una falda tableada.* || *s. m.* **2.** Acción de tablear: *el tableado de la madera.*

tablear *v. tr.* **1.** Dividir un madero en tablas. **2.** Hacer tablas en una tela o en una prenda. ■ Se usa más el participio: *falda tableada.* **3.** Dividir un terreno en tablas para facilitar su riego. **FAM.** Tableado. TABLA.

tablero *s. m.* **1.** Tabla o conjunto de tablas unidas por el canto. **2.** Plancha de madera y, p. ext., de otro material rígido. **3.** Superficie cuadrada, con recuadros, figuras, etc., para jugar al ajedrez u otros juegos de mesa. **4.** Plancha, panel, etc., sobre el que se fija alguna cosa, especialmente una información o que la contiene: *Anotaron otro gol en el tablero.* **5.** Pizarra, encerado. **6.** Plancha a la que está sujeta la canasta de baloncesto. **SIN. 4.** Tablón, marcador.

tableta (dim. de *tabla*) *s. f.* **1.** Pastilla de chocolate o turrón. **2.** Pastilla medicinal de forma plana. **FAM.** Tabletear. TABLA.

tabletear *v. intr.* **1.** Hacer chocar tablas o maderas para producir ruido. **2.** Producir algo un ruido semejante. **FAM.** Tableteo. TABLETA.

tablilla (dim. de *tabla*) *s. f.* **1.** Tabla pequeña. **2.** Antiguamente, pequeña tabla cubierta de cera, arcilla, etc., sobre la que se escribía utilizando un punzón.

tabloide (del ingl. *tabloid*) *adj.* Se dice del formato de periódico algo más pequeño que el habitual y de este periódico. También *s. m.*

tablón (aum. de *tabla*) *s. m.* **1.** Tabla grande y gruesa. **2.** Tablero donde se colocan noticias, avisos, listas, etc. **3.** *fam.* Borrachera. **4.** *Amér.* Terreno de dimensiones determinadas en que sólo se cultiva un producto. **SIN. 3.** Cogorza, trompa.

tabor (del turco *tabur*) *s. m.* En la milicia del ejército español en Marruecos, unidad equivalente a un batallón.

tabú (voz polinesia que designa en algunas religiones lo que no puede tocarse o comerse) *s. m.* **1.** Aquello que no se puede o no se debe mencionar, tratar, etc., debido a ciertos prejuicios, convenciones sociales, etc. **2.** En ling., palabra o expresión que, por convenciones sociales, se procura evitar, como *negro*, para referirse a personas, *parir, morirse* (se prefieren formas como *dar a luz, fallecer*), etc. ■ Su pl. es *tabúes*, aunque también se utiliza *tabús.*

tabuco *s. m.* Casa o habitación muy pequeña y estrecha. **SIN.** Cuchitril, tugurio.

tabula rasa (lat.) *expr.* Tabla* rasa.

tabulación *s. f.* Acción de tabular: *la tabulación de los resultados; la tabulación de la página.*

tabulador *s. m.* En las máquinas de escribir y ordenadores, dispositivo o procedimiento para colocar los márgenes en los lugares deseados.

tabular[1] (del lat. *tabulare*) *v. tr.* **1.** Expresar valores y magnitudes por medio de tablas. **2.** Señalar los márgenes, espacios, etc., de un escrito con los tabuladores. **FAM.** Tabulación, tabulador. TABLA.

tabular[2] (del lat. *tabularis*) *adj.* **1.** Que tiene forma de tabla. **2.** En geog., se dice de un tipo de relieve horizontal.

taburete (del fr. *tabouret*) *s. m.* **1.** Asiento individual sin brazos ni respaldo. **2.** Silla con el respaldo muy estrecho. **SIN. 1.** Banqueta.

TAC (siglas de *Tomografía Axial Computerizada*) *s. m.* En med., método de exploración por resonancia que permite el estudio de imágenes en distintos planos de cualquier órgano o estructura del cuerpo.

tacada *s. f.* **1.** En billar, golpe dado a la bola con el taco. **2.** Serie ininterrumpida de carambolas que logra hacer un jugador de billar. || **LOC. de una tacada** *adv. fam.* De golpe, de un tirón.

tacañear *v. intr.* Actuar como tacaño. **SIN.** Racanear.

tacañería *s. f.* **1.** Cualidad de tacaño: *No soporto su tacañería.* **2.** Acción o gesto propio del tacaño: *Dejar eso de propina ha sido una tacañería.* **SIN. 1.** y **2.** Racanería, roñosería, mezquindad. **ANT. 1.** Generosidad, esplendidez, liberalidad.

tacaño, ña (del ital. *tacagno*, y éste del gót. *tahu*, pegajoso) *adj.* Se dice de la persona que mira excesivamente el dinero y se resiste a dar o gastar cualquier cosa. También *s. m.* y *f.* **SIN.** Rácano, avaro, agarrado, rata. **ANT.** Generoso, espléndido. **FAM.** Tacañamente, tacañear, tacañería.

tacatá o **tacataca** *s. m.* Armazón con ruedas para que los niños aprendan a andar. **SIN.** Andador, andaderas.

tacha (del fr. *tache*, y éste del gót. *taikka*, mancha) *s. f.* **1.** Defecto o falta que hace imperfecto a alguien o algo. **2.** Aquello que perjudica el honor o la buena fama de alguien o algo. **3.** Especie de tachuela, algo más grande que la normal. **4.** En der., motivo legal para desestimar o invalidar la declaración de un testigo. **SIN. 1.** Imperfección, tara, mella. **1.** y **2.** Lacra. **2.** Mancha, mancilla. **FAM.** Tachar, tachón². / Intachable.

tachadura *s. f.* Raya o borrón con que se tacha algo en un escrito. **SIN.** Tachón.

tachar *v. tr.* **1.** Tapar algo en un escrito haciendo rayas o borrones encima para suprimirlo o indicar que no vale. **2.** Atribuir un defecto, cualidad negativa, etc., a una persona o cosa: *Le tacharon de tacaño.* **3.** En der., alegar algún motivo para desestimar o invalidar la declaración de un testigo. **SIN. 2.** Tildar, acusar. **FAM.** Tachadura, tachón¹. TACHA.

tachines *s. m. pl. fam.* Pies.

tacho *s. m. And.* y *Amér.* Cubo, palangana o recipiente similar para diversos usos, p. ej. para echar en él la basura.

tachón¹ *s. m.* Raya, borrón, etc., con que se tacha algo.

tachón² *s. m.* Tachuela grande con cabeza dorada o plateada. **FAM.** Tachonar, tachonear, tachuela. TACHA.

tachonado, da 1. *p.* de **tachonar**. También *adj.*: *un cielo tachonado de estrellas.* || *s. m.* **2.** Acción de tachonar.

tachonar o **tachonear** *v. tr.* Adornar o clavetear con tachones, tachuelas. **FAM.** Tachonado. TACHÓN².

tachuela *s. f.* Clavo corto y de cabeza ancha.

tácito, ta (del lat. *tacitus*, de *tacere*, callar) *adj.* **1.** Que no se expresa clara y abiertamente, pero se supone o se sobrentiende: *un acuerdo tácito, sujeto tácito.* **2.** Callado, silencioso. **SIN. 1.** Implícito; elíptico. **ANT. 1.** Explícito. **FAM.** Tácitamente, taciturno.

taciturno, na (del lat. *taciturnus*) *adj.* **1.** Callado, reservado. **2.** De carácter triste y melancólico. **SIN. 1.** Retraído, huraño. **2.** Apagado, apesadumbrado. **ANT. 1.** Abierto. **2.** Alegre. **FAM.** Taciturnidad. TÁCITO.

taco *s. m.* **1.** Pedazo de madera u otro material corto y más o menos grueso que se utiliza para rellenar un hueco, fijar algo, etc. **2.** Palo cilíndrico, más ancho por un extremo que por el otro, que se utiliza en billar para golpear la bola. **3.** Varilla para limpiar el cañón de las armas de fuego. **4.** Montón de hojas, papeles, etc., generalmente bien colocados. **5.** Bloc de calendario y, p. ext., de hojas, talones, etc. **6.** Palabra malsonante. **7.** *fam.* Lío, jaleo: *armarse un taco.* **8.** Trozo pequeño y grueso en que se parte un alimento, especialmente el jamón o el queso. **9.** *Amér. C.* y *P. Rico* Miedo, temor, preocupación. **10.** *Amér. del S.* y *P. Rico* Tacón. **11.** *Méx.* Tortilla de maíz rellena de carne picada y otros ingredientes. || *s. m. pl.* **12.** *fam.* Años que tiene una persona. **SIN. 3.** Baqueta. **6.** Palabrota. **7.** Follón. **FAM.** Tacada, tacón, taquería. / Retaco.

tacómetro (del gr. *takhos*, rapidez, y *-metro*) *s. m.* Aparato que mide las vueltas que da un eje o la velocidad de revolución de un mecanismo. **SIN.** Taquímetro.

tacón *s. m.* **1.** Pieza del calzado que se coloca en la parte correspondiente al talón para levantar el pie por dicha parte. **2.** Dicha pieza cuando es alta y, p. ext., calzado que la lleva: *zapato de tacón. No sabe andar con tacones.* **3.** Pedazo de cuero y otro material que cubre esta pieza por la parte que toca el suelo. **FAM.** Taconazo, taconear. TACO.

taconazo *s. m.* Golpe dado con el tacón.

taconeado, da 1. *p.* de **taconear**. || *s. m.* **2.** Taconeo*.

taconeo *s. m.* Acción de taconear. **SIN.** Taconeado.

taconear *v. intr.* Golpear el suelo repetidamente con el tacón al andar, bailar, etc. **SIN.** Zapatear. **FAM.** Taconeado, taconeo. TACÓN.

táctica (del gr. *taktike*, f. de *taktikos*, táctico) *s. f.* **1.** Método o procedimiento que sigue alguien para alcanzar un objetivo: *El equipo cambió de táctica al final.* **2.** Habilidad para aplicar este método o procedimiento. **3.** Conjunto de reglas y procedimientos por los que se rigen las operaciones militares. **SIN. 1.** Técnica, sistema, artimaña. **2.** Tacto, diplomacia. **ANT. 2.** Torpeza.

táctico, ca (del gr. *taktikos*, de *tasso*, poner en orden) *adj.* **1.** Relativo a la táctica. || *s. m.* **2.** Persona experta en táctica o que la practica. **SIN. 1.** Metódico. **FAM.** Táctica.

táctil *adj.* Relativo al sentido del tacto.

tactismo *s. m.* En biol., respuesta constante por la cual un organismo se orienta hacia un estímulo o se aparta del mismo.

tacto (del lat. *tactus*) *s. m.* **1.** Sentido corporal con que se percibe la forma, tamaño, rugosidad, temperatura, etc., de los objetos, a través de unos órganos receptores situados en la piel y en las mucosas. **2.** Manera en que se perciben dichas cualidades de los objetos a través de este sentido: *Esta lana tiene un tacto muy agradable.* **3.** Acción de tocar, utilizar este sentido: *reconocer algo al tacto.* **4.** Habilidad para tratar con una persona, llevar un asunto delicado, etc. **5.** En med., método de exploración que se hace introduciendo uno o más dedos en una cavidad, especialmente la vagina o el recto. **SIN. 1.** Sensibilidad. **3.** Tocamiento. **4.** Diplomacia, delicadeza. **FAM.** Táctil. / Contacto, intacto.

tacurú (guaraní) *s. m.* **1.** *Arg.*, *Par.* y *Urug.* Hormiguero alto y cónico, de tierra arcillosa, que adquiere gran consistencia. **2.** Insecto que construye este hormiguero. ■ Su pl. es *tacurúes*, aunque también se utiliza *tacurús*.

taekwondo (coreano) *s. m.* Arte marcial coreano parecido al karate, pero que desarrolla especialmente las técnicas de salto.

tafetán (del persa *tafte*, torcido, variedad de tejido de seda) *s. m.* Tela delgada y muy tupida de seda o tejido sintético.

tafia *s. f. Amér.* Aguardiente de caña.

tafilete (de *Tafilalt*, región del SE de Marruecos) *s. m.* Piel curtida y de poco grosor, que se emplea especialmente en marroquinería y encuadernación.

tagalo, la *adj.* **1.** De un pueblo de Filipinas que constituye el grupo principal indígena de la isla de Luzón. También *s. m.* y *f.* || *s. m.* **2.** Lengua indonesia que ha recibido la influencia del castellano y que, junto con el inglés, constituye la lengua oficial de Filipinas.

tagarino, na (del ár. *tagri* o *tagara*, fronterizo) *adj.* Se dice de los antiguos moriscos que se educaban en comunidades cristianas. También *s. m.* y *f.*

tagarnia *s. f.* **1.** *Amér. C.* y *Col.* Atracón de comida. **2.** Borrachera.

tahalí (del ár. *tahlil*, estuche para amuletos) *s. m.* Correa de cuero colgada en bandolera para llevar la espada, el sable o el tambor. ■ Su pl. es *tahalíes*, aunque también se utiliza *tahalís*.

taheño (del ár. *tahannu*, teñirse con alheña) *adj.* Se aplica al pelo de color rojizo.

tahitiano, na *adj.* De Tahití, isla de Oceanía. También *s. m.* y *f.*

tahona (del ár. *tahuna*, molino de cereales) *s. f.* Establecimiento donde se hace y vende pan. **SIN.** Horno, panadería. **FAM.** Tahonero.

tahúr, ra (del ár. *zafur*, ganancioso, largo de uñas) *s. m.* y *f.* **1.** Persona que juega con frecuencia, y por dinero, a las cartas o a los dados, especialmente en casas de juegos. También *s. m.* y *f.* **2.** Jugador tramposo. **SIN. 2.** Fullero.

tai-chi (japonés) *s. m.* Tipo de yoga que se practica con movimientos continuos, lentos y muy precisos.

taifa (del ár. *ta'ifa*, grupo, facción) *s. f.* Cada uno de los reinos que surgieron al disgregarse el califato de Córdoba en 1031.

taiga (ruso) *s. f.* **1.** Formación vegetal del bosque de coníferas propia de latitudes frías de clima continental del hemisferio N. **2.** Extensión de terreno que abarca.

tailandés, sa *adj.* De Tailandia. También *s. m.* y *f.*

tailleur (fr.) *s. m.* Traje de chaqueta femenino en el que los dos elementos están confeccionados con la misma tela.

taimado, da *adj.* Astuto, de gran habilidad para engañar o no ser engañado. **SIN.** Ladino. **ANT.** Ingenuo. **FAM.** Taimarse.

taimarse *v. prnl.* **1.** *Arg.* y *Chile* Ponerse terco. **2.** Volverse perezoso.

taíno o **taino, na** (voz autóctona) *adj.* **1.** De una tribu amerindia, hoy extinguida, que habitó en las Antillas. También *s. m.* y *f.* || *s. m.* **2.** Dialecto del tronco caribe hablado por esta tribu.

taita (del lat. *tata*, padre) *s. m. C. Rica*, *Ec.* y *Ven.* Tratamiento que se da al padre o jefe de la familia.

tajada *s. f.* **1.** Trozo cortado o desprendido de una cosa, especialmente de un alimento. **2.** *fam.* Cortadura, raja. **3.** Borrachera. || **LOC. sacar** uno **tajada** de algo *fam.* Sacar provecho. **SIN. 1.** Rodaja, porción. **2.** Tajo, corte. **3.** Tablón, cogorza, melopea.

tajadera *s. f.* **1.** Cuchilla en forma de media luna con que se cortan especialmente alimentos. **2.** Trozo de madera sobre el que se coloca el alimento que se va a cortar. **3.** Cortafrío*. **SIN. 2.** Tajo.

tajado, da 1. *p.* de **tajar**. También *adj.* || *adj.* **2.** Se dice del terreno cortado en vertical que forma una pared. **3.** *fam.* Borracho, bebido.

tajamar *s. m.* **1.** Tablón de forma curva que corta el agua cuando navega la embarcación. **2.** Construcción que se añade a los pilares de un puente para cortar el agua de la corriente. **3.** *Chile* y *Ec.* Dique, muelle. **4.** *Arg.* y *Ec.* Presa o balsa. **5.** *Arg.* Zanja cavada en las orillas de los ríos para controlar los efectos de las crecidas.

tajante *adj.* **1.** Que no permite discusión o contradicción. **2.** Que no admite término medio. **SIN. 1.** Contundente. **1.** y **2.** Rotundo. **ANT. 2.** Dudoso. **FAM.** Tajantemente. TAJAR.

tajar (del lat. *taliare*, cortar) *v. tr.* **1.** Dividir una cosa en dos o más partes con un instrumento cortante. || **tajarse** *v. prnl.* **2.** *fam.* Emborracharse. **SIN. 1.** Cortar, seccionar. **2.** Embriagarse, amonarse. **FAM.** Tajada, tajadera, tajado, tajamar, tajante, tajear, tajo.

tajeadura *s. f. Arg.*, *Chile*, *Par.* y *Urug.* Cicatriz grande.

tajear *v. tr. Amér.* Tajar, cortar.

tajo *s. m.* **1.** Corte, generalmente profundo, hecho con un instrumento afilado. **2.** Corte profundo y casi vertical en el terreno, como el que se forma a causa de un río. **3.** *fam.* Trabajo, tarea: *Hoy tengo mucho tajo.* **4.** Lugar donde se trabaja: *Me voy al tajo.* **5.** Sitio hasta donde llega en su tarea un grupo de trabajadores durante la jornada o en un tiempo determinado. **6.** Pedazo grueso de madera sobre el que se corta la carne y otros alimentos. **7.** Plataforma similar sobre la que se cortaba la cabeza a los condenados. **SIN. 1.** Tajada, cortadura. **3.** Curro. **6.** Tajadera. **FAM.** Atajo, destajo. TAJAR.

tal (del lat. *talis*) *adj. indef.* **1.** Igual, semejante a algo ya nombrado o conocido; con este sentido equivale a un adjetivo demostrativo: *No dijo tal cosa.* También *pron.*: *No dijo tal.* ■ Se utiliza frecuentemente en correlación y, a menudo, como intensificador: *De tal palo, tal astilla. Había tal cantidad de gente, que no pudimos entrar.* **2.** Designa a una persona, animal o cosa no determinada: *Tú me encargas tal libro y yo te lo compro.* También *pron.* **3.** Aplicado a un nombre propio, apellido, etc., y precedido de un determinante, indica que la persona a la que hace referencia es poco conocida: *En la reunión, un tal López no dejó meter baza.* || *adv. m.* **4.** Se utiliza como primer término de una comparación seguido de *cual*, *como*, etc.: *Lo hizo tal como se lo indicaste.* **5.** Así, de ese modo: *Tal me habló que no supe qué responderle.* || **LOC. con tal de** *conj.* Seguido de un infinitivo o de una oración con *que*, introduce una condición: *Con tal de tenerle contento haremos lo que sea.* **tal cual** *adj.* y *adv.* Igual, de la misma forma o manera: *Dejaron la habitación tal cual.* **tal para cual** Expresa con tono despectivo la semejanza que existe entre dos personas: *Padre e hijo son tal para cual.* **FAM.** Talión.

tala *s. f.* Acción de talar.

talabarte (del ant. occitano *talabart*) *s. m.* Cinturón, normalmente de cuero, del que cuelga la espada o el sable. **FAM.** Talabartería, talabartero.

talabartería *s. f.* Tienda o taller del talabartero.

talabartero, ra *s. m.* y *f.* Persona que trabaja el cuero.

taladradora *s. f.* Instrumento o máquina para taladrar. **SIN.** Taladro.

taladrar *v. tr.* **1.** Hacer agujeros en una superficie con un instrumento adecuado. **2.** Molestar los oídos un sonido fuerte y desagradable. **SIN. 1.** Agujerear, perforar. **2.** Herir. **FAM.** Taladrado, taladrador, taladradora, taladrante, taladro.

taladro (del celta incorporado al lat. *taratrum*) *s. m.* **1.** Instrumento para taladrar. **2.** Acción de taladrar. **3.** Agujero que queda al taladrar. **SIN. 1.** Taladradora. **3.** Orificio, boquete.

tálamo (del lat. *thalamus*, y éste del gr. *thalamos*) *s. m.* **1.** Cama de los recién casados y de los matrimonios en general. **2.** En bot., ensanchamiento del pedúnculo en que están insertas ciertas partes de la flor, como el periantio, el androceo y el gineceo. **3.** Cada una de las dos masas nerviosas situadas a ambos lados del tercer ventrículo del cerebro, a través de las cuales llegan al cerebro las vías nerviosas procedentes de los órganos de los sentidos. **SIN. 1.** Lecho. **2.** Receptáculo. **FAM.** Epitalamio, hipotálamo.

talanquera (del celta *tarinca*, espeto) *s. f.* **1.** Valla, barrera o pared que sirve para resguardarse o defenderse. **2.** Resguardo, abrigo. **SIN. 2.** Refugio, amparo.

talante (del ant. *talente*, del fr. *talent*, y éste del lat. *talentum*) *s. m.* **1.** Estado de ánimo o actitud de una persona en un determinado momento o en general: *Se ha levantado de mal talante.* **2.** Disposición, gusto o disgusto con que alguien hace algo: *Me ayudó de buen talante.* **SIN. 1.** Humor, carácter, genio. **2.** Gana, agrado.

talar[1] (del germ. *talon*, arrancar) *v. tr.* **1.** Cortar árboles por su parte baja. **2.** Destruir o arruinar campos, edificios, poblaciones, etc. **SIN. 1.** Cercenar. **2.** Arrasar, demoler. **FAM.** Tala, talador.

talar[2] (del lat. *talaris*) *adj.* Se dice de la vestidura que llega hasta los talones, especialmente de la eclesiástica.

talasemia (del gr. *thalassa*, mar, y *aima*, sangre) *s. f.* Tipo de anemia producida por la dificultad congénita del organismo para producir hemoglobina.

talasocracia (del gr. *thalassa*, mar, y *-cracia*) *s. f.* Dominio político o económico de los mares.

talasoterapia (del gr. *thalassa*, mar, y *-terapia*) *s. f.* Tratamiento curativo para ciertas enfermedades en el que se aprovechan las cualidades y posibilidades del clima marino, como los baños de mar, el sol, la brisa, etc.

talayot o **talayote** (del cat. *talaiot*, atalaya, y éste del ár. *tala'i'*, centinela) *s. m.* Monumento megalítico de las Baleares, semejante a una torre de poca altura, con planta circular, elíptica o a veces cuadrada. **FAM.** Talayótico. ATALAYA.

talco (del ár. *talq*) *s. m.* Mineral de silicato de magnesio, de color verde claro, blanco o gris y brillo perlado. Es muy blando y se emplea en la fabricación de pinturas, cerámica, etc., y en productos cosméticos. **FAM.** Talcoso, talque, talquita.

taled (del hebreo *fal-lit*, manto) *s. m.* Pequeño manto de lana, en cuyos cuatro extremos cuelgan ocho hilos también de lana, con el que los judíos se cubren la cabeza y el cuello en sus ceremonias religiosas.

talega (del ár. *ta'liqa*, bolsa colgada) *s. f.* **1.** Bolsa ancha y corta de tela, y lo que se lleva o guarda en ella. **2.** *fam.* Dinero. Se usa más en *pl.* **SIN. 1.** Talego, saco. **FAM.** Talegada, talegazo, talego, taleguilla. / Entalegar.

talegada *s. f.* Talegazo*.

talegazo *s. m.* Golpe dado con un talego o el que sufre alguien al caer de lleno en el suelo.

talego *s. m.* **1.** Saco de tela. **2.** *argot* Cárcel, presidio. **3.** *argot* Billete de mil pesetas. **SIN. 1.** Talega, saca. **2.** Trullo, trena.

taleguilla (dim. de *talega*) *s. f.* Pantalón ajustado hasta debajo de la rodilla que forma parte del traje de los toreros.

talento (del lat. *talentum*, y éste del gr. *talanton*, plato de la balanza, peso) *s. m.* **1.** Capacidad que tiene alguien para hacer buen uso de su inteligencia. **2.** P. ext., inteligencia, entendimiento. **3.** Habilidad o disposición de una persona para algo: *Tiene talento para los negocios.* **4.** Persona inteligente o que posee dicha capacidad o habilidad: *Es un talento para la música.* **5.** Antigua moneda utilizada por griegos y romanos. **SIN. 1.** y **2.** Ingenio. **2.** Intelecto. **3.** Genialidad, aptitud. **4.** Genio. **ANT. 1.** y **2.** Torpeza. **3.** Incapacidad. **FAM.** Talentoso, talentudo. / Cazatalentos.

talgo (siglas de *Tren Articulado Ligero Goicoechea y Oriol*) *s. m.* Tren de gran estabilidad y velocidad construido mediante estructuras tubulares articuladas entre sí, cada una de las cuales se apoya en dos ruedas.

talidomida *s. f.* En farmacia, sustancia empleada para elaborar tranquilizantes que dejó de usarse porque causaba malformaciones en los fetos si era consumida durante el embarazo.

talio (del gr. *thallos*, rama verde) *s. m.* Elemento químico, metal blando, maleable y con brillo plateado cuando está recién cortado, que se oscurece en seguida por oxidación. Se emplea en sistemas de comunicación y como componente para la fabricación de insecticidas y raticidas. Su símbolo es *Tl.*

talión (del lat. *talio, -onis*) *s. m.* **1.** Pena en que alguien sufre el mismo daño que ha causado. || **2. ley del talión** Véase **ley**.

talismán (del ár. *tilasm*, conjuro, y éste del gr. *telesma*, rito religioso) *s. m.* Objeto, signo, etc., al que se atribuye virtudes sobrenaturales, poderes mágicos, etc. **SIN.** Amuleto.

talla *s. f.* **1.** Acción de tallar. **2.** Escultura, especialmente en madera. **3.** Estatura de una persona. **4.** Importancia o valor, especialmente intelectual: *un escritor de gran talla.* **5.** Medida de una prenda de vestir y, p. ext., de la persona que la usa. **6.** Utensilio para medir la estatura de las personas o la alzada de las caballerías. **7.** *Amér. C.* Embuste, mentira. **8.** *Arg.*, *Chile* y *Par.* Charla, especialmente para criticar o murmurar. || **LOC. dar la talla** Poseer alguien las cualidades o aptitudes mínimas necesarias para algo. ■ Se usa sobre todo en contrucciones negativas. **SIN. 1.** Labrado, grabado. **3.** y **4.** Altura. **FAM.** Tallista. TALLAR.

tallado, da 1. *p.* de **tallar**. También *adj.*: *una piedra tallada.* || *s. m.* **2.** Acción de tallar obras escultóricas, labrar piedras preciosas o grabar en un material duro: *el tallado de los diamantes.*

tallar *v. tr.* **1.** Dar forma a un material cortándolo y modelándolo: *tallar la madera, una piedra preciosa.* **2.** Grabar sobre una superficie o material duro: *tallar el cristal.* **3.** Realizar el dentado de una pieza, instrumento, etc. **4.** Medir la estatura de una persona o la alzada de una caballería. || *v. intr.* **5.** *Arg.*, *Chile* y *Par.* Charlar, especialmente para criticar o murmurar. **SIN. 1.** Esculpir. **FAM.** Talla, tallado, tallarín, talle. / Entallar[1].

tallarín (del ital. *tagliarini*, y éste del lat. *taliare*, cortar) *s. m.* Tira fina y delgada de pasta alimenticia que se consume cocida. Se usa sobre todo en *pl.*

talle (del fr. *taille*, y éste del lat. *taliare*, cortar) *s. m.* **1.** Cintura de una persona. **2.** Parte de una prenda correspondiente a la cintura. **3.** Medida de una prenda de vestir que se toma desde el cuello hasta la cintura. **4.** Proporción o configuración del cuerpo humano. **FAM.** Entallar[2]. TALLAR.

tallecer *v. intr.* Entallecer*. ■ Es v. irreg. Se conjuga como *agradecer.*

taller (del fr. *atelier*, y éste del lat. *astellarium*, astillero) *s. m.* **1.** Lugar donde se realizan trabajos manuales o artísticos o donde se enseñan estas técnicas. **2.** Lugar donde se reparan máquinas, aparatos, etc., especialmente automóviles. **3.** Subdivisión de una industria, fábrica, etc., donde se realizan operaciones muy concretas. **4.** Conjunto de colaboradores de un artista o artesano. **5.** Procedimiento de formación en grupo para adquirir o perfeccionar una actividad: *taller de teatro.*

tallista *s. m.* y *f.* Persona que hace obras de talla, especialmente en madera o en piedras preciosas.

tallo (del lat. *thallus*, y éste del gr. *thallos*) *s. m.* **1.** Órgano de las plantas que crece en sentido contrario a la raíz y sirve de soporte a hojas, flores y frutos. **2.** Vástago que echa el árbol después de haberlo podado. **3.** Brote que nace de una semilla, bulbo o tubérculo. **FAM.** Tallecer, talludo. / Entallecer.

talludo, da *adj.* **1.** Que ha echado tallo grande o tiene muchos tallos. **2.** Se aplica a la persona ya crecida o madura, especialmente cuando se comporta como un joven.

talmud (hebreo, significa 'estudio, enseñanza') *s. m.* Libro que recoge la tradición oral judía y constituye el código fundamental del derecho hebreo, complementando a la Biblia. ■ Se suele escribir con mayúscula. FAM. Talmúdico, talmudista.

talmudista *s. m.* y *f.* Persona que profesa la doctrina del Talmud, sigue sus dogmas y se ocupa de interpretarlos y explicarlos.

talo (del gr. *thallos*, retoño, rama joven) *s. m.* En bot., cuerpo vegetativo de las plantas talofitas, equivalente a la raíz, tallo y hojas de las plantas metafitas. FAM. Talofito.

talofito, ta (del gr. *thallos*, retoño, y *phyton*, planta) *adj.* Se dice de las plantas que tienen talo y carecen de tejidos vasculares; actualmente se considera a estos organismos integrantes del reino protistas. También *s. m.* y *f.*

talón[1] (del lat. *talo, -onis*) *s. m.* **1.** Parte posterior del pie humano, de forma redondeada. **2.** Zona del calzado, la media o el calcetín que cubre esta parte del pie. **3.** Parte blanda y flexible del casco de las caballerías. **4.** Parte interior del arco de los instrumentos musicales de cuerda, más cercana al mango. **5.** Borde reforzado de la cubierta de un neumático que encaja en la llanta. || **6. talón de Aquiles** Punto débil de alguien o algo. || LOC. **pisarle** a alguien **los talones** *fam.* Seguirle muy de cerca. SIN. **1.** Calcañar. **3.** Pulpejo. FAM. Talonar, talonazo, talonear, talonera.

talón[2] (del fr. *étalon*) *s. m.* **1.** Documento cortado de un cuadernillo en que queda una parte de dicho documento que garantiza su legitimidad. **2.** Cheque: *pagar con talón.* FAM. Talonario.

talonar *v. tr.* Calcular la distancia que se recorre en cada paso o bien los pasos necesarios para recorrer una determinada distancia. FAM. Talonamiento. TALÓN[1].

talonario *s. m.* Cuadernillo de talones, particularmente cheques.

talonazo *s. m.* Golpe dado con el talón.

talonear *v. intr. And.* y *Amér.* Dar con los talones el jinete a la caballería para que se mueva o avance más rápido.

talonera *s. f.* Refuerzo o remiendo puesto en el talón de medias, calcetines, botas, etc.

talque (del ár. *talq*, talco) *s. m.* Tierra rica en talco y muy refractaria, usada para hacer crisoles.

talquita *s. f.* Roca formada principalmente por talco.

talud (del fr. *talus*, y éste del lat. *talus*, talón) *s. m.* **1.** Inclinación de un terreno o de un muro. || **2. talud continental** Gran pendiente marina que pone en contacto la plataforma continental con la llanura abisal. SIN. **1.** Cuesta, rampa.

tam-tam (onomat.) *s. m.* **1.** Instrumento musical de percusión semejante a un tambor grande. **2.** Redoble o toque con este instrumento. ■ No varía en *pl.*

tamal (del náhuatl *tamalli*) *s. m.* **1.** *Amér.* Empanada de masa de maíz envuelta en hojas de plátano o de mazorca. **2.** Lío, embrollo. FAM. Tamalero.

tamalero, ra *s. m.* y *f. Amér.* Persona que hace o vende tamales.

tamandúa o **tamanduá** (guaraní) *s. m.* Oso* hormiguero.

tamango *s. m. Arg., Chile, Par.* y *Urug.* Calzado, especialmente el rústico o el ya gastado.

tamaño, ña *adj.* **1.** Semejante, tal: *tamaña tontería, tamaño atrevimiento.* || *s. m.* **2.** Conjunto de las medidas físicas de una persona, animal o cosa. **3.** Importancia o trascendencia de algo: *El tamaño de aquella labor le exigía una gran dedicación.* SIN. **2.** Volumen. **2.** y **3.** Magnitud. **3.** Alcance, valía.

tamarindo (del ár. vulg. *tamr hindi*, dátil índico) *s. m.* **1.** Árbol de tronco grueso, copa amplia, hojas pinnadas y fruto en legumbre, que llega a alcanzar los 25 m de altura y es originario de África tropical. **2.** Fruto de este árbol que se consume en confitura.

tambalear *v. intr.* Moverse una persona, animal o cosa de un lado a otro por falta de equilibrio, de fuerzas, etc. Se usa más como *v. prnl.* SIN. Balancear(se), bambolear(se). FAM. Tambaleante, tambaleo.

tambarria *s. f. Amér.* Juerga, jolgorio.

tambero, ra *adj.* **1.** *Amér. del S.* Relativo al tambo. || *s. m.* y *f.* **2.** *Amér. del S.* Persona que tiene un tambo o trabaja en él.

también *adv. afirm.* **1.** Sirve para afirmar la igualdad, conformidad o relación de una cosa con otra ya nombrada: *Si tú te vas, nosotros también.* **2.** Además: *Fue médico y también un gran escritor.* SIN. **1.** Igualmente, asimismo.

tambo (del quechua *tampu*) *s. m.* **1.** Edificación inca que se construía como lugar de descanso para viajeros, soldados y mensajeros. **2.** *Chile, Col., Ec.* y *Perú* Venta, posada. **3.** *Arg., Par.* y *Urug.* Vaquería. FAM. Tambero.

tambor (del persa *tabir*) *s. m.* **1.** Instrumento musical de percusión que consiste en una caja cilíndrica cerrada en una o en las dos bases por unas membranas tensas, generalmente de piel, que se toca con palillos. **2.** P. ext., cualquier instrumento de percusión semejante tocado con palillos, mazos, baquetas, o con las manos, como el bombo, el bongo, los timbales, etc. **3.** Persona que toca dichos instrumentos. **4.** Cualquier objeto o pieza de forma cilíndrica, como p. ej. el tambor de las lavadoras. **5.** Envase o recipiente cilíndrico, generalmente de gran tamaño: *un tambor de detergente.* **6.** En algunas armas de fuego como el revólver, pieza cilíndrica giratoria donde están las balas. **7.** Pieza cilíndrica en que se enrolla un cable. **8.** Aro de madera sobre el que se coloca la tela para bordarla. **9.** En arq., estructura cilíndrica que sirve de base a una cúpula. **10.** Cada una de las piezas cilíndricas que forman el fuste de una columna cuando éste no está constituido por un solo bloque. **11.** Cuerpo central del capitel de una columna. **12.** Tímpano del oído. **13.** Pieza circular acoplada a la rueda de un vehículo en cuyo interior las zapatas del freno presionan la rueda impidiendo que gire. **14.** *Amér.* Recipiente metálico utilizado especialmente para contener líquidos. SIN. **8.** Bastidor. FAM. Tambora, tamborear, tamboril, tamborrada.

tambora *s. f.* Bombo o tambor grande.

tamborear *v. intr.* Golpear con los dedos haciendo un ruido semejante al del tambor. SIN. Tabalear, tamborilear. FAM. Tamboreo. TAMBOR.

tamboril *s. m.* Tambor de cuerpo pequeño y estrecho que se toca, llevándolo colgado, con un solo palillo. FAM. Tamborilear, tamborilero. TAMBOR.

tamborilear *v. intr.* **1.** Tocar el tamboril. **2.** Tamborear*. SIN. **2.** Tabalear. FAM. Tamborileo. TAMBORIL.

tamborilero, ra *s. m.* y *f.* Persona que toca el tamboril.

tamborrada *s. f.* En ciertas fiestas populares, desfile callejero al son de los tambores.

tamil (del gentilicio nativo, a través del ingl. *tamil*) *adj.* **1.** Del pueblo melanohindú que habita en el SE de la India y en Sri Lanka. También *s. m.* y *f.* || *s. m.* **2.** Lengua hablada por este pueblo.

tamiz (del fr. *tamis*) *s. m.* Cedazo de malla muy tupida. || LOC. **pasar** algo **por el tamiz** *fam.* Examinar o seleccionar cuidadosamente una cosa. SIN. Criba. FAM. Tamizar.

tamizar *v. tr.* **1.** Pasar una cosa por el tamiz. **2.** Suavizar la luz, cambiar su color, etc., haciéndola pasar a través de un filtro, pantalla o algo semejante. **3.** Seleccionar o depurar algo cuidadosamente: *tamizar la información.* ■ Delante de *e* se escribe *c* en lugar de *z*. SIN. **1.** y **3.** Cribar. FAM. Tamización. TAMIZ.

tamo *s. m.* **1.** Pelusa que se desprende del lino, algodón o lana. **2.** Polvo o paja muy menuda de algunas semillas trilladas, como el trigo, el lino, etc.

támpax (nombre comercial registrado) *s. m.* Tampón higiénico femenino. ■ No varía en *pl.*

tampoco *adv. neg.* Se usa para negar una cosa después de haberse negado otra: *No compró carne ni tampoco patatas.*

tampón (fr.) *s. m.* **1.** Almohadilla empapada en tinta que se utiliza para entintar los sellos y, p. ext., este mismo sello. **2.** Artículo higiénico de forma cilíndrica y material muy absorbente, que utilizan las mujeres durante la menstruación. SIN. **2.** Támpax.

tamujo *s. m.* Mata o arbusto de ramas delgadas, flexibles y espinosas, que se utilizan para fabricar escobas. FAM. Tamujal.

tan *adv. c. apóc.* de **tanto**. Se emplea siempre delante de adj., adv. y loc. adv. para intensificar su significado: *Es tan bueno, tan bien educado... No vayas tan rápido.* En correlación con las conj. *cuan* o *como*, expresa una comparación de igualdad: *tan alto como su padre.* Se usa también con la conj. *que*, como primer término de una correlación consecutiva: *Habla tan fuerte que todos se enteran de lo que dice.*

tanagra *s. f.* Estatuilla de terracota fabricada en Tanagra de Beocia y, p. ext., la elaborada en otras ciudades griegas.

tanate (del náhuatl *tanatli*) *s. m.* **1.** *Hond.* y *Méx.* Zurrón de cuero o palma. **2.** *Amér. C.* Lío, fardo, envoltorio. || LOC. **cargar** uno **con los tanates** *Amér. C. fam.* Mudarse, marcharse.

tanatofobia (del gr. *thanatos*, muerte, y *-fobia*) *s. f.* Miedo obsesivo a la muerte.

tanatología (del gr. *thanatos*, muerte, y *-logía*) *s. f.* **1.** Teoría acerca de la muerte. **2.** Conjunto de conocimientos sobre la muerte desde un punto de vista médico y legal.

tanatorio *s. m.* Edificio o dependencias donde se vela a los muertos y donde a veces se ofrecen otros servicios funerarios, como p. ej. la cremación.

tanatos (del gr. *thanatos*, muerte) *s. m.* En psicoanálisis, impulso hacia la muerte presente en la psique del individuo. FAM. Tanatofobia, tanatología, tanatorio.

tanda (del lat. *tanta*, tanta) *s. f.* **1.** Cada uno de los grupos en que se divide un conjunto de personas, animales o cosas, principalmente cuando actúan unos después de otros en una operación o trabajo. **2.** Serie de cosas de la misma clase que se hacen o se dan seguidas sin interrupción. **3.** *Amér.* Cada acto de una función de teatro. SIN. **1.** Turno, partida. **2.** Sarta, mano.

tándem (del lat. *tandem*, a lo largo de) *s. m.* **1.** Bicicleta con dos o más asientos y juegos de pedales para igual número de personas. **2.** Tiro de dos caballos enganchados uno detrás del otro. **3.** Equipo de dos personas. || LOC. **en tándem** *adv.* Forma de disponer ciertos aparatos o instalaciones de manera que funcionen simultánea o sucesivamente: *un circuito eléctrico en tándem.* ■ Su pl. es *tándems* o *tándemes.*

tanga[1] *s. m.* Chito*.

tanga[2] (voz africana, a través del port. brasileño) *s. m.* **1.** Biquini de mujer o bañador de hombre muy pequeños. **2.** Braga o calzoncillos de parecidas características.

tángana *s. f.* Jaleo, bronca, discusión, especialmente cuando es multitudinaria, p. ej. en el fútbol.

tangar *v. tr. fam.* Timar, estafar. ■ Delante de *e* se escribe *gu* en lugar de *g*.

tángara *s. m.* Pájaro pequeño, de cuerpo rechoncho, pico grueso y cónico o largo y fino, alas cortas y plumaje de colores vivos, que habita en América.

tangencial *adj.* **1.** Relativo a la tangente. **2.** Se dice de aquello que se refiere a algo de manera parcial o superficial. SIN. **2.** Secundario, accesorio. ANT. **2.** Básico.

tangente (del lat. *tangens, -entis*) *adj.* **1.** Que está en contacto con otra cosa. **2.** En geom., se aplica a las líneas o superficies que tienen puntos comunes sin cortarse. También *s. f.* || LOC. **irse** (**escaparse** o **salirse**) uno **por la tangente** *fam.* Utilizar evasivas u otro medio para salir de una situación comprometida o apurada. FAM. Tangencia, tangencial. / Cotangente. TANGIBLE.

tangerino, na *adj.* De Tánger. También *s. m.* y *f.*

tangible (del lat. *tangibilis*) *adj.* **1.** Que se puede tocar. **2.** Que puede percibirse o apreciarse con claridad. SIN. **1.** Material, físico. **1.** y **2.** Palpable. **2.** Evidente, real. ANT. **1.** y **2.** Intangible. **2.** Irreal. FAM. Tangente. / Intangible. TAÑER.

tango *s. m.* **1.** Baile típico argentino, de ritmo lento, ejecutado por una pareja entrelazada. **2.** Música y letra de este baile. **3.** Variedad del cante y baile flamenco, de ritmo vivo y marcado. FAM. Tanguear, tanguero, tanguillo, tanguista.

tanguear *v. intr.* **1.** *Amér.* Bailar el tango. **2.** *Ec. fam.* Caminar haciendo eses cuando se está borracho.

tanguero, ra *adj. Arg.* y *Urug.* Se dice de la persona aficionada al tango. También *s. m.* y *f.*

tanguillo *s. m.* Variante de los tangos flamencos de Cádiz.

tanguista *s. m.* y *f.* **1.** Cantante de tangos. || *s. f.* **2.** Bailarina contratada en ciertos locales públicos para que baile con los clientes.

tanino (del fr. *tanin*, de *tan*, corteza de roble) *s. m.* Sustancia presente en la corteza de algunos árboles, como los robles y castaños, que se usa para curtir pieles y, en farmacia, como astringente. FAM. Tenería.

tanka *s. f.* Poema breve japonés compuesto de cinco versos, el primero y el tercero de cinco sílabas y los restantes de siete.

tanque (del ingl. *tank*) *s. m.* **1.** Vehículo terrestre acorazado que se mueve sobre dos cintas articuladas que le permiten desplazarse por terrenos irregulares y normalmente armado con un cañón, varias ametralladoras, etc. **2.** Depósito transportable, generalmente sobre un vehículo. **3.** Depósito de agua u otros líquidos. **4.** *fam.* Vaso grande de una bebida, generalmente cerveza. SIN. **1.** Blindado. **3.** Cisterna, aljibe. FAM. Tanqueta. / Antitanque, termotanque.

tanqueta *s. f.* Carro de combate ligero, de mayor velocidad y maniobrabilidad que el tanque.

tantalio (de *Tántalo*, personaje mitológico) *s. m.* Elemento químico, metal denso, dúctil y maleable, muy resistente a la corrosión, por lo que se emplea para fabricar aceros especiales. Su símbolo es *Ta*.

tántalo *s. m.* Ave de aproximadamente 1 m de longitud, patas altas y delgadas, cuello muy largo y cabeza pequeña con un gran pico puntiagudo de color vistoso, que habita en regiones pantanosas de África tropical y meridional.

tanteador *s. m.* Aparato que registra los tantos que se efectúan en los partidos de ciertos juegos o deportes.

tantear *v. tr.* **1.** Calcular aproximadamente el valor, peso, tamaño, cantidad, etc., de algo. **2.** Pensar o ensayar una cosa antes de llevarla a cabo: *Tantearon varias soluciones antes de decidirse.* **3.** Intentar descubrir las cualidades, condiciones, intenciones, etc., de alguien o algo: *Le estuvieron tanteando antes de pedírselo.* **4.** Contabilizar o apuntar los tantos que se obtienen en el juego. También *v. intr.* **5.** En pintura, empezar un dibujo, trazar sus primeras líneas. **6.** En lenguaje jurídico, ejercer el derecho de tanteo. || *v. intr.* **7.** Ir a tientas. **SIN. 1.** Medir. **1.** y **2.** Sopesar. **2.** Considerar. **3.** Sondear. **5.** Esbozar. **FAM.** Tanteador, tanteo. TANTO.

tanteo *s. m.* **1.** Acción de tantear. **2.** Número de tantos que se consiguen en un juego o deporte. **3.** En der., facultad que, por ley o por costumbre, tiene una determinada persona de poder adquirir una cosa con preferencia sobre otros compradores y al mismo precio que éstos. **SIN. 2.** Puntuación, resultado.

tantico, ca *adj.* **1.** Escaso en cantidad o calidad. || *s. m.* **2.** Cantidad escasa: *Dame un tantico de vino.* || *adv. c.* **3.** Escasamente, algo.

tanto, ta (del lat. *tantus*) *adj. indef.* **1.** Se usa para expresar una cantidad o número que no se especifica: *Te ofrecen tantas pesetas y tú aceptas o no.* También *pron.*: *Estamos a tantos de agosto.* ■ En correlación con *como*, introduce el primer término de una comparación de igualdad: *Tiene tanto (dinero) como tú.* **2.** Con un sentido intensivo, equivale a 'mucho, gran cantidad de': *¿Qué vas a hacer con tanta comida?* También *pron.* ■ Con este significado, y en correlación con *que*, se usa como primer término de una correlación consecutiva: *Habló tanto que nos aturdió.* || *pron. dem. n.* **3.** Equivale a 'eso', al que añade un valor ponderativo: *No es para tanto.* || *adv. c.* **4.** Hasta tal punto, tal cantidad: *No comas tanto. ¿Por qué tarda tanto?* || *s. m.* **5.** Determinada cantidad de algo, especialmente de dinero: *Le dieron un tanto por el trabajo.* **6.** En un juego o competición deportiva, punto o unidad que se cuenta a favor o en contra de uno u otro jugador o equipo. || *s. f. pl.* **7.** *fam.* Precedido por el artículo *las*, hora que se considera muy tarde para lo que se expresa o sobrentiende: *Llegó a las tantas de la madrugada.* || **8. tanto por ciento** Porcentaje*. **9. tanto por mil** Número o cantidad que, con referencia a mil, representa proporcionalmente una parte de un total. || **LOC. al tanto** *adv.* Enterado o informado de algo: *Está al tanto de lo ocurrido.* **apuntarse uno un tanto (a su favor)** *fam.* Tener un acierto en algo. **en** (o **entre**) **tanto** *adv.* Mientras. **en tanto que** *conj.* Mientras que. **ni tanto ni tan calvo** *fam.* Ni un extremo ni el otro. **por (lo) tanto** *conj.* Introduce una consecuencia: *Dejaste el examen en blanco; por tanto, no esperes aprobar.* **¡y tanto!** *excl.* Confirma con énfasis lo que dice otro. **FAM.** Tan, tantear, tantico. / Entretanto, veintitantos.

tantra (sánscrito) *s. m.* En la India, cada uno de los tratados posteriores a los vedas, escritos en sánscrito, que constan tanto de elementos doctrinales como de fórmulas esotéricas y prácticas rituales. **FAM.** Tantrismo.

tantrismo *s. m.* Doctrina religiosa basada en los tantras y que pretende la purificación del cuerpo y el control de los procesos físicos y mentales.

tanzano, na *adj.* De Tanzania. También *s. m.* y *f.*

tañer (del lat. *tangere*, tocar) *v. tr.* **1.** Tocar un instrumento musical de percusión o de cuerda pulsada. **2.** Particularmente, tocar las campanas. ■ Es v. irreg. **FAM.** Tañedor, tañido. / Atañer, tangible.

TAÑER	
GERUNDIO	
tañendo	
INDICATIVO	
Pretérito perfecto simple	
tañí	*tañimos*
tañiste	*tañisteis*
tañó	*tañeron*
SUBJUNTIVO	
Pretérito imperfecto	**Futuro**
tañera, -ese	*tañere*
tañeras, -eses	*tañeres*
tañera, -ese	*tañere*
tañéramos, -ésemos	*tañéremos*
tañerais, -eseis	*tañereis*
tañeran, -esen	*tañeren*

tañido, da 1. *p.* de **tañer**. También *adj.* || *s. m.* **2.** Acción de tañer. **3.** Música del instrumento que se tañe: *Se oía el tañido de la guitarra.* **4.** Sonido de la campana y de otros objetos similares. **SIN. 3.** Son.

tao (chino, significa 'camino') *s. m.* En el taoísmo, orden o ley moral, principio fundamental del mundo y de la vida. **FAM.** Taoísmo.

taoísmo *s. m.* Sistema filosófico y religión chinos, cuyos seguidores aspiran a unirse con el tao, principio fundamental del mundo y de la vida fundado en la interacción de dos fuerzas opuestas y complementarias (el yin y el yang), mediante la reflexión y la contemplación para obtener el éxtasis. **FAM.** Taoísta. TAO.

tapa (del gót. *tappa*, tapón) *s. f.* **1.** Pieza con la que se cierra la abertura de un recipiente. **2.** Pieza para tapar o cubrir una cosa o parte de ella: *la tapa del piano.* **3.** Cada una de las dos láminas de papel, cartón, etc., que cubren el exterior de un libro encuadernado. **4.** Pieza de suela, goma u otro material que compone el tacón del zapato, en especial la que está en contacto con el suelo. **5.** Cubierta córnea que rodea el casco de los caballos. **6.** Pequeña ración de comida que se sirve como aperitivo. **7.** Pieza de carne que corresponde al centro de la pierna trasera de la ternera. || **8. tapa de los sesos** *fam.* Cráneo. **SIN. 1.** y **2.** Tapadera. **FAM.** Tapadera, tapar, tapear, tapón.

tapabarro *s. m. Chile* y *Perú* Guardabarros.

tapaboca *s. m.* **1.** Golpe que se da en la boca con la mano abierta o, en esgrima, con la punta de la espada. **2.** Bufanda*. ■ En esta acepción se utiliza también la forma *tapabocas* en sing. y en pl.

tapacubos *s. m.* Tapa metálica que se adapta a la cara exterior de la llanta de la rueda. ■ No varía en *pl.*

tapaculo *s. m.* Fruto del escaramujo.

tapadera *s. f.* **1.** Tapa ancha que se ajusta a la boca de algún recipiente. **2.** Persona o cosa que encubre o disimula a otra.

tapadillo, de *loc. adv. fam.* A escondidas, ocultamente.

tapado, da 1. *p.* de **tapar**. También *adj.* || *s. m.* **2.** *Amér.* Especie de capa o sobretodo. **3.** *Méx. fam.* Candidato presidencial designado ya de antemano previamente a las elecciones.

tapajuntas *s. m.* Listón moldeado que se utiliza para cubrir la juntura del cerco de una puerta o ventana con la pared. ■ No varía en *pl.*

tapar *v. tr.* **1.** Cubrir o cerrar lo que está descubierto o abierto. **2.** Poner o estar una cosa delante o encima de otra, de modo que la oculte, cubra o proteja: *Tu cabeza me tapa la pantalla.* También *v. prnl.* **3.** Abrigar o cubrir con ropas. También *v. prnl.* **4.** Encubrir o disimular las faltas o acciones de alguien. **SIN. 2.** Ocultar. **ANT. 1.** Abrir. **1.** a **3.** Destapar(se). **FAM.** Tapabarro, tapaboca, tapacubos, tapaculo, tapadillo, tapador, tapadura, tapajuntas, taparrabo. / Destapar. TAPA.

taparrabo o **taparrabos** *s. m.* **1.** Pieza de tejido, piel, etc., con que los individuos de ciertos pueblos y tribus se tapan los genitales. **2.** Calzón de baño muy reducido. ■ La forma *taparrabos* no varía en *pl.*

tapatío, a *adj.* De Guadalajara, capital del estado mexicano de Jalisco; p. ext., de este mismo estado. También *s. m.* y *f.*

tape (guaraní) *s. m. Arg.* y *Urug. desp.* Se dice de la persona que tiene la piel oscura y rasgos de los pueblos indígenas.

tapear *v. tr.* Tomar tapas: *Antes de comer, iremos a tapear algo.* Se usa mucho como *v. prnl.* **FAM.** Tapeo. TAPA.

tapera (del guaraní *taperé*) *s. f.* **1.** *Amér. del S.* Ruinas de un pueblo. **2.** Rancho o casa ruinosa y abandonada.

tapete (del lat. *tapete*, y éste del gr. *tapes, -etos*) *s. m.* **1.** Alfombra pequeña. **2.** Tela, hule, etc., que se coloca encima de mesas o muebles. || **LOC. sobre el tapete** *adv.* Referido a cuestiones, problemas, etc., en discusión o planteamiento.

tapia *s. f.* **1.** Pared que sirve como valla o cerca. **2.** *fam.* Se usa como término de comparación para decir que alguien está completamente sordo: *estar (sordo) como una tapia.* **FAM.** Tapial, tapiar.

tapial *s. m.* Pared hecha con tierra amasada.

tapiar *v. tr.* Cerrar o limitar con tapias.

tapicería *s. f.* **1.** Oficio e industria de fabricar tapices o de tapizar. **2.** Conjunto de telas utilizadas para hacer cortinas, tapizar muebles y cosas similares. **3.** Taller del tapicero. **4.** Conjunto de tapices.

tapicero, ra *s. m.* y *f.* **1.** Persona que hace tapices. **2.** Persona que tiene por oficio elaborar cortinajes, tapizar muebles, etc.

tapioca (del guaraní *tipiok*, residuo) *s. f.* Fécula que se obtiene de la raíz de la mandioca y se emplea en alimentación.

tapir (del guaraní *tapira*) *s. m.* Mamífero de unos 2 m de longitud y 1 m de alzada que presenta una cabeza en forma de tronco de cono, caracterizada por tener los labios superiores y la nariz prolongados en una protuberancia curvada hacia abajo. Habita en Sudamérica y Asia.

tapisca (del azteca *tla*, cosa, y *pixcani*, coger el maíz) *s. f. Amér. C.* y *Méx.* Recolección del maíz.

tapiz (del ant. fr. *tapiz*, y éste del gr. bizantino *tapiti*, del gr. *tapes, -etos*) *s. m.* Paño, generalmente de gran tamaño, tejido con lana, lino u otros materiales, que se utiliza para decorar o cubrir paredes, suelos, puertas, etc. **FAM.** Tapicería, tapicero, tapizar.

tapizado, da 1. *p.* de **tapizar**. También *adj.*: *paredes tapizadas.* || *s. m.* **2.** Acción de tapizar. **3.** Tela de tapizar o forrar muebles, paredes, etc.: *El tapizado del sofá me parece demasiado oscuro.*

tapizar *v. tr.* **1.** Cubrir con tapices o cortinajes las paredes. **2.** Forrar con tela paredes, muebles u otras cosas. **3.** Cubrir una superficie, generalmente extensa, lo que se expresa: *Tapizaban las calles miles de octavillas.* ■ Delante de *e* se escribe *c* en lugar de *z.* **FAM.** Tapizado. TAPIZ.

tapón (del gr. *tapon*, y éste del fráncico *tappo*) *s. m.* **1.** Pieza con que se tapan botellas, frascos, desagües y otros recipientes y conductos. **2.** P. ext., aquello que dificulta o impide el paso. **3.** Embotellamiento de tráfico. **4.** Acumulación de cerumen en el oído. **5.** En baloncesto, acción de interceptar, cuando está ascendiendo, el balón lanzado a canasta por un contrario. **6.** *fam.* Persona muy baja, generalmente gruesa. **SIN. 2.** Obstáculo, atasco. **FAM.** Taponar, taponazo, taponería, taponero. TAPA.

taponar *v. tr.* Cerrar con un tapón o algo semejante un orificio, conducto, rotura, etc. También *v. prnl.* **SIN.** Obstruir(se), obstaculizar(se). **ANT.** Destaponar(se). **FAM.** Taponamiento. / Destaponar. TAPÓN.

taponazo *s. m.* Estallido que se produce al saltar el tapón de una botella o sacarlo y golpe que este tapón da.

tapujo *s. m.* **1.** Engaño o disimulo. **2.** Asunto dudoso que se lleva ocultamente. Se usa sobre todo en *pl.* **SIN. 1.** Rodeo. **2.** Tejemaneje.

taqué (del fr. *taquet*) *s. m.* Cada uno de los vástagos que, en los motores de combustión interna, transmiten el movimiento del árbol de levas a las válvulas de admisión y escape de los cilindros.

taquear *v. tr.* **1.** *Amér.* Abarrotar algo. También *v. prnl.* || *v. intr.* **2.** *Arg., Chile, Par.* y *Urug.* Taconear. **3.** *Méx.* y *Perú* Jugar al billar.

taquería *s. f.* Establecimiento donde se venden tacos, tortillas de maíz rellenas.

taqui- (del gr. *takhys*, veloz) *pref.* Significa 'rápido': *taquicardia, taquigrafía.*

taquicardia (de *taqui-* y el gr. *kardia*, corazón) *s. f.* Aceleración de los latidos del corazón, por enfermedad, ejercicio violento, etc.

taquigrafía (de *taqui-* y *-grafía*) *s. f.* Método de escribir por medio de ciertos signos especiales que permiten hacerlo a gran velocidad. **SIN.** Estenografía. **FAM.** Taquigrafiar, taquigráfico, taquígrafo, taquimecanografía.

taquigrafiar *v. tr.* Escribir por medio de taquigrafía: *taquigrafiar un discurso.* ■ En cuanto al acento, se conjuga como *ansiar.*

taquigráfico, ca *adj.* **1.** Relativo a la taquigrafía. **2.** *fam.* Excesivamente reducido o esquemático. **FAM.** Taquigráficamente. TAQUIGRAFÍA.

taquígrafo, fa *s. m.* y *f.* Persona que conoce y utiliza la taquigrafía.

taquilla *s. f.* **1.** Ventanilla, mostrador o lugar donde se despachan billetes para algún transporte, entradas de espectáculos, etc. **2.** P. ext., dinero que se recauda en cines, teatros, etc.: *Obtuvieron* *una taquilla de varios millones.* **3.** Armario para guardar objetos personales en lugares de trabajo, gimnasios, barracones militares, etc. **4.** Armario con casillas o cajones donde se guardan y clasifican papeles y documentos, billetes de transportes públicos, etc. **5.** *Amér. C.* Taberna. SIN. **2.** Recaudación. FAM. Taquillero, taquillón.

taquillero, ra *s. m.* y *f.* **1.** Persona que vende los billetes o entradas en una taquilla. **2.** *Amér. C.* Tabernero. || *adj.* **3.** Se dice del artista o espectáculo que consigue recaudar mucho dinero.

taquillón *s. m.* Mueble de madera de poca altura, decorado, que suele colocarse en los recibidores.

taquimecanografía *s. f.* Actividad y conocimientos de la persona que domina la taquigrafía y la mecanografía. FAM. Taquimecanógrafo. TAQUIGRAFÍA y MECANOGRAFÍA.

taquímetro (de *taqui-* y *-metro*) *s. m.* **1.** Instrumento utilizado para medir a la vez distancias y ángulos horizontales y verticales. **2.** Tacómetro*. FAM. Taquimetría.

tara (del ár. *tarha*, lo que se quita, descuento) *s. f.* **1.** Defecto físico o psíquico grave y, p. ext., cualquier defecto o carencia. **2.** Peso del vehículo, embalaje, etc., que contiene o transporta una mercancía. **3.** Peso que se pone en uno de los platillos de la balanza para equilibrarla. FAM. Tarar.

tarabilla[1] *s. m.* y *f.* **1.** Persona que habla mucho y atropelladamente. || *s. f.* **2.** Conjunto de palabras dichas así. SIN. **1.** Cotorra. **2.** Verborrea.

tarabilla[2] *s. f.* **1.** Trocito de madera clavado en el marco de puertas y ventanas que gira para asegurarlas cuando se cierran. **2.** Pieza de madera con que se retuerce la cuerda de la sierra para tensarla.

taracea (del ár. *tarsi*, incrustación) *s. f.* Técnica que consiste en incrustar sobre madera trocitos de madera, concha, nácar u otros materiales, formando figuras o motivos decorativos. FAM. Taracear.

tarado, da **1.** *p.* de **tarar**. || *adj.* **2.** Que tiene alguna tara. También *s. m.* y *f.* **3.** *fam.* Tonto, corto de entendederas. También *s. m.* y *f.* SIN. **3.** Estúpido, torpe, necio.

tarahumara *adj.* **1.** De un pueblo amerindio que vive en la zona montañosa de los estados mexicanos de Durango y Chihuahua. También *s. m.* y *f.* || *s. m.* **2.** Lengua que habla este pueblo.

tarambana o **tarambanas** *adj. fam.* Alocado, poco sensato. También *s. m.* y *f.* ■ La forma *tarambanas* no varía en *pl.*

taranta *s. f.* **1.** En And. y Murcia, cierto canto flamenco. **2.** *Arg.*, *C. Rica* y *Ec.* Locura, arrebato pasajero. **3.** *Hond.* Desvanecimiento, aturdimiento.

tarantela (del ital. *tarantella*, y éste del lat. *Tarentum*, Tarento, ciudad de Italia) *s. f.* Cierto baile napolitano y música con que se acompaña.

tarántula (del ital. *tarantola*, de *Taranto*, Tarento, ciudad italiana) *s. f.* Arácnido de unos 3 cm de longitud, con el cefalotórax grande, de color oscuro y rayas longitudinales blancas; su picadura es venenosa.

tarar *v. tr.* Determinar el peso de tara que corresponde a una mercancía. FAM. Tarado. TARA.

tararear (onomat.) *v. tr.* Cantar en voz baja sólo con sonidos, sin pronunciar palabras. SIN. Canturrear. FAM. Tarareo.

tararí (onomat.) *s. m.* **1.** Voz que representa el toque de trompeta. || *interj.* **2.** *fam.* Expresa incredulidad ante algo o lo niega rotundamente.

tarasca (del fr. *tarasque*, de *Tarascon*, ciudad de Francia) *s. f.* **1.** Figura de serpiente monstruosa, de gran boca, que se saca en la procesión del Corpus en algunos lugares. **2.** Mujer fea, descarada o de mal genio. FAM. Tarascada.

tarascada *s. f.* **1.** Mordedura o arañazo rápido y violento. **2.** *fam.* Respuesta violenta o dicho ofensivo. SIN. **1.** Dentellada, bocado, mordisco.

taray *s. m.* **1.** Arbusto de unos 3 m de altura, con numerosas ramas de corteza rojiza, hojas pequeñas de forma oval y punta aguda, flores rosadas en racimo y fruto en cápsula. **2.** Fruto de este arbusto. ■ Su pl. es *tarayes*. FAM. Tarayal.

tarazón *s. m.* Trozo que se parte o se corta de algo, especialmente, de pescado o carne.

tardanza *s. f.* Retraso o empleo de mucho tiempo, o más del necesario, en hacer algo: *Estábamos preocupados por vuestra tardanza.* SIN. Demora, lentitud, dilación. ANT. Rapidez, puntualidad.

tardar (del lat. *tardare*) *v. intr.* **1.** Emplear alguien o algo un determinado tiempo en lo que se expresa: *¿Cuánto tardaste en llegar?* **2.** Emplear mucho tiempo, o más del necesario, en hacer algo: *Espero que no tarde en llamar.* SIN. **1.** Invertir, gastar. **2.** Demorarse, retrasarse. ANT. **2.** Adelantarse. FAM. Tardanza, tarde, tardío, tardo, tardón. / Retardar.

tarde (del lat. *tarde*) *s. f.* **1.** Tiempo que transcurre desde el mediodía hasta el anochecer. **2.** Últimas horas del día. || *adv. t.* **3.** A hora avanzada del día o de la noche: *Suele acostarse tarde.* **4.** Después del momento oportuno, fijado o previsto: *Llegarás tarde.* || LOC. **de tarde en tarde** *adv.* Con muy poca frecuencia. SIN. **2.** Atardecer. ANT. **1.** Mañana. **2.** Amanecer. **3.** Temprano. **4.** Pronto. FAM. Atardecer[1]. TARDAR.

tardígrado (del lat. *tardus*, lento, y *gradus*, paso) *adj.* **1.** Se dice de ciertos invertebrados acuáticos de tamaño microscópico, que tienen el cuerpo aplanado y revestido por una cutícula y cuatro pares de patas. Forman colonias en charcas y terrenos húmedos y algunas especies habitan en aguas costeras. También *s. m.* || *s. m. pl.* **2.** Filo constituido por estos animales.

tardío, a *adj.* **1.** Que tarda en llegar a la madurez; se aplica especialmente a plantas, frutos, etc. **2.** Que ocurre después del tiempo en que se esperaba o en relación con algo que ya ha ocurrido: *una obra tardía.* **3.** Que se encuentra en la última fase de su evolución; se dice particularmente de los fenómenos lingüísticos: *latín tardío.* || *s. m.* **4.** Sembrado de frutos tardíos. Se usa más en *pl.* SIN. **2.** Tardo. ANT. **1.** y **2.** Temprano. **2.** Precoz. FAM. Tardíamente. TARDAR.

tardo, da (del lat. *tardus*) *adj.* **1.** Lento en los movimientos o al actuar: *Paso tardo.* **2.** Que le cuesta más de lo normal comprender, expresarse o percibir alguna cosa: *tardo de entendimiento.* SIN. **1.** Pausado. **2.** Torpe, lerdo, duro. ANT. **1.** Vivaz. **2.** Despierto, perspicaz.

tardón, na *adj. fam.* Se dice de la persona que tarda mucho. También *s. m.* y *f.* SIN. Lento, pesado, pelma. ANT. Rápido.

tarea (del ár. vulg. *tariha*) *s. f.* Cualquier tipo de trabajo o actividad, y particularmente, el que debe hacerse en un tiempo limitado: *He terminado mi tarea de hoy.* SIN. Labor, faena. ANT. Ocio. FAM. Atarear. / Monotarea, multitarea.

tareco *s. m. Cuba*, *Ec.* y *Ven.* Trasto, cachivache.

tarifa (del ár. *tarifa*, definición, determinación) *s. f.* **1.** Precio que hay que pagar por algo teniendo en cuenta alguna circunstancia o condición especial: *tarifa reducida, tarifa nocturna.* **2.** Tabla de precios, impuestos o derechos. FAM. Tarifar, tarifario.

tarifar *v. tr.* **1.** Indicar o aplicar una tarifa. || *v. intr.* **2.** Reñir o enemistarse con alguien. ■ Se usa sobre todo con el verbo *salir*: *Salió tarifando con todos.* SIN. **2.** Discutir, regañar.

tarifario, ria *adj.* Relativo a la tarifa.

tarifeño, ña *adj.* De Tarifa. También *s. m.* y *f.*

tarima (del ár. *tarima*) *s. f.* Plataforma de madera a poca altura del suelo. FAM. Entarimar.

tarja (del fr. *targe*) *s. f.* Escudo grande que cubre todo el cuerpo y especialmente el que usaban los caballeros para protegerse de la lanza del contrario.

tarjeta (del ant. fr. *targette*, de *targe*, escudo, y éste del germ. *targa*) *s. f.* **1.** Cartulina rectangular en que aparece el nombre y algún otro dato, como domicilio, profesión, número de teléfono, etc. **2.** P. ext., cualquier cartulina o pieza rectangular que tiene una utilidad concreta, p. ej. la utilizada como medio de pago, la que activa un mecanismo, la empleada en algunos deportes para indicar una sanción, etc. **3.** Trozo de cartulina con un texto impreso o escrito, como una invitación, una ficha, etc. **4.** Postal. ■ Se llama también *tarjeta postal.* || **5. tarjeta amarilla** En el fútbol y otros dep., la que usa el árbitro para amonestar a un jugador u otro miembro del equipo; la acumulación de dos tarjetas amarillas supone la expulsión. **6. tarjeta de crédito** La emitida a nombre de alguien por entidades bancarias, grandes almacenes, etc., que se usa como medio de pago. **7. tarjeta roja** En el fútbol y otros dep., la que el árbitro muestra para ordenar a un jugador u otro miembro del equipo que abandone el campo. FAM. Tarja, tarjetera, tarjetero.

tarjetera *s. f. Amér.* Tarjetero.

tarjetero *s. m.* Cartera para tarjetas.

tarlatana (del fr. dialectal *tarlantane*) *s. f.* Tejido de algodón poco tupido y de cierta consistencia, que se emplea para confeccionar cortinas, mosquiteros y otros usos.

tarot (fr.) *s. m.* **1.** Juego de naipes de origen italiano usado para adivinar el porvenir. **2.** Práctica adivinatoria realizada con estas cartas.

tarquín (del ár. *tarkim*) *s. m.* Cieno que se deposita en las aguas estancadas o el que queda después de haberse inundado los campos. SIN. Lodo, légamo, limo.

tarra *s. m.* y *f. desp.* y *fam.* Persona vieja. También *adj.*

tarraconense (del lat. *tarraconensis*) *adj.* De la antigua Tarraco, hoy Tarragona. También *s. m.* y *f.*

tarrina *s. f.* Recipiente, generalmente pequeño, que contiene un alimento.

tarro[1] *s. m.* **1.** Recipiente de barro, porcelana, vidrio, etc., generalmente cilíndrico y más alto que ancho. **2.** *fam.* Cabeza. **3.** *Amér.* Sombrero de copa. || LOC. **comer** (o **comerse**) **el tarro** *fam.* Comer o comerse el coco*. FAM. Tarrina.

tarro[2] *s. m.* Nombre común de diversas aves acuáticas migratorias; son patos de gran tamaño que anidan en las costas europeas.

tarsero *s. m.* Mamífero primate de pequeño tamaño, patas y dedos largos, con discos adhesivos, y cabeza redonda con grandes ojos; habita en bosques de algunas islas del SE asiático.

tarso (del gr. *tarsos*) *s. m.* **1.** Conjunto de huesos cortos que forman parte de las extremidades posteriores de los batracios, reptiles y mamíferos. **2.** Parte más delgada de las patas de las aves que une la tibia con los dedos. **3.** Corvejón de los cuadrúpedos. **4.** Último artejo de la patas de los insectos. SIN. **3.** Jarrete. FAM. Metatarso.

tarta (del fr. *tarte*, y éste del lat. *torta*) *s. f.* **1.** Pastel grande, de forma generalmente redonda, al que se añaden cremas, guindas, almendras y otros ingredientes. || **2. gráfico de tarta** Gráfico o diagrama de sectores. FAM. Tartaleta, tartera.

tartaja *adj.* Que tartajea. También *s. m.* y *f.*

tartajear (onomat.) *v. intr. fam.* Hablar pronunciando con dificultad y cambiando el orden de las sílabas o letras. FAM. Tartaja, tartajeo, tartajoso.

tartaleta (dim. de *tarta*) *s. f.* Pastelillo de hojaldre en forma de cazoleta, cocido al horno y relleno de diversos ingredientes: *tartaleta de manzana, tartaletas de atún.*

tartamudear *v. intr.* Hablar de forma entrecortada y repitiendo sílabas o palabras. SIN. Tartajear. FAM. Tartamudeante, tartamudeo, tartamudo. TARTAMUDEZ.

tartamudez *s. f.* Trastorno del habla caracterizado por una alteración de la fluidez y el ritmo al hablar. FAM. Tartamudear. MUDEZ.

tartamudo, da *adj.* Que tartamudea. También *s. m.* y *f.*

tartán[1] (del fr. *tartan*) *s. m.* Tela de lana con cuadros o listas cruzadas de diferentes colores, originaria de Escocia.

tartán[2] (del ingl. *tartan*) *s. m.* Material formado por amianto, caucho y materias plásticas, muy resistente, inalterable al agua y ligeramente elástico, que se utiliza para superficies de pistas deportivas.

tartana (del occitano *tartano*) *s. f.* **1.** Carruaje con toldo abovedado y generalmente con dos ruedas. **2.** *fam.* Automóvil viejo y en mal estado. **3.** Embarcación pequeña, de vela latina, con un solo palo en el centro, usada para la pesca y pequeños transportes. SIN. **2.** Cafetera.

tártaro[1] (del bajo lat. *tartarum*, y éste, derivado del persa *daradi*, heces) *s. m.* **1.** Sal blanca y cristalina, de sabor ácido y poco soluble en agua, que se forma en las paredes de los toneles donde fermenta el vino y se utiliza en farmacia e industria. **2.** Sarro dental. FAM. Tartárico.

tártaro[2] (del lat. *Tartarus*) *s. m.* En lenguaje literario, infierno.

tártaro, ra (del turco *tatar*) *adj.* **1.** De un conjunto de pueblos de origen turco y mongol. También *s. m.* y *f.* || **2. salsa tártara** Salsa elaborada con mayonesa y otros ingredientes, como alcaparras, pepinillos y cebolla, triturados. FAM. Turcotártaro.

tartera *s. f.* Recipiente que se cierra herméticamente para llevar comida.

tartesio, sia *adj.* De cierto pueblo prerromànico de Hispania que habitaba en Tartessos, antiguo reino situado en la vera baja del Guadalquivir, en el que floreció una importante cultura. También *s. m.* y *f.*

tartufo (de *Tartufe*, protagonista de una comedia de Molière) *s. m.* Hombre hipócrita y falso.

tarugo *s. m.* **1.** Trozo de madera corto y grueso. **2.** Pedazo de pan grueso e irregular. **3.** *fam.* Persona poco inteligente o sin modales. SIN. **1.** Taco. **2.** Corrusco, cuscurro. **3.** Zoquete, bruto.

tarumba *adj. fam.* Loco, trastornado o aturdido.

tas (del fr. *tas*) *s. m.* Yunque pequeño, usado especialmente por plateros y hojalateros.

tasa *s. f.* **1.** Acción de tasar. **2.** Cantidad que se paga por el uso o disfrute de un bien o servicio público: *tasas académicas.* **3.** Medida o proporción de alguna cosa: *tasa de mortalidad.* **SIN. 1.** Tasación, evaluación, valoración. **FAM.** Ecotasa. TASAR.

tasación *s. f.* Acción de tasar: *la tasación del piso.* **SIN.** Tasa, evaluación, valoración.

tasador, ra *adj.* **1.** Que tasa. También *s. m.* y *f.* || *s. m.* y *f.* **2.** Persona que tiene por oficio tasar.

tasajo *s. m.* **1.** Pedazo de carne seca y salada para que se conserve. **2.** P. ext., cualquier pedazo cortado de carne. **SIN. 1.** Cecina. **2.** Tajada.

tasar (del lat. *taxare*, valorar, y éste del gr. *tasso*, arreglar, disponer) *v. tr.* **1.** Determinar un experto o una autoridad el valor, cuantía o precio de algo: *Los del seguro nos tasaron el coche.* **2.** Establecer la paga o el precio que corresponde a un trabajo realizado. **3.** Limitar algo que se da, usa o consume, por tacañería o para evitar un exceso: *Mis padres no me tasan el dinero.* **SIN. 1.** y **2.** Valorar, evaluar, medir. **3.** Controlar, restringir. **FAM.** Tasa, tasación, tasador. / Taxativo, taxonomía.

tasca *s. f.* Taberna. **SIN.** Bar, bodega. **FAM.** Tasquear. TASCAR.

tascal *s. m. Méx. fam.* Recipiente hecho con hoja de palma que sirve para guardar las tortillas.

tascar *v. tr.* **1.** Golpear el lino o el cáñamo para limpiar sus fibras. **2.** Cortar con ruido los animales la hierba al pastar. || **LOC. tascar el freno** Mordisquear el caballo el freno por estar nervioso. También, aguantar alguien con rabia contenida algo que se le impone. ■ Delante de *e* se escribe *qu* en en lugar de *c*. **FAM.** Tasca.

tasquear *v. intr.* Recorrer tascas o tabernas tomando copas. **FAM.** Tasqueo. TASCA.

tata (del lat. *tata*, padre) *s. f.* **1.** *fam.* En lenguaje infantil, niñera. || *s. m.* **2.** *Amér.* Padre, papá.

tatami (japonés, significa 'estera') *s. m.* Alfombra acolchada sobre la que se practican algunos deportes, como el yudo o el karate.

tatarabuelo, la (del lat. *tritavus*) *s. m.* y *f.* Respecto a una persona, bisabuelo o bisabuela de sus padres.

tataranieto, ta *s. m.* y *f.* Respecto a una persona, bisnieto o bisnieta de sus hijos.

¡tate! *interj.* **1.** *fam.* Expresa sorpresa o extrañeza. **2.** *fam.* Se utiliza para indicar cuidado o atención: *¡Tate! ¡Que vienen!*

tatuaje *s. m.* **1.** Acción de tatuar. **2.** Dibujo, palabra, etc., que queda tatuado.

tatuar (del ingl. *to tattoo*, y éste de una voz polinesia) *v. tr.* Hacer grabados en la piel humana introduciendo sustancias colorantes bajo la epidermis. También *v. prnl.* ■ En cuanto al acento, se conjuga como *actuar*: *tatúo.* **FAM.** Tatuaje.

tau (del gr. *tau*) *s. f.* Decimonovena letra del alfabeto griego, que corresponde a nuestra *t.* ■ La letra mayúscula se escribe *T* y la minúscula *t.*

taula (cat., significa 'mesa') *s. f.* Tipo de monumento megalítico, exclusivo de las islas Baleares, que consiste en una gran losa plana de piedra horizontal apoyada sobre otra u otras verticales, formando una T.

taumaturgia *s. f.* Arte y facultad de realizar prodigios o milagros. **FAM.** Taumatúrgico, taumaturgo.

taurino, na *adj.* Relativo a los toros de lidia o a las corridas de toros.

Tauro (del lat. *taurus*, y éste del gr. *tauros*, toro) *n. p.* **1.** Constelación zodiacal, situada entre Aries y Géminis. **2.** Segundo signo del Zodiaco que el Sol recorre aparentemente entre el 20 de abril y el 20 de mayo. || **tauro** *s. m.* y *f.* **3.** Persona nacida bajo este signo. ■ No varía en *pl.* Se usa mucho en aposición: *los niños tauro.*

tauromaquia (del gr. *tauros*, toro, y *makhonai*, luchar) *s. f.* **1.** Técnica y arte de torear. **2.** Libro en que se recogen estas reglas. **FAM.** Tauromáco. TORO[1].

tautología (del gr. *tauto*, lo mismo, y *-logía*) *s. f.* Repetición de un mismo pensamiento por medio de distintas palabras o añadiendo otras que aportan la misma idea, como p. ej. en las frases *reemprender de nuevo* o *subir arriba.* **FAM.** Tautológico.

tav (siglas de *Tren de Alta Velocidad*) *s. m.* Tren de alta velocidad.

taxativo, va (del lat. *taxatum*, limitado) *adj.* Que se ajusta o limita exclusivamente a unas determinadas condiciones o al sentido estricto de la palabra: *Se exigirá el cumplimiento taxativo de las normas.* **SIN.** Preciso, exacto, específico. **ANT.** Relativo. **FAM.** Taxativamente. TASAR.

taxi (apóc. de *taxímetro*) *s. m.* Coche de alquiler con chófer que presta sus servicios llevando a los clientes al lugar deseado, normalmente dentro de la ciudad. **SIN.** Taxímetro. **FAM.** Taxista. / Aerotaxi, radiotaxi. TAXÍMETRO.

taxidermia (del gr. *taxis*, colocación, ordenación, y *derma*, piel) *s. f.* Técnica de disecar animales muertos, para conservarlos con un aspecto semejante al que tenían cuando estaban vivos. **FAM.** Taxidermista. DERMIS.

taxidermista *s. m.* y *f.* Especialista en taxidermia. **SIN.** Disecador.

taxímetro (del fr. *taximètre*, de *taxe*, tasa, y *-mètre*, medida) *s. m.* **1.** Aparato que, en los taxis, indica la cantidad que se debe pagar por un trayecto. **2.** Taxi*. **FAM.** Taxi.

taxista *s. m.* y *f.* Persona que conduce un taxi.

taxón *s. m.* En biol., cada uno de los grupos que se establecen en la clasificación de los seres vivos.

taxonomía (del gr. *taxis*, ordenación, y *-nomía*) *s. f.* **1.** Disciplina que trata y establece los principios, sistemas y fines de la clasificación. **2.** Clasificación según estos principios en ciencias concretas, especialmente en zoología y botánica. **FAM.** Taxón, taxonómico, taxonomista, taxónomo. TASAR.

tayiko, ka *adj.* **1.** De un pueblo que se extiende por regiones de Irán y Afganistán y que constituye el principal elemento poblador de Tayikistán. También *s. m.* y *f.* **2.** De Tayikistán, estado de Asia central, antigua república de la URSS. También *s. m.* y *f.*

taylorismo *s. m.* Método de organización científica del trabajo, basado en las observaciones del ingeniero estadounidense Frederick Winslow Taylor, para aumentar la productividad. Se basa en la especialización de las funciones y establece como incentivo primas de productividad.

taza (del ár. *tassa*) *s. f.* **1.** Recipiente pequeño, de boca ancha, con asa, que se usa generalmente para tomar bebidas. **2.** Lo que cabe en ella. **3.** Receptáculo del retrete. **4.** Pila donde vacían el agua las fuentes. **5.** Cazoleta de algunas espadas. **FAM.** Tazón.

tazar *v. tr.* Rozar la ropa por los dobleces. También *v. prnl.* ■ Delante de *e* se escribe *c* en lugar de *z.*

tazón (aum. de *taza*) *s. m.* Recipiente parecido a una taza, pero de mayor tamaño y sin asa.

te[1] *s. f.* Nombre de la letra *t*.

te[2] (del lat. *te*) *pron. pers. m.* y *f.* Forma átona de segunda persona de singular que realiza la función de complemento directo y complemento indirecto: *Te aprecio mucho. Te envié un mensaje.* Se utiliza también para formar v. prnl.: *Te arrepientes*; y a veces tiene un valor enfático o expresivo: *Te conoces todo el pueblo.* ■ No lleva nunca prep. Se pospone cuando acompaña a un imperativo, infinitivo o gerundio: *Tienes que extenderte mejor la crema*; en los demás casos lo normal es la anteposición. Si aparecen en la frase otros pronombres átonos, se antepone a éstos, excepto con *se*: *Se te ha caído.* En lenguaje familiar, se emplea en ocasiones con valor impersonal y equivale a *uno*: *Aquí, si no te quejas, no te hacen caso.*

té (del chino *tscha*, pronunciado *te* en algunas provincias) *s. m.* **1.** Árbol de hojas perennes y lanceoladas, flores blancas pequeñas y fruto en cápsula, originario de China y con cuyas hojas se prepara una infusión estimulante. **2.** Hoja de este arbusto seca, enrollada y tostada ligeramente. **3.** Infusión hecha con estas hojas. **4.** Reunión de personas que tiene lugar por la tarde y en la cual se toma esta infusión, generalmente acompañada con pastas, dulces, etc. || LOC. **dar el té** *fam.* Molestar. FAM. Teína, tetera[1].

tea (del lat. *taeda*) *s. f.* **1.** Astilla o palo de madera impregnado en resina que, encendido, puede utilizarse para alumbrar o para prender fuego. **2.** *fam.* Borrachera. SIN. **1.** Antorcha, hacha. **2.** Trompa, merluza.

teatral (del lat. *theatralis*) *adj.* **1.** Relativo al teatro: *representación teatral.* **2.** Se aplica a la persona y a sus gestos, actitud, etc., cuando son excesivamente exagerados y buscan ante todo llamar la atención o conseguir un determinado efecto. SIN. **1.** y **2.** Dramático. **2.** Efectista, afectado, aparatoso. ANT. **2.** Natural. FAM. Teatralidad, teatralizar, teatralmente. TEATRO.

teatralizar *v. tr.* **1.** Dar a un tema, relato, etc., forma y estructura teatral. **2.** Dar a algo un carácter efectista o espectacular. ■ Delante de *e* se escribe *c* en lugar de *z*.

teatrero, ra *adj.* **1.** *fam.* Aficionado al teatro. También *s. m.* y *f.* **2.** Que busca llamar la atención: *un llanto teatrero.* SIN. **2.** Teatral.

teatro (del lat. *theatrum*, y éste del gr. *theatron*, de *theaomai*, mirar) *s. m.* **1.** Edificio o lugar donde se representan obras dramáticas y otro tipo de espectáculos; p. ext, público que asiste a ellas. **2.** Género literario cuyas obras están pensadas para ser representadas ante un público. **3.** Conjunto de obras de este género escritas por un determinado autor o en una determinada época, estilo, etc. **4.** Conjunto de actividades relacionadas con estas obras: *Esa actriz se dedica al teatro.* **5.** *fam.* Fingimiento o exageración con que alguien actúa: *No le duele nada, todo es teatro.* **6.** Lugar donde ocurre algún acontecimiento o donde se desarrolla una determinada actividad. SIN. **2.** Drama. **5.** Cuento, comedia. **6.** Escenario. FAM. Teatral, teatrero. / Anfiteatro.

tebaico, ca (del lat. *thebaicus*) *adj.* De Tebas, ciudad del antiguo Egipto, o relacionado con ella.

tebano, na (del lat. *thebanus*) *adj.* De Tebas, antigua ciudad griega. También *s. m.* y *f.*

tebeo (de *TBO*, revista española fundada en 1917) *s. m.* Revista infantil de historietas. || LOC. **estar más visto que el tebeo** *fam.* Estar muy visto; ser poco original: *Las gracias de ese cómico están más vistas que el tebeo.*

teca[1] (del tagalo *ticla*) *s. f.* Árbol de gran altura, tronco delgado, hojas grandes ovaladas, flores blancoazuladas en espiga y fruto en drupa, originario de Asia tropical y muy apreciado por su madera.

teca[2] (del gr. *theke*, caja) *s. f.* **1.** En bot., cada una de las dos mitades de la antera de las flores, formada por dos sacos que contienen polen. **2.** Cubierta que sirve de protección a un organismo, grupo celular, etc.

-teca (del gr. *theke*, caja) *suf.* Significa 'lugar donde se guarda o deposita' aquello que expresa la raíz: *biblioteca, videoteca, hemeroteca.*

techado, da 1. *p.* de **techar**. También *adj.*: *un cobertizo techado.* || *s. m.* **2.** Techo de un edificio. SIN. **2.** Techumbre, cubierta, tejado.

techar *v. tr.* Cubrir una construcción con techo.

techo (del lat. *tectum*) *s. m.* **1.** Parte superior de una construcción, recinto, etc., que sirve para cubrirlo. **2.** Cara interior de la misma. **3.** Lugar donde vivir o refugiarse. **4.** Límite o capacidad máxima de alguien o algo. **5.** Persona o cosa más alta dentro de un determinado grupo, en cierto contexto, etc. SIN. **1.** Techumbre, tejado, cubierta. **3.** Cobijo, refugio. **4.** Tope. FAM. Techado, techumbre. / Entretecho, rompetechos, sotechado.

techumbre *s. f.* Estructura que cubre un edificio o una habitación. SIN. Techo, tejado, cubierta.

teckel *s. m.* Perro basset de cuerpo alargado y patas cortas del que existen distintas variedades en función del tipo de pelo; se le llama familiarmente *perro salchicha.* También *adj.*

tecla *s. f.* **1.** En instrumentos musicales como el piano, el órgano, etc., cada una de las piezas que, al presionarlas con los dedos, hacen que se produzca el sonido. **2.** Pieza semejante que acciona o pone en funcionamiento un aparato, mecanismo, etc. || LOC. **pulsar** (o **tocar**) alguna **tecla** (o **teclas**) *fam.* Acudir a alguien o algo para solucionar o conseguir algo. FAM. Teclado, teclear, teclista.

teclado *s. m.* **1.** Conjunto de teclas de un instrumento musical, máquina, etc. **2.** Unidad externa de un ordenador donde están situadas las teclas, similar a una máquina de escribir. **3.** Instrumento musical accionado por teclas.

teclear *v. tr.* **1.** Accionar las teclas de un instrumento musical, de una máquina, etc. **2.** *fam.* Probar distintos medios, recursos, etc., para conseguir algo. || *v. intr.* **3.** *Amér. del S.* y *Col.* Marchar mal un negocio. FAM. Tecleado, tecleo. TECLA.

teclista *s. m.* y *f.* **1.** En artes gráficas, persona que maneja máquinas de componer con teclados como linotipias, monotipias, etc. **2.** Músico que toca un instrumento con teclado.

tecnecio (del gr. *tekhnetos*, artificial) *s. m.* Elemento químico radiactivo producido artificialmente bombardeando núcleos de molibdeno con núcleos de deuterio. Su símbolo es *Tc*.

-tecnia (del gr. *tekhne*) *suf.* Significa 'técnica': *pirotecnia, luminotecnia.*

técnica *s. f.* **1.** Aplicación práctica de los métodos y conocimientos de las ciencias para satisfacer las necesidades humanas, especialmente por medio de instrumentos, aparatos y máquinas. **2.** Conjunto de procedimientos y recursos empleados en una ciencia, arte, oficio, etc., y cada uno de ellos: *la técnica del claroscuro.* **3.** Habilidad para utilizarlos: *Tiene talento pero le falla la técnica.* **4.** Medio o sistema para conseguir algo. SIN. **1.** Tecnología. **3.** Destreza, experiencia. FAM. Técnico, tecnología.

tecnicismo *s. m.* **1.** Cualidad de técnico. **2.** Término propio de una ciencia, disciplina, profesión, etc.

técnico, ca (del lat. *technicus*, y éste del gr. *tekhnikos*, de *tekhne*, arte) *adj.* **1.** Relativo a la técnica. **2.** Se aplica a las palabras o expresiones propias de una ciencia, arte, oficio, etc. **3.** Se dice de las carreras realizadas a partir del bachillerato con una duración de tres a cuatro años y cursadas en escuelas universitarias, así como de la persona que posee estos estudios: *arquitectura técnica, ingeniero técnico.* || *s. m.* y *f.* **4.** Persona que posee conocimientos teóricos o prácticos sobre una determinada ciencia, disciplina, etc. **SIN. 1.** Tecnológico. **4.** Especialista. **FAM.** Técnicamente, tecnicismo, tecnificar, tecnocracia. / Politécnico. TÉCNICA.

tecnicolor (de *Technicolor*, nombre comercial registrado) *s. m.* Procedimiento de cinematografía en color, ideado en 1914 en Estados Unidos y comercializado a partir de finales de los años treinta.

tecnificar *v. tr.* **1.** Dotar de medios técnicos a una rama de la producción aún no industrializada. **2.** Mejorar algo en el aspecto técnico. ■ Delante de *e* se escribe *qu* en lugar de *c*. **FAM.** Tecnificación. TÉCNICO.

tecno *s. m.* Variedad de música pop desarrollada durante los años setenta y ochenta que utiliza instrumentos musicales electrónicos, especialmente sintetizadores.

tecno- (del gr. *tekhne*) *pref.* Significa 'técnica, arte o industria': *tecnócrata.*

tecno-pop (ingl.) *s. m.* Tipo de música pop realizada mediante sintetizadores y otros instrumentos electrónicos.

tecnocracia (de *tecno-* y el gr. *kratos*, poder) *s. f.* **1.** Sistema político, característico de los países industriales, que propone que los puestos dirigentes en el gobierno de un país sean ocupados por técnicos o especialistas en las diversas materias correspondientes a los distintos ministerios o gerencias. **2.** Categoría o clase social formada por estos técnicos. **FAM.** Tecnócrata, tecnocrático. TÉCNICO.

tecnócrata *s. m.* y *f.* **1.** Persona partidaria de la tecnocracia. También *adj.* **2.** Técnico o experto que desempeña un cargo público.

tecnocrático, ca *adj.* De la tecnocracia o relacionado con ella: *un gobierno tecnocrático.*

tecnología (del gr. *tekhnologia*, de *tekhnologos*, de *tekhne*, arte, y *logos*, tratado) *s. f.* **1.** Conjunto de conocimientos y medios técnicos encaminados al progreso y desarrollo en cualquier campo. **2.** Conjunto de conocimientos y métodos de un determinado oficio, arte industrial, etc. **3.** Terminología técnica propia de una ciencia, arte, etc. || **4. tecnología punta** La más avanzada y moderna. **SIN. 1.** y **2.** Técnica. **FAM.** Tecnológico, tecnólogo. TÉCNICA.

tecolote (del náhuatl *tecolotl*) *s. m.* **1.** *Amér. C.* y *Méx.* Búho, lechuza. **2.** *Méx. fam.* Policía nocturna. || *adj.* **3.** *Amér. C.* y *Méx.* Borracho.

tectónica (de *tectónico*) *s. f.* **1.** Parte de la geología que estudia la estructura de la superficie terrestre y los movimientos que la han originado, como plegamientos, fallas, seísmos, volcanes, etc. || **2. tectónica de placas** Hipótesis actual sobre la formación de los continentes que sostiene que la litosfera está formada por placas rígidas que se desplazan y en las que existen zonas de expansión, hundimiento y fallas que las separan.

tectónico, ca (del gr. *tektonikos*, de la construcción o estructura) *adj.* Relativo a la estructura de la corteza terrestre. **FAM.** Tectónica. / Geotectónico.

tedéum (de las palabras lat. *Te Deum*, con que comienza este cántico) *s. m.* Cántico de la Iglesia católica para dar gracias a Dios. ■ No varía en *pl.*

tedio (del lat. *taedium*) *s. m.* **1.** Aburrimiento o cansancio que produce algo por lo que no se siente ningún interés. **2.** Estado de ánimo de la persona que no siente interés por nada. **SIN. 1.** Pesadez, monotonía. **1.** y **2.** Hastío. **2.** Apatía, desgana. **ANT. 1.** Emoción. **2.** Ilusión. **FAM.** Tedioso.

tedioso, sa *adj.* Que produce tedio: *un libro tedioso.* **SIN.** Aburrido, fastidioso, pesado, monótono. **ANT.** Interesante, emocionante.

tee (ingl.) *s. m.* En el juego del golf, soporte sobre el que se coloca la bola para dar el primer golpe al comienzo de cada hoyo.

teenager (ingl.) *s. m.* y *f.* Adolescente.

teflón (nombre comercial registrado) *s. m.* Material plástico antiadherente, muy resistente a la temperatura y a la corrosión, que se usa para fabricar revestimientos.

tegumento (del lat. *tegumentum*) *s. m.* **1.** Tejido que recubre el cuerpo y ciertos órganos de los animales. **2.** Órgano vegetal que recubre o protege a otro. **FAM.** Tegumentario.

teína *s. f.* Principio activo del té, semejante a la cafeína.

teísmo (del gr. *theos*, Dios, e *-ismo*) *s. m.* Creencia en un Dios personal y trascendente que ha creado el mundo y cuida de todas las criaturas. **FAM.** Teísta. / Ateísmo, monoteísmo, panteísmo, politeísmo.

teja (del lat. *tegula*) *s. f.* **1.** Pieza que suele ser de barro cocido y de forma acanalada, que sirve para cubrir los tejados de las casas y dejar escurrir el agua de lluvia. **2.** Dulce hecho con harina, azúcar y otros ingredientes que se cuece al horno y tiene una forma parecida a la de estas piezas. **3.** Color marrón rojizo semejante al de dichas piezas cuando son de barro. ■ Se usa mucho en aposición: *un pantalón teja.* **4.** Sombrero* de teja. || **LOC. a toca teja** *adv. fam.* Dando todo el dinero de una vez al pagar. ■ Se escribe también *a tocateja.* **FAM.** Tejado, tejar[1], tejar[2], tejero, tejo[1].

tejadillo *s. m. dim.* de **tejado**. Particularmente, el que tiene una sola vertiente y está adosado a un edificio para cubrir una puerta, ventana, etc.

tejado *s. m.* Parte superior o cubierta de un edificio, construcción, etc., normalmente recubierta con tejas. **FAM.** Tejadillo. TEJA.

tejano, na *adj.* **1.** De Texas o Tejas. También *s. m.* y *f.* || *s. m.* **2.** *Cuba, Guat.* y *Méx.* Sombrero típico de los ganaderos y hombres de campo de Texas, muy usado en México. || *s. m. pl.* **3.** Pantalones vaqueros.

tejar[1] *v. tr.* Poner tejas en la cubierta de un edificio. **FAM.** Retejar. TEJA.

tejar[2] *s. m.* Lugar donde se fabrican tejas y ladrillos. **SIN.** Tejera.

tejedor, ra *adj.* **1.** Que teje. || *s. m.* y *f.* **2.** Persona que se dedica a tejer. || *s. m.* **3.** Pájaro tropical de cuerpo rechoncho, pico cónico y puntiagudo y plumaje vistoso de color amarillo y negro o rojo y negro; construye nidos entretejidos en las ramas de los árboles. || *s. f.* **4.** Máquina para confeccionar prendas de punto.

tejeduría *s. f.* **1.** Arte de tejer. **2.** Taller donde se teje.

tejemaneje *s. m.* **1.** *fam.* Movimiento o actividad intensa que desarrolla alguien para realizar alguna cosa. **2.** Asunto poco claro o poco honesto. **SIN. 1.** Ajetreo. **2.** Chanchullo, lío.

tejer (del lat. *texere*) *v. tr.* **1.** Formar las telas entrecruzando los hilos en el telar. **2.** Entrelazar hilos, cordones, etc., para formar esteras, trencillas, etc. **3.** Hacer labores de punto o ganchillo. También *v. intr.* **4.** Fabricar algunos animales, como las arañas o los gusanos, sus telas, capullos, etc. **5.** Formar en la mente una idea, plan, etc. **6.** Trabajar y esforzarse alguien para conseguir y asegurarse su felicidad, porvenir, etc. **7.** Planear una o más personas algo ocultamente, como intrigas, mentiras, etc. **SIN. 5.** Idear, proyectar. **6.** Labrar, forjar. **7.** Maquinar, tramar, urdir. **FAM.** Tejeduría, tejemaneje, tejido. / Destejer, entretejer, textil.

tejeringo (de *te*, pron. pers., y *jeringar*, referido al instrumento utilizado para echar la masa, parecido a una jeringa) *s. m.* Churro, pieza de masa frita.

tejero, ra *s. m.* y *f.* **1.** Persona que fabrica tejas o ladrillos. || *s. f.* **2.** Tejar[2]*.

tejido, da 1. *p.* de **tejer**. También *adj.* || *s. m.* **2.** Disposición de los hilos de una tela. **3.** Cualquier material que resulta de tejer hilos, esparto, etc., y particularmente fibras textiles. **4.** Estructura constituida por células de un mismo origen y que desempeña una función concreta en los organismos vivos. **SIN. 2.** Trama, tejedura. **3.** Tela, paño.

tejo[1] *s. m.* **1.** Pedazo más o menos redondeado de teja, metal u otro material, utilizado para lanzarlo en algunos juegos como la chita o el chito. **2.** Rayuela*. || **LOC. tirar los tejos** a alguien *fam.* Dar a entender una persona a otra que quiere mantener con ella relaciones amorosas. **FAM.** Tejuelo. TEJA.

tejo[2] (del lat. *taxus*) *s. m.* Árbol conífero de tronco recto, hojas planas y de color verde oscuro, con bandas amarillas o grises en el envés, y semillas con una envuelta carnosa roja. Se usa como planta ornamental y por su madera.

tejón (del lat. *taxo, -onis*) *s. m.* Mamífero carnívoro de unos 80 cm de largo, color gris con franjas blancas y negras en la cabeza, hocico largo y puntiagudo y orejas pequeñas y redondeadas. Se refugia en túneles que excava con sus fuertes patas. Habita en Europa y parte de Asia.

tejonera *s. f.* Madriguera del tejón.

tejuelo *s. m.* **1.** *dim.* de **tejo[1]**. **2.** Trocito de papel, piel u otro material, que se pega en el lomo de un libro para indicar su título, número de orden, etc. **3.** El rótulo mismo, aunque no esté superpuesto.

tela (del lat. *tela*) *s. f.* **1.** Tejido formado por hilos, generalmente en un telar. **2.** Trozo de este tejido. **3.** Cualquier obra o labor formada por alambres, fibras plásticas, etc., entrelazados. **4.** Especie de red que forman las arañas y otros animales con el hilo que segregan. **5.** Pintura sobre lienzo. **6.** Capa formada en la superficie de algo. **7.** *fam.* Dinero. **8.** Asunto que hay que tratar, discutir, etc., o tarea que realizar: *Todavía tenemos tela para rato.* || **9. tela de araña** Telaraña*. || **LOC. en tela de juicio** *adv.* En duda: *Nunca pondré en tela de juicio su valía.* **haber tela** (o **tela marinera**) *fam.* Expresa abundancia o gran cantidad. **SIN. 1.** Paño. **2.** Trapo. **7.** Pasta, parné. **FAM.** Telar, telaraña, telilla, telón. / Entretela.

telamón (del lat. *telamones*, y éste del gr. *telamon*) *s. m.* Atlante*.

telar *s. m.* **1.** Máquina para tejer. **2.** Parte superior del escenario oculta al público, de donde bajan los telones y bambalinas. || *s. m. pl.* **3.** Fábrica de tejidos.

telaraña *s. f.* Tela que forma la araña con los hilos que ella misma segrega. ■ Se dice también *tela de araña*. || **LOC. mirar las telarañas** *fam.* Estar totalmente distraído.

tele *s. f.* **1.** *fam. apóc.* de **televisión**. **2.** *apóc.* de **televisor**. **FAM.** Teleadicto, telebasura, telecomedia, teletienda. TELEVISIÓN.

tele- (del gr. *tele*) *pref.* Significa 'lejos, desde lejos, a distancia': *televisión, teledirigir, teléfono, telemando.*

teleadicto, ta *adj.* Muy aficionado a ver la televisión. También *s. m.* y *f.*

telebanca *s. f.* Servicio de banco que permite realizar operaciones sin la presencia física del cliente en la sucursal.

telebasura *s. f. fam.* Programación televisiva de baja calidad.

telecabina *s. f.* Teleférico provisto de cabinas que se trasladan por un único cable.

telecomedia *s. f.* Comedia emitida a lo largo de varios capítulos por televisión.

telecomposición *s. f.* En artes gráficas, sistema de composición automática en que las máquinas encargadas de componer los textos funcionan dirigidas a partir de un punto central.

telecompra *s. f.* Compra que se realiza a distancia, sin que sea necesaria la presencia física del cliente en el establecimiento.

telecomunicación *s. f.* **1.** Comunicación a distancia por medio de cables o a través de ondas electromagnéticas. **2.** Conjunto de sistemas y medios de comunicación entre estaciones emisoras y receptoras distantes. Se usa más en *pl.* **FAM.** Radiotelecomunicación. COMUNICACIÓN.

telecontrol *s. m.* Telemando, sistema de accionamiento a distancia.

teledetección *s. f.* Detección a distancia de información sobre la superficie de la Tierra o de otros astros del Sistema Solar.

telediario *s. m.* Programa de información de noticias de la actualidad emitido diariamente por televisión. **SIN.** Diario.

teledifusión *s. f.* Transmisión de imágenes de televisión por medio de ondas electromagnéticas.

teledirigir *v. tr.* Dirigir aparatos a distancia por medio de ondas electromagnéticas. ■ Delante de *a* y *o* se escribe *j* en lugar de *g*. **FAM.** Teledirección, teledirigido. REGIR.

telediscado *s. m. Arg.* y *Urug.* Servicio telefónico automático.

telefax (ingl., de *telefacsimile*) *s. m.* **1.** Aparato que permite reproducir a distancia, mediante ondas hertzianas, textos, documentos, dibujos o fotografías. **2.** Texto, documento, etc., reproducido mediante este procedimiento. ■ Se dice también *fax*. Su pl. es *telefax* o *telefaxes*. **FAM.** Fax.

teleférico (del fr. *téléphérique*) *s. m.* Sistema de transporte consistente en una serie de cabinas o vehículos suspendidos de un cable aéreo de tracción.

telefilme o **telefilm** *s. m.* Película realizada para ser emitida por televisión; p. ext., cualquier película que se emite por televisión.

telefonazo *s. m. fam.* Llamada telefónica.

telefonear *v. intr.* **1.** Llamar por teléfono. || *v. tr.* **2.** Comunicar algo por teléfono.

telefonema *s. m.* Comunicación que se entrega en una oficina telefónica para que a través de una llamada llegue a otra oficina que la comunicará por escrito al destinatario.

telefonía *s. f.* **1.** Sistema de transmisión a distancia de sonidos, especialmente la voz humana, por medios eléctricos o electromagnéticos. || **2. telefonía inalámbrica** Telefonía sin hilos, radiotelefonía. **3. telefonía múltiple** La que permite enviar varios mensajes por una misma línea. **FAM.** Radiotelefonía. TELÉFONO.

telefónico, ca *adj.* Del teléfono o la telefonía, o relacionado con ellos.

telefonillo *s. m.* Dispositivo para comunicación oral en un mismo edificio, especialmente en conexión con el portero automático.

telefonista *s. m.* y *f.* **1.** Persona que se encarga de una centralita telefónica. **2.** Persona que se encarga del servicio de los aparatos telefónicos. **SIN. 1.** Operador. **2.** Operario.

teléfono (de *tele-* y *-fono*) *s. m.* **1.** Sistema eléctrico de comunicación a distancia mediante aparatos e hilos conductores que transmiten toda serie de sonidos, en especial la voz humana. **2.** Aparato que recibe y transmite sonidos, palabras, etc., a través de este sistema. **3.** Número que identifica uno de estos aparatos: *No pude llamarte porque no tenía tu teléfono.* || *s. m. pl.* **4.** Compañía encargada de este sistema de comunicación, de su instalación y mantenimiento, y edificio en que se encuentra. **FAM.** Telefonazo, telefonear, telefonema, telefonía, telefónicamente, telefónico, telefonillo, telefonista. / Videoteléfono.

telefoto *s. f. apóc.* de **telefotografía**.

telefotografía *s. f.* **1.** Técnica para enviar y recibir fotografías por medio de ondas electromagnéticas. **2.** Fotografía transmitida mediante esta técnica. **3.** Técnica para tomar fotografías de objetos lejanos. **4.** Fotografía así tomada. **FAM.** Telefoto. FOTOGRAFÍA.

telegénico, ca *adj.* Que tiene buenas condiciones para aparecer favorecido por las cámaras de televisión. **FAM.** Telegenia.

telegestión *s. f.* Gestión realizada a distancia a través de medios técnicos.

telegrafía (de *tele-* y *-grafía*) *s. f.* **1.** Sistema de comunicación a distancia para enviar mensajes utilizando un código de signos preestablecido, y especialmente por medio de impulsos eléctricos. **2.** Instalaciones necesarias para enviar mensajes a través de este sistema. || **3. telegrafía inalámbrica** Telegrafía sin hilos, radiotelegrafía. **4. telegrafía múltiple** La que permite la transmisión de varios mensajes por una misma línea. **5. telegrafía óptica** La que emplea señales ópticas. **FAM.** Radiotelegrafía. TELÉGRAFO.

telegrafiar *v. tr.* Comunicar un mensaje por medio del telégrafo. ■ En cuanto al acento, se conjuga como *ansiar*: *telegrafió*.

telegráfico, ca *adj.* **1.** Relativo al telégrafo o a la telegrafía. **2.** Se dice del modo de hablar o escribir excesivamente escueto, en que se utilizan frases cortas, con pocos elementos de unión. **SIN. 2.** Lacónico. **ANT. 2.** Extenso. **FAM.** Telegráficamente. TELÉGRAFO.

telegrafista *s. m.* y *f.* Persona que se encarga de la instalación o servicio de los aparatos telegráficos.

telégrafo (de *tele-* y *-grafo*) *s. m.* **1.** Sistema de comunicación a distancia que permite transmitir y recibir mensajes con un código. **2.** Aparato que transmite y recibe mensajes codificados a través de este sistema. || *s. m. pl.* **3.** Administración de la que depende dicho sistema de comunicación y local o edificio destinado a este servicio. || **4. telégrafo marino** Sistema de señales por medio de banderas y otros elementos que utilizan los barcos para comunicarse entre sí y con las estaciones de tierra. **5. telégrafo sin hilos** Radiotelégrafo*. **FAM.** Telegrafía, telegrafiar, telegráfico, telegrafista, telegrama.

telegrama (de *tele-* y *-grama*) *s. m.* **1.** Comunicación transmitida por medio del telégrafo. **2.** Impreso que recibe el destinatario de esa comunicación con el texto de la misma. **FAM.** Radiotelegrama. TELÉGRAFO.

teleimpresor *s. m.* Teletipo*.

telekinesia *s. f.* Telekinesis*.

telekinesis (de *tele-* y el gr. *kinesis*, movimiento) *s. f.* Movimiento de objetos utilizando únicamente el poder de la mente. ■ Se dice también *telequinesia*, *telequinesis* y *telecinesia*. No varía en *pl.* **FAM.** Telekinesia.

telele *s. m.* **1.** *fam.* Desmayo o ataque de nervios. **2.** *fam.* Disgusto o impresión muy fuerte. **SIN. 1.** y **2.** Soponcio, patatús, síncope.

telemando *s. m.* **1.** Sistema, generalmente automático, de accionamiento a distancia de un mecanismo, máquina o vehículo a través de circuitos eléctricos, ondas electromagnéticas, etc. **2.** Aparato que opera con este sistema. **SIN. 1.** Telecontrol.

telemarketing *s. m.* Servicio de venta a través del teléfono.

telemática *s. f.* Conjunto de técnicas y servicios que combinan las posibilidades de los sistemas de telecomunicación y la informática.

telemedición *s. f.* Procedimiento que permite conocer a distancia, mediante señales eléctricas, la indicación de un instrumento de medida, p. ej. una sonda. **FAM.** Telemetría. MEDIR.

telemetría (de *tele-* y *-metría*) *s. f.* **1.** Técnica que permite medir distancias entre objetos lejanos. **2.** Transmisión a distancia, normalmente por radio, de los datos obtenidos por aparatos de medida en lugares de difícil acceso, como los reactores nucleares, y en la exploración del espacio. **FAM.** Telemétrico, telémetro. TELEMEDICIÓN.

telémetro (de *tele-* y *-metro*) *s. m.* Aparato que permite apreciar desde un punto de mira la distancia a la que está un objeto lejano.

telencéfalo *s. m.* En anat., parte anterior del encéfalo de los vertebrados más alejada de la médula espinal, que contiene los hemisferios cerebrales y los lóbulos olfatorios.

telenovela *s. f.* Historia filmada para la televisión que se emite por capítulos.

teleobjetivo *s. m.* Objetivo constituido por un sistema de lentes que permite fotografiar o filmar personas y objetos distantes.

teleología (del gr. *telos*, *-eos*, fin, y *-logía*) *s. f.* Estudio de la finalidad de las cosas. **FAM.** Teleológico.

teleósteo (del gr. *teleios*, completo, y *- ósteo*) *adj.* **1.** Se dice de los peces osteictios caracterizados por tener el esqueleto osificado, aleta caudal simétrica, radios que salen del extremo de la columna vertebral, mandíbula superior sujeta al cráneo sólo por la parte del hocico y vejiga natatoria. También *s. m.* || *s. m. pl.* **2.** Superorden de estos peces.

telepatía (de *tele-* y *-patía*) *s. f.* Fenómeno que consiste en la percepción por parte de un individuo del pensamiento o situación de otra persona sin que intervengan los órganos de los sentidos o el lenguaje. **FAM.** Telepático.

telepizza (nombre comercial registrado) *s. m.* Restaurante que sirve pizzas a domicilio.

teleproceso *s. m.* Procesamiento de datos a distancia mediante un ordenador conectado a una red informática con capacidad de entrada y salida.
teleproducto *s. m.* Producto que se vende a través de la televisión.
telequinesia o **telequinesis** *s. f.* Telekinesis*.
telera (del lat. *telaria*, de *telum*, espada) *s. f.* **1.** Pieza que hace de travesaño en un instrumento o utensilio, como p. ej. una varilla o un listón. **2.** Travesaño de metal o madera que sirve para regular la inclinación de la reja del arado. **3.** *And.* y *Méx.* Pan.
telerruta *s. f.* Servicio oficial que proporciona información acerca del estado de las carreteras.
telescópico, ca *adj.* **1.** Del telescopio o relacionado con él: *un rifle con mira telescópica.* **2.** Que se puede ver únicamente con el telescopio: *estrella telescópica.*
telescopio (de *tele-* y *-scopio*) *s. m.* Instrumento óptico utilizado para observar objetos lejanos y, especialmente, cuerpos celestes. FAM. Telescópico. / Radiotelescopio.
teleserie *s. f.* Serie emitida por televisión.
telesilla *s. m.* Teleférico utilizado principalmente para subir a las cumbres de las montañas. SIN. Remonte.
telespectador, ra *s. m.* y *f.* Espectador de televisión. SIN. Televidente.
telesquí *s. m.* Instalación o sistema que permite a los esquiadores subir con los esquís puestos a la parte más alta de las pistas. ■ Su pl. es *telesquís*, aunque también se utiliza *telesquíes*.
teletexto *s. m.* Servicio informativo realizado por medio de canales de televisión en que la información aparece impresa en pantalla en forma de texto.
teletienda *s. f.* Servicio de venta de productos por medio de la televisión.
teletipo (del fr. *Télétype*, nombre comercial registrado) *s. m.* Sistema de transmisión de textos por línea telegráfica mediante un teclado que permite emitir y recibir mensajes e imprimirlos. SIN. Teleimpresor. FAM. Teletipia. TIPO.
teletrabajo *s. m.* Trabajo realizado a través de una red de telecomunicación.
televendedor, ra *s. m.* Persona que se dedica profesionalmente a la venta de artículos por teléfono.
televidente *s. m.* y *f.* Telespectador*.
televisar *v. tr.* Emitir por televisión las imágenes de un suceso, espectáculo, etc.
televisión *s. f.* **1.** Transmisión de imágenes y sonidos a distancia por medio de ondas hertzianas. **2.** Organización e instalación encargadas de transmitir mediante este sistema. **3.** *fam.* Televisor*. SIN. **3.** Tele. FAM. Tele, televidente, televisar, televisivo, televisor, televisual. / Radiotelevisión. VISIÓN.
televisivo, va *adj.* **1.** Relativo a la televisión. **2.** Que tiene buenas condiciones para ser televisado. **3.** Que aparece en televisión en muchas ocasiones.
televisor *s. m.* Aparato receptor de televisión. SIN. Tele.
télex (del ingl. *telex*, abreviatura de *teleprinter exchange*, nombre comercial registrado de un teleimpresor) *s. m.* **1.** Servicio telegráfico directo entre usuarios, que funciona mediante teletipos interconectados a través de la línea telefónica. **2.** Mensaje enviado por este sistema. ■ No varía en *pl.*
telilla (dim. de *tela*) *s. f.* Tejido o membrana muy finos.
telina (del gr. *telline*) *s. f.* Molusco marino del tamaño de una almeja y con concha de colores brillantes.
telofase *s. f.* En biol., cuarta y última fase de la mitosis celular, en la que se completa la división de las nuevas células y se reconstruyen sus nucleolos y membranas.
telón (aum. de *tela*) *s. m.* **1.** Especie de cortina o trozo grande de tela que cubre el escenario de un teatro o la pantalla de un cine, de modo que pueda subirse y bajarse. || **2. telón de fondo** El que cierra la escena formando el frente de la decoración; también, circunstancias que rodean un acontecimiento e influyen en él. FAM. Telonero. TELA.
telonero, ra *adj.* **1.** Se dice del artista, orador, etc., que interviene antes de la figura principal o entre actuación y actuación. También *s. m.* y *f.* || *s. m.* y *f.* **2.** Persona que maneja el telón en un escenario.
telson (del gr. *telson*, extremo) *s. m.* Segmento último del abdomen de los crustáceos, diferenciado de los restantes y provisto en ocasiones de dos apéndices.
telúrico, ca (del lat. *Tellus, -uris*, la Tierra) *adj.* **1.** Relativo a la Tierra como planeta. **2.** Relativo al telurismo. FAM. Telurio, telurismo, teluro.
telurio (del lat. *Tellus, -uris*, la Tierra) *s. m.* Teluro*.
telurismo *s. m.* Influencia del suelo o de la configuración del terreno sobre los seres vivos.
teluro (del lat. *Tellus, -uris*, la Tierra) *s. m.* Elemento químico de propiedades similares a las del azufre y el selenio, que se obtiene a partir de los barros resultantes del refino electrolítico del cobre. Se emplea en la elaboración de vidrios coloreados. Su símbolo es *Te.* ■ Se dice también *telurio.*
tema (del lat. *thema*, y éste del gr. *thema*) *s. m.* **1.** Idea o asunto del que trata un texto, una obra de arte, una conversación, etc.: *El tema de la «Ilíada» es la guerra de Troya.* **2.** Aquello que interesa, que hay que solucionar, sobre lo que se piensa, etc. ■ Este uso se considera impropio. **3.** En ling., parte de la palabra, generalmente una vocal, situada entre la raíz y las desinencias, que sirve para adscribirla a un determinado paradigma; p. ej., en los verbos, para incluirlos en una determinada conjugación: *a* para la 1.ª, *e* para la 2.ª e *i* para la 3.ª. **4.** Melodía fundamental que, desarrollada, da lugar a una composición musical. **5.** P. ext., canción o composición musical. **6.** Cada una de las unidades de estudio en que se divide una asignatura, oposición, etc. SIN. **1.** Motivo, fondo, contenido; trama. **2.** Cuestión, materia. **6.** Lección. FAM. Temario, temático.
temario *s. m.* Conjunto de temas de una asignatura, oposición, etc. SIN. Programa.
temática (de *temático*) *s. f.* Tema o conjunto de temas de una obra, autor, movimiento, etc.
temático, ca (del gr. *thematikos*) *adj.* Del tema o relacionado con él: *el núcleo temático de una obra; vocal temática.* FAM. Temática. TEMA.
tembladera *s. f.* Temblor, especialmente cuando es intenso. SIN. Tembleque.
temblar (del lat. *tremulare*) *v. intr.* **1.** Agitarse una persona o animal con movimientos involuntarios y repetidos. **2.** Moverse una cosa de forma semejante. **3.** Sentir temor o nerviosismo: *Temblaba pensando lo que podía pasarles.* **4.** *fam.* En gerundio y con verbos como *dejar, quedar*, etc., haber consumido o gastado casi hasta el final

aquello que se expresa: *Dejó temblando la botella de leche.* ■ Es v. irreg. Se conjuga como *pensar*. SIN. **1.** Temblequear. **1.** y **3.** Estremecerse. **2.** Vibrar, oscilar. FAM. Tembladera, tembleque, temblón, temblor, tembloroso. / Retemblar.

tembleque *s. m.* Temblor intenso. SIN. Tembladera, tembleque**o**. FAM. Temblequear. TEMBLAR.

temblequear *v. intr. fam.* Temblar intensamente. FAM. Tembleque**o**. TEMBLEQUE.

temblor *s. m.* **1.** Movimiento involuntario y repetido del cuerpo o de una parte de él, causado por el frío, el miedo, el nerviosismo, etc. **2.** Movimiento semejante de cualquier cosa. || **3. temblor de tierra** Terremoto*. SIN. **1.** Tembladera, escalofrío.

tembloroso, sa *adj.* **1.** Que tiembla. **2.** Aplicado a la voz, entrecortada por el miedo, la emoción, etc. SIN. **1.** Temblón.

temer (del lat. *timere*) *v. tr.* **1.** Tener miedo de alguien o algo. También *v. intr.* **2.** Pensar con algún fundamento que algo malo o perjudicial ha ocurrido, ocurre o va a suceder. ■ A veces se utiliza con los pron. *me, te, se*, etc., con valor expresivo: *Me temo lo peor.* SIN. **2.** Sospechar, recelar. FAM. Temeroso, temible, temor. / Atemorizar.

temerario, ria (del lat. *temerarius*) *adj.* **1.** Se dice de la persona que se expone innecesariamente a un peligro o expone a otras, debido a su forma de actuar imprudente, así como de su actitud, acciones, etc. **2.** Que se hace o dice sin ningún fundamento y sin pensar en las consecuencias negativas que puede tener: *un juicio temerario, una acusación temeraria.* SIN. **1.** Arriesgado, insensato. **2.** Infundado, gratuito. ANT. **1.** Prudente, sensato. **2.** Fundado. FAM. Temerariamente, temeridad.

temeridad (del lat. *temeritas, -atis*) *s. f.* **1.** Cualidad de temerario. **2.** Acción o dicho temerario. SIN. **1.** y **2.** Imprudencia, insensatez. ANT. **1.** Prudencia.

temeroso, sa *adj.* **1.** Que causa temor: *las temerosas fauces del tiburón.* **2.** Que siente temor. SIN. **1.** Temible. **2.** Miedoso, timorato. ANT. **2.** Valiente, confiado. FAM. Temerosamente, temerosidad. TEMER.

temible *adj.* Que produce temor o es digno de ser temido. SIN. Temeroso, terrorífico.

temor (del lat. *timor, -oris*) *s. m.* **1.** Sentimiento de inquietud, angustia o incertidumbre que hace rechazar o evitar aquellas personas, situaciones, etc., que se consideran peligrosas o perjudiciales. **2.** Sospecha de que algo malo o desfavorable haya ocurrido, ocurre o pueda ocurrir: *Mi temor es que no se hayan encontrado.* || **3. temor de Dios** Sentimiento de total respeto y sumisión hacia Dios. SIN. **1.** Miedo, espanto. **2.** Recelo.

témpano (del lat. *tympanum*, y éste del gr. *tympanon*) *s. m.* **1.** Plancha grande de hielo. Se utiliza como término de comparación para hacer referencia a alguien o algo muy frío, helado: *Tiene las manos como un témpano.* **2.** Fragmento plano y delgado de cualquier material, generalmente rígido. SIN. **2.** Lámina.

témpera (ital.) *s. f.* **1.** Variedad de pintura al temple que utiliza colores diluidos en agua, más densos y con menor transparencia que en la acuarela. **2.** Obra realizada con esta pintura.

temperamental *adj.* **1.** Relativo al temperamento de una persona. **2.** De fuerte temperamento. SIN. **2.** Enérgico, apasionado.

temperamento (del lat. *temperamentum*) *s. m.* **1.** Aspecto de la personalidad de un individuo que depende de factores constitucionales, relacionados principalmente con el sistema nervioso y hormonal. **2.** P. ext., forma de ser habitual de una persona. **3.** Modo de ser fuerte y vivo de la persona enérgica, emprendedora y creativa: *Su madre fue una señora con mucho temperamento. El artista demostró su temperamento en el escenario.* **4.** *Amér.* Temperatura de la atmósfera, clima. SIN. **1.** a **3.** Carácter. **2.** Genio, naturaleza. **3.** Empuje, vitalidad. ANT. **3.** Pusilanimidad. FAM. Temperamental. TEMPERAR.

temperancia (del lat. *temperantia*) *s. f.* Templanza, moderación.

temperante (del lat. *temperans, -antis*) *adj.* **1.** Que tempera. También *s. m.* y *f.* **2.** *Amér. del S.* Abstemio.

temperar (del lat. *temperare*) *v. tr.* **1.** Moderar, suavizar. También *v. prnl.* **2.** En med., calmar la excitación con antiespasmódicos o calmantes. || *v. intr.* **3.** *Amér.* Cambiar de aires. SIN. **1.** Atemperar(se), mitigar(se), atenuar(se). FAM. Temperación, temperado, temperamento, temperancia, temperante, temperatura, tempero. / Atemperar, intemperie. TEMPLAR.

temperatura (del lat. *temperatura*) *s. f.* **1.** Magnitud física que mide la energía cinética media de las partículas de un cuerpo, origen de las sensaciones de frío y calor. **2.** Grado de calor de un cuerpo; particularmente y cuando no se especifica, grado de calor de la atmósfera: *Anunciaron un ascenso de las temperaturas.* **3.** Fiebre, hipertermia: *Le subía la temperatura por la noche.*

tempero *s. m.* Estado apropiado en que se halla la tierra para trabajarla, sembrarla, etc. SIN. Sazón.

tempestad (del lat. *tempestas, -atis*) *s. f.* **1.** Fuerte tormenta. **2.** Gran alteración de las aguas del mar causada por la fuerza y violencia del viento. **3.** Manifestación ruidosa y violenta, especialmente de desaprobación: *El discurso acabó en una tempestad de gritos y silbidos.* **4.** Gran alteración o excitación en el estado de ánimo de alguien: *Su ira contenida estalló en una tempestad.* SIN. **1.** y **2.** Temporal, borrasca. **2.** Marejada. ANT. **1.** y **2.** Bonanza. FAM. Tempestuoso. TIEMPO.

tempestuoso, sa (del lat. *tempestuosus*) *adj.* **1.** Con tempestad o amenaza de ella. **2.** Se dice del ambiente tenso, que anuncia problemas, discusiones, etc. **3.** Violento, excitado. SIN. **1.** Borrascoso, tormentoso. **2.** Cargado. **3.** Impetuoso, exaltado. FAM. Tempestuosamente. TEMPESTAD.

templadamente *adv. m.* Con templanza o moderación.

templado, da **1.** *p.* de **templar**. También *adj.* || *adj.* **2.** Ligeramente caliente: *Le gusta la leche templada.* **3.** Se aplica al clima suave, sin extremos de frío ni calor, así como a las regiones que lo tienen. **4.** Moderado, que no comete excesos. **5.** Se aplica a la persona que no pierde los nervios o el control en situaciones difíciles, así como a su carácter, actos, etc. **6.** *Amér.* Enamorado. SIN. **2.** Tibio. **4.** Comedido, mesurado. **5.** Entero, tranquilo. ANT. **3.** Duro, riguroso. **4.** Inmoderado. **5.** Nervioso, insensato. FAM. Templadamente. TEMPLAR.

templanza (del lat. *temperantia*) *s. f.* **1.** Moderación en los placeres de los sentidos, que constituye una de las virtudes cardinales para la religión católica. **2.** Suavidad y moderación del tiempo atmosférico. **3.** En pintura, armonía en los colores. SIN. **1.** Continencia, austeridad. **2.** Bonanza. ANT. **1.** Lujuria, desenfreno, incontinencia. **2.** Tempestad.

templar (del lat. *temperare*) *v. tr.* **1.** Calentar algo ligeramente, quitándole el frío. También *v. prnl.* **2.** Moderar o suavizar la fuerza o intensidad de algo. También *v. prnl.* **3.** Calmar un estado de ánimo excitado o violento: *Debes templar tus nervios.* **4.** Someter al temple a un metal, cristal, etc.: *templar el acero.* **5.** Poner algo tirante o en tensión. **6.** Afinar un instrumento musical. **7.** En pintura, armonizar los colores. **8.** En tauromaquia, ajustar el movimiento de la capa o muleta al modo de embestir del toro. || *v. intr.* **9.** Hacerse más suave y cálido el tiempo atmosférico. También *v. impers.* y *v. prnl.* || **templarse** *v. prnl.* **10.** Moderarse, no cometer excesos. **11.** *Amér.* Enamorarse. **SIN. 1.** Caldear. **2.** Temperar(se), apaciguar(se). **5.** Tensar. **ANT. 1.** Enfriar(se). **2.** Acentuar(se), exaltar(se). **5.** Destensar. **6.** Desafinar. **9.** Refrescar(se). **FAM.** Templado, templador, templanza, temple. / Destemplar, temperar.

templario, ria *adj.* De la orden religiosa militar del Temple. También *s. m.*

temple *s. m.* **1.** Carácter o estado de ánimo de una persona: *Es un hombre de temple optimista.* **2.** Capacidad de una persona para no perder los nervios o el control en situaciones difíciles: *Tuvo temple para salir de la casa en llamas.* **3.** Proceso al que se someten ciertos materiales, como el acero o el vidrio, para mejorar sus propiedades físicas, como la dureza o elasticidad, calentándolos a altas temperaturas y enfriándolos después bruscamente. **4.** Pintura preparada fundamentalmente con pigmento, cola y agua que se utiliza sobre muros, madera, cartón, etc. ■ Se dice también *pintura al temple.* **5.** Afinación de un instrumento musical. **SIN. 1.** Genio, humor. **2.** Entereza, serenidad. **FAM.** Templista. TEMPLAR.

templén (del lat. *templum*, especie de viga) *s. m.* Pieza del telar que regula la anchura del tejido y lo mantiene tenso.

templete (dim. de *templo*) *s. m.* **1.** Pequeña estructura en forma de templo que sirve para proteger una imagen o forma parte de un mueble, altar, etc. **2.** Pabellón o quiosco con una cúpula sostenida por columnas: *el templete de la música.*

templista *s. m.* y *f.* Persona que pinta al temple.

templo (del lat. *templum*) *s. m.* **1.** Edificio o lugar público destinado al culto religioso. **2.** Lugar real o imaginario en que se cultiva o se honra un saber, una cualidad, etc.: *La universidad de Salamanca ha sido un templo del saber durante siglos.* **SIN. 1.** y **2.** Santuario. **FAM.** Templario, templén, templete.

tempo (ital.) *s. m.* **1.** En mús., tiempo, velocidad con que se ejecuta una pieza. **2.** Ritmo con que se desarrolla una acción: *el tempo de una película.*

témpora (del lat. *tempora*, de *tempus*, tiempo, estación) *s. f.* Tiempo de ayuno al comienzo de cada una de las cuatro estaciones del año. Se usa más en *pl.*

temporada (del lat. *tempus, -oris*, tiempo) *s. f.* **1.** Periodo de tiempo indeterminado, generalmente de varios meses, que se considera como un conjunto: *Esta temporada nos hemos visto muy poco.* **2.** Tiempo durante el cual se desarrolla cierta actividad o que está determinado por alguna cosa: *temporada de verano, temporada de ópera.* **3.** Con los adjetivos *alta, media* y *baja*, época del año en que la afluencia de turistas es, respectivamente, mayor, moderada o escasa. || **LOC. de temporada** *adj.* Propio de una determinada época, que no es permanente: *fruta de temporada, traje de temporada.* **FAM.** Pretemporada. TIEMPO.

temporal[1] (del lat. *temporalis*, de *tempus, -oris*) *adj.* **1.** Relativo al tiempo. **2.** Que dura sólo algún tiempo y no es fijo o permanente: *un contrato temporal.* **3.** Terrenal, en oposición a divino o espiritual: *bienes temporales, el poder temporal del papa.* || *s. m.* **4.** Fuerte tormenta en la tierra o en el mar. **5.** Tiempo de lluvias continuas. || **LOC. capear el temporal** *fam.* Resolver con ciertas dificultades situaciones comprometidas o problemáticas. **SIN. 2.** Eventual, provisional, transitorio, pasajero, momentáneo. **3.** Mundano, material, secular. **4.** Tempestad, borrasca. **ANT. 2.** Perenne, indefinido. **3.** Celestial. **4.** Calma. **FAM.** Temporalidad, temporalmente. / Intemporal. TIEMPO.

temporal[2] (del lat. *temporalis*, de *tempora*, sienes) *adj.* **1.** Relativo a las sienes o a los elementos anatómicos que las componen: *región temporal.* **2.** Se dice del hueso par que forma la región del cráneo donde se encuentra el oído, articulándose con el esfenoides, los parietales y el occipital. También *s. m.* || **3. lóbulo temporal** Parte lateral del cerebro, que contiene los centros sensoriales auditivos y de la palabra oída.

temporalidad *s. f.* **1.** Cualidad de lo que depende del tiempo o se pasa con él: *la temporalidad de la juventud.* **2.** Cualidad de lo que es secular o profano en contraposición con lo espiritual: *la temporalidad de los bienes materiales.* || *s. f. pl.* **3.** Beneficios o retribuciones materiales que perciben los eclesiásticos por ejercer su ministerio.

temporario, ria *adj. Arg.* y *Urug.* Temporal.

temporero, ra (del lat. *temporarius*) *adj.* Que ha sido contratado únicamente para un periodo o trabajo determinado. También *s. m.* y *f.*

temporizador *s. m.* Dispositivo electrónico que regula una operación, de forma momentánea o por un determinado espacio de tiempo.

temporizar (del lat. *tempus, -oris*, tiempo) *v. intr.* Contemporizar*. ■ Delante de *e* se escribe *c* en lugar de *z*.

tempranear *v. intr. Amér.* Madrugar.

tempranero, ra *adj.* **1.** Que se ha levantado temprano o que suele hacerlo: *Qué tempranera estás hoy.* **2.** Temprano, especialmente aplicado a frutos. **SIN. 1.** Madrugador. **ANT. 2.** Tardío.

temprano, na (del lat. *temporaneus*) *adj.* **1.** Que ocurre o aparece antes del tiempo oportuno o acostumbrado: *cosecha temprana, lluvias tempranas.* **2.** Se dice de la primera época o momento de un determinado tiempo: *Comenzó a trabajar a edad temprana. A horas tempranas ya está en pie.* || *adv. t.* **3.** Muy pronto: *Se levanta temprano.* **FAM.** Tempranamente, tempranear, tempranero. TIEMPO.

tempus fugit (lat., significa 'el tiempo huye') *loc.* Indica la fugacidad del tiempo.

ten con ten *expr.* Discreción y habilidad para tratar a una persona, un asunto, etc. Se usa como *s. m.*: *Con ella hay que tener un ten con ten para que no se enfade.*

tenacidad *s. f.* Cualidad de tenaz: *Ha logrado el ascenso gracias a su tenacidad.* **SIN.** Constancia, firmeza, perseverancia, tesón, pertinacia, asiduidad, tozudez, terquedad. **ANT.** Inconstancia.

tenacillas (dim. de *tenazas*) *s. f. pl.* Cualquier utensilio con forma de tenazas utilizado para coger terrones de azúcar, rizar el pelo, etc.

tenante (del fr. *tenant*, que sostiene) *s. m.* En heráldica, cada una de las figuras que sostienen un escudo.

tenaz (del lat. *tenax, -acis*) *adj.* **1.** Que se mantiene firme en sus propósitos o deseos: *Es muy tenaz* *en el estudio.* **2.** Difícil de quitar o separar por estar muy adherido, estacionado, etc.: *un resfriado tenaz, una mancha tenaz.* **3.** Se dice del material que ofrece mucha resistencia a romperse o deformarse. SIN. **1.** Perseverante, porfiado, constante, obstinado, tozudo, terco. **1.** y **2.** Pertinaz. **2.** Persistente, rebelde. **3.** Resistente, inflexible, rígido. ANT. **1.** Inconstante. **3.** Flexible, dúctil. FAM. Tenacidad, tenaza, tenazmente.

tenaza (del lat. *tenacia*, de *teneo*, tener, sostener) *s. f.* **1.** Herramienta compuesta por dos piezas cruzadas y articuladas entre sí, que sirve para sujetar o apretar algo fuertemente, para cortarlo, transportarlo, etc. Se usa más en pl. con significado de sing.: *Arranca el clavo con las tenazas.* **2.** Pieza articulada que forma los apéndices de algunos animales como los cangrejos o el escorpión. || LOC. **no poder sacarle** algo a alguien **ni con tenazas** *fam.* Resultar muy difícil que una persona diga o dé aquello que se le pide. **no poderse coger** algo **ni con tenazas** Estar muy sucio o pringoso. SIN. **2.** Pinza, artejo. FAM. Tenacillas. / Atenazar. TENAZ.

tenca (del lat. *tinca*) *s. f.* Pez teleósteo de agua dulce, con cuerpo alargado y oval de color verde oscuro, aletas grandes y redondeadas, excepto la caudal, que es recta, y la dorsal, que es estrecha, y dos barbillas debajo de la boca. Su carne es comestible.

tendal (de *tender*) *s. m.* **1.** Toldo o cubierta de tela. **2.** Trozo largo y ancho de tela que se coloca debajo de los olivos para que caigan en él las aceitunas. **3.** Conjunto de cosas tendidas para que se sequen. **4.** *Amér.* Tendalada. **5.** *Arg.*, *Chile*, *Par.* y *Urug.* Conjunto de cosas de la misma clase. **6.** *Chile* Tienda pequeña, especialmente la ambulante. FAM. Tendalada. TENDER.

tendalada *s. f. Amér.* Tendal, conjunto de personas o cosas que por causa violenta han quedado tendidas desordenadamente en el suelo.

tendedero o **tendedor** *s. m.* **1.** Lugar donde se tiende. **2.** Armazón o estructura con alambres, cuerdas, etc., para tender la ropa.

tendel *s. m.* **1.** En construcción, cuerda que, puesta horizontalmente, sirve para colocar igualadas las hiladas de ladrillos o piedras. **2.** Capa de argamasa que se extiende entre dos hiladas de ladrillos.

tendencia *s. f.* **1.** Dirección o fin al que alguien o algo apunta, por el que se siente atraído, etc.: *la tendencia de una empresa a la expansión.* **2.** Fuerza psíquica que conduce a alguien de forma habitual y constante hacia determinadas conductas, estados de ánimo, etc.: *Tiene tendencia a desanimarse en seguida.* **3.** Movimiento político, artístico, científico, estético, etc., orientado hacia una determinada dirección: *tendencia musical, tendencia pictórica.* Se usa mucho en *pl.*: *Sigue las últimas tendencias en moda.* SIN. **1.** y **2.** Inclinación. **2.** Propensión, predisposición, proclividad, disposición. FAM. Tendencioso. TENDER.

tendencioso, sa *adj.* Demasiado parcial en sus juicios o apreciaciones, por seguir cierta tendencia, ideología. SIN. Subjetivo, arbitrario. ANT. Objetivo, neutral. FAM. Tendenciosamente, tendenciosidad. TENDENCIA.

tendente *adj.* Que tiende a algún fin: *una reforma tendente a la ampliación del negocio.*

tender (del lat. *tendere*) *v. tr.* **1.** Extender o desdoblar lo que estaba encogido, arrugado o amontonado: *Tendió la colcha sobre la cama.* **2.** Tumbar o echar a lo largo sobre una superficie a una persona o animal: *Tendieron al herido en la camilla.* También *v. prnl.*: *Se tendió en la cama para descansar.* **3.** Colgar estirada la ropa mojada para que se seque. También *v. intr.*: *Hoy tengo que tender.* **4.** Suspender, colocar o construir algo entre dos puntos: *tender los cables eléctricos, tender una vía férrea.* **5.** *Amér.* Hacer, poner: *tender la cama, la mesa.* || *v. intr.* **6.** Encaminarse o dirigirse una persona o cosa hacia un determinado fin, objetivo, etc.: *La situación tiende a estabilizarse.* **7.** Estar o sentirse alguien inclinado hacia una determinada conducta, estado de ánimo, etc.: *Tiende a reaccionar violentamente.* **8.** Tener alguien o algo cierta cualidad, característica, etc., que no está muy definida, pero que se acerca a otra: *Es un marrón que tiende a rojizo.* **9.** En mat., aproximarse una variable o función a un valor determinado sin llegar nunca a alcanzarlo. || LOC. **tender la mano** a alguien Ayudarle en una dificultad o apuro. ■ Es v. irreg. SIN. **1.** Estirar, desplegar. **2.** Acostar(se). **6.** y **7.** Propender. **8.** Tirar. ANT. **1.** Doblar, plegar. **2.** Incorporar(se). FAM. Tendal, tendedero, tendedor, tendel, tendencia, tendente, tenderete, tendido, tendón, tienda. / Atender, contender, distender, entender[1], extender, intendente, pretender, subtender.

TENDER		
INDICATIVO	**SUBJUNTIVO**	**IMPERATIVO**
Presente *tiendo* *tiendes* *tiende* *tendemos* *tendéis* *tienden*	**Presente** *tienda* *tiendas* *tienda* *tendamos* *tendáis* *tiendan*	 *tiende* *tended*

ténder (del ingl. *tender*, de *to tend*, estar de servicio) *s. m.* Remolque que llevaban las locomotoras de vapor, con el carbón y el agua necesarios para abastecerlas durante el viaje.

tenderete (de *tender*) *s. m.* **1.** Puesto de venta callejero. **2.** *fam.* Conjunto de cosas esparcidas y desordenadas.

tendero, ra *s. m.* y *f.* Persona que tiene una tienda, especialmente de comestibles, o trabaja en ella como vendedor. SIN. Comerciante; dependiente.

tendido, da **1.** *p.* de **tender**. También *adj.* || *adj.* **2.** Se dice del galope del caballo o de otro animal cuando es muy fuerte. **3.** En los toros, se dice de la estocada que penetra en dirección más horizontal de lo conveniente. || *s. m.* **4.** Acción de tender: *el tendido del cable telefónico.* **5.** Aquello que se tiende, especialmente cables eléctricos: *El tendido va sujeto con postes.* **6.** Conjunto de gradas al descubierto en una plaza de toros y, p. ext., público que las ocupa: *El tendido se puso en pie.* **7.** *Col.*, *Ec.* y *Méx.* Ropa de cama.

tendinitis *s. f.* Inflamación de un tendón. ■ No varía en *pl.*

tendinoso, sa *adj.* **1.** Relativo a los tendones. **2.** Que tiene tendones o se compone de ellos.

tendón (de *tender*) *s. m.* **1.** Haz de tejido conjuntivo fibroso que sirve para unir los músculos a los huesos. || **2. tendón de Aquiles** El que une el talón con la pantorrilla. FAM. Tendinitis, tendinoso. TENDER.

tenebrario (del lat. *tenebrarius*, de *tenebrae*, tinieblas) *s. m.* Candelabro triangular, con pie muy alto y quince velas, que se enciende en ciertos oficios de Semana Santa.

tenebrismo *s. m.* Tendencia pictórica del estilo barroco que se caracteriza por los fuertes contrastes entre luces y sombras. **FAM.** Tenebrista. TENEBROSO.

tenebrista *adj.* **1.** Del tenebrismo o relacionado con él: *estilo tenebrista.* **2.** Se dice del pintor que utiliza esta técnica pictórica. También *s. m.* y *f.*

tenebroso, sa (del lat. *tenebrosus*) *adj.* **1.** Oscuro, cubierto de tinieblas. **2.** Que produce miedo: *un castillo tenebroso.* **3.** Cargado de misterio o de maldad: *Nadie estaba al tanto de sus tenebrosos experimentos.* **4.** Poco prometedor o favorable: *un tenebroso porvenir.* **SIN. 1.** Lóbrego, lúgubre. **1.** y **2.** Sombrío, tétrico. **3.** Truculento, retorcido. **4.** Desfavorable. **ANT. 1.** Luminoso. **1.** y **2.** Alegre. **4.** Halagüeño. **FAM.** Tenebrario, tenebrismo, tenebrosamente, tenebrosidad. / Entenebrecer. TINIEBLA.

tenedor, ra *s. m.* y *f.* **1.** Persona que tiene o posee algo, especialmente una letra de cambio, cheque u otro documento de crédito. || *s. m.* **2.** Utensilio de mesa formado por un mango y una parte más ancha con tres o cuatro púas, que sirve para pinchar o coger los alimentos sólidos y llevarlos a la boca. || **3. tenedor de libros** Contable de una empresa o negocio. **SIN. 1.** Poseedor, propietario, dueño. **FAM.** Teneduría. TENER.

teneduría *s. f.* Cargo del tenedor de libros y oficina o despacho donde trabaja. **SIN.** Contabilidad.

tenencia *s. f.* **1.** En lenguaje legal, acción de tener o poseer una cosa: *tenencia ilícita de armas.* **2.** Cargo de teniente y lugar donde lo ejerce: *tenencia de alcaldía.*

tener (del lat. *tenere*) *v. tr.* **1.** Ser alguna cosa de la propiedad de alguien: *Tiene un coche muy potente.* **2.** Atribuye al sujeto una cualidad, estado, circunstancia, etc., propia o relacionada con él: *Tiene unos hermosos ojos negros. Tiene a su madre en el hospital.* **3.** Comprender dentro de sí: *El apartamento tiene dos dormitorios, cocina y cuarto de baño.* **4.** Disponer de la persona o cosa que se expresa: *Tiene mucha gente en quien confiar. Tengo una hora libre.* **5.** Sentir o manifestar cierta actitud hacia alguien o algo: *Tiene un especial cariño a su tío.* **6.** Disfrutar o sufrir un determinado estado de ánimo, de salud, una sensación, etc.: *Tenía dolor de estómago.* **7.** Se usa para expresar la relación de parentesco o de cualquier otro tipo que existe entre el sujeto y el complemento: *Tiene tres hermanas. Nunca tuvo enemigos.* **8.** Expresa una acción, obligación, etc., que el sujeto debe realizar, cumplir o en la que debe intervenir: *Tiene clase de dibujo los viernes.* **9.** Sujetar, sostener: *Ten el cable por ese extremo.* También *v. prnl.* **10.** Guardar, contener: *Esos depósitos tienen gasolina.* **11.** Hospedar o recibir a alguien en su casa: *Tiene en casa a toda la familia.* **12.** Recibir o experimentar aquello que se expresa: *Tendrá una subida de sueldo.* **13.** A veces forma con su complemento locuciones verbales que equivalen al verbo de la misma raíz: *tener influencia* (influir), *tener relación* (relacionarse). **14.** Con sustantivos que signifiquen tiempo, expresa la edad o duración de las personas o cosas a que se refiere: *Tiene doce años.* **15.** Con un complemento que indique tiempo, pasar o desarrollarse éste de la forma que se expresa: *Tiene un mal día. Ha tenido un año muy próspero.* **16.** Con las prep. *en* o *por*, estimar o considerar a alguien de la forma que se indica: *Te tienen en gran consideración.* También *v. prnl.*: *Se tiene por*

TENER	
INDICATIVO	
Presente	**Pretérito perfecto simple**
tengo	*tuve*
tienes	*tuviste*
tiene	*tuvo*
tenemos	*tuvimos*
tenéis	*tuvisteis*
tienen	*tuvieron*
Futuro	**Condicional**
tendré	*tendría*
tendrás	*tendrías*
tendrá	*tendría*
tendremos	*tendríamos*
tendréis	*tendríais*
tendrán	*tendrían*
SUBJUNTIVO	
Presente	**Pretérito imperfecto**
tenga	*tuviera, -ese*
tengas	*tuvieras, -eses*
tenga	*tuviera, -ese*
tengamos	*tuviéramos, -ésemos*
tengáis	*tuvierais, -eseis*
tengan	*tuvieran, -esen*
Futuro	
tuviere	*tuviéremos*
tuvieres	*tuviereis*
tuviere	*tuvieren*
IMPERATIVO	
ten	*tened*

un gran profesional. **17.** Con participios y adjetivos, mantener a alguien en el estado, circunstancia, actitud, etc., que éstos indican: *La tiene aterrorizada. Nos tiene locos con tantas idas y venidas.* || **tenerse** *v. prnl.* **18.** Refrenarse, contenerse: *Téngase, caballero.* **19.** Atenerse, ajustarse: *Me tengo a lo dicho.* || *v. aux.* **20.** Seguido de la conj. *que* y un infinitivo, forma perífrasis verbales que indican obligación o determinación de hacer lo que el verbo expresa: *Tengo que ir mañana. Tienes que conseguirlo.* ■ En 3.ª persona, en construcciones impersonales, equivale a *es necesario*: *Tiene que llover pronto.* **21.** Construido con un participio, equivale a *haber*, pero añade cierto énfasis o le da un valor de acción totalmente terminada: *Te lo tengo dicho. Ya lo tengo pensado.* || **LOC. (conque) ¿esas tenemos?** *fam.* Indica sorpresa o enfado ante algo dicho o hecho por alguien y que afecta negativamente al que habla. **no tener** uno **dónde caerse muerto** Ser muy pobre. **no tener** una persona o cosa **por donde cogerla** Ser muy mala, tener muchas cualidades negativas: *Ese libro no tiene por dónde cogerlo.* **no tenerlas** alguien **todas consigo** No estar seguro o en una buena situación: *Al final del partido, el equipo visitante no las tenía todas consigo.* **tener a bien** Dignarse. ■ Se usa sobre todo en fórmulas de cortesía o irónicamente: *Rogamos tenga a bien aceptar nuestra solicitud. A ver si tiene a bien darnos una explicación.* **tener que ver** una persona o cosa **con** otra Tener algún tipo de relación: *¿Y qué tiene que ver eso con lo que has dicho antes?* También, y referido únicamente a personas, mantener éstas relaciones amorosas. ■ Es v. irreg. **SIN. 1.** y **2.** Poseer. **3.** Abarcar, incluir, englobar. **5.** Mostrar, demostrar. **9.** Agarrar, asir, aferrar, atenazar. **16.** Juzgar, reputar. **18.** Dominarse, reprimirse, controlarse, moderarse. **19.** Ceñirse, circunscribirse. **ANT. 9.** Soltar, desasir. **11.** Echar, expulsar. **FAM.** Tenante, tenedor, tenencia, teniente, tenor[1], tentempié, tentetieso. / Abstenerse, atenerse, contener, detener, entretener, mantener, obtener, retener, sostener, terrateniente.

tenería (del fr. *tannerie*) *s. f.* Establecimiento donde se curten pieles. **SIN.** Curtiduría.

tenesmo (del lat. *tenesmus*, y éste del gr. *tenesmos*) *s. m.* Deseo continuo de orinar o defecar, acompañado de dolores, que se produce generalmente por cistitis o por inflamación del ano.

tenguerengue, en *loc. adv. fam.* Sin estabilidad.

tenia (del lat. *taenia*, y éste del gr. *tainia*, cinta, listón) *s. f.* Gusano platelminto, de cuerpo largo y segmentado, que vive parásito en el tubo digestivo de los vertebrados. **SIN.** Solitaria. **FAM.** Teniasis, tenífugo.

teniasis *s. f.* Presencia de tenias en el organismo. ■ No varía en *pl.*

tenida *s. f.* **1.** Sesión o asamblea de una logia masónica. **2.** *Amér. fam.* Reunión, sesión.

tenientazgo *s. m.* Cargo de teniente.

teniente (de *tener*) *s. m.* y *f.* **1.** Militar perteneciente a la clase de oficiales cuyo grado es inmediatamente inferior al de capitán. **2.** Persona que ejerce un determinado cargo en sustitución del que lo ejerce propiamente: *teniente de alcalde.* || *adj.* **3.** *fam.* Algo sordo: *estar teniente.* || **4. teniente coronel** Militar perteneciente a la clase de jefes con un grado inmediatamente inferior al de coronel. **5. teniente de navío** En la marina de guerra, grado equivalente al de capitán en el ejército de tierra. **6. teniente general** Militar perteneciente a la clase de generales cuyo grado es el segundo más alto de la escala, detrás del de capitán general. **FAM.** Tenientazgo. / Lugarteniente, subteniente. TENER.

tenífugo, ga *adj.* Se dice del medicamento utilizado para provocar la expulsión de la tenia. También *s. m.*

tenis (del ingl. *lawn-tennis*) *s. m.* **1.** Deporte en que dos adversarios o dos parejas se lanzan una pelota con una raqueta por encima de una red situada en el centro de la pista rectangular; los partidos se juegan al mejor de 3 o 5 sets, cada uno de los cuales se gana al conseguir seis juegos, con dos o más de diferencia. || **2. tenis de mesa** Pimpón*. **FAM.** Tenista, tenístico. / Frontenis.

tenista *s. m.* y *f.* Jugador de tenis, especialmente el que es profesional de este deporte.

tenor[1] (del lat. *tenor, -oris*, de *tenere*, tener) *s. m.* Contenido de un escrito, enunciado, discurso, etc., especialmente si es literal. || **LOC. a este tenor** *adv.* De esta manera, por el mismo estilo. **a tenor de** *prep.* Teniendo en cuenta, a juzgar por: *A tenor de las circunstancias hay que tomar una decisión.*

tenor[2] (del ital. *tenore*, y éste del lat. *tenor, -oris*) *s. m.* **1.** En mús., voz o melodía situada entre el contralto y el barítono. Es la más aguda entre las de hombre. **2.** Persona que tiene esta voz, especialmente si es cantante de ópera. **3.** Instrumento musical cuya tesitura o tono pueden compararse al del tenor, en relación con el resto de los instrumentos de su misma clase. ■ Se usa también en aposición: *saxo tenor.* **FAM.** Tenora.

tenora (de *tenor[2]*) *s. f.* Instrumento de viento parecido a un oboe, pero más grande y con la campana o pabellón de metal. Se utiliza para acompañar la sardana.

tenorio (de Don Juan *Tenorio*, protagonista de la obra de Zorrilla) *s. m.* Donjuán*.

tensar *v. tr.* Atirantar, poner tensa alguna cosa, como cuerdas, cables, etc.: *Hay que tensar más el arco para que pueda disparar.* ■ Este verbo tiene dos p.: uno reg., *tensado*, que se utiliza para la formación de los tiempos compuestos, y otro irreg., *tenso*, utilizado como adj. **SIN.** Templar, estirar. **ANT.** Destensar, aflojar. **FAM.** Tensado, tensímetro, tensión, tenso, tensor. / Destensar, tesar, teso.

tensímetro *s. m.* Aparato para medir la tensión.

tensión (del lat. *tensio, -onis*) *s. f.* **1.** En fís., estado de un cuerpo elástico cuando dos o más fuerzas contrarias actúan sobre él: *Hay que darle mayor tensión a las cuerdas de la guitarra.* **2.** Acción de dichas fuerzas: *No sé si esta cuerda aguantará tanta tensión.* **3.** Tensión arterial: *Tuve una bajada de tensión.* **4.** Presión de un gas. **5.** Voltaje con que se realiza una transferencia de energía eléctrica; se denomina *alta* o *baja tensión*, según esté por encima o por debajo de los 650 voltios. **6.** Situación de oposición o enfrentamiento contenido entre personas, clases sociales, países, etc., que amenaza con estallar violentamente: *Las tensiones en la zona podrían conducir a la guerra.* **7.** Estado emocional de la persona que experimenta temores, preocupaciones, exceso de trabajo, etc.: *La tensión de los exámenes me deja agotado.* **8.** Estado o actitud de impaciencia o excitación nerviosa de la persona o animal que espera algo, se dispone a actuar, etc. **9.** En ling., fase de la pronunciación de un sonido en la que los órganos de fonación permanecen inmóviles y tensos en una fracción de segundo. || **10. tensión arterial** Presión que ejerce la sangre sobre las paredes de las arterias, la cual depende del volumen de sangre, del ritmo cardiaco y de la resistencia que los vasos periféricos oponen a la circulación sanguínea. **11. tensión superficial** En fís., fuerza que las moléculas del interior de un líquido ejercen sobre las de la superficie del mismo. **SIN. 1.** y **6.** Tirantez. **7.** Nerviosismo, estrés. **ANT. 1.** y **6.** Distensión. **1.**, **7.** y **8.** Relajación. **FAM.** Tensionar. / Hipertensión, hipotensión, intensidad, sobretensión. TENSAR.

tensionar *v. tr. Arg.*, *Col.* y *Urug.* Poner nerviosa a una persona.

tenso, sa (del lat. *tensus*, de *tendere*, tender) *adj.* Que se halla en tensión. **SIN.** Tirante. **ANT.** Distendido. **FAM.** Tieso. TENSAR.

tensón o **tenzón** (del ant. fr. *tençon*) *s. f.* Composición poética provenzal que consiste en una controversia o diálogo entre dos o más poetas, generalmente sobre temas amorosos.

tensor, ra (del lat. *tensor, -oris*) *adj.* **1.** Que tensa. También *s. m.* y *f.* **2.** Se aplica a los músculos cuya función es juntar o separar dos partes de un miembro y que son respectivamente flexores y extensores. También *s. m.* || *s. m.* **3.** Mecanismo, dispositivo, etc., que sirve para tensar o estirar algo. **FAM.** Tensorial. TENSAR.

tentación (del lat. *temptatio, -onis*) *s. f.* **1.** Impulso o deseo, espontáneo o provocado, que lleva a realizar algo malo: *Tuve tentaciones de pegarle un puñetazo.* **2.** Impulso o deseo repentino que lleva a hacer una cosa: *Con este mar tan azul dan tentaciones de bañarse.* **3.** Persona o cosa que hace que se tengan tales impulsos o deseos: *Este pastel es una tentación.* **SIN. 1.** y **2.** Ganas.

tentáculo (del lat. *tentaculum*, de *tentare*, tentar) *s. m.* Apéndice móvil y blando que presentan, en número variable, numerosas especies de invertebrados y que utilizan como extremidad sensorial, para desplazarse y para agarrar o agarrarse; p. ej. los tentáculos de un pulpo. **FAM.** Tentacular. TENTAR.

tentadero *s. m.* Corral o lugar cerrado donde se hace la tienta de becerros.

tentado, da *p.* de **tentar**. También *adj.*: *Tentado estuve de decirle cuatro cosas.*

tentar (del lat. *temptare*) *v. tr.* **1.** Tocar una cosa con las manos u otra parte del cuerpo, o con un objeto, especialmente para percibirla o examinarla mediante el tacto: *Como no había luz, buscaba la puerta tentando las paredes.* **2.** Empujar a alguien a hacer cierta cosa, especialmente si es censurable o perjudicial: *Satanás tentó a Jesús en el desierto.* **3.** Provocar tentación, hacer cierta persona o cosa que alguien tenga deseo o ganas de ella: *Ésta es una idea que me tienta mucho.* **4.** Hacer una tienta de reses bravas: *Tentaron más de cuarenta becerros.* ■ Es v. irreg. Se conjuga como *pensar*. **SIN. 1.** Palpar. **2.** Inducir, incitar, instigar, provocar. **3.** Apetecer. **ANT. 2.** Disuadir. **3.** Repeler. **FAM.** Tentación, tentáculo, tentadero, tentado, tentador, tentativa, tienta, tiento. / Atentar.

tentativa (del lat. *temptatus*, tentado) *s. f.* **1.** Acción con que se intenta algo: *Hubo una tentativa de cambiar el horario.* **2.** En der., inicio de un delito, sin practicar todos los actos de ejecución del mismo por causa o accidente que no sea la propia voluntad del culpable: *Le condenaron por tentativa de robo.* **SIN. 1.** Intento, intención, propósito.

tentempié *s. m.* **1.** *fam.* Refrigerio*. **2.** Tentetieso*.

tentetieso *s. m.* Muñeco con un contrapeso en su parte baja, de manera que siempre vuelve a la posición vertical cuando se le tumba. **SIN.** Tentempié, siempretieso.

tenue (del lat. *tenuis*) *adj.* **1.** Delgado, poco grueso: *una tela tenue.* **2.** Suave, poco intenso: *una tenue brisa, luz tenue.* **3.** Poco denso o espeso: *humo tenue.* **SIN. 1.** Fino. **2.** Débil, blando. **3.** Sutil. **ANT. 1.** Gordo. **2.** Fuerte, intenso. **FAM.** Tenuemente, tenuidad. / Atenuar, extenuar.

tenuidad (del lat. *tenuitas, -atis*) *s. f.* Cualidad de tenue. **SIN.** Delgadez, finura, delicadeza, sutileza, levedad. **ANT.** Grosor, pesadez.

teñido, da 1. *p.* de **teñir**: *pelo teñido.* También *adj.* || *s. m.* **2.** Acción de teñir o teñirse. **SIN. 2.** Tinte, tinción, teñidura.

teñir (del lat. *tingere*) *v. tr.* **1.** Dar a una cosa, mediante un tinte, colorante u otra sustancia, un color distinto del que tenía: *Ha teñido de azul la chaqueta.* **2.** Dar un determinado carácter a palabras, pensamientos, sentimientos, etc.: *Su discurso estaba teñido de pesimismo.* **3.** En pintura, apagar un color con otros más oscuros. ■ Este verbo tiene dos p.: uno reg., *teñido*, utilizado para la formación de los tiempos compuestos, y otro irreg., *tinto*, utilizado como adj. Es v. irreg. Se conjuga como *ceñir*. **FAM.** Teñible, teñido, teñidura, tinte, tinto, tintorería, tintura. / Desteñir, reteñir, tinción, tinta.

teo- (del gr. *theos*, dios) *pref.* Significa 'dios': *teodicea.*

teocentrismo *s. m.* Doctrina o teoría que supone que Dios es el centro de todas las cosas.

teocracia (del gr. *theokratia*, de *theos*, dios, y *kratos*, dominio) *s. f.* Forma de gobierno que se supone sometida a la ley divina y, en consecuencia, a los ministros o representantes de Dios o los dioses, como la del pueblo hebreo con Moisés o Irán bajo el fundamentalismo islámico. **FAM.** Teocrático.

teodicea (de *teo-* y el gr. *dike*, justicia) *s. f.* Parte de la metafísica que se ocupa de la existencia de Dios y de sus atributos. ■ También es llamada *teología natural.*

teodolito *s. m.* Instrumento óptico de precisión que sirve para medir ángulos de distintos planos. Se usa sobre todo en topografía y geodesia.

teofanía (de *teo-* y el gr. *phaino*, mostrarse) *s. f.* Aparición o manifestación de la divinidad al hombre.

teogonía (del lat. *theogonia*, y éste del gr. *theogonia*) *s. f.* Relato que expone el nacimiento u origen de los dioses en las religiones paganas. **FAM.** Teogónico.

teologal *adj.* **1.** De la teología o relacionado con ella: *estudios teologales.* || **2. virtud teologal** Véase **virtud**. **SIN. 1.** Teológico.

teología (del lat. *theologia*, y éste del gr. *theologia*) *s. f.* **1.** Ciencia que trata de Dios y del conocimiento que el hombre puede alcanzar sobre el ser y la obra divinos, basándose en la revelación y en la fe y utilizando la razón y la reflexión. || **2. teología de la liberación** Movimiento teológico cristiano, surgido en América del Sur, que propone una nueva lectura del *Evangelio*; ve en la obra y el mensaje de Jesús la llamada a librar al hermano de toda condición de miseria, marginación y explotación. **3. teología natural** Teodicea*. **FAM.** Teologal, teológicamente, teológico, teologizar, teólogo.

teológico, ca *adj.* De la teología o relacionado con ella. **SIN.** Teologal.

teologizar *v. intr.* Tratar una cuestión de teología o cualquier cuestión utilizando principios o medios de esta ciencia. ■ Delante de *e* se escribe *c* en lugar de *z*. **FAM.** Teologizante. TEOLOGÍA.

teólogo, ga *s. m.* y *f.* Persona que, por profesión o por estudio, se dedica a la teología: *los teólogos medievales.*

teorema (del lat. *theorema*, y éste del gr. *theorema*, de *theoreo*, contemplar, examinar) *s. m.* Proposición que afirma una verdad que se puede demostrar racionalmente; consta de un supuesto o hipótesis al que sigue su demostración: *teorema de Pitágoras.*

teorético, ca *adj.* Relativo a la teoría. **SIN.** Teórico, especulativo.

teoría (del gr. *theoria*, de *theoreo*, examinar, contemplar) *s. f.* **1.** Conocimiento considerado con independencia de su aplicación práctica: *Como filósofo, se ocupa fundamentalmente de la teoría.* **2.** Conjunto organizado de las reglas y principios que constituyen la base de una ciencia, doctrina, arte, etc.: *Es catedrático de teoría política.* **3.** Conjunto de leyes o principios que, deducidos a partir de la observación de unos fenómenos, sirven para explicar éstos: *la teoría de Darwin acerca de la evolución de las especies.* **4.** Razonamiento o conjunto de razonamientos con que se trata de dar una explicación a alguna cosa: *Yo tengo mi teoría acerca de este misterio.* || **LOC. en teoría** *adv.* Sin estar comprobado en la práctica: *En teoría, cualquiera es capaz de hacer eso.* **SIN. 1.** Teórica, especulación. **4.** Hipótesis. **ANT. 1.** Praxis, experimentación. **FAM.** Teorema, teorético, teórico, teorizar.

teórica (de *teórico*) *s. f.* **1.** Teoría, conocimiento con independencia de su aplicación práctica. **2.** Parte de la instrucción militar en que se imparten a los soldados conocimientos sobre armamento, ordenanzas, etc.

teórico, ca (del lat. *theoricus*, y éste del gr. *theorikos*) *adj.* **1.** Relativo a la teoría o que la constituye en sí mismo: *fundamentos teóricos, planteamiento teórico.* **2.** Se dice de lo que parece razonable o posible, pero no está comprobado en la práctica: *Ése es un caso puramente teórico; en la realidad no se ven esas cosas.* || *s. m.* y *f.* **3.** Persona entendida en el conocimiento de la teoría de una ciencia, ideología, arte, etc.: *Es uno de los grandes teóricos del marxismo.* **SIN. 1.** Teorético, especulativo. **2.** Hipotético. **3.** Teorizador, ideólogo. **ANT. 1.** y **2.** Práctico. **1.** a **3.** Pragmático. **FAM.** Teórica, teóricamente. TEORÍA.

teorizar *v. tr.* **1.** Formular de manera teórica un asunto. || *v. intr.* **2.** Reflexionar en abstracto sobre algo. ■ En esta acepción, a veces se usa con matiz peyorativo: *No teorices tanto, da una solución rápida.* ■ Delante de *e* se escribe *c* en lugar de *z*. **SIN. 1.** Sistematizar. **2.** Especular. **FAM.** Teorizador, teorizante. TEORÍA.

teosofía (del gr. *theosophia*) *s. f.* Tendencia mística en la cual se combinan filosofía, religión y supuesta ciencia que, según sus partidarios, ha ido descubriéndose y acumulándose durante miles de años, siempre sobre la base del saber esotérico, es decir, exclusivo de ciertos iniciados. **FAM.** Teosófico, teósofo.

tépalo (metátesis de *pétalo*) *s. m.* Parte del periantio de ciertas flores que tiene características propias de pétalos y sépalos.

tepe (onomat.) *s. m.* Pedazo de tierra cubierta de césped, muy trabado por las raíces de la hierba, que se corta prismáticamente para construir paredes con él.

tequila (de *Tequila*, municipio del estado mexicano de Jalisco) *s. amb.* Bebida alcohólica de graduación muy alta que se destila de una cierta especie de maguey.

tequio *s. m. Amér. C.* y *Méx.* Molestia, fastidio, perjuicio. **FAM.** Tequioso.

terapeuta (del gr. *therapeutes*, de *therapeuo*, servir, cuidar) *s. m.* y *f.* Especialista en terapéutica. También *adj.*

terapéutica (del gr. *therapeutike*) *s. f.* **1.** Parte de la medicina, la veterinaria y la botánica, que tiene por objeto el tratamiento de las enfermedades. || **2. terapéutica ocupacional** Terapia ocupacional. **FAM.** Terapeuta, terapéutico, terapia.

terapéutico, ca *adj.* De la terapia o la terapéutica, o relacionado con ellas: *medidas terapéuticas.*

terapia *s. f.* **1.** Terapéutica. **2.** Tratamiento de una enfermedad: *El paciente responde bien a la terapia.* ■ Se emplea frecuentemente como sufijo: *fisioterapia, radioterapia.* || **3. terapia de grupo** Método curativo de enfermedades psicológicas en que se trata a un conjunto de enfermos empleando las técnicas de dinámica de grupo (debates, dramatizaciones, etc.). **4. terapia ocupacional** Tratamiento de ciertas enfermedades encaminado a readaptar al paciente a la vida diaria haciéndole realizar determinados ejercicios, actividades o tareas. **FAM.** Crioterapia, electroterapia, fisioterapia, fototerapia, genoterapia, helioterapia, hidroterapia, hipnoterapia, inmunoterapia, laserterapia, mecanoterapia, narcoterapia, oxigenoterapia, ozonoterapia, presoterapia, psicoterapia, quimioterapia, quinesioterapia, radioterapia, reflexoterapia, seroterapia, sueroterapia, talasoterapia, termoterapia, vacunoterapia. TERAPÉUTICA.

teratógeno, na o **teratogénico, ca** *adj.* En biol., se aplica a todo agente que origina malformaciones en el embrión.

teratología (del gr. *teras, -atos*, monstruo, y *-logía*) *s. f.* Estudio de las malformaciones en el organismo animal o vegetal. **FAM.** Teratológico.

teratológico, ca *adj.* De la teratología o relacionado con ella.

terbio (de la localidad sueca de *Ytterby*) *s. m.* Elemento químico perteneciente al grupo de los lantánidos, metal de brillo plateado, muy activo, lo que exige que sea manejado en atmósfera inerte. Sus aplicaciones son similares a las de los demás elementos de su grupo. Su símbolo es *Tb.*

tercer *adj. num. ord.* **1.** *apóc.* de **tercero**. Se usa siempre delante de sustantivos masculinos. || **2. tercer estado** En la Edad Media y Moderna, clase formada por el conjunto de los hombres libres que no pertenecían a la nobleza o al clero. ■ Se denomina también *estado llano.*

tercería *s. f.* **1.** Mediación: *Gracias a mi labor de tercería las dos familias se reconciliaron.* **2.** Oficio o actividad de tercero o alcahuete: *Los amantes, para verse, recurrían a la tercería de una vieja celestina.* **3.** En der., procedimiento judicial por el que un tercero reclama un bien o derecho que se discute en otro juicio. **4.** Litigio en que se pone en práctica este derecho.

tercerilla *s. f.* Composición de tres versos de arte menor con rima consonante, dos de los cuales riman entre sí.

tercerista *s. m.* y *f.* Parte demandante en una tercería.

tercermundismo *s. m.* Cualidad de tercermundista, especialmente en su sentido peyorativo.

tercermundista *adj.* **1.** Del Tercer Mundo. **2.** P. ext., se aplica peyorativamente a situaciones políticas, actitudes, hechos, etc., que, aunque no ocurran en el Tercer Mundo, son comparables a las de estos países: *un hospital tercermundista.* **FAM.** Tercermundismo. TERCERO y MUNDO.

tercero, ra (del lat. *tertiarius*) *adj. num. ord.* **1.** Que ocupa por orden el número tres. También *s. m.* y *f.*: *La medalla de bronce es para el tercero.* || *adj. num. part.* **2.** Se aplica a cada una de las tres partes iguales en que se divide un todo. || *adj.* **3.** Se dice de la persona o cosa que, en principio, no se cuenta entre las dos que figuran o intervienen en un asunto, dilema, conflicto, etc. También *s. m.* y *f.*: *Recurrieron al juicio de un tercero para que decidiera la disputa.* || *s. m.* y *f.* **4.** Alcahuete*. || *s. f.* **5.** En mús., intervalo entre dos tonos (tercera mayor o ditono) o un tono y un semitono (tercera menor o semiditono). || **6. tercero en discordia** El que media en un asunto, conflicto, discusión, etc. || **LOC. a terceros** *adj.* y *adv.* Se refiere a la modalidad de seguro de automóviles que cubre los daños que uno pudiera producir a otros. **SIN. 3.** Intermedio, alternativo. **FAM.** Tercer, tercería, tercerilla, tercerista, tercermundista, tercerola, terceto. / Decimotercero. TRES.

tercerola (del ital. *terzaruolo*) *s. f.* **1.** Arma de fuego algo más corta que la carabina, que usaba principalmente la caballería. **2.** Especie de barril de tamaño mediano. **3.** Flauta pequeña, algo mayor que el flautín.

terceto (del ital. *terzetto*, y éste del lat. *tertius*) *s. m.* **1.** Estrofa de tres versos de arte mayor, generalmente endecasílabos, que riman el primero con el tercero. Suele formar parte de composiciones poéticas más amplias, como el soneto. **2.** Tercerilla*. **3.** Composición musical para tres voces o instrumentos. **4.** Grupo de tres instrumentos o voces que actúan conjuntamente. || **5.**

tercetos encadenados Poema formado por una serie de tercetos, cuyo primer verso rima con el tercero, el segundo con el primero y el tercero del siguiente terceto, y así sucesivamente. La última estrofa suele ser un cuarteto, al añadirse otro verso para que rime con el segundo.

tercia (del lat. *tertia*) *s. f.* **1.** Segunda de las cuatro partes en que los romanos dividían el día. Comprendía desde media mañana hasta mediodía. **2.** Una de las horas en que se divide el oficio divino que rezan los eclesiásticos; va inmediatamente después de la prima.

terciado, da 1. *p.* de **terciar**. || *adj.* **2.** Atravesado o cruzado. **3.** De tamaño mediano: *toro terciado.* **4.** Se aplica a lo que ha quedado reducido a la tercera parte de su tamaño, cantidad o capacidad: *La botella que compré ayer está ya terciada.*

terciana (del lat. *tertiana*) *s. f.* Fiebre intermitente que se repite cada tres días. Se usa más en *pl.*

terciar (del lat. *tertiare*) *v. intr.* **1.** Intervenir entre dos o más contendientes para intentar terminar una disputa o discusión o para tomar partido por uno de ellos: *Tuve que terciar para que no llegaran a las manos.* **2.** Tomar parte en una acción que estaban realizando otros: *Tercié en la conversación y di mi opinión.* || *v. tr.* **3.** Colocar una cosa atravesada diagonalmente: *terciar el fusil sobre el pecho.* **4.** Dividir una cosa en tres partes. || **terciarse** *v. prnl.* **5.** Presentarse la oportunidad de hacer cierta cosa. ■ En esta acepción se usa sólo en infinitivo o en 3.ª persona: *Iremos y, si se tercia (la ocasión), visitaremos el museo.* **6.** Suceder algo casualmente o de forma inesperada. ■ Se usa solamente en infinitivo o en 3.ª persona: *Conviene estar preparados, por lo que se pueda terciar.* SIN. **1.** Mediar. **2.** Inmiscuirse. **3.** Cruzar. **6.** Ocurrir, acontecer. FAM. Terciado, terciador. TRES.

terciario, ria (del lat. *tertiarius*) *adj.* **1.** Tercero en orden o importancia. **2.** Se aplica a la era cenozoica. **3.** Se dice del primero de los dos periodos geológicos en que se divide esta era, que a su vez se subdivide en dos: el *paleógeno* y el *neógeno.* Comenzó hace unos 65 millones de años y terminó hace unos dos millones; en él proliferaron los mamíferos y se originaron la mayoría de las cordilleras actuales. También *s. m.* **4.** En econ., sector* terciario.

tercio (del lat. *tertius*) *s. m.* **1.** Cada una de las tres partes iguales en que se divide un todo. **2.** Regimiento de infantería española de los s. XVI y XVII: *los tercios de Flandes.* **3.** Nombre que se da en España a algunos cuerpos o batallones, como los de la Legión y la Guardia Civil. **4.** En tauromaquia, cada una de las tres partes concéntricas en que se divide el ruedo, y, especialmente, la comprendida entre las tablas y los medios. **5.** Cada una de las partes (varas, banderillas y muerte) en que se divide la lidia de un toro. **6.** Cada una de las partes en que se dividen ciertos cantes flamencos. **7.** Botella de cerveza de 33 cl. FAM. Tercia, terciana, terciario. / Decimotercio. TRES.

terciopelo *s. m.* **1.** Tela de seda con dos urdimbres y una trama, cuyos hilos se cortan una vez tejidos para que quede una superficie suave y con pelo. **2.** Tela con la misma elaboración, aunque no esté tejida con hilos de seda. FAM. Aterciopelado. PELO.

terciopersonal *adj.* Se aplica a los verbos que sólo se emplean en tercera persona, como p. ej. los verbos impersonales.

terco, ca *adj.* **1.** Obstinado, cabezota. También *s. m.* y *f.* **2.** Se dice de los animales o cosas difíciles de dominar en comparación con otros de su misma clase. **3.** Rebelde. SIN. **2.** Pertinaz, rebelde. ANT. **1.** y **2.** Dócil. FAM. Tercamente, terquear, terquedad.

terebinto (del lat. *terebinthus*, y éste del gr. *terebinthos*) *s. m.* Arbusto caducifolio de hojas coriáceas, flores en espiga y fruto en drupa. Crece en regiones de clima mediterráneo y de él se extrae una trementina muy aromática.

tereré (guaraní) *s. m. Arg.*, *Par.* y *Urug.* Mate amargo que se prepara con agua a la temperatura ambiente.

teresiano, na *adj.* **1.** De Santa Teresa de Jesús o relacionado con ella. **2.** Se aplica a los institutos religiosos que tienen por patrona a esta santa: *un colegio teresiano.* **3.** Se dice de la religiosa de votos simples que pertenece a uno de estos conventos. También *s. f.*

tergal (nombre comercial registrado) *s. m.* Fibra sintética de poliéster muy resistente que se utiliza para fabricar tejidos.

tergiversación *s. f.* Acción de tergiversar. SIN. Falseamiento, manipulación, trastocamiento, deformación.

tergiversar (del lat. *tergiversare*) *v. tr.* Interpretar erróneamente, de modo intencionado o no, palabras, acontecimientos, etc.: *El periodista tergiversó mis declaraciones.* SIN. Alterar, falsear. FAM. Tergiversable, tergiversación, tergiversador.

terio *adj.* **1.** Se aplica a los mamíferos de la subclase terios. También *s. m.* || *s. m. pl.* **2.** Subclase que agrupa a todos los mamíferos actuales, a excepción de los prototerios. FAM. Metaterio.

termal *adj.* **1.** Relativo a las termas. **2.** Se dice del agua que brota caliente del manantial. FAM. Hidrotermal. TERMAS.

termas (del lat. *thermae*, y éste del gr. *thermos*, cálido) *s. f. pl.* **1.** Baños de aguas medicinales calientes. **2.** Baños públicos de los antiguos romanos. FAM. Termal. TÉRMICO.

termes (del lat. *termes, -itis*, carcoma) *s. m.* Nombre común de diversos insectos que no suelen superar los 5 mm de longitud, habitan en colonias y están divididos en castas. Pueden vivir en la madera, de la que se alimentan algunas especies, o construir grandes nidos subterráneos, llamados *termiteros.* ■ No varía en *pl.* También se llaman *termitas* y *térmites.* FAM. Termita, térmite.

-termia (del gr. *therme*, calor) *suf.* Significa 'calor', 'temperatura': *hipotermia.*

térmico, ca (del gr. *therme*, calor) *adj.* Relativo al calor: *aislante térmico.* FAM. Termas, termo. / Endotérmico, exotérmico, geotermia, hipertermia, hipotermia, homeotermia, isotermo, poiquilotermia.

terminación *s. f.* **1.** Acción de terminar. **2.** Parte final de una cosa. **3.** En ling., parte de la palabra que está al final de ésta, después de la raíz; está formada por los morfemas gramaticales y los sufijos si los hay. P. ej., *-ero* es la terminación de la palabra *zapatero.* SIN. **1.** Conclusión, finalización, consumación, cese, remate. **2.** Final, término. ANT. **1.** y **2.** Comienzo, empiece. **2.** Principio.

terminal (del lat. *terminalis*) *adj.* **1.** Que está al final o pone término a una cosa. **2.** En bot., se dice de lo que está en el extremo de cualquier parte de la planta: *hojas terminales.* **3.** Se dice del enfermo que está en la última fase de una enfermedad incurable, así como de su estado. || *s. m.* **4.** Extremo de un conductor preparado para facilitar su conexión con un aparato. **5.** Cada una de las unidades conectadas con un ordenador central. || *s. f.* **6.** Estación donde comienza o termina una línea de transporte público. **7.** En puertos y aeropuertos, conjunto de dependencias destinadas a la facturación de equipajes y mercancías y a acoger a los viajeros.

terminante *adj.* **1.** Claro, que no admite duda o discusión: *Sus órdenes fueron terminantes.* **2.** Que termina. SIN. **1.** Concluyente, tajante. **2.** Final, terminal. ANT. **1.** Impreciso. **2.** Inicial. FAM. Terminantemente. TERMINAR.

terminantemente *adv. m.* De manera terminante o categórica: *Queda terminantemente prohibido pasar por aquí.*

terminar (del lat. *terminare*) *v. tr.* **1.** Poner fin a alguna cosa o hacerla completamente: *Por fin terminó los deberes.* **2.** Consumir o gastar una cosa. También *v. prnl.*: *Se terminó el butano.* **3.** Perfeccionar una cosa, cuidar sus detalles: *Ese sillón no está bien terminado.* || *v. intr.* **4.** Tener fin una cosa o entrar en su última etapa: *La conferencia termina dentro de media hora.* También *v. prnl.* **5.** Acabar, destruir, agotar: *No consigue terminar con las cucarachas. Ya es hora de terminar con tanta tontería.* **6.** Tener un objeto una determinada forma o cosa en su extremo: *El bastón termina en una figura de marfil.* SIN. **1.**, **4.** y **6.** Concluir, finalizar. **5.** Exterminar. ANT. **1.** a **6.** Empezar(se), comenzar(se). FAM. Terminable, terminante. / Determinar, exterminar. TÉRMINO.

término (del lat. *terminus*) *s. m.* **1.** Extremo, límite o final: *El curso llegaba a su término.* **2.** Espacio limitado o determinado de tiempo: *Hay que entregar el trabajo en el término de un mes.* **3.** Límite de una determinada extensión de tierra o de un territorio, provincia, etc.: *El término de la finca está cercado.* **4.** Territorio sometido a una jurisdicción, particularmente a la de un ayuntamiento: *término municipal.* **5.** Palabra, especialmente la que es propia de una ciencia, arte o actividad: *Al escribir utiliza muchos términos de argot.* **6.** En ling., palabra o construcción que está introducida por una preposición o sobre la que recae la acción del verbo; p. ej. *mi casa* es el término de la prep. *de* en el sintagma preposicional *de mi casa.* **7.** Cada uno de los elementos o miembros de una oposición, sucesión, correlación, etc.: *los términos de una ecuación, de un silogismo, de un discurso.* **8.** En cine, teatro, pintura, etc., cada uno de los planos en que se considera dividida la escena o el espacio: *En primer término aparece el protagonista.* **9.** Situación en que se halla o a la que llega una persona o cosa: *Llegados a este término, habrá que tomar una decisión.* || *s. m. pl.* **10.** Condiciones establecidas en un contrato, acuerdo, etc.: *Cumplieron los términos del testamento.* **11.** Punto de vista con que se plantea un asunto: *Presentó la situación en términos muy favorables.* || **12. término medio** Cantidad igual o aproximada a la media aritmética de un conjunto de varias cantidades. || LOC. **en último término** *adv.* Como última solución: *En último término renunciaremos a presentarnos.* **poner término** a algo Hacer lo necesario para que acabe: *He decidido poner término a esta situación.* SIN. **1.** Fin. **2.** Plazo. **3.** Linde. **5.** Vocablo, voz. **7.** Parte. **9.** Punto. ANT. **1.** Comienzo, principio. FAM. Terminal, terminar, terminología. / Interminable.

terminología *s. f.* Conjunto de términos o palabras de una determinada profesión, ciencia, materia, etc.: *Domina bien la terminología científica.* SIN. Vocabulario, léxico. FAM. Terminológico. TÉRMINO.

termita o **térmite** (del lat. *termes, -itis*, a través del francés) *s. f.* Termes*. FAM. Termitero. TERMES.

termitero *s. m.* Nido de termes.

termo (de *thermos*, nombre comercial registrado) *s. m.* Recipiente de dobles paredes y herméticamente cerrado, que sirve para conservar la temperatura de las sustancias que contiene.

termo- (del gr. *thermos*, caliente) *pref.* Significa 'calor', 'temperatura': *termodinámico, termoelectricidad.*

-termo, ma (del gr. *thermos*) *suf.* Significa 'caliente' o 'con temperatura': *hipotermo, isotermo.*

termocompresor *s. m.* Aparato que aprovecha la energía sobrante de un sistema de vapor a alta presión para comprimir uno de baja presión.

termoconductor *s. m.* Resistencia variable con la temperatura, fabricada con materiales semiconductores, que se utiliza para medir o regular las variaciones de temperatura.

termodinámica *s. f.* Parte de la física que estudia las variaciones de energía interna de un sistema, que se producen en los intercambios de calor y trabajo de éste con el medio que lo rodea. FAM. Termodinámico. DINÁMICO.

termoelasticidad *s. f.* Propiedad de los cuerpos que experimentan variaciones de forma en función de la temperatura.

termoelectricidad *s. f.* **1.** Propiedad que poseen ciertos materiales de emitir electrones o cederlos a otros cuerpos cuando se calientan. **2.** Parte de la física que estudia esta energía. FAM. Termoeléctrico. ELECTRICIDAD.

termoeléctrico, ca *adj.* **1.** De la termoelectricidad o relacionado con ella. **2.** De la emisión de electrones por la materia, debido a la temperatura, o relacionado con ella. **3.** Se dice del aparato que produce electricidad por medio del calor.

termoestable *adj.* Que no se altera fácilmente por la acción del calor; se aplica especialmente al plástico. ■ Se dice también *termostable.* FAM. Termostato. ESTABLE.

termófilo, la *adj.* **1.** Se dice de los organismos que necesitan temperaturas elevadas para su desarrollo normal. **2.** Se aplica a los microorganismos cuya temperatura óptima es superior a los 45 °C.

termogénesis (de *termo-* y *-génesis*) *s. f.* Producción de calor por parte de los seres vivos, debido al proceso de oxidación de las sustancias orgánicas que tiene lugar en su interior. ■ No varía en *pl.*

termografía *s. f.* Conjunto de técnicas para la obtención de imágenes de las radiaciones de calor o las ondas infrarrojas que emiten los cuerpos.

termoiónico, ca *adj.* Relativo a la emisión de electrones de la materia a causa del calor.

termolábil *adj.* Que se altera fácilmente por la acción del calor.

termología (de *termo-* y *-logía*) *s. f.* Parte de la física que trata de los fenómenos en que interviene el calor. FAM. Termológico.

termometría (de *termo-* y *-metría*) *s. f.* **1.** Parte de la termología que trata de la medición de la temperatura. **2.** En meteorología, estudio de la acción del calor sobre la atmósfera.

termómetro (de *termo-* y *-metro*) *s. m.* **1.** Instrumento que mide la temperatura y que se basa en el principio de que dos cuerpos en contacto alcanzan al cabo de cierto tiempo la misma temperatura. || **2. termómetro clínico** El que contiene en un pequeño depósito mercurio, el cual, al aumentar la temperatura, se dilata y asciende por un tubo capilar, alcanzando la columna una determinada altura que se lee en una escala debidamente calibrada. FAM. Termometría, termométrico.

termonuclear *adj.* Se aplica a la reacción nuclear que precisa temperaturas muy elevadas para producirse.

termoplástico *s. m.* Plástico que se ablanda por la acción del calor, lo que permite moldearlo.

termoquímica *s. f.* Parte de la química que trata del calor que se absorbe o se desprende en los procesos químicos.

termorregulación *s. f.* **1.** Sistema de regulación automática de la temperatura. **2.** Conjunto de mecanismos, de naturaleza muscular o nerviosa, de que disponen ciertos animales para mantener constante su temperatura interna. FAM. Termorregulador. REGULACIÓN.

termorregulador, ra *adj.* **1.** De la termorregulación o relacionado con ella. || *s. m.* **2.** Instrumento o dispositivo para regular o mantener constante la temperatura de hornos, secaderos y otros aparatos o instalaciones.

termosfera *s. f.* Capa de la atmósfera que se encuentra por encima de los 80 km de altura, a temperaturas de hasta 1.500 °C.

termosifón *s. m.* **1.** Aparato que sirve para calentar agua y distribuirla por medio de tuberías. **2.** Aparato similar que manda agua por medio de tuberías a los diversos locales de un edificio o a los elementos de una maquinaria para calentarlos. ■ Su apóc. es *termo.* SIN. **1.** Calentador. **2.** Caldera.

termostato o **termóstato** (de *termo-* y el gr. *statos*, estable) *s. m.* Dispositivo que, conectado con una fuente de calor, permite mantener relativamente constante la temperatura de un recinto o recipiente.

termotanque *s. m. Arg.* Calentador de gas.

termotecnia (de *termo-* y *-tecnia*) *s. f.* Técnica del tratamiento del calor.

termoterapia *s. f.* En med., tratamiento de las enfermedades por medio del calor.

terna (del lat. *terna*, triple) *s. f.* **1.** Conjunto de tres personas o cosas propuestas con el fin de que se elija a una de ellas para un cargo o empleo. **2.** En tauromaquia, conjunto de tres diestros que participan en una corrida.

ternario, ria (del lat. *ternarius*) *adj.* **1.** Compuesto de tres elementos: *ritmo ternario.* || *s. m.* **2.** Espacio de tres días dedicados a una devoción o ejercicio espiritual. || **3. compás ternario** En mús., el que tiene tres tiempos. SIN. **1.** Tripartito.

ternasco *s. m.* Cordero lechal.

terne (del caló *terno*, joven) *adj.* **1.** *fam.* Valentón, bravucón. **2.** Obstinado: *Yo traté de persuadirlo, pero él siguió tan terne.* **3.** Robusto de salud. SIN. **1.** Chulo, matón. **2.** Testarudo, terco, cabezota. **3.** Sano, recio.

ternero, ra *s. m.* y *f.* Cría de la vaca.

terneza *s. f.* Ternura*.

ternilla *s. f.* Cartílago*. FAM. Ternilloso. / Desternillarse. TIERNO.

terno (del lat. *ternus*) *s. m.* **1.** Conjunto de tres cosas de la misma especie. **2.** Traje de pantalón, chaleco y chaqueta hechos de una misma tela. **3.** Conjunto de oficiante y dos ministros que celebran ciertos actos religiosos. **4.** Juramento o palabra subida de tono que se dice para descargar la cólera: *echar ternos.* SIN. **1.** Trío, tríada. **4.** Palabrota, taco. FAM. Terna, ternario.

ternura *s. f.* **1.** Cualidad de tierno. **2.** Actitud o acción cariñosa: *Trata a los niños con ternura.* **3.** Cualidad de aquello que produce una sensación de dulzura: *Le emocionó la ternura de la escena.* SIN. **1.** Terneza, delicadeza. **2.** Amor. ANT. **1.** a **3.** Dureza.

tero (del guaraní *tern-tern*, onomat. del canto de esta ave) *s. m. Arg.* y *Urug.* Ave zancuda de plumaje blanco con manchas negras y parduscas, que tiene una envergadura de unos 30 cm. Forma grandes bandadas y habita en América del S. FAM. Teruteru.

terpeno *s. m.* Nombre de diversos hidrocarburos que se encuentran en los aceites volátiles obtenidos de las plantas, principalmente de las coníferas y de los cítricos.

terquear *v. intr.* Mostrarse terco.

terquedad *s. f.* Cualidad o actitud de terco.

terracota (del ital. *terracotta*, y éste del lat. *terra cocta*, tierra cocida) *s. f.* **1.** Arcilla modelada y endurecida al horno. **2.** Escultura de pequeño tamaño hecha con esta arcilla.

terrado *s. m.* **1.** Terraza de una casa. **2.** *fam.* Cabeza.

terraja *s. f.* **1.** Tabla guarnecida con una chapa de metal que sirve para hacer molduras de yeso o materiales similares. **2.** Herramienta que sirve para hacer la rosca a los tornillos.

terral *adj.* En las regiones costeras, se aplica al viento que sopla desde la tierra. También *s. m.*

terramicina *s. f.* Tetraciclina*.

terranova *s. m.* Raza de perros de gran tamaño, pelo negro, largo y espeso, cabeza ancha y hocico corto. También *adj.*

terraplén (del fr. *terre-plein*) *s. m.* **1.** Montón de tierra apretada para rellenar un hueco o para levantar una defensa, salvar desniveles, etc. **2.** P. ext., desnivel del terreno con cierta pendiente. SIN. **1.** Montículo. **2.** Cortado.

terráqueo, a (del lat. *terra*, tierra, y *aqua*, agua) *adj.* De la Tierra. ■ Se emplea sólo en las expresiones *globo terráqueo* y *esfera terráquea.* SIN. Terrestre.

terrario o **terrarium** *s. m.* Instalación adecuada para mantener vivos ciertos animales, principalmente reptiles. ■ El pl. de *terrarium* es *terraria.*

terrateniente *s. m.* y *f.* Persona que posee gran cantidad de tierras. También *adj.*: *aristocracia terrateniente.* SIN. Hacendado, latifundista.

terraza *s. f.* **1.** Cubierta plana de una casa, a la que se puede acceder. **2.** Balcón grande. **3.** Trozo de terreno plano y dispuesto escalonadamente a lo largo de la ladera de una montaña; suele utilizarse para el cultivo. **4.** En un valle, depósito de materiales de aluvión que, recortado por la erosión, se eleva sobre el cauce de un río. **5.** *fam.* Cabeza. **6.** Espacio al aire libre de un bar, cafetería, restaurante, etc. SIN. **1.** Azotea. **5.** Tarro, coco.

terrazo (del lat. *terraceus*, de tierra) *s. m.* **1.** Tipo de suelo formado por piedrecillas y trozos de mármol aglomerados y con la superficie pulimentada. **2.** En pintura, terreno representado en un paisaje.

terregoso, sa *adj.* Se aplica al campo lleno de terrones.

terremoto (del lat. *terremotus*, de *terra*, tierra, y *motus*, movimiento) *s. m.* Seísmo*.

terrenal *adj.* Relativo a la tierra en contraposición al cielo: *vida terrenal.* SIN. Temporal, secular, terreno.

terreno, na *adj.* **1.** Relativo a la tierra en contraposición al cielo: *Sufrió mucho en su vida terrena.* || *s. m.* **2.** Espacio de tierra, especialmente si está bien delimitado y es objeto de comercialización. **3.** Campo de acción en que mejor se muestran las cualidades de alguien o algo: *Nadie le supera en el terreno de la física nuclear.* **4.** En algunos deportes como el fútbol, campo de juego: *Los dos equipos saltaron al terreno.* **5.** En geol., porción de la corteza terrestre que presenta determinadas características, y también conjunto de sustancias minerales cuya formación se ha producido en una determinada época. || **6. terreno abonado** Persona o cosa que se encuentra en óptimas condiciones para que algo se produzca: *Esa ciudad es un terreno abonado para nuestras ventas.* || LOC. **en su propio terreno** *adv.* Con verbos como *estar, hallarse, encontrarse*, etc., en condiciones ventajosas. **preparar el terreno** Conseguir unas condiciones favorables para realizar algo. **saber** uno **el terreno que pisa** Conocer bien el asunto que trata. **sobre el terreno** *adv.* En el lugar de que se trata: *Hicieron una inspección sobre el terreno.* También, durante la realización concreta de algo: *Se harán los cambios necesarios sobre el terreno.* SIN. **1.** Terrenal, temporal. **4.** Estadio. FAM. Todoterreno. TIERRA.

térreo, a (del lat. *terreus*) *adj.* **1.** De la tierra o relacionado con ella. **2.** Parecido a ella. SIN. **1.** Terrero. **1.** y **2.** Terroso.

terrero, ra (del lat. *terrarius*) *adj.* **1.** De la tierra o relacionado con ella. **2.** Se aplica al cesto, espuerta o saco para llevar tierra. || *s. m.* **3.** Montón de tierra o broza, especialmente si se ha sacado de una mina. || *s. f.* **4.** Alondra*.

terrestre (del lat. *terrestris*) *adj.* **1.** De la Tierra o relacionado con ella. **2.** Que vive o se da en la tierra, por oposición a marino o aéreo. SIN. **1.** Terráqueo. FAM. Aeroterrestre, extraterrestre. TIERRA.

terrible (del lat. *terribilis*) *adj.* **1.** Que causa miedo o temor. **2.** Se dice de la persona de muy mal carácter, así como de su forma de ser: *Tiene un carácter terrible.* **3.** Muy malo, detestable: *Es una novela terrible.* **4.** Se usa para intensificar lo que se expresa: *Hace un calor terrible.* **5.** Muy travieso: *Es un niño terrible.* SIN. **1.** Temible, terrorífico. **1.** a **4.** Horrible. **1., 3.** y **4.** Horroroso. **1.** y **4.** Tremendo. **4.** Increíble, extraordinario. ANT. **2.** Amable. **3.** Bueno, magnífico. **4.** Corriente. FAM. Terriblemente. TERROR.

terrícola (del lat. *terricola*, de *terra*, tierra, y *colere*, habitar) *s. m.* y *f.* **1.** Habitante de la Tierra. || *adj.* **2.** Se dice de la planta que vive en la tierra, por oposición a la que se desarrolla en otro medio. SIN. **1.** y **2.** Terrestre.

terrier (fr.) *s. m.* Raza de perros de origen británico a la que pertenecen el *fox terrier*, de pelo duro o liso, y el *bull terrier*, muy musculoso. También *adj.*

terrina *s. f.* Vasija pequeña en forma de cono invertido que se emplea para conservar o servir ciertos alimentos: *una terrina de paté.*

territorial (del lat. *territorialis*) *adj.* Relativo al territorio. FAM. Territorialidad, territorialismo. TERRITORIO.

territorialidad *s. f.* **1.** Cualidad de territorial. **2.** Circunstancia jurídica por la que los domicilios donde habitan los diplomáticos o los barcos y aviones en que viajan se consideran parte del territorio de su nación. **3.** Defensa de un territorio propio por parte de un animal, respecto a otros miembros de la misma especie.

territorialismo *s. m.* Fenómeno por el que ciertos animales dividen su hábitat en territorios.

territorio (del lat. *territorium*) *s. m.* **1.** Extensión amplia de tierra delimitada geográfica, política o administrativamente: *El ejército expulsó a los indios de sus territorios de caza.* **2.** Ámbito o término de una jurisdicción administrativa. **3.** Espacio que habita un animal o grupo de animales y que defiende como propio frente a la invasión de otros individuos de la misma especie. **4.** En regímenes federales, región que no goza de autonomía completa. SIN. **1.** Región, país. **2.** Circunscripción. FAM. Territorial. / Extraterritorialidad. TIERRA.

terrizo, za *adj.* **1.** Que es de tierra o está hecho de tierra. || *s. m.* y *f.* **2.** Barreño*.

terrón *s. m.* **1.** Masa de tierra pequeña y compacta. **2.** Conglomerado compacto de una sustancia en polvo o granulosa, a veces hecho artificialmente: *terrón de azúcar.* || *s. m. pl.* **3.** Tierra de cuyo trabajo se vive. SIN. **1.** y **3.** Terruño. **2.** Azucarillo. FAM. Terregoso. TIERRA.

terror (del lat. *terror, -oris*) *s. m.* **1.** Miedo intenso. **2.** Aquello que lo produce: *Aquel bandolero era el terror de la región.* ■ En estas dos acepciones se usa a menudo hiperbólicamente: *Le producía terror el viaje de vuelta.* **3.** Género literario y cinematográfico que busca provocar una sensación de miedo o angustia, mediante argumentos y escenas que tratan sobre crímenes, fenómenos sobrenaturales, monstruos, psicópatas, etc., generalmente en ambientes opresivos o tétricos. SIN. **1.** y **2.** Pánico, pavor. FAM. Terrible, terrorífico, terrorismo. / Aterrar, aterrorizar.

terrorífico, ca *adj.* **1.** Que provoca terror. **2.** Muy fuerte, grande o intenso. ■ Se usa generalmente en sentido negativo: *una subida terrorífica de los precios.* SIN. **1.** y **2.** Espeluznante, pavoroso, espantoso. **2.** Increíble, terrible. ANT. **1.** Tranquilizador. **2.** Insignificante.

terrorismo *s. m.* **1.** Táctica política que, mediante el uso de la violencia o de la amenaza de ésta, persigue obtener determinados objetivos. **2.** Dominación de otros por medio del terror. FAM. Terrorista. TERROR.

terrorista *adj.* **1.** Del terrorismo o relacionado con él: *acción terrorista.* **2.** Que practica el terrorismo: *grupo terrorista.* También *s. m.* y *f.*

terroso, sa *adj.* **1.** Que participa de las propiedades de la tierra. **2.** Que tiene mezcla de tierra. SIN. **1.** Térreo. FAM. Terrosidad. TIERRA.

terruño *s. m.* **1.** Terrón, masa de tierra. **2.** Tierra en que uno ha nacido. **3.** Terreno, espacio de tierra. **4.** Tierra de la que se vive.

tersar *v. tr.* Poner tersa una cosa. SIN. Estirar, tensar, alisar. ANT. Arrugar.

terso, sa (del lat. *tersus*, de *tergere*, limpiar) *adj.* **1.** Liso, sin arrugas. **2.** Limpio y brillante. **3.** Se aplica al lenguaje o al estilo sencillo, fluido y elegante. SIN. **1.** Tenso, estirado. **2.** Bruñido, reluciente. **3.** Puro, limado. ANT. **1.** Arrugado. **2.** Sucio, mate. **3.** Farragoso. FAM. Tersar, tersura.

tersura *s. f.* Cualidad de terso: *la tersura de la piel.*

tertulia *s. f.* **1.** Reunión de personas para charlar sobre cualquier tema: *Frecuentaba la tertulia literaria del Ateneo.* **2.** La conversación que llevan a cabo. SIN. **2.** Charla, coloquio. FAM. Tertuliano. / Contertulio.

tertuliano, na o **tertuliante** *adj.* Se dice del que participa en una tertulia. También *s. m.* y *f.* SIN. Contertulio, tertulio.

teruteru *s. m. Amér. del S.* Tero*.

tesar *v. tr.* Poner tirantes los cabos, velas y cosas semejantes. **SIN.** Tensar.

tesauro (del lat. *thesaurus*, y éste del gr. *thesauros*) *s. m.* Tesoro*, diccionario o catálogo.

tesela *s. f.* Cada una de las piezas de piedra, mármol u otros materiales con que se compone un mosaico. **FAM.** Teselado.

teselado, da *adj.* Se aplica al pavimento formado con teselas. También *s. m.*

tesina *s. f.* Estudio monográfico de menor importancia y extensión que una tesis.

tesis (del lat. *thesis*, y éste del gr. *thesis*) *s. f.* **1.** Proposición que se intenta justificar por medio de razonamientos. **2.** Opinión que se tiene sobre algo. **3.** Trabajo de investigación que debe exponerse ante un tribunal para obtener el grado de doctor en una disciplina académica. Se llama también *tesis doctoral*. ■ No varía en *pl.* **SIN.** **2.** Teoría. **FAM.** Tesina, tesista. / Antítesis, epéntesis, hipótesis, metátesis, paréntesis, prótesis, síntesis.

tesista *s. m.* y *f. Ven.* Persona que prepara una tesis doctoral.

tesitura (del ital. *tessitura*) *s. f.* **1.** Situación, circunstancia: *La expedición se encontraba en una difícil tesitura.* **2.** En mús., altura propia de cada voz o cada instrumento. **SIN.** **1.** Coyuntura. **2.** Registro.

tesla (del físico Nikola *Tesla*) *s. m.* Unidad de inducción magnética en el Sistema Internacional.

teso, sa (del lat. *tensus*, de *tendere*, estirar) *adj.* **1.** *Méx.* Tenso, tirante. || *s. m.* **2.** Cima de un cerro. **3.** Colina baja con un llano en la cima.

tesón (del lat. *tensio, -onis*) *s. m.* Firmeza y constancia para hacer alguna cosa: *Consiguió llegar a la meta a base de tesón.* **SIN.** Perseverancia, empeño. **ANT.** Inconstancia. **FAM.** Tesonería, tesonero.

tesorería *s. f.* **1.** Cargo u oficio del tesorero. **2.** Oficina o despacho del tesorero. **3.** Parte del activo de una empresa, organismo, etc., disponible en metálico.

tesorero, ra (del lat. *thesaurarius*) *s. m.* y *f.* Persona encargada de guardar y administrar el dinero de un grupo o colectividad. **FAM.** Tesorería. TESORO.

tesoro (del lat. *thesaurus*) *s. m.* **1.** Conjunto de dinero, joyas u objetos valiosos o artísticos reunidos y guardados. **2.** Particularmente, conjunto de riquezas escondidas. **3.** Persona o cosa a la que se da un gran valor: *el tesoro de la amistad.* **4.** Nombre que reciben algunos diccionarios o catálogos que recogen una gran cantidad de términos, obras, etc. **5.** Tesoro público: *Compró bonos del Tesoro.* || **6. tesoro público** Órgano de la administración del Estado, generalmente con categoría de ministerio, cuyas tareas fundamentales son las de dirigir la política monetaria de un país. **SIN.** **3.** Alhaja, prenda. **5.** Erario, Hacienda. **FAM.** Tesorero. / Atesorar, tesauro.

test (ingl.) *s. m.* **1.** Prueba que se utiliza para evaluar o reflejar las funciones mentales o la capacidad psíquica. **2.** Cualquier prueba efectuada para comprobar algo, obtener cierto dato, etc.: *test de alcoholemia.* **3.** Examen de respuestas muy breves, que a veces se reducen a simples signos con los que se selecciona la contestación adecuada entre las posibles que se proponen. ■ Su pl. es *tests*. **FAM.** Testar[2], testear.

testa (del lat. *testa*) *s. f.* **1.** Cabeza del hombre y los animales. **2.** Frente. || **3. testa coronada** Monarca de un estado. **FAM.** Testáceo, testaferro, testarada, testarazo, testarudo, testera, testero, testuz.

testáceo, a (del lat. *testaceus*) *adj.* Se aplica a los animales provistos de concha externa o interna.

testado, da **1.** *p.* de **testar**. También *adj.* || *adj.* **2.** Se dice de la persona que ha muerto habiendo hecho testamento y de las personas sobre las que recae dicho testamento. **FAM.** Intestado. TESTAR[1].

testador, ra (del lat. *testator, -oris*) *s. m.* y *f.* Persona que hace testamento.

testaferro (del ital. *testa-ferro*, cabeza de hierro) *s. m.* En der., persona que aparece como titular o parte de un asunto jurídico que corresponde a otra persona.

testamentaría *s. f.* Ejecución o cumplimiento de lo dispuesto en un testamento.

testamentario, ria *adj.* **1.** Del testamento o relacionado con él: *trámites testamentarios.* || *s. m.* y *f.* **2.** Persona designada por el testador para que cumpla su última voluntad.

testamento (del lat. *testamentum*) *s. m.* **1.** Declaración que hace una persona de su última voluntad, disponiendo para después de su muerte la distribución de sus bienes o la solución de los asuntos que le atañen. **2.** Documento en que consta legalmente esta declaración. **3.** Obra en que un autor, en los últimos años de su vida, expresa para la posteridad los aspectos fundamentales de su labor. **4.** Serie de resoluciones que dicta una autoridad al abandonar su cargo. **FAM.** Testamentaria, testamentario. TESTAR[1].

testar[1] (del lat. *testari*) *v. intr.* Hacer testamento. **FAM.** Testado, testador, testamento, testigo, testimonio. / Atestar[2], contestar, detestar, protestar.

testar[2] *v. tr.* **1.** Comprobar algo sometiéndolo a tests o pruebas: *testar un automóvil.* **2.** Someter a alguien a un test. **SIN.** **1.** Probar. **1.** y **2.** Testear.

testarada o **testarazo** *s. f.* o *m.* Golpe dado con la cabeza: *El delantero marcó gol de un potente testarazo.* **SIN.** Cabezazo.

testarudez *s. f.* **1.** Cualidad de testarudo: *No aguanto su testarudez.* **2.** Acción propia del testarudo: *No ir a la fiesta es una testarudez tuya.* **SIN.** **1.** y **2.** Terquedad, obstinación, cabezonería, tozudez. **ANT.** **1.** Flexibilidad.

testarudo, da *adj.* Que no cede fácilmente en sus opiniones o acciones, aunque esté equivocado. También *s. m.* y *f.* **SIN.** Tozudo, terco. **ANT.** Flexible, dócil. **FAM.** Testarudez. TESTA.

testear *v. tr. Arg.* y *Urug.* Testar, someter a test: *testear un aparato.* **SIN.** Probar, comprobar.

testera *s. f.* **1.** Parte frontal de una cosa: *la testera de un mueble.* **2.** Adorno para la frente de las caballerías. **SIN.** **1.** Frente. **1.** y **2.** Testero.

testero *s. m.* **1.** Testera*. **2.** Muro de una habitación, especialmente el principal o el que se queda de frente.

testículo (del lat. *testiculus*) *s. m.* Cada uno de los órganos sexuales masculinos en que se forman los espermatozoides. También actúan como glándulas de secreción interna, que producen las hormonas masculinas llamadas andrógenos. **FAM.** Testicular.

testificación *s. f.* Acción de testificar: *Se espera con impaciencia la testificación de los implicados en el caso.*

testifical *adj.* Relativo a los testigos.

testificar (del lat. *testificari*) *v. tr.* **1.** Declarar como testigo en un acto judicial. Se usa mucho como *v. intr.*: *Ayer testificó la secretaria del acusado.* **2.** Afirmar con seguridad una cosa, especialmente por haberla presenciado o por disponer de testigos o testimonios de ella. ■ Delante de *e* se escribe *qu* en lugar de *c*. **SIN.** **2.** Atestiguar, testimoniar, asegurar. **FAM.** Testificación, testificativo. TESTIGO.

testigo (del ant. *testiguar*, y éste del lat. *testificari*, testificar) *s. m.* y *f.* **1.** Persona que da testimonio de alguna cosa, especialmente la que declara en un juicio. **2.** Persona que presencia o experimenta una cosa: *Fue testigo del accidente.* **3.** En der., persona cuya presencia es necesaria en la celebración de un acto jurídico para dar fe del mismo: *He actuado de testigo en la boda.* || *s. m.* **4.** Prueba, testimonio: *Los muros de la fortaleza eran testigos del pasado normando de la región.* **5.** En las carreras de relevos, pequeño bastón u objeto que un corredor entrega a otro como prueba de que el relevo se ha realizado correctamente. || **6. testigo de cargo** En un juicio, el que declara en contra del acusado. **7. testigo de Jehová** Miembro de un grupo religioso cristiano fundado en Estados Unidos en el s. XIX y que se caracteriza por la interpretación textual de la *Biblia*. **SIN. 1.** Declarante. **4.** Vestigio. **FAM.** Testifical, testificar. / Atestiguar. TESTAR[1].

testimonial (del lat. *testimonialis*) *adj.* **1.** Que da testimonio de algo. || *s. f. pl.* **2.** Documento que acredita o confirma la legalidad de algo.

testimoniar *v. tr.* Testificar*.

testimonio (del lat. *testimonium*) *s. m.* **1.** Declaración que hace alguien, especialmente un testigo, asegurando alguna cosa. **2.** Aquello que sirve para confirmar la veracidad, existencia, etc., de algo: *Estas ruinas son testimonio de una antigua civilización.* **3.** Documento legal en que se atestigua o confirma un hecho. **SIN. 1.** Aseveración, aserción. **2.** Huella, vestigio. **FAM.** Testimonial, testimoniar. TESTAR[1].

testosterona *s. f.* Hormona sexual masculina cuya función es el desarrollo de los órganos sexuales y la manifestación de los caracteres sexuales primarios y secundarios masculinos.

testuz *s. amb.* En algunos animales como el caballo, frente, y en otros como el toro, el buey o la vaca, nuca.

teta (del germ. *titta*) *s. f.* **1.** Mama*. || *adj.* **2.** *vulg.* Muy bueno, excelente. También *adv.*: *Lo pasamos teta.* **SIN. 1.** Pecho; ubre. **FAM.** Tetamen, tetera[2], tetilla, tetina, tetón, tetona, tetuda. / Destetar.

tetamen *s. m. vulg.* Pechos de una mujer.

tetania *s. f.* Enfermedad producida por falta de calcio en la sangre y que se caracteriza por fuertes espasmos y contracciones musculares.

tetánico, ca *adj.* Del tétanos o relacionado con esta enfermedad.

tétanos (del lat. *tetanus*, y éste del gr. *tetanos*, de *teino*, tender) *s. m.* Enfermedad producida por un bacilo que puede proliferar en heridas contaminadas y segrega una toxina que provoca violentas contracciones musculares, parálisis y la muerte por asfixia. ■ No varía en *pl.* **FAM.** Tetania, tetánico. / Antitetánico.

tête à tête (fr.) *expr.* **1.** Entrevista personal: *Mantuvieron un tête à tête.* ■ Se usa como *s. m.* || *loc. adv.* **2.** Cara a cara.

tetera[1] (de *té*) *s. f.* Recipiente utilizado para hacer y servir el té.

tetera[2] (de *teta*) *s. f. Amér.* Tetina.

tetero *s. m. Amér.* Biberón.

tetilla (dim. de *teta*) *s. f.* **1.** Mama de los machos de los mamíferos, que no está desarrollada como la de las hembras. **2.** Tetina del biberón.

tetina (del fr. *tetine*) *s. f.* Especie de pezón de goma que se ajusta al biberón para que el niño chupe por él.

tetón *s. m.* **1.** Pedazo de rama podada que queda unida al tronco. **2.** En armamento, resalte que sobresale de una superficie lisa.

tetona *adj. fam.* Tetuda*.

tetra brik (nombre comercial registrado) *expr.* Envase de cartón, recubierto interiormente de aluminio y generalmente rectangular, para contener líquidos. ■ Se usa como *s. m.* En lenguaje coloquial, se utiliza la forma abreviada *brik*.

tetra- (del gr. *tetra-*) *pref.* Significa 'cuatro': *tetrasílabo, tetraedro.*

tetraciclina (de *tetra-* y el gr. *kyklos*, ciclo, círculo) *s. f.* Familia de antibióticos de amplio espectro, útiles para combatir bronquitis y otras infecciones.

tetracordio (del lat. *tetrachordon*, y éste del gr. *tetrakhordon*, de *tetra-*, cuatro, y *khorde*, cuerda) *s. m.* En mús., serie de cuatro sonidos en que el primero y el último forman un intervalo de cuarta.

tétrada (del gr. *tetras, -ados*, el número cuatro) *s. f.* **1.** Conjunto de cuatro cosas iguales o muy relacionadas entre sí. **2.** En bot., conjunto de cuatro granos de polen nacidos de la misma célula madre y unidos entre sí.

tetraedro (del gr. *tetraedron*, de *tetra-*, cuatro, y *edra*, cara) *s. m.* Poliedro de cuatro caras triangulares.

tetrágono (del lat. *tetragonum*, y éste del gr. *tetragonon*, de *tetra-*, cuatro, y *gonia*, ángulo) *adj.* Se aplica al polígono de cuatro ángulos y cuatro lados. También *s. m.* **SIN.** Cuadrilátero. **FAM.** Tetragonal. POLÍGONO.

tetragrama *s. m.* Conjunto de cuatro líneas horizontales, paralelas y equidistantes, utilizado en la escritura del canto gregoriano.

tetralogía (del gr. *tetralogia*, de *tetra-*, cuatro, y *logos*, tratado) *s. f.* **1.** Entre los antiguos griegos, conjunto de cuatro obras dramáticas, formado por tres tragedias y un drama, cuyos argumentos estaban estrechamente ligados. **2.** Conjunto de cuatro obras literarias, y, p. ext., de otro tipo, creadas por un mismo autor y que giran en torno a un mismo tema.

tetramorfo (de *tetra-* y *-morfo*) *adj.* **1.** Se dice de un animal fantástico que los antiguos orientales representaban con cabeza de hombre, alas de águila, pies delanteros de león y pies traseros de toro. **2.** En cristalografía, de cuatro formas cristalinas diferentes. || *s. m.* **3.** En la iconografía románica, representación de los cuatro evangelistas junto con sus símbolos o personificados por éstos.

tetraplejía *s. f.* En med., parálisis de los cuatro miembros producida generalmente por una lesión del sistema nervioso. **FAM.** Tetrapléjico.

tetrapléjico, ca *adj.* **1.** De la tetraplejía o relacionado con ella: *cuadro tetrapléjico.* **2.** Que padece tetraplejía. También *s. m.* y *f.*

tetrápodo, da *adj.* **1.** Se dice de los vertebrados que presentan cuatro extremidades con cinco dedos cada una. También *s. m.* || *s. m. pl.* **2.** Grupo de estos animales, que incluye los anfibios, los reptiles, las aves y los mamíferos.

tetrarca (del lat. *tetrarcha*, y éste del gr. *tetrarkhes*, de *tetra-*, cuatro, y *arkho*, mandar) *s. m.* **1.** Gobernador de la cuarta parte de un territorio. **2.** Cada uno de los cuatro soberanos de la tetrarquía romana. **FAM.** Tetrarquía.

tetrarquía *s. f.* **1.** Dignidad de tetrarca. **2.** Territorio de su jurisdicción. **3.** Tiempo que dura su gobierno. **4.** Cada una de las cuatro partes en que se dividían algunos Estados en la antigüedad. || **5. tetrarquía romana** Sistema del gobierno del imperio romano en que el poder fue compartido por cuatro soberanos; fue implantado por Diocleciano.

tetrasílabo (del lat. *tetrasyllabus*, y éste del gr. *tetrasyllabus*) *adj.* Se dice del verso de cuatro sílabas. También *s. m.* SIN. Cuatrisílabo.

tetrástrofo, fa (del lat. *tetrastrophus*, y éste del gr. *tetra-*, cuatro, y *strophe*, estrofa) *adj.* **1.** Se dice de la composición que consta de cuatro estrofas. **2.** Se aplica a la estrofa de cuatro versos. También *s. m.* ‖ **3. tetrástrofo monorrimo** Cuaderna vía, estrofa formada por cuatro versos con igual rima para los cuatro.

tétrico, ca (del lat. *tetricus*, de *teter*, negro) *adj.* **1.** Sombrío, triste: *El salón aparecía tétrico a la luz de los candelabros.* **2.** Se dice de todo aquello que se relaciona con la muerte. SIN. **1.** Tenebroso, siniestro, pesimista. **1.** y **2.** Fúnebre, lúgubre. **2.** Macabro, sepulcral. ANT. **1.** Alegre.

tetuaní *adj.* De Tetuán. También *s. m.* y *f.* ■ Su pl. es *tetuaníes*, aunque también se utiliza *tetuanís*.

tetuda *adj. fam.* Aplicado a una mujer, que tiene los pechos grandes.

teúrgia (del gr. *theos*, dios, y *ergon*, obra) *s. f.* En la antigüedad, magia mediante la cual se pretendía comunicar con las divinidades para que intervinieran favorablemente en los asuntos humanos. FAM. Teúrgo.

teúrgo *s. m.* Mago que practicaba la teúrgia.

teutón, na (del lat. *teutones*) *adj.* **1.** De un antiguo pueblo germano que en el s. II se estableció en las costas del mar Báltico. También *s. m.* y *f.* **2.** *fam.* Alemán. También *s. m.* y *f.* FAM. Teutónico.

teutónico, ca *adj.* **1.** De los teutones o relacionado con ellos: *la invasión teutónica.* ‖ *s. m.* **2.** Lengua hablada por los teutones.

tex-mex (del ingl. *texan-mexican*) *adj.* Con mezcla de las características propias de Texas y México: *comida tex-mex.*

textil (del lat. *textilis*) *adj.* **1.** Se dice de la materia que puede ser reducida a fibras para tejer. **2.** Relativo a los tejidos o fibras para la confección y a la industria, actividad, etc., relacionada con ellos. FAM. Textura, texturizar. TEJER.

texto (del lat. *textus*) *s. m.* **1.** Documento o escrito en general: *No se conservan textos de esa época.* **2.** Conjunto de palabras que constituyen el contenido o el cuerpo de una obra, por oposición a notas, ilustraciones, etc.: *Acompañan el texto bellos dibujos.* **3.** Cualquier pasaje que se cita de una obra, al que se hace referencia o sobre el que se basa un escrito, estudio, etc.: *Comentó un texto de Platón.* **4.** Libro, obra escrita. **5.** Libro que se utiliza como base de estudio para una determinada asignatura. ■ Con este significado se dice también *libro de texto.* FAM. Textual. / Contexto, hipertexto, pretexto, teletexto, videotexto.

textual *adj.* **1.** Relativo al texto. **2.** Que reproduce fielmente palabras o escritos. SIN. **2.** Literal, exacto. FAM. Textualmente. TEXTO.

textura (del lat. *textura*) *s. f.* **1.** Forma en que están dispuestos o entrelazados los hilos de una tela. **2.** Manera de estar combinados o unidos entre sí los elementos o partículas que forman algo. **3.** Sensación que produce al tacto una determinada materia, sustancia, etc., según estén dispuestos o combinados los elementos que la forman: *Su piel tenía una textura áspera.* **4.** En geol., conjunto de características de las rocas cristalinas en relación con la disposición de sus cristales. FAM. Contextura. TEXTIL.

texturizar *v. tr.* Realizar una operación mediante la cual se obtienen hilos continuos con la apariencia de mayor volumen. ■ Delante de *e* se escribe *c* en lugar de *z.* FAM. Texturizado. TEXTIL.

tez *s. f.* Piel de la cara. FAM. Atezar.

theta (del gr. *theta*) *s. f.* Octava letra del alfabeto griego cuyo sonido corresponde a nuestra *z* y que suele transcribirse como *th.* ■ La letra mayúscula se escribe Θ y la minúscula θ.

thriller (ingl., significa 'estremecedor') *s. m.* Película policiaca, de suspense o de terror, que produce en el espectador una fuerte emoción.

ti (del lat. *tibi*, dativo de *tu*, tú) *pron. pers. m.* y *f.* Forma de segunda persona singular que se usa siempre con preposición y funciona como complemento: *No esperaba menos de ti.* ■ La forma que se utiliza para la prep. *con* es *contigo.*

tialina (del gr. *ptyalon*, saliva) *s. f.* Ptialina*.

tianguis (del náhuatl *tianquiztli*) *s. m. Méx.* Mercado que se celebra ciertos días en un lugar fijo.

tiara (del lat. *tiara*) *s. f.* **1.** Mitra alta, usada por el sumo pontífice, ceñida por tres coronas como insignia de su autoridad suprema de papa, obispo y rey. **2.** Dignidad de sumo pontífice. **3.** Sombrero alto que usaban los antiguos persas.

tiarrón, na (aum. de *tío*) *s. m.* y *f. fam.* Persona alta y fuerte.

tiberio *s. m. fam.* Jaleo, confusión, alboroto. SIN. Lío, follón. ANT. Orden, calma.

tibetano, na *adj.* **1.** Del Tíbet. También *s. m.* y *f.* ‖ *s. m.* **2.** Lengua hablada en esta región.

tibia (del lat. *tibia*) *s. f.* Hueso de la pierna, situado entre la rodilla y el tarso, que junto con el peroné forma el esqueleto de la misma. FAM. Tibial.

tibiarse *v. prnl. Amér. C.* y *Ven.* Enfadarse por poco tiempo, generalmente por cosas sin importancia.

tibieza *s. f.* Cualidad de tibio: *la tibieza de las aguas.*

tibio, bia (del lat. *tepidus*) *adj.* **1.** Entre frío y caliente, aunque algo más frío que templado. **2.** Que no tiene o no muestra apasionamiento o entusiasmo: *Las relaciones entre los dos hermanos son bastante tibias.* ‖ LOC. **poner tibio** a alguien *fam.* Insultarle o criticarle mucho. **ponerse** uno **tibio** Hartarse a comer. También, ensuciarse o mojarse mucho. SIN. **2.** Desapasionado, neutro. ANT. **2.** Apasionado. FAM. Tibiamente, tibiarse, tibieza. / Entibiar.

tibor *s. m.* Vasija grande de barro cocido o porcelana, decorada, que es típica de China y Japón.

tiburón (voz caribe) *s. m.* **1.** Nombre común de diversos peces elasmobranquios de cuerpo alargado con hendiduras branquiales a ambos lados de la cabeza, que acaba en morro puntiagudo; tienen aleta caudal heterocerca y aleta dorsal triangular y boca situada en la parte inferior de la cabeza, con varias filas de dientes puntiagudos. Su tamaño es muy variable, desde los 18 m del tiburón ballena hasta los 50 cm de la pintarroja. Viven en todos los mares del globo y son grandes depredadores. **2.** Intermediario que adquiere de forma solapada el suficiente número de acciones de una empresa o entidad financiera para lograr control sobre ella. SIN. **1.** Escualo.

tic (onomat.) *s. m.* **1.** Movimiento inconsciente habitual producido por la contracción involuntaria de uno o varios músculos. **2.** P. ext., vicio o manía. **3.** Onomatopeya con que se imita un sonido seco y poco intenso. ■ Su pl. es *tics.* FAM. Tictac.

ticket (ingl.) *s. m.* Tique*.

tico, ca *adj. Amér. fam.* De Costa Rica. También *s. m.* y *f.*

tictac o **tic-tac** *s. m.* Onomatopeya con que se imita el sonido del reloj y, p. ext., de otras cosas que producen un sonido parecido.

tie-break (ingl.) *s. m.* Muerte* súbita.

tiempo (del lat. *tempus*) *s. m.* **1.** Duración de las cosas sujetas a cambio o de los seres cuya existencia no es infinita. **2.** Periodo cuya duración se especifica; si no se determina, se entiende que es largo: *Ese trabajo les llevará poco tiempo.* **3.** Periodo del que se dispone para algo. **4.** Momento oportuno para alguna cosa: *Ha llegado ya el tiempo de la cosecha.* **5.** Época durante la cual ocurre alguna cosa, vive una determinada persona o está caracterizada por ciertas condiciones: *Nació en tiempo de la república.* **6.** Época del año, estación: *Hace mucho calor para este tiempo.* **7.** Edad de los niños pequeños o de las crías de animales, que se mide normalmente en días, semanas o meses: *¿Cuánto tiempo tiene su niño?* **8.** Cada una de las fases diferenciadas de un movimiento o acción, o de un partido de fútbol, baloncesto y otros deportes similares: *Levantó la piedra en dos tiempos. El equipo no hizo cambios en el segundo tiempo.* **9.** En ling., cada grupo de formas verbales que indican respectivamente que la acción se desarrolla en el momento en que se habla, o es anterior o posterior a éste: *presente, pasado* (o *pretérito*), *futuro.* **10.** En ling., morfema del verbo que expresa el momento en que se desarrolla la acción. **11.** En mús., velocidad con que se ejecuta una pieza. **12.** En mús., cada una de las partes en que se divide un compás. **13.** En mús., cada una de las partes en que se divide una composición: *sonata en cuatro tiempos.* **14.** Conjunto de circunstancias climatológicas, como la temperatura, la humedad, el viento, etc., que se dan en un momento y lugar determinados: *Hoy no hace tiempo para ir a la piscina.* || **15. tiempo compuesto** En ling., forma verbal constituida por algún tiempo del auxiliar *haber* y el participio del verbo que se conjuga: *he cantado, había terminado.* **16. tiempo litúrgico** Cada una de las divisiones que hace la Iglesia católica del año religioso, como adviento, cuaresma, etc. **17. tiempo muerto** En baloncesto y otros dep., suspensión momentánea del juego solicitada por el entrenador de uno de los equipos. También, el que transcurre entre dos actividades, acontecimientos, etc., sin que ocurra nada. **18. tiempo sidéreo** (o **sideral**) En astron., el que se calcula por el movimiento aparente de la esfera celeste. **19. tiempo simple** En ling., el que está constituido por una sola forma verbal, sin auxiliar, como *canto* o *subí.* **20. tiempo solar** (o **verdadero**) En astron., el que se mide por el movimiento aparente del Sol. || LOC. **a tiempo** *adv.* Antes de que sea tarde, en el momento oportuno: *Llegamos a tiempo a la estación.* **a un tiempo** *adv.* Al mismo tiempo: *Levantaron la mano a un tiempo.* **al (mismo) tiempo** *adv.* Simultáneamente, a la vez. **con el tiempo** *adv.* Después de un cierto tiempo: *Con el tiempo te gustará la lectura.* **con tiempo** *adv.* Con el tiempo suficiente. También, anticipadamente: *Llegamos con tiempo a la cita.* **dar tiempo** a alguien o algo Concederle el tiempo que necesite para alguna cosa: *Le di tiempo para que reflexionara.* **de tiempo en tiempo** *adv.* De vez en cuando: *Voy al museo de tiempo en tiempo.* **del tiempo** *adj.* Se aplica a las frutas que se dan en una estación determinada. También, se aplica a la bebida que se toma a la temperatura ambiente. **en mis** (**tus**, **sus**, etc.) **tiempos** *adv.* Durante la juventud: *En mis tiempos no había vídeo.* **en tiempos** *adv.* En épocas pasadas: *En tiempos la gente iba más al teatro.* **faltarle** a alguien **tiempo para** alguna cosa *fam.* Darse mucha prisa en hacer algo: *En cuanto se compró el abrigo, le faltó tiempo para estrenarlo.* **hacer tiempo** Entretenerse con alguna cosa mientras se espera: *Hice tiempo mirando escaparates.* **matar el tiempo** Ocuparse en algo para que se haga más corta una espera, un periodo de tiempo, etc.: *Mata el tiempo haciendo solitarios.* **perder (el) tiempo** Dejarlo pasar sin hacer nada útil o provechoso. FAM. Témpora, temporada, temporal[1], temporario, temporero, temporizador, temporizar, temprano. / Atemporal, contemporáneo, contemporizar, contratiempo, destiempo, entretiempo, extemporáneo, intempestivo, pasatiempo, tempestad.

tienda (del lat. *tenda*, de *tendere*, tender) *s. f.* **1.** Establecimiento en que se venden artículos, generalmente al por menor. **2.** *Amér.* Establecimiento en que se venden telas. **3.** Armazón de palos o tubos, cubierta de tela, lona, etc., que se monta al aire libre y sirve de alojamiento. || **4. tienda de campaña** Armazón semejante, desmontable, que sirve para acampar. SIN. **1.** Comercio, boutique. FAM. Tendero. / Trastienda, teletienda. TENDER.

tienta *s. f.* Operación que se hace para probar la bravura de los becerros y poder así seleccionarlos y cruzarlos. || LOC. **a tientas** *adv.* Palpando los objetos para guiarse al andar en la oscuridad. También, actuar con gran desorientación: *La policía avanzaba a tientas en la investigación.*

tiento *s. m.* **1.** Acción de tentar o palpar. **2.** Habilidad o cuidado para tratar acertadamente algún asunto, para actuar, etc.: *Díselo con tiento para no ofenderle.* **3.** *fam.* Golpe: *Me amenazó con darme un tiento.* **4.** Trago, especialmente de una bebida alcohólica: *dar un tiento a la bota.* **5.** Bocado a un alimento sólido. **6.** Palo o bastón que utilizan los ciegos para guiarse al andar. **7.** Vara larga que utilizan los equilibristas para no perder el equilibrio. **8.** Varita que apoya el pintor sobre el lienzo con una mano para que sirva de soporte a la otra cuando pinta. **9.** En mús., breve ensayo que hace el intérprete para comprobar si el instrumento está bien afinado. || *s. m. pl.* **10.** Modalidad de cante flamenco derivada del tango, con su mismo compás, aunque algo más lento. SIN. **1.** Tanteo, palpo. **2.** Tacto, diplomacia. **3.** Porrazo, torta. **5.** Mordisco.

tierno, na (del lat. *tener, -era*) *adj.* **1.** Blando, fácil de cortar o doblar; se aplica especialmente a los alimentos. **2.** Joven: *Empezó a jugar al ajedrez a tierna edad.* **3.** Que muestra o despierta afecto, dulzura, simpatía, etc.: *Le dirigía tiernas miradas.* SIN. **3.** Afectuoso, cariñoso. ANT. **1.** Duro. **2.** Viejo, antiguo. **3.** Seco, frío. FAM. Ternasco, terneza, ternilla, ternura, tiernamente. / Enternecer.

Tierra (del lat. *terra*) *n. p.* **1.** Tercero de los planetas del Sistema Solar, sobre el que habita el hombre. || **tierra** *s. f.* **2.** Parte de este planeta no ocupada por el agua, en oposición a los océanos; a veces se contrapone a aire: *Vieron tierra después de una semana de navegación.* **3.** Materia inorgánica constituida por granos de arena y otras muchas sustancias que forman básicamente el suelo natural: *Te has llenado de tierra los zapatos.* **4.** Este mismo suelo considerado como base sobre la que crecen los vegetales: *cultivar la tierra.* **5.** Terreno, especialmente el cultivable. Se usa mucho en *pl.*: *Tiene tierras en Extremadura.* **6.** Suelo o piso: *Cayó a tierra del empujón.* **7.** Nación, país, región: *Vivió durante muchos años en tierra ar-*

gentina. **8.** Lugar de origen de una persona o cosa: *Sólo pensaba en volver a su tierra.* **9.** El mundo, en oposición al cielo o vida eterna: *Siempre hizo bien en la tierra.* **10.** En electricidad, el suelo considerado como polo y conductor eléctrico. || **11. tierra de nadie** Territorio que permanece sin ocupar entre dos frentes. **12. tierra firme** Extensión grande de tierra por oposición a isla; o simplemente tierra en contraposición a agua. También, terreno sólido, sobre el que se puede construir. **13. Tierra Prometida** o **de Promisión** La que Dios prometió al pueblo de Israel. También, aquella que es muy fértil y abundante. ■ Con este último significado suele escribirse con minúscula. **14. Tierra Santa** Palestina, lugar donde nació, vivió y murió Jesucristo. **15. tierra vegetal** La que contiene gran cantidad de elementos orgánicos, por lo que es apta para el cultivo. **16. tierras raras** Denominación genérica que reciben los minerales en que están presentes los elementos del grupo de los lantánidos y el de los actínidos; p. ext., dichos elementos. **17. toma de tierra** Conexión eléctrica que une un material, instrumento o parte de éste a la masa de la tierra, para evitar la aparición de diferencias de potencial indeseadas. || LOC. **a ras de tierra** *adv.* A la misma altura de la tierra o muy cerca de ella. También, en una mala situación desde el punto de vista moral o intelectual: *Tengo los ánimos a ras de tierra.* **besar la tierra** *fam.* Caer de bruces. **dar en tierra con** alguien o algo Dejarlo caer o tirarlo. **dar tierra** a alguien Enterrarlo. **echar** algo **por tierra** Estropearlo o hacerlo fracasar. **echar tierra a** (o **sobre**) algo Hacer lo posible para que no se vuelva a hablar de un asunto. **irse** (o **venirse**) algo **a tierra** Arruinarse algo, desmoronarse. También, fracasar, no cumplirse. **poner tierra por medio** Alejarse, huir. **quedarse** alguien **en tierra** No conseguir subir a un medio de transporte. También, estropearse un viaje que se tenía planeado. **sacar** algo **de debajo de (la) tierra** Conseguir algo, aunque sea muy difícil y se necesiten grandes esfuerzos. **tierra adentro** *adv.* En el interior, alejado de la costa: *Desembarcaron e instalaron el campamento tierra adentro.* **tomar tierra** Llegar a puerto una nave. También, aterrizar un avión, helicóptero, etc. **¡trágame tierra!** *excl.* Frase que utiliza alguien para expresar la vergüenza que siente de algo y el deseo de salir de esa situación. **tragárselo** a uno **la tierra** Haber desaparecido alguien, no encontrarle por ninguna parte. FAM. Terracota, terrado, terral, terraplén, terráqueo, terrario, terrateniente, terraza, terrazo, terremoto, terrenal, terreno, térreo, terrero, terrestre, terrícola, territorio, terrizo, terrón, terroso, terruño, tierral. / Aterrizar, desterrar, enterrar, parterre, soterrar, subterráneo.

tierral *s. m. Amér.* Polvareda, nube de polvo.

tieso, sa (del lat. *tensus*, tendido, estirado) *adj.* **1.** Recto, levantado: *Caminaba muy tieso. El perro escuchaba con las orejas tiesas.* **2.** Que no tiene flexibilidad o tiene poca: *El cuello de la camisa ha quedado demasiado tieso.* **3.** Muy serio, frío, seco: *Qué tiesa era la vendedora.* **4.** Orgulloso, engreído. **5.** Que tiene buena salud o estado de ánimo: *Hay que ver qué tieso está el abuelo para sus años.* || LOC. **dejar tieso** a alguien *fam.* Causarle una impresión muy fuerte. También, matarle. **estar tieso** No tener dinero: *No puedo prestarte nada porque estoy tieso.* **quedarse** uno **tieso** Quedarse entumecido por el frío. También, quedarse muy impresionado. Morirse o dormirse. **tenérselas tiesas** a alguien Enfrentarse enérgicamente a una persona, discutiendo o peleando con ella. SIN. **1.** Derecho, erguido. **1.** y **2.** Rígido. **2.** Inflexible. **3.** Circunspecto, antipático, brusco. **4.** Altanero, arrogante. **5.** Sano, recio; animoso. ANT. **1.** Torcido. **2.** Flexible. **3.** Simpático, afectuoso. **4.** Humilde. **5.** Enfermizo. FAM. Tiesura. / Patitieso, siempretieso, tentetieso. TENSO.

tiesto (del lat. *testum*) *s. m.* **1.** Maceta[2]*. **2.** *Chile* Vasija. || LOC. **mear** (o **regar**) **fuera del tiesto** *fam.* Decir o hacer algo que no viene a cuento, especialmente cuando es inoportuno. **sacar** alguien **los pies del tiesto** o **salirse del tiesto** Mostrar una conducta atrevida o maliciosa alguien que antes era tímido o comedido.

tifáceo, a (del lat. *tiphe*, y éste del gr. *typhe*, espadaña) *adj.* **1.** Se dice de las plantas herbáceas con flores agrupadas en inflorescencias cilíndricas, que alcanzan hasta 2 m de altura y crecen en parajes húmedos. Algunas especies se utilizan para fabricar asientos de sillas, esteras, etc. También *s. f.* || *s. f. pl.* **2.** Familia formada por estas plantas, a la que pertenece la enea o espadaña.

tífico, ca *adj.* Relativo al tifus o que padece tifus. También *s. m.* y *f.*

tifoideo, a (del gr. *typhos*, humo, y *eidos*, forma) *adj.* **1.** Relativo al tifus. **2.** Que presenta síntomas parecidos a los de esta enfermedad. || **3. fiebre tifoidea** Enfermedad infecciosa, provocada por un bacilo que daña las placas linfáticas del intestino delgado. ■ También se dice simplemente *tifoidea*, sobre todo en *pl.* FAM. Paratifoidea. TIFUS.

tifón (del lat. *typhon*, y éste del gr. *typhon*, torbellino) *s. m.* Ciclón tropical, propio del mar de la China, de extremada violencia y que va acompañado de vientos, torbellinos y lluvias torrenciales.

tifosi (ital.) *s. m. pl.* Hinchas de fútbol italiano.

tifus (del gr. *typhos*, estupor) *s. m.* Denominación común de varias enfermedades contagiosas caracterizadas por producir fiebre muy alta y estados de inconsciencia, y especialmente nombre dado a la fiebre tifoidea. ■ No varía en *pl.* FAM. Tífico, tifoideo.

tigra *s. f. Col.* y *Ven.* Tigre, jaguar.

tigre, gresa (del lat. *tigris*, y éste del gr. *tigris*) *s. m.* y *f.* **1.** Mamífero carnívoro propio de Asia, caracterizado por su piel de color amarillento, rayada de negro, con pelaje denso y corto, y con poderosas zarpas y mandíbulas. Tiene una gran fuerza muscular, agilidad para el salto y velocidad en carrera. **2.** Persona cruel y sanguinaria. || *s. m.* **3.** *fam.* Retrete, cuarto de baño. **4.** *Amér.* Jaguar*. ■ También se llama *tigre americano.* || *s. f.* **5.** *fam.* Mujer de actitud o aspecto muy provocativo. || LOC. **oler a tigre** *fam.* Oler desagradablemente una persona o un lugar. **ser un tigre** *Amér. fam.* Destacar en una actividad. SIN. **5.** Leona. FAM. Tigra, tigrillo. / Atigrado.

tigrillo *s. m. Amér. C., Col., Ec.* y *Ven.* Mamífero carnívoro de la familia de los félidos, de aproximadamente un metro de longitud, con cola larga, formas esbeltas y pelaje amarillo con ocelos negros, que habita en la región tropical de América del Sur.

tijera (del ant. *tisera*, y éste del lat. [*ferramenta*] *tonsoria*) *s. f.* **1.** Utensilio para cortar formado por dos hojas de un solo filo unidas en forma de aspa por un eje que permite que se muevan. Se usa más en *pl.* con significado de singular. **2.** Especie de aspa utilizada para apoyar cosas sobre ella, especialmente los maderos para cortarlos. **3.** En fútbol, patada al balón en el aire, amagando con una pierna y golpeándolo con la otra. **4.** En lucha, presa que inmoviliza al contrario, sujetándolo con las piernas. **5.** Ejercicio que consiste en cruzar repetidamente las piernas en el aire, con la espalda y los codos apoyados en el suelo. || LOC. **de tijera** *adj.* Se aplica a algunos utensilios provistos de dos piezas que se articulan o se mueven en aspa: *silla de tijera, mesa de tijera.* **echar** (o **meter**) **la tijera** Cortar con mucha decisión. También, suprimir o censurar una parte de un escrito, película, etc. **FAM.** Tijereta, tijeretada, tijeretazo, tijeretear.

tijereta (dim. de *tijera*) *s. f.* **1.** Insecto nocturno con boca masticadora, alas, aunque no vuela, y un abdomen largo acabado en dos apéndices curvos y dentados en forma de fórceps. **2.** Cada uno de los zarcillos que nacen en los sarmientos de las vides. **3.** Salto que se hace cruzando las piernas en el aire hacia arriba y hacia abajo. **4.** Ave palmípeda de unos 50 cm de longitud, pico aplanado, cuello largo y cola en forma de horquilla; habita en América del Sur.

tijeretazo o **tijeretada** *s. m.* o *f.* **1.** Cada uno de los movimientos que se hacen con las tijeras al cortar, especialmente de modo rápido o con energía. **2.** Corte hecho de esta manera.

tijeretear *v. tr.* **1.** Dar cortes con las tijeras, especialmente cuando se hacen sin cuidado o sin atención. || *v. intr.* **2.** *Arg.*, *Méx.* y *Nic.* Murmurar, criticar. **FAM.** Tijereteo. TIJERA.

tila (de *tilo*) *s. f.* **1.** Tilo*. **2.** Flor del tilo. **3.** Infusión preparada con las flores de este árbol, que tiene efectos tranquilizantes.

tílburi (de *Tilbury*, nombre del inventor de este carruaje) *s. m.* Carruaje ligero y sin cubierta, con dos ruedas grandes y para dos personas, tirado generalmente por una sola caballería.

tildar (del lat. *titulare*) *v. tr.* **1.** Atribuir a alguien el defecto, cualidad negativa, etc., que se expresa. ■ Se construye con la prep. *de*: *Tildó a su interlocutor de ignorante.* **2.** Colocar la tilde sobre las letras que sea necesario. **SIN. 1.** Tachar, acusar. **2.** Acentuar. **FAM.** Atildar. TILDE.

tilde (del lat. *titulus*) *s. amb.* **1.** Cualquier rasgo que acompaña a una letra, como el que lleva la *ñ* o los acentos. **2.** Defecto o cualidad negativa que tiene alguien o que se le atribuye. **3.** Cosa mínima. **SIN. 2.** Tacha. **FAM.** Tildar.

tiliche (onomat.) *s. m. Amér. C.* y *Méx.* Baratija, cachivache, trasto. Se usa más en *pl.*: *Se llevaron todos sus tiliches.* **FAM.** Tilichero.

tilico, ca *adj.* **1.** *Bol.* y *Méx. fam.* Se dice de la persona enclenque o delgada. **2.** *Méx. fam.* Se dice de la persona apocada, falta de carácter.

tilín (onomat.) *s. m.* Voz que imita el sonido de la campanilla. || LOC. **hacer tilín** alguien o algo a una persona *fam.* Gustarle, agradarle. **FAM.** Tilingo.

tilingo, ga *adj. Arg.*, *Méx.*, *Par.*, *Perú* y *Urug.* Se aplica a la persona insustancial, que dice muchas tonterías.

tilo (del lat. *tilia*) *s. m.* Árbol con hojas en forma de corazón, suaves al tacto, flores amarillentas y perfumadas y frutos indehiscentes con ribetes pronunciados. Su madera es apreciada en ebanistería y sus flores se usan en infusión como calmante; también son utilizados como árboles ornamentales.

timador, ra *s. m.* y *f.* Persona que tima. También *adj.* **SIN.** Estafador.

tímalo (del lat. *thymallus*, y éste del gr. *thymallos*) *s. m.* Pez teleósteo parecido al salmón, de hasta 50 cm de longitud, cabeza pequeña y puntiaguda, aleta dorsal muy larga de color rojo púrpura, detrás de la cual tiene otra más pequeña, adiposa y sin radios. Habita en ríos y lagos de montaña del N y centro de Europa y es apreciado como alimento.

timar *v. tr.* **1.** Robar o hurtar con engaño. **2.** Engañar a alguien en una venta, trato, etc., prometiéndole algo que luego no se cumple: *Me han timado con este coche.* || **timarse** *v. prnl.* **3.** Intercambiarse una pareja miradas, señas u otras muestras de cariño. **SIN. 1.** y **2.** Estafar. **3.** Tontear. **FAM.** Timador, timo[1].

timba *s. f.* **1.** *fam.* Partida de juego de azar, especialmente de naipes. **2.** Casa de juego. **3.** *Amér.* Barriga, vientre abultado. **SIN. 2.** Garito.

timbal (del lat. *tympanum*, y éste del gr. *tympanon*) *s. m.* **1.** Especie de tambor de un solo parche, con caja semiesférica metálica; generalmente se tocan dos a la vez afinados en distinto tono. **2.** Pequeño tambor que se toca en fiestas populares. **3.** Masa de harina y manteca, normalmente en forma de cubilete, que se rellena con carne u otros alimentos. **4.** Molde en que se prepara este plato. **SIN. 2.** Tamboril. **FAM.** Timbalero.

timbrado, da 1. *p.* de **timbrar**. También *adj.* || *adj.* **2.** Se aplica al papel de cartas con membrete.

timbrar *v. tr.* **1.** Dar a la voz el timbre adecuado, generalmente aumentando su volumen. **2.** Poner o estampar un sello, póliza, etc., en un documento. **3.** Poner el timbre en el escudo de armas. **SIN. 2.** Sellar. **FAM.** Timbrado, timbrador. TIMBRE.

timbrazo *s. m.* Toque fuerte de timbre.

timbre (del fr. *timbre*, y éste del lat. *tympanum*, del gr. *tympanon*, tambor) *s. m.* **1.** Instrumento, mecánico o eléctrico, que produce un sonido y sirve para llamar o avisar. **2.** Cualidad del sonido que depende de la disposición de los elementos de resonancia y por la que se pueden diferenciar sonidos de igual tono e intensidad. **3.** Manera propia y característica de sonar un instrumento musical o la voz de una persona. **4.** Sello que se pone o se estampa en algunos documentos y que indica la cantidad que debe pagarse al Estado en concepto de derechos. **5.** Renta que cobra el Estado en sellos, pólizas, etc., y a veces en metálico, por la emisión, uso o circulación de algunos documentos. **6.** Acción o cualidad que honra o ennoblece. ■ Se usa sobre todo en la expresión *timbre de gloria.* **7.** Emblema que se coloca encima del escudo de armas y que indica el grado de nobleza. **FAM.** Timbrar, timbrazo.

timidez *s. f.* Cualidad de tímido: *Su timidez le impide desenvolverse con naturalidad.* **SIN.** Vergüenza, apocamiento, retraimiento, cortedad. **ANT.** Caradura, frescura.

tímido, da (del lat. *timidus*) *adj.* **1.** Se aplica a la persona a la que cuesta mucho relacionarse con las demás, hablar o actuar en público, etc. También *s. m.* y *f.* **2.** Que no se percibe claramente o se manifiesta con poca fuerza e intensidad: *Surgieron tímidas protestas.* **SIN. 1.** Vergonzoso, cohibido, cortado. **2.** Leve, ligero, sutil. **ANT. 1.** Atrevido. **2.** Fuerte. **FAM.** Tímidamente, timidez.

timo[1] *s. m.* Acción de timar. **SIN.** Estafa; robo, hurto.

timo[2] (del lat. *thymus*) *s. m.* Glándula endocrina situada detrás del esternón, que forma parte del sistema inmune y cuya actividad disminuye después de la pubertad.

timón (del lat. *temo, -onis*) *s. m.* **1.** Pieza articulada, situada en la popa de las embarcaciones, que sirve para dirigirlas; p. ext., pieza similar de submarinos, aeronaves, etc. **2.** Palo derecho y largo del arado al que se sujeta la caballería. **3.** Lanza de un carro. **4.** Varilla de los cohetes que les sirve de contrapeso y les marca la dirección. **5.** Gobierno o dirección de algo: *Lleva con firmeza el timón de su negocio.* **SIN. 1.** Gobernalle. **5.** Mando, tutela, manejo, mandato. **FAM.** Timonear, timonel, timonero.

timonear *v. intr.* **1.** Manejar el timón. || *v. tr.* **2.** *Amér.* Llevar un negocio, dirigir alguna cosa.

timonel *s. m.* Persona que maneja el timón de la nave. **SIN.** Timonero.

timonero, ra *adj.* **1.** Relativo al timón. **2.** Se dice de cada una de las plumas grandes que tienen las aves en la cola y que les sirven para estabilizar y dirigir el vuelo. También *s. f.* || *s. m.* **3.** Timonel. **SIN. 2.** Rectriz.

timorato, ta (del lat. *timoratus*) *adj.* **1.** Tímido, vergonzoso, miedoso: *No seas timorato y habla con el director.* También *s. m.* y *f.* **2.** Que tiene o muestra una moralidad exagerada, escandalizándose con facilidad: *No creo que su mentalidad timorata le permita ver ese tipo de películas.* **SIN. 1.** Indeciso, cortado. **2.** Puritano, mojigato. **ANT. 1.** Atrevido. **2.** Liberal.

timpanizarse *v. prnl.* Ponerse tensa e hinchada la pared de una cavidad del cuerpo, especialmente del vientre. ■ Delante de *e* se escribe *c* en lugar de *z*. **FAM.** Timpanización. TÍMPANO.

tímpano (del lat. *tympanum*, y éste del gr. *tympanon*) *s. m.* **1.** Cavidad del oído medio. **2.** Membrana situada al final del conducto auditivo externo, que separa el oído externo del oído medio. **3.** En arq., espacio comprendido entre el dintel y las dos cornisas inclinadas de un frontón o entre el dintel y las arquivoltas de una portada. **4.** Instrumento musical que consiste en varias láminas de vidrio de desigual longitud, colocadas sobre cuerdas o cintas, que se tocan con un macillo. **5.** Tamboril, timbal. **6.** Cada una de las tapas de un tonel. **FAM.** Timpánico, timpanizarse.

timple *s. m.* Instrumento musical parecido a una guitarra de pequeño tamaño, característico de las islas Canarias.

tina (del lat. *tina*) *s. f.* **1.** Vasija grande en forma de media cuba o caldera. **2.** Tinaja*. **3.** Bañera. **SIN. 1.** Barreño, balde.

tinaja *s. f.* **1.** Vasija grande de barro más ancha por el centro que por la boca y la base, utilizada normalmente para guardar líquidos. **2.** Aquello que contiene esta vasija, generalmente un líquido: *Este olivar producirá bastantes tinajas de aceite.* **SIN. 1.** Tina. **FAM.** Tina, tinajero.

tincada *s. f. Chile* y *Perú fam.* Corazonada, presentimiento.

tinción (del lat. *tinctio, -onis*) *s. f.* Acción de teñir. **SIN.** Teñido.

tinerfeño, ña *adj.* De Tenerife. También *s. m.* y *f.*

tingitano, na *adj.* **1.** De la antigua Tingis, hoy Tánger. También *s. m.* y *f.* **2.** Tangerino*. También *s. m.* y *f.*

tinglado (del ant. fr. *tingle*, y éste del neerl. *tingel*, tabla, tablado) *s. m.* **1.** Cobertizo, techado: *En el muelle existen varios tinglados para las mercancías.* **2.** Armazón construido a cierta altura del suelo. **3.** Enredo, lío, maquinación. **SIN. 2.** Entablado, entabladura. **3.** Intriga, follón.

tiniebla (del lat. *tenebrae, -arum*) *s. f.* **1.** Oscuridad, falta de luz. Se usa más en *pl.* || *s. f. pl.* **2.** Situación de gran ignorancia o confusión intelectual: *Pretendía sacar al pueblo de las tinieblas.* **SIN. 2.** Incultura; oscurantismo. **ANT. 1.** Claridad. **2.** Sabiduría; progreso. **FAM.** Tenebroso.

tino *s. m.* **1.** Habilidad o destreza para dar en el blanco. **2.** Capacidad o facilidad para calcular algo a ojo: *Divide la tarta en nueve porciones, tú que tienes más tino.* **3.** Habilidad para acertar o alcanzar un objetivo. **4.** Prudencia, sentido común: *Al obrar así demostró mucho tino.* **5.** Moderación: *gastar sin tino.* **SIN. 1.** y **3.** Puntería. **3.** Tacto. **4.** Juicio, sensatez. **5.** Medida, mesura, proporción. **ANT. 4.** Imprudencia, desatino. **5.** Descomedimiento. **FAM.** Atinar.

tinta (del lat. *tincta*, de *tinctus*, teñido) *s. f.* **1.** Sustancia de color, más o menos líquida, que se utiliza para escribir, dibujar, imprimir textos, etc. **2.** Secreción líquida de color oscuro que lanzan los cefalópodos –pulpos, calamares, etc.–, como mecanismo de defensa. || *s. f. pl.* **3.** Distintos matices de color: *las tintas del cielo.* || **4. medias tintas** Palabras, actitudes, respuestas, etc., indeterminadas o imprecisas. **5. tinta china** La utilizada para dibujar, hecha básicamente de negro de humo. **6. tinta simpática** La que no se ve hasta que no se le aplica un reactivo. || **LOC. cargar** (o **recargar**) **las tintas** *fam.* Exagerar. **correr tinta** (o **correr ríos de tinta**) **sobre** algo Provocar un asunto un gran interés, por lo que es muy tratado por la prensa, en estudios, etc. **de buena tinta** *adv. fam.* A través de una fuente de información fiable. **sudar tinta** *fam.* Costarle a una persona mucho esfuerzo hacer algo. **FAM.** Tintar, tintero, tintóreo. TEÑIR.

tintar *v. tr.* Entintar*. **FAM.** Entintar. TINTA.

tinte *s. m.* **1.** Acción de teñir. **2.** Sustancia o color con que se tiñe. **3.** Tintorería*: *Llevé los trajes al tinte.* **4.** Rasgo, carácter, etc., que da a algo un determinado aspecto: *Todos sus escritos tienen un tinte político.* **5.** Barniz o cualidad superficial que posee alguien o algo: *Engaña con su tinte de hombre culto.* **SIN. 1.** Tinción. **4.** Tono, matiz. **5.** Apariencia.

tintero (del lat. *tinctorium*) *s. m.* **1.** Recipiente que contiene la tinta para escribir. **2.** En las máquinas de imprimir, depósito para la tinta. || **LOC. dejar(se)** algo **en el tintero** Olvidarlo, no decirlo o escribirlo: *Después de lo dicho creo que no me dejo nada en el tintero.*

tintín (onomat.) *s. m.* Voz que imita el sonido de la campanilla o el de otros objetos que producen un sonido similar. **FAM.** Tintinar, tintinear.

tintinear o **tintinar** *v. intr.* Producir su sonido la campanilla u otros objetos que lo causan similar. **FAM.** Tintineante, tintineo. TINTÍN.

tinto, ta (del lat. *tinctus*, de *tingere*, teñir) **1.** *p. irreg.* de **teñir**. También *adj.*: *Tenía las manos tintas en sangre.* || *adj.* **2.** Se aplica al color rojo oscuro y a las cosas de dicho color. También *s. m.* **3.** Se dice de un tipo de vino de color rojo oscuro. También *s. m.* **SIN. 2.** Cárdeno. **3.** Tintorro. **FAM.** Tintorera, tintorro. TEÑIR.

tintóreo, a (del lat. *tinctorius*) *adj.* Se aplica a las plantas de las que se extraen sustancias colorantes y a estas sustancias.

tintorera *s. f.* Pez elasmobranquio del grupo de los tiburones, que alcanza hasta 6 m de longitud, y tiene el dorso de color azul y el vientre claro, las aletas pectorales en forma de hoz y la caudal alargada, hocico cónico y fuertes dientes; vive en mares tropicales y templados.

tintorería *s. f.* Establecimiento en que se limpian y planchan o se tiñen prendas de vestir y otros tejidos. **SIN.** Tinte, lavandería. **FAM.** Tintorero. TEÑIR.

tintorero, ra *s. m.* y *f.* Persona que tiene por oficio limpiar y teñir la ropa y otros tejidos.

tintorro *s. m. fam.* Vino tinto.

tintura (del lat. *tinctura*) *s. f.* **1.** Acción de teñir. **2.** Sustancia con que se tiñe. **3.** Líquido en que se ha disuelto una sustancia que le da color y que generalmente se usa con fines medicinales: *tintura de yodo.* **4.** Conocimiento superficial que se tiene sobre algo. SIN. **2.** Tinte, colorante. **3.** Disolución. **4.** Barniz.

tiña (del lat. *tinea*, polilla) *s. f.* **1.** Enfermedad contagiosa de la piel, especialmente de la zona del cráneo, causada por diversos hongos parásitos, que produce costras, escamas y la caída del cabello. **2.** Oruga que daña las colmenas, alimentándose de la miel de sus panales. **3.** *fam.* Suciedad, porquería. **4.** Tacañería, miseria. SIN. **3.** Mugre, guarrería. **4.** Mezquindad, racanería. ANT. **3.** Limpieza. **4.** Generosidad. FAM. Tiñoso.

tiñoso, sa *adj.* **1.** Que padece tiña. También *s. m.* y *f.* **2.** *fam.* Sucio y de muy mal aspecto: *unos pantalones tiñosos.* **3.** Tacaño, miserable. También *s. m.* y *f.* SIN. **2.** Mugriento, guarro, cochino. **3.** Roñoso, mezquino, ruin, rácano, rata. ANT. **2.** Limpio, pulcro. **3.** Generoso, dadivoso.

tío, a (del lat. *thius*, y éste del gr. *theios*) *s. m.* y *f.* **1.** Con respecto a una persona, hermano o hermana de su padre o de su madre. **2.** Forma de tratamiento que se da en algunos lugares, especialmente en los pueblos, a las personas casadas o de cierta edad. **3.** *fam.* Se utiliza para designar a una persona despectivamente o, por el contrario, demostrando admiración: *¿Qué se habrá creído el tío ese? ¡Qué tío, cómo corre!* **4.** Sujeto, individuo: *Está saliendo con una tía de clase.* ■ Se usa también como apelativo: *Pero, tío, date prisa.* ‖ **5. tío abuelo** (o **tía abuela**) Con respecto a una persona, hermano o hermana de uno de sus abuelos. **6. tío segundo** (o **tía segunda**) Con respecto a una persona, primo o prima de sus padres. ‖ LOC. **cuéntaselo a tu tía** *fam.* Indica que alguien no cree nada absolutamente de lo que otro dice. **no hay tu tía** Expresa la dificultad o imposibilidad de realizar o conseguir algo: *Por mucho que se lo pido, no hay tu tía.* **tener un tío en América** (o **en las Indias**) Contar con la ayuda económica de una persona rica. A veces se utiliza irónicamente para referirse a algo muy favorable, pero con lo que no se puede contar. SIN. **4.** Tipo, menda, pollo. FAM. Tiarrón, tiovivo.

tiorba *s. f.* Instrumento musical de cuerda semejante al laúd, pero algo mayor, con dos mangos y con ocho cuerdas más para los bajos.

tiovivo *s. m.* Atracción de feria para niños formada por una plataforma redonda giratoria sobre la que se encuentran caballitos, coches, etc., que generalmente tienen también movimiento. SIN. Carrusel.

tipa *s. f. desp.* y *fam.* Mujer, sin especificar: *¿Quién es esa tipa?*

tipario *s. m.* Conjunto de los tipos de una máquina de escribir.

tiparraco, ca *s. m.* y *f. fam.* Persona despreciable o ridícula. SIN. Tipejo, mamarracho, mequetrefe.

tipazo *s. m.* **1.** *fam.* Cuerpo muy atractivo. **2.** Persona muy atractiva.

tipear *v. tr. Amér.* Escribir a máquina. También *v. intr.*

tipejo, ja *s. m.* y *f.* Persona ridícula y poco importante. SIN. Tiparraco, mamarracho, mequetrefe.

tipi (del ingl. *teepee*) *s. m.* Tienda cónica de piel, sostenida por una armadura de madera, propia de los indios de las grandes llanuras de América del Norte.

tipicidad *s. f.* **1.** Cualidad de típico. **2.** En der., elemento esencial para que exista un delito, que consiste en la adecuación de un hecho u omisión concretos a algunos de los previstos penados por la ley.

típico, ca (del lat. *typicus*, y éste del gr. *typikos*) *adj.* Característico o representativo de una persona, cosa, grupo, país, época, situación, profesión, etc.: *una actitud típica del romanticismo.* SIN. Tradicional, simbólico. FAM. Tipicidad, tipismo. / Atípico.

tipificar *v. tr.* **1.** Adaptar varias cosas semejantes a un tipo o norma común: *No he conseguido tipificar todas las variedades en un único modelo.* **2.** Representar una persona o cosa el tipo o modelo de la clase o grupo a que pertenece: *Esa forma de vestir tipifica a la juventud de ahora.* ■ Delante de *e* se escribe *qu* en lugar de *c.* SIN. **1.** Normalizar, estandarizar. **2.** Simbolizar. FAM. Tipificación. TIPO.

tipismo *s. m.* **1.** Cualidad de típico. **2.** Conjunto de caracteres o rasgos típicos: *Estudió el tipismo de la región.* SIN. **1.** Peculiaridad. **2.** Tradición.

tiple *s. m.* **1.** La más aguda de las voces humanas. **2.** Guitarra pequeña de sonido agudo. **3.** Especie de oboe de pequeño tamaño y sonido agudo, empleado en los grupos que tocan la música de la sardana. ‖ *s. m.* y *f.* **4.** Persona, especialmente mujer, que tiene la voz aguda señalada en la primera acepción. **5.** Persona que toca los instrumentos mencionados en las acepciones 2 y 3. SIN. **1.** y **4.** Soprano. ANT. **1.** y **4.** Bajo. FAM. Atiplar, vicetiple.

tipo (del lat. *typus*, y éste del gr. *typos*) *s. m.* **1.** Ejemplar, abstracto o real, que tiene las características esenciales del grupo o clase a que pertenece: *Ése es el tipo de coche preferido por los jóvenes.* **2.** Modelo que sirve para imitar, reproducir, describir, etc., las cosas de su misma clase: *Redacta la carta según el tipo que te enseñé.* **3.** Grupo de personas, animales o cosas que tienen unas mismas características: *Hay naranjas de varios tipos.* **4.** Figura, forma del cuerpo de una persona: *Esa chica tiene un tipo estupendo.* **5.** Persona, individuo: *Este tipo me ha roto la chaqueta.* **6.** Personaje de una obra de ficción: *El tipo del gracioso abunda en las comedias del Siglo de Oro español.* **7.** Cada una de las grandes agrupaciones de clases en que tradicionalmente se han dividido los reinos animal y vegetal; no tiene valor taxonómico, aunque algunos lo han identificado con *filo.* **8.** Pieza metálica utilizada en imprenta y en las máquinas de escribir que tiene en relieve una letra u otro signo. **9.** En imprenta, cada una de las clases diferentes de letra. **10.** Figura principal en una moneda o medalla. ‖ **11. tipo de cambio** Relación de equivalencia entre dos monedas de diferentes países, medida por el número de unidades de una de ellas que es preciso entregar para adquirir una unidad monetaria del otro. **12. tipo de interés** Precio que debe pagar un deudor a su acreedor por el préstamo de una cantidad de dinero y que se expresa en un porcentaje por unidad de tiempo. ‖ LOC. **jugarse el tipo** *fam.* Arriesgarse en una situación de peligro. **mantener el tipo** Mantener la calma o el control de la situación ante una dificultad, un apuro, un peligro, etc. **ser** una persona **el tipo** de otra Gustarle. SIN. **1.** Ejemplo, arquetipo, prototipo. **2.** Pauta, patrón, muestra. **3.** Categoría. **4.** Porte. **5.** Tipejo, tío. FAM. Tipa, tipario, tiparraco, tipazo, tipear, tipificar, tipografía, tipología, tipómetro. / Arquetipo, biotipo, cariotipo, electrotipia, estenotipia, estereotipo, fenotipo, fototipia, galvanotipia, genotipo, linotipia, logotipo, monotipia, prototipo, subtipo, teletipo.

tipografía (de *tipo* y *-grafía*) *s. f.* **1.** Sistema de impresión con formas que contienen los tipos y grabados en relieve, los cuales una vez entintados se aplican directamente por presión sobre el papel. **2.** Taller en que se imprime. **SIN. 2.** Imprenta. **FAM.** Tipográfico, tipógrafo. / Ortotipografía. TIPO.

tipógrafo, fa *s. m.* y *f.* Trabajador de una imprenta que compone los textos que se van a imprimir en tipografía.

tipoí o **tipoy** (guaraní) *s. m. Amér. del S.* Túnica larga y amplia, sin cuello ni mangas, usada por las mujeres. ■ Su pl. es *tipoís* o *tipóis*.

tipología *s. f.* Estudio y clasificación de los tipos que se realiza en diversas ciencias.

tipómetro *s. m.* Especie de regla graduada usada en artes gráficas para medir el cuerpo o tamaño de las letras, la separación entre líneas, ancho y alto de columnas, etc.

tippex (nombre comercial registrado) *s. m.* Líquido de color blanco que se emplea para hacer correcciones sobre el papel. ■ No varía en *pl.*

tique o **tíquet** (del ingl. *ticket*) *s. m.* **1.** Billete o comprobante de haber pagado el precio para un espectáculo, un medio de transporte, etc. **2.** Papel que sirve como resguardo para recoger algún objeto en un establecimiento. ■ El pl. de *tíquet* es *tíquets*. **SIN. 1.** Entrada, justificante. **2.** Papeleta, vale. **FAM.** Tiquete.

tiquete *s. m. Amér.* Tique, entrada. **SIN.** Boleto.

tiquismiquis (del lat. macarrónico *tichi, michi*, alteración vulgar de *tibi, mihi*, para ti, para mí) *s. m. pl.* **1.** Escrúpulos o reparos por alguna cosa sin importancia: *Hace tiquismiquis por cualquier cosa.* **2.** *fam.* Discusiones por motivos poco importantes. **3.** Expresiones ridículas por ser demasiado cursis o afectadas. || *s. m.* y *f.* **4.** *fam.* Persona muy remilgada y escrupulosa. También *adj.* ■ En esta última acepción, no varía en *pl.* **SIN. 1.** Pejiguerías, melindres. **1.** y **2.** Tonterías. **1.** y **3.** Ñoñerías. **4.** Ñoño, pejiguero, melindroso.

tira (de *tirar*) *s. f.* **1.** Trozo o pieza larga y estrecha de tela, papel u otro material. **2.** En un periódico, franja de viñetas o dibujos que narran una historia o parte de ella. **3.** *fam.* Con el artículo *la*, gran cantidad de una cosa: *Le faltan la tira de asignaturas para acabar la carrera.* || **LOC. hacer tiras** *fam.* Destrozar algo o matar a alguien. **SIN. 1.** Cinta, banda. **FAM.** Tirilla, tirita. TIRAR.

tirabuzón (del fr. *tire-bouchon*) *s. m.* **1.** Rizo de pelo, largo y que cae en forma de espiral. **2.** Sacacorchos*. **SIN. 1.** Bucle. **2.** Descorchador.

tirachinas *s. m.* Horquilla con dos gomas sujetas a cada uno de sus extremos y unidas por un trozo de cuero en el que se colocan piedras u otros objetos pequeños para lanzarlos o dispararlos. ■ No varía en *pl.* **SIN.** Tirador, tiragomas.

tirada *s. f.* **1.** Acción de tirar. **2.** Distancia, generalmente larga, que hay de un lugar a otro o de un tiempo a otro: *Hay una tirada de mi casa al colegio.* **3.** Serie de cosas que se dicen o escriben de una vez: *Nos leyó una tirada de versos.* **4.** Cada uno de los impulsos que se da al mecanismo de un juego de suerte, como una ruleta: *En la primera tirada conseguimos un buen premio.* **5.** En imprenta, impresión. **6.** En imprenta, número de ejemplares de que consta la edición de un libro, una revista, etc. **7.** *Amér.* Discurso largo, pesado y aburrido. **8.** *fam.* Prostituta*. || **LOC. de** (o **en**) **una tirada** *adv.* De una sola vez, sin detenerse: *Hicimos el viaje de una tirada.* **SIN. 1.** Lanzamiento. **2.** Trecho, tramo. **3.** Sarta, sucesión. **5.** y **6.** Tiraje.

tiradera *s. f.* **1.** *Amér. C., Chile* y *Cuba* Cinta o cordón con que las mujeres se sujetan las faldas a la cintura. **2.** Flecha larga de bejuco con punta de asta de ciervo que los indios americanos disparaban con correas.

tirado, da 1. *p.* de **tirar**. También *adj.* || *adj.* **2.** Se dice de las cosas que se venden muy baratas o que abundan mucho: *He decidido comprarlo porque está tirado.* **3.** *fam.* Se dice de aquello que es muy fácil de realizar o de conseguir: *Este año está tirado aprobar las matemáticas.* **4.** Referido a personas, despreciable, ruin, bajo. También *s. m.* y *f.*: *Recluta sus matones entre lo más tirado de la ciudad.* **SIN. 2.** Regalado. **3.** Chupado. **4.** Miserable. **ANT. 2.** Caro. **2.** y **3.** Imposible. **4.** Escogido.

tirador, ra *s. m.* y *f.* **1.** Persona que tira o dispara: *un batallón de tiradores.* **2.** Persona que estira algo, p. ej. los metales para transformarlos en hilos. || *s. m.* **3.** Instrumento con que se estira. **4.** Asa o agarrador instalado en algún objeto, del que se tira para cerrarlo, abrirlo, etc.: *el tirador de un cajón.* **5.** Cordón, cadena, etc., de la que se tira para hacer sonar una campanilla o un timbre. **6.** Tirachinas*. **7.** *Arg., Bol., Par.* y *Urug.* Cinturón ancho que usa el gaucho. **8.** *Arg.* y *Urug.* Tirante para sujetar los pantalones. Se usa más en *pl.* **SIN. 1.** Cazador, pistolero. **4.** Asidero, picaporte, puño. **6.** Tiragomas. **FAM.** Francotirador. TIRAR.

tirafondo (del fr. *tire-fond*) *s. m.* **1.** Tornillo que se utiliza especialmente para asegurar algunas piezas de hierro a la madera. **2.** Instrumento utilizado en cirugía para extraer los cuerpos extraños del fondo de las heridas.

tiragomas *s. m.* Tirachinas*.

tiraje *s. m.* **1.** Tirada o impresión. **2.** Número de ejemplares de que consta la edición de un libro, revista, etc. **3.** *Arg., Chile, Méx.* y *Nic.* Tiro de las chimeneas. **SIN. 1.** Tirada.

tiralevitas *s. m.* y *f. fam.* Persona que adula a otra para conseguir algo de ella. ■ No varía en *pl.* **SIN.** Pelota, pelotillero.

tiralíneas *s. m.* Instrumento con la punta de metal a modo de pinza, cuya abertura se gradúa con un tornillo, que sirve para trazar líneas con tinta, más o menos anchas según esa abertura. ■ No varía en *pl.*

tiramisú (ital., significa 'anímame') *s. m.* Dulce preparado con bizcocho empapado en café y licor, cubierto por una crema elaborada con un tipo de queso muy suave y claras a punto de nieve. ■ Su pl. es *tiramisúes*, aunque también se utiliza *tiramisús*.

tiranía (del gr. *tyrannia*) *s. f.* **1.** Forma de gobierno en que el poder lo ejerce un tirano o un dictador. **2.** En la antigüedad, régimen en que el gobernante alcanzaba el poder por medios ilegítimos, independientemente de que lo ejerciera con justicia y acierto. **3.** Abuso de poder, autoridad o fuerza: *Los esclavos se rebelaron contra la tiranía de los amos.* **4.** Dominio excesivo que una pasión, sentimiento, etc., ejerce sobre una persona: *Sufre la tiranía de su propia ambición.* **SIN. 1.** Autocracia. **3.** Opresión, despotismo, yugo, autoritarismo. **ANT. 1.** Democracia.

tiranicidio (del lat. *tyrannicidium*) *s. m.* Acción de matar a un tirano. **FAM.** Tiranicida. TIRANO.

tiránico, ca *adj.* De la tiranía o el tirano, o relacionado con ellos: *un régimen tiránico.* **SIN.** Despótico, dictatorial, opresivo. **ANT.** Democrático, tolerante.

tiranizar (del lat. *tyrannizare*) *v. tr.* **1.** Gobernar un tirano algún estado. **2.** Dominar o tratar a alguien con tiranía. ■ Delante de *e* se escribe *c* en lugar de *z*. **SIN. 2.** Sojuzgar, oprimir. **FAM.** Tiranización. TIRANO.

tirano, na (del lat. *tyrannus*, y éste del gr. *tyrannos*) *adj.* **1.** Que consigue el gobierno de un estado sin tener derecho a ello y lo dirige sin justicia y siguiendo sólo su propia voluntad. También *s. m.* y *f.* **2.** Que abusa de su poder, superioridad o fuerza. También *s. m.* y *f.*: *Ese profesor es un tirano.* **3.** Se dice de la pasión o sentimiento que domina a una persona. **SIN. 1.** Dictador, absolutista, opresor. **2.** Déspota. **ANT. 2.** Tolerante. **FAM.** Tiranamente, tiranía, tiránicamente, tiranicidio, tiránico, tiranizar.

tiranosaurio *s. m.* Dinosaurio carnívoro del periodo cretácico que se sostenía sobre las patas posteriores, mayores y más fuertes que las anteriores. De gran corpulencia, llegó a alcanzar hasta 16 m de longitud y 6 m de altura.

tirante *adj.* **1.** Que tira. **2.** Se dice de las cosas que no tienen dobleces, arrugas u ondulaciones, porque están sujetas a fuerzas opuestas que tiran hacia afuera de sus extremos o bordes. **3.** Se dice de las relaciones de amistad próximas a romperse y de las personas que se encuentran en esta situación: *Desde la discusión, los amigos estaban muy tirantes.* **4.** Se dice de la situación en que se encuentran dos o más personas cuando están cohibidas, sin saber qué hacer o qué decir: *Cuando nos presentaron hubo un momento muy tirante.* || *s. m.* **5.** Cada una de las dos tiras de tela, piel o material elástico que, pasando por los hombros, sirven para sujetar los pantalones, el delantal y otras prendas. **6.** Cuerda o correa que, sujeta a las guarniciones de las caballerías, sirve para tirar de un carruaje o de otra cosa. **7.** Cada una de las tres cuerdas que salen respectivamente del centro y de los ángulos superiores de una cometa. **8.** En la armadura de un tejado, pieza o viga que impide que se separen los pares o maderos paralelos a la inclinación de dicho tejado. **9.** En mecánica, pieza destinada a soportar una tensión. **SIN. 2.** Terso. **2.** a **4.** Tenso. **4.** Embarazoso, violento. **6.** Tiro. **ANT. 2.** Flojo. **3.** Cordial. **4.** Relajado. **FAM.** Tirantez, tirantillo. / Atirantar. TIRAR.

tirantez *s. f.* Cualidad de tirante: *la tirantez de nuestra relación.* **SIN.** Tensión, violencia.

tirantillo (dim. de *tirante*) *s. m.* Tira de cuero o tela que mantiene en posición más o menos vertical la tapa de una maleta mientras está abierta.

tirar *v. tr.* **1.** Lanzar una cosa que se tiene en la mano en una dirección o hacia alguien o algo: *Los chicos tiraban piedras al tejado.* **2.** Soltar o dejar caer algo: *No tires papeles al suelo.* **3.** Desechar alguna cosa: *Este vestido está para tirarlo.* **4.** Malgastar, desperdiciar o malvender algo: *Ha tirado su dinero en tonterías.* **5.** Derribar: *tirar un edificio.* **6.** *fam.* En un examen o prueba, suspender o eliminar a alguien: *Le tiraron en el teórico de conducir.* **7.** Disparar proyectiles con un arma de fuego o lanzar algún artefacto de pólvora o explosivo: *tirar un cañonazo, tirar cohetes.* También *v. intr.*: *El atracador tiró a matar.* **8.** P. ext., disparar con una cámara fotográfica. **9.** Con expresiones que indican una acción que produce un daño físico, ejecutar dicha acción: *El perro le tiró un mordisco.* **10.** En juegos en que se maneja una pelota, dados, cartas, etc., hacer uso de ellos un jugador para realizar una jugada: *Al tirar el dado salió un seis.* También *v. intr.* **11.** Imprimir un libro, una revista, etc.: *Tiraron seis mil ejemplares de la novela.* **12.** Dibujar una línea o raya. || *v. intr.* **13.** Hacer fuerza para arrastrar o atraer hacia sí alguna cosa: *No tires tan fuerte del cajón.* **14.** *fam.* Atraer, gustar: *No le tira estudiar.* **15.** Referido a prendas de vestir, apretar, quedar estrecho o corto: *Me tira de la sisa.* **16.** Con la preposición *de* y un nombre de instrumento o arma, sacarlo o tomarlo con la mano para usarlo: *Es peligroso, a la mínima tira de cuchillo.* **17.** Esgrimir o manejar ciertas armas según una técnica: *tirar a florete.* **18.** *fam.* Funcionar, marchar: *Este cacharro ya no tira.* **19.** Producir un horno, chimenea, etc., una corriente de aire que aviva el fuego. **20.** *fam.* Ir en cierta dirección o hacia un lugar determinado: *Al pasar el semáforo, tira a la derecha.* **21.** Tender o inclinarse: *Este niño tira para cura.* **22.** Mostrar una persona o cosa cierta cualidad, aunque no de una manera clara o completa: *Tu pelo tira a rubio.* **23.** Parecerse una persona o cosa a otra: *Tu hija menor tira a su abuela.* **24.** Animar o forzar una persona a alguien: *El ciclista más experimentado tiraba del pelotón.* || **tirarse** *v. prnl.* **25.** Lanzarse una persona o animal desde una determinada altura: *Se tiró del trampolín.* **26.** Echarse al suelo, a la cama, etc. **27.** *fam.* Pasar, dejar transcurrir el tiempo: *Se tiró la tarde estudiando.* **28.** *vulg.* Poseer sexualmente a alguien. || **29. tira y afloja** *fam.* En una negociación, trato, etc., alternancia de los momentos de tensión con otros de conciliación. || **LOC. a todo tirar** *adv.* Como mucho: *Esto durará, a todo tirar, un mes.* **ir tirando** *fam.* Mantenerse alguien o algo en una situación sin grandes cambios, ni para bien ni para mal: *Con unas cosas y otras vamos tirando.* También, seguir susbsistiendo trabajosamente una persona o cosa: *Mi abuelo va tirando aunque está ya muy mayor.* **tira millas** *fam.* Expresión con que se indica a alguien que siga adelante en una decisión, proyecto, etc., sin pensar en las consecuencias. **tirar a matar** (o **con bala**) *fam.* Decir algo con muy mala intención. **tirar por la calle del medio** Tomar una decisión desesperada para salir de una dificultad. **SIN. 1., 2., 25.** y **26.** Arrojar(se). **4.** Derrochar, despilfarrar, dilapidar. **5.** Abatir, tumbar. **6.** Catear. **9.** Arrear, sacudir. **12.** Trazar. **13.** Halar, jalar. **14.** Entusiasmar. **20.** Tomar, enfilar. **25.** Saltar. **28.** Cepillarse. **ANT. 1.** y **2.** Coger. **4.** Ahorrar. **5.** y **26.** Levantar(se). **6.** Aprobar. **13.** Empujar. **14.** Repeler. **18.** Estropearse. **FAM.** Tira, tirachinas, tirada, tiradera, tirado, tirador, tiragomas, tiraje, tiralevitas, tiralíneas, tiramiento, tirante, tiro, tirón. / Estirar, retirar.

tirilla *s. f.* **1.** *dim.* de **tira**. **2.** Tira de tela que une el cuello al escote de una camisa o que remata ésta si no tiene cuello. || **tirillas** *s. m.* **3.** *fam.* Persona de poca fortaleza física. ■ No varía en *pl.* **SIN. 3.** Enclenque, mequetrefe. **ANT. 3.** Sansón.

tirio, ria (del lat. *tyrius*) *adj.* De Tiro, ciudad fenicia. También *s. m.* y *f.* || **LOC. tirios y troyanos** Personas de opiniones opuestas.

tirita *s. f.* **1.** *dim.* de **tira**. **2.** Tira de esparadrapo u otro material adhesivo, que tiene en el centro una gasa pequeña con una sustancia desinfectante y que se utiliza para proteger heridas muy pequeñas.

tiritar (onomat.) *v. intr.* Temblar por causa del frío o de la fiebre. ■ Se dice también *tiritar*. **SIN.** Estremecerse, castañear. **FAM.** Tiritera, tiritón, tiritona. / Titiritar.

tiritera o **tiritona** *s. f.* Temblor producido por frío o fiebre.

tiritón *s. m.* Cada uno de los estremecimientos del que tirita.

tiro *s. m.* **1.** Acción de tirar. **2.** Disparo de un arma de fuego y sonido que produce: *Se oyó un tiro en la calle.* **3.** Señal o herida que produce en una persona o cosa ese disparo: *Tiene un tiro en la pierna.* **4.** Distancia a la que puede llegar un arma arrojadiza o el disparo de un arma de fuego y trayectoria descrita por el proyectil. **5.** Lugar en que se tira al blanco. **6.** Conjunto de caballerías que tiran de un carruaje: *un tiro de cinco caballos blancos.* **7.** Cuerda o correa que, sujeta a las guarniciones de las caballerías, sirve para tirar de un carruaje o de otra cosa. **8.** Tramo de escalera. **9.** Corriente de aire que se produce en un horno, chimenea, etc., y que sirve para avivar el fuego. **10.** En un pantalón, distancia entre la parte en que se unen las piernas y la cinturilla: *Ese pantalón es muy corto de tiro.* **11.** En dep., conjunto de especialidades con categoría olímpica que consisten en acertar o derribar una serie de blancos con armas de fuego, arcos, flechas, etc. **12.** En el fútbol y otros deportes, lanzamiento del balón hacia la portería, cesta, etc., del equipo contrario. **13.** Seguido de la preposición *de* y el nombre de un arma o de un objeto arrojadizo, se usa como medida de distancia: *La estación está a un tiro de piedra del parque.* || **14. tiro al blanco** Deporte que consiste en disparar a un blanco con un arma; también, lugar en que se practica. **15. tiro de gracia** El que se da para rematar a una persona o animal herido gravemente. **16. tiro libre** En baloncesto, el tiro a canasta directo y a balón parado desde un punto determinado, que se ejecuta como castigo de ciertas faltas personales o técnicas. || LOC. **a tiro** *adv.* Al alcance de un arma arrojadiza o de fuego. También, se dice de lo que se encuentra al alcance de una persona: *Le cuenta su vida al primero que se le pone a tiro.* **a tiro hecho** *adv.* Con clara y determinada intención: *Fuimos a comprar a tiro hecho.* **a tiro limpio** *adv.* Utilizando las armas de fuego: *La pelea terminó a tiro limpio.* **como un tiro** *adv. fam.* De repente o muy rápidamente: *Salió como un tiro.* También, con verbos como *sentar, caer, ir,* etc., muy mal: *El vestido le sentaba como un tiro.* **de tiros largos** *adj.* y *adv. fam.* Con vestido de gala. También, con lujo y cuidado. **ni a tiros** *adv. fam.* De ningún modo. **no ir por ahí los tiros** *fam.* Expresión con que se da a entender que una opinión, suposición, etc., va mal orientada o está equivocada. **salir el tiro por la culata** Resultar lo contrario de lo que se esperaba. SIN. **2.** Descarga, tiroteo; detonación, estampido. **3.** Balazo. **4.** Alcance. **7.** Tirante. FAM. Tirotear. TIRAR.

tiroides (del gr. *thyroeides*, semejante a una puerta) *adj.* **1.** Se dice de la glándula endocrina situada en la parte superior y delantera de la tráquea, debajo de la laringe, y cuya secreción regula el metabolismo y el crecimiento. También *s. m.* **2.** Se aplica a una formación cartilaginosa de tamaño y consistencia considerables, situada en la parte alta del aparato respiratorio y delantera del cuello. También *s. m.* ■ No varía en *pl.* FAM. Tiroideo, tiroidina, tirotomía, tiroxina. / Hipertiroidismo, hipotiroidismo, paratiroideas, paratiroides.

tiroidina *s. f.* Extracto de la glándula tiroides, que se emplea con finalidad terapéutica.

tirolés, sa *adj.* **1.** Del Tirol, región de Austria e Italia. También *s. m.* y *f.* || *s. m.* **2.** Dialecto hablado en el Tirol.

tirón *s. m.* **1.** Acción de tirar con violencia. **2.** Acción de estirar violentamente algo. **3.** Procedimiento de robo que consiste en apoderarse de manera violenta y rápida de un bolso, cartera, maleta, etc. **4.** Movimiento brusco de un vehículo, un motor, etc.: *El coche da tirones cuando va muy despacio.* **5.** Atractivo especial que tiene una persona o cosa. **6.** En algunos deportes, especialmente en ciclismo, aceleración brusca de un corredor para conseguir una ventaja y desgastar las fuerzas de sus seguidores. **7.** Agarrotamiento de algún músculo. || LOC. **de un tirón** *adv.* De una vez, de un golpe. SIN. **1.** Meneo, impulso. **5.** Gancho. ANT. **1.** Empujón. FAM. Tironear, tironero. TIRAR.

tironear *v. tr. Amér.* Dar tirones. También *v. intr.*

tironero, ra *s. m.* y *f. fam.* Ladrón que roba bolsos por el método del tirón.

tiroriro (onomat.) *s. m.* Sonido de algunos instrumentos musicales de viento, especialmente de los que se tocan con la boca.

tirotear *v. tr.* Disparar repetidamente con armas de fuego contra personas o cosas: *Los enemigos tirotearon el puesto.* También *v. prnl.* SIN. Acribillar(se), balear(se). FAM. Tiroteo. TIRO.

tiroteo *s. m.* Acción de tirotear o tirotearse.

tirotropina o **tirotrofina** *s. f.* En bioquímica, hormona producida por la glándula hipófisis que regula la acción del tiroides.

tiroxina *s. f.* Hormona principal de las segregadas por la glándula tiroides.

tirreno, na (del lat. *Tyrrehenus*) *adj.* **1.** Del mar Tirreno o relacionado con él: *los puertos tirrenos.* **2.** Etrusco*. También *s. m.* y *f.*

tirria (onomat.) *s. f. fam.* Manía o antipatía que se tiene hacia alguien o algo, generalmente sin justificación. SIN. Odio, ojeriza. ANT. Afecto, simpatía. FAM. Tirrioso.

tirso (del lat. *thyrsus*, y éste del gr. *thyrsos*) *s. m.* **1.** Panoja o inflorescencia de forma ovalada, como la de la vid o la lila. **2.** Vara con ramas enrolladas que suele llevar como insignia el dios Baco y que simboliza la vida y la fecundidad.

tirulo *s. m.* Tabaco que forma el contenido interior de un cigarro puro.

tisana (del lat. *ptisana*, y éste del gr. *ptisane*, de *ptisso*, machacar) *s. f.* Bebida medicinal obtenida al cocer en agua determinadas hierbas. SIN. Infusión, brebaje.

tisanuro (del gr. *thysanuros*) *adj.* **1.** Se dice de unos insectos de pequeño tamaño, cuerpo cilíndrico, antenas largas y abdomen terminado en apéndices diversos según las especies. Carecen de alas y se desarrollan sin metamorfosis. También *s. m.* || *s. m. pl.* **2.** Orden de estos insectos.

tísico, ca *adj.* **1.** Que padece tisis. También *s. m.* y *f.* **2.** De la tisis o relacionado con esta enfermedad. SIN. **1.** Tuberculoso.

tisiología (de *tisis* y *-logía*) *s. f.* Parte de la medicina que estudia la tuberculosis pulmonar y su tratamiento. FAM. Tisiólogo. TISIS.

tisis (del lat. *phthisis*, y éste del gr. *phthisis*, de *phthio*, consumir) *s. f.* **1.** Tuberculosis pulmonar. **2.** P. ext., cualquier enfermedad en que el paciente se va consumiendo de manera lenta y gradual, con fiebre y úlceras en algún órgano. ■ No varía en *pl.* FAM. Tísico, tisiología.

tissue (ingl.) *s. m.* Pañuelo fino y suave de papel.

tisú (del fr. *tisu*, de *tisser*, tejer, y éste del lat. *texere*, tejer) *s. m.* Tela de seda entretejida con hilos de oro o plata. ■ Su pl. es *tisúes*, aunque también se utiliza *tisús*. FAM. Tisular.

tisular *adj.* Relativo a los tejidos de los organismos.

titán (del lat. *Titan*, y éste del gr. *Titan*, gigante mitológico) *s. m.* **1.** Persona que sobresale por ser excepcional en algún aspecto o por tener gran fortaleza física. **2.** Grúa muy grande. **SIN. 1.** Coloso, hércules. **FAM.** Titánico, titanio.

titánico, ca *adj.* **1.** De los titanes o relacionado con ellos. **2.** Muy grande, excesivo, sobrehumano: *un esfuerzo titánico.* **SIN. 2.** Gigantesco, colosal. **ANT. 2.** Insignificante.

titanio (del gr. *titanos*, tierra blanca) *s. m.* Elemento químico, metal pulverulento, de gran dureza y resistencia, pero el doble de ligero que el acero. No se encuentra libre en la naturaleza. Se emplea en la industria aeronáutica y en la fabricación de armamento y aceros especiales. Su símbolo es *Ti.*

titear (onomat.) *v. intr.* **1.** Cantar la perdiz llamando a los pollos. **2.** *Arg., Bol.* y *Urug.* Burlarse de alguien, tomarle el pelo. También *v. tr.* **FAM.** Titeo.

títere (onomat.) *s. m.* **1.** Muñeco que se mueve por medio de hilos, introduciendo la mano dentro de él o por algún otro dispositivo. **2.** Persona con poca voluntad o sin iniciativa propia, a la que las demás manejan con facilidad: *Ese hombre es un títere en manos de su familia.* **3.** Persona, entidad, organismo, etc., que actúa siguiendo los dictados de otro u otros: *En esa dictadura, los jueces son meros títeres del gobierno.* || *s. m. pl.* **4.** *fam.* Espectáculo público realizado con los muñecos antes mencionados o ejecutado por titiriteros. || **LOC. no dejar** (o **no quedar**) **títere con cabeza** *fam.* Destrozar o quedar destrozada completamente una cosa. También, criticar o atacar a todas las personas relacionadas con algún asunto. **SIN. 1.** a **3.** Marioneta. **2.** Monigote, fantoche, pelele. **4.** Guiñol. **FAM.** Titiritero.

titi *s. m.* y *f. fam.* Joven, especialmente mujer.

tití (onomat.) *s. m.* Mono pequeño, entre 15 y 30 cm de longitud y larga cola; tiene pelaje largo y sedoso y orejas con grandes mechones. Es omnívoro y vive en las selvas de la América tropical. ■ Su pl. es *titís.*

titilación *s. f.* Acción de titilar. **SIN.** Titileo, palpitación, temblor, centelleo.

titilar (del lat. *titillare*) *v. intr.* **1.** Moverse con un ligero temblor una parte del cuerpo: *Sus párpados titilaban cuando estaba muy nerviosa.* **2.** Brillar con un ligero temblor u oscilación la luz de un cuerpo luminoso, especialmente de una estrella. **SIN. 1.** Temblar, palpitar. **2.** Rutilar, centellear. **FAM.** Titilación, titilante, titileo.

titiritaina (onomat.) *s. f.* **1.** *fam.* Sonido confuso de flautas u otros instrumentos. **2.** P. ext., bulla alegre y festiva.

titiritar *v. intr.* Tiritar*.

titiritero, ra *s. m.* y *f.* **1.** Persona que maneja los títeres: *El titiritero movía el muñeco con gracia.* **2.** Persona que interviene en un espectáculo, generalmente ambulante, realizando saltos, ejercicios arriesgados, etc.: *los titiriteros del circo.* **SIN. 2.** Saltimbanqui, acróbata, volatinero.

tito (onomat.) *s. m.* **1.** Almorta*. **2.** Hueso o pepita de la fruta.

titubear (del lat. *titubare*) *v. intr.* **1.** No saber qué hacer, qué decir o qué decisión tomar: *Como llovía, titubeó antes de salir.* **2.** Detenerse al hablar por no saber qué palabras elegir o cómo pronunciarlas: *Hablando inglés titubea muchísimo.* **3.** Moverse una persona o cosa perdiendo la estabilidad. **SIN. 1.** Vacilar, dudar. **2.** Balbucear, balbucir. **3.** Oscilar, tambalearse. **FAM.** Titubeante, titubeo.

titubeo *s. m.* Acción de titubear: *No puedes seguir con titubeos, decídete de una vez.* **SIN.** Duda, vacilación. **ANT.** Seguridad, decisión.

titulación *s. f.* **1.** Acción de titular o titularse. **2.** Título académico: *Para ese trabajo no se necesita titulación.* **3.** Conjunto de títulos de propiedad de una finca.

titulado, da 1. *p.* de **titular**. También *adj.* || *s. m.* y *f.* **2.** Persona que posee un título académico: *un titulado en medicina.* También *adj.* **3.** Persona que tiene derecho a un título nobiliario. **SIN. 2.** Diplomado, licenciado.

titular[1] (del lat. *titulare*) *v. tr.* **1.** Poner título o nombre a una cosa: *He titulado el artículo «Las causas de los incendios forestales».* También *v. prnl.*: *El libro se titula «Hoy».* || *v. intr.* **2.** Obtener un título nobiliario. **3.** En quím., valorar una disolución. || **titularse** *v. prnl.* **4.** Obtener una persona un título académico: *Se tituló en medicina por la universidad de Santiago.* **SIN. 1.** Llamar(se). **4.** Licenciarse. **FAM.** Titulación, titulado, titulador. / Intitular. TÍTULO.

titular[2] *adj.* **1.** Que ejerce una profesión u ocupa un cargo, teniendo el título o nombramiento necesario para hacerlo con estabilidad: *un profesor titular.* También *s. m.* y *f.* **2.** Se dice de la persona o entidad a cuyo nombre figura un documento que le otorga la propiedad, el derecho o el disfrute de algo. También *s. m.* y *f.*: *el titular de una cuenta bancaria.* **3.** Se dice de la persona que tiene algún título por el que se le nombra. También *s. m.* y *f.* **4.** Se dice del tipo de letra que se emplea en los títulos, especialmente en los de los periódicos. También *s. f.* || *s. m.* **5.** Cada uno de los títulos de una revista, libro, periódico, etc., que aparecen con tipos de letra mayores. **SIN. 1.** Fijo.

titularidad *s. f.* Hecho de poseer un título o de ser titular de algo.

titulatura *s. f.* Conjunto de títulos que posee una persona o entidad.

titulillo (dim. de *título*) *s. m.* Renglón que se pone en la parte superior de una página impresa para indicar la materia de que trata.

titulitis *s. f. fam.* Valoración exagerada de los certificados o títulos académicos. ■ No varía en *pl.*

título (del lat. *titulus*) *s. m.* **1.** Palabra o palabras con que se da a conocer el contenido de un libro, escrito, discurso, etc., o una parte de ellos. **2.** Nombre de una publicación, obra artística, literaria, cinematográfica, etc.: *El título del cuadro es «Los tulipanes».* **3.** Nombre con que se designan los apartados o divisiones mayores de una ley, código, estatuto, etc. **4.** Dignidad y tratamiento nobiliario, como los de conde, duque, marqués, etc. **5.** Persona que goza de dicha dignidad: *Quieren casar a su hija con un título importante.* **6.** Honor o distinción que alcanza alguien, especialmente al ganar una competición, un concurso, etc.: *título de campeón de liga.* **7.** Profesión, preparación, grado, etc., que alguien posee por haber realizado los estudios y pruebas necesarios, y documento que lo acredita: *título de ingeniero.* **8.** Fundamento o justificación jurídica de un derecho u obligación: *No tiene título alguno para quitarte la casa.* **9.** Documento que acredita un derecho u obligación: *título de propiedad.* **10.** Título-valor. **11.** Mérito o cualidad que da autoridad o derecho para cierta cosa: *Tiene títulos suficientes para ser nuestro líder.* || **12. título público** Título-valor emitido por el Estado como deuda pública, para ser suscrito o adquirido por los particulares. **13. título-valor** (o **título de cré-**

dito) Documento sobre un derecho cuyo ejercicio está condicionado a la posesión de dicho documento, como p. ej. cheques, letras de cambio, pagarés, acciones, etc. || LOC. **a título de** algo *adv.* Como lo que se expresa, en calidad de: *Yo le aconsejo a título de amigo.* SIN. **1.** Encabezamiento, cabecera. **5.** Noble, aristócrata. ANT. **5.** Plebeyo. FAM. Titular[1], titular[2], titularidad, titulatura, titulillo, titulitis. / Subtítulo.

tiza (del náhuatl *tizatl*) *s. f.* **1.** Barrita de arcilla blanca que se usa para escribir en las pizarras y encerados. **2.** Compuesto de yeso y arcilla arenosa que se usa para frotar la punta de los tacos de billar.

tiznar (del ant. *tizonar*, de *tizón*) *v. tr.* **1.** Manchar algo con tizne, hollín u otra cosa semejante. También *v. prnl.* **2.** P. ext., manchar algo de manera similar con una sustancia de cualquier color. También *v. prnl.* **3.** Perjudicar la buena fama de una persona. || **tiznarse** *v. prnl.* **4.** *Amér. C.* y *Arg.* Emborracharse. SIN. **1.** Ennegrecer(se). **2.** Ensuciar(se). ANT. **1.** Blanquear. **1.** a **3.** Limpiar(se).

tizne *s. amb.* **1.** Humo que se pega a las sartenes, cacerolas, etc., que se ponen al fuego, o a las cosas que están cerca de él: *La chimenea está manchada de tizne.* Se usa más como *s. m.* || *s. m.* **2.** Tizón, palo o trozo de leña a medio quemar. SIN. **1.** Hollín. **2.** Tizo. FAM. Tiznajo, tiznar, tiznón. TIZÓN.

tiznón o **tiznajo** *s. m.* Mancha de tizne u otra cosa semejante de color negruzco.

tizo *s. m.* Tizón, palo a medio quemar.

tizón (del lat. *titio, -onis*) *s. m.* **1.** Palo o trozo de leña a medio quemar que despide humo al arder: *En la lumbre sólo quedan algunos tizones.* **2.** En construcción, lado más pequeño de los de un ladrillo. **3.** En construcción, parte de un ladrillo que se acopla con otros. **4.** Hongo parásito del trigo y otros cereales. || LOC. **a tizón** *adj.* y *adv.* Se dice del modo de colocar las piedras o ladrillos, de manera que su lado mayor quede perpendicular al plano de la cara de un muro. SIN. **1.** Tizne, tizo. FAM. Tizo, tizonada, tizonazo. / Atizar, tizne.

tizona (por alusión a *Tizona*, la espada del Cid) *s. f.* Espada.

tizonada o **tizonazo** *s. f.* o *m.* **1.** Golpe dado con un tizón. **2.** *fam.* Castigo del fuego en el infierno. Se usa más en *pl.*

tlapalería *s. f. Méx.* Tienda donde se venden materiales para la construcción, herramientas, artículos de limpieza, electricidad o ferretería.

tlascal *s. m. Méx.* Tortilla elaborada con harina de maíz.

toalla (del germ. *thwahlja*) *s. f.* **1.** Pieza de tejido suave y esponjoso que se utiliza para secarse después de lavarse. **2.** Tejido de rizo con que suelen hacerse estas piezas. || LOC. **tirar** (o **arrojar**) **la toalla** En boxeo, acción de tirar la toalla el manager para indicar que su boxeador abandona la pelea; p. ext., abandonar alguien una actividad o asunto por considerarse incapaz de realizarlo. FAM. Toallero.

toallero *s. m.* Mueble o soporte para colgar toallas.

toar (del ant. fr. *toer*, y éste del normando *toga*, cuerda) *v. tr.* Remolcar una embarcación.

toba (del lat. *tofus*) *s. f.* **1.** Piedra caliza muy porosa y ligera, que se suele formar al acumularse la cal del agua. **2.** Capa o corteza que se forma en distintas cosas. **3.** Cardo borriquero, planta. **4.** *fam.* Colilla*. **5.** Golpe dado haciendo resbalar el dedo índice o el corazón sobre el pulgar. **6.** Puñetazo*.

tobago, ga *adj.* De Tobago, isla del Caribe que forma parte de Trinidad y Tobago.

tobera (del lat. *tubus*, tubo) *s. f.* **1.** Abertura en forma de tubo por la que se introduce el aire en un horno para alimentar la combustión. **2.** Dispositivo parecido a un tubo que en diversos motores o mecanismos regula la salida de los gases o fluidos.

tobillera *s. f.* Venda, generalmente elástica, con que se sujeta el tobillo en algunas lesiones o lo protege al practicar un deporte.

tobillero, ra *adj.* Que llega hasta los tobillos: *una falda tobillera.*

tobillo (del lat. vulg. *tubellum*, del lat. *tuber*, protuberancia) *s. m.* Parte del cuerpo humano en la que se unen el pie y la pierna y en la que existen dos abultamientos formados por la tibia y el peroné. FAM. Tobillera, tobillero.

tobogán (del ingl. *toboggan*) *s. m.* **1.** Rampa inclinada por la que se dejan resbalar las personas por diversión. **2.** Rampa o conducto descendente que se utiliza para el transporte de mercancías. **3.** Especie de trineo bajo formado por una armadura de acero montada sobre dos patines largos y cubierta por una plancha o tabla. **4.** Pista hecha en la nieve por la que se deslizan esos trineos a gran velocidad.

toca *s. f.* **1.** Prenda de tela blanca usada por las monjas para cubrirse la cabeza y, en ocasiones, parte de la cara. **2.** Antigua prenda femenina semejante a la anterior. FAM. Tocador, tocarse, toquilla.

tocadiscos *s. m.* Aparato que reproduce el sonido grabado en un disco. ■ No varía en *pl.* SIN. Gramófono.

tocado, da[1] **1.** *p.* de **tocarse**, cubrir la cabeza. También *adj.* || *s. m.* **2.** Prenda o adorno que se pone sobre la cabeza. **3.** Peinado, forma de arreglarse el pelo.

tocado, da[2] **1.** *p.* de **tocar**. También *adj.* || *adj.* **2.** Mentalmente trastornado. **3.** Se aplica al boxeador que está aturdido o atontado a causa de los golpes. **4.** En dep., se dice del jugador que no se encuentra totalmente bien o tiene una lesión leve. **5.** Se dice de la fruta o de otra cosa que está dañada o ha empezado a estropearse. **6.** Que tiene o muestra algo de la cualidad que se expresa: *tocado de envidia.* SIN. **2.** Perturbado, tarado. **5.** Pasado.

tocador *s. m.* **1.** Mueble en forma de mesa, con espejo, que se utiliza para peinarse, maquillarse, etc. **2.** Habitación destinada al arreglo y aseo personal, especialmente en los establecimientos públicos. SIN. **1.** Cómoda, coqueta.

tocamiento *s. m.* Acción de tocar o palpar.

tocante *adj.* Que toca. || LOC. (**en lo**) **tocante a** algo *adv.* Referente a ello o relacionado con ello: *En lo tocante a las relaciones internacionales...*

tocar (de or. onomat.) *v. tr.* **1.** Entrar en contacto la mano u otra parte del cuerpo con otro cuerpo o con un objeto: *¡No me toques!* **2.** Entrar en contacto con alguien o algo mediante un objeto. **3.** Chocar, rozar: *La pelota tocó la red.* **4.** Estar una cosa junto a otra o en contacto con ella. También *v. intr.* y *v. prnl.* **5.** Mover, revolver: *¡No toques mis papeles!* **6.** Hacer sonar un instrumento musical; interpretar melodías con él: *tocar la guitarra, un vals.* **7.** Hacer sonar una campana, timbre, sirena, etc. También *v. intr.*: *Tocan a comer.* **8.** Cambiar, modificar: *No lo toques más, está perfecto.* **9.** Tratar algún asunto, generalmente de forma superficial. **10.** Llegar a un lugar sin quedarse mucho en él. También *v. intr.* **11.** Con ciertas expresiones, provocar en alguien la emoción que éstas sugieren: *Esa escena le tocó el corazón.* También *v. intr.* || *v. intr.* **12.** Ser obligación o responsabilidad de alguien lo que se expresa: *A ti te toca decidir.* **13.** Llegar el momento para algo: *Ahora nos toca actuar.* **14.** Corresponder algo a alguien en un reparto, sorteo, concurso, etc.: *Le ha tocado el gordo.* **15.** Importar una cosa a alguien, ser de su interés: *Ese problema nos toca de cerca.* **16.** Ser una cosa casi lo que se expresa: *Eso toca en lo grosero.* **17.** Ser pariente. También *v. prnl.* con valor recíproco: *Nos apellidamos igual, pero no nos tocamos nada.* ■ En todas las acepciones intransitivas, salvo la última, se usa sólo en 3.ª persona. || LOC. **en** (o **por**) **lo que toca a** algo Por lo que afecta o se refiere a algo. ■ Delante de *e* se escribe *qu* en lugar de *c*. **SIN. 1.** Palpar, manosear. **2.** y **3.** Dar. **3.** Golpear. **6.** y **7.** Tañer. **8.** Alterar. **9.** Mencionar. **11.** Conmover. **15.** Concernir, atañer. **16.** Rayar. **FAM.** Tocable, tocadiscos, tocado[2], tocamiento, tocante, tocata[2], tocón -na, toque, toquetear. / Intocable, retocar.

tocarse *v. prnl.* Cubrirse la cabeza con un gorro, sombrero, etc. ■ Delante de *e* se escribe *qu* en lugar de *c*. **FAM.** Tocado[1]. / Destocarse. TOCA.

tocata[1] (del ital. *toccata*) *s. f.* Composición musical para instrumentos de teclado, de estilo libre en un solo movimiento.

tocata[2] *s. m. fam.* Tocadiscos*.

tocateja, a *loc. adv.* A toca teja*.

tocayo, ya *s. m.* y *f.* Respecto de una persona, aquella otra que tiene su mismo nombre.

tocho, cha *adj.* **1.** Tosco, tonto, necio. También *s. m.* y *f.* || *s. m.* **2.** Ladrillo tosco y ordinario. **3.** *fam.* Libro, discurso, etc., muy largos y pesados. **4.** Barra o lingote de hierro.

tocinería *s. f.* Tienda en que se vende tocino y otros productos procedentes del cerdo. **SIN.** Salchichería, charcutería.

tocino (del lat. *tuccetum*) *s. m.* **1.** Capa de grasa que tienen algunos mamíferos, especialmente el cerdo, que se utiliza como alimento. || **2. tocino de cielo** Dulce elaborado con yema de huevo y almíbar bien cuajados. **FAM.** Tocinería, tocinero, tocino -na. / Atocinarse.

tocino, na *adj. fam.* Torpe de entendimiento. También *s. m.* y *f.* **SIN.** Lerdo, corto.

toco *s. m.* **1.** *Arg.* y *Urug.* Tocón de árbol. **2.** *Ven.* Árbol de tronco muy alto y madera ligera, apropiada para fabricar muebles. **3.** *Arg.* y *Urug.* Cantidad abundante de algo. **4.** *Bol.* Taburete rústico. **5.** *Col.* Abolladura.

tocoginecología *s. f.* Parte de la medicina que estudia los órganos sexuales y reproductores femeninos y se ocupa del tratamiento de sus enfermedades, así como de la gestación y el parto. **FAM.** Tocoginecólogo. GINECOLOGÍA.

tocología (del gr. *tokos*, parto, y *-logía*) *s. f.* Obstetricia*. **FAM.** Tocólogo.

tocólogo, ga *s. m.* y *f.* Médico especialista en tocología.

tocomocho *s. m.* **1.** *fam.* Estafa consistente en ofrecer a alguien algo que tiene aparentemente mucho valor a cambio de una cantidad inferior; suele tratarse de un décimo de lotería supuestamente premiado. **2.** Billete de lotería empleado en dicho timo.

tocón (de *tueco*) *s. m.* Parte del tronco de un árbol que queda unida a la raíz al talarlo. **SIN.** Toco.

tocón, na *adj. fam.* Se dice de la persona muy aficionada a tocar, sobar o manosear a otra. También *s. m.* y *f.* **SIN.** Sobón, pulpo.

tocuyo *s. m. Ven.* Tela basta de algodón.

todavía (de *toda vía*) *adv. t.* **1.** Expresa continuación de algo en el presente o en el momento de que se trata: *Todavía dormía cuando llegué.* || *adv. m.* **2.** En ocasiones tiene valor adversativo, generalmente en oraciones que muestran una cosa considerada injusta respecto a lo dicho previamente: *Hago todo su trabajo y todavía se queja.* **3.** A veces tiene valor concesivo: *Si tuvieras razón, todavía tendrías derecho a protestar.* || *adv. c.* **4.** Con los adverbios *más, menos, mejor, peor* y similares, expresa mayor intensidad: *Jaime es todavía más listo que tú.* **SIN. 1.**, **3.** y **4.** Aún. **2.** Pero. **4.** Incluso.

todo, da (del lat. *totus*) *adj. indef.* **1.** Se dice de aquello que se toma o se considera por entero o en conjunto: *Se comió todos los caramelos.* También *pron.*: *Lo vi todo.* **2.** Se usa delante de un sustantivo o de otro adjetivo para intensificar la cualidad, circunstancia, etc., que éstos expresan: *Es toda una mujer.* **3.** En singular y seguido de un sustantivo sin artículo, equivale a *cualquiera*: *Todo hombre desea ser feliz.* **4.** En plural tiene a veces un valor distributivo y equivale a *cada*: *Ahorra unas pesetas todos los meses.* || *s. m.* **5.** Cosa entera de la que no se excluye nada o que se considera como la suma de sus partes o elementos: *Hay que considerar sus obras como un todo.* || *adv. c.* **6.** Enteramente, por completo: *Esa chica es todo ojos.* || LOC. **a todo** (o **a toda**) *adv.* Cuanto puede ser en su línea, con el máximo esfuerzo, rendimiento, etc.: *Vino a todo correr.* **a todo esto** *adv.* Mientras tanto. También se utiliza para iniciar una frase con algo recordado o sugerido en una conversación: *A todo esto, mañana tenemos que llamarle.* **ante todo** *adv.* Principalmente, por encima de cualquier otra cosa. **así y todo** *conj.* A pesar de ello: *No me gustaba; así y todo, tuve que aceptarlo.* **con todo** (**y con eso**) *conj.* No obstante, sin embargo. **de todas todas** *adv.* Con seguridad, irremediablemente. **del todo** *adv.* Enteramente, por completo. **jugar** (o **jugarse**) alguien **el todo por el todo** Arriesgarlo todo para conseguir o realizar algo. **ser todo uno** *fam.* Ser en realidad lo mismo varias cosas que parecían diferentes. También, ser una cosa la consecuencia inevitable de algo: *Comer picante y ponerse malo es todo uno.* **sobre todo** *adv.* Ante todo. **todo lo más** *adv.* Lo máximo que se considera posible o razonable. **y todo** *adv.* Además, incluso: *Nos invitó y todo.* **ANT. 1.** Ningún, ninguno, nadie, nada. **FAM.** Todavía, todopoderoso, todoterreno, total. / Sobretodo.

todopoderoso, sa *adj.* Que lo puede todo; se aplica por antonomasia a Dios: *Dios todopoderoso.* ■ Referido a Dios, también *s. m.*; en ese caso se escribe con mayúscula y se emplea precedido del artículo determinado. **SIN.** Omnipotente.

todoterreno *adj.* Se dice del vehículo preparado para circular por terrenos irregulares o accidentados. También *s. m.*

tofe (del ingl. *toffee*) *s. m.* Caramelo blando de café con leche.

toga (del lat. *toga*) *s. f.* **1.** Manto que constituía la principal prenda de vestir de los romanos. **2.** Vestidura amplia y larga, generalmente de color negro, usada en algunos actos por magistrados, catedráticos, etc., encima del traje ordinario. **FAM.** Togado.

togado, da (del lat. *togatus*) *adj.* **1.** Que viste toga. También *s. m.* y *f.* **2.** Se dice particularmente de los magistrados superiores.

togolés, sa *adj.* De Togo, estado del O de África, en el golfo de Guinea.

toilette (fr.) *s. f.* **1.** Peinado o arreglo personal: *hacerse la toilette.* **2.** Lavabo, cuarto de aseo. **3.** Tocador*, mueble. ■ Se escribe también *toilete.* SIN. **2.** Servicio, excusado.

toisón (del fr. *toison*, vellón, y éste del lat. *tonsio, -onis*, esquileo) *s. m.* **1.** Toisón de oro. **2.** Insignia de esta orden. || **3. toisón de oro** Orden de caballería instituida en 1430 por Felipe el Bueno, duque de Borgoña.

tojo (del port. *tojo*) *s. m.* Arbusto papilionáceo que mide entre 1 y 1,5 m, tiene tallos muy espinosos y flores agrupadas o solitarias de color amarillo. ■ También se llama *aliaga.*

toldería *s. f. Arg., Bol.; Chile, Par.* y *Urug.* Campamento indio formado por toldos o tiendas.

toldilla *s. f.* Cubierta parcial que tienen algunas embarcaciones a la altura de la borda, en la parte trasera.

toldo *s. m.* **1.** Cubierta de lona que se mantiene extendida con algún tipo de armadura y que generalmente puede recogerse o enrollarse, utilizada para hacer sombra en algún lugar. **2.** Cubierta de lona, cañas, etc., en forma de bóveda, con que se tapan los carros y que se sostiene por medio de unos arcos. **3.** *Amér. del S.* Tienda o choza de los indios, hecha con pieles y ramas. SIN. **1.** Entoldado. FAM. Toldería, toldilla. / Entoldar.

tole (del lat. *tolle*, de *tollere*, quitar) *s. m.* **1.** Confusión y griterío. ■ Se usa más repetido: *¡Menudo tole tole se armó!* **2.** Rumor de desaprobación. || LOC. **tomar** uno **el tole** *fam.* Marcharse aceleradamente. SIN. **1.** Bulla, jaleo.

toledano, na (del lat. *toletanus*) *adj.* De Toledo. También *s. m.* y *f.*

tolemaico, ca *adj.* De Claudio Tolomeo y su sistema astronómico, o relacionado con ellos. ■ También se escribe *ptolemaico.*

tolerado, da 1. *p.* de **tolerar**. También *adj.* || *adj.* **2.** Se dice del espectáculo que se considera adecuado para menores: *película tolerada.*

tolerancia (del lat. *tolerantia*) *s. f.* **1.** Acción de tolerar. **2.** Respeto a las opiniones y prácticas de los demás, aunque no coincidan con las propias. **3.** Diferencia que se permite entre la calidad, cantidad, etc., de algo y la que debería o le correspondería tener: *Ese defecto tan pequeño se encuentra dentro del margen de tolerancia.* **4.** Capacidad de un organismo para soportar determinados medicamentos o drogas: *tolerancia a los antibióticos.* **5.** Condición que permite a un organismo con parásitos convivir con ellos sin sufrir graves daños. SIN. **2.** Transigencia, condescendencia, comprensión. ANT. **2.** Intransigencia. **2.** y **4.** Intolerancia. FAM. Intolerancia. TOLERAR.

tolerante *adj.* Que tiene o muestra tolerancia: *Se mostró tolerante y aceptó nuestras pretensiones.* SIN. Transigente, comprensivo, condescendiente, benevolente, contemporizador. ANT. Intolerante, intransigente, intemperante.

tolerantismo *s. m.* Opinión o actitud favorable a la tolerancia en materia religiosa.

tolerar (del lat. *tolerare*) *v. tr.* **1.** Sufrir o soportar a alguien o algo: *Ya he tolerado demasiadas ofensas.* **2.** Admitir y respetar ideas, opiniones, acciones, etc., diferentes de las propias. **3.** Permitir, consentir. **4.** Resistir favorablemente un organismo alimentos, medicinas, determinadas condiciones, etc.: *No tolera las comidas picantes.* SIN. **1.** Aguantar, pasar, tragar. **2.** Comprender. **2.** y **3.** Transigir. ANT. **3.** Prohibir. **4.** Rechazar. FAM. Tolerabilidad, tolerable, tolerablemente, tolerado, tolerancia, tolerante, tolerantismo.

tolete (del fr. *tolet*, y éste del ant. nórdico *thollr*) *adj.* **1.** *Can.* y *Cuba* Torpe, bobo. También *s. m.* y *f.* || *s. m.* **2.** En marina, estaca a la que se ata el remo. **3.** *Amér.* Garrote corto.

tolla *s. f.* **1.** Terreno pantanoso. **2.** *Cuba* Recipiente con patas cortas, generalmente de madera, que se utiliza para dar de beber a los animales. SIN. **1.** Tremedal. FAM. Atolladero.

tolmo (del lat. *tumulus*) *s. m.* Peñasco elevado semejante a un mojón.

tolondrón (del ant. *torondo*, y éste del lat. tardío *turunda*, bola) *s. m.* Bulto que sale en el cuerpo a consecuencia de un golpe. SIN. Chichón.

tolteca *adj.* **1.** De un pueblo amerindio precolombino que habitó en el altiplano central de México. También *s. m.* y *f.* || *s. m.* **2.** Idioma hablado por este pueblo.

tolueno *s. m.* Compuesto del carbono, derivado del benceno por sustitución de un átomo de hidrógeno por un radical metilo, que se obtiene industrialmente a partir del alquitrán de hulla y del petróleo y se emplea como disolvente, como materia prima en la industria de colorantes y para la fabricación de explosivos. FAM. Trinitrotolueno.

tolva (del lat. *tubula*, tubo) *s. f.* **1.** Especie de caja en forma de pirámide o cono invertido y abierta por debajo, en que se echan diferentes sustancias u objetos para que vayan cayendo poco a poco. **2.** Parte superior en algunas urnas con una abertura o ranura por la que se introducen las monedas, papeletas, etc.

tolvanera (del lat. *turbo, -inis*, remolino) *s. f.* Remolino de polvo propio de estepas y zonas desérticas. SIN. Polvareda.

toma *s. f.* **1.** Acción de tomar. **2.** Conquista, ocupación: *la toma de la Bastilla.* **3.** Porción de algo, especialmente un medicamento, que se toma de una vez por vía oral, y cada una de las veces que se toma. **4.** Abertura para dar salida a parte del agua de una corriente, embalse, depósito, etc. **5.** Lugar desde el que puede realizarse una desviación en una conducción de agua, en un circuito eléctrico, etc. **6.** Acción de fotografiar o filmar algo; también, fragmento de película rodada: *Realizaron tomas panorámicas de la ciudad. Esta toma no vale.* **7.** *Amér.* Cauce, acequia. **8.** Presa para desviar el agua de un cauce. || **9. toma de agua** Acción de desviar el agua de una canalización para darle un determinado uso e instalación necesaria para este fin. **10. toma de conciencia** Hecho de darse cuenta alguien de un problema, asunto, etc., después de haber reflexionado sobre él. **11. toma de corriente** Dispositivo unido a una red eléctrica, al que se puede conectar uno o varios aparatos. **12. toma de posesión** Acto, generalmente solemne, por el que se hace efectivo el nombramiento de una persona para un cargo. SIN. **1.** Apropiación. **2.** Asalto. **3.** Dosis. **4.** Boca. FAM. Tomacorriente. TOMAR.

tomacorriente *s. m. Amér.* Toma de corriente eléctrica.

tomado, da 1. *p.* de **tomar**. También *adj.* || *adj.* **2.** Se aplica a la voz que está algo ronca: *Tiene la voz un poco tomada por el catarro.* **3.** *Amér.* Borracho. || *s. f.* **4.** *Amér. del S.* Acción de tomar.

tomador, ra *adj.* **1.** Que toma. También *s. m.* y *f.* **2.** *Amér.* Aficionado a la bebida. || *s. m.* y *f.* **3.** Persona a cuya orden se ha de realizar el pago de una letra de cambio. **4.** Persona que celebra un contrato de seguro y suscribe la póliza del mismo. SIN. **1.** Receptor. ANT. **1.** Dador.

tomadura *s. f.* **1.** Acción de tomar. || **2. tomadura de pelo** *fam.* Burla, engaño. SIN. **1.** Toma.

tomahawk o **tomawak** (del algonquino *otomaluk*, derribar) *s. m.* Hacha de guerra de algunas tribus indias de América del Norte.

tomar *v. tr.* **1.** Coger o sujetar algo con la mano o por otros medios. **2.** Aceptar alguien aquello que se le da o se le ofrece. **3.** Comer o beber. También *v. prnl.* con valor expresivo: *Aún no me he tomado el postre.* **4.** Montar en un vehículo de transporte público: *tomar el tren.* **5.** Tener o llegar a tener la cualidad, estado, sentimiento, hábito, etc., que se expresa: *tomar fuerzas. Le he tomado cariño. Ha tomado la fea costumbre de mentir.* **6.** Emplear o poner por obra aquello que se expresa: *tomar medidas, precauciones.* **7.** Contratar a una persona para que realice un determinado trabajo: *Ha tomado una asistenta.* **8.** Adquirir o alquilar: *Hemos tomado un apartamento para las vacaciones.* **9.** Hacerse cargo de una tarea, proyecto, responsabilidad, etc.: *Tomó las riendas del negocio.* **10.** Disponer o hacer uso de algo: *tomar asiento.* También *v. prnl.*: *Se toma demasiadas libertades.* **11.** Con nombres de instrumento, realizar la acción, trabajo, etc., para el que éstos están destinados: *Tuvo que tomar el pico y la pala.* **12.** Forma a menudo con su complemento locuciones verbales que equivalen al verbo de la misma raíz: *tomar decisiones* (decidir), *tomar conciencia* (concienciarse). **13.** Recibir un nombre: *Tomó el apellido de su madre.* **14.** Experimentar lo que se expresa: *tomar el fresco, el sol.* **15.** Ocupar un lugar o conquistar un territorio, una fortaleza, etc. **16.** Entender o interpretar una cosa en un determinado sentido o con cierta actitud. También *v. prnl.* con valor expresivo: *Se lo toma todo a broma.* **17.** Seguido de la preposición *por*, creer, considerar que alguien o algo es como se expresa: *¿Me tomas por tonto?* **18.** Fotografiar, filmar. **19.** Registrar por escrito o en grabación una información hablada: *tomar apuntes.* **20.** Elegir entre varias cosas. **21.** Medir una determinada magnitud: *tomar la temperatura.* **22.** Consumar la cópula sexual el macho con la hembra. **23.** Encaminarse en cierta dirección. También *v. intr.*: *Tomé por la carretera nueva.* || *v. intr.* **24.** *Amér.* Beber bebidas alcohólicas. || **tomarse** *v. prnl.* **25.** Ponerse la voz ronca. LOC. **¡toma!** *interj. fam.* Exclamación de sorpresa. También, expresa la poca novedad o importancia de algo: *¡Toma, eso ya lo sé yo!* Además, indica que alguien se da cuenta de algo que antes no comprendía. También, sirve para expresar la consecuencia desagradable de algo: *¿No querías gastarle una broma? Pues ¡toma!* **toma y daca** *fam.* Indica que existe entre dos o más personas un intercambio de servicios, favores, etc. **tomarla con** alguien o algo Atacarle, molestarle. SIN. **1.** Asir, agarrar. **2.** Admitir. **4.** Subir. **6.** y **13.** Adoptar. **7.** Emplear. **8.** Arrendar. **9.** Encargarse, responsabilizarse. **15.** Dominar, invadir. **16.** y **17.** Juzgar. **18.** Rodar. **19.** Anotar, grabar. **20.** Escoger. **23.** Dirigirse. ANT. **1.** Soltar. **2.** Rechazar. **4.** Bajar. **7.** Despedir. **9.** Desentenderse. **15.** Liberar. FAM. Toma, tomado, tomador, tomadura, tomavistas. / Retomar.

tomatada *s. f.* Guiso, fritada o ensalada de tomate.

tomate (del náhuatl *tómatl*) *s. m.* **1.** Fruto de la tomatera, de color rojo, carnoso y jugoso, con la superficie lisa y brillante y la pulpa llena de semillas aplastadas y amarillentas, muy utilizado en alimentación. **2.** Tomatera*: *Este año plantaremos tomates.* **3.** Salsa hecha con este fruto triturado y generalmente frito y, p. ext., cualquier otra salsa o condimento que lo contiene como principal ingrediente. **4.** *fam.* Agujero hecho en una prenda de punto. **5.** Enredo, lío, confusión. **6.** Pelea, riña. || LOC. **ponerse** alguien **como un tomate** *fam.* Ponerse muy colorado, generalmente por vergüenza. FAM. Tomatada, tomatal, tomatazo, tomatera, tomatero. / Jitomate, miltomate.

tomatera *s. f.* Planta herbácea de 1 a 2 m de altura, hojas alternas y flor amarilla en forma de estrella, cuyo fruto es el tomate. Es originaria de América.

tomatero, ra *adj.* **1.** *fam.* Se dice de los alimentos adecuados para ser guisados con tomate, especialmente de los pollos pequeños y tiernos. || *s. m.* y *f.* **2.** Persona que vende o cultiva tomates.

tomavistas *s. m.* Cámara fotográfica para filmar en cine y televisión. También *adj.* ▪ No varía en *pl.*

tómbola (del ital. *tombola*, de *tombolare*, coger de sorpresa) *s. f.* **1.** Rifa en que los premios son objetos y no dinero. **2.** Caseta o local en que se celebra dicha rifa.

tómbolo (ital.) *s. m.* Cordón de arena que une algún islote a la costa.

tomento (del lat. *tomentum*) *s. m.* **1.** Vello corto y suave que cubre los órganos de algunas plantas. **2.** Estopa que queda después de cardar el lino o el cáñamo. FAM. Tomentoso.

-tomía (del gr. *tome*, corte) *suf.* Significa 'división, separación': *anatomía, traqueotomía.*

tomillo (del lat. *thymus*) *s. m.* Nombre común de diversas plantas de la familia labiadas, de unos 30 cm de altura, con tallos rastreros, flores blancas o rosadas y hojas opuestas, pequeñas y lanceoladas, que se utilizan por su aroma en perfumería y como condimento. Crece en la Europa mediterránea. FAM. Tomillar.

tomismo *s. m.* Sistema filosófico y teológico dentro de la escolástica, apoyado en la autoridad de Santo Tomás de Aquino y sus seguidores, que armoniza las tradiciones aristotélica y cristiana. FAM. Tomista.

tomo (del lat. *tomus*, y éste del gr. *tomos*, sección) *s. m.* Cada una de las partes, con paginación independiente, en que suelen dividirse las obras impresas o manuscritas extensas y que generalmente están encuadernadas por separado. || LOC. **de tomo y lomo** *adj. fam.* Que abulta o pesa mucho. También, de mucha consideración o importancia: *Tiene una gripe de tomo y lomo.* SIN. Volumen.

tomografía (del gr. *tome*, corte, y *-grafía*) *s. f.* Técnica que, mediante los datos obtenidos por barridos sitemáticos de radiaciones que atraviesan un cuerpo, permite representar, con ayuda de un computador, la imagen de una sección de dicho cuerpo.

ton *s. m. apóc.* de **tono**. Se usa en la loc. adv. **sin ton ni son**, que significa 'sin motivo o causa': *Se puso a llorar sin ton ni son.*

toná *s. f.* Modalidad fundamental del cante flamenco que se ejecuta sin ningún acompañamiento musical.

tonada *s. f.* **1.** Composición poética escrita para ser cantada. **2.** Música y melodía para dicha composición. **3.** Cualquier melodía o canción. **4.** *Amér.* Entonación característica de un país, región, etc. SIN. **1.** y **2.** Copla. FAM. Toná, tonadilla. TONO.

tonadilla (dim. de *tonada*) *s. f.* **1.** Canción popular española. **2.** Canción ligera de temática burlesca, amorosa o de sátira política, que nació a comienzos del s. XVIII en el teatro madrileño. FAM. Tonadillero. TONADA.

tonadillero, ra *s. m.* y *f.* Persona que compone o canta tonadillas. SIN. Cupletista.

tonal *adj.* En mús., relativo al tono o la tonalidad: *escala tonal.*

tonalidad *s. f.* **1.** En ling., altura del sonido de una vocal en relación con las otras. **2.** En ling., entonación*. **3.** Conjunto de sonidos musicales ordenados sistemáticamente por el predominio de uno de ellos, que se considera como elemento básico de la ordenación musical. **4.** Gama o gradación de colores y tonos. FAM. Politonalidad. TONO.

tonante (del lat. *tonans, -antis*) *adj.* **1.** Que truena. ■ Se usa sobre todo en poesía aplicado al dios Júpiter. **2.** Se dice del escudo que lleva llamas y humareda. SIN. **1.** Atronador.

tondo (del ital. *tondo*, de *rotondo*, redondo) *s. m.* **1.** En arq., adorno circular rehundido en el muro. **2.** Obra pictórica o escultórica de forma circular.

tonel (del prov. o cat. *tonell*, y éste del celta *tunna*) *s. m.* **1.** Recipiente abombado, de base circular, formado por listones de madera, que se utiliza para contener líquidos, como vino, aceite, etc. **2.** *fam.* Persona muy gorda. **3.** Borracho. SIN. **1.** Barril, barrica, cuba. FAM. Tonelada, tonelería, tonelero, tonelete.

tonelada *s. f.* **1.** Medida de masa y de capacidad usada para calcular el desplazamiento de los buques. **2.** Tonelada métrica. ■ Se usa en ocasiones hiperbólicamente: *Tu maleta pesa una tonelada.* || **3. tonelada métrica** Medida de masa equivalente a mil kilogramos. FAM. Tonelaje. / Gigatón, gigatonelada, megatonelada. TONEL.

tonelaje *s. m.* Capacidad que tiene un vehículo de transporte, en particular un buque mercante, medida en toneladas. SIN. Arqueo.

tonelería *s. f.* **1.** Técnica de construir toneles. **2.** Taller en que se construyen. **3.** Conjunto de toneles.

tonelete (dim. de *tonel*) *s. m.* **1.** Falda corta que cubría sólo hasta las rodillas. **2.** Parte de las antiguas armaduras que tenía esta forma.

tonema *s. m.* En ling. y referido a la entonación, fase final de la curva melódica de un grupo fónico que comprende las últimas sílabas no acentuadas.

tóner (del ingl. *toner*) *s. m.* Polvo muy fino, a veces disuelto en líquido, que utilizan las fotocopiadoras y algunas impresoras para producir la imagen y dar color al papel.

tonga (del lat. *tunica*, túnica) *s. f.* Tongada, capa con que se recubre algo. FAM. Tongada.

tongada (de *tonga*) *s. f.* **1.** Cada una de las capas superpuestas de una cosa. **2.** Capa de sustancia con que se recubre o baña una cosa. **3.** Montón, pila. SIN. **1.** Estrato. **2.** Baño, tonga.

tongano, na *adj.* **1.** De Tonga, estado insular de Oceanía. También *s. m.* y *f.* || *s. m.* **2.** Lengua polinésica hablada en Tonga, donde es oficial junto con el inglés.

tongo *s. m.* Trampa que se hace en una competición deportiva y que consiste en que uno de los participantes se deje ganar, generalmente por dinero.

tónica (de *tónico*) *s. f.* **1.** Agua* tónica. **2.** Rasgo característico o predominante: *La alta participación ha sido la tónica de estos comicios.*

tonicidad *s. f.* Grado de tensión o de elasticidad de un órgano o tejido de un cuerpo vivo. SIN. Tono.

tónico, ca (del lat. *tonicus*, relativo al tono) *adj.* **1.** Que entona o da fuerza y vigor. También *s. m.*: *tónico cardiaco.* **2.** En ling., se aplica a la vocal o sílaba de una palabra sobre la que recae el acento prosódico. También *s. f.* **3.** En mús., se dice de la primera nota de una escala musical. También *s. f.* || *s. m.* **4.** Medicamento que mejora el estado general del organismo, despierta el apetito y da fuerzas. **5.** En cosmética, loción para limpiar y refrescar la piel de la cara o para fortalecer el cabello. SIN. **1.** Tonificante, estimulante. **1.** y **4.** Reconstituyente. ANT. **2.** Sedante. **3.** Átono. FAM. Tónica. / Diatónico, isotónico, postónico, pretónico, protónico[1]. TONO.

tonificador, ra *adj.* Tonificante*.

tonificante *adj.* Que tonifica: *un baño tonificante.* SIN. Tónico, tonificador, reconfortante, reconstituyente, estimulante.

tonificar *v. tr.* **1.** Fortalecer, entonar o reanimar el organismo o el sistema nervioso. **2.** Refrescar. También *v. prnl.* ■ Delante de *e* se escribe *qu* en lugar de *c*. SIN. **1.** Vigorizar, reconfortar. ANT. **1.** Debilitar. FAM. Tonificación, tonificador, tonificante. TONO.

tonillo *s. m.* **1.** Tono monótono y generalmente desagradable que tienen algunas personas al hablar. **2.** Modo de hablar propio de una región o lugar. **3.** Entonación burlona. SIN. **1.** Sonsonete, soniquete. **2.** Acento. **3.** Retintín.

tono (del lat. *tonus*, y éste del gr. *tonos*, tensión) *s. m.* **1.** Mayor o menor elevación de los sonidos, que depende de su frecuencia o número de vibraciones por segundo, lo que permite distinguirlos en agudos o graves. **2.** Volumen, fuerza de la voz, de un sonido, etc. **3.** Manera de decir las cosas una persona según su intención, estado de ánimo, etc.: *tono cariñoso.* **4.** Estilo de un escrito, obra literaria, discurso, etc. **5.** Carácter o tendencia general de una actividad, conversación, reunión, etc.: *La discusión tomó un tono violento.* **6.** Grado de intensidad de los colores: *tonos claros.* **7.** En mús., escala que se forma partiendo de una nota fundamental que le da nombre: *tono de la menor.* **8.** Intervalo entre dos notas musicales consecutivas, excepto entre *mi* y *fa*, y *si* y *do*. **9.** En mús., modo*. **10.** Elegancia, distinción: *Los ilustres invitados dieron tono a la fiesta.* **11.** En el teléfono y otras instalaciones de telecomunicación, señal sonora que indica que se ha establecido la comunicación. **12.** Energía, fuerza, tensión: *El tono de sus discursos no decae.* **13.** Capacidad y energía de un organismo vivo para realizar sus funciones. || LOC. **a tono** *adv.* De acuerdo o en armonía con otra cosa. **darse tono** *fam.* Darse importancia, presumir. **de buen** (o **mal**) **tono** *adj.* Propio de personas distinguidas, o todo lo contrario. **fuera de tono** *adj.* y *adv.* Inoportuno, fuera de lugar. **subido de tono** *adj.* Se aplica a las acciones, palabras, etc., groseros, picantes u obscenos. SIN. **3.** Entonación. **5.** Cariz. **10.** Categoría. **12.** Nervio, vigor. FAM. Ton, tonada, tonal, tonalidad, tonema, tonicidad, tónico, tonificar, tonillo. / Atonal, atonía, átono, barítono, entonar, monótono, oxítono, semitono, sintonía.

tonsura (del lat. *tonsura*, de *tondere*, trasquilar) *s. f.* **1.** Acción de tonsurar. **2.** Ceremonia en que se concedía a alguien el grado preparatorio para el sacerdocio y en que se le cortaba el pelo de la coronilla como signo de su dedicación al servicio de la Iglesia. **3.** Este mismo grado. **4.** Coronilla afeitada de algunos sacerdotes y religiosos. **FAM.** Intonso. TONSURAR.

tonsurado, da **1.** *p.* de **tonsurar**. También *adj.*: *monje tonsurado.* || *s. m.* **2.** Hombre que ha recibido el grado de la tonsura.

tonsurar (del lat. *tonsurare*) *v. tr.* **1.** Cortar el pelo o la lana. **2.** Conceder el grado de la tonsura. **3.** Cortar el pelo de la coronilla a los que recibían este grado. **SIN.** **1.** Trasquilar, pelar, rapar. **FAM.** Tonsura, tonsurado.

tontada *s. f.* Tontería*.

tontaina *s. m.* y *f. fam.* Persona tonta y sosa. También *adj.* **SIN.** Bobalicón, sosaina. **ANT.** Listo.

tontear *v. intr.* **1.** Hacer o decir tonterías. **2.** *fam.* Coquetear. **SIN.** **1.** Bobear, bromear. **2.** Galantear, ligar. **FAM.** Tonteo. TONTO.

tontera *s. f.* **1.** *fam.* Tontería*. || **tonteras** *s. m.* **2.** *fam.* Tonto, tontaina. ▪ En esta acepción, no varía en *pl.*

tontería *s. f.* **1.** Cualidad de tonto. **2.** Dicho o acto tonto: *decir o hacer tonterías.* **3.** Dicho, acción o cosa de poco valor o importancia: *No vamos a discutir por tonterías.* **4.** Remilgo, melindre: *No empieces con tonterías y come.* **5.** Exigencia o requisito molesto o innecesario: *Para cualquier formalidad te piden un montón de tonterías.* **6.** Halago, mimo: *Le dices cuatro tonterías y verás como te perdona.* **SIN.** **1.** y **2.** Estupidez, simpleza. **2.** Tontuna, tontera. **2.** y **3.** Chorrada. **6.** Zalamería. **ANT.** **1.** Inteligencia. **1.** y **2.** Agudeza.

tonto, ta (del lat. *attonitus*, aturdido) *adj.* **1.** Que demuestra falta de inteligencia, lógica o discreción. También *s. m.* y *f.* ▪ Puede ir intensificado con expr. como *del bote*, *de remate*, etc. **2.** Deficiente mental. También *s. m.* y *f.* **3.** *fam.* Absurdo, inútil, sin sentido: *Hemos dado una vuelta tonta.* **4.** Ingenuo, sin malicia. También *s. m.* y *f.* **5.** Se dice del que obra sin astucia, habilidad o decisión, desaprovechando la ocasión que se le presenta: *Fui tonto al no aceptar la invitación.* **6.** Excesivamente sensible o sentimental. También *s. m.* y *f.* **7.** Mimoso, cariñoso, ñoño: *El niño se puso tonto para que le hicieran caso.* **8.** Engreído, orgulloso. También *s. m.* y *f.* **9.** Chulo, insolente: *Como se ponga tonto, le echo a patadas.* **10.** Inoportuno, molesto o pesado. También *s. m.* y *f.* **11.** Pasmado, fascinado: *Se queda tonto mirando la tele.* || *s. m.* **12.** En ciertas obras, espectáculos, etc., el que hace papel de simple o gracioso. || **13. tonto de capirote** *fam.* Muy tonto. || **LOC. a lo tonto** *adv. fam.* Como quien no quiere la cosa. **a tontas y a locas** *adv.* Sin orden ni concierto. **SIN.** **1.** Bobo, tontaina, idiota, imbécil. **1.** y **3.** Estúpido. **2.** Retrasado. **4.** Infeliz. **7.** Meloso. **9.** Gallito. **11.** Atontado, alelado. **ANT.** **1.** y **3.** Inteligente. **1.**, **4.** y **5.** Listo. **FAM.** Tontada, tontaina, tontamente, tontear, tontera, tontería, tontolaba, tontorrón, tontuna. / Atontar, entontecer, gilitonto.

tontolaba *adj. desp.* y *fam.* Tonto, bobo. También *s. m.* y *f.*

tontorrón, na *adj. aum.* de **tonto**. También *s. m.* y *f.* ▪ Suele tener un matiz afectivo.

tontuna *s. f.* Tontería, dicho o acto tonto.

toña *s. f.* **1.** Juego que consiste en hacer saltar un palo al darle con otro en una de sus puntas, para después golpearlo cuando está en el aire. **2.** Palo con las puntas afiladas utilizado en este juego. **3.** *fam.* Puñetazo, golpe. **4.** Borrachera*. **SIN.** **3.** Trompazo. **4.** Cogorza.

top (ingl.) *s. m.* Prenda de vestir femenina, exterior o interior, muy ajustada al cuerpo, que cubre desde arriba del pecho hasta la cintura o por encima de ella. **SIN.** Corpiño.

top model (ingl.) *expr.* Modelo muy cotizada para pases de moda o publicidad. ▪ Se usa como *s. f.*

top secret (ingl.) *loc. adj.* Muy secreto.

topacio (del lat. *topazius*, y éste del gr. *topazion*) *s. m.* Mineral silicato de aluminio, muy duro y resistente, transparente, con brillo vítreo y colores variados. Se usa principalmente en joyería.

topar (onomat.) *v. tr.* **1.** Chocar una cosa con otra. Se usa más como *v. intr.* **2.** Encontrar por casualidad a alguien o algo. Se usa más como *v. intr.* y *v. prnl.*: *Me topé con él en el ascensor.* **3.** Embestir un animal con cuernos contra algo. Se usa más como *v. intr.* || *v. intr.* **4.** Tropezar con algo o encontrar una dificultad. También *v. prnl.*: *Al pagar nos topamos con que no teníamos dinero.* **SIN.** **1.** Colisionar. **2.** Hallar(se), descubrir(se). **3.** Topetar, topetear. **FAM.** Tope, topetar.

tope (onomat.) *s. m.* **1.** Parte saliente de una cosa por donde puede topar con otra. **2.** Pieza colocada en un mecanismo para detener su movimiento o para que no se pase de un cierto punto: *La manivela no puede girar más porque hay un tope.* **3.** Pieza para detener o amortiguar los golpes. **4.** Material duro que se pone por dentro de la punta del calzado para que no se arrugue. **5.** Extremo al que se puede llegar en una cosa. ▪ Se usa mucho en aposición: *Ha logrado la puntuación tope.* **6.** Tropiezo, dificultad. **7.** En marina, extremo de cualquier madero o palo. || **LOC. a** (o **al**) **tope** *adv.* Todo lo que se puede: *trabajar a tope, vivir a tope.* También, demasiado cargado o lleno: *El tren iba a tope.* **hasta el tope** (o **hasta los topes**) *adv.* Hasta donde se puede llegar: *Pisa el freno hasta el tope.* También, muy lleno o cargado: *El autobús iba hasta los topes.* **SIN.** **1.** Punta, protección. **3.** Parachoques. **4.** Refuerzo. **6.** Obstáculo, impedimento.

topera *s. f.* Madriguera del topo.

topetada *s. f.* Topetazo*.

topetar *v. tr.* Topetear*. **FAM.** Topetada, topetazo, topetear, topetón. TOPAR.

topetazo *s. m.* **1.** Golpe dado con la cabeza, especialmente los animales con cuernos. **2.** Golpe dado al chocar una cosa con otra. **SIN.** **1.** Cabezazo, testarazo. **1.** y **2.** Topetón, topetada. **2.** Encontronazo.

topetear *v. tr.* Dar golpes con la cabeza los toros u otros animales con cuernos. También *v. prnl.* con valor recíproco. **SIN.** Topetar.

topetón *s. m.* Topetazo*.

tópico, ca (del gr. *topikos*, de *topos*, lugar) *adj.* **1.** Relativo a un lugar determinado. **2.** Se dice del tema, opinión, expresión, etc., muy repetido, por lo que no resulta original. También *s. m.*: *Utiliza muchos tópicos al hablar.* **3.** Se dice del medicamento que se aplica exteriormente y de su uso. También *s. m.* || *s. m.* **4.** Asunto, tema. **SIN.** **1.** Local. **2.** Manido, trillado.

topillo (dim. de *topo*) *s. m.* Roedor de pequeño tamaño, parecido al topo. Excava pequeñas galerías y se alimenta de raíces y semillas, por lo que ocasiona graves daños a la agricultura.

topless (ingl.) *s. m.* **1.** Hecho de ir o estar una mujer desnuda de cintura para arriba. **2.** Bar, local de espectáculos, etc., en que trabajan mujeres desnudas de cintura para arriba. ▪ No varía en *pl.*

topo[1] (del lat. *talpa*) *s. m.* **1.** Nombre común de diversos mamíferos insectívoros de pelaje oscuro, hocico puntiagudo y patas excavadoras con uñas fuertes, con las que construyen galerías subterráneas. Se alimentan de lombrices y larvas de insectos. **2.** *fam.* Persona que ve muy mal. **3.** Persona de poca inteligencia. **4.** Persona que ingresa en una organización para servir, en realidad, a fines distintos de los de ésta: *Hay un topo en el servicio secreto.* **5.** Después de la guerra civil española, persona del bando perdedor que vivió escondida durante muchos años por miedo a represalias. SIN. **2.** Cegato. **3.** Zoquete, lerdo. **4.** Infiltrado. FAM. Topera, topillo.

topo[2] *s. m.* **1.** Figura redonda estampada o bordada en una tela, impresa en un papel, etc. **2.** *Arg., Chile* y *Perú* Alfiler grande con que las indias se sujetan el mantón. SIN. **1.** Lunar.

topo- o **-topo** (del gr. *topos*, lugar) *pref.* y *suf.* Significa 'lugar': *topografía, biotopo.*

topografía (de *topo-* y *-grafía*) *s. f.* **1.** Conjunto de características que presenta la superficie de un terreno. **2.** Técnica de describir y representar detalladamente las formas superficiales del relieve. SIN. **1.** Orografía. FAM. Topográfico, topógrafo.

topográfico, ca *adj.* De la topografía o relacionado con ella: *estudio topográfico.* SIN. Orográfico.

topógrafo, fa *s. m.* y *f.* Persona que se dedica a la topografía.

topolino (ital.) *adj.* Se aplicaba a las chicas modernas de la década de los cuarenta del s. XX, así como a la moda que las caracterizaba. También *s. f.*

topología (de *topo-* y *-logía*) *s. f.* Parte de las matemáticas que estudia las propiedades del espacio y de las figuras geométricas, con independencia de su forma o tamaño. FAM. Topológico.

topometría (de *topo-* y *-metría*) *s. f.* Parte de la topografía relativa a las mediciones de un terreno.

toponimia (de *topo-* y el gr. *onoma*, nombre) *s. f.* **1.** Estudio del origen y significado de los nombres propios de los lugares. **2.** Conjunto de palabras que se emplean para denominar realidades geográficas. FAM. Toponímico, topónimo.

toponímico, ca *adj.* De la toponimia y de los nombre propios en general, o relacionado con ellos: *un índice toponímico.*

topónimo (de *topo-* y el gr. *onoma*, nombre) *s. m.* Nombre propio de un lugar o realidad geográfica.

toque *s. m.* **1.** Acción de tocar una cosa de manera momentánea y con poca fuerza. **2.** Golpe suave. **3.** Sonido producido por las campanas, trompetas, tambores, etc., que sirve de señal, aviso o anuncio de algo: *toque de difuntos, toque de diana.* **4.** Aplicación ligera y localizada de una sustancia: *Se dio unos toques de alcohol en la herida.* **5.** Matiz, detalle, característica: *Aquel cuadro daba un toque de modernidad a la sala.* **6.** Pequeña operación realizada para terminar o corregir una obra: *Sólo le faltan un par de toques para acabar el cuadro.* **7.** *fam.* Advertencia, aviso, llamamiento: *Dale un toque a tu hermano para que baje.* **8.** Punto esencial de una cosa: *No consigo entender dónde está el toque del asunto.* **9.** Ensayo de un objeto de oro o plata que se hace comparando el efecto producido por el ácido nítrico en dos rayas trazadas sobre una piedra dura, una con dicho objeto y otra con una barrita de prueba, cuya ley es conocida. || **10. toque de diana** Aquel con que se despierta a los soldados. **11. toque de difuntos** El de las campanas con ritmo lento que anuncia la muerte de alguien. **12. toque de queda** Medida adoptada por las autoridades en circunstancias excepcionales, por la que se prohíbe la circulación o permanencia en un lugar durante determinadas horas, generalmente de la noche; también, toque con que se anuncia el comienzo de dichas horas. SIN. **1.** Roce. **3.** Tañido; redoble. **5.** Nota. **6.** Retoque, remate. **8.** Quid.

toquetear *v. tr.* **1.** Tocar una cosa repetidas veces o con insistencia. También *v. prnl.* **2.** *fam.* Tocar a una persona de manera reiterada o molesta. También *v. prnl.* SIN. **1.** y **2.** Manosear(se), sobar(se). FAM. Toqueteo. TOCAR.

toquilla *s. f.* **1.** Prenda de abrigo con forma de capa corta o triangular, con que se tapa a los niños pequeños o se cubren los hombros las mujeres. **2.** Pañuelo, generalmente de forma triangular, que se ponen las mujeres en la cabeza o en el cuello. **3.** *Amér.* Especie de palmera sin tronco de la que se saca la paja con que se tejen algunos sombreros; también, esa misma paja. SIN. **1.** Chal, echarpe. **2.** Pañoleta.

tora *s. f.* Toro* de fuego.

torácico, ca (del gr. *thorakikos*) *adj.* Del tórax: *cavidad torácica.*

torada *s. f.* Manada de toros.

Torah (del lat. *thora*, y éste del hebr. *torah*, ley) *s. f.* Nombre dado por los judíos a los libros del Pentateuco y que se aplica a toda la doctrina judaica.

toral (del bajo lat. *toralis*, de *torus*, protuberancia) *adj.* **1.** Que tiene más fuerza o importancia en cualquier cosa. **2.** En arq., se aplica a cada uno de los cuatro arcos que soportan la cubierta de crucero de un edificio.

tórax (del lat. *thorax*, y éste del gr. *thorax*) *s. m.* **1.** Parte superior del tronco del hombre y los animales vertebrados, situada entre el cuello y el abdomen. **2.** Cavidad formada en esa parte por las costillas, en la que se encuentran el corazón y los pulmones. **3.** Región central de las tres en que se divide el cuerpo de los insectos, arácnidos y crustáceos. ■ No varía en *pl.* SIN. **1.** Pecho. FAM. Torácico. / Cefalotórax, mesotórax, metatórax, neumotórax, protórax.

torbellino (del lat. *turbo, -inis*) *s. m.* **1.** Remolino de aire o de polvo. **2.** Abundancia de cosas que ocurren al mismo tiempo: *Tuvo que contestar a un torbellino de preguntas.* **3.** *fam.* Persona muy viva e inquieta. SIN. **1.** Ciclón, turbulencia. **2.** Montón. **3.** Trasto.

torca *s. f.* Hondonada circular en un terreno y con los bordes irregulares.

torcaz *adj.* Véase **paloma**.

torcecuello *s. m.* Ave trepadora que mide unos 16 cm de longitud y tiene el plumaje color rojizo con manchas grises, pardas y amarillentas. Es migratoria y anida en huecos de árboles.

torcedor, ra *adj.* **1.** Que tuerce. || *s. m.* **2.** Huso con que se tuerce el hilo. || *s. f.* **3.** Máquina que realiza la operación de torcer los hilos metálicos en la fabricación de cables.

torcedura *s. f.* **1.** Acción de torcer o torcerse. **2.** Distensión producida en las partes blandas que rodean las articulaciones. **3.** Desviación de un miembro u órgano del cuerpo de su posición normal. SIN. **1.** Torsión. **2.** Esguince, luxación. **3.** Descoyuntamiento. ANT. **1.** Enderezamiento.

torcer (del lat. *torquere*) *v. tr.* **1.** Dar vueltas a los extremos de una cosa flexible en sentido contrario, o a uno de ellos manteniendo fijo el otro. También *v. prnl.* **2.** Doblar una cosa recta. También *v. prnl.* **3.** Inclinar o desviar algo de la posición o dirección normal: *torcer la cabeza, una trayectoria.* También *v. prnl.* **4.** Apartar a alguien de la conducta, línea, etc., correcta: *Le torcieron las malas compañías.* También *v. prnl.* **5.** Seguido de *gesto, semblante* y similares, poner en el rostro una expresión de desagrado o enfado: *Torció el gesto cuando le dije que no.* **6.** Hacer que un miembro del cuerpo realice un movimiento forzado. También *v. prnl.*: *Me torcí el tobillo.* **7.** Interpretar algo de manera equivocada: *El traductor torció el significado de lo que el entrevistado había dicho.* **8.** Cambiar la opinión o deseo de alguien. También *v. prnl.* || *v. intr.* **9.** Cambiar de dirección un camino o vía. **10.** Cambiar de dirección al marchar o al realizar un movimiento o una acción: *Para ir a la plaza hay que torcer a la izquierda.* También *v. prnl.* || **torcerse** *v. prnl.* **11.** Fracasar un negocio, proyecto, etc. ■ Delante de *a* y *o* se escribe *z* en lugar de *c*. Es v. irreg. Se conjuga como *mover*. SIN. **1.** Retorcer(se), enroscar(se). **2.** Curvar(se), deformar(se). **4.** Pervertir(se). **7.** Tergiversar. **9.** y **10.** Girar, desviarse. **11.** Frustrarse, malograrse. ANT. **1.** y **2.** Enderezar(se). **4.** Reformar(se). FAM. Torcecuello, torcedor, torcedura, torcida[1], torcido, torcimiento, torsión, torzal. / Destorcer, retorcer, torticero, tuercebotas, tuerto.

torcida[1] *s. f.* Mecha de algodón o trapo retorcido que se pone en las velas, candiles, etc. SIN. Pabilo.

torcida[2] (port.) *s. f.* En lenguaje futbolístico brasileño, conjunto de hinchas, hinchada.

torcido, da 1. *p.* de **torcer**. También *adj.* || *adj.* **2.** Que no está recto o derecho. **3.** Se dice del que no actúa de forma clara y sincera, así como de su conducta, acciones, etc. **4.** *Amér. C.* Desdichado, desgraciado. || *s. m.* **5.** Acción de torcer o torcerse. SIN. **2.** Curvo, doblado, inclinado. **3.** Retorcido. **5.** Torcimiento. ANT. **3.** Honesto. FAM. Torcidamente. TORCER.

tórculo (del lat. *turculum*) *s. m.* Prensa, en especial la que se usa para estampar grabados en cobre, acero, etc.

tordo, da (del lat. *turdus*) *adj.* **1.** Se dice de la caballería que tiene el pelo mezclado de negro y blanco. También *s. m.* y *f.* || *s. m.* **2.** Zorzal*.

torear *v. tr.* **1.** Enfrentarse a una res brava incitándola y esquivando sus acometidas hasta darle muerte. También *v. intr.* **2.** Evitar a alguien o algo: *torear a los acreedores.* **3.** Mantener las esperanzas de alguien con engaños, mentiras, etc. **4.** Burlarse de alguien: *Me torea diciendo primero una cosa y después otra.* SIN. **1.** Capear. **2.** Eludir, esquivar, sortear. FAM. Toreado, toreo, torero. TORO[1].

toreo *s. m.* **1.** Acción de torear. **2.** Arte y técnica de torear. SIN. **1.** Lidia. **2.** Tauromaquia.

torería *s. f.* **1.** Cualidad de valiente y buen torero. **2.** Conjunto de toreros. **3.** *Amér.* Travesura.

torero, ra *adj.* **1.** *fam.* Del toreo o de los toreros: *estilo torero, capa torera.* **2.** Que tiene el garbo, la arrogancia, etc., que se atribuye a los matadores de toros: *andares toreros.* || *s. m.* y *f.* **3.** Persona que se dedica a lidiar toros en corridas. || *s. f.* **4.** Chaquetilla corta. || LOC. **saltarse** algo **a la torera** *fam.* No hacer ningún caso de ello: *saltarse las reglas a la torera.* SIN. **1.** Taurino. **3.** Lidiador, diestro, espada. **4.** Bolero. FAM. Torería. TOREAR.

torii (japonés) *s. m.* Pórtico de madera, piedra o bronce, con forma de doble *T*, que se sitúa ante la entrada de los templos sintoístas japoneses.

toril *s. m.* Lugar en las plazas donde están los toros que se van a lidiar. SIN. Chiquero.

torio *s. m.* Elemento químico del grupo de los actínidos, metal blanco, dúctil y fácil de cortar, que presenta radiactividad natural y que se emplea como combustible nuclear y como catalizador en la industria. Su símbolo es *Th*.

torito *s. m.* **1.** *Arg.* y *Perú* Escarabajo que tiene un cuerno pequeño en la frente. **2.** *Cuba* Pez con dos espinas a modo de cuernos. **3.** *Chile* Ave paseriforme de pequeño tamaño, plumaje verdoso, blanco en el vientre, que se alimenta de insectos. **4.** *Méx.* Bebida elaborada con tequila y jugo de frutas. **5.** *Méx. fam.* Pregunta que se hace para probar la agudeza o el ingenio de una persona.

tormenta (del lat. *tormenta*, de *tormentum*, tormento) *s. f.* **1.** Fenómeno meteorológico caracterizado por una fuerte alteración en la atmósfera, con la presencia de rayos, truenos, relámpagos, viento y lluvia intensa, nieve o granizo. **2.** Alteración de los ánimos, problema, discusión grave: *La reunión acabó en tormenta. El incidente desencadenó una tormenta diplomática.* SIN. **1.** Borrasca, temporal. **1.** y **2.** Tempestad. ANT. **1.** Calma. **2.** Paz. FAM. Tormentoso. TORMENTO.

tormento (del lat. *tormentum*) *s. m.* **1.** Sufrimiento físico muy intenso que se causaba a un acusado para obligarle a confesar o como castigo: *dar tormento.* **2.** P. ext., sufrimiento, inquietud, preocupación, etc., muy intensos: *Pasa un verdadero tormento en época de exámenes.* **3.** Persona o cosa que lo produce: *el tormento de los celos.* **4.** Acción de atormentar o atormentarse. SIN. **1.** a **4.** Tortura, martirio, suplicio. **2.** Angustia, intranquilidad, aflicción, congoja. ANT. **2.** y **3.** Placer. FAM. Tormenta. / Atormentar.

tormentoso, sa (del lat. *tormentosus*) *adj.* **1.** Se aplica al tiempo o a la atmósfera en que hay tormenta o que la anuncia: *Amaneció un día tormentoso.* **2.** Que ocasiona tormenta: *una borrasca tormentosa.* **3.** Se dice de la situación, momento, relación, etc., en que existen muchos problemas o tensiones: *En la reunión se respiraba un ambiente tormentoso.* SIN. **1.** Borrascoso, proceloso, cerrado, cargado. **1.** y **3.** Tempestuoso. ANT. **1.** Despejado. **1.** a **3.** Apacible.

tormo *s. m.* **1.** Masa pequeña de tierra compacta o, p. ext., de otra sustancia: *un tormo de sal.* **2.** Peñasco aislado. SIN. **1.** Terrón.

torna *s. f.* Acción de tornar, volver. || LOC. **volverse** (o **cambiar**) **las tornas** Cambiar en sentido opuesto la marcha de un asunto, la suerte de las personas, etc.: *Han cambiado las tornas y ahora no va tan bien el negocio.*

tornaboda *s. f.* **1.** Día o días después de la boda. **2.** Celebración de estos días.

tornachile *s. m.* *Méx.* Variedad de chile o pimiento grueso.

tornada *s. f.* Estrofa final de algunas composiciones poéticas provenzales, a modo de despedida o resumen.

tornadizo, za *adj.* Se dice de la persona que cambia con facilidad de ideas, opiniones o creencias, así como de su carácter, acciones, etc. También *s. m.* y *f.* SIN. Voluble, inconstante, cambiante, inestable. ANT. Constante, firme.

tornado, da 1. *p.* de **tornar**. También *adj.* || *s. m.* **2.** Tormenta en que se producen vientos que se mueven en forma de espiral y alcanzan a veces velocidades de hasta 200 km/h. SIN. **2.** Huracán, ciclón.

tornaguía *s. f.* Recibo, documento justificante del envío de una mercancía.

tornar (del lat. *tornare*, tornear) *v. tr.* **1.** Cambiar la naturaleza, carácter o estado de una persona o cosa: *Los problemas le han tornado antipático.*

También *v. prnl.* || *v. intr.* **2.** Volver al lugar o situación del que se partió: *Tornó a su país después de años de ausencia.* **3.** Volver a realizar lo que se expresa: *Tornó a decir las mismas cosas.* SIN. **1.** Transformar, convertir, mudar. **2.** Retornar, regresar. ANT. **2.** Irse, marcharse. FAM. Torna, tornaboda, tornada, tornadizo, tornado, tornaguía, tornasol, tornavoz, torneo. / Retornar, trastornar. TORNO.

tornasol *s. m.* **1.** Girasol*. **2.** Reflejo o cambio de color que produce la luz en algunas telas o superficies muy tersas y brillantes. **3.** Sustancia colorante que se utiliza principalmente como reactivo para conocer el grado de acidez o basicidad de las disoluciones. SIN. **2.** Viso, matiz. FAM. Tornasolar. TORNAR y SOL[1].

tornasolado, da 1. *p.* de **tornasolar**. || *adj.* **2.** Que tiene o hace tornasoles: *cristales tornasolados.* SIN. **2.** Irisado.

tornasolar *v. tr.* Hacer tornasoles en una cosa. También *v. prnl.* FAM. Tornasolado. TORNASOL.

tornavoz *s. m.* Dispositivo para evitar la dispersión del sonido, como la concha de los apuntadores en los teatros.

torneado, da 1. *p.* de **tornear**. También *adj.* || *adj.* **2.** Se dice de las formas del cuerpo humano que tienen unas curvas suaves y bien configuradas: *Tiene unas piernas largas y torneadas.* || *s. m.* **3.** Acción de tornear. SIN. **3.** Moldeado, modelado, labrado.

tornear *v. tr.* **1.** Dar forma a algo con el torno: *El carpintero torneaba las patas de una silla.* || *v. intr.* **2.** Dar vueltas alrededor de algo. SIN. **1.** Trabajar, moldear. FAM. Torneado, torneador, torneadura, tornillo. TORNO.

torneo *s. m.* **1.** Combate a caballo entre varias personas unidas en cuadrillas, que se celebraba especialmente en la Edad Media. **2.** Competición deportiva: *Quedó segundo en el torneo de tenis.* SIN. **1.** Contienda, lid, palestra. **2.** Campeonato, certamen.

tornero, ra *s. m.* y *f.* **1.** Persona que realiza trabajos con el torno. || *s. f.* **2.** En los conventos de clausura, monja encargada de atender el torno.

tornillería *s. f.* **1.** Conjunto de tornillos y piezas semejantes: *la tornillería del armario.* **2.** Fabricación de tornillos. **3.** Fábrica de tornillos.

tornillo *s. m.* **1.** Pieza cilíndrica de metal cuya superficie tiene un resalte en espiral; uno de los extremos suele terminar en una cabeza con una ranura, y el otro puede terminar en punta. **2.** Instrumento de hierro, acero o madera formado por un tope corredizo y graduable y otro fijo, que se utiliza en carpintería para sujetar las piezas recién encoladas. || LOC. **apretarle** a una persona **los tornillos** *fam.* Presionarle para que haga algo o actúe de una determinada manera. **faltarle** a alguien **un tornillo** (o **tener flojos los tornillos**) Estar algo chiflado o demostrar poco juicio. FAM. Tornillería. / Atornillar, destornillar. TORNEAR.

torniquete (del fr. *tourniquet*) *s. m.* **1.** Instrumento quirúrgico que detiene una hemorragia al presionar sobre un vaso sanguíneo. **2.** Dispositivo en forma de cruz que gira horizontalmente sobre un eje y se coloca en las entradas por donde sólo han de pasar las personas de una en una. **3.** Palanca de hierro que comunica el movimiento de un tirador a una campanilla.

torniscón *s. m.* **1.** *fam.* Golpe dado con la mano en la cara o en la cabeza. **2.** Pellizco que se hace retorciendo la carne.

torno (del lat. *tornus*, y éste del gr. *tornos*, giro, vuelta) *s. m.* **1.** Máquina formada por un cilindro que se hace girar alrededor de su eje, con lo que se enrolla en él una cuerda que arrastra el objeto que se quiere elevar o acercar. **2.** Máquina que hace girar algún objeto sobre sí mismo, como p. ej. la que se utiliza en alfarería o en carpintería para modelar o tallar piezas. **3.** Instrumento eléctrico en forma de barra con una pieza giratoria en la punta, utilizado por los dentistas para limpiar, limar, etc., los dientes. **4.** Máquina que se utiliza para labrar objetos de sección circular y diámetro variable. **5.** En los conventos, algunos comedores, etc., armazón giratorio acoplado en el hueco de una pared, que se utiliza para pasar objetos de un lado a otro de ésta sin que se vean las personas que los dan o los reciben. **6.** Dispositivo parecido al anterior, pero de mayor tamaño, para que las personas pasen de una en una a un lugar. || LOC. **en torno** *adv.* Alrededor. **en torno a** *prep.* Aproximadamente: *Habría en torno a mil personas.* SIN. **1.** Cabrestante, cabestrante. **6.** Torniquete. FAM. Tornar, tornear, tornero, torniscón. / Contorno, entornar, entorno.

toro[1] (del lat. *taurus*) *s. m.* **1.** Mamífero artiodáctilo de la familia bóvidos, que tiene la cabeza gruesa, con dos cuernos o astas curvos y puntiagudos, pelo corto y duro de color negro, blanco, cárdeno, rubio, etc., y cola larga y rematada en un penacho de cerdas. Se cría como animal de tiro, por su carne y piel, y en España e Hispanoamérica también para la lidia. **2.** Hombre muy fuerte y robusto. || *s. m. pl.* **3.** Corrida o festejo en que se torea a estos animales: *Los toros empezarán a las cinco de la tarde.* || **Toro** *n. p.* **4.** Tauro*. || **5. toro de fuego** Armazón en forma de toro en que se colocan fuegos artificiales que se queman en algunas fiestas populares. **6. toro de lidia** El destinado a torearlo en las corridas. || LOC. **ciertos son los toros** *fam.* Expresión con que se afirma la certeza de una cosa, generalmente desagradable, que se temía o se había anunciado. **coger al toro por los cuernos** Enfrentarse a una dificultad con decisión. **pillar el toro** a alguien *fam.* No tener cómo librarse de algo. También, verse agobiada una persona, p. ej. por quedarle muy poco tiempo para realizar o terminar algo: *Dejas todo para el final y, luego, siempre te pilla el toro.* **ver** (o **mirar**) **los toros desde la barrera** Observar un acontecimiento, suceso, etc., sin arriesgarse ni intervenir en él. SIN. **1.** Astado, cornúpeta. FAM. Tora, torada, torear, toril, torito, toruno. / Taurino, tauro, taurófilo, tauromaquia.

toro[2] (del lat. *torus*, y éste del gr. *toros*) *s. m.* **1.** En arq., moldura de forma semicircular. **2.** Superficie engendrada por una circunferencia al girar sobre un eje exterior a ella.

toroide *s. m.* Hilo conductor enrollado en hélice a lo largo de una superficie circular de revolución, en cuyo interior se introducen materiales para estudiar su comportamiento frente al campo magnético.

toronja (del ár. *turunya*, cidra) *s. f.* Fruto del toronjo. FAM. Toronjil, toronjina, toronjo.

toronjil o **toronjina** (del ár. *turunyan*, hierba abejera) *s. m.* o *f.* Melisa*.

toronjo *s. m.* Pomelo*, árbol.

torpe (del lat. *turpis*) *adj.* **1.** Que se mueve con dificultad o lentitud: *A su edad es normal que esté torpe.* **2.** Se dice del movimiento que se realiza con dificultad o falta de agilidad. **3.** Que tiene poca habilidad para realizar algo: *Es muy torpe con* *las manos.* **4.** Que tiene dificultad para aprender o comprender las cosas o ciertas cosas: *Es torpe para las matemáticas.* **5.** Inoportuno, poco ingenioso: *Fue torpe por tu parte preguntarle la edad.* **SIN. 1.** y **2.** Lento, tardo, pesado. **3.** Inútil, inhábil, desmañado. **3.** y **4.** Obtuso. **4.** Corto, bruto, cerril, zoquete. **5.** Desafortunado, patoso. **ANT. 1.** y **2.** Ágil. **3.** Hábil. **4.** Listo. **5.** Acertado. **FAM.** Torpemente, torpeza, torpón. / Entorpecer.

torpedear *v. tr.* **1.** Atacar a un barco con torpedos. **2.** Hacer fracasar un asunto, proyecto, etc.: *Se dedicaba a torpedear nuestros planes.* **SIN. 2.** Boicotear. **FAM.** Torpedeamiento, torpedeo. TORPEDO.

torpedero, ra *adj.* **1.** Se aplica al barco de guerra armado con torpedos. También *s. m.* y *f.* **2.** Se dice del avión de bombardeo adaptado para el lanzamiento de torpedos. También *s. m.* || *s. m.* **3.** Especialista en la preparación y lanzamiento de torpedos. **SIN. 1.** Destructor. **3.** Torpedista. **FAM.** Cazatorpedero. TORPEDO.

torpedista *adj.* Se dice de la persona especializada en el manejo o construcción de torpedos. También *s. m.* y *f.* **SIN.** Torpedero.

torpedo (del lat. *torpedo*) *s. m.* **1.** Proyectil en forma de huso o cilindro que lleva una carga de gran poder explosivo y se lanza bajo el agua contra su objetivo. **2.** Tipo de carrocería de automóvil de línea aerodinámica, descubierto y con capota plegable. **3.** Pez elasmobranquio con forma de disco aplanado, dos pequeñas aletas dorsales, cola corta, piel lisa y dos órganos eléctricos a ambos lados de la cabeza, que le permiten producir descargas para paralizar a sus presas y como defensa. Vive en los fondos cercanos al litoral del Mediterráneo y del Atlántico. ■ También se llama *raya eléctrica.* **FAM.** Torpedear, torpedero, torpedista. / Lanzatorpedos.

torpeza *s. f.* **1.** Cualidad de torpe: *Se mueve con torpeza.* **2.** Acción o dicho torpe: *No avisar de nuestra llegada fue una torpeza.* **SIN. 1.** Lentitud; cortedad, ignorancia. **2.** Inoportunidad. **ANT. 1.** Agilidad; sutilidad. **2.** Acierto.

torpón, na *adj. aum.* de **torpe**: *Pone mucho entusiasmo, pero es un poco torpón.* ■ Suele tener sentido afectuoso.

torpor (del lat. *torpor, -oris*) *s. m.* Lentitud de movimiento de un miembro, músculo o fibra del cuerpo. **SIN.** Entumecimiento.

torrado, da 1. *p.* de **torrar**. También *adj.* || *s. m.* **2.** Garbanzo tostado recubierto de una capa blanca salada. **3.** *fam.* Cabeza*, parte del cuerpo.

torrar (del lat. *torrere*) *v. tr.* Tostar al fuego. **FAM.** Torrado, torrefacto, torrezno, tórrido, torrija.

torre (del lat. *turris*) *s. f.* **1.** Construcción más alta que ancha, de base cilíndrica, cuadrada o poligonal, que hay en los castillos, iglesias, algunas casas, etc. **2.** Edificio semejante a los anteriores: *Han construido una torre de apartamentos en la playa.* **3.** En Cataluña y otras zonas de España, chalé o casa de campo. **4.** Cada una de las columnas en que se realizan determinados procesos en algunas industrias químicas: *una torre de fraccionamiento de petróleo.* **5.** Estructura metálica de gran altura, principalmente la utilizada para sostener los cables que conducen la energía eléctrica. **6.** En los barcos de guerra, estructura elevada sobre la cubierta, en la que se colocan las piezas de artillería. **7.** En ajedrez, pieza con esta forma. || **8. torre albarrana** La que se construía avanzada con respecto a la muralla, como defensa y punto de vigilancia. **9. torre de Babel** *fam.* Lugar o situación en que existe gran confusión o jaleo: *La reunión se convirtió en una torre de Babel.* **10. torre de control** La que domina un aeropuerto y desde la que se puede observar todo lo que ocurre en las pistas para dar las oportunas órdenes a los aviones. **11. torre de marfil** Situación de aislamiento en que se encuentra alguien ante la realidad o ante las demás personas: *Encerrado en su torre de marfil, no advirtió el desastre inminente.* **12. torre del homenaje** La más grande e importante de una fortaleza, en la que se hacía el juramento de defender y guardar con fidelidad esta última. **SIN. 1.** Atalaya, baluarte, torreón; campanario. **2.** Rascacielos. **7.** Roque. **FAM.** Torreón, torrero, torreta.

torrefacción (del lat. *torrefactum*, de *torrefacere*) *s. f.* Acción de tostar algo, especialmente el café. **SIN.** Tueste, tostado.

torrefacto, ta (del lat. *torrefactus*) *adj.* Que está tostado al fuego; en especial, se aplica al café que se tuesta con algo de azúcar. **SIN.** Torrado. **FAM.** Torrefacción. TORRAR.

torreja *s. f. Amér.* Torrija*.

torrencial *adj.* **1.** Parecido a un torrente. **2.** Se aplica especialmente a las lluvias muy abundantes e intensas. **SIN. 2.** Tempestuoso.

torrente (del lat. *torrens, -entis*) *s. m.* **1.** Corriente abundante e impetuosa de agua que se origina en tiempo de muchas lluvias o deshielo. **2.** Sangre que corre por el aparato circulatorio. **3.** Muchedumbre de personas que coinciden en un lugar, en una misma opinión, en una actividad, etc., o gran cantidad de cosas que se producen en un determinado momento: *Nos llegó un torrente de solicitudes.* **SIN. 1.** Torrentera. **1.** y **3.** Riada. **FAM.** Torrencial, torrentera, torrentoso, torrontero.

torrentera *s. f.* **1.** Cauce de un torrente. **2.** El mismo torrente.

torrentoso, sa *adj. Amér. del S.* Impetuoso, torrencial.

torreón (aum. de *torre*) *s. m.* Torre grande para la defensa de una fortaleza o castillo. **SIN.** Baluarte.

torrero, ra *s. m.* y *f.* Persona que tiene a su cargo una torre de observación o un faro. **SIN.** Vigía; farero.

torreta (dim. de *torre*) *s. f.* **1.** En los aviones, buques de guerra, tanques, etc., torre o estructura especialmente protegida en que se sitúan las ametralladoras, cañones, etc. **2.** Estructura metálica situada en una zona elevada y en la que se concentran los hilos de una red de telecomunicaciones.

torrezno (del lat. *torrere*, asar, tostar) *s. m.* Trozo de tocino frito o preparado para freírlo.

torricelli (de Evangelista *Torricelli*, físico y matemático italiano) *s. m.* Unidad de presión que equivale a la presión de 1 mm de mercurio o 0,75 bares.

tórrido, da (del lat. *torridus*) *adj.* **1.** Muy ardiente o muy caluroso: *Hemos pasado un verano tórrido.* **2.** Se aplica especialmente al clima caracterizado por las elevadas temperaturas y a las zonas que tienen este tipo de clima. **SIN. 1.** Sofocante, bochornoso. **ANT. 1.** Gélido.

torrija *s. f.* **1.** Dulce que consiste en una rebanada de pan empapada en leche o vino, rebozada en huevo, frita y, a veces, cubierta con azúcar o miel. **2.** *fam.* Borrachera. **SIN. 2.** Toña, cogorza, tablón.

torrontero *s. m.* Montón de tierra que forman los torrentes y riadas.

torsión (del lat. *torsio, -onis*) *s. f.* **1.** Acción de torcer o torcerse una cosa: *la torsión de un brazo.* **2.** Característica de los hilos de un tejido que viene dada por el número de vueltas que tienen éstos por unidad de longitud. **3.** En mecánica, deformación de un cuerpo por la acción de dos pares de fuerzas opuestas y situadas en planos paralelos. SIN. **1.** Torcedura, torcimiento, retorcimiento. ANT. **1.** Enderezamiento. FAM. Contorsión, distorsión, extorsión. TORCER.

torso (del ital. *torso*, y éste del lat. *thyrsus*, del gr. *thyrsos*, tallo de las plantas) *s. m.* **1.** Tronco del cuerpo humano. **2.** Escultura a la que faltan la cabeza, los brazos y las piernas. SIN. **1.** Tórax, pecho.

torta (del lat. *torta*) *s. f.* **1.** Masa generalmente de harina, de forma redondeada, frita o cocida al horno: *tortas de anís.* **2.** *fam.* Golpe dado con la mano abierta, especialmente en la cara. **3.** Golpe violento: *Se ha dado una torta con el coche.* **4.** Borrachera. || LOC. **costar la torta un pan** *fam.* Costar la consecución de una cosa más de lo que ésta vale. **ni torta** *adv.* Nada: *No entiendo ni torta.* SIN. **1.** a **3.** Galleta. **2.** Bofetada, sopapo, guantada. **3.** Tortazo. **4.** Tajada, cogorza, melopea. FAM. Tortada, tortazo, tortera, tortilla, tortita. / Zampatortas.

tortada *s. f.* Torta pequeña rellena de carne, dulce, etc. SIN. Pastel.

tortazo *s. m.* **1.** *fam.* Golpe dado con la mano en la cara. **2.** Golpe violento que se da o recibe una persona al chocar con algo o al caerse: *Se ha dado un tortazo con un árbol.* SIN. **1.** Bofetada, bofetón, sopapo, guantada. **1.** y **2.** Torta.

tortel (del cat. *tortell*) *s. m.* Rosco de hojaldre.

tortera *s. f.* Cacerola casi plana, generalmente de barro, que se utiliza para hacer tortas.

torticero, ra (del lat. *tortus*, torcido) *adj.* Injusto, que no se atiene a las leyes o a la razón.

tortícolis (del lat. *tortum collum*, cuello torcido) *s. m.* Contracción de los músculos del cuello, que queda inmovilizado o torcido. Se usa más como *s. f.* ■ No varía en *pl.*

tortilla *s. f.* **1.** Huevos batidos y fritos en la sartén con un poco de aceite, a los que a veces se añade algún otro alimento. **2.** *Amér. C.*, *Ant.* y *Méx.* Torta de harina, generalmente de maíz, sin levadura, que se cuece en un recipiente de barro. **3.** *Arg.* y *Chile* Pan de harina de trigo cocida encima de las brasas. || **4. tortilla española** La de forma redonda que se hace añadiendo al huevo batido trozos de patata que han sido fritas antes ligeramente. **5. tortilla francesa** La que se hace sólo con huevo. || LOC. **dar la vuelta a la tortilla** *fam.* Suceder una cosa al revés de lo que se esperaba. También, cambiar la situación de una persona o cosa. **hacer(se) tortilla** a una persona o cosa Aplastarla o aplastarse. FAM. Tortillería, tortillero. TORTA.

tortillería *s. f. Méx.* Establecimiento donde se hacen o venden tortillas, principalmente de maíz.

tortillero, ra *s. m.* y *f.* **1.** *Méx.* Persona que hace o vende tortillas, principalmente de maíz. || *s. f.* **2.** *vulg.* Lesbiana*.

tortita *s. f.* **1.** *dim.* de **torta**. || *s. f. pl.* **2.** Juego que consiste en dar palmadas delante de un niño pequeño o hacer que las dé él cogiéndole las manos, cantando a la vez una canción.

tórtola (del lat. *turtur, -uris*) *s. f.* Ave del grupo de las palomas, cuya especie más común tiene cola estrecha, negra y bordeada de blanco, dorso y alas pardos, vientre blanco con tonos cárdenos, rayas negras moteadas a los lados del cuello y cabeza azul. Anida en árboles y arbustos de Europa y es migratoria. FAM. Tortolito, tórtolo.

tortolito, ta *s. m.* y *f.* **1.** *dim.* de **tórtolo** o de **tórtola**. || *adj.* **2.** *fam.* Se dice de la persona atolondrada o sin experiencia. También *s. m.* y *f.* || *s. m. pl.* **3.** *fam.* Pareja de enamorados. SIN. **2.** Palomino.

tórtolo *s. m.* **1.** Macho de la tórtola. **2.** *fam.* Hombre muy enamorado. || *s. m. pl.* **3.** *fam.* Tortolitos, pareja de enamorados.

tortosino, na *adj.* De Tortosa. También *s. m.* y *f.*

tortuga *s. f.* **1.** Nombre común de diversos reptiles quelonios que se caracterizan por tener un caparazón óseo cubierto de placas córneas y las costillas rígidas soldadas a la concha, por lo que respiran mediante la acción de los músculos abdominales sobre los pulmones. Presenta especies terrestres y marinas, y su tamaño varía desde los 25 cm de la tortuga mediterránea a los 2 m de la tortuga laúd o coriácea. **2.** *fam.* Persona, vehículo, etc., muy lento.

tortuoso, sa (del lat. *tortuosus*) *adj.* **1.** Se dice de aquello que tiene muchas curvas, vueltas y rodeos. **2.** Se aplica a la persona que trata de conseguir las cosas de manera indirecta, sin mostrar claramente sus intenciones y con disimulo, y al comportamiento, actuación, etc., de esa persona: *No se sabe lo que quiere con esa manera tortuosa de comportarse.* SIN. **1.** Zigzagueante, serpenteante. **1.** y **2.** Sinuoso. **2.** Taimado, astuto. ANT. **1.** Recto. **2.** Sencillo. FAM. Tortuosamente, tortuosidad.

tortura (del lat. *tortura*) *s. f.* **1.** Cualquier procedimiento con que se produce a alguien un intenso sufrimiento, generalmente como castigo o para hacerle confesar algo. **2.** Cualquier tipo de sufrimiento, físico o moral, muy intenso y prolongado, y aquello que lo provoca: *Aquella espera tan larga fue una tortura.* SIN. **1.** y **2.** Tormento, suplicio, martirio. **2.** Calvario. ANT. **2.** Alivio. FAM. Torturar.

torturar *v. tr.* Hacer que alguien sufra tortura. SIN. Atormentar, martirizar. ANT. Aliviar. FAM. Torturador. TORTURA.

torunda (del lat. *turunda*, bola) *s. f.* Trozo de algodón envuelto en gasa que se emplea para curar heridas, para detener una hemorragia, etc.

toruno *s. m. Amér.* Toro semental.

torva (del lat. *turba*) *s. f.* Remolino de lluvia o de nieve.

torvisco (del lat. *torbiscus*) *s. m.* Planta arbustiva de hojas lanceoladas, flores blancas y amarillas y fruto en drupa de color rojo. Crece en las regiones mediterráneas y sus frutos se emplean como purgantes.

torvo, va (del lat. *torvus*) *adj.* Se dice de la persona que tiene un aspecto fiero, terrible o que causa miedo, así como de su gesto, forma de mirar, etc.: *Tenía una mirada torva.* SIN. Avieso, siniestro. ANT. Amable, agradable.

tory (ingl.) *adj.* Se aplica al actual Partido Conservador del Reino Unido y a sus miembros. También *s. m.* y *f.* ■ Su pl. es *tories.*

torzal *s. m.* **1.** Unión de varios hilos trenzados o retorcidos unos con otros. **2.** *Arg.*, *Chile*, *Nic.*, *Par.* y *Urug.* Cuerda de cuero retorcido o trenzado.

tos (del lat. *tussis*) *s. f.* **1.** Expulsión ruidosa y violenta del aire de los pulmones. || **2. tos ferina** Enfermedad infecciosa que ataca especialmente a los niños y se caracteriza por una tos violenta e intensa y una contracción de la laringe al inspirar, acompañada de un fuerte ruido. FAM. Toser. / Tusígeno.

toscano, na (del lat. *tuscanus*) *adj.* **1.** De Toscana, región de Italia. También *s. m.* y *f.* || *s. m.* **2.** Dialecto hablado en Toscana, de cuya variedad culta florentina procede el idioma italiano oficial.

tosco, ca *adj.* **1.** Se dice de aquello que ha sido realizado con poco cuidado o con materiales de poco valor: *Era una mesa muy tosca.* **2.** Se dice de las personas incultas y poco refinadas, así como de sus palabras, actitudes, etc. También *s. m.* y *f.* **SIN. 1.** y **2.** Rústico, basto, burdo, áspero, rudimentario. **2.** Rudo, zafio. **ANT. 1.** Trabajado, pulido. **1.** y **2.** Fino, elegante. **2.** Delicado. **FAM.** Toscamente, tosquedad.

toser (del lat. *tussire*) *v. intr.* **1.** Tener tos. **2.** Hacer fuerza con los órganos de la respiración para provocar la tos: *Tosí un poco para llamar su atención.* || **LOC. toser** una persona a otra *fam.* Enfrentarse a ella, contradecirla. ▪ Generalmente se usa sólo con negación: *Con ese genio que tiene no hay quien le tosa.* **SIN. 1.** y **2.** Carraspear. **2.** Expectorar.

tósigo (del lat. *toxicum*, y éste del gr. *toxikon* [*pharmakon*], veneno para las flechas, de *toxon*, arco) *s. m.* Sustancia venenosa. **SIN.** Veneno, ponzoña, tóxico.

tosquedad *s. f.* Cualidad de tosco: *la tosquedad de sus modales.* **SIN.** Aspereza, rudeza, brutalidad, brusquedad, ordinariez. **ANT.** Finura, elegancia, delicadeza.

tostación *s. f.* **1.** Acción de tostar. **2.** Proceso metalúrgico mediante el cual se oxida un sulfuro metálico para formar el óxido del correspondiente metal, con desprendimiento de dióxido de azufre.

tostada *s. f.* **1.** Rebanada de pan tostado. **2.** *fam.* Cosa pesada y molesta: *En cuanto puede le pasa la tostada a otro.* **3.** Confusión, desorden o dificultad: *Se organizó una buena tostada.* || **LOC. olerse la tostada** *fam.* Sospechar o adivinar un riesgo, una trampa, una molestia, etc.: *Yo no quise ir, porque me olía la tostada.* **SIN. 2.** Lata, tabarra, monserga. **3.** Lío, jaleo, follón.

tostadero, ra *adj.* **1.** Se dice de la máquina o instrumento que sirve para tostar. También *s. m.* y *f.* || *s. m.* **2.** Lugar o instalación donde se tuesta algo. **3.** Lugar donde hace demasiado calor: *Su cuarto era un tostadero.* **SIN. 1.** Tostador, tostadora. **3.** Horno, sauna. **ANT. 3.** Nevera.

tostado, da 1. *p.* de **tostar**. También *adj.*: *Siempre he preferido el pan tostado.* || *adj.* **2.** Se dice del color oscuro, como el que tiene la piel bronceada por el sol, así como de ciertas cosas que tienen dicho color. || *s. m.* **3.** Acción de tostar. **SIN. 2.** Moreno, dorado, atezado. **3.** Tostadura, tostación.

tostador, ra *s. m.* o *f.* Aparato que sirve para tostar pan.

tostar (del lat. *tostare*) *v. tr.* **1.** Poner una cosa al fuego hasta que tome un color dorado, sin llegar a quemarse. También *v. prnl.* **2.** Broncear, poner morena la piel del cuerpo el sol o el viento. También *v. prnl.*: *Este verano se ha tostado en la playa.* **3.** Quemar, calentar demasiado. También *v. prnl.*: *Vamos a tostarnos con tanto calor.* ▪ Es v. irreg. Se conjuga como *contar.* **SIN. 1.** Dorar(se), hornear(se). **1.** y **3.** Asar(se). **2.** Curtir(se), atezar(se). **3.** Recalentar(se), requemar(se), abrasar(se). **FAM.** Tostación, tostada, tostadero, tostado, tostador, tostadura, tostón. / Retostar, tueste.

tostón *s. m.* **1.** Trozo pequeño de pan frito que se añade a las sopas, purés, etc. Se usa más en *pl.* **2.** Cochinillo asado. **3.** Garbanzo tostado. **4.** Persona o cosa pesada y molesta: *Esta clase es un tostón.* **SIN. 1.** Picatoste. **2.** Lechón. **3.** Torrado. **4.** Rollo, lata, tabarra, plasta, aburrimiento, monserga, pesadez.

tota *s. m.* Mono de unos 60 cm de longitud, cara negra con una banda blanca en la frente y el resto del cuerpo verdoso. Se alimenta de vegetales y habita en pequeños grupos en zonas boscosas y sabanas de África al S del Sáhara.

total (del lat. *totus*, todo) *adj.* **1.** Completo, que incluye todos los elementos, partes o aspectos de algo: *Voy a hacer un cambio total en la decoración.* **2.** *fam.* Se dice de la persona o cosa que alguien considera muy buena, excelente por algo: *Ese chico es total.* || *s. m.* **3.** Totalidad: *Aprobó el total de los estudiantes.* **4.** Resultado de sumar dos o más cantidades: *El total son mil pesetas.* || *adv. m.* **5.** En resumen, en conclusión: *Total, que lo mejor será quedarse en casa.* **6.** En realidad, en el fondo: *Como tú quieras porque, total, a mí me da lo mismo.* **SIN. 1.** Entero, absoluto, íntegro, integral, general. **2.** Genial, magnífico. **3.** Todo, integridad. **4.** Suma. **ANT. 1.** Parcial, incompleto. **2.** Pésimo, horrible. **3.** Ninguno, nadie. **FAM.** Totalidad, totalitarismo, totalizar, totalmente. TODO.

totalidad *s. f.* **1.** Conjunto de todas las personas o cosas que forman un grupo, clase o especie: *La totalidad de los representantes votó en contra.* **2.** Cosa íntegra, entera: *Se comió la totalidad del pastel.* **SIN. 1.** Total. **1.** y **2.** Integridad. **2.** Todo. **ANT. 1.** Ninguno, nadie. **1.** y **2.** Parte, nada.

totalitario, ria *adj.* Propio del totalitarismo: *régimen totalitario.* **SIN.** Totalitarista, dictatorial, autoritario, tiránico, despótico, autocrático. **ANT.** Democrático.

totalitarismo *s. m.* **1.** Régimen político en que la totalidad de los poderes estatales está en manos de una persona, grupo o partido que no permite la actuación de otros partidos y que ejerce una fuerte intervención en todos los órdenes de la vida nacional. **2.** Doctrina en que se basa este régimen. **FAM.** Totalitario, totalitarista. TOTAL.

totalitarista *adj.* **1.** Del totalitarismo o relacionado con él: *régimen totalitarista.* **2.** Partidario del totalitarismo: *un político totalitarista.* También *s. m.* y *f.* **SIN. 1.** Totalitario, dictatorial, tiránico, despótico, autocrático. **1.** y **2.** Absolutista. **2.** Dictador, tirano, déspota. **ANT. 1.** Democrático. **1.** y **2.** Liberal.

totalizador, ra *adj.* Que totaliza.

totalizar *v. tr.* Obtener la cantidad total que se expresa como resultado de sumar varias cantidades parciales: *El gimnasta totalizó cuarenta puntos al final de las pruebas.* ▪ Delante de *e* se escribe *c* en lugar de *z*. **FAM.** Totalización, totalizador. TOTAL.

totalmente *adv. m.* Enteramente, del todo. **SIN.** Completamente.

tote *s. m. Col.* Buscapiés*.

totearse *v. prnl. Col.* Romperse el envoltorio de una cosa.

tótem (del ingl. *totem*, y éste de *dodaim*, lengua de unas tribus de América del Norte) *s. m.* **1.** Ser u objeto de la naturaleza que en la mitología de algunas sociedades se toma como símbolo o emblema protector. **2.** Representación pintada o tallada de este ser u objeto. **3.** Columna o poste con figuras de estos seres u objetos que tallan los indios de tierras americanas próximas a Alaska. ▪ Su pl. es *tótems* o *tótemes.* **SIN. 1.** y **2.** Ídolo, fetiche, amuleto. **FAM.** Totémico, totemismo.

totemismo *s. m.* Sistema de ritos, creencias y organización social basado en el tótem.

totora (del quechua *tutura*) *s. f. Amér. del S.* Especie de junco que nace en terrenos húmedos y se usa para fabricar embarcaciones, esteras, cestos, etc. **FAM.** Totoral.

totovía *s. f.* Ave paseriforme de unos 15 cm de longitud, cola muy corta, pico fino, plumaje listado de castaño y ocre, el borde de las alas con marcas blancas y negras y la cresta redondeada. Es migrante parcial, anida en el suelo y habita en linderos de bosques, campos y cultivos de Europa.

tótum revolútum (del lat. *totum revolutum*) *expr.* Conjunto de muchas cosas desordenadas. ▪ Se usa como *s. m.* SIN. Revoltijo, batiburrillo, mogollón.

totuma *s. f.* **1.** *Amér.* Fruto del totumo o güira. **2.** Vasija fabricada con este fruto.

totumo *s. m. Amér.* Güira*. FAM. Totuma.

touché (fr., significa 'tocado') *interj.* **1.** En esgrima, expresión con que uno de los adversarios reconoce haber sido alcanzado por la espada del contrario. **2.** Expresión con que alguien se reconoce vencido en una controversia, discusión, etc.

tour (fr.) *s. m.* **1.** Excursión, viaje. **2.** Gira artística: *Ese famoso grupo musical hará un tour por España.* **3.** Denominación que reciben algunas carreras ciclistas, especialmente la vuelta ciclista a Francia. || **4. tour de force** Demostración de fuerza, esfuerzo grande: *Hacerlo tan bien y en tan poco tiempo ha sido un tour de force.* **5. tour operador** Persona o empresa que se dedica a la organización de viajes colectivos. ▪ A veces se emplea la expresión inglesa *tour-operator.* SIN. **1.** y **2.** Tournée. FAM. Turismo.

tour-operator (ingl., significa 'agente de viajes') *s. m.* Tour* operador.

tournée (fr.) *s. f.* **1.** Viaje. **2.** Gira artística. SIN. **1.** y **2.** Tour.

toxemia *s. f.* Presencia de toxinas o venenos en la sangre y estado anormal que origina.

toxicidad *s. f.* Cualidad de tóxico: *Ese producto es de gran toxicidad.*

tóxico, ca (del lat. *toxicum*, tósigo) *adj.* Se dice de las sustancias que son venenosas y pueden producir intoxicaciones graves. También *s. m.* FAM. Toxicidad, toxicología, toxicomanía, toxina. / Intoxicar, tósigo.

toxicología (del gr. *toxikon*, veneno, y *-logía*) *s. f.* Parte de la medicina que estudia las sustancias tóxicas o venenosas y su efecto sobre los organismos vivos. FAM. Toxicológico, toxicólogo. TÓXICO.

toxicológico, ca *adj.* De la toxicología o relacionado con ella: *análisis toxicológicos.*

toxicólogo, ga *s. m.* y *f.* Especialista en toxicología.

toxicomanía *s. f.* Hábito de consumir drogas y dependencia patológica de las mismas. SIN. Drogadicción. FAM. Toxicómano. TÓXICO.

toxicómano, na *adj.* Que padece toxicomanía. También *s. m.* y *f.* SIN. Drogadicto.

toxina (del gr. *toxikon*, veneno) *s. f.* Sustancia elaborada por los seres vivos que resulta venenosa y produce trastornos fisiológicos. El sistema inmunológico produce antitoxinas, capaces de neutralizar las toxinas. FAM. Toxemia. TÓXICO.

tozudez *s. f.* Cualidad de tozudo: *Se niega a comer por pura tozudez.* SIN. Terquedad, testarudez, obstinación, cabezonería. ANT. Flexibilidad.

tozudo, da *adj.* **1.** Se dice de la persona que mantiene una idea o actitud fija, con razón o sin ella, y a pesar de que existan argumentos o hechos en contra. También *s. m.* y *f.* **2.** Se dice del animal que es difícil de dominar, que no obedece con facilidad. SIN. **1.** Porfiado, contumaz. **1.** y **2.** Terco, testarudo, obstinado, cabezota. ANT. **1.** Condescendiente, flexible, transigente. **2.** Obediente, manso. FAM. Tozudez.

traba (del lat. *trabs, trabis*, madero) *s. f.* **1.** Acción de trabar o unir una cosa con otra. **2.** Aquello que sirve para sujetar o unir unas cosas con otras. **3.** Estorbo, obstáculo, dificultad: *Le dejaron pasar sin traba alguna.* SIN. **2.** Atadura, ligadura, ligamento, lazo. **3.** Impedimento, rémora, carga.

trabacuenta *s. f.* Error en una cuenta.

trabado, da 1. *p.* de **trabar**. También *adj.* || *adj.* **2.** Se dice de la caballería que tiene blancas las dos manos, o que tiene blancos el pie izquierdo y la mano derecha, o viceversa. **3.** Se dice de la sílaba cuyo sonido final es consonántico. **4.** Robusto: *un tipo trabado.*

trabajado, da 1. *p.* de **trabajar**. || *adj.* **2.** Se dice del que muestra un aspecto cansado por haber trabajado o sufrido mucho: *Está ya muy trabajado el pobre.* **3.** Se dice de aquello que se ha realizado con mucho esmero y detenimiento: *una pintura muy trabajada.* SIN. **2.** Molido, agotado, castigado, gastado. **3.** Elaborado, cuidado. ANT. **1.** Descansado, joven. **3.** Descuidado. FAM. Trabajadamente. TRABAJAR.

trabajador, ra *adj.* **1.** Que trabaja mucho. || *s. m.* y *f.* **2.** Persona que trabaja a cambio de un salario, en especial la que trabaja manualmente: *trabajadores de la construcción.* SIN. **1.** Laborioso, hacendoso, industrioso, aplicado, diligente. **2.** Obrero, operario, asalariado, proletario, jornalero, peón, bracero, currante. ANT. **1.** Perezoso, vago.

trabajar *v. intr.* **1.** Realizar una actividad que exija esfuerzo físico o intelectual, durante un tiempo más o menos largo: *Estuvo trabajando en el jardín toda la mañana.* **2.** Estar alguien empleado en cierta empresa, institución, etc., o ejercer una determinada profesión u oficio: *Trabaja como secretaria en una oficina.* **3.** Estar cumpliendo o realizando dicha ocupación, profesión u oficio: *Trabaja sólo por las tardes.* **4.** Realizar su actividad una máquina, establecimiento, etc.: *Los ordenadores han estado trabajando todo el día.* **5.** Poner esfuerzo, atención y cuidado en una cosa. También *v. tr.*: *Se ha trabajado el ascenso.* **6.** Mantener relaciones comerciales con una determinada empresa, firma, etc.: *Nuestra empresa trabaja mucho con Francia.* || *v. tr.* **7.** Ejercitar, estudiar o ensayar una cosa: *Debes trabajar más esos pases de baile.* **8.** Cultivar la tierra. **9.** Manipular una materia o sustancia para darle forma, adornarla, etc.: *trabajar la madera, el oro.* **10.** Comerciar con determinado producto o utilizarlo para confecciones o manufacturas: *Este modisto trabaja el cuero.* **11.** Desarrollar un músculo o una parte del cuerpo. || **trabajarse** *v. prnl.* **12.** Tratar de influir en una persona para conseguir algo de ella: *Sabe trabajarse a su jefe.* SIN. **1.** Trajinar. **1.** a **3.** y **5.** Currar, currelar. **1.** y **5.** Bregar, batallar. **4.** Funcionar. **6.** Colaborar. **8.** Laborar, laborear, labrar. **12.** Convencer. ANT. **1.** Vaguear. **3.** y **4.** Parar, descansar. FAM. Trabajado, trabajador, trabajo.

trabajo *s. m.* **1.** Acción de trabajar. **2.** Actividad que exige un esfuerzo físico o intelectual. **3.** Ocupación que se ejerce de forma habitual, especialmente la que se ejerce a cambio de dinero: *Está a punto de cambiar de trabajo.* **4.** Lugar donde se ejerce esta ocupación: *No tengo el teléfono de su trabajo.* **5.** Aquello en lo que se trabaja: *Siempre se lleva trabajo a casa.* **6.** Objeto producto de una actividad intelectual o artística: *Expone sus últimos trabajos en una galería.* **7.** En econ., actividad humana aplicada a la producción de riqueza, para la satisfacción de las necesidades del hombre. **8.** Actividad o esfuerzo aprovechable de una máquina, un animal, etc. **9.** En fís., magnitud que equivale al producto escalar de una fuerza por la distancia que se desplaza su punto de aplicación. || *s. m. pl.* **10.** Dificultades, apuros. || **11. trabajo de chinos** *fam.* Trabajo largo y laborioso. **12. trabajos forzados** (o **forzosos**) Trabajo físico que se obliga a hacer a un preso como parte de la pena que le ha sido impuesta. || LOC. **con trabajo** *adv.* Con esfuerzo o dificultad. **costar trabajo** una cosa Ser difícil conseguir o realizar lo que se expresa: *Le costó trabajo aprobar.* **tomarse** uno **el trabajo de** Hacer una cosa u ocuparse de ella. SIN. **2.** Faena, tarea. **3.** Empleo, curro. **6.** Obra, creación. FAM. Trabajoso. / Teletrabajo. TRABAJAR.

trabajoso, sa *adj.* Que da o cuesta mucho trabajo: *Hacer este estudio ha sido muy trabajoso.* SIN. Laborioso, pesado, complicado. ANT. Llevadero. FAM. Trabajosamente. TRABAJO.

trabalenguas *s. m.* Palabra o serie de palabras difíciles de pronunciar rápidamente, en especial cuando sirve como juego para hacer que uno se equivoque. ■ No varía en *pl.*

trabar *v. tr.* **1.** Juntar o unir una cosa con otra: *Trabó las tablas con un listón transversal.* **2.** Enlazar, concordar: *trabar unas palabras con otras para formar una oración.* **3.** Espesar o dar mayor consistencia a un líquido o una masa. También *v. prnl.*: *Bate las claras hasta que se traben.* **4.** En construcción, rellenar con cemento las juntas de una obra de albañilería. **5.** Sujetar una cosa con otra, de modo que se impida o dificulte su movimiento: *Trabó la puerta con una tranca.* **6.** Impedir o dificultar la realización o desarrollo de algo. **7.** Comenzar una conversación, relación, etc.: *trabar amistad.* || **trabarse** *v. prnl.* **8.** Enredarse, engancharse: *Se le trabaron los pies y se cayó al suelo.* **9.** Atascarse al hablar. **10.** Enzarzarse en una pelea o discusión. SIN. **1.** y **2.** Afianzar, pegar. **1.** a **3.** Ligar. **6.** Frenar, obstaculizar. **7.** Entablar, iniciar. **9.** y **10.** Liarse. ANT. **1.** a **3.**, **5.** y **8.** Soltar(se). **3.** Diluir, aclarar. **6.** Facilitar. **8.** y **9.** Desenredarse. FAM. Traba, trabacuenta, trabado, trabadura, trabalenguas, trabamiento, trabazón, trabe, trabilla. / Destrabar.

trabazón *s. f.* **1.** Enlace de dos o más cosas, de manera que queden bien unidas: *La trabazón de los maderos parece resistente.* **2.** Relación de dependencia que se establece entre varias ideas, conceptos, etc.: *La trabazón de los distintos capítulos de la novela es evidente.* **3.** Espesor o consistencia que se da a un líquido o a una masa. SIN. **1.** Juntura, unión, sujeción, acoplamiento. **1.** y **2.** Conexión. **2.** Coordinación, coherencia. **2.** y **3.** Ligazón. ANT. **1.** Desunión. **2.** Desconexión, incoherencia.

trabe (del lat. *trabs, trabis*) *s. f.* Viga de madera. FAM. Arquitrabe.

trabilla *s. f.* **1.** Cada una de las pequeñas tiras verticales que sirven para pasar por ellas una correa, cinta, etc.: *la trabilla del pantalón.* **2.** Tira que llevan en la parte de atrás algunos abrigos, chaquetas, etc., para ceñirlos por la espalda o como adorno. **3.** Tira que se pasa por debajo del pie para sujetar los bordes inferiores de algunos pantalones y otras prendas similares.

trabucaire (cat., significa 'el que lleva trabuco') *s. m.* Bandolero catalán de los s. XVIII y XIX.

trabucar *v. tr.* **1.** Alterar el orden o disposición que tienen ciertas cosas: *¿Quién ha trabucado los libros?* También *v. prnl.* **2.** Confundir ciertos datos, ideas, noticias, etc., con otros diferentes o cambiar unos por otros: *En estas fichas han trabucado los títulos de los libros.* También *v. prnl.* **3.** Equivocar unas palabras, sílabas o letras con otras, o cambiarlas de sitio al pronunciarlas o escribirlas. También *v. prnl.*: *Me trabuco mucho con el inglés.* ■ Delante de *e* se escribe *qu* en lugar de *c.* SIN. **1.** Desordenar(se), trastornar(se), desbaratar(se), descomponer(se). **1.** y **2.** Trastocar(se). **1.** a **3.** Embarullar(se). **2.** Tergiversar, trafulcar, equivocar(se). **3.** Confundir(se). ANT. **1.** Ordenar(se). FAM. Trabucación, trabuco.

trabucazo *s. m.* Disparo de trabuco y herida o daño que causa.

trabuco *s. m.* Arma de fuego más corta y de mayor calibre que la escopeta, con el cañón ensanchado por la boca. FAM. Trabucaire, trabucazo. TRABUCAR.

traca (de la onomat. *trac*) *s. f.* **1.** Serie de petardos o cohetes. **2.** Gran estallido final con que se cierra un espectáculo de fuegos artificiales.

trácala *s. f. Méx.* y *P. Rico* Trampa, engaño. FAM. Tracalada.

tracalada *s. f. Amér.* Multitud alborotadora y ruidosa.

tracción (del lat. *tractio, -onis*) *s. f.* **1.** Acción de arrastrar o tirar de alguna cosa para moverla: *tracción animal. Este coche tiene tracción delantera.* **2.** Acción de estirar o poner tirante un cable, cuerda, etc.

tracería *s. f.* Decoración arquitectónica formada por combinaciones de figuras geométricas.

tracio, cia (del lat. *thracius*) *adj.* De Tracia, región histórica de Europa oriental. También *s. m.* y *f.*

tracoma (del gr. *trakhys*, áspero) *s. m.* Conjuntivitis contagiosa que puede llegar a causar la ceguera. FAM. Tracomatoso.

tracto (del lat. *tractus*, de *trahere*, arrastrar) *s. m.* **1.** Denominación que reciben distintos órganos o partes de ellos que tienen forma alargada y realizan una función de conducción entre dos lugares del organismo: *tracto digestivo, tracto linfático, tracto intestinal.* **2.** En biol., haz de fibras nerviosas que tienen el mismo origen y la misma terminación y cumplen la misma función fisiológica. FAM. Retractar. TRAER.

tractor, ra (del lat. *tractus*, de *trahere*, arrastrar) *adj.* **1.** Que produce la tracción: *ruedas tractoras.* || *s. m.* **2.** Vehículo de motor que se emplea para realizar algunas faenas del campo, como arar o labrar la tierra, y también para arrastrar otras máquinas o vehículos, especialmente agrícolas. FAM. Tractorar, tractorear, tractoreo, tractorista. / Prototráctil. TRAER.

tractorar o **tractorear** *v. tr.* Labrar la tierra con tractor.

tractorista *s. m.* y *f.* Conductor de un tractor.

trade mark (ingl.) *expr.* Marca registrada o distintivo legal que el fabricante pone en sus productos. ■ Se usa como *s. m.*

tradición (del lat. *traditio, -onis*) *s. f.* **1.** Transmisión de opiniones, creencias, prácticas, costumbres, etc., de unas generaciones a otras y, p. ext., estas mismas opiniones, creencias, etc.: *En su familia es tradición comer juntos los domingos.* **2.** Desarrollo a lo largo del tiempo de un determinado arte, ciencia, técnica, etc., así como dicho arte, ciencia o técnica: *Este país tiene una antigua tradición literaria.* FAM. Tradicional.

tradicional *adj.* **1.** Propio de la tradición: *Es tradicional comer turrón en Navidad.* **2.** Que sigue costumbres, ideas, normas, etc., propias del pasado. **3.** Que se ajusta a los gustos, usos, etc., más comunes: *Va vestida de un modo demasiado tradicional.* SIN. **2.** Tradicionalista, conservador. **3.** Usual, acostumbrado, habitual, corriente, ordinario. ANT. **2.** Progresista. **2.** y **3.** Innovador. **3.** Original. FAM. Tradicionalismo, tradicionalista, tradicionalmente. TRADICIÓN.

tradicionalismo *s. m.* **1.** Actitud de apego a las costumbres, ideas, normas, etc., del pasado. **2.** Sistema político surgido en Europa en el s. XIX, que defendía el mantenimiento o restablecimiento del Antiguo Régimen. ■ También se ha denominado *ultramontanismo.* **3.** Doctrina filosófica francesa de principios del s. XIX que establece el origen de las ideas en la revelación divina, transmitida históricamente por la Iglesia católica, y deposita el poder en la institución monárquica. SIN. **1.** Conservadurismo.

tradicionalista *adj.* **1.** Muy apegado a las costumbres, ideas o normas del pasado. **2.** Del tradicionalismo o partidario de él: *ideario tradicionalista, partido tradicionalista.* También *s. m.* y *f.* SIN. **1.** Tradicional, conservador. ANT. **1.** Progresista, liberal.

traducción (del lat. *traductio, -onis*) *s. f.* **1.** Acción de traducir: *Se dedica a la traducción de textos.* **2.** Obra, texto que ha sido traducido: *Mañana tengo que entregar la traducción de inglés.* **3.** Sentido e interpretación que se da a un texto. || **4. traducción directa** La que se hace de un idioma extranjero al propio idioma. **5. traducción inversa** La que se hace de la propia lengua a una lengua extranjera. **6. traducción simultánea** La que se hace oralmente al mismo tiempo que se pronuncia un discurso, conferencia, etc. SIN. **3.** Lectura.

traducir (del lat. *traducere*, hacer pasar de un lugar a otro) *v. tr.* **1.** Expresar en una lengua lo que está expresado en otra: *Ha traducido varias novelas del inglés al español.* **2.** Exponer algo de forma distinta a como ya ha sido expuesto, en especial para que sea fácilmente comprendido: *Tienes que traducirme todas esas fórmulas matemáticas.* **3.** Convertir, transformar: *Esta terrible noticia tradujo nuestra alegría en dolor.* ■ Es v. irreg. Se conjuga como *conducir.* SIN. **1.** Trasladar, verter. **2.** Explicar, descifrar, interpretar, glosar. **3.** Mudar, trocar, volver. ANT. **2.** Embrollar, confundir. FAM. Traducción, traducibilidad, traducible, traductor. / Intraducibilidad, intraducible.

traductor, ra (del lat. *traductor, -oris*) *adj.* **1.** Que traduce. || *s. m.* y *f.* **2.** Persona que se dedica a traducir, en especial cuando lo hace profesionalmente. || *s. f.* **3.** Máquina electrónica que traduce de un idioma a otro palabras, frases y textos simples. SIN. **2.** Intérprete, glosador.

traer (del lat. *trahere*) *v. tr.* **1.** Llevar a alguien o algo hasta el lugar donde se encuentra el hablante o al sitio que se expresa: *Nos trajo a casa en coche.* **2.** Causar o provocar algo aquello que se indica: *Eso nos va a traer disgustos.* **3.** Tener o poner a alguien en el estado o situación que se expresa: *Ese asunto me trae loco.* **4.** Tener alguien puesta una cosa o llevarla consigo: *Hoy trae un vestido nuevo.* **5.** Experimentar los efectos de una sensación física o psíquica: *Trae un enfado de mucho cuidado.* **6.** Referido a publicaciones, especialmente periódicas, contener lo que se expresa o informar sobre ello: *Esta revista trae reportajes muy interesantes.* || **traerse** *v. prnl.* **7.** *fam.* Hacer o planear algo de forma oculta o poco clara: *Me gustaría saber qué se traen entre ellos dos.* || LOC. **traer a colación** (o **a cuento**) Mencionar a alguien o algo en un texto, conversación, etc. **traer a la memoria** (o **a la cabeza**) *fam.* Hacer que se recuerde algo: *Esto me trae a la memoria los viejos tiempos.* **traer** a uno **a mal traer** Maltratarle, molestarle mucho o ponerle en dificultades: *Su hijo la trae a mal traer.* **traer** a uno **al fresco** alguien o algo *fam.* No importarle nada: *A mí los chismes me traen al fresco.* **traer consigo** Causar: *Tu decisión trajo consigo muchos problemas.* **traer cuenta** una cosa Compensar: *Trae cuenta comprarlo en las rebajas.* **traer de acá para allá** (o **de aquí para allí**) *fam.* Hacer que uno vaya de un lado a otro sin dejarle parar ni descansar. **traer** a uno **sin cuidado** alguien o algo No importarle nada. **traérsela** a uno **floja** *vulg.* Expresa una total indiferencia o desprecio. **traérselas** alguien o algo *fam.* Ser una persona o cosa muy difícil, maliciosa, etc.: *Este examen se las trae.* ■ Es v. irreg. SIN. **1.** Trasladar, acercar. **2.** Originar, acarrear, ocasionar, motivar. **6.** Incluir. **7.** Tramar, fraguar, urdir. ANT. **2.** Evitar. FAM. Traído, traína. / Abstraer, atraer, contraer, detraer, distraer, extraer, maltraer, maltrecho, retraer, retrotraer, sustraer, tracto, tractor.

TRAER	
GERUNDIO	**PARTICIPIO**
trayendo	*traído*
INDICATIVO	
Presente	**Pretérito perfecto simple**
traigo	*traje*
traes	*trajiste*
trae	*trajo*
traemos	*trajimos*
traéis	*trajisteis*
traen	*trajeron*
SUBJUNTIVO	
Presente	**Pretérito imperfecto**
traiga	*trajera, -ese*
traigas	*trajeras, -eses*
traiga	*trajera, -ese*
traigamos	*trajéramos, -ésemos*
traigáis	*trajerais, -eseis*
traigan	*trajeran, -esen*
Futuro	
trajere	*trajéremos*
trajeres	*trajereis*
trajere	*trajeren*

trafagar *v. intr.* Andar con mucho trabajo: *Anda todo el día trafagando en la casa.* ■ Delante de *e* se escribe *gu* en lugar de *g.* SIN. Trajinar, faenar, ajetrearse, afanarse.

tráfago *s. m.* **1.** Actividad intensa con mucho movimiento. **2.** Movimiento de un lado a otro de muchas personas o cosas: *¡Vaya un tráfago de gente que hay en la calle!* SIN. **1.** Trajín, ajetreo, faena, tarea. **1.** y **2.** Jaleo, follón. **2.** Tráfico. FAM. Trafagar, trafagoso.

traficante *adj.* Que trafica o comercia con algo, frecuentemente ilícito, como p. ej., drogas o armas. También *s. m.* y *f.*

traficar (del ital. *trafficare*, cambiar de sitio) *v. intr.* Comerciar o negociar con algo, particularmente de forma irregular o con mercancías ilegales: *Trafica con drogas.* ■ Delante de *e* se escribe *qu* en lugar de *c.* SIN. Especular. FAM. Traficante, tráfico.

tráfico (del ital. *traffico*) *s. m.* **1.** Acción de traficar: *tráfico de objetos robados.* **2.** Circulación de vehículos en calles y carreteras: *A las horas punta hay mucho tráfico.* **3.** Comunicación y transporte de personas, equipajes o mercancías. || **4. tráfico de influencias** Acción de conseguir cualquier ventaja o beneficio aprovechando la situación privilegiada que uno tiene por su cargo político o la relación con personas vinculadas al poder. **SIN. 1.** Comercio, especulación. **2.** Tránsito. **FAM.** Narcotráfico. TRAFICAR.

trafulcar *v. tr.* Confundir, trabucar. ■ Delante de *e* se escribe *qu* en lugar de *c*.

tragabolas *s. m.* Juguete que consiste en un muñeco con una boca muy grande por la que se deben introducir unas bolas lanzándolas desde cierta distancia. ■ No varía en *pl.*

tragacanto (del lat. *tragacantha*, y éste del gr. *tragakantha*, de *tragos*, macho cabrío, y *akantha*, espina) *s. m.* **1.** Arbusto papilionáceo de unos 2 m de altura, muy frondoso, con hojas compuestas, flores blancas en espigas y fruto en legumbre. Crece en Asia Menor e Irán y segrega una goma blanca usada en farmacia e industria. **2.** Goma segregada por esta planta.

tragaderas *s. f. pl.* **1.** *fam.* Faringe, garganta. **2.** Capacidad que tiene alguien para comer mucho y de todo. **3.** Facilidad de alguien para creer cualquier cosa. **4.** Excesiva tolerancia que muestra una persona ante ciertas cosas, especialmente en materia moral o sexual. **5.** Gran capacidad que tiene alguien para aguantar ofensas, situaciones difíciles, etc. **SIN. 2.** Tragonería, glotonería, saque. **3.** Credulidad. **5.** Aguante, correa, paciencia. **ANT. 2.** Inapetencia. **3.** Incredulidad. **4.** Intolerancia.

tragadero *s. m.* **1.** Agujero, conducto o canal que traga alguna cosa, particularmente agua u otro líquido: *El tragadero del baño está atascado.* **2.** *fam.* Faringe, garganta. || *s. m. pl.* **3.** Facilidad para creer cualquier cosa. **SIN. 1.** Desagüe, sumidero, alcantarilla. **2.** y **3.** Tragaderas.

trágala (de «*Trágala* o muere, tú servilón», palabras con que empieza el estribillo) *s. m.* **1.** Canción de origen gaditano con que los liberales españoles se burlaban de los partidarios del gobierno absoluto durante el primer tercio del s. XIX. **2.** Hecho de obligar a alguien a aceptar o soportar algo. Se usa sobre todo en la locución *a la trágala*: *Nos hizo trabajar a la trágala.*

tragaldabas *s. m.* y *f. fam.* Persona muy tragona: *Es un tragaldabas, no para de comer.* También *adj.* ■ No varía en *pl.* **SIN.** Tragón, glotón, comilón, zampón. **ANT.** Inapetente.

tragaleguas *s. m.* y *f. fam.* Persona que anda mucho y muy deprisa. ■ No varía en *pl.*

tragaluz *s. m.* Ventana pequeña abierta en el techo o en la parte superior de la pared. **SIN.** Claraboya, lucernario.

tragamillas *s. m.* y *f.* Nadador que recorre grandes distancias. ■ No varía en *pl.*

tragamonedas *s. m. Urug.* Máquina tragaperras. ■ No varía en *pl.*

tragantona *s. f.* **1.** *fam.* Comilona, banquete. **2.** Acción de tragar haciendo esfuerzo. **SIN. 1.** Festín, cuchipanda, francachela.

tragaperras *s. amb. fam.* Máquina que funciona automáticamente al introducir en ella una moneda o una ficha, especialmente la de juego. También *adj.*: *una máquina tragaperras.* ■ No varía en *pl.*

tragar *v. tr.* **1.** Hacer que una cosa pase de la boca al aparato digestivo. También *v. prnl.*: *Me he tragado el chicle.* **2.** Comer mucho o hacerlo con ansiedad, rápidamente. También *v. prnl.* **3.** Hacer una cosa que otra pase a su interior o desaparezca en él. También *v. intr.* y *v. prnl.*: *Este desagüe no traga. Se lo tragó el mar.* **4.** Creer una persona aquello que se le cuenta, aunque resulte inverosímil. Se usa más como *v. prnl.*: *No creas que me he tragado ese cuento.* **5.** Soportar, admitir o tolerar alguien algo que le disgusta. Se usa más como *v. prnl.*: *Tuve que tragarme su desplante.* **6.** Disimular, ocultar una cosa. Se usa más como *v. prnl.*: *Se tragó su orgullo y nos pidió perdón.* **7.** Gastar, consumir: *Este coche traga mucha gasolina.* También *v. prnl.* || *v. intr.* **8.** *fam.* Acceder una persona a una proposición que se le hace: *Si sigues insistiendo estoy segura de que acabará tragando.* || **tragarse** *v. prnl.* **9.** *fam.* Aguantar o acabar por completo una cosa: *Se tragó tres libros en una tarde. No sé cómo pudiste tragarte ese rollo de conferencia.* || **LOC. no tragar** uno a una persona o cosa *fam.* No soportarlo. ■ Delante de *e* se escribe *gu* en lugar de *g*. **SIN. 1.** Deglutir, ingerir. **1.** a **3.** Engullir(se). **2.** Devorar, zampar(se). **5.** Permitir, sufrir, aceptar. **6.** Contener, reprimir, esconder. **7.** Absorber, emplear. **8.** Condescender. **9.** Zamparse. **ANT. 1.** y **2.** Vomitar, devolver. **3.** Echar, expulsar. **4.** Desconfiar. **6.** Expresar, mostrar. **7.** Ahorrar. **8.** Negarse. **FAM.** Tragable, tragabolas, tragaderas, tragadero, tragaldabas, tragaleguas, tragaluz, tragamillas, tragamonedas, tragantona, tragaperras, tragasables, trago, tragón, tragonear. / Atragantarse, intragable.

tragasables *s. m. fam.* Artista de circo que hace trucos parecidos a las prácticas de los faquires, como p. ej. meterse en la boca instrumentos cortantes. ■ No varía en *pl.*

tragedia (del lat. *tragoedia*, y éste del gr. *tragodia*, de *tragos*, macho cabrío, y *aeido*, cantar) *s. f.* **1.** Obra dramática en verso o prosa, de asunto serio, que tiene un final desdichado. **2.** Género dramático constituido por estas obras: *Interpreta mejor la tragedia que la comedia.* **3.** Suceso desgraciado de la vida real: *la tragedia del hambre en el Tercer Mundo.* **4.** Composición lírica destinada a lamentar sucesos desgraciados. **SIN. 3.** Desgracia, catástrofe, calamidad, infortunio, desdicha, fatalidad. **ANT. 3.** Suerte, fortuna. **FAM.** Trágico, tragicomedia.

trágico, ca (del lat. *tragicus*, y éste del gr. *tragikos*) *adj.* **1.** Relativo a la tragedia: *género trágico, obra trágica.* **2.** Se dice del autor de tragedias y del actor que las interpreta. También *s. m.* y *f.*: *Sarah Bernhardt fue una gran trágica francesa.* **3.** Desgraciado, triste: *Han anunciado la trágica noticia de su muerte.* **SIN. 3.** Dramático, desdichado, funesto, infausto, nefasto, aciago, fatídico, amargo. **ANT. 1.** a **3.** Cómico. **2.** Comediógrafo. **3.** Feliz. **FAM.** Trágicamente. TRAGEDIA.

tragicomedia (del lat. *tragicomedia*, de *tragicocomoedia*) *s. f.* **1.** Obra dialogada que contiene elementos propios de la tragedia y de la comedia. **2.** Género literario constituido por estas obras. **3.** Suceso de la vida real trágico y cómico al mismo tiempo. **FAM.** Tragicómico. TRAGEDIA y COMEDIA.

tragicómico, ca *adj.* **1.** De la tragicomedia o relacionado con ella: *género tragicómico.* **2.** Que es trágico y cómico a la vez: *un suceso tragicómico.*

trago *s. m.* **1.** Cantidad de líquido que se bebe o se traga de una vez: *Me bebí todo el vaso de un trago.* **2.** Bebida alcohólica: *¿Te vienes a tomar un* *trago?* **3.** Acción de tomar bebidas alcohólicas: *Le gusta mucho el trago.* **4.** *fam.* Situación difícil, apuro, disgusto: *¡Vaya un trago que nos has hecho pasar!* **SIN. 1.** Sorbo. **2.** Copa, lingotazo. **3.** Pimple.

tragón, na *adj.* Que come mucho. También *s. m.* y *f.* **SIN.** Tragaldabas, comilón, glotón, zampón. **ANT.** Inapetente, desganado.

tragonear *v. tr. fam.* Comer mucho y con ansia. **SIN.** Zampar, devorar, engullir, atiborrarse. **ANT.** Ayunar.

traición (del lat. *traditio, -onis*) *s. f.* **1.** Acción o comportamiento de la persona que engaña o perjudica a otra que confiaba en ella. **2.** Delito cometido contra la patria o el Estado al servir o favorecer al enemigo: *Fue acusado de traición.* || **3. alta traición** La cometida contra el Estado, poniendo en peligro la seguridad de la nación. **SIN. 1.** Deslealtad, infidelidad, felonía, perfidia, alevosía. **ANT. 1.** Lealtad, fidelidad. **FAM.** Traicionar, traicionero, traidor.

traicionar *v. tr.* **1.** Hacer traición. **2.** Ser alguien o algo el motivo de que se falle o se fracase en un intento: *Su falta de experiencia le traicionó.* **3.** *fam.* Demostrar una persona de manera involuntaria algo que hubiera preferido mantener oculto. **4.** Engañar una persona a su pareja en el terreno sentimental o sexual: *Traicionaba a su marido con otro.* **SIN. 1.** Vender. **1.** y **3.** Delatar. **3.** Acusar, revelar. **ANT. 1.** Defender. **1.** y **2.** Ayudar.

traicionero, ra *adj.* **1.** Traidor. También *s. m.* y *f.* **2.** Hecho a traición: *golpe traicionero.* **FAM.** Traicioneramente. TRAICIÓN.

traído, da 1. *p.* de **traer**. También *adj.* || *adj.* **2.** Se dice de aquello que está gastado, que se va haciendo viejo, especialmente de la ropa: *Lleva un pantalón muy traído.* || *s. f.* **3.** Acción de traer.

traidor, ra (del lat. *traditor, -oris*) *adj.* **1.** Que comete traición. También *s. m.* y *f.* **2.** Se dice de los animales que no muestran la obediencia y lealtad que se espera de ellos. **3.** Que implica o denota traición o falsedad: *un gesto traidor.* **4.** *fam.* Se dice de las cosas que tienen apariencia inofensiva, pero que son dañinas o perjudiciales: *La sangría es una bebida muy traidora.* **5.** Se dice de las cosas que delatan o descubren algo que se quería mantener oculto: *¡Estas traidoras canas!* **SIN. 1.** Desleal, infiel, alevoso. **1.** a **5.** Traicionero. **2.** Rebelde, desobediente. **2.** y **3.** Innoble. **3.** Falso. **4.** Engañoso. **5.** Delator, acusador, revelador. **ANT. 1.** y **2.** Leal, fiel. **1.** y **3.** Sincero. **2.** Dócil. **2.** y **3.** Noble. **4.** Beneficioso. **FAM.** Traidoramente. TRAICIÓN.

trail (ingl.) *s. m.* Modalidad deportiva de motociclismo que se practica por caminos y vías sin asfaltar.

tráiler (del ingl. *trailer*) *s. m.* **1.** Anuncio de una película hecho con fragmentos de ésta. **2.** Remolque, especialmente el que llevan los grandes camiones. ■ Su pl. es *tráilers*.

traílla *s. f.* **1.** Cuerda o correa con que se ata y sujeta a los perros en las cacerías. **2.** Pareja o conjunto de perros atados con dicha cuerda o correa. **3.** Instrumento de labranza parecido a un cogedor grande que sirve para allanar e igualar los terrenos. ■ Se dice también *treílla*. **FAM.** Traillar.

traillar *v. tr.* Allanar o igualar la tierra con la traílla. ■ En cuanto al acento, se conjuga como *aislar*.

traína *s. f.* Red de pesca marina, con forma de gran bolsa, en cuya parte anterior hay una boca que se mantiene abierta. **FAM.** Trainera. TRAER.

trainera *s. f.* **1.** Embarcación alargada y de poco fondo que se usa en el golfo de Vizcaya, fundamentalmente para la pesca de sardinas con red. También *adj.*: *barca trainera.* **2.** Embarcación parecida a la anterior que, impulsada mediante remos, se usa en competiciones deportivas: *una regata de traineras.*

training (ingl.) *s. m.* **1.** Entrenamiento. **2.** Curso de formación o periodo de prácticas.

traje (del port. *traje*, y éste del bajo lat. *tragere*, del lat. *trahere*, traer) *s. m.* **1.** Vestido exterior completo de una persona. **2.** Vestido de hombre que consta de una chaqueta y un pantalón y, a veces, de un chaleco, todo a juego. **3.** Traje de chaqueta. **4.** Vestido femenino de una pieza: *Para la fiesta me pondré un traje largo.* **5.** Vestido característico o distintivo de una clase de personas o de una determinada época o lugar: *traje andaluz, traje de marinero.* || **6. traje corto** El que consta de un pantalón muy alto y ajustado y una chaquetilla corta, como el usado por bailadores de flamenco y, a veces, toreros. **7. traje de baño** Bañador*. **8. traje de ceremonia** Uniforme propio del cargo o dignidad que una persona tiene. **9. traje de chaqueta** Vestido femenino compuesto de chaqueta y de falda o pantalón a juego. **10. traje de etiqueta** Vestido de hombre que se usa en ciertos actos y que consta de pantalón y frac o esmoquin. **11. traje de luces** Traje de torero. **12. traje de noche** Vestido femenino para fiestas de etiqueta, ceremonias, etc., generalmente largo. **13. traje sastre** Traje de chaqueta. **SIN. 1.** Atuendo, indumentaria. **2.** Terno. **FAM.** Trajear.

trajeado, da 1. *p.* de **trajear**. || *adj.* **2.** Se dice de la persona que va arreglada en cuanto a su vestido se refiere.

trajear *v. tr.* **1.** Proporcionar un traje a una persona, vendiéndoselo, confeccionándoselo, etc. También *v. prnl.* || **trajearse** *v. prnl.* **2.** Vestirse de manera más elegante de lo habitual: *Voy a trajearme un poco para la fiesta.* **FAM.** Trajeado. TRAJE.

trajín *s. m.* **1.** Acción de trajinar. **2.** Movimiento intenso en algún sitio o gran actividad de alguien: *¡Qué trajín hay hoy en la calle!* **SIN. 2.** Ajetreo, jaleo, tráfago, barullo.

trajinar (del cat. *traginar*, y éste del lat. vulg. *traginare*, del lat. *trahere*, arrastrar) *v. tr.* **1.** Llevar mercancías de un lugar a otro. || *v. intr.* **2.** Desarrollar una actividad intensa: *Llevo todo el día trajinando en la cocina.* **3.** *vulg.* Poseer sexualmente a alguien. Se usa más como *v. tr.* y *v. prnl.* **SIN. 1.** Acarrear, transportar. **2.** Bregar, trafagar. **3.** Tirarse, cepillarse. **ANT. 2.** Descansar, vaguear. **FAM.** Trajín.

tralla (del lat. *tragula*) *s. f.* **1.** Trencilla que se pone al extremo del látigo para que restalle. **2.** Látigo provisto de esta trencilla. **FAM.** Trallazo.

trallazo *s. m.* **1.** Golpe dado con la tralla. **2.** Ruido seco que hace la tralla o algo similar al golpear. **3.** *fam.* En el fútbol, patada muy fuerte dada a la pelota: *Marcó de un trallazo.* **SIN. 1.** Latigazo. **2.** Chasquido. **3.** Chut, cañonazo.

trama (del lat. *trama*) *s. f.* **1.** Conjunto de hilos colocados a lo ancho que, cruzados y enlazados con los de la urdimbre, forman una tela o tejido. **2.** Disposición interna, estructura y forma en que se enlazan las distintas partes o acciones de un asunto: *Él es el encargado de organizar toda la trama del negocio.* **3.** Particularmente, argumento de una obra de teatro, una novela o una película: *La trama de este libro es muy entretenida.* **4.** Aquello que se prepara y dispone ocultamente y con astucia: *He ideado una trama para vengarme de él.* **5.** En biol., conjunto de células y fibras que constituyen la estructura de un tejido. **6.** Conjunto de las líneas que forman la imagen que se transmite en televisión. **7.** En artes gráficas, fina retícula de líneas que, al fotografiar o reproducir en fotomecánica una imagen, la descompone en puntos de tamaño, forma y número variables según la intensidad del tono que representan. **8.** Papel transparente y adhesivo con dibujos, líneas o puntos, que se utiliza en ilustración y diseño gráfico. **SIN. 2.** Entramado. **3.** y **4.** Intriga. **4.** Trampa, treta, confabulación, conspiración, maquinación, complot. **FAM.** Tramado, tramar, tramo. / Entramado.

tramado *s. m.* Red de puntos que en fotograbado reproduce la trama de una imagen.

tramador, ra *adj.* Que prepara con astucia y engaño una mala acción. También *s. m.* y *f.* **SIN.** Urdidor, maquinador.

tramar *v. tr.* **1.** Preparar con habilidad y ocultamente un engaño, una traición o algo que perjudique a alguien: *Han tramado una conspiración contra él.* **2.** Atravesar los hilos de la trama por los de la urdimbre para hacer un tejido. **3.** En artes gráficas, descomponer una imagen en puntos. **SIN. 1.** Planear, maquinar, fraguar, urdir. **2.** Tejer. **FAM.** Tramador. TRAMA.

tramitación *s. f.* Acción de tramitar: *la tramitación de un expediente.*

tramitar *v. tr.* Hacer pasar un asunto por todos los trámites necesarios para resolverlo: *Estamos tramitando urgentemente su petición.* **SIN.** Gestionar, despachar, solucionar. **FAM.** Tramitación, tramitador. TRÁMITE.

trámite (del lat. *trames, -itis*, camino, medio) *s. m.* **1.** Cada una de las gestiones que hay que realizar para resolver un asunto: *Hice todos los trámites para el pasaporte.* **2.** Procedimiento legal o administrativo que se sigue para resolver un asunto: *Me solucionaron el problema por trámite de urgencia.* **3.** Acción de tramitar: *Admitieron a trámite mi demanda.* **SIN. 1.** Diligencia. **2.** Vía, cauce, proceso. **FAM.** Tramitar.

tramo (del lat. *trama*, cadena, tejido) *s. m.* **1.** Cada una de las partes en que están divididas ciertas superficies: *un tramo de la calle, un tramo de la pared.* **2.** Parte de una escalera comprendida entre dos descansillos. **3.** Distancia entre dos soportes en una línea telegráfica.

tramontano, na (del lat. *transmontanus*) *adj.* **1.** Al otro lado de los montes: *un valle tramontano.* ■ Se dice también *transmontano* o *trasmontano.* || *s. f.* **2.** Viento del norte, frío y seco, que sopla en las costas del golfo de León, en el Ampurdán y en la isla de Menorca.

tramoya *s. f.* **1.** Máquina o conjunto de máquinas que se utilizan en los teatros para realizar los cambios de decorado y para producir los efectos especiales. **2.** Enredo que se prepara ocultamente para engañar, perjudicar a alguien, etc.: *Idearon una tramoya para reírse de él.* **3.** Parte que permanece oculta en una acción, asunto, etc. **SIN. 2.** Intriga, trampa, treta, confabulación, conspiración, maquinación, complot. **2.** y **3.** Trama. **FAM.** Tramoyero, tramoyista.

tramoyero, ra *adj. Amér.* Estafador, tramposo.

tramoyista *s. m.* y *f.* **1.** Persona que diseña, construye o maneja las tramoyas de un teatro. **2.** Mentiroso, enredador. También *adj.*

trampa (onomat.) *s. f.* **1.** Cualquier medio o dispositivo para cazar animales con artificio o engaño: *Pusieron varias trampas para conejos.* **2.** Puerta en el suelo que comunica una parte de un edificio con otra inferior: *Cierra la trampa de la bodega.* **3.** Tablero horizontal movible que tienen los mostradores de algunos establecimientos para poder pasar fácilmente de un lado a otro de ellos. **4.** Plan para engañar a alguien: *La policía tendió una trampa al ladrón.* **5.** Acción que va contra una norma, ley o disposición, hecha de forma disimulada y voluntaria, generalmente con el fin de sacar provecho: *Hace trampas en las cartas.* **6.** Deuda cuyo pago se va atrasando: *Está de trampas hasta el cuello.* **SIN. 1.** y **4.** Anzuelo, ratonera, cepo, red, lazo. **2.** Trampilla. **4.** Estratagema, ardid, artimaña, celada, asechanza, argucia, emboscada. **5.** Estafa, fraude, timo, fullería. **FAM.** Trampantojo, trampear, trampero, trampilla, tramposo. / Entrampar.

trampantojo *s. m. fam.* Trampa*, engaño.

trampear *v. intr.* **1.** *fam.* Vivir pidiendo prestado con engaños para salir de apuros. **2.** Vivir sobrellevando y superando a duras penas las dificultades y los achaques. **SIN. 1.** Sablear, estafar, timar. **2.** Tirar, renquear.

trampero, ra *s. m.* y *f.* Persona que pone trampas para cazar.

trampilla *s. f.* Puerta pequeña que se levanta hacia arriba por medio de unos goznes colocados en su parte superior. **SIN.** Trampa, portezuela.

trampolín (del ital. *trampolino*, y éste del al. *trampeln*, patalear) *s. m.* **1.** Tabla inclinada y flexible que sirve a los gimnastas para impulsarse en un salto. **2.** Tabla colocada sobre una plataforma a cierta altura, desde la que los saltadores se lanzan al agua: *Se tiró de cabeza desde el trampolín.* **3.** Plataforma situada al final de un plano inclinado hacia abajo, desde la que realiza el salto el esquiador. **4.** Persona, cosa o circunstancia que sirve a alguien para conseguir rápidamente un ascenso de posición u otro fin determinado: *Ese libro fue su trampolín a la fama.*

tramposo, sa *adj.* **1.** Se dice de la persona que hace o se siente inclinada a hacer trampas. También *s. m.* y *f.* **2.** Se dice de la persona que contrae deudas sabiendo que no las va a pagar. También *s. m.* y *f.* **SIN. 1.** Embustero, mentiroso, fullero. **2.** Estafador, sablista.

tranca *s. f.* **1.** Palo grueso y fuerte. **2.** Palo grueso u otro cierre similar que se pone atravesado detrás de una puerta o ventana cerradas para mayor seguridad. **3.** *fam.* Borrachera. **4.** *Amér.* Especie de puerta rústica de un cercado hecha generalmente con palos gruesos. || **LOC. a trancas y barrancas** *adv. fam.* A duras penas: *Llegó a la meta a trancas y barrancas.* **SIN. 1.** Garrote, bastón, estaca, cachava. **3.** Curda, cogorza, merluza, mona, moña, tajada, melopea. **4.** Tranquera. **FAM.** Trancada, trancar, trancazo, tranco, tranquera, tranquero, tranquillo. / Atrancar, retranca.

trancada *s. f.* **1.** Paso largo. **2.** En algunas partes, golpe dado con la tranca. **SIN. 1.** Zancada, tranco. **2.** Trancazo.

trancar *v. tr.* Atrancar, cerrar una puerta asegurándola con una tranca o con otro cierre. ■ Delante de *e* se escribe *qu* en lugar de *c.*

trancazo *s. m.* **1.** Golpe dado con la tranca. **2.** *fam.* Gripe o catarro fuerte. **SIN. 1.** Garrotazo, bastonazo, estacazo. **2.** Constipado, resfriado.

trance (del ant. *tranzar*, destruir, tronchar) *s. m.* **1.** Momento crítico, decisivo y difícil. **2.** Estado en que un médium manifiesta fenómenos paranormales: *Ha entrado en trance.* **3.** Con los adjetivos *último*, *postrero* y *mortal*, últimos momentos de la vida de una persona. || **LOC. a todo trance** *adv.* Sea como sea, sin reparar en riesgos. **SIN. 1.** Aprieto, apuro, lance, brete. **2.** Éxtasis.

tranchete *s. m.* Cuchilla que usan los zapateros. **SIN.** Chaira, cheira, trinchete.

tranco *s. m.* **1.** Paso largo que se da abriendo mucho las piernas. **2.** Umbral de la puerta, escalón o parte inferior del vano de la misma. **SIN. 1.** Trancada, zancada.

tranquera *s. f.* **1.** Valla o empalizada hecha de trancas. **2.** *Amér.* Tranca, puerta.

tranquero *s. m.* Piedra labrada con que se forman las jambas y dinteles de puertas y ventanas.

tranquil *s. m.* **1.** En arq., línea vertical. || **2. arco por tranquil** Arco rampante*.

tranquilidad (del lat. *tranquilitas, -atis*) *s. f.* Cualidad o estado de tranquilo: *la tranquilidad de las aguas del lago.* **SIN.** Quietud, calma, reposo, sosiego, serenidad. **ANT.** Intranquilidad, inquietud.

tranquilizador, ra *adj.* Que tranquiliza, que pone tranquilo: *palabras tranquilizadoras.* **ANT.** Turbador.

tranquilizante *adj.* Se dice de aquello que tranquiliza o pone tranquilo, particularmente de los medicamentos de efecto relajante o sedante. También *s. m.*

tranquilizar *v. tr.* Poner tranquilo. También *v. prnl.* ■ Delante de *e* se escribe *c* en lugar de *z*. **SIN.** Calmar(se), sosegar(se), apaciguar(se), relajar(se), serenar(se), aquietar(se). **ANT.** Intranquilizar(se). **FAM.** Tranquilizador, tranquilizante. TRANQUILO.

tranquillo *s. m.* Habilidad que se adquiere con la práctica: *Todavía no le he cogido el tranquillo a ese trabajo.* **SIN.** Truco.

tranquilo, la *adj.* **1.** Que está quieto o que sólo se mueve lo conveniente o debido: *El niño está tranquilo, durmiendo. El mar está tranquilo.* **2.** Que no tiene agitación, ruidos o cualquier cosa que pueda molestar o poner nervioso: *Ésta es una casa muy tranquila.* **3.** Que no está nervioso, excitado ni preocupado: *Se encontraba muy tranquilo antes de la operación.* **4.** Se dice de la persona de carácter pacífico, así como de dicho carácter: *Es muy tranquilo; nunca se enfada con nadie.* **5.** Se dice de la persona despreocupada. También *s. m.* y *f.*: *Es un tranquilo; tiene mañana el examen y todavía no ha empezado a estudiar.* **6.** Se dice de la conciencia libre de remordimientos. **SIN. 1.** Reposado, apaciguado. **1.** a **4.** Calmado, sosegado, sereno. **1.**, **2.** y **4.** Apacible. **3.** Entero. **4.** y **5.** Calmoso, cachazudo. **5.** Inconsciente. **6.** Limpio. **ANT. 1.** a **4.** Alterado. **1.** y **3.** Intranquilo, inquieto. **5.** Consciente. **6.** Culpable. **FAM.** Tranquilamente, tranquilidad, tranquilizar. / Intranquilo.

trans- (del lat. *trans*) *pref.* **1.** Significa 'más allá, del otro lado': *transatlántico, transpirenaico.* **2.** Significa 'a través de': *transcontinental.* **3.** Significa 'cambio': *transformar, transexual.* ■ Existen también las variantes *tras-* y *tra-*. Son numerosas las palabras que se pueden escribir indistintamente con *trans-* y *tras-*.

transacción (del lat. *transactio, -onis*) *s. f.* **1.** Acuerdo por el que se efectúa un intercambio comercial. **2.** En der., contrato mediante el cual las partes, haciéndose mutuas concesiones, evitan un pleito. **3.** Acción de transigir. **SIN. 1.** Negocio, trato, comercio. **2.** Convenio, pacto, arreglo. **FAM.** Transaccional, transar.

transalpino, na (del lat. *transalpinus*) *adj.* De las regiones que, desde Italia, aparecen situadas al otro lado de los Alpes. ■ Se dice también *trasalpino.*

transaminasa *s. f.* Enzima que realiza el transporte de un grupo amino, formado por un volumen de nitrógeno y dos de hidrógeno, de una molécula a otra. Se encuentra normalmente en las células de los animales.

transandino, na *adj.* **1.** De las regiones situadas al otro lado de la cordillera de los Andes. **2.** Se dice del tráfico y de los medios de locomoción que atraviesan estas regiones. ■ Se dice también *trasandino.*

transar *v. intr. Amér.* Transigir, llegar a un acuerdo.

transatlántico, ca *adj.* **1.** De las regiones, países, etc., situadas al otro lado del océano Atlántico. **2.** Se dice del tráfico y de los medios de locomoción que atraviesan el Atlántico. || *s. m.* **3.** Barco de grandes dimensiones, generalmente destinado al transporte de pasajeros y a hacer viajes largos por mares y océanos.

transbordador, ra *adj.* **1.** Que transborda o se utiliza para transbordar: *lancha transbordadora.* || *s. m.* **2.** Embarcación o vehículo funicular que circula entre dos puntos de un río, canal, etc., y que sirve para transportar viajeros, vehículos o mercancías. **3.** Plataforma provista de un tramo de vía que, por medio de motores, traslada lateralmente los vagones y locomotoras de una vía a otra. || **4. transbordador espacial** Nave espacial que despega en vertical, se sitúa en órbita y aterriza como un avión convencional. ■ Se dice también *trasbordador.* **SIN. 2.** Barcaza, ferry.

transbordar *v. tr.* Hacer un transbordo. También *v. intr.*: *Transbordaremos en la próxima estación.* ■ Se dice también *trasbordar.* **SIN.** Transferir, cambiar, pasar, trasladar. **FAM.** Transbordador. TRANSBORDO.

transbordo *s. m.* Traslado o cambio de personas o cosas de un vehículo a otro, especialmente de un tren a otro. ■ Se dice también *trasbordo.* **FAM.** Transbordar. BORDE[1].

transcender *v. tr.* Trascender*.

transcontinental *adj.* Que atraviesa un continente: *vuelo transcontinental, tren transcontinental.* ■ Se dice también *trascontinental.*

transcribir (del lat. *transcribere*) *v. tr.* **1.** Copiar un escrito utilizando el mismo sistema de escritura u otro distinto: *Transcribió el texto árabe en caracteres latinos.* **2.** Escribir lo que se oye: *transcribir una conferencia.* **3.** Hacer una transcripción fonética o fonológica. **4.** Arreglar para un instrumento la música escrita para otro distinto. ■ Tiene dos p., ambos irreg.: *transcrito* (o *trascrito*) y *transcripto* (o *trascripto*), este último muy poco usado. Se dice también *trascribir.* **SIN. 1.** Transliterar, trasladar. **FAM.** Transcripción, transcriptor, transcrito. ESCRIBIR.

transcripción (del lat. *transcriptio, -onis*) *s. f.* **1.** Acción de transcribir: *la transcripción de un texto medieval.* **2.** Cosa transcrita. **3.** En mús., pieza musical que resulta de transcribir otra. **4.** En ling., transcripción fonética o fonológica. || **5. transcripción fonética** Reproducción, mediante un alfabeto especial llamado alfabeto fonético, de un sonido o de un conjunto de sonidos de una lengua. **6. transcripción fonológica** Representación, mediante un alfabeto especial, de los fonemas de una lengua. ■ Se dice también *trascripción.*

transcrito, ta *p.* irreg. de **transcribir**. También *adj.* ■ Se dice también *trascrito, transcripto* y *trascripto.*

transculturación *s. f.* Proceso por el que un pueblo o grupo social adopta formas de cultura procedentes de otro.

transcurrir (del lat. *transcurrere*) *v. intr.* **1.** Pasar, correr el tiempo: *transcurrir las horas, transcurrir los meses.* **2.** Pasar de cierta manera algo que se desarrolla en el tiempo: *Su infancia transcurrió sin problemas.* ■ Se dice también *trascurrir.* **SIN. 1.** Sucederse, deslizarse. **1.** y **2.** Discurrir. **FAM.** Transcurso.

transcurso (del lat. *transcursus*) *s. m.* **1.** Acción de transcurrir el tiempo: *el transcurso de los días.* **2.** Periodo de tiempo que se expresa: *Nos veremos en el transcurso del año.* ■ Se dice también *trascurso.* **SIN. 1.** Paso, sucesión. **2.** Curso, intervalo.

transducción *s. f.* **1.** Transformación de una vivencia psíquica en otra psicosomática. **2.** Forma especial de transmisión de material genético de una bacteria a otra mediante la acción de un bacteriófago. **FAM.** Transductor.

transductor *s. m.* **1.** Dispositivo que convierte una forma de energía en otra. **2.** Entidad biológica, por lo general una proteína o conjunto de proteínas, que lleva a cabo la transformación de una acción hormonal en una actividad enzimática.

transepto (del lat. *transeptum*) *s. m.* En una iglesia, nave perpendicular a la principal, que forma los brazos de la cruz latina.

transeúnte (del lat. *transiens, -seuntis*) *adj.* **1.** Se dice de quien transita o pasa caminando por un lugar. Se usa más como *s. m.* y *f.* **2.** Se dice de quien está de paso en un lugar y no reside habitualmente en él: *La población transeúnte del lugar aumenta durante el verano.* También *s. m.* y *f.* **SIN. 1.** Viandante, caminante, peatón. **2.** Visitante, pasajero, viajero, turista.

transexual *adj.* Se dice de la persona, especialmente del hombre, que posee un sentimiento fuerte y arraigado de pertenecer al sexo opuesto, que se manifiesta en el deseo de transformación corporal. **FAM.** Transexualidad, transexualismo. SEXUAL.

transexualidad o **transexualismo** *s. f.* o *m.* Cualidad o condición de transexual.

transfer (ingl.) *s. m.* En algunos deportes, como el fútbol, traspaso de un jugador entre equipos.

transferencia (del lat. *transferentia*) *s. f.* **1.** Acción de transferir. **2.** Particularmente, transferencia bancaria. **3.** Desplazamiento de los afectos y emociones experimentados por un individuo hacia una persona o un objeto distinto del que originó dichos sentimientos. **4.** En el psicoanálisis, relación afectiva especial que establece el paciente con su psicoanalista y en la que vuelve a actualizar los afectos y emociones particularmente intensos de su infancia. || **5. transferencia bancaria** Cambio de fondos de una cuenta a otra. También, sistema de transmisión de los derechos de distintos títulos nominativos. ■ Se dice también *trasferencia.*

transferible *adj.* Que puede ser transferido o traspasado a otro: *bienes transferibles.* ■ Se dice también *trasferible.* **SIN.** Traspasable, transmisible, enajenable. **ANT.** Intransferible.

transferir (del lat. *transferre*) *v. tr.* **1.** Pasar a alguien o algo de un lugar a otro: *Le han transferido a una sucursal de provincias.* **2.** Renunciar voluntariamente a una cosa que se posee o al derecho que se tiene sobre ella en favor de otra persona: *Transfirió sus bienes a sus hijos.* **3.** Pasar una cantidad de dinero de una cuenta bancaria a otra. **4.** Extender o trasladar el sentido de una palabra para que signifique figuradamente otra cosa distinta. ■ Se dice también *trasferir.* Es v. irreg. Se conjuga como *sentir.* **SIN. 1.** Remitir. **1.** y **2.** Traspasar. **2.** Ceder, conceder. **FAM.** Transferencia, transferible, transferidor. / Intransferible.

transfiguración (del lat. *transfiguratio, -onis*) *s. f.* **1.** Acción de transfigurar o transfigurarse. **2.** Por antonomasia, el cambio sobrenatural del aspecto humano de Jesucristo en presencia de sus discípulos Pedro, Santiago y Juan. ■ En la última acepción se escribe con mayúscula. Se dice también *trasfiguración.* **SIN. 1.** Cambio, mutación, metamorfosis, transformación, variación, alteración. **ANT. 1.** Inmutabilidad.

transfigurar (del lat. *transfigurare*) *v. tr.* Hacer cambiar de forma o aspecto a una persona o cosa: *La alegría le transfiguraba el rostro.* También *v. prnl.* ■ Se dice también *trasfigurar.* **SIN.** Transformar(se), metamorfosear(se), variar. **FAM.** Transfiguración. FIGURA.

transfixión (del lat. *transfixio, -onis*) *s. f.* Acción de perforar o atravesar de parte a parte con un arma u objeto puntiagudo. ■ Se dice también *trasfixión.* **SIN.** Transverberación.

transfluencia *s. f.* **1.** Cambio en el curso de un río por alcanzar el de otro, o por modificaciones en su cauce. **2.** Desbordamiento de un glaciar pasando de un valle a otro.

transfocador *s. m.* Teleobjetivo especial a través del cual el tomavistas fijo puede conseguir un avance o retroceso rápido de la imagen.

transformación *s. f.* **1.** Acción de transformar o transformarse. **2.** En biol., fenómeno por el que ciertas células adquieren material genético de otras. **3.** En la gramática generativa, operación por la que a partir de una estructura oracional básica se obtienen, mediante la aplicación de determinadas reglas, otras estructuras oracionales relacionadas sintáctica o semánticamente entre sí, aunque diferentes en la forma. **4.** En álgebra, obtención, por medio de una o varias operaciones determinadas, de una expresión algebraica a partir de otra equivalente, aunque de forma distinta. **5.** Conversión de una corriente eléctrica en otras de tensión e intensidad distinta. ■ Se dice también *trasformación.*

transformacional *adj.* **1.** En ling., de la transformación de unos esquemas oracionales en otros, o relacionado con ella. || **2. gramática transformacional** Gramática generativa*. ■ Se dice también *trasformacional.*

transformador, ra *adj.* **1.** Que transforma: *ideas transformadoras.* También *s. m.* y *f.* || *s. m.* **2.** Componente de los circuitos eléctricos que permite modificar la tensión eléctrica de una fuente de corriente alterna. **3.** Aparato de uso doméstico e industrial, basado en el funcionamiento del anterior, que transforma la corriente eléctrica de un voltaje a otro. ■ Se dice también *trasformador.*

transformar (del lat. *transformare*) *v. tr.* **1.** Hacer que una persona, animal o cosa cambie de forma, aspecto o características. También *v. prnl.*: *El renacuajo se transforma en rana.* **2.** Hacer que una persona cambie de costumbres o de manera de ser: *Sus viajes por el extranjero la han transformado.* También *v. prnl.* **3.** Convertir una cosa en otra mediante un determinado proceso: *transformar las uvas en vino.* También *v. prnl.* ■ Se dice también *trasformar.* **SIN. 1.** y **2.** Cambiar, convertir(se). **FAM.** Transformable, transformación, transformacional, transformador, transformante, transformativo, transformismo. FORMAR.

transformismo *s. m.* **1.** Teoría biológica que explica la aparición de las distintas especies a través de sucesivas transformaciones de unas especies en otras. **2.** Oficio o actividad del transformista. ■ Se dice también *trasformismo*. SIN. **1.** Evolucionismo. FAM. Transformista. TRANSFORMAR.

transformista *adj.* **1.** Relativo a la teoría del transformismo. **2.** Partidario de esa teoría biológica. También *s. m.* y *f.* || *s. m.* y *f.* **3.** Artista que, cambiándose muy rápidamente de traje, peinado, maquillaje, etc., imita a muchos y diferentes tipos humanos y personajes. ■ Se dice también *trasformista*.

tránsfuga (del lat. *transfuga*) *s. m.* y *f.* **1.** Persona que pasa huyendo de un lugar a otro. **2.** Persona que abandona un partido o grupo político para pasar a otro. ■ Se dice también *trásfuga*, *tránsfugo* y *trásfugo*. SIN. **1.** Desertor. **2.** Fugitivo, prófugo. FAM. Tránsfugo, transfuguismo. FUGA.

tránsfugo *s. m.* Tránsfuga*. ■ Se dice también *trásfugo*.

transfuguismo *s. m.* Hecho o circunstancia de abandonar una persona un partido político para pasar a otro. ■ Se dice también *trasfuguismo*.

transfundir (del lat. *transfundere*) *v. tr.* **1.** Pasar un líquido poco a poco de un sitio a otro. **2.** Realizar una transfusión de sangre. **3.** Comunicar una cosa unas personas a otras sucesivamente. También *v. prnl.* ■ Se dice también *trasfundir*. SIN. **1.** Trasvasar, traspasar, verter. **3.** Difundir(se), divulgar(se). FAM. Transfusión, transfusor. FUNDIR.

transfusión (del lat. *transfusio, -onis*) *s. f.* **1.** Acción de transfundir o transfundirse, particularmente realizar una transfusión de sangre. || **2. transfusión de sangre** Introducción de sangre de un individuo en los vasos sanguíneos de otro, para reponer pérdidas debidas a hemorragia o anemia. ■ Se dice también *trasfusión*. FAM. Autotransfusión. TRANSFUNDIR.

transgredir (del lat. *transgredi*) *v. tr.* Desobedecer o no cumplir un precepto, ley, norma, etc.: *Irá a la cárcel por haber transgredido la ley.* ■ Se dice también *trasgredir*. Es v. defect. Se conjuga como *abolir*. SIN. Infringir, quebrantar, violar. ANT. Acatar, obedecer, cumplir, respetar. FAM. Transgresión, transgresor.

transgresión (del lat. *transgressio, -onis*) *s. f.* **1.** Acción de transgredir. **2.** Fenómeno geológico de avance de un medio, que produce depósitos sedimentarios sobre territorios no alcanzados hasta ese momento. Se aplica particularmente al avance del mar sobre la tierra emergida. ■ Se dice también *trasgresión*. SIN. **1.** Infringimiento, quebrantamiento, violación. ANT. **1.** Acatamiento. **2.** Regresión.

transgresor, ra *adj.* Se dice del que transgrede una ley, un precepto, etc. También *s. m.* y *f.* ■ Se dice también *trasgresor*.

transiberiano, na *adj.* **1.** Se dice del tráfico y de los medios de locomoción que atraviesan Siberia. || *s. m.* **2.** Tren que va desde Moscú hasta Vladivostok, en el Pacífico, atravesando Siberia.

transición (del lat. *transitio, -onis*) *s. f.* **1.** Acción de pasar de un estado o situación, de un modo de ser, estar o hacer una cosa, etc., a otro distinto: *la transición de la primavera al verano.* **2.** Estado intermedio entre uno más antiguo y otro a que se llega en un cambio. **3.** En España, periodo histórico que comprende desde la muerte del general Franco (1975) hasta la proclamación de la nueva Constitución (1978). SIN. **1.** Cambio, paso, mudanza, mutación, metamorfosis. FAM. Transicional. TRANSITAR.

transicional *adj.* Que pasa de un estado o situación a otro.

transido, da *adj.* Muy afligido por alguna penalidad o por un intenso sufrimiento: *transido de dolor, transido de frío.* SIN. Consumido, angustiado, apesadumbrado, acongojado, aterido.

transigente *adj.* Que transige o se inclina a transigir. SIN. Condescendiente, tolerante, indulgente. ANT. Intransigente. FAM. Intransigente. TRANSIGIR.

transigir (del lat. *transigere*) *v. intr.* **1.** Aceptar algo que va en contra de las opiniones o deseos de uno a fin de llegar a un acuerdo: *No querían comprarle la moto, pero al final transigieron.* **2.** Tolerar, consentir: *No transige con la mentira.* ■ Delante de *a* y *o* se escribe *j* en lugar de *g*. SIN. **1.** Ceder, condescender, acceder, avenirse. **2.** Admitir, permitir, aprobar. ANT. **1.** Negarse. **1.** y **2.** Oponerse. FAM. Transigencia, transigente.

transilvano, na *adj.* De Transilvania, región histórica de Rumania. También *s. m.* y *f.*

transistor (del lat. *transistor, -oris*) *s. m.* **1.** Componente electrónico formado por varios materiales semiconductores unidos entre sí, que se ha convertido en parte fundamental de los aparatos electrónicos por sus numerosas aplicaciones como amplificador, convertidor, interruptor, etc. **2.** P. ext., aparato de radio provisto de estos componentes. FAM. Transistorizado. TRANSITAR.

transistorizado, da *adj.* Que funciona con transistores.

transitable *adj.* Se dice del lugar por el que se puede transitar: *un camino transitable.* SIN. Practicable, franqueable. ANT. Intransitable, impracticable.

transitar *v. intr.* Ir o pasar por caminos o lugares públicos: *La gente transitaba por las calles.* SIN. Andar, caminar, circular, recorrer, traspasar, atravesar. FAM. Transición, transistor, transitable, transitivo, tránsito, transitorio. / Intransitable, transeúnte.

transitivo, va (del lat. *transitivus*) *adj.* **1.** Se dice del verbo que puede llevar complemento directo; p. ej., *comer*. **2.** Se dice de la oración cuyo verbo es transitivo y lleva complemento directo; p. ej.: *Juan come sopa.* ANT. **1.** y **2.** Intransitivo. FAM. Transitividad. / Intransitivo. TRANSITAR.

tránsito (del lat. *transitus*) *s. m.* **1.** Acción de transitar. **2.** Movimiento de vehículos y personas que pasan por una calle, carretera, etc. **3.** En los conventos, seminarios, etc., pasillo o corredor. **4.** Paso de un astro por el meridiano del lugar. **5.** Paso de un astro por delante del disco aparente de otro. **6.** Paso de un tren por una estación sin detenerse en ella. **7.** En la religión católica, muerte de las personas santas y justas y, particularmente, de la Santísima Virgen. **8.** Fiesta que celebra la Iglesia católica el día 15 de agosto para conmemorar la muerte de la Virgen. ■ En esta última acepción se escribe con mayúscula. **9.** En derecho internacional, derecho a atravesar un estado. || LOC. **de tránsito** *adj.* y *adv.* Expresión que se usa para referirse a la situación de una persona que está en un lugar sólo de paso. **en tránsito** *adv.* Esperando los pasajeros para hacer transbordo en un aeropuerto intermedio entre el lugar de origen y el punto de destino. SIN. **1.** y **2.** Circulación. **2.** Tráfico. ANT. **7.** Nacimiento.

transitorio, ria (del lat. *transitorius*) *adj.* **1.** Que dura poco tiempo o que no es definitivo: *Esta reparación es transitoria.* **2.** Que no es eterno, que está destinado a dejar de existir: *La vida es transitoria.* SIN. **1.** Provisional, accidental, momentáneo, breve. **1.** y **2.** Temporal, pasajero. **2.** Perecedero, caduco, fugaz. ANT. **1.** Duradero, definitivo. **1.** y **2.** Permanente. **2.** Eterno. FAM. Transitoriamente, transitoriedad. TRANSITAR.

translinear *v. intr.* En der., pasar un vínculo hereditario de una línea a otra. ■ Se dice también *traslinear.*

transliteración *s. f.* Acción de transliterar. SIN. Transcripción.

transliterar (de *trans-* y el lat. *littera*, letra) *v. tr.* Representar los signos y caracteres de un sistema de escritura mediante los signos y caracteres de otro sistema alfabético distinto. ■ Se dice también *trasliterar.* SIN. Transcribir. FAM. Transliteración. LETRA.

transmediterráneo, a *adj.* Que atraviesa el mar Mediterráneo: *comercio transmediterráneo.* ■ Se dice también *trasmediterráneo.*

transmigrar (del lat. *transmigrare*) *v. intr.* **1.** Pasar a otro país para vivir en él, en especial todo un pueblo o la mayor parte de él: *Se cree que los gitanos transmigraron a Europa desde Oriente.* **2.** Según la teoría de la metempsicosis, pasar un alma de un cuerpo a otro. ■ Se dice también *trasmigrar.* SIN. **1.** Emigrar. **2.** Encarnarse, reencarnarse. FAM. Transmigración, transmigratorio. MIGRAR.

transmisible *adj.* Que se puede transmitir: *una enfermedad fácilmente transmisible.* ■ Se dice también *trasmisible.* SIN. Comunicable, traspasable.

transmisión (del lat. *transmissio, -onis*) *s. f.* **1.** Acción de transmitir: *la transmisión de las noticias por radio.* **2.** Dispositivo que transmite energía desde su origen hasta el punto en que debe aplicarse: *la transmisión de un coche.* || *s. f. pl.* **3.** Conjunto de servicios del ejército encargados de establecer una rápida y fácil comunicación entre las unidades combatientes y sus mandos. ■ Se dice también *trasmisión.* SIN. **1.** Emisión; contagio; traspaso. ANT. **1.** Recepción.

transmisor, ra (del lat. *transmissor, -oris*) *adj.* **1.** Que transmite: *el virus transmisor de una enfermedad.* También *s. m.* y *f.* || *s. m.* **2.** Aparato que transforma una onda acústica en onda eléctrica, o produce señales para ser transmitidas por cable o mediante ondas electromagnéticas: *transmisor de radio.* **3.** En un aparato telefónico, dispositivo mediante el cual las vibraciones sonoras se transmiten al hilo conductor. **4.** Dispositivo telegráfico o telefónico que sirve para producir las ondas hertzianas que han de actuar en el receptor. **5.** Aparato que sirve para transmitir órdenes relativas al movimiento de las máquinas en maniobras de barcos o ferrocarriles. ■ Se dice también *trasmisor.* FAM. Neurotransmisor, radiotransmisor. TRANSMITIR.

transmitir (del lat. *transmittere*) *v. tr.* **1.** Hacer llegar a alguien algún aviso, mensaje, noticia, información, etc.: *Por favor, transmítele mi enhorabuena.* **2.** Comunicar una noticia por teléfono, telégrafo, télex, etc. **3.** Emitir una estación de radio o televisión un programa, espectáculo, etc. **4.** Contagiar una enfermedad. **5.** Comunicar alguien o algo a otro un estado de ánimo, sensación, sentimiento, etc.: *Sus palabras transmiten alegría.* **6.** Ceder algo a otro: *He transmitido mis derechos de autor a la UNICEF.* ■ Se dice también *trasmitir.* SIN. **1.** y **6.** Dar. **3.** Retransmitir, radiar, televisar. **6.** Donar, traspasar. FAM. Transmisible, transmisión, transmisor. / Intransmisible, retransmitir.

transmontano, na (del lat. *transmontanus*) *adj.* Tramontano*.

transmutación (del lat. *transmutatio, -onis*) *s. f.* **1.** Acción de transmutar o transmutarse. **2.** Operación mediante la cual los antiguos alquimistas pretendían convertir alguna materia en oro. **3.** En biol., mutación cromosómica o estructural. ■ Se dice también *trasmutación.* SIN. **1.** Transformación, cambio, mutación, mudanza. ANT. **1.** Invariabilidad.

transmutar (del lat. *transmutare*) *v. tr.* Convertir una cosa en otra: *transmutar la energía hidráulica en eléctrica.* También *v. prnl.* ■ Se dice también *trasmutar.* SIN. Transformar(se), cambiar(se), mudar(se), trocar(se). ANT. Conservar(se). FAM. Transmutable, transmutación, transmutativo, transmutatorio. / Intransmutable. MUTAR.

transnacional *adj. Arg., Col.* y *Urug.* Se aplica a la empresa multinacional.

transoceánico, ca *adj.* **1.** Que está situado al otro lado del océano: *regiones transoceánicas.* **2.** Que atraviesa un océano: *vuelo transoceánico.* ■ Se dice también *trasoceánico.*

transpacífico, ca *adj.* **1.** Situado al otro lado del océano Pacífico: *regiones transpacíficas.* **2.** Se dice de los barcos y otros medios de locomoción o transporte que atraviesan el océano Pacífico. ■ Se dice también *traspacífico.*

transparencia *s. f.* **1.** Cualidad de transparente. **2.** Diapositiva*. **3.** Técnica cinematográfica que consiste en sustituir un fondo real por una imagen fija y que se emplea para rodar en los estudios escenas de exteriores. **4.** Procedimiento pictórico que consiste en una ligera pincelada que permite apreciar lo que ésta cubre. ■ Se dice también *trasparencia.*

transparentar *v. tr.* **1.** Dejar un cuerpo que se vea a través de él la luz o lo que hay detrás. También *v. intr.* y, más frecuentemente, *v. prnl.*: *Por el cristal se transparentaba el sol.* **2.** Dejar que se note lo que se manifiesta más o menos claramente y sin decirlo: *Sus gestos transparentaban su nerviosismo.* También *v. prnl.* || *v. intr.* **3.** Ser transparente un cuerpo. Se usa más como *v. prnl.*: *Ese plástico (se) transparenta. Se le transparenta el vestido.* || **transparentarse** *v. prnl.* **4.** *fam.* Estar alguien muy delgado. ■ Se dice también *trasparentar.* SIN. **2.** Mostrar(se), revelar(se). **2.** y **3.** Traslucir(se). **3.** Clarearse.

transparente (de *trans-* y el lat. *parens, -entis*, que aparece) *adj.* **1.** Se dice del cuerpo a través del cual pueden verse claramente los objetos: *un cristal transparente.* **2.** Se dice de ciertos cuerpos translúcidos: *una tela transparente.* **3.** Que se comprende, se nota o se percibe claramente: *Sus propósitos son transparentes.* || *s. m.* **4.** Cualquier tela, papel, vidrio, plástico, etc., que, colocado delante del hueco de ventanas y balcones o ante una luz artificial, sirve para suavizar la luz. **5.** Cartel con figuras, dibujos o letreros, iluminado con luces interiores, y que suele usarse como anuncio. **6.** Ventana de cristales que ilumina y adorna el fondo de un altar. ■ Se dice también *trasparente.* SIN. **1.** Cristalino, diáfano. **1.** y **3.** Claro. **2.** Traslúcido. **3.** Evidente. **4.** Cortina. **6.** Cristalera. ANT. **1.** Opaco. **3.** Incomprensible. FAM. Transparencia, transparentar. / Semitransparente.

transpiración *s. f.* Acción de transpirar. ■ Se dice también *traspiración.*

transpirar (de *trans-* y el lat. *spirare*, exhalar, brotar) *v. intr.* **1.** Expulsar un líquido a través de los poros de la piel en forma de vapor o de pequeñas gotas, y particularmente el sudor. También *v. intr.* y *v. prnl.* **2.** Expulsar las plantas vapor de agua, especialmente por los estomas. **3.** Destilar líquido una cosa a través de sus poros. **4.** Dejar pasar una prenda, tejido, etc., la transpiración o sudor: *El algodón transpira mejor que el poliéster.*

■ Se dice también *traspirar*. **SIN.** **1.** y **2.** Expeler, exhalar, segregar. **1.** a **3.** Sudar. **3.** Rezumar. **FAM.** Transpiración. ESPIRAR.

transpirenaico, ca *adj.* **1.** Situado al otro lado de los Pirineos: *regiones transpirenaicas.* **2.** Se dice del comercio y de los medios de locomoción o transporte que atraviesan los Pirineos. ■ Se dice también *traspirenaico*.

transpolar *adj.* Se dice del recorrido o trayectoria que pasa por un polo terrestre o sus proximidades.

transponedor *s. m.* Parte de un satélite que funciona como canal de recepción y transmisión amplificada de señales electromagnéticas.

transponer *v. tr.* Trasponer*.

transportador, ra *adj.* **1.** Que transporta: *La máquina tiene una cinta transportadora.* También *s. m.* y *f.* || *s. m.* **2.** Círculo o semicírculo graduado que sirve para medir o trazar los ángulos de un dibujo geométrico. ■ Se dice también *trasportador*. **SIN.** **1.** Portador, porteador, conductor, transportista.

transportar (del lat. *transportare*) *v. tr.* **1.** Llevar personas o cosas de un lugar a otro: *Ese camión transporta frutas y verduras.* **2.** Trasladar una composición musical de un tono a otro: *Tengo que transportar esta partitura.* **3.** Extasiar, embelesar: *Esa suave música la transportaba.* También *v. prnl.* **4.** Hacer que alguien imagine muy vivamente lo que se expresa: *Esa película te transporta a un mundo de aventuras y emociones.* ■ Se dice también *trasportar*. **SIN.** **1.** Portear, acarrear, mover. **3.** Arrobar(se), enajenar(se), extraviar(se), arrebatar(se), encantar(se), embeber(se), embobar(se). **ANT.** **3.** Repugnar, horrorizar. **FAM.** Transportador, transporte, transportista. / Aerotransportar. PORTAR.

transporte *s. m.* **1.** Acción de transportar: *En la ciudad siempre utiliza medios de transporte públicos.* **2.** Medio o vehículo usado para transportar personas o cosas: *transporte aéreo, transporte terrestre.* **3.** En geol., acarreo de los materiales resultantes de la erosión hasta la cuenca de sedimentación. ■ Se dice también *trasporte*. **SIN.** **1.** Porte, traslado, acarreo, envío, reparto.

transportista *s. m.* y *f.* **1.** Persona que tiene por oficio transportar personas o cosas. **2.** Dueño de una empresa de transportes. ■ Se dice también *trasportista*. **SIN.** **1.** Porteador, acarreador, repartidor.

transuránico, ca *adj.* Se dice de cada uno de los elementos químicos cuyo número atómico es mayor de 92, que es el correspondiente al uranio. También *s. m.*

transustanciar *v. tr.* Convertir totalmente una sustancia en otra. Se usa especialmente hablando del cuerpo y sangre de Jesucristo en la eucaristía. También *v. prnl.* **FAM.** Transubstanciación, transubstancial. SUSTANCIAR.

transvasar *v. tr.* Trasvasar*.

transvase *s. m.* Trasvase*.

transverberación (del lat. *transverberatio, -onis*) *s. f.* Transfixión*. ■ Se dice también *trasverberación*.

transversal *adj.* **1.** Que atraviesa una cosa de un lado a otro perpendicularmente. **2.** Que está inclinado respecto a una dirección que se toma como referencia. **3.** En geom., se dice de la línea recta o plano que corta a otros, especialmente si éstos son paralelos. También *s. f.* **4.** En biol., se dice de la sección de un órgano, división celular, etc., efectuadas según un plano perpendicular al eje mayor. || *s. f.* **5.** Calle transversal: *Vive en una transversal a la calle Mayor.* ■ Se dice también *trasversal*. **SIN.** **2.** Oblicuo, diagonal, torcido, desviado. **FAM.** Transversalidad, transversalmente, transverso. VERSAL.

transverso, sa (del lat. *transversus*) *adj.* Colocado u orientado en dirección transversal. ■ Se dice también *trasverso*. **SIN.** Perpendicular; oblicuo. **ANT.** Paralelo.

tranvía (del ingl. *tramway*) *s. m.* Vehículo para el transporte urbano de viajeros, movido por electricidad, que se desplaza sobre raíles y obtiene la energía de un tendido de cables con el que se pone en contacto a través de un dispositivo llamado trole. **FAM.** Tranviario.

tranviario, ria *adj.* **1.** Relativo a los tranvías: *servicio tranviario.* || *s. m.* y *f.* **2.** Persona empleada en el servicio público de tranvías.

trapacear *v. intr.* Usar trapacerías. **SIN.** Trapazar, engañar, estafar, timar, trapisondear.

trapacería *s. f.* Engaño o enredo que alguien usa para estafar a una persona, particularmente en alguna compra, venta, cambio o trato. **SIN.** Fraude, timo, trampa, trapaza, trápala. **FAM.** Trapacear, trapacero, trapacista, trapaza.

trapajoso, sa *adj.* **1.** Se dice de la persona descuidada en su aspecto o en su vestido. **2.** *fam.* Se dice de la pronunciación defectuosa, así como de la persona que pronuncia mal: *Tiene un habla muy trapajosa.* **SIN.** **1.** Andrajoso, desaseado, desastrado, zarrapastroso, harapiento. **2.** Estropajoso, farfullero. **ANT.** **1.** Atildado, elegante.

trápala *s. f.* **1.** Ruido, movimiento y confusión de gente: *¡Vaya una trápala que tienen en el piso de arriba!* **2.** Ruido acompasado del trote o galope de un caballo. **3.** *fam.* Mentira, engaño, chisme: *No te creas esas trápalas.* || *s. m.* y *f.* **4.** *fam.* Persona que habla mucho sin decir nada de interés. También *adj.* **5.** Mentiroso, embustero: *No le creas, es un trápala.* También *adj.* **SIN.** **1.** Alboroto, jaleo, bullicio, jarana, bulla, bullanga, bochinche, guirigay, gresca, zarabanda. **4.** Hablador, charlatán, parlanchín, cotorra, sacamuelas. **4.** y **5.** Trapalón. **ANT.** **1.** Silencio, calma. **3.** Verdad. **5.** Sincero. **FAM.** Trapalear, trapalón.

trapalear *v. intr.* **1.** Hacer ruido con los pies andando de un lado para otro. **2.** Decir o hacer cosas sin interés.

trapalón, na *s. m.* y *f.* Trápala, persona que habla mucho y sin sustancia o mentirosa.

trapatiesta *s. f. fam.* Alboroto grande o riña ruidosa. **SIN.** Jaleo, bochinche, gresca, guirigay, lío, barullo, follón; bronca, pelea, trapisonda.

trapaza *s. f.* Trapacería*. **FAM.** Trapazar. TRAPACERÍA.

trapazar *v. intr.* Trapacear*. ■ Delante de *e* se escribe *c* en lugar de *z*.

trapear *v. tr.* **1.** *Amér.* Fregar el suelo con un trapo. **2.** *Amér. C.* Pegar, dar una paliza.

trapecio (del gr. *trapezion*, de *trapeza*, mesa) *s. m.* **1.** Palo horizontal colgado de dos cuerdas o cables que van atadas a sus extremos, y que sirve para hacer ejercicios gimnásticos o circenses. **2.** Cuadrilátero irregular que tiene paralelos solamente dos de sus lados. **3.** Primer hueso de la segunda fila del carpo o muñeca. **4.** Cada uno de los dos músculos situados en la nuca y parte superior de la espalda que permiten mover el hombro y girar e inclinar la cabeza. **FAM.** Trapecista, trapezoedro, trapezoide.

trapecista *s. m.* y *f.* Artista de circo que actúa en el trapecio.

trapense *adj.* De la orden religiosa de la Trapa. También *s. m.*

trapería *s. f.* **1.** Conjunto de muchos trapos. **2.** Sitio donde se compran y venden trapos y otros objetos usados.

trapero, ra *s. m.* y *f.* Persona que se dedica a recoger o a comprar y vender trapos y objetos viejos y usados. **SIN.** Ropavejero, chamarilero, quincallero.

trapezoedro *s. m.* Poliedro de 24 caras que son trapecios.

trapezoidal *adj.* **1.** Relativo al trapezoide. **2.** De forma de trapezoide o de trapecio.

trapezoide (del gr. *trapezoieides*, de *trapeza*, mesa, y *oides*, forma) *s. m.* **1.** Cuadrilátero irregular que no tiene ningún lado paralelo a otro. **2.** Segundo hueso de la segunda fila del carpo o muñeca. **FAM.** Trapezoidal. TRAPECIO.

trapiche (del lat. *trapetes*, piedra de molino de aceite) *s. m.* **1.** Molino para extraer el jugo de algunos frutos o productos agrícolas, especialmente de la aceituna y de la caña de azúcar. **2.** *Arg.* y *Chile* Aparato para pulverizar minerales. **FAM.** Trapichear.

trapichear *v. intr. fam.* Buscar o idear medios, generalmente ilícitos, para lograr algo. **FAM.** Trapicheo, trapichero. TRAPICHE.

trapicheo *s. m. fam.* Acción de trapichear: *Está metido en trapicheos muy sospechosos.* **SIN.** Chanchullo, enredo, manejo, tejemaneje, cambalache.

trapichero, ra *s. m.* y *f.* **1.** Persona que trabaja en un trapiche. **2.** *fam.* Persona que trapichea. **SIN. 2.** Chanchullero, enredador, trapacero.

trapillo, de *loc. adv. fam.* Con vestidos normales, de andar por casa.

trapío *s. m.* **1.** Buena planta de un toro de lidia. **2.** *fam.* Aplicado a una mujer, gracia, garbo. **3.** Conjunto de las velas de una embarcación. **SIN. 3.** Velamen, velaje, trapo.

trapisonda *adj.* **1.** *fam.* Amigo de riñas, alborotos y enredos. También *s. m.* y *f.* || *s. f.* **2.** *fam.* Riña o alboroto. **3.** Embuste, lío o enredo. **SIN. 1.** Trapisondista. **FAM.** Trapisondear, trapisondista.

trapisondear *v. intr. fam.* Armar con frecuencia trapisondas o intervenir en ellas. **SIN.** Alborotar, enredar, liar, gamberrear.

trapisondista *s. m.* y *f.* Persona que arma trapisondas o es aficionado a intervenir en ellas. **SIN.** Alborotador, enredador, liante, gamberro, follonero, jaleante.

trapo (del lat. *drappus*) *s. m.* **1.** Pedazo de tela viejo o inútil. **2.** Paño para limpiar, secar, quitar el polvo, etc. **3.** Conjunto de velas de una embarcación. **4.** Capote o muleta que usa el torero en la lidia. **5.** Telón de un escenario de teatro. || *s. m. pl.* **6.** *desp.* Prendas de vestir, especialmente de mujer. || **LOC. a todo trapo** *adv.* A toda vela. También, muy deprisa. **dejar** a uno **como** (o **hecho**) **un trapo** *fam.* Humillar o avergonzar a alguien. **estar** (o **quedar**, **acabar**...) **como** (o **hecho**) **un trapo** Estar, quedar, acabar uno muy cansado, agotado. **ir** uno **como** (o **hecho**) **un trapo** Ir muy mal vestido, desarreglado. **poner** a uno **como** (o **hecho**) **un trapo** Insultar o criticar a alguien muy duramente. **sacar** (o **salir**) **los trapos sucios** (o **todos los trapos sucios**) **a relucir** Echar a alguien en cara sus faltas, defectos, errores, etc., o todo lo malo que uno piensa o sabe de él. **tratar** a alguien **como a un trapo** (**sucio** o **viejo**) Tratar a alguien muy mal, con desprecio o de forma humillante. **SIN. 1.** Pingajo, pingo, guiñapo, andrajo, harapo, jirón. **2.** Bayeta. **3.** Velamen, velaje, trapío. **6.** Ropa. **FAM.** Trapajoso, trapear, trapería, trapero, trapillo. / Trapío.

tráquea (del lat. *trachia*, y éste del gr. *trakheia* [*arteria*], conducto áspero, ronco) *s. f.* **1.** En anat., conducto del aparato respiratorio en forma de tubo que comunica la laringe con los bronquios y transporta el aire hasta los pulmones. **2.** En bot., vaso o conducto abierto, formado por células alargadas y cilíndricas dispuestas en filas. **3.** En zool., órgano respiratorio de los insectos y otros artrópodos. **FAM.** Traqueado, traqueal, traqueítis, traqueotomía.

traqueado, da *adj.* Se dice de los artrópodos que respiran el aire de la atmósfera a través de las tráqueas. **SIN.** Traqueal.

traqueal *adj.* **1.** De la tráquea. **2.** Se aplica a la respiración que se hace fundamentalmente a través de tráqueas y a los animales que respiran de esta manera. **SIN. 2.** Traqueado.

traquear *v. tr. Arg.*, *C. Rica* y *Méx.* Recorrer o frecuentar un sitio o camino. **SIN.** Transitar.

traqueítis *s. f.* Inflamación de la tráquea. ■ No varía en *pl.*

traqueofita (del gr. *trakheia*, conducto, y *-fita*) *adj.* **1.** Se dice de las plantas que tienen vasos. También *s. f.* || *s. f. pl.* **2.** Grupo formado por esas plantas. **SIN. 1.** Vascular.

traqueotomía (del gr. *trakheia*, tráquea, y *-tomía*) *s. f.* Intervención quirúrgica que consiste en hacer una abertura en la tráquea para comunicarla con el exterior y permitir la respiración.

traquetear *v. intr.* Moverse ciertas cosas agitándose de manera repetida y continuada, generalmente con un ruido característico, p. ej. un tren. **FAM.** Traqueteante, traqueteo.

traqueteo *s. m.* **1.** En los fuegos artificiales, ruido constante que produce el disparo de los cohetes. **2.** Movimiento repetido y continuado de una cosa, generalmente acompañado de un ruido característico: *el traqueteo del tren.*

traro (del araucano *tharu*) *s. m.* En zool., ave rapaz de plumaje blanquecino manchado de negro, con el borde de las alas, el extremo de la cola y la parte superior de la cabeza negros y pies amarillos con escamas y fuertes garras. Vive en América del Sur.

tras (del lat. *trans*) *prep.* **1.** Después de, a continuación: *Tras la comida, nos fuimos a pasear.* **2.** Detrás de. **3.** En busca de: *Iba a toda costa tras el éxito.* **FAM.** Trasero. / Atrás, detrás, retrasar.

tras- *pref.* Véase **trans-**.

trasalpino, na *adj.* Transalpino*.

trasaltar *s. m.* Sitio que en las iglesias está detrás del altar.

trasandino, na *adj.* Transandino*.

trasatlántico, ca *adj.* Transatlántico*.

trasbocar *v. tr. Amér.* Vomitar. ■ Delante de *e* se escribe *qu* en lugar de *c*.

trascacho *s. m.* Paraje resguardado del viento.

trascendencia *s. f.* **1.** Importancia, valor: *Es un personaje de gran trascendencia.* **2.** Gravedad: *Afortunadamente la avería no tuvo ninguna trascendencia.* **3.** En fil., propiedad por la que una realidad sobresale o sobrepasa a otra. ■ Se dice también *transcendencia.* **SIN. 1.** Envergadura, talla, valía, significación. **1.** y **2.** Relevancia, alcance. **2.** Repercusión. **ANT. 1.** y **2.** Intrascendencia. **3.** Inmanencia.

trascendental *adj.* **1.** Muy importante, valioso o interesante. **2.** En la fil. escolástica, se dice de las propiedades que caracterizan al ser en cuanto tal, como unidad, verdad y bondad. También *s. m.*, sobre todo en *pl.* **3.** En la fil. de Kant, se aplica a las condiciones que posibilitan y estructuran el conocimiento, anteriores a toda experiencia. ■ Se dice también *transcendental*. SIN. **1.** Relevante, sustancial, capital, esencial. **2.** Trascedente. ANT. **1.** Insignificante. FAM. Trascendentalismo. TRASCENDER.

trascendentalismo *s. m.* Idealismo trascendental de Kant. ■ Se dice también *transcendentalismo*.

trascendente *adj.* **1.** Trascendental, muy importante. **2.** Que trasciende; se aplica particularmente a los pensamientos, creencias, etc., que van más allá de la experiencia inmediata. ■ Se dice también *transcendente*. FAM. Intrascendente. TRASCENDER.

trascender (del lat. *trascendere*) *v. intr.* **1.** Empezar a conocerse una noticia, suceso, etc., que permanecía oculto o sólo era sabido por un grupo reducido: *No querían que el hecho trascendiera a la opinión pública.* **2.** Extenderse los efectos o consecuencias de algo: *La huelga de operadores trascendió a otros departamentos.* **3.** Ir más allá, rebasar un límite. También *v. tr.*: *El hombre trasciende la pura condición animal.* || *v. tr.* **4.** Llegar a comprender alguna cosa: *Es imposible trascender sus intenciones ocultas.* ■ Se dice también *transcender*. Es v. irreg. Se conjuga como *tender*. SIN. **1.** Divulgarse, propalarse, publicarse. **1.** y **2.** Difundirse, propagarse. **3.** Desbordar; sobrepasar. **4.** Penetrar, alcanzar. ANT. **1.** y **2.** Reducirse. **2.** Ceñirse. FAM. Trascendencia, trascendental, trascendente. ASCENDER.

trasconejarse *v. prnl.* **1.** Quedarse la caza, especialmente los conejos, detrás de los perros que la siguen. **2.** *fam.* Extraviarse alguna cosa. SIN. **2.** Traspapelarse.

trascordarse (de *tras-* y el lat. *cor*, *cordis*, corazón) *v. prnl.* Perder la noción de algo, por olvidarlo o confundirlo con otra cosa. ■ Es v. irreg. Se conjuga como *contar*.

trascoro *s. m.* **1.** En las iglesias, lugar que queda detrás del coro. **2.** En una iglesia, estructura, generalmente decorada con esculturas, que separa el coro de las naves.

trascurrir *v. intr.* Transcurrir*.

trascurso *s. m.* Transcurso*.

trasdós (del ital. *estradosso*, y éste del lat. *extra*, fuera, y *dorsum*, dorso) *s. m.* Extradós*.

trasegar (del lat. *transire*, pasar) *v. tr.* **1.** Revolver o desordenar cosas. **2.** Cambiar las cosas de un lugar a otro, especialmente líquidos de un recipiente a otro. **3.** *fam.* Tomar en exceso bebidas alcohólicas. ■ Delante de *e* se escribe *gu* en lugar de *g*. Es v. irreg. Se conjuga como *pensar*. SIN. **1.** Descolocar. **2.** Transvasar. **3.** Trincar, soplar, empinar. FAM. Trasiego.

trasero, ra *adj.* **1.** Que está, se queda o viene detrás. || *s. m.* **2.** Culo, nalgas. || *s. f.* **3.** Parte posterior de un objeto, edificio, vehículo, etc.: *Le abollaron la trasera del coche.* SIN. **2.** Asentaderas, posaderas, pompis.

trasfondo *s. m.* **1.** Lo que está o parece estar más allá del fondo visible. **2.** Aquello que se encuentra o se esconde detrás de la apariencia externa de alguien o algo, o de las intenciones, manifestaciones, etc., de una persona: *Detrás de aquellas sonrisas había un trasfondo amargo.* SIN. **2.** Regusto, trastienda.

trasgo *s. m.* Duende, espíritu. SIN. Elfo, gnomo.

trashumancia (de *tras-* y el lat. *humus*, tierra) *s. f.* Tipo de pastoreo estacional, basado en el movimiento de los rebaños de una región a otra en busca de pastos de invierno y de verano. FAM. Trashumante, trashumar. HUMUS.

trashumante *adj.* Que trashuma: *ganado trashumante.*

trashumar *v. intr.* Realizar la trashumancia.

trasiego *s. m.* **1.** Acción de trasegar. **2.** Ajetreo, jaleo: *Con lo del traslado hay mucho trasiego en la oficina.* SIN. **2.** Trajín, follón, lío.

traslación *s. f.* **1.** Acción de trasladar o trasladarse, en especial los astros en su órbita. **2.** Particularmente, movimiento de la Tierra alrededor del Sol. ■ Se dice también *translación*.

trasladar (del lat. *translatum*, de *transferre*) *v. tr.* **1.** Llevar a una persona o cosa de un lugar, medio, etc., a otro. También *v. prnl.* **2.** Pasar a una persona de un puesto a otro de la misma categoría o a un lugar distinto del que estaba: *Le han trasladado de sección.* **3.** Cambiar la fecha u hora en que debía tener lugar un acto, reunión, etc.: *Han trasladado la junta a la semana próxima.* **4.** Traducir de una lengua a otra. SIN. **1.** Transportar, desplazar(se), mover(se). **1.** y **2.** Transferir. **3.** Variar, alterar. **4.** Verter. FAM. Traslación, trasladable, traslado, traslaticio, traslativo.

traslado *s. m.* Acción de trasladar o trasladarse. SIN. Transporte, desplazamiento, transferencia.

traslaticio, cia *adj.* Se dice del sentido que toma una palabra, expresión, etc., distinto del propio o habitual. ■ Se dice también *translaticio*. SIN. Figurado. FAM. Traslaticiamente. TRASLADAR.

traslativo, va *adj.* Usado especialmente en der., se aplica a lo que transfiere, p. ej. la propiedad de un terreno. ■ Se dice también *translativo*.

traslúcido, da *adj.* Se dice del cuerpo que deja pasar la luz, pero no permite ver claramente lo que está detrás de él. ■ Se dice también *translúcido*. SIN. Trasluciente. ANT. Opaco. FAM. Traslucidez. TRASLUCIR.

trasluciente *adj.* Traslúcido*. ■ Se dice también *transluciente*.

traslucir (del lat. *translucere*) *v. tr.* **1.** Permitir algo que a través de ello se perciba alguna cosa: *El brillo de sus ojos traslucía una gran alegría.* También *v. prnl.* || **traslucirse** *v. prnl.* **2.** Percibirse un cuerpo a través de un objeto traslúcido. *Detrás de las cortinas se traslucía su figura.* ■ Se dice también *translucir*. Es v. irreg. Se conjuga como *lucir*. SIN. **1.** Reflejar(se), denotar. **1.** y **2.** Transparentar(se). FAM. Traslúcido, trasluciente, trasluz. LUCIR.

trasluz *s. m.* Luz que pasa a través de un cuerpo traslúcido. ■ Se usa casi únicamente en la loc. adv. **al trasluz**, que hace referencia a la forma de observar un objeto, poniéndolo entre la luz y el ojo: *Miró el sobre al trasluz para comprobar su contenido.*

trasmallo (del lat. vulg. *trimaculum*, del lat. *tris*, tres, y *macula*, malla) *s. m.* Utensilio de pesca que consiste en tres redes que se colocan verticalmente, de las cuales la central es más tupida que las exteriores.

trasmano, a *loc. adv.* A desmano*.

trasminar *v. tr.* Penetrar a través de una cosa un olor, líquido, etc. También *v. intr.* y *v. prnl.* SIN. Filtrarse.

trasmontano, na *adj.* Tramontano*.

trasmundo *s. m.* **1.** El más allá. **2.** Mundo fantástico o imaginario.

trasnochado, da **1.** *p.* de **trasnochar**. || *adj.* **2.** Pasado de moda, que carece de novedad: *costumbres trasnochadas.* || *s. f.* **3.** *Amér.* Acción de trasnochar. SIN. **2.** Anticuado. ANT. **2.** Novedoso.

trasnochador, ra *adj.* Que trasnocha: *Se levanta tarde porque es muy trasnochador.* También *s. m.* y *f.* SIN. Noctámbulo.

trasnochar *v. intr.* Pasar alguien la noche sin dormir o acostándose muy tarde. **FAM.** Trasnochado, trasnochador, trasnoche, trasnocho. NOCHE.

trasnoche o **trasnocho** *s. m. fam.* Acción de trasnochar.

traspalar *v. tr.* Mover con la pala cosas de un lado a otro. **FAM.** Traspaleo. PALA.

traspapelar *v. tr.* Perder un papel, documento, etc., entre otros, por haberlo colocado en un lugar distinto al que le corresponde. También *v. prnl.*

traspasar *v. tr.* **1.** Pasar de un lado a otro de un cuerpo; particularmente, atravesarlo con un instrumento o un arma punzante: *El clavo ha traspasado la madera.* **2.** Cruzar un camino, río, etc. **3.** Pasar más allá de cierto límite o barrera: *Traspasó la línea fronteriza.* **4.** Producir una impresión moral o una sensación física muy intensa: *Este frío traspasa los huesos.* **5.** Desobedecer una ley, norma o precepto. **6.** Ceder, transferir. **7.** Particularmente, ceder a alguien el alquiler de un local o venderle un negocio en funcionamiento. **SIN. 3.** Sobrepasar. **5.** Transgredir. **6.** Transmitir. **FAM.** Traspasable, traspaso. PASAR.

traspaso *s. m.* **1.** Acción de traspasar. **2.** Particularmente, acción de traspasar un local o un negocio y precio que se paga por ello.

traspatio *s. m. Amér.* Patio de las casas que suele estar detrás del principal o en el fondo de la vivienda.

traspié *s. m.* **1.** Tropezón, resbalón. **2.** Error, descuido. **SIN. 2.** Desliz, equivocación.

trasplantar *v. tr.* **1.** Trasladar de sitio una planta con sus raíces para plantarla en otro lugar. **2.** Hacer un trasplante quirúrgico: *trasplantar un riñón.* **3.** Introducir y establecer en un lugar ideas, costumbres, instituciones, etc., procedentes de otro: *trasplantar un sistema de gobierno.* También *v. prnl.* **SIN. 3.** Implantar(se). **FAM.** Trasplantable, trasplantación, trasplante. PLANTAR.

trasplante *s. m.* **1.** Acción de trasplantar o trasplantarse. **2.** En cirugía, sustitución de un órgano, enfermo o dañado, o parte de él, por otro sano procedente de otro cuerpo o del mismo. **FAM.** Autotrasplante.

trasponer (del lat. *transponere*) *v. tr.* **1.** Poner a una persona o cosa en otro lugar diferente del que ocupaba. **2.** Pasar una persona o cosa al otro lado de un obstáculo, abertura, etc.: *Traspuso el umbral.* **3.** Particularmente, quedar oculto el Sol detrás del horizonte, las montañas, etc. También *v. prnl.* || **trasponerse** *v. prnl.* **4.** Quedarse medio dormido. ■ Se dice también *transponer.* Es v. irreg. Se conjuga como *poner.* **SIN. 1.** Trasladar, mover. **2.** Traspasar, atravesar. **3.** Ocultarse, ponerse. **4.** Adormilarse. **ANT. 3.** Salir. **4.** Despertarse. **FAM.** Trasponedor, trasposición, traspositor, traspuesta, traspuesto. PONER.

trasportín *s. m.* **1.** Traspuntín*. **2.** Soporte en la parte trasera o delantera de una bicicleta o de una moto para llevar pequeñas cargas.

trasposición *s. f.* **1.** Acción de trasponer o trasponerse. **2.** En mús., cambio de una obra musical o un fragmento de una tonalidad a otra. **3.** Metábasis*. **4.** En med., malformación congénita que consiste en tener invertida la situación normal de uno o más órganos o vísceras. ■ Se dice también *transposición.* **SIN. 1.** Traslado. **FAM.** Trasposítivo. TRASPONER.

traspositor, ra *adj.* **1.** Se aplica al instrumento musical que está afinado en una tonalidad distinta a la que realmente suena. **2.** En ling., se dice del elemento gramatical que hace que una o más palabras cambien de categoría. ■ Se dice también *transpositor.*

traspuesta (del lat. *transposita*, de *transpositus*, traspuesto) *s. f.* Repliegue o elevación del terreno que impide ver lo que hay al otro lado. ■ Se dice también *transpuesta.*

traspuesto, ta 1. *p.* irreg. de **trasponer**. || *adj.* **2.** Ligeramente dormido: *Se quedó traspuesta después de comer.* ■ Se dice también *transpuesto.* **SIN. 2.** Adormecido, adormilado, amodorrado. **ANT. 2.** Despierto, despejado.

traspunte (de *tras* y *apunte*) *s. m.* y *f.* En el teatro, persona encargada de indicar a los actores cuándo tienen que salir a escena y de apuntarles las primeras palabras que deben decir. **SIN.** Apuntador.

traspuntín (del ital. *strapuntino*, colchoncillo embastado) *s. m.* Asiento suplementario y plegable que hay en algunos vehículos, salas de espectáculos, etc. ■ Se dice también *estrapontín* y *traspontín.* **FAM.** Estrapontín.

trasquilar (de *tras* y *esquilar*) *v. tr.* **1.** Cortar el pelo o la lana a algunos animales. **2.** Cortar el pelo con desigualdades. **SIN. 1.** Esquilar. **FAM.** Trasquilador, trasquiladura, trasquilón. ESQUILAR.

trasquilón *s. m.* Desigualdad en el pelo al cortarlo.

trastabillar *v. intr.* **1.** Tropezar*. **2.** Vacilar, titubear. **3.** Tartamudear*.

trastada *s. f.* **1.** *fam.* Faena, mala pasada. **2.** Travesura*.

trastazo *s. m. fam.* Golpe, porrazo, batacazo.

traste (del lat. *transtrum*, banco) *s. m.* **1.** Cada uno de los salientes de metal, madera, hueso, etc., que se colocan horizontalmente a lo largo del mástil de la guitarra y de otros instrumentos de cuerda. **2.** *Amér.* Trasto. Se usa más en *pl.* ■ Se emplea también en Andalucía y Extremadura. || **LOC. dar** alguien **al traste con** una cosa Estropearla, echarla a perder. **irse** una cosa **al traste** Fracasar totalmente: *Su negocio se ha ido al traste.* **FAM.** Trasteado, trastear[1]. TRASTO.

trasteado *s. m.* Conjunto de trastes de un instrumento musical.

trastear[1] *v. intr.* **1.** Pisar las cuerdas de los instrumentos de trastes. || *v. tr.* **2.** Poner los trastes a la guitarra o a otro instrumento de cuerda. **FAM.** Trasteo. TRASTE.

trastear[2] *v. intr.* **1.** Revolver, cambiar o trasladar trastos de un lado a otro. **2.** Hacer travesuras, enredar. || *v. tr.* **3.** Dar el diestro pases de muleta al toro. **4.** *fam.* Manejar con habilidad a una persona. **SIN. 3.** y **4.** Torear. **FAM.** Trasteo. TRASTO.

trasteo *s. m.* Acción de trastear: *el trasteo de las cuerdas de la guitarra.*

trastero, ra *adj.* Se dice de la habitación donde se guardan trastos, muebles, etc. También *s. m.*

trastienda *s. f.* **1.** Cuarto o habitación situada detrás de la tienda. **2.** Reserva, doblez: *tener uno mucha trastienda.*

trasto (del lat. *transtrum*, banco) *s. m.* **1.** Mueble, utensilio, máquina, etc., especialmente si está viejo, inútil o estropeado. **2.** Cosa que ocupa mucho espacio o estorba. **3.** Cada uno de los bastidores que forman parte de la decoración de un teatro. **4.** *fam.* Persona, especialmente niño, muy inquieta y traviesa. También *adj.* || *s. m. pl.* **5.** Conjunto de utensilios o herramientas para alguna actividad: *El torero pidió los trastos de matar.* || **LOC. tirarse los trastos a la cabeza** *fam.* Discutir o pelear violentamente. SIN. **1.** Cacharro, cachivache. **2.** Armatoste, mamotreto. FAM. Trastada, trastazo, traste, trastear[2], trastero.

trastocar *v. tr.* **1.** Cambiar, confundir o desordenar las cosas: *Has trastocado todas las fichas.* || **trastocarse** *v. prnl.* **2.** Trastornarse, enloquecer. ■ Delante de *e* se escribe *qu* en lugar de *c*. SIN. **1.** Revolver. **2.** Perturbarse. ANT. **1.** Ordenar. FAM. Trastocamiento. TROCAR[1].

trastornar (de *tras-* y *tornar*) *v. tr.* **1.** Causarle a alguien una gran molestia: *Si te trastorna mucho, puedo ir yo.* **2.** Inquietar o intranquilizar a alguien. **3.** Alterar el estado de ánimo, la conducta, e incluso las facultades mentales de una persona: *Las tormentas la trastornan.* También *v. prnl.* **4.** Trastocar, desordenar. **5.** Enamorar a alguien. SIN. **1.** Molestar, fastidiar. **2.** Preocupar. **2.** y **3.** Perturbar(se). **5.** Encandilar, cautivar. ANT. **1.** Beneficiar. **2.** y **3.** Tranquilizar(se). **4.** Ordenar. FAM. Trastornable, trastornador, trastorno. TORNAR.

trastorno *s. m.* **1.** Acción de trastornar o trastornarse. **2.** Alteración en la salud.

trastrocar (de *tras-* y *trocar*) *v. tr.* Cambiar o confundir unas cosas con otras, o el estado, orden o sentido de algo: *Está perdiendo la memoria; trastrueca nombres, fechas, sucesos...* También *v. prnl.* ■ Delante de *e* se escribe *qu* en lugar de *c*. Es v. irreg. Se conjuga como *contar*. SIN. Trastocar(se), trocar(se), alterar(se). FAM. Trastrocamiento, trastrueque. TROCAR[1].

trastrueque *s. m.* Acción de trastrocar o trastrocarse.

trasudar *v. tr.* Sudar o despedir trasudor. FAM. Trasudación, trasudado, trasudor. SUDAR.

trasudor *s. m.* Sudor ligero, ocasionado generalmente por algún temor, fatiga o congoja.

trasuntar *v. tr. Arg.* y *Urug.* Mostrar, dejar ver un sentimiento: *trasuntaba emoción.*

trasunto (del lat. *transumptus*, de *trasumere*, tomar de otro) *s. m.* **1.** Copia o traslado que se saca de un escrito original. **2.** Aquello que representa fielmente otra cosa o da una idea muy aproximada de ella: *Sus novelas de costumbres son un trasunto de la sociedad provinciana.* SIN. **2.** Reflejo, retrato. FAM. Trasuntar.

trasvasar (de *tras-* y *vaso*) *v. tr.* Pasar algo de un lugar a otro, especialmente un líquido. ■ Se dice también *transvasar*. FAM. Trasvase. VASO.

trasvase *s. m.* **1.** Acción de trasvasar. **2.** Conjunto de obras de canalización para efectuar el paso de toda o parte del agua de un río a otro. ■ Se dice también *transvase*.

trasvenarse *v. prnl.* Salir sangre de las venas.

trata *s. f.* **1.** Tráfico o comercio de seres humanos: *trata de esclavos.* || **2. trata de blancas** La realizada con mujeres para dedicarlas a la prostitución.

tratable (del lat. *tractabilis*) *adj.* **1.** Que se puede tratar. **2.** Accesible, razonable o amable al trato: *A medida que nos tomaba confianza, era más tratable.* SIN. **2.** Abierto, cortés. ANT. **1.** y **2.** Intratable. FAM. Intratable. TRATAR.

tratadista *s. m.* y *f.* Autor de tratados sobre una materia determinada.

tratado (del lat. *tractatus*) *s. m.* **1.** Obra que trata sobre determinada materia, generalmente con profundidad. **2.** Acuerdo importante establecido entre estados y también documento en el que consta: *tratado de cooperación.* SIN. **1.** Estudio. **2.** Pacto, convenio. FAM. Tratadista. TRATAR.

tratamiento *s. m.* **1.** Acción de tratar o tratarse. **2.** Manera de nombrar o dirigirse a una persona, según su categoría, título, condición, edad, etc., o el tipo de relación que se tiene con ella. **3.** Método o conjunto de cuidados que se aplican para curar enfermedades, corregir defectos físicos u orgánicos, combatir plagas, etc.: *El paciente responde bien al tratamiento.* **4.** Proceso al que se somete algo para transformarlo o modificarlo, elaborar un producto, etc. SIN. **1.** y **2.** Trato.

tratante *s. m.* y *f.* Persona que se dedica a comprar géneros para revenderlos.

tratar (del lat. *tractare*) *v. tr.* **1.** Portarse con alguien de la forma que se indica: *Me trató muy bien cuando estuve en su casa.* **2.** Utilizar una cosa de la manera que se expresa: *Te presto el coche, pero trátamelo bien.* **3.** Dar a una persona el tratamiento que se expresa al dirigirse a ella: *tratar de usted.* **4.** Aplicar a alguien un calificativo insultante o despectivo: *Me trató de imbécil.* **5.** Someter algo a un tratamiento o proceso para modificarlo, alterarlo u obtener un determinado resultado: *tratar el agua para hacerla potable.* **6.** Someter a un tratamiento médico, cosmético, etc.: *Le está tratando uno de los mejores cardiólogos.* **7.** En inform., procesar datos, textos, información, etc. **8.** Discutir o negociar un asunto: *Los sindicatos y la patronal están tratando un nuevo convenio salarial.* **9.** Tener amistad o relación con alguien. Se usa más como *v. intr.* y *v. prnl.*: *En mi profesión tengo que tratar directamente con los clientes.* || *v. intr.* **10.** Hablar, escribir u ocuparse de cierto tema, asunto, materia, etc.: *El debate tratará sobre la droga.* **11.** Manejar o utilizar algo con las manos: *Ponte guantes para tratar con ácidos.* **12.** Con la prep. *de*, intentar, procurar: *Si puedo, trataré de llamarte.* **13.** Con la prep. *en*, comerciar con cierto género: *Ese establecimiento trata en objetos de arte.* || **tratarse** *v. prnl.* **14.** Seguido de la prep. *de*, ser alguien o algo la cuestión que interesa o de la que se habla, o aquello que se hace, pretende, etc.: *Cuéntame de qué se trata.* SIN. **3.** y **4.** Llamar. **4.** Tildar, tachar. **6.** Curar. **8.** Acordar. **9.** Frecuentar, relacionarse. **10.** Versar. **11.** Manipular, trabajar. **13.** Traficar. **14.** Consistir. FAM. Trata, tratable, tratado, tratamiento, tratante, trato. / Contratar, maltratar, retratar.

tratativa *s. f. Arg.*, *Par.* y *Urug.* Negociación, gestión.

trato *s. m.* **1.** Acción de tratar o tratarse. **2.** Acuerdo entre dos o más personas o partes: *Hicimos un trato y debes cumplirlo.* **3.** Tratamiento de cortesía, respeto, etc., que se da a una persona: *No sé qué trato darle, si de usted o de tú.* || **4. trato carnal** Relación sexual. SIN. **2.** Pacto, convenio. FAM. Tratativa. / Destratar. TRATAR.

trattoria (ital.) *s. f.* Restaurante italiano de precio moderado.

trauma (del gr. *trauma*, herida) *s. m.* **1.** Traumatismo*. **2.** Choque emocional que marca la personalidad del sujeto y le deja una impresión duradera en el subconsciente. **3.** P. ext., cualquier impresión o emoción fuerte. SIN. **2.** y **3.** Shock. FAM. Traumático, traumatismo, traumatizar, traumatología, traumatológico, traumatólogo.

traumático, ca (del lat. *traumaticus*, y éste del gr. *traumatikos*, de *trauma*, herida) *adj.* Relativo al traumatismo o al trauma o choque emocional.

traumatismo (del gr. *traumatismos*, acción de herir) *s. m.* Lesión de los tejidos orgánicos causada por agentes mecánicos, p. ej. un fuerte golpe. SIN. Trauma. FAM. Politraumatismo. TRAUMA.

traumatizar *v. tr.* Causar un trauma o choque emocional. También *v. prnl.* ▪ Delante de *e* se escribe *c* en lugar de *z*.

traumatología (del gr. *trauma, -atos*, herida, y *-logía*) *s. f.* Parte de la medicina referente a los traumatismos y sus efectos.

traumatológico, ca *adj.* De la traumatología o relacionado con ella.

traumatólogo, ga *s. m.* y *f.* Especialista en traumatología.

trávelin *s. m.* Travelling*.

traveller-check (ingl.) *s. m.* Cheque de viaje, el extendido por un banco u otra entidad a nombre de una persona y firmado por ésta, la cual, para cobrarlo o pagar con él en un establecimiento, tiene que volver a firmar delante del cajero o cobrador.

travelling (ingl.) *s. m.* **1.** Técnica cinematográfica que consiste en el desplazamiento de la cámara montada sobre un soporte móvil para acercarla al objeto, alejarla de él o seguirlo en sus movimientos. **2.** Plano rodado mediante esta técnica. ▪ Se escribe también *trávelin*.

través (del lat. *transversus*) *s. m.* Inclinación, torcimiento. || LOC. **a través de** *prep.* Cruzando o pasando por en medio o de un lado a otro: *La luz entraba a través de un cristal.* También, utilizando el medio que se expresa o gracias a él: *Me enteré a través de unos amigos.* **de través** *adj.* y *adv.* En dirección oblicua o transversal. FAM. Travesaño, travesero, travesía, traviesa, travieso. / Atravesar.

travesaño *s. m.* **1.** Pieza de madera o metal que atraviesa algo de una parte a otra: *el travesaño de una ventana.* **2.** Particularmente, cada una de dichas piezas que constituyen los peldaños de una escalera de mano.

travesear *v. intr.* Andar inquieto y revoltoso o haciendo travesuras. SIN. Trastear.

travesero, ra (del lat. *traversarius*) *adj.* Que se pone de través.

travesía (de *través*) *s. f.* **1.** Viaje, especialmente por mar o por aire. **2.** Camino o callejuela que une otros dos caminos o calles más importantes. **3.** Parte de una carretera que pasa por el interior del casco urbano. SIN. **1.** Singladura.

travesti o **travestí** (del ingl. *travesty*) *s. m.* y *f.* **1.** Persona inclinada al travestismo. **2.** Persona que se viste con ropas del otro sexo por diversión, para actuar en un espectáculo, etc. ▪ El pl. de *travestí* es *travestíes*, aunque también se utiliza *travestís*. SIN. **1.** y **2.** Travestido.

travestido, da (del ital. *travestito*) *adj.* **1.** Disfrazado. || *s. m.* y *f.* **2.** Travesti.

travestirse *v. prnl.* Vestirse con ropas del sexo contrario. ▪ Es v. irreg. Se conjuga como *pedir*. FAM. Travestido, travestismo. VESTIR.

travestismo *s. m.* **1.** Hecho de ponerse ropas, adoptar actitudes, etc., del sexo opuesto. **2.** Tendencia sexual que consiste en adoptar vestidos, actitudes y costumbres del sexo opuesto para obtener una satisfacción erótica.

travesura *s. f.* **1.** Acción que alguien, especialmente un niño, realiza sin malicia para divertirse o burlarse de alguien, con la que causa algún trastorno, hace algo no permitido o peligroso, etc. **2.** Cualidad de travieso. SIN. **1.** Trastada. FAM. Travesear. TRAVIESO.

traviesa (del lat. *transversa*) *: f.* Cada uno de los maderos o piezas de metal o de hormigón armado que se atraviesan en una vía férrea para asentar sobre ellos los rieles.

travieso, sa (del lat. *transversus*, transversal) *adj.* **1.** Que hace travesuras. También *s. m.* y *f.* **2.** Inquieto, revoltoso. **3.** Que muestra malicia o picardía: *una mirada traviesa.* También *s. m.* y *f.* SIN. **1.** y **2.** Trasto. **2.** Bullicioso, juguetón. **3.** Malicioso, pícaro. ANT. **2.** Tranquilo. FAM. Travesura. TRAVÉS.

trayecto (del lat. *traiectus*, travesía) *s. m.* **1.** Espacio que se recorre de un punto a otro. **2.** Acción de recorrer dicho espacio: *Se mareó en el trayecto.* SIN. **1.** y **2.** Recorrido. FAM. Trayectoria.

trayectoria (del lat. *traiector, -oris*, el que atraviesa) *s. f.* **1.** Línea descrita en el espacio por un punto en movimiento. **2.** Recorrido o dirección que sigue alguien o algo al desplazarse: *En su trayectoria, la borrasca cruzará la Península.* **3.** En particular, recorrido de un proyectil después de ser lanzado o disparado. **4.** Evolución que, a lo largo del tiempo, se observa en la actuación o desarrollo de una persona, entidad, etc.: *Tuvo una trayectoria brillante en su profesión.* SIN. **2.** Camino, ruta. **2.** y **4.** Curso. **4.** Carrera.

traza *s. f.* **1.** Diseño, plano o proyecto de una obra de construcción. **2.** Aspecto o apariencia que muestra alguien o algo. Se usa mucho en *pl.*: *Por las trazas parece extranjero. Este asunto lleva trazas de acabar mal.* **3.** Habilidad para hacer una cosa: *Se da buena traza para la carpintería.* **4.** En geom., intersección de una línea o superficie con cualquiera de los planos de proyección. SIN. **1.** Trazado. **1.** y **2.** Planta. **2.** Pinta, facha. **3.** Maña.

trazado, da 1. *p.* de **trazar**. También *adj.* || *s. m.* **2.** Acción de trazar. **3.** Diseño o plano para hacer una obra de construcción. **4.** Recorrido de un camino, canal, etc., sobre el terreno. SIN. **3.** Traza. **4.** Curso.

trazador, ra *adj.* **1.** Que traza. También *s. m.* y *f.* **2.** Se aplica al proyectil que deja una estela luminosa en su trayectoria, lo que permite la orientación y corrección del tiro.

trazar (del lat. vulg. *tractiare*, de *trahere*, traer) *v. tr.* **1.** Dibujar líneas: *trazar una recta.* **2.** Dibujar o diseñar algo mediante líneas: *trazar un plano.* **3.** Hacer un proyecto, un plan, etc.: *trazar un programa.* **4.** Describir con palabras los rasgos característicos de una persona o asunto: *El conferenciante trazó los aspectos más principales de la cuestión.* ▪ Delante de *e* se escribe *c* en lugar de *z*. SIN. **1.** Tirar. **2.** Delinear. **3.** Idear, planear. FAM. Trazable, trazado, trazador. TRAZO.

trazo *s. m.* **1.** Cualquier línea o raya que se hace al escribir o dibujar. **2.** Línea que compone el perfil o la forma de algo: *un rostro de trazos elegantes.* **3.** Cada una de las partes en que se considera dividida la letra manuscrita, según el modo de trazarla. SIN. **2.** Rasgo. FAM. Tracería, traza, trazar.

trebe *s. m. Amér. del S.* Trébedes*.

trébedes (del lat. *tripes, -edis*, que tiene tres pies) *s. f. pl.* Triángulo o aro de hierro con tres pies, que sirve para poner al fuego sartenes, perolas, etc.

trebejo *s. m.* Utensilio o instrumento empleado para alguna actividad. Se usa más en *pl.* SIN. Bártulo, trasto, herramienta.

trébol (del cat. *trébol*, y éste del gr. *triphyllon*) *s. m.* **1.** Nombre común de diversas plantas herbáceas de la familia papilionáceas, que se caracterizan por sus folíolos de forma circular, agrupados de tres en tres. Tienen tallo tomentoso y flores en capítulo de color amarillo, rosa o blanco. **2.** Uno de los palos de la baraja francesa. Se usa más en *pl.* SIN. **1.** Trifolio. FAM. Trebolar.

trece (del lat. *tredecim*) *adj. num. card.* **1.** Diez y tres. También *pron.* y *s. m.*: *Somos trece a la mesa. El trece es el número de la mala suerte.* ‖ *adj. num. ord.* **2.** Decimotercero, que sigue en orden al duodécimo: *el puesto trece.* También *s. m.*: *Se casan el trece del mes que viene.* ‖ *s. m.* **3.** Signos que representan este número. ‖ LOC. **mantenerse** (o **seguir**) uno **en sus trece** *fam.* Considerar que uno tiene razón y no estar dispuesto a cambiar de opinión, actitud, etc. FAM. Treceavo. TRES.

treceavo, va *adj. num. part.* Se dice de cada una de las trece partes iguales en que se divide un todo. También *s. m.*

trecho (del lat. *tractus*, acción de tirar, de *trahere*, tirar) *s. m.* **1.** Distancia que se recorre o que hay de un lugar a otro. **2.** Espacio de tiempo, especialmente el que media entre dos acontecimientos. ‖ LOC. **a trechos** *adv.* Discontinuamente, unas partes sí y otras no. **de trecho en trecho** *adv.* Con intervalos de espacio o tiempo: *De trecho en trecho parábamos a descansar.* SIN. **1.** Tramo, trayecto. **2.** Lapso.

tredécimo, ma (del lat. *tredecimus*) *adj. num. ord.* **1.** Que ocupa por orden el número trece. También *pron.* ‖ *adj. num. part.* **2.** Se dice de cada una de las trece partes iguales en que se divide un todo. También *s. m.*

trefilar (del fr. *trefiler*) *v. tr.* Pasar el hierro u otros metales por la hilera para hacer varillas, alambre o hilos. FAM. Trefilado, trefilador, trefilería.

trefilería *s. f.* **1.** Acción de trefilar. **2.** Fábrica o taller donde se trefila.

tregua (del gót. *triggwa*, tratado) *s. f.* **1.** En una guerra, suspensión temporal de los combates entre los contendientes. **2.** Interrupción temporal de un trabajo, una actividad, un padecimiento, etc. SIN. **2.** Alto, respiro, pausa.

treinta (del lat. *triginta*) *adj. num. card.* **1.** Tres veces diez. También *pron.* y *s. m.* ‖ *adj. num. ord.* **2.** Trigésimo, que sigue inmediatamente en orden al vigésimo noveno. También *pron.* ‖ *s. m.* **3.** Signos que representan este número. FAM. Treintañero, treintavo, treintena, trigésimo. TRES.

treintañero, ra *adj.* Se dice de la persona que está entre los treinta y los cuarenta años. También *s. m.* y *f.*

treintavo, va *adj. num. part.* Se dice de cada una de las treinta partes iguales en que se divide un todo. También *s. m.*

treintena *s. f.* Conjunto de treinta unidades o individuos.

trekking (ingl.) *s. m.* Deporte que consiste en recorrer andando zonas agrestes y de montaña.

trematodo (del gr. *trematodes*, con aberturas o ventosas, de *trema, -atos*, agujero) *adj.* **1.** Se aplica al gusano platelminto parásito, caracterizado por presentar una o varias ventosas en la región ventral y bucal, con las que se adhiere a sus huéspedes. Se reproduce sexualmente y la mayoría de las especies son parásitas de peces, aunque otras lo son de moluscos, aves y mamíferos, entre ellos el hombre. También *s. m.* ‖ *s. m. pl.* **2.** Clase de estos gusanos.

tremebundo, da (del lat. *tremebundus*, de *tremere*, estremecerse, temblar) *adj.* Tremendo, muy grande, excesivo. SIN. Terrible.

tremedal (del lat. *tremere*, temblar) *s. m.* Terreno pantanoso que por su escasa consistencia tiembla cuando se anda sobre él.

tremendismo *s. m.* **1.** Tendencia a difundir noticias alarmantes o a creérselas. **2.** Corriente estética del s. XX desarrollada en España que se caracteriza por una exageración de los aspectos más crudos de la vida real. **3.** Estilo de torear que prefiere la espectacularidad y el valor excesivo a las reglas clásicas. SIN. **1.** Alarmismo.

tremendista *adj.* **1.** Del tremendismo o relacionado con él. **2.** Se aplica al partidario de esta corriente estética o al artista que realiza sus obras conforme a ella. También *s. m.* y *f.* **3.** Que difunde noticias alarmantes o tiende a creeérselas. También *s. m.* y *f.*: *No le hagas mucho caso, es un tremendista.* SIN. **3.** Alarmista.

tremendo, da (del lat. *tremendus*, de *tremere*, temer) *adj.* **1.** Muy grande, excesivo o fuera de lo común y que, por ello, impresiona o sobrecoge: *un hambre tremenda. Se llevará un disgusto tremendo cuando lo sepa.* **2.** Se aplica a la persona temible o muy sorprendente por su comportamiento, especialmente al niño muy travieso: *Mi sobrino es tremendo, en cuanto le quitas el ojo de encima hace una de las suyas.* ‖ LOC. **tomar** una cosa **a** (o **por**) **la tremenda** *fam.* Darle una importancia o gravedad mayor que la que realmente tiene. SIN. **1.** Tremebundo, horrible. **1.** y **2.** Terrible. ANT. **1.** Pequeño, insignificante. FAM. Tremebundo, tremendismo, tremendista.

trementina (del lat. *terebinthina*, de *terebinthus*, terebinto) *s. f.* Resina oleosa, muy aromática, que fluye de pinos, abetos y otros árboles, de color amarillo, inflamable y de consistencia viscosa y pegajosa. Se usa en medicina y en la industria.

tremielga *s. f.* Torpedo*, pez.

tremolar (del lat. *tremulare*, temblar) *v. tr.* **1.** Levantar las banderas, estandartes, etc., moviéndolos en el aire. ‖ *v. intr.* **2.** Ondear banderas, estandartes, pendones, etc. SIN. **1.** y **2.** Agitar(se). FAM. Tremolante, tremolina. TRÉMULO.

tremolina *s. f.* **1.** Movimiento ruidoso del aire. **2.** Ruido y confusión provocados por gente que grita, riñe o discute. SIN. **1.** Ventolera. **2.** Alboroto, bulla, jaleo, gresca.

trémolo (del ital. *tremolo*, trémulo) *s. m.* En mús., sucesión rápida de varias notas iguales, de la misma duración.

tremulento, ta *adj.* Trémulo*.

trémulo, la (del lat. *tremulus*) *adj.* **1.** Que tiembla. **2.** Se aplica a las cosas que tienen un movimiento o agitación semejante al temblor: *la luz trémula de una vela.* SIN. **1.** y **2.** Tembloroso. FAM. Tremolar, trémolo, trémulamente, tremulento.

tren (del fr. *train*, de *trainer*, arrastrar) *s. m.* **1.** Serie de coches o vagones enganchados uno tras otro, que son arrastrados sobre unos raíles por una locomotora. También, sistema de transporte que constituye. **2.** Conjunto de máquinas o dispositivos colocados en serie para realizar una misma operación: *tren de aterrizaje.* **3.** Modo de vivir una persona, generalmente con gran lujo, comodidades, actividad, etc.: *Con ese tren que llevas no sé cómo te alcanza el sueldo.* ‖ **4. tren expreso** El de viajeros que circula a gran velocidad y se detiene solamente en las estaciones principales del trayecto. ‖ LOC. **a todo tren** *adv.* A toda velocidad. También, con gran lujo y sin reparar en gastos: *Amueblaron la casa a todo tren.* **estar como un tren** *fam.* Tener un físico muy atractivo. **estar en tren de** *Arg.*, *Par.* y *Urug.* Estar en proceso de llevar a cabo cierta cosa, estar trabajando para lograr cierto fin. **para parar un tren** *adv. fam.* Muy intenso, fuerte o abundante. SIN. **1.** Ferrocarril. FAM. Aerotrén.

trena (del lat. *trina*, de *trinus*, triple) *s. f. argot* Cárcel.

trenca *s. f.* Chaquetón a modo de abrigo corto que suele llevar una capucha.

trencilla (dim. de *trenza*) *s. f.* **1.** Cinta trenzada de seda, algodón o lana que sirve para adornos de pasamanería, bordados y otros usos. || *s. m.* **2.** *fam.* Árbitro deportivo.

treno (del lat. *threnus*, y éste del gr. *threnos*, de *threomai*, lamentarse) *s. m.* **1.** Canto fúnebre por alguna calamidad o desgracia. **2.** Por antonomasia, cada una de las lamentaciones del profeta Jeremías.

trenza (de los ant. *trena* y *treça*, del lat. *trina*, triple, y del fr. *trece*) *s. f.* **1.** Conjunto de tres o más mechones de pelo, hebras, cuerdas, etc., entrelazados formando un solo cabo o cuerpo alargado. **2.** Elemento o adorno de forma semejante. **SIN.** **1.** y **2.** Trenzado. **FAM.** Trencilla, trenzar.

trenzado, da 1. *p.* de **trenzar**. También *adj.* || *s. m.* **2.** Trenza*. **3.** En danza, salto ligero en el cual los pies se cruzan y descruzan rápidamente en el aire. **4.** En equitación, paso que hace el caballo piafando.

trenzar *v. tr.* **1.** Hacer trenzas con algo. || *v. intr.* **2.** En danza y en equitación, hacer trenzados. ■ Delante de *e* se escribe *c* en lugar de *z*. **FAM.** Trenzado. / Destrenzar. TRENZA.

trepa[1] *s. f.* **1.** Acción de trepar. || *s. m.* y *f.* **2.** *fam.* Persona que aprovecha cualquier circunstancia o actúa sin escrúpulos para progresar. También *adj.* **SIN.** **1.** Escalada, subida. **2.** Arribista.

trepa[2] *s. f.* **1.** Trepado*, adorno. **2.** Ondulaciones que presenta la superficie de algunas maderas labradas.

trepado (del gr. *trypan*) *s. m.* **1.** Línea de puntos taladrados en el papel para cortarlo con facilidad. **2.** Adorno en forma de espiral que se pone en el borde de los vestidos. **SIN.** **2.** Trepa.

trepador, ra *adj.* **1.** Que trepa. También *s. m.* y *f.* **2.** Se dice de las plantas que trepan o se agarran a los árboles, muros, rejas, etc., mediante zarcillos, raíces u órganos semejantes. **3.** Se aplica a ciertas aves que tienen el dedo externo unido al del medio o dirigido hacia atrás para trepar con facilidad. También *s. f.* || *s. m.* **4.** Sitio por donde se trepa o se puede trepar. ■ En esta acepción se usa más en *pl.* || *s. f. pl.* **5.** Antiguo orden constituido por las aves antes mencionadas. **SIN.** **1.** Escalador.

trepanación *s. f.* En cirugía, perforación del cráneo por medio de un instrumento llamado trépano.

trepanar *v. tr.* En cirugía, perforar el cráneo u otro hueso. **FAM.** Trepanación. TRÉPANO.

trépano (del bajo lat. *trepanum*, y éste del gr. *trypanon*) *s. m.* **1.** Instrumento utilizado para trepanar. **2.** En las taladradoras, pieza que sustituye a la broca para efectuar taladros de gran diámetro. **3.** Máquina utilizada en perforaciones y exploraciones del subsuelo para fragmentar las rocas. **FAM.** Trepanar.

trepar (de or. onomat.) *v. intr.* **1.** Subir a un lugar alto sirviéndose de las extremidades. También *v. tr.* **2.** Crecer las plantas agarrándose o adhiriéndose a los árboles, a un soporte, etc. **3.** *fam.* Conseguir un puesto importante o una posición social elevada utilizando toda clase de medios. También *v. tr.* **SIN.** **1.** y **3.** Escalar. **3.** Progresar, medrar, avanzar. **ANT.** **1.** Bajar. **3.** Empeorar. **FAM.** Trepado, trepador, treparriscos, trepatroncos. / Retreparse.

treparriscos *s. m.* Pájaro de unos 16 cm de longitud, de color gris, con el pecho y las alas negras, estas últimas con grandes manchas de color rojo vivo, y el pico largo y curvado. Vive en zonas montañosas del centro y S de Europa y en Asia. ■ No varía en *pl.*

trepatroncos *s. m.* **1.** Herrerillo*. **2.** Nombre común de diversas aves paseriformes de tamaño mediano, que trepan por los troncos ayudándose con la cola. Viven en América, desde México hasta el extremo S. ■ No varía en *pl.*

trepidante (del lat. *trepidans, -antis*) *adj.* **1.** De ritmo o desarrollo muy rápido, vivo y emocionante: *La película tenía una acción trepidante.* **2.** Que trepida. **SIN.** **1.** y **2.** Vibrante. **2.** Retemblante.

trepidar (del lat. *trepidare*) *v. intr.* **1.** Temblar o vibrar fuertemente: *Al pasar el tren, trepidaban las paredes.* **2.** *Amér.* Dudar, vacilar. **SIN.** **1.** Retemblar. **FAM.** Trepidación, trepidante.

treponema *s. amb.* Nombre común de diversas bacterias transmisoras de enfermedades como la sífilis.

tres (del lat. *tres*) *adj. num. card.* **1.** Dos y uno. También *pron.* y *s. m.*: *Somos tres. El tres es mi número.* || *adj. num. ord.* **2.** Tercero, que sigue en orden al segundo: *Hoy es día tres.* También *s. m.*: *el tres de enero.* || *s. m.* **3.** Signo o signos que representan este número. || **LOC. ni a la de tres** *adv. fam.* Indica dificultad o imposibilidad de realizar o conseguir algo. **FAM.** Trece, treinta, trescientos, tresillo, triates, triduo, trienio. / Tercero, terciar, tercio, trino -na, triple, veintitrés.

tresbolillo, a (o **al**) *loc. adv.* Modo de colocar las plantas, y p. ext. personas o cosas, en filas paralelas, de manera que las de cada fila correspondan al medio de los huecos de la fila inmediata, formando triángulos equiláteros.

trescientos, tas *adj. num. card.* **1.** Tres veces cien. También *pron.* y *s. m.* || *adj. num. ord.* **2.** Que sigue inmediatamente en orden al doscientos noventa y nueve. También *pron.* || *s. m.* **3.** Signos que representan este número. **FAM.** Tricentenario, tricentésimo. TRES y CIENTO.

tresillo *s. m.* **1.** Sofá de tres plazas o conjunto de sofá y dos sillones a juego. **2.** Sortija con tres piedras preciosas. **3.** Juego de naipes que se realiza entre tres personas con nueve cartas cada una. **4.** En mús., conjunto de tres notas iguales que se deben cantar o tocar en el tiempo correspondiente a dos de ellas.

treta (del fr. *traite*, y éste del lat. *tracta*, tirada, de *trahere*, tirar) *s. f.* Plan preparado ocultamente y con astucia. **SIN.** Ardid, artimaña, argucia, estratagema. **FAM.** Retreta.

tri- (del lat. *tri*, por *tris*) *pref.* Significa 'tres': *tridimensional, triciclo.*

triaca (del lat. *theriaca*, y éste del gr. *theriake*) *s. f.* **1.** Preparado farmacéutico usado antiguamente como antídoto contra las mordeduras de animales venenosos. **2.** Remedio de un mal.

tríada (del lat. *trias, -adis*, y éste del gr. *trias, -ados*, trío, número tres) *s. f.* **1.** Conjunto de tres seres o elementos que tienen alguna relación entre sí. **2.** En algunas religiones, conjunto de tres dioses a los que se dedica un mismo culto. **FAM.** Triádico.

trial (ingl., significa 'prueba') *s. m.* Prueba motociclista realizada a campo través, cuyo recorrido pasa por cuestas, terrenos fangosos, arroyos, etc., y en la que el participante no puede bajarse de la motocicleta ni apoyarse en el suelo.

triangulación *s. f.* **1.** En arq. o topografía, operación de triangular. **2.** Conjunto de datos obtenidos mediante esta operación. **3.** En ciertos deportes, como el fútbol, jugada que consiste en pasarse la pelota entre varios jugadores, de modo que describa una trayectoria semejante a un triángulo.

triangular[1] *v. tr.* **1.** En arq., colocar las piezas de un armazón de modo que formen uno o varios triángulos. **2.** En topografía, unir mediante triángulos determinados puntos de un terreno para realizar el plano del mismo. **3.** En ciertos dep., como el fútbol, ir pasándose la pelota de modo que describa una trayectoria triangular, o en general la de cualquier figura cerrada. **FAM.** Triangulación, triangulado, triangulador. TRIÁNGULO.

triangular[2] (del lat. *triangularis*) *adj.* Que tiene forma de triángulo o es semejante a él. **FAM.** Triangularmente. TRIÁNGULO.

triángulo (del lat. *triangulus*) *s. m.* **1.** Polígono de tres lados y tres ángulos. **2.** Instrumento musical de percusión que consiste en una barra metálica doblada con la forma de dicho polígono, que se hace sonar golpeándola con una varilla. **3.** Relación afectiva o amorosa que se establece entre tres personas, p. ej. entre el marido, la mujer y el amante de uno de ellos. También, conjunto formado por estas tres personas. **FAM.** Triangular[1], triangular[2]. ÁNGULO.

triásico, ca (del gr. *trias*, conjunto de tres) *adj.* **1.** Se dice del primero de los tres periodos de la era mesozoica, durante el cual se inició la expansión de los reptiles y aparecieron los primeros mamíferos. Comenzó hace unos 225 millones de años y terminó hace unos 190 millones. También *s. m.* **2.** De este periodo.

triates *s. m. pl. Méx.* Trillizos.

triatlón (de *tri-* y el griego *athlon*, premio de una lucha, lucha) *s. m.* Prueba deportiva que consta de tres carreras, una de natación, otra ciclista y otra de atletismo.

tribal *adj.* Relativo a la tribu. ■ Se dice también *tribual*. **FAM.** Tribalismo. TRIBU.

tribalismo *s. m.* Organización social basada en la tribu.

triboluminiscencia *s. f.* Luminiscencia que aparece por frotamiento.

tribu (del lat. *tribus*) *s. f.* **1.** Organización social, política y económica propia de pueblos primitivos, formada por individuos de un mismo origen, lengua y cultura, y dirigidos por un jefe. **2.** *fam.* Familia o grupo de personas muy numeroso con características comunes: *tribus urbanas.* **3.** En biol., categoría taxonómica entre la subfamilia y el género. **FAM.** Tribal, tribual.

tribulación (del lat. *tribulatio, -onis*) *s. f.* **1.** Preocupación, pena o disgusto. **2.** Dificultad o situación desfavorable que padece una persona. **SIN.** **1.** Sufrimiento, angustia, aflicción. **2.** Desgracia, adversidad, desventura. **ANT.** **1.** y **2.** Alegría. **FAM.** Tríbulo. / Atribular.

tríbulo (del lat. *tribulus*, abrojo) *s. m.* Nombre que reciben algunas plantas espinosas.

tribuna *s. f.* **1.** Plataforma o lugar elevado, generalmente con una barandilla, desde donde se habla en público. **2.** Medio desde el que alguien se expresa o manifiesta sus opiniones: *El periódico fue su tribuna durante muchos años.* **3.** Profesión del orador, especialmente político, y conjunto de oradores. **4.** Plataforma elevada en que se sitúan los asistentes a un acto o espectáculo público, generalmente al aire libre. **5.** Localidad preferente en algunos campos de deporte. **6.** Ventana o balcón, con o sin celosía, que hay en algunas iglesias, desde donde se puede asistir a los actos litúrgicos que en ellas se celebran. **SIN.** **1.** Estrado. **FAM.** Tribunal, tribuno.

tribunado (del lat. *tribunatus*) *s. m.* **1.** Dignidad de tribuno y tiempo que duraba su magistratura. **2.** Uno de los cuerpos legislativos en la época del consulado francés, anterior al imperio napoleónico.

tribunal (del lat. *tribunal*) *s. m.* **1.** Órgano colegiado del Estado encargado de juzgar y hacer ejecutar lo juzgado, con arreglo a lo dispuesto en el ordenamiento jurídico. **2.** Edificio y lugar del mismo en que jueces y magistrados administran justicia. **3.** Conjunto de personas reunidas para emitir un juicio u opinión sobre algo, p. ej. en un concurso, en una oposición, etc. || *s. m. pl.* **4.** Vía judicial de solución de conflictos: *No tuvo más remedio que acudir a los tribunales.* || **5. Tribunal Constitucional** Órgano establecido por algunos Estados para velar por el respeto a la Constitución, interpretarla y procurar que las leyes se ajusten a ella. **6. tribunal de casación** El que puede anular una sentencia dictada en última instancia por otro tribunal. **7. Tribunal de Cuentas** Órgano encargado del control de las cuentas y de la gestión económica del Estado y de las corporaciones, instituciones y organismos públicos en general. **8. Tribunal de las Aguas** Órgano cuyos miembros son elegidos por designación popular, que tiene competencia para resolver las cuestiones surgidas entre los usuarios de las aguas de aprovechamiento colectivo. **9. Tribunal Supremo** Órgano jurisdiccional superior de un país en todos los órdenes, excepto lo dispuesto en materia de garantías constitucionales. En España, es la máxima instancia.

tribunicio, cia (del lat. *tribunitius*) *adj.* Relativo al tribuno.

tribuno (del lat. *tribunus*) *s. m.* **1.** Magistrado romano; podía ser militar, el que estaba a cargo de un cuerpo de tropas, o de la plebe, el elegido por el pueblo para defender sus intereses. **2.** Orador político muy destacado. **3.** Miembro del tribunado francés. **FAM.** Tribunado, tribunicio. TRIBUNA.

tributación *s. f.* **1.** Acción de tributar: *normas de tributación.* **2.** Tributo: *Su tributación a la hacienda pública es mínima.* **3.** Sistema organizado de los tributos y de las formas de recaudación. **SIN.** **2.** Contribución, impuesto.

tributar *v. tr.* **1.** Pagar algún tributo. También *v. intr.* **2.** Ofrecer a alguien alguna muestra de consideración o manifestar un sentimiento favorable hacia él: *Tributaba un gran respeto a su abuelo.* **SIN.** **1.** Contribuir. **2.** Profesar, dedicar. **ANT.** **1.** Cobrar. **FAM.** Tributación, tributante. TRIBUTO.

tributario, ria (del lat. *tributarius*) *adj.* **1.** Relativo al tributo: *derecho tributario, recaudación tributaria.* **2.** Que paga un tributo o está obligado a hacerlo. También *s. m.* y *f.* **3.** Se dice de una corriente de agua con relación al río, al lago o al mar adonde va a parar. **4.** Que es consecuencia y, por ello, propio de algo: *Aquellos hechos fueron tributarios de un periodo de gran agitación social.* **SIN.** **2.** Tributante, contribuyente, rentero. **3.** Afluyente. **ANT.** **3.** Emisario.

tributo (del lat. *tributum*) *s. m.* **1.** Cantidad de dinero que está obligado a pagar un ciudadano al Estado o a otro organismo oficial para el sostenimiento de los gastos públicos. **2.** Aquello que tenía que entregar un vasallo a su señor, a la Iglesia o a un soberano. **3.** Aquello que debe soportar una persona, o a lo que debe renunciar para usar o disfrutar una cosa: *Esos problemas son el tributo por vivir en el centro de la ciudad.* **4.** Sentimiento favorable que se manifiesta hacia una persona: *Le dedicó un tributo de admiración toda su vida.* **SIN.** **1.** Impuesto, tributación, contribución, gravamen. **4.** Ofrenda, homenaje. ANT. **1.** Subsidio, subvención. FAM. Tributar, tributario. / Atribuir, contribuir, distribuir, retribuir.

tricéfalo, la (de *tri-* y *-céfalo*) *adj.* Que tiene tres cabezas: *un monstruo tricéfalo.*

tricentenario, ria *adj.* **1.** Que dura trescientos años o lleva trescientos años de duración. || *s. m.* **2.** Fecha en que se cumplen trescientos años de algún acontecimiento y fiesta o actos con que se celebra esta fecha.

tricentésimo, ma (del lat. *tricenti*, trescientos) *adj. num. ord.* **1.** Que ocupa por orden el número 300. También *pron.* || *adj. num. part.* **2.** Se dice de cada una de las 300 partes iguales en que se divide un todo. También *s. m.*

tríceps (del lat. *triceps*) *s. m.* Nombre aplicado a varios músculos que tienen tres partes que se juntan en un tendón común; entre ellos, el tríceps braquial, que al contraerse hace posible el movimiento de extensión del antebrazo. ■ No varía en *pl.*

triceratops (de *tri-* y el gr. *keras*, *keratos*, cuerno, y *ops*, aspecto) *s. m.* Dinosaurio del final del cretácico, de entre 6 y 8 m de longitud y unas 8 toneladas de peso, cuyo cráneo se prolongaba en una especie de escudo osificado provisto de tres cuernos. ■ No varía en *pl.*

triciclo (de *tri-* y el gr. *kyklos*, círculo, rueda) *s. m.* Vehículo de tres ruedas, particularmente el que utilizan los niños, movido por pedales de forma semejante a una bicicleta.

triclínico, ca (de *tri-* y el gr. *klino*, inclinar) *adj.* Se aplica al sistema cristalográfico cuyas formas tienen un eje de simetría, tres ángulos no rectos desiguales y tres lados desiguales, como el que presentan la turquesa y varias plagioclasas.

triclinio (del lat. *triclinium*, y éste del gr. *triklinion*, de *treis*, tres, y *kline*, lecho) *s. m.* **1.** Diván en que se reclinaban para comer los antiguos griegos y romanos. **2.** Sala donde comían los antiguos griegos y romanos.

tricolor (del lat. *tricolor, -oris*) *adj.* De tres colores.

tricornio *s. m.* **1.** Sombrero que tiene el ala dura y doblada formando tres picos, usado por la guardia civil. **2.** *fam.* Guardia civil.

tricot (fr.) *s. m.* Punto*, tejido. FAM. Tricota, tricotadora, tricotar, tricotosa.

tricota *s. f.* **1.** *Arg.* Tejido o prenda de punto. **2.** *Perú* Chaqueta de punto cerrada por delante.

tricotadora *s. f.* Tricotosa*.

tricotar (del fr. *tricoter*) *v. intr.* Hacer punto a mano o con una máquina.

tricotomía (del gr. *trikhotomia*, de *trikha*, en tres, y *tome*, sección) *s. f.* **1.** En bot., división de una rama en otras tres. **2.** Clasificación en que las divisiones y subdivisiones tienen tres partes. FAM. Tricotómico.

tricotosa (del fr. *tricoteuse*) *s. f.* Máquina para hacer tejidos de punto. ■ Se dice también *tricotadora.*

tricromía *s. f.* **1.** En imprenta, estampación hecha combinando tres tintas de diferente color. **2.** Grabado obtenido por esta técnica.

tricúspide *adj.* Que tiene tres puntas. Se aplica particularmente a la válvula del corazón constituida por tres membranas, que comunica la aurícula y el ventrículo derecho.

tridáctilo, la *adj.* Que tiene tres dedos.

tridente (del lat. *tridens, -entis*) *adj.* **1.** Que tiene tres dientes o puntas. || *s. m.* **2.** Arpón de tres puntas que tiene en la mano el dios Neptuno en las figuras que lo representan.

tridentino, na (del lat. *tridentinus*) *adj.* De Trento, ciudad italiana. También *s. m.* y *f.*

tridimensional *adj.* Que tiene tres dimensiones: *figura tridimensional.*

triduo (del lat. *triduum*, espacio de tres días) *s. m.* Conjunto de celebraciones religiosas que se realizan durante tres días.

triedro (de *tri-* y el gr. *edra*, plano) *adj.* **1.** Que tiene tres caras. || **2. ángulo triedro** El formado por tres planos que concurren en un punto llamado vértice.

trienal *adj.* **1.** Que se repite o sucede cada tres años: *una revisión trienal.* **2.** Que dura tres años: *un plan trienal.*

trienio (del lat. *triennium*) *s. m.* **1.** Periodo de tres años: *En el próximo trienio no bajarán los precios.* **2.** Incremento económico en un sueldo, que se produce cada tres años de servicio activo en una empresa, organismo, etc. FAM. Trienal. TRES y AÑO.

triestino, na *adj.* **1.** De Trieste, ciudad italiana. También *s. m.* y *f.* || *s. m.* **2.** Dialecto hablado en la región de Trieste.

trifásico, ca *adj.* Se dice de un sistema de tres corrientes alternas iguales procedentes del mismo generador y desfasadas un tercio de periodo una de otra.

trífido, da (del lat. *trifidus*) *adj.* Se dice del órgano vegetal abierto por tres partes.

trifoliado, da *adj.* En bot., se dice de las hojas compuestas de tres folíolos, así como de las plantas que tienen esas hojas.

trifolio (del lat. *trifolium*) *s. m.* **1.** Trébol, planta. **2.** En arq., motivo decorativo característico del gótico, formado por tres lóbulos o porciones de un círculo. FAM. Trifoliado. FOLIO.

triforio *s. m.* Galería con ventanas decorativas de tres huecos, que rodea la nave central de una iglesia por encima de los arcos que la separan de las naves laterales.

trifulca (del lat. *trifurca*, de *tres*, tres, y *furca*, horca) *s. f. fam.* Discusión o pelea en que se forma mucho alboroto. SIN. Reyerta, riña, refriega.

trifurcarse *v. prnl.* Dividirse una cosa en tres ramas, brazos o puntas. ■ Delante de *e* se escribe *qu* en lugar de *c*. FAM. Trifurcación, trifurcado. BIFURCARSE.

trigémino (del lat. *trigeminus*, de *tri*, tres, y *geminus*, gemelo) *s. m.* Par nervioso craneal que sensibiliza la mayor parte de la cara e inerva los músculos masticadores.

trigésimo, ma (del lat. *trigesimus*) *adj. num. ord.* **1.** Que ocupa por orden el número 30. También *s. m.* y *f.* ■ Para formar los adjetivos y pronombres numerales ordinales de 31 a 39, se añaden los correspondientes a 1, 2, 3, etc.: *trigésimo segundo, trigésima cuarta.* || *adj. num. part.* **2.** Se dice de cada una de las treinta partes iguales en que se divide un todo. También *s. m.*

triglicérido *s. m.* Compuesto químico que está presente en la naturaleza; es un éster de la glicerina o de los ácidos grasos.

triglifo o **tríglifo** (del lat. *triglyphus*, y éste del gr. *triglyphos*, de *treis*, tres, y *glypho*, cincelar, esculpir) *s. m.* Motivo ornamental del friso en el orden dórico, que consiste en un rectángulo surcado verticalmente por tres canales.

trigo (del lat. *triticum*) *s. m.* **1.** Planta herbácea de la familia gramíneas, de entre 60 cm y 1,50 m de altura, tallo hueco, espículas de 2 a 5 flores y fruto en cariópside o espiga; de sus granos molidos se obtiene harina con que se elabora pan y otros productos. **2.** Grano de esta planta. **3.** Lugar plantado de trigo. ■ En esta acepción se usa más en *pl.* || LOC. **no ser** alguien o algo **trigo limpio** *fam.* No ser una persona, asunto, etc., tan claro u honesto como parecía. SIN. **3.** Trigal. FAM. Trigal, trigueño, triguero.

trigonometría (del gr. *trigonometria*, de *trigonon*, triángulo, y *metron*, medida) *s. f.* Parte de las matemáticas que estudia las relaciones que se establecen entre los lados y los ángulos de un triángulo rectángulo. FAM. Trigonométrico.

trigueño, ña *adj.* Se dice del color semejante al del trigo, así como de las cosas que tienen este color, especialmente del pelo.

triguero, ra (del lat. *triticarius*) *adj.* **1.** Relativo al trigo. **2.** Que se cría, está en el trigo o se alimenta de él. **3.** Se aplica al terreno apropiado para el cultivo del trigo. || **4. espárrago triguero** Véase **espárrago**.

trilateral *adj.* Se aplica a la negociación, relación, etc., entre tres partes.

trilátero, ra *adj.* Que tiene tres lados.

trilero, ra *s. m.* y *f. fam.* Persona que dirige el juego de los triles.

triles *s. m, pl. argot* Juego callejero de apuestas que consiste en adivinar dónde está una carta, chapa, etc., mostrada previamente, entre tres después de haberlas movido rápidamente y por lo general haciendo trampas. FAM. Trilero.

trilingüe (del lat. *trilinguis*) *adj.* **1.** Se dice de la persona que habla tres lenguas. **2.** Que está escrito o elaborado en tres lenguas. **3.** Se aplica al país o zona en que se hablan tres lenguas.

trilita *s. f.* Explosivo sólido, de color amarillo, fabricado mediante una reacción entre el ácido nítrico y el tolueno. Su nombre químico es *trinitrotolueno* (TNT).

trilito (de *tri-* y *-lito*) *s. m.* Monumento megalítico formado por tres piedras, dos de ellas verticales, que sostienen a una tercera horizontal.

trilla *s. f.* **1.** Acción de trillar. **2.** Tiempo en que se trilla. **3.** Trillo. **4.** *Chile* y *P. Rico fam.* Paliza, tunda.

trillado, da 1. *p.* de **trillar**. También *adj.* || *adj.* **2.** Se dice de lo que es muy común, conocido o ha sido excesivamente tratado: *Ese tema está ya muy trillado.* **3.** Se aplica al camino que alguien recorre o ha recorrido con frecuencia. SIN. **2.** Manido, gastado.

trillador, ra *adj.* **1.** Que trilla. También *s. m.* y *f.* || *s. f.* **2.** Máquina para trillar.

trillar (del lat. *tribulare*) *v. tr.* **1.** Triturar la mies esparcida en la era y separar el grano de la paja. **2.** *fam.* Usar continuadamente de algo, tratar mucho un tema, etc., de manera que queda demasiado gastado o manido. FAM. Trilla, trillado, trillador, trillo.

trillizo, za *adj.* Se dice de cada uno de los hermanos nacidos en un parto triple. También *s. m.* y *f.*: *Ha tenido trillizas.*

trillo (del lat. *tribulum*) *s. m.* **1.** Instrumento agrícola utilizado para trillar, formado por un tablón con trozos de pedernal o cuchillas de acero en su cara inferior. **2.** *Amér.* Camino abierto entre la maleza por el paso de personas, animales o vehículos. SIN. **1.** Trilla, trillador.

trillón *s. m.* Un millón de billones.

trilobites *s. m.* Artrópodo fósil de hasta 75 cm de longitud, con el cuerpo dividido en región cefálica, tórax y pigidio o porción terminal, y recubierto por un exosqueleto quitinoso calcificado. Habitaba en el mar en la era primaria. ■ No varía en *pl.*

trilobulado, da *adj.* Que tiene tres lóbulos.

trilocular (de *tri-* y el lat. *locularis*, local) *adj.* Que está dividido en tres partes o cavidades.

trilogía (del gr. *trilogia*) *s. f.* Conjunto de tres obras literarias, y p. ext. de otro tipo, creadas por un autor y cuya trama gira en torno a un mismo tema.

trimarán *s. m.* Embarcación formada por tres cascos paralelos, unidos por una armadura rígida.

trimembre (del lat. *trimembris*) *adj.* Que tiene tres miembros o partes.

trimensual *adj.* Que sucede o se repite tres veces al mes.

trimestral *adj.* **1.** Que sucede o se repite cada tres meses. **2.** Que dura tres meses. FAM. Trimestralmente. TRIMESTRE.

trimestre (del lat. *trimestris*) *s. m.* Periodo de tiempo de tres meses. FAM. Trimestral. MES.

trimotor *s. m.* Avión provisto de tres motores.

trinar[1] *v. intr.* **1.** Cantar los pájaros emitiendo un sonido agudo repetido con rapidez. **2.** En mús., emitir de manera rápida y alternada dos notas de igual duración, entre las que media la distancia de un tono o un semitono. || LOC. **estar** alguien **que trina** *fam.* Estar alguien muy enfadado o nervioso. SIN. **1.** Gorjear. FAM. Trino.

trinar[2] *v. intr.* Celebrar un sacerdote tres misas en un mismo día.

trinca[1] (del lat. *trini*, tres, triple) *s. f.* **1.** Conjunto de tres cosas de una misma clase. **2.** Pequeño grupo o pandilla de amigos. **3.** Discusión o argumentación entre los participantes en unos exámenes u oposiciones. SIN. **1.** Trío, terna. FAM. Trincar[1].

trinca[2] *s. f. Cuba, Méx.* y *P. Rico* Borrachera.

trincar[1] *v. tr.* **1.** *fam.* Coger, agarrar, robar. **2.** Detener a alguien que ha cometido un delito o lo está cometiendo: *La policía les trincó al salir del banco.* **3.** *Amér.* Apretar u oprimir a alguien. ■ Delante de *e* se escribe *qu* en lugar de *c*. SIN. **1.** y **2.** Pillar. **2.** Pescar, atrapar. ANT. **1.** y **2.** Soltar. FAM. Trinquete[3]. / Contrincante. TRINCA[1].

trincar[2] (del al. *trinken*) *v. tr. fam.* Tomar bebidas alcohólicas. También *v. intr.* ■ Delante de *e* se escribe *qu* en lugar de *c*. FAM. Trinca[2], trinque.

trincha *s. f.* Cierre para ceñir por detrás el chaleco, el pantalón u otras prendas por medio de hebillas o botones.

trinchante *s. m.* **1.** Instrumento con el que se trincha. **2.** Instrumento con el que se sujeta lo que se va a trinchar.

trinchar (del ital. *trinciare*) *v. tr.* Partir en trozos la comida para servirla, especialmente los asados. SIN. Trocear, cortar. FAM. Trinchante, trinche, trinchero, trinchete.

trinche *s. m.* **1.** *Amér.* Trinchero. **2.** Tenedor de mesa.

trinchera *s. f.* **1.** Zanja excavada en el terreno, donde se colocan los soldados para protegerse del fuego enemigo. **2.** Corte hecho en un terreno para que pase una vía de comunicación; p. ej. una vía férrea. **3.** Prenda de abrigo, parecida a una gabardina, inspirada en la que usaron algunas tropas durante la Primera Guerra Mundial. FAM. Atrincherar.

trinchero *s. m.* Mueble bajo de comedor sobre el que se trinchan los alimentos y en el que se guardan los objetos que se utilizan para el servicio de la mesa.

trinchete *s. m.* Chaira*, cuchilla de zapatero.

trineo (del fr. *traîneau*) *s. m.* Vehículo con patines o esquís para deslizarse sobre la nieve o el hielo.

trinidad (del lat. *trinitas, -atis*) *s. f.* **1.** Misterio y dogma de fe de la religión cristiana según el cual hay tres personas divinas, el Padre, el Hijo y el Espíritu Santo, en un solo Dios. También, fiesta en honor de este misterio, que se celebra el domingo siguiente a Pentecostés. **2.** *desp.* Asociación de tres personas. SIN. **2.** Trío, terna. **FAM.** Trinitario. TRINO -NA.

trinitario, ria (del lat. *trinitas*, trinidad) *adj.* **1.** De la orden religiosa de la Trinidad. También *s. m.* y *f.* **2.** De Trinidad, isla de las Antillas. También *s. m.* y *f.*

trinitense *adj.* De Trinidad, isla del Caribe que forma parte de Trinidad y Tobago.

trinitrotolueno *s. m.* Compuesto que se obtiene del tolueno con ácido nítrico en ácido sulfúrico a temperatura elevada. Es un potente explosivo.

trino (de or. onomat.) *s. m.* Acción de trinar y sonido que produce: *el trino de los pájaros, de la soprano.* **SIN.** Gorjeo, canto.

trino, na (del lat. *trinus*) *adj.* Que contiene en sí tres cosas distintas o participa de ellas; se emplea particularmente aplicado a Dios para expresar el misterio de la Trinidad. **FAM.** Trinar[2], trinidad. TRES.

trinomio (de *tri-* y el gr. *nomos*, participación) *s. m.* Polinomio con tres términos.

trinque *s. m. fam.* Vicio de beber.

trinquete[1] (del ital. *trinchetto*) *s. m.* **1.** En marina, palo más cercano a la proa en las embarcaciones que tienen más de uno. **2.** Verga mayor que se cruza sobre ese palo. **3.** Vela que se sujeta en esa verga. **4.** *Méx.* Timo, soborno.

trinquete[2] (del fr. *trinquet*, pala para jugar a la pelota) *s. m.* Frontón cerrado para jugar a la pelota.

trinquete[3] (de *trincar*[1]) *s. m.* Gancho o lengüeta que resbala sobre los dientes de una rueda cuando ésta gira hacia un lado, impidiendo que gire hacia el otro.

trío (del ital. *trio*) *s. m.* **1.** Grupo de tres personas o cosas unidas por alguna relación: *Acompañaba al cantante un trío de bailarinas. Trío de ases.* **2.** Conjunto musical de tres voces o instrumentos. **3.** Composición musical para tres voces o instrumentos. **SIN. 1.** Terna, trinca.

triodo (de *tri-* y el gr. *odos*, camino) *s. m.* Válvula electrónica de vacío que posee tres electrodos. Se utiliza para construir amplificadores, osciladores o generadores de ondas de alta frecuencia.

trip (ingl.) *s. m. argot* Viaje, efecto de una droga alucinógena. **FAM.** Tripi, tripis

tripa *s. f.* **1.** *fam.* Conjunto de los intestinos o parte de ellos. **2.** Trozo de intestino de animal utilizado como material o en alimentación. **3.** Parte exterior del cuerpo situada entre el pecho y las ingles, especialmente si es voluminosa. **4.** Parte abultada de una vasija u otro objeto. || *s. f. pl.* **5.** Aquello que se encuentra en el interior de una máquina o de cualquier objeto: *Desmontó la radio para verle las tripas.* || **LOC. hacer** alguien **de tripas corazón** *fam.* Esforzarse por dejar a un lado el desagrado, asco, etc., que produce alguna cosa. **¿qué tripa se te (le , os,** etc.) **ha** (o **habrá**) **roto?** Expresa la extrañeza o el desagrado que produce la urgencia o la inoportunidad con que alguien pide algo. **SIN. 3.** Vientre, barriga. **3.** y **4.** Panza. **FAM.** Tripada, tripazo, tripear, tripería, tripero, tripón, tripudo. / Destripar, entripar, rascatripas.

tripada *s. f.* **1.** Panzada, atracón. **2.** Tripazo.

tripanosoma *s. m.* Protozoo flagelado unicelular que vive en medios acuáticos en los que se mueve por medio de un flagelo. Es un parásito de la sangre en los seres humanos, a los que causa la enfermedad del sueño.

tripartición *s. f.* División de algo en tres partes.

tripartito, ta (del lat. *tripartitus*) *adj.* **1.** Dividido en tres partes, clases u órdenes: *una organización tripartita.* **2.** Se dice de la conferencia, tratado, pacto, etc., en que intervienen tres personas o partes. **SIN. 2.** Trilateral. **FAM.** Tripartición, tripartir. PARTE.

tripazo *s. m.* Golpe dado en la tripa.

tripe (fr.) *s. m.* Tejido fuerte de esparto o lana que se utiliza especialmente para hacer alfombras.

tripear *v. intr. fam.* Comer con glotonería. **SIN.** Glotonear, zampar, tragar.

tripería *s. f.* **1.** Tienda o puesto donde se venden tripas. **2.** Conjunto de tripas.

tripero, ra *s. m.* y *f.* **1.** *fam.* Persona que come mucho. También *adj.* **2.** Persona que vende tripas. **SIN. 1.** Glotón, tragón, zampón.

tripi o **tripis** (del ingl. *trip*, viaje) *s. m. argot* Dosis de LSD.

triplano *s. m.* Aeroplano que tiene tres pares de alas superpuestas y paralelas.

triple (del lat. *triple*) *adj. num. mult.* **1.** Se dice del número o de la cantidad que contiene a otra tres veces exactamente. También *s. m.* **2.** Compuesto por tres partes, elementos, unidades, etc., iguales o equiparables: *una barrera triple, una triple alianza.* **SIN. 2.** Tripartito. **FAM.** Triplicar, triplista. TRES.

triplicado, da 1. *p.* de **triplicar**. También *adj.* || *s. m.* **2.** Tercer ejemplar o copia de un documento. || **LOC. por triplicado** *adv.* Haciendo tres veces lo que se expresa.

triplicar (del lat. *triplicare*) *v. tr.* **1.** Aumentar tres veces el volumen, cantidad, etc., de alguna cosa. También *v. prnl.* **2.** Hacer tres veces una misma cosa. ■ Delante de *e* se escribe *qu* en lugar de *c*. **FAM.** Triplicación, triplicado. TRIPLE.

triplista *s. m.* y *f.* En baloncesto, jugador especialista en meter canastas de tres puntos.

trípode (del lat. *tripus, -odis*, y éste del gr. *tripus*, de *treis*, tres, y *pus*, pie) *s. m.* **1.** Armazón con tres patas o pies que se utiliza para sostener algunas cosas, como un cuadro, una cámara fotográfica, etc. **2.** Mesa, banquillo, etc., de tres pies o patas.

trípoli (de *Trípoli*, ciudad libanesa) *s. m.* Roca sedimentaria silícea de origen orgánico, de color amarillo o rojizo, muy porosa. Se encuentra alrededor de ciertos géiseres. Se usa para pulir, en la fabricación de dinamita y como aislante térmico.

tripón, na (aum. de *tripa*) *adj.* **1.** *fam.* Tripudo*. También *s. m.* y *f.* || *s. m.* **2.** *fam.* Barriga voluminosa.

tríptico (del gr. *triptykhos*, triplicado, plegado en tres) *s. m.* **1.** Pintura, grabado o relieve realizado en tres partes unidas; generalmente, las laterales pueden doblarse hacia la central. **2.** Libro o tratado que consta de tres partes.

triptongación *s. f.* Pronunciación de tres vocales en una sola sílaba formando triptongo.

triptongo (de *tri-* y el gr. *phthoggos*, sonido) *s. m.* En ling., conjunto de tres vocales que forman una sola sílaba; la vocal central o núcleo de la sílaba tiene que ser una *a*, una *e* o una *o*, y el resto una *i* o una *u*. P. ej., hay triptongo en *aguáis* y *averigüéis*. **FAM.** Triptongación, triptongar. DIPTONGO.

tripudo, da *adj.* Se dice de la persona que tiene la tripa muy abultada. También *s. m.* y *f.* **SIN.** Tripón, panzudo, barrigudo, barrigón.

tripulación (del lat. *interpolatio, -onis*) *s. f.* Conjunto de personas que en un barco, avión o nave espacial están encargadas del manejo de dichos aparatos y, en su caso, de atender a los pasajeros. **SIN.** Dotación.

tripulante *s. m.* y *f.* Persona que forma parte de una tripulación.

tripular (del lat. *interpolare*) *v. tr.* **1.** Manejar un barco, avión o nave espacial. **2.** P. ext., conducir un automóvil. **3.** Dotar a una nave de tripulación. **4.** *Chile* Mezclar líquidos. **SIN. 1.** Gobernar. **FAM.** Tripulación, tripulante.

tripulina *s. f. Arg.* y *Chile* Jaleo, alboroto.

triquina (del gr. *trikhine*, de *thrix, trikhos*, pelo) *s. f.* Gusano nematodo parásito que vive en los músculos de diversos mamíferos y produce la triquinosis. **FAM.** Triquinosis, triquinoso.

triquinosis *s. f.* Enfermedad parasitaria producida por la invasión de larvas de triquina y caracterizada por fiebre alta, dolores musculares muy agudos y vómitos o diarreas, pudiendo causar la muerte. ■ No varía en *pl.*

triquiñuela (de or. onomat.) *s. f. fam.* Acción o medio hábil o engañoso que utiliza alguien para conseguir alguna cosa. **SIN.** Artimaña, treta, truco, ardid.

triquitraque (de or. onomat.) *s. m.* **1.** Golpes y ruido producidos por el movimiento desordenado y repetido de cosas. **2.** Rollo delgado de papel con pólvora, atado en varios dobleces que, al prenderle fuego, produce repetidas detonaciones.

trirreme (del lat. *triremis*) *adj.* Se dice de la embarcación antigua que tenía tres grupos superpuestos de remos. También *s. m.*

tris (onomat.) *s. m. fam.* Expresa insignificancia. Se emplea en ciertas loc. adv. como **en un tris** o **por un tris**, por poco, a punto: *Estuvo en un tris de caerse.*

trisar (de or. onomat.) *v. intr.* Emitir un sonido semejante a un chirrido la golondrina y otros pájaros.

triscar (de or. onomat.) *v. intr.* **1.** Dar saltos de un lugar a otro como hacen en ocasiones las cabras: *triscar por las rocas.* **2.** Juguetear. **3.** Hacer ruido con los pies al pisar algo. || *v. tr.* **4.** Torcer ligeramente los dientes de una sierra uno hacia un lado y otro hacia el contrario, alternativamente, para que sierre con más suavidad. **5.** Mezclar o enredar algo. También *v. prnl.* ■ Delante de *e* se escribe *qu* en lugar de *c.* **SIN. 1.** Corretear. **2.** Retozar, travesear. **FAM.** Triscador.

trisemanal *adj.* **1.** Que se repite tres veces por semana. **2.** Que se repite o sucede cada tres semanas.

trisílabo, ba (del lat. *trisyllabus*, y éste del gr. *trisyllabos*, de *treis*, tres, y *syllabe*, sílaba) *adj.* Que tiene tres sílabas: *un sustantivo trisílabo.* También *s. m.* **FAM.** Trisilábico. SÍLABA.

trismo (del gr. *trismos*) *s. m.* Contracción de los músculos maseteros que impide la abertura de la boca; se considera síntoma característico del tétanos.

triste (del lat. *tristis*) *adj.* **1.** Que tiene o siente tristeza. **2.** Que muestra o produce tristeza: *una habitación triste.* **3.** Se dice de los colores pálidos y oscuros y de las cosas que tienen esos colores o están mustias o estropeadas: *un vestido muy triste.* **4.** Doloroso o difícil de soportar. **5.** Humilde, insignificante: *Su padre fue un triste zapatero. Aquella triste carreta no soportaba más carga.* **6.** Se usa como intensificador, para expresar la escasez o falta total de lo que éste indica: *Desde que se fue, no nos ha enviado ni una triste tarjeta.* **7.** Se aplica a algo que normalmente produce alegría, pero no lo hace por ir acompañado de alguna circunstancia penosa o molesta: *Esos adelantos son una triste mejora habiendo tanta gente que lo pasa mal.* ■ En las tres últimas acepciones se usa antepuesto al sustantivo. **8.** Se dice de la situación injusta o molesta: *Es triste que haya que someterse a ellos después de lo que dijeron.* || *s. m.* **9.** Canción popular de Argentina, Perú y otros países de América del Sur, de tema amoroso y tono melancólico. **SIN. 1.** Entristecido, apenado, afligido, abatido. **2.** Lastimoso, lastimero. **3.** Apagado. **4.** Desgraciado, desdichado. **5.** y **6.** Miserable. **ANT. 1.** Contento. **1.** a **3.** Alegre. **2.** Agradable. **3.** Vivo. **5.** Ilustre. **FAM.** Tristemente, tristeza, tristón. / Contristar, entristecer.

tristeza (del lat. *tristitia*) *s. f.* **1.** Sentimiento o estado de quien se encuentra deprimido, sin ánimo y, en muchas ocasiones, con tendencia al llanto. **2.** Cualidad de las cosas que muestran o producen ese sentimiento: *La tristeza de sus palabras nos conmovió.* **3.** Suceso desgraciado o penoso. Se usa sobre todo en *pl.*: *Siempre que venía nos contaba sus tristezas.* **SIN. 1.** Aflicción, amargura, dolor. **1.** y **3.** Pena. **3.** Desgracia, desdicha. **ANT. 1.** y **2.** Alegría.

tristón, na *adj.* Un poco triste.

tritio *s. m.* Isótopo pesado del hidrógeno cuyo núcleo está formado por un protón y dos neutrones, que interviene en las reacciones nucleares de fusión. **FAM.** Tritón².

tritón¹ (de *Tritón*, dios marino de la mitología clásica) *s. m.* Nombre común de diversos anfibios urodelos parecidos a la salamandra, de cola larga y comprimida lateralmente y entre 8 y 18 cm de longitud.

tritón² *s. m.* Núcleo del átomo de tritio.

triturador, ra *adj.* **1.** Que tritura. También *s. m.* y *f.* || *s. f.* **2.** Máquina para triturar.

triturar (del lat. *triturare*, trillar las mieses) *v. tr.* Reducir una cosa sólida a trozos muy pequeños, sin llegar a convertirla en polvo: *Ha triturado la carne con la picadora.* **SIN.** Picar, majar, desmenuzar. **FAM.** Triturable, trituración, triturado, triturador.

triunfador, ra *adj.* Que triunfa. También *s. m.* y *f.*: *Luis fue el triunfador de la carrera.* **SIN.** Triunfante, victorioso, vencedor, ganador, campeón. **ANT.** Derrotado, vencido.

triunfal *adj.* Del triunfo o relacionado con él: *un arco triunfal.* **SIN.** Glorioso.

triunfalismo *s. m.* Actitud de seguridad y superioridad que adopta alguien por confiar excesivamente en su propia valía o en sus posibilidades de éxito. **ANT.** Derrotismo, pesimismo. **FAM.** Triunfalista. TRIUNFO.

triunfalista *adj.* Que indica o muestra triunfalismo: *una actitud triunfalista.* También *s. m.* y *f.* **SIN.** Optimista. **ANT.** Derrotista, pesimista.

triunfante (del lat. *triumphans, -antis*) *adj.* **1.** Que triunfa o implica triunfo. || **2. Iglesia triunfante** Conjunto de los santos y bienaventurados que están en el cielo. **SIN. 1.** Triunfador. **ANT. 1.** Derrotado.

triunfar (del lat. *triumphare*) *v. intr.* **1.** Resultar ganador en una lucha, competición, etc. **2.** Tener éxito, conseguir alguien lo que se había propuesto: *Su sueño era triunfar en la pantalla.* **SIN. 1.** Vencer, ganar, aplastar. **1.** y **2.** Arrollar. **ANT. 1.** Perder. **2.** Fracasar. **FAM.** Triunfador, triunfante. TRIUNFO.

triunfo (del lat. *triumphus*) *s. m.* **1.** Acción de triunfar. **2.** Trofeo. **3.** En algunos juegos de naipes, carta que se considera de más valor por ser del mismo palo que la pinta. **4.** *Arg.* y *Perú* Cierta danza popular que consiste en un zapateado. || **LOC. costar** algo **un triunfo** *fam.* Costar mucho esfuerzo alcanzarlo o realizarlo. **en triunfo** *adv.* Entre aclamaciones y muestras públicas de entusiasmo. **SIN. 1.** Victoria, conquista. **2.** Premio. **ANT. 1.** Derrota. **FAM.** Triunfal, triunfalismo, triunfalmente, triunfar.

triunvirato (del lat. *triunviratus*) *s. m.* **1.** Gobierno de la antigua Roma que estaba formado por tres personas. **2.** P. ext., grupo formado por tres personas que dirigen o gobiernan algo. **SIN. 2.** Terna, trío.

triunviro (del lat. *triunvir, -iri*) *s. m.* En la antigua Roma, cada uno de los tres magistrados que formaban parte de un triunvirato. **FAM.** Triunviral, triunvirato.

trivalente *adj.* **1.** Que tiene un triple valor, aplicación, uso, etc.: *vacuna trivalente.* **2.** En quím., que tiene tres valencias.

trivial (del lat. *trivialis*) *adj.* **1.** Que carece de importancia o de interés. **2.** Relativo al trivio. **SIN. 1.** Intrascendente, insustancial. **ANT. 1.** Importante, interesante. **FAM.** Trivialidad, trivialización, trivializar, trivialmente. TRIVIO.

trivializar *v. tr.* Quitar importancia a un asunto, situación, etc., o no darle la que le corresponde. ■ Delante de *e* se escribe *c* en lugar de *z*. **SIN.** Simplificar, suavizar. **ANT.** Exagerar.

trivio (del lat. *trivium*, de *tres*, tres, y *vía*, camino) *s. m.* **1.** En la Edad Media, conjunto que formaban en la enseñanza la gramática, la retórica y la dialéctica. ■ En esta acepción se dice también *trivium.* **2.** Encrucijada, punto de confluencia de tres caminos. **FAM.** Trivial.

triza *s. f.* Porción muy pequeña de algo. Se usa sobre todo en la loc. **hacer trizas**, romper en trozos muy pequeños y, en general, destruir, destrozar. ■ Se usa también con *v. prnl.*

trocaico, ca (del lat. *trochaicus*, y éste del gr. *trokhaikos*) *adj.* **1.** Relativo al troqueo. **2.** Se dice del verso de la poesía latina que consta de siete pies, de los cuales unos son troqueos y los demás espondeos o yambos.

trocánter (del gr. *trokhanter*) *s. m.* **1.** Abultamiento que tienen algunos huesos largos en su extremo; se denomina así particularmente al abultamiento de la parte superior del fémur, donde se insertan diversos músculos. **2.** En zool., la segunda de las cinco piezas de que constan las patas de los insectos. ■ Su pl. es *trocánteres.*

trocar[1] *v. tr.* **1.** Cambiar una cosa por otra. **2.** Convertir una cosa en otra diferente u opuesta. También *v. prnl.*: *Su tranquilidad se trocó en impaciencia.* **3.** Decir o interpretar una cosa por otra. ■ Delante de *e* se escribe *qu* en lugar de *c.* Es v. irreg. Se conjuga como *contar.* **SIN. 1.** Permutar, canjear. **2.** Mudar(se), variar. **3.** Equivocar, confundir, tergiversar. **FAM.** Trocable, trocamiento, trueque. / Retrucar, retruécano, trastocar, trastrocar, trucar.

trocar[2] (del fr. *trocart*) *s. m.* En cirugía, instrumento que consiste en un punzón con punta de tres aristas cortantes, revestido de una cánula.

trocear *v. tr.* **1.** Cortar o dividir algo en trozos: *Trocea el pollo antes de servirlo.* **2.** Inutilizar un proyectil abandonado haciéndolo explotar. **SIN. 1.** Partir, fraccionar, fragmentar, trozar. **FAM.** Troceado, troceo. TROZO.

trocha (del lat. *traducta*, atravesada) *s. f.* **1.** Camino estrecho, que constituye un atajo con respecto a otro que se considera el principal. **2.** Camino estrecho abierto entre la maleza. **3.** *Arg.*, *Par.* y *Urug.* Ancho de la vía de los ferrocarriles. **SIN. 2.** Sendero, vereda.

troche y moche, a *loc. adv. fam.* En abundancia, para todos y sin orden: *En la pelea hubo puñetazos a troche y moche.* ■ Se dice también *a trochemoche.*

trocisco (del lat. *trochiscus*, y éste del gr. *trokhiskos*, ruedecita) *s. m.* Cada uno de los trozos de masa, compuestos de sustancias medicinales finamente pulverizadas, de que se forman las píldoras.

tróclea *s. f.* Articulación en que uno de los huesos forma una especie de polea sobre la que rueda o se desliza otro hueso. **FAM.** Troclear.

trocoide (del gr. *trokhoeides*, de *trokhos*, rueda, y *eidos*, forma) *s. m.* En anat., se dice de las articulaciones en que un cilindro óseo gira dentro de otra pieza en la que encaja.

trofeo (del lat. *trophaeum*, y éste del gr. *trophaion*) *s. m.* **1.** Objeto que recibe el ganador, y a veces también los primeros clasificados, en una competición de cualquier clase, como premio o como recuerdo. **2.** Objeto perteneciente al enemigo del cual se apodera el vencedor en una guerra o batalla. **3.** Cabeza disecada, cornamenta, etc., de un animal, que posee alguien como recuerdo de haberlo cazado. **4.** Adorno formado por armas u otros objetos militares colocados de una determinada manera. **5.** Monumento, objeto, etc., que conmemora o recuerda una victoria. **SIN. 1.** Galardón, recompensa. **2.** Botín, despojo. **4.** Panoplia.

trófico, ca (del gr. *trophos*, alimenticio) *adj.* **1.** Relativo a la nutrición. || **2. cadena trófica** Sucesión de seres que se nutren unos de otros en la naturaleza. Está compuesta de vegetales verdes, animales herbívoros y animales carnívoros, que a su vez se alimentan de otros animales. **FAM.** Trofología.

trofo- o **-trofo** (del gr. *trophos*, alimenticio) *pref.* o *suf.* Significa 'alimentación, alimenticio': *trofología, heterótrofo.* ■ Se emplea también la variante *trof-*.

trofología *s. f.* Ciencia o tratado que estudia la nutrición.

troglodita (del lat. *troglodytae*, y éste del gr. *troglodytes*) *adj.* **1.** Se dice de las personas que viven o vivieron en cavernas, especialmente en la época prehistórica. También *s. m.* y *f.* **2.** Se dice de la vivienda excavada en la roca. **3.** Se aplica a la persona violenta, tosca o grosera. También *s. m.* y *f.* **SIN. 1.** Cavernícola, cavernario. **3.** Bárbaro, animal, bestia. **ANT. 3.** Educado, fino. **FAM.** Troglodítico.

troica o **troika** (ruso) *s. f.* **1.** Carruaje ruso de tamaño considerable, montado sobre patines y tirado por tres caballos. **2.** Tiro formado por tres caballos que se engancha a ese carruaje. **3.** Nombre dado al equipo dirigente de la antigua Unión Soviética cuando estuvo formado por el presidente de la república, el jefe del gobierno y el secretario general del partido comunista. **4.** P. ext., grupo o reunión de tres políticos de alto nivel: *la troica comunitaria.*

troj o **troje** *s. f.* **1.** Estancia de las casas rurales en que se guardan o almacenan frutos, cereales, etc. **2.** P. ext., en los molinos de aceite, departamento en que se depositan las aceitunas.

troja *s. f.* **1.** *Col.* y *Ven.* Troj*. **2.** *Urug. fam.* Gran abundancia de una cosa.

trol (del noruego *troll*, ser sobrenatural) *s. m.* En la mitología escandinava, monstruo maligno que vive en bosques o cuevas. ■ Su pl. es *trols.*

trola (del fr. *drôle*, gracioso) *s. f. fam.* Engaño, mentira. SIN. Bola, patraña, embuste. ANT. Verdad. FAM. Trolero, troludo.

trole (del ingl. *trolley*, carretilla) *s. m.* Barra de hierro, con una ruedecilla o un contacto deslizante, que sirve para transmitir a los vehículos eléctricos la corriente del cable aéreo conductor: *el trole de un tranvía.* SIN. Pantógrafo. FAM. Trolebús.

trolebús *s. m.* Autobús que puede moverse gracias a la corriente que toma de un cable aéreo por medio de un trole doble. SIN. Ómnibus.

trolero, ra *adj.* Mentiroso*.

trolo *s. m. Arg.* y *Urug. fam. desp.* Homosexual masculino.

troludo, da *adj. Arg.* y *Chile* Se aplica a la persona débil, sin carácter.

tromba (del lat. *tromba*, trompa) *s. f.* **1.** Chaparrón repentino y muy violento. ■ Se denomina también *tromba de agua.* **2.** Masa de agua que se eleva en forma de columna con un movimiento giratorio por efecto de un torbellino. **3.** Cualquier hecho o suceso brusco y violento. ‖ LOC. **en tromba** *adv.* De golpe, con violencia y todos a la vez: *Se tiraron en tromba a la piscina.* SIN. **1.** Chubasco, aguacero.

trombo (del gr. *thrombos*, grumo, coágulo) *s. m.* Masa sólida de sangre formada en el interior de una vena o vaso sanguíneo. FAM. Trombocito, tromboflebitis, trombosis.

trombocito (del gr. *thrombos*, grumo, coágulo, y *-cito*) *s. m.* Plaqueta* de la sangre.

tromboflebitis *s. f.* Inflamación de las venas acompañada de la formación de trombos. ■ No varía en *pl.*

trombón (del ital. *trombone*) *s. m.* **1.** Instrumento musical de viento, de metal, semejante a una trompeta grande; está dotado de un doble tubo cilíndrico en forma de U que termina en un pabellón acampanado. **2.** Músico que toca este instrumento. ‖ **3. trombón de varas** Aquel que tiene un tubo móvil que se puede alargar y acortar para obtener los diferentes sonidos.

trombosis (del gr. *thrombosis*, coagulación, de *thrombos*, coágulo) *s. f.* Formación de un trombo en el interior de un vaso sanguíneo o del corazón. ■ No varía en *pl.*

trompa (de or. onomat.) *s. f.* **1.** Prolongación muscular, hueca y flexible, de la nariz de algunos animales, como el elefante, con la que pueden agarrar objetos o absorber líquidos. **2.** Instrumento musical de viento formado por un tubo de metal, de unos 3,50 m de longitud, enroscado circularmente, que va ensanchándose desde la boquilla hasta el pabellón. **3.** Aparato chupador que presentan algunos insectos. **4.** Prolongación, generalmente retráctil, de la parte delantera del cuerpo de algunos gusanos. **5.** *fam.* Borrachera. **6.** Trompo, peonza. **7.** En arq., cada uno de los arcos abovedados en saliente sobre el ángulo recto que forman dos muros y que generalmente sirve para pasar de una planta cuadrangular a otra octogonal o circular, p. ej. la de una cúpula. ‖ *s. m.* y *f.* **8.** Músico que toca el instrumento descrito más arriba. ‖ *adj.* **9.** *fam.* Borracho: *Llegó a casa totalmente trompa.* ‖ **10. ligadura de trompas** Operación de ligar las trompas de Falopio como método de esterilización. **11. trompa de Eustaquio** Conducto que comunica la cavidad del tímpano con la parte lateral y superior de la faringe. **12. trompa de Falopio** Cada uno de los conductos que van desde la matriz a los ovarios. SIN. **1.** Probóscide. **5.** Cogorza, merluza, melopea, curda. **9.** Beodo, ebrio, bebido. FAM. Trompada, trompazo, trompear, trompeta, trompillón, trompiza, trompo, trompudo. / Entromparse, tromba, trombón.

trompada *s. f.* **1.** Trompazo*. **2.** Puñetazo*. **3.** Choque de dos personas cara a cara.

trompazo *s. m.* Cualquier golpe fuerte, y en particular el dado con la trompa. SIN. Porrazo, batacazo, trastazo, castañazo.

trompear *v. tr.* **1.** *Amér.* Dar trompazos o puñetazos, pegar. También *v. prnl.* ‖ **trompearse** *v. prnl.* **2.** *Amér. fam.* Emborracharse.

trompeta (del fr. *trompette*) *s. f.* **1.** Instrumento musical de viento formado por un tubo de metal que se ensancha gradualmente desde la boquilla hasta el pabellón. **2.** Clarín*. ‖ *s. m.* y *f.* **3.** Persona que toca el instrumento mencionado en primer lugar. **4.** *Arg.* y *Bol.* Sinvergüenza. SIN. **3.** Trompetista. FAM. Trompetazo, trompetear, trompetería, trompetero, trompetilla, trompetista. TROMPA.

trompetazo *s. m.* Sonido estridente o excesivamente fuerte de una trompeta u otro instrumento de viento.

trompetear *v. intr. fam.* Tocar la trompeta. FAM. Trompeteo. TROMPETA.

trompetería *s. f.* **1.** Conjunto de varias trompetas que tocan en una orquesta, banda, etc., o de sus sonidos. **2.** Conjunto de los registros metálicos de un órgano que imitan el sonido de las trompetas.

trompetero, ra *s. m.* y *f.* **1.** Persona que hace trompetas. **2.** Persona que toca la trompeta.

trompetilla *s. f.* **1.** Instrumento en forma de trompeta que empleaban los sordos acercándoselo al oído para percibir mejor los sonidos. **2.** *Arg.*, *Cuba* y *Méx. vulg.* Pedo, ventosidad. ‖ LOC. **de trompetilla** *adj.* Se dice de ciertos mosquitos que producen zumbido al volar.

trompetista *s. m.* y *f.* Persona que toca la trompeta.

trompicar (del port. *trôpego*, y éste del lat. *hydropicus*, el que sufre de hidropesía) *v. intr.* Tropezar o andar tambaleándose. ■ Delante de *e* se escribe *qu* en lugar de *c*.

trompicón *s. m.* **1.** Tropezón o paso tambaleante. **2.** Tumbo o vaivén de un vehículo. **3.** Golpe fuerte. ‖ LOC. **a trompicones** *adv.* Tropezando. También, de manera discontinua o con dificultades: *Aprobó el curso a trompicones.* SIN. **1.** Traspié. **3.** Porrazo. FAM. Trompicar.

trompillón (del fr. *trompillon*, de *trompe*, trompa, bóveda) *s. m.* En arq., piedra que sirve de clave en una trompa o en una bóveda de planta circular.

trompiza *s. f. Amér. del S.* Riña o pelea a puñetazos.

trompo *s. m.* **1.** Peonza, juguete. **2.** Giro o conjunto de giros de un automóvil sobre sí mismo, como consecuencia de un derrape. SIN. **1.** Peón. FAM. Trompón. TROMPA.

trompón *s. m.* Porrazo, trompazo.

trompudo, da *adj. Amér.* Se dice de la persona de labios abultados y boca saliente. SIN. Jetudo.

trona *s. f.* Silla alta con un tablero delante, para dar de comer a los niños pequeños.

tronada *s. f.* Tempestad o tormenta con muchos truenos.

tronado, da 1. *p.* de **tronar**. ‖ *adj.* **2.** *fam.* Loco. SIN. **2.** Ido, tocado.

tronar (del lat. *tronare*) *v. impers.* **1.** Haber truenos. ‖ *v. intr.* **2.** Producir un sonido o estampido muy fuerte: *Los cañones tronaban desde la fortaleza.* **3.** *fam.* Hablar o escribir con pasión y violencia contra una persona o cosa. ‖ *v. tr.* **4.** *Méx.*

Matar a tiros o fusilar a alguien. ■ Es v. irreg. Se conjuga como *contar*. SIN. **2.** Atronar, retumbar, resonar. **3.** Arremeter, atacar. FAM. Tronada, tronado, tronador, tronío. / Atronar, retronar, tonante. TRUENO.

troncal *adj.* Relativo al tronco. FAM. Troncalidad. TRONCO.

troncalidad *s. f.* Derecho o privilegio por el que los bienes de una persona que muere sin haber dejado testamento y sin descendientes deben pasar al tronco o línea de parientes del que los bienes procedían.

troncha *s. f. Amér. del S.* Tajada, loncha.

tronchante *adj. fam.* Se dice de la persona o cosa que hace mucha gracia o provoca risa. SIN. Mondante. ANT. Serio.

tronchar *v. tr.* **1.** Romper el tronco, tallo o ramas de una planta o cosas de consistencia similar. También *v. prnl.* **2.** Impedir que se realice o desarrolle algo: *Aquel suceso tronchó sus ilusiones.* También *v. prnl.* **3.** Dejar a alguien muy cansado, agotado. También *v. prnl.* || **troncharse** *v. prnl.* **4.** *fam.* Reírse mucho sin poderse contener. ■ Se dice también *troncharse de risa*. SIN. **1.** Quebrar. **2.** Truncar. **3.** Moler. **4.** Desternillarse, mondarse. FAM. Troncha, tronchado, tronchante, troncho -cha.

troncho (afér. de *militroncho*) *s. m. argot* Militar, soldado.

troncho, cha (del lat. *trunculus*, de *truncus*, tronco) *adj.* **1.** *Arg.* Mutilado. || *s. m.* **2.** Tallo carnoso de las hortalizas: *el troncho de la lechuga.*

tronco (del lat. *truncus*) *s. m.* **1.** Tallo leñoso, fuerte y macizo de una planta, particularmente de un árbol. **2.** Parte del cuerpo de una persona o animal sin la cabeza y las extremidades. **3.** Parte de un cono o de una pirámide que resulta al cortarlos por un plano paralelo a la base. **4.** Conducto o canal principal del que salen o en el que desembocan otros más pequeños o menos importantes: *tronco arterial.* **5.** Parte principal de algo, por oposición a los complementos o añadiduras. **6.** Ascendiente o grupo de ascendientes comunes a dos o más personas, familias o ramas. **7.** Grupo de dos animales que tiran de un carruaje. || LOC. **como un tronco** *fam.* Referido a la forma de dormir, profundamente. SIN. **1.** Leño, madero. **5.** Núcleo. **7.** Tiro, pareja. FAM. Troncal, troncocónico, tronqueo. / Entroncar, trepatroncos, truncar.

tronco, ca *s. m.* y *f. fam.* Amigo, compañero: *¿Qué pasa, tronco?* SIN. Colega, tío.

troncocónico, ca *adj.* En forma de tronco de cono.

tronera *s. f.* **1.** Agujero o abertura en el costado de un buque, en una muralla, etc., por el que asoman los cañones u otras armas de artillería para disparar. **2.** Ventana pequeña y estrecha. **3.** Cada uno de los agujeros que hay en algunas mesas de billar o en otras mesas de juegos. **4.** Juguete que consiste en un papel plegado de modo que, al sacudirlo con fuerza cogiéndolo por un extremo, produce un chasquido. || *s. m.* y *f.* **5.** *fam.* Persona de vida desordenada y de malas costumbres. SIN. **1.** Saetera. **5.** Tarambana, calavera.

tronío *s. m.* **1.** *fam.* Exageración o alarde en el gasto del dinero: *En esta familia han vivido siempre con mucho tronío.* **2.** Señorío, majestad: *Es una mujer de mucho tronío.* SIN. **1.** Lujo, ostentación, rumbo. **2.** Trapío, garbo. ANT. **1.** y **2.** Sencillez, humildad.

trono (del lat. *thronus*, y éste del gr. *thronos*) *s. m.* **1.** Asiento elevado, con gradas y generalmente cubierto con un dosel, en que se sientan los reyes, soberanos u otras personas de alta dignidad en las ceremonias o actos importantes. **2.** Dignidad de rey o de soberano: *Llegó al trono en un momento difícil para el país.* **3.** Sagrario situado encima del altar, en que se coloca el Santísimo Sacramento en determinados actos o celebraciones religiosas. **4.** Lugar en el que se coloca la imagen de un santo cuando se le quiere dar un culto más solemne. || *s. m. pl.* **5.** En teología, espíritus bienaventurados que forman el tercero de los coros angélicos. SIN. **1.** Solio, estrado. **2.** Corona. FAM. Trona. / Destronar, entronizar.

tronzadera *s. f.* Sierra con un asa en cada extremo que se utiliza para cortar los árboles por el tronco entre dos personas. SIN. Tronzador.

tronzador *s. m.* **1.** Tronzadera*. **2.** Sierra usada para cortar mármol y piedras duras.

tronzar (del lat. *truncare*) *v. tr.* **1.** Cortar en trozos ciertas cosas, p. ej. un tronco o una barra metálica. **2.** Cansar mucho, agotar. ■ Delante de *e* se escribe *c* en lugar de *z*. FAM. Tronzadera, tronzado, tronzador.

tropa (del fr. *troupe*, conjunto de personas o de animales) *s. f.* **1.** Conjunto de soldados, cabos y cabos primeros: *El capitán reunió a la tropa.* **2.** Conjunto numeroso de personas: *una tropa de niños.* **3.** Conjunto de los militares en oposición a los civiles. **4.** Toque militar para dar la orden de la formación con armas. **5.** *Amér. del S.* Rebaño de ganado. || *s. m. pl.* **6.** Conjunto de cuerpos que componen un ejército, división, guarnición, etc. || LOC. **en tropa** *adv.* En grupos desordenados. SIN. **2.** Caterva, multitud. **3.** Milicia. FAM. Tropear, tropel, tropero.

tropear *v. intr. Arg.* Conducir rebaños o manadas de ganado.

tropecientos, tas *adj. pl. fam.* Muchos, gran número o cantidad: *Había tropecientos invitados en la fiesta.* También *s. m. pl.*

tropel (del ant. fr. *tropel*, de *trop*, rebaño) *s. m.* **1.** Conjunto de personas que avanzan en desorden y haciendo ruido. **2.** Conjunto de cosas amontonadas o reunidas sin ningún orden. || LOC. **en tropel** *adv.* De repente y sin ningún orden: *Nos llegaron en tropel todas las cartas.* SIN. **1.** Tropa, caterva, muchedumbre, tumulto. **2.** Barullo. FAM. Atropellar. TROPA.

tropelía (del gr. *eutrapelia*, chiste, gracia) *s. f.* Acto violento que atropella los derechos de los demás o es contrario a las leyes, realizado por alguien que, generalmente, abusa de su poder o autoridad. SIN. Abuso, exceso.

tropero *s. m. Arg.* y *Urug.* Hombre encargado de conducir manadas de ganado, especialmente vacuno.

tropezar (del ant. *entrepeçar*, y éste del lat. vulg. *interpediare*) *v. intr.* **1.** Dar con los pies en algún obstáculo o pisar mal, perdiendo el equilibrio. **2.** Encontrar un obstáculo que hace que una persona o cosa se detenga o cambie de dirección: *La pelota tropezó en la pierna de un defensor y salió fuera.* **3.** *fam.* Encontrar por casualidad a una persona o cosa. También *v. prnl.* **4.** Equivocarse o cometer una falta. **5.** Discutir con una persona u oponerse a lo que ella opina o dice. ■ Delante de *e* se escribe *c* en lugar de *z*. Es v. irreg. Se conjuga como *pensar*. SIN. **1.** Trompicar. **2.** y **3.** Topar(se). **2.** y **5.** Chocar. **4.** Errar. FAM. Tropezón, tropiezo.

tropezón *s. m.* **1.** Acción de tropezar. **2.** Equivocación o falta. **3.** *fam.* Trozo pequeño de jamón, pan u otro alimento que se mezcla con las sopas, purés, etc. Se usa mucho en *pl.*: *El gazpacho tiene tropezones.* || LOC. **a tropezones** *adv.* Con muchas dificultades o detenciones. **SIN. 1.** Trompicón. **1.** y **2.** Traspié, tropiezo. **2.** Error.

tropical *adj.* De los trópicos o propio de ellos: *clima tropical.*

trópico (del lat. *tropicus*, y éste del gr. *tropikos*, de *tropos*, vuelta) *s. m.* **1.** Nombre de dos paralelos terrestres, el *trópico de Cáncer* y el *trópico de Capricornio.* **2.** Región situada entre esos paralelos. || **3. trópico de Cáncer** El que está situado en el hemisferio N y sobre él inciden verticalmente los rayos solares en el solsticio de verano (22 de junio). **4. trópico de Capricornio** El que está situado en el hemisferio S y sobre él inciden verticalmente los rayos solares en el solsticio de invierno (22 de diciembre). **FAM.** Tropical. / Intertropical, subtropical.

tropiezo *s. m.* **1.** Acción de tropezar: *Dio un tropiezo al entrar.* **2.** Dificultad, impedimento, contratiempo: *Hicimos el viaje sin tropiezos.* **3.** Discusión con una persona o manifestación de oposición a lo que ella dice u opina. **4.** Falta o equivocación. **5.** Particularmente, en las relaciones de una mujer con un hombre, falta cometida en el terreno sexual. **SIN. 1.** y **4.** Tropezón, traspié. **2.** Obstáculo. **5.** Desliz.

tropismo (del gr. *tropos*, vuelta) *s. m.* Movimiento realizado por las plantas o los microorganismos en respuesta a determinados estímulos externos. **FAM.** Fototropismo, geotropismo, heliotropismo, hidrotropismo. TROPO.

tropo (del lat. *tropus*, y éste del gr. *tropos*, vuelta, cambio, de *trepo*, girar) *s. m.* Figura retórica que consiste en emplear las palabras en sentido distinto al que propiamente les corresponde, pero que tiene con éste alguna conexión. La metáfora, la metonimia y la sinécdoque son tropos. **FAM.** Tropismo, tropología.

tropología (del lat. *tropologia*, y éste del gr. *tropologia*, de *tropos*, tropo, y *logos*, tratado) *s. f.* **1.** Lenguaje figurado o alegórico. **2.** Sentido figurado de una palabra o expresión.

tropopausa *s. f.* Límite entre la troposfera y la estratosfera.

troposfera (del gr. *tropos*, de *trepo*, girar, y del lat. *sphaera*) *s. f.* Primera de las capas de la atmósfera terrestre cuyo espesor es de 10 km y contiene las tres cuartas partes de la masa atmosférica; en ella tienen lugar los fenómenos meteorológicos.

troquel *s. m.* **1.** Molde empleado para acuñar monedas, medallas, etc. **2.** Molde empleado para realizar estampaciones en piezas metálicas. **3.** Instrumento con bordes cortantes que se emplea para recortar por presión cartones, cuero, planchas de metal, etc. **SIN. 1.** Matriz, cuño, sello. **FAM.** Troquelado, troquelar.

troquelar *v. tr.* **1.** Acuñar monedas, sellos, medallas, etc., con un troquel. **2.** Recortar con un troquel piezas de cuero, cartón, etc.

troqueo (del lat. *trochaeus*, y éste del gr. *trokhaios*) *s. m.* **1.** Pie de la poesía griega y latina compuesto de dos sílabas, una larga y otra breve. **2.** En la poesía española, pie compuesto de una sílaba acentuada y otra átona. **FAM.** Trocaico.

trotacalles *s. m.* y *f.* Persona a la que le gusta callejear y pasa mucho tiempo en la calle. ■ No varía en *pl.*

trotaconventos (de un personaje del *Libro de buen amor*, del Arcipreste de Hita) *s. f. fam.* Alcahueta*. ■ No varía en *pl.*

trotador, ra *adj.* Se dice de la caballería que trota mucho o muy bien.

trotamundos *s. m.* y *f. fam.* Persona aficionada a viajar y a recorrer muchos países. ■ No varía en *pl.*

trotar (del medio alto al. *trotten*, correr) *v. intr.* **1.** Andar las caballerías al trote. **2.** Cabalgar una persona en un caballo que va al trote. **3.** *fam.* Andar mucho o con mucha rapidez una persona: *Estuvimos todo el día trotando de un sitio a otro.* **FAM.** Trotacalles, trotaconventos, trotador, trotamundos, trotón. TROTE.

trote *s. m.* **1.** Modo de andar de las caballerías y otros cuadrúpedos a paso ligero, con pequeños saltos y levantando a la vez el pie y la mano contrapuesta. **2.** Trabajo o actividad muy intensa, que produce cansancio: *¡Menudo trote me he dado limpiando la cocina!* **3.** Uso continuado e intenso al que se somete una cosa: *Este coche ha aguantado muchos trotes.* **4.** *fam.* Asunto muy difícil o complicado. || LOC. **al trote** *adv.* Trotando. También, muy deprisa. **no estar** alguien o algo **para muchos** (o **esos**) **trotes** *fam.* No poder realizar o soportar determinadas acciones o esfuerzos. **para** (o **de**) **todo trote** *adj. fam.* Para (o de) uso diario: *Tengo unos zapatos para todo trote.* **SIN. 2.** Paliza, trajín. **2.** y **3.** Tute, julepe. **4.** Lío, berenjenal. **FAM.** Trotar. / Pasitrote.

trotón, na *adj.* **1.** Se dice de la caballería cuyo paso normal es el trote. || *s. m.* **2.** Caballo, animal.

trotskismo *s. m.* Movimiento comunista que apoya las ideas sostenidas por Leon Trotski. **FAM.** Trotskista.

troupe (fr.) *s. f.* Conjunto de personas que forman una compañía de espectáculos, especialmente de circo.

trova *s. f.* **1.** Composición poética compuesta o cantada por los trovadores. **2.** Poesía o verso. **3.** Composición poética escrita para ser cantada. **4.** Composición poética realizada imitando a otra en el estilo, la rima, etc. **SIN. 2.** Poema.

trovador, ra *s. m.* y *f.* **1.** En lenguaje poético, poeta. || *s. m.* **2.** Poeta de la Edad Media, particularmente el que utilizaba la lengua provenzal. **FAM.** Trovadoresco. TROVAR.

trovar (del prov. *trobar*) *v. intr.* **1.** Componer trovas. **2.** Hacer versos. || *v. tr.* **3.** Imitar una composición métrica aplicándola a otro tema o asunto. **FAM.** Trova, trovador, trovo.

trovero, ra (del fr. *trouvère*) *s. m.* y *f.* **1.** Poeta popular que improvisa y canta trovos. || *s. m.* **2.** Poeta de la lengua de oil en la literatura francesa de la Edad Media.

trovo *s. m.* Composición poética popular de tema amoroso. **FAM.** Trovero. TROVAR.

troyano, na (del lat. *troianus*) *adj.* De Troya, antigua ciudad de Asia Menor. También *s. m.* y *f.*

troza (de *trozar*) *s. f.* Tronco aserrado por los extremos para sacar tablas.

trozar *v. tr.* **1.** *Arg.*, *Urug.* y *Ven.* Dividir en trozos, hacer pedazos. También *v. prnl.* **2.** Cortar en trozas el tronco de un árbol. ■ Delante de *e* se escribe *c* en lugar de *z.* **SIN. 1.** Trocear. **FAM.** Troza. TROZO.

trozo *s. m.* Porción o parte de una cosa o materia separada del resto o considerada separadamente: *un trozo de tarta, un trozo de cielo.* **SIN.** Pedazo, cacho, fracción, fragmento. **FAM.** Trocear, trozar. / Destrozar.

truca *s. f.* **1.** Cámara de cine especial para hacer los trucajes mediante descomposición de planos. || *s. m.* y *f.* **2.** Persona que maneja dicha cámara.

trucaje (del fr. *trucage*) *s. m.* **1.** Acción de trucar. **2.** Técnica o procedimiento para producir efectos ópticos, acústicos, etc., con apariencia de realidad, especialmente en cine. **FAM.** Truca. TRUCAR.

trucar *v. tr.* **1.** Preparar o manipular algo para producir un determinado efecto: *Ha trucado el motor del coche para que corra más.* **2.** Particularmente, lograr un efecto fantástico o aparentemente real mediante un determinado procedimiento: *La foto del supuesto ovni había sido trucada.* ■ Delante de *e* se escribe *qu* en lugar de *c*. **FAM.** Trucaje, truco. TROCAR[1].

trucha (del lat. *tructa*) *s. f.* **1.** Nombre común de diversos peces teleósteos de agua dulce, que viven en corrientes claras y muy oxigenadas de ríos o lagos de montaña y se caracterizan por una pequeña aleta adiposa y sin radios, situada detrás de la dorsal. **2.** *Amér. C.* Tenducho o puesto portátil. **3.** *Col.* y *Méx. fam.* Persona lista y taimada: *ser alguien una trucha.* || **LOC. tener trucha** *Arg., Par.* y *Urug. fam.* Ser un caradura. **FAM.** Truchero.

truchero, ra *adj.* **1.** Relativo a las truchas y, en especial, que abunda en ellas: *un río truchero.* **2.** Que pesca o vende truchas. También *s. m.* y *f.*

truchimán (del ár. *turyuman*, intérprete) *s. m.* **1.** Persona que hace de intérprete. **2.** Persona que se dedica a la compraventa, generalmente empleando medios poco lícitos. ■ Se dice también *trujamán.*

truco (del ital. *trucco*) *s. m.* **1.** Procedimiento hábil o engañoso para lograr un fin. **2.** En especial, procedimiento o técnica para producir un efecto prodigioso o con apariencia de verdad; también, este mismo efecto: *El mago hizo el truco de cortar a la mujer en dos.* **3.** Cada una de las habilidades, técnicas o conocimientos concretos que se aprenden en el ejercicio de un arte, profesión, actividad, etc. Se usa más en *pl.*: *Mi padre me enseñó los trucos del oficio.* **SIN. 1.** Ardid, artimaña, treta. **3.** Secreto.

truculento, ta (del lat. *truculentus*, fiero) *adj.* Que exagera en la crueldad o en los aspectos más dramáticos o terribles: *La película impresiona por sus imágenes truculentas.* **SIN.** Atroz, tremebundo. **FAM.** Truculencia.

trueno *s. m.* **1.** Ruido fuerte que sigue al rayo en las tormentas, producido por la expansión del aire al paso de la descarga eléctrica. **2.** P. ext., estampido producido por un arma de fuego, fuegos de artificio, etc. **SIN. 2.** Estallido, explosión. **FAM.** Tronar, tronera.

trueque *s. m.* **1.** Acción de trocar o trocarse. **2.** Particularmente, intercambio directo de mercancías o productos sin intervención del dinero. || *s. m. pl.* **3.** *Col.* y *Méx.* Cambio, vuelta de dinero. **SIN. 1.** Canje.

trufa (del prov. *trufa*, y éste del lat. *tuber*) *s. f.* **1.** Variedad muy aromática de cierto hongo que crece bajo tierra, apreciado en alimentación por su sabor. **2.** Dulce en forma de bombón de chocolate. **3.** P. ext., crema de chocolate fundido con mantequilla con la que se hacen tartas, postres, etc. **4.** Nariz del perro. **FAM.** Trufado, trufar.

trufado, da 1. *p.* de **trufar**. || *adj.* **2.** Se aplica al alimento relleno o condimentado con trufa, variedad de cierto hongo: *Comimos pavo trufado.*

trufar *v. tr.* Rellenar con trufas (hongo) las aves, embutidos y otros alimentos para darles su sabor.

truhán, na (del fr. *truand*) *adj.* **1.** Se dice de la persona que vive de engaños y de estafas. También *s. m.* y *f.* **2.** Se dice de quien con sus gestos, cuentos, historias, etc., procura divertir y hacer reír a los demás. También *s. m.* y *f.* **SIN. 1.** Bribón, granuja, sinvergüenza. **2.** Bufón. **FAM.** Truhanada, truhanear, truhanería, truhanesco.

truja *s. m. fam.* Cigarrillo.

trujal (del lat. *torculare*, exprimir) *s. m.* **1.** Prensa en que se estrujan las uvas o se exprimen las aceitunas. **2.** Molino de aceite. **FAM.** Trullo.

trujamán *s. m.* Truchimán*.

trullo (del lat. *torculum*, prensa) *s. m.* **1.** Lagar con un depósito debajo, donde cae el mosto al pisar la uva. **2.** *fam.* Cárcel, calabozo.

truncado, da 1. *p.* de **truncar**. También *adj.*: *cono truncado.* || *adj.* **2.** Se dice de lo que no ha llegado a desarrollarse completamente: *un proyecto truncado.*

truncar (del lat. *truncare*) *v. tr.* **1.** Cortar una parte de alguien o algo, especialmente su extremo o la cabeza en el caso de personas o animales: *El rayo truncó la copa del árbol.* **2.** Impedir que algo se realice, continúe o llegue a desarrollarse completamente: *El accidente truncó su carrera deportiva.* También *v. prnl.* **3.** Interrumpir intencionada o involuntariamente una frase, texto, etc., o dejar incompleto su sentido. ■ Delante de *e* se escribe *qu* en lugar de *c*. **SIN. 1.** Decapitar. **2.** Frustrar(se). **ANT. 2.** Impulsar(se). **FAM.** Truncadamente, truncado, truncamiento. TRONCO.

trupial *s. m.* Turpial*.

trusa *s. f.* **1.** *Cuba* Traje de baño. **2.** *Méx. fam.* Calzoncillo. **3.** *Perú* Bragas. **4.** *Arg.* y *Urug.* Faja que utilizan las mujeres.

trust (ingl.) *s. m.* Unión estable de varias empresas, sometidas a una dirección única, con el fin de monopolizar el mercado.

tse-tse *s. f.* Mosca* tse-tse.

tsunami *s. m.* Ola gigantesca provocada por un seísmo submarino o una explosión volcánica. Avanza a una tremenda velocidad y llega a miles de kilómetros desde su lugar de origen.

tu *adj. pos. apóc.* de **tuyo, tuya**. ■ Se usa antepuesto al sustantivo: *tu hermano, tus llaves.*

tú (del lat. *tu*) *pron. pers. m.* y *f.* Forma de segunda persona singular que funciona como sujeto o vocativo: *Tú verás. ¡Eh, tú!* ■ Se usa en el trato familiar, informal o de confianza. || **LOC. hablar (tratar** o **llamar) de tú** a alguien Tutearle; también, tratarle como a un igual o sin el debido respeto. **hablar** (o **tratar**) con alguien **de tú a tú** *fam.* Hablar prescindiendo de un tratamiento formal o hablar de igual a igual. **FAM.** Tutear, tuyo.

tuareg *adj.* De un pueblo beréber nómada de las regiones desérticas del N de África. También *s. m.* y *f.* ■ No varía en *pl.*

tuátara o **tuatara** *s. m.* Reptil rincocéfalo, única especie viviente de su orden. Mide unos 60 cm de longitud y tiene el aspecto de un lagarto, aunque presenta un tercer ojo formado por lo que en otros vertebrados es la glándula pineal o epífisis. Vive en islotes próximos a Nueva Zelanda.

tuba (del lat. *tuba*, trompeta) *s. f.* Instrumento musical de viento, perteneciente al grupo de metal, de grandes proporciones y sonoridad grave.

tuberculina *s. f.* Preparación obtenida a partir de proteínas de la bacteria de la tuberculosis, que se usa en el diagnóstico de dicha enfermedad.

tubérculo (del lat. *tuberculum*, de *tuber*, tumor) *s. m.* **1.** En las plantas, parte de un tallo subterráneo o de una raíz que se desarrolla y abulta al acumular sustancias de reserva, como sucede p. ej. en la patata. **2.** En med., tumor o tumoración localizada en cualquier órgano del cuerpo, que en algunas enfermedades infecciosas se reblandece y llena de pus, p. ej. en la tuberculosis. **3.** Protuberancia que presentan en la piel o en el exoesqueleto algunos animales. SIN. **2.** Tuberosidad. FAM. Tuberculado, tuberculina, tuberculosis, tuberoso.

tuberculosis *s. f.* Enfermedad infecciosa bacteriana que puede localizarse en cualquier órgano del cuerpo, con más frecuencia en los pulmones; sus síntomas son tos y expectoración sanguinolenta, fiebre, pérdida de apetito y de peso. ■ No varía en *pl.* FAM. Tuberculoso. TUBÉRCULO.

tuberculoso, sa *adj.* **1.** Relativo al tubérculo o con su forma. **2.** Que tiene tubérculos. También *s. m.* y *f.* **3.** Enfermo de tuberculosis. También *s. m.* y *f.*

tubería *s. f.* **1.** Conducto formado por tubos por donde suele pasar un líquido o un gas. **2.** Conjunto de tubos de una instalación.

tuberosidad *s. f.* **1.** En med., tubérculo, tumor. **2.** En bot., engrosamiento en forma de tubérculo que se encuentra en los tallos y raíces.

tuberoso, sa *adj.* **1.** Que tiene tuberosidades. **2.** Que tiene forma de tubérculo: *raíces tuberosas.* FAM. Tuberosidad. TUBÉRCULO.

tubo (del lat. *tubus*, caño, conducto) *s. m.* **1.** Pieza hueca, rígida y alargada, generalmente cilíndrica, que tiene diversas aplicaciones, como p. ej. formar una tubería. **2.** Recipiente cilíndrico rígido, como los que contienen medicamentos: *tubo de aspirinas.* **3.** Recipiente flexible, cerrado por un extremo con un pliegue y con un tapón de rosca por el otro, que sirve para contener sustancias pastosas: *un tubo de pomada, de pasta dentífrica.* **4.** Nombre de ciertos conductos de organismos animales o vegetales: *tubo digestivo, tubo intestinal.* **5.** *fam.* Castigo, sanción. ■ Se usa sobre todo con el verbo *meter*: *El sargento nos metió un tubo.* **6.** *argot* Metro, ferrocarril subterráneo. **7.** *fam.* Persona o cosa aburrida, pesada. ‖ **8. tubo de ensayo** Recipiente largo de cristal que se usa en análisis químicos y experiencias de laboratorio. **9. tubo de escape** En automóviles y otros vehículos, conducto por donde salen los gases producidos por la combustión en el motor. **10. tubo de rayos catódicos** Tubo de alto vacío en el que los electrones generados en un cátodo son dispuestos en un haz que incide sobre una pantalla fluorescente y forma una imagen. Se usa, p. ej., en los televisores. ‖ LOC. **por un tubo** *adv. fam.* Abundantemente, en cantidad: *El muy empollón estudia por un tubo.* SIN. **5.** Paquete, puro. **7.** Rollo. FAM. Tuba, tubería, tubulado, tubular, tubuliforme, túbulo. / Entubar, intubar, tobera.

tubulado, da *adj.* Que tiene forma de tubo.

tubular (del lat. *tubulus*, tubo pequeño) *adj.* **1.** Relativo al tubo o formado por tubos. **2.** De forma de tubo o parecido a él. **3.** Se dice del neumático sin cámara de aire. SIN. **2.** Tubulado, tubuliforme.

tubuliforme (del lat. *tubulus*, tubo pequeño, y *-forme*) *adj.* Que tiene forma de tubo.

túbulo (del lat. *tubulus*, de *tubus*, tubo) *s. m.* En anat., conducto microscópico, especialmente los del riñón y los testículos.

tucán (del tupí-guaraní, *tuká, tukana*) *s. m.* Nombre común de diversas aves trepadoras, de pico muy grande, ligeramente curvado en el extremo y de colores vivos, con el borde dentado, y plumaje negro con manchas blancas, rojas, amarillas, etc. Habitan en regiones tropicales de América del Sur y Central. FAM. Tucano.

tucano, na *adj.* **1.** De un grupo de pueblos amerindios que habitan en la cuenca amazónica. También *s. m.* y *f.* ‖ *s. m.* **2.** Familia lingüística que agrupa a las lenguas habladas por tales pueblos.

tuciorismo (del lat. *tutior, tutioris*, más seguro) *s. m.* Doctrina de teología moral que en cuestiones discutibles sigue la opinión más segura o más favorable a la ley.

tuco *s. m. Arg., Par.* y *Urug.* Salsa espesa de tomate con carne, cebolla, orégano y otros condimentos con que se suelen aderezar los platos de pasta.

tuco, ca (onomat.) *adj.* **1.** *Amér.* Manco. También *s. m.* y *f.* ‖ *s. m.* **2.** *Amér.* Muñón.

tudesco, ca (del lat. medieval *teutiscus*, y éste del germ. *thiudiska*) *adj.* **1.** De cierta región de la Sajonia inferior. También *s. m.* y *f.* **2.** P. ext., alemán. SIN. **2.** Germano, teutón.

tueco (de la onomat. *toc*) *s. m.* **1.** Tocón de un árbol. **2.** Oquedad producida en la madera por la carcoma. FAM. Toco, tocón.

tuerca *s. f.* Pieza, generalmente de metal, con un hueco que tiene en su pared interior estrías o surcos en espiral en los que ajusta la rosca del tornillo. FAM. Contratuerca.

tuercebotas *s. m.* **1.** *fam.* Pelanas, persona poco importante. **2.** Persona torpe, inútil. ■ No varía en *pl.* SIN. **1.** Pelagatos.

tuerto, ta (del lat. *tortus*, de *torquere*) *adj.* **1.** Se dice de la persona o animal a los que les falta uno de los ojos o lo tienen ciego, así como de ese mismo ojo. También *s. m.* y *f.* **2.** Torcido, no recto. FAM. Patituerto, piquituerto. TORCER.

tueste *s. m.* Acción de tostar. SIN. Tostado, tostadura.

tuétano (variante del ant. *tútano*, de la onomat. *tut* o *tot*, sonido de una trompeta, y, p. ext., designación de otros objetos tubulares) *s. m.* **1.** Médula o sustancia blanquecina contenida en los huesos. **2.** Parte interna del tallo o la raíz de una planta. ‖ LOC. **hasta los tuétanos** *adv. fam.* Hasta lo más hondo o profundo, en el aspecto físico o espiritual: *Me he calado hasta los tuétanos. Se conmovió hasta los tuétanos.*

tufarada *s. f.* Olor fuerte y desagradable que se percibe de pronto. SIN. Tufo, peste, pestilencia. ANT. Fragancia.

tufillas *s. m.* y *f. fam.* Persona que se enfada fácilmente. ■ No varía en *pl.*

tufo[1] (del lat. *typhus*, y éste del gr. *typhos*, vapor, miasma dañino) *s. m.* **1.** Emanación gaseosa que se desprende de las fermentaciones o de las combustiones imperfectas: *El brasero arde mal y suelta tufo.* **2.** Olor desagradable. **3.** *fam.* Sospecha de algo oculto o que está por suceder: *Me da el tufo de que nos está engañando.* **4.** Soberbia, vanidad. Se usa más en *pl.*: *¡Muchos tufos tiene el señorito!* SIN. **2.** Peste, pestilencia. **3.** Espina, corazonada, barrunto. **4.** Aires, humos. FAM. Tufarada, tufillas. / Atufar.

tufo[2] (del fr. *touffe*, mechón) *s. m.* Mechón o parte de pelo que cae por delante de las orejas o por la frente.

tugurio (del lat. *tugurium*) *s. m.* **1.** Habitación o vivienda pequeña y miserable. **2.** Local público de mal aspecto o de mala reputación. **3.** Choza o refugio de pastores. SIN. **1.** Cueva, cuchitril. **1.** y **2.** Antro. **2.** Garito.

tul (del fr. *tulle*, de la ciudad de *Tulle*) *s. m.* Tejido delgado y transparente de seda, algodón o hilo, en forma de malla entrelazada diagonalmente.

tulio (del lat. *Thule*, región muy septentrional de Europa) *s. m.* Elemento químico perteneciente al grupo de los lantánidos del sistema periódico, metal de propiedades poco conocidas. Su símbolo es *Tm*.

tulipa (del fr. *tulipe*, y éste del turco *tulipant*) *s. f.* **1.** Pantalla de lámpara de forma parecida a un tulipán. **2.** Tulipán pequeño.

tulipán (del turco *tulipant*) *s. m.* **1.** Planta liliácea que tiene una flor grande, bulbosa, con seis pétalos de bello colorido. **2.** Flor de esta planta. **FAM.** Tulipa.

tulipero *s. m.* Árbol de 30 a 40 m de altura, hojas caducas y grandes flores terminales de color amarillo. Crece en América del Norte y su madera se utiliza en construcción.

tullido, da (del ant. *tollido*, de *toller*, quitar, y éste del lat. *tollere*) **1.** *p.* de **tullir**. || *adj.* **2.** Se dice del cuerpo o miembro que ha quedado inútil o sin movimiento por enfermedad, accidente, etc., y también de la persona que así lo tiene. También *s. m.* y *f.* **SIN. 2.** Lisiado, inválido, impedido. **FAM.** Tullir.

tullir *v. tr.* **1.** Dejar tullido. || **tullirse** *v. prnl.* **2.** Quedar tullido. ■ Es v. irreg. Se conjuga como *mullir*. **SIN. 1.** Lisiar.

tumba (del lat. *tumba*) *s. f.* Lugar bajo tierra o construido sobre ella en el que está enterrada una persona. || **LOC. lanzarse a tumba abierta** *fam.* En ciclismo, descender a toda velocidad por una pendiente muy pronunciada con grave riesgo de la vida. P. ext., meterse osada y arriesgadamente en un asunto o actividad. **revolverse** alguien **en su tumba** Exageración usada para indicar que cierta persona ya fallecida no aprobaría algo que sucede o que alguien está haciendo. **ser** alguien **una tumba** Permanecer callado o guardar un secreto. **SIN.** Sepulcro, sepultura, fosa. **FAM.** Ultratumba.

tumbaga (del ár. *tunbak*, similor, que viene del indio, a través del malayo) *s. f.* **1.** Aleación de oro y cobre, muy quebradiza. **2.** Sortija hecha de esta aleación o de cualquier otro metal.

tumbar (de or. onomat.) *v. tr.* **1.** Hacer caer a alguien o algo: *El viento tumbó una farola.* **2.** Poner a alguien o algo en posición horizontal. También *v. prnl.* **3.** *fam.* Matar a una persona o animal. **4.** Dejar sin sentido. ■ En esta acepción, se usa a menudo hiperbólicamente: *Este olor tumba a cualquiera.* **5.** Suspender, catear. || **tumbarse** *v. prnl.* **6.** *fam.* Echarse, sobre todo para dormir. **SIN. 1.** Derribar. **1.** y **3.** Abatir. **1.** y **5.** Tirar. **2.** Acostar(se), tender(se). **3.** y **5.** Cargar(se). **ANT. 1.** y **2.** Alzar(se). **1.**, **2.** y **6.** Levantar(se). **FAM.** Tumbo, tumbón, tumbona.

tumbo (de *tumbar*) *s. m.* Sacudida, movimiento violento: *El coche daba tumbos por ese camino de cabras.* || **LOC. dando tumbos** *adv.* Tambaleándose: *El borracho camina dando tumbos.* También, con tropiezos o dificultades: *Después de dar tantos tumbos en la vida, sentó la cabeza.* **SIN.** Vaivén, bote, trompicón, tambaleo.

tumbón, na (de *tumbar*, echarse a dormir) *adj.* **1.** *fam.* Socarrón*. También *s. m.* y *f.* **2.** Holgazán, perezoso. También *s. m.* y *f.* **SIN. 1.** Sarcástico, zumbón.

tumbona (de *tumbar*) *s. f.* Cierto asiento largo que sirve para estar tumbado o recostado. **SIN.** Hamaca.

tumefacción (del lat. *tumefactum*, de *tumefacere*, hinchar) *s. f.* Hinchazón de alguna parte del cuerpo. **SIN.** Tumescencia, inflamación.

tumefacto, ta *adj.* Hinchado; se aplica particularmente a alguna parte del cuerpo. **SIN.** Tumescente, inflamado, túmido. **FAM.** Tumefacción. TUMOR.

tumescencia *s. f.* Tumefacción, hinchazón. **FAM.** Tumescente. / Intumescencia. TUMOR.

tumescente *adj.* Tumefacto*.

túmido, da (del lat. *tumidus*) *adj.* **1.** En med., hinchado. **2.** Se dice del arco o bóveda que tiene más anchura hacia la mitad de su altura que en los arranques. **SIN. 1.** Tumefacto, tumescente.

tumor (del lat. *tumor*) *s. m.* Masa de tejido que se forma anormalmente en un órgano del cuerpo debido a una proliferación anormal de sus células. **SIN.** Tumoración. **FAM.** Tumefacto, tumescencia, túmido, tumoración, tumoral, tumoroso.

tumoración *s. f.* Tumor*.

tumoral *adj.* Relativo al tumor.

túmulo (del lat. *tumulus*) *s. m.* **1.** Sepulcro levantado sobre la tierra. **2.** En particular, montículo de arena, de piedras, etc., con que algunos pueblos cubrían una sepultura: *túmulos prehistóricos.* **3.** Armazón sobre la que se coloca el féretro para celebrar las honras fúnebres del difunto. **SIN. 3.** Catafalco.

tumulto (del lat. *tumultus*) *s. m.* **1.** Desorden o alboroto producido por una gran multitud de personas. **2.** P. ext., confusión agitada o ruidosa. **SIN. 1.** Disturbio, algarada. **2.** Jaleo, agitación. **FAM.** Tumultuario, tumultuoso.

tumultuario, ria *adj.* Tumultuoso*. **FAM.** Tumultuariamente. TUMULTO.

tumultuoso, sa *adj.* **1.** Que provoca tumulto: *una protesta tumultuosa.* **2.** Que se muestra o se hace con tumulto, desorden o alboroto: *una riña tumultuosa.* **SIN. 1.** Tumultuario. **FAM.** Tumultuosamente. TUMULTO.

tuna[1] (voz caribe) *s. f.* **1.** Nopal*, chumbera. **2.** Fruto de esta planta. **FAM.** Entunarse.

tuna[2] (del ant. fr. y del argot *tune*, hospicio de mendigos, mendicidad, y éste de *roi de Thunes*, rey de Túnez, sobrenombre del jefe de los vagabundos de París) *s. f.* **1.** Grupo de estudiantes que, vestidos de época, van por diversos sitios cantando y tocando instrumentos. **2.** Vida holgazana y vagabunda. **SIN. 1.** Estudiantina, rondalla. **FAM.** Tunante, tuno.

tunante, ta *adj.* Granuja, bribón. También *s. m.* y *f.* **SIN.** Pícaro, sinvergüenza, tuno. **FAM.** Tunantería. TUNA[2].

tunda[1] *s. f.* Acción de tundir paños o pieles. **SIN.** Tundidura.

tunda[2] *s. f.* **1.** *fam.* Paliza, zurra. **2.** Trabajo o esfuerzo intenso y agotador. **SIN. 1.** Soba, somanta, azotaina.

tundidor, ra *s. m.* y *f.* **1.** Persona que tunde los paños. || *adj.* **2.** Se dice de la máquina que se utiliza para tundir los paños. También *s. f.*

tundidura *s. f.* Acción de tundir paños o pieles. **SIN.** Tunda.

tundir[1] (del lat. *tondere*, trasquilar, rapar) *v. tr.* Cortar o igualar con tijera o tundidora el pelo de los paños o pieles. **FAM.** Tunda[1], tundidor, tundidura.

tundir[2] (del lat. *tundere*) *v. tr.* **1.** *fam.* Dar a alguien golpes, palos o azotes. **2.** Agotar a uno el cansancio o un esfuerzo. **SIN. 1.** Vapulear, zurrar. **1.** y **2.** Moler. **2.** Rendir. **FAM.** Tunda[2]. / Contundente.

tundra (finlandés) *s. f.* **1.** Formación vegetal compuesta de musgos, líquenes, algunas gramíneas

tunecí o **tunecino, na** *adj.* De Túnez o de Tunicia. También *s. m.* y *f.* ■ El pl. de *tunecí* es *tunecíes*, aunque también se utiliza *tunecís*.

túnel (del ingl. *tunnel*) *s. m.* Paso subterráneo abierto artificialmente para establecer una comunicación a través de un monte, por debajo de un río, para el acceso a las minas, etc. || LOC. **hacer el túnel** En fútbol, sobrepasar a un contrario haciendo pasar el balón entre sus piernas. **salir del túnel** Salir de una situación apurada. FAM. Eurotúnel.

tuneo (del ingl. *tuning*) *s. m.* Personalización de un vehículo modificando su carrocería o su interior. P. ext., se aplica también a otras cosas. FAM. Tunear.

tungsteno (del sueco *tungsten*, piedra pesada, de *tung*, pesado, y *sten*, piedra) *s. m.* Nombre primitivo del elemento químico conocido actualmente como volframio.

túnica (del lat. *tunica*) *s. f.* **1.** Vestidura interior larga, amplia y sin mangas que usaban, p. ej., los antiguos griegos y los romanos. **2.** Vestidura parecida a la anterior que se usa exteriormente. **3.** Telilla o membrana que está pegada a la cáscara en algunas frutas y bulbos. **4.** Membrana fina que cubre algunas partes del cuerpo: *la túnica de las venas, de los ojos.* **5.** En zool., capa de tejido constituido fundamentalmente por una sustancia del tipo de la celulosa, que cubre el cuerpo de los tunicados. FAM. Tunicado.

tunicado *adj.* **1.** Se aplica a los animales cordados marinos que sólo conservan el notocordio durante la etapa embrionaria y se caracterizan por tener el cuerpo protegido por una túnica que contiene celulosa, como las ascidias. También *s. m.* || *s. m. pl.* **2.** Subfilo de estos animales, también llamados *urocordados*.

tuno, na *adj.* **1.** Tunante*. || *s. m.* **2.** Componente de una tuna o estudiantina universitaria.

tuntún, al (o **al buen**) *loc. adv. fam.* Sin reflexionar ni pensar, a la ligera o al azar: *Eligió al buen tuntún.*

tupamaro, ra (de *Túpac Amaru*, rebelde indio) *adj.* Del Movimiento Nacional de Liberación de Uruguay (Tupamaros), fundado en 1962 por Raúl Sendic y especializado en la guerrilla urbana. También *s. m.* y *f.*

tupé (del fr. *toupet*) *s. m.* **1.** Cabello o mechón de pelo que se lleva levantado sobre la frente. **2.** Penacho de algunas aves.

tupí-guaraní *adj.* **1.** De un pueblo amerindio que, a la llegada de los españoles, habitaba en Paraguay y en el N de Argentina y que posteriormente emigró hacia los Andes bolivianos, el alto Amazonas y las Guayanas. También *s. m.* y *f.* || *s. m.* **2.** Familia de lenguas sudamericanas; es la de mayor importancia entre las autóctonas de toda América, por su extensión territorial y por el número de hablantes. ■ Su pl. es *tupí-guaraníes*, aunque también se utiliza *tupí-guaranís*.

tupido, da 1. *p.* de **tupir**. || *adj.* **2.** Se dice de aquello cuya masa o componentes están muy juntos o apretados entre sí: *un bosque tupido, una tela tupida.* **3.** *Amér.* Obstruido. SIN. **2.** Espeso, denso. ANT. **2.** Ralo.

tupir *v. tr.* Hacer algo tupido y apretado, cerrando sus poros, huecos o separaciones. También *v. prnl.* SIN. Espesar(se), apelmazar(se). ANT. Ahuecar(se). FAM. Tupido.

tur *s. m.* Tour*.

turba[1] (del fr. *tourbe*) *s. f.* Carbón natural de formación reciente, procedente de la descomposición de restos vegetales acumulados en zonas pantanosas frías.

turba[2] (del lat. *turba*) *s. f.* **1.** *desp.* Multitud agitada e incontrolada de personas. Se usa más en *pl.*: *Las turbas asaltaron el palacio.* **2.** Conjunto de personas de baja condición social: *No le gusta mezclarse con la turba.* SIN. **1.** Horda, masa. **2.** Chusma. ANT. **2.** Élite. FAM. Turbamulta, turbera. / Torva. TURBAR.

turbación *s. f.* **1.** Acción de turbar o turbarse: *No podía hablar a causa de la turbación.* **2.** Desorden, confusión: *Una gran turbación sacudía al país.* ■ Se dice también *turbamiento.* SIN. **1.** y **2.** Alteración. **2.** Perturbación, desbarajuste, caos. ANT. **1.** y **2.** Calma, serenidad.

turbador, ra *adj.* Que turba: *una sonrisa turbadora.* También *s. m.* y *f.*: *Es el turbador de la tranquilidad de esta casa.* SIN. Perturbador, alterador. ANT. Tranquilizador.

turbamulta (del lat. *turba*, multitud, y *multa*, numerosa) *s. f. desp.* Turba, multitud confusa y desordenada. SIN. Masa, horda.

turbante (del ital. *turbante*, y éste del turco *tülbant* o *tülbent*) *s. m.* **1.** Tocado oriental que consiste en una faja larga de tela que se enrolla en la cabeza. **2.** Tocado femenino de forma parecida.

turbar (del lat. *turbare*) *v. tr.* **1.** Alterar el orden o el estado normal de las cosas: *Ese incidente vino a turbar su tranquila existencia.* También *v. prnl.* **2.** Con palabras que significan quietud o silencio, interrumpirlos violenta o molestamente: *La tormenta turbó la paz de la siesta.* También *v. prnl.* **3.** Confundir o impresionar a alguien de forma que no pueda hablar o reaccionar. También *v. prnl.* SIN. **1.** y **3.** Conmocionar. **3.** Anonadar, cortar. ANT. **1.** a **3.** Calmar. FAM. Turba[2], turbación, turbadamente, turbador, turbamiento, túrbido, turbina, turbio, turbión, turbo, turbonada, turbulento. / Conturbar, disturbio, estorbar, perturbar.

turbelario *adj.* **1.** Se dice de ciertos gusanos platelmintos de pequeño tamaño y con el cuerpo aplanado revestido de cilios; en su mayoría son hermafroditas y habitan en los fondos marinos y de aguas dulces. También *s. m.* || *s. m. pl.* **2.** Clase constituida por estos gusanos.

turbera *s. f.* Yacimiento de turba, área pantanosa rica en este carbón.

túrbido, da (del lat. *turbidus*) *adj.* Turbio*. ■ Es de uso culto o literario.

turbina (del fr. *turbine*, y éste del lat. *turbo, -inis*, remolino) *s. f.* Máquina que convierte la energía cinética de un fluido en energía mecánica rotatoria por medio de un conjunto de paletas que giran bajo la presión del fluido. Se utiliza para mover hélices, como en los motores marinos y de aviación, o para accionar una dinamo o un alternador en generadores de corriente eléctrica de las centrales hidroeléctricas y térmicas.

turbinto *s. m.* Árbol de tronco recto y alto, flores pequeñas blanquecinas y fruto en baya con olor a pimienta. Crece en América del Sur y con sus bayas se prepara una bebida.

turbio, bia (del lat. *turbidus*) *adj.* **1.** Que no tiene la transparencia que le es propia, por estar mezclado o alterado: *agua turbia.* **2.** De honradez o legalidad dudosas: *Ese turbio asunto perjudicará su carrera política.* **3.** Aplicado a cosas como la visión o el lenguaje, confuso, con poca claridad: *Sin gafas lo veo todo turbio.* **4.** Se aplica a tiempos o circunstancias sujetos a cambios, disturbios, confusión, etc. SIN. **1.** Opaco, empañado. **1.** y **4.** Turbulento, revuelto. **2.** Sospechoso. **2.** y **3.** Oscuro. **3.** Impreciso, difuso. ANT. **1.** a **3.** Claro. **1.** y **3.** Nítido. **4.** Estable. FAM. Turbiamente, turbiedad, turbieza. / Enturbiar. TURBAR.

turbión (del lat. *turbo, -inis,* remolino) *s. m.* **1.** Chaparrón con viento fuerte. **2.** Gran cantidad de cosas, sucesos, etc., que ocurren o se producen juntos o de manera brusca. SIN. **1.** Aguacero. **2.** Aluvión, avalancha.

turbo (del lat. *turbo, -inis,* remolino) *s. m.* **1.** Turbocompresor*. || *adj.* **2.** Se aplica a motores, vehículos, etc., provistos de un turbocompresor que aumenta su potencia. También *s. m.*

turbo- (del lat. *turbo, -inis,* remolino) *pref.* Significa 'turbina': *turbohélice.*

turboalternador *s. m.* Dispositivo compuesto por un alternador y la turbina que lo acciona.

turbocompresor *s. m.* Compresor centrífugo de alta presión movido por una turbina.

turbodiesel *s. m.* **1.** Coche provisto de motor turbodiesel. || **2. motor turbodiesel** El que tiene un turbocompresor.

turbogenerador *s. m.* Generador de electricidad accionado por una turbina hidráulica, de gas o de vapor.

turbohélice *s. m.* Turbopropulsor*.

turbomotor *s. m.* Turbina accionada por aire comprimido y que funciona como un motor.

turbonada *s. f.* Turbión que va acompañado de truenos.

turbopropulsor *s. m.* Motor de avión en que una turbina mueve la hélice. ■ Se dice también *turbohélice.*

turborreactor *s. m.* Motor de reacción de una aeronave provisto de una turbina de gas que, al expandirse, produce un efecto de propulsión.

turbulencia (del lat. *turbulentia*) *s. f.* **1.** Cualidad de turbio o de turbulento. **2.** Alboroto o confusión que altera la paz y el orden: *Perdió su hacienda en la turbulencia de las guerras civiles.* **3.** Movimiento irregular, generalmente en forma de remolinos o torbellinos, que se produce en la corriente de un fluido (agua, aire, etc.): *El avión se sacudió al atravesar una zona de turbulencias.* SIN. **1.** y **2.** Agitación. **2.** Desorden, disturbio. ANT. **1.** Transparencia. **1.** y **2.** Calma.

turbulento, ta (del lat. *turbulentus*) *adj.* **1.** Que se encuentra en estado de agitación, desorden o confusión: *La reunión resultó bastante turbulenta.* **2.** Inquieto, alborotador, propenso a provocar desórdenes o a rebelarse: *un carácter turbulento.* También *s. m.* y *f.* **3.** Se dice de la corriente de un fluido (agua, aire, etc.) que presenta turbulencias: *El río baja turbulento.* SIN. **1.** y **3.** Agitado, revuelto. **2.** Levantisco, violento. ANT. **1.** a **3.** Tranquilo. FAM. Turbulencia, turbulentamente. TURBAR.

turco, ca (del ár. *turk*) *adj.* **1.** De Turquía. También *s. m.* y *f.* **2.** De un pueblo procedente del Turkestán, que se estableció en Asia Menor y la parte oriental de Europa. También *s. m.* y *f.* **3.** De un grupo de pueblos de las estepas asiáticas, mezcla de razas paleoeuropea y mongoloide, que hablaban dialectos uralaltaicos y tenían organización nómada. **4.** *Amér.* Se aplica a cualquier inmigrante de origen árabe. También *s. m.* y *f.* || *s. m.* **5.** Lengua hablada en Turquía, Turkestán y otras regiones. || **6. baño turco** Baño de vapor seguido de una ducha caliente y otra fría. SIN. **1.** y **2.** Otomano. FAM. Turcomano, turcotártaro, turquesa.

turcomano, na (del persa *turcoman*) *adj.* De cierta rama de los pueblos turcos, muy numerosa en diversas regiones de Asia. También *s. m.* y *f.*

turcotártaro, ra *adj.* **1.** Del pueblo turco que habita en la república de Turkmenistán y el Turkestán chino. También *s. m.* y *f.* || *s. m.* **2.** Conjunto de lenguas turcas que se hablan en Turquía y en Asia Central. ■ Se dice también *turanio.*

turdetano, na (del lat. *turdetanus*) *adj.* De un antiguo pueblo hispánico prerromano que habitaba en el valle inferior del Guadalquivir. También *s. m.* y *f.*

túrdiga (del ant. *tuórtega,* y éste del lat. *tortus,* torcido) *s. f.* Tira de pellejo.

turf (ingl.) *s. m.* Pista de un hipódromo. ■ Su pl. es *turfs.*

turgente (del lat. *turgens, -entis*) *adj.* **1.** Abultado, firme, tirante; se aplica especialmente a las partes del cuerpo humano. **2.** En med., se dice del líquido orgánico que produce hinchazón. SIN. **1.** Túrgido, protuberante. ANT. **1.** Fláccido, laxo. FAM. Turgencia, túrgido.

túrgido, da (del lat. *turgidus*) *adj.* Turgente*. ■ Es de uso culto o literario.

turíbulo (del lat. *turibulum,* de *tus, turis,* incienso) *s. m.* Incensario*. FAM. Turiferario.

turiferario (del lat. *turiferarius*) *s. m.* El que lleva el incensario.

turismo *s. m.* **1.** Práctica de viajar por placer a otros lugares, poblaciones y países. **2.** Actividad y organización de los medios, infraestructura, servicios, etc., dedicados a facilitar y atender estos viajes: *Toda la costa vive principalmente del turismo.* **3.** Automóvil de uso particular. FAM. Turista, turístico. / Agroturismo, cicloturismo, ecoturismo. TOUR.

turista (del ingl. *tourist*) *s. m.* y *f.* **1.** Persona que hace turismo. **2.** Clase turista. || **3. clase turista** La más económica de las categorías en que se clasifican los servicios de hotel, transporte, etc.

turístico, ca *adj.* **1.** Del turismo o relacionado con él: *temporada turística.* **2.** Dedicado al turismo o que ofrece interés para el turismo: *una villa turística.*

turma (del lat. *turma*) *s. f.* Testículo*.

turmalina (del fr. *tourmaline*) *s. f.* Mineral silicato de aluminio con sodio, boro, magnesio, hierro y otros muchos minerales que producen multitud de variedades. Tiene brillo vítreo y su color depende de la composición química. Se usa desde la antigüedad como gema, especialmente las variedades claras.

túrmix (de *turmix,* nombre comercial registrado) *s. f. fam.* Batidora eléctrica. ■ No varía en *pl.*

turnar (del fr. *tourner,* y éste del lat. *tornare*) *v. intr.* Sucederse uno a otro ordenadamente en el desempeño de una tarea, cargo, etc., o en el disfrute de algo. Se usa más como *v. prnl.* con valor recíproco: *Nos turnaremos para vigilar.* SIN. Alternar. FAM. Turno.

turnedó (del fr. *tournedos*) *s. m.* **1.** Pieza de carne que se obtiene de los extremos del solomillo. **2.** Plato elaborado con esta pieza.

turno *s. m.* **1.** Orden por el que se suceden unas a otras las personas que se turnan. **2.** Momento en que a alguien le corresponde actuar, desempeñar una tarea, recibir o experimentar cierta cosa, etc. **3.** En las cámaras legislativas y corporaciones, cada una de las intervenciones que permiten los reglamentos. || **4. turno de oficio** Orden sucesivo dispuesto entre los abogados que están en ejercicio para encargarse de los casos de aquellas personas que tienen pocos recursos económicos. || LOC. **de turno** *adj.* Se aplica a la persona o cosa a la que corresponde actuar en determinado momento según un orden: *Por la* *noche sólo está la enfermera de turno.* También, se aplica a una persona o cosa, generalmente inoportuna, molesta o pesada, que es esperada o bien conocida por todos: *Ahora contará el chistecito de turno.* **SIN. 1.** y **2.** Vez.

turolense *adj.* De Teruel. También *s. m.* y *f.*

turón *s. m.* Mamífero carnívoro de la familia mustélidos, de piel de color pardo oscuro con manchas blancas en el rostro a modo de antifaz, hocico puntiagudo, orejas pequeñas y redondas y patas cortas con uñas fuertes; segrega un líquido de olor nauseabundo como mecanismo defensivo. Habita en el hemisferio N, en bosques y campos, y es cazado por su piel.

turoperador *s. m.* Tour* operador.

turpial *s. m.* Nombre que se da a varias especies de aves de la familia de los ictéridos, de canto variado y melodioso. Se denomina también *trupial.*

turquesa (del ant. *turqués*, turco) *s. f.* **1.** Mineral fosfato hidratado de cobre y aluminio, de un color azul verdoso característico y brillo céreo. Es una gema usada en joyería. || *s. m.* **2.** Color azul verdoso, como el de este mineral. ■ Con este significado, se usa mucho en aposición.

turro, rra *adj.* **1.** *Arg.* Deshonesto o malintencionado. También *s. m.* y *f.* || *s. f.* **2.** *Arg.* Prostituta.

turrón *s. m.* Masa más o menos compacta hecha generalmente de frutos secos, tostada y endulzada con miel y azúcar; es un dulce típico de Navidad. **FAM.** Turronería, turronero.

turulato, ta *adj. fam.* Alelado, pasmado por el asombro o la admiración: *Se quedó turulato al oír la noticia.* **SIN.** Estupefacto.

turullo (de or. onomat.) *s. m.* Cuerno usado por los pastores para llamar al ganado. **FAM.** Aturrullar, aturullar.

tururú (onomat.) *interj. fam.* Expresa rechazo, negación rotunda, incredulidad o burla.

turuta (onomat.) *adj.* **1.** *fam.* Loco, chiflado. || *s. m.* **2.** *fam.* Soldado que toca la corneta en el servicio militar.

tusígeno, na (del lat. *tussis*, tos, y *-geno*) *adj.* Que provoca tos. También *s. m.* **FAM.** Antitusígeno.

tute (del ital. *tutti*, todos) *s. m.* **1.** Cierto juego de baraja española, cuya baza principal, que permite ganar la partida, consiste en reunir los cuatro reyes o los cuatro caballos. **2.** Dicha baza. **3.** Esfuerzo o trabajo excesivo o muy intenso. ■ Se usa especialmente en la expr. *darse* o *pegarse un tute.* **4.** Desgaste, uso continuado de algo. **SIN. 3.** Trajín, paliza. **4.** Trote.

tutear (imitación del fr. *tutoyer*) *v. tr.* Hablar a una persona de tú y no de usted. También *v. prnl.* con valor recíproco: *Como tenemos confianza, nos tuteamos.* **FAM.** Tuteamiento, tuteo. TÚ.

tutela (del lat. *tutela*) *s. f.* **1.** Autoridad que, de acuerdo con la ley, se concede a una persona o institución para que cuide de un menor o de una persona legalmente incapacitada, así como de sus bienes. **2.** Cargo o función de tutor. **3.** Protección, cuidado, dirección: *Aprendió el oficio bajo la tutela de su maestro.* **SIN. 2.** Tutoría. **3.** Amparo, supervisión. **FAM.** Tutelar[1], tutelar[2]. TUTOR.

tutelar[1] *v. tr.* **1.** Ejercer la tutela de alguien. **2.** Patrocinar, favorecer o dirigir a una persona, obra, etc. **SIN. 2.** Apadrinar, supervisar, cuidar.

tutelar[2] (del lat. *tutelaris*) *adj.* **1.** Relativo a la tutela legal. **2.** Que protege, patrocina o dirige.

tuteo *s. m.* Acción de tutear o tutearse. **SIN.** Tuteamiento.

tutifruti (del ital. *tutti-frutti*) *s. m.* Pasta de crema o nata con trocitos de frutas variadas.

tutiplén, a (del cat. *a totiplè*, de *a tot i ple*, a todo y lleno) *loc. adv.* **1.** *fam.* En abundancia, sin medida: *Regaló dinero a tutiplén.* **2.** A plena satisfacción: *dormir a tutiplén.*

tutor, ra (del lat. *tutor, -oris*, protector) *s. m.* y *f.* **1.** Persona encargada de la tutela de alguien o algo. **2.** Defensor, protector o director. **3.** Profesor particular que tiene a su cuidado la educación de un alumno. **4.** Profesor o persona encargada de orientar y aconsejar a los alumnos de un curso o de una asignatura. **SIN. 2.** Valedor. **3.** Preceptor. **FAM.** Tutela, tutoría, tutorial.

tutoría *s. f.* **1.** Cargo o función de tutor. **2.** Tiempo que un profesor destina a ejercer como tutor. **3.** Tutela, autoridad sobre un menor o persona incapacitada, o sobre sus bienes.

tutorial *adj.* Relativo a la tutoría o al tutor.

tutsi *adj.* De un pueblo negro africano que habita en Burundi, Uganda, Ruanda y Tanzania; se caracteriza por la elevada estatura de sus individuos. También *s. m.* y *f.*

tutti (ital.) *s. m.* En mús., indicación para que toque toda la orquesta.

tutti-frutti (ital.) *s. m.* Tutifruti*..

tutú (del fr. *tutu*) *s. m.* Falda de las bailarinas de ballet, generalmente de muselina blanca u otro tejido ligero y vaporoso. ■ Su pl. es *tutús.*

tuturuto, ta *adj.* **1.** *Amér. C., Col., Ec.* y *Ven. fam.* Turulato, estupefacto. || *s. m.* y *f.* **2.** *Chile fam.* Alcahuete*.

tuya (del gr. *thyia*) *s. f.* Árbol ornamental de la familia cupresáceas que mide unos 20 m de altura, se mantiene siempre verde y tiene la cima cónica, con ramas y hojas aplanadas.

tuyo, ya (del lat. *tuus*) *adj. pos.* **1.** Forma de segunda persona que indica que lo expresado por éste pertenece a la persona a quien uno se dirige o guarda relación con ella: *Eso son mantas tuyas.* También *pron.*: *Este libro es el tuyo.* ■ Delante de un sustantivo se usa la forma apocopada *tu.* || *pron. pos. n.* **2.** La forma *tuyo*, precedida de *lo*, expresa lo más característico de la persona a quien se habla o lo más apropiado para ella: *Dedícate a cantar, que es lo tuyo.* **3.** Con *lo* y verbos como *costar, llevar* y similares, esfuerzo, trabajo, tiempo, etc., que necesita o emplea para alguna cosa la persona a la que nos dirigimos: *Te va a costar lo tuyo lograrlo.* || *s. m. pl.* **4.** Precedido del artículo determinado, familiares, compatriotas, allegados, etc., de la persona a quien hablamos: *Sólo piensas en ti y en los tuyos.* || *s. f.* **5.** *fam.* Precedido del artículo *la*, ocasión o circunstancia favorable para la persona a quien uno se dirige: *¡Aprovecha, que ahora es la tuya!* || **LOC. de las tuyas** *fam.* Se refiere a conductas, acciones, etc., propias o típicas de la persona a quien nos dirigimos; suele usarse en sentido negativo: *Has vuelto a hacer de las tuyas.* **FAM.** Tu. TÚ.

tweed (ingl.) *s. m.* Tejido escocés de lana virgen, cálido, fuerte e impermeable.

twin-set (ingl.) *s. m.* Conjunto de jersey y chaqueta.

twist (ingl.) *s. m.* Baile surgido en Estados Unidos en 1961, caracterizado por rítmicos balanceos o torsiones de tobillo y cadera a derecha e izquierda.

u[1] *s. f.* Vigesimosegunda letra del abecedario español y última de sus vocales. Su articulación es posterior y de abertura mínima. ■ No se pronuncia en las sílabas *gue*, *gui* (*guerra*, *guiso*), salvo cuando lleva diéresis (*bilingüe*, *pingüino*), ni tampoco en *que*, *qui* (*queso*, *quinto*).

u[2] *conj. disyunt.* Se emplea en lugar de *o* ante palabras que empiezan por esta letra o por *ho*, para evitar la cacofonía: *uno u otro, día u hora.*

ubérrimo, ma (del lat. *uberrimus*) *adj.* Se aplica a lo que es muy fértil y abundante: *un territorio ubérrimo, una cosecha ubérrima.* SIN. Fecundo, productivo, fructífero. ANT. Estéril.

ubicable *adj. Urug.* Fácil de encontrar.

ubicación *s. f.* **1.** Acción de ubicar. **2.** Lugar en que está situada una cosa o persona. SIN. **1.** Colocación. **1.** y **2.** Situación. **2.** Posición, emplazamiento, localización.

ubicar (del lat. *ubi*, en donde) *v. intr.* **1.** Estar situada una persona o cosa en un determinado espacio o lugar. Se usa más como *v. prnl.*: *El colegio se ubica en un barrio residencial.* || *v. tr.* **2.** *Amér.* Situar o colocar en un determinado espacio o lugar. || LOC. **estar** una persona **bien ubicada** *Amér.* Disfrutar de una buena posición económica. ■ Delante de *e* se escribe *qu* en lugar de *c*: *ubique.* SIN. **1.** Encontrarse, hallarse. **2.** Poner, instalar. FAM. Ubicable, ubicación, ubicuidad. / Desubicarse, reubicar.

ubicuidad *s. f.* Cualidad o capacidad de estar en varios sitios diferentes al mismo tiempo: *Se encuentra en todas partes, parece que tiene el don de la ubicuidad.* SIN. Omnipresencia. FAM. Ubicuo. UBICAR.

ubicuo, cua (del lat. *ubique*, en todas partes) *adj.* **1.** Que está o puede estar en varios sitios diferentes al mismo tiempo. **2.** Se aplica a la persona muy activa, que quiere participar en todo o estar en todas partes. SIN. **1.** Omnipresente.

ubre (del lat. *uber, -eris*) *s. f.* **1.** Cada uno de los órganos de las hembras de los mamíferos, por los que segregan la leche para alimentar a sus crías. **2.** Conjunto de estos órganos. SIN. **1.** Mama, teta. FAM. Ubérrimo.

ucase (del ruso *ukasati*, indicar) *s. m.* **1.** Decreto que promulgaba el zar ruso. **2.** Orden o mandato tajante, autoritario e injusto.

-ucho, cha *suf.* Forma sustantivos y adjetivos a los que aporta un sentido despectivo: *papelucho, casucha, morenucho*; o de atenuación: *malucho, paliducho.*

uchú (quechua) *s. m. Perú* Guindilla americana.

uchuvito, ta *s. m.* y *f. Col.* Persona borracha.

UCI (siglas de Unidad de Cuidados Intensivos) *s. f.* Uvi*.

-uco, ca *suf.* Expresa pequeño tamaño: *ventanuco*; o valor despectivo atenuado: *mujeruca.*

ucraniano, na o **ucranio, nia** *adj.* **1.** De Ucrania, estado de Europa oriental. También *s. m.* y *f.* || *s. m.* **2.** Lengua hablada en Ucrania, perteneciente al grupo oriental de las lenguas eslavas.

-udo, da *suf.* Forma adjetivos con el significado de 'grande, abundante o excesivo' en lo que expresa la raíz: *forzudo, cabezudo, barrigudo, peludo.*

¡uf! *interj.* Se emplea para expresar cansancio, fastidio, repugnancia, etc., generalmente causado por el exceso de algo: *¡Uf, qué calor hace!*

ufanarse *v. prnl.* Presumir, vanagloriarse. ■ Se suele construir con las prep. *con* y *de*. SIN. Engreírse, envanecerse, gloriarse, jactarse, pavonearse, alardear. ANT. Humillarse.

ufano, na (del gót. *ufjo*, innecesario, superfluo) *adj.* **1.** Engreído, presuntuoso. **2.** Contento y satisfecho: *Llegó tan ufano a su casa con un regalo.* **3.** Decidido: *Fui todo ufano a preparar la comida y no había nada en la nevera.* **4.** Se dice de las plantas que están sanas y frondosas. SIN. **1.** Orgulloso, arrogante, presumido, soberbio. **2.** Orondo, rufo. **4.** Lozano. ANT. **1.** Sencillo, humilde. **2.** Triste. **3.** Cauteloso. **4.** Mustio. FAM. Ufanamente, ufanarse, ufanía.

ufo (siglas de la expr. ingl. *Unidentified Flying Object*, objeto volante no identificado) *s. m.* Ovni*. FAM. Ufología.

ufología *s. f.* Disciplina que se ocupa del estudio de los ovnis. FAM. Ufológico, ufólogo. UFO.

ufólogo, ga *s. m.* y *f.* Persona que se dedica a la ufología o que es experto en esta disciplina.

ugandés, sa *adj.* De Uganda, país de África. También *s. m.* y *f.*

ugrofinés, sa *adj.* **1.** Relativo a los fineses y a otros pueblos de lengua semejante. **2.** Se dice de un grupo de lenguas uralaltaicas que comprende, entre otras, el húngaro, el finlandés y el estoniano. También *s. m.*

UHF (siglas de la expr. ingl. *Ultra High Frecuency*, frecuencia ultra alta) *expr.* **1.** Frecuencia comprendida entre los 300 y 3.000 megahercios que se emplea en las emisiones radiofónicas y televisivas. || *expr.* y *s. m.* **2.** Segundo canal de la televisión pública española. ■ Familiarmente se usa también en femenino.

ujier (del fr. *huissier*, de *huis*, puerta, y éste del lat. *ostium*) *s. m.* **1.** Portero de un palacio o de un tribunal. **2.** Empleado subalterno de algunos tribunales y organismos del Estado. SIN. **1.** Conserje. **2.** Ordenanza, bedel.

ukelele (voz hawaiana) *s. m.* Instrumento musical de cuatro cuerdas y mástil largo, de menor tamaño que la guitarra. Se emplea en música de baile.

ulano (del turco *oglan*, joven, servidor, soldado de caballería ligera, a través del al. *Uhlan*, lancero) *s. m.* Soldado de caballería de los antiguos ejércitos imperiales alemán, austriaco y ruso, que iba armado con una lanza.

úlcera (del lat. *ulcera*, de *ulcus*, *-eris*, llaga) *s. f.* **1.** Lesión que aparece en la piel o en otros tejidos orgánicos, de difícil cicatrización; p. ej., la úlcera gastroduodenal, que aparece en la mucosa del estómago o del duodeno. **2.** Daño en la parte leñosa de las plantas que se manifiesta por la secreción de savia corrompida. **SIN. 1.** Llaga, ulceración. **FAM.** Ulcerar, ulcerativo, ulceroso.

ulceración (del lat. *ulceratio*, *-onis*) *s. f.* **1.** Acción de ulcerar o ulcerarse. **2.** Úlcera, especialmente la superficial. **SIN. 2.** Llaga.

ulcerar (del lat. *ulcerare*) *v. tr.* Producir úlceras. Se usa mucho como *v. prnl.* **SIN.** Llagar(se). **FAM.** Ulceración, ulcerante. ÚLCERA.

ulema (del ár. *ulama*, de *alim*, sabio) *s. m.* Doctor de la ley islámica, estudioso del *Corán* y la tradición.

uliginoso (del lat. *uliginosus*, de *uligo*, *-inis*, humedad) *adj.* Se dice de los terrenos húmedos y de las plantas que crecen en ellos.

ulmáceo, a (del lat. *ulmus*, olmo) *adj.* **1.** Se dice de las plantas arbustivas o arbóreas con hojas alternas, flores solitarias o en cimas, generalmente de color verde, y fruto en nuez, sámara o drupa. Crecen en regiones templadas del hemisferio N y en regiones tropicales y subtropicales. También *s. f.* || *s. f. pl.* **2.** Familia formada por estas plantas a la que pertenecen el olmo y el almez.

ulterior (del lat. *ulterior*, *-oris*) *adj.* **1.** Posterior, que va detrás: *En ediciones ulteriores de la obra podrán corregirse los errores.* **2.** Se aplica a lo que está más allá de un lugar determinado: *la Europa ulterior a los Pirineos.* **3.** En hist., se dice de la zona de los territorios del imperio romano que estaba más alejada de Roma: *la Hispania ulterior.* **SIN. 1.** Siguiente, sucesivo, subsiguiente. **ANT. 1.** Previo. **3.** Citerior. **FAM.** Ulteriormente.

ultimador, ra *s. m.* y *f. Amér.* Asesino, criminal.

últimamente *adv. t.* **1.** Hace poco tiempo, en el pasado más reciente: *Últimamente viene poco por aquí.* **2.** Por último, finalmente.

ultimar (del lat. *ultimare*, de *ultimus*, último) *v. tr.* **1.** Terminar algo: *ultimar los preparativos de la fiesta.* **2.** *Amér.* Asesinar o matar a una persona o animal. **SIN. 1.** Finalizar, acabar, concluir, rematar. **ANT. 1.** Iniciar, empezar. **FAM.** Ultimador. ÚLTIMO.

ultimátum (del lat. *ultimatum*) *s. m.* **1.** Comunicación o propuesta definitiva que hace una de las partes en una negociación, especialmente en las relaciones entre estados: *Si no aceptan el ultimátum, estallará la guerra.* **2.** *fam.* Propuesta o decisión definitiva que incluye generalmente una amenaza para otra persona. ■ Su pl. es *ultimátums* o *ultimatos*. **SIN. 2.** Intimación, aviso.

último, ma (del lat. *ultimus*) *adj.* **1.** Que no tiene a nadie o nada detrás de sí. También *s. m.* y *f.* **2.** Se aplica a la persona o cosa que es peor o menos importante que el resto. También *s. m.* y *f.*: *En el trabajo es el último.* **3.** Se dice de las cosas más recientes en el tiempo: *Las últimas noticias son muy alarmantes.* **4.** Se dice de lo que está o se considera más lejano o escondido: *Colocó el adorno en el último rincón de la casa.* **5.** Aplicado a sustantivos como *caso*, *instancia*, *recurso*, etc., expresa que no hay otro posible o que es el más extremado: *Lo aceptó como última solución.* **6.** Que no es posible cambiarlo o es definitivo: *Ésta es mi última palabra.* **7.** Aplicado a sustantivos como *fin*, *aspiración*, etc., expresa que a ello se dirigen todas las acciones. **8.** Fundamental o más profundo: *las verdades últimas.* || **LOC. a la última** *adv.* A la moda más actual. **ahora último** *adv. Chile* Recientemente. **estar** alguien o algo **en las últimas** *fam.* Estar muriéndose; aplicado a cosas, estar acabándose o gastándose: *La bombona de gas está en las últimas.* También, estar muy apurado de una cosa, especialmente de dinero. **por último** *adv.* Finalmente. **ser** una cosa **lo último** *fam.* Ser algo excesivamente molesto, insoportable, inaceptable, etc.: *Que encima te pegara sería lo último.* **SIN. 1.** Postrero, postrer. **3.** Actual. **4.** Remoto, recóndito. **5.** Extremo. **6.** Terminante, concluyente. **ANT. 1.** a **3.** y **5.** Primero. **2.** Principal, mejor. **3.** Antiguo. **FAM.** Últimamente, ultimar, ultimátum. / Penúltimo.

ultra (del lat. *ultra*) *adj.* **1.** Se dice de las personas, ideologías, grupos políticos, etc., generalmente de extrema derecha, que tienen opiniones radicales y comportamientos violentos. También *s. m.* y *f.* **2.** P. ext., se dice de las personas radicales y violentas en cualquier actividad: *Al terminar el partido, los ultras saltaron al campo.* **3.** Relativo a esas personas, ideologías, grupos políticos, etc. **SIN. 1.** a **3.** Extremista, exaltado. **ANT. 1.** a **3.** Tolerante. **1.** y **3.** Demócrata. **FAM.** Ultraísmo.

ultra- (del lat. *ultra*) *pref.* **1.** Significa 'más allá, al otro lado': *ultramar, ultratumba.* **2.** Antepuesto a algunos adjetivos, 'muy, en exceso': *ultramicroscópico, ultraligero.*

ultrabásico, ca *adj.* Se dice de la roca eruptiva cuyo contenido en sílice es inferior al 45 %, como la serpentina o la peridotita.

ultracentrifugación *s. f.* Centrifugación a alta velocidad. Se emplea para separar radioisótopos de distintos elementos químicos y mezclas de isótopos naturales.

ultracorrección *s. f.* Fenómeno lingüístico que consiste en la deformación de una palabra por considerarla equivocadamente incorrecta; p. ej., decir *bacalado* en vez de *bacalao*, que es la forma correcta.

ultraderecha *s. f.* Extrema derecha: *un partido de ultraderecha.* **FAM.** Ultraderechista.

ultraísmo (del lat. *ultra*, más allá) *s. m.* Movimiento poético español e hispanoamericano surgido en la segunda década del s. XX, que centra su interés en la imagen y la metáfora. **FAM.** Ultraísta. ULTRA.

ultrajante *adj.* Que ultraja u ofende gravemente. **SIN.** Ofensivo, injurioso, vejatorio.

ultrajar *v. tr.* Ofender gravemente a alguien o algo con palabras, acciones o una actitud de desprecio. **SIN.** Agraviar, injuriar, afrentar, insultar, vejar. **ANT.** Honrar. **FAM.** Ultrajador, ultrajante, ultraje.

ultraje (del ant. fr. *outrage*, y éste del lat. *ultra*, más allá) *s. m.* Acción de ultrajar, y aquello con que se ultraja. **SIN.** Agravio, injuria, afrenta, insulto, vejación. **ANT.** Alabanza, honra.

ultraligero, ra *adj.* **1.** Muy ligero. || *s. m.* **2.** Aparato de poco peso que vuela a escasa altura, con un fuselaje muy simple.

ultramar *s. m.* **1.** Territorio o conjunto de territorios que están al otro lado del mar, considerados desde el lugar en que se habla. **2.** En particular, territorio o conjunto de territorios coloniales que están más allá del mar con respecto a su metrópoli: *las posesiones de ultramar.* || **3. azul de ultramar** Lapislázuli pulverizado que se emplea para hacer pintura azul, y también color de dicho mineral. **FAM.** Ultramarino. MAR.

ultramarino, na *adj.* **1.** Que está al otro lado del mar. **2.** Se aplica a los productos, generalmente comestibles, traídos del otro lado del mar, en especial de los territorios de América. También *s. m.*, sobre todo en *pl.* || *s. m. pl.* **3.** Tienda de comestibles. SIN. **1.** Transoceánico.

ultramicroscopio *s. m.* Microscopio que alcanza mayor resolución que el microscopio ordinario. FAM. Ultramicroscopía, ultramicroscópico. MICROSCOPIO.

ultramontano, na (de *ultra-* y el lat. *montanus*, del monte) *adj.* **1.** Que está situado más allá de los montes o proviene de allí: *viento ultramontano.* **2.** Partidario de las diversas doctrinas surgidas a lo largo de la historia que defienden el predominio de la autoridad papal en las relaciones entre Iglesia y Estado. También *s. m.* y *f.* **3.** P. ext., muy conservador, reaccionario. También *s. m.* y *f.* FAM. Ultramontanismo. MONTANO.

ultranza, a (del lat. *ultra*, más allá) *loc. adj.* y *adv.* Firme, sin atenuaciones, sin detenerse ante ningún obstáculo: *Es un pacifista a ultranza.*

ultrarradiación *s. f.* Radiación cósmica.

ultrarrojo, ja *adj.* Se dice de la radiación infrarroja.

ultrasónico, ca *adj.* Ultrasonoro*.

ultrasonido *s. m.* Onda sonora que no puede ser percibida por el oído humano debido a su elevada frecuencia. FAM. Ultrasónico, ultrasonoro. SONIDO.

ultrasonoro, ra *adj.* Relativo al ultrasonido. ■ Se dice también *ultrasónico.* ANT. Infrasonoro.

ultrasur *s. m.* y *f.* Miembro de un grupo de seguidores radicales y violentos del Real Madrid Club de Fútbol. ■ No varía en *pl.*

ultratumba *s. f.* Aquello que se cree o se supone que existe después de la muerte: *la vida de ultratumba.* También *adv.*

ultravioleta *adj.* Se aplica a la radiación electromagnética situada en el espectro por encima del color violeta.

úlula (del lat. *ulula*) *s. f.* Autillo*.

ulular (del lat. *ululare*) *v. intr.* **1.** Dar aullidos continuados el lobo y otros animales similares. **2.** Emitir alguien o algo sonidos parecidos, especialmente el viento. SIN. **1.** y **2.** Aullar.

uma *s. m.* Unidad de masa atómica en el Sistema Internacional.

umbela (del lat. *umbella*, quitasol) *s. f.* **1.** Grupo de flores o frutos que nacen de un mismo punto del tallo y se elevan a igual altura. **2.** Tejadillo que sobresale de la pared de una construcción. SIN. **2.** Voladizo.

umbelífero, ra *adj.* **1.** Se aplica a la planta herbácea de hojas divididas con peciolos que se prolongan en vainas que rodean el tallo, flores en inflorescencias del tipo umbela compuesta y frutos en aquenio doble. Muchas especies tienen raíz comestible, otras son medicinales, algunas se emplean como condimento y las hay que son tóxicas. Umbelíferas son la zanahoria, el apio, el perejil y la cicuta. También *s. f.* || *s. f. pl.* **2.** Familia constituida por estas plantas.

umbilicación *s. f.* Aparición de un hueco o hundimiento en la piel que cubre una lesión.

umbilicado, da (del lat. *umbilicatus*) *adj.* Que tiene forma de ombligo.

umbilical (del lat. *umbilicaris*) *adj.* **1.** Del ombligo. || **2. cordón umbilical** Véase **cordón.** FAM. Umbilicación, umbilicado. OMBLIGO.

umbráculo (del lat. *umbraculum*) *s. m.* Cobertizo elaborado con ramas y otros materiales para proteger a las plantas del sol o para dar sombra en algún lugar.

umbral (del lat. *liminario*, de *limen*, umbral) *s. m.* **1.** Parte inferior del hueco de una puerta, en el suelo. **2.** Comienzo de una época, actividad, proceso, etc. Se usa más en *pl.*: *los umbrales de la Edad Media.* **3.** Punto límite de un estado, situación, etc., con respecto a otro. Se usa más en *pl.*: *El equipo se ha quedado en los umbrales de la final del mundial.* **4.** En arq., viga que se atraviesa en la parte alta del hueco de una puerta o ventana para sostener el muro que hay encima. **5.** Valor o intensidad mínima de un agente, estímulo, señal, etc., capaz de producir un determinado efecto: *umbral de audición.* **6.** En geol., pequeña elevación del terreno que separa dos valles o depresiones. SIN. **2.** y **3.** Filo, borde. FAM. Umbralado.

umbralado *s. m. Amér. del S.* Umbral.

umbrátil *adj.* **1.** Umbroso*. **2.** Que tiene sombra o apariencia de algo.

umbrela (del lat. *umbra*, sombra) *s. f.* Masa gelatinosa y transparente que forma la parte superior redondeada del cuerpo de las medusas.

umbría *s. f.* Parte o lado de un monte, terreno, etc., que está habitualmente en sombra. ANT. Solana. FAM. Umbráculo, umbrela, umbrío, umbroso. / Penumbra.

umbrío, a (del lat. *umbra*, sombra) *adj.* Que está en sombra. SIN. Umbroso, sombreado, sombrío. ANT. Soleado.

umbro, bra *adj.* **1.** De un antiguo pueblo itálico asentado en Umbría a comienzos del primer milenio a. C. También *s. m.* y *f.* **2.** De la actual Umbría, región de Italia. También *s. m.* y *f.* || *s. m.* **3.** Lengua indoeuropea hablada por el antiguo pueblo de esta región.

umbroso, sa (del lat. *umbrosus*) *adj.* **1.** Que está en sombra. **2.** Se aplica a lo que produce sombra: *un paraje con árboles umbrosos.* SIN. **1.** Sombrío, umbrío, sombreado. ANT. **1.** Soleado.

umma *s. f.* Comunidad formada por todos los creyentes musulmanes.

un, una (del lat. *unus*) *art. indet.* **1.** Sirve para designar a alguien o algo que no es conocido, determinado o concreto, o que no ha sido mencionado anteriormente: *Se encontraron en una cafetería.* ■ Se considera también adj. indef., pues en ocasiones funciona de manera semejante a *algún, alguna*: *Que venga un médico.* || *adj. num. card.* **2.** Indica que de lo expresado por el sustantivo al que acompaña existe o se considera la cantidad de elementos representada por el número uno. ■ Delante de sustantivos femeninos que empiecen por *a* o *ha* acentuadas, se emplea la forma *un*: *un ave.*

unamuniano, na *adj.* Propio del escritor Miguel de Unamuno y de su obra, o que tiene alguna de las cualidades de su producción literaria.

unánime (del lat. *unanimis*, de *unus*, uno, y *animus*, ánimo) *adj.* Se aplica al conjunto de personas cuyos miembros tienen la misma idea, actitud, sentimiento, etc., y también a estas ideas, actitudes, etc. SIN. Acorde, conforme. ANT. Dividido, disconforme. FAM. Unánimemente, unanimidad. ÁNIMO.

unanimidad *s. f.* Hecho de tener todas las personas de un grupo la misma idea o actitud respecto de algo. || LOC. **por unanimidad** *adv.* Sin discrepancia, unánimemente.

uncial (del lat. *uncialis*, de una pulgada) *adj.* Se dice del tipo de escritura, utilizada hasta el s. VII, en que todas las letras eran mayúsculas, y de cada una de esas letras. También *s. f.*

unciforme (del lat. *uncus*, garfio, y *-forme*) *adj.* Se aplica a uno de los huesos de la segunda fila del carpo en el hombre. También *s. m.*

unción (del lat. *unctio, -onis*) *s. f.* **1.** Acción de ungir. **2.** Sacramento de la extremaunción. **3.** Devoción y recogimiento con que alguien expresa un sentimiento, realiza un acto religioso, etc.: *Seguía la misa con auténtica unción.* **4.** P. ext., actitud de dedicación y atención extremadas con que alguien hace algo: *Se ha entregado con unción al cuidado de sus padres.* **SIN. 3.** Piedad. **3.** y **4.** Fervor. **FAM.** Extremaunción. UNGIR.

uncir (del lat. *iungere*) *v. tr.* Sujetar a los animales de tiro, como bueyes, mulas, caballos, etc., a aquello de lo que tienen que tirar: *uncir las mulas al carro.* ■ Delante de *a* y *o* se escribe *z* en lugar de *c*: *unzo.* **SIN.** Aparear, enganchar. **FAM.** Desuncir.

uncu (quechua, significa 'túnica') *s. m. Perú* Prenda de vestir usada por los indios, sin mangas, que cubre el cuerpo hasta las rodillas.

undécimo, ma (del lat. *undecimus*) *adj. num. ord.* **1.** Que ocupa por orden el número once. También *s. m.* y *f.* || *adj. num. part.* **2.** Se aplica a cada una de las once partes iguales en que se divide un todo. También *s. m.* **SIN. 1.** Onceno, decimoprimero. **2.** Onceavo. **FAM.** Undécuplo. / Once. DÉCIMO.

undécuplo, pla (del lat. *undecuplus*) *adj.* Que contiene un número o una cantidad exactamente once veces. También *s. m.* y *f.*

underground (ingl.) *adj.* **1.** Se dice de las manifestaciones artísticas o literarias que se apartan de la tradición o de las corrientes contemporáneas y no siguen las estructuras o modelos establecidos. En particular, se aplica a cierto movimiento surgido en Nueva York en los años sesenta del siglo XX. **2.** Relativo a estas manifestaciones o movimientos o partidario de ellos. También *s. m.* y *f.*

ungido, da 1. *p.* de **ungir**. || *adj.* **2.** Se dice de la persona a la que le ha sido aplicado el óleo en un sacramento o ceremonia religiosa. También *s. m.* y *f.* **3.** Dotado de alguna cualidad espiritual excepcional.

ungir (del lat. *ungere*) *v. tr.* **1.** Aplicar un líquido graso, como aceite o perfume, sobre la superficie de algo: *Ungieron su cuerpo con un bálsamo muy oloroso.* También *v. prnl.* **2.** Aplicar el óleo sagrado sobre alguna parte del cuerpo de una persona para administrarle un sacramento u otorgarle alguna dignidad. **3.** En lenguaje culto, dotar a alguien de una cualidad espiritual excepcional. ■ Delante de *a* y *o* se escribe *j* en lugar de *g*: *unjáis.* **SIN. 1.** Untar(se). **FAM.** Unción, ungido, ungimiento, ungüento.

ungüento (del lat. *unguentum*) *s. m.* **1.** Cualquier sustancia líquida o pastosa que se unta en el cuerpo y, particularmente, las que tienen fines curativos, como pomadas, linimentos, etc. **2.** Aquello con que se pretende arreglar una situación o atraer la voluntad de una persona. || **3. ungüento amarillo** Sustancia que se usaba para provocar la supuración; también, familiarmente y en tono irónico, aquello que se considera remedio para todo. **SIN. 1.** Pomada, crema, bálsamo. **3.** Panacea.

unguiculado, da (del lat. *unguicula*, uña pequeña) *adj.* Se dice del animal que tiene los dedos terminados en uñas. También *s. m.* y *f.*

unguis (del lat. *unguis*) *s. m.* Hueso muy pequeño y delgado de la parte delantera e interna de las órbitas de los ojos, que contribuye a formar los conductos lacrimal y nasal. ■ No varía en *pl.*

ungulado, da (del lat. *ungulatus*, de *ungula*, uña, casco) *adj.* **1.** Se dice de los mamíferos perisodáctilos y artiodáctilos que tienen un casco o pezuña que recubre la última de sus falanges. También *s. m.* || *s. m. pl.* **2.** Grupo de estos animales, que en la actualidad carece de valor taxonómico.

ungular (del lat. *ungularis*, de *ungula*, uña) *adj.* Relativo a la uña. **FAM.** Unguiculado, unguis, ungulado. UÑA.

uni- (del lat. *unus*) *pref.* Significa 'uno': *unifamiliar, unilateral.*

unicameral (de *uni-* y el lat. *camera*, cámara, cúpula) *adj.* De una sola cámara; se aplica especialmente al sistema político y a su órgano legislativo correspondiente. **ANT.** Bicameral. **FAM.** Unicameralismo. CÁMARA.

unicaule (de *uni-* y del lat. *caulis*, tallo) *adj.* Se dice de la planta que tiene un solo tallo.

unicelular *adj.* Se aplica al ser vivo cuyo organismo completo está formado por una sola célula: *algas unicelulares.* **ANT.** Pluricelular.

unicidad (del lat. *unicitas, -atis*) *s. f.* Cualidad de único: *Para algunas religiones la unicidad es uno de los atributos de Dios.* **ANT.** Pluralidad, diversidad.

único, ca (del lat. *unicus*) *adj.* **1.** Se aplica a la persona o cosa de cuyo género, clase o características no existe otra: *Eres la única persona que conozco en Madrid.* También *s. m.* y *f.*: *Es el único que puede venir hoy.* ■ Como adj., suele preceder al sustantivo al que acompaña. **2.** Se dice de la persona o cosa extraordinaria o fuera de lo común: *Este niño es único contando chistes.* ■ En esta acepción, suele ir detrás del sustantivo al que afecta. **SIN. 1.** Solo. **2.** Excepcional, singular, excelente, inmejorable. **ANT. 2.** Común, corriente. **FAM.** Únicamente, unicidad.

unicornio (del lat. *unicornis*, de *unus*, uno, y *cornu*, cuerno) *s. m.* **1.** Animal imaginario con forma de caballo y un cuerno en medio de la frente. **2.** Rinoceronte*.

unidad (del lat. *unitas, -atis*) *s. f.* **1.** Cada una de las cosas diferenciadas que se encuentran en un conjunto. Se usa mucho en *pl.*: *Los lápices vienen en paquetes de diez unidades.* **2.** Cualidad de las cosas que constituyen un conjunto armonioso o uniforme o de aquellas que no pueden dividirse sin dejar de ser lo que son: *Hay mucha unidad entre los compañeros de clase. Las obras clásicas tenían unidad de lugar, tiempo y acción.* **3.** Entidad que posee esa cualidad: *Todos los capítulos del libro forman una perfecta unidad; unidad lingüística.* **4.** Cada una de las partes con cierta independencia en que se dividen algunas organizaciones: *una unidad de policía.* **5.** En fís., magnitud que se toma como término de comparación para medir otras de su especie. **6.** En mat., el primer número natural, cuyo símbolo es 1. **7.** En inform., cada uno de los elementos físicos o lógicos que integran un sistema informático. **SIN. 1.** Elemento. **2.** Armonía, conformidad, coherencia, unión; indivisibilidad. **ANT. 2.** Desunión; divisibilidad. **FAM.** Unitario.

unidimensional *adj.* Que tiene sólo una dimensión.

unidireccional *adj.* Se dice de la circulación, movimiento, etc., que va en una sola dirección.

unido, da 1. *p.* de **unir**. También *adj.* || *adj.* **2.** Se dice de las personas que sienten mucho cariño entre sí: *Está muy unida a su hermana.*

unifamiliar *adj.* Que está formado por una sola familia o es apto para ella: *vivienda unifamiliar, empresa unifamiliar.* **SIN.** Familiar.

unificación *s. f.* Acción de unir, unificar o unificarse.

unificar (de *uni-* y el lat. *facere*, hacer) *v. tr.* **1.** Poner juntas personas o cosas distintas o independientes para que formen un todo, contribuyan a una misma acción o finalidad, etc.: *Hay que unificar los esfuerzos por la paz mundial.* También *v. prnl.* **2.** Igualar, equiparar: *Van a unificar los precios de las consultas médicas.* También *v. prnl.* ▪ Delante de *e* se escribe *qu* en lugar de *c*: *unifique.* **SIN. 1.** Unir(se), reunir(se), sumar(se), aunar(se). **2.** Equilibrar(se). **ANT. 1.** Dividir(se), separar(se). **2.** Diversificar(se). **FAM.** Unificación, unificador. / Reunificar.

unifoliado, da (de *uni-* y el lat. *folium*, hoja) *adj.* Que tiene una sola hoja.

uniformado, da 1. *p.* de **uniformar**. También *adj.* ‖ *s. m.* **2.** *Arg.*, *Col.* y *Urug.* Agente de policía.

uniformar *v. tr.* **1.** Hacer iguales o semejantes en algo a dos o más personas o cosas: *Quiere uniformar los estilos de la decoración de la casa.* También *v. prnl.* **2.** Hacer que vista uniforme una persona o grupo de personas. **SIN. 1.** Igualar(se), unificar(se). **ANT. 1.** Diversificar(se). **FAM.** Uniformado, uniformador, uniforme. FORMAR.

uniforme (del lat. *uniformis*) *adj.* **1.** Se dice del conjunto de personas o cosas que son iguales o semejantes; también se aplica a cada una de las personas o cosas que forman este conjunto y a sus características o cualidades: *un grupo de alumnos uniforme por su edad. Los manzanos del huerto son muy uniformes en tamaño.* **2.** Se dice de aquello que no cambia en sus características, desarrollo, etc.: *un movimiento uniforme, un tono de voz uniforme.* ‖ *s. m.* **3.** Vestido o traje especial de algunas personas, igual o semejante para todos los que realizan un determinado trabajo o pertenecen a un determinado cuerpo, colegio, establecimiento, etc. **SIN. 1.** Homogéneo, parejo; parecido, similar. **2.** Constante, regular. **ANT. 1.** Heterogéneo; diferente. **FAM.** Uniformemente, uniformidad, uniformizar. UNIFORMAR.

uniformidad *s. f.* Cualidad de uniforme. **SIN.** Homogeneidad, regularidad.

uniformizar *v. tr.* Hacer que varias personas o cosas formen un conjunto uniforme. También *v. prnl.* ▪ Delante de *e* se escribe *c* en lugar de *z*: *uniformice.* **SIN.** Uniformar(se), unificar(se), igualar(se). **ANT.** Diferenciar(se), distinguir(se).

unigénito, ta (del lat. *unigenitus*, de *unus*, uno, y *genitus*, engendrado) *adj.* **1.** Se dice del hijo único. ‖ *s. m.* **2.** Precedido del artículo *el*, Jesucristo. ▪ En esta acepción se escribe con mayúscula.

unilateral *adj.* **1.** Que se refiere sólo a una de las partes o aspectos de algo: *Tiene una visión unilateral del asunto; decisión unilateral.* **2.** En bot., se aplica al órgano que está situado sólo a uno de los lados de una planta u otro organismo vegetal. **SIN. 1.** Parcial. **ANT. 1.** Global; bilateral. **FAM.** Unilateralidad, unilateralmente.

unilineal *adj.* Que consta de una sola línea o afecta a una sola línea, particularmente en las relaciones de parentesco.

unilocular (de *uni-* y el lat. *loculus*, de *locus*, lugar) *adj.* En bot., se dice del órgano que posee una sola cavidad.

unión (del lat. *unio, -onis*) *s. f.* **1.** Acción de unir o unirse: *la unión de las dos casas, entre los políticos, de dos novios, etc.* **2.** Lugar o punto en que se unen dos o más cosas: *Tienen que reparar la unión de las dos cañerías.* **3.** Entidad que surge al unirse ciertas cosas, p. ej. territorios, países, partidos políticos, tendencias, profesionales de un mismo ramo, etc. ▪ En esta acepción es frecuente el uso como nombre propio: *Unión Europea.* **SIN. 1.** Unificación, ensamblamiento, amalgama; reunión; relación; armonía; casamiento, boda. **2.** Junta, juntura. **3.** Alianza, confederación. **ANT. 1.** Desunión, separación; enfrentamiento. **FAM.** Unionismo. UNIR.

unionismo *s. m.* Doctrina que defiende la unión o asociación de países, estados, etc., y particularmente la unión de Irlanda del Norte y Gran Bretaña. **FAM.** Unionista. UNIÓN.

uníparo, ra (de *uni-* y el lat. *parere*, engendrar) *adj.* **1.** En las plantas, se dice del órgano que produce un solo elemento. **2.** Se dice de la hembra de los mamíferos que tiene una sola cría en cada parto.

unípede (del lat. *unipes, -edis*) *adj.* Que tiene un solo pie.

unipersonal *adj.* **1.** Que es para o de una sola persona: *vivienda unipersonal, opinión unipersonal.* **2.** Se aplica a los verbos que se conjugan sólo en 3.ª persona del singular, p. ej. los que indican fenómenos atmosféricos, como *llover* o *nevar.* **SIN. 1.** Individual, personal. **ANT. 1.** General, común.

unipolar *adj.* En electricidad, que tiene un solo polo.

unir (del lat. *unire*) *v. tr.* **1.** Hacer que dos o más personas o cosas queden juntas, comunicadas, formando una sola unidad, realicen una misma actividad, contribuyan a un mismo fin, etc. También *v. prnl.*: *Se unió a nosotros para jugar a las cartas.* **2.** Realizar una mezcla y hacer que espese: *Tienes que aprender a unir bien la mayonesa.* También *v. intr.* **3.** Hacer que estén de acuerdo o en armonía dos o más personas, o sus deseos, opiniones, etc.: *Les une la ilusión por las mismas cosas.* También *v. prnl.* **4.** Casar a alguien. También *v. prnl.*: *Se unirán el próximo lunes en la parroquia.* **5.** En med., cerrar una herida. **SIN. 1.** Juntar(se), aunar(se), ensamblar(se), agrupar(se), asociar(se), integrar(se); acoplar(se); combinar(se). **2.** Ligar, trabar. **3.** Armonizar. **ANT. 1.** y **3.** Dividir(se). **1.**, **3.** y **4.** Separar(se). **2.** Cortar(se). **3.** Enemistar(se). **5.** Abrir(se). **FAM.** Unible, unidamente, unido, unidor, unión, unitivo. / Desunir, reunir.

unisex *adj.* Se dice de la moda, prendas o ciertos establecimientos adecuados tanto para hombres como para mujeres: *un pantalón unisex.* ▪ No varía en *pl.*

unisexuado, da *adj.* Que tiene un solo sexo.

unisexual *adj.* **1.** Se aplica a los seres vivos animales o vegetales que tienen un solo sexo. **2.** Se aplica a las flores que tienen sólo órganos reproductores masculinos o femeninos. **ANT. 1.** Bisexual. **FAM.** Unisex, unisexuado. SEXUAL.

unisonancia (de *uni-* y el lat. *sonare*, sonar) *s. f.* **1.** Cualidad de unísono. **2.** Forma de hablar de una persona, manteniendo todo el tiempo el mismo tono de voz. **SIN. 2.** Monotonía.

unísono, na (del lat. *unisonus*) *adj.* Se dice de aquello que suena en el mismo tono o al mismo tiempo que otra cosa o del conjunto que forman. También *s. m.*: *Hay varios compases de unísono en la partitura.* ‖ **LOC. al unísono** *adv.* Sonando al mismo tiempo, especialmente las voces, o con el mismo tono, p. ej. varios instrumentos musicales. También, de manera unánime, con las mismas opiniones o los mismos fines. **FAM.** Unisonancia. SON.

unitario, ria (del lat. *unitas, -atis*, unidad) *adj.* **1.** Que tiene unidad o tiende a ella: *un esfuerzo unitario, una institución unitaria.* **2.** Seguidor del unitarismo en materia religiosa. También *s. m.* y *f.* **SIN. 1.** Conjunto, coherente; unificador. **ANT. 1.** Múltiple, incoherente, misceláneo; separatista. **FAM.** Unitarismo. UNIDAD.

unitarismo *s. m.* **1.** Doctrina o corriente política partidaria de la centralización del poder de un estado o de una comunidad internacional y contraria a la iniciativa o autonomía de otras unidades políticas menores. **2.** Doctrina protestante que no reconoce en Dios más que una sola persona, negando el dogma de la Trinidad. **SIN. 1.** Centralismo. **ANT. 1.** Separatismo. **FAM.** Unitarista. UNITARIO.

unitivo, va (del lat. *unitivus*) *adj.* Que une o sirve para unir: *tejido unitivo.*

univalvo, va *adj.* **1.** Se dice de la concha formada por una sola pieza y del molusco que tiene ese tipo de concha. También *s. m.* y *f.* **2.** Se dice del fruto cuya envoltura tiene una sola sutura.

universal (del lat. *universalis*) *adj.* **1.** Del universo. **2.** Relativo a todo el mundo, a todas las épocas o a todas las personas: *historia universal.* **3.** Que existe o es conocido en todas partes: *la fama universal de Homero.* **4.** Que es general en el ámbito que se expresa: *El paro es un problema universal de nuestras sociedades.* **5.** En lóg., se dice de la expresión que designa a todos los individuos de una clase. También se aplica a la proposición cuyo sujeto es tomado en toda su extensión. || *s. m. pl.* **6.** En fil., ideas o conceptos formados por abstracción, que representan un conjunto de realidades reducidas a una unidad común. **SIN. 1.** Cósmico, espacial, cosmológico. **2.** Mundial. **4.** Común, genérico. **ANT. 2.** y **3.** Local. **4.** Particular. **FAM.** Universalidad, universalismo, universalizar, universalmente. UNIVERSO.

universalidad *s. f.* Cualidad o carácter de lo que es universal.

universalismo *s. m.* **1.** Cualidad de universal. **2.** Doctrina política partidaria de la unificación de los estados y la creación de un estado universal. **SIN. 1.** Universalidad, generalidad, totalidad. **2.** Unitarismo. **ANT. 1.** Parcialidad. **2.** Nacionalismo. **FAM.** Universalista. UNIVERSAL.

universalizar *v. tr.* Hacer universal o general una cosa: *Los medios de comunicación ayudan a universalizar la cultura.* ■ Delante de *e* se escribe *c* en lugar de *z*: *universalice.* **SIN.** Extender, difundir, generalizar. **ANT.** Particularizar, restringir. **FAM.** Universalización. UNIVERSAL.

universidad (del lat. *universitas, -atis*) *s. f.* **1.** Institución dedicada a la enseñanza superior y a la investigación, que comprende diversas facultades y que concede los correspondientes títulos académicos: *Es licenciado en ciencias físicas por la universidad de Salamanca.* **2.** Conjunto de edificios y terrenos donde esta institución está instalada: *No sé cuál es el autobús que va a la universidad.* **3.** Conjunto de personas que enseñan, estudian o trabajan en esta institución: *Toda la universidad apoyó la postura del rector.* **FAM.** Universitario. UNIVERSO.

universitario, ria *adj.* **1.** De la universidad: *instalación universitaria, profesor universitario.* **2.** Que ha obtenido un título en la universidad o realiza en ella sus estudios. También *s. m.* y *f.*: *Un universitario me da clases de latín.* **SIN. 2.** Licenciado, titulado.

universo (del lat. *universus*) *s. m.* **1.** Conjunto de todas las cosas materiales que existen. **2.** Conjunto unitario que forman ciertas cosas inmateriales, p. ej. las ideas, las experiencias, etc.: *el universo poético de Machado.* **3.** Conjunto de individuos o elementos que se someten a estudio estadístico. **SIN. 1.** Cosmos, creación. **1.** y **2.** Mundo. **FAM.** Universal, universidad.

univitelino (de *uni-* y el lat. *vitellus*, yema de huevo) *adj.* Se aplica a los gemelos que provienen de un solo óvulo.

univocidad *s. f.* Cualidad de unívoco.

unívoco, ca (del lat. *univocus*, de *unus*, uno, y *vox, vocis*, voz, palabra) *adj.* **1.** Se aplica a la palabra, expresión, etc., de un solo significado y a este significado: *La interpretación del texto es unívoca.* **2.** De igual naturaleza o valor que otra cosa. || **3. correspondencia unívoca** En mat., aquella en que a cada elemento del primer conjunto le corresponde uno y sólo uno del segundo. **SIN. 1.** Claro; único. **ANT. 1.** Ambiguo; polisémico. **FAM.** Unívocamente, univocidad. / Biunívoco.

-uno, na *suf.* Forma adjetivos con el significado de 'propio de': *perruno, moruno, hombruna*; o 'perteneciente a un tipo de animales, particularmente de ganado': *vacuno.*

uno, una (del lat. *unus*) *adj.* **1.** Se dice de aquello que no está dividido en sí mismo: *El edificio es uno, aunque parezca que tiene muchas partes.* **2.** Se dice de la persona o cosa que está unida a otra física o moralmente: *Padre e hijo son uno.* **3.** Que es igual o lo mismo que otra cosa que se expresa. || *adj. indef.* **4.** Antepuesto a un número cardinal que no sea la unidad, expresa aproximación: *Eso te habrá costado unas mil pesetas.* || *pron. indef.* **5.** Se emplea para referirse a una persona cualquiera o a aquella cuyo nombre no se conoce o no se quiere decir: *Llegó uno y dijo que lo sabía.* ■ En sing., se usa también referido a la persona que habla: *Uno sólo pretende ayudar.* **6.** Unido a *con otro*, indica promedio: *He comprado varios libros; unos con otros me han salido a 2.000 pesetas cada volumen.* **7.** Con sentido distributivo se emplea contrapuesto a *otro*: *En la fiesta, unos comían, otros bailaban...* ■ En este caso puede ir precedido de artículo determinado: *Los unos reían, los otros lloraban.* **8.** *fam.* En femenino, se usa con el significado de una trastada, un disparate, un lío, etc.: *Se armó una que no te quiero ni contar.* || *pron. num. card.* **9.** Se emplea para indicar que se toma o considera un único elemento o cantidad de algo que se conoce o que se ha mencionado anteriormente: *Yo quiero uno, no dos.* || *adj. num. ord.* **10.** Primero: *el día uno.* También *pron.* || *s. m.* **11.** Nombre del primero de los números naturales. **12.** Signo con que se expresa ese número. **13.** Unidad o cantidad que se toma como término de comparación. || **LOC. a una** *adv.* En armonía o de acuerdo; también, a la vez. **no dar** (**acertar**, **coger**, etc.) **una** (o **ni una**) *fam.* Estar siempre desacertado. **ser todo uno** Parecerse o ser iguales varias cosas; también, suceder algo inmediatamente después de una cosa, o ser consecuencia forzosa de ésta: *Caerse y levantarse fue todo uno.* **una de** *fam.* Seguido de un sustantivo, indica gran cantidad de lo que se expresa: *Había una de gente, que no pude entrar.* **una de dos** Expresión con que se introduce una elección o disyunción: *Una de dos, o entras o sales, pero no te quedes en la puerta.* **uno por uno** *adv.* De uno en uno, uno cada vez. **FAM.** Un, único, unidad, unificar, unigénito, unir. / Aunar, veintiuno.

untada *s. f.* **1.** *Col.* y *Urug. fam.* Acción de untar o untarse. **2.** Gratificación a un funcionario.

untadura *s. f.* **1.** Acción de untar o untarse. **2.** Sustancia con que se unta: *Se manchó las manos con la untadura.* **SIN. 1.** Untamiento. **1.** y **2.** Untura. **2.** Unto.

untar (del lat. vulg. *unctare*, y éste del lat. *ungere*) *v. tr.* **1.** Aplicar y extender una sustancia, generalmente grasienta, sobre la superficie de una cosa: *Le encanta untarle mermelada al pan.* **2.** *fam.* Sobornar*: *Con untar un poco a quien haga falta, resuelves tu problema.* || **untarse** *v. prnl.* **3.** Mancharse una persona o cosa con alguna sustancia: *Te has untado la cara con la pintura.* **4.** *fam.* Quedarse con algo de lo que se maneja o administra, especialmente dinero: *Ése se calla, pues también se ha untado.* **SIN. 1.** Embadurnar, bañar. **2.** Corromper, comprar. **2.** a **4.** Pringar(se). **FAM.** Untada, untador, untadura, untamiento, unte, unto, untura.

unte *s. m. fam.* Unto*.

unto *s. m.* **1.** Sustancia grasa, generalmente alimenticia o medicinal, apropiada para ser untada. **2.** Grasa o gordura que tienen algunos animales. **3.** *Amér.* Pomada. **4.** *Chile* Betún para limpiar el calzado. **SIN. 1.** Ungüento, untura, untadura. **2.** Manteca. **FAM.** Untuoso. UNTAR.

untuoso, sa (del lat. *unctum*, unto) *adj.* **1.** Pringoso, grasiento: *El suelo se ha manchado de algo untuoso.* **2.** Empalagoso, demasiado atento y amable: *Molesta con sus modales untuosos y falsos.* **SIN. 1.** Aceitoso, seboso. **1.** y **2.** Pegajoso. **FAM.** Untuosidad. UNTO.

untura (del lat. *unctura*) *s. f.* **1.** Acción de untar o untarse. **2.** Sustancia con la que se unta. **SIN. 1.** Untamiento. **1.** y **2.** Untadura. **2.** Unto, ungüento.

uña (del lat. *ungula*) *s. f.* **1.** Lámina córnea que nace y crece en las extremidades de los dedos del hombre y de otros vertebrados terrestres, constituida fundamentalmente por queratina. **2.** Casco o pezuña. **3.** Punta curvada en que termina la cola del alacrán y con la cual pica. **4.** Espina curvada que tienen algunas plantas. **5.** Gancho o punta doblada en que terminan algunos instrumentos, generalmente metálicos. **6.** Muesca, corte o agujero hecho en algunas piezas para poder moverlas empujándolas con el dedo. **7.** En mecánica, saliente de una pieza que sirve para acoplarla a otra. **8.** En marina, punta triangular en que terminan los brazos del ancla. || **9. uña de caballo** Planta herbácea de la familia compuestas, de grandes hojas dentadas y flores amarillas de muchos pétalos. || **LOC. a uña de caballo** *adv.* Corriendo, muy rápido: *Nos trajo a uña de caballo todo el camino.* **con uñas y dientes** *adv. fam.* Con toda la intensidad o la fuerza posible: *Se defendió con uñas y dientes.* **de uñas** *adv.* En actitud de enemistad o enfado: *¿Todavía estáis de uñas tu hermano y tú?* **dejar(se)** alguien **las uñas en** algo *fam.* Trabajar o esforzarse mucho en ello. **enseñar (mostrar** o **sacar) las uñas** a alguien Mostrarle agresividad o amenazarle. **ser uña y carne** dos o más personas Tener mucha amistad, estar muy compenetradas o ser inseparables. **SIN. 4.** Pincho. **7.** Pestaña, diente. **FAM.** Uñada, uñero, uñeta. / Cortaúñas, pintaúñas, ungular.

uñada *s. f.* **1.** Huella o señal que se deja en una cosa apretando sobre ella con la punta de la uña. **2.** Arañazo hecho con la uña. **SIN. 2.** Rasguño, zarpazo.

uñero *s. m.* **1.** Inflamación, a veces con pus, que se forma en la raíz de la uña. **2.** Herida que produce la uña cuando, al crecer demasiado y doblarse, se clava en la carne.

uñeta (dim. de *uña*) *s. f.* **1.** Cincel de punta ancha usado por los canteros. **2.** Especie de dedal que se emplea para tocar los instrumentos de cuerda. || **uñetas** *s. m.* **3.** *Amér. C.* y *Col.* Ladrón. ■ En esta acepción, no varía en *pl.*

¡upa! *interj.* ¡Aúpa!*. **FAM.** Upar. / ¡Aúpa!

upar *v. tr.* Aupar, levantar a alguien o ayudarle a que se levante, especialmente a un niño.

uperización o **uperisación** *s. f.* Procedimiento de esterilización de la leche mediante la inyección de vapor a presión hasta que alcanza una temperatura de 150 °C durante menos de un segundo. **FAM.** Uperisar, uperizar.

uperizar o **uperisar** *v. tr.* Esterilizar la leche mediante la inyección de vapor a presión hasta que alcanza los 150 °C durante menos de un segundo. ■ En el verbo *uperizar*, delante de *e* se escribe *c* en lugar de *z*: *uperice.*

upite *s. m. Arg.* Ano.

uppercut (ingl.) *s. m.* En boxeo, golpe dado de abajo arriba y con el brazo un poco inclinado.

uralaltaico o **uraloaltaico, ca** *adj.* **1.** Relativo a los Urales y al Altai. **2.** Se dice de la familia de lenguas aglutinantes, cuyos principales troncos son el mongol, el turco y el ugrofinés, y de los pueblos que hablan dichas lenguas. También *s. m.*

urálico, ca *adj.* Se dice de las lenguas de la familia lingüística del noreste de Europa y el noroeste de Asia. También *s. m.*

uralita (nombre comercial registrado) *s. f.* Material hecho de cemento y amianto mezclados, que se utiliza en la fabricación de placas onduladas para cubiertas de construcción y otros usos.

uranio (en atención al planeta *Urano*, descubierto poco antes que el elemento químico) *s. m.* Elemento químico perteneciente al grupo de los actínidos del sistema periódico, metal radiactivo, dúctil y maleable, de aspecto parecido al del acero. Tiene una gran importancia en la producción de energía mediante reacciones de fisión nuclear. También se ha usado en la bomba atómica. Su símbolo químico es *U.* **FAM.** Uránico. / Transuránico. URANIO -NIA.

uranio, nia (del gr. *uranios*, celeste, y éste de *uranos*, cielo) *adj.* Relativo a los astros y al espacio celeste. ■ Es de uso culto. **FAM.** Uranio, uranografía, uranometría.

Urano *n. p.* **1.** Séptimo planeta del Sistema Solar, de tamaño 14,6 veces mayor que el de la Tierra. **2.** Personificación del cielo en la mitología griega.

uranografía (del gr. *uranos*, cielo, y *-grafía*) *s. f.* Parte de la astronomía que se dedica a la descripción de los astros. **SIN.** Cosmografía.

uranometría (del gr. *uranos*, cielo, y *-metría*) *s. f.* Parte de la astronomía dedicada a la medición de las distancias existentes entre los astros.

urape *s. m. Amér. del S.* Planta arbustiva de tallo espinoso, hojas bilobuladas y flores blancas, utilizada en jardinería para formar setos.

urato (de *urea*) *s. m.* En bioquímica, denominación genérica de las sales del ácido úrico.

urbanícola *adj.* Que habita en una ciudad. También *s. m.* y *f.* ■ Se usa en sentido humorístico.

urbanidad (del lat. *urbanitas, -atis*) *s. f.* Comportamiento correcto y educado en el modo de actuar de una persona y en el trato social. **SIN.** Corrección, cortesía, educación, modales, maneras. **ANT.** Grosería, rudeza.

urbanismo *s. m.* Conjunto de conocimientos, estudios y actividades sobre la planificación, creación, desarrollo y modificación de los edificios y espacios de una ciudad, teniendo en cuenta las necesidades de sus habitantes. SIN. Urbanística. FAM. Urbanista. URBANO.

urbanista *adj.* **1.** Relativo al urbanismo. || *s. m.* y *f.* **2.** Persona que se dedica al urbanismo o tiene especiales conocimientos en esta materia.

urbanístico, ca *adj.* Del urbanismo: *El planeamiento urbanístico del nuevo barrio es muy acertado.*

urbanita *s. m.* y *f. fam.* Urbanícola*.

urbanización *s. f.* **1.** Acción de urbanizar. **2.** Conjunto de construcciones de iguales o semejantes características, dedicadas sobre todo a viviendas, que posee una serie de servicios propios y normalmente está situado en una zona abierta o en las afueras de una población: *Pasa el verano en una urbanización cerca de la costa.* **3.** Terreno delimitado, dotado de la infraestructura y servicios para construir en él un conjunto de edificaciones como el mencionado. SIN. **2.** Colonia.

urbanizador, ra *adj.* Se dice de la persona o empresa que se dedica a urbanizar un terreno. También *s. m.* y *f.*

urbanizar *v. tr.* **1.** Convertir un terreno en un centro de población habitable dotándolo de la infraestructura y los servicios necesarios para ello, abriendo calles, instalando el alumbrado, etc.: *Ya han urbanizado la zona de mi parcela.* **2.** Hacer que alguien aprenda las reglas o normas de la urbanidad. También *v. prnl.*: *Se ha urbanizado mucho desde que va a ese colegio.* ■ Delante de *e* se escribe *c* en lugar de *z*: *urbanice.* SIN. **2.** Educar, refinar(se). ANT. **2.** Embrutecer(se). FAM. Urbanización, urbanizador. URBANO.

urbano, na (del lat. *urbanus*, de *urbs, urbis*, ciudad) *adj.* **1.** De la ciudad: *habitante urbano, tráfico urbano.* **2.** Se dice de los miembros de la policía municipal: *un guardia urbano.* También *s. m.* y *f.* SIN. **1.** Ciudadano. ANT. **1.** Rural. FAM. Urbanícola, urbanidad, urbanismo, urbanístico, urbanita, urbanizar. / Conurbación, interurbano. URBE.

urbe (del lat. *urbs, urbis*) *s. f.* Ciudad grande e importante. SIN. Metrópoli, capital. ANT. Pueblo. FAM. Urbano. / Suburbio.

urbi et orbi (lat.) *loc. adv.* **1.** Significa 'a la ciudad y al mundo' y es empleada por el Papa para indicar que lo que dice o hace es extensivo al mundo entero. **2.** Por todas partes, a los cuatro vientos.

urca (del neerl. *hulk*) *s. f.* Embarcación grande, muy ancha por el centro, dedicada al transporte.

urchilla *s. f.* **1.** Cierto liquen que vive en las rocas bañadas por el agua del mar. **2.** Tinte de color violeta que se saca de este liquen.

urdidera *s. f.* Instrumento que se usa para devanar y preparar los hilos para las urdimbres. SIN. Urdidor.

urdidor, ra *adj.* **1.** Que urde. También *s. m.* y *f.* || *s. m.* **2.** Urdidera*.

urdimbre (de *urdir*) *s. f.* **1.** Conjunto de los hilos paralelos, espaciados regularmente y colocados en dirección longitudinal, por los que se pasa la trama para formar la base del tejido. **2.** Estos mismos hilos en la tela ya confeccionada. **3.** Acción de urdir o preparar un plan secreto. SIN. **3.** Intriga, maquinación.

urdir (del lat. *ordiri*) *v. tr.* **1.** Colocar los hilos en la urdidera para pasarlos al telar y realizar un tejido. **2.** Preparar en secreto alguna cosa, especialmente contra alguien: *Los prisioneros urdieron un motín.* SIN. **1.** Tejer. **2.** Maquinar, tramar, conspirar. FAM. Urdidera, urdidor, urdimbre.

urdu *s. m.* Lengua del grupo indoiranio, oficial en Pakistán; es una variedad del hindi.

urea (del gr. *uron*, orina) *s. f.* Sustancia orgánica que resulta de la degradación de sustancias nitrogenadas en el organismo de numerosas especies animales y que es eliminada con la orina. Se obtiene en laboratorio y se emplea en la obtención de fertilizantes y de productos farmacéuticos, así como en la síntesis de plásticos y resinas. FAM. Uremia, uréter, uretra, úrico. / Enuresis, oliguria, poliuria. ORINA.

uremia (del gr. *uron*, orina, y *aima*, sangre) *s. f.* Enfermedad producida por acumulación en la sangre de sustancias venenosas, especialmente urea, a causa del mal funcionamiento del riñón, que es el encargado de eliminarlas. FAM. Urémico. UREA.

urente (del lat. *urens, -entis*, de *urere*, quemar, abrasar) *adj.* Que quema o escuece. ■ Es de uso culto y se emplea particularmente en medicina. SIN. Abrasador, ardiente.

uréter (del gr. *ureter*) *s. m.* Cada uno de los dos conductos excretores por los que desciende la orina a la vejiga desde los riñones.

uretra (del lat. *urethra*, y éste del gr. *urethra*, de *ureo*, orinar) *s. f.* Conducto excretor por el que se expulsa al exterior la orina contenida en la vejiga. FAM. Urético, uretral, uretritis, uretroscopia. UREA.

uretritis *s. f.* **1.** Inflamación de la uretra. **2.** Blenorragia*. ■ No varía en *pl.*

uretroscopia *s. f.* Exploración visual del interior de la uretra.

urgencia (del lat. *urgentia*) *s. f.* **1.** Cualidad de urgente. **2.** Necesidad grande y apremiante de algo que se expresa: *Tienen urgencia de dinero.* **3.** Caso o asunto urgente o circunstancia en la que éstos se producen: *El médico no tuvo que atender ninguna urgencia.* || *s. f. pl.* **4.** Sección de los hospitales en que se recibe y atiende a los enfermos y heridos graves que necesitan cuidados médicos inmediatos: *le atendieron en urgencias.* SIN. **1.** Premura. **2.** y **3.** Aprieto, emergencia.

urgente (del lat. *urgens, -entis*) *adj.* **1.** Que urge: *un problema urgente. Tengo que hacer un viaje urgente.* **2.** Se dice especialmente de las cartas, telegramas, etc., que se envían utilizando un procedimiento especial para que lleguen antes a su destino. SIN. **1.** Apremiante, imperioso, acuciante, perentorio. FAM. Urgencia, urgentemente. URGIR.

urgir (del lat. *urgere*) *v. intr.* **1.** Ser muy necesario conseguir una cosa o hacer algo inmediatamente o lo más pronto posible: *Nos urgen mucho estas obras. Urge que vayas a casa.* **2.** Obligar a algo la ley o un precepto: *Esa norma urge la puntualidad.* ■ Delante de *a* y *o* se escribe *j* en lugar de *g*: *urjan.* SIN. **1.** Apremiar, acuciar. **1.** y **2.** Instar. FAM. Urgente.

úrico, ca (del gr. *uron*, orina) *adj.* **1.** Relativo a la orina. **2.** Relativo al ácido úrico. || **3. ácido úrico** Sustancia orgánica que se encuentra en la sangre, como uno de los productos finales del metabolismo, y que se elimina a través de la orina. SIN. **1.** Urinario. FAM. Urato, urinífero, urografía, urología. UREA.

urinario, ria (del lat. *urina*, orina) *adj.* **1.** Relativo a la orina, y particularmente al aparato o conjunto de órganos en los que se almacena y por los que se expulsa dicha sustancia: *vejiga urinaria.* || *s. m.* **2.** Local público con las instalaciones necesarias para que las personas orinen en él. **3.** Retrete adosado a la pared, en los servicios de caballeros, que sirve para orinar. SIN. **2.** Aseo. **3.** Mingitorio. FAM. Genitourinario. ORINA.

urinífero, ra *adj.* Se dice del conducto que tiene como función conducir la orina.

urna (del lat. *urna*) *s. f.* **1.** Caja comúnmente de vidrio u otro material transparente donde se depositan las papeletas de una votación, los números de un sorteo, etc. **2.** Caja con los lados planos y de material transparente que se utiliza para guardar objetos delicados, de manera que queden protegidos, pero resulten visibles. **3.** Vasija o caja usada para guardar dinero, restos, las cenizas de un difunto, etc. SIN. **3.** Cofre, arqueta.

uro (del lat. *urus*) *s. m.* Animal salvaje, desaparecido en el s. XVII, semejante al toro, pero de mayor tamaño, con grandes cuernos, y del que proceden probablemente las razas actuales de toros.

urocordado *adj.* Tunicado*.

urodelo (del gr. *ura*, cola, y *delos*, visible) *adj.* **1.** Se dice de los vertebrados anfibios que tienen el cuerpo alargado, extremidades cortas y cola larga y fuerte en estado adulto. Algunas especies carecen de branquias o pulmones y respiran por la piel y boca. La mayoría son ovíparos. Urodelos son los tritones, las salamandras, los ajolotes, etc. También *s. m.* || *s. m. pl.* **2.** Orden de estos animales.

urogallo (de *uro* y *gallo*) *s. m.* Ave galliforme de unos 85 cm de longitud, plumaje oscuro y cola en forma de abanico en el macho y de unos 60 cm, plumaje pardo y una mancha color ladrillo en el pecho en la hembra. Habita en regiones montañosas de bosque en Europa y Asia septentrional.

urogenital *adj.* De las vías y órganos genitales y urinarios. SIN. Genitourinario.

urografía (del gr. *uron*, orina, y *-grafía*) *s. f.* Radiografía del aparato urinario.

urología (del gr. *uron*, orina, y *-logía*) *s. f.* Rama de la medicina que estudia el aparato urinario y sus enfermedades. FAM. Urólogo. ÚRICO.

urólogo, ga *s. m.* y *f.* Médico especialista en urología.

urpila *s. f. Arg.*, *Bol.* y *Col.* Especie de paloma pequeña.

urraca (onomat.) *s. f.* **1.** Ave paseriforme, de unos 45 cm de longitud, plumaje iridiscente, negro con el vientre blanco, manchas blancas y azuladas en las alas y en la larga cola, y el pico negro y robusto. Se domestica con facilidad y suele recoger y guardar en su nido todo tipo de objetos brillantes. Habita en gran parte del hemisferio N. **2.** *fam.* Persona a la que gusta recoger y guardar todo tipo de objetos.

úrsido (del lat. *ursus*, oso) *adj.* **1.** Se dice del mamífero plantígrado del orden carnívoros, que tiene el cuerpo grande y pesado, cubierto de pelaje negro, blanco o pardo, potentes patas rematadas en garras y cola pequeña. Los úrsidos son los osos. También *s. m.* || *s. m. pl.* **2.** Familia de estos mamíferos.

urso, sa *s. m.* y *f. Arg.* y *Urug. fam.* Persona robusta y vigorosa.

ursulina *s. f.* **1.** Religiosa perteneciente a alguna de las congregaciones fundadas bajo la advocación de Santa Úrsula para la educación de niñas y el cuidado de enfermos. También *adj.* **2.** *fam.* Mujer excesivamente recatada y tímida.

urticáceo, a (del lat. *urtica*, ortiga) *adj.* **1.** Se dice de las plantas dicotiledóneas, de hojas simples, flores sin pétalos, generalmente unisexuales, agrupadas en cimas o capítulos y fruto en aquenio o drupa. Sus hojas generalmente están cubiertas de vello urticante. También *s. f.* || *s. f. pl.* **2.** Familia de estas plantas.

urticante *adj.* Que produce un picor o escozor parecido al que causa una ortiga.

urticaria (del lat. *urtica*, ortiga) *s. f.* Enfermedad de la piel que se caracteriza por la aparición de granos o manchas rojizas y por un escozor o picor intenso. Puede ser síntoma de una infección o de una reacción alérgica. FAM. Urticáceo, urticante. ORTIGA.

urú *s. m. Arg.* Ave galliforme parecida a la perdiz, de plumaje pardo con el vientre plomizo. Vive en América del Sur. ■ Su pl. es *urúes*, aunque también se utiliza *urús*. FAM. Urutaú.

urubú (guaraní) *s. m. Amér. del S.* Ave rapaz parecida al buitre, de gran tamaño. ■ Su pl. es *urubúes*, aunque también se utiliza *urubús*.

uruguayismo *s. m.* Palabra, expresión o modo de hablar peculiar de los hablantes uruguayos.

uruguayo, ya *adj.* De Uruguay. También *s. m.* y *f.* FAM. Uruguayismo.

urunday o **urundey** (del guaraní *hurundaibí*) *s. m. Amér.* Árbol que alcanza hasta 20 m de altura y tiene madera resinosa de color rojo oscuro, que se emplea en construcción, embarcaciones y fabricación de muebles.

urutaú (del guaraní *urutaú*, de *urú*, ave, pájaro, y *taú*, fantasma, duende) *s. m. Arg.*, *Par.* y *Urug.* Ave de unos 40 cm de longitud, con plumaje oscuro, que emite una voz característica parecida a una carcajada; tiene costumbres nocturnas.

usado, da 1. *p.* de **usar**. También *adj.*: *Ha comprado un coche usado.* || *adj.* **2.** Se aplica a lo que está gastado, estropeado o envejecido por el uso. SIN. **2.** Ajado, desgastado, deslucido, raído, viejo. ANT. **2.** Nuevo.

usanza *s. f.* Uso, costumbre o moda.

usar *v. tr.* **1.** Servirse de una cosa para algo: *Hoy no voy a usar el coche.* También *v. intr.* ■ Puede construirse con la prep. *de*: *Usó de toda su influencia.* **2.** Gastar cierto producto: *En casa usamos mucho el aceite de oliva.* **3.** Tener costumbre de ponerse una prenda de vestir, un adorno, etc.: *En invierno usa camiseta. Me gusta la colonia que usa tu hermana.* **4.** Hacer algo habitualmente o por costumbre. || **usarse** *v. prnl.* **5.** Estar de moda o ser muy frecuente una actividad o una cosa: *Ahora se usan las solapas estrechas.* SIN. **1.** Emplear, utilizar, valerse, disponer. **2.** Consumir. **3.** Llevar. **4.** Acostumbrar, soler. **5.** Estilarse. FAM. Usado, uso, usuario.

usía (síncopa de *vuestra señoría*) *expr.* Tratamiento de respeto para dirigirse a personas de una determinada dignidad o cargo. ■ Su uso ha quedado anticuado.

usina (del fr. *usine*) *s. f. Amér. del S.* Instalación industrial importante, en particular la destinada a la producción de gas, energía eléctrica, etc.

uso (del lat. *usus*) *s. m.* **1.** Acción de usar: *Las cosas se desgastan con el uso.* **2.** Aquello para lo que se usa algo: *Esa máquina tiene varios usos.* **3.** Modo de usar algo: *Está aprendiendo el uso de este ordenador.* **4.** Costumbre o manera de actuar que está de moda o es propio y característico de un país, un grupo de personas, una época determinada, etc. Se usa mucho en *pl.*: *Le costó acostumbrarse a los usos rurales.* **5.** En der., repetición de actos o comportamientos seguidos de manera uniforme por un grupo social, que sirve de base a la costumbre y que puede tener una repercusión jurídica. **6.** En lenguaje jurídico, derecho real por el que una persona puede usar una cosa ajena y percibir los frutos de ésta que basten para sus necesidades y las de su familia.

|| **7. uso de razón** Capacidad de juicio que adquiere una persona cuando pasa la primera niñez. || LOC. **al uso** *adv.* Según la costumbre propia de una época, grupo de personas, etc. **en uso** o **fuera de uso** *adv.* Con los verbos *estar, poner,* etc., ser usual o no; también, en situación de ser usada o lo contrario. **estar** una cosa **en buen uso** No estar estropeada, aunque ya se haya usado. ■ No confundir con la palabra homófona *huso,* 'cierto instrumento cilíndrico y alargado'. SIN. **1.** Utilización, empleo, disfrute, explotación, aprovechamiento, goce. **2.** Función, fin. **3.** Manejo. **4.** Usanza, hábito. FAM. Usanza, usual, usucapión, usufructo. / Abuso, desuso, inusitado, multiuso. USAR.

usted (de *vuestra merced*) *pron. pers. m.* y *f.* **1.** Forma de segunda persona singular que se utiliza como forma de tratamiento de cortesía y respeto. ■ Se construye con el verbo y formas pronominales en 3.ª pers.: *Cuando ustedes quieran, nos vamos. Usted se marchó a las siete.* **2.** *fam.* En ambientes de mucha confianza, en tono humorístico, puede equivaler a *tú* o *vosotros*: *Venga usted aquí, señorito.* || *pron. pers. m.* y *f. pl.* **3.** En algunas zonas de Andalucía y América, se utiliza como forma de confianza equivalente a *vosotros.* ■ En algunas regiones se construye con el verbo en 2.ª pers.: *Ustedes sois muy buenos amigos*; y en otras con el verbo en 3.ª pers.: *Si ustedes están conformes, me lo dicen.*

usual (del lat. *usualis*) *adj.* Que es común, habitual o frecuente: *Mi hora usual de comer es la una. Es usual verlos juntos.* SIN. Normal, corriente, acostumbrado. ANT. Inusual, raro. FAM. Usualmente. / Inusual. USO.

usuario, ria (del lat. *usuarius*) *adj.* **1.** Que usa normalmente una cosa. También *s. m.* y *f.*: *los usuarios de los transportes públicos.* **2.** En lenguaje jurídico, se dice de la persona que tiene derecho a usar algo con determinadas limitaciones. También *s. m.* y *f.* FAM. Ciberusuario. USAR.

usucapión (del lat. *usucapio, -onis*) *s. f.* En der., modo de adquirir la propiedad u otros derechos reales por la posesión continuada y a título de dueño de una cosa ajena durante un tiempo determinado y en las condiciones señaladas por la ley. FAM. Usucapir. USO.

usucapir (del lat. *usucapere,* de *usus,* uso, y *capere,* tomar) *v. tr.* En der., adquirir la propiedad u otro derecho real sobre una cosa por usucapión. ■ Es v. defect. Sólo tiene las formas de infinitivo, gerundio y participio: *usucapir, usucapiendo, usucapido.*

usufructo (del lat. *usufructus*) *s. m.* **1.** En lenguaje jurídico, derecho real por el que una persona puede usar un bien ajeno y obtener los frutos o beneficios que éste produzca, con la obligación de conservar su forma y sustancia: *Tengo el usufructo de la finca, pero no la propiedad.* **2.** Utilidad, fruto o provecho que se obtiene de una cosa. SIN. **1.** Uso, disfrute. FAM. Usufructuar, usufructuario. USO.

usufructuar *v. tr.* En lenguaje jurídico, tener derecho de usufructo sobre una cosa. ■ En cuanto al acento, se conjuga como *actuar*: *usufructúo.*

usufructuario, ria (del lat. *usufructuarius*) *adj.* **1.** Se aplica a la persona que usa una cosa y obtiene los beneficios que ésta produce. También *s. m.* y *f.* **2.** En lenguaje jurídico, se dice de la persona que tiene derecho de usufructo sobre una cosa. También *s. m.* y *f.*

usura (del lat. *usura*) *s. f.* **1.** Práctica del préstamo en condiciones abusivas. **2.** Interés superior al normal o desproporcionado que se obtiene de un préstamo de dinero o bienes. **3.** Ganancia excesiva que se saca de algo. SIN. **1.** a **3.** Logro. FAM. Usurariamente, usurario, usurero.

usurero, ra (del lat. *usurarius*) *s. m.* y *f.* **1.** Persona que se dedica a prestar dinero o bienes en condiciones abusivas. **2.** P. ext., persona que en cualquier negocio obtiene una ganancia excesiva y desproporcionada. SIN. **1.** y **2.** Logrero.

usurpación *s. f.* **1.** Acción de usurpar. **2.** En derecho, delito que consiste en apoderarse con violencia o intimidación de un bien inmueble o de un derecho ajeno.

usurpador, ra *adj.* Que usurpa un derecho o un bien ajeno. También *s. m.* y *f.*

usurpar (del lat. *usurpare*) *v. tr.* **1.** Apoderarse de un bien inmueble o de un derecho que legítimamente pertenece a otro, generalmente con violencia o intimidación. **2.** Atribuirse la dignidad, empleo o funciones de otro y usar de ellos como si fueran propios: *Ha usurpado las funciones del director.* SIN. **1.** Arrebatar, despojar. FAM. Usurpación, usurpador.

usuta (quechua) *s. f. Arg., Bol.* y *Perú* Especie de sandalia.

utensilio (del lat. *utensilia,* de *utensilis,* útil, necesario) *s. m.* Aquello que se emplea manualmente y con frecuencia en una actividad, trabajo, oficio, etc. Se usa mucho en *pl.*: *utensilios de limpieza.* SIN. Útil, herramienta.

uterino, na (del lat. *uterinus*) *adj.* Relativo al útero. FAM. Extrauterino, intrauterino. ÚTERO.

útero (del lat. *uterus*) *s. m.* Órgano del aparato reproductor femenino de los mamíferos placentarios en que se desarrolla el feto durante la gestación. FAM. Uterino.

útil[1] (del lat. *utilis*) *adj.* **1.** Que produce beneficio o provecho en sentido material o inmaterial: *un hombre útil para la sociedad.* **2.** Que sirve para una finalidad determinada: *Este destornillador es útil para los tornillos muy pequeños.* **3.** Se dice del tiempo o de los días en que se puede realizar algo, generalmente señalados por la ley o la costumbre. SIN. **1.** Beneficioso, práctico, provechoso, fructuoso, productivo, bueno, ventajoso. **2.** Eficaz. **3.** Hábil. ANT. **1.** Dañino, contraproducente, malo. **1.** y **2.** Inútil. **2.** Ineficaz. **3.** Inhábil. FAM. Utensilio, utilidad, utilizar, útilmente. / Inútil.

útil[2] (del fr. *outil,* y éste del lat. *utensilia*) *s. m.* Utensilio, herramienta. Se usa mucho en *pl.*: *útiles de labranza.* SIN. Apero. FAM. Utilería, utillaje.

utilería *s. f.* **1.** Utillaje*. **2.** Conjunto de elementos que se emplean en la escenografía teatral o cinematográfica. SIN. **1.** Equipo. **2.** Atrezo. FAM. Utilero. ÚTIL[2].

utilero, ra *s. m.* y *f.* Persona encargada de la utilería en un teatro.

utilidad (del lat. *utilitas, -atis*) *s. f.* **1.** Cualidad de útil: *la utilidad de los electrodomésticos.* **2.** Provecho o beneficio que se obtiene de algo: *Le saca siempre la mayor utilidad al dinero.* SIN. **1.** Eficacia, conveniencia. **1.** y **2.** Rentabilidad. **2.** Ventaja, ganancia, interés, rendimiento. ANT. **1.** Inutilidad, ineficacia. **2.** Pérdida. FAM. Utilitario, utilitarismo. ÚTIL[1].

utilitario, ria *adj.* **1.** Que considera la utilidad como lo más importante: *Al elegir tiene criterios utilitarios.* || *s. m.* **2.** Coche pequeño, sin lujo, de poco consumo y precio relativamente bajo. SIN. **1.** Práctico, pragmático.

utilitarismo *s. m.* **1.** Consideración de la utilidad como la cualidad superior de algo. **2.** Doctrina ética que identifica lo bueno con lo útil, entendiendo por útil aquello que proporciona la felicidad al mayor número posible de individuos. **3.** En econ., identificación del bienestar con la satisfacción de las necesidades. **FAM.** Utilitarista. UTILIDAD.

utilización *s. f.* Acción de utilizar: *La garantía no cubre los daños causados por mala utilización del aparato.* **SIN.** Empleo, uso, manejo, explotación.

utilizar *v. tr.* Servirse de una persona o cosa para conseguir una finalidad, realizar una acción, obtener un beneficio, etc.: *Para clavar utiliza un martillo.* ■ Referido a personas puede tener matiz peyorativo: *Te están utilizando para lo que ellos quieren.* Delante de *e* se escribe *c* en lugar de *z*: *utilice.* **SIN.** Emplear, usar, aplicar, valerse, explotar. **ANT.** Desaprovechar. **FAM.** Utilizable, utilización. / Infrautilizar, reutilizar. ÚTIL[1].

utillaje (del fr. *outillage*) *s. m.* Conjunto de herramientas o útiles necesarios para realizar un trabajo o ejercer un oficio: *el utillaje del pintor.* **SIN.** Utilería, equipo.

utopía o **utopia** (del gr. *u*, no, y *topos*, lugar, lugar que no existe) *s. f.* Hecho, y especialmente plan, proyecto, idea, doctrina, etc., muy bueno y atractivo, pero imposible de realizar: *Consideran la igualdad entre los hombres una utopía.* **SIN.** Ideal, quimera. **ANT.** Realidad. **FAM.** Utópico, utopista.

utópico, ca *adj.* De la utopía o relacionado con ella: *El proyecto que planteas es utópico e irrealizable.* **SIN.** Ideal, quimérico. **ANT.** Real.

utopista *adj.* Se aplica a la persona que tiene tendencia a imaginar utopías. También *s. m.* y *f.* **SIN.** Idealista, iluso, soñador. **ANT.** Realista.

utrero, ra *s. m.* y *f.* Novillo o novilla que tiene entre dos y tres años.

uva (del lat. *uva*) *s. f.* **1.** Fruto de la vid, de forma esférica u ovalada, con carne muy jugosa, que nace agrupado con otros en racimos. **2.** En algunas zonas de España, racimo formado por varios de esos frutos. || **3. mala uva** *fam.* Mala intención o mal carácter: *¡Qué mala uva tienes!* También puede referirse a personas: *Juan es un mala uva.* ■ Puede escribirse también *malaúva.* || **LOC. de uvas a brevas** o **de uvas a peras** *adv. fam.* Muy de tarde en tarde: *Veo a mi familia de uvas a brevas.* **FAM.** Uvada, uvero, úvula. / Pinchaúvas.

uvada *s. f.* Gran cantidad de uvas.

uve *s. f.* **1.** Nombre de la letra *v.* || **2. uve doble** Nombre de la letra *w.*

úvea (de *uva*) *adj.* Se dice de la membrana fina del ojo, comprendida entre la esclerótica y la retina. También *s. f.*

uvero, ra *adj.* **1.** Relativo a las uvas. || *s. m.* y *f.* **2.** Persona que vende uvas.

UVI (siglas de Unidad de Vigilancia Intensiva) *s. f.* Sección de un hospital en la que hay aparatos y personal especializados para la vigilancia y tratamiento de los enfermos que necesitan cuidados inmediatos y continuados. ■ Se denomina también *UCI.*

úvula (del lat. *uvula*, de *uva*, uva) *s. f.* En anat., campanilla*. **FAM.** Uvular. UVA.

uvular *adj.* **1.** Relativo a la úvula. **2.** En ling., se dice del sonido en cuya articulación interviene la úvula o campanilla; p. ej. la pronunciación muy retrasada de la *j*, como en la sílaba *ju.*

uxoricidio *s. m.* Acción de matar un hombre a su esposa. **SIN.** Parricidio. **FAM.** Uxoricida.

¡uy! *interj.* Expresa generalmente dolor o sorpresa; a veces también se emplea para indicar alegría o bienestar.

uzbeco, ca o **uzbeko, ka** *adj.* Del pueblo de origen turco y religión musulmana que habita en Uzbekistán. También *s. m.* y *f.*

v *s. f.* Vigesimotercera letra del abecedario español y decimoctava de sus consonantes. ■ Su articulación es oclusiva, bilabial y sonora, como la de la letra *b*. Su nombre es *uve*.

vaca (del lat. *vacca*) *s. f.* **1.** Hembra del toro. **2.** *desp.* Persona, especialmente mujer, muy gorda. **3.** *Amér.* Contrato en que las ganancias se reparten proporcionalmente a lo que cada individuo ha invertido. || **4. vacas flacas** o **gordas** *fam.* Época de escasez o, por el contrario, de abundancia: *Ahorra por si vienen épocas de vacas flacas.* ■ No confundir con la palabra homófona *baca*, 'armazón que se coloca en la parte superior de un vehículo'. **SIN. 2.** Foca. **FAM.** Vacada, vacaje, vacuna, vacuno, vaquería, vaqueriza, vaquero, vaqueta, vaquilla.

vacación (del lat. *vacatio, -onis*) *s. f.* Periodo de tiempo en que una persona interrumpe su actividad habitual, p. ej. el trabajo o los estudios. Se usa más en *pl.*: *Aprovecha ahora que tienes vacaciones para divertirte.* **SIN.** Descanso, asueto. **FAM.** Vacacional.

vacada *s. f.* **1.** Manada de ganado vacuno. **2.** Conjunto de ganado vacuno con que negocia un ganadero.

vacaje *s. m. Arg., Chile* y *Urug.* Vacada.

vacante (del lat. *vacans, -antis*) *adj.* **1.** Se aplica al cargo, empleo o dignidad que aún no desempeña o posee nadie. También *s. f.*: *No podemos contratar a nadie, porque no hay ninguna vacante.* **2.** Se dice de la cosa o el lugar que no están ocupados, a pesar de estar destinados para ello: *Hay dos habitaciones vacantes en el hotel.* ■ No confundir con la palabra homófona *bacante*, 'mujer que participaba en las fiestas bacanales'. **SIN. 1.** Plaza, puesto. **1.** y **2.** Desocupado, libre. **2.** Vacío.

vacar (del lat. *vacare*) *v. intr.* **1.** Dejar de realizar una persona por algún tiempo sus ocupaciones o trabajos habituales. **2.** Quedar un empleo, cargo o dignidad sin persona que lo desempeñe o posea. ■ Delante de *e* se escribe *qu* en lugar de *c*: *vaque.* **FAM.** Vacación, vacante, vacuo. / Vagar[2].

vacceo, a (del pl. lat. *Vaccaei*) *adj.* De un pueblo hispánico prerromano que habitaba en el territorio extendido a ambos lados del curso medio del Duero. También *s. m.* y *f.*

vaciado, da 1. *p.* de **vaciar**. También *adj.* || *s. m.* **2.** Acción de dejar vacío un recipiente: *El vaciado del estanque durará varias horas.* **3.** Acción de vaciar un objeto en un molde, echando en éste el metal derretido u otra materia blanda. **4.** Figura que se ha reproducido de esta forma. **5.** Acción de vaciar un texto escrito: *Estamos haciendo un vaciado de los tres volúmenes para sacar lo más relevante.* **6.** Excavación arqueológica que se realiza para descubrir lo enterrado. **7.** Operación que consiste en quitarle a una pieza parte de su material para hacerla más ligera.

vaciar *v. tr.* **1.** Dejar vacío algo: *Vacía el cajón de papeles inútiles.* También *v. prnl.* **2.** Sacar o verter el contenido de algo: *Vació el aceite que le quedaba.* También *v. prnl.* **3.** Formar un objeto echando en un molde hueco metal derretido u otra materia blanda. **4.** Formar un hueco en alguna cosa: *Vaciaron una de las paredes para hacer un armario.* ■ Se usa principalmente en arq. **5.** Coger de un discurso, un escrito, etc., la parte que interesa. **6.** Afilar un instrumento cortante: *vaciar una navaja.* ■ En cuanto al acento, se conjuga como *ansiar*: *vacío.* **ANT. 1.** y **2.** Llenar(se). **FAM.** Vaciado, vaciador, vaciamiento. VACÍO.

vaciedad (del lat. *vacivitas, -atis*) *s. f.* Necedad, tontería: *Me aburren mucho sus vaciedades.* **SIN.** Sandez, estupidez, chorrada, idiotez.

vacilación *s. f.* Acción de vacilar. **SIN.** Titubeo, duda, indecisión. **ANT.** Seguridad, decisión.

vacilada *s. f. Méx. fam.* Juerga, jolgorio.

vacilar (del lat. *vacillare*) *v. intr.* **1.** Moverse a un lado y a otro una persona o cosa por haber perdido la estabilidad: *La jarra vaciló un poco, pero yo la sostuve.* **2.** Ser inestable o poco firme algo: *Sus principios empezaron a vacilar después de aquella crisis.* **3.** Dudar, estar indeciso: *Vacilé en una pregunta del test.* **4.** Oscilar algo entre dos características o cualidades: *Su manera de hablar vacila entre pedante y cursi.* **5.** En lenguaje coloquial, presumir, causar sensación: *¡Cómo vacila con esa moto!* **6.** *Guat., Méx.* y *P. Rico fam.* Divertirse en una juerga. || *v. tr.* **7.** En lenguaje coloquial, tomar el pelo a alguien diciendo en tono aparentemente serio cosas graciosas o absurdas: *Vas a vacilar a otro con esa historia, a mí no.* También *v. intr.* **SIN. 1.** Bambolearse, balancearse. **1.** y **2.** Tambalearse. **3.** Titubear. **3.** y **4.** Fluctuar. **5.** Chulear(se), fardar. **7.** Reírse, guasearse, cachondearse, bromear, pitorrearse. **ANT. 3.** Decidirse. **FAM.** Vacilación, vacilada, vacilante, vacile, vacilón.

vacile *s. m. fam.* Actitud, acción o dicho propios de un vacilón. **SIN.** Cachondeo, pitorreo, guasa.

vacilón, na *adj.* **1.** *fam.* Que le gusta bromear o tomar el pelo a alguien: *Es muy vacilón, nunca se sabe si habla en serio.* También *s. m.* y *f.* **2.** *fam.* Que destaca o llama la atención: *Lleva una camisa muy vacilona.* || *s. m.* y *f.* **3.** *Amér. C., Méx.* y *Ven. fam.* Juerguista. || *s. m.* **4.** *Amér. C., Méx.* y *Ven. fam.* Fiesta, juerga. **SIN. 1.** Burlón, guasón, bromista. **2.** Molón, fardón.

vacío, a (del lat. *vacivus*) *adj.* **1.** Se aplica al lugar, recipiente, etc., en que no hay nada: *Pon los libros en ese estante que está vacío.* **2.** Que no está ocupado por nadie: *Chocaron contra un coche vacío. En nuestra casa hay varios pisos vacíos.* **3.** Se aplica con exageración al lugar en que hay poca gente: *La ciudad en verano se queda vacía.* **4.** Sin ilusiones, deseos, etc.: *Está vacío, no encuentra nada* *que le llene.* **5.** Que no tiene o le falta aquello que se expresa: *un discurso vacío de contenido ideológico.* **6.** Superficial, insustancial: *Lleva una vida vacía. Sólo dio respuestas vacías.* || *s. m.* **7.** Precipicio o espacio libre, generalmente considerado desde una gran altura: *Se arrojó al vacío.* **8.** Hueco existente en algunas cosas. **9.** Falta perceptible de una persona o cosa, que a veces implica tristeza para alguien: *Después de la marcha de su amigo sintió un gran vacío.* **10.** Espacio existente en el cuerpo humano debajo de las costillas falsas. **11.** En fís., ausencia total de materia. Generalmente se habla de vacío, en términos menos estrictos, cuando existen muy pocas moléculas por unidad de volumen. En ocasiones se asimila simplemente al aire. || LOC. **caer en el vacío** una cosa No tener acogida lo que se dice o se propone: *Su queja cayó en el vacío.* **de vacío** *adv.* Sin carga; también, con verbos como *ir, volver,* etc., sin haber conseguido uno lo que pretendía o deseaba: *Fui de compras, pero volví de vacío.* **hacer el vacío** a alguien Aislarle no haciéndole caso: *Le hicieron tal vacío que decidió marcharse.* SIN. **1.** y **2.** Desocupado. **2.** y **3.** Desierto. **5.** Falto, carente. **9.** Laguna. **10.** Ijada. ANT. **1.** a **3.** y **5.** Lleno. **3.** Abarrotado. FAM. Vaciar, vaciedad.

vacuidad (del lat. *vacuitas, -atis*) *s. f.* Cualidad de vacuo. SIN. Vaciedad.

vacuna *s. f.* **1.** Virus u otro material de origen biológico que se administra a un ser humano o animal para inmunizarlo contra una enfermedad determinada, p. ej: la vacuna contra la gripe. **2.** Grano lleno de pus que les sale a las vacas en las ubres y que se introduce, después de haberlo preparado convenientemente, en el hombre para preservarle de la viruela. **3.** Pus de esos granos de las vacas. FAM. Vacunar, vacunoterapia. / Autovacuna. VACA.

vacunación *s. f.* Acción de vacunar o vacunarse: *campaña de vacunación infantil.*

vacunar *v. tr.* **1.** Administrar una vacuna a una persona o animal para prevenir una enfermedad. También *v. prnl.* **2.** Hacer pasar a alguien por una situación o experiencia que supone una contrariedad, pero proporciona preparación y enseñanza para el futuro: *Quedé vacunado contra la vanidad.* También *v. prnl.* SIN. **2.** Inmunizar(se). FAM. Vacunación, vacunador. VACUNA.

vacuno, na *adj.* **1.** Del ganado bovino o relacionado con él. || *s. m.* **2.** Animal bovino.

vacuo, cua (del lat. *vacuus*) *adj.* Vacío, falto de contenido: *un comentario vacuo.* SIN. Superficial, trivial, insustancial. ANT. Profundo. FAM. Vacuidad, vacuola. / Evacuar. VACAR.

vacuola (del lat. *vacuus*, vacío, a través del fr. *vacuole*) *s. f.* Cada una de las cavidades presentes en la masa citoplasmática de las células y delimitadas por unas membranas. Son más frecuentes en las células vegetales que en las animales.

vade (lat., significa 've', 'camina') *s. m.* **1.** Carpeta para llevar papeles o documentos. **2.** Carpeta que se coloca sobre la mesa para guardar papeles y escribir sobre ella. **3.** Mueble para guardar libros, papeles, etc., con una tapa inclinada sobre la que se escribe. SIN. **3.** Pupitre.

vade retro (lat.) *loc.* Significa 'retrocede' y se emplea para rechazar a una persona o una cosa.

vadear *v. tr.* **1.** Cruzar una corriente de agua por los lugares en los que se puede hacer pie. **2.** Superar una dificultad: *Consiguió vadear el problema.* || **vadearse** *v. prnl.* **3.** Saber hacer algo o actuar adecuadamente: *Se vadea bien dirigiendo grupos numerosos.* SIN. **1.** Franquear, traspasar, atravesar. **3.** Manejarse, bandearse, arreglárselas, apañarse. FAM. Vadeable. / Invadeable. VADO.

vademécum (del lat. *vade*, anda, ve, y *mecum*, conmigo) *s. m.* Tratado breve que contiene las nociones más importantes de una materia, particularmente el que utilizan los médicos para buscar información sobre un medicamento.

vado (del lat. *vadus*) *s. m.* **1.** Parte de un río con fondo firme, llano y poco profundo, por donde se puede pasar a pie, a caballo o con algún vehículo. **2.** Parte de la acera o del bordillo que se ha rebajado o modificado para facilitar la entrada de vehículos a determinados lugares y en la que generalmente está prohibido aparcar. SIN. **1.** y **2.** Paso. **2.** Badén. FAM. Vadear.

vagabundear *v. intr.* **1.** Llevar la forma de vida propia de un vagabundo: *Vagabundea sin oficio ninguno.* **2.** Ir de un sitio a otro sin rumbo fijo: *Se pasó la noche vagabundeando por las calles.* SIN. **2.** Vagar, callejear. FAM. Vagabundeo, vagabundería. VAGABUNDO.

vagabundo, da (del lat. *vagabundus*) *adj.* **1.** Se dice de la persona que no tiene trabajo ni un lugar fijo para vivir. También *s. m.* y *f.*: *En esa casa abandonada suelen dormir los vagabundos.* **2.** Que va de un sitio a otro sin destino ni rumbo fijo: *un perro vagabundo.* FAM. Vagabundear. VAGAR[1].

vagamente *adv. m.* De manera vaga, no clara o precisa: *Me acuerdo vagamente de su familia.*

vagancia (del lat. *vacantia*) *s. f.* **1.** Cualidad de vago, perezoso. **2.** Comportamiento del que se deja llevar por la comodidad y la pereza y no está dispuesto a realizar ningún esfuerzo: *El profesor castigó la vagancia de algunos alumnos.* **3.** Situación de quien no tiene oficio ni ocupación. SIN. **1.** y **2.** Gandulería, holgazanería, haraganería. **1.** a **3.** Vaguería. **3.** Ociosidad. ANT. **1.** y **2.** Laboriosidad, diligencia.

vagar[1] (del lat. *vagari*) *v. intr.* **1.** Andar o ir por varias partes sin destino ni rumbo fijo: *Como he tenido tiempo, he estado vagando por la ciudad.* **2.** Andar por un sitio sin encontrar aquello que se quería conseguir o que se buscaba: *Vagamos por el monte buscando dónde acampar.* ■ Delante de *e* se escribe *gu* en lugar de *g*: *vague.* SIN. **1.** Vagabundear. **1.** y **2.** Deambular, errar. FAM. Vagabundo. / Divagar. VAGO[2].

vagar[2] *s. m.* **1.** Tiempo libre. **2.** Tranquilidad, lentitud. FAM. Vago[1]. VACAR.

vagaroso, sa *adj.* En lenguaje poético, sin estabilidad o que está continuamente moviéndose de un sitio a otro.

vagido (del lat. *vagitus*, de *vagire*, llorar los niños) *s. m.* Gemido o llanto del recién nacido.

vagina (del lat. *vagina*, vaina) *s. f.* Conducto membranoso y fibroso de las hembras de algunos animales, especialmente de los mamíferos, que forma parte del aparato reproductor y va desde la vulva hasta la matriz. FAM. Vaginal, vaginismo, vaginitis. / Evaginación, invaginar, vulvovaginal.

vaginismo *s. m.* Disfunción sexual de la mujer caracterizada por fuertes espasmos musculares en la vagina que imposibilitan o dificultan la penetración.

vaginitis *s. f.* Inflamación de la vagina. ■ No varía en *pl.*

vago, ga[1] (del lat. *vacuus*) *adj.* **1.** Que no le gusta trabajar ni está dispuesto a realizar esfuerzos. También *s. m.* y *f.* **2.** Se dice del ojo al que le cuesta desarrollar o ejercitar su función de ver: *Se pone un parche porque tiene un ojo vago.* || LOC. **ha-**

cer el vago Vaguear. SIN. **1.** Gandul, perezoso, haragán, holgazán. ANT. **1.** Trabajador, diligente. FAM. Vagancia, vaguería. VAGAR².

vago, ga² (del lat. *vagus*) *adj.* **1.** Impreciso, poco claro: *Tengo una idea muy vaga sobre ese tema.* **2.** Que va de un sitio a otro sin detenerse en ninguno. SIN. **1.** Indeterminado, indefinido, confuso. **2.** Errante, vagabundo. FAM. Vagamente, vagar¹, vagaroso, vaguear, vaguedad. / Extravagante.

vagón (del ingl. *wagon*) *s. m.* **1.** Cualquiera de los coches de un tren o metro. **2.** Especie de carro o cajón de mudanzas destinado a ser transportado en la plataforma de un ferrocarril. FAM. Vagoneta.

vagoneta *s. f.* Vagón pequeño y descubierto utilizado para el transporte de mercancías.

vaguada *s. f.* Parte más honda de un valle por donde circulan las aguas.

vaguear *v. intr.* Holgazanear*: *Vagueó durante todo el curso y acabó suspendiendo.* SIN. Gandulear, holgar, haraganear.

vaguedad *s. f.* **1.** Cualidad de vago, impreciso: *Le criticaron por la vaguedad de sus respuestas.* **2.** Expresión o dicho vago: *Habla sin vaguedades, ve al grano.* SIN. **1.** y **2.** Ambigüedad, imprecisión. **2.** Divagación. ANT. **1.** Precisión.

vaguería *s. f. fam.* Vagancia*. SIN. Pereza, gandulería, holgazanería, haraganería.

vaharada *s. f.* **1.** Acción de echar el vaho al respirar por la boca. **2.** Ráfaga de un olor. SIN. **1.** Aliento, hálito. **2.** Tufo.

vahído *s. m.* Mareo o desvanecimiento pasajero: *Como llevaba muchas horas sin comer le dio un vahído.* SIN. Desfallecimiento.

vaho (onomat.) *s. m.* **1.** Vapor que despiden los cuerpos en determinadas condiciones: *Al ducharme, el cuarto de baño se llena de vaho.* || *s. m. pl.* **2.** Procedimiento curativo que consiste en respirar el vapor que despiden algunas sustancias balsámicas o aromáticas. FAM. Vaharada.

vaída *adj.* En arq., se dice de la bóveda semiesférica sobre base cuadrada, cuyos nervios trasladan los empujes a los cuatro puntos de apoyo.

vaina (del lat. *vagina*) *s. f.* **1.** Funda en que se guardan algunas armas o instrumentos de hoja afilada, como espadas, puñales, punzones, etc. **2.** Cáscara tierna y larga en que están encerradas las semillas de algunas plantas, como las judías, los guisantes, etc. **3.** En bot., ensanchamiento del pecíolo o de la hoja que envuelve el tallo. **4.** *fam.* Contrariedad, molestia: *¡Vaya vaina tener que trabajar el domingo!* || *s. m.* **5.** *fam.* Persona informal e inútil. También *adj.* SIN. **4.** Engorro, lata, gaita. FAM. Vainica, vainilla. / Envainar.

vainica *s. f.* **1.** Labor de costura que se realiza sacando varios hilos paralelos de una tela y sujetando los verticales en grupos con una especie de nudo en uno de sus bordes. || **2. vainica ciega** La que se realiza sin sacar previamente los hilos.

vainilla *s. f.* **1.** Planta trepadora, originaria de México, de tallo cilíndrico y carnoso, flores en racimo y fruto en cápsula. **2.** Fruto de esta planta, que se emplea como condimento para aromatizar pasteles, licores, perfumes, etc. **3.** Heliotropo que se cría en América.

vaivén *s. m.* **1.** Movimiento alternativo de un cuerpo, primero en un sentido y luego en el contrario: *Me gustaba el vaivén de aquel columpio.* **2.** Cambio inesperado de las cosas y las situaciones en su duración, logros, etc.: *los vaivenes de la vida, de la fortuna.* SIN. **1.** Oscilación, bamboleo. **2.** Altibajo, fluctuación.

vaivoda (del eslavo *vaivod*, príncipe) *s. m.* Voivoda*.

vajilla (del lat. *vascella*, de *vascellum*) *s. f.* Conjunto de platos, fuentes, tazas, vasos, etc., destinados al servicio de la mesa. FAM. Lavavajillas.

val *s. m. apóc.* de **valle**. Se emplea en la formación por composición de nombres propios, sobre todo de lugar: *Valdeluz, Valdepeñas.*

valaco, ca *adj.* **1.** De Valaquia. || *s. m.* **2.** Lengua romance que se habla en Valaquia, Moldavia y otros territorios rumanos.

valdense *adj.* De la secta cristiana surgida en el S de Francia en el s. XII por la predicación de Pierre Valdo. También *s. m.* y *f.*

valdepeñas *s. m.* Vino producido en Valdepeñas (Ciudad Real). ■ No varía en *pl.*

vale¹ (lat., significa 'que te conserves bien') *interj.* Expresión que se usaba antiguamente en castellano para despedirse, sobre todo en las cartas.

vale² *s. m.* **1.** Papel que se puede cambiar por el objeto o la cantidad de dinero que en él figura: *Tengo un vale por un paquete de galletas.* **2.** Entrada gratuita para un espectáculo público. **3.** Documento mercantil en que alguien se obliga a pagar a otro una cantidad de dinero. **4.** Nota firmada que se da al que tiene que entregar algo para que después acredite la entrega. SIN. **1.** Bono. **3.** Pagaré. **4.** Comprobante.

vale³ *s. m. Ven. fam.* Amigo.

valedero, ra *adj.* **1.** Que tiene valor o validez: *Este cheque es valedero hasta el 30 de mayo.* **2.** Que puede ser cambiado por aquello que se indica en él: *valedero por un millón de pesetas.* SIN. **1.** Válido. **2.** Canjeable.

valedor, ra *s. m.* y *f.* Persona que ayuda a otra: *El director fue mi valedor para entrar en la empresa.* SIN. Protector, padrino, bienhechor.

valencia *s. f.* Número que se asocia a un elemento químico y representa su capacidad de unión con otros elementos para formar moléculas. FAM. Bivalente, electrovalencia, monovalente, trivalente. VALER¹.

valencianismo *s. m.* **1.** Palabra o giro propios del valenciano usados en otra lengua distinta de éste. **2.** Amor y apego a Valencia y a las cosas propias de ella. FAM. Valencianista.

valenciano, na *adj.* **1.** De Valencia. También *s. m.* y *f.* || *s. m.* **2.** Variedad de la lengua catalana que se habla en parte del territorio de Valencia, Castellón y Alicante. FAM. Valencianismo.

valentía *s. f.* **1.** Decisión, atrevimiento o aguante en situaciones peligrosas o difíciles. **2.** Hecho que demuestra estas características. SIN. **1.** Coraje, valor, osadía, arrojo, arresto(s), agallas. **1.** y **2.** Heroicidad. **2.** Hazaña. ANT. **1.** Miedo. **1.** y **2.** Cobardía.

valentón, na *adj.* Que presume de valiente, generalmente manifestando que no le importa pelearse con cualquiera. También *s. m.* y *f.*: *Se hace siempre el valentón delante de las chicas.* SIN. Fanfarrón, bravucón, chulo, chuleta, perdonavidas. ANT. Cobarde, gallina, miedica. FAM. Valentonada. VALIENTE.

valentonada *s. f.* **1.** *fam.* Exageración presuntuosa que una persona hace de su propia valentía. **2.** Dicho, hecho o actitud propia de un valentón. SIN. **1.** y **2.** Fanfarronada, bravuconada, chulería, bravata.

valer¹ (del lat. *valere*) *v. tr.* **1.** Tener las cosas un precio determinado: *El reloj vale treinta mil pesetas.* **2.** Tener una cosa el mismo valor que otra: *Un duro vale cinco pesetas.* **3.** Producir algo o ser causa de ello: *La protesta nos valió un castigo.* **4.** Merecer lo que se expresa: *Esa noticia bien vale una celebración.* **5.** Proteger a alguien, ayudarle: *Que Dios me valga.* **6.** Ser la cantidad que se expresa el resultado de una suma, problema, etc.: *Esa multiplicación vale 15.* || *v. intr.* **7.** Tener alguien ciertas cualidades que le hacen ser apreciado: *Tu hijo vale, basta ver la perfección con que hace las cosas.* **8.** Servir, ser útil, adecuado, etc., para lo que se expresa o sobrentiende: *Gregorio no vale para ese trabajo.* También *v. impers.*: *¿No te vale con eso?* **9.** Ser algo del tamaño adecuado para que le quede bien a una persona o cosa: *No le vale el sombrero, le queda pequeño.* **10.** Ser válida una cosa: *Ese carné no vale, está caducado.* **11.** Servir de ayuda o defensa: *Sus trucos no le valdrán conmigo.* **12.** Con la preposición *por*, ser una cosa o una cantidad del mismo valor que otra u otras: *Este libro vale por mil.* || **valerse** *v. prnl.* **13.** Servirse de alguien o algo para conseguir un objetivo: *Se valió de sus amistades para recomendar a su hijo.* **14.** Desenvolverse sin ayuda una persona, especialmente para moverse y hacer sus cosas: *Mi abuelo, a sus ochenta años, todavía se vale.* || LOC. **hacer valer** algo Imponerlo o hacer que sea tenido en cuenta: *Hizo valer su poder en la empresa para que contrataran a su mujer.* **vale** *fam.* Indica que se está de acuerdo con lo que otro dice o hace. **valer la pena** Tener valor algo, resultar útil o interesante: *Este libro vale la pena. Vale la pena luchar por una causa justa.* ■ Es v. irreg. SIN. **1.** Costar, importar. **2.** y **12.** Equivaler. **3.** Suponer, causar, ocasionar. **5.** Amparar, auxiliar. **6.** Dar. **13.** Recurrir. **14.** Manejarse. FAM. Vale[2], valedero, valedor, valencia, valer[2], valeriana, valetudinario, valía, valido, válido, valiente, valimiento, valioso, valor. / Convalecer, desvalido, equivaler, plurivalente, polivalente, prevalecer, prevaler.

VALER		
INDICATIVO		
Presente	**Futuro**	**Condicional**
valgo	*valdré*	*valdría*
vales	*valdrás*	*valdrías*
vale	*valdrá*	*valdría*
valemos	*valdremos*	*valdríamos*
valéis	*valdréis*	*valdríais*
valen	*valdrán*	*valdrían*
SUBJUNTIVO		
Presente		
valga	*valgamos*	
valgas	*valgáis*	
valga	*valgan*	

valer[2] *s. m.* Valor, valía.

valeriana *s. f.* Planta herbácea, de tallos surcados, hojas compuestas, flores en corimbo apical de color rosa y fruto en aquenio, cuya raíz es apreciada por sus cualidades sedantes y como tónico cardiaco.

valeroso, sa *adj.* Que tiene valentía. SIN. Valiente, audaz, osado, bravo, intrépido, animoso. ANT. Cobarde. FAM. Valerosamente. VALOR.

valet (fr.) *s. m.* **1.** Sirviente, criado. **2.** Carta de la baraja francesa en la que aparece un sirviente de armas y una *J*; es equivalente a la sota de la baraja española. ■ No confundir con la palabra homófona *ballet*, 'danza'.

valetudinario, ria (del lat. *valetudinarius*, de *valetudo*, estado de salud, mala salud) *adj.* De salud débil, especialmente que sufre achaques por la edad. También *s. m.* y *f.* SIN. Delicado, achacoso, enfermizo. ANT. Sano, saludable.

valgo *adj.* Se dice de la parte del cuerpo que está desviada hacia fuera: *pie valgo.*

valí (del ár. *wali*, gobernador) *s. m.* Gobernador de una provincia en un país musulmán. ■ Su pl. es *valíes*, aunque también se utiliza *valís*. FAM. Valiato.

valía *s. f.* **1.** Cualidad de la persona que vale por tener unas condiciones o características dignas de aprecio: *Es un profesional de gran valía.* **2.** Lo que vale una cosa. SIN. **1.** Capacidad, competencia. FAM. Minusvalía, plusvalía. VALER[1].

valiato *s. m.* **1.** Gobierno o cargo de un valí. **2.** Territorio gobernado por un valí.

validar (del lat. *validare*) *v. tr.* Hacer válida o firme una cosa: *La orden del gobernador ha sido validada por el ministro.* SIN. Sancionar. ANT. Invalidar. FAM. Validación. / Convalidar.

validez *s. f.* Cualidad de válido: *La validez del permiso dura tres días.* ANT. Invalidez.

valido *s. m.* Persona que gozaba de la amistad y confianza de un rey y tenía una gran influencia en el gobierno del estado. ■ No confundir con la palabra homófona *balido*, 'voz de algunos animales'. SIN. Favorito, privado.

válido, da (del lat. *validus*) *adj.* Que cumple los requisitos necesarios para ser considerado apropiado, correcto o legal: *Este billete es válido. Esa respuesta no es válida.* ANT. Falso. FAM. Válidamente, validar, validez. / Inválido, revalidar. VALER[1].

valiente (del lat. *valens, -entis*) *adj.* **1.** Que tiene o muestra valentía: *Su respuesta fue muy valiente, aunque se jugaba mucho.* También *s. m.* y *f.* **2.** Se emplea para destacar algo, generalmente en tono despectivo e irónico: *¡En valiente lío te has metido!* **3.** *fam.* Valentón: *Va por ahí de valiente.* También *s. m.* y *f.* SIN. **1.** Valeroso, atrevido, osado, audaz, intrépido. **3.** Bravucón, fanfarrón, chulo. ANT. **1.** Cobarde, temeroso. FAM. Valentía, valentísimo, valentón, valientemente. / Envalentonar. VALER[1].

valija *s. f.* **1.** Saco empleado para llevar la correspondencia. **2.** El correo que va en ese saco. **3.** Maleta. || **4. valija diplomática** Cartera especial, preparada convenientemente, en que se transporta la correspondencia diplomática; también, esta correspondencia. FAM. Valijero. / Desvalijar.

valijero, ra *s. m.* y *f.* Persona encargada de la correspondencia diplomática entre un estado y sus representantes en el extranjero.

valimiento *s. m.* **1.** Simpatía, ayuda o protección que alguien recibe de otra persona, en especial de un superior: *Ascendió porque contaba con el valimiento del director.* **2.** Particularmente, condición o situación de valido. SIN. **1.** Favor. **2.** Privanza.

valioso, sa *adj.* Que vale mucho: *Le regaló una sortija muy valiosa. Hizo valiosas aportaciones a la ciencia.* SIN. Costoso, caro; apreciado, estimable. ANT. Insignificante.

valkiria *s. f.* Valquiria*.

valla (del lat. *valla*, de *vallum*, estacada, trinchera) *s. f.* **1.** Cerca colocada alrededor de un lugar para cerrarlo, protegerlo o delimitarlo: *No pudimos entrar porque estaba cerrada la valla.* **2.** Cartelera montada sobre una estructura, destinada a fines publicitarios, que se coloca a los lados de carreteras, calles, etc. **3.** En algunas carreras de atletismo, cada uno de los obstáculos colocados en el recorrido de las mismas. **4.** Obstáculo o impedimento material o moral. **SIN.** **1.** Vallado, cercado. **4.** Inconveniente, dificultad, traba. **FAM.** Valladar, vallado, vallar[1], vallar[2].

valladar *s. m.* **1.** Cerco para diversos usos. **2.** Aquello que constituye un obstáculo o impedimento para cualquier cosa. **SIN.** **1.** Vallado, vallar, cerca, cercado. **1.** y **2.** Valla.

vallado (del lat. *vallatus*) *s. m.* Valla o cerco de tierra apisonada para impedir la entrada en un lugar o defenderlo: *Colocaron un vallado alrededor del chalé.* **SIN.** Cercado, valladar, vallar.

vallar[1] (del lat. *vallare*) *v. tr.* Cercar o cerrar un sitio con una valla.

vallar[2] (del lat. *vallaris*) *adj.* **1.** De la valla. || *s. m.* **2.** Vallado*.

valle (del lat. *vallis*) *s. m.* **1.** Llanura de terreno entre montañas. **2.** Conjunto de casas, pueblos, etc., situados en ese terreno: *La lava del volcán destruyó todo el valle.* **3.** Cuenca de un río: *El valle del Ebro es muy fértil.* || **4. valle de lágrimas** La vida o este mundo como tiempo y lugar de trabajos y sufrimientos. **SIN.** **3.** Vega.

vallisoletano, na (de *Vallisoletum*, nombre de la ciudad en documentos medievales) *adj.* De Valladolid. También *s. m.* y *f.*

valón, na (del bajo lat. *Wallus*, y éste del lat. *Gallus*, galo) *adj.* **1.** Del territorio comprendido entre el Escalda y el Lys, en la Bélgica románica. También *s. m.* y *f.* || *s. m.* **2.** Idioma hablado por los habitantes de ese territorio, dialecto del antiguo francés. ■ Se escribe también *walón*. No confundir con la palabra homófona *balón*, 'pelota'.

valona *s. f.* **1.** Cuello grande y vuelto sobre la espalda, hombros y pecho, usado antiguamente. **2.** *Col.*, *Ec.* y *Ven.* Crines recortadas que cubren el cuello de las caballerías. **FAM.** Valonar.

valonar *v. tr. Col.* y *Ven.* Recortar las crines de una caballería.

valor (del lat. *valor, -oris*) *s. m.* **1.** Cantidad de dinero que hay que pagar por un bien o servicio: *El valor de los pisos aumenta de día en día.* **2.** En econ., cantidad de cualquier bien que se obtiene a cambio de otro bien. Si este último bien es dinero, el valor coincide con el precio. **3.** Cualidad por la que una persona o cosa merece ser apreciada: *La fotografía es el principal valor de esa película.* **4.** Importancia o significación de alguien o algo: *Mucho después comprendí el valor de aquella mirada.* **5.** Utilidad de una cosa o capacidad para cumplir la finalidad a la que se destina: *Este manual tiene un gran valor para preparar las oposiciones.* **6.** Cualidad de válido, eficaz o capaz de producir sus efectos: *Esta participación de lotería no tiene valor.* **7.** Cualidad de la persona valiente: *Demostró su valor enfrentándose a los ladrones.* **8.** Desvergüenza, falta de consideración o de escrúpulos: *Hay que tener valor para marcharse sin pagar la cuenta.* **9.** Duración de una figura musical: *El valor de una blanca es de dos negras.* **10.** *fam.* Persona que posee buenas cualidades o vale para lo que se expresa: *Entrevistaron a un joven valor de la literatura rusa.* **11.** En mat., cantidad, magnitud, etc., que se le atribuye a una variable: *Para cada valor de* x *hay un valor de* y *en la ecuación.* || *s. m. pl.* **12.** Conjunto de principios de carácter ético, moral, etc., por los que se rige una persona o una sociedad: *Entre sus principales valores estaba la honestidad.* **13.** Títulos susceptibles de cotización en bolsa que conceden a sus titulares derechos de percepción de beneficios, dividendos, etc.: *Tras la sesión del martes algunos valores han subido.* || **14. valor añadido** Incremento en el valor de un bien que se va añadiendo en las sucesivas etapas de su producción, reelaboración, transporte, comercialización, etc. **15. valor nominal** Cantidad que figura en un título mercantil. **16. valores fiduciarios** Los que no teniendo valor en sí mismos, representan dinero. || **LOC. armarse de valor** Reunir fuerza y ánimo para realizar o afrontar algo. **con valor de** Con la función o significado que se expresa. **de valor** *adj.* Valioso o muy importante: *un objeto de valor.* **SIN.** **1.** Precio, coste, importe. **3.** Mérito. **3.** y **4.** Valía. **4.** Trascendencia, alcance. **5.** Provecho, interés. **6.** Validez. **7.** Valentía, audacia, coraje, arrojo, arresto(s). **8.** Cara, jeta, morro. **ANT.** **5.** Inutilidad, desinterés. **7.** Cobardía. **FAM.** Valeroso, valorar, valuar. / Ambivalencia, revalorizar. VALER[1].

valorar *v. tr.* **1.** Fijar el precio de una cosa: *Han valorado esa casa en diez millones.* **2.** Reconocer el valor o el mérito de algo: *Valoro el esfuerzo que ha hecho por venir a verme.* **3.** Tener en cuenta o analizar algo para ver su importancia: *Debes valorar todas las ventajas e inconvenientes de esa elección.* **4.** Hacer que aumente el valor de una cosa. **SIN.** **1.** Tasar, valuar. **1.** y **3.** Calcular, evaluar. **1.** y **4.** Valorizar. **4.** Revalorizar. **ANT.** **2.** y **4.** Desvalorizar. **4.** Devaluar. **FAM.** Valorable, valoración, valorativo, valorizar. / Infravalorar, invalorable, minusvalorar, sobrevalorar, subvalorar, supervalorar. VALOR.

valorativo, va *adj.* Que valora: *una opinión valorativa.*

valorizar *v. tr.* **1.** Dar valor a algo o hacer que éste aumente. **2.** Fijar el precio de una cosa. ■ Delante de *e* se escribe *c* en lugar de *z*: *valorice.* **SIN.** **1.** Revalorizar. **2.** Valorar. **FAM.** Valorización. / Desvalorizar. VALORAR.

valquiria (del ant. al. *walkyrien*, de *wal*, matanza, y *küren*, elegir) *s. f.* Cada una de las divinidades femeninas de la mitología escandinava que en los combates decidían los héroes que debían morir y los conducían al Valhala. ■ Se escribe también *valkiria* o *walkiria*.

vals (del al. *Walzer*, de *walzen*, dar vueltas) *s. m.* **1.** Baile de origen austriaco que se realiza por parejas con un movimiento giratorio. **2.** Música de ritmo ternario de este baile. ■ Su pl. es *valses*. **FAM.** Valsar, valse.

valsar *v. intr.* Bailar el vals.

valse *s. m. Amér.* Vals*. A veces se usa también como *s. f.*

valuar *v. tr.* Dar valor a una cosa. ■ En cuanto al acento, se conjuga como *actuar*: *valúo.* **SIN.** Valorar. **FAM.** Valuación. / Devaluar, evaluar, invaluable, revaluar. VALOR.

valva (del lat. *valva*, puerta) *s. f.* **1.** Cada una de las piezas duras y movibles que constituyen la concha de los moluscos lamelibranquios, como los mejillones, y de otros invertebrados. **2.** Cada una de las partes de la cáscara de ciertos frutos. **SIN.** **2.** Ventalla. **FAM.** Valvar, válvula. / Bivalvo, univalvo.

valvar *adj.* De las valvas o relacionado con ellas.

válvula (del lat. *valvula*, de *valva*, puerta) *s. f.* **1.** En algunas máquinas o instrumentos, dispositivo mecánico que mediante su apertura o cierre permite o impide el paso de un fluido por un conducto. **2.** Cada uno de los pliegues situados en las venas y el corazón que hacen posible el movimiento unidireccional de la sangre e impiden su retorno. **3.** En electricidad, dispositivo electrónico que forma parte de los circuitos de aparatos de radio, televisión, etc. || **4. válvula de escape** La que sirve para dar salida a los gases de una combustión. También, aquello a lo que una persona recurre para evadirse de los problemas, la rutina, etc.: *El deporte es su válvula de escape.* **5. válvula de seguridad** La que se coloca en ollas a presión, calderas de vapor, etc., capaz de abrirse por sí misma cuando la presión del gas sobrepasa cierto límite. **FAM.** Valvular. VALVA.

¡vamos! *interj.* Véase **ir**.

vamp (ingl.) *s. f.* Vampiresa*.

vampiresa *s. f.* **1.** *fam.* Mujer que se sirve de su especial atractivo para seducir y conquistar a los hombres y sacar así algún beneficio para ella misma. **2.** Mujer fatal.

vampirismo *s. m.* **1.** Creencia en la existencia de vampiros. **2.** Falta de escrúpulos para sacar provecho del dinero, trabajo, etc., de otros.

vampirizar *v. tr.* Privar a una persona de su capacidad de decisión haciéndola dependiente. ■ Delante de *e* se escribe *c* en lugar de *z*: *vampirice.* **FAM.** Vampirización.

vampiro (del húngaro *vampir*, común con el serbocroata) *s. m.* **1.** Muerto viviente imaginario, popularizado por la literatura y el cine, que sale por las noches para alimentarse con la sangre que chupa a los seres vivos. **2.** Persona que se enriquece explotando a otras. **3.** Quiróptero americano, parecido al murciélago, que presenta un hocico con excrecencias y en cuya dentadura destacan dos largos incisivos con los que muerde para succionar la sangre de mamíferos y aves domésticas. **SIN. 2.** Sanguijuela, explotador, negrero, usurero. **FAM.** Vampiresa, vampírico, vampirismo, vampirizar.

vanadio (de *Vanadis*, diosa de la mitología escandinava) *s. m.* Elemento químico metálico de color grisáceo, maleable y no muy duro, resistente a la corrosión del agua, que se usa en la fabricación de aceros especiales y, en menor proporción, en aleaciones de aluminio y titanio. Su símbolo es *V*.

vanagloria *s. f.* Vanidad y jactancia de las propias cualidades: *Habla de sus notas con excesiva vanagloria.* **SIN.** Presunción, engreimiento. **ANT.** Sencillez, humildad. **FAM.** Vanagloriarse, vanaglorioso. VANO y GLORIA.

vanagloriarse *v. prnl.* Presumir de algo o mostrarse superior a los demás por ello. **SIN.** Jactarse, enorgullecerse, envanecerse, alardear, pavonearse. **ANT.** Humillarse.

vanamente *adv. m.* **1.** En vano, inútilmente. **2.** Con vanidad: *Presumía vanamente de su posición.* **3.** Sin fundamento.

vanarse *v. prnl. Chile, Col.* y *Ven.* Estropearse un fruto sin llegar a madurar. P. ext., se emplea también aplicado a otras cosas.

vandalaje *s. m. Amér.* Vandalismo, bandidaje.

vandálico, ca (del lat. *vandalicus*) *adj.* Relativo a los vándalos o al vandalismo: *Lo detuvieron por cometer actos vandálicos.*

vandalismo *s. m.* **1.** Acciones destructivas propias o características de los antiguos vándalos. **2.** Tendencia o inclinación a hacer destrozos o armar escándalo: *Los manifestantes mostraron su vandalismo al quemar un coche.* **SIN. 2.** Salvajismo, barbarie.

vándalo, la (del lat. *Vandali, -orum*) *adj.* **1.** De un pueblo germánico que participó en la invasión del imperio romano y creó un poderoso reino en el N de África. También *s. m.* y *f.* **2.** Se dice de la persona que provoca o realiza actos de vandalismo. También *s. m.* y *f.* **FAM.** Vandalaje, vandálico, vandalismo.

vanguardia (del ant. *avanguardia*, del cat. *avantguarda*, de *avant*, ante, y *guarda*) *s. f.* **1.** Parte de una fuerza armada que va delante del cuerpo principal. **2.** Movimiento artístico, literario, ideológico, etc., más avanzado con respecto a las ideas o gustos de su tiempo: *Ese pintor es el máximo representante de la vanguardia.* || **LOC. a (la) vanguardia** o **en vanguardia** *adv.* Yendo el primero, adelantándose a otros: *Sus diseños están a la vanguardia de la moda.* **de vanguardia** *adj.* Se dice de movimientos, grupos, etc., renovadores. **SIN. 1.** Frente, avanzadilla. **ANT. 1.** Retaguardia. **FAM.** Vanguardismo. GUARDIA.

vanguardismo *s. m.* Cualquier tendencia innovadora y experimental en el arte o la literatura, que generalmente marca la pauta en la evolución de los estilos. **FAM.** Vanguardista. VANGUARDIA.

vanidad (del lat. *vanitas, -atis*) *s. f.* **1.** Deseo excesivo de mostrar las propias cualidades y ser reconocido y alabado por los demás: *Habla con vanidad de su ascenso.* **2.** Cualidad de vano. **3.** Todo aquello que sólo muestra poder, riqueza, soberbia, etc., y carece de auténtico valor humano: *No quiso esclavizarse a las vanidades de este mundo.* **SIN. 1.** Envanecimiento, jactancia, vanagloria. **ANT. 1.** Modestia, humildad. **FAM.** Vanidoso. VANO.

vanidoso, sa *adj.* Que tiene vanidad. También *s. m.* y *f.* **SIN.** Presuntuoso, petulante, jactancioso, soberbio. **ANT.** Modesto.

vano, na (del lat. *vanus*) *adj.* **1.** Sin fundamento ni realidad: *Se desilusionó, pues había abrigado vanas esperanzas.* **2.** Inútil, sin resultado: *Sus propósitos fueron vanos.* **3.** Vacío, insustancial: *palabras vanas, un discurso vano.* **4.** Que muestra vanidad. **5.** Se aplica a los frutos con cáscara, especialmente los secos, que tienen su interior seco, podrido o vacío: *Esta pipa está vana.* || *s. m.* **6.** Hueco en un muro o pared, como los de ventanas o puertas: *Esta catedral está muy iluminada gracias a los grandes vanos.* || **LOC. en vano** *adv.* Inútilmente, sin resultado. También, sin necesidad o razón: *Buscó en vano lo que había perdido.* **SIN. 1.** Infundado. **2.** Estéril, ineficaz. **ANT. 1.** Real. **2.** Eficaz. **FAM.** Vanagloria, vanamente, vanarse, vanidad. / Desvanecer, devaneo, envanecer, evanescente.

VAO (siglas de 'vehículo de alta ocupación') *s. m.* Carril de una carretera por el que sólo pueden circular vehículos ocupados por más de una persona.

vapor (del lat. *vapor, -oris*) *s. m.* **1.** Gas en el que, por la acción del calor, se transforman ciertos cuerpos, generalmente los líquidos. **2.** Barco movido por una máquina de vapor. || *s. m. pl.* **3.** Sustancias volátiles que desprende un cuerpo: *Descubrieron que la caldera despedía vapores tóxicos.* || **LOC. al vapor** *adj.* y *adv.* Modo de cocinar los alimentos cociéndolos en su propio jugo sin añadir agua: *mejillones al vapor.* **SIN. 1.** Vaho. **3.** Emanaciones. **FAM.** Vapora, vaporar, vaporeta, vaporizar, vaporoso. / Evaporar.

vapora *s. f. fam.* Lancha movida por una máquina de vapor.

vaporar (del lat. *vaporare*) *v. tr.* Evaporar un líquido. También *v. prnl.* **FAM.** Vaporación. VAPOR.

vaporeta *s. f.* Electrodoméstico que limpia mediante vapor a mucha presión.

vaporetto (ital.) *s. m.* Barco con motor que se usa para el transporte de pasajeros y es típico de la ciudad de Venecia.

vaporizador *s. m.* **1.** Aparato que transforma un líquido en vapor. **2.** Pulverizador*.

vaporizar *v. tr.* **1.** Transformar un líquido en vapor por la acción del calor. También *v. prnl.* **2.** Pulverizar un líquido. ▪ Delante de *e* se escribe *c* en lugar de *z*. Se dice también *evaporizar.* **SIN. 1.** Evaporar(se). **FAM.** Vaporización, vaporizador. VAPOR.

vaporoso, sa (del lat. *vaporosus) adj.* **1.** Que arroja de sí vapores o los ocasiona. **2.** Ligero y fino, especialmente aplicado a telas o prendas de vestir.

vapulear (del ant. *vapular,* y éste del lat. *vapulare) v. tr.* **1.** Azotar, dar golpes: *Le vapulearon tanto que le dejaron sin sentido.* **2.** Maltratar: *La vida le ha vapuleado mucho.* **SIN. 1.** Apalear, zurrar. **1.** y **2.** Golpear. **FAM.** Vapuleador, vapuleamiento, vapuleo.

vaquería *s. f.* **1.** Lugar en que se encierran vacas. **2.** Establecimiento donde se vende su leche. **SIN. 1.** Establo. **2.** Lechería.

vaqueriza *s. f.* Lugar donde se recoge el ganado vacuno en el invierno. **SIN.** Establo.

vaquerizo, za *adj.* **1.** Del ganado vacuno. || *s. m.* y *f.* **2.** Vaquero.

vaquero, ra *adj.* **1.** Relativo a los pastores de ganado bovino o a dicho ganado. **2.** Se aplica a un tipo de tela de algodón, azul, fuerte y algo tiesa, y a las cosas que se hacen con dicha tela: *falda vaquera, bolsa vaquera.* || *s. m.* y *f.* **3.** Pastor de reses vacunas. || *s. m.* **4.** Especialmente, jinete que conducía y cuidaba el ganado vacuno en el oeste de Estados Unidos. || *s. m. pl.* **5.** Pantalones de tela vaquera. **SIN. 3.** Vaquerizo. **4.** Cowboy. **5.** Tejanos.

vaqueta (de *vaca) s. f.* Cuero de ternera curtido. ▪ No confundir con la palabra homófona *baqueta,* 'varilla'.

vaquilla *s. f.* **1.** *dim.* de **vaca**. **2.** *Chile* y *Nic.* Ternera de año y medio a dos años. || *s. f. pl.* **3.** Toreo de reses jóvenes, generalmente para aficionados. **FAM.** Vaquillona. VACA.

vaquillona *s. f. Arg., Chile* y *Nic.* Vaca de dos a tres años.

vara (del lat. *vara,* travesaño) *s. f.* **1.** Rama larga, delgada y sin hojas. **2.** Palo largo y delgado. **3.** Especie de palo largo terminado en una puya, que utiliza el picador para herir al toro: *la suerte de varas.* ▪ Se denomina también *vara larga.* **4.** Puyazo dado al toro. **5.** Bastón usado antiguamente por los jueces, alcaldes y otras autoridades. **6.** P. ext., la misma dignidad o autoridad que representaba ese bastón. **7.** Tallo largo en el centro de algunas plantas, del que salen las flores: *una vara de azucena.* **8.** Antigua medida de longitud equivalente a 835 milímetros y 9 décimas. ▪ Se denomina también *vara de Burgos* o *vara de Castilla.* **9.** Palo de esa longitud utilizado para medir. **10.** En los carros, cada una de las dos piezas de madera que salen de la parte delantera y entre las que se enganchan las caballerías. || **11. vara alta** Generalmente con el verbo *tener,* autoridad o influencia que una persona tiene sobre otras. **12. vara de oro** Planta herbácea de la familia compuestas, con flores en racimo de color amarillo y hojas ásperas lanceoladas, que crece en regiones montañosas de la península Ibérica y Europa. **FAM.** Varal, varapalo, varazo, varear, varetazo, varetón, varilarguero, varilla, varita.

varadero *s. m.* Lugar donde se varan las embarcaciones para resguardarlas, repararlas, etc. **SIN.** Dársena.

varado, da 1. *p.* de **varar**. También *adj.*: *un barco varado.* || *adj.* **2.** *Amér.* Se dice de la persona que no tiene recursos económicos ni ocupación fija. También *s. m.* y *f.*

varal *s. m.* **1.** Vara larga y gruesa. **2.** Cada uno de los dos palos donde encajan las estacas o travesaños que forman los costados de los carros. **3.** *fam.* Persona muy alta.

varano *s. m.* Nombre común de diversos grandes lagartos de larga cola, lengua bífida, párpados móviles y dientes insertos en el borde interno de la mandíbula, que, como el dragón de Comodo, pueden llegar a medir hasta 4 m. Los varanos habitan en África, Asia y Australia.

varapalo *s. m.* **1.** Palo largo, vara. **2.** Golpe o paliza dados con un palo. **3.** *fam.* Castigo o reprimenda: *¡Menudo varapalo le soltó por no haber hecho los deberes!* **SIN. 3.** Rapapolvo.

varar (del bajo lat. *varare) v. intr.* **1.** Encallar una embarcación. ▪ En Hispanoamérica, también *v. prnl.* **2.** Quedar parado un negocio o asunto. **3.** *Amér.* Quedarse detenido un vehículo por una avería. || *v. tr.* **4.** Sacar a la playa o poner en un lugar seco una nave. **SIN. 1.** Embarrancar. **FAM.** Varadero, varado, varadura, varamiento.

várdulo, la *adj.* De un pueblo hispánico prerromano, de origen celta, que se extendió por la actual provincia de Guipúzcoa, parte de Vizcaya y el E de Álava. También *s. m.* y *f.*

varear *v. tr.* **1.** Golpear con una vara o palo, particularmente los frutos de algunos árboles para derribarlos: *varear un colchón, los olivos.* **2.** Remover con un palo los granos para airearlos o eliminar los insectos que haya entre aquéllos. **3.** Herir a los toros o a otros animales con varas o cosas semejantes. **SIN. 2.** Aventar. **FAM.** Vareador, vareo. VARA.

varenga (del fr. *varangue) s. f.* Pieza curva que se coloca atravesada sobre la quilla para formar la cuaderna.

varetazo (de *vara) s. m.* Golpe de lado que da el toro con el cuerno.

varetón *s. m.* Ciervo joven, cuya cornamenta tiene una sola punta.

vargueño *s. m.* Bargueño*.

variable (del lat. *variabilis) adj.* **1.** Que varía o puede variar: *El horario del desayuno es variable.* **2.** Que suele variar con facilidad o frecuencia: *Tiene un carácter muy variable.* || *s. f.* **3.** En mat., magnitud que puede tomar distintos valores dentro de un conjunto. **4.** En estadística, característica común a cierto número de individuos, objetos, grupos, hechos, etc., y que tiene distintos grados de magnitud o diferentes categorías. **SIN. 1.** y **2.** Cambiante, variante. **2.** Inestable, inconstante. **ANT. 1.** Fijo. **1.** y **2.** Estable. **1.** y **3.** Constante. **FAM.** Variabilidad, variablemente. / Invariable. VARIAR.

variación (del lat. *variatio, -onis) s. f.* **1.** Acción de variar. **2.** En mús., cada una de las formas diferentes en que se presenta un tema o estructura musical. **SIN. 1.** Cambio, transformación, modificación. **ANT. 1.** Continuidad.

variado, da 1. *p.* de **variar**. También *adj.* || *adj.* **2.** Que tiene variedad: *un espectáculo muy variado, pasteles variados.* **SIN. 2.** Vario, diverso, surtido.

variancia o **varianza** *s. f.* En estadística, medida de dispersión que es igual al cuadrado de la desviación típica.

variante *adj.* **1.** Variable, que varía. || *s. f.* **2.** Cada una de las diversas formas en que se presenta algo: *las variantes de una palabra.* **3.** Distinción, diferencia: *Entre las dos ediciones de este libro se observan pocas variantes.* **4.** Desviación de un tramo de carretera o camino: *Al salir del pueblo hay que tomar la variante hacia la autopista.* **5.** En las quinielas de fútbol, cada uno de los signos que indican el empate (*x*) o el triunfo del equipo visitante (*2*). Se usa más en *pl.* **6.** Fruto o verdura que se encurte en vinagre. Se usa más en *pl.* SIN. **3.** Cambio, variación.

variar (del lat. *variare*) *v. tr.* **1.** Hacer que una cosa sea diferente de como era antes: *He variado el peinado siguiendo tus consejos.* **2.** Dar variedad: *Deberías variar más tu alimentación.* || *v. intr.* **3.** Cambiar de forma, estado, cualidad, etc.: *Nuestras relaciones han variado; ya no nos llevamos bien.* **4.** Ser una cosa diferente de otra: *Los resultados de los exámenes variaron de los del año pasado.* ■ En cuanto al acento, se conjuga como *ansiar*: *varío.* SIN. **1.** Alterar, modificar, transformar. **2.** Alternar. **4.** Diferir. ANT. **1.** Mantener; igualar. **2.** Uniformar. **3.** Continuar. **4.** Coincidir. FAM. Variable, variación, variado, variancia, variante, varianza. / Desvariar. VARIO.

varice o **várice** *s. f.* Variz*.

varicela (del bajo lat. *variola*, viruela) *s. f.* Enfermedad infecciosa benigna, parecida a la viruela, que produce fiebre y erupciones cutáneas y suele atacar a los niños.

varicoso, sa (del lat. *varicosus*) *adj.* **1.** De las varices o relacionado con ellas. **2.** Que tiene varices. También *s. m.* y *f.*

variedad (del lat. *varietas, -atis*) *s. f.* **1.** Cualidad de lo que tiene elementos, partes, características, etc., diferentes: *La variedad de la alimentación es muy importante.* **2.** Conjunto de personas, animales o cosas diferentes, dentro de cierta unidad: *He visto una gran variedad de animales en el zoológico.* **3.** Cada una de las variaciones o clases de algo, como p. ej. las que presentan algunas especies de plantas o animales. || *s. f. pl.* **4.** Espectáculo teatral de carácter ligero en el que alternan números de diferentes tipos. ■ En esta acepción, se denomina también *varietés.* SIN. **1.** Pluralidad, multiplicidad. **1.** y **2.** Diversidad. ANT. **1.** Uniformidad. FAM. Varietés. VARIO.

varietés (del fr. *variétés*, y éste del lat. *varietas, -atis*) *s. f. pl.* Variedades*, espectáculo.

varilarguero *s. m. fam.* Picador de toros.

varilla (dim. de *vara*) *s. f.* **1.** Barra o tira larga y delgada, como las que forman el armazón de un paraguas, un abanico, etc. **2.** Tira de plástico u otro material rígido que se pone en corsés, prendas de vestir, bañadores, etc. FAM. Varillaje. VARA.

varillaje *s. m.* Armazón de varillas de un abanico, paraguas, etc.

vario, ria (del lat. *varius*) *adj.* **1.** Diverso, diferente. Se usa más en *pl.*: *Hay varias formas de entender la vida.* **2.** Variado: *un país de costumbres muy varias.* || *adj. indef. pl.* **3.** Algunos, unos cuantos: *Puedo prestarte varios pendientes.* También *pron. indef.*: *Han venido varios.* || *s. m. pl.* **4.** Apartado o sección que reúne textos, objetos, etc., diferentes o heterogéneos, y esos textos u objetos. **5.** Conjunto de libros, folletos, hojas sueltas o documentos diversos reunidos en tomos, legajos o cajas. FAM. Variar, variedad.

variólico, ca *adj.* De la viruela. SIN. Varioloso. FAM. Antivariólico. VIRUELA.

varioloso, sa (del bajo lat. *variola*, viruela, de *varus*, pústula) *adj.* **1.** Variólico*. **2.** Que tiene viruelas. También *s. m.* y *f.*

variopinto, ta (del ital. *variopinto*) *adj.* **1.** Mezclado, heterogéneo, variado: *El vecindario de esta casa es de lo más variopinto.* **2.** Que ofrece diversidad de colores o aspectos: *Desde la torre se divisaba un paisaje variopinto.* SIN. **1.** Diverso. ANT. **1.** Homogéneo.

varita *s. f.* **1.** *dim.* de **vara.** || **2. varita mágica** Aquella a la que se atribuyen poderes extraordinarios y que suelen usar los magos, las hadas, etc., para realizar sus prodigios.

variz (del lat. *varix, -icis*) *s. f.* Vena dilatada de forma anormal; suelen presentarse en las extremidades. ■ Se dice también *varice* o *várice.* FAM. Varice, varicoso.

varón (del lat. *varo, -onis*, fuerte, esforzado) *s. m.* **1.** Persona de sexo masculino. || **2. santo varón** Hombre muy bondadoso y paciente. ■ No confundir con su homófono *barón*, 'título nobiliario'. FAM. Varonil.

varonil *adj.* **1.** Del varón: *rasgos varoniles, prendas varoniles.* **2.** Que tiene las características que tradicionalmente se atribuyen al sexo masculino: *un gesto muy varonil.* SIN. **1.** y **2.** Viril. ANT. **1.** y **2.** Femenino. FAM. Varonilmente. VARÓN.

varsoviano, na *adj.* De Varsovia, capital de Polonia. También *s. m.* y *f.*

vasallaje *s. m.* **1.** Vínculo de dependencia de un vasallo respecto a su señor y tributo o servicio que aquél daba a éste. **2.** *desp.* Servilismo, obediencia excesiva. SIN. **2.** Sumisión.

vasallo, lla (del bajo lat. *vasallus*, del lat. *vassus*, y éste del cimbro *gwas*, mozo, servidor) *adj.* **1.** Sujeto a algún señor feudal con un vínculo de dependencia y fidelidad. También *s. m.* y *f.* || *s. m.* y *f.* **2.** Súbdito de un soberano. **3.** Cualquiera que reconoce a otro por superior y muestra hacia él excesiva obediencia. SIN. **1.** Siervo, feudatario. FAM. Vasallaje. / Avasallar.

vasar (del lat. *vasarium*) *s. m.* Estante o repisa que sobresale horizontalmente en la pared y se utiliza para poner vasos, platos, botellas, etc. ■ No confundir con su homófono *basar*, 'apoyar', 'fundamentar'.

vasco, ca *adj.* **1.** Del País Vasco o del País Vasco francés. También *s. m.* y *f.* || *s. m.* **2.** Lengua de origen prerrománico hablada en el País Vasco, Navarra y el País Vasco francés. SIN. **1.** Vascongado. **2.** Vascuence, euskera. FAM. Vascofrancés, vascohablante, vascón, vascongado, vascuence, vasquismo.

vascofrancés, sa *adj.* Del País Vasco francés, región del SO de Francia. También *s. m.* y *f.*

vascohablante *adj.* Que habla vasco, especialmente si es su lengua materna. También *s. m.* y *f.*

vascón, na (del lat. *Vascones*) *adj.* De un pueblo prerromano de la península Ibérica que vivió en la actual Navarra y en parte de Guipúzcoa, Huesca y La Rioja. Su lengua era semejante al vasco actual. También *s. m.* y *f.*

vascongado, da *adj.* De las Vascongadas o País Vasco español. También *s. m.* y *f.*

vascuence (del lat. *vasconice*, de *vasconicus*) *adj.* Se dice de la lengua vasca. También *s. m.*

vascular (del lat. *vascularius*) *adj.* De los vasos del organismo de plantas y animales, y en particular de los vasos sanguíneos. ■ No confundir con su homófono *bascular*, 'balancearse'. **FAM.** Vascularización, vasculoso. / Cardiovascular, revascularizar.

vascularización *s. f.* Formación o presencia de vasos en un órgano o tejido.

vasculoso, sa *adj.* Se dice de los cuerpos, partes o tejidos de los seres vivos que tienen vasos por los que circulan ciertos líquidos, como la savia, la sangre, etc.

vasectomía (del lat. *vas, vasis*, vaso, y *-ectomía*) *s. f.* Operación quirúrgica que tiene por fin esterilizar al varón; consiste en seccionar los conductos que comunican los testículos con el conducto eyaculador. **FAM.** Vasectomizar.

vaselina (del ingl. *vaseline*, y éste del al. *Wasser*, agua, y el gr. *elaion*, aceite) *s. f.* **1.** Sustancia espesa y grasa obtenida de la parafina y de aceites densos del petróleo; se usa especialmente como lubricante y en perfumería y farmacia. **2.** *fam.* Cuidado o prudencia al hacer algo: *Pon un poco de vaselina al decírselo.* **3.** En algunos dep. como el fútbol, lanzamiento suave por encima del portero.

vasija (del lat. *vas, vasis*, vaso) *s. f.* **1.** Pieza cóncava y pequeña que sirve para contener líquidos o alimentos. **2.** P. ext., la de mediana o grandes dimensiones que sirve para contener líquidos u otras cosas. **SIN. 1.** Cuenco, tarro.

vaso (del lat. *vasum*) *s. m.* **1.** Recipiente que sirve para contener alguna cosa, especialmente el de forma cilíndrica o de tronco de cono que se utiliza para beber. **2.** Cantidad de líquido que contiene ese recipiente: *Se bebió un vaso de vino.* **3.** P. ext., depósito natural que contiene algún líquido. **4.** Escultura o pieza de cerámica con forma de vasija o jarrón, que se coloca en jardines, edificios, etc., como elemento decorativo. **5.** En los animales y las plantas, cada uno de los conductos por los que circulan algunos líquidos, como la sangre, la linfa, el látex o la savia: *vasos sanguíneos.* || **LOC. ahogarse** alguien **en un vaso de agua** *fam.* Preocuparse y agobiarse por cosas sin importancia. **FAM.** Vasar, vasectomía, vasija, vasoconstricción, vasodilatación, vasomotor. / Envasar, extravasarse, posavasos, trasvasar.

vasoconstricción *s. f.* Estrechamiento de las vías circulatorias que aumenta la presión sanguínea. **ANT.** Vasodilatación. **FAM.** Vasoconstrictor. VASO y CONSTREÑIR.

vasoconstrictor, ra *adj.* Que produce vasoconstricción. También *s. m.*

vasodilatación *s. f.* Ensanchamiento de las vías circulatorias que disminuye la presión sanguínea. **ANT.** Vasoconstricción. **FAM.** Vasodilatador. VASO y DILATAR.

vasodilatador, ra *adj.* Que produce vasodilatación. También *s. m.*

vasomotor, ra *adj.* Relativo al control de los movimientos de los vasos sanguíneos: contracción, dilatación, etc.

vasquismo *s. m.* **1.** Condición de vasco. **2.** Palabra o expresión procedente del idioma vasco, usada en otra lengua.

vástago *s. m.* **1.** Renuevo o rama tierna que brota de un árbol o planta. **2.** Conjunto del tallo y las hojas. **3.** Hijo, descendiente: *Era vástago de una ilustre familia.* **4.** Varilla metálica que sirve para articular o sostener otras piezas. **5.** Barra que mueve un émbolo o transmite su movimiento a algún mecanismo. **6.** *Col., C. Rica* y *Ven.* Tallo del plátano. **SIN. 1.** Brote, pimpollo, yema. **1.** y **3.** Retoño.

vasto, ta (del lat. *vastus*) *adj.* Muy grande o muy extenso: *una vasta llanura. Tenía unos vastos conocimientos.* ■ No confundir con su homófono *basto*, 'ordinario'. **SIN.** Inmenso, amplio. **ANT.** Pequeño. **FAM.** Vastedad. / Devastar.

vate (del lat. *vates*) *s. m.* **1.** Poeta. **2.** Adivino. ■ Es de uso literario o culto. No confundir con su homófono *bate*, 'palo de béisbol'. **FAM.** Vaticinar.

váter *s. m.* Wáter*.

vaticano, na (del lat. *Vaticanus*) *adj.* **1.** Del estado Ciudad del Vaticano. **2.** Del papa o de la curia pontificia. || **Vaticano** *n. p.* **3.** El estado Ciudad del Vaticano o la Iglesia católica y la autoridad del papa: *El Vaticano recibió al nuevo embajador. El aborto ha sido objeto de repetidas condenas del Vaticano.*

vaticinar (del lat. *vaticinari*) *v. tr.* Anunciar algo que va a suceder: *Le vaticinaron un gran porvenir.* **SIN.** Predecir, pronosticar, profetizar, augurar. **FAM.** Vaticinador, vaticinio. VATE.

vaticinio (del lat. *vaticinium*) *s. m.* Acción de vaticinar, lo que se vaticina y palabras o signos con que se expresa. **SIN.** Predicción, pronóstico, profecía, augurio.

vatímetro (de *vatio* y *-metro*) *s. m.* Aparato que mide la potencia en vatios de una corriente eléctrica.

vatio *s. m.* Unidad de potencia eléctrica en el Sistema Internacional, que equivale a la potencia de una máquina que realiza un trabajo de un julio en cada segundo. **FAM.** Vatímetro. / Kilovatio, megavatio.

vaudeville (fr.) *s. m.* Vodevil*.

¡vaya! *interj. fam.* Véase **ir**.

vecinal (del lat. *vicinalis*) *adj.* Del vecindario o de los vecinos: *monte vecinal.* **SIN.** Municipal.

vecindad (del lat. *vicinitas, -atis*) *s. f.* **1.** Cualidad de vecino. **2.** Vecindario*. **3.** Cercanías de un sitio. **SIN. 3.** Alrededores, inmediaciones.

vecindario *s. m.* Conjunto de los vecinos de una casa, calle, barrio o población.

vecino, na (del lat. *vicinus*, de *vicus*, barrio, lugar) *adj.* **1.** Se dice de las personas que viven en un mismo pueblo, barrio, edificio, etc. También *s. m.* y *f.* **2.** Que vive o tiene casa en una población y paga por ello los impuestos o cargas que le corresponden. También *s. m.* y *f.* **3.** Cercano, próximo, inmediato: *dos ciudades vecinas.* **4.** Parecido, semejante: *Sus opiniones son vecinas.* **SIN. 1.** Convecino. **2.** Habitante. **FAM.** Vecinal, vecindad, vecindario. / Avecindar, convecino.

vector (del lat. *vector, -oris*, que conduce) *s. m.* Representación de ciertas magnitudes, denominadas magnitudes vectoriales, que se caracterizan por tener una dirección, un sentido y un módulo como velocidad, aceleración, fuerza, etc. **FAM.** Vectorial.

vectorial *adj.* De los vectores o relacionado con ellos: *suma vectorial.*

veda *s. f.* **1.** Acción de vedar. **2.** Tiempo durante el cual está prohibido cazar o pescar. **SIN. 1.** Prohibición; limitación.

Veda (del sánscrito *veda*, ciencia) *n. p.* Cada uno de los libros sagrados, escritos en sánscrito, que constituyen la base de las religiones hindúes. Se usa más en *pl.*

vedado, da 1. *p.* de **vedar**. También *adj.* || *s. m.* **2.** Campo o lugar acotado o cerrado por algún motivo: *vedado de caza.* **SIN. 2.** Coto.

vedar (del lat. *vetare*) *v. tr.* Prohibir, impedir: *Nos vedaron la entrada en el club por no ser socios.* **SIN.** Vetar, negar. **ANT.** Permitir. **FAM.** Veda, vedado. VETAR.

vedeja *s. f.* Cabellera, melena, pelambrera. **SIN.** Guedeja.

vedette (fr.) *s. f.* **1.** Mujer que actúa en revistas musicales, espectáculos de variedades, etc., en un papel principal. **2.** Persona que destaca en algún ámbito: *Es la vedette de su equipo.* **SIN. 2.** Figura, as.

védico, ca *adj.* De los *Vedas*, libros sagrados hindúes, o de la lengua sánscrita antigua en que están escritos.

vedija (del lat. *viticula*, zarcillo) *s. f.* **1.** Mechón de lana o de pelo enredado. **2.** Mata de pelo enredado y ensortijado. **SIN. 2.** Pelambrera.

vedismo (del sánscrito *veda*, ciencia) *s. m.* Conjunto de religiones basadas en los *Vedas*, como el brahmanismo, el budismo y el jainismo.

veedor (del ant. *veer*, ver) *s. m.* Antiguo funcionario de la administración pública y de los gremios que desempeñaba tareas de inspección y control.

vega (de or. prerromano) *s. f.* **1.** Terreno bajo, llano y fértil, generalmente regado por un río: *la vega del Duero.* **2.** *Cuba* y *P. Rico* Terreno sembrado de tabaco. **3.** *Chile* Terreno muy húmedo. **FAM.** Veguero. / Envegarse.

vegetación (del lat. *vegetatio, -onis*) *s. f.* **1.** Conjunto de los vegetales propios de un paraje, región, clima, etc. **2.** Acción de vegetar. || *s. f. pl.* **3.** Hipertrofia de las amígdalas faríngea y nasal y, sobre todo, de los folículos linfáticos de la parte posterior de las fosas nasales. **SIN. 1.** Flora.

vegetal (del lat. *vegetare*, vivificar) *adj.* **1.** De las plantas o que procede de ellas: *célula vegetal, aceite vegetal.* **2.** Que vegeta. || *s. m.* **3.** Ser vivo que se desarrolla fijado al suelo, realiza la fotosíntesis y carece de movimiento voluntario y de sensibilidad superior. **SIN. 3.** Metafita. **FAM.** Vegetación, vegetar, vegetariano.

vegetar (del lat. *vegetare*, vivificar) *v. intr.* **1.** Germinar, nutrirse y crecer las plantas. También *v. prnl.* **2.** Vivir maquinalmente una persona con vida meramente orgánica, sin ningún interés intelectual o espiritual. **3.** Llevar voluntariamente una vida tranquila, sin trabajos ni molestias: *No pega ni clavo, todo el día vegetando.* **SIN. 3.** Holgazanear, vaguear. **FAM.** Vegetativo. VEGETAL.

vegetarianismo *s. m.* Cualidad y régimen alimenticio del vegetariano.

vegetariano, na (del fr. *végétarien*) *adj.* **1.** Se dice de la persona que se alimenta exclusivamente de alimentos de origen vegetal. También *s. m.* y *f.* **2.** Relativo a este régimen: *cocina vegetariana.* **FAM.** Vegetarianismo. VEGETAL.

vegetativo, va *adj.* **1.** Se dice de las funciones vitales básicas relacionadas con la nutrición y el desarrollo; p. ext., se dice de la vida para designar estas mismas funciones. **2.** De estas funciones: *órgano vegetativo.* || **3. crecimiento vegetativo** Crecimiento natural. **FAM.** Neurovegetativo. VEGETAR.

veguer (del lat. *vicarius*, lugarteniente) *s. m.* **1.** En Andorra, cada uno de los dos delegados de los países protectores. **2.** Magistrado que en Aragón, Cataluña y Mallorca ejercía una jurisdicción semejante a la del corregidor en Castilla.

veguero, ra *adj.* **1.** De la vega. || *s. m.* **2.** Cigarro puro hecho de una sola hoja de tabaco enrollada. || *s. m.* y *f.* **3.** Labrador de una vega, especialmente el que trabaja en el cultivo del tabaco.

vehemente (del lat. *vehemens, -entis*) *adj.* **1.** Que se manifiesta o se expresa con fuerza, viveza, pasión, etc.: *Sentía una necesidad vehemente de fumar.* **2.** Impulsivo, irreflexivo. **SIN. 1.** Fogoso, impetuoso, encendido. **ANT. 1.** Frío. **2.** Reflexivo. **FAM.** Vehemencia, vehementemente.

vehicular *v. tr.* Servir de vehículo, canalizar. **SIN.** Conducir, transportar, transmitir.

vehículo (del lat. *vehiculum*, de *vehere*, conducir) *s. m.* **1.** Cualquier medio de transporte, especialmente el automóvil. **2.** Lo que sirve para conducir o transmitir fácilmente una cosa: *El agua es un buen vehículo de la electricidad.* **FAM.** Vehicular.

veintavo, va *adj. num. part.* Veinteavo*.

veinte (del lat. *viginti*) *adj. num. card.* **1.** Dos veces diez. También *pron.* y *s. m.*: *Salieron veinte.* || *adj. num. ord.* **2.** Vigésimo*. También *pron.* || *s. m.* **3.** Signos con que se representa dicho número. **FAM.** Veintavo, veinteañero, veinteavo, veinteno, veinticinco, veinticuatro, veintidós, veintinueve, veintiocho, veintiún, veintiséis, veintisiete, veintitantos, veintitrés, veintiuno. / Vigésimo.

veinteañero, ra *adj.* Que tiene entre veinte y treinta años. También *s. m.* y *f.*

veinteavo, va *adj. num. part.* Se dice de cada una de las veinte partes iguales en que se divide algo. También *s. m.* **SIN.** Veinteno, veintavo.

veinteno, na *adj. num. ord.* **1.** Vigésimo*. || *adj. num. part.* **2.** Veinteavo*. También *s. m.* || *s. f.* **3.** Conjunto de veinte unidades.

veinticinco *adj. num. card.* **1.** Veinte y cinco. También *pron.* y *s. m.* || *adj. num. ord.* **2.** Vigésimo quinto. También *pron.* || *s. m.* **3.** Signos con que se representa dicho número.

veinticuatro *adj. num. card.* **1.** Veinte y cuatro. También *pron.* y *s. m.* || *adj. num. ord.* **2.** Vigésimo cuarto. También *pron.* || *s. m.* **3.** Signos con que se representa dicho número.

veintidós *adj. num. card.* **1.** Veinte y dos. También *pron.* y *s. m.* || *adj. num. ord.* **2.** Vigésimo segundo. También *pron.* || *s. m.* **3.** Signos con que se representa dicho número.

veintinueve *adj. num. card.* **1.** Veinte y nueve. También *pron.* y *s. m.* || *adj. num. ord.* **2.** Vigésimo noveno. También *pron.* || *s. m.* **3.** Signos con que se representa dicho número.

veintiocho *adj. num. card.* **1.** Veinte y ocho. También *pron.* y *s. m.* || *adj. num. ord.* **2.** Vigésimo octavo. También *pron.* || *s. m.* **3.** Signos con que se representa dicho número.

veintiséis *adj. num. card.* **1.** Veinte y seis. También *pron.* y *s. m.* || *adj. num. ord.* **2.** Vigésimo sexto. También *pron.* || *s. m.* **3.** Signos con que se representa dicho número.

veintisiete *adj. num. card.* **1.** Veinte y siete. También *pron.* y *s. m.* || *adj. num. ord.* **2.** Vigésimo séptimo. También *pron.* y *s. m.* || *s. m.* **3.** Signos con que se representa dicho número.

veintitantos, tas *adj.* y *pron.* Veinte y algunos más, sin precisar.

veintitrés *adj. num. card.* **1.** Veinte y tres. También *pron.* y *s. m.* || *adj. num. ord.* **2.** Vigésimo tercero. También *pron.* || *s. m.* **3.** Signos con que se representa dicho número.

veintiún *adj. num. card. apóc.* de **veintiuno.** ■ Se usa siempre delante de un sustantivo masculino: *veintiún meses.*

veintiuno, na *adj. num. card.* **1.** Veinte y uno. También *pron.* y *s. m.* || *adj. num. ord.* **2.** Vigésimo primero. También *pron.* || *s. m.* **3.** Signos con que se representa dicho número. || *s. f.* **4.** Juego de cartas o de dados en que gana el que hace veintiún puntos o se acerca más a ellos, sin rebasarlos.

vejación (del lat. *vexatio, -onis*) *s. f.* Acción de vejar y hecho o situación que veja. ■ Se dice también *vejamen*, aunque esta forma es menos usual. **SIN.** Humillación, ofensa. **ANT.** Honra, alabanza.

vejamen (del lat. *vexamen*) *s. m.* Vejación*.

vejar (del lat. *vexare*) *v. tr.* Maltratar o molestar a una persona, humillándola. SIN. Ofender, escarnecer, zaherir. ANT. Alabar. FAM. Vejación, vejador, vejamen, vejatorio.

vejatorio, ria *adj.* Que veja o puede vejar. SIN. Humillante.

vejestorio *s. m. desp.* Persona muy vieja. SIN. Carcamal, carroza. ANT. Jovenzuelo, pollo.

vejete, ta *adj.* Diminutivo de viejo, generalmente cariñoso. También *s. m.* y *f.*

vejez (del lat. *vetus, -eris*, viejo) *s. f.* **1.** Cualidad de viejo. **2.** Último periodo de la vida de una persona o animal: *Llegó a la vejez en plena forma.* **3.** Achaques, manías, etc., propios de las personas de mucha edad: *Eso de no querer salir ni ver a nadie son vejeces suyas.* || LOC. **a la vejez, viruelas** Referido a personas maduras o de edad, indica que éstas hacen cosas que no son propias de sus años; también, se dice cuando algo llega tarde o fuera de momento. SIN. **2.** Senectud, ancianidad. **3.** Chochez. ANT. **1.** y **2.** Juventud.

vejiga (del lat. *vesica*) *s. f.* **1.** Bolsa de paredes musculares que almacena la orina producida por los riñones, la cual llega a aquélla a través de los uréteres y se expulsa al exterior a través de la uretra. **2.** Ampolla que sale en la piel. **3.** Bolsita con gas o líquido formada en algunas superficies. || **4. vejiga natatoria** Saco lleno de aire que permite a los peces regular su flotabilidad a diferentes profundidades.

vela[1] (de *velar*[1]) *s. f.* **1.** Cilindro de cera u otra materia grasa, con un cordón en el centro de un extremo a otro, que se prende para dar luz. **2.** Acción de velar, estar sin dormir o acompañando a un enfermo o a un difunto, y tiempo que se está velando: *Pasó la noche en vela.* **3.** Turno de oración y adoración delante del Santísimo Sacramento. **4.** En tauromaquia, cuerno del toro. **5.** *fam.* Moco que cuelga de la nariz. || LOC. **a dos velas** *adv. fam.* Sin dinero o con muy poco; también, sin enterarse de nada: *Se lo expliqué, pero se quedó a dos velas.* **aguantar** (**sujetar** o **sostener**) **la vela** *fam.* Salir con unos novios para impedir que se queden a solas. **como una vela** o **más derecho** (o **tieso**) **que una vela** *adv. fam.* Muy erguido. También, con verbos como *poner* o *dejar*, hacer que alguien se comporte debidamente: *Como coja a ese niño, le voy a poner más derecho que una vela.* **no darle** a uno **vela en** (o **para**) **este entierro** *fam.* No autorizar a alguien para que se meta en aquello de que se trata. **poner una vela a Dios** (o **a San Miguel**) **y otra al diablo** Procurar estar a bien con varias personas o situaciones opuestas y sacar provecho de ellas. SIN. **1.** Candela, cirio. **2.** Vigilia. **2.** y **3.** Velación. FAM. Veladora, velón. / Apagavelas. VELAR[1].

vela[2] (del lat. *vela*, de *velum*) *s. f.* **1.** Pieza de forma triangular o cuadrangular que se sujeta a los palos y vergas de un barco para recibir el impulso del viento que mueve la nave. **2.** Barco de vela. **3.** Deporte marítimo en que compiten varios barcos de vela. || **4. vela cangreja** La de cuchillo de forma trapezoidal, cuyo lado superior tiene una inclinación de unos 45 °C. **5. vela cuadrada** La de forma cuadrangular o trapezoidal colocada en la dirección de babor a estribor. **6. vela de cuchillo** La triangular o cuadrangular que se coloca en la dirección de proa a popa. **7. vela latina** La triangular colocada sobre un palo largo y encorvado. **8. vela mayor** La principal, que va sujeta en el palo mayor. || LOC. **a toda vela** *adv.* Navegando con todas las velas desplegadas. También, refiriéndose a la forma de hacer algo, muy rápido: *Tenemos que acabar este ejercicio a toda vela.* **recoger velas** *adv.* Retractarse. SIN. **2.** Velero. FAM. Velamen, velero. VELO.

velación[1] *s. f.* Acción de velar[1].

velación[2] (del lat. *velatio, -onis*, acción de tomar el velo) *s. f.* En la religión católica, ceremonia que se celebraba en la misa posterior a la boda y en la que se cubría con un velo los hombros del varón y la cabeza de la mujer. Se usa más en *pl.*

velada *s. f.* **1.** Reunión nocturna de varias personas para distraerse de algún modo: *Tuvimos una velada muy agradable recordando viejos tiempos.* **2.** Sesión musical, literaria, etc., que tiene lugar al final de la tarde o por la noche.

velador *s. m.* **1.** Mesita, generalmente redonda, con un solo pie que se ramifica en la base. **2.** *Can.* y *Amér.* Mesilla de noche.

veladora *s. f.* **1.** *Col.* y *Méx.* Vela de parafina gruesa y corta que se enciende a los santos. **2.** *Méx.* y *Urug. fam.* Lamparilla de mesita de noche.

veladura *s. f.* En pintura, capa transparente o traslúcida que se da para suavizar el tono de los colores.

velamen *s. m.* Conjunto de velas de una embarcación.

velar[1] (del lat. *vigilare*) *v. intr.* **1.** Estar sin dormir el tiempo que se destina al sueño. **2.** Con la preposición *por*, cuidar y preocuparse de alguien o algo: *Vela por la seguridad de los suyos.* **3.** Hacer turnos de adoración delante del Santísimo Sacramento. || *v. tr.* **4.** Cuidar por la noche a un enfermo o acompañar el cadáver de un difunto. FAM. Vela[1], velación[1], velada, velador, velatorio, velorio[1]. / Desvelar[1], duermevela.

velar[2] (del lat. *velare*, de *velum*, velo) *v. tr.* **1.** Cubrir con un velo. También *v. prnl.* **2.** Tapar, ocultar: *Una máscara de bondad velaba sus turbias intenciones.* **3.** En fotografía, borrar la imagen en la placa o en la película por efecto de la luz sobre ellas. Se usa más como *v. prnl.* **4.** En pintura, dar veladura. SIN. **2.** Disimular. FAM. Veladura. / Desvelar[2], develar, revelar. VELO.

velar[3] *adj.* **1.** Relativo al velo del paladar. **2.** En ling., se dice del sonido, especialmente de la vocal o la consonante, que se articula aproximando el dorso de la lengua al velo del paladar, como *u*, *k*, *g* y *j*. También *s. f.* FAM. Velarizar. VELO.

velarizar *v. tr.* Pronunciar un sonido, una consonante o una vocal no velares con articulación velar. También *v. prnl.* ■ Delante de *e* se escribe *c* en lugar de *z*. FAM. Velarización. VELAR[3].

velatorio *s. m.* Acto y lugar en que se vela a un difunto.

¡velay! *interj.* Claro, naturalmente. También expresa resignación o indiferencia.

velazqueño, ña *adj.* Propio del pintor Diego Velázquez y de su obra, o que tiene alguna de las cualidades de su producción artística.

velcro (iniciales de las palabras inglesas *velours and crochet hook*, terciopelo y aguja de ganchillo, nombre comercial registrados) *s. m.* Sistema de cierre o de sujeción formado por dos tiras de tejidos diferentes que se enganchan por contacto y pueden desengancharse una y otra vez.

veleidad (del lat. *veleitas, -atis*, de *velle*, querer) *s. f.* **1.** Naturaleza inconstante y caprichosa. **2.** Cambio repentino de ánimo, sin ninguna razón o fundamento: *Eso es una veleidad de niño pequeño.* SIN. **1.** Volubilidad. **2.** Antojo, capricho. ANT. **1.** Firmeza, constancia. FAM. Veleidoso.

veleidoso, sa *adj.* Caprichoso, inconstante. SIN. Voluble. ANT. Constante, firme.

velero, ra *adj.* **1.** Se aplica a la embarcación muy ligera o que navega mucho. || *s. m.* **2.** Barco de vela. **3.** Avión planeador sin motor y con características que le permiten volar aprovechando las corrientes de aire. FAM. Motovelero. VELA[2].

veleta (del ár. *beleta*, movediza, de *ballat*, agitarse) *s. f.* **1.** Pieza metálica giratoria, con forma de flecha o de otra figura, que sirve para señalar la dirección del viento. **2.** Objeto flotante que se coloca en el hilo de pescar para saber cuándo ha picado un pez. || *s. m.* y *f.* **3.** Persona que cambia constantemente de opinión, gustos, etc. También *adj.* SIN. **2.** Boya. **3.** Inconstante, voluble, veleidoso.

veleto, ta *adj.* Se dice del toro o la res que tiene los cuernos muy altos.

velis nolis (lat.) *loc.* Literalmente, quieras o no quieras, por las buenas o por las malas.

vellido, da *adj.* Que tiene vello. SIN. Velloso.

vello (del lat. *villus*) *s. m.* **1.** Pelo que sale en algunas partes del cuerpo, más corto y fino que el de la cabeza y el de la barba. **2.** Pelusilla que recubre algunas frutas o plantas. ■ No confundir con la palabra homófona *bello*, 'hermoso'. SIN. **2.** Pelusa, pelillo. FAM. Vellido, vellocino, vellón[1], vellosidad, velloso, velludo.

vellocino (del lat. vulg. *velluscinum*, de *vellus*) *s. m.* **1.** Toda la lana junta de un carnero u oveja tras esquilarlos. **2.** Piel curtida con su lana del carnero o de la oveja. SIN. **1.** y **2.** Vellón. **2.** Zalea.

vellón[1] (del lat. *vellus*) *s. m.* **1.** Toda la lana junta de un carnero u oveja después de esquilarlos. **2.** Mechón de lana. SIN. **1.** Vellocino. **2.** Vedija.

vellón[2] (del fr. *billon*, de *bille*, lingote) *s. m.* **1.** Aleación de plata y cobre con la que antiguamente se hacían monedas. **2.** Moneda de cobre que se usó en lugar de la fabricada con plata.

vellosidad *s. f.* Vello, particularmente si existe en abundancia.

velloso, sa *adj.* Que tiene vello. SIN. Vellido.

velludo, da *adj.* Que tiene mucho vello.

velo (del lat. *velum*) *s. m.* **1.** Tela transparente que cubre una cosa, especialmente la prenda de tul, gasa, etc., con que en ocasiones se cubren las mujeres la cabeza, el cuello y el rostro: *La novia llevaba un largo velo.* **2.** Pieza de tejido similar sujeta a algunos sombreros de mujer, que cubre la cara o parte de ella. **3.** Manto con que algunas religiosas se cubren la cabeza y la parte superior del cuerpo. **4.** Cualquier cosa ligera o flotante que impide que otra se vea: *Un velo de niebla oculta el río.* **5.** Aquello con que se intenta ocultar u oscurecer la verdad o el conocimiento de algo: *Un velo de silencio nos separa de la verdad.* || **6. velo del paladar** Especie de cortina muscular y membranosa que separa la cavidad de la boca de la faringe. || LOC. **correr** (o **echar**) **un tupido velo sobre** una cosa Pretender que quede en el olvido algo que no conviene mencionar o ser recordado. **tomar** una mujer **el velo** Profesar una monja. SIN. **4.** y **5.** Cortina. FAM. Vela[2], velación[2], velar[2], velar[3], velorio[2].

velocidad (del lat. *velocitas, -atis*) *s. f.* **1.** Ligereza o prontitud en el movimiento: *Ya no puedo comer a más velocidad.* **2.** Relación entre el espacio recorrido por un móvil y el tiempo empleado en recorrerlo. **3.** En algunos vehículos de motor, cada una de las combinaciones de los engranajes de la caja de cambios, a las que corresponde un determinado grado de velocidad. || **4. velocidad punta** La máxima que puede alcanzar un vehículo. SIN. **1.** Rapidez, celeridad. **3.** Marcha. ANT. **1.** Lentitud. FAM. Velocímetro, velocípedo, velocista, velódromo, veloz.

velocímetro (del lat. *velox, -ocis*, veloz, y *-metro*) *s. m.* Instrumento que indica la velocidad a la que se mueve un vehículo. SIN. Cuentakilómetros.

velocípedo (del lat. *velox, -ocis*, veloz, y *pes, pedis*, pie) *s. m.* Vehículo formado por una especie de caballete, con un asiento y dos o tres ruedas, una de ellas de gran tamaño, que se mueven por medio de unos pedales.

velocista *s. m.* y *f.* El que participa en pruebas de velocidad, particularmente en atletismo y ciclismo.

velódromo (del lat. *velox, -ocis*, veloz, y el gr. *dromos*, carrera) *s. m.* Pista para la realización de ciertas carreras u otras pruebas en bicicleta.

velomotor (de *veloz* y *motor*) *s. m.* **1.** Bicicleta que tiene un pequeño motor. **2.** Ciclomotor*.

velón (aum. de *vela*[1]) *s. m.* Lámpara metálica de aceite, compuesta de un vaso o depósito, con uno o varios picos por los que pasa la mecha, y de un eje terminado por arriba en un asa y por abajo en un pie.

velorio[1] (de *velar*[1]) *s. m.* **1.** Fiesta nocturna que se celebra en los pueblos con ocasión de alguna faena agrícola o doméstica. **2.** Velatorio*.

velorio[2] (de *velo*) *s. m.* Ceremonia en que toma el velo una religiosa.

veloz (del lat. *velox, -ocis*) *adj.* Que se mueve o realiza algo con velocidad: *un veloz cometa.* SIN. Rápido, raudo, presuroso. ANT. Lento. FAM. Velozmente. VELOCIDAD.

vena (del lat. *vena*) *s. f.* **1.** Cada uno de los vasos sanguíneos que conducen la sangre al corazón o a otra vena mayor. **2.** Cada uno de los nervios que sobresalen en el revés de las hojas de las plantas. **3.** Filón de un mineral. **4.** Faja o lista de un material que por su color u otras características se distingue del resto de la masa en que se encuentra. **5.** Conducto natural por donde circulan las aguas subterráneas. **6.** Estado de ánimo que alguien tiene en un determinado momento: *Averigua primero de qué vena está.* **7.** Facilidad o disposición de una persona para cierta actividad: *Ese niño tiene vena de artista.* **8.** *fam.* Afeminamiento, mariconería. || LOC. **darle** (o **entrarle**) a uno **la vena** *fam.* Entrarle a uno la necesidad o deseo repentino de hacer algo, generalmente disparatado: *Le ha entrado la vena de no hablar con nadie.* **estar** uno **en vena** Estar inspirado o encontrarse bien dispuesto para hacer algo. SIN. **3.** y **4.** Veta. **8.** Pluma, ramalazo. FAM. Venada, venado -da, venático, venero, venoso, vénula. / Avenar, trasvenarse.

venablo (del lat. *venabulum*, de *venari*, cazar) *s. m.* Flecha o lanza corta y arrojadiza. || LOC. **echar** alguien **venablos** Decir palabras que muestran cólera. SIN. Dardo.

venada *s. f.* Ataque de locura.

venado (del lat. *venatus*, caza) *s. m.* Ciervo o cualquier animal de caza mayor. FAM. Venatorio. / Venablo.

venado, da *adj. fam.* Chalado, loco. SIN. Venático.

venal (del lat. *venalis*, de *venum*, venta) *adj.* **1.** Que se puede vender: *bienes venales.* **2.** Que se deja sobornar. SIN. **1.** Vendible. **2.** Sobornable. FAM. Venalidad.

venático, ca *adj. fam.* Maniático, venado.

venatorio, ria (del lat. *venatorius*) *adj.* De la montería o relacionado con ella.

vencedero, ra *adj.* Que está sujeto al vencimiento o cumplimiento de un plazo: *un vale vencedero dentro de cinco semanas.*

vencejo[1] (del lat. *vincire*, atar, sujetar) *s. m.* Lazo con que se ata una cosa, especialmente los haces de las mieses. **FAM.** Desvencijar.

vencejo[2] (del ant. *oncejo*, del lat. vulg. *uncicula*, del lat. *uncus*, gancho) *s. m.* Ave insectívora de color generalmente negro o pardo, pico delgado, alas muy largas, cola en forma de horquilla y vuelo ágil y rápido; es migratoria y habita en Europa, África y Asia, en rocas, acantilados y edificios.

vencer (del lat. *vincere*) *v. tr.* **1.** Quedar por encima o en mejor lugar que otros con los que se lucha o compite: *Vencieron a sus contrincantes.* **2.** Producir su efecto en una persona algo a lo que normalmente es difícil resistir: *Le ha vencido el sueño.* También *v. prnl.* **3.** Estar por encima de los demás en aquello que se expresa: *A contar chistes nadie le vence.* **4.** Prevalecer o imponerse una cosa sobre otra: *Al final venció el sentido común.* **5.** Dominar alguien sus pasiones, sentimientos, inclinaciones, etc.: *Tuvo que hacer un esfuerzo para vencer la tentación.* También *v. intr.* **6.** Ladear, inclinar o deformar una cosa: *La tabla se venció con el peso.* Se usa más como *v. prnl.* **7.** Superar dificultades, impedimentos, una altura, etc.: *Venció los obstáculos que le surgieron en el camino.* || *v. intr.* **8.** Llegar el momento o final del plazo señalado: *Dentro de dos días vence la baja por enfermedad.* **9.** Terminar un contrato, deuda, etc., por cumplirse la condición o el plazo en él fijado. **10.** Conseguir alguien lo que deseaba en una contienda o disputa física o moral. ■ Delante de *a* y *o* se escribe *z* en lugar de *c*: *venza.* **SIN. 1.** y **2.** Derrotar, rendir(se). **1.** a **4.** Ganar. **1.** y **3.** Aventajar. **4.** Predominar. **9.** Caducar. **10.** Triunfar. **ANT. 1.** Perder. **FAM.** Vencedero, vencedor, vencible, vencido, vencimiento. / Convencer, invencible, victoria.

vencimiento *s. m.* **1.** Acción de vencer o ser vencido. **2.** Inclinación o deformación de una cosa material: *el vencimiento de un soporte.* **3.** Cumplimiento del plazo exigido para una deuda, obligación, etc.: *Le avisaron del vencimiento de los intereses.* **SIN. 1.** Victoria, triunfo; derrota. **3.** Término.

venda (del germ. *binda*) *s. f.* **1.** Tira de tela, gasa, etc., que se enrolla alrededor de una parte del cuerpo para protegerla o inmovilizarla, o para sujetar el medicamento que se aplica sobre una herida, etc. **2.** Aquello que impide que una persona se dé cuenta de cómo es realmente algo. Se usa especialmente en locuciones como **tener** alguien **una venda en los ojos**, **quitar** a alguien **una venda de los ojos**, etc. **FAM.** Vendar.

vendaje *s. m.* **1.** Acción de vendar. **2.** Venda o conjunto de vendas que se enrollan alrededor de una parte del cuerpo.

vendar *v. tr.* Cubrir con una venda: *vendar una herida, los ojos.* **FAM.** Vendaje. VENDA.

vendaval (del fr. *vent d'aval*, viento de abajo) *s. m.* Viento fuerte que no llega a ser temporal, en especial el que sopla del S. **SIN.** Ventarrón.

vender (del lat. *vendere*) *v. tr.* **1.** Proporcionar u ofrecer una cosa a cambio del precio convenido: *Han vendido todos sus muebles porque van a mudarse. Se vende piso.* **2.** Obtener dinero u otro beneficio poniendo a disposición de otros cosas no materiales: *Vendió los secretos que le habían confiado.* **3.** Traicionar a alguien faltando a su confianza: *Es capaz de vender a su mejor amigo.* **4.** Hacer que alguien descubra involuntariamente lo que quería mantener oculto: *Aquella indiscreción le vendió.* También *v. prnl.* || **venderse** *v. prnl.* **5.** Dejarse corromper o sobornar: *Aquel árbitro se había vendido.* || **LOC. vender cara** una cosa Hacer que cueste mucho trabajo o esfuerzo conseguirla. **venderse caro** alguien Presentar dificultades para el trato con los demás. **SIN. 1.** Traspasar, enajenar. **3.** Entregar. **ANT. 1.** y **2.** Comprar. **FAM.** Vendedor, vendible, vendido, venta. / Malvender, revender, televendedor.

vendetta (ital.) *s. f.* Venganza, especialmente la originada por una muerte o una grave ofensa entre familias o clanes.

vendido, da *p.* de **vender**. También *adj.* || **LOC. estar** (o **ir**) uno **vendido** *fam.* No poder fiarse de las personas que tiene cerca o de las cosas que tiene que utilizar: *Con tan pocos medios estamos vendidos si surge un imprevisto.*

vendimia (del lat. *vindemia*) *s. f.* Recolección de la uva y tiempo en que se hace. **FAM.** Vendimiador, vendimiar.

vendimiar (del lat. *vindemiare*) *v. tr.* Recoger el fruto de las viñas. También *v. intr.*

veneciano, na (del lat. *Venetianus*) *adj.* **1.** De Venecia. También *s. m.* y *f.* || *s. m.* **2.** Lengua hablada en la región del Véneto. **SIN. 1.** Véneto. **FAM.** Véneto.

venencia *s. f.* Especie de cacillo o vasito cilíndrico con un largo mango que se emplea para sacar muestras de vino o mosto de las cubas.

veneno (del lat. *venenum*) *s. m.* **1.** Cualquier sustancia que introducida en el cuerpo de un ser vivo o aplicada a él, aunque sea en poca cantidad, le ocasiona la muerte o graves trastornos. **2.** Cualquier cosa que puede causar un daño a la salud: *La contaminación es un veneno para las plantas.* **3.** Cualquier cosa que puede causar un daño moral. **4.** Mala intención con la que alguien hace o dice algo: *Aquella pregunta llevaba veneno.* **5.** Envidia, odio o cualquier otro mal sentimiento. **SIN. 1.** Tóxico. **FAM.** Venenosidad, venenoso. / Contraveneno, envenenar.

venenoso, sa *adj.* **1.** Que es veneno o lo contiene. **2.** Hiriente, malintencionado: *un comentario venenoso.* **SIN. 1.** Tóxico, ponzoñoso. **2.** Malicioso, malvado, viperino. **ANT. 1.** Inocuo. **2.** Inocente.

venera (del lat. *veneria*) *s. f.* **1.** Concha semicircular de dos valvas, con dos orejuelas laterales y catorce estrías radiales, del molusco denominado vieira; ésta era la concha que llevaban los peregrinos del camino de Santiago. **2.** En arq., adorno formado por una valva convexa semejante a dicha concha. **3.** Cruz o insignia que llevaban en el pecho los caballeros de las órdenes militares.

venerable (del lat. *venerabilis*) *adj.* **1.** Digno de veneración y respeto. ■ Se usa frecuentemente referido a personas que, por su edad, merecen consideración: *un venerable anciano.* **2.** Se aplica a los prelados a modo de tratamiento. **3.** Se aplica a los fieles católicos que mueren con fama de santidad. También *s. m.* y *f.* || *s. m.* **4.** Presidente de una logia masónica. **SIN. 1.** Venerando, respetable. **ANT. 1.** Despreciable.

venerando, da (del lat. *venerandus*) *adj.* Venerable, digno de veneración.

venerar (del lat. *venerari*) *v. tr.* **1.** Sentir y mostrar devoción y respeto por alguien o algo. **2.** En especial, dar culto a Dios, los santos o las cosas sagradas. **SIN. 1.** Respetar, honrar. **ANT. 1.** Despreciar. **FAM.** Venerable, veneración, venerador, venerando.

venéreo, a (del lat. *venereus*, relativo a Venus) *adj.* **1.** Se aplica a las enfermedades infecciosas que suelen transmitirse por contacto sexual. **2.** Relativo al placer o al acto sexual. **FAM.** Venereología.

venereología *s. f.* Parte de la medicina que se ocupa de las enfermedades venéreas. **FAM.** Venereológico, venereólogo. VENÉREO.

venero *s. m.* **1.** Manantial de agua. **2.** Yacimiento de mineral. **3.** Aquello que produce o proporciona una cosa en abundancia: *Su mente es un venero de ideas.* **4.** Cada raya o línea que marca las horas en un reloj de sol. **SIN. 1.** y **3.** Fuente. **2.** Vena. **2.** y **3.** Filón.

véneto, ta (del lat. *Venetus*) *adj.* De Venecia. También *s. m.* y *f.* **SIN.** Veneciano.

venezolanismo *s. m.* Vocablo o giro propios del habla de Venezuela.

venezolano, na *adj.* De Venezuela. También *s. m.* y *f.* **FAM.** Venezolanismo.

¡venga! *interj. fam.* Véase **venir**.

venganza *s. f.* Acción de vengar o vengarse. **SIN.** Desquite, revancha. **ANT.** Perdón.

vengar (del lat. *vindicare*) *v. tr.* Responder a una ofensa o daño recibido causando otra ofensa o daño al que lo ha realizado. Se usa mucho como *v. prnl.*: *Se vengó de los traidores.* ■ Delante de *e* se escribe *gu* en lugar de *g*: *vengue.* **SIN.** Desquitarse. **ANT.** Perdonar. **FAM.** Vengable, vengador, venganza, vengativo.

vengativo, va *adj.* Inclinado a vengarse de cualquier daño u ofensa. También *s. m.* y *f.* **SIN.** Rencoroso.

venia (del lat. *venia*) *s. f.* **1.** Consentimiento o permiso para hacer cierta cosa, concedido por una persona u organismo con autoridad. **2.** Perdón de una ofensa o culpa. **3.** *Ant.* Ligera inclinación de cabeza a modo de saludo. **SIN. 1.** Autorización, licencia. **1.** y **2.** Gracia. **FAM.** Venial.

venial (del lat. *venialis*) *adj.* Que constituye una falta poco grave contra un precepto, una ley, etc.; en particular, se dice del pecado que no es mortal. **SIN.** Leve. **FAM.** Venialidad, venialmente. VENIA.

venida *s. f.* **1.** Acción de venir: *Todos esperan su venida.* **2.** Regreso: *Me acompañó al ir, pero la venida la hice solo.* **SIN. 1.** Llegada. **2.** Vuelta, retorno. **ANT. 1.** Partida. **1.** y **2.** Ida.

venidero, ra *adj.* Que está por venir o suceder: *los años venideros.* **SIN.** Futuro, próximo. **ANT.** Pasado.

venir (del lat. *venire*) *v. intr.* **1.** Moverse o caminar de un lugar más alejado al sitio en que está, vive, trabaja, etc., el que habla. También *v. prnl.*: *Vente aquí.* **2.** Llegar al lugar en que se encuentra el que habla: *Todavía no ha venido el fontanero.* **3.** Ocurrir o llegar cierta cosa, o estar próxima a ocurrir o llegar: *Vino la primavera.* **4.** Pasarle o presentársele a alguien lo que se expresa: *Me vino un mareo al levantarme.* **5.** Tener una persona o cosa su origen o derivar de ella de algún modo: *Viene de noble linaje.* **6.** Pasar una cosa de la posesión o del dominio de una persona a la de otra: *La herencia le vino de un tío.* **7.** Surgir en alguien cierta idea, sentimiento, sensación, deseo, etc.: *Me vinieron ganas de decirle cuatro cosas.* **8.** Acomodarse o adaptarse algo a una persona o cosa de la manera que se expresa: *El pantalón le viene ancho.* ■ Se usa mucho con los adv. *bien*, *mal* o similares. **9.** Aparecer, constar o estar mencionado en un lugar, especialmente en un escrito, documento o publicación: *La dirección y el teléfono vienen en la guía.* **10.** Volver a tratar del asunto, después de alguna digresión o interrupción: *Vengamos al punto principal.* **11.** Seguido de la preposición *sobre*, caer: *Vino sobre la tierra una lluvia de granizo.* **12.** Con la preposición *ante*, comparecer, presentarse: *Vino ante el rey pidiendo justicia.* **13.** Seguido de la preposición *con* y sustantivos como *chismes*, *monsergas*, *tonterías* y similares, ir a decírselas a alguien, molestándole: *Si te viene con tonterías, le echas.* **14.** Con esta misma preposición y otros sustantivos, llevar incorporado, incluir: *La nómina de este mes viene con los atrasos.* **15.** Seguido de la preposición *en* y ciertos sustantivos, empezar a tener lo que éstos expresan: *Viéndolo tan apetitoso, vino en deseo de probarlo.* **16.** Con la preposición *a* y en ciertas expresiones, corresponder, ser adecuado, a propósito, conveniente, etc.: *Sin venir a cuento. ¿A qué viene ese enfado?* ‖ *v. aux.* **17.** Seguido de la preposición *a* e infinitivos como *ser*, *tener*, *decir*, *costar*, etc., expresa idea de aproximación: *Vienen a tener la misma edad.* **18.** Con la preposición *a* y ciertos infinitivos, llegar a realizar o cumplir lo que éstos significan: *Con el tiempo, vino a ser millonario.* **19.** Con la preposición *en* e infinitivos como *decretar*, *ordenar*, *disponer*, etc., hacer lo que éstos significan. ■ Se usa principalmente en los lenguajes oficial y judicial: *Venimos en aprobar...* **20.** Seguido de un gerundio, continuar en la acción o estado que éste indica: *Aquí vienen sucediendo cosas muy raras.* **21.** Seguido de un participio, aporta un sentido pasivo y equivale a los auxiliares *ser* o *estar*: *Estas hela-*

VENIR	
GERUNDIO	
viniendo	
INDICATIVO	
Presente	**Pretérito perfecto simple**
vengo	*vine*
vienes	*viniste*
viene	*vino*
venimos	*vinimos*
venís	*vinisteis*
vienen	*vinieron*
Futuro	**Condicional**
vendré	*vendría*
vendrás	*vendrías*
vendrá	*vendría*
vendremos	*vendríamos*
vendréis	*vendríais*
vendrán	*vendrían*
SUBJUNTIVO	
Presente	**Pretérito imperfecto**
venga	*viniera, -ese*
vengas	*vinieras, -eses*
venga	*viniera, -ese*
vengamos	*viniéramos, -ésemos*
vengáis	*vinierais, -eseis*
vengan	*vinieran, -esen*
Futuro	
viniere	*viniéremos*
vinieres	*viniereis*
viniere	*vinieren*
IMPERATIVO	
ven	*venid*

das vienen motivadas por el viento del norte. || LOC. **¡venga!** *interj. fam.* Se usa para animar o meter prisa: *¡Venga, termínate ya la sopa!* Se usa también para mostrar rechazo, incredulidad o desacuerdo respecto a lo que otro dice o hace: *¡Venga ya, cómo te vas a perder las fiestas!* **venir** alguien **a menos** Pasar de una buena posición social o económica a otra inferior. ■ Se usa sobre todo con el participio: *Pertenece a una familia noble venida a menos.* ■ Es v. irreg. SIN. **1.** Acercarse, aproximarse. **2.** Acudir. **3.** Sobrevenir. **4.** Dar. **5.** Provenir, proceder. **7.** Asaltar; entrar. **8.** Sentar. **9.** Figurar. **11.** Precipitarse. ANT. **1.** a **3.** Marcharse, irse. **2.** Partir. **9.** Faltar. FAM. Venencia, venida, venidero. / Advenimiento, avenida, avenir, bienvenido, contravenir, convenir, devenir[1], intervenir, porvenir, prevenir, provenir, revenirse, sobrevenir, subvenir, vaivén, ¡venga!

venosidad *s. f.* Vena que se trasluce en la piel.

venoso, sa (del lat. *venosus*) *adj.* **1.** De las venas. **2.** En particular, se aplica a la sangre que discurre por las venas y es pobre en oxígeno y rica en dióxido de carbono. **3.** Que tiene venas. FAM. Venosidad. / Endovenoso, intravenoso. VENA.

venta (del lat. *vendita*, de *vendere*, vender) *s. f.* **1.** Acción de vender. **2.** Cantidad de cosas que se venden. **3.** Posada o mesón en caminos y despoblados. ANT. **1.** y **2.** Compra, adquisición. FAM. Venteril, ventero, ventorro. / Compraventa, posventa, retroventa, superventas. VENDER.

ventaja (del fr. *avantage*, y éste del lat. *abante*, delante, de *ab* y *ante*) *s. f.* **1.** Hecho de superar una persona o cosa a otra en cualquier aspecto. **2.** Cualidad, condición o circunstancia favorable de una persona o cosa: *Tienes la ventaja de que vives cerca del trabajo.* **3.** Provecho, utilidad: *No sé qué ventaja podemos sacar de todo esto.* **4.** Ganancia que un jugador concede de antemano a otro para compensar la superioridad en destreza o cualidades que aquél posee o se atribuye. **5.** Distancia en puntuación o en tiempo que un deportista o equipo acumula por encima de sus contrarios en una prueba, partido, competición, etc. **6.** En los dep. de equipo, beneficio que se obtiene cuando el contrario comete una falta. **7.** En tenis, punto que desempata el iguales a cuarenta. || **8. ley de la ventaja** En fútbol, regla por la que el árbitro no castiga una falta al entender que en ese momento beneficia más al perjudicado que el juego continúe. SIN. **1.** y **5.** Delantera. **3.** Producto, rendimiento. ANT. **1.** Inferioridad. **1.** a **3.** Desventaja. **2.** Inconveniente, perjuicio. FAM. Ventajear, ventajero, ventajista, ventajoso. / Aventajar, desventaja.

ventajear *v. tr.* **1.** *Amér.* Tomar ventaja, aventajar. **2.** *Amér. desp.* Sacar ventaja valiéndose de artimañas o abusos.

ventajero, ra *adj. Amér.* Ventajista. También *s. m.* y *f.*

ventajista *adj.* Que actúa sin escrúpulos o aprovecha cualquier circunstancia para obtener ventaja o sacar provecho. También *s. m.* y *f.* SIN. Tramposo, oportunista. FAM. Ventajismo. VENTAJA.

ventajoso, sa *adj.* Que tiene o proporciona ventaja o beneficio. SIN. Beneficioso, favorable, provechoso. ANT. Desventajoso. FAM. Ventajosamente. VENTAJA.

ventana *s. f.* **1.** Abertura realizada en el muro de una edificación, a cierta altura sobre el nivel del suelo, para proporcionar luz y ventilación al interior. **2.** Marco de madera o metálico, con una o más hojas y generalmente con cristales, para tapar dicha abertura. **3.** P. ext., cualquier abertura. **4.** Cada uno de los dos orificios de la nariz: *ventanas nasales.* || LOC. **arrojar** (o **echar** o **tirar**) algo **por la ventana** Malgastar o desperdiciar una cosa; especialmente, desaprovechar una oportunidad. SIN. **1.** Vano. **2.** Ventanal, ventanuco. **3.** Hueco. **4.** Fosa, ventanilla. FAM. Ventanaje, ventanal, ventanazo, ventanilla, ventano, ventanuco. / Contraventana.

ventanaje *s. m.* **1.** Conjunto o distribución de las ventanas de un edificio. **2.** Conjunto de elementos que componen una ventana.

ventanal *s. m.* Ventana grande.

ventanazo *s. m.* Golpe fuerte de una ventana al cerrarse violentamente.

ventanilla (dim. de *ventana*) *s. f.* **1.** Ventana pequeña de un vehículo, compartimiento de tren, etc. **2.** Abertura pequeña en una pared o tabique a través de la cual los empleados atienden al público en bancos, oficinas, despachos de billetes, etc. **3.** Abertura rectangular en algunos sobres para leer la dirección escrita en la misma carta. **4.** Ventana de la nariz. SIN. **4.** Fosa.

ventanillo (dim. de *ventano*) *s. m.* **1.** Ventano hecho en una puerta o en una ventana. **2.** Ventano o abertura en la puerta exterior de la casa, protegida generalmente por una rejilla, para ver o hablar al que llama sin dejarle pasar. **3.** Trampilla en el suelo de una habitación. SIN. **1.** Postigo. **2.** Mirilla.

ventano *s. m.* Ventana pequeña. SIN. Ventanuco. FAM. Ventanillo. VENTANA.

ventanuco *s. m.* Ventano*.

ventarrón *s. m.* Viento muy fuerte. SIN. Ventisca, ventolera.

ventear *v. impers.* **1.** Soplar el viento. También *v. intr.*: *Venteaba con furia la tramontana.* || *v. tr.* **2.** Olfatear el aire los animales. También *v. intr.*: *El lobo venteaba buscando una pieza.*

venteril *adj.* Propio de la venta (posada) o del ventero.

ventero, ra *s. m.* y *f.* Propietario o encargado de una venta o posada.

ventilación (del lat. *ventilatio, -onis*) *s. f.* **1.** Acción de ventilar o ventilarse. **2.** Abertura o instalación para ventilar un espacio cerrado. **3.** Corriente de aire que se forma al ventilar un lugar. SIN. **1.** Ventilado.

ventilador (del lat. *ventilator, -oris*) *s. m.* **1.** Aparato que ventila o refrigera impulsando una corriente de aire mediante la rotación de una pieza, generalmente un eje con aspas. **2.** Conducto o abertura que comunica un recinto con el exterior para la ventilación de éste.

ventilar (del lat. *ventilare*) *v. tr.* **1.** Hacer que circule, penetre o se renueve el aire en un lugar o recinto. También *v. prnl.* **2.** Sacar o agitar algo al aire libre para que se le vaya el olor, la humedad, el polvo, etc. También *v. prnl.* **3.** Tratar, resolver o terminar un asunto, negocio, tarea, etc., en especial si se concluye con rapidez. También *v. prnl.*: *ventilarse un libro.* **4.** Dar a conocer públicamente un asunto íntimo o privado. || **ventilarse** *v. prnl.* **5.** *fam.* Matar a alguien. **6.** *fam.* Comer o beber totalmente alguna cosa. **7.** *vulg.* Poseer sexualmente. SIN. **1.** y **2.** Orear(se), airear(se). **3.** Despachar(se). **4.** Airear, revelar. **5.** Cargarse. **5.** y **6.** Despacharse. **5.** a **7.** Cepillarse. **6.** Zamparse. **7.** Tirarse. ANT. **4.** Ocultar. FAM. Ventilación, ventilado, ventilador. VIENTO.

ventisca *s. f.* **1.** Tempestad de viento o de viento y nieve, que suele ser más frecuente en los puertos y gargantas de montaña. **2.** Ventarrón*. SIN. **2.** Ventolera. FAM. Ventiscar, ventisco, ventisquear, ventisquero. VIENTO.

ventiscar *v. impers.* **1.** Nevar con fuerte viento. **2.** Levantarse nieve del suelo impulsada por la fuerza del viento. ■ Delante de *e* se escribe *qu* en lugar de *c*. Se dice también *ventisquear.*

ventisquear *v. impers.* Ventiscar*.

ventisquero *s. m.* **1.** Lugar en la montaña muy expuesto a las ventiscas. **2.** Lugar en la montaña donde se acumula y conserva la nieve y el hielo. **3.** Masa de nieve o hielo acumulada en este sitio. SIN. **2.** y **3.** Nevero. **3.** Helero.

vento *s. m. Arg., Perú* y *Urug.* Dinero.

ventolera *s. f.* **1.** Ráfaga o golpe fuerte de viento. **2.** *fam.* Idea o decisión inesperada y extravagante. ■ Suele usarse con el verbo *dar*: *Le dio la ventolera de afeitarse la cabeza.* SIN. **1.** Ventarrón, ventisca. **2.** Manía, vena, chaladura.

ventorrillo *s. m.* **1.** *desp.* Ventorro*. **2.** Bodegón o casa de comidas a la salida de una población.

ventorro *s. m. desp.* Venta o posada pequeña o miserable. FAM. Ventorrillo. VENTA.

ventosa (del lat. *ventosa*) *s. f.* **1.** Objeto cóncavo de goma que se adhiere a una superficie lisa al ser presionado contra ésta y produce un vacío entre la concavidad y la superficie. **2.** Disco de forma parecida que algunos animales poseen en la boca o las extremidades y que les sirve como órgano de succión o de sujeción. **3.** Abertura destinada a dar salida al aire, p. ej. la de las alcantarillas para ventilación. **4.** Instrumento en forma de campana o vaso de vidrio que se aplicaba a la piel para obtener un efecto de succión y producir, p. ej., una abundante sangría.

ventosear *v. intr.* Expulsar del cuerpo los gases intestinales. SIN. Peer.

ventosidad (del lat. *ventositas, -atis*) *s. f.* **1.** Gases intestinales expulsados por el ano. **2.** Acumulación de gases en el intestino o en el estómago. SIN. **1.** Pedo. **2.** Flatulencia, flato.

ventoso, sa (del lat. *ventosus*) *adj.* Se aplica al día, tiempo o lugar en que hace fuerte viento. FAM. Ventosa, ventosear, ventosidad. VIENTO.

ventral *adj.* Del vientre o relacionado con él: *cavidad ventral.*

ventrecha o **ventresca** (del lat. *ventriculus*) *s. f.* Vientre de los pescados.

ventricular *adj.* Del ventrículo: *contracción ventricular.*

ventrículo (del lat. *ventriculus*) *s. m.* **1.** Cada una de las dos cavidades inferiores del corazón; la derecha envía la sangre a la arteria pulmonar y la izquierda a la aorta. **2.** Cavidad del corazón de los peces, moluscos, batracios y de la mayoría de los reptiles, que recibe la sangre procedente de las aurículas. **3.** Cada una de las cuatro cavidades del encéfalo de los vertebrados. **4.** Cada una de las dos cavidades que existen a uno y otro lado de la glotis. FAM. Ventricular.

ventrílocuo, cua (del lat. *ventriloquus*, de *venter, ventris*, vientre, y *loqui*, hablar; por creerse antiguamente que la voz procedía del vientre o del estómago) *adj.* Se dice de la persona que tiene la habilidad de hablar sin mover los labios ni los músculos faciales e imita otras voces y tonos, de modo que parece que la voz viene de lejos o que es otro el que habla. También *s. m.* y *f.* FAM. Ventriloquia. VIENTRE.

ventriloquia *s. f.* Técnica o habilidad del ventrílocuo.

ventrudo, da *adj.* Que tiene mucho vientre.

ventura (del lat. *ventura*, de *venturu*, lo por venir) *s. f.* **1.** Dicha, felicidad. **2.** Suerte, fortuna. ■ Se usa mucho con los adj. *buena* o *mala*. **3.** Azar, casualidad. || LOC. **a la (buena) ventura** *adv.* Sin un propósito concreto, a lo que la suerte depare. **por ventura** *adv.* Quizá, por casualidad. FAM. Venturoso. / Aventura, bienaventuranza, buenaventura, desventura, malaventurado.

venturoso, sa *adj.* Que implica o trae ventura. SIN. Afortunado, feliz, dichoso. ANT. Desgraciado. FAM. Venturosamente. VENTURA.

vénula *s. f.* Pequeña vena o ramificación venosa.

venus (del lat. *Venus, Veneris*, diosa mitológica de la belleza) *s. f.* **1.** Representación escultórica de la diosa Venus en forma de desnudo de mujer. **2.** P. ext., nombre que se da a ciertas estatuillas del paleolítico, figuras femeninas con los caracteres sexuales muy acentuados. **3.** Mujer muy hermosa. ■ No varía en *pl.*

venusiano, na *adj.* Del planeta Venus. También *s. m.* y *f.* FAM. Venus.

ver[1] (del lat. *videre*) *v. tr.* **1.** Percibir a través de la vista. También *v. intr.*: *Aparta, que no veo.* **2.** P. ext., captar o percibir algo con cualquier sentido o con la inteligencia: *Vio claramente cuál era la solución.* **3.** Observar, estudiar, examinar: *Esta cuestión hay que verla despacio.* **4.** Comprender, entender: *Ya veo lo que me quieres decir.* **5.** Conocer algo por experiencia directa o por otros medios: *Nunca se vio nada igual.* **6.** Asistir a un acontecimiento, espectáculo, etc., y seguir su desarrollo: *ver una película.* **7.** Averiguar, comprobar o hacer lo necesario para enterarse de algo: *Voy a ver si ha llegado el correo.* **8.** Juzgar, considerar: *Yo no lo veo tan mal.* También *v. prnl.* **9.** Prever o presentir lo que va a pasar o deducirlo de lo que sucede en el presente. ■ Se usa mucho en gerundio precedido del verbo *estar*: *Estoy viendo que me voy a quedar sin plaza.* **10.** Se usa, en futuro o en pasado, para referirse a algo que se ha tratado anteriormente o que se va a tratar en una conferencia, clase, etc.: *Como vimos ayer...* **11.** Visitar o frecuentar a alguien, o encontrarse o citarse con él. También *v. prnl.*: *Nos vimos ayer y me dio saludos para ti.* **12.** Imaginar, recrear: *La fiebre le hace ver alucinaciones.* || *v. intr.* **13.** Seguido de la preposición *de* y de un infinitivo, tratar de realizar lo que éste significa. ■ Se usa generalmente en futuro: *Veré de conseguirte una entrada.* **14.** En ciertos juegos de cartas, como el póquer, aceptar la apuesta de otro jugador, igualando la cantidad jugada por éste. También *v. tr.* || **verse** *v. prnl.* **15.** Encontrarse o imaginarse alguien en determinada situación: *Nunca me vi en otra igual.* || LOC. **a ver** Se usa para expresar expectación o curiosidad: *A ver de lo que eres capaz. ¿A ver qué es eso?* En lenguaje coloquial, se usa para llamar la atención de alguien, para decirle, pedirle u ordenarle algo: *A ver, camarero, dos cervezas.* Se usa para confirmar algo, equivaliendo a *claro*: *–¿Así que te negaste en redondo? –¡A ver!, ¿qué iba a hacer?* **a ver si...** Seguido de verbo, expresa curiosidad, expectación, temor o interés: *A ver si te portas.* **estar** algo **por ver** Estar todavía por demostrar o confirmar: *Está por ver quién de los dos es mejor.* **¡habráse visto!** Exclamación de reproche. **no poder** uno **(ni) ver** a alguien o algo *fam.* Odiarlo o detestarlo: *¿Te gustan los caracoles? No puedo ni verlos.* **no veas** o **que no veas** Expresión ponderativa con la que se acentúa lo que se dice: *¡Hace* *un frío que no veas!* **que no veo** (**ves**, **ve**, etc.) Expresión usada para ponderar el hambre o el sueño que se siente: *Tengo un hambre que no veo.* **verás** (o **verá usted**, **veréis**, etc.) Introduce una explicación o el relato de algo: *Verás, venía para acá cuando...* **veremos** Se emplea para no comprometerse a hacer o decidir algo, dejando su resolución para más adelante: *¿Puedo confiar en su apoyo? Veremos.* Se usa para expresar duda acerca de la realización o el resultado de algo. ■ Suele usarse con el adverbio *ya.* **vérselas con** alguien *fam.* Enfrentarse o pelear con él: *Tendrás que vértelas conmigo.* **vérselas y deseárselas** uno Costarle a alguien mucho esfuerzo, dedicación, constancia, etc., hacer o lograr una cosa: *Se las ve y se las desea para aprobar.* ■ Es v. irreg. SIN. **1.** y **3.** Mirar. **2.** Advertir. **3.** Analizar, ponderar. **5.** y **6.** Presenciar. **8.** Estimar. **9.** Olerse, temer. **13.** Procurar. **15.** Hallarse. FAM. Veedor, ver[2], vidente, visar, visera, visible, visillo, visión, visivo, viso, visor, vista, visto, visual. / Entrever, evidente, prever, proveer, rever.

VER	
GERUNDIO	**PARTICIPIO**
viendo	*visto*
INDICATIVO	
Presente	**Pretérito imperfecto**
veo	*veía*
ves	*veías*
ve	*veía*
vemos	*veíamos*
veis	*veíais*
ven	*veían*
SUBJUNTIVO	
Presente	**Pretérito imperfecto**
vea	*viera, -ese*
veas	*vieras, -eses*
vea	*viera, -ese*
veamos	*viéramos, -ésemos*
veáis	*vierais, -eseis*
vean	*vieran, -esen*
Futuro	
viere	*viéremos*
vieres	*viereis*
viere	*vieren*
IMPERATIVO	
ve	*ved*

ver² (de *ver¹*) *s. m.* **1.** Sentido de la vista. **2.** Aspecto, apariencia externa: *Es una mujer madura, pero de buen ver.* || LOC. **a mi** (o **tu**, **su**, etc.) **ver** *adv.* Según la opinión o parecer de la persona correspondiente. SIN. **1.** Visión. **2.** Pinta, facha.

vera *s. f.* Orilla, margen: *Los sauces crecen en la vera del río.* || LOC. **a la vera de** alguien o algo Junto a, a su lado: *Siéntate aquí, a mi vera.*

veracidad *s. f.* Cualidad de veraz.

veranda *s. f.* Porche o galería que se extiende a lo largo del exterior de un edificio.

veranear *v. intr.* Pasar el verano o las vacaciones de verano en algún sitio, generalmente diferente del de residencia habitual. FAM. Veraneante, veraneo. VERANO.

veraniego, ga *adj.* Relativo al verano o propio del mismo. SIN. Estival.

veranillo (dim. de *verano*) *s. m.* **1.** Tiempo breve durante el otoño en el que suele hacer calor veraniego: *veranillo de San Martín, de San Miguel.* **2.** *Amér. C.* Durante la temporada de lluvias, periodo de pocos días en que no llueve.

verano (del lat. vulg. *veranum* [*tempus*], tiempo primaveral, y éste del lat. *ver, veris*, primavera) *s. m.* **1.** Estación más calurosa del año comprendida entre la primavera y el otoño, que en el hemisferio N dura desde el 21 de junio al 21 de septiembre y en el hemisferio S desde el 21 de diciembre al 21 de marzo. **2.** En las zonas ecuatoriales, estación calurosa de sequía, que dura unos seis meses. ■ Se llama también *estío.* FAM. Veranear, veraniego, veranillo.

veras, de (del lat. *veras*, de *verus*, verdadero) *loc. adj.* y *adv.* **1.** De verdad o realmente: *Eres un amigo de veras. De veras me tengo que ir.* || *loc. adv.* **2.** A veces tiene un valor intensificador equivalente a *mucho* o *muy*: *Estás de veras elegante.* **3.** Sincera o seriamente: *¿Lo dices de veras?* **4.** Con formalidad, eficacia o empeño: *Si lo intentamos de veras, lo conseguiremos.*

veraz (del lat. *verax, -acis*) *adj.* **1.** Que dice siempre la verdad o actúa con verdad: *Es un periódico veraz, digno de crédito.* **2.** Verdadero o real: *una información veraz.* SIN. **1.** Sincero, honesto. FAM. Veracidad. VERDAD.

verba (del lat. *verba*, de *verbum*, palabra) *s. f.* Verborrea, locuacidad: *¡Vaya verba que se gasta el charlatán!* SIN. Labia, verbosidad.

verbal (del lat. *verbalis*) *adj.* **1.** Del verbo. **2.** Se aplica a las palabras o partes de la oración derivadas de un verbo: *adjetivo verbal.* **3.** Relativo a las palabras o que se vale de ellas: *expresión verbal.* **4.** Que se hace o establece sólo de palabra y no por escrito: *contrato verbal.* SIN. **2.** Posverbal. **4.** Oral. FAM. Verbalismo, verbalizar, verbalmente. / Posverbal. VERBO.

verbalismo *s. m.* **1.** Tendencia a basar el razonamiento más en las palabras que en los conceptos. **2.** Procedimiento de enseñanza en que se desarrolla primordialmente la memoria verbal. FAM. Verbalista. VERBAL.

verbalizar *v. tr.* **1.** Expresar algo mediante palabras: *verbalizar ideas, sentimientos.* **2.** Dar carácter de verbo a una palabra que no lo es. También *v. prnl.* ■ Delante de *e* se escribe *c* en lugar de *z.*

verbena (del lat. *verbena*) *s. f.* **1.** Planta herbácea que mide entre 30 y 100 cm de altura, tiene hojas opuestas y flores de color lila rosado en espigas terminales frágiles. Ha sido muy usada en farmacia como febrífuga y por sus cualidades astringentes. **2.** Fiesta popular nocturna, generalmente al aire libre, que se celebra en las vísperas de ciertas festividades. FAM. Verbenero.

verbenero, ra *adj.* **1.** De las verbenas o fiestas populares. **2.** Que es aficionado a las verbenas. También *s. m.* y *f.* **3.** P. ext., se aplica a la persona alegre y bulliciosa. || *s. m.* y *f.* **4.** Persona que trabaja en los puestos de comida o bebida, festejos, espectáculos, etc., de una verbena. SIN. **3.** Juerguista, jaranero, parrandero.

verbigracia (del lat. *verbi gratia*) *adv.* Por ejemplo: *Tiene muchas virtudes, verbigracia la discreción y la sencillez.*

verbo (del lat. *verbum*) *s. m.* **1.** Parte de la oración que constituye el núcleo del predicado y, como tal, expresa las acciones realizadas por el sujeto (*cantar, correr*, etc.) o los estados o procesos del mismo (*ser, estar, parecer*, etc.). **2.** En lenguaje culto y literario, modo de expresarse mediante palabras: *el verbo brillante de Rubén Darío.* **3.** En lenguaje culto, palabra: *Como poeta, busca el verbo más sugerente.* **4.** Según la teología, palabra creadora de Dios y, también, segunda persona de la Santísima Trinidad, el Hijo. ■ En esta acepción se escribe con mayúscula: *El Verbo se hizo carne.* **FAM.** Verba, verbal, verbigracia, verborrea, verbosidad. / Adverbio, proverbio.

verborrea (del lat. *verbum*, palabra, y el gr. *rheo*, fluir) *s. f. desp.* Abundancia y fluidez de palabras al hablar. **SIN.** Palabrería, locuacidad, labia. **ANT.** Laconismo.

verbosidad (del lat. *verbositas, -atis*) *s. f.* Tendencia a usar muchas palabras o más palabras de las necesarias para expresarse. **SIN.** Verborrea, palabrería. **ANT.** Laconismo. **FAM.** Verboso. VERBO.

verboso, sa (del lat. *verbosus*, de *verbum*) *adj.* Que emplea muchas palabras, o más de las necesarias, al expresarse. **ANT.** Lacónico.

verdad (del lat. *veritas, -atis*) *s. f.* **1.** Cualidad de una expresión o concepto que se ajusta a algo que existe en realidad o lo representa tal como es. **2.** Correspondencia o conformidad entre lo que se dice y lo que se siente o piensa. **3.** Realidad, existencia real de algo. **4.** Juicio, afirmación, principio, etc., que no se puede negar o rechazar racionalmente o es aceptado como válido por todos en general o dentro de una comunidad, sistema, pensamiento, etc.: *verdad científica.* **5.** Aquello que se dice con razón o motivo: *Es verdad que resultará mejor como tú propones.* **6.** Lo que se dice de forma clara y directa, sin ningún miramiento, para corregir o reprender a alguien. Se usa más en *pl.*: *Las verdades duelen.* ■ A menudo se intensifica con el adj. num. *cuatro*: *Que se prepare, que le voy a decir cuatro verdades.* **7.** En forma interrogativa, se usa para pedir la corroboración de alguien a lo que uno dice: *Lo hago bien, ¿verdad?* || **LOC. a decir verdad** *adv.* Expresión con la que alguien confiesa o reconoce su auténtico parecer, intención, sentimiento, etc.: *A decir verdad, no me apetece ir.* También, se usa para corregir o restar valor a algo expresado anteriormente o ya conocido: *A decir verdad, creo que exageras.* **de verdad** *adj.* Auténtico, como debe ser: *Es un amigo de verdad.* De veras, en serio, sinceramente: *Te lo digo de verdad.* **en verdad** *adv.* Verdaderamente. **SIN. 1.** Certeza. **1.** y **3.** Veracidad. **ANT. 1.** y **2.** Mentira. **1.** a **5.** Falsedad. **FAM.** Verdadero. / Veraz, verídico, verificar, verismo, verosímil.

verdaderamente *adv. m.* **1.** De acuerdo con la verdad. **2.** Se usa para confirmar o reconocer la verdad o realidad de lo que se expresa: *Verdaderamente, la fiesta ha estado bien.* **3.** Aplicado a adjetivos y adverbios, sirve para intensificarlos: *Esto es verdaderamente asqueroso.* **SIN. 3.** Francamente, realmente.

verdadero, ra *adj.* **1.** Que es verdad o contiene verdad: *Marque las respuestas verdaderas.* **2.** Real, verídico: *Esto no es un cuento, es una historia verdadera.* **3.** Se dice de la persona o cosa que es realmente lo que indica: *Un especialista dobla al actor verdadero.* ■ A menudo tiene un valor intensificador: *Es un verdadero caballero.* **SIN. 1.** Sincero, veraz. **1.** y **2.** Cierto. **2.** y **3.** Auténtico. **ANT. 1.** a **3.** Falso. **FAM.** Verdaderamente. VERDAD.

verdal *adj.* Se dice de la fruta que conserva el color verde incluso después de madurar y, también, del árbol o planta que la produce.

verde (del lat. *viridis*) *adj.* **1.** Se dice del cuarto color del arco iris, semejante al de la hierba fresca, y de las cosas que lo tienen. También *s. m.* **2.** Seguido de ciertos sustantivos, se dice del color de las cosas que éstos designan: *verde botella, verde mar, verde manzana.* **3.** Se dice de las plantas y árboles que conservan la savia o la clorofila y aún no están secos. **4.** Se aplica a la leña, forraje, etc., que conserva la frescura y humedad naturales. **5.** Se aplica a la legumbre que se come fresca, es decir, sin dejarla secar, macerarla o someterla a algún tratamiento similar: *judías verdes.* **6.** Se dice del fruto, mies, etc., que todavía no está maduro. **7.** P. ext., se dice de la persona inexperta o poco preparada y de las cosas que están en sus comienzos y les falta mucho para completarse o perfeccionarse. **8.** Obsceno, picante: *un chiste verde.* **9.** Calificando a palabras como *espacio, zona*, etc., lugar destinado a parque o jardín, en el que no se puede edificar. **10.** Se aplica a ciertos partidos ecologistas y a sus miembros. También *s. m.* y *f.*: *Los verdes lograron varios escaños.* || *s. m.* **11.** Hierba, césped. **12.** *fam.* Billete de mil pesetas. || **13. viejo verde** *fam.* Persona que tiene o muestra una obsesión sexual que se considera impropia de su edad. || **LOC. poner verde** a alguien *fam.* Criticarle duramente o llenarle de insultos. **SIN. 3.** Lozano, jugoso. **7.** Principiante, bisoño. **8.** Pornográfico, licencioso. **11.** Pasto. **ANT. 3.** Mustio. **6.** Sazonado. **7.** Experimentado. **FAM.** Verdal, verdear, verdecer, verdecillo, verdegay, verdemar, verderol, verderón, verdial, verdiblanco, verdín, verdinegro, verdor, verdoso, verdura, verdusco. / Reverdecer.

verdear *v. intr.* **1.** Mostrar algo color verde o tendencia a dicho color. **2.** Ir tomando dicho color: *El bronce verdea con el tiempo.* **3.** Empezar a ponerse verdes los campos por las hierbas y plantas que crecen, o los árboles y plantas por las hojas que brotan. **SIN. 3.** Verdecer, reverdecer. **FAM.** Verdeante. VERDE.

verdecer (del lat. *viridescere*) *v. intr.* Verdear los campos, árboles y plantas. ■ Es v. irreg. Se conjuga como *agradecer.* **SIN.** Reverdecer.

verdecillo *s. m.* Pájaro de unos 11 cm de longitud, cuerpo rechoncho, pico corto y ancho y plumaje listado de color amarillo verdoso. Habita en campos de cultivo, bosques claros y jardines de Europa.

verdegay *adj.* Se dice del color verde claro y de las cosas que lo tienen. También *s. m.*

verdemar *adj.* Se dice del color verdoso parecido al del mar y de las cosas que lo tienen. También *s. m.* ■ Se escribe también *verde mar.*

verderol o **verderón** *s. m.* Pájaro de unos 14 cm de longitud y plumaje verde oliva, algo amarillo en las alas y la cola, que emite un canto armonioso y variado. Es migrante parcial y se adapta a vivir en cautividad.

verdial *adj.* **1.** Se aplica a una variedad de aceituna que conserva el color verde después de madurar. También *s. f.* || *s. m. pl.* **2.** Cierto fandango bailable propio de Málaga.

verdiblanco, ca *adj.* De alguno de los equipos deportivos que lleva los colores verde y blanco en su uniforme. También *s. m.* y *f.*

verdín *s. m.* **1.** Capa verde que se forma en lugares húmedos o en la superficie del agua, normalmente estancada, y que está compuesta por pequeñas algas u otras plantas criptógamas. **2.** Capa verde de la corteza de algunos frutos, como el limón y la naranja, cuando se pudren. **3.** Mancha que deja el frotamiento con una planta verde. **4.** Primer color verde que tienen las hierbas o plantas que no han llegado a su sazón, o las mismas hierbas o plantas en esta situación. **5.** Cardenillo*. **SIN. 5.** Herrumbre.

verdinegro, gra *adj.* Se dice del color verde muy oscuro, casi negro, y de las cosas que lo tienen. También *s. m.*

verdolaga (del lat. *portulaca*, a través de la transcripción ár. *burdulaga*) *s. f.* Planta herbácea de hojas carnosas comestibles y tallos rastreros o ascendentes, flores amarillas y, a veces, rojas y fruto en cápsula con múltiples semillas negras.

verdor *s. m.* **1.** Color verde, especialmente si es intenso, como el de las plantas. **2.** Lozanía y vigor de las plantas, manifestados en su color verde. **SIN. 1.** Verdura. **2.** Frescura.

verdoso, sa *adj.* Que tira a verde.

verdugada *s. f.* Hilada de ladrillos en una obra o construcción de otro material. **SIN.** Verdugo.

verdugo *s. m.* **1.** Funcionario o empleado judicial que ejecuta las penas de muerte y, antiguamente, los azotes y otros castigos corporales. **2.** Persona muy cruel que maltrata o tortura a otros. **3.** Cosa que atormenta o molesta mucho: *Esta artritis es mi verdugo.* **4.** Gorro de punto, a modo de capucha, que cubre cabeza y cuello, dejando descubiertos los ojos, la nariz y la boca. **5.** Vástago del árbol. **6.** Estoque muy delgado. **7.** Verdugada*. **8.** Moldura convexa de perfil semicircular. **SIN. 1.** Sayón. **2.** Tirano, torturador. **3.** Tormento, suplicio. **5.** Verdugón, renuevo. **6.** Verduguillo. **ANT. 2.** Bienhechor. **3.** Gloria, placer. **FAM.** Verdugada, verdugón, verduguillo.

verdugón *s. m.* **1.** Roncha o señal hinchada y enrojecida que deja en la carne el azote de un látigo o instrumento parecido. **2.** Renuevo del árbol. **SIN. 2.** Verdugo, vástago.

verduguear *v. tr. Arg.* y *Urug. fam.* Humillar a una persona con palabras o acciones.

verduguillo *s. m.* **1.** Estoque delgado, especialmente el que se emplea en tauromaquia para el descabello. **2.** Mancha o roncha que se forma a veces en las hojas de las plantas. **SIN. 1.** Verdugo.

verdulería *s. f.* **1.** Tienda o puesto en que se vende verdura. **2.** *fam.* Cualidad de verde, obsceno o desvergonzado. **3.** Dicho o hecho que tiene esta cualidad.

verdulero, ra *s. m.* y *f.* **1.** Persona que vende verduras. || *s. f.* **2.** *fam.* Mujer grosera y descarada. **SIN. 2.** Rabanera.

verdura *s. f.* **1.** Hortaliza, especialmente la que se consume cocida. **2.** Verdor*. **3.** Follaje o espesura representada en dibujos, pinturas, tapices, etc. **FAM.** Verdulería, verdulero. VERDE.

verdusco, ca *adj.* Que tiende a verde oscuro.

verecundia (del lat. *verecundia*) *s. f.* Vergüenza, timidez. ■ Es palabra de uso culto. **FAM.** Verecundo. VERGÜENZA.

verecundo, da (del lat. *verecundus*) *adj.* Vergonzoso, que se avergüenza con facilidad. ■ Es palabra de uso culto. **SIN.** Tímido.

vereda (del bajo lat. *vereda*, y éste del lat. *veredus*, caballo de posta) *s. f.* **1.** Camino estrecho, formado generalmente por el paso de personas y ganado. **2.** Cañada*. **3.** *Amér.* Acera de una calle. || **LOC. en vereda** *adv. fam.* Modo de vida ordenado y regular. ■ Se usa con los verbos *entrar* y *meter*: *Por fin entró en vereda. No conseguirán meterle en vereda.* **SIN. 1.** Senda, sendero.

veredicto (latinización del ingl. *verdict*, y éste del fr. normando *veir dit*, dicho verdadero) *s. m.* **1.** Decisión de un jurado pronunciada sobre un hecho o persona sometidos a juicio. **2.** P. ext., opinión, decisión o juicio expresado por una persona experta o autorizada en la materia: *La obra fue un éxito, pero hay que esperar el veredicto de la crítica.* **SIN. 2.** Dictamen, parecer.

verga (del lat. *virga*, vástago, rama) *s. f.* **1.** Palo colocado horizontalmente en un mástil que sirve para sostener una vela. **2.** Órgano genital de los mamíferos machos y, en lenguaje vulgar, el del hombre. **3.** Vara, palo delgado. **FAM.** Vergajo. / Envergadura, vírgula.

vergajo *s. m.* **1.** Verga de toro que, una vez seca y trenzada, se usa como látigo. **2.** P. ext., cualquier látigo corto de material flexible. **FAM.** Vergajazo. VERGA.

vergel (del ant. prov. *vergier*, y éste del lat. vulg. *viridiarium*, del lat. *viridarium*, arboleda) *s. m.* Huerto, jardín o lugar con gran abundancia y variedad de flores y árboles frutales.

verglás (fr.) *s. m.* Capa muy fina de hielo que cubre el suelo o una superficie sólida.

vergonzante *adj.* Que por vergüenza actúa de forma encubierta; se dice especialmente del que pide sin hacerlo de manera abierta: *pobre vergonzante.*

vergonzoso, sa *adj.* **1.** Que hace sentir vergüenza: *Has dado un espectáculo vergonzoso.* **2.** Que siente vergüenza con facilidad: *Se pone colorado porque es muy vergonzoso.* También *s. m.* y *f.* || *s. m.* **3.** Especie de armadillo, con el cuerpo y la cola cubiertos de escamas, el cual, al verse amenazado, se encoge formando como una bola. **SIN. 2.** Tímido, cortado. **ANT. 2.** Atrevido. **FAM.** Vergonzosamente. VERGÜENZA.

vergüenza (del lat. *verecundia*) *s. f.* **1.** Sentimiento de pérdida de la propia estima causado por una humillación, una ofensa o por el temor al ridículo o la deshonra. **2.** Timidez o pudor que alguien siente en determinada situación o que le impide o dificulta hacer o decir cierta cosa: *Perdió la vergüenza para hablar en público.* **3.** Valoración de la propia dignidad que lleva a alguien a actuar de la forma que se considera más honrosa, decente o correcta: *Si le queda algo de vergüenza, presentará su dimisión.* **4.** Acción o suceso que provoca indignación, escándalo o rechazo: *Es una vergüenza maltratar a los animales.* **5.** Deshonor, deshonra; también, persona o cosa que la causa. **6.** Pena o castigo que consistía en exponer al reo a las burlas y afrentas de la gente, con una señal que indicaba su delito. || *s. f. pl.* **7.** *fam.* Órganos sexuales externos de las personas. || **8. vergüenza ajena** La que siente uno como propia por algo que otro hace o dice. **SIN. 1.** Sonrojo. **1.** y **2.** Bochorno, corte, apuro. **3.** Pundonor, decencia, honor. **7.** Genitales. **ANT. 1.**, **4.** y **5.** Orgullo. **2.** Desenvoltura, desparpajo. **3.** Desvergüenza. **5.** Honra, gloria. **FAM.** Vergonzante, vergonzoso. / Avergonzar, desvergüenza, sinvergüenza, verecundia.

vericueto (del ant. *pericueto*, de *peri-* y *cueto*, cerro) *s. m.* **1.** Lugar alto y escarpado por el que es difícil andar. Se usa más en *pl.* **2.** P. ext., cualquier camino dificultoso para andar por él. Se usa más en *pl.* || *s. m. pl.* **3.** Aspectos oscuros o complicados de un asunto: *Como abogado, conoce todos los vericuetos de la ley.* **SIN. 1.** Aspereza, risco. **2.** Vereda, trocha. **3.** Entresijos.

verídico, ca (del lat. *veridicus*, de *verus*, verdadero, y *dicere*, decir) *adj.* **1.** Que dice o contiene verdad. **2.** Que es verdadero o real, o lo parece: *un hecho verídico.* **SIN. 1.** Veraz, fiable. **2.** Auténtico, verosímil. **ANT. 1.** y **2.** Falso.

verificar (del lat. tardío *verificare*, del lat. *verus*, verdadero, y *facere*, hacer) *v. tr.* **1.** Demostrar que es verdadero o auténtico algo de lo que se duda o que es necesario probar: *Verificaron su identidad con el pasaporte.* **2.** Comprobar o examinar la verdad o exactitud de una teoría, un documento, un resultado, la precisión de un aparato o una máquina, etc., mediante las pruebas y operaciones convenientes. **3.** Efectuar o llevar a cabo una cosa prevista o establecida de antemano. También *v. prnl.*: *La firma del acuerdo se verificó ante notario.* || **verificarse** *v. prnl.* **4.** Resultar verdadero o cierto lo que se había pronosticado, previsto o anunciado: *Se verificaron todas sus predicciones.* ■ Delante de *e* se escribe *qu* en lugar de *c*: *verifique.* SIN. **1.** y **2.** Confirmar, corroborar. **3.** Realizar(se). **4.** Cumplirse. FAM. Verificabilidad, verificable, verificación, verificador. / Averiguar. VERDAD.

verigüeto *s. m.* Molusco lamelibranquio cuya concha es de color amarillo grisáceo y mide unos 5 cm de diámetro. Habita en las costas de la península Ibérica y es comestible.

verismo *s. m.* Realismo llevado al extremo, en especial en las obras de arte. FAM. Verista. VERDAD.

verja (del fr. *verge*, y éste del lat. *virga*, vara, rama) *s. f.* Reja que cubre el hueco de una ventana, cierra una puerta o, sobre todo, sirve de cerca. FAM. Verjurado. / Enverjado.

verjurado, da *adj.* Se dice del papel que tiene una filigrana de rayitas horizontales y otras más separadas que las cortan perpendicularmente.

verme (del lat. *vermis*, gusano) *s. m.* Gusano o lombriz, especialmente los parásitos del intestino. FAM. Vermicida, vermicular, vermiforme, vermífugo, vermis, vermívoro.

vermi- (del lat. *vermis*) *pref.* Significa 'gusano': *vermiforme, vermívoro.*

vermicida (de *vermi-* y *-cida*) *adj.* Vermífugo*. También *s. m.*

vermicular (del lat. *vermiculus*, de *vermis*, gusano) *adj.* **1.** Que tiene vermes o gusanos, o que los produce. **2.** Que se parece a los gusanos o tiene alguna de sus características.

vermiforme (de *vermi-* y *-forme*) *adj.* **1.** Que tiene forma de gusano. || **2. apéndice vermiforme** Apéndice intestinal.

vermífugo, ga (de *vermi-* y *-fugo*) *adj.* Se dice del fármaco, sustancia, etc., que mata o expulsa las lombrices intestinales. También *s. m.* SIN. Vermicida.

vermis (del lat. *vermis*, gusano) *s. m.* Lóbulo medio del cerebelo, situado entre ambos lóbulos laterales o hemisferios. ■ No varía en *pl.*

vermívoro, ra (de *vermi-* y *-voro*) *adj.* Se aplica al animal que se alimenta básicamente de gusanos. También *s. m.*

vermouth (fr.) *s. m.* Vermut*.

vermut o **vermú** (del al. *Wermuth*, ajenjo) *s. m.* **1.** Bebida alcohólica compuesta de vino blanco o rosado, ajenjo y otras sustancias amargas y tónicas. **2.** P. ext., cualquier aperitivo que se toma antes de comer. ■ Su pl. es *vermuts* o *vermús.*

vernáculo, la *adj.* Doméstico, nativo: *lengua vernácula.*

vero (del lat. *varius*, manchado de varios colores) *s. m.* Piel de marta.

veronés, sa *adj.* De Verona, ciudad de Italia. También *s. m.* y *f.*

verónica (del n. p. *Verónica*) *s. f.* **1.** Planta herbácea de hojas opuestas ovales y dentadas; flores pequeñas de color azul o púrpura, solitarias en la axila de las hojas o reunidas en racimos. Crece en todas las regiones frías y subtropicales. **2.** Lance básico del toreo de capa que se ejecuta a dos manos, con la capa extendida, y situándose el torero casi de perfil; cuando se recorta en el remate se llama *media verónica.*

verosímil (alteración de *verisímil*, del lat. *veri similis*, de *verus*, verdadero, y *similis*, semejante) *adj.* Que parece verdadero o es creíble por no mostrar indicio alguno de falsedad: *Su coartada es bastante verosímil y difícil de desmentir.* SIN. Factible, posible. ANT. Inverosímil, increíble. FAM. Verosimilitud, verosímilmente. / Inverosímil.

verraco (del lat. *verres*) *s. m.* **1.** Cerdo semental. **2.** Escultura de los últimos siglos antes de Cristo que representa un animal, presumiblemente un toro o un cerdo. FAM. Verraquear.

verraquear *v. intr.* **1.** Llorar con rabia los niños. **2.** Gruñir o mostrar enfado.

verruga (del lat. *verruca*) *s. f.* **1.** Excrecencia o abultamiento benigno, generalmente redondeado, que sale en la piel. **2.** Abultamiento producido en alguna parte de las plantas por acumulación de savia. SIN. **1.** Verrugosidad. FAM. Verrugosidad, verrugoso.

verrugosidad *s. f.* **1.** Cualidad de verrugoso. **2.** Verruga de la piel.

versación *s. f. Arg.*, *Chile* y *Méx.* Conocimiento de una materia.

versado, da 1. *p.* de **versar**. || *adj.* **2.** Experto o instruido en alguna materia: *Es un historiador versado en civilizaciones antiguas.* SIN. **2.** Experimentado, preparado. ANT. **2.** Inexperto.

versal *adj.* En artes gráficas, se aplica a la letra mayúscula. También *s. f.* ANT. Minúscula. FAM. Versalita. / Transversal. VERSO[2].

versalita *adj.* En artes gráficas, se dice de la letra versal o mayúscula del mismo tamaño que la minúscula. También *s. f.*

versallesco, ca *adj.* **1.** Propio del palacio y sitio real de Versalles, o que imita su estilo: *un jardín versallesco.* **2.** En especial, se aplica a lo relacionado con la corte francesa del s. XVIII, establecida en este lugar. **3.** Muy cortés y educado, hasta con afectación: *Tiene unos modales versallescos.*

versar (del lat. *versare*) *v. intr.* Tratar un escrito, discurso, etc., de la materia que se indica: *La conferencia versó sobre la arquitectura actual.* SIN. Referirse. FAM. Versación, versado. / Conversar, malversar. VERTER.

versátil (del lat. *versatilis*) *adj.* **1.** Que cambia fácilmente de opinión, sentimientos o gustos: *Nunca persevera en nada debido a su carácter versátil.* **2.** P. ext., adaptable, que sirve para múltiples aplicaciones. **3.** Se dice de los dedos de las aves que pueden girar hacia atrás o hacia delante. SIN. **1.** Cambiante, variable, voluble, veleidoso. **2.** Amoldable, acomodable. ANT. **1.** Estable. **2.** Inadaptable. FAM. Versatilidad.

versículo (del lat. *versiculus*, de *versus*, verso) *s. m.* **1.** Cada una de las divisiones breves de los capítulos de algunos libros, p. ej. de la *Biblia* y del *Corán.* **2.** Cada uno de los versos de un poema sin rima ni metro fijo y determinado. SIN. **1.** Verso.

versificar (del lat. *versificare*, de *versus*, verso, y *facere*, hacer) *v. intr.* **1.** Componer versos. || *v. tr.* **2.** Dar a algo forma de poema: *Versificó en un canto épico las hazañas de los antepasados.* ■ Delante de *e* se escribe *qu* en lugar de *c*: *versifique.* SIN. **1.** Poetizar. FAM. Versificación, versificador. VERSO[1].

versión (del lat. *versum*, de *vertere*, tornar, volver) *s. f.* **1.** Traducción*. **2.** Modo particular de referir un mismo hecho: *El testigo ha dado una versión falseada de lo que pasó en el accidente.* **3.** Cada una de las distintas interpretaciones o variaciones de una misma obra, un tema artístico o musical, etc. **FAM.** Versionar. VERTER.

versionar *v. tr.* Hacer una nueva versión de una obra musical o artística.

verso[1] (del lat. *versus*) *s. m.* **1.** Conjunto de palabras combinadas según un ritmo y, a menudo, también una medida (número de distribución de las sílabas), conforme a unas determinadas reglas que varían de unas épocas y lenguas a otras. **2.** En sentido colectivo y en oposición a prosa, género de las obras compuestas de dichas combinaciones: *Aunque se le conoce por sus novelas, también cultivó el verso.* **3.** Poema, obra oral o escrita que sigue las reglas antes mencionadas. **4.** Versículo, cada una de las divisiones breves de los capítulos de algunos libros. || **5. verso blanco** El que no tiene rima dentro de una estrofa o composición poética, pero sí atiende a las demás normas. **6. verso de arte mayor** El que tiene más de ocho sílabas; también, el formado por doce sílabas distribuidas en dos hemistiquios, usado en la poesía castellana de los s. XIV y XV. **7. verso de arte menor** El que tiene ocho sílabas o menos, muy empleado en la lírica tradicional. **8. verso libre** El que está dentro de una composición poética que no se ajusta a las formas tradicionales ni presenta uniformidad. **9. verso suelto** El que no tiene rima dentro de una estrofa o composición poética. **FAM.** Versículo, versificar. VERTER.

verso[2] (del lat. *versus*, de *vertere*, volver) *adj.* Revés, dorso o segunda página de un folio cuando se numera por folios y no por páginas. **FAM.** Versal. / Adverso, anverso, diverso, viceversa. VERTER.

versolari (del vasc. *bertsolari*) *s. m.* En el País Vasco y Aragón, coplero, hombre que improvisa versos.

versus (lat.) *prep.* Contra, frente a.

vértebra (del lat. *vertebra*) *s. f.* Cada uno de los huesos cortos que, articulados unos con otros, forman la columna vertebral. **FAM.** Vertebrado, vertebral, vertebrar. / Intervertebral.

vertebrado, da (del lat. *vertebratus*) **1.** *p.* de **vertebrar**. También *adj.* || *adj.* **2.** Se aplica a los animales que poseen en su esqueleto un eje óseo llamado columna vertebral, que protege un eje nervioso central. También *s. m.* || *s. m. pl.* **3.** Subfilo del filo cordados constituido por estos animales. **FAM.** Invertebrado. VÉRTEBRA.

vertebral *adj.* **1.** Relativo a las vértebras. || **2. columna vertebral** Véase **columna**.

vertebrar *v. tr.* Dar a algo una estructura y organización internas: *Un hilo argumental servía para vertebrar las distintas historias.* **SIN.** Organizar, estructurar. **ANT.** Desorganizar. **FAM.** Vertebración. VÉRTEBRA.

vertedera *s. f.* Pieza del arado en forma de lámina para voltear y extender la tierra levantada por la reja.

vertedero *s. m.* Lugar en el que o por el que se arrojan escombros, desperdicios, aguas residuales, etc.

vertedor, ra *adj.* **1.** Que vierte. También *s. m.* y *f.* || *s. m.* **2.** Conducto o canal para dar salida al agua.

verter (del lat. *vertere*) *v. tr.* **1.** Derramar, vaciar o dejar caer un líquido o pequeñas partículas de algo, como polvo o grano, del recipiente o conducto que los contiene. También *v. prnl.*: *Se cayó el tarro y se ha vertido el azúcar.* **2.** Inclinar un recipiente o darle la vuelta para vaciarlo de su contenido. También *v. prnl.*: *Se vertió la olla y me quemé.* **3.** Expresar o manifestar ideas, pensamientos, sentimientos, etc.: *Vierte sus opiniones en sus escritos.* **4.** Traducir de una lengua a otra. || *v. intr.* **5.** Desembocar una corriente de agua en otra, o en el mar, un pantano, etc. ■ Es v. irreg. Se conjuga como *tender.* **SIN.** **1.** Esparcir(se). **2.** Volcar(se). **3.** Plasmar, reflejar. **5.** Desaguar. **FAM.** Vertedera, vertedero, vertedor, vertible, vertido, vertiente, vierteaguas. / Extravertido, introvertido, retrovertido, reverter, versar, versión, verso[1], verso[2].

vertical (del lat. *verticalis*) *adj.* **1.** Se aplica a lo que está perpendicular al horizonte o a una línea o plano horizontal. **2.** Se aplica a la recta o plano que es perpendicular a otra recta o plano horizontales. También *s. f.* **3.** Se aplica a la estructura, el orden, etc., constituido jerárquicamente, con gran dependencia de las partes inferiores respecto del máximo nivel: *El ejército tiene una organización vertical.* || *s. m.* **4.** Cualquiera de los semicírculos máximos perpendiculares al horizonte que se consideran en una esfera celeste. **SIN.** **1.** Derecho, erguido, enhiesto. **ANT.** **1.** Tumbado. **FAM.** Verticalidad, verticalismo, verticalmente. VÉRTICE.

verticalismo *s. m.* Organización vertical o jerarquizada del poder.

vértice (del lat. *vertex, -icis*, cumbre, culmen) *s. m.* **1.** En geom., punto en que se unen los dos lados de un ángulo o las aristas de tres o más planos de un poliedro. **2.** En particular, cúspide de una pirámide o de un cono. **3.** Punto de una curva en que la curvatura es máxima o mínima. **4.** Extremo más alto o prominente de algo. **SIN.** **4.** Coronilla. **FAM.** Vertical, verticilo. / Vórtice.

verticilo (del lat. *verticillus*) *s. m.* En los vegetales, conjunto de órganos (hojas, ramas, flores, etc.) situados en un mismo plano alrededor del tallo. **FAM.** Verticilado. VÉRTICE.

vertido, da **1.** *p.* de **verter**. También *adj.* || *s. m.* **2.** Acción de verter. **3.** Aquello que se vierte: *vertidos tóxicos.* **SIN.** **3.** Residuos.

vertiente *adj.* **1.** Que vierte. || *s. f.* **2.** Declive o inclinación por donde corre o puede correr el agua. **3.** En particular, cada una de las superficies inclinadas de una cubierta: *las vertientes del tejado.* **4.** Cada una de las laderas de una montaña. **5.** Punto de vista, modo de considerar una cosa entre los varios posibles: *Sólo ve la vertiente económica de las cosas.* **6.** *Amér.* Manantial, fuente. **SIN.** **2.** y **4.** Pendiente. **3.** Agua. **5.** Aspecto, perspectiva.

vertiginoso, sa (del lat. *vertiginosus*) *adj.* **1.** Relativo al vértigo. **2.** Que causa vértigo. **3.** Se aplica en especial a la velocidad, acción, movimiento, etc., muy acelerados: *Conduce a una velocidad vertiginosa.* **SIN.** **3.** Veloz, rápido, raudo. **ANT.** **3.** Lento. **FAM.** Vertiginosamente, vertiginosidad. VÉRTIGO.

vértigo (del lat. *vertigo, -inis*, movimiento circular) *s. m.* **1.** Trastorno del sentido del equilibrio caracterizado por una sensación de falta de sustentación o de que el propio cuerpo o los objetos giran. **2.** En psiquiatría, turbación del juicio, repentina y pasajera. **3.** Sensación parecida al mareo, producida por una fuerte impresión. **4.** Velocidad o ritmo especialmente intenso y apresurado con que se desarrolla la actividad de una persona, colectividad, etc.: *Fui al campo huyendo del vértigo de la ciudad.* **SIN. 4.** Ajetreo, prisa. **ANT. 4.** Calma, tranquilidad. **FAM.** Vertiginoso.

vesania (del lat. *vesania*) *s. f.* **1.** Demencia, locura. **2.** P. ext., furia, crueldad. **SIN. 1.** Enajenación. **2.** Cólera, furor. **ANT. 1.** Cordura. **2.** Dulzura, mansedumbre. **FAM.** Vesánico.

vesical (del lat. *vesicalis*) *adj.* De la vejiga o relacionado con ella.

vesicante (del lat. *vesicans, -antis*, de *vesicare*, levantar ampollas) *adj.* Se aplica a la sustancia o agente que provoca ampollas en la piel. También *s. m.* **SIN.** Vesicatorio.

vesicatorio, ria *adj.* Vesicante*.

vesícula (del lat. *vesicula*, de *vesica*, vejiga) *s. f.* **1.** Órgano en forma de saco o vejiga que contiene líquido o aire: *vesícula biliar.* **2.** Ampolla pequeña llena de líquido seroso que se forma en la piel. **3.** En bot., ampolla de aire o de líquido que suelen tener ciertas plantas aromáticas. **FAM.** Vesicante, vesicatorio, vesicular. / Vejiga.

vespa (nombre comercial registrado) *s. f.* Motocicleta de pequeño tamaño y con el motor cubierto cuya cilindrada es inferior a los 250 centímetros cúbicos.

véspero (del lat. *vesperus*, y éste del gr. *esperos*) *s. m.* **1.** En lenguaje poético, el planeta Venus como lucero de la tarde. **2.** Anochecer, últimas horas de la tarde. **SIN. 2.** Ocaso. **ANT. 2.** Amanecer.

vespertino, na (del lat. *vespertinus*) *adj.* **1.** De la tarde y de lo relacionado con ella. **2.** Se aplica a los astros que cruzan el horizonte tras la puesta del Sol. **3.** Se dice de los diarios que salen por la tarde. También *s. m.* **ANT. 3.** Matutino.

véspido *s. m.* Insecto himenóptero que tiene un aguijón con el que inocula veneno: *La avispa y el avispón son véspidos.*

vespino (nombre comercial registrado) *s. m.* Ciclomotor provisto de pedales y de un motor de cilindrada inferior a los 50 centímetros cúbicos. Se usa también como *s. f.*

vestal (del lat. *vestalis*) *adj.* **1.** De la diosa romana Vesta. **2.** Se aplica a las sacerdotisas consagradas a dicha diosa: *vírgenes vestales.* También *s. f.*

vestibular *adj.* Relativo al vestíbulo del oído; especialmente, se dice de la rama terminal del nervio acústico o auditivo.

vestíbulo (del lat. *vestibulum*) *s. m.* **1.** Atrio, portal o patio que da entrada a un edificio. **2.** Recibidor de una casa: *En el vestíbulo espera una visita.* **3.** En los hoteles y otros grandes edificios, sala de grandes dimensiones que se encuentra en la entrada. **4.** En anat., espacio o cavidad que comunica con otra. **5.** Particularmente, una de las cavidades del oído interno de los vertebrados, que comunica con el caracol, los conductos semicirculares, el conducto auditivo interno y la caja del tímpano. **SIN. 1.** Zaguán. **FAM.** Vestibular.

vestición *s. f.* Ceremonia en que se da el hábito a un religioso o religiosa.

vestido (del lat. *vestitus*) *s. m.* **1.** Pieza de piel, tela, etc., que se usa para cubrir o abrigar el cuerpo. **2.** Prenda o conjunto de ellas que sirven habitualmente para este uso: *A principio de temporada la gente gasta más en vestido.* **3.** En especial, prenda de vestir femenina, generalmente formada por una sola pieza. **SIN. 1.** y **2.** Vestidura, vestimenta, ropa. **2.** y **3.** Traje. **FAM.** Vestidura, vestimenta, vestir, vestuario.

vestidor *s. m.* Habitación para vestirse y arreglarse.

vestidura (del lat. *vestitura*) *s. f.* **1.** Vestido*, indumentaria. Se usa más en *pl.* **2.** Vestido que el sacerdote se pone sobre el ordinario para celebrar el culto. Se usa más en *pl.* || **LOC. rasgarse** alguien **las vestiduras** *fam.* Escandalizarse o indignarse por algo, generalmente con hipocresía. **SIN. 1.** Vestimenta, ropa. **2.** Ornamentos.

vestigial *adj.* Se dice del órgano que ha perdido su función, pero la tuvo en especies antepasadas del individuo de que se trata.

vestigio (del lat. *vestigium*, planta del pie, huella) *s. m.* **1.** Señal o recuerdo que queda de algo que ha pasado o ha existido: *Aquellas fotos eran vestigios de su pasado.* **2.** Resto o ruina de una civilización anterior. Se usa más en *pl.* **3.** Indicio o señal por la que se deduce o investiga alguna cosa o se sigue el rastro de alguien o algo. **SIN. 3.** Huella, pista. **FAM.** Vestigial. / Investigar.

vestiglo (del lat. *besticulum*, de *bestia*, bestia) *s. m.* Monstruo fantástico y terrorífico.

vestimenta (del lat. *vestimenta*, de *vestimentum*) *s. f.* Vestidura*.

vestir (del lat. *vestire*) *v. tr.* **1.** Cubrir el cuerpo con un vestido: *Vistió al niño y le llevó al colegio.* También *v. prnl.* **2.** P. ext., proporcionar vestido a alguien: *Como es huérfano, el Estado le viste y alimenta.* **3.** Llevar un determinado vestido: *Los invitados vestían trajes de gala.* También *v. intr.*: *El torero vestía de rojo y oro.* **4.** Confeccionar vestidos o trajes para otros: *Ese modisto viste a muchos artistas de cine.* **5.** Cubrir o adornar una cosa a otra o con otra. También *v. prnl.*: *En fiestas toda la ciudad se viste de guirnaldas.* **6.** Disfrazar o disimular algo añadiéndole otra cosa o dándole una apariencia distinta: *Vestía su maldad de inocencia.* || *v. intr.* **7.** Resultar un vestido, prenda, tejido, etc., elegante, vistoso o apropiado: *Se casó de chaqué, que viste más.* **8.** *fam.* Dar una cosa prestigio o importancia, estar de moda: *Ahora lo que viste es ser ejecutivo.* || **vestirse** *v. prnl.* **9.** Acudir normalmente a cierto modisto, establecimiento, etc., para proporcionarse el vestido: *Se viste en los grandes almacenes.* || **LOC. el mismo que viste y calza** *fam.* Expresión con que se reafirma la identidad de alguien: *Sí, soy yo, el mismo que viste y calza.* ■ Es v. irreg. Se conjuga como *pedir.* **SIN. 5.** Ornar(se). **6.** Camuflar. **7.** y **8.** Lucir. **ANT. 1.** Desvestir(se). **1.** y **5.** Desnudar(se). **6.** Exhibir, manifestar. **7.** y **8.** Deslucir. **FAM.** Vestición. / Desvestir, investir, revestir, travestirse. VESTIDO.

vestuario *s. m.* **1.** Conjunto de vestidos o prendas de vestir: *Saca el vestuario de invierno, que ya hace frío.* **2.** Conjunto de los trajes que se usan en una película, espectáculo, etc. **3.** Dependencia para cambiarse de ropa en instalaciones deportivas, teatros, etc. **SIN. 1.** Indumentaria. **1.** y **2.** Guardarropa. **2.** Guardarropía.

veta (del lat. *vitta*, cinta) *s. f.* **1.** Franja o lista que, por su textura, color, etc., se distingue de la materia que la rodea: *las vetas del jamón, las vetas de la madera.* **2.** Estrato alargado de mineral que rellena una grieta de formación rocosa y que es generalmente objeto de explotación minera: *Excavaron hasta dar con la veta de oro.* **SIN. 1.** y **2.** Vena. **2.** Filón. **FAM.** Vetear.

vetar *v. tr.* Poner veto, rechazar: *Vetaron a nuestro candidato.* **SIN.** Prohibir. **ANT.** Autorizar. **FAM.** Vedar. VETO.

vetear *v. tr.* Pintar, trazar o señalar vetas en una cosa. **FAM.** Veteado. VETA.

veteranía *s. f.* Cualidad o condición de veterano. **SIN.** Experiencia.

veterano, na (del lat. *veteranus*, de *vetus, -eris*, viejo) *adj.* **1.** Se aplica al militar que lleva mucho tiempo en el servicio o ha participado en la guerra. También *s. m.* y *f.*: *los veteranos del Vietnam.* **2.** Se dice de la persona dedicada muchos años a una profesión, oficio o actividad, por lo que tiene una gran experiencia. También *s. m.* y *f.* SIN. **2.** Diestro, avezado. ANT. **1.** y **2.** Bisoño, novato. FAM. Veteranía.

veterinaria (del lat. *veterinaria*, de *veterinarius*, veterinario) *s. f.* Ciencia y profesión que estudia, previene y cura las enfermedades de los animales. FAM. Veterinario.

veterinario, ria (del lat. *veterinarius*, de *veterinae*, bestias de carga) *adj.* **1.** De la veterinaria o relacionado con ella: *clínica veterinaria.* || *s. m.* y *f.* **2.** Persona que se dedica a la veterinaria.

vetiver *s. m.* Raíz olorosa que se usa para perfumar la ropa y protegerla de la polilla.

veto (del lat. *veto*, yo prohíbo, de *vetare*, prohibir, vedar) *s. m.* **1.** Derecho que tiene una persona o entidad de prohibir o impedir algo. **2.** Prohibición: *Han levantado el veto a las importaciones.* SIN. **2.** Oposición, rechazo, negativa. ANT. **1.** y **2.** Autorización. FAM. Vetar.

vetón, na (del lat. *Vettones*) *adj.* De un pueblo prerromano de la península Ibérica establecido entre los ríos Guadiana y Duero. También *s. m.* y *f.*

vetusto, ta (del lat. *vetustus*, de *vetus*, viejo) *adj.* Muy viejo o muy antiguo: *Vive en un vetusto edificio.* SIN. Decrépito, anticuado. ANT. Moderno, joven. FAM. Vetustez.

vez (del lat. *vicis*) *s. f.* **1.** Cada realización de una acción o un suceso en momentos o circunstancias diferentes: *Llamó tres veces antes de entrar.* **2.** Tiempo u ocasión en que ocurre o se realiza algo: *Ya volveremos otra vez.* **3.** En un orden, turno o sucesión, momento de intervenir o hacer lo que se expresa: *Tenga paciencia, que ya le llegará la vez de hablar.* **4.** Puesto que corresponde a alguien en una cola, turno, etc.: *Perdí la vez en la carnicería.* || LOC. **a la vez** *adv.* Simultáneamente: *Si habláis a la vez no me entero.* **a mi (tu, su,** etc.) **vez** *adv.* Por su parte: *Yo leía y él, a su vez, tomaba notas.* **a veces** *adv.* En ocasiones. **de una (sola) vez** *adv.* Con una sola acción, palabra, golpe, etc.: *Se cargó tres macetas de una vez.* También, definitivamente: *Decídete de una vez.* **de vez en cuando** (o **de vez en vez**) *adv.* Alguna vez. **en vez de** *prep.* En lugar de lo que se expresa: *Querría café en vez de postre.* **hacer las veces** Ejercer la función de otra persona o cosa: *Una cuerda le hacía las veces de cinturón.* **rara vez** *adv.* Casi nunca, raramente. **tal vez** *adv.* Quizá, posiblemente. **una vez que** *conj.* Después que. SIN. **2.** Oportunidad.

VHF (siglas de *Very High Frequency*, frecuencia muy alta) *expr.* **1.** Frecuencia entre 30 y 300 megahercios que se emplea para las emisiones radiofónicas y televisivas. || *expr.* y *s. m.* **2.** Primer canal de la televisión pública española. ■ Familiarmente se usa también en femenino.

vi- *pref.* Véase **vice-**.

vía (del lat. *via*) *s. f.* **1.** Ruta o camino que se sigue para ir a un sitio: *La nueva carretera constituye una importante vía para llegar a Andalucía.* **2.** Cada uno de los dos carriles sobre los que circulan los trenes y estructura que forman estos dos carriles junto con otros elementos. **3.** Conducto del cuerpo humano o del cuerpo de los animales: *vías respiratorias.* **4.** Sistema de transporte o comunicación: *Mandó el paquete por vía aérea.* **5.** Sistema para realizar o conseguir algo: *Las dos partes prefirieron la vía de la negociación.* **6.** En der., procedimiento judicial: *vía ejecutiva, vía contenciosa.* **7.** Modo o lugar a través del cual se administra un medicamento: *vía oral.* || *prep.* **8.** Por, a través de: *Volaremos a Atenas vía Roma. Mándanos tu documentación vía fax.* || **9. vía de agua** Rotura por donde entra agua, especialmente en una embarcación. **10. vía ejecutiva** En der., procedimiento judicial para el cobro de deudas, multas, sanciones, etc. **11. vía férrea** Vía del ferrocarril. **12. Vía Láctea** Galaxia en que se encuentra el Sistema Solar. **13. vía muerta** En los ferrocarriles, la que no tiene salida y sirve para apartar de la circulación vagones y máquinas. || LOC. **de vía estrecha** *adj.* Se dice de los ferrocarriles con ese tipo de vía, que suele corresponder a líneas secundarias o de corto recorrido; también, se aplica a las personas o cosas de poca categoría o importancia: *Es un galán de vía estrecha.* **dejar vía libre** No poner obstáculos a un asunto o permitir que otro pueda llevarlo a cabo. **en vía muerta** *adv.* Sin avanzar, estancado: *El proyecto ha entrado en vía muerta.* **en vías de** *prep.* En camino de, a punto de, cerca de: *país en vías de desarrollo.* SIN. **1.** Arteria. **2.** Raíl, riel. **5.** Manera, procedimiento, método. FAM. Viaducto, viajar, vial[2], viandante, viario, viático. / Aerovía, autovía, aviar[1], desviar, entrevía, enviar, extraviar, ferroviario, guardavía, infovía.

vía crucis (lat., significa 'camino de la cruz') *expr.* **1.** Camino señalado con diversas estaciones o paradas marcadas con cruces o altares, que se recorre en memoria de los pasos que dio Jesucristo hacia el Calvario. **2.** Conjunto de catorce cuadros, imágenes o cruces que representan los pasos del Calvario. **3.** Conjunto de rezos que se hacen delante de estas estaciones o cruces. **4.** Penalidad o sufrimiento prolongado: *El viaje de vuelta fue un auténtico vía crucis.* ■ Se usa como *s. m.* SIN. **4.** Calvario, suplicio, martirio, infierno.

viabilidad *s. f.* Cualidad de viable: *La viabilidad del proyecto es casi nula.*

viable (del fr. *viable*, de *vie*, vida) *adj.* **1.** Que tiene posibilidades de llevarse a cabo: *Dados los problemas que existen, esa idea no es viable.* **2.** Que puede vivir; se dice principalmente de los niños recién nacidos. **3.** Que se puede transitar: *un camino viable.* SIN. **1.** Posible, factible, realizable. **2.** Sano. **3.** Transitable, utilizable. ANT. **1.** Inviable, imposible. **2.** Enfermo. **3.** Intransitable. FAM. Viabilidad. / Inviable.

viaducto (del lat. *via*, vía, y *ductus*, conducción) *s. m.* Construcción parecida a un puente para el paso de una carretera o una vía férrea sobre una hondonada.

viajante *adj.* **1.** Que viaja. También *s. m.* y *f.* || *s. m.* y *f.* **2.** Representante de una casa comercial que hace viajes para negociar ventas o compras. SIN. **1.** Viajero.

viajar *v. intr.* **1.** Ir de un lugar a otro, generalmente distante. **2.** Recorrer un medio de transporte un trayecto o distancia: *Estos aviones viajan a gran velocidad.* SIN. **1.** y **2.** Desplazarse. FAM. Viajante, viaje[1], viajero. VÍA.

viaje[1] (del cat. *viatge*, y éste del lat. *viaticum*) *s. m.* **1.** Acción de viajar: *Hice varios viajes estas vacaciones.* **2.** Trayecto, itinerario: *Este tren hace siempre el mismo viaje.* **3.** Recorrido que se hace de un lugar a otro, especialmente cuando se lleva una carga o peso: *Tendremos que hacer varios viajes para llevar todo esto a casa.* **4.** Carga o peso que se lleva de un lugar a otro de una vez. **5.** *argot* Efecto de una droga alucinógena. || LOC.

agarrar (un) viaje *Arg.* y *Urug. fam.* Aceptar una proposición o invitación; también, decidirse a realizar algo. **de un viaje** *adv. Amér.* De una vez. SIN. **1.** Excursión, gira, tour, tournée, periplo. **2.** Ruta, travesía. **5.** Alucinación.

viaje[2] *s. m.* **1.** *fam.* Corte profundo y grande y, p. ext., pellizco fuerte, golpe, etc., dado en alguna parte del cuerpo: *Menudo viaje me he dado con el cuchillo.* **2.** Golpe o agresión de una persona a otra: *El defensa le dio un viaje al delantero.* **3.** Ataque inesperado con un arma corta: *Le tiró un viaje con la navaja.* **4.** Corte sesgado que se da a la madera, los tejidos, etc. **5.** Cornada que lanza el toro alzando la cabeza. SIN. **1.** y **4.** Tajo. **2.** Mamporro, torta. **3.** Cuchillada. FAM. Esviaje.

viajero, ra *adj.* Que viaja. También *s. m.* y *f.*

vial[1] (del ingl. *vial*) *s. m.* Frasco que sirve para guardar un medicamento inyectable o bebible, del cual se van extrayendo las dosis convenientes.

vial[2] (del lat. *vialis*) *adj.* De la vía pública: *circulación vial.* SIN. Viario.

vianda (del fr. *viande*, y éste del lat. *vivenda*) *s. f.* **1.** Comida: *Sirvieron en el banquete viandas muy variadas.* **2.** *Arg.* y *Urug.* Recipiente para guardar y transportar la comida. SIN. **1.** Alimento, sustento. **2.** Fiambrera.

viandante *s. m.* y *f.* Peatón, transeúnte. SIN. Caminante, paseante.

viaraza *s. f.* **1.** Diarrea*. **2.** *And.* y *Amér.* Acción irreflexiva y repentina. **3.** *And.* Costumbre maniática. ■ Se usa con los verbos *coger* y *tomar.* SIN. **3.** Vicio, rareza.

viario, ria (del lat. *viarius*) *adj.* De los caminos y carreteras: *sistema viario, red viaria.* SIN. Vial.

viaticar *v. tr.* Administrar el viático a un enfermo. ■ Delante de *e* se escribe *qu* en lugar de *c.*

viático (del lat. *viaticum*, de *via*, camino) *s. m.* **1.** En la Iglesia católica, sacramento de la eucaristía que se administra a los enfermos que están en peligro de muerte. **2.** Subvención en dinero que se paga a los funcionarios que tienen que viajar, especialmente a los diplomáticos. SIN. **2.** Dieta, estipendio. FAM. Viaticar. VÍA.

víbora (del lat. *vipera*) *s. f.* **1.** Nombre común de diversas serpientes venenosas de cabeza triangular, cola corta y coloración diversa, cuya longitud varía, según las especies, entre los 40 y los 120 cm. Viven en todo el mundo, excepto en Oceanía, y su picadura suele ser mortal. Algunas especies americanas tienen en el extremo de la cola una excrecencia de la piel, llamada crótalo, que vibra emitiendo un sonido característico. **2.** Persona maligna, malintencionada. SIN. **2.** Bicho, pécora. FAM. Viborear. / Viperino.

viborear *v. intr. Arg.* y *Urug.* Avanzar o moverse dando vueltas y giros como las víboras.

vibración (del lat. *vibratio, -onis*) *s. f.* **1.** Acción de vibrar: *El trueno produjo una fuerte vibración en los cristales.* **2.** En mecánica, cada movimiento oscilante de las partículas de un medio elástico, pasando por una posición central de equilibrio. **3.** En la construcción, procedimiento que consiste en someter al hormigón durante el fraguado a un fuerte movimiento vibratorio para hacer que quede compacto. || *s. f. pl.* **4.** Corriente de simpatía o antipatía: *Ese chico me da buenas vibraciones.* SIN. **1.** Temblor. **2.** Oscilación.

vibrador, ra *adj.* **1.** Que vibra. || *s. m.* **2.** Aparato que transmite las vibraciones eléctricas. **3.** Interruptor electromagnético automático, formado por un electroimán y una placa vibrante. SIN. **1.** Vibrante, vibrátil.

vibráfono *s. m.* Instrumento musical de percusión que consiste en un teclado de láminas metálicas de diferentes tamaños que, al ser golpeado con unas pequeñas mazas, hace vibrar un tubo resonador, el cual se abre y cierra mediante un pedal. FAM. Vibrafonista. VIBRAR.

vibrante (del lat. *vibrans, -antis*) *adj.* **1.** Que vibra o hace vibrar: *El tenor saludó a un público vibrante. El grupo interpretó una vibrante melodía.* **2.** En ling., se dice del sonido que se articula interrumpiendo rápidamente una o varias veces la salida del aire. En español son vibrantes la *r* de *para* (vibrante simple) y la *rr* de *parra* o la de *rata* (vibrante múltiple). También *s. f.* SIN. **1.** Vibrátil, oscilante, tembloroso; resonante, retumbante, potente, vigoroso.

vibrar (del lat. *vibrare*) *v. intr.* **1.** Moverse una cosa de un lado a otro o de arriba abajo con movimientos muy pequeños y rápidos, más o menos fuertes o intensos: *Las paredes vibraron con la explosión.* **2.** Sonar la voz temblorosa, entrecortada: *Casi no podía hablar: estaba llorando y su voz vibraba.* **3.** Conmoverse ante algo: *El público vibró de entusiasmo.* **4.** En mecánica, experimentar un cuerpo elástico cambios alternativos de tal modo que sus puntos oscilen sincrónicamente en torno a sus posiciones de equilibrio sin que el cuerpo cambie de lugar. SIN. **1.** Trepidar, agitarse, convulsionarse. **1.** y **2.** Temblar. **3.** Emocionarse, entusiasmarse. FAM. Vibración, vibrado, vibrador, vibráfono, vibrante, vibrátil, vibratorio.

vibrátil *adj.* **1.** Que es capaz de vibrar. **2.** En biol., se dice del movimiento que efectúan o provocan las células que poseen abundantes cilios. SIN. **1.** Vibrante, vibratorio.

vibrato *s. m.* Efecto sonoro que consiste en una serie sucesiva de pequeñas oscilaciones de una nota por encima y por debajo de su afinación.

vibratorio, ria (del lat. *vibratum*, de *vibrare*, vibrar) *adj.* Que vibra o es capaz de vibrar. SIN. Vibrante, vibrátil.

vibrio *s. m.* Nombre común de diversas bacterias, con forma de coma y generalmente flageladas. Algunas especies transmiten enfermedades, como el cólera.

vibrisa *s. f.* **1.** Pelo táctil que tienen en el hocico ciertos mamíferos carnívoros, como el gato y la morsa, y roedores, como la rata. Se usa mucho en *pl.* **2.** Pluma con función táctil que existe junto al pico de ciertas aves. Se usa mucho en *pl.*

vicaría (del lat. *vicaria*) *s. f.* **1.** Oficina o tribunal en que despacha el vicario. **2.** Oficio o dignidad de vicario. **3.** Territorio de la jurisdicción del vicario. || LOC. **llevar** a alguien **a la vicaría** *fam.* Conseguir casarse con él. **pasar por la vicaría** Casarse. SIN. **1.** y **3.** Vicariato.

vicariato *s. m.* Vicaría*.

vicario, ria (del lat. *vicarius*, de *vicis*, vez, alternativa) *adj.* **1.** Se aplica a la persona que hace las veces de otra en determinados asuntos, particularmente religiosos. También *s. m.* y *f.* || *s. m.* **2.** Juez eclesiástico nombrado y elegido por los prelados para que ejerza la jurisdicción ordinaria. **3.** Eclesiástico que en una parroquia está bajo la autoridad del párroco. || **4. vicario apostólico** Eclesiástico nombrado por la Santa Sede para gobernar una región donde aún no está establecida la jerarquía eclesiástica. **5. vicario de Cristo** Uno de los nombres que se dan al papa. FAM. Vicaría, vicarial, vicariato.

vice- (del lat. *vice*, de *vicis*, vez) *pref.* Se antepone al nombre de un cargo para designar el de categoría inmediatamente inferior o el de la persona que puede sustituir al que ostenta aquél: *vicealmirante, vicepresidente.* ■ Puede tomar las formas *viz-* o *vi-*: *vizconde, virrey.*

vicealmirante *s. m.* Oficial de la armada que ostenta el grado inmediatamente inferior al de almirante. **FAM.** Vicealmirantazgo. ALMIRANTE.

vicecónsul *s. m.* y *f.* Funcionario de la carrera consular de categoría inmediatamente inferior a la del cónsul. **FAM.** Viceconsulado. CÓNSUL.

vicepresidente, ta *s. m.* y *f.* Persona que ocupa el cargo inmediatamente inferior al de presidente, al que puede sustituir en ciertas circunstancias. **FAM.** Vicepresidencia. PRESIDENTE.

vicerrector, ra *s. m.* y *f.* Persona que ocupa el cargo inmediatamente inferior al de rector, al que puede sustituir en ciertas circunstancias.

vicesecretario, ria *s. m.* y *f.* Persona que, en ciertas circunstancias o para determinados asuntos, sustituye al secretario. **FAM.** Vicesecretaría. SECRETARIO.

vicetiple *s. f.* **1.** Cantante de voz algo más grave que la tiple o soprano. **2.** En las zarzuelas, operetas y revistas, cada una de las cantantes que intervienen en los números de conjunto. **SIN. 1.** Mezzosoprano. **2.** Corista.

viceversa (de *vice-* y el lat. *versa*, vuelta) *adv.* Indica que deben invertirse los términos de los que se afirma algo: *Cuando él quiere salir, ella no quiere, y viceversa.*

vichear *v. tr. Arg.* y *Urug.* Espiar, observar a escondidas.

vichy (fr.) *s. m.* Tela resistente de algodón, con dibujo de rayas o cuadros, que se usa en la confección de batas, delantales, etc.

vichyssoise (fr.) *s. f.* Sopa hecha con puerros, cebolla, patata, mantequilla y crema de leche, que se toma generalmente fría.

viciado, da 1. *p.* de **viciar**. También *adj.* || *adj.* **2.** Se dice del aire no renovado en un espacio habitado. **SIN. 2.** Contaminado.

viciar (del lat. *vitiare*) *v. tr.* **1.** Hacer que una persona o animal adquiera un vicio, una mala costumbre. También *v. prnl.* **2.** Hacer que una cosa se deforme. También *v. prnl.*: *Las hombreras de la chaqueta se han viciado por colgarla mal.* **3.** Alterar, cambiar el sentido de algo: *El periodista vició la intención de mis declaraciones.* También *v. prnl.* **4.** Anular la validez de un acto público, documento, etc. **SIN. 1.** Enviciar(se), corromper(se), pervertir(se). **3.** Tergiversar(se), torcer(se), mistificar(se), falsear(se). **4.** Invalidar. **ANT. 1.** Corregir(se). **FAM.** Viciado. VICIO.

vicio (del lat. *vitium*) *s. m.* **1.** Afición excesiva a una cosa, generalmente perniciosa: *el vicio del juego, el vicio del tabaco.* **2.** Cualquier cosa a la que es fácil aficionarse en exceso: *Comer pipas es un vicio.* **3.** Costumbre o rasgo de carácter censurable, especialmente desde el punto de vista moral: *La pereza es un vicio.* **4.** Mala costumbre que adquiere a veces un animal. **5.** Deformación de una superficie o una cosa: *Con la humedad las puertas han cogido vicio y no encajan en el marco.* **6.** Falta o defecto que tienen algunas cosas, particularmente un acto público o un documento oficial: *Este contrato tiene un vicio de forma.* **7.** Exceso de mimo con que se educa a un niño. **8.** Frondosidad, desarrollo excesivo de una planta que resulta perjudicial. || **9. vicio de dicción** Uso incorrecto del idioma, como los barbarismos, solecismos, cacofonías y anfibologías. || **LOC. de vicio** *adj.* y *adv. fam.* Muy bueno o muy bien: *He visto una película de vicio. Carmen cocina de vicio.* Sin motivo: *Se queja de vicio.* **SIN. 1.** Manía. **2.** Tentación. **3.** Flaqueza, lacra. **6.** Incorrección, tacha. **ANT. 3.** Virtud. **FAM.** Viciar, viciosamente, vicioso. / Enviciar.

vicioso, sa *adj.* **1.** Que tiene algún vicio: *Es un vicioso del tabaco.* También *s. m.* y *f.* **2.** De costumbres censurables, especialmente en el terreno de la moral. También *s. m.* y *f.* **3.** Muy exuberante y frondoso: *una vegetación viciosa.* **SIN. 2.** Libertino.

vicisitud (del lat. *vicissitudo, -inis*, orden sucesivo) *s. f.* **1.** Suceso contrario a la marcha o desarrollo de algo. Se usa más en *pl.*: *A pesar de las vicisitudes, llegamos a nuestro destino.* **2.** Alternancia de hechos favorables o desfavorables en la marcha de algo. Se usa más en *pl.*: *las vicisitudes de la vida.* **SIN. 1.** Accidente, contrariedad, obstáculo, dificultad. **2.** Avatar.

víctima (del lat. *victima*) *s. f.* **1.** Persona o animal que sufre un daño por culpa de otros o fortuitamente: *Ha sido víctima de un atraco.* **2.** Persona que muere en esas circunstancias: *Hubo numerosas víctimas en el descarrilamiento.* **3.** Persona que sufre los efectos de sus propias acciones o de los otros: *Es víctima del desprecio general.* **4.** Persona o animal destinados al sacrificio de los dioses. || **LOC. hacerse** alguien **la víctima** *fam.* Quejarse excesivamente sin tener motivo. **SIN. 2.** Muerto. **FAM.** Victimar, victimismo.

victimar *v. tr. Amér.* Asesinar, matar. **FAM.** Victimario. VÍCTIMA.

victimario, ria *s. m.* y *f. Amér.* Asesino.

victimismo *s. m.* Actitud de la persona que se considera o se muestra como una víctima.

victoria (del lat. *victor*, vencedor) *s. f.* **1.** Acción de vencer, especialmente en una lucha o competición. **2.** Coche de caballos con dos asientos, abierto y con capota plegable. || **LOC. cantar** uno **victoria** Conseguir un triunfo y alegrarse por él. **ANT. 1.** Derrota. **FAM.** Victorioso. / Invicto. VENCER.

victoriano, na *adj.* De la reina Victoria de Inglaterra o de su época: *un mueble victoriano.* También *s. m.* y *f.*

victorioso, sa (del lat. *victoriosus*) *adj.* **1.** Que ha conseguido una victoria: *El equipo victorioso alzó el trofeo.* **2.** Se dice de las acciones en que se consigue una victoria: *una lucha victoriosa.* **SIN. 1.** Triunfador, ganador, campeón. **ANT. 1.** Derrotado, vencido. **FAM.** Victoriosamente. VICTORIA.

vicuña (del quechua *vicunna*) *s. f.* **1.** Mamífero artiodáctilo que mide unos 90 cm de longitud, tiene el cuello alargado y las orejas sobresalientes, el cuerpo cubierto por un pelaje largo y sedoso parecido a la lana, de color amarillento, rojizo oscuro en el dorso y blanco en el vientre. Habita en los Andes. **2.** Lana de este animal. **3.** Tejido que se hace con esta lana.

vid (del lat. *vitis*) *s. f.* Nombre común de diversas plantas trepadoras, de hojas palmeadas y zarcillos que se enroscan en torno a un soporte, flores dioicas de color verde agrupadas en racimos y fruto en baya pulposa (la uva). Se cultiva en la mayoría de los países de clima cálido para producir vino, uva de mesa, vinagre y pasas. **FAM.** Viticultura, vitivinicultura.

vida (del lat. *vita*) *s. f.* **1.** Propiedad de los seres orgánicos por la cual éstos crecen, se reproducen y se relacionan con el medio ambiente. **2.** Hecho o circunstancia de existir seres vivos: *No hay vida en la Luna.* **3.** Espacio de tiempo entre el nacimiento y la muerte: *Su vida fue larga y feliz.* **4.** P. ext., duración de una cosa u objeto cualquiera: *la vida de un coche.* **5.** Conjunto de todo lo necesario para mantenerse los seres humanos, y particularmente el alimento: *Desde muy joven se gana la vida.* **6.** Conducta o manera de vivir: *Su vida es ordenada y metódica. Lleva una vida afortunada.* **7.** Biografía: *Va a escribir su vida.* **8.** Actividad: *vida profesional, la vida política del país.* **9.** Expresión, viveza, particularmente de los ojos o la mirada. **10.** Cualquier cosa que da valor o interés a la existencia de una persona: *El baile es su vida.* **11.** Cualquier cosa que ayuda a que otra exista o se desarrolle: *Los turistas son la vida de este hotel.* **12.** Energía, vitalidad, animación: *Es un niño con mucha vida. Este pueblo tiene poca vida nocturna.* **13.** Dicho de las mujeres, prostitución: *Es una mujer de la vida.* || **14. calidad de vida** Nivel de bienestar de una persona o sociedad. **15. la gran vida** *fam.* Muy buena vida: *Como me toque la lotería, me voy a pegar la gran vida.* **16. la otra vida** (o **la vida eterna** o **la vida futura**) Existencia del alma después de la muerte: *Los católicos creen en la vida eterna.* **17. la vida padre** *fam.* La gran vida. **18. mala vida** Vida de malas costumbres; también, prostitución. **19. nivel de vida** Grado de bienestar de una persona, grupo, país, etc. **20. vida animal** Aquella cuyas tres funciones principales son la nutrición, la relación y la reproducción. **21. vida vegetativa** Conjunto de procesos fisiológicos involuntarios necesarios para el mantenimiento de las funciones vitales. **22. vida y milagros** *fam.* Conjunto de hechos o acciones de una persona: *Me contó toda su vida y milagros.* || LOC. **buscar** (o **buscarse**) uno **la vida** Buscar la manera de tener lo necesario para vivir: *Se busca la vida como puede.* **de mi vida** *adj.* Se pospone a un nombre de persona e indica cariño. Se usa mucho con sentido irónico: *¿Dónde has estado, hija de mi vida?* **de mi** (o **tu**, **su**, etc.) **vida** *adj.* Perfecto, ideal: *Por fin encontró al hombre de su vida.* **de por vida** *adv.* Por todo el tiempo que dure la vida: *Se ha quedado ciego de por vida.* **de toda la vida** *adj.* y *adv.* Desde hace mucho tiempo, de siempre: *Somos amigos de toda la vida.* **de vida alegre** *adj.* Aplicado a las mujeres, de vida licenciosa. **dejarse la vida** en algo Perder la energía, las fuerzas, o incluso la vida, por poner mucho esfuerzo y trabajo en lo que se expresa. **en la** (o **mi**, **tu**, **su**, etc.) **vida** *adv.* Nunca, jamás: *En mi vida había visto una cosa así.* **enterrarse** uno **en vida** Apartarse de la sociedad y del trato con los demás. **hacer la vida imposible** a alguien Molestarle o hacerle sufrir continuamente. **pasar** uno **a mejor vida** Morir. **tener** uno **siete vidas (como los gatos)** *fam.* Salir sin daño de peligros, enfermedades, accidentes, etc. **vender** uno **cara la vida** Defender uno su vida, luchar por ella con todas sus fuerzas causando daño al enemigo antes de morir. SIN. **3.** y **6.** Existencia. **5.** Sustento, manutención. **6.** Comportamiento. **11.** Sostén. **12.** Dinamismo, vigor. **13.** Calle. FAM. Vidalita, vidorra, vital, vitamina, vivir. / Buscavidas, perdonavidas, salvavidas.

vidalita *s. f.* Canción popular argentina, por lo general amorosa y de carácter melancólico. ■ Se dice también *vidala.*

vide (lat., imperativo de *videre*, ver) *expr.* Se emplea en un escrito para remitir al lector a una determinada página, párrafo, texto, etc.

vidente (del lat. *videns, -entis*) *s. m.* y *f.* Persona que adivina el porvenir o conoce cosas ocultas. SIN. Futurólogo, adivino, profeta. FAM. Clarividencia, invidente. VER[1].

video *s. m. Amér.* Vídeo*.

video- (del lat. *video*, veo) *pref.* Significa 'televisión o vídeo': *videofrecuencia, videocámara.*

vídeo *s. m.* **1.** Técnica o sistema de grabación y reproducción de imágenes y sonido por métodos electrónicos, mediante una cámara, un magnetoscopio y un televisor. Las imágenes quedan grabadas en una cinta enrollada en un cartucho. **2.** Filmación hecha con ese sistema: *Vimos el vídeo de su boda.* **3.** Aparato que sirve para grabar o reproducir películas de vídeo o señales televisivas: *Graba en su vídeo muchas películas de televisión.* **4.** Cinta de vídeo, especialmente la que está grabada. ■ En Hispanoamérica y algunas zonas de Andalucía se pronuncia *video.* FAM. Videoaficionado, videoarte, videocámara, videocasete, videocinta, videoclip, videoclub, videoconsola, videograbadora, videográfico, videotape, videoteca.

videoaficionado, da *s. m.* y *f.* Persona que tiene como afición el realizar películas de vídeo.

videoarte *s. m.* Utilización de los medios y técnicas de vídeo para la expresión artística. Empezó a practicarse en Estados Unidos a mediados de los años sesenta del siglo XX.

videocámara *s. f.* Cámara de vídeo.

videocasete *s. f.* Cinta de vídeo con el cartucho que la contiene.

videoclip *s. m.* Filmación en formato vídeo hecha para promocionar una canción.

videoclub *s. m.* Establecimiento donde se alquilan o venden cintas de vídeo.

videoconferencia *s. f.* Sistema que permite la comunicación entre varias personas mediante la transmisión inmediata de imagen y sonido.

videoconsola *s. f.* Aparato de videojuegos que se conecta a un televisor o a un monitor: *Está jugando con un simulador de vuelo en la videoconsola.*

videocontrol *s. m.* Control o vigilancia de un lugar mediante un circuito cerrado de televisión.

videodisco *s. m.* Disco capaz de almacenar imágenes mediante un sistema magnético, que pueden ser reproducidas en un televisor por un rayo láser.

videofonía *s. f.* Sistema de comunicación mediante videófono.

videófono *s. m.* Aparato telefónico dotado de una instalación de televisión que permite la comunicación hablada y visual a un tiempo. FAM. Videofonía. VIDEOTELÉFONO.

videofrecuencia *s. f.* Cualquiera de las frecuencias de onda empleadas en la transmisión de imágenes de televisión.

videograbadora *s. f. Col.* y *Méx.* Vídeo, aparato para grabar y reproducir películas o señales televisivas.

videográfico, ca *adj.* Del vídeo o relacionado con él: *técnica videográfica.*

videojuego *s. m.* Juego electrónico contenido en un casete, disquete o CD-ROM para ser reproducido mediante un ordenador, o el que está grabado en una videocasete.

videolibro *s. m.* Vídeo que presenta un texto en imágenes.

videotape *s. m. Arg.* y *Urug.* Videocasete.

videoteca (de *video-* y *-teca*) *s. f.* Colección de grabaciones de vídeo y sitio donde se guardan.

videotelefonía *s. f.* Videofonía*.

videoteléfono *s. m.* Videófono*. FAM. Videotelefonía. / Videófono. TELÉFONO.

videotexto *s. m.* Sistema de transmisión de datos e informaciones diversas a través de la pantalla del televisor.

vidorra *s. f. fam.* Vida placentera y llena de comodidades.

vidriado, da 1. *p.* de **vidriar**. También *adj.* || *s. m.* **2.** Operación de vidriar. **3.** Objeto de barro o loza sometido a esta operación. **4.** Barniz que se usa en esa operación.

vidriar *v. tr.* **1.** Recubrir objetos de barro o loza con un barniz que, fundido al horno, toma la transparencia y brillantez del vidrio. || **vidriarse** *v. prnl.* **2.** Ponerse algo vidrioso, especialmente los ojos o la mirada. SIN. **1.** Vitrificar. FAM. Vidriado. VIDRIO.

vidriera *s. f.* **1.** Conjunto de vidrios, montados en un bastidor o marco, con que se cierra una puerta o ventana, permitiendo el paso de la luz y pudiendo servir de elemento decorativo. **2.** *Amér.* Escaparate de una tienda. SIN. **1.** Cristalera, vitral. FAM. Vidrierista. VIDRIO.

vidriería *s. f.* Taller o tienda de vidrios.

vidriero, ra (del lat. *vitriarius*) *s. m.* y *f.* Persona que coloca vidrios o que fabrica, trabaja o vende objetos de vidrio.

vidrio (del lat. *vitreum*, de *vitrum*) *s. m.* **1.** Material amorfo formado por la fusión conjunta de una serie de silicatos con óxidos o carbonatos metálicos, que al enfriarse rápidamente no tiene tiempo de cristalizar. Es duro, frágil y transparente y se utiliza para construir recipientes, botellas, ventanas, materiales de construcción, lentes ópticas, etc. **2.** Placa hecha de esta materia que se coloca en ventanas, puertas, etc., para cerrar y dejar pasar la luz al mismo tiempo. **3.** Cualquier objeto hecho con esa materia. || LOC. **pagar** uno **los vidrios rotos** *fam.* Cargar alguien injustamente con una culpa. SIN. **1.** y **2.** Cristal. FAM. Vidriar, vidriera, vidriería, vidriero, vidrioso. / Vítreo.

vidrioso, sa *adj.* **1.** Que se rompe fácilmente, como el vidrio. **2.** Se dice de la mirada o de los ojos cuando parecen estar cubiertos por una capa transparente y líquida y no miran a un punto determinado: *El borracho paseaba por el bar con mirada vidriosa.* **3.** Se dice del asunto delicado, de difícil resolución. **4.** Se aplica a la persona que se enfada u ofende con facilidad, así como a su carácter. **5.** Se dice del suelo cuando está muy resbaladizo por haber helado. SIN. **1.** Quebradizo, frágil, rompible. **3.** Delicado, espinoso. **4.** Susceptible, quisquilloso. **5.** Deslizante. ANT. **1.** Resistente, irrompible. **4.** Paciente. FAM. Vidriosidad. VIDRIO.

vieira (del gall. *vieira*, y éste del lat. *veneria*, concha de Venus) *s. f.* **1.** Molusco lamelibranquio de hasta 13 cm de longitud, con numerosas acanaladuras en su concha y una valva convexa y otra plana. De las dos especies conocidas, la más pequeña es la concha de peregrino. Habitan en las costas del Mediterráneo y del Atlántico y son muy apreciadas como alimento. **2.** Concha de este molusco. SIN. **2.** Venera.

viejales *s. m.* y *f. fam.* Persona vieja, especialmente la de carácter alegre y dicharachero. ■ No varía en *pl.*

viejo, ja (del lat. *vetulus*) *adj.* **1.** Que tiene muchos años. También *s. m.* y *f.* **2.** Que aparenta mucha edad o más edad de la que tiene: *Está muy viejo para tener sólo cuarenta años.* **3.** Se dice de aquello que sucedió hace mucho tiempo o que hace mucho tiempo que existe: *Es un viejo asunto ya olvidado.* **4.** Desgastado, estropeado o en malas condiciones por el uso. **5.** Hablando de dos personas o de dos cosas iguales, se emplea para referirse a la de más edad o a la más antigua: *Plinio el Viejo.* || *s. m.* y *f.* **6.** *fam.* Padre o madre: *Ha ido a visitar a sus viejos.* ■ Es más usual en América. **7.** P. ext., apelativo cariñoso que se da a una persona amiga: *Qué hay, viejo.* || *s. f.* **8.** Pez teleósteo marino de unos 50 cm de longitud, cuerpo alargado y comprimido, de forma oval, color azulado o violáceo en el dorso y blanco y amarillo en las aletas; tiene la cabeza roma, con boca pequeña en forma de pico de loro y ojos grandes. Se emplea en alimentación. || LOC. **de viejo** *adj.* Se aplica a las tiendas donde se venden artículos de segunda mano, a estos artículos y a los artesanos que hacen reparaciones o arreglos de ropa, zapatos, etc.: *librería de viejo, muebles de viejo, zapatero de viejo.* SIN. **1.** Anciano, abuelo, carcamal, vejestorio, vejete, provecto. **2.** Caduco, decrépito, cascado. **3.** Antiguo, añejo, vetusto, arcaico. ANT. **1.** Joven. **3.** y **4.** Nuevo. FAM. Vejestorio, vejete, vejez, viejales, viejarrón. / Avejentar, aviejar, envejecer, revejido, reviejo, ropavejero.

vienés, sa *adj.* De Viena. También *s. m.* y *f.*

viento (del lat. *ventus*) *s. m.* **1.** Corriente de aire producida en la atmósfera por una diferencia de presión entre distintas áreas. **2.** Conjunto de los instrumentos de viento de una orquesta: *El viento lleva la melodía principal en esta partitura.* **3.** Cuerda o alambre que se ata a una cosa para mantenerla en su posición o moverla hacia un lado, como en las tiendas de campaña, en las lonas de los circos, etc. **4.** Rumbo de una embarcación. **5.** Cualquier cosa que altera el ánimo con violencia: *un viento de pasión.* || LOC. **a los cuatro vientos** *adv.* Por todas partes: *Contó mi secreto a los cuatro vientos.* **a tomar viento** (o **vientos**) *fam.* Expresión con que se rechaza o despide a alguien con enfado o desprecio. **beber** uno **los vientos por** alguien Estar muy enamorado. **como el viento** *adv.* Rápidamente: *Le llamé y acudió como el viento.* **con viento fresco** *adv. fam.* Con verbos como *irse*, *marcharse*, *echar*, *despedir*, etc., indica con enfado, violentamente o con desprecio o disgusto: *¡Vete con viento fresco y déjanos en paz!* **contra viento y marea** *adv.* A pesar de todos los inconvenientes: *He decidido irme y me iré contra viento y marea.* **correr malos vientos** Ser desfavorables las circunstancias: *Corren malos vientos para la industria del país.* **de viento** *adj.* Se aplica a los instrumentos musicales que se hacen sonar al hacer pasar por ellos una corriente de aire. **viento en popa** *adv.* Muy bien, con prosperidad y sin dificultad: *El negocio va viento en popa.* SIN. **1.** Vendaval, ventisca, ventarrón, brisa. **4.** Singladura, derrota. **5.** Golpe. FAM. Ventarrón, ventear, ventilar, ventisca, ventolera, ventoso. / Aventar, sotavento.

vientre (del lat. *venter, -tris*) *s. m.* **1.** Cavidad del cuerpo de los animales vertebrados en la que se encuentran los órganos principales de los aparatos digestivo, genital y urinario. **2.** Conjunto de órganos y vísceras contenidos en esa cavidad. **3.** Región exterior del cuerpo que corresponde a esa cavidad. **4.** Parte más ancha y abultada de las vasijas y otros objetos similares. **5.** En fís., punto de una onda estacionaria en el que la amplitud es máxima. || **6. bajo vientre** Hipogastrio, parte inferior del vientre. || LOC. **evacuar** (**descargar** o **exonerar**) **el vientre** Hacer de vientre. **hacer de** (o **del**) **vientre** Defecar, expulsar los excrementos a través del recto. SIN. **1.** a **3.** Tripa, barriga, abdomen. **1.** a **4.** Panza. FAM. Ventral, ventrecha, ventresca, ventrílocuo, ventrisca, ventrudo.

viernes (del lat. *Veneris dies*, día de Venus) *s. m.* Día de la semana entre el jueves y el sábado. ■ No varía en *pl.*

vierteaguas *s. m.* Resguardo o reborde encima de puertas, ventanas, etc., para que escurra por él el agua de lluvia. ■ No varía en *pl.*

vietnamita *adj.* **1.** De Vietnam. También *s. m.* y *f.* || *s. m.* **2.** Lengua hablada en este país del sudeste asiático. También *adj.*

viga (del lat. *biga*, carro de dos caballos) *s. f.* **1.** Elemento de construcción en forma de madero largo y grueso o de hierro con sección en doble T, en especial el que constituye parte de la estructura que sostiene el techo. **2.** Prensa compuesta de un madero colocado horizontalmente que gira alrededor de uno de sus extremos y que se usa para exprimir la aceituna. || **3. viga maestra** La que sirve para sostener otras vigas transversales o cuerpos superiores del edificio. **SIN. 1.** Travesaño. **FAM.** Viguería, vigueta. / Envigar.

vigencia *s. f.* Circunstancia de ser vigente: *Su permiso ya no tiene vigencia.* **SIN.** Validez.

vigente (del lat. *vigens, -entis*, de *vigere*, tener vigor) *adj.* Se dice de las leyes, costumbres, modas, estilos, etc., que tienen validez o se usan en el momento del que se habla: *Esa disposición continúa estando vigente.* **SIN.** Actual, válido. **ANT.** Caduco, desusado. **FAM.** Vigencia. VIGOR.

vigesimal *adj.* Se dice del sistema de numeración que toma como base el número veinte.

vigesimo- *pref.* Se emplea para la formación de los adjetivos y pronombres numerales ordinales del 21 al 29: *vigesimoprimero, vigesimocuarta.*

vigésimo, ma (del lat. *vigesimus*) *adj. num. ord.* **1.** Que ocupa por orden el número veinte. También *pron.* || *adj. num. part.* **2.** Se dice de cada una de las veinte partes iguales en que se divide un todo. También *s. m.* ■ Para formar los adj. y pron. num. ord. de 21 a 29, pueden añadirse los correspondientes a 1, 2, 3, etc.: *vigésimo primero, vigésima segunda*; o bien emplear el pref. *vigesimo-*: *vigesimoséptimo, vigesimoquinta.* **SIN. 1.** y **2.** Veinteno. **2.** Veinteavo. **FAM.** Vigesimal. VEINTE.

vigía (del port. *vigia*) *s. m.* y *f.* **1.** Persona que vigila desde un lugar alto. || *s. f.* **2.** Torre alta desde la que se vigila. **SIN. 1.** Vigilante, centinela, observador. **2.** Atalaya.

vigilancia (del lat. *vigilantia*) *s. f.* **1.** Acción de vigilar. **2.** Conjunto de personas o medios organizados y preparados para vigilar: *La vigilancia consiguió evitar desórdenes.* **SIN. 1.** Atención, custodia. **1.** y **2.** Guardia. **ANT. 1.** Desatención, descuido.

vigilante (del lat. *vigilans, -antis*) *adj.* **1.** Que vigila, que está en actitud de vigilar. || *s. m.* y *f.* **2.** Persona encargada de vigilar. || **3. vigilante jurado** El que pertenece a una empresa privada de seguridad y jura su cargo. **SIN. 1.** Atento. **2.** Guardia, guardián, centinela, celador.

vigilar (del lat. *vigilare*) *v. tr.* Prestar atención a una persona o cosa, observándola para impedir que cause o reciba un daño, que haga algo que no debe, etc.: *La policía vigilaba al sospechoso.* También *v. intr.* **SIN.** Cuidar, guardar, custodiar, velar. **ANT.** Desatender, descuidar. **FAM.** Vigía, vigilancia, vigilante, vigilia.

vigilia (del lat. *vigilia*) *s. f.* **1.** Estado de quien está despierto en horas que suelen destinarse a dormir. **2.** Tiempo que alguien pasa en este estado. **3.** Día anterior a una festividad de la Iglesia. **4.** Hecho de no comer carne ciertos días por mandato de la Iglesia, y cada uno de estos días. **SIN. 1.** Insomnio, desvelo, vela. **4.** Abstinencia.

vigor (del lat. *vigor, -oris*) *s. m.* **1.** Fuerza o capacidad de alguien o algo para realizar actividades que exigen esfuerzo, afrontar circunstancias adversas, superar dificultades, desarrollarse, etc.: *Este abono hará que el geranio crezca con vigor.* **2.** Hecho o circunstancia de tener validez o actualidad una ley, costumbre, moda, estilo, etc. **3.** Expresión, entonación o estilo enérgico que tiene una obra artística o literaria, un discurso, etc.: *una novela de gran vigor.* || **LOC. en vigor** *adj.* Vigente. **SIN. 1.** Fortaleza, ánimo, reciedumbre, dinamismo. **1.** y **3.** Energía, brío, vitalidad. **ANT. 1.** Debilidad. **FAM.** Vigorizar, vigoroso. / Vigente.

vigorizar *v. tr.* Dar vigor a alguien o algo. También *v. prnl.* ■ Delante de *e* se escribe *c* en lugar de *z*: *vigorice.* **SIN.** Fortalecer(se), reforzar(se), robustecer(se), vitalizar(se), animar(se), activar(se). **ANT.** Debilitar(se). **FAM.** Vigorizador, vigorizante. / Revigorizar. VIGOR.

vigoroso, sa (del lat. *vigorosus*) *adj.* Que tiene vigor: *Es un niño sano y vigoroso.* **SIN.** Fuerte, robusto, enérgico, vital, pujante, brioso. **ANT.** Débil. **FAM.** Vigorosamente. VIGOR.

viguería *s. f.* Conjunto de vigas de una obra o construcción.

vigués, sa *adj.* De Vigo. También *s. m.* y *f.*

vigueta *s. f.* **1.** *dim.* de **viga**. **2.** Barra de hierro laminado utilizada en construcción.

vihuela *s. f.* Antiguo instrumento musical de cuerda de forma similar a la de la guitarra. **FAM.** Vihuelista.

vikingo, ga (del escandinavo *viking*) *adj.* De los diversos pueblos de guerreros y navegantes escandinavos que, entre los s. VIII y XI, realizaron expediciones por las islas del Atlántico y por casi toda Europa occidental. También *s. m.* y *f.*

vil (del lat. *vilis*) *adj.* **1.** Se aplica a la persona mala y que merece desprecio por su falta de honradez y sinceridad, así como a sus acciones, palabras, etc.: *Es una mujer vil, capaz de hacer cualquier cosa por dinero.* **2.** Se dice de las cosas que no poseen ningún valor que las haga apreciables, particularmente de aquello que carece de valores espirituales: *el vil materialismo de nuestra sociedad.* **SIN. 1.** y **2.** Despreciable, bajo, infame, ruin, rastrero, innoble, abominable, abyecto. **ANT. 1.** y **2.** Noble. **FAM.** Vileza, vilipendiar, vilmente. / Envilecer.

vilano *s. m.* Limbo modificado del cáliz de las plantas, que presenta pelos simples y plumosos, con lo que facilita el transporte de las semillas con ayuda del viento.

vileza *s. f.* **1.** Cualidad de vil: *La vileza de sus acciones no tiene nombre.* **2.** Acción o expresión vil: *Atacar a un ser indefenso es una vileza.* **SIN. 1.** y **2.** Indignidad, bajeza, infamia, ruindad, mezquindad, abyección, canallada, bellaquería. **ANT. 1.** Nobleza, dignidad.

vilipendiar (del lat. *vilipendere*, de *vilis*, vil, y *pendere*, estimar) *v. tr.* Ofender o injuriar a una persona con palabras o actos. **SIN.** Humillar, deshonrar, difamar, denigrar, escarnecer, calumniar. **ANT.** Honrar, alabar. **FAM.** Vilipendiador, vilipendio. VIL.

villa (del lat. *villa*) *s. f.* **1.** Casa independiente con jardín, especialmente la que está en el campo y se usa durante las vacaciones. **2.** Población, grande o pequeña, que tiene algunos privilegios o cierta importancia histórica: *la villa de Madrid.* || **3. casa de la villa** Ayuntamiento*. **SIN. 1.** Chalé, hotel, mansión. **FAM.** Villancico, villano, villorrio.

Villadiego *n. p.* Se usa en la locución **coger** o **tomar las de Villadiego**, que significa 'marcharse precipitadamente de un lugar'.

villanaje *s. m.* **1.** Conjunto de los villanos o personas del estado llano. **2.** En oposición a nobleza, condición o cualidad de villano. **SIN. 1.** y **2.** Villanería. **2.** Plebeyez, villanía.

villancico *s. m.* **1.** Canción popular que se canta en Navidad, cuyo tema es principalmente el nacimiento de Jesucristo. **2.** Canción popular breve que frecuentemente servía de estribillo. **3.** Composición poética medieval de arte menor. **4.** Forma musical de la polifonía renacentista española.

villanía *s. f.* **1.** En oposición a nobleza, condición o cualidad de villano. **2.** Acción vil o indigna. **3.** Expresión obscena, indecorosa, indecente. **SIN. 1.** Villanaje. **2.** Vileza, bajeza, ruindad, bellaquería. **2.** y **3.** Villanería.

villano, na (del bajo lat. *villanus*, y éste del lat. *villa*, casa de campo) *adj.* **1.** En la baja Edad Media y comienzos de la Moderna, se decía de los habitantes de una villa o aldea, pertenecientes al estado llano, en contraposición a noble o hidalgo. También *s. m.* y *f.* **2.** Se dice de la persona que comete o es capaz de cometer una acción vil, indigna o innoble. También *s. m.* y *f.* **3.** Se dice de la persona rústica, grosera o maleducada, así como de su conducta, carácter, etc. || *s. m.* **4.** Personaje cruel o malvado de una película, obra teatral o historia, generalmente antigua. **SIN. 1.** Plebeyo. **2.** Infame, canalla, bellaco, ruin. **3.** Tosco, inculto, bruto. **ANT. 3.** Educado, refinado, culto. **FAM.** Villanaje, villanamente, villanería, villanesco, villanía. VILLA.

villorrio *s. m. desp.* Población pequeña, poco urbanizada y sin comodidades. **SIN.** Pueblucho, poblacho.

vilo, en *loc. adj.* y *adv.* **1.** Sin apoyarse en nada: *Es muy fuerte: puede levantar la mesa en vilo.* **2.** Intranquilo o con intranquilidad: *Como no llegabas, me has tenido toda la noche en vilo.*

vilorta (del lat. *bis*, dos veces, y *rotula*, rueda) *s. f.* **1.** Vara de madera flexible que se utiliza para hacer aros. **2.** Cada una de las abrazaderas de hierro que sujetan la cama del arado al timón. **3.** Arandela metálica para evitar el roce entre dos piezas. **SIN. 1.** Vilorto. **FAM.** Vilorto.

vilorto (del lat. *bis*, dos veces, y *rotulus*, cilindro) *s. m.* Vilorta*, vara.

vina *s. f.* Instrumento musical de cuatro cuerdas, parecido a la cítara, que se usa en la India.

vinacha *s. f. desp.* y *fam.* Vino o licor de mala calidad hecho con el zumo de la vid.

vinagre (del lat. *vinum acre*) *s. m.* **1.** Sustancia líquida agria y astringente, producida mediante la fermentación ácida del vino y otros líquidos alcohólicos. **2.** *fam.* Persona irritable, de mal genio o malhumorada. **FAM.** Vinagrera, vinagrería, vinagrero, vinagreta, vinagrillo. / Avinagrar. VINO.

vinagrera *s. f.* **1.** Recipiente destinado a contener el vinagre necesario para el uso diario. || *s. f. pl.* **2.** Utensilio para el servicio de mesa con recipientes para el aceite y el vinagre, y a veces también para la sal y la pimienta.

vinagrería *s. f.* Industria del vinagre o tienda donde se vende.

vinagrero, ra *s. m.* y *f.* Persona que elabora o vende vinagre.

vinagreta *s. f.* Salsa fría que se compone de aceite, vinagre y cebolla y a la que se pueden añadir también otros ingredientes, como pimienta, perejil, etc. ■ Se usa frecuentemente en aposición al sustantivo *salsa*: *Ponme más salsa vinagreta.*

vinagrillo *s. m.* **1.** *dim.* de **vinagre**. **2.** Vinagre de poca fuerza. **3.** Mezcla que contiene vinagre.

vinajera *s. f.* **1.** Cada uno de los dos pequeños jarros para el agua y el vino que se emplean en la misa. || *s. f. pl.* **2.** Conjunto de estos dos pequeños jarros y la bandeja donde se colocan.

vinatería *s. f.* **1.** Tienda donde se vende vino. **2.** Comercio que se hace con el vino. **SIN. 1.** Bodega, taberna.

vinatero, ra *adj.* **1.** Del vino: *industria vinatera, producción vinatera.* || *s. m.* y *f.* **2.** Persona que comercia con el vino o lo lleva de una parte a otra para su venta. **SIN. 1.** Vinícola.

vinaza (del lat. *vinacea*, de *vinum*, vino) *s. f.* Vino de baja calidad que se saca de los posos.

vinazo *s. m.* Vino muy fuerte y espeso.

vinca o **vincapervinca** *s. f.* Planta herbácea rastrera de hasta 20 cm de altura, hojas enteras y brillantes y flores axilares de color azul o malva, que crece espontáneamente en bosques, matorrales y setos de Europa.

vincha (del quechua *huincha*) *s. f. Amér.* Cinta o pañuelo que se pone en la cabeza para sujetar el cabello.

vinchuca *s. f. Amér.* Insecto hemíptero que se alimenta de la sangre de los mamíferos y transmite a las personas la enfermedad de Chagas.

vinculante *adj.* Que vincula: *acuerdo vinculante.*

vincular[1] (del lat. *vinculare*) *v. tr.* **1.** Poner en relación o unir a una persona o cosa con otra: *El destino vinculó sus vidas.* También *v. prnl.* **2.** Hacer que una persona o cosa dependa de otra, de tal forma que lo que le suceda a esta última repercuta también en la primera. **3.** Basar, fundar una cosa en otra: *No debes vincular tus esperanzas a vagas promesas.* **4.** Someter a una obligación: *Esta norma vincula a todos los funcionarios.* **SIN. 1.** Relacionar(se). **2.** Ligar, supeditar. **3.** Fundamentar. **ANT. 1.** Separar(se). **2.** Separar. **FAM.** Vinculable, vinculación, vinculante. / Desvincular. VÍNCULO.

vincular[2] *adj.* Relativo al vínculo.

vínculo (del lat. *vinculum*, de *vincire*, atar) *s. m.* **1.** Aquello que une o relaciona, particularmente de forma no material, a una persona o cosa con otra. **2.** En der., sujeción de los bienes, rentas, etc., a determinadas personas privándolas de la posibilidad de partirlos o enajenarlos, o imponiéndoles ciertas condiciones en los casos permitidos por la ley. **SIN. 1.** Unión, atadura, lazo, ligadura, nexo. **FAM.** Vincular[1], vincular[2].

vindicar (del lat. *vindicare*) *v. tr.* **1.** Vengar: *Se ha propuesto vindicar la ofensa que recibió.* También *v. prnl.* **2.** Defender, especialmente por escrito, a quien ha sido calumniado, insultado o criticado injustamente: *Escribió una carta al periódico para vindicar la buena fama de su padre.* También *v. prnl.* **3.** Reivindicar: *Acudió a los tribunales para vindicar sus derechos.* ■ Delante de *e* se escribe *qu* en lugar de *c*: *vindique.* **SIN. 2.** Rehabilitar(se), reparar, restablecer(se). **FAM.** Vindicación, vindicador, vindicativo, vindicatorio. / Reivindicar.

vindicativo, va (del lat. *vindicatum*, de *vindicare*, vengar) *adj.* **1.** Vindicatorio*. **2.** Vengativo: *Es un hombre vindicativo y cruel.*

vindicatorio, ria *adj.* **1.** Que sirve o se emplea para defender la buena fama de alguien que ha sido calumniado, insultado o criticado injustamente. **2.** Que sirve o se emplea para reivindicar algo. **SIN. 2.** Reivindicatorio.

vinería *s. f. Arg.* y *Urug.* Bodega en la que se venden vino y alcoholes.

vinícola (del lat. *vinum*, vino, y *-cola*) *adj.* De la elaboración y fabricación del vino.

vinicultura (del lat. *vinum*, vino, y *-cultura*) *s. f.* Técnica para la elaboración y crianza de vinos. **SIN.** Enología. **FAM.** Vinícola, vinicultor. / Vitivinicultura. VINO.

vinífero, ra *adj.* Se dice de la planta o fruto a partir del que se elabora vino, como la uva.

vinificación (del lat. *vinum*, vino, y *facere*, hacer) *s. f.* Conjunto de operaciones que se realizan en la elaboración del vino a partir de la uva.

vinillo *s. m.* **1.** *dim.* de **vino. 2.** Vino muy flojo, de poca graduación.

vinilo *s. m.* Radical que se encuentra en numerosos compuestos orgánicos de gran interés industrial, especialmente en lo relacionado con la fabricación de plásticos. **FAM.** Polivinilo.

vino (del lat. *vinum*) *s. m.* **1.** Bebida alcohólica que se obtiene del zumo de las uvas fermentado. **2.** P. ext., zumo de otras plantas o frutos que fermenta de modo similar al de las uvas. || *adj.* **3.** Se dice del color rojo oscuro, semejante al del vino tinto. || **4. vino blanco** Vino de color dorado más o menos fuerte, que se obtiene de la uva blanca. **5. vino clarete** El vino tinto de color claro, rosáceo. **6. vino de mesa** El más común, que se usa corrientemente para acompañar las comidas. **7. vino de solera** El más añejo y generoso que se mezcla al nuevo para darle más fuerza y sabor. **8. vino dulce** El que tiene este sabor, al haberse interrumpido el proceso de vinificación antes de que se consumiera el azúcar del mosto o por habérsele añadido arrope posteriormente. **9. vino espumoso** Vino que forma mucha espuma por haber sufrido una segunda fermentación, p. ej. el cava. **10. vino nuevo o joven** El cosechado en el año. **11. vino peleón** *fam.* El de mala calidad. **12. vino rosado** Vino clarete. **13. vino tinto** El de color rojo oscuro. || **LOC. bautizar** (o **cristianar**) **el vino** *fam.* Aguar el vino, echarle agua. **tener** alguien **buen** (o **mal**) **vino** *fam.* Comportarse alguien de forma tranquila y pacífica cuando se emborracha o, por el contrario, mostrarse provocador y agresivo. **FAM.** Vinacha, vinagre, vinajera, vinatería, vinatero, vinaza, vinazo, vinería, vínico, vinicultura, vinífero, vinificación, vinillo, vinoso. / Catavino, envinado, viña.

vinoso, sa (del lat. *vinosus*) *adj.* Que tiene alguna característica del vino.

viña (del lat. *vinea*) *s. f.* Terreno plantado de vides. **SIN.** Viñedo. **FAM.** Viñador, viñal, viñatero, viñedo, viñeta. VINO.

viñador, ra *s. m.* y *f.* Persona que trabaja cultivando las viñas.

viñal *s. m. Arg.* Viñedo*.

viñatero, ra *adj.* **1.** *Amér.* De la vid. || *s. m.* y *f.* **2.** *Amér.* Persona que posee una viña, trabaja en ella o se dedica a la elaboración de vinos.

viñedo (del lat. *vinetum*) *s. m.* Terreno extenso plantado de vides. **SIN.** Viña.

viñeta (del fr. *vignette*, de *vigne*, viña, porque en su origen estos adornos representaban racimos y hojas de vid) *s. f.* **1.** Pequeño dibujo que se pone como adorno al principio o final de los capítulos, alrededor de las páginas o en las cubiertas o tapas de un libro. **2.** Cada uno de los recuadros ilustrados con dibujos, a los que se añade a veces un texto o comentario, que forman la historieta gráfica de un cómic o tebeo. **3.** Dibujo, figura o escena impresa en un libro, periódico, etc., que suele tener carácter humorístico e ir acompañada de un texto o comentario. **SIN. 3.** Estampa.

viola (del ant. prov. *viula*) *s. f.* **1.** Instrumento musical de cuerda y arco de la familia del violín, pero de mayor tamaño y registro más grave. || *s. f. pl.* **2.** Antigua familia de instrumentos de cuerda y arco, similar a la del violín, pero de construcción más ligera y sonido más suave, con seis cuerdas y trastes. || *s. m.* y *f.* **3.** Persona que toca alguno de estos instrumentos. **FAM.** Violín, violón, violonchelo.

violáceo, a (del lat. *violaceus*) *adj.* **1.** Se dice del violeta y de las cosas que tienen dicho color. También *s. m.* **2.** Se dice del color que tiende al violeta y de las cosas que tienen este color. **3.** Se aplica a las plantas dicotiledóneas herbáceas de hojas alternas y simples, flores axilares de cinco pétalos y fruto en cápsula. También *s. f.* || *s. f. pl.* **4.** Familia de estas plantas. **SIN. 1.** Violado.

violación (del lat. *violatio, -onis*) *s. f.* **1.** Acción de violar: *una violación de los derechos humanos.* **2.** Delito que comete la persona que realiza algún acto de unión sexual con otra cuando ésta es menor de doce años, se encuentra sin sentido o tiene algún trastorno mental, o cuando se utiliza la fuerza o la intimidación para ello. **SIN. 1.** Infracción, vulneración, quebrantamiento, transgresión, conculcación; profanación. **ANT. 1.** Respeto.

violado, da 1. *p.* de **violar**. || *adj.* **2.** Se dice del color violeta y de las cosas que tienen este color. También *s. m.* **SIN. 2.** Violáceo.

violador, ra (del lat. *violator, -oris*) *adj.* Que viola; particularmente, se dice de la persona que viola a otra. También *s. m.* y *f.*

violar (del lat. *violare*) *v. tr.* **1.** Desobedecer una ley, precepto, norma, etc.: *violar una norma de tráfico.* **2.** Cometer una persona un delito de violación. **3.** Atacar, romper o destruir algo que merece ser respetado, especialmente un lugar sagrado: *violar una sepultura.* **SIN. 1.** Incumplir, infringir, vulnerar, transgredir, conculcar. **2.** Forzar, violentar, deshonrar. **3.** Profanar. **ANT. 1.** Cumplir, obedecer. **FAM.** Violación, violado, violador. / Inviolable. VIOLENTO.

violencia (del lat. *violentia*) *s. f.* **1.** Cualidad de violento: *la violencia del combate, la violencia del huracán.* **2.** Acción o serie de acciones en que se hace uso de la fuerza, particularmente de la fuerza física, con el propósito de destruir una cosa, obligar a alguien a que haga algo contra su voluntad o causarle daño: *La violencia en las calles es cada día mayor.* **3.** Ese mismo uso excesivo de la fuerza: *un robo con violencia.* **4.** Acción de violentarse: *Me causa violencia tener que pedir dinero prestado.* **SIN. 1.** Furia, furor, virulencia, vehemencia, ímpetu, brusquedad. **1.** y **2.** Brutalidad. **4.** Disgusto, vergüenza, reparo. **ANT. 1.** Suavidad, delicadeza.

violentar *v. tr.* **1.** Usar la fuerza para vencer la resistencia o la voluntad de una persona o cosa: *Olvidé las llaves y tuve que violentar la cerradura.* También *v. prnl.*: *Tuve que violentarme mucho para no insultarle.* **2.** Particularmente, abusar sexualmente de una persona empleando para ello la fuerza. **3.** Dar una interpretación forzada o falsa a un dicho o escrito para que tenga el significado o sentido que uno quiere. **4.** Poner a alguien en una situación en que no sabe qué hacer ni puede actuar con naturalidad: *Me violenta estar en medio de una discusión.* También *v. prnl.* **5.** Poner molesta, enfadada o irritada a una persona. También *v. prnl.*: *Se violentó porque no entendía sus cuchicheos.* **SIN. 1.** Forzar(se). **2.** y **3.** Forzar. **3.** Tergiversar.

violento, ta (del lat. *violentus*) *adj.* **1.** Que tiene una enorme fuerza o intensidad, por la que generalmente puede producir algún daño: *un violento temblor de tierra.* **2.** Que utiliza la fuerza en vez de la razón, o se impone por medio de aquélla: *violentas medidas represivas.* **3.** Se dice de la persona que tiene tendencia a realizar acciones o decir palabras capaces de producir un daño, así como de su carácter, de dichas acciones o palabras, etc.: *No todos los enfermos mentales son violentos.* **4.** Que es brusco o inesperado o que se hace o sucede de esta forma: *Hizo un movimiento violento con la mano y tiró el vaso.* **5.** Se dice del estado, situación, manera, etc., en que se encuentra o desarrolla algo contra su tendencia natural: *una postura violenta del cuello.* **6.** Se dice de la persona que se encuentra en una situación embarazosa, incómoda o complicada, así como de dicha situación: *Estuvo un poco violento durante la visita.* SIN. **2.** Brutal, bárbaro. **3.** Bruto, bestia. ANT. **1.** Suave. **2.** y **3.** Pacífico. FAM. Violar, violencia, violentamente, violentar.

violeta *s. f.* **1.** Planta herbácea de la familia violáceas, anual o vivaz, que tiene flores solitarias de pétalos desiguales de color violeta oscuro y fruto en cápsula. **2.** Flor de esta planta. || *adj.* **3.** Se dice del color que ocupa el séptimo lugar en el espectro solar, morado claro, como las flores de esta planta. También *s. m.* **4.** Se aplica a las cosas que tienen dicho color. SIN. **1.** Viola. **3.** y **4.** Malva. FAM. Violáceo, violetera, violetero. / Ultravioleta.

violetera *s. f.* Mujer que vendía ramitos de violetas en lugares públicos.

violetero *s. m.* Florero pequeño para poner violetas.

violín *s. m.* **1.** Instrumento musical de cuerda frotada con arco, el más pequeño y agudo de su familia, que se toca sosteniéndolo con el hombro y la barbilla. **2.** Familia de instrumentos musicales de cuerda y arco al que pertenece el anterior, así como la viola, el violonchelo y el contrabajo. || *s. m.* y *f.* **3.** Persona que toca el instrumento arriba descrito. || **4. violín de Ingres** *fam.* Distracción o pasatiempo favorito. SIN. **3.** Violinista. FAM. Violinista. VIOLA.

violón *s. m.* **1.** Contrabajo*. || *s. m.* y *f.* **2.** Persona que toca este instrumento.

violoncello (ital.) *s. m.* Violonchelo*. FAM. Violoncellista. VIOLONCHELO.

violoncelo (del ital. *violoncello*) *s. m.* Violonchelo*. FAM. Violoncelista. VIOLONCHELO.

violonchelo (del ital. *violoncello*) *s. m.* **1.** Instrumento musical de cuerda frotada con arco, perteneciente a la familia del violín, más grande que la viola y más pequeño que el contrabajo, de cuatro cuerdas y registro grave. || *s. m.* y *f.* **2.** Persona que toca este instrumento. ■ Se escribe también *violoncelo* o *violoncello*, formas que son consideradas extranjerismos gráficos. SIN. **1.** Chelo. **2.** Violonchelista. FAM. Violoncello, violoncelo, violonchelista. / Chelo. VIOLA.

vip (siglas del ingl. *Very Important Person*, persona muy importante) *s. m.* y *f.* Persona influyente, famosa o popular. ■ Su pl. es *vips*.

viperino, na (del lat. *viperinus*) *adj.* **1.** De la víbora: *veneno viperino.* **2.** Que tiene las características de la víbora o es semejante a ella. **3.** Mal intencionado, que busca hacer daño o desacreditar a los demás: *una crítica viperina.* || **4. lengua viperina** Característica de la persona que suele hablar mal de las demás con intención de causar daño; también, esa misma persona. SIN. **3.** Venenoso, malicioso. ANT. **3.** Sano, inocente.

vira *s. f.* **1.** Tira que se pone entre la suela interior y la pala del calzado para reforzarlo. **2.** Flecha delgada y de punta muy aguda.

viracocha (quechua) *s. m.* Nombre que dieron los indígenas de Perú y Chile a los primeros conquistadores españoles por creerles hijos de los dioses.

virador *s. m.* Líquido que se emplea para virar una película fotográfica.

virago (del lat. *virago, -inis*) *s. f.* Mujer que por su aspecto físico, gestos, modales, etc., parece un hombre. SIN. Marimacho, machota.

viraje *s. m.* Acción de virar: *El coche dio un viraje brusco. Sus creencias sufrieron un profundo viraje; el viraje fotográfico.* SIN. Giro, virazón.

viral *adj.* Vírico*.

virar *v. intr.* **1.** Girar cambiando de dirección, en particular un barco o cualquier otro vehículo en marcha: *El coche viró hacia la izquierda.* También *v. tr.* **2.** Evolucionar, cambiar de ideas, de manera de actuar o comportarse, etc. || *v. tr.* **3.** En fotografía, someter un negativo o positivo a determinadas reacciones químicas para modificar su color. SIN. **1.** Torcer, doblar. **2.** Variar, modificarse. FAM. Virada, virador, viraje, virazón, virola. / Revirar, sobrevirar.

virazón *s. f.* **1.** Viento que, en las costas, sopla de la parte del mar durante el día, alternando con el terral, que sopla de noche. **2.** Cambio repentino de viento. **3.** Cambio en las ideas, conducta, etc., de alguien o en el desarrollo de algo. SIN. **3.** Viraje.

virelai *s. m.* Canción medieval francesa originaria de Normandía.

víreo (del lat. *vireo*) *s. m.* Oropéndola*. SIN. Virio.

virgen (del lat. *virgo, -inis*) *adj.* **1.** Se dice de la persona, particularmente de la mujer, que no ha realizado el acto sexual. También *s. m.* y *f.* **2.** Se dice de lo que se conserva en su estado originario, y particularmente de las tierras que no han sido cultivadas o explotadas por el hombre: *cinta de vídeo virgen, selva virgen.* **3.** Que no ha sido refinado ni sometido a un posterior tratamiento artificial: *aceite virgen, cera virgen.* || *s. f.* **4.** Imagen o figura que representa a la Virgen María: *Tiene en su casa una virgen de porcelana.* || **Virgen** *n. p.* **5.** María, la madre de Jesucristo; también, la misma Virgen María en cada una de las advocaciones con que se la venera: *la Virgen del Pilar.* || **6. viva la Virgen** *fam.* Vivalavirgen*. FAM. Virginal, virginidad, virgo. / Desvirgar, vivalavirgen.

virgiliano, na (del lat. *virgilianus*) *adj.* Del poeta latino Virgilio o de su obra.

virginal (del lat. *virginalis*) *adj.* **1.** De las personas vírgenes. **2.** Que tiene una serie de cualidades que se consideran propias o características de las personas vírgenes, como la pureza, la inocencia, etc.: *un rostro virginal.* **3.** De la Virgen María. **4.** Puro, intacto, sin mancha: *la blancura virginal de la nieve.* || *s. m.* **5.** Instrumento de teclado y cuerdas pulsadas, variante de la espineta, usado principalmente en Inglaterra durante los s. XVI y XVII. SIN. **4.** Inmaculado, prístino, incólume, impoluto.

virginiano, na *adj.* De Virginia o Virginia Occidental, estados de los Estados Unidos de América. También *s. m.* y *f.*

virginidad (del lat. *virginitas, -atis*) *s. f.* Cualidad o estado de virgen. SIN. Castidad, pureza.

virgo (del lat. *virgo*, virgen) *s. m.* **1.** Himen*. || *s. m.* y *f.* **2.** Persona nacida bajo el signo zodiacal Virgo. ■ No varía en *pl.* Se usa mucho en aposición: *los hombres virgo.* || **Virgo** *n. p.* **3.** Constelación zodiacal situada sobre la vertical ecuatorial. **4.** Sexto signo del Zodiaco que el Sol recorre aparentemente entre el 22 de agosto y el 21 de septiembre.

virguería *s. f.* **1.** Adorno o detalle que se añade a una cosa y que es exagerado o innecesario. **2.** *fam.* Cosa o acción muy bien hecha o realizada con gran perfección o detalle: *Hace virguerías con la guitarra.* **SIN. 1.** Floritura, filigrana. **2.** Maravilla, preciosidad. **FAM.** Virguero.

virguero, ra *adj.* **1.** *fam.* Que es excepcionalmente bueno, bonito o bien hecho. **2.** Que hace algo con especial habilidad, calidad o perfección. También *s. m.* y *f.*: *Es un virguero haciendo bricolaje.*

vírgula (del lat. *virgula*, de *virga*, vara) *s. f.* **1.** Raya o línea corta y muy fina, en particular cualquiera de las que se usan como signos ortográficos en la escritura, p. ej. la coma, la cedilla, la raya de encima de la *ñ*, etc. **2.** En med., bacilo de tipo transmisor del cólera morbo. **SIN. 1.** Virgulilla. **FAM.** Virgulilla. VERGA.

virgulilla *s. f.* Vírgula*, raya o línea.

vírico, ca *adj.* De los virus. **SIN.** Viral.

viril[1] *s. m.* **1.** Vidrio transparente que se pone delante de algunas cosas para protegerlas sin ocultarlas a la vista. **2.** Caja o estuche de cristal que contiene la hostia consagrada y que se coloca a su vez en la custodia; también, la que guarda reliquias y se pone en un relicario.

viril[2] (del lat. *virilis*) *adj.* **1.** Del varón. **2.** Que tiene las características que, por tradición, se consideran propias del sexo masculino. **SIN. 1.** y **2.** Varonil, hombruno. **ANT. 1.** y **2.** Femenino. **FAM.** Virago, virilidad, virilismo, virilizarse, virilmente.

virilidad (del lat. *virilitas, -atis*) *s. f.* **1.** Cualidad de viril. **2.** Edad adulta.

virilismo *s. m.* Desarrollo en la mujer de caracteres sexuales secundarios masculinos, como aumento del vello, tono grave de la voz, etc.

virilizarse *v. prnl.* Adquirir una mujer caracteres sexuales propios del varón. ■ Delante de *e* se escribe *c* en lugar de *z*. **FAM.** Virilización. VIRIL[2].

viringo, ga *adj. Col.* Desnudo, sin ropa.

virio *s. m.* Oropéndola*. **SIN.** Víreo.

virola (del fr. *virole*, y éste del lat. *viriola*, brazalete) *s. f.* Anillo metálico ancho que se pone en el extremo de ciertos objetos o instrumentos, como navajas, destornilladores, etc., para adorno, remate o protección.

virología (del lat. *virus*, veneno, y *-logía*) *s. f.* Parte de la microbiología que estudia los virus. **FAM.** Virológico, virólogo.

virosis *s. f.* Nombre genérico de las enfermedades cuyo origen se atribuye a los virus. ■ No varía en *pl.*

virreina *s. f.* **1.** Mujer que gobierna un virreinato. **2.** Esposa del virrey.

virreinal *adj.* Del virrey o del virreinato.

virreinato *s. m.* **1.** Cargo o dignidad de virrey o virreina. **2.** Territorio gobernado por la persona que tiene ese cargo. **3.** Tiempo que dura dicho cargo.

virrey *s. m.* **1.** Título del que gobierna un territorio en nombre del rey, con la misma autoridad, poderes y facultades que éste. **2.** Persona que gobierna con este título. ■ Su femenino es *virreina*. **FAM.** Virreina, virreinal, virreinato. REY.

virtual (del lat. *virtus*, fuerza, virtud) *adj.* **1.** Que tiene la posibilidad de ser lo que expresa el sustantivo, aunque actualmente no lo sea: *Todos ven en él a un virtual campeón.* **2.** Que tiene existencia aparente y no real: *realidad virtual.* **3.** Simulado por ordenador. **SIN. 1.** Potencial, posible. **ANT. 1.** Efectivo, real. **FAM.** Virtualidad, virtualmente. VIRTUD.

virtualmente *adv. m.* **1.** De manera virtual, en potencia. **2.** Prácticamente, casi: *El trabajo está virtualmente acabado.*

virtud (del lat. *virtus, -utis*) *s. f.* **1.** Cualidad moral de una persona por la que se comporta, en general o en algún aspecto concreto, conforme a lo que se considera bueno: *Tiene la virtud de la paciencia.* **2.** Facultad o capacidad de una persona o cosa para producir y causar un efecto, particularmente de carácter beneficioso; refiriéndose a efectos negativos, suele emplearse en sentido irónico: *Esta planta tiene virtudes curativas. Ese chico tiene la virtud de estropear todas las reuniones.* **3.** Cualquier cualidad o característica de una persona o cosa que se considera buena y estimable: *La mayor virtud de la casa es su amplitud.* || **4. virtud cardinal** Denominación que reciben en lenguaje religioso la prudencia, la justicia, la fortaleza y la templanza, por considerarse que son principio de las demás virtudes morales. **5. virtud teologal** Denominación que reciben en lenguaje religioso la fe, la esperanza y la caridad, cuyo objeto fundamental es Dios. || **LOC. en** (o **por**) **virtud de** *adv.* A consecuencia o como resultado de lo que se expresa. **SIN. 2.** Poder, eficacia, fuerza. **3.** Prenda. **ANT. 1.** y **3.** Vicio. **FAM.** Virtual, virtuoso. / Desvirtuar.

virtuosismo *s. m.* Extraordinario dominio de la técnica necesaria para la realización de algo, especialmente para interpretar música.

virtuoso, sa (del lat. *virtuosus*) *adj.* **1.** Se dice de la persona que posee virtudes, así como de su comportamiento, acciones, etc. También *s. m.* y *f.* **2.** Se dice del músico con gran dominio de las técnicas de interpretación. También *s. m.* y *f.*: *un virtuoso de la guitarra.* **3.** P. ext., se aplica a la persona que domina la técnica necesaria para la realización de otras actividades. También *s. m.* y *f.*: *Ese pintor es un virtuoso del paisaje.* **SIN. 1.** Honesto, íntegro. **2.** y **3.** Hábil, experto, diestro. **ANT. 1.** Vicioso, vil. **2.** y **3.** Torpe, inexperto. **FAM.** Virtuosamente, virtuosismo. VIRTUD.

viruela (del lat. vulg. *variola*, de *varius*, de colores variados) *s. f.* **1.** Enfermedad epidémica producida por un virus, que se manifiesta con fiebre alta y con la aparición de ampollas con pus. **2.** Cada una de esas ampollas. **3.** Pequeño abultamiento que aparece en la superficie de algunas cosas, como en las plantas, el papel, etc. || **4. viruelas locas** Las que no son signo de una enfermedad maligna y aparecen en poca cantidad. || **LOC. picado de viruelas** *adj.* Que tiene marcas de haberlas tenido. **FAM.** Variólico, varioloso.

virulé, a la (del fr. *bas roulé*, cierto modo de llevar las medias) *loc. adj.* y *adv.* En mal estado, estropeado o torcido: *En la pelea le pusieron un ojo a la virulé.*

virulencia *s. f.* **1.** Violencia o saña cuya intención es causar daño: *Las tropas atacaron a la población con una irracional virulencia.* **2.** Intensidad con que se manifiesta una enfermedad: *La virulencia del brote epidémico fue la causa de su rápido avance.*

virulento, ta (del lat. *virulentus*) *adj.* **1.** Producido por un virus o que participa de las características y naturaleza de éste: *una enfermedad virulenta.* **2.** Que tiene pus o está infectado. **3.** Se dice de la enfermedad que se manifiesta con gran intensidad: *Le dan ataques de tos muy virulentos.* **4.** Se dice de las palabras, críticas, etc., con que una persona ataca a otra o a una cosa de manera violenta o hiriente: *Pronunció un virulento discurso contra la oposición.* SIN. **1.** Vírico, viral. **2.** Purulento. **4.** Mordaz, duro, sañudo, insidioso, punzante. ANT. **3.** Benigno. **4.** Benevolente. FAM. Virulencia. VIRUS.

virus (del lat. *virus*) *s. m.* **1.** Microorganismo no celular que se reproduce en el seno de células vivas específicas y cuyos componentes esenciales son ácidos nucleicos y proteínas. Es causa de muchas enfermedades. **2.** En inform., programa elaborado accidental o intencionadamente que se introduce y se transmite a través de disquetes y otros soportes de transporte de información o mediante las redes de telecomunicación entre ordenadores, causando daños a las memorias informáticas. ■ No varía en *pl.* FAM. Viral, vírico, virología, virosis, virulento. / Antivirus, cazavirus, retrovirus.

viruta *s. f.* **1.** Lámina fina, generalmente arrollada en espiral, que se arranca con herramientas de la madera, el metal u otros materiales. **2.** Conjunto formado por residuos o láminas como las anteriores. **3.** *fam.* Dinero. || *s. m.* y *f.* **4.** *fam.* Carpintero. ■ En esta acepción, se usa también en plural con valor de singular. || LOC. **echando viruta** *adv. fam.* Rápidamente.

vis a vis (del fr. *vis-à-vis*) *loc. adv.* Frente a frente o cara a cara: *Eso es mejor hablarlo vis a vis.*

vis cómica (del lat. *vis comica*, fuerza cómica) *expr.* Talante cómico, habilidad para hacer reír. ■ Se utiliza como *s. f.*

visa *s. f. Amér.* Visado.

visado *s. m.* **1.** Acción de visar. **2.** Certificación o nota firmada que se pone en un documento, especialmente en un pasaporte, al visarlo: *Para viajar a ese país no se necesita visado.*

visaje (del lat. *visar*, mirada, apariencia, aspecto) *s. m.* Gesto o expresión del rostro, especialmente cuando es exagerado o cómico. SIN. Mueca, guiño.

visar (del lat. *visus*) *v. tr.* **1.** Examinar un documento la autoridad competente y poner en él la certificación necesaria para que tenga validez y pueda producir efectos, especialmente en los pasaportes para poder viajar a determinados países. **2.** Entre artilleros y topógrafos, dirigir la puntería o la visual. SIN. **1.** Reconocer, refrendar, autorizar. FAM. Visa, visado. / Revisar, supervisar. VER[1].

víscera (del lat. *viscera*) *s. f.* Cada uno de los órganos contenidos en las principales cavidades del cuerpo del hombre o de los animales. Se usa mucho en *pl.* SIN. Entraña(s), tripa(s). FAM. Visceral.

visceral *adj.* **1.** De las vísceras: *un examen visceral.* **2.** Se dice del sentimiento muy intenso, profundo o arraigado. **3.** Se dice de la persona que muestra con exageración ese tipo de sentimientos. SIN. **2.** y **3.** Apasionado, pasional. ANT. **2.** y **3.** Moderado.

viscosa *s. f.* Materia textil que se obtiene mediante el tratamiento de la celulosa con ciertos compuestos químicos. FAM. Viscosilla. VISCOSO.

viscosidad *s. f.* **1.** Cualidad de viscoso: *la viscosidad del aceite lubricante.* **2.** Sustancia viscosa: *La babosa deja una viscosidad por donde pasa.* **3.** En fís., propiedad de los fluidos de oponer resistencia al deslizamiento, debida a la cohesión de sus moléculas. SIN. **1.** Pegajosidad. **2.** Baba.

viscosilla *s. f.* **1.** Materia procedente de la celulosa que se mezcla con el algodón o la lana para la fabricación de algunos tipos de tejidos. **2.** Tela fabricada con esa mezcla. SIN. **2.** Rayón.

viscosímetro *s. m.* Instrumento que sirve para medir la viscosidad de los fluidos.

viscoso, sa (del lat. *viscosus*) *adj.* Se dice de la sustancia líquida muy espesa y pegajosa. SIN. Glutinoso, denso, untuoso, pastoso. FAM. Viscosa, viscosidad, viscosímetro.

visera *s. f.* **1.** Ala pequeña o parte sobresaliente que tienen las gorras por delante para dar sombra a los ojos. **2.** Pieza semejante a la anterior, que no forma parte de una gorra y se sujeta a la cabeza con una goma, cinta, etc. **3.** En los automóviles, pieza rectangular movible, colocada sobre el parabrisas, para proteger al conductor y a su acompañante de la luz del sol. **4.** Tejadillo o pieza que sobresale en una construcción. **5.** Anteojera que se pone en los ojos de las caballerías. **6.** Pieza movible del yelmo, con agujeros para ver, que cubría y protegía la cara. SIN. **3.** Parasol.

visibilidad (del lat. *visibilitas, -atis*) *s. f.* **1.** Cualidad de visible. **2.** Mayor o menor distancia a que pueden verse los objetos desde un lugar determinado, en unas condiciones atmosféricas, a través de cierto medio, etc.: *La niebla disminuye la visibilidad.* SIN. **1.** Nitidez.

visibilizar *v. tr.* Hacer visible artificialmente lo que no puede verse a simple vista: *Con el microscopio visualizó los microbios.* ■ Delante de *e* se escribe *c* en lugar de *z*: *visibilice.* SIN. Visualizar. ANT. Ocultar.

visible (del lat. *visibilis*) *adj.* **1.** Que se puede ver: *El campo de fútbol es visible desde mi casa.* **2.** Se dice de aquello que se manifiesta de forma tan clara y perceptible que no admite duda: *Su alegría por el triunfo era visible.* SIN. **1.** Observable. **2.** Evidente, patente. ANT. **1.** Invisible. **2.** Dudoso. FAM. Visibilidad, visibilizar, visiblemente. / Invisible. VER[1].

visigodo, da (del bajo lat. *visigothus*, y éste del germ. *west*, oeste, y *gothus*, godo) *adj.* De la rama occidental del pueblo germánico de los godos, que fundó un reino en España. También *s. m.* y *f.* SIN. Visigótico. FAM. Visigótico. GODO.

visigótico, ca *adj.* **1.** De los visigodos: *una catedral visigótica.* **2.** En paleografía, se dice del tipo de escritura usado en Hispania desde la segunda mitad del s. VII hasta el s. X, en que fue sustituida por la carolina.

visillo *s. m.* Especie de cortina de tela fina y casi transparente, que se coloca en la parte interior de los cristales de una ventana, balcón, etc., para resguardar la habitación del sol o para impedir que sea vista desde fuera.

visión (del lat. *visio, -onis*) *s. f.* **1.** Acción de ver. **2.** Capacidad de ver: *En el accidente perdió la visión del ojo izquierdo.* **3.** En rel. o esoterismo, acción de ver o comprender algo de modo sobrenatural. **4.** Opinión o punto de vista: *Nos expuso su visión del problema.* **5.** Capacidad de comprensión de las cosas, especialmente acierto para ver lo que más conviene: *Tiene una gran visión para los negocios.* **6.** *fam.* Persona o cosa fea o ridícula: *Con esa vestimenta vas hecho una visión.* || LOC. **ver visiones** una persona Dejarse llevar excesivamente por la imaginación, creyendo ver lo que no hay: *Perdió la cabeza y veía visiones.* SIN. **1.** Visualización, percepción. **2.** y **5.** Vista. **3.** Alucinación, ensoñación. **4.** Enfoque. **5.** Tino, lucidez, instinto, olfato. **6.** Adefesio, espantajo. **FAM.** Visionar, visionario. / Cosmovisión, eurovisión, mundovisión, panavisión, televisión. VER[1].

visionado *s. m.* Visualización de imágenes de vídeo, televisión o cine en una sesión de trabajo.

visionar *v. tr.* Ver imágenes cinematográficas o televisivas, en especial por motivos de trabajo, técnicos o críticos. **FAM.** Visionado. VISIÓN.

visionario, ria *adj.* Se dice de la persona que con facilidad se imagina o cree ver cosas que no existen. También *s. m.* y *f.* **SIN.** Soñador, fantasioso, fantaseador. **ANT.** Realista, objetivo.

visir (del ár. *wazir*, ministro) *s. m.* Ministro principal de los soberanos musulmanes. **FAM.** Visirato.

visirato *s. m.* **1.** Cargo o dignidad de visir. **2.** Tiempo que dura el ejercicio de ese cargo.

visita *s. f.* **1.** Acción de visitar: *Después de la visita de la ciudad fuimos a comer.* **2.** Persona o grupo de personas que visitan a alguien o un lugar: *Dile que ha llegado la visita que esperaba.* **3.** Acto durante el cual el médico reconoce al enfermo. || **4. visita domiciliaria** La que realiza el juez u otra autoridad a una casa sospechosa. **5. visita pastoral** La que realiza un obispo a las parroquias de su diócesis. **SIN. 1.** Visiteo. **2.** Visitante. **3.** Reconocimiento.

visitación (del lat. *visitatio, -onis*) *s. f.* **1.** En el calendario cristiano, festividad que conmemora la visita de María a su prima Isabel. ■ En esta acepción se escribe con mayúscula. **2.** Obra de arte que representa dicho tema.

visitador, ra (del lat. *visitator, -oris*) *adj.* **1.** Que realiza visitas con frecuencia. También *s. m.* y *f.* || *s. m.* y *f.* **2.** Persona que tiene a su cargo realizar visitas de inspección o reconocimiento: *Enviaron un visitador al virreinato.* **3.** Persona encargada de visitar a los médicos para presentarles y ofrecerles los productos de un laboratorio farmacéutico y las novedades terapéuticas. **4.** Religioso encargado de visitar e inspeccionar las casas de su orden. **SIN. 1.** Visitante. **2.** Inspector, interventor.

visitadora *s. f. Amér.* Lavativa*.

visitante *adj.* **1.** Que visita a una persona o grupo de personas o un lugar. También *s. m.* y *f.* **2.** Se dice del equipo deportivo que juega fuera de su campo. **SIN. 1.** Visitador.

visitar (del lat. *visitare*) *v. tr.* **1.** Ir a ver a una persona a su casa o al lugar en que esté. **2.** Ir a algún país, población o lugar para conocerlo, con fines turísticos, culturales, etc.: *visitar un museo.* **3.** Ir con frecuencia a un lugar con algún fin determinado: *Con este coche casi todos los meses tengo que visitar el taller.* **4.** Examinar el médico a sus pacientes, ya sea en la casa de éstos o en un centro sanitario. **5.** Ir a una iglesia o templo por devoción o para ganar una indulgencia. También *v. intr.* **6.** Ir a informarse o inspeccionar algo a un lugar la persona competente o encargada de ello: *El arquitecto visitó las obras.* **7.** *Amér.* Hacerse visitar por un médico. **FAM.** Visita, visitación, visitador, visitadora, visitante, visiteo.

visiteo *s. m.* Acción de hacer o recibir muchas visitas.

visivo, va (del lat. *visum*, de *videre*, ver) *adj.* Visual*.

vislumbrar (del lat. *vix*, apenas, y *luminare*, alumbrar) *v. tr.* **1.** Ver de manera confusa por la distancia o la falta de luz: *A lo lejos pude vislumbrar las primeras casas del pueblo.* **2.** Conocer imperfectamente alguna cosa o ver una pequeña posibilidad de que algo suceda: *Está empezando a vislumbrar la solución del problema.* **SIN. 1.** Atisbar, entrever. **1.** y **2.** Columbrar. **2.** Adivinar, presentir, intuir. **FAM.** Vislumbre. LUMBRE.

vislumbre *s. f.* **1.** Reflejo o débil resplandor de luz por la distancia a la que se encuentra el foco de donde proviene. **2.** Sospecha, intuición o conocimiento imperfecto de algo: *No tenían ninguna vislumbre de algo positivo.* **3.** Apariencia o pequeña semejanza: *En el niño hay vislumbres del carácter de su padre.* **SIN. 1.** y **2.** Viso. **2.** Indicio, atisbo. **3.** Similitud.

viso (del lat. *visus*) *s. m.* **1.** Brillo o reflejo que tienen tejidos y otras cosas según la manera en que les da la luz: *La tela es negra, pero hace visos azules.* **2.** Aspecto o apariencia de las cosas: *Lo que dice tiene visos de ser cierto.* **3.** Forro o prenda de vestir de mujer que se pone debajo de otra de tejido transparente. **SIN. 1.** Vislumbre, destello, resplandor; tornasol. **2.** Traza, cariz, aire, pinta.

visón (del fr. *vison*, y éste del al. *Wiesel*) *s. m.* **1.** Mamífero mustélido de unos 40 cm de longitud sin contar la cola, que tiene la piel de color castaño oscuro, pelo lanoso y suave, cuerpo alargado y patas cortas, con membrana interdigital. Vive en las orillas de ríos y lagos. **2.** Piel de este animal y prenda realizada con dicha piel: *un abrigo de visón.*

visor (del lat. *visor, -oris*) *s. m.* **1.** En las cámaras fotográficas, sistema óptico formado por varias lentes y espejos que sirve para enfocar. **2.** Instrumento óptico con lentes de aumento que permite ver diapositivas o una película que se está montando. **3.** En la cámara de televisión, dispositivo con que el operador observa la imagen captada. **FAM.** Retrovisor. VER[1].

víspera (del lat. *vespera*, la tarde) *s. f.* **1.** Día inmediatamente anterior a uno determinado. || *s. f. pl.* **2.** Tiempo anterior a un hecho o suceso: *Está en vísperas de su graduación.* **3.** Oración del oficio divino que se reza al anochecer. **FAM.** Véspero, vespertino. / Antevíspera.

vista *s. f.* **1.** Sentido corporal localizado en los ojos, por el que se perciben, gracias a la luz, las formas y colores de los objetos. **2.** Acción de ver: *La vista del paisaje me relaja.* **3.** Mirada: *Le dio vergüenza y bajó la vista.* **4.** Ojo o conjunto de ellos como órgano de la visión: *Tienen que operarle de la vista.* **5.** Aspecto o apariencia de una cosa: *El pastel que hiciste tiene muy buena vista.* **6.** Acierto para darse cuenta de algo o para saber lo que más conviene en un negocio, situación, etc.: *Tiene mucha vista para las relaciones comerciales.* **7.** Extensión de terreno o conjunto de cosas que pueden verse desde un lugar: *Teníamos debajo de nosotros una vista maravillosa.* **8.** Posibilidad de ver algo, especialmente un paisaje, desde un sitio. Se usa más en *pl.*: *una casa con vistas al mar.* **9.** Cuadro, fotografía, grabado, etc., que representa un lugar, un paisaje, un edificio, etc. **10.** Parte de una cosa que queda visible cuando se encuentra en la posición normal: *la vista de los puños de una camisa.* **11.** En der., actuación en que se desarrolla un juicio o incidente, oyendo a las partes que acuden a la misma. || *s. m.* **12.** En las aduanas, persona encargada de registrar los géneros o mercancías que pasen por aquéllas. ■ Se denomina también *vista de aduanas.* || **13. corto de vista** Miope; también, se dice de la persona poco perspicaz. **14. vista cansada** Presbicia*. **15. vista corta** Miopía*. **16. vista de águila** La de la persona que puede ver algo a mucha distancia. **17. vista de lince** La que es muy aguda. || LOC. **a la vista** *adv.* De manera que puede ser visto: *Tenemos la ciudad a la vista.* De manera evidente y clara: *Salta a la vista que es muy trabajador.* En perspectiva: *Hay muchos proyectos a la vista.* También, indica que un documento ha de pagarse a su presentación, p. ej. una letra de cambio. **a la vista de** algo *prep.* Viendo algo o en presencia de algo; considerando algo: *A la vista de los resultados pensaré qué hacer.* **a primera** (o **simple**) **vista** *adv.* Sin fijarse o sin detenerse mucho en algo: *Le reconoció a primera vista.* **a vista de pájaro** *adv.* Desde un punto muy elevado con respecto a la cosa que se ve: *Desde el avión vio la ciudad a vista de pájaro.* También, familiarmente, con una mirada superficial. **comerse** uno **con la vista** a una persona o cosa *fam.* Mirarla fijamente o con mucha curiosidad o deseo. **conocer** a alguien **de vista** Conocer a una persona por haberla visto en alguna ocasión, sin haber tenido trato con ella. **echar** alguien **la vista** (**encima**) a una persona Conseguir verla cuando se la estaba buscando. **echar** uno **la vista** a una cosa Elegir mentalmente algo: *He echado la vista a un bolso de ese escaparate.* **en vista de** algo En consideración a algo o a causa de algo: *En vista del tiempo que hace nos quedaremos en casa.* **hacer** alguien **la vista gorda** *fam.* Aparentar con disimulo que no se ha visto algo que se considera defectuoso o negativo. **hasta la vista** Expresión de despedida. **no perder** uno **de vista** a alguien o algo Vigilar a una persona o cosa; también, tener en cuenta algo, no olvidarlo: *No pierdas de vista lo que te he dicho.* **perder** alguien **de vista** a una persona o cosa Dejar de verla por haberse alejado. **poner la vista en** alguien o algo Fijarse especialmente en una persona o cosa por algún motivo o con alguna finalidad. **volver** alguien **la vista atrás** Mirar en esa dirección; también, recordar hechos pasados. SIN. **5.** Pinta, traza. **6.** Sagacidad, tino, perspicacia, instinto, olfato. **7.** Perspectiva, panorama. **11.** Audiencia. FAM. Vistazo, vistillas, vistoso. / Avistar, entrevistar, largavistas, tomavistas. VER[1].

vistazo *s. m.* Mirada, observación o examen superficial y rápido de una cosa: *echar un vistazo.* SIN. Ojeada, ojo.

vistillas *s. f. pl.* Lugar alto desde el que se puede ver una amplia zona. SIN. Mirador.

visto, ta (del lat. *visitus*) **1.** *p.* irreg. de **ver**. También *adj.* || *adj.* **2.** Muy conocido y poco original: *Lleva un corte de pelo que está muy visto.* **3.** En der., fórmula con que el juez o presidente de un tribunal anuncia el pronunciamiento del fallo o da por terminada una vista pública. || **4. lo nunca visto** *fam.* Cosa extraordinaria, sorprendente o inaceptable: *Su actuación fue lo nunca visto.* **5. visto bueno** Fórmula que se pone al final de un escrito o documento, con la firma de la persona que lo aprueba. Se usa también sustantivado, con el sentido de aprobación: *No podemos tomar la decisión hasta que el director nos dé el visto bueno.* ■ Se usa a veces abreviado como *V.º B.º* || LOC. **bien** (o **mal**) **visto** *adj.* Bien o mal considerado por la generalidad de la gente: *Decir tacos está mal visto.* **está visto** Expresión con que se da por segura una cosa: *Está visto que no van a venir.* **por lo visto** *adv.* Según parece. **visto para sentencia** Fórmula con que el juez o presidente de un tribunal da por terminado un juicio oral y manifiesta que la causa queda pendiente hasta que se dicte la sentencia. **visto que** *conj.* Puesto que. **visto y no visto** *adj. fam.* Se aplica a algo que se hace o sucede con mucha rapidez. SIN. **2.** Pasado, desfasado. ANT. **2.** Novedoso.

vistoso, sa *adj.* Que atrae mucho la vista o llama la atención por la viveza de sus colores, su brillantez, etc. SIN. Brillante, llamativo. ANT. Apagado, discreto. FAM. Vistosamente, vistosidad. VISTA.

visual (del lat. *visualis*) *adj.* **1.** De la vista o la visión: *capacidad visual.* || *s. f.* **2.** Línea recta imaginaria que une el ojo de una persona con el objeto visto. FAM. Visualidad, visualizar. / Audiovisual. VER[1].

visualidad (del lat. *visualitas, -atis*) *s. f.* Sensación agradable que produce ver algo vistoso.

visualizar *v. tr.* **1.** Hacer visible por medios artificiales lo que no se puede ver a simple vista: *Con esa nueva técnica se pueden visualizar muchos microorganismos.* **2.** Representar mediante gráficos o imágenes fenómenos que no pueden ser apreciados por el sentido de la vista, p. ej. visualizar mediante una línea los cambios en la bolsa. **3.** Formar en la mente la imagen o representación visual de un concepto abstracto. **4.** Imaginar como si se viera algo que no se tiene ante la vista: *Trató de visualizar todos los sitios por los que había pasado.* **5.** *Amér.* Distinguir a lo lejos, divisar. ■ Delante de *e* se escribe *c* en lugar de *z*: *visualice.* SIN. **1.** Visibilizar. FAM. Visualización. VISUAL.

vital (del lat. *vitalis*) *adj.* **1.** De la vida: *ciclo vital.* **2.** Optimista, positivo, animoso. **3.** Que tiene mucha importancia o trascendencia: *Es vital para mí conseguir ese puesto.* SIN. **1.** Biológico. **2.** Vitalista. **3.** Trascendental, básico, fundamental. FAM. Vitalicio, vitalidad, vitalismo, vitalizar. VIDA.

vitalicio, cia *adj.* **1.** Que dura desde que se obtiene hasta el fin de la vida: *rentas vitalicias.* **2.** Se aplica a la persona que tiene un cargo con la característica mencionada anteriormente: *el presidente vitalicio de una sociedad.* || *s. m.* **3.** Seguro de vida. **4.** Pensión que se concede a una persona y que dura hasta el final de su vida.

vitalidad (del lat. *vitalitas, -atis*) *s. f.* **1.** Actividad o energía para vivir, desarrollarse, etc.: *Los niños suelen tener mucha vitalidad. Esa ciudad tiene mucha vitalidad.* **2.** Cualidad o circunstancia de ser vital o muy importante algo. SIN. **1.** Dinamismo, vigor. **2.** Trascendencia, importancia.

vitalismo *s. m.* **1.** *fam.* Cualidad de vital o vitalista, positivo, animoso. **2.** En biol. y fil., teoría que defiende un principio vital que no puede reducirse a fenómenos físico-químicos. FAM. Vitalista. VITAL.

vitalista *adj.* **1.** Del vitalismo. **2.** Partidario o seguidor de esa doctrina. También *s. m.* y *f.* **3.** *fam.* Vital, positivo, animoso. También *s. m.* y *f.*

vitalizar *v. tr.* Dar fuerza o energía. ■ Delante de *e* se escribe *c* en lugar de *z*: *vitalice.* SIN. Vigorizar, fortalecer. ANT. Debilitar. FAM. Vitalización. / Desvitalizar, revitalizar. VITAL.

vitamina (término inventado por Funk, del lat. *vita*, vida, y el término químico *amina*) *s. f.* Nombre de diversas sustancias orgánicas, que los animales no pueden sintetizar, y que forman parte de la mayoría de los alimentos y son indispensables para el crecimiento y desarrollo normal de las principales funciones de los seres vivos. FAM. Vitaminado, vitamínico. / Avitaminosis. VIDA y AMINA.

vitaminado, da *adj.* Se dice del alimento o preparado farmacéutico al que se le han añadido vitaminas. SIN. Vitamínico.

vitamínico, ca *adj.* **1.** De las vitaminas. **2.** Que contiene vitaminas: *Está tomando un complejo vitamínico.* SIN. **2.** Vitaminado.

vitando, da (del lat. *vitandus*, de *vitare*, evitar) *adj.* **1.** Que se debe evitar. **2.** Se dice de lo que es odioso o detestable: *un crimen vitando.* ■ Es palabra de uso culto. SIN. **2.** Abominable, execrable.

vitela (del lat. *vitella*, de *vitula*, ternera) *s. f.* Piel de vaca o ternera, muy fina y pulida, que se utiliza principalmente para pintar o escribir en ella. FAM. Vitelino.

vitelino, na (del lat. *vitellus*, yema de huevo) *adj.* **1.** Del vitelo. **2.** Se dice de la membrana que envuelve el óvulo humano y el de algunos animales. También *s. f.* FAM. Univitelino. VITELA.

vitelo (del lat. *vitellus*, yema de huevo) *s. m.* Citoplasma del huevo de los animales.

vitícola (del lat. *viticola*, de *vitis*, vid, y *colere*, cultivar) *adj.* **1.** De la viticultura. || *s. m.* y *f.* **2.** Persona que se dedica a la viticultura y tiene de ella especiales conocimientos.

viticultura (del lat. *vitis*, vid, y *-cultura*) *s. f.* **1.** Cultivo de la vid. **2.** Técnica para realizar ese cultivo. FAM. Vitícola, viticultor. VID.

vitivinícola (del lat. *vitis*, vid, *vinum*, vino, y *-cola*) *adj.* **1.** De la vitivinicultura. || *s. m.* y *f.* **2.** Persona que se dedica a la vitivinicultura y tiene de ella especiales conocimientos. SIN. **2.** Vitivinicultor.

vitivinicultura (del lat. *vitis*, vid, *vinum*, vino, y *-cultura*) *s. f.* Técnica de cultivar las vides y elaborar el vino. FAM. Vitivinícola, vitivinicultor. VID y VINICULTURA.

vito (por alusión a la enfermedad convulsiva llamada baile de San *Vito*) *s. m.* **1.** Música y baile popular andaluz, de origen muy antiguo, que tiene un ritmo vivo y alegre. **2.** Letra cantada con esa música.

vitola (del anglosajón *wittol*, conocedor) *s. f.* **1.** Banda o anilla de papel que se pone a los cigarros puros como distintivo de su marca. **2.** Cada uno de los diferentes modelos de cigarros puros según su longitud, grosor y forma. **3.** Aspecto de una persona o cosa. SIN. **3.** Traza, pinta.

vítor (del lat. *victor*, vencedor) *s. m.* Aclamación o expresión con que se alaba a alguien. ■ Se usa más en *pl.*: *Escuchó los vítores del público.* SIN. Ovación, aplauso, hurra, viva. ANT. Silbido, abucheo. FAM. Vitorear.

vitorear *v. tr.* Aplaudir o aclamar a alguien con vítores. SIN. Ovacionar. ANT. Silbar.

vitoriano, na *adj.* De Vitoria. También *s. m.* y *f.*

vitral (del fr. *vitrail*) *s. m.* Vidriera de colores, especialmente la que se encuentra en una iglesia o catedral.

vítreo, a (del lat. *vitreus*) *adj.* **1.** Hecho de vidrio o que tiene sus propiedades: *un material vítreo.* **2.** Semejante al vidrio. || **3. humor vítreo** Líquido transparente que ocupa el interior del globo ocular entre el cristalino y la retina. FAM. Vitral, vitrificar, vitrina, vitriolo. VIDRIO.

vitrificar (del lat. *vitrum*, vidrio, y *facere*, hacer) *v. tr.* **1.** Convertir en vidrio una sustancia o materia. También *v. prnl.* **2.** Dar a una cosa cualquiera el aspecto del vidrio. También *v. prnl.* **3.** Recubrir un entarimado o parqué con una capa de barniz o sustancia plástica, para darle brillo y protegerlo. **4.** Fundir al horno el vidriado de las piezas de loza o alfarería. ■ Delante de *e* se escribe *qu* en lugar de *c*. FAM. Vitrificable, vitrificación. VÍTREO.

vitrina (del fr. *vitrine*, y éste del lat. *vitrum*, vidrio) *s. f.* **1.** Mueble o caja con puertas o tapas de cristal, para tener en ellos objetos que pueden ser vistos sin que se estropeen. **2.** *Amér.* Escaparate.

vitriolo (del lat. *vitreolus*, de *vitrum*, vidrio) *s. m.* **1.** Nombre genérico y anticuado que se da a los sulfatos. || **2. aceite de vitriolo** Ácido sulfúrico.

vitrocerámico, ca *adj.* **1.** De la vitrocerámica o fabricado con vitrocerámica. || *s. f.* **2.** Cerámica que tiene las propiedades del vidrio y que es muy resistente a las altas temperaturas y a los cambios bruscos. **3.** Cocina que tiene una placa de vitrocerámica.

vitualla (del lat. *victualia*, víveres) *s. f.* Conjunto de víveres, especialmente los necesarios para una excursión, un viaje, en el ejército, etc. Se usa más en *pl.*: *Prepararon las vituallas para una marcha de dos días.* SIN. Provisiones. FAM. Avituallar.

vituperar (del lat. *vituperare*) *v. tr.* Criticar con dureza, reprender a alguien o hablar mal de él: *Todos sus compañeros le han vituperado por lo que dijo.* SIN. Censurar, recriminar. FAM. Vituperable, vituperación, vituperio.

vituperio (del lat. *vituperium*) *s. m.* Aquello que se dice vituperando o censurando a una persona o cosa, o que produce deshonra a alguien.

viudedad *s. f.* **1.** Viudez*. **2.** Pensión que recibe una persona viuda.

viudez *s. f.* Estado en que se encuentra una persona viuda. SIN. Viudedad.

viudo, da (del lat. *viduus*) *adj.* **1.** Se dice de la persona cuyo esposo o esposa ha muerto y que no ha vuelto a contraer matrimonio. También *s. m.* y *f.* **2.** *fam.* Se dice de los garbanzos, patatas y otros alimentos que se sirven solos, sin acompañamiento de carne. || **3. viuda negra** Araña de picadura muy venenosa, cuya hembra devora al macho después del apareamiento. Vive en las regiones cálidas americanas. FAM. Viudedad, viudez. / Enviudar.

¡viva! *interj.* Véase **vivir**.

vivac (del al. *Beiwache*, de *bei*, cerca, y *wachen*, vigilar) *s. m.* **1.** Campamento que se instala de manera provisional para pasar la noche en la montaña o en otro lugar. **2.** Paraje donde las tropas pasan la noche al raso. ■ Se dice también *vivaque*. El pl. más correcto de ambas palabras es *vivaques*. FAM. Vivaque.

vivace (ital.) *s. m.* **1.** Movimiento musical rápido y vivo. **2.** Pieza musical interpretada con ese movimiento. || *adv. m.* **3.** Con ese movimiento.

vivacidad (del lat. *vivacitas, -atis*) *s. f.* Cualidad de vivaz. SIN. Viveza, dinamismo.

vivalavirgen *s. m.* y *f.* Persona despreocupada e irresponsable que busca principalmente divertirse. ■ Se escribe también *viva la Virgen*. SIN. Tarambana, calavera.

vivales *s. m.* y *f. fam.* Persona vividora y desaprensiva que sabe sacar provecho de todo. ■ No varía en *pl.* SIN. Vivo.

vivamente *adv. m.* Con viveza y energía: *Criticó vivamente la decisión.*

vivaque *s. m.* Vivac*. FAM. Vivaquear. VIVAC.

vivaquear *v. intr.* Pasar la noche en un campamento provisional al aire libre.

vivar[1] *v. tr. Amér.* Vitorear o dar vivas a alguien. También *v. intr.*

vivar[2] (del lat. *vivarium*) *s. m.* Lugar en que se crían algunos animales, especialmente los conejos. SIN. Madriguera, conejera.

vivaracho, cha *adj. fam.* Alegre, despierto y muy vivo de carácter. También *s. m.* y *f.* SIN. Vivaz, dinámico; listo, espabilado.

vivario *s. m.* Instalación destinada a la conservación de animales vivos, que imita el medio natural en que normalmente se encuentran.

vivaz (del lat. *vivax, -acis*) *adj.* **1.** Vivo, dinámico: *una inteligencia vivaz.* **2.** Se dice de las plantas que viven más de dos años, pero cuyos órganos aéreos mueren cada dos años. **SIN. 1.** Agudo, despierto. **FAM.** Vivacidad. VIVO.

vivencia (de *vivir*, formada por Ortega y Gasset para traducir el alemán *Erlebnis*) *s. f.* Experiencia que una persona tiene de algo y que se incorpora a su personalidad. **FAM.** Vivencial. / Supervivencia. VIVIR.

víveres *s. m. pl.* Productos necesarios para la alimentación de las personas, generalmente si se almacenan o distribuyen en grandes cantidades y sirven para abastecer a grupos. **SIN.** Provisiones, vituallas.

vivero (del lat. *vivarium*) *s. m.* **1.** Terreno en que se crían plantas para transplantarlas después a su lugar definitivo. **2.** Lugar en que se crían dentro del agua peces y otros animales. **3.** Lugar o circunstancia en que se origina o produce algo que se expresa: *vivero de enfrentamientos.* **SIN. 1.** y **2.** Criadero. **2.** Piscifactoría. **3.** Fuente, manantial, semillero.

vivérrido, da *adj.* **1.** Se dice de ciertos mamíferos carnívoros de pequeño tamaño, cuerpo esbelto, patas cortas, cola peluda y hocico puntiagudo. Hacen generalmente vida nocturna y son grandes depredadores. Vivérridos son la civeta, la gineta, la mangosta, etc. También *s. m.* || *s. m. pl.* **2.** Familia de estos mamíferos.

viveza *s. f.* **1.** Rapidez y agilidad en la realización de las acciones: *Se mueve con viveza.* **2.** Pasión o exaltación en lo que se dice: *Discutían con gran viveza.* **3.** Agudeza de ingenio o rapidez para entender las cosas: *Tiene viveza y lo coge todo a la primera.* **4.** Brillantez y luminosidad de algunas cosas, especialmente de los colores: *Sus cuadros son muy alegres por la viveza del colorido que emplea.* **5.** Gracia o expresividad particular de los ojos de algunas personas en el modo de mirar o moverse. **SIN. 1.** Dinamismo, presteza. **1.** y **3.** Vivacidad. **2.** Energía, ardor. **3.** Sagacidad. **4.** Vistosidad. **ANT. 1.** Lentitud. **1.** y **3.** Torpeza. **2.** Serenidad, moderación. **4.** Oscuridad. **5.** Inexpresividad.

vívido, da (del lat. *vividus*) *adj.* Que es capaz de hacer que alguien se imagine lo que se describe, narra, etc.: *Nos hizo un vívido retrato de aquel personaje.*

vividor, ra *s. m.* y *f.* **1.** Persona que disfruta al máximo de la vida, generalmente a expensas de otros. También *adj.* **2.** Persona que sabe desenvolverse muy bien en distintas situaciones debido a la experiencia adquirida. También *adj.*

vivienda (del lat. *vivenda*, de *vivendus*, de *vivere*, vivir) *s. f.* Casa, construcción o lugar convenientemente preparado en que habitan las personas. **SIN.** Morada, residencia, domicilio. **FAM.** Infravivienda. VIVIR.

viviente (del lat. *vivens, -entis*) *adj.* **1.** Que vive: *el conjunto de los seres vivientes.* También *s. m.* y *f.* || **2. bicho viviente** *fam.* Véase **bicho**. **SIN. 1.** Vivo, animado. **ANT. 1.** Muerto.

vivificar (del lat. *vivificare*, de *vivus*, vivo, y *facere*, hacer) *v. tr.* **1.** Dar fuerzas o energía a la persona o cosa que estaba decaída o debilitada: *Necesita algo que le vivifique después de la operación.* **2.** Dar vida a alguien o algo que no la tenía. ■ Delante de *e* se escribe *qu* en lugar de *c*: *vivifique.* **SIN. 1.** Reanimar, vigorizar, estimular, fortalecer, fortificar. **2.** Resucitar. **FAM.** Vivificación, vivificador, vivificante. / Revivificar. VIVIR.

vivíparo, ra (del lat. *viviparus*) *adj.* **1.** Se dice de los animales cuyas crías se desarrollan por completo en la fase de fetos en el interior de la hembra. También *s. m.* y *f.* **2.** Se dice de las plantas que, en lugar de semillas y frutos, desarrollan unos órganos, como yemas adventicias, bulbitos, etc., para su multiplicación.

vivir (del lat. *vivere*) *v. intr.* **1.** Tener vida. **2.** Durar con vida. **3.** Alimentarse y tener las cosas necesarias para la vida, como casa, alimentos, ropa, etc.: *Necesita un trabajo para poder vivir.* **4.** Basar en una actividad, recurso, etc., la obtención de lo necesario para la vida de una persona o grupo de personas: *La provincia vive de la producción de naranjas.* **5.** Pasar la vida o una parte de ella en un lugar determinado: *Durante su juventud vivió en París.* **6.** Habitar: *En el tercero no vive nadie.* **7.** Permanecer el recuerdo de una persona muerta o un hecho pasado en la memoria de alguien. **8.** Tener vigencia, seguir influyendo, etc., determinadas ideas o movimientos. **9.** Durar una cosa: *Esa chaqueta tan mala no vivirá mucho tiempo.* **10.** Desenvolverse o actuar una persona ante las diferentes circunstancias o situaciones que se producen en la vida: *Este joven está aún aprendiendo a vivir.* **11.** Actuar o comportarse en la vida de una determinada manera: *Vivió siempre honradamente.* **12.** *fam.* Estar bien o mal, sobre todo si se expresan las circunstancias: *Se vive bien en esa empresa, porque se trabaja poco.* **13.** Convivir con alguien sin estar casados. || *v. tr.* **14.** Pasar por algo, experimentarlo: *Hemos vivido unos años de crisis.* **15.** Sentirse muy identificado o disfrutar mucho con una actividad, situación, etc.: *Cuando canta flamenco, lo vive.* || **LOC. no dejar vivir** a alguien una persona o cosa *fam.* No dejarle tranquilo, molestarle mucho. **no vivir** Sufrir, estar agobiado o nervioso, etc.: *Desde que empezó el trabajo, no vive.* **¡viva!** *interj.* Expresa alegría y aplauso. Se usa también como *s. m.*: *¡Dos vivas por María!* **vivir para ver** Indica el asombro que produce algo. **SIN. 1.** y **2.** Existir. **1.** a **4.**, **7.** y **8.** Subsistir. **2.**, **7.** y **8.** Pervivir. **3.**, **4.**, **7.** y **8.** Mantenerse. **5.** y **6.** Residir, morar. **13.** Cohabitar. **ANT. 1.** y **2.** Morir, fenecer. **FAM.** ¡Viva!, vivalavirgen, vivar[1], vivencia, víveres, vivero, vívido, vividor, vivienda, viviente, vivificar, vivo. / Convivir, desvivirse, malvivir, pervivir, revivir, sinvivir, sobrevivir. VIDA.

vivisección (del lat. *vivus*, vivo, y *sectio, -onis*, corte) *s. f.* Disección de animales vivos con una finalidad científica.

vivo, va (del lat. *vivus*) *adj.* **1.** Que tiene vida: *un ser vivo.* También *s. m.* y *f.* **2.** Se dice de lo que sigue existiendo con su uso, fuerza y desarrollo habituales: *una costumbre viva.* **3.** Se dice del fuego, la llama, etc., que está en plena actividad. **4.** Se dice de las cosas muy intensas o fuertes: *un vivo resplandor.* **5.** Ingenioso, despierto: *Es un niño muy vivo, lo capta todo.* **6.** Avispado, que sabe aprovecharse de las circunstancias que se le presentan en beneficio propio: *Es muy vivo para los negocios.* También *s. m.* y *f.* **7.** Se dice del carácter de las personas que se enfadan con mucha facilidad: *Tiene un genio demasiado vivo.* **8.** Rápido o ágil en los movimientos o acciones: *Fueron a una marcha muy viva todo el tiempo.* **9.** Se dice de lo que permanece en la memoria de una persona o grupo de personas: *Siguen vivas en mí las palabras de mi profesor.* **10.** Se dice de los gestos, los ojos, etc., que muestran viveza: *una mirada viva.* **11.** Se dice de las descripciones, narraciones, etc., muy expresivas: *Hizo un relato muy vivo de lo ocurrido.* **12.** Se dice de los colores intensos y sin mezcla: *No me gustan los coches pintados en tonos vivos.* **13.** Se aplica al deseo, interés, sentimiento, etc., muy grande: *Se le notaba una viva curiosidad por el tema.* **14.** Se dice del ritmo musical rápido y alegre, así como de las obras o piezas que tienen este ritmo. **15.** Se dice de la arista, canto, ángulo, etc., que está muy pronunciado y no desgastado. || *s. m.* **16.** Borde de alguna cosa. **17.** Cinta, cordoncillo o trencilla que se pone como adorno en los bordes de algunas prendas de vestir. **SIN. 1.** Viviente, existente. **2.** Vigente, actual. **2.** y **3.** Candente. **2.** y **9.** Presente. **5.** Agudo, despabilado, perspicaz. **5.** y **6.** Listo. **6.** Vivales, astuto, zorro. **7.** Irritable, irascible. **11.** Vívido. **ANT. 1.** y **2.** Muerto. **2.** Anticuado. **3.**, **4.**, **10.** y **12.** Apagado. **4.** y **12.** Tenue. **5.** y **8.** Torpe, lento. **10.** Triste. **10.** y **11.** Inexpresivo. **FAM.** Vivales, vivamente, vivar[2], vivaracho, vivario, vivaz, viveza, vivisección. / Avivar, redivivo, siempreviva. VIVIR.

viz- *pref.* Véase **vice-**.

vizcacha (quechua) *s. f. Arg., Bol., Chile* y *Perú* Roedor que presenta unos 60 cm de longitud, cola larga, pelaje grisáceo con el vientre blanco y las patas posteriores más desarrolladas. Vive en América del Sur, en las pampas, donde excava galerías subterráneas y se alimenta de plantas. **FAM.** Vizcachera.

vizcachera *s. f.* **1.** *Amér.* Madriguera de la vizcacha. **2.** *Arg. fam.* Habitación pequeña, llena de trastos y desordenada.

vizcaíno, na *adj.* **1.** De Vizcaya. También *s. m.* y *f.* || *s. m.* **2.** Dialecto de la lengua vasca hablado en gran parte de Vizcaya. **FAM.** Vizcaitarra.

vizcaitarra *adj.* Partidario o defensor de la independencia o autonomía de Vizcaya, provincia del País Vasco. También *s. m.* y *f.*

vizcondado *s. m.* **1.** Título o dignidad de vizconde. **2.** Tierras que eran propiedad de un vizconde.

vizconde (de *viz* - y *conde*) *s. m.* **1.** Persona que tiene cierto título de nobleza, de dignidad inferior a la de conde; también, ese título. **2.** Antiguamente, persona que el conde dejaba como sustituto en sus territorios para que ejerciera su autoridad. **FAM.** Vizcondado, vizcondesa. CONDE.

vizcondesa *s. f.* **1.** Esposa del vizconde. **2.** Mujer que tiene el mismo título de nobleza que un vizconde.

vocablo (del lat. *vocabulum*) *s. m.* Cada una de las palabras o términos de una lengua. **FAM.** Vocabulario.

vocabulario (del lat. *vocabulum*, vocablo) *s. m.* **1.** Conjunto formado por las palabras de una lengua. **2.** Conjunto de palabras de una lengua que se usan en una región, en una actividad concreta, etc.: *vocabulario andaluz, vocabulario científico.* **3.** Libro o folleto en que está contenido este tipo de palabras. **4.** Lista o conjunto de palabras ordenadas según un determinado criterio, con definiciones o explicaciones breves: *Al final del libro hay un vocabulario con las palabras difíciles.* **5.** Conjunto de palabras que usa o conoce una determinada persona: *Tiene un vocabulario muy limitado.* **SIN. 1.**, **2.** y **5.** Léxico. **2.** Terminología. **3.** Diccionario. **4.** Glosario.

vocación (del lat. *vocatio, -onis*, acción de llamar) *s. f.* **1.** Inclinación de una persona hacia una profesión, forma de vida o actividad: *Es maestro por vocación.* **2.** Llamada de Dios que siente una persona para llevar una forma de vida, especialmente para ser sacerdote o para ingresar en una orden religiosa. **3.** Persona que quiere ser sacerdote o ingresar en una orden religiosa. Se usa más en *pl.*: *Este año han aumentado las vocaciones.* **FAM.** Vocacional. / Advocación.

vocacional *adj.* **1.** Que se hace por vocación: *Su dedicación a la enseñanza es vocacional.* **2.** *Amér.* Se aplica a las escuelas de enseñanzas técnicas. **3.** Relativo a esas enseñanzas.

vocal (del lat. *vocalis*) *adj.* **1.** De la voz: *cuerdas vocales.* **2.** Se dice de lo que se expresa con la voz, por oposición a lo que sólo se piensa: *oración vocal.* **3.** Se dice de la música escrita para ser cantada, con o sin acompañamiento instrumental. || *s. f.* **4.** Sonido del lenguaje humano producido al expulsar el aire por la boca con vibración de las cuerdas vocales y sin que ningún órgano intervenga para obstruir el paso de aquél. **5.** Cada una de las letras que representan un sonido de ese tipo; en español, *a, e, i, o* y *u.* || *s. m.* y *f.* **6.** Persona que tiene derecho a hablar en una reunión, junta, consejo, etc., aunque sin un cargo específico en ellos. || **7. vocal temática** En ling., la que constituye el tema de una palabra; p. ej., la segunda *a* de *cantaron.* **SIN. 2.** Oral. **FAM.** Vocálico, vocalismo, vocalista, vocalizar, vocalmente. / Intervocálico, semivocal. VOZ.

vocálico, ca *adj.* De la vocal: *sonido vocálico.*

vocalismo *s. m.* **1.** Sistema vocálico de una lengua. **2.** Modo de manifestarse las vocales en cualquier elemento lingüístico.

vocalista *s. m.* y *f.* Cantante de un grupo musical.

vocalización *s. f.* **1.** Acción de vocalizar: *La vocalización es importante para leer en público.* **2.** En canto, ejercicio que consiste en realizar una serie de modulaciones con la voz empleando cualquiera de las vocales. **3.** En ling., acción de vocalizar o vocalizarse una consonante.

vocalizar *v. intr.* **1.** Pronunciar de manera clara y diferenciada las distintas vocales y consonantes de las palabras: *No se le entiende, porque vocaliza muy mal.* También *v. tr.* **2.** En canto, realizar vocalizaciones. **3.** En mús., solfear sin decir las notas, empleando una vocal, generalmente la *a.* También *v. tr.* **4.** En ling., transformarse en vocal una consonante; p. ej., en la palabra latina *altarium*, la *l* vocaliza en *u* (*autarium*) y evoluciona hasta convertirse en la actual *otero.* También *v. tr.* y *v. prnl.* **5.** Añadir vocales a textos escritos en lenguas que sólo usan consonantes para es-

CLASIFICACIÓN DE LAS VOCALES

		PUNTO DE ARTICULACIÓN		
		Anteriores	**Central**	**Posteriores**
GRADO DE ABERTURA	**Cerradas**	i		u
	Semiabiertas	e		o
	Abierta		a	

cribir, como p. ej. el árabe. También *v. tr.* ■ Delante de *e* se escribe *c* en lugar de *z*: *vocalice.* **SIN.** **1.** Articular. **FAM.** Vocalización. VOCAL.

vocalmente *adv. m.* Con la voz.

vocativo (del lat. *vocativus*) *s. m.* En latín, griego y otras lenguas, uno de los casos de la declinación gramatical, que se utiliza para llamar o nombrar a la persona o cosa personificada a la que se dirige el hablante.

voceador, ra *adj.* **1.** Que vocea. También *s. m.* y *f.* || *s. m.* **2.** Pregonero*. **3.** *Méx.* Vendedor de periódicos callejero. **SIN.** **1.** Gritón, vocinglero.

vocear *v. intr.* **1.** Dar voces o gritos: *Los niños salen al recreo voceando.* || *v. tr.* **2.** Decir algo a voces: *Vocearon el número del ganador por toda la sala de sorteos.* **3.** Llamar a alguien a voces: *Te voceé desde el balcón, pero no me oíste.* **4.** Aclamar a alguien con gritos: *El público voceó el nombre de la primera actriz.* **5.** *fam.* Publicar algo que se debería callar: *Ha voceado por toda la clase el secreto que le conté.* **6.** Manifestar claramente algo un hecho, la existencia de una cosa, etc.: *Su llanto vocea la derrota.* **SIN.** **1.** Gritar, chillar, vociferar. **4.** Vitorear. **5.** Pregonar, divulgar. **ANT.** **1.** Susurrar. **FAM.** Voceador. VOZ.

voceras *s. m.* y *f.* Boceras*.

vocerío *s. m.* Conjunto de voces fuertes y confusas. **SIN.** Griterío.

vocero (de *voz*, poder, facultad) *s. m.* Aquel que habla en nombre de una persona o grupo de personas. **SIN.** Portavoz.

vociferante *adj.* Que vocifera. **SIN.** Vocinglero, escandaloso.

vociferar (del lat. *vociferare*, de *vox, vocis*, voz, y *ferre*, llevar) *v. intr.* Hablar dando voces. **SIN.** Vocear, chillar, gritar. **ANT.** Susurrar, musitar. **FAM.** Vociferación, vociferador, vociferante. VOZ.

vocinglero, ra *adj.* **1.** Se dice de la persona que habla demasiado alto. También *s. m.* y *f.* **2.** Se aplica a la persona que habla mucho e inútilmente. También *s. m.* y *f.* **SIN.** **1.** Voceador, vociferador. **2.** Charlatán. **FAM.** Vocinglería. VOZ.

vodevil (del fr. *vaudeville*) *s. m.* Comedia de argumento intrascendente, divertida y algo picante. **FAM.** Vodevilesco.

vodka o **vodca** (ruso) *s. amb.* Aguardiente de centeno, maíz o cebada, incoloro y con mucho alcohol, muy común en los países de Europa oriental. ■ Se usa más como *s. m.*

voivoda (del serbocroata *voi*, ejército, y *voditi*, conductor) *s. m.* En los estados eslavos de los Balcanes y Europa central, título dado a los jefes militares o gobernadores territoriales durante la Edad Media y la Moderna. ■ Se dice también *vaivoda.* **FAM.** Voivodato.

voivodato *s. m.* **1.** En los países eslavos, y durante la Edad Media y la Moderna, territorio gobernado por un voivoda. **2.** División administrativa mayor de Polonia.

vol-au-vent (fr.) *s. m.* Volován*.

volada *s. f.* **1.** Vuelo corto. **2.** Cada una de las veces que se realiza un vuelo de este tipo. **3.** *Amér. C.* y *Méx.* Rumor, falsa noticia. **4.** *Arg.* Ocasión favorable.

voladito, ta *adj.* En imprenta, se dice del carácter o letra pequeños, colocados encima de la línea de escritura, que se utilizan para indicar referencias, abreviaturas, etc. **SIN.** Volado.

voladizo, za *adj.* Se aplica al elemento de construcción que sobresale del muro o de la pared de un edificio. También *s. m.*

volado, da **1.** *p.* de **volar.** || *adj.* **2.** En arq., se dice de la parte de un edificio que sobresale de un muro o pared y no tiene otro elemento que lo soporte. **3.** Voladito*. **4.** *fam.* Intranquilo, impaciente: *Voy volada porque he dejado al niño solo.* **5.** *Arg.* y *Méx.* Enfadado, irritado. **6.** *Cuba, Guat.* y *Méx.* Enamorado, ilusionado. || *s. m.* **7.** *Amér. C.* Rumor o noticia falsa. **8.** *Méx.* Aventura, generalmente amorosa. **SIN.** **2.** Voladizo, saliente.

volador, ra (del lat. *volator, -oris*) *adj.* **1.** Que vuela o puede volar: *un animal volador. Un aparato volador.* || *s. m.* **2.** Cohete que se utiliza en los fuegos artificiales. **3.** Molusco cefalópodo parecido al calamar, también comestible, pero de calidad inferior. **SIN.** **1.** Volátil, volante.

voladura (del lat. *volatura*) *s. f.* Acción de volar una cosa, generalmente con explosivos. **SIN.** Derribo, demolición.

volandas, en *loc. adv.* **1.** Por el aire, sujetándolo sin que toque el suelo: *Entre el padre y la madre llevaban al niño en volandas.* **2.** *fam.* Muy pronto o con mucha rapidez.

volandera *s. f.* **1.** Muela de un molino. **2.** Arandela que se coloca entre dos piezas de una máquina para evitar el roce entre ellas.

volandero, ra (del lat. *volandus*, de *volare*, volar) *adj.* **1.** Que está colgando y se mueve con facilidad de un lado para otro. **2.** Que no se para ni se detiene en ningún lugar o que no dura mucho tiempo. También *s. m.* y *f.*

volanta *s. f. Amér.* Coche de caballos antiguo de cuatro ruedas.

volantazo *s. m.* Giro brusco y rápido del volante de un automóvil que se realiza conduciendo, p. ej. para evitar un obstáculo.

volante (del lat. *volans, -antis*) *adj.* **1.** Que vuela: *Vio a lo lejos un extraño objeto volante.* **2.** Que va o se lleva de un sitio a otro sin quedarse fijo en ninguno: *trabajador volante.* || *s. m.* **3.** Tira de tela fruncida que se pone como adorno en algunas prendas de vestir o en colchas, cortinas, etc.: *una falda de volantes.* **4.** En un automóvil, pieza en forma de aro que transmite su movimiento a las ruedas cuando el conductor la hace girar con las manos, para dirigir el vehículo hacia uno u otro lado; también, objeto similar en embarcaciones, aviones, etc. **5.** P. ext., deporte automovilístico: *Ese piloto de Fórmula 1 es el rey del volante.* **6.** Hoja de papel en la que se recomienda, se pide o se hace constar algo en la forma precisa: *El médico le firmó un volante para ingresar en el hospital.* **7.** Rueda grande y pesada que sirve para regularizar el movimiento de una máquina y, generalmente, para transmitir dicho movimiento al resto del mecanismo. **8.** Rueda pequeña con dos topes que transmite su movimiento de forma regular al resto del mecanismo de un reloj. **9.** Especie de pelota con plumas. **SIN.** **1.** Volador. **2.** Ambulante, itinerante, errante. **3.** Faralá. **FAM.** Volantazo. VOLAR.

volantín *s. m.* **1.** Cordel con uno o varios anzuelos, que se utiliza para pescar. **2.** *Arg., Chile, Cuba* y *P. Rico* Cometa pequeña de papel.

volapié (de *volar* y *pie*) *s. m.* **1.** En tauromaquia, suerte de matar al toro en la que el diestro se lanza sobre él clavándole el estoque al mismo tiempo que le da salida con la muleta hacia su derecha. **2.** P. ext., estocada así administrada. || **LOC. a volapié** *adv.* Del modo antes mencionado.

volar (del lat. *volare*) *v. intr.* **1.** Ir o moverse por el aire un animal o un aparato mecánico, por medio de alas o de otro modo. **2.** Viajar o ir de un lugar a otro por el aire, en un avión, un helicóptero, etc.: *Ayer a estas horas estaba volando a Barcelona.* **3.** Elevarse o moverse una cosa por el aire, generalmente a causa del viento. También *v. prnl.*: *Se han volado los papeles que tenías al lado de la ventana.* **4.** Ir por el aire una cosa que se ha lanzado con violencia: *En la discusión acabaron volando piedras por encima de las cabezas.* **5.** *fam.* Desaparecer de manera rápida e inesperada una persona o cosa: *Ha volado la bandeja de pasteles que traje.* **6.** Ir muy deprisa a algún sitio: *Voy volando a casa, que tengo visita.* **7.** Hacer algo con mucha rapidez: *Preparó las maletas volando.* **8.** Propagarse o difundirse con rapidez una noticia entre muchas personas. **9.** Pasar muy deprisa el tiempo: *Los días vuelan y pronto estaremos en verano.* **10.** Independizarse, especialmente los hijos con respecto a los padres: *Los hijos cuando son mayores vuelan y hacen su propia vida.* **11.** *fam.* Huir de un lugar: *Cuando llegó la policía los atracadores ya habían volado.* **12.** *Méx.* Enamorar, cortejar. || *v. tr.* **13.** Hacer saltar en pedazos una cosa, generalmente por medio de sustancias explosivas: *Volaron un barco enemigo desde un submarino.* **14.** En imprenta, hacer que un carácter, número, letra, etc., quede volado. **15.** Hacer que se levante el ave y vuele para disparar sobre ella. || **volarse** *v. prnl.* **16.** *Amér.* Enfadarse mucho, irritarse. ■ Es v. irreg. Se conjuga como *contar.* SIN. **5.** Volatilizarse, evaporarse, esfumarse. **5.** a **9.** Correr. **11.** Fugarse, pirarse. **13.** Explosionar. FAM. Volada, voladito, voladizo, volado, volador, voladura, volandera, volandero, volanta, volante, volantín, volapié, volatería, volátil, volear, vuelapluma, vuelo. / Revolotear, sobrevolar.

volatería (del lat. *volatus*, de *volare*, volar) *s. f.* **1.** Caza de aves que se realiza sirviéndose de otras amaestradas para ello. **2.** Conjunto de aves de diversas clases.

volátil (del lat. *volatilis*) *adj.* **1.** Se dice de la sustancia que se volatiliza rápidamente cuando está en un recipiente destapado, como p. ej. la gasolina. **2.** Que vuela o puede volar: *un animal volátil.* También *s. m.* y *f.* **3.** Que se mueve por el aire. **4.** Inconstante, mudable: *Es un hombre volátil, que cambia constantemente de opinión.* SIN. **2.** Volador, volante. **3.** Flotante. **4.** Voluble. FAM. Volatilidad, volatilizar. VOLAR.

volatilizar *v. tr.* **1.** Transformar una sustancia líquida o sólida en vapor o gas. También *v. prnl.* || **volatilizarse** *v. prnl.* **2.** *fam.* Desaparecer rápida e inesperadamente una cosa: *No entiendo cómo se ha volatilizado ese libro.* ■ Delante de *e* se escribe *c* en lugar de *z*: *volatilice.* SIN. **1.** Evaporar(se). **2.** Evaporarse, volar, esfumarse. FAM. Volatilizable, volatilización. VOLÁTIL.

volatín *s. m.* **1.** Ejercicio de acrobacia. **2.** Volatinero*. FAM. Volatinero.

volatinero, ra *s. m.* y *f.* Persona que con habilidad realiza saltos y otros ejercicios sobre una cuerda, alambre, etc. SIN. Acróbata, volatín.

volcán (del lat. *Vulcanus*) *s. m.* **1.** Abertura o grieta en la corteza terrestre, generalmente en una montaña, por la que ascienden gases y materiales en estado de fusión procedentes del interior de la Tierra; también, la elevación o montaña formada por la acumulación de los materiales arrojados en sucesivas erupciones. **2.** Idea o sentimiento muy intenso y agitado; asimismo, persona con ese tipo de ideas o sentimientos y lugar o parte del cuerpo en que supuestamente se encuentran esas ideas o sentimientos: *Su corazón era un volcán de pasiones.* **3.** *Col.* Precipicio. **4.** *Guat.*, *Hond.* y *P. Rico* Montón de cosas. || LOC. **estar** una persona o cosa **sobre un volcán** Encontrarse en una situación muy peligrosa, generalmente sin darse cuenta. FAM. Volcánico, volcanología. / Vulcaniano, vulcanismo, vulcanita, vulcanizar, vulcanología.

volcanada *s. f. Chile* Bocanada de aire o de mal olor.

volcánico, ca *adj.* **1.** Del volcán. **2.** Se aplica al sentimiento muy intenso o ardiente. SIN. **2.** Impetuoso.

volcanología *s. f.* Vulcanología*. FAM. Volcanólogo. VOLCÁN.

volcar (del lat. *volvere*, hacer rodar) *v. tr.* **1.** Hacer que una cosa quede apoyada sobre un punto o lado distinto de aquel en que normalmente se apoya: *En un ataque de ira volcó la mesa.* También *v. intr.* y *v. prnl.*: *El coche volcó al salirse de la carretera.* **2.** Hacer que se derrame o caiga el contenido de un recipiente, una bolsa, un saco, etc., inclinando o dando la vuelta a éstos: *Ha volcado las piedras que traía en la carretilla.* También *v. prnl.* || **volcarse** *v. prnl.* **3.** Hacer una persona todo lo que puede para agradar, favorecer o beneficiar a otra: *Ese profesor se vuelca con todos sus alumnos.* ■ Delante de *e* se escribe *qu* en lugar de *c.* Es v. irreg. Se conjuga como *contar.* SIN. **1.** Derribar, tumbar(se), voltear(se). **2.** Tirar, verter, vaciar(se). **3.** Esforzarse, afanarse. ANT. **1.** Levantar(se). **2.** Recoger. FAM. Volquete, vuelco. / Revolcar.

volea *s. f.* Golpe dado a una cosa en el aire antes de que toque el suelo, generalmente a la pelota en ciertos deportes: *El tenista terminó el tanto con una volea ganadora.* SIN. Voleo. FAM. Balonvolea. VOLEAR.

volear (de *volar*) *v. tr.* **1.** Golpear una cosa en el aire para impulsarla. Se usa más como *v. intr.* **2.** Sembrar esparciendo la semilla al arrojarla con la mano. También *v. intr.* FAM. Volea. VOLAR.

voleibol (del ingl. *volley-ball*) *s. m.* Deporte que se juega entre dos equipos de seis jugadores y que consiste en lanzar el balón con las manos de un campo a otro, por encima de una red. SIN. Balonvolea.

voleo, a o **al** *loc. adv.* **1.** Voleando, modo de sembrar. **2.** *fam.* Arbitrariamente, sin pararse a pensar: *Contestó a voleo la mitad de las preguntas del examen.*

volframio (del al. *Wolfram*) *s. m.* Elemento químico metálico, de color blanco estañoso, con densidad y punto de fusión elevados, utilizado para fabricar hilos de lámparas de incandescencia, para hornos eléctricos, contadores eléctricos y aleaciones de herramientas. Su símbolo químico es *W.* ■ Se escribe también *wolframio.* SIN. Tungsteno. FAM. Volframita.

volframita *s. f.* Mineral formado por volframio, oxígeno, hierro y manganeso, de color negro, principal mena de volframio. ■ Se escribe también *wolframita.*

volición (del lat. *volo*, quiero) *s. f.* **1.** En fil., acto de voluntad. **2.** En lenguaje culto, deseo o intención.

volitivo, va (del lat. *volo*, quiero) *adj.* Propio de la voluntad o la volición: *un acto volitivo.* FAM. Volición. VOLUNTAD.

volován (del fr. *vol-au-vent*) *s. m.* Especie de pastel de hojaldre hueco y redondeado, que se rellena con carne, pescado, etc.

volquete *s. m.* Vehículo con un recipiente que se puede volcar mecánicamente para vaciar la mercancía que transporta.

volsco, ca (del lat. *Volsci, -orum*) *adj.* De un antiguo pueblo de Italia central. También *s. m.* y *f.*

voltaico, ca *adj.* **1.** Se aplica a la electricidad producida por las pilas. || **2. arco voltaico** Descarga eléctrica, luminosa y calorífica de gran intensidad que se crea entre dos electrodos separados por un aislante. Se emplea en los proyectores de cine y como fuente de calor en soldadura autógena, fusión de metales, etc.

voltaje *s. m.* Diferencia de potencial eléctrico entre los extremos de un conductor.

voltamperio *s. m.* Unidad de medida de la potencia aparente de una corriente eléctrica.

voltario, ria *adj.* **1.** *Chile* Se dice de la persona cabezota o caprichosa. **2.** Se aplica a la persona muy peripuesta o arreglada.

volteada *s. f. Arg.* y *Urug.* Acción que consiste en agrupar el ganado y dirigirlo hacia un lugar, corriéndolo con el caballo. || LOC. **caer en la volteada** *Amér. fam.* Ser capturada una persona en una redada.

voltear *v. tr.* **1.** Dar una o varias vueltas a una persona o cosa. También *v. intr.* y *v. prnl.* **2.** *Chile* Derribar o echar por tierra algo. **3.** *Amér.* Volcar o tirar algo haciendo que se caiga o derrame lo que contiene. || *v. intr.* **4.** *Col., Méx.* y *P. Rico* Volver. También *v. prnl.* || **voltearse** *v. prnl.* **5.** *Amér.* Cambiar de partido político. FAM. Voltario, volteada, volteo.

voltereta *s. f.* Vuelta dada por una persona sobre el suelo, en otra superficie o en el aire, haciendo girar el cuerpo enroscado, con la cabeza doblada hacia las piernas.

volteriano, na *adj.* **1.** Del escritor y filósofo francés Voltaire, o de sus obras e ideas. **2.** Partidario de las concepciones filosóficas de Voltaire, particulamente en lo que tienen de crítica y escepticismo. También *s. m.* y *f.* FAM. Volterianismo.

voltímetro *s. m.* Aparato utilizado para medir la diferencia de potencial.

voltio[1] (de Alessandro *Volta*, físico italiano) *s. m.* Unidad de potencial eléctrico en el Sistema Internacional, equivalente a la diferencia de potencial que existe entre dos puntos de un campo eléctrico cuando, al trasladar la unidad de carga positiva de uno a otro punto, se realiza un trabajo de 1 julio. FAM. Voltaico, voltaje, voltamperio, voltímetro. / Electronvoltio, fotovoltaico, kilovoltio.

voltio[2] *s. m. fam.* Paseo, vuelta: *darse un voltio.* SIN. Garbeo.

voluble (del lat. *volubilis*) *adj.* **1.** Inconstante, que cambia con frecuencia o facilidad. **2.** Capaz de enrollarse; se aplica particularmemte al tallo de una planta que crece enrollándose alrededor de un soporte. SIN. **1.** Veleidoso, caprichoso, variable, cambiante. ANT. **1.** Constante, firme. FAM. Volubilidad. VOLVER.

volumen (del lat. *volumen, -inis*) *s. m.* **1.** Espacio ocupado por un cuerpo. **2.** Espacio geométrico cuya extensión se expresa en tres dimensiones. **3.** Obra escrita o parte de una obra que se encuaderna formando un cuerpo material independiente: *una enciclopedia en seis volúmenes.* **4.** Intensidad de la voz o de otro sonido: *No chilles, baja el volumen.* **5.** Importancia, cantidad, magnitud: *volumen de ventas.* SIN. **1.** Bulto. **3.** Tomo, ejemplar, libro. FAM. Volumetría, voluminoso. / Monovolumen.

volumetría *s. f.* En fís. y mat., disciplina que se ocupa de la determinación y medida de los volúmenes. FAM. Volumétrico. VOLUMEN.

volumétrico, ca *adj.* De la volumetría o que tiene relación con esta disciplina.

voluminoso, sa (del lat. *voluminosus*) *adj.* Que tiene mucho volumen. SIN. Grande, abultado. ANT. Pequeño.

voluntad (del lat. *voluntas, -atis*) *s. f.* **1.** Intención o deseo, o aquello que se intenta o desea: *Tengo la voluntad de no volver a hacerlo. Lo hizo para cumplir la voluntad de su jefe.* **2.** Capacidad del hombre para tomar libremente decisiones y adoptar un determinado tipo de conducta. **3.** Capacidad de una persona para llevar a cabo algo que supone esfuerzo: *Hace falta mucha voluntad para levantarse tan pronto.* **4.** Consentimiento: *Prefiero contar con tu voluntad antes de marcharme.* **5.** *fam.* Amor o afecto hacia una persona o cosa. || **6. buena voluntad** Buena disposición para hacer algo: *Se puede llegar a un acuerdo si hay buena voluntad por ambas partes.* También, deseo de hacer bien algo o hacer una cosa buena: *Aunque no quedó muy bien, lo hice con toda la buena voluntad del mundo.* SIN. **1.** Gana, anhelo; propósito, determinación. **2.** Albedrío. **3.** Ánimo, perseverancia, empeño. **4.** Aquiescencia, permiso. **5.** Cariño. FAM. Voluntario, voluntarioso, voluntarismo. / Volitivo.

voluntariado *s. m.* **1.** Alistamiento voluntario para el servicio militar. **2.** Conjunto de voluntarios para el servicio militar o para cualquier otra cosa.

voluntariedad *s. f.* **1.** Cualidad de voluntario. **2.** Deseo o intención que alguien tiene por mero capricho.

voluntario, ria (del lat. *voluntarius*) *adj.* **1.** Se dice de la persona que hace las cosas porque quiere, sin que exista una fuerza u obligación para ello; se aplica también a sus acciones, actitud, etc. También *s. m.* y *f.* **2.** En lenguaje taurino, se dice del toro que acude con prontitud a las citas. || *s. m.* **3.** Joven que se presenta para el cumplimiento del servicio militar antes de ser llamado obligatoriamente a ello. SIN. **1.** Espontáneo, facultativo, potestativo, opcional. ANT. **1.** Obligatorio. FAM. Voluntariado, voluntariamente, voluntariedad. / Involuntario. VOLUNTAD.

voluntarioso, sa *adj.* **1.** Se dice de la persona que se esfuerza con constancia y pone buena voluntad para conseguir o hacer algo: *No es muy listo, pero es voluntarioso y aprobará.* **2.** Terco, obstinado. SIN. **1.** Afanoso, perseverante, trabajador, tenaz. **2.** Tozudo. ANT. **1.** y **2.** Inconstante. FAM. Voluntariosamente. VOLUNTAD.

voluntarismo *s. m.* **1.** Tendencia filosófica que defiende la primacía de la voluntad sobre el entendimiento. **2.** Doctrina política que basa sus principios y actuaciones más en sus propios propósitos y deseos que en la realidad de la situación. **3.** Aptitud de la persona que pretende realizar algo por su propio esfuerzo, sin contar con otros factores: *Deberías poner más medios a su alcance y no contar únicamente con el voluntarismo de tu personal.* FAM. Voluntarista.

voluptuoso, sa (del lat. *voluptuosus*) *adj.* Que causa placer a los sentidos o se inclina a la búsqueda de éste. También *s. m.* y *f.* SIN. Sensual; hedonista. FAM. Voluptuosamente, voluptuosidad.

voluta (del lat. *voluta*) *s. f.* **1.** Adorno en forma de espiral o de caracol, propio de los capiteles jónicos y corintios. **2.** Aquello que tiene forma de espiral. SIN. **2.** Bucle.

volver (del lat. *volvere*) *v. intr.* **1.** Ir otra vez al lugar del que se salió. También *v. prnl.* **2.** Producirse de nuevo o repetirse un suceso, situación, etc.: *La primavera volvió con sus lluvias habituales.* **3.** Hacer o decir otra vez lo que se estaba haciendo o diciendo: *Volvió a leer el artículo.* || *v. tr.* **4.** Dar la vuelta, girar, cambiar de dirección o sentido: *Ten cuidado al volver la tortilla.* También *v. intr.* y *v. prnl.*: *Cuando oyó el silbido se volvió para ver quién era.* **5.** Poner una cosa, generalmente una prenda de vestir, de modo que la parte de dentro o el revés quede a la vista, o a la inversa. También, rehacer una prenda de vestir de manera que el revés de la tela quede como derecho y a la inversa: *volver el cuello o las mangas de una camisa.* **6.** Hacer que una persona o cosa cambie de estado, actitud, etc.: *Ha vuelto tonto al pobre niño.* También *v. prnl.*: *Se volvió de derechas con los años.* **7.** Pasar la hoja de un libro abierto. **8.** Arar la tierra después de sembrada para cubrir el grano. || LOC. **todo se (me, te, le,** etc.) **vuelve** *fam.* Seguido generalmente de un infinitivo, indica que en lo que éste expresa se centra toda la actividad, actitud, etc., de alguien: *Cuando le sale algo mal, todo se le vuelve quejarse.* **volver en sí** una persona Recobrar el conocimiento tras un mareo o accidente. **volverse** alguien **atrás** No cumplir lo que había dicho o prometido o no ser coherente con ello. ■ Es v. irreg. SIN. **1.** y **2.** Regresar, retornar. **3.** Retomar. **4.** Voltear(se), invertir(se); virar, torcer(se), doblar(se). **6.** Convertir(se), transformar(se). ANT. **3.** Dejar. FAM. Voltio[2], voluble, voluta, vuelto, vuelvepiedras. / Devolver, envolver, revolver.

vómer (del lat. *vomer, -eris*, reja de arado) *s. m.* Hueso pequeño que forma la parte posterior del tabique de las fosas nasales en el cráneo de los vertebrados.

VOLVER		
PARTICIPIO		
vuelto		
INDICATIVO	**SUBJUNTIVO**	**IMPERATIVO**
Presente	**Presente**	
vuelvo	*vuelva*	
vuelves	*vuelvas*	*vuelve*
vuelve	*vuelva*	
volvemos	*volvamos*	
volvéis	*volváis*	*volved*
vuelven	*vuelvan*	

vomitado, da 1. *p.* de **vomitar.** || *s. m.* **2.** Sustancia que se vomita. SIN. **2.** Vómito, devuelto.

vomitar (del lat. *vomitare*, intensivo, de *vomere*) *v. tr.* **1.** Echar violentamente por la boca lo contenido en el estómago. También *v. intr.* **2.** Manchar algo con vómito: *Vomitó el pantalón.* También *v. prnl.* **3.** Arrojar, expulsar o lanzar una cosa algo que tiene dentro de sí: *Aquel pozo vomita un olor horroroso.* **4.** Decir una persona un insulto, maldición, injuria, etc. **5.** *fam.* Decir una persona algo que se esforzaba por guardar en secreto. SIN. **1.** Devolver, regurgitar. **4.** y **5.** Soltar. **5.** Desembuchar, cantar. FAM. Vomitado, vomitivo, vómito, vomitorio.

vomitivo, va *adj.* **1.** Se dice de la sustancia, generalmente medicinal, que provoca el vómito. También *s. m.* **2.** *fam.* Muy desagradable, repugnante. SIN. **1.** Vomitorio. **2.** Asqueroso.

vómito (del lat. *vomitus*) *s. m.* **1.** Expulsión violenta de los alimentos parcialmente digeridos y contenidos en el estómago. **2.** Lo que se vomita. SIN. **2.** Vomitado, devuelto. FAM. Vomitona. VOMITAR.

vomitona *s. f. fam.* Vómito grande o repetido.

vomitorio, ria (del lat. *vomitorius*) *adj.* **1.** Que produce el vómito. || *s. m.* **2.** Puerta o abertura existente en los circos o teatros antiguos y en lugares semejantes modernos, como en los campos de fútbol, para permitir la entrada a las gradas y la salida de ellas. SIN. **1.** Vomitivo.

vorágine (del lat. *vorago, -inis*) *s. f.* **1.** Remolino fuerte e impetuoso que forman en algunas zonas las aguas del mar, de un río, etc.: *La barca volcó en la vorágine del río.* **2.** Conjunto muy confuso e incontrolado, especialmente de sentimientos: *Le dominaba una vorágine de envidias y celos.* SIN. **1.** Vórtice. **1.** y **2.** Torbellino. **2.** Tumulto, barahúnda, mogollón.

voraz (del lat. *vorax, -acis*) *adj.* **1.** Se aplica a la persona o al animal que come mucho y con ansia, y a su hambre, manera de comer, etc. **2.** Se dice de ciertas cosas que destruyen o consumen las cosas con rapidez, particularmente al fuego. SIN. **1.** Hambriento, tragón, glotón, tragaldabas, insaciable. ANT. **1.** Desganado. FAM. Voracidad, vorazmente. / Devorar, vorágine.

-voro, ra (del lat. *voro*) *suf.* Significa 'que se alimenta de': *carnívoro, herbívoro.*

vórtice (del lat. *vortex, -icis*) *s. m.* **1.** Corriente de agua o aire que gira en forma de espiral. **2.** Centro de un huracán. SIN. **1.** Remolino, torbellino, vorágine.

vorticela *s. f.* Protozoo ciliado que habita en aguas dulces y posee un pedúnculo de fijación con el que se sostiene evitando ser arrastrado por las corrientes.

vos (del lat. *vos*) *pron. pers. m.* y *f.* **1.** Forma de segunda persona del singular, equivalente a *tú*, que se emplea en parte de Hispanoamérica. **2.** Antigua forma de tratamiento de segunda persona del singular, que concertaba con el verbo en segunda persona del plural; hoy continúa empleándose como arcaísmo, p. ej. en ciertos rezos: *por ser Vos quien sois...* FAM. Vosear, vosotros, vuestro.

vosear *v. tr.* **1.** Usar el pronombre *vos* en lugar de *tú* en el tratamiento de confianza, como se hace en algunos países de Hispanoamérica. **2.** Dar a una persona el tratamiento anticuado de *vos.* FAM. Voseo. VOS.

voseo *s. m.* Acción de vosear.

vosotros, tras *pron. pers. m.* y *f. pl.* Forma de segunda persona que funciona como sujeto o como complemento cuando es término de una preposición: *Vosotros diréis. Iré con vosotros.*

votación *s. f.* **1.** Acción de votar. **2.** Conjunto de votos emitidos: *Hicieron el recuento de la votación.*

votante *s. m.* y *f.* Persona que participa en una votación.

votar (del lat. *votare*) *v. tr.* Dar alguien su voto o manifestar su opinión a favor o en contra de alguna de las opciones que se presentan en unas elecciones, consulta, etc.: *Votó a su amigo en las elecciones.* También *v. intr.*: *Podrás votar a los dieciocho años.* || LOC. **¡voto a...!** *ant.* Exclamación de enfado, maldición, amenaza, sorpresa, etc.: *¡Voto a Belcebú!* ■ No confundir con la palabra homófona *botar*, 'dar saltos, echar un barco al agua, etc.' SIN. Elegir. ANT. Abstenerse; rechazar. FAM. Votación, votante. VOTO.

votivo, va (del lat. *votivus*) *adj.* **1.** Que se ofrece, generalmente a Dios, a la Virgen o a los santos, en señal de una promesa: *una lámpara votiva.* **2.** Se dice de la misa que se celebra en algunas ocasiones por devoción, aunque no sea la propia del día.

voto (del lat. *votum*) *s. m.* **1.** Decisión de una persona sobre las opciones que se presentan en una elección, consulta, etc. **2.** Derecho a votar: *Asiste a la reunión, pero sin voto.* **3.** Promesa u ofrecimiento hecho a Dios, a la Virgen o a un santo; particularmente las públicas de castidad, pobreza y obediencia, admitidas por la Iglesia católica, que realizan los religiosos. Se usa mucho en *pl.*: *Hizo sus votos en la orden de las carmelitas.* **4.** Aquello que se ofrece como signo de una promesa hecha a Dios, a la Virgen o a un santo, o como agradecimiento a éstos por alguna gracia o beneficio. **5.** Ruego o petición a Dios: *Hizo votos a Dios por su pronta mejoría.* **6.** Deseo que una persona expresa de algo que se indica: *Expresó a los recién casados sus votos de felicidad para siempre.* **7.** Juramento o maldición que se realiza con ira. || **8. voto de calidad** El que da una persona de mayor autoridad que el resto, y que vale por dos, para decidir una cuestión en caso de empate. **9. voto de confianza** Aquel con que una asamblea apoya la actuación de la persona elegida por ella para una función de dirección o gobierno o autoriza a la misma para alguna actuación. P. ext., confianza que se otorga a una persona para que actúe libremente en relación con un asunto. **10. voto nominal** Aquel en que se conoce el nombre de la persona que vota. **11. voto secreto** El que emite una persona sin que pueda averiguarse lo que vota. **12. voto simple** El que se hace a Dios sin solemnidad exterior. **13. voto solemne** El que se hace a Dios públicamente y con las formalidades establecidas. || **LOC. hacer votos por algo** Expresar una persona un deseo. ■ No confundir con la palabra homófona *boto*, 'tipo de calzado'. **SIN. 4.** Ofrenda, exvoto. **7.** Blasfemia, terno. **FAM.** Votar, votivo. / Devoción.

vox pópuli (del lat. *vox populi*, voz del pueblo) *expr.* Opinión o información conocida y comentada por todo el mundo: *Lo de su noviazgo ya es vox pópuli.* ■ Se usa como *s. f.*: *La vox pópuli rara vez se equivoca.*

voyeur (fr.) *s. m.* y *f.* Persona aficionada a mirar a las personas en situaciones excitantes desde el punto de vista erótico para estimularse sexualmente. **SIN.** Mirón. **FAM.** Voyeurismo.

¡vóytelas! *interj. Méx.* Indica sorpresa.

voz (del lat. *vox, vocis*) *s. f.* **1.** En el hombre y en los animales, sonido producido al pasar el aire de los pulmones por la laringe, vibrar las cuerdas vocales y producirse resonancia en determinadas cavidades. **2.** Grito que da una persona: *Dale una voz para que salga.* **3.** Cantante. **4.** Medio de expresión de una colectividad o grupo: *La revista del colegio era la voz de los alumnos.* **5.** Aquello que le sugieren a una persona sus sentimientos, razonamientos, etc.: *También hay que escuchar la voz del corazón.* **6.** Derecho que tiene una persona a hablar o manifestar su opinión en una reunión o asamblea: *Asistió a la junta de propietarios con voz, pero sin voto.* **7.** Rumor, opinión. ■ Se usa especialmente con verbos como *correr, circular*, etc.: *Corre la voz de que las dos empresas van a fusionarse.* **8.** Palabra: *Ese diccionario no recoge voces extranjeras.* **9.** En ling., morfema verbal que indica que el sujeto realiza la acción expresada por el verbo (voz activa) o recibe sus efectos (voz pasiva); p. ej., el verbo de la oración *Los bomberos apagaron el fuego* está en voz activa y el que aparece en *El fuego fue apagado por los bomberos*, en pasiva. **10.** En mús., cada una de las líneas melódicas de una composición polifónica. || **11. voz cantante** En mús., parte de una composición que contiene la melodía principal de ésta. También, con el verbo *llevar*, ser la persona que dirige algo o la que habla por los demás en un grupo: *Alicia siempre tiene que llevar la voz cantante.* **12. voz de mando** En el ejército, expresión con que se da una orden a los subordinados. **13. voz media** En ling., modo de significar de ciertos verbos que expresa que la acción es realizada por el sujeto y le afecta también a éste, como p. ej. en la oración *Jaime se levantó de la cama.* || **LOC. a una voz** *adv.* A la vez o de común acuerdo entre varias personas. **a voces** o **a voz en grito** *adv.* Gritando. **de** (o **a**) **viva voz** *adv.* Por medio de la palabra hablada en contraposición a la escrita. **estar** una persona o cosa **pidiendo a voces** algo Dar muestras de tener gran necesidad de algo: *Estas puertas están pidiendo a voces una mano de pintura.* **ser** una persona **la voz de su amo** Tener los mismos pensamientos que otro o repetir una persona lo que dice alguien con autoridad o influencia sobre ella. **SIN. 2.** Alarido, chillido. **3.** Vocalista. **8.** Vocablo, término. **FAM.** Vocal, vocear, voceras, vocerío, vocero, vociferar, vocinglero, vozarrón. / Altavoz, portavoz, tornavoz.

vozarrón, na *s. m.* y *f.* Voz muy potente y generalmente grave.

voznar *v. intr.* Emitir su voz el cisne.

vudú (del fr. *voudu*, voz procedente del ewe, lengua de Dahomey) *s. m.* **1.** Religión y culto animista en el cual se mezclan elementos de brujería africana y liturgia católica, practicado entre los negros de las Antillas, sobre todo en Haití, y los del S de Estados Unidos. También *adj.* **2.** Divinidad venerada en este culto. **3.** Práctica supersticiosa que consiste en clavar alfileres en un muñeco que simboliza a una persona, en la creencia de que le producirá algún mal o incluso la muerte. ■ Su pl. es *vudúes*, aunque también se utiliza *vudús.* **SIN. 1.** Vuduismo. **FAM.** Vuduismo, vuduista.

vuduismo *s. m.* Vudú, religión y culto animista.

vuecencia (contr. de *vuestra excelencia*) *s. m.* y *f.* Tratamiento de respeto: *A las órdenes de vuecencia, mi general.*

vuelapluma, a *loc. adv.* Manera de escribir según la inspiración que se tenga, sin detenerse a pensar.

vuelco *s. m.* **1.** Acción de volcar o volcarse. **2.** Cambio o alteración brusca que sufre una cosa, una actividad, etc.: *Ha habido un vuelco en las relaciones de ambos países.* || **LOC. darle** a alguien **un vuelco el corazón** *fam.* Recibir una fuerte impresión o un susto. También, tener de repente el presentimiento de que va a suceder algo. **SIN. 1.** Tumbo, caída, volteo. **2.** Variación. **ANT. 2.** Continuidad.

vuelillo *s. m.* Adorno de encaje u otro tejido fino que se pone en el puño o borde de la manga de algunas prendas de vestir, como en las togas de los magistrados, catedráticos, etc. **SIN.** Puñeta, puntilla.

vuelo *s. m.* **1.** Acción de volar. **2.** Viaje en avión, helicóptero, etc.: *el vuelo Madrid-Barcelona.* **3.** Amplitud que tienen algunas prendas como las faldas o vestidos en su parte más ancha y también la de otras cosas, como p. ej. colchas o manteles. **4.** Conjunto de plumas de las alas de las aves, que les sirven principalmente para volar. Se usa mucho en *pl.* **5.** P. ext., toda el ala. **6.** Elemento de una construcción que sobresale del muro o pared que lo sostiene. También, extensión de esa parte saliente medida en dirección perpendicular a la pared o muro: *No se pueden construir terrazas con tanto vuelo.* **7.** En lenguaje jurídico, derecho a construir nuevas plantas sobre la cubierta o bajo el suelo de un edificio. || LOC. **al vuelo** *adv.* Con mucha rapidez: *Entiende las cosas al vuelo.* También, al pasar o de casualidad. **de altos** (o **de cortos**) **vuelos** *adj.* y *adv.* De mucha (o de poca) importancia: *Tiene un cargo de altos vuelos.* **levantar el vuelo** Echar a volar; también, familiarmente, marcharse: *En cuanto encuentre un trabajo, seguro que levanta el vuelo de su casa.* **tomar vuelo** Adelantar o tomar importancia algo. SIN. **1.** Revoloteo, planeo, volada. **6.** Voladizo. FAM. Vuelillo. / Revuelo. VOLAR.

vuelta (del lat. *voluta*, f. de *volutus*, p. de *volvere*, volver) *s. f.* **1.** Acción de volver: *la vuelta al colegio.* **2.** Movimiento de una persona o cosa alrededor de un punto o sobre su propio eje, hasta volver a la posición que antes tenía. **3.** Movimiento de una cosa que la coloca en la posición opuesta a la que tenía: *dar la vuelta a una tortilla.* **4.** Paseo: *dar una vuelta.* **5.** En dep. como el ciclismo, carrera por etapas en que se recorren distintos lugares de un país, región, etc. **6.** Curva en un camino, línea, etc. **7.** Cada una de las líneas más o menos circulares que trazan cosas como cuerdas, cables o similares al enrollarlas. **8.** Dinero que se devuelve porque sobra al pagar algo. **9.** Cada una de las partes en que se dividen determinadas actividades en las que hay varias fases: *la primera vuelta de las elecciones.* **10.** Parte de una cosa, opuesta a la que se tiene a la vista: *la vuelta de un folio.* **11.** Tira de tela que se pone encima del resto, en el borde de las mangas o en otras partes de algunas prendas de vestir. **12.** Cada una de las series de puntos paralelos que se tejen de una pasada. **13.** En mús., repetición de la primera parte de una composición. **14.** Nombre dado a algunos nudos marineros. || **15. media vuelta** Aquella con la que la persona o cosa queda orientada hacia la parte contraria a la que estaba. **16. vuelta de campana** La completa que da una persona o cosa de manera que lo que estaba arriba va hacia abajo para volver luego a quedar en la misma posición en que estaba. || LOC. **a la vuelta de la esquina** *adv.* Justamente después de doblar una esquina; también, muy cerca: *Tenemos los exámenes a la vuelta de la esquina.* **a vuelta de correo** *adv.* Justo después de recibir algo por correo: *Contestaré a vuelta de correo.* **buscarle las vueltas** a alguien *fam.* Intentar sorprenderle en una falta o descuido para perjudicarle o para engañarle. **cogerle las vueltas** a una persona Conocer su forma de ser y actuar, sus planes, etc. **dar(se)** alguien **una vuelta** Pasear. P. ext., pasar por un lugar sin quedarse en él mucho tiempo. También, ir a algún sitio para inspeccionarlo o controlar lo que en él sucede sin mucho detenimiento: *El director del colegio dio una vuelta por las clases.* **dar vueltas** Andar de un sitio a otro buscando una cosa o intentando llegar a un lugar. Hablando de líquidos o sustancias similares, o de comidas, removerlos. **darle** a alguien **cien** (o **cuarenta**, **mil**, etc.) **vueltas** *fam.* Ser mucho mejor que él en alguna cosa. **estar** una persona **a vueltas con** alguien o algo Insistir mucho en una cosa o en tratar un asunto con alguien: *Todavía estoy a vueltas con el mismo problema.* **estar de vuelta** *fam.* Ser muy experimentado y, por tanto, no inquietarse o entusiasmarse por las cosas: *Está de vuelta de todo.* **no tener vuelta de hoja** una cosa Ser muy clara y no admitir discusión. **poner** a una persona **de vuelta y media** Hablar mal de ella, insultarla o reprenderla por algo. SIN. **1.** Regreso, retorno; repetición. **2.** Rotación, giro. **6.** Revuelta. **10.** Reverso, dorso. ANT. **1.** Ida. **10.** Anverso.

vuelto, ta (del lat. *volutus*, p. de *volvere*, volver) **1.** *p.* irreg. de **volver**. También *adj.* || *adj.* **2.** Se dice de la parte de detrás de la hoja de un libro u otro escrito, que no está numerada más que por delante: *folio vuelto.* || *s. m.* **3.** *Amér.* Dinero que se devuelve al pagar algo con más de lo necesario. SIN. **2.** Verso. **3.** Vuelta, cambio. ANT. **2.** Recto. FAM. Voltear, voltereta, vuelta. VOLVER.

vuelvepiedras *s. m.* Ave caradriforme de unos 23 cm de longitud, con el pico corto, recio y algo curvado hacia arriba, patas cortas y anaranjadas, una banda negra en el pecho y plumaje pardo rojizo en el lomo que en invierno se oscurece; encuentra su alimento removiendo con el pico piedras y algas de las marismas. Se cría en el Ártico y emigra en invierno a las costas españolas y el N de África. ■ No varía en *pl.*

vuestro, tra (del lat. *voster*, *vostra*) *adj. pos.* **1.** Forma de segunda persona que indica que lo que expresa el sustantivo al que acompaña pertenece a varias personas a las que se dirige el que habla o tiene alguna relación con ellas: *vuestro libro, vuestras hijas.* También *pron.*: *Tengo todas las entradas menos la vuestra.* **2.** Se utiliza en ciertos casos como forma de respeto referido a una sola persona: *Majestad, vuestra presencia nos honra.* || *pron. pos. n.* **3.** Con *lo*, expresa lo más característico de varias personas a las que se dirige el hablante o lo más apropiado para ellas: *Lo vuestro es estudiar.* || *s. m. pl.* **4.** Precedido del artículo determinado, los familiares, partidarios, etc., de aquellas personas a las que se dirige el hablante: *Han ganado los vuestros.* || *s. f.* **5.** *fam.* Precedido del artículo *la*, oportunidad o circunstancia muy favorable para las personas a las que se dirige el hablante: *Ésta es la vuestra, aprovechaos.*

vulcaniano, na *adj.* Se dice del tipo de volcán caracterizado por poseer una lava muy viscosa que tapona el cráter y provoca grandes explosiones que lo fragmentan e incluso destruyen su parte superior. Origina grandes nubes de ceniza muy porosa y de color claro.

vulcanismo (del lat. *Vulcanus*, dios del fuego) *s. m.* Conjunto de fenómenos y procesos que tienen relación con los volcanes. SIN. Plutonismo.

vulcanita *s. f.* Nombre común de un grupo de rocas eruptivas arrojadas por los volcanes.

vulcanizar (del lat. *Vulcanus*, dios del fuego) *v. tr.* Someter el caucho a un proceso en que se le añade azufre para que conserve su elasticidad en frío y en caliente y para hacerlo impermeable y más duradero. ■ Delante de *e* se escribe *c* en lugar de *z*. FAM. Vulcanización. VOLCÁN.

vulcanología (del lat. *Vulcanus*, dios del fuego, y *-logía*) *s. f.* Parte de la geología que estudia los fenómenos volcánicos. ■ Se dice también *volcanología*. FAM. Vulcanólogo. VOLCÁN.

vulgar (del lat. *vulgaris*) *adj.* **1.** Que no destaca o no presenta originalidad: *Lleva un vestido muy vulgar.* También *s. m.* y *f.* **2.** De mal gusto o muy bajo: *Uti-*

liza expresiones verdaderamente vulgares. También *s. m.* y *f.*: *Es un vulgar hablando.* **3.** Común o general, por oposición a culto, específico, científico o técnico; p. ej., muchos nombres usuales de animales o plantas. **4.** Del vulgo. **5.** Se dice de las lenguas romances por oposición al latín. **SIN. 1.** Tosco. **1.** a **3.** Ordinario. **2.** Chabacano, plebeyo. **3.** Corriente, habitual, normal. **4.** Popular. **5.** Neolatino, románico. **ANT. 1.** Selecto, original. **1.** y **2.** Refinado. **2.** Elevado. **4.** Aristocrático. **FAM.** Vulgaridad, vulgarismo, vulgarizar, vulgarmente. VULGO.

vulgaridad *s. f.* **1.** Cualidad de vulgar. **2.** Cosa, dicho o hecho vulgar. **SIN. 1.** y **2.** Ordinariez, trivialidad, ramplonería.

vulgarismo *s. m.* Palabra o frase propia de personas con poca cultura.

vulgarizar (del lat. *vulgaris*, vulgar) *v. tr.* **1.** Hacer vulgar a alguien o algo. También *v. prnl.* **2.** Convertir algo en común o general, hacer que gente no especializada pueda entender una materia científica, técnica, etc. También *v. prnl.* ■ Delante de *e* se escribe *c* en lugar de *z*: *vulgarice.* **SIN. 1.** Adocenar(se), achabacanar(se), trivializar(se), rebajar(se). **2.** Divulgar(se), popularizar(se), difundir(se), extender(se). **ANT. 1.** Refinar(se). **FAM.** Vulgarización, vulgarizador. VULGAR.

vulgarmente *adv. m.* **1.** De forma vulgar. **2.** En el uso corriente: *La flor de la acacia se denomina vulgarmente «pan y quesillo».*

Vulgata *n. p.* Versión latina de la Biblia, declarada auténtica por la Iglesia.

vulgo (del lat. *vulgus*) *s. m.* Conjunto de personas del pueblo, sin cultura, educación ni posición social destacada. **SIN.** Plebe, chusma, populacho, masa, gente. **FAM.** Vulgar. / Divulgar.

vulnerable (del lat. *vulnerabilis*) *adj.* Que puede ser dañado o experimenta con facilidad algún efecto físico o moral que puede perjudicarle: *Es vulnerable a los halagos.* **SIN.** Débil, endeble, delicado. **ANT.** Invulnerable. **FAM.** Vulnerabilidad. / Invulnerable. VULNERAR.

vulnerar (del lat. *vulnerare*, de *vulnus*, herida) *v. tr.* **1.** No cumplir una ley, norma, mandato, etc., o ir contra ellos: *Ese reglamento vulnera la Constitución.* **2.** Dañar o perjudicar a alguien o algo: *Ese artículo vulnera su buen nombre.* **SIN. 1.** Violar, transgredir, infringir, conculcar. **2.** Lesionar, deteriorar. **ANT. 1.** Cumplir. **2.** Favorecer. **FAM.** Vulnerable, vulneración, vulnerario.

vulnerario, ria (del lat. *vulnerarius*) *adj.* **1.** Se aplica a la sustancia medicinal que se emplea para curar heridas. También *s. m.* || *s. f.* **2.** Planta herbácea de la familia papilionáceas, de tallo sencillo, hojas compuestas, flores amarillas y fruto en legumbre.

vulpeja (del lat. *vulpecula*) *s. f.* Zorra*, animal. **FAM.** Vulpino.

vulpino, na (del lat. *vulpinus*) *adj.* De la zorra.

vulva (del lat. *vulva*) *s. f.* Parte del aparato genital externo de las hembras de los mamíferos que constituye la abertura de la vagina. **FAM.** Vulvitis, vulvovaginal.

vulvitis *s. f.* Inflamación de la vulva. ■ No varía en *pl.*

vulvovaginal *adj.* Relacionado con la vulva y la vagina.

w *s. f.* Vigesimocuarta letra del abecedario español y decimonovena de sus consonantes. ■ Se emplea sólo en palabras de procedencia extranjera. En español, generalmente se pronuncia como *v* o *b*: *walkiria, wáter,* excepto en el caso de algunos vocablos de procedencia inglesa en los que se pronuncia *u* o, más corrientemente, *gu*: *Washington, whisky, windsurf.* Su nombre es *uve doble.*

wadi *s. m.* Curso de agua intermitente, característico de África del N y Arabia.

wagneriano, na *adj.* **1.** Del compositor alemán Richard Wagner o de su obra. **2.** Aficionado a la música de Wagner. También *s. m.* y *f.*

wagon-lit (fr.) *s. m.* Coche* cama.

walkie-talkie (ingl.) *s. m.* Aparato radiofónico portátil que es a la vez emisor y receptor y con el que puede establecerse comunicación a corta distancia con otra persona que tenga otro aparato de este tipo.

walking (ingl.) *s. m.* Ejercicio que consiste en caminar a paso ligero.

walkiria *s. f.* Valquiria*.

walkman (nombre comercial registrado) *s. m.* Aparato musical de casete, de reducido tamaño, portátil, dotado de auriculares que permiten la audición individual.

walón, na *adj.* Valón*. También *s. m.* y *f.*

washingtoniano, na *adj.* De Washington, capital de Estados Unidos. También *s. m.* y *f.*

wasp (siglas de *White Anglo-Saxon Protestant,* blanco anglosajón protestante) *s. m.* y *f.* Persona de origen anglosajón y de religión protestante.

wáter (del ingl. *water-closet*) *s. m.* **1.** Cuarto de aseo, habitación provista de retrete, lavabo y otros servicios sanitarios. **2.** Retrete*, instalación para orinar y hacer de vientre. ■ También se escribe *váter.* SIN. **1.** Aseo, servicio, baño, excusado. **2.** Inodoro, sanitario.

water-closet (ingl.) *s. m.* Wáter*.

waterpolista *s. m.* y *f.* Persona que practica el waterpolo.

waterpolo (ingl.) *s. m.* Deporte de competición que se practica en una piscina entre dos equipos de siete nadadores y que consiste en pasarse los jugadores un balón para tratar de introducirlo con la mano en la portería del equipo contrario. FAM. Waterpolista.

watt *s. m.* Vatio, en la nomenclatura internacional.

wau *s. amb.* En ling., nombre que se da al sonido *u* semiconsonántico (*fuego*) o semivocálico (*cauce*).

weber (de Wilhelm Eduard *Weber,* físico alemán) *s. m.* Unidad de flujo magnético en el Sistema Internacional.

weekend (ingl.) *s. m.* Fin de semana.

welter (ingl.) *s. m.* Categoría del boxeo constituida por los púgiles cuyo peso está comprendido entre 63,503 y 66,678 kg. ■ Se usa también en aposición: *peso welter.*

western (ingl.) *s. m.* **1.** Película cuya acción se desarrolla en el Oeste de Estados Unidos durante la época de la colonización. **2.** Género cinematográfico al que pertenecen dichas películas.

whiskería *s. f.* Bar de camareras o de alterne. ■ Se escribe también *güisquería.*

whisky (ingl.) *s. m.* Licor que se obtiene por fermentación alcohólica de la cebada u otros cereales. ■ Se escribe también *güisqui.* FAM. Whiskería, wiscacho.

winchester (de *Winchester,* apellido de su fabricante, marca registrada) *s. m.* Nombre de algunas armas, especialmente fusiles, muy extendidas en el Oeste norteamericano.

windsurf o **windsurfing** (ingl.) *s. m.* Deporte acuático individual que se practica en el mar sobre una tabla con una vela. FAM. Windsurfista.

windsurfista *s. m.* y *f.* Persona que practica el windsurf.

wing *s. m. Arg.* En rugby y en fútbol, extremo de la delantera.

wiscacho *s. m. Arg.* y *Urug. fam.* Vaso de whisky.

wolframio (del germ. *wolfram*) *s. m.* Volframio*.

wonderbra (nombre comercial registrado) *s. m.* Sujetador de tejido fuerte que moldea el busto realzándolo y dándole volumen.

x *s. f.* **1.** Vigesimoquinta letra del abecedario español y vigésima de sus consonantes. ■ En castellano se pronuncia actualmente *ks* o *gs* cuando va entre vocales: *axial, hexágono*; y *s* cuando va delante de una consonante o a principio de palabra: *exterior, xilófono*. Su nombre es *equis*. **2.** En mat., signo que representa una variable o incógnita de una ecuación, o la variable independiente en una función. **3.** Signo que se emplea para nombrar a una persona supuesta o a una persona real de la que no conocemos el nombre. **4.** Signo que se usa para representar abreviadamente la palabra *miércoles* en calendarios, agendas, etc. ■ En las dos últimas acepciones suele emplearse la *X* mayúscula. SIN. **2.** Por.

xantofila *s. f.* Pigmento vegetal responsable del color amarillo de las hojas.

xenofobia (del gr. *xenos*, extranjero, y *-fobia*) *s. f.* Odio o antipatía hacia lo extranjero o hacia los extranjeros. FAM. Xenófobo, xenón. FOBIA.

xenófobo, ba *adj.* Que siente o muestra xenofobia: *ideas xenófobas.* También *s. m.* y *f.*

xenón (del gr. *xenos*, extraño) *s. m.* Elemento químico, gas noble, incoloro e inodoro, presente en el aire en cantidades mínimas y que, al igual que el argón, el neón y el criptón, tiene escasa reactividad química. Su símbolo químico es *Xe*.

xero- (del gr. *xeros*) *pref.* Significa 'seco': *xerografía, xerófilo.*

xerocopia *s. f.* Copia fotográfica que se obtiene por medio de la xerografía. SIN. Fotocopia, xerografía, xerox. FAM. Xerocopiar. COPIA.

xerófilo, la (de *xero-* y *-filo*) *adj.* Se dice de las plantas adaptadas a un medio seco, como p. ej. el cactus. SIN. Xerofítico, xerófito. FAM. Xerofítico, xerófito.

xerofítico, ca o **xerófito, ta** (de *xero-* y *-fito*) *adj.* Xerófilo*.

xeroftalmia o **xeroftalmía** (de *xero-* y el gr. *ophthalma*, de *ophthalmos*, ojo) *s. f.* Enfermedad de los ojos caracterizada por la sequedad de la conjuntiva y la opacidad de la córnea.

xerografía (de *xero-* y *-grafía*) *s. f.* **1.** Procedimiento electrostático para reproducir en seco cualquier tipo de texto o imagen impresa. **2.** Fotocopia obtenida por este procedimiento. SIN. **2.** Xerocopia, xerox. FAM. Xerografiar, xerográfico, xerógrafo.

xerox o **xérox** (del ingl. *Xerox*, nombre comercial registrado) *s. f.* **1.** Máquina que sirve para copiar textos o imágenes por medio de la xerografía. **2.** Fotocopia obtenida mediante esta máquina. ■ No varía en *pl.* SIN. **1.** Fotocopiadora. **2.** Xerocopia, xerografía.

xi (del gr. *xi*) *s. f.* Decimocuarta letra del alfabeto griego, que corresponde a nuestra *x*. ■ La letra mayúscula se escribe Ξ y la minúscula ξ.

xifoides (del gr. *xiphoeides*, de figura de espada, de *xiphos*, espada, y *eidos*, forma) *adj.* Se dice del apéndice o cartílago de forma parecida a la punta de una espada en que termina el esternón humano. También *s. m.* ■ No varía en *pl.* FAM. Xifoideo.

xilema *s. m.* Conjunto de los vasos leñosos de las plantas metafitas, por los que discurre la savia bruta con dirección a las hojas.

xilo- (del gr. *xylon*, madera) *pref.* Significa 'madera': *xilófago, xilografía.*

xilófago, ga (de *xilo-* y *-fago*) *adj.* Se dice de los insectos que se nutren de madera, como los termes. También *s. m.*

xilofón *s. m.* Xilófono*.

xilófono (de *xilo-* y *-fono*) *s. m.* Instrumento musical de percusión formado por una serie de láminas planas de madera o metal de distinto tamaño, graduadas para reproducir las diversas notas, que suenan al ser golpeadas mediante unos macillos. FAM. Xilofón, xilofonista.

xilografía (de *xilo-* y *-grafía*) *s. f.* **1.** Técnica de grabado en madera en que se vacían las partes del dibujo que deben resultar blancas. **2.** Impresión tipográfica hecha con planchas de madera grabadas. FAM. Xilográfico, xilógrafo.

xilórgano (de *xilo-* y el gr. *organon*, instrumento) *s. m.* Antiguo instrumento musical de teclado, utilizado en los s. XVIII y XIX.

y[1] *s. f.* Vigesimosexta letra del abecedario español y vigesimoprimera de sus consonantes. ■ Su articulación es palatal, fricativa y sonora, excepto cuando aparece a final de palabra como último elemento de un diptongo o triptongo, caso en el que equivale a una *i*: *rey*, *buey*. Su nombre es *i griega* o *ye*. **FAM.** Ye.

y[2] (del lat. *et*) *conj. cop.* **1.** Enlace coordinante que une palabras, sintagmas u oraciones de la misma naturaleza gramatical: *Comimos lentejas, carne y melón.* ■ En ocasiones tiene valor intensificador: *¡Y pensar que lo tuve todo! Estuvo lloviendo días y días.* **2.** Puede utilizarse sin valor de enlace en expresiones interrogativas para preguntar por el estado, circunstancia o lugar en que se encuentra la persona o cosa que se menciona: *¿Y la familia? Bien, gracias. ¿Y el destornillador? En la caja.* ■ Toma la forma *e* ante palabras que comienzan por *i* o *hi*. **FAM.** E[2].

ya (del lat. *iam*) *adv. t.* **1.** Hace referencia a un tiempo pasado respecto a una acción concluida: *Ya pasó todo.* **2.** En el tiempo o la circunstancia presentes con relación al pasado: *Ese señor ya no vive aquí.* **3.** Ahora, en este mismo momento: *Ya llegan los corredores a la meta.* **4.** Inmediatamente, en seguida: *Ya voy, no te impacientes.* **5.** En un tiempo o circunstancia futuros: *Ya se verá en su momento.* **6.** Finalmente, últimamente: *¿Se arregló ya aquello?* || *adv. afirm.* **7.** Se usa para apoyar o confirmar lo que se dice: *No, si ya veo lo que quieres decir.* || *conj. distrib.* **8.** Sirve para relacionar dos posibilidades que se alternan o que conducen a la misma conclusión: *Ya con penas, ya con alegrías, vamos tirando.* || *interj.* **9.** *fam.* Expresa que se ha caído en la cuenta de alguna cosa o que se la ha recordado: *¡Ah, ya!, tú eres su hermano, ¿verdad?* **10.** Se usa para indicar que no se cree o no se hace caso de algo que otro afirma. ■ A menudo se usa repetida: *¡Ya, ya!, eso cuéntaselo a otro.* || **LOC. no ya** *adv.* No solamente: *No ya por la empresa, sino por ti mismo, deberías intentar ser más puntual.* **ya que** *conj.* Tiene valor causal o consecutivo; equivale a *puesto que*, *dado que*: *Ya que no hay solución, no insistas más.* **SIN. 8.** Bien, ora.

yaba *s. f. Amér. C.*, *Col.*, *Cuba* y *Méx.* Árbol frondoso, de tronco recto y copa amplia, que tiene un fruto del tamaño de una pera pequeña y flores violáceas.

yac *s. m.* Yak*.

yacaré (guaraní) *s. m.* Reptil crocodiliano que alcanza hasta 2,50 m de longitud, es de color negruzco o verde oscuro con manchas negras y vive en ríos y pantanos de América del Sur.

yacente (del lat. *iacens*, *-entis*, de *iacere*, yacer) *adj.* Que yace; particularmente se aplica a las figuras escultóricas tumbadas o recostadas: *la escultura yacente del Doncel.*

yacer (del lat. *iacere*) *v. intr.* **1.** Estar alguien tendido o acostado: *Yace enfermo en la cama.* **2.** Estar un cadáver enterrado en cierto sitio: *En este sepulcro yacen sus padres.* **3.** Acostarse con alguien, realizar el acto sexual. ■ Es v. irreg. **SIN. 2.** Reposar, descansar. **3.** Fornicar. **ANT. 1.** Erguirse. **FAM.** Yacente, yacija, yacimiento. / Adyacente, subyacer.

YACER	
INDICATIVO	
Presente	
yazco, yazgo o *yago*	*yacemos*
yaces	*yacéis*
yace	*yacen*
SUBJUNTIVO	
Presente	
yazca, yazga o *yaga*	
yazcas, yazgas o *yagas*	
yazca, yazga o *yaga*	
yazcamos, yazgamos o *yagamos*	
yazcáis, yazgáis o *yagáis*	
yazcan, yazgan o *yagan*	
IMPERATIVO	
yace o *yaz*	*yaced*

yachting (ingl., de *yacht*, yate) *s. m.* Deporte de competición en embarcaciones de vela.

yacija (del lat. vulg. *iacilia*, de *iacile*, lecho) *s. f.* **1.** *desp.* Cama o cualquier cosa que sirve para acostarse en ella: *Con un montón de paja se hizo una yacija para dormir.* **2.** Sepultura, fosa. **SIN. 1.** Lecho, camastro. **2.** Sepulcro.

yacimiento *s. m.* Lugar en que se encuentra de forma natural una cierta cantidad de mineral, roca o fósiles, o en que aparecen restos prehistóricos: *un yacimiento de carbón, un yacimiento del neolítico.* **SIN.** Filón, cantera, mina, criadero, depósito.

yaco *s. m. Perú* Especie de nutria americana.

yagua (taíno) *s. f.* **1.** *Ant.*, *Col.*, *Méx.*, *Perú* y *Ven.* Vaina de tejido fibroso que rodea la parte más alta y tierna de ciertas palmas. **2.** *Ant.*, *Col.*, *Méx.* y *Ven.* Nombre común de diversos tipos de palma con cuyas hojas se hacen cestos, sombreros, techos de choza, etc.

yagual (del náhuatl *yahualli*) *s. m. Amér. C.* y *Méx.* Rodete para llevar pesos sobre la cabeza.

yaguar (guaraní) *s. m.* Jaguar*. **FAM.** Yaguarate. JAGUAR.

yaguaraté (del guaraní *yaguar*, jaguar, y *eté*, verdadero) *s. m. Arg.*, *Bol.*, *Par.* y *Urug.* Jaguar*.

yaguré *s. m. Amér.* Mofeta*.

yak (tibetano) *s. m.* Mamífero bóvido rumiante de gran tamaño, cuerpo macizo y cubierto de pelo largo, denso y lanoso de color blanco, marrón claro o negro con tonos rojizos, con dos cuernos ligeramente curvos en la testuz, que habita en el Tíbet. ■ Se escribe también *yac*.

yámbico, ca *adj.* Del yambo, pie de la poesía griega y latina.

yambo[1] (del lat. *iambus*, y éste del gr. *iambos*) *s. m.* Pie de la poesía griega y latina que está formado por dos sílabas, la primera de ellas breve y la otra larga. FAM. Yámbico.

yambo[2] (del sánscrito *jambu*) *s. m.* Árbol grande de la familia de las mirtáceas, de hojas lanceoladas y opuestas e inflorescencias en cima; se cultiva mucho en las Antillas y su fruto es la pomarrosa.

yanacona (del quechua *yanacuna*) *adj.* **1.** *Amér. del S.* Se dice del indio que estaba sometido a servidumbre personal del inca o de un cacique, y después al servicio de los colonizadores españoles. También *s. m.* y *f.* || *s. m.* y *f.* **2.** *Arg.*, *Bol.*, *Chile* y *Perú* Indio aparcero.

yang (chino) *s. m.* En el taoísmo, principio universal activo y masculino que, con su opuesto el yin, es responsable de la alternancia de los fenómenos de la naturaleza.

yanomani o **yanomami** *adj.* De un pueblo indígena que habita en las regiones fronterizas entre Brasil y Venezuela. También *s. m.* y *f.*

yanqui (del ingl. *yankee*) *adj.* **1.** En la guerra de Secesión de los Estados Unidos, partidario de los estados del N de la Unión. También *s. m.* y *f.* **2.** P. ext., estadounidense, norteamericano. También *s. m.* y *f.* SIN. **1.** Nordista. **2.** Americano, gringo. ANT. **1.** Sudista, confederado.

yantar (del lat. *ientare*, almorzar) *v. tr. Ant.* Comer, ingerir alimentos. ■ En la actualidad, se usa sobre todo el infinitivo sustantivado: *Es aficionado al buen yantar.*

yapa (quechua) *s. f. Amér. del S.* Pequeña cantidad de un producto que regala el vendedor al comprador para atraerlo como cliente. || LOC. **de yapa** *adv. Amér. del S.* Por añadidura; también, gratuitamente, sin motivo. ■ Se escribe también *llapa*.

yaqui *adj.* De un pueblo amerindio del grupo utoazteca, que habita en México, en el estado de Sonora, región del río Yaqui. También *s. m.* y *f.*

yarará *s. f. Arg.*, *Bol.*, *Par.* y *Urug.* Serpiente muy venenosa, de color pardo claro, que llega a alcanzar hasta un metro y medio de longitud.

yaraví (del quechua *yaráui*) *s. m. Amér. del S.* Canción popular de origen quechua, de carácter melancólico y tema amoroso. ■ Su pl. es *yaravíes* o *yaravís*.

yarda (del ingl. *yard*) *s. f.* Medida anglosajona de longitud que equivale a 91,4 cm.

yatagán (turco) *s. m.* Alfanje, sable curvo usado por turcos y otros pueblos orientales.

yatay *s. m.* Palmera que crece en América del Sur, cuyas fibras se utilizan para fabricar sombreros y su fruto para elaborar aguardiente. ■ Su pl. es *yatáis*.

yate (del ingl. *yacht*) *s. m.* **1.** Barco de recreo, a motor o a vela, generalmente lujoso. **2.** Velero de regatas.

yayo, ya *s. m.* y *f. fam.* En el lenguaje infantil, abuelo o abuela.

yaz *s. m.* Jazz*.

ye *s. f.* Nombre de la letra *y*. ■ Se llama también *i griega*. FAM. Yeísmo. Y[1].

ye-yé *adj. fam.* Se aplica a la música pop de los años sesenta del siglo XX, así como a sus intérpretes, fans, estética, costumbres, etc. También *s. m.* y *f.* ■ Se escribe también *yeyé*.

yedra (del lat. *hedera*) *s. f.* Hiedra*.

yegua (del lat. *equa*) *s. f.* **1.** Hembra del caballo; especialmente la de cinco o más años, por contraposición a potra. **2.** *vulg.* Mujer llamativa o de buena figura. SIN. **1.** y **2.** Jaca. FAM. Yeguada, yeguar, yeguarizo, yeguato, yegüerizo, yegüero.

yeguada *s. f.* **1.** Manada o rebaño de caballos. **2.** En particular, rebaño caballar dedicado a la cría.

yeguar *adj.* De las yeguas o relacionado con ellas.

yeguarizo, za *adj.* **1.** *Arg.* y *Urug.* Del caballo o relacionado con él. || *s. m.* **2.** *Arg.* y *Urug.* Animal equino.

yeguato, ta *adj.* Se aplica al hijo de asno y yegua. También *s. m.* y *f.*

yegüerizo, za *s. m.* y *f.* **1.** Persona que cuida a las yeguas o se ocupa de ellas. || *adj.* **2.** Yeguar*.

yegüero, ra *s. m.* y *f.* Yegüerizo*.

yeísmo *s. m.* Fenómeno fonético que consiste en pronunciar la *ll*, palatal lateral fricativa sonora, como *y*, palatal fricativa sonora. Este fenómeno está muy extendido por Hispanoamérica y la mayor parte de España, principalmente en las zonas sur y centro. FAM. Yeísta. YE.

yelmo (del germ. *helm*) *s. m.* Parte de la armadura antigua que protegía la cabeza y la cara.

yema (del lat. *gemma*, brote) *s. f.* **1.** Parte central del huevo de las aves y otros vertebrados ovíparos, que contiene el embrión. **2.** Dulce seco, generalmente redondeado, que se elabora con esta yema y azúcar. **3.** En las plantas, brote en forma de botón del que se desarrollan ramas, hojas y flores. **4.** Cara inferior de la punta de los dedos, opuesta al lado de la uña. FAM. Desyemar.

yemení (del ár. *yamaní*) *adj.* Del Yemen, país de la península Arábiga. También *s. m.* y *f.* ■ Su pl. es *yemeníes* o *yemenís*.

yen *s. m.* Unidad monetaria de Japón.

yeral *s. m.* Terreno sembrado de yeros.

yerba (del lat. *herba*) *s. f.* **1.** Hierba*. || **2. yerba mate** Mate[3]*. FAM. Yerbabuena, yerbajo, yerbal, yerbatero, yerbear, yerbera. / Enyerbar. HIERBA.

yerbabuena *s. f.* Hierbabuena*.

yerbajo *s. m.* Hierba que crece por sí sola sin ser cultivada y que no tiene ningún valor ni utilidad.

yerbal *s. m. Arg.*, *Par.* y *Urug.* Plantación de yerba mate.

yerbatero, ra *adj.* **1.** *Amér.* Se dice del curandero que sana con hierbas. También *s. m.* y *f.* **2.** *Arg.*, *Par.* y *Urug.* De la yerba mate o relacionado con ella. || *s. m.* y *f.* **3.** *Chile*, *Col.*, *Ec.*, *Perú* y *P. Rico* Vendedor de hierbas o de forraje. **4.** *Arg.*, *Par.* y *Urug.* Persona que se dedica al cultivo, comercio o industria del mate.

yerbear *v. intr. Arg.*, *Par.* y *Urug.* Matear*.

yerbera *s. f. Arg.*, *Par.* y *Urug.* Vasija para guardar las hojas de mate.

yermar *v. tr.* Dejar yermo. SIN. Despoblar, esquilmar.

yermo, ma (del lat. tardío *eremus*, y éste del gr. *eremos*) *adj.* **1.** Se dice del terreno estéril o no cultivado: *Cuando los campesinos emigraron, el campo quedó yermo.* También *s. m.* **2.** Se dice del lugar despoblado, sin habitar. También *s. m.*: *Vivía como ermitaño en yermos y sierras.* SIN. **1.** Baldío, inculto, erial; páramo. **2.** Desierto, deshabitado, inhabitado. ANT. **1.** Fértil; sembrado. **2.** Habitado, poblado. FAM. Yermar.

yerna *s. f. Col., P. Rico* y *Rep. Dom.* Nuera*.

yerno (del lat. *gener, -eri*) *s. m.* Respecto de una persona, el marido de la hija de ésta. ■ Se dice también *hijo político*. **FAM.** Yerna.

yero (del lat. vulg. *erum*, del lat. *ervum*, y éste del gr. *orobos*) *s. m.* **1.** Hierba leguminosa cuya semilla se emplea como alimento del ganado. Se usa más en *pl.* **2.** Semilla o fruto de esta planta. ■ Se escribe también *hiero*. **FAM.** Yeral.

yerra *s. f. Amér. del S.* Hierra*.

yerro *s. m.* **1.** Equivocación o falta cometida por ignorancia o por descuido: *Atribuían sus yerros a su inexperiencia.* **2.** Falta contra preceptos morales, religiosos, artísticos, etc.: *Reconoció sus yerros y prometió enmendarse.* **SIN. 1.** Desacierto, fallo. **1.** y **2.** Error. **2.** Culpa, pecado. **ANT. 1.** Acierto.

yérsey *s. m. Amér.* Jersey*.

yerto, ta (del lat. vulg. *erctus*) *adj.* Rígido y sin actividad, especialmente por causa del frío, la impresión o la muerte: *Cuando le dieron la mala noticia quedó yerto como una estatua.* **SIN.** Inmóvil, inerte, tieso, entumecido.

yesal o **yesar** *s. m.* **1.** Terreno en que abunda el mineral de yeso. **2.** Cantera de yeso. **SIN. 1.** y **2.** Yesera.

yesca (del lat. *esca*, comida, alimento, por serlo del fuego) *s. f.* **1.** Materia muy seca y tratada para que prenda fácilmente: *encendedor de yesca.* **2.** P. ext., lo que está muy seco y arde con facilidad. **3.** Lo que excita las pasiones: *Su ira no hizo sino echar yesca a los ánimos ya exaltados.* **SIN. 2.** y **3.** Leña. **FAM.** Yesquero.

yesera *s. f.* Yesal*.

yesería *s. f.* **1.** Lugar en que se fabrica o se vende yeso. **2.** Obra hecha de yeso. **3.** Decoración que se realiza tallando o grabando formas sobre una pared enlucida con yeso.

yesero, ra *adj.* **1.** Del yeso. || *s. m.* y *f.* **2.** Persona que fabrica, vende o trabaja el yeso.

yeso (del lat. *gypsum*, y éste del gr. *gypsos*) *s. m.* **1.** Nombre ordinario del sulfato cálcico dos veces hidratado, mineral incoloro, blanco verdoso o castaño, de brillo vítreo perlado, con el que se elabora una pasta usada como material de construcción y para obtener vaciados de moldes de estatuas, monedas, etc. **2.** Obra de escultura vaciada en yeso. **FAM.** Yesal, yesar, yesera, yesería, yesero, yesón, yesoso. / Enyesar.

yesón *s. m.* Cascote de yeso.

yesquero, ra *adj.* **1.** Se aplica a las variedades de cardo y de hongo con que se hace yesca. || *s. m.* y *f.* **2.** Persona que hace o vende yesca. || *s. m.* **3.** Encendedor que utiliza yesca como combustible.

yeta (del ital. *gettatura*) *s. f. Arg., Méx., Par.* y *Urug. fam.* Mala suerte, desgracia. **FAM.** Yetatore. / Enyetar.

yetatore *s. m.* y *f. Arg., Par.* y *Urug. fam.* Persona que trae mala suerte. **SIN.** Gafe, cenizo.

yeti (tibetano) *s. m.* Fantástico ser gigantesco, parecido al hombre, peludo y erguido que, según algunas leyendas, habita en las vertientes del Himalaya. En Occidente se le conoce también como el «abominable hombre de las nieves».

yeyé *adj. fam.* Ye-yé*.

yeyuno (del lat. *ieiunum*) *s. m.* Parte del intestino delgado que comienza en el duodeno y termina en el íleon.

yiddish (ingl., del al. *jüdissch Deutsch*, alemán judaico) *s. m.* Lengua derivada del antiguo alemán medio, hablada por los judíos de origen alemán.

yihad *s. f.* Guerra santa que emprenden los musulmanes contra los infieles para defender y extender su comunidad.

yin (chino) *s. m.* En el taoísmo, principio pasivo y femenino del universo, opuesto al yang.

yiu-yitsu *s. m.* Jiu-jitsu*.

yo (del lat. *ego*) *pron. pers. m.* y *f.* **1.** Forma de primera persona singular que funciona como sujeto: *yo voy.* || *s. m.* **2.** En fil., sujeto que piensa y siente, por oposición al mundo exterior en general. || **LOC. yo de ti** (o **usted**, **él**, etc.) *fam.* Palabras con que uno comunica a otro un consejo o una advertencia: *Yo de usted no lo haría, amigo.* **yo que tú** (o **usted**, **él**, etc.) Yo de ti, usted, etc. **FAM.** Superyó. EGO.

yod *s. f.* En ling., nombre del sonido *i* semiconsonántico (*tierra*) y semivocálico (*aire, hoy*), cuyo carácter palatal influye en los sonidos contiguos.

yodado, da *adj.* Que contiene yodo.

yodo (del gr. *iodes*, violado, de *ion*, violeta) *s. m.* Elemento químico de los halógenos, sólido de color negro y bajo punto de fusión, poco soluble en agua, muy difundido en el suelo en forma de sales y en las algas y otros organismos marinos. Se usa como desinfectante y constituye un componente esencial para el funcionamiento de la glándula tiroides. Su símbolo químico es *I*. ■ Se escribe también *iodo*. **FAM.** Yodado, yódico, yodoformo.

yodoformo *s. m.* Compuesto químico de yodo, hidrógeno y carbono, que se usa como antiséptico.

yoga (sánscrito, significa 'unión, esfuerzo') *s. m.* Doctrina filosófica hindú cuya finalidad es alcanzar la perfección del espíritu mediante un conjunto de técnicas de concentración mental; también, conjunto de estas técnicas basadas en prácticas físicas de relajación.

yoghourt *s. m.* Yogur*.

yogui (del sánscrito *yogi*) *s. m.* y *f.* Persona que practica los ejercicios mentales y físicos del yoga.

yogur (del turco *yoghurt*) *s. m.* Producto lácteo elaborado con leche fermentada. ■ Se escribe también *yoghourt*. **FAM.** Yoghourt, yogurtera.

yogurtera *s. f.* Aparato para fabricar yogur.

yola (del fr. *yole*) *s. f.* Embarcación estrecha y ligera movida a remo y vela.

yonqui (del ingl. *junkie*) *s. m.* y *f.* Persona que se inyecta droga habitualmente.

yóquey o **yoqui** (del ingl. *jockey*) *s. m.* Jockey*.

yorkshire *adj.* Se dice de los perros de la raza terrier de yorkshire. También *s. m.* y *f.*

yoyó *s. m.* Juguete hecho de dos pequeños discos redondos unidos por un eje, que asciende o desciende mediante un cordel que se enrolla y desenrolla en torno a dicho eje.

yoyoba *s. f.* Arbusto americano de semillas comestibles de las que se extrae aceite.

ytrio *s. m.* Itrio*.

yuan *s. m.* Unidad monetaria de China.

yuca (voz haitiana) *s. f.* **1.** Planta arborescente americana, que mide entre 2 y 5 m de altura, tiene un tallo cilíndrico rematado por un penacho de hojas largas, gruesas y rígidas en abanico, de las que surgen flores blancas en forma de globo. **2.** Denominación genérica de algunas especies de mandioca. **FAM.** Yucal.

yucal *s. m.* Terreno plantado de yuca.

yudo *s. m.* Judo*. **FAM.** Yudoca. JUDO.

yudoca *s. m.* y *f.* Judoka*.

yugada *s. f.* **1.** Unidad de superficie que ara una yunta en un día y que en algunas partes equivale a algo más de 32 hectáreas. **2.** Yunta de bueyes u otros animales de tiro.

yugo (del lat. *iugum*) *s. m.* **1.** Instrumento de madera que sirve para uncir dos animales de tiro, al que se sujeta la lanza del carro o el timón del arado. **2.** Especie de horca bajo la cual, en tiempos de la antigua Roma, se hacía pasar a los enemigos vencidos. **3.** Armazón de madera unida a la campana que sirve para voltearla. **4.** Cualquier carga pesada o atadura. || LOC. **sacudirse** uno **el yugo** *fam.* Librarse de la opresión o del dominio molesto o humillante. FAM. Yugada, yugular[1], yugular[2]. / Cónyuge, subyugar.

yugoeslavo o **yugoslavo, va** *adj.* De Yugoslavia, antigua república europea. También *s. m.* y *f.*

yugular[1] (del lat. *jugulare*) *v. tr.* **1.** Degollar, cortar el cuello. **2.** Detener rápidamente una enfermedad aplicando los medicamentos o medidas adecuados. **3.** Hablando de determinadas actividades, acabar pronto con ellas. SIN. **1.** Decapitar, guillotinar.

yugular[2] (del lat. *iugularis*, de *iugulus*, garganta) *adj.* **1.** Del cuello o de la garganta. **2.** Se dice de las venas que recogen la sangre venosa del cerebro y la conducen en dirección al corazón. También *s. f.*

yunque (del lat. *incus, -udis*) *s. m.* **1.** Prisma de hierro acerado, a veces acabado en punta en uno o ambos lados, que sirve para trabajar en él los metales golpeándolos con un martillo. **2.** Uno de los cuatro huesecillos del oído, que pone en contacto el tímpano con la ventana oval, situado entre el martillo y el estribo. **3.** Persona que es muy paciente y firme ante todo tipo de adversidades.

yunta (del lat. *iuncta*, junta) *s. f.* **1.** Par de bueyes, mulas u otros animales de tiro o labor. **2.** Yugada*, unidad de superficie. **3.** *P. Rico, Urug.* y *Ven.* Gemelos de camisa. FAM. Yuntería, yuntero. JUNTO.

yuntería *s. f.* Conjunto de yuntas y lugar en que se recogen.

yuntero, ra *s. m.* y *f.* Persona que labra la tierra con una yunta.

yuppie (ingl., de la expresión *Young Urban and Professional*, joven profesional urbano) *s. m.* y *f.* Joven profesional que trabaja en la ciudad, tiene estudios universitarios y una posición económica elevada.

yurta (ruso) *s. f.* Tienda circular, con paredes verticales y techo en forma de cúpula, utilizada por los nómadas del N de Mongolia.

yusivo, va (del lat. *iussus*, de *iubere*) *adj.* En ling., se dice del modo subjuntivo cuando éste expresa un mandato, orden o petición.

yute (del ingl. *jute*) *s. m.* **1.** Planta asiática que mide entre 2 y 4 m de altura, tiene hojas dentadas, flores amarillas y fruto en cápsula, de cuya corteza se extrae una fibra con la que se elaboran tejidos de arpillera y esteras. **2.** Materia textil que se elabora con la corteza de estas plantas y tejido que se hace con esta materia.

yuxta- (del lat. *iuxta*, cerca de) *pref.* Significa 'al lado de' o 'cerca de': *yuxtaposición.*

yuxtalineal *adj.* Se dice de la traducción que acompaña a su original, o también del cotejo de textos cuando se disponen a dos columnas.

yuxtaponer (de *yuxta-* y el lat. *ponere*, poner) *v. tr.* Poner una cosa junto a otra. También *v. prnl.* ■ Es v. irreg. Se conjuga como *poner.* SIN. Arrimar(se), juntar(se). ANT. Separar(se). FAM. Yuxtaposición, yuxtapuesto. PONER.

yuxtaposición (de *yuxta-* y el lat. *positio, -onis*, posición) *s. f.* **1.** Acción de yuxtaponer o yuxtaponerse. **2.** En ling., unión de dos o más oraciones o elementos sin utilizar un nexo o conjunción.

yuxtapuesto, ta **1.** *p.* de **yuxtaponer**. También *adj.* || *adj.* **2.** En ling., unido por yuxtaposición: *oraciones yuxtapuestas.*

yuyo (del quechua *yúyu*) *s. m. Arg., Chile, Par.* y *Urug.* Hierba silvestre o medicinal. FAM. Enyuyarse.

z *s. f.* Vigesimoséptima y última letra del abecedario español y vigesimosegunda de sus consonantes. Su articulación es interdental fricativa sorda, aunque en la mayor parte de Andalucía, Canarias e Hispanoamérica se pronuncia como la *s*. Su nombre es *zeta* o *zeda* y también puede escribirse *ceta* o *ceda*.

zabeca *s. f.* **1.** *Arg.* y *Urug. fam.* Cabeza de una persona. **2.** *Arg. fam.* Talento de una persona.

zabordar *v. intr.* Encallar un barco en tierra.

zacatal *s. m. Amér. C.* y *Méx.* Pastizal*.

zacate (del náhuatl *çacatl*) *s. m.* **1.** *Amér. C.* y *Méx.* Hierba, pasto o forraje para alimentar al ganado. **2.** *Méx.* Estropajo. **FAM.** Zacatal. / Enzacatarse.

zacateca *adj.* De un pueblo amerindio que habitaba en territorios de México, que hoy coinciden con los estados de Zacatecas y Durango; actualmente está extinguido. También *s. m.* y *f.*

zafadura *s. f.* **1.** Acción de zafarse. **2.** *Amér.* Dislocación del extremo de un hueso en una articulación.

zafaduría *s. f. Arg., Chile, Par.* y *Urug.* Dicho o hecho atrevido, desvergonzado o indecente.

zafarrancho *s. m.* **1.** Acción de quitar los estorbos de una parte de la embarcación y dejarla preparada para un determinado trabajo o actividad. **2.** En la milicia, limpieza general de los barracones de un cuartel, la cocina u otras dependencias. **3.** *fam.* Destrozo, lío, barullo. **4.** Riña, pelea. || **5. zafarrancho de combate** Preparación de todo lo necesario para llevar a cabo una acción de guerra inmediata. **SIN.** **3.** Desastre. **4.** Gresca, refriega, trifulca, zapatiesta.

zafarse (onomat.) *v. prnl.* **1.** Irse de un lugar o esconderse para evitar el encuentro con alguien o algo o un peligro. **2.** Librarse de alguien o algo: *Se zafó de limpiar los platos.* **3.** Desatarse una cuerda u otro objeto del lugar en que estaba amarrado. **4.** *Amér.* Dislocarse un hueso. **5.** Trastornarse, enloquecer. **SIN.** **1.** Escaparse, apartarse, retirarse, largarse, escabullirse. **2.** Liberarse, desembarazarse, eludir. **ANT.** **1.** y **2.** Afrontar. **FAM.** Zafadura. / Zafarrancho.

zafio, fia (del ár. *yafi*, grosero, incivil) *adj.* Se dice de la persona inculta que se comporta con tosquedad o grosería, y de sus palabras, acciones, etc. También *s. m.* y *f.* **SIN.** Patán, maleducado, ordinario, burdo, rudo, vulgar. **ANT.** Culto, educado, elegante. **FAM.** Zafiamente, zafiedad.

zafiro (del lat. *sapphirus*, éste del gr. *sappheiros*, y éste del hebreo *sappir*, pulcro) *s. m.* **1.** Variedad de corindón de color azul y gran dureza, que se utiliza en joyería. || *adj.* **2.** Se dice del color azul oscuro, semejante al de este mineral.

zafra[1] (del ár. *sufar* o *safr*, vasija de latón) *s. f.* **1.** Vasija grande de metal en que se guarda el aceite. **2.** Vasija de metal, ancha y poco profunda, con agujeros en el fondo, en la que se coloca para que escurra la medida o recipiente utilizado para sacar el aceite de otro lugar.

zafra[2] (del ár. *safar*, periodo en que amarillean y maduran las cosechas) *s. f.* **1.** Cosecha de la caña de azúcar. **2.** Fabricación del azúcar de caña y, p. ext., del de remolacha. **3.** Tiempo que dura esta fabricación.

zafra[3] (del ár. *sajra*, piedra) *s. f.* Escombro de una mina o cantera.

zaga (del ár. *saqa*, retaguardia) *s. f.* **1.** Parte posterior de una cosa. **2.** En algunos dep., conjunto de jugadores que forman la defensa de un equipo. || **LOC. a la zaga** *adv.* Atrás, detrás: *El coche del jefe de carrera iba a la zaga de los ciclistas.* **no ir** (**no irle** o **no quedarse**) **a la zaga** una persona o cosa a otra *fam.* No ser inferior en aquello que se expresa. **SIN.** **1.** Trasera. **2.** Retaguardia. **ANT.** **1.** y **2.** Delantera. **FAM.** Zaguero. / Rezagarse.

zagal, la (del ár. *zagall*, joven animoso) *s. m.* y *f.* **1.** Muchacho o muchacha que ha llegado a la adolescencia. **2.** Pastor o pastora joven que está a las órdenes de otro pastor. || *s. m.* **3.** Niño de cualquier edad. **SIN.** **1.** Chico, mozalbete, mozo. **FAM.** Zagalón.

zagalón, na *s. m.* y *f.* Muchacho o muchacha que ha llegado a la adolescencia y está muy crecido para su edad. **SIN.** Mocetón.

zaguán (del ár. *ustuwan*, pórtico) *s. m.* Espacio cubierto a la entrada de una casa, contiguo a la puerta de la calle. **SIN.** Portal, vestíbulo.

zaguero, ra *adj.* **1.** Que va, se queda o está atrás. También *s. m.* y *f.* || *s. m.* **2.** En algunos dep., especialmente en el rugby, defensor de un equipo. **3.** En los partidos de pelota por parejas, jugador que se coloca en la parte de atrás de la cancha. **SIN.** **1.** Trasero, último, postrero, rezagado, colista. **2.** Defensa. **ANT.** **1.** Primero, puntero. **2.** Delantero.

zahareño, ña (del ár. *sahra*, desierto) *adj.* **1.** Se dice del ave difícil de domesticar. **2.** Se dice de la persona arisca o con la que es difícil tratar. **SIN.** **1.** y **2.** Indomable. **2.** Cerril, montaraz, rebelde. **ANT.** **1.** y **2.** Manso.

zaherir *v. tr.* Decir o hacer algo a una persona para humillarla, maltratarla o molestarla: *Dijo en público los fallos de su compañero para zaherirle.* ■ Es v. irreg. Se conjuga como *sentir*. **SIN.** Escarnecer, agraviar, ofender, ultrajar, vejar. **ANT.** Alabar, ensalzar. **FAM.** Zaheridor, zaherimiento, zahiriente. HERIR.

zahína (del lat. *sagina*) *s. f.* Sorgo*.

zahón *s. m.* Especie de pantalones de cuero o paño, usados por los cazadores y otras personas que trabajan en el campo, con las perneras abiertas por detrás, que se atan a los muslos. Se usa más en *pl.* **FAM.** Zahonado.

zahonado, da *adj.* **1.** Se aplica a las patas o manos que en algunas reses tienen distinto color por delante que por detrás. **2.** Se dice de estas mismas reses.

zahorí (del ár. *zuhari*, servidor del planeta Venus) *s. m.* **1.** Persona a quien se atribuye la facultad de descubrir lo que está oculto, especialmente lo que se encuentra debajo de la tierra, como aguas subterráneas. **2.** Persona observadora e intuitiva. ■ Su pl. es *zahoríes*, aunque también se utiliza *zahorís*. **SIN. 1.** Vidente.

zahúrda (del al. *Sau*, cerdo, y *Hürde*, cercado) *s. f.* **1.** Pocilga para los cerdos. **2.** Vivienda, habitación o lugar pobre y muy sucio. **SIN. 1.** y **2.** Cochiquera. **2.** Covacha, tugurio.

zaíno o **zaino, na**[1] (del ár. *jain*, traidor) *adj.* **1.** Se dice de la persona traidora o en la que no se puede confiar. **2.** Se aplica a la caballería resabiada y falsa. **SIN. 1.** Hipócrita, traicionero. **ANT. 1.** y **2.** Noble.

zaíno o **zaino, na**[2] (del ár. *asamm*) *adj.* **1.** Se dice de la caballería que tiene el pelo de color castaño oscuro sin ninguna mancha de otro color. **2.** Se dice del ganado vacuno que tiene el pelo completamente negro.

zaire *s. m.* Antigua unidad monetaria de Zaire, hoy República Democrática del Congo; la moneda actual es el franco congoleño.

zaireño, ña *adj.* De Zaire, actual República Democrática del Congo. También *s. m.* y *f.* **FAM.** Zaire.

zalagarda (del ant. fr. *eschargarde*, y éste del franco *skara*, tropa, y *wahta*, guardia) *s. f.* **1.** *fam.* Acción o hecho que produce destrozos o trastornos. **2.** Riña o pelea. **3.** Emboscada. **4.** Trampa para animales. **5.** *fam.* Alabanza o amabilidad fingida. **SIN. 1.** Zapatiesta, zafarrancho. **2.** Bronca. **3.** Escaramuza. **4.** Cepo. **5.** Zalamería, zalema.

zalamería *s. f.* Demostración de cariño exagerada o empalagosa, generalmente para adular o conseguir algo de alguien. **SIN.** Halago, lisonja, coba, adulación, zalema. **FAM.** Zalamero. ZALEMA.

zalamero, ra *adj.* Que hace zalamerías o que muestra zalamería: *sonrisa zalamera*. También *s. m.* y *f.*

zalea (del ár. *salija*, pelleja) *s. f.* Piel de oveja o carnero curtida con su lana. **SIN.** Zaleo, zamarra.

zalema (del ár. *salam*, salutación) *s. f.* **1.** *fam.* Reverencia que se hace como muestra de sumisión o respeto. **2.** Zalamería*. **SIN. 2.** Halago, lisonja, adulación, coba. **FAM.** Zalamería.

zamacuco, ca (del ár. *samkuk*, hombre fuerte y brutal) *s. m.* y *f.* **1.** *fam.* Persona tonta o torpe. **2.** Persona que calla o se hace la tonta, pero consigue siempre lo que quiere. || *s. m.* **3.** Borrachera. **SIN. 1.** Cazurro, tarugo. **2.** Ladino, cuco, mojigato.

zamacueca *s. f. Chile* Cueca*.

zamarra (vasc.) *s. f.* **1.** Prenda de abrigo en forma de chaqueta o chaleco, hecha de piel con su lana o pelo. **2.** P. ext., chaqueta de mucho abrigo hecha de piel o de otro material. **3.** Piel de oveja o carnero curtida con su pelo. **SIN. 1.** Pelliza, pellico. **1.** a **3.** Zamarro. **3.** Zalea, zaleo. **FAM.** Zamarrear, zamarrilla, zamarro. / Chamarra.

zamarrear *v. tr.* **1.** Sacudir el perro, el lobo u otro animal la presa que tiene cogida entre los dientes. **2.** *fam.* Zarandear: *Le zamarreó preguntándole dónde estaba el dinero.* **3.** Acorralar al oponente en una riña o discusión colocándole en situaciones difíciles. **SIN. 2.** Menear. **3.** Arrinconar. **FAM.** Zamarreo. ZAMARRA.

zamarrilla *s. f.* Planta leñosa de la familia labiadas, de hojas estrechas y flores blancas o amarillas en capítulo, que despide un aroma desagradable. Crece en la región mediterránea.

zamarro *s. m.* **1.** Zamarra*. || *s. m. pl.* **2.** *Col.*, *Ec.* y *Ven.* Especie de zahones que se usan para montar a caballo. **SIN. 1.** Pelliza, pellico, zalea.

zamba *s. f.* **1.** Danza popular que se baila en Argentina. **2.** Música y canto con que se acompaña esa danza.

zambaigo, ga *adj.* **1.** *Amér.* Zambo. También *s. m.* y *f.* **2.** *Méx.* Se dice del descendiente de chino e india o de indio y china. También *s. m.* y *f.*

zambardo *s. m.* **1.** *Chile* Persona que comete atropellos o destrozos. **2.** *Arg.* Suerte en el juego. **3.** Torpeza, estropicio.

zambeño, ña o **zambés, sa** o **zambio, bia** *adj.* De Zambia, estado del África austral. También *s. m.* y *f.*

zambo, ba (del lat. *strabus*, de vista torcida) *adj.* **1.** Se dice de la persona o el animal que tiene las piernas torcidas hacia afuera y junta las rodillas al andar. También *s. m.* y *f.* **2.** *Amér.* Se dice del hijo de un negro y una india, o al revés. También *s. m.* y *f.* **3.** *Bol.*, *Chile* y *Col.* Mulato. **SIN. 1.** Patizambo. **FAM.** Zambaigo. / Patizambo.

zambomba (onomat.) *s. f.* **1.** Instrumento musical popular formado por un cilindro hueco tapado por uno de los extremos con una piel tirante que tiene en el centro una varilla, la cual, al frotarla con la mano humedecida, produce un sonido fuerte, ronco y monótono. || *interj.* **2.** *fam.* Se emplea para expresar sorpresa. **SIN. 2.** Cáspita, caramba, caray. **FAM.** Zambombazo.

zambombazo *s. m.* **1.** Golpe fuerte, porrazo: *Le dieron un zambombazo en la puerta y no se enteró.* **2.** Explosión, estampido: *Le asustó el zambombazo que dio la rueda al reventar.* **SIN. 1.** Golpetazo, golpazo. **2.** Estallido, cañonazo.

zambra (del ár. *samra*, fiesta nocturna, velada) *s. f.* **1.** Fiesta morisca en que había música, baile y mucho jaleo. **2.** Fiesta semejante de los gitanos de Andalucía. **3.** Cante y baile andaluces. **4.** *fam.* Alboroto y ruido producido por un grupo numeroso de gente que se divierte. **SIN. 4.** Jolgorio, juerga, bulla.

zambullir *v. tr.* **1.** Meter de golpe algo debajo del agua. También *v. prnl.*: *Se zambulló en la piscina.* || **zambullirse** *v. prnl.* **2.** Esconderse o meterse en algún lugar para no ser visto. **3.** *fam.* Meterse de pronto en algún asunto, negocio, actividad, etc., o dedicarse a ellos por completo: *Se zambulló en la lectura.* ■ Es v. irreg. Se conjuga como *mullir*. **SIN. 1.** Sumergir(se), remojar(se). **FAM.** Zambullida.

zamburiña (gall.) *s. f.* Molusco bivalvo, cuyas conchas miden entre 4 y 6 cm de diámetro, son abombadas, con alerones asimétricos y unos 30 radios. Vive en los fondos arenosos del Atlántico y del Mediterráneo.

zamorano, na *adj.* De Zamora. También *s. m.* y *f.*

zampabollos *s. m.* y *f.* **1.** *fam.* Persona que come mucho o a la que le gusta mucho comer. **2.** Persona patosa y sin gracia. ■ No varía en *pl.* **SIN. 1.** Tragón, comilón, zampón, tragaldabas. **1.** y **2.** Zampatortas.

zampar (onomat.) *v. tr.* **1.** *fam.* Comer mucho, con ansia y rapidez. También *v. intr.* y *v. prnl.* con valor expresivo: *Se zampó diez croquetas.* **2.** Meter de repente o con brusquedad una parte del cuerpo u otra cosa en un líquido o en un lugar determinado: *Al bajarse de la escalera zampó un pie en el cubo de pintura.* También *v. prnl.* **3.** Lanzar o dejar caer algo con violencia: *El niño zampó el plato en el suelo.* || **zamparse** *v. prnl.* **4.** Meterse de repente en algún lugar sin llamar o sin haber sido invitado: *Se zampó en la reunión sin que nadie se lo dijera.* SIN. **1.** Engullir, tragar. **2.** Hundir. **3.** Estampar, tirar. **4.** Colarse. FAM. Zampabollos, zampatortas, zampón.

zampatortas *s. m.* y *f. fam.* Zampabollos*. ■ No varía en *pl.*

zampón, na *adj. fam.* Se dice de la persona muy comilona. También *s. m.* y *f.* SIN. Tragón, zampatortas, zampabollos, tragaldabas.

zampoña (del lat. *symphonia*, instrumento musical, y éste del gr. *symphonia*) *s. f.* **1.** Instrumento rústico semejante a una flauta o compuesto por varias flautas unidas. **2.** *fam.* Dicho sin importancia, bobada. SIN. **1.** Caramillo.

zamuro *s. m. Col.* y *Ven.* Zopilote*.

zanahoria (del ár. *isfannariya*) *s. f.* **1.** Planta herbácea de la familia umbelíferas, que mide entre 30 y 100 cm de altura, presenta hojas compuestas y brácteas muy divididas y tiene flores blancas, aunque a veces la central es roja. Su raíz es gruesa y carnosa, de color amarillento o anaranjado, muy utilizada en alimentación. **2.** Raíz comestible de esta planta.

zanca (onomat.) *s. f.* **1.** Pata larga de algunas aves. **2.** *fam.* Pierna de una persona o de un animal cuando es larga y delgada. **3.** En construcción, madera o travesaño inclinado que sirve de apoyo a los peldaños de una escalera. FAM. Zancada, zancadilla, zancajo, zancarrón, zanco, zanquear, zanquilargo.

zancada *s. f.* Paso largo. ‖ LOC. **en dos zancadas** *adv. fam.* En muy poco tiempo, con gran rapidez: *En dos zancadas estoy en tu casa.* SIN. Tranco.

zancadilla *s. f.* **1.** Acción que consiste en cruzar de repente alguien su pierna delante de una persona que anda o corre para que tropiece y se caiga: *Le pitaron falta por ponerle la zancadilla al delantero.* **2.** *fam.* Engaño o dificultad que se pone a alguien para perjudicarle. SIN. **2.** Traba, estorbo, obstáculo, tropiezo. FAM. Zancadillear. ZANCA.

zancadillear *v. tr.* Poner la zancadilla: *El futbolista zancadilleó al contrario para evitar que se marchara con el balón.*

zancajo *s. m.* **1.** Hueso del pie que forma el talón. **2.** Esa misma parte sobresaliente del pie. **3.** Parte del zapato, media, calcetín, etc., que cubre el talón.

zancarrón *s. m. fam.* Cualquiera de los huesos de la pierna, especialmente los de las reses despedazadas para el consumo, con muy poca carne o sin ella.

zanco *s. m.* **1.** Cada uno de los dos palos largos con unos soportes a media altura para apoyar los pies, que se utilizan en algunos juegos de agilidad o equilibrio. **2.** En algunas zonas, zueco o zapato de madera. SIN. **2.** Chanclo. FAM. Zancudo. ZANCA.

zancudo, da *adj.* **1.** Que tiene las zancas largas. **2.** Se dice especialmente de las aves caracterizadas por sus largas zancas. También *s. f.* ‖ *s. f. pl.* **3.** Grupo formado por estas aves. ‖ *s. m.* **4.** *Amér.* Mosquito. SIN. **1.** Zancón, zanquilargo.

zanfoña, zanfona o **zanfonía** (del lat. *symphonia*) *s. f.* Antiguo instrumento musical de cuerda que se tocaba haciendo dar vueltas con una manivela a un cilindro provisto de púas.

zángana *s. f.* **1.** Mujer perezosa y vaga. **2.** Mujer torpe y sin gracia. SIN. **1.** Gandula, holgazana. **2.** Patosa, sosa.

zanganada *s. f.* Hecho o dicho inoportunos y sin sentido. SIN. Majadería.

zanganear *v. intr.* **1.** Hacer el zángano o vago. **2.** Decir o hacer zanganadas.

zángano (onomat.) *s. m.* **1.** Macho de la abeja reina. **2.** *fam.* Hombre holgazán que trata de vivir a costa del trabajo de los demás: *No seas zángano y recoge la mesa.* **3.** Hombre torpe y sin gracia. SIN. **2.** Perezoso, vago, gandul. **3.** Patoso, soso. ANT. **2.** Trabajador. **3.** Hábil, saleroso. FAM. Zángana, zanganada, zanganear.

zangolotear (onomat.) *v. tr.* **1.** *fam.* Mover repetidamente y con violencia una cosa. También *v. prnl.* ‖ *v. intr.* **2.** *fam.* Moverse una persona de un sitio a otro sin tener intención de hacer nada ni de ir a ningún lugar: *Se pasó el día zangoloteando por la casa.* ‖ **zangolotearse** *v. prnl.* **3.** *fam.* Moverse una cosa por estar mal sujeta. También *v. tr.* SIN. **1.** Sacudir(se), zarandear, zamarrear. **2.** Vagabundear, vagar. FAM. Zangoloteo.

zangolotino, na *adj. fam.* Se dice del muchacho al que se quiere hacer pasar por niño o que aparenta menos edad de la que tiene. También *s. m.* y *f.*

zanguango, ga *adj.* **1.** *fam.* Indolente, perezoso. También *s. m.* y *f.* ‖ *s. m.* y *f.* **2.** Persona mal educada o sin gracia. SIN. **1.** Holgazán, gandul. ANT. **1.** Diligente.

zanja *s. f.* **1.** Excavación larga y estrecha que se hace en el suelo con diferentes fines: *Abrieron una zanja para meter los cables del teléfono.* **2.** *Amér.* Surco o hendidura del terreno producida por una corriente de agua. SIN. **1.** Cuneta, fosa, foso. **1.** y **2.** Badén. FAM. Zanjar.

zanjar *v. tr.* **1.** Terminar un asunto, problema, discusión, etc.: *Después de la charla, el asunto quedó zanjado.* **2.** Cavar zanjas. SIN. **1.** Solventar, solucionar, despachar.

zanquear *v. intr.* **1.** Torcer las piernas al andar. **2.** Andar con prisa dando pasos muy largos.

zanquilargo, ga *adj.* Se dice de la persona que tiene las piernas muy largas. También *s. m.* y *f.* SIN. Zancudo, patilargo.

zapa[1] (del ital. *zappa*, azada) *s. f.* **1.** Excavación de una galería subterránea o de una zanja al descubierto. **2.** Especie de pala que usan los zapadores o gastadores. ‖ **3. labor** (o **trabajo**) **de zapa** Actividad que se realiza de manera oculta o con intrigas para conseguir algo. FAM. Zapador, zapapico, zapar.

zapa[2] (del lat. *sepia*, lija) *s. f.* **1.** Piel áspera de algunos peces, como la pintarroja o lija. **2.** Cuero o metal labrado imitando el granulado de esa piel.

zapador *s. m.* Soldado que se ocupa de abrir trincheras, zanjas, etc. SIN. Gastador.

zapallo *s. m. Amér. del S.* Cierta variedad de calabacín.

zapapico *s. m.* Herramienta con mango de madera, terminada por un lado en punta y por el otro en una hoja estrecha y afilada; se usa para picar en la tierra, derribar algo, etc.

zapar *v. intr.* **1.** Trabajar con la zapa. **2.** Excavar para hacer una zanja, una galería subterránea, etc. SIN. **2.** Cavar.

zapata *s. f.* **1.** Pieza del sistema de freno de algunos vehículos que actúa por fricción en las ruedas, llantas, ejes, etc., para moderar o impedir su movimiento. **2.** Pedazo de cuero, fieltro, etc., que a veces se pone debajo del quicio de la puerta para que no roce. **3.** En arq., pieza dispuesta horizontalmente sobre una columna u otro elemento para sostener la viga que va encima. **4.** Tablón que se clava en la parte inferior de la quilla para protegerla en las varadas.

zapatazo *s. m.* **1.** Golpe dado con un zapato. **2.** Caída de algo y ruido que produce. **3.** Golpe fuerte que se da contra cualquier cosa que suena. || LOC. **tratar** a uno **a zapatazos** *fam.* Tratarle muy mal, sin ninguna consideración.

zapateado *s. m.* **1.** Cierto baile español o parte del mismo en que se zapatea, generalmente sin acompañamiento instrumental. **2.** Acción de zapatear. SIN. **2.** Zapateo.

zapatear *v. intr.* **1.** Dar golpes en el suelo con los pies calzados. También *v. tr.* **2.** En algunos bailes, dar esos mismo golpes con un ritmo determinado. **3.** Golpear el conejo rápidamente la tierra con las manos, cuando siente al cazador o al perro. SIN. **1.** Patalear. **1.** y **2.** Taconear. FAM. Zapateado, zapateo. ZAPATO.

zapatería *s. f.* **1.** Tienda donde se venden zapatos, botas, etc. **2.** Taller en que se fabrican. **3.** Oficio de hacer zapatos.

zapatero, ra *adj.* **1.** Relativo a los zapatos: *industria zapatera.* **2.** Se aplica a los garbanzos, judías y otros alimentos que resultan duros o acorchados por estar poco hechos o hacer bastante tiempo que fueron cocinados. || *s. m.* y *f.* **3.** Persona que por oficio hace zapatos, los repara o los vende. || *s. m.* **4.** Mueble destinado a guardar zapatos. **5.** Insecto de cuerpo estrecho y patas muy largas que se desliza por la superficie del agua.

zapateta *s. f.* **1.** Golpe que se da con la mano en el zapato del pie contrario o haciendo chocar un zapato contra otro al saltar, en señal de alegría o en algunos bailes. **2.** Cabriola, brinco sacudiendo los pies.

zapatiesta *s. f. fam.* Jaleo, discusión o pelea ruidosa. SIN. Follón, alboroto, confusión, riña, embrollo, bulla.

zapatilla *s. f.* **1.** Zapato ligero o abrigado y muy cómodo, generalmente de paño y piel fina, que se usa para estar en casa. **2.** Zapato ligero, bajo y de suela muy delgada: *zapatillas de bailarina.* **3.** Calzado deportivo, de lona u otro material flexible. **4.** Pieza de ante, cuero, etc., con que se protege o calza algunas cosas. FAM. Zapatillazo, zapatillero. ZAPATO.

zapato *s. m.* Objeto de piel u otro material, con la parte inferior de suela, goma, plástico, etc., que se pone en los pies y no llega a los tobillos. || LOC. **estar** alguien **como niño con zapatos nuevos** *fam.* Estar muy contento. **no llegarle** a alguien **a la suela del zapato** Ser muy inferior a él en algo. **saber** alguien **dónde le aprieta el zapato** Saber bien lo que le conviene, conocer bien sus circunstancias, dificultades, etc. FAM. Zapata, zapatazo, zapatear, zapatería, zapatero, zapateta, zapatilla, zapatón.

¡zape! (onomat.) *interj. fam.* Se emplea para ahuyentar a los gatos, o para manifestar extrañeza o miedo al enterarse de un daño ocurrido.

zapear *v. intr. fam.* Hacer zapping.

zapeo *s. m. fam.* Zapping*.

zapote (del náhuatl *tzapotl*) *s. m.* **1.** Árbol de hasta 10 m de altura, de madera blanca y poco resistente, hojas alternas, flores rojizas en racimos y fruto comestible de carne amarilla oscura. Destila un jugo lechoso que sirve de base para elaborar chicle. Crece en América del Sur y la península Ibérica. **2.** Fruto de este árbol. FAM. Zapotal.

zapoteca *adj.* **1.** De un pueblo amerindio que vive en México, fundamentalmente en el estado de Oaxaca, que en la época precolombina creó una interesante cultura, emparentada con la olmeca. También *s. m.* y *f.* || *s. m.* **2.** Lengua hablada por los individuos de ese pueblo.

zapping (ingl.) *s. m. fam.* Cambio continuado y repetido de canal de televisión con el mando a distancia: *Llevo un rato haciendo zapping y no encuentro nada interesante que ver.* ■ Se dice también *zapeo.* FAM. Zapear, zapeo.

zaque (del ár. *zaqq*, odre) *s. m.* Odre pequeño. FAM. Zaquear.

zaquear *v. tr.* **1.** Pasar líquidos de unos zaques a otros. **2.** Transportar líquidos en zaques.

zaquizamí (del ár. *saqf sami*, techo, artesonado) *s. m.* **1.** Desván que suele tener como techo el tejado. **2.** Cuarto pequeño, poco cómodo y sucio. ■ Su pl. es *zaquizamíes*, aunque también se utiliza *zaquizamís.* SIN. **2.** Cuchitril.

zar (del ruso *tsar*) *s. m.* Título que se daba al emperador de Rusia y al soberano de Bulgaria. FAM. Zarevich, zarina, zarismo, zarista.

zarabanda *s. f.* **1.** Danza popular española de los s. XVI y XVII, frecuentemente censurada por los moralistas debido a los movimientos con que se realizaba. **2.** Copla y música con que se acompañaba esa danza. **3.** Jaleo, bullicio. SIN. **3.** Jolgorio, algazara, jarana. FAM. Zarabandista.

zaragata (del ant. fr. *eschirgaite*, patrulla que está de guardia, y éste del franco *skara*, tropa, y *wahta*, guardia) *s. f. fam.* Riña, alboroto. SIN. Pelea. FAM. Zaragatear, zaragatero.

zaragatona (del ár. *bazr qatuna*) *s. f.* Planta herbácea que mide entre 10 y 40 cm de altura, tiene tallo ramificado, hojas lineares estrechas y espigas en forma casi de globo, con florecillas blancas de cuya semilla se extrae mucílago. Crece en la península Ibérica.

zaragocista *adj.* Del club deportivo Real Zaragoza. También *s. m.* y *f.*

zaragozano, na *adj.* De Zaragoza. También *s. m.* y *f.* FAM. Zaragocista.

zaragüelles (del ár. *sarawil*, de *sirwal*, calzones, bragas) *s. m. pl.* **1.** Especie de calzones anchos usados antiguamente y en la actualidad por ciertas gentes del campo en Valencia y Murcia. **2.** *fam.* Pantalones muy anchos y mal hechos.

zarajo *s. m.* Tripas de cordero asadas, trenzadas o enrolladas a un palo, que se consumen fritas.

zaranda (onomat.) *s. f.* Utensilio parecido a un colador con que se separan las partes más gruesas de una sustancia y que se usa en los lagares, para colar la jalea y otros dulces, etc. SIN. Criba, tamiz, cedazo. FAM. Zarandear, zarandillo.

zarandaja (del lat. *serotinus*, tardío) *s. f. fam.* Cosa menuda, sin valor o de poca importancia. Se usa más en *pl.*: *Me vino contando zarandajas, pero no le hice ni caso.* SIN. Insignificancia, nadería, tontería, pamplina, bagatela.

zarandear *v. tr.* **1.** Mover a una persona o cosa de un lado a otro con cierta violencia. **2.** Pasar algo por un colador o criba. También *v. prnl.* SIN. **1.** Agitar, sacudir. FAM. Zarandeo. ZARANDA.

zarandillo *s. m. fam.* Persona inquieta, que no para de moverse o ir de un sitio a otro; particularmente, niño muy travieso. || LOC. **traer** (o **llevar**) a uno **como un zarandillo** *fam.* Hacer ir a alguien frecuentemente de una parte a otra.

zarapito *s. m.* Nombre común de diversas aves zancudas de pico largo y curvado y plumaje listado o moteado, que varía de tonalidad según las especies. Miden entre 40 y 55 cm y anidan en el suelo, entre matorrales y brezales de pantanos y turberas.

zaratán (del ár. *saratan*, cangrejo) *s. m.* Cáncer de pecho.

zarazo, za *adj.* **1.** *Amér. del S.* Medio borracho. **2.** *Amér.* Se aplica al fruto que aún no está maduro.

zarceta *s. f.* Cerceta*.

zarcillo (del lat. *circellus*, de *circus*, círculo) *s. m.* **1.** Pendiente en forma de aro. **2.** En bot., cada uno de los órganos largos, delgados y volubles que tienen ciertas plantas, como la vid, y que les sirven para asirse y trepar.

zarco, ca (del ár. *zarqa*, de *azraq*, azul) *adj.* De color azul claro.

zarevich (del ruso *tsarewitz*) *s. m.* **1.** Hijo del zar. **2.** En particular, príncipe primogénito del zar reinante.

zarigüeya (del guaraní *sarigweya*) *s. f.* Nombre común de diversos mamíferos marsupiales americanos de unos 50 cm de longitud, con cola de aproximadamente 30 cm, que tienen el hocico alargado, orejas redondas, cola prensil que sostiene a sus crías cuando las transportan sobre el lomo y patas posteriores con pulgar oponible. Su marsupio está poco desarrollado y en algunas especies es inexistente. Sus costumbres son nocturnas y su alimentación omnívora.

zarina *s. f.* **1.** Esposa del zar. **2.** Emperatriz de Rusia.

zarismo *s. m.* Forma de gobierno absoluto, propia de los zares.

zarpa *s. f.* **1.** Mano o pie de algunos animales, como el león, el tigre, etc., con dedos y uñas. **2.** *fam.* P. ext., mano: *En cuanto pudo echó la zarpa a los pasteles.* **SIN. 1.** Garra. **FAM.** Zarpazo.

zarpar *v. intr.* Salir un barco del lugar en que estaba fondeado, o bien las personas que van en él.

zarpazo *s. m.* Golpe dado con la zarpa.

zarpear *v. tr. Amér. C.* y *Méx.* Salpicar, particularmente de barro.

zarracina (del lat. *circius*, cierzo) *s. f.* Ventisca con lluvia.

zarrapastroso, sa *adj.* Desaseado, andrajoso, harapiento. También *s. m.* y *f.*. **SIN.** Sucio, descuidado, desaliñado. **ANT.** Elegante. **FAM.** Zarrapastrosamente.

zarza *s. f.* Arbusto de la familia rosáceas que tiene fuertes sarmientos y ramas provistas de agudas espinas, hojas compuestas, flores en racimo y fruto formado por muchas drupas de color rojo, que al madurar se vuelve morado y es muy dulce, por lo que se aprovecha para elaborar confituras. Es una planta invasora que coloniza grandes extensiones de campos. Crece en Europa. **FAM.** Zarzal, zarzamora, zarzaparrilla, zarzo, zarzoso, zarzuela. / Enzarzar.

zarzal *s. m.* Matorral de zarzas o lugar poblado de ellas. **FAM.** Zarzaleño. ZARZA.

zarzamora *s. f.* **1.** Fruto de la zarza. **2.** Zarza que mide entre 8 y 40 cm de altura, carece de espinas en su tallo y da un fruto en drupa muy dulce. Crece en bosques y setos de Europa. **SIN. 1.** Mora.

zarzaparrilla *s. f.* **1.** Arbusto de la familia liliáceas que mide unos 2 m de longitud, tiene tallos volubles y espinosos, hojas acorazonadas, flores verdosas en racimos y fruto en baya. Con la raíz de una especie americana se elabora una bebida refrescante. **2.** Dicha bebida.

zarzo *s. m.* Tejido de varas, cañas, mimbres o juncos, que forma una superficie plana.

zarzuela (del real sitio de *La Zarzuela*, donde por primera vez se representaron) *s. f.* **1.** Obra dramática y musical en que alternativamente se habla, se canta y a veces también se baila. **2.** Letra de esta obra. **3.** Música de la misma. **4.** Plato que consiste en varios tipos de pescado y marisco, condimentados con una salsa. **FAM.** Zarzuelero, zarzuelista. ZARZA.

zarzuelista *s. m.* y *f.* Compositor de letras o música para zarzuelas.

¡zas! *interj.* **1.** Voz expresiva del ruido producido por un golpe o del golpe mismo. **2.** Se utiliza para indicar la manera brusca o inesperada con que se hace o produce algo.

zascandil *s. m. fam.* Hombre informal, enredador, que no para ni está tranquilo en ningún sitio. **SIN.** Inquieto, revoltoso. **FAM.** Zascandilear.

zascandilear *v. intr.* Ir de un lado a otro o cambiar de actividad sin ningún motivo importante. **SIN.** Enredar. **FAM.** Zascandileo. ZASCANDIL.

zeda *s. f.* Zeta*. **FAM.** Zedilla. ZETA.

zedilla *s. f.* Cedilla*.

zegrí *adj.* Del linaje del reino nazarí que gobernó en Granada durante el s. XV. También *s. m.* y *f.* ■ Su pl. es *zegríes*.

zéjel (del ár. *zayal*) *s. m.* Composición poética popular de origen árabe, que incluye una estrofilla inicial o estribillo y un número variable de estrofas de tres versos monorrimos seguidos de otro verso de rima igual a la del estribillo.

zelote o **zelotas** (del lat. *zelotes*, que tiene celo) *s. m.* y *f.* Miembro de un movimiento nacionalista del judaísmo palestino, muy rígido en lo religioso, que se mostró especialmente activo en la insurrección contra la ocupación de los romanos. ■ La forma *zelotas* no varía en *pl.*

zen (japonés) *s. m.* Forma filosófica de la religión budista introducida en China y posteriormente en Japón en el s. XIII, procedente de la India. También *adj.*

zenit *s. m.* Cenit*.

zeolita *s. f.* Nombre de diversos minerales de silicato hidratado de aluminio, calcio, magnesio, potasio y sodio, que se presentan en agregados cristalinos de forma estrellada y colores claros.

zepelín (de Ferdinand voz *Zeppelin*, ingeniero alemán) *s. m.* Globo dirigible*.

zeta (del gr. *theta*) *s. f.* **1.** Nombre de la letra *z*. ■ Se llama también *ceda*, *ceta* y *zeda*. **2.** Sexta letra del alfabeto griego que representa el sonido *ds* y suele transcribirse como *z*. ■ La letra mayúscula se escribe *Z* y la minúscula *ζ*. || *s. m.* **3.** *fam.* Nombre que se da al coche de policía. **FAM.** Zeda.

zeugma o **zeuma** (del lat. *zeugma*, y éste del gr. *zeugma*, yugo, lazo) *s. f.* Figura de construcción que consiste en la supresión de una palabra en uno o varios de los elementos del periodo, al poderla sobrentender por hallarse expresa en otro elemento la misma palabra u otra con la que se relaciona.

zigoto *s. m.* Cigoto*.

zigurat *s. m.* Edificación religiosa de ladrillo, característica del arte sumerio-acadio, que consta de una sucesión de pisos escalonados en cuya cima se halla un santuario.

zigzag (onomat.) *s. m.* Serie de líneas que forman ángulos con los vértices alternativamente. ■ Su pl. es *zigzagues* o *zigzags*. **FAM.** Zigzaguear, zigzagueo.

zigzaguear *v. intr.* Moverse o estar colocado en zigzag.

zigzagueo *s. m.* Movimiento en zigzag.

zimbabwuano, na o **zimbabwense** *adj.* De Zimbabwe, estado del África austral. También *s. m.* y *f.*

zinc *s. m.* Cinc*.

zinnia (de J. G. *Zinn*, médico y naturalista alemán) *s. f.* Planta herbácea caracterizada por tener hojas opuestas y flores grandes en capítulo, de diversos colores según las variedades. Es originaria de América y se cultiva como planta ornamental.

zíper *s. m. Méx.* Cremallera, cierre de una prenda.

zipizape (onomat.) *s. m.* Riña, jaleo. **SIN.** Alboroto, cisco, follón, pelotera, bronca, gresca.

zircón *s. m.* Circón*.

zirconio *s. m.* Circonio*.

zloty *s. m.* Unidad monetaria de Polonia.

zócalo (del lat. *socculus*, de *soccus*, zueco) *s. m.* **1.** En arq., parte inferior del exterior de un edificio sobre la que se elevan los basamentos a un mismo nivel. **2.** En arq., rodapié colocado en una pared. **3.** En arq., especie de pedestal. **4.** En arq., parte inferior de un pedestal. **5.** Escudo, estructura geológica. **6.** *Méx.* Zona central de una plaza o parque públicos. **SIN. 2.** Friso.

zocato, ta *adj.* **1.** *fam.* Zurdo. También *s. m.* y *f.* **2.** Se dice del fruto que se pone amarillo y acorchado sin madurar.

zoco (del ár. *suq*, mercado) *s. m.* **1.** En Marruecos y otros lugares del N de África, mercado o lugar en que éste se celebra. **2.** Antiguamente, plaza de una población.

zoco, ca *adj. Amér. fam.* Manco.

zodiac (nombre comercial registrado) *s. f.* Embarcación pequeña de caucho con motor fuera borda.

Zodiaco o **Zodíaco** (del lat. *zodiacus*, y éste del gr. *zodiakos*) *n. p.* **1.** Zona de la esfera celeste que el Sol recorre en su movimiento aparente a lo largo del año y donde se hallan la Luna y la mayor parte de las estrellas. Está dividida en doce sectores, representado cada uno de ellos por una constelación. || **zodiaco** *s. m.* y *f.* **2.** Representación material de esta parte de la esfera celeste. **FAM.** Zodiacal.

zombi o **zombie** (del ingl. *zoombie*, y éste de origen africano) *s. m.* **1.** Según el vudú, individuo que, una vez fallecido, es desenterrado y revivido artificialmente y adquiere un comportamiento automático y sin conciencia de sus actos. **2.** *fam.* Persona atontada, que actúa de manera automática. También *adj.*: *Iba zombi y chocó con la puerta.* **SIN. 2.** Pasmado, alelado, embobado, aturdido. **ANT. 2.** Despierto, despejado.

zona (del lat. *zona*, y éste del gr. *zone*, ceñidor, faja) *s. f.* **1.** Extensión o parte de un terreno o de cualquier superficie cuyos límites están determinados de manera más o menos precisa, atendiendo a diferentes criterios: *Vive en la zona norte de la ciudad.* **2.** Parte de una cosa cualquiera: *La calefacción sólo llega a algunas zonas del edificio. Me duele la zona del hombro.* **3.** En geog., cada una de las cinco partes en que se considera dividida la superficie de la Tierra por los trópicos y los círculos polares. **4.** En geom., parte de la superficie de una esfera comprendida entre dos planos paralelos. **5.** En baloncesto, parte del campo más cercana a la cesta, que está marcada por una línea de forma trapezoidal. || **6. zona glacial** Parte de la superficie de la Tierra comprendida dentro de los círculos polares. **7. zona templada** La comprendida entre los trópicos y los círculos polares inmediatos a aquéllos. **8. zona tórrida** La comprendida entre los dos trópicos y dividida por el ecuador en dos partes iguales. **9. zona verde** En una ciudad o en sus inmediaciones, terreno con parques o arbolado. **SIN. 1.** Región, banda, franja, circunscripción. **2.** Sector, sección.

zoncear *v. intr. Amér.* Tontear.

zoncera *s. f. Amér.* Tontería, simpleza.

zonzo, za *adj.* **1.** Soso, poco ameno y divertido. También *s. m.* y *f.* **2.** Tonto, simple. También *s. m.* y *f.* **SIN. 1.** Sosaina, soseras. **ANT. 1.** Salado, gracioso. **FAM.** Zoncear, zoncera.

zoo *s. m.* Zoológico*.

zoo- o **-zoo** (del gr. *zoon*) *pref.* y *suf.* Significa 'animal': *zoología, metazoo.*

zoófago, ga (del gr. *zoophagos*, de *zoon*, animal, y *-phago*, comer) *adj.* Que se alimenta de materias animales.

zoofilia (de *zoo-* y *-filia*) *s. f.* Desviación sexual que consiste en sentir atracción erótica hacia los animales.

zoofobia *s. f.* Temor patológico a los animales.

zoogeografía *s. f.* Rama de la zoología que estudia la distribución de las especies animales sobre la Tierra.

zoografía (de *zoo-* y *-grafía*) *s. f.* Parte de la zoología que tiene por objeto la descripción de los animales. **FAM.** Zoográfico.

zoolatría (de *zoo-* y *-latría*, adoración) *s. f.* Adoración o culto a los animales, propio de religiones primitivas. **FAM.** Zoólatra. LATRÍA.

zoología (de *zoo-* y *-logía*) *s. f.* Rama de la biología que estudia los animales. **FAM.** Zoológico, zoólogo.

zoológico, ca *adj.* **1.** Relativo a la zoología: *un tratado zoológico.* || *s. m.* **2.** Lugar con jardines y espacios debidamente acondicionados para que vivan en ellos animales salvajes o poco comunes y puedan ser vistos por el público. **FAM.** Zoo. ZOOLOGÍA.

zoom (ingl.) *s. m.* **1.** Objetivo de distancia focal variable, que permite la aproximación o alejamiento ópticos del objeto que se quiere filmar o fotografiar. **2.** Efecto de acercamiento o alejamiento de una imagen obtenido por este sistema o por cualquier otro procedimiento. ■ Se escribe también *zum.*

zoomorfo, fa *adj.* Que tiene forma o apariencia de animal.

zoonosis (de *zoo-* y el gr. *nosos*, enfermedad) *s. f.* Enfermedad propia de los animales que puede comunicarse a las personas. ■ No varía en *pl.*

zooplancton *s. m.* Parte del plancton marino formado por animales, fundamentalmente por pequeños crustáceos y larvas.

zoospermo (de *zoo-* y el gr. *sperma*, semilla) *s. m.* Espermatozoide*.

zoospora (de *zoo-* y el gr. *spora*, semilla) *s. f.* Espora móvil que se desplaza mediante flagelos.

zootecnia (de *zoo-* y *-tecnia*) *s. f.* Conjunto de conocimientos y técnicas relativos a la cría de animales domésticos. **FAM.** Zootécnico.

zopas *s. m.* y *f.* Persona que cecea mucho. ■ No varía en *pl.*

zopenco, ca *adj. fam.* Tonto, bruto. También *s. m.* y *f.* **SIN.** Zoquete, ignorante, torpe, mentecato, zote, memo, tarugo. **ANT.** Listo.

zopilote (del náhuatl *tzopilotl*, de *tzotl*, suciedad, y *piloa*, colgar) *s. m.* Ave rapaz carroñera que mide unos 60 cm de longitud y 130 cm de envergadura, tiene plumaje negro, con la cabeza desplumada y el cuello pardo rojizo. Habita en América, desde el S de Estados Unidos hasta Sudamérica.

zoquete *s. m.* **1.** Pedazo de madera corto y grueso que queda sobrante al trabajar un madero. **2.** Pedazo de pan grueso e irregular. **3.** Persona de poca inteligencia. También *adj.* || *s. m. pl.* **4.** *Arg.* Calcetines cortos. SIN. **1.** a **3.** Tarugo. **2.** y **3.** Mendrugo. **3.** Bruto, ignorante, torpe, mentecato, zote, tonto. ANT. **3.** Listo.

zorcico (del vasc. *zortzico*, octava) *s. m.* **1.** Composición musical en compás de cinco por ocho, popular en el País Vasco. **2.** Letra de esta composición musical. **3.** Baile al compás de esta música.

zorito, ta *adj.* Zurito*.

zoroastrismo (del lat. *zoroastres*) *s. m.* Mazdeísmo*. FAM. Zoroástrico.

zorongo *s. m.* **1.** Pañuelo doblado en forma de venda que los aragoneses y algunos navarros llevan alrededor de la cabeza. **2.** Moño ancho y aplastado. **3.** Baile popular andaluz. **4.** Música y canto de este baile. SIN. **1.** Cachirulo.

zorra *s. f.* **1.** Zorro* común. **2.** Hembra del zorro. **3.** *fam.* Prostituta. También *adj.* **4.** Mujer astuta, espabilada. También *adj.* || LOC. **no tener ni zorra (idea)** *fam.* No tener ningún conocimiento de algo. SIN. **1.** Raposo. **1.** y **2.** Raposa, vulpeja. **3.** Zorrón, pelandusca, puta, ramera, fulana. **4.** Pícara, maliciosa, taimada. ANT. **4.** Ingenua. FAM. Zorrear, zorrón, zorruno. ZORRO.

zorrear *v. intr.* **1.** Dedicarse una mujer a la prostitución o tener una conducta demasiado libre en el amor. **2.** Tener un hombre relaciones con prostitutas.

zorrera *s. f.* Cueva de zorros.

zorrería *s. f.* **1.** Astucia y cautela de la zorra para buscar su alimento y evitar cualquier peligro. **2.** *fam.* Astucia. SIN. **2.** Sagacidad, picardía, perspicacia. ANT. **2.** Ingenuidad.

zorrillo *s. m. Amér.* Mofeta*.

zorro *s. m.* **1.** Mamífero carnívoro de unos 65 cm de longitud, de los que más de 40 son de cola, pelaje pardo rojizo en el dorso y blanco en el vientre, la parte superior de las orejas negras y cola peluda con el extremo de color blanco; tiene el hocico puntiagudo y las orejas grandes. Habita en bosques y zonas abiertas de Europa. **2.** Prenda de abrigo confeccionada con piel de este animal. **3.** *fam.* Taimado y astuto. También *adj.*: *Es demasiado zorro para dejarse engañar.* || *s. m. pl.* **4.** Utensilio doméstico de limpieza, formado por un mango de madera rematado por numerosas tiras de piel. || **5. zorro del Ártico** Mamífero carnívoro de tamaño similar al zorro común, que vive en el Ártico y tiene pelaje gris pardusco en verano y gris azulado en invierno, orejas pequeñas y cola peluda. || LOC. **estar hecho unos zorros** *fam.* Estar cansado, agotado, destrozado; también, estar cierta cosa destrozada, inservible. FAM. Zorra, zorrera, zorrería, zorrillo.

zorrón *s. m.* **1.** Mujer de vida licenciosa. **2.** Persona muy astuta.

zorruno, na *adj.* Que es propio de la zorra o se parece a este animal en alguna de sus características. SIN. Vulpino.

zorzal (onomat.) *s. m.* Nombre común de diversas aves paseriformes que miden entre 18 y 28 cm de longitud. El zorzal común tiene plumaje pardo con pecho y flancos blanco amarillentos; el zorzal alirrojo presenta plumaje ocre con flancos rojos, pecho rayado y una franja color crema en la cabeza; el zorzal real tiene la cabeza y el obispillo de color gris, espalda marrón y pecho amarillo listado y blanco. Son aves migratorias, forman bandadas e invernan en la península Ibérica.

zóster o **zoster** *s. f.* Enfermedad vírica que se desarrolla en las vías nerviosas y provoca la aparición de vesículas en la piel situada sobre dichas vías.

zotal (nombre comercial registrado) *s. m.* Desinfectante o insecticida que se usa generalmente en establos o para el ganado.

zote *adj.* Zoquete, ignorante. También *s. m.* y *f.* SIN. Zopenco, bruto, torpe, mentecato, memo, tarugo. ANT. Listo, avispado.

zotehuela *s. f. Méx. fam.* Patio trasero de una casa, donde se suele lavar y tender la ropa.

zozobra *s. f.* **1.** Acción de zozobrar. **2.** Irregularidad de los vientos que impide la navegación y pone al barco en peligro. **3.** Sensación de inquietud y temor. SIN. **3.** Angustia, tormento, intranquilidad, desasosiego. ANT. **2.** y **3.** Serenidad, tranquilidad. FAM. Zozobroso. ZOZOBRAR.

zozobrar (del lat. *sub*, debajo, y *supra*, encima) *v. intr.* **1.** Peligrar la embarcación por la fuerza e irregularidad de los vientos: *El barco zozobró por la tempestad.* **2.** Perderse o irse a pique. También *v. prnl.* **3.** Estar en gran riesgo y muy cerca de fracasar o no realizarse algo: *La crisis económica hizo zozobrar el negocio.* SIN. **2.** Naufragar. FAM. Zozobra.

zozobroso, sa *adj.* Lleno de zozobra, intranquilo, angustiado.

zuavo (del beréber *zwawa*, nombre de una confederación de tribus argelinas) *s. m.* Soldado perteneciente a un cuerpo de infantería francés estacionado en África en época colonial.

zueco (del lat. *soccus*) *s. m.* **1.** Especie de zapato de madera de una pieza, que usan los campesinos de algunos países, generalmente encima del calzado normal. **2.** P. ext., zapato de cuero con la suela de corcho o de madera y generalmente sin talón. SIN. **1.** Almadreña, abarca, chanclo. **1.** y **2.** Zanco. FAM. Sueco[2].

zulaque (del ár. *sulaqa*, betún) *s. m.* Pasta usada para tapar juntas en lugares por los que puede caer agua.

zulo (vasc.) *s. m.* **1.** Agujero, hoyo. **2.** Escondite, generalmente pequeño y subterráneo. SIN. **2.** Guarida.

zulú *adj.* **1.** De cierto pueblo de raza negra que habita en la República Sudafricana. También *s. m.* y *f.* || *s. m.* **2.** Lengua hablada por este pueblo. ■ Su pl. es *zulúes*, aunque también se utiliza *zulús*.

zum *s. m.* Zoom*.

zumaque (del ár. *sumaq*) *s. m.* Arbusto que mide entre 1 y 10 m de altura, según las especies, con el tallo peludo, hojas compuestas, flores en panícula, blanquecinas y encarnadas, y fruto en drupa.

zumaya *s. f.* **1.** Autillo*. **2.** Chotacabras. **3.** Martinete*, ave.

zumba *s. f.* **1.** Cencerro grande que lleva la caballería que va delante de una recua de ganado o el buey que hace de cabestro. **2.** Broma, burla. **3.** *Amér.* Tunda, zurra. **4.** *Méx.* Borrachera. SIN. **2.** Chanza, chunga, choteo.

zumbado, da 1. *p.* de **zumbar**. || *adj.* **2.** Loco, ido. SIN. **2.** Pirado, tocado, majareta. ANT. **2.** Cuerdo.

zumbador, ra *adj.* **1.** Que zumba. || *s. m.* **2.** Timbre eléctrico que produce un zumbido sordo.

zumbar (onomat.) *v. intr.* **1.** Producir un ruido o sonido continuado, monótono y desagradable: *El viento zumba al pasar por ese agujero.* **2.** Tener alguien la sensación de oír un sonido semejante dentro de los oídos: *Tiene gripe y le zumban los oídos.* ||

v. tr. **3.** *fam.* Dar un golpe a alguien o hacerle daño. También *v. prnl.*: *Discutieron y acabaron zumbándose.* **4.** Bromear o burlarse de alguien. También *v. prnl.* || LOC. **zumbando** *adv. fam.* Con verbos como *ir*, *salir*, etc., hacer lo que éstos expresan muy deprisa. SIN. **1.** Silbar. **2.** Resonar. **3.** Zurrar, atizar, cascar. **4.** Chotearse, pitorrearse. FAM. Zumba, zumbado, zumbador, zumbel, zumbido, zumbón.

zumbel *s. m.* Cuerda que se enrolla en el trompo o peonza para hacerlos bailar al lanzarlos.

zumbido *s. m.* **1.** Acción de zumbar: *el zumbido de una abeja.* **2.** Percepción de un sonido silbante producida por una irritación de las terminaciones de los nervios auditivos: *Siente un zumbido en un oído.*

zumbón, na *adj.* **1.** Que zumba. **2.** Burlón, bromista. También *s. m.* y *f.* SIN. **1.** Zumbador. **2.** Guasón. ANT. **2.** Serio.

zumo (del gr. *zomos*) *s. m.* **1.** Líquido que se saca principalmente de las frutas o de algunos vegetales al exprimirlos: *un zumo de piña, un zumo de tomate.* **2.** Utilidad o beneficio que se obtiene de alguna cosa: *El coche ya está viejo, pero le he sacado bien el zumo.* SIN. **1.** Extracto, néctar. **1.** y **2.** Jugo. FAM. Rezumar.

zuna (ár.) *s. f.* Ley tradicional de los mahometanos, tomada de los dichos y sentencias de Mahoma.

zunchar *v. tr.* Poner zunchos para reforzar o sujetar una cosa. FAM. Zunchado. ZUNCHO.

zuncho *s. m.* **1.** Pieza en forma de anillo o abrazadera de hierro u otro material, que se pone alrededor de una cosa para reforzarla o sujetarla a otra. **2.** En construcción, refuerzo metálico, generalmente de acero, para juntar o sujetar algunas partes de un edificio en ruinas. **3.** En construcción, armadura en forma de espiral, de un pilar o columna de hormigón armado. SIN. **1.** Arandela. FAM. Zunchar.

zurcido, da **1.** *p.* de **zurcir**. También *adj.* || *s. m.* **2.** Remiendo, costura realizada para reparar un roto o un agujero en una tela.

zurcir (del lat. *sarcire*) *v. tr.* **1.** Dar puntadas muy juntas de un lado a otro del agujero de un tejido o de una parte desgastada del mismo, para suplir los hilos que faltan o reforzarlo sin que se note demasiado. **2.** Coser la parte de una tela que se ha roto, juntando los distintos trozos con puntadas pequeñas e igualadas para que no se note la unión. || LOC. **que te** (o **le**) **zurzan** *fam.* Expresión que se emplea para indicar que a uno no le importa lo que otro dice o quiere, ni lo que puede pasarle. ■ Delante de *a* y *o* se escribe *z* en lugar de *c*: *zurza.* SIN. **1.** Repasar. **1.** y **2.** Remendar. FAM. Zurcido, zurcidor.

zurdazo *s. m.* **1.** En el fútbol, disparo con la pierna izquierda: *Marcó el gol de un zurdazo.* **2.** *Amér.* Golpe dado con la mano izquierda.

zurdear *v. intr. Arg.*, *Col.*, *Méx.* y *Nic.* Ser zurdo.

zurdo, da *adj.* **1.** Que usa la mano o el pie izquierdo para hacer lo mismo que la mayoría de las personas hacen con la mano o el pie derecho. También *s. m.* y *f.* **2.** Se dice de la mano o la pierna izquierda. También *s. f.* SIN. **2.** Siniestra. ANT. **1.** y **2.** Diestro. **2.** Derecha. FAM. Zurdazo, zurdear.

zurear (onomat.) *v. intr.* Hacer arrullos las palomas. FAM. Zureo. ZURITO.

zurito, ta *adj.* Se dice de las palomas silvestres. ■ Se dice también *zorito*. FAM. Zurear, zuro -ra.

zuro *s. m.* Corazón de la mazorca del maíz después de desgranada.

zuro, ra (onomat.) *adj.* Se dice de las palomas silvestres. SIN. Zurito.

zurra *s. f.* **1.** *fam.* Golpes o azotes que se dan a una persona o animal. **2.** Trabajo o esfuerzo que cansa mucho a una persona: *Hoy me he dado una buena zurra limpiando cristales.* **3.** Acción de zurrar las pieles. SIN. **1.** Tunda, azotaina, somanta. **1.** y **2.** Paliza.

zurrapa *s. f.* Hilillo, impureza o suciedad que hay en algunos líquidos y que poco a poco se va quedando en el fondo. Se usa más en *pl.* FAM. Zurrapiento, zurraposo.

zurrapiento, ta o **zurraposo, sa** *adj.* Sucio o con zurrapas.

zurrar *v. tr.* **1.** *fam.* Golpear o azotar a una persona o animal. **2.** Curtir y adobar las pieles quitándoles el pelo. SIN. **1.** Pegar, atizar, arrear, cascar, calentar, zumbar. FAM. Zurra, zurrador.

zurraspa *s. f. fam.* Mancha de excremento que queda en la ropa interior. SIN. Palomino.

zurriagazo *s. m.* Golpe dado con el zurriago o con otra cosa flexible. SIN. Azote, latigazo.

zurriago *s. m.* **1.** Látigo. **2.** Correa larga y flexible con que se hace bailar el trompo. SIN. **1.** Fusta. FAM. Zurriagazo.

zurriburri *s. m.* **1.** Barullo. **2.** Conjunto de personas despreciables o de baja categoría. SIN. **1.** Jaleo, follón, alboroto.

zurrón (del vasc. *zorro*, saco) *s. m.* **1.** Bolsa grande de piel usada por los pastores. **2.** Cualquier otra bolsa de cuero, especialmente la que usan los cazadores para meter las piezas que cazan. **3.** Cáscara tierna que tienen algunos frutos, como la castaña o la almendra, encima de la dura. SIN. **1.** Morral. **1.** y **2.** Talego. **2.** Saco, mochila, macuto.

zurullo *s. m.* **1.** *fam.* Trozo de masa o de otra materia blanda o esponjosa más duro o compacto que el resto. **2.** Excremento endurecido.

zutano, na *s. m.* y *f. fam.* En correlación con *fulano* o *mengano*, una persona indeterminada: *Fulano y zutano pueden decir lo que quieran, que no haré caso.* SIN. Perengano.

APÉNDICE

GRAMÁTICA DEL ESPAÑOL

FONÉTICA Y FONOLOGÍA

SONIDOS Y FONEMAS

La fonética se encarga del estudio de los **sonidos** de una lengua, de su aspecto físico, material; mientras que la fonología se ocupa de los **fonemas**, modelos ideales de los sonidos que pronunciamos, capaces de distinguir significados, e incluidos dentro de un sistema.

Para que se produzca el sonido, el aire expulsado por los pulmones ha de pasar por los bronquios y la tráquea hasta llegar a la laringe, donde se encuentran las cuerdas vocales, dos pares de membranas elásticas entre las que existe una abertura llamada glotis: cuando los bordes de éstas se acercan, el aire pasa con fuerza y se produce la voz.

Existen 24 fonemas en español (/a, b, ĉ, d, e, f, g, i, x, k, l, l̯, m, n, n̯, o, p, r, r̄, s, t, u, y, θ/). Los fonemas no se corresponden de forma exacta con las letras, por lo que un fonema puede ser representado por varias grafías y viceversa:

Fonema	Grafía	Fonema	Grafía
b	**b, v**	m	**m**
ĉ	**ch**	n	**n**
d	**d**	n̯	**ñ**
f	**f**	p	**p**
g	**g** (ante *a, o, u* o consonante) **gu** (ante *e, i*)	r	**r** (entre vocales)
x	**j** **g** (ante *e, i*)	r̄	**r** (inicial o detrás de *l, n, s*) **rr** (entre vocales)
k	**k** **c** (ante *a, o, u* o consonante) **qu** (ante *e, i*)	s	**s** **x** (ante consonante)
l	**l**	t	**t**
l̯	**ll**	y	**y**
		θ	**z** **c** (ante *e, i*)

El sistema fonológico español se divide en dos grupos fundamentales: **vocales** y **consonantes**. Las consonantes se clasifican a su vez según la zona o región donde se producen los sonidos (**punto de articulación**), la posición de los órganos al producir los fonemas (**modo de articulación**), la vibración o no de las cuerdas vocales y la resonancia nasal.

Sistema vocálico

Todas las vocales españolas son sonoras y orales. Según el *punto de articulación*, se dividen en **anteriores** o **palatales** (*e, i*), **central** (*a*) y **posteriores** o **velares** (*o, u*); según el *modo de articulación* se clasifican en **abierta** (*a*); **semiabiertas** (*e, o*) y **cerradas** (*i, u*).

Sistema consonántico

Según el *punto de articulación*, las consonantes se clasifican en:

- ***Bilabiales***. Intervienen los dos labios /*b, p, m*/.
- ***Labiodentales***. Intervienen el labio inferior y los incisivos superiores /*f*/.
- ***Interdentales.*** La punta de la lengua se sitúa entre los dientes /*θ*/.
- ***Dentales*** o ***linguodentales***. La punta de la lengua se apoya en la cara interior de los incisivos superiores /*t, d*/.
- ***Alveolares*** o ***linguoalveolares***. La punta de la lengua se posa en los alvéolos superiores /*s, l, r, r̄, n*/.
- ***Palatales*** o ***linguopalatales***. La lengua se apoya en el paladar duro /*ĉ, y, l̯, n̯*/.
- ***Velares*** o ***linguovelares***. La parte posterior de la lengua toca el velo del paladar /*k, x, g*/.

Según el *modo de articulación*, se clasifican en:

- ***Oclusivas***. Se produce un cierre total que impide momentáneamente el paso del aire, al que suele seguir una explosión /*p, b, t, d, k, g, m, n, n̯*/.
- ***Fricativas.*** El aire pasa rozando por una pequeña abertura /*f, θ, s, y, x*/.
- ***Africadas***. Mezcla entre oclusivas y fricativas: cierre total seguido de una fricación /*ĉ*/.
- ***Laterales***. El aire sale rozando por los lados de la lengua y la cavidad bucal. Constituyen una clase especial de fricativas /*l, l̯*/.
- ***Vibrantes***. La lengua vibra, impidiendo a intervalos la salida del aire /*r, r̄*/.

Según *la vibración* o no de las cuerdas vocales, las consonantes pueden ser:

- ***Sonoras***. Se produce una vibración en las cuerdas vocales /*b, d, g, y, l, l̯, r, r̄, m, n, n̯*/.
- ***Sordas***. Las cuerdas vocales no vibran /*p, t, k, f, θ, s, x, ĉ*/.

Según *la resonancia* sea nasal u oral, las consonantes pueden ser:

- ***Nasales***. La cavidad nasal actúa de caja de resonancia /*m, n, n̯*/.
- ***Orales***. La cavidad bucal actúa como caja de resonancia /*b, ĉ, d, f, g, x, k, l, l̯, p, r, r̄, s, t, y, θ*/.

LA SÍLABA

La sílaba es la unidad fonética más pequeña que se produce en el habla, ya que los fonemas no pueden realizarse aisladamente. Su núcleo es siempre una vocal, y pueden estar formadas por un solo fonema o por varios: *á-ba-co, e-ma-nar, cru-ce, trans-cri-bir*.

Según *la disposición de los fonemas* en las sílabas, éstas se clasifican en:

- **Abiertas** o **libres**. Acaban en vocal: *pe-rro, tra-zo*.
- **Cerradas** o **trabadas**. Terminan en consonante: *can-dil, ram-plón*.

Atendiendo a *la intensidad*, puede ser **tónicas** o **átonas**, según lleven o no acento de intensidad.

Diptongo y triptongo

Diptongo es la unión de dos vocales en una misma sílaba; el núcleo silábico debe estar formado por una vocal abierta o semiabierta (*a*, *e*, *o*) y otra cerrada (*i*, *u*) átona: *aunque, cambio*; o bien por dos cerradas: *ruido, diurético*.

Los diptongos pueden ser **crecientes** o **decrecientes** según sea abierta o cerrada la última vocal, respectivamente.

Cuando tres vocales se articulan en una misma sílaba, constituyen un **triptongo**: *es-tu-diéis, U-ru-guay*.

Hiato y sinéresis

Se produce **hiato** al pronunciarse en sílabas distintas dos vocales contiguas, por ser las dos abiertas; *ca-er, a-ho-ra*, o por recaer el acento sobre la vocal cerrada: *ac-tú-e, va-lí-a*.

El fenómeno contrario se llama **sinéresis**. Consiste en la pronunciación en la misma sílaba de dos vocales abiertas. La sinéresis es muy frecuente en la lengua hablada: *rem-bol-so* (*re-em-bol-so*), *maes-tro* (*ma-es-tro*), y puede convertirse en diptongo en el habla popular: *al-mua-da* (*al-mo-ha-da*), *cue-te* (*co-he-te*).

ELEMENTOS PROSÓDICOS O SUPRASEGMENTALES

Son aquellos rasgos fónicos que se superponen a los segmentos de la cadena hablada (fonemas, palabras, etc.) para aportarles significados adicionales, como, por ejemplo, expresividad o información sobre los sentimientos y emociones del hablante; se trata del **acento** y la **entonación**.

El acento

El acento es un refuerzo en la intensidad con que se pronuncia un sonido, de forma que éste queda destacado del resto.

Básicamente cumple dos funciones: distinguir significados (*amo/amó; fabrica/fábrica; de/dé; rey/reí*) y dar énfasis a lo que se dice; en este caso, puede recaer sobre palabras que normalmente no lo llevan.

El acento en español no tiene una posición fija. Según la posición de la sílaba tónica, las palabras pueden clasificarse en:

- ***Agudas***. Llevan el acento en la última sílaba: *ca-yó, can-dil, mu-ta-ción*.
- ***Llanas*** o ***graves***. Llevan el acento en la penúltima sílaba: *me-sa, ár-bol, dro-me-da-rio*.
- ***Esdrújulas***. Llevan el acento en la antepenúltima sílaba: *lám-pa-ra, rús-ti-co, cá-ma-ra*.
- ***Sobreesdrújulas***. Llevan el acento en una sílaba anterior a la antepenúltima: *có-me-te-lo, pre-gún-te-se-lo*.

En la cadena hablada, las palabras se agrupan en torno a una más fuerte (**grupo de intensidad**), por lo que se apoyan en un solo acento y pierden o debilitan el suyo propio, como si fueran sílabas átonas de una misma palabra. Según esta consideración, las palabras pueden ser **llenas**, las más significativas (sustantivos, adjetivos, pronombres tónicos, adverbios, etc.), y **vacías** (artículos, preposiciones, conjunciones, pronombres átonos, etc.).

La entonación

Se llama entonación a la melodía con que se pronuncia una secuencia de fonemas; es el resultado de las sucesivas variaciones en el tono de la voz.

La entonación refleja la actitud del hablante ante el mensaje, sus sentimientos y emociones (alegría, sorpresa, ironía, reproche, etc.); delimita las oraciones: una bajada en el tono marca el final de un enunciado y permite distinguir mensajes cuya forma y estructura es aparentemente la misma.

Cada uno de los fragmentos separados por pausas constituye un **grupo físico** y se caracteriza por tener una determinada entonación. El grupo fónico consta de tres partes:

- ***Rama inicial***. Comprende las primeras sílabas no acentuadas del grupo y parte de un tono más bajo del medio o normal hasta llegar a la primera sílaba tónica.
- ***Rama central***. Abarca desde la primera sílaba tónica hasta la última sílaba acentuada del grupo y la voz se mantiene en suaves ondulaciones alrededor del tono normal.
- ***Rama final*** o ***tonema***. Comprende las últimas sílabas no acentuadas del grupo y constituye la parte esencial de éste, ya que indica si el mensaje ha terminado o no.

El tonema puede ser **descendente**, cuando expresa el fin de una secuencia; **ascendente**, cuando indica que el mensaje no ha concluido, y **suspenso** u **horizontal**, que denota que se va a intercalar un inciso en la secuencia.

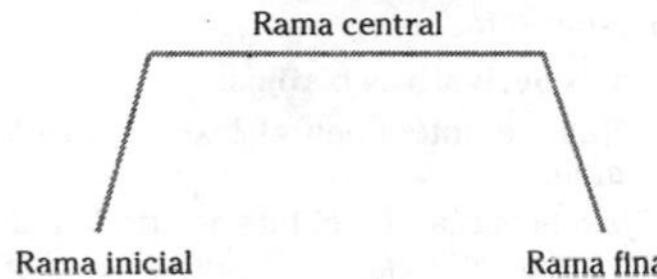

Existen tres modalidades básicas de entonación:

- ***Enunciativa***. Caracterizada por un tono medio y un tonema descendente.

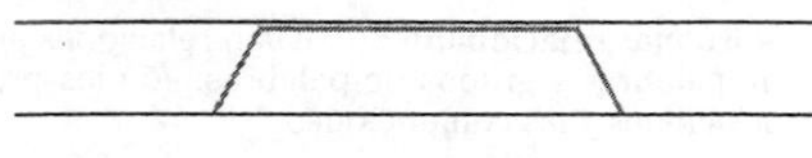

- ***Interrogativa***. Utiliza un tono más alto de lo normal y termina en tonema ascendente.

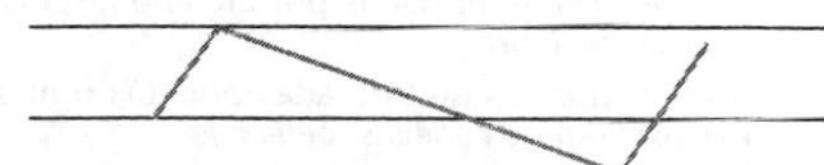

- ***Exclamativa***. El tono es aún más alto que el de las interrogativas y la rama central desaparece. Admite diversas líneas de entonación, según el lugar donde se encuentre la palabra de más relieve emocional.

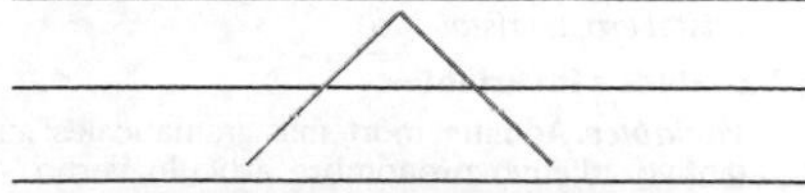

MORFOSINTAXIS

La morfosintaxis propone un estudio conjunto de **morfología** y **sintaxis**. La primera se encarga del análisis de la forma de las palabras, de las unidades que las forman y de cómo se articulan para ello; la segunda se centra en las funciones desempeñadas por las palabras en la cadena hablada. Ambas se hallan estrechamente relacionadas y, a menudo, es difícil señalar las fronteras entre una y otra, entre forma y función.

UNIDADES MORFOLÓGICAS: EL MONEMA

El monema es la unidad mínima dotada de significación, y las palabras pueden estar compuestas por una o más de estas unidades: *de, desde, el, perr-o, pan-ad-ero, escrib-ir.*

Los monemas pertenecen a dos categorías: **lexemas** y **morfemas**. Los lexemas aportan a la palabra su significado léxico o semántico: ***niñ***-o, ***tom***-ar, ***roj***-o. Los morfemas añaden significados no léxicos, que se suman al principal modificándolo.

Tanto lexemas como morfemas pueden ser **independientes** o **libres**, cuando constituyen por sí mismos una palabra: *antes, por, tren, cartón*; o **dependientes**, cuando necesitan apoyarse en otro u otros monemas: *-es, -ero.*

Dentro de los morfemas pueden distinguirse tres clases:

- **Morfemas gramaticales**. Aportan significaciones gramaticales, como género, número, tiempo, persona, etc.
- **Morfemas derivativos** o **afijos**:
  - ***Prefijos***. Se anteponen al lexema: ***des***-*hacer*, ***en***-*vainar.*
  - ***Infijos***. Se sitúan en el interior de la palabra: *man-**ec**-illa, caf-**ec**-ito.*
  - ***Sufijos***. Van colocados al final de la palabra: *bon-**dad**, papel-**era**.*

  Algunos afijos formarían quizás una categoría aparte, ya que aportan significado léxico (*-fago, aero-, hecto-*).
- **Morfemas relacionantes**. Señalan relaciones entre palabras y grupos de palabras: son las preposiciones y las conjunciones.

Según los monemas que constituyen una palabra, éstas pueden clasificarse en:

- **Simples**, **compuestas** y **parasintéticas:**
  - ***Simples***. Están formadas por un solo lexema: *codo, arma, lápiz.*
  - ***Compuestas***. Están formadas por dos o más lexemas: *reposa-cabezas, peli-rrojo.*
  - ***Parasintéticas***. Están formadas por más de un lexema y morfemas derivativos: *a-vin-agr-ad-o, agu-a-rdent-os-o.*
- **Primitivas** o **derivadas:**
  - ***Primitivas***. No contienen ningún morfema derivativo: *cristal.*
  - ***Derivadas***. Contienen morfemas derivativos: *cristal-ero, a-cristal-ado.*
- **Variables** e **invariables:**
  - ***Variables***. Admiten morfemas gramaticales: sustantivo, adjetivo, pronombre, artículo, verbo.
  - ***Invariables***. No admiten morfemas gramaticales: adverbio, preposición, conjunción, interjección.

UNIDADES SINTÁCTICAS: EL SINTAGMA

El sintagma es una unidad intermedia entre la palabra y la oración. Se trata de un grupo de monemas conectados entre sí que constituyen un conjunto dotado de sentido y con una misma función.

Todo sintagma consta al menos de una palabra que constituye su **núcleo**, pero habitualmente se compone además de otros elementos que determinan y complementan a ese núcleo y que se denominan **modificadores** o **adyacentes**:

El caballo blanco
M N M

Por la categoría de los elementos que los componen, los sintagmas se clasifican en:

- **Sintagma nominal**. Tiene por núcleo un sustantivo: ***Luis***; *mi **hermano** mayor.*
- **Sintagma adjetivo**. Tiene por núcleo un adjetivo: ***propenso*** *a engordar*; *más **amable**.*
- **Sintagma adverbial**. Tiene por núcleo un adverbio: *muy **tarde***; ***mañana*** *al amanecer.*
- **Sintagma verbal**. Tiene por núcleo un verbo: ***vino*** *con nosotros*; ***construyeron*** *una barca*; ***sabe*** *de todo.*
- **Sintagma preposicional**. Consta de enlace (preposición) y término:

en su casa — E T   *desde la ventana* — E T

a mano — E T   *por vosotros* — E T

El término puede estar constituido a su vez por núcleo y modificadores.

por la tarde — E T   *la tarde* — M N

por la tarde   *la tarde*

Funciones sintácticas de los sintagmas

En un enunciado existen dos funciones básicas: **sujeto** y **predicado**.

FUNCIÓN SUJETO

El sujeto puede definirse como aquello de lo que se dice o predica algo y constituye una función privativa del sintagma nominal: cualquier otro sintagma que desempeñe esta función, estará sustantivado:

El mañana es tuyo
S

FUNCIÓN PREDICADO

Por predicado se entiende aquello que se dice o se predica del sujeto y es una función propia del sintagma verbal.

Clases de predicado

El predicado, según la naturaleza de su núcleo o palabra más importante, puede ser:

- **Predicado verbal**. El verbo funciona como núcleo del predicado:

  S PV

  Él conoce a todos los vendedores

  N

- **Predicado nominal**. El verbo funciona como simple enlace o cópula entre el sujeto y el atributo:

  S PN

  Su libro es magnífico

  E

- **Predicado no verbal**. La función de núcleo es asumida por un sustantivo, un adjetivo o un adverbio:

  S PNV

  El tráfico, gran problema urbano

  N

Complementos del predicado

- **Complemento** u **objeto directo**. Semánticamente, es el sintagma que precisa o limita la significación del verbo, nombra al ser o al objeto sobre el que recae la acción de éste. Aunque puede presentar distintas estructuras, se trata de un sintagma nominal cuyo núcleo es un sustantivo u otra palabra que funcione como tal:

  ¿Has comprendido la lección?
  CD

  No la comprendo.
  CD

  Comprendió que debía volver.
  CD

  Para reconocer el complemento directo existen, principalmente, dos métodos:

  – Por conmutación con los pronombres personales *lo, la, los, las*:

  Tiene el libro ——→ *Lo tiene.*

  Compró las revistas ——→ *Las compró.*

  – Mediante la transformación de la oración a voz pasiva: el complemento directo de la oración activa pasa a ser sujeto en la pasiva:

  Jaime corrigió los deberes.
  CD

  Los deberes fueron corregidos por Jaime.
  S

- **Complemento** u **objeto indirecto**. Por su significado, el complemento indirecto designa el ser o el objeto al que va destinada la acción del verbo. Su núcleo es un sustantivo y siempre va introducido por la preposición *a* y, en ocasiones, por *para:*

  Entregó la mercancía a la empresa.
  CI

  Compra pinturas para tus hermanos.
  CI

  Para reconocer el complemento indirecto, puede conmutarse por los pronombres personales *le, les*:

  Escribe a sus amigos ——→ *Les escribe.*

  Sin embargo, cuando el complemento directo y el indirecto aparecen representados por pronombres, éste último presenta la forma invariable *se*:

  Dio la noticia a todos ——→ *Se la dio.*

  A veces, el complemento indirecto aparece duplicado, repetido por dos expresiones distintas:

  A mí me dijeron otra cosa.
  CI CI

  A Román no le enviaron el pedido.
  CI CI

  Le regaló flores a su madre.
  CI CI

- **Complemento circunstancial**. El complemento circunstancial expresa las distintas circunstancias de la acción verbal (lugar, tiempo, modo, compañía, etc.). Aunque su función es propia del adverbio, frecuentemente es desempeñada por un sintagma nominal precedido o no de preposición:

  Iré mañana a verlos.
  CC

  Encontró la cartera en el portal.
  CC

  Ha estado lloviendo toda la noche.
  CC

  En una oración puede haber distintos complementos circunstanciales y su posición no es fija, sino que, frente a los demás complementos, posee una gran movilidad:

  Los lunes, en su colegio, tienen latín.
  CC CC

  Los lunes, tienen latín en su colegio.
  CC CC

  En su colegio, tienen latín los lunes.
  CC CC

  En su colegio, los lunes, tienen latín.
  CC CC

- **Complemento preposicional**. Los complementos preposicionales son sintagmas nominales introducidos por una preposición; al igual que el complemento directo, delimitan y concretan el significado del verbo, pero su comportamiento sintáctico es muy diferente.

  Dicha preposición está exigida por el verbo y, si el sintagma nominal se conmuta por un pronombre, ésta no puede suprimirse, ya que conllevaría un cambio en la significación verbal:

  tratar la dolencia ——→ *tratarla*
  CD

  tratar de la dolencia —/→ *tratarla*
  CP

  No es lo mismo *creer una cosa* que *creer en una cosa* o *saberlo todo* y *saber de todo.*

- **Complemento agente**. El agente es un modificador del verbo en voz pasiva. Designa a la persona o cosa que realiza la acción verbal:

  Su obra fue alabada por la crítica.
  C Ag

El sintagma que desempeña la función de sujeto en las oraciones activas pasa a complemento agente en las pasivas:

Ellos vieron la casa.
S
La casa fue vista por ellos.
C Ag

Complementos del sujeto y del predicado

Existen modificadores que complementan al sujeto desde el sintagma predicado: el **atributo** y el **complemento predicativo**.

- **Atributo**. Es el adjetivo o sintagma nominal que acompaña a los verbos *ser*, *estar* y *parecer* y funciona como núcleo del predicado nominal. El atributo concierta en género y número con el sujeto y puede ser sustituido por *lo*:

  La ropa está sucia ⟶ *La ropa lo está.*

- **Complemento predicativo**. El predicativo, como el atributo, concierta en género y número con el sintagma nominal al que se refiere, pero, frente a éste, no se combina con los verbos *ser*, *estar* y *parecer*, ni puede conmutarse por *lo*:

  El agua bajaba turbia ⟶ **El agua lo bajaba.*

Nota: El asterisco (*) marca las formas incorrectas.

LA ORACIÓN

La oración es la unidad mínima de comunicación o mensaje. En el habla, va ligada a otras oraciones formando lo que se llama el discurso o la cadena hablada.

Es un signo lingüístico complejo, que puede descomponerse en sintagmas, monemas y fonemas. Tiene una construcción independiente y demuestra, además, una unidad de entonación, ya que termina en un cambio de tono y en una pausa o silencio final.

Clasificación de las oraciones desde el punto de vista semántico

Según la actitud del hablante, las oraciones pueden clasificarse en enunciativas, interrogativas, exclamativas, dubitativas, optativas o desiderativas, exhortativas y de posibilidad.

ORACIONES ENUNCIATIVAS

Enuncian un hecho, pensamiento, etc., de forma objetiva. El verbo de estas oraciones va en modo indicativo y su modalidad de entonación es la enunciativa:

Tiene una magnífica biblioteca.

Estas oraciones pueden ser **afirmativas** o **negativas**, según afirmen o nieguen, respectivamente, del sujeto.

Las oraciones enunciativas se denominan también **aseverativas** o **declarativas**.

ORACIONES INTERROGATIVAS

Expresan una pregunta. En el habla están caracterizadas por una determinada entonación (interrogativa), que en la escritura se refleja mediante los signos **¿?**: son las **interrogativas directas**:

¿Te apetece salir?

¿Cuántos vendrán?

Estas oraciones también pueden presentarse en forma enunciativa, introducidas por verbos como *decir*, *saber*, *preguntar*; son las **interrogativas indirectas**:

Me preguntó si le habíamos llamado.

Las oraciones que preguntan por la totalidad del contenido y esperan una respuesta afirmativa o negativa se llaman **interrogativas totales**:

¿Te importa ayudarme?

¿Vendrán con nosotros?

Las oraciones **interrogativas parciales** preguntan sobre una parte del contenido y contienen en el fondo una aseveración:

¿Quién ha llamado? (Alguien ha llamado.)

¿Por qué no lo haces? (No lo has hecho.)

El modo propio de las oraciones interrogativas es el indicativo.

ORACIONES EXCLAMATIVAS

En las oraciones exclamativas, el hablante expresa sorpresa, asombro, enfado, alegría, etc., de forma subjetiva, con una fuerte participación emotiva. La modalidad de entonación de estas oraciones es la exclamativa, que se señala en la escritura con los signos **¡!**:

¡Qué tarde es!

¡Vaya coche!

¡Cuánto me alegro!

ORACIONES DUBITATIVAS

Expresan duda, frecuentemente por medio de adverbios que introducen verbos en subjuntivo:

Quizás nos haya escrito.

Tal vez trate de hacerlo.

Las oraciones de significado dubitativo pueden ser **enunciativas** (ejemplos anteriores) y también **interrogativas**, en cuyo caso se construyen con el verbo en indicativo:

¿Le habrá gustado el regalo?

No sé si deberíamos decírselo.

ORACIONES OPTATIVAS O DESIDERATIVAS

Las oraciones optativas expresan un deseo, su modalidad fónica es la enunciativa y se construyen con el verbo en subjuntivo:

Que tengas suerte.

A veces, su significado se refuerza con una entonación exclamativa:

¡Ojalá ganemos!

ORACIONES EXHORTATIVAS

Estas oraciones expresan consejo, ruego, mandato o prohibición y, al igual que las optativas, su entonación es frecuentemente exclamativa. Se construyen con el verbo en imperativo (frases afirmativas) o en presente de subjuntivo (frases negativas), aunque a menudo se utilizan otras formas verbales que puedan denotar mandato, prohibición, etc.:

Venid aquí, por favor.

No os detengáis.

A callar.

No permitiré que me hables así.

ORACIONES DE POSIBILIDAD

Expresan una probabilidad, generalmente a través de verbos en futuro o en condicional; su curva de entonación coincide con la de las enunciativas:

Estarán llegando en este momento.

Serían las tres cuando ocurrió.

Clasificación de las oraciones desde el punto de vista sintáctico

Una primera división de las oraciones nos llevaría a distinguir entre **simples** y **compuestas**.

ORACIONES SIMPLES

Las oraciones simples constan de una sola estructura sujeto/predicado:

Sus amigos son muy agradables.

Rafa nos espera en el cine.

Atendiendo a la naturaleza del predicado, las oraciones simples se clasifican en **predicativas** (de predicado verbal) y **copulativas** (de predicado nominal).

Las primeras se construyen con verbos que conservan plenamente su significación y que funcionan como núcleo del predicado:

Los cachorros jugaban en el jardín.

Las oraciones copulativas se construyen con los verbos *ser*, *estar* y *parecer*, que pierden su significado y actúan como simple enlace entre el sujeto y el atributo:

Ignacio es historiador.

Las oraciones predicativas, según la voz del verbo y el carácter del sujeto (agente o paciente), pueden ser:

- ***Activas***. Tienen verbo en voz activa y sujeto agente:

  Dos columnas flanqueaban la entrada.

- ***Pasivas***. Tienen verbo en voz pasiva y sujeto paciente:

  La entrada era flanqueada por dos columnas.

A su vez, las oraciones activas pueden ser:

- ***Transitivas***. Tienen sujeto y llevan complemento directo:

  Has roto el vaso.

- ***Intransitivas***. Tienen sujeto pero carecen de complemento directo:

  El avión aterrizó en la pista.

- ***Impersonales***. No tienen sujeto expreso ni sobreentendido:

  Aún no ha amanecido.

El verbo de las oraciones transitivas e intransitivas puede aparecer en forma pronominal; si es así, las oraciones transitivas se clasifican en:

- ***Reflexivas***. El sujeto realiza y recibe a la vez la acción verbal:

  Se lava.

  Se lava las manos.

- ***Recíprocas***. La acción es ejecutada y recibida mutuamente por dos o más sujetos.

Otro tipo de oraciones construidas con verbo pronominal lo constituyen las **seudorreflejas**, que pueden ser transitivas:

Se llevó los platos.

o intransitivas:

Me vuelvo a casa.

En esta clase de oraciones, el pronombre átono no funciona como complemento directo ni indirecto y puede considerarse bien como un simple auxiliar, sin el cual el verbo no podría conjugarse (no existe *atrever*, ni *arrepentir* o *jactar*, sino *atreverse*, *arrepentirse* y *jactarse*), o bien como refuerzo expresivo de la acción verbal:

Se comió todo el pastel.

Nos tomamos un té.

En cuanto a las oraciones pasivas (forma: *Los cuadros fueron devueltos al museo*), y dentro de esta clasificación, existe una forma peculiar llamada **pasiva refleja**, que lleva sujeto paciente y verbo en voz activa y precedido de *se*:

Se recogieron muchas firmas.

Se tendrá en cuenta la edad.

ORACIONES COMPUESTAS

Las oraciones compuestas constan de más de una estructura sujeto/predicado. Cada una de estas estructuras se denomina **proposición**.

La oración compuesta puede presentar distintas estructuras, dependiendo de cómo se unan las proposiciones que la forman. Éstas pueden estar relacionadas de dos formas:

- ***Por coordinación***. Se establece una relación de igualdad: todas las estructuras sujeto/predicado tienen el mismo nivel sintáctico.
- ***Por subordinación***. Se establece una relación de dependencia: una proposición está subordinada a otra.

La coordinación

Hemos dicho que la coordinación establece una relación de igualdad entre las proposiciones; esta relación puede entablarse a través de conjunciones coordinantes o mediante **yuxtaposición**: unión sin enlaces de dos palabras o grupos de palabras (en este caso, proposiciones) sintácticamente equivalentes:

Era noche cerrada, no se distinguía nada en el horizonte.

CLASES DE PROPOSICIONES COORDINADAS

Se distinguen cuatro tipos:

- **Coordinadas copulativas**. Las proposiciones copulativas llevan como enlace las conjunciones *y*, *e*, *ni*. En ellas, el significado de una proposición se suma al de otra u otras:

  Salió y compró el periódico.

  Ni fuma ni bebe.

- **Coordinadas disyuntivas**. Llevan como nexo las conjunciones *o*, *u* y correlaciones del tipo: *o … o*, *bien … bien*, *ora … ora*, *ya … ya*. Expresan alternancia entre dos o más opciones y el cumplimiento de una proposición excluye el de las demás:

  Le escribiré o le telefonearé.

  Bien viajas con nosotros, bien tomas el avión.

- **Coordinadas adversativas**. Sus nexos más comunes son *pero*, *mas*, *salvo*, *sin embargo*, etc. La coordinación adversativa indica una contraposición parcial o total entre dos proposiciones:

  Fui a verlo pero no estaba.

  Se lo advertí, mas no me hizo caso.

■ **Coordinadas ilativas**. Utilizan enlaces como *luego, conque, así que, por consiguiente*, etc., y el significado de la segunda proposición es consecuencia de lo que se dice en la primera:

No hay luz en la casa, luego no deben de estar.

Tienes un examen, así que ponte a estudiar.

La subordinación

CLASES DE PROPOSICIONES SUBORDINADAS

Las proposiciones subordinadas se clasifican según la función que desempeñan en la oración compuesta:

■ **Subordinadas sustantivas**. Realizan en la oración compuesta las funciones propias de un sustantivo o de un sintagma nominal: sujeto, complemento directo, complemento indirecto, atributo, aposición, etc.:

Me gusta que llame.
S

Le dijo que viniera.
CD

Dan un regalo a cuantos participan.
CI

Ese jugador es el que expulsaron.
Atributo

Raúl, el que tú conoces, vive aquí.
Aposición

■ **Subordinadas adjetivas**. Desempeñan en la oración compuesta la función de un adjetivo, es decir, la de modificador del núcleo de un sintagma nominal.

El sustantivo al que modifican se llama **antecedente**, y la palabra que repite en la proposición subordinada el concepto del antecedente se denomina **relativo**. Los relativos cumplen un doble papel: funcionan como nexo subordinante y desempeñan en la proposición subordinada otra función sintáctica (sujeto, complemento directo, etc.).

Las novelas que compré están ahí.
Nexo y CD

Las subordinadas adjetivas se clasifican en:

– ***Explicativas***. No concretan ni limitan la extensión del sustantivo, sino que le atribuyen una determinada cualidad o circunstancia. Podrían suprimirse sin que variara el contenido de la oración y van delimitadas por pausas:

La caja, que está encima de la mesa, es de Luis (sólo hay una caja, situada encima de la mesa).

– ***Especificativas***. Limitan la extensión del sustantivo o lo seleccionan entre un conjunto por una determinada cualidad o circunstancia. Su significado es esencial para interpretar la oración:

La caja que está encima de la mesa es de Luis (existen varias cajas, pero únicamente la situada encima de la mesa pertenece a Luis).

■ **Subordinadas adverbiales**. Desempeñan en la oración compuesta la función propia del adverbio, la de complemento circunstancial.

Semánticamente, se distinguen las siguientes clases de proposiciones subordinadas adverbiales:

– ***Adverbial de lugar***. Expresa una circunstancia de lugar con respecto a la proposición principal y van introducidas por *donde, a donde, por donde, de donde*, etc.:

Te espero donde tú ya sabes.

Fue a donde le dijeron.

– ***Adverbial de tiempo***. Indica una circunstancia de tiempo y expresa un proceso simultáneo, anterior o posterior, respecto al del verbo principal: van introducidas por *cuando, tan pronto como, mientras, siempre que, después de que*, etc.:

Cuando salí, estaba lloviendo.

Tan pronto como llegues, avísame.

– ***Adverbial de modo***. Expresa el modo como transcurre o se realiza lo indicado por la proposición principal; van introducidas por *como, según, según que*:

Sigue modelando la arcilla como lo hacían sus antepasados.

Hazlo según te digan.

– ***Adverbial condicional***. Indica una condición necesaria para que se cumpla lo expresado en la proposición principal; van introducidas por *si, con tal que, siempre que:*

Te lo dejo si me lo cuidas bien.

Puedes ir con tal que vuelvas pronto.

– ***Adverbial concesiva***. Expresa una dificultad u obstáculo que no impide que se cumpla lo que se dice en la proposición principal; van introducidas por *aunque, a pesar de que, si bien*, etc.:

Llegaremos a tiempo aunque haya atasco.

No lo encontré a pesar de que lo busqué por toda la casa.

– ***Adverbial consecutiva***. Indica el resultado, efecto o consecuencia de lo que se ha dicho en la proposición principal; van introducidas por *tan ... que, tanto ... que, de tal modo que:*

Es tan amable que todos le aprecian.

Has apretado de tal modo que has roto este tapón.

– ***Adverbial causal***. Expresa la causa de lo que se dice en la principal; van introducidas por *porque, como, puesto que*, etc.:

Como hacía mal tiempo, nos vinimos antes.

Lo hizo porque era su obligación.

– ***Adverbial comparativa***. Establece una relación de superioridad, igualdad o inferioridad con respecto a una acción o cualidad expresada por la principal. El verbo de la subordinada suele omitirse; van introducidas por *más ... que, tanto ... como, menos ... que*, etc.:

Miente más que habla.

Sabe tanto como su hermano (sabe).

– ***Adverbial final***. Indica la intención o finalidad con que se realiza la acción enunciada en la proposición principal; van introducidas por *para (que), a fin de que, con objeto de*, etc.:

Escondió el dinero para que no lo encontraran fácilmente.

Le visitó con objeto de felicitarlo.

PARTES DE LA ORACIÓN

Sustantivo

Los sustantivos designan seres animados o inanimados, ideas, objetos, etc.

CLASIFICACIÓN SEMÁNTICA DE LOS SUSTANTIVOS

Sustantivos comunes y propios

Los **sustantivos comunes** nombran a seres u objetos y hacen referencia a sus características: *aire*, *mujer*, *libro*. Estos sustantivos son **genéricos**, ya que pueden aplicarse a toda una especie o categoría:

El aire es esencial para la vida
los derechos de la mujer
el día del libro

Los **sustantivos propios** nombran a un ser, objeto, etc., sin hacer referencia a sus características y distinguiéndolo de los demás de su clase: *Marta*, *Chinchón*, *Hacienda*.

Sustantivos concretos y abstractos

Los **sustantivos concretos** designan personas, animales o cosas que tienen una realidad material, por lo que pueden percibirse a través de los sentidos: *gato*, *mapa*, *roca*, *tuerca*.

Los **sustantivos abstractos** nombran realidades no materiales, como cualidades, ideas, etc.: *amor*, *ternura*, *justicia*, *ignorancia*.

Sustantivos individuales y colectivos

Los **sustantivos individuales** designan en singular a un solo ser: *olivo*, *soldado*, *perro*.

Los **sustantivos colectivos**, estando en singular, nombran a un conjunto de seres o elementos: *olivar*, *ejército*, *jauría*.

Sustantivos contables y no contables

Los **sustantivos contables** designan cosas que pueden contarse o numerarse: *hoja*, *lápiz*, *hermano*.

Por el contrario, los **sustantivos no contables** se aplican a cosas que no pueden ser contadas o numeradas: *azúcar*, *tabaco*, *trigo*, *nata*.

FORMA DEL SUSTANTIVO: MORFEMAS DE GÉNERO Y NÚMERO

El género

El género no siempre responde a una distinción de sexo. Sí existe dicha distinción en algunos sustantivos que designan a personas o animales (*niño-niña*, *doctor-doctora*, *león-leona*). En cambio, los nombres de seres inanimados y muchos de los que designan a animales han tomado el género arbitrariamente (*el año*, *la tierra*, *el topo*, *la liebre*).

En muchos sustantivos, este morfema (representado normalmente por la oposición **-o/-a**) no aparece marcado y para adscribirlos a uno u otro género es preciso apoyarse en el artículo, que funciona en este caso como un morfema de género, o bien concertarlos con un adjetivo:

el mes más corto
un reloj analógico
la sal gorda
una pared blanca

Se trata de sustantivos de forma única (son masculinos o femeninos). Sin embargo, dentro de éstos existen algunos especiales que pueden llevar artículo masculino y femenino, lo que puede conllevar o no un cambio de significado. Algunos de ellos son:

- Los sustantivos de **género ambiguo**. Hacen referencia a seres inanimados y llevan indistintamente artículo masculino o femenino sin que cambie su significado:

  el mar / la mar
  el armazón / la armazón

- Los sustantivos de **género común**. Se refieren a personas y pueden llevar artículo masculino o femenino, lo que supone un cambio de significado:

  el artista / la artista
  el guía / la guía
  el testigo / la testigo

- Los sustantivos de **género epiceno**. Designan animales generalmente y ni siquiera el artículo varía:

  el gorila { *un gorila hembra* / *un gorila macho*
  la corneja { *una corneja hembra* / *una corneja macho*

En cuanto a los sustantivos que presentan dos formas, la variación genérica se marca por medio de morfemas:

-o / -a	*chic**o** / chic**a***
ø / -a	*pintor / pintor**a***
ø / -esa	*abad / abad**esa***
ø / -isa	*poeta / poet**isa***
ø / -ina	*héroe / hero**ína***
ø / -triz	*emperador / empera**triz***

En algunos sustantivos, la variación de género supone también una oposición de lexemas:

hombre / mujer *toro / vaca*
yerno / nuera *caballo / yegua*

El número

El número expresa en la mayoría de los sustantivos la cantidad, es decir, la singularidad o pluralidad de elementos: *una casa*, *varias casas*. Aunque, a veces, puede aportar otros matices o emplearse simplemente para dar una mayor expresividad a lo que se dice:

Llegó a tierras andaluzas.

El número se indica en los sustantivos a través del morfema ø (ausencia de morfema), para el singular, y del morfema *-s* para el plural.

La formación del plural en español se sujeta a ciertas normas:

- Se añade *-s* a las palabras terminadas en vocal átona o en *a*, *e* tónicas:

  mesa, mesas *sofá, sofás*
  gallo, gallos *carné, carnés*

- Se añade *-es* a las palabras terminadas en consonante o en *-y* semivocal:

  camión, camiones
  buey, bueyes

(Las terminadas en *z* cambian esta consonante por una *c*: *vez, veces; raíz, raíces*.)

También se añade *-es* a las palabras que acaban en *-i*, *-u* tónicas:

maniquí, maniquíes

iglú, iglúes

Sin embargo, en este último caso existe una tendencia, cada vez más general, a hacer el plural en *-s*: *maniquís, iglús*.

Casos especiales

– Los sustantivos no agudos terminados en *-s* o en *-x*, que no varían en plural:

el jueves, los jueves

el tórax, los tórax

– Algunas palabras terminadas en *-y*, que forman su plural en *-s* y cambian la *y* en *i*:

paipay, paipáis

jersey, jerséis

– Ciertos sustantivos admiten varias posibilidades: *maravedí / maravedíes / maravedís / maravedises*. Esto ocurre con muchos préstamos extranjeros, los cuales, según hayan sido asimilados por la lengua, se someten a las normas del español o conservan su plural primitivo:

club / clubes / clubs

cocktail / cóckteles / cocktails

En ocasiones, el plural puede suponer un cambio de acento:

régimen, regímenes

– Los nombres compuestos forman su plural como si se tratara de palabras simples:

el pasodoble, los pasodobles

el sacapuntas, los sacapuntas (mismo caso que *jueves* y *faringitis*)

Y sólo unos pocos, en especial palabras ya desusadas, añaden el morfema de número a los dos lexemas o únicamente al primero:

ricohombre, ricoshombres

hijodalgo, hijosdalgo

Adjetivo

Los adjetivos constituyen una categoría gramatical cuya función esencial es la de modificar al sustantivo:

movimientos rítmicos
N M

nuestra vecina
M N

Es una parte variable de la oración, es decir, admite los morfemas de género y número: *nuevo, nueva, nuevos, nuevas*. Algunos adjetivos no presentan variación genérica, sino que tienen forma única: *interesante, caliente, fiel*.

Por su significado se dividen en dos grupos:

– ***Adjetivos calificativos***.

– ***Adjetivos determinativos***.

Algunas gramáticas sólo consideran adjetivos a los calificativos; para estos autores los determinativos estarían incluidos, junto con el artículo, dentro del grupo de los determinantes, en su clasificación correspondiente: demostrativo, posesivo, indefinido, etc.

ADJETIVOS CALIFICATIVOS

Los adjetivos calificativos nombran cualidades, estados, situaciones, etc., referidos a un sustantivo: *un sonido* ***grave***, *una persona* ***soltera***, *un territorio* ***alejado***.

El adjetivo, en la frase, puede ir delante o detrás del sustantivo o bien unido a éste a través de un verbo: *una interesante película, una película interesante. La película es interesante.* Sin embargo, en ocasiones, la posición del adjetivo conlleva un cambio en su significado, los adjetivos pospuestos normalmente designan una cualidad, estado, etc., del sustantivo: *un hombre pobre, un pueblo grande*; mientras que cuando anteceden al nombre, añaden una valoración hecha por el hablante: *un pobre hombre, un gran pueblo.*

Los adjetivos calificativos pueden ser **especificativos**, si añaden al sustantivo una nueva idea o bien restringen o limitan su significado: *Conducía un coche deportivo. Dame el libro grueso*; o **explicativos** o **epítetos**, que no limitan el significado del sustantivo, sino que realzan una cualidad, circunstancia, etc., que le es propia: *Llegó el frío invierno. Miraba el agua tersa y transparente.*

Grados del adjetivo calificativo

La cualidad expresada por el adjetivo puede presentarse en distintos grados de intensidad. De esta forma distinguimos:

– ***Grado positivo***. El adjetivo simplemente nombra una cualidad: *una chica trabajadora, las vacaciones están próximas.*

– ***Grado comparativo***. Establece una comparación, que puede ser de **superioridad** (se forma con *más … que*: *Rosa es más trabajadora que Jaime*); de **igualdad** (se forma con *tan … como, igual de … que: Eva es tan tozuda como tú. Su moto es igual de rápida que la mía*), o de **inferioridad** (formada con *menos … que: Esa silla es menos cómoda que aquélla*).

Existen, sin embargo, adjetivos que por sí mismos tienen valor comparativo, por lo que no necesitan llevar antepuesta ninguna partícula, como por ejemplo:

mayor (comparativo de *grande*)

menor (comparativo de *pequeño*)

mejor (comparativo de *bueno*)

peor (comparativo de *malo*)

superior (comparativo de *alto*)

inferior (comparativo de *bajo*)

– ***Grado superlativo***. Nombra la cualidad en alto grado y se forma anteponiendo al adjetivo el adverbio *muy*: *muy hermoso*; añadiendo al adjetivo los sufijos *-ísimo, -érrimo*: *guapísimo, celebérrimo*; o mediante algún prefijo como *re-, requete-, super-, ultra-*, etc.: *reblanca, requetebonito, superlistos, ultrarrápido*.

Igual que en el caso de los comparativos, existen adjetivos cuyo valor es el de un superlativo:

máximo (superlativo de *grande*)

mínimo (superlativo de *pequeño*)

óptimo (superlativo de *bueno*)

pésimo (superlativo de *malo*)

supremo (superlativo de *alto*)

ínfimo (superlativo de *bajo*)

Algunos superlativos son irregulares y la mayoría de ellos responden a formas cultas que son sustituidas en el habla por otras más comunes:

POSITIVO	SUPERLATIVO	
	Forma culta	**Forma común**
bueno	bonísimo	buenísimo, muy bueno
sabio	sapientísimo	muy sabio
fuerte	fortísimo	fuertísimo, muy fuerte
cruel	crudelísimo	cruelísimo, muy cruel
libre	libérrimo	muy libre
íntegro	integérrimo	integrísimo, muy íntegro
pobre	paupérrimo	pobrísimo, muy pobre
pulcro	pulquérrimo	pulcrísimo, muy pulcro

Existen dos modalidades de superlativo: el superlativo **absoluto**, que no establece ningún tipo de comparación: *Es un chico muy simpático. Tiene unos ojos bellísimos*; y el superlativo **relativo**, que establece una comparación dentro de los elementos de un grupo: *Es el chico más simpático de la clase. Tiene los ojos más bonitos que he visto nunca.*

Cambio de función del adjetivo calificativo

Como se ha dicho al principio, la función privativa del adjetivo es la de modificar o determinar al sustantivo al que acompaña. Sin embargo, puede comportarse como un sustantivo o un adverbio y, por lo tanto, desempeñar las funciones propias de éstos.

- ***Sustantivación***: *los buenos, lo extraño, las ancianas.*
- ***Adverbialización***: *habla claro, trabajo duro, aprieta fuerte.*

ADJETIVOS DETERMINATIVOS

Los adjetivos determinativos no expresan cualidades, circunstancias, etc., referentes a un sustantivo, sino que concretan o limitan el significado de éste a través de relaciones gramaticales.

Los adjetivos determinativos se clasifican en varios grupos:

- **Adjetivos demostrativos**: *este, esta, estos, estas; ese, esa, esos, esas; aquel, aquella, aquellos, aquellas.* Señalan seres u objetos, expresando la distancia que media entre esos seres y el hablante:

  esta casa ⟶ proximidad en el espacio

  aquellos meses ⟶ lejanía en el tiempo

- **Adjetivos posesivos**: *mío, mía, mi, míos, mías, mis; tuyo, tuya, tu, tuyos, tuyas, tus; suyo, suya, su, suyos, suyas, sus; nuestro, nuestra, nuestros, nuestras; vuestro, vuestra, vuestros, vuestras; suyo, suya, su, suyos, suyas, sus.*

  Expresan la pertenencia o relación de un ser u objeto con respecto a las personas gramaticales.

  A partir de sus formas podemos distinguir:

  - Si el poseedor es una o varias personas:

    mi coche ⟶ un solo poseedor

    vuestra familia ⟶ varios poseedores

  - La persona gramatical del poseedor:

    tu abrigo ⟶ 2.ª persona

    su trabajo ⟶ 2.ª persona (usted) o 3.ª persona

  - El género y número del objeto poseído:

    nuestro primo ⟶ masculino, singular

    vuestras cartas ⟶ femenino, plural

- **Adjetivos indefinidos**: *algún, alguno, algunos, algunas; ningún, ninguno, ningunos, ningunas; poco, poca, pocos, pocas; mucho, mucha, muchos, muchas; cierto, cierta, ciertos, ciertas; demasiado, demasiada, demasiados, demasiadas; todo, toda, todos, todas; tanto, tanta, tantos, tantas; bastante, bastantes; diversos, diversas; varios, varias,* etc. Los indefinidos indican cantidad o identidad de una forma vaga e imprecisa:

  Había varias personas.

  Quedaban algunas cuartillas.

  No vieron ningún vehículo.

  Recaudó bastante dinero.

- **Adjetivos numerales**. Expresan idea de número, orden, partición, etc., y se clasifican a su vez en distintos grupos:

  - ***Numerales cardinales***: *un, una, tres...* Indican número, cantidad; *Tiene dos hermanos gemelos. Aprobó tres asignaturas pendientes.*
  - ***Numerales ordinales***: *primero, segundo...* Expresan orden: *Llegó el segundo. Se ha leído el capítulo quinto.*
  - ***Numerales partitivos*** o ***fraccionarios***: *medio, tercio, cuarto...* Indican división de la unidad: *un quinto de los intereses, una centésima de segundo.*
  - ***Numerales múltiplos*** o ***multiplicativos***: *doble, triple, cuádruple...* Expresan producto: *doble capa, triple salto.*

- **Adjetivos relativos**: *cuyo, cuya, cuyos, cuyas; cuanto, cuanta, cuantos, cuantas.* Establecen una relación entre el sustantivo al que acompañan y su antecedente: *Éste es el chico cuyo hermano es médico. Le gusta leer cuantos libros caen en sus manos.*

  Cuyo, -a, -os, -as son considerados al mismo tiempo posesivos, ya que aportan idea de pertenencia.

- **Adjetivos interrogativos y exclamativos**: *qué, cuánto, cuánta, cuántos, cuántas.* Los adjetivos interrogativos limitan al sustantivo con actitud interrogativa, pidiendo una precisión sobre él:

  ¿Qué autobús tomas para ir a tu casa?

  ¿Cuántas personas asistieron?

  Los exclamativos concretan el sustantivo ponderándolo:

  ¡Qué temperatura tan agradable!

  ¡Cuánta gente!

Determinantes. El artículo

La categoría de los determinantes está formada por los adjetivos determinativos, explicados en el apartado anterior, y por **el artículo**.

Se trata de una palabra variable, carente de significado propio, que actúa como indicador de género y número y funciona como modificador directo del sustantivo, al que siempre precede:

el aire, la magia

El artículo puede sustantivar a cualquier palabra o sintagma:

el verde

el antes y el después

los que van a venir

Semánticamente, se clasifican en:

- **Artículo determinado**: *el, la, los, las*. Señala o muestra un ser u objeto concreto:

  Dame las llaves.

- **Artículo indeterminado**: *un, una, unos, unas*. No hace referencia a un ser u objeto concreto y en realidad funciona como un adjetivo indefinido:

  Llamen a un médico.

  Un día me encontré con él.

  El artículo indeterminado tiene, a veces, un valor enfático o expresivo:

  ¡Tengo un hambre!

  Como decorador, gana un dinero.

Pronombre

El pronombre constituye una clase de palabras de significado ocasional, que sólo pueden entenderse en una situación o contexto dado, y que desempeña las funciones propias de un sustantivo o sintagma nominal.

CLASES DE PRONOMBRES

- **Pronombres personales**. Designan las tres personas gramaticales (la que habla, a la que se habla y aquella de quien se habla) en singular y plural.

  El pronombre personal es la única palabra en español que ha conservado el morfema de caso, es decir, que tiene distintas formas según la función sintáctica que desempeñe.

  Las formas de los pronombres personales son las que se dan a continuación.

SINGULAR

Pers.	Sujeto	Complemento	Término de preposición
1.ª	yo	me	mí, conmigo
2.ª	tú usted	te (lo, la, le, se)	ti, contigo usted (sí, consigo)
3.ª	él ella ello	lo, le, se la, le, se lo	sí, consigo, él sí, consigo, ella ello

PLURAL

Pers.	Sujeto	Complemento	Término de preposición
1.ª	nosotros /-as	nos	nosotros/-as
2.ª	vosotros /-as ustedes	os (los, las, les, se)	vosotros/-as ustedes (sí, consigo)
3.ª	ellos ellas	los, les, se las, les, se	sí, ellos sí, ellas

Las formas que desempeñan la función de sujeto y término de preposición son tónicas: *Nosotros no iremos. Ellos contestaron. Vino conmigo*; las que funcionan como complemento son átonas: *Se lo dijo. Nos propuso un viaje*.

En amplias zonas de América, el pronombre *tú* se sustituye por la forma *vos*. A este uso corresponden formas verbales propias; *vos sabés, vos cantás*. En el plural, las formas *vosotros, vosotras, os* han desaparecido en el español de América y en su lugar se usa *ustedes* y los pronombres átonos y tónicos correspondientes (*los, las, les, se, ustedes, sí, consigo*).

- **Pronombres demostrativos**. Son las mismas formas de los adjetivos demostrativos, junto con los neutros *esto, eso* y *aquello*.

  Aparecen frecuentemente acentuados, excepto las formas neutras:

  Éste es mi primo.

  He visto todas sus películas menos ésa.

  No quiere hablar de aquello.

- **Pronombres posesivos**. Son las mismas formas de los adjetivos posesivos (excepto las formas apocopadas: *mi, mis, tu, tus, su, sus*), y siempre van precedidos de artículo: *el nuestro, la tuya, el suyo*.

- **Pronombres indefinidos**. Al igual que los adjetivos indefinidos, significan cantidad imprecisa o indeterminación y sus formas son las mismas que las de éstos, excepto *alguien, nadie, quienquiera*, que sólo son pronombres:

  Alguien llamó y los despertó.

  No había nadie en la plaza.

  Me da igual quienquiera que sea.

- **Pronombres numerales**. Los adjetivos numerales cardinales pueden utilizarse también como pronombres:

  Sólo vinieron dos.

  De los libros que me prestó ya he leído tres.

- **Pronombres relativos:** *que, quien, quienes; el cual, la cual, los cuales, las cuales; cuanto, cuanta, cuantos, cuantas*. Los pronombres relativos hacen referencia a un sustantivo llamado antecedente y tienen un doble valor: como enlace subordinante y como sustantivo, desempeñando en la oración funciones propias de éste:

  El hombre que te presenté hoy es su padre.

  Toma cuantos desees.

  Los adverbios relativos *donde, cuanto* y *como* son también pronombres relativos:

  Éste es el pueblo donde nació.

  Pensaban la forma como lo solucionarían.

- **Pronombres exclamativos e interrogativos**. Las formas de los pronombres exclamativos e interrogativos son: *qué; cuál, cuáles; quién, quiénes; cuánto, cuánta, cuántos, cuántas; dónde; cuándo; cómo*:

  ¿Qué le dijo?

  ¿Cuál prefieres?

  ¡Cuánto comió!

  ¿Dónde vive?

  ¡Cómo disfrutó!

Verbo

El verbo es una palabra variable que indica acciones, estados o procesos, situándolos en un momento determinado.

CLASES DE VERBOS

Según las relaciones semánticas y sintácticas que el verbo establezca con los demás elementos de la oración, se pueden distinguir varias clases de verbos:

Verbos transitivos

Llevan un complemento directo que limita y concreta el significado del verbo, que es mucho más general.

Algunos verbos se usan solamente como transitivos: *entregar*, *enviar*, *hacer*, aunque la mayoría pueden usarse como transitivos o intransitivos:

Tengo que lavar la ropa.
Ha estado leyendo una novela } transitivos

Tengo que lavar.
Ha estado leyendo. } intransitivos

Pertenecen a la clase de verbos transitivos los **reflexivos**, cuando el complemento directo nombra al mismo ser que el sujeto; *me lavo*, *se peina*, y los **recíprocos**, en que la acción del verbo es realizada y recibida recíprocamente por varios sujetos: *se besaron*, *os pegasteis*, *nos saludamos*.

Verbos intransitivos

Los verbos son intransitivos o se usan como tales cuando no necesitan un complemento directo que precise o limite su significado.

Algunos verbos, como *envejecer*, *nacer*, *ir*, *salir*, *caer*, *brillar*, etc., son siempre intransitivos. Otros muchos, también intransitivos, como *dormir*, *vivir*, *morir*, etc., se construyen a veces con un complemento directo:

Vivió una vida apasionante.
Durmió una siesta de tres horas.
Murió una muerte tranquila.

Verbos pronominales

Son verbos pronominales aquellos que se construyen con las formas átonas del pronombre personal (*me*, *te*, *se*, *nos*, *os*).

Algunos verbos son siempre pronominales: *vanagloriarse*, *quejarse*, *arremolinarse*, *comedirse*, y otros pueden construirse como pronominales: *emocionar(se)*, *alegrar(se)*, *equivocar(se)*, *salir(se)*, *romper(se)*.

Le emocionó nuestra carta.
Se emocionó con nuestra carta.

Verbos copulativos

Los verbos copulativos tienen una significación general de existencia o estado y funcionan como enlace entre el sujeto y el atributo.

El verbo *ser* atribuye al sujeto una cualidad que generalmente le es propia, por lo que añade cierto matiz de duración:

María es muy guapa (una de sus cualidades es la belleza).

Eran muy valientes (se caracterizaban por su valentía).

Estar atribuye igualmente una cualidad, pero concebida en estado, bien como resultado de un proceso o cambio, bien como un hecho puntual que tiene lugar en una circunstancia o momento determinados:

María está muy guapa (se ha arreglado, va muy elegante...).

Estuvieron muy valientes (se comportaron con valentía en una determinada situación).

Otro verbo que se ha considerado tradicionalmente copulativo es *parecer*. Existe además una serie de verbos que pueden usarse como copulativos, lo que supone una pérdida de gran parte de su significado.

Creo que Maite anda preocupada.
¿Sigues enfadado?
Siempre va descalza en la piscina.

En estas tres oraciones, los verbos *andar*, *seguir* e *ir* podrían ser sustituidos por las correspondientes formas de *estar* sin que sufran un cambio importante de significación.

Verbos auxiliares

Los verbos auxiliares acompañan a otros verbos, perdiendo total o parcialmente su significado léxico, pero aportando ciertos matices.

Los principales son dos: *haber*, utilizado para formar los tiempos compuestos (*he dicho*, *han acabado*), y *ser*, con el que se construye la voz pasiva (*son respetados*, *fueron devueltos*).

Otros muchos se utilizan como auxiliares en diversas **perífrasis** o **frases verbales**, y expresan matices especiales, como obligación, comienzo de acción, duración, etc.:

Obligación

haber de + infinitivo
He de ir.

tener que + infinitivo
Tienes que volver.

deber + infinitivo
Debes corregirle.

Probabilidad o duda

deber de + infinitivo
Debe de ser simpático.

venir a + infinitivo
Eso viene a costar lo mismo.

Acción inminente

ir a + infinitivo
Va a llover.

estar a punto de + infinitivo
Está a punto de llegar.

Comienzo de acción

echar a + infinitivo
Echó a correr.

ponerse a + infinitivo
Se puso a llorar.

romper a + infinitivo
Rompió a hervir.

Repetición de la acción
volver a + infinitivo
Volvió a caerse.

Duración de la acción
seguir + gerundio
Sigue trabajando.
estar + gerundio
Está siguiéndonos.
ir + gerundio
Iba comprendiendo.
venir + gerundio
Venía observándolo.
andar + gerundio
Andaba haciendo preguntas.

Acción terminada
estar + participio
Estaba dispuesto a seguir.
llevar + participio
Llevaba escritas varias páginas.
dejar + participio
Dejó dicho lo que quería.
tener + participio
Tenía entusiasmados a los chicos.
traer + participio
Traía desconcertados a todos.

FORMA DEL VERBO

En toda forma verbal se distinguen dos partes: el *lexema*, que contiene el significado semántico, y una serie de *morfemas* que indican persona, número, tiempo, modo, aspecto y voz.

Morfemas verbales

Un mismo morfema puede indicar varias cosas a la vez; no existe una forma específica para persona, otra para número, etc. Se trata de un fenómeno de sincretismo:

Lexema	Morfema de tiempo-modo	Morfema de número-persona
cant-	-are-	-mos
sub-	-ía-	-n

En algunas formas verbales aparece un elemento que indica a qué conjugación pertenece. Este elemento se denomina **vocal temática**:

*am-**a**-ré* (primera conjugación)
*tem-**e**-ré* (segunda conjugación)
*part-**i**-ré* (tercera conjugación)

MORFEMA DE PERSONA

Indica si el sujeto es la primera, la segunda o la tercera persona gramatical:

- ***1.ª persona***. Tiene como sujetos *yo*, *nosotros*, *nosotras*.
- ***2.ª persona***. Lleva como sujetos los pronombres *tú*, *vosotros*, *vosotras* (*usted*, *ustedes*, aunque sean pronombres de segunda persona, conciertan con formas verbales que poseen morfemas de tercera persona).
- ***3.ª persona***. Tiene como sujetos los pronombres *él*, *ella*, *ello*, *ellas*, *ellos*, *usted*, *ustedes* y todos los sustantivos posibles.

MORFEMA DE NÚMERO

El número es un morfema común al sustantivo, al adjetivo y al verbo.

El morfema verbal de número indica si el sujeto es singular o plural, y es el morfema que permite que el núcleo del sujeto y el núcleo del predicado concuerden.

***Roberto** no sabe dónde **iremos**.*
***Julia y yo salimos** tarde.*

MORFEMA DE TIEMPO

Sitúa la acción en tres tiempos fundamentales:

- ***Presente***. Expresa una acción que se desarrolla en el momento en el que se habla:
  Sergio estudia matemáticas.
- ***Pretérito***. Indica una acción que pertenece a un tiempo pasado:
  Terminó sus estudios.
  Cuando era joven jugaba al fútbol.
- ***Futuro***. Presenta una acción que ocurrirá en tiempo venidero:
  Saldremos mañana.
  Habrá acabado dentro de dos horas.

MORFEMA DE MODO

Indica la actitud del hablante ante lo que dice; se distinguen tres modos:

- ***Modo indicativo***. Se limita a exponer un hecho en presente, pasado o futuro y se caracteriza por la **objetividad** o imparcialidad del hablante.
  Vendrá la semana próxima.
- ***Modo subjuntivo***. Presenta una acción posible, deseable o dudosa y refleja la participación emocional del hablante frente a lo que expresa. Es el modo de la **subjetividad**.
  Ojalá venga la semana próxima.
- ***Modo imperativo***. Se opone a los dos modos anteriores: es el modo del **mandato**. Se utiliza únicamente cuando el lenguaje tiene función apelativa o de mandato.
  Ven la semana próxima.

MORFEMA DE ASPECTO

El morfema de aspecto informa sobre el desarrollo de la acción, considerándola en su realización o en su cumplimiento. Hay dos aspectos:

- ***Aspecto perfectivo***. Indica que la acción se encuentra terminada o se considera como tal. Son tiempos perfectivos todos los compuestos y el pretérito indefinido o pretérito perfecto simple:
  Ha pagado su deuda.
  Había acabado cuando le vimos.
  Ayer hablé con él.
- ***Aspecto imperfectivo***. Considera la acción en su desarrollo. Son imperfectivos todos los tiempos simples, excepto el pretérito indefinido o pretérito perfecto simple:
  Lee una novela muy interesante.
  Hacía gimnasia en el jardín.
  Iremos en cuanto podamos.

MORFEMA DE VOZ

Indica si el sujeto realiza la acción expresada por el verbo (**voz activa**) o si, por el contrario, recibe sus efectos (**voz pasiva**).

La voz pasiva se forma con el verbo *ser* como auxiliar y el participio del verbo que se conjuga.

En la voz pasiva, el participio concuerda con el sujeto en género y número:

Es admirada por todos.

Fueron abandonados.

LA CONJUGACIÓN

La conjugación es el conjunto ordenado de todas las formas del verbo y resulta de añadir al lexema los morfemas correspondientes.

En castellano hay tres conjugaciones:

- **1.ª conjugación**: verbos terminados en *-ar*.
- **2.ª conjugación**: verbos terminados en *-er*.
- **3.ª conjugación**: verbos terminados en *-ir*.

Las tres conjugaciones son distintas, pero la primera establece mayores diferencias con respecto a la segunda y la tercera.

Atendiendo a la conjugación, los verbos se clasifican en: **regulares**, **irregulares** y **defectivos**.

- Los **verbos regulares** conservan el lexema invariable en toda la conjugación y toman los mismos morfemas que el verbo que siguen como modelo.
- Los **verbos irregulares** o no mantienen el lexema a lo largo de toda la conjugación o tienen morfemas distintos a los del verbo modelo o se cumplen ambas cosas a la vez. Por ejemplo:

rogar	***ruego***
pedir	*pido*
hacer	*hice*

- Los **verbos defectivos** no se conjugan en todos los tiempos y personas, como, por ejemplo, *atañer* y *concernir*, que sólo se conjugan en las terceras personas, o *abolir*, *transgredir* y *agredir*, que se usan sólo en las formas en que los morfemas comienzan en *i*:

abolimos	*abolís*
transgredimos	*transgredís*
agredimos	*agredís*

FORMAS NO PERSONALES DEL VERBO

Las formas no personales del verbo son las que no se conjugan, es decir, no añaden al lexema morfemas gramaticales de persona, número, tiempo, etc. Estas formas son tres en español: **infinitivo**, **participio** y **gerundio**.

Infinitivo

El infinitivo contiene el significado básico del verbo y es la forma con que se le nombra.

Consta de un lexema y un morfema: *-ar*, *-er*, *-ir*, según pertenezca, respectivamente, a la primera, segunda o tercera conjugación. Tiene una forma simple (*amar*) y una forma compuesta (*haber amado*) y admite la voz pasiva (*ser amado, haber sido amado*).

El infinitivo puede ser verbo o sustantivo.

Como verbo:

- Puede desempeñar la función de núcleo del sintagma verbal:

¡A correr!

- Es núcleo del predicado en algunas oraciones subordinadas:

Vino para hablar contigo.

Al romperse la bolsa, se salió el líquido.

- Puede llevar un sujeto (siempre pospuesto):

al salirse el agua (*el agua*: S)

- Admite complementos verbales:

tomar el autobús (*el autobús*: CD)

robárselo (*se*: CI, *lo*: CD)

hablar con seguridad (*con seguridad*: CC)

- Forma perífrasis verbales:

Voy a salir.

Debe de vivir aquí.

Como sustantivo:

- Puede llevar determinantes y adjetivos:

Me molesta ese ir y venir.

Tiene un despertar insoportable.

- Desempeña las funciones propias de un sustantivo:

Querer es poder. (*Querer*: S; *poder*: Atributo)

No sabe ir. (*ir*: CD)

Lo hizo sin reflexionar. (*reflexionar*: Término de preposición)

Participio

El participio tiene un significado pasivo: *cortado, sabido, vestido*. Los participios regulares constan de un lexema y los morfemas *-ado*, para la primera conjugación, e *-ido*, para la segunda y tercera.

Existen también muchos participios irregulares: *escrito, impreso, hecho*.

Se utiliza para la formación de los tiempos compuestos y de la voz pasiva (en este caso tiene variación de género y número):

Hemos entregado la mercancía.

La mercancía ha sido entregada.

El participio puede ser verbo o adjetivo.

Como verbo:

- Puede ser núcleo de oraciones unimembres, muy frecuente en lenguaje periodístico:

Concluida la última etapa ciclista.

- Es núcleo del predicado en oraciones subordinadas:

Terminada la función, los asistentes abandonaron la sala.

- Forma perífrasis verbales:

Tiene enfadada a media empresa.

Como adjetivo:

- Modifica al sustantivo:
  Encontraron el perro herido.
- Funciona como atributo:
  María está cansada.
- Es núcleo del sintagma adjetivo:
  Aburrido de este tiempo.
  Preocupado por el trabajo.
- Puede sustantivarse:
  los perseguidos, las desaparecidas
- Admite morfemas de género y número (igual que en la pasiva):
  abandonado, abandonada
  abandonados, abandonadas
- Admite morfemas derivativos:
  sentadita, preocupadillo

Gerundio

El gerundio expresa una acción en su desarrollo. Consta de un lexema y los morfemas *-ando*, para la primera conjugación, y *-iendo*, para la segunda y tercera. Tiene dos formas, una simple: *cantando*, y otra compuesta: *habiendo cantado*.

Forma perífrasis durativas y cuando va con otro verbo, el tiempo del gerundio es simultáneo o inmediatamente anterior a la acción de dicho verbo:

Se fue riéndose.
Pensando que estaba vacío, entró.

El gerundio puede ser tanto verbo como adverbio.

Como verbo:

- Funciona como núcleo de un sintagma verbal:
  El presidente entregando los trofeos.
- Es núcleo del predicado en la proposición subordinada:
  Contestándome así, no lograrás nada.
- Puede llevar sujeto (siempre pospuesto):
  Recomendándome él, tendré muchas posibilidades.
- Admite complementos verbales:
  atravesando la calle (CD)
  leyendo para ellos (CI)
  tirando con puntería (CC)
- Forma perífrasis verbales de sentido durativo:
  Lleva hablando dos horas.

Como adverbio:

- Funciona como circunstancial:
  Se fue refunfuñando.
  No hables comiendo.
- Admite morfemas derivativos diminutivos:
  callandito, sudandito.

Adverbio

El adverbio es una parte de la oración que expresa diversas circunstancias (tiempo, modo, lugar, cantidad, etc.) y desempeña la función de complemento de un verbo: *Se expresa claramente*, de un adjetivo: *Es un ordenador muy rápido*, o de otro adverbio: *Conduce demasiado deprisa*.

Aunque no admiten morfemas gramaticales, algunos adverbios pueden llevar **morfemas derivativos:**

cerca, cerquita
deprisa, deprisilla

Al igual que el adjetivo, admite **grados de significación**:

tarde, más tarde, muy tarde

Y algunos forman el superlativo con el morfema *-ísimo*:

tardísimo, lejísimos

El morfema *-mente* es exclusivamente adverbial, convierte a los adjetivos en adverbios y se aplica sobre el femenino de éstos, si tienen doble forma:

rápido → *rápidamente*
caluroso → *calurosamente*
hábil → *hábilmente*

Por su significado, los adverbios pueden agruparse en:

- ***Adverbios de tiempo***: *antes, ahora, luego, después, hoy, mañana, ayer, anteayer, pronto, tarde, nunca*, etc.
- ***Adverbios de lugar***: *aquí, allí, ahí, acá, allá, cerca, lejos, dentro, fuera, arriba, abajo, delante, detrás*, etc.

  Los adverbios *aquí, acá, ahí, allí, allá*, reciben, en ocasiones, el nombre de **adverbios pronominales**, ya que tienen un significado ocasional y se relacionan con las personas gramaticales:

  aquí o *acá*: expresan proximidad con respecto a la primera persona.

  ahí: expresa proximidad con la segunda persona.

  allí o *allá*: expresan lejanía con respecto a la primera y segunda personas.
- ***Adverbios de modo***: *bien, mal, regular, así, despacio, deprisa, como, cómo, ágilmente, estupendamente*, etc.
- ***Adverbios de cantidad***: *mucho, poco, demasiado, nada, algo, harto, bastante, sólo, solamente, además*, etc.
- ***Adverbios de orden***: *antes, después, primero, sucesivamente, respectivamente*, etc.
- ***Adverbios de afirmación***: *sí, cierto, ciertamente, claro, realmente, verdaderamente*, etc.
- ***Adverbios de negación***: *no, nada, tampoco, nunca, jamás*, etc.
- ***Adverbios de duda***: *quizá, quizás, acaso, tal vez, probablemente*, etc.

Dentro de los adverbios existe un grupo especial:

- ***Adverbios relativos***: *donde, cuando* y *como*. Estos adverbios, además de modificar al verbo, introducen una proposición subordinada y cumplen dentro de ésta una función sintáctica.

Frecuentemente, dos o más palabras equivalen a un adverbio, ya que tienen un significado único para todo el conjunto. Estos grupos de palabras se denominan **locuciones** o **frases adverbiales** y son muy abundantes en español:

a escondidas	*a cántaros*
en seguida	*de improviso*
de cabeza	*por los pelos*

Preposición

La preposición es una palabra invariable que une una palabra con otra que le sirve de complemento, es decir, es un enlace subordinante. Puede expresar muy diversas relaciones (materia, instrumento, dirección, localización, tiempo, agente, etc.) y su significado no es fijo, ya que varía según el contexto:

una figura de ébano (materia)
productos de Andalucía (procedencia)
de Madrid a Barcelona (origen)
el libro de Manuel (pertenencia)

A veces, las preposiciones se usan agrupadas: *a por, de a, de entre, para con*, etc.

En ocasiones, dos o más palabras funcionan como una preposición y forman **locuciones** o **frases prepositivas**: *de acuerdo con, aparte de*.

Las preposiciones más frecuente son: *a, ante, bajo, con, contra, de, desde, durante, en, entre, hacia, hasta, para, por, según, sin, sobre, tras*.

Conjunción

La conjunción es una palabra invariable que une palabras y proposiciones.

Existen dos grupos de conjunciones:

- **Conjunciones coordinantes**. Unen palabras y proposiciones que tienen un mismo nivel sintáctico.

  Al igual que las proposiciones coordinadas, las conjunciones que las relacionan se clasifican en:

  - ***Copulativas***: *y, e, ni*.
  - ***Disyuntivas***: *o, u, ya ... ya, bien ... bien, ora ... ora*.
  - ***Adversativas***: *mas, pero, sino, salvo, sin embargo, no obstante*, etc.
  - ***Consecutivas*** o ***ilativas***: *luego, así que, conque, de modo que*.

  Como se puede apreciar en los ejemplos, algunas conjunciones están formadas por dos o más palabras, que constituyen **locuciones** o **frases conjuntivas**.

- **Conjunciones subordinantes**. Unen solamente proposiciones de distinto nivel sintáctico, relacionadas por subordinación. Estas conjunciones indican distintos tipos de relación, y atendiendo a la relación que expresen pueden clasificarse (igual que las proposiciones subordinadas) en ***causales***, ***consecutivas***, ***comparativas***, etc.

SEMÁNTICA

La semántica basa su estudio en el **significado** de las palabras, en las relaciones que se establecen entre dichos significados, las variaciones y ambigüedades significativas, etc.

En el signo lingüístico se distinguen dos planos: **plano del contenido**, que nos lleva directamente al **significado**, y **plano de la expresión**, parte material del signo, llamada **significante**. Sin embargo, en el proceso de la significación, nos encontramos con un tercer elemento, externo al propio signo, que es el **referente**, aquello a lo que se refieren las palabras, la realidad misma.

Este proceso se representa mediante el triángulo de significación:

Entre el significante y el referente no existe una relación directa (línea discontinua), ya que el significante apunta directamente al concepto que tenemos formado en la mente sobre las cosas y no a las cosas en sí; aunque algunas palabras, como las onomatopeyas, puedan implicar cierta relación significante-referente.

Los signos lingüísticos no aparecen aislados, sino inmersos en unas determinadas circunstancias (**situación**) y acompañados de otros signos (**contexto**). Tanto la situación como el contexto constituyen el entorno del signo y sirven para precisar e interpretar su significado.

Las palabras tienen por sí mismas un significado que las define. Este significado se llama **denotativo** y es el que aparece en la definición de *león* como «mamífero carnívoro de la familia félidos...». A veces, a este significado principal se añaden valoraciones, juicios, etc., que conducen a su significado **connotativo**; de esta forma, en la oración: *Luchó como un león*, a *león* se le atribuyen cualidades como valor, fiereza, etc., que no se deducen directamente de su significado recto.

POLISEMIA

Cuando a un significante corresponden varios significados, se denomina polisemia. Son palabras polisémicas: *hoja* (de las plantas, de papel, de un arma...), *banco* (asiento, establecimiento comercial, concentración de peces...).

La polisemia es un fenómeno muy frecuente en las lenguas y para interpretar correctamente los signos, el hablante debe apoyarse en la situación y el contexto.

HOMONIMIA

Coincidencia formal de dos palabras originariamente distintas. Son palabras homónimas: *llama*, «animal», procedente del quechua, y *llama*, «fuego», derivada del latín *flamma*; *falla*, «defecto», «fractura de una roca», de origen latino, y *falla*, «muñeco, ninot», del catalán *falla*.

En los casos anteriores, la coincidencia de los significantes es tanto fónica como gráfica; son, por tanto, términos **homógrafos** (misma grafía). Sin embargo, la coincidencia puede ser únicamente fónica, en cuyo caso los términos homónimos son **homófonos** (mismo sonido): *habría*, del verbo *haber*, y *abría*, del verbo *abrir*; *vasto*, «grande, extenso», y *basto*, «tosco, ordinario».

SINONIMIA

Coincidencia de los significados en palabras con distinta forma o significante. Son sinónimos: *gafas* y *anteojos*, *juntar* y *aproximar*, *burro* y *asno*.

La identidad de significado puede ser **total**, cuando dos o más palabras son equivalentes y conmutables entre sí en todos los contextos, o

parcial, cuando sólo pueden hacerlo en determinados contextos. Los sinónimos totales son muy escasos en la lengua, y algunos lingüistas niegan incluso que existan.

En muchos casos, los sinónimos coinciden en su significado denotativo, pero varían sus connotaciones: *zampar*, *jamar*, *jalar* y *papear* son sinónimos de *comer* y designan la misma acción; sin embargo, añaden connotaciones humorísticas y tienen usos coloquiales de los que carece *comer*.

ANTONIMIA

Son antónimas las palabras que designan nociones contrarias o contrapuestas, como *alegrarse-apenarse*, *útil-inútil*, *ligero-pesado*. A veces, sus significados se oponen al guardar una relación de inversión lógica, como, por ejemplo, *vender* y *comprar* o *quitar* y *restituir*.

CAMPO SEMÁNTICO

En el sistema de la lengua, las palabras pueden organizarse en grupos por su significado, cubriendo, de esta manera, un aspecto o una parcela de la realidad; por ejemplo, forman un campo semántico las palabras relacionadas con el colorido (*blanco*, *azul*, *rojo*, *rosa*...), las que se refieren a la idea de parentesco (*madre*, *padre*, *hijo*, *hermano*...), etc.

Dentro de estos conjuntos, cada palabra tiene una serie de notas diferenciales que la oponen a las demás del grupo.

Así, tanto *barco* como *coche* estarían dentro del campo semántico de los vehículos, pero se opondrían entre sí: mientras que *barco* designa un tipo de transporte que se desplaza por agua, *coche* designa un transporte que lo hace por tierra; asimismo, *barco* se opondría a *barca* o *canoa*, *coche* a *tren* o *motocicleta*, y así sucesivamente.

CAMBIO SEMÁNTICO

Al igual que los significantes, los significados de una lengua están sometidos a evolución.

Son muy diversas y de muy distinta naturaleza las causas de estos cambios semánticos, que pueden reducirse básicamente a razones históricas, lingüísticas, sociales o psicológicas. Sin embargo, no siempre se dan aisladas y a menudo se superponen unas a otras.

Dentro de las causas sociales y psicológicas, habría que encuadrar el fenómeno de **eufemismo** y **tabú**.

Las palabras, además de lo que denotan, tienen muchas connotaciones, algunas negativas (de temor, vergüenza, asco, etc.), por lo que, frecuentemente, se evita nombrarlas; estas palabras se denominan **tabú**, y aquellas que las sustituyen, **eufemismos**. Por ejemplo, *parir* suele evitarse y se prefieren eufemismos como *dar a luz* o simplemente *tener*, suele utilizarse *defunción* o *fallecimiento* en lugar de *muerte*; *persona de color* en lugar de *negro*, etc.

ORTOGRAFÍA

Se entiende por gramática normativa aquella que enseña los usos lingüísticos aceptables. La costumbre, la tradición, las enseñanzas de la gramática y las reglas que dan las academias de la lengua sirven de base para establecer la norma. La enseñanza de la lengua tiene una parte normativa; así, el habla de las gentes se uniforma en parte, lo que facilita la comunicación. La gramática normativa tiene dos partes importantes: la **ortografía**, que trata de la correcta escritura, y la **ortología**, que se ocupa de la buena pronunciación. A continuación se ofrece un resumen de la primera en tres grandes apartados:

La ortografía de las letras.
El acento.
Los signos de puntuación.

LA ORTOGRAFÍA DE LAS LETRAS

En todas las lenguas hay problemas ortográficos, porque en todas se producen con el tiempo desajustes entre fonemas y letras. La ortografía del español es bastante sencilla, mucho más, por ejemplo, que la del inglés o la del francés, idiomas en los que son mucho mayores los desajustes.

Los desajustes entre fonemas y letras son de tres tipos:

- **Un fonema** puede ser representado por **más de una letra**. Ejemplos:
  - Fonema /**i**/:
    - Representado por la letra **i**: ***i**r*, *v**i**no*, *c**i**ma*
    - Representado por la letra **y**: *re**y***, *so**y***, ***y***
  - Fonema /**k**/:
    - Representado por la letra **c**: ***c**asa*, ***c**osa*, ***C**uenca*
    - Representado por la letra **k**: ***k**ilo*, ***k**iosco*
    - Representado por las letras **qu**: ***qu**erer*, ***qu**iso*
- **Una letra** puede representar **varios fonemas** distintos. Ejemplos:
  - Letra **c**:
    - Representa al fonema /**k**/: ***c**asa*, ***c**oral*, ***c**uerda*
    - Representa al fonema /**θ**/: ***c**irco*, ***c**erco*
    - Representa al fonema /**s**/ en las zonas de seseo: ***c**irco*, ***c**erco*
- **Una letra** puede corresponder a un **fonema cero**: la letra **h** es muda, no representa a ningún fonema.

UN FONEMA REPRESENTADO POR MÁS DE UNA LETRA

Fonema	Letras	Ortografía
/i/	i y	*tí, vino, así* *rey, voy, y*
/b/	b v w	***b**o**b**o, clu**b*** ***v**i**v**ir, **v**ol**v**er* ***w**atio, **W**agner* La pronunciación labiodental de la **v** desapareció en el siglo XVI. Ahora es bilabial, como la **b**.
/g/	g	Ante **a**, **o**, **u**, **r**, **l**, el fonema /**g**/ se representa por la letra **g**. ***g**arra, **g**ota, **g**usto, **g**racias, **g**lotón*
	gu	Ante **e**, **i**, el fonema /**g**/ se representa por **g** seguida de una **u** que no corresponde a ningún fonema. ***gu**erra, **gu**iso*
	gü	Ante una **u** con diéresis, que corresponde al fonema **u**, el fonema /**g**/ se representa por **g**. *ci**gü**eña, pin**gü**ino*
/x/	j	Ante **a**, **o**, **u**, el fonema /**x**/ se representa por la letra **j**. *Javier, **j**ota, **j**umento*
	g	Ante **e**, **i**, el fonema /**x**/ puede representarse por las letras **g** o **j**. No hay regla fija. *Genaro, girar, garaje, jirafa*
	x	En unas pocas palabras el fonema /**x**/ se representa por la letra **x**. *México, Texas*
/k/	c	Ante **a**, **o**, **u**, el fin de sílaba y ante consonante, el fonema /**k**/ se representa por la letra **c**. *curro, corcel, cubo, doctor, criba*
	qu	Ante **e**, **i**, el fonema /**k**/ se representar por el conjunto de letras **qu**. ***qu**emar, **qu**imera*
	k	En algunas palabras de origen griego o alemán, el fonema /**k**/ se representa por la letra **k**. ***k**ilo, **k**áiser, **k**iosco*
/r̄/	rr	Entre vocales *erre, perro, burro*
	r	En inicial de palabra y después de **l**, **n**, **s**, el fonema (lateral vibrante múltiple) se representa por una sola **r**. *rana, rima, Enrique, alrededor, Israel*

UNA LETRA QUE REPRESENTA A VARIOS FONEMAS

Letra	Fonemas	Ortografía
i	/i/	*vino, hilo*
	/y/	La letra **i** del diptongo **ie**, precedida de **h** tiene sonido consonántico: representa al fonema linguopalatal fricativo /**y**/. *hierro, hierba*
g	/g/	Ante **a**, **o**, **u**, la letra **g** representa al fonema velar oclusivo /**g**/. *gasto, gorro, gusto*
	/x/	Ante **e**, **i**, la letra **g** representa al fonema linguovelar fricativo /**x**/. *Genaro, jirafa*
r	/r/	Entre vocales, la letra **r** representa al fonema vibrante simple /**r**/. *cara, aro, puro*
	/r̄/	En inicial de palabra y después de **n**, **l**, **s**, la letra **r** tiene el sonido del fonema vibrante múltiple /**r̄**/. *rana, Enrique, alrededor, Israel*
y	/i/	En final de palabra y en la conjunción copulativa «**y**» la letra **y** es vocálica. *rey, soy, tú y yo*
	/y/	En inicial de sílaba, la letra **y** es consonántica. *yo, raya, yunque*
x	/s/	Ante consonante. *extremo, explicación*
	/k/ + /s/	Entre vocales. *taxi, examen*
	/g/ + /s/	En pronunciación culta. *extremo, explicación, silex, xilófono*

Uso de las consonantes

Existe una serie de reglas sencillas y prácticas que pueden ayudarnos a escribir correctamente. Por ejemplo, ésta: antes de **p** y de **b** nunca se escribe **n**, sino **m**: *campo, ambos*.

De todas las reglas, la más útil es ésta: en las palabras, **el lexema permanece invariable**.

Por ejemplo, podemos observar que se escriben con **v**, porque poseen el lexema **vid-** o **vis-** (que significa **ver**), todas las palabras siguientes:

ver, revista, revisión

provisión, provisional

vidente, visionario, revisionista

divisar, avistar

A veces en el lexema pueden presentarse ligeras variaciones por:

- **Razones fonéticas**:
  - La **g** pasa a **j** ante **a**, **o**, **u**: *dirigir - dirijo*
  - La **z** se convierte en **c** ante **e**, **i**: *lanzar - lancé - lancero*
  - La **c** se convierte en **z** ante **a**, **o**, **u**: *cocer - cuezo*
  - La **c** (fonema /**k**/) pasa a **qu** ante **e**, **i**: *abarcar - abarque*
- **Razones etimológicas**:
  - En un mismo lexema puede aparecer **p** o **b**: *ca**b**eza, ca**b**o, ca**p**ital, ca**p**ítulo*
  - En un mismo lexema puede aparecer **f** o **h**: ***h**ijo - **f**ilial, **h**oja - **f**olio, **h**ierro - **f**érreo, **h**arina - **f**arináceo*

USO DE LA B

Se escriben con B	Ortografía
Las palabras que comienzan por las sílabas **bu-**, **bur-**, **bus-**.	***bu**zo, **bur**ro, **bur**lar, **bur**sátil, **bus**ca, **bus**to*
Las sílabas **bra**, **bre**, **bri**, **bro**, **bru** y **bla**, **ble**, **bli**, **blo**, **blu**.	***bra**zo, **bre**te, **bri**lla, **bro**te, **bru**to, ha**bla**, ha**ble**, ta**bli**lla, **blo**quear, **blu**sa*

Se escriben con B	Ortografía
Las palabras que comienzan por **ab-**, **abs-**, **ob-**, **obs-** y **sub-**.	***ab****solver*, ***ab****usar*, ***abs****temio*, ***ob****jetivar*, ***ob****tuvo*, ***obs****truir*, ***sub****suelo*
Las palabras que comienzan por los prefijos **bi-**, **bis**, **biz-** (que significan «dos veces»). No se deben confundir con los prefijos **vice-**, **vi-**, que significan «en lugar de».	***bí****pedo*, ***bis****iesto*, ***bi****anual*, ***bis****abuelo*, ***biz****cocho*
El morfema gramatical **-ba**, **-bas**, **-bamos**, **-bais**, **-ban**, del pretérito imperfecto de indicativo de los verbos de la primera conjugación.	*juga****ba***, *saltá****bamos***, *comenza****bais***, *habla****ban***
Los sufijos **-bundo**, **-bunda**, **-abilidad**, **-ibilidad**	*medita****bundo***, *furi****bunda***, *am****abilidad***, *vis****ibilidad*** *Civilidad* no es excepción, ya que la *v* pertenece al lexema *civ-*.
Los verbos terminados en **-buir**.	*atri****buir***, *retri****buir***, *distri****buir***, *contri****buir***
Los verbos terminados en **-bir**.	*escri****bir***, *suscri****bir***, *conce****bir***, *reci****bir*** Se exceptúan *hervir*, *servir* y *vivir*.
Los verbos terminados en **-aber**.	***haber***, ***caber***, ***saber*** Se exceptúa *precaver*.

USO DE LA V

Se escriben con V	Ortografía
Las palabras que comienzan por los prefijos **vice-**, **viz-**, **vi-** (que significan «en lugar de»).	***vice****cónsul*, ***viz****conde*, ***vi****rrey*
Las palabras que comienzan por el prefijo **ad-** llevan a continuación **v** y no **b**.	***adv****iento*, ***adv****ertir*, ***adv****ocación*, ***adv****ersario*
Las terminaciones o sufijos **-ava**, **-ave**, **-avo**, **-eva**, **-eve**, **-evo**, **-ivo**, **-iva** de los adjetivos.	*doce****ava***, *su****ave***, *esl****avo***, *nu****eva***, *l****eve***, *long****evo***, *primit****ivo***, *esqu****iva*** Se exceptúa *árabe*.
Los morfemas verbales **-uve**, **-uviera**, **-uviese**, **-uviere**.	*est****uve***, *and****uviera***, *cont****uviere***
Los verbos terminados en **-servar**.	***reservar***, *con****servar***, *pre****servar***
Las palabras terminadas en **-viro**, **-ívoro**, **-ívora**.	*triun****viro***, *carn****ívoro***, *herb****ívora*** *Víbora* no es excepción porque la *b* pertenece al lexema *vib-*.

USO DE LA G

Se escriben con G	Ortografía
Las terminaciones **-ger**, **-gir** de los verbos.	*co****ger***, *prote****ger***, *conver****ger***, *ru****gir***, *diri****gir*** Constituyen una excepción *tejer* y *crujir*.
Los sufijos **-gésimo**, **-gesimal** de los adjetivos ordinales.	*vi****gésimo***, *vi****gesimal***
Las palabras que empiezan por **geo-**, **gen-**, **gem**.	***geo****metría*, ***geo****desia*, ***gen****eral*, ***gem****elos*

USO DE LA J

Se escriben con J	Ortografía
Las palabras cuya terminación es **-je**.	*tra****je***, *gara****je***, ***eje***, *via****je***, *fle****je*** Se exceptúan *falange*, *faringe* y *laringe*.
Los pretéritos de los verbos en que intervienen los sonidos **je**, **ji**, sin que en los infinitivos de dichos verbos haya **g** ni **j**.	*di****je***, *condu****je***, *tra****jiste***, *produ****jera***
En los verbos terminados en **-jear**.	*can****jear***, *lison****jear***

USO DE LA H

Se escriben con H	Ortografía
Las palabras que empiezan por **hie-**, **hue-**.	***hie****lo*, ***hue****so* La palabra *hierba* se escribe también con *y*: *yerba*.
Las palabras que empiezan por **hum-**.	***húm****edo*, ***hum****ano*, ***húm****ero*, ***hum****o*
Las palabras que comienzan por **hidro-** e **hidra-**.	***hidró****geno*, ***hidro****avión*, ***hidra****tar*
Las palabras que llevan los siguientes prefijos derivados del griego: **hecto-** (cien) **hemi-** (medio) **homo-** (mismo) **hetero-** (otro) **hipo-** (escasez, falta) **hiper-** (exceso)	 ***hectó****metro*, ***hecto****litro* ***hemi****sferio* ***homó****logo*, ***homó****fono* ***hetero****géneo* ***hipo****tenso* ***hiper****tenso*, ***hiper****trofia*
En todas las formas de los verbos **haber** y **hacer**.	***h****a*, ***h****ay*, ***h****ubo*, ***h****abía*, ***h****ice*, ***h****iciera*

USO DE LA LL

El fonema /**ļ**/ es **palatal** (por el punto de articulación) y **lateral** (por el modo de articulación): para realizarlo, la lengua se apoya en la parte central del paladar dejando que el aire salga por los lados de la lengua.

En muchas zonas de España y América ha desaparecido este fonema. Los hablantes lo realizan como el fonema /**y**/. Este fenómeno se llama **yeísmo**. El yeísmo es una modalidad de habla (no una incorrección) y está en expansión en el mundo de habla española. Da lugar a muchas homofonías (*cayado-callado*; *poyo-pollo*) y a algunas dificultades ortográficas para las personas yeístas.

Se escriben con LL	Ortografía
Las palabras terminadas en **-illo**, **-illa**.	*p****illo***, *amar****illo***, *pas****illo***, *or****illa***, *ard****illa***
Los sustantivos terminados en **-ullo**.	*arr****ullo***, *cap****ullo***, *org****ullo*** No son excepciones palabras como *cuyo*, *huyo*, *distribuyo*, ya que no son sustantivos.
Los verbos terminados en **-illar**, **-ullar**, **-ullir**.	***pillar***, ***aullar***, ***bullir***

USO DE LA Y

Se escriben con Y	Ortografía
Los sustantivos terminados en **-y** que forman su plural añadiendo *-es*.	*reyes, convoyes, leyes*
Las palabras que tienen los prefijos **ad-**, **dis-**, **sub-** seguidos del fonema **/y/**.	***ad**yacente, co**ady**uvar, **disy**untiva, **suby**ugante*

USO DE LA M

Se escriben con M	Ortografía
Antes de **b** y de **p** se escribe **m** y no **n**.	*ca**mp**o, co**mp**oner, ta**mp**oco, a**mb**os, a**mb**ición, ta**mb**ién*

USO DE LA R

Se escriben con R	Ortografía
Detrás de **l**, **n** o **s** se pone **r** y no **rr**.	*a**lr**ededor, so**nr**eír, so**nr**ojar, Co**nr**ado, ho**nr**ado, i**sr**aelita*

SESEO: USO DE LA C, S Y Z

El fonema **/θ/** es fricativo interdental: el aire pasa rozando entre la lengua y los dientes.

En algunas zonas (parte de Andalucía, Canarias y toda América), este fonema se ha perdido. En su lugar, los hablantes realizan el fonema **/s/** que es también fricativo, pero alveolar. Este fenómeno se llama **seseo**. Es una modalidad de habla (no una incorrección).

El seseo da lugar a infinidad de homofonías (*casa-caza*; *risa-riza*; *losa-loza*). Para la escritura supone una dificultad, ya que, como en esos lugares los hablantes articulan sólo el sonido **[s]**, y no el sonido **[θ]**, resulta que a un sonido **[s]** puede corresponder la letra **s**, la letra **c** o la letra **z**.

Se escriben con C	Ortografía
Las palabras terminadas en **cer-**.	*co**cer**, ha**cer**, pa**cer*** Se exceptúan *ser* y *coser*.
Los sufijos diminutivos **-cito**, **-cico**, **-cillo**, **-cecito**, **-cecillo**.	*po**cito**, po**cico**, ave**cilla**, pie**cecito**, pe**cecillo***
Los sufijos **-acia**, **-icio**, **-icia**, **-ecer**, **-ancia**, **-encia**.	*aud**acia**, ind**icio**, mal**icia**, anoch**ecer**, redund**ancia**, vig**encia*** Las palabras *idiosincrasia, antonomasia* y *paronomasia* no son excepciones, ya que no llevan sufijo **-acia**.
Los sustantivos que llevan los sufijos **-ación** y **-ción**, derivados de verbos de la primera conjugación.	*salv**ación**, form**ación**, naveg**ación**, aire**ación**, can**ción**, op**ción**, inven**ción**, proyec**ción***
Los sustantivos terminados en los sufijos **-ición**, **-ción**, derivados de verbos de la segunda y tercera conjugación.	*rend**ición**, part**ición**, defin**ición**, atribu**ción**, conduc**ción**, obten**ción**, conten**ción***

Se escriben con S	Ortografía
Las palabras que llevan el fonema **/s/** antes de **p** y de **t**.	***raspa**, Ca**sp**e, a**sp**a, a**st**a, ca**st**a, co**st**umbre* Se exceptúan *azteca, pizpireta*.
Los sufijos: **-es/-esa** **-ense** **-isa** **-ista** **-esa** **-oso/-osa** **-esco/-esca** **-uso/-usa** **-ésimo/-ésima** **-asco/-asca** **-astro** **-ismo**	 *alav**és**, vigu**esa*** *gerund**ense**, matrit**ense*** *poet**isa**, piton**isa*** *pian**ista**, art**ista*** *cond**esa**, baron**esa*** *mied**oso**, herm**osa*** *simi**esco**, grot**esca*** *il**uso**, dif**usa*** *p**ésimo**, cent**ésima*** *peñ**asco**, hojar**asca*** *politic**astro*** *social**ismo**, optim**ismo***
Las palabras terminadas en: **-sivo** (el sufijo es **-ivo**) **-sis** **-ismo** **-ista**	 *alu**sivo**, corro**sivo*** *te**sis**, electróli**sis*** *ab**ismo**, se**ísmo*** *v**ista**, p**ista**, amat**ista***

USO DE LA X

Se escriben con X	Ortografía
Las palabras en las que el conjunto de sonidos **[es]** o **[egs]** preceden a vocal o a **h**.	***ex**amen, **ex**ento, **ex**halar, **ex**hibir*
Las palabras en las que el conjunto de sonidos **[es]** o **[eks]** preceden a **ce**, **ci**.	***exc**epción, **exc**itar, **exc**ipiente, **exc**elso*
Muchas otras palabras que proceden de palabras latinas con prefijo **ex-**.	***ex**terior, **ex**piar, **ex**comulgar, **ex**tenuar, **ex**tracto, **ex**cavar, **ex**perto, **ex**plosión*
Únicamente en cuatro grupos de palabras terminadas en **-xión**. Todas las demás palabras que terminan en los sonidos [*csión*] (en las zonas de seseo) se escriben con dos ces: *cción*.	1) *fle**xión*** y sus derivados *infle**xión**, refle**xión*** 2) *ane**xión**, cone**xión*** 3) *comple**xión*** 4) *crucifi**xión***

USO DE LA Z

Como norma general, se pone **z** ante **a**, **o**, **u** y en fin de sílaba: *zancos, zorro, zueco, paz, bizcocho*. Pero puede ponerse **z** ante **e**, **i**, en algunas palabras de origen extranjero, como *zéjel, zepelín, neozelandés, Zeus, zinc*, y también en palabras onomatopéyicas, como *zis-zas, zig-zag, zigzaguear, zipizape*.

Se escriben con Z	Ortografía
Los sufijos nominales: **-anza** **-azgo**	 *cri**anza**, cobr**anza*** *lider**azgo**, mayor**azgo***
Los sufijos nominales: **-azo** **-azón** **-ez** **-eza** **-iz** Los sufijos de adjetivo: **-az** **-izo/-iza** El sufijo verbal **-izar** Los verbos irregulares que intercalan una **z** en el lexema de los tiempos presentes.	 *bal**azo**, cod**azo**, perr**azo*** *cor**azón**, quem**azón*** *niñ**ez**, vej**ez*** *bell**eza**, asper**eza*** *actr**iz**, institutr**iz*** *aud**az**, pertin**az*** *plom**izo**, roll**iza*** *aterr**izar**, alun**izar**, general**izar*** *nazco, produzco, luzcan* La **z** se convierte en **c** ante **e**, **i**: *aterrice*.

Uso de las mayúsculas

Se escribe con letra inicial mayúscula	Ortografía
La primera palabra de un escrito y la que sigue a punto.	*Ya han llegado las golondrinas. Ya es primavera.*
Los nombres propios.	*Juan Ramón Jiménez, África, Miño, Jérez, Mediterráneo, Rioja, el ratón Mickey.*
El artículo de algunos nombres propios, cuando forma parte del nombre.	*La Habana, El Cairo, La Haya, Los Ángeles.*
Los apodos y sobrenombres que acompañan o sustituyen al nombre de una persona.	*Alfonso X el Sabio, el Rey Poeta, el Rey Sol, el Gran Capitán.*
Los nombres de cargos y tratamientos de las personas cuando nombran a una persona determinada. Estos títulos se escriben con minúscula cuando se usan genéricamente.	*Su Majestad. El Papa. El Presidente. El Redentor. El Príncipe. El papa es la máxima autoridad de la Iglesia. El rey encarna la nación. Vive como un príncipe.*
Los nombres propios de instituciones, establecimientos o acontecimientos únicos.	*Museo Naval. Dirección General de Bellas Artes. Segunda Guerra Mundial.*
Los títulos de libros, periódicos, revistas, esculturas, pinturas, etc.	*Platero y yo. Diccionario de la Lengua Española. El País. Gaceta Ilustrada. El jardín de las delicias.*
Después de los dos puntos que se ponen en el encabezamiento de las cartas y de los que anuncian palabras textuales.	*Querido amigo: He recibido... Respondió: «No lo sé.»*
La palabra **Estado** cuando se refiere al aparato político-jurídico de una nación; la palabra **Iglesia** cuando se refiere a la institución católica. Las palabras anteriores se escriben con minúscula cuando se usan en cualesquiera de los otros sentidos que tienen.	*El Estado soy yo. Jesús instituyó la Iglesia.* *El estado gaseoso. El estado de excepción. Es una iglesia gótica.*
Los nombres de los meses irán todos con minúscula, salvo que formen parte de un nombre propio.	*mayo, enero «La revolución de Octubre».*
En las palabras unidas por un guión, la letra inicial de la segunda se escribe siempre con letra minúscula.	*Ciudad-estado. Contencioso-administrativo.*

EL ACENTO

Todas las palabras consideradas aisladamente, poseen un acento prosódico de intensidad. En algunos casos, este acento se presenta en la escritura por medio de un signo (´) llamado **tilde** o **acento gráfico**. Este signo ayuda a reconocer y leer adecuadamente todas las palabras. La tilde se pone sobre la vocal, núcleo de la sílaba. Si hay diptongo o triptongo, se pone sobre la vocal abierta (**a**, **e**, **o**); si hay un hiato, se pone sobre la vocal cerrada (**i**, **u**).

A veces, la tilde sirve para diferenciar dos palabras iguales, pero que tienen distinta categoría gramatical o realizan distintas funciones sintácticas. Es la **tilde diacrítica**. Ejemplos: *tú* y *tu*, *sólo* y *solo*, *qué* y *que*.

Normas generales de acentuación

LAS PALABRAS AGUDAS

Llevan tilde si terminan en VOCAL, en N o en S	No llevan tilde si terminan en consonante distinta de N o S
sofá, dibujé, alhelí, salté, copió, ñandú, avión, compás	*cantar, caridad, alud, audaz, reloj, candil, boabab, calor*

Las palabras monosilábicas son agudas, pero no llevan tilde salvo en casos excepcionales (ver el epígrafe «La tilde diacrítica»).

LAS PALABRAS LLANAS O GRAVES

La regla de acentuación de las llanas es la opuesta a la de las agudas.

Llevan tilde si terminan en consonante distinta de N o S	No llevan tilde si terminan en VOCAL, en N o S
árbol, difícil, útil, césped, carácter, Fernández, huésped, nácar	*carretera, casa, pintura, deporte, casi, armario, examen, vinieron, lunes, caracteres*

LAS PALABRAS ESDRÚJULAS

Son poco frecuentes en nuestra lengua. Se acentúan gráficamente siempre:

sólido, exámenes, Aritmética, Gramática, Lingüística, Lógica, ímpetu, esdrújula, Paleolítico, dímelo, pregúntale, dibújala, línea, área, óseo, foráneo, héroe

LAS PALABRAS SOBRESDRÚJULAS

Son muy escasas. Se acentúan siempre:

dígamelo, pregúntaselo, dibújamelas

Normas especiales de acentuación

PALABRAS QUE TERMINAN EN CONSONANTE SEGUIDA DE N O S

Se acentúan al revés de lo que indicaría la regla general. Por lo tanto:

- Si son agudas no llevan tilde:

  Casals, Mayans, Talarn

- Si son graves llevan tilde:

  bíceps, tríceps, fórceps

DIPTONGOS FORMADOS POR VOCAL ABIERTA (A, E, O) Y VOCAL CERRADA (I, U)

Si el acento de intensidad recae sobre el diptongo, la tilde se sitúa **sobre la vocal abierta**, tanto si está en primer lugar como si está en segundo. Quede claro que la tilde se pone, si corresponde, según las normas generales de acentuación. Así:

- Palabras agudas:
  - Con tilde por terminar en **vocal**, **n** o **s**:
    copió, agravié, licuó, cantáis, parabién

– Sin tilde por terminar en consonante distinta de **n** o **s**:
casual, secuaz, ujier, monorriel

- Palabras llanas:
  – Con tilde por terminar en consonante distinta de **n** o **s**:
  huésped, béisbol, estiércol, alféizar
  – Sin tilde por terminar en **vocal**, **n** o **s**:
  biombo, bienes, defienden, dueño, sueña, causa
- Palabras esdrújulas:
  – Con tilde porque las esdrújulas siempre lo llevan:
  viático, cuádruple, duérmete, ciénaga, piélago, miriápodo, náufrago

Cuando los diptongos /**ai**/, /**ei**/, /**oi**/ están al final de palabra se escriben así: **ay**, **ey**, **oy**, y no llevan tilde aunque sean tónicos. Ejemplos: *guirigay, convoy, virrey, carey, Alcoy*. Se exceptúa la palabra *bonsái*, que se escribe siempre con *i*.

DIPTONGOS FORMADOS POR DOS VOCALES CERRADAS

Cuando los diptongos formados por dos vocales cerradas son tónicos, llevan la tilde **en la segunda vocal** y siguen la regla general de acentuación. Así:

- Palabras agudas:
  – Llevan tilde por terminar en **vocal**, **n** o **s**:
  huí, huís, disminuí, benjuí
  – No llevan tilde por terminar en consonante distinta de **n** o **s**:
  construir, destruir, imbuir, construid
- Palabras llanas:
  – No llevan tilde por terminar en vocal:
  viudo, cuida, ruido, ruina, casuista, lingüista, fortuito, juicio, fluido, jesuita
- Palabras esdrújulas:
  – Llevan tilde siempre:
  lingüística, casuística

En el grupo /**ui**/ es frecuente que se produzca hiato en la pronunciación. Sin embargo, este hiato no se marca en la escritura poniendo acento. Por eso se escriben sin tilde los participios de los verbos en **-uir** (*construida, destruido*, etc.), que normalmente llevarían tilde en la **i** si el hiato se marcara gráficamente, como se hace en los demás casos.

HIATOS

Si dos vocales contiguas se pronuncian en sílabas distintas, se dice que hay hiato. Algunos de los hiatos se señalan gráficamente por medio de la tilde. En estos casos, la tilde no sólo indica intensidad, sino que también marca la frontera silábica para evitar confusiones. Así es posible distinguir entre palabras como *hacia* y *hacía*, *vario* y *varío*, *actué* y *actúe*…

El hiato que se produce en los grupos de vocal cerrada más vocal abierta se indica con una tilde **en la vocal cerrada** (**i**, **u**), tanto si está en primer lugar como si está en segundo. Este hiato que se produce entre una vocal cerrada y una abierta se marca **siempre**, aunque al hacerlo se contravengan las reglas generales. Así:

- Palabras agudas:
  – Siguiendo las reglas generales:
  ahí, país, leí, mohín
  – Contraviniendo las reglas generales:
  caíd, laúd, baúl, maíz
- Palabras llanas:
  – Siguiendo las reglas generales:
  Díaz, Díez, flúor
  – Contraviniendo las reglas generales:
  tía, poesía, dúo, púa, oído, búho, reía, veían, poderío, actúa, acentúe, bahía, desvaríen, bohío
- Palabras esdrújulas:
  leíamos, queríamos, período, vehículo, miríada

Hay palabras que la Academia acepta como correctas, tanto en diptongo como en hiato. Se pueden escribir y pronunciar de estas dos formas:
cardiaco y *cardíaco*
periodo y *período*
elegiaco y *elegíaco*

TRIPTONGOS

Los triptongos tónicos llevan la tilde en la vocal abierta, que es la que va en medio:
averiguáis, averigüéis, renunciáis

Si la /**i**/ del triptongo va al final de palabra se escribe con **y**. En este caso no se pone tilde en el triptongo:
Paraguay, Uruguay

VERBOS CON PRONOMBRE ENCLÍTICO

- Conservan la tilde si la llevaban en su forma simple:
  déme, perdióla, llevóse
- Llevan tilde si al añadirles el pronombre se convierten en esdrújulas:
  dígamelo, sálgase, explicándomelo, cállate

PALABRAS COMPUESTAS

El acento prosódico de las palabras compuestas (excepto las que se escriben con guión) está en el último de sus componentes. Por eso, cuando hay que poner tilde, se pone en este último elemento.

Las palabras compuestas –agudas, graves y esdrújulas– llevan la tilde siguiendo las **normas generales** de acentuación:

- Palabras agudas:
  – Con tilde por terminar en **vocal**, **n** o **s**:
  ganapán, balompié, también, entredós, sinfín, confín
  – Sin tilde por terminar en otra consonante:
  altavoz, bajamar, aguamanil, coliflor, blanquiazul
- Palabras graves:
  – Con tilde por terminar en consonante distinta de **n** o **s**:
  cortacésped
  – Sin tilde por terminar en **vocal**, **n** o **s**:
  bocacalle, vivalavirgen, salvavidas
- Palabras esdrújulas:
  – Con tilde porque todas la llevan:
  decimoséptimo, protohistórico

Obsérvese que el segundo elemento del compuesto lleva muchas veces una tilde que no lleva en su forma simple: *balompié* (*pie*), *ganapán* (*pan*), *sinfín* (*fin*), *entredós* (*dos*).

Obsérvese también que el primer elemento pierde muchas veces una tilde que lleva en su forma simple: *asimismo* (*así*), *rioplatense* (*río*), *tiovivo* (*tío*), *decimocuarto* (*décimo*), *piamadre* (*pía*).

En los compuestos de dos o más adjetivos separados por guión, cada elemento lleva tilde si la lleva en su forma simple:

trágico-lírico, teórico-práctico
vasco-francés, cántabro-astur

ADVERBIOS TERMINADOS EN -MENTE

En el habla, llevan un acento principal en la forma adjetiva y otro secundario en el morfema derivativo **-mente**; a efectos ortográficos:

- Llevan tilde si la lleva el adjetivo en su forma simple:

  ágilmente, fácilmente, líricamente,
  rápidamente, estrambóticamente,
  útilmente, históricamente

- No llevan tilde si no la lleva el adjetivo:

  sabiamente, torpemente,
  vanamente, dificultosamente,
  inteligentemente, osadamente,
  estupendamente

La tilde diacrítica

La tilde diacrítica se usa para diferenciar parejas de palabras de igual grafía pero que tienen diferente categoría gramatical o desempeñan distinta función sintáctica. Se usa especialmente en los monosílabos, pero también llevan tilde diacrítica otro tipo de palabras.

Palabra	Clase de palabra	Ejemplos
él **el**	pronombre artículo	***él*** *canta* ***el*** *libro*
tú **tu**	pronombre adjetivo posesivo	***tú*** *cantas* ***tu*** *casa*
mí **mi**	pronombre adjetivo posesivo	*es para* ***mí*** ***mi*** *casa*
sí **si** **sí** **si**	pronombre sustantivo adverbio conjunción	*volvió en* ***sí*** *trío en* ***si*** *bemol* *digo que* ***sí*** *ven,* ***si*** *quieres*
más **mas**	adverbio conjunción	*dame* ***más*** *quiero,* ***mas*** *no puedo*
sé **se**	verbo pronombre	*no lo* ***sé*** ***se*** *olvidó*
dé **de**	verbo preposición	*no se lo* ***dé*** ***de*** *madera*
té **te**	sustantivo pronombre	***té*** *de Ceilán* ***te*** *quiero*
aún **aun**	adverbio de tiempo (= todavía). Es bisílaba. adverbio de cantidad (= incluso, hasta). Es monosílaba.	***aún*** *no ha llegado* ***aun*** *los tontos lo saben*
sólo **solo**	adverbio (= solamente) adjetivo (= sin compañía)	***sólo*** *sabe sumar* *él vive* ***solo***
éste **ése** **aquél** **este** **ese** **aquel**	pronombres adjetivos	*mira* ***éste*** *dame* ***ése*** *cuidado con* ***aquél*** ***este*** *libro* ***ese*** *reloj* ***aquel*** *día*

Palabra	Clase de palabra	Ejemplos
qué **quién** **cuál** **cuánto**	pronombres interrogativos o exclamativos	*¿**Qué** quieres?* *No sé **qué** pensar.* *¡**Qué** alegría!* *¿**Quién** llama?* *Dime **quién** llamó.* *¡**Quién** pudiera ir!* *¿**Cuál** prefieres?* *No sé **cuál** elegir.* *¿**Cuánto** piden?* *Dime **cuánto** es.* *¡**Cuánto** gritan!*
que **quien** **cual** **cuanto**	pronombres relativos	*Éste es el libro **que** compré.* ***Quien** mal anda, mal acaba.* *Éste es el camino por el **cual** fuimos.* *Te dije **cuanto** sé.*
dónde **cuándo** **cómo**	adverbios interrogativos o exclamativos	*¿**Dónde** estás?* *¿**Cuándo** llegará?* *¿**Cómo** no se atreve?* *¡**Cómo** llueve!*
donde **cuando** **como**	adverbios relativos	***Donde** te dije.* *Me volví por **donde** había venido.* ***Cuando** pueda.* *Iré **cuando** haya terminado.* ***Como** te dije.* *Vive **como** quiere.*
porqué	sustantivo	*Siempre le ha interesado el **porqué** de las cosas.*
por qué	preposición + pronombre interrogativo	*¿**Por qué** viniste tan temprano?* *No sé **por qué** lo hice.*
porque	conjunción causal	***Porque** no había nadie en la fiesta.*
por que	preposición + pronombre relativo	*No puedo entender la razón **por que** te llamo.*

LOS SIGNOS DE PUNTUACIÓN

Los signos de puntuación tienen la función de señalar la estructura de las oraciones que forman una composición escrita.

En el lenguaje hablado, las pausas y la entonación son recursos del hablante que a menudo tienen correspondencia con los signos de puntuación. Así, un tonema final descendente seguido de pausa equivale a un punto, puesto que ambos signos –el sonoro y el gráfico– indican fin de oración.

En la escritura, los signos de puntuación proporcionan claridad, delimitan las ideas y marcan la estructura y actitud del hablante.

Representación gráfica de los signos de puntuación del español:

Punto	.	Principio de admiración	¡
Dos puntos	:	Final de admiración	!
Puntos suspensivos	...	Paréntesis	()
Coma	,	Diéresis	¨
Punto y coma	;	Guión	-

Principio de interrogación	¿	Comillas	«»
Final de interrogación	?	Raya	—

Función de los signos de puntuación

Los signos de puntuación desempeñan básicamente cuatro tipos de funciones:

Función terminativa	Signos
Señalan el fin de una oración.	*Punto.* *Signos finales de interrogación y de admiración.* *Punto y coma.* *Dos puntos.*

Función aislante	Signos
Aíslan, de los elementos esenciales de la oración, los elementos no esenciales intercalados o «descolocados». De este modo permiten seguir, sin trabas, el hilo del pensamiento. (Llamamos no esenciales a las proposiciones subordinadas, los sintagmas explicativos y los circunstanciales.)	*Coma* (aislante). *Par de comas.* *Par de guiones.* *Paréntesis.* *Corchetes.* *Dos puntos* (si están dentro de una oración).

Función coordinante	Signos
Indican que varios sintagmas están coordinados, es decir, unidos en condición de igualdad.	*Coma* (coordinante). *Punto y coma.*

Funciones menores	Signos
Desempeñan una serie de funciones menores, ya poco relacionadas con la sintaxis, y más con la intención del escritor.	*Puntos suspensivos.* *Comillas.* *Guión.* *Raya.*

Uso de los signos de puntuación

Punto	Ejemplos
Es el signo de mayor importancia estructural: separa oraciones.	*El verano ha acabado. Llega la estación melancólica del invierno.*
El punto puede usarse estilísticamente entre elementos que no parecen oraciones, pero que lo son.	*Por un lado fue asomando un rancho. La cerca de un corral.*

Signos de interrogación	Ejemplos
Es un signo par: se abre y se cierra. Indica que la oración contenida entre el signo inicial y el final es interrogativa directa. El signo final señala el fin de la oración interrogativa directa.	*¿Cuándo llegaste?* *¿Quién vino?* *¿Qué hora es?*

Signos de interrogación	Ejemplos
Nota: Las interrogativas indirectas se escriben sin el signo de interrogación (pero el pronombre o el adverbio interrogativo llevan tilde).	*Dime cuándo llegaste.* *No sé qué hora es.* *Pregúntale qué hora es.*
A veces, la pregunta afecta sólo a una parte de la oración.	*Si tú ya lo sabes, ¿para qué te lo cuento?*
Se usa, generalmente el de cierre, entre paréntesis para indicar que un lugar o una fecha no es segura.	*Tancredo de Lecce (?-Palermo, 1194).*
Si hay una **serie** de preguntas, lo normal es que, como son oraciones, cada una lleve sus signos y empiece con mayúscula.	*¿Quién mandará en el mundo? ¿Qué pueblo o grupo de pueblos imperará? ¿Qué ideologías prevalecerán?*
Si las preguntas son muy breves, pueden escribirse como se ha indicado o bien separándolas por comas.	*¿Cuándo? ¿Dónde? ¿A qué hora?* *¿Cuándo?, ¿dónde?, ¿a qué hora?*

Signos de admiración	Ejemplos
Es, como el de interrogación, un signo par: señala el principio y el final de la exclamación.	*¡Cuánto me alegro de verte!*
La exclamación puede afectar sólo a parte de una oración.	*Acudimos a prestar socorro, pero, ¡ay!, era demasiado tarde.* *Accedieron –¡al fin!– a liberar a los presos.*
Si varias exclamaciones van en serie, lo normal es que se sientan como oraciones y que, por tanto, cada una lleve sus signos y vaya con mayúscula.	*¡Socorro! ¡Auxilio! ¡Ladrones!*
Si las exclamaciones son muy breves pueden concebirse como un todo, como una serie de proposiciones que forman una oración. Entonces se separan por comas.	*¡Cuánto engaño!, ¡qué perfidia!, ¡qué descaro!*

Dos puntos	Ejemplos
Son una llamada de atención. Anuncian una proposición que es el desarrollo o resumen de la primera.	*Mozart murió acosado por la necesidad a los 35 años: así recompensa la sociedad a sus genios.*
Anuncian una enumeración, si ésta es **aposición** de un término ya citado (como «éstas», «las siguientes», etc.).	*Los seres vivos se clasifican en estos dos grandes grupos: vegetales y animales.*
Nota: Si la enumeración no es aposición a una palabra antedicha, no se ponen dos puntos.	*Los seres vivos se clasifican en vegetales y animales.*
Anuncian una cita textual.	*Sócrates dijo: «Conócete a ti mismo».* *Dice el refranero: «A quien Dios se la dé, San Pedro se la bendiga».*
Anuncian el texto de una carta.	*Querido amigo:...*

Punto y coma	Ejemplos
Es un signo terminativo y coordinante. Se usa para atenuar el punto y para reforzar la coma.	*Estaba enfermo; por eso no fui.* *Deja la bota, Isidro; te puede hacer mal.*
Como **punto atenuado** se usa entre dos proposiciones muy ligadas por el sentido o por la construcción.	*En mi pueblo no se da demasiada importancia a las cosas, y si uno se va, ya volverá; y si se enferma, ya sanará; y si no sana, que se muera.*
Como **coma reforzada** se usa para separar los términos de una enumeración que contiene comas. **Nota**: Antes de la **y** que encabeza el último elemento de la enumeración se puede poner coma o punto y coma.	*Esta semana he leído tres libros: «La colmena», de Cela; «Zalacaín el aventurero», de Pío Baroja; y «Platero y yo», de Juan Ramón Jiménez.*

Coma coordinante	Ejemplos
La coma tiene función coordinativa cuando une sintagmas con la misma función: por ejemplo, una serie de sujetos, una serie de verbos, una serie de proposiciones. Entre el penúltimo y el último sintagma puede aparecer una coma o algún enlace coordinante (**y**, **o**, **ni**, **pero**, **sino**, **así que**, etc.).	*Hombres, mujeres y niños trabajaban en el campo.* *Su actitud fue valerosa, decidida, resuelta.* *Acude, corre, vuela.* *Ladra, pero no muerde.* *Hay medusas, así que no te bañes.*
Cuando los enlaces coordinantes se repiten, lo normal es que no se pongan comas entre los términos de la enumeración, pero pueden ponerse para recalcar la expresión.	*No habla ni sonríe ni mira.* *No habla, ni sonríe, ni mira.*

Coma aislante	Ejemplos
Separa la subordinada adverbial de la proposición principal. No es obligado poner esta coma, pero suele ponerse sobre todo si primero va la subordinada.	*Si no tiene prisa, acompáñeme.*
Nota: Es obligada esta coma cuando hay riesgo de ambigüedad.	*Cuando llegó, Juan dormía.* *Cuando llegó Juan, dormía.*
Aísla los sintagmas explicativos (éstos pueden ser circunstanciales, proposiciones de relativo, gerundio o participio).	*A lo largo del siglo, el papel de la mujer ha evolucionado.* *Los defensores de la manada son los mandriles viejos, que tienen largos colmillos.* *Creyendo que era tarde, los amigos se despidieron.* *Atemorizados por los tiros, los elefantes huyeron.*
Aísla los vocativos e interjecciones **adjuntos** a una oración, es decir, que están en la oración pero no son ningún elemento de la misma.	*Señora, firme aquí.* *¿Cómo te va, Pedro?* *¡Ah!, me olvidaba.*
Aísla las frases conjuntivas, como **a saber**, **sin duda**, **sin embargo**, **por consiguiente**, **en efecto**, **por el contrario**, **en general**, **por ejemplo**.	*Estuve enfermo. Sin embargo, pude hacer el trabajo.*
En las oraciones de predicado no verbal, indica que se sobreentiende el verbo.	*En casa del herrero, cuchillo de palo.* *El Vostok, a la Luna.* *El lunes, examen.*

El par de comas	Ejemplos
Es como un paréntesis muy leve que sirve para aislar una expresión que va en el medio de una oración. Se usa en los mismos casos que la coma aislante.	
Aísla las subordinadas adverbiales intercaladas.	*Anoche, cuando dormía, soñé…* *Pregúntale, si quieres, la hora de llegada.*
Aísla los sintagmas explicativos intercalados.	*Las lenguas dominantes, a lo largo de la historia, han ido eliminando a las regionales.* *Los mandriles viejos, que tienen largos colmillos, son los defensores de la manada.* *Los amigos, creyendo que era tarde, se fueron.*
Aísla los vocativos e interjecciones intercalados.	*Ya sabe usted, señora, que tiene que firmar aquí.* *Acudieron en su auxilio, pero, ¡ay!, era tarde.* *Por favor, camarero, sírvame.*
Aísla las frases conjuntivas.	*No quiero, desde luego, que te preocupes.* *Creo, sin embargo, que está equivocado.* *Fue a tu casa, no obstante, se marchó pronto.*

Guión	Ejemplos
Separa los elementos de las palabras compuestas que no han llegado a fundirse.	*hispano-francés* *Ciudad-estado* *socio-económico*
Separa las palabras a fin de línea. La separación debe hacerse entre sílaba y sílaba. Si la palabra comienza por un prefijo, puede hacerse la separación al final de éste o bien por sílabas.	*des-amparo* (con prefijo) *de-samparo* (por sílabas)
Separa dos fechas que indican el principio y el fin de un período.	*La Segunda Guerra Mundial (1939-1945)…*
En lingüística se usa para representar los monemas.	*La palabra niños consta de un lexema niñ-, un morfema -o-, que indica masculino, y un morfema -s, indicador de plural.*

Raya	Ejemplos
La raya tiene doble longitud que el guión. En los diálogos, encabeza lo que dice cada personaje.	*–¿Qué tal el viaje?* *–¡Magnífico!*

Par de guiones	Ejemplos
Aíslan las aclaraciones del narrador de las palabras que dicen los personajes y tienen la misma longitud que la raya.	*–Mamá –decía el niño–, quiero comer.*
Si estas aclaraciones están al final, puede omitirse el segundo guión.	*–Mamá, quiero comer –decía el niño–.* *–Mamá, quiero comer –decía el niño.*
Aíslan las aclaraciones o comentarios intercalados en una oración.	*Hicieron varios proyectos –presas, carreteras y túneles– cuyo coste es de 50 millones de pesetas.*

Paréntesis	Ejemplos
Aísla los datos intercalados, especialmente fechas.	*Amadeo Mozart (1756-1791) era ya a los seis años un excelente pianista y violinista.* *Durante el reinado de Alfonso X (1252-1284) las letras experimentaron un gran impulso.* *La destrucción de Pompeya (79 d.C.) fue ocasionada por la erupción del Vesubio.*
Aísla las aclaraciones, traducciones o conformaciones.	*El dios de la venganza tribal (ojo por ojo, diente por diente) se convirtió en el dios del amor.* *$ 300 (trescientos dólares).* *La OMS (Organización Mundial de la Salud).*

Comillas	Ejemplos
Encierran palabras textuales.	*Decía Machado: «Una de las dos Españas ha de helarte el corazón».* *«Una de las dos Españas –decía Machado– ha de helarte el corazón.»* *«Una de las dos Españas ha de helarte el corazón» –decía Machado.*

Comillas	Ejemplos
Sirven para destacar los nombres de esculturas, cuadros, libros, revistas, etc.	*«La Piedad», de Miguel Ángel.* *«El Guernica», de Picasso.* *«Revista de Occidente».*
Realzan las palabras usadas en sentido figurado o irónico y a veces las palabras extranjeras y los neologismos.	*Cada barrio debe tener su «pulmón», su pequeño «espacio verde».* *Una reunión de «genios».* *Está agotado: tiene «surmenage».* *A la niñez y la adolescencia, sigue la «adultez».*

Puntos suspensivos	Ejemplos
Indican que una oración queda cortada y, por lo tanto, el sentido suspenso.	*A palabras necias…* *Mi trabajo… toquemos otro tema.*
Indican que una oración queda detenida por un momento, con el fin de sorprender al final.	*Se oyeron unos ruidos misteriosos. Armándose de valor, cogió el fusil, abrió la puerta y se encontró… con un ratón.*
Cuando se copia un texto, los puntos suspensivos entre corchetes o paréntesis indican que se ha omitido un fragmento. (Al suprimir parte de un texto, lo conservado debe tener sentido.)	*Dice Guillermo Díaz Plaja: «Nuestra inapetencia lectora […] es patética.»* *(El texto completo decía: «Nuestra inapetencia lectora –por más que las estadísticas traigan algunas mejoras de consolación– es patética.»)*

DUDAS FRECUENTES DEL ESPAÑOL

DUDAS DE CARÁCTER ORTOGRÁFICO

DISTINTA GRAFÍA DE PALABRAS HOMÓFONAS

Reciben el nombre de homófonas las palabras que tienen igual sonido y distinto significado. Existen en castellano muchos ejemplos, de los que a continuación se incluye la siguiente lista.

b/v

baca (del automóvil)
vaca (animal)

bacilo (bacteria)
vacilo (del verbo *vacilar*)

tubo (envase cilíndrico)
tuvo (del verbo *tener*)

rebelar (insubordinarse)
revelar (descubrir, manifestar)

hierba (vegetal)
hierva (del verbo *hervir*)

grabar (labrar, esculpir)
gravar (imponer una carga)

combino (del verbo *combinar*)
convino (del verbo *convenir*)

bienes (posesiones, riqueza)
vienes (del verbo *venir*)

cabo (cuerda, porción de tierra que se adentra en el mar, grado militar)
cavo (del verbo *cavar*)

cabe (del verbo *caber*)
cave (del verbo *cavar*)

bello (hermoso)
vello (pelillo)

botar (saltar)
votar (emitir el voto)

baya (fruto)
vaya (del verbo *ir*)

basto (ordinario)
vasto (extenso, amplio)

basar (fundamentar)
vasar (anaquel)

h

ora (del verbo *orar*)
hora (porción de tiempo)

ola (movimiento del agua del mar)
hola (saludo)

onda (ondulación)
honda (profunda)

echo (del verbo *echar*)
hecho (del verbo *hacer*)

azar (casualidad)
azahar (flor)

abría (del verbo *abrir*)
habría (del verbo *haber*)

asta (cuerno)
hasta (preposición)
ojear (mirar)
hojear (pasar las hojas)
uso (del verbo *usar*)
huso (utensilio para hilar)
desecho (desperdicio, del verbo *desechar*)
deshecho (del verbo *deshacer*)

g/j

gira (viaje por diferentes lugares)
jira (comida campestre)
ingerir (tomar alimento)
injerir (incluir una cosa en otra)
geta (pueblo tracio)
jeta (cara)

s/x

esotérico (secreto, reservado)
exotérico (común, asequible a todo el mundo)
espiar (observar o escuchar disimuladamente)
expiar (borrar las culpas, sufrir el castigo)
espirar (expulsar el aire al respirar)
expirar (morir, finalizar)
estático (relativo a la estática, inmutable)
extático (en éxtasis)

ESCRITURA DE NÚMEROS

Numerales cardinales

Como norma general, los números del cero al nueve se escriben con la palabra que los nombra: *dos, cinco, ocho*. Los números del diez al veinte se pueden escribir con palabras o con cifras, y del veinte en adelante casi siempre suele hacerse con cifras. En el caso de que tengan que ser representados con letras, los cardinales se escriben en una sola palabra hasta el treinta y a partir de éste en tres o más: *treinta y uno, treinta y dos*, etc.

Los millones, billones, etc., se representan generalmente mediante palabras: *un billón*; las decenas, centenas o millares de millón (billón, etc.) irán representados con cifras y letras: *50 millones*.

Sin embargo, siempre se escriben en cifras: fechas, días del mes, años (aunque no las décadas: *los años veinte*), porcentajes, cifras con decimales, grados de temperatura, numeración de plantas y de apartamentos, etc.

Numerales ordinales

Hasta el vigésimo primero, los ordinales pueden escribirse indistintamente con letras (*segundo, octavo, decimoquinto*), números romanos o cifras seguidas de letra voladita (*3.º, 7.º, 12.º*); a partir del vigésimo, siempre con número y letra voladita.

Numeración romana

La numeración romana debe utilizarse de forma restrictiva. Además de su uso para representar números ordinales inferiores a veintiuno, fundamentalmente se emplea para la representación de siglos y el orden en los nombres de papas y reyes.

DUDAS DE CARÁCTER GRAMATICAL

Determinantes y cacofonía

Para evitar la cacofonía (sonido desagradable), las palabras femeninas que comienzan por *a* (o *ha*) tónica llevan la forma masculina del artículo: *el alma, un águila, el haba, un hacha.*

El resto de los determinantes, excepto *algún* y *ningún*, que podrán utilizarse indistintamente como masculinos o femeninos, deberá adoptar la forma femenina:

esta agua
la misma área

Leísmo, laísmo, loísmo

La correcta utilización de los pronombres personales *lo, los, la, las, le, les* en función de complemento directo e indirecto es la siguiente:

	COMPLEMENTO DIRECTO	
	Masculino	**Femenino**
Singular	lo	la
Plural	los	las

	COMPLEMENTO INDIRECTO	
	Masculino	**Femenino**
Singular	le	le
Plural	les	les

Sin embargo, la necesidad que ha sentido el hablante de hacer una serie de distinciones, como persona/no persona y masculino/femenino, ha dado lugar a los fenómenos de leísmo, laísmo y loísmo, no todos con el mismo grado de prestigio o aceptación.

LEÍSMO

Consiste en la utilización de los pronombres *le, les* en función de complemento directo. La variedad de leísmo más generalizada y admitida es el uso de *le, les* referido a personas del sexo masculino. El hablante siente la necesidad de distinguir entre persona/no persona y restringe el empleo de *lo, los* para objetos:

Vi a Luis en la plaza. → *Le vi.*
Vi el libro en la estantería. → *Lo vi.*
Expulsaron del colegio a dos alumnos. → *Les expulsaron.*
Un dispositivo mecánico expulsaba los gases. → *Los expulsaba.*

Existe también el empleo de *le, les* (CD) referido a objetos; sin embargo, este uso no está aceptado y se considera incorrecto:

Devuélvame el libro. → **Devuélvamele.*

LAÍSMO

Empleo de los pronombres personales *la, las* en función de complemento indirecto.

Le, *les* deben usarse tanto para el masculino como para el femenino, pero el hecho de que estas formas no distingan género hace que el hablante prefiera *la*, *las* cuando el complemento indirecto es femenino:

Dieron las gracias a Teresa. → **La dieron las gracias.*

Escribió a sus hermanas. → **Las escribió.*

El laísmo se considera incorrecto, aunque está muy generalizado en el habla de algunas regiones españolas.

LOÍSMO

Utilización de los pronombres *lo*, *los* como complemento indirecto en lugar de *le*, *les*, tanto para persona como para cosa:

Envió un regalo a su colega. → **Lo envió un regalo.*

Quitó la tapa al recipiente. → **Lo quitó la tapa.*

Este uso se considera incorrecto.

Uso de *le* y su plural *les*

Como ya hemos visto, *le*, *les* deben emplearse para indicar el complemento indirecto o el complemento directo, siempre que éste sustituya a un masculino de persona:

Le dio la mano.

Le oyó (a él).

Un error muy frecuente que se debe evitar es el uso de *le* en lugar de *les*, cuando se refiere a un nombre plural:

**Le dijo a sus amigos que se marcharan.* → Forma incorrecta.

Les dijo a sus amigos que se marcharan. → Forma correcta.

NUMERALES ORDINALES

Un error bastante frecuente es la utilización de los numerales partitivos como ordinales. El sufijo *-avo* indica división, partición de la unidad, y no orden en una secuencia; así, *dieciseisavo* significa «cada una de las dieciséis partes» y no «que ocupa por orden el número dieciséis»; por lo tanto, sería incorrecto decir: **Llegó en dieciseisavo lugar.*

Sin embargo, está admitido el uso como partitivos de algunos ordinales: *la cuadragésima parte*, o el uso de los cardinales como ordinales: *la página nueve, el día veinte.*

En la página siguiente se añade una lista de algunos numerales cardinales y sus correspondientes ordinales y partitivos.

Dequeísmo

Recibe el nombre de dequeísmo el uso incorrecto de la preposición *de* ante una oración subordinada introducida por *que*:

**Luis piensa de que no pueden suspenderlo.* → Forma incorrecta.

Luis piensa que no pueden suspenderlo. → Forma correcta.

Sin embargo, debe tenerse en cuenta que, en ocasiones, dicha preposición puede estar exigida por el verbo, en cuyo caso la omisión sería incorrecta:

**No me enteré que ya se hubieran ido.* → Forma incorrecta.

No me enteré de que ya se hubieran ido. → Forma correcta.

Anacoluto

Consiste en la falta de rigor o consecuencia sintáctica al construir una frase o periodo:

**El empleado de quien te hablé, le han ascendido.* → Forma incorrecta.

Para que la frase tenga sentido, *el empleado de quien te hablé* debería ser el sujeto paciente de una oración pasiva:

El empleado de quien te hablé ha sido ascendido.

o bien, el complemento directo de la oración principal, cambiando *el* por la contracción *al*:

Al empleado de quien te hablé le han ascendido.

El anacoluto suele producirse cuando se hacen incisos largos y quedan demasiado alejados los términos que deberían concordar, por lo que se pierde conciencia de la relación sintáctica que existe entre dichos términos.

Utilización del gerundio

El gerundio presenta una acción en su desarrollo (*hablando*, *bebiendo*, *helando*). Cuando acompaña a un verbo principal, debe expresar una acción anterior o simultánea a la de este último:

Creyendo que no lo verían, entró por la ventana.

Llegó protestando.

Sin embargo, existe un uso muy extendido que se considera incorrecto o poco elegante; es el llamado *gerundio de posterioridad*, ya que introduce una acción posterior a la del verbo principal o bien constituye el efecto o consecuencia de éste:

**Salieron en busca del coche, encontrándolo horas más tarde.*

Otro empleo poco recomendable, censurado como galicismo, es la utilización del gerundio como atributo o predicativo, es decir, para denotar una cualidad, un estado o una circunstancia del sustantivo al que se refiere:

**Un pequeño paquete conteniendo libros.* → Forma incorrecta.

Un pequeño paquete que contiene libros. → Forma correcta.

Sólo los gerundios *hirviendo* y *ardiendo* tienen valor de atributo:

té hirviendo

un tronco ardiendo

Concordancia sujeto/verbo

El verbo debe mantener con el sujeto concordancia de número y persona; esta norma no plantea problemas en la mayoría de los casos, pero cuando el sujeto es un sustantivo como *grupo*, *colectivo*, etc., o un sintagma nominal como *la mayor parte de los jóvenes, el 60% de los encuestados*, etc., las dudas en cuanto al número del verbo pueden surgir. En dichos casos, el verbo debe

Cardinal	Ordinal	Partitivo
uno	*primero, -a* (apóc. *primer*)	
dos	*segundo, -a*	*medio, -a*
tres	*tercero, -a* (apóc. *tercer*)	*tercio, -a*
cuatro	*cuarto, -a*	*cuarto, -a*
cinco	*quinto, -a*	*quinto, -a*
seis	*sexto, -a*	*sexto, -a*
siete	*séptimo, -a*	*séptimo, -a*
ocho	*octavo, -a*	*octavo, -a*
nueve	*noveno, -a; nono, -a*	*noveno, -a*
diez	*décimo, -a*	*décimo, -a*
once	*undécimo, -a*	*onceavo, -a; onzavo, -a*
doce	*duodécimo, -a*	*doceavo, -a; dozavo, -a*
trece	*decimotercero, -a*	*treceavo, -a; trezavo, -a*
catorce	*decimocuarto, -a*	*catorceavo, -a; catorzavo, -a*
quince	*decimoquinto, -a*	*quinceavo, -a; quinzavo, -a*
dieciséis	*decimosexto, -a*	*dieciseisavo, -a*
diecisiete	*decimoséptimo, -a*	*diecisieteavo, -a*
dieciocho	*decimoctavo, -a*	*dieciochoavo, -a; dieciochavo, -a*
diecinueve	*decimonoveno, -a; decimonono, -a*	*diecinueveavo, -a*
veinte	*vigésimo, -a*	*veinteavo, -a; veintavo, -a*
veintiuno, -a (apóc. *veintiún*)	*vigésimo, -a primero, -a*	*veintiunavo, -a*
treinta	*trigésimo, -a*	*treintavo, -a*
treinta y uno, -a (apóc. *treinta y un*)	*trigésimo, -a primero, -a*	*treintaiunavo, -a*
cuarenta	*cuadragésimo, -a*	*cuarentavo, -a*
cincuenta	*quincuagésimo, -a*	*cincuentavo, -a*
sesenta	*sexagésimo, -a*	*sesentavo, -a*
setenta	*septuagésimo, -a*	*setentavo, -a*
ochenta	*octogésimo, -a*	*ochentavo, -a*
noventa	*nonagésimo, -a*	*noventavo, -a*
cien	*centésimo, -a*	*centésimo, -a*

ir en singular, ya que, aunque se trate de colectivos, su número gramatical sigue siendo el singular:

Un grupo de vecinos se reunió ayer.

Un colectivo de médicos se hará cargo del caso.

La mayor parte de los jóvenes no está de acuerdo con esa ley.

El 60% de los encuestados opinó a favor de las reformas.

A veces no se cumple esta norma, especialmente cuando es necesario precisar el género. Por ejemplo, la oración: *Un alto porcentaje de mujeres ha sido maltratado* es correcta sintácticamente; sin embargo, resulta extraña en cuanto a su interpretación: no es el porcentaje el que ha sido maltratado, sino cada una de las mujeres que forman dicho porcentaje. Por eso es preferible utilizar el verbo en plural:

Un alto porcentaje de mujeres han sido maltratadas.

Los números y cifras deben concordar en plural, ya que implican noción de cantidad:

Acudieron al concierto más de un millar de espectadores.

Todos los días llegan un centenar de cartas.

Excepto cuando se hace referencia a la unidad:

Todavía no es la una. → Forma correcta.

**Todavía no son la una.* → Forma incorrecta.

Estilos directo e indirecto

Tanto el estilo directo como el indirecto informan sobre lo que una persona ha dicho, a través de verbos como *decir, afirmar, declarar, contestar, responder*, etc.

El estilo directo reproduce textualmente lo expresado por una persona; este mensaje va entre comillas y separado del verbo introductorio por dos puntos. El estilo indirecto no lo reproduce textualmente, sino que lo hace a través de una oración subordinada.

El presidente dijo: «No haré ningún comentario». → Estilo directo.

El presidente dijo que no haría ningún comentario. → Estilo indirecto.

Un error frecuente, sobre todo en medios periodísticos, es mezclar ambas posibilidades:

**El presidente dijo que «no haré ningún comentario».* → Forma incorrecta.

**El presidente dijo que «no haría ningún comentario».* → Forma incorrecta.

Comparativos

Existen adjetivos que tienen por sí mismos valor de comparativo (*mayor, menor, mejor, peor, inferior, superior*). Es un error bastante habitual aplicarles partículas aumentativas o diminutivas como si se tratara de un adjetivo en grado positivo sin tener en cuenta, por tanto, dicho valor comparativo:

**Julia es más mayor.* → Forma incorrecta.
Julia es mayor. → Forma correcta.

**Lo colocó en el estante más inferior.* → Forma incorrecta.

Lo colocó en el estante inferior. → Forma correcta.

Casos particulares

DIFERENCIAS GRAMATICALES EN GRUPOS DE PALABRAS HOMÓFONAS

Adonde, a donde, adónde, a dónde

- ***Adonde, a donde***. Son adverbios relativos:
  - *adonde* se utiliza siempre que el antecedente aparezca en la frase:
    Éste es el pueblo adonde nos dirigimos.
  - *a donde*, escrito por separado, se usa cuando no lleva antecedente:
    Fuimos a donde nos dijeron.
- ***Adónde, a dónde***. Son adverbios interrogativos o exclamativos y pueden escribirse indistintamente:

  ¿Adónde vais? / ¿A dónde vais?

  ¡Adónde hemos llegado! / ¡A dónde hemos llegado!

Todos ellos deben reservarse siempre a verbos de movimiento.

Porque, por que, porqué, por qué

- ***Porque***. Es una conjunción causal:

  Me enfadé porque no me avisaron.
- ***Por que***. Es la suma de la preposición *por* y el relativo *que*:

  La carretera por que pasamos.

  Que equivale, pues, a *el que, la que, los que, las que, el cual, la cual, los cuales, las cuales.*
- ***Porqué***. Es un sustantivo, lleva determinantes y significa «razón», «motivo»:

  No conozco el porqué de su dimisión.
- ***Por qué***. Es la suma de la preposición *por* y el interrogativo *qué*.

  ¿Por qué no llamaste?

Demás, de más

- ***Demás***. Es un adjetivo o pronombre indefinido:

  Los demás niños fueron de excursión.

  Vinieron Paula y las demás.

  Guarda lo demás en el armario.
- ***De más***. Está formado por la preposición *de* y el adverbio *más* y significa «de sobra, de añadidura»; si depende del verbo *estar*, significa «sin trabajo, sin ocupación»:

  Me dio cien pesetas de más.

  Pesa varios kilos de más.

  Hace dos meses que está de más.

Sino, si no

- ***Sino***. Es una conjunción adversativa y, por lo tanto, introduce una aseveración que se opone total o parcialmente a lo expresado por la proposición anterior:

  No estaba con Carmen, sino con Lucía.
- ***Si no***. Está constituido por la conjunción condicional *si* y el adverbio de negación *no*:

  Si no contesta, telefonea más tarde.

A ver, haber

Es frecuente la confusión entre *a ver* y *haber*; sin embargo, no existe entre ellos ningún tipo de similitud léxica ni gramatical.

- ***A ver***. Es una locución formada por la preposición *a* y el infinitivo *ver* y se emplea para mostrar interés, curiosidad o expectación, llamar la atención a alguien, etc.:

  ¿A ver? Enséñame ese reloj.

  A ver si llegas antes.

  ¡A ver! ¿Quién me atiende?
- ***Haber***. Es el infinitivo de un verbo auxiliar y forma perífrasis con otros verbos:

  Haber salido tan pronto me parece una buena idea.

  De haber sabido eso, no hubiese ido.

  Ya debe de haber entrado.

ALGUNAS INCORRECCIONES HABITUALES

Que / quien

El relativo *que* se usa tanto para personas como para cosas, aunque preferentemente referido a estas últimas. Sin embargo, *quien* hace referencia exclusivamente a personas. Un error frecuente es la utilización de *quien* referido a sustantivos como *congreso, parlamento, cámara*, etc., que, si bien están constituidos por personas, no puede considerárselos como tales:

**Es la asamblea quien deberá decidir.* → Forma incorrecta.

Es la asamblea la que deberá decidir. → Forma correcta.

Contra

Es muy habitual el uso de la preposición *contra* en lugar del adverbio *cuanto* en las locuciones *cuanto más, cuanto menos*. Dicho uso se considera vulgar:

Contra más rápido, peor lo harás. → Forma vulgar.

Cuanto más rápido, peor lo harás. → Forma correcta.

Sendos

Sendos es un adjetivo distributivo y se aplica a dos o más cosas, cada una de las cuales se destina o corresponde a cada una de otras tantas personas o cosas:

Álvaro y Marisa van montados en sendas bicicletas.

No debe, por lo tanto, confundirse con *ambos*, que es adjetivo y pronombre y significa «los dos a la vez» o «uno y otro»:

Ambas obras poéticas fueron premiadas. → Forma correcta.

**Sendas obras poéticas fueron premiadas.* → Forma incorrecta.

Velázquez y Murillo, ambos pintores... → Forma correcta.

**Velázquez y Murillo, sendos pintores...* → Forma incorrecta.

Prever

A menudo se confunde la conjugación de este verbo con la de *proveer*, por lo que se originan formas incorrectas, como **preveer*, **preveyó*, **preveyendo*.

Prever es un verbo irregular que se conjuga como *ver*; por lo tanto, las formas correctas son: *prever, previó, previendo*.